LANGENSCHEIDTS
GROSSWÖRTERBÜCHER

GRAND DICTIONNAIRE LANGENSCHEIDT

FRANÇAIS-ALLEMAND · ALLEMAND-FRANÇAIS

SECONDE PARTIE

ALLEMAND-FRANÇAIS

NOUVELLE ÉDITION 1968 ENTIÈREMENT REMANIÉE ET AUGMENTÉE

PAR DR. WALTER GOTTSCHALK ET GASTON BENTOT

À PARTIR DE L'ÉDITION ORIGINALE

DE DR. KARL SACHS ET DE DR. CÉSAIRE VILLATTE

AUGMENTÉE D'UN SUPPLÉMENT 1979

LANGENSCHEIDT

BERLIN · MUNICH · VIENNE · ZURICH

LANGENSCHEIDTS
GROSSWÖRTERBUCH FRANZÖSISCH

TEIL II

DEUTSCH-FRANZÖSISCH

BEGRÜNDET VON

PROF. DR. KARL SACHS UND PROF. DR. CÉSAIRE VILLATTE

VÖLLIGE NEUBEARBEITUNG 1968

HERAUSGEGEBEN VON

PROF. DR. WALTER GOTTSCHALK UND GASTON BENTOT

MIT NACHTRAG 1979

LANGENSCHEIDT

BERLIN · MÜNCHEN · WIEN · ZÜRICH

5. Auflage der V. Neubearbeitung 1968 · Mit Nachtrag 1979

Druck: Druckhaus Langenscheidt, Berlin-Schöneberg

Printed in Germany. Imprimé en Allemagne. A,w. X. Lz.

ISBN 3-468-02156-9

VORWORT

Im Jahre 1863 schloß Professor Gustav Langenscheidt mit Professor Dr. Karl Sachs einen Vertrag über den ersten (französisch-deutschen) Teil eines Wörterbuches, für dessen zweiten (deutsch-französischen) Teil er Professor Dr. Césaire Villatte gewann. Das Werk erschien in einzelnen Lieferungen; die erste Lieferung des „Sachs-Villatte" von A—Bl kam 1869 heraus, die letzte von Vo—Z im Jahre 1880. Aus den ursprünglich geplanten zwei Jahren waren siebzehn Jahre Herstellungszeit geworden und aus den vorgesehenen 1200 Seiten rund 4000.

Noch ehe das Werk abgeschlossen war, wurde aus der großen Ausgabe des „Sachs-Villatte" die zweibändige „Hand- und Schulausgabe" geschaffen; sie hatte nur rund 2000 Seiten Umfang, war bedeutend billiger und wandte sich an breitere Kreise. 1874 und 1880 kamen die beiden Teile der „Hand- und Schulausgabe" heraus. Sie fanden schnell Verbreitung. Die 4. Bearbeitung des Werkes wurde in den Jahren 1917 und 1921 fertiggestellt.

Im Jahre 1961 entschloß sich der Verlag, eine Neubearbeitung des Sachs-Villatte in Angriff zu nehmen, die aufgrund der Wandlungen innerhalb des Wortschatzes und der Fülle der Neubildungen in den letzten Jahrzehnten unerläßlich geworden war.

Aufbauend auf den bewährten Grundsätzen des „alten" Sachs-Villatte, dürfte das Werk vor allem dadurch bereichert worden sein, daß bei der Bearbeitung ständig Franzosen mitwirkten, mit denen das gesamte Vokabular Wort für Wort durchgesprochen wurde. So wird dem deutschen Benutzer ein Sprachmaterial geboten, das er als wirklich gesprochenes oder geschriebenes Französisch verwenden kann.

Ferner waren die Verfasser bemüht, abgeleitete und zusammengesetzte Wörter zwecks Raumersparnis zu Gruppen zu vereinigen, um zusätzlich Platz für neue Stichwörter, Redensarten, Anwendungsbeispiele und Neologismen zu gewinnen. Die Übersichtlichkeit der Artikel konnte dabei durch die typographische Gestaltung gewahrt werden. Zur Entlastung des eigentlichen Wörterverzeichnisses wurden die deutschen Abkürzungen und Eigennamen in gesonderte Anhänge verwiesen. Grammatische Angaben hinter den deutschen Stichwörtern sind vor allem für den französischen Benutzer gedacht, der sich außerdem anhand des grammatischen Anhanges über den gesamten Formenbestand der deutschen Sprache orientieren kann. Die phonetische Umschrift wurde nach den Grundsätzen der „Association Phonétique Internationale" angegeben.

Was den deutschen Wortschatz im einzelnen betrifft, so haben sich die Verfasser das Ziel gesetzt, die moderne deutsche Hoch- und Umgangssprache soweit zu erfassen, wie es der Umfang eines Wörterbuches dieser Größenordnung zuläßt. Von dem überaus umfangreichen technischen Wortschatz sowie von vielen anderen Fachsprachen auf den Gebieten des Handels und der Wirtschaft, des Rechts und der Verwaltung, der Naturwissenschaften und der Medizin wurde alles Wichtige aufgenommen, oder die Wörter wurden so gewählt, daß der Benutzer ähnliche Komposita — um die es sich dabei meistens handelt — ohne weiteres übersetzen kann. So ist das vorliegende Wörterbuch ein umfassendes Nachschlagewerk nicht nur für den Philologen, den Dolmetscher und den Übersetzer, die alle hauptberuflich mit der Sprache zu tun haben, sondern auch Fachleute wie der Techniker und der Mediziner, der Jurist und der Geschäftsmann werden es mit Gewinn benutzen.

Die französischen Übersetzungen wurden sowohl im Sinn als auch in der Stilebene mit dem deutschen Ausdruck abgestimmt, indem die Verfasser nicht einfach das entsprechende französische Wortfeld in seinem Gesamtumfang anführten, sondern nur das Vokabular herausarbeiteten, das sich am ehesten mit dem Anwendungsbereich des deutschen Wortes deckt. Schwierigkeiten in der grammatischen Konstruktion wurden durch zusätzliche Angaben in Klammern oder durch Anwendungsbeispiele geklärt.

Deutsche Begriffe, für die es keine Entsprechungen im Französischen gibt, wurden erklärend übersetzt (meist durch *etwa* gekennzeichnet), wobei im allgemeinen die Formulierung der Erklärung als Übersetzungsvorschlag dienen kann. Jedoch wurde z. B. bei der Übertragung der deutschen Verbzusammensetzungen mit „herein...“, „hinunter...“ usw. nicht einfach eine wörtliche Übersetzung gegeben, sondern darauf Rücksicht genommen, was der Franzose im entsprechenden Fall wirklich sagen würde. Umgekehrt wurde keine Mühe darauf verwendet, für dem Französischen eigene Wortprägungen oder Redewendungen deutsche Übersetzungen zu erfinden, um diese dann im deutsch-französischen Teil unterzubringen; sie gehören in den französisch-deutschen Teil. Allgemein wurde also jeder Schematismus, der zu Unrichtigkeiten führt, vermieden.

Näheres über die Einrichtung des Werkes findet der Benutzer unter den „Hinweisen für die Benutzung des Wörterbuches“. Auf die darin enthaltenen Erklärungen der im Wörterbuch verwendeten Abkürzungen sei besonders hingewiesen. Nur wer die aus Raumersparnisgründen eingeführten Hilfsmittel kennt und sorgfältig beachtet, wird in der Lage sein, die verschiedenen Anwendungsbezirke der Wörter richtig zu erfassen.

Der Weiterentwicklung des Wortschatzes auf den verschiedensten Gebieten — genannt seien etwa Umweltschutz, Raumfahrt, Arbeits- und Sozialwesen — trägt der Nachtrag 1979 Rechnung. Herr Dr. Lange-Kowal hat sich der Aufgabe unterzogen, das neu entstandene Vokabular des letzten Jahrzehnts zu erfassen und damit den Sachs-Villatte auf den neuesten sprachlichen Stand zu bringen.

Wir hoffen, daß die Neubearbeitung des Sachs-Villatte den Ruf dieses größten deutsch-französischen Wörterbuches bestätigen und festigen möge. Sein eigentlicher Zweck ist es, Kenntnis und Gebrauch beider Sprachen zu fördern und zu vertiefen und damit einen Beitrag zur Festigung der deutsch-französischen Freundschaft zu leisten.

Herausgeber und Verlag

PRÉFACE

En 1863, le Professeur Gustav Langenscheidt conclut avec le Professeur Dr. Karl Sachs un contrat ayant pour objet la première partie (français-allemand) d'un dictionnaire; pour la seconde partie (allemand-français) il put obtenir le concours du Professeur Dr. Césaire Villatte. L'ouvrage parut en fascicules; le premier fascicule du «Sachs-Villatte» allant de A à Bl sortit en 1869, le dernier de Vo à Z en 1880. Les deux années projetées à l'origine pour la durée du travail s'étaient élevées à dix-sept, les 1200 pages prévues étant passées à environ 4000.

Avant même que l'ouvrage ne soit achevé, une édition classique abrégée en deux volumes fut créée à partir du «grand Sachs-Villatte»; elle n'avait qu'environ 2000 pages; elle était bien meilleur marché et s'adressait à un plus vaste public. Les deux parties de cette édition classique sortirent respectivement en 1874 et 1880. Elles se propagèrent très rapidement. Leur 4e édition refondue fut terminée en 1917 et 1921.

En 1961, la maison d'édition décida d'établir une refonte du Sachs-Villatte qui, vu les transformations à l'intérieur du vocabulaire et la multitude de néologismes de ces dernières années, était devenue indispensable.

Basé sur les principes du «vieux» Sachs-Villatte qui ont fait leurs preuves, cet ouvrage devrait être avant tout enrichi du fait que des Français participèrent constamment à son élaboration. Avec eux tout le vocabulaire a été discuté mot à mot. Il est ainsi offert au lecteur allemand un vocabulaire qu'il peut réellement employer comme français parlé ou écrit.

Les auteurs se sont de plus efforcés de grouper des mots dérivés ou composés afin de gagner de la place pour introduire de nouveaux mots, locutions, exemples et néologismes. La clarté des articles a pu être conservée grâce à la disposition typographique. Pour alléger la partie dictionnaire, les abréviations et noms propres allemands ont été traités à part dans l'Appendice. Les données grammaticales, après les mots allemands, sont avant tout destinées au lecteur français qui de plus peut, à l'aide de l'appendice grammatical, s'informer sur toutes les formes existant dans la déclinaison et la conjugaison allemandes. La transcription phonétique suit les règles établies par l'Association Phonétique Internationale.

En ce qui concerne le vocabulaire allemand proprement dit, les auteurs se sont proposé d'englober la langue allemande moderne, aussi bien écrite que parlée, dans la mesure où un dictionnaire de ce format le permet. Dans l'immense vocabulaire de la technique moderne ainsi que dans beaucoup d'autres terminologies telles que celles du commerce et de l'économie, du droit et de l'administration, des sciences naturelles et de la médecine, tout ce qui est important a été pris, ou bien les mots ont été choisis de telle sorte que le lecteur puisse traduire sans difficulté des composés semblables, ce dont il s'agit le plus souvent. Le présent dictionnaire est donc un vaste ouvrage de référence non seulement pour le philologue, l'interprète et le traducteur qui tous ont, de par leur métier, à faire avec la langue, mais aussi des spécialistes comme le technicien et le médecin, le juriste et l'homme d'affaires, s'en serviront avec profit.

Les auteurs ont fait concorder les traductions françaises aux expressions allemandes aussi bien en ce qui concerne le sens que le style, non pas en donnant simplement le champ sémantique français correspondant dans toute son étendue, mais en choisissant le vocabulaire qui recouvre le mieux le domaine de l'emploi du mot allemand. Les difficultés dans la construction grammaticale sont aplanies par des indications supplémentaires entre parenthèses où par des exemples appropriés.

Les notions allemandes pour lesquelles il n'existe pas d'équivalent en français ont été traduites par une explication (précédée la plupart du temps de *etwa*), cette dernière pouvant servir en général de proposition de traduction. Cependant il n'a pas été donné de traduction mot à mot par exemple dans le cas des verbes formés avec «herein..., hinunter..., etc.», mais il a été tenu compte de ce que dirait réellement un Français dans une situation semblable. Par contre, les auteurs n'ont pas cherché à inventer des traductions allemandes de mots ou locutions propres au français pour les introduire ensuite dans la partie allemand-français. Ils trouveront leur place dans la partie français-allemand. En fin de compte, tout schématisme conduisant à des inexactitudes a donc été évité.

Le lecteur trouvera de plus amples informations sur la structure de l'ouvrage dans les «Indications pour l'emploi du dictionnaire». Il est particulièrement recommandé de se reporter aux explications qui y sont contenues sur les abréviations utilisées dans le dictionnaire. Seul celui qui connaît les procédés employés par économie de place et en tient soigneusement compte sera en mesure de saisir avec justesse les différents domaines d'utilisation des mots.

Dans le Supplément 1979, on a tenu compte de l'évolution du vocabulaire dans les domaines les plus divers — la protection de l'environnement, l'astronautique, les problèmes sociaux et le monde du travail, entre autres. Monsieur Lange-Kowal, docteur ès lettres, a mis à jour le Sachs-Villatte en y ajoutant les termes nouveaux devenus courants au cours des dix dernières années.

Nous espérons que la refonte du Sachs-Villatte confirmera et affermira la réputation du plus grand dictionnaire allemand-français. Son vrai but est d'encourager et d'approfondir la connaissance et l'utilisation des deux langues, et par là même de contribuer à la consolidation de l'amitié franco-allemande.

LES AUTEURS ET LES ÉDITEURS

INHALTSVERZEICHNIS

TABLE DES MATIÈRES

HERAUSGEBER- UND MITARBEITERVERZEICHNIS

DIRECTEURS DE LA PUBLICATION ET COLLABORATEURS

Verantwortliche Herausgeber / Responsables de la publication

PROF. DR. WALTER GOTTSCHALK (A - K)

GASTON BENTOT (L - Z)

Lexikographische Mitarbeiter / Collaborateurs lexicographes

Leverkusen:

JUDITH BENTOT

DR. MANFRED BLEHER

DANIELLE BLEHER

DR. WOLFRAM SCHÄFER

FRANÇOISE BAZIN

MARIE-CHRISTINE BOIVIN

FRANÇOISE GARNIER

ANNE MARIE PICARD

FRANÇOISE SANSON

Bruxelles:

DR. HARALD LIST

Berlin:

DR. HERMANN WILLERS

HANNELORE BRILL

DR. INGEBURG DETTWEILER

KARIN MOHR

BEATE OEHME-NIEMANN

EVA REKITTKE

Phonetische Umschrift / Transcription phonétique

DR. WOLFRAM und GERTRUT KRÖMER

Ausspracheregeln / Règles de prononciation

DR. HEINZ F. WENDT

QUELLENNACHWEIS

INDICATION DES SOURCES

Herausgeber und lexikographische Mitarbeiter haben bei der Ausarbeitung der Stichwörter eine Vielzahl von Quellen benutzt. Bei dem umfassenden Charakter des Wörterbuches waren dies nicht nur nahezu alle in den letzten Jahren erschienenen einsprachig/französischen und einsprachig/deutschen sowie französisch/deutschen oder deutsch/französischen Wörterbücher, sondern auch eine umfangreiche Fachliteratur der verschiedenen Wissensgebiete. Alle während der Bearbeitungszeit benutzten Werke hier zu verzeichnen, würde weit über den Rahmen einer Bibliographie hinausgehen. Herausgeber und Verlag möchten jedoch an dieser Stelle allen Verfassern französischer und deutscher Wörterbücher danken, denen „Langenscheidts Großwörterbuch Französisch" Anregungen verdankt.

Les directeurs de la publication et les collaborateurs lexicographes ont utilisé lors de l'élaboration des articles un grand nombre de sources. Vu le caractère étendu du dictionnaire, ce ne furent pas seulement presque tous les dictionnaires unilingues français et allemands ainsi que bilingues français/allemand ou allemand/français parus dans ces dernières années, mais aussi une vaste littérature spécialisée des différents domaines du savoir. Énumérer ici tous les ouvrages utilisés pendant la période de rédaction serait dépasser largement le cadre d'une bibliographie. Cependant les auteurs et les éditeurs désirent remercier ici tous les auteurs de dictionnaires français et allemands auxquels le «Grand dictionnaire Langenscheidt Allemand-Français» est redevable.

HINWEISE FÜR DIE BENUTZUNG DES WÖRTERBUCHES

INDICATIONS POUR L'EMPLOI DU DICTIONNAIRE

I. DARBIETUNG DES SPRACHMATERIALS

1. Schriftarten

Zur Unterscheidung des im Wörterbuch gebotenen Materials dienen vier Schriftarten:

halbfett für die deutschen Stichwörter

Auszeichnungsschrift für die deutschen Anwendungsbeispiele und Redensarten

Grundschrift für die französischen Übersetzungen

kursiv für alle erklärenden Zusätze

2. Lexikographische Zeichen

~ Die **halbfette Tilde** dient dazu, formal zusammengehörige deutsche Stichwörter zu lexikographischen Blöcken zusammenzufassen. Folgen also einem ausgerückten Stichwort eine oder mehrere Zusammensetzungen mit diesem Stichwort als erstem Bestandteil, so wird dieses Stichwort nicht jedesmal wiederholt, sondern durch eine halbfette Tilde ersetzt:

Abhitze ...; **~ˌkessel** ...; **~verˌwertung** ...

| Soll das ausgerückte Stichwort nur mit seinem ersten Bestandteil wieder aufgenommen werden, so steht hinter diesem ersten Bestandteil ein **senkrechter Strich**. Die halbfette Tilde ersetzt in diesem Fall also nur den vor dem senkrechten Strich stehenden Teil des ausgerückten Stichwortes:

Ablaß|hahn ...; **~ˌhandel** ...; **~ˌrohr** ...; **~venˌtil** ...

~ Die **einfache Tilde** vertritt das deutsche Stichwort in den ihm folgenden Anwendungsbeispielen (auch grammatischen Angaben) und Redewendungen:

Aal [aːl] *m* ⟨~(e)s; ~e⟩ *zo.* anguille [-gij] *f*; *cuis.* geräucherter ~ anguille fumée; ~ blau anguille au bleu; ...

Bei einem Verweis steht sie jedoch für das zu Anfang des Wortblocks ausgerückte Stichwort bzw. für dessen vor dem senkrechten Strich stehenden Teil:

Abend ...; **~ˌbrot** *n cf.* **~essen**; ...

I. PRÉSENTATION DU VOCABULAIRE

1. Écritures

Quatre écritures servent à différencier le matériel présenté dans le dictionnaire:

le demi-gras pour les mots allemands

l'écriture en relief pour les locutions et exemples allemands

l'écriture normale pour les traductions françaises

l'italique pour toutes les explications

2. Signes lexicographiques

~ Le **tilde demi-gras** sert à rassembler en articles des mots allemands dont la première partie est identique au point de vue orthographique. Si donc un mot tête d'article est suivi d'un ou plusieurs composés ayant tous ce mot tête d'article comme premier constituant, celui-ci ne sera pas répété à chaque fois mais remplacé par un tilde demi-gras:

Abhitze ...; **~ˌkessel** ...; **~verˌwertung** ...

| Si la première partie seule du mot tête d'article doit être reprise, il y a après cette première partie un **trait vertical**. Le tilde demi-gras remplace dans ce cas uniquement la partie du mot tête d'article située avant le trait vertical:

Ablaß|hahn ...; **~ˌhandel** ...; **~ˌrohr** ...; **~venˌtil** ...

~ Le **tilde simple** remplace le mot allemand dans les exemples et dans les locutions qui suivent ce mot, de même que dans les données grammaticales:

Aal [aːl] *m* ⟨~(e)s; ~e⟩ *zo.* anguille [-gij] *f*; *cuis.* geräucherter ~ anguille fumée; ~ blau anguille au bleu; ...

Cependant, il remplace dans un renvoi le mot tête d'article ou bien la partie de ce mot placée avant le trait vertical:

Abend ...; **~ˌbrot** *n cf.* **~essen**; ...

°~ °~ Der **Kreis über der Tilde** besagt, daß das betreffende Wort im Gegensatz zum Bezugsstichwort der Tilde mit kleinem bzw. großem Anfangsbuchstaben geschrieben wird:

Abwehr ['apveːr] *f* ...; °~**beˌreit** *adj.* ...; ~**ˌdienst** *m* ...; °~**en** *v/t.* ...
ables|bar ['apleːsˌbaːr] *adj.* ...; °~**eˌdatum** *n* ...; °~**eˌfehler** *m* ...
Abend ['aːbənt] *m* ⟨~**s**; ~**e**⟩ soir *m*; *Zeitdauer* soirée *f*; **gestern** °~ hier soir; ...
Bäcker ['bɛkər] *m* ⟨~**s**; ~⟩ boulanger *m*; (*Fein*°~) pâtissier *m*; ...

~̈ Die **zwei Punkte über der einfachen Tilde** weisen bei den grammatischen Angaben darauf hin, daß das durch die Tilde vertretene deutsche Stichwort in diesem Fall den Umlaut erhält:

Hand [hant] *f* ⟨~; ~̈**e**⟩ ...
alt [alt] **I** *adj.* ⟨~̈**er**, ~̈**est**⟩ ...

- Der **Bindestrich** steht im Unterschied zur einfachen Tilde für Teile deutscher und französischer Wörter. Er wird so verwendet, daß seine Bedeutung aus dem Zusammenhang leicht ersichtlich ist:

heureux, -euse
Ablaß ['aplas] *m* ⟨**-sses**; **-lässe**⟩ ...
Akzept ...; °~**abel** [-'taː-] *adj.* ⟨**-bl-**⟩ ...

() Die **runden Klammern** enthalten

a) zusätzliche Bestandteile von Wörtern oder Wendungen, die willkürlich oder je nach Fall gebraucht oder weggelassen werden können:

feig(**e**) [faɪk, 'faɪgə] ...
Aal [aːl] *m* ⟨~(**e**)**s**; ~**e**⟩ ...
enteilen ... *v/i.* ... (s'en)fuir ...
Fach ...; ~**arzt** *m* (médecin *m*) spécialiste *m*; ...
kochen ... *v/t.* ... *Speisen* (faire) cuire; ...

b) zusammengefaßte und analog weitergeführte Wortformen sowie deren Genus- oder Wortartbezeichnungen:

hero|isch [heˈroːɪʃ] *adj.* (*u. adv.*) héroïque(ment); ...
erquick|en [ɛrˈkvɪkən] *v/t.* (*u. v/réfl.*) ⟨*pas de ge-*, h⟩ (se) rafraîchir; (se) revigorer; ...

Gewöhnlich sind die durch Anhängung einer Endung an das Maskulinum gebildeten Feminina in dieser Weise behandelt:

Arbeiter|(**in**) ['arbaɪtər(ɪn)] *m* ⟨~**s**; ~⟩ (*f*) ⟨~; ~**nen**⟩ ...

Bei substantivierten Adjektiven beruht die Genusangabe auf der artikellosen bzw. auf der mit dem unbestimmten Artikel verbundenen Form:

Angestellt|**e**(**r**) ['angəˌʃtɛltə(r)] *f*(*m*) ...

°~ °~ Le **cercle sur le tilde** indique que le mot en question prend, contrairement au mot auquel le tilde se rapporte, ou bien une minuscule ou bien une majuscule:

Abwehr ['apveːr] *f* ...; °~**beˌreit** *adj.* ...; ~**ˌdienst** *m* ...; °~**en** *v/t.* ...
ables|bar ['apleːsˌbaːr] *adj.* ...; °~**eˌdatum** *n* ...; °~**eˌfehler** *m* ...
Abend ['aːbənt] *m* ⟨~**s**; ~**e**⟩ soir *m*; *Zeitdauer* soirée *f*; **gestern** °~ hier soir; ...
Bäcker ['bɛkər] *m* ⟨~**s**; ~⟩ boulanger *m*; (*Fein*°~) pâtissier *m*; ...

~̈ Le **tréma sur le tilde simple** indique dans les données grammaticales que le mot allemand remplacé par le tilde prend dans ce cas une inflexion:

Hand [hant] *f* ⟨~; ~̈**e**⟩ ...
alt [alt] **I** *adj.* ⟨~̈**er**, ~̈**est**⟩ ...

- Le **tiret,** à la différence du tilde simple, remplace des parties de mots allemands et français. Il est employé de façon à ce que sa signification soit facile à comprendre dans le contexte:

heureux, -euse
Ablaß ['aplas] *m* ⟨**-sses**; **-lässe**⟩ ...
Akzept ...; °~**abel** [-'taː-] *adj.* ⟨**-bl-**⟩ ...

() Les **parenthèses** renferment

a) des parties supplémentaires de mots ou de locutions qui facultativement ou selon les circonstances peuvent être employées ou non:

feig(**e**) [faɪk, 'faɪgə] ...
Aal [aːl] *m* ⟨~(**e**)**s**; ~**e**⟩ ...
enteilen ... *v/i.* ... (s'en)fuir ...
Fach ...; ~**arzt** *m* (médecin *m*) spécialiste *m*; ...
kochen ... *v/t.* ... *Speisen* (faire) cuire; ...

b) des formes de mots rattachées à d'autres mots et reprises analoguement, le genre ou la catégorie correspondants étant placés aussi entre parenthèses:

hero|isch [heˈroːɪʃ] *adj.* (*u. adv.*) héroïque(ment); ...
erquick|en [ɛrˈkvɪkən] *v/t.* (*u. v/réfl.*) ⟨*pas de ge-*, h⟩ (se) rafraîchir; (se) revigorer; ...

Les féminins formés en ajoutant une terminaison au masculin sont traités habituellement de cette façon:

Arbeiter|(**in**) ['arbaɪtər(ɪn)] *m* ⟨~**s**; ~⟩ (*f*) ⟨~; ~**nen**⟩ ...

L'indication du genre des adjectifs substantivés repose sur la forme sans article ou bien sur celle reliée à l'article indéfini:

Angestellt|**e**(**r**) ['angəˌʃtɛltə(r)] *f*(*m*) ...

Nach dem Vorbild der Maskulina und Feminina sind auch andere Zusammenfassungen aufgebaut:

Aphel(ium) [a'fe:l(i·ʊm)] *n* ⟨~s; ~e⟩ (*n*) ⟨~s; -ien⟩ *astr.* aphélie *m.*

Espresso(-Bar) [ɛs'prɛso·(ˌbɑ:r)] *m* ⟨~(s); ~s *od.* -ssi⟩ (*f*) (bar *m*) espresso *m.*

Werden solche Zusammenfassungen getrennt, so wird das Divis in die Klammer hineingenommen:

Apath|ie [apa'ti:] *f* ⟨~⟩ apathie *f*; **2isch** [-'pɑ:-] *adj.* (*u. adv.*) apathique (-ment).

Haus ...; ~brand (-ˌ**kohle**) *m*(*f*) ...

c) unfeste Endungen deutscher Stichwörter:

aufständisch ...; 2e(r) *m* ⟨→ **A**⟩ insurgé *m*; **die ~n übernahmen die Macht** ...

Die eingeklammerte Endung zählt nicht, wenn das Stichwort in den Wendungen durch die einfache Tilde ersetzt wird.

d) den bei der Trennung auftretenden dritten Konsonanten zusammengesetzter deutscher Stichwörter:

Krepp ...; ~(p)aˌpier *n* ...; **2ˌartig** *adj.* ...

Der eingeklammerte Konsonant zählt nicht für die alphabetische Reihenfolge der Stichwörter.

e) bei Verweisen auf eine Redewendung die zum Nachschlagen entbehrlichen Teile dieser Wendung:

heim|dürfen ...; ~isch ... ~ sein ... *cf. auch* **(zu) Haus(e sein)**; ...

f) erklärende Synonyme zu deutschen Stichwörtern:

Achtung ... 1. (*Aufmerksamkeit*) ... **2.** (*Respekt*) ...

Hinweise auf Sachgebiete stehen dagegen nicht in Klammern:

Kanon ... *mus.*, *égl. cath.*, *Kunst*, (*Richtschnur*) ...

g) ergänzende Angaben zur Rektion und zur Bedeutung, Hinweise auf Abkürzungen usw.:

entschädigen ... dédommager (für de); *in Geld* indemniser (de); ...

klösterlich ... monastique (*auch fig.*); ...

Kubik ...; ~ˌmeter *m, n* (*abr.* **m³, cbm**) mètre *m* cube (*abr.* m³); ...

Außerdem werden runde Klammern innerhalb von eckigen oder spitzen Klammern verwendet.

[] Die **eckigen Klammern** schließen die phonetische Umschrift ein:

Aal [ɑ:l] *m* ⟨~(e)s; ~e⟩ *zo.* anguille [-gij] *f*; ...

D'autres mots ont été accolés sur le modèle des masculins et féminins:

Aphel(ium) [a'fe:l(i·ʊm)] *n* ⟨~s; ~e⟩ (*n*) ⟨~s; -ien⟩ *astr.* aphélie *m.*

Espresso(-Bar) [ɛs'prɛso·(ˌbɑ:r)] *m* ⟨~(s); ~s *od.* -ssi⟩ (*f*) (bar *m*) espresso *m.*

Si de telles formes viennent à être séparées, le tiret est pris dans la parenthèse:

Apath|ie [apa'ti:] *f* ⟨~⟩ apathie *f*; **2isch** [-'pɑ:-] *adj.* (*u. adv.*) apathique (-ment).

Haus ...; ~brand (-ˌ**kohle**) *m*(*f*) ...

c) des terminaisons non fixes de mots allemands:

aufständisch ...; 2e(r) *m* ⟨→ **A**⟩ insurgé *m*; **die ~n übernahmen die Macht** ...

La terminaison entre parenthèses ne compte pas quand le mot est remplacé par un tilde simple dans des locutions.

d) la troisième consonne identique qui réapparait dans la coupure des mots composés allemands:

Krepp ...; ~(p)aˌpier *n* ...; **2ˌartig** *adj.* ...

La consonne entre parenthèses ne compte pas dans l'ordre alphabétique des mots allemands.

e) les parties d'une locution accompagnant le mot de référence, quand il s'agit d'un renvoi à une locution:

heim|dürfen ...; ~isch ... ~ sein ... *cf. auch* **(zu) Haus(e sein)**; ...

f) des synonymes expliquant les mots allemands:

Achtung ... 1. (*Aufmerksamkeit*) ... **2.** (*Respekt*) ...

Par contre, les indications de domaines ne sont pas entre parenthèses:

Kanon ... *mus.*, *égl. cath.*, *Kunst*, (*Richtschnur*) ...

g) des données supplémentaires concernant la construction et la signification, des indications sur les abréviations, etc.:

entschädigen ... dédommager (für de); *in Geld* indemniser (de); ...

klösterlich ... monastique (*auch fig.*); ...

Kubik ...; ~ˌmeter *m, n* (*abr.* **m³, cbm**) mètre *m* cube (*abr.* m³); ...

Les parenthèses sont de plus employées à l'intérieur de crochets ou de parenthèses angulaires.

[] Les **crochets** enserrent la transcription phonétique:

Aal [ɑ:l] *m* ⟨~(e)s; ~e⟩ *zo.* anguille [-gij] *f*; ...

Daneben finden sie innerhalb von runden Klammern Verwendung:

herab ...; ~ₗ**springen** *v/i.* ... sauter (von de [sur] qc.); ...

<> Die **spitzen Klammern** enthalten die grammatischen Angaben zu den deutschen Stichwörtern:

abliefern ... *v/t.* <-(e)re, *sép.*, -ge-, h> ...

; Der **Strichpunkt** kennzeichnet das Ende einer Übersetzung sowie, innerhalb eines durch die Tilde zusammengefaßten Wortblocks, das Ende eines Stichwortartikels:

Aufstand ... soulèvement *m*; révolte *f*; insurrection *f*; ...

, Das **Komma** steht, wenn mehrere Übersetzungen eines gemeinsamen Elementes wegen zusammengefaßt sind:

Hausherr ... maître *m* de (la) maison, de céans; ...

humpeln ... boiter; aller, entrer, *etc.* en boitant; ...

gelangen ... parvenir, arriver, accéder (à); ...

'h **h aspiré**
['] **Hauptakzent**
[ˌ] **Nebenakzent**
} s. II. Aussprachebezeichnung

→A s. III. Grammatische Hinweise

3. Alphabetische Reihenfolge

Die deutschen Stichwörter sind streng alphabetisch geordnet (mit Ausnahme mancher Feminina auf -in, die der maskulinen Form angehängt sind, wenn sich auch in der Übersetzung Maskulinum und Femininum zusammenfassen lassen).

Die Umlaute ä, ö, ü sind hierbei den Buchstaben a, o, u gleichgestellt. Auch unregelmäßige Verbformen und orthographische Varianten sind, mit einem Verweis auf das betreffende Grundwort versehen, an ihrer alphabetischen Stelle aufgeführt.

Umfaßt ein Stichwortartikel eine größere Zahl von Redewendungen, so sind auch diese nach den in ihnen enthaltenen Substantiven, Verben usw. alphabetisch geordnet, falls sich nicht auf natürliche Weise andere Kriterien der Zusammenfassung ergeben.

Geographische Namen, Personennamen und **Abkürzungen** sind in gesonderten Verzeichnissen im Anhang zusammengestellt. Dagegen sind die Namen von Sternen, Kunstwerken usw. im Hauptteil behandelt.

4. Rechtschreibung

Für das deutsche Sprachmaterial wurden die Richtlinien des Duden zugrunde gelegt. Die französische Rechtschreibung folgt dem Vorbild der Wörterbücher von Larousse, Robert und Quillet.

Ils sont de plus employés à l'intérieur de parenthèses:

herab ...; ~ₗ**springen** *v/i.* ... sauter (von de [sur] qc.); ...

<> Les **parenthèses angulaires** renferment les données grammaticales concernant les mots allemands:

abliefern ... *v/t.* <-(e)re, *sép.*, -ge-, h> ...

; Le **point virgule** marque la fin d'une traduction. Il sert également à séparer les mots allemands groupés dans un article:

Aufstand ... soulèvement *m*; révolte *f*; insurrection *f*; ...

, La **virgule** est employée quand plusieurs traductions comprenant un même élément sont réunies:

Hausherr ... maître *m* de (la) maison, de céans; ...

humpeln ... boiter; aller, entrer, *etc.* en boitant; ...

gelangen ... parvenir, arriver, accéder (à); ...

'h **h aspiré**
['] **accent principal**
[ˌ] **accent secondaire**
} voir II. Signes phonétiques

→A voir III. Indications grammaticales

3. Ordre alphabétique

L'ordre alphabétique des mots allemands a été suivi rigoureusement (à l'exception de certains féminins en -in rattachés aux masculins quand dans la traduction le masculin et le féminin se laissent également accoler).

Les voyelles infléchies ä, ö, ü sont traitées comme les voyelles simples a, o, u. Les formes irrégulières des verbes ainsi que les variantes orthographiques sont à leur place dans l'ordre alphabétique et sont suivies d'un renvoi au mot de base correspondant.

Si un mot est suivi d'un assez grand nombre de locutions, celles-ci sont aussi rangées dans l'ordre alphabétique d'après les substantifs, les verbes, etc. qu'elles contiennent, à moins qu'il n'y ait d'autres critères plus évidents pour les grouper.

Les **noms géographiques,** les **noms de personnes** et les **abréviations** sont réunis dans des listes séparées dans l'Appendice. Par contre, les noms d'étoiles, d'œuvres d'art, etc. sont traités dans la partie principale.

4. L'orthographe

Les directives du «Duden» ont été observées pour le vocabulaire allemand. L'orthographe française suit l'exemple des dictionnaires Larousse, Robert et Quillet.

Mußte ein mit Bindestrich geschriebenes französisches Wort an der Stelle des Bindestriches getrennt werden, so wurde der Bindestrich zu Anfang der folgenden Zeile wiederholt:

Bade|ofen ['baːdəˌʔoːfən] *m* chauffe-
-bain *m*; chauffe-eau *m*; ...

5. Unterteilung der Stichwortartikel

Die **arabischen Ziffern** bezeichnen die verschiedenen Bedeutungen eines deutschen Stichwortes. Sie stehen fortlaufend und unabhängig von den römischen Ziffern.

Bei weiteren Bedeutungsdifferenzierungen innerhalb der arabischen Ziffern oder bei sonst notwendig werdenden Unterteilungen werden **kleine Buchstaben** verwendet.

Die **römischen Ziffern** kennzeichnen die verschiedenen Wortarten, denen ein Stichwort angehört. Nur die Unterteilung in Adjektiv und Adverb, die meist keiner weiteren Untergliederung bedarf, erfolgt durch arabische Ziffern.

Mit **Exponenten** werden verschiedene Wörter gleicher Schreibung (Homonyme, Homogramme) versehen (z. B. **Band**[1], **Band**[2], **Band**[3]).

6. Französische Übersetzung des deutschen Stichwortes

Die französischen Übersetzungen sind so angeordnet, daß die am meisten gebräuchlichen Wörter und Wendungen an erster Stelle stehen. Mehrere Übersetzungsmöglichkeiten werden gewöhnlich durch erklärende Zusätze und Anwendungsbeispiele differenziert. Besitzt das Französische keine Entsprechung für ein deutsches Wort, so wurde eine Erklärung gegeben, die so abgefaßt ist, daß sie nötigenfalls als Übersetzung in einen laufenden Text eingebaut werden kann. Bei zahlreichen meist von Verben abgeleiteten deutschen Substantiven wurde durch den Hinweis *verbal* die Übersetzungsmöglichkeit durch das betreffende Verbum bzw. durch einen ganzen Satz angedeutet.

Bei den französischen Adjektiven ist stets die weibliche Form hinzugefügt, wenn sie nicht durch einfache Anhängung von -e gebildet wird (gentil, -lle; ancien, -nne usw.). Weitere grammatische Hinweise zu den französischen Wörtern werden nur gegeben, wenn dies für deutsche Benutzer nützlich erscheint (z. B. unregelmäßige Plurale, *inv.* bei Unveränderlichkeit). Diese Hinweise stehen in runden Klammern hinter dem betreffenden Wort.

7. Genus- und Wortartbezeichnung

Hinter jedem deutschen Stichwort ist das Genus (*m, f, n*) bzw. die Wortart (*adj., v/t., prép.* usw.) angegeben. Sind Adjektive der gleichen Übersetzung wegen zusammengefaßt, so steht die Wortartbezeichnung nur hinter dem letzten.

Hinter jedem französischen Substantiv ist das Genus angegeben, falls es nicht aus dem Kontext (Adjektiv, Partizip, Artikel) hervorgeht.

Quand un mot composé français s'écrivant avec un trait d'union a dû être séparé à l'endroit de ce trait d'union, ce dernier a été répété à la ligne suivante:

Bade|ofen ['baːdəˌʔoːfən] *m* chauffe-
-bain *m*; chauffe-eau *m*; ...

5. Division de l'article

Les **chiffres arabes** désignent les différentes acceptions d'un mot allemand. Ils se succèdent indépendamment des chiffres romains.

Les **minuscules** sont employées pour marquer d'autres différenciations de sens à l'intérieur des chiffres arabes, ou bien pour d'autres divisions indispensables.

Les **chiffres romains** indiquent les différentes catégories auxquelles appartient un mot. Seule la division en adjectif et adverbe se fait par des chiffres arabes, car en général il n'y a pas besoin de sous-division.

Les mots différents ayant la même orthographe (homonymes, homographes) prennent un **exposant** (par ex. **Band**[1], **Band**[2], **Band**[3]).

6. Traduction française du mot allemand

Les traductions françaises sont rangées de telle façon que les mots et locutions les plus courants se trouvent au début. Quand il y a plusieurs possibilités de traduction, elles sont différenciées d'habitude par des exemples montrant l'emploi ou par des additions explicatives. Quand il n'y a pas d'équivalent français pour un mot allemand, une explication a été donnée qui est rédigée de telle façon qu'il est possible, en cas de besoin, de l'intégrer comme traduction dans un contexte. De nombreux substantifs allemands, pour la plupart dérivés de verbes, sont suivis de l'indication *verbal* signifiant que l'on peut traduire par le verbe correspondant ou bien par toute une phrase.

La forme féminine est toujours donnée après les adjectifs français à moins qu'elle ne se fasse simplement en ajoutant -e (gentil, -lle; ancien, -nne, etc.). De plus amples informations grammaticales concernant les mots français n'ont été données que lorsqu'elles ont paru utiles pour le lecteur allemand (par ex. pluriels irréguliers, *inv.* quand il y a invariabilité). Ces indications sont entre parenthèses après le mot concerné.

7. Indication du genre et de la catégorie des mots

Chaque mot allemand est suivi de son genre si c'est un substantif (*m, f, n*) ou de sa catégorie (*adj., v/t., prép.,* etc.). Quand des adjectifs sont réunis parce qu'ils ont une même traduction, l'indication de catégorie se trouve uniquement après le dernier adjectif.

Le genre des substantifs français est donné après chacun d'eux à moins qu'on ne puisse le déduire du contexte (par l'adjectif, le participe, l'article).

8. Bezeichnung der Sprachgebrauchsebene

Sowohl bei den deutschen Stichwörtern und Redewendungen als auch bei den französischen Übersetzungen ist die von der normalen Hochsprache abweichende Sprachgebrauchsebene vermerkt (F, P, V, *st.s.*, *litt.*, *poét.*, im weiteren Sinne auch *péj.*, *fig.*, *iron.*, *enf.* usw.). Die Bezeichnung der Sprachgebrauchsebene wurde um so strenger durchgeführt, je mehr beim Umgang mit dem betreffenden Vokabular Vorsicht geboten ist, also besonders bei P und V. Es wurde stets versucht, Übersetzungen zu geben, die in der Sprachgebrauchsebene mit dem Deutschen übereinstimmen.

Die Bezeichnungen der Sprachgebrauchsebene sind, außer bei den deutschen Stichwörtern, den betreffenden Wörtern und Wendungen vorangestellt. Den deutschen Stichwörtern sind sie in einer Weise nachgestellt, die ihren Geltungsbereich für das ganze Wort oder nur für bestimmte Bedeutungen erkennen läßt:

futsch [futʃ] F *adj.* perdu; disparu; F fichu; P foutu.

flenn|en ['flɛnən] **I** *v/i.* ⟨h⟩ F (*weinen*) pleurer; P chialer; *um jede Kleinigkeit* F pleurnicher; ...

Flamme ... 1. ...; **2.** *iron. u.* F (*Geliebte*) ...

8. Indication du niveau de style

Le niveau de style, quand il s'éloigne de la langue normale, est donné aussi bien pour les mots allemands et locutions allemandes que pour les traductions françaises: F, P, V, *st.s.*, *litt.*, *poét.*, et par extension aussi *péj.*, *fig.*, *iron.*, *enf.*, etc. L'indication de style a été faite avec d'autant plus de soin que le vocabulaire présenté était d'un emploi délicat, ce qui est surtout le cas de P et V. On a toujours essayé de donner des traductions qui concordent avec le style de l'allemand.

Les indications de style précèdent, sauf en ce qui concerne les mots allemands, les mots et locutions considérés. Elles suivent les mots allemands de façon à ce que l'on voit si elles s'appliquent à tout le mot ou seulement à certaines acceptions:

futsch [futʃ] F *adj.* perdu; disparu; F fichu; P foutu.

flenn|en ['flɛnən] **I** *v/i.* ⟨h⟩ F (*weinen*) pleurer; P chialer; *um jede Kleinigkeit* F pleurnicher; ...

Flamme ... 1. ...; **2.** *iron. u.* F (*Geliebte*) ...

9. Bezeichnung des Sachgebietes

Stichwörter, die einem besonderen Sachgebiet angehören, sind entsprechend gekennzeichnet (*techn.*, *jur.*, *Sport* usw.). Die Bezeichnung des Sachgebiets steht unmittelbar vor der betreffenden Übersetzung, in einem durch arabische Ziffern aufgegliederten Stichwortartikel nach der betreffenden Bedeutungsziffer oder, falls sie sich auf den ganzen Artikel bezieht, vor der ersten Bedeutungsziffer:

Hähnchen ['hɛːnçən] *n* ⟨~s; ~⟩ petit coq; *cuis.* poulet *m.*

Fraktur ... 1. *méd.* ...; **2.** *impr.* ...

Baß ... *mus.* **1.** *Stimme*...; **2.** *Person* ...; **3.** *Instrument* ...

9. Indication du domaine

Les mots qui font partie d'un domaine particulier portent une indication appropriée (*techn.*, *jur.*, *Sport*, etc.). Le domaine est placé immédiatement avant la traduction correspondante; dans un article divisé par des chiffres arabes, il suit le chiffre de la signification correspondante ou bien, s'il se rapporte à l'article entier, il précède le premier chiffre:

Hähnchen ['hɛːnçən] *n* ⟨~s; ~⟩ petit coq; *cuis.* poulet *m.*

Fraktur ... 1. *méd.* ...; **2.** *impr.* ...

Baß ... *mus.* **1.** *Stimme*...; **2.** *Person* ...; **3.** *Instrument* ...

10. Anwendungsbeispiele und Redewendungen

Wo immer nötig und möglich, wird das deutsche Stichwort durch Anwendungsbeispiele in seinen natürlichen Sprachzusammenhang gesetzt, um seinen Verwendungsbereich, seine grammatische Konstruktion, aber auch Übersetzungsmöglichkeiten aufzuzeigen.

Idiomatische Redewendungen sind nur in Ausnahmefällen als solche gekennzeichnet (*loc.*), da sie meist leicht von einfachen Anwendungsbeispielen unterschieden werden können.

Sprichwörter sind dagegen im Deutschen und Französischen stets durch nachgestelltes *prov.* bezeichnet.

Anwendungsbeispiele und Redewendungen stehen hinter den Übersetzungen des deutschen Stichwortes. Die einfache Tilde vertritt dabei das gesamte halbfette Stichwort.

10. Exemples et locutions

Où cela s'est avéré utile et possible, le mot allemand a été replacé dans son contexte habituel à l'aide d'exemples pour montrer sa sphère d'emploi, sa construction grammaticale, et aussi les possibilités de traduction.

Les **tournures idiomatiques** ne sont indiquées comme telles (*loc.*) que dans des cas exceptionnels, car elles sont le plus souvent faciles à distinguer de simples exemples.

Les **proverbes** allemands et français sont par contre toujours suivis de *prov.*

Les exemples et les locutions sont placés après les traductions du mot allemand. Le tilde simple remplace alors tout le mot demi-gras.

11. Hinweise zur Rektion

Der französischen Übersetzung eines transitiven Verbums ist im allgemeinen eine Auswahl von möglichen Objekten vorangestellt:

> **aufgeben** ... *v/t.* ... **1.** *Schularbeiten* ...; *Rätsel* ...; **2.** *Telegramm, Brief etc.* ...; **3.** *Beruf, Stellung, Studium* ...

Auf die unterschiedliche Rektion von Verben im Deutschen und Französischen sowie auf präpositionale Ergänzungen zu Verben, Substantiven und Adjektiven wird in runden Klammern hinter der französischen Übersetzung verwiesen (falls nicht von vornherein der ganze Komplex in Wendungen gefaßt ist). Bezieht sich die Angabe in Klammern auf mehrere vorhergehende Übersetzungen, so sind diese durch Komma (statt durch Strichpunkt) getrennt:

> **helfen** ... *v/i.* ... aider, assister, ... secourir, ... seconder (j-m qn.); ...

II. AUSSPRACHEBEZEICHNUNG

Die Aussprachebezeichnung erfolgt nach den Grundsätzen der „Association Phonétique Internationale". (Vgl. die Übersicht über die Lautschriftzeichen S. XXVIII). Die phonetische Umschrift steht in eckigen Klammern unmittelbar hinter dem betreffenden Wort, also noch vor der Genus- oder Wortartbezeichnung.

Das zu Anfang eines Wortblocks ausgerückte deutsche Stichwort erhält eine vollständige phonetische Umschrift. Bei den übrigen deutschen Stichwörtern innerhalb eines Wortblocks sind verzeichnet

a) Haupt- und Nebenakzente, soweit die Stichwörter nicht durch die Tilde ersetzt sind:

> **Artikul|ation** [arti·ku·latsi·ˈoːn] *f* ⟨~; ~en⟩ *phon.* articulation *f*; **~atiˈonsˌbasis** *f* base *f* d'articulation; ...

b) Abweichungen des Hauptakzentes vom Hauptakzent des ausgerückten Anfangsstichwortes:

> **Aggress|ion** [agrɛsi·ˈoːn] *f* ⟨~; ~en⟩ agression *f*; **≈iv** [-ˈsiːf] *adj.* agressif, -ive; ~**e Haltung** attitude agressive; **~iviˈtät** *f* ⟨~⟩ agressivité *f*; **~or** [-ˈgrɛ-] *m* ⟨~s; -ˈ**oren**⟩ agresseur *m.*

c) Schwierigkeiten der Aussprache:

> **amüs|ant** [amy·ˈzant] *adj.* amusant, plaisant; drôle; **≈eˈment** [-ˈmɑ̃ː, -ˈmaŋ] F *n* ⟨~s; ~s⟩ amusement *m.*

Im übrigen ist die Aussprache der zusammengesetzten deutschen Stichwörter, die innerhalb eines Wortblocks auftreten, unter den einzelnen Wortbestandteilen zu finden. Die Aussprache der geläufigsten Wortendungen ist aus der Übersicht auf S. XXIX ersichtlich.

11. Indications de construction

La traduction française d'un verbe transitif est en général précédée d'un choix de compléments d'objet direct éventuels:

> **aufgeben** ... *v/t.* ... **1.** *Schularbeiten* ...; *Rätsel* ...; **2.** *Telegramm, Brief etc.* ...; **3.** *Beruf, Stellung, Studium* ...

Les constructions de verbes qui diffèrent en allemand et en français ainsi que les prépositions complétant les verbes, substantifs et adjectifs sont indiquées entre parenthèses après la traduction française (à moins que les difficultés n'aient été traitées dès le début par des exemples). Si cette indication entre parenthèses s'applique à plusieurs traductions précédentes, celles-ci sont séparées par une virgule (à la place d'un point virgule):

> **helfen** ... *v/i.* ... aider, assister, ... secourir, ... seconder (j-m qn.); ...

II. SIGNES PHONÉTIQUES

La transcription phonétique suit les principes de l'Association Phonétique Internationale. (Voir le tableau des signes phonétiques p. XXVIII). Elle est placée entre crochets et suit immédiatement le mot en question; elle précède donc l'indication de genre ou de catégorie des mots.

Chaque mot allemand tête d'article reçoit une transcription phonétique complète. Sont indiqués pour les autres mots allemands à l'intérieur de l'article

a) l'accent principal et l'accent secondaire dans la mesure où le mot n'est pas remplacé par le tilde:

> **Artikul|ation** [arti·ku·latsi·ˈoːn] *f* ⟨~; ~en⟩ *phon.* articulation *f*; **~atiˈonsˌbasis** *f* base *f* d'articulation; ...

b) le déplacement de l'accent principal par rapport à celui du mot tête d'article:

> **Aggress|ion** [agrɛsi·ˈoːn] *f* ⟨~; ~en⟩ agression *f*; **≈iv** [-ˈsiːf] *adj.* agressif, -ive; ~**e Haltung** attitude agressive; **~iviˈtät** *f* ⟨~⟩ agressivité *f*; **~or** [-ˈgrɛ-] *m* ⟨~s; -ˈ**oren**⟩ agresseur *m.*

c) les difficultés de prononciation:

> **amüs|ant** [amy·ˈzant] *adj.* amusant; plaisant; drôle; **≈eˈment** [-ˈmɑ̃ː, -ˈmaŋ] F *n* ⟨~s; ~s⟩ amusement *m.*

On trouvera la prononciation complète des mots allemands composés qui figurent à l'intérieur de l'article sous chacun des constituants. Pour la prononciation des terminaisons usuelles consulter le tableau p. XXIX.

Bei den französischen Wörtern ist die Aussprache im allgemeinen nur dort angegeben, wo sie vom Normalfall abweicht oder dem deutschen Benutzer Schwierigkeiten bereitet:

> **Blockade** [blɔ'kɑ:də] *f* ⟨~; ~n⟩ **1.** *milit.*, *écon.* blocus [-ys] *m*; ...

Das h aspiré ist stets durch das Zeichen ‘ angedeutet, falls die Aspiration nicht aus dem vorhergehenden Wort ersichtlich ist:

> **acht ...; ~e** *adj. num. o.* ‘huitième; **der ~, den ~n, am ~n Januar** le huit janvier; ...

III. GRAMMATISCHE HINWEISE

Die grammatischen Hinweise zu den deutschen Stichwörtern stehen in spitzen Klammern hinter der Genus- bzw. Wortartbezeichnung.

1. Bei allen einfachen **Substantiven** ist der Genitiv Singular und — soweit gebräuchlich — der Nominativ Plural angegeben:

> **Aal ...** *m* ⟨**~(e)s; ~e**⟩
> **Gebiß ...** *n* ⟨**-sses; -sse**⟩
> **Güte ...** *f* ⟨**~**⟩

Substantive auf -ie, bei denen das e nur im Plural ausgesprochen wird, erhalten folgende Angabe:

> **Galerie ...** *f* ⟨**~; -ien**⟩

Bei substantivierten Adjektiven wird durch das Zeichen → A auf deren Deklination verwiesen:

> **Angestellte(r) ...** *f(m)* ⟨**→ A**⟩

Zusammengesetzte Substantive ohne grammatische Angaben werden wie das Grundwort dekliniert.

Substantive, die nur im Plural vorkommen, erhalten keine grammatische Angabe.

2. Bei den **Adjektiven** wird der Ausfall von -e-, die Verwandlung von -ß in -ss-, Unregelmäßigkeiten der Steigerung und Unveränderlichkeit angegeben:

> **dunkel ...** *adj.* ⟨**-kl-**⟩
> **kraß ...** *adj.* ⟨**-ss-**⟩
> **alt ...** *adj.* ⟨**~̈er, ~̈est**⟩
> **Wiener ...** *adj.* ⟨*inv.*⟩

3. Bei jedem **Verbum** ist angegeben, ob die zusammengesetzten Zeiten mit „haben“ oder „sein“ gebildet werden:

> **machen ...** *v/t.* ⟨**h**⟩
> **eilen ...** *v/i.* ⟨**sein**⟩

Darüber hinaus erfolgen nur Angaben, wenn das Verbum vom Konjugationsschema des einfachen Zeitwortes (z. B. „legen“) abweicht.

La prononciation des mots français n'a en général été indiquée que si elle diffère de la normale ou si elle présente des difficultés pour le lecteur allemand:

> **Blockade** [blɔ'kɑ:də] *f* ⟨~; ~n⟩ **1.** *milit.*, *écon.* blocus [-ys] *m*; ...

L'h aspiré est indiqué par le signe ‘, à moins qu'on ne puisse le déduire du mot précédent:

> **acht ...; ~e** *adj. num. o.* ‘huitième; **der ~, den ~n, am ~n Januar** le huit janvier; ...

III. INDICATIONS GRAMMATICALES

Les indications grammaticales concernant les mots allemands sont placées dans des parenthèses angulaires après le genre ou la catégorie des mots.

1. Ont été indiqués pour chaque **substantif** simple le génitif singulier et le nominatif pluriel, si ce dernier est utilisé:

> **Aal ...** *m* ⟨**~(e)s; ~e**⟩
> **Gebiß ...** *n* ⟨**-sses; -sse**⟩
> **Güte ...** *f* ⟨**~**⟩

Les substantifs en -ie dont l'e se prononce uniquement au pluriel portent l'indication suivante:

> **Galerie ...** *f* ⟨**~; -ien**⟩

Les adjectifs substantivés sont suivis du signe → A qui renvoie à leur déclinaison:

> **Angestellte(r) ...** *f(m)* ⟨**→ A**⟩

Les substantifs composés qui ne portent pas d'indications grammaticales se déclinent comme le mot déterminé.

Les substantifs qui n'existent qu'au pluriel ne sont pas suivis d'indications grammaticales.

2. Ont été indiqués pour les **adjectifs** la suppression de -e-, le changement de -ß en -ss-, les irrégularités dans les degrés de comparaison et l'invariabilité:

> **dunkel ...** *adj.* ⟨**-kl-**⟩
> **kraß ...** *adj.* ⟨**-ss-**⟩
> **alt ...** *adj.* ⟨**~̈er, ~̈est**⟩
> **Wiener ...** *adj.* ⟨*inv.*⟩

3. Pour chaque **verbe** on a donné l'auxiliaire «haben» ou «sein» qui sert à former les temps composés:

> **machen ...** *v/t.* ⟨**h**⟩
> **eilen ...** *v/i.* ⟨**sein**⟩

D'autres indications n'ont été données que si la conjugaison du verbe diffère de celle du verbe simple (par ex. «legen»).

Verzeichnet sind also

a) der Ausfall von -e- bzw. -es-, der Einschub von -e-, die Umwandlung von -ss- in -ß- bei sämtlichen betreffenden Verben:

handeln ... *v/i.* ⟨-(e)le, h⟩
wandern ... *v/i.* ⟨-(e)re, sein⟩
reisen ... *v/i.* ⟨-(es)t, sein⟩
reden ... *v/t.* ⟨-ete, h⟩
fassen ... *v/t.* ⟨-ßt, h⟩

b) die Grundformen der einfachen starken und unregelmäßigen Verben:

geben ... *v/t.* ⟨gibt, gab, gegeben, h⟩

Bei zusammengesetzten starken Verben wird durch den Hinweis „*irr.*" auf das einfache Verbum verwiesen:

ausgeben ... *v/t.* ⟨*irr.*, *sép.*, -ge-, h⟩

c) die Bildung des Partizips Perfekt ohne die Partikel „ge-" bei allen betreffenden Verben:

entdecken ... *v/t.* ⟨*pas de ge-*, h⟩
organisieren ... *v/t.* ⟨*pas de ge-*, h⟩

d) die Trennbarkeit zusammengesetzter Verben und die daraus resultierende Bildung des Partizips mit zwischengestelltem **„-ge-"** (und damit auch die Zwischenstellung von „zu" beim Infinitiv):

abkaufen ... *v/t.* ⟨*sép.*, -ge-, h⟩

Die Untrennbarkeit ist nur bei Verben angegeben, die mit sowohl trennbaren als auch untrennbaren Partikeln gebildet sind:

'wiederholen ... *v/t.* ⟨*sép.*, -ge-, h⟩
wieder'holen ... *v/t.* ⟨*insép.*, *pas de ge-*, h⟩

4. Bei den **Präpositionen** ist der von ihnen regierte Kasus angegeben:

mit ... *prép.* ⟨*dat.*⟩
auf ... *prép.* ⟨*dat. bzw. acc.*⟩

Ändert sich bei einem Substantiv oder Verb mit der Bedeutung das grammatische Verhalten, so wird bei den einzelnen Bedeutungen meist nur die Abweichung gegenüber der grundsätzlichen grammatischen Angabe zu Anfang des Stichwortes verzeichnet:

Fassung ... *f* ⟨~; ~en⟩ **1.** ...; **2.** ...; **3.** ⟨*pas de pl.*⟩ ...
Wesen ... *n* ⟨~s⟩ **1.** ...; **2.** ⟨*pl.* ~⟩ ...
ausreißen ... **I** *v/t.* ⟨*irr.*, *sép.*, -ge-, h⟩ ...; **II** *v/i.* ⟨sein⟩ ...

Sont donc indiqués:

a) la suppression de -e- ou -es-, l'intercalation de -e-, le changement de -ss- en -ß- pour tous les verbes concernés:

handeln ... *v/i.* ⟨-(e)le, h⟩
wandern ... *v/i.* ⟨-(e)re, sein⟩
reisen ... *v/i.* ⟨-(es)t, sein⟩
reden ... *v/t.* ⟨-ete, h⟩
fassen ... *v/t.* ⟨-ßt, h⟩

b) les formes de base des verbes forts et irréguliers simples:

geben ... *v/t.* ⟨gibt, gab, gegeben, h⟩

Pour les verbes composés forts ou irréguliers l'indication «*irr.*» renvoie au verbe simple:

ausgeben ... *v/t.* ⟨*irr.*, *sép.*, -ge-, h⟩

c) la formation du participe passé sans la particule «ge-» pour tous les verbes concernés:

entdecken ... *v/t.* ⟨*pas de ge-*, h⟩
organisieren ... *v/t.* ⟨*pas de ge-*, h⟩

d) les verbes composés à particule séparable, ainsi que la formation du participe à l'aide du «-ge-» intercalé qui en résulte (et par là même la position intercalaire de «zu» dans l'infinitif):

abkaufen ... *v/t.* ⟨*sép.*, -ge-, h⟩

Le caractère inséparable d'un verbe composé n'a été indiqué que lorsqu'il s'agit d'une particule mixte:

'wiederholen ... *v/t.* ⟨*sép.*, -ge-, h⟩
wieder'holen ... *v/t.* ⟨*insép.*, *pas de ge-*, h⟩

4. Ont été indiqués enfin pour les **prépositions** le ou les cas qu'elles régissent:

mit ... *prép.* ⟨*dat.*⟩
auf ... *prép.* ⟨*dat. bzw. acc.*⟩

Quand les différents sens d'un substantif ou d'un verbe nécessitent d'autres indications grammaticales, seules les modifications par rapport à la première indication grammaticale ont été données:

Fassung ... *f* ⟨~; ~en⟩ **1.** ...; **2.** ...; **3.** ⟨*pas de pl.*⟩ ...
Wesen ... *n* ⟨~s⟩ **1.** ...; **2.** ⟨*pl.* ~⟩ ...
ausreißen ... **I** *v/t.* ⟨*irr.*, *sép.*, -ge-, h⟩ ...; **II** *v/i.* ⟨sein⟩ ...

VERZEICHNIS DER IM WÖRTERBUCH VERWENDETEN ABKÜRZUNGEN

LISTE DES ABRÉVIATIONS EMPLOYÉES DANS LE DICTIONNAIRE

abr. — *abréviation* / Abkürzung
abs. — *absolu, employé d'une façon absolue* / absolut (gebraucht)
abus. — *abusif, abusivement* / fälschlich
acc. — *accusatif* / Akkusativ, Wenfall
adj. — *adjectif* / Adjektiv, Eigenschaftswort
adj. num. c. — *adjectif numéral cardinal* / Kardinal-, Grundzahl
adj. num. o. — *adjectif numéral ordinal* / Ordinal-, Ordnungszahl
adjt. — *adjectivement* / adjektivisch (gebraucht)
adm. — *administration, langue administrative* / Verwaltung(ssprache)
adv. — *adverbe* / Adverb, Umstandswort
advt. — *adverbialement* / adverbial (gebraucht)
agr. — *agriculture* / Landwirtschaft
allg. — allgemein / *en général, généralement*
anat. — *anatomie* / Anatomie
arb. — *arboriculture* / Baumzucht
arp. — *arpentage* / Vermessung(swesen)
art. — *article* / Artikel, Geschlechtswort
astr. — *astronomie* / Astronomie, Sternkunde
aviat. — *aviation* / Flugwesen

bât. — *bâtiment* / Bauwesen
bes. — besonders / *particulièrement*
bibl. — *biblique* / biblisch
biol. — *biologie* / Biologie
bot. — *botanique* / Botanik, Pflanzenkunde
bzw. — beziehungsweise / *ou selon le cas*

cath. — *catholique* / katholisch
cf. — *confer, voir* / siehe unter, vergleiche
ch. — *chasse* / Jagd(ausdruck)
charp. — *charpenterie* / Zimmermannsausdruck
chem. — *chemin de fer* / Eisenbahn
chim. — *chimie* / Chemie
chir. — *chirurgie* / Chirurgie
coll. — *terme collectif* / Kollektivum, Sammelname
com. — *comique* / scherzhaft
comm. — *commerce* / Handel
comp. — *comparatif* / Komparativ
cond. — *conditionnel* / Konditional, Bedingungsform
conj. — *conjonction* / Konjunktion, Bindewort
cord. — *cordonnerie* / Schuhmacherei
cout. — *couture* / Schneiderei
cuis. — *cuisine* / Kochkunst, Küche

dat. — *datif* / Dativ, Wemfall
déf. — *défectif* / unvollständig, defektiv
dim. — *diminutif* / Diminutiv(um), Verkleinerungsform
dipl. — *diplomatie* / Diplomatie

écol. — *langage des écoliers, école* / Schülersprache, Schule
écon. — *économie* / Wirtschaft(skunde)
e-e — eine
égl. — *église* / Kirche
élect. — *électricité* / Elektrizität, Elektrowesen
ellip. — *elliptique(ment)* / elliptisch, unvollständig
e-m — einem
e-n — einen
enf. — *langage des enfants* / Kindersprache
e-r — einer
e-s — eines
esc. — *escrime* / Fechtkunst
etc. — *et cetera* / und so weiter
etw. — etwas

F — *familier, familièrement* / familiär, umgangssprachlich
f — *féminin* / Femininum, weiblich
f/pl. — *féminin pluriel* / Femininum Plural
féod. — *féodalité* / Feudalismus, Lehnswesen
fig. — *figuré* / figürlich, bildlich
fortif. — *fortification* / Befestigungswesen
fut. — *futur* / Futur(um), Zukunft

gén. — *génitif* / Genitiv, Wesfall
géogr. — *géographie* / Geographie, Erdkunde
géol. — *géologie* / Geologie
gr. — *grammaire* / Grammatik, Sprachlehre
gym. — *gymnastique* / Turnen

h — haben
hist. — *histoire, historique* / Geschichte, historisch
hydr. — *hydrodynamique* / Wasserkraft-, Strömungslehre

imp. — *impératif* / Imperativ, Befehlsform
impf. — *imparfait* / Imperfekt(um)
impr. — *imprimerie* / Buchdruckerei
ind. — *indicatif* / Indikativ, Wirklichkeitsform
inf. — *infinitif* / Infinitiv, Grundform des Verbums
insép. — *inséparable* / untrennbar
int. — *interjection* / Interjektion, Ausruf
inv. — *invariable* / unveränderlich
iron. — *ironiquement* / ironisch, spöttisch
irr. — *irrégulier* / unregelmäßig

j — jemand
jard. — *jardinage* / Gartenbau
j-m — jemandem
j-n — jemanden
j-s — jemandes
jur. — *juridique* / juristisch

ling. — *linguistique* / Linguistik, Sprachwissenschaft
litt. — *littéraire* / literarisch
loc. — *locution* / Redensart

m — *masculin* / Maskulinum, männlich
m/pl. — *masculin pluriel* / Maskulinum Plural
mar. — *marine* / Marine
math. — *mathématiques* / Mathematik
méd. — *médecine* / Medizin
métall. — *métallurgie* / Metallurgie, Hüttenwesen
métr. — *métrique* / Verslehre
milit. — *militaire* / Militär(wesen)
mines — Bergbau
minéral. — *minéralogie* / Mineralogie
mot. — *moteur* / Motor
mus. — *musique* / Musik
myth. — *mythologie* / Mythologie

n — *neutre* / Neutrum, sächlich
n/pl. — *neutre pluriel* / Neutrum Plural
nég. — *négation* / Negation, Verneinung
néol. — *néologisme* / Neologismus
nom. — *nominatif* / Nominativ, Werfall

od. — oder / *ou*
opt. — *optique* / Optik

P — *populaire, argot* / populär, derb oder Argot (im Französischen)
p.p. — *participe passé* / Partizip Perfekt, Mittelwort der Vergangenheit
p.pr. — *participe présent* / Partizip Präsens, Mittelwort der Gegenwart
par ex. — *par exemple* / zum Beispiel
par ext. — *par extension* / im weiteren Sinne
part. — *participe* / Partizip, Mittelwort
pas de ge- — *pas de ge- au participe passé* / Partizip Perfekt ohne ge-
path. — *pathologie* / Pathologie
péd. — *pédagogie* / Pädagogik, Erziehungslehre
peint. — *peinture* / Malerei
péj. — *péjoratif* / pejorativ, abschätzig
pfort. — *plus fort* / im verstärkten Sinne
phil. — *philologie* / Philologie, Sprach- und Literaturwissenschaft
philos. — *philosophie* / Philosophie
phm. — *pharmacie* / Pharmazie, Arzneimittelkunde
phon. — *phonétique* / phonetisch, Lautlehre
phot. — *photographie* / Photographie
phys. — *physique* / Physik
phys. atom. — *physique atomique* / Atomphysik
physiol. — *physiologie* / Physiologie, Lehre von den Lebensvorgängen
pl. — *pluriel* / Plural, Mehrzahl
plais. — *plaisamment* / scherzhaft
poét. — *poétique* / poetisch, dichterisch
pol. — *politique* / politisch, Politik
pr. — *pronom* / Pronomen, Fürwort
pr/d. — *pronom démonstratif* / Demonstrativpronomen, hinweisendes Fürwort
pr/i. — *pronom interrogatif* / Interrogativpronomen, fragendes Fürwort
pr/ind. — *pronom indéfini* / Indefinitpronomen, unbestimmtes Fürwort
pr/pers. — *pronom personnel* / Personalpronomen, persönliches Fürwort
pr/poss. — *pronom possessif* / Possessivpronomen, besitzanzeigendes Fürwort
pr/rel. — *pronom relatif* / Relativpronomen, bezügliches Fürwort
prép. — *préposition* / Präposition, Verhältniswort
prot. — *protestant* / protestantisch, evangelisch
prov. — *proverbe, locution proverbiale* / Sprichwort, sprichwörtliche Redensart
psych. — *psychologie* / Psychologie

qn. — *quelqu'un*
qc. — *quelque chose*

rad. — *radio* / Radio, Rundfunk, Funkwesen
rhét. — *rhétorique* / Rhetorik, Redekunst
relig. — *religion* / Religion

sc. — *scientifique* / wissenschaftlich
sculp. — *sculpture* / Bildhauerkunst
s-e — seine
sép. — *séparable* / trennbar
serr. — *serrurerie* / Schlosserei
sg. — *singulier* / Singular, Einzahl
s-m — seinem

s-n	seinen
s-r	seiner
s-s	seines
st. s.	*style soutenu* / gehobener Stil
subj.	*subjonctif* / Konjunktiv, Möglichkeitsform
subst.	*substantif* / Substantiv, Hauptwort
sup.	*superlatif* / Superlativ
techn.	*technique* / Technik
tél.	*téléphone* / Telephon
télév.	*télévision* / Fernsehen
text.	*textiles* / Textilien, Textilindustrie
thé.	*théâtre* / Theater
u.	und / *et*
V	*vulgaire, trivial* / vulgär
v/aux.	*verbe auxiliaire* / Hilfsverb(um), Hilfszeitwort
v/i.	*verbe intransitif* / intransitives Verb(um)
v/imp.	*verbe impersonnel* / unpersönliches Verb(-um)
v/réfl.	*verbe réfléchi* / reflexives Verb(um)
v/t.	*verbe transitif* / transitives Verb(um)
var.	*variable* / veränderlich
verbal	durch eine verbale Konstruktion zu übersetzen / *à traduire par une construction verbale*
vét.	*art vétérinaire* / Tierheilkunde
vit.	*viticulture* / Weinbau
zo.	*zoologie* / Zoologie, Tierkunde
in Zssgn.	in Zusammensetzungen / *dans les composés*

REGELN ZUR AUSSPRACHE DES DEUTSCHEN

RÈGLES POUR LA PRONONCIATION DE L'ALLEMAND

A. 1. L'allemand possède des voyelles longues et brèves (plus exactement: phonèmes vocaliques).

2. Les voyelles brèves des syllabes accentuées et des radicaux inaccentués sont toujours ouvertes:
[ɛ] [œ] [ɪ] [ʏ] [ɔ] [ʊ]

3. Les voyelles longues sont, à l'exception de ä [ɛ:], toujours fermées:
[e:] [ø:] [i:] [y:] [o:] [u:]
exception: [ɛ:]

4. L'a allemand est neutre, c.-à-d. que son timbre, qu'il soit long ou bref, est à égale distance de o et de e. Cependant, dans beaucoup de cas, l'a long s'articule plus vers l'arrière (a semi-vélaire) que l'a bref. Nous indiquons l'a long postérieur (a semi-vélaire) par [ɑ:], l'a bref antérieur (semi-palatal) par [a]. Une différenciation dans la prononciation toutefois n'est pas de rigueur.

5. L'e dans les préfixes be- et ge-, dans les suffixes et terminaisons -el, -eln, -est, -em, -en, -end, -ent, -es, ainsi que -er, -erm, -ern, -ert, -erst* (par ex. Handel, Esel, Fabel, handeln, Atem), et à la fin d'un mot (-e) prend le timbre indéfini d'un son mixte. Il est cependant moins arrondi que l'e muet français:
[ə]
*) voir aussi règle E, 7c

B. L'orthographe allemande suit en partie des principes historiques, en partie des principes phonétiques.

On peut cependant établir des règles selon lesquelles la plus grande partie des mots allemands peuvent être prononcés correctement:

1. Une voyelle est toujours brève si elle est suivie d'une consonne redoublée (par ex. ff, mm, tt, ss) et de ck (qui correspond à kk); elle est le plus souvent brève si elle est suivie de deux consonnes ou plus:
offen ['ɔfən]
lassen ['lasən]
Acker ['akər]
oft [ɔft]
pour ß voir B, 2e

2. Une voyelle est longue

a) dans une syllabe ouverte et accentuée:
Ware ['vɑ:rə]

Si la voyelle est longue dans la forme de base (par ex. sagen, Tag, brav) elle le reste dans les formes fléchies:
sagen ['zɑ:gən]
sagte ['zɑ:ktə]
gesagt [gə'zɑ:kt]
Tag [tɑ:k]
Tags [tɑ:ks]
brav [brɑ:f]
bravste ['brɑ:fstə]

b) si elle est double:
Paar [pɑ:r]

c) si elle est suivie de h (muet):
Bahn [bɑ:n]

d) si elle est suivie d'une consonne simple:
Tag [tɑ:k]

exceptions:	ab [ap]	bis [bɪs]	hin [hɪn]
	in [ɪn]	man [man]	mit [mɪt]
	ob [ɔp]	um [ʊm]	-nis [nɪs]
	ver- [fɛr]	zer- [tsɛr]	
	bin [bɪn]	zum [tsʊm]	das [das]
	an [an]	von [fɔn]	un- [ʊn]
	wes [vɛs]	was [vas]	es [ɛs]
	des [dɛs]	weg [vɛk]	

e) devant ß intervocalique:
grüßen ['gry:sən]

A la fin d'un mot, l'orthographe allemande correcte ne permet pas d'écrire ss, mais toujours ß.

Si la voyelle précédant ce ß final est longue ou brève, on peut le déterminer en formant ou bien le pluriel du substantif en question ou bien le comparatif de l'adjectif; le maintien du ß au pluriel ou au comparatif indique que la voyelle est longue:
Gruß — Grüße
[gru:s] ['gry:sə]
groß — größer
[gro:s] ['grø:sər]

Si le pluriel ou le comparatif s'écrit avec ss, la voyelle est brève aussi bien au singulier et au pluriel qu'au positif et au comparatif:

naß — nässer
[nas] ['nεsər]
Faß — Fässer
[fas] ['fεsər]

f) Comme ch et sch ne peuvent jamais être redoublés, on ne peut pas voir si la voyelle précédant ces groupes de consonnes est longue ou brève. Elle est brève dans la plupart des cas:

Bach [bax]
Wäsche ['vεʃə]

g) Dans les mots composés, les voyelles se prononcent normalement comme dans leurs constituants pris isolément:

bar [bɑːr]
Fuß [fuːs]
barfuß ['bɑːrfuːs]

3. Surtout dans les mots venant du latin et du grec, les voyelles des syllabes ouvertes inaccentuées sont brèves mais fermées. Pour des raisons de clarté, nous les marquons dans la transcription par un demi-allongement pour éviter la prononciation ouverte usuelle pour la plupart des voyelles brèves dans les mots allemands. Dans les mots allemands, les voyelles brèves fermées sont rares et ne se rencontrent en règle générale que dans quelques mots composés:

monoton [mo·no·'toːn]
zufrieden [tsu·'friːdən]
vielleicht [fi·'laɪçt]

C. L'allemand connaît trois diphtongues:

ai, ei, ey [aɪ], au [aʊ], eu, äu, oi [ɔʏ]

Le premier élément de la diphtongue est plus accentué que le second. Le second élément est très ouvert, c.-à-d. que l'u ouvert [ʊ] dans au [aʊ] se rapproche de l'o fermé [o], l'i ouvert [ɪ] dans ai, ei, ey [aɪ] se rapproche de l'e fermé [e], l'[ʏ] ouvert dans äu, eu et oi se rapproche de l'[ø] fermé. Pour cette raison, certains phonéticiens n'écrivent pas [aɪ], [aʊ], [ɔʏ], mais [ae], [ao], [ɔø].

D. Des voyelles nasales ne se rencontrent que dans des mots empruntés au français; normalement elles sont allongées même si elles sont brèves en français. C'est pourquoi nous les transcrivons dans tous les cas de la façon suivante:

[ɑ̃ː] [õː] [ε̃ː]

Dans les mots courants elles sont souvent remplacées aujourd'hui par la voyelle orale correspondante + occlusive nasale [ŋ].

Dans ces cas nous indiquons également la prononciation aujourd'hui usuelle chez la plupart des Allemands, et non seulement celle qu'exigent les livres de règles:

Balkon [bal'kõː, bal'kɔŋ]

E. Voici la description de quelques particularités concernant certaines consonnes allemandes et leur prononciation en fonction de leur place dans le mot.

1. En allemand chaque voyelle accentuée à l'initiale d'un mot est précédée d'un son occlusif de la glotte qu'on appelle aussi *coup de glotte* (en anglais *glottal stop*, en allemand *Kehlkopfverschlußlaut*, *Knacklaut*, *fester Einsatz*); il est très proche du *stød* danois ou du *hamza* arabe.

L'orthographe allemande ne tient pas compte de ce son. S'il est employé à l'intérieur du mot (après les préfixes), nous le marquons dans la transcription par son signe phonétique:

abändern ['apˌˀεndərn]
Verein [fεr'ˀaɪn]

2. L'h se prononce en allemand:

a) à l'initiale d'un mot:

hinein [hɪ'naɪn]
Halt [halt]

b) devant les voyelles accentuées; devant les voyelles faisant partie d'un radical:

Gehalt [gə'halt]
anhalten ['anˌhaltən]

c) dans des mots isolés, surtout dans des mots savants et étrangers:

Uhu ['uːhu·]
Alkohol ['alko·hoːl]
Sahara [za'hɑːra]

dans tous les autres cas l'h est muet:

gehen ['geːən]
sehen ['zeːən]
Ehe ['eːə]

3. p — t — k

En allemand ces occlusives sourdes sont aspirées dans les positions mentionnées ci-dessous, c.-à-d. qu'elles sont suivies d'un souffle qui se fait nettement entendre après l'ouverture brusque du barrage qui le contenait. On parle d'«occlusives» (du latin *occludere* «fermer»), parce que l'émission d'air est arrêtée par une fermeture de l'appareil phonateur (lèvres, langue).

Les aspirées s'emploient:

a) à l'initiale d'un mot si elles sont suivies d'une voyelle ou de l, n, r et v (dans qu):

Pech [p'εç]
Plage ['p'lɑːgə]
Kreis [k'raɪs]
Quelle ['k'vεlə]

b) à l'intérieur d'un mot dans la syllabe accentuée:

ertragen [εr't'rɑːgən]

c) dans les mots étrangers devant une voyelle, aussi en syllabe inaccentuée si elle ne contient pas [ə]:

Krokodil [k'ro·k'o·'diːl]

d) à la fin d'un mot:

Rock [rɔk']

Dans tous les autres cas, ces occlusives ne sont pas du tout ou faiblement aspirées. Dans la transcription, nous ne faisons pas, selon l'usage général, de distinction entre les consonnes aspirées et non aspirées.

4. b — d — g

Ces occlusives sonores se transforment en sourdes à la fin d'un mot et à la fin d'une syllabe quand il s'agit de mots composés; elles se prononcent donc comme p — t — k. Cela s'applique également aux groupes de consonnes -gd-, -bt-, -gt-:

ab [ap]
und [ʊnt]
Weg [ve:k]
ablaufen ['ap,laʊfən]
endgültig ['ɛnt,gʏltɪç]
Jagd [jɑ:kt]
gibt [gi:pt]
gesagt [gə'zɑ:kt]

Quand, dans la conjugaison des verbes en «-igen», le -g- se trouve placé devant une consonne ou à la fin d'un mot, il se prononce [ç], c.-à-d. comme ch dans «ich».

De même dans les adjectifs et noms en «-ig» le -g- se prononce [ç], quand il se trouve placé soit à la fin du mot soit, dans les formes déclinées ou dérivées, devant une consonne; suivi d'une voyelle, il se prononce [g].

befriedigen [bə'fri:dɪgən]
befriedigt [bə'fri:dɪçt]
mutig ['mu:tɪç]
mutigst ['mu:tɪçst]
mutiger ['mu:tɪgər]
König ['kø:nɪç]
Königs ['kø:nɪçs]
Könige ['kø:nɪgə]

«ng» se prononce dans tous les cas comme une simple occlusive nasale [ŋ]:

schlingen ['ʃlɪŋən]
schlingt [ʃlɪŋt]

5. Quand il y a rencontre des mêmes occlusives sourdes appartenant à deux syllabes différentes (par ex. -tt-), on n'en prononce qu'une seule en contenant le souffle plus longtemps. Par exemple dans «Bettuch»: ayant articulé le -t-, on hésite un peu avant d'ouvrir la fermeture pour prononcer le -u- qui suit. Il ne se produit donc qu'une seule explosion suivie d'une aspiration.

Bettuch ['bɛtt'u:x]
Handtuch ['hantt'u:x]

6. Quand une consonne sourde finale est suivie d'une consonne sonore qui marque le début de la syllabe suivante, il n'y a pas d'assimilation, c.-à-d. que ni la consonne sourde finale ne rend la consonne suivante sourde, ni la sonorité de la consonne initiale d'une syllabe n'agit sur la consonne sourde qui termine la syllabe précédente. Les vibrations des cordes vocales commencent immédiatement après l'articulation de la consonne sourde:

Absicht ['apzɪçt]
aussetzen ['aʊs,zɛtsən]

7. L'Allemand cultivé prononce en général trois -r- différents qui sont

a) un -r- uvulaire au début d'une syllabe et immédiatement après une consonne. Il est produit par les vibrations de la luette:
rollen ['rɔlən]
Ware ['vɑ:rə]
schreiben ['ʃraɪbən]

b) un -r- uvulaire presque sans vibrations à la fin d'un mot et devant une consonne:
für [fy:r]
stark [ʃtark]

c) un -r- fortement vocalisé dans le suffixe inaccentué -er:
Lehrer ['le:rər]

Selon l'usage général, nous transcrivons les trois cas par [r].

ÜBERSICHT ÜBER DIE LAUTSCHRIFTZEICHEN

TABLEAU DES SIGNES PHONÉTIQUES

Für das Deutsche / Pour l'allemand

Vokale
Voyelles

[i] mir [mi:r]
[ɪ] in [ɪn]
[e] See [ze:]
[ɛ] Kern [kɛrn]
[ə] Stille ['ʃtɪlə]
[ɑ] Klage ['klɑ:gə]
[a] das [das]
[o] Tor [to:r]
[ɔ] Stock [ʃtɔk]
[u] du [du:]
[ʊ] Hund [hʊnt]
[y] müde ['my:də]
[ʏ] Hütte ['hʏtə]
[ø] Öfen ['ø:fən]
[œ] können ['kœnən]

Diphthonge
Diphtongues

[aʊ] Haus [haʊs]
[aɪ] Schrei [ʃraɪ]
[ɔʏ] Heu [hɔʏ]

Halbvokal
Semi-voyelle

[j] Junge ['jʊŋə]

Konsonanten
Consonnes

[b] bin [bɪn]
[d] die [di:]
[f] für [fy:r]
[g] gut [gu:t]
[h] Hut [hu:t]
[k] kurz [kʊrts]
[l] Licht [lɪçt]
[m] mein [maɪn]
[n] nein [naɪn]
[p] Pause ['paʊzə]
[r] rund [rʊnt]
[s] ist [ɪst]
[ʃ] Schule ['ʃu:lə]
[t] Tisch [tɪʃ]
[v] wo [vo:]
[z] so [zo:]
[ŋ] Klang [klaŋ]
[x] ach [ax]
[ç] ich [ɪç]
[ʒ] Page ['pɑ:ʒə]

[ˀ] bezeichnet den harten Stimmeinsatz wie in: erachten / indique un coup de glotte comme dans: erachten [ɛr'ˀaxtən]

['] bezeichnet den Hauptton / indique l'accent principal

[ˌ] bezeichnet den Nebenton / indique l'accent secondaire

[:] bedeutet, daß der vorausgehende Laut lang ist / allonge le son précédent

[ˑ] bedeutet, daß der vorausgehende Laut halblang ist / indique un demi-allongement du son précédent

Für das Französische / Pour le français

Vokale
Voyelles

[i] il [il]
[e] chez [ʃe]
[ɛ] tête [tɛt]
[ə] le [lə]
[a] sac [sak]
[ɑ] pas [pɑ]
[o] tôt [to]
[ɔ] or [ɔ:r]
[u] nous [nu]
[y] tu [ty]
[ø] peu [pø]
[œ] seul [sœl]

Nasale
Nasales

[ɛ̃] pain [pɛ̃]
[ɑ̃] en [ɑ̃]
[õ] on [õ]
[œ̃] un [œ̃]

Halbvokale
Semi-voyelles

[j] yeux [jø]
[ɥ] huile [ɥil]
[w] poix [pwa]

Konsonanten
Consonnes

[b] bon [bõ]
[d] dur [dy:r]
[f] feu [fø]
[g] grand [grɑ̃]
[k] car [ka:r]
[l] long [lõ]
[m] mon [mõ]
[n] ne [nə]
[p] pour [pu:r]
[r] rond [rõ]
[s] son [sõ]
[ʃ] chou [ʃu]
[t] ton [tõ]
[v] vert [vɛ:r]
[z] rose [ro:z]
[ʒ] je [ʒə]
[ɲ] campagne [kɑ̃paɲ]
[ŋ] camping [kɑ̃piŋ]

[:] bedeutet, daß der vorhergehende Laut lang ist / allonge le son précédent

AUSSPRACHE DER DEUTSCHEN ENDUNGEN

PRONONCIATION DES TERMINAISONS ALLEMANDES

Endung Terminaison	Aussprache[1]) Prononciation[2])	Beispiel Exemple	Endung Terminaison	Aussprache[1]) Prononciation[2])	Beispiel Exemple
-bar	[-bɑːr]	dankbar	**-ität**	[-i·ˈtɛːt]	Realität
-chen	[-çən]	Freundchen	**-keit**	[-kaɪt]	Kindlichkeit
-e	[-ə]	Dichte	**-kratie**	[-kraˈtiː]	Demokratie
-ei	[-aɪ]	Fischerei	**-lei**	[-ˈlaɪ]	viererlei
-en	[-ən]	danken	**-lein**	[-laɪn]	Kindlein
-end	[-ənt]	dankend	**-lich**	[-lɪç]	kindlich
-er	[-ər]	Planer	**-ling**	[-lɪŋ]	Findling
-eur	[-øːr]	Konstrukteur	**-lings**	[-lɪŋs]	rücklings
-gen	[-ˈgeːn]	photogen	**-logie**	[-lo·ˈgiː]	Astrologie
-graph	[-ˈgrɑːf]	Photograph	**-los**	[-loːs]	erfolglos
-graphie	[-graˈfiː]	Photographie	**-losigkeit**	[-loːzɪçkaɪt]	Erfolglosigkeit
-haft	[-haft]	bildhaft	**-metrie**	[-me·ˈtriː]	Photometrie
-haftigkeit	[-haftɪçkaɪt]	Bildhaftigkeit	**-nis**	[-nɪs]	Erfordernis
-heit	[-haɪt]	Geradheit	**-oid**	[-o·ˈiːt]	mongoloid
-ier	[-i·ˈeː]	Bankier	**-sal**	[-zɑːl]	Rinnsal
-ieren	[-iːrən]	buchstabieren	**-sam**	[-zɑːm]	mühsam
-ig	[-ɪç]	findig	**-schaft**	[-ʃaft]	Hundertschaft
-igkeit	[-ɪçkaɪt]	Findigkeit	**-st**	[-st]	hundertst
-ik	[-ɪk]	Belletristik	**-stel**	[-stəl]	Hundertstel
-in[1]	[-ɪn]	Königin	**-tion**	[-tsi·ˈoːn]	Kontraktion
-in[2]	[-iːn]	Insulin	**-tum**	[-tuːm]	Königtum
-isch	[-ɪʃ]	kindisch	**-um**	[-ʊm]	Praktikum
-isieren	[-i·ˈziːrən]	realisieren	**-us**	[-ʊs]	Kursus
-ismus	[-ɪsmʊs]	Realismus	**-ung**	[-ʊŋ]	Besoldung
-ist	[-ɪst]	Realist	**-wärts**	[-vɛrts]	einwärts

[1]) Die Betonung der Endungen ist von der Bildung und Zusammensetzung des einzelnen Wortes abhängig; sie wird deshalb im Hauptteil in jedem einzelnen Fall verzeichnet.

[2]) La formation et la composition du mot individuel déterminent l'intensité de l'accent des terminaisons; chaque cas est donc traité individuellement dans la partie dictionnaire.

DEUTSCH-FRANZÖSISCHES WÖRTERVERZEICHNIS

DICTIONNAIRE ALLEMAND-FRANÇAIS

Die Nennung von Waren erfolgt in diesem Werk, wie in Nachschlagewerken üblich, ohne Erwähnung etwa bestehender Patente, Gebrauchsmuster oder Warenzeichen. Das Fehlen eines solchen Hinweises begründet also nicht die Annahme, eine Ware oder ein Warenname sei frei.

Comme dans toutes les encyclopédies, la nomenclature des produits commerciaux figure dans le présent ouvrage sans indication des brevets, marques, modèles ou noms déposés. L'absence d'une précision de ce genre ne doit pas incliner à penser que tel produit commercial, ou que le nom qui le désigne, soit dans le domaine public.

A

A, a [ɑː] *n* ⟨~; ~⟩ **1.** A, a *m*; **das A** l'a [lə ɑ, lɑ]; **von A bis Z** du commencement à la fin; de(puis) A (jusqu')à Z; **von A bis Z erfunden** inventé de toutes pièces; **(das ist) das A und (das) O** (voilà) l'essentiel, le plus important, l'alpha et l'oméga; **wer A sagt, muß auch B sagen** *prov.* (quand) le vin est tiré, il faut le boire *prov.*; **2.** *mus.* la *m*; **das A angeben** donner le la; **3.** *bei Hausnummern* bis; **8 a** 8 bis; **4.** F **Ia** [ains ɑː] de première qualité; excellent.

à [a] *prép.* ⟨*nom.*⟩ *comm.* à; **zehn Briefmarken ~ zwanzig Pfennig** dix timbres à vingt pfennigs.

Ä, ä [ɛː] **I** *n* ⟨~; ~⟩ A, a infléchi; **II** *int. Ekel* pouah!; fi!

Aa [aˈʔa] *n* ⟨~⟩ *enf.* caca *m*; **~ machen** faire caca; faire son (petit) caca.

Aachener|(in) [ˈɑːxənər(ɪn)] **I** *m* ⟨~s; ~⟩ *(f)* ⟨~; ~nen⟩ habitant(e) *m (f)* d'Aix-la-Chapelle; **II ~** *adj.* ⟨*inv.*⟩ d'Aix-la-Chapelle.

Aal [ɑːl] *m* ⟨~(e)s; ~e⟩ *zo.* anguille [-gij] *f*; *cuis.* **geräucherter ~** anguille fumée; **~ blau** anguille au bleu; *fig.* **sich winden wie ein ~** essayer d'échapper à une situation pénible, fâcheuse; **glatt wie ein ~** *cf.* **2glatt**; **2ˌähnlich** *adj.* semblable à, qui ressemble à une anguille; **~art** *f* espèce *f* d'anguille; **2ˌartig** *adj. cf.* 2ähnlich; **~beˌhälter** *m* anguillère *f*; vivier *m* à anguilles; **~brut** *f* alevin *m* d'anguille; **2en** *v/réfl.* ⟨h⟩ F **sich ~** se prélasser; *in der Sonne auch* faire le lézard; **~fang** *m* pêche *f* aux anguilles; **~ˌfänger** *m* ⟨~s; ~⟩ pêcheur *m* d'anguilles; **2ˌförmig** *adj.* anguilliforme; **2glatt** *adj. fig.* souple; **~ sein** glisser entre les doigts comme une anguille; être glissant comme une anguille; **~haut** *f* peau *f* d'anguille; **~ˌkasten** *m*, **~ˌkiste** *f cf.* ~behälter; **~korb** *m cf.* ~reuse; **~ˌlarve** *f* larve *f* d'anguille; **~ˌleiter** *f* échelle *f* à anguilles; **~molch** *m zo.* amphiume *f, m*; **~ˌmutter** *f zo.* zoarcès [-ɛs] *m*; **~ˌquappe** *f zo.* lotte *f*; **~ˌreuse** *f* bosselle *f*; nasse *f* à anguilles; **~strich** *m bei Pferden, Eseln etc.* raie *f* de mulet; **~ˌsuppe** *f cuis.* soupe *f* à l'anguille; **~teich** *m* anguillère *f*; étang *m* à anguilles; **~ˌtierchen** *n/pl. zo.* anguillules *f/pl.*

Aar [ɑːr] *m* ⟨~(e)s; ~e⟩ *poét.* (*Adler*) aigle *m*; **~ˌgauer(in)** *m* ⟨~s; ~⟩ *(f)* ⟨~; ~nen⟩ Argovien, -nne *m, f*; **2ˌgauisch** *adj.* argovien, -nne.

Aas [ɑːs] *n* ⟨~es⟩ **1.** charogne *f*; cadavre *m*; *bibl.* **wo aber ein ~ ist, da sammeln sich die Adler** où que soit le cadavre, là se rassembleront les vautours; **2.** ⟨*pl.* F **Äser**⟩ *fig. u.* P (*gemeiner Mensch*) sale bête *f*; crapule *f*; *pfort.* charogne *f*; canaille *f*; **so ein (freches) ~!** une telle, pareille crapule, *etc.*!; **ein kleines ~ sein** être une (petite) gale, peste; être une petite crapule; **kein ~ kommt, läßt sich sehen** pas un chat ne vient, ne se laisse voir; **~ˌblume** *f bot.* (*Stapelie*) stapélie *f*; (*Arum*) arum [-ɔm] tacheté; **2en I** *v/i.* ⟨~(es)t, h⟩ F **mit etw. ~** gaspiller qc.; **mit s-m Geld ~** dissiper, gaspiller son argent; dépenser son argent avec prodigalité; **mit s-n Kräften, mit s-r Gesundheit ~** abuser de sa santé; ruiner sa santé; F brûler la chandelle par les deux bouts; **II ~en** *n* ⟨~s⟩ gaspillage *m*; *mit Geld auch* dissipation *f*; *mit s-n Kräften etc. verbal*; **~ˌfliege** *f zo.* mouche *f* à viande; mouche bleue; **2ˌfressend** *adjt.* vivant, se nourrissant de charogne; **~ˌfresser** *m* ⟨~s; ~⟩ animal *m* qui se nourrit, vit de charogne; **~ˌgeier** *m* **1.** *zo.* poule *f* de pharaon; *sc.* percnoptère *m*; **2.** *fig. u.* F (*Ausbeuter*) exploiteur *m*; profiteur *m*; **~geˌruch** *m*, **~geˌstank** *m* puanteur, odeur cadavéreuse; odeur *f* de charogne, de cadavre, de putréfaction; **~ˌkäfer** *m/pl. zo.* silphidés *m/pl.*; **~ˌkrähe** *f zo.* (*Rabenkrähe*) corneille noire; **~ˌpflanze** *f cf.* ~blume; **~ˌseite** *f Gerberei* côté *m* chair.

ab [ap] *adv. u. prép.* ⟨*dat.*⟩ **1.** *räumlich* **weit ~ von** (très) loin de; **einige Schritte vom Wege ~** à quelques pas du chemin; **von hier ~** à partir d'ici; *comm.* **~ hier** pris ici; pris sur place, chez moi (nous, *etc.*); **~ Hamburg** pris à, depuis Hambourg; **~ Bahnhof** pris à la gare; **~ Werk, Fabrik** départ (de l')usine; pris à l'usine; **~ Lager** départ magasin; pris au magasin, au dépôt, à l'entrepôt, au stock; **Speisewagen ~ Frankfurt** wagon-restaurant à partir de Francfort; **~ Köln war der Zug fast leer** à partir de Cologne le train était presque vide; **auf und ~ gehen** *cf.* **auf II d**); *Aufforderung* **~!** en avant!; allons *bzw.* allez!; partons *bzw.* partez!; en route! (*auch beim Autobus etc.*); **~ durch die Mitte, ~ nach Kassel** *cf.* **Kassel**; **2.** *zeitlich* à partir de; dès; à compter de; **~ morgen, Montag**; **von morgen, von Montag ~** à partir de demain, de lundi; dès demain, lundi; **~ neun Uhr, von neun Uhr ~** à partir de neuf heures; dès neuf heures; **von jetzt ~** à partir de, dès maintenant; dès à présent; à l'avenir; **von da ~** dès lors; *cf. auch* **da 2.**; **~ und zu** *od.* **an** parfois; de temps en temps; quelquefois; de temps à autre; par intermittence; par intervalles; par-ci par-là; de loin en loin; *Fahrplan* **Berlin ~ ...** Berlin départ ...; **3.** F *verkürzend comm.* **hiervon ~ ...** dont sont à déduire...; *thé.* **~** il, elle sort *bzw.* ils, elles sortent; **Hut ~!** chapeau bas (devant qn., qc.)!; *milit.* **Gewehr ~!** reposez armes!; *math.* **von acht drei ~** 'huit moins trois; trois ôté de huit; **der Knopf ist ~** le bouton a sauté, est parti, s'est détaché; *Bleistift* **die Spitze ist ~** la mine est cassée; *fig.* **der Bart ist ~** c'est fini; il n'y a plus rien à faire; **4.** F **~ sein** *cf.* **absein 3.**; **~ haben** *cf.* **abhaben.**

Abakus [ˈɑːbakʊs] *m* ⟨~; ~⟩ *Säulenkapitell* abaque *m* (*auch hist. Rechentafel*).

abänder|lich [ˈapˌʔɛndərˌlɪç] *adj.* modifiable; variable; **~n** *v/t.* ⟨-(e)re, *sép.*, -ge-, h⟩ **1.** *Text, Gesetz etc.* modifier; changer; réformer; *durch Zusätze* amender; *gänzlich* remanier; retoucher; *jur., comm. Schriftstück auch* contre-passer; *Datum* contre-dater; **2.** *cout.* retoucher; (*umarbeiten*) modifier; **2ung** *f* modification *f* (*auch cout.*); changement *m*; réformation *f*; *ergänzende* amendement *m*; *gänzliche* remaniement *m*; (*Überarbeitung*) retouche *f*; *jur., comm. e-s Schriftstückes auch* contre-passation *f*; **an etw. ~en vornehmen** apporter des modifications à qc.; **2ungsˌantrag** *m* (proposition *f* d')amendement *m*; **e-n ~ einbringen** proposer un amendement; **~ungsˌfähig** *adj. cf.* ~lich; **2ungsˌplan** *m* projet *m* de modification, de réforme, de remaniement, d'amendement; **2ungsˌvorschlag** *m cf.* 2ungsantrag.

Abandon [abɑ̃ːˈdɔ̃ː] *m* ⟨~s; ~s⟩ *comm., jur.* abandon *m*; délaissement *m*; **~erˌklärung** *f* déclaration *f* d'abandon; **2nieren** [-dɔˈniː-] *v/t.* ⟨*pas de ge-*, h⟩ abandonner; délaisser.

abängstigen [ˈapˌʔɛŋstɪgən] *v/réfl.* ⟨*sép.*, -ge-, h⟩ F **sich ~** se tourmenter; s'inquiéter; avoir peur.

abarbeit|en [ˈapˌʔarbaɪtən] **I** *v/t.* ⟨-ete, *sép.*, -ge-, h⟩ **s-e Schulden ~** travailler pour s'acquitter de ses dettes; **e-n Vorschuß ~** travailler pour rembourser une avance; **II** *v/réfl.* **sich ~** s'épuiser, se tuer au travail; s'exténuer, F s'éreinter, s'échiner (au travail); **III 2en** *n*, **2ung** *f* ⟨~⟩ *verbal.*

abärgern [ˈapˌʔɛrgərn] *v/réfl.* ⟨-(e)re, *sép.*, -ge-, h⟩ **sich ~** se consumer de dépit.

Abart [ˈapʔɑːrt] *f bot., zo.* variété *f*; **2en** *v/i.* ⟨-ete, *sép.*, -ge-, sein⟩ (*von der Art abweichen*) varier (par rapport à l'espèce); **2ig** *adj.* anomal; **~igˌkeit** *f* ⟨~; ~en⟩ anomalie *f*; **~ung** *f* ⟨~; ~en⟩ variation *f*.

abäst|en ['apˌˀɛstən] **I** *v/t.* ⟨-ete, *sép.*, -ge-, h⟩ *jard. völlig* ébrancher; *teilweise* élaguer; **II** 2**en** *n* ⟨~s⟩, 2**ung** *f* ⟨~⟩ ébranchage *od.* ébranchement *m*; *teilweise* élagage *m*.

Abaton ['aːbatɔn, 'a-] *n* ⟨~s; -ta⟩ *relig.* adyton *m*.

ab|ätzen ['apˌˀɛtsən] **I** *v/t.* ⟨-(es)t, *sép.*, -ge-, h⟩ décaper; *méd.* cautériser; **II** 2ˌ**ätzen** *n*, 2ˌ**ätzung** *f* décapage *m*; *méd.* cautérisation *f*; ~ˌ**backen** *v/t.* ⟨*irr.*, *sép.*, -ge-, h⟩ F *cf.* backen; ~ˌ**balgen** *v/t.* ⟨*sép.*, -ge-, h⟩ *ch.* dépouiller; écorcher; F dépiauter.

Abbau ['apbau] *m* ⟨~(e)s⟩ **1.** *mines* extraction *f*; *von Kohlen am Ort auch* abattage *m*; ~ **über Tage** extraction à ciel ouvert; **2.** *écon.* diminution *f*; réduction *f*; démobilisation *f* (tarifaire); *von Preisen, Löhnen, Personal auch* compression *f*; ~ **der Lagerbestände** diminution, réduction des stocks; ~ **des Personals** réduction, diminution, compression du personnel; **(schrittweiser)** ~ **der Zölle** réduction, diminution, suppression (progressive) des droits de douane; **3.** *e-r Fabrik, Maschine, e-s Lagers etc.* démontage *m*; **4.** *chim.* dégradation *f* (*auch physiol.*); **5.** *der Kräfte* diminution *f*; *der Rechte, e-r Hochdruckzone* réduction *f*; 2**en I** *v/t.* ⟨*sép.*, -ge-, h⟩ **1.** *mines* extraire; *Kohle am Ort auch* abattre; **2.** *écon. Preise, Steuern, Löhne, Personal* diminuer; réduire; comprimer; **die Zölle** ~ réduire, supprimer progressivement les droits de douane; **3.** *Maschine, Fabrik, Lager, Gerüst etc.* démonter; **4.** *chim.* dégrader (*auch physiol.*); **5.** *Vorrechte etc.* réduire; **II** *v/i.* F (*schwach werden*) faiblir; s'affaiblir; (*ohnmächtig werden*) s'évanouir; **III** ~**en** *n cf.* ~; 2ˌ**fähig** *adj. mines* exploitable; susceptible d'être exploité; ~ˌ**feld** *n mines* champ *m* d'exploitation; ~ˌ**förder**ˌ**mittel** *n* engin *m* de desserte; ~**ge**ˌ**rechtigkeit** *f mines* droit *m* d'exploitation; ~**me**ˌ**thode** *f mines* méthode *f*, procédé *m* d'extraction; ~**pro**ˌ**dukt** *n chim.* produit *m* de dégradation; ~ˌ**recht** *n cf.* ~gerechtigkeit; ~ˌ**schacht** *m mines* puits *m* d'extraction; ~ˌ**sohle** *f mines* étage *m* d'extraction; ~ˌ**stoß** *m mines* front *m* de taille; ~ˌ**strecke** *f mines* galerie *f* de taille, de desserte; ~**ver**ˌ**fahren** *n cf.* ~methode; 2ˌ**würdig** *adj. mines* qui vaut la peine d'être exploité; exploitable.

abbeeren ['apˌbeːrən] **I** *v/t.* ⟨*sép.*, -ge-, h⟩ *Johannisbeeren etc.* égrener; égrapper; **II** 2 *n* ⟨~s⟩ égrenage *m*; égrappage *m*.

abbeißen ['apˌbaɪsən] *v/t.* ⟨*irr.*, *sép.*, -ge-, h⟩ arracher, détacher, couper avec les dents; *von Tieren auch* emporter d'un coup de dents; **die Spitze von der Zigarre** ~ couper le bout du cigare avec ses dents; **ein Stück vom Brot** ~ arracher, détacher un morceau de pain avec ses dents; **j-n von etw.** ~ **lassen** laisser qn. goûter de qc.; **beiß mal ab!** goûte!; mords dedans!; *fig.* **sich lieber die Zunge** ~, **als ...** préférer mourir plutôt que de ...

abbeiz|en ['apˌbaɪtsən] **I** *v/t.* ⟨-(es)t, *sép.*, -ge-, h⟩ *Farbe, Rost etc.* enlever avec un décapant; *Tür, Fensterrahmen etc.* décaper; **II** 2**en** *n e-r Tür etc.* décapage *m*; *der Farbe etc. verbal*; 2ˌ**mittel** *n* décapant *m*.

abbekommen ['apbəˌkɔmən] *v/t.* ⟨*irr.*, *sép.*, *pas de ge-*, h⟩ F **1.** *e-n Apfel, ein Stück Kuchen etc.* (en) avoir (qc.); *Regentropfen, Spritzer etc.* recevoir; **er hat nichts (davon)** ~ il n'en a pas eu; il n'a rien eu; F il a fait tintin; **das Haus hat im Kriege etwas** ~ pendant la guerre la maison a reçu une bombe; **s-n Teil von etw.** ~ avoir, recevoir sa part de qc.; *fig.* avoir son compte; **eins** ~ (*Tadel*) en prendre pour son grade; recevoir un savon, une engueulade; **2.** (*losbekommen*) *cf.* abkriegen 3.

abberuf|en ['apbəˌruːfən] *v/t.* ⟨*irr.*, *sép.*, *pas de ge-*, h⟩ *Diplomaten etc.* rappeler; révoquer; **j-n von s-m Posten** ~ relever qn. de son poste, de ses fonctions, *milit. auch* de son commandement; *fig. u. st.s.* **Gott hat ihn** ~, **er wurde aus dem Leben** ~ Dieu l'a rappelé à lui; 2**ung** *f e-s Diplomaten etc.* rappel *m*; révocation *f*; 2**ungs**ˌ**recht** *n* droit *m* de révocation, de rappel; 2**ungs**ˌ**schreiben** *n* lettres *f/pl.* de rappel, de recréance.

abbestell|en ['apbəˌʃtɛlən] *v/t.* ⟨*sép.*, *pas de ge-*, h⟩ décommander; *Ware auch* annuler la commande de; **e-e Zeitung** ~ faire cesser l'abonnement d'un journal; se désabonner d'un journal; 2**ung** *f e-r Zeitung* désabonnement *m*; *sonst verbal*.

abbeten ['apˌbeːtən] *v/t.* ⟨-ete, *sép.*, -ge-, h⟩ dire; *Rosenkranz auch* égrener.

abbetteln ['apˌbɛtəln] *v/t.* ⟨-(e)le, *sép.*, -ge-, h⟩ F **j-m etw.** ~ obtenir qc. de qn. à force de prières, de sollicitations, en quémandant; mendier qc. à qn.

abbezahlen ['apbəˌtsaːlən] **I** *v/t.* ⟨*sép.*, *pas de ge-*, h⟩ finir de payer (qc.); **ich habe mein Radio noch nicht abbezahlt** je n'ai pas encore fini de payer mon poste de radio; **den Schrank müssen wir noch** ~ il faut que l'on finisse de payer l'armoire; **ich muß meine Schulden** ~ il faut que je finisse de payer mes dettes; *vor der Zahlung* il faut que je rembourse mes dettes par versements échelonnés; **II** 2 *n* payement *m* par acomptes, par versements échelonnés; *od. verbal*.

abbiegen ['apˌbiːgən] **I** *v/t.* ⟨*irr.*, *sép.*, -ge-, h⟩ *Gespräch, Streit etc.* détourner; **II** *v/i.* ⟨sein⟩ **nach rechts, links** ~ tourner, obliquer, prendre à droite, à gauche; **in e-e Seitenstraße** ~ prendre une rue latérale; **vom Wege** ~ s'écarter du chemin; **III** 2 *n verbal*.

Abbild ['apbɪlt] *n der Natur, der Wirklichkeit* image *f*; portrait *m*; (*Widerspiegelung*) reflet *m*; **sie ist das** ~ **ihres Vaters** elle est le portrait de son père; **ein schwaches** ~ **früheren Glanzes** un faible reflet de la splendeur passée; 2**en I** *v/t.* ⟨-ete, *sép.*, -ge-, h⟩ reproduire; faire une reproduction (de); **abgebildet sein** être reproduit; *Person* être représenté; **er ist in der Zeitung abgebildet** il y a une photo de lui dans le journal; **II** *v/réfl.* **sich** ~ se marquer; ~**ung** *f* ⟨~; ~en⟩ **1.** illustration *f*; reproduction *f*; image *f*; *in wissenschaftl. Texten* figure *f*; (*Tafel*) planche *f*; *Buch* **mit vielen** ~**en** avec beaucoup d'illustrations, *in Kunstbüchern* de reproductions; **mit** ~**en versehen** illustrer *bzw.* illustré; **ich habe e-e** ~ **davon** j'en ai une reproduction; **in der Zeitung ist e-e** ~ **von ihm** il y a une photo de lui dans le journal; **2.** *opt.* image *f*.

abbimsen ['apˌbɪmzən] *v/t.* ⟨-(es)t, *sép.*, -ge-, h⟩ poncer.

abbind|en ['apˌbɪndən] **I** *v/t.* ⟨*irr.*, *sép.*, -ge-, h⟩ **1.** *Schürze, Krawatte etc.* défaire; **2.** *chir.* ligaturer; **II** *v/i.* *Zement etc.* prendre; **III** 2**en** *n chir.* ligature *f*; *von Zement etc.* prise *f*; *sonst verbal*; 2**epro**ˌ**zeß** *m Zement* processus [-ys] *m* de la prise; 2**e**ˌ**zeit** *f Zement* durée *f* de la prise; temps *m* de prise.

Abbitte ['apˌbɪtə] *f* ~ **leisten, tun** demander pardon (à qn.); *abs.* F faire amende honorable; 2**n** *v/t.* ⟨*irr.*, *sép.*, -ge-, h⟩ **j-m etw.** ~ s'excuser auprès de qn., demander pardon à qn. de qc.

Abblase|druck ['apˌblaːzəˌdrʊk] *m techn.* pression *f* de purge; ~ˌ**hahn** *m techn.* robinet *m* de purge; purgeur *m*; 2**n** *v/t.* ⟨*irr.*, *sép.*, -ge-, h⟩ **1.** *Staub etc.* souffler (qc. de sur qc.); faire disparaître en soufflant; **2.** *Dampf* lâcher; **3.** *Jagd* sonner la fin (de); **4.** F *Veranstaltung etc.* décommander; annuler; ~**ven**ˌ**til** *n techn.* soupape *f* d'évacuation.

abblättern ['apˌblɛtərn] **I** *v/i.* ⟨-(e)re, *sép.*, -ge-, sein⟩ **1.** *bot.* s'effeuiller; **2.** *Lack, Putz etc.* s'écailler; **II** 2 *n* ⟨~s⟩ **3.** *bot.* effeuillaison *f*; **4.** *von Putz, Lack verbal*.

abblend|en ['apˌblɛndən] **I** *v/t.* ⟨-ete, *sép.*, -ge-, h⟩ **1.** *Licht* masquer; voiler; baisser; *Auto* baisser les phares; mettre les feux de croisement; **abgeblendet haben** être en code, en feux de croisement; **2.** *phot.* diaphragmer; *Film* fermer en fondu; **II** 2**en** *n* ⟨~s⟩ *Auto* mise *f* en code, en feux de croisement; *Film* fermeture *f* en fondu; *sonst verbal*; 2ˌ**fußschalter** *m cf.* Fußabblendschalter; 2ˌ**licht** *n* (éclairage *m*) code *m*; feux *m/pl.* de croisement; 2ˌ**schalter** *m allg.* alternateur *m* phare-code, feux de route — feux de croisement; *als Handhebel* manette *f* phare-code, feux de route — feux de croisement; 2**ung** *f cf.* 2en; 2ˌ**vorrichtung** *f* dispositif *m* de code, de feux de croisement.

ab|blitzen ['apˌblɪtsən] *v/i.* ⟨-(es)t, *sép.*, -ge-, sein⟩ F **e-n Liebhaber, e-n Lästigen** ~ **lassen** rabrouer, rebuter, éconduire un amoureux *od.* un prétendant, un importun; **er ist abgeblitzt** il a été rabroué, rebuté, éconduit; ~ˌ**blühen** *v/i.* ⟨*sép.*, -ge-, sein⟩ *cf.* verblühen; ~ˌ**borgen** F *v/t.* ⟨*sép.*, -ge-, h⟩ emprunter (qc. à qn.); ~ˌ**böschen** *v/t.* ⟨*sép.*, -ge-, h⟩ taluter.

Abbrand ['apbrant] *m métall.* perte *f* au feu, par la fusion.

abbrausen ['apˌbraʊzən] **I** *v/t.* ⟨-(es)t, *sép.*, -ge-, h⟩ *jard.* arroser; *Person* doucher; **II** *v/i.* ⟨sein⟩ F *mit dem Auto etc.* partir (à toute vitesse, allure); **III** *v/réfl.* **sich** ~ se doucher.

abbrechen ['apˌbrɛçən] **I** *v/t.* ⟨*irr.*, *sép.*, -ge-, h⟩ **1.** *Spitze e-s Gegenstandes, Zweige etc.* casser; **ein Stück von etw.** ~ casser un morceau de qc.; *fig. u.* F **sich (die) Verzierungen** ~ faire des manières, du chiqué, des histoires; **2.** *Haus etc.* démolir; raser; *Gerüst, Zelt, Lager etc.* démonter; *fig.* **s-e Zelte** ~ plier bagage; partir définitivement; **alle Brücken hinter sich** ~ couper les ponts derrière soi; brûler ses vaisseaux; **3.** *Beziehungen, Verhandlungen* rompre; *Studium, Sitzung, Proben, Reise, Spiel, Wettkampf* arrêter; *Studium auch* abandonner; interrompre; *Streik* cesser; *Rede, Unterhaltung* **(kurz)** ~ couper court à; **II** *v/i.* **4.** ⟨sein⟩ *Bleistiftspitze, Zahn etc.* se casser; se briser; **5.** ⟨*meist ohne p.p. bzw.* h⟩ *fig.* cesser; s'arrêter; **mitten im Satz** ~ s'arrêter au milieu de la phrase; **die Erzählung bricht hier ab** le récit s'arrête, cesse ici; **das bricht nicht ab** cela n'en finit pas;

brechen wir hier für heute ab! restons-en là, arrêtons-nous ici, brisons là pour aujourd'hui!; III 2 *n* 6. *von Zweigen etc. verbal*; 7. *e-s Hauses etc.* démolition *f*; *e-s Gerüstes, Zeltes, Lagers etc.* démontage *m*; 8. *von Beziehungen etc.* rupture *f*; *e-r Rede, Reise, des Studiums, der Proben etc.* arrêt *m*; interruption *f*; *e-s Streiks* cessation *f*; *cf. auch* Abbruch.

abbrems|en ['ap͵brɛmzən] I *v/t.* ⟨-(es)t, *sép.*, -ge-, h⟩ freiner (*auch fig.*); *mot. auch* ralentir; mettre au ralenti; *phys. auch* décélérer; *phys. atom.* freiner; ralentir; modérer; II 2en *n* freinage *m*; ralentissement *m*; *phys. auch* décélération *f*; *phys. atom. auch* modération *f*; 2pro͵zeß *m phys. atom.* processus [-ys] *m* de ralentissement; 2ung *f* ⟨~⟩ *cf.* 2en; 2͵vorgang *m cf.* 2-prozeß.

abbrennen ['ap͵brɛnən] I *v/t.* ⟨*irr.*, *sép.*, -ge-, h⟩ *Federn, Wiese, Warze etc.* brûler; *Feuerwerk* tirer; faire partir; II *v/i.* ⟨sein⟩ *Haus etc.* brûler (de fond en comble); das Hotel ist gestern abgebrannt hier l'hôtel a brûlé de fond en comble, a été détruit par le feu; *Zustand* abgebrannt sein être détruit par le feu; être réduit en cendres; das Feuer ist ganz abgebrannt le feu est éteint; die Kerzen sind halb abgebrannt les bougies sont à moitié usées, brûlées; ein abgebranntes Streichholz une allumette usée; *fig. cf.* abgebrannt; III 2 *n verbal.*

Abbreviatur [abre·vi·a'tu:r] *f* ⟨~; ~en⟩ *mus.* abréviation *f*.

abbringen ['ap͵brɪŋən] *v/t.* ⟨*irr.*, *sép.*, -ge-, h⟩ j-n von etw. ~ détourner, dissuader qn. de qc.; j-n vom rechten Weg ~ détourner, écarter qn. de la bonne voie; j-n von e-m Vorhaben ~ faire abandonner un projet à qn.; j-n von e-r Meinung ~ faire changer qn. d'avis; faire démordre qn. de qc.; j-n von e-r Gewohnheit ~ déshabituer, désaccoutumer qn. (de); faire renoncer qn. à une habitude; faire perdre une habitude à qn.; er läßt sich nicht davon ~ on ne peut lui enlever cette idée de la tête; F il ne veut pas en démordre; das bringt uns von unserem Thema ab cela nous écarte, éloigne de notre sujet.

abbröckeln ['ap͵brœkəln] I *v/i.* ⟨-(e)le, *sép.*, -ge-, sein⟩ *Putz etc.* s'effriter (*auch fig. von Preisen, Parteimitgliedern etc.*); s'émietter (*auch von Parteianhängern*); II 2 *n* ⟨~s⟩ effritement *m*; émiettement *m*; das ~ der Kurse l'effritement des cours.

Abbruch ['apbrʊx] *m* 1. *e-s Hauses etc.* démolition *f*; ein Haus auf ~ verkaufen vendre une maison à charge de la démolir; 2. *von Verhandlungen, Beziehungen* rupture *f*; *e-s Gesprächs, Wettkampfes, des Studiums etc.* arrêt *m*; interruption *f*; der ~ der diplomatischen Beziehungen la rupture des relations diplomatiques; *cf. auch* Abbrechen; 3. e-r Sache ~ tun nuire à qc.; porter atteinte, préjudice à qc.; dem Handel ~ tun *auch* entraver le commerce; *st.s.* ~ erleiden pâtir; *plais.* das tut der Liebe, der Sache keinen ~ cela ne fait rien; cela ne fait de tort à personne; 4. ~ des Ufers éboulement *m* de la berge; ~͵arbeiten *f/pl.* travaux *m/pl.* de démolition; ~-͵arbeiter *m* démolisseur *m*; 2͵reif *adj.* bon, -nne pour la démolition; ~-unter͵nehmen *n* entreprise *f* de démolition.

abbrühen ['ap͵bry:ən] I *v/t.* ⟨*sép.*, -ge-, h⟩ *cuis.* ébouillanter; *Geflügel* échauder; *Gemüse, Reis* blanchir; *fig. cf.* abgebrüht; II 2 *n* ⟨~s⟩ ébouillantage *m*; *von Geflügel* échaudage *m*; *sonst verbal.*

abbrummen ['ap͵brʊmən] *v/t.* ⟨*sép.*, -ge-, h⟩ F e-e Strafe ~ purger une peine.

abbuch|en ['ap͵bu:xən] *v/t.* ⟨*sép.*, -ge-, h⟩ *comm.* e-n Betrag (vom laufenden Konto) ~ porter une somme en décharge (sur un compte courant); *fig.* die Hoffnung habe ich bereits abgebucht j'ai déjà abandonné cet espoir; 2ung *f verbal.*

Abbund ['apbʊnt] *m* ⟨~(e)s; ≈e⟩ *charp.* assemblage *m*.

abbürsten ['ap͵bʏrstən] I *v/t.* ⟨-ete, *sép.*, -ge-, h⟩ *Kleider etc.* brosser; donner un coup de brosse à; *Staub, Rost etc.* enlever à la brosse; II *v/réfl.* sich ~ se brosser.

abbüßen ['ap͵by:sən] I *v/t.* ⟨-(es)t, *sép.*, -ge-, h⟩ *Schuld* expier; *Strafe* purger; subir; II 2 *n e-r Schuld* expiation *f*; *sonst verbal.*

Abc [ɑ:be:'tse:, abe'tse:] *n* ⟨~; ~⟩ alphabet *m*; *fig.* abc *m*; das große, kleine ~ l'alphabet en lettres majuscules, minuscules; ~-͵Buch *n* abécédaire *m*; abc *m*; ~-͵Schütze *m* enfant *m*, *f* qui en est à l'abc.

ABC-|Staaten [abe'tse:͵ʃtɑ:tən] *m/pl.* l'Argentine, le Brésil et le Chili; ~-͵Waffen *f/pl.* armes *f/pl.* atomiques, biologiques et chimiques.

abdach|en ['ap͵daxən] I *v/t.* ⟨*sép.*, -ge-, h⟩ aménager en pente; taluter; II *v/réfl.* sich ~ s'incliner; descendre; aller en pente; 2ung *f* ⟨~; ~en⟩ pente *f*; déclivité *f*.

abdämm|en ['ap͵dɛmən] *v/t.* ⟨*sép.*, -ge-, h⟩ *Gebiet, Grube* protéger par des digues; endiguer (*auch fig.*); *Wasserlauf* barrer; 2ung *f* ⟨~; ~en⟩ endiguement *m*; barrage *m*.

Abdampf ['apdampf] *m techn.* vapeur d'échappement, épuisée, usée; 2en I *v/t.* ⟨*sép.*, -ge-, h⟩ *techn., chim.* (faire) évaporer; II *v/i.* ⟨sein⟩ *fig. u.* F partir; III ~en *n* ⟨~s⟩ *techn.* évaporation *f*.

abdämpfen ['ap͵dɛmpfən] I *v/t.* ⟨*sép.*, -ge-, h⟩ *Geräusch, Klang* assourdir; affaiblir; *grelle Farben, Licht* atténuer; II 2 *n* assourdissement *m*; affaiblissement *m*; atténuation *f*.

Abdampf|entöler ['apdampfˀɛnt͵ˀø:lər] *m* ⟨~s; ~⟩ *techn.* déshuileur *m* de vapeur d'échappement; ~͵leitung *f* conduite *f* de vapeur d'échappement; ~tur͵bine *f* turbine *f* à vapeur d'échappement; ~ver͵wertung *f* utilisation *f* de vapeur d'échappement; ~-͵vorwärmer *m* ⟨~s; ~⟩ réchauffeur *m* à vapeur d'échappement.

abdank|en ['ap͵daŋkən] *v/i.* ⟨*sép.*, -ge-, h⟩ *Monarch* abdiquer; *höherer Beamter* démissionner; donner sa démission; 2ung *f* ⟨~; ~en⟩ abdication *f*; *von höheren Beamten* démission *f*; 2ungs͵urkunde *f* acte *m* d'abdication.

abdeck|en ['ap͵dɛkən] I *v/t.* ⟨*sép.*, -ge-, h⟩ 1. *Bett etc.* enlever, retirer la couverture; *Sturm* das Haus, das Dach ~ enlever la toiture; den Tisch ~ desservir la table; enlever, ôter les couverts; 2. (*zudecken*) recouvrir (mit de); etw. mit Stroh ~ recouvrir qc. (avec) de (la) paille; pailler qc.; 3. *comm. Schulden* rembourser; s'acquitter de; payer; *Defizit* combler; *Debetsaldo* couvrir; II 2en *n comm. von Schulden* remboursement *m*; acquittement *m*; *sonst verbal*; 2er *m* ⟨~s; ~⟩ *von Tierleichen* équarrisseur *m*; écorcheur *m*; 2e'rei *f* ⟨~; ~en⟩ écorcherie *f*; équarrissoir *m*; 2͵haube *f techn.* 'hotte *f*; chape *f*; chapeau *m*; capot *m*; *für e-e Schreibmaschine etc.* 'housse *f*; 2͵platte *f* plaque *f* de recouvrement, de couverture; 2ung *f* couverture *f*; *e-r Mauer auch* chaperon *m*; *cf. auch* 2en.

abdicht|en ['ap͵dɪçtən] I *v/t.* ⟨-ete, *sép.*, -ge-, h⟩ *Spalten, Ritzen etc.* boucher; colmater; *gegen Zugluft, Kälte* calfeutrer; *gegen Feuchtigkeit* rendre étanche; colmater; étancher; *mit Werg* étouper; *mar. Schiffswand* calfater; II 2en *n* bouchage *m*; colmatage *m*; calfeutrage *od.* calfeutrement *m*; étanchement *m*; *mar.* calfatage *m*; 2ung *f Zustand* étanchéité *f*; *cf. auch* 2en; 2ungs͵gummi *n, m* joint *m* (d'étanchéité) en caoutchouc.

abdienen ['ap͵di:nən] *v/t.* ⟨*sép.*, -ge-, h⟩ sein Jahr, s-e Probezeit ~ faire son année de service, son stage; s-e Militärzeit ~ faire son service militaire.

abdingbar ['apdɪŋ͵bar] *adj. jur.* non substantiel, -lle; non indispensable.

Abdom|en [ap'do:mɛn] *n* ⟨~s; ~ *od.* -mina⟩ *anat.* abdomen [-ɛn] *m*; 2i'nal *adj.* abdominal.

abdräng|en ['ap͵drɛŋən] I *v/t.* ⟨*sép.*, -ge-, h⟩ repousser; refouler; écarter; Demonstranten in e-e Nebenstraße ~ repousser, refouler des manifestants dans une rue latérale; *Sport* den Gegner ~ repousser, écarter l'adversaire; II 2en *n*, 2ung *f* ⟨~⟩ repoussement *m*; refoulement *m*; écartement *m*.

abdrehen ['ap͵dre:ən] I *v/t.* ⟨*sép.*, -ge-, h⟩ 1. détacher en tordant, à force de tourner; 2. F *Wasser-, Gashahn* fermer; *Licht, Radio* fermer; éteindre; 3. *Film* tourner; II *v/i.* changer de direction; *Schiff meist* changer de route; *Flugzeug meist* changer de cap; III 2 *n Wasser, Gas, Licht etc.* fermeture *f*; *Flugzeug etc.* changement *m* de cap, de route, de direction.

abdrossel|n ['ap͵drɔsəln] I *v/t.* ⟨-ssele *od.* -ßle, *sép.*, -ge-, h⟩ *techn. Gas etc.* réduire (*auch fig.*); étrangler; den Motor ~ mettre le moteur au ralenti; ralentir le moteur; II 2n *n*, 2ung *f techn. des Gases etc.* réduction *f*; étranglement *m*; *mot.* ralentissement *m*.

Abdruck ['apdrʊk] *m* 1. ⟨~(e)s; ~e⟩ *impr.* reproduction *f*; impression *f*; 2. ⟨*pl.* ≈e⟩ *plastischer aus Gips, Wachs etc.* empreinte *f*; moulage *m*; *e-s Fingers, Fußes etc.* empreinte *f*; 2en *v/t.* ⟨*sép.*, -ge-, h⟩ imprimer; reproduire; etw. auszugsweise ~ reproduire, imprimer des extraits de qc.; etw. in e-r Zeitschrift ~ reproduire qc. dans une revue.

abdrücken ['ap͵drʏkən] I *v/t.* ⟨*sép.*, -ge-, h⟩ 1. *Feuerwaffe* appuyer sur, presser (sur) la gâchette, la détente; 2. etw. in Gips, Wachs ~ prendre l'empreinte de qc., mouler qc. en plâtre, en cire; 3. F (*umarmen*) étreindre; serrer, presser dans ses bras, contre son cœur; 4. *fig.* das drückt mir das Herz ab cela me serre, me fend, me brise le cœur; II *v/réfl.* sich ~ 5. (*Spuren hinterlassen*) laisser des empreintes; s'empreindre; 6. F (*sich umarmen*) s'étreindre; s'embrasser.

Abdruckrecht ['apdrʊk͵rɛçt] *n* droit *m* de reproduction.

abducken ['ap͵dʊkən] *v/i.* ⟨*sép.*, -ge-, h⟩ *Boxen* esquiver (un coup) en se baissant.

Abdukt|ion [apdʊktsi'o:n] *f* ⟨~; ~en⟩ *anat. der Muskeln* abduction *f*; ~or

[-ˈdʊk-] *m* ⟨~s; -ˈtoren⟩ *anat.* abducteur *m.*

ab|dunkeln [ˈapˌdʊŋkəln] *v/t.* ⟨-(e)le, *sép.*, -ge-, h⟩ obscurcir; **~ˌduschen** *v/réfl.* ⟨*sép.*, -ge-, h⟩ **sich ~** se doucher; **~ˌebben I** *v/i.* ⟨*sép.*, -ge-, sein⟩ *Flut, fig. Zorn, Begeisterung etc.* se calmer (peu à peu); s'apaiser; diminuer; **II 2ˌebben** *n* ⟨~s⟩ apaisement *m.*

Abece [ɑːbeːˈtseː, abeˈtseː] *n* ⟨~; ~⟩ *cf.* Abc.

Abend [ˈɑːbənt] *m* ⟨~s; ~e⟩ soir *m*; *Zeitdauer* soirée *f*; **gestern 2** hier soir; **morgen 2** demain soir; **heute 2** ce soir; **am ~, des ~s** le soir; **e-s ~s** un soir; **am späten ~** tard le soir; **am ~ vorher** la veille au soir; **am ~ vor s-r Abreise** le soir (d')avant son départ; **gegen ~** vers, sur le soir; **im Laufe des ~s** dans (le courant de) la soirée; **bis heute 2!** à ce soir!; **guten ~ (zusammen)!** bonsoir (F tout le monde, la compagnie)!; **j-m guten ~ sagen** dire bonsoir à qn.; **zu ~ essen** dîner; souper (*auch nach e-r Abendvorstellung*); **der Heilige ~** la veille de Noël; **bunter ~** soirée de variétés; *fig.* **der ~ des Lebens** le soir de la vie; **es wird ~** le soir tombe; le jour baisse; la nuit descend; **im Winter sind die ~e lang** en hiver, les soirées sont longues; **der ~ war kalt** la soirée était froide; **s-e ~e im Wirtshaus verbringen** passer ses soirées au café; **es ist noch nicht aller Tage ~** *prov.* rira bien qui rira le dernier *prov.*; **man soll den Tag nicht vor dem ~ loben** *prov.* il ne faut pas vendre la peau de l'ours avant de l'avoir tué *prov.*; il ne faut pas chanter victoire avant le combat *prov.*; qui rit vendredi dimanche pleurera *prov.*; (mais) attendons la fin (*La Fontaine*); **~ˌandacht** *f* prières *f/pl.*, office *m* du soir; *égl. cath. auch* salut *m*; **~ˌanzug** *m* tenue *f* de soirée; **bitte kleinen ~!** smoking de rigueur; **~ˌausgabe** *f* édition *f* du soir; **~ˌblatt** *n* journal *m* du soir; **~ˌbrot** *n cf.* **~essen**; **~ˌdämmerung** *f* crépuscule *m*; *poét.* brune *f*; **in der ~** au crépuscule; à la tombée de la nuit; entre chien et loup; *poét.* à la brune; **~ˌessen** *n* repas *m* du soir; dîner *m*; souper *m* (*auch nach e-r Abendveranstaltung*); **2ˌfüllend** *adj*t. *Programm* dont l'exécution dure, demande toute la soirée; **~er Film** long métrage; **~geˌbet** *n* prière *f* du soir; **~geˌläut(e)** *n* cloches *f/pl.* du soir; angélus [-ys] *m*; **~geˌsellschaft** *f* soirée *f*; **zu e-r ~ gehen** aller en soirée; **~ˌglocke** *f* cloche *f* du soir; **~ˌgottesˌdienst** *m* office *m* du soir; **~gymˌnasium** *n* cours *m/pl.* secondaires du soir; **~ˌkasse** *f* caisse *f*; **die Karten an der ~ kaufen** prendre les places le soir même, directement avant la représentation; **~ˌkleid** *n* robe *f* du soir, de soirée; **~konˌzert** *n* concert *m* du soir; **~ˌkühle** *f* fraîcheur *f* du soir; **~ˌkurs(us)** *m* cours *m(pl.)* du soir; **~ˌland** *n* Occident *m*; **2ˌländisch** *adj.* occidental; de l'Occident; **2ˌlich** *adj.* du soir; *poét.* vespéral; **~ˌluft** *f* air *m* du soir; **~ˌmahl** *n relig., peint.* Cène *f*; *égl. prot.* **das (Heilige) ~** la (sainte) cène; **das ~ empfangen, nehmen** recevoir la (sainte) cène; communier; **~mahlsˌfeier** *f* célébration *f* de la (sainte) cène; **~mahlsˌlehre** *f* doctrine *f* de la sainte cène; **~ˌmahlzeit** *f cf.* **~essen**; **~ˌmesse** *f égl. cath.* messe *f* du soir; **~muˌsik** *f cf.* **~konzert**; **~ˌnachrichten** *f/pl.* nouvelles *f/pl.* du soir; **~ˌnebel** *m* brume *f* du soir; **~ˌpresse** *f* presse *f* du soir; **~proˌgramm** *n* programme *m* du soir; **~ˌrot** *n*, **~ˌröte** *f* rougeoiement *m* du (soleil) couchant; **2s** *adv.* le soir; **um sieben Uhr ~** à sept heures du soir; **von morgens bis ~** du matin au soir; **spät ~** tard le soir; **~ˌschule** *f* école *f* du soir; **~ˌsonne** *f* soleil couchant; **~ˌstern** *m* étoile *f* du soir; étoile *f* du berger; Vénus *f*; **~ˌstimmung** *f* ambiance *f*, paix *f*, quiétude *f*, calme *m* du soir; **~ˌstunde** *f* **in den späten ~n** tard dans la soirée; tard le soir; **~ˌtau** *m* serein *m*; *abus.* rosée *f* du soir; **~ˌtisch** *m cf.* **~essen**; **~toiˌlette** *f cf.* **~kleid**; **~unterˌhaltung** *f* veillée *f*; **~verˌanstaltung** *f* manifestation culturelle du soir; soirée *f*; **~ˌvorstellung** *f* soirée *f*; représentation *f* du soir; **~ˌwind** *m* brise *f*, vent *m* du soir; **~ˌzeit** *f* soirée *f*; soir *m*; **~ˌzeitung** *f cf.* **~blatt**; **~ˌzug** *m chem.* train *m* du soir.

Abenteuer [ˈɑːbənˌtɔʏər] *n* ⟨~s; ~⟩ aventure *f*; **ein aufregendes ~** une aventure excitante; **ein galantes ~** une aventure (galante, amoureuse); **auf ~ ausgehen, ausziehen** courir l'aventure; partir pour l'aventure; **~ suchen** chercher des aventures (galantes); **2lich** *adj.* aventureux, -euse; **e-e ~e Flucht** une fuite semée d'aventures, ʻhasardeuse, aventureuse; **ein ~er Gedanke** une idée extravagante, fantastique; **~lichˌkeit** *f* ⟨~⟩ caractère aventureux, ʻhasardeux; **~ˌlust** *f* ⟨~⟩ esprit d'aventure, aventureux; goût *m* de l'aventure; **aus ~** par goût de l'aventure; **2ˌlustig** *adj.* aventureux, -euse; **~roˌman** *m* roman *m* d'aventures.

Abenteurer|(in) [ˈɑːbənˌtɔʏrər(ɪn)] *m* ⟨~s; ~⟩ *(f)* ⟨~; ~nen⟩ aventurier, -ière *m, f*; coureur, -euse *m, f* d'aventures; **~ˌleben** *n* vie aventureuse, ʻhasardeuse; vie *f* d'aventures, d'aventurier.

aber [ˈɑːbər] **I** *conj.* mais; cependant; **nun ~** or; **oder ~** ou bien; **~ dennoch** néanmoins; pourtant; **II** *adv.* mais; **~ ja!, ~ sicher!** mais oui!; **~ gerne!** mais avec plaisir!; **das ist ~ fein!** ça c'est chic, bien!; **nun ist es ~ genug!** en voilà assez!; F maintenant ça suffit!; **jetzt wird es ~ Zeit!** il est grand temps maintenant!; **nun ~ schnell!** (mais) vite maintenant!; **nun ~ ins Bett!** (mais) maintenant au lit!; **~ Kinder!** voyons, mes enfants!; **~ und ~mals** à plusieurs, à maintes reprises; **tausend und ~ tausend Sachen** mille et mille choses; **tausend und ~ tausendmal** mille et mille fois; des milliers de fois; **Hunderte und ~ Hunderte** des centaines et des centaines; **III 2** *n* ⟨~s; ~⟩ mais *m*; **viele Wenn und ~** beaucoup de si et de mais; **es ist ein ~ dabei, die Sache hat ein** *od.* **ihr ~** il y a un mais; **da gibt es kein Wenn und (kein) ~** il n'y a pas de mais qui fasse; **2ˌglaube(n)** *m* superstition *f*; **~ˌgläubisch** *adj.* superstitieux, -euse.

aberkenn|en [ˈapˀɛrˌkɛnən] *v/t.* ⟨*irr., sép. od. insép., pas de ge-*, h⟩ *jur.* **j-m ein Recht ~** priver qn. d'un droit; déclarer qn. déchu d'un droit; **2ung** *f* ⟨~⟩ privation *f*; déchéance *f*; **die ~ der bürgerlichen Ehrenrechte** la dégradation civique; **die ~ der Erziehungsberechtigung, der Staatsangehörigkeit** la privation, la déchéance de la puissance paternelle, de la nationalité.

abermal|ig [ˈɑːbərˌmɑːlɪç] *adj.* nouveau, nouvel, -lle; autre; (*wiederholt*) répété; **~s** *adv.* de nouveau; encore une fois.

abernten [ˈapˌˀɛrntən] *v/t.* ⟨-ete, *sép.*, -ge-, h⟩ **ein Feld ~** moissonner un champ; faire la récolte de betteraves, *etc.* sur un champ; **e-n Obstbaum ~** cueillir tous les fruits d'un arbre; **die abgeernteten Felder** les champs moissonnés; les champs vides de blé, *etc.*; *cf. auch* **ernten.**

Aberration [apˀɛratsiˈoːn] *f* ⟨~; ~en⟩ *astr., opt. etc.* aberration *f.*

aber|tausend [ˈɑːbərˌtauzənt] *adv. cf.* **aber II**; **2ˌwitz** *m* ⟨~es⟩ folie *f*; absurdité *f*; **~ˌwitzig** *adj.* absurde; **es ist ~ (,etw. zu tun)** c'est de la folie (de faire qc.).

abessen [ˈapˌˀɛsən] F *v/t.* ⟨*irr., sép.*, -ge-, h⟩ *Teller etc.* finir; P liquider; *Knochen* ronger; **iß deinen Teller ab!** finis ce que tu as dans ton assiette!; **das Obst von der Torte ~** manger les fruits de sur la tarte.

Abessin|ier(in) [abɛˈsiːniˀər(ɪn)] *m* ⟨~s; ~⟩ *(f)* ⟨~; ~nen⟩ *hist.* Abyssinien, -nne *m, f*; **2isch** *adj.* abyssinien, -nne.

abfahr|bereit [ˈapfɑːrbəˌraɪt] *adj. Zug etc.* prêt à partir, à démarrer; en partance; **~en I** *v/t.* ⟨*irr., sép.*, -ge-, h⟩ **1.** *Schutt etc.* enlever; *Holz aus dem Wald, Steine aus dem Steinbruch auch* débarder; *cf. auch* **abtransportieren**; **2. e-e Strecke (prüfend) ~** parcourir une voie ferrée pour l'inspecter; reconnaître un parcours; **3. ihm wurde ein Bein, ihm wurden beide Beine abgefahren** il a eu une jambe, les deux jambes écrasée(s); **4. abgefahrene Reifen** pneus usés; **5.** F **ein Fahrscheinheft ~** utiliser entièrement une carte, un carnet de transport; **II** *v/i.* ⟨sein⟩ **6.** *Zug, Auto etc.* partir (**nach** pour); *Schiff auch* appareiller; **~!** en route!; *fig. u.* F **fahr ab!** file!; **III 2en** *n* **7.** *von Schutt etc.* enlèvement *m*; *cf. auch* **Abtransport**; **8.** *e-r Strecke* reconnaissance *f*; inspection *f*; **9.** *cf.* **2t**; **2t** *f* **1.** *e-s Zuges, Autos etc.* départ *m*; *e-s Schiffes auch* appareillage *m*; **2.** *Schisport* descente *f*; **3.** *Autobahn* route *f* de sortie; **~(t)beˌreit** *adj.* prêt à partir; en partance; **2(t)beˌreitschaft** *f* partance *f*; **2tsˌbahnsteig** *m* quai *m* de départ; **2tsˌlauf** *m Schisport* descente *f*; **beim ~** en descente; **2tsˌpiste** *f Schisport* piste *f* de descente; **2tsˌplatz** *m e-s Schiffes* embarcadère *m*; débarcadère *m*; **2tssiˌgnal** *n* signal *m* de départ; **2tsˌstrecke** *f cf.* **2tspiste**; **2tsˌtag** *m* jour *m* de départ; **2tsˌvorbereitungen** *f/pl.* préparatifs *m/pl.* de départ; **2tsˌzeichen** *n* signe *m* de départ; **2tsˌzeit** *f* heure *f* de départ.

Abfall [ˈapfal] *m* ⟨~(e)s⟩ **1.** ⟨*pl.* ≈e⟩ *allg.* déchets *m/pl.*; rognures *f/pl.*; détritus [-ys] *m/pl.*; *verwertbarer* résidu *m*; déchets *m/pl.*; (*Müll*) ordures *f/pl.*; immondices *f/pl.*; **radioaktive Abfälle** déchets radioactifs; **die Abfälle bekommt der Hund** les rognures, les déchets, les restes sont pour le chien; **2.** *von Verbündeten* défection *f*; abandon *m*; **~ vom Glauben, von der Kirche** apostasie *f*; **der ~ der Niederlande** le soulèvement des Pays-Bas; **3.** *e-s Geländes* déclivité *f*; pente *f*; inclinaison *f*; **4.** *der Leistung, Spannung* diminution *f*; **~ˌeimer** *m* seau *m*, *mit Deckel* boîte *f* à ordures; (*Mülltonne*) poubelle *f*; **2en I** *v/i.* ⟨*irr., sép.*, -ge-, sein⟩ **1.** *Blätter, Früchte, Putz etc.* tomber; **2.** *Gelände* s'incliner; avoir une déclivité; **stark,**

steil ~ s'incliner fortement; avoir une pente raide; avoir une forte déclivité; **3.** (*übrigbleiben*) rester; *fig.* **es wird für dich nicht viel dabei ~** tu n'en (re)tireras pas grand profit; **4.** *von Verbündeten* abandonner (qn.); faire défection (à); **vom Glauben, von der Kirche ~** apostasier; être apostat; renier sa foi, l'Église; **5.** *Sport* (*zurückfallen*) perdre du terrain; être décollé, distancé; **6.** *in der Leistung etc.* être plus faible (**gegenüber etw.** que qc.); *stark* contraster défavorablement (gegenüber avec); différer défavorablement (gegenüber de); **der zweite Band fällt gegen den ersten ab** le second volume est plus faible que le premier; **II ~en** *n von Laub etc.* chute *f*; *cf. auch* ~ 2., 3.; **2end** *adjt. Gelände* en pente; incliné; *steil* escarpé; *Straße auch* raide; *Berg auch* à pic; *in der Qualität* inférieur; plus faible; **~erˌzeugnis** *n cf.* **Abfallprodukt**; **~ˌgummi** *n* déchets *m/pl.* de caoutchouc; **~ˌhaufen** *m* tas *m* d'ordures, d'immondices; **~ˌholz** *n* déchets *m/pl.* de bois.

abfällig ['apˌfɛlıç] **1.** *adj.* défavorable; dépréciatif, -ive; **~e Bemerkungen machen** faire des remarques défavorables, dépréciatives; **2.** *adv.* défavorablement; d'une façon dépréciative; **etw. ~ beurteilen** juger qc. défavorablement; **von j-m ~ sprechen** dénigrer qn.; médire de qn.

Abfall|kohle ['apfalˌkoːlə] *f* déchets *m/pl.* de charbon; **~ˌöl** *n* résidu *m* d'huile; **~proˌdukt** *n* sous-produit *m*; résidu *m*; produit *m* résiduaire; **~ˌsäure** *f chim.* acide *m* résiduaire; **~ˌstoff** *m cf.* **~produkt**; **~verˌwertung** *f* récupération *f*, (ré)utilisation *f* des déchets.

abfälschen ['apˌfɛlʃən] *v/t.* ⟨*sép.*, -ge-, h⟩ *Sport Ball* détourner.

abfang|en ['apˌfaŋən] **I** *v/t.* ⟨*irr.*, *sép.*, -ge-, h⟩ **1.** *Brief, Meldung, Licht etc.* intercepter; *Person* saisir; attraper; **2.** *aviat.* redresser; **3.** *Stoß etc.* amortir; **4.** *Sport Ball* intercepter; *esc.*, *Boxen* parer; **5.** *bât.*, *mines* étayer; soutenir (par); **II 2en** *n* **6.** interception *f*; *Personen verbal*; **7.** *aviat.* redressement *m*; **8.** *e-s Stoßes* amortissement *m*; **9.** *Sport* interception *f*; *esc.*, *Boxen* parade *f*; **10.** *bât.*, *mines* étayage *od.* étaiement *m*; **2ˌjäger** *m aviat. milit.* intercepteur *m*; chasseur *m* d'interception.

ab|färben ['apˌfɛrbən] *v/i.* ⟨*sép.*, -ge-, h⟩ *Stoff* déteindre; **Vorsicht, die Wand färbt ab!** Attention! le mur perd son badigeon, la peinture ne tient pas; *fig.* **auf j-n ~** déteindre sur qn.; **~ˌfasen** *v/t.* ⟨-(es)t, *sép.*, -ge-, h⟩ *charp.* chanfreiner.

abfass|en ['apˌfasən] **I** *v/t.* ⟨-ßt, *sép.*, -ge-, h⟩ **1.** *Schriftstück* rédiger; composer; *vorschriftsmäßig auch* libeller; **ein Protokoll ~** dresser un procès-verbal; **e-n Bericht ~** rédiger, établir un rapport; **ein Testament ~** rédiger un testament; **in Versen abgefaßt** composé en vers; **2.** F *cf.* **fassen** 1.; **II 2en** *n*, **2ung** *f e-s Schriftstückes* rédaction *f*; composition *f*; *vorschriftsmäßige(s) auch* libellé *m*; *e-s Berichtes auch* établissement *m*; **die ~ e-s Protokolls** la rédaction d'un procès-verbal.

ab|faulen ['apˌfaulən] *v/i.* ⟨*sép.*, -ge-, sein⟩ *Äste etc.* pourrir; *Gliedmaßen* être atteint de gangrène; se gangrener; **~ˌfedern** *v/t.* ⟨-(e)re, *sép.*, -ge-, h⟩ *Fahrzeug etc.* monter sur ressorts; suspendre (sur ressorts); **gut abgefedert sein** *cf.* **gefedert**; **2ˌfedeˌrung** *f* suspension *f* (sur ressorts); **~ˌfegen I** *v/t.* ⟨*sép.*, -ge-, h⟩ *Teppich, Tisch, Staub etc.* enlever qc. de (sur) qc. avec la balayette, avec le balai; **den Staub von etw. ~** épousseter qc.; **II 2ˌfegen** *n verbal*; **~ˌfeilen I** *v/t.* ⟨*sép.*, -ge-, h⟩ limer; ôter, enlever avec la lime; **II 2ˌfeilen** *n* limage *m*; **~ˌfeilschen** *v/t.* ⟨*sép.*, -ge-, h⟩ *cf.* **abhandeln** 1., 2.

abfertig|en ['apˌfɛrtıgən] **I** *v/t.* ⟨*sép.*, -ge-, h⟩ **1.** *Zug* faire partir; *Gepäck etc.* enregistrer; *zollamtlich* dédouaner; **2.** *Publikum am Schalter etc.* servir; *bei der Paß-, Zollkontrolle etc.* contrôler; **3.** *fig.* **j-n mit ein paar Worten ~** se débarrasser de qn. en quelques mots; **II 2en** *n* ⟨~s⟩, **2ung** *f e-s Zuges verbal*; *des Gepäcks etc.* enregistrement *m*; *zollamtliche(s)* dédouanement *m*; *von Personen bei der Paß-, Zollkontrolle* contrôle *m*; *sonst verbal*; **2ungsgeˌbühren** *f/pl.* frais *m/pl.*, droits *m/pl.* d'enregistrement; **2ungsˌschalter** *m* guichet *m* d'enregistrement *bzw.* de contrôle.

ab|feuern ['apˌfɔʏərn] **I** *v/t.* ⟨-(e)re, *sép.*, -ge-, h⟩ *Schuß, Salve etc.* tirer; *Gewehr etc.* faire feu avec; **II 2ˌfeuern** *n* ⟨~s⟩ *verbal*; **~filˌtrieren** *v/t.* ⟨*sép.*, *pas de ge-*, h⟩ *cf.* **filtrieren**.

abfind|en ['apˌfındən] **I** *v/t.* ⟨*irr.*, *sép.*, -ge-, h⟩ **j-n ~** dédommager, indemniser, désintéresser qn.; **e-n Gläubiger ~** désintéresser, *etc.* un créancier; **j-n mit Geld ~** dédommager, indemniser qn. en argent; **j-n mit e-r Kleinigkeit ~** indemniser, dédommager qn. avec un petit rien; **II** *v/réfl.* **sich mit etw. ~** se résigner à qc.; *in leichteren Angelegenheiten* faire son deuil de qc.; s'accommoder, s'arranger de qc.; **sich mit s-m Schicksal ~** se résigner à, s'accommoder de, s'arranger de son sort; **ich habe mich damit abgefunden** je me suis résigné à cela; j'en ai fait mon deuil; **er wird sich wohl damit ~ müssen** il faut bien qu'il en prenne son parti, qu'il se résigne à cela, qu'il s'en arrange; **er kann sich nur schwer damit ~, daß ...** il ne se résigne que difficilement à ce que...; **2ung** *f* ⟨~; ~en⟩ dédommagement *m*; indemnisation *f*; compensation *f*; désintéressement *m*; (*~s-summe*) indemnité *f*; *beim Ausscheiden aus e-r Stellung* indemnité *f* de congédiement; **~ der Erben** dédommagement, indemnisation, désintéressement des héritiers; **j-m e-e ~ zahlen** dédommager, indemniser, désintéresser qn.; **2ungsbeˌtrag** *m im Vertrag festgelegter* indemnité *f* forfaitaire, *bei Entlassung* de congédiement; **2ungsˌsumme** *f* indemnité *f*; **j-m e-e ~ zahlen** *cf.* (**j-n**) **~en**.

ab|fischen ['apˌfıʃən] *v/t.* ⟨*sép.*, -ge-, h⟩ *Teich* dépeupler; **~ˌflachen I** *v/t.* ⟨*sép.*, -ge-, h⟩ aplatir; **die Erde ist an den Polen abgeflacht** la terre est aplatie aux pôles; **II** *v/i.* ⟨sein⟩ *Leistungsniveau* baisser; **III 2ˌflachen** *n* ⟨~s⟩, **2ˌflachung** *f* ⟨~; ~en⟩ aplatissement *m*; **~ˌflauen I** *v/i.* ⟨*sép.*, -ge-, sein⟩ *Wind* faiblir; diminuer; mollir; se calmer; *comm. Geschäfte etc.* fléchir; baisser; *Gefühl, Begeisterung etc.* diminuer; tiédir; baisser; décroître; **~de Winde** vents plus faibles; **~de Kurse** cours fléchissants; **II 2ˌflauen** *n* ⟨~s⟩ *des Windes* faiblissement *m*; diminution *f*; *comm.* fléchissement *m*; baisse *f*; *der Gefühle etc.* tiédissement *m*; diminution *f*; **~ˌfliegen I** *v/t.* ⟨*irr.*, *sép.*, -ge-, h⟩ **1.** *Verwundete etc.* évacuer, transporter par avion; **2. e-e Strecke** (*prüfend*) **~** reconnaître un parcours (en avion); **II** *v/i.* ⟨sein⟩ **3.** *aviat.* décoller; s'envoler (*auch Vögel*); partir; *Personen* partir (par avion); s'envoler (pour); **4.** F *Hut etc.* s'envoler; **~ˌfließen I** *v/i.* ⟨*irr.*, *sép.*, -ge-, sein⟩ **1.** *Flüssigkeiten* s'écouler; **2.** *comm. Kapital etc.* sortir; partir; **in den letzten Jahren ist viel Geld ins Ausland abgeflossen** ces dernières années beaucoup d'argent est sorti, est parti à l'étranger; **II 2ˌfließen** *n von Flüssigkeiten* écoulement *m*.

Abflug ['apfluːk] *m aviat.* envol *m*; décollage *m*; départ *m*; **~ˌzeit** *f* heure *f* d'envol, de départ.

Abfluß ['apflʊs] *m* ⟨-sses⟩ **1.** ⟨*pl.* -flüsse⟩ *e-s Waschbeckens etc.* tuyau *m* d'écoulement; *der Kanalisation* égout *m*; *e-s Teiches etc.* voie *f* d'écoulement; bonde *f*; *unterirdischer* chatière *f*; **der ~ ist verstopft** le tuyau d'écoulement est bouché; **2.** *von Flüssigkeiten* écoulement *m*; **3.** *comm. von Kapital* sortie *f*; **der ~ des Goldes ins Ausland** la sortie de l'or à l'étranger; **~geˌbiet** *n géol.* bassin-versant *m*; **~geˌschwindigkeit** *f* vitesse *f* d'écoulement; **~ˌgraben** *m* fossé *m*, rigole *f* d'écoulement; **~kaˌnal** *m* canal *m*, rigole *f* d'écoulement, de fuite; **~ˌleitung** *f* conduit *m*, conduite *f* d'écoulement; **~ˌöffnung** *f* orifice *m* d'écoulement; *bei e-m Teich* bonde *f*; **~ˌregler** *m* régulateur *m* d'écoulement; **~ˌrinne** *f* rigole *f* d'écoulement; *quer über der Straße* cassis [-is] *m*; *an der Seite e-r Straße* caniveau *m*; **~ˌrohr** *n* tuyau *m* d'écoulement; *an der Dachrinne* tuyau *m* de descente; **~venˌtil** *n* soupape *f*, vanne *f* de trop-plein.

ab|fordern ['apˌfɔrdərn] *v/t.* ⟨-(e)re, *sép.*, -ge-, h⟩ **j-m etw. ~** demander qc. à qn.; exiger qc. de qn.; réclamer qc. à qn.; **j-m den Paß ~** demander son passeport à qn.; **~ˌformen I** *v/t.* ⟨*sép.*, -ge-, h⟩ mouler; modeler; reproduire par moulage, en modelant; former; *von e-m Abguß* surmouler; **ein Modell in Ton ~** reproduire un modèle en terre; **II** *v/réfl. cf.* **abzeichnen II**; **~ˌfragen** *v/t.* ⟨*sép.*, -ge-, h⟩ *Schüler* faire réciter sa leçon (à); **Vokabeln ~** questionner, interroger qn. sur les mots appris; **sich gegenseitig Geschichtszahlen ~** s'interroger mutuellement, réciproquement sur des dates historiques; **~ˌfräsen** *v/t.* ⟨-(es)t, *sép.*, -ge-, h⟩ fraiser; **~ˌfressen** *v/t.* ⟨*irr.*, *sép.*, -ge-, h⟩ *Blätter etc.* manger; dévorer; **~ˌfrieren** *v/i.* ⟨*irr.*, *sép.*, -ge-, sein⟩ *Gliedmaßen, Blüten etc.* geler; **bei dieser Kälte sind ihm die Ohren fast abgefroren** ses oreilles ont presque gelé par ce froid; **~ˌfühlen** *v/t.* ⟨*sép.*, -ge-, h⟩ *cf.* **abtasten**.

Abfuhr ['apfuːr] *f* ⟨~; ~en⟩ **1.** *von Müll, Schutt etc.* enlèvement *m*; **2.** *fig. u.* F rebuffade *f*; **j-m e-e ~ erteilen** éconduire, rabrouer qn.; envoyer promener qn.; **e-e ~ erleiden** essuyer un refus, une rebuffade; être éconduit, rabroué.

abführ|en ['apˌfyːrən] **I** *v/t.* ⟨*sép.*, -ge-, h⟩ **1.** *Verbrecher etc.* emmener, conduire, mener en prison, à la police, *etc.*; **2. Geld, Steuern an j-n ~** verser de l'argent, des impôts à qn.; **3.** *Weg etc.* éloigner; écarter; *fig.* **das führt uns zu weit vom Thema ab** cela nous éloigne, écarte trop du sujet; **II** *v/i.* **4.** *Patient etc.* vider son intestin; évacuer (les matières fécales); **III** **ꝰen** *n* **5.** *e-s Verbrechers etc. verbal*; **6.** *von Geldern* versement *m*; paiement *m*; **7.** *méd.* évacuation *f* (des matières fécales); **~end** *adjt.* purgatif, -ive; ~es Mittel *cf.* ꝰmittel; **ꝰkaˌnal** *m für Dampf etc.* canal *m* de fuite; **ꝰˌmittel** *n* purgatif *m*; purge *f*; *mildes* laxatif *m*; **ꝰung** *f cf.* ꝰen; **ꝰungsˌpflicht** *f von Steuern etc.* obligation *f* de versement, de paiement.

Abfüll|anlage ['apfʏlˌʔanlaːgə] *f für Flüssigkeiten* installation *f* de mise en bouteilles, en bidons; *für Körner, Pulver etc.* installation *f* d'ensachement, d'ensachage; **ꝰen I** *v/t.* ⟨*sép.*, -ge-, h⟩ *in Flaschen* mettre en bouteilles; *in Fässer* entonner; enfûter; enfûtailler; mettre en tonneaux, en fûts; *in Tüten* ensacher; *in Säcke* mettre en sacs; **II** **~en** *n in Flaschen* mise *f* en bouteilles; *in Fässer* mise *f* en tonneaux, en fûts; entonnement *od.* entonnage *m*; enfûtage *m*; *in Tüten* ensachage *m*; *in Säcke* mise *f* en sacs; **~er** *m* (r)emplisseur *m*; ensacheur *m*; **~maˌschine** *f für Flaschenfüllung* machine *f* pour la mise en bouteilles; remplisseuse *f*; *für Körner, Pulver etc.* ensacheuse *f*; **~ung** *f cf.* ~en; **~ˌvorrichtung** *f für Flüssigkeiten* dispositif *m* de remplissage, de mise en bouteilles; *für Abfüllung in Säcke, Tüten* ensacheur *m*.

abfütter|n ['apˌfʏtərn] **I** *v/t.* ⟨-(e)re, *sép.*, -ge-, h⟩ **1.** *Vieh, Menschengruppe* donner à manger (à); **2.** *Kleidungsstück* doubler; *mit Pelz* fourrer; *mit Watte* ouater; **II** ꝰn *n*, ꝰung *f von Kleidungsstücken* doublage *m* (de fourrure, d'ouate, *etc.*); *sonst verbal*.

Abgabe ['apˌgaːbə] *f* **1.** *e-r schriftl. Arbeit, e-s Stimmzettels, Briefes etc.* remise *f*; *besser verbal*; *des Gepäcks* mise *f* en consigne; (*Auslieferung*) livraison *f*; **2.** *von s-m Besitz verbal*; *von Personal* détachement *m*; **3.** *comm.* vente *f*; **4.** *Sport des Balles* passe *f*; **5.** *e-r Erklärung, e-s Gutachtens schriftlich* dépôt *m*; *sonst verbal*; *e-r Stimme* vote *m*; **6.** *von Energie, Wärme* dégagement *m*; **7.** *meist pl.* ~n impôts *m/pl.*; taxes *f/pl.*; contributions *f/pl.*; *meist hist.* redevances *f/pl.*; *cf. auch* Steuer; **~beˌschränkung** *f comm.* limitation *f*, restriction *f* de vente; **ꝰnˌfrei** *adj.* exempt, exonéré d'impôts, de taxes; ~e Waren marchandises non taxées; **~nˌfreiheit** *f* exemption *f* d'impôts; franchise d'imposition, fiscale; **~ˌstelle** *f* (lieu *m* de) dépôt *m*; **~terˌmin** *m e-r schriftl. Arbeit etc.* date *f* limite, jour *m* limite de remise.

Abgang ['apgaŋ] *m* **1.** *e-s Zuges, von Post, Waren* départ *m*; *von Post, Waren auch* envoi *m*; expédition *f*; **2.** *von Personen* départ *m*; der unrühmliche ~ e-s Ministers le départ peu glorieux, la démission peu glorieuse d'un ministre; **3.** *von der Schule etc. verbal*; **4.** *thé.* sortie *f*; **5.** *gym. vom Gerät* sortie *f*; descente *f*; **6.** *méd. von Gallensteinen etc.* rejet *m*; **7.** *comm.* (*Verlust, Schwund*) perte *f*; diminution *f*; *an Gewicht, Substanz auch* discale *f*; **8.** *comm. cf.* Absatz 4.; **~sˌbahnhof** *m* gare *f* de départ; *für Waren auch* gare expéditrice; **~sˌort** *m* point *m*, lieu *m* de départ; **~sˌprüfung** *f* examen *m* de sortie d'une école, de fin d'études; **~sstatiˌon** *f cf.* ~sbahnhof; **~sˌwinkel** *m e-r Feuerwaffe* angle *m* au niveau; **~sˌzeit** *f* heure *f* de départ; **~sˌzeugnis** *n* certificat *m*, diplôme *m* de fin d'études; *der Volksschule* certificat *m* d'études primaires (*abr.* C.E.P.).

Abgas ['apgaːs] *n techn.* gaz brûlé(s), de combustion, d'échappement; **~ˌleitung** *f* conduite *f* de gaz brûlés, de gaz d'échappement; **~verˌwertung** *f* récupération *f*, utilisation *f* des gaz d'échappement, des gaz perdus; **~ˌvorwärmer** *m* économiseur *m*.

abgaunern ['apˌgaʊnərn] *v/t.* ⟨-(e)re, *sép.*, -ge-, h⟩ F j-m etw. ~ escroquer, F estamper qn. de qc.; soutirer qc. à qn.

abgearbeitet ['apgəˌʔarbaɪtət] *adjt.* fatigué, épuisé, exténué, 'harassé par le travail; F brisé, éreinté par le travail; ~e Hände des mains abîmées, F esquintées par le travail.

abgeben ['apˌgeːbən] **I** *v/t.* ⟨*irr., sép.*, -ge-, h⟩ **1.** *Brief, Schlüssel* donner (bei à); *Schlüssel auch* déposer (chez); *Visitenkarte, Garderobe* donner; *Aufsatz, Prüfungsarbeiten* donner; remettre; rendre; *Gepäck* mettre, déposer à la consigne; **2.** *von s-m Besitz, Personal etc.* céder; donner; *Personal auch* détacher; **3.** (*verkaufen*) vendre; *Annonce* billig abzugeben vente à bas prix; **4.** *Sport Ball* passer (le ballon); *abs.* faire une passe; **5.** e-e Erklärung, ein Gutachten ~ faire une déclaration, une expertise; ein Urteil über etw. ~ rendre, porter un jugement sur qc.; *Wahl* s-e Stimme ~ voter; exprimer son vote; donner sa voix; abgegebene Stimmen suffrages exprimés; votants *m/pl.*; **6.** *Wärme, Energie* dégager; céder; *Strahlungsenergie* émettre; **7.** e-n Schuß ~ tirer; faire feu; lâcher un coup de fusil, *etc.* (sur); **8.** F e-e lächerliche Figur, den Sündenbock *etc.* ~ être ridicule, le bouc émissaire, *etc.*; er wird einmal e-n guten Lehrer ~ il fera un bon instituteur, professeur; den Hintergrund, Rahmen ~ servir de fond, de cadre; **9.** F es wird etw. ~ ça fera du bruit, F du pétard; F ça va barder; il y aura du sport, du grabuge; **II** *v/réfl.* F sich ~ mit s'occuper de; *péj.* sich mit j-m ~ avoir à faire avec qn.; avoir affaire à *od.* avec qn.; avoir des relations avec qn.; fréquenter qn.

abge|brannt ['apgəˌbrant] *adjt. fig. u.* F (*mittellos*) ~ sein F être à sec, sans le sou, sans un sou, (complètement) fauché; P être raide (comme un passe-lacet); n'avoir plus un radis; **~ˌbrüht** *adjt. fig. u.* F endurci; gegen alles ~ sein être endurci, insensible à tout; ein ~er Bursche un dur à cuire; **~ˌdroschen** *adjt. fig. Worte, Redensarten etc.* rebattu; F rabâché; ein ~er Schlager une rengaine; F une scie; das ist ~es Zeug c'est du rabâché; c'est une scie; **~ˌfeimt** *adj.* rusé; roué; retors; matois; cauteleux, -euse; ein ~er Bursche un rusé compère; une fine mouche; un fieffé coquin; **ꝰˌfeimtheit** *f* ⟨~⟩ ruse *f*; rouerie *f*; **~ˌgriffen** *adjt. Bucheinband, Spielkarten etc.* usé; fatigué; *Münzen auch* fruste; *fig. Redensart cf.* ~droschen; **~ˌhackt 1.** *adjt. fig. Worte* 'haché; saccadé (*auch Rhythmus*); *Stil auch* 'heurté; **2.** *advt.* ~ sprechen parler d'une façon 'hachée, saccadée; **~ˌhärmt** *adjt.* rongé de chagrin; **~ˌhärtet** *adjt.* endurci, aguerri (gegen à).

abgehen ['apˌgeːən] **I** *v/t.* ⟨*irr., sép.*, -ge-, h⟩ *Strecke* (*prüfend entlanggehen*) parcourir (pour inspecter); reconnaître; **II** *v/i.* ⟨sein⟩ **1.** *Zug, Schiff* partir; s'en aller; F *Post, Waren* partir; être envoyé; expédié, **2.** *von der Schule* quitter (qc.); *von der Bühne* sortir (de); *gym. von Geräten* sortir (de); **3.** *vom Weg etc.* s'écarter, s'éloigner, sortir (de); *fig. von e-m Standpunkt, Grundsatz, Entschluß etc.* s'écarter, s'éloigner (de); von s-m Standpunkt ~ *auch* se départir de son point de vue; von etw. nicht ~ ne pas démordre de qc.; s'en tenir à qc.; ne pas s'écarter de qc.; **4.** *Weg* (*abzweigen*) bifurquer; der Weg nach X geht hier ab le chemin de X bifurque ici; **5.** *Dinge* (*sich ablösen*) partir; s'en aller; se défaire; se détacher; se disjoindre; *Knopf auch* sauter; *Geleimtes auch* se décoller; *Hufeisen auch* se déferrer; an dieser Stelle geht die Farbe ab à cet endroit la peinture s'en va, part, se défait; der Griff ist abgegangen la poignée est partie, s'est détachée, s'est défaite; das Etikett ist abgegangen l'étiquette est partie, s'est décollée; **6.** *méd. Gallenstein etc.* être rejeté; être expulsé; **7.** *comm.* (*abgezogen werden*) être à déduire; drei Prozent gehen davon ab trois pour cent sont à en déduire; zweihundert Mark gehen für die Miete ab deux cents marks sont à déduire pour le loyer, F partent pour le loyer; **8.** *comm.* F (*verkauft werden*) se vendre, se débiter (wie warme Semmeln comme des petits pains); **9.** (*fehlen*) **a)** *Fähigkeiten etc.* faire défaut; manquer; der Sinn dafür geht ihm ab ce sens lui fait défaut; was ihr an Fähigkeiten abgeht, ersetzt sie durch Fleiß elle remplace son manque de talent par son zèle; **b)** *materielle Güter* es soll ihnen nichts ~ ils ne manqueront de rien; sich nichts ~ lassen ne se priver de rien; ne se laisser manquer de rien; ne se refuser rien; **10.** F (*ablaufen*) se passer; se terminer; es ist alles gut abgegangen tout s'est bien passé, terminé.

abge|hetzt ['apgəˌhɛtst] *adjt.* surmené; épuisé; exténué; 'harassé; **~ˌkämpft** *adjt. Sport* pompé; *cf. auch* abgearbeitet; **~ˌkartet** *adjt. fig.* das ist e-e ~e Sache c'est une affaire concertée, combinée; F c'est un coup monté, un complot; **~ˌklärt** *adjt. fig.* plein de sérénité, de sagesse; sage; philosophe; serein; empreint de sérénité; **ꝰˌklärtheit** *f* ⟨~⟩ sagesse *f*; sérénité *f*; **~ˌkürzt 1.** *adjt.* abrégé; raccourci; ~es Verfahren procédé *m*, méthode *f* sommaire; **2.** *advt.* en abrégé; etw. ~ schreiben écrire qc. en abrégé; **~ˌlagert** *adjt. Wein* vieilli; qui a de la bouteille; *Holz, Tabak* sec, sèche; *géol.* (qui s'est) déposé; **~ˌlatscht** *adjt.* F *Schuhwerk* très usé; *Absatz* éculé; **~ˌlegen 1.** *adjt. Tal, Gehöft, Straße etc.* éloigné; à l'écart; isolé; perdu; retiré; solitaire; ein ~er Stadtteil un quartier éloigné, *etc.*; **2.** *advt.* ganz ~ wohnen habiter à l'écart, au diable vauvert, F au diable (au) vert; **ꝰˌlegenˌheit** *f* ⟨~⟩ éloignement *m*; écart *m*; isolement *m*; **~ˌleiert** *adjt.* F *Melodie etc.* rebattu; F rabâché; e-e ~e Melodie *auch* une rengaine; F une scie.

abgelt|en ['apˌgɛltən] *v/t.* ⟨*irr., sép.*, -ge-, h⟩ régler; acquitter; indemniser; j-s Ansprüche durch Bezahlung ~ régler, acquitter les droits de qn. par une indemnité; indemniser qn. de ses droits; s-e Schuld durch e-e Gefängnisstrafe ~ s'acquitter de, payer sa faute par une peine de prison; **ꝰung** *f* règlement *m*; acquittement *m*; (*Ent-*

schädigung) indemnisation *f*; e-e **pauschale** ~ une indemnité forfaitaire.

abge|macht ['apgəˌmaxt] *adjt.* **die Sache ist so gut wie** ~ l'affaire est pour ainsi dire faite, conclue, en bonne voie; F l'affaire est dans le sac; **das war nicht** ~! ce n'est pas de jeu!; ~! entendu!; d'accord!; convenu!; c'est dit!; *comm.* tope (là)!; *cf. auch* **abmachen**; ~ˌ**magert** *adjt.* amaigri; *zum Skelett* décharné; *Gesicht auch* émacié; *Pferd auch* efflanqué; ~ˌ**mattet** *adjt.* épuisé; éreinté; 'harassé; ~ˌ**meldet** *adjt.* F **er ist bei mir** ~ il n'existe plus pour moi; ~ˌ**messen** *adjt. cf.* **gemessen**; ~ˌ**neigt** *adjt.* **gegen etw.** ~ **sein** être défavorable, hostile à qc.; **gänzlich** ~ **sein** *abs.* y être tout à fait opposé, hostile; **e-r Sache nicht** ~ **sein** ne pas être défavorable, hostile à qc.; **j-m nicht** ~ **sein** ne pas être mal disposé envers qn.; **nicht** ~ **sein, etw. zu tun** être assez disposé, être prêt à faire qc.; ~ **sein, etw. zu tun** ne pas être disposé à faire qc.; 2ˌ**neigtheit** *f* ⟨~⟩ *cf.* **Abneigung**; ~ˌ**nutzt** *adjt.* usé; *Münze auch* fruste; *Möbel* vétuste; *cf. auch* **abgetragen**.

Abgeordnete|(r) ['apgəˌʔɔrdnətə(r)] *f* (*m*) ⟨→ A⟩ député *m*; ~**r der Linken, der Rechten** député de gauche, de droite; ~**r werden wollen** aspirer à la députation; ~**n**ˌ**haus** *n* Chambre *f* des députés; *heute in Frankreich* Assemblée nationale; ~**n**ˌ**sitz** *m* siège *m* de député; ~**n**ˌ**wahl** *f* élection *f* des, d'un député(s); ~**n**ˌ**zahl** *f* nombre *m* des députés.

abgerissen ['apgəˌrɪsən] *adjt.* **1.** *Kleidung* en lambeaux; dépenaillé; *Person* déguenillé; en 'haillons; dépenaillé; **2.** *Sätze, Gedanken* décousu; incohérent; ~**e Klänge, Worte** des bribes *f/pl.* de musique, de mots.

Abgesandte(r) ['apgəˌzantə(r)] *f* (*m*) envoyé(e) *m* (*f*); *milit.* parlementaire *m*; *geheimer* émissaire *m*.

Abgesang ['apgəˌzaŋ] *m métr. etwa* épode *m*; dernière partie d'une strophe.

abgeschieden ['apgəˌʃiːdən] *st. s.* **1.** *adj.* **a)** solitaire; isolé; retiré; **b)** (*verstorben*) décédé; défunt; **2.** *adv.* ~ **leben** vivre retiré, dans l'isolement, (en) solitaire; 2ˌ**heit** *f* ⟨~⟩ isolement *m*; solitude *f*.

abgeschlossen ['apgəˌʃlɔsən] *adjt.* **1.** *Tür etc.* fermé à clef *od.* clé; hermetisch ~**er Raum** pièce, enceinte hermétiquement close; **2. ein** ~**es Hochschulstudium haben** avoir fait des études universitaires *od.* supérieures sanctionnées par un diplôme; *Erzählung etc.* **in sich** ~ complet, -ète; qui n'appelle pas de suite; **3.** *von der Welt* isolé; retiré; solitaire; 2ˌ**heit** *f* ⟨~⟩ *von der Welt* isolement *m*.

abgeschmackt ['apgəˌʃmakt] *adj. Späße, Redensarten etc.* insipide; fadasse; plat; banal; ~**e Reden führen** dire, débiter des fadaises; 2**heit** *f* ⟨~; ~en⟩ insipidité *f*; platitude *f*; banalité *f*.

abge|schrägt ['apgəˌʃrɛːkt] *adjt. Ecke, Kante* biseauté; en biseau; chanfreiné; **Raum mit (leicht)** ~**en Wänden** pièce (légèrement) mansardée; ~ˌ**sehen** *p. p.* **1.** ~ **von** en dehors de; à l'exception de; abstraction faite de; excepté; sauf; ~ **davon** en dehors de cela; à part cela; abstraction faite de cela; cela mis à part; ~ **davon, daß** ... mis à part le fait que ...; **von einigen Ausnahmen** ~ à quelques exceptions près; ~ **vom Preis** à l'exception du prix; abstraction faite du prix; excepté le prix; **2. es auf j-n, etw.** ~ **haben** *cf.* **absehen 3.**; ~ˌ**sondert** *adjt. Konkursverfahren* ~**e Befriedigung** règlement séparé; *cf. auch* **absondern**.

abgespannt ['apgəˌʃpant] **1.** *adj.* fatigué; *pfort.* surmené; épuisé; rendu; *Gesichtszüge auch* tiré; **2.** *adv.* ~ **aussehen** avoir les traits tirés; avoir l'air (très) fatigué; 2**heit** *f* ⟨~⟩ fatigue *f*; lassitude *f*; *pfort.* épuisement *m*; **sich in e-m Zustand großer** ~ **befinden** se trouver dans un état de fatigue, de lassitude extrême.

abge|spielt ['apgəˌʃpiːlt] *adjt. Schallplatte* usé; ~ˌ**standen** *adjt. Bier etc.* éventé; *Wasser* que l'on a laissé reposer; non frais, fraîche; *Luft* vicié; ~ˌ**storben** *adjt. bot.* mort; *Glieder* engourdi; **meine Finger sind wie** ~ j'ai les doigts engourdis, gourds; ~ˌ**stumpft** *adjt. Kegel, Pyramide etc.* tronqué; *fig. Gefühl etc.* émoussé; **gegen etw.** ~ **sein** être insensible, indifférent à qc.; 2ˌ**stumpftheit** *f* ⟨~⟩ insensibilité *f*; indifférence *f*; ~ˌ**takelt** *adjt. Schiff* dégréé; *fig. u.* F *von Personen* décrépit; décati; ~ˌ**tan** *adjt.* réglé; **damit ist die Sache noch nicht** ~ l'affaire n'est pas réglée pour cela; **der Fall ist für mich** ~ le cas est réglé pour moi; ~ˌ**tragen** *adjt. Kleidung* fatigué; usagé; **ein stark** ~**er Mantel** un manteau bien fatigué, très usagé; *cf. auch* **abtragen**; ~ˌ**wetzt** *adjt. Stelle e-s Kleidungsstücks* élimé; ~ˌ**winkelt** *adjt. aviat. Tragfläche* qui forme un angle; *in sich* en croissant; *im Verhältnis zum Rumpf* en flèche.

abgewinnen ['apgəˌvɪnən] *v/t.* ⟨*irr., sép., p. p.* **abgewonnen**, h⟩ *beim Spiel* **j-m zehn Mark** ~ gagner dix marks en jouant avec qn.; **j-m e-n Vorsprung** ~ gagner une avance sur qn.; prendre de l'avance sur qn.; distancer qn.; **dem Meer Land** ~ gagner du terrain sur la mer; **e-r Sache Geschmack** ~ prendre goût, trouver du goût à qc.; **e-r Sache die schönste(n), beste(n) Seite(n)** ~ voir le bon côté de qc.; prendre une chose par le bon côté.

abgewöhn|en ['apgəˌvøːnən] **I** *v/t.* ⟨*sép., p. p.* **abgewöhnt**, h⟩ **j-m etw.** ~ déshabituer, désaccoutumer qn. de qc.; faire perdre à qn. l'habitude de qc.; **II** *v/réfl.* **sich etw.** ~ se déshabituer de qc.; se guérir (de l'habitude) de qc.; se désaccoutumer de qc.; **sich das Rauchen** ~ se déshabituer, se désaccoutumer de fumer; **das habe ich mir abgewöhnt** je m'en suis guéri, déshabitué; **III** 2**en** *n* ⟨~s⟩, 2**ung** *f* désaccoutumance *f*; *besser verbal*; *plais.* **noch ein Glas zum** ~ encore un verre pour m'en, t'en, *etc.* guérir.

abge|zehrt ['apgəˌtseːrt] *adjt.* décharné; amaigri; émacié; 2ˌ**zehrtheit** *f* ⟨~⟩ amaigrissement *m*; émaciation *f*; ~ˌ**zirkelt** *adjt.* fait, tracé, mesuré avec exactitude, minutieusement, au compas; **wie** ~ comme tracé, fait au compas; ~**e Bewegungen** gestes précis, exacts.

abgießen ['apˌgiːsən] **I** *v/t.* ⟨*irr., sép.,* **-ge-**, h⟩ **1.** verser (ce qui est en trop); **2.** *cuis.* **Kartoffeln** ~ jeter l'eau (de cuisson) des pommes de terre; **3.** *métall.* couler; **II** 2 *n métall.* coulage *m*; *sonst verbal*.

Abglanz ['apglants] *m* ⟨~es⟩ *fig.* reflet *m*; **ein schwacher** ~ **einstigen Ruhms** un faible reflet de la gloire passée.

abgleich|en ['apˌglaɪçən] **I** *v/t.* ⟨*irr., sép.,* **-ge-**, h⟩ **1.** *élect., rad.* aligner; ajuster; équilibrer; balancer; **2.** *bât.* araser; égaliser; **II** 2**en** *n* ⟨~s⟩ **3.** *élect.* alignement *m*; ajustement *m*; équilibrage *m*; **4.** *bât.* arasement *m*; égalisation *f*; 2ˌ**fehler** *m* défaut *m* d'équilibrage; 2**fre**ˌ**quenz** *f* fréquence *f* d'accord parfait; 2**konden**ˌ**sator** *m* condensateur *m* d'appoint; trimmer [-œːr] *m*; 2ˌ**mittel** *n rad.* moyen *m* de syntonisation; 2**ung** *f* ⟨~⟩ *cf.* 2en.

abgleiten ['apˌglaɪtən] **I** *v/i.* ⟨*irr., sép.,* **-ge-**, sein⟩ **1.** glisser (von de) (*auch Blick etc.*); *fig. Jugendliche etc.* se dévoyer; mal tourner; **das Gespräch gleitet ins Vulgäre ab** la conversation glisse vers, tombe dans le vulgaire; **2.** *fig.* **an j-m** ~ laisser qn. froid, indifférent, insensible; **alle Vorwürfe gleiten an ihm ab** tous les reproches le laissent froid, indifférent, insensible; aucun reproche ne le touche, ne l'émeut; il est sourd à tous les reproches; *st. s.* tous les reproches glissent sur le vernis de son indifférence; **II** 2 *n verbal*.

abglitschen ['apˌglɪtʃən] *v/i.* ⟨*sép.,* **-ge-**, sein⟩ F *cf.* **abgleiten 1.**

Abgott ['apgɔt] *m* idole *f* (*auch fig.*); faux dieu; *fig.* **der** ~ **aller Frauen** l'idole de toutes les femmes; **j-n zu s-m** ~ **machen** faire son idole de qn.

Abgött|erei [ˌapgœtə'raɪ] *f* ⟨~⟩ idolâtrie *f*; ~ **treiben** adorer les idoles, les faux dieux; **mit etw.** ~ **treiben** faire de l'idolâtrie de, avec qc.; 2**isch** ['ap-] **1.** *adj.* idolâtre; **2.** *adv.* **j-n** ~ **lieben, verehren** idolâtrer qn.; aimer qn. passionnément, F à la folie; adorer qn.

Abgottschlange ['apgɔtˌʃlaŋə] *f zo.* boa constricteur, constrictor.

ab|graben ['apˌgraːbən] *v/t.* ⟨*irr., sép.,* **-ge-**, h⟩ *fig.* **j-m das Wasser** ~ couper à qn. l'herbe sous le pied; ~ˌ**grämen** *v/réfl.* ⟨*sép.,* **-ge-**, h⟩ **sich** ~ se ronger, se consumer de chagrin; ~ˌ**grasen** *v/t.* ⟨-(es)t, *sép.,* **-ge-**, h⟩ **1.** *Wiese etc.* brouter, paître l'herbe (d'un pré, *etc.*); **2.** *fig. Gebiet, Gegend* ratisser; ~ˌ**graten** *v/t.* ⟨-ete, *sép.,* **-ge-**, h⟩ *techn.* ébarber; ~ˌ**grätschen** *v/i.* ⟨*sép.,* **-ge-**, sein⟩ *gym.* sortir jambes écartées; ~ˌ**greifen** *v/t.* ⟨*irr., sép.,* **-ge-**, h⟩ *mit dem Zirkel* mesurer au, avec le compas; compasser; *cf. auch* **abgegriffen**.

abgrenz|en ['apˌgrɛntsən] *v/t.* ⟨-(es)t, *sép.,* **-ge-**, h⟩ délimiter (gegen de) (*auch Befugnisse, Rechte, Pflichten*); limiter; **den Garten gegen den Wald** ~ délimiter le jardin de la forêt; 2**ung** *f* ⟨~; ~en⟩ délimitation *f* (gegen de); **e-e genaue** ~ **der Begriffe** une délimitation précise des termes.

Abgrund ['apgrʊnt] *m* abîme *m* (*auch fig.*); précipice *m*; gouffre *m*; *fig. auch* ruine *f*; **an den Rand des** ~**s bringen, am Rande des** ~**s stehen** mener, être *od.* se trouver au bord de l'abîme, de la ruine; **Abgründe trennen uns** un abîme nous sépare; **ein** ~ **der Verworfenheit** un abîme d'infamie.

abgründig ['apˌgrʏndɪç] *adj.* (très) profond; insondable; ~**er Humor** humour profond; ~**e Gedanken** idées profondes.

abgrundtief ['apgrʊntˌtiːf] *adj.* (très) profond; insondable; ~**e Verachtung** mépris profond.

abgucken ['apˌgʊkən] F **I** *v/t.* ⟨*sép.,* **-ge-**, h⟩ *écol.* copier (von j-m sur qn.); **ich habe dem Elektriker abgeguckt, wie man e-e Klingel repariert** j'ai observé l'électricien pour savoir comment on répare une sonnette; *plais.* **ich guck dir nichts ab!** n'aie pas 'honte! je ne te regarde pas; **II** 2 *n* ⟨~s⟩ *verbal*; ~ **ist nicht erlaubt** il est défendu de copier.

Abguß ['apgʊs] *m* moulage *m*; *métall.* coulé *m*; *in Gips auch* plâtre *m*; *in Ton auch* terre cuite; *in Wachs auch* cire *f*; von e-m ~ abformen surmouler.

ab|haben ['apˌhaːbən] *v/t.* ⟨*nur inf.*⟩ F etwas ~ wollen vouloir en avoir un peu, quelques-un(e)s; du kannst etwas davon ~ tu peux en avoir un peu, quelques-un(e)s; **~ˌhacken** *v/t.* ⟨*sép.*, -ge-, h⟩ couper (à coups de hache, à la hache, *etc.*); *Baum* abattre (à la hache); *fig.* man wird dir nicht gleich den Kopf ~ on ne te mangera pas; *cf. auch* abgehackt; **~ˌhaken I** *v/t.* ⟨*sép.*, -ge-, h⟩ **1.** (*loshaken*) décrocher; **2.** *Namen auf e-r Liste etc.* cocher; pointer; **II ℒˌhaken** *n* ⟨~s⟩ **3.** décrochage *od.* décrochement *m*; **4.** pointage *m*; *besser verbal.*

abhalfter|n ['apˌhalftərn] *v/t.* ⟨-(e)re, *sép.*, -ge-, h⟩ **1.** *Pferd* ôter, enlever le licou *od.* licol de; **2.** *fig.* j-n ~ limoger, F débarquer qn.; **ℒung** *f* ⟨~⟩ *fig.* limogeage *m*; *sonst verbal.*

abhalt|en ['apˌhaltən] **I** *v/t.* ⟨*irr.*, *sép.*, -ge-, h⟩ **1.** etw., j-n von sich ~ tenir qc., qn. à distance; e-e Gefahr von j-m ~ éloigner un danger de qn.; die Fliegen von etw. ~ empêcher les mouches de venir sur qc.; Kälte, grelles Licht ~ empêcher, retenir le froid, la lumière crue; **2.** (*hindern*) empêcher; j-n von der Arbeit ~ empêcher qn. de travailler; die Furcht hielt ihn davon ab, zu ... la peur l'empêchait, le retenait de ...; das soll mich nicht ~, etw. zu tun cela ne m'empêchera pas de faire qc.; die hohen Preise halten die Käufer ab les prix élevés éloignent les acheteurs; lassen Sie sich durch mich nicht ~ ne vous laissez pas déranger par moi; sich durch nichts ~ lassen ne se laisser retenir par rien; aller contre vent et marée; abgehalten worden sein avoir eu un empêchement; **3.** ein Kind ~ tenir un enfant pour qu'il fasse ses besoins; faire faire ses (petits) besoins à un bébé; **4.** *Feier, Gottesdienst, Andacht etc.* célébrer; F faire; *Probe, Kursus* faire; *Prüfung* faire passer; *Pressekonferenz* tenir; *Sitzung, Tagung, Konferenz* abgehalten werden avoir lieu; se tenir; **II** *v/i.* *mar.* vom Lande ~ se tenir au large; **III ℒen** *n*, **ℒung** *f* ⟨~⟩ *e-s Gottesdienstes etc.* célébration *f*; *sonst verbal.*

abhandeln ['apˌhandəln] *v/t.* ⟨-(e)le, *sép.*, -ge-, h⟩ **1.** j-m etw. billig ~ acquérir qc. de qn. à bon marché; acheter qc. pas cher, bon marché à qn.; **2.** es gelang ihm, noch etw. vom Preis abzuhandeln il réussit à rabattre encore un peu sur le prix; er läßt sich nichts ~ il ne rabat rien du prix; **3.** *wissenschaftlich* ein Thema ~ traiter (d')un sujet; disserter sur un sujet.

abhanden [ˌap'handən] *adv.* *Sachen* ~ kommen disparaître; der Schirm ist mir ~ gekommen mon parapluie a disparu; j'ai égaré mon parapluie; **ℒˌkommen** *n* disparition *f*.

Abhandlung ['apˌhandlʊŋ] *f* traité *m*; dissertation *f*; étude *f*; travail *m*; *bei der Universität auch* thèse *f*.

Abhang ['aphaŋ] *m* pente *f*; *e-s Gebirges* versant *m*; *e-s Hügels auch* penchant *m*; *e-s Hügels, Berges auch* flanc *m*; *steiler* escarpement *m*; *sanft abfallender* côte *f*; sanfter, leichter ~ pente douce; am ~ des Berges sur le versant de la montagne.

abhäng|en ['apˌhɛŋən] **I** *v/t.* ⟨*sép.*, -ge-, h⟩ **1.** *von Anhängern etc.* décrocher (*auch Bild*); détacher; dételer; découpler; **2.** F *Sport etc.* *Gegner* distancer; lâcher; F semer; **II** *v/i.* ⟨*irr.*, *sép.*, -ge-, h⟩ **3.** von j-m, etw. ~ dépendre de qn., de qc.; das hängt von den Umständen ab cela dépend des circonstances; alles hängt davon ab, ob er kommt tout dépend de sa venue; **4.** Wild ~ lassen faisander du gibier; **III ℒen** *n* *von Anhängern etc.* décrochage *od.* décrochement *m*; *sonst verbal*; **~ig** *adj.* **a)** dépendant (de); *meist wirtschaftlich* tributaire (de); die von e-r Großmacht ~en Staaten les États dépendant d'une grande puissance; von j-m, etw. ~ sein dépendre de qn., de qc.; être tributaire de qn., de qc.; von j-m ~ sein F *auch* être sous la coupe de qn.; das ist vom Wetter ~ cela dépend du temps; Frankreich ist in der Kohlenversorgung vom Ausland ~ la France est tributaire de l'étranger pour le charbon; e-e Sache von etw. ~ machen faire dépendre une chose de qc.; subordonner une chose à qc.; voneinander ~ sein être interdépendants; **b)** *gr.* subordonné; ein ~er Satz une proposition subordonnée; **ℒigˌkeit** *f* ⟨~⟩ dépendance *f*; gegenseitige ~, ~ voneinander interdépendance *f*; in j-s ~ geraten tomber sous la dépendance, F sous la coupe de qn.; sich in j-s ~ begeben se mettre sous la dépendance de qn.; in ~ von der Preisentwicklung *etc.* en fonction de l'évolution des prix, *etc.*; **ℒigkeitsgeˌfühl** *n* sentiment *m* de dépendance; gegenseitiges ~ sentiment d'interdépendance; **ℒigkeitsverˌhältnis** *n* état *m*, rapports *m/pl.* de dépendance.

ab|härmen ['apˌhɛrmən] *v/réfl.* ⟨*sép.*, -ge-, h⟩ *cf.* sich abgrämen; **~ˌhärten I** *v/t.* ⟨-ete, *sép.*, -ge-, h⟩ endurcir, aguerrir (gegen à, contre); er ist gegen Kälte, Schmerz abgehärtet il est endurci, aguerri au *od.* contre le froid, à *od.* contre la douleur; **II** *v/réfl.* sich ~ s'endurcir, s'aguerrir (gegen à, contre); **ℒˌhärtung** *f* ⟨~⟩ endurcissement *m*, aguerrissement *m* (gegen à, contre); **~ˌhaspeln I** *v/t.* ⟨-(e)le, *sép.*, -ge-, h⟩ **1.** *text.* *Garn* dévider; dérouler; **2.** *fig.* *Gedicht etc.* débiter; **II ℒˌhaspeln** *n* dévidage *m*; déroulement *m*.

abhauen ['apˌhaʊən] **I** *v/t.* ⟨*irr.*, *sép.*, -ge-, h⟩ couper; abattre; **II** *v/i.* ⟨sein⟩ F (*sich fortmachen*) F filer; ficher le camp; décamper; déguerpir; prendre, gagner le large; prendre ses cliques et ses claques; P foutre le camp; se débiner; se tailler; se barrer; se cavaler; les mettre; se tirer; riper; hau ab! file!; fiche le camp!; déguerpis!; **III ℒ** *n* coupe *f*; abat(t)age *m*; *sonst verbal.*

abhäut|en ['apˌhɔʏtən] **I** *v/t.* ⟨-ete, *sép.*, -ge-, h⟩ dépouiller; écorcher; F dépiauter; **II ℒen** *n*, **ℒung** *f* dépouillement *m*; écorchement *m*.

abheb|en ['apˌheːbən] **I** *v/t.* ⟨*irr.*, *sép.*, -ge-, h⟩ **1.** ôter; enlever; *tél.* *Hörer* décrocher; *Stricken* *Masche* passer; sauter; *Kartenspiel nach dem Mischen* couper (*abs.*); **2.** *comm.* *Geld vom Konto* retirer; prélever; Geld von der Sparkasse ~ retirer de l'argent à la caisse d'épargne; **3.** *Kunst* etw. vom Hintergrund ~ réchampir qc.; faire ressortir qc. sur le fond; **II** *v/réfl.* **4.** sich ~ *bei Kontrasten* se détacher, se dessiner, se découper (gegen sur); contraster (avec); trancher (sur); sich wirksam gegen den dunklen Hintergrund ~ se détacher bien sur le fond sombre; **5.** *Flugzeug* (sich) ~ décoller (von der Rollbahn de la piste); **III ℒen** *n* **6.** *tél.* décrochage *m*; *e-r Masche* saut *m*; *Kartenspiel* coupe *f*; **7.** *comm.* retrait *m*; prélèvement *m*; **8.** *aviat.* décollage *m*; *sonst verbal*; **ℒung** *f* *comm. vom Konto cf.* ℒen 7.

ab|heften ['apˌhɛftən] *v/t.* ⟨-ete, *sép.*, -ge-, h⟩ *Akten etc.* mettre, ranger dans un classeur; **~ˌheilen I** *v/i.* ⟨*sép.*, -ge-, sein⟩ *Wunden etc.* guérir; **II ℒˌheilen** *n*, **ℒˌheilung** *f* guérison *f*; **~ˌhelfen** *v/i.* ⟨*irr.*, *sép.*, -ge-, h⟩ remédier (à); porter remède (à); e-m Bedürfnis, e-m Übelstand ~ remédier, porter remède à un besoin, à un abus; dem kann abgeholfen werden on peut y remédier; il y a remède à cela; **~ˌhetzen** *v/réfl.* ⟨-(es)t, *sép.*, -ge-, h⟩ F sich ~ courir, se presser (toute la journée, continuellement); *cf. auch* abgehetzt.

Abhieb ['aphiːp] *m* *Forstwesen* coupe *f*; abat(t)age *m*.

Abhilfe ['apˌhɪlfə] *f* ⟨~⟩ remède *m*; dringende ~ remède urgent; für etw. ~ schaffen porter remède à qc.; remédier à qc.; *abs.* ~ schaffen y porter remède; y remédier; ~ versprechen promettre d'y remédier.

Abhitze ['apˌhɪtsə] *f* *techn.* chaleur perdue; **~ˌkessel** *m* chaudière *f* à récupération thermique; chaudière récupératrice de chaleur; récupérateur *m* thermique, de chaleur; **~verˌwertung** *f* récupération *f*, utilisation *f* de chaleur perdue.

abhobeln ['apˌhoːbəln] **I** *v/t.* ⟨-(e)le, *sép.*, -ge-, h⟩ *Brett, Unebenheit etc.* raboter; *mit der Rauhbank* varloper; *fein* replanir; **II ℒ** *n* rabotage *od.* rabotement *m*; *fein* replanissage *m*.

abhold ['apholt] *adj.* *st.s.* e-r Sache ~ sein être ennemi de qc., hostile à qc.; *cf. auch* abgeneigt.

abhol|en ['apˌhoːlən] **I** *v/t.* ⟨*sép.*, -ge-, h⟩ j-n, etw. ~ aller *bzw.* venir chercher, prendre qn., qc.; prendre qn., qc.; *Gepäck, Frachtgut durch die Bahn, Müll durch die Müllabfuhr auch* enlever (vom Hause à domicile); *Briefe auf dem Postamt auch* (aller, venir) retirer; etw. ~ lassen envoyer chercher, prendre qc.; faire prendre qc.; es ist ein Paket von der Post abzuholen il y a un colis à aller chercher, à (aller) prendre à la poste; hol mich morgen vom Büro ab! viens me chercher, prendre (*bes. im Auto*) demain au bureau!; F er ist von der Polizei abgeholt worden la police est venue le prendre, l'arrêter; **II ℒen** *n*, **ℒung** *f* ⟨~⟩ *von Sachen* prise *f*; *von Gepäck, Müll* enlèvement *m*; *von Briefen* retrait *m*; *sonst verbal*; **ℒgeˌbühr** *f* *comm.* frais *m/pl.* de prise à domicile.

abholz|en ['apˌhɔltsən] **I** *v/t.* ⟨-(es)t, *sép.*, -ge-, h⟩ déboiser; **ℒen** *n* ⟨~s⟩, **ℒung** *f* ⟨~⟩ déboisement *m*.

abhorch|en ['apˌhɔrçən] **I** *v/t.* ⟨*sép.*, -ge-, h⟩ écouter; *Funkspruch auch* intercepter; *méd.* ausculter; **II ℒen** *n* écoute *f*; interception *f*; *méd.* auscultation *f*; **ℒgeˌrät** *n* appareil *m* d'écoute.

Abhör|dienst ['aphøːrˌdiːnst] *m* *milit.* (service *m* d')écoute *f*; **~ˌeinrichtung** *f* installation *f* d'écoute; **ℒen I** *v/t.* ⟨*sép.*, -ge-, h⟩ **1.** *Schulaufgaben, Schüler* faire réciter (la leçon à qn., un élève); *cf. auch* abfragen; **2.** *Telefongespräch, milit., rad. etc.* écouter; **II ~en** *n* **3.** *von Gelerntem verbal*; **4.** *tél., milit. etc.* écoute *f*; **~geˌfahr** *f* danger *m* d'écoute, d'interception (des communications); ~geˌrät n appareil m d'écoute; ~kaˌbine f rad., Film cabine f d'écoute; ~mikroˌphon n microphone m d'écoute; ~ˌmöglichkeit f possibilité f d(e faire l)'écoute; ~ˌraum m rad., Film salle f d'écoute; ~ˌsicherheit f sûreté f des communications; sécurité f contre les écoutes ennemies; ~ˌstelle f poste m d'écoute; ~ˌvorrichtung f dispositif m d'écoute.

abhungern [ˈapˌhʊŋərn] v/réfl. ⟨-(e)re, sép., -ge-, h⟩ sich etw. ~ épargner qc. sur sa nourriture.

Abi [ˈabiˑ] n ⟨~s⟩ écol. cf. Abitur.

Abietinsäure [abiˑeˑˈtiːnˌzɔʏrə] f chim. acide m abiétique.

abirr|en [ˈapˌʔɪrən] v/i. ⟨sép., -ge-, sein⟩ s'égarer; s'écarter (von de) (beide auch fig.); vom Weg, fig. vom Thema ~ s'écarter du chemin, du sujet; s'égarer; fig. vom rechten Wege ~ s'écarter du droit chemin; quitter le droit chemin; se fourvoyer; s-e Gedanken irren ab ses pensées s'égarent; 2ung f ⟨~; ~en⟩ égarement m; fourvoiement m; écart m (von de); fig. auch aberration f.

Abitur [abiˑˈtuːr] n ⟨~s⟩ baccalauréat m; écol. bac [bak] m; bachot m; das ~ machen passer le baccalauréat; das ~ bestehen être reçu au baccalauréat; ~iˈent(in) m ⟨~en; ~en⟩ (f) ⟨~; ~nen⟩ candidat(e) m (f) au baccalauréat; nach bestandenem Abitur bachelier, -ière m, f; ~iˈentenˌball m bal m des bacheliers; ~iˈentenˌprüfung f cf. ~.

abjagen [ˈapˌjaːgən] I v/t. ⟨sép., -ge-, h⟩ j-m s-e Beute ~ faire lâcher son butin à qn.; obliger qn. à lâcher son butin en le pourchassant; j-m ein Geschäft, e-n Gewinn ~ enlever une affaire, un bénéfice avant qn.; II v/réfl. cf. abhetzen.

abkämmen [ˈapˌkɛmən] v/t. ⟨sép., -ge-, h⟩ fig. Gelände passer au peigne fin; ratisser.

abkant|en [ˈapˌkantən] I v/t. ⟨-ete, sép., -ge-, h⟩ techn. chanfreiner; biseauter; Blech plier; II 2en n ⟨~s⟩ chanfreinage m; biseautage m; von Blechen pliage m; 2maˌschine f chanfreineuse f; machine f à chanfreiner; für Bleche machine f à plier; plieuse f; 2ung f ⟨~⟩ cf. 2en.

ab|kanzeln [ˈapˌkantsəln] F I v/t. ⟨-(e)le, sép., -ge-, h⟩ j-n ~ attraper, sermonner, chapitrer, morigéner qn.; passer, donner un savon à qn.; gehörig abgekanzelt werden être attrapé, sermonné, etc. d'importance; en prendre pour son grade; II 2ˌkanzeln n ⟨~s⟩, 2ˌkanz(e)ˌlung f ⟨~; ~en⟩ sermon m; semonce f; F savon m; ~ˌkappen v/t. ⟨sép., -ge-, h⟩ cf. kappen; ~ˌkapseln I v/réfl. ⟨-(e)le, sép., -ge- h⟩ sich ~ 1. fig. s'isoler; se replier sur soi-même; se renfermer; se retirer, se retrancher du monde; 2. méd. s'enkyster; abgekapselter Tumor tumeur enkystée, bénigne; II 2ˌkapseln n ⟨~s⟩, 2ˌkapseˌlung f ⟨~; ~en⟩ 3. isolement m; retranchement m du monde; 4. méd. enkystement m; ~ˌkargen v/réfl. ⟨sép., -ge-, h⟩ F cf. abhungern; ~ˌkarten v/t. ⟨-ete, sép., -ge-, h⟩ F (heimlich verabreden) tramer; ourdir; comploter; concerter (secrètement); das haben sie untereinander abgekartet ils l'ont tramé, ourdi, comploté, concerté secrètement entre eux; sie haben miteinander etw. gegen ihn abgekartet ils ont tramé, ourdi, comploté qc. contre lui; abgekartete Sache cf. abgekartet; ~ˌkauen v/t. ⟨sép., -ge-, h⟩ ronger; (sich) die Nägel ~ ronger ses ongles; se ronger les ongles; ~ˌkaufen v/t. ⟨sép., -ge-, h⟩ j-m etw. ~ acheter qc. à qn.

Abkehr [ˈapkeːr] f ⟨~⟩ von Personen, Ideen, von der Welt, Politik, vom Glauben etc. abandon m; délaissement m; éloignement m; 2en I v/t. ⟨sép., -ge-, h⟩ cf. abfegen; II v/réfl. sich ~ se détourner (von de); s'éloigner (de); abandonner (qn., qc.); délaisser (qn., qc.).

abkett|eln [ˈapˌkɛtəln] v/t. ⟨-(e)le, sép., -ge-, h⟩ Maschen rabattre; ~en v/t. ⟨-ete, sép., -ge-, h⟩ 1. Hund etc. détacher (de la chaîne); 2. cf. ~eln.

abklapp|bar [ˈapklapˌbaːr] adj. Seitenteil etc. articulé; pliant; ~en v/t. ⟨sép., -ge-, h⟩ rabattre; ~ern F v/t. ⟨-(e)re, sép., -ge-, h⟩ Hausierer etc. alle Häuser ~ faire le porte-à-porte; aller de porte en porte; ich habe die ganze Stadt danach abgeklappert j'ai couru tous les magasins, toute la ville pour trouver cela.

abklären [ˈapˌklɛːrən] v/t. ⟨sép., -ge-, h⟩ cf. klären 2.

Abklatsch [ˈapklatʃ] m ⟨~es⟩ 1. péj. (mauvaise) copie; imitation f; calque m; 2. ⟨pl. ~e⟩ impr. épreuve f (à la brosse); 2en v/t. ⟨sép., -ge-, h⟩ 1. péj. copier (servilement); imiter; calquer; 2. beim Tanz claquer, taper dans les mains pour changer de partenaire, Theaterprobe pour faire cesser la répétition; 3. Ball renvoyer avec le plat de la main.

ab|klauben [ˈapˌklaʊbən] F v/t. ⟨sép., -ge-, h⟩ enlever; Beeren auch égrener; ~ˌklauen v/t. ⟨sép., -ge-, h⟩ cf. klauen; ~ˌklemmen v/t. ⟨sép., -ge-, h⟩ Stromleitung séparer; méd. Blutgefäße pincer; sich e-n Finger ~ se sectionner un doigt; ~ˌklingen I v/i. ⟨irr., sép., -ge-, sein⟩ Ton etc. s'évanouir; s'affaiblir; décroître; mourir; Epidemie reculer; Schmerz, Krise, Erregung etc. diminuer; s'affaiblir; décroître; die anfängliche Begeisterung klang jedoch bald ab l'enthousiasme du début tomba pourtant peu à peu; II 2ˌklingen n ⟨~s⟩ e-s Tones etc. évanouissement m; affaiblissement m; e-r Epidemie recul m; des Schmerzes, e-r Krise etc. diminution f; décroissance f; déclin m; e-r Krankheit auch décours m; ~ˌklopfen v/t. ⟨sép., -ge-, h⟩ 1. faire tomber (en tapant, en tapotant); den Putz von der Wand ~ décrépir un mur; faire tomber le crépi d'un mur; den Kesselstein von etw. ~ faire tomber le tartre de qc.; détartrer qc.; den Staub von etw. ~ épousseter qc.; den Schnee vom Mantel ~ faire tomber la neige du manteau (en le tapotant); 2. méd. percuter; 3. Orchester (faire) arrêter; tapoter pour (faire) arrêter; 4. F Geschäfte etc. courir (tous les magasins, toute la ville); ~ˌknabbern v/t. ⟨-(e)re, sép., -ge-, h⟩ grignoter; Knochen ronger; ~ˌknallen v/t. ⟨sép., -ge-, h⟩ péj. u. F j-n ~ descendre qn.; ~ˌknapsen F I v/t. ⟨-(es)t, sép., -ge-, h⟩ j-m etw. ~ rogner qc. à qn.; von der kleinen Summe wurden ihm noch drei Mark abgeknapst on lui a encore rogné trois marks sur cette petite somme; II v/réfl. sich etw. ~ épargner qc. (en se privant); ~ˌkneifen I v/t. ⟨irr., sép., -ge-, h⟩ mit der Kneifzange etc. couper, enlever, ôter (à la tenaille, à la pince); jard., arb. pincer; den Kopf von e-m Nagel ~ auch étêter un clou; II 2ˌkneifen n arb. pinçage m; sonst verbal; ~ˌknicken v/t. ⟨sép., -ge-, h⟩ Zweig etc. casser; ~ˌknipsen v/t. ⟨-(es)t, sép., -ge-, h⟩ F 1. pincer; 2. e-n Film ~ finir, épuiser un film; ~knöpfˌbar adj. Kragen etc. amovible; détachable; démontable; ~ˌknöpfen v/t. ⟨sép., -ge-, h⟩ 1. Kapuze, Kragen etc. déboutonner; détacher; 2. F j-m etw. ~ soutirer, F carotter qc. à qn.; ~ˌknutschen P I v/t. ⟨sép., -ge-, h⟩ embrasser avec fougue; II v/réfl. sich ~ s'embrasser avec fougue; ~ˌkochen I v/t. ⟨sép., -ge-, h⟩ faire cuire; Wasser, Milch (faire) bouillir; chim., phm. faire une décoction (de); abgekochte Milch lait bouilli; II v/i. im Freien faire la soupe; III 2ˌkochen n cuisson f; von Milch, Wasser verbal; chim. décoction f; ~kommanˌdieren v/t. ⟨sép., pas de ge-, h⟩ détacher; envoyer en service commandé; j-n zur Front ~ envoyer, détacher qn. au front; abkommandiert sein être en détachement, en service commandé (zu, nach à); 2kommanˌdierung ⟨~⟩ f détachement m; envoi m en service commandé.

Abkomme [ˈapˌkɔmə] m ⟨~n; ~n⟩ descendant(e) m (f); 2n I v/i. ⟨irr., sép., -ge-, sein⟩ 1. vom Wege, vom Kurs, von e-m Thema etc. s'écarter, s'éloigner (de); von der Fahrbahn ~ quitter la route, sa voie (sur l'autoroute); 2. von e-r Gewohnheit etc. abandonner (von etw. qc.); von der Ansicht ist er abgekommen il a changé d'avis; davon ist man längst abgekommen on a abandonné tout cela, on en est revenu depuis longtemps; 3. von der Arbeit etc. être libre, disponible; ich kann jetzt nicht ~ je ne suis pas libre, disponible pour l'instant; 4. beim Start gut ~ Sport faire, prendre un bon départ; Flugzeug décoller, s'envoler sans difficulté, sans incident; beim Schießen viser bien et tirer à temps; II ~n n ⟨~s⟩ 5. vom Wege, Thema etc. éloignement m; 6. Sport départ m; aviat. décollage m; Schießen verbal; 7. ⟨pl. ~⟩ (Vertrag) accord m; convention f; pacte m; entente f; bi-, multilaterales ~ accord bilatéral, multilatéral; internationales ~ convention internationale; comm. langfristiges ~ accord à long terme; hist. das Münchener ~ les Accords de Munich; die Haager ~ les Conventions de la Haye; ein ~ treffen, schließen passer, conclure un accord; ein ~ kündigen dénoncer un accord.

abkömm|lich [ˈapˌkœmlɪç] adj. libre; disponible; nicht ~ sein ne pas être libre, disponible; 2lichˌkeit f ⟨~⟩ disponibilité f; 2ling m ⟨~s; ~e⟩ descendant(e) m(f).

ab|koppeln [ˈapˌkɔpəln] v/t. ⟨-(e)le, sép., -ge-, h⟩ 1. cf. abkuppeln; 2. ch. Hunde découpler; ~ˌkratzen I v/t. ⟨-(es)t, sép., -ge-, h⟩ Farbe, Putz, Tapete etc. enlever; gratter (auch Schorf); den Schmutz von den Schuhen ~ décrotter les souliers; II v/i. ⟨sein⟩ P (sterben) P crever; clamser; claquer; claboter; passer l'arme à gauche; III 2ˌkratzen n von Schorf, Farbe etc. grattage m; sonst verbal; 2ˌkratzer m für Schuhe décrottoir m; ~ˌkriegen v/t. ⟨sép., -ge-, h⟩ F 1. cf. abbekommen; 2. Prügel etc. recevoir, récolter (des coups); sie

hat keinen Mann abgekriegt elle n'a pas réussi à se marier, à trouver un mari; **3.** *Deckel von e-m Gefäß, Fleck vom Mantel etc.* réussir à enlever.

abkühl|en ['apˌky:lən] **I** *v/t.* ⟨*sép.*, -ge-, h⟩ *cf.* kühlen; **II** *v/réfl.* **sich ~** se rafraîchir; se refroidir (*auch fig.*); *fig. auch* s'attiédir; s'émousser; *Witterung* **es hat sich merklich abgekühlt** le temps s'est remarquablement, appréciablement rafraîchi; **2ung** *f* rafraîchissement *m*; refroidissement *m* (*auch fig.*); **2ungsˌdauer** *f* durée *f* de refroidissement; **2ungsˌmittel** *n techn.* réfrigératif *m*; réfrigérant *m*; **2ungsˌspannung** *f techn.* tension *f* de refroidissement; **2ungsˌzeit** *f* durée *f*, période *f* de refroidissement.

Abkunft ['apkʊnft] *f* ⟨~; ⁓e⟩ descendance *f*; origine *f*; naissance *f*; **von bürgerlicher, dunkler ~** d'origine, de descendance bourgeoise, obscure; **von vornehmer ~ sein** être d'illustre descendance, origine, naissance; être de noble extraction.

abkuppeln ['apˌkʊpəln] *v/t.* ⟨-(e)le, *sép.*, -ge-, h⟩ *Anhänger etc.* découpler; décrocher; détacher.

abkürz|en ['apˌkʏrtsən] *v/t.* ⟨-(es)t, *sép.*, -ge-, h⟩ *Weg* raccourcir (*auch abs.*); *Wort, Namen* abréger; *Besuch, Aufenthalt, Gespräch etc.* écourter; abréger; **2ung** *f e-s Weges* raccourci *m*; *von Wörtern* abréviation *f*; *aus Initialen bestehende auch* sigle *m*; *des Aufenthaltes, e-s Gespräches etc.* abrégement *m*; *des Aufenthaltes auch* raccourcissement *m*; **2ungsˌliste** *f*, **2ungsverˌzeichnis** *n* liste *f* d'abréviations.

ab|küssen ['apˌkʏsən] **I** *v/t.* ⟨-ßt, *sép.*, -ge-, h⟩ couvrir de baisers; embrasser; *poét.* **j-m die Tränen ~** sécher, boire les larmes de qn. en l'embrassant; **II** *v/réfl.* **sich ~** s'embrasser; se couvrir de baisers; **~ˌladen I** *v/t.* ⟨*irr.*, *sép.*, -ge-, h⟩ *Fracht, Wagen* décharger; *fig. Kummer etc.* confier (**bei j-m** à qn.); **II 2ˌladen** *n* déchargement *m*; **2ˌladeˌplatz** *m* place *f*, lieu *m*, endroit *m* de déchargement; *von Schutt* décharge *f*; **2ˌladung** *f cf.* **2laden**.

Ablage ['apˌlɑ:gə] *f* **1.** *Ort* lieu *m*, endroit *m* pour ranger qc.; *für Briefe, Akten* classeur *m*; *für Garderobe* vestiaire *m*; *im Badezimmer* tablette *f*; *cf. auch* **Hutablage** *etc.*; **2.** (*Ablegen*) *von Akten etc.* classement *m*; rangement *m*; *von Eiern* ponte *f*; **~ˌkasten** *m*, **~ˌkorb** *m* boîte *f* de classement; classeur *m*; **~ˌmappe** *f* chemise *f* de classement.

ablager|n ['apˌlɑ:gərn] **I** *v/t.* ⟨-(e)re, *sép.*, -ge-, h⟩ *géol.*, *Schlamm, Sand etc.* déposer; **II** *v/i.* ⟨sein⟩ *Wein* vieillir; prendre de la bouteille; *Holz, Tabak* sécher; *chim.* **~ lassen** laisser, faire déposer; **in diesen Kellern lagern unsere Weine ab** c'est dans ces caves que vieillissent nos vins, que nos vins prennent de la bouteille; **III** *v/réfl.* **sich ~** se déposer (*auch chim.*); **2ung** *f géol.*, *chim.* dépôt *m*; *géol. auch* sédimentation *f*; *von Wein* vieillissement *m*; *von Holz, Tabak* séchage *m*.

ablaichen ['apˌlaɪçən] *v/i.* ⟨*sép.*, -ge-, h⟩ *Fische* frayer.

ablandig ['apˌlandɪç] *adj. mar.* **⁓er Wind** brise *f* de terre.

Ablaß ['aplas] *m* ⟨-sses; -lässe⟩ *relig. cath.* indulgence *f*; **vollkommener, unvollkommener ~** indulgence plénière, partielle; **e-n ~ gewinnen** gagner une indulgence; **~ˌbrief** *m relig. hist.* lettre *f* d'indulgence.

ablassen ['apˌlasən] **I** *v/t.* ⟨*irr.*, *sép.*, -ge-, h⟩ **1.** *Flüssigkeiten* faire, laisser (s')écouler, couler; *Dampf, Gas* lâcher; évacuer; faire échapper; *Luft aus Reifen* dégonfler (un pneu); *Roheisen* faire couler; *abus. Teich, Becken* vider; **2.** *chem. Zug* faire partir; **3.** (*verkaufen*) **j-m etw. (billig) ~** laisser, céder, vendre qc. (bon marché) à qn.; **4.** *comm.* **etw. vom Preis ~** rabattre qc. du prix; donner un rabais, une réduction de prix (à qn.); **er ließ uns noch zehn Mark ab** il nous donna encore une réduction, un rabais de dix marks; **5.** F *Gardinen etc.* (*weglassen*) ne pas (re)mettre; **II** *v/i. von e-r Verfolgung, von e-m Vorhaben etc.* renoncer (à); abandonner (qc.); cesser (qc.); *Tier von s-r Beute* lâcher (qc.); **von j-m ~** cesser d'attaquer, de poursuivre qn.; laisser qn. tranquille; **III 2** *n* ⟨⁓s⟩ *von Flüssigkeiten, Gas* évacuation *f*; *besser verbal*; *von Dampf, Gas auch* lâchage *m*; *der Luft aus e-m Reifen* dégonflement *m* (d'un pneu); *von e-m Vorhaben etc.* renoncement *m* (à); abandon *m* (de); *sonst verbal.*

Ablaß|hahn ['aplasˌhɑ:n] *m techn.* robinet *m* d'évacuation; **~ˌhandel** *m relig. hist.* commerce *m*, trafic *m* des indulgences; **~ˌrohr** *n techn.* tube *m*, tuyau *m* d'évacuation, *für Flüssigkeiten auch* d'écoulement, *für Gas auch* d'échappement; **⁓venˌtil** *n techn.* soupape *f* d'évacuation, d'échappement.

Ablativ ['ablaˌti:f, 'ap-, -'ti:f] *m* ⟨⁓s; ⁓e⟩ *gr.* ablatif *m*.

Ablauf ['aplaʊf] *m* **1.** (*Ablaufen*) écoulement *m*; *e-s Seils etc.* déroulement *m*; **2.** (*Ablaufvorrichtung*) dispositif *m*, conduit *m* d'écoulement; *e-s Beckens* déchargeoir *m*; *e-s Wehres* déversoir *m*; **3.** *der Ereignisse, des Programms etc.* déroulement *m*; cours *m*; **reibungsloser ~** déroulement, cours sans obstacle, sans friction; **geschichtlicher, chronologischer ~** déroulement historique, chronologique; **4.** *e-r Frist, Amtsperiode, des Kalenderjahres etc.* expiration *f*; **nach ~ von** à l'expiration de; au bout de; à l'issue de; **nach ~ dieser Frist** le délai expiré; à l'expiration de ce délai; **vor ~ von e-m Vierteljahr** avant trois mois; **vor ~ des Termins zahlen** payer avant l'échéance; **~ˌberg** *m chem.* butte *f* de gravité; **~ˌbrett** *n für Geschirr* égouttoir *m*; **2en I** *v/t.* ⟨*irr.*, *sép.*, -ge-, h⟩ *Schuhsohlen etc.* user; *Absätze* éculer; **alle Geschäfte, die halbe Stadt nach etw. ~** faire toutes les boutiques *od.* tous les magasins, toute la ville pour trouver qc.; courir tous les magasins, partout pour trouver qc.; *fig. u.* F **sich die Hacken, die Beine nach etw. ~** courir aux quatre coins de la ville pour trouver qc.; *fig.* **j-m den Rang ~** supplanter qn.; l'emporter sur qn.; F gagner qn. de vitesse; **II** *v/i.* ⟨sein⟩ **1.** *von Flüssigkeiten* s'écouler; se déverser; *Becken, Teich etc.* se vider; **Wasser ~ lassen** faire, laisser (s')écouler de l'eau; **2.** *Faden, Seil etc. von e-r Spule etc.*, *Ereignisse, Programm etc.* se dérouler; *Ereignisse auch* se passer; **3.** (*zu Ende gehen*) **gut, schlecht ~** se terminer, se passer bien, mal; finir bien, mal; **es ist anders abgelaufen, als ich dachte** cela s'est terminé autrement que je ne pensais; **die Schallplatte ist abgelaufen** le disque est terminé; **die Uhr ist abgelaufen** la montre ne marche plus, s'est arrêtée, n'est pas remontée; *fig. u. st. s.* **deine Uhr ist abgelaufen** ta dernière heure est venue, est arrivée, a sonné; **4.** *Frist, Wartezeit, Ausweis etc.* expirer; *Ausweis, Visum etc. meist* se périmer; être périmé; **die Frist ist abgelaufen** le délai est expiré; **der Paß ist abgelaufen** le passeport est périmé, *abus.* est expiré; **III ⁓en** *n cf.* ~; **⁓geˌschwindigkeit** *f e-s Tonbandes etc.* vitesse *f* de déroulement; **~ˌrinne** *f* rigole *f* d'écoulement; goulette *f*; goulotte *f*; **~ˌrohr** *n* tuyau *m* d'écoulement; **⁓terˌmin** *m* date *f* d'expiration; **⁓venˌtil** *n* soupape *f* d'écoulement.

ab|laugen ['apˌlaʊgən] **I** *v/t.* ⟨*sép.*, -ge-, h⟩ *techn.* lessiver; **II 2ˌlaugen** *n* ⟨⁓s⟩ lessivage *m*; **~ˌlauschen** *v/t.* ⟨*sép.*, -ge-, h⟩ *Geheimnis, Wunsch etc.* surprendre; **etw. der Natur ~** prendre qc. dans la nature; **diese Szene ist dem Leben abgelauscht** cette scène est prise sur le vif.

Ablaut ['aplaʊt] *m ling.* alternance *f* vocalique; apophonie *f*; ablaut *m*; **2en** *v/i.* ⟨-ete, *sép.*, -ge-, h⟩ changer la voyelle du radical; **⁓de Verben** verbes qui changent la voyelle du radical.

Ableben ['apˌle:bən] *st. s. n* ⟨⁓s⟩ décès *m*; *poét.* trépas *m*; **nach s-m ~** après son décès, son trépas.

ab|lecken ['apˌlɛkən] *v/t.* ⟨*sép.*, -ge-, h⟩ *Teller, Blut etc.* lécher; **sich die Finger ~** se lécher les doigts; **~ˌledern** *v/t.* ⟨-(e)re, *sép.*, -ge-, h⟩ *Fenster, Auto etc.* nettoyer, faire briller avec une peau de chamois.

Ableg|efach ['aple:gəˌfax] *n im Büro* casier *m*; **⁓eˌmappe** *f cf.* **Ablagemappe**; **2en I** *v/t.* ⟨*sép.*, -ge-, h⟩ **1.** *Garderobe* enlever; ôter; se débarrasser de; **bitte, legen Sie ab!** enlevez, ôtez votre manteau, je vous prie; débarrassez-vous de votre manteau; *fig.* **s-e Maske ~** ôter son masque; **2.** *Akten, Post etc.* classer; ranger; **3.** *beim Kartenspiel* écarter; **abgelegte Karten** cartes mises à l'écart; écart *m*; **4.** *zo.* **Eier ~** déposer des œufs; pondre; **5.** *Kleidungsstücke* (*nicht mehr tragen*) mettre au rebut, au rancart; **abgelegte Sachen, Kleider** vieux habits; vieilleries *f/pl.*; **Trauer(kleidung) ~** quitter le deuil; **6.** *fig. Gewohnheiten* se défaire de; se déshabituer de; *Fehler* se corriger de; abandonner; perdre; *bibl.* **den alten Adam ~** dépouiller le vieil homme; **7. e-n Eid ~** prêter serment; **ein Gelübde ~** faire un vœu; *relig. cath.* **die Profeß ~** prononcer ses vœux; **ein Geständnis ~** faire des aveux; **ein Treuebekenntnis zu etw. ~** professer sa fidélité envers qc.; **Rechenschaft ~ über** rendre compte de; **Zeugnis von etw. ~** témoigner de qc.; rendre témoignage de qc.; **e-e Probe ~** donner une preuve (de); **e-e Prüfung ~** passer, *mit Erfolg* réussir un examen; **II** *v/i.* **8.** *Schiff* appareiller; partir; **III ⁓en** *n* **9.** *von Akten etc.* classement *m*; rangement *m*; **10.** *von Spielkarten* écart *m*; **11.** *von Eiern* ponte *f*; **12.** *von gebrauchten Kleidern* mise *f* au rancart, au rebut; **13.** *von Gewohnheiten etc.* abandon *m*; **14.** *e-s Eides* prestation *f*; *e-s Gelübdes* prononciation *f*; *von Rechenschaft* reddition *f*; **15.** *e-s Schiffes* appareillage *m*; **⁓er** *m* ⟨⁓s; ~⟩ *jard.* bouture *f*; marcotte *f*; *vom Weinstock auch* provin *m*; *von Erdbeeren auch* pied *m*; (*Ausläufer*) stolon *m*; coulant *m*; **⁓ung** *f* ⟨~⟩ *cf.* ⁓en.

ablehn|en ['apˌle:nən] *v/t.* ⟨*sép.*, -ge-, h⟩ *allg.* refuser; *Angebot, Entwurf* *auch* rejeter; *jur. Zeugen, Richter* récuser; *adm.* e-n Antrag ~ rejeter une demande, une requête; **die, jede Verantwortung** ~ décliner toute responsabilité; se dégager de toute responsabilité; **ein Geschenk** (**dankend**) ~ refuser un cadeau (poliment); **das lehne ich glatt ab** je le refuse carrément, tout net [-t]; **⁓end** *adjt.* négatif, -ive; *Miene, Haltung* de refus; e-e **⁓e Antwort** une réponse négative; un refus; e-e **⁓e Haltung einnehmen, sich** ~ **verhalten** refuser (**gegenüber etw.** qc.); se refuser (**gegenüber etw.** à qc.); prendre, adopter une attitude de refus (**gegenüber etw.** vis-à-vis de qc.); **2ung** *f* ⟨~; ⁓en⟩ refus *m*; rejet *m*; *jur. e-s Zeugen etc.* récusation *f*; *der Verantwortung verbal*; **2ungsˌantrag** *m jur.* demande *f* en récusation; **2ungsˌfall** *m* im ~ en cas de récusation, de refus; **2ungsgeˌsuch** *n jur.* requête *f* en récusation; **2ungsˌgrund** *m* cause *f* de récusation, de refus, de rejet; **2ungsˌrecht** *n jur.* droit *m* de récusation.

ableiˌern ['apˌlaɪərn] *v/t.* ⟨-(e)re, *sép.*, -ge-, h⟩ *cf.* herunterleiern *u.* abgeleiert; **⁓sten** *v/t.* ⟨-ete, *sép.*, -ge-, h⟩ *Dienstpflicht* faire; accomplir; **2stung** *f* accomplissement *m*.

ableit|bar ['aplaɪtˌbaːr] *adj.* qui peut être dérivé, déduit, évacué; **⁓en** *v/t.* ⟨-ete, *sép.*, -ge-, h⟩ **1.** *Fluß, élect.* dériver; *Wärme, Gas etc.* évacuer (*auch Wasser*); conduire au dehors, dans; *Blitz* conduire dans le sol; **2.** *math.* dériver; **abgeleitete Funktion** (fonction) dérivée *f*; **e-e Formel** ~ déduire une formule; **3.** *Logik* déduire; (*folgern*) tirer (de); conclure; **4.** *ling.* dériver; **ein Wort aus dem Griechischen** ~ dériver un mot du grec; **abgeleitetes Wort** (mot) dérivé *m*; **⁓end** *adjt. méd.* révulsif, -ive; **⁓es Mittel** révulsif *m*; **2ung** *f* **1.** *von Wasserläufen, élect.* dérivation *f*; *von Wärme, Gas etc.* évacuation *f*; **2.** *von Formeln* déduction *f*; *math. von Funktionen* dérivation *f*; *Ergebnis* dérivée *f*; **3.** *Logik* déduction *f*; **4.** *ling.* dérivation *f*; **5.** *méd.* révulsion *f*; **2ungsˌgraben** *m* fossé *m*, rigole *f* d'écoulement, d'évacuation; saignée *f*; **2ungskaˌnal** *m* canal *m* de dérivation, d'évacuation; *e-s Beckens, Teiches auch* émissaire *m*; **2ungsˌrohr** *n* tuyau *m* d'évacuation; **2ungsˌsilbe** *f gr.* suffixe dérivatif.

ablenk|bar ['aplɛŋkˌbaːr] *adj.* qui peut être dévié, détourné, diverti, distrait; **⁓en** *v/t.* ⟨*sép.*, -ge-, h⟩ **1.** *in der Richtung* dévier; détourner; *phys. Strahlen* dévier; diffracter; **2.** *Aufmerksamkeit, Verdacht, Gespräch etc.* détourner; *Verdacht auch* écarter; **j-n von der Arbeit** ~ détourner qn. de son travail; **vom Thema** ~ écarter du sujet; **die Kinder werden dadurch abgelenkt** cela divertit, distrait les enfants; **3.** (*zerstreuen*) distraire; divertir; détourner l'esprit de; **2ˌplatte** *f élect.* plaque déflectrice; **2ˌspule** *f élect.* bobine déflectrice; **2ung** *f* **1.** déviation *f*; *von Strahlen auch* diffraction *f*; *von Elektronen* déflexion *f*; **2.** *fig. der Aufmerksamkeit etc.* détournement *m*; (*Zerstreuung*) distraction *f*; diversion *f* (*auch milit.*); dérivatif *m*; ~ **suchen** chercher de la distraction; **e-e willkommene** ~ une distraction, diversion bienvenue; un dérivatif bienvenu; **2ungsˌangriff** *m milit.* (attaque *f* de) diversion *f*; **2ungsmaˌnöver** *n fig.* manœuvre *f* de diversion; **2ungsˌmittel** *n fig.* dérivatif *m*; **2ungsverˌsuch** *m* tentative *f* de diversion; **2ungsˌwinkel** *m* angle *m* de déviation, de déflexion.

ables|bar ['apleːsˌbaːr] *adj.* qui peut être lu, relevé; **2eˌdatum** *n* date *f* de relevé; **2eˌfehler** *m* erreur *f* de lecture, de relevé; **2egeˌnauigkeit** *f* précision *f* des lectures; **2egeˌrät** *n* instrument *m* de lecture; **⁓en I** *v/t.* ⟨*irr.*, *sép.*, -ge-, h⟩ **1.** *e-n Text vom Manuskript* lire; *Redner* **er liest ab** il lit ses notes; **2.** *Zähler etc.* lire; relever; F **das Licht, Gas** ~ relever l'électricité, le gaz; **3.** *fig.* **j-m etw. von den Augen, Lippen, vom Gesicht** ~ lire qc. dans les yeux, sur les lèvres, sur le visage de qn.; *Taubstummer* **die Worte an den Lippen des Sprechers** ~ lire les mots sur les lèvres de celui qui parle; **4.** (*absammeln*) enlever; *Raupen auch* écheniller (**von etw.** qc.); **II 2en** *n* lecture *f*; *e-s Zählers etc. auch* relevé *m*; *von Raupen* échenillage *m*; *sonst verbal*; **2er** *m* releveur *m*; contrôleur *m*; **2eˌvorrichtung** *f* dispositif *m* de lecture; **2ung** *f cf.* **2en.**

ableucht|en ['apˌlɔʏçtən] *v/t.* ⟨-ete, *sép.*, -ge-, h⟩ examiner à la lampe, à la baladeuse; inspecter à la lumière d'une baladeuse; *Himmel mit Scheinwerfern* balayer (avec des projecteurs); **2ˌlampe** *f* baladeuse *f*.

ableugn|en ['apˌlɔʏgnən] **I** *v/t.* ⟨-ete, *sép.*, -ge-, h⟩ *Tat, Schuld etc.* nier; dénier; désavouer; contester; **s-n Glauben** ~ renier sa foi; **die Vaterschaft** ~ nier, désavouer sa paternité; **II 2en** *n*, **2ung** *f* dénégation *f*; désaveu *m*; contestation *f*; *des Glaubens* reniement *m*.

abliefer|n ['apˌliːfərn] *v/t.* ⟨-(e)re, *sép.*, -ge-, h⟩ *Ware* livrer; fournir; *Fundsachen etc.* remettre; déposer; (**wieder**) ~ rendre; **das Kind bei den Eltern** (**wieder**) ~ remettre, redonner, rendre l'enfant à ses parents; **e-e Hausarbeit** ~ rendre un devoir; **2ung** *f von Waren* livraison *f*; *von Fundsachen etc.* remise *f*; **2ungsbeˌscheinigung** *f* certificat *m* de livraison; **2ungsˌfrist** *f* délai *m* de livraison; **2ungskontinˌgent** *n* contingent *m* à livrer; **2ungsˌort** *m* lieu *m* de livraison; **2ungsˌpflicht** *f* obligation *f* de remise; **2ungsˌschein** *m cf.* **Lieferschein**; **2ungsˌsoll** *n* quantité *f* à livrer; **2ungsterˌmin** *m* date *f* de livraison, de remise.

ab|liegen ['apˌliːgən] *v/i.* ⟨*irr.*, *sép.*, -ge-, sein⟩ *Dorf, Haus etc.* être éloigné, retiré, à l'écart (**von** de); *cf. auch* **abgelegen**; **⁓ˌlisten** *v/t.* ⟨-ete, *sép.*, -ge-, h⟩ **j-m etw.** ~ obtenir qc. de qn. par ruse; soutirer qc. à qn.; **⁓ˌlocken** *v/t.* ⟨*sép.*, -ge-, h⟩ **j-m etw.** ~ tirer qc. de qn.; *Geld auch* soutirer qc. à qn.; **j-m ein Lächeln** ~ arracher, tirer un sourire de qn.; **⁓lösˌbar** *adj.* **1.** détachable; séparable; (*abnehmbar*) amovible; **2.** *Anleihe, Schuld* remboursable; *Rente* rachetable; **⁓ˌlöschen** *v/t.* ⟨*sép.*, -ge-, h⟩ *mit dem Löschblatt* sécher.

ablös|en ['apˌløːzən] **I** *v/t.* ⟨-(es)t, *sép.*, -ge-, h⟩ **1.** (*loslösen*) détacher, enlever (von de); *Geleimtes auch* décoller; **e-e Briefmarke** ~ décoller un timbre; **das Fleisch von den Knochen** ~ enlever la viande des os; **2.** *bei der Arbeit etc.* relayer; prendre la relève (de); relever (*auch Wache*); **j-n in s-m Amt** ~ prendre la relève de qn.; **der Stummfilm wurde vom Tonfilm abgelöst** le film parlant a pris la relève du film muet; **3.** *comm. Anleihe, Schulden etc.* rembourser; liquider; *Grundlasten, Rente* racheter; **II** *v/réfl.* **sich** ~ **4.** se détacher; s'enlever; *von Geleimtem auch* se décoller; *méd. Haut auch* peler; **5.** *bei der Arbeit etc.* se relayer, se relever (l'un l'autre) (*auch im Amt*); *Jahre* se succéder (l'un à l'autre); *zo.* **Männchen und Weibchen lösen sich beim Brüten ab** le mâle et la femelle se relaient pour couver; **2ung** *f* **1.** *bei der Arbeit, der Wache* relève *f*; *im Amt auch* succession *f*; **die** ~ **erfolgt alle zwei Stunden** la relève se fait toutes les deux heures; **2.** (*Ersatzmann[schaft]*) relève *f*; personne *f* qui relève l'autre; ~ **vor!** la relève!; **3.** *comm. e-r Anleihe, von Schulden* remboursement *m*; liquidation *f*; *von Grundlasten, e-r Rente* rachat *m*; *hist. jur.* ~ **e-r Dienstbarkeit** rachat d'une servitude; **2ungskapiˌtal** *n comm.* capital *m* de rachat, de purge, de liquidation; **2ungsˌmannschaft** *f* relève *f* (*bes. milit.*); **2ungsˌrecht** *n* droit *m* de rachat, de purge; **2ungsˌsumme** *f* somme *f* de rachat, de purge, de liquidation.

abluchsen ['apˌlʊksən] *v/t.* ⟨-(es)t, *sép.*, -ge-, h⟩ F **j-m etw.** ~ soutirer, carotter qc. à qn.

Abluft ['apluft] *f* ⟨~⟩ *techn.* air vicié, d'échappement, d'évacuation.

Ablution [ablu'tsi'oːn, ap-] *f* ⟨~; ⁓en⟩ *égl. cath.* ablution *f*.

ablutschen ['apˌlʊtʃən] *v/t.* ⟨*sép.*, -ge-, h⟩ sucer.

abmach|en ['apˌmaxən] **I** *v/t.* ⟨*sép.*, -ge-, h⟩ **1.** (*losmachen, ablösen*) enlever; défaire; **2.** *fig.* arranger; (*vereinbaren*) convenir (de qc.); *vertraglich auch* stipuler; (*regeln, erledigen*) régler; liquider; expédier; **das hatte ich mit ihm abgemacht** j'en avais convenu avec lui; **das war abgemacht** c'était convenu; **etw. unter sich** ~ régler qc. entre soi; F laver son linge sale en famille; **etw. mit sich allein** ~ décider qc. avec soi-même; **etw. gütlich** ~ arranger, régler qc. à l'amiable; **etw. kurz, schnell** ~ régler, liquider qc. vite, rapidement; expédier qc.; *cf. auch* **abgemacht**; **II 2en** *n* ⟨~s⟩ (*Losmachen*) *verbal*; **2ung** *f* ⟨~; ⁓en⟩ arrangement *m*; convention *f*; accord *m*; *vertragliche auch* stipulation *f*; **geheime, interne, besondere** ~ arrangement, *etc.* secret, interne, spécial; **internationale** ~ convention internationale; accord international; **vertragliche** ~ accord contractuel; **e-e mündlich getroffene** ~ une convention verbale; un arrangement verbal; **e-e** ~ **treffen** passer une convention, un accord; s'arranger; **sich an die ⁓en halten** s'en tenir aux arrangements, *etc.*

abmager|n ['apˌmaːgərn] **I** *v/i.* ⟨-(e)re, *sép.*, -ge-, sein⟩ maigrir; **sie ist abgemagert** elle a maigri; elle est amaigrie; *cf. auch* **abgemagert**; **II 2n** *n* ⟨~s⟩, **2ung** *f* ⟨~⟩ amaigrissement *m*; **2ungsˌkur** *f* cure *f* d'amaigrissement.

ab|mähen ['apˌmɛːən] **I** *v/t.* ⟨*sép.*, -ge-, h⟩ *Korn etc.* faucher; *Gras auch* couper; *Rasen* tondre; *Wiese* faucher; couper l'herbe (de); **II 2ˌmähen** *n* fauchage *m*; fauchaison *f*; coupe *f*; **⁓ˌmahnen** *v/t.* ⟨*sép.*, -ge-, h⟩ *cf.* abraten; **⁓ˌmalen I** *v/t.* ⟨*sép.*, -ge-, h⟩ copier; (*malen*) peindre; **II** *v/réfl. fig.* **sich** ~ **auf** se peindre sur.

Abmarsch ['apmarʃ] *m* départ *m*; mise *f* en route, en marche; *milit.* zum

~ blasen sonner le départ; 2beˌreit *adj.* prêt à partir, à se mettre en marche; 2ieren [-ˌʃiː-] *v/i.* ⟨*sép., pas de ge-*, sein⟩ partir; se mettre en marche, en route.

abmartern [ˈapˌmartərn] *v/réfl.* ⟨-(e)re, *sép.*, -ge-, h⟩ sich ~ *geistig* se torturer.

Abmaß [ˈapmaːs] *n techn.* écart *m*.

ab|matten [ˈapˌmatən] *v/t.* ⟨-ete, *sép.*, -ge-, h⟩ *u. v/i.* ⟨sein⟩ *cf.* abgemattet; ~ˌmeißeln *v/t.* ⟨-(e)le, *sép.*, -ge-, h⟩ enlever, ôter au ciseau.

Abmeld|ebescheinigung [ˈapˌmɛldəbəˌʃaɪnɪɡʊŋ] *f etwa* certificat *m* de déclaration de départ; ~eformuˌlar *n* formulaire *m*, fiche *f* de départ; 2en I *v/t.* ⟨-ete, *sép.*, -ge-, h⟩ j-n ~ déclarer le départ de qn.; ein Fahrzeug *etc.* ~ déclarer (à ...) qu'on n'utilise plus un véhicule, *etc.*; *Schüler* von der Schule ~ retirer de l'école; *fig. u.* F *cf.* abgemeldet; II *v/réfl.* sich ~ *polizeilich* déclarer son départ (à la police); *in der Schule etc.* prévenir (qn.) de son départ, de son absence; ~eˌschein *m cf.* ~ebescheinigung; ~ung *f von Personen* déclaration *f* de départ (à); *von Fahrzeugen* déclaration *f* qu'on n'utilise plus qc.; *von der Schule verbal.*

ab|messen [ˈapˌmɛsən] I *v/t.* ⟨*irr., sép.*, -ge-, h⟩ mesurer; prendre les mesures, les dimensions (de); drei Meter Stoff ~ mesurer trois mètres de tissu; II 2ˌmessen *n* mesurage *m*; mesure *f*; 2ˌmessung *f* mesure *f*; *pl.* ~en *auch* dimensions *f/pl.*; die ~en des Schiffes les dimensions, les mesures du navire; ~ˌmieten *v/t.* ⟨-ete, *sép.*, -ge-, h⟩ j-m e-n Raum ~ prendre une pièce en location à qn.; ~ˌmildern *v/t.* ⟨-(e)re, *sép.*, -ge-, h⟩ atténuer; ~monˌtieren I *v/t.* ⟨*sép., pas de ge-*, h⟩ démonter; II 2monˌtieren *n*, 2monˌtierung *f* démontage *m*; ~ˌmühen *v/réfl.* ⟨*sép.*, -ge-, h⟩ sich ~ se donner du mal, de la peine; peiner (etw. zu tun pour faire qc.); sich vergeblich mit etw., mit j-m ~ se donner inutilement du mal, de la peine avec qc., avec qn.; ~ˌmurksen *v/t.* ⟨-(es)t, *sép.*, -ge-, h⟩ F (*umbringen*) P bousiller; zigouiller; descendre; ~ˌmustern I *v/t.* ⟨-(e)re, *sép.*, -ge-, h⟩ *mar.* licencier; II *v/i. mar.* quitter son service; 2ˌmusterung *f* licenciement *m*.

ab|nabeln [ˈapˌnaːbəln] *v/t.* ⟨-(e)le, *sép.*, -ge-, h⟩ *Kind* ligaturer et couper le cordon ombilical (de); 2ˌnabeˌlung *f* ⟨~; ~en⟩ ligature *f* et coupe *f* du cordon ombilical; ~ˌnagen *v/t.* ⟨*sép.*, -ge-, h⟩ ronger; ein abgenagter Knochen un os rongé; ~ˌnähen *v/t.* ⟨*sép.*, -ge-, h⟩ *cout.* das Kleid in der Taille ~ diminuer l'ampleur de la robe à la taille par des pinces; 2ˌnäher *m* ⟨~s; ~⟩ *cout.* pince *f*; e-n ~ machen faire une pince.

Abnahme [ˈapˌnaːmə] *f* ⟨~⟩ 1. *e-s Verbandes, der Gardinen etc. verbal*; *e-s Siegels* levée *f*; 2. *e-s Versprechens etc. verbal*; 3. *e-r Totenmaske* prise *f*; *besser verbal*; 4. *comm. von Waren* achat *m*; *e-r Lieferung* prise *f* (de livraison); bei ~ von größeren Mengen en prenant de grandes quantités; 5. *von Neubauten, Installationen, techn. Geräten* réception *f*; *e-r Prüfung, Parade verbal*; 6. *der Geschwindigkeit, Kräfte, Bevölkerung, des Gewichtes, von Krankheitsfällen, cout. der Maschen* diminution *f*; *des Gewichtes auch* perte *f*; *der Arbeitslosigkeit, Geburtenziffer auch* régression *f*; *der Tage auch* raccourcissement *m*; *des Mondes* décroissance *f*; *der Macht etc.* déclin *m*; baisse *f*; ~beˌamte(r) *m* (agent *m*) réceptionnaire *m*; ~beˌdingungen *f/pl. comm.* conditions *f/pl.* de prise de livraison; ~beˌstimmungen *f/pl. cf.* ~vorschriften; ~ˌfrist *f comm.* délai *m* de prise de livraison; ~kommissiˌon *f* commission *f* de réception; ~ˌpflicht *f jur., comm.* obligation *f* de prendre livraison; ~verˌweigerung *f comm.* refus *m* de prendre livraison, *e-r Installation etc.* de réception; ~ˌvorschriften *f/pl.* règlement *m* de réception; prescriptions *f/pl.* pour la réception.

abnehm|bar [ˈapneːmˌbaːr] *adj.* amovible; qui peut être enlevé; détachable; séparable; ~en I *v/t.* ⟨*irr., sép.*, -ge-, h⟩ 1. *Gardine, Decke, Hut, Rucksack etc.* enlever; ôter; retirer; *Gerichtssiegel auch* lever; *Wäsche* rentrer; *Obst* cueillir; *tél. Hörer* décrocher; *chir. Gliedmaßen* amputer; sich den Bart ~ lassen se faire raser, enlever la barbe; 2. *Besitz* prendre (qc. à qn.); *Ausweis etc.* retirer (qc. à qn.); j-m die Waffen ~ prendre les armes à qn.; (*entwaffnen*) désarmer qn.; j-m sein ganzes Geld ~ prendre tout l'argent à qn.; j-m den Spielgewinn wieder ~ regagner le gain de qn.; 3. *Last, Mantel etc.* prendre (qc. à qn.); *Last auch, Arbeit, Verpflichtung* décharger (qn. de qc.); *Weg, Sorge* épargner (qc. à qn.); 4. *comm. Waren* prendre; acheter; 5. F (*verlangen*) prendre; demander; j-m zuviel für etw. ~ prendre à qn. de trop pour qc.; 6. *Totenmaske* prendre; 7. *Neubau, Installationen, techn. Geräte* réceptionner; *Prüfung* faire passer; die Parade ~ passer les troupes en revue; 8. j-m die Beichte ~ confesser qn.; j-m ein Versprechen ~ faire promettre qc. à qn.; j-m e-n Eid ~ faire prêter serment à qn.; *fig. u.* F das nimmt dir keiner ab personne ne te croit; 9. *cout. Maschen* diminuer; II *v/i. Geschwindigkeit, Kräfte, Bevölkerung, Fieber, Schmerz, Begeisterung, Verkehr, Vorrat etc.* diminuer; *Arbeitslosigkeit, Geburtenziffer etc. auch* régresser; *Tage auch* raccourcir; aller en diminuant; *Gewicht* perdre; *Mond* décroître; *Macht etc.* baisser; décliner; ich habe zehn Pfund abgenommen j'ai perdu cinq kilos; j'ai maigri de cinq kilos; er hat in der letzten Zeit abgenommen il a maigri ces derniers temps; III 2en *n der Geschwindigkeit etc.* diminution *f*; *sonst verbal*; *cf. auch* Abnahme; ~end *adjt.* es ist ~er Mond la lune décroît, est dans son dernier quartier; 2er(in) *m* (*f*) *comm.* acheteur, -euse *m, f*; *von Strom, Gas, Wasser* abonné *m*; e-n ~ finden trouver preneur, acheteur; es fehlt nicht an ~n les acheteurs ne manquent pas; ce ne sont pas les acheteurs qui manquent; 2erˌkreis *m* groupe *m* d'acheteurs; clientèle *f*; 2erˌland *n* pays *m* acheteur; 2erˌliste *f* liste *f* d'acheteurs; 2erˌzahl *f* nombre *m* d'acheteurs.

Abneigung [ˈapˌnaɪɡʊŋ] *f* aversion *f*; *pfort.* répugnance *f*; dégoût *m*; *gegen Personen auch* antipathie *f*; natürliche ~ aversion naturelle; e-e instinktive, unüberwindliche, persönliche ~ gegen etw., j-n haben, empfinden avoir, éprouver, ressentir une aversion instinctive, insurmontable, personnelle pour qc., pour qn.; e-e ~ gegen j-n, etw. fassen prendre qn., qc. en aversion; aus ~ gegen par aversion pour.

abnorm [apˈnɔrm] *adj.* (*regelwidrig, krankhaft*) anormal; anomal; e-e ~e Kälte un froid anormal, exceptionnel; e-e ~e Empfindlichkeit une susceptibilité anormale; 2iˈtät *f* ⟨~; ~en⟩ anomalie *f*; monstruosité *f*.

ab|nötigen [ˈapˌnøːtɪɡən] *v/t.* ⟨*sép.*, -ge-, h⟩ *Achtung, Respekt etc.* forcer; *Beifall, Geständnis, Lächeln* arracher (qc. à qn.); j-m Bewunderung ~ forcer l'admiration de qn.; ~ˌnutschen *v/t.* ⟨*sép.*, -ge-, h⟩ *techn.* filtrer par aspiration.

abnutz|en [ˈapˌnʊtsən], **ˈabˌnütz|en** [-ˌnʏ-] I *v/t.* ⟨-(es)t, *sép.*, -ge-, h⟩ user (qc.); *cf. auch* abgenutzt; II *v/réfl.* sich (mit der Zeit) ~ s'user, se détériorer par l'usage (avec le temps); 2ung *f* usure *f*; détérioration *f*; 2ungsgeˌbühren *f/pl.* frais *m/pl.* d'usure; 2ungsˌprobe *f techn.* essai *m* d'usure; 2ungsˌprüfmaˌschine *f techn.* machine *f* à déterminer, pour mesurer l'usure; 2ungsˌwiderstand *m* résistance *f* à l'usure.

Abolition [aboˑliˑtsiˑˈoːn] *f* ⟨~; ~en⟩ *jur.* abolition *f*.

Abonnement [abɔn(ə)ˈmɑ̃ː, -ˈmaŋ] *n* ⟨~s; ~s⟩ *von Zeitschriften, Theaterplätzen* abonnement *m*; sein ~ erneuern (se) réabonner; renouveler son abonnement; sein ~ abbestellen, aufgeben se désabonner; ~sˌdauer *f* période *f* d'abonnement; ~serˌneuerung *f* réabonnement *m*; renouvellement *m* de l'abonnement; ~sˌkarte *f* carte *f* d'abonnement; ~sˌpreis *m* prix *m* de l'abonnement; ~sˌvorstellung *f* représentation *f* pour abonnés.

Abonn|ent(in) [abɔˈnɛnt(ɪn)] *m* ⟨~en; ~en⟩ (*f*) ⟨~; ~nen⟩ abonné(e) *m* (*f*); ~entenˌliste *f* liste *f* des abonnés; ~entenverˌsicherung *f* assurance *f* couvrant les abonnés d'un périodique; ~entenˌzahl *f* nombre *m* des abonnés; 2ieren I *v/t.* ⟨*pas de ge-*, h⟩ *u. v/i.* ⟨sein⟩ s'abonner à; e-e Zeitung ~ s'abonner à un journal; ich habe für ihn e-e Zeitschrift abonniert je l'ai abonné à un périodique; auf etw. abonniert sein être abonné à qc.; II ~ieren *n* ⟨~s⟩ abonnement *m*.

abordn|en [ˈapˌʔɔrdnən] *v/t.* ⟨-ete, *sép.*, -ge-, h⟩ déléguer; envoyer; *zum Küchendienst etc.* détacher (zu à, pour); 2ung *f* ⟨~; ~en⟩ délégation *f* (*auch Handlung*); e-e ~ schicken, empfangen envoyer, recevoir une délégation.

Abort [aˈbɔrt, ˈabɔrt, ˈapʔɔrt] *m* ⟨~s; ~e⟩ 1. W.C. *m(pl.)*; water-closet *m*; toilettes *f/pl.*; cabinets *m/pl.*; 2. *cf.* ~us; ~ˌanlagen *f/pl.* W.C. *m/pl.*; ~ˌdeckel *m* couvercle *m* de W.C.; ~ˌgrube *f* fosse *f* d'aisances; 2ieren [abɔrˈtiː-] *v/i.* ⟨*pas de ge-*, h⟩ *méd.* avorter; 2iv [abɔrˈtiːf] *adj. bot.* abortif, -ive; ~ˌreinigung *f* nettoyage *m* du *od.* des W.C.; ~us [aˈbɔrtʊs] *m* ⟨~; ~⟩ *méd.* avortement *m*.

ab|packen [ˈapˌpakən] I *v/t.* ⟨*sép.*, -ge-, h⟩ *Waren* empaqueter; envelopper; das Mehl ist kiloweise abgepackt la farine est empaquetée par kilo; II 2ˌpacken *n* empaquetage *m*; enveloppement *m*; 2packmaˌschine *f* machine *f* à empaqueter, à envelopper; ~ˌpassen *v/t.* ⟨-ßt, *sép.*, -ge-, h⟩ *Zeitpunkt, günstigen Augenblick etc.* attendre; guetter; ~ˌpausen *v/t.* ⟨-(es)t, *sép.*, -ge-, h⟩ *Zeichnung etc.*

calquer; **~ˌpellen** *v/t.* ⟨*sép.*, -ge-, h⟩ *Kartoffeln* peler; éplucher; *Apfelsinen, Wurst etc.* ôter la peau de; **~ˌpfeifen** *v/t.* ⟨*irr.*, *sép.*, -ge-, h⟩ *Sport* **ein Spiel ~** siffler l'arrêt *bzw.* la fin d'un match, d'un jeu; donner le coup de sifflet final; **2pfiff** *m Sport* coup *m* de sifflet d'arrêt, de fin *od.* final; **~ˌpflücken I** *v/t.* ⟨*sép.*, -ge-, h⟩ cueillir; **II 2ˌpflücken** *n* cueillette *f*; **~ˌpicken** *v/t.* ⟨*sép.*, -ge-, h⟩ becqueter; béqueter; **~ˌplacken** *v/réfl.* ⟨*sép.*, -ge-, h⟩ F **sich ~** s'échiner; *cf. auch* **~plagen**; **~ˌplagen** *v/réfl.* ⟨*sép.*, -ge-, h⟩ **sich ~** se démener; se tuer (à faire qc.); s'échiner, s'esquinter, s'éreinter (à faire qc.); *mit e-r einzelnen Arbeit* se donner beaucoup de mal, un mal de chien (**mit etw.** pour faire qc., avec qc.); **~ˌplatten I** *v/t.* ⟨-ete, *sép.*, -ge-, h⟩ aplatir; **II 2ˌplatten** *n* ⟨~s⟩ *cf.* **2plattung**; **~ˌplätten** *v/t.* ⟨-ete, *sép.*, -ge-, h⟩ *cout.* **ein Muster ~** décalquer un patron au fer à repasser; **2ˌplattung** *f* ⟨~⟩ aplatissement *m* (*auch astr.*); **~ˌplatzen** *v/i.* ⟨-(es)t, *sép.*, -ge-, sein⟩ *Farbe, Lack, Knopf etc.* sauter; **~ˌprägen** *v/réfl.* ⟨*sép.*, -ge-, h⟩ **sich ~** laisser une empreinte (sur); s'empreindre (sur).

Abprall ['apral] *m* ⟨~(e)s; ~e⟩ *e-s Balles etc.* rebond(issement) *m*; rejaillissement *m*; *e-s Geschosses* ricochet *m*; **2en I** *v/i.* ⟨*sép.*, -ge-, sein⟩ **1.** *Ball etc.* rebondir; rejaillir; *Geschoß* ricocher; **der Ball prallte am Pfosten ab** le ballon rebondit sur le poteau; **2.** *fig.* **alle Bitten, Vorwürfe prallten an ihm ab** toutes les demandes, prières, tous les reproches le laissaient indifférent, ne le touchaient pas; **II ~en** *n* ⟨~s⟩ *cf.* **~**; **~er** *m* ⟨~s; ~⟩ *milit.* projectile *m* n'éclatant qu'après ricochet; **~ˌwinkel** *m e-s Geschosses* angle *m* de ricochet.

ab|pressen ['apˌprɛsən] *v/t.* ⟨-ßt, *sép.*, -ge-, h⟩ *Versprechen, Geständnis etc.* extorquer, arracher (j-m à qn.); **das preßte ihm den Atem ab** cela lui coupa la respiration; **~ˌprotzen** *v/t.* ⟨-(es)t, *sép.*, -ge-, h⟩ *milit.* décrocher l'avant-train (du canon); **~ˌpumpen** *v/t.* ⟨*sép.*, -ge-, h⟩ **1.** *Flüssigkeit* pomper; *Gase auch* évacuer; **2.** *fig. u.* F **j-m zehn Mark ~** taper qn. de dix marks; **~ˌputzen I** *v/t.* ⟨-(es)t, *sép.*, -ge-, h⟩ essuyer; *Tisch etc. auch* nettoyer; *Schmutz* enlever; **den Schmutz von den Schuhen ~** décrotter les chaussures; F **e-m Kind den Popo ~** torcher un enfant; **bitte die Füße ~!** prière de s'essuyer les pieds!; on est prié de s'essuyer les pieds!; **II** *v/réfl.* **sich ~** *Füße, Hintern etc.* s'essuyer; **III 2ˌputzen** *n* essuyage *m*; *des Tisches etc. auch* nettoyage *m*; *des Schmutzes verbal*; **das ~ des Schmutzes von den Schuhen** le décrottage des chaussures; **~ˌquälen** *v/réfl.* ⟨*sép.*, -ge-, h⟩ **sich ~** **1.** *mit e-r Arbeit* se donner beaucoup de mal, un mal de chien (**mit etw.** pour faire qc., avec qc.); se tuer (à faire qc.); *cf. auch* **abplagen**; **2.** *mit trüben Gedanken* se tourmenter, se tracasser (*abs. od.* à l'idée que...); **3.** *ein Lächeln, e-n Brief etc.* se donner du mal (à *od.* pour faire qc.); **~ˌquetschen I** *v/t.* (*u. v/réfl.*) ⟨*sép.*, -ge-, h⟩ *Gliedmaßen* (s')écraser; **bei dem Unfall wurde ihr ein Bein abgequetscht** lors de l'accident elle eut la jambe écrasée; **~ˌrackern** *v/réfl.* ⟨-(e)re, *sép.*, -ge-, h⟩ F **sich ~** s'échiner, se démener, s'éreinter (à faire qc.); **~ˌrädeln** *v/t.* ⟨-(e)le, *sép.*, -ge-, h⟩ F **1.** *cuis. Teigstreifen* couper à la roulette; **2.** *Schnittmuster* dessiner à la roulette.

Abraham ['aːbraˌham] *m fig.* **sich wie in ~s Schoß fühlen** se sentir en toute sécurité.

abrahmen ['apˌraːmən] *v/t.* ⟨*sép.*, -ge-, h⟩ *Milch* écrémer.

Abrakadabra [ˌaːbrakaˈdaːbra, ˈaːbrakaˈdaːbra] *n* ⟨~s⟩ abracadabra *m*.

abrasieren ['apraˌziːrən] **I** *v/t.* ⟨*sép.*, *pas de ge-*, h⟩ *Bart etc.* raser (*auch fig.*); **II 2** *n* rasage *m*.

Abrasion [abraziˈoːn, ap-] *f* ⟨~; ~en⟩ *géol.* abrasion *f*.

ab|raspeln ['apˌraspəln] **I** *v/t.* ⟨-(e)le, *sép.*, -ge-, h⟩ râper; **II 2ˌraspeln** *n* râpage *m*; **~ˌraten** *v/t. u. v/i.* ⟨*irr.*, *sép.*, -ge-, h⟩ **j-m (von) etw. ~** déconseiller qc. à qn.; dissuader qn. de qc.

Abraum ['apraʊm] *m* ⟨~(e)s⟩ **1.** *mines* stérile *m*; **2.** (*Schutt*) déblais *m/pl.*; (*Abfall*) déchets *m/pl.*; **~ˌbagger** *m* excavateur *m* de stériles.

abräumen ['apˌrɔʏmən] **I** *v/t.* ⟨*sép.*, -ge-, h⟩ *Tisch* débarrasser; *nach dem Essen* desservir; *Geschirr* enlever; *mines, Schutt etc.* enlever; déblayer; **II 2** *n von Schutt etc.* enlèvement *m*; déblaiement *od.* déblayement *m*; *sonst verbal.*

Abraum|förderbrücke ['apraʊmˌfœrdərˌbrʏkə] *f* pont *m* de transport pour travaux de déblaiement; **~ˌhalde** *f* terri(l) *m*.

abrauschen ['apˌraʊʃən] *v/i.* ⟨*sép.*, -ge-, sein⟩ F *von e-r Frau* (**wieder**) **~** (re)partir, s'en aller, sortir majestueusement.

abreagieren ['apreˑaˌgiːrən] **I** *v/t.* ⟨*sép.*, *pas de ge-*, h⟩ *Zorn, Ärger etc.* libérer, décharger (**an j-m, etw.** sur qn., sur qc.); **II** *v/réfl.* **sich** (**an j-m, etw.**) **~** *psych.* se défouler (sur qn., sur qc.); (*sich beruhigen*) se tranquilliser; se calmer; s'apaiser; **III 2** *n psych.* défoulement *m*; (*Beruhigung*) apaisement *m*; *sonst verbal.*

abrechn|en ['apˌrɛçnən] **I** *v/t.* ⟨-ete, *sép.*, -ge-, h⟩ *Betrag* déduire, décompter, défalquer (**von** de); *cf. auch* **abziehen 8.**; *fig.* faire abstraction de; **II** *v/i. am Monatsende etc.* faire les comptes; **mit j-m ~** régler des comptes avec qn.; rendre des comptes à qn.; *fig.* régler un compte avec qn., son compte à qn.; F **mit dem werde ich noch ~** je lui réglerai son compte à celui-là; j'ai encore un compte à régler avec celui-là; **2ung** *f* **1.** *e-s Betrages* déduction *f*; décompte *m*; défalcation *f*; **nach ~ von** déduction faite de; après déduction de; **etw. in ~ bringen** décompter qc.; **2.** (*Rechnungsabschluß*) règlement *m* de comptes (*auch fig.*); **die ~ machen** faire les comptes; *fig.* **mit j-m ~ halten** *cf.* (**mit j-m**) **~en**; **3.** *écon.* compensation *f*; clearing [kliriŋ] *m*; **2ungsˌbuch** *n* livre *m* de comptes; **2ungsˌstelle** *f* office *m*, Chambre *f* de compensation; clearing-house *m*; **2ungsterˌmin** *m* date *f* de règlement des comptes, de liquidation; **2ungsverˌfahren** *n* **im ~** par voie de clearing; **2ungsverˌkehr** *m écon.* opérations *f/pl.* de compensation; clearing *m*; **2ungsverˌtrag** *m* accord *m*, contrat *m* de compensation, de clearing; **2ungsˌzeitraum** *m* période *f* comptable.

Abrede ['apˌreːdə] *f st.s.* **1.** (*Vereinbarung*) accord *m*; convention *f*; arrangement *m*; **das ist gegen, wider die ~** ce n'était pas convenu; nous n'avions pas convenu de cela; c'est contraire à notre accord, à notre convention, à notre arrangement; **e-e ~ mit j-m treffen** convenir avec qn.; passer un accord, une convention avec qn.; **2. etw. in ~ stellen** désavouer, nier qc.; disconvenir de qc.; contester qc.; **2n** *v/i.* ⟨-ete, *sép.*, -ge-, h⟩ **1. j-m von etw. ~** dissuader, détourner qn. de qc.; **2.** (*vereinbaren*) convenir (de qc.).

abregen ['apˌreːgən] *v/réfl.* ⟨*sép.*, -ge-, h⟩ **sich ~** F (*sich beruhigen*) se calmer; s'apaiser.

abreib|en ['apˌraɪbən] **I** *v/t.* ⟨*irr.*, *sép.*, -ge-, h⟩ **1.** frotter; nettoyer; *Pferd* panser; bouchonner; **mit Bimsstein ~** *Finger* frotter à la pierre ponce; *techn.* poncer; **2.** *Rost, Fleck* ôter, enlever (en frottant); *cuis. Zitronenschale etc.* râper; **II** *v/réfl.* **sich ~** (*frottieren*) se frotter; se frictionner; **III 2en** *n* frottement *m*; nettoyage *m*; *mit Bimsstein* ponçage *m*; *Pferd* pansage *m*; bouchonnement *m*; *sonst verbal*; **2ung** *f* **1.** *méd.* friction *f*; **2.** *fig. u.* F (*Schelte*) savon *m*; (*Schläge*) raclée *f*; rossée *f*; **e-e tüchtige ~ bekommen** a) recevoir une raclée, une rossée; b) se faire passer un savon; **j-m e-e ~ verpassen** a) rosser qn.; flanquer une raclée à qn.; b) passer un savon à qn.

Abreise ['apˌraɪzə] *f* départ *m* (**nach** pour); (**kurz**) **vor der ~ stehen** être sur le point de partir; **fertig zur ~ sein** être prêt à partir; **2n** *v/i.* ⟨-(es)t, *sép.*, -ge-, sein⟩ partir (en voyage) (**nach** pour); **wieder ~** repartir; **er reiste über Nacht ab** il partit pendant la nuit; **die 2den** les partants *m/pl.*; **~ˌtag** *m* jour *m* de départ; **~terˌmin** *m* date *f* de départ.

abreiß|bar ['apraɪsˌbaːr] *adj. Kupon etc.* détachable; **2ˌblock** *m* bloc-notes *m*; **~en I** *v/t.* ⟨*irr.*, *sép.*, -ge-, h⟩ **1.** *Plakat, Faden, Verband etc.* arracher (*auch Brille, Mütze*); *Fahrschein, Eintrittskarte, Kalenderblatt* détacher; F **man wird dir nicht gleich den Kopf ~** on ne te mangera pas; **2.** *Haus, Mauer etc.* démolir; raser; **3.** *Kleidung* user; **II** *v/i.* ⟨sein⟩ **4.** *Aufhänger, Filmstreifen etc.* se déchirer; *Koffergriff etc.* se détacher; **5.** *élect. Kontakt* se rompre; *Telefon-, Funkverbindung* être coupé; *Strömungslehre* se décoller; **6.** *fig. Gespräch, Beziehungen, Besucherstrom etc.* cesser; s'interrompre; s'arrêter; **die Musik riß plötzlich ab** tout à coup, la musique cessa, s'arrêta; **die Autoschlange reißt nicht ab** la file de voitures est ininterrompue, ne prend pas fin; **der Flüchtlingsstrom reißt nicht ab** les réfugiés ne cessent d'arriver; *fig.* **das reißt nie(mals) ab** cela ne *od.* n'en finit, finira jamais; cela n'a *od.* n'aura jamais de fin; *cf. auch* **abgerissen**; **III 2en** *n* **7.** *e-s Plakates, Fadens etc.* arrachement *m*; *besser verbal*; *e-s Kalenderblattes etc. verbal*; **8.** *e-s Hauses etc.* démolition *f*; **9.** *der Kleidung* usure *f*; **10.** *e-s Aufhängers, Filmstreifens etc.* déchirement *m*; *e-s Koffergriffes etc. verbal*; **11.** *e-s elektr. Kontaktes* rupture *f*; *e-r Telefon-, Funkverbindung* coupure *f*; *Strömungslehre, der Stromlinien* décollement *m* (des filets); **12.** *der Musik, des Besucherstromes etc.* arrêt *m*; *der Beziehungen* cessation *f*; **2ˌfunken** *m élect.* étincelle *f* de rupture; **2kaˌlender** *m* calendrier-bloc *m*; calendrier *m* à effeuiller; éphéméride *f*; **2ˌzündung** *f mot.* allumage *m* par rupture.

ab|reiten ['apˌraɪtən] *v/t.* ⟨*irr.*, *sép.*, -ge-, h⟩ *e-e Strecke* parcourir (à cheval); **~ˌrennen I** *v/t.* ⟨*irr.*, *sép.*, -ge-, h⟩ F *Geschäfte etc.* courir, faire (tous les magasins, toutes les boutiques) (pour trouver, obtenir qc.); **II** *v/i.* ⟨sein⟩ partir en courant.

abricht|en ['apˌrɪçtən] **I** *v/t.* ⟨-ete, *sép.*, -ge-, h⟩ **1.** *Tiere* dresser (*auch péj. von Menschen*); *Falken etc. auch* affaiter; *zur Beize auch* oiseler; e-n Hund für die Jagd, auf Menschen ~ dresser un chien pour *od.* à la chasse, pour attaquer l'homme; **2.** *techn.* dresser; dégauchir; **II 2en** *n* ⟨~s⟩ **3.** *von Tieren* dressage *m*; *von Falken auch* affaitement *od.* affaitage *m*; **4.** *techn.* dressage *m*; dégauchissage *m*; **2er** *m* **1.** *von Tieren* dresseur *m*; **2.** *techn.* outil *m* à dresser, à dégauchir; **2maˌschine** *f techn.* machine *f* à dresser; dégauchisseuse *f*; **2ung** *f cf.* 2en.

ab|riegeln ['apˌriːgəln] *v/t.* ⟨-(e)le, *sép.*, -ge-, h⟩ **1.** *Tür, Wohnung* verrouiller; **2.** *fig. Frontlücke, Gebiet etc.* verrouiller; *Straße* barrer; **2ˌrieg(eˌ)lung** *f* ⟨~; ~en⟩ verrouillage *m*; barrage *m*; **~ˌringen I** *v/t.* ⟨*irr.*, *sép.*, -ge-, h⟩ *Fußbreit Boden, Zugeständnis etc.* arracher (qc. à qn.); **II** *v/réfl.* sich ein Lächeln, e-n Entschluß *etc.* ~ se forcer à (un) sourire, à prendre une décision, *etc.*

Abriß ['aprɪs] *m* **1.** *e-r Grammatik etc.* précis *m*; abrégé *m*; (*Zusammenfassung*) sommaire *m*; résumé *m*; **2.** *e-s Hauses* démolition *f*.

ab|rollen ['apˌrɔlən] **I** *v/t.* ⟨*sép.*, -ge-, h⟩ *Seil etc.* dérouler; dévider; *mar. Tau etc.* filer; **II** *v/i.* ⟨sein⟩ **1.** *Filmstreifen, Ereignisse etc.* se dérouler (vor unseren Augen devant nos yeux); **2.** *Wagen etc.* partir; **III 2ˌrollen** *n* déroulement *m*; dévidage *m*; **~ˌrosten** *v/i.* ⟨-ete, *sép.*, -ge-, sein⟩ rouiller et se détacher; être détruit par la rouille; **~ˌrücken I** *v/t.* ⟨*sép.*, -ge-, h⟩ *Schrank etc.* éloigner, reculer (von de); **II** *v/i.* ⟨sein⟩ **1.** von j-m, von etw. ~ s'éloigner, s'écarter de qn., de qc.; se reculer (*abs.*); *fig.* prendre ses distances à l'égard de qn., de qc.; **2.** *milit.* partir; **3.** F *cf.* abhauen II; **III 2ˌrücken** *n* ⟨~s⟩ éloignement *m*; *milit.* départ *m*.

Abruf ['apruːf] *m comm.* auf ~ sur appel; etw. auf ~ verkaufen vendre qc. à livraison sur appel; **2en** *v/t.* ⟨*irr.*, *sép.*, -ge-, h⟩ **1.** *Personen cf.* abberufen; **2.** *comm. Waren* faire livrer, donner l'ordre de livrer (des marchandises retenues d'avance); *Geld* retirer; prélever; **3.** *Schaffner Haltestellen* annoncer; *chem. Zug* annoncer le départ (de).

ab|rühren ['apˌryːrən] *v/t.* ⟨*sép.*, -ge-, h⟩ *cuis.* délayer (un œuf dans qc.); **~ˌrunden** *v/t.* ⟨-ete, *sép.*, -ge-, h⟩ **1.** *Kanten etc.* arrondir (*auch Gebiet, Besitz*); *Zahl, Summe* arrondir au chiffre inférieur, F en dessous; **2.** *fig. Satz, Schilderung, Eindruck etc.* équilibrer; compléter; *Satz auch* arrondir; ein abgerundetes Bild une image complète, harmonieuse; ein abgerundetes Programm un programme équilibré; **2ˌrundung** *f* arrondissement *m* (*bei Zahlen* au chiffre inférieur); (*abgerundete Stelle*) arrondi *m*; *sonst verbal*; **~ˌrupfen** *v/t.* ⟨*sép.*, -ge-, h⟩ F *Gras, Blumen, Zweige etc.* arracher.

abrupt [ap'rʊpt, a'brʊpt] **1.** *adj.* abrupt [-pt] (*auch fig.*); **2.** *adv.* abruptement.

abrüst|en ['apˌrʏstən] *v/t. u. v/i.* ⟨-ete, *sép.*, -ge-, h⟩ **1.** *milit.* désarmer; **2.** *bât.* déséchafauder; **2ung** *f* désarmement *m*; atomare ~ désarmement atomique, nucléaire; **2ungsˌabkommen** *n* accord *m* de désarmement; **2ungsˌausschuß** *m* comité *m*, commission *f* de désarmement; **2ungsdeˌbatte** *f* débat *m* sur le désarmement; **2ungsˌfrage** *f* question *f* du désarmement; **2ungsgeˌspräche** *n/pl.* pourparlers *m/pl.* sur le désarmement; **2ungskommissiˌon** *f* commission *f* de désarmement; **2ungskonfeˌrenz** *f* conférence *f* de, du désarmement; **2ungsˌmaßnahmen** *f/pl.* mesures relatives au désarmement; **2ungsˌplan** *m* plan *m* de désarmement; **2ungsproˌgramm** *n* programme *m* de désarmement; **2ungsverˌhandlungen** *f/pl.* négociations *f/pl.* sur le désarmement; **2ungsˌvorschlag** *m* proposition *f* de désarmement; **2ungsˌwille** *m* volonté *f* de désarmer.

ab|rutschen ['apˌrʊtʃən] **I** *v/i.* ⟨*sép.*, -ge-, sein⟩ glisser (von de); er ist mit dem Fuß abgerutscht son pied a glissé; das Messer rutschte ab le couteau glissa; *aviat.* seitlich ~ glisser, faire une glissade sur l'aile; **II 2ˌrutschen** *n* glissement *m*; *aviat.* glissade *f*; **~ˌsäbeln** *v/t.* ⟨-(e)le, *sép.*, -ge-, h⟩ F *Wurst, Brot* couper grossièrement; **~ˌsacken I** *v/i.* ⟨*sép.*, -ge-, sein⟩ F *Boden, Mauer* s'affaisser; s'enfoncer; *Schiff* s'enfoncer; couler; *aviat.* perdre subitement de la hauteur; tomber dans un trou d'air; **II 2ˌsacken** *n* ⟨~s⟩ *des Bodens etc.* affaissement *m*; *sonst verbal.*

Absage ['apˌzaːgə] *f* réponse négative; *fig.* refus *m*; e-e ~ erhalten recevoir une réponse négative; j-m, e-r Sache e-e ~ erteilen opposer un refus, une fin de non-recevoir à qn., à qc.; refuser qn., qc.; e-e ~ an extremistische Richtungen un refus à des tendances extrémistes; une fin de non-recevoir à l'adresse des tendances extrémistes; **~ˌbrief** *m* lettre *f* d'excuses pour se décommander; lettre *f* de refus; **2n I** *v/t.* ⟨*sép.*, -ge-, h⟩ *Veranstaltung, Konferenz, Besuch etc.* annuler; décommander; **II** *v/i.* donner une réponse négative (j-m à qn.); *nach Zusage* se décommander (*abs.*); se déclarer empêché (*abs.*).

ab|sägen ['apˌzɛːgən] **I** *v/t.* ⟨*sép.*, -ge-, h⟩ **1.** *Ast, Baum, Brett* scier; **2.** *fig. u.* F j-n ~ débarquer, limoger, dégommer qn.; **II 2ˌsägen** *n* sciage *m*; **2ˌsägung** *f* ⟨~⟩ *fig. u.* F limogeage *m*; **~ˌsammeln** *v/t.* ⟨-(e)le, *sép.*, -ge-, h⟩ enlever; *Raupen auch* écheniller (von etw. qc.); **~ˌsatteln** *v/t.* ⟨-(e)le, *sép.*, -ge-, h⟩ *Pferd* desseller; *Lasttier* débâter; **~ˌsättigen** *v/t.* ⟨*sép.*, -ge-, h⟩ *chim.*, *phys.* saturer; **2ˌsättiˌgung** *f* saturation *f*.

Absatz ['apzats] *m* **1.** *vom Schuh* talon *m*; flacher, schiefgelaufener ~ talon plat, éculé; Schuhe mit hohen Absätzen chaussures à talons 'hauts; **2.** *e-r Treppe* palier *m* (*auch e-s Geländes*); *zwischen zwei Etagen auch* repos *m*; *e-r Fassade* recoupement *m*; **3.** *in e-m Text, e-s Paragraphen* alinéa *m*; *e-s Textes auch* paragraphe *m*; e-n ~ machen commencer un nouveau paragraphe; (neuer) ~! à la ligne!; alinéa!; **4.** *von Waren* vente *f*; écoulement *m*; placement *m*; gesteigerter ~ augmentation *f* des ventes; gesicherter ~ vente assurée; guten, leichten ~ finden se vendre, s'écouler bien, facilement; reißenden ~ finden s'écouler, se vendre rapidement; den ~ steigern augmenter la vente; **5.** (*Unterbrechung*) in Absätzen par intermittence; par intervalles; **~beˌdingungen** *f/pl.* conditions imposées à la vente, à l'écoulement; **~beˌreich** *m* région *f*, zone *f* de vente, d'écoulement; débouché *m*; **~beˌschränkung** *f* restriction, limitation apportée à la vente, à l'écoulement; **~ˌeisen** *n* fer *m* du talon; **2ˌfähig** *adj.* vendable; facile à vendre; de bon débit; **~ˌfähigkeit** *f* ⟨~⟩ facilité *f* de vente; **~ˌförderung** *f* promotion *f* des ventes; encouragement *m* de la vente; **~garanˌtie** *f* garantie *f* de vente, d'écoulement; **~geˌbiet** *n cf.* ~bereich; **~geˌlegenheit** *f* occasion *f* de vente; **~geˌnossenschaft** *f* coopérative *f* de vente, de distribution, d'écoulement; **~konˌtrolle** *f* contrôle *m* de la vente; **~ˌkrise** *f* mévente *f*; **~ˌmangel** *m* manque *m* de débouchés; **~ˌmarkt** *m* débouché *m*; Erschließung neuer Absatzmärkte création *f* de nouveaux débouchés; **~ˌmenge** *f* volume *m* des ventes; **~ˌmöglichkeit** *f* possibilité *f* de vente, d'écoulement, de placement; die ~en für diesen Artikel sind gut cet article se vend, s'écoule, se place facilement; **~ˌregelung** *f* règlement *m* des ventes; **~ˌschwierigkeiten** *f/pl.* difficultés *f/pl.* de vente, d'écoulement; **~staˌtistik** *f* statistique *f* des ventes; **~ˌsteigerung** *f* augmentation *f* de la vente; **~ˌstokkung** *f* mévente *f*; **2ˌweise** *adv.* par alinéas, paragraphes; **~ˌzeichen** *n Korrekturzeichen* signe *m* d'alinéa; **~ˌziffer** *f* mit hoher ~ de forte vente; **~ˌzone** *f cf.* ~bereich.

ab|saufen ['apˌzaufən] *v/i.* ⟨*irr.*, *sép.*, -ge-, sein⟩ P *Personen* se noyer; *Schiff* s'enfoncer; couler; den Motor ~ lassen noyer le moteur; **~ˌsaugen I** *v/t.* ⟨*sép.*, -ge-, h⟩ *Teppich etc.* nettoyer, *Schmutz* enlever à l'aspirateur; *techn. mit e-r Pumpe etc.* aspirer; **II 2ˌsaugen** *n*, **2ˌsaugung** *f* ⟨~⟩ *e-s Teppichs etc.* nettoyage *m* à l'aspirateur; *techn.* aspiration *f*; *sonst verbal*; **2ˌsaugungsˌanlage** *f techn.* installation *f*, dispositif *m* d'aspiration; **~ˌsausen** F *v/i.* ⟨-(es)t, *sép.*, -ge-, sein⟩ démarrer en trombe; **~ˌschaben I** *v/t.* ⟨*sép.*, -ge-, h⟩ gratter; racler; *Gerberei* écharner; drayer; **II 2ˌschaben** *n* grattage *m*; raclage *m*; *Gerberei* écharnement *m*; drayage *m*; **2ˌschabsel** *n* ⟨~s; ~⟩ gratture *f*; raclure *f*; *Gerberei* écharnure *f*; drayure *f*; **~ˌschaffen** *v/t.* ⟨*sép.*, -ge-, h⟩ **1.** *Haustier* se défaire (de); se débarrasser (de); **2.** *Mißbräuche, Todesstrafe etc.* abolir; supprimer; *Gesetze* abroger; **2ˌschaffung** *f* ⟨~⟩ *bestehender Einrichtungen* abolition *f*; suppression *f*; *von Gesetzen* abrogation *f*; *sonst verbal*; **~ˌschälen I** *v/t.* ⟨*sép.*, -ge-, h⟩ Baumrinde ~ décortiquer, écorcer l'arbre; *cf. auch* schälen; **II** *v/réfl.* sich ~ F *Haut* peler.

abschalt|en ['apˌʃaltən] **I** *v/t.* ⟨-ete, *sép.*, -ge-, h⟩ *elektr. Strom* couper; *elektr. Geräte* débrancher; déconnecter; mettre 'hors circuit; (*ausschalten*) fermer; *Maschinen* (*abstellen*) arrêter; den Ventilator ~ arrêter le ventilateur; **II** *v/i. fig. u.* F ne plus écouter; ~ können être capable d'oublier, de ne plus s'occuper de; **2maˌgnet** *m* aimant *m* de déconnexion, de coupure; 2reˌlais *n* relais *m* de coupure; 2ˌstellung *f* position *f* d'interruption; 2ˌstrom *m* courant *m* de coupure; 2ung *f des Stromes* coupure *f*; *e-s elektr. Gerätes* débranchement *m*; déconnexion *f*; (*Abstellen*) *verbal*; 2ˌvorrichtung *f* dispositif *m* de déconnexion, d'interruption; *automatische* disjoncteur *m*.

abschattier|en ['apʃaˌtiːrən] *v/t.* ⟨*sép., pas de ge-*, h⟩ *Farben etc.* nuancer; dégrader; 2ung *f* dégradation *f*; *Ergebnis* nuances *f/pl.*

abschätz|en ['apˌʃɛtsən] *v/t.* ⟨-(es)t, *sép.*, -ge-, h⟩ *Entfernung, Größe, Schaden, Kosten, Wert etc.* estimer; évaluer; apprécier; ~ig **1.** *adj.* dépréciatif, -ive; méprisant; défavorable; *gr.* péjoratif, -ive; e-e ~e Bemerkung machen faire une remarque défavorable; **2.** *adv.* d'une façon dépréciative, défavorable, méprisante; 2ung *f von Entfernungen, Schäden etc.* estimation *f*; évaluation *f*; appréciation *f*.

Abschaum ['apʃaʊm] *m* ⟨-(e)s⟩ **1.** *e-r Flüssigkeit* écume *f*; **2.** *fig. u. péj.* der ~ der Menschheit, der Gesellschaft le rebut de l'humanité, de la société.

abschäumen ['apˌʃɔʏmən] *v/t.* ⟨*sép.*, -ge-, h⟩ *cuis.* écumer.

abscheid|en ['apˌʃaɪdən] **I** *v/t.* ⟨*irr., sép.*, -ge-, h⟩ *chim.* séparer; isoler; *physiol.* éliminer; *cf. auch* abgeschieden; **II** *v/i.* ⟨sein⟩ *st. s.* (*sterben*) décéder; trépasser; **III** *v/réfl.* sich ~ *chim.* se séparer; s'isoler; **IV** 2en *n* **1.** *chim. cf.* 2ung; **2.** *st. s.* (*Sterben*) décès *m*; trépas *m*; 2er *m* ⟨~s; ~⟩ *für Dampf-, Gasteilchen* séparateur *m*; 2ung *f chim.* séparation *f*; isolement *m*.

abscheren ['apˌʃeːrən] **I** *v/t.* ⟨*irr., sép.*, -ge-, h⟩ **1.** *Wolle, Haare* tondre; **2.** *Metall* cisailler; couper; **II** 2 *n* **3.** *von Wolle etc.* tonte *f*; **4.** *Metall* cisaillement *m*.

Abscheu ['apʃɔʏ] *m* ⟨-(e)s⟩ horreur *f*; répulsion *f*; exécration *f*; ~ erregen, einflößen faire horreur; répugner; gegen etw., j-n ~ hegen, empfinden, zeigen avoir de l'horreur, de la répulsion pour qc., pour qn.; avoir qc., qn. en horreur; mit Haß und ~ erfüllen remplir de haine et d'horreur.

abscheuern ['apˌʃɔʏərn] **I** *v/t.* ⟨-(e)re, *sép.*, -ge-, h⟩ *Tisch, Kochtöpfe etc.* récurer; **II** *v/réfl.* sich ~ (*abnutzen*) s'user par (le) frottement; **III** 2 *n* **1.** *von Tischen, Töpfen etc.* récurage *m*; **2.** (*Abnutzung*) usure *f* par frottement.

abscheu|erregend ['apʃɔʏˀɛrˌreːgənt] *adj.* répugnant; abominable; *cf. auch* ~lich; ~lich [-'ʃɔʏ-] **1.** *adj. Anblick, Geruch, Gedanke etc.* horrible; *Getränk, Laster auch* détestable; *Tat auch* répugnant; abominable; odieux, -euse; *Lüge* affreux, -euse; abominable; *Wetter* exécrable; détestable; abominable; ein ~er Mensch un homme détestable; e-e ~e Stadt une ville horrible, affreuse, détestable, abominable; wie ~! quelle horreur!; quelle abomination!; **2.** *adv.* horriblement; détestablement; abominablement; affreusement; es riecht hier ~ cela sent horriblement mauvais ici; c'est épouvantable comme ça sent ici; das sieht ~ aus c'est horriblement laid; F es ist ~ kalt il fait horriblement froid; das tut ~ weh ça fait horriblement, affreusement mal; ~ dumm sein être horriblement, affreusement bête; 2lichˌkeit [-'ʃɔʏ-] *f* ⟨~; ~en⟩ abomination *f*; horreur *f*; atrocité *f*; diese ~ hätte ich ihm nicht zugetraut je ne l'aurais pas cru capable d'une telle atrocité, d'une telle abomination.

ab|schicken ['apˌʃɪkən] **I** *v/t.* ⟨*sép.*, -ge-, h⟩ *Post* envoyer; *Paket etc. auch* expédier; **II** 2ˌschicken *n* envoi *m*; *von Paketen etc. auch* expédition *f*; ~ˌschieben **I** *v/t.* ⟨*irr., sép.*, -ge-, h⟩ *Schuld, Verantwortung etc.* rejeter (auf sur); *lästige Person* se débarrasser (de); j-n über die Grenze, ins Ausland ~ renvoyer, refouler, repousser qn. au-delà de la frontière, à l'étranger; **II** *v/i.* ⟨sein⟩ F (*weggehen*) filer; décamper; déguerpir; schieb ab! fiche le camp!; **III** 2ˌschieben *n*, 2ˌschiebung *f e-r Schuld etc.* rejet *m*; *e-r Person ins Ausland etc.* refoulement *m*; *sonst verbal*.

Abschied ['apʃiːt] *m* ⟨~(e)s⟩ **1.** adieu(x) *m(pl.)*; *offizieller* congé *m*; von j-m ~ nehmen faire ses adieux à qn.; prendre congé de qn.; voneinander ~ nehmen se dire adieu; der ~ fiel ihr schwer les adieux lui furent pénibles; le départ, la séparation lui fut pénible; beim ~ en faisant ses adieux; en prenant congé; **2.** *von Beamten, Offizieren* s-n ~ nehmen, einreichen donner sa démission (bei à); démissionner; demander sa (mise à la) retraite; quitter le service; j-m s-n ~ geben donner son congé à qn.; mettre qn. à la retraite; ~ˌnehmen *n* adieu(x) *m(pl.)*; beim ~ en faisant ses adieux; en prenant congé; ~saudiˌenz *f dipl.* audience *f* de congé; ~sbeˌsuch *m* visite *f* d'adieu(x); ich werde ihm meinen ~ machen je vais lui faire mes adieux; ~sˌbrief *m* lettre *f* d'adieu(x); ~sˌessen *n* dîner *m*, repas *m* d'adieu(x); ~sˌfeier *f*, ~sˌfest *n* fête *f* d'adieu(x); ~sgeˌschenk *n* cadeau *m* d'adieu; ~sgeˌsuch *n* offre *f* de démission; demande *f* de mise à la retraite; sein ~ einreichen donner sa démission; ~sˌkuß *m* baiser *m* d'adieu; ~sˌmahl *n cf.* ~sessen; ~sˌrede *f* discours *m* d'adieu(x); ~sˌschmerz *m* douleur *f* de l'adieu; ~sˌstunde *f* heure *f* des adieux; ~sˌszene *f* scène *f* d'adieu(x); ~sˌtränen *f/pl.* larmes *f/pl.* d'adieu(x); ~sˌvorstellung *f* représentation *f* d'adieu(x); ~sˌworte *n/pl.* paroles *f/pl.* d'adieu(x).

abschießen ['apˌʃiːsən] **I** *v/t.* ⟨*irr., sép.*, -ge-, h⟩ **1.** *Kugel* tirer; *Pfeil* décocher; lancer; *Torpedo, Rakete* lancer; *mit dem Katapult* catapulter; **2.** *Schußwaffe* décharger; **3.** *Gliedmaßen* emporter par un projectile; **4.** *Flugzeug, Wild, Vögel* abattre; F descendre; *Panzer* détruire; *fig.* den Vogel ~ décrocher la timbale; avoir le pompon; er hat den Vogel abgeschossen à lui le pompon; *fig. u.* F e-n Gegner ~ démolir, abattre un adversaire; **II** *v/i.* ⟨sein⟩ *Gelände* descendre à pic; **III** 2 *n e-s Torpedos, e-r Rakete* lancement *m*; *e-s Pfeiles* décochement *m*; *e-r Schußwaffe* déchargement *m*; *sonst verbal*.

ab|schinden ['apˌʃɪndən] *v/réfl.* ⟨*irr., sép.*, -ge-, h⟩ F sich ~ s'esquinter; P trimer; turbiner; ~ˌschirmen **I** *v/t.* ⟨*sép.*, -ge-, h⟩ **1.** protéger (gegen contre); *élect., rad., télév. auch* blinder; *élect.* abgeschirmt *auch* sous écran; **2.** *grelles Licht* masquer; *Lärm* étouffer; **II** *v/réfl.* sich gegen etw. ~ se protéger contre qc.; 2ˌschirmung *f* ⟨~⟩ **1.** protection *f* (gegen contre); *élect., rad. auch* blindage *m*; **2.** *grellen Lichtes etc. verbal*; ~ˌschirren **I** *v/t.* ⟨*sép.*, -ge-, h⟩ *Pferd* déharnacher; **II** 2ˌschirren *n* ⟨~s⟩ déharnachement *m*; ~ˌschlachten *v/t.* ⟨-ete, *sép.*, -ge-, h⟩ égorger; abattre; *in größerer Zahl* massacrer; 2ˌschlachtung *f* égorgement *m*; abat(t)age *m*; massacre *m*; ~ˌschlacken **I** *v/t.* ⟨*sép.*, -ge-, h⟩ enlever les scories; décrasser; **II** 2ˌschlacken *n* ⟨~s⟩ décrassement *m*; enlèvement *m* des scories.

Abschlag ['apʃlaːk] *m* **1.** *comm.* (*Preissenkung*) réduction *f*; diminution *f*; (*Rabatt*) rabais *m*; remise *f*; **2.** *comm.* (*Teilzahlung*) auf ~ kaufen acheter à tempérament; *cf. auch* Rate; **3.** *Sport Golf* (coup *m* de) départ *m*; début *m*; *Hockey* coup *m* d'envoi; *Fußball* (*Abstoß*) coup *m* de pied de but; 2en **I** *v/t.* ⟨*irr., sép.*, -ge-, h⟩ **1.** *Henkel, Ecke etc.* casser; *Putz, Äste etc.* abattre; *Kopf* couper; trancher; *fig.* sich lieber den Kopf ~ lassen, als ... se faire tuer plutôt que de ...; **2.** *Lager, Gerüst etc.* démonter; **3.** *milit. Angriff* repousser; *Sport* abgeschlagen werden être distancé; *bei Rennen* être décollé, F semé; **4.** *Wunsch, Bitte* refuser; rejeter; repousser; etw. rundweg ~ refuser carrément, tout net [-t] qc. (à qn.); etw. abgeschlagen bekommen *auch* essuyer un refus (*abs.*); **II** ~en *n* **5.** *von Ästen etc.* abat(t)age *m*; **6.** *e-s Lagers, Gerüsts etc.* démontage *m*; **7.** *e-s Angriffs* repoussement *m*; **8.** *e-s Wunsches etc.* refus *m*; rejet *m*; *sonst verbal*.

abschlägig ['apˌʃlɛːgɪç] **1.** *adj.* négatif, -ive; ~e Antwort, ~er Bescheid réponse négative; refus *m*; rejet *m*; e-e ~e Antwort erteilen *auch* répondre par la négative; **2.** *adv. adm.* das Gesuch ist ~ beschieden worden la demande, la requête a été refusée, rejetée.

Abschlags|dividende ['apʃlaːksdiˑviˑˌdɛndə] *f écon.* dividende *m* provisoire, intérimaire; ~verˌteilung *f Konkurs* partage partiel; ~ˌzahlung *f* paiement *m* par acomptes, à tempérament; ~en leisten verser, payer des acomptes.

ab|schlämmen ['apˌʃlɛmən] **I** *v/t.* ⟨*sép.*, -ge-, h⟩ débourber; (é)curer; **II** 2ˌschlämmen *n* ⟨~s⟩ débourbage *m*; (é)curage *m*; ~ˌschleifen **I** *v/t.* ⟨*irr., sép.*, -ge-, h⟩ *techn. mit dem Schleifstein* meuler; *mit Sandpapier etc.* enlever, user avec du papier de verre, *etc.*; polir; *cf. auch* schleifen; **II** *v/réfl.* sich ~ **1.** *techn.* s'user par frottement; **2.** *fig. von Eigenarten etc.* s'effacer, disparaître (peu à peu); *von Personen hinsichtlich der Umgangsformen* s'affiner; se polir; **III** 2ˌschleifen *n*, 2ˌschleifung *f* ⟨~; ~en⟩ meulage *m*; polissage *m*; usure *f* par frottement; *fig.* effacement (graduel); disparition (graduelle).

Abschlepp|dienst ['apʃlɛpˌdiːnst] *m* service *m* de dépannage; 2en **I** *v/t.* ⟨*sép.*, -ge-, h⟩ *Fahrzeug* remorquer; prendre en remorque; dépanner; **II** *v/réfl.* F sich (mit etw.) ~ s'éreinter (avec qc.); traîner (qc.); **III** ~en *n e-s Fahrzeuges* remorquage *m*; prise *f* en remorque; dépannage *m*; ~ˌkran *m* grue dépanneuse; ~ˌseil *n* câble *m* de dépannage; ~ˌwagen *m* dépanneuse *f*.

abschleudern ['apˌʃlɔʏdərn] *v/t.* ⟨-(e)re, *sép.*, -ge-, h⟩ lancer; catapulter (*auch Flugzeug*).

abschließ|en ['apˌʃliːsən] **I** *v/t.* ⟨*irr., sép.*, -ge-, h⟩ **1.** *Tür etc.* fermer à clef; **2.** (*absondern*) isoler, séparer (von de) (*beide auch fig.*); fermer; e-e abgeschlossene Kaste une caste fermée; **3.** (*beenden*) *Arbeit, Werk, Buch, Studium, Veranstaltung etc.* terminer;

achever; *Rede, Diskussion auch* conclure; *Veranstaltung, Fest auch* clôturer; *Debatte, Untersuchung auch* clore; *Angelegenheit auch* liquider; régler; *comm. Geschäftsbücher, Konto, Haushalt etc.* clôturer; arrêter; *Konto auch* apurer; *als Verzierung* finir; servir de finition; **ein weißer Kragen schließt das Kleid am Hals ab** un col blanc finit l'encolure de la robe; **der First schließt das Dach ab** le faîte termine, achève le toit; **die Revolution schloß e-e lange Entwicklung ab** la révolution termina, acheva une longue évolution; **4.** *Vertrag, Abkommen, Waffenstillstand, comm. Geschäft, Kauf etc.* conclure; *Versicherung* contracter; **ein Geschäft ~** *auch* passer un marché; **e-e Wette ~** faire un pari; *cf. auch* **abgeschlossen**; **II** *v/i.* se terminer (mit par); **mit e-m Gewinn, e-m Defizit ~** se terminer, se solder par un bénéfice, par un déficit; **der Prozeß schloß mit e-m Freispruch ab** le procès se termina, s'acheva par un acquittement; *fig.* **mit dem Leben, der Welt abgeschlossen haben** ne plus rien attendre de la vie, du monde; n'avoir plus le goût de vivre; **III** *v/réfl.* **sich ~** s'isoler, se retirer (von de); **IV** **2en** *n e-r Tür etc. verbal*; *cf. auch* **Abschluß**; **~end 1.** *adjt.* final; définitif, -ive; **e-e ~e Bemerkung** une remarque, une observation finale; **ein ~es Urteil** un jugement définitif; *cout.* **e-e ~e Spitze** une dentelle qui sert de finition; **2.** *advt.* finalement; pour finir, terminer, conclure; en terminant; **2ung** *f von der Außenwelt etc.* isolement *m*; séparation *f*; *cf. auch* **Abschluß**.

abschlürfen ['ap,ʃlʏrfən] *v/t.* ⟨*sép.*, **-ge-, h**⟩ *Schaum etc.* 'humer.

Abschluß ['apʃlʊs] *m* **1.** *e-r Arbeit, e-s Werkes, Buches, des Studiums, e-r Veranstaltung* achèvement *m*; *oft verbal*; *e-r Rede, Diskussion* conclusion *f*; *e-r Debatte, Untersuchung, meist auch e-r Veranstaltung, e-s Festes* clôture *f*; *e-r Angelegenheit* liquidation *f*; *comm. von Geschäftsbüchern, e-s Kontos, e-s Haushalts etc.* clôture *f*; *e-s Kontos auch* apurement *m*; **etw. zum ~ bringen** terminer, achever qc.; **etw. zu e-m guten ~ bringen** terminer qc. avec succès; mener qc. à bonne fin; **zum ~ kommen, gelangen** s'achever; se terminer; arriver à une conclusion, à une fin; **dicht vor dem ~ stehen** toucher à sa fin; **e-n wirkungsvollen ~ bilden** former une conclusion efficace; **ohne ~** inachevé; **ein Studium ohne ~** des études inachevées; **zum ~** pour finir, terminer, conclure; **2.** *e-s Vertrages, Geschäftes etc.* conclusion *f*; *e-r Versicherung, Wette verbal*; *comm.* **ein ~ über fünfhundert Exemplare** un marché portant sur cinq cents exemplaires; **gute Abschlüsse erzielen** passer, conclure des marchés intéressants; conclure de bonnes affaires; **3.** (*abschließende Verzierung*) finition *f*; **~bi,lanz** *f* bilan *m* de clôture; **~,borte** *f cout.* bordure *f*, bord *m*, galon *m* de finition; **~,buchung** *f comm.* écriture *f* de clôture; **~e,xamen** *n cf.* **~prüfung**; **~,feier** *f* fête *f*, réunion *f* de clôture; **~,klasse** *f* classe terminale; **~kommuni,qué** *n* communiqué final; **~,kundgebung** *f* manifestation finale, de clôture; **~,leiste** *f* latte *f* (de finition); cimaise *f*; **~,muffe** *f techn.* manchon *m* de fermeture; **~provisi,on** *f comm.* commission accordée pour la conclusion d'une affaire; **~,prüfer** *m comm.* expert-comptable chargé de vérifier le bilan de clôture; **~,prüfung** *f* examen final, terminal, de sortie, de fin d'études; **~,rechnung** *f comm.* compte définitif, final; comptes *m/pl.* clos; **~,sitzung** *f* séance *f* de clôture; **~,stichtag** *m comm.* jour *m*, date *f* de clôture; **~,zahlung** *f* paiement final; **~,zeugnis** *n* certificat *m*, diplôme *m* de fin d'études; *der Volksschule* certificat *m* d'études primaires (*abr.* C.E.P.).

ab|schmatzen ['ap,ʃmatsən] *v/t.* ⟨**-(es)t,** *sép.*, **-ge-, h**⟩ F *cf.* **abküssen**; **~,schmecken** *v/t.* ⟨*sép.*, **-ge-, h**⟩ *Speisen* goûter; rectifier l'assaisonnement (de); **~,schmeicheln** *v/t.* ⟨**-(e)le,** *sép.*, **-ge-, h**⟩ **j-m etw. ~** flatter qn. pour obtenir qc.; obtenir qc. en flattant qn.; **~,schmeißen** *v/t.* ⟨*irr., sép.*, **-ge-, h**⟩ F *cf.* **abwerfen**.

Abschmelz|dauer ['apʃmɛlts,dauər] *f* durée *f*, temps *m* de fusion; **~,draht** *m* fil *m* fusible; **2en I** *v/t.* ⟨*irr., sép.*, **-ge-, h**⟩ *techn.* séparer, enlever, détacher par fusion; *cf. auch* **schmelzen**; **II ~en** *n* séparation *f* par fusion; **~,sicherung** *f élect.* coupe-circuit *m* à fusible; fusible *m*; **~,streifen** *m élect.* lame *f* fusible; **~,strom** *m* courant *m* de fusion.

Abschmier|dienst ['apʃmi:r,di:nst] *m Auto* service *m* de graissage; **2en I** *v/t.* ⟨*sép.*, **-ge-, h**⟩ **1.** *Auto* graisser; lubrifier; **2.** F (*unsauber abschreiben*) copier (von sur) (*auch écol.*); **II** *v/i.* ⟨**sein**⟩ **3.** *aviat.* s'écraser au sol; **III ~en** *n* **4.** *e-s Autos* graissage *m*; lubrification *f*; **5.** *écol.* copiage *m*; **6.** *aviat.* écrasement *m* (au sol); **~,grube** *f für Autos* fosse *f* de graissage; **~,presse** *f* pompe *f* à graisse; pistolet graisseur; **~,rampe** *f* pont *m* de graissage; **~stati,on** *f* station *f* de graissage; **~,stelle** *f* point *m*, endroit *m* à graisser; **~ung** *f cf.* **~en**.

Abschminke ['ap,ʃmɪŋkə] *f* démaquillant *m*; **2n I** *v/t.* (*u. v/réfl.*) ⟨*sép.*, **-ge-, h**⟩ (se) démaquiller; **II ~n** *n* démaquillage *m*.

ab|schmirgeln ['ap,ʃmɪrgəln] *v/t.* ⟨**-(e)le,** *sép.*, **-ge-, h**⟩ enlever, polir au papier émeri; **~,schnallen** *v/t.* ⟨*sép.*, **-ge-, h**⟩ *Gürtel, Schlittschuhe etc.* enlever; ôter; *Rucksack etc. auch* se débarrasser (de); **~,schnappen** *v/t.* ⟨*sép.*, **-ge-, h**⟩ F *cf.* **abfangen 1.**; **~,schneiden I** *v/t.* ⟨*irr., sép.*, **-ge-, h**⟩ *allg.* couper; *techn. auch* cisailler; **den Hals ~** couper le cou (à); *poét.* **den Lebensfaden ~** couper le fil de la vie (à); *st. s.* **j-m die Ehre ~** flétrir l'honneur de qn.; déshonorer qn.; *fig.* **j-m das Wort ~** couper la parole à qn.; F **davon kann man sich e-e Scheibe ~** on peut le prendre comme exemple; il faut en prendre de la graine; **e-r Stadt die Zufuhr ~** couper les vivres à une ville; **den Rückzug ~** couper la retraite (à); *von der Welt, jeder Verbindung* **abgeschnitten sein** être coupé de; **ein Stück Weg, e-e Ecke ~** couper au court; **II** *v/i.* **1.** *bei e-r Prüfung, e-m Wettbewerb* **gut, schlecht ~** pas mal réussir, ne pas bien réussir; s'en tirer bien, mal; être bien, mal placé; **2.** *Weg* raccourcir; couper au court (*abs.*); **III 2,schneiden** *n techn.* coupe *f*; cisaillement *m*; *sonst verbal*; **~,schnellen I** *v/t.* ⟨*sép.*, **-ge-, h**⟩ lancer; catapulter; *Pfeil auch* décocher; **II** *v/i.* ⟨**sein**⟩ se détendre; sauter; *Pfeil* partir; **~,schnippeln** *v/t.* ⟨**-(e)le,** *sép.*, **-ge-, h**⟩ F (*abschneiden*) couper (des petits morceaux); rogner.

Abschnitt ['apʃnɪt] *m e-s Ganzen* morceau *m*; tranche *f*; section *f*; partie *f*; *zeitlicher* période *f*; époque *f*; *e-s Buches* passage *m*; chapitre *m*; partie *f*; *in Gesetzbüchern* titre *m*; *e-r Eintrittskarte, e-s Formulars etc.* talon *m*; souche *f*; *e-r Lebensmittelkarte* ticket *m*; *e-r Aktie, Dividende* coupon *m*; *e-s Gebietes, der Front* secteur *m*; *chem. e-r Strecke* canton *m*; *e-r Straße* tronçon *m*; *math. e-s Kreises etc.* segment *m*; **ein neuer ~ in s-m Leben** une nouvelle période, époque, tranche de sa vie; **2(s),weise** *adv.* par passages, sections, périodes, *etc.*

ab|schnüren ['ap,ʃny:rən] *v/t.* ⟨*sép.*, **-ge-, h**⟩ **1.** (*mit e-r Schnur abbinden*) serrer avec une corde; *méd. Glied etc.* ligaturer; **das schnürt mir die Luft ab** cela m'étrangle, me coupe la respiration; **2.** (*mit e-r Schnur markieren*) cingler; tringler; **~,schnurren** *v/i.* ⟨*sép.*, **-ge-, sein**⟩ *Spule etc.* se dérouler (très vite); **2,schnürung** *f* ⟨**~**⟩ *méd.* ligature *f*; *sonst verbal*; **~,schöpfen I** *v/t.* ⟨*sép.*, **-ge-, h**⟩ **1.** enlever (qc. de qc.); **den Schaum von etw. ~** écumer qc.; **das Fett von etw. ~** dégraisser qc.; **den Rahm von etw. ~** écrémer qc.; *fig.* **das Fett, den Rahm von etw. ~** prendre le meilleur de, la meilleure part *od.* partie de qc.; écrémer qc.; **2.** *comm. Kaufkraft, Gewinne* absorber; **II 2,schöpfen** *n*, **2,schöpfung** *f von Schaum* écumage *m*; *von Fett* dégraissage *m*; *von Rahm* écrémage *m*; *der Kaufkraft etc.* absorption *f*; *EWG* prélèvement *m*; *sonst verbal*; **~,schrägen I** *v/t.* ⟨*sép.*, **-ge-, h**⟩ couper, tailler en biais, en biseau; *techn. auch* chanfreiner; biseauter; *Dach, Erdboden* incliner; *cf. auch* **abgeschrägt**; **II 2,schrägen** *n* ⟨**~s**⟩ taille *f* en biseau, en biais; *techn. auch* chanfreinage *m*; biseautage *m*; *sonst verbal*; **2,schrägung** *f* ⟨**~; ~en**⟩ biais *m*; *techn.* chanfrein *m*; biseau *m*; *e-s Daches etc.* inclinaison *f*; **~,schrammen** *v/réfl.* ⟨*sép.*, **-ge-, h**⟩ **sich die Haut ~** s'érafler la peau; **~,schrauben I** *v/t.* ⟨*sép.*, **-ge-, h**⟩ dévisser; déboulonner; **II 2,schrauben** *n* ⟨**~s**⟩ dévissage *m*; déboulonnage *od.* déboulonnement *m*.

abschreck|en ['ap,ʃrɛkən] **I** *v/t.* ⟨*sép.*, **-ge-, h**⟩ **1.** décourager; dissuader; intimider; effaroucher; **er ließ sich durch nichts (davon) ~** il ne se laissa intimider, effaroucher, arrêter par rien; **e-n möglichen Gegner ~** décourager, dissuader un adversaire éventuel; **2.** *cuis. Eier* tremper dans l'eau froide; *Stahl* tremper; **II 2en** *n* ⟨**~s**⟩ **3.** intimidation *f*; effarouchement *m*; **4.** *von Eiern verbal*; *von Stahl* trempe *f*; **~end** *adjt.* intimidant; repoussant; **~es Beispiel** exemple destiné à intimider; exemple à ne pas suivre; **~e Wirkung** action, influence intimidante; effet *m* de dissuasion; **~ häßlich** d'une laideur repoussante; **2ung** *f* ⟨**~; ~en**⟩ intimidation *f*; **zur ~ dienen** servir d'intimidation; *cf. auch* **2en**; **2ungsme,thode** *f* méthode *f*, système *m* d'intimidation; **2ungs,mittel** *n* moyen *m* d'intimidation; **2ungspoli,tik** *f* politique *f* d'intimidation; **2ungs,strafe** *f* peine *f* servant d'exemple; **2ungs,(streit)macht** *f* force *f* de frappe, de dissuasion; **2ungstheo,rie** *f jur.* théorie *f* de l'intimidation.

abschreib|en ['ap,ʃraɪbən] **I** *v/t.* ⟨*irr., sép.*, **-ge-, h**⟩ **1.** *Text* copier (**von** sur) (*auch péj. von lit. Werken*); prendre (une) copie de; *lit. Werk mit teilweisen Änderungen* démarquer; **etw.**

noch einmal ~ recopier, récrire qc.; **e-n Text sauber** ~ écrire, recopier un texte proprement, au propre; *écol.* **von j-m** ~ copier sur qn.; **2.** *comm.* **a)** *Anschaffungswert, Schuld etc.* amortir; **b)** *cf.* **abbuchen**; **c)** *fig. u.* F **das habe ich schon lange abgeschrieben** j'en ai fait mon deuil depuis longtemps; **den habe ich schon lange abgeschrieben** je ne compte plus depuis longtemps sur lui; **3.** *Farbband, Bleistiftspitze etc.* user; F **sich die Finger** ~ écrire à en avoir mal à la main; **II** *v/i. e-m Gastgeber* se décommander par écrit; *e-m Gast* décommander (qn.); *e-m Bewerber* refuser la demande de; **III** 2**en** *n écol.* copiage *m*; *comm. e-s Anschaffungswertes etc.* amortissement *m*; *sonst verbal*; 2**er** *m* copiste *m*; *écol.* copieur, -euse *m, f*; 2**e'rei** *f écol.* copiage *m*; 2ˌ**fehler** *m* faute faite en copiant, *in e-r alten Handschrift* de copiste; 2**ung** *f comm.* amortissement *m*; **beschleunigte, degressive, vorzeitige** ~ amortissement accéléré, dégressif, anticipé; ~ **für Abnutzung** amortissement pour usure; ~**en machen** amortir des actifs; 2**ungsbe**ˌ**trag** *m* montant *m* de l'amortissement; 2**ungser**ˌ**leichterungen** *f/pl.* facilités *f/pl.* d'amortissement; 2**ungs**ˌ**fonds** *m* fonds *m* d'amortissement; 2**ungs**ˌ**konto** *n* compte *m* d'amortissement; 2**ungsme**ˌ**thode** *f* méthode *f* d'amortissement; ~**ungs**ˌ**pflichtig** *adj.* soumis à l'amortissement; 2**ungs**ˌ**quote** *f* pourcentage *m* d'amortissement; 2**ungs**ˌ**satz** *m* taux *m* d'amortissement; 2**ungsver**ˌ**fahren** *n* procédure *f* d'amortissement.

abschreiten ['apˌʃraɪtən] *v/t.* ⟨*irr., sép.*, -ge-, h⟩ **1.** *Entfernung* mesurer en comptant les pas; **2. e-e Strecke** ~ parcourir un trajet; **die Front, Ehrenkompanie** ~ passer les troupes en revue.

Abschrift ['apʃrɪft] *f* copie *f*; *e-r Urkunde etc. auch* double *m*; duplicata *m*; *adm.* (*Zweitschrift*) ampliation *f*; **beglaubigte** ~ copie certifiée conforme; **gleichlautende** ~ copie conforme; **genaue** ~ copie fidèle, exacte; **e-e** ~ **von etw. machen, anfertigen lassen** faire faire une copie de qc.; 2ˌ**lich** *adj. u. adv. adm.* **das Zeugnis fügen wir** ~ **bei** ci-joint la copie, le double du certificat.

ab|schrubben ['apˌʃrʊbən] *v/t.* ⟨*sép.* -ge-, h⟩ F *Bank etc.* nettoyer, *Schmutz* enlever à la brosse, au balai-brosse; ~ˌ**schuften** *v/réfl.* ⟨-ete, *sép.*, -ge-, h⟩ F **sich** ~ s'esquinter; s'éreinter; P trimer; turbiner; ~ˌ**schuppen I** *v/t.* ⟨*sép.*, ge-, h⟩ *Fisch* écailler; **II** *v/réfl.* **sich** ~ *Haut* se desquamer [dɛskwame]; 2ˌ**schuppung** *f* ⟨~⟩ *méd.* desquamation [-kw-] *f*; ~ˌ**schürfen** *v/t.* ⟨*sép.*, -ge-, h⟩ **sich die Haut** ~ s'érafler, s'égratigner, s'écorcher la peau; **abgeschürfte Knie** genoux écorchés; 2ˌ**schürfung** *f* ⟨~; ~en⟩ éraflure *f*; égratignure *f*; écorchure *f*.

Abschuß ['apʃʊs] *m* **1.** *e-r Rakete, e-s Torpedos etc.* lancement *m*; *sonst verbal*; **2.** *von Wild, e-s Flugzeuges, Panzers verbal*; **Jagdflieger mit zahlreichen Abschüssen** aviateur de chasse comptant de nombreuses victoires à son palmarès, qui a abattu de nombreux avions; ~ˌ**basis** *f für Raketen* base *f* de lancement; ~ˌ**rampe** *f für Raketen* rampe *f* de lancement.

abschüssig ['apˌʃʏsɪç] *adj. Gelände* en pente; (en) déclive; *pfort.* raide; ~ **sein** aller, être en pente; être raide, (en) déclive; 2ˌ**keit** *f* ⟨~⟩ déclivité *f*.

abschütt|eln ['apˌʃʏtəln] *v/t.* ⟨-(e)le, *sép.*, -ge-, h⟩ *Krümel, Schnee etc.* faire tomber en secouant; *Obst* faire tomber (les fruits) en secouant l'arbre; *fig. Joch* secouer; s'affranchir de; *Ketten* briser; *Müdigkeit, quälende Gedanken* se débarrasser de; **j-n von sich** ~ se défaire, se débarrasser de qn.; ~**en I** *v/t.* ⟨-ete, *sép.*, -ge-, h⟩ (dé-)verser le trop-plein; **etwas Wasser aus dem Eimer** ~ verser le trop-plein d'eau du seau; **II** 2**en** *n* déversement *m* du trop-plein.

abschwäch|en ['apˌʃvɛçən] **I** *v/t.* ⟨*sép.*, -ge-, h⟩ affaiblir (*auch phot.*); *Wirkung, Lautstärke* diminuer; réduire; *Ausdruck, Farbe* atténuer; adoucir; *Ausdruck auch* modérer; *Ton* assourdir; *Stoß* amortir; **etw. in abgeschwächter Form wiederholen** répéter qc. en termes atténués, affaiblis, modérés, adoucis; **II** *v/réfl.* **sich** ~ s'affaiblir; faiblir; *Tief-, Hoch*(*druckgebiet*) *auch* diminuer; *Interesse, Begeisterung* se relâcher; faiblir; diminuer; *cf. auch* **schwächen, mildern**; **III** 2**en** *n cf.* 2**ung**; 2**er** *m* ⟨~s; ~⟩ *phot.* faiblisseur *m*; 2**ung** *f* affaiblissement *m* (*auch phot., Meteorologie*); *der Wirkung, Stärke auch* diminution *f*; modération *f*; *e-s Ausdrucks, e-r Farbe* atténuation *f*; adoucissement *m*; *e-s Tones* assourdissement *m*; *e-s Stoßes* amortissement *m*; *der Begeisterung etc.* relâchement *m*; diminution *f*; affaiblissement *m*; 2**ungs**ˌ**widerstand** *m électr.* résistance *f* d'affaiblissement.

ab|schwarten ['apˌʃvartən] *v/t.* ⟨-ete, *sép.*, -ge-, h⟩ enlever la couenne à; ~ˌ**schwatzen,** ~ˌ**schwätzen** *v/t.* ⟨-(es)t, *sép.*, -ge-, h⟩ F **j-m etw.** ~ obtenir qc. de qn. par de belles paroles; ~ˌ**schweifen** *v/i.* ⟨*sép.*, -ge-, sein⟩ s'écarter, s'éloigner (de qc.); **vom Thema** ~ s'écarter, s'éloigner du sujet; sortir de la question, du sujet; **ins Allgemeine** ~ s'écarter du sujet pour tomber dans le général; **s-e Gedanken schweiften ab** ses pensées vagabondaient; 2ˌ**schweifung** *f* ⟨~; ~en⟩ digression *f*; excursion *f*; **die** ~**en vom Thema** les digressions; les éloignements du sujet; ~ˌ**schwellen I** *v/i.* ⟨*irr., sép.*, -ge-, sein⟩ *Entzündung* désenfler; *fig. Lärm, Sturm etc.* s'affaiblir; s'atténuer; diminuer; décroître; **II** 2ˌ**schwellen** *n e-r Entzündung* diminution *f* (de l'enflure); *fig. von Lärm, Sturm etc.* affaiblissement *m*; atténuation *f*; diminution *f*; décroissement *m*; ~ˌ**schwemmen** *v/t.* ⟨*sép.*, -ge-, h⟩ *Ufersand etc.* entraîner; emporter; 2ˌ**schwemmung** *f* ⟨~; ~en⟩ entraînement *m*; ~ˌ**schwenken I** *v/i.* ⟨*sép.*, -ge-, sein⟩ *Truppe etc.* tourner (**nach rechts** à droite); *milit. auch* faire une conversion; *fig.* se détourner (de); **vom Wege** ~ quitter le chemin; **II** 2ˌ**schwenken** *n milit.* conversion *f*; *sonst verbal*; ~ˌ**schwimmen** *v/i.* ⟨*irr., sép.*, -ge-, sein⟩ *vom Ufer etc.* s'éloigner (à la nage); *Sache* être entraîné par le courant; ~ˌ**schwindeln** *v/t.* ⟨-(e)le, *sép.*, -ge-, h⟩ **j-m etw.** ~ escroquer, soutirer, F carotter qc. à qn.; ~ˌ**schwingen** *v/réfl.* ⟨*irr., sép.*, -ge-, h⟩ **sich** ~ *gym.* sortir (avec élan) (de); *Schifahren* changer de direction; ~ˌ**schwirren** *v/i.* ⟨*sép.*, -ge-, sein⟩ F *cf.* **abhauen II**.

Abschwitzen ['apˌʃvɪtsən] *n Fellbearbeitung* échauffe *f*.

abschwören ['apˌʃvøːrən] **I** *v/i.* ⟨*irr., sép.*, -ge-, h⟩ *s-m Glauben, s-n Prinzipien etc.* abjurer (qc.); **II** 2 *n* abjuration *f*.

Abschwung ['apʃvʊŋ] *m gym.* sortie *f* (avec élan).

absegeln ['apˌzeːgəln] **I** *v/i.* ⟨-(e)le, *sép.*, -ge-, sein⟩ partir (**nach** pour); mettre à la voile (pour); faire voile (vers); **II** 2 *n* départ *m*; mise *f* à la voile.

abseh|bar ['apzeːˌbaːr] *adj. Folgen etc.* qu'on peut prévoir; prévisible; **in** ~**er Zeit** dans un avenir plus ou moins rapproché, peu éloigné, pas trop lointain; bientôt; *cf. auch* ~**en 2.**; ~**en I** *v/t.* ⟨*irr., sép.*, -ge-, h⟩ **1. etw. von j-m** ~ apprendre qc. de qn. en le regardant, voyant faire; *cf. auch* **ablesen** *u.* **abgucken**; **2.** *Ende, Folgen* prévoir; **es ist noch gar nicht abzusehen, wie das enden wird** il est encore impossible de prévoir la tournure des événements, des choses, comment cela tournera, finira; **es ist kein Ende abzusehen** on n'en voit pas la fin; **3. es auf etw., j-n abgesehen haben** avoir qc., qn. en vue; avoir des visées sur qc., sur qn.; viser qc., qn.; **er hat es auf mich abgesehen** c'est à moi qu'il en veut, qu'il en a; c'est moi qu'il vise; **er hat es darauf abgesehen, mich zu ärgern** il s'est fixé, proposé comme but de me contrarier, de m'agacer; il a l'intention de me contrarier, de m'agacer; **II** *v/i.* **4.** *von e-r Bestrafung, e-r Klage etc.* renoncer (à); **von Beileidsbesuchen bitten wir abzusehen** la famille s'excuse de ne pas recevoir; **5. von etw.** ~ faire abstraction de qc.; mettre qc. à part; **wenn man davon absieht, daß ...** si l'on fait abstraction du fait que...; si l'on met à part le fait que...; *cf. auch* **abgesehen 1.**

ab|seifen ['apˌzaɪfən] **I** *v/t.* (*u. v/réfl.*) ⟨*sép.*, -ge-, h⟩ (se) savonner; **II** 2ˌ**seifen** *n* ⟨~s⟩ savonnage *m*; ~ˌ**seihen I** *v/t.* ⟨*sép.*, -ge-, h⟩ passer; filtrer; **II** 2ˌ**seihen** *n* ⟨~s⟩ filtrage *m*; filtration *f*; ~ˌ**seilen I** *v/t.* ⟨*sép.*, -ge-, h⟩ *Alpinistik* **j-n, etw.** ~ descendre qn., qc. à la corde; **II** *v/réfl.* **sich** ~ descendre en rappel; faire un rappel; se laisser descendre à la corde; **III** 2ˌ**seilen** *n* ⟨~s⟩ descente *f* en rappel; rappel *m*; ~**sein** *v/i.* ⟨*irr., sép.*, -ge-, sein⟩ F **1.** *Knopf, Bleistiftspitze etc. cf.* **ab 3.**; **2.** (*entfernt sein*) *cf.* **ab 1.**; **3.** (*erschöpft sein*) être épuisé; F être à plat, claqué, rendu, éreinté, esquinté.

Abseit|e ['apˌzaɪtə] *f text.* envers *m*; 2**ig** *adj. Neigung, Gedanke etc.* singulier, -ière; ~**ig**ˌ**keit** *f* ⟨~; ~en⟩ singularité *f*.

abseits ['apzaɪts] **I** *adv.* **1.** à l'écart; **sich** ~ **halten,** ~ **stehen** se tenir à l'écart (*auch fig.*); ~ **bleiben** rester à l'écart; ~ **wohnen** habiter à l'écart; **ein** ~ **gelegenes Haus** une maison à l'écart, retirée, isolée; ~ **von etw.** à l'écart de qc.; ~ **von der Welt leben** vivre à l'écart du monde; **2.** *Sport* ~ **stehen, sein** être, se trouver 'hors-jeu; **II** 2 *n* ⟨~; ~⟩ *Sport* 'hors-jeu *m*; **ins** ~ **laufen** se mettre 'hors-jeu; 2ˌ**stellung** *f* position *f* 'hors-jeu; 2ˌ**taktik** *f* tactique *f* du hors-jeu; 2ˌ**tor** *n* but marqué en 'hors-jeu.

absend|en ['apˌzɛndən] *v/t.* ⟨*irr., sép.*, -ge-, h⟩ envoyer; expédier; 2**e**ˌ**ort** *m* lieu *m* d'expédition; point *m* de départ; **2er(in)** *m* ⟨~s; ~⟩ (*f*) ⟨~; ~nen⟩ expéditeur, -trice *m, f*; **zurück an ~** retour à l'expéditeur, à l'envoyeur; **2eter,min** *m* date *f* limite d'envoi, d'expédition; **2ung** *f* ⟨~⟩ envoi *m*; expédition *f*.

ab|sengen ['ap,zɛŋən] *v/t.* ⟨*sép.*, -ge-, h⟩ *Geflügel* flamber; *text.* griller; *Haare* brûler; **~,senken I** *v/t.* ⟨*sép.*, -ge-, h⟩ **1.** *Wasserspiegel etc.* (a)baisser; *cf. auch* **senken**; **2.** *jard.* marcotter; *Wein auch* provigner; **II 2,senken** *n* ⟨~s⟩ *jard.* marcottage *m*; *von Wein auch* provignage *od.* provignement *m*; **2,senker** *m cf.* **Ableger**; **~ser,vieren** *v/t.* ⟨*sép.*, *pas de ge-*, h⟩ **1.** *st. s.* desservir; **2.** F **j-n ~** renvoyer, débarquer qn.

absetz|bar ['apzɛts,ba:r] *adj.* **1.** *von Beamten* destituable; révocable; **2.** *comm.* vendable; **leicht ~ sein** s'écouler, se vendre facilement; **3.** *von den Steuern* qui peut être déduit; déductible; **2bar,keit** *f* ⟨~⟩ *von Beamten* révocabilité *f*; **2be,wegung** *f milit.* (mouvement *m* de) décrochage *m*, dégagement *m*; **~en I** *v/t.* ⟨-(es)t, *sép.*, -ge-, h⟩ **1.** *Hut etc.* ôter; enlever; *Pferd den Reiter* désarçonner; **2.** *Beamte etc.* destituer (*auch von Fürsten*); révoquer; relever de ses fonctions, de son poste, de sa charge; *Herrscher, Bischof auch* déposer; **3.** *Last, Weinglas etc.* (re)poser; *Fahrgast etc.* déposer; F descendre; *milit.* **Fallschirmjäger ~** larguer des parachutistes; **4.** *Hefe, Sand, chim.* déposer; **5.** *Glas, Blasinstrument etc. vom Munde* s'arrêter de faire qc.; **die Feder ~** s'arrêter d'écrire; **6.** *Stück vom Spielplan etc.* retirer; *Punkt von der Tagesordnung, vom Budget meist* rayer; *Ausgaben von den Steuern* déduire; défalquer; **7.** *comm. Waren* écouler; vendre; débiter; placer; **8.** *Farben etc. gegeneinander* faire ressortir (qc. sur qc.); *cout.* border (**mit** de); **e-e Zeile ~** aller à la ligne; **9.** *impr.* composer; **10.** *agr. von Jungtieren* sevrer; **II** *v/i.* **11.** *beim Sprechen, Schreiben etc.* s'arrêter; s'interrompre; **er sprach ohne abzusetzen** il parlait sans s'arrêter, tout d'une haleine; **er trank ohne abzusetzen** il but sans s'arrêter, d'un seul trait; **12.** *mar.* s'éloigner; **III** *v/réfl.* **sich ~ 13.** *in ein anderes Land* se mettre à l'abri (en); *vom Feind* décrocher (de); *fig. cf.* **abrücken 1.**; **14.** *Senkstoffe, chim.* se déposer; **15.** *Farben* contraster (avec); **IV** *v/imp.* **16.** F **es wird etw., Schläge ~** ça va barder; **V 2en** *n* **17.** *von Senkstoffen, chim.* dépôt *m*; **18.** *von Fallschirmjägern* largage *m*; **19.** *comm.* écoulement *m*; vente *f*; débit *m*; placement *m*; **20.** *impr.* composition *f*; **21.** *von Jungtieren* sevrage *m*; **22.** *vom Feind* décrochage *m*; dégagement *m*; *sonst verbal*; *cf. auch* **2ung**; **2er** *m mines* appareil *m* de remblayage; **2ung** *f* ⟨~⟩ **1.** *von Beamten etc.* destitution *f*; révocation *f*; *e-s Herrschers, Bischofs auch* déposition *f*; **2.** *e-s Theaterstückes etc.* retrait *m*; *der Ausgaben von den Steuern* déduction *f*; défalcation *f*; *sonst verbal.*

ab|sicheln ['ap,zɪçəln] *v/t.* ⟨-(e)le, *sép.*, -ge-, h⟩ *jard.* couper à la faucille; **~,sichern** *v/t.* ⟨-(e)re, *sép.*, -ge-, h⟩ protéger; assurer; **2,siche,rung** *f* protection *f*.

Absicht ['apzɪçt] *f* ⟨~; ~en⟩ intention *f*; dessein *m*; **gute, böse ~en haben** avoir de bonnes, de mauvaises intentions; **betrügerische ~** intention frauduleuse; **in welcher ~?** avec quelle intention?; dans quel dessein?; à quelle fin?; **mit (voller) ~** à dessein; avec intention; de propos délibéré; F exprès; **ohne jede ~** sans aucune intention; **ohne böse ~** sans mauvaise intention; sans méchanceté; sans penser à mal; **in böswilliger ~** dans une mauvaise intention; **in der besten ~** avec les meilleures intentions; **die feste ~ haben, zu ...** avoir la ferme intention de ...; **in der ~, zu ...** dans l'intention, dans le dessein de ...; **das lag nicht in meiner ~** ce n'était pas mon intention (de faire qc.); **das war gegen meine ~** c'était contre mes intentions; **damit verfolge ich e-e ganz bestimmte ~** en faisant cela je poursuis un certain dessein, un but précis; **ich habe meine geheimen ~en dabei** j'ai là-dessus de secrets desseins; **j-s geheime ~en durchschauen** pénétrer, deviner les intentions secrètes, les secrets desseins de qn.; **s-e ~en verbergen** dissimuler ses intentions, ses desseins; **s-e ~en ändern** changer d'intention, de dessein, ses intentions, ses desseins; **man merkt die ~ dabei** on voit l'intention; F **auf j-n ernste ~en haben** avoir des vues sur qn.; **2lich 1.** *adj.* intentionnel, -lle; voulu; volontaire; **2.** *adv.* exprès; à dessein; avec intention; intentionnellement; de propos délibéré; volontairement; **etw. ~ tun** faire qc. exprès, *etc.*; **~lich,keit** *f* ⟨~⟩ caractère intentionnel; intention marquée; **2s,los** *adj. u. adv.* sans dessein; sans intention.

ab|sickern ['ap,zɪkərn] *v/i.* ⟨-(e)re, *sép.*, -ge-, sein⟩ s'infiltrer; **~,singen I** *v/t.* ⟨*irr.*, *sép.*, -ge-, h⟩ chanter; **II 2,singen** *n* **unter ~ von ...** en chantant ...; **~,sinken I** *v/i.* ⟨*irr.*, *sép.*, -ge-, sein⟩ *Niveau, Leistung, Unfallziffer etc.* baisser; être en baisse; **s-e Leistung sinkt ab** *auch* il est en perte de vitesse; *cf. auch* **sinken**; **II 2,sinken** *n* baisse *f*.

Absinth [ap'zɪnt] *m* ⟨~(e)s; ~e *bzw.* 3 ~⟩ absinthe *f*.

Absitz|becken ['apzɪts,bɛkən] *n Kläranlage* bassin *m* de décantation, de dépôt; **2en I** *v/t.* ⟨*irr.*, *sép.*, -ge-, h⟩ F **s-e fünf Jahre (Gefängnis) ~** faire, purger ses cinq ans de prison; **II** *v/i.* ⟨sein⟩ *vom Pferde* descendre de cheval.

absolut [apzo·'lu:t] **1.** *adj.* absolu; **~e Gewalt** pouvoir absolu; **~es Gehör** oreille absolue; **~e Höhe** *über dem Meer* altitude absolue; **~er Nullpunkt** zéro absolu; **die ~e Mehrheit** la majorité absolue; **~e Ruhe** *für Kranke* repos absolu; *in der Schule* silence complet; F **mit ~er Sicherheit** avec une entière certitude; F **~er Unsinn** non-sens complet; F **e-e ~e Null** une complète nullité; *philos.* **das 2e** l'absolu *m*; **2.** *adv.* absolument; **~ sicherer Erfolg** succès absolument certain; **er hat ~ keinen Ehrgeiz** il n'a absolument pas d'ambition; **er will ~ recht haben** il veut absolument avoir raison; **von e-r Sache ~ nichts wissen wollen** ne vouloir absolument rien savoir de qc.; **von e-r Sache ~ nichts verstehen** ne comprendre absolument rien à qc.; ne comprendre goutte à qc.; F **~ unmöglich** absolument impossible; **2heit** *f* ⟨~⟩ manière absolue; caractère absolu; **2i'on** *f* ⟨~; ~en⟩ *relig. cath.* absolution *f*; **j-m die ~ erteilen** donner l'absolution à qn.; absoudre qn.; **2ismus** [-'tɪs-] *m* ⟨~⟩ absolutisme *m*; **2ist** [-'tɪst] *m* ⟨~en; ~en⟩ absolutiste *m*; **~istisch** [-'tɪs-] *adj.* absolutiste.

Absolv|ent(in) [apzɔl'vɛnt(ɪn)] *m* ⟨~en; ~en⟩ (*f*) ⟨~; ~nen⟩ celui, celle qui a fait, terminé, achevé ses études (à l'université, *etc.*); **2ieren I** *v/t.* ⟨*pas de ge-*, h⟩ **1.** *st. s. Lehrzeit, Studium* faire (*auch Pensum*); terminer; achever; *Prüfung* passer; **er hat sein Hochschulstudium absolviert** il a fait, terminé ses études à l'université; **s-e Probezeit ~** faire son stage; **2.** *relig. cath.* absoudre; **II ~ieren** *n* ⟨~s⟩, **~ierung** *f* ⟨~⟩ *des Studiums etc.* achèvement *m*; *besser verbal.*

absonderlich [ap'zɔndər,lɪç] *adj.* singulier, -ière; étrange; bizarre; **2,keit** *f* ⟨~; ~en⟩ singularité *f*; étrangeté *f*; bizarrerie *f*.

absonder|n ['ap,zɔndərn] **I** *v/t.* ⟨-(e)re, *sép.*, -ge-, h⟩ **1.** *Tiere, Menschen* séparer (**von** de); (*isolieren*) isoler; **2.** *physiol.* sécréter (*auch bot.*); *Schweiß, Harn etc.* excréter; éliminer; **II** *v/réfl.* **sich ~** *Menschen von der Welt etc.* s'isoler; se retirer de; se tenir à l'écart; *von e-r Menschengruppe auch* F faire bande à part; **er hat sich völlig von s-r Familie abgesondert** il s'est complètement isolé de sa famille; *cf. auch* **abgesondert**; **2ung** *f* ⟨~; ~en⟩ **1.** séparation *f*; (*Isolierung*) isolement *m*; **2.** *physiol.* sécrétion *f* (*auch bot. u. Ergebnis*); *äußere auch* excrétion *f*; **e-e harzige ~** une sécrétion résineuse; **3.** *jur. cf.* **abgesonderte (Befriedigung)**; **2ungs,anspruch** *m jur.* demande *f* de règlement séparé; **2ungsbe,rechtigte(r)** *m jur.* créancier *m* ayant droit au règlement séparé; **2ungs,maßnahme** *f* mesure *f* d'isolement; **2ungsor,gane** *n/pl.* organes *m/pl.* sécrétoires; **2ungs,recht** *n jur.* droit *m* au règlement séparé; **2ungs,stoff** *m physiol.* substance sécrétée; **2ungs,tätigkeit** *f physiol.* activité *f* sécrétoire.

Absor|ber [ap'zɔrbər] *m* ⟨~s; ~⟩ *Kühlanlage* absorbeur *m*; **2'bierbar** *adj.* absorbable; **2'bieren** *v/t.* ⟨*pas de ge-*, h⟩ absorber (*auch fig.*); **2'bierend** *adjt.* absorbant; **2'biert** *adjt.* absorbé.

absorgen ['ap,zɔrgən] *v/réfl.* ⟨*sép.*, -ge-, h⟩ F **sich ~** se tourmenter; se faire de grands soucis; s'inquiéter.

Absorpt|ion [apzɔrptsi·'o:n] *f* ⟨~; ~en⟩ *phys., physiol., élect.* absorption *f*; **~i'ons,fähigkeit** *f* pouvoir absorbant; faculté *f* d'absorption; absorptivité *f*; **~i'ons,faktor** *m* facteur *m* d'absorption; **~i'ons,filter** *m, n* filtre, écran absorbant; **~i'ons,flüssigkeit** *f* liquide absorbant; **~i'onskoeffizi,ent** *m* coefficient *m* d'absorption; **~i'ons,mittel** *n* absorbant *m*; **~i'ons,spektrum** *n* spectre *m* d'absorption; **~i'onsver,mögen** *n* pouvoir absorbant; *cf. auch* **~ionsfähigkeit**; **2iv** [-'ti:f] *adj. phys.* absorptif, -ive.

ab|spähen ['ap,ʃpɛ:ən] *v/t.* ⟨*sép.*, -ge-, h⟩ *Revier, Umkreis* observer attentivement; **~,spalten I** *v/t.* ⟨*irr.*, *sép.*, -ge-, h⟩ **1.** *mit dem Beil, Messer* détacher; enlever; *fig.* séparer; **2.** *chim.* dissocier; séparer; **II** *v/réfl.* **sich ~** *fig.* se séparer; **2,spaltung** *f fig.* séparation *f*; *chim. auch* dissociation *f*; *sonst verbal*; **~,spänen** *v/t.* ⟨*sép.*, -ge-, h⟩ *Fußboden etc.* frotter, nettoyer à la paille de fer.

abspann|en ['apˌʃpanən] **I** *v/t.* ⟨*sép.*, **-ge-, h**⟩ **1.** *Zugtier* dételer; **2.** *Mast etc.* ʻhaubaner; *cf. auch* **entspannen** *u.* **abgespannt**; **II 2en** *n von Zugtieren* dételage *m*; *von Masten etc.* ʻhaubanage *m*; **2isoˌlator** *m* isolateur *m* d'arrêt; **2ˌklemme** *f* pince *f* d'amarrage; **2ˌmast** *m* pylône *m*; poteau *m* d'arrêt; *mar.* ʻhauban *m*; **2ˌseil** *n* câble tendeur; ʻhauban *m* (*auch mar.*); **2ung** *f cf.* **2en** *u.* **Abgespanntheit.**

ab|sparen ['apˌʃpaːrən] *v/t.* ⟨*sép.*, **-ge-, h**⟩ **sich etw. ~** économiser qc. (sur qc.); **sich etw. vom Munde ~** économiser qc. sur sa nourriture; **das Buch hat er sich vom Taschengeld abgespart** il a acheté ce livre en économisant sur son argent de poche; **~ˌspeisen** *v/t.* ⟨**-(es)t,** *sép.*, **-ge-, h**⟩ F *Personen* nourrir; donner à manger (à); *fig.* payer; **j-n mit leeren Worten, Versprechungen ~** payer qn. de belles paroles, en vaines promesses, en monnaie de singe; **j-n mit e-r kleinen Summe ~** récompenser qn. chichement, petitement; **sich nicht ohne weiteres ~ lassen** ne pas se laisser payer de belles paroles.

abspenstig ['apˌʃpɛnstɪç] *adj. u. adv.* **j-n j-m ~ machen** prendre qn. à qn.; *Kunden auch* enlever qn. à qn.

Absperr|befehl ['apˌʃpɛrbəˌfeːl] *m* ordre *m* de barrage, d'encercler; **2en I** *v/t.* ⟨*sép.*, **-ge-, h**⟩ **1.** *Baustelle etc.* interdire l'accès de; *Gefahrengebiet auch* déclarer zone interdite; *Straße* barrer; **ein Gelände polizeilich ~** encercler un terrain par la police; **abgesperrtes Gebiet** région interdite; **2.** *Wasser, Gas, Strom* couper; **3.** *cf.* **abschließen 1.**; **II ~en** *n verbal*; **~ˌhahn** *m* robinet *m* de barrage, *techn. auch* d'arrêt; **~ˌkette** *f* chaîne *f* d'encerclement; **~ˌklappe** *f techn.* clapet *m* de retenue, d'arrêt; **~ˌmaßnahme** *f* mesure *f* d'isolement, d'interdiction, de barrage; **~ˌschieber** *m techn.* vanne *f* d'arrêt; **~ung** *f e-s Gebietes* barrage *m*; *sonst verbal*; **~venˌtil** *n techn.* soupape *f* d'arrêt.

abspiegeln ['apˌʃpiːgəln] *v/t.* (*u. v/réfl.*) ⟨**-(e)le,** *sép.*, **-ge-, h**⟩ (se) refléter.

Abspiel ['apʃpiːl] *n Sport* passe *f*; **2en I** *v/t.* ⟨*sép.*, **-ge-, h**⟩ **1.** *Schallplatte, Tonband* (faire) passer; *Nationalhymne* jouer; **abgespielt** (*abgenutzt*) usé; **2.** *mus.* jouer à livre ouvert; **3.** *Sport* (**den Ball**) **~** faire une passe; **II** *v/réfl.* **sich ~** *Geschehnisse etc.* se dérouler; **III ~en** *n Sport* passe *f*; *sonst verbal.*

absplitter|n ['apˌʃplɪtərn] *v/i.* ⟨**-(e)re,** *sép.*, **-ge-, sein**⟩ **1.** *Holz, Lack etc.* sauter en éclats; **das Holz ist abgesplittert** des éclats de bois ont sauté; **2.** *fig. von e-r Partei etc.* se détacher, se séparer (de); **2ung** *f* ⟨**~**; **~en**⟩ *fig.* séparation *f*; *sonst verbal.*

Absprache ['apˌʃpraːxə] *f* accord *m*; entente *f*; arrangement *m*; règlement *m*; **gemäß unserer ~** conformément à notre accord, *etc.*; comme convenu; **nach vorheriger ~** après accord, *etc.* préalable; **2geˌmäß** *adv.* conformément aux accords (intervenus), à l'accord, *etc.*; comme convenu.

absprechen ['apˌʃprɛçən] **I** *v/t.* ⟨*irr.*, *sép.*, **-ge-, h**⟩ **1.** (*verabreden*) convenir de; fixer; **2.** *Fähigkeit, Verdienst, Kenntnisse etc.* contester, (dé)nier (qc. à qn.); **j-m den guten Willen ~** contester la bonne volonté de qn.; **ich spreche ihm die Zuständigkeit ab** je conteste, nie sa compétence; je lui dénie, conteste toute compétence; *cf. auch* **aberkennen**; **II** *v/réfl.* **sich ~** convenir (de faire qc.); se donner le mot (pour faire qc.); se concerter.

ab|spreizen ['apˌʃpraɪtsən] *v/t.* ⟨**-(es)t,** *sép.*, **-ge-, h**⟩ **1.** *Finger etc.* écarter; **2.** *mines* étayer; étançonner; **~ˌsprengen** *v/t.* ⟨*sép.*, **-ge-, h**⟩ *Felsblock etc.* faire sauter; *fig. Teile von e-r Armee etc.* disloquer; séparer; **~ˌspringen I** *v/i.* ⟨*irr.*, *sép.*, **-ge-, sein**⟩ **1.** *Sport beim Weitsprung etc.* partir; **mit dem Sprungbein ~** partir du pied d'appel; **2.** *von e-r Straßenbahn etc.* sauter; **vom fahrenden Zug ~** sauter du train en marche; **von e-m Turngerät ~** sauter (à bas) d'un agrès; **mit dem Fallschirm ~** sauter, descendre en parachute; **3.** *Fahrradkette, Knopf, Email, Farbe etc.* sauter; **die Kette ist abgesprungen** la chaîne a sauté; **abgesprungenes Stück** éclat *m* de verre, porcelaine, *etc.*; **4.** *Ball, Stein etc.* rebondir (**von** sur); **5.** *fig. von e-m Thema, Beruf etc.* quitter, abandonner (qc.); *Parteimitglieder, Kunden etc.* quitter; *Anhänger auch* faire défection (à); **vom Studium ~** abandonner, quitter ses études; **II 2ˌspringen** *n* **6.** *Sport, mit dem Fallschirm cf.* **Absprung**; **7.** *e-s Balles etc.* rebond(issement) *m*; **8.** *fig. von e-m Thema, Beruf etc.* abandon *m*; *von e-r Partei auch* défection *f* (à); *sonst verbal*; **~ˌspritzen I** *v/t.* ⟨**-(es)t,** *sép.*, **-ge-, h**⟩ *Fahrzeug* nettoyer au jet d'eau; *Pflanzen* arroser; asperger; **II 2ˌspritzen** *n e-s Fahrzeuges* nettoyage *m* au jet d'eau; *von Pflanzen* arrosage *m*; **~ˌsprühen** *v/t.* ⟨*sép.*, **-ge-, h**⟩ *Pflanzen etc.* asperger; traiter par pulvérisation.

Absprung ['apʃprʊŋ] *m* **1.** *Sport beim Weitsprung etc.* appel *m*; **2.** *vom Flugzeug etc.* saut *m*; **~ mit dem Fallschirm** saut en parachute; **~ˌbalken** *m Sport* planche *f* de départ.

ab|spulen ['apˌʃpuːlən] *v/t.* ⟨*sép.*, **-ge-, h**⟩ dévider; débobiner; dérouler; **~ˌspülen I** *v/t.* ⟨*sép.*, **-ge-, h**⟩ **1.** *Schmutz etc.* enlever à l'eau claire, par rinçage; *Ufer* entraîner; emporter; **2.** *Obst etc.* passer à l'eau claire; laver; *Geschirr etc.* (*nachspülen*) rincer; **II 2ˌspülen** *n* rinçage *m*; lavage *m*; *od. verbal.*

abstamm|en ['apˌʃtamən] *v/i.* ⟨*sép.*, *pas de p. p.*⟩ descendre (**von** de); **2ung** *f* ⟨**~**; **~en**⟩ *in bezug auf den Ausgangspunkt* descendance *f* (**von** de, **in gerader, direkter Linie** en ligne droite, directe); *von e-m Individuum aus in aufsteigender Linie* origine(s) *f(pl.)*; ascendance *f*; **j-m s-e ~ zum Vorwurf machen** reprocher à qn. son ascendance, ses origines; **2ungsˌlehre** *f biol.* théorie *f* de la descendance; **2ungsˌnachweis** *m Tierzucht* certificat *m* d'origine.

Abstand ['apˌʃtant] *m* **1.** *räumlich* distance *f* (*auch fig.*); intervalle *m*; écart *m*; **in gleichen Abständen** à égales distances; à intervalles égaux; **mit zehn Metern ~** à une distance, à un intervalle de dix mètres; **in Abständen von drei Metern stehen** *Dinge* être distants les uns des autres de trois mètres; *Personen* être postés à trois mètres d'intervalle, de distance les uns des autres; **die Autos fahren in Abständen von nur wenigen Metern** les voitures roulent à quelques mètres d'intervalle, de distance les unes des autres; **~ halten,** *fig.* **den nötigen ~ wahren** tenir ses distances; **2.** *zeitlich* intervalle *m*; *fig.* recul *m*; **in kurzen Abständen** à de courts intervalles; **in regelmäßigen, bestimmten Abständen** à des intervalles réguliers, déterminés; *fig.* **den nötigen ~ gewinnen, haben** avoir le recul nécessaire; **3. von etw. ~ nehmen** renoncer à qc.; **davon ~ nehmen, etw. zu tun** renoncer à faire qc.; **4. mit ~** de loin; **er ist mit ~ der Stärkste** il est de loin le plus fort; **5.** F (*Geldsumme bei Vermietung etc.*) pas *m* de porte; indemnité *f*; **~ˌnahme** *f* ⟨**~**⟩ renoncement *m* (**von** à); **~sˌgeld** *n*, **~sˌsumme** *f cf.* **~ 5.**

ab|statten ['apˌʃtatən] *v/t.* ⟨**-ete,** *sép.*, **-ge-, h**⟩ **j-m e-n Besuch ~** rendre visite à qn.; **s-n Dank ~** présenter, exprimer ses remerciements; **2ˌstattung** *f* ⟨**~**⟩ **die ~ des Dankes** le remerciement; *sonst verbal*; **~ˌstauben I** *v/t.* ⟨*sép.*, **-ge-, h**⟩ **1.** *Möbel etc.* épousseter; **2.** F (*sich aneignen*) chiper; chaparder; calotter; **II 2ˌstauben** *n* ⟨**~s**⟩ *von Möbeln etc.* époussetage *m*; **2ˌstauber** *m* ⟨**~s**; **~**⟩ F (*Zufallstor*) but *m* de hasard.

abstech|en ['apˌʃtɛçən] **I** *v/t.* ⟨*irr.*, *sép.*, **-ge-, h**⟩ **1.** *Tiere* saigner; égorger; **2.** *Torf, Grasnarbe etc.* couper; enlever à la bêche, *etc.*; *Teig etc.* couper; **3.** *Hochofen* percer; *Stahl* faire couler; *Wein* soutirer; **4.** *techn. auf der Drehbank* décolleter; (*abtrennen*) tronçonner; **II** *v/i.* **5.** *Farbe, Kleidung, Leistung etc.* contraster (**gegen, von** avec); trancher (sur); **er sticht von den andern durch s-e Fähigkeiten ab** il se distingue des autres par ses capacités; **III 2en** *n* **6.** *von Tieren* saignée *f*; égorgement *m*; **7.** *des Hochofens* percée *f*; *des Stahles* coulée *f*; *des Weines* soutirage *m*; **8.** *auf der Drehbank* décolletage *m*; (*Abtrennen*) tronçonnage *m*; *sonst verbal*; **2er** *m* ⟨**~s**; **~**⟩ **e-n ~ machen** faire un crochet, un saut (**nach** jusqu'à).

absteck|en ['apˌʃtɛkən] **I** *v/t.* ⟨*sép.*, **-ge-, h**⟩ **1.** *Gebiet, Grenze, Fahrbahn etc.* jalonner; planter des jalons; *mit Pflöcken* piqueter; *fig. Ziele, Programm etc.* tracer; fixer; poser les jalons (de); **2.** *cout.* épingler; **II 2en** *n* ⟨**~s**⟩ **3.** *e-s Gebietes etc.* jalonnement *m*; *mit Pflöcken* piquetage *m*; *fig.* fixation *f*; **4.** *cout.* épinglage *m*; **2ˌfähnchen** *n* fanion *m* de jalonnement; **2ˌleine** *f* cordeau *m* (à tracer); **2ˌpfahl** *m*, **2ˌpflock** *m* piquet *m*; **2ung** *f* ⟨**~**; **~en**⟩ *cf.* **2en.**

ab|stehen ['apˌʃteːən] **I** *v/t.* ⟨*irr.*, *sép.*, **-ge-, h**⟩ F **sich die Beine ~** *in e-r Menschenschlange* faire la queue pendant des heures; *wartend* faire le pied de grue; poireauter; **II** *v/i.* **1.** (*entfernt sein*) être éloigné, distant, à l'écart, à distance; *Ohren* être décollé; **2.** *st. s. von e-m Vorhaben etc.* renoncer (à qc.); se désister (de qc.); se départir (de qc.); *cf. auch* **abgestanden**; **~ˌstehend** *adjt.* **~e Ohren haben** avoir les oreilles décollées; **~ˌstehlen** *v/t.* ⟨*irr.*, *sép.*, **-ge-, h**⟩ *cf.* **stehlen**; **~ˌsteifen** *v/t.* ⟨*sép.*, **-ge-, h**⟩ **1.** *bât.*, *mines* étayer; étrésillonner; *durch Strebepfeiler* arc-bouter; **2.** *cout. Kragen* raidir; **2ˌsteifung** *f* ⟨**~**; **~en**⟩ *bât.*, *mines* étayage *od.* étaiement *m*; étrésillonnement *m*; *cout. verbal.*

absteig|en ['apˌʃtaɪgən] **I** *v/i.* ⟨*irr.*, *sép.*, **-ge-, sein**⟩ **1.** descendre (**von** de) (*auch fig.*); *vom Pferd auch abs.* mettre pied à terre; *vom Berggipfel* redescendre; 2. *Fußballverein etc.* être relégué; 3. *in e-m Gasthaus* descendre (in à, dans); II 2en *n* descente *f* (*auch von e-m Berg, in e-m Gasthaus*); *e-s Sportvereins* relégation *f*; ~end *adjt.* descendant; ~e Linie ligne descendante; *mus.* ~e Tonleiter gamme descendante; *astr.* ~e Tierkreiszeichen signes descendants; *fig.* sich auf dem ~en Ast befinden se trouver sur son déclin; être en perte de vitesse; 2equarˌtier *n* gîte *m*; demeure *f*; *péj.* hôtel *m* de passe; 2er *m* ⟨~s; ~⟩ *Sport* club relégué.

abstell|bar ['apʃtɛlˌba:r] *adj.* que l'on peut arrêter, *etc. cf.* ~en; ~en I *v/t.* ⟨*sép.*, -ge-, h⟩ 1. *Lasten* poser; *an e-m bestimmten Ort* déposer; *Dinge, die nicht gebraucht werden* ranger; 2. *Fahrrad, Wagen* garer; *Auto auch* parquer; *Fahrrad auch* déposer; 3. *Maschinen, Motor etc.* arrêter; stopper; *Strom, Gas, Wasser* couper; fermer; *Heizung, Radio* fermer; arrêter; *Klingel* couper; débrancher; *Wecker, Plattenspieler* arrêter; 4. *Mißstände, Mängel etc.* pallier, remédier à; *Fehler, schlechte Gewohnheiten* se corriger de; 5. *milit.* (*abkommandieren*) détacher (*auch fig. Arbeitskräfte*); 6. etw. auf etw. ~ orienter qc. sur qc.; II 2en *n* ⟨~s⟩ 7. *von Lasten verbal; von nicht gebrauchten Sachen* rangement *m*; 8. *e-s Autos* garage *m*; parcage *m*; *besser verbal*; das ~ von Fahrrädern ist hier verboten défense de déposer ici des bicyclettes; 9. *von Maschinen etc.* arrêt *m*; *der Heizung, des Radios auch* fermeture *f*; *von Strom, Wasser etc.* fermeture *f*; coupure *f*; 10. *von Mißständen* remédiement *m* (à); *von Fehlern etc.* correction *f*; 11. *milit. etc.* détachement *m*; 2ˌgleis *n chem.* voie *f* de garage; *fig. u.* F j-n auf ein ~ schieben mettre qn. sur une voie de garage; 2ˌhahn *m* robinet *m* d'arrêt; 2ˌhebel *m* levier *m* d'arrêt; 2ˌkammer *f*, 2ˌraum *m* (cabinet *m* de) débarras *m*; fourre-tout *m*; réduit *m*; 2ˌtisch *m* desserte *f*; 2ung *f* ⟨~⟩ *cf.* 2en; 2ˌvorrichtung *f techn.* dispositif *m* d'arrêt, de mise à l'arrêt.

ab|stemmen ['apˌʃtɛmən] I *v/t.* ⟨*sép.*, -ge-, h⟩ enlever au ciseau; II *v/réfl.* sich ~ *von der Wand, e-r Ufermauer etc.* donner une poussée pour se tenir éloigné de; ~ˌstempeln I *v/t.* ⟨-(e)le, *sép.*, -ge-, h⟩ *Anträge etc.* apposer un cachet sur; timbrer; *Wertzeichen* oblitérer; *fig.* étiqueter; marquer (zu de); abgestempelt *Briefmarke* oblitéré; *Dokument* revêtu d'un cachet; der Brief ist am 15. abgestempelt la lettre a été timbrée le 15; le cachet de la poste est du 15; damit war er zum Humoristen abgestempelt à partir de ce moment il a été étiqueté comme humoriste; II 2ˌstempeln *n*, 2ˌstemp(e)ˌlung *f* ⟨~⟩ apposition *f* d'un cachet (sur); timbrage *m*; *von Wertzeichen* oblitération *f*; ~ˌsteppen I *v/t.* ⟨*sép.*, -ge-, h⟩ *cout.* piquer; II 2ˌsteppen *n* piqûre *f*; ~ˌsterben I *v/i.* ⟨*irr., sép.*, -ge-, sein⟩ mourir; *Gliedmaßen* s'engourdir; devenir insensible; *cf. auch* abgestorben; II 2ˌsterben *n* mort *f*; *od. verbal*; *der Glieder* engourdissement *m*.

Abstich ['apʃtɪç] *m* 1. *Hochofen* percée *f*; *métall.* coulée *f*; 2. *von Wein* soutirage *m*; 3. *von Rasen, Torf etc. verbal cf.* abstechen 2.; ~ˌloch *n* trou *m* de coulée; ~ˌöffnung *f* orifice *m* de coulée; percée *f*; ~ˌrinne *f* canal *m* de coulée; ~ˌstange *f* barre *f*, sonde *f* de coulée.

Abstieg ['apʃti:k] *m* ⟨~(e)s; ~e⟩ 1. *vom Gipfel etc.* descente *f*; beim ~ en descendant; 2. *fig. sozialer, wirtschaftlicher* déclin *m*; baisse *f*; 3. *e-s Sportvereins* relégation *f*; descente *f* (en deuxième division, *etc.*); ~sgeˌfahr *f Sport* risque *m* d'être relégué; 2sgeˌfährdet *adj. Sport* risquant, qui risque d'être relégué; ~skandiˌdat *m Sport* candidat *m* à la relégation.

ab|stielen ['apˌʃti:lən] *v/t.* ⟨*sép.*, -ge-, h⟩ *Obst* équeuter; ôter, enlever la queue de; ~ˌstillen I *v/t.* ⟨*sép.*, -ge-, h⟩ *Säugling* sevrer; II 2ˌstillen *n* sevrage *m*.

Abstimm|anzeiger ['apʃtɪmˌʔantsaigər] *m rad.* indicateur *m* de syntonisation; 2en I *v/t.* ⟨*sép.*, -ge-, h⟩ 1. *Instrumente etc.* accorder (aufeinander entre eux, elles); *rad. auch* syntoniser; 2. *Farben* assortir; marier (aufeinander qc. *od.* entre eux, elles); *fig. Interessen, Arbeiten etc.* harmoniser, faire concorder, coordonner (aufeinander qc.); auf etw. abgestimmt sein s'harmoniser, concorder avec qc.; *auf e-n Zuhörerkreis etc.* être accordé au goût, au genre de (qn.); 3. *comm. Konten* faire cadrer; die Geschäftsbücher ~ faire accorder les livres; faire conformer les écritures; II *v/i. Wahl* voter (über qc.); in geheimer Wahl ~ voter au scrutin secret; durch Erheben von den Sitzen ~ voter par assis et levé; durch Handaufheben ~ voter à mains levées; namentlich ~ voter par appel nominal; durch Zuruf ~ voter par acclamation; über e-n Antrag ~ voter une motion; über etw. ~ lassen faire voter qc.; mettre qc. aux voix; III ~en *n* ⟨~s⟩ *cf.* ~ung; ~ende(r) *m* ⟨→ A⟩ votant *m*; ~ˌknopf *m rad.* bouton *m* d'accord, de syntonisation; ~kondenˌsator *m* condensateur *m* de syntonisation, d'accord; ~ˌkreis *m* circuit *m* d'accord; ~ˌkurve *f* courbe *f* d'accord; ~ˌmittel *n* moyen *m* de syntonisation; ~ˌschärfe *f* précision *f* de l'accord; sélectivité *f*; ~ˌskala *f* cadran *m* d'accord; ~ˌspule *f* bobine syntonisatrice, de syntonisation, d'accord; ~ung *f* ⟨~; ~en⟩ 1. *Wahl* vote *m*; scrutin *m*; (*Volks*2) plébiscite *m*; (*Volksentscheid*) référendum [-ɔm] *m*; ~ durch Handaufheben vote à mains levées; ~ durch Erheben von den Sitzen vote par assis et levé; ~ durch Zuruf vote par acclamation; ~ durch Hammelsprung scrutin par division (par portes séparées); geheime ~ (durch Stimmzettel) scrutin secret (par bulletins de vote); öffentliche ~ scrutin public; namentliche ~ vote par appel nominal; ~ über die Vertrauensfrage vote sur la question de confiance; e-n Gesetzentwurf ohne ~ annehmen adopter un projet de loi sans (procéder à un) scrutin; zur ~ kommen, schreiten passer au vote; etw. durch ~ entscheiden décider qc. par voie de scrutin; 2. *techn., rad.* accord *m*; syntonisation *f*; (un)scharfe ~ syntonisation (non) aiguë, (im)parfaite; 3. *von Farben verbal*; *fig.* harmonisation *f*; mise *f* en harmonie; coordination *f*; *od. verbal*; 4. *der Konten etc. verbal*; ~ungs... *in Zssgn. cf. auch* Wahl...; ~ungsˌantrag *m* demande *f* de scrutin; ~ungserˌgebnis *n* résultat *m* du vote, du scrutin; das ~ bekanntgeben proclamer le résultat du vote, du scrutin; ~ungsˌmodus *m* mode *m* de scrutin, de vote; ~ungsˌregelung *f techn.* réglage *m* d'accord, de syntonisation; ~ungsˌschärfe *f cf.* ~schärfe; ~ungsverˌfahren *n* mode *m* de scrutin, de vote; procédure *f* de vote; ~ungsˌvorrichtung *f techn.* dispositif *m* d'accord, de syntonisation.

abstinen|t [apsti'nɛnt] *adj.* sobre; abstinent; qui ne boit pas d'alcool; *pfort.* antialcoolique; 2z *f* ⟨~⟩ abstinence *f*; sobriété *f*; 2zgeˌbot *n relig. cath.* obligation *f* d'abstinence, de faire maigre; 2zler *m* ⟨~s; ~⟩ antialcoolique *m*; 2zˌtag *m relig. cath.* jour *m* maigre, d'abstinence.

ab|stöbern ['apˌʃtø:bərn] *v/t.* ⟨-(e)re, *sép.*, -ge-, h⟩ *cf.* durchstöbern; ~ˌstoppeln I *v/t.* ⟨-(e)le, *sép.*, -ge-, h⟩ *Feld* glaner; II 2ˌstoppeln *n* ⟨~s⟩ glanage *od.* glanement *m*; ~ˌstoppen I *v/t.* ⟨*sép.*, -ge-, h⟩ 1. *Fahrzeuge, Motor etc.* arrêter; stopper (*beide auch fig., Produktion etc.*); *Angriffe auch* briser; 2. *Sport mit der Stoppuhr* chronométrer; II *v/i. Fahrzeuge* s'arrêter; stopper; III 2ˌstoppen *n e-s Fahrzeugs etc.* arrêt *m* (*auch der Produktion etc.*); *mit der Stoppuhr* chronométrage *m*.

Abstoß ['apʃto:s] *m* 1. *Fußball* coup *m* de pied de but; 2. *vom Ufer etc.* poussée *f*; sich e-n ~ geben *cf.* 2en II; 2en I *v/t.* ⟨*irr., sép.*, -ge-, h⟩ 1. *Boot vom Ufer etc.* donner une poussée (à qc. pour l'éloigner de la rive); *j-n auf e-r Schaukel etc.* élancer; 2. *Ecken von etw.* casser (von de); *Geschirr* ébrécher; abgestoßen *Lack, Putz* sauté; *Ärmel, Schuhspitze* usé; *Keramik etc.* abgestoßenes Stück éclat *m* (de); écornure *f*; *fig. u.* F sich die Hörner ~ jeter sa gourme; 3. *phys.* repousser (einander se); 4. *fig. durch sein Benehmen, Äußeres* repousser; répugner; inspirer de la répugnance; dégoûter; 5. *comm. Waren etc.* se défaire de; liquider; *Aktien* réaliser; se défaire de; II *v/réfl.* sich ~ 6. *vom Boden etc.* prendre de l'élan; s'élancer; se lancer; sich vom Ufer ~ s'éloigner de la rive par une poussée; 7. *phys.* sich (gegenseitig) ~ se repousser; 2end *adjt. Wesen, Äußeres etc.* repoussant; qui repousse; répugnant; répulsif, -ive (*auch phys.*); ~ wirken, etw. 2es an sich haben repousser; inspirer de la répugnance; ~ häßlich d'une laideur repoussante; *phys.* ~e Kraft force répulsive; ~ung *f* ⟨~; ~en⟩ *phys.* répulsion *f* (*auch fig.*); *comm.* liquidation *f*; *von Aktien* réalisation *f*; *fig. auch* répugnance *f*; ~ungsˌkraft *f*, ~ungsverˌmögen *n phys.* force répulsive.

ab|stottern ['apˌʃtɔtərn] F I *v/t.* ⟨-(e)re, *sép.*, -ge-, h⟩ *Radioapparat etc.* payer à tempérament, par acomptes, par traites; *cf. auch* abzahlen; II 2ˌstottern *n* paiement *m* à tempérament, par acomptes, par traites; ~ˌstrafen *v/t.* ⟨*sép.*, -ge-, h⟩ *cf.* bestrafen.

abstrahieren [apstra'hi:rən] I *v/t.* ⟨*pas de ge-*, h⟩ *st. s. philos.* abstraire; II *v/i.* faire abstraction de; ein ~der Terminus un terme abstractif.

abstrahl|en ['apˌʃtra:lən] *v/t.* ⟨*sép.*, -ge-, h⟩ 1. *Energie etc.* rayonner; 2. *techn. mit Sandstrahlgebläse* nettoyer (au jet de sable); sabler; 2ung *f* 1. *phys.* rayonnement *m*; 2. *techn.* nettoyage *m* (au jet de sable); 2ungsverˌlust *m phys.* perte *f* par rayonnement.

abstrakt [ap'strakt] *adj.* abstrait; ~er Begriff notion abstraite; concept abstrait; ~e Kunst art abstrait; *Maler* die 2en les abstraits *m/pl.*; 2heit *f* ⟨~⟩

abstraction *f*; ♀i'on *f* ⟨~; ~en⟩ abstraction *f*; ♀i'onsˌfähigkeit *f* ⟨~⟩ abstractivité *f*; ♀i'onsverˌmögen *n* faculté *f* d'abstraction; ♀um *n* ⟨~s; -ta⟩ idée, notion abstraite; *ling.* nom, terme abstrait.

ab|strampeln ['apˌʃtrampəln] *v/réfl.* ⟨-(e)le, *sép.*, -ge-, h⟩ sich ~ **1.** *Kleinkinder* rejeter les couvertures (en gigotant); **2.** F (*sich abmühen*) faire des pieds et des mains; **~strapaˌzieren** F **I** *v/t.* ⟨*sép.*, *pas de ge-*, h⟩ *Kleidung* user; *Nerven* surmener; **II** *v/réfl.* sich ~ se surmener.

abstreich|en ['apˌʃtraɪçən] **I** *v/t.* ⟨*irr.*, *sép.*, -ge-, h⟩ **1.** *Schaum vom Bierglas, Rasiermesser, Schmutz von den Schuhen etc.* racler; enlever; *Rasiermesser cf.* abziehen 5.; sich die Füße ~ *cf.* abputzen; **2.** *Betrag* retrancher; déduire; *fig.* von dem, was er sagt, muß man immer die Hälfte ~ de ses dires il faut toujours en retrancher, enlever, rayer la moitié; **II** *v/i.* ⟨sein⟩ *ch.* s'envoler; **III ♀en** *n* raclage *m*; *fig.* retranchement *m*; *sonst verbal*; **♀er** *m* ⟨~s; ~⟩ (*Fußmatte*) paillasson *m*; *aus Metall* grille-décrottoir *f*; **♀ˌholz** *n techn.* raclette *f*; racle *f*; racloir *m*; règle *f* à égaliser, à raser; **♀ung** *f cf.* ♀en.

abstrei|fen ['apˌʃtraɪfən] **I** *v/t.* ⟨*sép.*, -ge-, h⟩ **1.** *Kleidungsstücke, Ring, Geweih etc.* enlever; ôter; retirer; die Handschuhe ~ se déganter; die Blätter von etw. ~ effeuiller qc.; Johannisbeeren ~ égrener des groseilles; *Schlange* die Haut ~ muer; F faire peau neuve; *Zigarre* die Asche ~ enlever la cendre (von de); **2.** *fig. Vorurteile etc.* se défaire, se débarrasser de; renoncer à; **3.** *Gelände, Wald* battre; **4.** *Gießerei Form* démouler; **II ♀fen** *n* ⟨~s⟩ *von Vorurteilen etc.* renonciation *f* (à); *od. verbal*; *ch. e-s Geländes* battue *f*; *Schlange* das ~ der Haut la mue; das ~ der Blätter l'effeuillage *m*; das ~ von Johannisbeeren l'égrenage *m* des groseilles; *Gießerei* das ~ der Form le démoulage; *sonst verbal*; **~ten I** *v/t.* ⟨*irr.*, *sép.*, -ge-, h⟩ **1.** *Schuld, Verbrechen etc.* nier; *jur. auch* désavouer; ~, etw. getan zu haben nier avoir fait qc.; **2.** *Rechte, Kenntnisse etc.* refuser de reconnaître; contester; dénier; j-m das Recht ~, etw. zu tun contester à qn., refuser de reconnaître à qn. le droit de faire qc.; **II ♀ten** *n*, **♀tung** *f* ⟨~; ~en⟩ *e-s Rechtes etc.* refus *m* de reconnaître; contestation *f*; *sonst verbal*.

Abstrich ['apʃtrɪç] *m* **1.** *im Haushaltsplan, am Etat etc.* réduction *f*; économie *f*; ~e machen restreindre, réduire ses dépenses; se restreindre; die Behörde mußte sich erhebliche ~e gefallen lassen les autorités ont dû accepter de fortes réductions dans leur budget; **2.** *Schrift* plein *m*; Auf- und ~e machen faire des pleins et des déliés; **3.** *mus. Streichinstrument* coup *m* d'archet descendant; **4.** *méd.* prélèvement *m*; **5.** *métall.* crasse *f*; scorie *f*.

ab|stricken ['apˌʃtrɪkən] *v/t.* ⟨*sép.*, -ge-, h⟩ *cout.* die Nadel, Reihe ~ finir de tricoter l'aiguille, le rang; **~ˌströmen I** *v/i.* ⟨*sép.*, -ge-, sein⟩ *Wasser etc.*, *fig. Menschenmenge* s'écouler; *Gas, Luft* s'échapper; *Luftmassen* s'éloigner; **II ♀ˌströmen** *n* écoulement *m*; *od. verbal*.

abstrus [ap'struːs] *adj. Gedanke etc.* abstrus; abscons [-s]; obscur; incompréhensible; confus.

ab|stufen ['apˌʃtuːfən] *v/t.* ⟨*sép.*, -ge-, h⟩ **1.** *Gelände* étager; disposer en étages, en gradins, en terrasses; ein abgestuftes Gelände un terrain étagé; **2.** *Farbtöne* dégrader; nuancer (*auch fig.*); **3.** *Gehälter, Löhne* échelonner; nach Alter, Leistung, Kinderzahl abgestufte Gehälter des salaires échelonnés selon l'âge, le travail accompli, le nombre d'enfants; **♀ˌstufung** *f* ⟨~; ~en⟩ *der Stärkegrade, soziale etc.* gradation *f*; nuance *f*; *peint.* dégradation *f*; *der Gehälter etc.* échelonnement *m*; *e-s Geländes* étagement *m*; **~ˌstumpfen I** *v/t.* ⟨*sép.*, -ge-, h⟩ *Schneide* émousser; *Spitze* épointer; *fig. Gefühle, Gewissen etc.* émousser; *Person* rendre insensible, indifférent (gegen à); *cf. auch* abgestumpft; **II** *v/i.* ⟨sein⟩ *Schneide* s'émousser; *Spitze* s'épointer; *fig. Gefühle etc.* s'émousser; *Person* devenir insensible, indifférent (gegen à); man stumpft durch Gewohnheit ab l'habitude nous rend insensibles, indifférents; **♀ˌstumpfung** *f* ⟨~; ~en⟩ émoussement *m* (*auch fig.*); *e-r Spitze* épointage *od.* épointement *m*.

Absturz ['apʃturts] *m* **1.** *e-s Flugzeugs, e-s Bergsteigers* chute *f*; ein Flugzeug zum ~ bringen abattre, F descendre un avion; **2.** (*steiler Abhang*) pente *f* à pic; **~geˌfahr** *f* danger *m* de chute; **~ˌstelle** *f* point *m* de chute.

ab|stürzen ['apˌʃtʏrtsən] *v/i.* ⟨-(es)t, *sép.*, -ge-, sein⟩ **1.** *Flugzeug* s'abattre, s'écraser (au sol, *etc.*); über dem Meer ~ tomber, s'abattre en mer; brennend ~ s'abattre en flammes; j ist abgestürzt l'avion de qn. s'est écrasé au sol, *etc.*; **2.** *Person* faire une chute; tomber; *Bergsteiger auch* dévisser; dérocher; **3.** *Felsen etc.* tomber à pic; **~ˌstutzen** *v/t.* ⟨-(es)t, *sép.*, -ge-, h⟩ *cf.* stutzen; **~ˌstützen I** *v/t.* ⟨-(es)t, *sép.*, -ge-, h⟩ *bât.* étayer (*auch fig.*); buter; contre-b(o)uter; **II ♀ˌstützen** *n*, **♀ˌstützung** *f* ⟨~⟩ étayage *od.* étaiement *m*; **~ˌsuchen I** *v/t.* ⟨*sép.*, -ge-, h⟩ **1.** *Ungeziefer etc.* enlever; Raupen ~ écheniller (von etw. qc.); j-m die Läuse, die Flöhe ~ épouiller, épucer qn.; e-m Tier das Ungeziefer ~ *auch* débarrasser un animal de sa vermine; **2.** *Wohnung, Taschen etc.* fouiller; *Gelände auch* battre; etw. nach etw. ~ fouiller qc. pour trouver qc.; die Gegend nach dem Vermißten ~ fouiller, battre la région pour trouver le disparu; die Scheinwerfer suchen den Himmel nach Flugzeugen ab les projecteurs fouillent, balaient le ciel à la recherche d'avions; **II ♀ˌsuchen** *n*, **♀ˌsuchung** *f* ⟨~⟩ **3.** *von Läusen* épouillage *m*; *von Raupen* échenillage *m*; *sonst verbal*; **4.** *der Wohnung, Taschen etc.* fouille *f* (nach pour trouver); *e-s Geländes auch* battue *f*; *des Himmels auch* balayage *m*.

absurd [ap'zurt] *adj.* absurde; das ♀e l'absurde *m*; **♀i'tät** *f* ⟨~; ~en⟩ absurdité *f*.

Abszeß [aps'tsɛs, ap'stsɛs] *m* ⟨-sses; -sse⟩ *méd.* abcès *m*.

Abszisse [aps'tsɪsə, ap'stsɪsə] *f* ⟨~; ~n⟩ *math.* abscisse *f*; **~nˌachse** *f* axe *m* des abscisses.

Abt [apt] *m* ⟨~(e)s; ~̈e⟩ abbé *m*.

ab|takeln ['apˌtaːkəln] **I** *v/t.* ⟨-(e)le, *sép.*, -ge-, h⟩ *mar. Schiff* dégréer; *cf. auch* abgetakelt; **II ♀ˌtakeln** *n* ⟨~s⟩, **♀ˌtakeˌlung** *f* dégréage *od.* dégréement *m*; **~ˌtasten I** *v/t.* ⟨-ete, *sép.*, -ge-, h⟩ **1.** *Taschen etc.*, *méd.*, *Boxen Gegner*, *milit. Gelände* tâter; *mit den Händen auch* palper; **2.** *techn. Schallplatte, Lochkarte etc.* lire; explorer; *télév.*, *Radar* balayer; **II ♀ˌtasten** *n* **3.** palpation *f*; *od. verbal*; **4.** *e-r Schallplatte, Lochkarte etc.* lecture *f*; exploration *f*; *télév.*, *Radar* balayage *m*; **♀ˌtaster** *m* ⟨~s; ~⟩ *télév.* dispositif *m* de balayage; **♀tastˌnadel** *f Plattenspieler* pointe *f* de lecture; **♀ˌtastung** *f* ⟨~⟩ *cf.* ♀tasten; **♀tau-Autoˌmatik** *f Kühlschrank* dégivreur *m* automatique; **~ˌtauen I** *v/t.* ⟨*sép.*, -ge-, h⟩ dégeler; *Glasscheibe, aviat.*, *Kühlschrank* dégivrer; **II** *v/i.* ⟨sein⟩ *Eis, Schnee* fondre; das Glatteis ist abgetaut le verglas a fondu, disparu; die Straße ist abgetaut la route n'est plus verglacée; **III ♀ˌtauen** *n des Eises etc.* dégèlement *m*; *natürliches* dégel *m*; *des Kühlschranks etc.* dégivrage *m*.

Abtei [ap'taɪ] *f* ⟨~; ~en⟩ abbaye [abei, abeji] *f*; **~ˌkirche** *f* église abbatiale [-sjal].

Abteil [ap'taɪl, 'ap-] *n* ⟨~(e)s; ~e⟩ *chem.* compartiment *m*.

abteilen ['apˌtaɪlən] *v/t.* ⟨*sép.*, -ge-, h⟩ **1.** *Raum, Feld etc.* (*aufteilen*) diviser (in en); in Fächer ~ *auch* compartimenter; genau abgeteilte Fächer cases bien divisées; *cf. auch* einteilen; **2.** (*abtrennen*) séparer (von de); durch e-e Wand ~ cloisonner; e-e abgeteilte Kammer un réduit séparé, cloisonné.

Abteil|fenster [ap'taɪlˌfɛnstər] *n* fenêtre *f* (du compartiment); *oft* glace *f*; **~ˌtür** *f* porte *f* (du compartiment).

Abteilung[1] ['apˌtaɪlʊŋ] *f* ⟨~⟩ division *f*; séparation *f*; *durch e-e Wand* cloisonnement *m*.

Abteilung[2] [ap'taɪlʊŋ] *f* ⟨~; ~en⟩ **1.** *e-r Behörde* bureau *m*; service *m*; division *f*; département *m*; *e-r Firma* département *m*; service *m*; section *f*; branche *f*; *e-s Krankenhauses* service *m*; *e-s Warenhauses* rayon *m*; *mathematische etc. e-r Schule* section *f*; **2.** *milit.* groupe *m*; détachement *m*; ~ ... halt! section ... 'halte!; *cf. auch* Bataillon; **~sˌchef** *m*, **~sˌleiter** *m im Warenhaus* chef *m* de rayon; *im Büro* chef *m* de service; **~sˌunterricht** *m écol.* enseignement *m* par sections; **♀sˌweise** *adv.* par bureaux, sections, rayons.

abtele|fonieren ['apte·le·fo·ˌniːrən] *v/i.* ⟨*sép.*, *pas de ge-*, h⟩ F (j-m) ~ se décommander (chez qn.) par téléphone; téléphoner (à qn.) pour se décommander, pour dire que l'on a un empêchement; **~graˌfieren** *v/i.* ⟨*sép.*, *pas de ge-*, h⟩ F (j-m) ~ se décommander (chez qn.) par télégramme.

ab|teufen ['apˌtɔʏfən] *v/t.* ⟨*sép.*, -ge-, h⟩ *mines* foncer; creuser; **♀ˌteufung** *f* ⟨~; ~en⟩ fonçage *m*; creusage *od.* creusement *m*; **~ˌtippen** *v/t.* ⟨*sép.*, -ge-, h⟩ F *Text* taper (à la machine); noch einmal ~ retaper (à la machine).

Äbtissin [ɛp'tɪsɪn] *f* ⟨~; ~nen⟩ abbesse *f*.

ab|toben ['apˌtoːbən] *v/réfl.* ⟨*sép.*, -ge-, h⟩ F sich ~ *Kinder* se fatiguer à courir, à jouer; **~ˌtönen** *v/t.* ⟨*sép.*, -ge-, h⟩ *peint.* nuancer (*auch fig.*); dégrader; faire des dégradés (de); **♀ˌtönung** *f peint.* dégradation *f*; nuance *f*; **~ˌtöten** *v/t.* ⟨-ete, *sép.*, -ge-, h⟩ *méd. Bazillen, Nerv etc.* tuer; *fig. Gefühl* étouffer; réprimer; *relig.* mortifier; **♀ˌtötung** *f fig. e-s Gefühls* étouffement *m*; *relig.* mortification *f*; die ~ des Fleisches la mortification de la chair; *sonst verbal*; **~ˌtraben** *v/i.* ⟨*sép.*, -ge-, sein⟩ partir, s'en aller au trot.

Abtrag ['aptraːk] *m* ⟨~(e)s; -träge⟩ *st. s.* j-m ~ tun nuire à qn.; **♀en I** *v/t.* ⟨*irr.*, *sép.*, -ge-, h⟩ **1.** *Hügel etc.* aplanir; niveler; *Erde* déblayer; enlever; *durch Witterungseinflüsse* éroder; **2.** *Haus, Ruine* démolir; **3.** *chir.* enlever; **4.** *st. s. bei Tisch* desservir; **5.** *st. s. Schuld, Hypothek* amortir; éteindre graduellement; acquitter; se libérer (de); payer; rembourser (*alle auch fig.*); **6.** *Kleidung* user; **7.** *math. Strecke* reporter; **8.** *ch. cf.* **abrichten 1.**; **II** *v/i.* **9.** *agr.* ne plus porter de fruits; **III** **~en** *n* **10.** *e-s Hügels etc.* aplanissement *m*; nivellement *m*; *von Erde* déblai(ement) *m*; *durch Witterungseinflüsse* érosion *f*; **11.** *e-s Hauses etc.* démolition *f*; **12.** *chir.* enlèvement *m*; exérèse *f*; **13.** *e-r Schuld etc.* amortissement *m*; extinction graduelle; acquittement *m*; paiement *m*; remboursement *m*; **14.** *der Kleidung* usure *f*; **15.** *math.* report *m*; *sonst verbal.*

abträglich ['apˌtrɛːklɪç] *adj. st. s. der Gesundheit, dem Ansehen etc.* nuisible; nocif, -ive; dommageable; préjudiciable; **2ˌkeit** *f* ⟨~⟩ nocivité *f*.

Abtragung ['apˌtrɑːgʊŋ] *f* ⟨~⟩ *cf.* Abtragen.

Abtransport ['aptransˌpɔrt] *m* transport *m*; *od. verbal*; *von Verletzten etc.* évacuation *f*; *von Schutt etc.* enlèvement *m*; *von Holz aus dem Wald auch* débardage *m*; **2ieren I** *v/t.* ⟨*sép., pas de ge-,* h⟩ emporter; emmener; transporter; *Schutt, Müll etc.* enlever; *Holz aus dem Wald auch* débarder; *Verletzte etc.* évacuer (*abs.*); **den Verletzten ins Krankenhaus ~** transporter le blessé à l'hôpital; **II ~ieren** *n*, **~ierung** *f* ⟨~⟩ *cf.* ~.

abtreib|en ['apˌtraɪbən] **I** *v/t.* ⟨*irr., sép.,* **-ge-**, h⟩ **1.** *Wind, Strömung* déporter; *mar. auch* drosser; **abgetrieben werden** aller à la dérive; **von der Strömung, vom Wind abgetrieben werden** être entraîné, emporté par le courant, par le vent; **vom Ufer abgetrieben werden** être entraîné, emporté loin de la rive, vers le large; **2.** *méd.* expulser; *von e-r Frau* (**die Leibesfrucht, ein Kind**) **~** se faire avorter; *cf. auch* (**e-e**) **2ung** (**vornehmen**); **3.** *Vieh von der Alm* faire descendre (des alpages); **4.** *Forstwesen* couper; abattre; **5.** *Edelmetalle* coupeller; affiner; **II** *v/i.* ⟨**sein**⟩ *mar., aviat.* dériver; *von der Reede auch* dérader; **III 2en** *n mar., aviat.* dérivation *f*; dérive *f*; *méd.* expulsion *f*; *von Edelmetallen* coupellation *f*; affinage *m*; *cf. auch* **Abtrieb, Abtrift** *u.* **2ung**; **~end** *adjt. méd. Leibesfrucht* abortif, -ive; *Gallensteine etc.* expulsif, -ive; **2er(in)** *m* ⟨**~s; ~**⟩ (*f*) ⟨~; **~nen**⟩ avorteur, -euse *m, f*; F faiseuse *f* d'anges; **2ung** *f der Leibesfrucht* avortement (provoqué, criminel); **e-e ~ vornehmen** provoquer un avortement; faire avorter (an j-m qn.); **e-e ~ an sich vornehmen lassen** se faire avorter; **2ungsˌmittel** *n* abortif *m*; **2ungsparaˌgraph** *m* paragraphe *m* concernant l'avortement; **2ungsverˌsuch** *m* essai *m*, tentative *f* d'avortement.

abtrenn|bar ['aptrɛnˌbɑːr] *adj. Raum etc.* séparable; *Abschnitt etc.* détachable; *Festgenähtes* qui peut être décousu; **~en** *v/t.* ⟨*sép.,* **-ge-**, h⟩ *Raum, Land etc.* séparer (*auch jur.*); *Abschnitt etc.* détacher; *Angenähtes* découdre; démonter; **2ung** *f* séparation *f* (*auch fig.*); *cout.* démontage *m*; *sonst verbal.*

abtret|bar ['aptreːtˌbɑːr] *adj. jur.* cessible; **nicht ~** incessible; **2barˌkeit** *f* ⟨~⟩ *jur.* cessibilité *f*; **~en I** *v/t.* ⟨*irr., sép.,* **-ge-**, h⟩ **1.** *Treppenstufen etc.* user (à force d'y passer); **2.** *Schnee von den Schuhen etc.* faire tomber (qc. de qc.) en piétinant; **sich die Füße ~** s'essuyer les pieds; **3.** *Absätze etc. durch Drauftreten* arracher en marchant dessus; **4.** *jard. Weg* tracer, *Beet* délimiter en piétinant; **5.** *fig. Anspruch, Recht, Zimmer, Gebiet etc.* céder (qc. à qn.); se désister de (qc. en faveur de qn.); **II** *v/i.* ⟨**sein**⟩ **6.** se retirer (de); *Beamte* démissionner; se retirer de ses fonctions; *milit. cf.* **wegtreten**; **von der Bühne ~** quitter la scène; se retirer de la scène (*beide auch fig.*); sortir de scène; **der Richter ließ die Zeugen ~** le juge fit se retirer les témoins; **III 2en** *n* **7.** *der Treppenstufen etc.* usure *f* (à force d'y passer); **8.** *der Füße etc. verbal*; **9.** *e-s Besitzes, Rechtes, Gebietes etc.* cession *f*, désistement *m* (**von** de); **zwangsweises ~** cession forcée; **10.** *von der Bühne* sortie *f*; *von Beamten* démission *f*; *sonst verbal*; **2ende(r)** *m* ⟨→ A⟩ *jur.* cédant *m*; **2er** *m* ⟨**~s; ~**⟩ (*Fuß2*) paillasson *m*; *aus Metall* grille-décrottoir *f*; **2ung** *f* ⟨~; **~en**⟩ *cf.* **2en**; **2ungsˌanzeige** *f comm., jur.* avis *m* de cession; **2ungserˌklärung** *f* déclaration *f* de cession; **2ungsgeˌbiet** *n* territoire cédé; **2ungsˌgegenwert** *m* contrepartie *f* de la cession; **2ungsgeˌschäft** *n* opération *f* de cession; **2ungsˌpreis** *m* prix *m* de cession; **2ungsˌurkunde** *f* acte *m* de cession; **2ungsverˌtrag** *m* contrat *m* de cession.

Abtrieb ['aptriːp] *m* **1. der ~ des Viehs (von der Alm)** la descente des troupeaux des alpages; la transhumance d'hiver; **2.** *Forstwesen* coupe *f*; abattage *m*.

Abtrift ['aptrɪft] *f* ⟨~; **~en**⟩ **1.** *aviat., mar.* dérive *f*; **2.** *cf.* **Abtrieb 1.**; **~ˌmesser** *m* ⟨**~s; ~**⟩ *aviat.* dérivomètre *m*.

abtrinken ['apˌtrɪŋkən] *v/t.* ⟨*irr., sép.,* **-ge-**, h⟩ boire le trop-plein (de); *Schaum vom Bier etc.* aspirer.

Abtritt ['aptrɪt] *m* **1.** F (*Abort*) cabinets *m/pl.* (d'aisances); **2.** *cf.* **Abgang** 2., 4.

Abtrock|entuch ['apˌtrɔkənˌtuːx] F *n* torchon *m*; **2nen I** *v/t.* ⟨**-ete**, *sép.*, **-ge**, h⟩ *Geschirr, Hände etc.* essuyer; **sich die Hände ~** s'essuyer les mains; **II** *v/i.* ⟨**sein**⟩ sécher; **abgetrocknet** sec, sèche; **III ~nen** *n des Geschirrs etc.* essuyage *m*; *sonst verbal*; **s-r Frau beim ~ helfen** aider sa femme à essuyer la vaisselle.

Abtropf|brett ['aptrɔpfˌbrɛt] *n* égouttoir *m* (à vaisselle); **2en I** *v/i.* ⟨*sép.,* **-ge-, sein**⟩ *Wasser etc.* dégoutter; s'égoutter; *Wäsche, Obst etc.* **~ lassen** (laisser) égoutter; **II ~en** *n* égouttage *od.* égouttement *m*; **~geˌstell** *n für Flaschen* égouttoir *m* à bouteilles.

ab|trotten ['apˌtrɔtən] F *v/i.* ⟨**-ete**, *sép.*, **-ge-, sein**⟩ s'en aller son petit train; **~ˌtrotzen** *v/t.* ⟨**-(es)t**, *sép.*, **-ge-**, h⟩ **j-m etw. ~** arracher, extorquer qc. à qn.; obtenir qc. de qn. en tenant tête; **der See ein Stück Land ~** arracher un morceau de terre à la mer; **dem Schicksal etw. ~** arracher, extorquer qc. au sort; **~ˌtrudeln I** *v/i.* ⟨**-(e)le**, *sép.*, **-ge-, sein**⟩ *aviat.* tomber en vrille; **II 2ˌtrudeln** *n* ⟨**~s**⟩ *aviat.* chute *f* en vrille.

abtrünnig ['apˌtrʏnɪç] *adj.* **~ sein** *relig.* être un apostat, un renégat (*auch pol.*); **s-m Glauben, Vaterland ~ werden** renier sa foi, sa patrie; **2e(r)** *f(m)* ⟨→ A⟩ *relig.* apostat(e) *m(f)*; *pol. auch* renégat(e) *m(f)*; **2ˌkeit** *f* ⟨~⟩ *relig.* apostasie *f*; *dem Glauben etc. gegenüber* reniement *m*; *pol.* défection *f*.

ab|tun ['aptuːn] *v/t.* ⟨*irr., sép.,* **-ge-**, h⟩ **1.** F *Kleidungsstück* enlever; **2.** *Angelegenheit etc.* passer sur; **e-n Einwand mit ein paar Worten, kurz** *bzw.* **mit e-m Scherz ~** passer brièvement sur une objection *bzw.* passer sur une objection en plaisantant; **etw. verächtlich ~** faire fi de qc.; **die Sache kann man nicht (so) ohne weiteres ~** on ne peut pas régler l'affaire aussi facilement; **das ist für mich abgetan** c'est réglé pour moi; **~ˌtupfen** *v/t.* ⟨*sép.*, **-ge-**, h⟩ *Blut, Wunde etc.* tamponner; **sich den Schweiß, die Stirn ~** se tamponner le front; tamponner la sueur de son front; **~ˌurteilen** *v/t.* ⟨*sép.*, **-ge-**, h⟩ juger; (*verurteilen*) condamner; **abgeurteilt werden** être jugé; passer en jugement; **2ˌurteilung** *f* ⟨~; **~en**⟩ (mise *f* en) jugement *m*; (*Verurteilung*) condamnation *f* (**wegen** pour); **j-n dem Gericht zur ~ übergeben** conduire qn. devant le tribunal pour le juger, pour être jugé.

Abutilon [a'buːtiˑlɔn] *n* ⟨**~s**⟩ *bot.* abutilon [-ən] *m*.

ab|verlangen ['apfɛrˌlaŋən] *v/t.* ⟨*sép., pas de ge-,* h⟩ **j-m etw. ~** demander qc. à qn.; **j-m s-n Paß ~** demander son passeport à qn.; **sich das Äußerste** (**an Leistung**) **~** demander le plus possible à soi-même; **j-m e-e Entscheidung ~** obliger qn. à se décider; **~verˌmieten** *v/t.* ⟨**-ete**, *sép., pas de ge-,* h⟩ *Zimmer etc.* louer; donner en location; **~ˌwägen** *v/t.* ⟨*irr., sép.,* **-ge-**, h⟩ *Worte, Urteil, Vorzüge, Chancen etc.* peser; **das Für und Wider ~** peser le pour et le contre; **Vor- und Nachteile gegeneinander ~** peser les avantages et les désavantages; *Worte, Urteil* **wohl abgewogen** bien pesé; **2ˌwägung** *f* ⟨~; **~en**⟩ examen attentif; *besser verbal*; **~ˌwälzen** *v/t.* ⟨**-(es)t**, *sép.*, **-ge-**, h⟩ **1.** *cf.* **wegwälzen**; **2.** *fig. Verantwortung, Verdacht etc.* rejeter (**auf** sur); *Aufgaben, Pflichten etc.* **von sich ~** se décharger de; se débarrasser de; **e-n Fehler auf andere ~** rejeter, faire retomber une faute sur d'autres; **3.** *écon. Steuern* répercuter (**auf** sur); **2ˌwälzung** *f* ⟨~⟩ *der Verantwortung etc.* rejet *m*; *e-r Pflicht, Aufgabe etc. verbal*; *von Steuern* répercussion *f*.

abwand|elbar ['apˌvandəlˌbɑːr] *adj.* modifiable; *ling.* conjugable; **~eln** *v/t.* ⟨**-(e)le**, *sép.*, **-ge-**, h⟩ *Thema, Methode, Motiv etc.* modifier; changer; *ling. Verben* conjuguer; **2(e)ˌlung** *f* modification *f*; changement *m*; *ling.* conjugaison *f*; **~ern I** *v/t.* ⟨**-(e)re**, *sép.*, **-ge-**, h⟩ *Gegend* parcourir; **II** *v/i.* ⟨**sein**⟩ **die Landbevölkerung wandert in die Städte ab** la population rurale émigre vers les villes, quitte la campagne pour la ville; **Arbeitskräfte wandern in andere Berufe ab** de la main-d'œuvre émigre vers d'autres professions, métiers; **die Kunden sind zur Konkurrenz abgewandert** les clients sont passés à la concurrence; **die Devisen, das Kapital wanderte(n) ins Ausland ab** les devises, les capitaux partaient à, pour, fuyaient vers l'étranger; **das Tiefdruckgebiet wandert ostwärts ab** le centre de basse pression s'éloigne vers l'est; **2eˌrung** *f der Landbevölkerung, Arbeitskräfte* émigration *f* (vers); *des Kapitals etc.* fuite *f* (vers); *Meteorologie* éloignement *m*; *sonst verbal.*

Abwärme ['apˌvɛrmə] *f techn.* chaleur perdue, d'échappement; **~verˌwer-**

tung *f* récupération *f* de chaleur perdue, d'échappement.

abwarten ['ap,wartən] **I** *v/t.* ⟨-ete, *sép.*, -ge-, h⟩ *Gelegenheit, Ende etc.* attendre; den weiteren Verlauf der Dinge ~ attendre le cours des événements; das Gewitter ~ attendre la fin de l'orage; e-e Antwort ~ attendre une réponse; ~, bis ... attendre (jusqu'à ce) que ... (+ *subj.*); das bleibt abzuwarten c'est à voir; der Erfolg bleibt abzuwarten le succès reste à voir; warten wir (mal) ab! attendons, patientons un peu!; F mal ~, ob ... reste à voir si ...; F ~ und Tee trinken patience, on verra bien ce qui arrivera!; on verra bien!; ~d *adjt.* ~e Haltung expectative *f*; attitude expectante; *pol. auch* attentisme *m*; e-e ~e Haltung einnehmen, sich ~ verhalten rester dans l'expectative; conserver, garder une attitude expectante, *pol.* une attitude attentiste; aus s-r ~en Haltung heraustreten sortir de son expectative.

abwärts ['apvɛrts] *adv.* en descendant; en bas; vers le bas; (*strom*~) en aval (de); ~ laufen, fahren *etc.* descendre; *Weg etc.* ~ führen descendre; conduire en bas; vom Abteilungsleiter (an) ~ jusqu'au chef de rayon, de service; 2be,wegung *f* mouvement descendant, vers le bas; *der Preise, Kurse etc.* baisse *f*; bei der ~ à la descente; en descendant; 2ent,wicklung *f* régression *f*; ~,gehen *v/imp.* ⟨*irr.*, *sép.*, -ge-, sein⟩ *fig.* mit ihm geht es abwärts *geistig, gesundheitlich* il est sur son déclin; mit s-r Gesundheit geht es (schnell) abwärts sa santé baisse, décline (rapidement); mit s-n Geschäften geht es abwärts ses affaires vont mal, vont de mal en pis, périclitent; 2,hub *m des Kolbens* course descendante.

Abwasch ['apvaʃ] *m* ⟨~s⟩ vaisselle *f*; den ~ machen faire, laver la vaisselle; den ~ lassen wir bis morgen stehen on fera, lavera la vaisselle demain; 2,bar *adj. Tischtuch etc.* lavable; ~,bürste *f* lavette *f*; 2en **I** *v/t.* ⟨*irr.*, *sép.*, -ge-, h⟩ laver (*auch fig.*); *Geschirr auch* faire; *abs.* faire, laver la vaisselle; *im Restaurant* faire la plonge; den Schmutz von etw. ~ enlever la saleté de qc.; der Regen hat die Farbe abgewaschen la pluie a lavé la peinture; (gleich) nach dem Essen waschen wir ab après le déjeuner, dîner nous ferons, laverons la vaisselle; **II** ~en *n* lavage *m*; *von Schmutz etc. verbal*; *fig. u.* F das ist ein ~ cela fera d'une pierre deux coups; ~,lappen *m* lavette *f*; ~,schüssel *f* bassine *f* à vaisselle; ~,wasser *n* eau *f* de vaisselle (*auch fig.*).

Abwasser ['ap,vasər] *n* ⟨~s; -wässer⟩ eaux usées, résiduaires; *aus Haushaltungen auch* eaux ménagères; *aus Senkgruben auch* eaux-vannes *f/pl.*; städtische Abwässer *auch* effluent urbain; radioaktive Abwässer eaux usées radioactives; effluents radioactifs; ~,kläranlage *f* installation *f* pour l'épuration des eaux usées; ~,leitung *f* canalisation *f* (des eaux usées); ~,reinigung *f* épuration *f* des eaux usées; ~ver,wertung *f* utilisation *f* des eaux usées.

abwechs|eln ['ap,vɛksəln] **I** *v/i.* (*u. v/réfl.*) ⟨-(e)le, *sép.*, -ge-, h⟩ *Glück u. Unglück, Scherz u. Ernst etc.* alterner (mit avec); *im Dienst, am Steuerrad etc.* miteinander, sich ~ se relayer; **II** 2eln *n* alternance *f*; *am Arbeitsplatz etc.* relève *f*; ~elnd **1.** *adjt.* alternatif, -ive; alternant; **2.** *advt.* alternativement; tour à tour; à tour de rôle; en alternance (avec); ~ rot und blaß werden rougir et pâlir alternativement, tour à tour; 2(e,)lung *f* ⟨~; ~en⟩ **1.** *regelmäßige* alternance *f*; **2.** *bei der Arbeit etc.* diversion *f*; changement *m*; *bei der Ernährung, in e-r Darstellung etc.* variété *f*; diversité *f*; zur ~, der ~ wegen pour changer; pour varier; e-e hübsche, willkommene ~ une diversion agréable, bienvenue; un changement agréable, bienvenu; die ~ lieben aimer le changement; ~ brauchen avoir besoin de diversion, de changement; ~ suchen chercher de la diversion; ~ schaffen créer de la diversion, de la diversité, de la variété; ~ in das tägliche Einerlei bringen apporter de la diversion dans le train-train quotidien; ~ in s-e Ernährung bringen apporter de la diversité, de la variété dans sa nourriture; ~lungs,halber *adv.* pour changer; pour varier; ~lungs,los *adj.* monotone; sans diversion, changement; ~lungs,reich **1.** *adj. Programm, Menü etc.* varié; *Leben auch* mouvementé; **2.** *adv.* ~ gestalten diversifier; varier; *Freizeit etc.* organiser de façon variée.

Abweg ['apve:k] *m fig.* égarement *m*; écart *m*; auf ~e geraten s'écarter du droit chemin; quitter le droit chemin; se dévoyer; mal tourner; se débaucher; auf ~e bringen détourner du droit chemin; dévoyer; débaucher; *gedanklich* auf e-n ~ führen faire faire fausse route; fourvoyer; mettre dans l'erreur; 2ig *adj. Gedanke, Schlußfolgerung* erroné; ~ sein *auch* porter à faux; ~e Ansicht opinion erronée, qui porte à faux; diese Überlegung ist ~ ce raisonnement porte à faux; ~ig,keit *f* ⟨~⟩ caractère erroné; *od. verbal.*

Abwehr ['apve:r] *f* ⟨~⟩ défense *f* (*auch Sport, physiol., milit.*); *e-s Angriffs* repoussement *m*; (*Spionage*2) contre-espionnage *m*; instinktive ~ refus instinctif; dénégation instinctive; e-e Gebärde der ~ un geste de refus; zur ~ gerüstet sein être armé pour se défendre, pour sa défense; sich auf die ~ beschränken se borner à se défendre; sich zur ~ bereit halten se tenir prêt à se défendre; être sur la défensive; *Sport* sich auf die ~ verlegen se concentrer à la défense; 2be,reit *adj.* prêt à se défendre; en état de défense; ~be,reitschaft *f* état *m* de défense; ~,dienst *m* service *m* de contre-espionnage; 2en *v/t.* ⟨*sép.*, -ge-, h⟩ **1.** *Angriff, Feind* repousser (*auch Sport*); *Angriff auch* enrayer; *Stoß, Schlag* parer; *fig. drohende Gefahr, Unglück etc.* détourner; écarter; éloigner; **2.** *Fliegen etc.* chasser; *Fliegen von Tieren auch* émoucher (un cheval, *etc.*); *lästige Besucher etc.* renvoyer; *Zugluft, neugierige Blicke* empêcher; **3.** *Dank, Einwand etc.* refuser; 2end *adjt.* défensif, -ive; ~e Geste geste *m* de refus; e-e ~e Haltung einnehmen prendre, adopter une attitude défensive; ~fer,mente *n/pl. Biochemie etwa* ferments *m/pl.* protéolytiques; ~,feuer *n milit.* tir *m* de barrage; ~,front *f milit.* front défensif; ~ge,schütz *n milit. gegen Flugzeuge* canon antiaérien; *gegen Panzer* canon *m* antichar; ~,kampf *m milit.* combat défensif; ~ka,none *f cf.* ~geschütz; ~,kraft *f*, ~,kräfte *f/pl. des Organismus* pouvoir défensif; capacité défensive; ~,maßnahmen *f/pl.* mesures de défense, défensives; ~,mittel *n* moyen *m* de défense; ~reakti,on *f des Organismus* réaction *f* de défense; ~,schlacht *f milit.* bataille défensive; ~,spieler *m Sport* joueur *m* de la défense; ~,stellung *f* position *f* de défense; ~,stoffe *m/pl. des Organismus* anticorps *m/pl.*

abweich|en[1] ['ap,vaɪçən] **I** *v/t.* ⟨*sép.*, -ge-, h⟩ *Briefmarke etc.* détacher, décoller (un timbre-poste, *etc.* en le détrempant, en l'humectant, en l'humidifiant); **II** *v/i.* ⟨sein⟩ se détacher, se décoller (par humidité, humidification); ~en[2] *v/i.* ⟨*irr.*, *sép.*, -ge-, sein⟩ **1.** *vom Weg, Kurs etc.* s'écarter, s'éloigner, dévier (von de); *phys. Magnetnadel, Strahlen* dévier; *astr.* décliner; *Geschoß* dériver; *fig. von der Norm, Gewohnheit, von e-m Thema, Standpunkt, vom rechten Weg etc.* s'écarter, s'éloigner (de); *st. s. von e-m Gesetz, e-m Brauch auch* déroger (à qc.); von der Regel ~ *auch* être anomal, irrégulier, -ière, hétéroclite; **2.** *in der Darstellung, im Wortlaut, in der Größe, im Ergebnis etc.* (voneinander) ~ différer, diverger (l'un de l'autre) (in dans); ~end *adjt.* différent; divergent; e-e ~e Darstellung un récit différent, divergent; von der Norm, Regel ~ s'écartant, s'éloignant, différent, divergent de la norme, de la règle; anomal; irrégulier, -ière; 2ung *f* ⟨~; ~en⟩ **1.** *vom Kurs etc.* écart *m*; éloignement *m*; déviation *f*; *phys. e-r Magnetnadel, von Strahlen* déviation *f*; *astr.* déclinaison *f*; *opt.* aberration *f*; *e-s Geschosses* dérivation *f*; *fig. von der Regel etc.* éloignement *m*; écart *m*; *von e-m Gesetz, e-m Brauch auch* dérogation *f* (à); *jur.* in ~ von der früheren Bestimmung par dérogation au règlement précédent; ~en vom üblichen Sprachgebrauch écarts, éloignements, exceptions de l'emploi usuel de la langue; **2.** *in der Auffassung, im Ergebnis etc.* différence *f*; divergence *f*; 2ungs,recht *n jur.* droit *m* de dérogation.

abweiden ['ap,vaɪdən] *v/t.* ⟨-ete, *sép.*, -ge-, h⟩ *Gras* paître; brouter; pâturer; die Wiese ~ paître, brouter, pâturer l'herbe du pré.

abweis|en ['ap,vaɪzən] *v/t.* ⟨*irr.*, *sép.*, -ge-, h⟩ **1.** *Personen* renvoyer (*auch jur.*); *höflich* éconduire (*auch Liebhaber*); j-n schroff, rundweg ~ renvoyer qn. avec rudesse, carrément; *jur.* j-n mit s-r Klage ~ débouter qn. de sa plainte; **2.** *Bitte, Gesuch, Vorschlag etc.* rejeter; refuser (*auch Geschenk*); **3.** *Angriff, Feind* repousser; ~end **1.** *adjt. Miene, Gebärde, Haltung* de refus; *Antwort* négatif, -ive; in ~em Ton sur un ton de refus; **2.** *advt.* sich ~ verhalten prendre, adopter une attitude de refus; 2er *m* ⟨~s; ~⟩ (*Prellstein*) butoir *m*; 2ung *f von Personen* renvoi *m*; *e-s Antrags, e-r Bitte, Klage etc.* rejet *m*; refus *m*; *jur. auch* déboutement *m*; débouté *m*; *e-s Angriffs* repoussement *m*; 2ungsbe,schluß *m jur.* décision *f* de rejet.

abwend|bar ['apvɛnt,ba:r] *adj. Gefahr etc.* qu'on peut détourner, conjurer; qui peut être détourné, conjuré; ~en **I** *v/t.* ⟨*irr.*, *sép.*, -ge-, h⟩ **1.** *Gesicht, Blick etc.* détourner (von de); **2.** *Schlag etc.* détourner; *fig. Gefahr, Katastrophe etc.* détourner; conjurer;

prévenir; **II** *v/réfl.* **sich ~** se détourner, se détacher (de qn., de qc.); abandonner (qn., qc.); **sich innerlich von j-m ~** se détourner, se détacher moralement de qn.; **das Glück wandte sich von ihm ab** la chance se détourna de lui, l'abandonna; **𝔖ung** *f e-r Gefahr etc.* détournement *m*; *(Abkehr)* détachement *m*; abandon *m*.

abwerb|en ['ap,vɛrbən] *v/t.* ⟨*irr., sép.,* **-ge-**, h⟩ *Kunden* détourner; *Arbeitskräfte* recruter en détournant de son emploi; débaucher; *péj.* racoler; **𝔖ung** *f* détournement *m*; recrutement déloyal; débauchage *m*; *péj.* racolage *m*.

abwerf|bar ['apvɛrf,ba:r] *adj. aviat.* largable; **~en I** *v/t.* ⟨*irr., sép.,* **-ge-**, h⟩ **1.** *Baum s-e Blätter* perdre; *st. s.* se dépouiller de; *Hirsch sein Geweih* perdre (ses bois); jeter (sa tête); *Bomben, Flugblätter, Ballast etc.* jeter; lancer; *aviat. auch* larguer; *mit dem Fallschirm* parachuter; *Reiter* désarçonner; *fig. Joch etc.* s'affranchir de; secouer; *Maske* jeter; lever; **2.** *Spielkarte* se défausser, se débarrasser de; **er hat Pik abgeworfen** il s'est défaussé à pique; il s'est débarrassé de son pique; **er hat Karo-As abgeworfen** il s'est défaussé de l'as de carreau; **3.** *Ballspiel Spieler* toucher; *Latte beim Hochsprung* faire tomber; **4.** *Gewinn* rapporter; donner; *Zinsen auch* porter; **II 𝔖en** *n von Bomben etc.* lancement *m*; *aviat. auch* largage *m*; *mit dem Fallschirm auch* parachutage *m*; *e-s Reiters* désarçonnement *m*; *fig. des Jochs etc.* affranchissement *m*; secouement *od.* secouage *m*; *sonst verbal.*

abwert|en ['ap,ve:rtən] *v/t.* ⟨-ete, *sép.,* **-ge-**, h⟩ dévaloriser; déprécier (*auch fig.*); *écon. pol.* dévaluer; **𝔖ung** *f* dévalorisation *f*; dépréciation *f* (*auch fig.*); *der Währung, als offizielle Maßnahme* dévaluation *f*; **𝔖ungsge,winn** *m* bénéfice *m* résultant de la dévaluation; **𝔖ungs,klausel** *f* clause *f* de dévaluation; **𝔖ungspoli,tik** *f* politique *f* dévaluationniste, de dévaluation; **𝔖ungs,satz** *m* taux *m* de dévaluation.

abwesen|d ['ap,ve:zənt] **1.** *adj.* absent; *jur. auch* défaillant; non-comparant; **~ sein** être absent; ne pas être là, présent; **er war längere Zeit ~** il est resté longtemps parti, absent; **(geistig) ~ sein** être absent; F être dans la lune; **2.** *adv.* **~ vor sich hinblicken** regarder devant soi d'un air absent, distrait; **𝔖de(r)** *f(m)* ⟨→ A⟩ absent(e) *m(f)*; *jur. auch* non-comparant(e) *m(f)*; **𝔖,heit** *f* ⟨~⟩ absence *f* (*auch fig.*); *jur. auch* contumace *f*; **in ~ von** en l'absence de; **j-n in ~ verurteilen** juger, condamner qn. par défaut, par contumace; **j-s ~ feststellen** constater l'absence de qn.; *jur. auch* déclarer qn. contumax; *iron.* **durch ~ glänzen** briller par son absence; **𝔖heitsbe,weis** *m* preuve *f* d'absence; **𝔖heitser,klärung** *f* déclaration *f* d'absence; **𝔖heits,pfleger** *m jur.* curateur *m* de l'absent; **𝔖heits-,pflegschaft** *f jur.* curatelle *f* d'absence; **𝔖heitspro,test** *m jur.* protêt dressé en cas d'absence du débiteur; **𝔖heits,urteil** *n* jugement *m* par contumace; **𝔖heitsver,fahren** *n jur.* procédure *f* par contumace; **im ~ verurteilen** condamner par défaut, par contumace; **𝔖heitsver,mutung** *f* présomption *f* d'absence.

abwetzen ['ap,vɛtsən] *v/t.* ⟨-(es)t, *sép.,* **-ge-**, h⟩ *Kleidung etc.* user (par le frottement).

abwick|elbar ['ap,vɪkəl,ba:r] *adj. math. Fläche* développable; **~eln I** *v/t.* ⟨-(e)le, *sép.,* **-ge-**, h⟩ dérouler; *Garn* dévider; *von e-r Spule auch* débobiner; *math.* développer; *comm.* liquider; *fig. Programm, Verfahren etc.* remplir; exécuter; réaliser; **e-e Angelegenheit ~** mener une affaire à bonne fin; liquider une affaire; **II** *v/réfl.* **sich ~** *Verhandlungen, Ereignisse* se dérouler; *Verkehr* s'écouler; *Geschäfte* aller, se liquider, marcher (bien); **sich reibungslos ~** se dérouler, s'écouler sans friction; F aller, marcher (comme) sur des roulettes; **III 𝔖eln** *n* déroulement *m*; *von Garn* dévidage *m*; *von e-r Spule auch* débobinage *m*; *math.* développement *m*; *cf. auch* **𝔖lung**; **𝔖ler** *m* ⟨~s; ~⟩ *jur.* liquidateur *m*; **𝔖lung** *f e-s Programms etc.* déroulement *m*; *des Verkehrs* écoulement *m*; *comm.* liquidation *f*; **𝔖lungs,konto** *n* compte *m* de liquidation; **𝔖lungs,stelle** *f* bureau, organe liquidateur; service *m* de liquidation; **𝔖lungsver,fahren** *n* procédure *f* de liquidation; **𝔖lungs,zeitraum** *m* période *f* de liquidation.

ab|wiegen ['ap,vi:gən] **I** *v/t.* ⟨*irr., sép.,* **-ge-**, h⟩ peser; *mit der Hand* soupeser; **II 𝔖,wiegen** *n* pesage *m*; pesée *f*; *mit der Hand* soupèsement *m*; *besser verbal*; **~,wimmeln** *v/t.* ⟨-(e)le, *sép.,* **-ge-**, h⟩ F *Besucher, Gläubiger etc.* renvoyer; F envoyer promener; *Arbeit, Auftrag* rejeter; repousser.

Abwind ['apvɪnt] *m aviat.* courant rabattant.

ab|winken ['ap,vɪŋkən] **I** *v/i.* ⟨*sép.,* **-ge-**, h⟩ **1.** faire signe que non; refuser d'un signe de main; **2.** *im Straßenverkehr* **nach links ~** faire signe de tourner à gauche; **II 𝔖,winken** *n* refus *m* par un geste; signe négatif (de la main); *sonst verbal*; **~,wirtschaften** *v/i.* ⟨-ete, *sép.,* **-ge-**, h⟩ F *Firma, Regime, Partei etc.* **abgewirtschaftet haben** être près de sa fin; être sur son déclin; **~,wischen I** *v/t.* ⟨*sép.,* **-ge-**, h⟩ **1.** *Schweiß, Blut, Staub etc.* essuyer; *Staub auch, Kreide etc.* enlever; **den Staub von den Möbeln ~** essuyer la poussière des meubles; épousseter les meubles; **2.** *Tisch, Scheibe, Tafel etc.* essuyer; nettoyer; *mit e-m Schwamm auch* éponger; **sich den Mund, die Hand ~** s'essuyer la bouche, la main; **II 𝔖,wischen** *n e-s Tisches, des Staubes* essuyage *m*; *sonst verbal*; **das ~ des Staubes** *auch* l'époussetage *m*; **~,wohnen** *v/t.* ⟨*sép.,* **-ge-**, h⟩ *Baukostenzuschuß etc.* profiter de l'argent placé dans un logement; *Möbel etc.* **abgewohnt** vieux, vieil(le); qui a fait de l'usage; **~-,wracken I** *v/t.* ⟨*sép.,* **-ge-**, h⟩ *Schiff, Fahrzeug* démolir; démonter; *Person* F **abgewrackt** décrépi; **II 𝔖-,wracken** *n* ⟨~s⟩ démolition *f*; démontage *m*.

Abwurf ['apvʊrf] *m* **1.** *cf.* **Abwerfen**; **2.** *Handball* dégagement *m* du gardien de but (à la main); **3.** *ch.* bois perdus; **~be,hälter** *m aviat.* réservoir *m* largable; **~,linie** *f Speerwerfen etc.* ligne *f* de lancement; **~,stelle** *f* lieu *m*, point *m* de largage, de parachutage, où l'on a jeté qc.; **~,vorrichtung** *f aviat.* mécanisme *m*, dispositif *m* de largage.

abwürg|en ['ap,vʏrgən] **I** *v/t.* ⟨*sép.,* **-ge-**, h⟩ *Lebewesen* étrangler; *Kehle* serrer; *fig. Diskussion, Kritik etc.* étouffer; *fig. u.* F *Motor* caler; **er hat den Motor abgewürgt** il a calé (le moteur); le moteur a calé; **II 𝔖en** *n*, **𝔖ung** *f* ⟨~⟩ *e-s Lebewesens* étranglement *m*; *fig.* étouffement *m*; F *des Motors* calage *m*.

abzahl|bar ['aptsa:l,ba:r] *adj.* payable à tempérament, par versements échelonnés, par traites, par acomptes; **~en I** *v/t.* ⟨*sép.,* **-ge-**, h⟩ *Möbel, Fernsehapparat etc.* payer à tempérament, par versements échelonnés, par traites, par acomptes; *Schulden auch* rembourser à tempérament, *etc.*; amortir; **etw. monatlich ~** payer, rembourser qc. par mensualités; **monatlich hundert Mark ~** payer des mensualités de cent marks; **damit ist alles abgezahlt** avec cela tout est payé, amorti; **II 𝔖en** *n cf.* **Abzahlung**.

abzähl|en ['ap,tsɛ:lən] **I** *v/t.* ⟨*sép.,* **-ge-**, h⟩ **1.** *Geld* compter; **das Fahrgeld ist abgezählt bereitzuhalten** on est prié de préparer sa monnaie; *gym.* **zu vieren ~!** comptez-vous, dénombrez-vous par quatre!; **2.** *an den Knöpfen, Fingern etc.* compter (sur qc.); *durch e-n Abzählvers* désigner qn. par une comptine; F **das kannst du dir an den (fünf) Fingern ~** cela saute aux yeux; c'est évident; **II 𝔖en** *n des Geldes* compte *m*; *sonst verbal*; **𝔖-,reim** *m cf.* **Abzählvers**.

Abzahlung ['ap,tsa:lʊŋ] *f* paiement *m* à tempérament, par acomptes, par traites; *von Schulden auch* amortissement *m*; remboursement *m* par versements échelonnés; **monatliche ~** paiement par mensualités; **jährliche ~** paiement par annuités; **etw. auf ~ kaufen** acheter qc. à tempérament, par acomptes, par versements échelonnés; **~sge,schäft** *n* vente *f* à tempérament, par acomptes; **~s,kauf** *m* achat *m* à tempérament, par acomptes; **~sver,trag** *m* contrat *m* de paiement à tempérament, par acomptes, par versements échelonnés; **~s,wesen** *n* système *m* de paiement à tempérament, par acomptes, par versements échelonnés.

Abzählvers ['aptsɛ:l,fɛrs] *m beim Kinderspiel* comptine *f*.

ab|zapfen ['ap,tsapfən] **I** *v/t.* ⟨*sép.,* **-ge-**, h⟩ *Wein, Bier etc.* tirer, soutirer (aus dem Faß du tonneau); **Harz von e-m Baum ~** extraire de la résine d'un arbre; résiner un arbre; F **j-m Blut ~** retirer du sang à qn.; saigner qn.; *fig. u.* F **j-m Geld ~** soutirer, F carotter de l'argent à qn.; **II 𝔖,zapfen** *n* ⟨~s⟩ *von Wein, Bier etc.* tirage *m*; soutirage *m*; *von Harz* extraction *f*; *sonst verbal*; **das ~ von Blut** la saignée; **~,zappeln** *v/réfl.* ⟨-(e)le, *sép.,* **-ge-**, h⟩ F **sich ~** *fig.* se démener; s'affairer sans répit; **~,zäumen I** *v/t.* ⟨*sép.,* **-ge-**, h⟩ *Pferd etc.* débrider; **II 𝔖,zäumen** *n* ⟨~s⟩ débridement *m*; **~,zäunen** *v/t.* ⟨*sép.,* **-ge-**, h⟩ *Feld, Stück Garten etc.* clôturer; clore; **𝔖,zäunung** *f* ⟨~; ~en⟩ *als Handlung verbal*; *(Zaun)* clôture *f*; enclos *m*; **~,zehren I** *v/t.* ⟨*sép.,* **-ge-**, h⟩ *Krankheit, Kummer etc.* amaigrir; décharner; consumer; miner; **II** *v/i. u. v/réfl.* se décharner; s'émacier; maigrir; **sich vor Sehnsucht ~** se consumer d'ennui.

Abzeich|en ['ap,tsaɪçən] *n* **1.** *e-r Partei, e-s Vereins, milit.* insigne *m*; **sich ein ~ anstecken** s'accrocher, s'attacher, (s')épingler, mettre un insigne; **2.** *(Merkmal)* signe distinctif; marque distinctive; **3.** *bei Haustieren* tache blanche; **𝔖nen I** *v/t.* ⟨-ete, *sép.,*

-ge-, h⟩ **1.** *Gegenstand* dessiner (d'après nature, d'après un modèle); *Bild* copier; **2.** *Schriftstück* émarger; parapher *od.* parafer; **II** *v/réfl.* sich ~ *in Umrissen unter e-r Oberfläche* se dessiner; *gegen e-n Hintergrund* se dessiner, se profiler, se découper, se détacher, trancher (sur); contraster (avec); *fig. Entwicklung, Krisen etc.* se dessiner; s'ébaucher; se profiler; s'annoncer; **III** ~**nen** *n* **1.** copie *f*; *od. verbal*; **2.** *e-s Schriftstücks* émargement *m*; apposition *f* du paraphe *od.* parafe.

Abzieh|apparat ['aptsiːʔapaˌraːt] *m impr.* appareil *m* à tirer des épreuves; (*Vervielfältiger*) duplicateur *m*; appareil *m* à polycopier; ~ˌ**bild** *n* décalque *m*; ~ˌ**bildverˌfahren** *n* décalcomanie *f*; 2**en I** *v/t.* ⟨*irr., sép.*, -ge-, h⟩ **1.** *Bettbezüge, Obstschalen, Fingerring, Mütze etc.* retirer; **den Früchten die Haut** ~ retirer, enlever la peau des fruits; **die Betten** ~ retirer, enlever les draps, le linge des lits; **Bohnen** ~ retirer, enlever les fils des 'haricots; **e-m Tier das Fell** ~, **e-n Hasen** ~ dépouiller, dépiauter un animal, un lièvre; **2.** *Schlüssel, Truppen etc. aus e-m Gebiet, Geld aus e-m Land etc.* retirer; *fig. u. st. s. Gedanken, Aufmerksamkeit etc.* détourner; **s-e Hand von j-m** ~ retirer son appui, son aide, son secours à qn.; **3.** *Wein etc.* (sou)tirer; **den Wein auf Flaschen** ~ mettre le vin en bouteilles; **4.** *Gewehr etc.* appuyer, presser sur la détente, sur la gâchette (de); **5.** *Rasiermesser* repasser; affiler; *Parkett, Bretter* poncer; nettoyer par ponçage; **6.** *impr., phot. etc.* tirer (une épreuve, une copie, une gravure, *etc.*) (de); *Abziehbild* décalquer; **7.** *cuis. Suppe etc.* **mit e-m Ei** ~ délayer un œuf dans; **8.** *Unkosten, Spesen etc. von e-m Betrag* déduire, retirer, décompter, défalquer (de); *vom Preis auch* rabattre (sur); *vom Gehalt auch* retenir (sur); précompter (de); *math.* soustraire; ôter; retirer; enlever; **sieben von zwölf** ~ soustraire, *etc.* sept de douze; **II** *v/i.* ⟨sein⟩ **9.** *Truppen etc.* se retirer; *Wache* descendre; *Rauch etc.* s'échapper; sortir; *Gewitter etc.* s'éloigner; F *von Personen* s'en aller; partir; F débarrasser le plancher; **mit leeren Händen, enttäuscht** ~ s'en aller, partir les mains vides, désappointé; **unverrichteterdinge wieder** ~ s'en retourner, s'en aller comme on était venu; partir bredouille; **III** ~**en** *n* ⟨~s⟩ **10.** *der Betten etc. verbal*; **das** ~ **des Felles** le dépouillement; l'écorchement *m*; **11.** *des Schlüssels verbal*; *von Geld, Truppen etc. aus e-m Land* retrait *m*; *cf. auch* **Abzug 4.**; **12.** *von Wein etc.* (sou)tirage *m*; ~ **auf Flaschen** mise *f* en bouteilles; **13.** *e-s Rasiermessers* repassage *m*; affilage *m*; *e-s Parketts* ponçage *m*; **14.** *impr., phot.* tirage *m*; *von Abziehbildern* décalquage *m*; **15.** *cuis. mit e-m Ei* délayage *m* (d'un œuf dans); **16.** *math.* soustraction *f*; *von Beträgen cf.* **Abzug 5.**; **17.** *von Rauch, der Wache etc. cf.* **Abzug 4.**; ~ˌ**feile** *f techn.* lime douce; ~**hülse** *f* douille *f* amovible; ~**paˌpier** *n impr.* papier *m* à épreuves; *beim Hektographieren* papier *m* à copies, pour machines à polycopier; ~ˌ**presse** *f impr.* presse *f* à épreuves; ~ˌ**riemen** *m für Rasiermesser* cuir *m* à rasoir; ~ˌ**stein** *m* pierre *f* à aiguiser.

ab|zielen ['apˌtsiːlən] *v/t. u. v/i.* ⟨*sép.*, -ge-, h⟩ *Bemerkung, Rede, Maßnahme etc.* viser (**auf** qn., qc., à faire qc.); tendre (à qc., à faire qc.); avoir (qn., qc.) en vue; avoir pour but (de faire qc.); **das ist auf mich abgezielt** on me vise; c'est à moi qu'on en veut; ~ˌ**zirkeln** *v/t.* ⟨-(e)le, *sép.*, -ge-, h⟩ tracer, mesurer au compas, avec exactitude, exactement, minutieusement; *fig. Worte* peser; mesurer; *cf. auch* **abgezirkelt**; ~ˌ**zittern** *v/i.* ⟨-(e)re, *sép.*, -ge-, sein⟩ F *cf.* **abhauen II**; ~ˌ**zotteln** F *v/i.* ⟨-(e)le, *sép.*, -ge-, sein⟩ s'en aller, partir sans se presser.

Abzug ['aptsuːk] *m* **1.** *phot., impr.* épreuve *f*; *e-r Vervielfältigungsmaschine* copie *f*; *phot.* **Abzüge machen lassen** faire tirer des épreuves; *impr.* **e-n** ~ **herstellen, machen** tirer une épreuve; **2.** *e-s Gewehrs, e-r Pistole* détente *f*; gâchette *f*; **den Finger am** ~ **haben** avoir le doigt sur la détente; **3.** *für Rauch, Gas etc.* sortie *f*; *für Gase auch* évent *m*; **4.** *der Truppen etc.* départ *m*; *der Wache* descente *f*; *von Wasser-, Menschenmassen* écoulement *m*; *von Rauch etc.* échappement *m*; *e-s Gewitters etc.* éloignement *m*; *hist. milit.* **freien** ~ **gewähren** accorder (de se retirer avec) les honneurs de la guerre; **5.** *comm. von Beträgen, Unkosten, Spesen etc.* déduction *f*; défalcation *f*; décompte *m*; *vom Gehalt, Lohn auch* retenue *f* (sur); *vom Preis auch* rabais *m* (sur); **ohne Abzüge** sans déductions; **nach** ~ **der Unkosten** déduction faite des frais; après déduction des frais; tous frais déduits; **unter** ~ **von...** déduction faite de...; moins...; **in** ~ **bringen** déduire; *cf. auch* **abziehen 8.**; **in** ~ **kommen** être à déduire; **die monatlichen Abzüge vom Gehalt** les décomptes mensuels, les retenues mensuelles sur le salaire.

abzüglich ['apˌtsyːklɪç] *prép.* ⟨*gén.*⟩ *comm.* déduction faite de; moins.

Abzugs|bogen ['aptsuːksˌboːgən] *m impr.* épreuve *f*; ~ˌ**bügel** *m e-r Schußwaffe* pontet *m* (de fusil); 2ˌ**fähig** *adj. Beträge* qui peut être déduit; déductible; ~ˌ**feder** *f e-r Schußwaffe* ressort *m* de détente; 2ˌ**frei** *adj. Gehalt etc.* exempt de déductions, de défalcations, de retenues; ~ˌ**graben** *m* fossé *m* de décharge, d'écoulement; **Abzugsgräben ziehen** creuser des fossés de décharge, d'écoulement; ~ˌ**hebel** *m e-r Schußwaffe* levier *m* de détente; ~**kaˌnal** *m* canal *m* de décharge, d'écoulement; *für Rauch, Gas etc.* carneau *m*; ~ˌ**loch** *n*, ~ˌ**öffnung** *f für Rauch etc.* orifice *m* d'échappement, *für Wasser etc.* d'écoulement; ~ˌ**rinne** *f* rigole *f*; caniveau *m*; ~ˌ**rohr** *n für Rauch etc.* tuyau *m* d'évacuation, *für Wasser etc.* de décharge, d'écoulement; ~ˌ**stollen** *m e-r Schußwaffe* gâchette *f*; ~**venˌtil** *n für Gase* soupape *f* d'échappement, *für Wasser* d'écoulement; ~ˌ**vorrichtung** *f e-r Schußwaffe* mécanisme *m* de détente.

ab|zupfen ['apˌtsʊpfən] *v/t.* ⟨*sép.*, -ge-, h⟩ *Blütenblätter etc.* arracher, enlever du bout des doigts; ~ˌ**zwakken** *v/t. u. v/réfl.* ⟨*sép.*, -ge-, h⟩ *fig. u.* F *Zeit, Geld, Essen etc.* rogner (qc. à qn., von sur); **sich e-e Viertelstunde von der Freizeit** ~ rogner un quart d'heure sur son temps libre; **sich ein paar Groschen** ~ épargner quelques sous en se privant.

Abzweig ['aptsvaɪk] *m cf.* ~**ung**; ~ˌ**dose** *f élect.* boîte *f* de dérivation; distributeur *m*; 2**en I** *v/t.* ⟨*sép.*, -ge-, h⟩ **1.** *élect.* dériver; **2.** *fig. u.* F *Geld etc.* prélever (von sur); **II** *v/i.* ⟨sein⟩ *Straße, Bahnlinie etc.* bifurquer; s'embrancher; **hier zweigt unser Weg nach rechts ab** ici notre chemin bifurque à droite; ~ˌ**bahnhof** *m chem.* gare *f* d'embranchement, de bifurcation, de raccordement; ~ˌ**klemme** *f élect.* borne *f* de dérivation; ~ˌ**leitung** *f élect.* ligne *f* de dérivation; ~ˌ**rohr** *n* tuyau *m* d'embranchement; ~ˌ**stelle** *f* (endroit *m*, point *m* de) bifurcation *f*; (endroit *m*, point *m* d')embranchement *m*; *élect.* point *m* de dérivation; ~**ung** *f* ⟨~; ~en⟩ *e-r Straße, Bahnlinie* bifurcation *f*; embranchement *m*; *élect.* dérivation *f*; ~**ungsˌpunkt** *m cf.* ~**stelle**.

ab|zwicken ['apˌtsvɪkən] *v/t.* ⟨*sép.*, -ge-, h⟩ couper (à la pince, *etc.*); ~ˌ**zwingen** *v/t.* ⟨*irr., sép.*, -ge-, h⟩ *Zugeständnis, Lächeln etc.* arracher (qc. à qn.); ~ˌ**zwitschern** F *v/i.* ⟨-(e)re, *sép.*, -ge-, sein⟩ *cf.* **abhauen II**.

a cappella [a ka'pɛla] *adv. mus.* a cappella; **A-ca'ppella-ˌChor** *m* ⟨-Chor(e)s; -Chöre⟩ chœur *m* a cappella.

Acetat *etc. cf.* **Azetat** *etc.*

ach [ax] **I** *int.* **a)** *Schmerz, Klage* ah!; hélas!; ~, **er ist tot!** hélas! il est mort; ~ **Gott!** ah! mon Dieu!; ~ **und weh schreien** pousser des oh! et des ah!; pousser, jeter les 'hauts cris; **b)** *Sehnsucht* ~, **wenn es doch...** ah! si c'était...; ~ **ja** (,**das ist vorbei**)! eh! oui! (c'est fini, passé); **c)** *Bedauern, Mitleid* ~, **du armes Kind!** ah! mon, ma pauvre enfant!; ~ **ja!** eh oui!; **d)** *Staunen* ~, **ist das schön!** ah! que c'est beau!; ~, **wirklich?** ah! vraiment?; *erfreut od. erleichtert* ~, **da sind Sie ja!** 'ha! vous êtes là!; *iron.* ~, **da bist du ja!** ah! te voilà!; **e)** *Betroffenheit* F ~, **du lieber Gott!** ah! mon Dieu!; ~, **du Schreck!** ah! zut!; horreur!; **f)** *spöttisch* **der** ~ **so liebe Besuch** notre *bzw.* nos cher(s) visiteur(s); **g)** *Einfall* ~, **was ich noch sagen wollte** ah! je voulais encore vous dire (que...); **h)** *anzweifelnd* ~ **nein?!**, ~ **ja?** ah! non?, oui?; **i)** *ablehnend* ~ **was!**, ~ **wo!** allons donc!; mais non!; pensez-vous!; bah!; **j)** *verstehend* ~ **so!** ah! bon!; ah! ah!; ~ **ja!** ah! (mais) oui!; **k)** *Entschluß* ~ **was — morgen fahre ich!** et puis zut alors! je pars demain; **l)** *verächtlich* ah!; **II** 2 *n* ⟨~s; ~⟩ **ein banges** ~ un ah! d'anxiété, plein d'inquiétude; **das ewige** ~ **und Weh** ces plaintes éternelles; *fig. u.* F **mit** ~ **und Krach** avec bien du mal; avec bien de la peine; péniblement.

Achat [a'xaːt] *m* ⟨~(e)s; ~e⟩ *minéral.* agate *f*; ~ˌ**schnecke** *f zo.* achatina [aka-] *m*; *pl.* ~**n** achatinidés [aka-] *m/pl.*

Acheuléen [aʃø·le·'ɛ̃ː] *n* ⟨~⟩ *géol.* acheuléen [aʃ-] *m*.

Achillea [axɪ'leːa] *f* ⟨~; -leen⟩ *bot.* achillée [akile] *f*.

Achilles|ferse [a'xɪlɛsˌfɛrzə] *f fig.* point *m*, côté *m* faible (de qn.); défaut *m* de la cuirasse; point *m* vulnérable; ~ˌ**sehne** *f anat.* tendon *m* d'Achille [aʃil].

Ach-Laut ['axlaʊt] *m phon. im Deutschen* prononciation *f* du «ch» après les voyelles «a, o, u».

Acholie [axo·'liː] *f* ⟨~⟩ *méd.* acholie [ako-] *f*.

Achroma|sie [akro·ma'ziː] *f* ⟨~; -ien⟩ *opt.* achromatisme [akro-] *m*; ~**t** [-'maːt] *m* ⟨~(e)s; ~e⟩ *opt.* objectif *m* achromatique; achromat *m*; **Ձtisch** [-'mɑː-] *adj. opt.* achromatique; **Ձti'sieren** *v/t.* ⟨*pas de ge-*, h⟩ *opt.* achromatiser; **~'tismus** *m* ⟨~⟩ *cf.* **~sie**; **~to'psie** *f* ⟨~; -ien⟩ *f méd.* achromatopsie *f*.

Achs|druck ['aksdrʊk] *m bei e-m Fahrzeug* charge *f* par essieu, sur l'essieu; *auf ein Gleis etc.* pression *f* de l'essieu (sur qc.); **zulässiger ~** limite *f* de charge par essieu; **~e** *f* ⟨~; ~n⟩ *phys., math., techn., opt., minéral., bot., fig.* axe *m*; *e-s Fahrzeugs* essieu *m*; *bei Tourenwagen* (*Hinter*Ձ) pont *m* arrière; (*Dreh*Ձ) pivot *m*; **bewegliche, feststehende ~** essieu mobile, fixe; **gekröpfte ~** axe coudé; **optische ~** axe optique; **kristallographische ~** axe cristallographique; *hist.* **~ Berlin—Rom** Axe Rome—Berlin; *comm.* **auf, per ~** par roulage; par la route; **auf e-e ~ beziehen** axer (sur); **die ~ ist gebrochen** l'essieu est rompu, cassé; **sich um s-e (eigene) ~ drehen** tourner autour de son axe; *Erde auch, Person* tourner sur soi-même; *Auto etc. auch* faire un tête-à-queue; *fig. u.* F **immer auf (der) ~ sein** être toujours en route, en chemin.

Achsel ['aksəl] *f* ⟨~; ~n⟩ *anat., bot.* aisselle *f*; F (*Schulter*) épaule *f*; **die ~n zucken** 'hausser les épaules; *cf. auch* Schulter; **~ˌband** *n cf.* Fangschnur; **~ˌdrüse** *f anat.* ganglion *m* axillaire; **~ˌgriff** *m Rettungsschwimmen* prise *f* sous les aisselles; **~ˌgrube** *f cf.* **~höhle**; **~ˌhaare** *n/pl.* poils *m/pl.* de l'aisselle; **~ˌhöhle** *f* creux *m* de l'aisselle; **~ˌklappe** *f cf.* Schulterklappe; **~ˌpolster** *n cout.* épaulette *f*; **~ˌschweiß** *m* sueur *f* de l'aisselle; **Ձˌständig** *adj. bot.* axile; (*im Blattwinkel wachsend*) axillaire; **~ˌstück** *n cf.* Schulterstück; **~ˌzucken** *n* 'haussement *m* d'épaules; **Ձˌzuckend** *adjt. u. advt.* 'haussant les épaules.

Achs|enabstand ['aksənˌˀapʃtant] *m cf.* **~stand**; **~enˌantrieb** *m* commande directe; **~enˌbruch** *m* rupture *f* d'essieu; **~enˌdrehung** *f* rotation axiale, autour de l'axe; **~enˌdruck** *m cf.* Achsdruck; **~enˌkreuz** *n cf.* Koordinatensystem; **~enˌmächte** *f/pl. hist. pol.* puissances *f/pl.* de l'Axe; **~enzyˌlinder** *m Nervensystem* cylindre-axe *od.* cylindraxe *m*; **~geˌhäuse** *n* enveloppe *f*, carter [-ɛːr] *m* d'essieu; **Ձig** *adj. in Zssgn.* à ... essieu(x); **~ˌkappe** *f* chapeau *m* d'essieu; **~kiloˌmeter** *m chem.* kilomètre-voyageur *m*; **~ˌlager** *n* coussinet *m*; **~ˌnagel** *m* esse *f*; **~ˌschenkel** *m* fusée *f* (d'essieu); **~ˌstand** *m* empattement *m*; *chem.* entraxe *m*; **~ˌzapfen** *m cf.* **~schenkel**.

acht [axt] **I** *adj. num. c.* 'huit; **~ und fünf ist, macht dreizehn** 'huit et cinq font, égal(ent) treize; **~ zu vier gewinnen** gagner par 'huit à quatre; **um ~ (Uhr)** à 'huit heures; **gegen ~ (Uhr)** vers (les) 'huit heures; **er ist ~ Jahre (alt)** il a 'huit ans; **das kostet ~ Mark** cela coûte 'huit marks; **~ Tage** 'huit jours; *Dauer auch* une semaine; une 'huitaine; **in ~ Tagen** dans une semaine, 'huitaine; **nach ~ Tagen** après 'huit jours, une semaine; **(heute) vor ~ Tagen** il y a (aujourd'hui) une semaine, 'huit jours; **heute, morgen, Montag in ~ Tagen** aujourd'hui, demain, lundi en 'huit; **alle ~ Tage** chaque semaine; tous les 'huit jours; **vor Ablauf von ~ Tagen** avant 'huit jours, une semaine; **innerhalb von ~ Tagen** en moins de 'huit jours, d'une semaine; **wir sind zu, wir sind uns(r)er ~** nous sommes (au nombre de) 'huit; **~ Tage auf dem Lande verbringen** passer une semaine, une 'huitaine de jours à la campagne; **etw. um ~ Tage verschieben** remettre, ajourner qc. à 'huitaine, à la semaine prochaine; **II** Ձ[1] *f* ⟨~; ~en⟩ 'huit *m*; **die Zahl ~** le chiffre 'huit; *Fahrrad* F **e-e ~ im Rad haben** avoir la roue (déformée) en 'huit; Ձ[2] *f* ⟨~⟩ *hist. u. fig.* ban *m*; **j-n in ~ und Bann tun, erklären** mettre qn. au ban (de l'empire, *fig.* de la société); *cf. auch* **ächten**; Ձ[3] *f* ⟨~⟩ *Regel, Umstand, Vorsicht* **außer Ձ lassen** ne pas faire attention (à qc.); négliger (qc.); oublier (qc.); **sich vor j-m, etw. in Ձ nehmen** prendre garde, faire attention à qn., à qc.; **nimm dich in Ձ!** fais attention!; gare à toi!; **~ˌarmig** *adj. Kronleuchter* à 'huit branches; *zo. Kraken* à 'huit bras; *sc.* octopode; **~ˌbändig** *adj.* de, en 'huit volumes; **~bar** *adj.* respectable; estimable; honorable; **ein Kind ~er Eltern** un enfant de parents respectables, estimables, honorables; **Ձbarˌkeit** *f* ⟨~⟩ respectabilité *f*; honorabilité *f*; **Ձˌbreiter** *m* ⟨~s; ~⟩ *zo.* mouton *m* qui a ses 'huit dents permanentes; **~e** *adj. num. o.* 'huitième; **der ~, den ~n, am ~n Januar** le huit janvier; **das ~ Kapitel** le huitième chapitre; chapitre 'huit; **der, die, das Ձ** le, la huitième; **der Ձ (des Monats)** le huit (du mois); **Heinrich der Ձ (VIII.)** Henri VIII [ɥit]; **Ձeck** *n* ⟨~(e)s; ~e⟩ *math.* octogone *m*; **~ˌeckig** *adj.* octogonal; octogone; **~ein'halb** *adj.* 'huit et demi.

achtel ['axtəl] **I** *adj.* 'huitième; **ein ~ Pfund** un demi-quart de livre; **II** Ձ *n* ⟨~s; ~⟩ 'huitième *m*; **fünf ~** cinq 'huitièmes; F **ein ~ Kaffee** un demi-quart de café; **Ձfiˌnale** *n Sport* 'huitième *m* de finale; **Ձˌliter** *n, m* demi-quart *m* de litre; **Ձˌlos** *n Lotterie* 'huitième *m* de billet de loterie; *in Frankreich* dixième *m*; **Ձˌnote** *f mus.* croche *f*; **Ձˌpause** *f mus.* demi-soupir *m*; **Ձˌzentner** *m* 6,25 kg.

achten ['axtən] **I** *v/t.* ⟨-ete, h⟩ **1. j-n ~** estimer, considérer qn.; **er war sehr geachtet** il était tenu en 'haute, grande estime, considération; il jouissait d'une 'haute, grande estime, considération; il était très estimé, considéré; *cf. auch* **hoch~, gering~**; **2.** *Gesetz, Gefühle, Beweggründe, Grundsätze etc.* respecter; **3.** *st. s.* **die Mühe, das Geld nicht ~** ne pas épargner sa peine, son argent; **4.** *st. s. cf.* **erachten, halten (für)**; **II** *v/i. auf Personen, Gefahren, Umstände etc.* faire attention, prendre garde (**auf** à); *auf s-e Gesundheit auch* prendre soin (**auf** de); **auf etw. streng, genau ~** faire très attention à qc.; regarder attentivement qc.; **auf alles ~** faire attention à tout; **ohne darauf zu ~, daß ...** sans remarquer que ...; **~ Sie auf den Herrn mit dem grauen Mantel** regardez le monsieur au manteau gris; **~ Sie auf das Kind** faites attention à l'enfant; **achte mal darauf, wie er das macht** regarde comment il s'y prend.

ächten ['ɛçtən] *v/t.* ⟨-ete, h⟩ *hist.* mettre au ban; *fig.* mettre 'hors la loi; bannir; proscrire.

Acht|ender ['axtˌˀɛndər] *m* ⟨~s; ~⟩ 'huit-cors *m*; cerf *m* à 'huit cors; **Ձens** *adv.* 'huitièmement; **Ձensˌwert** *adj. Absichten etc.* estimable; respectable; **~er** *m* ⟨~s; ~⟩ *Rudersport, Eis-, Rollschuhlaufen*, F *Zahl* 'huit *m*; **Ձerˌaus** *adv. mar.* à l'arrière; en arrière; **~erˌbahn** *f Kirmes* grand 'huit *m*; montagnes *f/pl.* russes; **~erˌdeck** *n mar.* plage *f* arrière; arrière *m* du pont supérieur; **Ձer'lei** *adj.* ⟨*inv.*⟩ de huit espèces, sortes différentes; **Ձerˌlich** *adj. mar.* d'arrière; **~erˌluke** *f mar.* écoutille *f* arrière; **Ձern** *adv. mar.* en arrière; **der Wind kam von ~** le vent soufflait de l'arrière; **~erˌreihe** *f* rangée *f* de huit; **in ~n vorbeimarschieren** défiler par (rangées de) huit; **~erˌrennen** *n Rudersport* course *f*, régate *f* de huit; **~erˌschiff** *n mar.* arrière *m*; **~erˌsteven** *m mar.* étambot *m*; **Ձfach** *adj.* 'huit fois; **die ~e Menge** 'huit fois plus; 'huit fois la quantité (initiale); **die ~e Stärke haben** être 'huit fois plus fort; **in ~er Vergrößerung** grossi, agrandi 'huit fois; **~ˌfache(s)** *n* ⟨→ A⟩ 'huit fois (+ *subst.*); **der Preis hat sich um das ~ erhöht** le prix s'est multiplié par 'huit; **Ձˌflächig** *adj. math.* octaèdre; octaédrique; à 'huit faces; **~ˌflächner** *m* ⟨~s; ~⟩ *math.* octaèdre *m*; **~ˌfüßer** *m/pl. zo.* octopodes *m/pl.*; **Ձˌfüßig** *adj. zo.* octopode; *Vers* à 'huit pieds; **Ձˌgeben** *v/i.* ⟨*irr., sép.*, -ge-, h⟩, **Ձˌhaben** *v/i.* ⟨*irr., sép.*, -ge-, h⟩ *auf s-e Sachen, die Stufen, ein Kind, j-s Worte etc.* faire attention, prendre garde, veiller (**auf** à); *auf e-e Person, Sache auch* avoir, ouvrir l'œil (**auf** sur); surveiller (qn., qc.); tenir (qn., qc.) à l'œil; **gib acht, daß du nicht fällst!** fais attention, veille, prends garde à ne pas tomber!; **gebt acht!** attention!; prenez garde!; **Ձ'hundert** *adj. num. c.* 'huit cents; **Ձˌhundert'fünfzig** *adj. num. c.* 'huit cent cinquante; **Ձˌjährig** *adj.* **a)** (âgé) de huit ans; **ein ~er Junge** un garçon de huit ans; **b)** qui dure 'huit ans; **ein ~er Auslandsaufenthalt** un séjour à l'étranger de huit ans; **Ձˌkantig 1.** *adj.* qui a 'huit arêtes; **2.** *adv. fig. u.* F **j-n ~ hinauswerfen** flanquer carrément qn. à la porte; **Ձlos 1.** *adj.* inattentif, -ive; négligent; **s-e ~e Art** sa façon négligente; **2.** *adv.* sans faire attention; négligemment; d'une manière distraite; **an etw. ~ vorübergehen** passer devant qc. sans faire attention; **etw. ~ hinwerfen** jeter qc. sans faire attention, négligemment; **etw. ~ durchblättern** feuilleter qc. distraitement, sans faire attention; **~ˌlosigˌkeit** *f* ⟨~⟩ manque *m* d'attention; négligence *f*; *od. verbal*; **Ձmal** *adv.* 'huit fois; **Ձˌmalig** *adj.* répété 'huit fois; **nach ~er Wiederholung** après avoir répété 'huit fois qc.; **~'monatsˌkind** *n* prématuré *m* de huit mois; **Ձmoˌtorig** *adj.* à 'huit moteurs; **~'pfennigˌmarke** *f* timbre-poste *m* de huit pfennigs; **Ձˌpfündig** *adj.* de quatre kilos; **Ձˌrädrig** *adj.* à 'huit roues; **Ձsam 1.** *adj. st. s.* (*aufmerksam*) attentif, -ive; **2.** *adv.* attentivement; **~samˌkeit** *f* ⟨~⟩ attention *f*; **Ձˌseitig** *adj.* à 'huit côtés, faces; *Broschüre* de huit pages; *Flächengeometrie* octogonal; octogone; *Raumlehre* octaédrique; octaèdre; **~ˌsilber** *m* ⟨~s; ~⟩ *Vers* (vers *m*) octosyllabe *m*; **Ձˌsilbig** *adj. Wort, Vers* octosyllabe; octosyllabique; *Vers auch* de huit pieds; **Ձˌsitzig** *adj.* à 'huit places; **Ձˌspännig** *adj.* à 'huit chevaux; **Ձˌstellig** *adj.* de huit chiffres; **Ձˌstöckig** *adj.* à 'huit étages; **~'stundenˌtag** *m* journée *f* de huit heures; **Ձˌstündig** *adj.* qui dure 'huit heures; de huit heures; **e-e ~e Sitzung** une séance qui dure 'huit heures; **Ձˌtägig** *adj.* qui dure 'huit jours, une semaine; de huit jours; d'une semaine; **Ձ'tausend** *adj. num. c.* 'huit mille;

~'tausender *m* ⟨~s; ~⟩ *Berg* montagne *f* de huit mille mètres; **2,teilig** *adj.* à 'huit pièces; **2und'achtzig** *adj. num. c.* quatre-vingt-huit; **~und,vierzig'stunden,woche** *f* semaine *f* de quarante-huit heures; **2und'zwanzig** *adj. num. c.* vingt-huit.

Achtung ['axtuŋ] *f* ⟨~⟩ **1.** (*Aufmerksamkeit*) attention *f*; ~! attention!; ~! Fertig! Los! attention! prêts! partez!; ~! *milit. wenn ein Offizier kommt* (à vos rangs,) fixe!; F *wenn die Polizei, der Chef, Lehrer etc. kommt* vingt-deux!; *Film* ~! **Aufnahme** ! silence! on tourne; **2.** (*Respekt*) respect *m*; (*Wertschätzung*) estime *f*; considération *f*; **die ~ vor dem Menschen, Leben, Gesetz** le respect de l'homme, de la vie, de la Loi; **aus ~ vor** par respect pour; **vor j-m ~ haben** respecter, estimer qn.; avoir du respect, de l'estime pour qn.; **wenig ~ vor j-m haben** avoir peu de respect, d'estime pour qn.; **keine ~ vor j-m haben** *auch* manquer de respect envers qn.; **vor j-m die ~ verlieren** perdre son estime pour qn.; **von j-m mit ~ sprechen** parler de qn. avec respect; **j-m ~ erweisen** témoigner du respect à qn.; **j-n mit der gebührenden ~ behandeln** traiter qn. avec le respect qui lui est dû; **allgemeine ~ genießen** jouir de l'estime générale; **j-s ~ gewinnen** gagner l'estime de qn.; **j-m ~ einflößen** inspirer du respect, de l'estime à qn.; **sich ~ verschaffen** se faire respecter; **j-m s-e ~ versagen** refuser son estime à qn.; **in hoher ~ stehen** être tenu en grande estime (**bei** par); être très estimé (par); avoir une large place dans l'estime de (qn.); **das verdient alle ~** cela mérite toute notre estime; F **alle ~!** chapeau bas!; mazette!; mince alors!

Ächtung ['ɛçtuŋ] *f* ⟨~; ~en⟩ mise *f* 'hors la loi; proscription *f*; bannissement *m* (*alle auch fig.*); **die ~ der Atomwaffen** la mise 'hors la loi, *etc.* des armes nucléaires.

achtung|gebietend ['axtuŋgə,bi:tənt] *adj. Leistung, Persönlichkeit* qui impose, inspire le respect, l'estime; **2sbe,zeigung** *f*, **2sbe,zeugung** *f* témoignage *m*, signe *m*, marque *f* de respect; **2ser,folg** *m* succès *m* d'estime; **~s,voll 1.** *adj.* respectueux, -euse; **2.** *adv.* respectueusement; avec respect.

acht|zehn ['axtse:n] *adj. num. c.* dix-huit; **2zehn,ender** *m* ⟨~s; ~⟩ *Hirsch* cerf *m* dix-huit-cors *od.* à dix-huit cors; **~zehn,jährig** *adj.* (âgé) de dix-huit ans; **~,zehnte** *adj. num. o.* dix-huitième; **der, die, das ~** le, la dix-huitième; **2,zehntel** *n* ⟨~s; ~⟩ dix-huitième *m*; **2,zeiler** *m* ⟨~s; ~⟩ *métr.* 'huitain *m*; **~,zeilig** *adj.* à *od.* de huit lignes; **~es Gedicht** 'huitain *m*; **~zig** *adj. num. c.* quatre-vingts; *bei nachfolgender Zahl* quatre-vingt; *Schweiz* 'huitante; F **mit ~ Sachen** à quatre-vingts à l'heure; **in den ~er Jahren des vorigen Jahrhunderts** dans les années quatre-vingts du siècle passé, dernier; **in den 2ern sein** avoir quatre-vingts (ans) passés; aller sur ses quatre-vingt-dix ans; **2,ziger(in)** *m* ⟨~s; ~⟩ (*f*) ⟨~; ~nen⟩ octogénaire *m, f*; **~zig,jährig** *adj.* octogénaire; **~zigste** *adj. num. o.* quatre-vingtième; **2,zigstel** *n* ⟨~s; ~⟩ quatre-vingtième *m*; **~,zöllig** *adj.* de *od.* à 'huit pouces; **2zy,linder** *m* F (voiture *f* à) 'huit cylindres *f*; **2zy'linder,motor** *m* moteur *m* à 'huit cylindres; **~zy,lindrig** *adj.* à 'huit cylindres.

Achylie [axy·'li:] *f* ⟨~; -ien⟩ *méd.* achylie [-ʃ-] *f*.

ächzen ['ɛçtsən] **I** *v/i.* ⟨-(es)t, h⟩ geindre; gémir (*beide auch fig.*); *unter e-r schweren Last etc. auch* ahaner; **II 2** *n* ⟨~s⟩ geignement *m*; gémissement *m*.

Acidität *etc. cf.* **Azidität** *etc.*

Acker ['akər] *m* ⟨~s; ≈⟩ **1.** champ (labouré); **Stück ~** pièce *f*; **den ~ bebauen, bestellen, pflügen** cultiver, labourer le champ; **2.** ⟨*pl.* ~⟩ *altes Flächenmaß* acre *f*; **~,bau** *m* ⟨~(e)s⟩ agriculture *f*; **~ treiben** cultiver la terre; **~ und Viehzucht** agriculture et élevage; **2bau,treibend** *adjt.* cultivateur, -trice; **~,boden** *m* terre *f* labourable, arable; **~,fläche** *f* surface labourée, cultivée; **~,furche** *f* sillon *m*; **~,gaul** *m* cheval *m* de labour; **~ge,rät** *n* instrument *m* aratoire; **~ka,mille** *f bot.* anthémis [-is] *f* des champs; **~,krume** *f* terre *f* arable; **~,land** *n* ⟨~(e)s⟩ terres cultivées, labourées; **2n I** *v/t.* ⟨-(e)re, h⟩ labourer; **II** *v/i. fig. u.* F (*angestrengt arbeiten*) bûcher; travailler d'arrache-pied; piocher; **III ~n** *n* ⟨~s⟩ labour(age) *m*; *fig.* piochage *m*; **~,rettich** *m bot. cf.* **Hederich**; **~,röte** *f* ⟨~⟩ *bot.* sherardia *m*; shérardie *f*; **~sa,lat** *m cf.* **Feldsalat**; **~,schachtel,halm** *m bot.* prêle *f* des prés; **~,schlepper** *m* tracteur *m* agricole; **~,schnecke** *f zo.* petite limace grise agreste; **~,scholle** *f* motte *f* de terre; **~,senf** *m bot. cf.* **Hederich**; **~,walze** *f* rouleau *m* agricole; **~,winde** *f bot.* liseron *m* des champs.

a conto [a'kɔnto·] *loc. adv. comm.* (à titre) d'acompte (de).

ad absurdum [at ap'zurdum] *loc. adv.* **etw. ~ führen** démontrer l'absurdité de qc.

ad acta [at 'akta] *loc. adv.* **etw. ~ legen** ne plus parler de qc.; ne plus s'occuper de qc.; considérer qc. comme réglé.

adagio [a'dɑ:dʒo·] **I** *adv. mus.* adagio; **II 2** *n* ⟨~s; ~s⟩ adagio *m*.

Adam ['ɑ:dam] *m bibl.* **der alte ~** le vieil Adam; **den alten ~ ausziehen** dépouiller le vieil homme; *iron.* **bei ~ und Eva anfangen** remonter au déluge; **~iten** [-'mi:-] *m/pl. Sekte* adamiens *m/pl.*; adamites *m/pl.*; **~ 'Riese** *m fig. u.* F **das macht nach ~ soundso viel** si mes comptes sont exacts, ça fait tant; **~s,apfel** *m anat.* pomme *f* d'Adam; **~skos,tüm** *n* F **im ~** en costume d'Adam.

Adapt|ation [adaptatsi·'o:n] *f* ⟨~⟩ adaptation *f* (*auch des Auges*); **2ieren** [-'ti:-] *v/t.* ⟨*pas de ge-*, h⟩ adapter (à).

adäquat [adɛ'kvɑ:t, at'ʔɛ-] **1.** *adj. Darstellung, Ausdruck, Sache, philos.* adéquat [-kwa]; **2.** *adv.* adéquatement.

add|ieren [a'di:rən] *v/t.* ⟨*pas de ge-*, h⟩ additionner; faire l'addition, la somme de; sommer; (*hinzufügen*) ajouter; **2ierma,schine** *f* additionneuse *f*; machine *f* à additionner; **2iti'on** *f* ⟨~; ~en⟩ addition *f*; **2iti'ons,zeichen** *n* signe *m* d'addition; **~i'tiv I** *adj. math.* additif, -ive; **II 2i'tiv** *n* ⟨~s; ~e⟩ *chim.* additif *m*.

Addukt|ion [aduktsi·'o:n] *f* ⟨~; ~en⟩ *anat. der Muskeln* adduction *f*; **~or** [-'duk-] *m* ⟨~s; -'toren⟩ *anat.* (muscle *m*) adducteur *m*.

ade [a'de:] **I** *int. poét.* adieu!; F (*auf Wiedersehen*) au revoir!; **II 2** *n* ⟨~s; ~s⟩ adieu *m*.

Adebar ['ɑ:də,bar] *m* ⟨~s; ~e⟩ *poét.* (*Storch*) cigogne *f*.

Adel ['ɑ:dəl] *m* ⟨~s⟩ noblesse *f* (*auch fig.*); **niederer, hoher ~** petite, 'haute noblesse; **verarmter ~** noblesse ruinée, appauvrie; **von hohem ~ sein** être de haute noblesse; **geistiger ~** noblesse de l'esprit; *hist.* **den ~ verleihen** anoblir (**an** qn.); **2ig** *adj. cf.* **adlig**; **2n I** *v/t.* ⟨-(e)le, h⟩ **1.** *hist.* anoblir; **2.** *fig. u. st. s.* ennoblir [ɑ̃nɔblir]; **II ~n** *n* ⟨~s⟩ *hist.* anoblissement *m*; *fig.* ennoblissement *m*; **~s,brief** *m hist.* lettres *f/pl.* d'anoblissement, de noblesse; **~sge,schlecht** *n* famille *f* noble; **~s,herrschaft** *f hist.* aristocratie [-si] *f*; **~sprädi,kat** *n* particule *f* nobiliaire; **~sre,gister** *n* nobiliaire *m*; **~s,stand** *m hist.* noblesse *f*; **in den ~ erheben** anoblir; **Erhebung in den ~** anoblissement *m*; **2s,stolz I** *adj.* orgueilleux, -euse de sa noblesse; **II ~s,stolz** *m* orgueil *m* de noblesse, nobiliaire; **~s,titel** *m* titre *m* de noblesse, nobiliaire; **~s,vorrechte** *n/pl. hist.* privilèges *m/pl.* de la noblesse, nobiliaires; **~ung** *f* ⟨~; ~en⟩ *cf.* **~n**.

Adenom [ade·'no:m] *n* ⟨~s; ~e *od.* ~a⟩ *méd.* adénome *m*.

Adept [a'dɛpt] *m* ⟨~en; ~en⟩ adepte *m*.

Ader ['ɑ:dər] *f* ⟨~; ~n⟩ *anat., mines, Holz, Marmor, bot., fig.* veine *f*; *e-s Kabels* fil *m*; *mines auch* filon *m*; (*Verkehrs2, Arterie*) artère *f*; *hist. méd.* **j-n zur ~ lassen** faire une saignée à qn.; saigner qn. (*auch fig. in bezug auf Geld*); *fig.* **j-m das Blut in den ~n erstarren lassen** glacer qn. d'effroi; tourner les sangs de qn.; **e-e poetische ~ haben** avoir une veine poétique; **e-e künstlerische, komische, freigebige ~ haben** avoir des dispositions, des dons artistiques, comiques, de générosité; **e-e kritische ~ haben** avoir l'esprit critique; **e-e leichte ~ haben** être un esprit, un caractère un peu léger, insouciant.

Äderchen ['ɛ:dərçən] *n* ⟨~s; ~⟩ veinule *f*.

Ader|geflecht ['ɑ:dərgə,flɛçt] *n anat.* plexus [-ys] veineux; **~ge,schwulst** *f méd.* angiome *m*; nævus [nevys] *m* vasculaire; **~,haut** *f anat. des Auges* choroïde [k-] *f*; **2ig** *adj. cf.* **ädern (geädert)**; **~,laß** *m* ⟨-sses; -lässe⟩ *méd., fig.* saignée *f*.

äder|n ['ɛ:dərn] *v/t.* ⟨-(e)re, h⟩ veiner; **geädert** *anat., Marmor, Holz etc.* veiné; *Blatt meist* nervuré; **2ung** *f* ⟨~; ~en⟩ veines *f/pl.*; *bot. meist* nervures *f/pl.*; *von Marmor, Holz auch* marbrures *f/pl*.

Adhäsion [athɛzi·'o:n] *f* ⟨~; ~en⟩ *phys.* adhésion *f*; adhérence *f* (*auch techn. der Räder auf den Schienen etc.*); **~s,kraft** *f* force *f* d'adhésion; **~sver,mögen** *n* adhésivité *f*; pouvoir adhérent, adhésif.

ad hoc [at'hɔk, at'ho:k] *loc. adv.* ad hoc.

Adiabat|e [adi·a'bɑ:tə] *f* ⟨~; ~n⟩ *phys.* adiabatique *f*; courbe *f* adiabatique; **2isch** *adj.* adiabatique.

Adiantum [adi·'antum] *n* ⟨~s; -ten⟩ *bot.* adiantum [-ɔm] *m*.

adieu [adi·'ø:] *int. cf.* **ade**.

Ädil [ɛ'di:l] *m* ⟨~en; ~en⟩ *hist.* édile *m*.

ad infinitum [at ɪnfi·'ni:tum] *loc. adv.* à l'infini.

Adipinsäure [adi·'pi:n,zɔʏrə] *f chim.* acide *m* adipique.

Adjektiv ['atjɛk,ti:f] *n* ⟨~s; ~e⟩ *gr.* adjectif *m* (qualificatif); **attributives ~** adjectif épithète; **prädikatives ~** adjectif attribut; **2isch 1.** *adj.* adjectif, -ive; **2.** *adv.* adjectivement; **~um** *n* ⟨~s; -va⟩ *cf.* **~**.

adjustier|en [atjʊs'tiːrən] *v/t.* ⟨*pas de ge-*, h⟩ *techn.* ajuster; **2ung** *f* ⟨~; ~en⟩ ajustage *m*.

Adjutant [atju·'tant] *m* ⟨~en; ~en⟩ *milit.* aide *m* de camp; officier *m* d'ordonnance; officier adjoint.

Adler ['ɑːdlər] *m* ⟨~s; ~⟩ **1.** *zo.* aigle *m*; *weiblicher* aigle *f*; **junger** ~ aiglon(ne) *m(f)*; **2.** *als Symbol, Wappentier* aigle *f*; **die römischen** ~ les aigles romaines; **3.** *astr.* Aigle *f*; **~ˌauge** *n* œil *m* d'aigle; **~ˌblick** *m* regard *m* d'aigle; **~ˌfarn** *m bot.* fougère *f* grand aigle; **~ˌhorst** *m* aire *f* de l'aigle; **~ˌnase** *f* nez aquilin, en bec d'aigle, busqué, bourbonien; **~ˌorden** *m hist.* **Schwarzer, Roter, Weißer** ~ Ordre *m* de l'Aigle noir, rouge, blanc.

ad libitum [at 'liːbi·tʊm] *loc. adv.* ad libitum [-ɔm].

adlig ['ɑːdlɪç] *adj.* noble (*auch fig.*); **2e(r)** *f(m)* ⟨→ **A**⟩ noble *m, f*.

Administrat|ion [atmi·nɪstratsi·'oːn] *f* ⟨~; ~en⟩ administration *f*; **2iv** [-'tiːf] *adj.* administratif, -ive.

Admiral [atmi·'rɑːl] *m* ⟨~s; ~e *od.* -räle⟩ *mar., zo.* amiral *m*; **~i'tät** *f* ⟨~⟩ amirauté *f*; **~sˌflagge** *f* pavillon *m* amiral; **~sˌschiff** *n* vaisseau *m* amiral; **~sˌstab** *m* état-major général de la marine; **~sˌwürde** *f* amiralat *m*.

Adonis [a'doːnɪs] *m fig.* **ein** ~ **sein** être (beau comme) un Adonis [-is]; *plais.* **er ist nicht gerade ein** ~ ce n'est pas tout à fait ce qu'on nomme un Adonis; ce n'est pas précisément un Adonis; **~ˌfalter** *m zo.* adonis [-is] *m*; **~ˌröschen** *n* ⟨~s; ~⟩ *bot.* adonis [-is] *f*.

adopt|ieren [adɔp'tiːrən] *v/t.* ⟨*pas de ge-*, h⟩ adopter; **2i'on** *f* ⟨~; ~en⟩ adoption *f*; **2ivˌeltern** *pl.* parents adoptifs; **2ivˌkind** *n* enfant adoptif; **2ivˌmutter** *f* mère adoptive; **2iv-ˌsohn** *m* fils adoptif; **2ivˌtochter** *f* fille adoptive; **2ivˌvater** *m* père adoptif.

Adrema [a'dreːma] *f* ⟨~; ~s⟩ *cf.* **Adressiermaschine.**

Adrenalin [adre·na'liːn] *n* ⟨~s⟩ *Hormon* adrénaline *f*.

Adressat [adrɛ'sɑːt] *m* ⟨~en; ~en⟩ destinataire *m*; *comm. e-s Wechsels* tiré *m*.

Adreß|buch [a'drɛsˌbuːx] *n in Deutschland* livre *m* d'adresses (des habitants d'une ville); *in Frankreich etwa* «Bottin» *m*; **~büˌro** *n* bureau *m* d'adresses.

Adress|e [a'drɛsə] *f* ⟨~; ~n⟩ adresse *f* (*auch offizielles Schreiben*); *comm.* **per** ~ aux (bons) soins de; c/o; **unleserliche, vollständige** ~ adresse illisible, complète; **j-m s-e** ~ **hinterlassen** laisser son adresse à qn.; **meine** ~ **lautet...** voici mon adresse...; *fig.* **an die richtige** ~ **kommen** trouver son maître; trouver à qui parler; **an die falsche** ~ **kommen** se tromper d'adresse; **~enverˌzeichnis** *n* liste *f* d'adresses; **2ieren** [-'siː-] *v/t.* ⟨*pas de ge-*, h⟩ *Brief etc.* mettre, écrire l'adresse (sur l'enveloppe, *etc.*); **adressierter Umschlag** enveloppe portant une adresse, une suscription, munie d'une adresse, d'une suscription; **ein an mich adressierter Brief** une lettre qui m'est adressée; **~iermaˌschine** [-'siːr-] *f* machine *f* à adresser; adressographe *m*.

adrett [a'drɛt] **1.** *adj. Mädchen* propre; soignée; **2.** *adv.* ~ **gekleidet** habillée proprement, soigneusement, d'une façon soignée.

adriatisch [adri·'ɑːtɪʃ] *adj.* adriatique; **das 2e Meer** la mer Adriatique; l'Adriatique *f*.

ädrig ['ɛːdrɪç] *adj. cf.* ädern (geädert).

Adsor|bentia [atzɔr'bɛntsi·a] *n/pl. phys.* adsorbants *m/pl.*; **2'bieren** *v/t.* ⟨*pas de ge-*, h⟩ *phys.* adsorber; **~des Mittel** adsorbant *m*; **~pti'on** *f* ⟨~; ~en⟩ *phys.* adsorption *f*; **~pti'onser-ˌscheinungen** *f/pl.* phénomènes *m/pl.* d'adsorption.

adstringierend [atstrɪŋ'giːrənt] *adj. phm.* **~e Mittel** astringents *m/pl.*

Adular [adu·'lɑːr] *m* ⟨~s; ~e⟩ *minéral.* adulaire *f*.

A-Dur ['ɑːduːr] *n* ⟨~⟩ *mus.* la *m* majeur; **in** ~ **geschrieben, gesetzt sein** être en la majeur.

Advent [at'vɛnt] *m* ⟨~(e)s⟩ Avent *m*; **der erste** ~ le premier dimanche de l'Avent; **~ist** [-'tɪst] *m* ⟨~en; ~en⟩ *relig.* adventiste *m*; **2iv** [-'tiːf] *adj. bot.* adventif, -ive; **~ivˌknospe** [-'tiːf-] *f bot.* bourgeon adventif; **~ivˌwurzel** [-'tiːf-] *f bot.* racine adventive; **~s-ˌbrauch** *m* coutume *f* de l'Avent; **~skaˌlender** *m* calendrier *m* de l'Avent; **~sˌkerze** *f* bougie *f* de l'Avent; **~sˌkranz** *m* couronne *f* de l'Avent; **~sˌsonntag** *m* dimanche *m* de l'Avent; **~sˌzeit** *f* temps *m* de l'Avent.

Adverb [at'vɛrp] *n* ⟨~s; ~ien⟩ *gr.* adverbe *m*; **als** ~ comme adverbe; adverbialement; **2i'al 1.** *adj. gr.* circonstanciel, -lle; adverbial; **~e Bestimmung der Zeit, des Ortes, der Art und Weise** complément circonstanciel de temps, de lieu, de manière; **2.** *adv.* adverbialement; comme adverbe; **~i'alˌsatz** *m gr.* proposition circonstancielle, adverbiale; **2i'ell** *adj. cf.* **2ial**; **~ium** *n* ⟨~s; -ien⟩ *cf.* ~.

adversativ [atvɛrza'tiːf] **1.** *adj. gr.* adversatif, -ive; **2.** *adv.* adversativement.

Advokat [atvo·'kɑːt] *m* ⟨~en; ~en⟩ *cf.* **Anwalt.**

aerob [ae·'roːp] *adj. Lebewesen* aérobie; **2ier** *m* ⟨~s; ~⟩, **2i'ont** *m* ⟨~en; ~en⟩ organisme *m* aérobie.

Aero|dynamik [ae·ro·dy·'nɑːmɪk] *f* aérodynamique *f*; **2dy'namisch** *adj.* aérodynamique; **~lo'gie** *f* ⟨~⟩ aérologie *f*; **~meˌchanik** *f* science *f* concernant l'aérostatique et l'aérodynamique; **~'meter** *n* ⟨~s; ~⟩ aéromètre *m*; **~'nautik** *f* ⟨~⟩ *cf.* **Luftfahrt**; **~no'mie** *f* ⟨~⟩ aéronomie *f*; **~'phon** *n* ⟨~(e)s; ~e⟩ *mus.* aérophone *m*; **~'sol** *n* ⟨~s⟩ aérosol *m*; **~'statik** *f* aérostatique *f*; **2'statisch** *adj.* aérostatique.

Affäre [a'fɛːrə] *f* ⟨~; ~n⟩ affaire *f*; **heikle** ~ affaire délicate, scabreuse; **in e-e dunkle, dumme** ~ **verwickelt sein** être impliqué dans une sombre histoire, dans une sale, fâcheuse affaire; **sich (geschickt) aus der** ~ **ziehen** se tirer, se sortir (habilement) d'affaire; s'en sortir (habilement); F se débrouiller; tirer son épingle du jeu.

Äffchen ['ɛfçən] *n* ⟨~s; ~⟩ *zo.* petit singe (*auch fig.*).

Affe ['afə] *m* ⟨~n; ~n⟩ **1.** *zo.* singe *m*; *fig. u.* F **ich denke, mich laust der** ~ j'en tombe des nues; j'en suis baba; **wie ein wildgewordener** ~ comme un fou; P **vom wilden ~n gebissen sein** être dingo; avoir une araignée dans le plafond; être cinglé; *loc.* **~n machen alles nach** tu fais, ils font, *etc.* le singe; tu ne sais, ils ne savent, *etc.* faire que le singe; **2.** P **dieser blöde, alte ~!** ce crétin!; cet idiot!; **eitler** ~ fat [fat] *m*; **3.** F (*Rausch*) **e-n ~n haben** être gris, pompette; être dans les vignes du Seigneur; **sich e-n ~n kaufen** prendre une cuite; se piquer le nez; **4.** *milit.* (*Tornister*) 'havresac *m*; sac *m* à dos.

Affekt [a'fɛkt] *m* ⟨~(e)s; ~e⟩ passion *f*; émotion *f*; **im** ~ **handeln** agir sous le coup de la passion; **im** ~ **begangenes Verbrechen** crime passionnel; **~ˌhandlung** *f* acte passionnel; **2iert** [-'tiːrt] **1.** *adj. Wesen, Benehmen, Sprechen etc.* affecté; affété; minaudier, -ière; *Person auch* maniéré; *in der Sprechweise auch* précieux, -euse; **ein ~es Mädchen** une fillette affectée, minaudière; une poseuse; **ein ~er Kerl** *auch* un poseur; **etwas 2es an sich haben** avoir qc. d'affecté (en soi); **2.** *adv.* avec affectation; d'une manière affectée, affétée, minaudière, précieuse; ~ **lachen** rire avec affectation, *etc.*; **sich** ~ **benehmen** se comporter avec affectation, *etc.*; poser; minauder; **~iertheit** [-'tiːrt-] *f* ⟨~⟩ affectation *f*; minauderie *f*; préciosité *f*; **~i'on** *f* ⟨~; ~en⟩ *méd.* affection *f*; **~i'onsˌwert** *m* valeur affective.

äffen ['ɛfən] *v/t.* ⟨h⟩ *st. s.* **1.** (*nachahmen*) singer; **2.** (*narren*) duper; se moquer de; mystifier.

Affen|art ['afənˌʔɑːrt] *f* espèce *f*, sorte *f* de singe; **2ˌartig** *adj.* qui ressemble au singe; qui rappelle le singe; *sc.* simiesque; simien, -nne; *fig. u.* F **mit ~er Geschwindigkeit** avec une vitesse, une rapidité vertigineuse; **~ˌblume** *f cf.* **Gauklerblume**; **~ˌbrotˌbaum** *m bot.* baobab [baɔbab] *m*; **~ˌhaus** *n Zoo* singerie *f*; **~'hitze** F *f* chaleur tropicale, suffocante; fournaise *f*; **~ˌjacke** F *f* veste (trop) courte; **~ˌkäfig** *m* cage *f* aux singes; singerie *f*; **~ˌkasten** F *m* cage *f*; **~koˌmödie** *f cf.* **~theater**; **~ˌliebe** *f* amour *m*, tendresse *f* ridicule; **~ˌpinscher** *m zo.* affenpinscher *m*; sorte *f* de griffon; **~'schande** F *f* 'honte *f*; scandale *m*; **es ist e-e** ~ c'est scandaleux; c'est une 'honte; **~ˌschaukel** *f* F **1.** *milit.* fourragère *f*; **2.** *pl.* **~n** (*hochgebundene Zöpfe*) nattes à moitié relevées; **~ˌstall** *m* P **es stinkt hier wie in e-m** ~ F ça pue ici comme dans une étable; **~'tempo** *n* F *cf.* **~zahn**; **~theˌater** F *n* simagrées *f/pl.*; **es war das reinste** ~ c'étaient de pures simagrées; **~ˌvolk** *n* singes *m/pl.*; **~ˌweibchen** *n* guenon *f*; singe *m* femelle; *kleines auch* guenuche *f*; **~'zahn** F *m* vitesse vertigineuse, folle; **e-n** ~ **drauf haben** aller à une vitesse folle, diabolique; F aller à la vitesse V [grɑ̃ ve].

affig ['afɪç] *adj. fig.* maniéré; affecté; minaudier, -ière; (*lächerlich, albern*) ridicule; **2ˌkeit** *f* ⟨~⟩ *cf.* **Affektiertheit.**

Äffin ['ɛfɪn] *f* ⟨~; ~nen⟩ *cf.* **Affenweibchen.**

Affidavit [afi·'dɑːvɪt] *n* ⟨~s; ~s⟩ *jur.* affidavit [-vit] *m*.

affin|ieren [afi·'niːrən] *v/t.* ⟨*pas de ge-*, h⟩ *métall.* affiner; **2ierung** *f* ⟨~⟩ *métall.* affinage *m*; **2i'tät** *f* ⟨~; ~en⟩ affinité *f*.

affirmativ [afɪrma'tiːf] *adj.* affirmatif, -ive.

äffisch ['ɛfɪʃ] *adj. cf.* **affenartig.**

Affix [a'fɪks] *n* ⟨~es; ~e⟩ *gr.* affixe *m*.

affizier|bar [afi·'tsiːrbɑːr] *adj.* susceptible d'être contaminé, touché; **~en** *v/t.* ⟨*pas de ge-*, h⟩ toucher; contaminer; (*reizen*) irriter; **~t** *adjt.* touché, contaminé, atteint (**von** de).

Affodill [afo·'dɪl] *m* ⟨~s; ~e⟩ *bot.* asphodèle *m*.

Affrikate [afri·'kɑːtə] *f* ⟨~; ~n⟩ *ling.*

im Deutschen affriquée *f*; occlusive suivie d'une fricative.

Afghan|e [af'gɑːnə] *m* ⟨~n; ~n⟩ **1.** Afghan *m*; **2.** *Hunderasse* afghan *m*; **~in** *f* ⟨~; ~nen⟩ Afghane *f*; **⁲isch** *adj.* afghan.

Afrika|(a)nder [afri·'kɑːndər] *m* ⟨~s; ~⟩ Afrikaander [-kɑ̃dɛːr] *m*; **~ans** [-'kɑːns] *n* ⟨~⟩ *Sprache* afrikaans *m*; **~ˌforscher** ['ɑːf-, 'af-] *m* explorateur *m* de l'Afrique; **~ˌkenner** ['ɑːf-, 'af-] *m* africaniste *m*; connaisseur *m* de l'Afrique; **~ner(in)** *m* ⟨~s; ~⟩ (*f*) ⟨~; ~nen⟩ Africain(e) *m(f)*; **⁲nisch** *adj.* africain; d'Afrique.

afro-asiatisch ['afro·ˀazi·'ɑːtɪʃ] *adj.* afro-asiatique.

After ['aftər] *m* ⟨~s; ~⟩ *anat.* anus [-ys] *m*; **~ˌklaue** *f bei Huftieren* ergot *m*; **~ˌlehen** *n hist.* arrière-fief *m*; **~ˌmieter** *m cf.* Untermieter; **~ˌschließmuskel** *m anat.* sphincter [-ɛːr] *m* de l'anus.

ägäisch [ɛ'gɛːɪʃ] *adj.* égéen, -nne; **das ⁲e Meer** la mer Égée.

Agame [a'gɑːmə] *f* ⟨~; ~n⟩ *zo.* agame *m*.

Agape [a'gɑːpe·] *f* ⟨~; ~n⟩ *relig.* agape *f*.

Agar-Agar ['agar'ˀagar] *m*, *n* ⟨~s⟩ *Verdickungsmittel* agar-agar *m*.

Agave [a'gɑːvə] *f* ⟨~; ~n⟩ *bot.* agave *m*, *f*; agavé *m*.

Agend|a [a'gɛnda] *f* ⟨~; -den⟩ (*Merkbuch*) agenda [aʒɛ̃da] *m*; **~e** *f* ⟨~; ~n⟩ *égl. prot.* agende *f*.

Agens ['ɑːgɛns] *n* ⟨~⟩ agent *m* (*auch chim.*).

Agent|(in) [a'gɛnt(ɪn)] *m* ⟨~en; ~en⟩ (*f*) ⟨~; ~nen⟩ agent *m*; *comm.* **alleiniger ~** agent exclusif; **geheimer ~** agent secret; *jur.* **~ provocateur** agent provocateur; **~enˌdienst** *m* service *m* d'un agent; **~enˌnest** *n* nid *m* d'agents; **~enˌnetz** *n* réseau *m* d'agents; **~enˌtätigkeit** *f* activité *f* d'agent(s); **~ur** [-'tuːr] *f* ⟨~; ~en⟩ agence *f*; **~urˌmeldung** [-'tuːr-] *f* dépêche *f* d'une agence.

Agglomer|at [aglo·me·'rɑːt] *n* ⟨~(e)s; ~e⟩ *minéral.* agglomérat *m*; *erzeugtes* aggloméré *m*; **~ati'on** *f* ⟨~; ~en⟩ agglomération *f*; **⁲ieren** *v/t.* ⟨*pas de ge-*, h⟩ agglomérer.

Agglutin|ation [aglu·ti·natsi·'oːn] *f* ⟨~; ~en⟩ *biol.*, *ling.* agglutination *f*; **⁲ieren** [-'niː-] *v/t.* ⟨*pas de ge-*, h⟩ agglutiner; **~de Sprachen** langues agglutinantes.

Aggregat [agre·'gɑːt] *n* ⟨~(e)s; ~e⟩ **1.** *minéral.* agrégat *m*; **2.** *techn.* groupe *m* (électrogène, Diesel, *etc.*); **~ˌzustand** *m phys.* état *m* de la matière; **der flüssige ~** l'état liquide.

Aggress|ion [agrɛsi·'oːn] *f* ⟨~; ~en⟩ agression *f*; **⁲iv** [-'siːf] *adj.* agressif, -ive; **~e Haltung** attitude agressive; **~ivi'tät** *f* ⟨~⟩ agressivité *f*; **~or** [-'grɛ-] *m* ⟨~s; -'oren⟩ agresseur *m*.

Ägide [ɛ'giːdə] *f* ⟨~⟩ *st. s.* **unter j-s ~ stehen** être sous l'égide de qn.

agieren [a'giːrən] *v/i.* ⟨*pas de ge-*, h⟩ agir; **als Vermittler ~** *auch* jouer le rôle d'intermédiaire; **gegen j-n ~** agir contre qn.

agil [a'giːl] *st. s. adj.* agile; leste; souple; vif, vive; **⁲i'tät** *f* ⟨~⟩ agilité *f*; souplesse *f*; vivacité *f*.

Agio ['ɑːdʒo·, 'ɑːʒi·o·] *n* ⟨~s⟩ *comm.* agio *m*; **~'tage** [aʒi·o·'tɑːʒə] *f* ⟨~; ~n⟩ *comm.* agiotage *m*.

Agit|ation [agi·tatsi·'oːn] *f* ⟨~; ~en⟩ *der Massen etc.* agitation *f*; **~ati'onsˌtätigkeit** *f* agitation *f*; **~ator** [-'tɑː-] *m* ⟨~s; -'toren⟩ agitateur *m*; **⁲a'torisch** *adj.* d'agitateur; **⁲ieren** [-'tiː-] *v/i.* ⟨*pas de ge-*, h⟩ agiter; faire de l'agitation.

Agnat [a'gnɑːt] *m* ⟨~en; ~en⟩ *hist.* agnat [-gn-] *m*.

Agno|sie [agno'ziː] *f* ⟨~; -ien⟩ *path.* agnosie [-gn-] *f*; **~stiker** [-'gnɔs-] *m* ⟨~s; ~⟩ *philos.* agnosticiste [-gn-] *m*; agnostique [-gn-] *m*; **⁲stisch** [-'gnɔs-] *adj. philos.* agnostique [-gn-]; agnosticiste [-gn-]; **~sti'zismus** *m* ⟨~⟩ *philos.* agnosticisme [-gn-] *m*; **⁲s'zieren** *v/t.* ⟨*pas de ge-*, h⟩ reconnaître.

Agnus Dei ['agnʊs 'deːi·] *n* ⟨~; ~⟩ **1.** *relig. Messe* Agnus Dei [aɲusdei] *m*; **2.** *Symbol* agnus-Dei *m* (*inv.*); **3.** (*Christus*) Agneau *m* de Dieu.

Ago|gik [a'goːgɪk] *f* ⟨~⟩ *mus.* mouvement *m* agogique; **⁲gisch** *adj. mus.* agogique; **~ne** *f* ⟨~; ~n⟩ *géogr.* ligne *f* agonique; **~'nie** *f* ⟨~; -ien⟩ agonie *f*.

Agraffe [a'grafə] *f* ⟨~; ~n⟩ (*Spange*) agrafe *f* (*auch méd.*).

Agranulozytose [agranu·lo·tsy·'toːzə] ⟨~; ~n⟩ *méd.* agranulocytose *f*.

Agrar|bewegung [a'grɑːrbəˌveːgʊŋ] *f hist. in Deutschland* mouvement *m* agraire; **~erˌzeugnis** *n cf.* ~produkt; **~ˌfrage** *f* question *f* agricole, *auf den Grundbesitz bezüglich* agraire; **~geˌsetze** *n/pl.* lois *f/pl.* agricoles, *auf den Grundbesitz bezüglich* agraires; **~geˌsetzgebung** *f* législation *f* agricole, *auf den Grundbesitz bezüglich* agraire; **~ier** [-ri·ər] *m* ⟨~s; ~⟩ agriculteur *m*; propriétaire terrien; *hist. pol.* agrarien *m*; *pl. auch* parti agrarien; **⁲isch** *adj.* agricole; *auf den Grundbesitz bezüglich* agraire; *hist. auf die Agrargesetze bezüglich* agrarien, -nne; **~kreˌdit** *m* crédit *m* agricole; **~ˌkrise** *f* crise *f* agricole, *auf den Grundbesitz bezüglich* agraire; **~ˌland** *n* pays *m* agricole; **~ˌmarkt** *m* marché *m* agricole; **~poliˌtik** *f* politique *f* agricole, *auf den Grundbesitz bezüglich* agraire; **⁲poˌlitisch** *adj.* concernant la politique agricole *bzw.* agraire; **~ˌpreise** *m/pl.* prix *m/pl.* agricoles; **~proˌdukt** *n* produit *m* agricole; **~produktiˌon** *f* production *f* agricole; **~reˌform** *f* réforme *f* agraire; **~soziaˌlismus** *m* socialisme *m* agraire; **~sozioloˌgie** *f* sociologie *f* agraire; **~ˌstaat** *m* pays *m*, nation *f* agricole; **~subventiˌon** *f* subvention *f* agricole; **~verˌfassung** *f* organisation *f*, constitution *f* agraire; **~ˌvolk** *n* peuple *m* agricole; **~ˌwirtschaft** *f* économie *f* agricole; **~ˌwissenschaft** *f* agronomie *f*; **~ˌwissenschaftler** *m* agronome *m*; **~ˌzölle** *m/pl.* droits *m/pl.* de douane sur les produits agricoles.

Agreement [ə'griːmənt] *n* ⟨~s; ~s⟩ *pol.* **Gentlemen's ~** gentlemen's agreement *m*.

Agrément [agre·'mɑ̃ː] *n* ⟨~s; ~s⟩ *dipl.*, *mus.* agrément *m*.

Agrikultur [agri·kʊl'tuːr] *f* ⟨~; ~en⟩ agriculture *f*; **~ˌchemie** *f* chimie *f* agricole.

Agronom [agro·'noːm] *m* ⟨~en; ~en⟩ agronome *m*; **~ie** [-'miː] *f* ⟨~⟩ agronomie *f*; **⁲isch** *adj.* agronomique.

Agrumen [a'gruːmən] *pl. bot.* agrumes *m/pl.*

Aguti [a'guːti·] *m*, *n* ⟨~s; ~s⟩ *zo.* agouti *m*.

Ägypt|er(in) [ɛ'gʏptər(ɪn)] *m* ⟨~s; ~⟩ (*f*) ⟨~; ~nen⟩ Égyptien, -nne [eʒipsjɛ̃, -jɛn] *m*, *f*; **⁲isch** *adj.* d'Égypte; égyptien, -nne; *bibl.* **~e Finsternis** ténèbres épaisses, profondes; **die ~e Sprache, das ⁲e** la langue égyptienne, l'égyptien *m*; **~o'loge** *m* ⟨~n; ~n⟩ égyptologue *m*; **~olo'gie** *f* ⟨~⟩ égyptologie *f*; **⁲o'logisch** *adj.* égyptologique.

ah [ɑː, a] **I** *int. bewundernd, überrascht* oh!; *verstehend* ah!; *bei e-m Feuerwerk* **~!** oh!; **~, wie schön!** oh! que c'est beau!; **~, ich verstehe!** ah! je comprends; **~ so!** ah! bon!; **II ⁲** *n* ⟨~s; ~s⟩ oh! *m*; **ein (lautes) ~ ertönte** un oh! admiratif se fit entendre.

aha [a'hɑː, a'ha] *int. bei plötzlichem Verstehen, als Ausdruck der Genugtuung* 'ha! 'ha!; ah!; **~, so wird das gemacht!** ah! *od.* 'ha! 'ha! c'est comme ça que ça se fait!

Ahle ['ɑːlə] *f* ⟨~; ~n⟩ alêne *f*; poinçon *m* de sellier.

Ahn(e) ['ɑːn(ə)] *m* ⟨~(e)s *od.* ~en; ~en⟩ (*f*) ⟨~; ~n⟩ *st. s.* aïeul(e) *m(f)* (*Vorfahre u. Großvater bzw. Großmutter*); *cf. auch* Ahnen.

ahnd|en ['ɑːndən] *v/t.* ⟨-ete, h⟩ *jur.*, *Verbrechen etc.* punir; réprimer; **⁲ung** *f* ⟨~; ~en⟩ punition *f*; répression *f*.

ähneln ['ɛːnəln] **I** *v/i.* ⟨-(e)le, h⟩ ressembler (à); *schwächer* avoir une certaine ressemblance (avec); *von Personen in bezug auf Vorfahren auch* tenir (de); **II** *v/réfl.* **sich ~** se ressembler; *von Sachen auch* se rapprocher.

ahnen ['ɑːnən] *v/t.* ⟨h⟩ se douter de; *Kommendes auch* pressentir; **die Zusammenhänge ~** se douter des rapports; **etw. dunkel, dumpf ~** pressentir confusément, vaguement qc.; se douter confusément, vaguement de qc.; **(etw.) Schlimmes ~** se douter de, pressentir qc. de grave; **nichts Böses ~** ne se douter de, ne pressentir rien de mal, rien de grave; **nichts ~d rannte er in sein Verderben** sans se douter de rien, sans rien pressentir il courut à sa perte; **als ob er es geahnt hätte** comme s'il l'avait pressenti; comme s'il s'en était douté; **in nie geahnter Weise** d'une manière dont on ne se serait jamais douté, que l'on n'aurait jamais pressentie; **das konnte ich nicht ~** je ne pouvais pas le savoir, le prévoir, le deviner; F **ach du ahnst es nicht!** c'est inimaginable, incroyable!; **du ahnst nicht, wie schön das ist** tu n'as pas idée, tu ne peux pas t'imaginer, te douter comme c'est beau; F **mir ahnt nichts Gutes** cela ne présage rien de bon; je n'augure rien de bon.

Ahnen ['ɑːnən] *pl.* (*Vorfahren*) aïeux *m/pl.*; ancêtres *m/pl.*; **~ˌbilder** *n/pl.* portraits *m/pl.* des aïeux; **~galeˌrie** *f* galerie *f* des ancêtres, des aïeux; **~ˌkult** *m* culte *m* des ancêtres; **~ˌreihe** *f* lignée *f*, ligne *f*, suite *f* des ancêtres; **~ˌtafel** *f* arbre *m* généalogique; **~verˌehrung** *f* vénération *f* des ancêtres.

ähnlich ['ɛːnlɪç] **1.** *adj.* semblable (*auch math.*); pareil, -lle; ressemblant; **~e Anschauungen, Gedanken, Interessen haben** avoir des vues, des pensées, des intérêts semblables, qui se ressemblent; **ich habe ~e Interessen wie mein Freund** j'ai des goûts semblables à ceux de mon ami, qui ressemblent à ceux de mon ami; **die Brüder sind einander auffallend ~** les frères se ressemblent d'une façon frappante; **das Bild ist täuschend ~** le tableau est semblable, pareil, ressemblant à s'y méprendre; **in e-m ~en Fall(e)** dans un cas semblable, pareil; en pareil cas; **bei e-r ~en Gelegenheit** en une occasion semblable, pareille; *math.* **~e Dreiecke** triangles semblables; **ich habe nie etw. ⁲es gesehen** je n'ai jamais rien vu de pareil, de semblable; je n'ai jamais vu pareille chose, chose semblable; **etw. annähernd ⁲es** quelque chose d'approchant; **2.** *adv.* semblablement; pareillement; **~ wie ...** de la même façon que ...; de même que ...;

j-m ~ sehen ressembler à qn.; être le portrait de qn.; einander, sich zum Verwechseln, täuschend ~ sehen se ressembler à s'y méprendre, à s'y tromper, comme deux gouttes d'eau; F das sieht ihm ~ c'est bien lui; cela lui ressemble; en voilà bien des siennes; 2ˌkeit f ⟨~; ~en⟩ ressemblance f; math. similitude f; e-e gewisse ~ feststellen constater une certaine ressemblance; 2keitsbeˌweis m math. preuve f de similitude; 2keitsˌsatz m math. théorème m de similitude.

Ahnung [ˈɑːnʊŋ] f ⟨~; ~en⟩ 1. (Vorgefühl) pressentiment m; e-e leise, bestimmte ~ un léger, certain pressentiment; e-e untrügliche ~ un pressentiment qui ne trompe pas; 2. F (Wissen) hast du e-e ~, wann er kommt? sais-tu quand il va arriver?; as-tu une idée de l'heure, du moment où il va arriver?; ich habe keine ~, wie man das macht je ne sais pas comment on fait cela; ich habe davon nur e-e vage ~ je n'ai qu'une vague idée de la chose; ich hatte (davon) keine ~ je ne m'en doutais pas; j'étais loin de m'en douter; nicht die geringste, keine blasse ~ von etw. haben n'avoir pas la moindre idée de qc.; von Tuten und Blasen keine ~ haben s'y entendre comme à ramer des choux; n'y entendre absolument rien; keine ~! aucune idée!; habt ihr e-e ~! c'est ce que vous croyez, pensez!; si vous saviez!; 2s-ˌlos 1. adj. qui ne se doute de rien; qui n'a pas conscience de qc.; 2. adv. sans se douter de rien; sans rien pressentir; sans en avoir conscience; inconsciemment; ~sˌlosigkeit f ⟨~⟩ (Unwissenheit) ignorance f; od. verbal; ~s-verˌmögen n faculté f, don m de pressentir; don m de divination; 2s-ˌvoll adj. plein de pressentiments.

ahoi [aˈhɔʏ] int. mar. ohé!; Schiff ~! oh od. ohé! du bateau.

Ahorn [ˈɑːhɔrn] m ⟨~s; ~e⟩ bot. érable m.

Ähre [ˈɛːrə] f ⟨~; ~n⟩ épi m; ~n lesen glaner; ~nˌfeld n champ m de blé; 2n-ˌförmig adj. en (forme d')épi; sc. spiciforme; ~nˌkranz m couronne f d'épis; ~nˌlese f ⟨~⟩, ~nˌlesen n glanage m; ~nˌleser(in) m (f) glaneur, -euse m, f.

Aide-mémoire [ˈɛːtmeˑmoˑˈaːr] n ⟨~; ~⟩ dipl. aide-mémoire m.

ais(-Moll) [ˈɑːɪs(ˌmɔl)] n ⟨~; ~⟩ mus. la m dièse (mineur).

Akadem|ie [akadeˑˈmiː] f ⟨~; -ien⟩ académie f; ~ der Wissenschaften académie des sciences; in e-e ~ aufgenommen werden être reçu à une académie; ~ieˌmitglied n membre m d'une académie; académicien m; ~ie-ˌstück n 1. travail m qui décide de l'entrée dans une académie des beaux-arts; 2. péj. peinture académique; ~iker [-ˈdeː-] m ⟨~s; ~⟩ personne f qui a fait des études universitaires; 2isch [-ˈdeː-] 1. adj. a) universitaire; ~e Bildung, Freiheit, Jugend formation, liberté, jeunesse universitaire; ~er Grad grade universitaire; in ~en Kreisen dans les milieux universitaires; das ~e Viertel etwa le quart d'heure de battement; b) fig. (lebensfern) académique; 2. adv. a) ~ gebildet sein avoir fait des études universitaires; b) fig. académiquement.

Akanth|it [akanˈtiːt, -ˈtɪt] m ⟨~s⟩ minéral. acanthite f; ~us [-ˈkan-] m ⟨~; ~⟩ bot. acanthe f; ~usˌblatt [-ˈkan-] n bât. an korinth. Säulen (feuille f d')acanthe f.

Akazie [aˈkɑːtsiˑə] f ⟨~; ~n⟩ bot. 1. acacia m; 2. (Robinie) robinier m; faux acacia; abus. acacia m.

Akelei [akəˈlaɪ] f ⟨~; ~en⟩ bot. ancolie f.

Akklimatis|ation [akliˑmatiˑzatsiˑˈoːn] f ⟨~; ~en⟩ acclimatation f; 2ieren [-ˈziː-] v/réfl. ⟨pas de ge-, h⟩ sich ~ s'acclimater; ~ierung [-ˈziː-] f ⟨~⟩ acclimatation f; als Ergebnis acclimatement m.

Akkolade [akoˑˈlɑːdə] f ⟨~; ~n⟩ impr., mus. accolade f.

Akkommodation [akoˑmoˑdatsiˑˈoːn] f ⟨~⟩ des Auges accommodation f.

Akkord [aˈkɔrt] m ⟨~(e)s; ~e⟩ 1. mus. accord m; dreistimmiger, konsonanter, dissonanter ~ accord de trois sons, consonant, dissonant; e-n ~ anschlagen plaquer un accord; 2. (Stücklohn) im ~ arbeiten im Baugewerbe, bei der Landarbeit etc. travailler à la tâche, in der Industrie à la pièce, aux pièces; im od. nach ~ bezahlen payer à la tâche, à la pièce, aux pièces; ~-ˌarbeit f travail m à la tâche, à la pièce, aux pièces; ~ˌarbeiter m ouvrier m à la tâche, à la pièce, aux pièces; tâcheron m; ~eon n ⟨~s; ~s⟩ mus. accordéon m; ~ˌlohn m salaire m à la tâche, à la pièce, aux pièces; ~verˌtrag m contrat m de travail à la tâche, à la pièce, aux pièces.

akkredit|ieren [akreˑdiˑˈtiːrən] v/t. ⟨pas de ge-, h⟩ dipl., comm. accréditer (qn.); 2ierung f ⟨~⟩ dipl. accréditation f; sonst verbal; 2iv n ⟨~s; ~e⟩ 1. dipl. lettres f/pl. de créance; 2. comm. accréditif m.

Akku [ˈakuˑ] m ⟨~s; ~s⟩ (abr. für Akkumulator) accu m.

Akkumul|ation [akuˑmuˑlatsiˑˈoːn] f ⟨~; ~en⟩ accumulation f; ~ator [-ˈlɑː-] m ⟨~s; -ˈtoren⟩ 1. élect. accumulateur m; den ~ aufladen (re)charger l'accumulateur; 2. techn. hydraulischer ~ accumulateur hydraulique; ~aˈtorenbatteˌrie f batterie f d'accumulateurs; ~atorˌplatte [-ˈlɑː-] f plaque f d'accumulateur; ~atorˌsäure [-ˈlɑː-] f acide m pour accumulateurs; ~atorˌzelle [-ˈlɑː-] f élément m d'accumulateur; 2ieren [-ˈliː-] v/t. ⟨pas de ge-, h⟩ accumuler.

akkurat [akuˑˈrɑːt] 1. adj. Handschrift, Person soigneux, -euse; 2. adv. ~ arbeiten travailler soigneusement; 2esse [-ˈtɛsə] f ⟨~⟩ soin m.

Akkusativ [ˈakuˑzaˌtiːf, -ˈtiːf] m ⟨~s; ~e⟩ gr. accusatif m; den ~ regieren, verlangen régir l'accusatif; im ~ stehen être à l'accusatif; ~ mit Infinitiv (A. c. I.) accusatif avec l'infinitif; proposition infinitive avec sujet exprimé; ~ˌobjekt n gr. complément m d'objet direct.

Akne [ˈakneˑ] f ⟨~; ~n⟩ méd. acné f.

Akoluth [akoˑˈluːt] m ⟨~s; ~en⟩ égl. cath. acolyte m.

Akonit [akoˑˈniːt, -ˈnɪt] n ⟨~s; ~e⟩ bot. aconit [-t] m.

Akontozahlung [aˈkɔntoˑˌtsɑːlʊŋ] f comm. acompte m; e-e ~ leisten payer, verser un acompte.

Akribie [akriˑˈbiː] f ⟨~⟩ méticulosité f; grande exactitude; minutie [-si] f.

Akridin [akriˑˈdiːn] n ⟨~s⟩ chim. acridine f; ~ˌfarbstoffe m/pl. colorants m/pl. acridiniques.

Akro|bat(in) [akroˑˈbɑːt(ɪn)] m ⟨~en; ~en⟩ (f) ⟨~; ~nen⟩ acrobate m, f; ~ˈbatenˌstück n acrobatie [-si] f; ~ˈbatenˌtruppe f troupe f d'acrobates; ~ˈbatik f ⟨~⟩ acrobatie [-si] f; 2-ˈbatisch adj. acrobatique; ~leˈin n ⟨~s⟩ chim. acroléine f; ~megaˈlie f ⟨~; -ien⟩ biol. acromégalie f; ~stichon [-ˈkrɔs-] n ⟨~s; -chen od. -cha⟩ métr. acrostiche m; ~ˈterion n ⟨~s; -ien⟩ bât. Antike acrotère m.

Akt [akt] m ⟨~(e)s; ~e⟩ 1. (Handlung, Vorgang) acte m (auch jur.); ein feierlicher, festlicher ~ un acte solennel; ein ~ der Nächstenliebe, der Verzweiflung un acte de charité, de désespoir od. désespéré; pol. feindseliger ~ acte d'hostilité; 2. thé. acte m; ein Schauspiel in drei ~en une pièce en trois actes; 3. Zirkus, Varieté numéro m; figure f; 4. Kunst nu m; weiblicher ~ nu féminin.

Akte [ˈaktə] f ⟨~; ~n⟩ acte m; document m; pièce f; (~nbündel) dossier m; ~n anlegen constituer, établir un dossier; zu den ~n nehmen joindre, verser au dossier; fig. zu den ~en legen cf. ad acta (legen); ~nˌbündel n liasse f d'actes, de documents; dossier m; ~nˌdeckel m chemise f; ~nˌdurchsicht f dépouillement m du dossier; ~nˌeinsicht f examen m, consultation f, compulsation f du dossier; ~nˌhefter m classeur m; 2nˌkundig adj. u. adv. ~ sein être inscrit dans un dossier; etw. ~ machen inscrire qc. dans un dossier; prendre acte de qc.; ~n-ˌmappe f cf. ~ntasche; ~nˌordner m classeur m; ~nreˌgal n étagère f à dossiers; ~nˌschrank m armoire f à dossiers; meuble-classeur m; classeur m; casier(-armoire) m; ~nˌständer m cartonnier m; étagère f; ~nˌstaub m poussière f des dossiers; ~nˌstoß m pile f de dossiers; ~nˌstück n pièce f; acte m; document m; ~nˌstudium n étude f, examen m du bzw. des dossier(s); ~nˌtasche f serviette f; ~nver-ˌmerk m mention f au dossier; ~n-ˌzeichen n cote f; numéro m du dossier; mit e-m ~ versehen donner une cote.

Aktie [ˈaktsiˑə] f ⟨~; ~n⟩ comm. action f; neue, junge bzw. alte ~ action nouvelle bzw. ancienne; börsengängige ~ action cotée en Bourse; übertragbare ~ action négociable; gewinnberechtigte ~ action bénéficiaire; der Inhaber e-r ~ le détenteur, le porteur d'une action; der Kurswert e-r ~ le cours, la cote d'une action; ~n zeichnen souscrire à des actions; mit ~n spekulieren jouer sur actions; ~n ausgeben, verkaufen, abstoßen émettre od. créer, vendre, réaliser des actions; die ~n steigen, fallen les actions montent, baissent, sont en 'hausse, en baisse; die ~n sind gestiegen, gefallen les actions ont monté, baissé; fig. u. F wie stehen die ~n? ça va?; geschäftlich comment marchent les affaires?; die ~n stehen gut ça va bien; ~nˌanteil m coupure f d'actions; ~n-ˌausgabe f émission f d'actions; ~n-beˌsitz m possession f, détention f d'actions; ~nbeˌsitzer m détenteur m, porteur m d'actions; ~nˌbuch n registre m des actionnaires, des actions; ~ngeˌsellschaft f (abr. AG) société f par actions, anonyme (abr. S.A.); ~n-geˌsetz n loi f sur les sociétés par actions; ~nhinterˌlegung f dépôt m d'actions; ~nˌinhaber m cf. ~nbesitzer; ~nkapiˌtal n capital m en actions; capital-actions m; ~nˌkurse m/pl. cours m/pl. des actions; ~nˌmarkt m marché m des actions; ~nˌmehrheit f majorité f des actions; ~npaˌket n paquet m, lot m d'actions; ~nˌschein m action f; ~nspekulatiˌon f agiotage m; ~nˌzeichnung f souscription f d'actions; **~nzertifikat** *n* certificat *m* d'actions; **~nzuteilung** *f* répartition *f* des actions.

Aktin|ie [ak'tiːniə] *f* ⟨~; ~n⟩ *zo.* actinie *f*; **ℒisch** *adj.* ~e Krankheiten maladies actiniques; **~ium** *n* ⟨~s⟩ *chim.* actinium [-jɔm] *m*; **~o'meter** *n* ⟨~s; ~⟩ actinomètre *m*; **~ome'trie** *f* ⟨~⟩ actinométrie *f*; **~omy'kose** *f* ⟨~; ~n⟩ *méd.* actinomycose *f*.

Aktion [aktsi'oːn] *f* ⟨~; ~en⟩ action *f*; **in ~ treten** entrer en action; **~är(in)** [-'nɛːr(ɪn)] *m* ⟨~s; ~e⟩ (*f*) ⟨~; ~nen⟩ *comm.* actionnaire *m, f*; **~ärversammlung** [-'nɛːr-] *f* réunion *f* des actionnaires; **~sbereich** *m cf.* ~sradius; **ℒsfähig** *adj.* capable d'agir, de prendre des décisions; **~sfähigkeit** *f* ⟨~⟩ capacité *f* d'agir, de prendre des décisions; **~sfreiheit** *f* liberté *f* d'action, d'agir; **~skomitee** *n* comité *m* d'action; **~sradius** *m aviat., milit. etc.* rayon *m* d'action.

aktiv [ak'tiːf] **I** *adj.* **1.** actif, -ive; **~e Beteiligung** participation active; *comm.* **~e Handelsbilanz** balance *f* du commerce en excédent, excédentaire, bénéficiaire; **~es Mitglied** membre actif; *chim.* **~er Sauerstoff** ozone *m*; **~er Soldat, Offizier** soldat, officier de l'active; *milit.* **die ~e Dienstzeit** le service actif; **~er Sportler, ℒer** sportif actif; **der ~e Wortschatz** le vocabulaire actif; **sehr ~ sein** être très actif; *Student* **~ sein** appartenir à une corporation (d'étudiants) comme membre actif; **2.** *gr.* **die ~e Form des Verbums** la forme, la voix active du verbe; **mit ~er Bedeutung** à la forme, voix active; **II ℒ** ['ak-] *n* ⟨~s⟩ *gr.* actif *m*; voix, forme active; **ℒa** *pl. comm.* actif *m*; **die ~ und Passiva** l'actif et le passif; **ℒator** [-'vaː-] *m* ⟨~s; -'toren⟩ *Gummiherstellung* activateur *m*; **ℒbestand** *m comm.* actif *m*; **ℒforderungen** *f/pl. comm.* créances *f/pl.*; **ℒgeschäft** *n* opération active; **ℒhandel** *m* commerce actif; **~ieren** [-'viː-] *v/t.* ⟨*pas de ge-*, **h**⟩ **1.** *comm.* inscrire, porter à l'actif; **2.** *pol., phys. etc.* activer; **ℒierung** [-'viː-] *f* ⟨~⟩ *chim., phys., biol.* activation *f*; *comm.* inscription *f* à l'actif; **~isch** *adj. u. adv. gr.* **~ verwendet** employé à l'actif, à la forme *od.* voix active; **ℒismus** [-'vɪs-] *m* ⟨~⟩ *pol., philos.* activisme *m*; **ℒist** [-'vɪst] *m* ⟨~en; ~en⟩ *pol.* activiste *m*; **~istisch** [-'vɪs-] *adj.* activiste; **ℒi'tät** *f* ⟨~⟩ activité *f*; **e-e große ~ entwickeln** faire preuve d'une grande activité; **ℒkapital** *n comm.* capital actif; **ℒkohle** *f chim.* charbon actif, activé; **ℒlegitimation** *f jur.* qualité *f* pour agir en justice; **ℒposten** *m comm.* (poste *m*) actif *m*; élément *m* d'actif; **ℒsaldo** *m comm.* solde créditeur, actif; **ℒseite** *f comm.* actif *m*; **auf der ~** à l'actif; **ℒvermögen** *n* capital réel, effectif; **ℒzinsen** *m/pl.* intérêts créditeurs.

Akt|malerei ['aktmaːləˌraɪ] *f* peinture *f* de nu(s); **~modell** *n* modèle *m* de nu; **~schluß** *m thé.* fin *f* de l'acte; **~studie** *f peint.* étude *f* de nu; **~zeichnung** *f* dessin *m* de nu.

aktuali|sieren [aktuali'ziːrən] *v/t.* ⟨*pas de ge-*, **h**⟩ actualiser; rendre actuel, -lle; **ℒ'sierung** *f* ⟨~⟩ actualisation *f*; **ℒ'tät** *f* ⟨~; ~en⟩ actualité *f*; **von brennender ~** de brûlante actualité; **an ~ gewinnen, verlieren** devenir actuel, perdre son actualité; **ℒ'tätenkino** *n* cinéma *m* d'actualités.

aktuell [aktu'ɛl] *adj. Frage, Problem, Thema, Buch etc.* actuel, -lle; d'actualité; à l'ordre du jour; **wieder ~ werden** redevenir actuel.

Akupunktur [akuˑpʊŋk'tuːr] *f* ⟨~; ~en⟩ *méd.* acupuncture *od.* acuponcture *f*.

Akust|ik [a'kʊstɪk] *f* ⟨~⟩ *phys.* acoustique *f*; *Raum* **e-e gute ~ haben** avoir une bonne acoustique; **ℒisch 1.** *adj.* acoustique; **ein ~es Gedächtnis** une mémoire auditive; **2.** *adv.* acoustiquement; **das habe ich rein ~ nicht verstanden** je n'ai pas compris cela acoustiquement parlant.

akut [a'kuːt] **I** *adj.* aigu, -guë; *Problem, Frage etc.* actuel, -lle; brûlant; **~e Krise** crise aiguë; **~e Lungenentzündung** pneumonie aiguë; **~er Konflikt** conflit aigu; **~er Lehrermangel** acuité *f* du manque de professeurs; **ein ~es Problem** un problème brûlant, actuel, de brûlante actualité; **die Gefahr wird ~** le danger devient pressant; **II ℒ** *m* ⟨~(e)s; ~e⟩ *ling.* accent aigu.

Akzelerat|ion [aktseˑleˑratsi'oːn] *f* ⟨~⟩ *astr., physiol., von Uhren* accélération *f*; **~or** [-'raː-] *m* ⟨~s; -'toren⟩ *écon.* coefficient *m* numérique du principe d'accélération; *phys.* accélérateur *m*.

Akzent [ak'tsɛnt] *m* ⟨~(e)s; ~e⟩ accent *m*; **musikalischer, harter ~** accent tonique, rude *od.* dur; **den ~ tragen** être accentué; porter l'accent (tonique); **e-n ~ auf e-n Buchstaben setzen, e-n Buchstaben mit e-m ~ versehen** mettre un accent sur une lettre; **e-e Sprache ohne ~ sprechen** parler une langue sans accent; *fig.* **den ~ auf etw. legen** mettre l'accent sur qc.; insister sur qc.; souligner qc.; **~buchstabe** *m* lettre *f* qui porte l'accent; **ℒfrei** *adj.* sans accent; **ℒu'ieren** *v/t.* ⟨*pas de ge-*, **h**⟩ accentuer; *fig. auch* mettre l'accent sur; **~u'ierung** *f* ⟨~⟩ accentuation *f*; **~verschiebung** *f ling.* changement *m* d'accentuation.

Akzept [ak'tsɛpt] *n* ⟨~(e)s; ~e⟩ *comm.* **1.** acceptation *f*; **e-n Wechsel mit (dem) ~ versehen** accepter une traite, une lettre de change; **2.** (*angenommener Wechsel*) traite acceptée; **ℒabel** [-'taː-] *adj.* ⟨-bl-⟩ *Vorschlag etc.* acceptable; **~ant** [-'tant] *m* ⟨~en; ~en⟩ *comm.* accepteur *m*; tiré *m*; **~ati'on** *f* ⟨~⟩ *comm.* acceptation *f*; **~ati'onskredit** *m cf.* ~kredit; **ℒieren** [-'tiː-] *v/t.* ⟨*pas de ge-*, **h**⟩ accepter; *comm.* **e-n Wechsel ~** accepter une traite, une lettre de change; **~ierung** [-'tiː-] *f* ⟨~⟩ acceptation *f*; **~kredit** *m* crédit *m* d'acceptation, par acceptation; **~provision** *f comm.* commission *f* d'acceptation; **~verweigerung** *f comm.* refus *m* d'acceptation.

Akzess|it [ak'tsɛsɪt] *n* ⟨~s; ~(s)⟩ *écol.* accessit [-it] *m*; **ℒorisch** [-'soː-] *adj.* accessoire.

akziden|tell [aktsiˑdɛn'tɛl] *adj.* accidentel, -lle; **ℒz(druck)** [-'dɛnts(-)] *f* ⟨~; ~en⟩ (*m*) *impr.* bilboquet *m*.

Akzise [ak'tsiːzə] *f* ⟨~; ~n⟩ *comm.* accise *f*.

Alabaster [ala'bastər] *m* ⟨~s⟩ *minéral.* albâtre *m* (*auch fig.*); **~glas** *n* (verre *m*) albâtre *m*.

Alant [a'lant] *m* ⟨~en; ~en⟩ *bot.* inula *f*; **echter ~** aunée *f*.

Alarm [a'larm] *m* ⟨~(e)s; ~e⟩ alarme *f*; alerte *f* (*bes. Fliegerℒ*); **blinder, falscher ~** fausse alerte; **~ schlagen** donner l'alarme; **~anlage** *f in Fabriken* installation *f* d'alarme; *cf. auch* ~vorrichtung; **ℒbereit** *adj. u. adv.* **sich ~ halten** se tenir prêt à répondre au signal d'alarme, à l'alerte; **~bereitschaft** *f* état *m* d'alerte, d'alarme; **sich in ~ befinden** être prêt à répondre au signal d'alarme, à l'alerte; **~glocke** *f* sonnerie *f* d'alarme; **ℒieren** [-'miː-] *v/t.* ⟨*pas de ge-*, **h**⟩ alerter; alarmer; **die Polizei** *etc.* **~** alerter la police, *etc.*; **durch e-e Schreckensnachricht alarmiert** alarmé par une terrible nouvelle; **ℒierend** [-'miː-] *adjt.* alarmant; **~e Berichte** nouvelles alarmantes; **ℒiert** [-'miːrt] *adjt.* alerté; en alerte; **~ierung** [-'miː-] *f* ⟨~⟩ *verbal*; **~ruf** *m* cri *m* d'alarme; **~signal** *n* signal *m* d'alarme, *für Fliegeralarm* d'alerte; **~sirene** *f* sirène *f* d'alarme, *für Fliegeralarm* d'alerte; **~stufe** *f* **erste, zweite ~** premier, deuxième signal d'alerte; **~vorrichtung** *f* dispositif *m*, sonnerie *f* d'alarme; *für Fliegeralarm* dispositif *m* d'alerte; **~zeichen** *n cf.* ~signal; **~zustand** *m* état *m* d'alerte.

Alaun [a'laʊn] *m* ⟨~(e)s; ~e⟩ *chim.* alun *m*; **ℒhaltig** *adj.* alunifère; aluneux, -euse; **~schiefer** *m minéral.* schiste aluneux; **~stein** *m minéral.* alunite *f*; *Blutstillmittel* pierre *f* d'alun.

Alb|a ['alba] *f* ⟨~; -ben⟩ *altprovenz. Morgenlied* aube *f*; **~aner(in)** [-'baː-] *m* ⟨~s; ~⟩ (*f*) ⟨~; ~nen⟩ Albanais(e) *m*(*f*); **ℒanisch** [-'baː-] *adj.* albanais; **die ~e Sprache, das ℒe** l'albanais *m*; **~atros** *m* ⟨~; ~se⟩ *zo.* albatros [-oːs] *m*; **~e** *f* ⟨~; ~n⟩ *égl. cath.* aube *f*; **~edo** [-'beː-] *f* ⟨~⟩ *phys.* albédo *m*.

Alber|ei [ˌalbə'raɪ] *f* ⟨~; ~en⟩ *cf.* ~nheit; **~'gine** *f* ⟨~; ~n⟩ *bot.* aubergine *f*; **ℒn** ['al-] **I 1.** *adj.* **~es Betragen** sot comportement; **~e Bemerkung** sotte remarque; remarque niaise, stupide, inepte; F **~e Gans** grande dinde; **~es Geschwätz** sottises *f/pl.*; niaiseries *f/pl.*; inepties [-si] *f/pl.*; fadaises *f/pl.*; **~es Zeug reden** dire des niaiseries, des inepties [-si]; **ein ~es Ding** une petite sotte, nigaude; **~ sein** *Kinder* faire les petits sots *bzw.* les petites sottes, les petits *bzw.* les petites bêtes, les petits nigauds *bzw.* les petites nigaudes; *Erwachsene cf.* ℒn **II**; F **das ist doch ~!** c'est stupide!; **2.** *adv.* **sich ~ benehmen, aufführen** se comporter sottement, comme des sots; **etw. ~ finden** trouver qc. bête, idiot; **sich ~ vorkommen** se trouver bête; **II** F *v/i.* ⟨-(e)re, **h**⟩ dire, faire des sottises, des niaiseries; dire des fadaises, des inepties [-si]; **~nheit** ['al-] *f* ⟨~; ~en⟩ sottises *f/pl.*; niaiseries *f/pl.*; fadaises *f/pl.*; inepties [-si] *f/pl.*; *e-r Person* sot comportement.

Albi|genser [albiˑ'gɛnzər] *m(pl.) hist.* albigeois *m(pl.)*; **~'genserkriege** *m/pl. hist.* croisades *f/pl.* contre les albigeois; **~'nismus** *m* ⟨~⟩ *path.* albinisme *m*; **~no** [-'biː-] *m* ⟨~s; ~s⟩ albinos [-oːs] *m*; **~on** ['al-] *n péj.* **das perfide ~** la perfide Albion; **~t** [-'biːt, -'bɪt] *m* ⟨~s⟩ *minéral.* albite *f*.

Album ['albʊm] *n* ⟨~s; -ben⟩ album [-ɔm] *m*; **~in** [-'miːn] *n* ⟨~s; ~e⟩ *chim.* albumine *f*; **~i'nat** *n* ⟨~(e)s; ~e⟩ *chim.* albuminate *m*; **ℒi'nös** *adj.* albumineux, -euse; **~inpapier** [-'miːn-] *n phot.* papier albuminé; **~inu'rie** *f* ⟨~; -ien⟩ *méd.* albuminurie *f*; **~ose** [-'moː-] *f* ⟨~; ~n⟩ *Biochemie* albumose *f*.

Älchen ['ɛːlçən] *n/pl. zo. sc.* nématodes *m/pl.*

Alchim|ie [alçi'miː] *f* ⟨~⟩ alchimie *f*; **~ist** *m* ⟨~en; ~en⟩ alchimiste *m*; **ℒistisch** *adj.* alchimique.

Ald|ehyd [aldeˑ'hyːt] *m* ⟨~s; ~e⟩ *chim.*

aldéhyde *m*; **~ol** [-ˈdoːl] *n* ⟨~s; ~e⟩ *chim.* aldol *m.*
aleatorisch [aleˑaˈtoːrɪʃ] *adj.* aléatoire.
Alemann|en [aləˈmanən] *m/pl.* Alamans *m/pl.*; **2isch** *adj.* alémanique; **das 2e** l'alémanique *m*; **im 2en** en alémanique.
Alexandr|iner [alɛksanˈdriːnər] *m* ⟨~s; ~⟩ *métr.* alexandrin *m*; vers alexandrin, héroïque; **2inisch** *adj.* alexandrin; **~it** *m* ⟨~s; ~e⟩ *minéral.* alexandrite *f.*
Alfa [ˈalfa] *f* ⟨~⟩ *bot.*, *Faser* alfa *m*; **~paˌpier** *n* papier *m* d'alfa.
Alge [ˈalgə] *f* ⟨~; ~n⟩ *bot.* algue *f.*
Algebra [ˈalgeˑbra] *f* ⟨~⟩ algèbre *f*; **2isch** [-ˈbrɑː-] *adj.* algébrique; **~e Kurve, Zahl** courbe *f*, nombre *m* algébrique.
Alger|ier(in) [alˈgeːriˑər(ɪn)] *m* ⟨~s; ~⟩ (*f*) ⟨~; ~nen⟩ Algérien, -nne *m, f*; **2isch** *adj.* algérien, -nne; *pol. in Zssgn.* algéro-... (*par ex.* **~-marokkanisch** algéro-marocain).
Algin|at [algiˑˈnɑːt] *n* ⟨~(e)s; ~e⟩ *chim.* alginate *m*; **~ˌsäure** [-ˈgiːn-] *f chim.* acide *m* alginique.
Algol [alˈgoːl, ˈal-] *m* ⟨~s⟩ *astr.* Algol *m.*
Alhagi [alˈhɑːgiˑ] *m* ⟨~; ~⟩ *bot.* alhagi *m.*
alias [ˈɑːliˑas] *adv.* alias [-as].
Alibi [ˈɑːliˑbiˑ] *n* ⟨~s; ~s⟩ alibi *m*; **sein ~ beweisen, erbringen** prouver, fournir son alibi.
Alimente [aliˑˈmɛntə] *n/pl.* pension *f* alimentaire; **~nˌklage** *f jur.* action *f* alimentaire.
ali|phatisch [aliˑˈfɑːtɪʃ] *adj. chim.* **~e Verbindungen** série *f* acyclique, aliphatique; **2za'rin** *n* ⟨~s⟩ *chim.* alizarine *f.*
Alk [alk] *m* ⟨~(e)s; ~e⟩ *cf.* Alken; **2äisch** [-ˈkɛː-] *adj. métr.* alcaïque; **~e Strophe** strophe alcaïque.
Alkal|i [alˈkɑːliˑ, ˈal-] *n* ⟨~s; -lien⟩ *chim.* alcali *m*; **~iˌlösung** *f chim.* solution alcaline; **~imeˌtalle** *n/pl.* métaux alcalins; **~ime'trie** *f* ⟨~⟩ *chim.* alcalimétrie *f*; **2isch** *adj.* alcalin; **~e Erden** terres alcalines; **~i'tät** *f* ⟨~⟩ *chim.* alcalinité *f*; **~o'id** *n* ⟨~(e)s; ~e⟩ *chim.* alcaloïde *m.*
Alkanna [alˈkana] *f* ⟨~⟩ *bot.* orcanette *f*; **~ˌrot** *n* alcannine *od.* alkannine *f.*
Alken [ˈalkən] *m/pl. zo.* alcidés *m/pl.*
Alkohol [ˈalkoˑˌhoːl, -ˌhɔl, -ˈhoːl] *m* ⟨~s; ~e⟩ alcool [-kɔl] *m*; **~ zusetzen** alcooliser (**zu etw.** qc.); **unter ~ stehen** être en état d'ivresse, d'ébriété; F **j-n unter ~ setzen** faire boire qn.; **sich dem ~ ergeben** s'adonner, se livrer à l'alcool; **~ˌeinfluß** *m*, **~ˌeinwirkung** *f* **unter ~ stehen** être en état d'ivresse, d'ébriété; **2ˌfrei** *adj.* sans alcool; non-alcoolisé; **~e Getränke** boissons non-alcoolisées, non-alcooliques; **~geˌhalt** *m* teneur *f* en alcool; pourcentage *m* en, d'alcool; degré *m* alcoolique; **die Feststellung des ~s im Blut** la constatation du pourcentage d'alcool dans le sang; **~geˌnuß** *m* consommation *f* d'alcool; **2ˌhaltig** *adj.* alcoolique; alcoolisé; **~ika** [-ˈhoː-] *pl. cf.* **2isch(e Getränke)**; **~iker** [-ˈhoː-] *m* ⟨~s; ~⟩ alcoolique *m*; **~ikerˌfürsorge** *f* [-ˈhoː-] assistance, aide sociale aux alcooliques (et à leur famille); **2isch** [-ˈhoː-] *adj.* alcoolique; **~e Getränke** boissons alcooliques, alcoolisées; spiritueux *m/pl.*; **2i'sieren** *v/t.* ⟨*pas de ge-*, h⟩ alcooliser; **~ismus** [-ˈlɪs-] *m* ⟨~⟩ alcoolisme *m*; **Bekämpfung des ~** lutte *f* antialcoolique; **~ˌmesser** *m* ⟨~s; ~⟩ alcoomètre *m*; **~me'trie** *f* ⟨~⟩ alcoométrie *f*; **~verˌbot** *n* prohibition *f* de l'alcool; **~verˌgiftung** *f* intoxication *f* par l'alcool; **~ˌzusatz** *m* mit, unter **~** alcoolisé.
Alkoven [alˈkoːvən] *m* ⟨~s; ~⟩ alcôve *f.*
all [al] **I** *pr/ind.* **1.** *adjektivisch* tout (*pl.* **~e** tous, toutes); **~e Menschen** tous les hommes; **~e Welt** tout le monde; **an ~en Ecken und Enden** *cf.* Ecke; **~er Zeiten** de tous les temps; **in ~er Frühe** de grand matin; **in ~e Winde** à tous vents; *Kegeln* **~e neune** toutes les neuf; **~es mögliche** tout ce que l'on peut imaginer; **~es Weitere** tout ce qui suit; **~es Gute!** *cf.* Gute(s); **mit ~er Deutlichkeit** clairement; F carrément; **mit ~er Gewalt** *cf.* Gewalt **1.**; **bei ~er Liebe** malgré tout l'amour, toute l'amitié; **um ~es in der Welt!** mon Dieu!; **das gebe ich um ~es in der Welt nicht her** je ne le donnerai pas pour rien au monde, pour tout l'or du monde; **er ist ~es andere, nur kein...** il est tout sauf...; **~e Hände voll zu tun haben** avoir du travail par-dessus la tête; **~e viere von sich strecken** *Tier* s'étirer; (*sterben*) crever; *fig. Person* (*ausruhen*) se prélasser; **auf ~e Fälle** en tous cas; de toute façon; dans tous les cas; **für ~e Fälle** à tout 'hasard; (pour parer) à toute éventualité; **vor ~em, vor ~en Dingen** avant tout; surtout; avant toutes choses; **trotz ~em** malgré tout; **unter ~en Umständen** en toutes circonstances; en tous cas; **zu ~em Unglück** pour comble de malheur, de malchance; F **~e Achtung!** *cf.* Achtung **2.**; **~e fünf Minuten** toutes les cinq minutes; **~e zwei Jahre** tous les deux ans; un an sur deux; F **~e naselang** très souvent; F **was in ~er Welt dachten Sie?** mais que diable pensiez-vous?; F **nicht ~e beieinander haben, nicht ~e Tassen im Schrank haben** ne pas avoir toute sa raison, F sa tête (à soi); **2.** *substantivisch* tous [-s] *bzw.* toutes; **wir ~e** nous tous *bzw.* nous toutes; **~e beide** tous *bzw.* toutes (les) deux; **fast ~e** presque tous *bzw.* toutes; la presque totalité; **~e für e-n, e-r für ~e** tous pour un et un pour tous; *cf. auch* **alles**; **II 2** *n* ⟨~s⟩ univers *m*; **~'abendlich 1.** *adj.* de tous les soirs; de chaque soir; **2.** *adv.* tous les soirs; **~beˌkannt** *adj.* connu de tout le monde; universellement connu; **~beˌliebt** *adj.* généralement aimé; populaire; **~deutsch** *adj.* pangermanique; *hist.* **~er Verband** ligue pangermanique.
alle [ˈalə] *adj. u. adv.* F **das Brot, die Suppe, der Wein ist ~** il n'y a plus de pain, de soupe, de vin; **das Geld ist ~** il n'y a plus d'argent; je n'ai plus d'argent; l'argent est épuisé; **~ werden** s'épuiser; *Essen* **~ machen** manger tout; **das wird und wird nicht ~** cela ne s'épuise pas, ne diminue pas; **~ˌdem** *adv.* **bei ~** avec tout cela; **trotz ~** malgré tout.
Allee [aˈleː] *f* ⟨~; ~n⟩ avenue *f*; *e-s Schlosses, Parks auch* allée *f*; *e-r Stadt auch* cours *m*; boulevard *m.*
Allegor|ie [aleˑgoˑˈriː] *f* ⟨~; -ien⟩ allégorie *f*; **2isch** [-ˈgoː-] **1.** *adj.* allégorique; **~es Gemälde** tableau allégorique; allégorie *f*; **2.** *adv.* allégoriquement; **2i'sieren** *v/t.* ⟨*pas de ge-*, h⟩ allégoriser.
allegretto [aleˑˈgrɛtoˑ] **I** *adv. mus.* allegretto; **II 2** *n* ⟨~s; ~s *od.* -tti⟩ allégretto *m.*
allegro [aˈleːgroˑ] **I** *adv. mus.* allegro; **II 2** *n* ⟨~s; ~s *od.* -gri⟩ allégro *m.*
allein [aˈlaɪn] **I** *adj. u. adv.* seul; **ganz ~** tout seul; **~ sein** être seul; **mit j-m ~ sein** être seul avec qn.; être en tête-à-tête avec qn.; **jeder für sich ~** chacun pour soi; **~ bleiben** rester seul; F **~ auf weiter Flur** tout seul; **j-n ~ lassen** laisser qn. (seul); **alles ~ erledigen** faire, régler tout soi-même *od.* tout seul; **auf sich ~ angewiesen sein** être obligé de se débrouiller (tout) seul; **mit etw. ~ fertig werden** venir (tout) seul à bout de qc.; **das Kind läuft schon ~** l'enfant marche déjà seul; **wir bewohnen das Haus ~** nous habitons seuls la maison; **ein Unglück kommt selten ~** *prov.* un malheur ne vient jamais seul *prov.*; F **das weiß ich ~** je le sais; F **die Schmerzen sind von ~ weggegangen** les douleurs sont parties d'elles-mêmes; **von ganz ~** tout seul; **einzig und ~** uniquement; **du ~ bist schuld** c'est à toi seul la faute; tu es (le) seul à être coupable, fautif; **das ~ genügt nicht** cela seul ne suffit pas; **er ~ macht mehr Lärm als...** à lui seul, il fait plus de bruit que...; **an ihrem Lachen ~ hätte ich sie schon erkannt** rien qu'à son rire, je l'aurais reconnue; **~ im Monat November** dans le seul mois de novembre; **der Gedanke ~, ~ der Gedanke** la seule pensée; **~ in dieser Gegend gibt es...** rien que dans cette région il y a...; **die ~ gültige Fassung** la seule version valable; **II** *conj. st. s.* mais; seulement; cependant; toutefois; **..., ~ ich wurde enttäuscht ...** mais, *etc.* je fus déçu; **2ˌauslieferer** *m comm.* dépositaire exclusif; **2ˌauslieferung** *f comm.* exclusivité *f*; **~beˌrechtigt** *adj.* seul autorisé (à); **2beˌrechtigung** *f* droit exclusif; autorisation exclusive; **2beˌsitz** *m* possession exclusive; **2ˌerbe, 2ˌerbin** *m, f* unique héritier, -ière *m, f*; **2ˌgang** *m Sport* course *f* solitaire; **im ~** en solitaire; *fig.* **e-n ~ machen** faire cavalier seul; **2ˌherrschaft** *f* pouvoir absolu; **2ˌherrscher** *m* souverain absolu; **~ig** *adj. Erbe, Besitzer etc.* unique; *comm. Verkauf, Vertreter etc.* exclusif, -ive; **~es Recht** exclusivité *f*; **2ˌinhaber** *m* seul, unique propriétaire; **2ˌmädchen** *n* unique bonne *f*; **2ˌschuld** *f* entière faute; **die ~ trifft den Fahrer** l'entière faute revient au conducteur; **2ˌsein** *n* solitude *f*; **des ~s müde** las de la solitude, d'être seul; **~'seligˌmachend** *adjt. relig. cath.* qui seul procure le salut (*auch fig.*); **die ~e Kirche** l'Église qui seule procure le salut; **~ˌstehend** *adjt.* seul; *ohne Stütze* sans appui; *Gebäude etc.* isolé; **~er Herr sucht...** monsieur seul cherche...; **ein ~es Haus** une maison isolée; **ein ~er Baum** un arbre isolé, solitaire; **2verˌkauf** *m* vente exclusive; exclusivité *f*; **2verˌkaufsrecht** *n* droit *m* de vente exclusive; monopole *m* de vente; exclusivité *f*; **2verˌtreter** *m* agent, représentant exclusif; concessionnaire exclusif; **2verˌtretung** *f* représentation exclusive; **2verˌtrieb** *m* distribution exclusive; **e-e Ware im ~ haben** avoir l'exclusivité d'une marchandise; avoir une marchandise en vente exclusive; avoir le monopole de vente d'une marchandise; **2verˌtriebsrecht** *n cf.* 2verkaufsrecht.
allelujah [aleˑˈluːja] *int. cf.* halleluja.
alle|mal [ˈaləˈmɑːl] *adv.* toujours; F **das werde ich ~ wieder los** je pour-

rai toujours m'en débarrasser; **ein für ~** une fois pour toutes; une bonne fois; **~n'falls** *adv.* (*höchstens*) à la rigueur; au besoin; tout au plus; (*möglicherweise*) éventuellement; peut-être; **ich weiß, wie weit ich ~ gehen darf** je sais jusqu'où je peux aller à la rigueur; **~nt'halben** *st. s. adv.* partout; en tous lieux.

aller|art ['alər'ʔaːrt] *st. s. adj.* ⟨*inv.*⟩ de toutes espèces, sortes; **~'äußerst** *adj.* extrême; F **im ~en Fall** dans le cas le plus extrême; **~'best 1.** *adj.* le meilleur de tous, la meilleure de toutes; **der ~e Wein** le meilleur de tous les vins; le meilleur vin de tous; **die ~e Gesellschaft** la crème, la fine fleur, le gratin de la société; **sie kaufen nur das 2e** ils n'achètent que ce qu'il y a de mieux, de meilleur; ils n'achètent que le fin du fin, le dessus du panier; **es wird das 2e sein, wenn...** ce serait le mieux si...; **2.** *adv.* **am ~en** le mieux (de tous, de toutes); F *auch* le mieux du monde; **~'christlichst** *adj. hist.* très chrétien, -nne; **~'dings** *adv.* **a)** *einschränkend* à vrai dire; il est vrai que; pourtant; cependant; **ich muß ~ gestehen, daß...** à vrai dire, il faut que j'avoue que...; **er hat s-n Fehler ~ wiedergutgemacht** cependant *od.* pourtant *od.* à vrai dire, il a racheté sa faute; **das ist ~ etw. anderes** dans ce cas-là *od.* alors, c'est autre chose; **b)** *e-e Bejahung verstärkend* en effet; certainement; bien sûr; **hast du das getan? 2!** as-tu fait cela? En effet, *etc.*!; **~'erst 1.** *adj.* le premier de tous, la première de toutes; le tout premier, la toute première; **2.** *adv.* **zu ~** en tout premier lieu; tout d'abord; avant tout; de prime abord.

Allerg|ie [alɛr'giː] *f* ⟨~; -ien⟩ *méd.* allergie *f*; **~iker** [-'lɛr-] *m* ⟨~s; ~⟩ allergique *m*; **2isch** [-'lɛr-] *adj.* allergique (*auch fig.*) (**gegen** à).

aller|gnädigst ['alər'gnɛːdıçst] *adj. hist.* très gracieux, -euse; **~'größt** *adj.* le plus grand de tous, la plus grande de toutes; **~'hand** *adj.* ⟨*inv.*⟩ (*viel*) pas mal de; (*vielerlei*) toutes sortes de; **das hat ~ Arbeit gemacht** cela a donné pas mal de travail; F **das ist (doch, ja) ~!** c'est un peu fort, un peu raide!; c'est trop fort!; c'est incroyable, inouï!; **man erfährt so ~** on apprend pas mal, toutes sortes de choses; **ich habe ~ mitgemacht** F j'en ai vu de(s) vertes et de(s) pas mûres; j'en ai vu de toutes les couleurs; **2'heiligen** *n* ⟨~⟩ *égl. cath.* la Toussaint; **~'heiligst** *adj. relig.* très saint; **das 2e** *égl. cath.* le saint sacrement; *im jüdischen Tempel* le saint des saints; le sanctuaire (*auch fig.*); **~'höchst** *adj.* le plus 'haut de tous, la plus 'haute de toutes; **es ist ~e Zeit** il est grand temps; *relig.* **der 2e** le Très-'Haut; **~'höchstens** *adv.* tout au plus; **~'kleinst** *adj.* le plus petit de tous, la plus petite de toutes; infime; **~'lei I** *adj.* ⟨*inv.*⟩ de toutes sortes; toutes sortes de; divers; **~ Backwerk, Ausreden** *etc.* toutes sortes de gâteaux, d'excuses, *etc.*; des gâteaux, des excuses, *etc.* de toutes sortes; divers gâteaux, diverses excuses, etc.; **sich über ~ unterhalten** s'entretenir de toutes sortes de choses; **II 2'lei** *n* ⟨~s; ~s⟩ *cuis.* **Leipziger ~** macédoine *f* de légumes; **~'letzt 1.** *adj.* le dernier de tous, la dernière de toutes; le tout dernier, la toute dernière; **2.** *adv.* **zu ~** en tout dernier lieu; en fin de compte; **~'liebst 1.** *adj.* **a)** le plus cher de tous, la plus chère de toutes; **ihre ~e Freundin** son amie la plus chère (de toutes); la plus chère de toutes ses amies; son amie préférée; **es wäre mir das 2e, wenn...** ce serait le plus agréable pour moi si...; je préférerais de beaucoup que...; **b)** (*niedlich*) mignon, -nne; adorable; charmant; un amour de...; **2.** *adv.* **a) am ~en** de préférence; **am ~en würde ich...** je préférerais de beaucoup (faire qc.); **b)** d'une façon adorable, charmante; **~ aussehen** être à croquer; **~'meist 1.** *adj.* la plupart de; la plus grande partie de; **die ~en (Menschen)** la plupart, la plus grande partie des gens; **2.** *adv.* **am ~en** le plus (de tous, de toutes); **~'mindest** *adj.* minimum [-ɔm]; *f u. pl. auch* minima; **~'nächst 1.** *adj.* le, la plus proche; **in ~er Zukunft** dans un avenir très proche; **2.** *adv.* **am ~en** tout près; **~'neu(e)st** *adj.* **nach der ~en Mode** à la toute dernière mode; **das 2e** *Mode etc.* la dernière nouveauté; **wissen Sie schon das 2e?** savez-vous déjà la toute dernière nouvelle?; **~'nötigst** *adj.* le plus nécessaire de tous, la plus nécessaire de toutes; tout à fait indispensable; **das 2e** l'indispensable *m*; le strict nécessaire, minimum [-ɔm]; **~'notˌwendigst** *adj.* **das 2e** *cf.* (**das**) **2nötigste**; **~'schlimmst 1.** *adj.* le pire de tous, la pire de toutes; **das 2e** ce qu'il y a de pire; le pis de tout; **2.** *adv.* **am ~en** le pis (de tous, de toutes); **~'schönst 1.** *adj.* le plus beau de tous, la plus belle de toutes; **das 2e** le plus beau de tout; ce qu'il y a de plus beau; **2.** *adv.* **am ~en** le mieux (de tous, de toutes); **2'seelen** *n* ⟨~⟩ *égl. cath.* le Jour, la Fête des Morts, des Trépassés; **~'seits** *adv.* F **guten Abend ~!** bonsoir, toute la compagnie *od.* tout le monde!; **2'weltsˌkerl** *m* F type *m* qui sait tout faire, habile à tout faire; homme *m* à toutes mains; **2'weltsˌwort** *n* F mot *m* passe-partout; **~'wenigst 1.** *adj.* très, bien peu de; **die ~en (Menschen)** très, bien peu de gens; **das 2e** le moins (de tous, de toutes); **2.** *adv.* **am ~en** le moins (de tous, de toutes); moins que tout autre; en tout dernier lieu; **ihm hätte ich es am ~en zugetraut** il est le dernier que j'en aurais cru capable; **2'werteste(r)** *m* ⟨→ A⟩ F (*Gesäß*) derrière *m*; postérieur *m*.

alles ['aləs] *pr/ind.* tout; **das ~** tout cela; **~, was** tout ce qui (*acc.* que); **das ist ~** c'est, voilà tout; **das wäre ~** c'est tout (*auch beim Einkauf*); **ist das ~?** c'est tout?; rien que cela?; **wenn das ~ ist!** si ce n'est que cela!; **das ist noch nicht ~!** et ce n'est pas tout!; **bis hierher wäre ~ gut** jusqu'ici tout est, serait bien; **mir ist ~ eins** ça *od.* tout m'est égal; **damit ist ~ gesagt** c'est tout dire; F **was hat er ~ gesagt?** qu'est-ce qu'il a dit?; raconte-moi tout ce qu'il a dit!; F **was Sie nicht ~ sagen!** vous en savez des choses!; **~ daransetzen, versuchen** tenter le tout pour le tout; F faire des pieds et des mains; se démener comme un (beau) diable; **~ aufs Spiel, auf e-e Karte setzen** risquer le tout pour le tout; F **da hört (sich) doch ~ auf!** *cf.* **aufhören**; **~ zu s-r Zeit** chaque chose en son temps; **~ in allem** (*abschließend*) en fin de compte; tout compte fait; somme toute; en somme; à tout prendre; (**~** *einbegriffen*) tout compris; **Mädchen für ~** bonne *f* à tout faire; F **zu Hause, bei uns ist ~ gesund** chez nous tout le monde va bien; F **~ aussteigen!** tout le monde descend!; F **~ mal herhören!** écoutez tous!; F **wer kommt ~?** qui va venir?; F **Karl und wer noch ~** Charles et les autres (avec); **Gott weiß wer, was ~** Dieu sait qui, quoi; **du bist mein ein und ~** tu es tout ce que j'ai de plus cher *od.* tout ce que je possède; F tu es mon trésor à moi; *cf. auch* **all**.

allesamt ['alə'zamt] *adv.* tous *bzw.* toutes ensemble; tous *bzw.* toutes sans exception.

Alles|besserwisser ['aləs'bɛsərˌvısər] F *m* ⟨~s; ~⟩ *cf.* **Besserwisser**; **~ˌbrenner** *m* ⟨~s; ~⟩ *Ofen* poêle *m* à combustion à travers la masse; **2ˌfressend** *adjt. zo.* omnivore; **~ˌfresser** *m* ⟨~s; ~⟩ *zo.* omnivore *m*; **~ˌkleber** *m* ⟨~s; ~⟩ colle universelle; **~ˌkönner** *m* ⟨~s; ~⟩ personne *f* qui sait tout faire, à toutes mains.

allezeit ['alə'tsaıt] *adv.* toujours; à tout propos; en *od.* de tout temps.

Allgegen|wart ['alˌgeːgənˌvart] *f relig.* omniprésence *f*; ubiquité [-kɥi-] *f*; **2ˌwärtig** *adj.* omniprésent.

allgemein ['algə'maın] **1.** *adj.* général; universel, -lle; **~e Bestimmungen** prescriptions générales; **das ~e Wahlrecht** le suffrage universel; **~es Interesse** intérêt général; **~e Empörung** indignation générale; **~e Richtlinien** directives générales; **nach ~er Ansicht** de l'avis de tous, de tout le monde; selon l'opinion générale; **auf ~en Wunsch** à la demande générale, de tout le monde; **e-n ~en Überblick geben** donner une vue d'ensemble; faire un tour d'horizon; **das 2e und das Besondere** le général et le particulier; **das 2e im Auge haben** se placer à un point de vue général; **2.** *adv.* **zu ~ urteilen** juger trop généralement; (**ganz**) **~ gesprochen** généralement parlant; **~ beliebt, bekannt** aimé, connu de tous, de tout le monde; universellement aimé, connu; **~ verbindlich** obligatoire pour tous, pour tout le monde; **~ verbreitete Ansicht** opinion généralement répandue; **man sagt ~** on dit généralement; tout le monde dit; tous disent; **im ~en** généralement; en général; d'une façon générale; d'ordinaire; **2beˌfinden** *n méd.* état général; **2beˌgriff** *m* notion générale; **2beˌsitz** *m* propriété, possession générale; bien public; *Anschauung etc.* **~ geworden sein** être devenu notion générale; **~ˌbildend** *adjt.* de culture générale; **2ˌbildung** *f* culture, éducation, formation générale; **~ˌgültig** *adj.* valable pour tout le monde, pour tous; universellement valable; **2ˌgültigkeit** *f* valeur générale; généralité *f*; universalité *f*; **2ˌgut** *n cf.* **2besitz**; **2ˌheit** *f* ⟨~⟩ **1.** (*alle*) public *m*; communauté *f*; tout le monde; **zu Lasten der ~ gehen** être à la charge de tous, de tout le monde, de la communauté; **der ~ dienen** servir à tout le monde, au public, à la communauté; **der ~ zugänglich** ouvert au public; **im Interesse der ~** dans l'intérêt général; **2.** ⟨*pl.* **~en**⟩ généralité *f*; **triviale ~en** généralités banales; **2ver'bindlicherˌklärung** *f adm.* déclaration *f* d'extension d'une convention collective; **~verˌständlich** *adj.* intelligible à tous; à la portée de tous; compréhensible pour tout le monde; **2ˌwissen** *n* connaissances générales; **2ˌwohl** *n* intérêt général;

bien-être général; ℒ,**zustand** *m cf.* ℒbefinden.

All|gewalt ['algə,valt] *f* toute-puissance *f*; omnipotence *f*; ℒ**ge,waltig** *adj.* tout-puissant; omnipotent; *fig. u.* F der ℒe (*Chef*) le manitou; ℒ-**,gütig** *adj. relig.* infiniment bon, -nne; ~'**heil,mittel** *n* remède universel; panacée *f*.

Allianz [ali'ants] *f* ⟨~; ~en⟩ alliance *f*; *hist.* **die Heilige ~** la Sainte-Alliance.

Alligator [ali'gɑːtər] *m* ⟨~s; -'toren⟩ *zo.* alligator *m*.

alliiert [ali'iːrt] *adj.* allié; ℒ**e(r)** *m* ⟨→ A⟩ allié *m*; **die ~n** les Alliés; les puissances alliées.

Alliteration [alıte'ratsi'oːn] *f* ⟨~; ~en⟩ *métr.* allitération *f*.

all|jährlich ['al'jɛːrlıç] **1.** *adj.* annuel, -lle; de tous les ans; **2.** *adv.* tous les ans; annuellement; ℒ**macht** *f* ⟨~⟩ toute-puissance *f*; omnipotence *f*; ~'**mächtig** *adj.* tout-puissant; omnipotent; *relig.* (Gott) **der** ℒ**e** Dieu Tout-Puissant; le Tout-Puissant; ~-'**mählich 1.** *adj.* graduel, -lle; progressif, -ive; **~e Besserung** amélioration progressive, graduelle; **ein ~er Anstieg der Preise** une montée progressive des prix; **~e Fortschritte** progrès graduels; **2.** *adv.* peu à peu; petit à petit; **sich ~ beruhigen** se calmer peu à peu, petit à petit, progressivement; **er kam ~ wieder zu sich** il reprit peu à peu connaissance; **es wird ~ warm hier** peu à peu, petit à petit il fait chaud ici; **~ kamen die Gäste** peu à peu les invités arrivèrent, sont arrivés; **der Weg steigt ~ an** le chemin monte peu à peu, petit à petit; F **~ etw. satt haben** commencer à en avoir plein le dos.

Allmende [al'mɛndə] *f* ⟨~; ~n⟩ (biens *m/pl.*) communaux *m/pl.*; ~,**recht** *n* droit *m* de pâture sur les biens communaux.

all|monatlich ['al'moːnatlıç] **1.** *adj.* mensuel, -lle; de tous les mois; **2.** *adv.* tous les mois; chaque mois; mensuellement; ~'**nächtlich 1.** *adj.* de toutes les nuits; de chaque nuit; **2.** *adv.* toutes les nuits; chaque nuit.

Allod [a'loːt] *n* ⟨~(e)s; ~e⟩ *féod.* al(l)eu *m*; ~**i'al,güter** *n/pl. féod.* biens allodiaux.

Allogamie [alo'ga'miː] *f* ⟨~⟩ *bot.* allogamie *f*.

Allonge [a'lõːʒə] *f* ⟨~; ~n⟩ *comm.* allonge *f*; ~**pe,rücke** *f hist.* perruque carrée.

Allopath|ie [alo'pa'tiː] *f* ⟨~⟩ *méd.* allopathie *f*; ℒ**isch** [-'pɑː-] *adj.* allopathique.

Allotria [a'loːtri'a] (*n*) *pl.* F **~ treiben** faire les fous; s'amuser bien.

allotrop [alo'troːp] *adj. chim.* **~e Modifikationen** variétés allotropiques; ℒ**ie** [-'piː] *f* ⟨~⟩ *chim.* allotropie *f*.

All|radantrieb ['alrɑːt,ʔantriːp] *m Auto* traction *f* par toutes les roues, à toutes roues motrices; ℒ,**seitig 1.** *adj.* universel, -lle; **~e Ausbildung** éducation universelle; **auf ~en Wunsch** à la demande de tout le monde, de tous, générale; **2.** *adv.* **das wurde ~ bemerkt** cela a été remarqué par tout le monde, partout; ℒ**seits** *adv.* partout; ℒ'**sommerlich 1.** *adj.* de tous les étés; **2.** *adv.* tous les étés; ℒ'**sonntäglich 1.** *adj.* de tous les dimanches; **2.** *adv.* tous les dimanches; chaque dimanche; ~**stromge,rät** *n électr.* appareil *m* tous courants; ℒ'**stündlich 1.** *adj.* de toutes les heures; **2.** *adv.* toutes les heures; ~**tag** *m* jour *m* ordinaire; **der graue ~** la grisaille (de la vie) quotidienne; **an den ~en** en semaine; le tous les jours; **der Lärm des ~s** le bruit de la vie quotidienne; **jetzt beginnt der ~ wieder** maintenant la vie quotidienne reprend; maintenant le traintrain journalier *od.* quotidien reprend; ℒ**täglich** ['al'tɛːk-, 'al,tɛːk-, ,al'tɛːk-] *adj.* quotidien, -nne; de tous les jours; ordinaire; *Gesicht etc.* banal; **e-e ~e Geschichte** une histoire quotidienne, de tous les jours, ordinaire; **sich über die ~sten Dinge unterhalten** s'entretenir sur des choses banales, de tous les jours; **ein nicht ~er Mann** un homme peu banal, peu ordinaire; **das ist für ihn etw.** ℒ**es** pour lui c'est qc. de quotidien; cela lui arrive tous les jours; ~**täglich,keit** ['al'tɛːk-, 'al,tɛːk-, ,al'tɛːk-] *f* ⟨~; ~en⟩ chose *f* de tous les jours; banalité *f*; **das gehört zu den ~en des Landlebens** cela fait partie de la vie quotidienne à la campagne; ℒ**tags** *adv.* le tous les jours; en semaine; **ein Kleid nur ~ tragen** ne porter une robe que le tous les jours, qu'en semaine; ~**tags,anzug** *m* habit *m* de tous les jours; ~**tagsbe,schäftigung** *f* occupation de tous les jours, quotidienne, journalière; ~**tagsge,sicht** *n* figure banale; ~**tags,kleid** *n* robe *f* de tous les jours; ~**tags,kost** *f cuis.* ordinaire *m*; ~**tags,leben** *n* vie quotidienne, de tous les jours, journalière; ~**tags,mensch** *m* homme *m* de tous les jours, ordinaire; ~**tags,pflichten** *f/pl.* travaux quotidiens, journaliers, de tous les jours; besognes, occupations quotidiennes, journalières; ~**tags,sorgen** *f/pl.* soucis quotidiens; ℒ**um,fassend** *adj.* universel, -lle; qui embrasse tout.

Allüren [a'lyːrən] *f/pl.* allures *f/pl.*; airs *m/pl.*; **große ~ haben** avoir de grands airs; **die ~ e-s Stars (annehmen)** (prendre) des allures, des airs de vedette; F **sie hat komische ~** elle a de drôles d'airs, une drôle d'allure.

alluv|ial [alu'vi'ɑːl] *adj. géol.* alluvial; alluvionnaire; ℒ**i'al,boden** *m géol.* terre *f* alluvionnaire; ℒ**i'al,landschaft** *f* région alluviale; ℒ**i'on** *f* ⟨~; ~en⟩ *géol.* alluvion *f*; ℒ**ium** [-'luː-] *n* ⟨~s⟩ *géol.* période (actuelle) d'alluvionnement; holocène *m*.

all|verehrt ['alfɛr'ʔeːrt] *st. s. adj.* honoré, respecté par tous; ℒ'**wetter,jäger** *m aviat.* chasseur *m* tout temps; ~'**wissend** *adj.* qui sait tout; omniscient; ℒ'**wissenheit** *f* ⟨~⟩ omniscience *f*; ~'**wöchentlich 1.** *adj.* hebdomadaire; de chaque semaine; de toutes les semaines; **2.** *adv.* toutes les semaines; chaque semaine; hebdomadairement.

Allyl [a'lyːl] *n* ⟨~(e)s⟩ *chim.* allyle *m*; ~,**alkohol** *m chim.* alcool *m* allylique.

all|zeit ['al'tsaıt] *adv. cf.* **allezeit**; ~**zu** *adv.* par trop; **~ leicht** par trop léger *bzw.* facile; **etw. nicht ~ schwer nehmen** ne pas prendre qc. trop à cœur; ~**zu'mal** *poét. adv.* tous (ensemble); **wir sind ~ Sünder** nous sommes tous des pécheurs; ~**zu'sehr** *adv.* trop; ~**zu'viel** *adv.* (par) trop; **~ darf man davon nicht essen** il ne faut pas en manger trop; **~ ist ungesund** *prov.* l'excès en tout est un défaut *prov.*; ℒ**zweck...** *in Zssgn.* ...à tout faire.

Alm [alm] *f* ⟨~; ~en⟩ alpe *f*; pâturage *m*, pacage *m* alpestre; alpage *m*; alme *f*; **das Vieh auf die ~ treiben** conduire, mener les troupeaux à l'alpage; faire transhumer les troupeaux.

Alma mater ['alma 'mɑːtɛr] *f* ⟨~⟩ *st. s.* alma mater *f*; université *f*.

Almanach ['alma,nax] *m* ⟨~s; ~e⟩ almanach [almana] *m*.

Alm|auftrieb ['alm,ʔaʊftriːp] *m*, ~-**fahrt** *f* transhumance *f*; ~,**hütte** *f* chalet *m* sur l'alpage.

Almosen ['al,moːzən] *n* ⟨~s; ~⟩ aumône *f*; **um ein ~ bitten** demander l'aumône, la charité; **ein ~ geben** faire l'aumône; *fig.* **von ~ leben** vivre d'aumônes; ~,**büchse** *f e-s Bettlers* sébile *f*; *égl. cf.* **Opferstock**; ~**emp,fänger** *m péj.* mendiant *m*; indigent *m*; nécessiteux *m*; ~,**teller** *m e-s Bettlers* sébile *f*.

Alm|rausch ['almraʊʃ] *m cf.* **Alpenrose**; ~,**wirtschaft** *f* exploitation *f* alpestre.

Aloe ['ɑːlo'e'] *f* ⟨~; ~n⟩ *bot.* aloès [-ɛs] *m*.

Alp[1] [alp] *m* ⟨~(e)s; ~e⟩ être *m* fantomatique, spectral (qui cause des cauchemars); ~[2] *f* ⟨~; ~en⟩ *cf.* **Alm**.

Alpaka [al'paka] *n* ⟨~s⟩ **1.** *zo.* ⟨*pl.* ~s⟩, *text.* alpaga *m*; **2.** (*Neusilber*) argentan *od.* argenton *m*; ~,**wolle** *f* laine *f* de l'alpaga.

al pari [al 'pɑːri'] *loc. adv. comm.* au pair.

Alp|druck ['alpdrʊk] *m* ⟨~s; -drücke⟩, ~,**drücken** *n* ⟨~s⟩ cauchemar *m*.

Alpen|bewohner ['alpənbə,voːnər] *m* habitant *m* des Alpes; ~,**blume** *f bot.* fleur alpine, alpestre; ~,**dohle** *f zo.* chocard *m*; *abus.* choucas *m*; ~,**dost** *m* ⟨~s⟩ *bot.* adénostyle *f*; ~,**freund** *m* ami *m* des Alpes; ~,**führer** *m Buch* guide *m* des Alpes; ~,**garten** *m cf.* **Alpinum**; ~,**glühen** *n* alpenglühen *m*; embrasement *m* des Alpes; ~,**gras** *n bot.* laîche *f* des Alpes; ~,**hütte** *f* refuge *m*; ~,**jäger** *m* **1.** *ch.* chasseur *m* de haute montagne; **2.** *milit.* chasseur alpin; ~,**kette** *f* chaîne *f* des Alpes; ~,**klub** *m cf.* ~**verein**; ~,**krähe** *f zo.* crave *m*; ~,**land** *n* pays alpin; région alpine; ~,**landschaft** *f* paysage *m*, site *m* alpestre; ~**pano,rama** *n* panorama *m* des Alpes, alpestre; ~,**paß** *m* col, passage alpin; ~,**pflanze** *f bot.* plante alpestre, alpine; ~,**rose** *f bot.* rhododendron [-dẽdrõ] *m* des Alpes; ~,**stock** *m* alpenstock *m*; ~,**straße** *f* route alpine, alpestre, des Alpes; ~,**veilchen** *n bot.* cyclamen [-mɛn] *m*; ~**ver,ein** *m* club [klœb] alpin; ~,**vorland** *n* ⟨~(e)s⟩ Préalpes *f/pl.*; contreforts *m/pl.* des Alpes; ~,**welt** *f* monde *m* alpestre.

Alpha ['alfa] *n* ⟨~(s); ~s⟩ alpha *m*; *fig.* **~ und Omega** l'alpha et l'oméga.

Alphabet [alfa'beːt] *n* ⟨~(e)s; ~e⟩ alphabet [-bɛ] *m*; **das kleine, große ~** l'alphabet en lettres minuscules, majuscules; ℒ**isch 1.** *adj.* alphabétique; **2.** *adv.* alphabétiquement; par ordre alphabétique; **etw. ~ einordnen** classer qc. alphabétiquement, par ordre alphabétique; ℒ**i'sieren** *v/t.* ⟨*pas de ge-*, h⟩ classer alphabétiquement, par ordre alphabétique; ~**i'sierung** *f* ⟨~⟩ classification *f*, classement *m* par ordre alphabétique.

Alpha|strahlen ['alfa,ʃtrɑːlən] *m/pl. phys. atom.* rayons *m/pl.* alpha; ~-**,strahler** *m phys. atom.* émetteur *m* alpha; ~,**teilchen** *n phys. atom.* particule *f* alpha.

Alp|horn ['alphɔrn] *n mus.* trompe *f* alpestre; alphorn *m*; ~**horn,bläser** *m*

⟨~s; ~⟩ joueur *m* de trompe alpestre; 2**in** [-'piːn] *adj.* alpin; alpestre; des Alpes; *Skisport* ~**e Kombination** combiné alpin; ~**e Rasse** race alpine; ~**i'nismus** *m* ⟨~⟩ alpinisme *m*; ~**i'nist (-in)** *m* ⟨~en; ~en⟩ *(f)* ⟨~; ~nen⟩ alpiniste *m, f*; ~**inum** [-'piː-] *n* ⟨~s; ~s⟩ alpinum [-əm] *m.*

Älpler ['ɛlplər] *m* ⟨~s; ~⟩ *cf.* **Alpenbewohner.**

Alptraum ['alptraum] *m cf.* **Alpdruck.**

Alraun|(e) [al'raun(ə)] *m* ⟨~(e)s; ~e⟩ *(f)* ⟨~; ~n⟩ *bot.* mandragore *f* (*auch fig.*); ~ˌ**wurzel** *f* (racine *f* de) mandragore *f.*

als [als] *conj.* **1.** *in Verbindung mit subst. zur Bezeichnung e-r Eigenschaft* comme; en tant que; en qualité de; *zur Bezeichnung des Zwecks* pour; comme; à titre de; ~ **Schlosser arbeiten** travailler comme, en qualité de, en tant que serrurier; **er** ~ **Arbeiter** lui en tant que, en qualité de travailleur; ~ **Buchhalter angestellt werden** être engagé comme, en qualité de comptable; **etw.** ~ **Drucksache schicken** envoyer qc. comme imprimé; *Film, thé.* **j-n** ~ **Cid sehen** voir qn. dans le rôle du Cid; ~ **Staatsbürger handeln** agir en, en tant que, en qualité de citoyen; **j-n** ~ **Freund schätzen** estimer qn. comme ami, en qualité, à titre d'ami; ~ **Vorbild nehmen** prendre comme, pour modèle; ~ **Meister anerkennen** reconnaître pour, comme maître; ~ **Betrüger entlarven** démasquer comme fraudeur; **sich** ~ **Tyrann entpuppen** se révéler être un tyran; ~ **Sieger heimkehren** revenir vainqueur; **etw.** ~ **Medizin nehmen** prendre qc. comme médicament; **schon** ~ **Kind** étant encore enfant; **j-n** ~ **jungen Mann gekannt haben** avoir connu qn. jeune homme; **gelten** ~ passer pour; **dienen** ~ servir de; *cf. auch die betreffenden Verben und Substantive*; **2.** *vergleichend nach Komparativen* que; *vor Zahlenangaben* de; *zur Bezeichnung der Gleichheit* comme; **größer, älter** ~ plus grand, plus âgé que; **weniger, mehr** ~ moins, plus que; **mehr als hundert Personen** plus de cent personnes; **er ist anders** ~ **sein Bruder** il est autrement que son frère; **nichts anderes** ~ rien d'autre que; **er ist alles andere** ~ **glücklich** il est tout autre qu'heureux; il est loin d'être heureux; **nichts** ~ **leere Worte** rien que des mots vides; ~ **ob, wenn** comme si; **er tat,** ~ **ob er schliefe** il fit semblant de dormir; **es sieht aus,** ~ **wollte es regnen** on dirait qu'il va pleuvoir; **nicht** ~ **ob** ... non pas que ...; ce n'est pas que ... (+ *subj.*); F ~ **ob ich das nicht wüßte!** comme si je ne savais pas cela!; ~ **wenn das ein Unrecht wäre!** comme si cela était un tort!; **3.** *zur Bezeichnung der Folge* **die Zeit war zu kurz,** ~ **daß** ... le temps était trop court pour que ...; **er ist zu jung,** ~ **daß er es verstehen könnte** il est trop jeune pour comprendre cela; **4.** *zur Bezeichnung des Grundes* **um so mehr,** ~ ... d'autant plus que ...; **5.** *zur Bezeichnung der Einschränkung* **insofern, insoweit,** ~ ... dans la mesure où ...; pour autant que ...; **die beiden Brüder ähneln sich insoweit,** ~ **beide groß und schlank sind** les deux frères se ressemblent dans la mesure où ils sont grands et sveltes tous les deux; **6.** *e-n Temporalsatz einleitend* lorsque; quand; ~ **wir e-s Abends** ... un soir où, *st. s.* que nous ...; **damals** ~ ... à l'époque où ...; au moment où ...; autrefois lorsque ...; **kaum** (...) ~ à peine (...) que; **gerade** ~ **ich einschlafen wollte,** ... juste comme je voulais m'endormir ...; ~ **der letzte Ton verklungen war** ... lorsque *od.* quand le dernier son eut retenti; **er fuhr erst (ab),** ~ **die Arbeit fertig war** il ne partit que son travail fini, que lorsque *od.* quand son travail fut fini; **7. sowohl** ... ~ **auch** ... aussi bien ... que ...; non seulement ..., mais aussi *od.* encore ...; *st. s.* et ... et ...; **8.** *st. s. in Aufzählungen* ~ **da sind** ... comme ...; ~'**bald** *adv. cf.* **sofort** *u.* **bald;** ~'**baldig** *adj. comm.* **zum** ~**en Verbrauch bestimmt** destiné à être employé, utilisé immédiatement; usage immédiat recommandé; ~'**dann** *conj. cf.* **dann.**

Alse ['alzə] *f* ⟨~; ~n⟩ *zo.* alose *f.*

also ['alzoː] *conj.* **1.** *als Folgerung* donc; par conséquent; **man muß** ~ ... il faut donc, par conséquent ...; **das ist** ~ **schon fertig** c'est donc déjà fini; **heute abend** ~! ce sera donc pour ce soir!; **2.** *einleitend, als Antwort etc.* **a)** *zustimmend* ~ **gut** (, **ich bin einverstanden**)! bon alors!, eh bien alors! (c'est entendu); ~ **los!** allons!; allez!; **b)** *abschließend* ~ **mach's gut!** alors! au revoir!; **c)** *e-e Vermutung bestätigend* ~ **doch!** voyez-vous!; **d)** *als Verlegenheitsformel* voyons ...; or ...; ~ **wie gesagt** ... or, comme je viens de le dire ...; **e)** F **na** ~! voyez!; eh bien!

alt [alt] **I** *adj.* ⟨≈er, ≈est⟩ **1.** *Altersangabe* âgé; **sie ist zwanzig Jahre** ~ elle a vingt ans; elle est âgée de vingt ans; **wie** ~ **sind Sie?** quel âge avez-vous?; quel est votre âge?; **nächsten Montag** *etc.* **werde ich fünfzehn Jahre** ~ lundi prochain, *etc.* j'aurai quinze ans; **über sechzig Jahre** ~ **sein** avoir plus de soixante ans; avoir soixante ans passés; avoir dépassé la soixantaine; **er kann hundert Jahre** ~ **werden** il peut atteindre (l'âge de) cent ans; **er ist doppelt so** ~ **wie ich** il est deux fois plus âgé que moi; il a le double de mon âge; **er ist ebenso** ~ **wie ich** il est du même âge que moi; il est aussi âgé que moi; **für wie** ~ **halten Sie mich?** quel âge me donnez-vous?; *loc.* **man ist so** ~, **wie man sich fühlt** on a l'âge de ses artères; *cf. auch* **älter, ältest; 2.** (*bejahrt*) vieux, vieil, vieille; **ein** ~**er Mann** un vieil homme; ~**e Leute** de vieilles gens; ~**er Wein** du vin vieux; ~ **wie Methusalem** vieux comme Hérode, Mathusalem; **der** 2**e** le vieux (*auch* P *Vater*); **die** 2**e** la vieille (*auch* P *Mutter*); *bei Tieren* la mère; F **mein** ~**er Herr** (*Vater*) mon paternel; F **meine** ~**e Dame** (*Mutter*) ma mère; P **mein** 2**er** (*Ehemann*) mon vieux; P **meine** 2**e** (*Ehefrau*) ma vieille; P **der** 2**e** (*Chef*) le singe; F **ein** ~**es Semester** un vieux machin, truc; *studentisch* **die** ~**en Herren** *cf.* **Herr; ein kindischer** 2**er** un gaga; un gâteux; **e-e** ~**e Jungfer, ein** ~**es Mädchen** une vieille fille; **der** ~**e Goethe** le vieux Gœthe; ~ **und jung** jeunes et vieux; tout le monde; **auf s-e** ~**en Tage** sur ses vieux jours; **weder** ~ **noch jung sein** n'être ni jeune ni vieux; être entre deux âges; **schon ziemlich** ~ **sein** être assez vieux, âgé; ~ **genug sein, um** ... être en âge de ...; être d'âge à ...; *bei Kindern* être assez grand, âgé pour ...; **zu** ~ **sein, um** ... être trop vieux, âgé pour ...; ~ **werden** vieillir; devenir vieux; **e-e Schildkröte kann sehr** ~ **werden** une tortue peut vivre très longtemps; *Person* **sehr** ~ **geworden sein** avoir vécu très longtemps; être devenu très vieux; **langsam** ~ **werden** se faire vieux; avancer en âge; ~ **und schwach werden** devenir vieux et faible; vieillir et s'affaiblir; **in Ehren** ~ (**und grau**) **werden** vieillir dans l'estime générale; *fig. u.* F **hier werde ich nicht** ~ (*bleibe ich nicht lange*) je n'y reste pas; **jung gewohnt,** ~ **getan** *cf.* **gewohnt; wie die** 2**en sungen, so zwitschern auch die Jungen** *prov.* tel père, tel fils *prov.*; bon chien chasse de race *prov.*; **3.** *Gegenstände* vieux, vieil, vieille; **e-e** ~**e Hose** un vieux pantalon; ~**er Krempel, Kram** *cf.* **Krempel, Kram; etw.** ~ **kaufen** acheter qc. d'occasion; **zum** ~**en Eisen werfen** *cf.* **Eisen; aus** ~ **mach neu** faire du neuf avec du vieux; **4.** (*schon lange bestehend*) vieux, vieil, vieille; *mit historischem Wert* ancien, -nne; ~**e Erinnerungen** de vieux souvenirs; ~**e Gewohnheit** vieille habitude; **e-e** ~**e Erfahrung** une vieille expérience; **ein** ~**er Bekannter** une vieille connaissance; **ein** ~**es Vorurteil** un vieux préjugé; **ein** ~**er Fehler** une faute enracinée; **ein** ~**es Übel** un mal invétéré; ~**es Brot** du pain rassis; **die** ~**e Garde** la vieille garde; ~**es Sprichwort** vieux proverbe; ~**er Adel** vieille, ancienne noblesse; **ein** ~**er Name** un vieux nom; un nom ancien; **das** 2**e Testament** l'Ancien Testament; **die** 2**e und die Neue Welt** l'ancien et le nouveau monde; **ein** ~**er Berliner** (*lang ansässiger*) un vieux Berlinois; F **ein** ~**er Hase** *cf.* **Hase; das** ~**e Lied** la même chanson; **das ist e-e** ~**e Geschichte** c'est une vieille histoire; **die** ~**en Griechen** les anciens Grecs; ~**e Sprachen** langues anciennes; **das** ~**e Berlin** le Vieux-Berlin; ~**es Porzellan** ancienne porcelaine; ~**e Münzen** anciennes, vieilles monnaies; **5.** (*vorherig*) **zum** ~**en Preis** à l'ancien prix; **im** ~**en Gleis** *cf.* **Gleis; es bleibt alles beim** ~**en** tout reste comme par le passé; il n'y a rien de changé; **wir bleiben die** ~**en** nous restons les mêmes; nous ne changeons pas; **er ist noch ganz der** ~**e** il est encore, toujours le même; il n'a pas changé; **ein** ~**er Schüler von mir** un de mes anciens élèves; **die gute** ~**e Zeit** le bon vieux temps; **6.** F *verstärkend* vieux, vieil, vieille; ~**er Geizkragen** vieil avare; ~**er Junge!,** ~**es Haus!** mon vieux!; vieille branche!; mon pote!; ~**e Schachtel, Ziege** vieux tableau; vieille bique; ~**er Schwätzer** vieux bavard; ~**er Sünder** vieux pécheur; *cf. auch die betreffenden Substantive*; **II** 2 *m* ⟨~s; ~e⟩ *mus.* contralto *m*; *bei Instrumenten* alto *m*; ~'**adelig** *adj.* de vieille noblesse.

Altan [al'taːn] *m* ⟨~(e)s; ~e⟩ *bât.* balcon (supporté par des colonnes ou des murs).

altan|gesehen [ˌalt'ʔangəˌzeːən] *adj.* respecté, renommé depuis longtemps; ~ˌ**sässig** *adj. cf.* **alteingesessen.**

Altar [al'taːr] *m* ⟨~(e)s; -täre⟩ *égl.* autel *m*; *st. s.* **s-e Braut zum** ~ **führen** conduire sa fiancée à l'autel; *fig. u. poét.* **etw. auf dem** ~ **der Liebe, Freundschaft opfern** sacrifier, immoler qc. sur l'autel de l'amour, de l'amitié; ~ˌ**aufsatz** *m* retable *m*; ~ˌ**bild** *n* tableau *m* d'autel; *dreiteiliges* triptyque *m* d'autel; ~ˌ**blatt** *n* tableau *m* d'autel; ~ˌ**decke** *f* nappe *f* d'autel; ~ˌ**flügel** *m* volet *m* d'un triptyque; ~**geˌmälde** *n cf.* ~**bild;** ~**geˌrät** *n* vases *m/pl.*, accessoires *m/pl.* liturgiques;

~ˌglocke *f* clochette *f* liturgique; **~ˌkerze** *f* cierge *m* d'autel; **~ˌkreuz** *n* croix *f*, crucifix [-fi] *m* d'autel; **~ˌraum** *m* sanctuaire *m*; **~sakraˌment** *n* sacrement *m* de l'Eucharistie [-k-]; **~ˌschelle** *f* sonnette *f* d'autel; **~ˌschmuck** *m* ornements *m/pl.* d'autel; **~ˌstufe** *f* marche *f* d'autel; **~ˌtafel** *f cf.* ~blatt; **~ˌtisch** *m* table *f* d'autel.

alt|backen ['altˌbakən] *adj. Brot* rassis; *fig.* vieux jeu; **2bau** *m* ⟨~(e)s; ~ten⟩ construction *f* d'avant-guerre; **2bauˌmiete** *f* loyer *m* d'habitation d'avant-guerre; **2bauˌwohnung** *f* logement *m*, habitation *f* d'avant-guerre; **~beˌkannt** *adj.* connu depuis longtemps; F archiconnu; **e-e ~e Tatsache** un fait connu depuis longtemps; **~beˌrühmt** *adj.* de vieille réputation, renommée; **2beˌsitz** *m jur.* possession ancienne; **etw. im ~ haben** avoir qc. en sa possession depuis longtemps; **~beˌwährt** *adj. Rezept, Mittel etc.* infaillible; qui a fait ses preuves; **2ˌbundespräsiˌdent** *m in Deutschland* ancien président de la République fédérale; **~ˌchristlich** *adj.* **~e Kunst, Musik** art, musique dans les premiers siècles de l'ère chrétienne; **~deutsch** *adj. Möbel etc.* dans le style de la Renaissance allemande; **~'eingeˌführt** *adj. Geschäft* qui est implanté depuis longtemps; **~'eingeˌsessen** *adj.* établi depuis longtemps; vieux, vieil, vieille; **~'eingeˌwurzelt** *adj.* enraciné depuis longtemps; **2ˌeisen** *n* ferraille *f*; **2ˌeisenˌhändler** *m* marchand *m* de ferraille; ferrailleur *m*; **2enˌteil** *n* pension, prestations versée(s) par les enfants aux parents en cas de transfert de propriété ou de cession de biens des parents aux enfants; **s-e Eltern auf das ~ setzen** passer un contrat de rente viagère, de pension avec ses parents; **sich auf das ~ zurückziehen, auf dem ~ sitzen** recevoir une pension de ses enfants après leur avoir cédé ses propres biens.

Alter ['altər] *n* ⟨~s; ~⟩ **1.** âge *m*; (*Greisen2*) vieillesse *f*; (*Dienst2*) ancienneté *f*; **hohes ~** grand âge; **im schulpflichtigen ~** d'âge scolaire; **im heiratsfähigen ~** en âge de se marier; **im kritischen ~** dans l'âge critique; **im blühendsten ~** à, dans la fleur de l'âge; **im zartesten ~** dans sa plus tendre enfance; **im besten ~** dans la force de l'âge; **in vorgerücktem ~** quand on se fait vieux; âgé; d'un âge avancé; **unbestimmten ~s** d'un âge indéfinissable; **das ~ e-s Baumes, Bildes schätzen** estimer l'âge d'un arbre, d'un tableau; **in meinem ~** à mon âge; **er ist in meinem ~** il est de mon âge; **im ~ von dreißig Jahren** à (l'âge de) trente ans; **er ist für sein ~ groß, noch rüstig** il est grand, il est encore vert, alerte, dispos, allègre pour son âge; **man sieht ihm sein ~ nicht an** il ne paraît pas son âge; on ne lui donnerait pas son âge; **trotz s-s ~s** malgré son (grand) âge; **vom ~ gebeugt** chargé d'ans; **der Trost des ~s** la consolation de la vieillesse; F **das ist noch kein ~** ce n'est pas vieux; *Gegenstand* **durch das ~ abgenutzt** vétuste; **~ schützt vor Torheit nicht** *prov.* on fait des bêtises à tout âge; le temps blanchit les têtes sans les mûrir *prov.*; **2.** (*alte Leute*) personnes âgées; **das ~ hat den Vortritt** les personnes âgées ont la préséance (sur).

älter ['ɛltər] *adj.* (*comp. von* **alt**) **1.** plus âgé; plus vieux, vieil(le) (*bei Personen* F); *bei Verwandtschaftsbezeichnungen* aîné; *Gebäude etc. auch* plus ancien, -nne; **meine ~e Schwester** ma sœur aînée; mon aînée; **mein Bruder ist zwei Jahre ~ als ich** mon frère a deux ans de plus que moi; mon frère est mon aîné de deux ans; **mein Freund ist ~ als ich** mon ami est plus âgé, plus vieux que moi; **~ als zwanzig Jahre sein** avoir plus de vingt ans; **ich sehe ~ aus, als ich bin** je fais plus vieux que mon âge; **dieses Kleid macht dich ~** cette robe te vieillit; **sich ~ machen** se vieillir; **~ (und ~) werden** vieillir; avancer en âge; se faire vieux; **ein ~er Herr** un monsieur d'un certain âge; **~e Rechte haben** être le premier en date; avoir des droits antérieurs, plus anciens (**als j** à ceux de qn.); **die 2en unter uns werden sich noch daran erinnern** les plus âgés d'entre nous s'en souviendront encore; **2.** *bei Eigennamen* **Holbein der 2e** Holbein le Vieux, l'Ancien; **Jakobus der 2e** saint Jacques le Majeur; **L. Cranach der 2e** L. Cranach dit l'Ancien.

Alter|ation [alteˑratsiˑ'oːn] *f* ⟨~; ~en⟩ *mus.* altération *f*; **2ieren** [-'riː-] *st. s. v/t.* (*u. v/réfl.*) ⟨*pas de ge-*, h⟩ (s')émouvoir; **2iert** [-'riːrt] *adjt. mus.* **~er Akkord** accord altéré.

altern ['altərn] **I** *v/i.* ⟨-(e)re, sein⟩ vieillir (*auch von Wein, Parfum etc.*); se faire vieux; avancer en âge; **zu ~ anfangen** prendre de l'âge; **er ist auffallend gealtert** il a remarquablement vieilli; **II 2** *n* ⟨~s⟩ vieillissement *m*; *path.* sénescence *f*.

Altern|at [altɛr'naːt] *n* ⟨~(e)s; ~e⟩ *jur.* alternat *m*; **2a'tiv** *adj.* alternatif, -ive; **~a'tive** *f* ⟨~; ~n⟩ alternative *f*; **sich vor e-e ~ gestellt sehen** se trouver devant une alternative; **~a'tivobligaˌtiˌon** *f* obligation alternative; **2ieren** *st. s. v/i.* ⟨*pas de ge-*, h⟩ alterner; **2ierend** *adjt. métr.* **~e Verse** vers *m/pl.* dont le rythme est marqué par une alternance de longues et de brèves.

alters ['altərs] *adv. st. s.* **von ~ her, seit ~** de tout temps; depuis toujours; depuis les temps les plus reculés, anciens; **2ˌangabe** *f* indication *f* de l'âge; **2ˌaufbau** *m* ⟨~(e)s⟩ *Demographie* pyramide *f* des âges; **~beˌdingt** *adj.* dû à l'âge; **2beˌschwerden** *f/pl.* incommodités *f/pl.* de l'âge; **2beˌstimmung** *f von Tieren, Pflanzen etc.* détermination *f* de l'âge; **2ˌblödsinn** *m path.* démence *f* sénile; **2erˌscheinung** *f* signe *m* de vieillesse; **2ˌfürsorge** *f* aide *f* aux personnes âgées; **2geˌnosse, 2geˌnossin** *m, f* camarade *m, f* du même âge; **Altersgenossen sein** être du même âge; **~geˌschwächt** *adj.* affaibli par l'âge; **~ˌgrau** *st. s. adj.* chenu; **2ˌgrenze** *f* limite *f* d'âge; *bes. für die Pensionierung* âge *m* de la retraite; **die ~ erreichen** atteindre la limite d'âge, l'âge de la retraite; **2ˌgründe** *m/pl.* **aus ~n** pour des raisons d'âge; **2ˌgruppe** *f* catégorie *f* d'âge; **alle ~n waren vertreten** tous les âges étaient représentés; **sie gehören alle der gleichen ~ an** ils appartiennent tous à la même catégorie d'âge; ils sont tous du même âge; **2ˌheim** *n* maison *f* de retraite; hospice *m*, asile *m* de vieillards; **2ˌhilfe** *f* aide *f* pour les vieux travailleurs (agricoles, *etc.*); **2ˌklasse** *f cf.* 2gruppe; **2klassenˌeinteilung** *f* groupement *m*, classification *f* par âge; **2ˌkrankheiten** *f/pl.*, **2ˌleiden** *n/pl.* maladies *f/pl.* de l'âge, de la vieillesse; maladies séniles; **~ˌmüde** *adj.* fatigué par l'âge; **2präsiˌdent(in)** *m* (*f*) doyen, -nne *m, f* d'âge; **2pyraˌmide** *f cf.* 2aufbau; **2ˌrente** *f* pension *f* de vieillesse, de retraite; retraite *f* des vieux (travailleurs); F retraite *f*; **2rentenemˌpfänger** *m* bénéficiaire *m* d'une pension de vieillesse; **2ˌruhegeˌhalt** *n* pension *f* d'ancienneté; **2ˌruheˌgeld** *n cf.* 2rente; **~ˌschwach** *adj.* affaibli par l'âge; *fig. Tisch etc.* vieux, vieil, vieille; délabré; **2ˌschwäche** *f* sénilité *f*; affaiblissement *m* par l'âge; décrépitude *f*; **an ~ sterben** mourir de vieillesse; mourir de sa belle mort; **2ˌsichtigkeit** *f* ⟨~⟩ *path.* presbytie [-si] *f*; **2ˌstufe** *f* âge *m*; *cf. auch* 2gruppe; **2ˌunterschied** *m* différence *f* d'âge; **2unterˌstützung** *f* allocation *f* vieillesse; **2verˌsicherung** *f* assurance *f* vieillesse; **2- und Inva'lidenverˌsicherung** *f* assurance *f* vieillesse et invalidité; **2verˌsorgung** *f* pension *f* de vieillesse, de retraite; **2ˌweisheit** *f* sagesse *f* de la vieillesse; **2ˌwerk** *n* œuvre *f* des vieux jours; **2ˌzulage** *f* prime *f* d'ancienneté.

Alter|tum ['altərˌtuːm] *n* ⟨~(e)s⟩ Antiquité *f*; **das klassische ~** l'Antiquité classique; **das frühe ~** la haute Antiquité; **~tüme'lei** *f* ⟨~; ~en⟩ manie *f* de l'Antiquité, des époques anciennes, des choses anciennes; **~ˌtümer** *n/pl.* antiquités *f/pl.*; **2ˌtümlich** *adj. Geschirr, Gebäude etc.* antique; *Wort, Sitten* archaïque [-k-]; **~ˌtümlichˌkeit** *f* ⟨~; ~en⟩ caractère *m* antique, archaïque; **~tumsˌforscher** *m* archéologue [-k-] *m*; **~tumsˌforschung** *f*, **~tumsˌkunde** *f* archéologie [-k-] *f*; **~tumsmuˌseum** *n* musée *m* d'archéologie, archéologique, d'antiquités; **~tumsˌsammler** *m* collectionneur *m* d'antiquités; **~tumsˌwert** *m* valeur *f* d'antiquité, antique; **~tumsˌwissenschaft** *f* archéologie [-k-] *f*; **~ung** *f* ⟨~⟩ *cf.* Altern; **~ungsproˌzeß** *m* processus [-ys] *m* de vieillissement.

ältest ['ɛltəst] *adj.* (*sup. von* **alt**) le plus vieux, ancien, âgé *bzw.* la plus vieille, ancienne, âgée; *verwandtschaftlich* aîné; **die ~en Gebäude der Stadt** les plus vieux, les plus anciens bâtiments de la ville; **der ~e Schüler der Klasse** l'élève le plus âgé, le plus vieux de la classe; **mein ~er Bruder** mon frère aîné; mon aîné; **unser 2er** notre aîné; **2enˌrat** *m Parlament* conférence *f* des représentants des groupes parlementaires; *in Frankreich* conférence *f* des présidents.

alt|französisch ['altfranˌtsøːzɪʃ] *adj.* ancien, vieux français; **die ~e Literatur** la littérature française du Moyen Âge; **das 2e** l'ancien, le vieux français; le français du Moyen Âge; **im 2en** en ancien, vieux français; **~geˌdient** *adj. Soldat, Parteimitglied etc.* blanchi sous le harnois; **2geˌselle** *m* maître compagnon *m*; **~geˌwohnt** *adj.* habituel, -lle; **2gold** *n* vieil or; **~ˌgriechisch** *adj.* de la Grèce ancienne; grec ancien, grecque ancienne; hellénique; **das 2e** le grec ancien; le vieux grec.

Althäe [al'tɛːə], **Althee** *f* ⟨~⟩ *bot.* althæa *od.* althée *m*.

Alt|händler ['altˌhɛndlər] *m* brocanteur *m*; **2'hergeˌbracht, 2'herˌkömmlich** *adj.* traditionnel, -lle; ancien, -nne; **2hochˌdeutsch** *adj.* vieux, ancien 'haut allemand; **das 2e** le vieux, l'ancien 'haut allemand; **~istin** [-'tɪs-] *f* ⟨~; ~nen⟩ *mus.* contralto *m*; **2'jüngferˌlich 1.** *adj.* de vieille fille; **2.** *adv.* comme une vieille fille; à la manière des vieilles filles; **~katho'liken** *m/pl.* vieux-catholiques *m/pl.*; **2ka'tholisch** *adj.* vieux-catholique, vieille-catholique; ≈**klug** *adj. Kind* précoce (et arrogant); blanc-bec; **den ≈en spielen** prendre des airs de grande personne; ~**klugˌheit** *f* précocité (mêlée d'arrogance).

ältlich ['ɛltlɪç] *adj. Fräulein etc.* vieillot, -tte; qui n'est plus de la première jeunesse; d'un certain âge.

Alt|material ['altmate·ri·ˌɑːl] *n* matériel usagé; vieux matériel; ~ˌ**meister** *m Wissenschaftler etc.* vieux maître; chef *m* d'école, F de file; *Sport* ancien champion; ~**meˌtall** *n* ferraille *f*; vieux métal; ~**metallverˌhüttung** *f* traitement *m* métallurgique, refonte *f* de la ferraille; ~ˌ**miete** *f cf.* Altbaumiete; ≈ˌ**modisch** *adj.* démodé; passé de mode; **er hat ~e Ansichten** il a des idées démodées, périmées; il est vieux jeu; ≈ˌ**nordisch** *adj. ling.* vieux norrois; **das ≈e** le vieux norrois; ~**paˌpier** *n* vieux papiers; ~**philoˌloge** *m* philologue *m*, linguiste [-gɥist] *m* classique; ~**philoloˌgie** *f* philologie *f* classique; ≈**philoˌlogisch** *adj.* de philologie *bzw.* de philologue classique.

Altruis|mus [altru·'ɪsmʊs] *m* ⟨~⟩ altruisme *m*; ~**t** *m* ⟨~en; ~en⟩ altruiste *m*; ≈**tisch** *adj.* altruiste.

Alt|schnee ['altʃneː] *m* neige ancienne; ~ˌ**silber** *n* vieil argent; ~ˌ**sprachler** *m* ⟨~s; ~⟩ *cf.* Altphilologe; ≈ˌ**sprachlich** *adj.* ~**es Gymnasium** lycée classique; *cf. auch* **altphilologisch**; ~**stadt** *f* vieille ville; cité *f*; ~'**steinzeit** *f* paléolithique *m*; ~ˌ**stimme** *f mus.* contralto *m*; **sie hat e-e wundervolle ~** elle a une magnifique voix de contralto; c'est un magnifique contralto; ≈**testaˌmentlich** *adj.* de *od.* relatif, -ive à l'Ancien Testament; ≈ˌ**über'liefert** *adj.* traditionnel, -lle; ancien, -nne; ≈ˌ**väterlich** *adj.* patriarcal; *fig.* à l'ancienne mode; ≈**verˌtraut** *adj.* familier, -ière; bien connu; ~ˌ**vordere(n)** *m/pl.* ⟨→ A⟩ *poét.* ancêtres *m/pl.*; aïeux *m/pl.*; ~**warenˌhandel** *m* brocante *f*; ~**warenˌhändler** *m* brocanteur *m*; ~**warenˌhandlung** *f* magasin *m*, boutique *f* de brocanteur; ~ˌ**wasser** *n e-s Flusses* eaux mortes; ~'**weibergeˌschwätz** *n* commérages *m/pl.*; papotages *m/pl.*; ~'**weiberˌsommer** *m* **1.** *Spinnfäden* fils [-l] *m/pl.*, cheveux *m/pl.* de la Vierge; **2.** *Jahreszeit* derniers beaux jours de l'automne; été *m* de la Saint-Martin; ~ˌ**werden** *n* ⟨~s⟩ vieillissement *m*; **die Kunst des ~s** l'art de vieillir; ~**wert** *m* valeur ancienne; ~ˌ**wohnung** *f cf.* Altbauwohnung.

Alumin|at [alu·mi·'nɑːt] *n* ⟨~(e)s⟩ *chim.* aluminate *m*; ~**it** *m* ⟨~s⟩ *minéral.* aluminite *f*.

Aluminium [alu·'miːni·ʊm] *n* ⟨~s⟩ aluminium [-jɔm] *m*; ~ˌ**blech** *n* tôle *f* d'aluminium; ~ˌ**bronze** *f* bronze *m* à l'aluminium; ~ˌ**folie** *f* feuille *f* d'aluminium; ~**geˌwinnung** *f* extraction *f* de l'aluminium; ~**hydroˌxyd** *n chim.* hydroxyde *m* d'aluminium; alumine *f*; ~**leˌgierung** *f* alliage *m* d'aluminium; ~**oˌxyd** *n chim.* oxyde *m* d'aluminium; alumine *f*; ~**sulˌfat** *n chim.* sulfate *m* d'aluminium; ~ˌ**topf** *m* casserole *f* en aluminium.

Aluminothermie [alu·mi·no·tɛr'miː] *f* ⟨~; -ien⟩ *métall.* aluminothermie *f*.

Alumn|at [alʊm'nɑːt] *n* ⟨~(e)s; ~e⟩ internat *m*; pensionnat *m*; *von relig. Orden* alumnat *m*; ~**e** [-'lʊm-] *m* ⟨~n; ~n⟩ élève *m* d'un internat, *etc.*

Alveole [alve·'oːlə] *f* ⟨~; ~n⟩ *anat.* alvéole *m*.

Alwegbahn ['alveːkˌbɑːn] *f chem.* monorail *m*.

am [am] *prép.* **an** + *art.* **dem 1.** *vor Superlativen* le; ~ **schnellsten** le plus vite; ~ **einfachsten** le plus simple; **2. a)** *räumlich meist* à; *géogr. bei Flüssen etc.* sur; *bei Plätzen unübersetzt*; ~ **Fenster** à la fenêtre; ~ **Knie** au genou; ~ **Griff anfassen** prendre par le manche; ~ **Odeonsplatz (wohnen)** (habiter) Place de l'Odéon; **Frankfurt ~ Main** Francfort-sur-le-Main; **Köln liegt ~ Rhein** Cologne est située sur le Rhin; ~ **Meer** au bord de la mer; à la mer; ~ **Mittelmeer** au bord de la Méditerranée; sur la côte méditerranéenne; ~ **Strand** à *od.* sur la plage; **b)** *zeitlich meist bloßer acc.* ~ **Morgen** le matin; ~ **frühen Morgen** de bon, de grand matin; au petit matin; tôt le matin; ~ **Abend** le soir; ~ **Abend s-s Lebens** au soir de sa vie; ~ **Tage** le jour; ~ **hellichten Tage** en plein jour; ~ **Tage schlafen** dormir le jour; ~ **Tage arbeiten** travailler le *od.* de jour; F ~ **Tage dreißig Mark verdienen** gagner trente marks par jour; ~ **Tage vorher, danach** le jour d'avant, d'après; ~ **ersten Mai** le premier mai; ~ **Montag** lundi; ~ **kommenden Montag** lundi prochain; ~ **Montag danach** le lundi d'après; **c)** *fig.* ~ **Leben sein** être en vie; **das liegt mir ~ Herzen** cela me tient à cœur; *cf. auch die betreffenden Substantive*; **3.** F *mit dem Infinitiv* en train de; **er ist ~ Schreiben** il est en train d'écrire; **er war ~ Schreiben** il écrivait.

Amalgam [amal'gɑːm] *n* ⟨~s; ~e⟩ amalgame *m*; ~**ati'on** *f* ⟨~; ~en⟩ *techn.* amalgamation *f*; ~ˌ**füllung** *f Zahn* plombage *m* d'amalgame; ≈**ieren** [-'miː-] *v/t.* ⟨*pas de ge-*, h⟩ *techn.* amalgamer; ~**ierung** [-'miː-] *f* ⟨~⟩ *cf.* ~ation; ~ˌ**plombe** *f cf.* ~füllung.

Amarant[1] [ama'rant] *m* ⟨~s; ~e⟩ *bot.* amarante *f*; ~[2] *n* ⟨~s⟩ *Farbe* amarante *m*; ~**geˌwächse** *n/pl. bot.* amarantacées *f/pl.*; ~ˌ**holz** *n* bois *m* d'amarante.

Amaryllis [ama'rʏlɪs] *f* ⟨~; -llen⟩ *bot.* amaryllis [-is] *f*.

Amateur [ama'tøːr] *m* ⟨~s; ~e⟩ amateur *m*; ~ˌ**boxer** *m* boxeur amateur; ~ˌ**film** *m* film *m* d'amateur; ~ˌ**funk** *m* radio *f* d'amateurs; ~**photoˌgraph** *m* photographe amateur; ~ˌ**sport** *m* sport *m* d'amateurs; amateurisme *m*.

Amazone [ama'tsoːnə] *f* ⟨~; ~n⟩ amazone *f* (*auch fig.*); ≈**nˌhaft** *adj.* comme une *od.* d'amazone.

Amber ['ambər] *m* ⟨~s; ~(n)⟩ *cf.* Ambra; ~ˌ**baum** *m bot.* liquidambar *m*.

Ambi|tion [ambi·tsi·'oːn] *f* ⟨~; ~en⟩ ambition *f*; **künstlerische ~en haben** avoir des ambitions artistiques; F **da (-nach) habe ich keine ~en** je n'ai aucune ambition pour cela; ≈**va'lent** *adj.* ambivalent; ~**va'lenz** *f* ⟨~⟩ ambivalence *f*.

Amboß ['ambɔs] *m* ⟨-sses; -sse⟩ *techn., anat.* enclume *f*; *fig.* **zwischen Hammer und ~ geraten** être pris entre l'enclume et le marteau; **man muß entweder ~ oder Hammer sein** il faut souffrir ou faire souffrir; ~ˌ**bahn** *f* table *f* d'enclume; ~ˌ**horn** *n* bigorne *f*; corne *f* de l'enclume.

Ambra ['ambra] *f* ⟨~; ~s⟩ ambre *m*.

Ambrosia [am'broːzi·a] *f* ⟨~⟩ *poét.* ambroisie *f*; ≈**nisch** [-'ɑː-] *adj. relig.* ≈**er Gesang** chant ambrosien.

ambul|ant [ambu·'lant] *adj.* **a)** *comm.* ambulant; ~**es Gewerbe**, ~**er Handel** commerce ambulant; ~**er Händler** marchand itinérant, ambulant, forain; **b)** *méd.* ~**e Behandlung** traitement qui ne nécessite pas d'hospitalisation; ~**er Patient** malade, patient non hospitalisé; ≈**anz** *f* ⟨~; ~en⟩ **1.** (*Krankenauto*) ambulance *f*; **2.** (*Behandlungsstelle*) dispensaire *m*; ≈**anzˌwagen** *m cf.* ≈anz 1.; ~**a'torisch** *adj. cf.* ~ant **b)**; ≈**a'torium** *n* ⟨~s; -ien⟩ *cf.* ≈anz 2.

Ameise ['ɑːˌmaɪzə] *f* ⟨~; ~n⟩ *zo.* fourmi *f*; ~**nˌäther** *m chim.* formiate *m* d'éthyle; ~**nˌbär** *m zo.* fourmilier *m*; **großer ~** tamanoir *m*; grand fourmilier; **kleiner ~** tamandua *m*; petit fourmilier; ~**nˌei** *n* œuf *m* de fourmi; ~**nˌfresser** *m/pl. zo.* fourmiliers *m/pl.*; *sc.* myrmécophagidés *m/pl.*; ~**nˌgäste** *m/pl. zo.* myrmécophiles *m/pl.*; ~**nˌhaufen** *m* fourmilière *f* (*auch fig.*); ~**nˌigel** *m zo.* échidné [-k-] *m*; ~**nˌlöwe** *m zo.* fourmi-lion *m*; ~**nˌsäure** *f chim.* acide *m* formique; ~**nˌspiritus** *m* esprit *m*, alcool *m* formique; ~**nˌstaat** *m* fourmilière *f*; colonie *f*, cité *f* de fourmis.

Amelioration [ame·li·o·ratsi·'oːn] *f* ⟨~; ~en⟩ *des Bodens etc.* amélioration *f* (du sol).

amen ['ɑːmɛn, -mən] **I** *adv. relig.* amen [-ɛn]; *nach e-m Gebet in französ. Sprache* ainsi soit-il; *fig.* **zu allem ja und ~ sagen** dire tout le temps oui; consentir à tout; dire amen à tout; **II** ≈ *n* ⟨~s; ~⟩ amen *m*; *fig.* **sicher wie das ~ in der Kirche** sûr et certain; sûr comme deux et deux font quatre.

Amerikan|er(in) [ame·ri·'kɑːnər(ɪn)] *m* ⟨~s; ~⟩ (*f*) ⟨~; ~nen⟩ Américain(e) *m(f)*; ≈**isch** *adj.* américain; *pol. in Zssgn.* américano- (*par ex.* ~-russisch américano-russe); **auf ~e Art** à l'américaine; ≈**i'sieren** *v/t.* ⟨*pas de ge-*, h⟩ américaniser; ~**i'sierung** *f* ⟨~⟩ américanisation *f*; ~**ismus** [-'nɪs-] *m* ⟨~; -men⟩ américanisme *m* (*auch ling.*); ~**ist** [-'nɪst] *m* ⟨~en; ~en⟩ américaniste *m*; ~**istik** [-'nɪs-] *f* ⟨~⟩ **1.** science *f* qui étudie les indigènes de l'Amérique; **2.** science *f* qui étudie l'Amérique du Nord.

Amethyst [ame·'tʏst] *m* ⟨~(e)s; ~e⟩ *minéral.* améthyste *f*.

Ami ['ami·] *m* ⟨~s; ~s⟩ F (*Amerikaner*) Ricain *m*; Amerlo(que) *m*.

Ami|d [a'miːt] *n* ⟨~s; ~e⟩ *chim.* amide *m*; ~'**dol** *n* ⟨~s⟩ *phot.* amidol *m*; ~**n** *n* ⟨~s; ~e⟩ *chim.* amine *f*; ~**nophe'nol** *n* ⟨~s⟩ *chim.* aminophénol *m*; ~**no'plaste** *pl. Kunstharze* aminoplastes *m/pl.*; ~**noˌsäure** *f chim., biol.* acide aminé; aminoacide *m*.

Amme ['amə] *f* ⟨~; ~n⟩ nourrice *f*; *enf.* nounou *f*; ~**nˌmärchen** *n* conte *m* à dormir debout; histoires *f/pl.*; conte *m* de bonne(s) femme(s); conte bleu.

Ammer ['amər] *f* ⟨~; ~n⟩ *zo.* bruant *m*.

Ammoniak [amo·ni·'ak, 'a-] *n* ⟨~s⟩ *chim.* ammoniac [-k] *m*; gaz *m* ammoniac; ~**at** [-'kɑːt] *n* ⟨~(e)s; ~e⟩ *chim.* ammoniacate *m*; ~ˌ**dämpfe** *m/pl.* vapeurs *f/pl.* d'ammoniac; ~**geˌruch** *m* odeur ammoniacale; ≈ˌ**haltig** *adj.* ammoniacal; ~ˌ**lösung** *f* solution ammoniacale; ~**verˌgiftung** *f méd.* intoxication due à l'ammoniac; ~ˌ**wasser** *n* eau ammoniacale.

Ammonit [amo·'niːt, -'nɪt] *m* ⟨~en; ~en⟩ *cf.* Ammonshorn.

Ammonium [a'moːni·ʊm] *n* ⟨~s⟩ *chim.* ammonium [-jɔm] *m*; ~**chloˌrid** *n* chlorure *f* d'ammonium; ~**karboˌnat** *n* carbonate *m* d'ammonium; ~**niˌtrat** *n* nitrate *m* d'ammonium; ~**phosˌphat** *n* phosphate *m* d'ammonium; ~ˌ**salz** *n* sel *m* d'ammonium; sel ammoniacal; **~sulˌfat** *n* sulfate *m* d'ammonium.

Ammonshorn ['amɔnsˌhɔrn] *n Fossil* ammonite *f*.

Amnesie [amne'ˈziː] *f* ⟨~; **-ien**⟩ *path.* amnésie *f*.

Amnestie [amnɛs'tiː] *f* ⟨~; **-ien**⟩ *jur.* amnistie *f*; **2ren** *v/t.* ⟨*pas de ge-*, **h**⟩ amnistier; **~rte(r)** *m* ⟨→ **A**⟩ amnistié *m*.

Amöbe [a'møːbə] *f* ⟨~; **~n**⟩ *zo.* amibe *f*.

Amok ['ɑːmɔk, a'mɔk] *m* ⟨**~s**⟩ ~ **laufen** courir à travers les rues en proie à une crise de folie meurtrière; devenir fou furieux; **~ˌlaufen** *n bei den Malaien* amok [-k] *m*; *fig.* folie meurtrière; **~ˌläufer** *m* amok *m*; fou furieux.

a-Moll ['ɑːmɔl] *n* ⟨~⟩ *mus.* la *m* mineur.

Amor ['ɑːmɔr] *m* ⟨**~s**⟩ *myth.* Amour *m*; Cupidon *m*.

amoral|isch ['amo'ˌrɑːlɪʃ, -'rɑː-] *adj.* amoral; *von Personen auch* amoraliste; **2ismus** [-'lɪs-] *m* ⟨~⟩ *philos.* amoralisme *m*; **2i'tät** *f* ⟨~⟩ amoralité *f*.

Amorette [amo'ˈrɛtə] *f* ⟨~; **~n**⟩ *Kunst* amouret *m*.

amorph [a'mɔrf] *adj.* amorphe.

Amortis|ation [amɔrti'zatsi'ˈoːn] *f* ⟨~; **~en**⟩ *comm.* amortissement *m*; **~ati'onsˌfonds** *m* fonds *m* d'amortissement; **~ati'onsˌplan** *m* plan *m* d'amortissement; **2ierbar** [-'ziːr-] *adj.* amortissable; **2ieren** [-'ziː-] *v/t.* ⟨*pas de ge-*, **h**⟩ amortir; **~ierung** [-'ziː-] *f* ⟨~⟩ *cf.* **~ation**.

Ampel ['ampəl] *f* ⟨~; **~n**⟩ **1.** *Lampe* (petite) lampe à suspension; **2.** (*Verkehrs2*) feux *m/pl.* de signalisation; **die ~ zeigt Grün** les feux sont au vert.

Ampere [ɑ̃ː'pɛːr, am'pɛːr] *n* ⟨**~(s)**; ~⟩ *élect.* ampère *m*; **~'meter** *n* ⟨**~s**; ~⟩ ampèremètre *m*; **~ˌstunde** *f* ampère-heure *m*; **~ˌwindungsˌzahl** *f Maßeinheit* ampèretour *m*.

Ampfer ['ampfər] *m* ⟨**~s**⟩ *bot.* rumex [-ks] *m*.

Amphi|bie [am'fi·bi·ə] *f* ⟨~; **~n**⟩ *zo.* amphibie *m*; *pl.* **~n** *als Tierklasse* amphibiens *m/pl.*; **~bienˌfahrzeug** *n* véhicule *m* amphibie; **~bienˌflugzeug** *n* (avion *m*) amphibie *m*; **~bienˌpanzer** *m* char *m* amphibie; **2bisch** *adj.* amphibie; **~'bol** *m* ⟨**~s**; **~e**⟩ *minéral.* amphibole *f*; **~theˌater** *n* amphithéâtre *m*; **2thea'tralisch** *adj.* disposé en amphithéâtre.

Ampho|ra ['amfo·ra] *f* ⟨~; **-'oren**⟩ amphore *f*; **2'ter** *adj. chim.* amphotère.

Amplitude [ampli'ˈtuːdə] *f* ⟨~; **~n**⟩ *phys.* amplitude *f*; **~nmodulatiˌon** *f rad.* modulation *f* d'amplitude.

Ampulle [am'pʊlə] *f* ⟨~; **~n**⟩ ampoule *f* (*auch anat.*); **~nˌsäge** *f* scie *f* à ampoules.

Amput|ation [ampu·tatsi'ˈoːn] *f* ⟨~; **~en**⟩ *chir.* amputation *f*; **2ieren** [-'tiː-] *v/t.* ⟨*pas de ge-*, **h**⟩ amputer; **~ierte(r)** [-'tiːr-] *m* ⟨→ **A**⟩ amputé *m*; **~ierung** [-'tiː-] *f* ⟨~⟩ *cf.* **~ation**.

Amsel ['amzəl] *f* ⟨~; **~n**⟩ *zo.* merle *m*; *junge auch* merleau *m*.

Amt [amt] *n* ⟨**~(e)s**; **ⸯer**⟩ **1.** (*Dienststelle*) service *m*; office *m*; administration *f*; bureau *m*; **von ~s wegen** d'office; **Auswärtiges ~** ministère des Affaires étrangères; *tél.* **das Fräulein vom ~** la demoiselle du téléphone; la téléphoniste; la standardiste; **ein ~ leiten** diriger un service, un office; **auf e-m ~ vorsprechen, vorstellig werden** s'adresser à un service; **die Ämter sind samstags geschlossen** les administrations sont fermées le samedi; **2.** (*amtliche Tätigkeit*) fonction(s) *f(pl.)*; charge *f*; (*Posten*) poste *m*; place *f*; **ein hohes ~** une 'haute fonction; **ein öffentliches, geistliches ~** une charge publique, ecclésiastique; des fonctions publiques, ecclésiastiques; **ein einträgliches ~** une fonction, une charge, un poste qui rapporte; **j-n in sein ~ einführen** installer qn. dans ses fonctions; investir qn.; **j-m ein ~ übertragen** charger qn. d'une fonction; **j-m ein ~ anvertrauen** confier une fonction, une charge, un poste à qn.; **j-n s-s ~es entheben** relever qn. de ses fonctions; destituer, révoquer qn.; **ein ~ antreten, übernehmen** entrer en fonction; prendre ses fonctions; **j-m sein ~ übergeben** passer ses fonctions à qn.; **ein ~ innehaben, bekleiden** occuper une fonction, une charge; être investi d'une fonction, d'une charge; **ein ~ ausüben** exercer une fonction; **in Ausübung s-s ~es** dans l'exercice de ses fonctions; **kraft s-s ~es** en vertu de ses fonctions; **im ~ sein, in ~ und Würden stehen** être en fonction; **sein ~ niederlegen** se démettre de ses fonctions; démissionner; résigner, abandonner ses fonctions, sa charge; *fig.* **tun, was s-s ~es ist,** *st. s.* **s-s ~es walten** s'acquitter de ses fonctions; faire son devoir; *fig.* **das ist nicht meines ~es** cela n'est pas de ma compétence, de mon ressort; **3.** *égl. cath.* messe chantée.

Ämterhäufung ['ɛmtərˌhɔʏfʊŋ] *f* cumul *m* de fonctions.

amt|ieren [am'tiːrən] *v/i.* ⟨*pas de ge-*, **h**⟩ être en fonction; **~ als** exercer les fonctions de; *stellvertretend* faire fonction de; **~lich** ['amt-] **1.** *adj.* officiel, -lle; **~e Bekanntmachung, Mitteilung** communiqué officiel; **~er Wortlaut** texte officiel; **~e Maßnahme** mesure officielle; **~e Genehmigung** autorisation officielle; **~e Unterlagen** papiers, documents officiels; **~es Kursbuch** indicateur officiel; *Fahrzeug* **~es Kennzeichen** numéro *m* d'immatriculation; **auf ~em Wege** par voie officielle; **in ~er Eigenschaft** à titre officiel; **aus ~er Quelle verlautet, daß…** on communique de source officielle que…; **mit ~er Miene** d'une mine officielle; F **ist das schon ~?** est-ce (déjà) officiel?; **2.** *adv.* officiellement; **etw. ~ bestätigen, anordnen** confirmer, ordonner qc. officiellement; **2mann** ['amt-] *m* ⟨**~(e)s**; **-männer** *od.* **-leute**⟩ *etwa* fonctionnaire *m* du service élevé, appartenant aux cadres moyens; *hist.* bailli *m*.

Amts|adel ['amtsˌˀɑːdəl] *m hist.* noblesse *f* de robe; **~ˌanmaßung** *f* usurpation *f* de fonctions; **~ˌantritt** *m* entrée *f* en fonction; **~ˌanwalt** *m jur. etwa* procureur *m* auprès d'un tribunal d'instance; **~ˌanwärter(in)** *m(f)* candidat(e) *m(f)* (à une fonction); **~arzt** *m* médecin attaché aux services de la santé publique; **2ˌärztlich** *adj.* **~e Bescheinigung** certificat médical délivré par les services de la santé publique; **~ˌausübung** *f* exercice *m* des fonctions, de la charge; **~beˌfugnis** *f cf.* **~gewalt**; **~beˌreich** *m* ressort *m*; **~beˌzeichnung** *f* désignation *f* de la fonction; grade *m* de la hiérarchie; **~blatt** *n* journal officiel; **~ˌbruder** *m égl.* confrère *m*; **~ˌdauer** *f* durée *f* des fonctions; **~deutsch** *n* ⟨→ **A**⟩ jargon administratif allemand; **~ˌdiener** *m* huissier *m*; **~eid** *m* serment *m* d'entrée en fonction; *von Beamten* serment professionnel; *e-s Staatspräsidenten etc.* serment *m* politique; **~ˌeinführung** *f* installation *f* dans ses fonctions; investiture *f*; **~entˌhebung** *f* destitution *f*; **~franˌzösisch** *n* ⟨→ **A**⟩ jargon administratif français; **~ˌführung** *f* gestion *f* des fonctions, de la charge; **~geˌbäude** *n* bâtiment officiel; **~geˌheimnis** *n* secret professionnel; **~geˌricht** *n jur. etwa* tribunal *m* d'instance; **~geˌschäfte** *n/pl.* fonctions *f/pl.*; **~geˌwalt** *f* pouvoirs *m/pl.*; **~ˌhaftung** *f* responsabilité *f* (d'un fonctionnaire) de la légalité de ses actes; **~ˌhandlung** *f* acte accompli dans le cadre, dans l'exercice de ses fonctions; acte administratif, judiciaire; **e-e ~ vornehmen** accomplir un acte administratif, judiciaire; **~ˌhilfe** *f* assistance, entraide administrative; **~ˌinhaber** *m* titulaire *m* d'une fonction, d'une charge; **~ˌkette** *f e-s Bürgermeisters etc.* chaîne *f* d'or, collier *m* (d'un maire, d'un recteur d'université allemand); **~ˌmiene** *f* mine officielle; air professionnel; **e-e ~ aufsetzen** prendre une mine officielle, un air professionnel; **~ˌmißbrauch** *m* abus *m*, excès *m* de pouvoir; **2ˌmüde** *adj.* las, -sse, fatigué, dégoûté de ses fonctions; **~ˌnachfolger** *m* successeur *m* (dans ses fonctions); **~ˌniederlegung** *f* démission *f*; **~periˌode** *f* période *f* d'exercice des fonctions; magistrature *f*; **~perˌson** *f* personnage officiel; fonctionnaire *m*; magistrat *m*; **~pflicht** *f* devoir *m*, obligation *f* d'une charge, d'une fonction; devoir professionnel; obligation professionnelle; **Verletzung der ~** violation du devoir professionnel, des obligations professionnelles; prévarication *f*; **s-e ~ verletzen** manquer au devoir, aux obligations de sa charge; prévariquer; **~ˌrichter** *m jur. etwa* juge *m* auprès d'un tribunal d'instance; **~ˌschimmel** F *m* ⟨**~s**⟩ bureaucratie [-si] *f*; routine administrative; lenteurs *f/pl.* de l'administration; **den ~ reiten** être à cheval sur le règlement; **~ˌsiegel** *n* sceau officiel; **~sitz** *m* résidence officielle; **~ˌsprache** *f* **1.** *e-s Landes* langue officielle; **2.** jargon administratif; **~ˌstunden** *f/pl.* heures *f/pl.* de service; **~ˌtätigkeit** *f* activité officielle; **~ton** ton officiel; **~tracht** *f* costume officiel; **~ˌübergabe** *f* passation *f* des pouvoirs; **~ˌübernahme** *f* entrée *f* en fonction; prise *f* de fonctions; **~verˌbrechen** *n jur.* forfaiture *f*; **~verˌgehen** *n jur.* délit commis dans l'exercice des fonctions; **~verˌschwiegenheit** *f* discrétion professionnelle; **~ˌvorgänger** *m* prédécesseur *m* (dans ses fonctions); **~ˌvormundschaft** *f* tutelle officielle, publique; **~ˌvorsteher** *m hist.* chef *m* de service; **~ˌwohnung** *f cf.* **Dienstwohnung**; **~ˌzeichen** *n tél.* tonalité *f* d'invitation à numéroter; **~zeit** *f cf.* **~periode** *u.* **~dauer**; **~ˌzimmer** *n* bureau *m*.

Amulett [amu'ˈlɛt] *n* ⟨**~(e)s**; **~e**⟩ amulette *f*.

amüs|ant [amy'ˈzant] *adj.* amusant; plaisant; drôle; **2e'ment** [-'mɑ̃ː, -'maŋ] F *n* ⟨**~s**; **~s**⟩ amusement *m*; **2ierbeˌtrieb** *m* milieu *m*, atmosphère *f* d'amusement; *cf. auch* **2ierlokal**; **~ieren I** *v/t.* ⟨*pas de ge-*, **h**⟩ amuser; **II** *v/réfl.* **sich ~** s'amuser; F **sich köstlich ~** *cf.* **köstlich 2.**; **2ier-**

lo,kal *n* établissement *m* d'amusement; cabaret *m*.

amusisch ['a,muːzɪʃ, -'muː-] *adj.* indifférent à l'art.

Amyl [a'myːl] *n* ⟨~s⟩ *chim.* amyle *m*; **~,alkohol** *m* alcool *m* amylique; **~ase** [-'laː-] *f* ⟨~; ~n⟩ *Enzym* amylase *f*.

an [an] **I** *prép.* ⟨*dat. bzw. acc.*⟩ **1.** *räumlich* à; *géogr.* sur; **nahe ~** près, proche de; **~ der Ecke** au coin; **~ den Händen** aux mains; **~ der Küste** sur la côte; au bord de la mer; **~ der Adria** sur la côte adriatique; **Frankfurt ~ der Oder** Francfort-sur-l'Oder; **Halle liegt ~ der Saale** Halle est située sur la Saale; **~ der Elbe (stehen)** (être) sur le bord de l'Elbe; **~ der Straße nach X** sur la route de X; **~ der Straße stehen** être le long de la rue; **in der Straße steht Haus ~ Haus** le long de la rue les maisons sont serrées les unes contre les autres; **~ der Front** sur le *od.* au front; **~ der Grenze** à la frontière; **Tür ~ Tür** porte à porte; **Seite ~ Seite** côte à côte (*auch fig.*); **Schulter ~ Schulter kämpfen** lutter la main dans la main, côte à côte; **~ der Universität (lehren)** (être professeur) à l'université; **~ Ort und Stelle** sur place; **~ erster Stelle** en premier lieu; à la première place; **~ verschiedenen Punkten** en plusieurs endroits, points; **sich ~ den Tisch setzen** s'asseoir à la table; *zum Essen* se mettre à table; **das Bild ~ die Wand hängen** accrocher le tableau au mur; **das Bild hängt ~ der Wand** le tableau est accroché au mur; **~ die Arbeit!** (**gehen**) (se mettre) au travail *od.* à l'œuvre!; **~ der Arbeit sein** être en train de travailler; **etw. ~ s-n Platz stellen** (re)mettre qc. à sa place; **ein Kind ~ der Hand führen** conduire un enfant par la main; **Hunde sind ~ der Leine zu führen** *cf.* **Hund**; **~ j-m vorübergehen** passer (au)près de qn.; **der Brief ist ~ Sie gerichtet** la lettre vous est adressée; **~ Leib und Seele** de corps et d'âme; **~ j-m hängen** être attaché à qn.; **das kenne ich ~ ihm** je lui connais cela; *fig.* **j-n ~ die Wand drücken** évincer qn.; **~ sich halten** se contenir; se retenir; *pfort.* se tenir à quatre; **etw. ~ sich bringen** s'emparer de qc.; s'approprier qc.; mettre la main sur qc.; **ich habe e-e Bitte ~ Sie** j'ai une prière à vous adresser; *cf. auch* **am** *u. die betreffenden Verben u. Substantive*; **2.** *zeitlich* à *od. bloßer acc.*; **~ e-m Sonntagmorgen** un dimanche matin; **~ jedem Freitag** le vendredi; tous les vendredis; **~ deinem Geburtstag** à ton anniversaire; **bis ~ sein Ende** jusqu'à sa mort; (**~**) **Ostern** à Pâques; *chem.* **Berlin ~ ...** Berlin arrivée ...; **3.** *vor Zahlen* presque; à peu près; environ; **~ die dreißig Jahre alt sein** avoir presque, à peu près, environ trente ans; **~ die zweihundert Mark kosten** coûter presque, *etc.* deux cents marks; **der Saal faßt ~ die sechshundert Personen** la salle contient environ, presque, à peu près six cents personnes; **4.** *losgelöst von e-r bestimmten Bedeutung* **~ etw. sparen** économiser sur qc.; **~ etw. arbeiten** travailler à qc.; **~ den Folgen e-r Verletzung sterben** mourir des suites d'une blessure; **~ etw. zugrunde gehen** périr de qc.; **reich ~ etw. sein** être riche en qc.; **arm ~ Freuden** pauvre en joies; **jung ~ Jahren** jeune (d'âge); **es ist ~ der Zeit** il est temps (de); **ich bin, du bist ~ der Reihe** c'est mon, ton tour; **was hast du ~ Kleidung, Taschengeld?** qu'as-tu comme vêtements, comme argent de poche?; **der Mangel ~** le manque de; **der Gedanke ~** la pensée de; **es liegt ~ dir** a) c'est ta faute; b) cela dépend de toi; **nun ist es ~ mir** maintenant, alors, c'est à moi (de); **ist es ~ dem?** est-ce que c'est cela?; **es ist nicht ~ dem** ce n'est pas cela; **~ (und für) sich** au fond; **die Sache ~ und für sich** la chose en elle-même; *philos.* **das Ding ~ sich** la chose en soi; *cf. auch die betreffenden Verben u. Substantive*; **II** *adv.* **a)** *als Glied e-s Wortpaares st. s.* **ab und ~** de temps en temps; de temps à autre; parfois; *cf. auch* **ab 2.**; **von ... ~** dès; à partir de (*auch räumlich*); **von nun, jetzt ~** à partir de maintenant; désormais; **von da ~** à partir de ce moment-là; **von hier ~** à partir d'ici; **von Anfang ~** dès le début; **vom ersten September ~** à partir du premier septembre; **von fünf Mark ~** à partir de cinq marks; *cf. auch* **ab**; **b)** F *in Verbindung mit e-m Modalverb* **er kann nicht dagegen ~** il ne peut rien contre cela; **er will dagegen ~** il veut faire qc. contre cela; il veut lutter, se défendre, se rebeller contre cela; **~ sein** *Licht* être allumé; brûler; *Radio* marcher; *Ofen* être allumé; *cf. auch* **anbleiben, anhaben.**

Ana|baptismus [anabap'tɪsmʊs] *m* ⟨~⟩ *relig.* anabaptisme *m*; **~bap'tist** *m* anabaptiste [-at-] *m*; **~bi'ose** *f* ⟨~⟩ *biol.* anabiose *f*; **~cho'ret** *m* ⟨~en; ~en⟩ *relig.* anachorète [-ko-] *m*; **~chro'nismus** *m* ⟨~; -men⟩ anachronisme *m*; **2chro'nistisch** *adj.* anachronique.

Anaerobien [anae·'roːbi·ən] *m/pl. biol.* anaérobies *m/pl.*

Ana|glyphen [ana'glyːfən] *pl. phot.* anaglyphes *od.* anaglyptes *m/pl.*; **2'gogisch** *adj.* **~e Auslegung** interprétation anagogique; **~'gramm** *n* ⟨~s; ~e⟩ anagramme *f*; **~ko'luth** *n* ⟨~s; ~e⟩ *gr.* anacoluthe *f*; **~kre'ontiker** *m* ⟨~s; ~⟩ poète *m* qui cultive, pratique l'anacréontisme; **2kre'ontisch** *adj.* anacréontique; **2'leptisch** *adj. phm.* **ein ~es Mittel** un analeptique.

analog [ana'loːk] **1.** *adj. Ideen, Situation, Fall etc.* analogue; **2.** *adv.* par analogie (**zu** avec); analogiquement (**zu** à); **2ie** [-'giː] *f* ⟨~; -ien⟩ analogie *f*; **in ~ zu** par analogie avec; **2iebe,weis** [-'giː-] *m* preuve *f* par analogie; **2ie,bildung** [-'giː-] *f ling.* analogie *f*; formation *f* analogique; terme formé analogiquement; **2ie,schluß** [-'giː-] *m* conclusion *f*, déduction *f* analogique; **~isch** *adj. cf.* **~**; **2,rechner** *m* ⟨~s; ~⟩ calculatrice *f* analogique.

Analphabet|(in) ['analfa,beːt(ɪn)] *m* ⟨~en; ~en⟩ (*f*) ⟨~; ~nen⟩ analphabète *m, f*; illettré(e) *m(f)*; **~en,tum** *n* ⟨~(e)s⟩ analphabétisme *m*.

Analy|sator [analy·'zaːtər] *m* ⟨~s; -'toren⟩ *opt.* analyseur *m*; **~se** [-'lyː-] *f* ⟨~; ~n⟩ *allg.* analyse *f*; **~sen,waage** [-'lyː-] *f* microbalance *f*; **2'sierbar** *adj.* analysable; **2'sieren** *v/t.* ⟨*pas de ge-*, h⟩ analyser; **~sis** [-'naː-] *f* ⟨~⟩ *math.* analyse *f*; **~tik** [-'lyː-] *f* ⟨~⟩ analytique *f*; **~tiker** [-'lyː-] *m* ⟨~s; ~⟩ analyste *m*; **2tisch** [-'lyː-] **1.** *adj. chim., Geometrie, Methode, psych. etc.* analytique; **2.** *adv.* par analyse; analytiquement.

Anäm|ie [anɛ'miː] *f* ⟨~; -ien⟩ *path.* anémie *f*; **perniziöse ~** anémie pernicieuse; **2isch** [-'nɛː-] *adj.* anémique.

Anamn|ese [anam'neːzə] *f* ⟨~; ~n⟩ *méd.* anamnèse *f*; **~ier** [-'namni·ər] *m/pl. zo.* anamniés *od.* anamniotes *od.* anamniens *m/pl.*

Ananas ['ananas] *f* ⟨~; ~ *od.* ~se⟩ *bot.* ananas *m* (*auch Erdbeersorte*); **~a,roma** *n* arôme *m* d'ananas; **~,bowle** *f* punch [pɔ̃ʃ] froid à l'ananas; **~,eis** *n* glace *f* à l'ananas; **~,hanf** *m* fibres *f/pl.* d'ananas; **~,torte** *f* tarte *f* à l'ananas.

Anapäst [ana'pɛːst] *m* ⟨~(e)s; ~e⟩ *métr.* anapeste *m*.

Anapher [a'naːfɛr] *f* ⟨~; ~n⟩ *ling.* anaphore *f*.

Anaphylaxie [anafy·la'ksiː] *f* ⟨~; -ien⟩ *méd.* anaphylaxie *f*.

Anarch|ie [anar'çiː] *f* ⟨~; -ien⟩ anarchie [-ʃi] *f*; **2isch** [-'nar-] *adj.* anarchique; libertaire; **~ismus** *m* ⟨~⟩ anarchisme *m*; **~ist** *m* ⟨~en; ~en⟩ anarchiste *m*; libertaire *m*; **2istisch** *adj.* anarchiste.

Anästhe|sie [anɛste·'ziː, an?ɛs-] *f* ⟨~; -ien⟩ *méd.* anesthésie *f*; **2'sieren** *v/t.* ⟨*pas de ge-*, h⟩ anesthésier; **~tikum** [-'teː-] *n* ⟨~s; -ka⟩ *phm.* anesthésique *m*; **2tisch** [-'teː-] *adj.* anesthésique.

Ana|stigmat [anastɪ'gmaːt] *m* ⟨~s; ~e⟩ *opt.* anastigmat *m*; **~sto'mose** *f* ⟨~; ~n⟩ *anat.* anastomose *f*; **~'tas** *m* ⟨~; ~se⟩ *minéral.* anatase *f*; **~'them** *n* ⟨~s; ~e⟩ *égl. cath.* anathème *m*.

anatmen ['an,?aːtmən] *v/t.* ⟨-ete, *sép.*, -ge-, h⟩ **j-n ~** souffler dans la figure de qn.

Anatom [ana'toːm] *m* ⟨~en; ~en⟩ *méd.* anatomiste *m*; **~ie** [-'miː] *f* ⟨~⟩ **1.** anatomie *f*; **vergleichende, topographische ~** anatomie comparée, topographique; **~ für bildende Künste** anatomie artistique; **2.** ⟨*pl.* -ien⟩ *cf.* **~iesaal, 2isch(es Institut)**; **~ie,saal** [-'miː-] *m* amphithéâtre *m* d'anatomie; salle *f* de dissection; **2isch** *adj.* anatomique; **~es Präparat** pièce *f* d'anatomie; **~es Institut** institut *m* d'anatomie.

anazyklisch [ana'tsyːklɪʃ, -'tsy·-] *adj. Vers* anacyclique.

anbacken ['an,bakən] *v/i.* ⟨*irr., sép.*, -ge-, **sein**⟩ *Kuchen etc.* attacher; *Schnee* coller; **der Kuchen ist angebacken** le gâteau a attaché.

anbahn|en ['an,baːnən] **I** *v/t.* ⟨*sép.*, -ge-, h⟩ *Geschäftsverbindungen, Verhandlungen etc.* préparer (la voie à); **II** *v/réfl.* **sich ~** *Entwicklung, Verständigung, Wende etc.* se préparer; **2ung** *f* ⟨~; ~en⟩ préparation *f*; *od. verbal.*

Anbändel|ei [,anbɛndə'laɪ] *f* ⟨~; ~en⟩ *verbal*; **2n** ['an,bɛn-] *v/i.* ⟨-(e)le, *sép.*, -ge-, h⟩ F **1.** faire des tentatives d'approche (**mit j-m** auprès de qn.); **er versuchte, mit ihr anzubändeln** il fit des tentatives d'approche auprès d'elle; **2.** (*Streit suchen*) chercher noise, querelle (**mit j-m** à qn.).

Anbau ['anbaʊ] *m* ⟨~(e)s⟩ **1.** *agr.* culture *f*; **2.** ⟨*pl.* ~ten⟩ *bât.* construction *f*; *als Ergebnis* construction ajoutée; **der ~ e-s Seitenflügels wurde geplant** la construction d'une aile latérale a été projetée; **2en** *v/t.* ⟨*sép.*, -ge-, h⟩ **1.** *Feldfrüchte* cultiver; **2.** *bât.* ajouter une construction (**an** à); **ein Zimmer ~** ajouter une pièce (à); **e-e Garage an ein Haus ~** construire, adosser un garage à, contre une maison; *fig. u.* F (**es kommen noch Freunde,**) **wir müssen ~** (*Tische heranrücken*) (des amis arrivent encore,) il faut rajouter une, des table(s); ♀ˌ**fähig** *adj. agr.* cultivable; *Boden auch* arable; **nicht** ~ non cultivable; incultivable; ~ˌ**fläche** *f agr.* surface *f*, superficie *f* cultivable, arable; ~**geˌbiet** *n agr.* région *f*, zone *f* de culture; ~ˌ**küche** *f* cuisine *f* à éléments d'assemblage; ~ˌ**möbel** *n/pl.* meubles *m/pl.*, mobilier *m* à éléments d'assemblage; ~ˌ**schrank** *m* armoire *f* à éléments d'assemblage; ~ˌ**technik** *f agr.* technique *f* de culture, d'exploitation.

anbe|fehlen ['anbəˌfeːlən] *v/t.* ⟨*irr., sép., pas de ge-,* h⟩ *st. s.* **1.** j-m etw. ~ ordonner qc. à qn.; **2.** etw. j-s Obhut ~ confier, remettre qc. à la garde de qn.; ♀ˌ**ginn** *st. s. m* commencement *m*; début *m*; origine *f*; **von ~ (an)** dès le début, le commencement, l'origine; ~ˌ**halten** *v/t.* ⟨*irr., sép., pas de ge-,* h⟩ *Kleidungsstücke* garder; ne pas enlever; ne pas quitter.

anbei [an'baɪ, 'an-] *adv.* ci-joint; ci-inclus; *bei Briefen auch* sous ce pli; ~ **schicken wir Ihnen...** ci-joint, ci-inclus, nous vous envoyons...

an|beißen ['anˌbaɪsən] **I** *v/t.* ⟨*irr., sép.,* -ge-, h⟩ *Apfel, Stück Kuchen etc.* mordre dans; entamer; **ein angebissenes Brötchen** un petit pain grignoté, entamé, dans lequel on a mordu; *fig.* **zum ♀ (schön) sein** être (belle, jolie) à croquer; **II** *v/i.* **1.** *Fisch* mordre (à l'hameçon); **die Fische beißen gut an** les poissons mordent bien; **2.** *fig. auf e-n verlockenden Vorschlag etc.* se laisser prendre, attraper à; F mordre à l'hameçon; **er wollte nicht so recht ~** il ne voulait pas mordre à l'hameçon, se laisser prendre, se laisser attraper; ~**beˌlangen** *v/t.* ⟨*sép., pas de ge-,* h⟩ **was ... anbelangt** quant à; en ce qui concerne; **was mich anbelangt, so habe ich Hunger** en ce qui me concerne, quant à moi, j'ai faim; ~ˌ**bellen** *v/t.* ⟨*sép.,* -ge-, h⟩ *Hund* j-n ~ aboyer après qn. (*auch fig.*); **den Mond ~** aboyer à la lune (*auch fig.*); ~**beˌquemen** *v/réfl.* ⟨*sép., pas de ge-,* h⟩ *st. s.* **sich ~** s'accommoder à *od.* de; ~**beˌraumen** *v/t.* ⟨*sép., pas de ge-,* h⟩ *Sitzung, Termin etc.* fixer; *jur. Frist auch* préfixer; **e-n Termin ~** fixer une date; ♀**beˌraumung** *f* ⟨~⟩ fixation *f*; ~**ˌbeten** *v/t.* ⟨-ete, *sép.,* -ge-, h⟩ *relig., Götzen, Frau, Geld etc.* adorer; ♀**ˌbeter(in)** *m* ⟨~s; ~⟩ (*f*) ⟨~; ~nen⟩ adorateur, -trice *m, f*.

Anbetracht ['anbəˌtraxt] *m* **in ~** en considération de; en raison de; vu; eu *od.* par égard à; **in ~ s-r Verdienste** en considération de, vu ses mérites; **in ~ (der Tatsache), daß er noch jung ist** attendu qu'il, vu qu'il, étant donné qu'il est encore jeune; **in ~ der Verhältnisse, Umstände** vu les, en raison des circonstances.

an|betreffen ['anbəˌtrɛfən] *v/t.* ⟨*irr., sép., pas de ge-,* h⟩ *cf.* **anbelangen**; ~ˌ**betteln** *v/t.* ⟨-(e)le, *sép.,* -ge-, h⟩ **j-n ~** mendier auprès de qn. (**um etw.** qc.); aborder qn. en mendiant (*abs.*); **j-n um Geld ~** mendier de l'argent à, auprès de qn.; ♀ˌ**betung** *f* ⟨~⟩ adoration *f*; *peint.* **die ~ der Heiligen Drei Könige** l'Adoration des Mages; ~ˌ**betungsˌwürdig** *adj.* adorable; digne d'adoration; ~ˌ**biedern** *v/réfl.* ⟨-(e)re, *sép.,* -ge-, h⟩ **sich bei j-m ~** vouloir se faire bien voir (*abs.*); se montrer familier avec qn.; ♀ˌ**biederung** *f* ⟨~; ~en⟩ familiarité *f*; ♀ˌ**biederungsverˌsuch** *m* (essai *m*, tentative *f* de) familiarité *f*.

anbieten ['anˌbiːtən] **I** *v/t.* ⟨*irr., sép.,* -ge-, h⟩ *Stuhl, Hilfe, Erfrischung etc.* offrir (j-m à qn.); **s-e Dienste ~** offrir ses services (à); **Waren zum Verkauf ~** offrir, proposer des marchandises; **e-m Verleger ein Manuskript ~** proposer un manuscrit à un éditeur; **j-m s-n Rücktritt ~** offrir, proposer à qn. sa démission; **j-m das Du ~** proposer, offrir à qn. de le tutoyer; **II** *v/réfl.* **sich ~** *Möglichkeit, Erklärung, Dirne* s'offrir; **III** ♀ *n* offre *f*.

an|binden ['anˌbɪndən] **I** *v/t.* ⟨*irr., sép.,* -ge-, h⟩ *Tiere, Pflanzen etc.* attacher (**an** à); *Pflanzen am Spalier auch* accoler; *Boot auch* amarrer (**an** à); **II** *v/i.* F **a)** (*Beziehungen anknüpfen*) entrer en relations (**mit j-m** avec qn.); **b)** (*Streit suchen*) chercher noise, querelle (**mit j-m** à qn.); **c) kurz angebunden sein** se montrer brusque; ne pas se montrer aimable; **III** ♀ˌ**binden** *n von Pflanzen am Spalier* accolage *m*; *von Booten* amarrage *m*; *sonst verbal*; ~ˌ**blaffen** *v/t.* ⟨*sép.,* -ge-, h⟩ *Hund* aboyer (**j-n, den Mond** après qn., à la lune); *fig. u.* F enguirlander, attraper (qn.); ~ˌ**blasen I** *v/t.* ⟨*irr., sép.,* -ge-, h⟩ **1.** *Feuer, Glut* attiser; *Hochofen* mettre à feu; allumer; **2.** *Blasinstrument* souffler pour la première fois dans; **3. der Wind bläst mich an** le vent se jette sur moi; *fig. u.* F **j-n ~** enguirlander, attraper qn.; **4.** *ch.* sonner; **II** ♀ˌ**blasen** *n des Feuers* attisement *m*; *des Hochofens* mise *f* à feu; *sonst verbal*; ~ˌ**blecken** *v/t.* ⟨*sép.,* -ge-, h⟩ montrer les dents (à qn.); ~ˌ**bleiben** *v/i.* ⟨*irr., sép.,* -ge-, sein⟩ F **das Licht kann ~** la lumière peut rester allumée; **das Feuer soll ~** ne laissez pas le feu s'éteindre.

Anblick ['anblɪk] *m* **1.** vue *f*; **beim ~ von** à la vue de; **auf den ersten ~** à première vue; **2.** (*Bild*) spectacle *m*; **ein ungewohnter, seltsamer, komischer, herrlicher ~** un spectacle inhabituel, étrange, drôle, magnifique; **ein schrecklicher ~ bot sich ihm** un spectacle horrible s'offrit à lui; **in ihren ~ versunken** plongé dans sa contemplation; ♀**en** *st. s. v/t.* ⟨*sép.,* -ge-, h⟩ regarder; **j-n fassungslos, streng, fragend ~** regarder qn. stupéfait, d'un air sévère, d'un air interrogateur.

an|blinzeln ['anˌblɪntsəln] F *v/t.* ⟨-(e)le, *sép.,* -ge-, h⟩ regarder en clignant des yeux; **j-n verschlafen ~** regarder qn. d'un air endormi (en clignant des yeux); **j-n von der Seite ~** faire un clin d'œil à qn.; **j-n keck ~** faire un clin d'œil effronté à qn.; ~ˌ**blitzen** *v/t.* ⟨-(es)t, *sép.,* -ge-, h⟩ F **j-n wütend ~** foudroyer qn. du regard; ~ˌ**blöken** *v/t.* ⟨*sép.,* -ge-, h⟩ *Schaf* **j-n ~** bêler après qn.; *fig. u.* F *cf.* **anblaffen**; ~ˌ**bohren** *v/t.* ⟨*sép.,* -ge-, h⟩ **1.** percer; *Erdboden* forer; *Bäume zur Harzgewinnung* percer (avec une tarière); térébrer; **2.** *fig. u.* F **j-n (immer wieder) ~** demander à qn. discrètement (à maintes reprises); se renseigner discrètement auprès de qn.; ♀ˌ**bohrung** *f* perçage *od.* percement *m*; *des Bodens* forage *m*; *von Bäumen zur Harzgewinnung* térébration *f*; ~ˌ**borgen** *v/t.* ⟨*sép.,* -ge-, h⟩ **j-n ~** emprunter de l'argent à qn.; ~ˌ**braten** *v/t.* ⟨*irr., sép.,* -ge-, h⟩ *cuis. Fleisch* faire revenir; **leicht angebraten** légèrement revenu; ~ˌ**bräunen** *v/t.* ⟨*sép.,* -ge-, h⟩ *cuis. Zwiebeln* faire dorer; faire rissoler; *Mehl* faire, laisser brunir; ~ˌ**brausen** *v/i.* ⟨*nur p. p.*⟩ F **angebraust kommen** arriver à toute vitesse, en trombe.

anbrechen ['anˌbrɛçən] **I** *v/t.* ⟨*irr., sép.,* -ge-, h⟩ **1.** *Schachtel Zigaretten, Flasche, Vorräte, Geldsumme etc.* entamer; **2. ein angebrochener Knochen** un os fêlé; **II** *v/i.* ⟨sein⟩ *Epoche* commencer; *Tag* se lever; poindre; paraître; *Nacht* tomber; **mit dem ~den Tag** au point, à la pointe du jour; au jour naissant; **bei ~der Nacht, Dunkelheit** à la tombée de la nuit; à la nuit tombante; **e-e neue Zeit wird ~** une ère nouvelle va commencer, se lèvera; ce sera le début d'une ère nouvelle; **III** ♀ *n e-r Flasche etc. verbal*; *e-s Tages etc. cf.* **Anbruch**.

anbrennen ['anˌbrɛnən] **I** *v/t.* ⟨*irr., sép.,* -ge-, h⟩ *cf.* **anzünden**; **II** *v/i.* ⟨sein⟩ *Papier etc.* prendre feu; *cuis.* brûler; *Milch, Brei* attacher; **das Feuer will nicht ~** le feu ne veut pas prendre, ne prend pas; **die Suppe ist angebrannt** la soupe a attaché; **angebrannt riechen** sentir le brûlé, le roussi; **angebrannt schmecken** avoir un goût de brûlé; **III** ♀ *n verbal*.

anbring|en ['anˌbrɪŋən] *v/t.* ⟨*irr., sép.,* -ge-, h⟩ **1.** F (r)apporter; (r)amener (*meist nur von Personen, Tieren, Fahrrad etc.*); **2.** *Schild, Lampe, Spiegel etc.* mettre; placer; poser; **3.** *fig. Bemerkung, Worte, Beschwerde, Kinnhaken etc.* placer; **e-e Ware günstig ~** bien placer une marchandise; **s-e Kenntnisse ~** placer ses connaissances; **ein Wort geschickt ~** placer adroitement un mot; **e-e Klausel ~** apporter, mettre une clause; *cf. auch* **angebracht**; ♀**ung** *f* ⟨~⟩ mise *f*; pose *f*; *od. verbal*.

Anbruch ['anbrʊx] *m* ⟨~(e)s⟩ **1.** *des Tages* pointe *f*; lever *m*; *der Nacht* tombée *f*; *e-r Epoche* commencement *m*; **vor ~ des Tages** avant que le jour se lève; **bei ~ des Tages** au point, à la pointe, au lever du jour; **2.** ⟨*pl.* -brüche⟩ *mines* filon découvert; **3.** (*angefaultes Holz*) bois pourri; **4.** *techn.* fêlure *f*.

an|brüllen ['anˌbrʏlən] *v/t.* ⟨*sép.,* -ge-, h⟩ F **j-n ~** crier, 'hurler après qn.; *abs. auch* enguirlander, P engueuler qn.; **brüll mich nicht so an, ich bin nicht schwerhörig!** ne crie pas comme ça après moi, je ne suis pas sourd!; **der Chef hat mich angebrüllt (, ich solle nicht...)** le patron, le chef m'a enguirlandé (en me disant de ne pas faire qc.); *cf. auch* **anschreien**; ~ˌ**brummen** *v/t.* ⟨*sép.,* -ge-, h⟩ F *cf.* **anfahren 3.**; ~ˌ**brüten** *v/t.* ⟨-ete, *sép.,* -ge-, h⟩ commencer à couver; **angebrütetes Ei** œuf (à moitié) couvé.

Anchovis *cf.* **Anschovis**.

Ancylus ['antsyˑlʊs] *m* ⟨~⟩ *zo.* ancyle *od.* ancylus [-ys] *m*.

Andacht ['andaxt] *f* ⟨~; ~en⟩ **1.** recueillement *m*; **etw. mit ~ tun** faire qc. avec recueillement; **voller ~ zuhören** écouter plein de recueillement; **Stunden der ~** heures de recueillement; **in ~ versunken** plongé dans le recueillement; **in frommer ~ niederknien** s'agenouiller plein de dévotion; **2.** *relig.* prières *f/pl.*; *e-r Einzelperson* dévotion(s) *f(pl.)*; **die tägliche ~** les prières journalières; **e-e ~ halten** célébrer un service, un office; **s-e ~ verrichten** faire ses dévotions; **die Glocken läuten zur ~** les cloches sonnent l'office, le service, le salut, les vêpres, *etc.*

andächtig ['anˌdɛçtɪç] **1.** *adj. Zuhörer, Gemeinde* recueilli; attentif, -ive; *Schweigen* de recueillement; religieux, -euse; **e-e ~e Miene** un air recueilli; **~e Stille** silence recueilli, de recueillement; **2.** *adv.* avec recueillement; **~ zuhören** écouter avec recueillement; **etw. ~ betrachten** regarder qc. avec recueillement; **~ die Hände falten** joindre les mains avec recueillement.

Andachts|bild ['andaxtsˌbɪlt] *n* tableau *m*, image *f* de dévotion; **~ˌbuch** *n* livre *m* de dévotion; **~ˌgegenstände** *m/pl.* objets *m/pl.* de dévotion; **~ˌstunden** *f/pl.* heures *f/pl.* de dévotion; **~ˌübungen** *f/pl.* dévotions *f/pl.*; pratiques *f/pl.*, exercices *m/pl.* de dévotion; **2ˌvoll** *adj. cf.* **andächtig.**

Andalus|ier(in) [andaˈluːziˑər(ɪn)] *m* ⟨~s; ~⟩ *(f)* ⟨~; ~nen⟩ Andalou, -se *m, f*; **2isch** *adj.* andalou, -se.

andampfen ['anˌdampfən] *v/i.* ⟨*nur p. p.*⟩ F **angedampft kommen** arriver à toute vapeur.

andante [anˈdantə] **I** *adv. mus.* andante; **II** 2 *n* ⟨~s; ~s⟩ *mus.* andante *m*.

andauern ['anˌdauərn] **I** *v/i.* ⟨-(e)re, *sép.*, -ge-, h⟩ *Wetter, Sitzung, Verhandlung etc.* continuer; durer; persister; **die Kälteperiode dauert an** la période de froid continue; **die Epidemie dauert an** l'épidémie persiste, dure; **der schlechte Gesundheitszustand dauert an** le mauvais état de santé dure, persiste; **II** 2 *n* continuation *f*; durée *f*; persistance *f*; **~d 1.** *adj.* continuel, -lle; persistant; permanent; perpétuel, -lle; **die ~en Regenfälle** les pluies continuelles, persistantes; **diese ~en Störungen** ces dérangements continuels, permanents, perpétuels; **2.** *adv.* continuellement; perpétuellement; constamment; à tous moments; sans cesse; **es regnet, schneit ~** il pleut, il neige continuellement, sans cesse; **~ fragen** poser continuellement, constamment, à tous moments, sans cesse des questions; **sie kommt ~ zu spät** elle arrive éternellement, continuellement, *etc.* en retard.

Andenken ['anˌdɛŋkən] *n* ⟨~s; ~⟩ souvenir *m* (*auch Gegenstand*); (*Erinnerung*) *auch* mémoire *f*; **als ~** en, comme souvenir; **zum ~ an** en souvenir, en mémoire de; *feierlich* en commémoration de; **j-m etw. zum ~ schenken** offrir qc. à qn. comme souvenir; **j-n in gutem ~ behalten** garder de qn. un bon souvenir; **zum ~ an den Verstorbenen** en souvenir du défunt; **sein ~ wird stets in Ehren gehalten werden** sa mémoire sera toujours honorée; **dem ~ an Marschall L. geweiht** dédié à la mémoire du maréchal L.

ander ['andər] **I** *adj.* autre; **auf die e-e oder die ~e Art** d'une façon ou d'une autre; **etw. mit ~en Augen ansehen** voir qc. sous un autre aspect, avec d'autres yeux, sous un aspect différent; **auf ~e Gedanken bringen** *cf.* **Gedanke**; **in ~e Hände übergehen** passer en d'autres mains; changer de mains; **ein ~es Hemd anziehen** changer de chemise; **mettre une autre chemise; ~e Länder, ~e Sitten** autres pays, autres coutumes; **ein ~es Leben anfangen** commencer une vie nouvelle; **~e Leute** les autres; d'autres; **ein über das ~e Mal** une fois sur deux; **e-n über den ~en Tag** tous les deux jours; un jour sur deux; **~er Meinung sein** être d'une autre opinion, d'un autre avis; penser autrement; **auf der ~en Seite** d'un autre côté; **etw. von ~er Seite hören** entendre qc. ailleurs; **unter ~en Umständen** en d'autres circonstances; **in ~en Umständen sein** être enceinte; **keine ~e Wahl haben** n'avoir pas d'autre choix, possibilité; **wir bekommen ~es Wetter** le temps va changer; F **hier weht ein ~er Wind** ici, ça n'est plus la même chose; ici, c'est autre chose; **mit ~en Worten** en d'autres mots, termes; autrement dit; **II** *pr/ind.* **ein(e) ~e(r)** un(e) autre; **kein ~er, niemand ~es** aucun autre; personne d'autre; nul autre; **j ~(e)s** quelqu'un d'autre; **jeder ~e** tout autre; *cf. auch* **jeder 1.**; **wer ~(e)s?** qui d'autre?; **der e-e ..., der ~e** l'un ..., l'autre; **der e-e wie der ~e** l'un et l'autre; l'un aussi bien que l'autre; **sie sind e-r wie der ~e** ils sont tous pareils; ils se valent tous; **weder der e-e noch der ~e** ni l'un ni l'autre; **e-r nach dem ~(e)n** l'un après l'autre; à tour de rôle; tour à tour; **das Beispiel ~er** l'exemple des autres, d'autrui; **sich auf ~e verlassen** compter sur autrui; **er ist ein ~er geworden** il est devenu un autre; il a changé; **etw. ~es** autre chose; **nichts ~es** rien d'autre (*bei Verben* + ne); pas autre chose; rien que cela; **das ist etw. ~es** c'est autre chose; F c'est une autre chanson; **er ist alles ~e als ...** il est tout autre chose que ...; il est loin d'être ...; **das ist mehr wert als alles ~e** cela vaut mieux que toute autre chose; **kein ~er als du** personne d'autre, nul autre que toi; **... und ~es mehr** ... et (d')autres choses encore; ... et ainsi de suite; **und vieles ~e** et une foule d'autres choses; **alles ~e** tout le reste; **e-e ~e lieben** en aimer une autre; **etw. ~es vorhaben** avoir qc. d'autre en vue; **von etw. ~em reden** parler d'autre chose; **j-n e-s ~en belehren** faire changer qn. d'opinion; détromper qn.; **sich nach ~en richten** faire comme les autres; **unter ~em** entre autres (choses); **ein Bein über das ~e schlagen** croiser les jambes; **sich von e-r Seite auf die ~e drehen** se tourner d'un côté et d'autre; se tourner et se retourner; **ein Wort gab das ~e und ...** et de fil en aiguille ...; *bei e-r Auseinandersetzung* un mot en entraîna l'autre et ...; **von e-m Tag auf den, zum ~en** d'un jour sur, à l'autre; du jour au lendemain; **ein Jahr verging nach dem ~en** les années se suivirent, s'écoulèrent, passèrent; **eins kommt zum ~en** cela vient s'ajouter à l'autre, aux autres, à d'autres (choses); **er macht e-n Fehler nach dem ~en** il fait faute sur faute, une faute après l'autre; F **hast du nichts ~es zu tun?** n'as-tu rien d'autre à faire?; F **da müssen schon ~e kommen** il en faudrait d'autres; F **das kannst du ~en erzählen!** à d'autres!; F **ich hätte beinahe etw. ~es gesagt** j'allais dire autre chose; **~erˌseits** *adv.* d'autre part; d'un autre côté; **~ˌmal** *adv.* **ein ~** une autre fois.

ändern ['ɛndərn] **I** *v/t.* ⟨-(e)re, h⟩ changer; modifier; **ein Testament, ein Manuskript, e-e Verfassung ~** modifier un testament, un manuscrit, une constitution; **ein Kleid ~** modifier, (*passend machen*) retoucher une robe; **s-e Pläne, s-e Absichten, ein Programm ~** changer, modifier ses plans, ses intentions, un programme; **s-e Meinung ~** changer d'avis, d'opinion (**über** sur, au sujet de); revenir sur son opinion (**über** au sujet de); *plötzlich* faire volte-face; **den Kurs ~** changer de cap, de route; modifier son cap, sa route; **sein Leben ~** changer, modifier sa vie; **das ändert die Sache** cela change les choses, la question; **das ändert nichts an der Sache** cela ne change rien à l'affaire, à la chose, à la question; **ich kann es nicht ~** je ne peux rien y changer; **es ist nicht zu ~** on ne peut rien y changer, faire; **das ändert nichts an der Tatsache, daß ...** cela ne change rien au fait que ...; **ihn wirst du nicht mehr ~** tu ne le changeras plus; **II** *v/réfl.* **sich ~** changer; **das Wetter wird sich ~** le temps va changer; **die Zeiten ~ sich** les temps changent; **s-e Ansichten haben sich grundlegend geändert** ses idées ont complètement changé; **das kann sich noch ~** cela peut encore changer; **daran hat sich bis heute nichts geändert** rien n'y a été changé jusqu'à présent.

andern|falls ['andərnˈfals] *adv.* sinon; autrement; **~ˈorts** *st. s. adv.* ailleurs; **~ˈtags** *st. s. adv.* le lendemain; **~ˌteils** *adv.* d'autre part.

anders ['andərs] *adv.* autrement; différemment; d'une autre manière, façon; **~ handeln, denken** agir, penser autrement, différemment, d'une autre façon, d'une autre manière; **~ aussehen als** ne pas ressembler à; **er ist ~ als s-e Kameraden** il est différent de ses camarades; **das muß man ~ übersetzen** il faut traduire cela autrement, d'une autre façon, différemment; **~ ausgedrückt** autrement dit; en d'autres mots, termes; **das scheint ~ zu sein, sich ~ zu verhalten** il semble que les choses se sont passées autrement; **damit ist es nicht ~** il n'en est, il n'en va pas autrement; **es wird noch ganz ~ kommen** on en verra bien d'autres; **das ist nun einmal nicht ~** c'est comme ça; **es ist so und nicht ~** c'est comme ça et pas autrement; c'est comme je vous le dis; **es geht nicht ~** je ne peux pas faire autrement; il faut en passer par là; **es war nicht ~ zu erwarten** il fallait s'y attendre; **es ist nicht ~ möglich** on ne peut pas faire autrement; **die Sache wird bald ~ werden** la chose, l'affaire prendra bientôt une autre, nouvelle tournure; **das muß ~ werden** cela doit changer; **nicht ~ können** ne pouvoir faire, agir autrement (que); **ich konnte nicht ~, ich mußte lachen** je ne pus, pouvais (pas) m'empêcher de rire; **sich ~ besinnen** changer d'avis; se raviser; **wenn es gar nicht ~ geht ...** si l'on ne peut (pas) faire autrement ...; **das hört sich schon ~ an!** voilà qui est mieux!; j'aime mieux cela!; **die Wirklichkeit sieht ganz ~ aus** la réalité est tout autre, est tout à fait différente, diffère du tout au tout; **es kommt dann doch alles ~** après, c'est tout à fait différent de ce que l'on a pensé; F **ich kann auch ~** je peux me montrer sous un autre jour, sous un autre aspect; je peux changer de méthode; **nirgend ~** nulle part ailleurs; *cf. auch* **ander II**; **~ˌartig** *adj.* différent; d'une autre espèce; hétéroclite; **~ˌdenkend** *adj.* qui pense autrement; d'avis différent; *relig., pol. auch* dissident; **2ˌdenkende(r)** *f (m)* ⟨→ A⟩ celui, celle qui pense autrement; *relig., pol. auch* dissident(e) *m (f)*; **~geˌartet** *adj.* qui a un autre caractère; **~geˌsinnt** *adj.* d'une autre opinion; **~ˌgläubig** *adj.* qui a une autre foi; *relig., pol. auch* hétérodoxe; dissident; **2ˌgläubige(r)**

f (*m*) ⟨→ A⟩ hétérodoxe *m*, *f*; dissident(e) *m* (*f*); **~ˌrum** F *adv.* dans l'autre sens; ~ **drehen** tourner en sens inverse, dans l'autre sens; **ich bin ~ nach Hause gegangen** je suis rentré (chez moi) par l'autre chemin; **~ˌsprachig** *adj.* qui parle une autre langue; **~'wie** F *adv.* autrement; d'une autre façon, manière; **~'wo** F *adv.* ailleurs; autre part; **~wo'her** F *adv.* (provenant) d'ailleurs, d'un autre lieu, d'autre part; **~wo'hin** F *adv.* ailleurs; autre part.

anderthalb ['andərt'halp] *adj. num.* un(e) et demi(e); ~ **Jahre** un an et demi; dix-huit mois; ~ **Stunden** une heure et demie; **~ˌfach** *adj.* **nehmen Sie die ~e Menge, das 2e** prenez une fois et demie la quantité indiquée; **~ˌjährig** *adj.* d'un an et demi; de dix-huit mois; **~ˌmal** *adv.* une fois et demie; **~ˌstündig** *adj.* d'une heure et demie.

Änderung ['ɛndəˌrʊŋ] *f* ⟨~; ~en⟩ changement *m*; modification *f*; *cout.* **e-e kleine ~ (vornehmen)** (apporter, faire) une retouche, une petite modification (**an** à); ~ **der Lage** changement de la situation; **e-e ~ herbeiführen** apporter un changement, une modification; **e-e durchgreifende ~ vornehmen** faire un changement radical; changer radicalement; **e-e ~ tritt ein, vollzieht sich** un changement se produit; **~en vorbehalten** modifications réservées; sous réserve de modifications; **~sˌantrag** *m Parlament* (proposition *f* d')amendement *m*; **~sˌvorschlag** *m* proposition *f* de modification, de changement; **~sˌwunsch** *m* désir *m*, demande *f* de changement, de modification.

ander|wärts ['andərˌvɛrts] *st. s. adv.* ailleurs; **~ˌweitig 1.** *adj.* autre; **~e Verpflichtungen** d'autres obligations; **zur ~en Verwendung** pour un autre emploi; *Sachen auch* pour une autre utilisation; **2.** *adv.* ailleurs; autre part; ~ **gebunden sein** être engagé ailleurs, autre part; **das kann ich noch ~ verwenden** cela peut encore me servir à *od.* pour autre chose.

Andesi|n [andeˑ'ziːn] *m* ⟨~s⟩ *minéral.* andésine *f*; **~t** *m* ⟨~s⟩ *minéral.* andésite *f*.

andeut|en ['anˌdɔʏtən] **I** *v/t.* ⟨-ete, *sép.*, -ge-, h⟩ indiquer (vaguement, à demi-mot); donner à entendre; laisser entendre; faire comprendre; **ein Lächeln, e-e Verbeugung ~** esquisser, ébaucher un sourire, une courbette; **e-n Wunsch, ein Vorhaben ~** indiquer vaguement, à demi-mot un désir, un projet; **er deutete an, daß er verreisen werde** il a donné à entendre, il a laissé entendre, il a fait comprendre qu'il allait partir en voyage; **etw. mit ein paar Worten, e-r Geste ~** indiquer qc. en *od.* par quelques mots, par un geste; **die Umrisse mit ein paar Strichen ~** indiquer les contours en quelques traits; **e-e angedeutete Linie** une ligne vaguement indiquée; **II** *v/réfl.* **sich ~** s'annoncer; *cf. auch* **sich abzeichnen**; **2ung** *f* (vague) indication *f*; (*Anspielung*) allusion *f*; **e-e versteckte, geheimnisvolle ~** une indication voilée, mystérieuse; **~en machen** donner de vagues indications; indiquer vaguement (qc.); **in ~en reden** parler, s'exprimer à demi-mot, à mots couverts, en termes voilés; **die ~ e-s Striches, e-s Weges, e-r Linie** la vague indication d'un trait, d'un chemin, d'une ligne; **~ungsˌweise** *adv.* vaguement; *mit Worten* à demi-mot; **über etw. nur ~ sprechen** ne parler de qc. qu'à demi-mot, à mots couverts, en termes voilés; **etw. nur ~ sehen können** ne pouvoir voir qc. que vaguement.

an|dichten ['anˌdɪçtən] *v/t.* ⟨-ete, *sép.*, -ge-, h⟩ **1. j-m etw. ~** attribuer, imputer (faussement, à tort) qc. à qn.; **2. j-n ~** adresser une poésie, un poème à qn.; **~ˌdicken** *v/t.* ⟨*sép.*, -ge-, h⟩ *cuis. Soße etc.* lier; épaissir; **~ˌdonnern I** *v/t.* ⟨-(e)re, *sép.*, -ge-, h⟩ F **1. j-n ~** apostropher qn. violemment; enguirlander qn.; **2. wie angedonnert dastehen** être, rester stupéfait, sidéré, F soufflé, baba; **II** *v/i.* ⟨*nur p. p.*⟩ F **angedonnert kommen** arriver en faisant un bruit de tonnerre.

Andorran|er [andɔ'raːnər] *m* ⟨~s; ~⟩ habitant *m* d'Andorre; Andorran *m*; **2isch** *adj.* d'Andorre.

Andrang ['andraŋ] *m von Menschen* affluence *f*; afflux [-y] *m* (*auch physiol.*); **am Schalter herrschte großer ~** il y avait grande affluence, on se bousculait, on se pressait au guichet; **der ~ läßt nach** l'affluence diminue.

andrängend ['anˌdrɛŋənt] *adjt.* **die ~e Menschenmenge** la foule qui afflue; **die ~en Wassermassen** les masses d'eau qui affluent.

Andreas|kreuz [an'dreːasˌkrɔʏts] *n* croix *f* de Saint-André; **~ˌtag** *m* **der ~** la Saint-André.

andreh|en ['anˌdreːən] *v/t.* ⟨*sép.*, -ge-, h⟩ F **1.** *Radio* ouvrir; allumer; *Licht* allumer; *Gas, Wasser(haupthahn)* ouvrir; *Motor* mettre en marche; **2. j-m etw. ~** P refiler qc. à qn.; **2ˌkurbel** *f Auto* manivelle *f* de voiture.

andrer, andres *cf.* **ander.**

androgyn(isch) [androˑ'gyːn(ɪʃ)] *adj. biol.* androgyne.

androh|en ['anˌdroːən] *v/t.* ⟨*sép.*, -ge-, h⟩ **j-m etw. ~** menacer qn. de qc.; **der angedrohte Streik** la grève qui menace; la grève annoncée; **2ung** *f* menace *f*; **j-n unter ~ von Gewalt zu etw. zwingen** forcer qn. à faire qc. en le menaçant de violence; **unter ~ e-r Strafe** en menaçant d'une punition; **etw. unter ~ e-r Geldstrafe verbieten** défendre qc. sous peine d'amende.

Andromeda [an'droːmeˑda] *f* ⟨~⟩ *astr., myth.* Andromède *f*; **~ˌnebel** *m astr.* Grande Nébuleuse d'Andromède.

Andruck ['andrʊk] *m* ⟨~s; ~e⟩ *impr.* épreuve *f*, impression *f* d'essai.

an|drücken ['anˌdrʏkən] **I** *v/t.* ⟨*sép.*, -ge-, h⟩ presser, appuyer (**an** sur, contre); **angedrücktes Obst** fruits meurtris; **II** *v/réfl.* **sich ~** se serrer, se presser (**an j-n** contre qn.); **~ˌecken** *v/i.* ⟨*sép.*, -ge-, sein⟩ *fig. u.* F 'heurter, choquer (**bei j-m** qn.); **überall ~** 'heurter tout le monde.

aneign|en ['anˌˀaɪgnən] *v/réfl.* ⟨-ete, *sép.*, -ge-, h⟩ **sich etw. ~ 1.** *Kenntnisse, Fremdsprache* assimiler qc.; *Kenntnisse auch, gute Manieren, Bildung etc.* acquérir qc.; **2.** *fremde od. herrenlose Sache* s'approprier qc.; **sich widerrechtlich etw. ~** s'approprier qc. illégalement; usurper qc.; **2ung** *f* **1.** *von Kenntnissen* assimilation *f*; *von guten Manieren etc.* acquisition *f*; **2.** *e-r Sache* appropriation *f*; **widerrechtliche ~** appropriation illégale; usurpation *f*; **2ungsˌrecht** *n jur.* droit *m* d'appropriation.

aneinander [ˌanˀaɪ'nandər] *adv.* l'un(e) à l'autre *bzw.* les un(e)s aux autres; bout à bout; **sich ~ festhalten** se tenir l'un à l'autre; ~ **hängen** être attaché, tenir l'un à l'autre; ~ **vorbeileben** vivre chacun de son côté; ~ **vorbeigehen** passer l'un à côté de l'autre; ~ **vorbeireden** ne pas se comprendre; F ne pas être sur la même longueur d'onde; **sich ~ gewöhnen** s'habituer l'un à l'autre; **~...** *in Zssgn. mit Verben meist* l'un à *bzw.* contre l'autre; *cf. auch* **zusammen...**; **~ˌbinden** *v/t.* ⟨*irr., sép.*, -ge- h⟩ attacher ensemble, l'un à l'autre; **~ˌdrücken** *v/t.* ⟨*sép.*, -ge-, h⟩ presser l'un contre l'autre; **~ˌfügen** *v/t.* ⟨*sép.*, -ge-, h⟩ joindre; *techn. auch* mettre bout à bout; abouter; **wieder ~** remettre l'un à l'autre, bout à bout; réunir; **~geˌraten** *v/i.* ⟨*irr., sép., p. p.* aneinandergeraten, sein⟩ F (*in Streit kommen*) se quereller, se disputer, se prendre de querelle (avec qn.); **~ˌgrenzen** *v/i.* ⟨-(es)t, *sép.*, -ge-, h⟩ se toucher; être contigu, -uë; *géogr.* être limitrophe; **~ˌgrenzend** *adjt. cf.* **angrenzend**; **~ˌhängen I** *v/t.* ⟨*sép.*, -ge-, h⟩ attacher, coupler (l'un à l'autre); **II** *v/i.* ⟨*irr., sép.*, -ge-, h⟩ être attaché l'un à l'autre; **~ˌhängend** *adjt.* attaché l'un à l'autre; **~ˌkleben I** *v/t.* ⟨*sép.*, -ge-, h⟩ coller l'un contre, à l'autre; **II** *v/i.* coller ensemble; être collé l'un à l'autre; **~ˌknoten** *v/t.* ⟨-ete, *sép.*, -ge-, h⟩ nouer ensemble; **~ˌlegen** *v/t.* ⟨*sép.*, -ge-, h⟩ mettre l'un à côté de l'autre; **~ˌlehnen** *v/réfl.* ⟨*sép.*, -ge-, h⟩ **sich ~** s'appuyer l'un à, contre, sur l'autre; **~ˌnähen** *v/t.* ⟨*sép.*, -ge-, h⟩ coudre ensemble; **~ˌprallen** *v/i.* ⟨*sép.*, -ge-, sein⟩ *cf.* **~stoßen**; **~ˌreihen** *v/t.* ⟨*sép.*, -ge-, h⟩ mettre l'un à côté de l'autre; *Wörter, Gedanken auch* juxtaposer; **2ˌreihung** *f* ⟨~; ~en⟩ juxtaposition *f*; *od. verbal*; **~ˌrücken I** *v/t.* ⟨*sép.*, -ge-, h⟩ rapprocher; **II** *v/i.* ⟨sein⟩ se rapprocher; **~ˌschlagen I** *v/t.* ⟨*irr., sép.*, -ge-, h⟩ taper, cogner l'un contre l'autre; **II** *v/i.* ⟨sein⟩ se heurter; *Geschirr* s'entrechoquer; **~ˌschweißen** *v/t.* ⟨-(es)t, *sép.*, -ge-, h⟩ souder, corroyer (l'un à l'autre); **~ˌsetzen** *v/t.* ⟨-(es)t, *sép.*, -ge-, h⟩ mettre l'un à côté de l'autre, bout à bout; joindre; **~ˌstoßen** *v/i.* ⟨*irr., sép.*, -ge-, sein⟩ s'entrechoquer; cogner l'un contre l'autre; *cf. auch* **~grenzen.**

Äneis [ɛ'neːɪs] *f* ⟨~⟩ Énéide *f*.

Anekdot|e [anɛk'doːtə] *f* ⟨~; ~n⟩ anecdote *f*; **~n erzählen** raconter des anecdotes; **~n sammeln** recueillir des anecdotes; anecdotiser; **2enˌartig** *adj.* anecdotique; **~enˌbuch** *n cf.* **~ensammlung**; **~enerˌzähler** *m* raconteur *m* d'anecdotes; anecdotier *m*; **2enˌhaft** *adj. cf.* **2enartig**; **~enˌsammlung** *f* recueil *m* d'anecdotes; **2isch** *adj.* anecdotique.

anekeln ['anˌˀeːkəln] *v/t.* ⟨-(e)le, *sép.*, -ge-, h⟩ dégoûter; répugner; inspirer du dégoût, de la répugnance (**j-n** à qn.); F écœurer; **das ekelt mich an** cela me dégoûte, me répugne, m'écœure; **sich angeekelt abwenden** se détourner avec dégoût, avec écœurement, dégoûté, écœuré.

Anemo|meter [aneˑmoˑ'meːtər] *n* ⟨~s; ~⟩ *phys.* anémomètre *m*; **~ne** [-'moː-] *f* ⟨~; ~n⟩ *bot.* anémone *f*; (*Buschwindröschen*) anémone *f* des bois.

anemp|fehlen ['anˀɛmˌpfeːlən] *v/t.* ⟨*irr., sép., pas de ge-*, h⟩ *st. s. cf.* **empfehlen**; **~funden** *adjt.* qui n'est pas vraiment ressenti.

Anerbe ['anˌˀɛrbə] *m jur.* héritier auquel est attribué le bien de famille; **~nˌrecht** *n* droit relatif aux biens de famille.

Anerbieten ['anˀɛrˌbiːtən] *st. s. n* ⟨~s;

~> offre *f*; j-m ein ~ machen faire une offre à qn.

anerkannt ['anˀɛrˌkant] *adjt.* reconnu; staatlich ~ reconnu par l'État; international ~ internationalement reconnu; allgemein ~ généralement reconnu; **~er'maßen** *adv.* il est reconnu que ...; de l'aveu de tous; das ist ~ der beste Wein il est reconnu que, de l'aveu de tous c'est le meilleur vin.

anerkenn|en ['anˀɛrˌkɛnən, ˌanˀɛr'kɛnən] *v/t.* ⟨*irr., sép. od. insép., pas de ge-*, h⟩ reconnaître; *e-n Rekord offiziell* homologuer; ein Testament, die Vaterschaft ~ reconnaître un testament, la paternité; e-e Regierung ~ reconnaître un gouvernement; etw. offiziell, gerichtlich ~ reconnaître qc. officiellement, juridiquement; etw. als gültig ~ reconnaître qc. valable; j-n als Meister ~ reconnaître qn. pour, comme maître; etw. nicht als Entschuldigung ~ ne pas accepter qc. comme excuse; j-s Verdienste ~ reconnaître les mérites de qn.; e-e Leistung ~ apprécier une performance; etw. dankbar ~ être reconnaissant de qc.; **~end** *adjt.* ein paar ~e Worte sprechen dire quelques mots de reconnaissance; j-m e-n ~en Blick zuwerfen complimenter qn. du regard; **~ensˌwert** *adj.* digne d'être reconnu; sein Fleiß ist ~ son zèle mérite d'être reconnu; **2tnis** ['an-] *n, f jur.* (déclaration *f* de) reconnaissance *f*; **2ung** *f* ⟨~⟩ reconnaissance *f*; *e-s Rekordes* homologation *f*; einseitige ~ reconnaissance unilatérale; die ~ e-s Staates, als Nation la reconnaissance d'un État, comme nation; in ~ s-r Verdienste en reconnaissance de ses mérites; j-m s-e ~ aussprechen exprimer à qn. sa reconnaissance; j-m ~ zollen montrer à qn. de l'estime; um ~ ringen lutter pour être reconnu; ~ finden être reconnu et apprécié; **2ungserˌklärung** *f* déclaration *f* de reconnaissance; **2ungsˌschreiben** *n* lettres *f/pl.* de reconnaissance.

Aneroid [aneˑroˑ'iːt] *n* ⟨~(e)s; ~e⟩ baromètre *m* anéroïde.

anerzieh|en ['anˀɛrˌtsiːən] *v/t.* ⟨*irr., sép., pas de ge-*, h⟩ inculquer (j-m etw. qc. à qn.); **2ung** *f* inculcation *f*.

Anethol [aneˑ'toːl] *n* ⟨~s⟩ *chim.* anéthole *m*.

anfachen ['anˌfaxən] *v/t.* ⟨*sép.*, -ge-, h⟩ *st. s.* **1.** Feuer ~ souffler sur le feu; **2.** *Eifer, Ehrgeiz etc.* attiser; stimuler.

anfahr|en ['anˌfaːrən] **I** *v/t.* ⟨*irr., sép.*, -ge-, h⟩ **1.** *Steine, Kies etc.* apporter (*auch* F *große Mengen von Getränken etc.*); **2.** *Fußgänger etc.* 'heurter; *andere Fahrzeuge etc.* tamponner; von e-m Auto angefahren werden être 'heurté, être renversé par une auto, par une voiture; **3.** *fig. u.* F j-n (grob) ~ enguirlander, rabrouer, P engueuler qn; **II** *v/i.* ⟨sein⟩ **4.** *Zug, Auto etc.* se mettre en marche, en mouvement; démarrer; der Zug fuhr mit e-m Ruck an le train démarra après une forte secousse; **5.** F angefahren kommen arriver, approcher (en voiture, *etc.*) (in raschem Tempo à toute vitesse); **6.** *mines* descendre; **III 2en** *n e-s Zuges, Autos etc.* démarrage *m*; *sonst verbal*; **2t** *f* **1.** *zum Arbeitsplatz etc.* trajet *m*; e-e weite ~ haben avoir un long trajet; die tägliche ~ zum Arbeitsplatz le trajet journalier jusqu'au lieu de travail; **2.** (*Zufahrt*) accès *m*; **2tsˌstraße** *f* route *f*, voie *f* d'accès; **2tsˌweg** *m zum Arbeitsplatz etc.* trajet *m*.

Anfall ['anfal] *m* **1.** *von Fieber etc.* accès *m*; *epileptischer etc.* attaque *f*; *von Keuchhusten* quinte *f*; in e-m ~ von Wut, Heiterkeit *etc.* dans un accès de colère, de gaieté, *etc.*; e-n ~ bekommen avoir un accès (de folie, *etc.*), une attaque; **2.** *e-r Erbschaft* dévolution *f*; **3.** *von Konsumgütern* production *f*; **2en I** *v/t.* ⟨*irr., sép.*, -ge-, h⟩ **1.** *Person etc.* attaquer; von hinten angefallen werden être attaqué par derrière; **2.** *st. s.* e-e Krankheit fällt ihn an il attrape une maladie; Wut fiel mich an la colère me prit; Zweifel fielen ihn an le doute le gagna; **II** *v/i.* ⟨sein⟩ *Arbeiten* se présenter; *Produkte* être produit; als Abfall ~ être produit comme déchets.

anfällig ['anˌfɛlɪç] *adj.* de santé délicate; sujet, -tte aux maladies; das Kind ist sehr ~ l'enfant est de santé très délicate; **2ˌkeit** *f* ⟨~⟩ faiblesse *f* de constitution; fragilité *f*; réceptivité *f*; ~ für bestimmte Krankheiten zeigen montrer une réceptivité pour certaines maladies.

Anfang ['anfaŋ] *m* ⟨~(e)s; -fänge⟩ début *m*; commencement *m*; ein guter ~ un bon début, commencement; ein bescheidener ~ un début modeste; der Schüler hat e-n guten ~ gemacht l'élève a bien débuté la classe, a fait de bons débuts; von ~ an dès le début; dès le commencement; zu ~ au commencement; au début; vom ~ bis zum Ende du commencement, du début à la fin; d'un bout à l'autre; de bout en bout; das ist von ~ bis Ende gelogen ce ne sont que des mensonges du début, du commencement à la fin; das ist der ~ vom Ende c'est le commencement, le début de la fin; ~ Mai début mai; au début, au commencement (du mois) de mai; zu ~ des Jahres au début, au commencement de l'année; er ist ~ sechzig il est entré dans la soixantaine; den ~ machen commencer (mit etw. par qc.); *st. s.* s-n ~ nehmen commencer; débuter; noch in den Anfängen stecken en être à son, à ses début(s); en être à ses premiers pas, balbutiements [-si-]; über die Anfänge nicht hinauskommen ne pas dépasser les premiers rudiments; aller ~ ist schwer *prov.* il n'y a que le premier pas qui coûte *prov.*; il y a (un) commencement à tout *prov.*; Müßiggang ist aller Laster ~ *prov.* l'oisiveté est mère de tous les vices *prov.*; **2en** *v/t., v/i. u. v/imp.* ⟨*irr., sép.*, -ge-, h⟩ **1.** commencer (zu à, *st. s.* de, mit par, avec); ~, zu ... *auch* se mettre à ...; von vorn(e) ~ recommencer; *Buch etc.* von hinten ~ commencer par la fin; sofort ~, etw. zu tun commencer tout de suite à faire qc.; nicht wissen, womit man ~ soll ne pas savoir par quel bout commencer; es hat damit angefangen, daß er sie gekränkt hat cela a commencé parce qu'il l'a vexée; die Schule fängt um acht Uhr an l'école commence à 'huit heures; die Schule fängt bald wieder an l'école recommence bientôt; c'est bientôt la rentrée (des classes); es fängt an zu regnen il commence à pleuvoir; il se met à pleuvoir; es fängt an, wieder stärker zu regnen la pluie recommence, reprend de plus belle; bei Adam und Eva ~ *cf.* Adam; Streit ~ chercher querelle (à qn); er fängt immer wieder davon an il recommence toujours à en parler; fängst du schon wieder an!? tu recommences encore?!; F wenn ich erst einmal anfange... si je m'y mets...; F *u. iron.* das fängt ja schön an! ça commence bien!; er hat mit nichts angefangen il est parti de rien; **2.** F (*zustande bringen*) faire; das hat er geschickt, richtig angefangen il s'y est bien pris; etw. verkehrt, nicht sehr klug ~ s'y prendre mal; wie haben Sie das bloß angefangen? comment avez-vous fait?; was sollen wir damit ~? que (peut-on) faire avec cela?; damit kann ich nichts ~ je ne peux rien en faire, faire avec cela; er weiß nichts mit sich anzufangen il ne sait pas s'occuper; nichts mit s-r Freizeit anzufangen wissen ne pas savoir quoi faire de son temps libre; mit ihm ist heute nichts anzufangen aujourd'hui, il n'y a rien à faire avec lui.

Anfäng|er(in) ['anˌfɛŋər(ɪn)] *m* ⟨~s; ~⟩ (*f*) ⟨~; ~nen⟩ débutant(e) *m* (*f*); Kurse für ~ cours pour débutants; F ein blutiger ~ un tout débutant; ~ in etw. sein être débutant, être novice dans qc.; **~erˌkurs(us)** *m* cours *m* (*pl.*) pour débutants; **2lich 1.** *adj.* premier, -ière; du début; die ~e Scheu la timidité première; der ~e Widerstand la première résistance; nach ~en Schwierigkeiten après les premières difficultés; après les difficultés du début; **2.** *adv. cf.* anfangs.

anfangs ['anfaŋs] *adv.* au début; d'abord; au commencement; ~ glaubte ich... au début je croyais...; ~ wollte ich fast verzagen au début, d'abord, au commencement j'ai presque perdu courage; **2...** *in Zssgn. meist* initial; **2ˌbuchstabe** *m* première lettre; (lettre *f*) initiale *f*; der ~ dieses Wortes ist ein H la première lettre de ce mot est un h; mit großem ~n avec (une) majuscule; **2ˌdosis** *f méd.* dose initiale, de début; **2erˌfolg** *m* premier succès; **2geˌhalt** *n* salaire initial, de début; **2geˌschwindigkeit** *f* vitesse initiale; **2ˌgründe** *m/pl. e-r Wissenschaft etc.* premières notions; (premiers) rudiments, éléments; Einführung in die ~ der Mathematik introduction aux premières notions, aux premiers éléments mathématiques; **2kapiˌtal** *n* capital initial; **2ˌkurs** *m comm., Börse* cours *m* d'ouverture; **2ˌlohn** *m cf.* 2gehalt; **2ˌphase** *f* phase initiale; **2ˌspannung** *f élect.* tension initiale; **2ˌstadium** *n* stade initial; im ~ sein être au stade initial; être à son début; **2terˌmin** *m* date initiale; **2ˌunterricht** *m* enseignement *m* primaire, élémentaire; **2ˌwert** *m comm.* valeur initiale; **2ˌzeile** *f* première ligne; ligne *f* de tête; **2ˌzeiten** *f/pl. im Kino* séances *f/pl.* à; *im Theater* matinée *f bzw.* soirée *f* à; die ~ haben sich geändert l'heure des séances, de la soirée, de la matinée a changé.

anfärben ['anˌfɛrbən] *v/t.* ⟨*sép.*, -ge-, h⟩ *Stoffteile etc.* teinter; *Bakterien etc.* colorer.

anfassen ['anˌfasən] **I** *v/t.* ⟨-ßt, *sép.*, -ge-, h⟩ **1.** *mit der Hand* toucher; prendre; *Kinder* die Mutter ~ donner la main à sa mère; sich ~ se donner la main; etw. mit spitzen Fingern ~ prendre qc. avec des pincettes; faß mich nicht an! ne me touche pas!; F nie wieder e-e Zigarette ~ ne plus jamais toucher à une cigarette; **2.** *fig.* **a)** j-n hart, zart ~ traiter qn. durement, avec dureté *bzw.* avec douceur; F j-n mit Samt-, Glacéhandschuhen ~ prendre des gants avec qn.; **b)** *Problem, Arbeit, Aufgabe* aborder; ein

Problem wissenschaftlich ~ aborder un problème d'une façon scientifique; etw. richtig, falsch ~ bien, mal aborder qc.; s'y prendre bien, mal (*abs. od.* pour faire qc.); etw. verkehrt, anders ~ s'y prendre de travers, autrement (*abs. od.* pour faire qc.); er hat die Sache geschickt, F am rechten Ende, beim rechten Zipfel angefaßt il s'y est pris par le bon bout; ein heißes Eisen ~ aborder un sujet brûlant; **II** *v/i.* mit ~ (*helfen*) donner un coup de main; **III** *v/réfl. Stoff, Wolle etc.* sich rauh ~ être rude, rêche au toucher.

an|fauchen ['anˌfauxən] *v/t.* ⟨*sép.*, -ge-, h⟩ **1.** *Katze* souffler et cracher (j-n contre qn.); **2.** *fig. u.* F j-n ~ *cf.* anfahren 3.; **~ˌfaulen** *v/i.* ⟨*sép.*, -ge-, sein⟩ *cf.* angefault.

anfecht|bar ['anfɛçtˌbaːr] *adj. jur. u. fig.* contestable; attaquable; **2barˌkeit** *f* ⟨~⟩ possibilité *f* d'être l'objet d'une action en annulation; contestabilité *f*; **~en** *v/t.* ⟨*irr., sép.*, -ge-, h⟩ **1.** *jur.* agir en annulation (de); attaquer (en justice); contester (la validité de); ein Testament, e-n Vertrag, e-e Entscheidung ~ contester la validité d'un *bzw.* d'une, attaquer un testament, un contrat, une décision; **2.** *st. s.* inquiéter; das ficht mich nicht an cela ne m'inquiète pas; **2ung** *f* ⟨~; ~en⟩ **1.** *jur.* contestation *f* (de la validité); recours *m* en annulation; ~ der Ehelichkeit (e-s Kindes) désaveu *m* de paternité; **2.** *st. s.* (*Versuchung*) tentation *f*; den ~en widerstehen résister aux tentations; gegen ~en gefeit sein être immunisé contre les tentations; **2ungsˌklage** *f jur.* action *f* en annulation; *der Ehelichkeit* action *f* en désaveu de paternité.

an|feinden ['anˌfaindən] *v/t.* ⟨-ete, *sép.*, -ge-, h⟩ attaquer; être hostile (à); manifester de l'hostilité (à); **2ˌfeindung** *f* ⟨~; ~en⟩ attaque *f*; hostilité *f*; ~en ausgesetzt sein être exposé aux attaques; **~ˌfertigen** *v/t.* ⟨*sép.*, -ge-, h⟩ *Kleider, Schmuck, Verzeichnis, Übersetzung etc.* faire; *Verzeichnis auch* dresser; ein Protokoll ~ dresser un procès-verbal; ein Kleid nach Maß ~ faire une robe sur mesure; etw. auf Bestellung ~ faire qc. sur commande; etw. nach e-m Modell ~ lassen faire faire qc. d'après un modèle; **2ˌfertiˌgung** *f von Kleidung* confection *f*; *e-r Übersetzung, Abschrift, e-s Porträts, e-r Plastik etc.* exécution *f*; *od. verbal*; **~ˌfeuchten I** *v/t.* ⟨-ete, *sép.*, -ge-, h⟩ *Lippen, Finger, Wäsche, Briefmarke, Haar etc.* humecter; F die Kehle ~ s'humecter le gosier; **II 2ˌfeuchten** *n* ⟨~s⟩ humectation *f*; **~ˌfeuern** *v/t.* ⟨-(e)re, *sép.*, -ge-, h⟩ **1.** *Ofen, Kessel etc.* allumer; faire du feu (dans); **2.** *fig. Sport etc.* encourager; **2ˌfeueˌrung** *f fig.* encouragement *m*; **2ˌfeuerungsˌrufe** *m/pl. der Zuschauer* cris *m/pl.* d'encouragement; **~ˌflattern** *v/i.* ⟨*nur p. p.*⟩ F angeflattert kommen arriver en voletant, en voltigeant; **~ˌflehen** *v/t.* ⟨*sép.*, -ge-, h⟩ implorer (j-n um etw. qc. de qn.); j-n ~, etw. zu tun implorer, supplier qn. de faire qc.; er flehte ihn um Hilfe an il implora son aide; il l'implora, le supplia de l'aider; ich flehe Sie darum an je vous en supplie; **~ˌfletschen** *v/t.* ⟨*sép.*, -ge-, h⟩ montrer les dents à; **~ˌflicken** *v/t.* ⟨*sép.*, -ge-, h⟩ **1.** ajouter (qc. à qc.); **2.** *fig. u.* F j-m etw. ~ dire du mal de qn.; **~ˌfliegen I** *v/t.* ⟨*irr., sép.*, -ge-, h⟩ *aviat. Flughafen etc.* s'approcher de; voler sur; se diriger vers; *zur Zwischenlandung* faire escale à; *Fluggesellschaft* e-e Stadt regelmäßig ~ desservir une ville; **II** *v/i.* ⟨sein⟩ **1.** angeflogen kommen arriver; *Vögel* arriver, s'approcher à tire-d'aile; **2.** *fig. Wissen etc.* etw. fliegt j-m (nur so) an qn. apprend qc. très facilement, avec une facilité étonnante; **~ˌflitzen** *v/i.* ⟨*nur p. p.*⟩ F angeflitzt kommen arriver rapidement, F à fond de train.

Anflug ['anfluːk] *m* **1.** *aviat.* approche *f*; erster, zweiter ~ première, deuxième approche; beim ~ auf à l'approche de; im ~ auf etw. sein s'approcher de qc.; se diriger vers qc.; voler sur qc.; **2.** *Forstwesen* (forêt *f* de) semences apportées par le vent; **3.** *fig.* (*leise Spur*) ein ~ von Röte une légère rougeur; ein ~ von Bart un soupçon de barbe; ein ~ von Spott une légère moquerie; un brin de moquerie; ein ~ von Traurigkeit une légère tristesse; une ombre de tristesse; der ~ e-s Lächelns l'esquisse d'un sourire; mit e-m ~ von Ironie avec une pointe d'ironie; **~ˌwald** *m cf.* ~ 2.; **~ˌzeit** *f* durée *f* de l'approche.

anforder|n ['anˌfɔrdərn] *v/t.* ⟨-(e)re, *sép.*, -ge-, h⟩ *Arbeitskräfte, Verstärkung* demander; *Akten, Ersatzteile etc.* faire venir; demander; **2ung** *f* **1.** *von Arbeitskräften, Akten etc.* demande *f*; die ~ von Verstärkung la demande de renforts; **2.** (*Anspruch*) exigence *f*; große, hohe ~en an j-n, an etw. stellen exiger beaucoup de qn., de qc.; demander beaucoup à qn., à qc.; er stellt hohe ~en *auch* il est très exigeant; allen ~en genügen, gerecht werden satisfaire (à) toutes les exigences; den ~en entsprechen répondre aux exigences; den sittlichen ~en entsprechen être de bonne moralité; den ~en nicht gewachsen sein ne pas être à la hauteur des exigences.

Anfrage ['anˌfraːgə] *f* demande *f*; *im Parlament* interpellation *f*; auf ~ sur demande; auf unsere ~ hin en réponse à notre demande; an j-n e-e ~ richten adresser une demande à qn.; *im Parlament* interpeller qn.; e-e ~ an die Regierung une interpellation du gouvernement; e-e ~ einbringen interpeller; e-e ~ beantworten répondre à une interpellation; **2n** *v/i.* ⟨*sép.*, -ge-, h⟩ demander (bei j-m à qn.); s'informer (de qc. auprès de qn.); bei j-m bescheiden, höflich ~ demander à qn. avec modestie, poliment; er fragte an, ob... il demanda si...

an|fressen ['anˌfrɛsən] *v/t.* ⟨*irr., sép.*, -ge-, h⟩ **1.** *von Tieren* (commencer à) manger; s'attaquer à; *Rost etc.* ronger (*auch méd.*); *fig.* miner; ronger; von Insekten, Würmern angefressen piqué par des insectes, par des vers; von Motten angefressen mité; mangé aux mites; **2.** P sich e-n Bauch ~ F prendre du ventre, P du bidon, de la brioche; **~ˌfreunden** *v/réfl.* ⟨-ete, *sép.*, -ge-, h⟩ sich ~ se lier d'amitié (mit j-m avec qn.); se prendre d'amitié (pour qn.); *mit e-m Gedanken etc.* se familiariser (avec qc.); **2ˌfreundung** *f* ⟨~; ~en⟩ *verbal*; **~ˌfrieren** *v/i.* ⟨*irr., sép.*, -ge-, sein⟩ an etw. ~ s'attacher à qc. par le gel; **~ˌfügen** *v/t.* ⟨*sép.*, -ge-, h⟩ *Nachschrift etc.* ajouter; *Beilage etc.* joindre; **2ˌfügung** *f* addition *f*; *od. verbal*; **~ˌfühlen I** *v/t.* ⟨*sép.*, -ge-, h⟩ toucher; *prüfend* tâter; **II** *v/réfl.* sich hart, weich, glatt, rauh, kalt ~ être dur, doux, lisse, rêche *od.* rude, froid au toucher; sich wie Wolle ~ avoir le toucher de la laine.

Anfuhr ['anfuːr] *f* ⟨~; ~en⟩ apport *m*; *besser verbal*; (*Transport*) transport *m*; (*Lieferung*) livraison *f*.

anführ|en ['anˌfyːrən] *v/t.* ⟨*sép.*, -ge-, h⟩ **1.** *Truppe, Mannschaft, Delegation etc.* conduire; être à la tête de; *Tanz* mener; **2.** *Beispiele, Tatsachen, Quellen* citer; donner; *Gründe* donner; *Textstellen, Gewährsmann, Zeugen* citer; etw. zu s-r Entschuldigung ~ donner qc. pour *od.* comme excuse; etw. als Vorwand ~ *auch* prétexter qc.; um ein Beispiel anzuführen pour citer, donner un exemple; am angeführten Ort (*abr.* a. a. O.) loco citato (*abr.* loc. cit. *od.* l. c.); etw. gegen etw. ~ opposer qc. à qc.; man könnte dagegen ~ ... on pourrait y opposer ...; **3.** F j-n ~ duper qn.; F bourrer le crâne de qn.; avoir qn.; du hast mich schön angeführt tu m'as drôlement eu; **2er** *m e-r Truppe, Schar, Bande* chef *m*; *pol. e-r Demonstration, Bewegung* meneur *m* (*auch péj.*); **2ung** *f* **1.** *e-r Gruppe, Mannschaft etc.* conduite *f*; unter s-r ~ sous sa conduite; **2.** *von Beispielen, Belegstellen, Zeugen* citation *f*; *von Gründen* énumération *f*; *od. verbal*; **2ungsˌstriche** *m/pl.*, **2ungsˌzeichen** *n/pl.* guillemets *m/pl.*; etw. in ~ setzen mettre qc. entre guillemets.

an|füllen ['anˌfylən] **I** *v/t.* ⟨*sép.*, -ge-, h⟩ remplir (mit de); **II 2ˌfüllen** *n* remplissage *m*; **~ˌfunkeln** *v/t.* ⟨-(e)le, *sép.*, -ge-, h⟩ j-n drohend ~ regarder qn. d'un air menaçant; **~ˌfunken** *v/t.* ⟨*sép.*, -ge-, h⟩ *Taxi, Streifenwagen* entrer en communication radio (avec).

Angabe ['anˌgaːbə] *f* **1.** *des Namens, der Adresse, des Alters* indication *f*; *od. verbal*; *des Gewichts, der Größe, des Inhalts, der Menge, der Zeit* indication *f*; unter ~ von en indiquant qc.; statistische ~n données statistiques; ~n machen donner des indications; nähere ~n machen donner des précisions; genaue ~n machen donner des indications précises, des renseignements précis, des détails précis; falsche, richtige ~n machen donner de faux renseignements, des renseignements justes; faire de fausses, justes déclarations; die Richtigkeit der ~n überprüfen vérifier la justesse des renseignements, des indications; **2.** (*Anweisung*) indication *f*; etw. nach j-s ~n anfertigen faire qc. selon les indications de qn.; **3.** *Tennis etc.* service *m*; du hast die ~ à toi de servir; **4.** F (*Prahlerei*) das ist nichts als ~ ce n'est que de la crânerie, de l'esbroufe, de la hâblerie, de la forfanterie; aus ~ pour crâner, faire de l'esbroufe; *cf. auch* Angeberei.

an|gaffen ['anˌgafən] F *v/t.* ⟨*sép.*, -ge-, h⟩ regarder bouche bée; *Person auch* dévisager; **~ˌgähnen** *v/t.* ⟨*sép.*, -ge-, h⟩ **1.** bâiller au nez, à la figure de qn.; **2.** *fig. u. st. s. Abgrund etc.* s'ouvrir devant qn.; **~galoˌppieren** *v/i.* ⟨*nur p. p.*⟩ angaloppiert kommen arriver au galop (*auch von e-r Person*).

angängig ['anˌgɛŋɪç] *adj. st. s.* (*möglich*) possible; (*schicklich*) convenable; (*zulässig*) permis; das ist nicht ~ cela ne se fait pas.

angeb|en ['anˌgeːbən] **I** *v/t.* ⟨*irr., sép.*, -ge-, h⟩ **1.** *Namen, Adresse, Alter,*

Grund, Inhalt etc. donner; indiquer; *Wert, Preis, Richtung* indiquer; *auf Formularen* indiquer; *bei Behörden* **s-e Personalien ~** *auch* décliner ses nom (,prénoms, titres) et qualités; **den Inhalt von etw. ~** *auch* résumer qc.; **j-n als Zeugen ~** indiquer qn. comme témoin; **etw. als Grund ~** donner qc. comme raison; **etw. falsch, richtig ~** mal, bien indiquer qc.; **etw. nicht genau ~ können** ne pas pouvoir indiquer qc. exactement; **zur angegebenen Zeit** à l'heure indiquée; **wie oben angegeben** comme indiqué ci-dessus; **falls nicht anders angegeben** sauf indication contraire; **2.** *Takt, Tempo, Ton* donner; *fig. in der Gesellschaft* **den Ton ~** donner le ton; **3.** *Täter, Komplicen* dénoncer; F donner; *Mitschüler* dénoncer; **II** *v/i.* **4.** *Tennis etc.* servir; **5.** F (*prahlen, protzen*) crâner; faire de l'esbroufe; se donner de grands airs; se croire; *mit Worten auch* 'hâbler; se vanter; faire le fanfaron; **mit etw. ~** crâner, *etc.* avec qc.; **≈er(in)** *m (f)* **1.** F (*Aufschneider*) crâneur, -euse *m, f*; esbroufeur, -euse *m, f*; poseur, -euse *m, f*; *nur mit Worten* 'hâbleur, -euse *m, f*; vantard(e) *m (f)*; fanfaron, -nne *m, f*; **2.** *cf.* **Denunziant**; **≈e'rei** *f* ⟨~; ~en⟩ F crânerie *f*; esbroufe *f*; 'hâblerie *f*; vanterie *f*; vantardise(s) *f (pl.)*; fanfaronnade(s) *f (pl.)*; forfanterie *f*; gasconnade(s) *f (pl.)*; **~eˌrisch** *adj.* F *Person, Wesen* crâneur, -euse; poseur, -euse; 'hâbleur, -euse; vantard; fanfaron, -nne; *Sache* de crâneur, *etc.*

Ange|betete(r) ['angəˌbeːtətə(r)] *f (m)* ⟨→ A⟩ bien-aimé(e) *m (f)*; *nur f* F belle; dulcinée; **~ˌbinde** *st. s. n* ⟨~s; ~⟩ cadeau *m.*

angeblich ['anˌgeːplɪç] **1.** *adj.* prétendu; soi-disant; **der ~e Vater** le prétendu père; le soi-disant père; **der ~e Täter** le prétendu, soi-disant auteur du crime; **sein ~er Reichtum** sa prétendue, soi-disante richesse; **2.** *adv.* soi-disant; à ce qu'on dit; à ce qu'on prétend; **er ist ~ verreist** il est soi-disant en voyage; à ce qu'on dit, prétend il est en voyage; **~ hatte er kein Geld bei sich** il a prétendu n'avoir pas d'argent sur lui; il n'avait soi-disant, paraît-il pas d'argent sur lui.

angeboren ['angəˌboːrən] *adjt. Krankheit, Gebrechen* congénital; *Eigenschaft, Neigung* inné; natif, -ive; **~e Rechte** droits naturels; *philos.* **~e Ideen** idées innées; **das ist ihm ~** c'est inné chez lui; il tient cela de nature, de naissance.

Angebot ['angəˌboːt] *n* offre *f*; *auf Ausschreibung öffentlicher Arbeiten auch* soumission *f*; **ein ~ machen** faire une offre; *Auktion* **ein höheres ~ machen** faire une (sur)enchère; surenchérir; *Ausschreibung* **ein ~ einreichen** faire une soumission; soumissionner; **ein ~ annehmen, ablehnen** accepter, refuser une offre; *comm.* **das ~ an Gemüse** *etc.* l'offre de légumes, *etc.*; **das ~ war gering** l'offre était insuffisante; **das Verhältnis von ~ und Nachfrage** les rapports entre l'offre et la demande; **das ~ übersteigt die Nachfrage** l'offre excède, dépasse la demande.

ange|bracht ['angəˌbraxt] *adjt.* **1.** opportun; indiqué; convenable; **nicht ~** inopportun; inconvenant; déplacé; **es ist (nicht) ~, zu...** il (ne) convient (pas) de...; **wäre es nicht ~er, wenn ...?** ne conviendrait-il pas mieux, ne serait-il pas mieux que... (+ *subj.*)?; **diese Bemerkung ist hier durchaus ~** cette remarque est opportune, à sa place ici; **diese Ausdrucksweise ist hier nicht ~** cette manière de s'exprimer n'est pas convenable, est inconvenante, déplacée ici; **Verhandlungen darüber sind im Moment nicht ~** des négociations à ce sujet sont inopportunes, ne sont pas indiquées en ce moment; **etw. für ~ halten** juger qc. convenable, opportun, indiqué; **ich halte es für ~, zu...** je crois qu'il conviendrait de (faire qc.); **2.** *cf.* **anbringen**; **~ˌdeihen** *v/i.* ⟨*irr., sép., p.p.* **angediehen, sein**⟩ *st. s.* **j-m etw. ~ lassen** ⟨h⟩ *Hilfe, Schutz* accorder qc. à qn.; *Erziehung, Ausbildung* donner qc. à qn.

Angedenken ['angəˌdɛŋkən] *n* ⟨~s⟩ *st. s.* **seligen ~s** d'heureuse mémoire.

ange|fault ['angəˌfault] *adjt. Balken etc.* qui a commencé à pourrir; *Obst* abîmé; qui a des endroits pourris; **~ˌgilbt** *adjt. Papier* **leicht ~ sein** être légèrement jauni; **~ˌgossen** *adjt. Kleidung* **wie ~ sitzen** aller comme un gant; **~ˌgraut** *adjt. Haare, Bart* poivre et sel; **ein Herr mit ~en Schläfen** un homme aux tempes grisonnantes, aux tempes poivre et sel; **~ˌgriffen** *adjt.* fatigué; souffrant; **~e Gesundheit** santé compromise; **~ aussehen** avoir les traits fatigués, l'air fatigué; **≈ˌgriffenheit** *f* ⟨~⟩ fatigue *f*; **~ˌhaucht** *adjt.* **rot ~e Wangen** des joues légèrement colorées; **er war nazistisch ~** il avait une légère teinte de nazisme; F il était un peu nazi sur les bords; **~ˌheiratet** *adjt. Verwandtschaft* par alliance; **e-e ~e Tante** une tante par alliance; **~ˌheitert** *adjt.* éméché; **stark ~** fort éméché; **er war leicht ~** il était légèrement éméché, légèrement parti, un tout petit peu gris; **in ~em Zustand** en état de légère ivresse.

angehen ['anˌgeːən] **I** *v/t.* ⟨*irr., sép.,* **-ge-, h**⟩ **1.** *Gegner, Hindernis* attaquer; *Bergsport Gipfel, fig. Problem* s'attaquer à; **2. j-n um etw. ~** s'adresser à qn. pour avoir qc.; **j-n um Hilfe, Geld ~** s'adresser à qn. pour avoir de l'aide, de l'argent; demander de l'aide, de l'argent à qn.; **3.** (*betreffen*) concerner; regarder; **was mich angeht...** quant à moi...; en ce qui me concerne...; pour ma part...; **misch dich nicht in Dinge, die dich nichts ~!** ne te mêle pas de choses qui ne te regardent pas!; **das geht dich nichts an** cela ne te regarde pas; ce n'est pas ton affaire; P **das geht ihn e-n Dreck an** qu'est-ce que ça peut lui foutre!; **was geht es dich an?** est-ce que cela te regarde?; de quoi te mêles-tu?; **das geht auch Sie an** cela s'adresse également à vous; cela vous concerne aussi; **II** *v/i.* ⟨**sein**⟩ **4. gegen etw. ~** *gegen e-n Brand etc., fig. gegen Vorurteile, Übelstände* s'attaquer à qc.; combattre qc.; **5.** F *Lärm, Arbeit etc.* commencer; **wieder ~** recommencer; reprendre; **6.** F *Licht* s'allumer; *Feuer* prendre; **das Feuer ist nicht angegangen** le feu n'a pas pris; **7.** *frischgesetzte Pflanzen* prendre racine; *Impfung* F **die Pocken sind angegangen** le vaccin a pris; **8. das Fleisch ist schon angegangen** la viande est déjà avancée; **9. etw. geht (gerade) noch an** qc. est encore passable, passe encore, va encore; **es mag noch ~, daß...** passe encore que... (+ *subj.*); **es geht nicht an, daß...** il n'est pas permis que...; il n'est pas convenable que...; cela ne se fait pas que...; cela ne va pas que...; **~d** *adjt. Gelehrter, Facharbeiter, Künstler* futur; **ein ~er Gelehrter** un futur savant; F **ein ~er Vierziger** une personne qui entame la, entre dans la quarantaine.

angehör|en ['angəˌhøːrən] *v/i.* ⟨*sép., p.p.* **angehört, h**⟩ **a)** *e-r Gruppe, Delegation etc.* faire partie de; *e-r Partei, e-m Verein auch* adhérer; **dem Senat** *etc.* **~** *auch* siéger au Sénat, *etc.*; **b)** *e-m Zeitraum* faire partie de; appartenir à; **der Vergangenheit, der Geschichte ~** faire partie du passé, de l'histoire; appartenir au passé, à l'histoire; **c)** *st. s. Personen* **einander für immer ~** s'appartenir (l'un l'autre) pour toujours, à jamais; **≈ige(r)** *f (m)* ⟨→ A⟩ **1.** *durch Verwandtschaft* **(naher) ~r** proche *m* (parent *m*); *pl. meist* famille *f*; **ohne ~** sans famille; **meine ~n** les miens; ma famille; mes proches; **2.** *e-s Betriebes, Vereins, e-r Partei, der Besatzungsmacht etc.* membre *m*; *e-s Vereins, e-r Partei auch* adhérent *m*; *e-s Staates* ressortissant *m*; *pl. e-s Betriebes auch* personnel *m.*

Angeklagte(r) ['angəˌklaːktə(r)] *f (m)* ⟨→ A⟩ accusé(e) *m (f)*; *im Strafprozeß auch* prévenu(e) *m (f)*; **der ~ hat das Wort** la parole est à l'accusé.

ange|kränkelt ['angəˌkrɛŋkəlt] *adjt.* **von Eitelkeit, von Selbstsucht ~** contaminé par la vanité, par l'égoïsme; **er ist von keiner Skepsis ~** il n'est pas contaminé par le scepticisme; **von keines Gedankens Blässe ~** non affaibli par la réflexion; **~ˌkratzt** *adjt. Karosserie etc.* éraflé.

Angel ['aŋəl] *f* ⟨~; ~n⟩ **1.** *Fischfang* canne *f* à pêche; gaule *f*; **die ~ auswerfen** lancer la ligne; *Fisch* **an die ~ gehen** mordre; **2.** *e-r Tür* gond *m*; **aus den ~n heben** enlever, sortir de ses gonds; *fig.* **zwischen Tür und ~** entre deux portes; rapidement; à la hâte; **die Welt aus den ~n heben** bouleverser, changer le monde; **3.** *Schwimmsport* corde *f*; perche *f*; **4.** *cf.* **Fußangel.**

ange|langen ['angəˌlaŋən] *v/i.* ⟨*sép., p.p.* **angelangt, sein**⟩ arriver; **~ˌlaufen** *adjt. Spiegel* terne; *Brille, Scheibe* embué; *Haut* **bläulich, blau ~** violacé.

angelegen ['angəˌleːgən] *adj. st. s.* **sich etw. ~ sein lassen** s'occuper de qc.; prendre soin de qc.; **≈ˌheit** *f* affaire *f*; **e-e dringende, problematische, peinliche ~** une affaire urgente, problématique, fâcheuse; **das ist e-e zweifelhafte, dunkle ~** c'est une ténébreuse affaire; c'est une affaire douteuse, louche; **in e-r persönlichen, geschäftlichen ~ zu j-m kommen** venir voir qn. pour une affaire personnelle, pour affaires; **e-e ~ besprechen, klären, regeln** discuter (d')une, éclaircir une, régler une affaire (avec qn.); **in welcher ~ kommen Sie?** quel est le but de votre visite?; **in e-e ~ verwickelt werden, sein** être mêlé à, impliqué dans une affaire; **sich in fremde ~en mischen** s'immiscer dans les affaires d'autrui; **sich um s-e eigenen ~en kümmern** s'occuper de ses propres affaires; F s'occuper de ses oignons; **das ist meine eigene ~** c'est mon affaire; **ich will mit dieser ~ nichts zu tun haben** je ne veux rien avoir à faire avec cela; **~tˌlich** *st. s.* **1.** *adj. Bitte* instant; *Frage* pressant; **2.** *adv.* **sich mit etw. ~ beschäftigen** s'occuper de qc. intensivement; **sich ~ nach j-m erkundigen** se renseigner par le menu au sujet de qn.; **sich ~ mit j-m unterhalten** s'entretenir intensivement avec qn. (de qc.); **sich ~ bemühen** faire tous ses efforts, tout son possible; **~ betrachten** considérer intensivement, avec intérêt; **aufs ~ste** instamment; vivement.

ange|lernt ['angəˌlɛrnt] *adjt.* **~er Arbeiter** ouvrier spécialisé; *cf. auch* **anlernen**; **~ˌlesen** *adjt. Wissen* livresque.

Angel|geräte ['aŋəlgəˌrɛːtə] *n/pl.* engins *m/pl.*, articles *m/pl.*, attirail *m*, accessoires *m/pl.* de pêche; **~ˌhaken** *m* hameçon *m*.

Angelika [aŋ'geːli·ka] *f* ⟨~; ~s⟩ *bot.* angélique *f*.

Angel|leine ['aŋəlˌlaınə] *f* ligne *f*; **≈n I** *v/t. u. v/i.* ⟨-(e)le, h⟩ pêcher (à la ligne); **~ gehen** aller pêcher; *fig. u.* F **nach etw. ~** chercher à attraper, *Hängendes* à décrocher qc.; **das Fleisch aus der Suppe ~** pêcher la viande dans la soupe; **der Lehrer angelte sich e-n der Übeltäter** le professeur en pêcha, en prit un parmi les fauteurs; **sich e-n Mann, e-e reiche Frau ~** se décrocher un mari, une femme riche; **II ~n¹** *n* ⟨~s⟩ pêche *f* à la ligne; *unerlaubtes auch* braconnage *m*; **~ verboten!** pêche interdite; **~n²** *pl. Volksstamm* Angles *m/pl.*

angeloben ['angəˌloːbən] *v/t.* ⟨*sép., p. p.* **angelobt**, h⟩ *st. s.* **j-m etw. ~** promettre qc. solennellement à qn.; faire vœu à qn. de faire qc.

Angel|platz ['aŋəlˌplats] *m* coin *m* de pêche; **~ˌpunkt** *m fig. e-s Problems etc.* pivot *m*; charnière *f*; **~ˌrute** *f* canne *f* à pêche; gaule *f*; **~ˌsachsen** *pl.* Anglo-Saxons *m/pl.*; **≈ˌsächsisch** *adj.* anglo-saxon, -nne; **die ~e Sprache, das ≈e** l'anglo-saxon *m*; **~ˌschein** *m* permis *m* de pêche; **~ˌschnur** *f* ligne *f*; **~ˌsport** *m* pêche *f* à la ligne.

Angelus ['aŋge·lʊs] *m* ⟨~; ~⟩ *relig.* angélus [-ys] *m*; **den ~ läuten** sonner l'angélus; **~ˌläuten** *n* angélus [-ys] *m*.

angemessen ['angəˌmɛsən] **1.** *adj. Strafe* équitable; juste; *Belohnung, Entschädigung, Benehmen, Verhalten* convenable; **den Umständen, Bedürfnissen ~ sein** être selon, en accord avec les circonstances, les besoins; être conforme aux circonstances, aux besoins; **etw. in e-m ~en Ton, in ~er Form sagen** dire qc. d'une façon appropriée, convenable; **e-n ~en Preis festsetzen** fixer un prix convenable, raisonnable; **ein ~es Honorar erhalten** toucher, recevoir des honoraires convenables; **sich in ~er Entfernung aufhalten** se tenir à une distance raisonnable; **etw. für ~ halten** juger qc. convenable; **2.** *adv.* **sich ~ betragen** se comporter d'une façon convenable; **etw. ~ finden** trouver qc. convenable; **es erscheint mir ~ ...** il me paraît convenable de...; **≈ˌheit** *f* ⟨~⟩ *verbal*; **die ~ e-r Strafe bezweifeln** douter de la justesse d'une peine; se demander si une peine est juste, équitable.

angenehm ['angəˌneːm] **1.** *adj. Nachricht, Überraschung, Abwechslung, Stimme, Mensch, Anblick etc.* agréable; *Besucher* bienvenu; **ein ~es Wesen haben** être agréable; **~e Ruhe!** bonne nuit!; **~e Reise!** bon voyage!; *bei Vorstellung* (**sehr**) **~!** enchanté!; **sich das Leben so ~ wie möglich machen** se rendre la vie aussi agréable que possible; **das ≈e mit dem Nützlichen verbinden** joindre l'utile à l'agréable; **2.** *adv.* agréablement; **von etw. ~ überrascht, berührt sein** être agréablement surpris, touché par qc.; **die Fahrt verlief recht ~** le voyage s'est passé agréablement; **mir ist ~ aufgefallen, daß...** j'ai été agréablement surpris que...; **wir haben uns ~ unterhalten** nous avons eu un agréable entretien.

angenommen ['angəˌnɔmən] *adjt.* **1.** *Kind* adoptif, -ive; **2.** *Name* d'emprunt; de guerre; **3.** *math.* **das ~e Dreieck** le triangle supposé; **e-e ~e Entfernung** une distance supposée; **~** (**, daß**)**...** supposons, admettons que... (+*subj.*); *cf. auch* **annehmen**.

Anger ['aŋər] *m* ⟨~s; ~⟩ *e-s Dorfes* place *f* (de village) recouverte d'herbe.

ange|rauht ['angəˌraʊt] *adjt. Oberfläche* (légèrement) rugueux, -euse; *Stoff* molletonné; **~ˌregt 1.** *adjt. Gespräch etc.* animé; **2.** *advt.* **sich ~ unterhalten** s'entretenir avec animation; **≈ˌregtheit** *f* ⟨~⟩ animation *f*; **~ˌsäuselt** F *adjt.* éméché; **~ˌschimmelt** *adjt.* qui commence à moisir; légèrement moisi; **~ˌschlagen** *adjt. Geschirr* ébréché; *fig. Gegner etc.* touché; **stark ~** groggy; **~ˌschmuddelt, ~ˌschmutzt** *adjt. Wäsche etc.* qui a servi; **~ˌschnitten** *adjt. cout.* non monté; *Ärmel auch* raglan; kimono; *cf. auch* **anschneiden**; **~ˌschrieben** *adjt.* **bei j-m gut, schlecht ~ sein** (n')avoir (pas) la cote auprès de qn.; être bien, mal vu par qn.; (n')être (pas) dans les bonnes grâces, dans les (petits) papiers de qn.; **≈ˌschuldigte(r)** *f* (*m*) ⟨→ A⟩ *jur.* inculpé(e) *m* (*f*); prévenu(e) *m* (*f*); **~ˌsehen** *adjt. Persönlichkeit, Familie etc.* estimé; considéré; *Zeitschrift etc.* réputé; **sehr ~ sein** être bien considéré, estimé; *cf. auch* **ansehen**; **~ˌsengt** *adjt.* roussi; **~ riechen** sentir le roussi; **~e Stelle** roussissure *f*; **~ˌsetzt** *adjt. cout.* monté.

Angesicht ['angəˌzɪçt] *n* ⟨~(e)s; ~e *od.* ~er⟩ *st. s.* **1.** (*Gesicht*) face *f*; visage *m*; figure *f*; **von ~ zu ~** face à face; en face; **j-n zum erstenmal von ~ zu ~ sehen** voir qn. pour la première fois face à face, en face; **im ~** en face (de); **der Gefahr, dem Tod ins ~ sehen** regarder le danger, la mort en face; **im Schweiße s-s ~s** à la sueur de son front; **2.** (*Anblick*) vue *f*; **im ~ von** *cf.* **≈s**; **≈s** *prép.* ⟨*gén.*⟩ en vue, présence de; face à; *fig.* vu (+ *acc.*); étant donné (+ *acc.*); **~ der Tatsache, daß...** vu le fait que...; étant donné que...; **~ s-r Verdienste** vu ses mérites; étant donné ses mérites; **~ des Feindes** face à, en présence, en vue de l'ennemi; **~ der Gefahr** face au, en présence, en vue du danger; **~ der bevorstehenden Prüfung** vu l'examen, en vue de l'examen tout proche.

ange|spannt ['angəˌʃpant] **1.** *adjt.* **die ~e Lage** la situation tendue; **durch ~es Arbeiten** à force de travail assidu, intense; **durch etw. sehr ~ sein** être fort occupé par qc.; **2.** *advt.* **~ arbeiten** travailler intensément; **~ überlegen** réfléchir intensément; **~ˌstammt** *adj. Recht, Macht, Platz etc.* héréditaire; **~ˌstaubt** *adjt.* légèrement poussiéreux, -euse.

Angestellt|e(r) ['angəˌʃtɛltə(r)] *f* (*m*) ⟨→ A⟩ employé(e) *m* (*f*); **die ~n** *auch* le personnel; **ein kleiner ~r** un petit employé; **ein leitender ~r** un cadre; **kaufmännischer ~r** employé de commerce, commercial; **~engeˌwerkschaft** *f* syndicat *m* des employés; **~enverˌhältnis** *n* **im ~** (**stehen**) (être) employé; **~enverˌsicherung** *f* assurance *f* des employés.

ange|stochen ['angəˌʃtɔxən] *adjt.* F **wie ~** comme un fou, une folle; **~ˌstrengt 1.** *adjt.* **durch ~es Arbeiten** à force de travail assidu, intense; **2.** *advt.* **~ arbeiten, nachdenken** travailler, réfléchir intensément; **~ˌtan** *adjt.* **1. von j-m ~ sein** être conquis par qn.; **er war sofort von ihr ~** il a été tout de suite conquis, charmé par elle; **2.** *st. s.* **etw. ist nicht dazu, danach ~ ...** qc. n'est pas fait pour...; **die Zeit, die Situation ist nicht danach ~, Späße zu machen** l'époque, la situation ne permet pas de, n'autorise pas à faire des plaisanteries, n'est pas propice aux plaisanteries; **3.** *st. s.* **~ mit** (re)vêtu de; *cf. auch* **antun**; **~ˌtrunken** *adjt.* (légèrement, un peu) ivre; pris de boisson; **in ~em Zustand** en état d'ivresse; **sie waren alle ein wenig ~** ils étaient tous un peu ivres; **~ˌwandt** *adjt.* appliqué; **~e Mathematik** mathématiques appliquées; **~e Künste** arts appliqués; *cf. auch* **anwenden**; **~ˌwiesen** *adjt.* **auf j-n, etw. ~ sein** dépendre de qn., de qc.; être à la merci de qn., de qc.; **auf j-s Hilfe, Unterstützung ~ sein** être à la merci de l'aide, du soutien de qn.; **der Kurzsichtige ist auf s-e Brille ~** le myope est à la merci de ses lunettes; **auf Nebenverdienste ~ sein** en être réduit à travailler en supplément; **aufeinander ~ sein** dépendre l'un de l'autre; **auf sich selbst ~ sein** être obligé de se débrouiller (tout) seul; ne dépendre que de soi; *cf. auch* **anweisen**.

angewöhnen ['angəˌvøːnən] **I** *v/t.* ⟨*sép., p. p.* **angewöhnt**, h⟩ **j-m etw. ~** habituer, accoutumer qn. à qc.; **II** *v/réfl.* **sich etw. ~** prendre l'habitude de faire qc.; s'accoutumer à (faire) qc.; **sich das Rauchen ~** prendre l'habitude de fumer; s'accoutumer à fumer.

Angewohnheit ['angəˌvoːnhaıt] *f* habitude *f*; pli *m*; coutume *f*; **schlechte ~** mauvaise habitude; mauvais pli; **e-e ~ annehmen** prendre l'habitude (de); **die ~ haben, etw. zu tun** avoir l'habitude, avoir coutume de faire qc.; F **er hat die dumme ~ ...** il a la sotte habitude de...

Angewöhnung ['angəˌvøːnʊŋ] *f* accoutumance *f*; *an ein Klima auch* acclimatation *f*.

ange|wurzelt ['angəˌvʊrtsəlt] *adjt. vor Staunen* **wie ~ dastehen** être (comme) cloué sur place; **wie ~ stehenbleiben** rester là comme une souche; **~ˌzeigt** *adjt. st. s.* **etw. für ~ halten** juger opportun, indiqué de faire qc.

angießen ['anˌgiːsən] *v/t.* ⟨*irr., sép.,* -ge-, h⟩ **1.** *jard.* arroser (légèrement); **2.** *cuis.* verser; rajouter; **3.** *Gießerei* joindre par la fonte; *fig. cf.* **angegossen**.

Angina [aŋ'giːna] *f* ⟨~; -nen⟩ *méd.* **1.** angine *f*; **e-e leichte ~** une légère angine; **2. ~ pectoris** angine *f* de poitrine.

Angio|logie [aŋgi·o·lo·ˈgiː] *f* ⟨~⟩ *méd.* angiologie *f*; **~m** [-ˈoːm] *n* ⟨~s; ~e⟩ *méd.* angiome *m*.

angleich|en [ˈanˌglaɪçən] **I** *v/t.* ⟨*irr.*, *sép.*, -ge-, h⟩ *Löhne etc.* (r)ajuster, adapter (**an** à); **II** *v/réfl.* **sich ~** s'assimiler, s'adapter (**an** à); *abs. auch* s'harmoniser; **2ung** *f der Löhne etc.* (r)ajustement *m*; adaptation *f*; *an e-n Partner etc.* adaptation *f*; assimilation *f*; **stufenweise, teilweise ~ an etw.** (r)ajustement, adaptation progressif *bzw.* -ive, partiel(le) à qc.; **die ~ der Gehälter an die Lebenshaltungskosten** le rajustement des salaires au coût de la vie; l'harmonisation des salaires avec le coût de la vie.

Angler|(in) [ˈaŋlər(ɪn)] *m* ⟨~s; ~⟩ (*f*) ⟨~; ~nen⟩ pêcheur, -euse *m, f* à la ligne; F chevalier *m* de la gaule; **~ˌklub** *m* club *m* des pêcheurs à la ligne; **~paraˌdies** *n fig.* paradis *m* des pêcheurs à la ligne.

anglieder|n [ˈanˌgliːdərn] *v/t.* ⟨-(e)re, *sép.*, -ge-, h⟩ *Gebiet, Unternehmen etc. an ein anderes* rattacher (**an** à); *Gruppe an e-e Organisation, Partei etc.* affilier (à); **der Verein ist e-r internationalen Organisation angegliedert** l'association est affiliée, rattachée à une organisation internationale; **der Schule ist ein Internat angegliedert** un internat est rattaché, joint à l'école; **2ung** *f* rattachement *m*; *an e-e Partei etc.* affiliation *f*.

Angli|kaner(in) [aŋgli·ˈkaːnər(ɪn)] *m* ⟨~s; ~⟩ (*f*) ⟨~; ~nen⟩ anglican(e) *m* (*f*); **2ˈkanisch** *adj.* anglican; **~e Kirche** Église anglicane; **~kaˈnismus** *m* ⟨~⟩ anglicanisme *m*; **2ˈsieren** *v/t.* ⟨*pas de ge-*, h⟩ angliciser; **~st(in)** [-ˈglɪst (-ɪn)] *m* ⟨~en; ~en⟩ (*f*) ⟨~; ~nen⟩ anglicisant(e) *m* (*f*); angliciste *m, f*; **~stik** [-ˈglɪs-] *f* ⟨~⟩ philologie anglo-saxonne; étude *f* de la langue, de la littérature et de la civilisation anglaises; **~ studieren** faire des études d'anglais; **2stisch** [-ˈglɪs-] *adj.* de philologie anglo-saxonne; **~ˈzismus** *m* ⟨~; -men⟩ *ling.* anglicisme *m*.

Anglo|amerikaner [ˌaŋglo·ˀame·ri·ˈkaːnər] *m* Américain *m* d'origine anglaise; **~-Ameriˈkaner** [ˈaŋ-] *m/pl.* Anglais *m/pl.* et Américains *m/pl.*; **2ameriˈkanisch** *adj.* anglo-américain; **~maˈnie** *f* ⟨~⟩ anglomanie *f*; **2norˈmannisch** *adj.* anglo-normand; **das 2e** l'anglo-normand *m*; **2ˈphil** *adj.* anglophile; **~phoˈbie** *f* ⟨~⟩ anglophobie *f*.

anglotzen [ˈanˌglɔtsən] *v/t.* ⟨-(es)t, *sép.*, -ge-, h⟩ F **j-n, etw. ~** écarquiller les yeux devant qn., qc.; faire les yeux ronds devant qn., qc.; regarder qn., qc. bêtement, bouche bée.

Angora|kaninchen [aŋˈgoːrakaˌniːnçən] *n* lapin *m* angora; **~ˌkatze** *f* chat *m* angora; **~ˌwolle** *f der Angoraziege* laine *f* mohair; *des Angorakaninchens* laine *f* angora; **~ˌziege** *f* chèvre *f* angora.

Angosturarinde [aŋgɔsˈtuːraˌrɪndə] *f* angusture *f*.

angreif|bar [ˈangraɪfˌbaːr] *adj.* attaquable (*auch fig.*); **~en** *v/t.* ⟨*irr.*, *sép.*, -ge-, h⟩ **1.** *Gegner* attaquer (*auch Sport*); agresser; *plötzlich auch* assaillir; **2.** *fig. Meinung, These etc.* attaquer; **er wurde in der Presse scharf angegriffen** il a été violemment attaqué dans la presse; **j-n scharf ~** *auch* tirer à boulets rouges sur qn.; **3.** *von Säure* attaquer; *von e-m Waschmittel* abîmer; *Gesundheit* attaquer; endommager; *Herz, Nerven* fatiguer; *cf. auch* angegriffen; **4.** *Vorräte, Reserven etc.* entamer; *Ersparnisse, Vermögen auch* écorner; **5.** *cf.* **anfassen**; **2er** *m* ⟨~s; ~⟩ agresseur *m*; attaquant *m*; assaillant *m*; **~ˌrisch** *adj. cf.* **aggressiv**.

angrenzen [ˈanˌgrɛntsən] *v/i.* ⟨-(es)t, *sép.*, -ge-, h⟩ **an etw. ~** toucher (à) qc.; avoisiner qc.; *cf. auch* **grenzen**; **~d** *adjt.* avoisinant; voisin; *Länder, Gemeinden etc. auch* limitrophe; *Grundstücke, Räume auch* attenant; contigu, -guë; **die ~en Straßen** les rues avoisinantes, voisines, adjacentes.

Angriff [ˈangrɪf] *m* **1.** attaque *f* (*auch Sport u. fig.*) (**auf, gegen** contre); **heftiger, persönlicher, politischer, offener ~** attaque violente, personnelle, politique, ouverte; **e-n ~ vorbereiten, abschlagen** préparer, repousser une attaque; **zum ~ übergehen** passer à l'attaque; F **e-n ~ starten** lancer une attaque; **~en ausgesetzt sein** être exposé à des attaques; **2.** *Arbeit, Aufgabe etc.* **in ~ nehmen** entreprendre; commencer; s'attaquer à; **etw. ernsthaft in ~ nehmen** s'attaquer sérieusement à qc.; **ein Projekt in ~ nehmen** s'attaquer à la réalisation d'un projet; **~sbeˌfehl** *m milit.* ordre *m* d'attaque; **~sˌfläche** *f* surface *f* de prise, d'attaque; *fig.* prise *f*; **dem Gegner keine ~ bieten** ne donner aucune prise à son adversaire; **~sˌgeist** *m* esprit offensif; **~sˌhandlung** *f milit.* acte *m* d'agression; **~sˌkrieg** *m milit.* guerre *f* d'agression; **~sˌlust** *f* agressivité *f*; **2sˌlustig** *adj.* agressif, -ive; **~sˌplan** *m milit.* plan *m* d'attaque; **~sˌpunkt** *m phys. e-r Kraft* point *m* d'application; *fig.* prise *f*; **~sˌrichtung** *f milit.* direction *f* d'attaque; **~sˌschlacht** *f milit.* bataille offensive; **~sˌspiel** *n Sport* jeu offensif; **~sˌspitze** *f milit.* élément *m* de tête de l'attaque; **~s-ˌvorbereitungen** *f/pl.* préparatifs *m/pl.* d'attaque; **~sˌwaffe** *f milit.* arme offensive; **~sˌziel** *n milit.* objectif *m* d'attaque.

angrinsen [ˈanˌgrɪnzən] *v/t.* ⟨-(es)t, *sép.*, -ge-, h⟩ F **j-n ~** ricaner au nez de qn.; regarder qn. en ricanant.

Angst [aŋst] **I** *f* ⟨~; ~e⟩ peur *f*, crainte *f*, F frousse *f* (**vor** de); (**~gefühl**) angoisse *f*; anxiété *f*; **grenzenlose, wahnsinnige, tödliche ~** peur sans bornes, folle, mortelle; **voller ~** plein d'angoisse, d'anxiété; **~ vor dem Tode, vor e-r Prüfung** peur de la mort, d'un examen; **~ haben** avoir peur (**vor** de); **vor j-m, etw. ~ haben** *auch* craindre, redouter qn., qc.; appréhender qc.; **keine ~ haben (vor)** ne pas avoir peur (de); **Sie brauchen keine ~ zu haben** vous n'avez pas à avoir peur; **~ bekommen** prendre peur; F **er bekommt es mit der ~ zu tun** il prend peur; la peur le prend; il est pris de peur; **plötzlich packte ihn die ~** la peur le saisit, le prit soudainement; F **j-m ~ machen, einjagen** faire peur à qn.; F flanquer la frousse à qn.; **j-n in ~ versetzen** effrayer qn.; *pfort.* plonger qn. dans l'angoisse; **~ ausstehen** trembler; éprouver de la peur; **keine ~ kennen** ne pas connaître la peur; **in ständiger ~ leben** vivre constamment dans la peur, dans la crainte, dans l'angoisse; **in tausend Ängsten schweben** être dans les transes (en attendant qc.); **vor ~ zittern, schwitzen, vergehen** trembler, suer, mourir de peur; **aus ~ (etw. verschweigen)** (cacher qc.) par peur; **aus ~ vor Strafe** de *od.* par peur d'être puni, d'une punition; **aus ~, er könnte sich weigern** de peur qu'il ne refuse; **um j-n ~ haben, in ~ um j-n sein** s'inquiéter, avoir peur pour qn.; F **nur keine ~!** n'aie *bzw.* n'ayez pas peur!; **keine ~, das schaffen wir schon!** nulle crainte, nous y arriverons!; **II 2** *adj.* ⟨*inv.*⟩ **mir ist ~** j'ai peur; **mir wird ~** je prends peur; **mir ist ~ und bange** je suis dans les transes; **2erˌfüllt** *adjt.* rempli de crainte, d'angoisse; angoissé; plein d'anxiété; **~geˌfühl** *n* (sentiment *m* d')angoisse *f*; anxiété *f*; **~ˌhase** *m* F poltron, -nne *m, f*; froussard *m*; peureux, -euse *m, f*; couard *m*; poule mouillée; P trouillard *m*.

ängstig|en [ˈɛŋstɪgən] **I** *v/t.* ⟨h⟩ faire peur (à); inquiéter; *pfort.* causer de l'angoisse (à); angoisser; **II** *v/réfl.* **sich ~** avoir peur (**vor** de); **sich um j-n ~** s'inquiéter, être inquiet, -iète, avoir peur pour qn.; **sich zu Tode ~** mourir de peur; être dans des transes mortelles; **2ung** *f* ⟨~; ~en⟩ *verbal.*

Angstkäufe [ˈaŋstˌkɔʏfə] *m/pl.* achats *m/pl.* de panique; achats précipités (par crainte de disette).

ängstlich [ˈɛŋstlɪç] **1.** *adj.* craintif, -ive; peureux, -euse; (**~** *besorgt*) anxieux, -euse; **ein ~er Mensch** un homme craintif, *etc.*; **ein ~er Blick** un regard craintif, *etc.*; **sei nicht so ~!** ne sois pas si peureux!; **2.** *adv.* **a)** craintivement; peureusement; **~ schreien** crier craintivement, peureusement; **b) ~ bestrebt, bemüht sein, etw. zu tun** être soucieux, -euse, anxieux, -euse de faire qc.; **er ist ~ auf s-n guten Ruf bedacht** il est très soucieux de sa bonne réputation; **er achtet ~ darauf, keine Fehler zu machen** il fait très attention par peur de faire des fautes; il est soucieux de ne pas faire de fautes; **um j-n, um etw. ~ besorgt sein** être inquiet, -iète, anxieux, -euse pour qn., pour qc.; **2ˌkeit** *f* ⟨~⟩ *e-s Kindes etc.* caractère craintif; *oft* peur *f*; **mit ~ über etw. wachen** veiller sur qc. avec anxiété.

Angst|meier [ˈaŋstˌmaɪər] *m* ⟨~s; ~⟩ F *cf.* **Angsthase**; **~neuˌrose** *f méd.* névrose *f* d'angoisse; **~psyˌchose** *f* psychose *f* d'angoisse; **~ˌröhre** *f* F (*Zylinderhut*) tube *m*; gibus [-s] *m*; chapeau *m* claque; 'huit-reflets *m*.

Ångströmeinheit [ˈɔŋstrøːmˌˀaɪnhaɪt, ˈaŋ-] *f phys.* angström *m* (*abr.* Å).

angst|schlotternd [ˈaŋstˌʃlɔtərnt] F *adjt.* tremblant d'angoisse, de peur; **2schrei** *m* cri *m* d'angoisse; **2schweiß** *m* sueur *f* d'angoisse; **der ~ trat ihm auf die Stirn, der ~ brach ihm aus** une sueur d'angoisse perla sur son front; F il en a eu une suée; **2traum** *m* cauchemar *m*; **~verˌzerrt** *adj.* défiguré par la peur, par l'angoisse; **~voll** *adj.* (plein) d'angoisse; angoissé; **ein ~er Blick** un regard (plein) d'angoisse, angoissé; **~e Stunden** des heures d'angoisse; **2ˌzustand** *m* état anxieux, d'anxiété.

angucken [ˈanˌgʊkən] F *v/t.* ⟨*sép.*, -ge-, h⟩ regarder; **sich ein Bild ~** regarder un tableau, une image; **j-n fragend ~** regarder qn. d'un air interrogateur.

angular [aŋgu·ˈlaːr] *adj. techn., math.* angulaire.

an|haben [ˈanˌhaːbən] *v/t.* ⟨*irr.*, *sép.*, -ge-, h⟩ **1.** *Kleidungsstücke* porter; être vêtu de; avoir mis; **s-e neuen Schuhe ~** avoir mis ses nouvelles chaussures; die Uniform ~ porter l'uniforme; être en uniforme; nichts ~ être nu; *fig. Frau* die Hosen ~ porter la culotte; **2.** j-m etw. ~ wollen vouloir du mal à qn.; j-m nichts ~ können ne pouvoir rien faire à qn.; das schlechte Wetter kann uns nichts ~ le mauvais temps ne peut rien nous faire; **~ˌhaften** *v/i.* ⟨-ete, *sép.*, -ge-, h⟩ *st. s. Schmutz, Farbe etc.* adhérer (à qc.); *fig. Makel, Mangel etc.* être inhérent (à qn., à qc.); j-m, e-r Sache haftet etw. an *auch* qn., qc. a qc.; **~ˌhäkeln** *v/t.* ⟨-(e)le, *sép.*, -ge-, h⟩ *cout.* ajouter au crochet; **~ˌhaken** *v/t.* ⟨*sép.*, -ge-, h⟩ **1.** *Fensterladen etc.* accrocher; **2.** *auf e-r Liste etc.* cocher; pointer; **~ˌhalftern** *v/t.* ⟨-(e)re, *sép.*, -ge-, h⟩ *Pferd* mettre le licou à.

Anhalt ['anhalt] *m cf.* ~spunkt; **2en I** *v/t.* ⟨*irr.*, *sép.*, -ge-, h⟩ **1.** *Auto etc.* (faire) arrêter; *Personen* arrêter; ich wurde von der Polizei angehalten la police m'arrêta; den Atem, die Luft ~ retenir son souffle; **2.** j-n zu etw. ~ exhorter qn. à faire qc.; **3.** *Kleid vor dem Spiegel etc.* tenir (qc. contre soi, *etc.*); **II** *v/i.* **4.** *Auto(fahrer) etc.* s'arrêter; stopper; **5.** *Witterung etc.* durer; continuer; persister; **6.** *st. s.* um die (Hand der) Tochter ~ demander la main de la fille (bei j-m à qn.); **III ~en** *n e-s Fahrzeuges* arrêt *m*; *der Witterung* continuation *f*; persistance *f*; *sonst verbal*; **2end 1.** *adjt.* continuel, -lle; ~e Regenfälle pluies continuelles; ~er Beifall applaudissements nourris, sans fin; **2.** *advt.* continuellement; sans arrêt; **~er** *m* F per ~ en stop; per ~ fahren faire de l'auto-stop, F du stop; **~sˌpunkt** *m* point *m* de repère; indice *m*; e-n ~ suchen, geben chercher, donner un point de repère, un indice; keinen ~ bieten n'offrir aucun indice, point de repère.

anhand [an'hant] *prép.* ⟨*gén.*⟩ au moyen de; en s'appuyant sur; à l'appui de; etw. ~ von Unterlagen beweisen prouver qc. au moyen de, en s'appuyant sur des documents.

Anhang ['anhaŋ] *m* **1.** *e-s Buches etc.* appendice [-ɛ̃-] *m*; (*Nachtrag*) supplément *m*; *e-s Testaments* codicille [-sil] *m*; im ~ nachschlagen regarder dans l'appendice, dans le supplément; im ~ enthalten sein figurer dans l'appendice, *etc.*; **2.** *fig.* partisans *m/pl.*; adhérents *m/pl.*; in der Stadt e-n großen ~ haben avoir beaucoup de partisans dans la ville; *Witwe etc.* ohne ~ sans famille.

Anhäng|eadresse ['anˌhɛŋəˀaˌdrɛsə] *f* étiquette-adresse *f*; étiquette-bagage *f*; **2en I** *v/t.* ⟨*sép.*, -ge-, h⟩ **1.** *Schild, Gewichte etc.* suspendre; *Anhänger etc.* accrocher; atteler; *Bemerkung, Klausel etc.* ajouter; *Ziffer* zwei Nullen ~ ajouter deux zéros; **2.** *fig. u.* F j-m etw. ~ attribuer qc. à qn.; j-m e-n Makel, e-n Spitznamen ~ attribuer un défaut, un surnom à qn.; affubler qn. d'un défaut, d'un surnom; **II** *v/i.* ⟨*irr.*, *sép.*, -ge-, h⟩ **3.** *st. s.* j-m ~ être attaché, dévoué à qn.; e-r Lehre ~ être adhérent d'une doctrine; **4.** *Vergangenes* j-m ~ poursuivre qn.; **III** *v/réfl.* sich ~ *an ein Auto etc., Kind an s-e Mutter* s'accrocher à; *Radfahrer auch* se faire remorquer par; *aus Anhänglichkeit an e-e Person* suivre (qn.); s'attacher aux pas (de qn.); **~er** *m* **1.** *e-s Fahrzeuges* remorque *f*; *e-r Straßenbahn auch* baladeuse *f*; **2.** *Schmuckstück* pendentif *m*; **3.** *an Gepäckstücken, Koffern* étiquette *f* mobile; porte-adresse *m*; **4.** *fig. e-r Partei etc.* adhérent *m*; partisan *m*; ein begeisterter ~ *auch* un passionné; F un mordu; ein erklärter ~ e-r Sache sein être un partisan déclaré de qc.; **~eˌrin** *f* ⟨~; ~nen⟩ adhérente *f*; partisane *f*; **~erˌschaft** *f* ⟨~⟩ *cf.* Anhang 2.; **~eˌschild** *n cf.* ~er 3.; **2ig** *adj. jur.* pendant; en instance; ~es Verfahren procédure pendante, en instance; ein beim Gerichtshof ~er Rechtsstreit une affaire dont la Cour est saisie; e-n Prozeß ~ machen intenter un procès (à, contre qn.); e-e Sache bei Gericht ~ machen saisir un tribunal d'une affaire; **2lich** *adj. Freund, Hund* attaché; fidèle; **~lichˌkeit** *f* ⟨~⟩ attachement *m* (an j-n pour qn.); fidélité *f* (à qn.); aus alter ~ par attachement; en souvenir de son, *etc.* vieil attachement; **~sel** *n* ⟨~s; ~⟩ *Schmuck* breloque *f*; pendeloque *f*; *fig. u.* F *von e-r Person* poids *m*.

Anhauch ['anhaux] *poét. m* souffle *m*; *fig.* légère teinte; trace *f*; ein ~ von Röte une légère rougeur; **2en** *v/t.* ⟨*sép.*, -ge-, h⟩ **1.** *Spiegel, Brille etc.* faire de la buée sur; souffler sur; *fig. cf.* angehaucht; **2.** *fig. u.* F j-n ~ *cf.* anfahren 3.

an|hauen ['anˌhauən] *v/t.* ⟨*irr.*, *sép.*, -ge-, h⟩ **1.** *Baum* commencer à abattre; **2.** P *Personen auf der Straße* accoster, raccrocher (qn. dans la rue); j-n um zwanzig Mark ~ accoster qn. pour lui demander vingt marks; **~ˌhäufeln I** *v/t.* ⟨-(e)le, *sép.*, -ge-, h⟩ *agr. Kartoffeln etc.* butter; **II 2ˌhäufeln** *n* ⟨~s⟩ buttage *m*; **~ˌhäufen** *v/t.* (*u. v/réfl.*) ⟨*sép.*, -ge-, h⟩ (s')amasser; (s')accumuler; (s')entasser; **2ˌhäufung** *f* amassement *m*; accumulation *f*; entassement *m*; **~ˌheben I** *v/t.* ⟨*irr.*, *sép.*, -ge-, h⟩ **1.** *Schrank etc.* soulever (un peu); **2.** *Gehälter, Preise etc.* relever; **II** *v/i. st. s.* (*beginnen*) débuter; commencer; **2ˌhebung** *f der Gehälter etc.* relèvement *m*; **~ˌheften** *v/t.* ⟨-ete, *sép.*, -ge-, h⟩ *Zettel an e-m Brett etc.* attacher (an à); fixer (sur, à); *mit Heftklammern* agrafer; *Ärmel an e-m Kleid etc.* attacher (à); *mit Stecknadeln auch* épingler; etw. mit Reißzwecken ~ attacher, fixer qc. avec des punaises; **~ˌheilen I** *v/t.* ⟨*sép.*, -ge-, h⟩ F *Arme e-r Puppe etc.* remettre; **II** *v/i.* ⟨sein⟩ *chir. Haut etc.* se recoller (en guérissant).

anheimeln ['anˌhaɪməln] *v/t.* ⟨-(e)le, *sép.*, -ge-, h⟩ etw. heimelt mich an qc. me rappelle mon chez-moi; **~d** *adjt.* qui rappelle son chez-soi.

anheim|fallen [an'haɪmˌfalən] *v/i.* ⟨*irr.*, *sép.*, -ge-, sein⟩ *st. s. Vermögen etc.* échoir (à qn.); der Vergessenheit ~ tomber dans l'oubli; der Zerstörung ~ être détruit; **~ˌgeben** *st. s.* **I** *v/t.* ⟨*irr.*, *sép.*, -ge-, h⟩ *cf.* ~stellen; **II** *v/réfl.* sich ~ s'en remettre à; **~ˌstellen** *v/t.* ⟨*sép.*, -ge-, h⟩ *st. s.* es j-m ~, etw. zu tun laisser qn. libre de faire qc.; das stelle ich dir anheim je m'en remets, rapporte à toi; etw. j-s Entscheidung ~ laisser qn. libre de décider qc.; das müssen wir der Zukunft, dem Schicksal ~ il nous faut laisser l'avenir, le sort décider de cette chose.

anheischig ['anˌhaɪʃɪç] *adj. st. s.* sich ~ machen, etw. zu tun se faire fort de faire qc.

an|heizen ['anˌhaɪtsən] *v/t.* ⟨-(es)t, *sép.*, -ge-, h⟩ *Ofen* allumer; *abs.* faire du feu; *fig.* attiser; **2heizˌzeit** *f techn.* temps *m* de chauffe; **~ˌherrschen** *v/t.* ⟨*sép.*, -ge-, h⟩ *st. s.* j-n ~ crier à qn.; **~ˌhetzen** *v/i.* ⟨*nur p. p.*⟩ F angehetzt kommen arriver, s'approcher 'hors d'haleine; **~ˌheuern I** *v/t.* ⟨-(e)re, *sép.*, -ge-, h⟩ *Matrosen* enrôler; engager; **II** *v/i.* s'enrôler; s'engager; **III 2ˌheuern** *n* ⟨~s⟩ enrôlement *m*; engagement *m*; **~ˌheulen I** *v/t.* ⟨*sép.*, -ge-, h⟩ *Hund etc.* 'hurler (den Mond à la lune, j-n après qn.); **II** *v/i.* ⟨*nur p. p.*⟩ F angeheult kommen *Kind* arriver en pleurant, en larmes; *Geschoß* arriver en 'hurlant; **~ˌhexen** *v/t.* ⟨-(es)t, *sép.*, -ge-, h⟩ j-m e-e Krankheit *etc.* ~ jeter un sort, lancer un sortilège à qn. pour le faire tomber malade, *etc.*

Anhieb ['anˌhiːp] *m* auf ~ du premier coup; tout de suite; d'emblée; immédiatement.

an|himmeln ['anˌhɪməln] *v/t.* ⟨-(e)le, *sép.*, -ge-, h⟩ F j-n ~ regarder qn. avec admiration; *Filmstar etc.* adorer qn.; **~ˌhocken** *v/t.* ⟨*sép.*, -ge-, h⟩ *gym.* die Beine ~ grouper les genoux.

Anhöhe ['anˌhøːə] *f* éminence *f*; 'hauteur *f*; élévation *f* (de terrain); colline *f*; tertre *m*; butte *f*.

anhören ['anˌhøːrən] **I** *v/t.* ⟨*sép.*, -ge-, h⟩ **1.** *Vorschlag, Bericht, Beschwerde, Vortrag, Konzert etc.* écouter; *Zeugen, Angeklagte* entendre; j-n ~ *auch* prêter l'oreille à qn.; sich etw. ~ écouter qc.; ein Gespräch mit ~ entendre une conversation; F das kann ich nicht mehr mit ~! je ne peux plus l'entendre!; **2.** man hört ihm an, daß ... on remarque, reconnaît à sa voix que ...; **II** *v/réfl.* sich gut, schlecht ~ être agréable, désagréable à entendre *od.* à l'oreille; *Wörter etc.* sonner bien, mal; es hört sich an, als ob ... on dirait que ...; on croirait que ...; **III 2** *n e-s Zeugen, e-r Schallplatte etc.* audition *f*; *sonst verbal.*

an|humpeln ['anˌhumpəln] *v/i.* ⟨*nur p. p.*⟩ F angehumpelt kommen arriver, s'approcher clopin-clopant, en clopinant; **~ˌhüpfen** *v/i.* ⟨*nur p. p.*⟩ F angehüpft kommen arriver, s'approcher en sautillant; **~ˌhusten** *v/t.* ⟨-ete, *sép.*, -ge-, h⟩ **1.** j-n ~ tousser vers qn.; **2.** *fig. u.* F *cf.* anfahren 3.

Anhydri|d [anhy'driːt, -'drɪt] *n* ⟨~s; ~e⟩ *chim.* anhydride *m*; **~t** [-'drɪt, -'driːt] *m* ⟨~s; ~e⟩ *minéral.* anhydrite *f*.

Anilid [ani'liːt] *n* ⟨~s; ~e⟩ *chim.* anilide *m*.

Anilin [ani'liːn] *n* ⟨~s⟩ *chim.* aniline *f*; **~faˌbrik** *f* fabrique *f* d'aniline; **~ˌfarben** *f/pl.* colorants *m/pl.* d'aniline, azoïques; couleurs *f/pl.* à l'aniline; **~indusˌtrie** *f* industrie *f* de l'aniline; **~ˌrot** *n* rouge *m* d'aniline; **~ˌsalz** *n* sel *m* d'aniline; **~ˌschwarz** *n* noir *m* d'aniline; **~verˌgiftung** *f* anilisme *m*; intoxication *f* par l'aniline.

animali|sch [ani'maːlɪʃ] *adj.* animal; *fig. auch* bestial; **2'tät** *f* ⟨~⟩ animalité *f*.

Animier|dame [ani'miːrˌdaːmə] *f* entraîneuse *f*; **2en** *v/t.* ⟨*pas de ge-*, h⟩ *zum Trinken, Tanzen etc.* entraîner (zu à); **~ˌkneipe** *f*, **~loˌkal** *n* boîte *f* (de nuit) à entraîneuses; **~ˌmädchen** *n cf.* ~dame.

Ani|mismus [ani'mɪsmus] *m* ⟨~⟩ *philos.* animisme *m*; **~mosi'tät** *f* ⟨~⟩ animosité *f*.

Anion ['aniˌoːn, -ən] *n* ⟨~s; -'onen⟩ *phys.* anion *m*.

Anis [a'niːs, 'aːnɪs] *m* ⟨~es; ~e⟩ *bot.* anis (vert); **~aldeˌhyd** *m chim.* aldéhyde *m* anisique; *Parfümerie auch* aubépine *f*; **~geˌschmack** *m* goût *m* d'anis; **~liˌkör** *m* anisette *f*; **~ˌöl** *n* essence *f* d'anis; **~ˌplätzchen** *n/pl.* petits gâteaux à l'anis.

an|jagen ['anˌjaːgən] *v/i.* ⟨*nur p. p.*⟩ F **angejagt kommen** arriver, s'approcher à toute vitesse; **~ˌkämpfen** *v/i.* ⟨*sép.*, -ge-, h⟩ **gegen etw. ~** lutter contre qc.; **gegen Versuchungen ~** *auch* combattre les tentations.

Ankathete ['ankaˌteːtə] *f math.* côté adjacent.

Ankauf ['ankauf] *m* achat *m*; **An- und Verkauf** achat(s) et vente(s); **2en I** *v/t.* ⟨*sép.*, -ge-, h⟩ acheter; **II** *v/réfl.* **sich ~** (s')acheter une propriété; **~sgeˌnehmigung** *f* autorisation *f* d'achat; **~sˌpreis** *m* prix *m* d'achat; **~sˌrecht** *n* droit *m* d'achat.

Anke ['aŋkə] *f* ⟨~; ~n⟩ *techn.* bouterolle *f*.

ankeilen ['anˌkaılən] *v/t.* ⟨*sép.*, -ge-, h⟩ **1.** *techn.* caler; claveter; **2.** *fig. u.* P *cf.* **anhauen 2.**

Anker ['aŋkər] *m* ⟨~s; ~⟩ *mar.*, *bât.*, *e-r Uhr* ancre *f*; *e-s Elektromotors* induit *m*; *e-s Elektromagneten* armature *f*; *mar.* **~ werfen, vor ~ gehen** jeter l'ancre; mouiller; **vor ~ liegen** être, se tenir à l'ancre, au mouillage; **vor ~ treiben** chasser sur ses ancres; **den ~ lichten** lever l'ancre; **~ˌboje** *f mar.* bouée *f* d'orin, en liège (pour indiquer la position de l'ancre); **~ˌbolzen** *m für Maschinen* boulon *m* d'ancrage; **~geˌbühr** *f* ancrage *m*; *cf. auch* **Hafengeld**; **~ˌgrund** *m* fond *m*; mouillage *m*; **~ˌkern** *m élect.* noyau *m* d'induit; **~ˌkette** *f mar.* chaîne *f* d'ancre; **~ˌklüse** *f mar.* écubier *m*; **~ˌmast** *m aviat.* mât *m* d'amarrage; **2n I** *v/i.* ⟨-(e)re, h⟩ *mar.* jeter l'ancre; ancrer; mouiller; **II ~n** *n* ⟨~s⟩ mouillage *m*; **~ˌplatte** *f zur Befestigung* plaque *f* d'ancrage; **~ˌplatz** *m* mouillage *m*; **~ˌring** *m mar.* organeau *m*; **~ˌseil** *n zur Befestigung* câble *m* d'ancrage; 'hauban *m*; **~ˌspill** *m mar.* guindeau *m*; **~ˌstein** *m bât.* pierre *f* d'ancrage; **~ˌstock** *m* jas *m*; **~ˌtau** *n mar.* câble *m* d'ancre; **~ˌuhr** *f* montre *f* (à échappement) à ancre; **~ˌwelle** *f élect.* arbre *m* d'induit; **~ˌwerfen** *n* mouillage *m*; **~ˌwicklung** *f élect.* enroulement *m*, bobinage *m* d'induit; **~ˌwinde** *f cf.* **~spill**.

an|ketten ['anˌkɛtən] *v/t.* ⟨-ete, *sép.*, -ge-, h⟩ attacher, mettre à la chaîne; **~ˌkeuchen** *v/i.* ⟨*nur p. p.*⟩ F **angekeucht kommen** arriver, s'approcher tout 'haletant, essoufflé, 'hors d'haleine; **~ˌkippen** *v/t.* ⟨*sép.*, -ge-, h⟩ *Kiste, Schrank etc.* incliner; **~ˌkitten** *v/t.* ⟨-ete, *sép.*, -ge-, h⟩ mastiquer; fixer avec du mastic; **~ˌkläffen** *v/t.* ⟨*sép.*, -ge-, h⟩ *cf.* **anbellen.**

Anklage ['anˌklaːgə] *f* accusation *f*; **(gegen j-n) ~ erheben** accuser (qn.); **unter ~ stellen** mettre en accusation; **unter ~ stehen** être accusé; être en état d'accusation; *fig.* **e-e leidenschaftliche, stumme ~** une accusation passionnée, muette; **~ˌbank** *f* ⟨~; ~̈e⟩ banc *m* des accusés; **~beˌhörde** *f* ministère public; parquet *m*; **~ˌgrund** *m* motif *m* d'accusation; **2n** *v/t.* ⟨*sép.*, -ge-, h⟩ accuser (qn. de qc.); **j-n wegen Diebstahls, Mordes ~** accuser qn. de vol, de meurtre; *fig.* **das Schicksal** *etc.* **~** accuser le destin, *etc.*; **wer sich entschuldigt, klagt sich an** *prov.* qui s'excuse s'accuse *prov.*; **~ˌpunkt** *m* chef *m* d'accusation.

Ankläger|(in) ['anˌklɛːgər(ın)] *m* (*f*) accusateur, -trice *m, f*; **als ~ auftreten** se porter accusateur; **2isch** *adj.* accusateur, -trice.

Anklage|schrift ['anˌklaːgəˌʃrıft] *f* acte *m* d'accusation; **~verˌtreter** *m* représentant *m* de l'accusation; procureur *m*; **~ˌzustand** *m* état *m* d'accusation; **j-n in den ~ versetzen** mettre qn. en état d'accusation.

anklammern ['anˌklamərn] **I** *v/t.* ⟨-(e)re, *sép.*, -ge-, h⟩ attacher (avec une pince, un trombone, une agrafe, *etc.*) (an à); *Wäsche* accrocher; **II** *v/réfl.* **sich ~** se cramponner, s'accrocher (*beide auch fig.*), s'agripper (an à).

Anklang ['anklaŋ] *m* **1.** réminiscence *f* (**an** à); **2.** *Plan, Vorschlag etc.* **~ finden** être bien accueilli, reçu (**bei** par); trouver un accueil favorable, de l'écho, un écho (**bei der Bevölkerung** dans la population, **bei den Mitgliedern** chez les membres).

an|kleben ['anˌkleːbən] **I** *v/t.* ⟨*sép.*, -ge-, h⟩ coller; *Plakate meist* afficher; (ap)poser; **Plakate ~ verboten** défense d'afficher; **II** *v/i.* ⟨sein⟩ coller; **III 2ˌkleben** *n* collage *m*; *von Plakaten* affichage *m*; **~ˌkleckern** *v/i.* ⟨*nur p. p.*⟩ F **angekleckert kommen** arriver l'un après l'autre, petit à petit.

Ankleide|kabine ['anˌklaıdəkaˌbiːnə] *f* cabine *f* (de bain); **2n** *st. s.* **I** *v/t.* ⟨-ete, *sép.*, -ge-, h⟩ **j-n ~** habiller, vêtir qn.; **II** *v/réfl.* **sich ~** s'habiller; se vêtir; **sich sonntäglich ~** s'endimancher; **III ~n** *n verbal*; **j-m beim ~ helfen** aider qn. à s'habiller; **~ˌraum** *m*, **~ˌzimmer** *n* cabinet *m* de toilette; *thé.* loge *f*; *für Mannequins* salon *m* d'habillage.

an|klemmen ['anˌklɛmən] *v/t.* ⟨*sép.*, -ge-, h⟩ attacher, fixer avec des pinces; **~ˌklingeln** F *v/t.* ⟨-(e)le, *sép.*, -ge-, h⟩ *cf.* **anrufen 1.**; **~ˌklingen** *v/i.* ⟨*irr.*, *sép.*, -ge-, h⟩ **an etw. ~** évoquer, rappeler qc.; **die Melodie klingt an ein altes Volkslied an** la mélodie évoque, rappelle une vieille chanson populaire; **in den Straßennamen klingt die Geschichte der Stadt an** l'histoire de la ville résonne, retentit dans les noms de rues; **die gleiche Frage klingt immer wieder an** la même question réapparaît, revient toujours; **~ˌklopfen** *v/i.* ⟨*sép.*, -ge-, h⟩ **1.** frapper (à la porte); **2.** *fig.* **bei j-m ~** (*vorsichtig anfragen*) tâter le terrain auprès de qn.; **~ˌknabbern** *v/t.* ⟨-(e)re, *sép.*, -ge-, h⟩ grignoter (un peu); **~ˌknacksen** *v/i.* ⟨-(es)t, *sép.*, -ge-, sein⟩ F **angeknackst sein** *Arm, Stuhlbein etc.* être fêlé; *moralisch* être d'une certaine faiblesse morale; *fig.* **er ist leicht angeknackst** (*verrückt*) il a le cerveau légèrement fêlé; **~ˌknipsen** *v/t.* ⟨-(es)t, *sép.*, -ge-, h⟩ F *Licht* allumer; **~ˌknöpfen** *v/t.* ⟨*sép.*, -ge-, h⟩ boutonner; **~ˌknoten** *v/t.* ⟨-ete, *sép.*, -ge-, h⟩ nouer (**an etw.** à qc.); **~ˌknüpfen I** *v/t.* ⟨*sép.*, -ge-, h⟩ **1.** *Schnur etc.* attacher, nouer (an à); **2.** *Gespräch etc.* engager; **mit j-m Beziehungen ~** entrer en relations avec qn.; **mit j-m ein Gespräch ~** engager, entamer la conversation avec qn.; lier conversation avec qn.; **mit j-m Geschäftsverbindungen ~** engager, entamer des relations d'affaires avec qn.; **Verhandlungen ~** engager, entamer des négociations; **II** *v/i.* **an etw. ~** partir de qc.; se rattacher à qc.; **an alte Traditionen ~** renouer avec d'anciennes traditions; **mit j-m ~** entrer en relations avec qn.; **III 2ˌknüpfen** *n*, **2ˌknüpfung** *f* ⟨~⟩ *e-r Schnur etc. verbal*; *von Beziehungen etc.* engagement *m*; *besser verbal*; *an alte Traditionen, an Erfahrungen* rattachement *m* (à); **2ˌknüpfungsˌpunkt** *m* point commun, de départ (für pour); **~ˌknurren** *v/t.* ⟨*sép.*, -ge-, h⟩ **1.** *Hund* gronder (j-n contre qn.); **2.** *fig. u.* F **j-n ~** bougonner, ronchonner contre qn.; **~ˌkochen** *v/t.* ⟨*sép.*, -ge-, h⟩ *cuis.* faire cuire légèrement, un peu; **~ˌkohlen** *v/t.* ⟨*sép.*, -ge-, h⟩ *fig. u.* F **j-n ~** monter un bateau à qn.

ankommen ['anˌkɔmən] **I** *v/i.* ⟨*irr.*, *sép.*, -ge-, sein⟩ **1.** arriver; **mit dem Zug, Flugzeug ~** arriver par le train, par avion; **das Geld ist angekommen** l'argent est arrivé; *fig. u.* F **bei N.s ist ein Junge angekommen** les N. viennent d'avoir un garçon; **2.** F *Szene, Film, Witz etc.* trouver de l'écho, (un) écho; *cf. auch* **Anklang (finden)**; **3.** F **bei j-m schlecht,** *iron.* **schön ~ (mit etw.)** tomber mal, *iron.* bien avec qn., être mal, *iron.* bien reçu, accueilli par qn. (avec qc.); **damit kommt er bei mir nicht an** il n'y réussira, arrivera pas avec moi de cette façon-là; **4.** F **gegen j-n, etw. ~** venir à bout de qn., de qc.; **gegen j-n ~** *auch* être de taille à rivaliser avec qn.; **ich komme nicht dagegen an** je n'en viens pas à bout; **5.** F **in e-m Betrieb, bei der Firma X ~** être pris, engagé dans une entreprise, par la maison X; **6.** *st. s.* **Angst, Lust, Ekel kommt mich an** la peur, l'envie, le dégoût me prend, me saisit; **ihn kommt die Lust an, zu...** il lui prend l'envie de...; l'envie lui prend de...; **7.** *st. s.* **etw. kommt j-n (j-m) schwer, hart, sauer an** qc. donne de la peine à qn.; qc. coûte, pèse à qn.; qc. est difficile, dur, amer pour qn.; **es kommt mich leicht an, zu...** cela ne me coûte, pèse pas de...; cela m'est facile de...; **es kommt mich schwer an, zu...** j'ai (de la) peine à... (+ *inf.*); **II** *v/imp.* **a)** (*abhängen*) **es kommt nur auf dich an** cela ne dépend que de toi; cela ne tient qu'à toi; **es kommt auf das Wetter an** cela dépend du temps; **darauf soll es nicht ~** qu'à cela ne tienne; **es kommt (ganz) darauf an** cela dépend; c'est selon; **es kommt darauf an, ob...** cela dépend si...; **b)** (*wichtig sein*) **es kommt darauf an, zu...** il importe de...; il s'agit de...; **es kommt ihm darauf an, zu...** il lui importe de...; il tient à...; **darauf kommt es nicht an** cela n'importe, ne compte pas; **es kommt nicht so sehr darauf an** peu importe; **wenn es darauf ankommt, ...** au moment où il faut ...; **es kommt auf jede Minute an** chaque minute compte, importe; **auf Kleinigkeiten soll es nicht ~** peu importent les petites choses; **es kommt mir auf ein paar Mark nicht an** peu m'importent quelques marks; je ne regarde pas à quelques marks; **es kommt auf e-n Tag mehr oder weniger nicht an** il n'en est pas à un jour près; **es kommt mir auf ein paar Minuten nicht an** je n'en suis pas à quelques minutes près; **c) es auf etw. ~ lassen** risquer qc.; **ich möchte es nicht auf e-n Prozeß ~ lassen** je ne voudrais pas risquer un procès, courir le risque d'un procès; **lassen wir es darauf ~!** courons le risque, la chance!; risquons le coup!; **2de(r)** *f* (*m*) ⟨→ A⟩ arrivant(e) *m*(*f*).

Ankömmling ['anˌkœmlıŋ] *m* ⟨~s; ~e⟩ arrivant *m*; (*Neuangekommener*) nouveau venu.

an|können ['anˌkœnən] *v/i.* ⟨*irr.*, *sép.*, -ge-, h⟩ F **gegen j-n nicht ~** ne pouvoir rien (faire) contre qn.; **dagegen kann ich nicht an** je n'y peux rien; je ne peux rien faire contre cela; **~ˌkoppeln** *v/t.* ⟨-(e)le, *sép.*, -ge-, h⟩ *cf.*

ankuppeln; ~ˌ**körnen** *v/t.* ⟨*sép.*, -ge-, h⟩ *techn.* pointer; marquer au pointeau; ~ˌ**kotzen** *v/t.* ⟨-(es)t, *sép.*, -ge-, h⟩ P **1.** (*anwidern*) débecter; **das kotzt e-n an** ça vous débecte; **2. j-n ~** engueuler qn.; ~ˌ**krallen** *v/réfl.* ⟨*sép.*, -ge-, h⟩ **sich ~** s'agripper (an à); ~ˌ**kratzen** F *v/t.* ⟨-(es)t, *sép.*, -ge-, h⟩ érafler; *Politur, Haut etc.* **angekratzt sein** être éraflé; ~ˌ**krausen** *v/t.* ⟨-(es)t, *sép.*, -ge-, h⟩ *cout.* froncer; ~ˌ**kreiden** *v/t.* ⟨-ete, *sép.*, -ge-, h⟩ *fig. u.* F **j-m etw. ~** garder rancune à qn. de qc.; en vouloir à qn. pour qc.; reprocher qc. à qn.; **das wurde mir übel angekreidet** on m'en a gardé rancune; on m'en a voulu; **j-m s-e Vorsicht als Feigheit ~** reprocher à qn. sa prudence en la qualifiant de lâcheté; ~ˌ**kreuzen I** *v/t.* ⟨-(es)t, *sép.*, -ge-, h⟩ marquer d'une croix; **II** *v/i.* ⟨sein⟩ *mar. gegen den Wind* louvoyer; ~ˌ**kriechen** *v/i.* ⟨*nur p. p.*⟩ F **angekrochen kommen** arriver, s'approcher en rampant; ~ˌ**kriegen** *v/t.* ⟨*sép.*, -ge-, h⟩ F *Kleidungsstücke* arriver à mettre (qc.); ~ˌ**kümmeln** *v/réfl.* ⟨-(e)le, *sép.*, -ge-, h⟩ F **sich e-n ~** prendre, se flanquer une cuite; se piquer le nez; ~ˌ**kündigen I** *v/t.* ⟨*sép.*, -ge-, h⟩ *Ereignis, Besuch, Buch, Personen etc.* annoncer; **II** *v/réfl.* **sich ~** *Personen, Gewitter etc.* s'annoncer; 2ˌ**kündiˌgung** *f e-s Ereignisses etc.* annonce *f*; **ohne vorherige ~** sans avis préalable.

Ankunft ['ankʊnft] *f* ⟨~⟩ arrivée *f*; **bei der ~** à l'arrivée; **am Tage s-r ~** le jour de son arrivée; **j-s ~ melden** annoncer l'arrivée de qn.; ~**sˌbahnsteig** *m* quai *m* d'arrivée; ~**sˌtag** *m* jour *m* d'arrivée; ~**sˌzeit** *f* heure *f* d'arrivée.

an|kuppeln ['anˌkʊpəln] *v/t.* ⟨-(e)le, *sép.*, -ge-, h⟩ *Anhänger etc.* atteler; accrocher; ~ˌ**kurbeln** *v/t.* ⟨-(e)le, *sép.*, -ge-, h⟩ *Motor etc.* mettre en marche (à la manivelle); *fig. Wirtschaft, Produktion etc.* encourager; stimuler; relancer; 2ˌ**kurbeˌlung** *f* ⟨~⟩ *mot.* mise *f* en marche (à la manivelle); *écon.* encouragement *m*; stimulation *f*; relance *f*; 2ˌ**kurbelungskreˌdit** *m écon.* crédit destiné à la relance, reprise économique; crédit *m* d'encouragement.

Ankylose [aŋkyˈloːzə] *f* ⟨~; ~n⟩ *méd.* ankylose *f*.

an|lächeln ['anˌlɛçəln] *v/t.* ⟨-(e)le, *sép.*, -ge-, h⟩ sourire (j-n à qn.); ~ˌ**lachen** *v/t.* ⟨*sép.*, -ge-, h⟩ **1. j-n ~** regarder qn. en riant; **2.** *fig. u.* F **sich e-n, e-e ~** trouver un petit ami, une petite amie.

Anlage ['anˌlaːgə] *f* **1.** *von Gärten, Parks, Straßen etc.* aménagement *m*; **2. a)** (*Grünfläche*) espace vert; jardin (public); parc *m*; *kleine* square [skwaːr] *m*; *vorwiegend Rasen* pelouse *f*; **öffentliche ~n** jardins publics; **b)** (*Einrichtung*) installation *f*; **technische, elektrische, sanitäre ~n** installations techniques, électriques, sanitaires; **die ~n des Werkes besichtigen** visiter les installations de l'usine; **c)** (*Befestigungs2n*) ouvrages *m/pl.*; (*Fabrik2*) usine *f*; (*Sport2*) stade *m*; **3.** (*Plan*) plan *m*; **das Buch ist in der ~ verfehlt** le plan du livre est manqué; **die Stadt ist in der ~ modern** le plan, la disposition de la ville est moderne; **4.** (*Veranlagung*) disposition *f* (zu à); **gute, künstlerische ~n haben** avoir de bonnes dispositions, des dispositions artistiques; **schlechte ~n haben** avoir de mauvais penchants; **~ zur Korpulenz** des dispositions à la corpulence; **~ zu etw. zeigen** montrer une disposition à *od.* pour qc.; **5.** *von Geld, Kapital* placement *m*; investissement *m*; **etw. ist e-e sichere ~** qc. est un placement sûr; **6.** *comm. in Briefen* pièce jointe, ajoutée; annexe *f*; **in der ~** ci-joint; sous ce pli; ci-annexé; ~**kapiˌtal** *n* capital *m* d'investissement, de premier établissement; capitaux *m/pl.* fixes; ~ˌ**kosten** *pl.* frais *m/pl.* de premier établissement; ~**kreˌdit** *m* crédit *m* d'investissement; ~ˌ**möglichkeiten** *f/pl. für Kapital* possibilités *f/pl.* de placement; ~**paˌpier** *n* valeur *f* de placement.

anlager|n ['anˌlaːgərn] *v/t.* (*u. v/réfl.*) ⟨-(e)re, *sép.*, -ge-, h⟩ *chim.* (se) fixer (an à); 2**ung** *f* fixation *f*.

Anlage|vermögen ['anˌlaːgəfɛrˌmøːgən] *n cf.* Anlagekapital; ~ˌ**zweck** *m* but *m* de placement, d'investissement.

an|landen ['anˌlandən] *v/t.* ⟨-ete, *sép.*, -ge-, h⟩ (*an Land bringen*) débarquer; 2ˌ**landung** *f* **1.** *mar.* débarquement *m*; **2.** *géol. Vorgang* alluvionnement *m*; *Ergebnis* alluvion *f*; ~ˌ**langen I** *v/t.* ⟨*sép.*, -ge-, h⟩ *cf.* anbelangen; **II** *v/i.* ⟨sein⟩ arriver; parvenir; **auf dem, e-m toten Punkt angelangt sein** être arrivé à un point mort; **auf der Höhe des Ruhms angelangt sein** être parvenu au sommet de la gloire.

Anlaß ['anlas] *m* ⟨-sses; -lässe⟩ **1.** (*Grund*) raison *f*; (*Ursache*) cause *f*; (*Beweggrund*) motif *m*; **ohne äußeren ~** sans motif apparent; sans raison apparente; **ohne allen, jeglichen ~** sans aucune raison; sans aucun motif; **ohne den geringsten ~** sans la moindre raison; sans le moindre motif; **aus welchem ~?** pour quelle raison?; à quel propos?; **aus diesem ~** pour cette raison; à cette occasion; **der ~ zu etw. sein** être la raison, le motif, (la) cause de qc.; occasionner, provoquer qc.; **das ist ein ~ zur Unzufriedenheit** *oft* c'est un sujet de mécontentement; **~ zur Unzufriedenheit, zum Lachen haben** avoir lieu d'être mécontent, de rire; avoir des raisons de mécontentement, de rire; **~ geben zu** donner lieu à; prêter à; **~ zur Klage geben** donner lieu à des plaintes; **~ zu Verwechslungen, zur Kritik, zum Lachen geben** prêter à confusion, à la critique, à rire; **~ zur Besorgnis geben** donner du souci, de l'inquiétude; **etw. zum (willkommenen) ~ nehmen...** profiter de qc. (pour faire qc.); **wir nehmen dies zum ~, ...** nous profitons de l'occasion pour...; **ich sehe keinen ~, zu...** je ne vois pas de raison de...; **2.** (*Gelegenheit*) occasion *f*; **bei feierlichen, offiziellen, besonderen Anlässen** à des occasions solennelles, officielles, particulières; **jeden ~ benutzen, um...** profiter de chaque occasion, sauter sur chaque occasion pour...; **bei jedem ~ lachen** rire à chaque occasion, à tout propos; **beim geringsten ~** pour un rien; à la moindre occasion; **aus ~** *cf.* **anläßlich**; ~ˌ**druckknopf** *m mot., e-r Maschine* bouton *m* de mise en marche, de démarrage.

anlass|en ['anˌlasən] **I** *v/t.* ⟨*irr., sép.*, -ge-, h⟩ **1.** *mot., Maschine* mettre en marche; faire démarrer; *mot. auch* lancer; **2.** F *Radio, Licht* laisser allumé; *Mantel etc.* garder; **3.** *techn. Stahl* recuire; adoucir; faire revenir; **4.** *st. s.* **j-n hart, scharf ~** apostropher qn. rudement; **II** *v/réfl.* **5.** F **sich ~** se présenter; s'annoncer; **die Sache läßt sich gut, schlecht an** l'affaire se présente, s'annonce bien, mal; **sich gut ~** *auch* promettre; **III** 2**en** *n* ⟨~s⟩ **6.** *mot., e-r Maschine* mise *f* en marche; démarrage *m*; *mot. auch* lancement *m*; **7.** *métall.* recuit *m*; adoucissement *m*; revenu *m*; 2**er** *m* ⟨~s; ~⟩ *mot.* démarreur *m* (*auch e-s Elektromotors*); **den ~ betätigen** actionner le démarreur.

anläßlich ['anˌlɛslɪç] *prép.* ⟨*gén.*⟩ à l'occasion de; lors de; **~ unserer Verlobung** à l'occasion de nos fiançailles.

Anlaß|schalter ['anlasˌʃaltər] *m* commutateur *m* de démarrage, de mise en marche; ~ˌ**vorrichtung** *f* dispositif *m* de mise en marche, de démarrage; ~ˌ**widerstand** *m élect.* rhéostat *m* de démarrage; ~ˌ**zeit** *f* temps *m*, durée *f* de démarrage.

anlasten ['anˌlastən] *v/t.* ⟨-ete, *sép.*, -ge-, h⟩ **j-m etw. ~** attribuer, imputer, reprocher qc. à qn.

anlatschen ['anˌlaːtʃən] *v/i.* ⟨*nur p. p.*⟩ F **angelatscht kommen** arriver, F s'amener en traînant ses savates, *par ext.* nonchalamment, avec nonchalance.

Anlauf ['anlaʊf] *m* **1.** *Sport* élan *m*; **e-n ~ nehmen** prendre son élan, de l'élan (*auch fig.*); *fig.* **beim ersten ~** du premier coup; d'emblée; **2.** (*Ansturm*) assaut *m*; ~ˌ**bahn** *f Sport* piste *f* d'élan, de départ; 2**en I** *v/t.* ⟨*irr.*, *sép.*, -ge-, h⟩ *Hafen etc.* toucher; faire escale (**Hamburg** à Hambourg, **e-n Hafen** *abs. od.* dans un port); **II** *v/i.* ⟨sein⟩ **1.** *mot., etc.* se mettre en marche; démarrer; *fig. Produktion, Aktion etc.* commencer; F démarrer; *neuer Film* sortir; **2.** F **angelaufen kommen** arriver, venir en courant; accourir; **3.** *Sport* prendre son élan, de l'élan; **4. gegen etw. ~** se précipiter contre qc.; *fig.* lutter contre qc.; combattre qc.; **5.** *Schulden, Zinsen* monter (auf à); **6.** *Spiegel* se ternir; *Metalle* changer de couleur; *Brille, Scheibe* se couvrir de buée; s'embuer; **rot ~** rougir; **blau ~** bleuir; *vor Kälte auch* devenir violacé; *cf. auch* **angelaufen**; **III** ~**en** *n* **7.** *mot.* démarrage *m* (*auch fig. der Produktion etc.*); **8.** *Sport* élan *m*; **9.** *der Zinsen etc.* accumulation *f*; **10.** *e-s Spiegels* ternissement *m*; *sonst verbal*; ~ˌ**farben** *f/pl. auf Metallen* couleurs (irisées) du métal chauffé; ~ˌ**zeit** *f mot.* durée *f* de démarrage, de mise en marche; *fig.* période *f* de démarrage.

Anlaut ['anlaʊt] *m ling.* son *m* initial; 2**en** *v/i.* ⟨-ete, *sép.*, -ge-, h⟩ commencer (mit par); ~**der Vokal** voyelle initiale.

an|läuten ['anˌlɔʏtən] *v/t.* ⟨-ete, *sép.*, -ge-, h⟩ **1.** *Sport Runde* sonner; annoncer à son de cloche; **2.** *cf.* **anrufen 1.**; ~ˌ**lecken** F *v/t.* ⟨*sép.*, -ge-, h⟩ lécher.

Anlege|apparat ['anˌleːgəˀapaˌraːt] *m impr.* margeur *m*; ~ˌ**brücke** *f mar.* embarcadère *m*; débarcadère *m*; appontement *m*; 2**n I** *v/t.* ⟨*sép.*, -ge-, h⟩ **1.** *etw. an etw. allg.* mettre (qc. contre qc.); **ein Lineal ~** mettre, poser une règle (**an e-e Linie** contre une ligne); **e-e Leiter ~** mettre une échelle (contre); **die Arme ~** mettre les bras le long du corps; **die Ohren ~** rabattre, coucher les oreilles; **das Gewehr ~** mettre en joue; **e-n Fenster-**

laden ~ attacher un volet; **Feuer ~** mettre le feu (à); incendier (qc.); (**e-e Spielkarte, e-n Dominostein**) **~** fournir (une carte, un domino); *math.* **e-n Winkel ~** construire un angle; *fig.* **e-n (strengen) Maßstab (an j-n, an etw.) ~** appliquer une norme, un critère (sévère) (à qn., à qc.); juger (qn., qc.) (sévèrement); (**mit**) **Hand ~** donner un coup de main; mettre la main à la pâte; **letzte Hand (an etw.) ~** mettre la dernière main (à qc.); donner le dernier coup de lime (à qc.); **2.** *j-m etw.* mettre (qc. à qn.); *Verband, Zaum, Ketten, Fesseln etc.* mettre; *fig.* **j-m Zügel ~** brider qn.; **den Maulkorb ~** mettre la muselière (à); museler (qn.) (*auch fig.*); **3.** *st. s. Uniform etc.* mettre; revêtir; *Orden, Schmuck* mettre; **Trauer**(**kleidung**) **~** prendre le deuil; **4.** *Park, Garten, Straße, Eisenbahnlinie etc.* aménager; *Album* commencer; *Liste, Kartei, Sammlung, Vorräte* faire; *Liste, Kartei auch* établir; dresser; *Konto* ouvrir; établir; **e-e breit angelegte Erzählung** un conte détaillé, amplement conçu; F **e-e groß angelegte Sache** une chose d'une grande envergure, conçue dans un grand style; **5.** *Geld, Kapital* **a)** placer; **sein Geld in Wertpapieren ~** placer son argent dans des titres; **zu** $5^0/_0$ **~** placer à $5^0/_0$; **sicher ~** placer d'une façon sûre; **b) hundert Mark für etw. ~** mettre cent marks pour qc.; **was wollen Sie ~?** combien voulez-vous mettre? **6. es auf j-n, etw. angelegt haben** *cf.* absehen 3.; **er hat es darauf angelegt, ihm zu schaden** il s'est donné pour but, il s'est fixé comme but de lui nuire; **alles ist darauf angelegt, die Touristen auszunehmen** tout vise à, a pour but de plumer les touristes; **II** *v/i.* **7.** *Schiff* accoster (qc.); aborder (qc.); **8. auf j-n ~** *um zu schießen* mettre, coucher qn. en joue; viser qn.; **III ~n** *n allg.* mise *f*; *od. verbal*; *e-s Gewehrs* mise *f* en joue (auf de); *e-s Parks, e-r Straße etc.* aménagement *m*; *e-r Liste, Kartei* établissement *m*; *von Geld, Kapital* placement *m*; *e-s Schiffes* accostage *m*; **~r** *m* ⟨~s; ~⟩ *Börse* celui qui veut placer des capitaux; **~ˌsteg** *m*, **~ˌstelle** *f cf.* **~brücke**.

anlehn|en ['anˌle:nən] **I** *v/t.* ⟨*sép.*, -ge-, h⟩ *Leiter etc.* appuyer, adosser (an contre, à); *Tür, Fenster* entrouvrir; entrebâiller; **die Tür angelehnt lassen** laisser la porte entrouverte, entrebâillée; **II** *v/réfl.* **sich ~** s'appuyer (contre); *mit dem Rücken* s'adosser (à); *fig. an e-e Vorlage* s'inspirer (an de); *fig.* **sich an j-n ~** s'appuyer sur qn.; **2ung** *f* ⟨~⟩ appui *m*; **bei j-m ~ suchen** chercher appui auprès de qn.; **in ~ an** (**en**) suivant l'exemple de; sur le modèle de; **~ungsbeˌdürftig** *adj.* qui a besoin d'appui (*auch iron.*).

Anleihe ['anˌlaɪə] *f* ⟨~; ~n⟩ *comm.* emprunt *m*; **bei j-m e-e ~ machen** faire un emprunt à qn.; emprunter qc. à qn. (*beide auch fig.*); **e-e ~ aufnehmen, auflegen, unterbringen, zurückzahlen** contracter, émettre, placer, rembourser un emprunt; **e-e ~ zeichnen** souscrire à un emprunt; **e-e ~ überzeichnen** surpasser la souscription à un emprunt; **Tilgung e-r ~** amortissement *m* d'un emprunt; **kurzfristige, langfristige ~** emprunt à court, à long terme; **~ˌablösung** *f* remboursement *m* d'un emprunt; **~garanˌtie** *f* garantie attachée à un emprunt; **~ˌmittel** *n/pl.* fonds *m/pl.*, capitaux *m/pl.* d'emprunt; **~paˌpier** *n* titre *m* d'emprunt; **~verˌtrag** *m* contrat *m* d'emprunt; **~ˌzeichnung** *f* souscription *f* à un emprunt.

an|leimen ['anˌlaɪmən] *v/t.* ⟨*sép.*, -ge-, h⟩ coller (an à); **~ˌleinen** *v/t.* ⟨*sép.*, -ge-, h⟩ *Hund* mettre en laisse; **~ˌleiten** *v/t.* ⟨-ete, *sép.*, -ge-, h⟩ instruire; **j-n zum Guten, zur Pflichterfüllung ~** montrer, enseigner à qn. le chemin du bien, comment il faut accomplir son devoir; **2ˌleitung** *f* instruction *f*; **j-m ~en geben** donner des instructions à qn.; **ohne ~** sans instruction(s); **unter ~ des Lehrers** sous la direction du professeur.

Anlern|beruf ['anlɛrnbəˌru:f] *m* profession *f* à formation accélérée; **2en** *v/t.* ⟨*sép.*, -ge-, h⟩ initier; former; *cf. auch* **angelernt**; **~ˌling** *m* ⟨~s; ~e⟩ ouvrier, -ière *m, f*, employé(e) *m* (*f*) qui reçoit une formation accélérée; **~ˌzeit** *f* période *f* d'initiation, d'adaptation; apprentissage *m*.

an|lesen ['anˌle:zən] *v/réfl.* ⟨*irr.*, *sép.*, -ge-, h⟩ **sich etw. ~** apprendre qc. par la lecture; lire qc. (sans l'assimiler); *cf. auch* **angelesen**; **~ˌleuchten** *v/t.* ⟨-ete, *sép.*, -ge-, h⟩ éclairer; **~ˌliefern** *v/t.* ⟨-(e)re, *sép.*, -ge-, h⟩ *comm. Waren* livrer; **2ˌliefeˌrung** *f* livraison *f*; *in großen Mengen* arrivage(s) *m* (*pl.*).

anlieg|en ['anˌli:gən] **I** *v/i.* ⟨*irr.*, *sép.*, -ge-, h⟩ *Kleidungsstücke* être ajusté; **eng ~** être collant; mouler; **II 2en** *n* ⟨~s; ~⟩ préoccupation *f*; désir *m*; demande *f*; **ein ~ haben** avoir un désir, une préoccupation; **etw. zu s-m besonderen ~ machen** faire de qc. sa principale préoccupation; **es ist mir ein ~, zu...** il me tient à cœur de...; **sein ~ vorbringen** exposer l'objet de sa demande, de sa requête; **mit e-m ~ zu j-m kommen** adresser à qn. une demande, une prière, une requête; **~end** *adjt.* **1.** *Kleidungsstücke* ajusté; *eng* collant; moulant; **2.** *Schriftstücke etc.* ci-joint; ci-inclus; sous ce pli; **3.** *cf.* **angrenzend**; **2er** *m* ⟨~s; ~⟩ *an Straßen etc.* riverain *m*; **2erˌbeitrag** *m* indemnité *f* de plus-value; **2erˌstaat** *m* État limitrophe, riverain.

an|locken ['anˌlɔkən] *v/t.* ⟨*sép.*, -ge-, h⟩ *allg.* attirer; *durch Lockspeisen auch* allécher; appâter; **~ˌlöten I** *v/t.* ⟨-ete, *sép.*, -ge-, h⟩ souder; **II 2ˌlöten** *n* soudure *f*; soudage *m*; **~ˌlügen** *v/t.* ⟨*irr.*, *sép.*, -ge-, h⟩ dire des mensonges (à); mentir (à); **j-n frech ~** mentir à qn. effrontément; **~ˌluven** *v/i.* ⟨*sép.*, -ge-, h⟩ *mar.* lofer; **~ˌmachen I** *v/t.* ⟨*sép.*, -ge-, h⟩ **1.** (*befestigen*) fixer; mettre; attacher; accrocher; (**wieder**) **~** remettre; **2.** *Feuer, Ofen, Licht, Radio* allumer; **3.** *Mörtel, Gips etc.* gâcher; *Farben* préparer; (*anrühren*) délayer; *cuis. Salat etc.* assaisonner; accommoder; **etw. mit Essig ~** assaisonner qc. avec du vinaigre; vinaigrer qc.; **II 2ˌmachen** *n* ⟨~s⟩ *von Gegenständen* fixation *f*; *cuis.* assaisonnement *m*; *sonst verbal*; **2machˌholz** *n* petit bois; bûchettes *f/pl.*; **ein Bund ~** un ligot; **~ˌmahnen** *v/t.* ⟨*sép.*, -ge-, h⟩ *comm.* réclamer; **2ˌmahnung** *f e-s Betrages etc.* réclamation *f*; (*Mahnung*) sommation *f*; **~ˌmalen** *v/t.* ⟨*sép.*, -ge-, h⟩ peindre; *an e-r Wandtafel etc.* faire; **etw. rot, blau ~** peindre qc. en rouge, en bleu; F **sich ~** (*schminken*) se peindre; **sich e-n Schnurrbart ~** se faire une moustache.

Anmarsch ['anmarʃ] *m* **a)** approche *f*; **der ~ der Truppen** l'approche des troupes; **im ~ sein** approcher, avancer (auf sur, vers); **b)** F *zur Arbeitsstelle* trajet *m*; **e-n weiten ~ haben** avoir un long trajet (jusque); **2ieren** *v/i.* ⟨*nur p. p.*⟩ F **anmarschiert kommen** arriver; **~ˌweg** *m* chemin *m*; *bes. zum Arbeitsplatz* trajet *m*.

anmaß|en ['anˌma:sən] *v/réfl.* ⟨-(es)t, *sép.*, -ge-, h⟩ **sich etw. ~** *oft* se permettre de faire qc.; **sich ein Urteil über etw. ~** se permettre de juger qc., un jugement sur qc.; **sich gewisse Rechte, Befugnisse ~** s'arroger, usurper certains droits; **er maßt sich an, ein großer Dichter zu sein** il a la prétention d'être un grand poète; **er maßt sich viel an** il se permet beaucoup; **ich maße mir nicht an, Ihnen etw. vorschreiben zu wollen** je ne me permets pas de vouloir vous prescrire qc.; je n'ai pas l'audace de vouloir vous prescrire qc.; **~end** *adj.* arrogant; prétentieux, -euse; outrecuidant; présomptueux, -euse; **ein ~es Wesen haben** être arrogant, *etc.*; **e-n ~en Ton j-m gegenüber anschlagen** prendre un ton arrogant envers qn.; **2ung** *f* ⟨~; ~en⟩ *von Befugnissen, Rechten, e-s Amtes* usurpation *f*; *im Auftreten* arrogance *f*; outrecuidance *f*; présomption *f*; prétention *f*; **etw. im Tone der ~ sagen** dire qc. avec arrogance, *etc.*

an|mästen ['anˌmɛstən] *v/réfl.* ⟨-ete, *sép.*, -ge-, h⟩ *fig. u.* F **sich ein Bäuchlein ~** prendre du ventre; **~ˌmeckern** *v/t.* ⟨-(e)re, *sép.*, -ge-, h⟩ F **j-n ~** rouspéter après qn.

Anmeld|ebescheinigung ['anˌmɛldəbəˌʃaɪnɪgʊŋ] *f*, **~ebeˌstätigung** *f* certificat *m* d'inscription, *des Einwohnermeldeamtes etwa* de déclaration de son nouveau domicile; **~eformuˌlar** *n* formulaire *m* d'inscription, *für das Einwohnermeldeamt* de déclaration de son nouveau domicile; **~eˌfrist** *f* délai *m* de déclaration, *zur Teilnahme an etw.* d'inscription; **~egeˌbühr** *f* droit(s) *m* (*pl.*) d'inscription; **2en I** *v/t.* ⟨-ete, *sép.*, -ge-, h⟩ *Besuch* annoncer; *Ferngespräch* demander; *Schüler etc.* faire inscrire; *polizeilich* déclarer le domicile (de qn.); *Rundfunkgerät, Geburt e-s Kindes* déclarer; *Ansprüche, Forderungen* revendiquer; présenter; produire; **ein Patent ~** déposer un brevet; **Konkurs ~** se déclarer en faillite; déposer son bilan; **Bedenken ~** avoir des doutes, des hésitations; **II** *v/réfl.* **sich ~** *zur Teilnahme an etw.* se faire inscrire (à); *beim Arzt etc.* prendre un rendez-vous; *Krankheit* s'annoncer; **sich polizeilich ~** déclarer son domicile; **~eˌpflicht** *f* obligation *f* de s'inscrire, de déclarer son domicile; *cf. auch* **Meldepflicht**; **2eˌpflichtig** *adj.* tenu de s'inscrire, de déclarer son domicile; *cf. auch* **meldepflichtig**; **~eˌschluß** *m* clôture *f* des inscriptions; **~eˌstelle** *f* bureau *m* des inscriptions, de déclaration; **~eterˌmin** *m* date *f* d'inscription; **~ung** *f* **1.** *e-s Besuchers* annonce *f*; *e-s Ferngespräches* demande *f*; *von Ansprüchen* revendication *f*; présentation *f*; production *f*; *zu e-m Kursus, für e-e Schule* inscription *f*; *e-r Geburt* déclaration *f*; **die ~ e-s Konkurses** la déclaration d'une faillite; **die ~ e-s Patents** le dépôt d'un brevet; *beim Arzt etc.* **nach vorheriger ~** sur rendez-vous; **2.** F (*Anmeldestelle*) inscriptions *f/pl.*

anmerk|en ['anˌmɛrkən] *v/t.* ⟨*sép.*, **-ge-**, **h**⟩ **1. j-m s-n Ärger, s-e Verlegenheit, s-e Unruhe** ~ voir que qn. est en colère, est gêné, est inquiet; lire la colère, la gêne, l'inquiétude sur le visage de qn.; **man merkt ihm den Ausländer an** on voit qu'il est étranger; on remarque que c'est un étranger; *st. s.* on reconnaît en lui l'étranger; **man merkt ihm an, daß...** on voit, on remarque qu'il...; **sich nichts** ~ **lassen** ne rien laisser voir; **er läßt sich äußerlich nichts** ~ il ne laisse rien voir; **2. etw. zu etw.** ~ faire des remarques concernant qc.; **3. (sich) etw.** ~ prendre note de qc.; noter, annoter qc.; **2ung** *f* ⟨~; ~en⟩ remarque *f*; (*Fußnote*) note *f*; *am Rande* annotation *f*; **mit ~en versehene Ausgabe** édition annotée; ~ **des Herausgebers** note de l'éditeur; **ein Manuskript mit ~en versehen** annoter un manuscrit; **~ungsˌweise** *adv.* en, comme remarque.

an|messen ['anˌmɛsən] *v/t.* ⟨*irr.*, *sép.*, **-ge-**, **h**⟩ **j-m etw.** ~ prendre les mesures de qn. pour lui faire un complet, *etc.*; **sich vom Schneider e-n Anzug** ~ **lassen** se faire faire un complet sur mesure par le tailleur; *cf. auch* **angemessen**; **~monˌtieren I** *v/t.* ⟨*sép.*, *pas de ge-*, **h**⟩ monter; **(wieder)** ~ remonter; remettre; **II 2monˌtieren** *n*, **2monˌtierung** *f* montage *m*; **~ˌmustern** *v/t. u. v/i.* ⟨-(e)re, *sép.*, **-ge-**, **h**⟩ *cf.* **anheuern**.

Anmut ['anmuːt] *f* ⟨~⟩ grâce *f*; charme *m*; **voller** ~ **sein** être plein de charme, gracieux, -euse; **die** ~ **der Bewegung** la grâce du mouvement; **2en** *st. s. v/t.* ⟨-ete, *sép.*, **-ge-**, **h**⟩ sembler; donner l'impression de; **das mutet mich seltsam, lächerlich an** cela me semble étrange, ridicule; **heimatlich** ~ rappeler à qn. son pays; **alles mutete ihn wie ein Traum an** tout lui semblait (être) un rêve; **2ig 1.** *adj.* gracieux, -euse; *Gegend, Landschaft* charmant; **e-e ~e Gebärde** un geste gracieux, plein de grâce; ~ **sein** être gracieux; avoir de la grâce, du charme; **2.** *adv.* avec grâce; gracieusement; avec charme; **2sˌvoll** *adj. st. s. cf.* **2ig**.

an|nageln ['anˌnaːgəln] **I** *v/t.* ⟨-(e)le, *sép.*, **-ge-**, **h**⟩ clouer; fixer avec un *bzw.* des clou(s); **wieder** ~ reclouer; *fig. u.* F **wie angenagelt dastehen** être comme cloué sur place; **II 2ˌnageln** *n* ⟨~s⟩ clouage *od.* clouement *m*; **~ˌnagen I** *v/t.* ⟨*sép.*, **-ge-**, **h**⟩ grignoter; **II 2ˌnagen** *n* grignotement *m*; **~ˌnähen** *v/t.* ⟨*sép.*, **-ge-**, **h**⟩ coudre, attacher (an à); **e-n Knopf (wieder)** ~ recoudre un bouton.

annäher|n ['anˌnɛːərn] *v/réfl.* ⟨-(e)re, *sép.*, **-ge-**, **h**⟩ **sich** ~ s'approcher de; *geistig, menschlich* se rapprocher; *math.* **sich dem Grenzwert** ~ s'approcher de la limite; **ein der Schriftsprache angenäherter Ausdruck** une expression qui s'approche de la langue écrite; **~nd** *adv.* à peu près; environ; presque; approximativement; **das kostet** ~ **zweihundert Mark** *auch* cela coûte dans les deux cents marks; **in** ~ **e-r Woche** dans à peu près, dans environ une semaine; **2ung** *f* ⟨~; ~en⟩ approche *f* (**an** de); *geistige, menschliche* rapprochement *m* (**zwischen** entre); **2ungspoliˌtik** *f* politique *f* de rapprochement; **2ungsverˌsuch** *m* tentative(s) *f* (*pl.*) d'approche; **~ungsˌweise** *adv.* approximativement; **2ungsˌwert** *m* valeur approximative; approximation *f*.

Annahme ['anˌnaːmə] *f* ⟨~; ~n⟩ **1.** *von Geschenken, Vorschlägen, Wechseln etc.* acceptation *f*; *von Gesetzesvorlagen etc.* adoption *f*; **die** ~ **von etw. verweigern** refuser (l'acceptation de) qc.; *von Waren* refuser de prendre livraison de qc.; *jur.* ~ **an Zahlungs, Erfüllungs Statt** dation *f* en paiement; **2.** *e-s Namens, e-r Gewohnheit etc.* adoption *f*; **die** ~ **an Kindes Statt** l'adoption; **3.** (*Vermutung*) supposition *f*; hypothèse *f*; **e-e irrige, falsche** ~ une supposition, une hypothèse erronée; une fausse supposition, hypothèse; **in der** ~, **daß...** supposant que...; **Grund zu e-r** ~ **haben** avoir lieu de supposer qc.; supposer avec raison qc.; **das berechtigt zu der** ~, **daß...** cela autorise à, cela laisse supposer que...; **~beˌstätigung** *f comm.* accusé *m* de réception; **~erˌklärung** *f* déclaration *f* d'acceptation; **~ˌpflicht** *f* obligation *f* d'acceptation; *cf. auch* **Abnahmepflicht**; **~ˌstelle** *f für Reisegepäck* bureau *m* d'enregistrement (des bagages); *für Gepäckaufbewahrung* consigne *f*; *e-r Reinigung etc.* dépôt *m*; *für Annoncen* bureau *m*, agence *f* qui reçoit des (petites) annonces; **~verˌweigerung** *f* refus *m* d'acceptation, *von Waren* de prendre livraison; **~verˌzug** *m cf.* **Gläubigerverzug**.

Annalen [a'naːlən] *pl.* annales *f/pl.*

Annamiten [ana'miːtən] *pl. Volk* Annamites *m/pl.*

annehm|bar ['anneːmˌbaːr] *adj.* acceptable; **~e Preise** prix acceptables; **~e Bedingungen** conditions acceptables; ~ **sein** *auch* pouvoir passer; **~en I** *v/t.* ⟨*irr.*, *sép.*, **-ge-**, **h**⟩ **1.** *Geschenk, Vorschlag, Bedingung, Wechsel, Arbeit, Stellung, Wette, Einladung, Herausforderung, Wahl, Rat, Lehre etc.* accepter; *Herausforderung auch* relever; *Glaube(n)* embrasser; *Resolution, Gesetzentwurf* adopter; *Sport* **e-n Ball** ~ accepter une balle, un ballon; *Angebot* **das kann ich doch nicht** ~! mais je ne peux pas l'accepter; **2.** *Patienten, Kandidaten etc.* accepter; **an Kindes Statt** ~ adopter; **3.** *Geschmack, Farbe, Gewohnheit, Manieren, Ausmaße etc.* prendre; **die Form von etw.** ~ épouser la forme de qc.; **Gestalt** ~ prendre forme; **e-n anderen Namen** ~ prendre un nom d'emprunt; **e-e drohende Haltung** ~ prendre une attitude menaçante; **Vernunft** ~ entendre raison; **nimm doch Vernunft an!** sois raisonnable!; **schärfere Umrisse** ~ prendre des contours plus nets; **4.** *ch. Fährte* suivre; *Futter* prendre; **5.** (*vermuten*) supposer (*auch math.*); admettre; F mettre; **es wird (allgemein) angenommen, daß ...** on suppose (généralement) que ...; **man kann mit Sicherheit** ~, **daß ...** on peut dire avec certitude que ...; **nehmen wir an ...** supposons, admettons, F mettons que ... (+ *subj.*); **man darf** ~, **daß ...** il est permis de supposer, d'admettre que ...; *cf. auch* **angenommen**; **II** *v/réfl.* **sich e-r Person, e-r Sache** ~ se charger, s'occuper, prendre soin de qn., de qc.; **2lichˌkeit** *f* ⟨~; ~en⟩ commodité *f*; agrément *m*; **die ~en des Lebens** les commodités de la vie.

annektier|en [anɛk'tiːrən] *v/t.* ⟨*pas de ge-*, **h**⟩ annexer; **2ung** *f* ⟨~⟩ annexion *f*.

Annex [a'nɛks] *m* ⟨~es; ~e⟩ annexe *f*; **~i'on** *f* ⟨~; ~en⟩ annexion *f*; **~io'nismus** *m* ⟨~⟩ annexion(n)isme *m*.

an|niesen ['anˌniːzən] *v/t.* ⟨-(es)t, *sép.*, **-ge-**, **h**⟩ éternuer dans la direction, à la figure (de qn.); **~ˌnieten I** *v/t.* ⟨-ete, *sép.*, **-ge-**, **h**⟩ river, *in der Industrie oft* riveter (an à); **II 2ˌnieten** *n* rivure *f*; rivetage *m*.

Anno ['ano·], **2** *adv.* ~ **1813** en (l'an) 1813; F ~ **dazumal, Tobak** il y a belle lurette; du temps que la reine Berthe filait; *Sache* **von** ~ **dazumal** antédiluvien, -nne; *hist.* **Anno Domini** (*abr.* **A.D.**) Anno Domini (A.D.).

Annonc|e [a'nõːsə, a'nɔŋ-] *f* ⟨~; ~n⟩ annonce *f*; **e-e** ~ **aufgeben** insérer, faire paraître une annonce; **e-e** ~ **in e-e Zeitung setzen** mettre, passer une annonce dans un journal; **~enˌteil** *m e-r Zeitung* petites annonces; **im** ~ dans les petites annonces; **2ieren** [-'siː-] *v/t. u. abs.* ⟨*pas de ge-*, **h**⟩ (faire) publier, insérer, passer une annonce.

Annuität [anu·i·'tɛːt] *f* ⟨~; ~en⟩ *comm.* annuité *f*.

annullier|bar [anu'liːrˌbaːr] *adj.* annulable; **2barˌkeit** *f* ⟨~⟩ *jur.* annulabilité *f*; **~en** *v/t.* ⟨*pas de ge-*, **h**⟩ annuler; **2ung** *f* ⟨~; ~en⟩ annulation *f*.

Anoa [a'noːa] *f* ⟨~; ~s⟩ *zo.* anoa *m*.

Anode [a'noːdə] *f* ⟨~; ~n⟩ *élect.* anode *f*.

anöden ['anˌˀøːdən] *v/t.* ⟨-ete, *sép.*, **-ge-**, **h**⟩ F embêter; empoisonner; raser; barber; **das ödet mich an** cela m'embête, m'empoisonne; **er ödet mit s-m Gerede die Leute an** il embête, empoisonne, rase, barbe les gens avec ses discours.

Anoden|batterie [a'noːdənbatəˌriː] *f* batterie *f* anodique, d'anode; **~ˌgleichrichter** *m* redresseur *m* anodique; **~ˌkreis** *m* circuit *m* anodique; **~modulatiˌon** *f* modulation *f* anodique, par l'anode; **~ˌspannung** *f* tension *f* anodique; **~ˌstrahlen** *m/pl.* rayons *m/pl.* anodiques; **~ˌstrom** *m* courant *m* anodique; **~ˌwiderstand** *m* résistance *f* anodique.

anomal [ˌano·'maːl, 'a-] *adj.* anormal; *ling.* anomal; **ein ~es Kind** un enfant anormal; **unter ~en Verhältnissen** dans des conditions anormales; **2ie** [-'liː] *f* ⟨~; **-ien**⟩ anomalie *f* (*auch astr.*).

Anone [a'noːnə] *f* ⟨~; ~n⟩ *bot.* anone *f*; **~ngeˌwächse** *n/pl. bot.* anonacées *f/pl.*

anonym [ano·'nyːm] **1.** *adj.* anonyme; **e-n ~en Brief bekommen** recevoir une lettre anonyme; **2.** *adv.* anonymement; **das Buch ist** ~ **erschienen** le livre est paru anonymement; **2i'tät** *f* ⟨~⟩ anonymat *m*; **die** ~ **wahren** garder l'anonymat; **2us** [-'noː-] *st. s. m* ⟨~; **-mi** *od.* **-'nymen**⟩ anonyme *m*.

Anorak ['ano·rak] *m* ⟨~s; ~s⟩ anorak [-ak] *m*.

anordn|en ['anˌˀɔrdnən] *v/t.* ⟨-ete, *sép.*, **-ge-**, **h**⟩ **1.** *Untersuchung, Verhaftung, Zwangsmaßnahme, Staatstrauer etc.* ordonner; **die Mobilmachung** ~ décréter la mobilisation; **etw. wurde polizeilich, vom Ministerium angeordnet** qc. a été ordonné par la police, par le ministère; **der Arzt hat strenge Bettruhe angeordnet** le médecin a ordonné un repos complet; **2.** (*ordnen*) arranger; disposer; ranger; **etw. zweckmäßig, geschmackvoll, kunstvoll** ~ arranger, disposer qc. dans un certain but, avec goût, avec art; **alphabetisch angeordnet sein** être rangé, classé par ordre alphabétique; **in Reihen an-**

geordnet sein être disposé en files, sur plusieurs rangées; **etw. ist so angeordnet, daß** … qc. est disposé, agencé de telle façon que …; **2ung** *f* **1.** *amtliche, ärztliche* ordre *m*; **s-e ~en treffen** prendre ses dispositions; **sich e-r ~ widersetzen, fügen** se rebeller à *bzw.* se plier à, se soumettre à un ordre; **auf ~ des Arztes** sur l'ordre du médecin; **auf besondere ~** sur ordre spécial; **2.** (*Ordnung*) arrangement *m*; disposition *f*; **e-e übersichtliche, geschmackvolle ~** un arrangement, une disposition clair(e), plein(e) de goût; **die ~ nach Sachgebieten** la disposition, le classement par matières.

anorganisch ['anʔɔrˌgaːnɪʃ, 'anɔr-, -'gaː-] *adj.* inorganique; **~e Chemie** chimie minérale.

Anorexie [ano·rɛ'ksiː] *f* ⟨~⟩ *path.* anorexie *f*.

anormal ['anɔrmaːl, -'maːl] **1.** *adj.* anormal; **2.** *adv.* anormalement.

Anorthit [anɔr'tɪt, -'tiːt] *m* ⟨**~s**⟩ *minéral.* anorthite *f*.

an|packen ['anˌpakən] *v/t.* ⟨*sép.*, **-ge-, h**⟩ F **a)** (**bei etw.**) **mit ~** donner un coup de main; **pack mal mit an** donne un coup de main; **b) j-n hart, nicht gerade sanft ~** traiter, mener qn. durement; **c) Grauen, Lust packt ihn** an l'effroi, l'envie le prend, le saisit; **d)** *Aufgabe, Problem, Thema* **falsch, richtig ~** mal, bien aborder (qc.); s'y prendre mal, bien (*abs. od.* pour faire qc.); **etw. von e-r anderen Seite her ~** (essayer de) prendre qc. par un autre bout; **er weiß, wie man das ~ muß** il sait comment il faut s'y prendre; *cf. auch* **anfassen, packen 2.**; **~ˌpappen** *v/i.* ⟨*sép.*, **-ge-, sein**⟩ F *cf.* **anbacken.**

anpass|en ['anˌpasən] **I** *v/t.* ⟨**-ßt,** *sép.*, **-ge-, h**⟩ **1.** *techn.* ajuster; **ein Kleid der Figur ~** ajuster une robe à la taille (de qn.); **j-m e-n neuen Anzug ~** faire un nouveau complet aux mesures de qn.; **2.** *fig.* adapter; **etw. den Bedürfnissen, der Situation ~** adapter qc. aux besoins, à la situation; **e-e den Verhältnissen angepaßte Entschädigung** une indemnité adaptée, conforme aux circonstances; **II** *v/réfl.* **sich ~** s'adapter; *Auge* s'accommoder; **sich s-m Partner ~** s'adapter à son partenaire; **sich den veränderten Verhältnissen ~** s'adapter aux nouvelles circonstances; **ein Tier paßt sich s-r Umwelt an** un animal s'adapte, s'assimile à son milieu; **2ung** *f* ⟨~⟩ adaptation *f*; *des Auges* accommodation *f*; *der Löhne, Mieten etc.* (r)ajustement *m*; **die ~ der Lebewesen an ihre Umwelt** l'adaptation, l'assimilation des êtres vivants à leur milieu; **auf dem Wege der ~** par voie d'assimilation; **2ungsˌbeihilfe** *f* aide *f* à la réadaptation; **~ungsˌfähig** *adj.* capable de s'adapter, *Auge* de s'accommoder, *Lebewesen auch* de s'assimiler; souple; **2ungsˌfähigkeit** *f*, **2ungsverˌmögen** *n* capacité *f*, faculté *f* d'adaptation, *von Lebewesen auch* d'assimilation, *des Auges* d'accommodation; **die Anpassungsfähigkeit e-r Frau** la capacité d'adaptation d'une femme.

an|peilen ['anˌpaɪlən] *v/t.* ⟨*sép.*, **-ge-, h**⟩ repérer (*auch fig. u.* F); **2ˌpeilung** *f* ⟨~⟩ repérage *m*; **~ˌpeitschen** *v/t.* ⟨*sép.*, **-ge-, h**⟩ *fig. zur Arbeit etc.* pousser (zu à faire qc.); **~ˌpetzen** *v/t.* ⟨**-(es)t,** *sép.*, **-ge-, h**⟩ *écol.* dénoncer; **~ˌpfeifen** *v/t.* ⟨*irr.*, *sép.*, **-ge-, h**⟩ **1.** *Sport* **das Spiel ~** donner le coup de sifflet d'envoi; **2.** *fig. u.* F **j-n ~** passer un savon à qn.; *cf. auch* **anfahren 3.**

Anpfiff ['anpfɪf] *m* **1.** *Sport* coup *m* de sifflet d'envoi; **2.** *fig. u.* F savon *m*.

an|pflanzen ['anˌpflantsən] *v/t.* ⟨**-(es)t,** *sép.*, **-ge-, h**⟩ (*pflanzen*) planter; (*anbauen*) cultiver (*auch Garten*); **Bäume ~** planter des arbres; **Tabak ~** cultiver du tabac; **~ˌpflaumen** *v/t.* ⟨*sép.*, **-ge-, h**⟩ F **j-n ~** plaisanter, blaguer qn.; **sich gegenseitig ~** se dire mutuellement des blagues, des plaisanteries; **2pflaume'rei** *f* ⟨~; **~en**⟩ blagues *f/pl.*; plaisanteries *f/pl.*; **~ˌpflocken, ~ˌpflöcken** *v/t.* ⟨*sép.*, **-ge-, h**⟩ *Ziege etc.* attacher à un piquet; **~ˌpicken** *v/t.* ⟨*sép.*, **-ge-, h**⟩ becqueter; **~ˌpinseln** *v/t.* ⟨**-(e)le,** *sép.*, **-ge-, h**⟩ F (*anstreichen*) peindre; *péj.* peinturlurer; barbouiller; **~ˌpirschen** *v/réfl.* ⟨*sép.*, **-ge-, h**⟩ *ch.* **sich ~** s'approcher sans bruit (an de); **~ˌpöbeln** F *v/t.* ⟨**-(e)le,** *sép.*, **-ge-, h**⟩ apostropher, interpeller (en termes grossiers); **j-n auf der Straße ~** apostropher qn. dans la rue; **2ˌpöbeˌlung** *f* ⟨~; **~en**⟩ *verbal*; **~ˌpochen** *v/i.* ⟨*sép.*, **-ge-, h**⟩ F *cf.* **anklopfen 1.**

Anprall ['anpral] *m* ⟨**~(e)s**; **~e**⟩ choc *m*; 'heurt *m*; **der ~ der Insekten gegen die Scheibe** le choc, le heurt des insectes contre la vitre; **der ~ der Lokomotive auf die Wagen** le choc, le heurt de la locomotive contre les wagons; **2en** *v/i.* ⟨*sép.*, **-ge-, sein**⟩ 'heurter (an qc.); donner (an contre).

an|prangern ['anˌpraŋərn] *v/t.* ⟨**-(e)re,** *sép.*, **-ge-, h**⟩ *unhaltbare Zustände, Personen* dénoncer; **2ˌprangeˌrung** *f* ⟨~; **~en**⟩ dénonciation *f*; **~ˌpreisen** *v/t.* ⟨*irr.*, *sép.*, **-ge-, h**⟩ *Ware etc.* recommander vivement; vanter; prôner; préconiser; **etw. als Muster, als Spezialität ~** vanter qc., recommander vivement qc. comme modèle, comme spécialité; **e-e Ware ~** *auch* faire l'article (j-m à qn.); **2ˌpreisung** *f* vive recommandation; préconisation *f*; **~ˌpreschen** *v/i.* ⟨*nur p.p.*⟩ F **angeprescht kommen** arriver, s'approcher au galop, *Autos etc.* en trombe; **~ˌpressen** *v/t.* ⟨**-ßt,** *sép.*, **-ge-, h**⟩ presser contre.

Anprob|e ['anˌproːbə] *f cout.* essayage *m*; **zur ~ bestellt sein** avoir rendez-vous pour un essayage; **2ieren** [-ˌbiː-] *v/t.* ⟨*sép.*, *pas de ge-*, **h**⟩ *cout.* essayer.

an|pumpen ['anˌpʊmpən] *v/t.* ⟨*sép.*, **-ge-, h**⟩ F **j-n um etw. ~** taper qn. de qc.; **~ˌpusten** *v/t.* ⟨**-ete,** *sép.*, **-ge-, h**⟩ souffler contre; **~ˌquatschen** *v/t.* ⟨*sép.*, **-ge-, h**⟩ P **j-n ~** accoster qn.; **~ˌranzen** *v/t.* ⟨**-(es)t,** *sép.*, **-ge-, h**⟩ F **j-n ~** attraper, enguirlander, P engueuler qn.; **2ˌranzer** *m* ⟨**~s**; **~**⟩ F savon *m*; P engueulade *f*; **~ˌrasen** *v/i.* ⟨*nur p.p.*⟩ F **angerast kommen** arriver, s'approcher à toute vitesse, en trombe; **~ˌrasseln** *v/i.* ⟨*nur p.p.*⟩ F **angerasselt kommen** arriver, s'approcher en faisant beaucoup de bruit, à grand fracas; **~ˌraten I** *v/t.* ⟨*irr.*, *sép.*, **-ge-, h**⟩ **j-m etw. ~** conseiller, recommander qc. à qn.; **II 2ˌraten** *n* ⟨**~s**⟩ conseil *m*; **auf ~ des Arztes** sur le conseil, sur la recommandation du médecin; **~ˌrauchen** *v/t.* ⟨*sép.*, **-ge-, h**⟩ *Zigarette* tirer les premières bouffées de; entamer; **e-e Pfeife ~** culotter une pipe; **~ˌräuchern** *v/t.* ⟨**-(e)re,** *sép.*, **-ge-, h**⟩ *Schinken etc.* fumer légèrement, un peu; **~ˌrauhen** *v/t.* ⟨*sép.*, **-ge-, h**⟩ *Oberfläche, Stoff* rendre rugueux, -euse, rêche; **~ˌrauschen** *v/i.* ⟨*nur p.p.*⟩ F **angerauscht kommen** arriver, s'approcher avec bruit; *fig. von e-r Frau* s'approcher majestueusement.

anrechn|en ['anˌrɛçnən] *v/t.* ⟨**-ete,** *sép.*, **-ge-, h**⟩ *Dienstjahre, Ausbildungszeit etc.* mettre, porter au compte de; mettre sur le compte de; *comm., jur.* imputer (**auf** sur); **anzurechnen auf** à valoir sur; imputable sur; **die Untersuchungshaft auf die Gefängnisstrafe ~** déduire la détention préventive de, imputer la détention préventive sur la peine (de prison); **j-m etw. als Fehler, Verbrechen ~** imputer qc. comme une faute, comme un crime à qn.; *litt.* imputer qc. à faute, à crime à qn.; **j-m e-n niedrigen Preis für etw. ~** demander à qn. un prix bas pour qc.; *fig.* **j-m etw. hoch ~** savoir beaucoup de gré à qn. de qc.; être reconnaissant de qc. envers qn.; **sich etw. zur Ehre ~** s'honorer de qc.; se faire gloire de qc.; **sich etw. als Verdienst ~** se faire un mérite de qc.; **das muß man ihm als Verdienst ~** il faut lui attribuer cela comme mérite; **2ung** *f* mise *f* en compte; *comm., jur.* imputation *f*; **unter ~ der Lieferkosten** avec la mise en compte, avec l'imputation des frais de livraison; **in ~ auf** à valoir sur; en imputation sur; imputable sur; *adm.* **etw. in ~ bringen** mettre, faire entrer qc. en ligne de compte; passer qc. en compte; **die ~ der Untersuchungshaft auf die Gefängnisstrafe** la déduction de la détention préventive de, l'imputation de la détention préventive sur la peine (de prison).

Anrecht ['anrɛçt] *n* droit *m*; **ein ~ auf etw. haben** avoir droit à qc.; **sein ~ auf etw. geltend machen** faire valoir son droit sur qc.

Anrede ['anˌreːdə] *f* formule *f* pour s'adresser à qn.; façon *f* dont on s'adresse à qn.; **die ~ mit Sie, mit Du** le vouvoiement, le tutoiement; **die ~ für e-n Universitätsrektor** le titre que l'on donne à un recteur d'université; **die ~ im Brief** la formule pour s'adresser à qn. dans une lettre; **die ~ vermeiden** éviter de s'adresser directement à qn.; **e-e höfliche ~ wählen** choisir une formule, une façon polie pour s'adresser à qn.; **die offizielle ~ gebrauchen** donner le titre officiel; **~ˌfall** *m gr.* vocatif *m*; **~ˌform** *f cf.* **~**; **2n** *v/t.* ⟨**-ete,** *sép.*, **-ge-, h**⟩ **1. j-n ~** adresser la parole à qn.; **er hat mich auf der Straße angeredet** il m'a abordé dans la rue; il m'a adressé la parole dans la rue; **2. j-n mit dem Vornamen, mit s-m Titel ~** appeler qn. par son prénom, par son titre; **j-n mit Du, mit Sie ~** tutoyer, vouvoyer qn.; **wie muß ich ihn ~?** comment dois-je l'appeler?; *iron. u.* F **j-n mit Graf** *etc.* **~** donner du comte, *etc.* à qn.

anreg|en ['anˌreːgən] *v/t.* ⟨*sép.*, **-ge-, h**⟩ **1.** *Maßnahme, Projekt etc.* suggérer; **zu intensiver Arbeit ~** pousser, stimuler à travailler intensivement; **zum Nachdenken ~** faire réfléchir; pousser à réfléchir; stimuler la réflexion; **sich ~ lassen** se laisser inspirer; **das werde ich einmal ~** je vais suggérer cela; **2.** *Appetit, Lebensgeister, Phantasie* exciter; stimuler; *phys. atom.* exciter; *méd.* stimuler; **den Appetit ~** exciter, ouvrir l'appétit; donner de l'appétit; **Kaffee regt an** le café excite, stimule; *phys. atom.* **angeregtes Atom** atome excité; *fig.* **angeregte Unterhaltung** conversation animée; **sich angeregt unterhalten** s'entretenir avec animation; **~end** *adjt. phm.* excitant; stimulant (*beide auch fig.*); *geistig meist* intéressant; suggestif, -ive; **ein ~es Buch** un livre suggestif, intéressant; **2er(in)** *m* ⟨**~s**; **~**⟩ (*f*) ⟨**~**; **~nen**⟩ *e-s Unternehmens etc.* inspirateur, -trice *m, f*; promoteur, -trice *m, f*; instigateur, -trice *m, f*; **2ung** *f* **1.** *zu e-m Projekt etc.* suggestion *f*; idée *f*; **praktische, neue ~en (zu etw.) geben** donner des suggestions, des idées pratiques, nouvelles (pour qc.); **~en erhalten** s'inspirer; avoir des suggestions, des idées; **auf s-e ~ hin** à *od.* sur sa suggestion; **2.** *des Appetits, der Phantasie etc.* excitation *f*; stimulation *f*; *phys. atom.* excitation *f*; *méd.* stimulation *f*; **geistige ~** stimulation de l'esprit; **2ungsˌmittel** *n phm.* stimulant *m* (*auch fig.*); excitant *m*; analeptique *m*.

an|reiben [ˈanˌraɪbən] *v/t.* ⟨*irr., sép.*, **-ge-, h**⟩ *Farben* broyer; **~ˌreichern** *v/t.* ⟨**-(e)re**, *sép.*, **-ge-, h**⟩ enrichir (mit de); **angereichertes Uran** uranium enrichi; **2ˌreicheˌrung** *f* ⟨**~**⟩ enrichissement *m* (*auch métall., chim. etc.*); **~ˌreihen I** *v/t.* ⟨*sép.*, **-ge-, h**⟩ joindre, ajouter (**an** à); **II** *v/réfl.* **sich ~** se joindre; s'ajouter; (*sich anstellen*) faire la queue; **2ˌreihung** *f* ⟨**~**⟩ jonction *f*.

Anreise [ˈanˌraɪzə] *f* **a)** voyage *m*; **von der langen ~ erschöpft sein** être épuisé par le long voyage; **b)** (*Ankunft*) arrivée *f*; **2n** *v/i.* ⟨**-(es)t**, *sép.*, **-ge-, sein**⟩ **~**, F **angereist kommen** arriver (par le *od.* en train); **~ˌtag** *m* jour *m* du voyage, de l'arrivée; **~terˌmin** *m* date *f* du voyage, de l'arrivée.

anreiß|en [ˈanˌraɪsən] *v/t.* ⟨*irr., sép.*, **-ge-, h**⟩ **1.** F *Schachtel Zigaretten etc.* entamer; **2.** *Außenbordmotor* mettre en marche; lancer; **3.** *techn.* tracer; **2ˌnadel** *f techn.* pointe *f*, aiguille *f* à tracer; **2ˌwerkzeug** *n* instrument(s) *m*(*pl.*) de traçage.

anreiten [ˈanˌraɪtən] **I** *v/t.* ⟨*irr., sép.*, **-ge-, h**⟩ *Reitsport* **e-e Hürde ~** attaquer une 'haie; **II** *v/i.* ⟨*nur p.p.*⟩ F **angeritten kommen** arriver à cheval.

Anreiz [ˈanraɪts] *m* attrait *m*; stimulant *m*; encouragement *m*; **materieller ~** attrait matériel; **e-n ~ bieten** offrir, présenter de l'attrait, un stimulant; **2en** *v/t.* ⟨**-(es)t**, *sép.*, **-ge-, h**⟩ *Begierde, Nerven, Sinne* exciter; *zum Trinken, zu e-r Tat etc.* inciter, pousser (à); **~ˌmaßnahme** *f* mesure *f* d'encouragement; **~ˌprämie** *f* prime *f* d'encouragement.

an|rempeln [ˈanˌrɛmpəln] F *v/t.* ⟨**-(e)le**, *sép.*, **-ge-, h**⟩ bousculer (qn.); **2ˌrempeˌlung** *f* ⟨**~**; **~en**⟩ bousculade *f*; *besser verbal*; **~ˌrennen** *v/i.* ⟨*irr., sép.*, **-ge-, sein**⟩ **1. gegen etw., j-n ~** 'heurter qc., qn., se cogner dans qc., dans qn., donner, se buter contre qc. (en courant); *milit.* assaillir qc., qn.; *fig.* **gegen e-e Mauer von Vorurteilen ~** se heurter à un mur de préjugés; **gegen das Schicksal ~ wollen** vouloir se dresser contre le destin; **2.** F **angerannt kommen** arriver en courant; accourir.

Anricht|e [ˈanˌrɪçtə] *f* ⟨**~**; **~n**⟩ buffet (bas); dressoir *m*; **2en I** *v/t.* ⟨**-ete**, *sép.*, **-ge-, h**⟩ **1. das Essen ~** mettre la dernière main au repas et le servir; **e-e Aufschnittplatte ~** préparer un plat de charcuterie; **es ist angerichtet** le déjeuner, le dîner est servi; *aus dem Munde von Hauspersonal* Monsieur *bzw.* Madame est servi(e); **2.** *Schaden etc.* causer; provoquer; occasionner; *iron. u.* F **da haben Sie etwas Schönes angerichtet!** vous avez fait du beau travail!; vous en avez fait de belles!; **II ~en** *n* ⟨**~s**⟩ *verbal*; **~eˌschrank** *m* buffet bas avec desserte; **~eˌtisch** *m* desserte *f*; **~ung** *f* ⟨**~**⟩ *verbal*.

anriechen [ˈanˌriːçən] *v/t.* ⟨*irr., sép.*, **-ge-, h**⟩ **man riecht ihm an, daß er getrunken hat** *etc.* on sent qu'il a bu, *etc.*; il sent l'alcool, *etc.*

Anriß [ˈanrɪs] *m techn.* tracé *m*.

an|ritzen [ˈanˌrɪtsən] **I** *v/t.* ⟨**-(es)t**, *sép.*, **-ge-, h**⟩ *Haut* érafler; égratigner; *Baumstamm etc.* entailler; **II 2ˌritzen** *n* ⟨**~s**⟩ *der Haut* éraflement *m*; *e-s Baumstammes etc.* entaillage *m*; **~ˌrollen I** *v/t.* ⟨*sép.*, **-ge-, h**⟩ (faire) rouler (vers); *mit Fahrzeugen* apporter (en camion, en voiture, *etc.*); **II** *v/i.* ⟨**sein**⟩ *Züge etc., fig. Lieferungen, Aufträge* arriver (continuellement); F **angerollt kommen** arriver; rouler (vers); **~de Wellen** des vagues qui arrivent les unes après les autres; **~ˌrosten** *v/i.* ⟨**-ete**, *sép.*, **-ge-, sein**⟩ rouiller légèrement; commencer à rouiller; **ein angerostetes Messer** un couteau légèrement rouillé; **~ˌrösten** *v/t.* ⟨**-ete**, *sép.*, **-ge-, h**⟩ faire griller légèrement; **e-e angeröstete Brotschnitte** une tranche de pain légèrement grillée.

anrüchig [ˈanˌrʏçɪç] *adj.* de mauvaise réputation; de réputation douteuse; *Haus, Kneipe auch* mal famé; borgne; louche; *Lebenswandel* douteux, -euse; louche; **e-e ~e Geschichte** une histoire louche; **2ˌkeit** *f* ⟨**~**⟩ mauvaise réputation.

an|rucken [ˈanˌrʊkən] *v/i.* ⟨*sép.*, **-ge-, sein**⟩ *Zug, Wagen etc.* démarrer, se mettre en mouvement après une forte secousse, brusquement; **~ˌrücken** *v/i.* ⟨*sép.*, **-ge-, sein**⟩ **1.** *milit.* arriver (**gegen** sur); s'approcher (de); s'avancer (vers); **2.** *fig. u.* F **~, angerückt kommen** s'amener; rappliquer; se radiner; **wenn wir zu fünft ~** si on s'amène, rapplique, se radine à cinq; **~ˌrudern I** *v/i.* ⟨**-(e)re**, *sép.*, **-ge-, h**⟩ **1. gegen den Strom ~** ⟨*meist* **sein**⟩ ramer contre le courant; **2.** F **angerudert kommen** arriver, s'approcher en ramant; **3.** *Sport* ouvrir, inaugurer la saison d'aviron par une sortie collective; **II 2ˌrudern** *n Sport* ouverture *f* de la saison d'aviron.

Anruf [ˈanruːf] *m* **1.** *tél.* appel *m* téléphonique; coup *m* de téléphone, F de fil; **auf e-n ~ warten** attendre un coup de téléphone, un coup de fil; **2.** *an e-e Person* appel *m*; *milit.* sommation *f*; **auf ~ stehenbleiben** s'immobiliser à la sommation; **ohne ~ schießen** tirer sans sommation; **2en** *v/t.* ⟨*irr., sép.*, **-ge-, h**⟩ **1.** *tél.* téléphoner (à qn.); appeler (qn. par téléphone); donner, passer un coup de téléphone, F de fil (à qn.); **bei j-m ~** téléphoner chez qn.; **2.** *durch Rufen* appeler (qn.); *milit. Posten* faire une sommation (à qn.); *mar. Schiff* 'héler; **3.** *st. s.* **j-n als Zeugen ~** prendre qn. à témoin; **j-n um Schutz, Unterstützung ~** faire appel à la protection, à l'aide de qn.; **j-s Entscheidung, Vermittlung ~** faire appel à la décision, à la médiation de qn.; **ein Gericht, e-e höhere Instanz ~** faire appel à un tribunal, à une instance supérieure; saisir un tribunal, une instance supérieure; *relig.* **Gott, e-n Heiligen ~** invoquer Dieu, un saint; **~er** *m* ⟨**~s**; **~**⟩ *tél.* celui qui appelle; **~ung** *f* ⟨**~**⟩ *e-s Gerichtes etc.* appel *m* (à); *relig.* invocation *f*.

an|rühren [ˈanˌryːrən] **I** *v/t.* ⟨*sép.*, **-ge-, h**⟩ **1.** toucher; *fig.* toucher à; **rühr mich nicht an!** ne me touche pas!; **keinen Bissen ~** ne toucher à rien; **keinen Alkohol, kein Buch ~** ne pas toucher à l'alcool, à un livre; **das Geld nicht ~** ne pas toucher à l'argent; **2.** *st. s.* (*rühren*) toucher; émouvoir; **3.** *Kleister, Farben, cuis.* délayer; *Zement, Gips auch* gâcher; *cuis.* **Kakao (mit Milch) ~** délayer du cacao (avec du lait); **die Soße mit Mehl ~** délayer de la farine dans la sauce; **II 2ˌrühren** *n von Kleister etc., cuis.* délayage *m*; *von Zement, Gips auch* gâchage *m*; **~ˌrutschen** *v/i.* ⟨*nur p. p.*⟩ F **angerutscht kommen** arriver, s'approcher (en glissant).

ans [ans] *prép.* + *art.* à la *bzw.* au; **bis ~ Ende** jusqu'à la fin; jusqu'au bout; **sich ~ Werk machen** se mettre au travail, à l'œuvre; *cf. auch* **an**.

ansäen [ˈanˌzɛːən] *v/t.* ⟨*sép.*, **-ge-, h**⟩ *Weizen etc.* semer; *Feld etc.* ensemencer (**mit** de).

Ansage [ˈanˌzaːgə] *f im Rundfunk, Varieté etc.* présentation *f*; **die ~ hat...** (qc. est) présenté, animé par...; **2n I** *v/t.* ⟨*sép.*, **-ge-, h**⟩ *Besuch, Programm etc.* annoncer; *rad.* **die Zeit ~** donner l'heure; **den Kampf ~** défier (qn.); lancer un défi à; *fig.* déclarer la guerre à; **II** *v/réfl.* **sich ~** *Gäste* annoncer sa visite (**für Samstag** pour samedi).

ansägen [ˈanˌzɛːgən] *v/t.* ⟨*sép.*, **-ge-, h**⟩ entamer à la scie; scier un peu.

Ansager(in) [ˈanˌzaːgər(ɪn)] *m* ⟨**~s**; **~**⟩ (*f*) ⟨**~**; **~nen**⟩ *télév., rad.* speaker(ine) [spikœːr, spikrin] *m* (*f*); *im Varieté etc.* présentateur, -trice *m, f*; animateur, -trice *m, f*.

ansamm|eln [ˈanˌzaməln] **I** *v/t.* ⟨**-(e)le**, *sép.*, **-ge-, h**⟩ amasser; accumuler; **II** *v/réfl.* **sich ~** *Flüssigkeit, Staub etc.* s'accumuler; *Post, Gerümpel, Unerledigtes, fig. Ärger, Unzufriedenheit etc.* s'amasser; s'accumuler; *Menschen* se rassembler; s'amasser; **ein jahrelang angesammelter Groll** une rancœur amassée, accumulée depuis des années; **2lung** *f* accumulation *f*; *von Menschen* rassemblement *m*.

ansässig [ˈanˌzɛsɪç] *adj.* domicilié; *seit langem* établi; *von Ausländern auch* résident; **~ sein** être domicilié, établi; **~ werden** se domicilier; s'établir; **die in Berlin ~en Franzosen** *oft* les résidents français à Berlin; **2e(r)** *f* (*m*) ⟨→ A⟩ **die in X ~n** les personnes domiciliées à X.

Ansatz [ˈanzats] *m* **1.** *techn.* pièce (r)ajoutée; (r)allonge *f*; **2.** *math.* disposition *f* des données d'un problème en une opération; **der ~ ist falsch** la disposition de l'opération est fausse; **3.** *comm. der Preise etc.* évaluation *f*; estimation *f*; **in ~ bringen** évaluer, estimer (**mit zwei Millionen** à deux millions); faire entrer en ligne de compte; **4.** *von Rost, Fett etc.* dépôt *m*; couche *f*; **5.** *mus. beim Blasen* façon *f* d'emboucher; *beim Singen* (*Stimmgebung*) phonation *f*; **6.** (*Beginn*) *der Nase, des Halses, des Haares etc., bot. e-s Blattes, e-r Wurzel etc.* naissance *f*; *e-s Lächelns* esquisse *f*; *zur Besserung etc.* commencement *m*, début *m* (de); **den ~ e-s Bauches, zur Korpulenz haben** avoir un début de ventre, de corpulence; **den ~ zum Buckel haben** commencer à, avoir tendance à se voûter; **e-n (schüch-**

ternen) ~ zu etw. machen faire un (timide) essai de qc.; gute Ansätze zeigen montrer de bons débuts; **~ˌpunkt** *m* point *m* de départ, d'attaque; **~ˌrohr** *n* **1.** *techn.* tuyau *m* de rallonge; **2.** *anat., phon.* cavité pharyngée; **~ˌstück** *n techn. cf.* ~ 1.; **~ˌwinkel** *m e-s Werkzeugs* angle *m* d'attaque.

an|säuern ['anˌzɔʏərn] *v/t.* ⟨-(e)re, *sép.*, -ge-, h⟩ **1.** den Teig ~ mettre du levain dans la pâte; **2.** *chim.* aciduler; **~ˌsaufen** *v/t.* ⟨*irr., sép.*, -ge-, h⟩ P sich e-n ~ prendre, se flanquer une cuite, une biture; se cuiter.

ansaug|en ['anˌzaʊgən] **I** *v/t.* ⟨*sép.*, -ge-, h⟩ *Luft, Flüssigkeit* aspirer; **II** *v/réfl.* sich ~ *Blutegel etc.* s'attacher en suçant; faire ventouse; **III** 2**en** *n* aspiration *f*; *Pumpe etc.* durch ~ in Gang bringen amorcer; 2ˌ**rohr** *n* tuyau *m* d'aspiration; 2ˌ**stutzen** *m* tubulure *f* d'aspiration.

an|säuseln ['anˌzɔʏzəln] *v/réfl.* ⟨-(e)le, *sép.*, -ge-, h⟩ F sich e-n ~ se griser légèrement; *cf. auch* angesäuselt; **~ˌsausen** *v/i.* ⟨*nur p. p.*⟩ F angesaust kommen arriver en trombe, à toute vitesse, P à toute pompe.

anschaff|en ['anˌʃafən] *v/t.* ⟨*sép.*, -ge-, h⟩ acheter; sich etw. ~ s'acheter qc.; sich ein Auto, e-n Hund ~ s'acheter une voiture, un chien; sich Möbel, Wäsche ~ *auch* se monter en meubles, en linge; sich e-e Aussteuer ~ monter son trousseau; F sich e-e Freundin ~ se chercher, se trouver une amie; F sie wollen sich noch keine Kinder ~ ils ne veulent pas encore avoir d'enfants; 2**ung** *f* ⟨~; ~en⟩ acquisition *f*; achat *m*; keine großen ~en machen können ne pas pouvoir faire de grosses acquisitions, de gros achats; 2**ungsˌkosten** *pl.* frais *m/pl.* d'achat, d'acquisition; 2**ungsˌpreis** *m* prix coûtant, d'achat; 2**ungsˌwert** *m* valeur *f* d'achat.

anschalten ['anˌʃaltən] *v/t.* ⟨-ete, *sép.*, -ge-, h⟩ *Licht, Radio, elektr. Gerät* allumer; *Maschine* mettre en marche.

anschau|en ['anˌʃaʊən] *v/t.* ⟨*sép.*, -ge-, h⟩ regarder; sich etw., j-n ~ regarder, examiner qc., qn.; *cf. auch* ansehen; **~lich 1.** *adj.* clair; évident; expressif, -ive; concret, -ète; e-e ~e Darstellung, Schilderung une description expressive, claire, évidente; ein ~es Beispiel un exemple concret; **2.** *adv.* ~ machen rendre expressif, -ive, clair; illustrer; présenter sous une forme concrète; etw. ~ beschreiben, erzählen décrire, raconter qc. d'une façon expressive; 2**lichˌkeit** *f* ⟨~⟩ caractère expressif; évidence *f*; clarté *f*; 2**ung** *f* ⟨~⟩ **1.** (*Betrachten*) contemplation *f*; (*Erfahrung*) expérience *f*; *philos.* intuition *f*; in ~ versunken plongé dans la contemplation; *relig.* die ~ Gottes la contemplation, la vision intuitive de Dieu; *philos.* intellektuelle ~ intuition d'évidence, rationnelle, intellectuelle; etw. aus eigener ~ kennen connaître qc. par expérience; dafür fehlt mir die ~ l'expérience me manque pour cela; **2.** ⟨*pl.* ~en⟩ (*Meinung, Auffassung*) opinion *f*; façon *f*, manière *f* de voir; point *m* de vue; vue(s) *f* (*pl.*); idée(s) *f* (*pl.*); fortschrittliche, gesunde ~en haben avoir des vues, des idées avancées, saines; avoir une opinion avancée, saine; 2**ungsˌbild** *n psych.* image *f* eidétique [ɛj-]; 2**ungsˌkraft** *f* force intuitive; 2**ungsmateriˌal** *n péd.* matériel éducatif, d'illustration; 2**ungsˌunterricht** *m péd.* enseignement *m* par l'image ou l'objet; enseignement *m* pratique (*beide auch fig.*); 2**ungsverˌmögen** *n* faculté intuitive; 2**ungsˌweise** *f* façon *f*, manière *f* de voir.

Anschein ['anʃaɪn] *m* ⟨~(e)s⟩ apparence *f*; dem ~ nach selon, d'après, à en juger par les apparences; allem ~ nach selon toute apparence; es hat (ganz) den ~, als ob... on dirait, il semble que... (+ *ind.*); den ~ erwecken donner l'apparence (de...); sich den ~ geben, als ob... faire semblant de...; se donner l'air de...; sich den ~ der Bescheidenheit geben affecter la modestie; se donner des apparences de modestie; e-r Sache den ~ der Rechtmäßigkeit geben donner à qc. un semblant de légalité, l'apparence de la légalité; 2**end 1.** *adjt.* apparent; mit ~er Gutmütigkeit d'une bonhomie apparente; **2.** *advt.* apparemment; selon toute apparence; on dirait que...; il semble que...; ~ ist niemand zu Hause apparemment personne n'est à la maison.

an|scheißen ['anˌʃaɪsən] **I** *v/t.* ⟨*irr., sép.*, -ge-, h⟩ **1.** V (*anbrüllen*) P engueuler; **2.** V (*betrügen*) P pigeonner; **II** *v/i.* ⟨*nur p. p.*⟩ V angeschissen kommen (*ungelegen kommen*) V venir emmerder qn.; **~ˌschicken** *v/réfl.* ⟨*sép.*, -ge-, h⟩ sich ~, etw. zu tun s'apprêter, se disposer, se préparer à faire qc.; se mettre en devoir de faire qc.; **~ˌschieben I** *v/t.* ⟨*irr., sép.*, -ge-, h⟩ das Auto *etc.* ~ pousser la voiture, *etc.* (pour la faire démarrer); *Kegeln* (die Kugel) ~ lancer le premier la boule; avoir la boule; **II** *v/i.* (*nur p. p.*) F angeschoben kommen arriver nonchalamment; **~ˌschielen** *v/t.* ⟨*sép.*, -ge-, h⟩ *fig.* j-n ~ lorgner qn.; regarder qn. du coin de l'œil; regarder qn. en coin; **~ˌschießen I** *v/t.* ⟨*irr., sép.*, -ge-, h⟩ blesser, toucher (d'un coup de fusil, d'une balle); ein angeschossenes Reh un chevreuil blessé, touché (d'une balle); **II** *v/i.* ⟨*nur p. p.*⟩ F angeschossen kommen arriver en trombe; **~ˌschirren I** *v/t.* ⟨*sép.*, -ge-, h⟩ *Pferd* 'harnacher; **II** 2ˌ**schirren** *n* ⟨~s⟩ 'harnachement *m*.

Anschiß ['anʃɪs] V *m* ⟨-sses; -sse⟩ P engueulade *f*.

Anschlag ['anʃlaːk] *m* **1.** *e-r bzw. auf der Schreibmaschine* frappe *f*; *e-s Klavierspielers* toucher *m*; sie schreibt dreihundert Anschläge pro Minute elle tape trois cents frappes à la minute; *Klavierspieler* e-n harten, weichen ~ haben avoir le toucher dur, moelleux; **2.** (*Bekanntmachung*) affiche *f*; etw. durch ~ bekanntgeben faire connaître qc. par voie d'affiche; **3.** (*Attentat*) attentat *m*; ein verbrecherischer ~ un attentat criminel; e-n ~ auf j-n verüben attenter aux jours de qn.; commettre un attentat contre qn.; e-n ~ auf, gegen j-n planen projeter un attentat contre qn.; **4.** *ch., milit. Gewehr* in ~ bringen mettre en joue; épauler (qc. *od. abs.*); im ~ liegen être en position couchée pour tirer; stehender ~ position du tireur debout; in ~ gehen se mettre en position de tir; **5.** *techn.* butée *f*; taquet *m*; *charp.* feuillure *f*; **6.** *comm.* évaluation *f*; estimation *f*; (*Kosten*2) devis *m*; etw. in ~ bringen faire entrer qc., mettre qc. en ligne de compte; **7.** *cout.* montage *m*; **~ˌbrett** *n* tableau *m*, panneau *m* d'affichage; porte-affiches *m* (*inv.*); 2**en I** *v/t.* ⟨*irr., sép.*, -ge-, h⟩ **1. a)** *Plakate etc.* afficher; apposer; placarder; etw. am Schwarzen Brett ~ afficher, apposer qc. au tableau d'affichage; **b)** *Holzleiste etc.* clouer; fixer; **2.** *Stimmgabel, Gong etc.* frapper; e-n Akkord ~ plaquer un accord; ein Motiv, Thema ~ jouer un motif, un thème; e-e Saite ~ faire vibrer, toucher une corde; e-e Taste (stark) ~ frapper (fortement) une touche; *fig.* ein rascheres Tempo ~ prendre un rythme, un tempo plus rapide; marcher plus vite; e-n anderen Ton ~ changer de ton; e-n scharfen, ironischen Ton ~ prendre un ton tranchant, ironique; wenn Sie diesen Ton ~ ... si vous le prenez sur ce ton-là...; **3.** (*einschätzen*) estimer; évaluer; etw. gering, hoch ~ attacher peu de, un grand prix à qc.; faire peu de, grand cas de qc.; das kann man nicht hoch genug ~ on ne peut jamais y attacher assez de prix, jamais assez l'estimer; **4.** *cout. Maschen* monter; **5.** *Boxen* toucher; **6.** *Gewehr* épauler; **7.** *Kinderspiele* toucher (qn.); **II** *v/i.* **8.** *Hund* aboyer; **9.** *Schwimmsport* toucher le but; **10.** *Wellen* déferler sur; **11.** *Glocke* sonner; *Türglocke* retentir; **12.** *Kur, Medizin* être efficace; die Landluft schlägt bei ihm gut an l'air de la campagne lui fait du bien, de l'effet; das Essen schlägt bei ihm an la nourriture le fait profiter; **III** ~**en** *n von Plakaten* affichage *m*; *von Holzleisten etc.* fixation *f*; *cout.* montage *m*; *der Wellen* déferlement *m*; *e-s Hundes* aboiement *m*; *e-r Kur etc.* effet *m*; efficacité *f*; *sonst verbal*; **~ˌsäule** *f* colonne *f* d'affichage; colonne *f* Morris [-is]; **~ˌschraube** *f techn.* vis [-s] *f* de butée, d'arrêt; **~sˌtechnik** *f mus.* technique *f* du toucher; **~ˌtafel** *f cf.* ~brett; **~ˌwinkel** *m techn.* équerre *f* à chapeau.

an|schleichen ['anˌʃlaɪçən] **I** *v/t. u. v/réfl.* ⟨*irr., sép.*, -ge-, h⟩ s'approcher (de qn., de qc.) à pas de loup, à pas feutrés; **II** *v/i.* ⟨*nur p. p.*⟩ F angeschlichen kommen arriver, s'approcher à pas de loup; **~ˌschleifen I** *v/t.* **1.** ⟨*irr., sép.*, -ge-, h⟩ *techn.* aiguiser, affiler, repasser légèrement; *Edelsteine* polir légèrement; **2.** ⟨*sép.*, -ge-, h⟩ F *Person etc.* amener; **II** 2ˌ**schleifen** *n* léger aiguisage *od.* aiguisement, affilage, repassage; *von Edelsteinen* léger polissage; **~ˌschlendern** *v/i.* ⟨*nur p. p.*⟩ F angeschlendert kommen arriver, s'approcher nonchalamment; **~ˌschleppen** *v/t.* ⟨*sép.*, -ge-, h⟩ F **1.** *Steine etc.* apporter; amener; was bringst du denn da angeschleppt? qu'apportes-tu, qu'amènes-tu là?; **2.** j-n ~ amener qn.

anschließen ['anˌʃliːsən] **I** *v/t.* ⟨*irr., sép.*, -ge-, h⟩ **1.** *Fahrrad etc.* attacher (an à); **2.** *Wasserschlauch etc.* raccorder (an à); *elektr. Geräte* brancher (an à); *an das Wasser-, Gas-, Stromnetz* angeschlossen sein être branché, raccordé (à); den Plattenspieler ans Radio ~ brancher le tourne-disque à la radio; e-n Elektroherd, e-e Waschmaschine ~ lassen faire brancher une cuisinière électrique, une machine à laver; *rad.* alle deutschen Sender sind angeschlossen tous les postes allemands sont relayés; **3.** (*anfügen*) ajouter; der Schule wird ein Internat angeschlossen on va ajouter un internat à l'école; **II** *v/i.* **4.** *Kleid etc.* **am Hals eng** ~ être juste d'encolure; **III** *v/réfl.* **sich** ~ **5.** *Garten an das Haus etc.* être contigu, -uë (an à); **6.** (*anknüpfen*) **sich den Worten des Vorredners** ~ s'associer aux paroles de l'orateur précédent; **sich j-s Meinung** ~ suivre, adopter l'opinion de qn.; se ranger à l'opinion de qn.; **7.** (*folgen*) être suivi de; **an den Vortrag schloß sich e-e Diskussion an** la conférence fut suivie d'une discussion; *cf. auch* ~**d**; **8.** (*zugesellen*) se joindre, se rallier (à); **sich e-r Reisegesellschaft** ~ se joindre à un groupe organisé; **sich e-r Partei** ~ se joindre, se rallier à un parti; **darf ich mich Ihnen** ~? est-ce que je peux, puis-je me joindre à vous?; ~**d 1.** *adj.* qui suit *bzw.* suivit; suivant; **die** ~**e Unterhaltung war...** l'entretien qui suivit fut...; **2.** *adv.* ensuite; après; ~ **gingen wir ins Kino** ensuite *od.* après, nous sommes allés au cinéma.

anschlurfen ['anˌʃlʊrfən] *v/i.* ⟨*nur p. p.*⟩ F **angeschlurft kommen** arriver en traînant ses savates.

Anschluß ['anʃlʊs] *m* ⟨-**sses**; -**schlüsse**⟩ **1.** (*Verbindung*) **a)** *chem.* correspondance *f*; **der Zug hat** ~ **nach, an** avec ce train, correspondance assurée en direction de, à; **habe ich** ~ **nach, an...?** est-ce que j'ai, ai-je la correspondance pour...?; *Zug etc.* **auf den** ~ **warten** attendre la correspondance; **den** ~ **noch bekommen** avoir la correspondance; **den** ~ **verpassen** manquer, F rater, louper la correspondance; *fig. u.* F *von e-r Frau* **den** ~ **verpaßt haben** n'avoir pas trouvé de mari; **b)** *tél., Gas, Wasser, Strom* raccordement *m*; branchement *m*; *techn.* (~*stück*) raccord *m*; jonction *f*; **elektrischer** ~ *cf.* **Steckdose**; **c) den** ~ **an den Stand der Technik zu finden versuchen** chercher à atteindre le niveau de la technique; *Sport* **den** ~ **an die Spitzengruppe erreichen** rattraper, rejoindre le groupe de tête; **d)** *fig. u.* F ~ **suchen** chercher à faire connaissance (**bei j-m** avec qn.); ~ **finden** faire connaissance de qn.; trouver qn.; *Annonce* **suche** ~ **an geselligen Kreis** cherche à faire connaissance avec un groupe *od.* cercle de personnes qui aiment la société; **2.** *pol.* rattachement *m*; *hist.* **der** ~ **Österreichs an das Dritte Reich** le rattachement de l'Autriche au IIIe Reich; l'Anschluss [-ʃlus] *m*; **3. im** ~ **an** à la suite de; comme, faisant suite à; ~ˌ**bahn** *f chem.* embranchement *m*; ~**be**ˌ**rufung** *f jur.* appel incident; ~ˌ**dose** *f techn.* boîte *f* de jonction; *élect.* prise *f* de courant; ~ˌ**gleis** *n* voie *f* d'embranchement, de raccordement; ~ˌ**kabel** *n élect.* câble *m* de raccordement; ~ˌ**klemme** *f élect.* borne *f* de raccordement; ~ˌ**leitung** *f Rohre* conduite *f*, *élect.* ligne *f* de jonction; ~ˌ**linie** *f Straßenbahn etc.* (ligne *f* de) correspondance *f*; ~ˌ**rohr** *n* tuyau *m*, tube *m* de raccordement; ~ˌ**stelle** *f Autobahn* accès *m*; ~ˌ**stück** *n* (pièce *f* de) raccord *m*, jonction *f*; ~ˌ**stutzen** *m techn.* tubulure *f* de jonction; ~ˌ**zug** *m* (train *m* de) correspondance *f*.

an|schmachten ['anˌʃmaxtən] F *v/t.* ⟨-**ete**, *sép.*, -**ge-**, **h**⟩ soupirer après (qn.); ~ˌ**schmieden** *v/t.* ⟨-**ete**, *sép.*, -**ge-**, **h**⟩ *techn.* forger; *fig.* attacher (an à); ~ˌ**schmiegen** *v/réfl.* ⟨*sép.*, -**ge-**, **h**⟩ **sich an j-n** ~ se serrer, se blottir contre qn.; *cout.* **sich an den Körper** ~ épouser la forme du corps; ~ˌ**schmiegsam** *adj.* souple; 2ˌ**schmiegsam**ˌ**keit** *f* ⟨~⟩ souplesse *f*; ~ˌ**schmieren I** *v/t.* ⟨*sép.*, -**ge-**, **h**⟩ *fig. u.* F **j-n** ~ refaire, rouler, blouser, flouer, filouter, pigeonner qn.; **j-m etw.** ~ refiler, coller qc. à qn.; **II** *v/réfl.* **sich** ~ **1.** *an e-r Bank, Wand* se salir; **2.** *absichtlich mit Schminke etc.* se barbouiller; **3.** *cf.* **einschmeicheln**; ~ˌ**schmoren** *v/t.* ⟨*sép.*, -**ge-**, **h**⟩ *cuis.* faire revenir; ~ˌ**schmunzeln** *v/t.* ⟨-**(e)le**, *sép.*, -**ge-**, **h**⟩ sourire légèrement (à qn.); ~ˌ**schmusen** *v/réfl.* ⟨-**(es)t**, *sép.*, -**ge-**, **h**⟩ F **sich bei j-m** ~ passer la main dans le dos de qn.; ~ˌ**schmutzen** *v/t.* ⟨-**(es)t**, *sép.*, -**ge-**, **h**⟩ *cf.* **angeschmutzt**; ~ˌ**schnallen I** *v/t.* ⟨*sép.*, -**ge-**, **h**⟩ attacher; *Schlittschuhe etc. auch* boucler; **II** *v/réfl.* **sich** ~ *aviat.*, *im Auto* attacher, mettre sa ceinture; 2**schnall**ˌ**gurt** *m* ceinture *f* de sécurité; ~ˌ**schnaufen** *v/i.* ⟨*nur p. p.*⟩ F **angeschnauft kommen** arriver en soufflant, essoufflé; ~ˌ**schnauzen** *v/t.* ⟨-**(es)t**, *sép.*, -**ge-**, **h**⟩ F **j-n** ~ attraper, enguirlander, disputer qn.; sonner les cloches, passer un savon à qn.; 2ˌ**schnauzer** *m* ⟨~**s**; ~⟩ savon *m*; P engueulade *f*; **e-n** ~ **bekommen** se faire attraper, enguirlander, *etc.*; ~ˌ**schneiden I** *v/t.* ⟨*irr.*, *sép.*, -**ge-**, **h**⟩ *Brot, Wurst etc.* entamer; *fig. e-e Frage, ein Problem etc.* aborder; entamer; soulever; **II** 2ˌ**schneiden** *n e-s Brotes etc.* entamement *m*; *fig. verbal*; ~ˌ**schneien** *v/i.* ⟨*nur p. p.*⟩ F **angeschneit kommen** arriver soudainement.

Anschnitt ['anʃnɪt] *m* entame *f*; (*Schnittfläche*) coupe *f*; **etw. im** ~ **haben** avoir qc. en tranches.

Anschovis [an'ʃoːvɪs] *f* ⟨~; ~⟩ *zo.* anchois *m*; ~ˌ**paste** *f* pâté *m* d'anchois.

an|schrauben ['anˌʃraʊbən] **I** *v/t.* ⟨*sép.*, -**ge-**, **h**⟩ (**wieder**) ~ (re)visser; (re)boulonner; **II** 2ˌ**schrauben** *n* ⟨~**s**⟩ vissage *m*; boulonnage *m*; ~ˌ**schreiben** *v/t.* ⟨*irr.*, *sép.*, -**ge-**, **h**⟩ **1.** *an die Wandtafel* écrire (au tableau); *Kartenspiel, Billard etc. Punkte* marquer; **2.** *comm.* **j-n** ~ écrire à qn.; **3.** F *comm.* porter, mettre au compte de; **etw.** ~ **lassen** prendre, acheter qc. à crédit; **4.** *cf.* **angeschrieben**; ~ˌ**schreien** *v/t.* ⟨*irr.*, *sép.*, -**ge-**, **h**⟩ **j-n** ~ crier après qn.; vociférer contre qn.; *cf. auch* **anbrüllen**.

Anschrift ['anʃrɪft] *f* adresse *f*; ~**en**ˌ**änderung** *f* changement *m* d'adresse; ~**enver**ˌ**zeichnis** *n* liste *f*, répertoire *m* d'adresses.

anschuldig|en ['anˌʃʊldɪgən] *v/t.* ⟨*sép.*, -**ge-**, **h**⟩ accuser, inculper (qn. de qc.); 2**ung** *f* ⟨~; ~**en**⟩ accusation *f*; inculpation *f*; **falsche** ~ fausse accusation; **schwere** ~**en gegen j-n erheben** porter des accusations graves contre qn.

anschüren ['anˌʃyːrən] *v/t.* ⟨*sép.*, -**ge-**, **h**⟩ attiser (*auch fig.*).

Anschuß ['anʃʊs] *m ch.* **1.** (*erster Schuß*) premier coup de feu; **2.** (*Standort des Wildes beim Schuß*) endroit *m* où se trouve le gibier au moment du coup de feu.

an|schütten ['anˌʃʏtən] *v/t.* ⟨-**ete**, *sép.*, -**ge-**, **h**⟩ *Gelände* combler; remblayer; 2ˌ**schüttung** *f* ⟨~; ~**en**⟩ remblai *m*; ~ˌ**schwanken** *v/i.* ⟨*nur p. p.*⟩ F **angeschwankt kommen** arriver, s'approcher en chancelant, en titubant; ~ˌ**schwänzeln** *v/i.* ⟨*nur p. p.*⟩ *Hund* **angeschwänzelt kommen** s'approcher en remuant la queue; ~ˌ**schwärmen I** *v/t.* ⟨*sép.*, -**ge-**, **h**⟩ *Filmstar etc.* adorer; idolâtrer; **II** *v/i.* ⟨*nur p. p.*⟩ F **angeschwärmt kommen** *Kinder etc.* arriver par bandes; ~ˌ**schwärzen** *v/t.* ⟨-**(es)t**, *sép.*, -**ge-**, **h**⟩ **1. angeschwärzt sein** être un peu noirci; **2.** *fig.* noircir; dénigrer; **j-n bei s-m Vorgesetzten** ~ noircir, dénigrer qn. auprès de son chef; 2ˌ**schwärzung** *f* ⟨~; ~**en**⟩ dénigrement *m*; ~ˌ**schweißen I** *v/t.* ⟨-**(es)t**, *sép.*, -**ge-**, **h**⟩ souder (an à); **II** 2ˌ**schweißen** *n* soudure *f*; ~ˌ**schwellen I** *v/t.* ⟨*sép.*, -**ge-**, **h**⟩ gonfler; enfler; **die Schneeschmelze hat den Fluß angeschwellt** la fonte des neiges a enflé, gonflé, fait grossir la rivière; **II** *v/i.* ⟨*irr.*, *sép.*, -**ge-**, **sein**⟩ *Adern, Füße etc.*, *fig. Fluß* (se) gonfler; (s')enfler; *Fluß meist* être en crue; *Knospen* (se) gonfler; *fig. Stimme, Musik* (s')enfler; *Lärm, Arbeit, Akten etc.* augmenter; croître; **die Füße sind angeschwollen** les pieds sont gonflés, enflés; **III** 2ˌ**schwellen** *n* gonflement *m*; enflement *m*; *e-s Flusses auch* crue *f*; *des Lärms etc.* augmentation *f*; 2ˌ**schwellung** *f der Drüsen, Gelenke* enflure *f*; gonflement *m*; ~ˌ**schwemmen** *v/t.* ⟨*sép.*, -**ge-**, **h**⟩ apporter; déposer; alluvionner (*abs.*); **Sand** ~ apporter, déposer du sable; **angeschwemmtes Holz** bois apporté par la rivière *bzw.* par la mer; **angeschwemmtes Land** terres alluviales, d'alluvions; 2ˌ**schwemmung** *f* ⟨~; ~**en**⟩ atterrissement *m*; alluvionnement *m*; *Ergebnis* alluvion *f*; atterrissement *m*; **die** ~ **von Sand, Holz** l'apport de sable, de bois; ~ˌ**schwimmen** *v/i.* ⟨*irr.*, *sép.*, -**ge-**, **sein**⟩ **1. gegen den Strom** ~ remonter le courant (à la nage); **2. angeschwommen kommen** *Mensch* arriver à la nage; *Tier* s'approcher (en nageant); *Dinge* s'approcher; flotter (vers); ~ˌ**schwindeln** *v/t.* ⟨-**(e)le**, *sép.*, -**ge-**, **h**⟩ F **j-n** ~ monter un bateau à qn.; ~ˌ**schwirren** *v/i.* ⟨*sép.*, -**ge-**, **sein**⟩ F *Person* s'amener; F **angeschwirrt kommen** *Vogel etc.* arriver; *fig. Person* s'amener; ~ˌ**segeln I** *v/i.* ⟨-**(e)le**, *sép.*, -**ge-**, **h**⟩ **1.** F **angesegelt kommen** arriver, s'approcher à pleines voiles; *fig. Blatt etc.* arriver; planer (vers); **2.** *Segelsport* ouvrir, inaugurer la saison du yachting [jotiŋ] par une sortie collective; **II** 2ˌ**segeln** *n* (croisière *f* d')ouverture *f* du yachting.

ansehen ['anˌzeːən] **I** *v/t.* ⟨*irr.*, *sép.*, -**ge-**, **h**⟩ **1. a) j-n, etw.** ~ regarder qn., qc.; **j-n scharf, fragend, verwundert, böse** ~ regarder qn. fixement, d'un air interrogateur, d'un air étonné, d'un air mauvais; **j-n starr** ~ dévisager qn.; **es ist hübsch anzusehen** c'est beau à voir; **es war schrecklich anzusehen** c'était terrible à voir; **das habe ich selbst mit angesehen** je l'ai vu moi-même; *fig.* **j-n von oben herab, über die Schulter** ~ regarder qn. de haut, du haut de sa grandeur, avec dédain; toiser qn.; **j-n scheel** ~ regarder qn. de travers; F **sieh mal einer an!** tiens! (tiens!); voyez donc!; **sieh mal einer diesen Feinschmecker an!** regardez-moi ce gourmet!; **b) sich etw.** ~ regarder, voir qc.; **sich e-n Film, ein Theaterstück** ~ (aller) voir un film, une pièce de théâtre; **sich die Stadt** ~ visiter la ville; **sich ein Buch, Bild** ~ regarder un livre, un tableau; *Arzt* **sich e-n Patienten** ~ regarder, examiner un patient; **sich e-e Sache einmal**

näher ~ regarder une chose de plus près; F **sieh dir das mal an!** regardez-moi ça!; **2. j-m, e-r Sache etw.** ~ voir que qn., qc. est...; **j-m s-e Freude** ~ voir la joie de qn.; voir à l'air de qn. qu'il est content; voir que qn. est content; **e-m Buch** ~, **daß es viel benutzt wird** voir qu'un livre sert beaucoup; **man sieht ihm sein Alter nicht an** on ne lui donnerait pas son âge; il ne porte pas son âge; **man sieht ihm an, daß er überarbeitet ist** on voit, cela se voit qu'il est surmené par le travail; **3. j-n, etw.** ~ **als, für** *nach dem Augenschein, irrtümlich* prendre qn., qc. pour; *aus innerer Überzeugung* considérer, regarder qn., qc. comme; **angesehen werden als, für** *oft* passer pour; **ein Gemälde als Original** ~ prendre une peinture pour l'original; **man hatte ihn für s-n Bruder angesehen** on l'avait pris pour son frère; **j-n als zuverlässigen Menschen** ~ considérer, regarder qn. comme une personne sûre; **etw. als e-e Beleidigung** ~ considérer qc. comme une insulte; **etw. als ein gutes Zeichen** ~ considérer qc. comme un bon signe; **etw. als s-e Pflicht** ~ considérer qc. de son devoir, comme étant son devoir; *cf. auch* **angesehen**; **4.** (*beurteilen*) voir; **ich sehe die Sache so an** je vois la chose ainsi; **etw. ganz anders** ~ voir qc. tout à fait autrement; **5. etw. nicht mit** ~ **können** ne pas pouvoir supporter qc.; **ich kann es nicht mehr mit** ~ je ne peux plus supporter, voir cela; **ich habe mir das lange genug mit angesehen** j'ai supporté cela assez longtemps; **II** ♀ *n* ⟨~s⟩ **6. j-n von, vom** ~ **kennen** connaître qn. de vue; *st. s.* **ohne** ~ **der Person** sans égard à la personne; sans considération de personne; **7.** *st. s.* **sich das** ~ **geben** se donner l'air (de); **8.** (*Achtung*) réputation *f*; prestige *m*; considération *f*; estime *f*; **großes** ~ **genießen** jouir d'un grand prestige, d'une grande réputation, considération, estime; **politisches, künstlerisches** ~ **genießen** jouir d'une réputation, d'un prestige politique, artistique; **allgemeines** ~ **genießen** jouir de l'estime, de la considération générale; **in hohem** ~ **stehen** être tenu en grande estime; **sich** ~ **erwerben, verschaffen** acquérir du prestige, de la réputation; **sein** ~ **erhöhen, stärken** augmenter, renforcer son prestige, sa réputation; **an** ~ **verlieren** perdre de sa réputation, de son prestige; **zu Macht und** ~ **gelangen** arriver au pouvoir et acquérir du prestige; **wieder zu** ~ **kommen** retrouver du prestige.

ansehnlich ['an͵ze:nlıç] *adj.* **a)** *Summe, Menge, Vermögen* considérable; remarquable; **b)** (*stattlich*) de belle apparence; beau, bel, belle; **ein ~es Gebäude** un bâtiment de belle apparence; **ein ~es Paar** un beau couple; ♀**͵keit** *f* ⟨~⟩ *äußerliche* belle apparence; *e-r Person* prestance *f*.

Ansehung ['an͵ze:ʊŋ] *f* **in** ~ en considération de; vu; eu égard à; **in** ~ **s-r Verdienste, s-s Alters** en considération de, eu égard à, vu ses mérites, son âge.

an|seilen ['an͵zaılən] **I** *v/t.* ⟨*sép.*, -ge-, h⟩ attacher avec une corde; *Bergsteiger* encorder; **II** *v/réfl.* **sich** ~ *Dachdecker etc.* s'attacher avec une corde; *Bergsteiger* **sich (untereinander)** ~ s'encorder; **III** ♀**͵seilen** *n* ⟨~s⟩ *Alpinistik* encordement *m*; **~͵sengen I** *v/t.* ⟨*sép.*, -ge-, h⟩ *Haare, Wäsche, Tannenzweig* roussir; *cf. auch* **angesengt**; **II** ♀**͵sengen** *n* ⟨~s⟩ roussissement *m*.

ansetz|en ['an͵zɛtsən] **I** *v/t.* ⟨-(es)t, *sép.*, -ge-, h⟩ **1.** *etw. an etw., Leiter etc.* poser; placer; appliquer; *Blutegel* poser; *Glas etc.* porter aux lèvres; *Blasinstrument* emboucher; *Geigenbogen* placer; *Werkzeug* appliquer; placer; engager; **e-n Hebel** ~ engager un levier; *fig.* **hier müssen wir den Hebel** ~ c'est par là qu'il faut s'attaquer à la chose; **die Feder** ~ se tenir prêt à écrire; **e-n Hund auf e-e Spur** ~ mettre un chien sur une piste; **2.** *Essen* (*aufs Feuer setzen*) mettre sur le feu; faire cuire; **3.** *cout. Kragen, Saum etc.* (r)ajouter; rapporter; **e-n Fuß** ~ rempiéter (**an** qc.); **4.** *Hefestück, Bowle, Likör etc.* préparer; faire; **5.** *bot.* **Blätter, Knospen, Früchte** ~ produire, pousser des feuilles, des bourgeons, des fruits; **Knospen** ~ *auch* bourgeonner; **Früchte** ~ *auch* nouer des fruits; affruiter; **Ähren** ~ former des épis; épier; *zo. Hirsch* **ein Geweih** ~ faire ses bois; **6. e-e Patina** ~ se couvrir d'une patine; **Rost** ~ (commencer à) (se) rouiller; **Schimmel** ~ se couvrir de moisissure; moisir; **Kesselstein** ~ se couvrir de tartre; s'entartrer; **Fett** ~ engraisser; **e-n Bauch** ~ prendre du ventre; **7.** *Preis etc.* estimer; évaluer; compter; **für die Fahrt muß man vier Stunden** ~ pour le voyage il faut compter quatre heures; **8.** *Termin, Sitzung, Theaterprobe etc.* fixer; **II** *v/i.* **9.** (*sich zu etw. anschicken*) commencer (à); s'apprêter (à); **zu e-r Frage** ~ s'apprêter à poser une question; **er setzte zu e-r Frage an** *auch* il allait poser une question; **zu e-r Antwort, zum Trinken** ~ s'apprêter à répondre, à boire; **zum Sprung** ~ prendre son élan (pour sauter); **zum Endspurt** ~ sprinter [-inte]; *aviat.* **zur Landung** ~ amorcer un *od.* l'atterrissage; **10.** *Obstbaum, Getreide etc.* (se) nouer; **der Baum hat schön angesetzt** les fruits ont bien noué; **11.** *cuis. Milch, Reis etc.* attacher; **12.** F *Hund etc.* **angesetzt kommen** arriver, s'approcher par bonds, par sauts; **III** *v/réfl.* **sich** ~ *Kesselstein, Zahnstein etc.* se déposer; **IV** ♀**en** *n* ⟨~s⟩, ♀**ung** *f* ⟨~⟩ *e-s Werkzeuges* application *f*; *e-s Hebels auch* engagement *m*; *von Blutegeln* pose *f*; *e-r Bowle etc.* préparation *f*; *von Knospen* bourgeonnement *m*; *von Früchten* nouaison *f*; *e-s Termins etc.* fixation *f*; *sonst verbal.*

Ansicht ['anzıçt] *f* ⟨~; ~en⟩ **1.** opinion *f*; idée *f*; vue *f*; avis *m*; **s-e** ~ **äußern** donner son avis; **s-e ~en begründen, verfechten** justifier, défendre son opinion, ses idées, son point de vue, ses vues; **s-e** ~ **ändern** changer d'opinion, d'avis, F d'idée; *plötzlich* faire volte-face; **e-e andere** ~ **vertreten** être d'une opinion différente, d'un avis différent; **s-e ~en über j-n revidieren** réviser son opinion, ses idées, ses vues au sujet de qn.; **mit s-r** ~ **zurückhalten** réserver son opinion; ne pas donner son avis; **j-s ~en teilen** partager les idées, les vues, les opinions, le point de vue de qn.; **das bestärkt mich in meiner** ~ cela me renforce, m'affermit, me fortifie dans mon opinion, dans mon point de vue; **darüber kann man verschiedener** ~ **sein** on peut avoir là-dessus des opinions, des idées, des vues différentes; c'est affaire d'opinion; **auf s-r** ~ **beharren** persister, s'entêter dans son opinion, dans ses idées; rester sur son opinion; **moderne, veraltete ~en haben** avoir des idées, des vues modernes, vieillies; **er hat gesunde ~en** il a des idées, des vues saines; **wir sind derselben** ~ nous avons la même opinion, les mêmes idées, vues, le même point de vue; *zwei Personen* **immer der gleichen** ~ **sein** *auch* être deux têtes sous un même bonnet; **da bin ich anderer** ~ j'ai là-dessus une autre opinion, d'autres idées, vues; je suis là-dessus d'un autre avis; **nach** ~ **von** de l'avis de; au dire de; **meiner** ~ **nach** à mon avis; d'après moi; à mon sens; **nach** ~ **des Verfassers** de l'avis de l'auteur; **nach meiner unmaßgeblichen** ~ à mon humble avis; **ich bin der** ~, **daß ...** je suis d'avis de *od.* que ...; je trouve que ...; **zu der** ~ **neigen, daß ...** avoir tendance à croire que ...; **wir sind zu der** ~ **gekommen, daß ...** après réflexion, nous sommes d'avis que ...; **2.** *comm.* examen *m*; **j-m Stoffe zur** ~ **(zu)schicken** envoyer à qn. des étoffes pour les examiner; **beiliegend ein Muster zur** ~ ci-joint un échantillon pour examen; **3.** (*Anblick*) vue *f* (*auch Bild*); **die vordere, seitliche** ~ **e-s Hauses** la vue de face, de côté *od.* de profil d'une maison; **einige ~en von Berlin kaufen** acheter quelques vues de Berlin; ♀**ig** *adj. st. s.* **j-s** ~ **werden** apercevoir qn.; **~s͵karte** *f* carte postale; **~s͵sache** *f* **das ist** ~ c'est (une) affaire, question d'opinion; **~s͵sendung** *f comm.* envoi *m* pour examen.

ansied|eln ['an͵zi:dəln] **I** *v/t.* ⟨-(e)le, *sép.*, -ge-, h⟩ établir; **II** *v/réfl.* **sich** ~ s'établir; se fixer; se domicilier; ♀**ler** *m* colon *m*; ♀**lung** *f* **1.** (*Siedlung*) colonie *f*; agglomération *f*; **ländliche, dörfliche** ~ agglomération rurale; **e-e** ~ **gründen** fonder une colonie; **überseeische ~en** colonies (d'outre-mer); **2.** établissement *m*; **Maßnahmen zur** ~ **von Bauern** mesures pour l'établissement de paysans; **die** ~ **germanischer Völkerstämme im Westen** l'établissement de tribus, de peuples germaniques à l'Ouest.

Ansinnen ['an͵zınən] *st. s. n* ⟨~s; ~⟩ exigence *f*; **ein eigentümliches** ~ une exigence bizarre, étrange; **ein (unverschämtes)** ~ **an j-n stellen** exiger (avec insolence, impudence) qc. de qn.; **j-s** ~ **ablehnen, zurückweisen** repousser l'exigence de qn.

Ansitz ['anzıts] *m ch.* affût *m*; ♀**en** *v/i.* ⟨*irr., sép.*, -ge-, h⟩ *ch.* être à l'affût.

ansocken ['an͵zɔkən] *v/i.* ⟨*nur p. p.*⟩ F **angesockt kommen** arriver à toutes jambes.

ansonsten [an'zɔnstən] *adv.* **a)** (*im übrigen*) à part cela; F à part ça; **b)** (*anderenfalls*) autrement; sinon.

anspann|en ['an͵ʃpanən] **I** *v/t.* ⟨*sép.*, -ge-, h⟩ **1.** *Pferde, Wagen* atteler; **2.** *Seil etc.* tendre; *Muskeln* bander; *fig. Geist* tendre; appliquer; **j-n zur Arbeit** ~ faire travailler qn.; mettre qn. au travail; **alle s-e Kräfte** ~ faire tous ses efforts (pour); déployer toutes ses forces (à); **II** ♀**en** *n von Zugtieren, Wagen* attelage *m*; *der Muskeln, Kräfte etc. verbal*; ♀**ung** *f fig.* tension *f*; **e-e körperliche, geistige** ~ une tension physique, d(e l)'esprit.

an|sparen ['an͵ʃpa:rən] *v/t.* ⟨*sép.*, -ge-, h⟩ *comm.* économiser; **~spazieren** *v/i.* ⟨*nur p. p.*⟩ F **anspaziert kommen** arriver; **~͵speien** *st. s. v/t.* ⟨*irr., sép.*, -ge-, h⟩ cracher sur.

Anspiel ['anʃpiːl] *n Sport* coup *m* d'envoi; das ~ haben avoir le coup d'envoi; ℒ**en I** *v/t.* ⟨*sép.*, -ge-, h⟩ **1.** *Sport Stürmer etc.* passer la balle à; der Stürmer wurde oft angespielt on a souvent passé la balle à l'avant; **2.** *Kartenspiel* er hat Herz angespielt il a donné, joué cœur; **II** *v/i.* **3.** *Kartenspiel* avoir la main; **4.** auf etw. ~ faire allusion à qc.; **~ung** *f* ⟨~; ~en⟩ allusion *f*; e-e ~ machen faire une allusion (auf à).

an|spinnen ['anˌʃpɪnən] *v/réfl.* ⟨*irr.*, *sép.*, -ge-, h⟩ sich ~ *Unterhaltung, Freundschaft etc.* naître; se nouer; F zwischen den beiden scheint sich etwas anzuspinnen une liaison semble se nouer entre eux; **~ˌspitzen** *v/t.* ⟨-(es)t, *sép.*, -ge-, h⟩ **1.** *Zaunpfahl etc.* rendre pointu; appointer; *Bleistift* tailler; **2.** *fig. u.* F j-n ~ (*auf Trab bringen, zurechtweisen*) secouer qn.; ℒ**ˌspitzer** *m* ⟨~s; ~⟩ (*Bleistift*ℒ) taille-crayon *m*.

Ansporn ['anʃpɔrn] *m* ⟨~(e)s; ~e⟩ stimulant *m*; das soll dir zum ~ dienen cela doit te servir de stimulant; der ~ fehlte ihm il lui manquait un stimulant; ℒ**en** *v/t.* ⟨*sép.*, -ge-, h⟩ *Pferd* éperonner; *fig.* stimuler; aiguillonner [-gɥij-]; éperonner; j-n zur Arbeit, zu höchsten Leistungen ~ stimuler qn. à travailler, pour qu'il donne son maximum; j-s Mut ~ stimuler le courage de qn.; **~ung** *f* ⟨~; ~en⟩ *fig.* stimulation *f*; aiguillonnement [-gɥij-] *m*.

Ansprache ['anˌʃpraːxə] *f* **1.** allocution *f*; discours *m*; 'harangue *f*; e-e ~ halten faire, prononcer une allocution, un discours (à qn.); **2.** F e-e ~ haben, suchen avoir, chercher de la compagnie; **3.** *milit. e-s Zieles* description *f*.

ansprech|bar ['anʃprɛçˌbaːr] *adj.* F nicht ~ sein être de mauvaise humeur; F être mal luné; ne pas être à prendre avec des pincettes; **~en I** *v/t.* ⟨*irr.*, *sép.*, -ge-, h⟩ **1.** j-n (auf der Straße) ~ adresser la parole à, aborder qn. (dans la rue); j-n (auf) französisch ~ s'adresser à qn. en français; **2.** F *Betriebsangehörige etc.* s'adresser à; er fühlte sich angesprochen il se sentit visé, touché (durch par); **3.** j-n um Hilfe, Geld ~ demander de l'aide, de l'argent à qn.; **4.** *adm.* j-n, etw. als etw. ~ considérer qn., qc. comme qc.; etw. als sein Eigentum ~ considérer qc. comme son propre bien; **5.** etw. spricht j-n an qc. plaît à qn.; qc. intéresse qn.; **6.** *milit. Ziel* décrire; **II** *v/i.* **7.** *techn. Bremse etc.* répondre (auf à); *Fotozelle etc.* réagir (auf à); **8.** *mus. Instrument* gut, schlecht ~ répondre bien, mal; **9.** *Ware bei der Kundschaft etc.* plaire (bei à); **~end** *adjt.* plaisant; sympathique; ein ~es Äußeres haben avoir un physique agréable, plaisant.

an|sprengen ['anˌʃprɛŋən] *v/i.* ⟨*nur p.p.*⟩ F angesprengt kommen arriver, (s')approcher au galop; **~ˌspringen I** *v/t.* ⟨*irr.*, *sép.*, -ge-, h⟩ *Hund, Raubtier* j-n ~ bondir, sauter sur qn.; **II** *v/i.* ⟨sein⟩ *mot.* partir; démarrer; F angesprungen kommen arriver, s'approcher en sautant, par sauts, par bonds; **III** ℒ**ˌspringen** *n mot.* démarrage *m*; **~ˌspritzen** *v/t.* ⟨-(es)t, *sép.*, -ge-, h⟩ asperger.

Anspruch ['anʃprʊx] *m* **a)** bescheidene Ansprüche stellen avoir de modestes prétentions; hohe Ansprüche stellen an demander beaucoup à; exiger beaucoup de; j-s Ansprüchen gerecht werden satisfaire les prétentions, les exigences de qn.; s-e Ansprüche herabsetzen rabattre de ses prétentions; ~ erheben auf prétendre à; revendiquer (qc.); ~ auf den Besitz von etw. erheben revendiquer la possession de qc.; keinen ~ auf Vollständigkeit erheben ne pas prétendre être complet, -ète; den höchsten Ansprüchen genügen répondre aux plus grandes prétentions, exigences; **b)** e-e Versicherung, e-n Arzt in ~ nehmen recourir à une assurance, à un médecin; j-s Güte, Hilfe, Gastfreundschaft in ~ nehmen avoir recours à la bonté, à l'aide, à l'hospitalité de qn.; ich möchte nicht gerne fremde Hilfe in ~ nehmen je ne voudrais pas demander l'aide d'autrui; e-e Maschine stark in ~ nehmen demander beaucoup à une machine; j-s Zeit in ~ nehmen prendre le temps de qn.; etw. hat mich lange in ~ genommen qc. m'a pris, demandé beaucoup de temps; ich bin durch meine Arbeit zu sehr in ~ genommen je suis trop pris, je suis absorbé par mon travail; ein Recht für sich in ~ nehmen prétendre avoir le droit (de faire qc.); ich nehme für mich in ~, den Fall beurteilen zu können je prétends pouvoir juger le cas; darf ich Ihre Aufmerksamkeit ein paar Minuten in ~ nehmen? puis-je vous demander quelques minutes d'attention?; **c)** auf etw. ~ haben avoir droit à qc.; (e-n) ~ auf Belohnung, Urlaub, Schadenersatz haben avoir droit à une récompense, à des vacances, à une indemnité; s-e Ansprüche geltend machen faire valoir ses droits (gegenüber vis-à-vis de); ℒ**sbeˌrechtigt** *adj.* ~ sein avoir droit à; **~sbeˌrechtigte(r)** *m* ayant-droit *m*; ℒ**sˌlos** *adj.* sans prétention; non exigeant; **~sˌlosigkeit** *f* ⟨~⟩ manque *m*, absence *f* de prétention; *besser adjektivisch*; ℒ**sˌvoll** *adj.* exigeant; *péj.* prétentieux, -euse; sein ~es Wesen son exigence; sa prétention; *Person* sehr ~ sein être très exigeant, prétentieux; ein Buch für ~e Leser un livre pour lecteurs exigeants.

Ansprung ['anʃprʊŋ] *m* saut *m*; bond *m*; im ~ en train de sauter, de bondir.

an|spucken ['anˌʃpʊkən] *v/t.* ⟨*sép.*, -ge-, h⟩ cracher sur; **~ˌspülen** *v/t.* ⟨*sép.*, -ge-, h⟩ *Leiche etc.* rejeter; *Sand etc.* déposer, apporter (sur le rivage); **~ˌstacheln** *v/t.* ⟨-(e)le, *sép.*, -ge-, h⟩ aiguillonner [-gɥij-]; éperonner; stimuler.

Anstalt ['anʃtalt] *f* ⟨~; ~en⟩ **1.** établissement *m*; institution *f*; (*Heilstätte*) asile *m* (d'aliénés); *jur.* öffentliche ~ établissement public; *Schüler* die ~ verlassen quitter l'établissement (d'enseignement), l'institution; die Schule, die er besuchte, war keine öffentliche ~, sondern ... l'école qu'il fréquentait n'était pas un établissement public, une institution publique mais ...; e-n Geisteskranken in e-e ~ bringen, einweisen mettre un malade mental dans un asile (d'aliénés); interner un aliéné; j-n in e-e ~ für Lungenkranke einweisen envoyer qn. dans un établissement pour malades pulmonaires, dans un sanatorium [-jɔm]; **2.** ~en machen, etw. zu tun se préparer, s'apprêter à faire qc.; die nötigen, erforderlichen ~en zu etw. treffen prendre les dispositions nécessaires pour faire qc.; faire les préparatifs nécessaires pour (faire) qc.; er macht keine ~en zu gehen il ne se prépare pas, il ne s'apprête pas à partir; **~sˌarzt** *m* médecin *m* de l'asile, *etc.*; **~sˌaufenthalt** *m* séjour *m* dans un établissement hospitalier, dans un asile, *etc.*; **~sbeˌtreuung** *f* soins *m/pl.* dans un établissement hospitalier, dans un asile, *etc.*; **~serˌziehung** *f* éducation *f* en internat, dans une maison de correction, dans un établissement; **~sˌgeistliche(r)** *m* aumônier *m*; **~sˌleiter(in)** *m(f)* directeur, -trice *m, f* (de l'établissement); **~sverˌpflegung** *f* nourriture *f* de l'asile, de l'établissement; **~sˌzögling** *m e-s Internats etc.* (élève *m*) interne *m*; pensionnaire *m*.

Anstand ['anʃtant] *m* **1.** (*schickliches Benehmen*) bienséance *f*; convenances *f/pl.*; savoir-vivre *m*; *moralischer* décence *f*; keinen ~ haben ne pas avoir de savoir-vivre; den ~ wahren respecter les convenances, la bienséance, la décence; den ~ verletzen, gegen den ~ verstoßen manquer à la bienséance, aux convenances; pécher contre les convenances; enfreindre les convenances; das erfordert, gebietet (schon) der ~ la bienséance (seule) le demande; mit ~ verlieren können savoir perdre avec dignité; sich mit ~ aus der Affäre ziehen se tirer d'affaire avec dignité; **2.** *st. s.* (*Bedenken, Anstoß*) keinen ~ an etw. nehmen ne pas être choqué par qc.; ne pas s'offusquer de qc.; keinen ~ nehmen, etw. zu tun ne pas hésiter à faire qc.; ne pas avoir de scrupules à faire qc.; Anstände vorbringen faire des réclamations; réclamer; Anstände bekommen avoir des difficultés; **3.** *ch.* affût *m*.

anständig ['anʃtɛndɪç] **1.** *adj.* **a)** convenable; *Betragen auch* correct; bienséant; *Gesinnung* honnête; correct; *Kleidung, Witz etc.* décent; ein ~es Mädchen une jeune fille convenable; das sind ~e Leute ce sont des gens convenables, honnêtes, corrects; das war sehr ~ von ihm c'était très convenable, correct, honnête de sa part; **b)** F (*angemessen*) convenable; décent; e-e ~e Wohnung, Bezahlung un logement, une rémunération convenable, décent(e); nichts ℒes zu essen haben n'avoir rien de convenable à manger; die Bilder sind noch ganz ~ geworden les photos sont malgré tout assez bien réussies; **c)** F *zur Steigerung* e-e ~e Entfernung une bonne distance; ein ganz ~es Gehalt un beau, bon salaire; *iron.* e-e ~e Rechnung une note salée; ein ~es Stück vorankommen bien avancer; **2.** *adv.* sich ~ benehmen se conduire d'une façon convenable, d'une façon correcte, convenablement, comme il faut, décemment; F j-n ~ bezahlen payer qn. convenablement, décemment, comme il faut; ~ leben können pouvoir vivre convenablement, décemment, comme il faut; das sieht noch recht ~ aus cela a l'air encore convenable; j-n ~ verprügeln donner une belle raclée à qn.; er hat sich ~ das Knie aufgeschlagen il s'est bien abîmé le genou; es regnet ganz ~ il pleut bien, beaucoup, assez fort; ganz ~ verlieren perdre bel et bien; ℒ**keit** *f* ⟨~⟩ *e-r Person* honnêteté *f*; *von Kleidung etc.* décence *f*.

Anstands|besuch ['anʃtantsbəˌzuːx] *m* visite *f* de politesse, de convenance, de courtoisie; **~ˌbissen** *m* F (*letztes Stück*) morceau 'honteux; **~ˌdame** *f* chaperon *m*; duègne *f*; **als ~ begleiten** chaperonner; **~geˌfühl** *n* sentiment *m* des convenances, de la bienséance; tact *m*; savoir-vivre *m*; **2ˌhalber** *adv.* pour la forme; par convenance; par politesse; **2ˌlos** *adv.* sans hésitation; sans difficulté; **~ˌpflicht** *f* devoir *m* de politesse, de bienséance; **~ˌregeln** *f/pl.* usages *m/pl.*, règles *f/pl.* de la bienséance, du savoir-vivre; **~ˌstück** *n cf.* **~bissen**; **~ˌunterricht** *m* leçons *f/pl.* de maintien, de savoir-vivre; **~wau-ˌwau** F *m* ⟨~s; ~s⟩ chaperon *m.*

an|stapfen ['anˌʃtapfən] *v/i.* ⟨*nur p. p.*⟩ F **angestapft kommen** arriver, s'approcher lourdement, à pas pesants; **~ˌstarren** *v/t.* ⟨*sép.*, **-ge-, h**⟩ regarder fixement; fixer du regard; **j-n ~** *auch* dévisager qn.; **j-n fassungslos ~** regarder qn. décontenancé.

anstatt [an'ʃtat] **I** *conj.* **~ zu, ~ daß** au lieu de (+ *inf.*); **II** *prép.* ⟨*gén.*⟩ (*statt*) à la place de; au lieu de.

an|stauen ['anˌʃtauən] *v/réfl.* ⟨*sép.*, **-ge-, h**⟩ **sich ~** *Menschenmassen, Autos* s'amasser; *Ärger, Wut etc.* s'amasser; s'accumuler; **~ˌstaunen** *v/t.* ⟨*sép.*, **-ge-, h**⟩ regarder avec étonnement, bouche bée; **~ˌstechen** *v/t.* ⟨*irr.*, *sép.*, **-ge-, h**⟩ piquer; percer; *Faß* mettre en perce; *fig. u.* F **wie angestochen** comme un fou, une folle.

Ansteck|blume ['anʃtɛkˌbluːmə] *f* fleur *f* à épingler; **2en I** *v/t.* ⟨*sép.*, **-ge-, h**⟩ **1.** *Abzeichen etc.* attacher, fixer (avec une épingle); accrocher; épingler; **j-m e-e Blume ~** mettre une fleur à la boutonnière de qn.; **e-n Ring ~** mettre une bague (à); **2.** *Zigarette etc.* allumer; *Gebäude etc.* incendier; mettre le feu (à); **3.** *méd.* **j-n ~** contaminer qn. (*auch fig.*); F donner, passer une maladie à qn.; **er hat mich angesteckt** il m'a donné, passé sa maladie; **angesteckt werden** être contaminé; contracter, F attraper une maladie contagieuse; *fig.* **sein Lachen, s-e Traurigkeit, sein Gähnen steckt alle an** son rire, sa tristesse, ses bâillements se communique *bzw.* se communiquent à tous; **sich von j-s Nervosität, Eifer ~ lassen** se laisser gagner par la nervosité, par le zèle de qn.; **II** *v/i. Krankheit* être contagieux, -euse; *fig. Lachen, Angst etc.* être contagieux, -euse; se gagner; être communicatif, -ive; **III** *v/réfl.* **sich ~** contracter, F attraper une maladie contagieuse; **ich habe mich bei ihm angesteckt** j'ai contracté, attrapé sa maladie; **IV ~en** *n* ⟨~s⟩ *cout. etc.* épinglage *m*; *besser verbal*; *e-r Zigarette etc.* allumage *m*; **ein Abzeichen zum ~** un insigne à épingler; **2end** *adjt.* contagieux, -euse (*auch fig.*); **~e Krankheit** maladie contagieuse; **Lachen** *etc.* **ist ~** le rire, *etc.* est contagieux, communicatif; **~ sein** *fig. auch* se communiquer; se gagner; **~ˌnadel** *f* épingle *f*; **~ung** *f* ⟨~; ~en⟩ *méd.* contagion *f*; contamination *f* (*beide auch fig.*); **sich vor ~ schützen** se protéger contre la contagion, contamination; **~ungsˌfähigkeit** *f* contagiosité *f*; **~ungsgeˌfahr** *f* risque *m*, danger *m* de contagion; **~ungsˌherd** *m* foyer *m* de contagion; **~ungsˌmöglichkeit** *f* possibilité *f* de contagion; **2ungsver-ˌdächtig** *adj.* soupçonné d'être contagieux.

anstehen ['anˌʃteːən] **I** *v/i.* ⟨*irr.*, *sép.*, **-ge-, h**⟩ **1.** *in e-r Schlange* faire la queue; **nach Theaterkarten ~** faire la queue pour avoir des places de théâtre; **2.** *st. s.* (*geziemen*) **etw. steht j-m** (**wohl** *od.* **gut, schlecht** *od.* **übel**) **an** qc. sied (bien, mal) à qn.; **es steht ihm nicht an, Kritik zu üben** il ne lui sied pas de critiquer; ce n'est pas à lui de critiquer; **3.** *st. s.* **nicht ~, etw. zu tun** (*keine Bedenken haben*) ne pas hésiter à faire qc.; **4.** *Probleme, Fragen etc.* être en suspens; **die ~den Probleme** les problèmes en suspens; **zwei Gesetzentwürfe stehen zur Beratung an** deux projets de loi attendent pour que l'on en délibère; *jur.* **der Termin der Verhandlung steht an** la date de l'audience est fixée; **5. etw. ~ lassen** *Vorhaben* différer, ajourner, remettre qc.; *Geld, Schulden* laisser qc. s'accumuler; **etw. nicht länger ~ lassen** ne pas attendre qc. plus longtemps; **6.** *géol.* (*zutage liegen*) être à fleur de terre; **II 2** *n in e-r Schlange verbal.*

ansteigen ['anˌʃtaɪgən] **I** *v/i.* ⟨*irr.*, *sép.*, **-ge-, sein**⟩ *Straße, Ufer etc.* monter; aller en montant; *Wasserstand, Temperatur, Preise* monter; *Umsatz, Verbrauch, Produktion, Unfallziffer etc.* augmenter; croître; *Preise, Fieber, Kurve* **sprunghaft ~** monter en flèche; **der Weg steigt (allmählich) an** le chemin va en montant; **die Straße steigt steil, stark an** la route monte fortement; **der Berg steigt steil, schroff an** la montagne s'élève abruptement; **~de Temperaturen** températures en 'hausse; **~de Kurve** courbe croissante; **die steil ~de Kurve der Verkehrsunfälle** la courbe toujours croissante des accidents de circulation; **II 2** *n des Wasserstandes, der Temperatur* 'hausse *f*; *des Umsatzes, der Produktion etc.* augmentation *f*; **das ~ der Preise** la montée, la hausse des prix.

anstelle [ˌan'ʃtɛlə] *prép.* ⟨*gén.*⟩ à la place de; au lieu de.

anstell|en ['anˌʃtɛlən] **I** *v/t.* ⟨*sép.*, **-ge-, h**⟩ **1.** *Leiter etc.* mettre, placer, appuyer (**an** contre); **2. j-n ~** engager qn.; *meist Arbeiter* embaucher qn.; **j-n fest ~** donner un emploi fixe à qn.; *Beamten* titulariser qn.; **fest angestellt sein** avoir un emploi fixe; *Beamter* être titulaire; **angestellt werden** obtenir un emploi; **bei der Stadt, bei der Post angestellt sein** être employé de la ville, de la poste; **eigens für etw. angestellt sein** être spécialement engagé, embauché pour faire qc.; F **j-n zum Abtrocknen** *etc.* **~** embaucher qn. pour essuyer la vaisselle, *etc.*; **3.** *Wasser, Gas* ouvrir; *Radioapparat* ouvrir; allumer; *elektr. Geräte, Heizung* allumer; faire marcher; *Motor* mettre en marche; F **die Nachrichten ~** ouvrir le poste pour écouter les nouvelles; **4.** *fig.* **a)** faire; *Erkundigungen, Nachforschungen etc. auch* procéder à; *Betrachtungen* se livrer à; **Vergleiche ~** faire des comparaisons; comparer (qc.); **ein Verhör mit j-m ~** procéder à l'interrogatoire de qn.; **tiefsinnige Betrachtungen ~** se livrer à des considérations profondes; F **Dummheiten ~** faire des bêtises; **was habt ihr nun wieder angestellt?** qu'avez-vous encore fait?; *iron.* **da haben Sie etw. Schönes angestellt!** vous en avez fait de belles!; vous avez fait là du joli!; **b)** F **etw. geschickt, klug ~** s'y prendre habilement, intelligemment (*abs. od.* pour faire qc.); **wie hast du das angestellt?** comment t'y es-tu pris?; **II** *v/réfl.* **5.** *in e-r Schlange* **sich** (**hinten**) **~** faire la queue; se mettre à la queue; **6.** F **sich dumm, ungeschickt, kindisch ~** s'y prendre bêtement, maladroitement, comme un enfant; **stell dich nicht so an!** ne fais pas tant de façons, de manières!; **III 2en** *n* ⟨~s⟩ *e-s Motors etc.* mise *f* en marche; *sonst verbal*; **~ig** *adj.* adroit; habile; **sich ~ zeigen** se montrer adroit, habile; **2igˌkeit** *f* ⟨~⟩ adresse *f*; habileté *f*; **2ung** *f* **1.** (*Einstellung*) engagement *m*; *meist von Arbeitern* embauchage *m*; F embauche *f*; **s-e ~ erfolgte am ...** son engagement s'effectua le ...; **2.** (*Stellung*) emploi *m*; place *f*; **e-e feste ~ suchen** chercher un emploi, une place fixe; **e-e dauernde ~ finden** trouver un emploi permanent; **sich um e-e ~ bewerben** solliciter une place, un emploi; **2ungsbeˌdingungen** *f/pl.* conditions *f/pl.* d'engagement, d'embauchage; **~ungsbeˌrechtigt** *adj.* ayant droit à un emploi; **2ungsbe-ˌscheinigung** *f* certificat *m* d'embauchage; **2ungsverˌtrag** *m* contrat *m* d'engagement, de travail; **2ˌwinkel** *m aviat.* angle *m* d'incidence.

an|stemmen ['anˌʃtɛmən] *v/réfl.* ⟨*sép.*, **-ge-, h**⟩ **sich gegen etw. ~** s'appuyer contre qc.; **~ˌsteuern** *v/t.* ⟨-(e)re, *sép.*, **-ge-, h**⟩ *aviat.*, *mar.* se diriger vers; *aviat. meist* mettre le cap sur; **2ˌsteueˌrung** *f verbal.*

Anstich ['anʃtɪç] *m e-s Fasses* mise *f* en perce; **im ~ sein** être en perce.

anstiefeln ['anˌʃtiːfəln] *v/i.* ⟨*nur p. p.*⟩ F **angestiefelt kommen** arriver, s'approcher, F s'amener (à grandes enjambées).

Anstieg ['anʃtiːk] *m* ⟨~(e)s; ~e⟩ **1.** *des Geländes* montée *f*; *des Wasserstandes, der Temperatur* 'hausse *f*; *cf. auch* **Ansteigen**; **2.** (*Aufstieg*) montée *f*; **ein langer, beschwerlicher ~** une longue, pénible montée; **der nördliche ~** la montée nord.

anstieren ['anˌʃtiːrən] *v/t.* ⟨*sép.*, **-ge-, h**⟩ F **j-n ~** regarder qn. d'un air bête, stupide, F bovin; **j-n mit großen Augen ~** regarder qn. avec de grands yeux ronds.

anstift|en ['anˌʃtɪftən] **I** *v/t.* ⟨**-ete**, *sép.*, **-ge-, h**⟩ **1.** *Verwirrung, Unfrieden, Unheil etc.* causer; provoquer; *Streit auch* susciter; *Unruhe auch* faire naître; *Unfug* faire; *Verschwörung etc.* fomenter; tramer; ourdir; machiner; **heillose Verwirrung ~** causer, provoquer une confusion inextricable, terrible; **2. j-n zu etw. ~** inciter, exciter qn. à (faire) qc.; **j-n zum Diebstahl ~** inciter qn. à voler; **II 2en** *n* ⟨~s⟩ *cf.* **2ung**; **2er** *m e-r Verschwörung etc.* instigateur *m*; auteur *m*; *von Unruhen etc.* incitateur *m*; auteur *m*; provocateur *m*; **2ung** *f von Unruhen, Unfrieden etc.* provocation *f*; incitation *f*; *zu e-m Verbrechen etc.* incitation *f*; excitation *f*; instigation *f.*

anstimmen ['anˌʃtɪmən] *v/t.* ⟨*sép.*, **-ge-, h**⟩ *mus.* entonner; *fig.* **ein Klagelied ~** se lamenter; se répandre en lamentations, en jérémiades; **ein Loblied auf j-n ~** se répandre en louanges au sujet de qn.; F **er stimmt immer wieder das alte Lied an** il raconte toujours la même chose.

Anstoß ['anʃtoːs] *m* **1.** *Sport* coup *m* d'envoi; **2.** *fig.* impulsion *f*; branle *m*; **den ~ zu etw. geben** mettre qc. en branle; déclencher qc.; donner l'impulsion à qc.; **es bedurfte nur e-s äußeren ~es** cela ne demandait qu'une impulsion extérieure; **3.** (*Ärgernis*) scandale *m*; **~ erregen** causer, provoquer le scandale; faire scandale; **(mit etw.) bei j-m ~ erregen** choquer, offusquer, scandaliser qn. (par qc.); **an**

etw. ∼ **nehmen** se formaliser, se scandaliser, s'offusquer de qc.; être choqué par qc.; **der Stein des** ∼**es** le sujet, la cause du scandale; **2en I** *v/t.* ⟨*irr., sép.,* -ge-, h⟩ **1.** *Perpendikel etc.* donner un petit coup à; pousser (qc.); **2. j-n** ∼ pousser qn. (mit de); *versehentlich* 'heurter qn.; **j-n mit dem Ellbogen** ∼ pousser qn. du coude; **II** *v/i.* **3. a) er ging gebückt, um nirgends anzustoßen** il marchait courbé pour ne pas se heurter, pour ne rien 'heurter; **mit den Gläsern** ∼ trinquer; **auf j-s Wohl** ∼ trinquer, boire à la santé de qn.; **auf gute Zusammenarbeit** ∼ trinquer à une bonne collaboration; **b) angestoßenes Obst** des fruits talés, meurtris; **c) mit der Zunge** ∼ (*lispeln*) zézayer; zozoter; **d)** *Fußball abs.* donner le coup d'envoi; **4.** ⟨sein⟩ *fig.* **bei j-m** ∼ choquer, scandaliser, offusquer qn. (**mit etw.** par qc.); **5.** ⟨*sans p. p.*⟩ (*angrenzen*) toucher à; être contigu, -uë à; confiner à; **III** *v/réfl.* **sich (heimlich) mit dem Ellbogen** ∼ se pousser du coude (sans être vus); **IV** ∼**en** *n der Gläser* choc *m*; *sonst verbal*; **2end** *adjt. cf.* **angrenzend.**

anstößig ['an͵ʃtøːsɪç] *adj.* choquant; scandaleux, -euse; inconvenant; indécent; *Worte auch* malsonnant; **e-e** ∼**e Geschichte erzählen** raconter une histoire choquante, inconvenante, *etc.*; **etw.** ∼ **finden** trouver qc. scandaleux, choquant, indécent; **2͵keit** *f* ⟨∼; ∼en⟩ inconvenance *f*; indécence *f*.

anstrahl|en ['an͵ʃtraːlən] *v/t.* ⟨*sép.,* -ge-, h⟩ **1.** *Gebäude etc.* illuminer; **2. j-n** ∼ regarder qn. d'un air radieux *od.* rayonnant; **2ung** *f von Gebäuden etc.* illumination *f*.

anstreben ['an͵ʃtreːbən] **I** *v/t.* ⟨*sép.,* -ge-, h⟩ **etw.** ∼ aspirer à (faire) qc.; **die Lösung e-r aktuellen Frage** ∼ aspirer à résoudre une question actuelle; **II** *v/i.* **gegen etw.** ∼ s'opposer à qc.; lutter contre qc.

anstreich|en ['an͵ʃtraɪçən] **I** *v/t.* ⟨*irr., sép.,* -ge-, h⟩ **1.** *Haus, Zaun etc.* peindre; peinturer; **etw. weiß, blau** ∼ peindre qc. en blanc, en bleu; **mit grellen Farben** ∼ *auch péj.* peinturlurer; **2.** *Wort, Stelle in e-m Buch* marquer (am Rande dans la marge); souligner; **e-n Fehler** ∼ souligner une faute (rot en rouge); *fig.* **e-n Tag im Kalender rot** ∼ marquer un jour d'une pierre blanche; faire une croix à la cheminée; *fig. u.* F **das wird er dir (übel)** ∼ il t'en tiendra rigueur; **II 2en** *n verbal*; **2er** *m* ⟨∼s; ∼⟩ peintre *m* (en bâtiment); **2erge͵hilfe** *m* aide-peintre *m*.

anstreng|en ['an͵ʃtrɛŋən] **I** *v/t.* ⟨*sép.,* -ge-, h⟩ **1.** *Tätigkeit* fatiguer; **das strengt (mich) sehr an** cela (me) fatigue beaucoup; c'est très fatigant, pénible; **das Sprechen strengt ihn an** cela le fatigue de parler; **2. s-n Geist, s-e Phantasie** ∼ faire travailler son esprit, son imagination; **alle s-e Kräfte** ∼ faire tous ses efforts, tout son possible (pour); **3.** *jur.* **e-n Prozeß gegen j-n** ∼ intenter un procès à *od.* contre qn.; **II** *v/réfl.* **sich** ∼ se donner du mal (pour); faire des efforts (pour); **sich sehr, gewaltig** ∼ se donner beaucoup de mal; **sich nicht sonderlich bei etw.** ∼ ne pas se donner trop de mal pour faire qc.; **er muß sich in der Schule sehr** ∼ il faut qu'il se donne beaucoup de mal en classe; **sich vergeblich** ∼ se donner du mal pour rien, en vain; F **streng dich ruhig ein bißchen an!** fais des efforts!; F **die Gastgeber haben sich diesmal aber angestrengt** les hôtes se sont donné cette fois-ci beaucoup de mal; *cf. auch* **angestrengt**; ∼**end** *adjt.* fatigant; pénible; **e-e** ∼**e Arbeit, Reise** un travail, un voyage fatigant, pénible; **2ung** *f* ⟨∼; ∼en⟩ **1.** effort *m*; **alle** ∼**en waren vergeblich** tous les, nos, *etc.* efforts furent vains; **mit aller** ∼ **gegen etw. ankämpfen** combattre qc. de toutes ses forces; **2.** (*Strapaze*) fatigue *f*; **die Reise war für mich e-e körperliche** ∼ le voyage m'a fatigué physiquement; **die** ∼**en gut überstehen** supporter bien les fatigues.

Anstrich ['anʃtrɪç] *m* **1.** (couche *f* de) peinture *f*; **der** ∼ **war bald trocken** la (couche de) peinture fut bientôt sèche; **2.** *fig.* apparence *f*; air *m*; **e-r Sache e-n feinen, persönlichen** ∼ **verleihen** donner à qc. une belle apparence, une apparence personnelle, un bel air, un air personnel; **e-n** ∼ **von Gelehrsamkeit haben** avoir un vernis d'érudition; **sich e-n besonderen** ∼, **e-n** ∼ **von Vornehmheit geben** se donner un air particulier, distingué.

an|stricken ['an͵ʃtrɪkən] *v/t.* ⟨*sép.,* -ge-, h⟩ ajouter (en tricotant); *Strümpfe* **e-n neuen Fuß** ∼ rempiéter (an etw. qc.); ∼͵**strömen** *v/i.* ⟨*nur p. pr. u. p. p.*⟩ ∼**de Luftmassen** masses *f* d'air qui affluent; F *Menschenmenge* **angeströmt kommen** affluer; arriver en masse, en foule; ∼͵**stückeln** *v/t.* ⟨-(e)le, *sép.,* -ge-, h⟩, ∼͵**stücken** *v/t.* ⟨*sép.,* -ge-, h⟩ *Bindfaden, cout.* rajouter (un morceau, une pièce) à.

Ansturm ['anʃtʊrm] *m* **a)** *milit.* assaut *m*; **den** ∼ **abwehren** repousser l'assaut; **b)** *fig. von Käufern, Kunden* ruée *f*; rush [rœʃ] *m*; grosse affluence; **der größte** ∼ **ist vorüber** la plus grosse affluence, le grand rush, la ruée est passé(e).

an|stürmen ['an͵ʃtʏrmən] *v/i.* ⟨*sép.,* -ge-, **sein**⟩ **1.** donner l'assaut à; *milit. auch* assaillir; charger; **Wind und Wellen stürmen gegen das Boot an** le vent et les vagues donnent l'assaut au bateau; **der** ∼**de Feind** l'ennemi qui donne l'assaut à; l'assaut de l'ennemi; **gegen das Schicksal** ∼ **wollen** vouloir lutter contre le sort; **2.** F **angestürmt kommen** arriver en courant; ∼͵**stürzen** *v/i.* ⟨*nur p. p.*⟩ F **angestürzt kommen** arriver, accourir précipitamment; ∼͵**suchen I** *v/i.* ⟨*sép.,* -ge-, h⟩ *st. s.* **bei j-m um etw.** ∼ demander qc. à qn.; solliciter qc. de qn. *od.* qn. de (faire) qc.; **um s-e Entlassung** ∼ demander sa démission; **II 2͵suchen** *n* demande *f*; requête *f*; **auf j-s** ∼ à la demande, à la requête de qn.; **sein** ∼ **vorbringen** présenter sa demande, sa requête; **ein** ∼ **an j-n richten** adresser à qn. une demande, une requête.

Antagonis|mus [antago'nɪsmʊs] *m* ⟨∼; -men⟩ antagonisme *m*; ∼**t** *m* ⟨∼en; ∼en⟩ antagoniste *m*; **2tisch** *adj.* antagoniste.

antanzen ['an͵tantsən] *v/i.* ⟨-(es)t, *sép.,* -ge-, **sein**⟩ F **bei j-m** ∼, **angetanzt kommen** arriver, apparaître chez qn.; F s'amener chez qn. (*auch abs.*); F **j-n** ∼ **lassen** (faire) appeler qn.

antarktisch [ant'ʔarktɪʃ] *adj.* antarctique.

antasten ['an͵tastən] **I** *v/t.* ⟨-ete, *sép.,* -ge-, h⟩ **1.** toucher (*auch fig. Mädchen*); **2.** *fig. Unabhängigkeit, Ehre, Rechte etc.* porter atteinte à; *Eigentum, Vorräte etc.* toucher; **II 2** *n der Ehre, Rechte etc.* atteinte *f* (à); *sonst verbal.*

antaumeln ['an͵taʊməln] *v/i.* ⟨*nur p. p.*⟩ F **angetaumelt kommen** arriver, s'approcher en chancelant, en titubant.

Ante ['antə] *f* ⟨∼; ∼n⟩ *bât.* ante *f*.

ante|diluvianisch [͵ante·di·lu·vi·'aːnɪʃ] *adj.* antédiluvien, -nne; **2flexi'on** *f méd.* antéflexion *f*.

Anteil ['antaɪl] *m* **1.** part *f* (*auch comm.*); portion *f*; quote-part *f*; *jur. als fester Betrag* quotité *f*; **der prozentuale** ∼ le pourcentage; le prorata; **sich s-n** ∼ **sichern** s'assurer sa part; **auf s-n** ∼ **verzichten** renoncer à sa part; **sich s-n** ∼ **am Gewinn auszahlen lassen** se faire payer sa part du bénéfice, du gain; **s-n** ∼ **an etw. bezahlen** payer sa part de qc.; payer son écot; **2.** (*Beteiligung*) part *f*; **geringen, großen** ∼ **an e-r Sache haben** avoir peu de, avoir une grande part à qc.; **großen** ∼ **an etw. haben** *auch* être pour beaucoup dans qc.; **an etw. regen, lebhaften** ∼ **nehmen** prendre vivement part à qc.; **an j-s Unglück starken** ∼ **nehmen** prendre vivement part au malheur de qn.; compatir au malheur de qn.; **an etw. keinen** ∼ **nehmen** ne prendre aucune part à qc.; **2ig** *adv. adm.* proportionnellement; **2͵mäßig** *adj. comm.* proportionnel, -lle; ∼͵**nahme** *f* ⟨∼⟩ participation *f*; intérêt *m*; **tätige** ∼ participation active; **unter (reger)** ∼ **der Bevölkerung** avec la (vive) participation de la population; *bei e-m Todesfall* **j-m s-e** ∼ **versichern** présenter, exprimer à qn. ses condoléances; assurer qn. de sa sympathie; **meine herzliche** ∼ (mes) sincères condoléances; **etw. mit lebhafter** ∼ **verfolgen** suivre qc. avec un vif intérêt; ∼͵**schein** *m comm.* action *f*.

antelefonieren ['ante·le·fo·͵niːrən] *v/t.* ⟨*sép., pas de ge-,* h⟩ *cf.* **anrufen 1.**

Antenne [an'tɛnə] *f* ⟨∼; ∼n⟩ *rad., zo.* antenne *f*; **eingebaute** ∼ antenne incorporée; ∼**n͵draht** *m* fil *m* d'antenne; ∼**n͵litze** *f* câble tressé pour antenne; ∼**n͵mast** *m* mât *m*, pylône *m* d'antenne.

Antentempel ['antən͵tɛmpəl] *m* temple *m* à antes.

Antependium [ante·'pɛndi·ʊm] *n* ⟨∼s; -ien⟩ *Altar* antependium [-jɔm] *m*; parement *m*.

Antheridium [ante·'riːdi·ʊm] *n* ⟨∼s; -ien⟩ *bot.* anthéridie *f*.

Antholog|ie [anto·lo·'giː] *f* ⟨∼; -ien⟩ anthologie *f*; **2isch** [-'loː-] *adj.* anthologique.

Anthra|chinon [antraçi·'noːn] *n* ⟨∼s⟩ *chim.* anthraquinone *f*; ∼**chi'non͵farbstoffe** *m/pl.* colorants *m/pl.* anthraquinoniques; ∼**'kose** *f* ⟨∼⟩ *méd.* anthracose *f*; ∼**'zen** [-'tseːn] *n* ⟨∼s; ∼e⟩ *chim.* anthracène *m*; ∼**'zit** *m* ⟨∼s; ∼e⟩ anthracite *m*; **2'zit͵artig** *adj.* anthraciteux, -euse; **2'zit͵farben** *adj.* (gris) anthracite; **2'zit͵haltig** *adj.* qui contient de l'anthracite; anthraciteux, -euse; ∼**'zit͵ofen** *m* poêle *m* à anthracite.

Anthropo|genie [antro·po·ge'niː] *f* ⟨∼⟩ anthropogénie *f*; ∼**'iden** *m/pl. zo.* anthropoïdes *m/pl.*; ∼**'loge** *m* ⟨∼n; ∼n⟩ anthropologiste *m*; anthropologue *m*; ∼**lo'gie** *f* ⟨∼⟩ anthropologie *f*; **2'logisch** *adj.* anthropologique; ∼**me'trie** *f* ⟨∼⟩ anthropométrie *f*; **2'metrisch** *adj.* anthropométrique; **2'morph(isch)** *adj.* anthropomorphe; ∼**mor'phismus** *m* ⟨∼; -men⟩ anthropomorphisme *m*; ∼**'phage** *m* ⟨∼n; ∼n⟩ anthropophage *m*; ∼**pha'gie** *f* ⟨∼⟩

anthropophagie *f*; ~'**soph** *m* ⟨~en; ~en⟩ anthroposophe *m*; ~**so'phie** *f* ⟨~⟩ anthroposophie *f*; 2'**sophisch** *adj.* anthroposophique; 2'**zentrisch** *adj.* anthropocentrique.

Anti|alkoholiker [ˌanti·ʔalko·'hoːli·kər, 'an-] *m* antialcoolique *m*; 2**alko'holisch** *adj.* antialcoolique; ~**a'tombeˌwegung** *f* mouvement *m* antiatomique; ~**a'tomkamˌpagne** *f* campagne *f* antiatomique; ~'**babyˌpille** *f* pilule contraceptive; ~**bi'otikum** *n* ⟨~s; -ka⟩ antibiotique *m*; ~**bolsche'wismus** *m* antibolchévisme *m*; 2**cham'brieren** *v/i.* ⟨*pas de ge-*, h⟩ faire antichambre; *fig.* flatter (qn.); ~'**chlor** *n chim.* antichlore *m*; ~**christ** ['an-] *m* ⟨~s⟩ antéchrist *m*; ~'**dot** *n* ⟨~(e)s; ~e⟩ antidote *m*; ~'**dumpingˌgeˌsetz** [-'dam-] *n comm.* loi *f* antidumping [-dœmpiŋ]; ~'**dumpingˌmaßnahmen** [-'dam-] *f/pl.* mesures *f/pl.* antidumping; ~'**dumpingˌzoll** [-'dam-] *m* droit *m* antidumping; ~**fa'schismus** *m* antifascisme *m*; ~**fa'schist** *m* antifasciste *m*; 2**fa'schistisch** *adj.* antifasciste; ~**fer'mente** *n/pl. Biochemie* antiferments *m/pl.*; ~'**gene** *n/pl. biol.* antigènes *m/pl.*; ~**hista'minˌkörper** *m/pl. phm.* antihistaminiques *m/pl.*

antik [an'tiːk] **1.** *adj.* antique; *fig.* ancien, -nne; ~**e Möbel** meubles anciens; **2.** *adv.* à l'antique; antiquement; F **das sieht reichlich ~ aus** cela parait drôlement antique; 2**e** *f* ⟨~⟩ Antiquité *f*; **der Einfluß der ~ auf die deutsche Klassik** l'influence de l'Antiquité sur le classicisme allemand; 2**en** *f/pl. Kunst* antiquités *f/pl.*; *litt.* antiques *f/pl.*; 2**enˌsammlung** *f* collection *f* d'antiquités; ~**i'sierend** *adjt.* (qui est) inspiré, imité de l'antique, de l'Antiquité; **ein ~es Versmaß** des mètres imités, inspirés de l'antique.

Anti|kathode [ˌanti·ka'toːdə] *f phys.* anticathode *f*; 2**kleri'kal** *adj.* anticlérical; ~**klerika'lismus** *m* anticléricalisme *m*; ~**kli'nale** *f* ⟨~; ~n⟩ *géol.* anticlinal *m*; ~'**klopfˌmittel** *n für Benzin* antidétonant *m*; ~**komin'tern-Pakt** *m pol.* Pacte *m* Antikomintern; 2**konzeptio'nell** *adj.* anticonceptionnel, -lle; contraceptif, -ive; ~**es Mittel** produit anticonceptionnel; contraceptif *m*; ~ˌ**körper** ['an-] *m/pl. biol.* anticorps *m/pl.*; ~**kritik** [-'tiːk, 'an-] *f* critique opposée à une autre.

Antilope [anti·'loːpə] *f* ⟨~; ~n⟩ *zo.* antilope *f*.

Anti|materie [ˌanti·ma'teːri·ə] *f phys.* antimatière *f*; ~**milita'rismus** *m* antimilitarisme *m*; ~**milita'rist** *m* antimilitariste *m*; 2**milita'ristisch** *adj.* antimilitariste.

Antimon [anti·'moːn] *n* ⟨~s⟩ *chim.* antimoine *m*; ~ˌ**blei** *n* plomb antimonié; ~ˌ**blüte** *f minéral.* anhydride antimonieux; 2ˌ**haltig** *adj.* antimonié; *Medikamente* antimonial; ~**it** [-'nɪt, -'niːt] *n* ⟨~s⟩ *minéral.* antimonite *f*; ~**pentasulˌfid** *n chim.* pentasulfure [pɛ̃-] *m* d'antimoine; ~**ˌwasserstoff** *m chim.* hydrogène antimonié.

anti|national [ˌanti·natsi·o·'naːl] *adj.* antinational; ~**na'zistisch** *adj.* antinazi; ~**neu'ralgisch** *adj.* antinévralgique; 2'**neutron** *n phys.* antineutron *m*; 2**no'mie** *f* ⟨~; -ien⟩ antinomie *f*; ~**para'llel** *adj. Vektoren* antiparallèle; 2**pa'thie** *f* ⟨~; -ien⟩ antipathie *f*; ~'**pathisch** *adj.* antipathique; 2'**phon** *f* ⟨~; ~en⟩ *égl.* antiphone *m*; 2**pho'nar** *n* ⟨~s; ~ien⟩ *égl.* antiphonaire *m*; 2'**pode** *m* ⟨~n; ~n⟩ antipode *m*.

antippen ['anˌtɪpən] **I** *v/t.* ⟨*sép.*, -ge-, h⟩ toucher; *fig. Thema etc.* effleurer; **II** *v/i.* F **bei j-m ~** (*vorsichtig anfragen*) tâter le terrain auprès de qn.

Anti|proton [ˌanti·'proːtən] *n phys.* antiproton *m*; ~**py'rin** *n* ⟨~s⟩ *méd.* antipyrine *f*.

Antiqu|a [an'tiːkva] *f* ⟨~⟩ *impr.* (caractère *m*) romain *m*; ~**ar** [-'kvaːr] *m* ⟨~s; ~e⟩ **1.** marchand *m* de livres d'occasion; bouquiniste *m*; **2.** *cf.* ~**itätenhändler**; ~**ari'at** *n* ⟨~(e)s; ~e⟩ librairie *f* (de livres) d'occasion; bouquinerie *f*; F bouquiniste *m*; **modernes ~** *etwa* librairie ancienne et moderne; ~**ari'atsˌbuchhändler** *m cf.* ~**ar 1.**; 2**arisch** [-'kvaː-] *adj. u. adv.* d'occasion; **ein Buch ~ kaufen** acheter un livre d'occasion; ~**aˌschrift** *f cf.* ~**a**; 2**iert** [-'kviːrt] *st. s. adjt.* vieux, vieil, vieille; démodé; désuet, -ète; antique; ~**i'täten** *f/pl.* objets anciens; antiquités *f/pl.*; ~**i'tätenˌhandel** *m* commerce *m* d'antiquités; ~**i'tätenˌhändler** *m* antiquaire *m*; marchand *m* d'antiquités; ~**i'tätenˌladen** *m* magasin *m* d'antiquités; ~**i'tätenˌsammler** *m* collectionneur *m* d'antiquités, d'objets anciens; ~**i'tätenˌsammlung** *f* collection *f* d'objets anciens, d'antiquités.

Anti|semit [ˌanti·ze·'miːt] *m* ⟨~en; ~en⟩ antisémite *m*; 2**se'mitisch** *adj.* antisémite; antisémitique; ~**semi'tismus** *m* ⟨~⟩ antisémitisme *m*; ~'**sepsis** *f* ⟨~⟩ *méd.* antisepsie *f*; ~'**septikum** *n* ⟨~s; -ka⟩ *phm.* antiseptique *m*; 2'**septisch** *adj.* antiseptique; 2**sozi'al** *adj.* antisocial; 2'**spastisch** *adj.* antispasmodique; antispastique; ~ˌ**strophe** ['an-] *f métr.* antistrophe *f*; ~ˌ**teilchen** ['an-] *n phys.* antiparticule *f*; ~**these** [-'teː-, 'an-] *f* antithèse *f*; 2'**thetisch** *adj.* antithétique; ~**to'xin** *n* ⟨~s; ~e⟩ *méd.* antitoxine *f*.

Antizip|ation [anti·tsi·patsi·'oːn] *f* ⟨~; ~en⟩ anticipation *f* (*auch mus.*); 2**ieren** [-'piː-] *v/t.* ⟨*pas de ge-*, h⟩ *comm.* anticiper.

Antizyklone [ˌanti·tsy·'kloːnə] *f* ⟨~; ~n⟩ *Meteorologie* anticyclone *m*.

Antlitz ['antlɪts] *n* ⟨~es; ~e⟩ *st. s.* visage *m*; face *f*; **dem Tod ins ~ schauen** regarder la mort en face.

antraben ['anˌtraːbən] *v/i.* ⟨*nur p. p.*⟩ **angetrabt kommen** arriver, s'approcher au trot (*auch fig.*).

Antrag ['antraːk] *m* ⟨~(e)s; ~e⟩ **1.** *im Parlament etc.* motion *f*; **~ zur Geschäftsordnung** motion d'ordre; **~ auf Vertagung der Debatte** motion d'ajournement du débat; **e-n ~ stellen, einbringen** déposer, présenter une motion; **e-n ~ annehmen, ablehnen** adopter, rejeter *od.* repousser une motion; **über e-n ~ abstimmen** voter une motion; **2.** (*Gesuch, Eingabe*) demande *f*; *jur. auch* requête *f*; **~ auf Verlängerung** *etc.* demande de prolongation, *etc.*; **auf ~** (**zurückerstatten** *etc.*) (rembourser, *etc.*) sur demande; **auf ~ des Verteidigers** *etc.* à la demande, à la requête du défenseur, *etc.*; **e-n ~ stellen** faire, présenter une demande; **s-n ~ zurückziehen** retirer sa demande; **e-m ~ stattgeben** donner suite, faire droit à une demande; **e-n ~ zurückweisen** rejeter une demande; **3.** (*Heirats*2) demande *f* en mariage; **e-m Mädchen e-n ~ machen** demander une jeune fille en mariage; **sie hat schon viele Anträge ausgeschlagen** elle a déjà refusé beaucoup de demandes en mariage; 2**en** *v/t.* ⟨*irr.*, *sép.*, -ge-, h⟩ *st. s.* (*anbieten*) offrir; proposer; 2**sbeˌrechtigt** *adj.* autorisé à présenter une demande; ~**sdeˌlikt** *n jur.* délit *m* dont la répression n'a lieu que sur plainte de la victime; ~**sformuˌlar** *n* formulaire *m* de demande; ~ˌ**steller(in)** *m* ⟨~s; ~⟩ (*f*) ⟨~; ~nen⟩ celui, celle qui fait une demande; *jur.* demandeur, -deresse *m, f*; requérant *m*; ~ˌ**stellung** *f* dépôt *m* de la demande.

an|trauen ['anˌtraʊən] *v/t.* ⟨*sép.*, -ge-, h⟩ *plais.* **s-e ihm angetraute Ehefrau** *etwa* sa fidèle moitié; *hist.* **sich e-e Frau zur linken Hand ~ lassen** épouser une femme de la main gauche; ~ˌ**treffen** *v/t.* ⟨*irr.*, *sép.*, -ge-, h⟩ trouver; rencontrer; **j-n bei der Arbeit, bei bester Gesundheit ~** trouver qn. en train de travailler, en très bonne santé; **j-n nicht zu Hause ~** ne pas trouver qn. chez lui.

antreib|en ['anˌtraɪbən] **I** *v/t.* ⟨*irr.*, *sép.*, -ge-, h⟩ **1.** *Tiere* faire avancer; **2.** *ans Ufer* pousser vers (le rivage); apporter; **angetrieben werden** être apporté, rejeté par le courant, par la rivière, *etc.*; **3.** *fig.* **j-n zu etw. ~** pousser, inciter qn. à faire qc.; **j-n zur Eile, zur Arbeit ~** pousser qn. à se presser, à travailler; **die Angst trieb ihn dazu an** la peur le poussa, l'incita à cela; **4.** *techn. Maschine* actionner; entraîner; commander; *Fahrzeug, Flugzeug, Rakete* propulser; **die Maschine wird von e-m Motor angetrieben** la machine est actionnée, entraînée par un moteur; **mit Atomkraft ~** propulser par l'énergie atomique; *cf. auch* **Antrieb 2.**; **5.** *jard. Pflanzen* forcer; **II** *v/i.* ⟨**sein**⟩ arriver; flotter (vers); **III** 2**en** *n verbal*; 2**er** *m fig. u. péj. etwa* garde-chiourme *m*; 2**ersysˌtem** *n* système *m* qui pousse à travailler toujours plus.

antreten ['anˌtreːtən] **I** *v/t.* ⟨*irr.*, *sép.*, -ge-, h⟩ **1.** (*beginnen*) commencer; **e-e Reise, Fahrt ~** partir en voyage; se mettre en route; **s-n Urlaub ~** prendre ses vacances; partir en vacances, en congé; **ein Amt ~** entrer en fonction; **e-e Stelle ~** entrer dans une place; commencer un emploi; *Annonce* **Putzfrau gesucht. Stelle sofort anzutreten** cherchons femme de ménage, libre de suite; **s-n Dienst ~** prendre son service; **die Regierung ~** prendre les rênes du gouvernement, le pouvoir; **j-s Nachfolge ~** prendre la succession de qn.; succéder à qn.; **e-e Erbschaft ~** recueillir un héritage; **e-e Strafe ~** (commencer à) purger une peine; **den Rückzug ~** battre en retraite (*auch fig.*); *fig.* **er hat s-e letzte Reise angetreten** il est parti pour son dernier voyage; **den Beweis ~** fournir la preuve; **2.** *Motorrad* actionner le kick-starter (de); **II** *v/i.* ⟨**sein**⟩ **3. a)** (*sich aufstellen*) se mettre en rangs; s'aligner; se ranger; *milit.* se rassembler; se mettre en rangs; **der Größe nach ~** se ranger, s'aligner par ordre de taille; *milit. Befehl* **~!** rassemblement!; **in Linie zu drei Gliedern ~** se rassembler en ligne sur trois rangs; **zum Angriff ~** passer à l'attaque; *Sport* **zu e-m Wettkampf, gegen e-e Spitzenmannschaft ~** se présenter à une épreuve, contre une équipe vedette; **b)** (*erscheinen*) se présenter; **jeden Morgen zur Arbeit ~** se présenter chaque matin à son travail;

beim Chef ~ se présenter devant le chef; **4.** *ling. Suffix an den Stamm etc.* s'ajouter (à); **III** 2 *n e-s Motorrades* actionnement *m* du kick-starter; *milit.* rassemblement *m*; *sonst verbal*; *cf. auch* Antritt 1.

Antrieb [ˈantriːp] *m* **1.** impulsion *f*; mouvement *m*; **etw. aus freiem, innerem ~ tun** faire qc. de son propre mouvement, gré; **ihm fehlte jeder ~** il lui manquait toute initiative; **e-n ~ erhalten** recevoir une impulsion; **2.** *techn. e-r Maschine* commande *f*; entraînement *m*; *e-s Fahrzeugs, Flugzeugs, e-r Rakete* propulsion *f*; *e-s Landfahrzeugs auch* traction *f*; **e-e Maschine mit elektrischem, mechanischem, hydraulischem ~** une machine à commande électrique, mécanique, hydraulique; une machine actionnée, commandée électriquement, mécaniquement, hydrauliquement; **~saggreˌgat** *n* groupe propulseur; *aviat.* propulseur *m*; **~sˌart** *f* mode *m* de commande, de propulsion; **~senerˌgie** *f* énergie motrice; **~sˌkraft** *f* force motrice, de propulsion; **~smaˌschine** *f* machine motrice, de commande; **~smechaˌnismus** *m* mécanisme de commande, moteur; **~sˌmotor** *m* moteur *m* de commande; **~sorˌgan** *n* organe de commande, moteur; **~sˌrad** *n* roue motrice; **~sˌriemen** *m* courroie *f* d'entraînement, de transmission; **~sˌwelle** *f* arbre moteur, de commande, d'entraînement.

antrinken [ˈanˌtrɪŋkən] *v/t.* ⟨*irr., sép.,* **-ge-, h**⟩ **sich e-n (Rausch) ~** s'enivrer; se griser; **sich Mut ~** boire pour se donner du courage; *cf. auch* **angetrunken.**

Antritt [ˈantrɪt] *m* **1.** (*Beginn*) début *m*; commencement *m*; **bei ~ der Fahrt, Reise** au début du voyage; au départ; **~ e-s Amtes, e-r Stellung** entrée *f* en fonction, dans une place; **~ der Nachfolge** prise *f* de la succession; **~ e-r Erbschaft** entrée *f* en possession d'un héritage; **2.** *Sport* enlevage *m*; **~sbeˌsuch** *m* première visite (de politesse); **~sˌrede** *f* discours *m* de réception; **~sˌvorlesung** *f* conférence inaugurale; cours inaugural.

antrocknen [ˈanˌtrɔknən] *v/i.* ⟨**-ete,** *sép.,* **-ge-, sein**⟩ s'attacher en séchant; sécher.

antun [ˈantuːn] **I** *v/t.* ⟨*irr., sép.,* **-ge-, h**⟩ **1.** *Böses, Gutes, Leid, Kummer etc.* faire; *st. s.* **j-m Gewalt ~** faire violence à qn.; user de violence envers qn.; *e-r Frau* violenter qn.; **j-m, e-r Sache Zwang ~** forcer qn., qc.; **s-n Gefühlen keinen Zwang ~** ne pas faire violence à ses sentiments; ne pas se gêner; F **das darfst du mir nicht ~!** ne me fais pas cela (à moi)!; **2. es j-m angetan haben** avoir charmé, fasciné, enchanté, séduit qn.; **sie hat es ihm angetan** elle l'a charmé, fasciné; **die schöne Landschaft hat es uns angetan** le beau paysage nous a séduits, enchantés; **3.** *st. s.* **angetan mit** (*bekleidet*) (re)vêtu de; **festlich angetan** en habits de fête; **II** *v/réfl.* **sich etwas ~** attenter à ses jours; **sich Zwang ~** se forcer, se contraindre (à); se faire violence (pour); **sich keinen Zwang ~** ne pas se gêner; faire comme chez soi.

antupfen [ˈanˌtʊpfən] *v/t.* ⟨*sép.,* **-ge-, h**⟩ toucher légèrement.

Antwort [ˈantvɔrt] *f* ⟨~; ~en⟩ réponse *f* (**auf etw.** à qc.); (*Erwiderung*) réplique *f*; *schlagfertige* repartie [re-] *f*; *scharfe* riposte *f*; **abschlägige, zustimmende ~** réponse négative, affirmative; **e-e ausweichende ~** une réponse évasive; une réponse de Normand; **~ geben** donner (une) réponse; rendre réponse; répondre; **keine ~ erhalten** ne pas recevoir de réponse; **etw. zur ~ bekommen** recevoir qc. en réponse; s'entendre répondre que...; **j-m die ~ schuldig bleiben** ne pas répondre à qn.; **j-n keiner ~ würdigen** ne pas daigner répondre à qn.; **nie um e-e ~ verlegen sein** avoir réponse à tout; avoir la repartie [re-] facile; n'être jamais en peine de répondre; **j-m Rede und ~ für etw. stehen** rendre compte, raison de qc. à qn.; **es bedarf keiner ~** inutile de répondre; **statt jeder ~** pour toute réponse; **um ~ wird gebeten** (*abr.* u.A.w.g.), **Bitte um ~** répondre s'il vous plaît (*abr.* R.S.V.P.); **~ bezahlt** réponse payée (*abr.* R.P.); *loc.* **keine ~ ist auch e-e ~** *etwa* pas de réponse équivaut à une réponse; qui ne dit mot consent *prov.*; **~ˌbrief** *m* lettre *f* de réponse; **2en** *v/i.* ⟨**-ete, h**⟩ répondre (**auf** à); (*erwidern*) répliquer; *schlagfertig, rasch meist* riposter; **schriftlich, brieflich ~** répondre par écrit, par lettre; **was hast du darauf geantwortet?** qu'as-tu répondu (à cela)?; **gut geantwortet!** bien répondu!; F bien envoyé!; **~ˌkarte** *f* carte-réponse *f*; **~ˌnote** *f* *dipl.* note *f* de réponse; **~ˌschein** *m* *Post* **internationaler ~** coupon-réponse (international); **~ˌschreiben** *n* *cf.* **~brief.**

an|ulken [ˈanˌʔʊlkən] *v/t.* ⟨*sép.,* **-ge-, h**⟩ F **j-n ~** plaisanter qn.; **~verˌtrauen I** *v/t.* ⟨*sép., pas de ge-,* **h**⟩ **a)** (*vertrauensvoll übergeben*) confier (**j-m etw.** qc. à qn.); **etw. der Obhut e-r Person ~** confier qc. à la garde de qn.; confier la garde de qc. à qn.; **b)** (*vertrauensvoll mitteilen*) **j-m etw. ~** confier qc. à qn.; **II** *v/réfl.* **a) sich j-s Schutz, Pflege, Führung ~** se remettre entre les mains de qn. (pour qu'il me, te, *etc.* protège, soigne, dirige); **b) sich j-m ~** se confier à qn., auprès de qn.; s'ouvrir à qn.; **er hat sich mir anvertraut** j'ai reçu ses confidences; il s'est confié à moi; **~verˌwandeln** *v/t. u. v/réfl.* ⟨**-(e)le,** *sép., pas de ge-,* **h**⟩ **sich etw. ~** s'assimiler qc.

anverwandt [ˈanfɛrˌvant] *adj. cf.* **verwandt; 2e(r)** *st. s. f (m)* parent(e) *m (f)*.

an|visieren [ˈanviˌziːrən] *v/t.* ⟨*sép., pas de ge-,* **h**⟩ **etw. ~ a)** (*zielen*) viser qc.; prendre qc. pour cible; **b)** (*anpeilen*) repérer qc.; **~ˌwachsen I** *v/i.* ⟨*irr., sép.,* **-ge-, sein**⟩ **1.** *Pflanze, übertragene Haut etc.* prendre; *Pflanze auch* s'enraciner; (*an etw. festwachsen*) s'attacher (à); *fig.* **diese Leute sitzen wie angewachsen da** ces gens sont là comme enracinés; **2.** *Bevölkerungszahl, Arbeit, Ausgaben, Tumult, Sturm etc.* augmenter; s'accroître; **lawinenartig ~** faire boule de neige; **auf zwei Millionen** *etc.* **~** atteindre deux millions, *etc.*; **II 2ˌwachsen** *n* **3.** *von Pflanzen etc.* enracinement *m*; **4.** *an Zahl, Menge etc.* augmentation *f*; accroissement *m*; **das schnelle ~ der Bevölkerung** l'accroissement rapide de la population; la poussée démographique; **2ˌwachsung** *f* ⟨~; ~en⟩ *jur.* accroissement *m*; **~ˌwackeln** *v/i.* ⟨*nur p. p.*⟩ F **angewackelt kommen** arriver, s'approcher d'un pas mal assuré.

Anwalt [ˈanvalt] *m* ⟨~(e)s; **-wälte**⟩ *jur.* avocat *m* (*auch fig.*); **e-n ~ nehmen** prendre un avocat; **sich von s-m ~ vertreten lassen** se faire, laisser représenter par son avocat; *fig.* **sich zum ~ e-r Sache machen** se faire l'avocat, le défenseur de qc.; **~saˌsessor** *m* avocat *m* stagiaire; **~sbüˌro** *n* cabinet *m*, étude *f* d'avocat; **~ˌschaft** *f* ⟨~; ~en⟩ barreau *m*; **~sˌkammer** *f* ordre *m* des avocats; barreau *m*; **~sˌkosten** *pl.* honoraires *m/pl.* de l'avocat; **~sproˌzeß** *m* procès *m* où les parties sont obligatoirement représentées par des avocats; **~sˌzwang** *m* obligation *f* de prendre un avocat.

anwalzen [ˈanˌvaltsən] *v/i.* ⟨*nur p. p.*⟩ F **angewalzt kommen** arriver, s'approcher à pas lourds.

anwand|eln [ˈanˌvandəln] *st. s. v/t.* ⟨**-(e)le,** *sép.,* **-ge-, h**⟩ prendre; **e-e Laune wandelt ihn an** il lui prend une lubie; **e-e plötzliche Schwäche, Ohnmacht, Übelkeit wandelte sie an** elle fut prise d'une soudaine faiblesse, d'un étourdissement, d'un malaise; **es wandelt ihn die Lust an, zu...** l'envie lui prend de...; il lui prend l'envie de...; **~ern** *v/i.* ⟨*nur p. p.*⟩ F **angewandert kommen** arriver, (s')approcher; **2lung** *f* **in e-r ~ von Furcht, Schwermut, Großmut** pris d'un accès de peur, de mélancolie, de générosité; **e-e ~ von Schwäche, Schwindel, Ohnmacht haben** être pris de faiblesse, de vertige, de syncope; *iron.* **dichterische, künstlerische, philosophische ~en bekommen** être saisi, pris d'un élan, d'un accès poétique, artistique, philosophique.

an|wanken [ˈanˌvaŋkən] *v/i.* ⟨*nur p. p.*⟩ F **angewankt kommen** arriver, s'approcher en chancelant, en titubant; **~ˌwärmen** *v/t.* ⟨*sép.,* **-ge-, h**⟩ (faire) chauffer légèrement; **das Bett mit e-r Wärmflasche ~** chauffer le lit avec une bouillotte; **angewärmtes Bier** de la bière que l'on a fait légèrement chauffer.

Anwärter [ˈanˌvɛrtər] *m* postulant *m*; *auf e-n Thron* prétendant *m*; (*Offiziers2*) aspirant *m*; (*Beamten2*) stagiaire *m*.

Anwartschaft [ˈanvartˌʃaft] *f* ⟨~; ~en⟩ expectative *f*; **die ~ auf e-e Stelle haben** avoir l'expectative d'un emploi; être en droit d'espérer (obtenir) un emploi.

an|watscheln [ˈanˌvatʃəln] *v/i.* ⟨*nur p. p.*⟩ F **angewatschelt kommen** arriver, s'approcher en se dandinant (comme un canard); **~ˌwehen** *v/t.* ⟨*sép.,* **-ge-, h**⟩ *Wind* souffler contre; *fig. u. poét. Schauer, Ahnung* **j-n ~** prendre, saisir qn.

anweis|en [ˈanˌvaɪzən] *v/t.* ⟨*irr., sép.,* **-ge-, h**⟩ **1. j-n ~, etw. zu tun** donner l'ordre à qn. de faire qc.; **angewiesen sein, etw. zu tun** avoir (reçu l')ordre de faire qc.; **2.** *st. s. Lehrling bei der Arbeit, Schüler im Unterricht etc.* instruire (dans); **3.** *Platz, Zimmer, Tätigkeit* assigner; attribuer; indiquer; **wir bekamen e-n Fensterplatz angewiesen** on nous a assigné, attribué une place près de la fenêtre; **4.** *comm.* **j-m e-e Summe ~** mandater une somme à qn.; **etw. zur Zahlung ~** ordonnancer qc.; **5.** *cf.* **angewiesen; 2ung** *f* **1.** (*Anordnung*) ordre *m*; instruction *f*; directives *f/pl.*; **strikte, strenge ~ haben** avoir (reçu l')ordre strict, sévère (de faire qc.); **die nötigen ~en geben, erteilen** donner les ordres, directives, instructions nécessaires (pour faire qc.); **auf schriftliche ~** sur ordre écrit; **2.** (*Anleitung*) indication *f* (pour); instruction *f*; (*Gebrauchs*2) mode *m* d'emploi; **ohne je e-e ~ erhalten zu haben** sans jamais avoir reçu d'indications; **3.** *e-s Platzes, Zimmers etc.* attribution *f*; assignation *f*; **4.** *comm. e-r Zahlung* mandatement *m*; ordonnancement *m*; **5.** (*Zahlungs-, Post*2) mandat *m*; **j-m e-e ~ auf e-e bestimmte Summe ausstellen** mandater une certaine somme à qn.; établir un mandat d'une certaine somme à qn.; 2**ungsem,pfänger** *m comm.* destinataire *m*, bénéficiaire *m* d'un mandat; assignataire *m*.

anwend|bar ['anvɛnt,bɑːr] *adj.* applicable; utilisable; employable; praticable; **~ sein auf** être applicable à; s'appliquer à; *Medizin* **nur äußerlich ~** (uniquement) pour l'usage externe; **die einzig ~e Methode** la seule méthode applicable, *etc.*; 2**bar,keit** *f* ⟨~⟩ possibilité *f* d'application, d'utilisation, d'emploi; applicabilité *f*; **~en** *v/t.* ⟨*irr., sép.*, -ge-, h⟩ **1.** employer; user de; faire usage de; **etw. richtig, falsch ~** faire un bon, mauvais usage, emploi de qc.; bien, mal employer, se servir de, user de qc.; **s-e Zeit nutzbringend ~** employer utilement son temps; **Gewalt ~** faire usage de, avoir recours à, employer la force, la violence; **Zwang ~** user de contrainte; **viel Mühe ~** se donner beaucoup de mal (pour); **viel Fleiß ~** s'appliquer beaucoup (pour); **e-n Trick ~** employer un truc; **2.** *Regel, Gesetz, Sprichwort etc.* appliquer; **sich ~ lassen** s'appliquer; *cf. auch* **angewandt**; 2**ung** *f* **1.** emploi *m*; usage *m*; **die richtige, praktische, zweckmäßige, vorschriftsmäßige ~ von etw.** l'emploi, l'usage exact, pratique, approprié, conforme au règlement de qc.; **unter ~ von Gewalt** en faisant usage de la force; en employant la force; **2.** *e-r Regel, e-s Gesetzes etc.* application *f* (auf à); **~ finden auf** s'appliquer à; **etw. in ~ bringen** appliquer qc.; mettre qc. en application; **in ~ kommen** être appliqué; 2**ungsbe,reich** *m* domaine *m* d'utilisation; champ *m*, rayon *m* d'application; 2**ungs,möglichkeit** *f* possibilité *f* d'application, d'utilisation, d'emploi; 2**ungs,vorschrift** *f* indication *f* d'application, d'emploi; 2**ungs,weise** *f* mode *m* d'emploi.

anwerb|en ['an,vɛrbən] *v/t.* ⟨*irr., sép.*, -ge-, h⟩ recruter; *milit. auch* enrôler; *hist.* racoler; *Arbeitskräfte meist* engager; embaucher; **sich ~ lassen** se faire engager (*bes. Soldaten*); 2**er** *m* recruteur *m*; *von Arbeitskräften* embaucheur *m*; *milit. hist.* racoleur *m*; 2**ung** *f* recrutement *m*; *milit., von Parteimitgliedern etc. auch* enrôlement *m*; *von Arbeitskräften* embauchage *m*; embauche *f*; engagement *m*; *milit. hist.* racolage *m*.

anwerfen ['an,vɛrfən] **I** *v/t.* ⟨*irr., sép.*, -ge-, h⟩ **1.** *Motor* lancer; mettre en marche; **2.** *bât. Mörtel* projeter (à); **II** 2 *n des Motors* lancement *m*; mise *f* en marche; *sonst verbal*.

Anwesen ['an,veːzən] *n* ⟨~s; ~⟩ propriété *f*; **ein ländliches ~** une propriété rurale; 2**d** *adj.* présent; **nicht ~ sein** *auch* manquer; *jur.* faire défaut; **~de(r)** *f (m)* ⟨→ A⟩ personne présente; **die ~n** *auch* l'assistance *f*; **verehrte ~** mesdames et messieurs; **~,heit** *f* ⟨~⟩ présence *f*; **in, während s-r ~** en sa présence; **~heits,liste** *f* liste *f*, registre *m* de présence.

an|wetzen ['an,vɛtsən] *v/i.* ⟨*nur p. p.*⟩ F **angewetzt kommen** arriver comme une flèche, en trombe; **~,widern** *v/t.* ⟨-(e)re, *sép.*, -ge-, h⟩ **j-n ~** répugner, dégoûter qn.; **~,winkeln** *v/t.* ⟨-(e)le, *sép.*, -ge-, h⟩ plier; **~,winseln I** *v/t.* ⟨-(e)le, *sép.*, -ge-, h⟩ *Hund* pousser de(s) petits cris plaintifs (à la vue de qn.); *fig. u.* F (*unterwürfig anflehen*) pleurnicher (devant qn. pour avoir qc.); **II** *v/i.* ⟨*nur p. p.*⟩ F **angewinselt kommen** arriver, s'approcher en poussant de(s) petits cris plaintifs.

Anwohner(in) ['an,voːnər(ɪn)] *m* ⟨~s; ~⟩ *(f)* ⟨~; ~nen⟩ riverain(e) *m (f)*.

Anwuchs ['anvuːks] *m* **a)** *von Pflanzen* croissance *f*; **b)** *Forstwesen* jeune plantation *f*; taillis *m*.

Anwurf ['anvʊrf] *m* **1.** *bât.* crépi *m*; **2.** *Ballspiel* premier jet; **3.** *cf.* Schmähung; **~,kurbel** *f mot.* manivelle *f* (de voiture); **~,riemen** *m* courroie *f* de lancement.

anwurzeln ['an,vʊrtsəln] *v/i.* ⟨-(e)le, *sép.*, -ge-, sein⟩ s'enraciner; prendre racine; *fig.* **wie angewurzelt dastehen** être cloué, figé sur place.

Anzahl ['antsɑːl] *f* ⟨~⟩ nombre *m*; quantité *f*; **e-e ~ von Schülern** un certain nombre, une certaine quantité d'élèves; **die ~ der Tage** le nombre de(s) jours; **in beschränkter ~** en nombre restreint; **e-e große ~ von** un grand nombre, une grande quantité de; 2**en** *v/t.* ⟨*sép.*, -ge-, h⟩ verser, donner, payer un acompte, des arrhes; **hundert Mark ~** verser un acompte de cent marks; verser cent marks d'acompte, d'arrhes; **~ung** *f* acompte *m*; arrhes *f/pl.*; **e-e ~ machen, leisten** verser un acompte, des arrhes.

anzapf|en ['an,tsapfən] **I** *v/t.* ⟨*sép.*, -ge-, h⟩ **1.** *Faß* mettre en perce; *Leitung* se brancher, se raccorder sur (*beide auch tél.*); prendre (qc. à qc.); *Bäume zur Harzgewinnung* gemmer; **2.** *fig. u.* F **j-n ~** taper qn. (de qc.); **II** 2**en** *n*, 2**ung** *f* ⟨~; ~en⟩ *e-s Fasses* mise *f* en perce; *e-r Leitung* branchement *m*, raccordement *m* (sur); *von Bäumen zur Harzgewinnung* gemmage *m*.

Anzeich|en ['an,tsaɪçən] *n* signe *m*; indice *m*; symptôme *m*; **sie zeigte keinerlei ~ von Reue** elle ne montra aucun signe de repentir; **mehrere ~ ließen darauf schließen, daß ...** plusieurs signes, *etc.* dénotèrent que ...; **beim geringsten ~ e-r Krankheit** au moindre symptôme, signe d'une maladie; **die ersten ~ e-r Krise** les premiers signes, *etc.* d'une crise; les signes, symptômes avant-coureurs, précurseurs d'une crise; 2**nen** *v/t.* ⟨-ete, *sép.*, -ge-, h⟩ **1.** *an e-e Wandtafel etc.* dessiner; **2.** *Ort auf e-r Karte etc.* marquer.

Anzeige ['an,tsaɪgə] *f* ⟨~; ~n⟩ **1. a)** *in e-r Zeitung* annonce *f*; **e-e ~ aufgeben** insérer, faire paraître une annonce; **e-e ~ in die Zeitung setzen** mettre, passer une annonce dans le journal; **b)** *bei familiären Ereignissen* faire-part *m* (*inv.*); **~n verschicken** envoyer des faire-part; **2.** *bei e-r Behörde* plainte *f*; dénonciation *f*; *e-r Krankheit* déclaration *f*; **~ gegen Unbekannt** plainte contre X; **~ erstatten** déposer une plainte; porter plainte (contre); **mit e-r ~ drohen** menacer (qn.) de porter plainte; 2**n** *v/t.* ⟨*sép.*, -ge-, h⟩ **1.** *Richtung, Zeit, Temperatur etc.* indiquer; montrer; **2.** *Vermählung, Geburt etc.* faire part (de qc. à qn.); *in e-r Zeitung* annoncer (dans un journal); **3.** *st. s. Ankunft, Empfang etc.* aviser (qn. de qc.); **4.** *strafbare Handlung, Täter* dénoncer (*auch écol.*); porter plainte contre; *Krankheit* déclarer; **5.** *st. s.* **etw. für angezeigt halten** juger qc. indiqué, convenable, opportun; *cf. auch* **angebracht**; **~nab,teilung** *f e-r Zeitung* service *m* des (petites) annonces; **~n,annahme(,stelle)** *f* bureau *m*, agence *f* qui reçoit des (petites) annonces; agence *f* de publicité; **~n-,beilage** *f cf.* **~nteil**; **~n,flaute** *f* période creuse pour les (petites) annonces, pour la publicité; **~nfor,mat** *n* format *m* de l'annonce; **~n,größe** *f* grandeur *f* de l'annonce; **~n,preis** *m* prix *m* de l'annonce; **~n,schluß** *m* dernier délai, date *f* limite d'acceptation, de remise d'une annonce; **~nta-,rif** *m* tarif *m* des annonces; **~n,teil** *m* petites annonces; **im ~** dans les petites annonces; **~nver,mittlungsbü,ro** *n* agence *f* de publicité; **~,pflicht** *f* déclaration *f* obligatoire; 2**,pflichtig** *adj.* **~ sein** *Person* être tenu de déclarer; *Sachen* être soumis à la déclaration; **~r** *m* ⟨~s; ~⟩ *techn.* indicateur *m*; **~,tafel** *f* tableau indicateur; **~,vorrichtung** *f* appareil *m*, dispositif *m* indicateur, de signalisation.

anzett|eln ['an,tsɛtəln] *v/t.* ⟨-(e)le, *sép.*, -ge-, h⟩ fomenter; *Verschwörung auch* ourdir; tramer; machiner; 2**(e)ler** *m* ⟨~s; ~⟩ fomentateur *m*; ourdisseur *m*; 2**(e,)lung** *f* ⟨~⟩ fomentation *f*; ourdissage *m*.

anzieh|en ['an,tsiːən] **I** *v/t.* ⟨*irr., sép.*, -ge-, h⟩ **1.** *Kleidungsstücke* **a) etw. ~** mettre qc.; F *rasch* enfiler qc.; *Hemd, Pullover auch* passer qc.; *Uniform auch* endosser qc.; **s-e Schuhe ~** mettre ses chaussures; se chausser; **s-e Handschuhe ~** mettre ses gants; se ganter; **nichts anzuziehen haben** n'avoir rien à se mettre; **andere Kleider ~** changer de vêtements; **frische Wäsche ~** changer de linge; se changer; **angezogen wirkt das Kleid gut** la robe fait bien quand on la porte; **b) j-n ~** habiller qn.; **gut, schlecht, warm** *etc.* **angezogen sein** être bien, mal, chaudement, *etc.* habillé; **2. a)** *phys. Magnet etc.* attirer; *Feuchtigkeit* prendre; **b)** *Beine etc.* ramener vers soi; **c)** *fig.* (*anlocken*) attirer; **sich angezogen fühlen** se sentir attiré (par); **3.** *Schraube, Bremse etc.* serrer; *Seil, Saite etc.* tendre; **die Zügel ~** tirer les rênes; *fig.* serrer la bride; **II** *v/i.* **4.** *Pferde* commencer à tirer; *Lokomotive etc.* se mettre en mouvement; **5.** *Truppen etc.* F **angezogen kommen** arriver; s'approcher; **6.** *comm. Preise etc.* être en 'hausse; monter; augmenter; **III** *v/réfl.* **sich ~** s'habiller; **sich leicht, warm ~** s'habiller légèrement, chaudement; **sich elegant ~** s'habiller avec élégance; **sich festlich ~** mettre ses habits de fête; **sich sonntäglich ~** s'endimancher; **IV** 2**en** *n e-r Uniform* endossement *m*; *e-s Kindes etc.* habillage *m*; *e-r Schraube, Bremse, der Zügel* serrage *m*; *der Preise* 'hausse *f*; montée *f*; *sonst verbal*; **~end** *adjt.* **a)** *Person, Wesen* attirant; **sie ist e-e ~e Erscheinung** c'est une personne attirante; **etw.** 2**es an sich haben** avoir qc. d'attirant en soi; **b) ~e Preise** prix en 'hausse; **~e Nachtfröste** gelées nocturnes plus intenses; 2**ung** *f phys.* attraction *f* (*auch fig.*); 2**ungsbe,reich** *m phys.* champ *m* d'attraction; 2**ungs-**

ˌ**kraft** *f phys.* force *f* d'attraction; *fig.* pouvoir *m*, puissance *f* d'attraction; **e-e magische ~ auf j-n ausüben** exercer une attraction magique sur qn.; **s-e ~ verloren haben** avoir perdu son pouvoir d'attraction; **2ungsˌpunkt** *m fig.* pôle *m* d'attraction.

an|zischen ['anˌtsɪʃən] *v/t.* ⟨*sép.*, -ge-, h⟩ **1.** *Schlange, Gänserich* j-n ~ pousser des sifflements devant qn.; **2.** *fig. u.* F j-n ~ *etwa* parler à qn. d'un ton fâché, courroucé (presque en sifflant les mots); **~ˌzittern** *v/i.* ⟨*nur p. p.*⟩ F **angezittert kommen** s'amener; P rappliquer; (se) radiner; ralléger; **~ˌzotteln** *v/i.* ⟨*nur p. p.*⟩ F **angezottelt kommen** s'amener à pas lents.

Anzucht ['antsuxt] *f* ⟨~⟩ *junger Pflanzen* culture *f* (de jeunes plantes).

Anzug ['antsuːk] *m* **1.** costume *m*; complet *m*; **s-n guten, dunklen ~ anziehen** mettre son beau costume, complet, mettre son costume, complet sombre; **2. im ~ sein** *Gewitter, Gefahr* se préparer; s'annoncer; s'approcher; *Schnupfen etc.* s'annoncer; *Feind* s'approcher.

anzüglich ['anˌtsyːklɪç] **1.** *adj. Bemerkung, Frage* désobligeant; piquant; *Witz* scabreux, -euse; **~ werden** faire des allusions piquantes, désobligeantes; **2.** *adv.* **~ lächeln, husten** sourire, tousser d'une façon désobligeante; **2ˌkeit** *f* ⟨~; ~en⟩ allusion piquante, désobligeante.

an|zünden ['anˌtsʏndən] **I** *v/t.* ⟨-ete, *sép.*, -ge-, h⟩ *Zigarette, Feuer, Kerze, Gas, Laterne etc.* allumer; *Haus etc.* mettre le feu à; incendier; **ein Streichholz ~** allumer une allumette; **II 2ˌzünden** *n* ⟨~s⟩ *e-r Zigarette etc.* allumage *m*; **~ˌzwecken** *v/t.* ⟨*sép.*, -ge-, h⟩ *mit Reißzwecken* fixer, attacher avec des punaises; **~ˌzweifeln** *v/t.* ⟨-(e)le, *sép.*, -ge-, h⟩ **etw. ~** mettre qc. en doute; douter de qc.; **2ˌzweif(eˌ)lung** *f* ⟨~⟩ mise *f* en doute; **~ˌzwinkern** *v/t.* ⟨-(e)re, *sép.*, -ge-, h⟩ j-n ~ lancer un coup d'œil, faire un clin d'œil à qn.

Äol|sharfe ['ɛːɔlsˌharfə] *f mus.* 'harpe éolienne; **~usˌball** *m phys.* éolipile *m*.

Äon [ɛ'oːn] *m* ⟨~s; ~en⟩ **1.** *meist pl.* ~en infinité *f* des siècles, des temps; **2.** *philos.* éon *m*.

Aorist [aoˑ'rɪst] *m* ⟨~es; ~e⟩ *ling.* aoriste *m*.

Aort|a [a'ɔrta] *f* ⟨~; -ten⟩ *anat.* aorte *f*; **~enˌbogen** *m anat.* crosse *f* de l'aorte.

Apachen [a'paxən, -tʃən] *m/pl. Indianerstamm* Apaches *m/pl.*

Apanage [apa'nɑːʒə] *f* ⟨~; ~n⟩ *hist.* apanage *m*; rente apanagère.

apart [a'part] *adj.* qui a du cachet, du chic; élégant; **ein ~es Kleid, ein ~er Hut** une robe, un chapeau qui a du cachet, du chic; **sie sieht sehr ~ aus** elle a du cachet, du chic; **sie hat etw. 2es an sich** elle a un petit quelque chose, un petit je ne sais quoi qui sort de l'ordinaire.

Apartheid [a'pɑːrthaɪt] *f* ⟨~⟩ apartheid *m*; **~(s)poliˌtik** *f* politique *f* d'apartheid.

Apartment [a'partmənt] *n* ⟨~s; ~s⟩ *cf.* Appartement.

Apath|ie [apa'tiː] *f* ⟨~⟩ apathie *f*; **2isch** [-'pɑː-] *adj.* (*u. adv.*) apathique(-ment).

Apatit [apa'tɪt, -'tiːt] *m* ⟨~s; ~e⟩ *minéral.* apatite *f*.

Aperçu [apɛr'syː] *n* ⟨~s; ~s⟩ (*geistreiche Bemerkung*) trait *m* d'esprit.

Aperitif [apeˑriˑ'tiːf] *m* ⟨~s; ~s⟩ apéritif *m*; F apéro *m*.

Apex ['apɛks] *m* ⟨~; 'Apizes⟩ *astr., ling.* apex *m*.

Apfel ['apfəl] *m* ⟨~s; ⸚⟩ pomme *f*; *cuis.* **Äpfel im Schlafrock** pommes enrobées de pâte; *fig.* **in den sauren ~ beißen müssen** être obligé de s'exécuter; devoir avaler la pilule; **der ~ fällt nicht weit vom Stamm** *prov.* tel père, tel fils *prov.*; bon sang ne peut mentir *prov.* (*auch péj.*); **~ˌauflauf** *m cuis.* soufflé *m* aux pommes; **~ˌbaum** *m* pommier *m*; **~ˌblüte** *f* fleur *f* de pommier; **~ˌblütenˌstecher** *m* ⟨~s; ~⟩ *zo.* anthonome *m* du pommier; **~geˌhäuse** *n* cœur *m*, *sc.* loges *f/pl.* de la pomme; (*Griebs*) trognon *m*; **~geˌlee** *n*, *m* gelée *f* de pommes; **~ˌkern** *m* pépin *m* de pomme; **~ˌkuchen** *m* gâteau *m*, tarte *f* aux pommes; **~ˌmost** *m* **1.** *cf.* Apfelwein; **2.** *cf.* ~saft; **~ˌmus** *n* compote *f*, marmelade *f* de pommes; **~ˌpfannkuchen** *m* crêpe *f* aux pommes; **~ˌreis** *m* riz *m* aux pommes; **~ˌsaft** *m* jus *m* de pomme; **~ˌsäure** *f* acide *m* malique; **~ˌschale** *f* pelure *f* de pomme; **~ˌschimmel** *m zo.* cheval gris pommelé.

Apfelsine [ˌapfəl'ziːnə] *f* ⟨~; ~n⟩ orange *f*; **~nˌbaum** *m* oranger *m*; **~nˌkern** *m* pépin *m* d'orange; **~nˌsaft** *m* jus *m* d'orange; **~nˌschale** *f* écorce *f* d'orange; **~nˌscheibe** *f* quartier *m*, tranche *f* d'orange.

Apfel|sorte ['apfəlˌzɔrtə] *f* sorte *f*, espèce *f* de pomme; **~ˌsüßmost** *m* jus *m* de pomme; **~ˌtasche** *f cuis.* chausson *m* aux pommes; **~ˌwein** *m* cidre *m*.

Aphärese [afɛ'reːzə] *f* ⟨~; ~n⟩ *ling.* aphérèse *f*. [sie *f*.]

Aphasie [afa'ziː] *f* ⟨~; -ien⟩ *méd.* apha-

Aphel(ium) [a'feːl(iˑʊm)] *n* ⟨~s; ~e⟩ (*n*) ⟨~s; -ien⟩ *astr.* aphélie *m*.

Aphonie [afoˑ'niː] *f* ⟨~; -ien⟩ *méd.* aphonie *f*.

Aphoris|mus [afoˑ'rɪsmʊs] *m* ⟨~; -men⟩ aphorisme *m*; **2tisch 1.** *adj.* aphoristique; **2.** *adv.* par aphorisme.

Aphrodisiakum [afroˑdiˑ'ziːakʊm] *n* ⟨~s; -ka⟩ *phm.* aphrodisiaque *m*.

Aphthen ['aftən] *pl. méd.* aphtes *m/pl.*

Apo|chromat [apoˑkroˑ'mɑːt] *m* ⟨~s; ~e⟩ *opt.* apochromatique *m*; **2'diktisch** *adj.* (*u. adv.*) apodictique(ment); **~ga'mie** *f* ⟨~⟩ *bot.* apogamie *f*; **~'gäum** [-'gɛːʊm] *n* ⟨~s; -äen⟩ *astr.* apogée *m*.

Apokalyp|se [apoˑka'lʏpsə] *f* ⟨~; ~n⟩ *bibl.* Apocalypse *f*; **2tisch** *adj.* apocalyptique (*auch fig.*); *bibl.* **die 2en Reiter** les quatre cavaliers de l'Apocalypse.

Apo|kope [a'poːkoˑpeˑ, a'poˑ-] *f* ⟨~⟩ *ling.* apocope *f*; **2'kryph** *adj.* apocryphe; **~'kryphen** *n/pl. relig.* apocryphes *m/pl.*

apolitisch ['apoˑˌliːtɪʃ, -'liː-] *adj.* apolitique; **~e Haltung** apolitisme *m*.

apoll|inisch [apɔ'liːnɪʃ] *adj.* apollinien, -nne; **2o** [a'pɔ-] *m* ⟨~s; ~s⟩ *Schmetterling* apollon *m*.

Apolog|et [apoˑloˑ'geːt] *m* ⟨~en; ~en⟩ apologiste *m*; **~etik** *f* ⟨~; ~en⟩ apologétique *f*; **2etisch** *adj.* apologétique; **~ie** *f* ⟨~; -ien⟩ apologie *f*.

Apophyse [apoˑ'fyːzə] *f* ⟨~; ~n⟩ *anat.* apophyse *f*.

Apople|ktiker [apoˑ'plɛktiˑkər] *m* ⟨~s; ~⟩ apoplectique *m*; **2ktisch** *adj.* apoplectique; **~'xie** *f* ⟨~; -ien⟩ *méd., bot.* apoplexie *f*.

Aposta|sie [apoˑsta'ziː, apɔ-] *f* ⟨~; -ien⟩ apostasie *f*; **~t** [-'tɑːt] *m* ⟨~en; ~en⟩ apostat *m*.

Apostel [a'pɔstəl] *m* ⟨~s; ~⟩ apôtre *m* (*auch fig.*); **der ~ Paulus** l'Apôtre saint Paul; **~ˌfürst** *m bibl.* prince *m* des Apôtres; **~geˌschichte** *f bibl.* Actes *m/pl.* des Apôtres; **~ˌkrug** *m Keramik* cruche *f* des apôtres.

a posteriori [ɑː pɔsteˑriˑ'oːriˑ] *loc. adv.* a posteriori.

Apostol|at [apɔstoˑ'lɑːt] *n* ⟨~(e)s; ~e⟩ apostolat *m*; **2isch** [-'toː-] *adj.* apostolique; **der 2e Stuhl** le Siège apostolique; **das 2e Glaubensbekenntnis** le Symbole des apôtres.

Apostroph [apoˑ'stroːf, apɔ-] *m* ⟨~s; ~e⟩ *gr.* apostrophe *f*; **~e** [a'pɔstroˑfeˑ, apo'stroːfə, apɔs'troːfə] *f* ⟨~; -'ophen⟩ *rhét.* apostrophe *f*; **2ieren** [-'fiː-] *v/t.* ⟨*pas de ge-*, h⟩ **1.** *gr.* mettre une apostrophe (à); **2.** j-n **als etw. ~** qualifier qn. de qc.

Apotheke [apoˑ'teːkə] *f* ⟨~; ~n⟩ pharmacie *f* (*auch Haus2 etc.*); **2nˌpflichtig** *adj.* en vente uniquement dans les pharmacies; **~nˌschränkchen** *n* armoire *f* à pharmacie; **~r(in)** *m* ⟨~s; ~⟩ (*f*) ⟨~; ~nen⟩ pharmacien, -nne *m, f*; **~rbeˌruf** *m* profession *f* de pharmacien; pharmacie *f*; **~rgeˌhilfe** *m* aide *m* pharmacien; préparateur *m* en pharmacie; **~rˌpreise** *m/pl. péj.* prix exagérés, exorbitants.

Apotheose [apoˑteˑ'oːzə] *f* ⟨~; ~n⟩ apothéose *f* (*auch thé.*).

Apparat [apa'rɑːt] *m* ⟨~(e)s; ~e⟩ **1.** (*Gerät*) appareil *m* (*auch phot.*); *tél.* **wer ist am ~?** qui est à l'appareil?; **bleiben Sie am ~!** ne quittez pas!; restez à l'écoute!; *fig. u.* F **so ein ~!** (*so ein großes Ding*) quel grand truc, machin!; **2.** *e-r Behörde etc.* appareil *m*; **der ~ der Verwaltung** l'appareil administratif; **3.** *Wissenschaft* **a)** appareil *m*; **kritischer ~** appareil critique; **b)** volumes rassemblés dans un endroit spécial de la bibliothèque pour un cours; **4.** (*Aufwand*) apparat *m*; pompe *f*; **~eˌbau** *m* ⟨~(e)s⟩ construction *f* d'appareils; **~ur** [-'tuːr] *f* ⟨~; ~en⟩ équipement *m*; *élect.* appareillage *m*.

Appartement [apart(ə)'mɑ̃ː, -'maŋ] *n* ⟨~s; ~s⟩ **1.** (*komfortable Ein-Zimmer-Wohnung*) studio *m*; **2.** (*Zimmerflucht*) appartement *m*; **~ˌhaus** *n* immeuble *m* à studios.

Appell [a'pɛl] *m* ⟨~s; ~e⟩ **1.** *milit.* rassemblement *m* (pour le rapport quotidien); revue *f* de détail; **zum ~ antreten** se rassembler pour le rapport quotidien; **zum ~ blasen** sonner le rassemblement; **e-n ~ abhalten** faire un rassemblement, une revue de détail; **2.** *fig.* appel *m*; **~ an die Vernunft** appel à la raison; **3.** *esc.* appel *m*; **~ati'on** *f* ⟨~⟩ *cf.* **Berufung 2.**; **~a'tiv(um)** *n* ⟨~s; ~e⟩ (*n*) ⟨~s; -va⟩ *gr.* nom commun; **2ieren** [-'liː-] *v/i.* ⟨*pas de ge-*, h⟩ *fig.* en appeler à; **an die Öffentlichkeit, an das Gewissen, an die Ehrlichkeit ~** en appeler à l'opinion publique, à la conscience, à l'honnêteté; **an j-s Vernunft ~** faire appel à la raison de qn.

Append|ix [a'pɛndɪks] *m* ⟨~; -dizes⟩, *f* ⟨~; -dices⟩ *anat.* appendice [-ɛ̃dis] *m*; **~i'zitis** *f* ⟨~; -'tiden⟩ *sc. méd.* appendicite [-ɛ̃-] *f*.

Apperzeption [apɛrtsɛptsiˑ'oːn] *f* ⟨~; ~en⟩ *philos.* aperception *f*.

Appetit [apeˑ'tiːt, apə-] *m* ⟨~(e)s; ~e⟩ appétit *m*; **gesunden, großen ~ haben** avoir un solide, un grand appétit; **~ haben auf** avoir envie de; **den ~ anregen** exciter, ouvrir, aiguiser l'appétit; **den ~ verderben, verlieren** couper, perdre l'appétit; **j-m ~ machen** donner de l'appétit à qn.; mettre qn.

en appétit; etw. mit, ohne ~ essen manger qc. avec, sans appétit; F e-n guten ~ mitbringen arriver, venir avec un bon appétit; F dabei kann e-m der ~ vergehen cela peut vous couper l'appétit; guten ~! bon appétit!; der ~ kommt beim Essen *prov.* l'appétit vient en mangeant *prov.*; **≈-ˌanregend** *adjt.* qui donne de, ouvre l'appétit; qui met en appétit; ~es Mittel produit *m* qui donne de, ouvre l'appétit; *Getränk auch* apéritif *m*; **~-ˌhappen** *m* canapé *m*; F amuse-gueule *m*; **≈lich** *adj.* appétissant; *Person auch* gentil, -lle; mignon, -nne; wenig ~ peu ragoûtant; **≈ˌlos** *adj.* sans appétit; **~ˌlosigˌkeit** *f* ⟨~⟩ manque *m* d'appétit; *méd.* inappétence *f*; anorexie *f*.

applau|dieren [aplauˈdiːrən] *v/i.* ⟨*pas de ge-*, h⟩ applaudir (qn.); **≈s** [aˈplaus] *m* ⟨~es; ~e⟩ applaudissements *m/pl.*; großen ~ bekommen être très applaudi.

Applikation [apliˑkatsiˑˈoːn] *f* ⟨~; ~en⟩ application *f*; **~ssticke,rei** *f* broderie *f* d'application.

apportieren [apɔrˈtiːrən] *v/t.* ⟨*pas de ge-*, h⟩ *Hund* (r)apporter.

Apposition [apoˑziˑtsiˑˈoːn] *f* ⟨~; ~en⟩ *gr.* apposition *f*.

appret|ieren [apreˑˈtiːrən] **I** *v/t.* ⟨*pas de ge-*, h⟩ *text.* apprêter; **II ≈ieren** *n* ⟨~s⟩, **≈ur** *f* ⟨~; ~en⟩ apprêt *m*.

Approb|ation [aproˑbatsiˑˈoːn] *f* ⟨~; ~en⟩ *e-s Arztes, Apothekers* autorisation *f* d'exercer (la médecine, la pharmacie); *égl. cath.* approbation *f*; **≈iert** [-ˈbiːrt] *adjt.* diplômé; autorisé à exercer (la médecine, la pharmacie).

approximativ [aprɔksiˑmaˈtiːf] *adj.* (*u. adv.*) approximatif, -ive(ment).

Après-Ski(-Kleidung) [apreˈʃiː(ˌklaɪdʊŋ)] *n* ⟨~⟩ (*f*) après-ski [aprɛski] *m*.

Aprikose [apriˑˈkoːzə] *f* ⟨~; ~n⟩ *bot.* abricot *m*; **~nˌbaum** *m bot.* abricotier *m*; **~nmarmeˌlade** *f* confiture *f* d'abricots; **~nˌpfirsich** *m bot.* pêche-abricot *f*; **~nˌstein** *m* noyau *m* d'abricot; **~nˌtorte** *f* tarte *f* aux abricots.

April [aˈprɪl] *m* ⟨~(s); ~e⟩ avril *m*; im ~ en avril; au mois d'avril; *fig.* j-n in den ~ schicken faire un poisson d'avril à qn.; **~ˌnarr** *m* dupe *f* du premier avril; **~ˌschauer** *m* giboulées *f/pl.* de mars; **~ˌscherz** *m* poisson *m* d'avril; **~ˌwetter** *n* temps *m* d'avril; temps *m* changeant comme en avril.

a priori [aː priˑˈoːriˑ] *loc. adv.*, **apriorisch** *adj.* a priori.

apropos [aproˑˈpoː] *adv.* à propos.

Apsi|de [aˈpsiːdə] *f* ⟨~; ~n⟩ **1.** *astr.* apside *f*; **2.** *cf.* ~s; **~s** [ˈapsɪs] *f* ⟨~; -ˈsiden⟩ *e-r Kirche* abside *f*.

Apul|ier(in) [aˈpuːliˑər(ɪn)] *m* ⟨~s; ~⟩ (*f*) ⟨~; ~nen⟩ Apulien, -nne *m, f*; **≈isch** [-ˈliː-] *adj.* apulien, -nne.

Aquädukt [akvɛˈdʊkt] *m* ⟨~(e)s; ~e⟩ aqueduc *m*.

Aquama|nile [akvamaˈniːlə] *n* ⟨~s; ~⟩ *égl. hist.* aquamanile [-kwa-] *m*; **~ˈrin** *m* ⟨~s; ~e⟩ *minéral.* aigue-marine *f*.

Aquarell [akvaˈrɛl] *n* ⟨~s; ~e⟩ *peint.* aquarelle [-kwa-] *f*; **~ˌfarbe** *f* peinture *f*, couleur *f* à l'eau; **≈ieren** [-ˈliː-] *v/t.* ⟨*pas de ge-*, h⟩ peindre à l'aquarelle; **~ˌmaler** *m* aquarelliste *m*; **~maleˌrei** *f* (peinture *f* à l')aquarelle *f*.

Aquarium [aˈkvaːriˑʊm] *n* ⟨~s; -ien⟩ aquarium [akwarjɔm] *m*; **~ˌpflanzen** *f/pl.* plantes *f/pl.* d'aquarium.

Aquatinta [akvaˈtɪnta] *f* ⟨~⟩ *peint.* aquatinte [-kwa-] *f*.

Äquator [ɛˈkvaːtɔr] *m* ⟨~s⟩ équateur [ekwa-] *m*; magnetischer, thermischer ~ équateur magnétique, thermique; **≈iˈal I** *adj.* équatorial; **II ~iˈal** *n* ⟨~(e)s; ~e⟩ *Fernrohr* équatorial [-kwa-] *m*; **~iˈalˌzone** *f* zone équatoriale; **~ˌtaufe** *f* baptême *m* de la ligne.

Aquavit [akvaˈviːt] *m* ⟨~(e)s; ~⟩ eau-de-vie aromatisée de cumin.

äquinokt|ial [ɛkviˑnɔktsiˑˈaːl] *adj.* d'équinoxe [-ki-]; équinoxial; **≈iˈalˌpunkte** *m/pl.* points équinoxiaux; **≈iˈalˌsturm** *m* tempête *f* d'équinoxe; **≈ium** [-ˈnɔk-] *n* ⟨~s; -ien⟩ équinoxe [-ki-] *m*.

äquivalen|t [ɛkviˑvaˈlɛnt] *adj.* équivalent; **≈z** *f* ⟨~; ~en⟩ équivalence *f*.

Ar [aːr] *n* ⟨~s; ~e *bzw.* 20 ~⟩ *Flächenmaß* are *m*.

Ara [ˈaːra] *m* ⟨~s; ~s⟩ *zo.* ara *m*.

Ära [ˈɛːra] *f* ⟨~; Ären⟩ ère *f*; die christliche ~ l'ère chrétienne.

Arab|er(in) [ˈaːrabər(ɪn), ˈara-] *m* ⟨~s; ~⟩ (*f*) ⟨~; ~nen⟩ Arabe *m, f*; *Pferd* cheval *m* arabe; **~eske** [-ˈbɛs-] *f* ⟨~; ~n⟩ *Verzierung, Ballett* arabesque *f*; **≈isch** [-ˈraː-] *adj.* arabe; die ~e Sprache, das ≈e la langue arabe; l'arabe *m*; e-e ~e Ziffer un chiffre arabe; **~ist** [-ˈbɪst] *m* ⟨~en; ~en⟩ arabisant *m*.

Aragon|ier(in) [araˈgoːniˑər(ɪn)] *m* ⟨~s; ~⟩ (*f*) ⟨~; ~nen⟩ Aragonais(e) *m(f)*; **≈isch** *adj.* aragonais; **~it** [-ˈnɪt, -ˈniːt] *m* ⟨~s⟩ *minéral.* aragonite *f*.

Aralie [aˈraːliˑə] *f* ⟨~; ~n⟩ *bot.* aralia *m*.

Aramä|er [araˈmɛːər] *m/pl.* Araméens *m/pl.*; **≈isch** *adj.* araméen, -nne.

Aräometer [arɛoˑˈmeːtər] *n* ⟨~s; ~⟩ *phys.* aréomètre *m*.

Arapaima [araˈpaɪma] *m* ⟨~s; ~s⟩ *zo.* arapaima [-paj-] *m*.

Araukarie [arauˈkaːriˑə] *f* ⟨~; ~n⟩ *bot.* araucaria *m*.

Arbeit [ˈarbaɪt] *f* ⟨~; ~en⟩ **1.** *als Tätigkeit* travail *m* (*auch phys.*); besogne *f*; F boulot *m*; *mühevolle* labeur *m*; körperliche, geistige, schöpferische ~ travail manuel, intellectuel, créateur; leichte, harte, interessante, undankbare ~ travail facile, dur, intéressant, ingrat; ~ finden, suchen trouver, chercher du travail; viel ~ haben avoir beaucoup de travail; keine ~ haben être sans travail; keine ~ scheuen n'avoir peur d'aucun travail, d'aucune besogne; keine Mühe und ~ scheuen ne pas regarder à la peine et au travail; e-e ~ verrichten faire un travail; die ~ niederlegen, einstellen cesser le travail; s'arrêter de travailler; F débrayer; die ~ wieder aufnehmen reprendre le travail, F le boulot, le turbin; gute ~ leisten faire du bon travail; sich die ~ einteilen répartir son travail; sich die ~ leicht machen se faciliter le travail; s-r ~ nachgehen travailler; faire son travail; die ~ geht ihm rasch von der Hand *cf.* Hand; F die ~ will mir noch nicht (so) schmecken c'est dur de retravailler; ~ ~ sein lassen laisser tomber le travail; sich an die ~ machen se mettre au travail, à la besogne; bei der ~ sein être en train de travailler; bei der ~ stören déranger pendant le travail; etw. in ~ haben avoir qc. en chantier; etw. ist in ~ on travaille à qc.; qc. est en chantier; j-m etw. in ~ geben demander à qn. de faire qc.; faire faire, commander qc. à qn.; F bis zum Hals in ~ stecken avoir du travail, F du boulot par-dessus la tête; sich wieder in die ~ stürzen se remettre au travail, au boulot; mit der ~ beginnen se mettre à travailler; commencer le travail, à travailler; mit der ~ im Rückstand sein être en retard dans son travail; mit ~ überlastet sein être surchargé de travail; über s-r ~ sitzen avoir le nez sur son travail; sich vor der ~ drücken fuir le travail; tirer au flanc; F die ~ nicht erfunden haben avoir un poil dans la main; avoir les côtes en long; zur ~ gehen aller au, à son travail; mit j-m, etw. viel ~ haben avoir beaucoup de travail avec qn., avec qc.; ein Haufen ~ un monceau de travail; ein schweres Stück ~ un drôle de travail; *loc.* erst die ~, dann das Vergnügen le travail d'abord, le plaisir après; wie die ~, so der Lohn *prov.* à chacun selon ses mérites; **2.** *als Produkt* travail *m*; erhabene ~ relief *m*; eingelegte ~ (ouvrage *m* de) marqueterie *f*; incrustation *f*; e-e philosophische, literarische, wissenschaftliche ~ un travail philosophique, littéraire, scientifique; *écol.* schriftliche ~en devoirs *m/pl.*; *beim Examen* épreuves écrites; e-e ~ schreiben faire une composition (de français, de maths, *etc.*); s-e ~ abgeben donner, rendre son travail, (*Klassen≈*) sa composition, (*Haus≈*) son devoir, *beim Examen* sa copie; ~en junger Künstler travaux de jeunes artistes; ~en in Gips, Marmor œuvres *f/pl.* en plâtre, en marbre.

arbeiten [ˈarˌbaɪtən] **I** *v/t.* ⟨-ete, h⟩ faire; etw. sehr sorgfältig ~ faire qc. très soigneusement; bei welchem Schneider lassen Sie ~? quel tailleur vous habille?; quel est votre tailleur?; ein auf Taille gearbeiteter Mantel un manteau cintré; ein sauber gearbeitetes Stück un travail fini, fignolé, bien fait; **II** *v/i.* **1.** travailler; F bosser; hart, gewissenhaft, wissenschaftlich, rationell ~ travailler dur(ement), consciencieusement, scientifiquement, d'une façon rationnelle; unter Druck ~ travailler sous pression; körperlich schwer ~ müssen devoir travailler dur; faire un travail physique dur; er hat sein Leben lang nur gearbeitet il a travaillé toute sa vie; im Garten ~ jardiner; an etw. ~ travailler à qc.; an e-m Roman ~ travailler à un roman; écrire un roman; für e-e Prüfung ~ préparer un examen; j-n für sich ~ lassen faire travailler qn. pour soi; gegen j-n ~ travailler contre qn.; gegen Entgelt ~ travailler contre *od.* moyennant rétribution, rémunération; im Akkord ~ *cf.* Akkord 2.; mit Verlust ~ travailler à perte; nach e-m System ~ travailler selon un système; über e-n Dichter, ein Thema ~ écrire un travail sur un écrivain, sur un sujet; **2.** *fig. Herz, Lunge, Maschine, Motor* marcher; travailler; *Holz, Beton, Teig, Wein, Geld* travailler; sein Geld ~ lassen faire travailler son argent; **III** *v/réfl.* sich müde, warm ~ travailler jusqu'à ce qu'on soit fatigué, réchauffé; sich zu Tode ~ se tuer au travail; es arbeitet sich schlecht bei dem Lärm on travaille mal dans ce bruit; sich durch den Schnee, das Gedränge ~ se frayer un chemin, un passage à travers la neige, la foule; *fig.* sich nach oben, in die Höhe ~ réussir par son travail; **IV ≈** *n* ⟨~s⟩ Ruhe zum ~ brauchen avoir besoin de silence pour travailler; er ist an selbständiges ~ gewöhnt il est habitué à travailler seul; **~d** *adjt.* die ~e Bevölkerung la population active; sein langsam ~er Verstand son esprit lent; ein zu langsam ~es Herz un cœur qui travaille trop lentement.

Arbeiter|(in) [ˈarˌbaɪtər(ɪn)] *m* ⟨~s; ~⟩ (*f*) ⟨~; ~nen⟩ travailleur, -euse *m, f*;

in der Industrie ouvrier, -ière *m, f*; *Biene* ~in ouvrière *f*; einfacher ~ simple ouvrier; (un)gelernter ~ ouvrier (non-)qualifié; *ungelernter auch* manœuvre *m*; **fleißiger, gewissenhafter, langsamer** ~ travailleur zélé, consciencieux, lent; **ein tüchtiger** ~ un gros travailleur; **ein geistiger** ~ un travailleur intellectuel; **ein gewerkschaftlich organisierter** ~ un ouvrier, un travailleur syndiqué; ~ **und Angestellte** ouvriers et employés; *bibl.* **ein** ~ **ist s-s Lohnes wert** toute peine mérite salaire *prov.*; **~ˌaufstand** *m* soulèvement ouvrier; **~baˌracke** *f* baraque *f* d'ouvriers; **~beˌvölkerung** *f* population ouvrière; **~beˌwegung** *f* mouvement ouvrier; *bes. in England* mouvement *m* travailliste; travaillisme *m*; **~ˌdichter** *m* poète ouvrier; **~ˌelend** *n* misère ouvrière; *hist. auch* paupérisme *m*; **~ˌfahrkarte** *f cf.* ~rückfahrkarte; **~faˌmilie** *f* famille ouvrière; **~ˌfrage** *f* question ouvrière; **~ˌfrau** *f* femme *f* d'ouvrier; **~ˌführer** *m* leader [-œːr] ouvrier; **~geˌwerkschaft** *f* syndicat ouvrier, de travailleurs; **~ˌjugend** *f* jeunesse ouvrière; **~ˌkind** *n* enfant *m* d'ouvrier; **~ˌklasse** *f* classe ouvrière; **~koˌlonne** *f* équipe *f* d'ouvriers; **~ˌkundgebung** *f* manifestation ouvrière; **~ˌmangel** *m* manque *m* d'ouvriers, de travailleurs, de main-d'œuvre; **~parˌtei** *f* parti ouvrier; *in England* parti *m* travailliste; **~ˌpriester** *m égl. cath.* prêtre-ouvrier *m*; **~ˌrat** *m* conseil ouvrier; **~reˌgierung** *f in England* gouvernement *m* travailliste; **~ˌrückfahrkarte** *f chem.* billet *m* aller et retour pour travailleurs; **~ˌschaft** *f* ⟨~⟩ ouvriers *m/pl.*; **~ˌschutz** *m* protection ouvrière; **~ˌschutzgeˌsetz** *n* loi ouvrière; **~ˌschutzgeˌsetzˌgebung** *f* législation ouvrière; **~ˌsiedlung** *f* cité ouvrière; **~ˌunruhen** *f/pl.* troubles ouvriers; **~verˌband** *m* union, association ouvrière; **~verˌsammlung** *f* rassemblement, meeting [mitiŋ] ouvrier; réunion ouvrière; **~verˌsicherung** *f* assurance *f* travailleur; **~ˌviertel** *n* quartier ouvrier; **~ˌwohlfahrt** *f* assistance sociale des travailleurs; **~ˌwohnblock** *m* cité-bloc ouvrière; grand ensemble ouvrier; **~ˌwohnung** *f* logement ouvrier.

Arbeit|geber [ˈarbaɪtˌgeːbər] *m* employeur *m*; patron *m*; **die** ~ le patronat; les patrons; **~ˈgeberˌanteil** *m bei der Sozialversicherung* contribution, part, cotisation patronale, des employeurs; **~ˈgeberˌleistungen** *f/pl.* prestations patronales; **~ˈgeberverˌband** *m* association patronale, d'employeurs; syndicat patronal; **~ˌnehmer** *m* salarié *m*; travailleur *m*; **die** ~ le salariat; les salariés; les travailleurs; **~ˈnehmerˌanteil** *m bei der Sozialversicherung* cotisation *f* du salarié, du travailleur.

Arbeits|ablauf [ˈarbaɪtsˌʔaplaʊf] *m* déroulement *m* du travail; **~ˌabschnitt** *m* phase *f* de travail.

arbeitsam [ˈarbaɪtˌzaːm] *adj.* laborieux, -euse; travailleur, -euse; **ein ~es Volk** un peuple laborieux, travailleur; **ein ~es Leben** une vie laborieuse; **≈ˌkeit** *f* ⟨~⟩ caractère laborieux, travailleur; (*Arbeiten mit Lust u. Liebe*) application *f*; (*rasches, fleißiges Arbeiten*) diligence *f*; (*Rührigkeit*) activité *f*.

Arbeits|amt [ˈarbaɪtsˌʔamt] *n* office *m*, service *m* du travail, de la main-d'œuvre; bureau *m* d'emploi, de placement; **Internationales** ~ *cf.* international; **~ˌanfall** *m* (quantité *f* de) travail *m* qui se présente; **~ˌanfang** *m cf.* ~beginn; **~ˌangebot** *n* offre *f* d'emploi; **~ˌanleitung** *f* directive(s) *f(pl.)* de travail; **~ˌantritt** *m* entrée *f* dans un (nouvel) emploi; **~ˌanweisung** *f cf.* ~anleitung; **~ˌanzug** *m* tenue *f* de travail; bleu *m* de travail; combinaison *f*; **~atmosˌphäre** *f* ambiance *f*, atmosphère *f* au travail; **~ˌauffassung** *f* conception *f* du travail; **~ˌaufwand** *m* quantité *f* de travail; somme *f* de travail; **~ˌausfall** *m* perte *f*, déperdition *f* de travail; **~beˌdingungen** *f/pl.* conditions *f/pl.* de travail; **~beˌfreiung** *f* dispense *f* de travail; **~beˌginn** *m* commencement *m*, début *m* du travail; **~beˌlastung** *f* travail (dur, fatigant, épuisant); **Schutz vor übermäßiger** ~ protection *f* contre l'excès de travail; **~beˌreich** *m cf.* ~gebiet; **~beˌricht** *m* rapport *m* de travail; **~beˌschaffung** *f* création *f* d'emplois; **~beˌschaffungsˌmaßnahme** *f* mesure *f* de création d'emplois; **~beˌschaffungsproˌgramm** *n* programme *m* de création d'emplois; **~beˌscheinigung** *f* certificat *m* de travail; attestation *f* d'emploi; **~beˌsprechung** *f* entretien(s) *m(pl.)*, discussion *f* sur le travail; **~beˌsuch** *m pol.* visite *f* de travail; **~beˌwußtsein** *n* conscience *f* du travail; **~ˌbiene** *f zo.* abeille ouvrière; *fig.* gros travailleur *bzw.* grosse travailleuse; bourreau *m* de travail; **~briˌgade** *f* brigade *f* du travail; **~ˌbuch** *n* livret *m* de travail; **~ˌbühne** *f techn.* échafaudage *m*; **~ˌdauer** *f* durée *f*, temps *m* de travail; **~ˌdienst** *m* service *m* du travail; **~ˌdienstpflicht** *f* service *m* obligatoire du travail; **~diˌrektor** *m* directeur *m* du service du personnel et du service social (d'une entreprise); **~disziˌplin** *f* discipline *f* de travail; **~ˌeifer** *m* ardeur *f* au travail; zèle *m*; **~ˌeinkommen** *n* revenus *m/pl.* du travail; **~ˌeinsatz** *m* mobilisation *f* pour le travail; **~ˌeinstellung** *f* arrêt *m*, suspension *f*, cessation *f* du travail; **~ˌeinteilung** *f* répartition *f*, organisation *f* du travail; **~erˌlaubnis** *f cf.* ~genehmigung; **~erˌleichterung** *f* allégement *m* du travail; **~erˌsparnis** *f* économie *f* de travail; **~erˌtrag** *m* fruit *m*, résultat *m*, bénéfice *m* du travail; **~ˌessen** *n dipl.* déjeuner *m*, dîner *m* d'affaires; **~ˌethos** *n* éthique *f* du travail; **≈ˌfähig** *adj.* apte au travail; capable de travailler; **~ˌfähigkeit** *f* ⟨~⟩ aptitude *f* au travail; capacité *f* de travailler; **~ˌfeld** *n cf.* ~gebiet; **≈ˌfrei** *adj.* **~er Tag** jour (de) libre, de congé, chômé; **~ˌfreude** *f*, **~ˌfreudigkeit** *f* ⟨~⟩ plaisir *m* de travailler; ardeur *f* au travail; **~ˌfriede(n)** *m* paix sociale (entre patronat et salariat); **~ˌgang** *m* opération *f*, phase *f* (de travail); **~geˌbiet** *n* champ *m* d'activité; **~geˌmeinschaft** *f* groupe *m*, cercle *m* de travail, d'études; **~geˌnehmigung** *f* autorisation *f* de travail; **~geˌrät** *n* matériel *m* de travail; outils *m/pl.*; outillage *m*; **~geˌricht** *n* conseil *m* de prud'hommes; **≈geˌrichtlich** *adj.* prud'homal; **~geˌrichtsbarkeit** *f* juridiction prud'homale; **~geˌschwindigkeit** *f* vitesse *f*, rapidité *f*, célérité *f* d'exécution d'un travail; **~geˌsetzgebung** *f* législation *f* du travail; **~ˌgrundlage** *f* base *f* de travail; **~ˌgruppe** *f* groupe *m* de travail; équipe *f*; **~ˌhaus** *n* maison *f* de correction; **~ˌhose** *f* pantalon *m* de travail; cotte *f*; **~ˌhub** *m mot. cf.* Arbeitstakt; **~hygiˌene** *f* hygiène *f* du travail; **~hypoˌthese** *f* hypothèse *f* de travail; **~inspektiˌon** *f cf.* Gewerbeaufsicht; **~intensiˌvierung** *f* intensification *f* du travail; **~ˌjacke** *f* veste *f* de travail; **~ˌjahre** *n/pl.* années *f/pl.* de travail; **~kameˌrad** *m* camarade *m* de travail; **~ˌkampf** *m* conflit social (entre patronat et salariat); **~ˌkarte** *f* **a)** *für Fabrikarbeiter* carte *f* qui indique les travaux à faire; **b)** *für Jugendliche* permis *m* de travail pour enfants de moins de seize ans; **~ˌkittel** *m* blouse *f* de travail; **~ˌkleidung** *f* vêtements *m/pl.* de travail; **~ˌklima** *n* ambiance *f*, climat *m* au travail; **~koˌllege** *m* collègue *m*; **~koˌlonne** *f* équipe *f* de travail; **~koˌmmando** *n* détachement *m* de travailleurs; **~ˌkraft** *f* **1.** (*Leistungsfähigkeit*) capacité *f*, puissance *f*, intensité *f*, potentiel *m* de travail; **2.** *Person* aide *m, f*; collaborateur, -trice *m, f*; *pl.* **Arbeitskräfte** main-d'œuvre *f*; **e-e billige** ~ un(e) aide bon marché, qui ne coûte pas cher; **e-e geeignete** ~ un collaborateur, un aide désigné *bzw.* une collaboratrice, une aide désignée; **ausländische, geschulte Arbeitskräfte** de la main-d'œuvre étrangère, qualifiée; **~kräftebeˌdarf** *m* besoin *m* de main-d'œuvre; besoins *m/pl.* en main-d'œuvre; **~kräfteˌmangel** *m* manque *m* de main-d'œuvre; *in der Landwirtschaft meist* manque *m* de bras; **~ˌkreis** *m* **1.** cercle *m* de travail, d'études; **2.** *cf.* ~gebiet; **~ˌlager** *n* camp *m* de travail; **~ˌlast** *f* fardeau *m* du travail; **~ˌleistung** *f e-r Person, Maschine* rendement *m*; **die** ~ **erhöhen** augmenter le rendement; **~ˌlenkung** *f* orientation *f* des travailleurs; **~ˌlohn** *m* salaire *m*; paye *f*.

arbeitslos [ˈarbaɪtsˌloːs] *adj.* sans travail; en *od.* au chômage; chômeur, -euse; ~ **werden** être réduit au chômage; **≈enˌfürsorge** *f cf.* ≈enhilfe; **≈enˌgeld** *n* allocation *f* (de) chômage; **≈enˌhilfe** *f* assistance *f* chômage; **≈enunterˌstützung** *f cf.* ≈engeld; **≈enverˌsicherung** *f* assurance *f* chômage; **≈enˌzahl** *f* nombre *m* de chômeurs; **≈e(r)** *f* (*m*) ⟨→ A⟩ chômeur, -euse *m, f*; sans-travail *m*; **die ~n wieder eingliedern** résorber le chômage; **≈igˌkeit** *f* ⟨~⟩ chômage *m*; **saisonale, strukturelle** ~ chômage saisonnier, structurel.

Arbeits|lust [ˈarbaɪtsˌlʊst] *f* envie *f* de travailler; ardeur *f* au travail; **~ˌmangel** *m* manque *m* de travail; **~ˌmarkt** *m* marché *m* du travail; **~maˌschine** *f* machine *f* qui effectue un travail; **≈ˌmäßig** *adj. u. adv.* en ce qui concerne le travail; **~materiˌal** *n* matériel *m* de travail; **~mediˌzin** *f* médecine *f* du travail; **~ˌmenge** *f* quantité *f* de travail; **~ˌmensch** *m* F bourreau *m* de travail; **~meˌthode** *f* méthode *f*, procédé *m* de travail; **~miˌnister** *m* ministre *m* du Travail; **~minisˌterium** *n* ministère *m* du Travail; **~ˌmöglichkeit** *f* possibilité *f* de travail; **~moˌral** *f* mentalité *f*, attitude *f* vis-à-vis du travail; **~ˌnachweis** *m cf.* ~vermittlung; **~ˌniederˌlegung** *f bei e-m Streik* débrayage *m*; **~ˌnorm** *f* norme *f* de rendement; **~ˌordnung** *f* règlement(s) *m (pl.)* du travail; **~organisatiˌon** *f* organisation *f* du travail; **~ˌort** *m* lieu *m*, endroit *m* de travail; **~paˌpiere** *n/pl.* papiers *m/pl.* de travailleur, d'employé; **~ˌpause** *f* temps *m* de repos; pause *f*; **~ˌpensum** *n* pensum [pɛ̃sɔm] *m*; **~ˌpferd** *n* cheval *m* de trait; *fig. u.* F bourreau *m* de travail; **~physiolo-**

ˌ**gie** *f* physiologie *f* du travail; **~ˌplan** *m* plan *m* de travail; **~ˌplanung** *f* planification *f* du travail; **~ˌplatz** *m* **1.** place *f* de travail; **2.** (*Stelle*) place *f*; emploi *m*; **gesicherter ~** emploi sûr; place sûre; **Schaffung neuer Arbeitsplätze** création de nouveaux emplois; **häufig den ~ wechseln** changer souvent de place; **~proˌgramm** *n* programme *m* de travail; **~proˌzeß** *m* processus [-ys] *m* du travail; **~psycholoˌgie** *f* psychologie *f* du travail; **~rationaliˌsierung** *f* rationalisation *f* du travail; **~ˌraum** *m* pièce *f* de travail; bureau *m*; **~ˌrecht** *n* droit *m* du travail; **~ˌregelung** *f* réglementation *f* du travail; **2ˌreich** *adj. Leben etc.* laborieux, -euse; **~ˌrhythmus** *m* rythme *m*, cadence *f* du travail; **~ˌrichter** *m* prud'homme *m*; **~ˌrichtlinien** *f/pl.* directives *f/pl.* de travail; **~ˌruhe** *f* arrêt *m* de travail; **2ˌscheu I** *adj.* paresseux, -euse; F flemmard; cossard; qui a un poil dans la main; **II ~ˌscheu** *f* paresse *f*; fainéantise *f*; F flemme *f*; cosse *f*; **~ˌschicht** *f* 'huit heures *f/pl.*, journée *f* de travail; **~ˌschuhe** *m/pl.* chaussures *f/pl.* de travail; **~ˌschule** *f* école *f* (employant la méthode) active (d'éducation); **~ˌschutz** *m* protection *f*, sécurité *f* du travail; **~ˌschutzˌvorschrift** *f* règlement *m* concernant (l'hygiène et) la sécurité du travail; **~ˌsitzung** *f* séance *f* de travail; **~ˌsprache** *f bei e-m Kongreß etc.* langue *f* de travail; **~staˌtistik** *f* statistique *f* du travail; **~ˌstätte** *f* lieu *m* de travail; **~ˌstelle** *f* **e-e neue ~ suchen** chercher une nouvelle place; **die ~ wechseln** changer de place, de travail; **~ˌstil** *m* mode *m* de travail; **~ˌstimmung** *f* **in ~ sein** avoir envie de travailler; **~ˌstunde** *f* heure *f* de travail; **~ˌsuche** (*od.* Arbeitsuche) *f* **er ist auf (der) ~** il cherche du travail, un emploi; **~ˌsuchende(r)** (*od.* **Arbeitsuchende[r]**) *f* (*m*) ⟨→ A⟩ celui, celle qui cherche du travail, un emploi; **~ˌtag** *m* **1.** journée *f* de travail; **2.** (*Werktag*) jour *m* ouvrable; **~ˌtagung** *f* congrès professionnel; **~ˌtakt** *m mot.* temps *m* d'explosion; **2ˌtauglich** *adj. cf.* arbeitsfähig; **~ˌteam** *n* équipe *f* de travail; **~ˌteilung** *f* division *f* du travail; **~ˌtempo** *n* vitesse *f* de travail; **~ˌtier** *n fig. u.* F bourreau *m* de travail; **~ˌtisch** *m* table *f* de travail; **~ˌtitel** *m e-s Films etc.* titre *m* provisoire; **~überˌlastung** *f* excès *m*, surcharge *f*, surcroît *m* de travail; **2ˌunfähig** *adj.* incapable de travailler; inapte au travail; invalide; **~ˌunfähigkeit** *f* incapacité *f* de travail; inaptitude *f* au travail; invalidité *f*; **~ˌunfall** *m* accident *m* du travail; **~ˌunlust** *f* manque *m* d'ardeur au travail; **~unterˌbrechung** *f* arrêt *m* de travail; **~ˌunterlage** *f* matériel *m* de travail; **~ˌunterricht** *m* enseignement actif; **~verˌdienst** *m* salaire *m*; **~verˌfahren** *n cf.* ~methode; **~verˌhältnis** *n* contrat *m* de travail; **ein neues ~ eingehen** conclure un nouveau contrat de travail; changer de place; **das ~ lösen** résilier le contrat de travail; **~verˌhältnisse** *n/pl.* conditions *f/pl.* de travail; **~verˌmittlung** *f* bureau *m* de placement; **~verˌmögen** *n cf.* Arbeitskraft 1.; **~verˌsäumnis** *n* absence *f* au travail; **~verˌtrag** *m* contrat *m* de travail; **e-n ~ kündigen** résilier un contrat de travail; **~verˌweigerung** *f* refus *m* de travailler; **2verˌwendungsˌfähig** *adj. cf.* arbeitsfähig; **~veteˌran** *m* médaillé *m* du travail; **~ˌvorbeˌreitung** *f Betriebsorganisation* préparation *f* du travail; **~ˌvorgang** *m* opération(s) *f* (*pl.*) de travail; **~ˌweise** *f* manière *f* de travailler; méthode *f*, mode *m* de travail; *e-r Maschine* mode *m* de fonctionnement; **~ˌwerkzeug** *n* outils *m/pl.*; outillage *m*; **~ˌwille** *m* volonté *f* de travail; **2ˌwillig** *adj.* prêt à travailler; *beim Streik* non-gréviste; **~ˌwillige(r)** *m* ⟨→ A⟩ volontaire *m* d'un travail; *beim Streik* non-gréviste *m*; **~ˌwissenschaft** *f* science *f* du travail; **~ˌwoche** *f* semaine *f* de travail; **gleitende ~** semaine de travail mobile; **~ˌwut** *f iron.* folie *f* du travail; **~ˌzeit** *f* heures *f/pl.*, durée *f*, horaire *m* de travail; **~zeitˌordnung** *f* règlement *m* de la durée, des heures de travail; organisation *f* des horaires; **~zeitverˌkürzung** *f* réduction *f* des heures, de la durée de travail; **~ˌzeug** *n* **1.** *Kleidung* vêtements *m/pl.* de travail; **2.** *Werkzeug* outils *m/pl.*; **~ˌzeugnis** *n* certificat *m* de travail; **~ˌzimmer** *n* bureau *m*; cabinet *m* de travail; **~ˌzug** *m chem.* train *m* de travaux; **~ˌzwang** *m* obligation *f* de travailler.

Arbitrage [arbiˑ'trɑːʒə] *f* ⟨~; ~n⟩ *comm.* arbitrage *m*.

Arboretum [arboˑ'reːtʊm] *n* ⟨~s; -ten⟩ *bot.* arboretum [-ɔm] *m*.

Archai|kum [ar'çɑːiˑkʊm] *n* ⟨~s⟩ *géol.* archéen [-k-] *m*; **2sch** *adj.* archaïque [-k-]; **2'sierend** *adjt.* archaïsant [-k-]; **~smus** [-'ɪs-] *m* ⟨~; -men⟩ archaïsme [-k-] *m*.

Archä|ologe [arçɛoˑ'loːgə] *m* ⟨~n; ~n⟩ archéologue [-ke-] *m*; **~olo'gie** *f* ⟨~⟩ archéologie [-ke-] *f*; **2o'logisch** *adj.* archéologique [-ke-]; **~'opteryx** *f*, *m* ⟨~; ~e *od.* -'teryges⟩ *zo.* archéoptéryx [arkeɔpteriks] *m*.

Arche ['arçə] *f* ⟨~; ~n⟩ arche *f*; **~ Noah** arche de Noé; **~'gonium** [-çeˑ-] *n* ⟨~s; -ien⟩ *bot.* archégone [-ke-] *m*; **~typ(us)** [ˌarçeˑ'tyːp(ʊs), 'arçeˑˌtyːp] *m* ⟨~s; ~en⟩ (*m*) ⟨~; -pen⟩ archétype [-ke-] *m*.

Archi|diakon [arçiˑdiˑa'koːn] *m hist.* archidiacre [-ʃi-] *m*; *égl. prot.* deuxième pasteur *m* d'une église principale d'une grande ville; **~diako'nat** *n hist.* archidiaconé *m*; **~man'drit** *m* ⟨~en; ~en⟩ *égl.* archimandrite *m*; **2'medisch** *adj. phys.* **das 2e Prinzip** le principe d'Archimède; **~'pel** [-'peːl] *m* ⟨~s; ~e⟩ *géogr.* archipel *m*; **~'presbyter** *m égl. cath.* archiprêtre *m*.

Architekt [arçiˑ'tɛkt] *m* ⟨~en; ~en⟩ architecte *m*; **~onik** [-'toː-] *f* ⟨~; ~en⟩ architectonique *f*; **2onisch** [-'toː-] *adj.* architectonique; **~ur** [-'tuːr] *f* ⟨~; ~en⟩ architecture *f*.

Architrav [arçiˑ'trɑːf] *m* ⟨~s; ~e⟩ *bât.* architrave *f*.

Archiv [ar'çiːf] *n* ⟨~s; ~e⟩ archives *f/pl.* (*auch Raum*); **etw. im ~ aufbewahren** garder qc. dans les archives; **~ˌakten** *f/pl.*, **~alien** [-'vɑː-] *pl.* archives *f/pl.*; **~ar** [-'vɑːr] *m* ⟨~s; ~e⟩ archiviste *m*.

Archivolte [arçiˑ'vɔltə] *f* ⟨~; ~n⟩ *bât.* archivolte *f*.

Ardisie [ar'diːziˑə] *f* ⟨~; ~n⟩ *bot.* ardisia *m*.

Areal [areˑ'ɑːl] *n* ⟨~s; ~e⟩ aire *f*; superficie *f*; surface *f*.

Arena [a'reːna] *f* ⟨~; -nen⟩ arène *f* (*auch fig.*); **die internationale ~** l'arène internationale.

Areopag [areˑoˑ'pɑːk] *m* ⟨~s; ~e⟩ *hist.* aréopage *m*.

arg [ark] **I 1.** *adj.* ⟨~er, ~st⟩ **a)** (*schlimm, böse*) mauvais; **sein ärgster Feind** son plus grand ennemi; son ennemi juré; **j-m e-n ~en Streich spielen** jouer un mauvais tour à qn.; **es ist nicht so ~** cela n'est pas si grave, terrible; **das ist denn doch zu ~!** c'est trop fort!; c'est un peu raide!; c'est la fin des 'haricots!; **an nichts 2es denken** ne pas penser à mal; **nichts 2es in etw. sehen** ne pas voir de mal à qc.; **das Ärgste befürchten** redouter, craindre le pire; **auf das Ärgste gefaßt sein** s'attendre au pire; **j-n vor dem Ärgsten bewahren** préserver qn. du pire; **im ~en liegen** être en mauvaise posture, dans une mauvaise passe; **b)** *verstärkend* grand; fort; **in ~e Verlegenheit geraten** être fort embarrassé; **ich habe e-n ~en Schrecken bekommen** j'ai eu grand, fort peur; **2.** *adv.* très; beaucoup; **es zu ~ mit j-m treiben** aller trop loin avec qn.; **die Krankheit hat ihn ~ mitgenommen** la maladie l'a beaucoup, très affaibli; **das Buch hat schon ~ gelitten** le livre a déjà beaucoup souffert; **sich ~ freuen** se réjouir beaucoup; **er ist noch ~ jung** il est encore très jeune; **II 2** *n* ⟨~s⟩ malice *f*; **ohne ~** sans malice; **es ist kein ~ an ihm** il est sans malice; **kein ~ an e-r Sache finden** ne point voir de mal à qc.

Argentin|ier(in) [argɛn'tiːniˑər(ɪn)] *m* ⟨~s; ~⟩ (*f*) ⟨~; ~nen⟩ Argentin(e) *m* (*f*); **2isch** *adj.* argentin.

ärger ['ɛrgər] **I** *comp. von* arg; **II 2** *m* ⟨~s⟩ **a)** (*Unwille*) dépit *m*; colère *f*; irritation *f*; **s-n ~ unterdrücken** réprimer son dépit, *etc.*; **s-n ~ in sich hineinfressen** ravaler son dépit, sa colère; **s-n ~ an j-m auslassen** déverser, décharger sa bile, sa colère sur qn.; **vor ~ außer sich sein, platzen** se fâcher tout rouge; **der ~ ist verflogen** le dépit, la colère, l'irritation a disparu; **aus (lauter) ~** de colère; de dépit; **b)** (*Unannehmlichkeit*) ennuis *m/pl.*; contrariété *f*; désagrément *m*; **mit etw., j-m ~ haben** avoir des ennuis avec qc., avec qn.; **nichts als ~ haben** n'avoir que des ennuis, des désagréments, des embêtements; **es hat viel ~ gegeben** on a eu beaucoup d'ennuis, de tracas, F de tintouin; F **mach keinen ~!** ne me *bzw.* nous fais pas d'ennuis!; **~ˌlich 1.** *adj.* **a)** (*ungehalten*) irrité; fâché; contrarié; **über, auf j-n ~ sein** être irrité contre qn.; **leicht ~ werden** s'irriter facilement, à tout propos; **~ über die Störung sein** être irrité d'avoir été dérangé; **ein ~es Gesicht machen** avoir l'air irrité; **b)** (*unerfreulich*) fâcheux, -euse; ennuyeux, -euse; embêtant; **ein ~er Zwischenfall** un incident fâcheux, ennuyeux; **e-e ~e Geschichte, Sache** une histoire, une chose fâcheuse, embêtante, ennuyeuse; **das ist aber ~!** c'est bête!; c'est ennuyeux, contrariant, vexant!; **das 2e an der Sache ist...** le fâcheux de l'affaire c'est...; **2.** *adv.* avec irritation; **j-n ~ anfahren, anblicken** enguirlander, regarder qn. avec irritation; **etw. ~ entgegnen** répondre qc. avec irritation; **~n I** *v/t.* ⟨-(e)re, h⟩ **j-n ~** mettre qn. en colère; irriter qn.; agacer qn.; F embêter qn.; **die Leute ~** embêter, agacer le monde; **das kann mich ~ (, wenn...)** cela me met, F me fout en colère, cela m'irrite (quand...); **es ärgert mich, daß...** cela me contrarie, F je rage de voir, de penser, *etc.* que... (+ *ind.*); *bei verschiedenem*

Subjekt auch cela me contrarie, F je rage que... (+ *subj.*), *bei gleichem Subjekt auch* de... (+ *inf.*); **j-n damit ⁓, daß...** agacer qn. en... (+ *p.pr.*); **II** *v/réfl.* **sich ⁓** s'irriter; se mettre en colère; (en)rager; se fâcher; **sich maßlos, schrecklich** (**über etw.**) **⁓** rager (d'avoir fait qc., de voir qc.); **sich grün und gelb ⁓** se fâcher tout rouge; en attraper une jaunisse; **ich könnte mich krank ⁓** je pourrais en faire une maladie; F **nicht ⁓, nur wundern!** il ne faut pas se fâcher, seulement s'étonner; *Würfelspiel* **Mensch, ärgere dich nicht** (jeu des) petits chevaux; **2ˌnis** *n* ⟨⁓ses; ⁓se⟩ **a)** (*Anstoß*) scandale *m*; outrage *m*; **an etw. ⁓ nehmen** se choquer, s'offusquer, se scandaliser de qc.; **⁓ erregen** faire scandale; **wegen Erregung öffentlichen ⁓ses** pour outrage public à la pudeur; **b)** (*Ärger*) contrariété *f*.

Arginin [argiˑˈniːn] *n* ⟨⁓s⟩ *Biochemie* arginine *f*.

Arg|list [ˈarklɪst] *f* ⟨⁓⟩ sournoiserie *f*; perfidie *f*; fourberie *f*; *jur.* dol *m*; **2ˌlistig 1.** *adj.* sournois; perfide; fourbe; *jur.* dolosif, -ive; *jur.* **⁓e Täuschung** dol *m*; **ein ⁓er Mensch** un homme sournois, perfide; **2.** *adv.* perfidement; sournoisement; **2los** *adj.* **a)** (*unschuldig*) sans malice; innocent; **ein ⁓es Kind** un enfant innocent; **b)** (*ahnungslos*) confiant; ingénu; **sich ⁓ stellen** faire l'ingénu, l'innocent; **den ⁓en Ehemann betrügen** tromper le mari confiant; **⁓ˌlosigˌkeit** *f* ⟨⁓⟩ *e-s Kindes* candeur *f*; innocence *f*; (*Ahnungslosigkeit*) ingénuité *f*; confiance *f*.

Argonaut [argoˑˈnaʊt] *m* ⟨⁓en; ⁓en⟩ *zo.* argonaute *m*; **⁓en** *m/pl.* *myth.* Argonautes *m/pl.*

Argot [arˈgoː] *n* ⟨⁓s⟩ argot *m*; **⁓ reden** parler argot; P dévider le jars.

ärgst [ɛrkst] *sup. von* arg.

Argument [arguˑˈmɛnt] *n* ⟨⁓(e)s; ⁓e⟩ argument *m*; **ein schwerwiegendes, stichhaltiges, unhaltbares ⁓** un argument de poids, valable, insoutenable; **ein (durch)schlagendes ⁓** un argument massue; **ein ⁓ vorbringen, ins Feld führen** avancer, alléguer un argument; **⁓atiˈon** *f* ⟨⁓; ⁓en⟩ argumentation *f*; raisonnement *m*; **2ieren** [-ˈtiː-] *v/i.* ⟨*pas de ge-*, h⟩ argumenter (**gegen** contre).

Argus|augen [ˈargʊsˌˀaʊgən] *n/pl.* *fig.* yeux *m/pl.* d'Argus [-ys]; **⁓faˌsan** *m zo.* argus [-ys] *m*.

Arg|wohn [ˈarkvoːn] *m* ⟨⁓(e)s⟩ défiance *f*; soupçon *m*; suspicion *f*; **bei j-m ⁓ erregen, erwecken** éveiller, faire naître la défiance, la méfiance, la suspicion, les soupçons de qn.; **gegen j-n ⁓ hegen** avoir, nourrir de la défiance envers qn.; se méfier, se défier de qn.; **⁓ schöpfen, fassen** se méfier; se défier; avoir des soupçons; **2ˌwöhnen** *v/t.* ⟨h⟩ **etw. ⁓** soupçonner qc.; avoir des soupçons au sujet de qc.; **er argwöhnt nichts** il ne se doute, se méfie de rien; il ne soupçonne rien; **⁓, daß...** soupçonner que...; **2ˌwöhnisch 1.** *adj.* soupçonneux, -euse; méfiant; défiant; ombrageux, -euse; **j-n ⁓ machen** éveiller les soupçons, la méfiance, la défiance, la suspicion de qn.; **gegen j-n ⁓ sein** avoir de la défiance envers qn.; se méfier, se défier de qn.; **2.** *adv.* **j-n ⁓ ansehen** regarder qn. avec méfiance, avec défiance, soupçonneusement.

Ariadnefaden [ariˑˈadnəˌfaːdən, -ˈatnə-] *m myth. u. fig.* fil *m* d'Ariane.

Arian|er(in) [ariˑˈaːnər(ɪn)] *m* ⟨⁓s; ⁓⟩ (*f*) ⟨⁓; ⁓nen⟩ *relig.* arien, -nne *m, f*; **2isch** *adj.* arien, -nne; **⁓ismus** [-ˈnɪs-] *m* ⟨⁓⟩ *relig.* arianisme *m*.

Arie [ˈaːriˑə] *f* ⟨⁓; ⁓n⟩ *mus.* air *m*; aria *f*; **e-e ⁓ singen** chanter un air; **die große ⁓** le grand air; **g-Moll-⁓** *etc.* air en sol mineur, *etc.*

Ar|ier(in) [ˈaːriˑər(ɪn)] *m* ⟨⁓s; ⁓⟩ (*f*) ⟨⁓; ⁓nen⟩ Aryen, -nne *m, f*; **2isch** *adj.* aryen, -nne.

arioso [ariˑˈoːsoˑ, -zoˑ] **I** *adj.* *mus.* arioso; **II 2** *n* ⟨⁓s; ⁓s *od.* -si⟩ arioso *m*.

Aristokrat|(in) [arɪstoˑˈkraːt(ɪn)] *m* ⟨⁓en; ⁓en⟩ (*f*) ⟨⁓; ⁓nen⟩ aristocrate *m, f*; *péj.* aristo *m*; **⁓ie** [-ˈtiː] *f* ⟨⁓; -ien⟩ aristocratie [-si] *f*; **2isch** *adj.* aristocratique; aristocrate; **⁓e Kreise, Gesinnung** milieux, sentiments aristocratiques; **⁓er Hochmut** orgueil aristocratique.

aristophanisch [arɪstoˑˈfaːnɪʃ] *adj.* aristophanesque.

Aristotel|iker [arɪstoˑˈteːliˑkər] *m* ⟨⁓s; ⁓⟩ *philos.* aristotélicien *m*; **2isch** *adj.* d'Aristote; aristotélique; aristotélicien, -nne; **die ⁓e Philosophie** la philosophie aristotélique, d'Aristote.

Arithmet|ik [arɪtˈmeːtɪk] *f* ⟨⁓⟩ arithmétique *f*; **2isch** *adj.* arithmétique; **⁓e Reihe** progression arithmétique; **⁓es Mittel** moyenne arithmétique.

Arkad|e [arˈkaːdə] *f* ⟨⁓; ⁓n⟩ *bât.* arcade *f*; **unter den ⁓n** sous les arcades; **⁓ien** *n poét.* l'Arcadie *f*; **2isch** *adj.* arcadien, -nne; d'Arcadie; *fig. Landschaft* paradisiaque; d'Arcadie.

arktisch [ˈarktɪʃ] *adj.* arctique.

arm [arm] *adj. u. adv.* ⟨⁓er; ⁓st⟩ **a)** *an Geld etc.* pauvre (*nachgestellt*); **ein ⁓er Mann** un homme pauvre; **e-e ⁓e Frau** *auch* une pauvresse; **ein ⁓es Land** un pays pauvre; **⁓ an Rohstoffen** pauvre en matières premières; **⁓ an Geist** pauvre d'esprit, en esprit; **j-n ⁓ machen** appauvrir qn.; rendre qn. pauvre; *plais.* ruiner qn.; **⁓ werden** s'appauvrir; devenir pauvre; **sie haben ⁓ geheiratet** ils se sont mariés sans le sou, F sans un rond; F **nun bin ich wieder um zehn Mark ärmer** me voilà soulagé de dix marks; F **bei uns ist es doch nicht wie bei ⁓en Leuten** on n'est pas chez des gens pauvres ici; **⁓ wie e-e Kirchenmaus** pauvre comme Job; *cuis.* **⁓e Ritter** pain perdu; **der 2e** le pauvre; **die 2e** la pauvresse; **e-e Sammlung für die 2en** une quête pour les pauvres; **⁓ und reich** (les) pauvres et (les) riches; *bibl. u. fig.* **die 2en im Geiste** les pauvres d'esprit, en esprit; **b)** (*beklagenswert*) pauvre (*vorgestellt*); F **⁓er Teufel, Schlucker** pauvre diable, bougre, 'hère; **⁓es Ding!** pauvrette!; pauvre enfant!; **⁓er Irrer** pauvre fou; **er sitzt da wie ein ⁓er Sünder** *etwa* il est là comme un pénitent; **ich 2er!** pauvre de moi!; **du Ärmster!** mon pauvre!; **was hat der 2e dulden müssen!** qu'est-ce qu'il a dû supporter, le pauvre!

Arm [arm] *m* ⟨⁓(e)s; ⁓e⟩ bras *m* (*auch e-s Flusses, phys. u. fig.*); F (**ein Kleid**) **mit langem ⁓** (une robe) à manches longues; *st. s.* **der ⁓ der Gerechtigkeit** le bras de la justice; **⁓ in ⁓** bras dessus bras dessous; **mit nackten ⁓en** les bras nus; **mit verschränkten ⁓en dastehen** rester là les bras croisés; **die ⁓e in die Seiten stemmen** mettre les poings sur les 'hanches; **die ⁓e hängen lassen** rester là, avoir les bras ballants; être bras ballants; **den ⁓ in der Schlinge tragen** avoir le bras en écharpe; **den Mantel über den ⁓ nehmen** prendre son manteau sur son bras; *Aktentasche etc.* **unter den ⁓ nehmen** mettre sous son bras; **j-n am ⁓ packen** saisir, prendre qn. par le bras; **j-s ⁓ nehmen** prendre le bras de qn.; **j-m den ⁓ reichen, (an)bieten** donner, offrir le bras à qn.; **j-n in die ⁓e schließen** prendre qn. dans ses bras; **j-m in die ⁓e sinken, in j-s ⁓en liegen** se jeter, être dans les bras de qn.; **sich (gegenseitig) in die ⁓e fallen** tomber dans les bras l'un de l'autre; *fig.* **j-m in den ⁓ fallen** retenir le bras de qn.; retenir qn.; empêcher qn. de faire qc.; **j-m unter die ⁓e greifen** tirer qn. d'affaire; soutenir qn. financièrement, pécuniairement; **j-m in die ⁓e laufen** rencontrer qn. par hasard; **j-n j-m in die ⁓e treiben** livrer qn. à qn.; **e-n langen ⁓ haben** avoir le bras long; **j-n mit offenen ⁓en empfangen** recevoir qn. à bras ouverts; F **j-n auf den ⁓ nehmen** faire marcher qn.; se payer la tête de qn.; se moquer de qn.; charrier qn.; F **die Beine unter die ⁓e nehmen** prendre ses jambes à son cou; *st. s.* **in Morpheus' ⁓en liegen** être dans les bras de Morphée; **⁓ˌarbeit** *f Sport* jeu *m* de(s) bras.

Armatur [armaˈtuːr] *f* ⟨⁓; ⁓en⟩ *techn.* tableau *m*; *von Kesselanlagen etc.* robinetterie *f*; **⁓enˌbrett** *n Auto, aviat.* tableau *m* de bord; (*Schalttafel*) tableau *m* (de contrôle, de commande).

Arm|band [ˈarmbant] *n* bracelet *m*; (*Glieder2*) gourmette *f*; **⁓bandˌuhr** *f* montre-bracelet *f*; bracelet-montre *m*; **automatische ⁓** montre-bracelet à remontage automatique; **⁓ˌbeuge** *f* pli *m*, saignée *f* du bras; **⁓ˌbeugen** *n gym.* flexion *f* de(s) bras; **⁓beˌwegung** *f* geste *m* du bras; **⁓ˌbinde** *f Erkennungszeichen* brassard *m*; **⁓blatt** *n cout.* dessous *m* de bras; **⁓bruch** *m méd.* fracture *f* du bras; **⁓brust** *f hist.* arbalète *f*; **⁓brustˌschütze** *m* arbalétrier *m*; **2dick** *adj.* de la grosseur du bras.

Armee [arˈmeː] *f* ⟨⁓; -meen⟩ armée *f* (*auch fig.*); **⁓beˌfehl** *m* ordre *m* de l'armée; **⁓geneˌral** *m* général *m* d'armée; **⁓ˌgruppe** *f cf.* Heeresgruppe; **⁓ˌkorps** *n* corps *m* d'armée; **⁓ˌoberkoˌmmando** *n* état-major *m* d'une armée; **⁓pisˌtole** *f* pistolet *m* en service dans l'armée.

Ärmel [ˈɛrməl] *m* ⟨⁓s; ⁓⟩ manche *f*; **mit kurzen, langen ⁓n** à manches courtes, longues; **die ⁓ hochkrempeln** retrousser ses manches; **j-n am ⁓ zupfen** tirer qn. par la manche; *fig.* **etw. aus dem ⁓ schütteln (können)** faire, produire, fournir qc. sans (aucune) difficulté, en un tour de main; **⁓ˌaufschlag** *m* revers *m* de manche(s); parement *m*; **⁓ˌausschnitt** *m* emmanchure *f*; entournure *f*; **⁓(ˌbügel)ˌbrett** *n* jeannette *f*; **⁓ˌfutter** *n* doublure *f* de la *bzw.* des manche(s); **⁓ˌhalter** *m/pl.* élastiques *m/pl.* pour tenir les manches; **⁓ˌlänge** *f* longueur *f* de la *bzw.* des manche(s); **2ˌlos** *adj.* sans manches; **⁓ˌschoner** *m*, **⁓ˌschützer** *m* ⟨⁓s; ⁓⟩ manchette *f*; fausse manche; garde-manche *m*.

Armen|anwalt [ˈarmənˌˀanvalt] *m jur.* avocat chargé de l'assistance judiciaire; **⁓ˌbibel** *f hist.* Bible *f* des pauvres; **⁓ˌfürsorge** *f* assistance *f* aux pauvres; **⁓ˌhaus** *n hist.* maison *f* des pauvres.

Armen|ier(in) [arˈmeːniˑər(ɪn)] *m* ⟨⁓s;

~⟩ (*f*) ⟨~; ~nen⟩ Arménien, -nne *m, f*; 2isch *adj.* arménien, -nne.
Armen|recht ['armənˌrɛçt] *n jur.* assistance *f* judiciaire; **~ˌviertel** *n* quartier *m* des pauvres.
Armerie [ar'meːriˑə] *f* ⟨~; ~n⟩ *bot.* armeria *f.*
Arm|füßer ['armˌfyːsər] *m/pl. zo.* brachiopodes [-kjɔ-] *m/pl.*; **~ˌhaltung** *f Sport* position *f* des bras.
armier|en [ar'miːrən] *v/t.* ⟨*pas de ge-*, h⟩ *bât.* armer; **armierter Beton** béton armé; **2ung** *f* ⟨~; ~en⟩ *Ergebnis* armature *f*; *Tätigkeit verbal*; **2ungsˌeisen** *n* fer *m* pour armer.
Arm|kreisen ['armˌkraɪzən] *n gym.* cercles *m/pl.* de bras; **~ˌlehne** *f* accoudoir *m*; *e-s Sessels auch* bras *m*; **~ˌleuchter** *m* **1.** chandelier *m* à branches; girandole *f*; *größerer* candélabre *m*; **2.** *Schimpfwort* (espèce *f* d')andouille *f*; (espèce *f* de) crétin(e) *m* (*f*), corniaud *m*, cornichon *m*, couillon *m*; **~leuchterˌalgen** *f/pl. bot.* characées [ka-] *f/pl.*
ärmlich ['ɛrmlɪç] *adj.* pauvre (*vorgestellt*); *pfort.* misérable; **~e Kleidung** de pauvres vêtements; **e-e ~e Hütte** une pauvre cabane; **in ~en Verhältnissen leben** vivre dans la pauvreté; **~ aussehen** avoir l'air pauvre; **2ˌkeit** *f* ⟨~⟩ pauvreté *f.*
Arm|loch ['armlɔx] *n* **1.** *cout.* emmanchure *f*; entournure *f*; **2.** *Schimpfwort cf.* Armleuchter 2.; **~ˌmuskel** *m anat.* muscle brachial [-kjal]; **~ˌreif(en)** *m* bracelet *m.*
armselig ['armˌzeːlɪç] *adj.* **a)** (*mangelhaft*) piètre; minable; pauvre; misérable; **~e Worte** de piètres paroles; **ein ~es Instrument** un piètre instrument; un instrument misérable, minable; **~e Vegetation** pauvre, piètre végétation; **ein ~er Schriftsteller** un piètre écrivain; **b)** *cf.* ärmlich; **2ˌkeit** *f* ⟨~⟩ pauvreté *f*; caractère *m* piètre.
Arm|sessel ['armˌzɛsəl] *m* fauteuil *m* à accoudoirs; **~ˌspange** *f cf.* Armreif(en); **~stuhl** *m* chaise *f* à accoudoirs; **~stumpf** *m* moignon *m* de bras.
Armsündermiene [arm'zʏndərˌmiːnə] *f* mine contrite.
Armtragetuch ['armˌtraːgəˌtuːx] *n* écharpe *f.*
Armut ['armuːt] *f* ⟨~⟩ pauvreté *f*; (*Bedürftigkeit*) indigence *f*; **in ~ geraten** tomber dans l'indigence; **in äußerster ~ leben** vivre dans une pauvreté extrême; **geistige ~** pauvreté d'esprit, intellectuelle; **~ des Ausdrucks, an Gedanken** pauvreté de l'expression, d'idées; **die ~ (e-s Landes) an Rohstoffen** la pauvreté (d'un pays) en matières premières; **~ schändet nicht** *prov.* pauvreté n'est pas vice *prov.*; **~sˌzeugnis** *n jur.* certificat *m* d'indigence; *fig.* **sich ein ~ ausstellen** faire preuve de, démontrer son incapacité.
Armvoll ['armfɔl] *m* ⟨~; ~⟩ brassée *f*; **ein ~ Holz** une brassée de bois.
Arnika ['arniˑka] *f* ⟨~⟩ *bot., phm.* arnica *m, f*; **~tinkˌtur** *f phm.* teinture *f* d'arnica.
Aroma [a'roːma] *n* ⟨~s; -men *od.* ~ta⟩ arôme *m*; parfum *m*; **künstliches ~** parfum artificiel; **2tisch** [-'maː-] *adj.* aromatique; **~es Mittel** aromate *m*; **2ti'sieren** *v/t.* ⟨*pas de ge-*, h⟩ aromatiser.
Aronstab ['aːrɔnˌʃtaːp] *m bot.* arum [-ɔm] *m*; gouet *m*; **gefleckter ~** arum tacheté; pied-de-veau *m*; *sc.* arum *m* maculatum; **~geˌwächse** *n/pl. bot.* aracées *f/pl.*
Arpeggio [ar'pɛdʒoˑ] *n* ⟨~s; ~s⟩ *mus.* arpège *m.*
Arrak ['arak] *m* ⟨~s; ~e *od.* ~s⟩ ara(c)k *od.* arac *m.*
Arrang|ement [arɑ̃ːʒə'mɑ̃ː] *n* ⟨~s; ~s⟩ *allg.* arrangement *m*; **~eur** [-'ʒøːr] *m* ⟨~s; ~e⟩ arrangeur *m*; **2ieren** [-'ʒiː-] *v/t.* ⟨*pas de ge-*, h⟩ arranger (*auch mus.*); *Fest etc. auch* organiser.
Arrest [a'rɛst] *m* ⟨~es; ~e⟩ **1.** (*Haft*) emprisonnement *m*; détention *f*; *Schule* retenue *f*; *milit.* arrêts *m/pl.*; **strenger, verschärfter ~** arrêts de rigueur; **leichter ~** arrêts simples; **in ~ setzen** mettre aux arrêts; *par ext.* emprisonner; **2.** *jur. etwa* saisie *f*; **dinglicher ~** saisie provisoire des biens pour assurer l'exécution d'une créance pécuniaire; **persönlicher ~** contrainte par corps, personnelle à titre de sûreté; **offener ~** interdiction de paiement au débiteur failli; **~ant** [-'tant] *m* ⟨~en; ~en⟩ détenu *m*; **~beˌfehl** *m jur.* ordre *m* de saisie; **~ˌbruch** *m jur.* détournement *m* d'objets saisis; **~loˌkal** *n* prison *f*; **~ˌstrafe** *f* peine *f* d'emprisonnement; **~ˌzelle** *f* cellule *f*; *milit.* salle *f* de police.
arretier|en [areˑ'tiːrən] *v/t.* ⟨*pas de ge-*, h⟩ *techn.* arrêter; bloquer; **2ˌhebel** *m* levier *m* d'arrêt, de blocage; **2ung** *f* ⟨~; ~en⟩ *techn.* blocage *m*; *als Vorrichtung* dispositif *m* de blocage, d'arrêt.
arrivieren [ariˑ'viːrən] *v/i.* ⟨*pas de ge-*, sein⟩ arriver; **ein arrivierter Künstler** un artiste arrivé.
arrogan|t [aroˑ'gant] **1.** *adj.* arrogant; **j-m gegenüber e-n ~en Ton anschlagen** prendre un ton arrogant envers qn.; le prendre de très 'haut avec qn.; **2.** *adv.* **~ auftreten** se présenter d'une façon arrogante, avec arrogance; **2z** *f* ⟨~⟩ arrogance *f.*
Arsch [arʃ] *m* ⟨~es; ⸚e⟩ V cul [ky] *m*; *fig.* **j-m in den ~ kriechen** lécher F les bottes, V le cul à qn; **leck mich am ~!** je t'emmerde!; **er kann mich am ~ lecken** je l'emmerde; **etw. ist im ~** (*kaputt*) P qc. est foutu; **am ~ der Welt** F au bout du monde; **Himmel, ~ und Zwirn!** sacré nom de Dieu, d'un chien!; **~ˌbacke** V *f* fesse *f*; **~ˌkriecher** V *m* F lèche-botte *m*; V lèche-cul *m*; **~ˌleder** *n* F *mines* cuir *m* protégeant le postérieur du mineur; **~loch** *n* V trou *m* du cul; trou *m* de balle; *Schimpfwort* con *m*; trou *m* du cul.
Arsen [ar'zeːn] *n* ⟨~s⟩ *chim.* arsenic *m.*
Arsenal [arzeˑ'naːl, arzə'naːl] *n* ⟨~s; ~e⟩ *milit.* dépôt *m* d'armes; *hist.* arsenal *m* (*pl.* arsenaux) (*auch fig.*).
arsen|haltig [ar'zeːnˌhaltɪç] *adj. chim.* qui contient de l'arsenic; arsenical; **~ig** *adj.* **~e Säure** acide arsénieux; **2ik** *n* ⟨~s⟩ arsenic (blanc); anhydride arsénieux; **2ˌkies** *m* arsénopyrite *f*; **2ˌsalz** *n* sel arsenical; **2ˌsäure** *f* acide *m* arsénique; **2verˌbindung** *f* composé arsenical; **2verˌgiftung** *f méd.* empoisonnement *m* par *od.* à l'arsenic; **2ˌwasserstoff** *m* hydrogène arsénié.
Arsine [ar'ziːnə] *pl. chim.* arsines *f/pl.*
Art [aːrt] *f* ⟨~; ~en⟩ **1.** (*Weise*) manière *f*; façon *f*; mode *m*; **s-e ~ zu sprechen, gehen, grüßen** sa manière, façon de parler, de marcher, de saluer; **die ~ der Lebensführung** la manière, façon de vivre; le mode de vie; **die ~ der Bezahlung** le mode de paiement; **auf diese ~** de cette manière, façon; ainsi; de la sorte; **auf die e-e oder die andere ~** d'une façon, manière ou d'une autre; **auf jede ~** de *od.* par toutes les manières, façons; **auf natürliche ~** d'une façon, manière naturelle; *cuis., Mode etc.* **auf französische, deutsche** *etc.* **~** à la française, à l'allemande, *etc.*; **e-e Geschichte auf s-e ~ erzählen** raconter une histoire à sa façon, manière; **in der gewohnten ~** de la façon, manière habituelle; F **in e-r ~, auf e-e ~ bin ich ganz zufrieden** d'un côté, je suis bien content; **nach ~ von** à la manière, façon de; *cuis.* ... **nach ~ des Hauses** ... maison; **auf diese ~ und Weise** de cette façon, manière; **die ~ und Weise, wie er etw. tut** la façon, manière dont il fait qc.; *gr.* **Umstandsbestimmung der ~ und Weise** complément circonstanciel de manière; **2.** (*Beschaffenheit*) genre *m*; nature *f*; **das ist nicht s-e ~, das liegt nicht in s-r ~** ce n'est pas son genre, dans sa nature; **er ist einzig in s-r ~** il est unique en son genre; **Fragen allgemeiner ~** questions générales; **die Verhältnisse waren nicht der ~, daß...** les conditions n'étaient pas telles que...; **...daß es nur so e-e ~ hatte** *etwa* dans *od.* selon toutes les règles de l'art; **3.** F (*Benehmen*) manières *f/pl.*; façons *f/pl.* (*auch péj.*); **er hat e-e unverschämte** *etc.* **~** il a des façons, des manières insolentes, *etc.*; **die ganze ~ dieses Jungen gefällt mir** les manières, les façons de ce garçon me plaisent; le genre de ce garçon me plaît; **das ist wirklich keine ~!, ist das e-e ~!** cela ne se fait vraiment pas!; en voilà des façons, des manières!; à quoi cela ressemble!; **4.** (*Sorte*) espèce *f* (*auch biol.*); sorte *f*; **verschiedene ~en von Pflanzen** différentes espèces de plantes; **e-e abweichende ~** une espèce différente; **diese ~ stirbt aus** cette espèce disparaît; **die Entstehung der ~en** l'origine des espèces; **in j-s ~ schlagen** ressembler à qn.; tenir de qn.; **aus der ~ schlagen** différer de la famille; ne ressembler à personne dans la famille; **diese ~ (von) Menschen schätze ich nicht** je n'apprécie pas cette sorte d'homme(s); **Möbel, Werkzeuge aller ~** meubles, outils de toutes sortes; **jede ~ von Veränderung scheuen** craindre tout changement; **er lag auf e-r ~ Sofa** il était allongé sur une espèce, sorte de divan; **er machte e-e ~ Verbeugung** il fit une espèce de courbette; **~ läßt nicht von ~** *prov. etwa* tel père tel fils *prov.*; bon sang ne peut mentir *prov.*; **~beˌgriff** *m* notion *f* d'espèce; **2ˌeigen** *adj.* propre à l'espèce; caractéristique de l'espèce; spécifique.
Artemisie [arteˑ'miːziˑə] *f* ⟨~; ~n⟩ *bot.* armoise *f*; *sc.* artemisia *f.*
art|en ['aːrtən] *v/i.* ⟨-ete, sein⟩ **nach j-m ~** ressembler à qn.; tenir de qn.; **die Menschen sind so geartet** les hommes sont ainsi faits; c'est la nature des hommes; *cf. auch* **geartet**; **~enˌreich** *adj.* riche en espèces; **2enˌreichtum** *m* ⟨~(e)s⟩ richesse *f* en espèces; multitude *f* d'espèces; **2erˌhaltung** *f* conservation *f* de l'espèce.
Arteri|e [ar'teːriˑə] *f* ⟨~; ~n⟩ *anat.* artère *f*; **kleine ~** artériole *f*; **2'ell** *adj.* artériel, -lle; **~enerˌweiterung** *f méd.* anévrisme (artériel); **~enverˌkalkung** *f méd.* artériosclérose *f*; **~'itis** *f* ⟨~⟩ *méd.* artérite *f*; **~oskle'rose** *f méd. cf.* **~enverkalkung**.
artesisch [ar'teːzɪʃ] *adj.* **~er Brunnen** puits artésien.

art|fremd ['ɑːrtfrɛmt] *adj.* étranger, -ère à l'espèce; **2geˌnosse, 2geˌnossin** *m, f* congénère *m, f*; *Mensch auch* semblable *m, f*; **2geˌwicht** *n phys.* poids *m* spécifique.

Arthr|itis [ar'triːtɪs] *f* ⟨~⟩ *méd.* arthrite *f*; **2itisch** *adj.* arthritique; **~ose** *f* ⟨~; ~n⟩ *méd.* arthrose *f*.

artig ['ɑːrtɪç] *adj. von Kindern* sage; gentil, -lle; **wenn du nicht ~ bist...** si tu n'es pas sage, gentil...; *st. s.* j-m etw. **2es sagen** dire des choses aimables à qn.; faire des compliments à qn.; **2ˌkeit** *f* ⟨~; ~en⟩ *von Kindern* sagesse *f*; gentillesse *f*; *st. s.* ~en amabilités *f/pl.*

Artikel [ar'tɪkəl, -'tiːkəl] *m* ⟨~s; ~⟩ *comm., in e-r Zeitung, gr., jur., théol., e-s Nachschlagewerks* article *m*; **e-n ~ schreiben, verfassen** écrire, rédiger un article; *gr.* **(un)bestimmter ~** article (in)défini; *jur.* **gemäß, laut ~ 4** d'après, conformément à l'article 4; *comm.* **e-n ~ führen** tenir, vendre un article; **(stark) gefragter ~** article (très) demandé, recherché; **schwer verkäuflicher ~** article difficile à écouler, presque invendable; **dieser ~ geht gut** cet article se vend bien; **~ˌreihe** *f* série *f* d'articles; **~ˌschreiber** *m* publiciste *m*; *péj. etwa* écrivassier *m*; **~ˌserie** *f cf.* ~reihe.

Artikul|ation [artiˑkuˑlatsiˑ'oːn] *f* ⟨~; ~en⟩ *phon.* articulation *f*; **~ati'onsˌbasis** *f* base *f* d'articulation; **~ati'onsˌstelle** *f* point *m*, zone *f* d'articulation; **2ieren** [-'liː-] **I** *v/t.* ⟨*pas de ge-*, h⟩ articuler; **II ~ieren** [-'liː-] *n* ⟨~s⟩ articulation *f*.

Artiller|ie [artɪlə'riː] *f* ⟨~; -ien⟩ *milit.* artillerie [-j-] *f*; **schwere ~** artillerie lourde; **~iebeˌschuß** *m* **unter ~ liegen** être sous le feu de l'artillerie; **~ieˌeinsatz** *m* mise *f* en œuvre de l'artillerie; **~ieˌfeuer** *n* feu *m* de l'artillerie; **~ieregiˌment** *n* régiment *m* d'artillerie; **~ieˌstellung** *f* position *f* d'artillerie; **~ieunterˌstützung** *f* appui *m* de l'artillerie; **~ist** *m* ⟨~en; ~en⟩ artilleur *m*; P artiflot *m*.

Artischocke [artiˑ'ʃɔkə] *f* ⟨~; ~n⟩ *bot.* artichaut *m*.

Artist|(in) [ar'tɪst(ɪn)] *m* ⟨~en; ~en⟩ *(f)* ⟨~; ~nen⟩ *Zirkus, Varieté* artiste *m, f* de cirque, de music-hall; acrobate *m, f*; **~enˌleben** *n* vie *f* des gens du cirque; **~enˌtruppe** *f* troupe *f* d'artistes de cirque; **~enˌwelt** *f* monde *m* du cirque; **~ik** *f* ⟨~⟩ acrobatie [-si] *f*; art *m* acrobatique; **2isch** *adj.* acrobatique.

Artung ['ɑːrtʊŋ] *st. s. f* ⟨~⟩ nature *f*; caractère *m*.

Artus|hof ['artʊsˌhoːf] *m myth.* cour *f* du roi Arthur; **~ˌritter** *m* Chevalier *m* de la Table Ronde.

artver|schieden ['ɑːrtfɛrˌʃiːdən] *adj.* différent quant à l'espèce; **~ˌwandt** *adj.* parent quant à l'espèce.

Arznei [ɑːrts'naɪ] *f* ⟨~; ~en⟩ médicament *m*; remède *m*; *hist.* médecine *f*; *flüssige auch* potion *f*; **e-e ~ verschreiben, verabreichen, einnehmen,** F **schlucken** ordonner, administrer, prendre, F avaler un médicament; **~ˌbuch** *n* codex *m*; pharmacopée *f*; **~ˌfläschchen** *n* fiole *f* à médecine; **~ˌkapsel** *f* (enveloppe *f* d'un) cachet *m*; **~ˌkosten** *pl.* frais *m/pl.*, dépenses *f/pl.* en *od.* de médicaments; **~ˌmittel** *n* médicament *m*; produit *m* pharmaceutique; **~mittelˌlehre** *f* pharmacologie *f*; **~ˌpflanze** *f* plante médicinale; simple *m*; **~ˌschränkchen** *n* ⟨~s; ~⟩ (armoire *f* à) pharmacie *f*; **~ˌtaxe** *f* tarif *m* des médicaments; **~ˌtrank** *m* potion *f*; **~ˌvorschrift** *f* règlement *m* concernant les médicaments.

Arzt [ɑːrtst] *m* ⟨~es; ⸚e⟩ médecin *m*; docteur *m*; F toubib *m*; **praktischer ~** médecin de, docteur en médecine générale; **behandelnder, hinzugezogener ~** médecin traitant, consultant; **zum ~ gehen** (aller) voir un médecin; **den ~ holen, rufen** aller chercher *bzw.* faire venir, appeler le médecin; **e-n ~ zu Rate ziehen** consulter un médecin; **~beˌruf** *m* profession médicale; **~beˌsuch** *m* visite *f* du médecin.

Ärzte|kammer ['ɛːrtstəˌkamər] *f* ordre *m* des médecins; **~ˌmangel** *m* manque *m* de médecins; **~ˌschaft** *f* ⟨~⟩ corps médical; **~ˌtagung** *f* congrès *m* de médecins.

Arzt|frau ['ɑːrtstfraʊ] *f* femme *f* de médecin; **~ˌhilfe** *f* assistante médicale; **~honoˌrar** *n* honoraires *m/pl.* de médecin.

Ärztin ['ɛːrtstɪn] *f* ⟨~; ~nen⟩ doctoresse *f*; (femme *f*) médecin *m*; docteur *m*.

Arztkosten ['ɑːrtstˌkɔstən] *pl.* honoraires *m/pl.*, frais *m/pl.* de médecin.

ärztlich ['ɛːrtstlɪç] **1.** *adj.* médical; **~es Attest, Zeugnis** certificat médical; **~e Bemühungen, Betreuung** soins médicaux; **~e Behandlung** traitement médical; **sich in ~e Behandlung begeben** se faire soigner par un médecin; **in ~er Behandlung sein** être en traitement; suivre un traitement médical; **~er Eingriff** intervention médicale, chirurgicale; **~e Hilfe** secours médical; aide médicale; **~e Kunst** art médical; **2.** *adv.* **sich ~ untersuchen lassen** se faire examiner par un médecin; **~ empfohlen** recommandé par les médecins; **~erˌseits** *adv.* du côté du médecin.

Arzt|praxis ['ɑːrtstˌpraksɪs] *f* cabinet *m* de consultation; **~ˌrechnung** *f* note *f* du médecin; **~wahl** *f* **freie ~** liberté *f* du choix du médecin; **freie ~ haben** avoir le libre choix du médecin.

as [as] **I** *n* ⟨~; ~⟩ *mus.* (*Moll*) la *m* bémol (mineur); **II 2** *n cf.* **As-Dur.**

As[1] [as] *n* ⟨~ses; ~se⟩ *Spielkarte* as [ɑːs] *m* (*auch fig. im Sport etc.*); **~**[2] *m* ⟨~ses; ~se⟩ *röm. Münze* as [ɑːs] *m*.

A-Saite ['ɑːˌzaɪtə] *f mus.* corde *f* de la.

Asbest [as'bɛst] *m* ⟨~es; ~e⟩ amiante *m*; asbeste *m*; **~ˌanzug** *m* combinaison *f*, vêtement(s) *m(pl.)* d'amiante; **~ˌdichtung** *f* joint *m* d'amiante; **~ˌfaser** *f* fibre *f* d'amiante; **~ˌgarn** *n* fil *m* d'amiante; **~isoˌlierung** *f* isolation *f* à l'amiante; **~ˌpappe** *f* carton *m* d'amiante; **~ˌplatte** *f* plaque *f* d'amiante; **~ˌschnur** *f* corde *f*, tresse *f* d'amiante; **~zeˌment** *m* amiante-ciment *m*; fibrociment *m*.

Asch|becher ['aʃˌbɛçər] *m* cendrier *m*; **2blond** *adj.* blond cendré; **~e** *f* ⟨~; ~n⟩ cendre(s) *f(pl.)*; *e-s Verstorbenen* cendres *f/pl.*; **radioaktive ~** cendres radioactives; **die ~ (von der Zigarette) abstreifen** enlever la cendre (de sa cigarette); **zu ~ zerfallen** tomber en cendres; **in Schutt und ~ legen** réduire en cendres; *poét.* **Friede s-r ~** paix à ses cendres; *poét.* **wie ein Phönix aus der ~ steigen** renaître de ses cendres; *relig. u. fig.* **in Sack und ~ gehen** faire pénitence dans le sac et dans la cendre.

Äsche ['ɛʃə] *f* ⟨~; ~n⟩ *zo.* ombre *m*.

Aschen|bahn ['aʃənˌbaːn] *f Sport* (piste *f*) cendrée *f*; **~bahnˌrennen** *n Motorradsport* course *f* (de motos) sur cendrée; **~ˌbecher** *m* cendrier *m*; **~ˌbrödel** *n* ⟨~s⟩ *Märchengestalt* Cendrillon *f*; *fig.* cendrillon *f*; **~ˌkasten** *m im Ofen* cendrier *m*; **~ˌkübel** *m* seau *m* à cendres; (*Mülleimer*) poubelle *f*; **~ˌpflanze** *f bot.* cinéraire *f*; **~ˌputtel** *n* ⟨~s⟩ *cf.* ~brödel; **~ˌregen** *m* pluie *f* de cendres.

Ascher ['aʃər] *m* ⟨~s; ~⟩ cendrier *m*.

Äscher ['ɛʃər] *m* ⟨~s; ~⟩ *Gerberei* pelain *m*.

Asch|ermittwoch [ˌaʃər'mɪtvɔx] *m* (mercredi *m* des) Cendres *f/pl.*; **2'fahl** *adj.* gris cendré; *Gesicht* terreux, -euse; cendreux, -euse; **2ˌfarben** ['aʃ-] *adj.* cendré; **2'grau** *adj.* gris cendré; **2ig** ['a-] *adj.* cendreux, -euse.

Ascorbinsäure [askɔr'biːnˌzɔʏrə] *f Biochemie* acide *m* ascorbique.

As-Dur ['asduːr] *n* ⟨~⟩ *mus.* la *m* bémol majeur.

äsen ['ɛːzən] *v/t. u. v/i.* ⟨-(es)t, h⟩ *ch.* viander; *Wildschwein* herbeiller.

Asep|sis [a'zɛpsɪs] *f* ⟨~⟩ *méd.* asepsie *f*; **2tisch** *adj.* aseptique.

Asi|at(in) [aziˑ'ɑːt(ɪn)] *m* ⟨~en; ~en⟩ *(f)* ⟨~; ~nen⟩ Asiatique *m, f*; Asiate *m, f*; **2'atisch** *adj.* asiatique; d'Asie; **~enpoliˌtik** ['ɑː-] *f* politique *f* vis-à-vis de l'Asie.

Askanier [as'kɑːniˑər] *m/pl. hist.* Ascaniens *m/pl.*

Aske|se [as'keːzə] *f* ⟨~⟩ ascétisme *m*; ascèse *f*; **~t** *m* ⟨~en; ~en⟩ ascète *m*; **~tik** *f* ⟨~⟩ ascétisme *m*; **2tisch 1.** *adj.* ascétique; **2.** *adv.* **~ leben** vivre en ascète, en cénobite.

Äskulap|natter [ɛskuˑ'lɑːpˌnatər] *f zo.* esculape *m*; couleuvre *f* d'Esculape; **~ˌschlange** *f* serpent *m* d'Épidaure; **~ˌstab** *m* caducée *m*.

as-Moll ['asmɔl] *n* ⟨~⟩ *mus.* la *m* bémol mineur.

äsopisch [ɛ'zoːpɪʃ] *adj.* **2e Fabeln** fables *f/pl.* d'Ésope.

asozial ['azoˑtsiˑˌɑːl, -'ɑːl] **1.** *adj.* asocial; socialement inadapté; inadapté social; **~e Elemente** inadaptés sociaux; **2.** *adv.* **~ handeln** agir d'une façon asociale, asocialement; **2i'tät** *f* ⟨~⟩ asocialité *f*.

Aspekt [as'pɛkt] *m* ⟨~(e)s; ~e⟩ **1.** aspect [-ɛ] *m*; point *m* de vue; **2.** *astr.* conjonction *f bzw.* opposition *f*; *hist.* aspect *m*; **3.** *ling.* aspect *m*.

Asphalt [as'falt, 'as-] *m* ⟨~(e)s; ~e⟩ asphalte *m*; bitume *m*; **~beˌton** *m* béton *m* asphaltique, bitumineux; **~ˌdecke** *f e-r Straße* revêtement *m* d'asphalte, de bitume; **2ieren** [-'tiː-] **I** *v/t.* ⟨*pas de ge-*, h⟩ bitum(in)er; asphalter; **II ~ieren** [-'tiː-] *n* ⟨~s⟩, **~ierung** [-'tiː-] *f* ⟨~⟩ asphaltage *m*; bitumage *m*; **~makaˌdam** *m, n* bitumacadam [-dam] *m*; **~ˌmastix** *m* mastic [-k] *m* d'asphalte; **~ˌpflaster** *n* asphalte *m*; bitume *m*; **~ˌstraße** *f* route asphaltée, bitum(in)ée.

Asphodelos [as'foːdeˑlɔs, -'foˑ-] *m* ⟨~⟩ *bot.* (*Affodill*) asphodèle *m*.

Asphyxie [asfʏ'ksiː] *f* ⟨~⟩ *méd.* asphyxie *f*.

Aspidistra [aspiˑ'dɪstra] *f* ⟨~; -ren⟩ *bot.* aspidistra *m*.

Aspik [as'piːk] *m* ⟨~s; ~e⟩ *cuis.* aspic [-k] *m*.

Aspir|ant(in) [aspiˑ'rant(ɪn)] *m* ⟨~en; ~en⟩ *(f)* ⟨~; ~nen⟩ aspirant(e) *m(f)* (*auch milit.*); **~ata** *f* ⟨~; -ten *od.* -tä⟩ *phon.* aspirée *f*; **~a'teur** *m* ⟨~s; ~e⟩ *Getreidereinigung* aspirateur *m*; **~ati'on** *f* ⟨~; ~en⟩ *phon.* aspiration *f*; **~ator** *m* ⟨~s; -'toren⟩ *Luft, Gas* aspirateur *m*; **2a'torisch** *adj. phon.* aspiré;

2**ieren** *v/t.* ⟨*pas de ge-,* **h**⟩ *phon.* aspirer; 2**iert** *adjt. phon.* aspiré.
Aspirin [aspi·'ri:n] *n* ⟨~**s**⟩ aspirine *f*; ~**ta,blette** *f* comprimé *m*, cachet *m* d'aspirine.
aß [ɑːs] *cf.* **essen.**
Asseln ['asəln] *f/pl. zo.* isopodes *m/pl.*
assertorisch [asɛr'toːrɪʃ] *adj. Logik* assertoire; assertorique.
Asservatenkonto [asɛr'vɑːtən,kɔnto·] *n comm.* compte *m* de dépôts bloqués.
Assessor [a'sɛsɔr] *m* ⟨~**s**; -'**oren**⟩ (*abr.* **Ass.**) *in Deutschland etwa jur.* magistrat débutant; (*Studien*2) professeur débutant (d'un lycée, d'un collège, d'un gymnase); (*Berg*2) ingénieur (civil) des mines débutant; (*Forst*2) inspecteur débutant des Eaux et Forêts.
assibilier|en [asi·bi·'liːrən] *v/t.* ⟨*pas de ge-,* **h**⟩ assibiler; 2**ung** *f* ⟨~; ~**en**⟩ *phon.* assibilation *f*.
Assimi|lation [asi·mi·latsi·'oːn] *f* ⟨~; ~**en**⟩ *allg.* assimilation *f*; 2'**lierbar** *adj.* assimilable; 2'**lieren I** *v/t.* ⟨*pas de ge-,* **h**⟩ assimiler; **II** *v/réfl.* **sich** ~ s'assimiler (à qc.); **III** ~'**lieren** *n* ⟨~**s**⟩, ~'**lierung** *f* ⟨~⟩ assimilation *f*.
Assist|ent(in) [asɪs'tɛnt(ɪn)] *m* ⟨~**en**; ~**en**⟩ (*f*) ⟨~; ~**nen**⟩ assistant(e) *m*(*f*); ~**enz** *f* ⟨~; ~**en**⟩ assistance *f*; aide *f*; ~**enz,arzt** *m etwa* interne *m* (des hôpitaux); 2**ieren** *v/i.* ⟨*pas de ge-,* **h**⟩ **j-m** ~ assister qn. (**bei der Operation** *etc.* pendant l'opération, *etc.*).
Asson|anz [aso·'nants] *f* ⟨~; ~**en**⟩ *Verslehre* assonance *f*; 2**ierend** *adjt.* assonant.
assortiert [asɔr'tiːrt] *adjt. comm.* assorti; **ein gut** ~**es Lager haben** avoir un stock bien assorti.
Assozi|ation [aso·tsi·atsi·'oːn] *f* ⟨~; ~**en**⟩ association *f*; **die** ~ **von Ideen** l'association d'idées; ~**ati'ons,recht** *n* droit *m* d'association; 2**a'tiv** *adj. math., psych.* associatif, -ive; 2'**ieren** *v/t.* ⟨*pas de ge-,* **h**⟩ associer (qc. à qc.); ~'**ierung** *f* ⟨~; ~**en**⟩ association *f*.
Assumptionisten [asumptsi·o·'nɪstən] *m/pl. relig.* assomptionnistes *m/pl.*
Assyr|er(in) [a'syːrər(ɪn)] *m* ⟨~**s**; ~⟩ (*f*) ⟨~; ~**nen**⟩ Assyrien, -nne *m, f*; 2**isch** *adj.* assyrien, -nne; **die** ~**e Sprache, das** 2**e** la langue assyrienne; l'assyrien *m*.
Ast [ast] *m* ⟨~**es**; ~̈**e**⟩ **1.** branche *f* (*auch math.*); *Vogel* **sich auf e-n** ~ **setzen** se percher sur une branche; *fig.* **den** ~ **absägen, auf dem man sitzt** scier la branche sur laquelle on est assis; **sich auf dem absteigenden** ~ **befinden** se trouver sur son déclin; être en perte de vitesse; F **sich e-n** ~ **lachen** se pâmer de rire; rire comme un bossu; F se payer une bosse de rire; F **etw. auf den** ~ **nehmen** porter qc. sur son dos; **2.** (*Stelle im Holz*) nœud *m*; ~,**ansatz** *m* naissance *f* de la branche.
astat|isch [a'stɑːtɪʃ, as'tɑː-] *adj. phys.* ~**es Nadelpaar** aiguilles *f/pl.* astatiques; 2**ium** *n* ⟨~**s**⟩ *chim.* astate *od.* astatine *m*.
asten ['astən] F **I** *v/t.* ⟨**-ete, h**⟩ *Gepäck etc.* traîner; **II** *v/i.* peiner pour faire qc.
Aster ['astər] *f* ⟨~; ~**n**⟩ *bot.* aster [-ɛːr] *m*; (*Garten*2) aster *m* de Chine; F reine-marguerite *f*.
Asteriskus [aste·'rɪskus] *m* ⟨~; **-ken**⟩ *ling.* astérisque *m*.
ast|frei ['astfraɪ] *adj. Holz* sans nœud; 2,**gabel** *f* fourche *f*.
Asthen|ie [aste·'niː] *f* ⟨~; **-ien**⟩ *méd.* asthénie *f*; ~**iker(in)** [a'steː-, as'teː-] *m* ⟨~**s**; ~⟩ (*f*) ⟨~; ~**nen**⟩ asthénique *m, f*; 2**isch** [a'steː-, as'teː-] *adj.* asthénique; ~**o'pie** *f* ⟨~⟩ *méd.* asthénopie *f*.
Ästhet [ɛs'teːt] *m* ⟨~**en**; ~**en**⟩ esthète *m*; ~**ik** *f* ⟨~⟩ esthétique *f*; ~**iker** *m* ⟨~**s**; ~⟩ personne *f* qui s'occupe d'esthétique; esthéticien *m*; 2**isch 1.** *adj.* esthétique; **2.** *adv.* esthétiquement; ~**i'zismus** *m* ⟨~⟩ esthéticisme *m*.
Asthma ['astma] *n* ⟨~**s**⟩ *méd.* asthme [asm] *m*; **an** ~ **leiden** souffrir d'asthme; être asthmatique; ~**tiker** [-'mɑː-] *m* ⟨~**s**; ~⟩ asthmatique *m*; 2**tisch** [-'mɑː-] *adj.* asthmatique.
astigmat|isch [astɪ'gmɑːtɪʃ] *adj. opt.* astigmate; 2**ismus** [-'tɪs-] *m* ⟨~⟩ astigmatisme *m*.
Ast|knorren ['ast,knɔrən] *m* loupe *f*; broussin *m*; ~,**knoten** *m* nœud *m*; ~**loch** *n* trou *m* provenant d'un nœud d'arbre.
Astrachan ['astraxɑːn] *m* ⟨~**s**; ~**s**⟩ *Pelz* astrakan *od.* astracan *m*.
Astralleib [as'trɑːl,laɪp] *m Okkultismus, Theosophie* corps astral.
ast|reich ['astraɪç] *adj. Holz* noueux, -euse; ~**rein** *adj.* sans nœud; *fig.* **nicht ganz** ~ pas très catholique; louche.
Astro|loge [astro·'loːgə] *m* ⟨~**n**; ~**n**⟩ astrologue *m*; ~**lo'gie** *f* ⟨~⟩ astrologie *f*; 2'**logisch** *adj.* astrologique; ~**me'trie** *f* ⟨~⟩ astrométrie *f*; ~'**naut** *m* ⟨~**en**; ~**en**⟩ astronaute *m*; cosmonaute *m*; ~'**nautik** *f* ⟨~⟩ astronautique *f*; ~'**nom** *m* ⟨~**en**; ~**en**⟩ astronome *m*; ~**no'mie** *f* ⟨~⟩ astronomie *f*; 2'**nomisch** *adj.* astronomique; *fig.* ~**e Preise** prix astronomiques; ~**phy'sik** *f* astrophysique *f*; ~'**physiker** *m* astrophysicien *m*.
Ast|stumpf ['astʃtumpf] *m* têteau *m*; ~**werk** *n* branchage *m*.
Äsung ['ɛːzuŋ] *f* ⟨~; ~**en**⟩ *ch.* nourriture *f* (du gibier).
Asyl [a'zyːl] *n* ⟨~**s**; ~**e**⟩ asile *m*; refuge *m*; **j-m** ~ **gewähren** donner asile à qn.; ~,**recht** *n* droit *m* d'asile.
Asymmetr|ie [,azʏme·'triː] *f* ⟨~; **-ien**⟩ asymétrie *f*; 2**isch** ['azʏ,meːtrɪʃ, -'meː-] *adj.* asymétrique.
Asymptot|e [azʏm'ptoːtə] *f* ⟨~; ~**n**⟩ *math.* asymptote *f*; 2**isch** *adj.* asymptotique.
asyn|chron [,azʏn'kroːn, 'a-] *adj. élect.* asynchrone; 2**chron,motor** [-'kroːn-, 'a-] *m* moteur *m* asynchrone; ~'**detisch** *adj. u. adv.* sans conjonction; 2**deton** [-'zʏn-] *n* ⟨~**s**; **-ta**⟩ *ling.* asyndète *f*.
Aszenden|t [astsɛn'dɛnt] *m* ⟨~**en**; ~**en**⟩ ascendant *m*; ~**z** *f* ⟨~⟩ ascendance *f*.
Atakamit [ataka'mɪt, -'miːt] *m* ⟨~**s**; ~**e**⟩ *minéral.* atacamite *f*.
Atavis|mus [ata'vɪsmus] *m* ⟨~; **-men**⟩ atavisme *m*; 2**tisch** *adj.* atavique.
Ataxie [ata'ksiː] *f* ⟨~⟩ *méd.* ataxie *f*.
Atelier [atəli·'eː] *n* ⟨~**s**; ~**s**⟩ atelier *m*; *e-s Photographen auch,* (*Film*2) studio *m*; ~,**aufnahme** *f Film* prise *f* de vue et de son en studio; ~,**fest** *n* fête *f* dans un atelier.
Atem ['ɑːtəm] *m* ⟨~**s**⟩ **1.** haleine *f*; respiration *f*; souffle *m*; **übelriechender** ~ mauvaise haleine; haleine fétide; **außer** ~ **kommen, geraten** s'essouffler; **außer** ~ **sein** être essoufflé; être 'hors d'haleine; être à bout de souffle; **den** ~ **anhalten** retenir son haleine, son souffle, sa respiration (*auch fig.*); **(tief)** ~ **holen, schöpfen** respirer (profondément); **j-s** ~ **geht stoßend** qn. respire par à-coups; **der** ~ **setzt aus** la respiration s'arrête; **nach** ~ **ringen** respirer avec peine; *pfort.* suffoquer; **wieder zu** ~ **kommen** reprendre haleine, son souffle, sa respiration (*auch fig.*); **j-m den** ~ **(be-)nehmen, verschlagen, rauben** couper à qn. le souffle, la respiration; suffoquer qn. (*beide auch fig.*); *fig.* **j-n in** ~ **halten** tenir qn. en haleine; **den längeren** ~ **haben** avoir plus de souffle; F **ihm geht der** ~ **aus** il manque de souffle; il est à bout de souffle (*beide auch fig.*); **2.** *st. s.* (*Hauch*) souffle *m*; **3.** *cf.* Atemzug; ~**be,klemmung** *f cf.* ~**beschwerden**; 2**be,raubend** *adjt.* ~**e Geschwindigkeit, Spannung** vitesse qui coupe le souffle, suspense [syspɛns] où l'on retient son souffle; ~**be,schwerden** *f/pl.* troubles *m/pl.* respiratoires; difficulté(s) *f*(*pl.*) de respiration, respiratoire(s); ~**ge,rät** *n* respirateur *m*; appareil *m* de respiration; ~**ge,räusch** *n* bruit *m* respiratoire; ~**gym,nastik** *f* gymnastique *f* respiratoire; ~,**holen** *n* ⟨~**s**⟩ inspiration *f*; 2,**los** *adj. u. adv.* **a)** 'hors d'haleine; essoufflé; à bout de souffle; **b)** *fig.* ~**e Stille** silence complet, absolu, de mort; **es herrschte** ~**e Spannung** il y avait du suspense [syspɛns] (où chacun retenait son souffle); ~ **zuhören** écouter en retenant son souffle, sa respiration; ~,**losigkeit** *f* ⟨~⟩ essoufflement *m*; ~,**not** *f* manque *m* de souffle; *méd.* dyspnée *f*; ~,**öffnung** *f bei Insekten* stigmate *m*; ~,**pause** *f* répit *m*; temps *m* d'arrêt; **e-e** ~ **einschalten, eintreten lassen** prendre un moment de répit; **ohne** ~ sans prendre de répit; ~,**schutzge,rät** *n* masque *m* respiratoire; ~,**stoß** *m* expiration *f*; ~,**technik** *f* technique *f* respiratoire; ~,**übung** *f* exercice *m* respiratoire; ~,**wege** *m/pl. anat.* voies *f/pl.* respiratoires; ~,**wurzel** *f bot.* racine *f* respiratoire; ~,**zentrum** *n* centre *m* respiratoire; ~,**zug** *m* **1.** souffle *m*; **gleichmäßige Atemzüge** une respiration régulière; un souffle régulier; **bis zum letzten** ~ jusqu'au dernier souffle; *st. s.* **den letzten** ~ **tun** rendre, exhaler le dernier soupir; **2. in e-m** ~ au même instant, moment; **sich im selben** ~ **widersprechen** se contredire au même moment, instant.
Äthan [ɛ'tɑːn] *n* ⟨~**s**⟩ *chim.* éthane *m*.
athanasianisch [atanazi·'ɑːnɪʃ] *adj. relig.* **das** 2**e Glaubensbekenntnis** le Symbole de saint Athanase.
Atheis|mus [ate·'ɪsmus] *m* ⟨~⟩ athéisme *m*; ~**t** *m* ⟨~**en**; ~**en**⟩ athée *m*; 2**tisch** *adj.* athée; athéistique.
Äther ['ɛːtər] *m* ⟨~**s**⟩ *chim., phys., poét.* éther [-ɛːr] *m*; **Rundfunksendungen in den** ~ **ausstrahlen** diffuser des émissions de radio; **die Lerche hebt sich (hoch) in den** ~ l'alouette s'élève dans l'éther; ~,**dämpfe** *m/pl. chim.* vapeurs éthérées, d'éther; 2,**haltig** *adj.* contenant de l'éther; 2**isch** [ɛ'teː-] *adj.* **1.** *chim.* éthéré; ~**e Öle** essences *f/pl.*; huiles essentielles; **2.** *fig. Person* éthéré; aérien, -nne; **ein** ~**es Wesen** une créature éthérée, aérienne; 2**i'sieren** *v/t.* ⟨*pas de ge-,* **h**⟩ *Pflanzen* éthériser; ~**i'sierung** *f* ⟨~⟩ *von Pflanzen* éthérisation *f*; ~,**maske** *f* masque *m* anesthésique à l'éther; ~**nar,kose** *f méd.* anesthésie *f* à l'éther; éthérisation *f*.
Äthiop|ier(in) [ɛti·'oːpi·ər(ɪn)] *m* ⟨~**s**; ~⟩ (*f*) ⟨~; ~**nen**⟩ Éthiopien, -nne *m, f*; 2**isch** *adj.* éthiopien, -nne.
Athlet [at'leːt] *m* ⟨~**en**; ~**en**⟩ athlète *m*; ~**ik** *f* ⟨~⟩ athlétisme *m*; 2**isch 1.** *adj.* athlétique; **2.** *adv.* ~ **gebaut** taillé en athlète.
Äthyl [ɛ'tyːl] *n* ⟨~**s**⟩ *chim.* éthyle *m*; ~,**alkohol** *m* alcool *m* éthylique; étha-

nol *m*; **~chloˌrid** *n* chlorure *m* d'éthyle; **~en** [-'leːn] *n* ⟨~s⟩ *chim.* éthylène *m*.
Ätiologie [ɛti·o·lo·'giː] *f* ⟨~⟩ *méd.* étiologie *f*.
Atlant [at'lant] *m* ⟨~en; ~en⟩ *bât.* atlante *m*; **~ikˌcharta** *f pol.* Charte *f* de l'Atlantique; **~ikˌpakt** *m pol.* Pacte *m* de l'Atlantique Nord; **~ikˌwall** *m hist.* mur *m* de l'Atlantique; **2isch** *adj.* atlantique.
Atlas ['atlas] *m* ⟨~ *od.* ~ses⟩ **1.** ⟨*pl.* ~se *od.* -'lanten⟩ (*Landkartenwerk*) atlas [-as] *m*; **2.** ⟨*pl.* ~se⟩ *text.* satin *m*; **3.** ⟨*pl.* ~se⟩ *zo.* attacus [-ys] *m* (atlas); **4.** *anat.* atlas [-as] *m*; **~ˌbindung** *f text.* armure *f* satin; **~broˌkat** *m* satin broché; **~ˌkleid** *n* robe *f* de satin.
atmen ['ɑːtmən] **I** *v/t. u. v/i.* ⟨-ete, h⟩ respirer (*auch fig.*); **durch die Nase, den Mund ~** respirer par le nez, par la bouche; **II 2** *n* ⟨~s⟩ *verbal*; **das ~ fällt ihm schwer** il respire difficilement.
Atmosphär|e [atmo·'sfɛːrə, -mɔs'fɛː-] *f* ⟨~; ~n⟩ **1.** *Meteorologie* atmosphère *f*; **dünne ~** atmosphère raréfiée; **2.** *phys.* (*abr.* **atm**, **Atm**) atmosphère *f*; **3.** *techn.* (*abr.* **at**) kgp/cm² (kilogramme-poids par centimètre carré); **4.** *fig.* atmosphère *f*; ambiance *f*; milieu *m*; **es herrschte e-e gespannte ~** l'atmosphère était tendue; **die gewohnte, fremde ~** le milieu habituel, étranger; **e-e freundliche, angenehme ~** une atmosphère, une ambiance amicale, agréable; **~enˌüberdruck** *m* (*abr.* **atü**) kilogramme *m*; **1,7 atü** 1,7 kg; **2isch** *adj.* atmosphérique.
Atmung ['ɑːtmuŋ] *f* ⟨~⟩ respiration *f*; **künstliche ~** respiration artificielle; **~sappaˌrat** *m cf.* Atemgerät; **~sbeˌschwerden** *f/pl. cf.* Atembeschwerden; **~sorˌgane** *n/pl.* appareil *m* respiratoire.
Atoll [a'tɔl] *n* ⟨~s; ~e⟩ *géogr.* atoll *m*.
Atom [a'toːm] *n* ⟨~s; ~e⟩ *phys.* atome *m*; **~...** *in Zssgn.* atomique; nucléaire; *cf. auch* **Kern...**; **2ar** [-'mɑːr] *adj.* atomique; nucléaire; **~ˌbombe** *f* bombe *f* atomique; **saubere ~** bombe atomique propre; **~bombenexplosiˌon** *f* explosion *f* d'une bombe atomique; **~ˌbomber** *m* bombardier *m* atomique; **~ˌbrenner** *m cf.* ~meiler; **~ˌbrennstoff** *m* combustible *m* nucléaire; **~-enerˌgie** *f* énergie *f* atomique, nucléaire; **die Nutzung der ~ zu friedlichen Zwecken** l'utilisation de l'énergie atomique, nucléaire à des fins pacifiques; **~explosiˌon** *f* explosion *f* atomique, nucléaire; **~ˌforscher** *m* (savant *m*, physicien *m*) atomiste *m*; **~ˌforschung** *f* recherche *f* atomique, nucléaire; **~ˌfragen** *f/pl.* questions *f/pl.* atomiques; **~geˌmeinschaft** *f* **Europäische ~** Communauté européenne de l'énergie atomique; l'Euratom *m*; **2geˌtrieben** *adjt.* à propulsion atomique; **~geˌwicht** *n* poids *m*, masse *f* atomique; **~gewichtsbeˌstimmung** *f* détermination *f* des poids atomiques; **~ˌhülle** *f* nuage *m* d'électrons; **~indusˌtrie** *f* industrie *f* atomique, nucléaire; **2i'sieren** *v/t.* ⟨*pas de ge-*, h⟩ atomiser; **~i'sierung** *f* ⟨~⟩ atomisation *f*; **~ismus** [-'mɪs-] *m* ⟨~⟩ atomisme *m*; **~istik** [-'mɪs-] *f* ⟨~⟩ atomistique *f*; **2istisch** [-'mɪs-] *adj.* atomistique; **~ˌkern** *m* noyau *m* de l'atome; **~kernenerˌgie** *f cf.* Kernenergie; **~kernˌspaltung** *f cf.* Kernspaltung; **~kernˌumwandlung** *f cf.* Kernumwandlung; **~konˌtrolle** *f* contrôle *m* de l'énergie atomique; **~-ˌkraft** *f cf.* ~energie; **~ˌkraftwerk** *n* centrale *f* (d'énergie) atomique; centrale *f* thermo-nucléaire; **~ˌkrieg** *m* guerre *f* atomique, nucléaire; **~-ˌmacht** *f* puissance *f* atomique; **~-ˌmasse** *f* masse *f* atomique; **~ˌmeiler** *m* pile *f* atomique; réacteur *m* nucléaire; **~ˌmotor** *m* moteur *m* atomique, nucléaire; **~ˌmüll** *m* déchets *m/pl.*, débris *m/pl.* radio-actifs; **~ˌnummer** *f* numéro *m*, nombre *m* atomique; **~-phyˌsik** *f* physique *f* nucléaire, atomique; microphysique *f*; **~ˌphysiker** *m* (physicien *m*) atomiste *m*; **~ˌpilz** *m* champignon *m* atomique; **~raˌkete** *f* fusée *f* atomique, nucléaire; **~reˌaktor** *m* réacteur *m* nucléaire; **~ˌrüstung** *f* armement *m* atomique, nucléaire; **~ˌschiff** *n* navire *m* atomique, à propulsion atomique; **~ˌschutz** *m* protection *f* contre les radiations atomiques; **~ˌspaltung** *f cf.* Kernspaltung; **~-ˌsprengkopf** *m* ogive *f*, tête *f* atomique; **~ˌstrahlung** *f* radiation *f* atomique; **~ˌstreitmacht** *f* force *f* atomique; **~ˌteilchen** *n* particule *f* atomique; **~theoˌrie** *f* théorie *f* atomique; **~-ˌU-Boot** *n* sous-marin *m* atomique; **2verˌseucht** *adjt.* contaminé par des radiations atomiques; **~verˌsuch** *m* expérience *f*, essai *m* nucléaire, atomique; **die Einstellung der ~e** la suspension des expériences nucléaires, atomiques; **~ˌwaffe** *f* arme *f* atomique, nucléaire; **2waffenˌfrei** *adj.* **~e Zone** zone dénucléarisée, désatomisée; **~-waffenverˌsuch** *m* essai *m* d'armes nucléaires; **~ˌwissenschaft** *f* science *f* nucléaire; **~ˌwissenschaftler** *m* atomiste *m*; **~ˌwolke** *f* nuage *m* atomique; **~ˌzahl** *f* nombre *m* atomique; **~ˌzeitalter** *n* ère *f*, âge *m* atomique; **~zerˌfall** *m* désintégration *f* de l'atome; **~zerˌtrümmerung** *f cf.* Kernumwandlung.
atonal ['ato·ˌnɑːl, -'nɑːl] *adj. mus.* atonal; **2i'tät** *f* ⟨~⟩ atonalité *f*.
Atonie [ato·'niː] *f* ⟨~; -ien⟩ *path.* atonie *f*.
Atrium ['ɑːtri·um] *n* ⟨~; -ien⟩ *Architektur* atrium [-jɔm] *m*.
Atrophie [atro·'fiː] *f* ⟨~; -ien⟩ *méd.* atrophie *f*.
Atropin [atro·'piːn] *n* ⟨~s⟩ *chim.* atropine *f*; **~verˌgiftung** *f* intoxication *f* par l'atropine.
ätsch [ɛːtʃ] *int. enf.* tralala!; (c'est) bien fait!
Attaché [ata'ʃeː] *m* ⟨~s; ~s⟩ *dipl.* attaché *m*.
Attack|e [a'takə] *f* ⟨~; ~n⟩ **1.** *milit.* attaque *f*, charge *f* de cavalerie; *fig.* **gegen j-n e-e ~ reiten** attaquer qn.; **2.** *méd.* attaque *f*; **2ieren** [-'kiː-] *v/t.* ⟨*pas de ge-*, h⟩ attaquer; *milit. auch* charger.
Attent|at [atɛn'tɑːt, 'atɛnˌtɑːt] *n* ⟨~(e)s; ~e⟩ attentat *m*; **ein ~ auf j-n verüben** attenter aux jours, à la vie de qn.; **e-m ~ zum Opfer fallen** être victime d'un attentat; **~äter** *m* ⟨~s; ~⟩ auteur *m* d'un attentat.
Attest [a'tɛst] *n* ⟨~es; ~e⟩ certificat (médical); attestation *f* (du médecin); **ein ärztliches ~ beibringen, vorlegen** fournir, montrer un certificat médical; **2ieren** [-'tiː-] *v/t.* ⟨*pas de ge-*, h⟩ certifier; attester.
attisch ['atɪʃ] *adj.* attique; *bât.* **~e Basis** base *f* attique; **die ~e Sprache, das 2e** l'attique *m*.
Attrakt|ion [atraktsi·'oːn] *f* ⟨~; ~en⟩ clou *m*; attraction *f*; **die ~ des Abends** le clou de la soirée; **2iv** [-'tiːf] *adj. Mädchen, Erscheinung etc.* attirant; séduisant.
Attrappe [a'trapə] *f* ⟨~; ~n⟩ attrape *f*; *comm.* (*Schaupackung*) article *m* factice.
Attribut [atri·'buːt] *n* ⟨~(e)s; ~e⟩ **1.** attribut *m*; **2.** *gr.* complément *bzw.* adjectif déterminatif; apposition *f*; **präpositionales ~** complément déterminatif (relié au nom par une préposition); **2iv** [-'tiːf, 'a-] **1.** *adj.* **~es Adjektiv** adjectif *m* épithète; **~er Genitiv** complément déterminatif au génitif; **2.** *adv.* **~ gebraucht** employé comme complément *bzw.* adjectif déterminatif; *Adjektiv auch* employé comme (adjectif) épithète; **~ˌsatz** *m* complément déterminatif en forme de proposition.
atypisch ['atyːpɪʃ, a'tyː-] *adj. méd.* atypique.
Ätz|alkalien ['ɛtsˀalˌkɑːli·ən] *n/pl. chim.* alcalis *m/pl.* caustiques; **~druck** *m* ⟨~(e)s; ~e⟩ *text.* impression *f* par enlevage.
atzen ['atsən] **I** *v/t.* ⟨-(es)t, h⟩ *junge Raubvögel* nourrir; donner la becquée à; appâter; **die Jungen werden von den Alten durch Würmer geatzt** les jeunes sont nourris de vers par les parents; **II 2** *n* ⟨~s⟩ *verbal*.
ätz|en ['ɛtsən] **I** *v/t.* ⟨-(es)t, h⟩ **a)** *chim.* corroder; ronger; mordre; attaquer; **Löcher in etw. ~** faire des trous dans qc.; **b)** *méd.* cautériser; **c)** *Graphik* graver à l'eau-forte; **d)** *text.* faire, pratiquer l'enlevage; **II 2en** *n* ⟨~s⟩ *chim.* corrosion *f*; morsure *f*; *méd.* cautérisation *f*; *Graphik* gravure *f* à l'eau-forte; *text.* enlevage *m*; **~end** *adjt.* corrosif, -ive; corrodant; caustique (*auch fig.*); *fig.* mordant; *chim.* **~e Wirkung** causticité *f*; mordacité *f*; **~e Ironie** ironie mordante; **~er Spott** raillerie mordante, caustique; sarcasme *m*; **2ˌflüssigkeit** *f* liquide corrosif; **2ˌkali** *n chim.* potasse *f* caustique; hydrate *m* de potassium [-sjɔm]; **2kalk** *m chim.* chaux vive; oxyde *m* de calcium [-sjɔm]; **2kraft** *f* causticité *f*; mordacité *f*; **2ˌlauge** *f chim.* base forte; **2-ˌmittel** *n* corrosif *m*; corrodant *m*; *méd.* caustique *m*; **2ˌnadel** *f cf.* Radiernadel; **2ˌnatron** *n chim.* soude *f* caustique; **2stift** *m méd.* crayon *m* pour cautériser.
Atzung ['atsuŋ] *f* ⟨~; ~en⟩ (*Futter*) nourriture *f*; *sonst verbal*.
Ätz|ung ['ɛtsuŋ] *f* ⟨~; ~en⟩ *cf.* Ätzen; **~verˌfahren** *n* procédé *m*, mode *m* de corrosion.
au [au] *int. bei plötzlichem Schmerz* aïe!; ouille!; *bei schlechtem Witz* **~ (weh)!**, F **~ Backe!** oh! là, là!; aïe!; *bei Überraschung, Verwunderung* F **~ Backe!** oh! là, là!
Aubergine [o·bɛr'ʒiːn(ə)] *f* ⟨~; ~n⟩ *bot.* aubergine *f*.
auch [aux] *conj. u. adv.* **1.** (*gleichfalls*) aussi; *verneint* non plus; **ich ~** moi aussi; F *auch* moi itou; **ich ~ nicht** (ni) moi non plus; **das habe ich ~ gesagt** je l'ai dit aussi, également; **das kann Ihnen ~ passieren** cela peut aussi vous arriver; il peut vous arriver la même chose; **Sie tun es ja ~!** vous en faites bien autant!; **wir sind ~ nur Menschen** nous ne sommes que des humains; **oder ~** ou bien; **du kannst lesen oder ~ Radio hören** tu peux lire ou bien écouter la radio; **oder ~ nicht** ou pas; **er kann kommen oder ~ nicht** il peut venir ou pas; **nicht nur..., sondern ~...** non seulement..., mais aussi *od.* encore...; **sowohl... als ~...** aussi bien... que...; non seule-

ment..., mais aussi *od.* encore...; *st. s.* et... et...; **sie sieht dem Vater wie ~ der Mutter ähnlich** elle ressemble à son père comme à sa mère; **~ gut!** soit!; comme vous voudrez!; **2.** *zur Steigerung* même; **~ er** même lui; **~ nicht einer** pas même *od.* même pas un seul; **~ kein Arzt hätte helfen können** pas même *od.* même pas un médecin aurait pu faire qc.; **ohne ~ nur zu fragen** sans même demander; **~ als er noch gesund war** même quand il était encore en bonne santé; **~ dann noch, als...** alors même que...; **~ wenn...** même si...; **3.** *hinzufügend* **er hatte ~ (noch) zwei Brüder** il avait encore deux frères; **er ist klug, aber ~ fleißig** il est intelligent, mais aussi appliqué; F **~ das noch!** il ne manquait plus que cela!; et ça par-dessus le marché!; F **~ so einer!** encore un (de cette espèce)!; **4.** *bekräftigend* **und das bestätigte sich ~** et cela s'est aussi confirmé; **und so war es ~** et il en était ainsi!; et c'était comme ça; **er wartete auf s-n Freund, der dann ~ kam** il attendait son ami qui arriva en effet; **so sieht er ~ aus** il en a bien l'air; **das möchte ich dir ~ geraten haben** je te le conseillerais bien, aussi; **es besteht, ist ~ kein Grund dazu** il n'y a pas de raison non plus; **5.** *verallgemeinernd, konzessiv* **welche Methode man ~ (immer) wählt...** quelle que soit la méthode que l'on choisisse...; **aus welchen Gebieten s-e Beispiele ~ (immer) stammen...** quels que soient les domaines d'où viennent ses exemples...; **so reich, alt** *etc.* **er ~ ist...** (aus)si riche, vieux, *etc.* qu'il soit...; tout riche, vieux, *etc.* qu'il est...; quelque riche, vieux, *etc.* qu'il soit...; **wer ~ (immer)...** quelle que soit la personne qui...; (*jeder, der*) tous ceux qui...; **was ~ (immer)...** quoi que... (+ *subj.*); (*alles, was*) tout ce que...; **was ~ kommen mag...** quoi qu'il arrive, advienne...; **was die Kinder ~ sahen, wollten sie haben** tout ce que les enfants voyaient, ils le voulaient; **wo(hin) ~ (immer)...** où que... (+ *subj.*); **wer, was, wo, wann es ~ (immer) sein mag** qui, quoi, où, à quel moment que ce soit; **wie dem ~ sei** quoi qu'il en soit; **wenn ~...** (*obwohl*) quoique... (+ *subj.*); bien que... (+ *subj.*); (*selbst wenn*) même si...; **wenn er ~ krank ist, so arbeitet er trotzdem** bien qu'il *od.* quoiqu'il soit malade, il travaille quand même; **wenn es ~ wahr wäre...** même si c'était vrai...; **wenn er ~ nur ein bißchen aufgepaßt hat...** pour peu qu'il ait fait attention...; **wenn ~!** (*das tut doch nichts*) et alors!; peu importe!; qu'importe!; tant pis!; **6.** *zweifelnd in Fragesätzen* **ist das ~ wahr?** (mais,) est-ce bien vrai?; **hast du es dir ~ gut überlegt?** mais, y as-tu bien réfléchi?; **kannst du das ~?** mais, en es-tu capable?; **7.** F *unbetont* **das ist aber ~ zu ärgerlich** mais, c'est trop bête; **er kann ~ nie den Mund halten** il ne peut jamais tenir sa langue; **warum tut er das ~?** mais pourquoi fait-il cela?; **wozu ~?** à quoi bon?; **(den) Teufel ~!** diable!; **ℒˌbuchhändler** *m péj.* soi-disant libraire *m*; **ℒˌdichter** *m péj.* soi-disant poète *m*.

Audi|enz [audiˈɛnts] *f* ⟨~; ~en⟩ audience *f*; **j-n um e-e ~ bitten** demander (une) audience à qn.; solliciter une audience de qn.; **j-m ~ erteilen** accorder (une), donner audience à qn.; **j-n in ~ empfangen** recevoir qn. en audience; **~ˈenzˌsaal** *m*, **~ˈenzˌzimmer** *n* salle *f* d'audience; **~ˈmax** *n* ⟨~⟩ F *cf.* **~torium (maximum)**; **~on** [ˈau-] *n* ⟨~s; ~s *od.* -ˈonen⟩ *rad.* (lampe *f*) triode *f*; **ℒˈtiv** *adj.* auditif, -ive; **~ˈtorium** *n* ⟨~s; -ien⟩ **1.** (*Hörsaal*) salle *f* de conférences, de cours; amphithéâtre *m*; **~ maximum** grand amphithéâtre; **2.** (*Zuhörerschaft*) auditoire *m*.

Aue [ˈauə] *poét. f* ⟨~; ~n⟩ prairie *f*; pré *m*.

Auer|hahn [ˈauərˌhɑːn] *m zo.* (grand) coq de bruyère; **~ˌhenne** *f zo.* poule *f* de bruyère; **~ˌhuhn** *n zo. sc.* grand tétras *m*; **~ˌochse** *m zo.* aurochs *m*.

auf [auf] **I** *prép.* ⟨*dat. bzw. acc.*⟩ **1.** *räumlich meist* sur; **~ dem Tisch liegen** être sur la table; **~ den Tisch legen** mettre, poser sur la table; **~ e-n Berg steigen** monter sur une montagne; **sich ~ s-e Beute stürzen** se jeter sur sa proie; **~ Zehenspitzen laufen** marcher sur la pointe des pieds; **~ den Schoß nehmen** prendre sur ses genoux; **~ den Knien liegen** être à genoux; **~ den Boden fallen** tomber par *od.* à terre; **~ der Erde schlafen** dormir, coucher par terre, F sur la dure; **~ die Uhr sehen** regarder l'heure; **~ j-n, etw. zugehen, zusteuern** aller vers qn., vers qc. (*auch fig.*); **~ dem Feld, der Wiese** sur *bzw.* dans le champ, la prairie; **~ diesem Feld wächst Weizen** dans ce champ pousse du blé; **~ den Feldern liegt Schnee** sur les champs il y a de la neige; **~ dem Feld sein, arbeiten** être, travailler aux champs; **~ der Straße, dem Hof, der Treppe** dans la rue, dans la cour, dans l'escalier *bzw.* les escaliers; **~ dem Bahnhof, Land** à la gare, à la campagne; **~s Land gehen, ziehen** aller, s'établir à la campagne; **~ der Post, Bank** à la poste, à la banque; **~ s-m Zimmer** dans sa chambre; **~ der Welt, Erde** dans le monde, sur la terre; **~ die Welt kommen** venir au monde; **~ deutschem Gebiet** sur le *od.* en territoire allemand; **~ dem Balkan** dans les Balkans; **~ hoher See** au large; en pleine mer; en 'haute mer; **~ e-r Insel** dans *od.* sur une île; **~ Malta, Zypern, Kuba, Madagaskar, Formosa** *etc.* à Malte, à Chypre, à Cuba, à Madagascar, à Formose, *etc.*; **~ den Balearen** aux Baléares; **~ Korsika, Sardinien, Sizilien, Kreta** en Corse, en Sardaigne, en Sicile, en Crète; **~ der Universität** à l'université; **~s Gymnasium gehen** aller au lycée, au collège; **~ die Schule schicken** envoyer à l'école; **~ dem Markt** au marché; **~ der Jagd** à la chasse; **~ der Hochzeit** au mariage; **~ dieser Versammlung** à cette réunion; **~ e-n Ball gehen** aller à un bal; **~ der Durchreise sein** être de passage; F **~ Besuch sein** être en visite; **~ der Flucht sein** être en fuite; **~ der Flucht erschossen werden** être abattu dans sa fuite, en fuyant; **~ dieser Seite** de ce côté *bzw.* sur cette page; **~ die andere Seite gehen** passer de l'autre côté; **~ französischer Seite** du côté français; *fig.* **~ der e-n Seite..., ~ der anderen Seite...** d'un côté..., d'un autre côté...; d'une part..., d'autre part...; **~ der Stelle** (*sofort*) sur-le-champ; **~ dem linken Auge blind** borgne de l'œil gauche; **die Verantwortung ruht ~ ihm** la responsabilité repose sur lui; **das hat nichts ~ sich** c'est sans importance; **etw. ~ etw. erhöhen** porter qc. à qc.; **etw. ~ die Hälfte, ~ ein Minimum reduzieren** réduire qc. de moitié, à un minimum; **2.** *zeitlich* **~ unbestimmte Zeit** pour un temps indéterminé; **e-n Posten ~ Zeit übernehmen** prendre un poste temporairement; **sich ~ e-n Augenblick entschuldigen** s'excuser pour un moment, pour quelques instants; **~ Jahre hinaus** pour des années; pour de longues années; **~ vier Jahre gewählt werden** être élu pour quatre ans; **~ die Dauer** à la longue; **den Wecker ~ fünf stellen** mettre le réveil sonner à cinq heures; **etw. ~ den nächsten Tag verschieben** remettre qc. au lendemain; **~ die dreißig (Jahre) zugehen** aller sur ses trente ans; **es geht ~ neun (Uhr)** il est près de *od.* presque neuf heures; **Heiligabend fällt ~ e-n Sonntag** la veille de Noël tombe un dimanche; **~ s-e alten Tage** sur ses vieux jours; **~ immer** pour toujours; *st. s.* à jamais; **~ die Minute** à l'heure exacte; exactement; **in der Nacht von Sonntag ~ Montag** dans la nuit de dimanche à lundi; **bis ~ den heutigen Tag** jusqu'(à) aujourd'hui; **bis ~ weiteres** jusqu'à nouvel ordre; **von Jugend ~** dès sa jeunesse; dès son jeune âge; **von klein, Kind ~** dès l'enfance; F **etw. von der Pike ~ lernen** apprendre qc. en commençant par le commencement; **Schlag ~ Schlag** coup sur coup; **Brief ~ Brief** lettre sur lettre; **~ Regen folgt Sonnenschein** *prov.* après la pluie le beau temps *prov.*; **Wein ~ Bier trinken** boire du vin après de la bière; **~s neue** de nouveau; **~ ein Wort!** j'ai un mot à vous dire!; F **~ e-n Sprung (bei j-m) vorbeikommen** faire un saut chez qn.; **~ Wiedersehen!** au revoir!; **3.** *modal* **~ diese Weise** de cette façon, manière; de la sorte; **~ die e-e Art, ~ die andere Art** d'une façon, manière, d'une autre façon, manière; **~ deutsch** en allemand; **~ dem See-, Luft-, Landweg** par voie maritime, aérienne, terrestre; **~ Kredit** à crédit; **~ Staatskosten studieren** étudier aux frais de l'État; **~ den Millimeter genau** au millimètre près; **~ jeden Fall** en tout cas; **~ Grund von** en raison de; **mit j-m ~ du und du stehen** être à tu et à toi avec qn.; **sich ~s Haar gleichen** se ressembler comme deux gouttes d'eau; **~s angenehmste** de la façon la plus agréable; très agréablement; le plus agréablement possible; **~s strengste** de la façon la plus sévère; très sévèrement; **j-n ~s herzlichste grüßen** saluer qn. de la façon la plus cordiale; *im Brief* envoyer ses meilleures amitiés à qn.; **~s schönste** magnifiquement; **~s beste** au mieux; **~s äußerste** à l'extrême; **4.** *Zweck, Ziel bezeichnend* **etw. ~ s-e Richtigkeit überprüfen** vérifier la justesse de qc.; **etw. ~ Fehler durchlesen** lire qc. pour chercher des fautes; **etw. ~ den äußeren Eindruck abstellen** orienter qc. sur l'impression extérieure; F **sich ~ jung zurechtmachen** se rajeunir; **~ gut Glück** au petit bonheur; à l'aventure; au hasard; **~ Ihr Wohl!** à votre santé!; *st. s.* **~ daß...** afin que, pour que... (+*subj.*); afin de... (+ *inf.*); **5.** *die Folge bezeichnend* **~ s-e Bitte (hin)** à *od.* sur sa demande, prière; **~ die Nachricht von s-m Tod** à la nouvelle de sa mort; **~ s-n Wink** sur son avertissement, son indication; **~ Rat**

von sur le(s) conseil(s) de; ~ Befehl von sur l'ordre de; par ordre de; ~ Bestellung sur commande; ~ vielfachen Wunsch à od. sur la demande de beaucoup de personnes, d'auditeurs, etc.; 6. (für) ein Abgeordneter ~ hunderttausend Einwohner un député pour cent mille habitants; drei Eier ~ ein Pfund Mehl trois œufs pour une livre de farine, par livre de farine; ~ ein Pfund gehen fünf Äpfel il y a cinq pommes par livre, dans une livre; 7. bis ~ (ausgenommen) excepté; sauf; cf. auch bis; 8. nach Verben etc. achten ~ faire attention à; ~ j-n warten attendre qn.; ~ etw. hoffen espérer qc.; ~ j-n böse sein être fâché contre qn.; en vouloir à qn.; stolz, eifersüchtig ~ fier, fière, jaloux, -ouse de; die Hoffnung ~ etw. l'espoir de qc., en qc., de... (+ inf.); die Aussichten ~ etw. les perspectives de qc.; ein Recht ~ etw. haben avoir droit à qc.; die Substantive ~ „-er" les substantifs en «-er»; II adv. a) ~! (an die Arbeit, zu Tisch etc.) allez!; b) F (aufgestanden) schon ~ sein être déjà levé; noch ~ sein être encore debout; c) F (offen) ouvert; die Tür, das Fenster ist ~ la porte, la fenêtre est ouverte; das Geschäft ist bis 18 Uhr ~ le magasin est ouvert jusqu'à 18 heures; Augen ~! ouvre(z) l'œil et le bon!; ~ haben etc. cf. aufhaben etc.; d) in festen Verbindungen ~ und ab, nieder de haut en bas, de bas en 'haut; mit Verben monter et descendre; die Kolben laufen ~ und ab les pistons montent et descendent; Person ~ und ab gehen aller et venir; passer et repasser; aller, se promener, marcher de long en large; faire les cent pas; in dem Zimmer ~ und ab gehen auch arpenter la pièce; die Treppe ~ und ab rennen monter et descendre l'escalier quatre à quatre; sich ~ und davon machen se sauver; F décamper; prendre le large; er war schon ~ und davon il était déjà parti; ~ und davon fliegen s'envoler; das 𝔖 und Ab des Lebens les 'hauts et les bas de la vie.

auf|applizieren ['aufˀapliˌtsiːrən] v/t. ⟨sép., pas de ge-, h⟩ cout. appliquer; faire une application (de); **~ˌarbeiten** I v/t. ⟨-ete, sép., -ge-, h⟩ 1. Rückstände mettre à jour; s-e Korrespondenz ~ mettre à jour son courrier; 2. Kleider remettre à neuf; F retaper; Möbel remettre en état; F retaper; Matratzen refaire; II 𝔖ˌarbeiten n, 𝔖ˌarbeitung f ⟨~; ~en⟩ von Rückständen mise f à jour; von Kleidung etc. remise f à neuf, en état; retapage m; **~ˌatmen** I v/i. ⟨-ete, sép., -ge-, h⟩ fig. respirer; se sentir soulagé; erleichtert ~ respirer de soulagement; II 𝔖ˌatmen n ein ~ ging durch den Saal un soupir de soulagement parcourut la salle; **~ˌbacken** v/t. ⟨irr., sép., -ge-, h⟩ réchauffer, repasser au four; **~ˌbahren** v/t. ⟨sép., -ge-, h⟩ Toten j-n ~ exposer (le corps de) qn. (sur un catafalque, sur un lit de parade); 𝔖ˌbahrung f ⟨~⟩ exposition f du corps de qn. (sur un catafalque, sur un lit de parade).

Aufbau ['aufbau] m ⟨~(e)s⟩ 1. von Gebäuden etc. construction f; (Wieder𝔖) reconstruction f; e-s Gerüstes, Lagers etc. auch montage m; fig. der Wirtschaft, e-s Unternehmens etc. construction f; édification f; chim., biol. constitution f; 2. (Gliederung, Struktur) structure f; chim., phys. auch constitution f; chim. auch composition f; des Unterrichtswesens etc. organisation f; der ~ e-s Dramas la structure d'un drame; der ~ e-s Atoms la structure, la constitution d'un atome; der ~ des Schulwesens l'organisation de l'enseignement; 3. ⟨pl. ~ten⟩ auf e-m Schiff, Haus etc. superstructure f; 𝔖en I v/t. ⟨sép., -ge-, h⟩ 1. Gebäude etc. construire; (wieder~) reconstruire; Gerüst auch, Zelte, Maschinen, elektr. Eisenbahn etc. monter; Geschenke auf e-m Tisch ~ arranger des cadeaux sur une table; sich e-e neue Existenz ~ se bâtir une nouvelle existence; e-e ~de Wirkung haben avoir un effet constructif; 2. etw. auf etw. ~ construire, édifier, bâtir qc. sur qc.; s-n Plan auf etw. ~ se baser dans son plan sur qc.; in der Forschung auf gesicherten Grundlagen ~ construire, etc. dans la recherche sur des bases sûres; II v/réfl. sich ~ 3. chim. se composer, se constituer (aus de); 4. F (aufstellen) se planter; se mettre; sich vor j-m ~ se planter devant qn.; sich neben der Tür ~ se mettre à côté de la porte; 5. st. s. Wolken etc. s'amonceler.

auf|baumen ['aufˌbaumən] v/i. ⟨sép., -ge-, sein⟩ ch. grimper, sauter sur l'arbre; **~ˌbäumen** v/réfl. ⟨sép., -ge-, h⟩ sich ~ se cabrer (auch fig. gegen contre); **~ˌbauschen** I v/t. ⟨sép., -ge-, h⟩ 1. Segel, Kleid etc. gonfler; cout. faire bouffer; aufgebauschte Ärmel manches bouffantes; 2. fig. Geschehnis, Geschichte etc. exagérer; enfler; grossir; II 𝔖ˌbauschen n ⟨~s⟩ cf. Aufbauschung.

Aufbauschule ['aufbauˌʃuːlə] f école f d'enseignement secondaire accéléré.

Aufbauschung ['aufˌbauʃuŋ] f ⟨~; ~en⟩ gonflement m; fig. exagération f.

Aufbauwerk ['aufbauˌvɛrk] n œuvre f de construction.

auf|begehren ['aufbəˌgeːrən] st. s. I v/i. ⟨sép., pas de ge-, h⟩ se révolter, se rebeller (gegen contre); II 𝔖beˌgehren n révolte f; ein dumpfes ~ une sourde révolte; **~beˌhalten** v/t. ⟨irr., sép., pas de ge-, h⟩ Kopfbedekkung garder; den Hut ~ Männer auch ne pas se découvrir; rester couvert; **~ˌbeißen** v/t. ⟨irr., sép., -ge-, h⟩ ouvrir, Nuß etc. casser avec ses dents; **~ˌbeizen** v/t. ⟨-(es)t, sép., -ge-, h⟩ Holz reteinter; **~beˌkommen** v/t. ⟨irr., sép., pas de ge-, h⟩ F 1. Tür, Schloß etc. réussir, parvenir, F arriver à ouvrir; 2. Essen pouvoir tout manger; pouvoir finir; F pouvoir venir à bout de; 3. écol. wir haben e-n Aufsatz ~ on nous a donné une rédaction; was hast du für morgen ~? qu'as-tu à faire comme devoirs, à apprendre comme leçons pour demain?

aufbereit|en ['aufbəˌraitən] v/t. ⟨-ete, sép., pas de ge-, h⟩ Erze, statistisches Material etc. préparer; 𝔖ung f préparation f; 𝔖ungsˌanlage f installation f de préparation; 𝔖ungsˌvorgang m procédé m de préparation.

aufbesser|n ['aufˌbɛsərn] v/t. ⟨-ssere od. -ßre, sép., -ge-, h⟩ Gehälter etc. augmenter; relever; Möbel remettre en état; réparer; Kenntnisse améliorer; 𝔖ung f der Gehälter etc. augmentation f; relèvement m; der Möbel remise f en état; réparation f; der Kenntnisse amélioration f.

aufbewahr|en ['aufbəˌvaːrən] v/t. ⟨sép., pas de ge-, h⟩ conserver; garder; für später auch réserver; mettre de côté; kühl, trocken ~ conserver, garder, tenir au frais, au sec; etw. zum Andenken ~ garder, conserver qc. comme souvenir; 𝔖ung f conservation f; garde f; dépôt m (auch Ort); j-m etw. zur ~ geben donner qc. à qn. en garde, en dépôt; Bahnhof sein Gepäck zur ~ geben donner, déposer ses bagages à la consigne; 𝔖ungsgeˌbühr f taxe f, droit m, frais m/pl. de dépôt, de consigne; 𝔖ungsˌort m dépôt m; lieu m où l'on garde, conserve qc.

aufbiegen ['aufˌbiːgən] v/t. ⟨irr., sép., -ge-, h⟩ ouvrir; Stäbe écarter.

aufbiet|en ['aufˌbiːtən] v/t. ⟨irr., sép., -ge-, h⟩ 1. all(e) s-e Kräfte, Energie ~ déployer toutes ses forces, toute son énergie; s-e letzten Kräfte ~ rassembler ses dernières forces; alle Mittel ~ mettre tout en œuvre; s-e ganze Überredungskunst ~, um... déployer toute son éloquence pour...; s-n ganzen Einfluß ~ user de toute son influence; alles ~, um... faire tout pour...; remuer ciel et terre pour...; 2. st. s. a) Polizei, Militär etc. mettre en action; man bot den ganzen Polizeiapparat auf, um die Demonstranten in Schach zu halten on a mis toute la police en action pour tenir en échec les manifestants; b) faire appel à; die Öffentlichkeit ist aufgeboten zu helfen on fait appel à l'aide du public; c) hist. Heer, Soldaten appeler aux armes; lever; 3. Brautpaar publier les bans (de qn.); sie wurden letzten Sonntag aufgeboten on a publié leurs bans dimanche dernier; 𝔖ung f ⟨~⟩ 1. s-r Kräfte etc. verbal; unter ~ aller Kräfte, s-r letzten Kräfte en déployant toutes ses forces, en rassemblant ses dernières forces; unter ~ s-r ganzen Überredungskunst en déployant toute son éloquence; 2. der Polizei etc. mise f en action; der Öffentlichkeit etc. appel m (à); hist. milit. appel m aux armes; levée f; 3. e-s Brautpaares publication f des bans.

auf|binden ['aufˌbɪndən] v/t. ⟨irr., sép., -ge-, h⟩ 1. Schleife, Schürze etc. dénouer; défaire; Sack etc. ouvrir; Paket auch déficeler; 2. (festbinden) attacher; 3. (hochbinden) relever (et attacher); Kleid, Schürze auch retrousser; 4. fig. u. F j-m ein Märchen, e-e Fabel ~ raconter des blagues, des bobards à qn.; j-m e-n Bären ~ monter un bateau à qn.; en faire accroire à qn.; mystifier qn.; sich e-n Bären ~ lassen se laisser duper; F gober une blague; **~ˌblähen** I v/t. ⟨sép., -ge-, h⟩ Segel, Wäsche auf der Leine etc. (faire) gonfler; II v/réfl. sich ~ Segel etc. se gonfler; s'enfler; Leib se ballonner; fig. u. péj. cf. (sich) ~blasen; cf. auch aufgebläht; III 𝔖ˌblähen n, 𝔖ˌblähung f gonflement m; des Leibes ballonnement m; **~blasˌbar** adj. Schwimmweste etc. gonflable; **~ˌblasen** I v/t. ⟨irr., sép., -ge-, h⟩ Luftballon etc. gonfler; die Backen ~ gonfler les joues; II v/réfl. fig. u. péj. sich ~ se rengorger; plastronner; faire l'important; cf. auch aufgeblasen; **~ˌblättern** v/t. ⟨-(e)re, sép., -ge-, h⟩ Buch, Zeitschrift feuilleter; **~ˌbleiben** v/i. ⟨irr., sép., -ge-, sein⟩ 1. Tür, Geschäft etc. rester ouvert; 2. (nicht zu Bett gehen) rester debout; veiller; abends lange ~ rester longtemps debout le soir; **~ˌblenden** I v/t. u. v/i. ⟨-ete, sép., -ge-, h⟩ Film, *télév.* (e-e Szene) ~ ouvrir (une scène) en fondu; *Auto* (die Scheinwerfer) ~ mettre les feux de route, les phares; mit aufgeblendeten Scheinwerfern en feux de route; en phares; **II Ꝛ-ˌblenden** *n e-r Filmszene etc.* ouverture *f* en fondu; fondu *m*; *der Scheinwerfer verbal.*

Aufblick [ˈaufblɪk] *st. s. m* regard *m* (vers); *od. verbal*; **Ꝛen** *v/i.* ⟨*sép.*, -ge-, h⟩ lever les yeux (zu j-m vers qn., von der Arbeit de son travail); *fig.* zu j-m ~ respecter qn.; *pfort.* révérer, vénérer qn.

auf|blitzen [ˈaufˌblɪtsən] *v/i.* ⟨-(es)t, *sép.*, -ge-, sein⟩ *Lichter, Scheinwerfer etc.* étinceler, briller (un moment); jeter une vive lueur; *Sterne* scintiller (un moment); *fig. Gedanke, Erinnerung* jaillir; ein Gedanke blitzte in mir auf une idée jaillit à mon esprit, se présenta soudain à mon esprit; **~ˌblühen I** *v/i.* ⟨*sép.*, -ge-, sein⟩ **1.** *Blume* s'ouvrir; s'épanouir; *poét.* éclore; voll aufgeblühter Flieder du lilas bien fleuri; **2.** *fig. Industrie, Handel, geistiges Leben etc.* s'épanouir; prendre de l'essor; *st. s. Schönheit, Mädchen* s'épanouir; *Hoffnung* naître; **II Ꝛ-ˌblühen** *n* épanouissement *m* (*auch fig.*); éclosion *f*; **~ˌblühend** *adjt. Blume* qui s'ouvre, s'épanouit; *fig.* ein ~er Industriezweig une branche industrielle qui s'épanouit; e-e ~e Schönheit une beauté naissante, qui s'épanouit; **~ˌbocken** *v/t.* ⟨*sép.*, -ge-, h⟩ *Fahrzeug, Maschine etc.* mettre sur (des) chevalets; **~ˌbohren** *v/t.* ⟨*sép.*, -ge-, h⟩ ouvrir (qc.), pratiquer une ouverture, un trou (dans) (à l'aide d'un foret); **~ˌbranden** *v/i.* ⟨-ete, *sép.*, -ge-, sein⟩ *Beifall, Jubel* éclater; crépiter; retentir; **~ˌbraten** *v/t.* ⟨*irr.*, *sép.*, -ge-, h⟩ réchauffer, repasser au four, à la poêle, au gril; **~ˌbrauchen** *v/t.* ⟨*sép.*, -ge-, h⟩ *Bestände, Vorräte* épuiser; *fig.* s-e Kräfte ~ épuiser ses forces; **~ˌbrausen I** *v/i.* ⟨-(es)t, *sép.*, -ge-, sein⟩ **1.** *Meer, Flut etc.* bouillonner; *bei chem. Reaktion auch* entrer en effervescence; *Beifall etc.* éclater; crépiter; retentir; *Lärm* retentir; **2.** *fig. zornig* s'emporter; s'emballer; prendre le mors aux dents; monter sur ses grands chevaux; leicht, rasch ~ avoir la tête près du bonnet; être soupe au lait; **II Ꝛˌbrausen** *n* bouillonnement *m*; effervescence *f*; *fig.* emportement *m*; **~ˌbrausend** *adjt. fig.* qui s'emporte facilement; coléreux, -euse; colérique; irascible; F soupe au lait; ein ~es Wesen, Temperament un caractère, un tempérament coléreux, F soupe au lait; **~ˌbrechen I** *v/t.* ⟨*irr.*, *sép.*, -ge-, h⟩ **1.** *Tür, Schloß, Stahlschrank etc.* forcer; fracturer; *jur.* ouvrir par effraction; *Siegel* briser; *st. s. Brief* décacheter; *Straße, Betondecke etc.* défoncer; éventrer; *Kiste* ouvrir; *Eis* briser; casser; **2.** *ch.* (*ausweiden*) vider; **II** *v/i.* ⟨sein⟩ **3.** *Blüten, Knospen* s'ouvrir; *méd. Geschwür* crever; percer; *fig. Gegensätze etc.* apparaître; *fig.* alte Wunden brechen wieder auf de vieilles blessures se rouvrent, réapparaissent; **4.** (*e-n Ort verlassen*) partir; s'en aller; se mettre en route; **III Ꝛˌbrechen** *n* **5.** *e-r Tür, e-s Schlosses etc.* forcement *m*; fracture *f*; *e-s Siegels* bris *m*; *st. s. e-s Briefes* décachetage *m*; *e-r Straße, Betondecke etc.* défoncement *m*; éventration *f*; *des Eises* cassage *m*; *von selbst* rupture *f*; **6.** *ch.* vidage *m*; **7.** *von Knospen etc.* éclosion *f*; *sonst verbal*; **8.** départ *m*; mise *f* en route; **~ˌbrennen I** *v/t.* ⟨*irr.*, *sép.*, -ge-, h⟩ e-m Tier ein Zeichen ~ marquer un animal au fer rouge; j-m e-e Kugel ~ mettre, flanquer une balle dans la peau de qn.; **II** *v/i.* ⟨sein⟩ *Feuer* (hell) ~ flamber; flamboyer; **~ˌbringen I** *v/t.* ⟨*irr.*, *sép.*, -ge-, h⟩ **1.** *Mode etc.* lancer; répandre; introduire; *Gerücht etc.* faire courir; lancer; répandre; F wer hat den Unsinn denn nun wieder aufgebracht? qui a donc lancé cette bêtise?; **2.** *Geld etc.* réunir; trouver; fournir; *Miete, Kosten etc.* faire face (à); *Mut, Kraft* trouver; *Verständnis, Interesse, Geduld* faire preuve (de); montrer; das nötige Geld, die erforderlichen Mittel ~ réunir l'argent nécessaire, les moyens nécessaires; aus der Tombola wurden tausend Mark aufgebracht mille marks ont été réunis par la tombola; **3.** *mar.* ein Schiff ~ arraisonner, capturer un navire; **4.** *fig.* (*in Wut versetzen*) irriter; j-n gegen j-n ~ monter, indisposer qn. contre qn.; *cf. auch* aufgebracht; **5.** *Schutzschicht, Muster etc.* (*anbringen*) appliquer; **6.** F *cf.* aufbekommen 1.; **II Ꝛˌbringen** *n* **7.** *e-r Mode etc.* lancement *m*; *e-s Gerüchtes auch* mise *f* en circulation; **8.** (*Anbringen*) application *f*; **Ꝛˌbringung** *f* ⟨~⟩ **1.** *des nötigen Geldes etc.* réunion *f*; *der Miete etc., von Mut, Kraft etc. verbal*; **2.** *mar.* arraisonnement *m*; capture *f*; **~ˌbrodeln** *v/i.* ⟨-(e)le, *sép.*, -ge-, sein⟩ bouillonner.

Aufbruch [ˈaufbrux] *m* **1.** départ *m*; das Zeichen zum ~ geben donner le signal du départ; zum ~ rüsten se préparer à partir; *fig. Land, Nation* im ~ sein s'éveiller; **2.** *ch.* entrailles *f/pl.*; **Ꝛsbeˌreit** *adj.* prêt à partir; **~sˌsiˌgnal** *n* signal *m* de départ; **~sˌstimmung** *f* atmosphère *f* de départ.

auf|brühen [ˈaufˌbryːən] *v/t.* ⟨*sép.*, -ge-, h⟩ *Tee, Kamille etc.* (faire) infuser; Kaffee ~ faire du café; **~ˌbrüllen** *v/i.* ⟨*sép.*, -ge-, h⟩ *cf.* brüllen; **~ˌbrummen** *v/t.* ⟨*sép.*, -ge-, h⟩ F j-m e-e Strafe, zwei Jahre Gefängnis *etc.* ~ donner, F flanquer une peine, deux ans de prison, *etc.* à qn.; etw. aufgebrummt bekommen écoper (de) qc.; ramasser qc.; **~ˌbügeln** *v/t.* ⟨-(e)le, *sép.*, -ge-, h⟩ donner un coup de fer (à); repasser; **~ˌbürden** *v/t.* ⟨-ete, *sép.*, -ge-, h⟩ j-m etw. ~ *Last, Arbeit, Verantwortung etc.* mettre qc. sur les bras, sur le dos de qn.; charger qn. de qc.; *Amt, Sorgen* imposer qc. à qn.; **~ˌdämmern** *v/i.* ⟨-(e)re, *sép.*, -ge-, sein⟩ (in j-m) ~ *Ahnung, Vermutung* se faire jour, *Erinnerung* émerger (en qn.); **~ˌdampfen I** *v/t.* ⟨*sép.*, -ge-, h⟩ *techn.* Aluminium *etc.* im Vakuum auf etw. ~ métalliser qc. sous vide à l'aluminium, *etc.*; **II Ꝛˌdampfen** *n* ⟨~s⟩ métallisation *f* sous vide (von Aluminium à l'aluminium); **~ˌdämpfen** *v/t.* ⟨*sép.*, -ge-, h⟩ repasser à la pattemouille; **~ˌdecken** *v/t.* ⟨*sép.*, -ge-, h⟩ **1.** *Tischtuch etc.* mettre (la nappe); **2.** *Bett etc.* découvrir; *vorgeschichtliche Gräber etc.* mettre à jour; *Kartenspiel* e-e Karte ~ retourner une carte; *fig.* die Karten ~ dévoiler ses batteries; découvrir, montrer son jeu; **3.** *fig. Irrtümer, Mängel, Komplott etc.* découvrir; déceler; *Zusammenhänge etc.* découvrir; **Ꝛˌdeckung** *f* **1.** *vorgeschichtl. Gräber etc.* mise *f* à jour; **2.** *fig. von Mängeln, e-s Komplotts etc.* découverte *f*; décèlement *m*; *von Zusammenhängen etc.* découverte *f*; **~ˌdonnern** *v/réfl.* ⟨-(e)re, *sép.*, -ge-, h⟩ F *u. péj. von Frauen* sich ~ se harnacher; s'accoutrer; s'attifer; ein aufgedonnertes Frauenzimmer une femme drôlement accoutrée, attifée, 'harnachée; **~ˌdrängen I** *v/t.* ⟨*sép.*, -ge-, h⟩ j-m etw. ~ *Ware, Geschenk* vouloir à toutes forces faire accepter qc. à qn.; presser, obliger qn. d'accepter qc.; *Freundschaft, Begleitung* imposer qc. à qn.; **II** *v/réfl.* sich j-m ~ s'imposer à qn. (*auch Vergleich, Frage etc.*); ich will mich Ihnen nicht ~ je ne veux pas vous imposer ma présence; je ne veux pas m'imposer (à vous); die Vorstellung drängt sich auf, daß... l'idée s'impose que...; **~ˌdrehen I** *v/t.* ⟨*sép.*, -ge-, h⟩ **1.** *Faden etc.* dé(sen)tortiller; **2.** *Wasserhahn, Heizung etc.* ouvrir; *fig.* den Gashahn ~ se suicider au gaz; **3.** F *Uhr etc.* remonter; **II** *v/i. fig. u.* F *mit dem Auto* appuyer sur le champignon; *im Sport* forcer, accélérer l'allure; (*in Stimmung kommen*) ⟨sein⟩ *etwa* être en verve; *cf. auch* aufgedreht; **III Ꝛˌdrehen** *n e-s Fadens* dé(sen)tortillement *m*; F *e-r Uhr etc.* remontage *m*; *des Gashahns etc. verbal.*

aufdringlich [ˈaufˌdrɪŋlɪç] *adj.* importun; F casse-pieds; collant; *Farbe* voyant; *Parfüm* tenace; ein ~er Schwätzer un bavard importun; so ein ~er Kerl! quel casse-pieds!; quel type collant!; ~e Schmeichelei flatterie importune; ~e Reklame réclame tapageuse; **Ꝛˌkeit** *f* ⟨~⟩ importunité *f*.

aufdröseln [ˈaufˌdrøːzəln] *v/t.* ⟨-(e)le, *sép.*, -ge-, h⟩ F *Schnur etc.* dé(sen)tortiller.

Aufdruck [ˈaufdruk] *m* ⟨-(e)s; ~e⟩ impression *f* (typographique); *auf Briefmarken* surcharge *f*; **Ꝛen** *v/t.* ⟨*sép.*, -ge-, h⟩ imprimer (sur).

aufdrücken [ˈaufˌdrykən] **I** *v/t.* ⟨*sép.*, -ge-, h⟩ **1.** *Tür etc.* ouvrir (en poussant); pousser; *Furunkel etc.* faire crever; **2.** *Siegel, Stempel* apposer; *Feder beim Schreiben* appuyer (sur); F *Kuß* mettre; poser; *st. s.* j-m sein Gepräge ~ marquer qn. de son empreinte; er hat s-r Zeit s-n Stempel aufgedrückt il a marqué son époque de son empreinte; **II Ꝛ** *n e-s Siegels etc.* apposition *f*; *sonst verbal.*

aufeinander [ˌaufʔaɪˈnandər] *adv.* l'un(e) sur, *zeitlich* après l'autre *bzw.* les un(e)s sur, après les autres; ~ warten s'attendre (l'un l'autre); ~ Rücksicht nehmen avoir égard l'un à l'autre; ~ angewiesen sein dépendre l'un de l'autre; ~ losgehen se précipiter, se jeter l'un sur l'autre; **Ꝛˌfolge** *f* succession *f*; suite *f*; **~ˌfolgen** *v/i.* ⟨*sép.*, -ge-, sein⟩ se succéder; se suivre; **~ˌfolgend** *adjt.* consécutif, -ive; successif, -ive; **~ˌhetzen** *v/t.* ⟨-(es)t, *sép.*, -ge-, h⟩ exciter l'un contre l'autre; **~ˌlegen** *v/t.* ⟨*sép.*, -ge-, h⟩ mettre, poser l'un sur l'autre; **~ˌliegen** *v/i.* ⟨*irr.*, *sép.*, -ge-, h⟩ être posé, empilé, entassé l'un sur l'autre; **~ˌpassen** *v/i.* ⟨-ßt, *sép.*, -ge-, h⟩ aller l'un avec l'autre; s'ajuster; **~ˌplatzen I** *v/i.* ⟨-(es)t, *sép.*, -ge-, sein⟩ *fig. Meinungen etc.* se heurter; **~ˌprallen I** *v/i.* ⟨*sép.*, -ge-, sein⟩ se heurter (*auch fig.*); se tamponner; **II Ꝛˌprallen** *n* ⟨~s⟩ 'heurt *m* (*auch fig.*); choc *m*; tamponnage *m*; **~ˌpressen** *v/t.* ⟨-ßt, *sép.*, -ge-, h⟩ appuyer, presser l'un sur *od.* contre l'autre; **~ˌsetzen** *v/t.* ⟨-(es)t, *sép.*, -ge-, h⟩ mettre, poser l'un sur l'autre; empiler; échafauder; **~ˌsitzen** *v/i.* ⟨*irr.*, *sép.*, -ge-, h⟩ *fig. u.* F être assis, entassés les uns sur les autres; **~ˌstapeln** *v/t.* ⟨-(e)le, *sép.*, -ge-, h⟩ empiler; entasser; échafauder; **~ˌstellen** *v/t.* ⟨*sép.*, -ge-, h⟩ mettre, poser l'un sur l'autre; **~ˌstoßen** *v/i.* ⟨*irr.*, *sép.*, -ge-, sein⟩ se heurter (*auch fig.*); **~ˌtreffen** *v/i.* ⟨*irr.*, *sép.*, -ge-, sein⟩ se rencontrer; *feindlich* se heurter.

Aufenthalt ['aʊfʔɛntˌhalt] *m* ⟨~(e)s; ~e⟩ **1.** *während e-r Fahrt* arrêt *m*; 'halte *f*; *chem.* **zehn Minuten ~ haben** avoir dix minutes d'arrêt; **wie lange hat der Zug hier ~?** combien de temps s'arrête le train ici?; **ohne ~** sans s'arrêter; sans faire 'halte; **nach kurzem ~** après un court arrêt, une courte 'halte; **2.** (*Verweilen*) séjour *m*; **ein sechsmonatiger ~ in Frankreich** un séjour de six mois en France; **während s-s ~es in Berlin** pendant son séjour à Berlin; **3.** *st. s.* (*~sort*) séjour *m*; résidence *f*; **~sbeˌwilligung** *f cf.* ~sgenehmigung; **~sˌdauer** *f* durée *f* du séjour; *chem. etc.* temps *m* d'arrêt; **~serˌlaubnis** *f*, **~sgeˌnehmigung** *f* permis *m* de séjour; **~sˌort** *m* lieu *m* de séjour, de résidence; **~sˌraum** *m etwa* salle *f* de réunion, d'études, *etc.*; **~sverˌbot** *n* interdiction *f* de séjour.

auferleg|en ['aʊfʔɛrˌleːgən] **I** *v/t.* ⟨*sép.*, *pas de ge-*, h⟩ imposer (qc. à qn.); *Kosten* faire payer (qc. à qn.); *Strafe* infliger (qc. à qn.); **Bedingungen ~** imposer, dicter des conditions; **j-m Steuern ~** imposer qn.; **j-m e-e Geldstrafe ~** infliger une amende à qn.; **j-m Schweigepflicht ~** imposer le silence à qn.; **II** *v/réfl.* **sich ~** s'imposer; **sich Entbehrungen, Pflichten ~** s'imposer des privations, des devoirs; **sich Zwang ~** se faire violence; se contraindre; **III ℒen** *n*, **ℒung** *f* ⟨~⟩ imposition *f*; *od. verbal.*

Auferstandene(r) ['aʊfʔɛrˌʃtandənə (-r)] *f(m)* ⟨→ A⟩ ressuscité(e) *m(f)*.

aufersteh|en ['aʊfʔɛrˌʃteːən] *v/i.* ⟨*irr.*, *les formes séparées des temps simples ne s'emploient pas*, *pas de ge-*, sein⟩ *bibl.* ressusciter; **ℒung** *f* ⟨~⟩ résurrection *f*; **ℒungsˌtag** *m* jour *m* de la résurrection.

auferweck|en ['aʊfʔɛrˌvɛkən] *v/t.* ⟨*les formes séparées des temps simples ne s'emploient pas*, *pas de ge-*, h⟩ ressusciter; *bibl.* **von den Toten ~** réveiller d'entre les morts; **ℒung** *f* ⟨~⟩ résurrection *f*.

auf|essen ['aʊfˌʔɛsən] *v/t.* ⟨*irr.*, *sép.*, -ge-, h⟩ manger tout; achever; finir; P liquider; **iß dein Brot auf!** mange, finis, achève ton pain!; **~ˌfädeln** *v/t.* ⟨-(e)le, *sép.*, -ge-, h⟩ *Perlen etc.* enfiler.

auffahr|en ['aʊfˌfaːrən] **I** *v/t.* ⟨*irr.*, *sép.*, -ge-, h⟩ **1.** *Geschütz etc.* mettre en batterie; pousser en position; *fig.* **j-m gegenüber grobes Geschütz ~** employer des arguments massue contre qn.; **2.** F *Speisen, Getränke* couvrir la table de; apporter; **II** *v/i.* ⟨sein⟩ **3.** *aus Gedanken, Träumen* sursauter; **aus dem Schlaf ~** se réveiller en sursaut; **erschrocken, entsetzt ~** sursauter d'effroi, d'épouvante; **ärgerlich, wütend ~** s'emporter violemment; monter sur ses grands chevaux; **ein ~des Wesen haben** s'emporter facilement; F être soupe au lait; **4. auf etw. ~** *chem.*, *Auto* télescoper, tamponner qc.; F rentrer dans (l'arrière de) qc.; *Schiff* s'échouer sur qc.; **5.** *Auto vor e-m Theater etc.* se présenter (devant); arriver; **6.** *relig.* **aufgefahren gen Himmel ...** est monté aux cieux; **III ℒen** *n e-s Geschützes etc.* mise *f* en batterie; *wütendes* emportement *m*; *chem.*, *von Autos* télescopage *m* (en série *bzw.* par l'arrière); *e-s Schiffes* échouement *m*; *sonst verbal*; **ℒt** *f* **1.** *zur Autobahn etc.* voie *f* d'accès; *vor e-m Gebäude* rampe *f* d'accès; **2.** *von Wagen vor e-m Gebäude* arrivée *f*; **3.** (*Fahrt bergan*) montée *f* (en voiture); **ℒtsˌstraße** *f* route *f* d'accès; **ℒˌunfall** *m* télescopage *m* (en série).

auffallen ['aʊfˌfalən] *v/i.* ⟨*irr.*, *sép.*, -ge-, sein⟩ **1.** se faire remarquer; **unangenehm ~** se faire désagréablement remarquer; **s-e Abwesenheit fiel nicht auf** on ne remarqua pas son absence; son absence passa inaperçue; **wenn wir zuviel wegnehmen, fällt es auf** si nous en enlevons trop, cela se remarquera; **mir fiel auf, daß ...** j'ai remarqué que ...; je me suis aperçu que ...; ce qui m'a frappé c'était que ...; **fiel dir nichts an ihm auf?** ne lui as-tu rien remarqué?; **2.** *Strahlen etc.* tomber sur; **~d 1.** *adjt.* marquant; frappant; spectaculaire; remarquable; **ein ~er Schmuck** un bijou voyant; **e-e ~e Erscheinung** un phénomène, un fait marquant, frappant; *Person* une personne à l'extérieur frappant, marquant; **in ~em Gegensatz stehen zu** faire un contraste frappant, marquant avec; **das ℒste an ihr war ...** le plus marquant, frappant en elle était ...; **2.** *advt.* remarquablement; **sich ~ kleiden** s'habiller d'une façon voyante; **er ist ~ still** il est remarquablement calme; **sie sieht ihr ~ ähnlich** elle lui ressemble d'une façon frappante, remarquablement; **e-e ~ fein geschnittene Nase** un nez remarquablement dessiné; **ein ~ schönes Kleid** une robe remarquable(ment belle).

auffällig ['aʊfˌfɛlɪç] *adj. cf.* **auffallend**; **ℒkeit** *f* ⟨~⟩ caractère marquant, frappant, spectaculaire.

Auffang|becken ['aʊffaŋˌbɛkən] *n* bassin *m* de réception; *fig.* réservoir *m*; **ℒen I** *v/t.* ⟨*irr.*, *sép.*, -ge-, h⟩ **1.** *Ball etc.*, *Ohnmächtige* (r)attraper; *Ball auch* bloquer; **2.** *Krümel, Regenwasser etc.*, *Flüchtlinge*, *chim.* recueillir; *phys.*, *rad.* capter; recevoir; **Strahlen auf e-m Schirm ~** recevoir des rayons sur un écran; **3.** *Schlag, Stoß, Druck* amortir; *écon.* *Preissteigerungen etc.* parer à; **4.** *Blick* voir; *Wort, Neuigkeit* entendre; **5.** *milit.*, *Angriff, Durchbruch* contenir; **II ~en** *n phys.*, *rad.* captage *m*; *e-s Stoßes etc.* amortissement *m*; *sonst verbal*; **~ˌlager** *n für Flüchtlinge etc.* centre *m* d'accueil; **~ˌstellung** *f milit.* position *f* de repli.

auffärben ['aʊfˌfɛrbən] *v/t.* ⟨*sép.*, -ge-, h⟩ *Stoff* reteindre; biser.

auffass|en ['aʊfˌfasən] *v/t.* ⟨-ßt, *sép.*, -ge-, h⟩ **a)** (*verstehen*) saisir; comprendre; **etw. leicht, schnell ~** saisir, comprendre qc. facilement, rapidement; **etw. richtig, falsch ~** bien, mal saisir, comprendre, interpréter qc.; **b) etw. als etw. ~** prendre qc. pour qc.; interpréter qc. comme qc.; **etw. als Scherz ~** prendre qc. en plaisantant, en riant; **etw. als persönliche Beleidigung ~** regarder qc. comme une offense personnelle; **etw. als Schmeichelei ~** prendre qc. pour de la flatterie; **das kann man verschieden ~** on peut interpréter, prendre cela de différentes façons; **der Regisseur hat das Stück als Tragödie aufgefaßt** le metteur en scène a conçu la pièce à la façon d'une tragédie; **ℒung** *f* ⟨~; ~en⟩ (*Ansicht*) conception *f*; opinion *f*; vues *f/pl.*; point *m* de vue; avis *m*; **e-e andere, irrige, hohe ~ von etw. haben** avoir une autre conception, une conception erronée, une 'haute conception de qc.; **s-e ~ von Liebe** *etc.* sa conception de l'amour, *etc.*; **der ~ sein, die ~ vertreten, daß ...** être d'avis, penser que ...; **j-s ~ teilen** partager l'opinion, les vues, le point de vue, la conception de qn.; **sich j-s ~en zu eigen machen** adopter, épouser les idées, les vues de qn.; **ℒungsˌgabe** *f* compréhension *f*; **e-e leichte, schnelle ~ haben, besitzen** avoir la compréhension vive; avoir l'esprit prompt, rapide; **e-e langsame, schwerfällige ~ haben** être long, -gue à comprendre; avoir l'esprit lourd; F avoir la comprenette difficile(tte); **ℒungsˌsache** *f* **das ist ~** c'est une question de point de vue; **ℒungsverˌmögen** *n cf.* ℒungsgabe; **ℒungsˌweise** *f* façon *f* de voir, de prendre qc.

auffegen ['aʊfˌfeːgən] *v/t.* ⟨*sép.*, -ge-, h⟩ *Krümel, Scherben etc.* balayer; enlever.

auffind|bar ['aʊffɪntˌbaːr] *adj.* trouvable; découvrable; **j ist nicht ~** qn. est introuvable; **etw. ist schwer ~** qc. est difficile à trouver, à découvrir; **~en** *v/t.* ⟨*irr.*, *sép.*, -ge-, h⟩ trouver; découvrir; **ℒung** *f* ⟨~⟩ découverte *f*; *od. verbal.*

auf|fischen ['aʊfˌfɪʃən] *v/t.* ⟨*sép.*, -ge-, h⟩ **1.** (re)pêcher; retirer de l'eau; F **e-n Leichnam ~** (re)pêcher un cadavre; **2.** *fig. u.* P **j-n ~** dégoter qn.; **~ˌflakkern** *v/i.* ⟨-(e)re, *sép.*, -ge-, sein⟩ *Kerze, Kaminfeuer etc.* s'aviver; *fig.* *Unruhen* éclater (ici et là); *Zank, Streit* **wieder ~** se raviver; *st. s.* **noch einmal flackerte der Lebenswille in ihm auf** encore une fois sa volonté de vivre se ranima, se réveilla; **Hoffnung, Wut flackert in ihm auf** l'espérance, la colère se ravive, se réveille en lui; **Haß flackerte in ihren Augen auf** la haine flamboya dans ses yeux; **~ˌflammen** *v/i.* ⟨*sép.*, -ge-, sein⟩ *Holzstoß etc.* s'embraser; s'enflammer (*beide auch fig.*); *Feuer* flamb(oy)er; *fig.* *Unruhen* éclater; **plötzlich flammte ein Streichholz auf** tout à coup une allumette flamba; **Haß flammte in ihm auf** la haine s'embrasa, s'enflamma en lui; **~ˌflattern** *v/i.* ⟨-(e)re, *sép.*, -ge-, sein⟩ *Vogel* s'envoler; **~ˌflechten** *v/t.* ⟨*irr.*, *sép.*, -ge-, h⟩ défaire; *Haare, Zöpfe auch* dénatter; détresser; **~ˌfliegen I** *v/i.* ⟨*irr.*, *sép.*, -ge-, sein⟩ **1.** *Vogel* s'envoler; prendre son essor; **2.** F *Schwindelunternehmen, Untergrundbewegung etc.* être découvert; *Konferenz etc.* **~ lassen** faire rater; **3.** *Tür etc.* s'ouvrir brusquement; **II ℒˌfliegen** *n* **4.** *von Vögeln* envol *m*; essor *m*; **5.** *e-s Schwindelunternehmens etc.* découverte *f*; **6.** *e-r Tür* brusque ouverture *f*.

aufforder|n ['aʊfˌfɔrdərn] *v/t.* ⟨-(e)re, *sép.*, -ge-, h⟩ inviter (zu à); *amtlich auch* sommer (qn. de faire qc.); mettre (qn.) en demeure (de faire qc.); **j-n zur Mitarbeit, zur Teilnahme ~** inviter qn. à collaborer, à prendre part; **j-n zum Weitergehen ~** inviter qn. à circuler; **j-n dringend, zum letzten Mal ~, etw. zu tun** inviter qn. d'une façon pressante, pour la dernière fois à faire qc.; **zu etw. aufgefordert werden** être invité à faire qc.; **j-n zum Tanz ~** inviter qn. à danser; **ℒung** *f* invitation *f* (zu à); *amtliche auch* sommation *f*; mise *f* en demeure; **die ~ erhalten, etw. zu tun** être invité à faire qc.; **e-r ~ zur Steuerzahlung Folge leisten** répondre à l'invitation, à la sommation de payer ses impôts; **etw. ohne besondere ~ tun** faire qc. sans y être particulièrement invité; **~ zum Tanz** invitation à la danse.

auf|forsten ['aʊfˌfɔrstən] *v/t.* ⟨-ete, *sép.*, -ge-, h⟩ reboiser; **2ˌforstung** *f* ⟨~⟩ reboisement *m*; **~ˌfressen** *v/t.* ⟨*irr.*, *sép.*, -ge-, h⟩ *Tier* manger; *wilde Tiere auch, gierig* dévorer; P *Personen* bouffer; *fig.* **j-n vor Liebe ~ wollen** manger qn. de caresses; **die viele Arbeit frißt mich noch auf** tant de travail ruine ma santé; **die Krankheit hat s-e Ersparnisse aufgefressen** la maladie a mangé ses économies.

auffrisch|en ['aʊfˌfrɪʃən] **I** *v/t.* ⟨*sép.*, -ge-, h⟩ *Gemälde, Möbel, Gedächtnis etc.* rafraîchir; *Farben* raviver; *Vorrat, Bestand* renouveler; **s-e französischen Sprachkenntnisse ~** rafraîchir ses connaissances en français; **e-e alte Bekanntschaft ~** renouer avec une vieille connaissance; **s-e Lebensgeister ~** (se) revigorer; **e-e gemeinsame Erinnerung ~** raviver un souvenir commun; **II** *v/i.* ⟨sein⟩ *mar.* **der Wind frischt auf** le vent fraîchit; **2ung** *f* ⟨~⟩ *der Kenntnisse etc.* rafraîchissement *m*; *von Farben etc.* ravivement *m*; *von Vorräten etc.* renouvellement *m*; *sonst verbal.*

aufführ|bar ['aʊffyːrˌbaːr] *adj. thé.* jouable; représentable; *mus.* exécutable; **~en I** *v/t.* ⟨*sép.*, -ge-, h⟩ **1.** *Drama etc.* représenter; jouer; *Konzert* exécuter; **das Stück ist mit Erfolg aufgeführt worden** on a joué, représenté la pièce avec succès; *fig. u.* F **e-n (wahren) Freudentanz ~** danser de joie; **Theater ~** (*e-e Szene machen*) faire la comédie; **2.** *st. s. Gebäude* construire; bâtir; **3.** *Beispiele, Gründe etc.* donner; énumérer; *Zeugen, Personen* citer; *Namen, Waren in e-m Register etc.* mentionner; **II** *v/réfl.* **sich ~** se comporter; se conduire; se tenir; **sich schlecht, gut ~** mal, bien se conduire, se comporter, se tenir; **2ung** *f* **1.** *thé.* représentation *f*; *mus.* exécution *f*; **etw. zur ~ bringen** (faire) représenter *bzw.* exécuter qc.; **zur ~ gelangen** être représenté *bzw.* exécuté; **2.** *st. s. e-s Gebäudes* construction *f*; **3.** *von Beispielen, Gründen etc.* énumération *f*; *von Namen in e-m Register etc.* mention *f*; **4.** *st. s.* (*Benehmen*) comportement *m*; conduite *f*; tenue *f*; **2ungsˌrecht** *n* droit *m* de représentation *bzw.* d'exécution.

auf|füllen ['aʊfˌfʏlən] *v/t.* ⟨*sép.*, -ge-, h⟩ **1.** remplir; *Benzintank* faire le plein (d'essence); *fig. Lücken* combler; **s-n Bestand an etw. ~** refaire le stock de qc.; **ein Konto ~** approvisionner un compte; **2.** F **die Suppe ~** servir la soupe; **2ˌfüllung** *f* remplissage *m*; *e-s Kontos* approvisionnement *m*; *sonst verbal*; **~ˌfuttern** *v/t.* ⟨-(e)re, *sép.*, -ge-, h⟩ F *cf.* **aufessen**; **~ˌfüttern** *v/t.* ⟨-(e)re, *sép.*, -ge-, h⟩ *Tier* nourrir; élever; **ein Kind mit Brei ~** nourrir un enfant avec de la bouillie.

Aufgabe ['aʊfˌgaːbə] *f* **1.** (*Auftrag*) tâche *f*; devoir *m*; mission *f*; **e-e unangenehme ~** une tâche, une mission désagréable; **s-e ~ erfüllen** remplir sa tâche, son devoir; **vor e-r ~ zurückweichen** reculer devant une tâche, devant un devoir; **es ist meine ~, zu ...** il est de mon devoir, de ma tâche de ...; **sich etw. zur ~ machen** se donner pour tâche de faire qc.; **e-r ~ nicht gewachsen sein** n'être pas à la hauteur d'une tâche; **2.** *écol. schriftliche* devoir *m*; *mündliche* leçon *f*; *als Teil e-r Klassenarbeit, der Schularbeiten* problème *m*; exercice *m*; **s-e ~n nicht gemacht haben** ne pas avoir fait ses devoirs (et appris ses leçons); **e-e ~ stellen** poser un (petit) problème; **was kommt bei der dritten ~ 'raus?** que trouves-tu *bzw.* trouvez-vous au troisième problème, au troisième exercice, F au troisièmement?; **e-e unlösbare ~** un problème insoluble; *fig. auch* la quadrature du cercle; **3.** *e-s Telegramms, des Reisegepäcks etc.* expédition *f*; *e-r Anzeige* insertion *f*; **4.** *e-s Geschäftes etc.* cessation *f*; *e-r Stellung, e-s Berufes, e-s Planes, im Sport etc.* abandon *m*; **wegen ~ des Geschäftes** pour cause de cessation, de liquidation de commerce; *Sport* **zur ~ gezwungen sein** être forcé d'abandonner; *Boxen* **Sieg durch ~** victoire par abandon.

Aufgabebahnhof ['aʊfˌgaːbəˌbaːnhoːf] *m Güterverkehr* gare expéditrice.

aufgabeln ['aʊfˌgaːbəln] *v/t.* ⟨-(e)le, *sép.*, -ge-, h⟩ *fig. u.* F **j-n, etw. ~** dénicher, pêcher, P dégoter qn., qc.

Aufgaben|bereich ['aʊfˌgaːbənbəˌraɪç] *m* ressort *m*; attributions *f/pl.*; domaine *m*; **das gehört nicht in meinen ~** cela ne fait pas partie de mes attributions, de mon ressort; **~ˌheft** *n écol.* cahier *m* de devoirs; **~ˌkreis** *m cf.* **~bereich**; **~ˌsammlung** *f écol.* recueil *m* d'exercices, de problèmes; **~ˌstellung** *f* données *f/pl.* du problème.

Aufgabeort ['aʊfˌgaːbəˌʔɔrt] *m* lieu *m* d'expédition.

Aufgalopp ['aʊfgaˌlɔp] *m Rennen* galop *m* avant une course.

Aufgang ['aʊfgaŋ] *m* **1.** *e-s Gestirns* lever *m*; **2.** *in e-m Gebäude* escalier *m*; **das Haus hat drei Aufgänge** la maison a trois escaliers; **der hintere ~ ist gesperrt** l'escalier de derrière est fermé; **3.** *ch.* ouverture *f*.

aufgeben ['aʊfˌgeːbən] **I** *v/t.* ⟨*irr.*, *sép.*, -ge-, h⟩ **1.** *Schularbeiten* donner; *Rätsel* poser; **den Schülern e-n Aufsatz ~** donner une rédaction aux élèves; **j-m ein Rätsel ~** poser une devinette à qn.; **zur Lösung ~** donner à résoudre; *fig.* **das hat uns manches Rätsel aufgegeben** cela a été une énigme, un mystère pour nous; *st. s.* **j-m etw. ~** (*auftragen*) charger qn. de faire qc.; **2.** *Telegramm, Brief etc.* expédier; *Reisegepäck auch* (faire) enregistrer; *Anzeige* insérer; faire paraître; (faire) passer; **e-e Bestellung ~** passer (une) commande; **3.** *Beruf, Stellung, Studium* quitter; abandonner; *Vorhaben, Ziel, Hoffnung, Widerstand, Wettkampf etc.* abandonner; *Besitz* céder; se dessaisir de; **sein Geschäft ~** céder son fonds, son commerce; **s-e Wohnung ~** céder son logement; **er hat das Rennen aufgegeben** il a abandonné la course; **man darf nicht gleich ~** il ne faut pas tout de suite perdre l'espoir, désespérer; **jede Hoffnung ~** abandonner tout espoir; *st. s.* **den Geist ~** rendre l'âme, l'esprit; expirer; rendre le dernier soupir; **j-n ~** *Vermißte* perdre tout espoir de retrouver, *aus der Art Geschlagene* de sauver qn.; *Freunde etc.* laisser tomber qn.; **die Ärzte haben den Kranken aufgegeben** les médecins ont déclaré le malade perdu, ont dit que le malade était condamné; **4.** F *Speise* servir; **5.** *métall.* mettre, verser (dans); **II 2** *n cf.* Aufgabe 3. *u.* 4.

aufge|bläht ['aʊfgəˌblɛːt] *adjt. Leib* ballonné; *vét.* météorisé; *fig. Verwaltungsapparat etc.* pléthorique; atteint de pléthore; **ein ~er Geldumlauf** une circulation monétaire pléthorique; **~ˌblasen** *adjt. péj. u.* F *Benehmen* suffisant; *Person* plein de soi-même; **ein ~er Schwätzer** un bavard qui fait l'important; un bavard plein de suffisance; **ein ~er Geck** un grand fat, poseur; **2ˌblasenˌheit** *f* ⟨~⟩ suffisance *f*; fatuité *f*.

Aufgebot ['aʊfgəˌboːt] *n* **1.** *jur.* invitation *f*, sommation *f* à déclarer des droits ou des prétentions sous peine de déchéance; **2.** *e-s Brautpaares, zivilrechtliches* publications *f/pl.* (de mariage); *kirchliches* bans *m/pl.* (de mariage); F *allg. auch* publication *f* des bans; **das ~ erlassen** publier les bans; **das ~ bestellen** demander la publication des bans; **3.** *an Material, Menschen* mise *f* en action; **ein gewaltiges ~ an Material** une mise en action formidable de matériel; *cf. auch* **Aufbietung**; **~sterˌmin** *m jur.* date *f* limite à laquelle doivent être déclarés certains droits (sous peine de déchéance); **~sverˌfahren** *n jur.* procédure *f* ayant pour but de faire déclarer en justice des droits ou des prétentions sous peine de déchéance.

aufge|bracht ['aʊfgəˌbraxt] *adjt.* indigné; outré; en colère; furieux, -euse; **darüber ~ sein, daß ...** être furieux, indigné, outré que ...; *cf. auch* **aufbringen**; **~ˌdonnert** *adjt.* F *cf.* **aufdonnern**; **~ˌdreht** *adjt.* F en verve; émoustillé; *Kind* excité; **~ˌdunsen** *adjt. Gesicht, Leib* bouffi; boursouflé; **2ˌdunsenˌheit** *f* ⟨~⟩ bouffissure *f*; boursouflure *f*; boursouflement *m*.

aufgehen ['aʊfˌgeːən] **I** *v/i.* ⟨*irr.*, *sép.*, -ge-, sein⟩ **1.** *Gestirn* se lever; **2.** *cuis. Teig* lever; *fig. u.* F **sie ist aufgegangen wie ein Hefekloß, wie ein Pfannkuchen** elle a grossi; elle est devenue un petit tonneau; **3.** *Saat* lever; pousser; *Impfung* F **die Pocken sind aufgegangen** le vaccin a pris; **4.** *Tür, Fenster* s'ouvrir; *ein Stückchen* s'entrouvrir *od.* s'entr'ouvrir; *Einmachglas* ne pas tenir; *Postsendung* s'ouvrir; se décoller; *Knoten, Schleife* se défaire; se dénouer; *Naht* se défaire; se découdre; *Knöpfe* se déboutonner; *Haken* se défaire; se dégrafer; *Zöpfe* se défaire; se dénatter; *Knospen, Blüten* s'ouvrir; éclore; *Vorhang* se lever; *Geschwür* crever; percer; *fig. u. st. s.* **ihm geht das Herz auf** son cœur vibre, est touché; **ihm gehen die Augen auf** ses yeux se dessillent; **plötzlich ging mir auf, was er gemeint hatte** je compris soudain ce qu'il avait voulu dire; F **mir geht ein Licht auf!** ah! j'y suis!; ah! je commence à y voir clair!; **5.** *Rechnung* tomber juste; être divisible; *fig.* **s-e Rechnung ging nicht auf** son calcul s'avéra faux; **6. kleine Unternehmen gehen in den großen auf** les petites entreprises sont avalées par les grandes; *fig.* **in s-r Arbeit** *etc.* **~** s'adonner à son travail, *etc.*; **in s-n Kindern ~** se consacrer, s'adonner à ses enfants; **7. in Flammen ~** s'enflammer; **sein ganzer Besitz ist in Rauch und Flammen aufgegangen** tout ce qu'il possède s'en est allé en fumée; **II 2** *n astr.* lever *m*; *von Teig, Saat* levage *m*; *der Tür etc.* ouverture *f*; *e-r Post-*

sendung décollement *m*; *von Knospen, Blüten* éclosion *f*; *sonst verbal*.

aufge|hoben ['aufgəˌhoːbən] *adjt.* **bei j-m gut ~ sein** être en bonnes mains chez qn.; **im Bett fühle ich mich am besten ~** c'est dans mon lit que je me sens le mieux; *cf. auch* **aufheben**; **~ˌklärt** *adjt.* **a)** éclairé; libre de préjugés; qui a des opinions avancées; *hist.* **~er Absolutismus** absolutisme éclairé; **b)** *geschlechtlich* renseigné; averti; **2ˌklärtheit** *f* ⟨~⟩ opinions avancées; esprit éclairé; **~ˌknöpft** *adjt. fig. u.* F communicatif, -ive; **~ˌkratzt** *adjt. fig. u.* F en train; de bonne humeur.

Aufgeld ['aufgɛlt] *n* **1.** *Börse* agio *m*; **2.** (*Zuschlag*) prime *f*.

aufge|legt ['aufgəˌleːkt] *adjt.* **a)** **gut, schlecht ~ sein** être de bonne, de mauvaise humeur; être bien, mal disposé, luné; F être de bon, de mauvais poil; **zu etw. ~ sein** être disposé, d'humeur à qc.; avoir le cœur à qc.; **b)** **ein ~er Schwindel** une escroquerie, duperie évidente; **~ˌlöst** *adjt. fig.* affolé; éperdu; **in Tränen ~** tout en larmes; **~ˌpaßt** *int.* attention!; **~ˌräumt** *adjt. Zimmer* rangé; en ordre; *fig. u.* F en train; de bonne humeur; **2ˌräumtheit** *f* ⟨~⟩ entrain *m*; bonne humeur; **~ˌregt** *adjt.* excité; agité; énervé; **ich bin schrecklich ~** je suis terriblement énervé, agité, excité; **die ~en Gemüter beruhigen** calmer les esprits excités, agités, énervés.

Aufgesang ['aufgəˌzaŋ] *m métr.* les deux premières parties semblables d'une strophe.

aufge|schlossen ['aufgəˌʃlɔsən] *adjt. Geist, Charakter* ouvert; réceptif, -ive; **ein ~er Mensch** un homme qui s'intéresse à tout, qui est curieux de tout; **politisch ~ sein** s'intéresser à la politique; **neuen Ideen ~ sein** être ouvert, réceptif aux idées nouvelles; **2ˌschlossenˌheit** *f* ⟨~⟩ ouverture *f* d'esprit; intérêt *m*; réceptivité *f*; **s-e geistige ~ für Gegenwartsfragen** son ouverture d'esprit sur, pour les questions actuelles; **~ˌschmissen** *adjt.* F **~ sein** être perdu, fichu, P foutu; **~ˌschossen** *adjt. junger Mensch* élancé; svelte; **~ˌschwemmt** *adjt. cf.* **aufgedunsen**; **~ˌsessen** *int.* à cheval!; en selle!; **~ˌsprungen** *adjt. Lippen, Haut* gercé; **~ˌstülpt** *adjt. Nase* retroussé; en trompette; **~ˌtrieben** *adjt. Leib* ballonné; *vét.* météorisé; **2ˌtriebenˌheit** *f* ⟨~⟩ ballonnement *m*; *vét.* météorisme *m*; **~ˌwärmt** *adjt. cf.* **aufwärmen**; **~ˌweckt** *adjt. fig.* éveillé; dégourdi; **ein ~er Junge** un garçon éveillé; **2ˌwecktheit** *f* ⟨~⟩ vivacité *f* d'esprit; esprit éveillé; **~ˌweicht** *adjt.* ramolli; *Boden* boueux, -euse; détrempé; **~ˌworfen** *adjt.* **~e Lippen haben** être lippu; avoir les lèvres épaisses; *cf. auch* **aufwerfen 3.**; **~ˌzogen** *adjt.* F **er ist heute wie ~** il est en verve, émoustillé aujourd'hui.

auf|gießen ['aufˌgiːsən] *v/t.* ⟨*irr., sép.*, **-ge-, h**⟩ *cf.* **aufbrühen**; **~ˌglänzen** *v/i.* ⟨**-(es)t,** *sép.*, **-ge-, sein**⟩ resplendir.

aufglieder|n ['aufˌgliːdərn] *v/t.* ⟨**-(e)re,** *sép.*, **-ge-, h**⟩ diviser; décomposer; *in Klassen* classer; classifier; *comm. auch* ventiler; **e-n Aufsatz in ... ~** diviser, décomposer une rédaction en ...; **in Typen ~** classer, classifier en types; **2ung** *f* division *f*; décomposition *f*; classification *f*; *comm. auch* ventilation *f*.

auf|glimmen ['aufˌglɪmən] *v/i.* ⟨*irr., sép.*, **-ge-, sein**⟩ *Zigarette etc.* rougeoyer (un moment, soudain); **in der Ferne glommen Lichter auf** des lumières se mirent à luire, luirent dans le lointain; **~ˌglühen** *v/i.* ⟨*sép.*, **-ge-, sein**⟩ *Sternschnuppe* s'enflammer; **~ˌgraben I** *v/t.* ⟨*irr., sép.*, **-ge-, h**⟩ creuser; **II 2ˌgraben** *n* creusement *od.* creusage *m*; **~ˌgrätschen** *v/i.* ⟨*sép.*, **-ge-, sein**⟩ *gym.* sauter jambes écartées (auf sur); **~ˌgreifen** *v/t.* ⟨*irr., sép.*, **-ge-, h**⟩ **1.** *Thema, Wort, Gedanken, Vorschlag, Frage etc.* prendre; (*wieder* ~) reprendre; **2.** *Landstreicher etc.* appréhender; saisir; F ramasser; **er wurde auf der Straße von der Polizei aufgegriffen** il a été appréhendé, F ramassé dans la rue par la police; **~ˌgucken** *v/i.* ⟨*sép.*, **-ge-, h**⟩ *cf.* **aufblicken**.

Aufguß ['aufgus] *m* infusion *f*; **~ˌtierchen** *n/pl. zo.* infusoires *m/pl.*

auf|haben ['aufˌhaːbən] *v/t.* ⟨*irr., sép.*, **-ge-, h**⟩ F **1.** *Hut etc.* avoir sur la tête; **2.** *Geschäft* être ouvert; **ab wann haben Sie auf?** à quelle heure ouvrez-vous?; **wir haben ab acht (Uhr) auf** notre magasin est ouvert à partir de huit heures; F nous sommes ouverts à partir de huit heures; **ich habe die Fenster auf** mes fenêtres sont ouvertes; F j'ai mes fenêtres (d')ouvertes; **den Mund ~** avoir la bouche ouverte (*auch fig.*); **3.** *Hausaufgaben* avoir à faire, à apprendre; **4.** (*aufgegessen haben*) avoir fini, mangé; **5.** (*aufgemacht, aufbekommen haben*) **ich habe den Knoten, das Paket schon auf** j'ai déjà défait le nœud, ouvert le paquet; **~ˌhacken** *v/t.* ⟨*sép.*, **-ge-, h**⟩ *Eisdecke etc. mit der Spitzhacke* ouvrir à coups de pioche, *mit der Axt* à coups de hache; *Boden* piocher; **~ˌhaken** *v/t.* ⟨*sép.*, **-ge-, h**⟩ dégrafer; défaire; **~ˌhalsen** *v/t.* ⟨**-(es)t,** *sép.*, **-ge-, h**⟩ F **j-m etw. ~** mettre, F coller qc. sur le dos de qn.; **sich etw. ~ lassen** se laisser mettre, F coller qc. sur le dos; **~ˌhalten I** *v/t.* ⟨*irr., sép.*, **-ge-, h**⟩ **1.** tenir, garder ouvert; **j-m die Tür ~** tenir la porte ouverte à qn.; **sie konnte kaum die Augen ~** elle pouvait à peine garder les yeux ouverts; **die Hand ~** tendre la main (*auch fig.*); *fig.* **Augen und Ohren ~** faire très attention; **2.** (*im Fortgang hemmen*) arrêter; enrayer; empêcher; (*zurückhalten*) retenir; F *Person durch vieles Reden* tenir la jambe (à); **j-n an der Grenze ~** retenir qn. à la frontière; **den heranrükkenden Gegner ~** arrêter l'adversaire qui approche; **ich will Sie nicht länger ~** je ne voudrais pas vous retenir plus longtemps; **e-e verhängnisvolle Entwicklung ~** arrêter, empêcher, enrayer une évolution néfaste; **diese Arbeit hat mich zwei Stunden aufgehalten** ce travail m'a pris, retenu deux heures; **II** *v/réfl.* **sich ~ 3.** (*verweilen*) séjourner; rester; **sich im Ausland ~** séjourner à l'étranger; **sich im Hause, in j-s Nähe ~** rester à la maison, près de qn.; **sich im Freien ~** être dehors, en plein air; **4.** (*zu lange verweilen*) **sich mit Einzelheiten ~** s'arrêter à, s'attarder à *od.* sur des détails; **sich mit Kleinigkeiten ~** perdre son temps à des bagatelles; **wir können uns nicht damit ~** nous ne pouvons pas perdre notre temps avec cela; **halte dich nicht zu lange unterwegs auf!** ne t'attarde pas trop en chemin!; **5.** F *über j-s Benehmen etc.* s'indigner de; trouver à redire à *od.* sur; **2ˌhaltung** *f e-r Entwicklung etc.* arrêt *m*; empêchement *m*; *od. verbal.*

aufhäng|en ['aufˌhɛŋən] **I** *v/t.* ⟨*sép.*, **-ge-, h**⟩ **1. j-n ~** pendre qn.; **2. etw. ~** suspendre, accrocher qc.; *Wäsche* accrocher, étendre qc.; *tél. Hörer* raccrocher qc.; **ein Bild, e-n Mantel ~** *meist* accrocher un tableau, un manteau; *Auto* **einzeln aufgehängtes Rad** roue (à suspension) indépendante; **3.** F **j-m etw. ~** *Arbeit etc.* mettre qc. sur le dos de qn.; *schlechte Ware etc.* refiler qc. à qn.; **II 2en** *n e-r Person* pendaison *f*; *e-s Gegenstandes* suspension *f*; *an e-m Nagel, Haken etc.* accrochage *m*; *besser verbal*; **2er** *m an e-m Kleidungsstück* attache *f*; ruban *m*, chaînette *f* pour accrocher un vêtement; **2eˌvorrichtung** *f* dispositif *m* de suspension; **2ung** *f* ⟨~⟩ *der Autoräder* suspension *f*; *cf. auch* **2en**.

auf|hauen ['aufˌhauən] **I** *v/t.* ⟨*irr., sép.*, **-ge-, h**⟩ casser; **II 2ˌhauen** *n* cassement *m*; **~ˌhäufeln** *v/t.* ⟨**-(e)le,** *sép.*, **-ge-, h**⟩ **die Erde um e-e Pflanze ~** butter une plante; **~ˌhäufen** *v/t.* (*u. v/réfl.*) ⟨*sép.*, **-ge-, h**⟩ *Waren, Erde, Vorräte etc.* (s')accumuler; (s')amasser; (s')entasser; **2ˌhäufung** *f* accumulation *f*; amassement *m*; entassement *m*.

aufheb|en ['aufˌheːbən] **I** *v/t.* ⟨*irr., sép.*, **-ge-, h**⟩ **1. a)** *vom Boden* ramasser; *Person* relever; (*hochheben*) soulever; **b)** *Hand, Finger, Blick* lever; **c)** *st. s.* **die Tafel ~** se lever de table; **die Sitzung ~** lever la séance; **die Versammlung ~** clôturer la réunion; **2.** (*aufbewahren*) garder; conserver; mettre de côté; **etw. zum Andenken ~** conserver, garder qc. comme souvenir; **sich etw. bis zum Schluß ~** garder qc. pour la fin; **3.** *Rationierung, Zensur, Geschwindigkeitsbegrenzung etc.* supprimer; *Verbot, Strafe, Urteil* lever; annuler; *Urteil auch* infirmer; *Gesetz, Verfügung* abroger; rapporter; *Blockade, Belagerung* lever; **den Lohnstopp, den Preisstopp, die Kreditsperre ~** débloquer les salaires, les prix, les crédits; **das eine hebt das andere nicht auf** l'un n'empêche pas l'autre; **aufgeschoben ist nicht aufgehoben** *prov.* partie remise n'est pas perdue *prov.*; **II** *v/réfl.* **4.** *math.* **sich (gegenseitig) ~** s'annuler (réciproquement) (*auch fig. von Gegensätzen etc.*); *cf. auch* **aufgehoben**; **III 2en** *n* **5.** *vom Boden, von Personen etc. verbal*; **6.** (*Aufbewahren*) conservation *f*; **7.** *fig.* **viel ~s von etw. machen** faire grand cas de qc.; faire beaucoup de bruit de qc.; F faire tout un plat de qc.; **wenig ~s von etw. machen** faire peu de cas de qc.; **~end** *adjt. jur.* infirmatif, -ive; **ein ~es Urteil** un arrêt infirmatif; **2ung** *f der Rationierung, Zensur, Geschwindigkeitsbegrenzung etc.* suppression *f*; *e-s Verbotes, e-r Strafe, e-s Urteils* levée *f*; annulation *f*; *e-s Urteils auch* infirmation *f*; *e-s gerichtlichen Aktes* mainlevée *f*; *e-s Gesetzes, e-r Verfügung* abrogation *f*; *der Blockade, Belagerung* levée *f*; **~ des Lohnstopps, des Preisstopps, der Kreditsperre** déblocage des salaires, des prix, des crédits; **~ der Immunität** levée de l'immunité; **~ des Haftbefehls, der Pfändung** mainlevée du mandat d'arrêt, de la saisie; **~ der Ehe** annulation du mariage; **~ der ehelichen Gemeinschaft** séparation de corps; **2ungsˌklage** *f Eherecht* action *f* en annulation (du mariage).

aufheften ['aufˌhɛftən] *v/t.* ⟨**-ete,** *sép.*, **-ge-, h**⟩ *Flicken etc.* bâtir (sur qc.).

aufheiter|n ['aʊfˌhaɪtərn] **I** *v/t.* ⟨-(e)re, *sép.*, -ge-, h⟩ j-n ~ égayer, dérider qn.; **II** *v/réfl.* sich ~ *Himmel, Wetter* s'éclaircir; se dégager; se rasséréner; *Wetter auch* se lever; *Gesicht, Blick* s'éclairer; *Gemüt* s'épanouir; **~nd** *adjt.* **gebietsweise ~** éclaircies par endroits; **2ung** *f* ⟨~; ~en⟩ *des Himmels* rassérénement *m*; *im Wetterablauf* éclaircie *f*; **mit zeitweiligen ~en** avec éclaircies par moments; *sonst verbal.*

auf|heizen ['aʊfˌhaɪtsən] **I** *v/t.* ⟨-(es)t, *sép.*, -ge-, h⟩ *techn.* chauffer; **II** *v/réfl.* **sich ~** s'échauffer; **2ˌheizung** *f* échauffement *m*; **~ˌhelfen** *v/i.* ⟨*irr.*, *sép.*, -ge-, h⟩ j-m ~ relever qn.; aider qn. à se relever (*auch fig.*); **~ˌhellen** **I** *v/t.* ⟨*sép.*, -ge-, h⟩ *phot.* éclaircir; *vergilbte Wäsche* déjaunir; *Hintergründe, Problem etc.* éclaircir; élucider; **II** *v/réfl. cf.* **aufheitern II**; **es hat sich aufgehellt** le temps s'est éclairci; **2ˌhellung** *f* ⟨~; ~en⟩ *phot. der Schatten etc.* éclaircissement *m*; *vergilbter Wäsche* déjaunissage *m*; *fig. der Hintergründe, e-s Problems etc.* éclaircissement *m*; élucidation *f*; *des Himmels* rassérénement *m*.

aufhetz|en ['aʊfˌhɛtsən] *v/t.* ⟨-(es)t, *sép.*, -ge-, h⟩ j-n **gegen j-n ~** monter (la tête à) qn. contre qn.; exciter qn. contre qn.; j-n **zu etw. ~** inciter, pousser, provoquer qn. à qc.; **2er** *m* excitateur *m*; provocateur *m*; agitateur *m*; **2eˈrei** *f cf.* 2ung; **2ung** *f* ⟨~; ~en⟩ excitation *f* (**gegen j-n** contre qn.); incitation *f* (**zu etw.** à qc.); provocation *f*.

auf|heulen ['aʊfˌhɔʏlən] *v/i.* ⟨*sép.*, -ge-, h⟩ *vor Wut, Schmerz* 'hurler (de); *Sirene, Motor* (se mettre à) 'hurler; 'hurler soudain; **~ˌhissen** *v/t.* ⟨-ßt, *sép.*, -ge-, h⟩ *mar.* 'hisser; **~ˌhocken I** *v/i.* ⟨*sép.*, -ge-, **sein**⟩ *gym.* sauter accroupi (**auf** sur); **II** *v/i. u. v/réfl.* ⟨h⟩ F (**sich**) ~ s'asseoir (sur); monter (sur); **~ˌholen I** *v/t.* ⟨*sép.*, -ge-, h⟩ *Rückstand, Verspätung etc.* rattraper; *versäumte Arbeitszeit etc.* récupérer; **j-s Vorsprung ~** regagner le terrain perdu sur qn.; rattraper qn.; **II** *v/i. Börsenkurse* se redresser; remonter; *im Sport etc.* regagner du terrain; **der Rennfahrer hat (stark) aufgeholt** le coureur a regagné du terrain, pas mal de terrain; **III 2ˌholen** *n* ⟨~s⟩ rattrapage *m*; *der Börsenkurse* redressement *m*; remontée *f*; **~ˌholzen** *v/t.* ⟨-(es)t, *sép.*, -ge-, h⟩ *cf.* **aufforsten**; **~ˌhorchen** *v/i.* ⟨*sép.*, -ge-, h⟩ dresser, tendre l'oreille; écouter (attentivement); *Tier* dresser les oreilles; *fig.* **etw. läßt j-n ~** qc. fait dresser l'oreille à qn.; **~ˌhören I** *v/i.* ⟨*sép.*, -ge-, h⟩ cesser, (s')arrêter, finir (**mit etw.** qc., **zu** de); mettre un terme, mettre fin (**mit etw.** à qc.); **mit der Arbeit ~** cesser, arrêter, finir le travail; **~ zu arbeiten,** F **mit Arbeiten** cesser, (s')arrêter, finir de travailler; **es wird bald ~ zu regnen** il va bientôt cesser, (s')arrêter, finir de pleuvoir; **der Weg hört hier auf** le chemin cesse, s'arrête, finit ici; **fortfahren, wo man aufgehört hat** continuer où l'on s'est arrêté; **hören wir für heute hier auf** restons-en là pour aujourd'hui; F **hör doch auf damit!** arrête avec ça!; F **da hört (sich) doch alles auf!** c'est un *od.* le comble!; c'est trop fort!; c'est la fin de tout!; F c'est la fin des 'haricots!; **ohne aufzuhören** sans cesse; sans relâche; sans arrêt; **II 2ˌhören** *n* cessation *f*; arrêt *m*; fin *f*; *od. verbal*; **~ˌjagen** *v/t.* ⟨*sép.*, -ge-, h⟩ *ch.* lever; débusquer; débucher; lancer; *fig. u.* F j-n **aus dem Schlaf ~** tirer qn. de son sommeil; j-n **aus s-r Ruhe ~** troubler qn. dans sa tranquillité; **~ˌjauchzen** *v/i.* ⟨-(es)t, *sép.*, -ge-, h⟩, **~ˌjubeln** *v/i.* ⟨-(e)le, *sép.*, -ge-, h⟩ pousser des cris d'allégresse, de joie.

Aufkadung ['aʊfˌkaːdʊŋ] *f e-s Deiches* exhaussement *m* (d'une digue).

Aufkauf ['aʊfkaʊf] *m comm.* achat *m* (en masse); *péj.* accaparement *m*; **2en** **I** *v/t.* ⟨*sép.*, -ge-, h⟩ acheter (en masse); *péj.* accaparer; rafler; **II ~en** *n cf.* ~.

Aufkäufer ['aʊfˌkɔʏfər] *m comm.* acheteur *m*.

auf|kehren ['aʊfˌkeːrən] *v/t.* ⟨*sép.*, -ge-, h⟩ balayer; enlever; **~ˌkeimen** **I** *v/i.* ⟨*sép.*, -ge-, **sein**⟩ *Saat etc.* germer; *par ext.* pousser; *fig. Zweifel, Verdacht, Leidenschaft etc.* naître; germer; **II 2ˌkeimen** *n* germination *f*; *fig.* naissance *f*; **~ˌklaffen** *v/i.* ⟨*sép.*, -ge-, **sein**⟩ *Wunde, Abgrund* s'ouvrir; *Gegensätze etc.* surgir; **2klang** *m st. s.* ouverture *f*; début *m*; **~klappˌbar** *adj. Bildtafel* que l'on peut ouvrir; *Sitz etc.* que l'on peut relever; **mit ~em Verdeck** décapotable; **~ˌklappen** *v/t.* ⟨*sép.*, -ge-, h⟩ *Buch, Taschenmesser etc.* ouvrir; *Gartenstuhl etc.* déplier; **das Verdeck ~** décapoter (la voiture); *cf. auch* **hochklappen**; **~ˌklaren** *v/i.* ⟨*sép.*, -ge-, **sein**⟩ *Wetter* s'éclaircir.

aufklär|en ['aʊfˌklɛːrən] **I** *v/t.* ⟨*sép.*, -ge-, h⟩ **1.** *Ursache, Zusammenhänge, Irrtum etc.* tirer au clair; *Mißverständnis auch* éclaircir; *Verbrechen auch* élucider; **2. j-n über etw. ~** instruire, informer qn. de qc.; renseigner qn. sur qc.; **Jugendliche ~** renseigner, instruire les adolescents; **j-n über den Ernst der Situation ~** instruire qn. de, informer qn. de, renseigner qn. sur la gravité de la situation; **j-n über s-n Irrtum ~** détromper, désabuser qn.; tirer qn. de son erreur; **3.** *milit. Frontabschnitt etc.* reconnaître; **II** *v/réfl.* **sich ~** *Wetter* s'éclaircir; *Gesicht* s'éclairer; *fig.* **jetzt klärt sich alles auf** tout s'explique maintenant; **das wird sich schon e-s Tages ~** cela s'expliquera bien un jour; **2er** *m* ⟨~s; ~⟩ **1.** *milit.* **a)** éclaireur *m*; **b)** *cf.* 2ungsflugzeug; **2.** *philos.* esprit éclairé; rationaliste *m*; **~eˌrisch** *adj.* rationaliste; **2ung** *f* **1.** *e-s Mißverständnisses, Verbrechens etc.* éclaircissement *m*; élucidation *f*; **etw. fand bisher noch keine ~** qc. n'a trouvé jusqu'ici aucun éclaircissement, aucune explication; **2.** (*Klarlegung*) explication *f*; information *f*; renseignement *m*; **~ verlangen** demander des explications, des informations, des renseignements; **keine ~ erhalten** ne pas obtenir d'explication(s), d'information(s); **die ~ von Jugendlichen, sexuelle ~** l'éducation sexuelle; **3.** *philos.* «Aufklärung» *f*; philosophie *f* des lumières; **das Zeitalter der ~** le siècle des lumières; **ein Dichter der ~** un poète de l'«Aufklärung»; **der Grundgedanke der ~** l'idée fondamentale de l'«Aufklärung»; **4.** *milit.* reconnaissance *f*; **2ungsabˌteilung** *f cf.* 2ungstruppe; **2ungsˌarbeit** *f* travail *m* d'information, de renseignement; **2ungsbroˌschüre** *f cf.* 2ungsschrift; **2ungsˌfilm** *m* film *m* d'éducation sexuelle; **2ungsˌflug** *m aviat.* vol *m* de reconnaissance; **2ungsˌflugzeug** *n* avion *m* de reconnaissance; **2ungssateˌllit** *m* satellite *m* de reconnaissance; **2ungsˌschrift** *f* brochure *f* d'information; **2ungsˌstaffel** *f aviat.* escadrille *f* de reconnaissance; **2ungsˌtätigkeit** *f* activité *f* d'information, *milit.* de reconnaissance; **2ungsˌtruppe** *f milit.* troupe *f* de reconnaissance; **2ungsˌzeitalter** *n cf.* 2ung 3.

auf|klatschen ['aʊfˌklatʃən] *v/i.* ⟨*sép.*, -ge-, **sein**⟩ claquer (**auf** sur); **~ˌklauben** *v/t.* ⟨*sép.*, -ge-, h⟩ F *cf.* **auflesen.**

Aufklebe|adresse ['aʊfˌkleːbəˀaˌdrɛsə] *f* étiquette gommée; **2n I** *v/t.* ⟨*sép.*, -ge-, h⟩ *Briefmarke etc.* coller (**auf** sur); **II ~n** *n verbal.*

auf|klingen ['aʊfˌklɪŋən] *v/i.* ⟨*irr.*, *sép.*, -ge-, **sein**⟩ se faire entendre; *fig. Erinnerungen* se réveiller; **~ˌklinken** *v/t.* ⟨*sép.*, -ge-, h⟩ **e-e Tür ~** ouvrir une porte; tourner le bouton (pour ouvrir une porte); *e-s Stalles etc.* tirer le loquet; **~ˌknabbern** *v/t.* ⟨-(e)re, *sép.*, -ge-, h⟩ F croquer; **~ˌknacken** *v/t.* ⟨*sép.*, -ge-, h⟩ *Nuß* casser; *Geldschrank* forcer; *cf. auch* **knacken**; **~knien** *v/réfl.* ⟨*sép.*, -ge-, h, *cf.* **knien**⟩ **sich ~** s'agenouiller (sur); **~ˌknipsen** *v/t.* ⟨-(es)t, *sép.*, -ge-, h⟩ F *Druckknopf etc.* ouvrir; **~ˌknöpfen** *v/t.* ⟨*sép.*, -ge-, h⟩ déboutonner; **~ˌknoten** *v/t.* ⟨-ete, *sép.*, -ge-, h⟩ *Schnürband etc.* défaire; **~ˌknüpfen** *v/t.* ⟨*sép.*, -ge-, h⟩ **1.** *Knoten etc.* défaire; **2.** F **j-n ~** (*aufhängen*) pendre qn.; **~ˌkochen I** *v/t.* ⟨*sép.*, -ge-, h⟩ faire bouillir; **II** *v/i.* ⟨**sein**⟩ bouillir; **etw. kurz ~ lassen** faire bouillir qc. quelques instants.

aufkommen ['aʊfˌkɔmən] **I** *v/i.* ⟨*irr.*, *sép.*, -ge-, **sein**⟩ **1.** *Gewitter* (s')approcher; *Sturm* se lever; *fig. Gerücht, Gerede* survenir; se répandre; *Verdacht, Zweifel* naître; *Zweifel auch* s'élever; *Stimmung* se répandre; *Mode* être lancé; se répandre; **am Nachmittag aufkommende Bewölkung, Gewitter** temps nuageux, orages l'après-midi; **es wollte keine Stimmung mehr ~** l'ambiance ne voulait plus revenir; **ein Gefühl der Schuld kam in ihm auf** un sentiment de culpabilité naquit en lui; **keine Zweifel über etw. ~ lassen** ne pas permettre de douter de qc.; **als der Foxtrott aufkam** lorsque le fox-trot fut lancé; **2. für j-s Unterhalt ~** subvenir aux besoins de qn.; **für etwaige Kosten ~** payer les frais éventuels; **für den Schaden ~** payer les dégâts; *comm.* répondre des dommages; **dafür komme ich nicht auf** pour cela je ne paie pas; **3. gegen j-n, etw. nicht ~** ne pouvoir rien faire contre qn., contre qc.; **gegen die Übermacht nicht ~ können** ne pas pouvoir venir à bout de la supériorité; **es war unmöglich, gegen ihn aufzukommen** il était impossible de rivaliser avec lui, de venir à bout de lui; **4.** (*gesund werden*) se remettre; se rétablir; **5.** *Sport* regagner le terrain perdu; *Boxer* **in den letzten Runden ~** reprendre le dessus dans les derniers rounds; **II 2** *n e-s Verdachtes, Zweifels* naissance *f*; *gesundheitliches* rétablissement *m*; *aus Steuern* produit *m*; *sonst verbal.*

auf|korken ['aʊfˌkɔrkən] *v/t.* ⟨*sép.*, -ge-, h⟩ déboucher; **~ˌkratzen** *v/t.* ⟨-(es)t, *sép.*, -ge-, h⟩ *Wunde* gratter; *Haut* égratigner; *cf. auch* **aufgekratzt**; **~ˌkreischen** *v/i.* ⟨*sép.*, -ge-, h⟩ pousser des cris stridents, perçants; *fig. Bremsen etc.* crier; **~ˌkrempeln** *v/t.* ⟨-(e)le, *sép.*, -ge-, h⟩ *Ärmel etc.* retrousser; ~ˌ**kreuzen** *v/i.* ⟨-(es)t, *sép.*, -ge-, sein⟩ F (*erscheinen*) apparaître; surgir; **er kann jeden Augenblick ~** il peut apparaître, surgir d'un moment à l'autre; ~ˌ**kriegen** *v/t.* ⟨*sép.*, -ge-, h⟩ F *cf.* aufbekommen; ~ˌ**kündigen** *v/t.* ⟨*sép.*, -ge-, h⟩ *cf.* kündigen I; ~ˌ**lachen** *v/i.* ⟨*sép.*, -ge-, h⟩ laut ~ éclater de rire; partir d'un éclat de rire.

Auflad|egebläse ['aufˌlɑːdəgəˌblɛːzə] *n mot.* compresseur *m* à suralimentation; 2**en I** *v/t.* ⟨*irr.*, *sép.*, -ge-, h⟩ **1.** *Batterie etc.* (re)charger; **2.** *Fracht, Gepäck etc.* charger sur; *fig.* **j-m etw. ~** mettre qc. sur le dos de qn.; **sich etw. ~** se mettre qc. sur le dos; *Verantwortung etc.* se charger de qc.; **II ~en** *n* **3.** *e-r Batterie* (re)chargement *m*; **4.** *von Frachtgut etc.* chargement *m*; **~er** *m* ⟨~s; ~⟩ *Akku* chargeur *m*; **~ung** *f cf.* ~en.

Auflage ['aufˌlɑːgə] *f* **1.** *e-s Buches* édition *f*; tirage *m*; (Neu2) réédition *f*; nouvelle édition; réimpression *f*; **die ~ ist vergriffen** l'édition est épuisée; le tirage est épuisé; **das Buch erlebte in drei Jahren sieben ~n** le livre a été réédité six fois en trois ans; **achte, durchgesehene ~** 'huitième édition revue; **wie hoch, groß, stark ist die ~?** à combien d'exemplaires a-t-on tiré?; **2. a)** *bei e-m Testament, e-r Schenkung* charge *f*; **mit der ~...** à charge de...; **Schenkung unter ~** donation grevée d'une charge; **b)** *Verwaltungsrecht, écon.* obligation *f*; **j-m e-e ~ erteilen** obliger qn. à faire qc.; **ohne daß damit politische ~n verbunden wären** sans obligations politiques; **3.** *e-r Matratze* matelas *m*; *e-s Bestecks* charge *f*; **mit e-r ~ von Silber** argenté; ~ˌ**fläche** *f techn.* surface *f* de contact; ~ˌ**höhe** *f impr.* tirage *m*; **~r** *n techn.* support *m*; appui *m*; 2**rn** *v/i.* ⟨-(e)re, *sép.*, -ge-, sein⟩ *géol.* reposer; ~ˌ**ziffer** *f cf.* ~höhe.

auflandig ['aufˌlandɪç] *adj. mar.* **~er Wind** brise de mer.

auflass|en ['aufˌlasən] *v/t.* ⟨*irr.*, *sép.*, -ge-, h⟩ **1.** F *Tür etc.* laisser ouvert; *Jacke, Mantel etc. auch* ne pas fermer; ne pas boutonner; **2.** F **s-n Hut ~** garder son chapeau; *Männer auch* rester couvert; **3.** F (*aufbleiben lassen*) laisser debout; **4.** *Tauben, Ballon etc.* lâcher; **5.** *jur.* donner son accord pour le transfert de propriété d'un bien foncier; 2**ung** *f* ⟨~; ~en⟩ *jur.* accord *m* des parties pour le transfert de propriété d'un bien foncier.

auf|lasten ['aufˌlastən] *v/t.* ⟨-ete, *sép.*, -ge-, h⟩ *cf.* aufbürden; ~ˌ**lauern** *v/i.* ⟨-(e)re, *sép.*, -ge-, h⟩ **j-m ~** guetter qn.; **s-m Opfer ~** guetter sa victime, *Tier* sa proie.

Auflauf ['auflauf] *m* **1.** *von Personen* attroupement *m*; rassemblement *m*; **es entstand ein ~** il se forma un attroupement; **2.** *cuis.* soufflé *m*; ~ˌ**bremse** *f bei Anhängern* frein *m* par inertie [-si]; 2**en I** *v/i.* ⟨*irr.*, *sép.*, -ge-, sein⟩ **1.** *Zinsen, Beträge* s'accumuler (*auch Postsachen etc.*); s'accroître; **aufgelaufene Zinsen** intérêts accrus, accumulés; **2.** *mar.* (s')échouer; **auf e-e Sandbank ~** s'échouer sur un banc de sable; **auf e-e Mine ~** toucher une mine; **3.** *Sport* **zu e-r prächtigen Form ~** s'améliorer considérablement; trouver une forme éblouissante; **II** *v/réfl.* ⟨h⟩ **4.** F **sich die Füße ~** s'écorcher les pieds (lors de la marche); **III ~en** *n* **5.** *von Zinsen etc.* accumulation *f*; accroissement *m*; **6.** *mar.* échouement *m*; ~ˌ**form** *f cuis.* plat *m*, moule *m* à soufflé.

auf|leben ['aufˌleːbən] *v/i.* ⟨*sép.*, -ge-, sein⟩ *Natur etc.* renaître; revivre; **durch den Besuch lebte er förmlich auf** la visite le fit renaître à la vie; **die Diskussion, die Hoffnung lebte wieder auf** la discussion, l'espoir renaquit; **diese Tatsache ließ s-e Wut wieder ~** ce fait ranima, ralluma sa colère; **alte Traditionen, Bräuche (neu) ~ lassen** faire revivre, renaître de vieilles traditions, coutumes; ~ˌ**lecken** *v/t.* ⟨*sép.*, -ge-, h⟩ lécher; laper.

Aufleg|ematratze ['aufˌleːgəmaˌtratsə] *f* matelas *m*; 2**en I** *v/t.* ⟨*sép.*, -ge-, h⟩ **1.** *Tischdecke, Gedeck, Holz, Kohlen, Heilpflaster, Arm, Rouge* mettre; *Schallplatte auch* poser; *tél. Hörer* raccrocher; *Priester, Heilkundiger* **die Hände ~** imposer les mains; **2.** *impr.* éditer; **das Buch wird nicht wieder aufgelegt** on n'éditera plus ce livre; **die Gedichtsammlung wurde zweimal neu aufgelegt** on a réédité deux fois le recueil de poésies; **3.** *cf.* **auferlegen**; **4.** *Wahllisten etc.* mettre à la disposition du public; **5.** *comm. Wertpapiere* émettre; *Anleihe auch* lancer; **zur öffentlichen Zeichnung ~** offrir à la souscription publique; **II ~en** *n*, **~ung** *f* ⟨~⟩ *der Hände* imposition *f*; *comm. von Wertpapieren* émission *f*; *sonst verbal.*

auf|lehnen ['aufˌleːnən] *v/réfl.* ⟨*sép.*, -ge-, h⟩ **sich ~ 1.** F s'appuyer sur; **sich mit den Ellbogen ~** s'accouder; **2. sich gegen j-n, etw. ~** se révolter, se rebeller, se soulever, s'insurger contre qn., contre qc.; 2ˌ**lehnung** *f* ⟨~; ~en⟩ révolte *f*; rébellion *f*; soulèvement *m*; ~ˌ**leimen I** *v/t.* ⟨*sép.*, -ge-, h⟩ coller sur; **II** 2ˌ**leimen** *n* collage *m*; ~ˌ**lesen I** *v/t.* ⟨*irr.*, *sép.*, -ge-, h⟩ *Fallobst, Scherben etc.* ramasser; *Ähren* glaner; **Papier ~** ramasser les papiers; *fig. u.* F **e-n Betrunkenen auf der Straße ~** ramasser un ivrogne dans la rue; **II** 2ˌ**lesen** *n* ramassage *m*; *von Ähren* glanage *m*; ~ˌ**leuchten I** *v/i.* ⟨-ete, *sép.*, -ge-, sein *od.* h⟩ *Bremslicht, Kontrollampe, Scheinwerfer* s'allumer; *Blitz* luire; *Sterne etc.* apparaître; s'allumer; **plötzlich leuchtete ein Streichholz auf** soudain une allumette flamba; *fig. Gesicht* **vor Freude ~** s'illuminer de joie; **II** 2ˌ**leuchten** *n e-r Kontrollampe etc.* allumage *m*; *von Sternen* apparition *f*; *sonst verbal*; ~ˌ**liegen I** *v/i.* ⟨*irr.*, *sép.*, -ge-, h⟩ **1.** *Zeitschriften etc.* être à la disposition du public; *écon.* **zur Zeichnung ~** être ouvert à la souscription; **2.** reposer sur; être posé sur; *techn. auch* porter sur; **II** *v/réfl.* F *Kranker* **sich ~** contracter des escarres (à force d'être couché); **er hat sich den Rücken aufgelegen** il a contracté des escarres sur le dos, il a le dos écorché à force de rester au lit; ~ˌ**lockern I** *v/t.* ⟨-(e)re, *sép.*, -ge-, h⟩ **1.** *Erdboden* ameublir; rendre meuble; *Federbett* secouer; **die Erde um e-n Baum herum ~** *auch* déchausser un arbre; **2.** *fig. Häuserfront, Programm, Stil etc.* aérer; dégager; **ein Muster ~** aérer un motif; **ein aufgelockertes Wohnviertel** un quartier résidentiel aéré; **aufgelockerte Bewölkung** nuages épars, dispersés; **II** *v/réfl.* **sich ~** *Bewölkung* se dissiper; se disperser; 2ˌ**lockeˌrung** *f des Bodens* ameublissement *m*; *der Wolken* dissipation *f*; dispersion *f*; *fig.* aération *f*; ~ˌ**lodern I** *v/i.* ⟨-(e)re, *sép.*, -ge-, sein⟩ *Feuer, Holzstoß* flamber; *Flammen* monter; jaillir; *fig. Leidenschaft* s'enflammer; **II** 2ˌ**lodern** *n der Flammen* jaillissement *m*; *sonst verbal.*

auflös|bar ['aufløːsˌbɑːr] *adj. math., Rätsel etc.* résoluble; *jur.* dissoluble; *chim. in e-r Flüssigkeit* soluble; **~en I** *v/t.* ⟨-(es)t, *sép.*, -ge-, h⟩ **1.** *Geknüpftes etc.* défaire; **sich das Haar ~** défaire sa coiffure; se dépeigner; se décoiffer; **mit aufgelösten Haaren** les cheveux épars, défaits, dénoués; **2.** *Rätsel, math. Gleichung* résoudre; *Verwirrung* dénouer; *mus.* **e-e Dissonanz, e-n Akkord ~** résoudre une dissonance, un accord; **3.** *in e-r Flüssigkeit, chim.* dissoudre (**in Alkohol** *etc.* dans de l'alcool, *etc.*); *Zucker, Tabletten etc. in Wasser meist* faire fondre; **4.** *Rauch, Nebel etc.* dissiper; *Menschenansammlung, Demonstrationszug etc.* disperser; **5.** *Parlament, Ehe, Verein, Gesellschaft etc.* dissoudre; *Vertrag auch* résoudre; *Unternehmen, Geschäft, Praxis, Haushalt* liquider; *Verlobung, Bindung* rompre; **II** *v/réfl.* **sich ~ a)** *in e-r Flüssigkeit, chim.* se dissoudre; *Zucker, Tabletten etc. meist* fondre; *Nebel, Wolken* se dissiper; **b)** *fig. Widersprüche* s'annuler; *Ordnung, Moral etc.* se désagréger; se dissoudre; *Parlament, Verein etc.* se dissoudre; *Menschenansammlung etc.* se disperser; *milit. Truppenverbände* se rompre; se disperser; **c) sich in s-e Bestandteile ~** *cf.* **Bestandteil**; **sich in Rauch ~** se dissiper en fumée (*auch fig.*); *fig. Hoffnung, Gehalt etc.* **sich in nichts ~** se réduire à rien, à néant; *Mißverständnis etc.* **sich in Wohlgefallen ~** finir à la satisfaction de tous; **sich in Tränen ~** fondre en larmes; *cf. auch* **aufgelöst**; 2**ung** *f* **1.** *e-s Rätsels etc., math., mus.* résolution *f*; *e-r Dichtung* dénouement *m*; **~ im nächsten Heft** solution dans le prochain numéro; **2.** *in e-r Flüssigkeit* dissolution *f*; **3.** *von Wolken, Nebel etc.* dissipation *f*; *e-r Menschenansammlung etc.* dispersion *f*; **4.** *e-s Parlaments, Vereins etc.* dissolution *f*; *e-s Vertrags auch* résolution *f*; *e-s Unternehmens, Geschäftes, Haushaltes etc.* liquidation *f*; *e-r Verlobung* rupture *f*; **5.** *der Ordnung, e-s geschlagenen Heeres etc.* désagrégation *f*; *e-s Reiches, e-s Systems etc.* dissolution *f*; **sich in ~ befinden** se désagréger; 2**ungserˌscheinung** *f* phénomène *m* de désagrégation, de dissolution; 2**ungsproˌzeß** *m* processus [-ys] *m* de désagrégation, de dissolution; 2**ungsverˌmögen** *n opt.* pouvoir séparateur; 2**ungsˌzeichen** *n mus.* bécarre *m*.

auf|löten ['aufˌløːtən] *v/t.* ⟨-ete, *sép.*, -ge-, h⟩ souder (auf sur); ~ˌ**machen I** *v/t.* ⟨*sép.*, -ge-, h⟩ **1.** *Tür, Buch, Geschäft, Flasche, Brief, Mund, Augen etc.* ouvrir; *Knoten* défaire; *Tür, Fenster* **ein wenig ~** entrouvrir; **2.** *fig. u.* F *Geschäft etc.* (*eröffnen*) ouvrir; **3.** *comm. Waren* (*zurechtmachen*) présenter; **etw. geschmackvoll ~** présenter qc. avec goût; *fig. u.* F **sie war auf jung aufgemacht** elle s'était rajeunie; **II** *v/réfl.* **sich ~** se mettre en route, partir (**nach** pour); s'en aller (à); **III** 2ˌ**machen** *n* ⟨~s⟩ *e-r Tür, e-s Geschäftes etc.* ouverture *f*; 2ˌ**machung** *f* ⟨~; ~en⟩ *comm. e-r Ware* présentation *f*; **in großer ~** à présentation spectaculaire; *Zeitung*

etw. in großer ~ veröffentlichen publier qc. en gros titres, en grosses manchettes; **~,malen** *v/t.* ⟨*sép.*, -ge-, h⟩ peindre (auf sur).

Aufmarsch ['aʊfmarʃ] *m von Demonstranten, Truppen etc.* rassemblement *m*; *milit. zum Einsatz* concentration *f*; déploiement *m*; **~ge,biet** *n milit.* zone *f* de concentration, de déploiement; **2ieren** *v/i.* ⟨*sép., pas de ge-*, **sein**⟩ *Demonstranten etc.* se rassembler; *milit. zum Einsatz* se déployer; se concentrer; **~,plan** *m milit.* plan *m* de concentration.

aufmaschen ['aʊf,maʃən] **I** *v/t.* ⟨*sép.*, -ge-, h⟩ *Strumpf* remailler; remmailler [rã-]; **II 2** *n* ⟨~s⟩ rem(m)aillage *m*.

Aufmaß ['aʊfmaːs] *n bât.* métré *m*.

aufmeißel|n ['aʊf,maɪsəln] **I** *v/t.* ⟨-(e)le, *sép.*, -ge-, h⟩ ouvrir au ciseau, au burin; *chir.* trépaner; **II 2n** *n*, **2ung** *f* ⟨~; ~en⟩ ouverture *f* au ciseau, au burin; *chir.* trépanation *f*.

aufmerk|en ['aʊf,mɛrkən] *v/i.* ⟨*sép.*, -ge-, h⟩ prêter, faire attention (auf à); **~,sam 1.** *adj.* **a)** attentif, -ive; **auf j-n, etw. ~ werden** remarquer qn., qc.; avoir l'attention attirée par qn., par qc.; **j-n auf etw. ~ machen** faire remarquer, observer qc. à qn.; attirer l'attention de qn. sur qc.; signaler qc. à qn.; **b)** (*zuvorkommend*) prévenant; attentionné; plein d'attentions, de prévenances; empressé; **ein ~er Gastgeber** un hôte prévenant, *etc.*; **das war sehr ~ von Ihnen** c'était très aimable de votre part; **2.** *adv.* **a) ~ zuhören** écouter attentivement; **b) j-n ~ bedienen** servir qn. d'une façon prévenante, attentionnée, empressée; **2sam,keit** *f* ⟨~⟩ **1.** attention *f*; **j-s ~ erregen** attirer l'attention de qn.; **j-s ~ auf sich lenken, ziehen** retenir, accrocher, attirer l'attention de qn. sur soi; **j-m s-e ~ schenken** prêter attention à qn.; **j-s ~ entgehen** échapper à l'attention de qn.; **darf ich kurz um Ihre ~ bitten?** puis-je vous demander quelques minutes d'attention?; **2.** ⟨*pl.* ~en⟩ (*Zuvorkommenheit*) *meist pl.* **~en** attentions *f/pl.*; prévenances *f/pl.*; **j-m ~en erweisen** avoir des attentions pour qn.; se montrer prévenant, attentionné envers qn.; **3.** (*kleines Geschenk*) **das soll nur e-e kleine ~ für Sie sein** ce n'est qu'un petit quelque chose, un petit cadeau pour vous.

auf|messen ['aʊf,mɛsən] **I** *v/t.* ⟨*irr., sép.*, -ge-, h⟩ *bât.* métrer; mesurer; **II 2,messen** *n* métrage *m*; **~,möbeln** *v/t.* (*u. v/réfl.*) ⟨-(e)le, *sép.*, -ge-, h⟩ F (se) ravigoter; (se) remonter; (se) retaper; **der Kaffee hat mich ordentlich aufgemöbelt** le café m'a ravigoté, remonté comme il faut; **~mon,tieren I** *v/t.* ⟨*sép., pas de ge-*, h⟩ monter (auf sur); **II 2mon,tieren** *n* montage *m*; **~,mucken** F *v/i.* ⟨*sép.*, -ge-, h⟩ (se) regimber, se rebiffer (gegen contre); **keiner wagte aufzumucken** aucun n'osa se regimber, se rebiffer; **~,muntern** *v/t.* ⟨-(e)re, *sép.*, -ge-, h⟩ **1.** *mit e-m Scherz etc.* remonter; ragaillardir; réconforter; **2.** *zum Kampf, Widerstand etc.* encourager, stimuler (à); **j-m ~d zunicken** faire un signe de tête encourageant à qn.; **2,munte,rung** *f* ⟨~⟩ *durch Scherze etc.* réconfort *m*; *zu e-r Tat etc.* encouragement *m*; stimulation *f*; **~,nageln** *v/t.* ⟨-(e)le, *sép.*, -ge-, h⟩ clouer (auf sur); **2näh,arbeit** *f cout.* application *f*; **~,nähen** *v/t.* ⟨*sép.*, -ge-, h⟩ coudre, appliquer (auf sur).

Aufnahme ['aʊf,naːmə] *f* ⟨~⟩ **1.** *e-s Gastes* accueil *m*; réception *f*; **freundliche ~ finden** être bien reçu, accueilli; trouver un accueil amical; **2.** (*Empfangsraum im Krankenhaus etc.*) salle *f*, bureau *m* d'accueil; **3.** *in e-e Organisation, Partei, Oberschule etc.* admission *f* (dans); **feierliche ~** réception solennelle; **um ~ nachsuchen** demander son admission; **4.** *e-s Gedichtes in e-e Anthologie etc. verbal mit* prendre; *e-s Wortes in e-e Sprache* adoption *f*; **5.** *von Nährstoffen, Feuchtigkeit etc.* absorption *f*; **6.** *beim Publikum* accueil *m*; *Film, Vorschlag etc.* **gute, schlechte ~ finden** être bien, mal accueilli; **begeisterte ~ finden** être accueilli avec enthousiasme; **7.** *e-r Anleihe* ouverture *f*; *od. verbal mit* contracter; *e-r Hypothek* constitution *f*; *od. verbal mit* prendre; *von Geld* emprunt *m*; **8.** *der Arbeit, Produktion etc.* commencement *m*; *von Kontakten* prise *f*; *von Verhandlungen* entrée *f* (en); *von dipl. Beziehungen etc.* entrée *f* (en); établissement *m*; ouverture *f*; (*Wieder2*) reprise *f*; **9. a)** *e-s Bestandes, Inventars etc.* établissement *m*; *der Personalien* inscription *f*; *od. verbal mit* prendre; *e-s Protokolls* établissement *m*; *od. verbal mit* dresser; *polizeiliche e-s Unfalls etc.* constat *m*; *e-s Stenogramms, Diktats verbal mit* prendre; **b)** *topographische* (re)levé *m* (topographique); **c)** *auf Tonband, Schallplatte, Filmstreifen etc.* enregistrement *m* (sur); *Film, phot. meist* prise *f* de vue(s); (*Ton2*) *auch* prise *f* de son; (*Röntgen2*) radiographie *f* (*auch Ergebnis*); F radio *f*; **die letzten ~n abdrehen** tourner les dernières prises de vues; **Achtung ~!** silence! on tourne; **10.** ⟨*pl.* ~n⟩ (*das Aufgenommene*) *phot.* photo(graphie) *f*; *akustische* enregistrement *m*; **e-e ~ (von j-m, etw.) machen** prendre, faire une photo (de qn., de qc.); prendre qn., qc. en photo; **die ~ ist unscharf, verwackelt** la photo est floue, bougée; **die Oper wurde als ~ gesendet** l'opéra a été diffusé en enregistrement; **~,antrag** *m* demande *f* d'admission; **~be,dingung** *f* condition *f* d'admission; **2be,reit** *adj. geistig* réceptif, -ive; **~be,reitschaft** *f der Zuhörer etc.* réceptivité *f*; **2,fähig** *adj. geistig* réceptif, -ive (für à); *phys., physiol., écon.* capable d'absorber; **~,fähig,keit** *f* ⟨~⟩ *geistige* réceptivité *f*; faculté *f* d'assimilation; *der Luft für Wasserdampf, e-s Landes für Waren etc.* capacité *f* d'absorption; **~ge,bühr** *f* droits *m/pl.* d'admission; **~ge,rät** *n Film, télév.* appareil *m* de prise de vues; *akustisches* appareil *m* d'enregistrement du son, de prise de son; *allg. auch* appareil *m* d'enregistrement; **~,land** *n für Flüchtlinge, Auswanderer etc.* pays *m* d'accueil; **~,leiter** *m Film, télév.* directeur *m* de la photographie, *Funk* de la prise de son; **~,prüfung** *f* examen *m* d'admission, d'entrée; **~,raum** *m Funk* salle *f* d'enregistrement; studio *m*; **~,stellung** *f milit.* position *f* de repli; **~,tag** *m Film, télév.* jour *m* de prise de vues, *Funk* d'enregistrement; **~,technik** *f Film, phot.* technique *f* de la prise de vues, *akustische* de l'enregistrement (du son), de la prise de son; **~ver,mögen** *n cf.* ~fähigkeit; **~,wagen** *m télév., Funk* voiture *f* de prise de vues *bzw.* de prise de son; car *m* de reportage *m*; **2,würdig** *adj.* digne d'être admis.

aufnehm|en ['aʊf,neːmən] **I** *v/t.* ⟨*irr., sép.*, -ge-, h⟩ **1.** *vom Boden* ramasser; *Kleinkind* prendre dans ses bras; *Telefonhörer* décrocher; *Laufmasche, Fährte, Spur* relever; *fig.* **den Fehdehandschuh ~** relever le gant; **2.** *Gäste* recevoir; accueillir; donner l'hospitalité à; *Hilflose* prendre; recueillir; prendre en charge; **j-n wie sein eigenes Kind ~** recueillir qn. comme son propre enfant; **j-n gastlich ~** accueillir qn. d'une façon hospitalière; **wir sind sehr gut, herzlich aufgenommen worden** on nous a reçu(e)s très bien, cordialement; *meist plais.* **in Gnaden wieder aufgenommen werden** rentrer en grâce (auprès de qn.); *fig. u. st. s.* **dichter Wald, Dunkelheit nahm uns auf** un bois épais, l'obscurité nous enveloppa, environna; **3.** *in e-e Organisation, Partei etc.* admettre; **j-n als Mitglied ~** admettre qn. comme membre; **e-n Schüler in die höhere Schule ~** admettre un élève dans un lycée, dans un collège; **j-n in ein Krankenhaus ~** admettre qn. dans un hôpital; hospitaliser qn.; **j-n als Teilhaber ~** prendre qn. comme associé; **4.** *Gedicht in e-e Anthologie, Wort in ein Wörterbuch etc.* prendre (dans); *Wort in e-e Sprache* adopter (dans); **etw. in sein Programm ~** prendre qc. dans, (r)ajouter qc. à son programme; **5.** *Nahrung, Feuchtigkeit etc., écon. Waren, Arbeitskräfte etc.* absorber; *Ladungsmenge etc.* (*fassen*) contenir; recevoir; *geistig* **etw. leicht, schwer ~** saisir, enregistrer qc. facilement, difficilement; **etw. nur mit dem Gehör ~** n'enregistrer qc. que par l'oreille; **nicht mehr fähig sein, etw. aufzunehmen** ne plus être capable d'enregistrer, de saisir, d'assimiler qc.; **6.** *Darbietung, Nachricht etc.* accueillir; **etw. mit Beifall, Bewunderung, Begeisterung ~** accueillir qc. par des applaudissements, avec admiration, avec enthousiasme; **etw. übel ~** mal accueillir qc.; **etw. skeptisch ~** accueillir qc. avec scepticisme; **7.** *Anleihe* contracter; *Hypothek* prendre; **tausend Mark ~** emprunter mille marks; **8. a)** *Arbeit, Produktion, Flugverkehr, Kampf, Ermittlungen etc.* commencer; **wieder ~, wieder aufgenommen werden** reprendre; **die Arbeit wurde wieder aufgenommen** le travail a repris; **die Verfolgung ~** se mettre à la poursuite; **b)** *Kontakte* prendre; établir; entrer (en); *Verhandlungen* entrer (en); *Handels-, dipl. Beziehungen* entrer (en); établir; **mit j-m Verbindung ~** prendre contact avec qn.; **c)** *Anregung, Gedanken* reprendre; **den Faden s-r Rede wieder ~** reprendre le fil de son discours; **9.** *Bestand etc.* établir; **ein Inventar ~** faire, dresser, établir un inventaire; **j-s Personalien ~** prendre les nom, prénoms et qualités de qn.; **ein Protokoll ~** dresser un procès-verbal; **den Tatbestand ~** faire le constat; **e-n Unfall ~** faire le constat d'un accident; **ein Stenogramm ~** prendre en sténo; **ein Diktat ~** prendre, écrire sous la dictée; *Ober* **Bestellungen ~** prendre des commandes; **10.** (*fotografieren*) prendre en photo; prendre, faire une photo de; photographier; *auf Tonband, Schallplatte* enregistrer (sur);

11. *Gelände* faire le (re)levé de; **12. es mit j-m ~** se sentir assez fort pour lutter avec qn.; rivaliser avec qn.; défier qn.; **es im Laufen, im Schwimmen mit j-m ~ können** pouvoir lutter, rivaliser de vitesse, à la nage avec qn.; **es mit jeder Konkurrenz, mit jedem Gegner ~** défier toute concurrence, tout adversaire; **II ≈en** *n cf.* Aufnahme; **≈er** *m* (*Scheuerlappen*) serpillière *f.*

auf|notieren [ˈaʊfnoˑˌtiːrən] *v/t.* ⟨*sép., pas de ge-,* h⟩ noter; prendre (qc.) en note; prendre note de; **~ˌnötigen** *v/t.* ⟨*sép.,* -ge-, h⟩ j-m etw. ~ *Essen u. Trinken etc.* forcer, presser qn. d'accepter qc.; obliger qn. à prendre qc.; *Begleitung, Überzeugung etc.* imposer qc. à qn.; **~oktroˌyieren** [-troˑaˌjiː-] *v/t.* ⟨*sép., pas de ge-,* h⟩ j-m etw. ~ imposer qc. à qn.; **j-m s-e Meinung ~ wollen** vouloir imposer son opinion à qn.; vouloir forcer qn. à partager son opinion.

aufopfer|n [ˈaʊfˌʔɔpfərn] **I** *v/t.* ⟨-(e)re, *sép.,* -ge-, h⟩ **etw. für j-n ~** sacrifier qc. à qn.; **II** *v/réfl.* **sich ~** se sacrifier; **sich für s-e Familie ~** se sacrifier, se dévouer pour *od.* à sa famille; **~nd** *adjt.* **~e Pflege** soins dévoués; **dank s-r ~en Arbeit** grâce à son sacrifice, à son dévouement dans son travail; **≈ung** *f* sacrifice *m*; dévouement *m*; **die ~ des eigenen Lebens für den Nächsten** le sacrifice de sa vie pour son prochain; **j-n mit ~ pflegen** soigner qn. avec dévouement; **~ungsbeˌreit** *adj.* prêt à se sacrifier, à se dévouer; **≈ungsbeˌreitschaft** *f* dévouement *m*; **~ungsˌfähig** *adj.* capable de se sacrifier; **≈ungsˌfähigkeit** *f* ⟨~⟩ capacité *f* de sacrifice; **~ungsˌvoll** *adj. Person* plein de dévouement; *Arbeit etc.* qui demande des sacrifices, du dévouement.

auf|packen [ˈaʊfˌpakən] *v/t.* ⟨*sép.,* -ge-, h⟩ **1.** *Gepäck* charger **(auf** sur); *fig. u.* F **j-m etw. ~** mettre qc. sur le dos de qn.; charger qn. de qc.; **2.** *Paket etc.* (*öffnen*) ouvrir; **~ˌpäppeln** *v/t.* ⟨-(e)le, *sép.,* -ge-, h⟩ F *Kinder, Kranke* donner la becquée (à qn. pour le retaper); **wir werden ihn schon wieder ~** on va le retaper.

aufpass|en [ˈaʊfˌpasən] *v/i.* ⟨-ßt, *sép.,* -ge-, h⟩ **1.** faire attention **(auf** à); (*Obacht geben*) *auch* prendre garde (à); **gut, scharf, genau,** F **höllisch auf etw., j-n ~** faire bien, très, F diablement attention à qc., à qn.; **du mußt in der Schule besser ~** il faut que tu fasses plus *od.* mieux attention en classe; **du mußt ~, daß ...** il faut que tu fasses attention que ... (+ *subj.*), *bei gleichem Subjekt* de ... (+ *inf.*); il faut que tu prennes garde que ... (+ *subj.*), *bei gleichem Subjekt* à *od.* de ... (+ *inf.*); **er muß auf s-n kleinen Bruder ~** il doit faire attention à son petit frère; **aufgepaßt!** attention!; F **paß mal auf** (*du wirst sehen*) tu verras; **2.** *cf.* **auflauern**; **3.** *Deckel etc.* ajuster; adapter; **≈er(in)** *m* ⟨~s; ~⟩ *(f)* ⟨~; ~nen⟩ *péj.* mouchard(e) *m(f)*; **≈eˈrei** *f* ⟨~⟩ F (*Bespitzelung*) mouchardage *m.*

auf|peitschen [ˈaʊfˌpaɪtʃən] *v/t.* ⟨*sép.,* -ge-, h⟩ *Sturm das Meer* démonter; *fig. Nerven etc.* exciter; *Leidenschaften auch* fouetter; soulever; *Menschenmenge auch* galvaniser; **~der Rhythmus** rythme excitant, galvanisant; **~de Worte** paroles galvanisantes, excitantes; **~ˌpflanzen I** *v/t.* ⟨-(es)t, *sép.,* -ge-, h⟩ *Fahne etc.* planter; *milit.* **das Seitengewehr ~** mettre la baïonnette au canon; **mit aufgepflanztem Seitengewehr** baïonnette au canon; **II** *v/réfl.* F **sich vor j-m ~** se planter, se camper devant qn.; **~ˌpfropfen** *v/t.* ⟨*sép.,* -ge-, h⟩ *jard.* greffer, enter **(auf** sur); *fig. u. péj.* **e-m Land e-e fremde Kultur** *etc.* ~ greffer une civilisation étrangère à un pays, *etc.*; **≈ˌpfropfung** *f* ⟨~; ~en⟩ greffage *m*; **~ˌpicken** *v/t.* ⟨*sép.,* -ge-, h⟩ **a)** *Körner etc.* picoter; picorer; **b)** *Küken Eierschale* ouvrir à coups de bec; **~ˌpinseln** F *v/t.* ⟨-(e)le, *sép.,* -ge-, h⟩ peindre; *Farbe* mettre; **~ˌplätten** *v/t.* ⟨-ete, *sép.,* -ge-, h⟩ *Kleid etc.* donner un coup de fer à; repasser; **~ˌplatzen** *v/i.* ⟨-(es)t, *sép.,* -ge-, sein⟩ *Naht* craquer; *Geschwür, Pellkartoffeln* crever; *Wunde* se rouvrir; **~ˌplustern** *v/réfl.* ⟨-(e)re, *sép.,* -ge-, h⟩ **sich ~** *Vögel* gonfler ses plumes; se hérisser; *fig. mit s-m Können etc.* se rengorger; **~poˌlieren I** *v/t.* ⟨*sép., pas de ge-,* h⟩ *Möbel etc.* repolir; redonner, rendre son poli, son brillant; *fig. u.* F *Ansehen etc.* arranger; **II ≈poˌlieren** *n* repolissage *m*; *besser verbal*; **~ˌpolstern I** *v/t.* ⟨-(e)re, *sép.,* -ge-, h⟩ *Polstermöbel* refaire; rembourrer; refaire le rembourrage de; **II ≈ˌpolstern** *n* rembourrage *m*; **~ˌprägen** *v/t.* ⟨*sép.,* -ge-, h⟩ *Namen* graver **(auf** sur); *fig.* **e-r Sache s-n Stempel ~** marquer qc. de son empreinte.

Aufprall [ˈaʊfpral] *m* ⟨~(e)s; ~e⟩ choc *m*; ˈheurt *m*; **der ~ auf den Erdboden war so stark, daß ...** le choc sur le sol fut si fort que ...; **das Flugzeug ging beim ~ in Flammen auf** l'avion s'enflamma en ˈheurtant, en touchant le sol, *etc.*; **die Wucht des ~s** l'intensité du choc; *cf. auch* Aufschlag 2.; **≈en** *v/i.* ⟨*sép.,* -ge-, sein⟩ ˈheurter **(auf etw.** qc.); **auf das entgegenkommende Auto ~** ˈheurter la voiture venant en sens inverse; **das Flugzeug ist auf den Erdboden aufgeprallt und zerschellt** l'avion s'est écrasé au sol.

Aufpreis [ˈaʊfpraɪs] *m comm.* supplément *m*; **gegen e-n ~ von X Mark ...** contre un supplément de X marks ...

auf|probieren [ˈaʊfproˑˌbiːrən] *v/t.* ⟨*sép., pas de ge-,* h⟩ *Hut etc.* essayer; **~ˌprotzen** *v/t.* ⟨-(es)t, *sép.,* -ge-, h⟩ *milit. Geschütz* amener, atteler les avant-trains de; **~ˌpulvern** *v/t.* (*u. v/réfl.*) ⟨-(e)re, *sép.,* -ge-, h⟩ *fig. u.* F (se) ravigoter; **≈ˌpulverungsˌmittel** F *n* stimulant *m*; **~ˌpumpen I** *v/t.* ⟨*sép.,* -ge-, h⟩ *Reifen* (re)gonfler; **II ≈ˌpumpen** *n* (re)gonflement *m*; **~ˌpusten** *v/t.* ⟨-ete, *sép.,* -ge-, h⟩ gonfler; **~ˌputschen** *v/t.* ⟨*sép.,* -ge-, h⟩ *Menschen, Nerven etc.* exciter; **sich durch künstliche Mittel ~** s'exciter par des stimulants.

Aufputz [ˈaʊfpʊts] *m* parure *f*; ornement *m*; *péj.* accoutrement *m*; ˈharnachement *m*; F affublement *m*; attifement *m*; **in e-m phantastischen ~ zum Maskenball gehen** aller au bal masqué dans un accoutrement, *etc.* fantastique; **≈en** *v/t.* (*u. v/réfl.*) ⟨-(es)t, *sép.,* -ge-, h⟩ **1.** (se) parer; décorer (qc.); *péj.* (s')accoutrer; (se) harnacher; F (s')attifer; (s')affubler; **2.** F *Fußboden etc.* nettoyer.

auf|quellen [ˈaʊfˌkvɛlən] *v/i.* ⟨*irr., sép.,* -ge-, sein⟩ **1.** *Hülsenfrüchte, Holz, Glieder, Leib etc.* gonfler; *Reis* crever; **2.** *st. s. Wut, Tränen* monter; **~ˌquieken** *v/i.* ⟨*sép.,* -ge-, h⟩ jeter, pousser un cri; **~ˌraffen I** *v/t.* ⟨*sép.,* -ge-, h⟩ *vom Boden* ramasser; **II** *v/réfl.* **sich von s-m Sessel ~** se sortir de son fauteuil; **er stürzte, raffte sich jedoch wieder auf** il tomba, se releva pourtant avec peine; **sich zu etw. ~** prendre son courage à deux mains pour faire qc.; **sich zu e-r Tat, zu e-r Antwort ~** prendre son courage à deux mains pour faire qc., pour répondre; **aber ich konnte mich nicht dazu ~** mais je n'avais pas le courage de faire cela; **sich aus s-r Lethargie ~** sortir de sa léthargie; **sich zu e-m Entschluß ~** se déterminer à (prendre) une décision; **~ˌragen** *v/i.* ⟨*sép.,* -ge-, sein *od.* h⟩ *Gebirge, Hochhäuser etc.* se dresser; surgir; s'élever; **~ˌranken** *v/réfl.* ⟨*sép.,* -ge-, h⟩ *st. s.* **sich ~** *Pflanzen* grimper le long de; **~ˌrappeln** *v/réfl.* ⟨-(e)le, *sép.,* -ge-, h⟩ *Kranker* F **sich wieder ~** remonter la pente; se retaper; *cf. auch* ~raffen II; **~ˌrauchen** *v/t.* ⟨*sép.,* -ge-, h⟩ *Zigarette etc.* finir; achever; terminer; **die ganze Schachtel Zigaretten ~** fumer tout le paquet de cigarettes; **~ˌräufeln** *v/t.* ⟨-(e)le, *sép.,* -ge-, h⟩ F *Gestricktes* démonter; **~ˌrauhen** *v/t.* ⟨*sép.,* -ge-, h⟩ *Oberfläche* rendre rugueux, -euse; **aufgerauhter Stoff** tissu molletonné.

aufräum|en [ˈaʊfˌrɔʏmən] **I** *v/t.* ⟨*sép.,* -ge-, h⟩ **1.** *Zimmer, Schrank, Arbeitsplatz* ranger; *fig.* **die Epidemie hat unter der Bevölkerung furchtbar aufgeräumt** l'épidémie a fait des ravages dans la population, a décimé la population; F **da werden wir mal gründlich ~** nous allons mettre de l'ordre là-dedans; **2.** F **mit etw. ~** faire table rase de qc.; **mit Halbheiten, Vorurteilen, überholten Ansichten ~** faire table rase des *od.* liquider les demi-mesures, préjugés, opinions dépassées; **3.** *cf.* **aufgeräumt**; **II ≈en** *n e-s Zimmers etc.* rangement *m*; *sonst verbal*; **≈ungsˌarbeiten** *f/pl. bât.* travaux *m/pl.* de déblaiement.

auf|rauschen [ˈaʊfˌraʊʃən] *v/i.* ⟨*sép.,* -ge-, sein⟩ *Beifall* retentir; éclater; **die Bäume rauschen auf** le vent souffle dans les arbres; **~ˌrebbeln** *v/t.* ⟨-(e)le, *sép.,* -ge-, h⟩ F *Pullover etc.* démonter; **~ˌrechnen** *v/t.* ⟨-ete, *sép.,* -ge-, h⟩ **1. j-m etw. ~** porter qc. au compte de qn.; **2.** *comm.* compenser; **e-e Sache gegen e-e andere ~** compenser une chose par une autre; **s-e Forderungen gegen die des anderen ~** compenser ses créances par celles de l'autre; **≈ˌrechnung** *f jur., comm.* compensation *f.*

aufrecht [ˈaʊfrɛçt] *adj. u. adv.* **1.** droit; debout; **der ~e Gang des Menschen** la marche en station verticale de l'homme; *st. s.* **~en Hauptes** la tête droite; **~ stehen** être debout; **~ sitzen** être assis très droit; **~ gehen** marcher très droit; se tenir droit en marchant; **sich ~ halten** se tenir droit; (*stehend*) se tenir debout; **sich (vor Müdigkeit) kaum noch ~ halten können** pouvoir à peine se tenir debout (parce que l'on est fatigué); **diese Hoffnung hält mich noch ~** cet espoir me fait encore vivre; **2.** (*aufrichtig*) droit; loyal; **e-e ~e Gesinnung, Haltung** des sentiments loyaux, droits; un comportement droit; **ein ~er Patriot, Humanist** un patriote, un humaniste loyal; **~erˌhalten** *v/t.* ⟨*irr., sép., pas de ge-,* h⟩ maintenir (*auch fig.*); **die Ordnung, den Frieden ~** maintenir l'ordre, la paix; **den Kontakt ~** maintenir le contact; **diese Hypothese ist nicht aufrechtzuerhalten** cette hypothèse ne peut se défendre, ne tient pas debout; e-n Anklagepunkt ~ *jur.* retenir un chef d'accusation; **2er,haltung** *f* ⟨~⟩ maintien *m*; die ~ von Ruhe und Ordnung le maintien de l'ordre (public).

auf|recken ['aʊf,rɛkən] *v/réfl.* ⟨*sép.*, -ge-, h⟩ sich ~ se dresser; **~,reden** *v/t.* ⟨-ete, *sép.*, -ge-, h⟩ j-m etw. ~ F refiler qc. à qn.

aufreg|en ['aʊf,reːgən] **I** *v/t.* ⟨*sép.*, -ge-, h⟩ énerver; exciter; agiter; *pfort.* surexciter; etw. regt mich auf qc. m'énerve; die Gemüter ~ agiter les esprits; es scheint ihn nicht weiter aufzuregen, daß... cela ne paraît pas l'émouvoir que...; *cf. auch* aufgeregt; **II** *v/réfl.* sich ~ s'énerver; s'irriter; er hat sich darüber furchtbar, schrecklich aufgeregt cette chose l'a terriblement irrité; es lohnt sich nicht, sich darüber aufzuregen cela ne vaut pas la peine de s'énerver (pour si peu); sich über jede Kleinigkeit, F jeden Dreck ~ s'énerver pour des riens; F reg dich nicht (künstlich) auf! ne t'énerve pas! **~end** *adjt. Film, Fahrt, Erlebnis, Leben etc.* excitant; **2ung** *f* agitation *f*; excitation *f*; énervement *m*; in der allgemeinen ~ dans l'agitation, dans l'excitation générale; dans l'énervement général; jede unnötige ~ vermeiden éviter toute agitation, toute excitation, tout énervement inutile; die Familie befand sich in heller ~ la famille était dans tous ses états; in ~ versetzen exciter; mettre en émoi.

aufreib|en ['aʊf,raɪbən] **I** *v/t.* ⟨*irr.*, *sép.*, -ge-, h⟩ **a)** *Armee, Feind* anéantir; exterminer; **b)** *Ärger, Arbeit, Verpflichtungen* j-n ~ user, épuiser, tuer qn.; **II** *v/réfl.* sich ~ **1.** *durch Arbeit etc.* s'user; se tuer; er hat sich für s-e Familie, für s-e Arbeit aufgerieben il s'est tué pour sa famille, pour son travail; **2.** sich die Haut ~ s'écorcher la peau; **~end** *adjt. Tätigkeit, Beruf, Kleinarbeit* tuant; épuisant (*auch Kampf*); **2ung** *f* **1.** *e-r Armee etc.* anéantissement *m*; extermination *f*; **2.** *durch Arbeit etc.* usure *f*; *od. verbal.*

aufreihen ['aʊf,raɪən] **I** *v/t.* ⟨*sép.*, -ge-, h⟩ **a)** *Perlen etc.* enfiler; **b)** ranger l'un à côté de l'autre; die Bücher vor sich ~ ranger les livres devant soi l'un à côté de l'autre; **II** *v/réfl.* sich ~ se ranger l'un à côté de l'autre.

aufreißen ['aʊf,raɪsən] **I** *v/t.* ⟨*irr.*, *sép.*, -ge-, h⟩ **1. a)** *Tür etc.* ouvrir (brusquement); die Augen ~ ouvrir de grands yeux; écarquiller les yeux; den Mund ~ ouvrir grand la bouche, F un large bec; *vor Hitze etc.* sich das Hemd, den Kragen ~ déboutonner son col de chemise; **b)** *Brief, Packung Zigaretten etc.* ouvrir (rapidement); *Straße(npflaster)* éventrer; **c)** *Wolken* déchirer; sich die Hände, die Knie an etw. ~ se déchirer les mains, les genoux sur qc.; **2.** *techn. Modell etc.* faire l'épure de; **II** *v/i.* ⟨sein⟩ *Wolkendecke* se déchirer; *Eisdecke* se rompre; *Naht* se découdre; **III** 2 *n des Straßenpflasters* éventration *f*; *sonst verbal.*

aufreiz|en ['aʊf,raɪtsən] *v/t.* ⟨-(es)t, *sép.*, -ge-, h⟩ *Phantasie, Nerven, Bevölkerung etc.* exciter; *Bevölkerung auch* soulever; j-n zu etw. ~ exciter, inciter qn. à (faire) qc.; **~end** *adjt. Musik, Lächeln, Worte etc.* crispant; agaçant; énervant; **2ung** *f* excitation *f*; ~ zum Klassenhaß excitation, incitation à la haine de classes.

aufribbeln ['aʊf,rɪbəln] *v/t.* ⟨-(e)le, *sép.*, -ge-, h⟩ F *Gestricktes* démonter.

aufricht|en ['aʊf,rɪçtən] **I** *v/t.* ⟨-ete, *sép.*, -ge-, h⟩ **1.** *Umgefallenes etc.* redresser; relever; remettre debout; *gym.* den Oberkörper ~ redresser le buste; **2.** *Mauer, Hindernis etc.* dresser; élever; *fig. neue Gesellschaftsordnung etc.* établir; fonder; **3.** *fig.* j-n ~ *durch Worte etc.* consoler, réconforter qn.; rendre courage à qn.; F remonter qn.; j-s Selbstvertrauen wieder ~ rendre à qn. sa confiance en lui-même; j-s Mut wieder ~ rendre courage à qn.; remonter le courage de qn.; **II** *v/réfl.* sich ~ **4.** *Personen vom Boden* se relever; se remettre debout; *auf e-m Stuhl etc.* se redresser; *Grashalme nach dem Regen etc.* se redresser; sich im Bett ~ s'asseoir dans son lit; se mettre sur son séant; sich zu s-r vollen Größe ~ se (re)dresser de toute sa taille; sich an j-s Arm wieder ~ s'aider du bras de qn. pour se relever; **5.** *fig.* se consoler; reprendre courage; er richtet sich in s-r Trauer, Verzweiflung an j-m, etw. auf qn., qc. le console, qn., qc. l'aide à reprendre courage dans son deuil, dans sa désolation; **III** 2en *n* ⟨~s⟩ **6.** *von Umgefallenem etc.* redressement *m*; relèvement *m*; *des Körpers, gym.* redressement *m*; **7.** *e-s Hindernisses, e-r Mauer etc.* élévation *f*; *fig. e-r neuen Gesellschaftsordnung* établissement *m*; fondation *f*; **8.** *fig.* consolation *f*; réconfort *m*; **~ig 1.** *adj.* franc, franche; sincère; droit; honnête; ein ~er Mensch un homme franc, *etc.*; ~ gegenüber j-m sein être franc, sincère, honnête envers qn.; wenn ich ~ sein soll... sincèrement, franchement...; pour être franc, sincère...; **2.** *adv.* vraiment; sincèrement; franchement; ~ gesagt à vrai dire; pour dire vrai; pour dire la vérité; pour parler franchement; es tut mir ~ leid cela me fait vraiment de la peine; es freut mich ~, daß... cela me fait vraiment plaisir que...; **2ig,keit** *f* ⟨~⟩ sincérité *f*; droiture *f*; franchise *f*; an j-s ~ zweifeln douter de la franchise, de la sincérité de qn.; **2ung** *f cf.* 2en.

aufriegeln ['aʊf,riːgəln] *v/t.* ⟨-(e)le, *sép.*, -ge-, h⟩ *Tür* déverrouiller.

Aufriß ['aʊfrɪs] *m* **1.** *techn., bât.* élévation *f*; **2.** (*Überblick*) vue *f* d'ensemble; synopsis [-is] *f*.

auf|ritzen ['aʊf,rɪtsən] *v/t.* (*u. v/réfl.*) ⟨-(es)t, *sép.*, -ge-, h⟩ *Haut* (s')érafler; (s')égratigner; **~,rollen I** *v/t.* ⟨*sép.*, -ge-, h⟩ **1.** (*zusammenrollen*) *Fahne, Teppich, Gartenschlauch etc.* enrouler; rouler; *Garn etc.* embobiner; (*wieder* ~) rembobiner; **2.** (*entfalten*) *Teppich, Landkarte etc.* dérouler; *fig. Frage* soulever; mettre sur le tapis; e-n Prozeß wieder ~ remettre un procès sur le tapis; reprendre un procès; **3.** *milit. Stellung etc.* bousculer par une attaque de flanc; **4.** *Hemdsärmel etc.* retrousser; **II 2,rollen** *n* **5.** (*Zusammenrollen*) enroulement *m*; *von Garn etc.* embobinage *m*; **6.** (*Entfalten*) déroulement *m*; *fig. e-s Problems, Prozesses etc.* mise *f* sur le tapis; **7.** *milit. verbal*; **~,rücken I** *v/i.* ⟨*sép.*, -ge-, sein⟩ **1.** *in e-e leitende Position, Vertrauensstellung etc.* accéder (in à); *im Dienstgrad* monter en grade; *milit. auch* prendre du galon; zum Abteilungsleiter ~ passer, être nommé chef de rayon, de service; er ist rasch aufgerückt il a rapidement monté en grade, monté d'échelon, eu de l'avancement; in e-e höhere Gehaltsklasse ~ monter d'échelon; in die Gehaltsgruppe X ~ passer à l'échelon X; unser Oberleutnant ist zum Hauptmann aufgerückt notre lieutenant est passé, a été promu capitaine; **2.** *milit.* serrer les rangs; *in der Straßenbahn etc.* avancer; **II 2,rücken** *n* ⟨~s⟩ *verbal.*

Aufruf ['aʊfruːf] *m* **1.** *öffentlicher* appel *m*; proclamation *f*; e-n ~ an die Bevölkerung, an die Armee ergehen lassen, erlassen, richten faire un appel à la population, à l'armée; e-m ~ folgen répondre à un appel; ~ zu den Wahlen appel au vote; **2.** appel *m*; namentlicher ~ appel nominal; ~ der Zeugen, Parteien appel des témoins, des parties; auf s-n ~ warten attendre que l'on vous appelle; **3.** *von Banknoten* retrait *m*; **4.** *hist. von Abschnitten der Lebensmittelkarten* validation *f* des tickets de rationnement; **2en** *v/t.* ⟨*irr.*, *sép.*, -ge-, h⟩ **1.** appeler; die Namen ~ faire l'appel (des noms); e-n Schüler ~ appeler, nommer un élève; *jur.* die Parteien ~ appeler les parties; die Zeugen (zur Aussage) ~ appeler les témoins; einzeln, der Reihe nach ~ appeler un par un, l'un après l'autre; bitte warten Sie, bis Sie aufgerufen werden attendez, s'il vous plaît, que l'on vous appelle; **2.** *zur Teilnahme an etw., zu Streiks, Wahlen etc.* appeler (zu etw. à faire qc.); zur Schutzimpfung ~ appeler (qn.) à se faire vacciner; zu e-r Demonstration ~ appeler à une manifestation; **3.** *Banknoten* retirer; **4.** e-n Abschnitt e-r Lebensmittelkarte ~ valider un ticket d'une carte d'alimentation.

Aufruhr ['aʊfruːr] *m* ⟨~(e)s; ~e⟩ **1.** *gegen die Staatsgewalt* émeute *f*; révolte *f*; mouvement insurrectionnel; rébellion *f*; ~ stiften provoquer une émeute, *etc.*; der ~ brach los l'émeute, la révolte éclata; es kam zum offenen ~ il se produisit une émeute, *etc.*; e-n ~ unterdrücken réprimer une émeute, *etc.*; **2.** *der Gefühle, Leidenschaften* agitation *f*; trouble *m*; tumulte *m*; in ~ versetzen apporter le trouble dans (qc.); enfiévrer (qn.); in ~ geraten entrer en ébullition; s'agiter; bouger; die ganze Stadt war in ~ toute la ville était en ébullition, en effervescence; **3.** *st. s. der Naturgewalten* déchaînement *m*; der ~ der Elemente le déchaînement des éléments.

aufrühr|en ['aʊf,ryːrən] **I** *v/t.* ⟨*sép.*, -ge-, h⟩ **1.** *Bodensatz etc.* remuer; *fig.* viel Staub ~ faire beaucoup de bruit; **2.** *st. s. Gefühle etc.* agiter; troubler; **3.** *Vergangenheit etc.* réveiller; raviver; alte Geschichten wieder ~ F ramener, remettre de vieilles histoires sur le tapis; **II 2en** *n* ⟨~s⟩ **4.** *von Bodensatz etc.* remuement *m*; **5.** *von Gefühlen etc.* agitation *f*; *sonst verbal*; **2er(in)** *m* ⟨~s; ~⟩ (*f*) ⟨~; ~nen⟩ émeutier *m*; révolté *m*; rebelle *m*; factieux, -euse *m, f*; séditieux, -euse *m, f*; **~e,risch** *adj.* révolté; rebelle; séditieux, -euse; factieux, -euse; ~e Reden halten tenir des propos séditieux, subversifs; e-e ~e Bewegung un mouvement insurrectionnel; die ~e Menge la foule révoltée.

Aufruhrstifter ['aʊfruːr,ʃtɪftər] *m* fauteur *m* de troubles; *cf. auch* Aufrührer.

auf|runden ['aʊfˌrʊndən] *v/t.* ⟨-ete, *sép.*, -ge-, h⟩ *Summe* arrondir (au chiffre supérieur, F au dessus); *Rechnung, Preise auch* forcer; **~ˌrüsten I** *v/t.* ⟨-ete, *sép.*, -ge-, h⟩ armer; (*wieder ~*) réarmer; **II** *v/i.* s'armer; (*wieder ~*) se réarmer; **2ˌrüstung** *f* armement *m*; (*Wieder2*) réarmement *m*; **~ˌrütteln** *v/t.* ⟨-(e)le, *sép.*, -ge-, h⟩ secouer (*auch fig.*); j-n **aus dem Schlaf ~** secouer qn. pour le réveiller; réveiller qn. en le secouant; *fig.* **die öffentliche Meinung ~** secouer l'opinion publique; **j-n aus s-r Gleichgültigkeit** *etc.* **~** faire sortir qn. de, arracher qn. à son indifférence, *etc.*; secouer l'indifférence, *etc.* de qn.; **~ˌrüttelnd** *adjt. Aufruf, Mahnung, Szene etc.* qui arrache les gens à leur torpeur, indifférence; **2ˌrütt(eˌ)lung** *f* ⟨~⟩ *verbal.*

aufs [aʊfs] *prép.* + *art.* sur le *bzw.* sur la; *cf. auch* **auf**; **sich ~ Ohr legen** *etc. cf. die betreffenden Substantive.*

auf|sagen ['aʊfˌzɑːgən] **I** *v/t.* ⟨*sép.*, -ge-, h⟩ **1.** *Gedicht etc.* réciter; *plais.* **sein Sprüchlein ~** dire ce qu'on a sur le cœur; **2.** *st. s. cf.* **kündigen I**; **II 2ˌsagen** *n* ⟨~s⟩ récitation *f*; **beim ~ des Gedichts** en récitant la poésie; **~ˌsammeln I** *v/t.* ⟨-(e)le, *sép.*, -ge-, h⟩ *Papier, Fallobst,* F *Betrunkene etc.* ramasser; **II 2ˌsammeln** *n* ramassage *m.*

aufsässig ['aʊfˌzɛsɪç] *adj.* récalcitrant; rebelle; insoumis; **ein ~er Bursche** un type récalcitrant, insoumis; **j-n ~ machen** rendre qn. récalcitrant; **~ werden** devenir récalcitrant; se rebeller; ruer dans les brancards; **2ˌkeit** *f* ⟨~⟩ caractère récalcitrant, rebelle; insoumission *f.*

Aufsatz ['aʊfzats] *m* **1. a)** (*Schul2*) rédaction *f*; *auf der Oberstufe* dissertation *f*; **e-n ~ schreiben** faire une rédaction *bzw.* une dissertation; **b)** *wissenschaftlicher* étude *f*; essai *m*; (*Abhandlung*) traité *m*; (*Artikel*) article *m*; **e-n ~ veröffentlichen** publier une étude, un essai; **2.** *auf e-m Schrank etc.* élément supérieur; *auf e-m Schornstein* mitre *f*; *e-s Zimmerkamins* tablette *f* (de cheminée); *hist.* (*Tafel2*) surtout *m*; *e-r Orgelpfeife* pavillon *m*; *milit. am Geschütz* 'hausse *f*; **~ˌheft** *n écol.* cahier *m* de rédactions; **~ˌreihe** *f* série *f* d'études, d'essais; **~ˌthema** *n écol.* sujet *m* de rédaction, de dissertation.

auf|saugen ['aʊfˌzaʊgən] **I** *v/t.* ⟨*sép.*, -ge-, h⟩ *Schwamm, Erdboden etc.* absorber (*auch fig.*); boire; *méd.* résorber; *durch mechanische Verfahren* aspirer; *Löschpapier* **die Tinte ~** boire l'encre; *phm.* **~des Mittel** absorbant *m*; **II 2ˌsaugen** *n*, **2ˌsaugung** *f* ⟨~⟩ absorption *f* (*auch fig.*); *méd.* résorption *f*; *durch mechanische Verfahren* aspiration *f*; **~ˌscharren** *v/t.* ⟨*sép.*, -ge-, h⟩ *Hühner etc.* **den Boden ~** gratter la terre; **~ˌschauen** *v/i.* ⟨*sép.*, -ge-, h⟩ *cf.* **aufblicken**; **~ˌschaufeln** *v/t.* ⟨-(e)le, *sép.*, -ge-, h⟩ *Schnee, Schutt etc.* mettre en tas; entasser; amonceler; **~ˌschaukeln** *v/t.* ⟨-(e)le, *sép.*, -ge-, h⟩ *phys. Schwingung* augmenter l'amplitude (de); **~ˌschäumen I** *v/i.* ⟨*sép.*, -ge-, sein⟩ *Wasser, Meer* écumer; *Seife, Sekt* mousser; *fig. u. st. s.* (*zornig werden*) écumer (de colère); **II 2ˌschäumen** *n verbal*; **~ˌscheuchen** *v/t.* ⟨*sép.*, -ge-, h⟩ *Vögel, Wild, fig. Liebespaar etc.* effrayer; effaroucher; *cf. auch* **aufjagen**; **~ˌscheuern** *v/réfl.* ⟨-(e)re, *sép.*, -ge-, h⟩ F **sich die Fersen** *etc.* **~** s'écorcher les talons, *etc.*; **~ˌschichten I** *v/t.* ⟨-ete, *sép.*, -ge-, h⟩ *Holz, Briketts etc.* empiler; superposer; disposer par *od.* en couches; *Holzstoß* faire; *Bücherstapel* dresser; **II 2ˌschichten** *n* empilement *m*; superposition *f*; **~ˌschieben** *v/t.* ⟨*irr.*, *sép.*, -ge-, h⟩ **1.** *Schiebetür etc.* ouvrir; faire glisser (pour ouvrir); **2.** *Entscheidung, Besuch, Reise etc.* remettre; différer; reporter; ajourner; repousser; reculer; **etw. auf e-n späteren Zeitpunkt ~** remettre, *etc.* qc. à une date ultérieure; **etw. von e-m Tag zum andern ~** remettre, *etc.* qc. toujours au lendemain; **aufgeschoben ist nicht aufgehoben** *prov. cf.* **aufheben 3.**; **~ˌschiebend** *adjt. jur.* dilatoire; **~e Einrede** exception dilatoire; *pol.* **~es Veto** veto suspensif; **2ˌschiebung** *f* ajournement *m*; remise *f*; report *m*; **~ˌschießen** *v/i.* ⟨*irr.*, *sép.*, -ge-, sein⟩ *Fontäne, Flammen etc.* jaillir; s'élever (brusquement); *Unkraut, Pilz etc.* pousser; *Salat etc.* monter; *Kind* pousser, grandir vite, rapidement; F pousser comme une asperge; *Häuser, Fabriken* **wie Pilze aus der Erde ~** sortir de terre, pousser comme des champignons; *cf. auch* **aufgeschossen.**

Aufschlag ['aʊfʃlɑːk] *m* **1.** *auf Preise* augmentation *f*; majoration *f*; supplément *m*; **Teilzahlung ohne ~** paiement à tempérament sans augmentation, sans majoration; **~ für Bedienung** supplément pour le service; **e-n ~ zahlen** payer un supplément; **2.** *e-s Körpers auf dem Boden etc.* 'heurt *m*; choc *m*; rencontre *f*; écrasement *m*; *e-s Geschosses auch* impact *m*; **beim ~ explodieren** exploser en 'heurtant, en touchant, en rencontrant le sol, en s'écrasant au sol; **man hörte den ~ e-s schweren Körpers** on entendit le choc, le heurt d'un corps lourd; on entendit tomber, s'écraser un corps lourd; **3.** *Tennis* service *m*; **den ~ haben** servir; être au service; **4.** *an Ärmeln, Hosen* revers *m*; **5. mit e-m reizenden ~ der Augen** en levant les yeux d'un air charmant; **2en I** *v/t.* ⟨*irr.*, *sép.*, -ge-, h⟩ **1.** *Bude, Zelt, Bett etc.* monter; dresser; *Zelt auch* planter; *Lager* établir; **ein Gerüst ~** monter, dresser un échafaudage; échafauder; **sein Quartier ~** s'installer (pour quelque temps); *fig.* **s-n Wohnsitz ~** établir, fixer sa demeure; s'établir; se fixer; *iron.* **s-e Zelte ~** planter sa tente; **2.** *Augen, Buch etc.* ouvrir; **e-e Stelle in e-m Buch ~** ouvrir un livre à un endroit; **die Augen zu j-m ~** lever les yeux vers qn.; **3.** *Eis e-s Sees, Ei etc.* casser; **sich das Knie, Schienbein ~** se blesser au genou, au tibia; *Boxkampf* **die Augenbraue ~** ouvrir l'arcade sourcilière; **4.** *Maschen beim Stricken* monter; **5.** *Mantelkragen etc. cf.* **hochschlagen**; **6.** *comm.* **auf e-e Ware zwanzig Pfennig ~** augmenter, majorer une marchandise de vingt pfennigs; *cf. auch* **2en 7.**; **II** *v/i.* **7.** *Preise etc.* augmenter, se majorer (um de); *Händler* augmenter, majorer les prix; **die Mieten** *etc.* **haben aufgeschlagen** les loyers, *etc.* ont augmenté; **8.** ⟨sein⟩ *Körper auf dem Boden etc.* 'heurter (**auf etw.** qc.); *Geschoß auch* toucher, rencontrer, percuter (qc.); *abstürzendes Flugzeug, aus der Höhe fallender Körper* s'écraser (**auf** sur, **auf dem Boden** au *od.* sur le sol); **hart auf die Wasseroberfläche, auf die Tischkante ~** 'heurter violemment la surface de l'eau, le bord de la table; **mit der Stirn** *etc.* (**auf etw.**) **~** 'heurter, cogner son front, *etc.* (contre qc.); se heurter, se cogner le front, *etc.* (contre qc.); tomber sur son front, *etc.*; **der Körper schlug dumpf auf dem Pflaster auf** le corps s'écrasa sur le pavé avec un bruit sourd; **9.** *Tennis* servir; **III ~en** *n* **10.** *e-r Bude, e-s Zeltes etc.* montage *m*; dressage *m*; *e-s Lagers, s-s Wohnsitzes* établissement *m*; **11.** *e-s Buches etc. verbal*; **12.** *des Eises etc.* cassage *m*; **13.** *von Maschen beim Stricken* montage *m*; **14.** *der Preise, e-s Körpers etc. cf.* **~**; **~ˌfehler** *m Tennis* faute *f* de service; **~geˌschoß** *n milit.* projectile percutant; **~ˌlinie** *f Tennis* ligne *f* de service; **~ˌpunkt** *m e-s Geschosses* point *m* d'impact; **~ˌzünder** *m e-s Geschosses* fusée percutante.

Aufschleppe ['aʊfˌʃlɛpə] *f mar.* slip *m.*

auf|schließen ['aʊfˌʃliːsən] **I** *v/t.* ⟨*irr.*, *sép.*, -ge-, h⟩ **1.** *Tür etc.* ouvrir (avec une clé); *fig. u. st. s.* **j-m sein Herz, sein Inneres ~** ouvrir son cœur, son âme à qn.; **2.** *chim.*, *Biochemie* décomposer; désagréger; **3.** *cf.* **erschließen 1.**; **II** *v/i.* ⟨sein⟩ *Truppen* serrer les rangs; *Sport* **zur Spitzengruppe ~** rejoindre le groupe de tête; **die Autos fuhren dicht aufgeschlossen** les voitures roulaient serrées les unes derrière les autres; **III 2ˌschließen** *n e-r Tür* ouverture *f* (avec une clé); *besser verbal*; *zur Spitzengruppe etc. verbal*; **2ˌschließung** *f chim.* décomposition *f*; désagrégation *f*; *cf. auch* **Erschließung 1.**; **~ˌschlitzen** *v/t.* ⟨-(es)t, *sép.*, -ge-, h⟩ *Sack etc.* éventrer; *Kuvert etc.* ouvrir (à l'aide d'un couteau, *etc.*); **j-m den Bauch ~** éventrer qn.; **~ˌschluchzen** *v/i.* ⟨-(es)t, *sép.*, -ge-, h⟩ éclater en sanglots; se mettre à sangloter.

Aufschluß ['aʊfʃlʊs] *m* **1.** éclaircissement *m*; explication *f*; renseignement *m*; **j-m über etw. ~ geben** donner des éclaircissements, des explications, des renseignements à qn. sur qc.; renseigner qn. sur qc.; **versuchen, über etw. ~ zu erhalten** essayer d'obtenir des éclaircissements, *etc.* sur qc.; essayer de se renseigner sur qc.; **j-n um ~ bitten** demander des éclaircissements, *etc.* à qn.; **über etw. ~ verlangen** exiger des explications, des éclaircissements sur qc.; **sich ~ über etw. verschaffen** se renseigner sur qc.; s'informer, s'enquérir, s'instruire de qc.; se procurer des éclaircissements, des renseignements sur qc.; **~ bringen** fournir, apporter des éclaircissements; **s-e Handlungen geben ~ über s-n Charakter** *auch* ses actions sont révélatrices de son caractère; **2.** *chim.* décomposition *f*; désagrégation *f*; **3.** *géol.* affleurement *m.*

aufschlüssel|n ['aʊfˌʃlʏsəln] *v/t.* ⟨-ssele *od.* -ßle, *sép.*, -ge-, h⟩ *für statist. Zwecke etc.* répartir; ventiler; **die Theaterbesucher nach ihren Berufen ~** répartir les spectateurs des théâtres suivant leur profession; **2ung** *f* ⟨~; ~en⟩ répartition *f*; ventilation *f*.

aufschluß|reich ['aʊfʃlʊsˌraɪç] *adj.* instructif, -ive; révélateur, -trice; significatif, -ive; **2verˌfahren** *n géol.* méthode *f* de prospection.

auf|schmieren ['aʊfˌʃmiːrən] *v/t.* ⟨*sép.*, -ge-, h⟩ F *Brotaufstrich, Kleister etc.* mettre; **Butter ~** *auch* beurrer (auf etw. qc.); **er hatte sich dick Butter aufgeschmiert** il avait mis une couche épaisse de beurre; **~ˌschnallen** *v/t.* ⟨*sép.*, -ge-, h⟩ **1.** *Koffer auf den Gepäckträger etc.* attacher (sur); **sich den Rucksack ~** mettre, attacher son sac à dos; **2.** *Gürtel etc.* déboucler; **~ˌschnappen I** *v/t.* ⟨*sép.*, -ge-, h⟩ **1.** attraper; 'happer; **2.** *fig. u.* F *Gesprächsfetzen, Redensarten etc.* apprendre; prendre; F pêcher; **wo hast du diese Neuigkeit aufgeschnappt?** où as-tu pêché cette nouvelle?; **II** *v/i.* ⟨sein⟩ *Schloß etc.* s'ouvrir soudainement, brusquement.

aufschneid|en ['aʊfˌʃnaɪdən] **I** *v/t.* ⟨*irr., sép.*, -ge-, h⟩ **1.** couper; ouvrir; *Buch* couper les pages (de); *chir.* inciser; pratiquer une incision; **sich die Pulsadern ~** s'ouvrir les veines du poignet; **2.** *cuis. Brot, Braten, Wurst* couper en tranches; *Geflügel* découper; **II** *v/i.* (*prahlen*) se vanter; 'hâbler; bluffer [blœ-]; fanfaronner; gasconner; faire le fanfaron, le tranche-montagne; P faire de la craque; **mit s-n Erfolgen ~** se vanter de ses succès; **III ℒen** *n e-s Buches, cuis. von Geflügel* découpage *m*; *chir.* incision *f*; *sonst verbal*; *fig. cf.* **ℒerei**; **ℒer(in)** *m(f)* vantard(e) *m(f)*; 'hâbleur, -euse *m, f*; bluffeur, -euse [blœ-] *m, f*; fanfaron, -nne *m, f*; gascon, -nne *m, f*; tranche-montagne *m*; P craqueur, -euse *m, f*; **ℒe'rei** *f* ⟨~; ~en⟩ vantardise *f*; 'hâblerie *f*; bluff [blœf] *m*; fanfaronnades *f/pl.*; gasconnades *f/pl.*; P craque *f*; **~eˌrisch** *adj.* vantard; 'hâbleur, -euse; bluffeur, -euse [blœ-]; fanfaron, -nne; gascon, -nne; P craqueur, -euse.

aufschnellen ['aʊfˌʃnɛlən] *v/i.* ⟨*sép.*, -ge-, sein⟩ *von s-m Sitz etc.* se lever d'un bond (de); *vor Überraschung etc.* sursauter; faire un bond.

Aufschnitt ['aʊfʃnɪt] *m cuis.* tranches *f/pl.* de charcuterie, de viande froide; charcuterie *f* (en tranches); **~ˌplatte** *f* plat *m* de charcuterie; *vorwiegend Bratenaufschnitt* assiette anglaise.

auf|schnüren ['aʊfˌʃnyːrən] *v/t.* ⟨*sép.*, -ge-, h⟩ *Gepäck, Paket* défaire; déficeler; *Schuhe, Mieder* délacer; **~ˌschöpfen** *v/t.* ⟨*sép.*, -ge-, h⟩ F *Suppe* servir; **~ˌschrammen** *v/t.* ⟨*sép.*, -ge-, h⟩ *cf.* aufschürfen; **~ˌschrauben I** *v/t.* ⟨*sép.*, -ge-, h⟩ **1.** visser, *mit e-r Mutter* boulonner (auf sur); **2.** (*losschrauben*) dévisser; déboulonner; **II ℒˌschrauben** *n* ⟨~s⟩ **3.** vissage *m*; boulonnage *m*; **4.** dévissage *m*; déboulonnage *m*; **~ˌschrecken I** *v/t.* ⟨*sép.*, -ge-, h⟩ effrayer; faire sursauter; **durch ein Geräusch aufgeschreckt werden** être effrayé par un bruit; **j-n aus s-n Gedanken ~** faire sursauter qn. qui est plongé dans ses pensées; **j-n aus dem Schlaf ~** réveiller qn. en sursaut; **II** *v/i.* ⟨sein⟩ sursauter; tressauter; F sauter de frayeur; avoir un sursaut de frayeur; **aus e-m Traum, aus s-n Gedanken ~** être tiré en sursaut d'un rêve, de ses pensées; **aus dem Schlafe ~** se réveiller en sursaut.

Aufschrei ['aʊfʃraɪ] *m* (grand) cri; exclamation *f*; *bes. von e-r Menge* clameur *f*.

auf|schreiben ['aʊfˌʃraɪbən] *v/t.* ⟨*irr., sép.*, -ge-, h⟩ noter; mettre par écrit; écrire; prendre note (de); **sich etw. ~** noter qc.; **~ˌschreien** *v/i.* ⟨*irr., sép.*, -ge-, h⟩ pousser un *od.* des cri(s); **schrill, freudig ~** pousser un *od.* des cri(s) aigu(s), de joie; **vor Schmerzen ~** pousser un *od.* des cri(s) de douleur; crier, 'hurler de douleur.

Aufschrift ['aʊfʃrɪft] *f* inscription *f*; *auf Briefen etc.* adresse *f*; *auf Münzen auch* légende *f*.

Aufschub ['aʊfʃuːp] *m* délai *m*; retard *m*; *milit. des Wehrdienstes, jur. des Strafvollzugs etc.* sursis *m*; *e-r fälligen Zahlung* (prolongation *f* du) délai *m*; **keinen ~ dulden** ne souffrir aucun délai, retard; **ohne ~** sans délai; sans retard; immédiatement; **e-n ~ bewilligen, gewähren** *milit., jur.* accorder un sursis; *bei der Zahlung* accorder un délai, une prolongation du délai (de paiement); **ein ~ des Strafvollzugs** un sursis à l'exécution de la peine; *cf. auch* Aufschiebung; **~ˌzinsen** *m/pl.* intérêts *m/pl.* moratoires.

auf|schürfen ['aʊfˌʃʏrfən] *v/t. u. v/réfl.* ⟨*sép.*, -ge-, h⟩ **sich (die Haut** *etc.*) **~** s'érafler, *pfort.* s'écorcher (la peau, *etc.*); **ℒˌschürfung** *f Vorgang* éraflement *m*; écorchement *m*; *Ergebnis* éraflure *f*; écorchure *f*; **~ˌschürzen I** *v/t.* ⟨-(es)t, *sép.*, -ge-, h⟩ *Kleid* retrousser; *fig.* **die Lippen spöttisch ~** faire une moue ironique; **II ℒˌschürzen** *n* ⟨~s⟩ retroussement *m*; **~ˌschütteln** *v/t.* ⟨-(e)le, *sép.*, -ge-, h⟩ *Kissen etc.* tapoter (qc.) pour lui redonner sa forme; arranger (l'oreiller, *etc.*); **~ˌschütten** *v/t.* ⟨-ete, *sép.*, -ge-, h⟩ **1.** *Kohlen, Wasser etc.* mettre; verser; rajouter; **2.** *Kartoffeln, Erde etc. zu e-m Haufen* entasser; mettre en tas; *Straße, Damm etc.* remblayer; *Haufen* faire; *Hügel* élever; **ℒˌschüttung** *f* ⟨~; ~en⟩ *von Kartoffeln, Erde etc. zu e-m Haufen* entassement *m*; mise *f* en tas; *e-r Straße, e-s Damms etc.* remblai *m* (*auch Ergebnis*); remblayage *m*; *géol.* remblaiement *m*; **~ˌschwatzen, ~ˌschwätzen** *v/t.* ⟨-(es)t, *sép.*, -ge-, h⟩ F **j-m etw. ~** refiler qc. à qn. (en baratinant, en l'embobinant); **sich etw. ~ lassen** se laisser refiler qc.; **~ˌschweißen** *v/t.* ⟨-(es)t, *sép.*, -ge-, h⟩ **1.** *Geldschrank etc.* ouvrir, percer au chalumeau; **2.** *etw. auf etw.* superposer par soudure; **~ˌschwellen I** *v/t.* ⟨*sép.*, -ge-, h⟩ gonfler; enfler; **II** *v/i.* ⟨*irr., sép.*, -ge-, sein⟩ (s')enfler; (se) gonfler; *durch Schläge etc.* se tuméfier; **aufgeschwollenes Gesicht** visage enflé, tuméfié; **III ℒˌschwellen** *n*, **ℒˌschwellung** *f* enflement *m*; gonflement *m*; **~ˌschwemmen** *v/t.* ⟨*sép.*, -ge-, h⟩ boursoufler; bouffir; **Bier schwemmt auf** la bière boursoufle, rend bouffi; **aufgeschwemmtes Gesicht** visage boursouflé, bouffi; **~ˌschwindeln** *v/t.* ⟨-(e)le, *sép.*, -ge-, h⟩ F **j-m etw. ~** refiler qc. à qn. (en mentant sur la qualité); **~ˌschwingen** *v/réfl.* ⟨*irr., sép.*, -ge-, h⟩ **sich ~ 1.** *poét. Adler etc.* prendre son envol, son essor; **2.** *gym.* faire un rétablissement; **3.** *fig.* **sich zu etw. ~** se déterminer, se décider à faire qc.; prendre son courage à deux mains pour faire qc.; **sich zum Diktator** *etc.* **~** se promouvoir dictateur, *etc.*

Aufschwung ['aʊfʃvʊŋ] *m* **1.** *écon. etc.* essor *m*; **e-n gewaltigen ~ nehmen, erfahren** prendre un essor formidable; **der allgemeine ~ der Wirtschaft** l'essor général de l'économie; **2.** *fig. u. st. s.* essor *m*; élan *m*; **der ~ s-r Phantasie** l'élan, l'essor de son imagination; **das gab ihm (wieder) ~** cela lui a donné un nouvel élan; **3.** *gym.* rétablissement *m*.

aufseh|en ['aʊfˌzeːən] **I** *v/i.* ⟨*irr., sép.*, -ge-, h⟩ lever les yeux (zu vers, **von s-r Arbeit** de son travail); *fig.* **zu j-m ~** respecter qn.; *pfort.* révérer, vénérer qn.; **II ℒen** *n* ⟨~s⟩ sensation *f*; **~ erregen** *Sache* faire du bruit; faire sensation; *Person* se faire remarquer; faire sensation; **viel, großes ~ erregen** faire beaucoup de bruit; faire grande sensation; **das wird großes ~ erregen** *auch* cela fera du bruit dans Landerneau; **jedes ~ vermeiden** éviter de se faire remarquer; **~enerˌregend** *adjt.* sensationnel, -lle; retentissant; spectaculaire; à sensation; **e-e ~e Tat** *auch* une action d'éclat; **ℒer** *m* gardien *m*; garde *m*; surveillant *m*; **ℒeˌrin** *f* surveillante *f*.

aufsein ['aʊfzaɪn] *v/i.* ⟨*irr., sép.*, -ge-, sein⟩ *cf.* auf II b) *u.* c).

aufsetz|en ['aʊfˌzɛtsən] **I** *v/t.* ⟨-(es)t, *sép.*, -ge-, h⟩ **1.** *Hut, Brille, Krone etc.* mettre; *Brille* F *auch* chausser; *Miene* prendre; *Fuß, Flugzeug* poser; *Kartoffeln, Wasser etc.* mettre sur le feu; *Stockwerk* ajouter; *cout. Flicken* mettre; poser; **aufgesetzte Taschen** poches plaquées; *peint.* **Lichter ~** distribuer des lumières; mettre des jours, des clairs; **e-e beleidigte Miene ~** prendre un air vexé; *fig.* **j-s Dünkel** *etc.* **e-n Dämpfer ~** mettre une sourdine à la suffisance, *etc.* de qn.; **j-m Hörner ~** faire porter des cornes à qn.; faire qn. cocu; cocufier qn.; **das setzt allem die Krone auf** c'est le comble, le bouquet; F **s-n Kopf ~** s'entêter; **2.** *Kleinkind, Kranken* asseoir; **3.** *Brief, Bittschrift etc.* rédiger; *Vertrag etc. formgerecht* libeller; *Protokoll* dresser; **II** *v/i.* **4.** *aviat.* se poser; toucher terre; atterrir; *auf dem Wasser* se poser; amerrir; *Schispringer* atterrir; **III** *v/réfl.* **5. sich ~** *Kranker etc.* se mettre, se dresser sur son séant; **IV ℒen** *n* **6.** *des Hutes etc. verbal*; *der Kartoffeln etc.* mise *f* sur le feu; *cout. e-s Flickens* pose *f*; *peint.* **~ der Lichter** distribution des lumières, des jours; **7.** *e-s Schriftstücks* rédaction *f*; **8.** *aviat.* atterrissage *m*; *auf dem Wasser* amerrissage *m*; **ℒer** *m Handball etc.* ballon *m* qui rebondit.

aufseufzen ['aʊfˌzɔʏftsən] *v/i.* ⟨-(es)t, *sép.*, -ge-, h⟩ soupirer; pousser un soupir.

Aufsicht ['aʊfzɪçt] *f* **1.** surveillance *f*; **unter ~ von** sous la surveillance de; **unter ~ stellen** placer sous surveillance; **unter ärztlicher, polizeilicher ~ stehen** être placé sous surveillance médicale, policière; **etw. unter ~ machen** faire qc. sous surveillance; **ohne ~ sein** rester sans être surveillé; ne pas être surveillé; **(die) ~ haben, führen** surveiller (über j-n, etw. qn., qc.); *abs.* être de surveillance, de garde; **j-m die ~ über sein Haus anvertrauen** confier la garde de sa maison à qn.; **2.** F *cf.* **~führende(r)**; **3.** (*Sicht von oben*) vue *f* en plan; **ℒˌführend** *adjt.* surveillant; de surveillance; **~ˌführende(r)** *f (m)* ⟨→ A⟩ surveillant(e) *m (f)*; **ℒˌhabend** *adjt. cf.* **ℒführend**; **~sˌamt** *n* fonction *f* de surveillant, d'inspecteur; *Behörde* inspection *f*; **~sbeˌamte(r)** *m chem.* surveillant *m*; **~sbeˌhörde** *f* inspection *f*; **~sbeˌzirk** *m* circonscription *f* d'inspection; **~sˌdienst** *m* service *m* de surveillance; **~sˌführung** *f cf.* **~ 1.**; **ℒ(s)ˌlos** *adj.* non surveillé; non gardé; **~sperˌson** *f* surveillant(e) *m (f)*; **~spersoˌnal** *n* personnel *m* surveillant, de surveillance; **~sˌpflicht** *f* devoir *m* de surveillance; **~sˌrat** *m* ⟨~(e)s; ~e⟩ conseil *m* de surveillance, d'administration; *e-r AG* conseil *m* d'administration; **~srats,mitglied** *n* membre *m* du conseil d'administration, de surveillance; **~srat,steuer** *f* impôt *m* sur les tantièmes des membres du conseil d'administration.

auf|sitzen ['aʊf,zɪtsən] *v/i.* ⟨*irr.*, *sép.*, -ge-, sein⟩ **1.** *auf ein Pferd* monter à cheval, en selle; *auf ein Motorrad etc.* monter derrière; *auf e-n Wagen* monter dessus; **~!**, **aufgesessen!** en selle!; à cheval!; *auf das Motorrad etc.* **j-n ~ lassen** faire monter qn. derrière; prendre qn. sur sa moto, *etc.*; **2.** ⟨h⟩ *Kranker etc.* être assis (dans son lit); **3.** ⟨h⟩ (*nicht zu Bett gehen*) veiller; rester debout; **bei s-n Büchern ~** veiller sur ses livres; **4.** *fig. u.* F **j-n ~ lassen** laisser qn. en plan; **~,spalten I** *v/t.* ⟨*irr.*, *sép.*, -ge-, h⟩ diviser; dissocier; **II** *v/réfl.* **sich ~** se diviser; se séparer; se dissocier; **2,spaltung** *f* division *f*; séparation *f*; dissociation *f*; **~,spannen** *v/t.* ⟨*sép.*, -ge-, h⟩ **1.** *Regenschirm* ouvrir; *Sprungtuch, Netz etc.* tendre; **2.** *Blatt auf ein Reißbrett etc.* fixer; tendre; *Werkstück* fixer; serrer; **~,sparen** *v/t.* ⟨*sép.*, -ge-, h⟩ garder; réserver; mettre de côté; **etw. für die Zukunft ~** garder, *etc.* qc. pour l'avenir, pour plus tard; **sich etw. für später ~** garder, se réserver qc. pour plus tard; **etw. für die Not ~** garder une poire pour la soif; **etw. bis zuletzt ~** garder, réserver qc. pour la fin; garder qc. pour la bonne bouche; **~,speichern** *v/t.* ⟨-(e)re, *sép.*, -ge-, h⟩ *Waren, Energie* emmagasiner; stocker; *Energie auch, fig. Wut etc.* accumuler; **2,speiche,rung** *f von Waren, Energie* emmagasinage *m*; stockage *m*; *von Energie auch* accumulation *f*; **~,sperren** *v/t.* ⟨*sép.*, -ge-, h⟩ F *Mund, Tür etc.* ouvrir tout grand; *Augen auch* écarquiller; **den Mund ~** ouvrir toute grande la bouche; **vor Staunen Mund und Augen, Ohren, Nase ~** rester bouche bée; **sperr deine Ohren auf!** ouvre toutes grandes tes oreilles!; **~,spielen I** *v/i.* ⟨*sép.*, -ge-, h⟩ **1. zum Tanz ~** jouer de la musique de danse, des airs de danse; **2.** *Sport* **groß, prächtig ~** jouer un grand match, un match formidable; **II** *v/réfl. fig. u.* F **sich ~** faire l'important; poser; se donner de grands airs; P faire de l'épate; **sich als großer Herr, als Kenner** *etc.* **~** faire le grand monsieur, le connaisseur, *etc.*; **~,spießen** *v/t.* ⟨-(es)t, *sép.*, -ge-, h⟩ *Stück Fleisch, Papier etc.* piquer; *mit e-m Spieß, mit den Hörnern* embrocher; **Insekten ~** piquer des insectes; **er wurde bei dem Unfall buchstäblich aufgespießt** il a été littéralement empalé, embroché, enferré lors de l'accident; **~,splittern** *v/t.* (*u. v/réfl.*) ⟨-(e)re, *sép.*, -ge-, h⟩ *Land, Partei etc.* (se) morceler (in en); **2,splitterung** *f* ⟨~⟩ morcellement *m*; **~,sprengen** *v/t.* ⟨*sép.*, -ge-, h⟩ ouvrir à l'aide d'explosif; *Tür etc. mit Brecheisen* forcer; **~,sprießen** *st. s. v/i.* ⟨*irr.*, *sép.*, -ge-, sein⟩ pousser; poindre; **~,springen I** *v/i.* ⟨*irr.*, *sép.*, -ge-, sein⟩ **1.** *von s-m Sitz etc.* se lever d'un bond (de); bondir (de); **die Zuhörer sprangen begeistert von ihren Plätzen auf** les auditeurs bondirent de leurs places d'enthousiasme; **vor Freude ~** sauter, bondir de joie; **2.** *auf e-e Straßenbahn etc.* sauter (dans); **3.** *Tür* s'ouvrir (brusquement); *Deckel etc.* sauter; *st. s. Knospen, Blüten* s'ouvrir; *cout.* **~de Falten** plis ouverts; **4.** *Haut* (se) gercer; **aufgesprungene Lippen, Hände haben** avoir les lèvres, les mains gercées; **II 2,springen** *n der Haut* gercement *m*; *sonst verbal*; **~,spritzen I** *v/t.* ⟨-(es)t, *sép.*, -ge-, h⟩ **1.** *techn. Farbe, Metall* appliquer au pistolet; **Farbe auf etw. ~** peindre qc. au pistolet; **Metall auf etw. ~** métalliser qc. au pistolet; **II** *v/i.* ⟨sein⟩ **2.** *Wasser, Schlamm etc.* jaillir; **3.** *fig. u.* F se lever d'un bond; **2,spritzen** *n* **4.** *techn.* application *f* au pistolet; **das ~ von Farbe** *auch* la peinture au pistolet; **das ~ von Metall** *meist* la métallisation au pistolet; **5.** *von Wasser etc.* jaillissement *m*; **~,sprudeln** *v/i.* ⟨-(e)le, *sép.*, -ge-, sein⟩ *Quelle etc.* bouillonner; **~,sprühen I** *v/t.* ⟨*sép.*, -ge-, h⟩ **etw. auf etw. ~** vaporiser qc. sur qc.; **II** *v/i.* ⟨sein⟩ *Funken* jaillir.

Aufsprung ['aʊfʃprʊŋ] *m e-s Fallschirm-, Schispringers* atterrissage *m*.

auf|spulen ['aʊf,ʃpuːlən] **I** *v/t.* ⟨*sép.*, -ge-, h⟩ (em)bobiner; **II 2,spulen** *n* (em)bobinage *m*; **~,spüren I** *v/t.* ⟨*sép.*, -ge-, h⟩ *ch. u. fig.* dépister; *fig. auch* découvrir; **II 2,spüren** *n* ⟨~s⟩, **2,spürung** *f* ⟨~⟩ dépistage *m*; *fig. auch* découverte *f*; **~,stacheln** *v/t.* ⟨-(e)le, *sép.*, -ge-, h⟩ exciter; pousser; **j-n zum Widerstand ~** pousser, exciter qn. à la résistance; **j-s Ehrgeiz ~** exciter l'ambition de qn.; **j-n gegen j-n ~** monter qn. contre qn.; **2,stach(e,)lung** *f* ⟨~; ~en⟩ excitation *f*; **~,stampfen** *v/i.* ⟨*sép.*, -ge-, h⟩ *vor Wut etc.* frapper du pied.

Aufstand ['aʊfʃtant] *m* soulèvement *m*; révolte *f*; insurrection *f*; **e-n ~ blutig unterdrücken** noyer un soulèvement, *etc.* dans le sang.

aufständisch ['aʊf,ʃtɛndɪʃ] *adj.* insurgé; révolté; **die ~en Arbeiter** les ouvriers insurgés, révoltés; **~e Bewegung** mouvement insurrectionnel; **2e(r)** *m* ⟨→ A⟩ insurgé *m*; **die ~n übernahmen die Macht** les insurgés prirent le pouvoir.

Aufstandsbewegung ['aʊfʃtantsbə,veːgʊŋ] *f* mouvement insurrectionnel.

auf|stapeln ['aʊf,ʃtaːpəln] **I** *v/t.* ⟨-(e)le, *sép.*, -ge-, h⟩ *Bücher, Kisten, Briketts etc.* empiler; superposer; *Waren, Vorräte* emmagasiner; stocker; **II 2,stapeln** *n*, **2,stap(e,)lung** *f von Kisten etc.* empilage *m*; superposition *f*; *von Waren, Vorräten* emmagasinage *m*; stockage *m*; **~,starren** *v/i.* ⟨*sép.*, -ge-, h⟩ **zum Himmel** *etc.* **~** fixer le ciel, *etc.*

Aufstau ['aʊfʃtaʊ] *m* ⟨~(e)s; ~e⟩ retenue *f* (de l'eau); **2en I** *v/t.* ⟨*sép.*, -ge-, h⟩ *Wasser, Fluß* retenir; **das aufgestaute Wasser** l'eau accumulée; **II** *v/réfl.* **sich ~** *Wasser, fig. Ärger etc.* s'accumuler; *Menschenmenge* s'amasser; **III ~en** *n cf.* **~**.

auf|stechen ['aʊf,ʃtɛçən] **I** *v/t.* ⟨*irr.*, *sép.*, -ge-, h⟩ *Blase, Geschwür* percer; crever; **II 2,stechen** *n* percement *m*; **~,stecken I** *v/t.* ⟨*sép.*, -ge-, h⟩ **1.** *Haar* relever; **2.** *Ring* mettre, passer (**auf** à); *Kerzen auf e-n Leuchter* mettre (sur); *fig. u. st. s. Miene* prendre; *fig. u.* F **j-m ein Licht ~** ouvrir les yeux à qn.; **3.** F *Ziel, Plan etc.* renoncer à; abandonner (*auch Sport*); **II 2,stecken** *n* ⟨~s⟩ *e-s Planes, Vorhabens* renonciation *f* (à); abandon *m* (de); *sonst verbal.*

aufstehen ['aʊf,ʃteːən] **I** *v/i.* ⟨*irr.*, *sép.*, -ge-, sein⟩ **1.** se lever; **sehr früh ~** se lever très tôt; *als Gewohnheit auch* être très matinal; **mit den Hühnern ~** se lever avec les poules; **~!** debout!; **vom Tisch ~** se lever, sortir de table; **vom Krankenbett ~** *cf.* **Krankenbett**; **wenn du fieberfrei bist, darfst du ~** quand tu n'auras plus de fièvre, tu pourras te lever; *fig.* **mit dem linken Bein zuerst aufgestanden sein** s'être levé du pied gauche; *iron.* **da hätten Sie früher ~ müssen** il aurait fallu vous lever plus tôt; **2.** ⟨h⟩ *Fenster etc.* être ouvert; **3.** *fig. u. st. s.* **gegen etw., j-n ~** se soulever, s'insurger contre qc., contre qn.; **4.** *st. s. Propheten etc.* apparaître; **II 2** *n verbal*; **beim ~** au lever; au sortir, au saut du lit; **nach dem ~** après le lever; après s'être levé; **das zu späte ~ ...** se lever trop tard ...

aufsteig|en ['aʊf,ʃtaɪgən] **I** *v/i.* ⟨*irr.*, *sép.*, -ge-, sein⟩ **1.** *Ballon, Rauch etc.* monter; s'élever; *Flugzeug* décoller; s'envoler; **e-n Versuchsballon ~ lassen** lancer un ballon d'essai (*auch fig.*); **2.** *aufs Rad, Pferd, zum Gipfel etc.* monter (**auf** à, sur); **3.** *fig. u. st. s. Gedanken, Erinnerungen, Zweifel* surgir; *Zweifel auch* s'élever; **ein Verdacht stieg in mir auf** un soupçon surgit, s'éleva en moi; **4.** *beruflich, sozial* s'élever (à); **zu hohen Ämtern ~** s'élever à de hautes fonctions; **(bis) zum Direktor ~** s'élever jusqu'au poste de directeur; *Sport* **in die höhere Klasse ~** monter en division supérieure; **II 2en** *n e-s Ballons* ascension *f*; *e-s Flugzeuges* décollage *m*; envol *m*; *sonst verbal*; **~end** *adjt.* ascendant (*auch bot.*); *Verwandtschaft* **in ~er Linie** en ligne ascendante; **Verwandtschaft in ~er Linie** ascendance *f*; *mus.* **~e Tonleiter** gamme ascendante; *math., phys.* **~er Ast** branche ascendante; **2er** *m Sport* club [klœb] monté en division supérieure.

aufstell|en ['aʊf,ʃtɛlən] **I** *v/t.* ⟨*sép.*, -ge-, h⟩ **1. a)** *Gerüst* dresser; monter; *Bett etc.* mettre; *Falle* poser; *Plastik, Staffelei, Automaten etc.* placer; mettre; *Kegel* redresser; *Schachfiguren etc.* placer; *Bücher* mettre; placer; ranger; *Denkmal* ériger; *Bude, Baracke* monter; **b)** *Posten, Wache* mettre; placer; poster; **2.** *Kandidaten* présenter; **sich als Kandidat ~ lassen** se porter candidat; *Sport* **j-n als Verteidiger ~** mettre qn. au poste d'arrière; **3.** *Mannschaft, Armee etc.* former; mettre sur pied; composer; **4.** *Bilanz, Etat, Rechnung, Programm, Gesetz, Regel etc.* établir; *Hypothese etc.* construire; bâtir; *Gleichung* poser; **e-e Behauptung ~** affirmer, prétendre qc.; avancer une affirmation; **e-n Rekord ~** établir, réaliser un record; **II** *v/réfl.* **5. sich ~** se poster; se placer; **sich am Eingang ~** se poster, se placer à l'entrée; **sich längs der Straße ~** se ranger, se placer le long de la rue; **sich vor j-m ~** se placer, se mettre devant qn.; **sich hintereinander ~** se ranger les uns derrière les autres; **sich zu zweit (hintereinander) ~** se mettre en rangs par deux; **III 2en** *n*, **2ung** *f* **6.** *e-r Bude, e-s Gerüstes etc.* montage *m*; *e-s Denkmals* érection *f*; *von Schachfiguren, Büchern* placement *m*; *e-r Wache, e-s Postens* mise *f* en place; *sonst verbal*; **Aufstellung nehmen** se placer; se mettre; **7.** *e-s Kandidaten* présentation *f*; **8.** *e-s Heeres etc.* formation *f*; mise *f* sur pied; composition *f*; **die Mannschaft spielt in folgender Aufstellung** l'équipe joue dans la formation suivante; **9.** *e-s Programms, Inventars, e-r Rechnung etc.* établissement *m*; *e-r Hypothese, Theorie* construction *f*; *e-r Gleichung* pose *f*; *e-s Rekordes* établissement *m*.

auf|stemmen ['aʊf,ʃtɛmən] *v/t.* ⟨*sép.*, -ge-, h⟩ **1.** *Schloß, Kiste etc.* ouvrir à l'aide d'un ciseau; **2.** *Arm etc.* prendre appui (sur); **sich auf etw.** ~ *auch* s'appuyer sur qc.; **~,steppen** *v/t.* ⟨*sép.*, -ge-, h⟩ *cout.* piquer (auf sur); **~,stikken** *v/t.* ⟨*sép.*, -ge-, h⟩ *cout.* broder (auf sur); **~,stieben** *v/i.* ⟨*irr.*, *sép.*, -ge-, sein⟩ *st. s. Staub etc.* se soulever; tourbillonner.

Aufstieg ['aufʃti:k] *m* ⟨~(e)s; ~e⟩ **1.** *zum Gipfel* montée *f* (à); *Alpinistik* ascension *f* (à); **beim** ~ en montant; à la montée; lors de l'ascension; **2.** *e-s Ballons, e-r Rakete etc.* ascension *f*; *e-s Flugzeuges* décollage *m*; envol *m*; **3.** *wirtschaftlicher* expansion *f*; essor *m*; *sozialer* promotion *f*; *im Beruf, in e-e höhere Gehaltsgruppe* avancement *m*; *Sport* montée *f* en division supérieure; **~s,chance** *f Sport* chance *f* de se qualifier, de monter en division supérieure; **~s,möglichkeiten** *f/pl. im Beruf* possibilités *f/pl.* d'avancement; **~s,spiel** *n Sport* match *m* de qualification.

auf|stöbern ['auf,ʃtø:bərn] *v/t.* ⟨-(e)re, *sép.*, -ge-, h⟩ *ch.* lever; débusquer; débucher; *fig. Personen* F dénicher; **~,stocken I** *v/t.* ⟨*sép.*, -ge-, h⟩ **1.** *Haus* surélever, exhausser (d'un étage); **2.** *comm. Kapital* augmenter; **II** ♀**,stocken** *n* ⟨~s⟩, ♀**,stockung** *f* ⟨~⟩ **3.** *e-s Hauses* surélévation *f*, exhaussement *m* (d'un étage); **4.** *comm.* augmentation *f*; **~,stöhnen** *v/i.* ⟨*sép.*, -ge-, h⟩ pousser un gémissement; gémir (soudainement); **~,stören** *v/t.* ⟨*sép.*, -ge-, h⟩ *Tiere* effaroucher; *fig. u. st. s.* **j-n (aus dem Schlaf)** ~ déranger qn. (dans son sommeil).

aufstoßen ['auf,ʃto:sən] **I** *v/t.* ⟨*irr.*, *sép.*, -ge-, h⟩ *Tür etc.* ouvrir (en donnant un coup de pied, *etc.*); **II** *v/i.* **1.** *physiol.* éructer; *Säugling* faire son rot; **j-m stößt etw. auf** ⟨sein⟩ qc. revient à qn.; qn. a des renvois de qc.; **2.** ⟨sein⟩ *fig. u.* F **etw. stößt j-m auf** qn. remarque qc.; **3.** ⟨sein⟩ *Gegenstand auf dem Boden etc.* 'heurter (qc.); *beim Tauchen auf Grund etc.* toucher (qc.); **III** ♀ *n physiol.* éructation *f*; *von Mageninhalt* renvoi *m*; *saures* aigreurs *f/pl.*; *e-s Säuglings* F rot *m*; *e-s Gegenstandes auf dem Boden etc.* 'heurt *m*, choc *m* (de qc. sur qc.); *sonst verbal.*

aufstreben ['auf,ʃtre:bən] **I** *v/i.* ⟨*sép.*, -ge-, sein⟩ **1.** *st. s. Pfeiler, Felswand etc.* se dresser; s'élever; **2.** *fig. im Beruf* aspirer, chercher à arriver, à monter; avoir de l'ambition; **II** ♀ *n verbal*; **~d** *adjt.* **~e Industrie** industrie en plein développement; **~e Jugend** jeunesse qui cherche à arriver; **~er Staat** État en plein développement.

auf|streichen ['auf,ʃtraiçən] **I** *v/t.* ⟨*irr.*, *sép.*, -ge-, h⟩ *Farbe* appliquer; *Salbe, Aufstrich* mettre (**auf** sur); *Aufstrich auch* étaler (**auf** sur); **II** ♀**,streichen** *n von Farbe* application *f*; *sonst verbal*; **~,streifen** *v/t.* ⟨*sép.*, -ge-, h⟩ *Ärmel etc.* retrousser; relever; remonter.

Aufstrich ['aufʃtriç] *m* **1.** qc. pour mettre sur les tartines; **ich habe keinen** ~ **mehr** je n'ai plus rien à mettre sur les tartines; **2.** *beim Schreiben* délié *m*; **3.** *mus.* poussé *m*.

auf|stülpen ['auf,ʃtylpən] *v/t.* ⟨*sép.*, -ge-, h⟩ **1.** *Hut etc.* enfoncer (qc. sur qc.); **2.** *Kragen, Lippen etc.* retrousser; **~,stützen** *v/t.* (*u. v/réfl.*) ⟨-(es)t, *sép.*, -ge-, h⟩ **a)** (s')appuyer sur; **den Kopf** ~ appuyer sa tête dans sa main; **sich mit den Ellbogen** ~ s'accouder (**auf** sur, à); **er saß mit aufgestützten Armen am Tisch** il était assis les coudes sur la table; il était accoudé à la table; **b)** *Kranker* **sich im Bett** ~ se redresser (un peu) dans son lit; **~,suchen** *v/t.* ⟨*sép.*, -ge-, h⟩ **1. a)** *Person* aller voir; rendre visite à; *Gedenkstätte* aller voir; visiter; *Grab* aller sur; **b)** *Arzt, Rechtsanwalt* (aller) consulter; **c)** *bei Alarm* **den Keller** ~ aller à la cave; **den stillen Ort (des Hauses)** ~ aller quelque part, au petit endroit, au petit coin; **d)** *Namen in e-m Adressenverzeichnis etc.* chercher; **2.** *Scherben etc. vom Erdboden* ramasser; **~,tafeln** *v/t.* ⟨-(e)le, *sép.*, -ge-, h⟩ *st. s. cf.* auftischen; **~,takeln I** *v/t.* ⟨-(e)le, *sép.*, -ge-, h⟩ *mar.* gréer; **II** *v/réfl.* F **sich** ~ se harnacher; s'accoutrer; s'attifer; *péj.* **e-e aufgetakelte Fregatte** une femme drôlement accoutrée, attifée, 'harnachée; **III** ♀**,takeln** *n* ⟨~s⟩, ♀**,takelung** *f mar.* gréement *m*.

Auftakt ['auftakt] *m* **1.** *mus.* anacrouse *f*; levé *m*; **2.** *métr.* temps faible isolé au début du vers métrique; **3.** *fig. e-s Ereignisses* ouverture *f*; **den** ~ **zu etw. bilden** ouvrir qc.; **der Protestmarsch wurde zum** ~ **e-r Volkserhebung** la marche de protestation fut le point de départ d'un soulèvement populaire.

auf|tanken ['auf,taŋkən] *v/t.* ⟨*sép.*, -ge-, h⟩ faire le plein (de); **ein Flugzeug (in der Luft)** ~ ravitailler un avion (en vol); **wir müssen den Wagen** ~ il faut que l'on fasse le plein (de la voiture); **~,tauchen I** *v/i.* ⟨*sép.*, -ge-, sein⟩ **1.** *aus dem Wasser* émerger; apparaître (à la surface); *U-Boot* faire surface; **wieder** ~ réapparaître; revenir à la surface; **2.** *fig.* apparaître; surgir; F *Personen* réapparaître; *Fragen, Probleme, Gerüchte, Schwierigkeiten* surgir; **in der Ferne** ~ apparaître, surgir dans le lointain; **plötzlich im Nebel** ~ surgir subitement du, apparaître subitement dans le brouillard; **er ist plötzlich in B. aufgetaucht** il a soudainement réapparu à B.; **falsche Geldstücke sind im Handel aufgetaucht** de fausses pièces de monnaie sont apparues dans le commerce; **in letzter Zeit sind Schwierigkeiten aufgetaucht** ces derniers temps des difficultés ont surgi; **II** ♀**,tauchen** *n* apparition *f*; surgissement *m*; *od. verbal*; **~,tauen I** *v/t.* ⟨*sép.*, -ge-, h⟩ *Schnee, Eis, Fett* faire fondre; *Gefriergemüse etc.* décongeler; *techn.* dégeler; **die Sonne taut die Erde auf** le soleil fait dégeler la terre, le sol; **II** *v/i.* ⟨sein⟩ *Eisdecke* fondre; *Erde etc.* (se) dégeler; *fig. Personen* se dégeler; sortir de sa réserve; **III** ♀**,tauen** *n der Eisdecke etc.* fonte *f*; *der Erde etc.* dégel *m*; *von Gefriergemüse etc.* décongélation *f*; *fig. e-r Person* dégel *m*; **~,teilen I** *v/t.* ⟨*sép.*, -ge-, h⟩ partager; *nach Anteilen* répartir; *Baugelände auch* lotir; **etw. unter sich, untereinander** ~ se partager qc.; **II** ♀**,teilen** *n*, ♀**,teilung** *f* partage *m*; *nach Anteilen* répartition *f*; *e-s Baugeländes auch* lotissement *m*; **~,tischen** *v/t.* ⟨*sép.*, -ge-, h⟩ **1. j-m etw.** ~ servir qc. à qn.; **2.** *fig. u.* F *Lügen, Klatschgeschichten etc.* raconter, débiter (qc. à qn.).

Auftrag ['auftra:k] *m* ⟨~(e)s; ⸗e⟩ **a)** (*Weisung*) ordre *m*; *höherer* mission *f*; **j-m e-n** ~ **erteilen** charger qn. d'une mission; donner un ordre à qn.; **j-m den** ~ **erteilen, etw. zu tun** charger qn., donner l'ordre à qn. de faire qc.; **(den)** ~ **haben, etw. zu tun** avoir ordre, avoir pour mission de faire qc.; **den** ~ **bekommen, etw. zu tun** recevoir l'ordre, être chargé de faire qc.; **e-n** ~ **ausführen** exécuter une mission, un ordre; **ich habe den** ~ **ausgeführt** j'ai rempli la mission; **im** ~ **(von)** par ordre (de); sur l'ordre (de); **dem** ~ **gemäß** suivant l'ordre; conformément à l'ordre; **er kommt, handelt im** ~ **des Chefs** il vient, agit par ordre du chef; **ihm wurde ein ehrenvoller** ~ **zuteil** il fut chargé d'une mission pleine d'honneur; **sich an s-n** ~ **halten** s'en tenir à sa mission; **b)** *comm.* commande *f*; ordre *m*; **j-m e-n** ~ **geben, e-n** ~ **an j-n vergeben** passer une commande à qn.; **etw. in** ~ **geben** passer commande de qc.; commander qc.; **ein größerer** ~ une forte commande; **mit Aufträgen überhäuft sein** être surchargé de commandes; **e-n** ~ **zurückziehen, erhalten** annuler, recevoir une commande; **im** ~ **und für Rechnung** d'ordre et pour compte (de); **~e,bürste** *f* brosse *f* à cirer; ♀**en I** *v/t.* ⟨*irr.*, *sép.*, -ge-, h⟩ **1.** *Speise* apporter (sur la table); servir; **2.** *Farbe, Salbe, Aufstrich etc.* mettre (sur); étaler; **die Farbe dick** ~ mettre une couche épaisse de peinture; **Schminke (dick)** ~ (se) maquiller (trop); (se) farder (avec excès); **3.** *Kleidungsstücke* finir; user; **die Kleider der älteren Schwester (mit)** ~ finir les vêtements de sa sœur aînée; **etw. für alle Tage** ~ porter qc. le tous les jours; **4. j-m etw.** ~ charger qn. de faire qc.; **er hat mir schöne Grüße an Sie aufgetragen** il m'a chargé de vous donner le bonjour de sa part, de vous transmettre ses salutations; **5.** *fig. u.* F **dick** ~ (*übertreiben*) exagérer; P charrier; **II** *v/i. Kleid, Stoff* grossir; **III ~en** *n verbal*; **~,geber** *m* donneur *m* d'ordre; commettant *m*; *jur. auch* mandant *m*; (*Kunde*) client *m*; **~,nehmer** *m* preneur *m* d'une commande; mandataire *m*; **~s,angelegenheiten** *f/pl. adm.* affaires transférées par l'État à des administrations secondaires; **~s,ausführung** *f* exécution *f* d'une commande, d'un ordre; **~sbe,stand** *m* volume *m* des commandes; **~sbe,stätigung** *f* confirmation *f* de commande; accusé *m* (de) réception d'une commande, d'un ordre; **~ser,teilung** *f* (passation *f* de) commande *f*; ♀**sge,mäß** *adj. u. adv.* suivant l'ordre (de); conformément à l'ordre (de); **etw.** ~ **ausführen** faire, exécuter qc. conformément à l'ordre donné, aux ordres; **~s,mangel** *m* manque *m*, pénurie *f* de commandes; **~s,rückgang** *m* réduction *f*, régression *f* des commandes; **~s,sperre** *f* blocage *m* des commandes; **~s,walze** *f impr.* (rouleau *m*) encreur *m*, toucheur *m*.

auftreffen ['auf,trɛfən] **I** *v/i.* ⟨*irr.*, *sép.*, -ge-, sein⟩ *Gegenstand, Rakete etc.* 'heurter, rencontrer (**auf etw.** qc.); *Strahlen* tomber sur; rencontrer; **II** ♀ *n* 'heurt *m*, rencontre *f* (de qc. avec *od.* sur qc.).

auftreiben ['auf,traibən] **I** *v/t.* ⟨*irr.*, *sép.*, -ge-, h⟩ **1.** *Unruhe etc.* **j-n** ~ faire se lever qn.; **2.** *Hefe den Teig* faire lever; *Gase den Körper* faire gonfler; ballonner (*bes. Tiere*); **3.** *Nahrung, Geld etc.* trouver; F dénicher; P dégot(t)er; **wo hast du das nur aufgetrieben?** où as-tu trouvé, *etc.* ça?; **4.** *Vieh auf den Markt* offrir sur le marché; **5.** *Reifen auf ein Faß* enfoncer (un cerceau); cercler (un tonneau); **II** ♀ *n des Körpers* gonflement *m*; ballonnement *m*; *sonst verbal.*

auftrennen ['auf,trɛnən] *v/t.* ⟨*sép.*, -ge-, h⟩ *cout. Naht etc.* découdre.

auftreten ['aufˌtreːtən] **I** *v/i.* ⟨*irr., sép.*, **-ge-, sein**⟩ **1.** *mit dem Fuß* poser le pied sur le sol; **fest ~** marcher d'un pas ferme, assuré; **leise, vorsichtig ~** marcher doucement, prudemment; **2.** *thé.* **a)** *auf der Bühne* entrer en scène; apparaître sur (la) scène; **b)** *als Schauspieler, Künstler* jouer; se produire; donner une représentation, un récital, *etc.*; **als Hamlet ~** jouer dans le rôle d'Hamlet; **zum ersten Mal ~** (ap-)paraître pour la première fois sur scène; faire ses débuts; **3.** *als Kläger, Zeuge, Vermittler, Käufer etc.* se porter (qc.); se présenter (comme); **als Käufer ~** se porter acheteur; **als Redner ~** prononcer un *bzw.* des discours; **mit e-r Forderung ~** présenter une revendication; **gegen etw., j-n ~** lutter, intervenir contre qc., contre qn.; **vor Gericht ~** ester en justice; **4.** *in Gesellschaft* **sicher, bescheiden, energisch** *etc.* **~** se montrer sûr de soi, modeste, énergique, *etc.*; **sehr gewichtig ~** en imposer par sa présence; **5.** *fig. Schwierigkeiten, Gefahren, Probleme etc.* apparaître; surgir; se faire jour; *Krankheit* apparaître; se manifester; *Mineralien, Pflanzen etc.* apparaître; **II Ƨ** *n* **6.** *thé.* **a)** *auf der Bühne* entrée *f* en scène; **b)** *e-s Schauspielers, Künstlers* **erstes ~** première apparition sur scène; *sonst verbal*; **7.** *als Käufer etc. verbal*; *in der Öffentlichkeit* apparition *f*; entrée *f* en scène; **8.** *gesellschaftlich* **ein sicheres ~ haben** avoir de l'assurance; **forsches ~** aplomb *m*; audace *f*; **festes ~** attitude *f* ferme; **großsprecherisches ~** attitude 'hâbleuse; façons, manières 'hâbleuses; **9.** *von Schwierigkeiten, e-r Krankheit etc.* apparition *f*.

Auftrieb ['auftriːp] *m* **1.** *phys.* poussée verticale; *aviat. e-s Ballons* mouvement ascensionnel, ascendant; *aviat. dynamischer* portance *f*; **2.** *fig.* élan *m*; encouragement *m*; *bes. écon.* essor *m*; **j-m ~ geben** encourager qn.; **j-m neuen ~ geben** donner un nouvel élan à qn.; **neuen ~ erhalten, bekommen** recevoir un nouvel élan, essor; **3. ~ des Viehs (auf die Alm)** transhumance *f* de printemps; départ des troupeaux pour les alpages; **4.** *auf dem Viehmarkt* arrivage *m*; offre *f*; **~s-ˌkraft** *f phys., aviat.* force ascensionnelle.

Auftritt ['auftrɪt] *m* **1.** *thé. e-s Schauspielers* entrée *f* en scène; **2.** *als Akteinteilung* scène *f*; **3.** *fig.* scène *f*; **e-n ~ mit j-m haben** avoir une scène avec qn.; **es kam zu e-m heftigen ~** il y eut une scène violente; **~sverˌbot** *n thé.* interdiction *f* de jouer; **er hat ~** il lui est interdit de paraître en scène, de jouer.

auf|trocknen ['aufˌtrɔknən] *v/t.* ⟨-ete, *sép.*, -ge-, h⟩ *u. v/i.* ⟨sein⟩ sécher; **~ˌtrumpfen** *v/i.* ⟨*sép.*, -ge-, h⟩ **a)** mit etw. **~** faire étalage de qc.; étaler qc.; **b)** gegen j-n **~** réduire qn. au silence; river son clou à qn.; **~tun I** *v/t.* ⟨*irr., sép.*, -ge-, h⟩ **1.** F (*öffnen*) ouvrir; **den Mund ~** ouvrir la bouche; **nie den Mund ~** ne jamais dire un mot; ne jamais desserrer les dents; **er lügt, wenn er den Mund auftut** il ment dès qu'il ouvre la bouche; **den Mund nicht aufzutun wagen** n'oser souffler mot; P ne pas oser l'ouvrir; *st. s.* **s-e milde Hand ~** ouvrir, tendre une main généreuse; **2.** F *Suppe* servir; **II** *v/réfl.* **sich ~** *st. s. Tür, Abgrund etc.* s'ouvrir; **e-e fremde Welt tat sich vor ihm auf** un monde étrange s'ouvrit devant lui; **~ˌtupfen** *v/t.* ⟨*sép.*, -ge-, h⟩ *Blut etc.* tamponner; *Brotkrumen etc.* prendre du bout du doigt; **~ˌtürmen I** *v/t.* ⟨*sép.*, -ge-, h⟩ empiler; amonceler; entasser; amasser; **II** *v/réfl.* **sich ~** *Berge, Schwierigkeiten etc.* se dresser; s'élever; **ein hoher Berg türmt sich vor uns auf** une 'haute montagne se dresse devant nous d'un seul bloc; **III Ƨˌtürmen** *n* ⟨**~s**⟩ empilage *m*; amoncellement *m*; entassement *m*; **~ˌwachen I** *v/i.* ⟨*sép.*, -ge-, sein⟩ se réveiller; *st. s.* s'éveiller; **II Ƨˌwachen** *n* réveil *m*; *st. s.* éveil *m*; **~ˌwachsen** *v/i.* ⟨*irr., sép.*, -ge-, sein⟩ *Kind* grandir; être élevé; **~ˌwallen I** *v/i.* ⟨*sép.*, -ge-, sein⟩ *Wasser etc.* bouillir; entrer en ébullition; *fig. u. st. s. Rauch, Nebel* s'élever; *fig. Freude, Zorn, Haß etc.* monter (in j-m en qn.); **Zorn wallt in ihm auf**, *st. s.* **sein Blut wallt auf** *auch* il s'emporte; **in ~dem Zorn schlug er ihn** dans son emportement il le frappa; **in ~der Freude** dans un accès de joie; dans sa joie; **II Ƨˌwallen** *n von Wasser etc.* ébullition *f*; **Ƨˌwallung** *f von Freude, Zorn, Haß etc.* accès *m*; *von Freude auch* transport *m*; *von Zorn auch* emportement *m*; **in heftige ~ geraten** entrer dans un violent accès; **in e-r ~ der Begeisterung, Dankbarkeit** dans un accès d'enthousiasme, de reconnaissance.

Aufwand ['aufvant] *m* ⟨**~(e)s**⟩ **a)** (*Ausgaben*) frais *m/pl.*; dépenses *f/pl.*; **mit geringem ~** à peu de frais; **der ~ entsprach nicht dem Nutzen** les dépenses, les frais ne correspondaient pas au profit; **b)** (*Aufbietung*) **mit dem ~ s-s ganzen Vermögens** en mobilisant toute sa fortune; **der ~ an Zeit, Kraft, Menschen lohnt nicht** la dépense de temps, de force, d'hommes ne vaut pas la peine; **mit großem ~ an Worten, Gesten** à grand renfort de paroles, de gestes; **c)** (*Verschwendung*) luxe *m*; **ohne ~ leben** vivre simplement, sans faire de grandes dépenses; **keinen großen ~ machen** ne pas faire de cérémonie, de grosses dépenses; **großen ~ treiben** mener un grand train de vie; **der ~ ist den Verhältnissen nicht angepaßt** le luxe, le grand train de vie n'est pas adapté à la situation; **er liebt den ~** il a le goût du luxe et de la dépense; **~sentˌschädigung** *f* indemnité *f* de frais (de représentation).

aufwärmen ['aufˌvɛrmən] **I** *v/t.* ⟨*sép.*, -ge-, h⟩ *Speise* réchauffer; *fig. u.* F *alte Geschichten etc.* rabâcher; *Streit etc.* réveiller; **das ist aufgewärmter Kohl!** c'est du réchauffé!; **II** *v/réfl.* F **sich ~** se réchauffer; **III Ƨ** *n* ⟨**~s**⟩ *von Speisen* réchauffage *m*; *fig. von alten Geschichten etc.* rabâchage *m*.

Aufwarte|frau ['aufˌvartəˌfrau] *f* femme *f* de ménage; **Ƨn** *v/i.* ⟨-ete, *sép.*, -ge-, h⟩ **1.** *st. s. bei Tisch* servir; **2. mit etw. ~** présenter qc.; **mit e-r Überraschung ~** faire une surprise; **mit e-r Neuigkeit ~** raconter une nouvelle; **mit e-m großen Warenangebot ~** offrir un grand choix de marchandises; **mit neuen Erfolgen ~ können** pouvoir rendre compte de nouveaux succès; **~ˌstelle** *f* place *f* de femme de ménage.

aufwärts ['aufvɛrts] *adv.* vers le *od.* en 'haut; en montant; (*strom~*) en amont (de); **~ gehen, fahren** *etc.* monter; *Straße etc.* **~ führen** monter; conduire en 'haut; **den Fluß ~ fahren** remonter le fleuve; **vom Hauptmann (an) ~** à partir du capitaine; **Ƨbeˌwegung** *f* mouvement ascendant; *comm. auch* (tendance *f* à la) 'hausse *f*; **Ƨentˌwicklung** *f der Wirtschaft etc.* progression *f*; *pfort.* essor *m*; **~ˌgehen** *v/imp.* ⟨*irr., sép.*, -ge-, sein⟩ F **mit uns geht es aufwärts** *wirtschaftlich, gesundheitlich* nous allons mieux, de mieux en mieux; **mit unserem Geschäft geht es aufwärts** nos affaires vont mieux, vont de l'avant, progressent; **Ƨˌhaken** *m Boxen* uppercut [ypɛrkyt] *m*.

Aufwartung ['aufˌvartʊŋ] *f* **1.** *st. s. bei Tisch* service *m*; **2.** *st. s.* visite *f* (de politesse); **j-m s-e ~ machen** rendre visite à qn.; faire une visite de politesse à qn.; rendre ses devoirs à qn. (*auch iron.*); **3.** F *cf.* **Aufwartefrau.**

Aufwasch ['aufvaʃ] *m* ⟨**~(e)s**⟩ **a)** (*schmutziges Geschirr*) vaisselle *f* (sale, à laver); **b)** (*Aufwaschen*) lavage *m* de la vaisselle; **den ~ machen** faire, laver la vaisselle; F **das ist ein ~** *cf.* **~en**; **~...** *in Zssgn. cf.* **Abwasch...**; **Ƨen I** *v/t.* ⟨*irr., sép.*, -ge-, h⟩ *Geschirr* laver; *abs.* faire, laver la vaisselle; *im Restaurant* faire la plonge; **II ~en** *n* lavage *m*; *fig. u.* F **das ist ein ~** cela fera d'une pierre deux coups.

auf|wecken ['aufˌvɛkən] *v/t.* ⟨*sép.*, -ge-, h⟩ réveiller; *st. s.* éveiller; faire sortir de son sommeil; *cf. auch* **aufgeweckt**; **~ˌweichen I** *v/t.* ⟨*sép.*, -ge-, h⟩ ramollir; *Weg etc.* détremper; *fig. Doktrin etc.* miner; saper; **aufgeweichter Boden** sol détrempé; **II** *v/i.* ⟨sein⟩ (se) ramollir; **das Papier ist aufgeweicht** le papier s'est ramolli, a ramolli; **die Wege sind durch den Regen aufgeweicht** la pluie a détrempé les chemins; **Ƨˌweichung** *f* ⟨**~**⟩ ramollissement *m*; *der Wege etc.* détrempage *m*; *fig.* minage *m*; sapage *m*; **~ˌweinen** *v/i.* ⟨*sép.*, -ge-, h⟩ se mettre à pleurer; fondre en larmes; **~ˌweisen** *v/t.* ⟨*irr., sép.*, -ge-, h⟩ montrer; présenter; **Spuren von Zerstörung ~** montrer, présenter des traces de destruction; **große Mängel ~** présenter, montrer de grands défauts; **die Geschichte dieses Landes hat nichts Ähnliches aufzuweisen** l'histoire de ce pays ne présente rien de semblable; **die Stadt hat viele Sehenswürdigkeiten aufzuweisen** la ville possède beaucoup de curiosités; **große Erfolge aufzuweisen haben** avoir obtenu, remporté de grands succès; **Ƨˌweisung** *f von Mängeln etc.* présentation *f*.

aufwend|en ['aufˌvɛndən] *v/t.* ⟨*irr., sép.*, -ge-, h⟩ *Überredungskunst, Einfluß, Geschick, Kräfte, Mühe, Fleiß etc.* mettre en œuvre; déployer; *Zeit, Geld* dépenser; consacrer; **~ig** *adj.* coûteux, -euse; qui entraîne de grandes dépenses; **Ƨung** *f* **1.** *von Fleiß etc.* mise *f* en œuvre; déploiement *m*; *von Zeit, Geld* dépense *f*; **2.** *meist pl.* **~en** (*Ausgaben*) dépenses *f/pl.*; frais *m/pl.*; *jur. des Nutznießers für ein Gebäude* impenses *f/pl.*; **~en für die Forschung** dépenses pour la recherche; **für berufliche ~en absetzen** déduire pour frais professionnels.

aufwerfen ['aufˌvɛrfən] **I** *v/t.* ⟨*irr., sép.*, -ge-, h⟩ **1.** *Erde mit dem Pflug etc.* retourner; **2.** *Damm, Wall etc.* élever; remblayer; **die Erde zu beiden Seiten des Grabens ~** rejeter la terre des deux côtés de la tranchée; **3.** *Kopf* (re)lever; **die Lippen, den Mund ~** faire la moue; **ein verächtlich aufgeworfener Mund** une moue dédaigneuse; *cf. auch* **aufgeworfen**; **4.** *fig. Fragen, Probleme* soulever; **II** *v/réfl.* **5.** *péj.* **sich zu etw. ~** se poser, s'ériger en qc.; **sich zum Richter, zum Beschützer über j-n ~** se poser, s'ériger en juge, en protecteur de qn.; **III 2** *n* **6.** *der Erde mit dem Pflug* retournement *m*; **7.** *e-s Damms etc.* élévation *f*; remblai *m*; remblayage *m*; **8.** *von Fragen etc.* soulèvement *m*.

aufwert|en ['aufˌveːrtən] *v/t.* ⟨-ete, *sép.*, **-ge-**, h⟩ *Währung, Renten etc.* revaloriser (*auch fig.*); **2ung** *f* revalorisation *f*; **2ungsˌsatz** *m écon.* taux *m* de revalorisation.

aufwickeln ['aufˌvɪkəln] **I** *v/t.* ⟨-(e)le, *sép.*, **-ge-**, h⟩ **1.** *Seil etc.* enrouler; **Garn (zu e-m Knäuel) ~** pelot(onn)er du fil; **2.** *Paket etc.* défaire; développer; déballer; **II 2** *n* **3.** *e-s Seils etc.* enroulement *m*; **4.** *e-s Pakets etc.* développement *m*; déballage *m*; *od. verbal.*

Aufwiegel|ei [ˌaufviːgəˈlaɪ] *f* ⟨~; ~en⟩ *cf.* **~ung**; **2n** ['auf-] *v/t.* ⟨-(e)le, *sép.*, **-ge-**, h⟩ soulever; pousser, inciter à la révolte, à la rébellion, à l'émeute, à la mutinerie; faire se révolter; **das Volk gegen die Regierung ~** soulever le peuple contre le gouvernement; **die Menge zum bewaffneten Aufstand ~** pousser, inciter la foule à la révolte armée; **~ung** ['auf-] *f* ⟨~; ~en⟩ incitation *f*, excitation *f* à la révolte, à la rébellion, à l'émeute, à la mutinerie.

aufwiegen ['aufˌviːgən] *v/t.* ⟨*irr.*, *sép.*, **-ge-**, h⟩ compenser; contrebalancer; **die Vorteile wiegen die Nachteile auf** les avantages compensent, contrebalancent les inconvénients; **der Erfolg wiegt die Anstrengungen auf** le succès compense les efforts; **nicht mit Gold aufzuwiegen sein** valoir son pesant d'or; ne pas avoir de prix.

Aufwiegler ['aufˌviːglər] *m* ⟨~s; ~⟩ fomentateur *m*; agitateur *m*; émeutier *m*.

Aufwind ['aufvɪnt] *m aviat.*, *Meteorologie* courant d'air ascendant, ascensionnel; ascendance *f*.

auf|winden ['aufˌvɪndən] **I** *v/t.* ⟨*irr.*, *sép.*, **-ge-**, h⟩ *Last* guinder; 'hisser; monter; **II 2ˌwinden** *n* ⟨~s⟩ guindage *m*; levage *m*; **~ˌwirbeln I** *v/t.* ⟨-(e)le, *sép.*, **-ge-**, h⟩ *Staub etc.* soulever (des tourbillons de); faire tourbillonner; *fig.* **viel Staub ~** faire beaucoup de bruit; *pfort.* faire scandale; **II** *v/i.* ⟨**sein**⟩ *Staub etc.* s'élever en tourbillons; tourbillonner.

aufwisch|en ['aufˌvɪʃən] *v/t.* ⟨*sép.*, **-ge-**, h⟩ essuyer; *Fußboden etc. auch* laver; **2ˌlappen** *m*, **2ˌtuch** *n* serpillière *f*; toile *f* à laver.

Aufwuchs ['aufvuːks] *m* **1.** *von Pflanzen* croissance *f*; **2.** *Forstwesen* jeune plantation *f*.

auf|wühlen ['aufˌvyːlən] *v/t.* ⟨*sép.*, **-ge-**, h⟩ **1.** *Wildschwein die Erde* fouiller; *Granaten das Gelände* retourner; défoncer; *Sturm die See* démonter; **2.** *fig. seelisch* bouleverser; retourner; **ein ~des Erlebnis** un événement bouleversant, qui vous retourne; **~ˌzählen I** *v/t.* ⟨*sép.*, **-ge-**, h⟩ **1.** *Geld* compter devant qn.; **2.** *Namen, Beispiele, Werke e-s Dichters etc.* énumérer; *Gründe auch* énoncer; **II 2ˌzählen** *n*, **2ˌzählung** *f* énumération *f*; **~ˌzäumen** *v/t.* ⟨*sép.*, **-ge-**, h⟩ *Pferd* mettre la bride (à); *fig.* **das Pferd am Schwanz ~** mettre la charrue avant *od.* devant les bœufs; **~ˌzehren I** *v/t.* ⟨*sép.*, **-ge-**, h⟩ *st. s. Essen* consommer; *Vorräte* épuiser; *Ersparnisse, Vermögen* dépenser; *fig. Kraft, Energie* épuiser; **die Sorge hatte ihn aufgezehrt** les soucis l'avaient consumé; **II** *v/réfl.* **sich ~** *Ersparnisse, Vorräte, Kraft etc.* s'épuiser; **2ˌzehrung** *f* ⟨~⟩ *der Vorräte, Ersparnisse, fig. der Kraft etc.* épuisement *m*; *der Ersparnisse auch* dépense *f*; **~ˌzeichnen** *v/t.* ⟨-ete, *sép.*, **-ge-**, h⟩ **1.** *Skizze, Muster etc.* dessiner, tracer (**auf** sur); **2.** *Erinnerungen, Volkslieder etc.* noter; consigner (par écrit); mettre par écrit; *auf Tonband etc.* enregistrer; **2ˌzeichnung** *f* **1. a)** *e-s Musters etc.* dessin *m*; tracé *m*; **b)** *auf Tonband etc.* enregistrement *m*; **2.** *télév.* émission *f* en différé; **3.** *in e-m Tagebuch etc.* note *f*; **alte ~en hervorholen** sortir de vieilles notes, de vieux écrits; **sich ~en machen** consigner, noter qc.; prendre des notes; **~ˌzeigen** *v/t.* ⟨*sép.*, **-ge-**, h⟩ *Zusammenhänge, Probleme, Vorteile etc.* mettre en évidence; montrer; indiquer; **die Fülle der aufgezeigten Probleme** l'abondance des problèmes mis en évidence; **2ˌzeigung** *f* ⟨~⟩ mise *f* en évidence.

aufzieh|en ['aufˌtsiːən] **I** *v/t.* ⟨*irr.*, *sép.*, **-ge-**, h⟩ **1.** *Gardinen, Vorhang etc.* ouvrir; *thé.* lever; *Schleife* défaire; *Schublade* ouvrir; *Flasche* déboucher; *Gestricktes* démonter; **2.** *Zugbrücke* lever; *Schleuse etc.* ouvrir; *Jalousie* remonter; *Fahne, Segel etc.* 'hisser; *Last* lever; 'hisser; **3.** *Saiten* monter (sur); *Landkarten auf Leinwand* entoiler; *ausgeschnittene Bilder auf Pappe etc.* coller (sur); *Stickerei* tendre (sur); *fig.* **andere Saiten ~** changer de ton, de conduite; **gelindere Saiten ~** devenir plus indulgent; relâcher un peu la bride; **4.** *Uhr, Grammophon, Spielzeug* remonter; **5.** *Kinder, Tiere* élever; **mit der Flasche ~** élever au biberon; **6.** *Unternehmen etc.* organiser; monter; **ein Fest großartig ~** organiser, arranger magnifiquement une fête; **7.** *fig.* **j-n ~** plaisanter qn.; F blaguer qn.; se moquer de qn.; **II** *v/i.* ⟨**sein**⟩ **8.** *Posten, Wache* prendre la garde; *Regiment etc.* arriver et se placer; **aufziehende Wache** garde montante; **9.** *Wolken* s'approcher; apparaître; *Gewitter* s'approcher; se préparer; *fig. Gefahr etc.* s'approcher; **III 2en** *n e-s Theatervorhangs* lever *m*; *e-r Flasche* débouchage *m*; *e-r Zugbrücke* levage *m*; *e-r Fahne etc.* 'hissage *m*; *e-r Saite* montage *m*; *e-r Landkarte auf Leinwand* entoilage *m*; *e-r Uhr etc.* remontage *m*; *von Tieren* élevage *m*; *e-s Unternehmens etc.* organisation *f*; *e-s Festes auch* arrangement *m*; *von Wolken, e-s Gewitters* approche *f*; *der Wache etc.* arrivée *f* (de la garde montante, *etc.*); *sonst verbal*; **2ˌvorrichtung** *f e-r Uhr etc.* remontoir *m*.

Aufzucht ['auftsʊxt] *f von Tieren* élevage *m*.

aufzucken ['aufˌtsʊkən] *v/i.* ⟨*sép.*, **-ge-**, **sein**⟩ *Person* sursauter; *Blitz, Scheinwerfer* jaillir; *fig. Gedanke etc.* surgir.

Aufzug ['auftsuːk] *m* **1.** (*Fahrstuhl*) ascenseur *m*; *für Lasten* monte-charge *m*; élévateur *m*; *für Speisen* monte-plats *m*; **den ~ bedienen** manœuvrer l'ascenseur, *etc.*; **2.** *thé.* acte *m*; **3.** (*Kleidung*) tenue *f*; *péj.* accoutrement *m*; affublement *m*; **in diesem ~ kann ich mich nicht sehen lassen** je ne peux pas me montrer dans cette tenue; **er erschien in e-m phantastischen, wunderlichen ~** il apparut dans un accoutrement fantastique, bizarre; **4.** *der Gäste, der Wache* arrivée *f*; (*Festzug*) cortège *m*; défilé *m*; **ein prächtiger ~** un cortège, un défilé magnifique; **5.** *Weberei* chaîne *f*; **~ˌführer** *m* liftier *m*; garçon *m* d'ascenseur; **~ˌkasten** *m e-r Betonmischmaschine etc.* chargeur *m*; élévateur *m*; **~(s)ˌschacht** *m e-s Liftes* cage *f* d'ascenseur.

auf|zupfen ['aufˌtsʊpfən] *v/t.* ⟨*sép.*, **-ge-**, h⟩ *Gewebe* effiler; *Knoten* défaire; **~ˌzwängen** *v/t.* ⟨*sép.*, **-ge-**, h⟩, **~ˌzwingen** *v/t.* ⟨*irr.*, *sép.*, **-ge-**, h⟩ **j-m etw. ~** *Willen, Vertrag etc.* imposer qc. à qn.; *Geschenk, Speise etc.* forcer qn. à prendre qc.; **2ˌzwingung** *f* ⟨~⟩ *verbal.*

Augapfel ['aukˌˀapfəl] *m anat.* globe *m* oculaire; *fig. u. st. s.* trésor *m*; **etw. wie s-n ~ hüten** tenir à qc. comme à la prunelle de ses yeux.

Auge ['augə] *n* ⟨~s; ~n⟩ **1.** *e-s Lebewesens* œil *m* (*pl.* yeux); **a)** *mit adj.* **blaue, braune ~n haben** avoir les yeux bleus, bruns *od.* marron *od.* noisette; **ein blaues ~ haben** avoir l'œil poché, l'œil au beurre noir, P un cocard; *fig.* **wir sind (noch einmal) mit e-m blauen ~ davongekommen** nous l'avons échappé belle; nous nous en sommes tirés à bon compte; **große ~n machen** ouvrir de grands yeux; écarquiller les yeux; **die ~n waren größer als der Magen** il a eu les yeux plus grands que le ventre; **gute, schlechte ~n haben** avoir de bons, de mauvais yeux; **er hat ~n wie ein Luchs** il a des yeux de lynx; **j-m schöne ~n machen** faire les yeux doux à qn.; **um j-s schöner ~n willen** pour les beaux yeux de qn.; *milit.* **die ~n links!** tête gauche!; **~n rechts!** tête droite!; **~n geradeaus!** fixe!; **b)** *mit gén. st. s.* **das ~ des Gesetzes** la police; **c)** *mit Verben* **endlich gingen ihm die ~n auf** enfin ses yeux se dessillèrent; **e-e Krähe hackt der anderen kein ~ aus** *prov.* les loups ne se mangent pas entre eux *prov.*; **j-m ein ~ ausschlagen** crever un œil à qn.; éborgner qn.; **sich die ~n nach j-m aussehen** chercher intensivement qn. des yeux; **j-m die ~n ausstechen** crever les yeux à qn.; **sich die ~n ausweinen** pleurer à fendre l'âme; pleurer toutes les larmes de son corps; **j-n, etw. im ~ behalten** ne pas perdre de vue qn., qc.; *Rauch etc.* **in den ~n beißen** piquer les yeux; *Staub etc.* **in die ~n bekommen** recevoir dans les yeux; *Farben etc.* **das ~ beleidigen** offenser la vue; *poét.* **sein ~ bricht** il s'éteint; **ins ~ fallen, springen** sauter aux yeux; crever les yeux; **es fiel mir wie Schuppen von den ~n** mes yeux se dessillèrent, s'ouvrirent; les écailles me tombèrent des yeux; **etw. ins ~ fassen** envisager qc.; **ein ~ auf j-n haben** surveiller qn.; jeter (de temps en temps) un coup d'œil sur qn.; **er hat kein ~ dafür** il ne voit pas ces choses-là; **keine ~n im Kopf haben** être aveugle; ne pas voir clair; **s-e ~n überall haben** voir tout; avoir l'œil à tout; **die ~n offenhalten** ouvrir l'œil; **j-m die ~n öffnen** ouvrir les yeux à qn.; désabuser qn.; F **das paßt wie die Faust aufs ~** *cf.* Faust; **soweit das ~ reicht** à perte de vue; **ein ~ riskieren** risquer un œil; *st. s.* **aller ~n ruhten auf ihm** tous les yeux étaient posés sur lui; **das schadet den ~n** c'est mauvais pour la vue, pour les yeux; **j-m nicht in die ~n sehen können** ne pas pouvoir regarder qn. en face, dans les yeux; **e-r Gefahr** *etc.* **ins ~ sehen**

regarder un danger, *etc.* en face; **ganz ~ und Ohr sein** être tout yeux tout oreilles; *fig.* **j-m in die ~n stechen** taper dans l'œil de qn.; *fig.* **j-m Sand in die ~n streuen** abuser, tromper qn.; **ich traute meinen ~n nicht** je n'en crus pas mes yeux; F **da blieb kein ~ trocken** tous les yeux se mouillèrent d'émotion; *iron.* tous rirent aux larmes; *poét.* **die ~n gingen ihm über** ses yeux se remplirent de larmes; **s-e ~n an etw. weiden** repaître ses yeux de qc.; **kein ~ von j-m, etw. wenden** couver qn. des yeux; ne pas détourner les yeux de qn., de qc.; **ein ~ auf j-n, etw. werfen** jeter son dévolu sur qn., sur qc.; avoir des vues sur qn., sur qc.; **beide ~n, ein ~ zudrücken** fermer les yeux sur qc.; **d)** *mit prép.* **j-m etw. an den ~n ablesen** lire qc. dans les yeux de qn.; **man sieht es ihm an den ~n an** on le voit dans ses yeux; **auf e-m ~ blind** borgne; **auf dem linken ~ blind** borgne de l'œil gauche; **geh mir aus den ~n!** 'hors de ma vue!'; F *vor Schnupfen etc.* **nicht aus den ~n sehen können** avoir la vue brouillée (par le rhume); **der Schalk sieht ihm aus den ~n** il a le regard, l'œil fripon, malin, espiègle; **aus den ~n, aus dem Sinn** *prov.* loin des yeux, loin du cœur *prov.*; **j-n aus den ~n verlieren** perdre qn. de vue; **e-e Wohltat für das ~** un plaisir pour les yeux; **er ist mir ein Dorn im ~** *cf.* Dorn; **in meinen ~n** à mes yeux; **j-m ~ in ~ gegenüberstehen** se trouver en face de qn.; **ihr stehen die Tränen in den ~n** elle a des larmes dans les yeux; F **das hätte ins ~ gehen können** cela aurait pu me, nous, *etc.* retomber sur le nez; **mit e-m lachenden und e-m weinenden ~** pleurant d'un œil et riant de l'autre; **etw. mit anderen ~n ansehen** voir qc. sous un autre aspect, avec d'autres yeux; **etw. mit den ~n e-s Künstlers betrachten** regarder qc. avec des yeux d'artiste; **mit den ~n blinzeln, rollen** cligner, rouler des yeux; **etw. mit dem bloßen ~ erkennen können** pouvoir reconnaître qc. à l'œil nu; **j-n mit den ~n durchbohren** transpercer qn. du regard; F **mit offenen ~n schlafen** dormir les yeux ouverts; **das muß ich mit eigenen ~n sehen** il faut que je le voie de mes propres yeux; **j-n mit den ~n verschlingen** dévorer qn. des yeux; *bibl.* **~ um ~, Zahn um Zahn** œil pour œil, dent pour dent; **Ringe um die ~n haben** avoir les yeux cernés; **unter vier ~n** en tête à tête; entre quatre yeux (F entre quat'-z-yeux); **j-m unter die ~n zu treten wagen** oser se présenter devant qn.; **vor aller ~n** à la vue de tous; **j-m etw. vor ~n führen** mettre en évidence, montrer qc. à qn.; **etw. vor ~n haben** avoir qc. devant *od.* sous les yeux; **das schwebt mir vor (den) ~n** cela est présent à mes yeux; **man konnte die Hand nicht vor (den) ~n sehen** on n'y voyait goutte; il faisait noir comme dans un four; *Buchstaben etc.* **vor den ~n verschwimmen** se brouiller devant les yeux; **2.** (*Fett*2) œil *m*; **3.** *bot.* œil *m* (*auch e-r Kartoffel*); **4.** *e-s Würfels, e-r Spielkarte* point *m*; **5.** *zo. e-r Pfauenfeder, e-s Schmetterlingsflügels* ocelle *m*; **6.** *rad.* **magisches ~** œil *m* magique; **7.** *e-s Taus, Hammers* œil *m*.

äugeln ['ɔʏgəln] **I** *v/t.* ⟨-(e)le, h⟩ *jard. cf.* **okulieren**; **II** *v/i.* lancer des œillades; jouer de la prunelle.

äugen ['ɔʏgən] *v/i.* ⟨h⟩ *ch.* regarder.

Augen|abstand ['aʊgənˌˀapʃtant] *m* espace *m* entre les yeux; **~ˌarzt** *m* oculiste *m*; ophtalmologiste *m*; **~ˌaufschlag** *m* **mit e-m reizenden ~** en levant les yeux d'un air charmant; **~ˌausdruck** *m* expression *f* des yeux; **~ˌbad** *n* bain *m* d'yeux; **~ˌbank** *f* ⟨~; ~en⟩ banque *f* des yeux; **~ˌbinde** *f* bandeau *m* pour les yeux.

Augenblick ['aʊgənˌblɪk] *m* moment *m*; instant *m*; **im ~** en ce moment; pour l'instant; **in diesem ~** à ce moment; à cet instant; **im nächsten ~** l'instant d'après; un moment après; **in dem ~, wo...** au moment où...; **von dem ~ an** dès ce moment; **von dem ~ an, wo...** dès l'instant où...; du moment où...; **jeden ~** (*sehr häufig*) à chaque instant; à tout moment; à tout bout de champ; (*gleich*) d'un moment à l'autre; **ein lichter ~** un moment, un instant de lucidité; **der günstige ~** l'instant, le moment favorable; **e-n ~, bitte!** un moment, s'il vous plaît!; **gedulden Sie sich e-n ~** patientez un moment; **sich für e-n ~ entschuldigen** s'excuser pour un instant, pour un moment; **im richtigen ~ kommen** tomber, arriver à pic, à propos; venir à point nommé; **das ist die Sache e-s ~s, das ist im ~ gemacht** c'est l'affaire d'un moment, d'un instant; **alles im letzten ~ tun** faire tout au dernier moment; **im ~ habe ich nichts nötig** pour le moment *od.* pour l'instant, je n'ai besoin de rien; **ich habe ihn im ~ noch gesehen** je l'ai vu à l'instant; **bis zum letzten ~ warten** attendre la dernière minute; **keinen ~ zur Ruhe kommen** n'avoir pas un moment de repos; n'avoir pas le temps de respirer; **keinen ~ zögern** ne pas hésiter un moment, un instant; ne faire ni une ni deux; **2lich 1.** *adj.* actuel, -lle; présent; (*vorübergehend*) momentané; **die ~e Lage** la situation présente, actuelle; **der ~e Zustand** l'état actuel; **sich in e-r ~en Verlegenheit befinden** se trouver dans un moment de gêne, d'embarras; se trouver momentanément dans la gêne, dans l'embarras; **e-r ~en Eingebung folgen** suivre une idée soudaine, subite; **die ~e Mode** la mode actuelle, du moment; **2.** *adv.* **das werde ich ~ erledigen** je vais régler cela à l'instant, instantanément; **wenn du nicht ~ kommst...** si tu ne viens pas tout de suite...; **ich bin ~ nicht in der Lage dazu** je n'en suis pas capable en ce moment; **das fällt mir ~ nicht ein** je ne m'en souviens pas pour l'instant; **die ~ herrschende Stimmung** l'atmosphère qui règne en ce moment, actuellement; **~serˌfolg** *m* succès momentané; **~sˌwirkung** *f* effet instantané.

Augen|braue ['aʊgənˌbraʊə] *f* sourcil [-si] *m*; *Boxen* **die ~ aufschlagen** ouvrir l'arcade sourcilière; **~brauenˌbogen** *m* arcade sourcilière; **~brauenˌstift** *m* crayon *m* à sourcils; **~ˌbutter** *f anat.* chassie *f*; **~ˌdeckel** *m* F *cf.* **~lid**; **~diaˌgnose** *f* irido-diagnostic *m*; iridoscopie *f*; **~diene'rei** *f* ⟨~⟩ servilité *f*; **~entˌzündung** *f* inflammation *f* de l'œil; *sc.* ophtalmie *f*; **2ˌfällig** *adj.* évident; clair; qui saute aux yeux; **~ˌfalter** *m/pl. zo.* satyridés *m/pl.*; **~ˌfarbe** *f* couleur *f* des yeux; **~ˌfehler** *m* défaut visuel; **~ˌflüssigˌkeit** *f anat.* **wässerige ~** humeur aqueuse; **~ˌglas** *n cf.* Brille 1.; **~ˌhaut** *f anat.* **weiße ~** sclérotique *f*; **~ˌheilkunde** *f* ophtalmologie *f*; oculistique *f*; **~ˌhintergrund** *m* fond *m* de l'œil; **~ˌhöhe** *f* **in ~** à la hauteur des yeux; **~ˌhöhle** *f* orbite *f* (de l'œil); **aus den ~n tretend** exorbité; **~ˌkammer** *f anat.* chambre *f* de l'œil; **~ˌklappe** *f* cache-œil *m*; **~ˌklinik** *f* clinique *f* des yeux, oculistique; établissement *m* ophtalm(olog)ique; **~ˌkrankheit** *f*, **~ˌleiden** *n* maladie *f*, affection *f* des yeux; **~ˌlicht** *n* ⟨~(e)s⟩ vue *f*; **das ~ verlieren** perdre la vue; *st. s.* **des ~es beraubt sein** être privé de la vue; **~ˌlid** *n* paupière *f*; **~lidentˌzündung** *f* inflammation *f* de la paupière; *sc.* blépharite *f*; **~lidˌhalter** *m chir.* blépharostat *m*; **~ˌmaß** *n* **nach dem ~ (ab)schätzen** mesurer à vue d'œil; **ein gutes ~ haben** avoir le coup d'œil, le compas dans l'œil; **~ˌmensch** *m psych.* visuel *m*; **~ˌmerk** *n* ⟨~(e)s⟩ *st. s.* **sein ~ auf etw. richten** fixer son attention, ses regards sur qc.; **~ˌmuskel** *m anat.* muscle *m* oculaire, oculo-moteur; **~operatiˌon** *f* opération *f* de l'œil *bzw.* des yeux; **~ˌoptiker** *m* opticien *m*; **~ˌpaar** *st. s. n* les (deux) yeux; paire *f* d'yeux; **~ˌpulver** *n fig. u.* F **das ist das reinste ~** il n'y a rien de tel pour vous abîmer la vue; c'est du véritable poison pour les yeux; **~ˌpunkt** *m Perspektive* centre *m* de perspective, de projection; **~ˌschatten** *m* cerne *m*; **~schattenˌstift** *m* stick *m* à paupières; **~ˌschein** *m* ⟨~(e)s⟩ **etw. in ~ nehmen** examiner, inspecter qc.; **der bloße ~ genügt** l'examen extérieur suffit; **e-n (gerichtlichen) ~ vornehmen** procéder à, faire une descente (de justice) sur les lieux; **2ˌscheinlich** *st. s.* **1.** *adj.* visible; manifeste; évident; **2.** *adv.* **es hat ihm ~ gefallen** cela lui a manifestement, visiblement plu; **~ˌschirm** *m* visière *f*; **~ˌschwäche** *f* faiblesse *f* des yeux; *sc.* amblyopie *f*; **~ˌspiegel** *m méd.* ophtalmoscope *m*; **~ˌspinner** *m/pl. zo.* saturnidés *m/pl.*; **~ˌsprache** *f* langage *m* des yeux; **~ˌstern** *m poét.* prunelle *f*; **du bist mein ~** je tiens à toi comme à la prunelle de mes yeux; **~ˌtripper** *m méd.* ophtalmie *f* blennorragique; **~ˌtropfen** *m/pl.* gouttes *f/pl.* pour les yeux; collyre *m*; **~ˌtrost** *m bot.* euphrasia *m*; euphraise *f*; casse-lunettes *m*; **~unterˌsuchung** *f* examen *m* des yeux; **~ˌwasser** *n* **1.** *poét.* larmes *f/pl.*; **2.** *cf.* **~tropfen**; **~ˌweide** *f* ⟨~⟩ plaisir *m* pour l'œil; régal *m* pour la vue; spectacle ravissant; **~ˌwimper** *f* cil [sil] *m*; **~ˌwink** *m* signe *m* de l'œil; **~ˌwinkel** *m* coin *m* de l'œil; **~ˌzahl** *f beim Spiel* nombre *m* de points; **~ˌzahn** *m* F (*Eckzahn*) œillère *f*; canine *f*; dent *f* de l'œil; **~ˌzeuge** *m* témoin *m* oculaire; **~zeugenbeˌricht** *m* compte rendu *m* de témoins oculaires; **~ˌzittern** *n path.* nystagmus [-ys] *m*; **~ˌzucken** *n* tressaillement *m* de la paupière; **~ˌzwinkern** *n* clignement *m* de l'œil.

Augiasstall [aʊ'giːasˌʃtal] *m fig.* **den ~ reinigen, ausmisten** nettoyer les écuries d'Augias [oʒjas].

Augit [aʊ'gɪt, -'giːt] *m* ⟨~s; ~e⟩ *minéral.* augite *f*.

Äuglein ['ɔʏklaɪn] *n* ⟨~s; ~⟩ petit œil.

Augment [aʊ'gmɛnt] *n* ⟨~s; ~e⟩ *ling.* augment *m*.

Augsburg|er(in) ['aʊksˌbʊrgər(ɪn)] *m* ⟨~s; ~⟩ (*f*) ⟨~; ~nen⟩ habitant(e) *m* (*f*) d'Augsbourg; **2isch** *adj.* d'Augsbourg; *relig. prot.* **2e Konfession** Confession d'Augsbourg.

Augur ['aʊgʊr] *m* ⟨~s *od.* ~n *od.* -'guren; ~n *od.* -'guren⟩ *hist.* augure *m*; **~en,lächeln** [-'gu:-] *n fig. u. st. s.* sourire *m* d'entente, de complicité.

August[1] ['aʊgʊst] *m* dummer ~ auguste *m*; gugusse *m*.

August[2] [aʊ'gʊst] *m* ⟨~(e)s *od.* ~; ~e⟩ (mois *m* d')août [u *od.* ut] *m*; im ~ au mois d'août; en août; Mitte ~ à la mi-août; **~,abend** *m* soir *m* (du mois) d'août.

augusteisch [aʊgʊs'te:ɪʃ] *adj.* d'Auguste; das 2e Zeitalter le siècle d'Auguste.

Augustiner [aʊgʊs'ti:nər] *m* ⟨~s; ~⟩ *relig. cath.* augustin *m*; **~-Ere,miten** *m/pl.* Ermites *m/pl.* de Saint-Augustin; **~,regel** *f* règle *f* de saint Augustin.

Auktion [aʊktsi'o:n] *f* ⟨~; ~en⟩ vente *f* aux enchères; vente *f* à l'encan; **~ator** [-'na:-] *m* ⟨~s; -'toren⟩ commissaire-priseur *m*; **~s,hammer** *m* marteau *m* de commissaire-priseur; **~slo,kal** *n* salle *f*, hôtel *m* des ventes.

Aula ['aʊla] *f* ⟨~; ~s *od.* -len⟩ *Universität* salle *f* des actes et des fêtes; *Schule* salle *f* des fêtes; salle *f* de préau.

Aura ['aʊra] *f* ⟨~⟩ *méd.* aura *f*.

Aureole [aʊre'o:lə] *f* ⟨~; ~n⟩ *peint., mines, opt.* auréole *f*.

Aurikel [aʊ'ri:kəl] *f* ⟨~; ~n⟩ *bot.* oreille *f* d'ours; auricule *f*.

Aurora [aʊ'ro:ra] *f* ⟨~⟩ *myth.* Aurore *f*; (*Polarlicht*) aurore *f* polaire; **~-,falter** *m zo.* aurore *f*; *sc.* anthocharis [-karis] *m*.

aus [aʊs] **I** *prép.* ⟨*dat.*⟩ *cf. auch die betreffenden Substantive, Verben etc.*; **1.** *räumlich* de; dans; ~ der Nähe, Ferne de près, de loin; ~ dem Haus gehen sortir de la maison; ~ e-m Zimmer in ein anderes gehen passer d'une pièce dans une autre; ~ dem Fenster blicken, werfen regarder, jeter par la fenêtre; ein Blick ~ dem Fenster un regard par la fenêtre; etw. ~ der Tasche ziehen tirer qc. de sa poche; prendre qc. dans sa poche; etw. ~ dem Schrank nehmen prendre qc. dans l'armoire; etw. ~ der Küche holen aller chercher qc. dans la cuisine; ~ e-m Glas *etc.* trinken boire dans un verre, *etc.*; ~ der Flasche trinken boire au goulot; boire à même la bouteille; ein Schluck ~ der Flasche une gorgée au goulot de la bouteille; ~ e-r Quelle trinken boire à une source; *fig.* ~ verschiedenen Quellen schöpfen puiser à *od.* dans des sources différentes; etw. ~ e-r Zeitung ausschneiden découper qc. dans un journal; etw. ~ e-m Buch exzerpieren extraire, tirer qc. d'un livre; ein Auszug ~ e-m Buch un extrait d'un livre; ~ der Übung kommen perdre l'habitude; ~ der Mode kommen passer de mode; j-n ~ vielen Kandidaten auswählen choisir qn. parmi beaucoup de candidats; **2.** *Herkunft* de; depuis; ~ unserer Stadt de notre ville; ein Kind ~ der Nachbarschaft un enfant du voisinage; der Zug ~ Paris le train de Paris, en provenance de Paris; der Rückzug ~ Rußland la retraite de Russie; Grüße ~ Berlin amitiés de *od.* depuis Berlin; ~ unserem Studio in X depuis notre studio de X; das Spiel ~ dem Stadion übertragen retransmettre le match depuis le stade; ~ der Stadt kommen venir de la ville; ~ Bayern stammen être (originaire) de la Bavière; ~ e-r Beamtenfamilie stammen sortir, venir, être d'une famille de fonctionnaires; ~ dem Englischen übersetzt traduit de l'anglais; ~ erster Hand, Quelle de première main, source; ~ (eigener) Erfahrung par expérience; ~ dem Leben e-s Taugenichts scènes de la vie d'un bon-à-rien; **3.** *Ausgangspunkt e-r Veränderung* etw. ~ etw. machen faire qc. de *od.* avec qc.; ~ e-m Kleid e-e Bluse machen faire un corsage avec une robe; faire d'une robe un corsage; ~ nichts etw. machen faire qc. avec rien; ~ dem Jungen e-n tüchtigen Menschen machen faire du garçon un homme capable; etw. ~ sich machen faire qc. de soi-même; *fig.* mettre en valeur sa personnalité; sich nichts ~ etw. machen ne pas faire grand cas de qc.; ~ etw. wird etw. qc. devient qc.; ~ dem kleinen Bach wurde ein reißender Fluß le petit ruisseau est devenu une rivière impétueuse, s'est transformé en une rivière impétueuse; ~ ihm wird nie etwas (Rechtes) il ne fera jamais rien (de bien, de bon); was soll ~ uns werden? qu'allons-nous devenir?; **4.** von ... ~ de, depuis; von hier ~ d'ici; von s-m Fenster ~ de *od.* depuis sa fenêtre; von Berlin ~ fuhren sie nach Hause de Berlin ils revinrent à la maison; die Aufnahme wurde vom Flugzeug ~ gemacht la photo a été prise depuis l'avion; vom Gipfel ~ kann man die Alpen sehen depuis le sommet *od.* du sommet on peut voir les Alpes; von j-s Standpunkt ~ du point de vue de qn.; von diesem Standpunkt ~ de *od.* à ce point de vue; von Natur ~ gutmütig sein être d'un tempérament bon enfant; etw. von sich ~ tun faire qc. de *od.* par soi-même, tout seul; von mir ~ kannst du dableiben pour ce qui est de moi, tu peux rester; F von mir ~! je n'y vois pas d'objection, d'inconvénient; je veux bien; soit!; **5.** *Material* en; ~ Seide, Holz, Metall *etc.* en soie, bois, métal, *etc.*; ~ etw. bestehen se composer de qc.; consister en qc.; ~ einigen Wörtern e-n Satz bilden former une phrase avec quelques mots; **6.** *kausal* par; ~ Angst, Dummheit, Liebe, Gefälligkeit, Vorsicht *etc.* par peur, bêtise, amour, complaisance, prudence, *etc.*; ~ Wut de colère; das habe ich ~ Spaß gesagt je l'ai dit pour rire, pour plaisanter; ~ Versehen par mégarde; ~ eigener Initiative de sa propre initiative; ~ freien Stücken de son plein gré; ~ welchem Grunde? pour quelle raison?; ~ ... heraus *cf.* heraus; **II** *adv.* **1.** (*zu Ende*) fini; terminé; die Kirche ist ~ le service, l'office est fini, terminé; la messe est finie, terminée; der Krieg ist ~ la guerre est finie; das Kino ist um zehn Uhr ~ le cinéma finit à dix heures; zwischen uns ist es ~ c'est fini entre nous; jetzt ist alles ~ maintenant tout est perdu; es ist ~ mit ihm c'en est fait de lui; il est perdu; dann ist es ~ mit der Hilfe alors c'en est fini de l'aide; das Feuer ist ~ le feu est éteint; die Lichter sind ~ les lumières sont éteintes; Licht ~! éteins *bzw.* éteignez la lumière!; F er hat das Glas ~ il a fini, vidé son verre; F ich habe das Buch ~ j'ai fini le livre; **2.** *Sport* ~! out [awt]!; der Ball ist ~ le ballon est out; **3.** F (*ausgezogen haben*) avoir enlevé, retiré; die Schuhe ~ haben avoir enlevé, retiré ses chaussures; **4.** F (*ausgegangen sein*) être sorti; gestern war er mit s-r Freundin ~ hier il est sorti avec son amie; **5.** auf etw. ~ sein chercher (à faire) qc.; auf Abenteuer ~ sein chercher l'aventure, les aventures; er ist darauf ~, uns zu betrügen il cherche à nous tromper; **6.** bei j-m ein und ~ gehen avoir ses petites et ses grandes entrées chez qn.; nicht mehr ein und ~ wissen ne plus savoir où donner de la tête, à quel saint se vouer; **III** 2 *n* ⟨~⟩ *Sport* der Ball geht ins ~ le ballon sort du terrain.

aus|arbeiten ['aʊs,ʔarbaɪtən] *v/t.* ⟨-ete, *sép.*, -ge-, h⟩ *Entwurf, Plan, Rede etc.* élaborer; mettre au point; travailler; **2,arbeitung** *f* ⟨~; ~en⟩ élaboration *f*; mise *f* au point; **~-,arten** *v/i.* ⟨-ete, *sép.*, -ge-, sein⟩ dégénérer (in en); Großzügigkeit darf nicht in Verschwendung ~ la générosité ne doit pas dégénérer en prodigalité; der Streit artete in e-e Schlägerei aus la dispute dégénéra, tourna en bataille, se termina par une bataille; **2,artung** *f* ⟨~; ~en⟩ dégénérescence *f*; **~,ästen I** *v/t.* ⟨-ete, *sép.*, -ge-, h⟩ *jard.* élaguer; émonder; **II 2,ästen** *n* ⟨~s⟩ élagage *m*; émondage *m*; **~,atmen I** *v/t.* ⟨-ete, *sép.*, -ge-, h⟩ *Rauch e-r Zigarette etc.* rejeter; *st. s. Düfte etc.* exhaler; dégager; **II** *v/i.* expirer; durch die Nase ~ expirer par le nez; **III 2,atmen** *n* expiration *f*; *von Rauch etc. verbal*; *von Düften* exhalaison *f*; dégagement *m*; **~,baden** *v/t.* ⟨-ete, *sép.*, -ge-, h⟩ F etw. ~ payer, trinquer pour qc.; etw. ~ müssen *auch* devoir payer les pots cassés; **~,baggern I** *v/t.* ⟨-(e)re, *sép.*, -ge-, h⟩ *Erde, Baugrube* creuser; excaver; *Fahrrinne, Hafen etc.* draguer; *Fluß auch* dégravoyer; **II 2-,baggern** *n* excavation *f*; *e-s Hafens etc.* dragage *m*; **~balan,cieren** *v/t.* ⟨*sép., pas de ge-*, h⟩ équilibrer, contrebalancer (*auch fig. verschiedene Interessen etc.*); *Einnahmen u. Ausgaben* équilibrer; **2balan,cierung** *f* ⟨~⟩ équilibrage *m*.

Ausball ['aʊsbal] *m Sport* ballon sorti du terrain; balle *f* out [awt].

Ausbau ['aʊsbaʊ] *m* ⟨~(e)s⟩ **1.** *e-s Motors etc.* démontage *m*; **2. a)** *bât. e-s Rohbaues* (travaux *m/pl.* d') achèvement *m* et (d')équipement *m*; **b)** *des Verkehrsnetzes etc.* agrandissement *m*; développement *m*; *von Handelsbeziehungen etc.* consolidation *f*; développement *m*; extension *f*; approfondissement *m*; *e-r These, e-r wissenschaftl. Arbeit* approfondissement *m*; **c)** (*Umbau zu e-m bestimmten Zweck*) aménagement *m* (zu, als en).

ausbauch|en ['aʊs,baʊxən] *v/t.* ⟨*sép.*, -ge-, h⟩ bomber; renfler; **2ung** *f* ⟨~; ~en⟩ renflement *m*.

ausbau|en ['aʊs,baʊən] **I** *v/t.* ⟨*sép.*, -ge-, h⟩ **1.** *Maschinenteile, Motor etc.* démonter; **2. a)** *Verkehrsnetz, Fabrikanlage etc.* agrandir; développer; *Wirtschaftsbeziehungen etc.* consolider; développer; approfondir; étendre; *berufliche Stellung* consolider; améliorer; *Vorsprung* consolider; augmenter; *Lehre, Theorie, Kenntnisse* approfondir; **b)** (*zu e-m bestimmten Zweck umbauen*) aménager; das Dachgeschoß ~ aménager le grenier; e-n Saal zum, als Theater ~ aménager une salle en théâtre; e-n Flugplatz zum modernen Flughafen ~ aménager un terrain d'aviation en aéroport moderne; e-e Broschüre zu e-m Buch ~ transformer une brochure en un livre; **II 2en** *n cf.* Ausbau; **~-,fähig** *adj. Position* susceptible d'être amélioré; *Unternehmen* susceptible d'être agrandi, développé.

aus|bedingen [ˈausbəˌdɪŋən] *v/réfl.* ⟨*irr., sép., pas de ge-,* h⟩ *st. s.* **sich etw.** ~ poser qc. comme condition; stipuler qc.; **sich das Recht, die Freiheit** ~, **zu...** se réserver *od.* revendiquer le droit, la liberté de...; **ich hatte mir ausbedungen, daß...** j'avais stipulé que...; j'avais posé comme condition que...; **das ausbedungene Honorar** les honoraires stipulés; **~ˌbeißen** *v/réfl.* ⟨*irr., sép.,* -ge-, h⟩ **sich e-n Zahn (an etw.)** ~ se casser une dent (sur qc.); *fig. u.* F **sich an etw. die Zähne** ~ se casser les dents sur qc.; **~ˌbeizen** *v/t.* ⟨-(es)t, *sép.,* -ge-, h⟩ *Wunde* cautériser.

ausbesser|n [ˈausˌbɛsərn] **I** *v/t.* ⟨-ssere *od.* -ßre, *sép.,* -ge-, h⟩ *Straße, Zaun etc.* réparer; *Wäsche, Fischernetz* raccommoder; *Schiff* radouber; **II 2n** *n* ⟨~s⟩, **2ung** *f* réparation *f*; *der Wäsche, Netze* raccommodage *m*; *e-s Schiffes* radoub *m*; **2ungsˌarbeiten** *f/pl.* travaux *m/pl.* de réparation; **2ungsˌkosten** *pl.* frais *m/pl.* de réparation; **2ungsˌwerk** *n chem.* atelier *m* de réparation.

ausbeulen [ˈausˌbɔylən] **I** *v/t.* ⟨*sép.,* -ge-, h⟩ **1.** *Kotflügel* redresser; *Hut etc.* débosseler; **2.** *Hose etc.* faire des poches, déformer (aux genoux, *etc.*); **e-e Hose mit ausgebeulten Knien** un pantalon avec des poches aux genoux; **II** 2 *n* ⟨~s⟩ *verbal.*

Ausbeute [ˈausˌbɔytə] *f e-r Grube etc., an Energie, Öl etc.* rendement *m*; *fig.* gain *m*; bénéfice *m*; profit *m*; fruits *m/pl.*; **die wissenschaftliche** ~ **e-s Versuchs** le gain, le bénéfice scientifique d'une expérience; **die ganze** ~ **besteht in ...** tout le gain, bénéfice consiste en ...; **die** ~ **der Studienfahrt war gering** le gain, le bénéfice, le profit du voyage d'études fut maigre; les fruits du voyage d'études furent maigres.

ausbeuteln [ˈausˌbɔytəln] *v/t.* ⟨-(e)le, *sép.,* -ge-, h⟩ *Manteltaschen etc. cf.* ausbeulen 2.

ausbeut|en [ˈausˌbɔytən] *v/t.* ⟨-ete, *sép.,* -ge-, h⟩ *Grube, Naturkräfte etc., péj. Menschen* exploiter; **die Arbeiter** ~ exploiter les ouvriers; **2er** *m* ⟨~s; ~⟩ *péj.* exploiteur *m*; **~eˌrisch** *adj. péj.* d'exploitation; **2erˌklasse** *f* classe *f* d'exploiteurs; **2ung** *f* ⟨~; ~en⟩ *e-s Erzvorkommens etc., péj. des Menschen* exploitation *f*; **2ungspoliˌtik** *f* politique *f* d'exploitation.

aus|bezahlen [ˈausbəˌtsaːlən] **I** *v/t.* ⟨*sép., pas de ge-,* h⟩ payer; **j-m e-e Summe** ~ payer une somme à qn.; **die Erben** ~ payer les héritiers; **II 2-beˌzahlen** *n* paiement *m*; **~ˌbiegen I** *v/t.* ⟨*irr., sép.,* -ge-, h⟩ **1.** *Rohr etc.* plier; courber; **2.** *cf.* geradebiegen; **II** *v/i.* ⟨sein⟩ *cf.* ausweichen; **~ˌbieten I** *v/t.* ⟨*irr., sép.,* -ge-, h⟩ *comm. Waren* mettre en vente; **II 2ˌbieten** *n* mise *f* en vente.

ausbild|en [ˈausˌbɪldən] **I** *v/t.* ⟨-ete, *sép.,* -ge-, h⟩ *Lehrlinge, Praktikanten, Rekruten, Facharbeiter etc.* former; *milit. auch* instruire; *Fähigkeiten, Geschmack etc.* former; développer; **ausgebildet werden** être formé (*abs.*); recevoir une formation (**zur, als Kindergärtnerin** *etc.* de jardinière d'enfants, *etc.*); **militärisch ausgebildet werden** recevoir une instruction militaire; **gut, schlecht ausgebildet sein** avoir reçu une bonne, mauvaise formation; **im Rettungswesen ausgebildet sein** avoir reçu une formation de sauveteur; **e-e gut ausgebildete Truppe** une troupe bien instruite, formée; **ein wissenschaftlich ausgebildeter Mitarbeiter** un collaborateur à formation scientifique; **II** *v/réfl.* **sich** ~ se former (*abs.*); **sich** ~ **lassen** suivre *od.* prendre des cours, suivre une formation (**zur, als Krankenschwester** *etc.* d'infirmière, *etc. od.* pour devenir infirmière, *etc.*); **2er** *m* ⟨~s; ~⟩ *milit.* instructeur *m*; **2ung** *f* formation *f*; *milit.* instruction *f*; **praktische, berufliche, pädagogische, innerbetriebliche** ~ formation pratique, professionnelle, pédagogique, au sein de l'entreprise; **die** ~ **zum, als Dolmetscher** *etc.* la formation d'interprète, *etc.*; **e-e gute** ~ **erhalten** recevoir une bonne formation; **s-n Kindern e-e gute** ~ **geben** donner une bonne formation, instruction, éducation à ses enfants; **er befindet sich noch in der** ~ il est encore en apprentissage; il étudie encore; il fait encore des études; **e-e akademische, wissenschaftliche** ~ **haben** avoir reçu une formation universitaire, scientifique; **vormilitärische** ~ préparation *f* militaire (*abr.* P.M.); **militärische** ~ instruction militaire; **die** ~ **des Geschmacks** la formation du goût; **die** ~ **e-s Talents** le développement d'un don; **die geistige und körperliche** ~ l'éducation intellectuelle et corporelle; **2ungsˌabschnitt** *m* phase *f* de formation, *milit.* d'instruction; **2ungsˌbeihilfe** *f* bourse *f* d'études; **2ungsˌdauer** *f* durée *f* de la formation, *milit.* de l'instruction; **2ungsˌgang** *m* déroulement *m* de la formation, *milit.* de l'instruction; **2ungsˌlehrgang** *m* cours *m(pl.)* de formation; **2ungsˌleiter** *m* chef *m* de la formation d'apprentis, *etc.*; **2ungsmeˌthode** *f* méthode *f* de formation, *milit.* d'instruction; **2ungsoffiˌzier** *m* officier *m* instructeur; **2ungsˌstätte** *f* école *f*; centre *m* de formation; **2ungsˌvorschrift** *f milit.* règlement *m* d'instruction; **2ungsˌzeit** *f* période *f* de formation; *cf. auch* 2ungsdauer.

ausbitten [ˈausˌbɪtən] *v/réfl.* ⟨*irr., sép.,* -ge-, h⟩ **sich von j-m etw.** ~ demander qc. à qn.; **ich bitte mir Ruhe aus** je vous demanderais d'être silencieux; **das möchte ich mir auch ausgebeten haben** je l'espère bien.

ausblasen [ˈausˌblaːzən] *v/t.* ⟨*irr., sép.,* -ge-, h⟩ **1.** *Kerze etc.* souffler; éteindre; *Hochofen* mettre 'hors feu; *st. s.* **j-m das Lebenslicht** ~ ôter la vie à qn.; **2.** *Rauch etc.* rejeter; **3.** *verstopfte Röhre etc.* nettoyer en soufflant; souffler pour faire sortir qc.

Ausbläser [ˈausˌblɛːzər] *m* ⟨~s; ~⟩ *milit.* obus *m* qui envoie sa charge par l'avant, mais n'éclate pas.

ausbleiben [ˈausˌblaɪbən] **I** *v/i.* ⟨*irr., sép.,* -ge-, sein⟩ *Nachricht* ne pas arriver; *Hilfe auch* ne pas venir; *Aufträge* ne pas rentrer; ne pas arriver; *Personen* ne pas venir; *Ereignis* ne pas se produire; *jur.* faire défaut; **lange** ~ tarder à rentrer; se faire attendre; **die ganze Nacht** ~ ne pas rentrer de toute la nuit; **bleib nicht so lange aus!** ne t'attarde pas trop!; **die Hilfe blieb aus** il n'est venu aucun secours, aucune aide; **die erwartete Wirkung blieb aus** l'effet attendu ne s'est pas produit; **etw. bleibt nicht aus** qc. ne manque pas d'arriver; qc. est inévitable; qc. ne se fera pas attendre; **der Erfolg, die Strafe, die Wirkung wird nicht** ~ le succès, la punition, l'effet ne se fera pas attendre; **es konnte nicht** ~, **daß ...** il était inévitable que ...; **II** 2 *n* absence *f*; **über das** ~ **von Nachrichten beunruhigt sein** être alarmé par l'absence, par le manque de nouvelles; **er bat, sein** ~ **zu entschuldigen** il demanda qu'on l'excuse pour son absence.

aus|bleichen [ˈausˌblaɪçən] **I** *v/t.* ⟨*sép.,* -ge-, h⟩ *Farben, Stoff* faire passer; *mit Waschmitteln* faire pâlir; **II** *v/i.* ⟨*irr., sép.,* -ge-, sein⟩ passer; pâlir; **der Vorhang ist schon ganz ausgeblichen** le rideau est déjà tout passé; **~ˌblenden** *v/t.* ⟨-ete, *sép.,* -ge-, h⟩ *Filmszene etc.* fermer, faire disparaître en fondu; *Ton* faire disparaître progressivement.

Ausblick [ˈausblɪk] *m* vue *f*; coup *m* d'œil; **e-n herrlichen, weiten** ~ **haben** avoir une vue magnifique, une immense vue; *Zimmer* **mit** ~ **auf den See** avec vue sur le lac; **etw. versperrt den** ~ qc. cache la vue; *fig.* **e-n** ~ **in die Zukunft gewähren** permettre un regard vers l'avenir; **e-n** ~ **auf die Entwicklung e-r Sache geben** donner une vue du développement de qc.; **dabei eröffneten sich** ~**e, an die er nie gedacht hatte** des perspectives, des vues auxquelles il n'avait jamais pensé s'ouvrirent devant lui; **2en** *v/i.* ⟨*sép.,* -ge-, h⟩ *st. s.* **nach j-m** ~ regarder si qn. vient.

aus|blühen [ˈausˌblyːən] *v/i.* ⟨*sép.,* -ge-, h⟩ *Blumenstock etc.* défleurir; *Blumen auch* se faner; **der Rosenstock hat ausgeblüht** le rosier est défleuri; **2ˌblühung** *f* ⟨~; ~en⟩ *an Mauerwerk* efflorescence *f*; **~ˌbluten** *v/i.* ⟨-ete, *sép.,* -ge-, sein⟩ *geschlachtete Tiere* saigner; *Wunde* ~ **lassen** laisser saigner; *fig.* **ein ausgeblutetes Volk** un peuple saigné à blanc; **~ˌbohren I** *v/t.* ⟨*sép.,* -ge-, h⟩ **1.** *Loch im Gestein etc.* agrandir; *techn.* aléser; *Zahn* creuser; (*aushöhlen*) évider; **2.** *Ast aus e-m Brett etc.* enlever à l'aide d'un foret; **II 2ˌbohren** *n* alésage *m*; creusage *od.* creusement *m*; évidage *od.* évidement *m*; **~ˌbomben** *v/t.* ⟨*sép.,* -ge-, h⟩ *cf.* ausgebombt; **~ˌbooten** *v/t.* ⟨-ete, *sép.,* -ge-, h⟩ **1.** *mar.* débarquer; **2.** *fig. u.* F *Person aus e-r Position* débarquer; *bes. höhere Beamte* limoger; P dégommer; **j-n aus der Regierung** ~ débarquer qn. du gouvernement; **s-e Konkurrenten** ~ dégommer ses concurrents; **~ˌborgen I** *v/t.* ⟨*sép.,* -ge-, h⟩ **j-m etw.** ~ prêter qc. à qn.; **II** *v/réfl.* **sich etw.** ~ emprunter qc. (à qn.); **~ˌbraten** *v/t.* ⟨*irr., sép.,* -ge-, h⟩ *cf.* auslassen 3.

ausbrech|en [ˈausˌbrɛçən] **I** *v/t.* ⟨*irr., sép.,* -ge-, h⟩ **1.** *Zähne e-s Kammes, e-r Säge* casser (qc. à qc.); *Steine aus e-r Mauer* enlever, détacher (qc. de qc.); *Steine aus e-m Schmuckstück etc.* enlever (qc. de qc.); **sich ein Fenster** ~ **lassen** se faire percer une fenêtre; **sich (bei e-m Sturz) e-n Zahn** ~ se casser une dent (en tombant); *Stück aus e-m Zahn* s'ébrécher une dent (en tombant); **2.** *Speisen* vomir; rendre; rejeter; **II** *v/i.* ⟨sein⟩ **3. a)** *Häftling etc.* s'évader; s'échapper (*auch Tier aus e-m Käfig*); *eingeschlossene Truppen etc.* rompre l'encerclement; **b)** *aus e-r Menge, Herde* sortir (de); *c) Reitsport* se dérober; **4.** *Aufstand, Krieg* éclater; *Vulkan* faire éruption; *Panik* se produire; survenir; *Brand, Seuche, Epidemie* se déclarer; *Brand auch* éclater; *Schweiß* perler (sur le front); **in ein schallendes Gelächter** ~ éclater de rire; s'esclaffer; **in Jubel, in Klagen** ~

se répandre en jubilations, en lamentations; in Tränen ~ fondre en larmes; in e-n Ausruf der Verwunderung ~ pousser un cri d'étonnement; III 2en *n von Speisen* vomissement *m*; *e-s Häftlings etc.* évasion *f*; *e-s Pferdes* dérobade *f*; *sonst verbal*; *cf. auch* Ausbruch; 2er *m* évadé *m*; *Pferd* cheval *m* qui aime (à) se dérober.

ausbreit|en ['aus͵braɪtən] I *v/t.* ⟨-ete, *sép.*, -ge-, h⟩ 1. *Landkarte etc.* étaler; *Decke, Wäsche etc.* étendre; *Waren, Gegenstände, Heu zum Trocknen etc.* étaler (*auch fig. Wissen etc.*); 2. *Arme, Baum s-e Äste etc.* étendre; *Flügel* déployer; mit ausgebreiteten Armen les bras ouverts; 3. *Herrschaft, Macht* étendre; über ausgebreitete Kenntnisse verfügen posséder des connaissances étendues; II *v/réfl.* sich ~ 4. *Feuer, Epidemie, phys., Geruch, Unkraut, Glück, Friede* se propager; *Qualm, Nebel, Dämmerung* s'étendre; *Gattung, Volksstamm* se répandre; *Nachricht, Lehre, Gerücht, Vermutung, Mode* se répandre; se propager; faire tache d'huile; 5. *Landschaft* s'ouvrir; s'étendre; III 2en *n* ⟨~s⟩ *e-r Landkarte, von Waren etc.* étalement *m*; *der Flügel* déploiement *m*; *sonst verbal*; 2ung *f* ⟨~⟩ *von Schäden, Feuer, e-r Epidemie, Nachricht, Lehre, phys.* propagation *f*; *der Macht, der Produktion etc.* extension *f*; expansion *f*; 2ungs͵drang *m* besoin *m* d'expansion; 2ungsge͵schwindigkeit *f phys.* vitesse *f* de propagation; 2ungs͵möglichkeit *f* possibilité *f* de s'étendre, de se répandre, de se propager.

aus|brennen ['aus͵brɛnən] I *v/t.* ⟨*irr.*, *sép.*, -ge-, h⟩ brûler; *méd.* cautériser; II *v/i.* ⟨sein⟩ 1. *Feuer etc.* s'éteindre; 2. *Haus, Flugzeug etc.* brûler (entièrement); être la proie des flammes; *Panzer, Flugzeug etc., fig. Landschaft* ausgebrannt calciné; das verunglückte Auto brannte vollständig aus la voiture accidentée brûla complètement; III 2͵brennen *n méd.* cautérisation *f*; *sonst verbal*; ~͵bringen *v/t.* ⟨*irr.*, *sép.*, -ge-, h⟩ e-n Toast, ein Hoch auf j-n ~ porter un toast à qn.; pousser des vivats en l'honneur de qn.; j-s Gesundheit ~ boire à la santé de qn.

Ausbruch ['ausbrʊx] *m* 1. *e-s Krieges, e-r Revolution etc.* éclatement *m*; *e-r Epidemie* apparition *f*; *e-s Vulkans* éruption *f*; *von Leidenschaften* éclat *m*; bei ~ des Krieges lorsque la guerre éclata; den ~ e-r Krise, e-r Epidemie befürchten craindre qu'une crise, qu'une épidémie (ne) se déclare; den ~ des Brandes verhindern empêcher que le feu (n')éclate; zum ~ kommen *Konflikt, langgehegter Ärger* éclater; *Krankheit* se déclarer; es kam immer wieder zu Ausbrüchen zwischen ihnen ils en vinrent continuellement à se quereller (violemment); 2. *e-s Häftlings* évasion *f*; *eingeschlossener Truppen* rupture *f* d'encerclement; ~spe͵ri͵ode *f e-s Vulkans* période *f* d'éruption; ~sver͵such *m* tentative *f* d'évasion, *e-r eingeschlossenen Truppe* de rupture d'encerclement.

aus|brühen ['aus͵bryːən] I *v/t.* ⟨*sép.*, -ge-, h⟩ *Gefäße* ébouillanter; échauder; II 2͵brühen *n* ébouillantage *m*; échaudage *m*; ~͵brüten *v/t.* ⟨-ete, *sép.*, -ge-, h⟩ *Eier, Krankheit* couver; *durch die Sonne* faire éclore; *fig. finstere Pläne, Taten* machiner; ~͵buchen *v/t.* ⟨*sép.*, -ge-, h⟩ 1. *comm.* rayer; biffer; 2. der Flug, das Schiff *etc.* ist ausgebucht toutes les places sont réservées; ~͵buchten *v/i.* ⟨-ete, *sép.*, -ge-, sein⟩ *cf.* ausgebuchtet; 2͵buchtung *f* ⟨~; ~en⟩ *e-r Grenze, Front, Küste* saillie *f*; renflement *m* (*auch e-s Gefäßes, e-r Fahrbahn*); ~͵buddeln *v/t.* ⟨-(e)le, *sép.*, -ge-, h⟩ F (*ausgraben*) déterrer; ~͵bügeln *v/t.* ⟨-(e)le, *sép.*, -ge-, h⟩ *Falten* enlever au fer, en repassant; *fig. u.* F *dumme Sache, Schnitzer, Fehler* réparer; arranger.

Ausbund ['ausbʊnt] *m* ⟨~(e)s⟩ modèle *m*; *iron.* prodige *m*; merveille *f*; ein ~ von Grausamkeit un monstre de cruauté; la cruauté personnifiée, en personne; er ist ein ~ von Neugier, Unverschämtheit c'est la curiosité, l'insolence personnifiée, en personne; *iron.* er ist ein wahrer ~ von Tugend, Fleiß, Klugheit c'est un vrai modèle, prodige de vertu, d'application, d'intelligence.

aus|bürgern ['aus͵bʏrgərn] *v/t.* ⟨-(e)re, *sép.*, -ge-, h⟩ déclarer déchu de sa nationalité; 2͵bürge͵rung *f* ⟨~; ~en⟩ déclaration *f* de la déchéance de la nationalité; ~͵bürsten I *v/t.* ⟨-ete, *sép.*, -ge-, h⟩ a) *Kleidungsstück* brosser; donner un coup de brosse à; b) e-n Fleck ~ brosser une tache; II 2͵bürsten *n* brossage *m*; ~͵büxen *v/i.* ⟨-(es)t, *sép.*, -ge-, sein⟩ F *cf.* abhauen II.

Ausdauer ['aus͵daʊər] *f* persévérance *f*; constance *f*; ténacité *f*; *Sport* endurance *f*; große ~ in etw. haben, besitzen avoir beaucoup de persévérance, de ténacité, *Sport* d'endurance dans qc.; etw. mit ~ betreiben faire qc. avec persévérance, avec ténacité; mit ~ an e-m Plan arbeiten travailler avec persévérance à un plan; etw. durch Fleiß und ~ erreichen atteindre qc. par son application et sa persévérance; für s-e ~ belohnt werden être récompensé de sa persévérance, de sa constance, de sa ténacité; 2nd *adjt.* persévérant; constant; ~er Läufer, Schwimmer coureur, nageur endurant; mit ~em Fleiß avec une application constante; *bot.* ~e Pflanzen plantes vivaces.

ausdehn|bar ['ausdeːn͵baːr] *adj. cf.* dehnbar; ~en I *v/t.* (*u. v/réfl.*) ⟨*sép.*, -ge-, h⟩ 1. *räumlich* a) *Nebel, Kältewelle etc.* s'étendre; b) *Geschäft, Unternehmen* (s')agrandir; *Kapazität* augmenter; *Macht, Aufgabenbereich* (s')étendre; *Studie zu e-m Roman etc.* faire qc. de qc.; ausgedehnte Spaziergänge machen faire de longues promenades; ausgedehnte Beziehungen haben avoir de nombreuses relations; c) *phys.* (se) dilater; *Kleidungsstück* (s')agrandir; *Schuhe* (s')élargir; ausgedehnter Gummi caoutchouc détendu; 2. *zeitlich Besuch, Aufenthalt* (s')allonger; (se) prolonger; die Sitzung dehnte sich über mehrere Stunden aus la réunion s'est étendue sur plusieurs heures; e-n ausgedehnten Mittagsschlaf halten faire une longue sieste; 3. *Landschaft* s'étendre; e-e weite Ebene dehnt sich vor ihm aus une large plaine s'étend devant lui; ausgedehnte Waldungen forêts étendues; ausgedehnter Besitz propriété étendue; 2ung *f* ⟨~; ~en⟩ 1. *phys.* dilatation *f*; *e-s Tiefs, des Einflusses, der Macht etc.* extension *f*; *e-s Unternehmens etc.* agrandissement *m*; *der Besuchszeit etc.* allongement *m*; 2. *e-r Anlage, e-r Landschaft etc.* étendue *f*; die beträchtliche ~ e-r Fabrikanlage bewundern admirer l'étendue considérable d'une usine; ein Industriezweig gewinnt an ~ une branche industrielle prend de l'extension, s'agrandit; 2ungs͵drang *m* besoin *m* d'extension; 2ungskoeffizi͵ent *m phys.* coefficient *m* de dilatation; 2ungspoli͵tik *f* politique *f* d'expansion; 2ungsver͵mögen *n phys.* capacité *f* de dilatation.

aus|denkbar ['ausdɛŋk͵baːr] *adj.* imaginable; ~͵denken I *v/t.* ⟨*irr.*, *sép.*, -ge-, h⟩ etw. ist nicht auszudenken on ne peut pas s'imaginer qc.; die Folgen sind nicht auszudenken on ne peut pas s'imaginer les suites; II *v/réfl.* sich etw. ~ *Plan, Scherz, Ausrede, Lüge etc.* imaginer, inventer qc.; das hat er sich selbst ausgedacht c'est lui qui a inventé cela; ~͵deuten *v/t.* ⟨-ete, *sép.*, -ge-, h⟩ interpréter; expliquer; 2͵deutung *f* interprétation *f*; explication *f*; ~͵dienen *v/i.* ⟨*sép.*, -ge-, h⟩ 1. *milit.* a) ausgedient haben avoir fait, fini, accompli son temps (de service); b) ausgedienter Offizier officier *m* en retraite; 2. *fig. u.* F *Kleidungsstück, Fahrrad etc.* ausgedient haben avoir fait son temps; ~disku͵tieren *v/t.* ⟨*sép.*, *pas de ge-*, h⟩ *Problem etc.* discuter à fond; ~͵dorren, ~͵dörren I *v/t.* ⟨*sép.*, -ge-, h⟩ *Boden, Körper etc.* dessécher; II *v/i.* ⟨sein⟩ se dessécher; ausgedörrte Kehle gorge desséchée; III 2͵dorren, 2͵dörren *n* dessèchement *m*; ~͵drehen *v/t.* ⟨*sép.*, -ge-, h⟩ *Licht, Radio, Gas etc.* éteindre; fermer; ~͵dreschen *v/t.* ⟨*irr.*, *sép.*, -ge-, h⟩ *Korn* battre.

Ausdruck ['ausdrʊk] *m* ⟨~(e)s⟩ 1. ⟨*pl.* ~̈e⟩ expression *f*; *meist* (*Fach2*) terme *m*; beschönigender ~ euphémisme *m*; drastischer ~ expression pleine de verdeur; terme expressif; veralteter ~ expression vieillie, désuète; archaïsme [-k-] *m*; ordinärer, vulgärer ~ expression vulgaire; bildlicher, bildhafter ~ expression figurée, imagée; passender ~ mot propre, approprié; fester ~ expression toute faite; technischer ~ terme technique; nach e-m ~ suchen chercher un mot, un terme, une expression; *math.* algebraischer ~ expression algébrique; 2. (~*sweise*) e-e große Gewandtheit im ~ besitzen savoir bien s'exprimer; j-s mündlichen und schriftlichen ~ beurteilen juger l'éloquence et le style de qn.; 3. *in Worten* expression *f*; etw. mit dem ~ der Verwunderung, Empörung zur Kenntnis nehmen prendre connaissance de qc. avec étonnement, avec indignation; *Briefschluß* mit dem ~ meiner vorzüglichen Hochachtung veuillez agréer, Monsieur *bzw.* Madame, l'expression de ma considération distinguée; etw. zum ~ bringen exprimer qc.; s-n Standpunkt klar zum ~ bringen exprimer clairement son point de vue; er gab der Hoffnung, Überzeugung, Befürchtung ~, daß ... il espérait, il était persuadé, il craignait que ...; in dem Buch kommt das überragende Wissen des Verfassers zum ~ l'immense savoir de l'auteur se montre, apparaît dans ce livre; 4. *auf dem Gesicht* expression *f*; ein ~ von Trauer, Zufriedenheit (lag auf s-m Gesicht) une expression de tristesse, de contentement (se peignait sur son visage); 5. *bei der Wiedergabe e-s Kunstwerkes* expression *f*; ein Gedicht mit ~ vortragen réciter un poème, une poésie avec expression; ohne ~ sans expression; 6. (*Kennzeichen*) symbole *m*; caractéristique *f*; das Tempo ist der ~ der

modernen Zeit la vitesse est le symbole des temps modernes; **dieses Werk ist der ~ bürgerlicher Geisteshaltung** cette œuvre est le symbole, la caractéristique de l'esprit bourgeois.

ausdrückbar ['aʊsdrʏkˌbaːr] *adj. Gefühl etc.* **kaum ~ sein** être à peine exprimable.

ausdrucken ['aʊsˌdrʊkən] *v/t.* ⟨*sép.*, **-ge-**, **h**⟩ *impr.* **a)** imprimer; **b)** *Namen etc.* imprimer en toutes lettres.

ausdrück|en ['aʊsˌdrʏkən] **I** *v/t.* ⟨*sép.*, **-ge-**, **h**⟩ **1.** *Saft* exprimer; presser; *Eiter* faire sortir; *Schwamm, Frucht, Pickel etc.* presser; **2.** *Zigarette etc.* éteindre; écraser; **3.** *durch Worte* exprimer; **s-e Gedanken ~** exprimer ses pensées; **sein Bedauern ~** exprimer, présenter ses regrets; **etw. klar und deutlich ~** exprimer qc. clairement; **es war schlimmer, als Worte es auszudrücken vermögen** c'était pire que les mots peuvent l'exprimer; **e-e mathematische Größe in Zahlen ~** exprimer une grandeur mathématique en chiffres; **4.** *st. s.* (*aussprechen*) **j-m s-e Anerkennung, s-n Dank ~** exprimer sa reconnaissance, ses remerciements à qn.; **s-e Anteilnahme ~** exprimer sa sympathie, ses condoléances; **s-e Zeilen drücken Besorgnis aus** sa lettre exprime de l'inquiétude; **II** *v/réfl.* **sich ~** s'exprimer; **sich unklar ~** s'exprimer de façon confuse; **sich vorsichtig ~** *auch* mesurer ses expressions; **sich gewählt ~** *cf.* **gewählt**; **sich falsch ~** mal s'exprimer; **wenn ich mich so ~ darf** si je peux m'exprimer ainsi; **wie er sich auszudrücken pflegt** comme il aime à dire; **sich nicht ~ lassen** être inexprimable; **~lich 1.** *adj.* exprès, -esse; explicite; formel, -lle; **auf ~en Wunsch** sur la demande expresse; **auf ~en Befehl** sur l'ordre formel, exprès; **mit s-r ~en Erlaubnis** avec sa permission expresse; **2.** *adv.* expressément; formellement; explicitement; **etw. ~ verbieten** défendre qc. expressément, formellement; **es wird ~ darauf hingewiesen, daß ...** il est expressément défendu, recommandé, *etc.* de...; nous attirons votre attention sur le fait que ...

Ausdrucks|bewegung ['aʊsdrʊksbəˌveːgʊŋ] *f Tanz* mouvement *m* d'expression; **2ˌfähig** *adj. Gesicht etc.* expressif, -ive; **~ˌfähigkeit** *f* ⟨~⟩ faculté *f* d'expression; **~ˌform** *f* forme *f* d'expression; **~ˌkraft** *f* force *f* d'expression; **~ˌkunst** *f* art expressif; **2ˌleer** *adj.* inexpressif, -ive; **2ˌlos 1.** *adj.* sans expression; inexpressif, -ive; **2.** *adv.* **etw. ~ vortragen** réciter qc. sans expression, d'une façon inexpressive; **~ˌmittel** *n/pl.* moyens *m/pl.* d'expression; **~psycholoˌgie** *f* psychologie *f* de l'expression; **2ˌstark** *adj.* expressif, -ive; **~ˌtanz** *m* danse *f* d'expression; **~verˌmögen** *n* capacité *f* de s'exprimer; **2ˌvoll 1.** *adj.* expressif, -ive; parlant; **2.** *adv.* avec expression; **~ˌweise** *f* façon *f*, manière *f* de s'exprimer; **veraltete ~** façon archaïque de s'exprimer; archaïsme [-k-] *m.*

ausdünst|en ['aʊsˌdʏnstən] *v/t.* ⟨-ete, *sép.*, **-ge-**, **h**⟩ *Geruch* exhaler; dégager; **2ung** *f* ⟨~; ~en⟩ exhalaison *f*; émanation *f*; *physiol. der Haut* exhalation *f*; *giftige e-s Sumpfes etc. auch* miasmes *m/pl.*; **die ~en schwitzender Körper** les exhalaisons de corps qui suent; **die üblen ~en des Tümpels** les émanations empestées, les exhalaisons empestées, les miasmes de la mare; **die üblen ~en der chemischen Fabrik** les émanations empestées de l'usine chimique.

auseinander [ˌaʊsʔaɪˈnandər] *adv.* **1.** (*getrennt*) séparé, distant, écarté (l'un de l'autre); séparément; **~ legen** séparer; espacer; écarter; *Schüler etc.* **~ setzen** séparer; placer séparément; **~ schreiben** écrire séparément, en deux mots; **die beiden Dörfer liegen zwei km ~** les deux villages sont séparés par, distants de deux km; **die Dörfer liegen weit ~** les villages sont loin les uns des autres, dispersés; **die Ereignisse lagen nur einige Monate ~** les événements n'étaient séparés que par, n'étaient distants que de quelques mois; *im Alter* F **zwei Jahre ~ sein** avoir deux ans de différence; **2.** (*eines aus dem andern*) l'un(e) de l'autre *bzw.* les un(e)s des autres; **~ hervorgehen** découler l'un de l'autre; **~ˌbiegen** *v/t.* ⟨*irr.*, *sép.*, **-ge-**, **h**⟩ écarter; **~ˌbrechen I** *v/t.* ⟨*irr.*, *sép.*, **-ge-**, **h**⟩ rompre; **II** *v/i.* ⟨**sein**⟩ se rompre; **~ˌbringen** *v/t.* ⟨*irr.*, *sép.*, **-ge-**, **h**⟩ séparer; désunir; désolidariser; **~entˌwickeln** *v/réfl.* ⟨-(e)le, *sép.*, *pas de ge-*, **h**⟩ **sich ~** évoluer dans des directions opposées; **~ˌfahren** *v/i.* ⟨*irr.*, *sép.*, **-ge-**, **sein**⟩ *Personen* se séparer, se disperser brusquement; **~ˌfallen** *v/i.* ⟨*irr.*, *sép.*, **-ge-**, **sein**⟩ tomber en morceaux, en miettes; **~ˌfalten** *v/t.* ⟨-ete, *sép.*, **-ge-**, **h**⟩ déplier; **~ˌfliegen** *v/i.* ⟨*irr.*, *sép.*, **-ge-**, **sein**⟩ s'envoler dans toutes les directions; se disperser; s'égailler; *bei e-r Explosion* voler en éclats; **~ˌgehen I** *v/i.* ⟨*irr.*, *sép.*, **-ge-**, **sein**⟩ **1.** *Personen* se séparer; *Menschenmenge* se disperser; s'égailler; *Geleimtes etc.* se disloquer; se disjoindre; se démonter; *Strahlen* diverger; *fig. Meinungen etc.* diverger; différer; **als Freunde ~** se séparer en amis; F **ihre Verlobung ist auseinandergegangen** leurs fiançailles se sont rompues; **2.** *fig. u.* F (*dick werden*) grossir; **II 2ˌgehen** *n von Personen* séparation *f*; *der Menge* dispersion *f*; *von Strahlen, fig. von Meinungen* divergence *f*; **vor dem ~** avant de se séparer; **~ˌhacken** *v/t.* ⟨*sép.*, **-ge-**, **h**⟩ couper en morceaux; **~ˌhalten** *v/t.* ⟨*irr.*, *sép.*, **-ge-**, **h**⟩ distinguer; **ich kann die Zwillinge nicht ~** je ne peux pas distinguer les jumeaux l'un de l'autre; **~ˌjagen** *v/t.* ⟨*sép.*, **-ge-**, **h**⟩ disperser; **~ˌklaffen** *v/i.* ⟨*sép.*, **-ge-**, **sein**⟩ être béant; *fig. Meinungen etc.* diverger; **~klaˌmüsern** F *v/t.* ⟨-(e)re, *sép.*, *pas de ge-*, **h**⟩ démêler; **~ˌkommen** *v/i.* ⟨*irr.*, *sép.*, **-ge-**, **sein**⟩ *willentlich* se séparer; *zufällig im Gedränge etc.* se perdre de vue; **~ˌlaufen** *v/i.* ⟨*irr.*, *sép.*, **-ge-**, **sein**⟩ se séparer; *Menge* se disperser; se débander; *Teig etc.* s'étaler; **~ˌleben** *v/réfl.* ⟨*sép.*, **-ge-**, **h**⟩ **sich ~** se détacher peu à peu l'un de l'autre; **~ˌlegen** *v/t.* ⟨*sép.*, **-ge-**, **h**⟩ (*erklären*) expliquer; exposer; **2ˌlegung** *f* ⟨~; ~en⟩ explication *f*; **~ˌmachen** F *v/t.* ⟨*sép.*, **-ge-**, **h**⟩ défaire; démonter; **~ˌnehmbar** *adj.* démontable; **~ˌnehmen I** *v/t.* ⟨*irr.*, *sép.*, **-ge-**, **h**⟩ *Maschine etc.* démonter; désassembler; *gekreuzte Arme, gefaltete Hände* décroiser; *fig. u.* F *Gegner* démolir; **II 2ˌnehmen** *n von Maschinen etc.* démontage *m*; désassemblage *m*; **~ˌreißen** *v/t.* ⟨*irr.*, *sép.*, **-ge-**, **h**⟩ déchirer; *Personen* séparer (violemment); **~ˌrollen I** *v/t.* ⟨*sép.*, **-ge-**, **h**⟩ séparer; écarter; *Aufgerolltes* dérouler; défaire; **II** *v/i.* ⟨**sein**⟩ s'écarter; se séparer; **~ˌrücken I** *v/t.* ⟨*sép.*, **-ge-**, **h**⟩ *Tische etc.* écarter; espacer; desserrer; **II** *v/i.* ⟨**sein**⟩ *Personen* se desserrer; s'écarter; s'espacer; **~ˌschneiden** *v/t.* ⟨*irr.*, *sép.*, **-ge-**, **h**⟩ couper en deux, en morceaux; **~ˌsetzen I** *v/t.* ⟨-(es)t, *sép.*, **-ge-**, **h**⟩ (*darlegen, erklären*) exposer; expliquer; **j-m s-e Pläne, Gründe ~** exposer, expliquer ses projets, ses raisons à qn.; **j-m etw. lang und breit ~** exposer, expliquer qc. à qn. en long et en large; *cf. auch* **~ 1.**; **II** *v/réfl.* **1. sich mit e-m Problem ~** se préoccuper d'un, réfléchir à un, traiter un problème; **sich mit e-r Frage kritisch ~** traiter une question d'un point de vue critique; **sich mit j-m ~** avoir une discussion, *streitend, wütend* une explication avec qn.; **2.** *jur. Erben* **sich ~** s'arranger pour le partage; *comm.* **sich mit s-n Gläubigern ~** conclure un arrangement, s'arranger avec ses créanciers; **2ˌsetzung** *f* ⟨~; ~en⟩ **1.** *e-s Problems etc.* exposé *m*; explication *f*; **j-s scharfsinnigen ~en folgen** suivre les explications sagaces, l'exposé sagace de qn.; **2. a)** (*Meinungsaustausch*) discussion *f*; **e-e kritische, literarische ~ mit j-m haben** avoir une discussion critique, littéraire avec qn.; **die ~ mit dem Denken anderer** la préoccupation avec la pensée d'autrui; **b)** (*Streit*) démêlé *m*; explication *f*; querelle *f*; conflit *m*; **e-e erregte ~** une vive explication; **e-e heftige ~** une violente explication; un violent démêlé; **politische ~en** démêlés, querelles politiques; **e-e bewaffnete ~** un conflit armé; **es kam zu blutigen ~en** on en arriva à des démêlés sanglants; **c)** *jur. bei e-r Erbschaft* (arrangement *m* pour le) partage *m*; *comm. mit den Gläubigern* arrangement *m*; **~ˌstellen** *v/t.* ⟨*sép.*, **-ge-**, **h**⟩ séparer; écarter; desserrer; **~ˌstreben** *v/i.* ⟨*sép.*, **-ge-**, **sein**⟩ tendre à, avoir tendance à se séparer, s'écarter; **~ˌtreiben** *v/t.* ⟨*irr.*, *sép.*, **-ge-**, **h**⟩ disperser; **~ˌwickeln** *v/t.* ⟨-(e)le, *sép.*, **-ge-**, **h**⟩ dérouler; défaire; **~ˌziehen** *v/t.* ⟨*irr.*, *sép.*, **-ge-**, **h**⟩ séparer (en tirant); (é)tirer.

auser|koren ['aʊsʔɛrˌkoːrən] *st. s. p.p.* élu (*auch relig.*); choisi; **man hatte ihn dazu ~, zu ...** on l'avait élu, choisi pour ...; **~ˌlesen** *adjt. st. s. Gesellschaft etc.* choisi; *Sachen* sélectionné; de choix; de première qualité; **das 2ste** le fin du fin; la fine fleur de; **~ˌsehen** *st. s. v/t.* ⟨*irr.*, *les formes séparées des temps simples ne s'emploient pas, pas de ge-*, **h**⟩ destiner, désigner (à); **zu etw. Großem ~ sein** être destiné, désigné à qc. de grand; **~ˌwählen** *st. s. v/t.* ⟨*les formes séparées des temps simples ne s'emploient pas, pas de ge-*, **h**⟩ élire; choisir; *bibl.* **das auserwählte Volk** le peuple élu; *bibl.* **viele sind berufen, aber wenige sind auserwählt** il y a beaucoup d'appelés, mais peu d'élus; **2ˌwählte(r)** *f(m)* ⟨→ A⟩ élu(e) *m(f)* (*auch relig.*); *plais.* **die ~ s-s Herzens** l'élue de son cœur.

aus|essen ['aʊsˌʔɛsən] *v/t.* ⟨*irr.*, *sép.*, **-ge-**, **h**⟩ F **e-e Schüssel ~** achever, F vider un plat; **~ˌfädeln** *v/i.* ⟨-(e)le, *sép.*, **-ge-**, **sein**⟩ *u. v/réfl.* ⟨**h**⟩ *cout.* **der Faden hat sich, ist ausgefädelt** l'aiguille s'est désenfilée.

ausfahr|en ['aʊsˌfaːrən] **I** *v/t.* ⟨*irr.*, *sép.*, **-ge-**, **h**⟩ **1. a) j-n ~** sortir, promener qn.; **b)** *Holz, Kohle, Pakete* livrer; apporter; **2.** *aviat. Fahrwerk, Landeklappen etc.* sortir; **3.** *Kurven* ne pas couper; bien prendre; **4.** *Auto etc.* pousser au maximum; **5.** *Geleise etc.* creuser; user; *cf. auch* **ausgefahren**; **II** *v/i.* ⟨**sein**⟩ **6.** (*spazieren-*

fahren) sortir, aller se promener en voiture, *etc.*; **7.** *Schiffe etc.* partir; **aus dem Hafen, Bahnhof ~** sortir du port, de la gare; quitter le port, la gare; **zum Heringsfang ~** partir pour la pêche au *od.* du hareng; **8.** *mines* remonter; **III 2en** *n von Paketen etc.* livraison *f*; *aviat. des Fahrwerks etc.* sortie *f*; *von Geleisen* creusage *m*; usure *f*; *sonst verbal*; *cf. auch* 2t; **2t** *f* **1.** (*Spazierfahrt*) promenade *f*, sortie *f* en voiture, *etc.*; **2.** *chem.* sortie *f*; *e-s Schiffes* départ *m*; **3.** *mines* remontée *f*; **4.** (*Ausfahrstelle*) sortie *f*; *vor Grundstücken* bateau *m*; (*Torweg*) porte cochère; *auf Schildern* **~ freihalten!** sortie de voitures!; **2(t)-si,gnal** *n chem.* signal *m* de sortie; **2t(s),straße** *f cf.* Ausfallstraße.

Ausfall ['aʊsfal] *m* **1.** *von Einnahmen, Lohn, Arbeitszeit, der Produktion etc.* perte *f*; *e-r Veranstaltung, des Unterrichts, e-s Zuges etc. verbal*; *e-r Maschine, techn. Anlage* panne *f*; *des Stroms* manque *m*; absence *f*; coupure *f*; *von Personen* absence *f*; **der ~ des Frühjahrsgeschäftes** le manque, l'insuffisance de commandes dans le commerce printanier; **wegen der Grippe gab es viele Ausfälle** à cause de la grippe il y a eu beaucoup d'absences; F **der Spieler war ein glatter ~** le joueur a été d'une nullité sans pareille; **2. a)** *milit.* sortie *f*; **e-n ~ machen** faire une sortie; **b)** *esc.* fente *f*; **3.** *fig.* attaque insultante; **Ausfälle gegen j-n machen** invectiver qn.; éclater en invectives contre qn.; **4.** *cf.* **Ergebnis**; **~,bürgschaft** *f comm.* garantie *f* en cas de déficit; **2en I** *v/i.* ⟨*irr., sép.*, -ge-, sein⟩ **1. a)** *Haare, Zähne, Samenkörner etc.* tomber; **mir fallen die Haare aus** mes cheveux tombent; je perds mes cheveux; **b)** *chim.* précipiter; former un précipité; **2.** *Vorstellung, Vortrag etc.* ne pas avoir lieu; *Arbeitsstunden* ne pas être effectué; être perdu; *Zug* ne pas prendre le départ; ne pas circuler; *Maschine, techn. Anlage* tomber en panne; *Bremse* ne pas fonctionner; *Strom* être coupé; manquer; *Person* être absent; manquer; ne pas être à la disposition de qn.; **die Vorlesung fällt aus** le cours, la conférence n'a pas lieu; **die Schule fällt heute aus** il n'y a pas classe, pas d'école aujourd'hui; **plötzlich fiel ein Motor aus** soudain un moteur tomba en panne, s'arrêta; **der Spieler fällt wegen Krankheit aus** le joueur vient à manquer par suite de maladie; **die ausgefallenen Arbeitsstunden nachholen** rattraper les heures de travail perdues; **3.** F **etw. fällt gut, schlecht aus** qc. est bon, mauvais; **das Zeugnis ist schlecht ausgefallen** le livret scolaire est mauvais; **wie ist die Prüfung ausgefallen?** quel est le résultat de l'examen?; **der Vergleich fiel zu unseren Gunsten aus** le résultat de la comparaison a été en notre faveur; **mein Anteil ist klein ausgefallen** ma part a été petite; **verschieden ~** être différent; *cf. auch* **ausgefallen**; **II ~en** *n der Samenkörner, Haare etc.* chute *f*; *cf. auch* ~.

ausfällen ['aʊs,fɛlən] *chim.* **I** *v/t.* ⟨*sép.*, -ge-, h⟩ précipiter; **II** 2 *n* précipitation *f*.

ausfallend ['aʊs,falənt] *adjt. cf.* aus[fällig.]

ausfällig ['aʊs,fɛlɪç] *adj.* insultant; grossier, -ière; **gegen j-n ~ werden** devenir grossier envers qn.; invectiver qn; éclater en invectives contre qn.

Ausfall|(s)erscheinung ['aʊsfal(s)-ʔɛr,ʃaɪnʊŋ] *f path.* déficience *f*; **~,straße** *f* route *f* de sortie (d'une ville); **~,stunden** *f/pl.* heures non effectuées, perdues.

aus|fasern ['aʊs,fa:zərn] **I** *v/i.* ⟨-(e)re, *sép.*, -ge-, sein⟩ s'effilocher; s'effiler; **II** 2,**fasern** *n* ⟨~s⟩ effil(och)age *m*; **~,fechten** *v/t.* ⟨*irr., sép.*, -ge-, h⟩ **e-n Kampf ~** se battre (pour qc.); **e-e Debatte ~** débattre qc. jusqu'à la décision; **e-n Streitfall vor Gericht ~** terminer une querelle, une cause devant le tribunal; *fig.* **e-n Streit,** *litt.* **e-n Strauß ~** vider une querelle; **~,fegen I** *v/t.* ⟨*sép.*, -ge-, h⟩ balayer; *Zimmer auch* donner un coup de balai à, dans; **II** 2,**fegen** *n* balayage *m*; **~,feilen I** *v/t.* ⟨*sép.*, -ge-, h⟩ *techn.* limer; *fig. Text etc.* polir; *Technik etc.* perfectionner; **ein ausgefeilter Stil** un style poli, fouillé, F léché; **e-e Arbeit stilistisch ~** polir, F fignoler un travail; **II** 2,**feilen** *n techn.* limage *m*; *fig.* polissage *m*; perfectionnement *m*.

ausfertig|en ['aʊs,fɛrtɪgən] *v/t.* ⟨*sép.*, -ge-, h⟩ *Dokument, Rechnung, Vertrag etc.* dresser; rédiger; confectionner; établir; **etw. doppelt ~** dresser, *etc.* qc. en double; **ausgefertigt am...** délivré, fait le...; 2**ung** *f* **1.** *e-r Urkunde etc.* rédaction *f*; confection *f*; établissement *m*; **2.** exemplaire *m*; **zweite ~** *auch* copie *f*; expédition *f*; **in doppelter ~** en double exemplaire; **e-e Rechnung in drei ~en** une facture en trois exemplaires, en triple exemplaire; 2**ungs,datum** *n* date *f* de l'établissement, de la rédaction; 2**ungsge,bühr** *f* droit *m* d'expédition; taxe perçue pour la confection d'un acte; 2**ungs,tag** *m* jour *m* de l'établissement, de la rédaction.

aus|fetten ['aʊs,fɛtən] *v/t.* ⟨-ete, *sép.*, -ge-, h⟩ *Backform* beurrer; graisser; **~,findig** *adv.* **etw., j-n ~ machen** (finir par) trouver, découvrir, F dénicher qc., qn.; *milit.* repérer qc., qn.; **etw. ~ zu machen suchen** rechercher qc.; **~,fischen** *v/t.* ⟨*sép.*, -ge-, h⟩ *Teich etc.* dépeupler; **~,flicken** *v/t.* ⟨*sép.*, -ge-, h⟩ F (*ausbessern*) réparer; rapiécer; **~,fliegen I** *v/t.* ⟨*irr., sép.*, -ge-, h⟩ *Flüchtlinge, Verwundete etc.* évacuer en avion (**nach** vers); **II** *v/i.* ⟨sein⟩ **1.** *Vogel etc.* s'envoler; quitter, abandonner son nid; **die Jungen sind schon ausgeflogen** les oisillons ont déjà quitté leur nid; *fig. u.* F **der Vogel ist ausgeflogen** l'oiseau s'est envolé; **2.** *fig. u.* F (*e-n Ausflug machen*) faire une promenade, une excursion; partir en excursion; **~,fließen I** *v/i.* ⟨*irr., sép.*, -ge-, sein⟩ *Flüssigkeiten* couler (de); s'écouler (de); fuir (*auch Füllfederhalter, Faß etc.*); **II** 2,**fließen** *n* écoulement *m*.

Ausflucht ['aʊsflʊxt] *f* ⟨~; ≈e⟩ faux-fuyant *m*; échappatoire *f*; subterfuge *m*; excuse *f*; **Ausflüchte machen** faire des détours; répondre par des pirouettes; user de subterfuges; **keine Ausflüchte gelten lassen** ne pas accepter d'excuses; **sich hinter Ausflüchten verschanzen** se cacher derrière des faux-fuyants; **alle Ausflüchte waren umsonst** toutes les excuses, échappatoires furent vaines.

Ausflug ['aʊsflu:k] *m* **1.** excursion *f*; F tour *m*; virée *f*; *längerer* randonnée *f*; **ein ~ in die Berge** une excursion en montagne; **ein ~ aufs Land** une partie de campagne; **e-n ~ machen** faire une excursion; excursionner; **2.** *der Bienen etc.* envol *m*; **3.** *am Bienenstock* entrée *f*.

Ausflügler ['aʊs,fly:klər] *m* ⟨~s; ~⟩ excursionniste *m*; promeneur *m* du dimanche.

Ausflugs|dampfer ['aʊsflu:ks,dampfər] *m* bateau *m* de plaisance; **~,gegend** *f* contrée *f* touristique; **~lo,kal** *n etwa* guinguette *f*; **~,ort** *m* lieu *m* d'excursion; **~,ziel** *n* but *m* d'excursion.

Ausfluß ['aʊsflʊs] *m* **1.** *phys.* écoulement *m*; **2.** *méd.* flux [fly] *m*; **3.** *e-s Teiches etc.* orifice *m* d'écoulement; décharge *f*; **4.** *fig. u. st. s.* résultat *m*; **~ge,schwindig,keit** *f phys.* vitesse *f* d'écoulement; **~,öffnung** *f* orifice *m* d'écoulement.

aus|formen ['aʊs,fɔrmən] *v/t.* ⟨*sép.*, -ge-, h⟩ former; **~,forschen** *v/t.* ⟨*sép.*, -ge-, h⟩ **1.** *Person* trouver (après de longues recherches); *Ort auch* découvrir; *Gelegenheit* trouver; **2. j-n nach, über etw. ~** sonder, questionner qn. sur qc.; **~,fragen** *v/t.* ⟨*sép.*, -ge-, h⟩ **j-n nach, über etw. ~** interroger, questionner qn. sur qc.; 2**frage'rei** *f* manie *f* de questionner, de poser des questions; **~,fransen I** *v/i.* ⟨-(es)t, *sép.*, -ge-, sein⟩ s'effranger; s'effilocher; **ein ausgefranster Teppich** un tapis effiloché, effrangé; **II** 2,**fransen** *n* ⟨~s⟩ effilochement *m*; *absichtliches* effrangement *m*; **~,fräsen I** *v/t.* ⟨-(es)t, *sép.*, -ge-, h⟩ *techn.* fraiser; **II** 2,**fräsen** *n* fraisage *m*; **~,fressen** *v/t.* ⟨*irr., sép.*, -ge-, h⟩ **1.** *Tier* **s-e Schüssel, s-n Trog ~** vider son écuelle, son auge; **2.** *fig. u.* F **etw. ausgefressen haben** avoir fait qc.; **etw. ~ müssen** devoir payer, trinquer pour qc.; **~,frieren** *v/i.* ⟨*irr., sép.*, -ge-, sein⟩ *agr. Saat etc.* geler; **die Wintersaat ist ausgefroren** la semence d'hiver a gelé; **~,fugen I** *v/t.* ⟨*sép.*, -ge-, h⟩ *bât.* jointoyer; **II** 2,**fugen** *n* ⟨~s⟩ jointoiement *m*.

Ausfuhr ['aʊsfu:r] *f* ⟨~; ~en⟩ *comm.* exportation *f*; sortie *f*; **die ~ von Getreide** *etc.* l'exportation de céréales, *etc.*; **bei der ~** à la sortie; **~...** *in Zssgn. cf. auch* **Export...**; **~ar,tikel** *m* article *m* d'exportation.

ausführbar ['aʊsfy:r,ba:r] *adj. Plan etc.* réalisable; faisable; exécutable; **nicht ~** irréalisable; infaisable; **schwer ~** difficile à réaliser, à exécuter, à faire; 2,**keit** *f* ⟨~⟩ possibilité *f* de réalisation, d'exécution.

Ausfuhr|bescheinigung ['aʊsfu:rbə-,ʃaɪnɪgʊŋ] *f* certificat *m* d'exportation; **~be,schränkung** *f* restriction *f*, limitation *f* des exportations, à l'exportation; **~be,willigung** *f cf.* **Ausfuhrerlaubnis**.

ausführen ['aʊs,fy:rən] **I** *v/t.* ⟨*sép.*, -ge-, h⟩ **1.** *Person in e-e Gesellschaft etc., Kind, Hund* sortir; *Hund, Kind auch* promener; **s-e Freundin ~** sortir son amie; **2.** *comm.* exporter; **etw. ins Ausland ~** exporter qc. à l'étranger; **3.** *Plan etc.* réaliser; exécuter; *Gedanken, Einfall* réaliser; *Befehl, Auftrag, Anordnung etc.* exécuter; *Arbeiten, Reparaturen* exécuter; effectuer; *Operation, Experiment, Analyse etc.* effectuer; faire; exécuter; *Konzert etc.* exécuter; *Sport Strafstoß etc.* effectuer; exécuter; **ausführendes Organ** organe exécutif; **den Entschluß ~** faire ce que l'on a décidé; exécuter la décision prise; *Kunstwerk* **in Bronze, in Öl ~** exécuter en bronze, à l'huile; **4.** *Thema, Plan, Entwurf* weiter, **bis in alle Einzelheiten ∼** travailler encore plus, jusque dans les moindres détails; *Skizze* **noch nicht genügend ausgeführt** pas encore assez travaillé; **ein halb ausgeführtes** Kapitel un chapitre à moitié achevé; **5.** *Redner Gründe etc.* détailler; ajouter; *Gedanken* **bis in alle Details ∼** exposer, développer jusque dans les moindres détails; **er führte dazu noch folgendes aus** il ajouta les détails suivants; il expliqua avec force détails ce qui suit; **II** ᘚ *n cf.* Ausführung; ᘚ**de(r)** *f (m)* ⟨→ A⟩ *mus.* interprète *m, f*; exécutant(e) *m (f)*.

Ausfuhr|erklärung ['aʊsfuːrˀɛrˌklɛːrʊŋ] *f* déclaration *f* d'exportation; **∼erˌlaubnis** *f* permis *m*, autorisation *f*, licence *f* d'exportation; **∼ˌförderung** *f* aide *f*, encouragement *m* à l'exportation; **∼geˌnehmigung** *f cf.* ∼erlaubnis; **∼ˌgüter** *n/pl.* marchandises *f/pl.* d'exportation; **∼ˌhafen** *m* port exportateur; **∼ˌhandel** *m* commerce *m* d'exportation; **∼kreˌdit** *m* crédit *m* à l'exportation; **∼ˌland** *n* pays exportateur.

ausführlich ['aʊsˌfyːrlɪç] **1.** *adj.* détaillé; **ein ∼er Bericht** un rapport détaillé, circonstancié; **2.** *adv.* en détail; *pfort.* par le menu; **etw. ∼ beschreiben** décrire qc. en détail, par le menu; **etw. ∼ erzählen** raconter qc. en détail, par le menu, F en long et en large; relater qc.; ᘚ**ˌkeit** *f* ⟨∼⟩ abondance *f* de détails; **in aller ∼** en détail; dans les moindres détails.

Ausfuhr|prämie ['aʊsfuːrˌprɛːmiˑə] *f* prime *f* à l'exportation; **∼ˌsperre** *f* embargo *m* sur les exportations; *cf. auch* Ausfuhrverbot; **∼taˌrif** *m* tarif *m* d'exportation, de sortie; **∼ˌüberschuß** *m* excédent *m* d'exportation.

Ausführung ['aʊsˌfyːrʊŋ] *f* **1.** *e-s Plans etc.* réalisation *f*; exécution *f*; *e-s Entschlusses verbal*; *e-s Gedankens* réalisation *f*; *von Arbeiten* exécution *f*; accomplissement *m*; *e-s Befehls, e-r Bestimmung, e-s Auftrags, mus.* exécution *f*; **zur ∼ bringen** mettre à exécution; **zur ∼ kommen** être exécuté; **2.** *e-r Ware* modèle *m*; fabrication *f*; qualité *f*; **etw. in verschiedenen ∼en vorrätig haben** avoir plusieurs modèles de qc. en réserve; **in bester ∼** de meilleure fabrication, qualité; **die ∼ in Teak gefällt mir besser** le modèle en teak me plaît mieux; **in dieser ∼ kostet der Schrank...** l'armoire dans cette qualité coûte...; **die schlechte ∼ e-s Kleidungsstückes** la malfaçon d'un vêtement; **3.** *von Skizzen, Entwürfen etc.* élaboration *f*; **an die ∼ gehen** passer à la réalisation, au travail (*abs.*); **an die feinere ∼ e-s Werkes gehen** passer à l'élaboration des détails d'une œuvre; **die ∼ ist schlecht** l'élaboration, la réalisation est mauvaise; **4.** *e-s Redners* **die interessanten ∼en zu diesem Thema** les déclarations intéressantes sur ce sujet; **das Publikum folgte gespannt den ∼en des Vorsitzenden** le public suivit attentivement le développement, les arguments, les idées, l'exposé du président; **wenn man s-n ∼en Glauben schenken kann** si l'on peut ajouter foi à ses paroles; **∼sbeˌstimmungen** *f/pl. zu e-m Gesetz* dispositions *f/pl.* d'exécution; **∼sgeˌsetz** *n* loi *f* d'exécution; **∼sverˌordnung** *f zu e-m Gesetz* règlement *m* d'exécution.

Ausfuhr|verbot ['aʊsfuːrfɛrˌboːt] *n* interdiction *f* d'exportation, de sortie; prohibition *f* à l'exportation; **∼ˌziffer** *f* chiffre *m* des exportations; **∼ˌzoll** *m* droit *m* de douane à l'exportation; droit *m* de sortie.

aus|füllen ['aʊsˌfʏlən] *v/t.* ⟨*sép.*, -ge-, h⟩ **1.** *Loch, Raum, Formular etc.* remplir; *fig. Bildungslücken auch* combler; **der Tisch füllt die ganze Ecke aus** la table remplit tout le coin; **bitte mit Tinte, in Blockschrift ∼!** écrivez S.V.P. à l'encre, en lettres capitales; **2.** *Wartezeit etc.* remplir; passer; **ihr Leben war ganz mit Arbeit ausgefüllt** elle a travaillé toute sa vie; **3.** *Platz, Stellung* remplir; *Arbeit, Beruf etc.* **j-n ∼** absorber qn.; **durch etw. nicht ausgefüllt sein** ne pas être satisfait, suffisamment occupé par qc.; ᘚ**ˌfüllung** *f e-s Lochs etc.* remplissage *m*; *sonst verbal*; **∼ˌfüttern** *v/t.* ⟨-(e)re, *sép.*, -ge-, h⟩ *Jacke, Mantel* doubler; mettre une doublure à; *mit Pelz* fourrer; ᘚ**ˌfütteˌrung** *f verbal.*

Ausgabe ['aʊsˌgaːbə] *f* **1.** *von Geld* dépense *f*; **die Einnahmen und ∼n** les recettes et les dépenses; les rentrées et les sorties; **öffentliche ∼n** dépenses publiques; **kleine ∼n** menues dépenses; **die ∼n decken** couvrir les dépenses; faire face aux dépenses; **die ∼n bestreiten** subvenir, pourvoir aux dépenses; **unnötige ∼n scheuen** craindre les dépenses inutiles; **mit großen ∼n verbunden sein** être lié à de grosses dépenses; **s-e ∼n mit s-n Einnahmen in Einklang bringen** joindre les deux bouts; **das ist e-e einmalige ∼** c'est une dépense unique; **2. a)** *von Essen, Werkzeug etc.* distribution *f*; *von Gepäck, Waren, Büchern etc.* remise *f*; **b)** *von Fahrkarten, Passierscheinen, amtl. Papieren* délivrance *f*; **c)** *von Banknoten, Wertpapieren etc.* émission *f*; *von Aktien auch* création *f*; **d)** *e-r Losung, Parole* diffusion *f*; *e-s Befehls* diffusion *f*; distribution *f*; **3.** *impr.* édition *f*; *e-r Zeitung auch* numéro *m*; **billige, kritische, illustrierte ∼** édition (à) bon marché, critique, illustrée; **in der gestrigen ∼** dans l'édition, dans le numéro d'hier; **∼ˌdatum** *n* date *f* de délivrance, d'émission; ᘚ**ˌfreudig** *adj.* dépensier, -ière; **∼ˌfreudigkeit** *f* ⟨∼⟩ goût *m* de la dépense; **∼ˌkurs** *m* cours *m* d'émission; **∼(n)beˌleg** *m* pièce justificative des dépenses; **∼(n)ˌbuch** *n* livre *m*, carnet *m* de(s) dépenses; **∼(n)buˌdget** *n*, **∼neˌtat** *m* budget *m* des dépenses; **∼nˌposten** *m* poste *m*, article *m* de dépenses; **∼ˌstelle** *f* bureau *m* de distribution, de délivrance, d'émission; centre *m* de distribution.

Ausgang ['aʊsgaŋ] *m* **1.** *e-s Raumes* sortie *f*; issue *f*; **geheimer ∼** sortie, issue dérobée; **der ∼ des Magens** la sortie de l'estomac; **am ∼** à la sortie; **dem ∼ zustreben** se diriger vers la sortie; **2.** (*Ende*) **a)** *e-s Ortes, Gebietes* sortie *f*; *e-s Engpasses auch* débouché *m*; **am ∼ des Tales** à la sortie de la vallée; **b)** *e-s Zeitabschnittes* fin *f*; **am ∼ des Mittelalters** à la fin du Moyen Âge; **c)** *e-s Unternehmens, Prozesses, e-r Konferenz, von Wahlen etc.* issue *f*; *e-s Dramas, Romans* dénouement *m*; *e-s Wortes, Verses* terminaison *f*; fin *f*; **e-e Operation mit tödlichem ∼** une opération à l'issue fatale; **die Sache nahm e-n bösen ∼** la chose se termina mal; **ich bin auf den ∼ gespannt** je suis curieux, impatient de connaître l'issue, le dénouement; **3.** (*Ausgehen*) sortie *f*; **der erste ∼ nach der Krankheit** la première sortie après la maladie; **∼ haben** *Soldaten* avoir une permission; *Dienstpersonal* avoir son jour de sortie; **4.** *comm. von Waren etc. pl.* Ausgänge sorties *f/pl.*; **5.** (*Ausgangspunkt*) point *m* de départ; **s-n ∼ nehmen von** prendre son point de départ de; partir de; **ein aktuelles Ereignis zum ∼ s-r Betrachtungen nehmen** prendre un événement actuel comme point de départ de ses considérations; ᘚ**s** *adv. u. prép.* ⟨*gén.*⟩ à la fin; **∼ betonte er nochmals...** à la fin il souligna encore une fois...; **∼ des vorigen Jahrhunderts** à la fin du siècle dernier; **∼sˌbasis** *f* base *f* de départ; **∼sgeˌschwindigˌkeit** *f* vitesse initiale; **∼sˌlage** *f* situation initiale; **∼sˌort** *m* lieu *m* de départ; **∼spositiˌon** *f* position initiale, de départ; **∼sproˌdukt** *n* produit *m* de base; **∼sˌpunkt** *m* point *m* de départ; **∼sˌsperre** *f für die Bevölkerung* couvre-feu *m*; **∼sˌstellung** *f Sport* position initiale; *milit.* base *f* de départ; **sich auf s-e ∼(en) zurückziehen** se replier sur ses bases; **∼sˌstoff** *m* matière *f* de base; **∼sˌtür** *f* porte *f* de sortie.

ausgären ['aʊsˌgɛːrən] *v/i.* ⟨*irr.*, *sép.*, -ge-, h *od.* sein⟩ *Wein, Most etc.* (finir de) fermenter; **der Wein hat, ist ausgegoren** le vin a fini de fermenter.

ausgeben ['aʊsˌgeːbən] **I** *v/t.* ⟨*irr.*, *sép.*, -ge-, h⟩ **1.** *Geld* dépenser; **soviel möchte ich nicht ∼** je ne voudrais pas tant dépenser; **sein Geld mit vollen Händen ∼** dépenser son argent à pleines mains, à poignées; **dafür habe ich zehn Mark ausgegeben** je l'ai payé dix marks; j'ai dépensé dix marks pour cela; **ohne e-n Pfennig auszugeben** sans bourse délier; sans rien débourser; F **e-n ∼** (*e-e Runde bezahlen*) offrir une tournée; **2. a)** *Essen, Werkzeug etc.* distribuer; *Waren, Gepäck, Bücher etc.* remettre; **b)** *Fahrkarten, Platzkarten, Passierscheine etc.* délivrer; **c)** *Banknoten etc.* émettre; *Aktien auch* créer; **d)** *Parole, Losung* diffuser; **3. j-n, etw. für, als j-n, etw. ∼** faire passer qn., qc. pour qn., pour qc.; **j-n für, als s-n Verwandten ∼** faire passer qn. pour son parent; **das Kind für, als sein eigenes ∼** faire passer l'enfant pour son propre enfant; **etw. als s-e Erfindung, sein Werk ∼** faire passer qc. pour son invention, pour son œuvre; **e-e Geschichte als wahr ∼** faire passer une histoire pour vraie; **II** *v/réfl.* **4. sich für, als j-n, etw. ∼** se faire passer pour qn., pour qc.; se dire qn., qc.; prétendre être qn., qc.; **sich für e-n, als Künstler ∼** se faire passer pour artiste; se dire artiste; prétendre être artiste; **sich für jünger ∼** se faire passer pour plus jeune; **5.** F *cf.* **sich verausgaben**; **III** ᘚ *n cf.* Ausgabe.

ausge|bogt ['aʊsgəˌboːkt] *adjt. cout.* festonné; **∼ˌbombt** *p. p. u. adjt.* sinistré (lors des bombardements); **∼ werden** être sinistré (lors des bombardements); **ein total ∼es Haus** une maison complètement sinistrée (lors des bombardements); **∼ˌbuchtet** *adjt. Ufer, Küste, Front* qui fait une saillie, un renflement; *Seitenwände e-r Vase* renflé; bombé.

Ausgeburt ['aʊsgəˌbuːrt] *f* produit *m*; **e-e ∼ s-r krankhaften Phantasie** un produit de son imagination maladive; **∼ der Hölle** suppôt *m* de Satan.

ausge|fahren ['ausgəˌfaːrən] *adjt. fig.* sich in ~en Geleisen bewegen suivre les sentiers battus; ~e Geleise verlassen quitter les sentiers battus; *cf. auch* ausfahren; ~ˌ**fallen** *adjt.* singulier, -ière; bizarre; peu commun; *Gedanke etc. auch* saugrenu; e-e ~e Idee une idée bizarre, saugrenue; e-n ~en Geschmack haben avoir des goûts peu communs, singuliers, bizarres.

ausgeglichen ['ausgəˌglɪçən] *adjt. Charakter, Person* équilibré; pondéré; calme et égal; *Budget* équilibré; en équilibre; das ~e Spiel e-s Schauspielers le jeu égal d'un acteur; *Sport* das Spiel war ~ le jeu était équilibré; 2ˌ**heit** *f* ⟨~⟩ *des Charakters, e-r Person* pondération *f*; *e-r Person auch* caractère équilibré; *sonst verbal.*

ausgeh|en ['ausˌgeːən] **I** *v/i.* ⟨*irr., sép.,* -ge-, sein⟩ **1.** (*das Haus, die Wohnung verlassen*) sortir; fast jeden Abend, selten ~ sortir presque tous les soirs, rarement; **2.** auf Eroberungen, Entdeckungen ~ partir à la conquête, à la découverte; auf Abenteuer ~ courir l'aventure; partir pour l'aventure; auf Gewinn ~ viser, aspirer au gain; rechercher le gain; auf Effekthascherei ~ rechercher l'effet; viser (à) l'effet; auf Beute ~ partir à la recherche de butin; auf Stimmenfang ~ chercher à capter des voix; auf Betrug ~ songer à tromper; darauf ~, zu... chercher à...; er geht darauf aus, andere zu schädigen il cherche à nuire aux autres; **3.** von etw. ~ (*etw. zum Ausgangspunkt nehmen*) partir de qc.; prendre qc. comme point de départ; von etw. Bekanntem, von historischen Quellen ~ partir de qc. de connu, de sources historiques; von e-r bestimmten Idee, von e-r Theorie ~ partir d'une certaine idée, d'une théorie; von der Voraussetzung, Tatsache ~, daß... partir de la supposition, du fait que...; **4.** (*s-n Ausgang nehmen von*) **a)** von etw. ~ partir de qc.; *Duft, Wärme* se dégager de qc.; émaner de qc.; die Reise ging von Köln aus le voyage partit de Cologne; vom Marktplatz gehen mehrere Straßen aus plusieurs rues partent de la place du marché; die Schmerzen gehen vom Magen aus les douleurs viennent, partent de l'estomac; von der Blüte geht ein zarter Duft aus un léger parfum émane, se dégage de la fleur; **b)** von j-m ~ venir de qn.; *st. s.* émaner de qn. (*auch menschliche Wärme, Überzeugungskraft etc.*); der Gedanke, Plan, Vorschlag ging von ihm aus l'idée, le projet, la proposition est venu(e) de lui; alle Gerechtigkeit geht von Gott aus toute justice émane de Dieu; *théol.* der Heilige Geist geht vom Vater und vom Sohn aus le Saint-Esprit procède du Père et du Fils; **5.** (*enden*) se terminer; finir; wie ist die Sache ausgegangen? comment s'est terminée l'affaire?; wie sind die Wahlen ausgegangen? quelle a été l'issue des élections?; das kann für ihn schlecht ~ cela peut se terminer mal, tourner mal pour lui; der Roman geht tragisch aus le roman se termine *od.* finit tragiquement; *Wort* auf e-n Vokal ~ se terminer par une voyelle; **6.** leer ~ s'en aller, partir les mains vides; ne rien avoir; straffrei ~ ne pas être puni; **7.** F (*zur Neige gehen*) **a)** *Lebensmittel, Benzin, Geld etc.* venir à manquer; s'épuiser; uns sind die Getränke ausgegangen la boisson est venue à nous manquer; mir sind die Zigaretten *etc.* ausgegangen *meist* je n'ai plus de cigarettes, *etc.*; mir ist das Geld ausgegangen *auch* je suis à court d'argent; **b)** die Geduld geht ihm aus il perd patience; sa patience est à bout; il est à bout de patience; ihm geht nie der Humor aus il ne perd jamais son humour; **c)** j-m geht die Luft, die Puste aus qn. perd son souffle, manque de souffle, est à bout de souffle (*alle auch fig.*); **8.** *Feuer, Lampe, Licht* s'éteindre; *Feuer auch* mourir; e-n Hochofen ~ lassen mettre 'hors feu un 'haut fourneau; **9.** F *Haare* tomber; die Haare gehen ihm aus il perd ses cheveux; ses cheveux tombent; **II** 2en *n der Lebensmittel etc.* épuisement *m*; *sonst verbal*; sich zum ~ fertigmachen se préparer à, pour sortir; ~**end** *adjt.* **a)** im ~en Mittelalter vers la fin du Moyen Âge; das ~e Jahr l'année qui finit; **b)** die ~e Post le courrier à expédier, destiné à être posté; ~ˌ**fertig** *adj.* prêt à sortir; sich ~ machen se préparer à, pour sortir.

ausgehungert ['ausgəˌhuŋərt] *adjt.* affamé.

Ausgeh|uniform ['ausgeːʔuˑniˑˌfɔrm] *f milit.* tenue *f* de sortie; ~**ver**ˌ**bot** *n* interdiction *f* de sortir; *milit.* consigne *f*; ~ haben être consigné.

ausgeizen ['ausˌgaitsən] *v/t.* ⟨-(es)t, *sép.*, -ge-, h⟩ *jard., vit.* épamprer.

ausgekocht ['ausgəˌkɔxt] *adjt.* F (*gerissen, raffiniert*) roué; roublard; ein ~er Bursche un roublard.

ausgelassen ['ausgəˌlasən] *adj.* exubérant; turbulent; *Kinder auch* folâtre; e-e ~e Gesellschaft une société exubérante; ~e Fröhlichkeit gaieté exubérante, folle; 2ˌ**heit** *f* ⟨~⟩ exubérance *f*; turbulence *f*; gaieté folle; *von Kindern auch* folâtrerie *f*; die tolle ~ des Karnevals la folle exubérance, turbulence du carnaval.

ausge|leiert ['ausgəˌlaiərt] *adjt. Gewinde etc.* usé; qui a pris du jeu; *Gummiband etc.* détendu; ~ˌ**macht** *adjt.* **a)** es ist ~, daß... il est sûr que... (+ *ind.*); es ist noch nicht ~, ob er kommt ce n'est pas encore sûr qu'il vienne, viendra; **b)** F es ist e-e ~e Sache, daß... c'est sûr que...; **c)** ein ~er Schwindel une parfaite, fameuse escroquerie; une escroquerie finie; ein ~er Dummkopf un parfait, fameux, triple, fieffé imbécile; un imbécile achevé, fini, F patenté; *cf. auch* ausmachen; ~ˌ**mergelt** *adjt. Körper, Gesicht* décharné; famélique; étique; *Gesicht auch* émacié; *Pferd auch* efflanqué; ~ˌ**nommen I** *prép.* ⟨*abhängiges Wort vorangestellt*: *acc. od. nom.*; *abhängiges Wort nachgestellt*: *Kasus des Beziehungswortes*⟩ *cf.* außer 2.; **II** *conj. cf.* außer **II**; ~ˌ**picht** *adjt.* F **a)** e-e ~e Kehle haben avoir le gosier blindé, pavé; ne pas sucer de la glace; **b)** *cf.* abgefeimt, gerissen; ~ˌ**prägt** *adjt. Neigung, Familiensinn etc.* prononcé; marqué; accusé; scharf ~e Gesichtszüge des traits fortement marqués, accusés, prononcés; *cf. auch* ausprägen; ~ˌ**rechnet** *adv.* justement; précisément; F ~ mir mußte das passieren justement, précisément à moi il devait arriver une chose pareille; ~ heute, wo ich keine Zeit habe justement, précisément aujourd'hui où je n'ai pas le *od.* de temps; ~ˌ**schlossen** *adjt.* impossible; exclu; das ist ganz, völlig ~ c'est tout à fait impossible; es ist nicht ~, daß... il n'est pas impossible *od.* exclu que... (+ *subj.*); ich halte das für ~ je pense que c'est impossible; ~! impossible!; *cf. auch* ausschließen; ~ˌ**sprochen 1.** *adjt.* marqué; prononcé; accentué; net, -tte; e-e ~e Abneigung une antipathie marquée, prononcée, accentuée; une nette antipathie; e-e ~e Vorliebe für etw. haben avoir une nette préférence, une préférence marquée pour qc.; ein ~es Talent für etw. haben avoir un don réel pour qc.; ein ~er Gegner von etw. sein être un adversaire déclaré de qc.; das ist ~es Pech c'est vraiment de la malchance; in ~em Gegensatz zu etw. stehen être nettement opposé à qc.; **2.** *advt.* vraiment; réellement; tout à fait; nettement; etw. ~ komisch finden trouver qc. vraiment, réellement, tout à fait drôle.

ausgestalt|en ['ausgəˌʃtaltən] *v/t.* ⟨-ete, *sép.*, *p.p* ausgestaltet, h⟩ **1.** *Fest etc.* arranger; *Saal etc.* geschmackvoll, künstlerisch ~ arranger, décorer avec goût, avec art; **2.** etw. zu etw. ~ développer qc. en qc.; 2**ung** *f* **1.** arrangement *m*; *von Räumen auch* décoration *f*; die musikalische ~ des Abends l'arrangement musical de la soirée; **2.** développement *m* (zu en).

Ausgestoßene(r) ['ausgəˌʃtoːsənə(r)] *m* ⟨→ A⟩ proscrit *m*; banni *m*; paria *m*.

ausge|sucht ['ausgəˌzuːxt] **1.** *adjt.* sélectionné; exquis; de (premier) choix; de première qualité; *Gesellschaft etc.* choisi; distingué; ~e Weine des vins sélectionnés, *etc.*; von ~er Eleganz d'une élégance recherchée; mit ~er Höflichkeit d'une politesse exquise, extrême; j-n mit ~er Bosheit behandeln traiter qn. avec une méchanceté raffinée; **2.** *advt.* **a)** ~ gekleidet vêtu, habillé avec une extrême recherche; **b)** ~ schöne Blumen des fleurs vraiment belles; *cf. auch* aussuchen; ~ˌ**wachsen** *adjt.* **a)** *Tier, Pflanze* qui a terminé sa croissance; ein ~er Bursche un gars fait; **b)** F das ist ein ~er Blödsinn c'est une parfaite idiotie [-si], une idiotie complète, achevée, finie; ~ˌ**wählt** *adjt. cf.* ~sucht.

Ausgewanderte(r) ['ausgəˌvandərtə(r)] *m* ⟨→ A⟩ émigré *m*.

ausgewechselt ['ausgəˌvɛksəlt] *adjt.* F wie ~ sein être tout changé, transformé; er war plötzlich wie ~ il changea, se transforma tout à coup; tout d'un coup il est devenu un autre.

Ausgewiesene(r) ['ausgəˌviːzənə(r)] *m* ⟨→ A⟩ expulsé *m*; expatrié *m*.

ausgewogen ['ausgəˌvoːgən] *adjt. Proportionen etc.* équilibré; *Charakter auch* pondéré; 2ˌ**heit** *f* ⟨~⟩ *des Charakters* pondération *f*; *sonst verbal.*

ausgezeichnet ['ausgəˌtsaiçnət] **1.** *adjt. Sportler, Geschäftsmann etc.* excellent; remarquable; *Essen, Wein etc.* excellent; exquis; délicieux, -euse; ein ~er Pädagoge un excellent pédagogue; die Bedienung ist ~ le service est excellent, remarquable; sein Ruf ist ~ il a une excellente réputation; ~! excellent!; parfait!; **2.** *advt.* ~ schwimmen, rechnen können savoir nager, calculer remarquablement, excellemment; ~ in Form sein être dans une forme remarquable, excellente; das paßt ~ dazu cela s'accorde remarquablement bien; cela va remarquablement bien ensemble;

~, **daß du schon da bist!** c'est parfait que tu sois déjà là.

ausgiebig ['aʊsˌgiːbɪç] **1.** *adj.* abondant; *Mahlzeit* copieux, -euse; plantureux, -euse; (*sparsam im Gebrauch*) économique; **~e Vorstudien** abondantes études préliminaires; **ein ~er Spaziergang** une longue promenade; **2.** *adv.* **es hat ~ geregnet** il a plu abondamment; **~ frühstücken** déjeuner le matin copieusement; **von etw. ~ Gebrauch machen** user largement de qc.

ausgieß|en ['aʊsˌgiːsən] **I** *v/t.* ⟨*irr.*, *sép.*, -ge-, h⟩ **1.** *Flüssigkeit, Gefäß* vider; **2.** *Form, Risse etc.* (r)emplir de; *Form auch* couler; **3.** *bibl. Geist* répandre; *poét. Spott etc.* **über j-n ~** déverser sur qn.; **II 2en** *n e-s Gefäßes, von Flüssigkeiten* vidage *m*; *od. verbal*; **2ung** *f* ⟨~⟩ *bibl.* **die ~ des Heiligen Geistes** la descente du Saint-Esprit.

ausgipsen ['aʊsˌgɪpsən] *v/t.* ⟨-(es)t, *sép.*, -ge-, h⟩ enduire, remplir de plâtre.

Ausgleich ['aʊsglaɪç] *m* ⟨~(e)s; ~e⟩ compensation *f*; **e-n ~ der verschiedenen Interessen anstreben** aspirer à un arrangement, à un accord des intérêts divergeants; **e-n gerechten, diplomatischen ~ schaffen** créer une compensation juste, diplomatique; **als, zum ~ für** en compensation de; pour compenser (qc.); **als, zum ~ für etw. dienen** compenser qc.; **er hatte keinen ~ für s-e schlechte Note in Mathematik** il ne pouvait pas compenser sa mauvaise note en maths; *Sport* **den ~ erzielen** égaliser (le score); *comm.* **zum ~ Ihrer Rechnung** en règlement de votre facture; pour solde de votre compte; **~ zwischen Ausgaben und Einnahmen** équilibre des dépenses et des recettes; **2en I** *v/t.* ⟨*irr.*, *sép.*, -ge-, h⟩ **a)** *Höhenunterschiede e-s Geländes etc.* compenser; *Einnahmen und Ausgaben* équilibrer; *Konto* balancer; solder; régler; *Sport* égaliser; **durch e-n Elfmeter ~** égaliser par un penalty; **b)** *Gegensätze, Streitigkeiten, Spannungen* compenser; balancer; contrebalancer; équilibrer; arranger; **c)** *Fehlendes* compenser; *Defizit auch* combler; **den Haushalt ~** boucler, équilibrer le budget; **das Fehlen körperlicher Bewegung durch Gymnastik ~** compenser le manque de mouvement par de la gymnastique; **e-e schlechte Note durch e-e gute ~** compenser une mauvaise note par une bonne; **die ~de Gerechtigkeit** la justice commutative; **d)** *comm. Rechnung, Schulden* régler; **II ~en** *n* ⟨~s⟩ compensation *f*; *cf. auch* ~; **~sˌabgaben** *f/pl.* taxes *f/pl.* en faveur de la péréquation [-kwa-] des charges; taxes *f/pl.* de compensation, compensatoires, d'égalisation; **~sˌamt** *n* office *m* de péréquation [-kwa-] des charges nées de la guerre; **~sˌbecken** *n Wasserreservoir* bassin *m* de compensation; **~sˌfonds** *m* fonds *m* de compensation; **~sˌforderung** *f* créance *f* en compensation; **~sgeˌtriebe** *n techn.* (engrenage *m*) différentiel *m*; **~sgymˌnastik** *f* **a)** gymnastique corrective; **b)** *cf.* **~ssport**; **~sˌkasse** *f cf.* Familienausgleichskasse; **~sˌleistungen** *f/pl.* prestations *f/pl.* de compensation; **~sˌrechnung** *f* calcul *m* de compensation; **~sˌrennen** *n Reitsport* 'handicap [ãdikap] *m*; **~sˌrente** *f* pension *f* de compensation (pour les victimes de la guerre); **~sˌsport** *m* sport *m* de compensation; **~sˌsteuer** *f* taxe *f* à l'importation (perçue sur les marchandises importées en compensation de la taxe perçue sur les marchandises nationales); **~sˌtor** *n Sport* but *m* d'égalisation; **~sˌzölle** *m/pl.* droits *m/pl.* de douane compensant le dumping, *etc.*; **~ung** *f* compensation *f*; *cf. auch* ~.

aus|gleiten ['aʊsˌglaɪtən] *v/i.* ⟨*irr.*, *sép.*, -ge-, sein⟩ *Person* glisser; **das Messer glitt ihm aus** le couteau glissa; **~ˌgliedern** *v/t.* ⟨-(e)re, *sép.*, -ge-, h⟩ *Gebiete aus e-m Verwaltungsbereich etc.* détacher; **~ˌglitschen** *v/i.* ⟨*sép.*, -ge-, sein⟩ F *cf.* **~gleiten**; **~ˌglühen I** *v/t.* ⟨*sép.*, -ge-, h⟩ *Draht, Nadel etc.* faire rougir; *métall.* recuire; *Sonne den Erdboden etc.* calciner; **II** *v/i.* **a)** (*aufhören zu glühen*) s'éteindre; **b)** ⟨sein⟩ *Wrack etc.* (*ausbrennen*) se calciner.

ausgrab|en ['aʊsˌgraːbən] **I** *v/t.* ⟨*irr.*, *sép.*, -ge-, h⟩ **a)** *Verschüttete, Leichen, Schatz* déterrer; *Leichen auch, Archäologie* exhumer; *Archäologie auch* mettre à jour; **e-e Pflanze mit der Wurzel ~** déterrer une plante avec la racine; **b)** *fig. alte Schriften etc.* déterrer; (re)découvrir; **ein Drama aus den zwanziger Jahren wieder ~** redécouvrir un drame des années vingt; **II 2en** *n e-r Leiche* exhumation *f*; déterrement *m* (*auch e-s Schatzes*); *cf. auch* **2ung**; **2ung** *f* ⟨~; ~en⟩ *Archäologie* fouilles *f/pl.*; *fig. alter Schriftstücke etc.* (re)découverte *f*; **~en machen** procéder à, faire des fouilles; **2ungsˌarbeiten** *f/pl.* fouilles *f/pl.*; travaux *m/pl.* d'exhumation; **2ungsˌstätte** *f* lieu *m* de fouilles archéologiques.

ausgreifen ['aʊsˌgraɪfən] *v/i.* ⟨*irr.*, *sép.*, -ge-, h⟩ *Pferd* allonger le pas; *Person* **mit weit ~den Schritten** à grands pas; à grandes enjambées; *fig.* **weit ~de Pläne** projets de grande portée.

Ausguck ['aʊsgʊk] *m* ⟨~(e)s; ~e⟩ **1.** *mar.* **a)** *Ort* 'hune *f*; vigie *f*; **b)** *Person* vigie *f*; **2. ~ halten** *cf.* **2en**; **2en** *v/i.* ⟨*sép.*, -ge-, h⟩ **nach j-m, etw. ~** regarder attentivement, scruter l'horizon pour voir si qn., si qc. arrive, vient; **sich die Augen nach j-m ~** regarder attentivement pour voir si qn. arrive, vient; chercher intensivement qn. des yeux.

Ausguß ['aʊsgʊs] *m* **1.** évier *m*; **etw. in den ~ schütten** verser, vider qc. dans l'évier; **der ~ ist verstopft** l'évier est bouché; **2.** F *e-s Gefäßes* bec *m*; verseur *m*; **~ˌbecken** *n cf.* ~ 1.

aus|haben ['aʊsˌhaːbən] *v/t.* ⟨*irr.*, *sép.*, -ge-, h⟩ F **a)** *Kleidungsstück* avoir enlevé, retiré; **b)** *Buch etc.* avoir fini; **c)** *Glas etc.* avoir vidé, fini; **~ˌhacken** *v/t.* ⟨*sép.*, -ge-, h⟩ **1.** *Kartoffeln, Rüben etc.* arracher; **2.** *Vögel* arracher à coups de bec; **e-e Krähe hackt der anderen kein Auge aus** *cf.* Auge; **~ˌhaken** *v/t.* (*u. v/réfl.*) ⟨*sép.*, -ge-, h⟩ *Seil etc.* (se) décrocher; (se) détacher; **~ˌhalten I** *v/t.* ⟨*irr.*, *sép.*, -ge-, h⟩ **1.** *Schmerzen, Lärm etc.* supporter; endurer; *Druck etc.* résister à; supporter; **ich halte es vor Schmerzen nicht mehr aus** je ne peux plus endurer, supporter ces douleurs; **diese Schmerzen sind nicht auszuhalten** on ne peut pas endurer, supporter ces douleurs; *Waren* **den Transport nicht ~** ne pas supporter le transport; **ich halte es hier nicht mehr aus** je n'y tiens plus ici; je n'en peux *od.* puis plus ici; F **hier läßt es sich ~** on est bien ici; F **es ist mit ihm nicht auszuhalten** il est insupportable, invivable; **2.** *mus. Ton* tenir; **3.** *péj. u.* F *Frau etc.* entretenir; **sich von j-m ~ lassen** se faire entretenir par qn.; **II** *v/i.* **4.** *in e-m Beruf etc.* **er hält nirgends lange aus** il ne tient longtemps dans aucune place; **er hält (beim Laufen) nur e-e kurze Strecke aus** il ne tient, il ne résiste que sur une courte distance; **bis zum letzten Moment ~** tenir jusqu'au dernier moment; **III 2ˌhalten** *n* **5.** *von Druck* résistance *f* à; *von Schmerzen* endurance *f*; *sonst u. besser verbal*; F **es ist nicht zum ~** c'est à n'y plus tenir; **6.** F *e-r Frau etc.* entretien *m*; **~ˌhandeln** *v/t.* ⟨-(e)le, *sép.*, -ge-, h⟩ *Kompromiß, Vertrag, Preise, Löhne etc.* négocier; débattre; régler; **etw. unter sich ~** régler, arranger qc. entre soi; **e-n Tarifvertrag ~** négocier une convention collective; **~ˌhändigen** *v/t.* ⟨*sép.*, -ge-, h⟩ *Brief etc.* remettre; **2ˌhändigung** *f* ⟨~⟩ remise *f*.

Aushang ['aʊshaŋ] *m* affiche *f*; écriteau *m*.

Aushänge|bogen ['aʊsˌhɛŋəˌboːgən] *m impr.* bonne feuille; **~ˌkasten** *m* tableau *m* d'affichage; (petite) vitrine; **2n I** *v/t.* ⟨*sép.*, -ge-, h⟩ **1.** *Bekanntmachung etc.* afficher; **2.** *Tür etc.* enlever (de ses gonds); **II** *v/i.* ⟨*irr.*, *sép.*, -ge-, h⟩ *Bekanntmachung etc.* être affiché; *fig. u.* F *von einem Brautpaar* **sie hängen aus** leurs bans sont affichés; **III** *v/réfl.* **sich ~** *Kleidungsstücke* se défroisser; se remettre en plis; **IV ~n** *n e-r Bekanntmachung etc.* affichage *m*; *sonst verbal*; **~ˌschild** *n* enseigne *f*; *fig.* **als ~ dienen** servir d'étiquette.

aus|harren ['aʊsˌharən] *v/i.* ⟨*sép.*, -ge-, h⟩ persévérer; **auf s-m Posten ~** persévérer à son poste; **~ˌhärten** *v/t.* ⟨-ete, *sép.*, -ge-, h⟩ *métall.* tremper; **2ˌhärtung** *f métall.* trempe *f*; **~ˌhauchen** *v/t.* ⟨*sép.*, -ge-, h⟩ *Duft etc.* exhaler; **Atem, Luft ~** souffler; *fig. u. st. s.* **s-e Seele, sein Leben ~** expirer; rendre l'âme; **~ˌhauen I** *v/t.* ⟨*irr.*, *sép.*, -ge-, h⟩ **1.** *Stufen etc.* tailler; *Statue etc. cf.* hauen 1.; **2.** *Bäume* abattre; *Äste* ébrancher (un arbre); **II 2ˌhauen** *n von Bäumen* abattage *m*; *von Ästen* ébranchement *m* (d'un arbre); *sonst verbal*; **~ˌheben I** *v/t.* ⟨*irr.*, *sép.*, -ge-, h⟩ **1.** *Erde* enlever; retirer; *Graben* creuser; **2.** *Tür etc.* enlever (de ses gonds); **3.** *fig. Verbrechernest etc.* F cueillir; **4.** *hist. Truppen* lever; **II 2ˌheben** *n e-s Grabens etc.* creusage *od.* creusement *m*; *sonst verbal*; **~ˌhebern** *v/t.* ⟨-(e)re, *sép.*, -ge-, h⟩ *méd. Magen* faire un lavage de; **2ˌhebung** *f hist. von Truppen* levée *f*; **~ˌhecken** *v/t.* ⟨*sép.*, -ge-, h⟩ F *hinterlistigen Plan etc.* machiner; **e-n Streich ~** monter un coup; **die Kinder haben wieder neuen Unsinn ausgeheckt** les enfants ont inventé de nouvelles sottises; **~ˌheilen** *v/t.* ⟨*sép.*, -ge-, h⟩ *u. v/i.* ⟨sein⟩ *Wunde etc.* guérir (complètement); **2ˌheilung** *f* guérison complète; **~ˌhelfen** *v/i.* ⟨*irr.*, *sép.*, -ge-, h⟩ **j-m mit etw. ~** aider, F dépanner qn. avec qc.; **bei j-m ~** aider chez qn.; **wenn ein Arbeiter krank wird, muß ein anderer ~** si un ouvrier tombe malade, il lui faut un remplaçant *od.* il faut qu'un autre le remplace; **~ˌheulen** *v/réfl.* ⟨*sép.*, -ge-, h⟩ F **sich ~** pleurer tout son soûl.

Aushilf|e ['aʊsˌhɪlfə] *f* **1.** (*Unterstützung*) **er arbeitet dort zur ⁓** il travaille là pour aider (temporairement), comme aide (temporaire); **niemanden zur ⁓ haben** n'avoir personne pour m'aider *bzw.* l'aider, *etc.*; **zur ⁓ verkehren auf der Strecke Omnibusse** des autobus circulent en remplacement sur ce parcours; **2.** *Person* aide *m, f* (temporaire); **als ⁓ tätig sein** être employé comme aide (temporaire); **wir suchen Kellnerinnen und ⁓n für die Saison** nous cherchons des serveuses de restaurant et du personnel auxiliaire pour la saison; **⁓sˌangestellte(r)** *f* (*m*) employé(e) *m(f)* auxiliaire; **⁓sˌkellner** *m* extra *m*; **⁓sˌkräfte** *f/pl.*, **⁓spersoˌnal** *n* personnel *m* auxiliaire, intérimaire; **⁓sˌstellung** *f* poste *m*, emploi *m* d'auxiliaire; **Ձsˌweise** *adv.* comme aide (temporaire).

aus|höhlen ['aʊsˌhøːlən] **I** *v/t.* ⟨*sép.*, -ge-, h⟩ creuser; évider (*bes. von Früchten etc.*); *fig. Begriffe etc.* saper; **ausgehöhlter Baumstamm** tronc d'arbre creux; **ausgehöhlte Wangen** joues creuses; **II Ձˌhöhlen** *n* ⟨⁓s⟩ creusement *od.* creusage *m*; évidage *od.* évidement *m*; *fig.* sapement *m*; **Ձˌhöhlung** *f im Gestein etc.* creux *m*; cavité *f*; **⁓ˌholen I** *v/t.* ⟨*sép.*, -ge-, h⟩ F *cf.* **⁓horchen** *u.* **ausfragen**; **II** *v/i.* **1.** *zum Schlag* lever la main (pour); *Sport* prendre l'élan (du bras); **zum Wurf ⁓** prendre un élan du bras pour lancer; *fig.* **zum entscheidenden Schlag ⁓** se préparer à porter le coup décisif; **2.** *fig. bei e-r Erzählung etc.* **etwas weiter ⁓** remonter aux sources; **⁓ˌholzen** *v/t.* ⟨-(es)t, *sép.*, -ge-, h⟩ *Wald* éclaircir; **⁓ˌhorchen** *v/t.* ⟨*sép.*, -ge-, h⟩ **j-n ⁓** sonder qn.; F tirer les vers du nez de qn.; **ich horche ihn aus** je le sonde; F je lui tire les vers du nez; **⁓ˌhülsen** *v/t.* ⟨-(es)t, *sép.*, -ge-, h⟩ *Hülsenfrüchte* écosser; **⁓ˌhungern** *v/t.* ⟨-(e)re, *sép.*, -ge-, h⟩ *Stadt etc.* réduire par la famine; *cf. auch* **ausgehungert**; **⁓ˌhusten** *v/t.* ⟨-ete, *sép.*, -ge-, h⟩ *Schleim etc.* expulser en toussant; expectorer; **⁓ˌixen** *v/t.* ⟨-(es)t, *sép.*, -ge-, h⟩ *mit der Schreibmaschine* barrer avec des x; **⁓ˌjäten** *v/t.* ⟨-ete, *sép.*, -ge-, h⟩ *Unkraut etc.* arracher; sarcler; *Garten* désherber; **⁓kalkuˌlieren** *v/t.* ⟨*sép.*, *pas de ge-*, h⟩ calculer; **⁓ˌkämmen I** *v/t.* ⟨*sép.*, -ge-, h⟩ **a)** (*herauskämmen*) enlever avec le peigne; **b)** *Haar etc.* démêler; **II Ձˌkämmen** *n des Haares* démêlement *od.* démêlage *m*; *sonst verbal*; **⁓ˌkämpfen** *v/t.* ⟨*sép.*, -ge-, h⟩ *cf.* **ausfechten**; **⁓ˌkehlen I** *v/t.* ⟨*sép.*, -ge-, h⟩ *charp.* canneler; **II Ձˌkehlen** *n* ⟨⁓s⟩ *verbal*; **Ձˌkehlung** *f* ⟨⁓; ⁓en⟩ *als Ergebnis* cannelure *f*; **⁓ˌkehren** *v/t.* ⟨*sép.*, -ge-, h⟩ *cf.* **ausfegen**; **⁓ˌkeilen** *v/i.* ⟨*sép.*, -ge-, h⟩ *Pferd* ruer; **⁓ˌkennen** *v/réfl.* ⟨*irr.*, *sép.*, -ge-, h⟩ **sich in etw. ⁓** s'y connaître en qc.; **sich in e-m Fachgebiet gut ⁓** bien s'y connaître dans un domaine spécial; **ich kenne mich hier nicht aus** je ne m'y connais pas ici; **darin kenne ich mich aus** je m'y connais; F ça me connaît; **sich in etw. nicht ⁓** ne pas s'y connaître en qc.; ne rien entendre, ne rien connaître à qc.; **⁓ˌkerben** *v/t.* ⟨*sép.*, -ge-, h⟩ encocher; **⁓ˌkernen** *v/t.* ⟨*sép.*, -ge-, h⟩ *Steinobst* dénoyauter; *Kernobst* enlever, ôter les pépins de; **⁓ˌkippen** *v/t.* ⟨*sép.*, -ge-, h⟩ *Flüssigkeit, Gefäß* vider; *Loren auch* basculer; **⁓ˌkitten I** *v/t.* ⟨-ete, *sép.*, -ge-, h⟩ remplir de mastic [-k]; mastiquer; **II Ձˌkitten** *n* masticage *m*; **⁓ˌklagen** *v/t.* ⟨*sép.*, -ge-, h⟩ *jur. cf.* **einklagen**; **⁓ˌklammern** *v/t.* ⟨-(e)re, *sép.*, -ge-, h⟩ **1.** *Fragenkomplex etc.* exclure; **2.** *math.* sortir de la parenthèse; **Ձˌklammeˌrung** *f* ⟨⁓⟩ *e-s Themas etc.* exclusion *f*.

Ausklang ['aʊsklaŋ] *m* fin *f*; **der ⁓ des Festes** la fin de la fête; **friedlicher ⁓** note finale paisible.

aus|kleben ['aʊsˌkleːbən] *v/t.* ⟨*sép.*, -ge-, h⟩ **e-n Kasten innen mit Papier ⁓** revêtir de papier, tapisser l'intérieur d'une boîte; **⁓ˌkleiden I** *v/t.* ⟨-ete, *sép.*, -ge-, h⟩ **1.** *st. s.* **j-n ⁓** dévêtir, déshabiller qn.; **2.** *Hohlraum* revêtir; **II** *v/réfl.* **3.** *st. s.* **sich ⁓** se dévêtir; se déshabiller; **III Ձˌkleiden** *n* ⟨⁓s⟩, **Ձˌkleidung** *f* **4.** déshabillage *m*; **beim Auskleiden** en se dévêtant, se déshabillant; **5.** *e-s Hohlraumes* revêtement *m*; **⁓ˌklingeln** *v/t.* ⟨-(e)le, *sép.*, -ge-, h⟩ annoncer au son de la clochette, *in Frankreich* du tambour; **⁓ˌklingen** *v/i.* ⟨*irr.*, *sép.*, -ge-, sein⟩ **1.** *Ton* se perdre (insensiblement); mourir; **2.** *fig. Veranstaltung etc.* se terminer, s'achever (**mit** par); **⁓ˌklinken** *v/t.* ⟨*sép.*, -ge-, h⟩ détacher; décliqueter; *aviat. auch* larguer; **⁓ˌklopfen** *v/t.* ⟨*sép.*, -ge-, h⟩ *Polstermöbel, Kleidungsstücke etc.* battre; *Tabakspfeife* vider en tapant; *Staub etc.* faire sortir en tapant; **Ձˌklopfer** *m* ⟨⁓s; ⁓⟩ tapette *f*; **⁓ˌklügeln** *v/t.* ⟨-(e)le, *sép.*, -ge-, h⟩ *Projekte, Methoden etc.* étudier avec subtilité; **⁓ˌkneifen** F *v/i.* ⟨*irr.*, *sép.*, -ge-, sein⟩ se sauver; s'échapper; F filer; *cf. auch* **abhauen II**; **⁓ˌknipsen** *v/t.* ⟨-(es)t, *sép.*, -ge-, h⟩ *Licht etc.* éteindre; **⁓ˌknobeln** *v/t.* ⟨-(e)le, *sép.*, -ge-, h⟩ F **1.** *mit Streichhölzern etc.* tirer à la courte paille; **e-e Runde Bier ⁓** jouer aux dés pour savoir qui paiera une tournée de bière; **2.** *Plan etc.* combiner; **hast du dir das selbst ausgeknobelt?** as-tu combiné ça toi-même?; **⁓ˌknocken** ['aʊsˌnɔ-] *v/t.* ⟨*sép.*, -ge-, h⟩ *Boxen* mettre (qn.) K.-O.

ausknöpf|bar ['aʊsknœpfˌbaːr] *adj. Mantelfutter etc.* amovible; **⁓en** *v/t.* ⟨*sép.*, -ge-, h⟩ enlever; **das Futter kann man ⁓** la doublure est amovible.

auskochen ['aʊsˌkɔxən] *v/t.* ⟨*sép.*, -ge-, h⟩ *Fleisch, schmutzige Wäsche, Instrumente* faire bouillir; **Knochen (zur Brühe) ⁓** faire du bouillon avec des os; **ausgekochtes Suppenfleisch** de la viande bouillie; *cf. auch* **ausgekocht**.

auskommen ['aʊsˌkɔmən] **I** *v/i.* ⟨*irr.*, *sép.*, -ge-, sein⟩ **1. mit etw. ⁓** (pouvoir) s'en tirer, s'en sortir avec qc.; avoir assez de qc.; **wir hoffen, mit zehn Mark auszukommen** nous espérons (pouvoir) nous en tirer, nous en sortir avec dix marks; **schlecht, knapp, kaum mit s-m Gehalt ⁓** s'en tirer, s'en sortir difficilement, juste, à peine avec son salaire; **mit s-m Wirtschaftsgeld (gerade) ⁓** joindre les deux bouts; **ohne etw. ⁓ können** savoir, pouvoir se passer de qc.; **wir kommen nicht ohne Maschinen aus** nous ne pouvons pas nous passer de machines; **wir kommen auch ohne dich aus** nous nous débrouillerons, nous nous en tirerons bien sans toi; **mit vielem hält man haus, mit wenigem kommt man aus** *prov.* qui a des noix en casse, qui n'en a pas s'en passe *prov.*; **2. mit j-m (gut, schlecht) ⁓** (bien, mal) s'entendre, s'accorder avec qn.; être, vivre en bons, mauvais termes avec qn.; **wie kommst du mit ihm aus?** comment t'entends-tu, t'accordes-tu avec lui?; en quels termes es-tu avec lui?; **wir kommen gut miteinander aus** nous nous entendons, accordons bien; **mit ihm ist schwer auszukommen** il est difficile à vivre; il est d'un commerce difficile; **mit ihm ist nicht auszukommen** il est invivable; **II Ձ** *n* **3. sein ⁓ haben** avoir de quoi vivre; **sein bescheidenes, gutes ⁓ haben** avoir de quoi vivre modestement, bien; **sein ⁓ finden** trouver de quoi vivre; **4. mit ihm ist kein ⁓** on ne peut (pas) s'entendre, vivre avec lui; il est invivable.

auskömmlich ['aʊsˌkœmlɪç] **1.** *adj. Gehalt etc.* suffisant; qui nourrit son homme; **2.** *adv.* **⁓ bezahlt werden** être suffisamment payé.

aus|körnen ['aʊsˌkœrnən] **I** *v/t.* ⟨*sép.*, -ge-, h⟩ *Getreide etc.* égrener; **II Ձˌkörnen** *n* ⟨⁓s⟩ égrenage *m*; **⁓ˌkosten** *v/t.* ⟨-ete, *sép.*, -ge-, h⟩ *Triumph, Glück, Augenblick etc.* savourer; déguster; jouir de; **e-e Niederlage** *etc.* **⁓ müssen** devoir sentir, éprouver une défaite, *etc.*; **⁓ˌkotzen** *v/t.* ⟨-(es)t, *sép.*, -ge-, h⟩ V dégobiller; dégueuler; **⁓ˌkragen I** *v/t.* ⟨*sép.*, -ge-, h⟩ *bât.* mettre en encorbellement; faire saillir; **ausgekragter Balkon** balcon en encorbellement; **II** *v/i.* ⟨**sein**⟩ être en saillie, en encorbellement; **Ձˌkragung** *f* ⟨⁓; ⁓en⟩ encorbellement *m*; **⁓ˌkramen** *v/t.* ⟨*sép.*, -ge-, h⟩ F **1.** *Spielzeug etc.* déballer; sortir; *fig.* **s-e Schulkenntnisse ⁓** déballer ses connaissances scolaires; **Erinnerungen ⁓** égrener des souvenirs; **2.** *Schrank, Schublade* vider; **⁓ˌkratzen I** *v/t.* ⟨-(es)t, *sép.*, -ge-, h⟩ gratter; *méd.* cureter; F **e-n Topf ⁓** racler une casserole; *fig. u.* F **j-m die Augen ⁓** arracher les yeux de *bzw.* à qn.; **II** *v/i.* ⟨**sein**⟩ F (*ausreißen*) s'échapper; F filer; *cf. auch* **abhauen II**; **Ձˌkratzung** *f* ⟨⁓; ⁓en⟩ *méd.* curetage *m*; **⁓ˌkriechen I** *v/i.* ⟨*irr.*, *sép.*, -ge-, sein⟩ *Vögel etc.* sortir de l'œuf; éclore; **II Ձˌkriechen** *n* éclosion *f*; **⁓ˌkriegen** *v/t.* ⟨*sép.*, -ge-, h⟩ F *Stiefel etc.* arriver à enlever; **⁓ˌkugeln** *v/t. u. v/réfl.* ⟨-(e)le, *sép.*, -ge-, h⟩ **sich den Arm ⁓** se démettre, se déboîter, se luxer le bras; **⁓ˌkühlen** *v/t.* ⟨*sép.*, -ge-, h⟩ (*u. v/i.*) ⟨**sein**⟩ (se) refroidir; (se) rafraîchir.

Auskult|ation [aʊskʊltatsiˈoːn] *f* ⟨⁓; ⁓en⟩ *méd.* auscultation *f*; **Ձieren** [-ˈtiː-] *v/t.* ⟨*pas de ge-*, h⟩ ausculter.

auskundschaften ['aʊsˌkʊntʃaftən] *v/t.* ⟨-ete, *sép.*, -ge-, h⟩ *Gelände, Feindstellung etc.* reconnaître; **e-e günstige Gelegenheit ⁓** reconnaître une occasion propice.

Auskunft ['aʊskʊnft] *f* ⟨⁓; ⁓̈e⟩ **1.** renseignement *m*; information *f*; F tuyau *m*; **j-m über etw. ⁓ geben, erteilen** renseigner, informer, F tuyauter qn. sur qc.; donner des renseignements à qn. sur qc.; **j-n um e-e ⁓ bitten** demander un renseignement à qn.; **e-e ⁓ einholen** prendre des renseignements; se renseigner; **die ⁓ verweigern** refuser de donner des renseignements; **ich habe e-e falsche ⁓ bekommen** on m'a mal renseigné; **weitere, nähere Auskünfte erteilt** ... pour plus amples renseignements, informations, pour tous renseignements s'adresser à ...; **2.** (⁓*sbüro*) service *m*, bureau *m* de renseignements; F renseignements *m/pl.*; **~ei** [-'taɪ] *f* ⟨~; ~en⟩ *comm.* agence *f*, bureau *m* de renseignements; **~sbeˌamte(r)** *m* préposé *m* aux renseignements; **~sbüˌro** *n cf.* ~ 2.; **~sˌpflicht** *f jur.* obligation *f* de donner des renseignements; **~sˌstelle** *f cf.* ~ 2.

aus|kuppeln ['aʊsˌkʊpəln] **I** *v/t.* ⟨-(e)le, *sép.*, -ge-, h⟩ **1.** *abs. beim Auto* débrayer; **2.** *Anhänger etc.* décrocher; découpler; désaccoupler; **II** 2ˌ**kuppeln** *n* **3.** *beim Auto* débrayage *m*; **4.** *von Anhängern etc.* décrochement *m*; désaccouplement *m*; **~kuˌrieren** *v/t.* ⟨*sép.*, *pas de ge-*, h⟩ guérir complètement, totalement, tout à fait; **~ˌlachen I** *v/t.* ⟨*sép.*, -ge-, h⟩ j-n ~ se moquer, se gausser de qn.; rire de qn.; rire au nez de qn.; **er wurde von allen ausgelacht** ils se sont tous moqués de lui; il a été la risée de tous; **II** *v/réfl.* **sich** ~ rire (tout) à son aise, suffisamment.

auslad|en ['aʊsˌlaːdən] **I** *v/t.* ⟨*irr.*, *sép.*, -ge-, h⟩ **1.** *Waren, Fahrzeug* décharger; *Schiff auch* débarder; débarquer; **2.** F *Gäste* décommander; **II** 2**en** *n von Waren* déchargement *m*; *aus e-m Schiff auch* débardage *m*; débarquement *m*; **~end** *adjt. Schultern, Baumkrone etc.* large; **mit ~en Gebärden** avec de larges gestes; 2**eˌplatz** *m mar.* débarcadère *m*; 2**eˌrampe** *f* quai *m*, rampe *f* de déchargement; 2**ung** *f* **1.** *cf.* 2en; **2.** *bât.* saillie *f*; encorbellement *m*.

Auslage ['aʊsˌlaːgə] *f* **1.** *im Schaufenster* étalage *m*; marchandises *f/pl.* en vitrine, à l'étalage; **die ~n betrachten** regarder les étalages, les vitrines; F faire du lèche-vitrines; **2.** (*Ausgabe*) dépense *f*; **j-m s-e ~n zurückerstatten** rembourser qn. de ses dépenses, de ses frais; **s-e ~n wiederbekommen** rentrer dans ses frais; **3.** *esc., Boxen* position *f* de garde; **4.** *e-s Krans* portée *f*.

auslager|n ['aʊsˌlaːgərn] *v/t.* ⟨-(e)re, *sép.*, -ge-, h⟩ *Warenbestände, Kunstschätze etc.* transporter en lieu sûr; mettre à l'abri, en sûreté; 2**ung** *f* transport *m* en lieu sûr.

Ausland ['aʊslant] *n* étranger *m*; **ins ~ gehen** aller à l'étranger; **im ~ leben** vivre à l'étranger; **Absatzmärkte im ~** débouchés à l'étranger; **im In- und ~** dans le pays et à l'étranger; **aus dem ~** de l'étranger.

Ausländ|er(in) ['aʊsˌlɛndər(ɪn)] *m* ⟨~s; ~⟩ (*f*) ⟨~; ~nen⟩ étranger, -ère *m, f*; **~erˌamt** *n* service *m* des étrangers; **~erpoliˌzei** *f* police *f* des étrangers; 2**isch** *adj.* étranger, -ère.

Auslands|absatz ['aʊslantsˌʔapzats] *m* vente *f* à l'étranger; **~abˌteilung** *f* service *m* des relations avec l'étranger; service international; **~ˌanleihe** *f* emprunt *m* à l'étranger; emprunt extérieur; **~ˌaufenthalt** *m* séjour *m* à l'étranger; **~beˌrichterˌstatter** *m* correspondant *m* à l'étranger; **~beˌteiligung** *f* participation de l'étranger, étrangère; **~beˌziehungen** *f/pl.* relations *f/pl.* avec l'étranger; **~ˌbrief** *m* lettre *f* pour l'étranger, *aus dem Ausland* de l'étranger; **~ˌdeutsche(r)** *f(m)* Allemand(e) *m(f)* qui vit à l'étranger; **~erˌfahrung** *f* expérience *f* de l'étranger; **~geˌschäft** *n* affaire(s) *f(pl.)* avec l'étranger; **~ˌguthaben** *n* avoir(s) *m(pl.)* à l'étranger; **~ˌhilfe** *f* aide *f* à *bzw.* de l'étranger; **~investitiˌonen** *f/pl.* investissements *m/pl.* à *bzw.* de l'étranger; **~kapiˌtal** *n* capitaux *m/pl.* à *bzw.* de l'étranger; **~korresponˌdent(in)** *m(f)* *in e-r Firma* correspondancier, -ière *m, f* pour l'étranger; **~kreˌdit** *m* crédit *m* à *bzw.* de l'étranger; **~ˌmarkt** *m* marché extérieur; **~ˌporto** *n* port *m* pour l'étranger; **~ˌpostanweisung** *f* mandat-carte international; **~ˌpresse** *f* presse étrangère; **~ˌreise** *f* voyage *m* à l'étranger; **~ˌschulden** *f/pl.* dette extérieure; **~ˌschule** *f* école *f* à l'étranger; **~ˌsender** *m* poste étranger; **~taˌrif** *m* tarif extérieur, pour l'étranger; **~tourˌnee** *f* tournée *f* à l'étranger; **~verˌkehr** *m* trafic *m* avec l'étranger; **~verˌmögen** *n* biens *m/pl.* à l'étranger; **~verˌtreter** *m* agent commercial, représentant *m* à l'étranger; **~verˌtretung** *f* représentation *f* à l'étranger; **~ˌware** *f* marchandise (de provenance) étrangère; **~ˌwechsel** *m* traite *f* sur l'étranger; **~ˌwerbung** *f* publicité *f* à l'étranger; **~ˌzulagen** *f/pl.* indemnités *f/pl.* d'expatriation, de dépaysement.

Auslaß ['aʊslas] *m* ⟨-sses; -lässe⟩ (orifice *m* de) sortie *f*.

auslass|en ['aʊsˌlasən] **I** *v/t.* ⟨*irr.*, *sép.*, -ge-, h⟩ **1.** sauter; passer; omettre; **ein Wort, e-n Abschnitt ~** sauter, passer un mot, un passage; *beim Slalom* **ein Tor ~** sauter une porte; **e-e Gelegenheit ~** laisser passer une occasion; **2.** *Ärger, Zorn, schlechte Laune etc.* **an j-m ~** passer, déverser, décharger sur qn.; **s-e Wut an j-m ~** passer, décharger sa colère sur qn.; **3.** *Fett* faire fondre; **4.** *cout. Saum etc.* allonger; *Taille* élargir; **5.** F *Kleidungsstücke* ne pas mettre; rester sans; **II** *v/réfl.* **sich über j-n, etw. ~** s'exprimer, se prononcer sur qn., sur qc.; **sich lang und breit über etw. ~** s'étendre en long et en large sur qc.; 2**ung** *f* ⟨~; ~en⟩ **1.** *von Worten etc.* omission *f*; **2.** *cout.* allongement *m bzw.* élargissement *m*; **3.** *pl.* **~en** *e-s Redners etc.* paroles *f/pl.*; déclarations *f/pl.*; dires *m/pl.*; *sonst verbal*; 2**ungsˌpunkte** *m/pl. gr.* points *m/pl.* de suspension; 2**ungsˌzeichen** *n gr.* apostrophe *f*.

Auslaßventil ['aʊslasvɛnˌtiːl] *n techn.* soupape *f* d'échappement.

aus|lasten ['aʊsˌlastən] *v/t.* ⟨-ete, *sép.*, -ge-, h⟩ *Arbeitskräfte, Fahrzeuge, Maschinen etc.* exploiter, utiliser pleinement la capacité, le rendement de; **nicht genügend ausgelastet sein** ne pas être assez occupé, *Maschine etc.* employé; 2ˌ**lastung** *f* ⟨~⟩ exploitation *f*, utilisation *f* de la capacité, du rendement (de); **~ˌlatschen** *v/t.* ⟨*sép.*, -ge-, h⟩ P *Schuhe* avachir; **ausgelatschte Schuhe** des chaussures avachies.

Auslauf ['aʊslaʊf] *m* **1.** *für Tiere* enclos *m*; *für Hühner* cour *f*; **2.** *beim Schispringen etc.* piste *f* de sortie; **3.** (*Abfluß*) tuyau *m*, orifice *m*, rigole *f* d'écoulement; 2**en I** *v/t.* ⟨*irr.*, *sép.*, -ge-, h⟩ *Kurve etc.* bien suivre; ne pas couper; **II** *v/i.* ⟨sein⟩ **1.** *Schiff* partir; sortir; **aus dem Hafen ~** quitter le port; **zum Fischfang ~** partir pour la pêche; **ein- und ~** entrer et sortir; **2.** *Gefäß, Kanister* se vider; *Flüssigkeit* couler; **3.** *Farben* baver; se mélanger; déteindre; **die Tinte läuft auf diesem Papier aus** ce papier boit (l'encre); **4.** (*aufhören zu laufen*) s'arrêter (peu à peu); **5.** (*endigen*) se terminer; **in e-e Spitze ~** se terminer en pointe, par une pointe; **etw. läuft gut, schlecht aus** qc. se termine bien, mal; **III** *v/réfl.* F **sich ~** marcher tout son content; **IV ~en** *n von Flüssigkeiten* écoulement *m*; *e-s Schiffes* départ *m*; *sonst verbal*.

Ausläufer ['aʊsˌlɔʏfər] *m* **1.** *e-s Gebirges* contreforts *m/pl.*; **2.** *Meteorologie etwa* zone *f* périphérique; **3.** *e-r Pflanze* stolon *m*; *von Erdbeeren auch* coulant *m*.

auslaug|en ['aʊsˌlaʊgən] **I** *v/t.* ⟨*sép.*, -ge-, h⟩ lessiver (*auch Boden u. fig.*); lixivier; **II** 2**en** *n* ⟨~s⟩, 2**ung** *f* ⟨~; ~en⟩ lessivage *m*; lixiviation *f*.

Auslaut ['aʊslaʊt] *m ling.* son final; finale *f*; **im ~** (**des Wortes**) **stehen** être à la fin du mot; 2**en** *v/i.* ⟨-ete, *sép.*, -ge-, h⟩ *ling.* se terminer (par *od.* en); **~der Konsonant, Vokal** consonne, voyelle finale.

ausläuten ['aʊsˌlɔʏtən] *v/t.* ⟨-ete, *sép.*, -ge-, h⟩ sonner (qc., la fin de qc.).

Auslautverhärtung ['aʊslaʊtfɛrˌhɛrtʊŋ] *f ling.* remplacement *m* de la consonne finale sonore par la sourde correspondante.

aus|leben ['aʊsˌleːbən] *v/réfl.* ⟨*sép.*, -ge-, h⟩ **sich ~** se donner du bon temps; vivre (sa vie); *Individualität, Kräfte etc.* s'extérioriser; se déployer librement; **~ˌlecken I** *v/t.* ⟨*sép.*, -ge-, h⟩ *Topf etc.* lécher; **II** 2ˌ**lecken** *n* léchage *m*; **~ˌleeren I** *v/t.* ⟨*sép.*, -ge-, h⟩ vider; **II** 2ˌ**leeren** *n* vidage *m*; *od. verbal*.

ausleg|en ['aʊsˌleːgən] **I** *v/t.* ⟨*sép.*, -ge-, h⟩ **1.** *Waren zur Schau* exposer; étaler; *Köder* éparpiller; mettre; *Angeln* poser; *Netze* tendre; *Saatgut* planter; *techn. Leitungen* poser; mettre; **2. a)** *Fußboden mit Teppich* recouvrir (d'une moquette); **mit Parkett ~** parqueter; **mit Fliesen ~** carreler; **die Wohnung war (ganz) mit Teppichen ausgelegt** le sol du logement était recouvert de tapis, *mit Auslegeware* d'une moquette; **b)** *Holz zur Verzierung* incruster; **3.** *Geld* avancer; **4.** *Text etc.* interpréter (*auch Gesetz*); *Bibel auch* faire l'exégèse de; **etw. zu s-m Vorteil ~** interpréter qc. à son avantage; **etw. als Beleidigung ~** interpréter qc. comme une insulte; **j-m etw. als Schwäche, Gleichgültigkeit ~** interpréter qc. comme de la faiblesse, comme de l'indifférence de la part de qn.; **5.** *Sport* **die Ruder ~** mettre les rames, les avirons à l'eau; **II** 2**en** *n* **6.** *von Waren* étalage *m*; *von Ködern* éparpillement *m*; *von Saatgut* plantation *f*; *techn. von Leitungen* pose *f*; *sonst verbal*; **7.** *Holz zur Verzierung* incrustage *m*; **das ~ mit Parkett** le parquetage; **das ~ mit Fliesen** le carrelage; **8.** *von Geld* avance *f*; **9.** *e-s Textes etc.* interprétation *f* (*auch jur.*); *der Bibel auch* exégèse *f*; **10.** *der Ruder* mise *f* à l'eau; 2**er** *m* ⟨~s; ~⟩ **1.** *e-s Textes* interprète *m*; exégète *m*; **2.** *e-s Krans* flèche *f*; **3.** *am Ruderboot* outrigger [awtrigœːr *od.* -ər] *m*; porte-en-dehors *m*; *in Indonesien* balancier *m*; 2**erˌboot** *n* outrigger [awtrigœːr *od.* -ər] *m*; 2**erˌbrücke** *f* pont *m* cantilever [-œːr]; 2**erˌkran** *m* grue *f* à flèche horizontale; 2**eˌware** *f Teppich* moquette *f*; 2**ung** *f* ⟨~; ~en⟩ *cf.* 2en.

aus|leiden ['aʊsˌlaɪdən] *v/i.* ⟨*irr.*, *sép.*, -ge-, h⟩ *st. s.* **ausgelitten haben** avoir cessé de souffrir; être mort; **~ˌleiern** *v/t.* ⟨-(e)re, *sép.*, -ge-, h⟩ (*u. v/i.*) ⟨sein⟩ F *Gummiband etc.* (se) détendre.

Ausleihe ['aʊsˌlaɪə] *f* ⟨~; ~n⟩ **1.** *in e-r Bibliothek* salle *f* de prêt; **2.** *von Büchern* prêt *m*; 2**n I** *v/t.* ⟨*irr.*, *sép.*, -ge-, h⟩ prêter (j-m à qn.); *gegen Bezahlung* louer; **II** *v/réfl.* **sich etw. ~** emprunter qc.; *gegen Bezahlung* louer qc.; **III ~n** *n* **1.** (*Verleihen*) prêt *m*; *gegen Bezahlung* location *f*; **2.** (*Entleihen*) emprunt *m*; *gegen Bezahlung* location *f*.

auslernen ['aʊsˌlɛrnən] *v/i.* ⟨*sép.*, -ge-, h⟩ man lernt nie aus on n'a jamais fini d'apprendre; **ausgelernt haben** avoir fini son apprentissage.

Auslese ['aʊsˌleːzə] *f* **1.** sélection *f*; choix *m*; *biol.* **natürliche ~** sélection naturelle; **e-e scharfe, strenge ~ treffen** sélectionner rigoureusement; **2. a)** (*Elite*) élite *f*; **b)** *von Gedichten* anthologie *f*; **3.** *Wein* meilleur cru; cru *m* de choix; **~maˌschine** *f für Getreide* trieur *m*; **2n I** *v/t.* ⟨*irr.*, *sép.*, -ge-, h⟩ **1.** *Buch etc.* finir de lire; **er hat das Buch an e-m Tage ausgelesen** il a lu le livre en un jour; **2. a)** *schlechte Früchte etc.* trier; **b)** (*auswählen*) choisir; sélectionner; **II ~n** *n von Früchten etc.* triage *m*; (*Auswahl*) choix *m*; sélection *f*; *sonst verbal*; **~ˌprüfung** *f* examen [-ɛ̃] *m* de sélection.

aus|leuchten ['aʊsˌlɔʏçtən] *v/t.* ⟨-ete, *sép.*, -ge-, h⟩ bien éclairer; **~ˌlichten** *v/t.* ⟨-ete, *sép.*, -ge-, h⟩ *Wald, Obstbaum etc.* éclaircir.

Ausliefer|er ['aʊsˌliːfərər] *m* ⟨~s; ~⟩ *comm.* dépositaire *m*; distributeur *m*; **2n** *v/t.* ⟨-(e)re, *sép.*, -ge-, h⟩ **1.** *comm. Waren* fournir; livrer; **2.** *Flüchtling, Gefangenen, Festung etc.* livrer (an à); *pol. Personen an ein anderes Land* extrader; **j-n an den Feind ~** livrer qn. à l'ennemi; **j-n den Gerichten ~** remettre qn. aux mains de la justice; *fig.* **j-m (auf Gnade und Ungnade) ausgeliefert sein** être à la merci de qn.; **~ung** *f von Waren, Personen* livraison *f*; *pol.* extradition *f*; *sonst verbal*; **~ungsˌantrag** *m pol.* demande *f* d'extradition; **~ungsˌlager** *n comm.* dépôt *m* (du dépositaire, du distributeur); **~ungsˌschein** *m comm.* certificat *m* de livraison; **~ungsˌtag** *m comm.* date *f* de livraison; **~ungsverˌtrag** *m pol.* traité *m*, convention *f* d'extradition.

aus|liegen ['aʊsˌliːgən] *v/i.* ⟨*irr.*, *sép.*, -ge-, h⟩ *zum Verkauf, zur Schau, zur Einsichtnahme* être exposé; **~ˌlöffeln** *v/t.* ⟨-(e)le, *sép.*, -ge-, h⟩ *Suppe etc.* manger; *Teller etc.* vider; **was man sich eingebrockt hat, muß man auch ~** *prov.* qui casse les verres les paie *prov.*; **~loˌgieren** [-ˌʒiː-] *v/t.* ⟨*sép.*, *pas de ge-*, h⟩ loger ailleurs; **~ˌlöschen I** *v/t.* ⟨*sép.*, -ge-, h⟩ *Feuer, Licht* éteindre; *Geschriebenes, fig. Erinnerungen, Empfindungen, Unterschiede* effacer; *st. s. Menschen* anéantir; **II 2ˌlöschen** *n von Feuer etc.* extinction *f*; *von Geschriebenem, fig.* effacement *m*; *st. s. von Menschen* anéantissement *m*; **2ˌlösemechaˌnismus** *m* mécanisme *m* de déclenchement; **~ˌlosen I** *v/t.* ⟨-(es)t, *sép.*, -ge-, h⟩ tirer au sort; **II 2ˌlosen** *n cf.* **2losung**; **~ˌlösen I** *v/t.* ⟨-(es)t, *sép.*, -ge-, h⟩ **1.** *Mechanismus* déclencher; *fig. Beifall, Diskussion, Krise, Streik, Krieg* déclencher; provoquer; *Schrecken, Freude, Wut etc.* faire naître; provoquer; **Alarm ~** déclencher l'alarme; **e-n Schuß ~** faire partir un coup; **2.** *Pfand* retirer; **II 2ˌlösen** *n* déclenchement *m*; *od. verbal*; **2ˌlöser** *m* ⟨~s; ~⟩ *phot.* déclencheur *m*; **2ˌlöseˌvorrichtung** *f* dispositif *m* de déclenchement; **2ˌlosung** *f* tirage *m* au sort; **2ˌlösung** *f cf.* **2lösen**; **~ˌloten** *v/t.* ⟨-ete, *sép.*, -ge-, h⟩ sonder (*auch fig.*); **~ˌlüften I** *v/t.* ⟨-ete, *sép.*, -ge-, h⟩ aérer; **II** *v/i.* **die Kleider müssen ~** les vêtements doivent être aérés; **~ˌlugen** *v/i.* ⟨*sép.*, -ge-, h⟩ *cf.* **ausgucken**; **~ˌlutschen** *v/t.* ⟨*sép.*, -ge-, h⟩ F *Zitrone, Wunde etc.* sucer.

ausmachen ['aʊsˌmaxən] **I** *v/t.* ⟨*sép.*, -ge-, h⟩ **1.** *Licht, Feuer etc.* éteindre; *Radio auch* fermer; **2.** *Kartoffeln etc.* arracher; **3. a) etw. unter sich ~** arranger qc., convenir de qc. entre soi; **das muß man mit sich allein ~** il faut décider cela avec soi-même; **b)** *Honorar, Termin etc.* convenir de; **c)** *Quartier etc.* trouver; *cf. auch* **ausgemacht**; **4.** (*bilden, darstellen*) constituer; *Summe* faire; **Stuhl und Bett machen die ganze Einrichtung aus** une chaise et un lit constituent tout l'ameublement de la pièce; **e-n Teil von etw. ~** constituer une partie de qc.; **die Jugendlichen machten die Hälfte der Besucher aus** les adolescents constituaient la moitié des visiteurs; **etw. macht den Wert von etw. aus** qc. constitue, fait la valeur de qc.; **zusammen fünfhundert Mark ~** faire cinq cents marks au total; **5.** *Ziel, feindliche Stellung, Windrichtung etc.* repérer; *fig.* **es läßt sich nicht mit Sicherheit ~, ob** ... on ne peut pas dire avec sûreté si ...; **6. bei der Menge macht das nicht viel aus** dans la quantité cela ne fait rien; **es macht etw. aus, ob** ... il y a une différence si ...; cela fait qc. si ...; **das macht mir nichts aus** cela ne me fait rien; **würde es Ihnen etw. ~, wenn ...?** est-ce que cela ne vous fait rien que ...?; **II 2** *n* ⟨~s⟩ *von Kartoffeln etc.* arrachage *m*; *sonst verbal*.

aus|mahlen ['aʊsˌmaːlən] *v/t.* ⟨*irr.*, *sép.*, -ge-, h⟩ *Getreide* moudre finement; **~ˌmalen I** *v/t.* ⟨*sép.*, -ge-, h⟩ **1.** *Raum* décorer; *Kinderbücher* colorier; **2.** *Erlebnisse etc.* décrire; peindre; **die Folgen e-s Ereignisses ~** décrire les suites d'un événement; **die Zukunft in den schönsten Farben ~** peindre l'avenir sous les plus belles couleurs; **die Schrecken des Krieges in grellen Farben ~** peindre les horreurs de la guerre d'une façon saisissante; **II** *v/réfl.* **sich etw. ~** se figurer, s'imaginer qc.; **sich (in Gedanken) ~, was geschehen würde, wenn** ... s'imaginer par la pensée ce qui arriverait si ...; **das hatte ich mir so schön ausgemalt** j'avais imaginé cela si beau; **III 2ˌmalen** *n*, **2ˌmalung** *f* ⟨~⟩ *e-s Raumes* décoration *f*; *von Kinderbüchern* coloriage *m*; *e-s Geschehens* description *f*.

Ausmaß ['aʊsmaːs] *n* **a)** *räumlich meist pl.* **~e** dimensions *f/pl.*; **ein Flugzeug von großen ~en** un avion aux *od.* de grandes dimensions; **b)** *fig.* dimensions *f/pl.*; **e-e Katastrophe von ungeheurem ~** une catastrophe aux dimensions énormes; **erschreckende ~e annehmen** prendre des dimensions, proportions effrayantes; **in großem ~e exportieren** exporter sur une grande échelle.

aus|mauern ['aʊsˌmaʊərn] *v/t.* ⟨-(e)re, *sép.*, -ge-, h⟩ *Schacht, Gewölbe etc.* maçonner; **2ˌmauerung** *f* ⟨~⟩ maçonnage *m*; **~ˌmeißeln** *v/t.* ⟨-(e)le, *sép.*, -ge-, h⟩ *Marmorblock, Statue etc.* tailler au ciseau; sculpter [skylte]; **~ˌmelken** *v/t.* ⟨*irr.*, *sép.*, -ge-, h⟩ *Kuh, Euter* traire complètement; **~ˌmergeln** *v/t.* ⟨-(e)le, *sép.*, -ge-, h⟩ épuiser; exténuer; *cf. auch* **ausgemergelt**; **2ˌmergelung** *f* ⟨~⟩ épuisement *m*; exténuation *f*; **~ˌmerzen** *v/t.* ⟨-(es)t, *sép.*, -ge-, h⟩ *Fehler, anstößige Stellen, Ungeziefer etc.* supprimer; éliminer; *Fehler, Vorurteile etc. auch* extirper; **2ˌmerzung** *f* ⟨~⟩ suppression *f*; élimination *f*; extirpation *f*; **~ˌmessen I** *v/t.* ⟨*irr.*, *sép.*, -ge-, h⟩ mesurer; prendre les mesures de; *mit Metermaß auch* métrer; **II 2ˌmessen** *n*, **2ˌmessung** *f* mesurage *m*; *mit Metermaß auch* métrage *m*; **~ˌmisten I** *v/t.* ⟨-ete, *sép.*, -ge-, h⟩ *Stall* nettoyer; *fig. u.* F ranger; mettre de l'ordre (dans); donner un bon coup de balai (à); **II 2ˌmisten** *n* ⟨~s⟩ nettoyage *m*; *fig.* rangement *m*; coup *m* de balai; **~monˌtieren I** *v/t.* ⟨*sép.*, *pas de ge-*, h⟩ F *Motor etc.* démonter; **II 2monˌtieren** *n* démontage *m*; **~ˌmünden** *v/i.* ⟨-ete, *sép.*, -ge-, sein⟩ *Weg, Straße, Tal etc.* déboucher (in dans); *fig. Rede etc.* se terminer (par); **2ˌmündung** *f e-r Straße etc.* débouché *m*; *sonst verbal*; **~ˌmünzen** *v/t.* ⟨-(es)t, *sép.*, -ge-, h⟩ *Silber etc.* monnayer; monétiser; *fig.* **etw. politisch** *etc.* **~** exploiter qc. politiquement, *etc.*; **2ˌmünzung** *f* ⟨~⟩ monnayage *m*; *fig.* exploitation *f*; **~ˌmustern** *v/t.* ⟨-(e)re, *sép.*, -ge-, h⟩ *milit. als untauglich* réformer; mettre à la réforme; **2ˌmusteˌrung** *f* réforme *f*.

Ausnahme ['aʊsˌnaːmə] *f* ⟨~; ~n⟩ exception *f*; **mit ~** (von *od. gén.*) à l'exception de; exception faite de; excepté; à l'exclusion de; (mis) à part; sauf; **bis auf e-e ~** à une exception près; **ohne ~** sans exception; **mit seltenen ~n** à de rares exceptions près; sauf (de) rares exceptions; **e-e ~ bilden** être, constituer une exception; faire exception (à la règle); **e-e ~ (bei j-m) machen** faire une exception (en faveur de, pour qn.); **diese Regel läßt keine ~ zu** cette règle ne comporte, ne souffre pas d'exception; **keine Regel ohne ~** *prov.* point de règle sans exception; **die ~ bestätigt die Regel** *prov.* l'exception confirme la règle *prov.*; **~beˌstimmung** *f* règlement d'exception, exceptionnel; mesure *f* d'exception; **~erˌscheinung** *f* phénomène exceptionnel; **~ˌfall** *m* cas exceptionnel; **~geˌnehmigung** *f* autorisation exceptionnelle; **~geˌricht** *n jur.* tribunal *m* d'exception; **~geˌsetz** *n* loi *f* d'exception; **~ˌmaßnahme** *f* mesure *f* d'exception; **~ˌpreis** *m* prix exceptionnel; **~situatiˌon** *f* situation d'exception, exceptionnelle; **~ˌstellung** *f* position exceptionnelle; **~taˌrif** *m* tarif exceptionnel, spécial; **~ˌzustand** *m pol.* état *m* d'exception, d'urgence; **den ~ verhängen, erklären** proclamer, déclarer l'état d'urgence, d'exception.

ausnahms|los ['aʊsnaːmsˌloːs] *adj. u. adv.* sans exception; **~ˌweise** *adv.* exceptionnellement; à titre exceptionnel; par exception; par extraordinaire; pour une fois; **er war ~ (einmal) pünktlich** il était exceptionnellement à l'heure; **~ etw. gestatten** autoriser qc. exceptionnellement, à titre exceptionnel; **am Sonntag war das Wetter ~ schlecht** dimanche le temps a été mauvais pour une fois; **~ gut aufgelegt sein** être exceptionnellement, pour une fois de bonne humeur.

ausnehmen ['aʊsˌneːmən] **I** *v/t.* ⟨*irr.*, *sép.*, -ge-, h⟩ **1.** *Geflügel etc.* vider; étriper; **ein Nest, Eier ~** dénicher des oiseaux, des œufs; *fig. milit.* **e-e Stellung ~** cueillir les occupants d'une position; **2.** *fig. u.* F **j-n ~** plumer qn.; **3. j-n, etw. (von etw.) ~** exclure, excepter qn., qc. (de qc.); **davon nehme ich keinen aus** je n'en exclus personne; **ich nehme mich nicht aus** je ne m'excepte, m'exclus pas; **wichtige Industrien sind von dem Verbot ausgenommen** des industries importantes sont exclues de cette interdiction, font exception à cette interdiction; **II** *v/réfl.* **sich ~** avoir l'air; **sich gut, hübsch, sonderbar ~** avoir l'air bien, joli, bizarre; avoir un bon, joli aspect, un aspect bizarre; faire un bon, joli effet, un effet bizarre; **das nimmt sich gut aus** *auch* cela fait bien; cela fait bon effet; F **das nimmt sich nicht übel aus** cela a l'air pas mal; **III** 2 *n von Geflügel etc.* vidage *m*; *e-s Nestes* dénichement *m* (des oiseaux, des œufs); *fig. u.* F *von Touristen etc.* plumage *m*; **~d 1.** *adjt.* exceptionnel, -lle; **von ~er Schönheit** d'une beauté exceptionnelle, extraordinaire; **2.** *advt.* extraordinairement; exceptionnellement; **in ~ höflichem Ton** d'un ton extraordinairement, exceptionnellement poli.

Ausnüchterung ['aʊsˌnʏçtəˌrʊŋ] *f* ⟨~⟩ **bis zu s-r ~** jusqu'à ce qu'il soit dégrisé, désenivré.

ausnutz|en, ausnütz|en ['aʊsˌnʊtsən, 'aʊsˌnʏtsən] *v/t.* ⟨-(es)t, *sép.*, -ge-, h⟩ **a)** *Gelegenheit, Möglichkeit, Situation etc.* profiter de; *Erfolg, Vorteil, Beziehungen auch* tirer profit de; *Boden* tirer profit de; *Raum* tirer parti, avantage de; *Zeit* mettre à profit; profiter de; *Kapazität, Energie, Wärme etc.* utiliser; **das schöne Wetter ~** profiter du beau temps; **b)** *péj. Personen, Arbeitskräfte* profiter de; exploiter; **j-n, j-s Gutmütigkeit ~** profiter de, *pfort.* abuser de qn., de la bonhomie de qn.; **sich ~ lassen** se laisser exploiter; F se laisser manger la laine sur le dos; **2ung** *f* **a)** mise *f* à profit; utilisation *f*; **die optimale ~ der Arbeitskräfte, der Energiequellen** *etc.* la mise à profit, l'utilisation optimale de la main-d'œuvre, des sources d'énergie, *etc.*; **die ~ der Gelegenheit** la mise à profit de l'occasion; **b)** *péj. von Arbeitskräften* exploitation *f*; *e-s Freundes etc. verbal*; **2ungsˌgrad** *m techn.* degré *m* d'utilisation.

aus|packen ['aʊsˌpakən] **I** *v/t.* ⟨*sép.*, -ge-, h⟩ **1.** *Koffer, Kleider etc.* défaire; *Schachtel, Päckchen, Bücher etc.* dépaqueter; *Warenballen, Kisten* déballer; **wir müssen zuerst ~** il faut d'abord défaire, il faut d'abord que nous défassions nos valises; **2.** *fig. u.* F déballer; déballer le paquet; vider son sac; **II** 2ˌ**packen** *n* dépaquetage *m*; *von Waren* déballage *m*; **~ˌpeitschen** *v/t.* ⟨*sép.*, -ge-, h⟩ fouetter; 2ˌ**peitschung** *f* ⟨~; ~en⟩ fouettement *m*; **~ˌpellen** *v/t.* (*u. v/réfl.*) ⟨*sép.*, -ge-, h⟩ F (sich) ~ (se) déshabiller; P (se) défrusquer; **~ˌpendeln** *v/i.* ⟨-(e)le, *sép.*, -ge-, h⟩ *Seil, Schaukel* (s')arrêter de se balancer; *Zeiger* (s')arrêter d'osciller; **~ˌpfänden** *v/t.* ⟨-ete, *sép.*, -ge-, h⟩ *jur.* **e-n Schuldner ~** saisir les biens d'un débiteur; **~ˌpfeifen** *v/t.* ⟨*irr.*, *sép.*, -ge-, h⟩ *Redner, Theaterstück* siffler; *par ext.* 'huer; conspuer; **~ˌpflanzen I** *v/t.* ⟨-(es)t, *sép.*, -ge-, h⟩ déplanter; transplanter; **II** 2ˌ**pflanzen** *n* déplantage *m*; déplantation *f*; transplantation *f*; transplantement *m*; **~ˌpinseln** *v/t.* ⟨-(e)le, *sép.*, -ge-, h⟩ *méd.* badigeonner.

Auspizien [aʊs'piːtsiˑən] *pl. st. s.* **unter den ~ von** sous les auspices de.

aus|plappern ['aʊsˌplapərn] *v/t.* ⟨-(e)re, *sép.*, -ge-, h⟩ F *cf.* **ausplaudern**; **~ˌplätten** *v/t.* ⟨-ete, *sép.*, -ge-, h⟩ *Falten* enlever au fer, en repassant; **~ˌplaudern** *v/t.* ⟨-(e)re, *sép.*, -ge-, h⟩ (*weitererzählen*) ébruiter; divulguer; *Geheimnis etc. meist* trahir; **~ˌplündern** *v/t.* ⟨-(e)re, *sép.*, -ge-, h⟩ *Person* détrousser; dévaliser; *Laden, Auto* piller; dévaliser; *Land etc.* piller; saccager; *Stadt auch* mettre à sac; **2-ˌplündeˌrung** *f* dévalisement *m*; pillage *m*; *e-r Person auch* détroussement *m*; *e-r Stadt auch* sac *m*; **~ˌpolstern** *v/t.* ⟨-(e)re, *sép.*, -ge-, h⟩ rembourrer; *meist Möbel* capitonner; **mit Moos ausgepolstert** capitonné de mousse; F **mit Fett ausgepolstert** rembourré de graisse; 2ˌ**polsteˌrung** *f* rembourrage *m*; capitonnage *m*; **~poˌsaunen** *v/t.* ⟨*sép.*, *pas de ge-*, h⟩ F *Neuigkeit etc.* raconter à qui veut l'entendre; claironner; crier sur les toits; carillonner; **~ˌpowern** *v/t.* ⟨-(e)re, *sép.*, -ge-, h⟩ F *Volk, Land* appauvrir; exploiter; 2ˌ**poweˌrung** *f* ⟨~; ~en⟩ appauvrissement *m*; exploitation *f*; **~-ˌprägen I** *v/t.* ⟨*sép.*, -ge-, h⟩ *Silber etc.* monnayer; monétiser; **II** *v/réfl.* **sich ~** s'empreindre; **Stolz prägt sich in s-m ganzen Wesen aus** la fierté s'empreint sur tout son être; *cf. auch* **ausgeprägt**; 2ˌ**prägung** *f* **1.** *von Metall* monnayage *m*; **2.** *e-s Charakteristikums etc.* empreinte *f*; **~ˌpressen I** *v/t.* ⟨-ßt, *sép.*, -ge-, h⟩ *Zitrone, Saft etc.* presser; exprimer; pressurer; *fig. u. péj. Bevölkerung* pressurer; exploiter; F **j-n wie e-e Zitrone ~** 'harceler qn. de questions; **II** 2ˌ**pressen** *n e-r Zitrone etc.* pressurage *m*; **~proˌbieren I** *v/t.* ⟨*sép.*, *pas de ge-*, h⟩ *Rezept, Methode, neue Maschine etc.* essayer, expérimenter (an sur); **II** 2**proˌbieren** *n* expérimentation *f*.

Auspuff ['aʊspʊf] *m* ⟨~(e)s; ~e⟩ *mot.* (tuyau *m*, pot *m* d')échappement *m*; **~ˌgas** *n* gaz *m* d'échappement; **~ˌlärm** *m* bruit *m* d'échappement; **~ˌrohr** *n* tuyau *m* d'échappement; **~ˌtopf** *m* pot *m* d'échappement; silencieux *m*; **~-venˌtil** *n* soupape *f* d'échappement.

aus|pumpen ['aʊsˌpʊmpən] **I** *v/t.* ⟨*sép.*, -ge-, h⟩ *Wasser, Luft etc.* pomper; *Keller, Schacht etc.* vider (à l'aide d'une pompe); **den Magen ~** faire un lavage d'estomac; *fig. u.* F **ausgepumpt sein** être pompé; **II** 2ˌ**pumpen** *n von Wasser, Luft etc.* pompage *m*; *e-s Schachtes etc.* vidage *m* (à l'aide d'une pompe); *des Magens* lavage *m*; **~ˌpunkten** *v/t.* ⟨-ete, *sép.*, -ge-, h⟩ *Boxen* battre aux points; **~ˌpusten** *v/t.* ⟨-ete, *sép.*, -ge-, h⟩ F *cf.* **ausblasen**.

Ausputz ['aʊspʊts] *m an Kleidungsstücken* garniture *f*; **2en** *v/t.* ⟨-(es)t, *sép.*, -ge-, h⟩ *das Innere e-s Gegenstandes* nettoyer l'intérieur de; *jard. Bäume, Hecke cf.* **ausästen**.

aus|quartieren ['aʊskvarˌtiːrən] *v/t.* ⟨*sép.*, *pas de ge-*, h⟩ **j-n ~** loger qn. ailleurs; **2quarˌtierung** *f* ⟨~; ~en⟩ *verbal*; **~ˌquatschen** *v/t.* ⟨*sép.*, -ge-, h⟩ P *cf.* **ausplaudern**; **~ˌquetschen** *v/t.* ⟨*sép.*, -ge-, h⟩ F **j-n ~** 'harceler qn. de questions; questionner qn.; *cf. auch* **auspressen**; **~ˌrädeln** *v/t.* ⟨-(e)le, *sép.*, -ge-, h⟩ **a)** *cuis. Teig* découper à la roulette; **b)** *cout. Schnitt* tracer à la roulette; **~raˌdieren** *v/t.* ⟨*sép.*, *pas de ge-*, h⟩ gommer; effacer; *mit Federmesser* gratter; *fig. Stadt etc.* rayer de la carte; effacer; **~ranˌgieren** [-ˌʒiː-] *v/t.* ⟨*sép.*, *pas de ge-*, h⟩ *alte Kleidungsstücke, Möbel etc.* mettre au rancart, au rebut, *Maschine auch* 'hors service; reléguer; **2ranˌgierung** [-ˌʒiː-] *f* ⟨~⟩ mise *f* au rancart, au rebut, 'hors service; **~raˌsieren** *v/t.* ⟨*sép.*, *pas de ge-*, h⟩ *Nacken etc.* raser; **~ˌrasten** *v/i.* ⟨-ete, *sép.*, -ge-, sein⟩ *techn.* déclíqueter; **~ˌrauben** *v/t.* ⟨*sép.*, -ge-, h⟩ *Person, Wohnung, Auto etc.* dévaliser; *cf. auch* **ausplündern**; **~ˌräubern** *v/t.* ⟨-(e)re, *sép.*, -ge-, h⟩ F dévaliser; **2-ˌraubung** *f* ⟨~; ~en⟩ dévalisement *m*; **~ˌrauchen** *v/t.* ⟨*sép.*, -ge-, h⟩ *Pfeife etc.* finir; **e-e halb ausgerauchte Pfeife** une pipe à moitié fumée; *abs.* **haben Sie schon ausgeraucht?** avez-vous déjà fini de fumer?; **~ˌräuchern** *v/t.* ⟨-(e)re, *sép.*, -ge-, h⟩ *Wespen(nest), Fuchs(bau) etc.* enfumer; *mit Gasen* fumiger; *fig. Feind* faire sortir de son repaire; exterminer dans son repaire; 2ˌ**räucheˌrung** *f* ⟨~; ~en⟩ *e-s Wespennestes etc.* enfumage *m*; *mit Gasen* fumigation *f*; *sonst verbal*; **~ˌraufen I** *v/t.* ⟨*sép.*, -ge-, h⟩ *Haare*, F *Gras etc.* arracher; **II** *v/réfl.* **sich (vor Verzweiflung) die Haare ~** s'arracher les cheveux (de désespoir); **~ˌräumen I** *v/t.* ⟨*sép.*, -ge-, h⟩ **1.** *Wohnung, Zimmer* déménager les meubles de; vider de ses meubles; démeubler; *Schrank, Schublade* vider; *Bücher, Wäsche, Möbel etc.* sortir, enlever (**aus** de); **2.** F *Kasse etc.* vider; **3.** *fig. Mißverständnisse* dissiper; *Bedenken* éliminer; *Differenzen, Schwierigkeiten* aplanir; **4.** *méd.* **den Abort ~** faire un curetage; **II** 2ˌ**räumen** *n*, 2ˌ**räumung** *f* **1.** *e-r Wohnung* déménagement *m* des meubles; *e-s Schrankes* vidage *m*; *sonst verbal*; **2.** *von Mißverständnissen etc.* dissipation *f*; élimination *f*; aplanissement *m*; **3.** *méd.* curetage *m*; **~-ˌrechnen** *v/t.* ⟨-ete, *sép.*, -ge-, h⟩ calculer; **etw. im Kopf ~** calculer qc. mentalement, de tête; **etw. richtig ~** calculer qc. juste; **sich s-e Chancen ~** évaluer, supputer ses chances; F **das kannst du dir ja selbst ~** tu peux voir, imaginer ça toi-même; 2ˌ**rechnung** *f* calcul *m*; **~ˌrecken I** *v/t.* ⟨*sép.*, -ge-, h⟩ *Arm etc.* (é)tendre; **II** *v/réfl.* **sich ~** s'étirer; **sich den Hals ~** tendre le cou (**nach j-m, etw.** pour voir qn., qc.).

Ausrede ['aʊsˌreːdə] *f* excuse *f*; échappatoire *f*; *cf. auch* **Ausflucht**; **e-e dumme, faule ~** une sotte, mauvaise excuse; **nach e-r glaubhaften ~ suchen** chercher une excuse valable; **um e-e ~ nicht, nie verlegen sein** trouver toujours des excuses; **nur keine ~n!** pas d'échappatoires!; pas de mauvaises excuses!; **2n I** *v/t.* ⟨-ete, *sép.*, -ge-, h⟩ **j-m etw. ~** dissuader, détourner qn. de qc.; **j-m e-n Gedanken auszureden versuchen** essayer de dissuader, de détourner qn. d'une idée; **sich etw. nicht ~ lassen** ne pas se laisser dissuader, détourner de qc.; F **j-m j-n ~** détourner qn. de qn.; **II** *v/i.* finir, achever (de parler); **j-n ~ lassen** laisser finir qn. (de parler); **laß mich bitte erst ~!** laisse-moi d'abord finir, s'il te plaît!

aus|reiben ['aʊsˌraɪbən] *v/t.* ⟨*irr.*, *sép.*, -ge-, h⟩ *Fleck* enlever (en frottant); *Badewanne etc.* nettoyer; F **sich die Augen ~** se frotter les yeux; **~ˌreichen** *v/i.* ⟨*sép.*, -ge-, h⟩ suffire; **~ˌreichend 1.** *adjt.* suffisant; *Schulnote* passable; **2.** *advt.* suffisamment; assez; **~ˌreifen** *v/i.* ⟨*sép.*, -ge-, sein⟩ mûrir (*auch fig.*); **etw. ~ lassen** laisser mûrir qc.; **das Getreide ist ausgereift** le blé est mûr; **ein ausgereifter Mensch** un homme mûr; **ein ausgereifter Plan** un plan (bien) mûri; 2ˌ**reifung** *f* ⟨~⟩ mûrissement *m*.

Ausreise ['aʊsˌraɪzə] *f* départ *m* (pour l'étranger); **Ein- und ~** entrée *f* et sortie *f*; **bei der ~ aus Frankreich** en sortant de, en quittant la France; **j-m die ~ verweigern** refuser à qn. l'autorisation de quitter le pays; **~be-ˌschränkung** *f* limitation *f* de sortie; **~erˌlaubnis** *f*, **~geˌnehmigung** *f* permis *m*, autorisation *f* de sortie; **2n** *v/i.* ⟨-(es)t, *sép.*, **-ge-, sein**⟩ partir (pour l'étranger); quitter (un pays); **nach Frankreich ~** partir pour la France; **aus Frankreich ~** sortir de (la), quitter la France; **~ˌvisum** *n* visa *m* de sortie.

ausreiß|en ['aʊsˌraɪsən] **I** *v/t.* ⟨*irr.*, *sép.*, **-ge-, h**⟩ arracher; **der Griff ist ausgerissen** la poignée est arrachée; **ein ausgerissenes Knopfloch** une boutonnière déchirée; *fig. u.* F **keiner Fliege ein Bein ~ können** ne pas faire de mal à une mouche; **Bäume ~ können** être, se sentir fort comme un Turc; **sich kein Bein ~** *cf.* **Bein**; **II** *v/i.* ⟨**sein**⟩ se sauver; *von Kindern* faire une fugue; *Radsport* s'échapper; faire une échappée; **vor j-m ~** se sauver devant qn.; **III 2en** *n* **1.** arrachage *od.* arrachement *m*; **2.** *meist von Kindern* fugue *f*; *Radsport* échappée *f*; **2er** *m* ⟨**~s; ~**⟩ fugueur, -euse *m, f*; coureur échappé; **2verˌsuch** *m Radsport* tentative *f* d'échappée.

aus|reiten ['aʊsˌraɪtən] *v/i.* ⟨*irr.*, *sép.*, **-ge-, sein**⟩ sortir, se promener à cheval; **~ˌrenken I** *v/t.* ⟨*sép.*, **-ge-, h**⟩ *Glied* démettre; déboîter; luxer; disloquer; **e-e ausgerenkte Schulter** une épaule démise, déboîtée; **II** *v/réfl.* **sich den Arm** *etc.* **~** se démettre, se luxer, se déboîter le bras, *etc.*; **sich den Unterkiefer ~** se décrocher la mâchoire; *fig. u.* F **sich den Hals ~** tendre le cou (**nach j-m, etw.** pour voir qn., qc.); **III 2ˌrenken** *n* ⟨**~s**⟩ déboîtement *m*; luxation *f*; dislocation *f*; **~ˌrichten** *v/t.* ⟨-ete, *sép.*, **-ge-, h**⟩ **1. a)** *Soldaten etc.* aligner; **sich ~** s'aligner; **b)** *Werkstück etc.* ajuster; centrer; **c)** *fig. politisch etc.* orienter (**auf** vers); **militaristisch ausgerichtete Bücher** des livres orientés vers le militarisme; **ein auf wissenschaftliche Arbeit ausgerichtetes Team** une équipe orientée vers le travail scientifique; **2.** *Auftrag, Gruß etc.* transmettre; **richten Sie ihm e-n schönen Gruß aus** donnez-lui le bonjour (de ma part); transmettez-lui mes amitiés; *als Antwort* **ich werde es ~** je n'y manquerai pas; **richten Sie ihm bitte aus, daß...** dites-lui, s'il vous plaît, que...; **3.** *Fest etc.* arranger; organiser; *Sportmeisterschaften, Tagung etc.* organiser; **4. etw. ~** (réussir à) obtenir qc.; **bei ihm richtest du mit Frechheit nichts aus** tu n'obtiendras rien auprès de lui en faisant l'effronté; **gegen etw. nichts ~ können** ne pouvoir rien contre qc.; **ich habe in dieser Sache wenig ~ können** je n'ai pas pu faire grand-chose, je ne suis pas arrivé à grand-chose dans cette affaire; **mit Güte richtet man mehr aus als mit Gewalt** *cf.* **Güte**; **gegen die Krankheit konnte man kaum etw. ~** on pouvait à peine faire qc. contre la maladie; **5.** *mines* mettre en exploitation; **2ˌrichtung** *f* **1. a)** *milit. etc.* alignement *m*; **b)** *e-s Werkstückes etc.* ajustage *m*; centrage *m*; **c)** *fig.* orientation *f* (**auf** vers); **die ~ der Politik auf den Frieden** l'orientation de la politique vers la paix; **die geistige ~ der Jugend** l'orientation intellectuelle de la jeunesse; **2.** *e-s Auftrages, Befehls etc.* transmission *f*; **3.** *e-s Festes, e-r Tagung, von Meisterschaften etc.* organisation *f*; **4.** *mines* mise *f* en exploitation; **~ˌringen** *v/i.* ⟨*irr.*, *sép.*, **-ge-, h**⟩ *fig. u. st. s.* **ausgerungen haben** avoir fini de souffrir; **~ˌrinnen** *v/i.* ⟨*irr.*, *sép.*, **-ge-, sein**⟩ *cf.* **auslaufen 2.**

Ausritt ['aʊsrɪt] *m* sortie *f*, promenade *f* à cheval.

aus|roden ['aʊsˌroːdən] *v/t.* ⟨-ete, *sép.*, **-ge-, h**⟩ essarter; défricher; **2ˌrodung** *f* ⟨**~**⟩ essartage *od.* essartement *m*; défrichement *od.* défrichage *m*; **~ˌrollen I** *v/t.* ⟨*sép.*, **-ge-, h**⟩ *Teppich etc.* dérouler; *Teig* étendre (avec le *od.* au rouleau); **II** *v/i.* ⟨**sein**⟩ *Flugzeug etc.* rouler de plus en plus lentement et s'arrêter; **III 2ˌrollen** *n verbal*; **~ˌrotten** *v/t.* ⟨-ete, *sép.*, **-ge-, h**⟩ *Lebewesen* exterminer; *Unsitte, Aberglaube etc.* déraciner; détruire; *fig.* **das Übel mit der Wurzel ~** couper le mal à la racine; **2ˌrottung** *f* ⟨**~; ~en**⟩ *von Lebewesen* extermination *f*; *von Unsitten etc.* déracinement *m*; destruction *f*; **~ˌrücken I** *v/t.* ⟨*sép.*, **-ge-, h**⟩ **1.** *techn.* débrayer; **2.** *beim Maschineschreiben, impr.* sortir; **II** *v/i.* ⟨**sein**⟩ **3.** *milit.* partir; *für kürzere Zeit* sortir; *Feuerwehr* sortir; **4.** F (*ausreißen*) se sauver; s'enfuir; P déguerpir; **III 2ˌrücken** *n* ⟨**~s**⟩ **5.** *milit.* départ *m*; *für kürzere Zeit* sortie *f*; **6.** *techn.* débrayage *m*; *sonst verbal*; **2ˌrücker** *m* ⟨**~s; ~**⟩ *techn.* dispositif *m* de débrayage.

Ausruf ['aʊsruːf] *m* **1.** exclamation *f*; cri *m*; **ein ~ der Bewunderung** un cri d'admiration; une exclamation admirative; **ein freudiger ~** un cri de joie; une exclamation joyeuse; **2.** *bei e-r Versteigerung etc.* annonce *f* (à 'haute voix); proclamation *f*; **etw. durch ~ bekanntmachen** annoncer qc. à 'haute voix; **2en I** *v/t.* ⟨*irr.*, *sép.*, **-ge-, h**⟩ **1.** crier; **etw. lachend, triumphierend ~** crier qc. en riant, d'un air triomphant; **2. a)** *Bekanntmachung* annoncer à 'haute voix; **der Schaffner ruft die Haltestellen aus** le receveur annonce les arrêts; **Zeitungen ~** crier les titres des journaux; **j-n durch Lautsprecher ~ lassen** faire appeler qn. par 'haut-parleur; *meist bei Großhandelsversteigerungen* **etw. zum Verkauf ~** vendre qc. à la criée; **b)** *Republik, Ausnahmezustand etc.* proclamer; **e-n Streik ~** lancer l'ordre de grève; *hist.* **j-n zum König ~** proclamer qn. roi; **II** *v/i.* s'écrier; **III ~en** *n cf.* **~** *u.* **~ung**; **~er** *m* ⟨**~s; ~**⟩ crieur *m* (de journaux, *etc.*); **~eˌsatz** *m gr.* proposition exclamative; **~eˌwort** *n* ⟨**~(e)s; ~er**⟩ *gr.* interjection *f*; **~eˌzeichen** *n gr.* point *m* d'exclamation; **~ung** *f* ⟨**~**⟩ *der Republik etc.* proclamation *f*; **die ~ des Streiks** le lancement de l'ordre de grève; *hist.* **die ~ zum Kaiser** la proclamation de l'empereur.

aus|ruhen ['aʊsˌruːən] **I** *v/t.* ⟨*sép.*, **-ge-, h**⟩ reposer (ses jambes, *etc.*); **mit ausgeruhtem Kopf** la tête reposée; **II** *v/i.* (*u. v/réfl.*) **(sich) ~** se reposer; **ich muß (mich) ein wenig ~** je dois me reposer un peu; **sich von etw. ~** se reposer de qc.; **gut, schlecht ausgeruht sein** être bien, mal reposé; *fig.* **sich auf s-n Lorbeeren ~** se reposer sur ses lauriers; **III 2ˌruhen** *n* repos *m*; **~ˌrupfen I** *v/t.* ⟨*sép.*, **-ge-, h**⟩ *Unkraut etc.* arracher; **e-m Vogel die Federn ~** *auch* plumer un oiseau; **II 2ˌrupfen** *n* arrachage *m*.

ausrüst|en ['aʊsˌrʏstən] **I** *v/t.* ⟨-ete, *sép.*, **-ge-, h**⟩ **1.** équiper (**mit** de); *mit Werkzeugen auch* outiller; **ein Schiff ~** armer, équiper un navire; **e-e Expedition ~** équiper une expédition; **mit modernen Waffen ausgerüstet** équipé d'armes modernes; **mit allen technischen Errungenschaften ausgerüstet** équipé, doté de toutes les acquisitions techniques; **mit den nötigen Kenntnissen ausgerüstet** muni des connaissances nécessaires; **2.** *text.* apprêter; **II** *v/réfl.* **sich ~** s'équiper (**mit** de); **2ung** *f* **1.** équipement *m* (*auch* **~sgegenstände**); *e-s Schiffes auch* armement *m*; *mit Werkzeugen auch* outillage *m*; **2.** *text.* apprêt *m*; **2ungsˌgegenstände** *m/pl.* équipement *m*; **2ungsˌhafen** *m mar.* bassin *m* d'armement, d'équipement; **2ungsmateriˌal** *n* matériel *m* d'équipement; **2ungsˌstück** *n* pièce *f* de l'équipement.

ausrutschen ['aʊsˌrʊtʃən] *v/i.* ⟨*sép.*, **-ge-, sein**⟩ glisser; **das Beil ist mir ausgerutscht** la hachette a glissé; *fig. u.* F **ihm ist die Hand ausgerutscht** il lui a flanqué une gifle.

Aussaat ['aʊszaːt] *f* **1.** *allg.* semis *m/pl.*; *von Getreide* semailles *f/pl.*; *abs.* ensemencement *m*; *von Weizen auch* emblavage *m*; **2.** (*Saat*) semence *f*.

aussäen ['aʊsˌzɛːən] **I** *v/t.* ⟨*sép.*, **-ge-, h**⟩ *Samen, Weizen etc.* semer; *abs.* faire les semis, *Getreide* les semailles; ensemencer; **II 2** *n cf.* **Aussaat 1.**

Aussage ['aʊsˌzaːgə] *f* **1.** dire(s) *m* (*pl.*); déclaration *f*; *vor amtlichen Stellen* déposition *f*; **nach ~ (von** *od.* *gén.*) d'après les dires, les déclarations de; au(x) dire(s) de; **s-r ~ nach** d'après ses dires; *jur.* **falsche ~** fausse déposition; **eidliche ~** déposition sous serment; **e-e ~ machen** faire une déposition; **die ~ verweigern** refuser de déposer, de faire une déposition; **ihre ~n widersprechen sich** leurs dépositions se contredisent; **2.** *e-s Kunstwerks etc.* expression *f*; message *m*; *od. besser verbal cf.* **2n 2.**; **~ˌkraft** *f* force *f* d'expression; **2ˌkräftig** *adj.* expressif, -ive; **2n** *v/t.* ⟨*sép.*, **-ge-, h**⟩ **1.** *vor amtlichen Stellen* déposer; **vor Gericht ~** déposer en justice (**gegen j-n** contre qn.); **unter Eid ~** déposer sous serment; **in e-r Sache als Zeuge ~** déposer comme témoin dans une affaire; **er sagte aus, daß...** il a dit, déclaré dans sa déposition que...; **2.** exprimer; dire; **mit diesem Sprichwort wird ausgesagt, daß...** ce proverbe exprime, veut dire que...; **etw. über das Wesen der Dinge** *etc.* **~** dire qc. sur la nature des choses, *etc.*

aussägen ['aʊsˌzɛːgən] **I** *v/t.* ⟨*sép.*, **-ge-, h**⟩ découper (à la scie); **II 2** *n* découpage *m* à la scie.

Aussage|satz ['aʊsˌzaːgəˌzats] *m gr.* proposition énonciative, affirmative; **~verˌweigerung** *f jur.* refus *m* de déposer, de témoigner; **~ˌweise** *f gr.* mode *m*.

Aussatz ['aʊszats] *m* ⟨**~es**⟩ *méd.* lèpre *f*.

aussätzig ['aʊsˌzɛtsɪç] *adj.* lépreux, -euse; **2e(r)** *f* (*m*) ⟨→ **A**⟩ lépreux, -euse *m, f*.

aus|saufen ['aʊsˌzaʊfən] *v/t.* ⟨*irr.*, *sép.*, **-ge-, h**⟩ *Tiere* boire (toute l'eau, *etc.*); vider (le seau, *etc.*); P *Menschen* lamper; siffler; **~ˌsaugen I** *v/t.* ⟨*sép.*, **-ge-, h**⟩ **1.** *Frucht, Wunde, Blut etc.* sucer; *Boden* épuiser; **2.** *Menschen* exploiter; profiter de; saigner (*auch Land*); **bis aufs Blut ~** sucer jusqu'à la moelle; saigner à blanc; **II 2ˌsaugen** *n e-r Wunde etc.* succion *f*; *des Bodens* épuisement *m*; *von Menschen* exploitation *f*; **~ˌschaben** *v/t.* ⟨*sép.*, **-ge-, h**⟩

gratter; râper; *méd.* cureter; ⁀ˌ**schabung** *f* ⟨~; ~en⟩ *méd.* curetage *m*; ~ˌ**schachten** *v/t.* ⟨-ete, *sép.*, -ge-, h⟩ creuser; excaver; *abs.* faire les travaux de terrassement; ⁀ˌ**schachtung** *f* ⟨~; ~en⟩ creusage *od.* creusement *m*; excavation *f*; terrassement *m*; ⁀ˌ**schachtungsˌarbeiten** *f/pl.* travaux *m/pl.* de creusage, d'excavation, de terrassement; ~ˌ**schalen I** *v/t.* ⟨*sép.*, -ge-, h⟩ **1.** *bât.* décoffrer; **2.** (*mit Holz verkleiden*) planchéier; **II** ⁀ˌ**schalen** *n* ⟨~s⟩ **3.** *bât.* décoffrage *m*; **4.** planchéiage *m*; ~ˌ**schälen** *v/t.* ⟨*sép.*, -ge-, h⟩ *chir.* **die Mandeln** ~ ôter, enlever les amygdales; ~ˌ**schalten** *v/t.* ⟨-ete, *sép.*, -ge-, h⟩ **1.** *Licht* éteindre; *Strom* couper; interrompre; *Radio* fermer; *Maschine* arrêter; *Motor* mettre 'hors circuit; arrêter; **2.** *Zweifel, Gedanken, Gegner, Konkurrenten* éliminer; supprimer; *Fehler* rendre impossible; **um jeden Irrtum auszuschalten** pour éviter toute erreur; **er versuchte, das Parlament auszuschalten** il essaya d'écarter le parlement; ⁀ˌ**schaltung** *f* **1.** *des Stroms* interruption *f*; *e-r Maschine, e-s Motors* mise *f* 'hors circuit; arrêt *m*; *des Lichts* extinction *f*; *des Radios verbal*; **2.** *von Unwesentlichem, von Zweifeln, der Konkurrenz etc.* élimination *f*; suppression *f*; ⁀ˌ**schalung** *f* ⟨~; ~en⟩ *cf.* ⁀schalen.

Ausschank ['ausʃaŋk] *m* ⟨~(e)s; ⁀̈e⟩ **1.** vente *f* de boissons (à consommer sur place); **der ~ alkoholischer Getränke** la vente de boissons alcooliques; **2.** (*Schankraum*) débit *m* de boissons; buvette *f*; (*Theke*) comptoir *m*; bar *m*; F zinc [zɛ̃g] *m*; ~**geˌnehmigung** *f* licence *f* de plein exercice.

ausscharren ['ausˌʃarən] *v/t.* ⟨*sép.*, -ge-, h⟩ *Körner etc.* déterrer (en grattant) (*auch Leiche*); *Mulde etc.* creuser.

Ausschau ['ausʃau] *f* **nach j-m, etw. ~ halten** chercher qn., qc. des yeux, du regard; ⁀**en** *v/i.* ⟨*sép.*, -ge-, h⟩ **1. nach j-m, etw. ~** *cf.* ~; **2.** *cf.* **aussehen** 1.

ausschaufeln ['ausˌʃaufəln] *v/t.* ⟨-(e)le, *sép.*, -ge-, h⟩ *Erde, Sand* enlever (avec la pelle); *Graben etc.* creuser (à l'aide d'une pelle); *Verschüttete* déterrer.

ausscheid|en ['ausˌʃaɪdən] **I** *v/t.* ⟨*irr.*, *sép.*, -ge-, h⟩ **1.** *Stoffwechselprodukte* excréter; *Krankheitserreger, Zucker, Fremdkörper* éliminer; *chim. Kalk etc.* déposer; **die Lösung scheidet Kristalle aus** des cristaux se séparent de la solution, se déposent dans la solution; **2.** *Unwichtiges etc.* éliminer; **II** *v/i.* ⟨sein⟩ **3.** *aus e-r Gemeinschaft* quitter (qc.); se retirer de; *bei e-m Wettbewerb* être éliminé; **aus der Firma ~** quitter la maison; **aus der Koalition ~** se retirer de, quitter la coalition; **aus s-m Amt ~** quitter ses fonctions; se retirer de ses fonctions; se démettre de sa charge; **4.** *Fall, Möglichkeit* ne pas entrer en considération, en ligne de compte; **III** ⁀**en** *n aus e-r Gemeinschaft verbal*; *aus e-m Wettbewerb* élimination *f*; ⁀**ung** *f* **1.** *physiol. von Stoffwechselprodukten* excrétion *f* (*auch Ergebnis*); *sc. auch* émonction *f*; *von Krankheitserregern etc.* élimination *f*; **2.** *von Überflüssigem etc.* élimination *f*; **3.** *Sport* éliminatoire *f*; ⁀**ungsˌkampf** *m Sport* (épreuve *f*) éliminatoire *f*; ⁀**ungsorˌgane** *n/pl.* *anat.* organes excréteurs; *sc. auch* émonctoires *m/pl.*; ⁀**ungsproˌdukt** *n physiol.* excrément *m*; excrétion *f*; ⁀**ungsˌspiel** *n Sport* match *m* éliminatoire.

aus|schellen ['ausˌʃɛlən] *v/t.* ⟨*sép.*, -ge-, h⟩ *cf.* **ausklingeln**; ~ˌ**schelten** *v/t.* ⟨*irr.*, *sép.*, -ge-, h⟩ **j-n ~** gronder, tancer, attraper qn.; **j-n tüchtig ~** tancer qn. d'importance; tancer vertement qn.; F secouer les puces, sonner les cloches à qn.; ~ˌ**schenken** *v/t.* ⟨*sép.*, -ge-, h⟩ **1.** *als Gastwirt* vendre (qc. à consommer sur place); débiter; **2.** F *Kaffee etc.* verser; ~ˌ**scheren** *v/i.* ⟨*sép.*, -ge-, **sein**⟩ *Auto* sortir de, quitter la file; se déporter; *Schiff* quitter le convoi; *Flugzeug* quitter la formation; ~ˌ**scheuern** *v/t.* ⟨-(e)re, *sép.*, -ge-, h⟩ *Gefäß* récurer; ~ˌ**schicken** *v/t.* ⟨*sép.*, -ge-, h⟩ *Boten etc.* envoyer; **nach j-m, etw. ~** envoyer chercher qn., qc.; ~ˌ**schießen I** *v/t.* ⟨*irr.*, *sép.*, -ge-, h⟩ **1.** *Auge* crever par une balle, par une flèche, *etc.*; **2.** *impr.* imposer; **II** ⁀ˌ**schießen** *n impr.* imposition *f*; ~ˌ**schiffen** *v/t.* ⟨*sép.*, -ge-, h⟩ *Truppen, Waren* débarquer; ⁀ˌ**schiffung** *f* ⟨~; ~en⟩ débarquement *m*; ~ˌ**schimpfen** *v/t.* ⟨*sép.*, -ge-, h⟩ *cf.* ~schelten; ~ˌ**schirren I** *v/t.* ⟨*sép.*, -ge-, h⟩ *Pferd* déharnacher; ôter le harnais à; **II** ⁀ˌ**schirren** *n* ⟨~s⟩ déharnachement *m*; ~ˌ**schlachten** *v/t.* ⟨-ete, *sép.*, -ge-, h⟩ **1.** *Schlachtvieh* vider et dépecer; *fig. u.* F **etw. ~** exploiter qc.; **e-e Affäre politisch ~** exploiter une affaire politiquement; **2.** F *altes Auto etc.* retirer tout ce qui est encore utilisable de; ⁀ˌ**schlachtung** *f von Schlachtvieh* vidage *m* et dépeçage *od.* dépècement *m*; *fig.* exploitation *f*; *sonst verbal*; ~ˌ**schlacken** *v/t.* ⟨*sép.*, -ge-, h⟩ *techn.* enlever les scories (de); décrasser; ~ˌ**schlafen I** *v/t.* ⟨*irr.*, *sép.*, -ge-, h⟩ **s-n Rausch ~** F cuver son vin; **II** *v/i.* (*u. v/réfl.*) **(sich) ~** dormir assez, son compte; **gut ausgeschlafen sein** être bien reposé.

Ausschlag ['ausʃlaːk] *m* **1.** *méd.* éruption *f*; *sc.* exanthème [-gz-] *m*; **2.** *der Magnetnadel, e-s Meßinstrumentes etc.* déviation *f*; **3.** *fig.* **den ~ geben** faire pencher la balance; être décisif, -ive; décider; **die Stimme des Vorsitzenden gab den ~** la voix du président fit pencher la balance, fut décisive; ⁀ˌ**artig** *adj. méd.* exanthémateux, -euse; exanthématique; ⁀**en I** *v/t.* ⟨*irr.*, *sép.*, -ge-, h⟩ **1.** *Auge* crever; *Zahn* casser; **das schlägt dem Faß den Boden aus** *cf.* **Faß**; **2.** *Feuer* éteindre en frappant dessus; **3. etw. mit etw. ~** garnir, doubler, revêtir, tendre qc. de qc.; **ein mit Seide ausgeschlagenes Kästchen** un écrin garni, doublé de soie; **der Saal war schwarz ausgeschlagen** la salle était tendue de noir; **4.** *Angebot, Einladung, Amt etc.* refuser; *Erbschaft* renoncer (à); répudier; **das kann man nicht ~** ce n'est pas de refus; **5.** *techn.* **a)** *Löcher in Leder etc.* découper; **b)** *Gold* battre; **II** *v/i.* **6.** ⟨h *od.* sein⟩ *Baum etc.* bourgeonner; **7.** *Pferd* ruer; lancer une *od.* des ruade(s); regimber; **8.** ⟨h *od.* **sein**⟩ *Zeiger e-s Meßinstrumentes, Pendel, Wünschelrute etc.* dévier; **9.** ⟨h *od.* **sein**⟩ *Wand* suer; suinter; **10.** ⟨**sein**⟩ *st. s.* **zum Guten, Schlechten ~** tourner bien, mal; **zu j-s Vorteil, Nachteil ~** tourner à l'avantage, au désavantage de qn.; **11.** (*zu Ende schlagen*) **die Uhr hat ausgeschlagen** la pendule a fini de sonner; **sein Herz hat ausgeschlagen** son cœur a cessé de battre; **III** ~**en** *n e-s Raums, Kastens* garnissage *m*; doublage *m*; revêtement *m*; *e-s Angebots etc.* refus *m*; *e-r Erbschaft* renonciation *f* (à); répudiation *f*; *von Pflanzen* bourgeonnement *m*; *e-s Pferdes* ruade *f*; *von Meßinstrumenten etc.* déviation *f*; *e-r Wand* suintement *m*; *sonst verbal*; ⁀ˌ**gebend** *adjt.* décisif, -ive; déterminant; **das ist von ~er Bedeutung** c'est d'une importance décisive; ~**ung** *f* ⟨~⟩ *cf.* ~en.

aus|schlämmen ['ausˌʃlɛmən] **I** *v/t.* ⟨*sép.*, -ge-, h⟩ débourber; *Graben* curer; **II** ⁀ˌ**schlämmen** *n* ⟨~s⟩ débourbage *m*; curage *m*; ~ˌ**schlecken** *v/t.* ⟨*sép.*, -ge-, h⟩ *cf.* **auslecken**; ~ˌ**schleifen** *v/t.* ⟨*irr.*, *sép.*, -ge-, h⟩ aléser à la meule; ~ˌ**schleudern** *v/t.* ⟨-(e)re, *sép.*, -ge-, h⟩ rejeter; expulser.

ausschließ|en ['ausˌʃliːsən] **I** *v/t.* ⟨*irr.*, *sép.*, -ge-, h⟩ **1.** F *cf.* **aussperren** 1.; **2. a) j-n von etw. ~** exclure qn. de qc.; *jur. wegen Fristversäumnis* forclore qn. de qc.; **j-n von der Teilnahme an etw. ~** exclure qn. de la participation à qc.; *jur.* **die Öffentlichkeit ~** prononcer le huis clos; **b) j-n aus e-r Gemeinschaft ~** exclure qn. d'une communauté; **j-n aus e-r Partei, aus e-m Verein ~** exclure qn. d'un parti, d'un club; **c)** *Irrtum, Zweifel, Täuschung* exclure; **was nicht ausschließt, daß...** ce qui n'exclut pas que...; **die beiden Dinge schließen einander aus** les deux choses s'excluent l'une l'autre; *cf. auch* **ausgeschlossen**; **d)** (*ausnehmen*) **ich schließe niemanden davon aus** je n'en exclus, excepte personne; **alle helfen mit, du nicht ausgeschlossen** tout le monde aidera, toi y compris; *comm.* **vom Umtausch ausgeschlossen sein** ne pas être échangé; **3.** *impr.* **die Zeilen ~** justifier les lignes; **II** *v/réfl.* **a) sich (von etw.) ~** (*nicht teilnehmen*) ne pas prendre part (à qc.); se mettre à l'écart (de qc.); **b)** (*sich ausnehmen*) s'exclure; **wir haben alle schuld, ich schließe mich nicht aus** nous sommes tous coupables, je ne m'en exclus pas; **III** ⁀**en** *n* ⟨~s⟩ *impr.* justification *f*; *cf. auch* ⁀**ung**; ~**lich** ['ausˌʃliːs-, 'ausˈʃliːs-, ˌausˈʃliːs-] **1.** *adj.* exclusif, -ive; ~**es Recht** droit exclusif; **2.** *adv.* **a)** exclusivement; **sich ~ mit Literatur beschäftigen** s'occuper exclusivement de littérature; **b)** à l'exclusion de; **~ Verpackung** emballage non compris; à l'exclusion de l'emballage; **bis Seite 20 ~** jusqu'à la page 20 exclue, non comprise; ⁀**lichˌkeit** [-ˈʃliːs-] *f* ⟨~⟩ exclusivité *f*; ⁀**ung** *f von der Teilnahme, aus e-r Gemeinschaft, e-s Irrtums etc.* exclusion *f*; *jur. wegen Fristversäumnis* forclusion *f*.

Ausschlupf ['ausʃlupf] *m* ⟨~(e)s; ⁀̈e⟩ sortie *f*.

aus|schlüpfen ['ausˌʃlypfən] **I** *v/i.* ⟨*sép.*, -ge-, **sein**⟩ *aus dem Ei, der Puppe* éclore; sortir (de l'œuf, du cocon); **II** ⁀ˌ**schlüpfen** *n* ⟨~s⟩ éclosion *f*; ~ˌ**schlürfen** *v/t.* ⟨*sép.*, -ge-, h⟩ *Ei, Auster* gober; *Glas, Tasse langsam, mit Genuß* déguster; siroter.

Ausschluß ['ausʃlus] *m* **1.** exclusion *f*; **mit ~ (von** *od.* *gén.*) à l'exclusion de; **unter ~ der Öffentlichkeit** à 'huis clos; **den ~ der Öffentlichkeit beantragen** demander le huis clos; **der Verein drohte ihm mit dem ~** le club l'a menacé d'exclusion; **2.** *impr.* espace *f*(!); ~ˌ**frist** *f jur.* délai *m* d'exclusion, de forclusion.

aus|schmieren ['aʊsˌʃmiːrən] **I** *v/t.* ⟨*sép.*, -ge-, h⟩ *Backform* graisser; *mit Butter* beurrer; *bât.* Fugen ~ jointoyer; **II** **2ˌschmieren** *n e-r Backform* graissage *m*; *von Fugen* jointoiement *m*; **~ˌschmücken** *v/t.* ⟨*sép.*, -ge-, h⟩ **1.** *Raum* décorer; orner; **2.** *Erzählung etc.* embellir; enjoliver; *abs.* broder; **2ˌschmückung** *f* ⟨~; ~en⟩ **1.** *e-s Raumes* décoration *f*; **2.** *e-r Erzählung etc.* embellissement *m*; enjolivement *m*; *Ergebnis auch* enjolivure *f*.

Ausschneide|bild ['aʊsˌʃnaɪdəˌbɪlt] *n* image *f* à découper; **~ˌbogen** *m* planche *f* à découper; **2n I** *v/t.* ⟨*irr.*, *sép.*, -ge-, h⟩ **a)** *Artikel aus e-r Zeitung, Figuren etc.* découper (**aus** dans); **b)** *cout. Armloch, Ausschnitt etc.* échancrer; *Kleid* décolleter; **ein ausgeschnittenes Kleid** une robe décolletée; **tief ausgeschnitten** profondément décolleté; **c)** *chir.* exciser; **d)** *jard. Baum* élaguer; émonder; **II ~n** *n von Artikeln, Figuren etc.* découpage *m*; *cout. e-s Kleides* décolletage *m*; *chir.* excision *f*; *jard.* élagage *m*; émondage *od.* émondement *m*; *sonst verbal*.

Ausschnitt ['aʊsʃnɪt] *m* **1.** *aus e-r Zeitung* coupure *f*; **2.** *e-s Kleides* décolleté *m*; *des Armlochs etc.* échancrure *f*; **3.** *math.* secteur *m*; **4.** *fig. e-s Buches, e-r Rede* extrait *m*; *e-s Programms, aus dem Leben* tranche *f*; morceau *m*; **~ˌblende** *f cout.* modestie *f*; **~verˌgrößerung** *f phot.* agrandissement partiel, d'une partie; **2ˌweise** *adv.* par extraits.

aus|schnitzen ['aʊsˌʃnɪtsən] *v/t.* ⟨-(es)t, *sép.*, -ge-, h⟩ sculpter [skylte] sur bois; **~ˌschöpfen** *v/t.* ⟨*sép.*, -ge-, h⟩ **1.** *Brunnen etc.* vider; épuiser; *Wasser aus e-m Boot etc.* écoper; **2.** *fig. Möglichkeiten, Reserven, Thema* épuiser; **~ˌschoten** *v/t.* ⟨-ete, *sép.*, -ge-, h⟩ *Erbsen* écosser; **~ˌschrauben** *v/t.* ⟨*sép.*, -ge-, h⟩ dévisser; **~ˌschreiben** *v/t.* ⟨*irr.*, *sép.*, -ge-, h⟩ **1.** *Namen, Wort etc.* écrire en toutes lettres; **2.** *Vollmacht, Rechnung etc.* rédiger; *Attest* écrire; **e-n Scheck ~** remplir un chèque; **3. öffentliche Arbeiten ~** mettre des travaux publics en adjudication; **e-n Wettbewerb ~** ouvrir un concours; **e-e Stelle ~** mettre un emploi au concours; **e-n Preis, e-e Belohnung ~** mettre un prix, une récompense au concours; **Wahlen ~** fixer la date des élections; **4. e-e ausgeschriebene Handschrift haben** avoir une écriture évoluée; **2ˌschreibung** *f e-s Wettbewerbes* ouverture *f*; *von öffentlichen Arbeiten* mise *f* en adjudication; *e-r Stelle* mise *f* au concours; *von Wahlen* fixation *f* de la date; **~ˌschreien I** *v/t.* ⟨*irr.*, *sép.*, -ge-, h⟩ *cf.* ausrufen 2.; **II** *v/réfl.* F **sich den Hals, die Kehle ~** s'égosiller; s'époumoner; **~ˌschreiten** *v/i.* ⟨*irr.*, *sép.*, -ge-, sein⟩ **(tüchtig, kräftig, schnell) ~** allonger le pas; marcher à grands pas, à grandes enjambées; **2ˌschreitungen** *f/pl.* excès *m/pl.*; **es kam zu schweren ~** il y eut de graves excès.

Ausschuß ['aʊsʃʊs] *m* **1.** comité *m*; commission *f*; **außerparlamentarischer ~** commission extra-parlementaire; **beratender ~** comité consultatif; **e-n ~ bilden, einsetzen** former, instituer un comité; **j-n in den ~ wählen** élire qn. dans le comité; **2.** *comm.* (*fehlerhafte Ware*) rebut *m*; **3.** (*Austrittsstelle e-s Geschosses*) sortie *f* d'un projectile; **~beˌratung** *f* délibération *f* de la commission, du comité; **~ˌmitglied** *n* membre *m* du comité, de la commission; **~ˌquote** *f comm.* pourcentage *m* de rebut; **~ˌsitzung** *f* séance *f* du comité, de la commission; **~ˌvorsitzende(r)** *f* (*m*) président(e) *m* (*f*) du comité, de la commission; **~ˌware** *f comm.* marchandise *f* de rebut.

aus|schütteln ['aʊsˌʃʏtəln] *v/t.* ⟨-(e)le, *sép.*, -ge-, h⟩ *Tischtuch etc.* secouer; **~ˌschütten I** *v/t.* ⟨-ete, *sép.*, -ge-, h⟩ **1.** *Gefäß, Inhalt* vider; **das Wasser ~** vider l'eau; **e-n Sack, den Abfalleimer ~** vider un sac, le seau à ordures; *fig.* **j-m sein Herz ~** s'épancher auprès de qn.; **sich vor Lachen ~ (wollen, können)** se pâmer, se tordre de rire; rire comme un bossu; **das Kind mit dem Bade ~** jeter le bon avec le mauvais; **2.** *comm. Prämien, Dividenden* répartir; distribuer; verser; **II 2ˌschütten** *n* ⟨~s⟩ *verbal*; **2ˌschüttung** *f* ⟨~; ~en⟩ *comm.* répartition *f*; distribution *f*; versement *m*; **~ˌschwärmen I** *v/i.* ⟨*sép.*, -ge-, sein⟩ *Bienen* essaimer; *milit.* se déployer en tirailleurs, en essaim; **II 2ˌschwärmen** *n der Bienen* essaimage *m*; *milit.* déploiement *m* en tirailleurs; **~ˌschwatzen** *v/t.* ⟨-(es)t, *sép.*, -ge-, h⟩ F *cf.* ausplaudern; **~ˌschwefeln I** *v/t.* ⟨-(e)le, *sép.*, -ge-, h⟩ *Faß etc.* soufrer; mécher; *Wespennest etc.* soufrer; *Ungeziefer* détruire par le soufre; **II 2ˌschwefeln** *n* ⟨~s⟩ soufrage *m*; *e-s Fasses auch* méchage *m*; *von Ungeziefer* destruction *f* par le soufre; **~ˌschweifen I** *v/t.* ⟨*sép.*, -ge-, h⟩ *Tischlerei* chantourner; **ausgeschweift** *Stuhlbein etc.* contourné; **II** *v/i. fig.* se livrer à la débauche; exagérer; **~ˌschweifend** *adjt. Phantasie etc.* débridé; sans frein; débordant; *Mensch, Leben* débauché; **ein ~es Leben führen** mener une vie de débauche; se livrer à la débauche; **2ˌschweifung** *f* ⟨~; ~en⟩ *fig.* débauche *f*; **~ˌschweigen** *v/réfl.* ⟨*irr.*, *sép.*, -ge-, h⟩ **sich über etw. ~** garder le silence sur qc.; se taire sur qc.; **~ˌschwemmen** *v/t.* ⟨*sép.*, -ge-, h⟩ emporter; *Ufer* creuser; ronger; **~ˌschwenken I** *v/t.* ⟨*sép.*, -ge-, h⟩ **1.** *Glas, Wäsche etc.* rincer; **2.** *Arm e-s Krans etc.* faire pivoter; **II 2ˌschwenken** *n e-s Gefäßes, der Wäsche* rinçage *m*; *sonst verbal*; **~ˌschwingen** *v/i.* ⟨*irr.*, *sép.*, -ge-, h⟩ **1.** cesser *Pendel* d'osciller [ɔsile], *Glocke* de se balancer, *Saite* de vibrer; **2.** *Kran* pivoter; *gym. am Barren* se balancer et sortir; **weit ~** décrire de larges demi-cercles; osciller fortement; **~ˌschwitzen I** *v/t.* ⟨-(es)t, *sép.*, -ge-, h⟩ *Feuchtigkeit, Schweiß* exsuder; **e-e Erkältung ~** éliminer un refroidissement par la transpiration; **II** *v/i. Feuchtigkeit e-r Mauer* suinter; **2ˌschwitzen** *n* **das ~ e-r Erkältung** l'élimination *f* d'un refroidissement par la transpiration; **2ˌschwitzung** *f* ⟨~⟩ *méd.* exsudation *f*.

aussehen ['aʊsˌzeːən] **I** *v/i.* ⟨*irr.*, *sép.*, -ge-, h⟩ **1.** avoir l'air; paraître; **älter ~, als man ist** paraître, faire plus vieux que son âge; porter plus que son âge; **jünger ~, als man ist** ne pas faire, paraître son âge; paraître, faire plus jeune que l'on n'est; **vornehm ~** *Person* avoir l'air distingué; *Sache* être, faire distingué; **gut ~** *Person* être bien de sa personne; (*gesund*) avoir bonne mine; *Sache* faire bien; **hübsch ~** être, faire joli; **appetitlich ~** être appétissant; *poét.* **wie Milch und Blut ~** avoir un teint de lis et de rose; **er sah aus wie der Tod** il avait très mauvaise mine; **~ wie (j)** ressembler à (qn.); **hier sieht es aus wie...** ça a l'air ici de (qc.); **Gold auf Grün sieht gut aus** l'or fait, rend, va bien sur le vert; **etw. sieht komisch aus** qc. a l'air, semble, fait drôle; **das sieht nur so aus** c'est seulement une apparence; **du siehst in dem Kleid gut aus** cette robe te va bien; **wie siehst du denn aus!** comme te voilà arrangé!; **du siehst gelungen aus!** tu es réussi!; **er sieht darin unmöglich, verboten aus** F ça lui va comme un tablier à une vache, comme un faux-col à un canard; **er sieht aus, als ob er kein Wässerchen trüben könnte** on lui donnerait le bon Dieu sans confession; il fait le petit saint, le bon apôtre; **so siehst du aus!** tu n'y penses pas!; F des clous!; mon œil!; P et ta sœur!; **er sieht ganz danach aus** il en a bien l'air, la tête; il a bien la tête à cela; il porte cela sur sa figure; **die Sache sieht aus, als ob sie schiefgehen würde** on dirait que l'affaire va mal tourner; **mit s-n Aussichten sieht es schlecht aus** les perspectives pour lui ne sont pas encourageantes; **es sieht nach Regen aus** on dirait qu'il va pleuvoir, que le temps se met à la pluie; il va probablement pleuvoir; **2. nach j-m ~** chercher qn. des yeux, du regard; *cf. auch* **ausgucken**; **sich (fast) die Augen nach j-m ~** *cf.* ausgucken; **II 2** *n* ⟨~s⟩ **a)** (*Gesichtsausdruck*) air *m*; mine *f*; **sein schlechtes ~** sa mauvaise mine; **sein finsteres, kluges, zufriedenes ~** son air sombre, intelligent, content; **ein frisches ~ haben** avoir le teint frais; avoir des couleurs; **ein gesundes ~ haben** avoir l'air bien portant; avoir l'air en bonne santé; **b)** (*Äußeres*) apparences *f/pl.*; extérieur *m*; **ein gepflegtes ~ haben** avoir un extérieur soigné; **dem ~ nach** selon les apparences; selon l'extérieur; **j-n nach dem ~ beurteilen** juger qn. sur les apparences; **c)** *von Sachen* aspect *m*; extérieur *m*; apparences *f/pl.*; **das ~ der Stadt** l'aspect de la ville; **das verwahrloste ~ des Hauses** l'extérieur, l'aspect délaissé, les apparences délaissées de la maison; **~d** *adjt.* **ein gut ~er junger Mann** un jeune homme bien, de belle apparence.

aus|seifen ['aʊsˌzaɪfən] *v/t.* ⟨*sép.*, -ge-, h⟩ savonner; **~sein** *v/i.* ⟨*irr.*, *sép.*, -ge-, sein⟩ F **1.** *cf.* **aus II 1.**; **2. auf etw. ~** *cf.* **aus II 5.**

außen ['aʊsən] *adv.* à l'extérieur; dehors; extérieurement; **nach ~ (hin)** à *od.* vers l'extérieur; au *od.* en dehors; **die Tür geht nach ~ auf** la porte s'ouvre vers l'extérieur, en dehors; **nach ~ hin lächerlich erscheinen** paraître ridicule vu du dehors, de l'extérieur; **von dem Skandal soll nichts nach ~ dringen** il ne doit rien percer du scandale au dehors, à l'extérieur; **von ~** du dehors; de l'extérieur; **wenn man das Haus nur von ~ ansieht** quand on ne voit que l'extérieur de la maison; **die Füße nach ~ setzen** marcher les pieds en dehors; marcher en canard; **2ˌansicht** *f* vue extérieure; **2anˌtenne** *f* antenne extérieure; **2ˌaufnahmen** *f/pl. Film* prises *f/pl.* de vue extérieures, en extérieur; extérieurs *m/pl.*; **2ˌbahn** *f Sport* piste extérieure; *phys. atom.*

orbite externe, extérieure; 2**be**ˌ**leuchtung** *f* éclairage extérieur; 2**be**ˌ**zirk** *m e-r Stadt* quartier extérieur; 2**bord**ˌ**motor** *m* moteur *m* 'hors-bord; Boot mit ~ 'hors-bord *m*; 2ˌ**deich** *m* digue extérieure.

aussenden ['aʊsˌzɛndən] **I** *v/t.* ⟨*irr.*, *sép.*, -ge-, h⟩ **a)** *Wellen, Strahlen* émettre; **b)** *Boten etc.* envoyer; j-n nach etw. ~ envoyer qn. chercher qc.; **II** 2 *n von Strahlen etc.* émission *f*; *von Boten* envoi *m*.

Außendienst ['aʊsənˌdiːnst] *m* service extérieur; im ~ beschäftigt, tätig sein travailler à l'extérieur, au dehors.

Aussendung ['aʊsˌzɛndʊŋ] *f cf.* Aussenden.

Außen|durchmesser ['aʊsənˌdʊrçmɛsər] *m* diamètre extérieur; ~ˌ**fläche** *f* surface extérieure; ~ˌ**hafen** *m* avant-port *m*; ~ˌ**handel** *m* commerce extérieur; ~ˌ**handels**ˌ**bank** *f* banque *f* du commerce extérieur; ~ˌ**handelsbi**ˌ**lanz** *f* balance *f* du commerce extérieur; ~ˌ**handelsmono**ˌ**pol** *n* monopole *m* du commerce extérieur; ~ˌ**handelspoli**ˌ**tik** *f* politique *f* du commerce extérieur; ~ˌ**haut** *f e-s Schiffes, Flugzeuges* revêtement *m*; enveloppe extérieure; *e-s Schiffes auch* bordé *m*; ~ˌ**hof** *m e-r Burg* cour extérieure; ~ˌ**kante** *f* bord extérieur; arête extérieure; ~ˌ**leuchte** *f* lampe extérieure; ~ˌ**mauer** *f* mur extérieur; ~**mi**ˌ**nister** *m* ministre *m* des Affaires étrangères; ~**minis**ˌ**terium** *n* ministère *m* des Affaires étrangères; *in Frankreich auch* Quai *m* d'Orsay; ~**mi**ˌ**nisterkonfe**ˌ**renz** *f* conférence *f* des ministres des Affaires étrangères; ~**poli**ˌ**tik** *f* politique extérieure, étrangère; 2**po**ˌ**litisch** *adj.* de la politique extérieure; concernant les affaires étrangères; e-e ~e **Debatte** un débat de politique extérieure; ~e **Verpflichtungen** engagements extérieurs; ~ˌ**putz** *m bât.* crépi *m*; enduit extérieur; ~ˌ**rückspiegel** *m Auto* rétroviseur extérieur; ~ˌ**seite** *f* côté *m*, face *f* externe, extérieur(e); *e-s Stoffes* endroit *m*; *fig.* apparences *f/pl.*; ~ˌ**seiter** *m* ⟨~s; ~⟩ outsider [utsidɛːr *od.* awtsajdœːr] *m*; ~ˌ**stände** *pl. comm.* créances *f/pl.*; ~ **einziehen, eintreiben** recouvrer des créances; faire des recouvrements; ~ˌ**stehende(r)** *m* ⟨→ A⟩ profane *m*; ~ˌ**stelle** *f* service détaché; (*Nebenstelle*) succursale *f*; ~ˌ**stürmer** *m Sport* ailier *m*; ~ˌ**tasche** *f* poche extérieure; ~**tempera**ˌ**tur** *f* température extérieure; ~ˌ**treppe** *f* escalier extérieur; ~ˌ**wand** *f* mur extérieur; ~ˌ**welt** *f* monde extérieur; ~ˌ**werk** *n hist. fortif.* ouvrage avancé; ~ˌ**winkel** *m math.* angle *m* externe; ~ˌ**wirtschaft** *f comm.* économie extérieure.

außer ['aʊsər] **I** *prép.* ⟨*dat.*⟩ **1.** 'hors de; ~ **Atem** 'hors d'haleine; essoufflé; à bout de souffle; **leicht** ~ **Atem kommen** s'essouffler facilement; ~ **Betrieb** 'hors de service; en dérangement; ~ **Dienst** a) en dehors du service; b) (*im Ruhestand*) en retraite; ~ **Gefahr** 'hors de danger; ~ **Konkurrenz** 'hors-concours; ~ **Kraft setzen** déclarer sans effet; *cf. auch* **Kraft 1.**; *Geld* ~ **Kurs setzen** mettre 'hors cours; retirer de la circulation; ~ **Landes gehen** quitter le pays; émigrer; ~ **Reichweite** 'hors d'atteinte; ~ **der Reihe** 'hors série; ~ **der Reihe abgefertigt werden** être servi par priorité; ~ **Schußweite** 'hors de portée des balles; ~ **Sicht(weite)** 'hors de vue; ~ **acht lassen** négliger; ne pas faire attention à; oublier; ~ **Zweifel stehen** ne faire aucun doute; ~ **Rand und Band sein** être déchaîné; ~ **sich sein** *vor Wut* être 'hors de soi; *vor Freude* être transporté de joie; **er geriet vor Wut, vor Freude** ~ **sich** la colère, la joie l'a mis 'hors de lui; *cf. auch* **geraten 1.**; **2.** (*abgesehen von*) à part; excepté; à l'exception de; exception faite de; sauf; *st. s.* 'hormis; ~ **ihm war niemand zu Hause** à part lui, personne n'était à la maison; **niemand** ~ **mir** personne à part moi, d'autre que moi, excepté moi; **ich habe keinen Freund** ~ **ihm** je n'ai pas d'ami sauf lui, autre que lui, à part lui, excepté lui; **3.** (*neben*) outre; en dehors de; en plus de; à côté de; *st. s.* en sus de; ~ **dem Lohn verlangte er auch noch ...** en plus de son salaire, outre son salaire, *etc.* il demanda encore ...; **II** *conj.* ~ **wenn** sauf si; excepté si; à moins que ... ne (+ *subj.*); ~ **wenn es regnet** sauf s'il pleut; excepté s'il pleut; à moins qu'il ne pleuve; ~ **daß wir um Hilfe bitten** à moins de demander de l'aide; **es hat sich nichts geändert,** ~ **daß wir älter geworden sind** rien n'a changé indépendamment du fait que, 'hormis le fait que, si ce n'est que, à part le fait que nous avons vieilli; 2'**acht**ˌ**lassung** *f* ⟨~⟩ négligence *f*; ~**be**ˌ**ruflich** *adj.* extra-professionnel, -lle; en dehors de sa profession; 2**be**'**trieb**ˌ**setzung** *f* ⟨~⟩ mise *f* 'hors de service; ~ˌ**blattständig** *adj. bot.* extrafoli(ac)é; extrafoliaire; ~ˌ**börslich** *adj. comm.* 'hors bourse; ~**dem** ['aʊsərˌdeːm, -'deːm] *adv.* en outre; outre; de *od.* en plus; par ailleurs; par-dessus le marché; ~ˌ**dienstlich** *adj.* en dehors du service; 'hors de l'exercice de ses fonctions.

äußere ['ɔʏsərə] **I** *adj.* ⟨*attributiv*⟩ extérieur; externe; **die** ~ **Begrenzung** la délimitation extérieure, externe; **der** ~ **Teil** la partie extérieure, externe; ~ **Verletzungen** blessures externes; ~ **Mission** mission étrangère; **die** ~ **Erscheinung** les apparences *f/pl.*; **s-e** ~ **Ruhe** son calme apparent; **nach dem** ~**n Schein beurteilen** juger sur *od.* selon les apparences, sur la mine; **die** ~**n Umstände** la situation extérieure; **ein** ~**r Wandel** un changement extérieur; ~**r Zwang** contrainte extérieure; **II** 2**(s)** *n* ⟨→ A⟩ extérieur *m*; physique *m*; apparences *f/pl.*; dehors *m/pl.*; **kein ansprechendes** ~**s haben** ne pas avoir un physique agréable, plaisant; **ein angenehmes, gepflegtes** ~**s haben** avoir un extérieur agréable, soigné; **auf sein** ~**s Wert legen** accorder de l'importance à son extérieur, à sa mise; **nicht nur auf das** ~ **sehen** ne pas seulement faire attention à l'extérieur, au physique; ne pas voir seulement l'extérieur, le physique; **dem** ~**n nach zu urteilen** à en juger selon *od.* sur les apparences; **Minister des** ~**n** *cf.* **Außenminister.**

außer|ehelich ['aʊsərˌʔeːhəlɪç] *adj.* extra-conjugal; *Kind* illégitime; naturel, -lle; ~**e**ˌ**tatmäßig** *adj.* extra-budgétaire; ~**euro**ˌ**päisch** *adj.* extra-européen, -nne; non européen, -nne; ~ˌ**fahrplanmäßig** *adj.* supplémentaire; non prévu par l'horaire; ~**ge**ˌ**richtlich** *adj.* extra-judiciaire; en dehors de la voie judiciaire; ~**ge**ˌ**setzlich** *adj.* extra-légal; ~**ge**ˌ**wöhnlich 1.** *adj.* extraordinaire; exceptionnel, -lle; *Steuer* ~**e Belastungen** charges supplémentaires; *cf. auch* **außerordentlich**; **2.** *adv. Brief* ~ **lange unterwegs sein** mettre énormément de temps pour arriver; ~ˌ**halb I** *prép.* ⟨*gén.*⟩ en dehors de; ~ **der Stadt** en dehors de la ville; à l'extérieur de la ville; 'hors ville; extra-muros [-myros]; ~ **der Dienstzeit** en dehors des heures de travail, de service; **II** *adv.* ~ **wohnen** habiter en dehors de la ville; **von** ~ **kommen** venir de l'extérieur, du dehors, d'ailleurs; ~ˌ**häuslich** *adj.* en dehors de la maison; ~ˌ**irdisch** *adj.* extra-terrestre; ~ˌ**kirchlich** *adj.* 'hors de l'Église; 2'**kraftsetzung** *f* ⟨~⟩ *e-s Gesetzes* abrogation *f*; annulation *f*; 2'**kurssetzung** *f* ⟨~⟩ mise *f* 'hors cours, 'hors (de la) circulation.

äußerlich ['ɔʏsərˌlɪç] **1.** *adj. Mensch, Typ* superficiel, -lle; *Arznei* **zum** ~**en Gebrauch bestimmt** pour l'usage externe; ~**e Ruhe** calme apparent; **2.** *adv.* **er war** ~ **ruhig** il était apparemment calme; ~ **schien alles in Ordnung (zu sein)** tout paraissait en ordre extérieurement; **sich** ~ **nichts anmerken lassen** ne rien laisser voir; **er macht** ~ **e-n guten Eindruck** il fait en apparence une bonne impression; 2ˌ**keit** *f* ⟨~; ~en⟩ extérieur *m*; apparences *f/pl.*; **auf** ~**en Wert legen** donner de l'importance à l'extérieur, aux apparences; **das sind doch nur** ~**en** ce ne sont que des peccadilles extérieures.

äußern ['ɔʏsərn] **I** *v/t.* ⟨-(e)re, h⟩ *Meinung etc.* dire; donner; exprimer; *Gefühle* montrer; **e-n Wunsch** ~ souhaiter qc.; faire un souhait; exprimer un désir; **e-n Verdacht** ~ exprimer un soupçon; **sein Bedauern** ~ exprimer ses regrets; **gegen etw. Bedenken** ~ faire des réserves sur qc.; exprimer des doutes au sujet de qc.; **II** *v/réfl.* **sich** ~ **1.** *Gefühle etc.* se montrer, se traduire (*auch Krankheit*); **s-e Liebe äußerte sich in ...** son amour se traduisait, se montrait, se manifestait par ...; **2. sich über, zu etw.** ~ dire, donner son opinion sur qc.; se prononcer sur qc.; **sich abfällig über j-n, etw.** ~ porter un jugement défavorable sur qn., sur qc.; **sich lobend über j-n, etw.** ~ faire l'éloge de qn., de qc.; **sich dahin** ~, **daß ...** s'exprimer en ce sens que ...

außer|ordentlich ['aʊsərˌʔɔrdəntlɪç] **1.** *adj.* extraordinaire; exceptionnel, -lle; ~**en Erfolg haben** avoir un succès, une réussite extraordinaire, exceptionnel(le); **ein** ~**er Mensch** un homme exceptionnel, extraordinaire; **etw.** 2**es geschieht** il se passe qc. d'extraordinaire, d'exceptionnel; ~**er Professor** *in Deutschland* professeur *m* extraordinaire; professeur *m* d'université (appartenant à un échelon inférieur au professeur titulaire); **2.** *adv.* extraordinairement; extrêmement; excessivement; énormément; ~ **wichtig** extraordinairement, extrêmement, excessivement important; ~ **schwierig, unangenehm** extrêmement, excessivement difficile, désagréable; ~ **hübsch** extraordinairement, extrêmement, excessivement joli; **sie hat sich** ~ **viel Mühe gegeben** elle s'est donné un mal fou, énormément de mal; **das freut mich** ~ cela me fait énormément, extrêmement, excessivement plaisir; **es tut uns** ~ **leid** nous regrettons infiniment, vivement; ~**parlamen**ˌ**tarisch** *adj.* extra-parlementaire; ~ˌ**planmäßig** *adj.* supplémentaire; *Beamter* qui n'est pas titulaire d'un poste; *Budget* extraordinaire; extra-budgétaire; ~**er Professor** *etwa* professeur *m* non titulaire d'une chaire;

maître *m* de conférences; **~ˌschulisch** *adj.* 'hors de l'école; extra-scolaire.

äußerst ['ɔʏsərst] **1.** *adj.* **a)** *räumlich* extrême; **am ~en Ende der Stadt** à l'extrémité de la ville; **im ~en Norden** à, dans l'extrême Nord; *pol.* **die ~e Rechte, Linke** l'extrême droite, gauche; **b)** (*größte*) extrême; **im ~en Elend** dans une misère extrême; **mit ~er Vorsicht** avec une extrême prudence; **~e Zurückhaltung zeigen, üben** montrer une extrême réserve; **in ~er Verlegenheit sein** être dans un embarras, une gêne extrême; **von ~er Wichtigkeit sein** être d'une extrême, de la plus 'haute importance; **c)** (*letzte*) **der ~e Termin** la date limite; le dernier délai; **der ~e Preis** le dernier prix; **das 2e wagen** risquer tout; **das 2e verlangen** demander le maximum [-ɔm]; **etw. aufs 2e treiben** pousser les choses à l'extrême; **j-n zum 2en treiben, bringen** pousser qn. à bout; **zum 2en entschlossen sein** être résolu, décidé d'aller jusqu'au bout; **bis zum 2en gehen** aller jusqu'au bout; **wenn es zum 2en kommt** en dernière extrémité; **d)** (*schlimmste*) **im ~en Fall** à l'extrême rigueur; en dernière éventualité; *pfort.* au pis aller; **das 2e befürchten** craindre le pire; **auf das 2e gefaßt sein** s'attendre au pire, au pis; **das 2e verhindern** empêcher le pire; **2.** *adv.* extrêmement; **~ streng, liebenswürdig** extrêmement sévère, gentil; **~ günstig, wichtig** extrêmement avantageux *od.* favorable, important; **ich bin ~ gespannt (, ob ...)** je suis extrêmement curieux de savoir si ...; **ich tue es ~ ungern** je le fais tout à fait malgré moi, à contrecœur; **es ist mir ~ unangenehm** il m'est extrêmement désagréable (de); **~ elegant gekleidet sein** être habillé d'une façon extrêmement élégante; **aufs ~e erzürnt, erschrocken** extrêmement irrité, effrayé.

außerstand [ˌaʊsər'ʃtant, 'aʊ-] *adv.* **j-n ~ setzen, etw. zu tun** rendre qn. incapable de faire qc.; **~e** *adv.* **~ sein, sich ~ sehen (, etw. zu tun)** être, se voir 'hors d'état, incapable (de faire qc.); **sich ~ fühlen, etw. zu tun** se sentir incapable, 'hors d'état de faire qc.

äußerstenfalls ['ɔʏsərstənˌfals] *adv. cf.* **äußerst d).**

Äußerung ['ɔʏsəˌrʊŋ] *f* ⟨~; ~en⟩ **a)** déclaration *f*; propos *m/pl.*; remarque *f*; paroles *f/pl.*; **beleidigende, freimütige ~en** propos blessants, francs; paroles blessantes, franches; **politische ~en** déclarations politiques; **j-n zu e-r unbedachten ~ verleiten** pousser qn. à une remarque irréfléchie; **sich jeder ~ enthalten** s'abstenir de toute déclaration; **entgegen Ihrer früheren ~** contrairement à votre déclaration antérieure; **b)** (*Ausdruck, Zeichen*) expression *f*; manifestation *f*; démonstration *f*; **e-e ~ ihrer Dankbarkeit** une expression, une manifestation de leur *bzw.* de sa reconnaissance.

aussetz|en ['aʊsˌzɛtsən] **I** *v/t.* ⟨-(es)t, *sép.*, -ge-, h⟩ **1.** *Kind* abandonner; *Schiffspassagier* débarquer; *Boot* mettre à la mer, à l'eau; *relig. cath. Allerheiligstes* exposer; *Tiere, Pflanzen ins Freie* mettre dehors; **2.** *e-r Gefahr, der Kritik, Witterung etc.* exposer (à); *e-r Beanspruchung auch* soumettre (à); **neugierigen Blicken, ständigen Angriffen ausgesetzt sein** être exposé, en butte, livré à la curiosité, aux attaques perpétuelles; **der Sonne ausgesetzt sein** être exposé au soleil; **3.** *Belohnung* offrir; **e-e Belohnung auf j-s Kopf ~** mettre à prix la tête de qn.; **für die Ermittlung des Täters ist e-e Belohnung ausgesetzt** une récompense sera offerte à qui découvrira le malfaiteur; **e-n Preis für den Sieger ~** proposer, fixer un prix pour le vainqueur; **j-m e-e Rente ~** constituer, créer une rente pour qn.; *Testament* **Legate ~** léguer (qc.); **4.** *Streik, Debatte* interrompre; *jur. Verfahren, Urteil* suspendre; remettre; **die Strafe zur Bewährung ~** surseoir à la peine; **5. etw. an j-m, an etw. auszusetzen haben** trouver qc. à redire, à critiquer à qn., à qc.; avoir à reprocher qc. à qn., à qc.; **an der Arbeit ist nichts auszusetzen** il n'y a rien à redire à ce travail; **er hat immer etw. auszusetzen** il trouve toujours à redire; **II** *v/i. Motor, Musik, Herz etc.* s'arrêter; **der Puls, das Herz setzte plötzlich aus** le pouls, le cœur s'arrêta soudain (de battre); **mit der Arbeit (für ein paar Wochen) ~** interrompre, arrêter le travail (pour quelques semaines); **III** *v/réfl.* **sich ~** s'exposer (à); encourir (qc.); **sich e-r Gefahr ~** s'exposer à un danger; **sich der Kritik ~** s'exposer, se livrer à la critique; encourir la critique; **IV 2en** *n* ⟨~s⟩ *des Motors, Pulses, Herzens, der Musik etc.* arrêt *m*; *méd. zeitweiliges* intermittence *f*; *mit der Arbeit etc.* interruption *f*; *von Pflanzen, Fischen etc.* mise *f* dehors; *e-s Bootes* mise *f* à la mer, à l'eau; *cf. auch* **2ung**; **2ung** *f* ⟨~; ~en⟩ *e-s Kindes* abandon *m*; *des Allerheiligsten* exposition *f*; *jur. e-s Verfahrens* suspension *f*; *e-r Strafe zur Bewährung* sursis *m*; *e-r Debatte etc.* interruption *f*; *e-r Belohnung* offre *f*; *e-s Preises* proposition *f*; *e-r Rente* constitution *f*; création *f*; *sonst verbal.*

Aussicht ['aʊszɪçt] *f* ⟨~; ~en⟩ **1.** (*Ausblick*) vue *f*; *Zimmer* **mit ~ auf den See** avec vue sur le lac; **e-e herrliche ~** auf une vue magnifique sur; **die schöne ~ genießen** jouir de la belle vue, du coup d'œil; **j-m die ~ versperren** boucher la vue à qn.; **2.** *fig.* perspective *f*; chance *f*; espérance *f*; **berufliche ~en** perspectives, espérances professionnelles; **die ~en sind schlecht, gut, glänzend** les perspectives sont mauvaises, bonnes, splendides; **es sind gar keine ~en dafür vorhanden** il n'y a aucune chance pour cela; **gute ~en auf Erfolg haben** avoir des chances de succès, de réussir; **e-e Gehaltserhöhung in ~ haben** avoir une augmentation (de salaire) en vue; **e-e Beförderung steht in ~** j'ai, nous avons, *etc.* un avancement en vue; **~en haben, sein Nachfolger zu werden** avoir la perspective de lui succéder; **ohne ~ auf Erfolg** sans avoir de chances de succès, de réussir; **j-n für etw. in ~ nehmen** avoir qn. en vue pour (faire) qc.; **neue ~en eröffnen sich** des perspectives nouvelles, des horizons (nouveaux) s'ouvrent; F **das sind ja schöne ~en!** ce sont de belles perspectives!; **2sˌlos** *adj.* sans aucune chance de succès; sans espoir; voué à l'échec; vain; désespéré; **e-e ~e Sache** une chose vouée à l'échec; **ein ~er Fall** un cas désespéré; **e-n ~en Kampf führen** mener un combat sans espoir, sans aucune chance de succès; **~e Versuche unternehmen** entreprendre de vaines tentatives; **das ist ~** c'est sans espoir; **~sˌlosigkeit** *f* ⟨~⟩ **die ~ der Lage erkennen** reconnaître que la situation est sans espoir, est désespérée; **~sˌpunkt** *m* point *m* de vue; **2sˌreich** *adj.* prometteur, -euse; plein de promesses, d'espoir; autorisant tous les espoirs; **~sˌturm** *m* tour *f* avec beau point de vue; **2sˌvoll** *adj. cf.* **2sreich**; **~sˌwagen** *m* voiture *f* panoramique.

aus|sieben ['aʊsˌzi:bən] *v/t.* ⟨*sép.*, -ge-, h⟩ cribler; tamiser; *phys.* filtrer; *fig. Bewerber* choisir; passer au crible; **~ˌsiedeln** *v/t.* ⟨-(e)le, *sép.*, -ge-, h⟩ (faire) évacuer; **2ˌsiedler** *m/pl.* personnes évacuées; *aus Ostgebieten etwa* rapatriés *m/pl.*; **~ˌsinnen I** *v/t.* ⟨*irr.*, *sép.*, -ge-, h⟩ imaginer; **II** *v/réfl. cf.* **ausdenken II**; **~ˌsöhnen I** *v/t.* ⟨*sép.*, -ge-, h⟩ **j-n mit j-m ~** réconcilier, raccommoder, F rabibocher qn. avec qn.; **II** *v/réfl.* **sich mit j-m ~** se réconcilier, se raccommoder, F se rabibocher avec qn.; faire la paix avec qn.; **sich mit s-m Schicksal ~** s'arranger de son sort; **sich mit der Welt ~** se réconcilier, *etc.* avec le monde; **2ˌsöhnung** *f* ⟨~; ~en⟩ réconciliation *f*; raccommodement *m*; *od. verbal*; **~ˌsondern** *v/t.* ⟨-(e)re, *sép.*, -ge-, h⟩ retirer; **2ˌsondeˌrung** *f* ⟨~; ~en⟩ *jur.* retrait *m*; **~sorˌtieren** *v/t.* ⟨*sép.*, *pas de ge-*, h⟩ *allg.* retirer; **~ˌspähen I** *v/t.* ⟨*sép.*, -ge-, h⟩ (*auskundschaften, ausspionieren*) épier; espionner; **II** *v/i.* **nach j-m ~** guetter qn.; **III 2ˌspähen** *n* ⟨~s⟩ espionnage *m*; *od. verbal*; **~ˌspannen I** *v/t.* ⟨*sép.*, -ge-, h⟩ **1.** *Zugtiere* dételer; **2.** *Netze etc.* étendre; *Flügel* déployer; **3.** *fig. u.* F **j-m j-n, etw. ~** chiper qn., qc. à qn.; **er hat mir meine Freundin ausgespannt** il m'a chipé mon amie; **II** *v/i.* se détendre; se reposer; prendre du repos; se relaxer; **ich muß ~** il faut que je me repose; **drei Wochen ~** prendre trois semaines de repos, de détente; **III 2ˌspannen** *n von Zugtieren* dételage *m*; *sonst verbal*; *fig.* repos *m*; détente *f*; relaxation *f*; **~ˌsparen I** *v/t.* ⟨*sép.*, -ge-, h⟩ **a)** *Wort, Zeile etc.* laisser en blanc; **e-e Öffnung ~** laisser une ouverture, une place (pour); **b)** *fig. Thema etc.* éviter de parler de; **II 2ˌsparen** *n*, **2ˌsparung** *f* ⟨~; ~en⟩ *e-r Öffnung verbal*; *fig.* **die Kunst des Aussparens** l'art de laisser tomber l'inutile; **~ˌspeien** *st. s.* **I** *v/t.* ⟨*irr.*, *sép.*, -ge-, h⟩ cracher (*auch fig.*); *Vulkan auch* vomir; *fig.* **vor j-m ~** cracher devant qn. (en signe de mépris); **II 2ˌspeien** *n* ⟨~s⟩ *verbal*; **~ˌsperren** *v/t.* ⟨*sép.*, -ge-, h⟩ **1. j-n ~** fermer la porte derrière qn. qui n'a pas de clef *od.* clé pour rentrer; *absichtlich* mettre qn. dehors; F enfermer qn. dehors; **sich ~** fermer la porte derrière soi en oubliant, sans avoir la clef *od.* clé; **2. die Arbeiter wurden von den Unternehmern ausgesperrt** les employeurs ont lockouté [-awte]; **2ˌsperrung** *f* ⟨~; ~en⟩ *der Arbeiter* lock-out [-awt] *m*; **die Unternehmer drohten mit (der) ~** les employeurs menacèrent du lock-out, de lockouter.

ausspiel|en ['aʊsˌʃpi:lən] **I** *v/t.* ⟨*sép.*, -ge-, h⟩ **1.** *Gewinn bei e-r Lotterie etc.* mettre en loterie; **2.** *Sport Gegner* ne donner aucune chance à; **3.** *thé. Möglichkeit, Rolle* jouer dans tous les détails, très en détail; **viele Szenen waren zu breit ausgespielt** beaucoup de scènes ont été jouées *bzw.* tournées trop en détail; **4.** *Spielkarte* jouer; **e-n Trumpf ~** jouer atout; *fig.* **s-n letzten Trumpf ~** jouer sa dernière carte, son dernier atout, son va-tout; jouer le tout pour le tout; **5. j-n gegen j-n ~** se servir de qn. contre qn.; **A und B**

gegeneinander ~ se servir de A contre B et inversement; **II** *v/i.* **6.** *Kartenspiel* commencer à jouer; jouer le premier; **wer spielt aus?** à qui de jouer?; qui commence?; **7.** F **ausgespielt haben** avoir fait son temps; n'en avoir plus pour longtemps; **2ung** *f* ⟨~; ~en⟩ **a)** *e-s Gewinns* mise *f* en loterie; **b)** *der Lotterie etc.* tirage *m*.

aus|spinnen [ˈaʊsˌʃpɪnən] *v/t.* ⟨*irr., sép.*, **-ge-, h**⟩ *Erzählung, Gedanken etc.* développer; *Erzählung auch* allonger; 2ˌ**spinnung** *f* ⟨~⟩ développement *m*; ~**spioˌnieren** *v/t.* ⟨*sép., pas de ge-*, **h**⟩ espionner; 2**spioˌnierung** *f* ⟨~⟩ espionnage *m*.

Aussprache [ˈaʊsˌʃpraːxə] *f* **1.** *e-s Wortes* prononciation *f*; **die** ~ **angeben** donner, indiquer la prononciation; **e-e gute, undeutliche** ~ **haben** prononcer bien, indistinctement; avoir une bonne prononciation, une prononciation indistincte; *iron.* **e-e feuchte** ~ **haben** envoyer des postillons; postillonner; **an s-r** ~ **hört man, woher er stammt** à sa prononciation on entend d'où il vient; **2.** *klärende* explication *f*; (*Meinungsaustausch*) discussion *f*; débat *m*; (*Gespräch*) entretiens *m/pl.*; **an den Vortrag schloß sich e-e rege** ~ **an** la conférence fut suivie d'une vive discussion; **die** ~ **führte zu e-r Klärung der Mißverständnisse** l'explication a, les entretiens ont éclairci les malentendus; ~**beˌzeichnung** *f* notation *f* phonétique; ~ˌ**fehler** *m* faute *f* de prononciation; ~ˌ**wörterbuch** *n* dictionnaire *m* de prononciation.

aussprech|bar [ˈaʊsʃprɛçˌbaːr] *adj. Wort* prononçable; *Gedanke etc.* exprimable; ~**en I** *v/t.* ⟨*irr., sép.*, **-ge-, h**⟩ **1.** *Wort* prononcer; **etw. deutlich, gut, falsch** ~ prononcer qc. distinctement, bien, mal; **deutlich** ~ *auch* articuler; **schwer auszusprechen** difficile à prononcer; **s wie sch** ~ prononcer s comme ch; chuinter; **wie wird das Wort ausgesprochen?** comment se prononce ce mot?; **diesen Namen kann man ja kaum** ~ F c'est un nom à coucher dehors; **2.** *Gedanken, Dank, Hoffnung, Verdacht, Anerkennung etc.* exprimer; *Wunsch auch* formuler; *Verwünschungen* dire; *Beileid* présenter; *Strafe, Urteil* prononcer; *Urteil auch* rendre; **sein Bedauern** ~ exprimer ses regrets; **der Regierung das Vertrauen** ~ exprimer sa confiance au gouvernement; **darf ich e-e Bitte** ~? puis-je (vous) demander qc.?; j'ai une demande, une prière à vous faire; **er sprach aus, was jeder dachte** il exprima ce que tout le monde pensait; **II** *v/i.* **3.** (*zu Ende sprechen*) finir, achever de parler; **j-n** ~ **lassen** laisser finir, achever qn. (de parler); **j-n nicht** ~ **lassen** *auch* couper la parole à qn.; interrompre qn.; **III** *v/réfl.* **4. sich** ~ (*sein Herz ausschütten*) s'épancher; dire ce qu'on a sur le cœur; **sprich dich ruhig aus!** dis-moi ce que tu as sur le cœur!; **es tat ihm wohl, sich einmal** ~ **zu können** cela lui fit du bien de pouvoir s'épancher; **5. sich mit j-m** ~ *zur Klärung von Unstimmigkeiten* s'expliquer avec qn.; **wir haben uns offen über alles ausgesprochen** nous nous sommes expliqués ouvertement sur tout; **6.** (*sich äußern*) se prononcer; **sich anerkennend, zufrieden über etw.** ~ se prononcer, s'exprimer avec reconnaissance, avec satisfaction sur qc.; exprimer sa reconnaissance, sa satisfaction de qc.; **sich begeistert für etw.** ~ se prononcer avec enthousiasme en faveur de, pour qc.; **sich entschieden gegen etw.** ~ se prononcer avec fermeté contre qc.; **7.** (*sich ausdrücken*) **sich in etw.** ~ s'exprimer dans qc.; **sein Charakter spricht sich in s-n Handlungen aus** son caractère s'exprime dans ses actions; *cf. auch* **ausgesprochen**; **IV** 2**en** *n verbal*; *cf. auch* **Aussprache 1.**

aus|spreizen [ˈaʊsˌʃpraɪtsən] *v/t.* ⟨**-(es)t,** *sép.*, **-ge-, h**⟩ écarter; ~ˌ**sprengen** *v/t.* ⟨*sép.*, **-ge-, h**⟩ *fig. Nachricht* répandre; *Gerücht* faire courir; ~ˌ**spritzen** *v/t.* ⟨**-(es)t,** *sép.*, **-ge-, h**⟩ *Flüssigkeit* projeter; *méd. Ohr, Nase etc.* laver; 2ˌ**spritzung** *f* ⟨~⟩ *von Flüssigkeiten* projection *f*; *méd.* lavage *m*.

Ausspruch [ˈaʊsʃprʊx] *m* parole(s) *f (pl.)*; sentence *f*; **ein** ~ **Goethes** une sentence de Gœthe; **er bereute s-n** ~ il se repentit de ses paroles.

aus|spucken [ˈaʊsˌʃpʊkən] *v/t.* ⟨*sép.*, **-ge-, h**⟩ cracher (*auch fig.*); **Kirschkerne** ~ cracher des noyaux de cerises; **vor j-m** ~ cracher devant qn. en signe de mépris; ~ˌ**spülen** *v/t.* ⟨*sép.*, **-ge-, h**⟩ **a)** *Ufer etc.* creuser; ronger; *Sand, Erde etc.* emporter; **b)** *Gläser etc.* rincer; *méd.* laver; faire un lavage de; **sich den Mund** ~ se rincer la bouche; 2ˌ**spülung** *f von Gefäßen* rinçage *m*; *méd.* lavage *m*; *des Ufers* creusement *m*; *sonst verbal*; ~**staˌffieren** *v/t.* (*u. v/réfl.*) ⟨*sép., pas de ge-*, **h**⟩ F **(sich) (mit Kleidung)** ~ **a)** (s')habiller; P (se) fringuer; **sich für die Reise ganz neu** ~ s'habiller entièrement de neuf pour le voyage; **b)** *péj.* (*herausputzen*) (s')accoutrer; (s')affubler; 2**staˌffierung** *f* ⟨~; ~en⟩ habillement *m*; *péj.* accoutrement *m*; affublement *m*.

Ausstand [ˈaʊsʃtant] *m* grève *f*; débrayage *m*; **in den** ~ **treten** se mettre en grève; débrayer; **sich im** ~ **befinden** être en grève.

ausstanzen [ˈaʊsˌʃtantsən] **I** *v/t.* ⟨**-(es)t,** *sép.*, **-ge-, h**⟩ *techn. Bleche, Ringe etc.* découper à l'emporte-pièce, à la presse; poinçonner; **II** 2 *n* découpage *m* à l'emporte-pièce, à la presse; poinçonnage *m*.

ausstatt|en [ˈaʊsˌʃtatən] *v/t.* ⟨**-ete,** *sép.*, **-ge-, h**⟩ **a)** *Person, Institution, Fahrzeug etc.* doter, munir, pourvoir, équiper (**mit** de); *st. s.* **j-n mit Empfehlungen, Machtbefugnissen** *etc.* ~ munir qn. de recommandations, de pouvoirs, *etc.*; **ein mit vielen Talenten ausgestatteter Mensch** une personne dotée de talents multiples; **mit großen Geldmitteln ausgestattet sein** être doté de grands moyens financiers; **e-e Schule mit modernen Unterrichtsmitteln** ~ doter, *etc.* une école de moyens modernes d'enseignement; **das Auto ist mit e-r Scheibenwaschanlage ausgestattet** la voiture est munie, dotée, pourvue, équipée d'un lave-glace; **ein gut ausgestattetes Auto** une voiture bien équipée; **b)** *Raum, Wohnung* installer; garnir (**mit** de); *mit Möbeln* meubler; **ein geschmackvoll ausgestattetes Zimmer** une pièce installée avec goût; **e-e mit alten Möbeln ausgestattete Wohnung** un logement garni de meubles anciens; **c)** *Buch etc.* présenter (*auch Theaterstück etc.*); munir (**mit** de); **ein künstlerisch ausgestattetes Buch** un livre présenté avec art; **ein Werk mit Illustrationen** ~ munir une œuvre d'illustrations; **e-e gut ausgestattete Revue** une revue à grand spectacle; 2**ung** *f* ⟨~; ~en⟩ *e-r Person etc.* dotation *f* (*nur Vorgang*); *jur. e-s Kindes* établissement *m*; *e-s Zimmers, e-r Wohnung* ameublement *m*; installation *f*; décoration *f*; *e-r Schule, e-s Krankenhauses etc.* installation *f*; équipement *m*; *e-s Autos* équipement *m*; *thé.* décors *m/pl.* et costumes *m/pl.*; *e-s Buches, Theaterstückes etc.* présentation *f*; 2**ungsˌfilm** *m* film *m* à grand spectacle; 2**ungsˌgegenstand** *m* objet *m* d'équipement, d'installation, de décoration; 2**ungsˌkosten** *pl.* frais *m/pl.* d'équipement; 2**ungsreˌvue** *f* revue *f* à grand spectacle; 2**ungsˌschutz** *m comm.* protection légale de la présentation; 2**ungsˌstück** *n* **1.** *thé.* pièce *f* à grand spectacle; **2.** *cf.* 2**ungsgegenstand**.

aus|stauben [ˈaʊsˌʃtaʊbən] *v/t.* ⟨*sép.*, **-ge-, h**⟩ épousseter; ~ˌ**stechen I** *v/t.* ⟨*irr., sép.*, **-ge-, h**⟩ **1.** *cuis. Plätzchen* découper à l'emporte-pièce; *Rasen, Torf* découper; *Unkraut* enlever; arracher; *Graben* creuser; *Augen* crever; **2.** *fig. u.* F **j-n** ~ supplanter, éclipser qn.; **II** 2ˌ**stechen** *n cuis., von Rasen, Torf* découpage *m*; *e-s Grabens* creusage *od.* creusement *m*; *fig. e-s Nebenbuhlers etc.* supplantation *f*; *sonst verbal*; 2**stechˌform** *f cuis.* emporte-pièce *m*; ~ˌ**stehen I** *v/t.* ⟨*irr., sép.*, **-ge-, h**⟩ **1.** *Hunger, Durst, Schmerzen, Qualen* supporter; endurer; **Ängste** ~ trembler (**um** pour); **Höllenqualen** ~ *cf.* **Höllenqual**; **mit j-m viel auszustehen haben** avoir beaucoup à souffrir, à endurer avec qn.; F **das wäre Gott sei Dank ausgestanden** c'est, Dieu merci, terminé, passé; **2. j-n nicht** ~ **können** ne pas pouvoir souffrir, supporter qn.; F ne pas pouvoir encaisser, sentir qn.; ne pas pouvoir voir qn. en peinture; avoir qn. dans le nez; **etw. nicht** ~ **können** avoir qc. en horreur; **II** *v/i. Nachricht, Antwort etc.* n'être pas (encore) arrivé; être en retard; être attendu; *Arbeit etc.* être encore, rester à faire; *Geld* être dû; **die Antwort steht noch aus** *oft* on attend encore la réponse; **ich habe noch Geld** ~ j'ai encore de l'argent à recevoir; on me doit encore de l'argent; ~**de Gelder** des sommes à recouvrer; ~**de Forderung** créance *f*; ~ˌ**steifen** *v/t.* ⟨*sép.*, **-ge-, h**⟩ *cf.* **absteifen**; ~ˌ**steigen I** *v/i.* ⟨*irr., sép.*, **-ge-, sein**⟩ **1.** *aus e-m Fahrzeug* descendre (de); **alles** ~! tout le monde descend!; **2.** *fig. u.* F *aus e-m Geschäft etc.* se retirer (de); *Sport* abandonner; **II** 2ˌ**steigen** *n* descente *f*; **beim** ~ à la descente; en descendant; **j-m beim** ~ **helfen** aider qn. à descendre; ~ˌ**steinen I** *v/t.* ⟨*sép.*, **-ge-, h**⟩ *Kirschen etc.* dénoyauter; **II** 2ˌ**steinen** *n* ⟨~s⟩ dénoyautage *m*.

ausstell|en [ˈaʊsˌʃtɛlən] **I** *v/t.* ⟨*sép.*, **-ge-, h**⟩ **1.** *Gemälde, Waren etc.* exposer; *Waren zum Verkauf auch* mettre à l'étalage; étaler; **2.** *Bescheinigung, Paß, Urkunde etc.* délivrer; *comm. Scheck* faire; tirer (**auf** sur); émettre (à); libeller; délivrer (à); créer; *Wechsel* créer; tirer; émettre; *Rechnung, Quittung* faire; établir; **ein in Dollars ausgestellter Scheck** un chèque libellé en dollars; **sich e-e Bescheinigung** ~ **lassen** se faire délivrer un certificat; *fig. u.* F **sich ein Armutszeugnis** ~ *cf.* **Armutszeugnis**; **II** 2**en** *n* ⟨~s⟩ *cf.* 2**ung**; 2**er** *m* ⟨~s; ~⟩ **1.** *auf e-r Messe etc.* exposant *m*;

2. *comm. e-s Schecks, Wechsels* tireur *m*; *e-s Solawechsels* souscripteur *m*; **2er,firma** *f* firme *f*, maison *f* qui expose; **2ung** *f* **1.** exposition *f*; *für Kunst, Industrie auch* salon *m*; **landwirtschaftliche ~** *auch* concours *m* agricole; **2.** *e-r Bescheinigung, Urkunde etc.* délivrance *f*; *e-s Schecks, Wechsels* tirage *m*; émission *f*; création *f*; *e-r Rechnung, Quittung* établissement *m*; **2ungs,datum** *n e-s Wechsels etc.* date *f* d'émission, de délivrance; **2ungs,fläche** *f* surface *f* d'exposition; **2ungs,gegenstand** *m* objet exposé; **2ungsge,lände** *n* terrain *m*, parc *m* d'exposition; **2ungs,halle** *f* 'hall [ol] *m* d'exposition; **2ungskata,log** *m* catalogue *m* de l'exposition; **2ungs,leitung** *f* direction *f* de l'exposition; **2ungs,ort** *m e-s Wechsels* lieu *m* d'émission, *e-r Urkunde* de délivrance; **2ungs,pavillon** *m* pavillon *m* d'exposition; **2ungs,raum** *m* salle *f* d'exposition; **2ungs,stand** *m* stand [stɑ̃d] *m* (d'exposition); **2ungs,tag** *m cf.* 2ungsdatum.

ausstemmen ['aʊs,ʃtɛmən] *v/t.* ⟨*sép.*, -ge-, h⟩ *techn.* enlever, creuser au fermoir, au ciseau.

Aussterbe|etat ['aʊs,ʃtɛrbəˀeˑ,tɑː] *m* **auf dem ~ stehen** être en train de, condamné à disparaître; **auf den ~ setzen** condamner à disparaître; **2n I** *v/i.* ⟨*irr., sép.*, -ge-, sein⟩ *Familie, Menschenrasse* s'éteindre; *Rasse auch, Pflanzen-, Tiergattung* disparaître; *Sitte, Dialekt, Handwerk* se perdre; disparaître; tomber en désuétude; *fig.* **die Straße war wie ausgestorben** la rue était morte, déserte; **II ~n** *n e-r Familie, Rasse* extinction *f*; *e-r Rasse auch, e-r Tier-, Pflanzenart, e-r Sitte etc.* disparition *f*; **im ~ begriffen sein** être en voie d'extinction, de disparition.

Aussteuer ['aʊs,ʃtɔʏər] *f* (*Wäsche*2) trousseau *m*; (*Mitgift*) dot [dɔt] *f*; **2n** *v/t.* ⟨-(e)re, *sép.*, -ge-, h⟩ *jur.* **ausgesteuert werden**, sein être privé des allocations de maladie (à l'expiration d'un délai); **~ung** *f* ⟨~; ~en⟩ *jur.* privation *f* (de qn.) des allocations de maladie (à l'expiration d'un délai); expiration *f* des droits aux allocations d'une assurance; **~ver,sicherung** *f* assurance dotale.

Ausstieg ['aʊsʃtiːk] *m* ⟨~(e)s; ~e⟩ sortie *f*.

ausstopfen ['aʊs,ʃtɔpfən] **I** *v/t.* ⟨*sép.*, -ge-, h⟩ *Schuhe mit Zeitungspapier etc.* bourrer; remplir; *Tiere* empailler; naturaliser; **ein ausgestopfter Vogel** un oiseau empaillé, naturalisé; **II 2** *n* empaillage *od.* empaillement *m*; naturalisation *f*.

Ausstoß ['aʊsʃtoːs] *m* **1.** *comm.* production *f*; débit *m*; rendement *m*; **2.** *von Torpedos etc.* lancement *m*; *cf. auch* **~rohr**; **2en I** *v/t.* ⟨*irr., sép.*, -ge-, h⟩ **1.** *Luft etc.* expulser; rejeter; *Torpedo* lancer; *gr. Vokal* élider; **2.** *Schrei, Seufzer* pousser; *Schrei auch* jeter; *Drohungen, Schmähungen* lancer; proférer; **e-n Fluch ~** lancer une malédiction; *cf. auch* Fluch 2.; **3.** *aus e-r Gemeinschaft* expulser; exclure; bannir; **j-n aus der Partei, der Armee ~** expulser, exclure qn. du parti, de l'armée; **aus der menschlichen Gesellschaft ausgestoßen** exclu, banni de la société humaine; **4.** *comm.* produire; débiter; **II ~en** *n von Luft etc.* expulsion *f*; *von Torpedos* lancement *m*; *gr. e-s Vokals* élision *f*; *sonst verbal*; **~,rohr** *n für Torpedos* lance-torpilles *m*; **~ung** *f* ⟨~; ~en⟩ *aus e-r Gemeinschaft* expulsion *f*; bannissement *m*.

ausstrahl|en ['aʊs,ʃtraːlən] **I** *v/t.* ⟨*sép.*, -ge-, h⟩ **1.** *Licht* émettre; répandre; *Wärme* répandre; dégager; *fig. Ruhe, Güte, Kraft* respirer; dégager; rayonner de; **sein Wesen strahlt Ruhe aus** sa personne respire le calme, dégage une impression de calme; **sein Gesicht strahlt Güte aus** son visage respire la bonté, rayonne de bonté; **s-e Ideen strahlen e-e ungeheure Kraft aus** une force énorme rayonne de ses idées; **2.** *rad., télév. Sendung* diffuser; *rad. auch* radiodiffuser; *télév. auch* téléviser; *Funksignale, Impulse* émettre; **II** *v/i. Wärme, Licht etc.* émaner, rayonner (*auch fig. Kraft etc.*); (s')irradier; *fig. Schmerzen* s'irradier; **2ung** *f von Licht, Wärme* rayonnement *m* (*auch fig.*); irradiation *f* (*auch von Schmerzen*); *rad., télév. e-r Sendung* diffusion *f*; *von Signalen* émission *f*; **die ~ der Erdoberfläche** le rayonnement, l'irradiation de la surface de la terre; **die ~ s-r Persönlichkeit** le rayonnement de sa personnalité; **die ~ der französischen Gotik auf die deutsche Baukunst** le rayonnement de l'art gothique français sur l'architecture allemande; **2ungs,kraft** *f* force *f* de rayonnement; **2ungs,zentrum** *n* centre *m* de rayonnement.

aus|strecken ['aʊs,ʃtrɛkən] **I** *v/t.* ⟨*sép.*, -ge-, h⟩ *Hand* tendre; *Arm* étendre; *Fühler* allonger; étendre; **s-e Beine unter dem Tisch ~** allonger ses jambes sous la table; **mit ausgestrecktem Arm halten** tenir à bout de bras; **die Hand nach etw., j-m ~** tendre la main pour saisir qc., vers qc., vers qn.; **er braucht nur den kleinen Finger auszustrecken** il n'a qu'à bouger le petit doigt; *fig.* **s-e Fühler ~** tâter, sonder le terrain; **II** *v/réfl.* **sich ~** s'allonger; s'étendre; **sich lang ~** s'étendre de tout son long; **~,streichen I** *v/t.* ⟨*irr., sép.*, -ge-, h⟩ **1.** *Geschriebenes* barrer; rayer; biffer; raturer; *aus e-r Liste auch* radier; **2.** *cout. Naht* coucher; *Falten* effacer; faire disparaître; **3.** *Risse etc.* boucher; *Fugen* jointoyer; *Kuchenform* graisser; beurrer; **II** *v/i. géol.* affleurer; **III 2,streichen** *n von Geschriebenem* biffage *m*; raturage *m*; *von Falten* effacement *m*; *von Fugen* jointoiement *m*; *e-r Kuchenform* graissage *m*; *od. verbal*; **~,streuen I** *v/t.* ⟨*sép.*, -ge-, h⟩ éparpiller; semer; disséminer; *Kalk, Kunstdünger* épandre; *Hühnerfutter etc.* jeter (qc. à); *fig. Gerücht* semer; répandre; propager; colporter; **II 2,streuen** *n* éparpillement *m*; dissémination *f*; *von Kunstdünger* épandage *m*; *fig.* propagation *f*; colportage *m*; *sonst verbal*; **~,strömen I** *v/t.* ⟨*sép.*, -ge-, h⟩ *Wärme* dégager; répandre; *Duft* exhaler; répandre; *fig. u. st. s.* **s-e ganze Person strömt Ruhe, Kälte aus** toute sa personne dégage une impression de calme, de froideur; **das Zimmer strömt Behaglichkeit aus** une impression de bien-être se dégage de la pièce; **II** *v/i.* ⟨sein⟩ *Flüssigkeit* s'écouler (à flots); *Gas, Dampf* fuir; s'échapper; **III 2,strömen** *n von Wärme* dégagement *m*; *von Duft* exhalaison *f*; *von Flüssigkeiten* écoulement *m*; *von Gasen* fuite *f*; émanation *f*; *sonst verbal*; **~,suchen I** *v/t.* (*u. v/réfl.*) ⟨*sép.*, -ge-, h⟩ choisir; **such dir etw. aus!** choisis qc.!; **II 2,suchen** *n* choix *m*; **~tape,zieren** *v/t.* ⟨*sép.*, *pas de ge-*, h⟩ tapisser.

Austausch ['aʊstaʊʃ] *m* échange *m*; **der ~ von Gedanken, Studenten** l'échange d'idées, d'étudiants; **2,bar** *adj.* échangeable; interchangeable; remplaçable; **~,bau** *m* ⟨~(e)s; ~ten⟩ *techn.* construction *f* à pièces interchangeables; **~,dienst** *m* **Akademischer ~** office *m* d'échanges universitaires; **2en I** *v/t.* ⟨*sép.*, -ge-, h⟩ échanger (**gegen** contre); **s-e Gedanken ~** échanger ses idées; **s-e Erfahrungen ~** se communiquer (réciproquement) ses expériences; **Grüße ~** échanger des vœux; **II ~en** *n cf.* ~; **~er-,Harze** *n/pl. chim.* résines échangeuses (d'ions); **~,kräfte** *f/pl. phys.* forces *f/pl.* d'échange; **~,motor** *m* moteur *m* de remplacement, d'échange; moteur *m* standard; **~pro,fessor** *m* professeur *m* (d'université) qui fait un échange; **~,schüler** *m* élève *m* qui fait un échange; **~stu,dent** *m* étudiant *m* qui fait un échange.

austeil|en ['aʊs,taɪlən] *v/t.* ⟨*sép.*, -ge-, h⟩ distribuer (*auch* F *Schläge*); *relig. cath.* **die Kommunion ~** distribuer la communion; *Lehrer* **die Hefte ~** distribuer les cahiers; **2ung** *f* distribution *f*.

Auster ['aʊstər] *f* ⟨~; ~n⟩ *zo.* huître *f*; **gerne ~n essen** aimer les huîtres; **~n,bank** *f* ⟨~; -bänke⟩ banc *m* d'huîtres; huîtrière *f*; **~n,fischer** *m* **1.** pêcheur *m* d'huîtres; **2.** *zo.* huîtrier *m*; **~n,händler(in)** *m (f)* marchand(e) *m (f)* d'huîtres; écailler, -ère *m, f*; **~n,korb** *m* panier *m*, *runder auch* bourriche *f* à huîtres; **~nkul,tur** *f* ostréiculture *f*; **~n,messer** *n* couteau *m* à huîtres; ouvre-huîtres *m*; **~n,park** *m* parc *m* à huîtres; clayère *f*; **~n,schale** *f* écaille *f* d'huître; **~n,zucht** *f cf.* ~nkultur; **~n,züchter** *m* ostréiculteur *m*; parqueur *m*; parquier *m*.

aus|tilgen ['aʊs,tɪlgən] *v/t.* ⟨*sép.*, -ge-, h⟩ *Ungeziefer etc.* exterminer; détruire; *schreckliche Krankheit* anéantir; *fig. Erinnerung etc.* effacer; **das ganze Geschlecht wurde ausgetilgt** toute la famille fut exterminée; **2,tilgung** *f* extermination *f*; destruction *f*; anéantissement *m*; *fig.* effacement *m*; **~,toben I** *v/t.* ⟨*sép.*, -ge-, h⟩ **s-e Wut, s-n Zorn ~** donner libre cours à sa colère; **II** *v/réfl.* **sich ~ a)** *Unwetter, Brand, Epidemie* faire rage; **sich ausgetobt haben** se calmer; s'apaiser; **b)** *Kinder, junge Tiere* prendre ses ébats; s'ébattre; **c) sich vor der Ehe ~** bien s'amuser, bien se divertir avant de se marier; **~,tollen** *v/réfl.* ⟨*sép.*, -ge-, h⟩ F *cf.* austoben II b).

Austrag ['aʊstraːk] *m* ⟨~(e)s⟩ règlement *m*; **der blutige, gütliche ~ e-r Angelegenheit** le règlement sanglant, à l'amiable d'une affaire; **etw. zum ~ bringen** régler qc.; **e-n Streit zum ~ bringen** vider une querelle; **auf gerichtlichen ~ der Angelegenheit dringen** demander le règlement de l'affaire devant le tribunal; *Sport* **zum ~ kommen** être disputé; **2en I** *v/t.* ⟨*irr., sép.*, -ge-, h⟩ **1.** *Zeitungen, Post etc.* distribuer; *Brötchen* porter; **heute wird keine Post ausgetragen** aujourd'hui il n'y a pas de distribution de courrier; **2.** *Kind* porter jusqu'à terme; **ein ausgetragenes Kind** un enfant né à terme; **3.** *Wettkampf* disputer; *Konflikt etc.* régler; F liquider; *Streit* vider; **II ~en** *n von Zeitungen etc.* distribution *f*; *von Wettkämpfen*

dispute *f*; *von Konflikten etc.* règlement *m*; F liquidation *f*; *sonst verbal.*
Austräger(in) [ˈaʊsˌtrɛːgər(ɪn)] *m* ⟨~s; ~⟩ *(f)* ⟨~; ~nen⟩ *von Zeitungen* distributeur *m*; porteur, -euse *m, f.*
Austragung [ˈaʊsˌtraːgʊŋ] *f* ⟨~⟩ *cf.* Austragen; **~sˌort** *m Sport* lieu *m* du match, des jeux olympiques, *etc.*; **~sˌtag** *m Sport* date *f* du match, *etc.*
Austral|ier(in) [aʊsˈtraːliˑər(ɪn)] *m* ⟨~s; ~⟩ *(f)* ⟨~; ~nen⟩ Australien, -nne *m, f*; **2isch** *adj.* australien, -nne.
aus|träumen [ˈaʊsˌtrɔʏmən] *v/t.* ⟨*sép.*, -ge-, h⟩ **der Traum ist ausgeträumt** le rêve est fini, F est à l'eau; **~ˌtreiben I** *v/t.* ⟨*irr., sép.*, -ge-, h⟩ **a)** j-m etw. ~ faire passer à qn. l'habitude, le goût de (faire) qc.; **e-m Kind s-n Eigensinn ~** faire passer à un enfant son entêtement; F **das werde ich dir noch ~!** je vais t'en faire passer l'habitude, le goût!; je vais t'en guérir!; **b)** *Geister, Teufel* exorciser; *fig.* **den Teufel durch Beelzebub ~** déshabiller saint Pierre pour habiller saint Paul; **II** *v/i. Pflanzen* bourgeonner; **2ˌtreibung** *f* ⟨~⟩ *von Geistern* exorcisation *f*; *Darstellung* **die ~ von Adam und Eva aus dem Paradies** Adam et Ève chassés du paradis terrestre; **~ˌtreten I** *v/t.* ⟨*irr., sép.*, -ge-, h⟩ **1.** *Schuhe* élargir, agrandir par l'usage; avachir; *fig.* **die Kinderschuhe ausgetreten haben** être sorti de l'enfance; **2.** *Weg* faire; **ausgetretene** *Weg etc.* battu; *Schwelle, Treppe* usé; *fig.* **ausgetretene Bahnen, Pfade gehen** suivre les sentiers battus; **3.** *Zigarette, Feuer* éteindre en piétinant, avec le pied; **II** *v/i.* ⟨sein⟩ **4.** *aus e-m Verein etc.* quitter; partir de; sortir de; **aus der Kirche ausgetreten sein** ne plus faire partie de l'Église; **5.** (*hervorquellen*) sortir de; **6.** F **~ müssen, gehen** avoir besoin d'aller, aller aux cabinets, aux toilettes, F au petit coin; **III 2ˌtreten** *n von Schuhen* élargissement *m*, agrandissement *m* par l'usage; (*Hervorquellen*) sortie *f*; *sonst verbal*; *cf. auch* **Austritt**; **~ˌtrinken** *v/t.* ⟨*irr., sép.*, -ge-, h⟩ *Getränk* finir; achever; *Gefäß auch* vider; **s-n Kaffee ~** finir (de boire) son café; **e-e Flasche Bier ~** finir, vider, achever une bouteille de bière; **etw. in e-m Zuge ~** boire qc. d'un seul coup, d'un trait.
Austritt [ˈaʊstrɪt] *m* **1.** *aus e-m Verein etc.* départ *m*; *od. verbal mit* quitter; **sein ~ aus der Partei kam überraschend** son départ du parti nous a surpris; **er erklärte s-n ~ aus der Kirche** il déclara ne plus faire partie de l'Église; **2.** sortie *f*; *opt.* émergence *f*; **3.** (*kleiner Balkon*) petit balcon; **~serˌklärung** *f* déclaration *f* de départ, de quitter qc., de ne plus faire partie de qc.; **~sˌpunkt** *m phys.* point *m* d'émergence; **~sˌwinkel** *m opt.* angle *m* d'émergence.
aus|trocknen [ˈaʊsˌtrɔknən] **I** *v/t.* ⟨-ete, *sép.*, -ge-, h⟩ *Erde, Sumpf, Kehle* dessécher; (*trockenlegen*) assécher; mettre à sec; **ein ausgetrockneter Fluß** une rivière à sec; **e-e ausgetrocknete Kehle haben** avoir la gorge desséchée; **II** *v/i.* ⟨sein⟩ se dessécher; *Flußbett, See* s'assécher; *Brunnen, Quelle* se tarir; **2ˌtrocknung** *f* ⟨~⟩ dessèchement *od.* desséchement *m*; (*Trockenlegung*) assèchement *od.* asséchement *m*; mise *f* à sec; **~tromˌpeten** *v/t.* ⟨-ete, *sép. f*, *pas de ge-*, h⟩ F *cf.* ausposaunen; **~ˌtüfteln** F *v/t.* ⟨-(e)le, *sép.*, -ge-, h⟩ combiner; étudier avec soin; **e-n Plan ~** combiner un plan; **~ˌtuschen** *v/t.* ⟨*sép.*, -ge-, h⟩ *Zeichnung* laver, colorier, faire un lavis à l'encre de Chine; **~ˌüben** *v/t.* ⟨*sép.*, -ge-, h⟩ **1.** *Handwerk, Beruf, Amt etc.* exercer; *Sport, Kunst meist* pratiquer; **e-e Praxis ~** être établi comme médecin; **welche Tätigkeit üben Sie jetzt aus?** quel métier exercez-vous à présent?; **2.** *Stimmrecht etc.* user de; exercer; **3.** *Einfluß, Zauber, Macht, Zwang etc.* exercer; **e-e starke Anziehungskraft ~** exercer une forte attraction; **e-n starken politischen Druck auf j-n ~** exercer une forte pression politique sur qn.; **auf j-n e-n moralischen Zwang ~** exercer une contrainte morale sur qn.; **~ˌübend** *adjt.* **~er Künstler** artiste qui exerce son art; **~e Gewalt** pouvoir exécutif; **2ˌübung** *f e-s Berufes etc.* exercice *m*; *e-s Sportes meist* pratique *f*; *sonst verbal*; **in ~ s-s Amtes** dans l'exercice de ses fonctions; **auf die ~ von Zwang verzichten** renoncer à exercer la contrainte.
Ausverkauf [ˈaʊsfɛrˌkaʊf] *m* soldes *m/pl.*; *totaler* liquidation *f*; **etw. im ~ kaufen** acheter qc. en soldes; **~ wegen Aufgabe des Geschäftes** liquidation pour cessation de commerce; **2en** *v/t.* ⟨*sép., pas de ge-*, h⟩ **a)** *Ware* solder; mettre en solde; *wegen Aufgabe des Geschäftes etc.* liquider; *Artikel* **ausverkauft sein** être épuisé; **b) die Vorstellung ist ausverkauft** c'est complet pour la représentation; **die Karten sind (alle) ausverkauft** les billets sont tous vendus; *Schauspieler* **vor ausverkauftem Haus spielen** jouer à bureaux fermés, devant une salle comble; *an Kinokassen etc.* **ausverkauft** complet.
aus|wachsen [ˈaʊsˌvaksən] **I** *v/t.* ⟨*irr., sép.*, -ge-, h⟩ *Kleidung* être trop grand pour son costume, *etc.*; **II** *v/i.* ⟨sein⟩ **1.** *agr.* germer; **2.** *fig. u.* F **es ist zum 2 (mit dir)!** c'est à devenir fou, c'est à se taper la tête contre les murs, c'est à s'arracher les cheveux (avec toi)!; *cf. auch* **ausgewachsen**; **III** *v/réfl.* **sich zu etw. ~** se transformer en qc.; **die Schwierigkeiten wachsen sich (immer mehr) aus** les difficultés grandissent (de plus en plus); **~ˌwägen** *v/t.* ⟨*irr., sép.*, -ge-, h⟩ *phys., chim.* peser; *cf. auch* **ausgewogen.**
Auswahl [ˈaʊsvaːl] *f* **a)** (*Auswählen*) choix *m*; **die ~ haben** avoir le choix; **etw. steht zur ~** il y a qc. au choix; **etw. zur ~ vorlegen, stellen** présenter, proposer qc. au choix, à choisir; **e-e kritische ~ treffen** choisir qc. d'un point de vue critique; **b)** *comm.* choix *m*; **wenig, e-e große ~ haben** avoir peu de, un grand choix; **e-e reiche ~ an Strickjacken** un grand choix, un grand assortiment de gilets; **Anzüge in reich(haltig)er ~** un grand assortiment, un grand choix de costumes; **c)** *von Gedichten* choix *m*; **e-e ~ von Beispielen** une sélection d'exemples; **e-e geeignete ~ zusammenstellen** établir une sélection, un choix approprié(e); **d)** *Sport* sélection *f*; **die gegnerische ~ besiegen** vaincre la sélection adverse; **e)** (*Auslese*) sélection *f*; **~ˌband** *m* volume *m* de morceaux choisis.
auswählen [ˈaʊsˌvɛːlən] *v/t.* ⟨*sép.*, -ge-, h⟩ choisir; porter, fixer son choix sur; *Gedichte für e-e Sammlung etc. auch* sélectionner; *erlesene Gäste auch* trier sur le volet; **etw. sorgfältig ~** choisir qc. avec soin; **ausgewählte Schriften** morceaux choisis.
Auswahl|mannschaft [ˈaʊsvaːlˌmanʃaft] *f Sport* équipe sélectionnée, de sélection; **~ˌmöglichkeit** *f* possibilité *f* de choisir; **~ˌsendung** *f comm.* envoi *m* d'une sélection d'objets; **~ˌspiel** *n Sport* match *m* entre deux équipes sélectionnées; **~verˌfahren** *n* **auf dem Wege des ~s** par voie de concours.
auswalzen [ˈaʊsˌvaltsən] **I** *v/t.* ⟨-(es)t, *sép.*, -ge-, h⟩ *techn.* laminer; *péj. u.* F *Erzählung etc.* délayer; **II 2** *n techn.* laminage *m*; *fig.* délayage *m.*
Auswander|er [ˈaʊsˌvandərər] *m* émigrant *m*; (*Ausgewanderter*) émigré *m*; **2n** *v/i.* ⟨-(e)re, *sép.*, -ge-, sein⟩ émigrer; **~ung** *f* émigration *f*; **~ungsbeˌschränkung** *f* restriction *f* de l'émigration; **~ungsˌdrang** *m* désir *m* d'émigrer; **~ungserˌlaubnis** *f* permission *f* d'émigrer; **~ungsgeˌsetz** *n* loi *f* sur l'émigration; **~ungsgeˌsuch** *n* demande *f* d'émigration; **~ungsˌland** *n* pays *m* d'émigration; **~ungsverˌbot** *n* interdiction *f* d'émigrer.
auswärtig [ˈaʊsˌvɛrtɪç] *adj.* **a)** extérieur, étranger, -ère à la ville, *etc.*; **ein ~es Unternehmen** une entreprise extérieure, étrangère à la ville, *etc.*; **~e Gäste** invités qui n'habitent pas la ville; **~e Schüler** élèves des environs de la ville; **~e Verwendung von Beamten** déplacement *m* de fonctionnaires; **b)** étranger, -ère; **~e Angelegenheiten** affaires étrangères; **das 2e Amt** le ministère des Affaires étrangères.
auswärts [ˈaʊsvɛrts] *adv.* **a)** en dehors, à l'extérieur, 'hors de chez soi, de la maison *bzw.* de la ville; ailleurs qu'ici; **~ essen** déjeuner, dîner au restaurant, en ville, 'hors de chez soi; ne pas déjeuner, dîner chez soi; **~ schlafen** coucher 'hors de chez soi; découcher; **~ wohnen** habiter une autre ville; habiter en dehors de, à l'extérieur de, 'hors de la ville; **~ arbeiten** travailler dans une autre ville; *vorübergehend auch* être en déplacement; *Sport* **~ spielen, gewinnen** jouer, gagner en déplacement; **von ~ kommen** venir d'ailleurs, d'une autre ville, d'une autre région; **Waren von ~ bestellen** commander des marchandises ailleurs, dans une autre ville, région, *etc.*; **nach ~ verkaufen** vendre ailleurs, dans une autre ville, région, *etc.*; **b) (nach) ~** vers l'extérieur; **nach ~ geneigte Balken** des poutres inclinées vers l'extérieur; **2beˌwegung** *f* mouvement *m* vers l'extérieur; **~ˌgehen** *v/i.* ⟨*irr., sép.*, -ge-, sein⟩ marcher les pieds en dehors; **~ˌsetzen** *v/t.* ⟨-(es)t, *sép.*, -ge-, h⟩ **die Füße ~** *cf.* **~gehen**; **2ˌsieg** *m Sport* victoire *f* en déplacement; **2ˌspiel** *n Sport* match *m* en déplacement.
auswasch|bar [ˈaʊsvaʃˌbaːr] *adj. Einkaufstasche etc.* lavable à l'intérieur; **~en I** *v/t.* ⟨*irr., sép.*, -ge-, h⟩ **a)** *Kleidungsstück, Wunde, Tasse etc.* laver; **b)** *Flecken etc.* enlever, ôter (avec de l'eau); *chim.* enlever par lavage; laver; **c)** *Ufer etc.* creuser; *sc.* affouiller; **II 2en** *n*, **2ung** *f von Kleidungsstücken, Wunden etc.* lavage *m* (*auch chim.*); *von Flecken verbal*; *des Ufers etc.* creusement *m*; *sc.* affouillement *m.*
auswechs|elbar [ˈaʊsˌvɛksəlˌbaːr] *adj. Objektiv, Futter etc.* remplaçable; échangeable; *untereinander* interchangeable; **~eln** *v/t.* ⟨-(e)le, *sép.*, -ge-, h⟩ remplacer; (é)changer; **die verbrauchte Batterie gegen e-e neue ~**

remplacer la batterie usée par une neuve; (é)changer la batterie usée contre une neuve; *cf. auch* **ausgewechselt; Ձelˌspieler** *m* (joueur *m*) remplaçant *m*; **Ձ(eˌ)lung** *f* ⟨~; ~en⟩ remplacement *m*; changement *m*.

Ausweg [ˈaʊsveːk] *m* issue *f*; moyen *m* de s'en sortir; expédient *m*; **e-n ~ suchen** chercher une issue; **keinen ~ finden** ne pas trouver d'issue; **keinen ~ wissen** ne pas savoir comment s'en sortir; **keinen ~ sehen** ne pas voir d'issue, comment s'en sortir; **immer e-n ~ wissen** connaître toujours un moyen de s'en sortir; avoir toujours un expédient; **sich e-n ~ offenlassen** se ménager une issue, une porte de sortie; **es bleibt nur noch ein einziger ~** il n'y a plus qu'un moyen de s'en sortir, qu'une issue; **Ձˌlos** *adj.* sans issue; **sich in e-r ~en Situation befinden** se trouver dans une situation sans issue; **~ˌlosigkeit** *f* ⟨~⟩ impossibilité *f* de trouver une issue, de s'en sortir; **die ~ der Lage** l'impossibilité de trouver une issue à la situation, de se sortir de la situation.

Ausweich|bewegung [ˈaʊsvaɪçbəˌveːgʊŋ] *f* mouvement *m* pour s'éviter, pour éviter qn., qc., d'évitement; **Ձen I** *v/i.* ⟨*irr., sép.*, -ge-, sein⟩ **1.** *im Verkehr* éviter (qn., qc.); *durch Anhalten* se ranger (pour éviter qn., qc.); céder la route (à qn.); **e-m Radfahrer geschickt ~** éviter habilement un cycliste; **ich konnte gerade noch ~** j'ai pu tout juste l'éviter; **nach der Seite, nach rechts ~** obliquer, se ranger sur le côté, sur la droite (pour éviter qn., qc.); **2.** *fig.* éviter; *e-m Schlag, Tritt etc. auch* esquiver (qc.); *e-r Frage auch* éluder (qc.); **e-m Kampf ~** éviter un combat; **j-s Blick ~** éviter le regard de qn.; **e-r Schwierigkeit, Gefahr, Entscheidung ~** éviter une difficulté, un danger, de prendre une décision; **sie wichen nach dem Streit einander aus** ils s'évitèrent après leur querelle; **der Fluß weicht dem Gebirge aus** le fleuve évite le massif; *comm.* **auf e-e billigere Ware** *etc.* **~** *etwa* se tourner vers une marchandise meilleur marché, *etc.*; **II ~en** *n* ⟨~s⟩ *im Verkehr verbal*; *chem.* évitement *m*; *fig. vor e-m Schlag etc.* esquive *f*; *vor e-r Gefahr etc. verbal*; **Ձend** *adjt. u. advt.* **e-e ~e Antwort geben** donner une réponse évasive; **e-e ~e Antwort** *auch* une réponse de Normand; **~ antworten** répondre évasivement; **~ˌflughafen** *m* aéroport *m* de dégagement; **~ˌgleis** *n chem.* voie *f* d'évitement; **~ˌklausel** *f jur.* clause *f* échappatoire; **~maˌnöver** *n* manœuvre *f* pour éviter qn., qc.; **~ˌmöglichkeit** *f* possibilité *f*, moyen *m* d'éviter qn., qc.; **~ˌstelle** *f* lieu *m*, endroit *m* de croisement; *in e-m Kanal* gare *f*; **~ˌstoff** *m phys., chim.* matière *f* de remplacement.

aus|weiden [ˈaʊsˌvaɪdən] **I** *v/t.* ⟨-ete, *sép.*, -ge-, h⟩ *ch.* vider; étriper; **II Ձˌweiden** *n* vidage *m*; étripage *m*; **~ˌweinen I** *v/t.* ⟨*sép.*, -ge-, h⟩ *st. s.* **s-n Kummer, Schmerz ~** pleurer pour se soulager de son chagrin, de sa douleur; **II** *v/i.* finir de pleurer; **III** *v/réfl.* **sich ~, sich die Augen ~** pleurer toutes les larmes de son corps; pleurer à fendre l'âme; **sich an j-s Brust ~** pleurer tout son content dans les bras de qn.

Ausweis [ˈaʊsvaɪs] *m* ⟨~es; ~e⟩ **1.** carte *f* (d'identité, d'étudiant, de mutilé, de presse, *etc.*); **s-n ~ vorzeigen** montrer sa carte; **2.** (*Bank*Ձ) situation *f*; **3.** *adm.* **nach ~** (**von** *od. gén.*) selon; d'après; **Ձen I** *v/t.* ⟨*irr., sép.*, -ge-, h⟩ **1.** *aus e-m Land* expulser; **2.** *comm. etwa* démontrer; **die im Etat ausgewiesenen Beträge** les sommes inscrites au budget; **3.** *fig.* montrer; **sein letzter Film weist ihn als hervorragenden Regisseur aus** son dernier film le montre comme un metteur en scène excellent; **II** *v/réfl.* **a) sich ~** justifier (de) son identité, (de) sa qualité; montrer sa carte, ses papiers; **sich vor der Polizei nicht ~ können** ne pas pouvoir justifier (de) son identité à la police; **sich mit s-m Personalausweis ~** justifier (de) son identité avec sa carte d'identité; **b)** *fig.* **sich als Fachmann** *etc.* **~** se montrer expert, *etc.*; s'avérer être expert, *etc.*; **~ˌhülle** *f* porte-cartes *m*; protège-cartes *m*; **~ˌkarte** *f* carte *f* d'identité, d'étudiant, *etc.*; **~konˌtrolle** *f* contrôle *m* des cartes, des papiers; **Ձlich** *prép.* ⟨*gén.*⟩ *adm.* selon; d'après; **~paˌpiere** *n/pl.* papiers *m/pl.* d'identité; **~ung** *f aus e-m Land* expulsion *f*; **~ungsbeˌfehl** *m* ordre *m* d'expulsion.

ausweit|en [ˈaʊsˌvaɪtən] **I** *v/t.* ⟨-ete, *sép.*, -ge-, h⟩ **1.** *Pullover etc.* élargir; agrandir; **2.** *Produktion, Umsatz* agrandir; développer; *Handel* développer; *Beziehungen* étendre; développer; **II** *v/réfl.* **sich ~ 3.** *Pullover etc.* s'élargir; s'agrandir; *Gummiband* se détendre; **4.** *Hochdruckgebiet, Ebene etc.* s'élargir; **sich zu etw. ~** se développer en qc.; **der Zwischenfall weitet sich zu e-r Krise aus** l'incident se développe en une crise; **III Ձen** *n e-s Pullovers etc.* élargissement *m*; agrandissement *m*; **Ձung** *f* ⟨~; ~en⟩ *des Handels etc.* développement *m* (**zu** en); agrandissement *m*; extension *f*.

auswendig [ˈaʊsˌvɛndɪç] *adv.* par cœur; de mémoire; **etw. ~ lernen, hersagen** apprendre, réciter qc. par cœur; **ein Gedicht, ein Lied ~ können** savoir une poésie, une chanson par cœur; **e-e Sonate ~ spielen** jouer une sonate de mémoire; **in- und ~ kennen** connaître comme sa poche; *e-e Gegend etc.* connaître dans tous les coins et recoins; **Ձˌlernen** *n* par-cœur *m*.

auswerf|en [ˈaʊsˌvɛrfən] **I** *v/t.* ⟨*irr., sép.*, -ge-, h⟩ **1.** *Netz, Anker* jeter; *Angel* lancer; *fig.* **e-n Köder nach j-m ~** appâter qn.; **2.** *Lava, Muscheln etc.* rejeter; *techn.* éjecter; rejeter; *Patronenhülse* éjecter; *méd. Schleim etc.* cracher; expectorer; **3.** *Graben etc.* creuser; *Erde, Sand* rejeter; **4.** *Summen, Prämien etc. cf.* **ausschütten** 2.; *für bestimmte Zwecke* affecter (für à); **5.** *comm. Posten im Rechnungsbuch* émarger; **II Ձen** *n der Angel* lancement *m*; *techn., von Patronenhülsen etc.* éjection *f*; *méd. von Schleim etc.* crachement *m*; expectoration *f*; *e-s Grabens etc.* creusement *od.* creusage *m*; *von Summen für bestimmte Zwecke* affectation *f* (für à); *comm. e-s Postens im Rechnungsbuch* émargement *m*; *sonst verbal*; **Ձer** *m* ⟨~s; ~⟩ *techn., von Patronenhülsen* éjecteur *m*.

aus|werten [ˈaʊsˌveːrtən] *v/t.* ⟨-ete, *sép.*, -ge-, h⟩ *Ergebnisse, Beobachtungen etc.* utiliser; exploiter; tirer profit de; *Erfindung* exploiter; **e-e Statistik für e-e wissenschaftliche Arbeit ~** utiliser, exploiter une statistique pour un travail scientifique; **Ձˌwertung** *f* utilisation *f*; exploitation *f*; **~ˌwetzen** *v/t.* ⟨-(es)t, *sép.*, -ge-, h⟩ **e-e Scharte ~** réparer, F rattraper une faute, un échec; se rattraper; **~ˌwickeln** *v/t.* ⟨-(e)le, *sép.*, -ge-, h⟩ **etw. ~** défaire, enlever le papier qui enveloppe qc.; **~ˌwiegen I** *v/t.* ⟨*irr., sép.*, -ge-, h⟩ *comm.* peser (exactement); *cf. auch* **ausgewogen; II Ձˌwiegen** *n* pesée *f*; pesage *m*; **~ˌwinden** *v/t.* ⟨*irr., sép.*, -ge-, h⟩ *cf.* **~wringen; ~ˌwintern** *v/i.* ⟨-(e)re, *sép.*, -ge-, sein⟩ **die Saat ist ausgewintert** les graines ont gelé pendant l'hiver; **Ձˌwinteˌrung** *f* ⟨~⟩ *verbal*; **~ˌwirken** *v/réfl.* ⟨*sép.*, -ge-, h⟩ **sich ~** avoir des conséquences; **sich positiv, negativ ~** avoir des conséquences positives, négatives; se répercuter positivement, négativement; **sich nachteilig ~** avoir des conséquences, des effets, des répercussions néfastes; entraîner des inconvénients; **sich unmittelbar auf etw. ~** avoir des conséquences directes sur qc.; **Ձˌwirkung** *f* conséquence *f*; effet *m*; répercussion *f*; incidence *f*; **die ~en der Atomversuche auf die Menschen** les conséquences des essais atomiques pour les hommes; **~ˌwischen I** *v/t.* ⟨*sép.*, -ge-, h⟩ **1.** *Geschriebenes* effacer; **2.** *Gläser etc.* essuyer; *Staub etc.* enlever; **sich die Augen ~** se frotter les yeux; **3.** *fig.* **j-m eins ~** jouer un (vilain) tour à qn.; **II Ձˌwischen** *n von Geschriebenem* effacement *m*; *von Gläsern etc.* essuyage *m*; *sonst verbal*; **~ˌwittern I** *v/t.* ⟨-(e)re, *sép.*, -ge-, h⟩ *géol.* désagréger; **II** *v/i.* ⟨sein⟩ se désagréger; **ՁˌwitteˌrungF** *f* désagrégation *f*; **~ˌwringen** *v/t.* ⟨*irr., sép.*, -ge-, h⟩ *Wäsche* tordre.

Auswuchs [ˈaʊsvuːks] *m* **1.** *méd., bot.* excroissance *f*; **2.** *fig.* excès *m/pl.*; **Auswüchse der Phantasie** excès de l'imagination.

Auswurf [ˈaʊsvʊrf] *m* **1.** *méd.* crachat *m*; expectoration *f*; **2.** *fig. u. péj.* rebut *m*; lie *f*; racaille *f* (*abs.*); **~(ˌvorrichtung)** *m(f) techn.* dispositif *m* d'éjection; éjecteur *m*.

aus|würfeln [ˈaʊsˌvʏrfəln] *v/t.* ⟨-(e)le, *sép.*, -ge-, h⟩ *cf.* **ausknobeln** 1.; **~ˌwüten** *v/réfl.* ⟨-ete, *sép.*, -ge-, h⟩ *cf.* **austoben** II a); **~ˌzacken** *v/t.* ⟨*sép.*, -ge-, h⟩ denteler (*auch cout.*); **ausgezackter Rand** bord dentelé; **~ˌzahlen I** *v/t.* ⟨*sép.*, -ge-, h⟩ **1.** *Gehalt, Erbteil etc.* payer; *Rente, Versicherungssumme etc. meist* verser; **sich etw. ~ lassen** se faire payer, verser qc.; **etw. ausgezahlt bekommen** recevoir qc.; **2. j-n ~** payer, régler qn.; **e-n Erben ~** payer un héritier; **II** *v/réfl. fig. u.* F **sich ~** en valoir la peine; **das zahlt sich nicht aus** cela n'en vaut pas la peine; le jeu n'en vaut pas la chandelle; **III Ձˌzahlen** *n* paiement *od.* payement *m*; versement *m*; **~ˌzählen I** *v/t.* ⟨*sép.*, -ge-, h⟩ **1.** faire le compte de; compter; dénombrer; *Wahl* **die Stimmen ~** dépouiller le scrutin; **2.** *Boxsport* compter out [awt]; **II Ձˌzählen** *n* (dé)compte *m*; dénombrement *m*; *der Stimmen* dépouillement *m*; *sonst verbal*; **Ձˌzahlung** *f cf.* Ձzahlen; **Ձˌzählung** *f cf.* Ձzählen.

Auszahlungs|anweisung [ˈaʊsˌtsaːlʊŋsˌʔanvaɪzʊŋ] *f* mandat *m* de paiement; **~ˌdatum** *n* date *f* de paiement, de versement; **~ˌschalter** *m* guichet *m* de paiement; **~ˌschein** *m* avis *m* de paiement; **~ˌstelle** *f* bureau *m* de paiement.

aus|zanken [ˈaʊsˌtsaŋkən] *v/t.* ⟨*sép.*, -ge-, h⟩ *cf.* **ausschelten; ~ˌzehren** *v/t.* ⟨*sép.*, -ge-, h⟩ *st. s. Person* consumer; **Ձˌzehrung** *f* ⟨~⟩ *cf.* **Schwindsucht.**

auszeichn|en [ˈaʊsˌtsaɪçnən] **I** *v/t.* ⟨-ete, *sép.*, -ge-, h⟩ **1. a) j-n ~** accorder une distinction à qn.; *mit Orden* décorer qn. (de); médailler qn.; **e-n Film ~** distinguer un film; **der Film wurde mit dem Oscar ausgezeichnet** l'Oscar a été décerné au film; le film a reçu l'Oscar; **j-n mit dem (Orden) Pour le mérite ~** décorer qn. de l'ordre, décerner à qn. l'ordre Pour le Mérite; **j-s Leistungen mit e-m Preis ~** décerner un prix à qn. pour ses travaux, ses exploits, ses performances; **b) etw. zeichnet j-n, etw. aus** qn., qc. se distingue par qc.; **2.** *Waren* marquer d'un prix; **3.** *impr.* faire ressortir, mettre en évidence (par une écriture différente); **II** *v/réfl.* **sich ~** se distinguer (**durch** par, **unter** parmi); **sich durch s-e Geschicklichkeit** *etc.* **~** se distinguer par son habileté, *etc.*; *cf. auch* **ausgezeichnet**; **2ung** *f* **1.** *mit e-m Orden etc.* décoration *f* (mit avec); **j-n zur ~ vorschlagen** proposer qn. pour être décoré, pour une décoration; **2.** (*Orden, Titel etc.*) distinction *f*; (*Orden*) *auch* décoration *f*; **e-e hohe militärische ~** une 'haute distinction militaire; **e-e ~ verdienen** mériter une distinction; **das war für ihn e-e besondere ~** ce fut pour lui une distinction particulière; **3.** *Prüfung* **mit ~** *etwa* avec mention «très bien»; **4.** *comm., impr. verbal*; **2ungs-schrift** *f impr.* écriture *f* qui diffère de l'écriture ordinaire du texte.

auszieh|bar ['aʊstsiːˌbaːr] *adj. Tisch* à rallonges; *Antenne etc.* télescopique; **~en I** *v/t.* ⟨*irr., sép.,* **-ge-, h**⟩ **1.** *Kleidung* enlever; retirer; ôter; *Person* déshabiller; dévêtir; **j-m die Schuhe ~** *auch* déchausser qn.; **die Handschuhe ~** *auch* se déganter; *fig.* **die Kinderschuhe ausgezogen haben** être sorti de l'enfance; *fig. u.* F **j-n bis aufs Hemd ~** mettre qn. sur la paille; dépouiller qn. complètement; **2. a)** *Haar, Zahn, Dorn etc.* arracher; *Zahn auch* extraire; **b)** *Textstellen cf.* **exzerpieren**; **c)** *chim.* extraire; **3.** *métall.* étirer (*auch Kuchenteig*); étendre; *Antenne etc.* sortir; *Tisch* mettre les rallonges à; rallonger; **4. a)** *peint.* **mit Tusche ~** passer à l'encre de Chine; **b) ausgezogene Linien, Kurven** lignes, courbes continues; **II** *v/i.* ⟨**sein**⟩ **5.** *in die Fremde etc.* partir (pour); **auf Abenteuer ~** partir pour l'aventure; courir l'aventure; **6. (aus e-r Wohnung) ~** déménager; **III** *v/réfl.* **7. sich ~** se déshabiller; se dévêtir; ôter ses vêtements; **sich die Schuhe ~** enlever ses chaussures; se déchausser; **sich nackt ~** se déshabiller complètement; **IV 2en** *n* **8.** *e-r Person* déshabillage *m*; *sonst verbal*; **9.** *e-s Haares etc.* arrachage *m*; *e-s Zahnes auch, chim.* extraction *f*; *sonst verbal*; **10.** *métall., des Teiges* étirage *m*; *e-s Tisches* rallongement *m*; **11.** *mit Tusche verbal*; **12.** *aus e-r Wohnung* déménagement *m*; **2ˌfeder** *f peint.* tire-ligne *m*; **2ˌgleis** *n chem.* voie *f* de tiroir; **2ˌleiter** *f* échelle coulissante; **2ˌplatte** *f e-s Tisches* rallonge *f*; **2-ˌtisch** *m* table *f* à rallonges; **2ˌtusche** *f* encre *f* de Chine.

aus|zirkeln ['aʊsˌtsɪrkəln] *v/t.* ⟨-(e)le, *sép.,* **-ge-, h**⟩ *fig.* mesurer au cordeau; **~ˌzischen** *v/t.* ⟨*sép.,* **-ge-, h**⟩ siffler; 'huer; conspuer.

Auszug ['aʊstsuːk] *m* **1.** *aus e-m Buch, e-r Partitur etc.* extrait *m*; *aus e-m Konto* relevé *m*; *chim.* extrait *m*; **etw. in Auszügen gelesen haben** avoir lu des extraits de qc.; **2.** *aus e-r Wohnung* déménagement *m*; **beim ~** en déménageant; lors du déménagement; **3.** *in die Fremde etc.* sortie *f*; départ *m*; *bibl.* exode *m*; **~(s)ˌmehl** *n* fleur *f* de farine; **2s'weise** *adv.* par extraits; **ein Buch ~ drucken** imprimer des extraits d'un livre.

auszupfen ['aʊsˌtsʊpfən] **I** *v/t.* ⟨*sép.,* **-ge-, h**⟩ *Grashalm, Feder etc.* arracher; *Haare mit e-r Pinzette* épiler; **II 2** *n* arrachage *m*; *von Haaren mit e-r Pinzette* épilation *f*.

autark [aʊ'tark] *adj.* se suffisant à soi-même; autarcique; **2ie** [-'kiː] *f* ⟨~; -ien⟩ autarcie *f*.

authent|isch [aʊ'tɛntɪʃ] **1.** *adj.* authentique; **2.** *adv.* authentiquement; **2izi'tät** *f* ⟨~⟩ authenticité *f*.

Autis|mus [aʊ'tɪsmʊs] *m* ⟨~⟩ *psych.* autisme *m*; **2tisch** *adj.* autistique.

Auto ['aʊto·] *n* ⟨~s; ~s⟩ voiture *f*; auto *f*; F bagnole *f*; **~ fahren** faire de la voiture, de l'auto; *Fahrer* conduire; **mit dem ~ nach X fahren** prendre la voiture pour aller à *bzw.* en X; aller à *bzw.* en X en voiture; **~ˌanhänger** *m* remorque *f*; **~ˌatlas** *m* atlas [-as] routier, de l'automobiliste; **~-ˌausfahrt** *f* sortie *f* de voiture(s).

Autobahn ['aʊto·ˌbaːn] *f* autoroute *f*; **~ˌausfahrt** *f* sortie *f* d'autoroute; **~ˌbrücke** *f* pont *m* d'autoroute; **~kon-ˌtrollpunkt** *m* point *m* de contrôle de l'autoroute; **~ˌkreuzung** *f* croisement *m* d'autoroutes; **~ˌnetz** *n* réseau *m* d'autoroutes; **~ˌraststätte** *f* restoroute *m*; relais routier sur l'autoroute; **~ˌzubringer** *m* ⟨~s; ~⟩ voie *f* d'accès à l'autoroute.

Auto|besitzer ['aʊto·bəˌzɪtsər] *m* propriétaire *m* de voiture; **~biogra'phie** *f* autobiographie *f*; **2bio'graphisch** *adj.* (*u. adv.*) autobiographique(ment); **~ˌbox** *f* box *m* de garage; **~ˌbus** *m* autobus *m*; (*Reisebus*) (auto)car *m*; **~busˌhaltestelle** *f* arrêt *m* d'autobus; **~busˌlinie** *f* ligne *f* d'autobus; **~'chromverˌfahren** *n phot.* procédé *m* autochrome [-kr-].

autochthon [aʊtɔx'toːn] *adj.* autochtone [-kt-]; **2e** *m* ⟨~n; ~n⟩ autochtone [-kt-] *m*.

Auto|dafé [aʊto·da'feː] *n* ⟨~s; ~s⟩ autodafé *m*; **~di'dakt** *m* ⟨~en; ~en⟩ autodidacte *m*; **2di'daktisch** *adj.* autodidacte.

Auto|dieb ['aʊto·ˌdiːp] *m* voleur *m* de voiture(s); **~ˌdiebstahl** *m* vol *m* de voiture(s); **~ˌfähre** *f* bac *m* (à voitures); *für Eisenbahn u. Autos* ferry-boat *m*; **~ˌfahren** *n verbal*; **das ~ nicht vertragen (können)** ne pas pouvoir supporter la voiture; **~ˌfahrer** *m* automobiliste *m*; *schlechter, rücksichtsloser auch* chauffard *m*; **~ˌfahrt** *f* voyage *m*, promenade *f* en voiture; **~ˌfalle** *f* piège *m*, traquenard *m* pour voitures; **~ˌfriedhof** *m* cimetière *m* de voitures.

autogen [aʊto·'geːn] **1.** *adj.* autogène; **2.** *adv.* **~ schweißen** souder à l'autogène; **2ˌschweißbrenner** *m* chalumeau *m* autogène; **2ˌschweißen** *n* soudure *f* (à l')autogène.

Auto|gramm [aʊto·'gram] *n* ⟨~s; ~e⟩ autographe *m*; **~'grammˌjäger** *m* chasseur *m* d'autographes; **~'graph** *n* ⟨~s; ~en⟩ (lettre *f*, écrit *m*) autographe *m*; **~gra'phie** *f* ⟨~; -ien⟩ *impr.* autographie *f*; **2'graphisch** *adj.* autographique; **~ˌhändler** ['aʊ-] *m* marchand *m* de voitures, d'auto(mobile)s; **~ˌhof** ['aʊ-] *m* relais routier (avec parking, auberge et poste d'essence); **~indusˌtrie** ['aʊ-] *f* industrie *f* automobile; **~infekti'on** *f méd.* auto-infection *f*; **~intoxikati'on** *f méd.* auto-intoxication *f*; intoxication *f* endogène; **~ˌkarte** ['aʊ-] *f* carte routière; **~kata'lyse** *f chim.* autocatalyse *f*; **~'klav** *m* ⟨~s; ~en⟩ *chim.* autoclave *m*; **~koˌlonne** ['aʊ-] *f* file *f* de voitures; *milit.* convoi *m* automobile; **~'krat** *m* ⟨~en; ~en⟩ autocrate *m*; **~kra'tie** *f* ⟨~; -ien⟩ autocratie [-si] *f*; **2'kratisch** *adj.* autocratique; **~ˌmarder** ['aʊ-] F *m* voleur *m* qui force les voitures, qui pratique le vol à la roulotte; **~ˌmarke** ['aʊ-] *f* marque *f* d'automobile.

Automat [aʊto·'maːt] *m* ⟨~en; ~en⟩ automate *m*; *für Zigaretten, Lebensmittel etc.* distributeur *m* (automatique); **2enˌhaft** *adj.* d'automate; **~e Bewegungen** gestes *m/pl.* d'automate; **~enrestauˌrant** *n* restaurant *m* à distributeurs de plats; **~enˌstahl** *m techn.* acier *m* de décolletage; **~ik** *f* ⟨~⟩ *techn.* **a)** dispositif *m* automatique; **b)** fonctionnement *m* automatique; **~i'on** *f* ⟨~⟩ automation *f*; **2isch** *adj.* (*u. adv.*) automatique(ment); **~e Schußwaffe** arme à feu automatique; **~ gesteuerte Maschine** machine à commande automatique; F **der Antrag wird ~ weitergeleitet** la demande sera transmise automatiquement; **2i'sieren** *v/t.* ⟨*pas de ge-,* **h**⟩ automatiser; **~i'sierung** *f* ⟨~⟩ automatisation *f*; **~ismus** [-'tɪs-] *m* ⟨~; **-men**⟩ automatisme *m*.

Auto|mechaniker ['aʊto·me·ˌçaːni·kər] *m cf.* **Autoschlosser**; **~miˌnute** *f* **zehn ~n** dix minutes de *od.* en voiture; **~mo'bil** *n* ⟨~s; ~e⟩ automobile *f*; **~mo'bil...** *in Zssgn. cf. auch* **Auto...**; **~mo'bilˌausstellung** *f* exposition *f* automobile; salon *m* de l'automobile; **~mo'bilˌklub** *m* club *m* automobile; automobile-club *m*; **2'nom** *adj.* autonome; **~no'mie** *f* ⟨~; -ien⟩ autonomie *f*; **~no'miebeˌstrebungen** *f/pl.* aspirations *f/pl.* à l'autonomie; **~no'mist** *m* ⟨~en; ~en⟩ autonomiste *m*; **~ˌnummer** *f* numéro *m* d'immatriculation, minéralogique; **~paˌpiere** *n/pl.* papiers *m/pl.* de la voiture; **~ˌpark** *m* parc *m* automobile; **~ˌpflege** *f* entretien *m* d'une voiture *bzw.* de voitures; **~piˌlot** *m aviat.* pilote *m* automatique; **~'plastik** *f chir.* autoplastie *f*.

Autopsie [aʊtɔ'psiː] *f* ⟨~; -ien⟩ *méd.* autopsie *f*.

Autor ['aʊtɔr] *m* ⟨~s; -'toren⟩ auteur *m*.

Auto|radio ['aʊto·ˌraːdi·o·] *n* poste *m* de radio pour automobiles; autoradio *m*; **~radio'gramm** *n* ⟨~s; ~e⟩ *phys. atom.* autoradiographie *f*; **~ˌreifen** *m* pneu *m* de voiture, d'auto; **~ˌreisezug** *m chem.* train *m* autos-couchettes.

Autoren|exemplar [aʊ'toːrənˀɛksɛmˌplaːr] *n* exemplaire *m* d'auteur; **~korrekˌtur** *f impr.* correction *f* de l'auteur.

Autorennen ['aʊto·ˌrɛnən] *n* course *f* automobile, d'automobiles.

Autoren|rechte [aʊ'toːrənˌrɛçtə] *n/pl.* droits *m/pl.* d'auteur; **~verˌzeichnis** *n* index *m* des auteurs.

Autoreparatur ['aʊto·re·paraˌtuːr] *f* réparation *f* d'une voiture *bzw.* de voitures; **~ˌwerkstatt** *f* atelier *m* de réparation de voitures.

Autorin [aʊ'toːrɪn] *f* ⟨~; ~nen⟩ auteur *m*; femme auteur *f*.

Autori|sation [aʊto·ri·zatsi'oːn] *f* ⟨~; ~en⟩ autorisation *f*; **2'sieren** *v/t.* ⟨*pas de ge-,* **h**⟩ autoriser (**etw. zu tun** à faire qc.); **e-e autorisierte Übersetzung** une traduction autorisée par l'auteur; **2'tär** *adj.* (*u. adv.*) autoritaire(ment);

~es Regime régime autoritaire; **~ˈtät** *f* ⟨~; ~en⟩ autorité *f* (*auch Person*); **sich ~ verschaffen** imposer son autorité; **s-e ~ verlieren** perdre son autorité; **als ~ gelten** faire autorité; **er ist e-e ~ auf diesem Gebiet** c'est une autorité dans ce domaine; **2taˈtiv** *adj.* qui fait autorité; **~ˈtätsˌanspruch** *m* revendication *f* de l'autorité; **~ˈtätsˌglaube** *m* foi *f* (aveugle) en l'autorité; **2ˈtätsˌgläubig** *adj.* qui croit (aveuglément) à l'autorité; **~ˈtätsˌmißbrauch** *m* abus *m* d'autorité; **~ˈtätsprinˌzip** *n* principe *m* de l'autorité.

Autor|korrektur [ˈaʊtɔrkɔrɛkˌtuːr] *f cf.* Autorenkorrektur; **~ˌschaft** *f* ⟨~⟩ paternité *f* littéraire; qualité *f* d'auteur.

Auto|ruf(dienst) [ˈaʊtoˑˌruːf(diːnst)] *m* (service *m* d')appel *m* de taxi(s); **~saˌlon** *m* salon *m* de l'automobile; **~ˌschlange** *f* file *f* de voitures; **~ˌschlosser** *m* mécanicien *m* de voitures; F mécano *m*; **~ˌschlüssel** *m* clef *f* de voiture; **~ˌskooter** *m* ⟨~s; ~⟩ *Kirmes* auto tamponneuse; **~ˌsport** *m* sport *m* automobile; automobilisme *m*; **~ˌstopp** *m* ⟨~s⟩ auto-stop *m*; **per ~ reisen** voyager en auto-stop; faire de l'auto-stop; **~ˌstraße** *f* route (réservée à la circulation automobile); **~ˌstunde** *f* **zwei ~n** deux heures de *od.* en voiture; **~suggestiˈon** *f psych.* autosuggestion *f*; **~ˌtelefon** *n* téléphone *m* de voiture; **~toˈmie** *f* ⟨~; -ien⟩ *zo.* autotomie *f*; **~ˌtour** *f* promenade *f* en voiture; **~transˌporter** *m* ⟨~s; ~⟩ camion transporteur de voitures; **2ˈtroph** *adj. bot.* autotrophe; **~ˌtür** *f* portière *f*; **~tyˈpie** *f* ⟨~; -ien⟩ *impr.* similigravure *f*; **~ˌunfall** *m* accident *m* de voiture, d'auto; **~vakˈzine** *f* ⟨~⟩ *méd.* autovaccin *m*; **~verˌkehr** *m* circulation *f* automobile; trafic *m* automobile; **~verˌmietung** *f* location *f* de voitures; **~verˌsicherung** *f* assurance *f* automobile; **~ˌwerkstatt** *f cf.* Autoreparaturwerkstatt; **~ˌwrack** *n* carcasse *f* d'automobile; **~ˌzubehör** *n* accessoires *m/pl.* d'automobile; **~zuˌsammenstoß** *m* collision *f* de voitures.

autsch [aʊtʃ] F *int.* aïe!; ouille!

auweh [aʊˈveː] *int. cf.* au.

Auxin [aʊˈksiːn] *n* ⟨~s; ~e⟩ *biol.* auxine *f*.

Aval [aˈval] *m, n* ⟨~s; ~e⟩ *comm.* aval *m*; **2ieren** [-ˈliː-] *v/t.* ⟨*pas de ge-*, h⟩ *comm.* avaliser; **~kreˌdit** *m* crédit *m* d'aval, de cautionnement.

Avanc|e [aˈvɑ̃ːsə] *f* ⟨~; ~n⟩ **j-m ~n machen** faire des avances à qn.; **2ieren** [-ˈsiː-] *st. s., iron. v/i.* ⟨*pas de ge-*, sein⟩ passer (zu qc.); *abs.* monter en grade; avoir de l'avancement; **zum Hauptmann ~** passer capitaine.

Avantgard|e [aˈvɑ̃ːˌgardə] *f* avant-garde *f*; **~ist** [-ˈdɪst] *m* ⟨~en; ~en⟩ avant-gardiste *m*; **2istisch** [-ˈdɪs-] *adj.* avant-gardiste.

Ave-Maria [ˈɑːveˑ maˈriːa] *n* ⟨~(s); ~(s)⟩ *relig.* Ave Maria *m*.

Aventurin [avɛntuˑˈriːn] *m* ⟨~s⟩ *minéral.* aventurine *f*.

Avers [aˈvɛrs] *m* ⟨~es; ~e⟩ *e-r Münze* avers *m*.

Aversion [avɛrziˑˈoːn] *f* ⟨~; ~en⟩ aversion *f*.

Avis [aˈviː(s)] *m, n* ⟨~es; ~e⟩ *comm.* lettre *f* d'avis; **2ieren** [-ˈziː-] *v/t.* ⟨*pas de ge-*, h⟩ *comm.* donner avis (de qc.); aviser (qn. de qc.).

Avitaminose [aviˑtamiˑˈnoːzə] *f* ⟨~; ~n⟩ *méd.* avitaminose *f*.

avivieren [aviˑˈviːrən] **I** *v/t.* ⟨*pas de ge-*, h⟩ *text.* aviver; **II 2** *n* ⟨~s⟩ avivage *m*.

Avocato [avoˑˈkɑːtoˑ] *m* ⟨~s⟩ *bot.* avocatier *m*; **~ˌbirne** *f* (poire *f* d')avocat *m*.

Awar|en [aˈvɑːrən] *m/pl. Volk* Avar(e)s *m/pl.*; **2isch** *adj.* avar.

axial [aksiˑˈɑːl] *adj.* axial; **2verˌschiebung** *f* déplacement axial.

axillar [aksɪˈlɑːr] *adj. bot., anat.* axillaire.

Axiom [aksiˑˈoːm] *n* ⟨~s; ~e⟩ axiome *m*; **2atisch** [-ˈmɑː-] *adj.* axiomatique.

Axolotl [aksoˑˈlɔtəl] *m* ⟨~s; ~⟩ *zo.* axolotl *m*.

Axt [akst] *f* ⟨~; ⸚e⟩ ˈhache *f* (*auch Streit2*); cognée *f*; merlin *m*; **~blatt** *n* fer *m* de la hache; **~hieb** *m* coup *m* de hache; **~stiel** *m* manche *m* de la hache.

Azalee, Azalie [atsaˈleːə, aˈtsɑːliˑə] *f* ⟨~; ~n⟩ *bot.* azalée *f*.

azeotrop [atseˑoˑˈtroːp] *adj. chim.* **~es Gemisch** (mélange *m*) azéotrope *m*.

Azet|aldehyd [aˈtseːtˀaldeˑˌhyːt] *m chim.* acétaldéhyde *m*; **~at** [-ˈtɑːt] *n* ⟨~s; ~e⟩ *chim.* acétate *m*; **~atˌseide** [-ˈtɑːt-] *f* soie *f* d'acétylcellulose; (soie *f* à l')acétate *m*; **~iˈmeter** *n* ⟨~s; ~⟩ acétimètre *od.* acétomètre *m*; **~in** [-ˈtiːn] *n* ⟨~s⟩ *chim.* acétine *f*; **~on** [-ˈtoːn] *n* ⟨~s⟩ *chim.* acétone *f*; **~onuˈrie** *f* ⟨~⟩ *méd.* acétonurie *f*; **~ylchoˈlin** *n* ⟨~s⟩ *Biochemie* acétylcholine [-kə-] *f*; **~yˈlen** *n* ⟨~s⟩ *chim.* acétylène *m*; **~yˈlenˌbrenner** *m* chalumeau *m* à l'acétylène; **~yˈlenentˌwickler** *m* ⟨~s; ~⟩ générateur *m* d'acétylène; **~yˈlenˌlampe** *f* lampe *f* à acétylène; **~yˈlenˌschweißung** *f* soudage *m* à l'acétylène; **~ylzelluˌlose** [-ˈtyːl-] *f chim.* acétylcellulose *f*.

Azid [aˈtsiːt] *n* ⟨~(e)s; ~e⟩ *Sprengstoff* azoture *m*; **~iˈtät** *f* ⟨~⟩ *chim.* acidité *f*; **~ose** [-ˈdoː-] *f* ⟨~⟩ *méd.* acidose *f*.

Azimut [atsiˑˈmuːt] *n, m* ⟨~s; ~e⟩ *astr.* azimut [-yt] *m*.

Azinfarbstoffe [aˈtsiːnˌfarpʃtɔfə] *m/pl.* colorants *m/pl.* aziniques.

Azo|benzol [ˈatsoˑbɛnˌtsoːl] *n chim.* azobenzène [-bɛ̃-] *m*; **~ˌfarbstoffe** *m/pl.* colorants *m/pl.* azoïques; **~ˌgruppe** *f* groupe *m* azoïque.

Azorenhoch [aˈtsoːrənˌhoːx] *n Meteorologie* anticyclone *m* des Açores.

Aztek|e [atsˈteːkə] *m* ⟨~n; ~n⟩ Aztèque *m*; **2isch** *adj.* aztèque.

Azur [aˈtsuːr] *m* ⟨~s⟩ *poét.* azur *m*; **2ˌblau**, *poét.* **2n** *adj.* (bleu) d'azur; *poét.* azuré.

azyklisch [ˈaˌtsyːklɪʃ, ˈaˌtsyˑ-, aˈtsyː-] *adj.* acyclique.

B

B, b [beː] *n* ⟨~; ~⟩ **1.** *Buchstabe* B, b *m*; **wer A sagt, muß auch B sagen** *cf.* A; **2.** *mus.* **a)** *Tonbezeichnung* si *m* bémol; **b)** *Erniedrigungszeichen* bémol *m*; **ein b vorsetzen** bémoliser; **3.** *bei Hausnummern* ter; 7 b 7 ter.

bä [bɛ] *int. Abscheu* pouah!

bäbä [bɛ'bɛ] *enf.* caca *m*.

Babusche [ba'bʊʃə] F *f* ⟨~; ~n⟩ chausson *m*; babouche *f*.

Baby ['beːbiˑ] *n* ⟨~s; ~s⟩ bébé *m*; poupon *m*; **~arˌtikel** *m* article *m* de bébé; **~ˌausstattung** *f* layette *f*; **~ˌjäckchen** *n* brassière *f*; **~ˌkörbchen** *n* moïse *m*.

Babylon|ier(in) [babyˑ'loːniˑər(ɪn)] *m* ⟨~s; ~⟩ (*f*) ⟨~; ~nen⟩ Babylonien, -nne *m, f*; **ℒisch** *adj.* babylonien, -nne; **ℒe Gefangenschaft** captivité *f* des Juifs à Babylone.

Baby|mützchen ['beːbiˑˌmʏtsçən] *n* ⟨~s; ~⟩ bonnet *m*; béguin *m*; **~ˌsitter** *m* ⟨~s; ~⟩ baby sitter *m*; **~ˌwäsche** *f* layette *f*.

Bacchanal [baxa'naːl] *n* ⟨~s; ~e *od.* ~ien⟩ **1.** *hist.* Bacchanales [-ka-] *f/pl.*; **2.** *st. s.* (*Trinkgelage*) bacchanale [-ka-] *f*.

Bacchant [ba'xant] *m* ⟨~en; ~en⟩ *fig. u. st. s.* participant *m* à une bacchanale; **~in** *f* ⟨~; ~nen⟩ *hist.* bacchante *f*; **ℒisch** *adj. st. s.* (*ausgelassen*) bachique; effréné; échevelé.

bacchisch ['baxɪʃ] *adj.* bachique.

Bach [bax] *m* ⟨~(e)s; ⸗e⟩ ruisseau *m*; **~bett** *n* lit *m* d'un ruisseau.

Bache ['baxə] *f* ⟨~; ~n⟩ *zo.* (*Wildsau*) laie *f*.

Bachforelle ['baxfoˑˌrɛlə] *f zo.* truite *f* de rivière; truite commune.

Bächlein ['bɛçlaɪn] *n* ⟨~s; ~⟩ ru *m*; ruisselet *m*; petit ruisseau; *enf.* **ein ~ machen** faire pipi.

Bachstelze ['baxˌʃtɛltsə] *f* ⟨~; ~n⟩ *zo.* bergeronnette *f*; 'hochequeue *m*; lavandière *f*.

Backbord ['bakbɔrt] *n* ⟨~(e)s; ~e⟩ *mar.* bâbord *m*; **~laˌterne** *f mar.* feu *m* rouge de bâbord; **~ˌwache** *f* homme *m* de quart de bâbord; bâbordais *m*.

Backe ['bakə] *f* ⟨~; ~n⟩ **1.** joue *f* (*auch am Lehnstuhl*); **e-e dicke ~ haben** avoir la joue enflée; *fig. u.* F **au ~!** *cf.* au; **2.** *techn. e-r Bremse, am Schraubstock etc.* mâchoire *f*.

backen ['bakən] **I** *v/t.* ⟨**backt** *od.* **bäckt, backte** *od.* **buk, gebacken, h**⟩ **1.** *cuis.* (faire) cuire (au four); *Brot, Kuchen* faire cuire; **frisch gebackenes Brot** du pain frais; **2.** *Ziegelsteine* cuire; **II** *v/i.* **3.** *cuis. im Backofen* cuire; **4.** ⟨**backt, backte, gebackt, h**⟩ *Schnee, Kohle* s'agglutiner; s'agglomérer; *techn.* fritter; **III ℒ** *n* ⟨~s⟩ **5.** *cuis.* cuisson *f*; **6.** *von Ziegelsteinen* cuite *f*.

Backen|bart ['bakənˌbaːrt] *m* favoris *m/pl.*; pattes *f/pl.* de lapin; **~ˌbrecher** *m techn.* concasseur *m* à mâchoires; **~ˌbremse** *f techn.* frein *m* à mâchoires; **~ˌknochen** *m anat.* os *m* de la pommette; os *m* malaire; **~ˌmuskeln** *m/pl.* muscles *m/pl.* de la joue; **~ˌstreich** *m cf.* Backpfeife; **~ˌtasche** *f zo.* abajoue *f*; **~ˌzahn** *m* molaire *f*; F grosse dent.

Bäcker ['bɛkər] *m* ⟨~s; ~⟩ boulanger *m*; (*Feinℒ*) pâtissier *m*; **~ˌbursche** *m cf.* **~geselle**; **~ei** [-'raɪ] *f* ⟨~; ~en⟩ boulangerie *f*; (*Feinℒ*) pâtisserie *f*; **~geˌselle** *m* garçon *m* boulanger; mitron *m*; **~ˌhandwerk** *n* métier *m* de boulanger; F boulange *f*; **~ˌinnung** *f* corporation *f* des boulangers; **~ˌjunge** *m cf.* **~lehrling**; **~ˌladen** *m cf.* **~ei**; **~ˌlehrling** *m* apprenti-boulanger *m*; **~ˌmeister** *m* (maître *m*) boulanger *m*; **~sˌfrau** *f* boulangère *f*.

Back|fett ['bakfɛt] *n* graisse *f* de cuisine; **~fisch** *m fig.* jeune fille; *iron.* jouvencelle *f*; **~fischˌalter** *n* âge ingrat; **~form** *f* moule *m* à pâtisserie; forme *f*; *für Tortenböden* tourtière *f*; **~ˌhähnchen** *n cuis.* poulet rôti, grillé; **~ˌhefe** *f* levure *f* de boulanger; **~ˌhitze** *f* chaleur *f* du four; **~obst** *n* fruits séchés, tapés; **~ˌofen** *m* four *m*; *fig.* fournaise *f*; **~ˌpfeife** *f* gifle *f*; claque *f*; soufflet *m*; F baffe *f*; tarte *f*; **~pfeifengesicht** F *n* tête *f* à claques; **~ˌpflaume** *f* pruneau *m*; **~ˌpulver** *n* levure *f* en poudre *od.* chimique; **ein Päckchen ~** un paquet de levure; **~reˌzept** *n* recette *f* de pâtisserie; **~ˌröhre** *f* four *m*; **~ˌschieber** *m* pelle *f* à enfourner; **~ˌschüssel** *f* banneton *m*; **~stein** *m bât.* brique *f*; **~steinˌbau** *m* ⟨~(e)s; ~ten⟩ construction *f* en briques; **~steinˌgotik** *f* architecture *f* gothique de briques; **~steinˌmauerˌwerk** *n* maçonnerie *f* en briques; **~steinˌpflaster** *n* pavé *m* de briques; **~ˌstube** *f* fournil *m*; **~trog** *m* pétrin *m*; **~ˌwaren** *f/pl.*, **~werk** *n* biscuits *m/pl.*; *feine(s)* pâtisserie *f*.

Bad [baːt] *n* ⟨~(e)s; ⸗er⟩ **1.** bain *m*; **türkisches ~** bains turcs; **ein ~ nehmen** prendre un bain; *fig.* **das Kind mit dem ~ ausschütten** jeter le bon avec le mauvais; **2.** (*Badezimmer*) salle *f* de bain; **3.** (*Badeort*) (ville *f* d')eaux *f/pl.*; station thermale, *an der See* balnéaire; *früher* **ins ~ reisen** aller faire une saison, une cure; aller aux eaux; **~eˌanstalt** *f* établissement *m* de bains; (*Schwimmbad*) piscine *f*; **~eˌanzug** *m* maillot *m* de bain; **zweiteiliger ~** maillot *m* deux-pièces; **~eˌarzt** *m* médecin *m* curiste; **~ebeˌtrieb** *m* activité *f* balnéaire; **~eˌfrau** *f* femme *f* qui prépare les bains; **~eˌgast** *m* baigneur, -euse *m, f*; **~egeˌlegenheit** *f* possibilité *f* de se baigner; **~eˌhandtuch** *n cf.* Badetuch; **~eˌhose** *f* caleçon *m*, slip *m* de bain; **~ekaˌbine** *f* cabine *f* de bain; **~eˌkappe** *f* bonnet *m* de bain; **~eˌkur** *f* cure *f* balnéothérapique; **~eˌmantel** *m* peignoir *m* (de bain); **~eˌmatte** *f* tapis *m* de bain; **~eˌmeister** *m* maître-nageur *m*; **~eˌmütze** *f cf.* **~ekappe**; **ℒen I** *v/t.* ⟨-ete, h⟩ *Kind, Hund* baigner; faire prendre un bain; **II** *v/i. u. v/réfl.* se baigner; *in e-r Wanne* prendre un bain; **~ gehen** aller à la piscine, se baigner; *fig. u.* F *von Personen* subir un échec; *fig.* **in Schweiß gebadet** en nage; trempé de sueur; **III ~en** *n* ⟨~s⟩ baignade *f*; bain *m*; **~ verboten** défense de se baigner; **~ende(r)** *f* (*m*) ⟨→ A⟩ baigneur, -euse *m, f*.

Baden|er(in), Baden|ser(in) ['baːdənər(ɪn), ba'dɛnzər(ɪn)] *m* ⟨~s; ~⟩ (*f*) ⟨~; ~nen⟩ Badois(e) *m*(*f*); **ℒsisch** [-'dɛn-] *adj.* badois.

Bade|ofen ['baːdəˌˀoːfən] *m* chauffe-bain *m*; chauffe-eau *m*; **~ˌordnung** *f* règlement *m* pour bains (publics) *bzw.* la piscine; **~ˌort** *m* station *f* balnéaire; **~ˌplatz** *m* endroit *m* pour se baigner; baignade *f*.

Bader ['baːdər] *m* ⟨~s; ~⟩ *hist.* (*Barbier u. Wundarzt*) barbier(-chirurgien) *m*.

Bäderkunde ['bɛːdərˌkʊndə] *f* balnéologie *f*.

Bade|sachen ['baːdəˌzaxən] *f/pl.* affaires *f/pl.* de bain; **~saiˌson** *f* saison *f* des bains; **~ˌsalz** *n* sels *m/pl.* de bain; **~ˌschuh** *m* soulier *m* de bain; **~ˌstrand** *m* plage *f*; **~ˌstube** *f cf.* **~zimmer**; **~ˌtuch** *n* serviette *f* de bain; **~verˌwaltung** *f* administration thermale; **~ˌwanne** *f* baignoire *f*; **~ˌwasser** *n* eau *f* du bain; **~ˌzeit** *f im Schwimmbad* durée *f* du bain; *im Kurort* heure *f* du bain, des bains; **~ˌzeug** *n* F *cf.* **~sachen**; **~ˌzimmer** *n* salle *f* de bain.

badisch ['baːdɪʃ] *adj.* badois.

Badminton ['bɛtmɪntən] *n* ⟨~⟩ (*Federballspiel*) badminton [-mintɔn] *m*.

baff [baf] *adj.* F **~ sein** être pantois, F baba, soufflé, époustouflé, sidéré, estomaqué; avoir les bras coupés.

Bagage [ba'gaːʒə] *f* ⟨~⟩ F (*Gesindel*) racaille *f*; canaille *f*; **freche ~** tas *m* de canailles.

Bagatell|e [baga'tɛlə] *f* ⟨~; ~n⟩ bagatelle *f*; vétille *f*; futilité *f*; broutille *f*; **ℒi'sieren** *v/t.* ⟨*pas de ge-*, h⟩ minimiser; **~ˌsache** *f jur.* affaire *f* de peu d'importance; **~ˌschaden** *m* dommage insignifiant, de peu d'importance.

Bagger ['bagər] *m* ⟨~s; ~⟩ excavatrice *f*; *großer* excavateur *m*; (*Schwimmℒ*) dragueˌ*f*; ~ˌ**eimer** *m* godet *m* (d'excavateur, de drague); ~ˌ**führer** *m* conducteur *m* d'une excavatrice, *etc.*; ~ˌ**greifer** *m* benne preneuse; ~ˌ**löffel** *m* godet *m* (d'excavatrice); 2**n I** *v/t. u. v/i.* ⟨-(e)re, h⟩ excaver; *mar.* draguer; **II** ~**n** *n* ⟨~**s**⟩ excavation *f*; *mar.* dragage *m*; ~ˌ**schiff** *n* drague *f*.

Bagno [ˈbanjoˑ] *n* ⟨~**s**; ~**s** *od.* -gni⟩ bagne *m*.

bah [bɑː] *int.* bah!; peuh!; pouh!

bähen [ˈbɛːən] F **I** *v/i.* ⟨h⟩ *Schaf* bêler; **II** 2 *n* ⟨~**s**⟩ bêlement *m*.

Bahn [bɑːn] *f* ⟨~; ~**en**⟩ **1. a)** (*Eisenbahn*) chemin *m* de fer; train *m*; mit **der** ~ **fahren** prendre le train; voyager par le train; **per** ~ **schicken** expédier par chemin de fer; **b)** (*Eisenbahnlinie*) voie ferrée; ligne *f* (de chemin de fer); **c)** F (*Bahnhof*) gare *f*; **zur** ~ **gehen** aller à la gare; **j-n von der** ~ **abholen** aller chercher qn. à la gare; **2.** *Sport* piste *f*; parcours *m*; *e-s Geschosses* trajectoire *f*; *astr., phys. atom.* orbite *f*; *fig.* chemin *m*; voie *f*; **freie** ~ **haben** avoir le champ libre; **sich** ~ **brechen** se faire jour; percer; **aus der** ~ **geworfen werden** avoir son existence bouleversée; **auf die schiefe** ~ **geraten** glisser sur une mauvaise pente; **etw. wieder in die richtige** ~ **lenken** remettre qc. en bonne voie; **3.** (*Stoffbreite*) lé *m*; laize *od.* laise *f*; *cout. e-s Kleides etc.* panneau *m*; ~ˌ**anlagen** *f/pl. chem.* installations *f/pl.* ferroviaires, de chemin de fer; ~ˌ**anschluß** *m* raccordement *m*, embranchement *m*, jonction *f* à la voie ferrée; ~ˌ**arbeiter** *m* cheminot *m*; ouvrier *m* des chemins de fer; ~**beˌamte(r)** *m* agent *m* des chemins de fer; ~**beˌhälter** *m* container [kõtenɛːr] *m*; ~**beˌtrieb** *m* exploitation *f* ferroviaire; 2ˌ**brechend** *adjt.* qui ouvre, fraye de nouvelles voies; qui ouvre des horizons; ~ˌ**brecher** *m* pionnier *m*; défricheur *m*; *par ext.* protagoniste *m*; innovateur *m*; ~**bus** *m* autocar *m* des chemins de fer; ~**damm** *m* remblai *m*; ~ˌ**drehimˌpuls** *m phys. atom.* impulsion *f* orbitale; ~**eˌlektron** *n phys. atom.* électron *m* satellite; 2**en I** *v/t.* ⟨h⟩ *Weg* frayer; percer; ouvrir; tracer; **II** *v/réfl.* **sich e-n Weg durchs Gedränge** ~ se frayer un chemin à travers la foule; fendre la foule; ~ˌ**fahrer** *m Sport* coureur *m* sur piste; ~**fahrt** *f* voyage *m* (en chemin de fer); ~**geˌlände** *n chem.* emprises *f/pl.* de la voie; ~**g(eˌ)leis** *n* voie *f*; rails *m/pl.*; ~**hof** *m* gare *f*; station *f*; ~**hofsˌbuchhandlung** *f* librairie *f* de gare; ~**hofsˌgaststätte** *f* buffet *m*, restaurant *m* de la gare; ~**hofsgeˌbäude** *n* bâtiment *m* de la gare; ~**hofsˌhalle** *f* **a)** der Zug fährt **in die** ~ **ein** le train entre en gare; **b)** *cf.* ~hofsvorhalle; ~**hofsmissiˌon** *f* centre *m* d'accueil de la gare; ~**hofsˌuhr** *f* horloge *f* de gare; ~**hofsˌvorhalle** *f* 'hall *m* de la gare; salle *f* des pas perdus; ~**hofsˌvorplatz** *m* place *f* de la gare; ~**hofsˌvorsteher** *m* ⟨~**s**; ~⟩ chef *m* de gare; ~**hofsˌwirtschaft** *f cf.* ~hofsgaststätte; ~**kiloˌmeter** *m* kilomètre *m* par voie ferrée; ~ˌ**knotenˌpunkt** *m* nœud *m* ferroviaire; ~ˌ**körper** *m* terrassement *m*, terre-plein *m*, assiette *f* de la voie; 2ˌ**lagernd** *adjt.* en (dépôt à la) gare; gare restante; ~ˌ**linie** *f* ligne *f* de chemin de fer; voie ferrée; ~ˌ**meister** *m chem.* chef *m* de section; ~**meisteˌrei** *f* ⟨~; ~**en**⟩ district *m*; ~**netz** *n cf.* Eisenbahnnetz; ~**poliˌzei** *f* police *f* des chemins de fer; ~**post** *f* poste ambulante; ~ˌ**postwagen** *m* wagon-poste *m*; ~ˌ**räumer** *m* ⟨~**s**; ~⟩ *an Lokomotiven* chasse-pierres *m*; ~ˌ**rennen** *n Sport* course *f* sur piste; ~ˌ**schranke** *f* barrière *f* (du passage à niveau); ~**statiˌon** *f* station *f* (de chemin de fer); ~**steig** *m* quai *m*; ~**steigˌkante** *f* bord *m* du quai; ~**steigˌkarte** *f* ticket *m*, billet *m* de quai; ~**steigˌsperre** *f* barrière *f* d'accès aux quais; contrôle *m* des billets; ~ˌ**strecke** *f cf.* ~linie; ~**taˌrif** *m* tarif *m* ferroviaire, de chemin de fer; ~**überˌführung** *f* passage supérieur; ~ˌ**übergang** *m schienengleicher* passage *m* à niveau; ~**unterˌführung** *f* passage inférieur; ~**verˌbindung** *f* communication *f* ferroviaire; ~**verˌkehr** *m* trafic *m* ferroviaire; ~ˌ**wärter** *m* garde-voie *m*; (*Schrankenwärter*) garde-barrière *m*; ~**wärterhäuschen** *n* maison *f* de garde-barrière.

Bahr|e [ˈbɑːrə] *f* ⟨~; ~**n**⟩ civière *f*; *für Kranke auch* brancard *m*; *st. s.* **von der Wiege bis zur** ~ du berceau jusqu'à la tombe; ~**tuch** *n* drap *m* mortuaire, funéraire; poêle [pwɑl] *m*.

Baiser [bɛˈzeː] *n* ⟨~**s**; ~**s**⟩ *Zuckergebäck* meringue *f*.

Baisse [ˈbɛːsə] *f* ⟨~; ~**n**⟩ *comm.* baisse *f*; **auf** ~ **spekulieren** spéculer à la baisse; ~**spekuˌlant** *m* baissier *m*; spéculateur *m* à la baisse; ~**tenˌdenz** *f* tendance *f* à la baisse.

Bajadere [bajaˈdeːrə] *f* ⟨~; ~**n**⟩ bayadère *f*.

Bajazzo [baˈjatsoˑ] *m* ⟨~**s**; ~**s**⟩ paillasse *m*.

Bajonett [bajoˑˈnɛt] *n* ⟨~(e)s; ~**e**⟩ baïonnette *f*; **mit dem** ~ à la baïonnette; **mit aufgepflanztem** ~ baïonnette au canon; ~ˌ**angriff** *m* charge *f* à la baïonnette; ~**verˌschluß** *m techn.* verrouillage *m*, emboîtement *m*, joint *m*, fermeture *f*, monture *f* à baïonnette.

Bajuwar|e [bajuˑˈvɑːrə] *m* ⟨~**n**; ~**n**⟩ *cf.* Bayer; 2**isch** *adj. cf.* **bayrisch**.

Bake [ˈbɑːkə] *f* ⟨~; ~**n**⟩ balise *f*; **mit** ~**n bezeichnen** baliser.

Bakelit [bakeˑˈliːt, -ˈlɪt] *n* ⟨~**s**⟩ *Kunststoff* bakélite *f*.

Bakkarat [ˈbakara(t), -ˈra] *n* ⟨~**s**⟩ *Glücksspiel* baccara *m*.

Bakteri|e [bakˈteːriˑə] *f* ⟨~; ~**n**⟩ bactérie *f*; 2**enˌfrei** *adj.* sans bactéries; ~**enˌkrieg** *m* guerre *f* bactériologique; ~**enkulˌtur** *f* culture bactérienne; 2**enˌtötend** *adjt.* bactéricide; ~**oˈloge** *m* ⟨~**n**; ~**n**⟩ bactériologiste *m*; bactériologue *m*; ~**ologˈie** *f* ⟨~⟩ bactériologie *f*; 2**oˈlogisch** *adj.* bactériologique; ~**e Kriegführung** *cf.* ~enkrieg; ~**olyˈsine** *pl.* bactériolysines *f/pl.*; ~**oˈphagen** *pl. Viren* bactériophages *m/pl.*

Balalaika [balaˈlaɪka] *f* ⟨~; ~**s** *od.* -ken⟩ *mus.* balalaïka *f*.

Balan|ce [baˈlɑ̃ːs(ə), -ˈlaŋsə] *f* ⟨~; ~**n**⟩ équilibre *m*; ~ **halten** maintenir l'équilibre; **die** ~ **verlieren** perdre l'équilibre; ~**ceˌakt** *m Zirkus* numéro *m* d'équilibre; 2ˈ**cieren I** *v/t.* ⟨*pas de ge-*, h⟩ tenir en équilibre; **II** *v/i.* ⟨sein⟩ se (main)tenir en équilibre; **über etw.** ~ marcher en équilibre sur qc.; **III** ~ˈ**cieren** *n* ⟨~**s**⟩ équilibrage *m*; équilibration *f*; ~ˈ**cierˌstange** *f* balancier *m*.

Balata [ˈbalata, -ˈlɑː-] *f* ⟨~⟩ *bot., Kautschukart* balata *m*.

bald [balt] *adv.* **1.** (*in kurzer Zeit*) bientôt; prochainement; dans *od.* sous peu; ~ **darauf** bientôt, peu après; **etw.** ~ **tun** ne pas tarder à faire qc.; **er ist** ~ **sechzig Jahre alt** *auch* il approche de la soixantaine; ~ **genug** assez tôt; **(all)zu** ~ (par) trop tôt; **so** ~ de si tôt; **er wird so** ~ **nicht wiederkommen** il ne reviendra pas de si tôt *od.* de sitôt; **so** ~ **wie möglich** le plus tôt possible; au plus tôt; aussi tôt que possible; **2.** ~ ..., ~ ... tantôt ... tantôt ...; tour à tour; ~ **hier,** ~ **da** *auch* un peu partout; çà et là; par-ci, par-là; **3.** (*leicht*) **das ist** ~ **gesagt** c'est bien aisé, facile à dire; c'est bien vite dit; **4.** (*fast*) presque; **ich wäre** ~ **gefallen** *auch* j'ai failli tomber; il s'en est fallu de peu que je (ne) tombe; **ich hätte** ~ **gesagt** ... j'allais dire ...; j'étais prêt à dire, sur le point de dire ...; **ich hätte** ~ **geweint** pour un peu, j'aurais pleuré; **5.** (*schnell*) **zehn Tage gehen** ~ **vorüber** dix jours seront bien vite passés.

Baldachin [ˈbaldaxiːn] *m* ⟨~**s**; ~**e**⟩ baldaquin *m*; dais *m*.

Bälde [ˈbɛldə] *f* ⟨~⟩ **in** ~ *cf.* **bald 1.**

bald|ig [ˈbaldɪç] *adj.* prompt; prochain; proche; *pfort.* imminent; ~**e Antwort** réponse rapide; prompte réponse; **auf** ~**es Wiedersehen** à très bientôt; ~**igst** *adv.* très prochainement; ~ˈ**möglichst** *adv.* le plus tôt possible; dans le plus bref délai; au plus tôt.

Baldrian [ˈbaldriˑɑːn] *m* ⟨~**s**; ~**e**⟩ *bot.* valériane *f*; herbe *f* aux chats; ~**exˌtrakt** *m* extrait *m* de valériane; ~**geˌwächse** *n/pl. bot.* valérian(ac)ées *f/pl.*; ~ˌ**säure** *f* acide *m* valérianique; ~ˌ**tee** *m* tisane *f* de valériane; ~ˌ**tropfen** *m/pl. phm.* teinture *f* de valériane.

Balg [balk] *m* ⟨~(e)s; ~̈**e**⟩ **1.** *von Tieren* peau *f*; **2.** ⟨*pl.* ~̈**er**⟩ *péj. u.* F (*Kind*) mioche *m*; môme *m*; marmot *m*; moutard *m*; loupiot *m*; mouflet *m*; **3.** *e-r Orgel etc.* soufflet *m*; **die Bälge treten** actionner la soufflerie; 2**en I** *v/réfl.* ⟨h⟩ F **sich** ~ se battre; lutter; F se bagarrer; P se flanquer des gnons; **II** ~**en** *n* ⟨~**s**⟩ bataille *f*; lutte *f*; bagarre *f*; *od. verbal*; ~ˌ**treter** *m* ⟨~**s**; ~⟩ souffleur *m* d'orgue; ~**eˈrei** *f* ⟨~; ~**en**⟩ *cf.* ~en.

Balkan|halbinsel [ˈbalkanˌhalpˀɪnzəl, -kɑːn-] *f* péninsule *f* balkanique, des Balkans; ~**iˈsierung** *f* ⟨~⟩ *pol.* balkanisation *f*; ~ˌ**kriege** *m/pl.* campagnes *f/pl.*, guerres *f/pl.* balkaniques; ~ˌ**staaten** *m/pl.* États *m/pl.* balkaniques.

Balken [ˈbalkən] *m* ⟨~**s**; ~⟩ **1.** *charp.* poutre *f*; (*Decken*2) solive *f*; *kleiner* poutrelle *f*; soliveau *m*; traveau *m*; *fig.* **lügen, daß sich die** ~ **biegen** mentir comme un arracheur de dents; **Wasser hat keine** ~ *prov.* les ondes sont perfides; **den Splitter im fremden, den** ~ **im eigenen Auge nicht sehen** voir la paille qui est dans l'œil du prochain et ne pas voir la poutre qui est dans le sien; **2.** *e-r Waage* fléau *m*; *am Pflug* age *m*; **3.** *anat.* corps *m* calleux; **4.** *mus.* barre *f*; **5.** *Wappen* fasce *f*; ~ˌ**abstand** *m* espacement *m* des poutres, des solives; entrevous *m*; ~ˌ**anker** *m* ancre *f* de poutre(s); ~ˌ**decke** *f* plancher *m* en solives; plafond enfoncé; ~**geˌrüst** *n* chaise *f*; ~ˌ**holz** *n* bois carré en solive; bois *m* d'équarrissage; ~ˌ**kopf** *m* tête *f*, bout *m* de la poutre, de la solive; ~ˌ**träger** *m* pointal *m*; étai *m*; ~ˌ**überschrift** *f Zeitung* manchette *f*; titre *m* en gros caractères; ~ˌ**waage** *f* balance *f* à fléau; ~ˌ**werk** *n* poutrage *m*; charpente *f*; solivage *m*; solivure *f*.

Balkon [balˈkõː, -ˈkɔŋ, -ˈkoːn] *m* ⟨~**s**; ~**e** *od. bei französischer Aussprache* ~**s**⟩ **1.** balcon *m*; *thé., Kino* (premier) balcon; *thé. heute meist* corbeille *f*; fauteuils *m/pl.* de foyer; **2.** P (*Busen*) balcon *m*; avant-scène *f*; avantages *m/pl.*; ~ˌ**fenster** *n* fenêtre *f* qui donne sur le balcon; ~ˌ**tür** *f* porte-fenêtre *f*; ~ˌ**zimmer** *n* chambre *f* avec balcon.

Ball [bal] *m* ⟨~(e)s; ~̈e⟩ **1.** bal *m*; großer ~ grand bal; **auf den ~ gehen** aller au bal; **den ~ eröffnen** ouvrir le bal; **2.** *zum Spielen* balle *f*; *meist größerer* ballon *m*; **~ spielen** jouer à la balle, au ballon; **den ~ einwerfen** mettre le ballon, la balle en jeu; **den ~ schießen, treten** shooter [ʃu-] (dans le ballon, dans la balle); **am ~ bleiben** coller au ballon; *Tennis* **Bälle schlagen** faire des balles; **3.** *Billard, (Schnee2) etc.* boule *f*; ~ˌ**abend** *m* soirée dansante; ~ˌ**abgabe** *f Sport* passe *f*.

Ballade [ba'lɑːdə] *f* ⟨~; ~n⟩ ballade *f*; ~**n**ˌ**dichter** *m* auteur *m* de ballades; ~**n**ˌ**stoff** *m* sujet *m* de ballade; **2sk** [-'dɛsk] *adj.* de ballade.

Ballast ['balast, -'last] *m* ⟨~es; ~e⟩ **1.** *aviat., mar.* lest [lɛst] *m*; *mar.* (*Wasser2*) *auch* ballast *m*; **mit ~ beladen** lester; garnir de lest; **aus e-m Schiff den ~ ausladen** délester un navire; **~ abwerfen** lâcher, jeter du lest; **2.** *fig.* choses *f/pl.* inutiles; *als Gepäck* bagage *m* inutile; *von Personen* charge *f*; ~ˌ**stoffe** *m/pl. Ernährung* substances *f/pl.* de lest.

Ball|behandlung ['balbəˌhandlʊŋ] *f Sport* technique *f*, contrôle *m* du ballon; ~ˌ**eisen** *n techn.* fermoir *m*; **2en** I *v/t.* ⟨h⟩ mettre en boules; **die Fäuste ~** serrer, fermer les poings; *milit.* **geballte Ladung** charge concentrée; *fig.* **geballte Energie** *etc.* énergie, *etc.* concentrée; *cf. auch* **zusammenballen**; **II ~en** *m* ⟨~s; ~⟩ **1.** *comm.* balle *f*; ballot *m*; (*Stoff2*) pièce *f*; rouleau *m*; **2.** *anat.* (*Daumen2*) éminence *f* du pouce, thénar; (*Kleinfinger2*) éminence *f* hypothénar; *am Fuß* éminence *f* du gros orteil; *bei Tieren* sole *f*; **2en**ˌ**weise** *adv.* par balles, ballots.

Ballerina [baleˑ'riːna] *f* ⟨~; -nen⟩ ballerine *f*.

ballern ['balərn] F *v/i.* ⟨-(e)re, h⟩ tirer; *cf. auch* **losballern**.

Ballett [ba'lɛt] *n* ⟨~(e)s; ~e⟩ ballet *m*; ~ˌ**abend** *m* soirée *f* de ballet; ~**euse** [-'tøːzə] *f* ⟨~; ~n⟩ ballerine *f*; danseuse *f* (du corps de ballet); ~ˌ**kunst** *f* chorégraphie *f*; ~ˌ**meister** *m* maître *m* de ballet; ~ˌ**röckchen** *n* tutu *m*; ~ˌ**schuh** *m* chausson *m* de danse; ~ˌ**schülerin** *f* élève *f* de danse; ~ˌ**tänzer(in)** *m(f)* danseur, -euse *m, f* de ballet; ~ˌ**truppe** *f* corps *m* de ballet.

Ballist|e [ba'lɪstə] *f* ⟨~; ~n⟩ *hist.* baliste *f*; ~**ik** *f* ⟨~⟩ balistique *f*; **2isch** *adj.* balistique.

Ball|junge ['balˌjʊŋə] *m* ramasseur *m* de balles; ~**kleid** *n* robe *f* de bal; ~ˌ**königin** *f* reine *f* du bal; ~**netz** *n Tennis etc.* filet *m*.

Ballon [ba'lõː, -'lɔŋ, -'loːn] *m* ⟨~s; ~e *od. bei französischer Aussprache* ~s⟩ **1.** *aviat.* ballon *m*; aérostat *m*; **2.** *chim.* ballon *m*; matras *m*; **3.** F (*Kopf*) balle *f*; bille *f*; citron *m*; ~ˌ**aufstieg** *m* ascension *f* du *bzw.* en ballon; ~**ett** [-'nɛt] *n* ⟨~(e)s; ~e⟩ ballonnet *m*; ~ˌ**fahrt** *f* voyage *m* en ballon; ~ˌ**führer** *m* pilote *m* d'aérostat; aérostier *m*; ~ˌ**gondel** *f* nacelle *f*; ~ˌ**hülle** *f* enveloppe *f* du ballon; ~ˌ**mütze** *f* casquette *f* de jockey; *ch.* bombe *f*; ~ˌ**reifen** *m* pneu *m* ballon; ~ˌ**roller** *m* patinette *f* (à pneus gonflables); ~ˌ**stoff** *m* étoffe *f* pour ballons.

Ballot|ade [baloˑ'tɑːdə] *f* ⟨~; ~n⟩ *Reitsport* ballotade *f*; ~**age** [-'tɑːʒə] *f* ⟨~; ~n⟩ *Wahl* scrutin *m* par boules blanches et noires.

Ball|saal ['balzɑːl] *m* salle *f* de bal, de danse; ~**schuh** *m* chaussure *f* de bal; ~**spiel** *n* jeu *m* de balle, de ballon; ~ˌ**technik** *f* technique *f* du ballon, de la balle; ~**toi**ˌ**lette** *f* toilette *f* de bal.

Ballung ['balʊŋ] *f* ⟨~; ~en⟩ agglomération *f*; *von Truppen etc.* concentration *f*; ~**s**ˌ**raum** *m*, ~**s**ˌ**zentrum** *n* agglomération (industrielle).

Ballwechsel ['balˌvɛksəl] *m* échange *m* de balles.

Balneo|graphie [balneˑoˑgra'fiː] *f* ⟨~; -ien⟩ balnéographie *f*; ~**lo'gie** *f* ⟨~⟩ balnéologie *f*; ~**thera'pie** *f* balnéothérapie *f*.

Balsaholz ['balzaˌhɔlts] *n* balsa *m*.

Balsam ['balzɑːm] *m* ⟨~s; ~e⟩ baume *m*; *fig. auch* dictame *m*; ~ˌ**baum** *m bot.* balsamier *m*; baumier *m*; *sc.* balsamea *m*; ~**baumge**ˌ**wächse** *n/pl. bot.* burséracées *f/pl.*; ~ˌ**duft** *m* parfum, souffle embaumé, balsamique; **2ieren** [-'miː-] *v/t.* ⟨*pas de ge-*, h⟩ *cf.* **einbalsamieren**; ~**ine** [-'miː-] *f* ⟨~; ~n⟩ *bot.* balsamine *f*; impatiens *f*; **2isch** [-'zɑː-] *adj.* balsamique; embaumé; ~ˌ**kraut** *n bot.* balsamite *f*; ~ˌ**öl** *n* huile *f* balsamique.

Balt|e ['baltə], ~**in** *m* ⟨~n; ~n⟩, *f* ⟨~; ~nen⟩ habitant(e) *m(f)* des pays baltes; **2isch** *adj.* baltique; **das 2e Meer** la (mer) Baltique.

Balustrade [balʊs'trɑːdə] *f* ⟨~; ~n⟩ balustrade *f*; garde-corps *m*.

Balz [balts] *f* ⟨~; ~en⟩ *ch.* époque *f* de l'accouplement; pariade *f*; saison *f* des amours; **2en** *v/i.* ⟨-(es)t, h⟩ *Auerhahn, Fasan* appeler; *iron.* faire la cour; ~**zeit** *f cf.* ~.

Bambus ['bambʊs] *m* ⟨~ses; ~se⟩ *bot.* bambou *m*; ~ˌ**rohr** *n* bambou *m*; ~ˌ**stock** *m* bâton *m*, canne *f* de bambou; ~ˌ**vorhang** *m* rideau *m* de bambou.

Bammel ['baməl] *m* ⟨~s⟩ F trac *m*; frousse *f*; trouille *f*; P pétoche *f*; **~ haben** *auch* P avoir les foies, les jetons; **2n** *v/i.* ⟨-(e)le, h⟩ F (*baumeln*) pendiller.

banal [ba'nɑːl] *adj.* banal; ordinaire; plat; ~**i'sieren** *v/t.* ⟨*pas de ge-*, h⟩ banaliser; **2i'sierung** *f* ⟨~; ~en⟩ *verbal*; **2i'tät** *f* ⟨~; ~en⟩ banalité *f*; platitude *f*.

Banane [ba'nɑːnə] *f* ⟨~; ~n⟩ *bot.* banane *f*; ~**n**ˌ**baum** *m* bananier *m*; ~**n**ˌ**dampfer** *m* bananier *m*; ~**n**ˌ**pflanzung** *f* bananeraie *f*; ~**n**ˌ**schale** *f* peau *f* de banane; ~**n**ˌ**stecker** *m élect.* fiche *f* banane; ~**n**ˌ**traube** *f* régime *m* de bananes.

Banaus|e [ba'naʊzə] *m* ⟨~n; ~n⟩ *péj.* (*Mensch ohne Kultursinn*) esprit borné, étroit, terre-à-terre, F racorni; **2isch** *adj.* borné; étroit; terre-à-terre; F racorni.

Band[1] [bant] *n* ⟨~(e)s; ~̈er⟩ **1.** ruban *m*; (*Schnur*) cordon *m*; *zum Zusammenbinden* lien *m*; **das ~ der Ehrenlegion** le ruban rouge; *mar.* **das Blaue ~** le ruban bleu; **2.** *anat.* ligament *m*; bande *f*; **3.** *Architektur* bandeau *m*; cordon *m*; **4.** *Bauschlosserei* penture *f*; *der* ~*säge* ruban *m*; (~*eisen*) feuillard *m*; ruban *m* d'acier; *fig.* **außer Rand und ~ geraten** devenir fou, folle (de joie, de colère); se déchaîner (*abs.*); **5.** *rad.* bande *f*; **6.** (*Ton2*) bande *f*, ruban *m* (magnétique); **etw. auf ~ aufnehmen** enregistrer qc. sur bande (magnétique); **7.** (*Fließ2*) chaîne *f*; *fig.* **am laufenden ~** sans arrêt; sans interruption; continuellement; **8.** ⟨*pl.* ~e⟩ *st. s. pl.* ~*e der Freundschaft etc.* liens *m/pl.*

Band[2] [bant] *m* ⟨~(e)s; ~̈e⟩ volume *m*; *e-s Werkes auch* tome *m*; **Werk in zwei Bänden** œuvre en deux volumes, tomes; *fig. u.* F **über etw. Bände reden** en dire long sur qc.; **das spricht Bände** ça en dit long.

Band[3] [bɛnt] *f* ⟨~; ~s⟩ orchestre *m* de [danse.]

Bandag|e [ban'dɑːʒə] *f* ⟨~; ~n⟩ bandage *m*; **2ieren** [-'ʒiː-] *v/t.* ⟨*pas de ge-*, h⟩ bander; ~**ist** [-'ʒɪst] *m* ⟨~en; ~en⟩ bandagiste *m*.

Band|aufnahme ['bantˌʔaufnɑːmə] *f* enregistrement *m* sur bande magnétique (*auch Ergebnis*); ~ˌ**aufnahmegeˌrät** *n* magnétophone *m*; ~ˌ**breite** *f rad.* largeur *f* de bande; ~**breiten**ˌ**regelung** *f rad.* réglage *m* de la bande passante.

Bändchen ['bɛntçən] *n* ⟨~s; ~⟩ **1.** petit ruban; (*Schnur*) fil *m*; **2.** petit livre.

Bande ['bandə] *f* ⟨~; ~n⟩ **1.** *Billard* bande *f*; **auf ~ spielen** bricoler; **2.** (*Verbrecher2 etc.*) bande *f*; gang [gɑ̃g] *m*; **3.** *plais. von Kindern* bande *f*; tas *m*; F **so eine freche, unverschämte ~!** quelle bande, quel tas de voyous!; **4.** *cf.* **Band**[1] **8.**

Bandeisen ['bantˌʔaɪzən] *n techn., Verpackung* feuillard *m*; ~ˌ**straße** *f* train *m* à feuillards.

Banden|diebstahl ['bandənˌdiːpʃtɑːl] *m* brigandage *m*; ~ˌ**führer** *m* chef *m*, meneur *m* de (la) bande; ~ˌ**krieg** *m* guérilla *f*; ~ˌ**spektrum** *n phys.* spectre *m* de bande; ~ˌ**stoß** *m Billard* bricole *f*; **e-n ~ ausführen** bricoler; jouer de bricole; ~ˌ**wesen** *n* banditisme *m*.

Banderilla [bandeˑ'rɪlja] *f* ⟨~; ~s⟩ *Stierkampf* banderille *f*.

Banderole [bandə'roːlə] *f* ⟨~; ~n⟩ timbre *m* du fisc; ~**n**ˌ**steuer** *f* droit *m* de timbre.

Band|filter ['bantˌfɪltər] *m rad.* filtre *m* passe-bande; ~ˌ**flechte** *f bot.* evernia *f*; ~ˌ**förderer** *m techn.* transporteur *m* à courroie; bande transporteuse; **2**ˌ**förmig** *adj.* en forme de ruban; rubané; *bot.* ligulé; ~**gras** *n bot.* phalaris *m*; ~ˌ**haken** *m Böttcherei* traitoir *m*; chien *m* (à barrer).

bändig|en ['bɛndɪgən] *v/t.* ⟨h⟩ *Tiere, Leidenschaften etc.* dompter [dõte]; mater; *fig. auch* maîtriser; mettre un frein à; refréner *od.* réfréner; **nicht zu ~ sein** être indomptable; **2ung** *f* ⟨~⟩ domptage *m*.

Bandikut ['bandiˑkʊt] *m* ⟨~s; ~s⟩ *zo.* bandicoot [-kut] *m*; macrotis *m*.

Bandit [ban'diːt] *m* ⟨~en; ~en⟩ bandit *m*; brigand *m*; ~**en**ˌ**führer** *m* chef *m* de(s) bandits, de(s) brigands; **2en**ˌ**haft** *adj.* de bandit; ~**en**ˌ**wesen** *n* banditisme *m*.

Band|keramik ['bantkeˑˌrɑːmɪk] *f* céramique rubanée; ~**maß** *n* mètre-ruban *m*; (*Stahl2*) ruban *m* d'acier; ~ˌ**nudeln** *f/pl.* nouilles plates, en rubans; ~ˌ**nummer** *f e-s Buches* tomaison *f*; ~ˌ**säge** *f* scie *f* à ruban; ~ˌ**scheibe** *f anat.* disque intervertébral; ~**scheibenschaden** *m* déplacement *m* de(s) vertèbres; ~**scheibenvorfall** *m* déplacement *m* du nucléus [-ys] pulmosus; 'hernie discale; ~ˌ**schleifma**ˌ**schine** *f techn.* ponceuse *f* à bande; ~**stahl** *m* acier *m* feuillard; ~ˌ**walzwerk** *n* laminoir *m* à feuillards; ~ˌ**weber(in)** *m(f)* rubanier, -ière *m, f*; ~**webe**ˌ**rei** *f* rubanerie *f*; ~**werk** *n* ornement *m* en forme de ruban; ~**wurm** *m* ténia *od.* tænia *m*; ver *m* solitaire; ~**wurm**ˌ**glied** *n* anneau *m* de ténia; ~**wurm**ˌ**mittel** *n phm.* ténifuge *m*; ~**wurm**ˌ**satz** F *m* phrase *f* qui n'en finit plus; ~**zahl** *f* nombre *m* de volumes.

Bangbüxe ['baŋˌbʏksə] *f* ⟨~; ~n⟩ F (*Angsthase*) poltron *m*; poule mouillée; F froussard *m*.

bang|(e) ['baŋ(ə)] *adj*. 1. ⟨banger *od*. bänger, am bangsten *od*. bängsten⟩ peureux, -euse; craintif, -ive; inquiet, -ète; *pfort*. anxieux, -euse; angoissé; F trouillard; ~e Tage verbringen vivre des jours d'angoisse; in ~er Erwartung dans une attente inquiète; ich bin ~, mir ist ~ j'ai peur (vor de); je n'en mène pas large; nicht ~ sein *auch* n'avoir pas froid aux yeux; F être gonflé; 2. j-m *od*. j-n ~ machen faire peur à qn.; effrayer, alarmer qn.; F ~ machen gilt nicht! vaines menaces que tout cela!; ~en *st. s*. I *v/i*. ⟨h⟩ craindre, trembler (um pour); um j-s Schicksal ~ être inquiet sur le sort de qn.; ich bange um sein Leben je crains, je tremble pour sa vie; II 2en *n* ⟨~s⟩, 2igˌkeit *f* ⟨~⟩ peur *f*; crainte *f*; inquiétude *f*; *pfort*. angoisse *f*; anxiété *f*.

Banjo ['banjoˑ, 'bɛndʒoˑ, 'bandʒoˑ] *n* ⟨~s; ~s⟩ *mus*. banjo *m*.

Bank¹ [baŋk] *f* ⟨~; ¨e⟩ 1. *Sitzgelegenheit* banc *m*; *gepolstert* banquette *f*; *écol*. etw. unter der ~ hervorholen sortir qc. de sa case; *fig*. etw. auf die lange ~ schieben traîner qc. en longueur; faire traîner qc.; retarder qc.; durch die ~ (*ohne Ausnahme*) sans exception; sans (faire de) distinction; indistinctement; 2. (*Werktisch*) établi *m*; (*Fleisch*2) étal *m*; 3. optische ~ banc *m* optique; 4. *géol*., *Geomorphologie* banc *m*; ~² *f* ⟨~; ~en⟩ 1. (*Geldinstitut*) banque *f*; ein Konto auf der ~ haben avoir un compte en banque, à la banque; sein Geld auf die ~ bringen déposer, mettre son argent à la *od*. en banque; ~ für Internationalen Zahlungsausgleich (BIZ) Banque des règlements internationaux (B.R.I.); Internationale ~ für Wiederaufbau u. Entwicklung (*Weltbank*) Banque internationale pour la reconstruction et le développement (B.I.R.D.); 2. (*Spiel*2) banque *f*; die ~ halten tenir la banque; die ~ sprengen faire sauter la banque; ~ˌabschluß *m comm*. bilan *m* de la banque; ~akˌzept *n* acceptation *f* de banque; ~ˌangestellte(r) *f(m)* employé(e) *m(f)* de banque; ~ˌanweisung *f* assignation *f* sur la banque; virement *m*, chèque *m* bancaire; ~ˌauftrag *m* ordre *m* de banque; ~ˌausweis *m* situation *f* de la banque; état *m* de situation; ~beˌamte(r) *m* employé *m* de banque; ~diˌrektor *m* directeur *m*, *der Banque de France* gouverneur *m* de (la) banque; ~disˌkont *m* escompte *m* bancaire; ~ˌeinbruch *m* effraction *f*, cambriolage *m* dans une banque; ~ˌeisen *n techn*. patte-fiche *f*.

Bänkel|lied ['bɛŋkəlˌliːt] *n* chanson *f* des rues; ritournelle *f*; complainte *f*; ~ˌsänger *m hist*. chanteur *m* des rues.

Bankett [baŋ'kɛt] *n* ⟨~(e)s; ~e⟩ 1. (*Festmahl*) banquet *m*; grand dîner; dîner *m* de gala; 2. *Straßenbau* accotement *m*; banquette *f*; 3. *Erdbau* berme *f*; 4. *e-r Grundmauer* empattement *m*; ~e *f* ⟨~; ~n⟩ *cf*. ~ 2.

Bank|fach ['baŋkfax] *n* 1. im ~ tätig sein être dans la profession bancaire; être employé de banque; 2. *cf*. ~schließfach; 2ˌfähig *adj*. (*diskontfähig*) banquable *od*. bancable; négociable; ~ˌfeierˌtag *m* jour *m* de fermeture des banques; ~filiˌale *f* filiale *f*, succursale *f* d'une banque; ~geˌheimnis *n* secret *m* de banque; ~geˌschäft *n* affaire *f*, opération *f*, transaction *f* de banque, bancaire; ~e treiben effectuer des opérations de banque; opérer des transactions bancaires; 2geˌschäftlich *adj*. bancaire; de banque; ~geˌsetz *n* loi *f* sur les banques; ~ˌgiro [-ˌʒiː-] *n* virement *m* bancaire; ~ˌguthaben *n* avoir(s) *m* (*pl*.), dépôt *m*, solde *m* en banque, à la banque; ~ˌhalter *m Glücksspiel* banquier *m*; ~haus *n* banque *f*; ~i'er *m* ⟨~s; ~s⟩ banquier *m*; (*Finanzmann*) financier *m*; ~ingprinˌzip ['baŋ-, 'bɛŋ-] *n écon*. banking principle *m*; ~instiˌtut *n* établissement bancaire, financier, de crédit; ~ˌkonto *n* compte *m* en *od*. de banque; ~krach *m* krach [krak] *m* (bancaire); ~kreˌdit *m* crédit *m* bancaire; crédit *m* de *od*. en banque; ~ˌlehne *f* dossier *m* de banc; 2ˌmäßig *adj*. bancable *od*. banquable; ~ˌnote *f* billet *m* de banque; ~n ausgeben, fälschen émettre, falsifier des billets de banque; ~n in Umlauf setzen mettre des billets en circulation; ~notenausgabe *f* émission *f* de billets de banque; ~notenfälscher *m* falsificateur *m*, contrefacteur *m* de billets de banque; ~notenumlauf *m* circulation *f* de billets de banque, de papier-monnaie; circulation *f* fiduciaire; ~paˌpiere *n/pl*. valeurs *f/pl*., titres *m/pl*. de banque; ~ˌpraxis *f* pratique *f* bancaire; ~proˌkura *f* procuration *f* en banque; ~provisiˌon *f* commission *f* bancaire; ~ˌrate *f cf*. Bankdiskont; ~raub *m* 'hold-up *m* (dans une banque); attaque *f* à main armée contre une banque; 2rott [-'krɔt] *adj. u. adv*. ~ sein être en faillite; ~ machen faire faillite, banqueroute; F culbuter; sauter; sich für ~ erklären déclarer sa faillite; ~rott [-'krɔt] *m* ⟨~(e)s; ~e⟩ faillite *f*; banqueroute *f*; betrügerischer ~ banqueroute frauduleuse; ~rotterˌklärung [-'krɔt-] *f jur*. déclaration *f* de faillite; ~ro'tteur *m* ⟨~s; ~e⟩ failli *m*; banqueroutier *m*; ~scheck *m* chèque *m* bancaire; ~ˌschließfach *n* a) *für Wertsachen* compartiment *m* de coffre-fort; b) *für Postsachen* boîte postale dans une banque; ~schuld *f* dette *f* bancaire; ~ˌschwindel *m* agiotage *m*; ~ˌspesen *pl*. frais *m/pl*. bancaires, de banque; ~sysˌtem *n* système *m* bancaire; ~treˌsor *m* coffre-fort *m* (de la banque); ~ˌüberfall *m cf*. ~raub; ~überˌweisung *f* virement *m* bancaire; 2ˌüblich *adj*. conforme aux coutumes bancaires; d'après la coutume bancaire; ~ˌumsatz *m* chiffre *m* d'affaires de la banque; ~verˌkehr *m* opérations *f/pl*., transactions *f/pl*. bancaires; ~ˌvollmacht *f cf*. ~prokura; ~wert *m* valeur *f* bancaire; ~ˌwesen *n* système *m*, organisation *f* bancaire; institutions *f/pl*. bancaires; das ~ *oft* les banques *f/pl*.; ~ˌzinsen *m/pl*. intérêts *m/pl*. bancaires.

Bann [ban] *m* ⟨~(e)s; ~e⟩ 1. *hist*. ban *m*; *kirchlicher* anathème *m*; mit dem ~ belegen frapper d'anathème; anathématiser; in Acht und ~ tun, erklären mettre au ban (de l'empire, *fig*. de la société); 2. *fig*. charme *m*; fascination *f*; envoûtement *m*; in j-s ~ stehen, geraten être, tomber sous le charme de qn.; j-n in s-n ~ schlagen envoûter, fasciner, charmer, captiver qn.; der ~ ist gebrochen le charme est rompu; ~brief *m*, ~ˌbulle *f hist*. bulle *f* d'excommunication; 2en *v/t*. ⟨h⟩ 1. *hist*. frapper d'anathème; 2. *fig*. envoûter; fasciner; charmer; captiver; *Gefahr, Geister* conjurer; die Zuhörer ~ *auch* tenir les auditeurs sous son charme; wie gebannt pour ainsi dire fasciné.

Banner ['banər] *n* ⟨~s; ~⟩ bannière *f*; ~ˌträger *m* porte-bannière *m*.

Bann|fluch ['banfluːx] *m hist*. anathème *m*; ~gut *n cf*. ~ware; ~kreis *m fig*. charme *m*; fascination *f*; ~ˌmeile *f hist*. banlieue *f*; *Parlament* zone *f* de protection autour du siège du Parlement; ~strahl *m cf*. ~fluch; ~wald *m* forêt *f* de protection; ~ˌware *f comm*. marchandise prohibée, de contrebande; contrebande *f*.

Bantamgewicht ['bantamgəˌvɪçt] *n Sport* poids *m* coq.

Bantu ['bantuˑ] *pl*. Bantous *m/pl*.; ~ˌsprachen *f/pl*. langues bantoues.

Baptist [bap'tɪst] *m* ⟨~en; ~en⟩ *relig*. baptiste [bat-] *m*; ~engeˌmeinde *f* communauté *f* de baptistes; ~erium [-'teː-] *n* ⟨~s; -ien⟩ baptistère *m*.

bar [bɑːr] *adj*. 1. *st. s*. a) (*bloß*) nu; b) (*ohne*) dépourvu, dénué de; ~ aller Mittel sein être dépourvu de tout argent; ne pas avoir le sou; ~ jeder Begründung dénué de tout fondement; c) (*rein*) pur; véritable; ~er Unsinn pure folie; 2. *comm*. comptant; ~es Geld argent comptant (*auch fig*.); etw. ~ bezahlen payer qc. (au) comptant, *in Bargeld auch* en espèces, en argent liquide; in ~ zu zahlen à payer au comptant; *fig*. etw. für ~e Münze nehmen prendre qc. pour argent comptant, pour bon argent.

Bar¹ [bɑːr] *f* ⟨~; ~s⟩ 1. (*Ausschank*) bar *m*; 2. (*Nachtlokal*) cabaret *m*; boîte *f* de nuit; ~² *n* ⟨~s; ~s *bzw*. 5 ~⟩ *Luftdruck* bar *m*.

Bär [bɛːr] *m* ⟨~en; ~en⟩ 1. *zo*. ours [urs] *m*; junger ~ ourson *m*; *fig. u*. F j-m e-n ~en aufbinden monter un bateau à qn.; en faire accroire à qn.; mystifier qn.; sich e-n ~en aufbinden lassen se laisser duper; F gober une blague, la mouche; 2. *astr*. der Große ~ la Grande Ourse; der Kleine ~ la Petite Ourse; 3. *techn*. (*Ramm*2) bélier *m*; 4. *Schmetterling* brauner ~ écaille martre *f*.

Barabhebung ['bɑːrˌʔapheːbuŋ] *f* retrait *m*, prélèvement *m* en espèces.

Baracke [ba'rakə] *f* ⟨~; ~n⟩ baraque *f*; *péj. u*. F bicoque *f*; cambuse *f*; gourbi *m*; turne *f*; ~nˌlager *n* baraquement *m*; ~nˌviertel *n* bidonville *m*.

Baratterie [baratəˈriː] *f* ⟨~; -ien⟩ *mar*. baraterie *f*.

Bar|ausgänge ['bɑːrˌʔausgɛŋə] *m/pl*. *comm*. dépenses *f/pl*. en espèces; ~ˌauslagen *f/pl*. débours *m/pl*., dépenses *f/pl*. en espèces. [bare *m*.]

Barbar [bar'bɑːr] *m* ⟨~en; ~en⟩ bar-

Barbarakraut ['barbaraˌkraut] *n bot*. barbarée *od*. barbaræa *f*.

Barbar|ei [barba'raɪ] *f* ⟨~; ~en⟩ barbarie *f*; ~enˌtum [-'bɑː-] *n* ⟨~(e)s⟩ barbarie *f*; 2isch [-'bɑː-] *adj*. barbare; ~ismus *m* ⟨~; -men⟩ *gr*. barbarisme *m*.

Barbe ['barbə] *f* ⟨~; ~n⟩ *zo*. barbeau *m*; *junge* barbillon *m*.

bärbeißig ['bɛːrˌbaɪsɪç] *adj. u. adv*. grognon, -nne; grincheux, -euse; 'hargneux, -euse; rébarbatif, -ive; d'humeur massacrante; d'humeur de crin, de chien; gracieux, -euse comme une porte de prison; F en rogne; de mauvais poil; 2ˌkeit *f* ⟨~⟩ caractère 'hargneux; humeur massacrante.

Bar|bestand ['bɑːrbəˌʃtant] *m* montant *m* de la caisse; avoir *m* en espèces; encaisse *f* effective; ~beˌtrag *m* montant *m* en espèces; ~beˌzüge *m/pl*. rémunération *f*, rétribution *f* en espèces.

Barbier [bar'biːr] *m* ⟨~s; ~e⟩ barbier *m*; der ~ von Sevilla le Barbier de Séville; **2en** *v/t.* ⟨*pas de ge-*, h⟩ *fig.* j-n über den Löffel ~ duper, rouler qn.

Barcelon|ier(in) [bartseˑ'loːniˑər(ɪn)] *m* ⟨~s; ~⟩ (*f*) ⟨~; ~nen⟩ Barcelonais(e) *m* (*f*); **2isch** *adj.* barcelonais.

Barchent ['barçənt] *m* ⟨~s; ~e⟩ *text.* futaine *f*.

Bardame ['baːrˌdaːmə] *f* barmaid [-mɛd] *f*.

Barde ['bardə] *m* ⟨~n; ~n⟩ *hist.* barde *m*.

Bareingänge ['baːrˌˀaɪngɛŋə] *m/pl.* *comm.* recettes *f/pl.* en espèces.

Bären|dienst ['bɛːrənˌdiːnst] *m fig.* er hat ihm e-n ~ erwiesen il lui a rendu un mauvais service; c'est le pavé de l'ours; **~ˌfell** *n* peau *f* d'ours; oursin *m*; **~fellˌmütze** *f* bonnet *m* d'oursin; ourson *m*; **~ˌfenchel** *m bot.* cistre *f*; fenouil *m* des Alpes; **~ˌführer** *m* montreur *m* d'ours; **~ˌhaut** *f fig.* auf der ~ liegen paresser; fainéanter; F tirer sa flemme *od.* flème; **~ˌhunger** *m* faim *f* de loup, du diable; faim canine, dévorante; **~ˌjagd** *f* chasse *f* à l'ours; **~ˌklau** *m* ⟨~s⟩, *f* ⟨~⟩ *bot.* **1.** heracleum [-eɔm] *m*; gemeine(r) ~ berce *f*; **2.** *cf.* Akanthus; **~ˌkräfte** *f/pl.* ~ haben être fort comme un lion, comme un Turc; être un Hercule; **~naˌtur** *f* e-e ~ haben être de robuste nature; **~ˌraupen** *f/pl. zo.* chenilles 'hérissonnes; oursonnes *f/pl.*; **~ˌspinner** *m/pl. zo.* écailles *f/pl.*; *sc.* arctiidés *m/pl.*; **~ˌtatze** *f* patte *f* d'ours; **~ˌtraube** *f bot.* raisin *m* d'ours; busserole *f*; *sc.* arctostaphyle *m*; **~ˌzwinger** *m* fosse *f* aux ours.

Barett [ba'rɛt] *n* ⟨~(e)s; ~e⟩ bonnet carré; *der Geistlichen* barrette *f*; *der Richter* toque *f*; mortier *m*.

Bar|frankierung ['baːrfraŋˌkiːrʊŋ] *f* affranchissement *m* en numéraire; **~frau** *f* F *cf.* Bardame; **2fuß** *adj. u. adv.* nu-pieds; pieds nus; **~ˌfüßer** *m* ⟨~s; ~⟩ *relig.* carme déchaussé, déchaux; **~geld** *n* ⟨~(e)s⟩ espèces *f/pl.*; argent *m* liquide; numéraire *m*; **2geldˌlos** *adj. u. adv.* sans numéraire; par virement; par chèque; par mandat; **~geldverˌkehr** *m* opérations *f/pl.* d'espèces; **~geˌschäft** *n* opération *f*, marché *m* au comptant; **~ˌguthaben** *n* avoir *m* en espèces; **2haupt**, **2ˌhäuptig** *st. s. adj. u. adv.* nu-tête; tête nue; **~ˌhocker** *m* tabouret *m* de bar.

Bärin ['bɛːrɪn] *f* ⟨~; ~nen⟩ ourse *f*.

Bariton ['baːriˑtɔn] *m* ⟨~s; ~e⟩ *mus.* baryton *m*; ~ singen chanter d'une voix de baryton; baryton(n)er; **~ˌstimme** *f* voix *f* de baryton.

Barium ['baːriˑʊm] *n* ⟨~s⟩ *chim.* baryum [-jɔm] *m*; **~karboˌnat** *n* carbonate *m* de baryum; **~oˌxyd** *n* baryte *f*; **~sulˌfat** *n* sulfate *m* de baryum; **~sulˌfid** *n* sulfure *m* de baryum.

Barkarole [barka'roːlə] *f* ⟨~; ~n⟩ *mus.* barcarolle *f*.

Barkasse [bar'kasə] *f* ⟨~; ~n⟩ *mar.* barcasse *f*.

Barkauf ['baːrkaʊf] *m* achat *m* (au) comptant.

Barke ['barkə] *f* ⟨~; ~n⟩ *mar.* barque *f*.

Barkeeper ['baːrˌkiːpər] *m* ⟨~s; ~⟩ tenancier *m* d'un bar.

Barkredit ['baːrkreˑˌdiːt] *m* crédit *m* de caisse.

Bärlapp ['bɛːrlap] *m* ⟨~s; ~e⟩ *bot.* lycopode *m*; pied *m* de loup.

Bar|leistung ['baːrˌlaɪstʊŋ] *f comm.* prestation *f* en espèces, en argent; **~lohn** *m* salaire *m*, rémunération *f* en espèces, en numéraire.

barmherzig [barm'hɛrtsɪç] *adj.* miséricordieux, -euse, charitable (gegenüber envers); **~er** Gott! Dieu de miséricorde!; *relig.* **2e** Schwester sœur de charité, de la Miséricorde; sœur hospitalière; *bibl.* der ~e Samariter le Bon Samaritain; **2ˌkeit** *f* ⟨~⟩ miséricorde *f*; charité *f*; aus ~ par charité; Werke der ~ œuvres *f/pl.* (de charité).

Bar|mittel ['baːrˌmɪtəl] *n/pl.* argent *m* liquide, comptant; fonds *m/pl.* disponibles; **~ˌmixer** *m* barman [-man] *m*.

barock [ba'rɔk] **I** *adj.* baroque (*auch fig.*); **II 2** *n*, *m* ⟨~s⟩ baroque *m*; **2ˌkirche** *f* église *f* baroque; **2ˌkunst** *f* art *m* baroque; **2literaˌtur** *f* littérature *f* baroque; **2ˌstil** *m bât.* style *m* baroque.

Baro|graph [baroˑ'graːf] *m* ⟨~en; ~en⟩ barographe *m*; baromètre enregistreur; **~'meter** *n* ⟨~s; ~⟩ baromètre *m*; das ~ steigt, fällt le baromètre monte, baisse; das ~ steht auf veränderlich, auf Regen, auf schön le baromètre est au variable, à la pluie, au beau fixe; **~'meterˌstand** *m* 'hauteur *f* barométrique; **2'metrisch** *adj.* barométrique.

Baron|(in) [ba'roːn(ɪn)] *m* ⟨~s; ~e⟩ (*f*) ⟨~; ~nen⟩ baron, -nne *m, f*; **~esse** [-'nɛsə] *f* ⟨~; ~n⟩ fille *f* d'un baron; die ~ X Mademoiselle de X.

Barpreis ['baːrpraɪs] *m* prix *m* (au) comptant.

Barras ['baras] *m* ⟨~⟩ F *milit.* service *m* militaire; F régiment *m*.

Barre ['barə] *f* ⟨~; ~n⟩ barre *f*.

Barren ['barən] *m* ⟨~s; ~⟩ **1.** *Edelmetall* lingot *m*; barre *f*; **2.** *gym.* barres *f/pl.* parallèles; **~ˌgold** *n* or *m* en barre, en lingot; **~ˌturnen** *n gym.* das ~ les barres parallèles; **~ˌübung** *f gym.* exercice *m* aux barres parallèles.

Barriere [bariˑ'ɛːrə] *f* ⟨~; ~n⟩ barrière *f*.

Barrikad|e [bariˑ'kaːdə] *f* ⟨~; ~n⟩ barricade *f*; ~n errichten dresser des barricades; *fig.* für etw. auf die ~n gehen se battre pour qc.; **~enˌbau** *m* ⟨~(e)s⟩ construction *f* de barricades; **~enˌkampf** *m* combat *m* sur les barricades; **~enˌkämpfer** *m* combattant *m* des barricades.

Barsch [barʃ] *m* ⟨~es; ~e⟩ *zo.* perche *f*.

barsch [barʃ] **1.** *adj.* brusque; bourru; rude; **~es** Wesen manières *f/pl.* brusques, rudes; **2.** *adv.* brusquement; rudement; ~ abweisen rebuter; rabrouer; ~ antworten répondre sur un ton bourru, d'un ton dur; j-n ~ anfahren rudoyer qn.

Bar|schaft ['baːrʃaft] *f* ⟨~; ~en⟩ argent *m* liquide; avoir *m* liquide; e-e kleine ~ haben avoir un petit pécule; **~scheck** *m* chèque ouvert, ordinaire, non barré.

Barschheit ['barʃhaɪt] *f* ⟨~⟩ brusquerie *f*; grossièreté *f*.

barst [barst] *cf.* bersten.

Bart [baːrt] *m* ⟨~(e)s; ~e⟩ **1.** barbe *f*; *an der Oberlippe* moustache *f*; langer ~ longue barbe; F barbe de capucin; e-n ~ haben porter la barbe; être barbu; e-n ~ bekommen commencer à avoir de la barbe; den ~ stutzen rafraîchir la barbe; den ~ abnehmen enlever, raser la barbe; sich den ~ stehen, wachsen lassen laisser pousser sa barbe; *fig.* in den ~ brummen, murmeln grommeler; marmotter, marmonner entre les dents; j-m um den ~ gehen flatter, courtiser qn.; F passer la main dans le dos de qn. (*bzw.* il lui passe la main dans le dos); sich um des Kaisers ~ streiten se quereller, se disputer pour des riens, pour des bagatelles, pour des vétilles; F so ein ~! c'est du réchauffé, une histoire rebattue!; cela date du, remonte au déluge!; F c'est archiconnu!; **2.** *zo. bei Fischen* barbillons *m/pl.*; *e-r Ziege* barbe *f*; *e-r Katze* moustache *f*; **3.** *e-s Schlüssels* panneton *m*.

Bärtchen ['bɛːrtçən] *n* ⟨~s; ~⟩ *an der Oberlippe* petite moustache; *am Kinn* barbiche *f*.

Barte ['bartə] *f* ⟨~; ~n⟩ *beim Wal* fanon *m*.

Bartel ['bartəl] *f* ⟨~; ~n⟩ *bei Fischen* barbillon *m*.

Bartenwale ['bartənˌvaːlə] *m/pl. zo.* mysticètes *m/pl.*

Bart|faden ['baːrtˌfaːdən] *m cf.* Bartel; **~flechte** *f* **1.** *méd.* sycosis [-is] *m*; **2.** *bot.* usnée barbue; **~ˌgeier** *m zo.* gypaète *m*; vautour barbu; **~gras** *n bot.* barbon *m*; andropogon *m*; **~haar** *n* poil *m* de (la) barbe.

Bartholinsche Drüsen [bartoˑ'liːnʃə 'dryːzən] *f/pl. anat.* glandes *f/pl.* de Bartholin.

Bartholomäusnacht [bartoˑloˑ'mɛːʊsˌnaxt] *f hist.* (nuit *f*, massacre *m* de) la Saint-Barthélemy [-tele-].

Bärtierchen ['bɛːrˌtiːrçən] *n/pl. zo.* tardigrades *m/pl.*

bärtig ['bɛːrtɪç] *adj.* barbu; *bot. auch* barbé.

bart|los ['baːrtloːs] *adj.* sans barbe; imberbe; **2ˌmeise** *f zo.* mésange *f* à moustaches; **2moos** *n bot.* barbule *f*; **2ˌnelke** *f bot.* œillet *m* des poètes; **2o'nellen** *pl. biol.* bartonelles *m/pl.*; **2tracht** *f* taille *f* de la barbe, de la moustache; **2wuchs** *m* starker ~ barbe dure.

Bar|überweisung ['baːrˀyːbərˌvaɪzʊŋ] *f* envoi *m* de numéraire, d'espèces; **~verˌgütung** *f* **a)** rémunération *f* pécuniaire; **b)** gratification *f* en espèces; **~verˌkauf** *m* vente *f* au comptant; **~verˌkehr** *m* opérations *f/pl.* au comptant; **~verˌlust** *m* perte *f* en argent comptant; **~verˌmögen** *n* capital-numéraire *m*; **~ˌvorrat** *m* encaisse *f*; réserve *f* en espèces; **~ˌvorschuß** *m* avance *f* de caisse, en espèces; **~ˌwerte** *m/pl.* capital-numéraire *m*; valeurs *f/pl.* liquides.

Barysphäre [baryˑ'sfɛːrə, -rʏs'fɛː-] *f géogr.* barysphère *f*.

Baryt(erde) [ba'ryːt(ˌˀeːrdə), -'rʏt-] *m* ⟨~(e)s; ~e⟩ (*f*) *chim.* baryte *f*; oxyde *m* de baryum [-jɔm] *m*.

Baryton ['baːryˑtɔn, 'ba-] *n* ⟨~s; ~e⟩ *mus.* viole *f* de gambe; **~on** [-'ryː-] *n* ⟨~s; -na⟩ *ling.* baryton *m*.

Barzahlung ['baːrˌtsaːlʊŋ] *f* **a)** paiement *m* en espèces; nur gegen ~ seulement contre argent comptant; **b)** paiement *m* comptant; gegen ~ payable au comptant; 2% Skonto bei ~ escompte *m* caisse 2%; **~sdisˌkont** *m*, **~sraˌbatt** *m* escompte *m* de caisse.

Basalt [ba'zalt] *m* ⟨~(e)s; ~e⟩ *minéral.* basalte *m*; **~ˌbruch** *m* carrière *f* de basalte; **~ˌfelsen** *m* roche *f* basaltique; **2isch** *adj.* basaltique; **~ˌporphyr** *m* basalte *m* porphyrique; **~ˌschiefer** *m* basalte schisteux [ʃi-].

Basanit [baza'niːt, -'nɪt] *m* ⟨~s; ~e⟩ *minéral.* basanite *f*.

Basar [ba'zaːr] *m* ⟨~s; ~e⟩ bazar *m*; souk *m*; *zu Wohltätigkeitszwecken* vente *f* de charité, de bienfaisance.

Baschkiren [baʃ'kiːrən] *m/pl.* *Volk* Bachkirs *m/pl.*

Base [ˈbɑːzə] *f* ⟨~; ~n⟩ **1.** (*Kusine*) cousine *f*; **2.** *chim.* base *f*; **3.** *cf.* **Basis.**
Baseball [ˈbeːsbɔːl] *m* ⟨~s⟩ *Sport* base-ball *m* [bɛzbol] *m*.
Basedowsche Krankheit [ˈbɑːzəˌdoˑʃə ˈkraŋkhaɪt] *f* *méd.* maladie *f* de Basedow; goitre *m* exophtalmique.
Baseler|(in) [ˈbɑːzələr(ɪn)] **I** *m* ⟨~s; ~⟩ (*f*) ⟨~; ~nen⟩ Bâlois(e) *m*(*f*); **II** ~ *adj.* ⟨*inv.*⟩ de Bâle; bâlois.
Basidienpilze [baˈziːdiˑənˌpɪltsə] *m/pl.* *bot.* basidiomycètes *m/pl.*
basieren [baˈziːrən] *v/t.* (*u.* *v/i.*) ⟨*pas de ge-*, h⟩ (se) baser, (se) fonder (auf sur).
Basilienkraut [baˈziːliˑənˌkraUt] *n bot.* basilic *m*.
Basilika [baˈziːliˑka] *f* ⟨~; -ken⟩ basilique *f*.
Basilisk [baziˑˈlɪsk] *m* ⟨~en; ~en⟩ *myth.*, *zo.* basilic *m*; **~enˌblick** *m* regard *m*, yeux *m/pl.* de basilic.
Bas|is [ˈbɑːzɪs] *f* ⟨~; -sen⟩ *allg.* base *f* (*auch fig.*); **2isch** *adj. chim.* basique; **~iziˈtät** *f* ⟨~⟩ *chim.* basicité *f*.
Bask|e [ˈbaskə], **~in** *m* ⟨~n; ~n⟩, *f* ⟨~; ~nen⟩ Basque *m*, *f* (*f auch* Basquaise); **~enˌmütze** *f* béret *m* basque.
Basketball [ˈbɑːskətˌbal, ˈbas-] *m* **1.** ⟨~(e)s⟩ *Spiel* basket(-ball) [-kɛt(bol)] *m*; **2.** ballon *m* de basket; **~ˌspieler** *m* basketteur *m*.
baskisch [ˈbaskɪʃ] *adj.* basque; **die ~e Sprache, das 2e** la langue basque; le basque; l'euskara *m*; l'eskuara *m*.
Basrelief [ˈbareˑliˑˌɛf, -ˈɛf] *n sculp.* bas-relief *m*.
baß [bas] *adv.* **~ erstaunt** très, fort, bien, extrêmement étonné.
Baß [bas] *m* ⟨-sses; Bässe⟩ *mus.* **1.** *Stimme* (voix *f* de) basse *f*; **erster ~** basse-taille *f*; basse chantante; **zweiter, tiefer ~** basse profonde; basse-contre *f*; **~ singen** chanter la basse; **2.** *Person* basse *f*; **3.** *Instrument* contrebasse *f*; **~ˌbariton** *m* basse-taille *f*; basse chantante; **~ˌgeige** *f* contrebasse *f*; **~ˌgeiger** *m* contrebasse *f*; contrebassiste *m*.
Bassin [baˈsɛ̃ː, -ˈsɛŋ] *n* ⟨~s; ~s⟩ bassin *m*; réservoir *m*.
Bassist [baˈsɪst] *m* ⟨~en; ~en⟩ **1.** (*Baßsänger*) basse *f*; **2.** (*Baßspieler*) contrebassiste *m*; contrebasse *f*.
Baß|klarinette [ˈbasklariˑˌnɛtə] *f* clarinette *f* basse; **~ˌnoten** *f/pl.* notes *f/pl.* de la basse; **~ˌsaite** *f* corde *f* de contrebasse; **~ˌsaxophon** *n* saxophone *m* basse; **~ˌschlüssel** *m* clef *f* de fa; **~ˌstimme** *f* (voix *f* de) basse *f*.
Bast [bast] *m* ⟨~es; ~e⟩ **1.** *zum Flechten etc.* raphia *m*; rabane *f*; aus ~ de, en raphia; **2.** *bot.* liber [-ɛːr] *m*; **3.** *ch.* peau *f* qui couvre les bois de velours, les refaits.
basta [ˈbasta] *int.* suffit!; assez!; pas un mot de plus!; **und damit ~!** et ça suffit!; et pas un mot de plus!
Bastard [ˈbastart] *m* ⟨~(e)s; ~e⟩ **1.** *hist.* bâtard *m*; **2.** métis [-s] *m*; *bot.* hybride *m*; *Hund* bâtard *m*; **2ˌartig** *adj.* bâtard; *bot.* hybride; **~ierung** [-ˈdiː-] *f* ⟨~; ~en⟩ métissage *m*; *bot.* hybridation *f*.
Bastdeckchen [ˈbastˌdɛkçən] *n* napperon *m* de raphia.
Bastei [basˈtaɪ] *f* ⟨~; ~en⟩ *milit.* bastion *m*.
Bastel|ei [ˌbastəˈlaɪ] *f* ⟨~; ~en⟩ bricolage *m*; **2n** [ˈbas-] **I** *v/t.* ⟨-(e)le, h⟩ bricoler; **II ~n** [ˈbas-] *n* ⟨~s⟩ *cf.* **~ei.**
Bastfaser [ˈbastˌfɑːzər] *f* fibre libérienne *bzw.* de raphia.
Bastion [bastiˑˈoːn] *f* ⟨~; ~en⟩ bastion *m*; **mit ~en versehen** bastionner.
Bastler(in) [ˈbastlər(ɪn)] *m* ⟨~s; ~⟩ (*f*) ⟨~; ~nen⟩ bricoleur, -euse *m*, *f*.
Bast|matte [ˈbastˌmatə] *f* natte *f* de raphia; **~schicht** *f bot.* couche libérienne; **~ˌseide** *f* soie écrue; **~ˌtasche** *f* sac *m* de, en raphia.
bat [bɑːt] *cf.* **bitten.**
Bataillon [batalˈjoːn] *n* ⟨~s; ~e⟩ *milit.* bataillon *m*; **~sˌabschnitt** *m* zone *f* du bataillon; quartier *m*; **~sadjuˌtant** *m* adjudant-major *m* (du bataillon); **~sˌarzt** *m* médecin-lieutenant *m*; *früher* (médecin) aide-major *m*; **~sˌchef** *m*, **~sˌführer** *m* chef *m*, commandant *m* de bataillon; **~sˌstärke** *f* effectif *m* de l'ordre d'un bataillon; **~sˌstützpunkt** *m* centre *m* de résistance.
Bata|te [baˈtɑːtə] *f* ⟨~; ~n⟩ *bot.* patate *f*; **~ver** [ˈbɑː-] *m/pl. hist.* Bataves *m/pl.*
Bathyskaph [batyˑˈskɑːf, -tYsˈkɑːf] *m* ⟨~en; ~en⟩ *mar.* bathyscaphe *m*.
Batik [ˈbɑːtɪk] *m* ⟨~s; ~en⟩ bat(t)ik *m* (*Verfahren u. Stoff*); **2en** *v/t.* ⟨h⟩ bat(t)iker.
Batist [baˈtɪst] *m* ⟨~es; ~e⟩ *text.* batiste *f*; **2en** *adj.* de *od.* en batiste; **~ˌtaschentuch** *n* mouchoir *m* de batiste.
Batterie [batəˈriː] *f* ⟨~; -ien⟩ **1.** *milit.* batterie *f*; **s-e ~n auffahren** dresser ses batteries (*auch fig.*); *fig.* **e-e ~ von Weinflaschen** une rangée de bouteilles de vin; **2.** *élect.* *e-r Taschenlampe etc.* pile *f*; *Auto* accu(mulateur) *m*; batterie *f*; **die ~ aufladen** charger la batterie, l'accu(mulateur); **3.** *techn.*, *phys.* *von Geräten* batterie *f*; **~ˌchef** *m* *milit.* commandant *m* de batterie; **~eleˌment** *n* élément *m* de batterie; **~geˌrät** *n* appareil *m* à pile(s); **~ˌladegeˌrät** *n* chargeur *m* d'accumulateurs; **~ˌschaltung** *f* montage *m* en batterie; **~ˌspannung** *f* tension *f* de batterie, de pile, d'accumulateur; **~ˌwiderstand** *m* résistance *f* de la batterie; **~ˌzündung** *f* allumage *m* par batterie.
Batzen [ˈbatsən] *m* ⟨~s; ~⟩ F **ein (hübscher) ~ Geld** une belle somme d'argent; beaucoup d'argent.
Bau [baU] *m* ⟨~(e)s⟩ **1.** *e-s Hauses etc.* construction *f*; **im ~ sein, sich im ~ befinden** être en construction, *Schiff* en chantier; **2.** *e-s Dramas, Atoms, Körpers etc.* structure *f*; *e-s Körpers etc. auch* constitution *f*; *e-s Lebewesens auch* organisation *f*; *e-s Musikinstrumentes* facture *f*; **3.** (*Baustelle*) chantier *m*; F **auf den ~ gehen** aller au chantier; *fig. u.* F **vom ~ sein** *cf.* (vom) Fach (sein); **4.** ⟨*pl.* ~ten⟩ (*Gebäude*) construction *f*; bâtiment *m*; bâtisse *f*; édifice *m*; **öffentliche ~ten** édifices, bâtiments publics; **e-n alten ~ abreißen** démolir une vieille construction; **~ten** *für e-n Film* décors *m/pl.*; **5.** ⟨*pl.* ~e⟩ *von Tieren* terrier *m*; demeure *f*; *e-s Bibers auch* 'hutte *f*; *fig. u.* F **nicht aus dem ~ gehen** ne pas sortir de sa tanière, de sa demeure; **6.** *milit. u.* P **drei Tage ~ bekommen** avoir trois jours de tôle; **~ˌabnahme** *f* réception *f* de la construction, du bâtiment; **~ˌabschnitt** *m* partie *f* de la construction; **~abˌteilung** *f* service *m* du bâtiment; **~akadeˌmie** *f* école *f* d'architecture; **~amt** *n* service *m* de l'urbanisme; **~ˌarbeit** *f* travail *m* de construction; *pl.* **~en** *auch* travaux *m/pl.* du bâtiment; **wegen ~en gesperrt** barré à cause de travaux; **~ˌarbeiter** *m* ouvrier *m* du bâtiment; **~art** *f* **a)** type *m* de construction; **b)** mode *m*, genre *m* de construction; **~ˌaufsicht** *f* surveillance *f* des travaux; **~ˌaufzug** *m* élévateur *m* de construction; **~ˌausführung** *f* exécution *f* des travaux; **~beˌdarf** *m* matériau(x) *m*(*pl.*) de construction; **~beˌginn** *m* mise *f* en chantier; **~beˌhörde(n)** *f*(*pl.*) *cf.* **~amt**; **~beˌwilligung** *f* permis *m* de construire; **~block** *m* groupe *m* de constructions; **~ˌbude** *f* baraque *f*; **~büˌro** *n* bureau *m* de construction.
Bauch [baUx] *m* ⟨~(e)s; ~̈e⟩ **1.** ventre *m*; (*Unterleib*) abdomen [-mɛn] *m*; **den ~ einziehen** rentrer, effacer le ventre; **e-n ~ bekommen, haben** prendre, avoir du ventre; **(j-m) den ~ aufschlitzen** éventrer (qn.); F **sich den ~ vollschlagen, vollstopfen** s'empiffrer; se taper la cloche; **sich vor Lachen den ~ halten** se tenir les côtes de rire; rire comme un bossu; P se bidonner; **ein voller ~ studiert nicht gern** *prov.* après repas étude ne va; *fig.* **sich die Beine in den ~ stehen** faire le pied de grue; F poireauter; **j-m ein Loch in den ~ fragen** *cf.* Loch 1.; **e-e Wut im ~ haben** bouillir de colère; **vor j-m auf dem ~ liegen** être à plat ventre devant qn.; ramper devant qn.; **2.** *e-s Schiffes* ventre *m*; fond *m*; *e-r Flasche* ventre *m*; *e-s Fasses* bouge *m*; **~ˌansatz** *m* début *m* de ventre; **~ˌatmung** *f* respiration abdominale; **~ˌbinde** *f* **1.** ceinture *f*; **2.** *e-r Zigarre* bague *f*; *e-s Buches* bande *f* de publicité; **2en** *v/réfl.* ⟨h⟩ **sich ~** se gonfler; se bomber; **~fell** *n anat.* péritoine *m*; **~fellentˌzündung** *f méd.* péritonite *f*; **~ˌflosse** *f e-s Fisches* nageoire abdominale, ventrale; **~ˌgegend** *f anat.* région abdominale; **~ˌgrimmen** *n cf.* **~kneifen**; **~gurt** *m des Pferdegeschirrs* sous-ventrière *f*; **~ˌhöhle** *f anat.* cavité abdominale; **~höhlenˌschwangerschaft** *f méd.* grossesse extra-utérine; **2ig** *adj.* ventru; bombé; renflé; **~ˌklatscher** *m* ⟨~s; ~⟩ F *Schwimmen* plat *m*; **~ˌkneifen** *n* (légers) maux *m* de ventre; **~ˌknöpfchen** *n* ⟨~s; ~⟩ *enf. cf.* Bauchnabel; **~ˌladen** *m* éventaire *m*; **~ˌlandung** *f aviat.* atterrissage *m* sur le ventre; **e-e ~ machen** *auch* se poser sur le ventre.
Bäuch|lein [ˈbɔYçlaɪn] *n* ⟨~s; ~⟩ petit ventre; **2lings** *adv.* à plat ventre.
Bauch|mark [ˈbaUxmark] *n bei Insekten etc.* chaîne ventrale ganglionnaire; **~ˌmuskel** *m anat.* muscle abdominal; **~ˌnabel** *m* nombril [-il] *m* **~ˌpilze** *m/pl. bot.* gastéromycètes *od.* gastéromycétales *m/pl.*; **2ˌreden I** *v/i.* ⟨-ete, h⟩ être ventriloque; **II ~ˌreden** *n* ventriloquie *f*; **~ˌredner** *m* ventriloque *m*; **~ˌriemen** *m cf.* Bauchgurt; **~ˌschmerzen** *m/pl.* maux *m/pl.* de ventre; **ich habe ~** j'ai mal au ventre; **~schnitt** *m* *chir.* laparotomie *f*; **~schuß** *m* coup *m* de feu, balle *f* dans le ventre; **~schwangerschaft** *f cf.* Bauchhöhlenschwangerschaft; **~speck** *m cuis.* lard *m* de poitrine; **~ˌspeicheldrüse** *f* *anat.* pancréas [-s] *m*; **~stück** *n cuis.* morceau *m* de poitrine; **~tanz** *m* danse *f* du ventre; **~tritt** *m* coup *m* de pied dans le ventre; **~ˌumfang** *m* tour *m* de ventre; **~wand** *f anat.* paroi abdominale; **~ˌwassersucht** *f méd.* ascite *f*; **~weh** *n* ⟨~s⟩ *cf.* **~schmerzen**; **~ˌwelle** *f gym.* exercice *m* où l'on tourne autour de la barre fixe à la hauteur du ventre; **~ˌwunde** *f* plaie abdominale.
Baude [ˈbaUdə] *f* ⟨~; ~n⟩ chalet *m*; refuge *m*; 'hutte *f*.
Bau|denkmal [ˈbaUˌdɛŋkmɑːl] *n* monument *m*; **~eleˌment** *n* élément *m* (de construction); **2en I** *v/t.* ⟨h⟩ **1.** cons-

truire; *Gebäude auch* bâtir; *Prachtbauten auch* édifier; **solide ~** bâtir solidement, à chaux et à ciment; **sein Nest ~** faire son nid; **etw. auf etw. ~** construire, asseoir qc. sur qc.; *fig.* **auf Sand gebaut haben** avoir bâti sur le sable; F **sein Examen ~** passer son examen; F **e-n Unfall ~** avoir un accident; **2.** *Person* **kräftig, zierlich gebaut** de forte, de fragile constitution; **athletisch gebaut** taillé en athlète; **gut gebaut sein** être bien bâti; *Frau* être bien faite, F bien balancée, P bien foutue; F **so wie du gebaut bist** tel que je te connais; **II** *v/i.* **3. an etw. ~** travailler à la construction de qc.; **4. auf etw., j-n ~** compter sur qc., sur qn.; **III ~en** *n* ⟨~s⟩ construction *f*.

Bauer¹ [ˈbaʊər] *m* ⟨~n; ~n⟩ **1.** paysan *m* (*auch péj.*); cultivateur *m*; *der e-n Hof besitzt meist* fermier *m*; *péj.* cul-terreux [ky-] *m*; campagnard *m*; croquant *m*; péquenot *m*; P **so ein ~!** quel croquant, campagnard, péquenot!; F **die dümmsten ~n haben die dicksten Kartoffeln** *prov.* aux innocents les mains pleines *prov.*; **2.** *Schachspiel* pion *m*; *Kartenspiel* valet *m*; **~²** *n*, *m* ⟨~s; ~⟩ (*Käfig*) cage *f*.

Bäuer|chen [ˈbɔʏərçən] *n* ⟨~s; ~⟩ *enf.* rot *m*; **~in** *f* ⟨~; ~nen⟩ paysanne *f*; cultivatrice *f*; *die e-n Hof besitzt meist* fermière *f*.

Bauerlaubnis [ˈbaʊˀɛrˌlaʊpnɪs] *f* autorisation *f*, permis *m* de construire, de bâtir.

bäuerlich [ˈbɔʏərˌlɪç] *adj.* paysan, -nne; de(s) paysan(s); **~e Schläue** *cf.* **Bauernschläue**; **~er Stil** rustique *m*.

Bauern|arbeit [ˈbaʊərnˌˀarbaɪt] *f* travail *m* du paysan; **~ˌart** *f* manière paysanne, des paysans; **~ˌaufstand** *m* soulèvement *m*, révolte *f* de(s) paysans; *hist. in Frankreich* jacquerie *f*; **~beˌfreiung** *f hist.* affranchissement *m* des paysans; **~beˌvölkerung** *f* population paysanne; **~ˌbrot** *n* pain *m* de ménage, de cuisson; **~ˌbursche** *m* jeune paysan *m*; **~faˌmilie** *f* famille *f* de paysans; **~ˌfänger** *m* ⟨~s; ~⟩ *péj.* faiseur *m* de dupes; **~fängeˌrei** *f* ⟨~; ~en⟩ *péj.* attrape-nigaud(s) *m(pl.)*; duperie (grossière); **~ˌfrau** *f cf.* **Bauersfrau**; **~ˌfrühstück** *n cuis.* plat *m* de pommes de terre sautées, d'œufs et de morceaux de saucisse; **~ˌgut** *n* ferme *f*; **~ˌhaus** *n* maison paysanne, rurale; **~ˌhochzeit** *f* noce de village, villageoise; **~ˌhof** *m* ferme *f*; *in Südfrankreich* mas *m*; **~ˌjunge** *m* petit paysan; **~kaˌlender** *m* almanach [-a] *m* (contenant des dictons sur le temps); **~ˌkittel** *m* blouse *f*, sarrau *m* de paysan; **~koˌmödie** *f thé.* paysannerie *f*; **~ˌkrieg** *m hist.* guerre *f* des paysans; **~ˌlümmel** *m péj.* jeune bouseux *m*, croquant *m*, péquenot *m*; **~ˌmädchen** *n* jeune paysanne *f*; **~ˌmagd** *f* fille *f* de ferme; **~ˌmöbel** *n/pl.* meubles *m/pl.* rustiques; **~parˌtei** *f* parti paysan; **~ˌregel** *f* dicton *m* sur le temps qu'il fera; **~roˌman** *m* roman paysan; **~ˌschädel** *m* harter **~** tête dure de paysan; **♀ˌschlau** *adj.* rusé; matois; madré; roublard; **~ˌschläue** *f* ⟨~⟩, **~ˌschlauheit** *f* ruse *f*, finesse *f* de paysan; roublardise paysanne; **~ˌschwank** *m cf.* **~komödie**; **~ˌsohn** *m* fils *m* de fermiers, de paysans; **~ˌstand** *m* classe paysanne; paysans *m/pl.*; **~ˌstolz** *m* fierté paysanne; **~ˌstube** *f* **1.** *in bäuerlichem Stil* salle *f* rustique; **2.** *in e-m Bauernhaus* salle *f* de paysans; **~ˌtanz** *m* danse paysanne; **~ˌtochter** *f* fille *f* de fermiers, de paysans; **~ˌtölpel** *m péj.* lourdaud *m*; **~ˌtracht** *f* costume paysan, villageois; **~ˌtrampel** *m*, *n* ⟨~s; ~⟩, **~ˌtrine** *f* ⟨~; ~n⟩ *péj.* rustaude *f*; lourdaude *f*; **~ˌtum** *n* ⟨~(e)s⟩ paysannerie *f*; **~verˌband** *m* association *f* de paysans; **~ˌvolk** *n* **a)** paysans *m/pl.*; **b)** peuple *m* de paysans; **~ˌweisheit** *f* sagesse paysanne; **~ˌzimmer** *n cf.* **~stube 1.**

Bauers|frau [ˈbaʊərsˌfraʊ] *f* paysanne *f*; *cf. auch* **Bäuerin**; **~ˌleute** *pl.* paysans *m/pl.*

Bau|fach [ˈbaʊfax] *n* bâtiment *m*; architecture *f*; **♀ˌfällig** *adj.* délabré; vétuste; **~ werden** se délabrer; **~ˌfälligˌkeit** *f* délabrement *m*; vétusté *f*; **~finanˌzierung** *f* financement *m* de la construction, des travaux; **~ˌfirma** *f* entreprise *f* de construction; **~flucht** *f* alignement *m* (des constructions); **~ˌführer** *m cf.* **~leiter**; **~geˌlände** *n* terrain *m* à bâtir; **~ˌgelder** *n/pl.* fonds *m/pl.* pour la construction; **~geˌnehmigung** *f* permis *m* de construire; autorisation *f* de bâtir; **~geˌnossenschaft** *f* coopérative *f* de construction; **~geˌrüst** *n* échafaudage *m*; **das ~ errichten** échafauder; **~geˌschäft** *n* **a)** entreprise *f* de construction; **b)** (affaires *f/pl.* du) bâtiment *m*; **~geˌschichte** *f* histoire *f* de la construction; **~geˌsellschaft** *f* société *f* de construction, immobilière; **~geˌsuch** *n* demande *f* d'un permis de construire; **~geˌwerbe** *n* (industrie *f* du) bâtiment *m*; **~ˌgrube** *f* excavation *f* pour les fondations; **~grund** *m* terrain *m* à bâtir; **~ˌhandwerk** *n* (métier *m* du) bâtiment *m*; **~ˌhandwerker** *m* artisan *m* du bâtiment; **~herr** *m* propriétaire *m* qui fait bâtir; maître *m* d'œuvre; **~hof** *m* dépôt *m* de machines et de matériaux de construction; **~holz** *n* bois *m* de charpente, de construction, d'œuvre; **~ˌhütte** *f* **a)** baraque *f*; **b)** loge *f* (maçonnique); **~indusˌtrie** *f* industrie *f* du bâtiment; **~ingeniˌeur** *m* ingénieur *m* du bâtiment, du génie civil, des travaux publics; **~jahr** *n* année *f* de la construction; **~ˌkasten** *m für Kinder* jeu *m* de construction; **~ˌklammer** *f* clameaux *m/pl.*; **~klotz** *m Kinderspielzeug* cube *m*; *fig. u.* F **Bauklötze staunen** être tout ébahi, F sidéré, baba; **~ˌkosten** *pl.* coût *m*, frais *m/pl.* de construction; **~kostenvoranschlag** *m* devis *m*; **~kostenzuschuß** *m* contribution *f*, subvention *f* aux frais de construction; **~kran** *m* grue *f* de chantier; **~kreˌdit** *m* crédit *m* à la construction; **~kunst** *f* architecture *f*; **~land** *n cf.* **~gelände**; **~landˌumlegung** *f* remembrement *m* des terrains à bâtir; **~ˌleiter** *m* conducteur *m* des travaux; chef *m* de chantier; **~ˌleitung** *f* direction *f* de la construction; conduite *f* des travaux; **♀lich** *adj.* architectural; architectonique; **~lichˌkeit** *f* ⟨~; ~en⟩ (*Gebäude*) construction *f*; bâtiment *m*; édifice *m*; **~lust** *f* envie *f* de bâtir; **♀ˌlustig** *adj.* qui a envie de bâtir.

Baum [baʊm] *m* ⟨~(e)s; ~e⟩ *bot.* arbre *m*; *bibl.* **der ~ der Erkenntnis** l'arbre de la science du bien et du mal; *fig.* **er sieht den Wald vor lauter Bäumen nicht** il ne voit plus l'essentiel parce qu'il se perd dans les détails; **Bäume ausreißen können** être, se sentir fort comme un Turc; **es ist dafür gesorgt, daß die Bäume nicht in den Himmel wachsen** *etwa* Dieu fait bien ce qu'il fait; F **es ist, um auf die Bäume zu klettern** c'est à (en) devenir fou; **~art** *f* sorte *f* d'arbres; **♀ˌartig** *adj.* arborescent.

Baumaterial(ien) [ˈbaʊmateˑriˑˌaːl (-iˑən)] *n(pl.)* matériau(x) *m(pl.)* de construction.

Baum|bestand [ˈbaʊmbəˌʃtant] *m* peuplement forestier, en arbres; **~ˌblüte** *f* floraison *f* des arbres.

Bäumchen [ˈbɔʏmçən] *n* ⟨~s; ~⟩ petit arbre; *Kinderspiel* **~ wechseln** jouer aux quatre coins.

Baumeister [ˈbaʊˌmaɪstər] *m* bâtisseur *m*; architecte *m*.

baumeln [ˈbaʊməln] *v/i.* ⟨-(e)le, h⟩ pendiller.

bäumen [ˈbɔʏmən] *v/réfl.* ⟨h⟩ **sich ~** *Pferd etc.* se cabrer.

Baum|frevel [ˈbaʊmˌfreːfəl] *m* délit forestier *bzw.* sur les arbres fruitiers; **~ˌgrenze** *f* limite *f* de la zone des forêts; **~ˌgruppe** *f* bouquet *m*, massif *m* d'arbres; bosquet *m*; boqueteau *m*; **~harz** *n* résine *f* d'arbre; **~kitt** *m jard.* onguent *m* de Saint-Fiacre; **~ˌkrone** *f* cime *f* d'arbre; **~ˌkuchen** *m cuis.* pièce montée; **♀lang** *adj. fig. u.* F *von Personen* **~ sein** être une grande perche, un échalas; **~ˌläufer** *m zo.* grimpereau *m*; **♀los** *adj.* sans arbres; **~ˌmarder** *m zo.* mart(r)e commune; **♀reich** *adj.* riche en arbres; **~ˌreihe** *f* rangée *f* d'arbres; **~ˌriese** *m* arbre *m* géant; **~ˌrinde** *f* écorce *f* d'arbre; **die ~ entfernen** enlever l'écorce; écorcer (**von** qc.); **~ˌsäge** *f jard.* scie *f* à lame tournante; **~ˌschere** *f* sécateur *m*; **~ˌschule** *f* pépinière *f*; **~schutz** *m* armure *f*; **~schwamm** *m bot.* polypore *m*; **~stamm** *m* tronc *m* d'arbre; **♀stark** *adj. fig.* fort comme un Turc, comme un lion; **~stumpf** *m* souche *f* d'arbre; chicot *m*; **~wachs** *n jard.* onguent *m*; mastic [-k] *m* (à greffer); **~ˌwanze** *f zo.* punaise *f* des bois; **~ˌwipfel** *m* cime *f* d'arbre.

Baumwoll|anbau [ˈbaʊmvɔlˌˀanbaʊ] *m* ⟨~(e)s⟩ culture *f* du coton; **~ˌballen** *m* balle *f* de coton; **~e** *f* coton *m*; **♀en** *adj.* de *od.* en coton; **~ˌernte** *f* récolte *f*, cueillette *f* du coton; **~erˌzeugung** *f* production *f* de coton; **~ˌfaden** *m* fil *m* de coton; **~ˌfaser** *f* fibre *f* de coton; **~ˌgarn** *n* fil *m* de coton; **~geˌwebe** *n* tissu *m* de coton; **~indusˌtrie** *f* industrie cotonnière, du coton; **~ˌpflanze** *f* plante cotonnière; **~ˌpflanzer** *m* planteur *m* de coton; **~ˌpflanzung** *f*, **~planˌtage** *f* plantation *f* de coton; **~ˌsamen** *m* graine *f* de cotonnier; **~samenˌöl** *n* huile *f* de coton; **~spinneˌrei** *f* filature *f* de coton; cotonnerie *f*; **~ˌstaude** *f bot.* cotonnier *m*; **~ˌstoff** *m* étoffe *f*, tissu *m* de coton; cotonnade *f*; **~ˌstrauch** *m cf.* **~staude**; **~ˌwaren** *f/pl.* articles *m/pl.* de coton; cotonnades *f/pl.*

Baum|wuchs [ˈbaʊmvuːks] *m* **a)** taille *f* de l'arbre; **b)** croissance *f* des arbres; **~ˌwurzel** *f* racine *f* d'arbre.

Bau|ordnung [ˈbaʊˌˀɔrdnʊŋ] *f* règlement *m* concernant les constructions; **~plan** *m* plan *m* de la construction; **~ˌplanung** *f* planification *f* de la construction; **~ˌplatte** *f* plaque *f* pour la construction; **~platz** *m* terrain *m* à bâtir; **~poliˌzei** *f* service *m* d'urbanisme; **~proˌjekt** *n cf.* **Bauvorhaben**; **~rat** *m* ⟨~(e)s; ~e⟩ *etwa* conseiller *m* du service d'urbanisme; **~recht** *n* droit relatif aux constructions; **♀reif** *adj. Gelände* avec viabilité; viable.

bäurisch [ˈbɔʏrɪʃ] *adj. péj.* (de) rustre; rustaud; grossier, -ière; comme un paysan; **~es Wesen** manières de rustre, grossières.

Bausand ['baʊzant] *m* sable *m* à mortier.

Bausch [baʊʃ] *m* ⟨~es; ⸚e⟩ *méd.* tampon *m*; *fig.* **in ~ und Bogen** en bloc; **2en I** *v/t.* ⟨h⟩ (faire) gonfler; *cout.* faire bouffer; **II** *v/i. u. v/réfl.* se gonfler; *cout.* bouffer; être bouffant; **2ig** *adj.* bouffant.

Bau|schlosser ['baʊˌʃlɔsər] *m* serrurier *m* du bâtiment; **~ˌschreiner** *m* menuisier *m* du bâtiment; **~ˌschule** *f* école *f* d'ingénieurs du bâtiment; **~schutt** *m* gravats *m/pl.*; **~ˌsparen** *n* épargne-construction *f*; épargne-logement *f*; **~sparˌkasse** *f* caisse *f* d'épargne-construction; **~sparˌprämie** *f* prime *f* d'épargne-construction; **~sparverˌtrag** *m* contrat *m* d'épargne-construction; **~stahl** *m* acier *m* de construction; **~stein** *m* pierre *f* à bâtir (*auch fig.*), de construction; parpaing [-pɛ̃] *m*; (*Natur*2) moellon [mwa-] *m*; **~ˌstelle** *f* chantier *m*; **~stil** *m* style architectural; **~ˌstoffe** *m/pl.* matériaux *m/pl.* de construction; **~stoffˌlager** *n* entrepôt *m* de matériaux de construction; **~ˌtätigkeit** *f* activité *f* du bâtiment, de construction; **~ˌtechnik** *f* technique *f* de (la) construction; **~teil** *n, m* pièce *f*, élément *m* de construction; **~ten** *m/pl. cf.* Bau 4.; **~typ** *m* type *m* de construction; **~unterˌnehmen** *n* entreprise *f* de construction; entreprise *f* de travaux publics et privés; **~unterˌnehmer** *m* entrepreneur *m* de travaux publics et privés; **~verˌbot** *n* défense *f* de construire; interdiction *f* de bâtir; **~verˌfahren** *n* mode *m* de construction; **~verˌtrag** *m* contrat *m* de construction; **~ˌvorhaben** *n* projet *m* de construction; **~ˌvorschriften** *f/pl.* règlement *m* sur les constructions; **~ˌweise** *f* méthode *f* de construction; **~werk** *n* bâtiment *m*; construction *f*; édifice *m*; **~ˌwesen** *n* bâtiment *m*.

Bauxit [baʊ'ksiːt, -'ksɪt] *m* ⟨~s; ~e⟩ *minéral.* bauxite *f*.

bauz [baʊts] *int.* patatras!; *enf.* boum!; *Kind* **~ machen** faire boum.

Bau|zaun ['baʊtsaʊn] *m* clôture *f* fermant le chantier; **~ˌzeichnung** *f* plan *m* de construction; **~zeit** *f* temps *m*, durée *f* de la construction; **~ˌzuschuß** *m* prime *f* à la construction; **~zweck** *m* **zu ~en** pour la construction.

Bay|er(in) ['baɪər(ɪn)] *m* ⟨~n; ~n⟩ *(f)* ⟨~; ~nen⟩ Bavarois(e) *m(f)*; **2risch** *adj.* bavarois; de Bavière.

Bazill|enträger [ba'tsɪlənˌtrɛːgər] *m* porteur *m* de microbes; **~us** *m* ⟨~; -llen⟩ bacille [-sil] *m*.

B-Dur ['beːduːr] *n* ⟨~⟩ *mus.* si *m* bémol majeur.

beabsichtig|en [bə'ʔapˌzɪçtɪgən] *v/t.* ⟨*pas de ge-*, h⟩ avoir l'intention de; se proposer de; projeter de; compter, penser faire (qc.); envisager de; **nichts Böses ~** ne pas songer à mal; ne pas avoir de mauvaises intentions; **nichts weniger ~, als** ... ne songer, ne penser rien moins qu'à ...; **~t** *adjt.* voulu; intentionnel, -lle; **das war nicht ~** *auch* ce n'était pas (fait) exprès.

beacht|en [bə'ʔaxtən] *v/t.* ⟨-ete, *pas de ge-*, h⟩ faire attention à; tenir compte de; *Regel, Vorschrift* observer; (*bedenken*) considérer; **nicht ~** *auch* négliger; **die Vorfahrt ~** respecter la priorité; **er hat das Geschenk gar nicht beachtet** il n'a pas fait du tout attention au cadeau; il n'a même pas regardé le cadeau; **er beachtete sie gar nicht** il ne fit pas du tout attention à elle; il ne tint pas du tout compte de sa présence; **etw. streng ~** observer qc. strictement; **etw. wird stark beachtet** qc. est observé, suivi avec beaucoup d'attention; **~ensˌwert** *adj.* digne d'attention; qui mérite l'attention; qui mérite que l'on en tienne compte; à noter; remarquable; notable; **~lich 1.** *adj.* considérable; respectable; appréciable; **2.** *adv.* considérablement; de façon appréciable; **2ung** *f* ⟨~⟩ *von Verkehrszeichen* respect *m*; *von Vorschriften* observation *f*; (**starke**) **~ finden** être observé, suivi, considéré avec (beaucoup d')attention; susciter de l'intérêt, le plus vif intérêt; **e-r Sache ~ schenken** faire attention à qc.; regarder qc.; *cf. auch* **~en**; **zur gefälligen ~** à l'aimable attention de nos clients, *etc.*

beackern [bə'ʔakərn] **I** *v/t.* ⟨-(e)re, *pas de ge-*, h⟩ cultiver; *fig. u.* F travailler à fond; piocher; **II 2** *n* ⟨~s⟩ culture *f*; *sonst verbal.*

Beamte(r) [bə'ʔamtə(r)] *m* ⟨→ A⟩ fonctionnaire *m*; *im öffentl. Dienst, dipl. auch* agent *m*; *höherer in Verwaltung u. Justiz auch* magistrat *m*; *par ext.* employé *m*; *cf. auch* **Bahn-, Bank-, Standesbeamte(r)** *etc.*; **kleiner, hoher ~r** petit, 'haut fonctionnaire; **der ~ am Schalter hat mir erklärt** ... l'employé au guichet m'a dit ...

Beamten|abbau [bə'ʔamtənˌʔapbaʊ] *m* ⟨~(e)s⟩ réduction *f* des fonctionnaires; **~ˌanwärter** *m* (fonctionnaire *m*) stagiaire *m*; **~beˌleidigung** *f* outrage *m* à agent de la force publique, à magistrat, *etc.*; **~beˌsoldung** *f* rétribution *f* des fonctionnaires; **~beˌstechung** *f* corruption *f* de fonctionnaire(s); **~ˌbund** *m* **Deutscher ~** (*abr.* DBB) Union *f* des fonctionnaires allemands; **~geˌsetz** *n* loi relative au statut des fonctionnaires; **~ˌhaftung** *f cf.* Amtshaftung; **~ˌlaufbahn** *f* carrière *f* de fonctionnaire; **~ˌmiene** *f cf.* Amtsmiene; **~ˌrecht** *n* droit *m*, statut *m* des fonctionnaires; **~ˌschaft** *f* ⟨~⟩ **die ~** les fonctionnaires; la fonction publique; **~ˌseele** *f péj.* **e-e ~ haben, sein** être fonctionnaire dans l'âme; **~ˌstand** *m* (corps *m* des) fonctionnaires *m/pl.*; **~ˌstelle** *f* poste *m* de fonctionnaire; **~ˌtum** *n* ⟨~(e)s⟩ *cf.* **~schaft**; **~verˌhältnis** *n* qualité *f* de fonctionnaire; **im ~ stehen** être fonctionnaire; avoir qualité de fonctionnaire.

beamt|et [bə'ʔamtət] *adj.* fonctionnaire; **2in** *f* ⟨~; ~nen⟩ fonctionnaire *f*; *par ext.* employée *f*; *für Leibesvisitation* fouilleuse *f*; *cf. auch* **Beamte(r)**.

beängstig|en [bə'ʔɛŋstɪgən] *v/t.* ⟨*pas de ge-*, h⟩ inquiéter; faire peur à; effrayer; alarmer; *pfort.* angoisser; causer de l'angoisse à; **~end** *adjt.* inquiétant; effrayant; alarmant; **mit ~er Geschwindigkeit** à une vitesse inquiétante, effrayante; **2ung** *f* ⟨~⟩ angoisse *f*.

beanspruch|en [bə'ʔanˌʃprʊxən] *v/t.* ⟨*pas de ge-*, h⟩ **a)** *Recht, Wohnraum etc.* revendiquer; prétendre à; *Aufmerksamkeit etc.* demander; exiger; *Platz, Zeit* prendre; **etw. als sein Verdienst ~** revendiquer qc. comme son mérite; **b)** *Maschinen, Reifen etc.* soumettre à des efforts; fatiguer (*auch Nerven*); *Person* **von etw. sehr, stark beansprucht sein** être très occupé, pris par qc.; **die Arbeit beansprucht ihn voll und ganz** il est très occupé, pris par le travail; le travail lui demande beaucoup d'efforts; *techn.* **auf Druck ~** soumettre à une pression; **c)** *Güte, Hilfe, Gastfreundschaft* avoir recours à; *cf. auch* **Anspruch b)**; **2ung** *f* ⟨~; ~en⟩ *von Maschinen, Material* soumission *f* à des efforts; *sonst verbal*; **mechanische ~** effort *m* mécanique.

beanstand|en [bə'ʔanˌʃtandən] *v/t.* ⟨-ete, *pas de ge-*, h⟩ *minderwertige Ware etc.* protester contre; *Wahl etc.* contester; *Behörde e-n Paß etc.* trouver à redire à; *Schrift, Form etc.* critiquer; trouver à redire à; **es gibt an diesem Bauwerk allerlei zu ~** il y a bien des choses à critiquer à ce bâtiment; **die beanstandeten Mängel** les défauts incriminés; **2ung** *f* ⟨~; ~en⟩ protestation *f*; objection *f*; contestation *f*; *comm.* réclamation *f*; **zu ~en Anlaß geben** donner lieu à des réclamations, à des objections, à des contestations.

beantrag|en [bə'ʔanˌtraːgən] *v/t.* ⟨*pas de ge-*, h⟩ **a)** *Visum etc., Kur, Stipendium* faire la demande de; *Untersuchung, Beschlagnahme, Assistenten etc.* demander; *Strafe* demander; requérir; *Gläubiger* **den Konkurs e-r Firma ~** demander qu'une maison déclare sa faillite; **b)** *Gesetzentwurf* proposer; **die beantragten Vorschläge** les propositions présentées; **die Vertagung der Debatte ~** demander, réclamer la remise des débats; **2ung** *f* ⟨~⟩ *e-s Visums etc.* demande *f*; *e-r Strafe auch* réclamation *f*; *e-s Gesetzentwurfes* proposition *f*.

beantwort|en [bə'ʔantˌvɔrtən] *v/t.* ⟨-ete, *pas de ge-*, h⟩ répondre à; *schriftlich auch* faire, donner réponse à; **e-e Frage nicht ~ können** ne pas savoir répondre à une question; *fig.* **etw. mit etw. ~** répondre à qc. par qc.; **2ung** *f* ⟨~⟩ réponse *f* (à); **die ~ dieses Briefes überlasse ich dir** je te laisse répondre à cette lettre; *comm.* **in ~ Ihres Briefes** suite à, en réponse à votre lettre.

bearbeit|en [bə'ʔarˌbaɪtən] *v/t.* ⟨-ete, *pas de ge-*, h⟩ **1.** *Material* travailler; façonner; *maschinell* usiner; *chemisch* traiter; *Boden* cultiver; travailler; **2. a)** *Antrag, Akten, Fall* étudier; **dieser Fall ist noch nicht bearbeitet** *auch* on ne s'est pas encore occupé de ce cas; on n'a pas encore pris ce cas en main; **b)** *Dichtung etc.* traiter; *mus.* arranger; *thé.* adapter; *Text* (**neu**) **~** refondre; remanier; **ein Theaterstück für den Film ~** adapter une pièce de théâtre pour le cinéma; *Buchauflage* **völlig neu bearbeitet** complètement remanié, refondu; **c)** *Thema, Forschungsgebiet etc.* travailler; étudier; **3.** *fig. u.* F *Person, öffentl. Meinung etc.* travailler; **4.** F **j-n mit Fußtritten, Faustschlägen ~** battre qn. à coups de pied, à coups de poing; donner à qn. des coups de pied, des coups de poing; **5.** *plais. u.* F *Klavier etc.* taper sur; **2er** *m* **1.** *e-s Fachgebiets, Antrags etc.* personne *f* qui étudie qc.; **technischer ~** personne qui étudie qc. du point de vue technique; **2.** *e-s Buches etc.* personne *f* qui remanie, refond qc.; *mus.* arrangeur *m*; *thé.* adaptateur *m*; **2ung** *f* ⟨~; ~en⟩ **1.** *des Bodens* culture *f*; travail *m*; *techn.* travail *m*; façonnage *m*; *maschinelle* usinage *m*; *e-s Forschungsgebiets etc., e-s Gesuchs* étude *f*; *e-s Textes* remaniement *m*; *mus.* arrangement *m*; *thé.* adaptation *f*; *fig. von Personen verbal*; *Antrag etc.* **in ~ sein** être à l'étude; **~ für den Film** adaptation cinématographique, à l'écran; **2.** (*bearbeitete Fassung*) **Goethes ~ der Faustsage** le «Faust» de Gœthe;

die deutsche ~ des Films la version allemande du film; diese Dichtung ist die ~ e-r alten Fabel ce poème est une vieille fable remaniée; **2ungsgeˌbühren** *f/pl.* droit *m* de constitution de dossier; **2ungsmeˌthode** *f techn.* méthode *f* d'usinage, de façonnage; **2ungsverˌfahren** *n techn.* procédé *m* d'usinage, de façonnage.

beargwöhnen [bəˈʔarkˌvøːnən] *v/t.* ⟨*pas de ge-*, **h**⟩ suspecter; soupçonner.

beatm|en [bəˈʔaːtmən] *v/t.* ⟨-ete, *pas de ge-*, **h**⟩ *méd.* pratiquer la respiration artificielle, contrôlée sur; die Lunge ~ ventiler les poumons; insuffler de l'air, de l'oxygène dans les poumons; **2ung** *f e-s Kranken* respiration artificielle, contrôlée (sur); *der Lunge* ventilation *f*; insufflation *f* d'air, d'oxygène (dans); **2ungsgeˌrät** *n* respirateur artificiel.

Beaufschlagung [bəˈʔaufˌʃlaːgʊŋ] *f* ⟨~; ~en⟩ *e-r Turbine* injection *f*.

beaufsichtig|en [bəˈʔaufˌzɪçtɪgən] *v/t.* ⟨*pas de ge-*, **h**⟩ surveiller; contrôler; garder; veiller sur; **2ung** *f* ⟨~⟩ surveillance *f*; contrôle *m*; garde *f*.

beauftrag|en [bəˈʔaufˌtraːgən] *v/t.* ⟨*pas de ge-*, **h**⟩ charger (mit de); *offiziell auch* mandater, députer, déléguer (zu à); **~t** *adjt.* mandaté; délégué; **~er** Richter juge commis; **2te(r)** *m* ⟨→ A⟩ mandataire *m*; délégué *m*; **als ~r** handeln agir en vertu d'un mandat, à titre de mandataire; **2ung** *f* ⟨~⟩ mandatement *m*; délégation *f*; députation *f*.

beaugapfeln [bəˈʔaukˌʔapfəln] *v/t.* ⟨-(e)le, *pas de ge-*, **h**⟩ *plais. u.* F zieuter.

beäug|eln [bəˈʔɔʏgəln] *v/t.* ⟨-(e)le, *pas de ge-*, **h**⟩, **~en** *v/t.* ⟨*pas de ge-*, **h**⟩ F zieuter; *verstohlen* lorgner.

bebändert [bəˈbɛndərt] *adjt.* enrubanné.

bebau|en [bəˈbauən] *v/t.* ⟨*pas de ge-*, **h**⟩ **1.** *agr.* cultiver; e-n Acker ~ cultiver un champ; die Felder mit Kartoffeln ~ cultiver, planter des pommes de terre dans les champs; bebautes Land terre cultivée; **2.** *Grundstück, Gelände* construire, bâtir sur; *Gelände nach städtebaulichen Grundsätzen* urbaniser; ein bebautes Grundstück un terrain bâti; das Stadtviertel ist dicht bebaut le quartier a une forte concentration de maisons; **2ung** *f* ⟨~⟩ **1.** *agr.* culture *f*; **2.** construction *f* (de bâtiments) (sur); *städtebauliche* urbanisation *f*; aménagement urbain; **2ungsˌdichte** *f* concentration urbaine; **2ungsˌplan** *m* plan *m* d'aménagement urbain, d'urbanisation.

beben [ˈbeːbən] **I** *v/i.* ⟨**h**⟩ *Erde etc.* trembler; *st. s. vor Erregung* trembler; *Stimme* trembloter; **II 2** *n* ⟨~s⟩ tremblement *m*; *géol. meist* séisme *m*; **~d** *adjt.* tremblant.

bebilder|n [bəˈbɪldərn] *v/t.* ⟨-(e)re, *pas de ge-*, **h**⟩ illustrer; **2ung** *f* ⟨~⟩ illustration *f*.

bebrillt [bəˈbrɪlt] *adjt.* portant (des) lunettes.

bebrüten [bəˈbryːtən] *v/t.* ⟨-ete, *pas de ge-*, **h**⟩ couver.

Becher [ˈbɛçər] *m* ⟨~s; ~⟩ gobelet *m*; *aus Metall auch* timbale *f*; *zum Würfeln* cornet *m*; *techn.* godet *m*; *bot. der Eichel* cupule *f*; **~ˌflechte** *f bot.* cladonia *f, m*; **2ˌförmig** *adj. bot.* en forme de coupe, de cornet; **~ˌglas** *n chim.* bécher [-ʃɛːr] *m*; **~ˌkeim** *m biol.* gastrula *f*; **2n** *v/i.* ⟨-(e)re, **h**⟩ F chopiner; picoler; caresser la bouteille; **~ˌpilz** *m bot.* pezize *f*; **~ˌwerk** *n techn.* noria *f* à godets.

Becken [ˈbɛkən] *n* ⟨~s; ~⟩ **1.** bassin *m* (*auch anat., géogr. u. Hafen2*); (*Wasch2*) lavabo *m*; (*Spül2*) évier *m*; (*Tauf2*) fonts *m/pl.* baptismaux; **2.** *mus. pl.* cymbales *f/pl.*; **~ˌbruch** *m chir.* fracture *f* du bassin; **~ˌendlage** *f méd.* présentation *f* du siège; **~ˌhöhle** *f anat.* cavité pelvienne; **~ˌknochen** *m anat.* os *m* du bassin; **~ˌmesser** *m* ⟨~s; ~⟩ *chir.* pelvimètre *m*; **~orˌgane** *n/pl. anat.* organes pelviens; **~ˌschläger** *m mus.* cymbalier *m*; **~verˌengung** *f* étroitesse *f* du bassin.

Beckmesser [ˈbɛkˌmɛsər] *m* ⟨~s; ~⟩ *fig.* critique *m* mesquin; **~ei** [-ˈraɪ] *f* ⟨~; ~en⟩ critique *f* mesquine.

bedachen [bəˈdaxən] *v/t.* ⟨*pas de ge-*, **h**⟩ *Haus* couvrir (d'un toit); *Mauer* chaperonner.

Bedacht [bəˈdaxt] **I** *m* ⟨~(e)s⟩ considération *f*; attention *f*; (*Umsicht*) circonspection *f*; (*Vorsicht*) prudence *f*; précaution *f*; (*Überlegung*) réflexion *f*; ~ **nehmen auf etw.** prendre qc. en considération; avoir égard à qc.; tenir compte de qc.; **mit** ~ avec circonspection, prudence, *etc.*; **II 2 1.** *adjt.* ~ **sein auf** être soucieux, -euse de; veiller à; **ängstlich auf s-e Interessen ~ sein** *auch* être jaloux, -ouse de ses intérêts; **nur auf sich ~ sein** ne penser qu'à soi-même; être égoïste; **auf alles ~ sein** faire attention à tout; avoir l'œil à tout; **2.** *advt.* ~ **handeln** agir avec circonspection, *etc.*; *cf. auch* **bedenken**.

bedächtig [bəˈdɛçtɪç] **1.** *adj.* **a)** lent; mesuré; **mit ~en Schritten** à pas lents, comptés, mesurés; **b)** (*umsichtig*) circonspect; prudent; précautionneux, -euse; **2.** *adv.* **a)** lentement; pas à pas; **b)** avec circonspection, prudence, précaution, réflexion, attention; **2ˌkeit** *f* ⟨~⟩ lenteur *f*; *cf. auch* **Bedacht**.

bedachtsam [bəˈdaxtzaːm] *adj. u. adv. cf.* **bedächtig 1. b)** *u.* **2. b)**; **2ˌkeit** *f* ⟨~⟩ *cf.* **Bedacht**.

Bedachung [bəˈdaxʊŋ] *f* ⟨~; ~en⟩ couverture *f*; toiture *f*.

bedank|en [bəˈdaŋkən] *v/réfl.* ⟨*pas de ge-*, **h**⟩ **sich bei j-m ~** remercier qn. (**für etw.** de qc.); *iron.* **dafür bedanke ich mich!** et bien merci!; merci du plaisir!; **~t** *adjt.* **übel ~** mal payé de retour; F drôlement remercié; *st. s.* **sei ~!** sois remercié!

Bedarf [bəˈdarf] *m* ⟨~(e)s⟩ **1.** besoin(s) *m (pl.)* (an en); **der ~ an Lebensmitteln** les besoins en produits alimentaires; **~ haben an** avoir besoin de; **dringenden ~ haben an** avoir un besoin urgent de; manquer de; **ich habe keinen ~** je n'en ai pas besoin; **den ~ decken** couvrir les besoins; *fig. u.* F **mein ~ ist gedeckt** j'en ai assez, F marre; **bei ~** au besoin; en cas de besoin; **(je) nach ~** suivant le(s) besoin(s); **2.** (*Büro2, Schul2 etc.*) fournitures *f/pl.* (de bureau, scolaires, *etc.*); **~sarˌtikel** *m* article *m* de première nécessité; **~sˌdeckung** *f* couverture *f*, satisfaction *f* des besoins; **~sˌfall** *m* **im ~(e)** au besoin; en cas de besoin; **~sˌgegenstand** *m cf.* **~sartikel**; **~sˌgüter** *n/pl.* biens *m/pl.* de consommation; **~sˌhalteˌstelle** *f* arrêt facultatif.

bedauer|lich [bəˈdauərˌlɪç] *adj.* regrettable; fâcheux, -euse; déplorable; lamentable; **~licherˌweise** *adv.* d'une *od.* de manière regrettable, fâcheuse, déplorable; malheureusement; **~n I** *v/t.* ⟨-(e)re, *pas de ge-*, **h**⟩ *Sache* regretter; déplorer; être désolé, navré (de); *Person* plaindre; **er ist zu ~** il est à plaindre; **wir ~, Ihnen sagen zu müssen...** nous sommes au regret de vous dire...; **bedaure!** je regrette!; désolé!; **mit e-m ~den Achselzucken** d'un 'haussement d'épaules désolé, navré, de regret; **II 2n** *n* ⟨~s⟩ regret *m*; **sein ~ ausdrücken** exprimer ses regrets, son regret; **zu s-m (großen) ~** à son grand regret; **~nsˌwert** *adj. Vorfall etc.* regrettable; déplorable; *Menschen* pauvre (*vorgestellt*); à plaindre; **~nsˌwürdig** *adj.* digne de pitié.

bedeck|en [bəˈdɛkən] **I** *v/t.* ⟨*pas de ge-*, **h**⟩ couvrir (**mit** de); recouvrir (de); cacher; **sein Gesicht mit beiden Händen ~** se cacher la figure *od.* cacher sa figure dans ses mains; **II** *v/réfl.* **sich ~** se couvrir; *st. s.* **sich mit Ruhm, Schande ~** se couvrir de gloire, de honte; **~t** *adjt.* (re)couvert (de); *Himmel* couvert; voilé; bouché; *mit Sternen* constellé (d'étoiles); *Boden auch* jonché (de); *mit spitzen Gegenständen* 'hérissé (de); **2tˌsamer** *m/pl. bot.* angiospermes *f/pl.*; **~tˌsamig** *adj. bot.* angiosperme; **2ung** *f* **1.** couverture *f*; *besser verbal*; **2.** *milit.* escorte *f*; **unter polizeilicher ~** sous escorte de la police; **3.** *astr.* occultation *f*.

bedenk|en [bəˈdɛŋkən] **I** *v/t.* ⟨*irr., pas de ge-*, **h**⟩ **1.** réfléchir à; penser à; songer à; considérer; prendre en considération; tenir compte de; **und wenn man bedenkt, daß...** et quand on pense, songe que...; et dire que...; **wenn man alles bedenkt** *auch* tout compte fait; tout bien considéré; **wenn ich es recht bedenke...** en y réfléchissant bien...; à y bien réfléchir...; **ich gebe Ihnen zu ~, daß...** il faut que vous considériez que...; je vous fais remarquer que...; **2. j-n mit etw. ~** pourvoir, gratifier qn. de qc.; **j-n in s-m Testament ~** coucher qn. sur son testament; **zum Geburtstag wurde er reich bedacht** il a été comblé pour son anniversaire; **der Redner wurde mit Beifall bedacht** l'orateur a été applaudi; **von der Natur reich bedacht sein** être gâté, comblé, bien partagé par la nature; **II** *v/réfl.* **sich ~** réfléchir; méditer; **sich anders ~** changer d'avis, d'idée(s); se raviser; **III 2en** *n* ⟨~s; ~⟩ doute *m*; *moralisches* scrupule *m*; **~ haben** avoir des doutes, des scrupules; hésiter; **gegen etw. ~ äußern** *auch* faire des réserves sur qc.; **es bestehen ~** il faut faire des réserves (quant à); **ohne ~** sans hésiter; sans scrupules; **~enˌlos** *adj.* sans scrupules; **2enˌlosigkeit** *f* ⟨~⟩ manque *m* de scrupules; **~ˌlich 1.** *adj.* **a)** (*zweifelhaft*) douteux, -euse; louche; **~e Mittel** moyens louches, douteux; **b)** (*besorgniserregend*) inquiétant; sérieux, -euse; **e-e ~e Verschlimmerung** une aggravation inquiétante, sérieuse; **e-e ~e Wendung nehmen** prendre une tournure inquiétante, sérieuse; **c) er machte ein ~es Gesicht** son visage exprima le doute; **2.** *adv.* **a) die Sache kommt mir ~ vor** la chose me paraît douteuse, louche; **b) sich ~ verschlimmern** s'aggraver d'une façon inquiétante; **c) ~ den Kopf schütteln** 'hocher la tête d'un air de doute; **2lichˌkeit** *f* ⟨~⟩ **a)** caractère douteux, louche; **b)** caractère inquiétant; gravité *f*; **2ˌzeit** *f* temps *m*, délai *m* de réflexion; **sich ~ erbitten** demander un délai de réflexion.

bedeppert [bəˈdɛpərt] F **1.** *adj.* embarrassé; confus; **2.** *adv.* **ganz ~ dastehen** se sentir embarrassé, F tout bête.

bedeut|en [bəˈdɔʏtən] *v/t.* ⟨-ete, *pas de ge-*, h⟩ **1.** signifier; vouloir dire; représenter; **was bedeutet dieses Wort?** que veut dire, que signifie ce mot?; **er weiß, was es bedeutet, krank zu sein** il sait ce que c'est que d'être malade; il sait ce que cela signifie: être malade; **das bedeutet e-n Eingriff in meine Rechte** cela signifie, représente une atteinte à mes droits; **das hat etw. zu ~** cela veut dire qc.; il y a qc. là-dessous; **das bedeutet nichts Gutes** cela ne présage, n'annonce rien de bon; cela n'est pas bon signe; **Schlimmes ~** être un mauvais présage; être de mauvais augure; **2.** (*wichtig sein*) **das hat nichts zu ~** cela n'a pas d'importance, ne compte pas; **er bedeutet mir viel** *bzw.* **nichts** il m'est cher *bzw.* il ne m'est rien; **3.** *st. s.* **j-m etw. ~** (*zu verstehen geben*) faire comprendre qc. à qn.; donner à entendre, laisser entendre qc. à qn.; **~end 1.** *adjt.* **a)** (*wichtig, bemerkenswert*) important; remarquable; marquant; notable; d'une grande valeur; **e-e ~e Persönlichkeit** une personnalité importante, *etc.*; **ein ~es Ereignis** un événement important, *etc.*; **ein ~es Buch** un livre remarquable, marquant; **b)** *mengenmäßig* considérable; appréciable; notable; conséquent; important; **ein ~es Vermögen** une fortune considérable, *etc.*; **2.** *advt.* considérablement; beaucoup; **~ zunehmen** augmenter considérablement; **~ größer** *etc.* beaucoup plus grand, *etc.*; **~ˌsam** *adj.* significatif, -ive; **mit ~er Miene** d'un air significatif; *cf. auch* **~end**; **2ung** *f* **1.** (*Sinn*) signification *f*; sens [-s] *m*; *gr. e-s Wortes auch* acception *f*; **in übertragener ~** au sens figuré; **in des Wortes wahrer ~** au sens propre du mot; **in des Wortes voller ~** dans toute la force du terme; **2.** (*Wichtigkeit*) importance *f*; portée *f*; valeur *f*; poids *m*; **von großer, entscheidender, sekundärer ~ sein** être d'une grande importance, d'une importance décisive, secondaire; **von ~ sein für** être important pour; **es ist von ~, ...** il importe de... (+ *inf.*) *od.* que... (+ *subj.*); **ohne (jede) ~** sans (aucune) importance; **von keiner ~ sein** *auch* ne pas tirer à conséquence; **e-r Sache ~ beilegen** attacher, accorder de l'importance, de la valeur à qc.; **e-e gewisse ~ erlangen** acquérir une certaine importance; **an ~ verlieren** perdre de son importance; **2ungsentˌwicklung** *f ling.* évolution *f* de sens; **2erˌweiterung** *f ling.* élargissement *m* de sens; **2ungsˌfeld** *n ling.* champ *m* sémantique; **2ungsˌlehre** *f ling.* sémantique *f*; **~ungsˌlos** *adj.* sans importance; insignifiant; négligeable; futile; anodin; **für etw. ~ sein** *auch* n'entrer pour rien dans qc.; **2ungsˌlosigkeit** *f* ⟨~; ~en⟩ insignifiance *f*; futilité *f*; caractère anodin, négligeable; **~ungsˌschwer** *adj. st. s.* lourd, chargé de signification, de sens; de grande portée; très important; **~ungsˌtragend** *adjt. ling.* qui indique le sens; **2ungsˌumfang** *m ling.* étendue *f*, portée *f* du sens; **2ungsˌunterschied** *m ling.* différence *f* de sens; **2ungsverˌengung** *f ling.* rétrécissement *m* de sens; **2ungsverˌschiebung** *f ling.* glissement *m* de sens; **~ungsˌvoll 1.** *adj.* **a)** d'une grande importance; **ein ~er Tag** un jour d'une grande importance; **b)** (très) significatif, -ive; **ein ~er Blick** un regard significatif; **2.** *adv.* **j-n ~ ansehen** regarder qn. d'une façon significative; **2ungsˌwandel** *m ling.* changement *m* de sens.

bedien|en [bəˈdiːnən] **I** *v/t.* ⟨*pas de ge-*, h⟩ **1.** servir; **die Gäste ~** servir les invités *bzw.* les clients; **er läßt sich gern ~** il aime se faire servir; *im Geschäft* **werden Sie schon bedient?** est-ce que l'on vous sert?; est-ce que l'on s'occupe de vous?; *fig.* **j-n von vorn und hinten ~** être aux petits soins pour qn.; *iron. u.* F **ich bin bedient** j'en ai assez, F marre; **2.** *techn. Maschine etc.* manœuvrer; commander; actionner; faire marcher; *milit. Geschütz* servir; **3.** *beim Kartenspiel* fournir; *abs.* jouer (dans) la couleur; **4.** *Fluggesellschaft etc. ein Streckennetz* desservir; exploiter; **II** *v/réfl.* **5.** *beim Essen* **sich ~** se servir; **bitte, ~ Sie sich!** servez-vous, s'il vous plaît; **6. sich e-r Sache, j-s ~** se servir de qc., de qn.; user de qc., de qn.; **III 2en** *n cf.* **2ung 1.** *u.* **2.**; **2stete(r)** *f* (*m*) ⟨→ A⟩ *bei Ämtern etc.* employé(e) *m* (*f*), agent *m* (des services publics); **2te(r)** *m* ⟨→ A⟩ *cf.* **Diener 1.**; **2ung** *f* ⟨~⟩ **1.** (*Aufwartung*) service *m*; **prompte ~** service prompt; **einschließlich ~, ~ (e)inbegriffen** service compris; **2.** *techn. von Maschinen etc.* commande *f*; actionnement *m*; manœuvre *f*; *od. verbal*; *milit. e-s Geschützes* service *m*; **3. a)** (*Kellner[in]*) garçon *m*; serveuse *f*; **b)** *milit.* servants *m/pl.*; **2ungsˌanweisung** *f* mode *m* d'emploi; instructions *f/pl.* de service, d'emploi; **2ungsˌgeld** *n* service *m*; **2ungsˌhebel** *m* levier *m* de commande, de manœuvre; **2ungsˌknopf** *m* bouton *m* de commande; **2ungsˌmannschaft** *f milit.* servants *m/pl.*; **2ungsˌvorschrift** *f cf.* **2ungsanweisung**; **2ungsˌzuschlag** *m* supplément *m* pour le service.

beding|en [bəˈdɪŋən] *v/t.* ⟨*pas de ge-*, h⟩ **1.** (*verursachen, bewirken*) avoir pour conséquence; provoquer; causer; conditionner; **die Panne bedingte e-n längeren Aufenthalt** la panne eut pour conséquence, causa, provoqua un long arrêt; **die e-e Frage bedingt die andere** une question conditionne l'autre; **bedingt sein durch** être la conséquence de; être dû, due à; être déterminé par; **die Krankheit ist seelisch bedingt** la maladie est due à des causes psychiques; **2.** (*voraussetzen*) avoir pour condition; exiger; nécessiter; impliquer; requérir; **diese Tätigkeit bedingt technische Kenntnisse** cette activité exige, nécessite, implique, requiert des connaissances techniques; **~t 1.** *adjt.* conditionnel, -lle; sous réserve; sous condition(s); **~e Zustimmung** consentement conditionnel, sous réserve, sous condition; *jur.* **~e Strafaussetzung** *etwa* sursis conditionnel; *physiol.* **~er Reflex** réflexe conditionné; *philos.* **das 2e** le conditionné; **2.** *advt.* sous réserve; sous condition(s); **~ verwendbar** utilisable sous réserve; **nur ~ richtig** vrai jusqu'à un certain point; **2tˌheit** *f* ⟨~⟩ caractère conditionné, restreint, limité; limitation *f*; état *m* de dépendance; relativité *f*; **2ung** *f* ⟨~; ~en⟩ **a)** condition *f*; **e-e unerläßliche ~** une condition sine qua non [sine kwa nɔn]; *jur.* **aufschiebende, auflösende ~** condition suspensive, résolutoire; **e-e ~ stellen** poser une condition; **etw. zur ~ machen** poser qc. comme condition; **~en auferlegen** imposer des conditions; **~en an etw. knüpfen** mettre, rattacher des conditions à qc.; *comm.* **zu günstigen ~en** à des conditions favorables; **unter e-r einzigen ~** à une seule condition; **unter der ~, daß...** à (la) condition que... (+ *subj.*); à charge de *od.* que...; moyennant que...; **unter gleichen ~en** à égalité des conditions; **b)** *pl.* **~en** (*Verhältnisse*) conditions *f/pl.*; **die klimatischen ~en** les conditions climatiques; **unter günstigen, harten ~en arbeiten** travailler dans des conditions favorables, dans de dures conditions; **2ungsˌform** *f gr.* (mode *m*) conditionnel *m*; **~ungsˌlos 1.** *adj.* sans condition; inconditionnel, -lle; **~e Kapitulation** capitulation sans condition, inconditionnelle; **~er Gehorsam** obéissance inconditionnelle; **2.** *adv.* sans condition; sans réserve; **~ kapitulieren** capituler sans condition; **etw. ~ akzeptieren** accepter qc. sans réserve; **2ungsˌsatz** *m gr.* proposition conditionnelle; **~ungsˌweise** *adv.* sous condition(s); sous certaines conditions; sous réserve; conditionnellement.

bedräng|en [bəˈdrɛŋən] *v/t.* ⟨*pas de ge-*, h⟩ **1.** serrer de près; assaillir; presser; comprimer; **2.** *fig. Schuldner etc.* talonner; ʻharceler; presser; poursuivre; relancer; forcer (qn.) dans ses retranchements; **j-n mit Fragen, Forderungen ~** presser, ʻharceler qn. de questions, de revendications; **Zweifel ~ ihn** des doutes le poursuivent; **2er** *m* ⟨~s; ~⟩ assaillant *m*; personne *f* qui talonne, ʻharcèle, presse qn.; **2nis** *f* ⟨~; ~se⟩ embarras *m*; gêne *f*; situation fâcheuse, embarrassante; **in ~ geraten** tomber dans la gêne; **in äußerster ~ sein** être aux abois; être réduit, acculé à la dernière extrémité; **~t** *adjt.* **in ~er Lage sein** être dans l'embarras, dans la gêne; **2ung** *f* ⟨~⟩ *verbal.*

bedroh|en [bəˈdroːən] *v/t.* ⟨*pas de ge-*, h⟩ menacer (mit de); **den Frieden ~** menacer la paix; **~lich 1.** *adj.* menaçant; **~e Ausmaße annehmen** prendre des proportions menaçantes; **2.** *adv.* d'une façon menaçante; **2ung** *f* menace *f*; **in ständiger ~ leben** vivre sous une menace constante.

bedrucken [bəˈdrʊkən] **I** *v/t.* ⟨*pas de ge-*, h⟩ imprimer; **II 2** *n* impression *f*.

bedrück|en [bəˈdrʏkən] *v/t.* ⟨*pas de ge-*, h⟩ **1.** *gewaltsam* opprimer; oppresser; **2.** *seelisch* affliger; attrister; chagriner; *pfort.* accabler; déprimer; écraser; **~end** *adjt.* accablant; déprimant; **2er** *m* oppresseur *m*; **~t** *adjt.* affligé; attristé; abattu; accablé; déprimé; **~ sein** *auch* en avoir gros sur le cœur, P sur la patate; **2theit** *f* ⟨~⟩ affliction *f*; accablement *m*; abattement *m*; dépression *f*; **2ung** *f* ⟨~; ~en⟩ oppression *f*.

Beduine [beˑduˑˈiːnə] *m* ⟨~n; ~n⟩ Bédouin *m*.

bedürf|en [bəˈdʏrfən] **I** *v/i.* ⟨*irr.*, *pas de ge-*, h⟩ *st. s.* **e-r Sache ~** avoir besoin de qc.; **II** *v/imp.* **es bedarf großer Sorgfalt** *etc.* il faut *od.* cela demande, exige, requiert, nécessite beaucoup de soin, *etc.*; **es bedurfte nur e-s Wortes** il ne fallait qu'un (seul) mot; un mot, une parole suffisait; **2nis** *n* ⟨~ses; ~se⟩ besoin *m* (nach de); **er hatte das ~ zu sprechen** il éprouvait le besoin de parler; **es ist mir ein ~, Ihnen mitzuteilen...** j'aimerais vous dire...; **e-m dringenden ~ entsprechen** répondre à un besoin urgent; *fig.* (s)ein ~ verrichten faire ses besoins; 2nisˌanstalt *f* W.C., lavabos publics; toilettes publiques; lavatory *m*; cabinet(s) *m* (*pl.*) d'aisances; chalet *m* de nécessité; *nur für Herren* urinoir *m*; vespasienne *f*; F pissotière *f*; ~nisˌlos *adj.* peu exigeant; modéré dans ses besoins; ~ sein *auch* ne pas avoir de besoins; 2nisˌlosigkeit *f* ⟨~⟩ absence *f* de besoins; ~tig *adj.* **a)** nécessiteux, -euse; indigent; miséreux, -euse; pauvre; ~ sein *auch* être dans le besoin; **b)** *st. s.* e-r Sache ~ sein avoir besoin de qc.; 2tige(r) *f* (*m*) ⟨→ A⟩ nécessiteux, -euse *m, f*; indigent(e) *m* (*f*); miséreux, -euse *m, f*; pauvre, -esse *m, f*; 2tigˌkeit *f* ⟨~⟩ indigence *f*; misère *f*; pauvreté *f*; besoin *m*; nécessité *f*; 2tigkeitsˌnachweis *m* certificat *m* d'indigence.

bedusel|n [bəˈduːzəln] *v/réfl.* ⟨-(e)le, *pas de ge-*, h⟩ F sich ~ se griser; ~t *adjt. cf.* angeheitert.

Beefsteak [ˈbiːfsteːk] *n* ⟨~s; ~s⟩ *cuis.* bifteck *od.* beefsteak *m*; englisch gebratenes ~ bifteck saignant; halbgebratenes ~ bifteck à point; gut durchgebratenes ~ bifteck bien cuit; deutsches ~ bifteck 'haché.

beehren [bəˈʔeːrən] **I** *v/t.* ⟨*pas de ge-*, h⟩ j-n mit etw. ~ honorer qn. de qc.; **II** *v/réfl.* ich beehre mich, ... j'ai l'honneur de...

beeid|en [bəˈʔaɪdən] *v/t.* ⟨-ete, *pas de ge-*, h⟩, ~igen *v/t.* ⟨*pas de ge-*, h⟩ *Aussage etc.* affirmer (qc.) sous serment, sous la foi du serment; ~igt *adjt.* ~e Aussage déposition *f* sous serment; ~er Dolmetscher interprète assermenté; 2iˌgung *f* ⟨~; ~en⟩ affirmation *f* sous serment.

beeilen [bəˈʔaɪlən] *v/réfl.* ⟨*pas de ge-*, h⟩ sich ~ se dépêcher; se hâter; se presser; F se (dé)grouiller; P se magner; sich mit s-r Arbeit ~ se dépêcher, se presser dans son travail; ohne sich zu ~ sans se presser; F à la papa.

beeindruck|en [bəˈʔaɪnˌdrʊkən] *v/t.* ⟨*pas de ge-*, h⟩ j-n ~ impressionner qn.; faire impression sur qn.; faire de l'effet sur qn.; frapper qn.; ~t *adjt.* impressionné (von par).

beein|flußbar [bəˈʔaɪnflʊsˌbaːr] *adj.* influençable; 2ˌflußbarˌkeit *f* ⟨~⟩ influençabilité *f*; ~ˌflussen *v/t.* ⟨-ßt, *pas de ge-*, h⟩ influencer; avoir de l'influence sur; agir sur; influer sur; peser sur; *jur.* e-n Zeugen ~ suborner un témoin; j-n, etw. ungünstig ~ avoir une influence défavorable sur qn., sur qc.; sich (leicht) ~ lassen se laisser (facilement) influencer; ~ˌflußt *adjt.* influencé (von par); 2ˌflussung *f* ⟨~; ~en⟩ influence (exercée); *jur. von Zeugen* subornation *f*; e-r ständigen ~ ausgesetzt sein être soumis à une influence permanente; die ~ der Bevölkerung durch das Fernsehen l'influence exercée sur la population par la télévision.

beeinträchtig|en [bəˈʔaɪnˌtrɛçtɪgən] *v/t.* ⟨*pas de ge-*, h⟩ faire (du) tort (à); compromettre; porter atteinte (à); porter, causer préjudice (à); être préjudiciable (à); nuire (à); gêner; entraver; faire obstacle (à); die Trokkenheit beeinträchtigt das Wachstum der Pflanzen la sécheresse fait du tort, *etc.* à la croissance des plantes; den Verkehr ~ entraver, gêner la circulation; j-n in s-r Freiheit ~ compromettre, *etc.* la liberté de qn.; *jur.* j-n in s-n Rechten, Interessen ~ léser les droits, les intérêts de qn.; e-e ~de Wirkung haben avoir un effet préjudiciable; 2ung *f* ⟨~; ~en⟩ atteinte (portée à); préjudice (porté, causé à); gêne (causée à); entrave (apportée à).

beend|en [bəˈʔɛndən] *v/t.* ⟨-ete, *pas de ge-*, h⟩, ~igen *v/t.* ⟨*pas de ge-*, h⟩ finir; terminer; achever; mettre fin à; *Streit auch* vider; liquider; *Gespräch* conclure; clore; *Sitzung, Feier etc.* clôturer; clore; 2(iˌg)ung *f* ⟨~⟩ achèvement *m*; *e-s Streites* liquidation *f*; vidage *m*; *e-s Gesprächs* conclusion *f*; *e-r Sitzung etc.* clôture *f*; (*Ende*) fin *f*.

beeng|en [bəˈʔɛŋən] *v/t.* ⟨*pas de ge-*, h⟩ serrer; gêner; (*beklemmen*) oppresser; comprimer; étouffer; ~t *advt.* sich ~ fühlen se sentir mal à l'aise; se sentir à l'étroit; ~ wohnen habiter à l'étroit; 2tˌheit *f* ⟨~⟩ caractère oppressant, étouffant; gêne *f*; étroitesse *f*.

beerben [bəˈʔɛrbən] *v/t.* ⟨*pas de ge-*, h⟩ hériter (de qn.); recueillir l'héritage de.

beerdig|en [bəˈʔeːrdɪgən] *v/t.* ⟨*pas de ge-*, h⟩ enterrer; *feierlich* inhumer; mettre, porter en terre; ensevelir; 2ung *f* ⟨~; ~en⟩ enterrement *m*; inhumation *f*; obsèques *f/pl.*; 2ungsˌfeier *f* obsèques *f/pl.*; funérailles *f/pl.*; 2ungsinstiˌtut *n* (entreprise *f* de) pompes *f/pl.* funèbres; 2ungsˌkosten *pl.* frais *m/pl.* d'enterrement, d'inhumation.

Beere [ˈbeːrə] *f* ⟨~; ~n⟩ *bot.* baie *f*; *e-r Traube* grain *m*; ~nˌfrucht *f bot.* fruit *m* bacciforme [-ksi-]; 2nˌtragend *adjt. bot. sc.* baccifère [-ksi-].

Beet [beːt] *n* ⟨~(e)s; ~e⟩ *jard.* carré *m*; planche *f*; plate-bande *f*; *für Blumen auch* parterre *m*; ~e *f* ⟨~; ~n⟩ *cf.* (rote) Bete.

befähig|en [bəˈfɛːɪgən] *v/t.* ⟨*pas de ge-*, h⟩ rendre capable (de); rendre apte (à); mettre à même (de); *jur.* habiliter; ~t *adjt.* qualifié (pour); capable (de); apte (à); ~ sein *auch* avoir les qualités requises, la capacité, la compétence nécessaire (pour); zu etw. ~ (sein) *auch* (être) à même de faire qc.; 2ung *f* ⟨~⟩ qualification *f* (pour, à); capacités *f/pl.*; qualités *f/pl.*; aptitudes *f/pl.*; *jur.* habilitation *f*; s-e ~ zum Erzieher ses qualités, aptitudes, capacités d'éducateur, pédagogiques; s-e wissenschaftliche ~ für diese Aufgabe sa qualification scientifique pour cette tâche; 2ungsˌnachweis *m* justification *f*, certificat *m*, brevet *m* d'aptitude, de capacité (professionnelle); qualification *f*; titre *m*.

befahr|bar [bəˈfaːrbaːr] *adj. Straße etc.* (*z. Zt. ohne Hindernisse*) praticable; (*für Autos ausgebaut*) carrossable; nur mit Schneeketten ~ praticable seulement avec des chaînes; Randstreifen nicht ~ accotements impraticables; 2barˌkeit *f* ⟨~⟩ *e-r Straße etc.* praticabilité *f*; ~en **I** *v/t.* ⟨*irr.*, *pas de ge-*, h⟩ **1.** *Straße etc.* circuler sur; passer (en voiture) sur; *Gewässer* naviguer sur; *Busse etc. e-e Linie* desservir; *Omnibusgesellschaft etc. e-e Linie* exploiter; die Brücke wird von vielen Autos ~ beaucoup de voitures circulent, passent sur le pont; e-e stark ~e Straße, Strecke une route, un parcours à forte circulation; **2.** *mines* descendre dans; **II** *adjt.* **a)** *ch.* ein ~er Bau un terrier habité; **b)** *mar.* ~es Volk marins expérimentés.

Befall [bəˈfal] *m* ⟨~(e)s; ~e⟩ *durch Schädlinge* envahissement *m* (par); 2en *v/t.* ⟨*irr.*, *pas de ge-*, h⟩ *Schädlinge e-n Baum etc.* envahir; attaquer; *fig. Schwäche, Angst, Lachen etc.* prendre; saisir; gagner; *Krankheit* atteindre; toucher; envahir; von e-r Krankheit ~ werden être atteint, touché par une maladie; attraper une maladie; von bösen Ahnungen ~ werden être saisi, gagné, assailli de sombres pressentiments.

befangen [bəˈfaŋən] *adj.* **a)** (*verlegen*) intimidé; embarrassé; troublé; gêné; ~ machen embarrasser; troubler; intimider; **b)** (*voreingenommen*) qui a du parti pris, des idées préconçues; prévenu en faveur de *bzw.* contre qn.; imbu, plein de préjugés; (*parteiisch*) partial; *jur.* e-n Zeugen als ~ ablehnen récuser un témoin (pour cause de suspicion légitime); *Richter* sich für ~ erklären se déporter; **c)** in e-m Irrtum ~ sein être dans l'erreur; in Vorurteilen, Illusionen ~ sein être prisonnier de ses préjugés, de ses illusions; 2ˌheit *f* ⟨~⟩ **1.** embarras *m*; trouble *m*; timidité *f*; **2.** parti pris; prévention *f*; *jur.* wegen (Besorgnis der) ~ ablehnen récuser pour cause de suspicion légitime.

befassen [bəˈfasən] **I** *v/t.* ⟨-ßt, *pas de ge-*, h⟩ j-n mit etw. ~ porter qc. devant qn.; ein Gericht mit etw. ~ saisir un tribunal de qc.; **II** *v/réfl.* sich mit etw., j-m ~ s'occuper, se charger de qc., de qn.; prendre qc., qn. en main; die Diskussion befaßt sich mit ... la discussion porte sur ...; das Buch befaßt sich mit ... le livre traite de ...

befehd|en [bəˈfeːdən] **I** *v/t.* ⟨-ete, *pas de ge-*, h⟩ combattre; guerroyer contre; faire la guerre à; **II** *v/réfl.* sich ~ se combattre; se faire la guerre; guerroyer; 2ung *f* ⟨~; ~en⟩ combat *m*, hostilités *f/pl.* (contre).

Befehl [bəˈfeːl] *m* ⟨~(e)s; ~e⟩ **1.** ordre *m*; *strikter auch* injonction *f*; *milit. auch* consigne *f*; auf ~ (von *od. gén.*) sur (l')ordre de; par ordre de; auf höheren ~ par ordre supérieur, d'en 'haut; zu ~! à vos ordres!; ~ ist ~ un ordre est un ordre; gegenteiliger ~ contrordre *m*; e-n ~ erteilen, ausführen donner, exécuter un ordre; sich e-m ~ widersetzen se rebeller contre un ordre; auf ~ etw. tun faire qc. sur ordre; **2.** (*Befehlsgewalt*) commandement *m*; ordres *m/pl.*; unter j-s ~ stehen être sous les ordres, le commandement de qn.; den ~ haben, übernehmen avoir, prendre le commandement; 2en *v/t.* ⟨befiehlt, befahl, beföhle, befohlen, h⟩ **1.** donner (à qn.) l'ordre (de qc., de faire qc.); ordonner, enjoindre (qc. à qn., à qn. de faire qc.); dire (à qn. de faire qc.); *abs.* commander; ich lasse mir von niemandem etw. ~ je n'ai d'ordres à recevoir de personne; **2.** *st. s.* s-e Seele Gott ~ recommander son âme, s'en remettre, se recommander à Dieu; Gott befohlen! adieu!; 2end *adjt.*, 2eˌrisch *adj.* autoritaire; impératif, -ive; impérieux, -euse; 2igen *v/t.* ⟨*pas de ge-*, h⟩ *milit.* commander; exercer le commandement (de); être chargé du commandement (de); ~sˌausgabe *f milit.* diffusion *f* des ordres; ~sbeˌreich *m milit.* zone *f* de commandement; ressort *m*; ~semˌpfänger *m etwa* exécutant *m*; ~sˌflagge *f mar.* pavillon *m* de commandement; ~sˌform *f gr.* (mode *m*) impératif *m*; 2sgeˌmäß *adv.* conformément aux ordres reçus; ~sgeˌwalt *f milit.* commandement *m*; ~sˌhaber *m* ⟨~s; ~⟩ commandant *m*; oberster ~ commandant en chef; ~sˌsatz *m gr.* proposition impérative, à l'impératif;

⁓sˌstab *m chem.* guidon *m* de départ; **⁓sˌstand** *m*, **⁓sˌstelle** *f milit.* poste *m* de commandement; **⁓sˌton** *m* ton impérieux, de commandement; **⁓süberˌmittlung** *f milit.* transmission *f* des ordres; **⁓sverˌweigerung** *f milit.* refus *m* d'obéissance; **2sˌwidrig** *adj.* (*u. adv.*) contraire(ment) aux ordres, à la consigne.

befeind|en [bəˈfaɪndən] *v/t.* ⟨-ete, *pas de ge-*, h⟩ manifester son hostilité (à *od.* envers); être hostile (à); **einander, sich** ⁓ se manifester réciproquement son hostilité; être hostile l'un à l'autre; **2ung** *f* ⟨⁓; ⁓en⟩ *verbal.*

befestig|en [bəˈfɛstɪgən] *v/t.* ⟨*pas de ge-*, h⟩ **1.** attacher, fixer (**an** à); *mar. auch* amarrer; **2.** *Ufer, Weg, Straße* stabiliser; *Straße auch* faire le revêtement de; *an Straßen* **Randstreifen nicht befestigt** accotements non stabilisés; **3.** *milit.* fortifier; **2ung** *f* ⟨⁓; ⁓en⟩ **1.** fixation *f*; **2.** *des Ufers, e-r Straße etc.* stabilisation *f*; *e-r Straße auch* revêtement *m*; **3.** *milit.* fortification *f*; **2ungsˌanlagen** *f/pl. milit.* fortifications *f/pl.*; **2ungsˌgürtel** *m milit.* ceinture fortifiée; **2ungsˌschraube** *f techn.* vis *f*, boulon *m* de fixation; **2ungsˌzone** *f milit.* zone fortifiée.

befeucht|en [bəˈfɔʏçtən] *v/t.* ⟨-ete, *pas de ge-*, h⟩ humecter; humidifier; mouiller; **2ung** *f* ⟨⁓⟩ humectation *f*; humidification *f*.

befeuer|n [bəˈfɔʏərn] *v/t.* ⟨-(e)re, *pas de ge-*, h⟩ **1.** *aviat., mar.* baliser; **2.** F (*bewerfen, beschießen*) bombarder; **2ung** *f* ⟨⁓⟩ **1.** *aviat., mar.* balisage *m*; **2.** F bombardement *m*.

Beffchen [ˈbɛfçən] *n* ⟨⁓s; ⁓⟩ rabat *m*.

befiedert [bəˈfiːdərt] *adjt.* à plumes; plumeux, -euse.

befind|en [bəˈfɪndən] **I** *v/t.* ⟨*irr., pas de ge-*, h⟩ (*beurteilen*) trouver; juger; **für gut** ⁓ trouver, juger bon, à propos; **für richtig** ⁓ reconnaître exact; *jur.* **(für) schuldig** ⁓ reconnaître, déclarer coupable; **II** *v/i.* **über etw.** ⁓ (*entscheiden*) juger, décider (de) qc.; **über j-n** ⁓ juger qn.; **III** *v/réfl.* **sich** ⁓ se trouver; être; *gesundheitlich* aller; se porter; se sentir; *fig.* **ich befinde mich wohl dabei** je m'en trouve très bien; **IV 2en** *n* ⟨⁓s⟩ **1.** (*Gesundheitszustand*) état *m* de santé; **sich nach j-s** ⁓ **erkundigen** demander des nouvelles de qn.; s'enquérir de l'état de santé de qn., de la santé de qn.; **2.** *st. s.* (*Meinung*) avis *m*; opinion *f*; **meinem** ⁓ **nach** à mon avis; **⁓lich** *adj.* se trouvant; **im Bau** *etc.* ⁓ en (cours de) construction, *etc.*

beflagg|en [bəˈflagən] *v/t.* ⟨*pas de ge-*, h⟩ pavoiser; **e-e beflaggte Straße** une rue pavoisée; **2ung** *f* ⟨⁓⟩ pavoisement *m*.

befleck|en [bəˈflɛkən] *v/t.* ⟨*pas de ge-*, h⟩ **1.** (*beschmutzen*) tacher; maculer; salir; souiller; **mit Blut** ⁓ tacher de sang; **2.** *fig. s-n Namen etc.* entacher; ternir; flétrir; souiller; **2ung** *f* ⟨⁓⟩ maculage *m*; maculation *f*; *fig.* flétrissure *f*; souillure *f*.

befleißigen [bəˈflaɪsɪgən] *v/réfl.* ⟨*pas de ge-*, h⟩ *st. s.* **sich e-r Sache** ⁓ s'appliquer, s'attacher à (faire) qc.; **sich** ⁓, **etw. zu tun** *auch* s'efforcer de faire qc.

befliegen [bəˈfliːgən] *v/t.* ⟨*irr., pas de ge-*, h⟩ *aviat.* **e-e Strecke** ⁓ desservir, exploiter, emprunter une ligne.

beflissen [bəˈflɪsən] *adj.* appliqué (à); zélé; (*dienst*⁓) empressé; ⁓ **sein, etw. zu tun** s'appliquer à faire qc.; **2ˌheit** *f* ⟨⁓⟩ application *f* (à); zèle *m*; **⁓tˌlich** *adv. cf.* **geflissentlich.**

beflügeln [bəˈflyːgəln] *v/t.* ⟨-(e)le, *pas de ge-*, h⟩ *fig.* donner des ailes à; **s-e Schritte** ⁓ 'hâter, accélérer, presser le pas, ses pas.

befolg|en [bəˈfɔlgən] *v/t.* ⟨*pas de ge-*, h⟩ *Rat* suivre; tenir compte de; écouter; *Befehl* exécuter; *Gebot, Vorschrift* observer; obéir à; se conformer à; **⁓ensˌwert** *adj. Rat* digne d'être suivi; **2ung** *f* ⟨⁓⟩ *e-s Befehls* exécution *f*; *e-r Vorschrift* observation *f* (de); obéissance *f* (à); *bes. relig.* observance *f*; *e-s Rates verbal.*

Beförder|er [bəˈfœrdərər] *m von Frachtgütern* transporteur *m*; **2n** *v/t.* ⟨-(e)re, *pas de ge-*, h⟩ **1.** transporter; *Waren auch* acheminer; *Telegramm* transmettre; acheminer; (*verschicken*) expédier; *fig.* **j-n ins Jenseits** ⁓ expédier qn. dans l'autre monde; **j-n an die frische Luft** ⁓ expédier qn. dehors; **2.** *im Rang* **j-n** ⁓ faire avancer, faire monter qn. de *od.* en grade; donner de l'avancement à qn.; **j-n zu etw.** ⁓ promouvoir qn. qc.; **j-n zum Direktor** ⁓ promouvoir qn. directeur; **zu etw. befördert werden** être promu qc.; passer qc.; **befördert werden** *abs.* monter, avancer en *od.* de grade; avoir de l'avancement; être promu; **zum General befördert werden** être promu général; passer général; **⁓ung** *f* **1.** transport *m*; *von Waren auch* acheminement *m*; (*Verschickung*) expédition *f*; **2.** (*Rangerhöhung*) avancement *m*; promotion *f*; **die** ⁓ **zum Hauptmann** l'avancement au grade de capitaine; **⁓ungsˌart** *f* mode *m*, régime *m* de transport, d'expédition; *e-s Telegramms* mode *m* de transmission; **⁓ungsbeˌdingungen** *f/pl.* conditions *f/pl.* de transport; **⁓ungsˌkosten** *pl.* frais *m/pl.* de transport; **⁓ungsˌliste** *f* tableau *m* d'avancement; **⁓ungsˌmittel** *n* moyen *m* de transport; **⁓ungsˌschein** *m* bulletin *m* de transport, d'expédition; **⁓ungsˌsteuer** *f* impôt *m*, taxe *f* sur les transports; **⁓ungsˌweg** *m* itinéraire *m*; voie *f* d'acheminement, de transport; **⁓ungsˌwesen** *n* **das** ⁓ les transports *m/pl.*

befracht|en [bəˈfraxtən] *v/t.* ⟨-ete, *pas de ge-*, h⟩ charger; *mar.* affréter; **2er** *m mar.* affréteur *m*; **2ung** *f* ⟨⁓⟩ chargement *m*; *mar.* affrètement *m*.

befrackt [bəˈfrakt] *adj.* en habit.

befrag|en [bəˈfrɑːgən] **I** *v/t.* ⟨*pas de ge-*, h⟩ questionner, interroger (qn. sur qc.); poser des questions (à qn. sur qc.); demander (qc. à qn.); **Zeugen** ⁓ interroger des témoins; **s-n Anwalt** ⁓ prendre l'avis de, demander avis à, consulter son avocat; *hist.* **das Orakel** ⁓ consulter l'oracle; **II 2en** *n* **auf** ⁓ **sagte er ...** interrogé, questionné il répondit ...; *cf. auch* 2ung; **2te(r)** *f(m)* ⟨→ A⟩ interrogé(e) *m(f)*; **2ung** *f* ⟨⁓; ⁓en⟩ *e-s Zeugen etc.* interrogation *f*; *e-s Anwaltes etc.* consultation *f*.

befrei|en [bəˈfraɪən] **I** *v/t.* ⟨*pas de ge-*, h⟩ **a)** délivrer, libérer (**aus, von** de); *aus e-r Umklammerung* dégager (de); *von Hemmnissen auch* débarrasser (de); *aus Abhängigkeit, Unterdrückung auch* affranchir (de); **e-n Gefangenen** ⁓ délivrer un prisonnier; **j-n von Sorgen** ⁓ délivrer, libérer qn. de ses soucis; **b)** *von Steuern* exempter [ɛgzɑ̃te], exonérer (de); *vom Militärdienst* exempter (de); *von Gebühren, Formalitäten, Schüler vom Turnen* dispenser (de); **II** *v/réfl.* **sich** ⁓ se délivrer; se libérer; se dégager; s'affranchir; **das Volk befreite sich von der Unterdrückung** le peuple se libéra, s'affranchit de l'oppression; **sich aus e-r Umarmung** ⁓ se dégager, se libérer d'une étreinte; **der Verunglückte konnte sich selbst** ⁓ l'accidenté a pu se dégager lui-même; **⁓end** *adjt.* qui délivre, libère; libérateur, -trice; *Wort, Lachen etc.* de soulagement; *Sport* **⁓er Schlag** dégagement *m*; **Humor hat etw. 2es** l'humour a qc. de libérateur; **2er(in)** *m* ⟨⁓s; ⁓⟩ (*f*) ⟨⁓; ⁓nen⟩ libérateur, -trice *m, f*; **⁓t 1.** *adjt.* délivré; libéré; *von Steuern* exempt [ɛgzɑ̃]; exonéré; **vom Militärdienst** ⁓ exempté du service militaire; **vom Turnen** ⁓ dispensé de gymnastique; **2.** *advt.* ⁓ **aufatmen** pousser un soupir de soulagement; **sich** ⁓ **fühlen** se sentir libéré, soulagé; **2ung** *f* ⟨⁓⟩ délivrance *f*; libération *f* (*auch pol.*); *aus Abhängigkeit, Unterdrückung auch* affranchissement *m*; *von Steuern, vom Militärdienst* exemption [ɛgzɑ̃psjõ] *f*; *von Steuern auch* exonération *f*; *von Gebühren, vom Turnen etc.* dispense *f*; **ein Gefühl der** ⁓ un sentiment de soulagement; **2ungsarˌmee** *f* armée *f* de libération; **2ungsbeˌwegung** *f* mouvement *m* de libération; **2ungsˌkampf** *m* combat *m* de libération; **2ungsˌkrieg** *m* guerre *f* de libération; *hist.* **die ⁓e** *cf.* **Freiheitskriege.**

befremd|en [bəˈfrɛmdən] **I** *v/t.* ⟨-ete, *pas de ge-*, h⟩ paraître, sembler étrange à; surprendre; étonner; déconcerter; **das befremdet mich** je trouve cela étrange; cela me surprend, m'étonne; cela me parait, semble étrange; **II 2en** *n* ⟨⁓s⟩ surprise *f*; étonnement *m*; **⁓end** *adjt.*, **⁓lich** *adj.* étrange; surprenant; étonnant; insolite; déconcertant; **2ung** *f* ⟨⁓; ⁓en⟩ *cf.* 2en.

befreund|en [bəˈfrɔʏndən] *v/réfl.* ⟨-ete, *pas de ge-*, h⟩ **sich mit j-m** ⁓ se lier d'amitié avec qn.; *fig.* **sich mit e-m Gedanken** ⁓ se familiariser avec, se faire à une idée; **⁓et** *adjt.* ami; ⁓ **sein** être ami; **eng (miteinander)** ⁓ **sein** être amis intimes; être étroitement, intimement liés; **e-e ⁓e Macht** une puissance amie.

befrieden [bəˈfriːdən] *v/t.* ⟨-ete, *pas de ge-*, h⟩ *Land etc.* pacifier.

befriedig|en [bəˈfriːdɪgən] *v/t.* ⟨*pas de ge-*, h⟩ satisfaire (*auch Leidenschaften, Ansprüche, Bedürfnisse etc.*); contenter; **er ist schwer zu** ⁓ il est difficile à contenter, à satisfaire; **e-n Gläubiger** ⁓ payer, désintéresser, satisfaire, contenter un créancier; **s-e Neugier** ⁓ satisfaire sa curiosité; **diese Arbeit befriedigt mich** ce travail me satisfait; **die Nachfrage** ⁓ *auch* répondre à, faire face à la demande; **⁓end 1.** *adjt.* satisfaisant; *Zeugnisstufe* assez bien; **2.** *advt.* d'une façon satisfaisante; **⁓t 1.** *adjt.* satisfait; content; **2.** *advt.* avec satisfaction; **sich** ⁓ **äußern** exprimer sa satisfaction; **2ung** *f* ⟨⁓⟩ satisfaction *f*; contentement *m*; *e-s Gläubigers auch* désintéressement *m*; **die** ⁓ **der Ansprüche** la satisfaction des revendications; **mit** ⁓ **feststellen** constater avec satisfaction.

Befriedung [bəˈfriːdʊŋ] *f* ⟨⁓; ⁓en⟩ pacification *f*; **⁓spoliˌtik** *f* politique *f* de pacification.

befrist|en [bəˈfrɪstən] *v/t.* ⟨-ete, *pas de ge-*, h⟩ **etw.** ⁓ fixer un délai pour qc.; soumettre qc. à un délai; **⁓et** *adjt.* à durée limitée; temporaire; **2ung** *f* ⟨⁓; ⁓en⟩ fixation *f* d'un délai (pour).

befrucht|en [bəˈfrʊxtən] *v/t.* ⟨-ete, *pas de ge-*, h⟩ **1.** *biol.* féconder; **künstlich** ⁓ féconder, *Tiere u. Menschen meist* inséminer artificiellement; *fig.*

der Regen befruchtet das Land la pluie fertilise, fait fructifier le sol; 2. *geistig* enrichir; 2ung *f* ⟨~; ~en⟩ 1. *biol.* fécondation *f*; künstliche ~ fécondation artificielle; *bei Tieren u. Menschen meist* insémination artificielle; 2. *geistige* enrichissement *m*; 2ungs,vorgang *m* processus [-ys] *m* de fécondation.

befug|en [bə'fu:gən] *v/t.* ⟨*pas de ge-*, h⟩ autoriser (j-n zu etw. qn. à faire qc.); donner pouvoir (à qn. de faire qc.); 2nis *f* ⟨~; ~se⟩ autorisation *f*; attribution(s) *f(pl.)*; droit *m*; pouvoir *m*; qualité *f* (pour); compétence *f*; ohne ~ handeln agir sans autorisation, sans en avoir le droit; j-m ~se übertragen conférer des attributions à qn.; s-e ~e überschreiten outrepasser ses pouvoirs, ses attributions; sortir du cadre de ses fonctions; ~t *adjt.* autorisé (zu etw. à faire qc.); qui a le pouvoir de, le droit de, qualité pour; dazu bin ich nicht ~ c'est en dehors de mes attributions; cela excède mes attributions; cela n'est pas, n'entre pas, ne rentre pas dans mes attributions.

befühlen [bə'fy:lən] I *v/t.* ⟨*pas de ge-*, h⟩ toucher; tâter; palper; II 2 *n* ⟨~s⟩ tâtement *m*; palpation *f*; *besser verbal*.

befummeln [bə'fʊməln] *v/t.* ⟨-(e)le, *pas de ge-*, h⟩ F tripoter.

Befund [bə'fʊnt] *m* ⟨~(e)s; ~e⟩ résultat *m* (d'un examen médical, de recherches, d'une expertise, *etc.*); constatation *f*; observation *f*; *méd.* ohne ~ *etwa* symptômes néant.

befürcht|en [bə'fʏrçtən] *v/t.* ⟨-ete, *pas de ge-*, h⟩ craindre, redouter, appréhender (qc., que ... + *subj.*, de ... + *inf.*); avoir peur (de qc., que ... + *subj.*, de ... + *inf.*); es ist das Schlimmste zu ~ il faut s'attendre au pire; le pire est à craindre, à redouter; von j-m nichts zu ~ haben n'avoir rien à craindre, à redouter de qn.; 2ung *f* ⟨~; ~en⟩ appréhension *f*; crainte *f*; ~en haben craindre; redouter; appréhender; avoir peur; *st. s.* ~en hegen nourrir des appréhensions, des craintes; Anlaß zu ernsten ~en geben inspirer de sérieuses appréhensions, craintes; s-e ~en haben sich bewahrheitet ses appréhensions, ses craintes se sont réalisées.

befürwort|en [bə'fy:r,vɔrtən] *v/t.* ⟨-ete, *pas de ge-*, h⟩ *Antrag, Ernennung etc.* appuyer; *Vorgehen, Politik etc.* préconiser; (*gutheißen*) approuver; 2er *m* ⟨~s; ~⟩ celui qui appuie, préconise qc.; 2ung *f* ⟨~⟩ appui *m*; préconisation *f*.

begab|en [bə'gɑ:bən] *v/t.* ⟨*pas de ge-*, h⟩ *st. s.* doter, douer, pourvoir (mit de); ~t *adjt.* a) doué; ein ~er Schüler un élève doué; ~ sein être doué (für pour); avoir de grands talents, des aptitudes, des dispositions (pour); er ist vielseitig, künstlerisch ~ il a des dons multiples, artistiques; b) *st. s.* mit Vernunft, Schönheit ~ sein être doué, doté de raison, de beauté; 2ten,auslese *f* sélection *f* des enfants les plus doués, les plus aptes; 2ung *f* ⟨~⟩ a) disposition(s) *f(pl.)*; don(s) *m(pl.)*; aptitude(s) *f(pl.)*; talent(s) *m(pl.)*; e-e überdurchschnittliche ~ für etw. haben avoir des dispositions, *etc.* au-dessus de la moyenne pour qc.; b) ⟨*pl.* ~en⟩ er ist e-e der stärksten ~en auf diesem Gebiet c'est un des plus grands talents, un des plus doués dans ce domaine.

begaffen [bə'gafən] *v/t.* ⟨*pas de ge-*, h⟩ *péj.* regarder bouche bée, avec des yeux ronds.

begangen [bə'gaŋən] *adjt. Weg etc.* passant; *cf. auch* begehen.

begann [bə'gan] *cf.* beginnen.

begatt|en [bə'gatən] *v/réfl.* ⟨-ete, *pas de ge-*, h⟩ sich ~ s'accoupler; 2ung *f* accouplement *m*; *beim Menschen meist* copulation *f*; union charnelle.

begaunern [bə'gaʊnərn] F *v/t.* ⟨-(e)re, *pas de ge-*, h⟩ escroquer; F rouler; faisander; refaire.

begeb|bar [bə'ge:p,bɑ:r] *adj. comm.* négociable; ~en I *v/t.* ⟨*irr., pas de ge-*, h⟩ *comm. Anleihe* émettre; lancer; *Wechsel* négocier; II *v/réfl.* 1. sich ~ se rendre; aller; sich an Ort und Stelle ~ se rendre, se transporter sur les lieux; sich an die Arbeit ~ se mettre au travail; sich auf den Heimweg ~ prendre le chemin du retour; sich auf die Reise ~ partir en voyage; sich zur Ruhe ~ aller se coucher; sich in j-s Schutz ~ se placer sous la protection de qn.; sich in Gefahr ~ s'exposer au danger; 2. *st. s.* sich s-r Rechte *etc.* ~ renoncer à ses droits, *etc.*; 3. *st. s.* (*sich ereignen*) arriver; se passer; se produire; avoir lieu; 2en,heit *f* ⟨~; ~en⟩ événement *m*; affaire *f*; incident *m*; fait *m*; 2ung *f* ⟨~; ~en⟩ *comm. e-r Anleihe* émission *f*; lancement *m*; *e-s Wechsels* négociation *f*.

begegn|en [bə'ge:gnən] I *v/i.* ⟨-ete, *pas de ge-*, sein⟩ 1. rencontrer, croiser (qn., qc.); j-m zufällig ~ rencontrer, croiser qn. par hasard; j begegnet mir je rencontre qn.; allgemeiner Abneigung ~ rencontrer l'antipathie générale; dieses Wort begegnet e-m häufig bei Goethe on rencontre ce mot souvent dans Gœthe; das Schlimmste, was mir ~ kann le pire qui puisse m'arriver; 2. j-m grob, höflich ~ traiter qn. grossièrement, poliment; j-m freundlich ~ recevoir qn. amicalement; faire bon visage, bonne figure à qn.; j-m feindlich ~ réserver un accueil hostile à qn.; j-m zurückhaltend, kühl ~ battre froid à qn.; 3. *st. s. e-m Übel, Mangel, e-r Gefahr etc.* faire face à; parer à; remédier à; obvier à; prévenir; II *v/réfl.* sich ~ se rencontrer; se croiser; 2ung *f* ⟨~; ~en⟩ rencontre *f* (*auch im Sport*).

begehen [bə'ge:ən] I *v/t.* ⟨*irr., pas de ge-*, h⟩ 1. aller, marcher, passer sur; parcourir; *prüfend* inspecter; reconnaître; dieser Weg wird viel begangen ce chemin est très passant, fréquenté; 2. *Fest* fêter; *feierlich* célébrer; commémorer; 3. *Diebstahl, Verrat etc.* commettre; *Fehler, Dummheit* faire; commettre; ein Verbrechen ~ *auch* perpétrer un crime; e-e Sünde ~ commettre, faire un péché; e-e Indiskretion ~ commettre une indiscrétion; Selbstmord ~ se suicider; II 2 *n cf.* Begehung.

Begehr [bə'ge:r] *m, n* ⟨~s⟩ *cf.* ~en; 2en I *v/t.* ⟨*pas de ge-*, h⟩ demander; désirer; souhaiter; *sinnlich* désirer (qn., qc.); convoiter (qc.); Einlaß ~ demander la permission d'entrer; sein Recht ~ revendiquer son droit; alles, was das Herz begehrt tout ce que l'on désire, souhaite; II ~en *st. s. n* ⟨~s⟩ désir *m*; demande *f*; was ist dein ~? que désires-tu?; 2ens,wert *adj.* désirable; convoitable; 2lich 1. *adj. péj. Blick etc.* plein de convoitise; *im erotischen Sinne meist* concupiscent; ~e Blicke werfen auf jeter des regards pleins de convoitise, concupiscents sur; 2. *adv.* ~ auf etw., nach j-m schauen regarder qc. avec convoitise, qn. avec concupiscence; ~lich,keit *f* ⟨~⟩ convoitise *f*; *sinnliche* concupiscence *f*; 2t *adjt. Artikel* demandé; recherché; en faveur.

Begehung [bə'ge:ʊŋ] *f* ⟨~⟩ 1. *e-s Weges verbal*; *zur Prüfung* inspection *f*; reconnaissance *f*; 2. *e-s Festes, Jubiläums* célébration *f*; commémoration *f*; 3. *e-s Verbrechens* perpétration *f*; *sonst verbal*.

begeifern [bə'gaɪfərn] *v/t.* ⟨-(e)re, *pas de ge-*, h⟩ *fig.* baver sur; répandre son venin sur; calomnier.

begeister|n [bə'gaɪstərn] *v/t.* (*u. v/réfl.*) ⟨-(e)re, *pas de ge-*, h⟩ (s')enthousiasmer, (s')enflammer, (s')exalter, F (s')emballer, *leidenschaftlich* (se) passionner (für pour); die Zuschauer ~ *auch* galvaniser les spectateurs; F dafür kann ich mich nicht ~ cela me laisse froid; ~t 1. *adjt.* enthousiaste; enthousiasmé; enflammé; exalté; passionné; *Person auch* transporté d'enthousiasme; ~e Zuschauer des spectateurs enthousiastes, enthousiasmés, *etc.*; ~e Zurufe des acclamations enthousiastes, enthousiasmées, *etc.*; j-m e-n ~en Empfang bereiten réserver un accueil enthousiaste, enflammé, exalté, passionné à qn.; von j-m, etw. ~ sein être enthousiasmé, passionné par qn., par qc.; 2. *advt.* avec enthousiasme; j-m ~ zuhören *auch* boire les paroles de qn.; 2ung *f* ⟨~⟩ enthousiasme *m*; exaltation *f*; passion *f*; F emballement *m*; mit ~ avec enthousiasme; ohne ~ sans enthousiasme; sans gaîté de cœur; j-n in ~ versetzen transporter qn. d'enthousiasme; j-s ~ dämpfen refroidir, F doucher l'enthousiasme de qn.; 2ungs,ausbruch *m* débordement *m* d'enthousiasme; ~ungs,fähig *adj.* capable de s'enthousiasmer; 2ungs,fähigkeit *f* ⟨~⟩ faculté *f* de s'enthousiasmer.

begicht|en [bə'gɪçtən] *v/t.* ⟨-ete, *pas de ge-*, h⟩ *Hochofen* charger; 2ung *f* ⟨~; ~en⟩ chargement *m* (du haut fourneau); 2ungs,kübel *m* benne *f* de chargement.

Begier|(de) [bə'gi:r(də)] *f* ⟨~⟩ (*f*) ⟨~; ~n⟩ désir *m* (nach de); soif *f* (de); appétit(s) *m(pl.)* (de); *nach Besitz, Geld* avidité *f*; cupidité *f*; *sinnliche auch* concupiscence *f*; 2ig 1. *adj.* avide (auf, nach de); (très) désireux, -euse (de); assoiffé (de); affamé (de); *sinnlich* concupiscent; ich bin ~ zu erfahren, ob ... je suis désireux de, je suis impatient de, j'ai 'hâte de, il me tarde de savoir si ...; 2. *adv.* avidement; avec avidité.

begießen [bə'gi:sən] *v/t.* ⟨*irr., pas de ge-*, h⟩ *Blumen, Braten* arroser (mit avec); mit etw. ~ *auch* verser, répandre qc. (sur); *fig. u.* F s-e Ernennung *etc.* ~ arroser sa nomination, *etc.*; das muß begossen werden! il faut arroser ça!; sich die Nase ~ se piquer le nez.

Begine [beˑ'gi:nə] *f* ⟨~; ~n⟩ *relig.* béguine *f*.

Beginn [bə'gɪn] *m* ⟨~(e)s⟩ commencement *m*; début *m*; *thé.* ~ der Vorstellung lever *m* du rideau; zu, bei ~ au début; au commencement; zu ~ des Winters *auch* à l'entrée de l'hiver; der ~ der Jagdzeit, der Schonzeit l'ouverture, la fermeture de la chasse; 2en I *v/t. u. v/i.* ⟨beginnt, begann, begönne, begonnen, h⟩ 1. commencer (etw. qc., zu à, mit par); débuter (par); noch einmal ~ recommencer; zu zweifeln ~ commencer à, *st. s.* de douter; er begann mit den Worten... il commença, débuta par ces mots...; mit der Arbeit ~ commencer à travailler, le travail; se mettre à travailler; der Tag beginnt le jour point; il commence à faire jour; **2.** faire; entreprendre; er wußte nicht, was er ~ sollte il ne savait pas ce qu'il devait faire; **II** ~**en** *st. s. n* ⟨~s⟩ entreprise *f*; sinnloses ~ entreprise insensée.

beglaubig|en [bə'glaʊbɪgən] *v/t.* ⟨*pas de ge-*, h⟩ **1.** authentifier; authentiquer; *Abschrift* certifier conforme; *Unterschrift* légaliser; etw. ~ lassen faire authentifier qc.; faire certifier conforme qc.; faire légaliser qc.; beglaubigte Abschrift copie certifiée conforme; **2.** *dipl.* accréditer (bei auprès de); 𝔖**ung** *f* ⟨~; ~en⟩ **1.** authentification *f*; *e-r Abschrift* certification *f* conforme; *e-r Unterschrift* légalisation *f*; **2.** *dipl.* accréditation *f*; 𝔖**ungs,schreiben** *n dipl.* lettres *f/pl.* de créance.

begleich|en [bə'glaɪçən] *v/t.* ⟨*irr., pas de ge-*, h⟩ *comm. Rechnung etc.* régler; solder; acquitter; payer; *Schulden auch* éteindre; Rückstände ~ régler des arriérés; 𝔖**ung** *f* ⟨~⟩ *e-r Rechnung etc.* règlement *m*; acquittement *m*; paiement *m*; *von Schulden auch* extinction *f*; zur ~ Ihrer Rechnung en règlement de votre facture.

Begleit|brief [bə'glaɪt,bri:f] *m cf.* ~schreiben; 𝔖**en** *v/t.* ⟨-ete, *pas de ge-*, h⟩ accompagner (*auch mus.*); *zum Schutz* escorter; faire escorte à; *Schiffe auch* convoyer; *als Anstandsdame* chaperonner; *als Gefolge* suivre; j-n ein Stück Wegs ~ *auch* faire à qn. un bout de conduite; ~**er(in)** *m* ⟨~s; ~⟩ (*f*) ⟨~; ~nen⟩ personne *f* qui accompagne qn.; compagnon *m*, compagne *f*; *mus., e-r Touristengruppe etc.* accompagnateur, -trice *m, f*; er ist ihr ständiger ~ il l'accompagne tout le temps; ~**er,scheinung** *f* phénomène *m*, symptôme *m* qui accompagne qc., secondaire, concomitant, accessoire; ~**ko,mmando** *n milit.* détachement *m* d'escorte; ~**mu,sik** *f* musique *f* d'accompagnement; ~**pa,piere** *n/pl.* papiers *m/pl.* d'accompagnement; ~**per,son** *f amtliche* convoyeur, -euse *m, f*; *cf. auch* ~er(in); ~**perso,nal** *n* personnel *m* qui accompagne qn., qc.; convoyeurs *m/pl.*; ~**,schein** *m* feuille *f* d'accompagnement; *Zoll* acquit-à-caution *m*; ~**,schiff** *n mar.* escorteur *m*; convoyeur *m*; ~**,schreiben** *n comm.* lettre *f* d'accompagnement, d'envoi; ~**,schutz** *m aviat.* escorte *f*; ~**,umstände** *m/pl.* faits concomitants; *cf. auch* ~erscheinung; ~**ung** *f* ⟨~⟩ *mus.* accompagnement *m*; *sonst verbal*; *cf. auch* ~er(in) *u.* ~person; in ~ (von *od. gén.*) en compagnie de; accompagné de; j-m s-e ~ anbieten offrir à qn. de l'accompagner; ohne ~ ausgehen sortir sans être accompagné.

beglück|en [bə'glʏkən] *v/t.* ⟨*pas de ge-*, h⟩ rendre heureux, -euse; faire plaisir à; faire le bonheur de (*auch iron.*); *iron.* j-n mit s-r Gegenwart ~ honorer qn. de sa présence; ~**end** *adjt.* qui rend heureux, -euse; qui comble de bonheur; ein ~es Gefühl un sentiment de bonheur; ~**t** *adjt.* heureux, -euse; ravi; charmé; 𝔖**ung** *f* ⟨~⟩ bonheur *m*; ~**,wünschen I** *v/t.* ⟨*pas de ge-*, h⟩ féliciter, complimenter, congratuler (j-n zu etw. qn. pour *od.* de qc.); faire, adresser des félicitations (à qn.); **II** *v/réfl.* sich ~ se féliciter; se congratuler; 𝔖**,wünschung** *f* ⟨~⟩ félicitations, congratulations (adressées à qn).

begnad|et [bə'gnɑ:dət] *adjt. st. s.* comblé des grâces du ciel; divinement doué; béni des dieux; ~**igen** *v/t.* ⟨*pas de ge-*, h⟩ gracier; begnadigt werden être gracié; 𝔖**i,gung** *f* ⟨~; ~en⟩ grâce *f*; die ~ ablehnen refuser la grâce; die ~ des Verbrechers la grâce accordée au criminel; 𝔖**igungsge,such** *n jur.* recours *m* en grâce; 𝔖**igungs,recht** *n* droit *m* de grâce.

begnügen [bə'gny:gən] *v/réfl.* ⟨*pas de ge-*, h⟩ sich ~ mit se contenter de; ich begnüge mich damit *auch* cela me suffit.

Begonie [be'go:niə] *f* ⟨~; ~n⟩ *bot.* bégonia *m*.

begonnen [bə'gɔnən] *cf.* beginnen.

begönnern [bə'gœnərn] *v/t.* ⟨-(e)re, *pas de ge-*, h⟩ se faire le protecteur, la protectrice de; traiter avec condescendance.

begraben [bə'grɑ:bən] **I** *v/t.* ⟨*irr., pas de ge-*, h⟩ enterrer; ensevelir; ~ liegen reposer; être enterré; j-n lebendig ~ ensevelir qn. vivant; unter den Trümmern ~ werden être enseveli, enterré sous les décombres; *fig.* s-e Hoffnung *etc.* ~ renoncer à, abandonner son espoir, *etc.*; F faire, mettre une croix sur son espoir, *etc.*; F dort möchte ich nicht ~ sein je ne voudrais pas vivre, habiter là-bas; F je ne voudrais pas y faire de vieux os; F da liegt der Hund ~ *cf.* Hund; F du kannst dich ~ lassen! va te faire pendre!; P va te rhabiller!; va te faire cuire un œuf!; **II** 𝔖 *n* enterrement *m*; ensevelissement *m*.

Begräbnis [bə'grɛ:pnɪs] *n* ⟨~ses; ~se⟩ *cf.* Beerdigung.

begradig|en [bə'grɑ:dɪgən] *v/t.* ⟨*pas de ge-*, h⟩ *Straße, Fluß, Front* rectifier; 𝔖**ung** *f* ⟨~; ~en⟩ rectification *f*.

begreif|en [bə'graɪfən] **I** *v/t.* ⟨*irr., pas de ge-*, h⟩ **1.** comprendre; saisir; concevoir; F piger; ich kann ihn nicht ~ je ne peux pas le comprendre; das ist schwer zu ~ c'est difficile à comprendre, à saisir; ich begreife nicht, wie... *auch* je ne vois pas comment...; **2.** *st. s.* in sich ~ comprendre; renfermer; contenir; **II** 𝔖**en** *n* compréhension *f*; ~**lich 1.** *adj.* compréhensible; concevable; naturel, -lle; **2.** *adv.* j-m etw. ~ machen faire comprendre qc. à qn.; expliquer qc. à qn.; mettre qc. à la portée de qn.; ~**licher'weise** *adv.* on comprend aisément que...; naturellement.

begrenz|en [bə'grɛntsən] *v/t.* ⟨-(es)t, *pas de ge-*, h⟩ limiter; borner (*beide auch fig.*); délimiter; *Redezeit, Geschwindigkeit etc.* limiter; ~**t** *adjt.* limité (*auch fig.*); délimité; ~e Möglichkeiten possibilités limitées; e-e genau ~e Arbeit un travail exactement délimité; 𝔖**t,heit** *f* ⟨~⟩ caractère limité; limitation *f*; 𝔖**ung** *f* ⟨~; ~en⟩ limitation *f* (*auch fig., der Geschwindigkeit etc.*); délimitation *f*; *e-s Grundstücks durch Grenzsteine etc.* bornage *m*; 𝔖**ungs,licht** *n am Fahrzeug* feu *m* de position.

begriff [bə'grɪf] **I** *cf.* begreifen; **II** 𝔖 *m* ⟨~(e)s; ~e⟩ **1. a)** notion *f*; *philos.* concept [-pt] *m*; abstrakter ~ notion abstraite; concept abstrait; der ~ der Freiheit la notion, le concept de liberté; ein dehnbarer ~ une notion élastique, très large; sein Name ist mir ein ~ son nom me dit qc.; son nom signifie qc. pour moi; **b)** idée *f*; das ist für meine ~e unmöglich c'est impossible à mon idée; sich e-n ~ von etw. machen se faire une idée de qc.; davon kann man sich keinen ~ machen on ne peut s'en faire une idée; on ne peut se l'imaginer; das übersteigt alle ~e cela dépasse tout ce qu'on peut imaginer; c'est inconcevable; F das geht über meine ~e je n'y comprends rien; e-n hohen, sonderbaren ~ von etw. haben avoir une haute idée, une drôle d'idée de qc.; **c)** F schwer von ~ sein avoir l'esprit obtus; avoir la tête dure; F être bouché (à l'émeri); avoir la comprenette difficile(tte); **2.** im ~ sein, etw. zu tun être sur le point de, prêt à faire qc.; s'apprêter, se disposer à faire qc.; im ~ sein abzureisen *auch* être sur le départ; ~**en** *p. p.* in der Entwicklung, Umbildung *etc.* ~ sein être en train de se développer, de se transformer, *etc.*; être en voie de développement, de transformation, *etc.*; im Werden ~ sein être en train de naître, d'apparaître; er war mitten in der Arbeit ~ il était en train de, occupé à travailler; ~**lich** *adj.* abstrait; conceptuel, -lle; ~es Denken pensée abstraite; ~e Klarheit clarté *f* des termes; 𝔖**sana,lyse** *f* analyse conceptuelle; 𝔖**sbe,stimmung** *f* définition *f*; 𝔖**s,bildung** *f* formation *f* de concepts, de notions; 𝔖**s,inhalt** *m* contenu *m* d'un concept, d'une notion; ~**s,stutzig 1.** *adj.* ~ sein *cf.* (schwer von) 𝔖 (sein); **2.** *adv.* j-n ~ ansehen regarder qn. sans comprendre; 𝔖**s,stutzig,keit** *f* ⟨~⟩ difficulté *f* à comprendre; 𝔖**sver,mögen** *n* compréhension *f*; entendement *m*; das übersteigt unser ~ cela dépasse notre compréhension, entendement; 𝔖**sver,wirrung** *f* confusion *f* d'idées.

begründ|en [bə'grʏndən] *v/t.* ⟨-ete, *pas de ge-*, h⟩ **1.** *Handlungsweise, Behauptung, Entschluß etc.* justifier, motiver (mit par); ein Urteil ~ énoncer les motifs sur lesquels est fondé un jugement; wie wollen Sie das ~? comment voulez-vous justifier cela?; das ist, liegt in der Sache begründet c'est dans la nature de cette chose; **2.** (*aufbauen*) baser (auf sur); e-e historisch begründete Tatsache un fait basé sur l'histoire; **3.** *Hausstand, Verein etc.* fonder; *Existenz* créer; *Ruf, Glück* établir; 𝔖**er(in)** *m* (*f*) fondateur, -trice *m, f*; créateur, -trice *m, f*; ~**et** *adjt. Hoffnung etc.* justifié; motivé; fondé; 𝔖**ung** *f* **1.** *e-r Behauptung etc.* justification *f*; e-e plausible ~ des raisons plausibles; e-e schlechte ~ de mauvaises raisons; e-e eingehende ~ une explication, une justification détaillée; un exposé détaillé des motifs; mit der ~, daß... en donnant comme raison, pour motif que...; en alléguant (qc.); etw. ohne jede ~ ablehnen refuser qc. sans explication; **2.** *e-r Firma etc.* fondation *f*; création *f*; *e-s Rechts* établissement *m*.

begrüß|en [bə'gry:sən] *v/t.* ⟨-(es)t, *pas de ge-*, h⟩ **1.** j-n ~ saluer qn.; accueillir qn.; die Gäste ~ accueillir les invités; souhaiter la bienvenue aux invités; j-n mit Handschlag ~ accueillir qn. en lui serrant la main; j-n mit Hallo, mit Beifall ~ accueillir qn. par des cris de joie, par des applaudissements; **2.** *fig. Erscheinen e-s Buches, Beschluß etc.* saluer; es ist zu ~, daß... il est heureux de voir que...; etw. freudig ~ saluer qc. avec joie; ~**ens,wert** *adj.* bienvenu; heureux, -euse; dont il convient de se féliciter; agréable; 2**ung** *f* ⟨~⟩ salutation(s) *f* (*pl.*); accueil *m*; **bei, während der** ~ pendant les salutations, l'accueil; **ein Wort der** ~ une parole de bienvenue; 2**ungs,ansprache** *f* allocution *f* de bienvenue; 2**ungs,feier** *f* réception solennelle; 2**ungs,rede** *f* discours *m* de bienvenue; 2**ungs,worte** *n/pl.* paroles *f/pl.* de bienvenue.

begucken [bə'gʊkən] F *v/t.* (*u. v/réfl.*) ⟨*pas de ge-*, h⟩ (se) regarder; **sich im Spiegel** ~ se regarder dans la glace; **sich etw.** ~ regarder qc.; *cf. auch* ansehen 1. b).

begünstig|en [bə'gʏnstɪgən] *v/t.* ⟨*pas de ge-*, h⟩ **a)** favoriser; avantager; F pistonner; **die begünstigten Klassen** les classes favorisées; **steuerlich begünstigt sein** être avantagé au point de vue fiscal; **b) die Flucht e-s Verbrechers** ~ aider un malfaiteur à fuir; 2**te(r)** *f* (*m*) ⟨→ A⟩ personne qui est favorisée, avantagée; bénéficiaire *m*; 2**ung** *f* ⟨~⟩ faveur (accordée à); **steuerliche** ~ avantage fiscal; **j-m e-e** ~ **zuteil werden lassen** favoriser, avantager qn.

begutacht|en [bə'guːt,ʔaxtən] *v/t.* ⟨-ete, *pas de ge-*, h⟩ donner, émettre son avis (d'expert) sur; expertiser; faire une expertise sur; 2**er** *m* ⟨~s; ~⟩ personne *f* qui donne son avis (d'expert); expert *m*; 2**ung** *f* ⟨~; ~en⟩ expertise *f*; avis *m*, rapport *m* d'expert; **j-m etw. zur** ~ **vorlegen** présenter qc. à qn. pour qu'il donne son avis, pour une expertise.

begütert [bə'gyːtərt] *adj.* **a)** fortuné; cossu; aisé; riche; ~ **sein** *auch* avoir de la fortune, des moyens, du bien; avoir pignon sur rue; **b)** possédant des biens, des terres, des propriétés.

begütigen [bə'gyːtɪgən] *v/t.* ⟨*pas de ge-*, h⟩ apaiser; calmer; adoucir; ~**d** *adjt.* qui apaise; qui calme.

behaar|t [bə'haːrt] *adj.* poilu; velu; couvert de poils; 2**ung** *f* ⟨~⟩ pilosité *f*; poils *m/pl.*

behäbig [bə'hɛːbɪç] **1.** *adj.* **a)** lourd et lent; **breit und** ~ large et lourd; **b)** (*geruhsam*) qui prend son temps; F pépère; **2.** *adv.* lentement; lourdement; (*geruhsam*) en prenant son temps; F à la pépère; 2,**keit** *f* ⟨~⟩ lourdeur accompagnée de lenteur *f*.

behaftet [bə'haftət] *adjt. st. s.* **mit etw.** ~ **sein** avoir qc.; *mit e-m Gebrechen, e-r Krankheit* être atteint, affligé de qc.; **mit Mängeln** ~ **sein** avoir des défauts; être défectueux, -euse.

behag|en [bə'haːgən] **I** *v/i.* ⟨*pas de ge-*, h⟩ plaire, convenir, agréer (à); être au goût, au gré (de); faire plaisir, être agréable (à); **das behagt mir** cela me plaît; c'est à mon goût; **II** 2**en** *n* ⟨~s⟩ plaisir *m*; bien-être *m*; aise(s) *f* (*pl.*); agrément *m*; **mit sichtlichem** ~ avec un plaisir visible; **die Katze schnurrte vor** ~ le chat ronronnait de plaisir; **sein** ~ **finden** trouver son bien-être, ses aises, de l'agrément; ~**lich 1.** *adj.* où l'on se sent bien; où il fait bon vivre; agréable; **hier ist es ganz** ~ on se sent bien ici; **ein** ~**es Gefühl** un sentiment de bien-être; **2.** *adv.* **sich** ~ **fühlen** se trouver bien; se sentir à son aise; 2**lich,keit** *f* ⟨~⟩ bien-être *m*; **die** ~ **lieben** aimer le bien-être; *cf. auch* 2en.

behalten [bə'haltən] *v/t.* ⟨*irr.*, *pas de ge-*, h⟩ **a)** garder; conserver; **die Nerven, ruhig Blut** ~ garder son sang-froid; **e-n klaren Kopf** ~ garder la tête froide; **Kontakt, Fühlung mit j-m** ~ ne pas perdre le contact avec qn.; **etw. für sich** ~ garder qc. pour soi (*auch Geheimnis*); conserver qc. pour soi; **s-e Gültigkeit** ~ conserver, garder sa validité; rester valable; *st. s.* **bitte,** ~ **Sie Platz!** ne vous dérangez pas!; **die Hände in der Tasche** ~ rester, garder les mains dans les poches; **j-n bei sich** ~ garder qn. auprès de soi; *Kranker* **s-e Nahrung bei sich** ~ garder sa nourriture; *fig.* **etw. fest in der Hand** ~ garder, conserver qc. en son pouvoir; **etw., j-n im Auge** ~ ne pas perdre qc., qn. de vue; **das letzte Wort** ~ avoir le dernier mot; **recht** ~ avoir raison; **b)** *im Gedächtnis* retenir; **e-e Zahl nicht** ~ **können** ne pas pouvoir retenir un nombre; **davon habe ich nichts** ~ je n'en ai rien retenu; **etw. in guter Erinnerung** ~ conserver, garder un bon souvenir de qc.

Behält|er [bə'hɛltər] *m* ⟨~s; ~⟩ récipient *m*; réservoir *m*; *chem.* container [kõtɛnɛːr] *m*; ~**erver,kehr** *m chem.* transport *m* par containers; ~**nis** *n* ⟨~ses; ~se⟩ *cf.* ~er.

behämmer|n [bə'hɛmərn] *v/t.* ⟨-(e)re, *pas de ge-*, h⟩ marteler; ~**t** *adjt.* F **du bist ja** ~! tu es marteau, tapé!

behand|eln [bə'handəln] *v/t.* ⟨-(e)le, *pas de ge-*, h⟩ **1.** traiter; **j-n schlecht** ~ maltraiter, malmener qn.; **j-n rücksichtsvoll** ~ avoir des égards pour qn., envers qn.; **j-n von oben herab** ~ prendre des airs supérieurs avec qn.; **j-n wie Luft** ~ ignorer qn.; **j-n wie ein rohes Ei** ~ ménager qn.; traiter qn. avec ménagement; prendre qn. avec des gants; **er versteht nicht, ihn zu** ~ il ne sait pas s'y prendre avec lui; il ne sait pas comment le prendre; F il ne sait pas par quel bout le prendre; *Angelegenheit* **diskret** ~ traiter avec discrétion; *Apparat etc.* **sorgfältig** ~ s'en servir avec précaution; **2.** *e-n Kranken* traiter; soigner (*auch Krankheit*); **der** ~**de Arzt** le médecin traitant, soignant; **e-e Wunde mit Salbe** ~ soigner une blessure avec de la pommade; **3. a)** *techn.* traiter (mit avec, par); **etw. chemisch** ~ traiter qc. chimiquement; **b)** *Thema etc.* traiter; **etw. erschöpfend** ~ épuiser qc.; 2**lung** *f* **1.** *e-r Person, e-r Angelegenheit verbal*; **e-e derartige** ~ **lasse ich mir nicht gefallen** je ne me laisse pas traiter de la sorte; **2.** *méd.* traitement *m*; soins *m/pl.*; **die** ~ **e-s Kranken** les soins donnés à un malade; **die** ~ **mit Penizillin** le traitement par la pénicilline; **die chirurgische** ~ **von Herzfehlern** le traitement chirurgical des défauts du cœur; **ärztliche, zahnärztliche** ~ soins médicaux, dentaires; **in ärztlicher** ~ **sein** être en, suivre un traitement médical; **3. a)** *von Rohstoffen, Flecken* traitement *m* (mit par); **b)** *e-s Themas, Problems* étude *f*; traitement *m*; 2**lungs,art** *f* mode *m* de traitement; 2**lungs,kosten** *pl.* frais *m/pl.* de traitement; 2**lungsme,thode** *f* méthode *f* de traitement; 2**lungs,raum** *m* salle *f* de soins.

behandschuht [bə'hantʃuːt] *adj.* ganté.

Behang [bə'haŋ] *m* ⟨~(e)s; ⸚e⟩ **1.** (*Wand*2) tenture *f*; **2.** *e-s Obstbaums* fruits *m/pl.*; charge *f*; **3.** *ch.* oreilles *f/pl.* de chien de chasse.

behängen [bə'hɛŋən] **I** *v/t.* ⟨*pas de ge-*, h⟩ garnir, orner de; couvrir de; **mit Orden behängt** couvert de décorations; *iron.* **mit Lametta behängt** couvert de décorations; chamarré; **II** *v/réfl. péj.* **sich mit etw.** ~ se couvrir de qc.; **III** 2 *n* garnissage *m*; drapage *od.* drapement *m*.

beharr|en [bə'harən] **I** *v/i.* ⟨*pas de ge-*, h⟩ persister (auf dans); **auf s-r Meinung** ~ persister dans, rester sur, *eigensinnig* s'entêter dans son opinion; **bei s-m Entschluß** ~ persister dans, rester sur sa décision; **auf s-m Recht** ~ persister dans son droit; ne pas démordre de son droit; **er beharrte darauf, etw. nicht getan zu haben** il persista n'avoir pas fait qc.; **in etw.** ~ persévérer dans qc.; **ich muß es doch wissen! beharrte er** je dois pourtant le savoir! insista-t-il; **II** 2**en** *n* ⟨~s⟩ persistance *f* (auf dans); persévérance *f* (in dans); ~**lich 1.** *adj.* persévérant; qui persiste, persévère; **mit** ~**em Fleiß** avec une application persévérante; **2.** *adv.* avec persistance, persévérance; **sich** ~ **weigern** refuser avec persistance (de faire qc.); ~ **leugnen** persister à nier; ~ **an etw. festhalten** tenir à qc. avec persistance; 2**lich,keit** *f* ⟨~⟩ persistance *f*; persévérance *f*; **etw. mit** ~ **tun** faire qc. avec persistance; ~ **führt zum Ziel** avec de la persévérance on arrive à tout; 2**ung** *f* ⟨~⟩ *cf.* 2lichkeit *u.* 2ungsvermögen; 2**ungsver,mögen** *n phys.* force *f* d'inertie [-si]; 2**ungs,zustand** *m phys.* état *m* d'inertie [-si].

behauchen [bə'hauxən] *v/t.* ⟨*pas de ge-*, h⟩ souffler sur; *st. s.* ternir de son haleine; *phon.* aspirer.

behauen [bə'hauən] **I** *v/t.* ⟨*irr.*, *pas de ge-*, h⟩ *Steine, Holz* tailler; *sculp.* *grob* dégrossir; *rechteckig* équarrir; **II** *adjt.* **roh** ~**e Natursteine** pierres naturelles taillées grossièrement; **III** 2 *n* taille *f*; *sculp. grobes* dégrossissage *od.* dégrossissement *m*; *rechteckiges* équarrissage *od.* équarrissement *m*.

behaupt|en [bə'hauptən] **I** *v/t.* ⟨-ete, *pas de ge-*, h⟩ **1.** affirmer; prétendre; soutenir; assurer; **das Gegenteil** ~ affirmer, *etc.* le contraire; **etw. fest und steif** ~ soutenir, *etc.* qc. contre vents et marées, F mordicus [-ys]; **wie man behauptet...** on affirme que...; **2.** *st. s. Stellung, Posten etc.* maintenir; conserver; **das Feld** ~ rester maître du terrain (*auch fig.*); **II** *v/réfl.* **sich** ~ *in e-r Stellung etc.* se maintenir; **sich gegen j-n** ~ s'imposer contre qn.; 2**ung** *f* ⟨~; ~en⟩ **1.** affirmation *f*; assertion *f*; *math., philos.* hypothèse *f*; **das ist e-e bloße** ~ c'est une affirmation gratuite; c'est une simple hypothèse; **e-e kühne** ~ une affirmation 'hardie; **e-e** ~ **widerlegen** réfuter une affirmation; **nach der** ~ **von...** au dire de...; **2.** ⟨*pas de pl.*⟩ *e-r Stellung etc.* maintien *m*.

Behausung [bə'hauzʊŋ] *f* ⟨~; ~en⟩ demeure *f*; logis *m*; habitation *f*; gîte *m*; **finstere, armselige** ~ sombre, pauvre demeure, logis.

beheb|en [bə'heːbən] **I** *v/t.* ⟨*irr.*, *pas de ge-*, h⟩ *Schäden, Fehler* réparer; remédier à; *Schwierigkeiten* aplanir; *Zweifel* écarter; **II** 2**en** *n*, 2**ung** *f* ⟨~⟩ *von Schäden etc.* réparation *f*; *von Schwierigkeiten* aplanissement *m*; *sonst verbal.*

beheimatet [bə'haɪmaːtət] *adjt.* originaire (de).

beheiz|en [bə'haɪtsən] **I** *v/t.* ⟨-(es)t, *pas de ge-*, h⟩ chauffer; *Ofen* faire fonctionner (mit à, avec); **II** 2**en** *n*, 2**ung** *f* ⟨~⟩ chauffage *m*.

Behelf [bə'hɛlf] *m* ⟨~(e)s; ~e⟩ chose *f* provisoire, de remplacement; **ein kümmerlicher** ~ du mauvais provisoire; **etw. dient als** ~ qc. nous, *etc.*

dépanne; qc. tient lieu de qc.; **diese Wohnung ist nur ein ~** c'est un logement de fortune; ce logement n'est que du provisoire; **2en** *v/réfl.* ⟨*irr., pas de ge-,* h⟩ **sich ~** se tirer d'affaire; F s'arranger; se débrouiller; **sich mit etw. ~** s'aider de qc.; avoir recours à qc.; **sich mit wenigem ~** s'arranger, s'accommoder de peu; **~sˌbau** *m* ⟨~(e)s; ~ten⟩ construction *f* provisoire; **~sˌbrücke** *f* pont *m* provisoire, de fortune; **~sˌheim** *n* habitation *f*, maison *f* de fortune, provisoire; **2sˌmäßig 1.** *adj.* provisoire; **2.** *adv.* **~ eingerichtet** installé provisoirement; **~sˌmittel** *n cf.* **~**; **2sˌweise** *adv.* provisoirement.

behellig|en [bəˈhɛlɪgən] *v/t.* ⟨*pas de ge-,* h⟩ importuner (mit de); ennuyer; déranger; F embêter (par); **sie wurde von niemandem behelligt** personne ne l'a importunée, ennuyée, F embêtée; **ich möchte Sie nicht damit ~** je ne voudrais pas vous importuner, *etc.* avec cela; **2ung** *f* ⟨~; ~en⟩ *verbal.*

behend|(e) [bəˈhɛnt, -də] **1.** *adj.* agile; rapide; prompt; preste; leste; **2.** *adv.* agilement; rapidement; promptement; en un tournemain; prestement; lestement; **2igˌkeit** *f* ⟨~⟩ agilité *f*; rapidité *f*; promptitude *f*; prestesse *f*.

beherberg|en [bəˈhɛrbɛrgən] *v/t.* ⟨*pas de ge-,* h⟩ héberger; loger; *von e-m Gebäude* abriter; **2ung** *f* ⟨~⟩ hébergement *m*; **j-n um ~ bitten** demander à qn. l'hospitalité; **2ungsgeˌwerbe** *n* Gaststätten- und ~ industrie hôtelière; hôtellerie *f*.

beherrsch|en [bəˈhɛrʃən] **I** *v/t.* ⟨*pas de ge-,* h⟩ **1.** dominer; *Leidenschaften auch* maîtriser; commander à; *Land, Volk* être maître de; **den Markt ~** dominer le marché; **die Situation ~** être maître de, dominer la situation; **von etw. beherrscht werden** être dominé par qc.; **2.** *Sprache, Kunst, Technik* posséder; **3.** (*örtlich überragen*) dominer; donner son visage à; **II** *v/réfl.* **sich ~** se dominer; se contenir; se maîtriser; **j kann sich nur mühsam ~** qn. peut difficilement se contenir, se dominer, se maîtriser; F **ich kann mich ~!** je ne suis pas fou!; **~end** *adjt.* dominant; **2er** *m* maître *m*; souverain *m*; dominateur *m*; **2eˌrin** *f* souveraine *f*; dominatrice *f*; **~t** *adjt.* **~ sein** être maître de soi; **2theit** *f* ⟨~⟩ maîtrise *f* de soi; self-control *m*; **2ung** *f* ⟨~⟩ *e-s Landes etc.* domination *f*; *e-r Situation, s-r selbst* maîtrise *f*; *e-r Sprache* connaissance *f*; *e-r Technik* possession *f*.

beherz|igen [bəˈhɛrtsɪgən] *v/t.* ⟨*pas de ge-,* h⟩ **etw. ~** suivre, écouter qc.; tenir compte de qc.; **~igensˌwert** *adj. Rat etc.* digne d'être suivi; à retenir; **2iˌgung** *f* ⟨~⟩ *verbal*; **~t 1.** *adj.* courageux, -euse; brave; vaillant; **2.** *adv.* courageusement; vaillamment; **2theit** *f* ⟨~⟩ courage *m*; bravoure *f*; vaillance *f*.

behex|en [bəˈhɛksən] *v/t.* ⟨-(es)t, *pas de ge-,* h⟩ ensorceler; envoûter; jeter un sort sur; **2ung** *f* ⟨~; ~en⟩ ensorcellement *m*; envoûtement *m*.

behilflich [bəˈhɪlflɪç] *adj.* secourable; **j-m bei etw. ~ sein** aider qn. à faire qc.; donner un coup de main, prêter la main à qn. pour faire qc.; **darf ich Ihnen ~ sein?** puis-je vous aider, vous être utile?

behinder|n [bəˈhɪndərn] *v/t.* ⟨-(e)re, *pas de ge-,* h⟩ gêner; **durch e-e Verwundung leicht behindert sein** être légèrement gêné par une blessure; **den Verkehr, die Sicht ~** gêner la circulation, la vue; *Sport* **den Gegner ~** gêner l'adversaire; **2ung** *f* ⟨~; ~en⟩ *verbal*; **die ~ des Verkehrs, des Gegners** la gêne occasionnée à la circulation, à l'adversaire.

behobeln [bəˈhoːbəln] *v/t.* ⟨-(e)le, *pas de ge-,* h⟩ raboter; dresser au rabot; dégauchir.

behorchen [bəˈhɔrçən] *v/t.* ⟨*pas de ge-,* h⟩ **j-n ~** écouter ce que dit, fait qn.; tendre l'oreille pour surprendre les paroles de qn.

Behörd|e [bəˈhøːrdə] *f* ⟨~; ~n⟩ autorité(s) *f(pl.)*; administration *f*; service public; **zuständige, vorgesetzte ~** autorité compétente, supérieure; **oberste ~** administration centrale; **staatliche, städtische ~** administration de l'État, municipale; **die Hohe ~ der Montanunion** la Haute Autorité de la C.E.C.A.; **etw. bei e-r ~ melden** annoncer qc. aux autorités; **er wurde von ~ zu ~ gewiesen** il a été envoyé d'une administration à l'autre; **~enappaˌrat** *m* appareil administratif; **~enˌsprache** *f* langage administratif; **~enˌweg** *m* **auf dem ~** par voie hiérarchique; **2lich 1.** *adj.* administratif, -ive; **~e Vorschrift** règlement administratif; **mit ~er Genehmigung** avec autorisation de l'administration; **2.** *adv.* administrativement; par l'administration; par les autorités; **2licherˌseits** *adv.* de la part des autorités compétentes.

Behuf [bəˈhuːf] *m* ⟨~(e)s; ~e⟩ *adm.* **zu dem ~ ...** dans le but de ...; **zu diesem ~** dans ce but; **2s** *prép.* ⟨*gén.*⟩ dans le but de; en vue de.

behüten [bəˈhyːtən] *v/t.* ⟨-ete, *pas de ge-,* h⟩ **1.** (sauve)garder; protéger (vor contre, de); préserver (vor de); **die Kinder vor j-s Einfluß ~** protéger, préserver, sauvegarder les enfants de l'influence de qn.; **2. behüt' dich Gott!** Dieu te garde!; **(Gott) behüte!** jamais de la vie!; Dieu m'en garde!; F tu ne m'as pas bien regardé!

behutsam [bəˈhuːtzaːm] **1.** *adj.* prudent; précautionneux, -euse; circonspect; **2.** *adv.* prudemment; doucement; en douceur; avec précaution; **~ zu Werke gehen** agir, s'y prendre avec précaution; **mit j-m ~ umgehen** ménager qn.; **2ˌkeit** *f* ⟨~⟩ précaution *f*; prudence *f*; circonspection *f*.

Behütung [bəˈhyːtʊŋ] *f* ⟨~⟩ protection *f*.

bei [baɪ] **I** *prép.* ⟨*dat.*⟩ **1.** *räumlich* **a) Potsdam liegt ~ Berlin** Potsdam est, se trouve près de Berlin; **die Schlacht ~ Poitiers** la bataille de Poitiers; **~m Haupteingang** près de la porte d'entrée principale; **~ j-m wohnen** habiter chez qn.; **~ j-m am Tisch sitzen** être assis à la table de qn.; **~ j-m zu Besuch sein** être en visite chez qn.; **~ j-m zu Gast sein** être l'invité, l'hôte de qn.; **~m Arzt, Bäcker, Friseur** chez le médecin, le boulanger, le coiffeur; **~ der Post beschäftigt sein** travailler à la poste; **~ Langenscheidt arbeiten** travailler chez Langenscheidt; **~ der Marine, Artillerie** dans la marine, l'artillerie; **Anwalt ~m Landgericht** avocat auprès du, *jur.* près le tribunal de grande instance; **~ j-m Vorlesungen hören** suivre les cours de qn.; **ein Konto ~ der Bank haben** avoir un compte en banque; **~m Vater im Zimmer** dans la pièce du père; *hist.* **~ Hofe** à la cour; **das steht ~ Goethe** cela se trouve, c'est dans Gœthe; **j-n ~ sich haben** être accompagné de qn.; être avec qn.; **kein Geld, keinen Ausweis ~ sich haben** ne pas avoir d'argent, sa carte d'identité sur soi; **keinen Schirm, kein Fahrrad ~ sich haben** ne pas avoir son parapluie, sa bicyclette; **..., dachte er ~ sich** ... pensa-t-il en lui-même, en son for intérieur; F **nicht ganz ~ sich sein** (*nicht recht bei Verstand sein*) ne pas avoir toute sa tête à soi; **b) j-n ~ der Hand nehmen** prendre qn. par la main; **j-n ~m Rockzipfel fassen** attraper qn. par le bout de sa veste, de sa jupe; **c) die Entscheidung liegt ~m Ministerium** c'est au ministère de décider; *st. s.* **das steht ~ Ihnen** c'est à vous de décider; P **~ dir piept's wohl!** tu es complètement fou!; **man weiß nie, woran man ~ ihm ist** on ne sait jamais où l'on en est avec lui; **~ j-m wachen** veiller qn.; **~ der Wahrheit bleiben** ne dire que la vérité; **j-n ~m Namen nennen** appeler qn. par son nom; *cf. auch die betreffenden Verben u. Substantive*; **d) ~ diesem Wort fehlt ein Buchstabe** dans ce mot il manque une lettre; **~ s-m Vorschlag handelt es sich um ...** dans sa proposition il s'agit de ...; **~ den alten Griechen** chez les anciens Grecs; **so war es auch ~ mir** c'était aussi comme ça pour moi; **~ ihm darf man nicht nachgeben** avec lui il ne faut pas céder; **2.** *zeitlich* **e) ~ dem (gestrigen) Sturm** par la tempête (d'hier); **~ der Abfahrt des Zuges** au départ du train; **~ der Ankunft** à l'arrivée; **~ Beginn des Krieges** au commencement de la guerre; **~ Einbruch der Dunkelheit** à la tombée de la nuit; **~ Tage** de jour; **~ Sonnenaufgang** au lever du soleil; **~ Nacht reisen** voyager de nuit; **~m Hinausgehen, ~m Sprechen** *etc.* en sortant, en parlant, *etc.*; **j-n ~ e-m Kongreß kennenlernen** faire la connaissance de qn. lors d'un congrès; **~ s-r Geburt** à sa naissance; **~ Lebzeiten meines Großvaters** du temps de mon grand-père; **~ Tisch, ~m Essen** à table; **f) ~ schlechtem Wetter** par mauvais temps; en cas de mauvais temps; **~ geöffnetem Fenster schlafen** dormir (avec) la fenêtre ouverte; **~ Wasser und Brot** au pain et à l'eau; **~ e-m Glas Wein** devant un verre de vin; **~ gleichbleibender Qualität** la qualité restant la même; **~ Strafe verboten** défendu sous peine d'amende; **g) ~ Gelegenheit** à l'occasion; **~ Gefahr, Frost** en cas de danger, de gel; **~ diesen Worten** à ces mots; **Wasser kocht ~ hundert Grad** l'eau bout à cent degrés; **~ Licht besehen** en regardant cela de près; **h) ~ diesem Regen** par, avec cette pluie; **~ s-r Schüchternheit** étant donné sa timidité; **~ solcher Ausbildung** avec une telle formation; **i) ~m besten Willen** avec la meilleure volonté du monde; **~ aller Anerkennung** malgré toute mon, notre, *etc.* estime; **~ alledem** malgré tout cela; **j) ~ e-m Konzert mitwirken** participer à un concert; **j-m ~ der Arbeit helfen** aider qn. dans son travail; **~ den Schularbeiten helfen** aider à faire ses devoirs; **k) ~ der Arbeit sein** être au travail; **~ der Sache sein** être tout à son affaire; **~ Kräften sein** avoir toutes ses forces; **~ guter Laune sein** être de bonne humeur; **~ Stimme sein** être en voix; F **schlecht ~ Kasse sein** n'être pas en fonds; F **du bist wohl nicht ~ Trost!** tu dérailles!; tu déraisonnes!; **3. l) ~ Gott, das ist wahr!** sapristi! c'est vrai;

~m Barte des Propheten! par la barbe du prophète!; ~ meiner Ehre! sur mon honneur!; **m)** ~ weitem de loin; de beaucoup; **er ist** ~ **weitem der Beste** il est de loin le meilleur; du **hast** ~ **weitem noch nicht alles erfahren** tu es loin de savoir tout; **II** *adv.* F *cf.* dabei.

Bei [baɪ] *m* ⟨~s; ~e *od.* ~s⟩ *arab. Titel* bey *m.*

bei|behalten [ˈbaɪbəˌhaltən] *v/t.* ⟨*irr., sép., pas de ge-,* h⟩ conserver; garder; 2beˌ**haltung** *f* ⟨~⟩ conservation *f*; unter ~ en gardant; en conservant; ~ˌ**biegen** *v/t.* ⟨*irr., sép.,* -ge-, h⟩ F j-m etw. ~ faire comprendre, saisir qc. à qn.; annoncer qc. à qn.; 2**blatt** *n zu Zeitschriften* supplément *m*; 2**boot** *n mar.* canot *m.*

beibring|en [ˈbaɪˌbrɪŋən] *v/t.* ⟨*irr., sép.,* -ge-, h⟩ **1.** *Kenntnisse, Manieren* apprendre; enseigner; j-m etw. **schonend** ~ annoncer avec ménagement qc. à qn.; **wie soll ich's ihm nur** ~? comment vais-je lui annoncer, apprendre cela?; **das ist ihm nicht beizubringen** on ne peut pas lui faire entrer cela dans la tête; **2.** *Niederlage etc.* faire essuyer; infliger; j-m **e-e Verletzung** ~ blesser qn.; **3.** *st. s. Bescheinigung etc.* produire; fournir; apporter; *Beweise auch* administrer; *Gründe auch* alléguer; *Zeugen* produire; *Alibi* fournir; prouver; 2**ung** *f* ⟨~⟩ *von Bescheinigungen etc.* production *f* (*auch von Zeugen*); fourniture *f*; apport *m*; *von Beweisen auch* administration *f*; *von Gründen auch* allégation *f*; *e-s Alibis* preuve *f.*

Beicht|e [ˈbaɪçtə] *f* ⟨~; ~n⟩ confession *f*; **zur** ~ **gehen** aller se confesser; aller à confesse; j-m **die** ~ **abnehmen** confesser qn.; entendre qn. en confession; 2**en** *v/t.* ⟨-ete, h⟩ confesser; *fig. auch* avouer; *abs.* (*die Beichte ablegen*) se confesser (bei à); ~geˌ**heimnis** *n* secret *m* de la confession; ~**iger** *m* ⟨~s; ~⟩ *cf.* ~vater; ~**kind** *n* pénitent(e) *m(f)*; ~ˌ**siegel** *n* sceau *m* de la confession; ~**stuhl** *m* confessionnal *m*; ~ˌ**vater** *m* confesseur *m*; ~ˌ**zettel** *m* billet *m*, bulletin *m* de confession.

beidarmig [ˈbaɪtˌˀarmɪç] *adj. u. adv. Sport* à *od.* des deux bras.

beide [ˈbaɪdə] *pr.* **a)** *substantivisch* tous (les) deux *bzw.* toutes (les) deux; l'un(e) et *od.* comme l'autre; les deux; **ihr habt** ~ **recht** vous avez tous les deux raison; vous avez l'un et *od.* comme l'autre raison; ~ **sind verheiratet** tous les deux, l'un et *od.* comme l'autre sont mariés; **er hat** ~**s verkauft** il les a vendus tous (les) deux; ~**s ist möglich** les deux sont possibles; **alle** ~ tous (les) deux; **die ersten** ~**n** les deux premiers; **eins von** ~**n** de deux choses l'une; **keiner von** ~**n** ni l'un ni l'autre; aucun des deux; **e-r von** ~**n** (l')un des deux; *Sport* 30 ~ 30 partout; 30 à 30; **welche** ~**n**? lesquels *bzw.* lesquelles?; **na, ihr** ~**n**? et vous deux?; **b)** *adjektivisch* les deux; **meine** ~**n Söhne** mes deux fils; ~ **Bücher sind in Leder gebunden** les deux livres sont reliés en cuir; ~ **Male** les deux fois; **auf** ~**n Seiten** des deux côtés; de part et d'autre; **für** ~ **Teile vorteilhaft** avantageux pour tous les deux; *hist.* **Doktor** ~**r Rechte** docteur in utroque jure; **mit** ~**n Händen zugreifen** *cf.* Hand; **mit** ~**n Beinen im Leben stehen** *cf.* Bein; ~ˌ**mal** *adv.* les deux fois; ~**r**ˌ**lei** *adj.* ⟨*inv.*⟩ ~ **Arten** les *bzw.* des deux sortes; ~ **Geschlechts** des deux sexes; *relig.* **in** ~ **Gestalt** sous les deux espèces; ~**r**ˌ**seitig** *adj.* réciproque; mutuel, -lle; des deux côtés; ~**e Übereinstimmung** accord, entente réciproque, des deux côtés; **in** ~**em Einvernehmen** d'un accord réciproque; *Kleidung* ~ **tragbar** réversible; ~**r**ˌ**seits** *adv. u. prép.* ⟨*gén.*⟩ des deux côtés; de part et d'autre; ~ **der Grenze** *etc.* des deux côtés, de part et d'autre de la frontière, *etc.*; ~ **besteht der Wunsch nach Verhandlungen** des deux côtés, de part et d'autre on souhaite des négociations.

beidhändig [ˈbaɪtˌhɛndɪç] **1.** *adj.* ambidextre; **2.** *adv.* à *od.* des deux mains.

beidrehen [ˈbaɪˌdreːən] *v/i.* ⟨*sép.,* -ge-, h⟩ *mar.* **a)** mettre en panne; **b)** changer de direction (*auch aviat.*).

beidseitig [ˈbaɪtˌzaɪtɪç] *adj. u. adv.* des deux côtés.

beieinander [baɪˀaɪˈnandər] *adv.* l'un(e) avec *od.* (au)près de *od.* à côté de l'autre *bzw.* les un(e)s avec les *od.* (au)près des *od.* à côté des autres; ensemble; **dicht, nahe** ~ très près, proche l'un de l'autre; ~ **sein** être ensemble; *Geldsumme, Sammlung etc.* être réuni, rassemblé; *Familie* **wieder** ~ **sein** être de nouveau réuni; *cf. auch* ~sein; ~ˌ**bleiben** *v/i.* ⟨*irr., sép.,* -ge-, sein⟩ rester ensemble; ~ˌ**haben** *v/t.* ⟨*irr., sép.,* -ge-, h⟩ *Summe etc.* avoir réuni, rassemblé; **s-e Gedanken nicht** ~ être distrait; F **du hast wohl nicht alle beieinander!** tu es fou!; tu n'es pas bien!; ~ˌ**halten** *v/t.* ⟨*irr., sép.,* -ge-, h⟩ *cf.* zusammenhalten; ~ˌ**liegen** *v/i.* ⟨*irr., sép.,* -ge-, h⟩ *Personen* être étendus l'un à côté de l'autre; *Augen* être très rapprochés; ~ˌ**sein** *v/i.* ⟨*irr., sép.,* -ge-, sein⟩ *fig. u.* F **noch gut** ~ être encore bien; **ganz gut** ~ être rondouillard; être bien en chair; **nicht richtig** ~ n'être pas bien; ne pas avoir toutes ses facultés; ~ˌ**sitzen** *v/i.* ⟨*irr., sép.,* -ge-, h⟩ être assis l'un à côté de l'autre; ~ˌ**stehen** *v/i.* ⟨*irr., sép.,* -ge-, h⟩ être ensemble.

Beifahrer [ˈbaɪˌfaːrər] *m e-s Lastwagens* aide-camionneur *m*; aide-conducteur *m*; chauffeur *m* en second; *Sport* coéquipier *m*; (*Soziusfahrer*) passager *m.*

Beifall [ˈbaɪfal] *m* ⟨~(e)s⟩ applaudissements *m/pl.*; **stürmischer** ~ applaudissements à tout rompre, F à tout casser; ~ **klatschen, spenden, zollen** applaudir; ~ **erhalten, ernten** recevoir, récolter des applaudissements; ~ **finden** être applaudi.

beifällig [ˈbaɪˌfɛlɪç] **1.** *adj.* approbateur, -trice; approbatif, -ive; favorable; **2.** *adv.* **etw.** ~ **aufnehmen** applaudir (à) qc.; ~ **nicken** incliner la tête en signe d'approbation; faire un signe de tête approbatif.

Beifalls|äußerung [ˈbaɪfalsˌˀɔʏsərʊŋ] *f* applaudissements *m/pl.*; ~beˌ**zeugung** *f* témoignage *m*, signe *m* d'approbation; 2ˌ**freudig** *adj. Publikum* qui applaudit facilement, beaucoup; ~ˌ**klatschen** *n* applaudissements *m/pl.*; ~ˌ**kundgebung** *f* acclamations *f/pl.* enthousiastes; manifestation *f* d'enthousiasme; ~ˌ**ruf** *m* acclamation *f*; bravo *m*; ~ˌ**sturm** *m* tonnerre *m*, salve *f*, rafale *f* d'applaudissements; flot *m* d'acclamations; **er wartete, bis sich der** ~ **gelegt hatte** il attendit que le tonnerre d'applaudissements s'apaise.

Bei|film [ˈbaɪfɪlm] *m* court métrage; 2ˌ**folgend** *adjt. u. advt. cf.* beiliegend; 2ˌ**fügen** *v/t.* ⟨*sép.,* -ge-, h⟩ joindre, ajouter, annexer (qc. à qc.); inclure; attacher; ~ˌ**fügung** *f* **1.** adjonction *f*; annexion *f*; addition *f*; inclusion *f*; **unter** ~ **von** ... en (y) joignant (qc.); **2.** *gr. cf.* Attribut 2.; ~**fuß** *m* ⟨~es⟩ *bot.* armoise *f*; ~ˌ**futter** *n agr.* nourriture *f* supplémentaire; ~ˌ**gabe** *f* **1.** supplément *m*; complément *m*; *comm.* prime *f*; *Archäologie* ~n mobilier *m* funéraire; **2.** (*Hinzufügen*) **durch** ~ **von** ... en ajoutant ...

beige [ˈbɛːʒə, ˈbeːʒə] *adj.* beige.

bei|geben [ˈbaɪˌgeːbən] *v/t.* ⟨*irr., sép.,* -ge-, h⟩ **1.** ajouter; joindre; *Personen meist* adjoindre; **2. klein** ~ (*nachgeben*) baisser le ton; battre en retraite; baisser pavillon; **schließlich hat er klein beigegeben** finalement il a baissé le ton; ~geˌ**ordnet** *adjt.* **a)** ~**es Mitglied** (membre *m*) adjoint *m*; **b)** *gr.* coordonné; 2geˌ**ordnete(r)** *f(m)* ⟨→ A⟩ adjoint(e) *m(f)*; 2geˌ**schmack** *m* goût particulier; petit goût (de); **e-n eigenartigen** ~ **haben** avoir un goût particulier; **e-n** ~ **von Petroleum** *etc.* **haben** avoir un petit goût de pétrole, *etc.*; *fig.* **e-n komischen, ironischen** ~ **haben** avoir une saveur étrange, d'ironie; ~geˌ**sellen** *v/réfl.* ⟨*sép., p.p.* beigesellt, h⟩ *st. s.* sich j-m ~ se joindre à qn.; 2**heft** *n* supplément *m*; ~ˌ**heften** *v/t.* ⟨-ete, *sép.,* -ge-, h⟩ attacher (qc. à qc.); 2ˌ**hilfe** *f* **1.** *finanzielle* allocation *f*; aide *f*; *für Ausbildungszwecke* bourse *f*; j-m **e-e** ~ **gewähren** accorder une allocation à qn.; **2.** *jur.* complicité *f*; **j-n wegen** ~ **zum Mord verurteilen** condamner qn. pour complicité de meurtre; j-m ~ (**zur Flucht**) **leisten** être complice (de la fuite) de qn.; ~ˌ**holen** *v/t.* ⟨*sép.,* -ge-, h⟩ *mar. Segel* border; 2**klang** *m* bruit *m* d'accompagnement; **das Wort hat e-n ironischen** ~ le mot a une nuance d'ironie; ~ˌ**kommen** *v/i.* ⟨*irr., sép.,* -ge-, sein⟩ j-m, e-r **Sache nicht** ~ **können** ne pas pouvoir venir à bout de qn., de qc.; **j-m ist nur mit List beizukommen** on ne peut venir à bout de qn. qu'avec de la ruse; **ihm ist nicht beizukommen** *auch* on n'a pas de prise sur lui; 2**kost** *f für e-n Säugling* aliment *m* de complément.

Beil [baɪl] *n* ⟨~(e)s; ~e⟩ 'hachette *f*; (*Hack*2) couperet *m.*

Bei|ladung [ˈbaɪˌlaːdʊŋ] *f* chargement *m* complémentaire; ~ˌ**lage** *f* **a)** *zu e-r Zeitung, e-m Buch* supplément *m*; **b)** *cuis.* accompagnement *m*; *Fleisch etc.* **mit** ~ avec légumes (en supplément); **als** ~ comme supplément; 2ˌ**läufig** **1.** *adj.* accessoire; **e-e** ~**e Bemerkung** une remarque faite en passant; **2.** *adv.* incidemment; **etw.** ~ **erwähnen** dire qc. en passant; ~ **gesagt** soit dit en passant; 2ˌ**legen I** *v/t.* ⟨*sép.,* -ge-, h⟩ **1.** *Brief etc. cf.* beifügen; **2.** *Differenzen etc.* régler; arranger; **e-n Streit** ~ régler, terminer, liquider une querelle; **3.** *e-r Sache e-n Sinn etc. cf.* **beimessen**; **II** *v/i. mar.* mettre à la cape; prendre la cape; **III** *v/réfl.* **sich e-n Titel** ~ se donner, s'attribuer, prendre un titre; ~ˌ**legung** *f* ⟨~⟩ *von Differenzen etc.* règlement *m*; arrangement *m*; *e-s Streites auch* liquidation *f.*

beileibe [ˌbaɪˈlaɪbə] *adv.* ~ **nicht** pas du tout; sûrement pas; certainement pas.

Beileid [ˈbaɪlaɪt] *n* condoléances *f/pl.*; **j-m sein** ~ **aussprechen** exprimer, présenter, offrir, faire ses condoléances à qn.; témoigner (de) sa sympathie à qn.; ~sbeˌ**such** *m* visite *f* de condoléances; **von** ~**en bitten wir abzusehen, Abstand zu nehmen** la famille s'excuse de ne pas recevoir; ~sbeˌzei-

gung *f* ⟨~; ~en⟩, **~sbe|zeugung** *f* ⟨~; ~en⟩ condoléances *f/pl.*; marque *f*, témoignage *m* de sympathie; **~s|schreiben** *n* lettre *f* de condoléances; **~stele|gramm** *n* télégramme *m* de condoléances.

beiliegen ['baɪ,liːgən] *v/i.* ⟨*irr.*, *sép.*, -ge-, h⟩ **1.** *e-m Brief etc.* être joint à; **2.** *mar.* être, se tenir à la cape; capeyer; **~d 1.** *adjt.* (ci-)joint; (ci-)inclus; (ci-)annexé; **2.** *advt.* ci-joint; ci-inclus; ci-annexé.

Beilstein ['baɪlʃtaɪn] *m minéral.* néphrite *f*.

beim [baɪm] *prép.* + *art. cf.* bei.

bei|mengen ['baɪ,mɛŋən] *v/t.* ⟨*sép.*, -ge-, h⟩ *cf.* ~mischen; **2|mengung** *f* ⟨~; ~en⟩ **a)** *Vorgang cf.* 2mischen II; **b)** (*Beigemengtes*) matières entremêlées; corps étrangers; **~en von Schwefel im Metall** du soufre entremêlé au métal; **~|messen** *v/t.* ⟨*irr.*, *sép.*, -ge-, h⟩ *Bedeutung, Wert etc.* donner; attacher; attribuer; conférer; prêter; **2|messung** *f* ⟨~⟩ attribution *f*; **~|mischen I** *v/t.* ⟨*sép.*, -ge-, h⟩ incorporer, additionner, ajouter (qc. à qc.); **II 2|mischen** *n*, **2|mischung** *f* incorporation *f*; addition *f*; adjonction *f*.

Bein [baɪn] *n* ⟨~(e)s; ~e⟩ jambe *f* (*auch e-r Hose*); *von Tieren* patte *f*; *e-s Tisches etc.* pied *m*; *pl.* **~e** *auch* F quilles *f/pl.*; guibolles *f/pl.*; **lange ~e haben** *auch* F être 'haut sur pattes; **für sein Alter noch gut auf den ~en sein** avoir encore bon pied bon œil; être encore solide sur ses jambes; être toujours alerte pour son âge; **den ganzen Tag auf den ~en sein** être debout toute la (sainte) journée; **schon früh auf den ~en sein** être matinal; **sich kaum noch auf den ~en halten können** pouvoir à peine se tenir sur ses jambes; avoir les jambes en coton; **sich die ~e vertreten** se dégourdir les jambes (en marchant); **mit angezogenen ~en liegen** être couché en chien de fusil; **von e-m ~ auf das andere treten** danser d'un pied sur l'autre; **über die eigenen ~e stolpern** s'empêtrer dans ses propres jambes; **sich auf die ~e machen** se mettre en route; **die ganze Stadt war auf den ~en** tous les habitants étaient descendus dans la rue; F **sich die ~e in den Bauch stehen** *cf.* Bauch; *fig.* **er ist mit dem linken ~ zuerst aufgestanden** il s'est levé du pied gauche; F **sich kein ~ ausreißen** ne pas se démancher; ne pas se fouler la rate; ne rien se casser; ne pas se décarcasser; **etw. auf die ~e bringen** organiser qc.; mettre qc. sur pied; **fünftausend Mann auf die ~e bringen** mobiliser cinq mille hommes; **j-n wieder auf die ~e bringen** remettre qn. sur pied; **immer wieder auf die ~e fallen** retomber sur ses pieds, F sur ses pattes; **j-m wieder auf die ~e helfen** aider qn. à se relever; remettre qn. à flot; **wieder auf die ~e kommen** se retaper; **~e kriegen** (*gestohlen werden*) s'envoler; **j-m ~e machen** faire se presser, se dépêcher qn.; F *auch* faire décamper qn.; F **die ~e unter die Arme, in die Hand nehmen** prendre ses jambes à son cou; F jouer des flûtes; P tricoter des gambettes; **mit beiden ~en im Leben stehen** avoir les pieds sur terre; **mit e-m ~ im Grabe stehen** avoir un pied dans la tombe; **auf e-m ~ kann man nicht stehen** toutes les bonnes choses vont par deux; **j-m ein ~ stellen** faire un croche-pied, un croc-en-jambe à qn.; **durch Mark und ~ gehen** *Schrei* faire frissonner, frémir; *Geräusch* faire grincer les dents; *Kälte* pénétrer jusqu'à la moelle (des os); **es friert Stein und ~** il gèle à pierre fendre; **alles, was ~e hatte** tout ce qui avait des jambes; F **du kannst stehen, du hast noch junge ~e** tu peux rester debout, tu es encore jeune; **Lügen haben kurze ~e** *prov.* le mensonge ne mène pas loin.

beinahe ['baɪ'naːə, 'baɪ,naːə, ,baɪ'naːə] *adv.* presque; *vor Zahlen auch* près de; *vor Verben* faillir (+ *inf.*); manquer de (+ *inf.*); **er wäre ~ ertrunken** il a failli se noyer; il a manqué de se noyer; **~ hätte ich es ihm gesagt** un peu plus j'allais le lui dire; il s'en est fallu de peu que je (ne) le lui dise; j'ai failli le lui dire; **ich wäre vor Angst ~ gestorben** j'ai failli, pensé mourir de peur.

Beiname ['baɪ,naːmə] *m* surnom *m*; (*Spitzname*) sobriquet *m*; **j-m e-n ~n geben** *auch* surnommer qn.; **mit dem ~n ...** surnommé ...

bein|amputiert ['baɪnʔampu·,tiːrt] *adjt.* amputé d'une *bzw.* des deux jambe(s); **2ampu|tierte(r)** *m* ⟨→ A⟩ amputé *m* d'une *bzw.* des deux jambe(s); **2|arbeit** *f Boxen* jeu *m* de(s) jambes; *Schwimmen* mouvement *m* des jambes; **2brech** *m* ⟨~ *od.* ~(e)s⟩ *bot.* narthecium [-sjɔm] *m*; **2bruch** *m* fracture *f* de la jambe; F **Hals- und ~!** merde puissance treize!; bonne chance!; **~ern** *adj.* d'os; en os.

beinhalten [bəˈʔɪn,haltən] *v/t.* ⟨-ete, *pas de ge-*, h⟩ contenir; renfermer; impliquer.

Bein|haus ['baɪnhaʊs] *n* ossuaire *m*; **~|kleider** *n/pl.* (*Hose*) pantalon *m*; *hist.* chausses *f/pl.*; **~|leiden** *n* maladie *f* de jambes; **~ling** *m* ⟨~s; ~e⟩ *e-r Hose* jambe *f*; **~|muskel** *m anat.* muscle *m* des jambes; **~pro|these** *f* prothèse *f* pour amputation de la jambe; **~|schere** *f Schwimmen* ciseaux *m/pl.*; **~|schiene** *f chir.* éclisse *f*; attelle *f*; **~schlag** *m Schwimmen* mouvement *m* des jambes; **~schwarz** *n* noir *m* animal; **~stumpf** *m* moignon *m* de jambe; **~ver|letzung** *f* blessure *f* à la jambe; **~well** *m*, *n* ⟨~(e)s⟩ *bot.* consoude *f*.

bei|ordnen ['baɪ,ʔɔrdnən] *v/t.* ⟨-ete, *sép.*, -ge-, h⟩ **1.** adjoindre; **dem Richter sind Schöffen beigeordnet** des jurés sont adjoints au juge; **2.** *gr.* coordonner; **~de Konjunktion** conjonction *f* de coordination; **2|ordnung** *f* **1.** adjonction *f*; **2.** *gr.* coordination *f*; **2pferd** *n cf.* **Handpferd**; **~|pflichten** *v/i.* ⟨-ete, *sép.*, -ge-, h⟩ **j-m ~** approuver qn.; se ranger, se rallier à l'avis de qn.; abonder dans le sens de qn.; faire chorus avec qn.; **e-r Meinung** *etc.* **~** approuver une opinion, *etc.*; **2pro|gramm** *n Kino* avant-programme *m*; **2rat** *m* ⟨~(e)s; ≈e⟩ conseil *m*; comité consultatif.

beirren [bəˈʔɪrən] *v/t.* ⟨*pas de ge-*, h⟩ déconcerter (qn.); **sich ~ lassen** se laisser déconcerter; **sich nicht ~ lassen** *auch* aller son (droit) chemin.

beisammen [baɪˈzamən] *adv.* ensemble; réuni; **~ sein** être ensemble, réuni; *Kollektiv* être réuni; **~ bleiben** rester ensemble; **die nötige Summe ~ haben** avoir réuni la somme nécessaire; **s-e Gedanken nicht ~ haben** avoir l'esprit ailleurs; **er freute sich, die ganze Familie ~ zu sehen** il était heureux de voir toute la famille réunie; **sie wohnen im selben Haus ~** ils habitent ensemble dans la même maison; *cf. auch* **beieinander**; **2|sein** *n* ⟨~s⟩ réunion *f*; **~|sitzen** *v/i.* ⟨*irr.*, *sép.*, -ge-, h⟩ être assis ensemble; **~|stehen** *v/i.* ⟨*irr.*, *sép.*, -ge-, h⟩ être ensemble; rester debout ensemble.

Bei|satz ['baɪzats] *m gr. cf.* **Apposition**; **~schlaf** *m* coït [-t] *m*; acte sexuel; copulation *f*; **~schlag** *m bât.* perron *m*; **2|schreiben** *v/t.* ⟨*irr.*, *sép.*, -ge-, h⟩ *adm.* écrire en marge; ajouter; **~|segel** *n mar.* bonnette *f*; voile *f* de fortune, secondaire, annexe; **~sein** *n* ⟨~s⟩ présence *f*; **im ~ von** en présence de; **in s-m ~** en sa présence; *jur.* **im ~ e-s Notars** par-devant notaire.

beiseite [,baɪˈzaɪtə] *adv.* à l'écart; de côté; à part; *thé.* à part; **Scherz ~!** trêve de plaisanteries!; **~ bringen** *cf.* **~ schaffen**; **~ drängen** écarter; **~ lassen** laisser de côté; **alles Trennende ~ lassen** laisser de côté tout ce qui sépare; **~ legen a)** poser, mettre à l'écart, sur le côté; **b)** *fig. Geld etc.* mettre de côté; **j-n ~ nehmen** prendre qn. à part; *Stuhl etc.* **~ rücken** pousser à l'écart, sur le côté; **~ schaffen a)** *Schutt etc.* mettre, transporter à l'écart; **b)** *fig.* faire disparaître; mettre de côté; *Vorhang, Person* **~ schieben** écarter (*auch fig. Bedenken etc.*); **~ sehen** détourner les regards; *thé.* **~ sprechen** parler à part; **~ stehen** *fig.* rester à l'écart; **~ stellen** *cf.* **~ legen**; **~ werfen** jeter; **2|lassung** *f* ⟨~⟩ **unter ~** (**von** *od. gén.*) en laissant de côté; **2|schaffung** *f* ⟨~⟩ *verbal.*

beisetz|en ['baɪ,zɛtsən] *v/t.* ⟨-(es)t, *sép.*, -ge-, h⟩ **1.** *cf.* **beerdigen**; **2.** *mar.* **ein Segel ~** établir une voile supplémentaire; **2ung** *f* ⟨~; ~en⟩ *cf.* **Beerdigung**.

Beisitzer ['baɪ,zɪtsər] *m* ⟨~s; ~⟩ *jur.* assesseur *m*.

Beispiel ['baɪʃpiːl] *n* ⟨~(e)s; ~e⟩ exemple *m*; **zum ~** par exemple; **wie zum ~** comme par exemple; tel que; **nach dem ~** (**von** *od. gén.*) à l'exemple, à l'instar de; **als ~** comme exemple; à titre d'exemple; **ein seltenes ~ von Unverfrorenheit** un rare exemple d'impudence; **j-m ein ~ geben** donner l'exemple à qn.; **sich an j-m ein ~ nehmen** prendre exemple sur qn.; prendre qn. pour modèle; **mit gutem ~ vorangehen** donner le bon exemple, l'exemple; prêcher d'exemple, par l'exemple; **dem allgemeinen ~ folgen** *auch* suivre le mouvement; **als ~ anführen** citer pour *od.* en exemple; **schlechte ~e verderben gute Sitten** *prov.* les mauvaises compagnies corrompent les bonnes mœurs *prov.*; **2|gebend** *adjt.*, **2|haft** *adj.* exemplaire; **~|haftigkeit** *f* ⟨~⟩ caractère *m* exemplaire; **2los** *adj.* unique (en son genre); incomparable; *meist péj.* sans exemple; **s-e ~e Tapferkeit** *auch* sa bravoure sans égale; **~|losigkeit** *f* ⟨~⟩ caractère exceptionnel, incomparable; **2s|weise** *adv.* par exemple.

beispringen ['baɪ,ʃprɪŋən] *v/i.* ⟨*irr.*, *sép.*, -ge-, sein⟩ **j-m ~** aider, secourir, assister qn.

beiß|en ['baɪsən] **I** *v/t.* ⟨-(es)t, beißt, biß, gebissen, h⟩ mordre; **der Hund hat ihn ins Bein gebissen** le chien l'a mordu à la jambe; **das harte Brot nicht ~ können** ne pas pouvoir mâcher, croquer le pain dur; *fig.* **nichts zu ~** (**und zu brechen**) **haben** n'avoir rien à se mettre sous la dent; **den letzten ~ die Hunde** *prov. cf.* **Hund**; **II** *v/i.* *Rauch etc.* piquer; picoter; **im Hals ~** prendre à la gorge; (**kräftig**) **in e-n Apfel ~** mordre (à belles dents) dans une pomme; *fig.* **in den sauren Apfel ~** *cf.* **Apfel**; **auf e-n Stein ~** mordre dans une pierre; *fig.* **auf Granit** ~ *cf.* **Granit**; *fig. u.* P **ins Gras** ~ (*sterben*) *cf.* **Gras**; **III** *v/réfl.* **sich** ~ se mordre; *Farben* jurer; *pfort.* 'hurler; **sich auf die Zunge, auf die Lippen** ~ se mordre la langue, les lèvres; **~end** *adjt. Kälte, Geruch etc.* mordant; piquant; *Schmerz* cuisant; *Ironie, Kritik etc.* mordant; virulent; caustique; incisif, -ive; à l'emporte-pièce; **~er Spott** raillerie mordante; sarcasme *m*; **2erchen** *n* ⟨~s; ~⟩ *enf.* quenotte *f*; **2e'rei** *f* ⟨~; ~en⟩ bataille *f* à coups de dents; **2korb** *m* muselière *f*; **2ˌzange** *f cf.* **Kneifzange.**

Bei|stand ['baɪʃtant] *m* **1.** assistance *f*; appui *m*; secours *m*; aide *f*; concours *m*; **ärztlicher, geistlicher** ~ assistance médicale, spirituelle; **militärischer** ~ appui, secours, aide militaire; ~ **leisten** prêter assistance, main-forte; prêter son appui, son concours; apporter son aide, son concours; *geistig* apporter son réconfort moral; **2.** *jur.* conseiller *m*; tuteur *m*; **~stands-ˌpakt** *m* pacte *m* d'assistance mutuelle; **2ˌstehen I** *v/i.* ⟨*irr., sép.*, -ge-, h⟩ j-m ~ aider, secourir, assister, seconder, soutenir qn.; prêter son appui à qn.; **Gott stehe uns bei!** (que) Dieu nous assiste!; **II** *v/réfl.* **sich** (**gegenseitig**) ~ s'entraider; se prêter assistance; se secourir mutuellement; **2ˌsteuern** *v/t.* ⟨-(e)re, *sép.*, -ge-, h⟩ contribuer (**etw. zu etw.** à qc. en faisant qc.); apporter (qc. à qc.); **zu e-m Unternehmen e-e Geldsumme** ~ contribuer à une entreprise en donnant une somme d'argent, par une somme d'argent; **zum Thema etw. Interessantes** ~ apporter au sujet qc. d'intéressant; **2ˌstimmen** *v/i.* ⟨*sép.*, -ge-, h⟩ approuver; *cf. auch* **beipflichten**; **~strich** *m gr.* virgule *f*.

Beitel ['baɪtəl] *m* ⟨~s; ~⟩ ciseau *m* (de menuisier, de charpentier).

Beitrag ['baɪtraːk] *m* ⟨~(e)s; ⸚e⟩ **a)** contribution *f*; aide *f*; apport *m*; appoint *m*; concours *m*; participation *f*; **ein** ~ **zur wirtschaftlichen Entwicklung des Landes** une contribution, une aide, un apport, un appoint au développement économique du pays; **e-n, s-n** ~ **zu etw. leisten** apporter sa contribution, son concours, sa participation à qc.; **b)** *für e-e Zeitung etc.* article *m*; papier *m*; **regelmäßig Beiträge für e-e Zeitung liefern** *auch* collaborer à un journal; **c)** (*Mitglieds2, Versicherungs2 etc.*) cotisation *f*; **s-n** ~ **zahlen** verser sa cotisation; **Beiträge zahlen** cotiser; **2en** *v/t. u. v/i.* ⟨*irr., sép.*, -ge-, h⟩ contribuer, aider, concourir, collaborer, coopérer (zu à); **zum Gelingen** ~ contribuer, aider, *etc.* à la réussite; **viel dazu** ~, **daß**... contribuer beaucoup à ce que... (+ *subj.*); **s-n Teil zu etw.** ~ y mettre du sien pour faire qc.; **wesentlich zu etw.** ~ être, entrer pour beaucoup dans qc.; **~sˌeingang** *m* rentrée *f* des cotisations; **~serˌhöhung** *f* augmentation *f* des cotisations; **~s-ˌleistung** *f* paiement *m* des cotisations; **~sˌmarke** *f* timbre *m* (de cotisation); **~sˌpflicht** *f* assujettissement *m* à une cotisation; **2sˌpflichtig** *adj.* assujetti à une cotisation; **~sˌrück-erˌstattung** *f* remboursement *m* des cotisations; **~sˌrückstände** *m/pl.* arriérés *m/pl.* de cotisations; **~sˌsatz** *m* taux *m* de cotisation; **~sˌzahlung** *f* cotisation *f*.

beitreib|bar ['baɪtraɪpˌbaːr] *adj. jur.* recouvrable; récupérable; **nicht** ~ irrécouvrable; irrécupérable; **~en** *v/t.* ⟨*irr., sép.*, -ge-, h⟩ *jur. Gelder etc.* recouvrer, récupérer (par contrainte); **2ung** *f* ⟨~⟩ recouvrement *m*; récupération *f*; **2ungsverˌfahren** *n* procédure *f* de recouvrement.

bei|treten ['baɪˌtreːtən] *v/i.* ⟨*irr., sép.*, -ge-, sein⟩ *e-r Partei, e-m Verein etc.* adhérer (à); s'affilier (à); entrer (dans); devenir membre (de); **2tritt** *m* adhésion *f* (zu à); affiliation *f* (à); entrée *f* (dans); **2trittsbeˌdingungen** *f/pl.* conditions *f/pl.* d'adhésion; **2-trittserˌklärung** *f* déclaration *f* d'adhésion; **2trittsgeˌsuch** *n* demande *f* d'adhésion; **2trittsˌpflicht** *f* affiliation *f* obligatoire; **2ˌwagen** *m e-s Motorrads* side-car *od.* sidecar [sidkaːr] *m*; *der Straßenbahn etc.* baladeuse *f*; **2ˌwagenfahrer** *m* passager *m* du sidecar; *Sport* coéquipier *m*; **2werk** *n* accessoire(s) *m* (*pl.*); 'hors-d'œuvre *m*; **~ˌwohnen** *v/i.* ⟨*sép.*, -ge-, h⟩ *e-r Veranstaltung* assister (à); être présent (à); **2wort** *n* ⟨~(e)s; ⸚er⟩ *gr.* adjectif *m*; **schmückendes** ~ épithète oiseuse.

Beize ['baɪtsə] *f* ⟨~; ~n⟩ **1.** (*Beizmittel*) *für Holz* teinture *f*; *für Saatgut* désinfectant *m*; *für Metall* décapant *m*; mordant *m*; *text.* mordant *m*; *cuis.* marinade *f*; **2.** (*Beizvorgang*) *cf.* **Beizen**; **3.** *ch.* chasse *f* au vol; chasse *f* aux oiseaux de proie.

beizeiten [baɪ'tsaɪtən] *adv.* (*rechtzeitig*) à temps; (*frühzeitig*) de bonne heure; tôt.

beiz|en ['baɪtsən] **I** *v/t.* ⟨-(es)t, h⟩ *Holz* teinter; *Saatgut* désinfecter; *Metall* décaper; mordancer; *text.* mordancer; *Gerberei Häute* traiter par des enzymes protéolytiques; *Pfeifentabak* saucer; *cuis.* mariner; **II** *v/t. u. v/i. ch.* chasser aux oiseaux de proie; faire la chasse avec des oiseaux de proie; **III 2en** *n* ⟨~s⟩ *von Holz* teinture *f*; *von Saatgut* désinfection *f*; *von Metall* décapage *m*; mordançage *m*; *text.* mordançage *m*; *Gerberei* traitement *m* par des enzymes protéolytiques; *sonst verbal*; **2ˌfalke** *m* faucon *m* de chasse; **2jagd** *f cf.* **Beize 3.**; **2kraft** *f* force désinfectante *bzw.* décapante *bzw.* mordante; **2ˌmittel** *n cf.* **Beize 1.**; **2ung** *f* ⟨~; ~en⟩ *cf.* **2en**; **2ˌvogel** *m* oiseau de proie dressé à la chasse.

bejahen [bə'jaːən] *v/t.* ⟨*pas de ge-*, h⟩ **1.** *Frage* répondre affirmativement, par l'affirmative à; dire oui à; **2.** *fig. Vorhaben, Gesellschaftsform etc.* approuver; **~d 1.** *adjt. Antwort* affirmatif, -ive; positif, -ive; **im ~en Falle** dans l'affirmative; *gr.* **~er Satz** proposition affirmative; **2.** *advt.* ~ **nicken** approuver de la tête.

bejahrt [bə'jaːrt] *adj.* (très) âgé; d'un âge (très) avancé; *poét.* chargé d'ans.

Bejahung [bə'jaːʊŋ] *f* ⟨~; ~en⟩ **1.** réponse affirmative; affirmation *f*; **2.** *fig.* approbation *f*; consentement *m* (à).

bejammern [bə'jamərn] *v/t.* ⟨-(e)re, *pas de ge-*, h⟩ pleurer (qc.); se lamenter sur; **~sˌwert, ~sˌwürdig** *adj.* déplorable; misérable; pitoyable.

bejubeln [bə'juːbəln] *v/t.* ⟨-(e)le, *pas de ge-*, h⟩ acclamer.

bekämpf|en [bə'kɛmpfən] **I** *v/t.* ⟨*pas de ge-*, h⟩ combattre (qn., qc.); lutter contre; faire la guerre à; **II** *v/réfl.* **sich** (**gegenseitig**) ~ se combattre (mutuellement); **2ung** *f* ⟨~; ~en⟩ lutte *f* (contre); **2ungsˌmaßnahme** *f* mesure *f* de lutte; **2ungsˌmittel** *n* moyen *m* de lutte.

bekannt [bə'kant] *adj.* **a)** connu; **allgemein** ~ connu par *od.* de tous; *Sache auch* généralement connu; **das ist allgemein** ~ *auch* cela court les rues; c'est archiconnu; ~ **sein wie ein bunter Hund** être connu comme le loup blanc; **es ist** ~, **daß**... on sait que...; il est connu que...; ~ **werden** *Person* devenir célèbre; être connu; *cf. auch* **~werden**; **etw. als** ~ **voraussetzen** supposer qc. connu; **e-e ~e Melodie** un air connu; **ein ~er Dichter** un poète connu; ~ **für s-e gute Küche** *etc.* connu pour sa bonne cuisine, *etc.*; **b) j-m ist etw.** ~ qn. sait qc., connaît qc., a connaissance de qc., est au courant de qc.; **davon ist mir nichts** ~ je n'en sais rien; **mir ist kein ähnlicher Fall** ~ je ne connais pas de cas semblable; **ist Ihnen diese Tatsache** ~? êtes-vous au courant de ce fait?; avez-vous connaissance de ce fait?; **es dürfte dir wohl** ~ **sein, daß**... tu n'es pas sans ignorer, sans savoir que...; tu sais sans doute que...; **dieser Mensch, diese Melodie kommt mir** ~ **vor** il me semble que je connais cet homme, cet air; **viele ~e Gesichter** beaucoup de visages connus; **c) mit j-m, mit etw.** ~ **sein** connaître qn., qc.; **mit j-m, mit etw.** ~ **werden** faire la connaissance de qn., de qc.; **wir sind durch Zufall miteinander** ~ **geworden** nous avons fait connaissance, nous nous sommes connus par hasard; **j-n mit j-m** ~ **machen** présenter qn. à qn.; **machen Sie mich mit ihm** ~ présentez-moi à lui; faites-moi faire sa connaissance; **2e(r)** *f* (*m*) ⟨→ A⟩ (personne *f* de) connaissance *f*; **ein ~r von mir** une personne de ma connaissance; un de mes amis; **wir sind alte** ~ nous sommes de vieilles connaissances; **2enˌkreis** *m* (cercle *m* de) relations *f/pl.*, connaissances *f/pl.*; **~erˌmaßen** *adv.* comme on (le) sait; on sait que ...; **2ˌgabe** *f* publication *f*; communication *f*; annonce *f*; *feierliche* proclamation *f*; **~ˌgeben** *v/t.* ⟨*irr., sép.*, -ge-, h⟩ *cf.* **~machen**; **~lich** *adv.* comme on (le) sait; personne n'ignore que...; c'est un fait connu, tout le monde sait que...; **~ˌmachen** *v/t.* ⟨*sép.*, -ge-, h⟩ publier; communiquer; annoncer; faire connaître, savoir; rendre public; porter à la connaissance du public; *feierlich* proclamer; *jur.* notifier; **2ˌmachung** *f* ⟨~; ~en⟩ **a)** *Text* avis *m* (*meist adm.*); publication *f*; annonce *f*; avertissement *m*; *feierliche* proclamation *f*; **b)** *Vorgang cf.* **2gabe**; **2schaft** *f* ⟨~; ~en⟩ connaissance *f*; relation *f* (*beide auch für Personen*); **j-s** ~ **machen** faire la connaissance de qn.; faire connaissance avec qn.; **mit etw.** ~ **machen** faire connaissance avec qc. (*auch iron.*); **s-e** ~ **erneuern** renouer connaissance; **er gewinnt bei näherer** ~ il gagne à être connu; **seit der ersten Stunde unserer** ~ dès le premier moment où nous avons fait connaissance; **~ˌwerden** *v/i.* ⟨*irr., sép.*, -ge-, sein⟩ *Sache* se savoir; se répandre; s'ébruiter; se divulguer; **2ˌwerden** *n e-r Sache* divulgation *f*; ébruitement *m*.

Bekassine [beˑka'siːnə] *f* ⟨~; ~n⟩ *zo.* bécassine *f*.

bekehr|en [bə'keːrən] **I** *v/t.* ⟨*pas de ge-*, h⟩ *relig.* convertir (zu à); *zum Christentum auch* christianiser (qn.); **II** *v/réfl.* **sich** ~ se convertir (zu à); *fig.* **sich zu j-s Auffassung** ~ se convertir aux idées de qn.; **2ung** *f* ⟨~; ~en⟩ conversion *f*; **2ungsˌeifer** *m* prosélytisme *m*; 2ungsverˌsuch *m* essai *m* de conversion.

bekenn|en [bəˈkɛnən] I *v/t.* ⟨*irr., pas de ge-,* h⟩ confesser; avouer; reconnaître; s-n Glauben ~ confesser sa foi; ein Unrecht ~ avouer, reconnaître, confesser un tort; *fig.* Farbe ~ jouer cartes sur table; découvrir, montrer son jeu; lever le masque; *égl. prot.* die 2de Kirche le mouvement protestant de résistance contre la politique du nazisme relativement à l'Église; II *v/réfl.* sich schuldig ~ s'avouer, se reconnaître coupable (de); confesser sa faute; faire son mea-culpa; sich zum Christentum ~ professer le christianisme; faire profession de foi chrétienne; sich zu e-r Doktrin ~ se déclarer partisan d'une doctrine; faire profession d'une, professer une doctrine; sich zu e-r Tat ~ reconnaître une action; sich zu j-m ~ déclarer être du côté de qn.; 2er *m relig. cath.* confesseur *m*; *fig. e-r Doktrin etc.* partisan *m*; adepte *m*; 2erˌmut *m* courage *m* de confesser sa foi, de reconnaître publiquement ses convictions; 2tnis *n* ⟨~ses; ~se⟩ a) aveu *m*; confession *f*; das ~ s-r Liebe, s-r Schuld l'aveu, la confession de son amour, de sa faute; b) profession *f* de foi (*auch fig.*); ein ~ zum Frieden *etc.* ablegen faire (une) profession de foi en faveur de la paix, *etc.*; se déclarer partisan de la paix, *etc.*; c) das evangelische, katholische ~ la confession protestante, catholique; 2tnisˌfreiheit *f* liberté *f* de culte; 2tnisˌschrift *f relig.* symbole *m* (de foi); 2tnisˌschule *f* école confessionnelle; *in Frankreich* école *f* libre; ~tnisˌtreu *adj.* fidèle à sa foi, à ses convictions.

beklag|en [bəˈklaːgən] I *v/t.* ⟨*pas de ge-,* h⟩ déplorer; den Verlust e-s Freundes ~ déplorer la perte d'un ami; Menschenleben waren nicht zu ~ on n'a pas eu à déplorer de perte de vies humaines; bei dem Unfall waren mehrere Verletzte zu ~ on a eu à déplorer plusieurs blessés lors de l'accident; II *v/réfl.* sich (bei j-m) über etw., j-n ~ se plaindre (à qn.) de qc., de qn.; ~ensˌwert *adj. Menschen* à plaindre; digne de pitié, de compassion; *Dinge* déplorable; lamentable; ~t *adjt. jur.* défendeur, -deresse; die ~e Firma la firme défenderesse; 2te(r) *f (m)* ⟨→ A⟩ *jur.* défendeur, -deresse *m, f.*

beklatschen [bəˈklatʃən] *v/t.* ⟨*pas de ge-,* h⟩ applaudir (qn.).

beklauen [bəˈklaʊən] F *v/t.* ⟨*pas de ge-,* h⟩ voler (qn.); F faucher, piquer, carotter (qc. à qn.); er hat mich beklaut il m'a volé.

bekleben [bəˈkleːbən] *v/t.* ⟨*pas de ge-,* h⟩ coller (qc. sur qc.); recouvrir (mit de).

bekleck|ern [bəˈklɛkərn] F *v/t.* (*u. v/réfl.*) ⟨-(e)re, *pas de ge-,* h⟩ (se) tacher; *pfort.* (se) salir; sich die Bluse mit Soße ~ tacher, salir son corsage avec de la sauce; *fig.* sich nicht gerade mit Ruhm ~ ne pas se couvrir de gloire; ~sen *v/t.* ⟨-(es)t, *pas de ge-,* h⟩ tacher; couvrir de taches.

bekleid|en [bəˈklaɪdən] I *v/t.* ⟨-ete, *pas de ge-,* h⟩ 1. (re)vêtir (mit de); 2. *Wände etc.* revêtir, recouvrir (mit de); 3. *st. s.* j-n mit e-r Würde *etc.* ~ revêtir qn. d'une dignité, *etc.*; 4. *st. s. Amt etc.* remplir; occuper; exercer; tenir; II *v/réfl.* sich ~ se (re)vêtir (mit de); ~et *adjt.* vêtu; habillé; mit etw. ~ sein être vêtu de qc.; porter qc.; leicht ~ sein être légèrement vêtu; 2ung *f* 1. (*Kleidung*) vêtements *m/pl.*; habillement *m*; tenue *f*; 2. *der Wände etc.* revêtement *m*; 2ungsgeˌwerbe *n cf.* 2ungsindustrie; 2ungsˌhaus *n* maison *f* de confection, du vêtement, de l'habillement; 2ungsindusˌtrie *f* industrie *f* du vêtement, de l'habillement; confection *f*; 2ungsˌstück *n cf.* Kleidungsstück.

beklemm|en [bəˈklɛmən] *v/t.* ⟨*pas de ge-,* h⟩ oppresser; die Brust, den Atem ~ oppresser la poitrine, le souffle; das Herz ~ serrer le cœur; ~end *adjt.* ~es Schweigen silence oppressant; ~es Gefühl sentiment *m* d'oppression; ein ~es Gefühl haben se sentir oppressé; 2ung *f* ⟨~; ~en⟩ oppression *f*; serrement *m* de cœur.

beklommen [bəˈklɔmən] *adjt.* oppressé; angoissé; *Herz* serré; 2ˌheit *f* ⟨~⟩ angoisse *f*; *cf. auch* Beklemmung.

beklopfen [bəˈklɔpfən] I *v/t.* ⟨*pas de ge-,* h⟩ *méd.* percuter; explorer par percussion; II 2 *n méd.* percussion *f.*

bekloppt [bəˈklɔpt] F *adj.* idiot; F cinglé; abruti; dingue; *cf. auch* behämmert.

bekochen [bəˈkɔxən] *v/t.* ⟨*pas de ge-,* h⟩ F j-n ~ faire la cuisine, F à manger pour qn.

bekohl|en [bəˈkoːlən] *v/t.* ⟨*pas de ge-,* h⟩ *Ofen, Schiff etc.* approvisionner en charbon; 2ung *f* ⟨~⟩ approvisionnement *m* en charbon.

bekommen [bəˈkɔmən] I *v/t.* ⟨*irr., pas de ge-,* h⟩ 1. (*erhalten*) a) recevoir; F avoir; *mit Mühe* obtenir; *Geld auch* toucher; e-e Belohnung, e-n Brief, e-e Antwort *etc.* ~ recevoir, F avoir une récompense, une lettre, une réponse, *etc.*; F Prozente ~ avoir un rabais; Urlaub ~ avoir des vacances; Besuch ~ avoir de la visite, du monde; Prügel, e-e Ohrfeige ~ recevoir une raclée, une gifle; e-n elektrischen Schlag ~ recevoir une décharge électrique; F er hat sieben Monate (Gefängnis) ~ il a eu sept mois de prison; e-n falschen Eindruck ~ avoir une fausse idée; e-n neuen Sinn ~ recevoir, acquérir, prendre un nouveau sens; keinen Platz mehr ~ ne plus avoir de place; *tél.* keine Verbindung ~ ne pas obtenir de communication; ne pas arriver à avoir de communication; Kontakt mit j-m ~ arriver à avoir des contacts avec qn.; e-e Stelle ~ obtenir, avoir une place; e-n Mann ~ trouver un mari; F arriver à avoir un mari; zu Gesicht ~ apercevoir; voir; in s-e Gewalt ~ arriver à se rendre maître de, à s'emparer de; von etw. Wind ~ avoir vent de qc.; etw. gratis ~ avoir qc. gratuitement, F à l'œil; wo bekommt man...? où peut-on trouver, F avoir...?; Sie ~ noch hundert Mark von mir je vous dois encore cent marks; *cf. auch die betreffenden Substantive u.* kriegen; b) *mit* zu + *inf.*: etw. zu essen ~ avoir qc. à manger; etw. zu spüren ~ ressentir qc.; vieles zu sehen ~ voir beaucoup de choses; etw. zu kaufen ~ pouvoir acheter qc.; j-n zu fassen ~ (arriver à) attraper qn.; c) *mit p. p.*: etw. geschenkt ~ recevoir, F avoir qc. en cadeau; ich bekomme es zugeschickt on me l'enverra; ich bekam das Geld ausgezahlt on m'a versé l'argent; ich bekam gesagt... on m'a dit...; je me suis vu dire...; wir bekamen e-e Wohnung zugewiesen on nous a attribué un logement; nous nous sommes vus attribuer un logement; e-n Titel verliehen ~ se voir conférer un titre; 2. *Zustandsveränderung* (commencer à) avoir; Hunger, Durst ~ (commencer à) avoir faim, soif; ich bekomme (allmählich) Hunger je commence à avoir faim; nach drei Stunden bekam ich Hunger trois heures après j'eus faim; Kopfschmerzen ~ (commencer à) avoir mal à la tête; Herzklopfen ~ avoir des battements de cœur; e-n Weinkrampf ~ être pris d'une crise de larmes; kalte Füße ~ attraper froid aux pieds; e-e Krankheit ~ avoir, attraper une maladie; e-e Erkältung ~ prendre froid; den Schnupfen ~ s'enrhumer; Heimweh ~ avoir le mal du pays; Angst ~ prendre, avoir peur; ich bekam Lust, etw. zu tun l'envie me prit, j'ai eu envie de faire qc.; *Kind* Zähne ~ faire ses dents; e-n Bart ~ commencer à avoir de la barbe; graue Haare ~ grisonner; Runzeln ~ (commencer à) avoir des rides; se rider; Risse ~ se fendiller; Schwierigkeiten, Scherereien ~ avoir des difficultés, des ennuis; Streit mit j-m ~ (commencer à) se quereller avec qn.; wir ~ schönes Wetter, Regen, Schnee nous allons avoir (du) beau temps, de la pluie, de la neige; sie bekommt ein Kind elle va avoir un bébé; sie hat ein Kind ~ elle vient d'avoir un bébé; *Tier* Junge ~ avoir des petits; mettre bas; den Fleck aus dem Kleid ~ réussir, arriver à enlever la tache sur la robe; j-n satt ~ arriver à rassasier qn.; *fig.* etw. satt ~ (commencer à) en avoir assez, F marre de qc.; j-n frei ~ arriver à libérer, à délivrer, *e-n Verschütteten etc. auch* à dégager qn.; etw. fertig ~ (arriver à) terminer, achever qc.; II *v/i.* ⟨sein⟩ convenir, réussir (à); die Luftveränderung bekommt ihm gut le changement d'air lui est salutaire, lui convient bien, lui réussit bien; wohl bekomm's! *beim Trinken* à votre santé!; à la vôtre!; *iron.* grand bien vous fasse!; à la vôtre!

bekömmlich [bəˈkœmlɪç] *adj.* sain; salutaire; qui convient; (*verdaulich*) digestible; 2ˌkeit *f* ⟨~⟩ *adjektivisch.*

beköstig|en [bəˈkœstɪgən] *v/t.* ⟨*pas de ge-,* h⟩ nourrir; 2ung *f* ⟨~⟩ nourriture *f*; alimentation *f* (*auch Vorgang*); Wohnung und ~ le vivre et le couvert; le logement et la nourriture; 2ungsˌzulage *f* indemnité *f* de nourriture.

bekräftig|en [bəˈkrɛftɪgən] *v/t.* ⟨*pas de ge-,* h⟩ *Aussage etc.* renforcer; confirmer; appuyer; corroborer; *Freundschaft* renforcer; sceller; cimenter; *jur.* eidlich ~ affirmer en prêtant serment; 2ung *f* ⟨~; ~en⟩ renforcement *m*; confirmation *f*; corroboration *f*; zur ~ von à l'appui de; zur ~ s-r Aussage à l'appui de ses dires.

bekränz|en [bəˈkrɛntsən] *v/t.* ⟨-(es)t, *pas de ge-,* h⟩ *Person* couronner (mit de); *Sache mit Grün, Blumen etc.* garnir de verdure, de fleurs, *etc.*; 2ung *f* ⟨~⟩ couronnement *m*; *bzw. verbal.*

bekreuz|en [bəˈkrɔʏtsən] *v/réfl.* ⟨-(es)t, *pas de ge-,* h⟩, ~igen *v/réfl.* ⟨*pas de ge-,* h⟩ sich ~ se signer; faire le signe de (la) croix.

bekriegen [bəˈkriːgən] *v/t.* ⟨*pas de ge-,* h⟩ faire la guerre à.

bekritt|eln [bəˈkrɪtəln] *v/t.* ⟨-(e)le, *pas de ge-,* h⟩ critiquer mesquinement;

F chercher la petite bête (dans qc., chez qn.); 2(e,)lung *f* ⟨~; ~en⟩ critique mesquine.
bekritzeln [bəˈkrɪtsəln] **I** *v/t.* ⟨-(e)le, *pas de ge-*, h⟩ *Papier, Wände etc.* griffonner (sur); **II** 2 *n* griffonnage *m* (sur).
bekrön|en [bəˈkrøːnən] *v/t.* ⟨*pas de ge-*, h⟩ couronner (mit de); **2ung** *f* couronnement *m*.
bekümmer|n [bəˈkʏmərn] **I** *v/t.* ⟨-(e)re, *pas de ge-*, h⟩ j-n ~ donner du souci à qn.; tracasser qn.; inquiéter qn.; **II** *v/réfl.* **sich** um j-n, etw. ~ s'occuper, avoir soin, se soucier de qn., de qc.; **sich um nichts** ~ n'avoir cure de rien; **2,nis** *st. s. f* ⟨~; ~se⟩ chagrin *m*; souci *m*; **~t** *adjt.* chagrin; soucieux, -euse; e-e **~e Miene** un air chagrin; une mine chagrine; **über etw.** ~ **sein** être chagriné, attristé par qc.; j **ist über etw.** ~ *auch* qc. chagrine qn.
bekund|en [bəˈkʊndən] *v/t.* ⟨-ete, *pas de ge-*, h⟩ **I 1.** *Mitleid, Teilnahme, Einverständnis etc.* manifester; exprimer; témoigner; montrer; **2.** *jur.* déclarer; témoigner; **II** *v/réfl.* **sich** ~ se manifester; se montrer; **2ung** *f* ⟨~; ~en⟩ **1.** manifestation *f*; expression *f*; **2.** *jur.* déclaration *f*; témoignage *m*.
belächeln [bəˈlɛçəln] *v/t.* ⟨-(e)le, *pas de ge-*, h⟩ sourire (de).
belachen [bəˈlaxən] *v/t.* ⟨*pas de ge-*, h⟩ rire (de).
beladen [bəˈlaːdən] **I** *v/t.* ⟨*irr.*, *pas de ge-*, h⟩ charger (mit de) (*auch fig. sein Gewissen etc.*); **mit Ballast** ~ lester; **II** *v/réfl.* **sich mit etw.** ~ se charger, s'encombrer de qc.; **III** *adjt.* chargé (mit de); ~ **sein wie ein Packesel** être chargé comme un mulet; *fig.* **er ist mit e-r schweren Schuld** ~ une faute grave pèse sur lui; **IV** 2 *n* ⟨~s⟩ chargement *m*.
Belag [bəˈlaːk] *m* ⟨~(e)s; ~̈e⟩ **1.** *techn. e-r Straße, e-s Fußbodens etc.* revêtement *m*; *e-r Bremse, Kupplung* garniture *f*; **2.** *méd. der Zunge etc.* enduit *m*; **3.** *cuis. auf Brot* garniture *f*; **4.** (*dünne Schicht*) couche *f* mince.
Belager|er [bəˈlaːɡərər] *m* ⟨~s; ~⟩ *milit.* assiégeant *m*; **2n** *v/t.* ⟨-(e)re, *pas de ge-*, h⟩ assiéger (*auch fig.*); **~te(r)** *m* ⟨→ A⟩ assiégé *m*; **~ung** *f* ⟨~; ~en⟩ siège *m* (*auch fig.*); **die** ~ **aufheben** lever le siège; **~ungs,zustand** *m* état *m* de siège; **über e-e Stadt den** ~ **verhängen** décréter l'état de siège d'une ville.
Belang [bəˈlaŋ] *m* ⟨~(e)s; ~e⟩ **1.** (*Wichtigkeit*) importance *f*; **e-e Sache von** ~ une affaire d'importance, de conséquence; **das ist nicht von** ~, **ohne** ~ cela n'a pas d'importance; c'est sans importance; cela ne tire pas à conséquence; **2.** *pl.* ~**e** (*Interessen*) intérêts *m/pl.*; **die sozialen, wirtschaftlichen, kulturellen** ~**e** les intérêts sociaux, économiques, culturels; **dienstliche** ~**e** *auch* raisons de service; **2en** *v/t.* ⟨*pas de ge-*, h⟩ *jur.* **j-n (gerichtlich)** ~ poursuivre qn. en justice, devant un tribunal (**wegen** pour); intenter des poursuites judiciaires contre qn. (pour); **2,los** *adj.* sans importance; dénué d'importance; insignifiant; anodin; futile; de peu de valeur; **von** ~**en Dingen sprechen** parler de la pluie et du beau temps; **~,losig,keit** *f* ⟨~; ~en⟩ insignifiance *f*; manque *m* d'importance; caractère anodin, futile; **2,reich** *adj. st. s. cf.* 2**voll**; **~ung** *f* ⟨~; ~en⟩ *jur.* poursuites *f/pl.* (judiciaires); **2,voll** *adj.* important; de conséquence.
belassen [bəˈlasən] *v/t.* ⟨*irr.*, *pas de ge-*, h⟩ laisser; **an s-m Platz** ~ laisser à sa place; **j-n in s-m Amt, Irrtum** ~ laisser qn. dans ses fonctions, dans son erreur; **es bei etw.** ~ en rester à qc.; s'en tenir à qc.; **ich werde es dabei** ~ j'en resterai là; je m'en tiendrai là.
belasten [bəˈlastən] *v/t.* ⟨-ete, *pas de ge-*, h⟩ **1.** *Fahrzeug etc.* charger (mit de); **etw. zu stark** ~ trop charger qc.; surcharger qc.; *fig.* **erblich belastet sein** avoir une hérédité chargée; avoir, posséder une tare héréditaire; être taré; **politisch belastet sein** avoir un passé politique chargé; **2.** *finanziell* **den Verbraucher** ~ imposer des charges au consommateur; accabler le consommateur; **mit Steuern** ~ frapper, grever d'impôts; **den Haushalt mit etw.** ~ grever, alourdir le budget de qc.; **ein Grundstück mit Hypotheken** ~ hypothéquer un terrain; *Bank* **ein Konto** ~ débiter un compte (mit de); porter (qc.) au débit d'un compte; **3.** *mit Arbeit etc.* charger (de); **j-n mit e-r zusätzlichen Arbeit** ~ charger qn. d'un travail supplémentaire; **das Gedächtnis mit unnötigen Dingen** ~ encombrer la mémoire de choses inutiles; **das Herz** ~ faire travailler le cœur; surcharger, surmener, fatiguer le cœur; **das Stromnetz** ~ charger le réseau électrique; *Arbeit, Sorgen etc.* **j-n** ~ peser sur qn.; accabler qn.; **der Gedanke an die Prüfung belastet ihn** la pensée de l'examen lui pèse, l'accable; **er ist von schweren Sorgen belastet** de graves soucis pèsent sur lui; **4.** *jur.* **j-n** ~ charger qn.; ~**des Material** documents *m/pl.* qui tendent à charger qn.; pièces *f/pl.* à conviction.
belästig|en [bəˈlɛstɪɡən] *v/t.* ⟨*pas de ge-*, h⟩ importuner; ennuyer; poursuivre (qn.) de ses importunités; **j-n mit Fragen** ~ importuner, ennuyer qn. par des questions; **2ung** *f* ⟨~; ~en⟩ ennuis (causés à qn.); *od. verbal.*
Belastung [bəˈlastʊŋ] *f* ⟨~; ~en⟩ **1.** charge *f*; chargement *m*; **höchstzulässige** ~ charge maximum admissible; **bei gleicher** ~ à charge égale; *fig.* **erbliche** ~ tare *f* héréditaire; **2.** *finanzielle* **die** ~ **des Verbrauchers durch höhere Preise** la charge imposée au consommateur par la hausse des prix; **steuerliche** ~ charge fiscale; poids *m* de la fiscalité; ~ **des Haushaltes** alourdissement *m* du budget; ~ **mit Hypotheken** charge *f* hypothécaire; ~ **e-s Kontos** inscription *f* au débit d'un compte; **3.** *mit Arbeit etc.* charge *f*; fardeau *m*; **die** ~ **durch den Beruf** la charge due à la profession; le fardeau de la profession; **e-e zusätzliche** ~ une charge, un fardeau supplémentaire; **die** ~ **des Gedächtnisses** l'encombrement de la mémoire; **die** ~ **e-s Organs** le travail demandé à un organe; *élect.* **die** ~ **des Netzes** la charge du réseau; **e-e seelische** ~ un fardeau moral; **4.** *jur.* charge *f*; **~s,anzeige** *f comm.* avis *m* de débit; **~s,fähigkeit** *f* ⟨~⟩ capacité *f* de charge; **~s,faktor** *m* facteur *m* de charge; **~s,grenze** *f* limite *f* de charge; **~smo,mente** *n/pl. jur.* charges *f/pl.* pesant sur un prévenu; **~s,probe** *f* essai *m* de charge; *fig.* rude épreuve *f*; **~s,spitze** *f* maximum [-əm] *m* de charge; **~s,zeuge** *m jur.* témoin *m* à charge.
belaub|en [bəˈlaʊbən] *v/réfl.* ⟨*pas de ge-*, h⟩ **sich** ~ se couvrir de feuilles; **~t** *adjt.* couvert de feuilles; feuillu; **dicht** ~ touffu; **2ung** *f* ⟨~⟩ feuillaison *f*.
belauern [bəˈlaʊərn] *v/t.* ⟨-(e)re, *pas de ge-*, h⟩ **j-n** ~ guetter, épier qn.
belaufen [bəˈlaʊfən] *v/réfl.* ⟨*irr.*, *pas de ge-*, h⟩ **sich** ~ **auf** se monter à; s'élever à; se chiffrer à; être de; porter sur; **sich höher** ~ **als etw.** dépasser, excéder qc.
belauschen [bəˈlaʊʃən] *v/t.* ⟨*pas de ge-*, h⟩ écouter (sans se faire voir); épier.
beleb|en [bəˈleːbən] **I** *v/t.* ⟨*pas de ge-*, h⟩ animer; égayer; éveiller; stimuler; **neu** ~ ranimer; **e-e Unterhaltung** ~ animer, égayer une conversation; **den Handel** ~ stimuler le commerce; **II** *v/réfl.* **sich** ~ s'animer; s'égayer; s'éveiller; **~end** *adjt.* vivifiant; vivificateur, -trice; stimulant; **~er Sonnenschein** un soleil vivifiant, vivificateur; **die** ~**e Wirkung e-r Tablette** l'action stimulante d'un comprimé; **~t** *adjt. Straße* animé; *Szene* mouvementé; **2theit** *f* ⟨~⟩ animation *f*; mouvement *m*; vie *f*; **2ung** *f* ⟨~⟩ stimulation *f*; *od. verbal*; ~ **der Wirtschaft** stimulation de l'économie; **der** ~ **des Unterrichts dienen** servir à animer les cours; **2ungs,mittel** *n phm. cf.* **Anregungsmittel**.
belecken [bəˈlɛkən] *v/t.* ⟨*pas de ge-*, h⟩ lécher; *fig.* **von Kultur beleckt** qui a un vernis de culture.
Belederung [bəˈleːdə,rʊŋ] *f* ⟨~⟩ garniture *f* de cuir.
Beleg [bəˈleːk] *m* ⟨~(e)s; ~e⟩ pièce justificative; preuve *f* (à l'appui); document *m*; *für ein Wort* référence *f*; **zum** ~ (**von** *od. gén.*) à l'appui de; **2bar** *adj. Behauptung etc.* qui peut être prouvé, justifié; **2en I** *v/t.* ⟨*pas de ge-*, h⟩ **1.** *Fußboden mit Linoleum etc.* recouvrir (mit de); *techn. Bremsen mit Gummi etc., cuis. Brot, cout.* garnir (de); **mit Brettern** ~ planchéier; **mit Fliesen** ~ carreler; **mit Steinplatten** ~ poser des dalles (sur); daller; *milit.* **mit Bomben** ~ bombarder; **mit Feuer** ~ prendre sous le feu; *fig.* **j-n mit e-r Strafe** ~ frapper qn. d'une amende, d'une peine; infliger une amende, une peine à qn.; **j-n mit Schimpfwörtern** ~ injurier qn.; **mit Steuern** ~ frapper d'impôts; imposer; taxer; *milit.* **e-n Ort mit Truppen** ~ cantonner des troupes dans une localité; *hist.* **mit dem Bann** ~ mettre au ban; **mit Beschlag** ~ *cf.* **Beschlag 3.**; **2.** *Sitzplatz etc.* réserver; retenir; marquer; **e-e Vorlesung** ~ s'inscrire à un cours; prendre une inscription pour un cours; *Sport* **in der Gesamtwertung den ersten Platz** ~ occuper la première place au classement général; **3.** *Behauptung, Geldauslagen etc.* prouver; justifier; fournir des documents à l'appui (de); **durch Zitate** ~ *auch* donner des citations à l'appui (de); **4.** *Stute etc.* couvrir; saillir; monter; **II** ~**en** *n* **5.** *des Fußbodens, techn. e-r Bremse etc. verbal*; *mit Brettern* planchéiage *m*; *mit Fliesen* carrelage *m*; *mit Steinplatten* dallage *m*; *milit. mit Bomben* bombardement *m*; *fig. mit Steuern* imposition *f*; taxation *f*; *hist. mit dem Bann* mise *f* au ban; *mit e-r Strafe etc. verbal*; **6.** *e-s Sitzplatzes etc.* réservation *f*; retenue *f*; *e-r Vorlesung* inscription *f* (à); **7.** *e-r Behauptung etc.* justification *f*; preuve *f*; **8.** *e-r Stute etc.* monte *f*; saillie *f*; **~exem,plar** *n* exemplaire justificatif; **~materi,al** *n* matériel justificatif; **~schaft** *f* ⟨~;

~en⟩ personnel *m* (d'une entreprise); ensemble *m* des employés; **~schafts‚stärke** *f* effectif *m* du personnel; **~schaftsver‚sammlung** *f* réunion *f* du personnel; **~‚stelle** *f in e-m Buch* référence *f*; **~stück** *n cf.* ~exemplar; **2t** *adjt. Krankenhaus etc.* occupé; *Platz* marqué; retenu; réservé; *méd. Zunge* chargé; *Stimme* voilé; couvert; *Wort* prouvé; **das Wort ist im 15. Jahrhundert ~** il existe une référence de ce mot au XVe siècle; *cuis.* **~es Brötchen** sandwich [sɑ̃dwitʃ] *m*; **~ung** *f* ⟨~⟩ *cf.* ~en.

belehn|en [bə'leːnən] *v/t.* ⟨*pas de ge-*, h⟩ *hist. Vasallen* inféoder; ensaisiner; *fig.* **j-n mit e-r Würde ~** investir qn. d'une dignité; **2ung** *f* ⟨~; ~en⟩ inféodation *f*; ensaisinement *m*; *fig.* investiture *f*.

belehr|en [bə'leːrən] *v/t.* ⟨*pas de ge-*, h⟩ instruire (**j-n über etw.** qn. sur *od.* de qc.); donner une leçon (à qn.); **der Schriftsteller will ~** l'écrivain veut instruire, donner une leçon; **j-n ~, wie er sich zu verhalten hat** apprendre, dire à qn. comment il doit se comporter; **die Folgen haben ihn belehrt, daß die Entscheidung falsch war** les suites lui ont appris, montré que la décision était fausse; **j-n e-s anderen ~** *cf.* **ander II**; **j-n e-s Besseren ~** *cf.* **besser 1.**; **sich ~ lassen** entendre raison; être docile aux avis, aux leçons; s'en laisser remontrer; **sich von niemandem ~ lassen** ne s'en laisser remontrer par personne; **sich e-s anderen ~ lassen (müssen)** (devoir) se détromper; (devoir) se rendre aux raisons invoquées, aux arguments invoqués, à l'évidence; **~end** *adjt.* instructif, -ive; éducatif, -ive; **2ung** *f* ⟨~; ~en⟩ leçon *f*; **der ~ dienen** instruire; **j-m e-e ~ erteilen** faire la leçon à qn.; **deine ~en brauche ich nicht** je n'ai pas besoin de tes leçons.

beleibt [bə'laɪpt] *adj.* corpulent; qui a de l'embonpoint; replet, -ète; **2heit** *f* ⟨~⟩, **2‚sein** *n* ⟨~s⟩ corpulence *f*; embonpoint *m*.

beleidig|en [bə'laɪdɪgən] *v/t.* ⟨*pas de ge-*, h⟩ offenser; insulter; injurier; outrager (*alle auch jur.*); vexer; blesser; piquer au vif; *in j-s Ehre auch* faire un, des affront(s) à; **j-n in s-m Stolz ~** offenser qn. dans sa fierté; *fig.* **das Auge, das Ohr ~** choquer, offenser, blesser la vue, les oreilles; **das Ohr ~** *auch* écorcher les oreilles; **~end** *adjt.* vexant; blessant; *pfort.* injurieux, -euse; offensant; insultant; outrageant; **~e Äußerungen** des propos vexants, *etc.*; **j-m gegenüber ~e Bemerkungen machen** tenir à qn. des propos injurieux; **~ werden** devenir vexant, *etc.*; **2er** *m* ⟨~s; ~⟩ *jur.* offenseur *m*; **~t 1.** *adjt.* offensé; vexé; **~e Würde** dignité offensée, blessée; *Person* **~ sein** être vexé, offensé; se vexer; s'offenser; **schnell ~ sein** se vexer, s'offenser facilement; prendre facilement la mouche; **ein ~es Gesicht machen** prendre un air vexé, offensé; **2.** *advt.* F **~ tun** se montrer vexé, offensé; **sich durch etw. ~ fühlen** se sentir vexé, offensé par *od.* à cause de qc.; considérer qc. comme un affront; **2te(r)** *f* (*m*) ⟨→ A⟩ *jur.* offensé(e) *m* (*f*); personne outragée; **2ung** *f* ⟨~; ~en⟩ offense *f*; injure *f*; affront *m*; outrage *m*; **e-e ~ einstecken müssen** devoir avaler, F digérer, empocher un affront, *etc.*; **e-e ~ nicht auf sich sitzen lassen** laver une insulte; **sich zu ~en hinreißen lassen** *auch* en venir aux gros mots; *fig.* **e-e ~ für das Auge** une offense, *etc.* pour la vue; **2ungs‚klage** *f jur.* plainte *f* en diffamation; **2ungspro‚zeß** *m* procès *m* en diffamation.

beleih|en [bə'laɪən] *v/t.* ⟨*irr.*, *pas de ge-*, h⟩ **1.** *comm. Wertgegenstand, Grundstück etc.* prêter sur; *vom Entleiher aus* contracter un emprunt sur; mettre en gage; **2.** *hist. cf.* **belehnen**; **2ung** *f* ⟨~; ~en⟩ *comm.* prêt *m* (sur); *vom Entleiher aus* mise *f* en gage.

belemmert [bə'lɛmərt] *adjt.* F **a)** embêtant; enquiquinant; P emmerdant; **b)** *cf.* **bedeppert**.

Belemnit [beˑlɛm'niːt, -'nɪt] *m* ⟨~en; ~en⟩ *biol.*, *géol.* bélemnite *f*.

belesen [bə'leːzən] *adjt.* **~ sein** avoir beaucoup lu; avoir des lettres; être lettré, instruit; **2‚heit** *f* ⟨~⟩ culture *f*, connaissances *f/pl.* acquise(s) par la lecture.

beleucht|en [bə'lɔʏçtən] *v/t.* ⟨-ete, *pas de ge-*, h⟩ éclairer; *festlich* illuminer; *fig. Problem, Fall* mettre en lumière; éclaircir; **2er** *m thé.* électricien(-machiniste) *m*; **2ung** *f* ⟨~; ~en⟩ éclairage *m*; *phys.* éclairement *m*; *festliche* illumination *f*; embrasement *m*; *fig.* éclaircissement(s) *m* (*pl.*); mise *f* en lumière; **(in)direkte ~** éclairage (in)direct; **künstliche ~** éclairage artificiel; lumière artificielle; **2ungs‚anlage** *f* installation *f* d'éclairage; **2ungs‚brücke** *f thé.* passerelle *f* d'éclairage; **2ungse‚ffekt** *m* effet *m* d'éclairage; **2ungs‚körper** *m* appareil *m* d'éclairage; **2ungs‚stärke** *f* intensité d'éclairement, lumineuse; **2ungs‚technik** *f* technique *f* de l'éclairage; éclairagisme *m*; **2ungs‚techniker** *m* éclairagiste *m*.

beleum(un)det [bə'lɔʏm(ʊn)dət] *adjt.* **gut, schlecht ~** qui a (une) bonne, mauvaise réputation.

belfern ['bɛlfərn] **I** *v/i.* ⟨-(e)re, *pas de ge-*, h⟩ *Hund* glapir (*auch fig.*); *Kanonen* gronder; *fig.* **Befehle ~** aboyer, glapir des ordres; **II 2** *n* ⟨~s⟩ glapissement *m*; *von Kanonen* grondement *m*.

Belg|ier(in) ['bɛlgiˑər(ɪn)] *m* ⟨~s; ~⟩ (*f*) ⟨~; ~nen⟩ Belge *m, f*; **2isch** *adj.* belge; *pol. in Zssgn.* belgo-...; **~-luxemburgisch** belgo-luxembourgeois.

belicht|en [bə'lɪçtən] **I** *v/t.* ⟨-ete, *pas de ge-*, h⟩ *phot.* exposer (à la lumière); **II 2en** *n* ⟨~s⟩, **2ung** *f* ⟨~; ~en⟩ exposition *f* (à la lumière); insolation *f*; pose *f*; **2ungs‚dauer** *f cf.* **2ungszeit**; **2ungs‚messer** *m* ⟨~s; ~⟩ posemètre *m*; photomètre *m*; **2ungsta‚belle** *f* table *f* de pose; **2ungs‚uhr** *f* compte-pose *m*; **2ungs‚zeit** *f* temps *m* de pose; durée *f* d'exposition.

belieb|en [bə'liːbən] **I** *v/i. u. v/imp.* ⟨*pas de ge-*, h⟩ **a)** (*gefallen*) **wie (es) Ihnen beliebt** comme il vous plaira; comme bon vous semble; comme il vous convient; comme vous voudrez; **wenn es Ihnen beliebt** si bon vous semble; si vous le jugez bon; **wann es Ihnen beliebt** quand il vous plaira; **wie beliebt?** plaît-il?; **b)** (*geruhen*) **es beliebt ihm** *od.* **er beliebt, nicht zu antworten** il ne daigne pas répondre; **Sie ~ zu scherzen** vous voulez rire; vous plaisantez; **II 2en** *n* **nach ~** à volonté; *im Restaurant* à discrétion; **nach Ihrem ~** à votre gré, guise, convenance; **das stelle ich in Ihr ~** vous pouvez faire comme il vous plaira; **es steht in Ihrem ~, zu** ... vous êtes libre, maître de ...; **~ig 1.** *adj.* quelconque; **e-e ~e Anzahl** un nombre quelconque; **zwei ~e Bücher** deux livres quelconques; **in ~er Form** de forme quelconque; **jeder ~e** n'importe qui; le premier venu; **jede ~e Arbeit annehmen** accepter n'importe quel travail; **zu jeder ~en Zeit** à n'importe quel moment; à n'importe quelle heure; **in jeder ~en Umgebung** dans n'importe quel milieu; dans tous les milieux; **e-e x-~e Stadt** n'importe quelle ville; **2.** *adv.* à volonté; **ein Thema ~ variieren** varier un sujet à volonté, de n'importe quelle manière; **~ lange wegbleiben** s'absenter aussi longtemps que l'on veut; **~t** *adj.* aimé, estimé (**bei** par *od.* de); populaire (auprès de); **ein ~er Lehrer** un professeur aimé, estimé; **ein ~er Schauspieler** un acteur populaire, aimé; **ein ~es Buch** un livre aimé, estimé, populaire; **ein ~es Ausflugsziel** un but d'excursion aimé; **e-e der ~esten Opern** un des opéras les plus aimés, les plus populaires; un des opéras préférés; **ein ~es Aufsatzthema** un sujet de rédaction aimé, courant; **e-e ~e Redensart** une locution aimée, courante; **sich ~ machen** se faire aimer, bien voir (**bei j-m** par *od.* de qn.); se rendre populaire (auprès de); **2theit** *f* ⟨~⟩ popularité *f*, faveur *f* (**bei** auprès de); **sich großer ~ erfreuen** jouir d'une grande popularité, d'une grande faveur.

beliefer|n [bə'liːfərn] *v/t.* ⟨-(e)re, *pas de ge-*, h⟩ **j-n mit etw. ~** fournir, approvisionner qn. en *od.* de qc.; fournir, livrer qc. à qn.; **die Kunden, die Geschäfte ~** fournir, approvisionner les clients, les magasins; **2ung** *f* ⟨~⟩ approvisionnement *m* (**mit** en); *abs. auch* livraison *f*.

Belkanto [bɛl'kantoˑ] *m* ⟨~s; ~s⟩ *mus.* bel canto *m*.

Belladonna [bɛla'dɔna] *f* ⟨~; -nnen⟩ *bot.* belladone *f*.

bellen ['bɛlən] **I** *v/i.* ⟨h⟩ *Hund* aboyer; *junger Hund* japper; *Fuchs* glapir; *fig.* **Kommandos ~** aboyer, glapir des ordres; **II 2** *n* ⟨~s⟩ aboiement *m*; jappement *m*; glapissement *m*.

Belletrist [bɛleˑ'trɪst] *m* ⟨~en; ~en⟩ auteur *m* d'œuvres littéraires; **~ik** *f* ⟨~⟩ belles-lettres *f/pl.*; littérature *f* d'agrément; **2isch** *adj.* littéraire; des belles-lettres.

belob(ig)|en [bə'loːb(ɪg)ən] *v/t.* ⟨*pas de ge-*, h⟩ faire l'éloge de; louer; *in der Schule etwa* citer au tableau d'honneur; **2ung** *f* ⟨~; ~en⟩ éloge(s) (adressé[s] à); louange (adressée à); citation *f* au tableau d'honneur.

belohn|en [bə'loːnən] *v/t.* ⟨*pas de ge-*, h⟩ récompenser (**für** de *od.* pour); **s-e Mühe wurde durch den Erfolg belohnt** ses efforts ont été récompensés par le succès; **j-n mit Undank ~** payer qn. d'ingratitude; **2ung** *f* ⟨~; ~en⟩ récompense *f*; **e-e ~ auf j-s Kopf aussetzen** *cf.* **aussetzen 3.**

belüft|en [bə'lʏftən] *v/t.* ⟨-ete, *pas de ge-*, h⟩ ventiler; aérer; **2ung** *f* ventilation *f*; aération *f*.

belügen [bə'lyːgən] *v/t.* ⟨*irr.*, *pas de ge-*, h⟩ **j-n ~** mentir à qn.; dire des mensonges à qn.

belustig|en [bə'lʊstɪgən] *v/t.* (*u. v/réfl.*) ⟨*pas de ge-*, h⟩ (s')amuser; (se) divertir; (s')égayer; (se) distraire; (se) récréer; **sich an etw. ~** s'amuser, *etc.* à regarder, à écouter qc.; **sich über j-n ~** *cf.* **(sich) lustig (machen)**; **belustigt zuhören** écouter (d'un air) amusé; **~end** *adjt.* amusant; divertissant;

égayant; distrayant; récréatif, -ive; **etw. ~ finden** trouver qc. amusant, *etc.*; **≈ung** *f* ⟨~; ~en⟩ amusement *m*; divertissement *m*; distraction *f*; *Veranstaltung* réjouissance *f*.

bemächtig|en [bə'mɛçtɪgən] *v/réfl.* ⟨*pas de ge-*, h⟩ **sich j-s, e-r Sache ~** s'emparer, se saisir de qn., de qc.; *e-r Stadt meist* prendre qc.; **sich j-s ~** *auch* capturer qn.; **sich der Herrschaft ~** s'emparer du, se saisir du, usurper le pouvoir; **Verzweiflung bemächtigte sich s-r** le désespoir s'empara, se saisit de lui; **≈ung** *f* ⟨~⟩ prise *f*; *e-r Person auch* capture *f*.

bemäkeln [bə'mɛːkəln] *v/t.* ⟨-(e)le, *pas de ge-*, h⟩ trouver à redire à; critiquer.

bemal|en [bə'maːlən] **I** *v/t.* ⟨*pas de ge-*, h⟩ peindre, peinturer (**mit** de); *bunt* colorier; barioler; **ein bemaltes Osterei** un œuf de Pâques peint, colorié; **II** *v/réfl.* F **sich ~** (*sich stark schminken*) se peindre; se farder, se maquiller exagérément; **≈ung** *f* ⟨~⟩ peinture *f*; *od. verbal*.

bemäng|eln [bə'mɛŋəln] *v/t.* ⟨-(e)le, *pas de ge-*, h⟩ critiquer; trouver à redire à; **≈(e,)lung** *f* ⟨~; ~en⟩ critique *f*.

bemann|en [bə'manən] *v/t.* ⟨*pas de ge-* h⟩ *Schiff etc.* équiper, armer (en personnel); *gekapertes Schiff* amariner; **~t** *adjt. Rakete etc.* habité; **~er Weltraumflug** vol spatial effectué par un *bzw.* des engin(s) habité(s); **≈ung** *f* ⟨~; ~en⟩ équipement *m* (en hommes); amarinage *m*; (*Mannschaft*) équipage *m*.

bemäntel|n [bə'mɛntəln] *v/t.* ⟨-(e)le, *pas de ge-*, h⟩ *Schuld, Versagen etc.* diminuer; amoindrir; faire passer pour anodin; excuser; pallier; (*verbergen*) cacher; déguiser; farder; **≈ung** *f* ⟨~; ~en⟩ diminution *f*; amoindrissement *m*; déguisement *m*.

bemasten [bə'mastən] *v/t.* ⟨-ete, *pas de ge-*, h⟩ mâter.

bemausen [bə'mauzən] *v/t.* ⟨-(es)t, *pas de ge-*, h⟩ F **j-n ~** voler qn.; F chiper qc. à qn.

bemehlt [bə'meːlt] *adjt.* enfariné.

bemeistern [bə'maɪstərn] *v/t. u. v/réfl.* ⟨-(e)re, *pas de ge-*, h⟩ *cf.* **bemächtigen** *u.* **beherrschen.**

bemerk|bar [bə'mɛrkbaːr] *adj.* perceptible; **nicht ~** imperceptible; **sich ~ machen** *Person* se faire remarquer; *Sache* se faire sentir; **~en I** *v/t.* ⟨*pas de ge-*, h⟩ **1.** (*wahrnehmen*) remarquer; *Sache auch* s'apercevoir de; **e-e Veränderung an j-m ~** remarquer, observer un, s'apercevoir d'un changement chez qn.; **2.** (*äußern*) faire remarquer, observer; **nebenbei bemerkt** ... entre parenthèses ...; soit dit en passant ...; **II ≈en** *n* ⟨~s⟩ **mit dem ~ ...** en faisant remarquer, observer...; **~ens,wert** *adj.* (*u. adv.*) remarquable(ment); **≈ung** *f* ⟨~; ~en⟩ remarque *f*; observation *f*; réflexion *f*; **e-e ~ machen** faire une remarque, une observation.

bemess|en [bə'mɛsən] **I** *v/t.* ⟨*irr.*, *pas de ge-*, h⟩ calculer; fixer; déterminer; mesurer; doser; **etw. reichlich ~** faire bonne mesure de qc.; **nach etw. ~** *auch* proportionner, approprier à qc.; **II** *adjt.* **genau ~e Mengen** des quantités calculées, *etc.* avec précision; **e-e kurz ~e Frist** un bref délai; **meine Zeit ist sehr knapp ~** je ne dispose que de très peu de temps; *cf. auch* **knapp** 1.; **das Essen war reichlich ~** le(s) repas étai(en)t copieux; **≈ung** *f* calcul *m*; fixation *f*; détermination *f*; mesure *f*; dosage *m*; **≈ungs,grundlage** *f* base *f* de calcul; *bei Steuern* assiette *f*.

bemitleid|en [bə'mɪt,laɪdən] *v/t.* ⟨-ete, *pas de ge-*, h⟩ **j-n ~** avoir pitié de qn.; prendre qn. en pitié; s'apitoyer sur qn.; plaindre qn.; **~ens,wert** *adj.* pitoyable; digne de pitié, de compassion; **≈ung** *f* ⟨~⟩ apitoiement *m*.

bemittelt [bə'mɪtəlt] *adj.* aisé; cossu; riche; **~ sein** être aisé; avoir des moyens.

bemogeln [bə'moːgəln] *v/t.* ⟨-(e)le, *pas de ge-*, h⟩ F **j-n ~** refaire, rouler, avoir, posséder qn.

bemoost [bə'moːst] *adj.* couvert de mousse; moussu; *fig.* très vieux, vieille; F **~es Haupt** éternel étudiant.

bemüh|en [bə'myːən] **I** *v/t.* ⟨*pas de ge-*, h⟩ *st. s.* **j-n ~** déranger, importuner qn.; demander à qn. (de faire qc.); **j-n zu sich ~** demander à qn., prier qn. de venir; faire venir qn.; **viele Beispiele ~, um etw. zu beweisen** avoir recours à beaucoup d'exemples pour prouver qc.; **II** *v/réfl.* **a) sich ~** se donner de la peine, du mal; s'efforcer (de); s'appliquer, s'employer, s'attacher (à); **sich nach Kräften ~** s'appliquer de toutes ses forces; **er hat sich vergeblich bemüht** il s'est donné de la peine, du mal en vain, pour rien; **sich ~, etw. zu tun** s'efforcer de, s'appliquer à, s'employer à, s'attacher à, se donner du mal pour faire qc.; **~ Sie sich nicht!** ne vous donnez pas la peine!; laissez donc!; ne vous dérangez pas!; **b) sich um j-n ~** (*kümmern*) s'occuper de qn.; **der Arzt bemühte sich um den Kranken** le médecin s'occupait du malade; **c) sich um j-n, etw. ~** (*zu gewinnen trachten*) s'efforcer de gagner, de trouver, *etc.* qn., qc.; **sich (dienstbeflissen, eifrig) um j-n ~** s'empresser auprès de qn.; **sich um e-n Nachfolger ~** s'efforcer de trouver un successeur; **sich um Arbeit ~** s'efforcer de trouver du travail; **sich um j-s Vertrauen ~** s'efforcer de gagner la confiance de qn.; **d) sich zu j-m ~** se donner la peine d'aller chez qn.; **wollen Sie sich bitte ins Nebenzimmer ~** voulez-vous, s'il vous plaît, vous donner la peine de passer dans la pièce voisine; **III ≈en** *n* ⟨~s⟩ efforts *m/pl.*; **ein vergebliches ~** des efforts vains; **trotz jahrelangen ~s** malgré des années d'efforts; **in dem ~ ...** soucieux, -euse de ...; par souci de ...; **~t** *adjt.* **~ sein** *cf.* **~en II a), b), c)**; **≈ung** *f* ⟨~; ~en⟩ effort(s) *m(pl.)*; **ärztliche ~en** soins médicaux; **j-n in s-n ~en unterstützen** soutenir qn. dans ses efforts.

bemüßigt [bə'myːsɪçt] *advt.* **sich ~ fühlen** *od.* **sehen, etw. zu tun** se voir contraint, se voir dans l'obligation, se sentir obligé de faire qc.

bemuster|n [bə'mustərn] *v/t.* ⟨-(e)re, *pas de ge-*, h⟩ *comm.* échantillonner; **bemustertes Angebot** offre échantillonnée, avec échantillons; **≈ung** *f* échantillonnage *m*.

bemuttern [bə'mutərn] *v/t.* ⟨-(e)re, *pas de ge-*, h⟩ **j-n ~** entourer qn. de soins maternels; dorloter qn.

benachbart [bə'naxbaːrt] *adj.* voisin (de); avoisinant.

benachrichtig|en [bə'naːxrɪçtɪgən] *v/t.* ⟨*pas de ge-*, h⟩ **j-n von etw. ~** informer, aviser, prévenir, avertir qn. de qc.; faire connaître, faire savoir, annoncer qc. à qn.; mettre qn. au courant de qc.; **j-n brieflich ~** prévenir, avertir qn. par lettre; **die Polizei ~** prévenir, avertir la police; **≈ung** *f* ⟨~; ~en⟩ information *f*; avertissement *m*; avis *m*; *od. verbal*; **ohne vorherige ~** sans avis préalable; **um ~ bitten** demander à être prévenu, averti; **e-e ~ erhalten** recevoir un avertissement, un avis, une information; être averti, prévenu; **≈ungs,pflicht** *f* obligation *f* d'information.

benachteilig|en [bə'naːxtaɪlɪgən] *v/t.* ⟨*pas de ge-*, h⟩ **j-n ~** désavantager, défavoriser, frustrer, léser qn.; porter préjudice, faire du tort à qn.; **sich benachteiligt fühlen** se sentir désavantagé, défavorisé, frustré, lésé; **≈ung** *f* ⟨~; ~en⟩ désavantage, préjudice, tort (causé à); *od. verbal*.

benagel|n [bə'naːgəln] *v/t.* ⟨-(e)le, *pas de ge-*, h⟩ clouter; garnir de clous; **≈ung** *f* ⟨~⟩ cloutage *m*.

benagen [bə'naːgən] *v/t.* ⟨*pas de ge-*, h⟩ ronger.

benähen [bə'nɛːən] *v/t.* ⟨*pas de ge-*, h⟩ F **j-n ~** coudre pour qn.

benamsen [bə'namzən] *plais. v/t.* ⟨-(es)t, *pas de ge-*, h⟩ (sur)nommer.

benannt [bə'nant] *adjt.* nommé; *math.* **~e Zahl** nombre concret.

Bendel ['bɛndəl] *m, n* ⟨~s; ~⟩ F **j-n am ~ haben, führen** tenir qn. en lisière, en bride; mener qn. par le bout du nez.

benebel|n [bə'neːbəln] *v/t.* ⟨-(e)le, *pas de ge-*, h⟩ *Alkohol* griser; émécher; *fig. Erfolg etc.* troubler l'esprit; **~t** *adjt.* F (*betrunken*) gris; éméché; entre deux vins; dans les vapeurs de l'alcool.

benedeien [beˑneˑ'daɪən] *v/t.* ⟨h⟩ *relig.* bénir.

Benediktenkraut [beˑneˑ'dɪktən-,kraut] *n bot.* chardon bénit.

Benediktiner [beˑneˑdɪk'tiːnər] *m* ⟨~s; ~⟩ **1.** *relig.* bénédictin *m*; **2.** *Likör* bénédictine *f*; **~ab,tei** *f* abbaye bénédictine; **~in** *f* ⟨~; ~nen⟩ *relig.* bénédictine *f*; **~,kloster** *n* monastère *m* de bénédictins; **~,orden** *m* ordre *m* de saint Benoît.

benehmen [bə'neːmən] **I** *v/t.* ⟨*irr.*, *pas de ge-*, h⟩ *st. s.* ôter; **das benimmt mir den Atem** cela me coupe la respiration, me suffoque; **die Verblüffung benahm ihm die Sprache** l'étonnement le laissa sans voix; **j-m die Sinne ~** étourdir qn.; *cf. auch* **benommen**; **II** *v/réfl.* **sich ~** se conduire; se comporter; **sich zu ~ wissen** *auch* avoir du savoir-vivre; savoir se tenir dans le monde; connaître les usages du monde; **sich anständig ~** se conduire, se comporter convenablement; F **sich daneben ~** faire une gaffe; mettre les pieds dans le plat; **sich auffällig ~** se faire remarquer; attirer l'attention sur soi; **III ≈** *n* **1.** comportement *m*; conduite *f*; **gutes, feines ~** savoir-vivre *m*; bonnes manières; bonne tenue; urbanité *f*; **linkisches ~** comportement gauche; gaucherie *f*; **2. sich mit j-m ins ~ setzen** prendre contact, se mettre en rapport avec qn.

beneiden [bə'naɪdən] *v/t.* ⟨-ete, *pas de ge-*, h⟩ **j-n ~** envier qn.; **j-n um etw. ~** envier qc. à qn.; **ich beneide dich um deine Ruhe** j'envie *od.* je t'envie ton calme; **er ist nicht zu ~** il n'est pas à envier; **~s,wert** *adj.* enviable.

Beneluxstaaten [beˑneˑ'luks,ʃtaːtən, 'beː-] *m/pl.* Benelux *m*.

benenn|en [bə'nɛnən] *v/t.* ⟨*irr.*, *pas de ge-*, h⟩ **1. etw. ~** donner un nom à qc.; **nach etw., j-m ~** donner le nom de qc., de qn. (à); appeler, (dé)nommer, baptiser d'après (le nom de) qc., qn.; **2.** *Zeugen, Kandidaten etc.* nommer; désigner nommément; *cf. auch* **benannt**; **≈ung** *f* ⟨~; ~en⟩ **1.** appellation *f*; nom *m*; dénomination *f*; **die alte ~ ändern** changer l'ancienne appellation, l'ancien nom; **die ~ der Straße nach e-m Dichter** la dénomination de la rue d'après un poète; **2. die ~ von Zeugen** la désignation de témoins (par leur nom).

benetzen [bəˈnɛtsən] *st. s. v/t.* ⟨-(es)t, *pas de ge-*, h⟩ humecter; mouiller; **die Blumen sind vom Tau benetzt** la rosée perle sur les fleurs.

Bengal|e [bɛŋˈgɑːlə] *m* ⟨~n; ~n⟩ Bengali [bɛ̃-] *m*; **~i** *n* ⟨~(s)⟩ *Sprache* bengali *m*; **2isch** *adj.* bengali (*inv.*); du Bengale; **~es Feuer** feu *m* de Bengale; **~e Beleuchtung** illumination *f* en couleurs.

Bengel [ˈbɛŋəl] *m* ⟨~s; ~⟩ F (*frecher, ungezogener Junge*) garnement *m*; voyou *m*; polisson *m*; gamin *m*; galopin *m*; **ein großer ~** un grand gamin; **ein reizender ~** un mignon petit garçon.

beniesen [bəˈniːzən] *v/t.* ⟨-(es)t, *pas de ge-*, h⟩ *plais. u.* F confirmer, approuver, appuyer par un éternuement, en éternuant.

Benimm [bəˈnɪm] *m* ⟨~s⟩ *plais. u.* F **keinen ~ haben** ne pas avoir de savoir-vivre; **j-m ~ beibringen** apprendre à qn. le savoir-vivre.

Benjamin [ˈbɛnjamiːn] *m* ⟨~s; ~e⟩ *fig.* benjamin [bɛ̃-] *m*.

benommen [bəˈnɔmən] *adjt.* étourdi; abasourdi; abruti; hébété; ahuri; **e-n ~en Kopf haben** avoir la tête lourde, l'esprit engourdi; **noch etw. ~ sein** être encore sous le coup de qc.; **j-n ~ machen** étourdir, abasourdir qn.; **2ˌheit** *f* ⟨~⟩ abasourdissement *m*; hébétude *f*; abrutissement *m*.

benoten [bəˈnoːtən] *v/t.* ⟨-ete, *pas de ge-*, h⟩ noter; **e-n Aufsatz ~** noter une rédaction.

benötigen [bəˈnøːtɪgən] *v/t.* ⟨*pas de ge-*, h⟩ avoir besoin de; **ich benötige etw.** *auch* il me faut qc.

Benotung [bəˈnoːtʊŋ] *f* ⟨~; ~en⟩ notation *f*.

benutz|bar [bəˈnʊtsbɑːr] *adj.* utilisable; **~en** *v/t.* ⟨-(es)t, *pas de ge-*, h⟩ utiliser; se servir de; employer; *Verkehrsmittel, Weg* prendre; utiliser; *Nachschlagewerk auch* consulter; compulser; *Gelegenheit* profiter de; mettre à profit; exploiter; **Bücher ~** se servir de, utiliser des, employer des livres.

benützen [bəˈnʏtsən] *v/t.* ⟨-(es)t, *pas de ge-*, h⟩ *cf.* **benutzen**.

Benutz|er [bəˈnʊtsər] *m* ⟨~s; ~⟩ utilisateur *m*; *e-s Verkehrsmittels, e-r Straße, e-r Bibliothek etc.* usager *m*; *e-s Wörterbuches etc.* lecteur *m*; **~erˌkreis** *m* utilisateurs *m/pl.*; usagers *m/pl.*; **~ung** *f* ⟨~⟩ utilisation *f*; usage *m*; emploi *m*; *e-s Verkehrsmittels* utilisation *f*; *e-r Gelegenheit* mise *f* à profit; exploitation *f*.

Benützung [bəˈnʏtsʊŋ] *f* ⟨~⟩ *cf.* **Benutzung**.

Benutzungs|gebühr [bəˈnʊtsʊŋsgəˌbyːr] *f* taxe *f*, droits *m/pl.* d'utilisation; *für e-e Straße* péage *m*; **~ˌrecht** *n* droit *m* d'usage, d'utilisation.

Benzidin [bɛntsiˈdiːn] *n* ⟨~s⟩ *chim.* benzidine [bɛ̃-] *f*.

Benzin [bɛnˈtsiːn] *n* ⟨~s; ~e⟩ essence *f*; (*Reinigungs2*) *auch* benzine [bɛ̃-] *f*; **~ tanken** prendre de l'essence; *voll* faire le plein d'essence; **mit ~ reinigen** nettoyer à l'essence, à la benzine; **~ˌabscheider** *m* ⟨~s; ~⟩ séparateur *m* d'essence; **~ˌbad** *n* nettoyage *m* à l'essence, à la benzine; **~beˌhälter** *m* réservoir *m* d'essence; **~ˌdunst** *m* vapeur(s) *f(pl.)* d'essence; **~ˌfeuerzeug** *n* briquet *m* à essence; **~ˌfilter** *m* filtre *m* d'essence; **~ˌhahn** *m* robinet *m* d'essence; **~kaˌnister** *m* bidon *m* à essence; jerrican *od.* jerrycan [ʒerikan] *m*; nourrice *f*; **~ˌkutsche** *f plais.* bagnole *f*; **~ˌlager** *n* dépôt *m*, entrepôt *m* d'essence; **~ˌleitung** *f* conduite *f* d'essence; **~ˌmotor** *m* moteur *m* à essence; **~ˌpumpe** *f* pompe *f* à essence; **~ˌscheck** *m* chèque *m* essence; **~ˌstand** *m* niveau *m* d'essence; **~standˌanzeiger** *m cf.* **~uhr**; **~ˌtank** *m* réservoir *m* d'essence; **~ˌuhr** *f* jauge *f* d'essence; **~verˌbrauch** *m* consommation *f* d'essence.

Benzoe [ˈbɛntsoˑeˑ] *f* ⟨~⟩ *Harz* benjoin [bɛ̃ʒwɛ̃] *m*; **~ˌharz** *n cf.* **~**; **~ˌöl** *n* essence *f* de benjoin; **2ˌsauer** *adj.* benzoïque [bɛ̃-]; **~ˌsäure** *f chim.* acide *m* benzoïque.

Benzol [bɛnˈtsoːl] *n* ⟨~s; ~e⟩ *chim.* benzène [bɛ̃-] *m*; *comm.* benzol [bɛ̃-] *m*; benzine [bɛ̃-] *f*; **~ˌring** *m chim.* noyau *m* benzénique [bɛ̃-].

Benzyl [bɛnˈtsyːl] *n* ⟨~s⟩ *chim.* benzyle [bɛ̃-] *m*; **~ˌalkohol** *m* acide-alcool *m* benzilique [bɛ̃-].

beobacht|en [bəˈˀoːˌbaxtən] *v/t.* ⟨-ete, *pas de ge-*, h⟩ **1.** observer; surveiller; **j-n auf Schritt und Tritt ~** surveiller les faits et gestes de qn.; **sich beobachtet fühlen** se sentir observé, surveillé; **~de Blicke** regards qui observent qn., qc.; **2.** *st. s. Verordnung, Verbot etc.* observer; *Stillschweigen, Zurückhaltung* garder; observer; **2er (-in)** *m* ⟨~s; ~⟩ (*f*) ⟨~; ~nen⟩ observateur, -trice *m, f* (*auch dipl.*); *milit.* **vorgeschobener ~** observateur avancé; **2ung** *f* ⟨~; ~en⟩ **1.** observation *f*; surveillance *f*; **e-e ~ machen** faire une *od.* des observation(s); **j-n zur ~ ins Krankenhaus einweisen** envoyer qn. à l'hôpital en observation; **unter ~ stehen** être en observation; *durch die Polizei* être sous surveillance; **2.** *e-r Regel etc.* observation *f*; *relig. meist* observance *f*; **unter ~ strengsten Stillschweigens** en observant le silence le plus strict; **2ungsˌflugzeug** *n* avion *m* d'observation; **2ungsˌgabe** *f* don *m*, esprit *m* d'observation; **e-e gute ~ haben** avoir le génie d'observation; **2ungsˌposten** *m* poste *m* d'observation; **2ungssateˌllit** *m* satellite *m* d'observation; **2ungsˌstand** *m* poste *m* d'observation; observatoire *m*.

beorder|n [bəˈˀɔrdərn] *v/t.* ⟨-(e)re, *pas de ge-*, h⟩ ordonner (à qn.) de venir, d'aller, de se rendre (**nach** à, **zu** chez); **j-n zu sich ~** mander qn.; **er wurde zum Chef beordert** il a été mandé par le chef; on lui a ordonné d'aller chez le chef; **ein Kriegsschiff nach X ~** *auch* envoyer un bâtiment de guerre à X; **2ung** *f* ⟨~⟩ ordre *m* de venir, d'aller, de se rendre (**nach** à, **zu** chez).

bepack|en [bəˈpakən] *v/t.* ⟨*pas de ge-*, h⟩ charger (**mit** de); **~t** *adjt.* **mit Koffern** *etc.* **~** chargé de valises, *etc.*; **~ wie ein Lastesel** chargé comme un mulet; **2ung** *f* ⟨~⟩ chargement *m*.

bepflanz|en [bəˈpflantsən] *v/t.* ⟨-(es)t, *pas de ge-*, h⟩ garnir de plantes; planter (qc. dans, sur qc.); **ein Beet ~** garnir un parterre de plantes; **den Garten mit Blumen ~** planter des fleurs dans le jardin; **~t** *adjt.* planté (**mit** de); **ein mit Bäumen ~es Grundstück** un terrain planté d'arbres; **2ung** *f* ⟨~⟩ plantation *f* (de qc. dans, sur qc.); *od. verbal.*

bepflastern [bəˈpflastərn] F *v/t.* ⟨-(e)re, *pas de ge-*, h⟩ **1.** *Wunden* couvrir de pansements; **2.** *milit.* F canarder; marmiter; pilonner.

bepinseln [bəˈpɪnzəln] *v/t.* ⟨-(e)le, *pas de ge-*, h⟩ **1.** *Backblech mit Fett, Wunde mit Jod* badigeonner (de); **2.** *péj. u.* F (*anstreichen*) peinturlurer.

Beplankung [bəˈplaŋkʊŋ] *f* ⟨~; ~en⟩ *mar.* bordé *m*; bordage *m*.

bequem [bəˈkveːm] **1.** *adj.* **a)** *Sache* confortable; commode; aisé; facile; **ein ~er Sessel** un fauteuil confortable; **~e Schuhe** chaussures confortables; **ein ~er Weg** un chemin facile, aisé, commode; **e-e ~e Haltung einnehmen** prendre une position commode, confortable; **ein ~es Leben führen** mener une vie facile; **b)** *Person* paresseux, -euse; nonchalant; indolent; **zu ~ sein, etw. zu tun** être trop paresseux pour faire qc.; **2.** *adv.* confortablement; commodément; facilement; aisément; **~ sitzen** être assis confortablement, commodément, à son aise; **es sich ~ machen** *auf dem Sofa etc.* prendre ses aises; s'installer confortablement; *bei e-r Arbeit etc.* ne pas s'en faire; ne pas se fatiguer; **machen Sie es sich ~!** mettez-vous à votre aise!; **sich sein Brot ~ verdienen** gagner facilement son pain; **in drei Stunden ~ zu erreichen** facile, aisé, commode à atteindre en trois heures; **~en** *v/réfl.* ⟨*pas de ge-*, h⟩ **sich zu etw. ~** condescendre à (faire) qc.; daigner faire qc.; consentir à (faire) qc.; **er mußte sich wohl oder übel dazu ~** il a bien fallu qu'il se résigne; il lui a bien fallu en passer par là; **2lichˌkeit** *f* ⟨~⟩ **1.** ⟨*pl.* ~en⟩ confort *m*; **mit allen ~en** avec tout le confort; **der ~ halber** pour la commodité; **die ~ lieben** aimer son confort, ses aises; **2.** (*Trägheit*) paresse *f*; **aus reiner ~** par pure paresse.

berappen [bəˈrapən] *v/t.* ⟨*pas de ge-*, h⟩ **1.** *bât.* crépir; ravaler; **2.** F (*bezahlen*) payer; F casquer; cracher; **sie mußten ganz schön ~** ils ont drôlement dû casquer, cracher.

berat|en [bəˈrɑːtən] **I** *v/t.* ⟨*irr., pas de ge-*, h⟩ **1. j-n ~** conseiller qn.; donner un, des conseil(s) à qn.; **sich von j-m ~ lassen** se faire conseiller par qn.; consulter qn.; **2. etw. ~** discuter, débattre, tenir conseil, délibérer sur qc.; **II** *v/i.* délibérer, tenir conseil, débattre, discuter (**über** sur); **III** *v/réfl.* **sich ~** tenir conseil, délibérer (**mit j-m** avec qn.); **sich mit j-m über etw. ~** *auch* conférer avec qn. sur qc.; **IV** *adjt.* **gut, schlecht ~ sein** être bien, mal avisé; **~end** *adjt.* consultatif, -ive; *pol.* **~er Ausschuß** comité consultatif; **~e Versammlung** assemblée consultative; **2er(in)** *m* ⟨~s; ~⟩ (*f*) ⟨~; ~nen⟩ conseiller, -ère *m, f*; *jur. oft* conseil *m*; **~ˌschlagen** *v/i.* ⟨*pas de ge-*, h⟩ *cf.* **~en II**; **2ˌschlagung** *f* ⟨~; ~en⟩ *cf.* **2ung 2.**; **2ung** *f* ⟨~; ~en⟩ **1.** consultation *f*; *od. verbal mit* conseiller; **2.** délibération *f*; **das Ergebnis der ~** le résultat de la délibération; **sich zur ~ zurückziehen** se retirer pour délibérer; **2ungsˌausschuß** *m* comité *m* de délibération; **2ungsˌgegenstand** *m*, **2ungsˌpunkt** *m* objet *m* de(s) délibération(s); **2ungsˌstelle** *f* bureau *m* de consultation; **2ungsˌzimmer** *n* salle *f* des délibérations.

beraub|en [bəˈraʊbən] *v/t.* ⟨*pas de ge-*, h⟩ **j-n ~** dévaliser, détrousser, dépouiller qn. (**e-r Sache** de qc.); *st. s.* **j-n der Freiheit, der letzten Hoffnung** *etc.* **~** priver qn. de la liberté, du dernier espoir, *etc.*; ravir la liberté, le dernier espoir, *etc.* à *od.* de qn.; ~t *adjt.* des Augenlichtes ~ privé de la vue; der Sinne ~ privé de sa raison; ℒung *f* ⟨~⟩ dévalisement *m*; détroussement *m*; dépouillement *m*.

beräucher|n [bə'rɔʏçərn] *v/t.* ⟨-(e)re, *pas de ge-*, h⟩ *relig. mit Weihrauch* encenser; ℒung *f* ⟨~⟩ encensement *m*.

berausch|en [bə'rauʃən] *v/t.* (*u. v/réfl.*) ⟨*pas de ge-*, h⟩ (se) griser; (s')enivrer [ɑ̃ni-] (*beide auch fig.*); *fig.* sich an etw. ~ se griser, s'enivrer de qc.; ~end *adjt.* grisant; enivrant; capiteux, -euse (*alle auch fig.*); ~e Getränke boissons capiteuses; ein ~er Duft un parfum grisant, *etc.*; F nicht gerade ~ pas spécialement excitant, emballant; ~t *adjt.* ivre; enivré; gris; *fig.* grisé; enivré; exalté; ℒtheit *f* ⟨~⟩, ℒung *f* ⟨~⟩ enivrement *m*.

Berber ['bɛrbər] *m* ⟨~s; ~⟩ Berbère *m*; ℒisch *adj.* berbère; ~itze [-'rɪtsə] *f* ⟨~; ~n⟩ *bot.* épine-vinette *f*; berbéris [-s] *m*; ~ˌpferd *n* (cheval *m*) barbe *m*.

berech|enbar [bə'rɛçənˌbaːr] *adj.* calculable; nicht ~ incalculable; *Mensch, Tier* dont on ne peut prévoir les réactions; qui a des réactions inattendues, imprévues; ~nen *v/t.* ⟨-ete, *pas de ge-*, h⟩ calculer; évaluer; *comm.* facturer; compter; e-e Fläche ~ calculer une surface; die Kosten, die Zinsen ~ calculer, évaluer les frais, les intérêts; j-m für e-e Arbeit hundert Mark ~ compter à qn. cent marks pour un travail; für etw. zuviel ~ surfaire qc.; F compter trop pour qc.; j-m e-e Ware zum Selbstkostenpreis ~ facturer, compter une marchandise à qn. au prix de revient; *fig.* s-e Worte in ihrer Wirkung ~ calculer la portée de ses mots; alles wohl berechnet tout bien calculé; tout compte fait; ein klug berechneter Plan un projet intelligemment combiné; ~nend *adjt.* calculateur, -trice; ein kalt ~er Mensch un homme froidement calculateur; ~e Politik politique *f* de calcul; ℒnung *f* calcul *m*; évaluation *f*; *comm.* facturation *f*; compte *m*; bei ihm ist alles ~ il fait tout par calcul; chez lui, en lui tout est calcul; ℒnungsˌgrundlage *f* base *f* de calcul; ℒnungstaˌbelle *f* barème *m*; ℒnungsverˌfahren *n* méthode *f* de calcul.

berechtig|en [bə'rɛçtɪgən] *v/t.* ⟨*pas de ge-*, h⟩ autoriser (zu à); donner le droit (de); donner droit (à); *jur.* habiliter (à); das berechtigt zu der Annahme, daß ... cela autorise à supposer que ...; cela laisse supposer que ...; alles berechtigt zu der Hoffnung, daß ... tout permet d'espérer, laisse espérer que ...; ~t *adjt.* a) ~ sein, etw. zu tun être autorisé, habilité à faire qc.; avoir le droit de faire qc.; avoir qualité pour faire qc.; dazu sind Sie nicht ~ vous n'y êtes pas autorisé, habilité; b) *Einwand, Hoffnung, Stolz etc.* justifié; juste; légitime; fondé; ℒte(r) *f(m)* ⟨→A⟩ *jur.* ayant droit *m* (*pl.* ayants droit); titulaire *m*, possesseur *m* d'un droit; ℒung *f* ⟨~⟩ 1. autorisation *f*; droit *m*; *jur.* habilitation *f*; qualité *f*; titre *m*; die ~ zur Teilnahme an etw. l'autorisation, le droit de participer à qc.; 2. *e-r Forderung, e-s Vorwurfes etc.* légitimité *f*; justesse *f*; bien-fondé *m*; ℒungsˌnachweis *m* preuve *f* d'un droit.

bered|en [bə'reːdən] I *v/t.* ⟨-ete, *pas de ge-*, h⟩ 1. etw. (mit j-m) ~ discuter de qc., débattre qc. (avec qn.); 2. j-n zu etw. ~, j-n ~, etw. zu tun persuader qn. de (faire) qc.; engager, décider qn. à (faire) qc.; II *v/réfl.* sich mit j-m über etw. ~ conférer avec qn. sur qc.; ~sam *adj.* éloquent; disert [-zɛːr]; ℒsamˌkeit *f* ⟨~⟩ éloquence *f*; parlamentarische ~ éloquence politique, de la tribune; ~t *adj.* éloquent; ~es Schweigen silence éloquent, qui en dit long; ~e Blicke regards éloquents; mit ~en Worten avec des paroles éloquentes.

beregn|en [bə'reːgnən] *v/t.* ⟨-ete, *pas de ge-*, h⟩ *jard.* arroser; ℒung *f* ⟨~⟩ arrosage *m*; ℒungsˌanlage *f* installation *f* d'arrosage.

Bereich [bə'raɪç] *m, n* ⟨~(e)s; ~e⟩ 1. zone *f*; région *f*; domaine *m*; district *m*; circonscription *f*; *e-r Schußwaffe etc.* portée *f*; *rad.* (*Wellen*ℒ) gamme *f*; 2. *fig.* domaine *m*; sphère *f*; ressort *m*; im privaten ~ dans le domaine privé; im ~ des Möglichen liegen être dans le domaine du possible.

bereicher|n [bə'raɪçərn] I *v/t.* ⟨-(e)re, *pas de ge-*, h⟩ enrichir (mit de); II *v/réfl. péj.* sich ~ s'enrichir; F s'engraisser; ℒung *f* ⟨~⟩ enrichissement *m* (*auch jur.*).

bereif|en [bə'raɪfən] *v/t.* ⟨*pas de ge-*, h⟩ équiper, munir, garnir de pneus; monter des pneus (sur); chausser; ~t *adjt.* 1. (*mit Reif bedeckt*) givré; couvert de gelée blanche; 2. gut ~ équipé de bons pneus; qui a de bons pneus; ℒung *f* ⟨~⟩ a) (*Reifen*) pneus *m/pl.*; die ~ ist schlecht les pneus sont mauvais; b) *Vorgang* équipement *m*, montage *m* de pneus.

bereinig|en [bə'raɪnɪgən] *v/t.* ⟨*pas de ge-*, h⟩ *Angelegenheit, Mißverständnisse etc.* régler; arranger; liquider; *milit.* e-e Frontlücke ~ nettoyer une poche; ℒung *f* ⟨~⟩ règlement *m*; arrangement *m*; liquidation *f*; *milit.* nettoyage *m* (d'une poche).

bereisen [bə'raɪzən] *v/t.* ⟨-(es)t, *pas de ge-*, h⟩ *Land, Gegend* parcourir; circuler dans.

bereit [bə'raɪt] *adj.* prêt (zu à); es ist alles ~ tout est prêt, préparé; er ist zu jedem Opfer ~ il est prêt à tout sacrifice; wir sind gerne ~, euch zu helfen nous sommes tout à fait prêts, disposés à vous aider; zur Teilnahme ~ sein accepter de participer; sich ~ erklären, finden se déclarer prêt (à); être, se montrer disposé (à); sich ~ halten se tenir prêt; se maintenir disponible; ~en *v/t.* ⟨-ete, *pas de ge-*, h⟩ 1. *Essen etc.* préparer; faire; 2. *Sorge, Freude, Schwierigkeiten etc.* causer; procurer; donner; *Empfang* réserver; *Überraschung* réserver; ménager; Mühe ~ donner du mal; e-r Sache ein Ende ~ mettre fin à qc.; ℒer *m* ⟨~s; ~⟩ (*Zureiter von Reitpferden*) écuyer *m*; ~ˌhalten *v/t.* ⟨*irr.*, *sép.*, -ge-, h⟩ tenir prêt; etw. für j-n ~ tenir qc. à la disposition de qn.; ~ˌlegen *v/t.* ⟨*sép.*, -ge-, h⟩ mettre à (la) portée de la main; préparer; disposer; etw. für j-n ~ mettre qc. à la disposition de qn.; ~ˌliegen *v/i.* ⟨*irr.*, *sép.*, -ge-, h⟩ être prêt; für j-n ~ être à la disposition de qn.; ~ˌmachen I *v/t.* ⟨*sép.*, -ge-, h⟩ préparer; II *v/réfl.* sich zu etw. ~ se préparer, se disposer à (faire) qc.; ~s *adv.* déjà; ℒˌschaft *f* ⟨~⟩ 1. (*Bereitsein*) disposition *f*; *od. adjektivisch*; s-e ~ zu Konzessionen sa disposition à faire des concessions; s-e ~ erklären se déclarer prêt; sich in ~ befinden, in ~ liegen être, se tenir prêt (à intervenir); être, se tenir en état d'alerte; etw. in ~ haben tenir qc. prêt; 2. ⟨*pl.* ~en⟩ *der Polizei etc.* piquet *m*; ℒschaftsˌdienst *m* (service *m* de) permanence *f*; service *m* de garde; ~ haben être de permanence; ℒschaftspoliˌzei *f* gendarmerie *f* mobile; gardes *m/pl.* mobiles; ℒschaftsˌtasche *f phot.* sac *m* tout prêt; *e-r Rotkreuzhelferin etc.* trousse *f* de secours; ℒschaftsˌwagen *m* fourgon *m* de secours; ~ˌstehen *v/i.* ⟨*irr.*, *sép.*, -ge-, h⟩ être prêt; für j-n ~ être à la disposition de qn.; ~ˌstellen *v/t.* ⟨*sép.*, -ge-, h⟩ préparer; disposer; etw. für j-n ~ mettre qc. à la disposition de qn.; Waren ~ préparer, disposer des marchandises; Gelder, Beträge für etw. ~ affecter des fonds, des sommes à qc.; *milit.* Truppen ~ mettre des troupes en place; ℒˌstellung *f* 1. préparation *f*; mise *f* à la disposition (de); *von Geldmitteln* affectation *f*; *milit.* mise *f* en place; 2. *milit.* (*bereitgestellte Truppen*) troupes *f/pl.* en place; ℒung *f* ⟨~⟩ préparation *f*; ~ˌwillig 1. *adj.* ein ~er Helfer un aide obligeant, serviable, complaisant, empressé; e-e ~e Auskunft un renseignement donné de bonne grâce; 2. *adv.* de bonne grâce; très volontiers; de bon, grand cœur; ℒˌwilligˌkeit *f* ⟨~⟩ obligeance *f*; serviabilité *f*; complaisance *f*; empressement *m*.

berennen [bə'rɛnən] *v/t.* ⟨*irr.*, *pas de ge-*, h⟩ *milit.* charger (*auch im Sport*); assaillir; donner l'assaut à.

bereuen [bə'rɔʏən] *v/t.* ⟨*pas de ge-*, h⟩ etw. ~ se repentir de qc.; regretter qc.; das wirst du noch ~ tu t'en repentiras; tu le regretteras; F tu t'en mordras les doigts.

Berg [bɛrk] *m* ⟨~(e)s; ~e⟩ montagne *f*; *meist in Verbindung mit Eigennamen u. in einigen Wendungen* mont *m*; über ~ und Tal wandern aller par monts et par vaux; in den ~en wohnen habiter la *od.* les montagne(s); in die ~e fahren aller à la montagne; *fig.* ~e von Akten, Kuchen *etc.* des montagnes de dossiers, de gâteaux, *etc.*; e-n ~ von Arbeit vor sich haben avoir une montagne de travail à exécuter; über den ~ sein avoir fait le plus difficile; avoir passé, franchi le cap; über alle ~e sein être (bien) loin d'ici; *Dieb etc.* avoir gagné le large, pris la clef des champs, pris la poudre d'escampette; mit etw. hinter dem ~e halten tenir qc. secret; faire mystère de qc.; goldene ~e versprechen promettre monts et merveilles; die Haare stehen e-m dabei zu ~e *cf.* Haar; dastehen wie der Ochse vorm ~ *cf.* Ochse; der Glaube kann ~e versetzen *prov.* la foi déplace, transporte, soulève les montagnes *prov.*; wenn der ~ nicht zum Propheten kommt, muß der Prophet zum ~e kommen *prov.* puisque la montagne ne vient pas à nous, allons à la montagne *prov.*; ℒ'ab *adv.* en descendant (la montagne); dans la descente; ~ gehen, fahren *etc.* descendre; *schnell* dévaler; *fig.* es geht mit ihm ~ *gesundheitlich* sa santé décline; F il file un mauvais coton; *wirtschaftlich* ses affaires périclitent, vont mal; ~ˌabhang *m* versant *m* d'une montagne; ~ˌabsatz *m* palier *m* d'une montagne; ~ˌahorn *m bot.* érable *m* à feuille d'obier; ~akadeˌmie *f mines* école supérieure des mines.

Bergamotte [bɛrga'mɔtə] *f* ⟨~; ~n⟩ *bot. Südfrucht, Birnensorte* bergamote *f*.

Berg|amt ['bɛrkˀamt] *n mines* service *m*, inspection *f* des mines; ℒ'an *adv.* en montant; à la montée; ~ gehen, fahren *etc.* monter; es geht ~ ça monte;

fig. **es geht wieder ~** *wirtschaftlich* les affaires reprennent, vont mieux; *gesundheitlich* ça va mieux; *von e-m Kranken* **es geht mit ihm ~** il remonte la pente; **~ˌarbeiter** *m mines* mineur *m*; **~arbeiterˌsiedlung** *f* cité ouvrière des mines; coron *m*; **Ƨ'auf** *adv. cf.* Ƨan; **~bahn** *f* chemin *m* de fer de montagne; **~bau** *m* ⟨~(e)s⟩ *mines* industrie minière; exploitation des mines, minière; **~baubeˌhörde** *f cf.* ~amt; **~ˌbauer** *m* paysan *m* des montagnes; **~baugeˌbiet** *n* région minière; **Ƨˌbaulich** *adj.* minier, -ière; **~bauˌtechnik** *f* technique minière; **~bauunterˌnehmen** *n* entreprise minière; **~beˌsteigung** *f* ascension *f*, escalade *f* d'une montagne; **~beˌwohner(in)** *m (f)* montagnard(e) *m(f)*; **~dorf** *n* village *m* de montagne.

Berge|kosten ['bɛrgəˌkɔstən] *pl.* frais *m/pl.* de sauvetage; **~ˌlohn** *m* indemnité *f*, rémunération *f* de sauvetage; **Ƨn I** *v/t.* ⟨birgt, barg, geborgen, h⟩ **1.** *Gegenstände* sauver; mettre en sûreté; *Schiff* sauver; *Personen* retirer; *aus dem Wasser auch* repêcher; *Verschüttete etc. auch* dégager; *lebend auch* sauver; **j-n lebend ~** retirer, repêcher, dégager qn. vivant; sauver qn.; **vier Bergleute konnten nur noch tot geborgen werden** quatre mineurs étaient déjà morts quand on les a dégagés, retirés; *mar.* **die Segel ~** serrer, carguer, ferler les voiles; *cf. auch* **geborgen**; **2.** *st. s.* (*verbergen*) cacher; (*schützen*) abriter; **den Kopf in den Händen ~** cacher sa tête dans ses mains; **in sich ~** renfermer; contenir; recéler *od.* receler; **große Gefahren in sich ~** renfermer de grands dangers; **II ~n** *n* ⟨~s⟩ *cf.* Bergung.

Berg|eshöhe ['bɛrgəsˌhøːə] *poét. f* sommet *m*; 'hauteur *f*; **~fahrt** *f mar.* remontée *f*; **~ˌfestung** *f milit.* forteresse *f* de montagne; **~fex** *m* ⟨~es *od.* ~en; ~e *od.* ~en⟩ *plais.* alpiniste invétéré; **~fink** *m zo.* pinson *m* des Ardennes, du Nord; **~fried** *m* ⟨~(e)s; ~e⟩ *milit., hist.* donjon *m*; **~ˌführer** *m* guide *m* de montagne; **~geist** *m myth.* génie *m* (tutélaire) de la montagne; gnome [gn-] *m*; **~ˌgipfel** *m* sommet *m*, cime *f* d'une montagne; **~grat** *m* arête *f* d'une montagne; **~hang** *m* versant *m* d'une montagne; **~ˌhauptmann** *m mines* inspecteur *m* en chef des mines; **~ˌhoheit** *f mines etwa* contrôle minier de l'État; **~hoˌtel** *n* hôtel *m* de montagne; **~ˌhütte** *f* refuge *m*; **Ƨig** *adj.* montagneux, -euse; **~ingeniˌeur** *m mines* ingénieur *m* des mines; **~kamm** *m* crête *f* d'une montagne; **~ˌkegel** *m* montagne *f* en cône; **~ˌkessel** *m* cirque *m*; **~ˌkette** *f* chaîne *f* de montagnes; **~ˌknappe** *m mines, hist.* mineur *m*; **~ˌkrankheit** *f* mal *m* des montagnes; **~krisˌtall** *m minéral.* cristal *m* de roche; **~ˌkuppe** *f* sommet arrondi; *in der Auvergne* puy *m*; **~land** *n* pays montagneux, de montagnes; **~ˌlandschaft** *f* paysage *m* de montagnes; **~luft** *f* air *m* des montagnes; **~mann** *m* ⟨~(e)s; -leute⟩ *mines* mineur *m*; **Ƨˌmännisch** *adj.* des mineurs; **~mannsˌgruß** *m* salut *m* des mineurs; **~mannsˌlied** *n* chanson *f* de mineurs; **~mannsˌsprache** *f* langage *m* des mineurs; **~mannsˌtracht** *f* costume *m* de mineur; **~maˌssiv** *n* massif montagneux; **~not** *f* détresse *f* en montagne; **in ~ (geraten) sein** être en détresse dans la montagne; **j-n aus ~ retten** sauver qn. qui est en détresse dans la montagne; **~ˌpredigt** *f bibl.* Sermon *m* sur la Montagne; **~rat** *m mines etwa* conseiller *m* des mines; **~recht** *n mines* droit minier; **~ˌrennen** *n* course *f* en montagne; **~ˌrettungsˌdienst** *m cf.* Bergwacht; **~ˌriese** *m* montagne géante; **~ˌrücken** *m* croupe *f* de montagne; **~rutsch** *m* glissement *m* de terrain (en montagne); **~ˌschaden** *m mines* dégâts de surface causés par une exploitation minière; **~ˌschuhe** *m/pl.* chaussures *f/pl.*, brodequins *m/pl.* de montagne, d'alpiniste; **~ˌschule** *f mines* école *f* technique de mineurs; **~see** *m* lac *m* de montagne; **~ˌspitze** *f* pic *m*; aiguille [-gɥij] *f*; dent *f*; **~sport** *m*, **~ˌsteigen** *n* alpinisme *m*; **~ˌsteiger(in)** *m* ⟨~s; ~⟩ *(f)* ⟨~; ~nen⟩ alpiniste *m, f*; **Ƨˌsteigeˌrisch** *adj.* d'alpiniste; d'alpinisme; **~stock** *m* bâton ferré; alpenstock *m*; **~ˌstraße** *f* route *f* de montagne; **~sturz** *m* éboulement *m*; **~tour** *f cf.* Bergwanderung; **~-und-'Tal-ˌBahn** *f Volksfest* montagnes *f/pl.* russes.

Bergung ['bɛrgʊŋ] *f* ⟨~; ~en⟩ sauvetage *m*; *von Gegenständen auch* mise *f* en sécurité; *von Personen aus dem Wasser auch* repêchage *m*; *von Verschütteten etc. auch* dégagement *m*; **~sˌarbeiten** *f/pl.* travaux *m/pl.* de sauvetage; **~sˌdampfer** *m* remorqueur *m* de sauvetage; **~sverˌsuch** *m* essai *m* de sauvetage.

Berg|volk ['bɛrkfɔlk] *n* peuple montagnard; **~wacht** *f* secours *m* en montagne; **~wand** *f* paroi *f* d'une montagne; **~ˌwanderung** *f* randonnée *f*, excursion *f* en montagne; **~welt** *f* monde *m* alpestre; **~werk** *n* mine *f*; *im Tagebau* minière *f*; (*Steinkohlen*Ƨ) 'houillère *f*; charbonnage *m*; **~werksgeˌsellschaft** *f* société *f* (d'exploitation) minière.

Beriberi ['beːri'beːri] *f* ⟨~⟩ *path.* béribéri *m*.

Bericht [bə'rɪçt] *m* ⟨~(e)s; ~e⟩ rapport *m*; compte rendu *m*; *erzählender* récit *m*; (*Presse*Ƨ) reportage *m*; *amtlicher auch* bulletin *m*; communiqué *m*; **j-m über etw. ~ erstatten** faire un rapport, un compte rendu à qn. sur *od.* de qc.; **j-m ~ erstatten** *auch* en référer à qn.; *Zeitung* **e-n ~ bringen, veröffentlichen** publier un reportage; **laut ~** d'après le rapport, le compte rendu, le reportage; **Ƨen** *v/t.* ⟨-ete, *pas de ge-*, h⟩ **j-m etw. ~** informer, instruire qn. de qc.; rapporter qc. à qn.; mettre qn. au courant de qc.; faire savoir qc. à qn.; en référer à qn. à propos de qc.; *erzählend* faire à qn. le récit de qc.; relater qc. à qn.; **über, von etw. ~** relater qc.; faire le récit de qc.; rapporter qc.; faire un rapport, un compte rendu sur *od.* de qc.; **er berichtete mit kurzen Worten** il fit un rapport, un compte rendu en peu de mots; il rapporta, relata en peu de mots; **man hat es mir anders berichtet** on m'en a donné une version différente; **wie die Presse berichtet...** comme la presse le relate, rapporte...; **~erˌstatter** *m* ⟨~s; ~⟩ **1.** *e-r Zeitung etc.* reporter [-ɛːr] *m*; correspondant *m*; **2.** (*Referent, beauftragter Sprecher*) rapporteur *m*; *im Staatsrat* maître *m* des requêtes; **~erˌstattung** *f* information *f*; *od. verbal*; **e-e genaue, tendenziöse ~** une façon exacte, tendancieuse de relater, de rapporter les faits; **zur ~** pour faire un rapport.

berichtig|en [bə'rɪçtɪgən] *v/t.* ⟨*pas de ge-*, h⟩ *Irrtum, Falschmeldung, Urkunde etc.* rectifier; *Druckfehler etc.* corriger; **ich muß mich ~** il faut que je rectifie, corrige ce que je viens de dire; il faut que je me corrige; **~end** *adjt.* rectificatif, -ive; **Ƨung** *f* ⟨~; ~en⟩ rectification *f*; correction *f*.

Berichts|jahr [bə'rɪçtsˌjaːr] *n* année englobée dans le rapport; **~ˌzeitraum** *m* période comprise par le rapport.

beriechen [bə'riːçən] **I** *v/t.* ⟨*irr., pas de ge-*, h⟩ sentir; *von Tieren auch* flairer; **II** *v/réfl.* **sich ~** *von Hunden* se flairer; *fig. u.* F chercher à se pénétrer.

beriesel|n [bə'riːzəln] *v/t.* ⟨-(e)le, *pas de ge-*, h⟩ **1.** *jard.* irriguer; arroser; **2.** *fig.* **j-n mit etw. ~** déverser qc. sur qn.; **sich mit etw. ~ lassen** se laisser baigner, inonder par qc.; **Ƨung** *f* ⟨~⟩ irrigation *f*; arrosage *m*; **Ƨungsˌanlage** *f* installation *f* d'irrigation, d'arrosage; **Ƨungskaˌnal** *m* canal *m* d'irrigation.

bering|en [bə'rɪŋən] *v/t.* ⟨*pas de ge-*, h⟩ *Vogel* baguer; **beringte Hand** main (sur)chargée de bagues; **Ƨung** *f* ⟨~; ~en⟩ *e-s Vogels* baguage *m*.

beritten [bə'rɪtən] *adjt.* monté; à cheval.

Berlin|er [bɛr'liːnər] **I** *m* ⟨~s; ~⟩ **1.** Berlinois *m*; **2.** *cuis. etwa* gros beignet fourré; **II ~er** *adj.* ⟨*inv.*⟩ de Berlin; berlinois; **~eˌrin** *f* ⟨~; ~nen⟩ Berlinoise *f*; **Ƨ(eˌr)isch** *adj. cf.* ~er II; **Ƨern** *v/i.* ⟨-(e)re, *pas de ge-*, h⟩ avoir l'accent berlinois.

Berner|(in) ['bɛrnər(ɪn)] **I** *m* ⟨~s; ~⟩ *(f)* ⟨~; ~nen⟩ Bernois(e) *m (f)*; **II ~** *adj.* ⟨*inv.*⟩ de Berne; bernois.

Bernhardiner [bɛrnhar'diːnər] *m* ⟨~s; ~⟩ *Hund* saint-bernard *m*.

Bernstein ['bɛrnʃtaɪn] *m minéral.* ambre *m* jaune; *sc.* succin [syksɛ̃] *m*; **~ˌkette** *f* collier *m* d'ambre; **~ˌsäure** *f* acide *m* succinique; **~ˌschnecke** *f zo.* succinée *f*.

Berserker [bɛr'zɛrkər] *m* ⟨~s; ~⟩ brute déchaînée; *myth.* berserk *m*; **Ƨˌhaft 1.** *adj.* furieux, -euse; déchaîné; **2.** *adv.* comme une brute déchaînée; **~ˌwut** *f* rage *f*; déchaînement *m* de fureur.

bersten ['bɛrstən] **I** *v/i.* ⟨birst (*auch 2e pers. sg.*), *2e pers. pl.* berstet, barst, geborsten, sein⟩ se fendre; se briser; **vor Lachen, vor Wut ~** éclater de rire; crever de rage; **II Ƨ** *n* ⟨~s⟩ brisement *m*; bris *m*; *fig.* éclatement *m*; **zum ~ voll sein** être plein à craquer.

berüchtigt [bə'rʏçtɪçt] *adj.* de mauvaise réputation; *Ort auch* mal famé; mal fréquenté.

berücken [bə'rʏkən] *v/t.* ⟨*pas de ge-*, h⟩ *st. s.* fasciner; séduire; charmer; **~d** *adjt.* fascinant; séduisant; ravissant; charmant; enchanteur, -teresse.

berücksichtig|en [bə'rʏkzɪçtɪgən] *v/t.* ⟨*pas de ge-*, h⟩ prendre en considération; considérer; tenir compte de; faire entrer en ligne de compte; **Ƨung** *f* ⟨~⟩ (prise *f* en) considération *f*; **unter ~ von** en considération de; en tenant compte de; compte tenu de; en raison de; eu égard à.

Beruf [bə'ruːf] *m* ⟨~(e)s; ~e⟩ profession *f*; métier *m*; **freie ~e** professions libérales; **gehobene ~e** professions supérieures; **der ~ e-s Arztes** la profession de médecin; **ohne ~** sans profession; **von ~** de (son) métier; **e-n ~ ergreifen** embrasser une profession, une carrière; choisir un métier; **e-n ~ ausüben** exercer un métier, une profession; **er hat s-n ~ verfehlt** il s'est trompé de vocation; il aurait dû devenir électricien, *etc.*; **das bringt**

der ~ **so mit sich** ce sont les obligations du métier; 2**en I** *v/t.* ⟨*irr., pas de ge-,* h⟩ **j-n zu etw.** ~ appeler, nommer qn. au poste de qc.; nommer qn. qc.; **j-n ins Ministerium** ~ appeler qn. à un poste au ministère; **II** *v/réfl.* **sich auf j-n** ~ s'appuyer sur qn.; se réclamer de qn.; **sich auf etw.** ~ *auch* s'autoriser de qc.; *jur.* exciper de qc.; **III** 2**en** *adj. u. adv.* **(etw.) aus** ~**em Munde (erfahren)** (apprendre qc.) de personnes bien informées; **sich zu etw.** ~ **fühlen** se sentir appelé à qc.; se sentir une vocation de qc.; ~ˌ**kraut** *n bot.* érigéron *m*; vergerette *f*; 2**lich 1.** *adj.* professionnel, -lle; **2.** *adv.* professionnellement; par sa profession; ~**sˌausbildung** *f* formation professionnelle; ~**sˌausübung** *f* exercice *m* d'une profession; ~**sbeˌamte(r)** *m* fonctionnaire *m* (de carrière); ~**sbeˌrater(in)** *m (f)* conseiller, -ère *m, f* d'orientation professionnelle; orienteur, -euse *m, f*; ~**sbeˌratung** *f* orientation professionnelle; ~**sbeˌratungsˌstelle** *f* centre *m*, office *m*, bureau *m* d'orientation professionnelle; ~**sˌehre** *f* honneur professionnel; ~**sˌeignungsunterˌsuchung** *f* examen *m* d'aptitude professionnelle; 2**serˌfahren** *adj.* chevronné; ~**serˌfahrung** *f* expérience professionnelle; ~**sˌfachschule** *f cf.* ~**sschule**; ~**sgeˌheimnis** *n* secret professionnel; **unter das** ~ **fallen** être couvert par le secret professionnel; ~**sgeˌnossenschaft** *f* association préventive des accidents du travail; ~**sˌheer** *n* armée *f* de métier; ~**sinteˌressen** *n/pl.* intérêts professionnels; ~**sjubiˌläum** *n* fête *f* anniversaire d'entrée en service (**bei** chez, dans); ~**sˌkrankheit** *f* maladie professionnelle; ~**sˌleben** *n* vie professionnelle; ~**sˌmöglichˌkeiten** *f/pl.* débouchés professionnels; ~**soffiˌzier** *m* officier *m* de carrière; ~**sˌpflicht** *f* devoir professionnel; ~**sˌschule** *f* centre *m* de formation professionnelle; ~**sschulˌpflicht** *f* fréquentation *f* obligatoire d'un centre de formation professionnelle; ~**ssolˌdat** *m* soldat *m* de métier; ~**sˌspieler** *m*, ~**sˌsportler** *m* (joueur *m*, sportif *m*) professionnel *m*; ~**sˌsprache** *f* langage professionnel; jargon *m*; 2**sˌtätig** *adj.* qui exerce, exerçant un métier, une activité professionnelle; ~**e Frau** femme qui travaille; ~**sˌtätige(r)** *f (m)* ⟨→ A⟩ celui, celle qui exerce un métier, une activité professionnelle; ~**sˌtätigˌkeit** *f* activité professionnelle; ~**sˌumschulung** *f* rééducation, réadaptation professionnelle; 2**sˌunfähig** *adj.* incapable d'exercer son métier, sa profession; ~**sˌunfähigˌkeit** *f* incapacité *f* d'exercer son métier, sa profession; ~**sverˌband** *m* association, union professionnelle; ~**sverˌbot** *n* interdiction *f* d'exercer une profession; ~**sverˌbrecher** *m* professionnel *m* du crime; ~**sverˌkehr** *m etwa* heures *f/pl.* d'affluence, de pointe; ~**sverˌtretung** *f* représentation *f* de la profession; ~**sˌwahl** *f* choix *m* d'une profession, d'un métier; **j-n bei der** ~ **beraten** conseiller qn. dans le choix d'une profession; ~**sˌwechsel** *m* changement *m* de profession; 2**sˌwidrig** *adj.* antiprofessionnel, -lle; ~**ung** *f* ⟨~; ~en⟩ **1.** *zu e-m Amt* nomination *f*; **2.** *innere* vocation *f*; **3.** *jur.* appel *m*; pourvoi *m* en appel; ~ **einlegen** interjeter appel; **4. mit, unter** ~ **auf** en se référant à; en se réclamant de; ~**ungsˌeinlegung** *f jur.* interjection *f* d'appel; ~**ungsˌfrist** *f* délai *m* d'appel; ~**ungsgeˌricht** *n*, ~**ungsinˌstanz** *f* tribunal *m*, juridiction *f*, cour *f* d'appel; ~**ungsˌkläger** *m* appelant *m*; partie appelante; ~**ungsˌrichter** *m* juge *m* d'appel; ~**ungsˌurteil** *n* jugement *m* en appel; ~**ungsˌweg** *m jur.* **auf dem** ~**(e)** par voie d'appel.

beruhen [bəˈruːən] *v/i.* ⟨*pas de ge-,* h⟩ **1. auf etw.** ~ reposer, être basé, être fondé sur qc.; s'appuyer sur qc.; **das beruht auf e-m Irrtum** c'est fondé, basé, cela repose sur une méprise, sur un malentendu; **das beruht auf Gegenseitigkeit** c'est réciproque; **2. e-e Sache auf sich** ~ **lassen** laisser dormir une affaire; laisser l'affaire où elle en est.

beruhig|en [bəˈruːɪgən] **I** *v/t.* ⟨*pas de ge-,* h⟩ tranquilliser; calmer; apaiser; rassurer; **sein Gewissen** ~ tranquilliser sa conscience; **die erregten Gemüter** ~ calmer les esprits agités; **seien Sie beruhigt!** tranquillisez-vous, *etc.*!; **II** *v/réfl.* **sich** ~ se tranquilliser; se calmer; s'apaiser; *st. s.* se rasséréner; *Wind etc.* se calmer; **die Lage hat sich beruhigt** la situation s'est calmée; ~**end** *adjt.* tranquillisant; calmant; apaisant; rassurant; *méd.* calmant; tranquillisant; **ein** ~**er Gedanke** une pensée rassurante; 2**ung** *f* ⟨~⟩ apaisement *m*; rassérénement [raserɛn-] *m*; **zur** ~ **des Gewissens** pour tranquilliser, pour apaiser sa conscience; par acquit de conscience; 2**ungsˌmittel** *n* tranquillisant *m*; calmant *m*; 2**ungsˌpille** *f* calmant *m* (*auch fig.*).

berühmt [bəˈryːmt] *adj. Person* célèbre; illustre; renommé; *Ort, Sache* réputé; célèbre; renommé; fameux, -euse; *iron. u.* F **das war nicht** ~! ce n'était pas fameux, formidable!; F ça ne cassait rien!; 2**heit** *f* ⟨~⟩ **a)** ⟨*pl.* ~en⟩ *Person* célébrité *f*; notoriété *f*; **er ist e-e** ~ c'est une célébrité, une notoriété; **b)** *e-r Person, Sache* réputation *f*; renom *m*; renommée *f*.

berühr|en [bəˈryːrən] **I** *v/t.* ⟨*pas de ge-,* h⟩ **1.** toucher; (*streifen*) frôler; effleurer; **2.** *fig.* toucher; **das berührt mich nicht** cela ne me touche pas; cela ne me fait ni chaud ni froid; cela glisse sur moi; **das hat mich peinlich, seltsam berührt** cela m'a laissé une impression pénible, étrange; **3.** (*erwähnen*) effleurer; **II** *v/réfl.* **sich** ~ se toucher; *math.* être tangent; **das berührt sich mit meinen Vorstellungen** cela se rapproche de, correspond à peu près à mes idées; **III** 2**en** *n* ⟨~s⟩, 2**ung** *f* ⟨~; ~en⟩ **1.** *leichte* frôlement *m*; effleurement *m*; *sonst verbal*; *körperliche* contact *m* (*auch fig.*); **etw. mit etw. in** ~ **bringen** mettre qc. en contact avec qc.; **mit etw. in** ~ **geraten** toucher qc.; **mit etw. in** ~ **kommen** entrer en contact, en rapport avec qc.; **mit j-m in** ~ **bleiben** rester en contact avec qn.; **2.** *e-s Themas etc.* effleurement *m*; **3.** *math.* tangence *f*; 2**ungsˌfläche** *f* surface *f* de contact; 2**ungsˌlinie** *f* ligne *f* de contact; *math.* tangente *f*; 2**ungsˌpunkt** *m* point *m* de contact, *math.* de tangence; *fig.* point commun; 2**ungsˌspannung** *f phys.* tension *f* de contact.

berußt [bəˈruːst] *adjt.* noirci, F barbouillé de suie; plein de suie.

Beryll [beˑˈryl] *m* ⟨~(e)s; ~e⟩ *minéral.* béryl *od.* béril *m*; ~**ium** *n* ⟨~s⟩ *chim.* béryllium [-jɔm] *m*; glucinium [-jɔm] *m.*

besabbern [bəˈzabərn] *v/t. u. v/réfl.* ⟨-(e)re, *pas de ge-,* h⟩ baver sur (soi, ses habits).

besag|en [bəˈzaːgən] *v/t.* ⟨*pas de ge-,* h⟩ vouloir dire; signifier; **das will wenig** ~ cela ne veut pas dire grand-chose; cela ne signifie pas grand-chose; **das besagt alles** cela veut tout dire; ~**t** *adjt.* ledit *bzw.* ladite *bzw.* lesdit(e)s; déjà mentionné; susdit [sys-]; susnommé [sys-].

besait|en [bəˈzaɪtən] *v/t.* ⟨-ete, *pas de ge-,* h⟩ monter des cordes sur; mettre des cordes à; ~**et** *adjt. fig.* **zart** ~ (qui a l'âme) sensible.

besam|en [bəˈzaːmən] *v/t.* ⟨*pas de ge-,* h⟩ inséminer; 2**ung** *f* ⟨~; ~en⟩ insémination *f*; **künstliche** ~ insémination artificielle.

Besan [beˑˈzaːn, ˈbeːzaːn] *m* ⟨~s; ~e⟩ *mar.* brigantine *f*.

besänftig|en [bəˈzɛnftɪgən] **I** *v/t.* ⟨*pas de ge-,* h⟩ calmer; apaiser; **II** 2**en** *n* ⟨~s⟩, 2**ung** *f* ⟨~; ~en⟩ apaisement *m*.

Besanmast [beˑˈzaːnˌmast, ˈbeː-] *m mar.* (mât *m* d')artimon *m*.

besät [bəˈzɛːt] *adjt. fig.* parsemé, jonché (**mit** de).

Besatz [bəˈzats] *m* ⟨~es; ≈e⟩ *cout.* parementure *f*; garniture *f*.

Besatzung [bəˈzatsʊŋ] *f* ⟨~; ~en⟩ **a)** *milit. fremde* occupation *f*; **b)** *e-r Festung etc.* garnison *f*; **c)** *mar., aviat.* équipage *m*; ~**sˌangehörige(r)** *m* occupant *m*; ~**sarˌmee** *f* armée *f* d'occupation; ~**sbeˌhörde** *f* autorités *f/pl.* d'occupation; ~**sˌkinder** *n/pl.* enfants *m/pl.* illégitimes nés de l'occupation; ~**sˌkosten** *pl.* frais *m/pl.* d'occupation; ~**sˌmacht** *f* puissance occupante; occupant *m*; ~**sˌschäden** *m/pl.* dommages dus à l'occupation; ~**sstaˌtut** *n* statut *m* d'occupation; ~**sˌstreitkräfte** *f/pl.*, ~**sˌtruppen** *f/pl.* forces *f/pl.*, troupes *f/pl.* d'occupation; ~**sˌzeit** *f* (durée *f* de l' *od.* temps *m* d')occupation *f*; ~**sˌzone** *f* zone *f* d'occupation.

besaufen [bəˈzaʊfən] *v/réfl.* ⟨*irr., pas de ge-,* h⟩ P **sich** ~ se saouler *od.* soûler; prendre une cuite; se cuiter; se biturer; se noircir.

Besäufnis [bəˈzɔʏfnɪs] *f* ⟨~; ~se⟩ P soûlographie *f*.

beschädig|en [bəˈʃɛːdɪgən] **I** *v/t.* ⟨*pas de ge-,* h⟩ endommager; abîmer; *mar., comm. auch* avarier; **II** 2**en** *n* ⟨~s⟩, 2**ung** *f* ⟨~; ~en⟩ endommagement *m*.

beschaff|en [bəˈʃafən] **I** *v/t.* ⟨*pas de ge-,* h⟩ procurer (qc. à qn.); **etw. ist schwer zu** ~ il est difficile de se procurer qc.; **II** *v/réfl.* **sich etw.** ~ se procurer qc.; **III** 2**en** *n* ⟨~s⟩ *verbal*; **IV** ~**en** *adj.* fait; constitué; **so ist die Welt** ~ le monde est ainsi fait; **wie ist es damit** ~? qu'en est-il de cette affaire?; où en est cette affaire?; **mit s-r Gesundheit ist es so** ~**, daß...** sa santé est de nature à ... (lui interdire qc., *etc.*); sa santé est telle que...; 2**enˌheit** *f* ⟨~⟩ qualité *f*; nature *f*; état *m*; *des Körpers* constitution *f*; complexion *f*; 2**ung** *f* ⟨~⟩ *verbal.*

beschäftig|en [bəˈʃɛftɪgən] **I** *v/t.* ⟨*pas de ge-,* h⟩ occuper; employer; **mit etw. beschäftigt sein** être occupé, s'occuper à faire qc.; **viel, sehr beschäftigt sein** être très occupé; **bei j-m beschäftigt sein** être employé chez qn.; **dieser Gedanke beschäftigt mich sehr** cette pensée me préoccupe, m'absorbe; **II** *v/réfl.* **sich mit j-m, etw.** ~ s'occuper de qn., de qc.; 2**te(n)** *pl.* ⟨→ A⟩ employés *m/pl.*;

2**ung** *f* ⟨~; ~en⟩ (*Tätigkeit*) occupation *f*; *berufliche* emploi *m*; **e-e ganztägige** ~ un emploi à plein temps; **die** ~ **mit diesen Problemen** l'étude *f* de ces problèmes; 2**ungs,art** *f* genre *m* d'occupation; 2**ungs,grad** *m* degré *m* d'occupation; ~**ungs,los** *adj.* sans occupation; (*arbeitslos*) sans emploi; sans travail; privé d'emploi; en chômage; 2**ungs,möglichkeit** *f* possibilité *f* d'emploi, d'occupation; 2**ungs-neu,rosen** *f/pl. méd.* névroses professionnelles; 2**ungs,pflicht** *f* obligation *f* de donner du travail (à); 2**ungs,stand** *m* niveau *m* de l'emploi.

beschäl|en [bəˈʃɛːlən] *v/t.* ⟨*pas de ge-*, **h**⟩ *Stute* saillir; couvrir; monter; 2**er** *m* ⟨~**s**; ~⟩ étalon *m*; 2,**krankheit** *f*, 2,**seuche** *f vét.* dourine *f*; 2**ung** *f* ⟨~⟩ saillie *f*; monte *f*.

beschäm|en [bəˈʃɛːmən] *v/t.* ⟨*pas de ge-*, **h**⟩ faire 'honte (à); remplir de confusion; rendre 'honteux, -euse, tout confus; *pfort.* couvrir de honte; ~**end** *adjt.* 'honteux, -euse; (*demütigend*) humiliant; ~**t 1.** *adjt.* 'honteux, -euse; confus; penaud; **2.** *advt.* avec 'honte; avec confusion; 2**ung** *f* ⟨~⟩ 'honte *f*; confusion *f*.

beschatt|en [bəˈʃatən] *v/t.* ⟨-ete, *pas de ge-*, **h**⟩ **1.** ombrager; couvrir d'ombre; donner de l'ombre à; **die Augen mit der Hand** ~ se protéger les yeux du soleil avec la main; **2.** *fig. Personen* surveiller; **3.** *Sport Gegner* marquer; 2**ung** *f* ⟨~⟩ **1.** ombragement *m*; *od. verbal*; **2.** *fig. von Personen* surveillance *f*.

beschau|en [bəˈʃaʊən] *v/t. u. v/réfl.* ⟨*pas de ge-*, **h**⟩ regarder; **sich im Spiegel** ~ se regarder dans la glace; 2**er** *m* ⟨~**s**; ~⟩ spectateur *m*; ~,**lich** *adj.* paisible; *relig. cath.* contemplatif, -ive; 2**lich,keit** *f* ⟨~⟩ vie *f* paisible; contemplation *f*.

Bescheid [bəˈʃaɪt] *m* ⟨~(e)s; ~e⟩ **1. a)** j-m ~ **geben, sagen** informer qn. (de qc.); **wenn es soweit ist, sage ich dir** ~ quand il sera temps, je t'aviserai; *fig.* **j-m gehörig, gründlich, ordentlich** ~ **sagen** dire carrément son fait, dire ses quatre vérités à qn.; **b)** *adm.* réponse *f*; résultat *m*; décision administrative; **e-n abschlägigen, zusagenden** ~ **erhalten, erteilen** recevoir, donner une réponse négative, positive; **2.** ~ **wissen** s'y connaître (**mit, in etw.** en qc.); connaître (qc.); **über etw.** ~ **wissen** être au courant de qc.; savoir à quoi s'en tenir sur qc.; **3.** *litt.* **j-m** ~ **tun** rendre la pareille à qn. en buvant à sa santé; 2**en I** *v/t.* ⟨*irr.*, *pas de ge-*, **h**⟩ **1.** *st. s.* **j-n zu sich** ~ faire venir qn.; convoquer, mander qn.; **2.** *adm. Antrag etc.* **abschlägig** ~ donner une réponse négative (à); refuser; rejeter; **3.** *st. s.* (*zuteil werden lassen*) donner; accorder; **ihm ist ein schweres Los beschieden** il est victime d'un triste sort; *st. s.* il a reçu en partage une triste destinée; **es war mir nicht beschieden, zu ...** il ne m'a pas été donné, accordé de ...; **möge dir Glück beschieden sein!** que le bonheur te soit donné!; **II** *v/réfl.* **sich** ~ se contenter, s'accommoder (**mit** de); F s'arranger (de); faire (avec); **III** 2**en** *adj.* **a)** *Person* modeste; simple; **in s-n Ansprüchen** ~ **sein** être modéré dans ses prétentions; **b)** (*einfach*) modeste; simple; *Essen* frugal; **e-e** ~**e Rente** une pension modeste; **in** ~**en Verhältnissen leben** vivre modestement, simplement; **meine Mittel sind** ~ mes moyens sont modestes, restreints, limités; **c)** *euphemistisch* **das Leben ist** ~ la vie est emmiellante; ~**en,heit** *f* ⟨~⟩ modestie *f*; simplicité *f*; **falsche** ~ fausse modestie; **sie ist die** ~ **selbst** c'est la modestie en personne; F ~ **ist e-e Zier, doch weiter kommt man ohne „ihr"** la modestie est une vertu, mais on va loin sans elle.

bescheinen [bəˈʃaɪnən] *v/t.* ⟨*irr.*, *pas de ge-*, **h**⟩ *Sonne, Licht* éclairer; *litt.* répandre sa lumière sur; **sich von der Sonne** ~ **lassen** se laisser chauffer par le soleil.

bescheinig|en [bəˈʃaɪnɪgən] *v/t.* ⟨*pas de ge-*, **h**⟩ certifier; attester; **den Empfang von etw.** ~ accuser réception de qc.; *e-s Betrages* donner quittance, un reçu de qc.; quittancer qc.; **hiermit wird bescheinigt, daß ...** il est certifié par la présente que ...; 2**ung** *f* ⟨~; ~en⟩ certificat *m*; attestation *f*; **e-e** ~ **beibringen** présenter un certificat.

bescheißen [bəˈʃaɪsən] *v/t.* ⟨*irr.*, *pas de ge-*, **h**⟩ P (*betrügen*) rouler, refaire (qn. de qc.); *abs. auch* avoir (qn.); jouer un tour de vache (à qn.).

beschenken [bəˈʃɛŋkən] *v/t.* ⟨*pas de ge-*, **h**⟩ **j-n** ~ faire, offrir un *bzw.* des cadeau(x), un *bzw.* des présent(s) à qn.; **j-n mit etw.** ~ faire cadeau, présent de qc. à qn.; donner qc. en cadeau à qn.; offrir qc. à qn.

bescher|en [bəˈʃeːrən] *v/t.* ⟨*pas de ge-*, **h**⟩ **a)** *Weihnachten* **j-m etw.** ~, **j-n mit etw.** ~ offrir qc. à qn.; **j-n** ~ offrir, distribuer des cadeaux, des présents à qn.; **beschert werden** recevoir des cadeaux; **b) ihnen waren keine Kinder beschert** il ne leur a pas été donné, accordé d'enfants; **das hat ihm der Himmel im Schlaf beschert** cela lui est tombé du ciel; 2**ung** *f* ⟨~; ~en⟩ distribution *f*, remise *f* de(s) cadeaux (de Noël); *iron. u.* F **das ist (ja) e-e schöne** ~! c'est une (sacrée) tuile!; *fig. u.* F **da haben wir die** ~! nous voilà dans de beaux draps!; nous voilà propres, frais!

bescheuert [bəˈʃɔʏərt] *adjt.* F ~ **sein** être dingue, tapé, malade.

beschick|en [bəˈʃɪkən] *v/t.* ⟨*pas de ge-*, **h**⟩ **1.** *Ausstellung etc.* participer à; envoyer des participants à; **2.** *Ofen* charger (mit avec); alimenter (mit en); 2**ung** *f* ⟨~⟩ **1.** *e-r Ausstellung* participation *f* (de qn. à qc.); envoi *m* de participants (à); **2.** ⟨*pl.* ~en⟩ *techn.* chargement *m*; alimentation *f*.

beschieß|en [bəˈʃiːsən] **I** *v/t.* ⟨*irr.*, *pas de ge-*, **h**⟩ **1.** *milit.* mitrailler; tirer sur, contre; *Artillerie* pilonner; canonner; **e-e feindliche Stellung** ~ pilonner une position ennemie; **2.** *phys. atom.* bombarder; **II** 2**en** *n*, 2**ung** *f* ⟨~; ~en⟩ mitraillage *m*; pilonnage *m*; canonnage *m*; *phys. atom.* bombardement *m*.

beschilder|n [bəˈʃɪldərn] **I** *v/t.* ⟨-(e)re, *pas de ge-*, **h**⟩ *Straße* signaliser; baliser; **II** 2**n** *n* ⟨~**s**⟩, 2**ung** *f* ⟨~⟩ signalisation *f*; balisage *m*.

beschimpf|en [bəˈʃɪmpfən] *v/t.* ⟨*pas de ge-*, **h**⟩ insulter; injurier; accabler, agonir d'injures; invectiver; 2**ung** *f* ⟨~; ~en⟩ insultes *f/pl.*; injures *f/pl.*; invectives *f/pl.*; **e-e Flut von** ~**en** une bordée d'injures.

beschirm|en [bəˈʃɪrmən] **I** *v/t.* ⟨*pas de ge-*, **h**⟩ protéger; *Personen auch* prendre sous sa protection; **II** 2**en** *n* ⟨~**s**⟩ *cf.* 2**ung**; 2**er** *m* ⟨~**s**; ~⟩ protecteur *m*; 2**ung** *f* ⟨~⟩ protection *f*.

Beschiß [bəˈʃɪs] *m* ⟨-sses⟩ P (*Betrug*) tromperie *f*; vol *m*; **das ist** ~ c'est du vol.

beschissen [bəˈʃɪsən] P *adjt.* P emmerdant; dégueulasse; **das Leben ist** ~ la vie est emmerdante, dégueulasse.

beschlafen [bəˈʃlaːfən] *v/t.* ⟨*irr.*, *pas de ge-*, **h**⟩ F **1. etw.** ~ (*über Nacht überlegen*) laisser passer la nuit sur qc.; **wir wollen es noch einmal** ~ on en reparlera à tête reposée; la nuit porte conseil *prov.*; **2.** *e-e Frau* coucher avec; posséder.

Beschlag [bəˈʃlaːk] *m* ⟨~(e)s; ⁓e⟩ **1.** *an Türen etc.* ferrures *f/pl.*; **2.** *e-s Pferdes* fers *m/pl.*; **3.** ⟨*pas de pl.*⟩ **etw., j-n mit** ~ **belegen, in** ~ **nehmen** accaparer qc., qn.; 2**en I** *v/t.* ⟨*irr.*, *pas de ge-*, **h**⟩ garnir de ferrures; *mit Nägeln* clouter; *Faß* cercler; *Pferd* ferrer; **II** *v/i.* ⟨**sein**⟩ **1.** *Fenster etc.* se couvrir de buée; s'embuer; **2.** *Lebensmittel* se couvrir de moisissure; **III** ~**en** *n e-s Pferdes* ferrure *f*; *e-s Fasses* cerclage *m*; *sonst verbal*; **IV** 2**en** *adj.* **in etw.** ~ **sein** (*gut Bescheid wissen*) être ferré, fort, calé en qc.; ~,**nahme** *f* ⟨~; ~n⟩ saisie *f*; confiscation *f*; *von Wohnungen etc. milit.* réquisition *f*; réquisitionnement *m*; **Aufhebung e-r** ~ arrêt *m* d'une saisie; mainlevée *f*; 2,**nahmen** *v/t.* ⟨*pas de ge-*, **h**⟩ saisir; confisquer; *Wohnungen etc. milit.* réquisitionner; ~**nahme,recht** *n* droit *m* de saisie, de réquisition.

beschleichen [bəˈʃlaɪçən] *v/t.* ⟨*irr.*, *pas de ge-*, **h**⟩ **j-n** ~ s'approcher de qn. à pas feutrés, à pas de loup; *fig. u. st. s.* **(die) Angst beschleicht mich** la peur s'insinue en moi, me gagne.

beschleunig|en [bəˈʃlɔʏnɪgən] *v/t.* ⟨*pas de ge-*, **h**⟩ *Tempo, phys., Angelegenheit etc.* accélérer (*auch abs.*); *Schritte auch* presser; 'hâter; *Fahrzeug* faire accélérer; **s-e Rückkehr** ~ précipiter, brusquer son retour; 2**er** *m* ⟨~**s**; ~⟩ *phys. atom.* accélérateur *m*; ~**t** *adjt.* accéléré; *jur.* ~**es Verfahren** procédure accélérée; 2**ung** *f* ⟨~; ~en⟩ accélération *f*; **er beschloß die** ~ **s-r Abreise** il décida de brusquer, de précipiter son départ; 2**ungs,kraft** *f* puissance *f*, force *f* d'accélération; 2**ungs,messer** *m* ⟨~**s**; ~⟩ accéléromètre *m*; 2**ungsver,mögen** *n* pouvoir *m* d'accélération.

beschließen [bəˈʃliːsən] *v/t.* ⟨*irr.*, *pas de ge-*, **h**⟩ **1.** décider; résoudre; **2.** (*beendigen*) finir; terminer.

Beschluß [bəˈʃlʊs] *m* décision *f*; résolution *f*; **e-n** ~ **fassen** prendre une décision; *pol.* adopter une résolution; 2,**fähig** *adj.* ~ **sein** avoir atteint le quorum [korəm]; être en nombre suffisant (pour voter); ~,**fähig,keit** *f* quorum [korəm] *m*; nombre légal (de présents); ~,**fassung** *f verbal cf.* ~; 2,**unfähig** *adj.* qui n'a pas atteint le quorum [korəm]; ~,**unfähig,keit** *f* absence *f* du quorum [korəm]; ~**ver-,fahren** *n jur.* **e-e Sache im** ~ **entscheiden** statuer sur qc. suivant une procédure simplifiée, spéciale.

beschmeißen [bəˈʃmaɪsən] *v/t.* ⟨*irr.*, *pas de ge-*, **h**⟩ F *cf.* **bewerfen**.

beschmieren [bəˈʃmiːrən] *v/t.* (*u. v/réfl.*) ⟨*pas de ge-*, **h**⟩ **a)** *Scheibe Brot* tartiner (**mit** avec, de); **b)** *mit Teer, Öl etc.* (se) tacher; (se) barbouiller; *Wände* gribouiller sur.

beschmutz|en [bəˈʃmʊtsən] **I** *v/t.* (*u. v/réfl.*) ⟨-(es)t, *pas de ge-*, **h**⟩ (se) salir (**mit** de); *mit Erde etc.* (se) crotter (**mit** de); *fig. Ruf, Namen* souiller (**mit** de); *fig.* **sein eigenes Nest** ~ salir sa propre famille, son propre pays, *etc.*; **II** 2**en** *n* ⟨~**s**⟩, 2**ung** *f* ⟨~⟩ *verbal*.

Beschneid|emaschine [bəˈʃnaɪdəma-,ʃiːnə] *f impr.* massicot *m*; 2**en I** *v/t.*

⟨*irr., pas de ge-,* h⟩ **1.** *impr.* massicoter; rogner; *Hecke etc.* tailler; *Baum auch* émonder; *Flügel* rogner; *fig.* j-m die Flügel ~ rogner les ailes à qn.; **2.** *fig. Freiheit, Rechte, Ausgaben etc.* restreindre; diminuer; réduire; *Szenen in e-m Drama etc.* couper; **3.** *relig.* circoncire; **II ~en** *n impr.* massicotage *m*; rognage *m*; *e-r Hecke etc.* taille *f*; *e-s Baumes auch* émondage *m*; *der Flügel* rognage *m*; *der Freiheit etc.* restriction *f*; diminution *f*; réduction *f*; **~ung** *f* ⟨~; ~en⟩ *relig.* circoncision *f*; *cf. auch* ~en.

Beschnittene(r) [bəˈʃnɪtənə(r)] *m* ⟨→ A⟩ *relig.* circoncis *m*.

beschnüffeln [bəˈʃnʏfəln] *v/t.* ⟨-(e)le, *pas de ge-,* h⟩ *cf.* beschnuppern.

beschnuppern [bəˈʃnʊpərn] *v/t.* ⟨-(e)re, *pas de ge-,* h⟩ *Hund etc.* flairer; renifler; *fig.* chercher à pénétrer (qn.).

beschönig|en [bəˈʃøːnɪgən] *v/t.* ⟨*pas de ge-,* h⟩ embellir; enjoliver; **~end** *adjt.* euphémique; **2ung** *f* ⟨~; ~en⟩ embellissement *m*; enjolivement *m*; *sc.* euphémisme *m*.

beschotter|n [bəˈʃɔtərn] **I** *v/t.* ⟨-(e)re, *pas de ge-,* h⟩ *Straße* empierrer; *chem.* ballaster; **II 2n** *n* ⟨~s⟩, **2ung** *f* ⟨~; ~en⟩ empierrement *m*; *chem.* ballastage *m*.

beschränken [bəˈʃrɛŋkən] **I** *v/t.* ⟨*pas de ge-,* h⟩ limiter, restreindre, réduire (auf à); **II** *v/réfl.* sich auf etw. ~ se borner, se limiter, s'en tenir à qc.

beschrankt [bəˈʃraŋkt] *adj. chem.* gardé.

beschränk|t [bəˈʃrɛŋkt] *adjt. u. advt.* **1.** (*begrenzt*) limité; *Raum* étroit; *pfort.* exigu, -uë; in ~er Anzahl en nombre limité, restreint; räumlich ~ sein être à l'étroit; ~ steuerpflichtig sein être bénéficiaire d'une réduction d'impôt; être redevable sous certaines limitations; *comm.* Gesellschaft mit ~er Haftung (*abr.* GmbH) société à responsabilité limitée (*abr.* S.A.R.L.); **2.** *geistig* borné; peu intelligent; F bouché; **2tˌheit** *f* ⟨~⟩ *e-s Raumes* exiguïté *f*; *der Mittel* insuffisance *f*; *des Geistes* manque *m* d'intelligence; *pfort.* stupidité *f*; **2ung** *f* ⟨~; ~en⟩ limitation *f*; restriction *f*; réduction *f*; die ~ der persönlichen Freiheit la limitation, la restriction de la liberté individuelle; ~en unterliegen être limité; ohne zeitliche ~ sans limitation de temps; sich ~en auferlegen s'imposer des bornes, des restrictions, des limites.

beschreib|en [bəˈʃraɪbən] *v/t.* ⟨*irr., pas de ge-,* h⟩ **1.** *Papier* écrire sur; *Tafel* couvrir; *Seiten* remplir; ein beschriebenes Blatt une feuille écrite; **2.** (*schildern*) décrire; faire, donner la description de; dépeindre; j-m den Weg ~ indiquer le chemin à qn.; es ist nicht zu ~, das kann man nicht ~ c'est inexprimable; **3.** *Bahn etc.* décrire; *math. auch* tracer; der Fluß beschreibt e-n Bogen le fleuve décrit une courbe; **~end** *adjt.* descriptif, -ive; **2ung** *f* ⟨~; ~en⟩ description *f*; *e-r Person auch* signalement *m*; von etw. e-e ~ geben *cf.* ~en 2.; e-e ~ ist beigefügt ci-joint une notice explicative; jeder ~ spotten être au-delà de toute description; défier toute description.

beschreiten [bəˈʃraɪtən] *v/t.* ⟨*irr., pas de ge-,* h⟩ *Weg* prendre; emprunter; s'engager dans; man hat e-n falschen Weg beschritten on s'est engagé dans une mauvaise voie (pour); neue Wege ~ emprunter de, s'engager dans de, prendre de nouvelles voies; den Rechtsweg ~ avoir recours à la justice, aux tribunaux; poursuivre qn. devant un tribunal.

beschrift|en [bəˈʃrɪftən] **I** *v/t.* ⟨-ete, *pas de ge-,* h⟩ mettre une inscription sur; **II 2en** *n* ⟨~s⟩, **2ung** *f* ⟨~; ~en⟩ inscription *f*.

beschuldig|en [bəˈʃʊldɪgən] **I** *v/t.* ⟨*pas de ge-,* h⟩ j-n e-r Sache ~ accuser qn. de qc.; *jur.* inculper qn. de qc.; *e-s Verbrechens auch* incriminer qn. de qc.; **II** *v/réfl.* sich gegenseitig ~ s'accuser mutuellement; s'entraccuser; **2te(r)** *f(m)* ⟨→ A⟩ *jur.* inculpé(e) *m(f)*; *bei leichteren Vergehen* prévenu(e) *m(f)*; **2ung** *f* ⟨~; ~en⟩ accusation *f*; *jur.* inculpation *f*; incrimination *f*.

beschummeln [bəˈʃʊməln] *v/t.* ⟨-(e)le, *pas de ge-,* h⟩ F (*in Kleinigkeiten betrügen*) rouler, estamper, refaire (um de); *abs. auch* avoir (qn.).

beschuppen [bəˈʃʊpən] *v/t.* ⟨*pas de ge-,* h⟩ *cf.* beschummeln.

Beschuß [bəˈʃʊs] *m* ⟨-sses⟩ *milit.* feu *m*; *phys. atom.* bombardement *m*; unter ~ liegen être sous le feu.

beschütten [bəˈʃʏtən] *v/t.* ⟨-ete, *pas de ge-,* h⟩ *mit Wasser etc.* répandre, (ren)verser sur; *absichtlich* jeter sur.

beschütz|en [bəˈʃʏtsən] **I** *v/t.* ⟨-(es)t, *pas de ge-,* h⟩ protéger; **II 2en** *n* ⟨~s⟩ *cf.* 2ung; **2er(in)** *m* ⟨~s; ~⟩ (*f*) ⟨~; ~nen⟩ celui, celle qui protège qn.; (*Gönner*) protecteur, -trice *m, f*; **2ung** *f* ⟨~⟩ protection *f*.

beschwatzen [bəˈʃvatsən] *v/t.* ⟨-(es)t, *pas de ge-,* h⟩ F baratiner, embobiner (qn. pour faire qc.); faire le boniment, le baratin à (qn. pour).

Beschwerde [bəˈʃveːrdə] *f* ⟨~; ~n⟩ **1.** (*Klage*) plainte *f*; réclamation *f*; grief *m*; doléances *f/pl.*; récriminations *f/pl.*; *jur.* recours *m* (en réformation); pourvoi *m*; ~ erheben, führen, einlegen déposer une plainte (gegen contre); *jur.* adresser un recours (bei à); se pourvoir (bei en, devant, gegen contre); j-m s-e ~ vortragen présenter ses griefs, ses doléances, ses récriminations à qn.; ~n sind zu richten an pour toute réclamation s'adresser à; **2.** *meist pl.* ~n **a)** douleur *f*; incommodités *f/pl.*; ~n verursachen provoquer des douleurs; faire souffrir; die ~n des Alters les incommodités, les maux de la vieillesse; **b)** (*Anstrengung*) fatigues *f/pl.*; **~ˌbuch** *n* registre *m*, livre *m*, cahier *m* des plaintes, des réclamations; *iron.* cahier *m* de doléances; **~ˌfrist** *f jur.* délai *m* de recours; **2ˌführend** *adjt.* qui présente la plainte, la réclamation, les doléances, le recours; **~ˌführer** *m* réclamant *m*; protestataire *m*; requérant *m*; **~ˌführung** *f* réclamation *f*; plainte *f*; exposition *f* des griefs; **~ˌgrund** *m* motif *m* de la plainte, de la réclamation, de pourvoi; **~ˌschrift** *f* plainte écrite; *jur.* (acte *m* de) pourvoi *m*; **~ˌweg** *m* auf dem ~(e) par voie de recours; den ~ beschreiten déposer une plainte.

beschwer|en [bəˈʃveːrən] **I** *v/t.* ⟨*pas de ge-,* h⟩ **1.** etw. mit etw. ~ mettre qc. sur qc. (pour que cela ne s'envole pas, *etc.*); *aviat., Netze, Leiche etc.* lester qc. de qc.; das beschwert den Magen cela pèse sur l'estomac; **2.** *fig. Gedächtnis* charger; *Herz, Seele etc.* oppresser (qc. de qn.); **II** *v/réfl.* sich bei j-m über j-n, etw. ~ se plaindre de qn., de qc. à qn. *od.* auprès de qn.; faire à qn. des récriminations sur qc.; **~lich** *adj.* pénible; fatigant; difficile; malaisé; **2lichˌkeit** *f* ⟨~; ~en⟩ inconvénients *m/pl.*; fatigues *f/pl.*; difficultés *f/pl.*; **2nis** *f* ⟨~; ~se⟩ fatigues *f/pl.*; **2ung** *f* ⟨~⟩ *aviat., von Netzen etc.* lestage *m*; *sonst verbal.*

beschwichtig|en [bəˈʃvɪçtɪgən] *v/t.* ⟨*pas de ge-,* h⟩ apaiser; calmer; tranquilliser; sein Gewissen ~ tranquilliser sa conscience; ~de Worte paroles apaisantes, calmantes, tranquillisantes; **2ung** *f* ⟨~; ~en⟩ apaisement *m*; **2ungspoliˌtik** *f* politique *f* d'apaisement; **2ungsverˌsuch** *m* tentative *f*, essai *m* d'apaisement.

beschwindeln [bəˈʃvɪndəln] *v/t.* ⟨-(e)le, *pas de ge-,* h⟩ raconter des histoires, des bobards à.

beschwing|en [bəˈʃvɪŋən] *v/t.* ⟨*pas de ge-,* h⟩ rendre gai; **~t** *adjt.* gai; *Melodie, Schritt* léger, -ère; **2tˌheit** *f* ⟨~⟩ gaieté *f*; *e-r Melodie etc.* légèreté *f*.

beschwipst [bəˈʃvɪpst] *adj.* F *cf.* angeheitert.

beschwör|en [bəˈʃvøːrən] *v/t.* ⟨*irr., pas de ge-,* h⟩ **1.** *eidlich* jurer; *jur.* affirmer sous serment; **2.** (*inständig bitten*) implorer; supplier; conjurer; adjurer; ich beschwöre Sie! je vous en conjure!; s-e Stimme nahm e-n ~den Ton an sa voix devint suppliante, implorante; **3.** *Schlange* charmer; *Geister* invoquer; *Vergangenheit etc.* évoquer; **2er** *m* ⟨~s; ~⟩ *cf.* Schlangen-, Geisterbeschwörer; **2ung** *f* ⟨~; ~en⟩ **1.** *von Geistern* invocation *f*; *der Vergangenheit* évocation *f*; **2.** *durch Bitten* supplication *f*; imploration *f*; adjuration *f*; **2ungsˌformel** *f* formule *f* d'invocation.

beseel|en [bəˈzeːlən] *v/t.* ⟨*pas de ge-,* h⟩ *st. s.* donner de la vie à; animer; *Freude, Hoffnung etc.* remplir (qn.); **~t** *adjt.* animé; von etw. ~ sein être possédé de *od.* par qc.; von dem Wunsch ~ sein, etw. zu tun être animé par le *od.* du désir de faire qc.; **2theit** *f* ⟨~⟩ vie *f*; **2ung** *f* ⟨~⟩ *verbal.*

besehen [bəˈzeːən] *v/t. u. v/réfl.* ⟨*irr., pas de ge-,* h⟩ regarder (qc.); *prüfend* examiner; sich im Spiegel ~ se regarder dans la glace; *fig.* bei Licht, aus der Nähe ~ regardé de plus près; F sich die Radieschen von unten ~ manger les pissenlits par la racine.

beseibern [bəˈzaɪbərn] *v/t. u. v/réfl.* ⟨-(e)re, *pas de ge-,* h⟩ *cf.* besabbern.

beseitig|en [bəˈzaɪtɪgən] *v/t.* ⟨*pas de ge-,* h⟩ *Schmutz, Flecken* enlever; *Schwierigkeiten* faire disparaître; aplanir; lever; supprimer; éliminer; *Hindernisse* supprimer; faire disparaître; lever; *Mißstände, Mängel* supprimer; faire disparaître; *Zweifel* lever; dissiper; *Personen* faire disparaître; éliminer; supprimer; alle Unklarheiten ~ supprimer, faire disparaître tout ce qui est obscur; **2ung** *f* ⟨~⟩ *von Flecken etc.* enlèvement *m*; *von Schwierigkeiten* aplanissement *m*; élimination *f*; suppression *f*; *von Hindernissen, Mängeln etc.* suppression *f*; *von Unklarheiten* suppression *f*; élimination *f*; *von Zweifeln* dissipation *f*; *e-r Person* élimination *f*.

beseligen [bəˈzeːlɪgən] *v/t.* ⟨*pas de ge-,* h⟩ *st. s.* rendre heureux, -euse; ravir; **~d** *adjt.* ~er Gedanke pensée qui enchante, qui ravit.

Besen [ˈbeːzən] *m* ⟨~s; ~⟩ **1.** balai *m*; *fig.* mit eisernem ~ kehren donner un coup de balai; F ich fresse e-n ~, wenn ... je veux bien être pendu si ...; que le diable m'emporte si ...; neue ~ kehren gut *prov. etwa* tout nouveau, tout beau *prov.*; **2.** *péj. u.* F *für e-e Frau* chameau *m*; mégère *f*; **~ˌbinder** *m* faiseur *m* de balais; **~ˌginster** *m bot.* genêt *m* à balai; genêt commun; **~ˌkammer** *f* placard *m* à balais; **2ˌrein** *adj.* bien propre; bien nettoyé; impeccable; **~ˌschrank** *m* armoire *f* à balais; **~ˌstiel** *m* manche *m* à balai; *fig. u.* F **e-n ~ verschluckt haben** avoir avalé un manche à balai.

besessen [bəˈzɛsən] *adjt.* possédé (**von** par); **von e-r Idee** *etc.* **~ sein** être possédé, obsédé par une idée, *etc.*; **er arbeitet wie ~** il travaille comme un possédé, comme un enragé; **2e(r)** *f(m)* ⟨→ A⟩ possédé(e) *m(f)*; démoniaque *m, f*; **wie ein ~r schreien** crier comme un possédé, comme un sourd, comme un putois; **sich wie ein ~r gebärden** se démener comme un beau diable, comme un diable dans un bénitier; **wie ein ~r arbeiten** travailler comme un possédé, comme un enragé; **wie ein ~r laufen** courir comme un fou, un dératé; **2ˌheit** *f* ⟨~⟩ **1.** (*leidenschaftliche Hingabe*) fanatisme *m*; passion *f*; **2.** *psych.* obsession *f*; *relig. meist* possession *f*.

besetz|en [bəˈzɛtsən] **I** *v/t.* ⟨-(es)t, *pas de ge-*, h⟩ **1.** *cout., mit Edelsteinen etc.* garnir (mit de); *am Rande* border; *mit Tressen* galonner; **2.** *Platz* réserver; *cf. auch* **~t**; **3.** *Posten, Stelle* faire occuper (qc. par qn.); pourvoir; *thé. Rollen* distribuer; *Posten* **besetzt sein** être occupé; **die Stelle e-s Chefarztes ist zu ~** le poste de médecin en chef est à pourvoir; **4.** *Gebiet* occuper; **die besetzten Gebiete** les territoires occupés; **5.** *Teich, Revier mit Tieren* peupler (mit de); **II 2en** *n* ⟨~s⟩ *cf.* **2ung**; **~t** *adjt. Platz, Zimmer, Toilette* occupé; *tél. auch* pas libre; *Tisch* pris; *Zug, Autobus etc.* complet, -ète; *Abend zeitlich* pris; *Person* pris; retenu; **nicht ~** libre; inoccupé; *Theater etc.* **gut, schlecht ~ sein** être plein, presque vide; **2tˌzeichen** *n tél.* signal *m* «pas libre», d'occupé; **2ung** *f* ⟨~; ~en⟩ *der Rollen* distribution *f* (*auch coll.*); *Sport* formation *f*; *e-s Landes* occupation *f*; *sonst verbal.*

besichtig|en [bəˈzɪçtɪgən] *v/t.* ⟨*pas de ge-*, h⟩ visiter; *milit.* inspecter; **2ung** *f* ⟨~; ~en⟩ visite *f*; *milit.* inspection *f*; **2ungsˌfahrt** *f* **e-e ~ machen** visiter qc.; **2ungsˌzeit** *f* heures *f/pl.* de visite.

besied|eln [bəˈziːdəln] *v/t.* ⟨-(e)le, *pas de ge-*, h⟩ coloniser; *Gebiete* **dicht, dünn besiedelt sein** avoir une population dense, clairsemée; **2(eˌ)lung** *f* ⟨~⟩ colonisation *f*.

besiegel|n [bəˈziːgəln] *v/t.* ⟨-(e)le, *pas de ge-*, h⟩ *fig. Freundschaft etc.* sceller (mit par, de); **sein Schicksal ist besiegelt** son destin est arrêté; **2ung** *f* ⟨~⟩ *verbal.*

besieg|en [bəˈziːgən] *v/t.* ⟨*pas de ge-*, h⟩ vaincre (*auch Zweifel etc.*); battre; l'emporter sur; triompher de; défaire; **sich für besiegt erklären** se déclarer vaincu; **2te(r)** *f(m)* ⟨→ A⟩ vaincu(e) *m(f)*; **2ung** *f* ⟨~⟩ victoire (remportée) sur.

besingen [bəˈzɪŋən] **I** *v/t.* ⟨*irr., pas de ge-*, h⟩ **1.** chanter; célébrer; *st. s.* entonner un hymne à la gloire de; **2.** *Schallplatte* enregistrer; **II 2** *n* ⟨~s⟩ célébration *f*; *e-r Schallplatte* enregistrement *m* (sur).

besinn|en [bəˈzɪnən] **I** *v/réfl.* ⟨*irr., pas de ge-*, h⟩ **sich ~ 1.** (*sich erinnern*) se souvenir (de); se rappeler (qc.); **wenn ich mich recht besinne** si j'ai bonne mémoire; si mes souvenirs sont exacts; si je me souviens bien; autant que je m'en souvienne; **ich kann mich auf den Namen nicht ~** je ne me souviens pas de son nom; je ne me rappelle pas son nom; **sich nicht ~ können, etw. getan zu haben** ne pas pouvoir se souvenir d'avoir fait qc.; ne pas se rappeler avoir fait qc.; **2.** (*ruhig überlegen*) réfléchir; **ohne sich lange zu ~** sans réfléchir longuement; sans hésiter, balancer longuement; **sich e-s anderen, Besseren ~** changer d'avis, d'idée; se raviser; **II 2en** *n* ⟨~s⟩ **nach einigem ~** après quelques instants, moments de réflexion; **~lich** *adj.* de recueillement; de méditation; méditatif, -ive; *Person* pensif, -ive; songeur, -euse; **e-e ~e Stunde** une heure de recueillement, de méditation; **2lichˌkeit** *f* ⟨~⟩ recueillement *m*; méditation *f*; **2ung** *f* ⟨~⟩ **1.** (*Bewußtsein*) connaissance *f*; **die ~ verlieren, wiedererlangen** perdre, reprendre connaissance; *Bewußtlosen* **wieder zur ~ bringen** faire reprendre connaissance (à qn.); **2.** (*Vernunft*) raison *f*; **zur ~ kommen** revenir à la raison; **j-n zur ~ bringen** ramener qn. à la raison; **das brachte ihn wieder zur ~** cela le fit revenir à la raison; **nicht bei ~ sein** ne pas avoir toute sa raison; avoir perdu la tête; **~ungsˌlos** *adj.* sans connaissance; évanoui; **2ungsˌlosigkeit** *f* ⟨~⟩ évanouissement *m*.

Besitz [bəˈzɪts] *m* ⟨~es⟩ **1.** possession *f*; **in den ~ von etw. kommen, gelangen** entrer en possession de qc.; **etw. in ~ nehmen, von etw. ~ ergreifen, sich in den ~ von etw. setzen** prendre possession de qc.; **etw. in s-n ~ zu bringen versuchen** essayer d'entrer en possession de qc.; **in j-s ~ übergehen** devenir possession de qn.; **in j-s ~ sein** être en possession de qn.; **im vollen ~ s-r Kräfte sein** être en pleine possession de ses forces; **der ~ von Waffen ist verboten** la détention d'armes (à feu) est interdite; **im ~ der bürgerlichen Ehrenrechte sein** jouir des droits civiques; **2.** (*~tum*) propriété *f*; bien *m*; fonds *m*; **persönlicher ~** propriété personnelle; biens personnels; **nach ~ streben** aspirer à la propriété; **diese Bilder stammen aus dem ~ von** ces tableaux étaient propriété de; **geistiger ~ e-s Volkes sein** faire partie du patrimoine intellectuel d'une nation; **e-n großen landwirtschaftlichen ~ haben** avoir une grande propriété terrienne, une grande exploitation agricole; **2ˌanzeigend** *adj. gr.* possessif, -ive; **~ˌaufgabe** *f* abandon *m* de la possession; **2en** *v/t.* ⟨*irr., pas de ge-*, h⟩ posséder; avoir; **Energie ~** avoir de l'énergie; **etw. gemeinsam ~** posséder qc. en commun, *jur.* en copropriété; **keinen Pfennig ~** être sans le sou; **2end** *adjt.* **die ~en Klassen** les classes possédantes; **~entˌziehung** *f jur.* dépossession *f*; **~er(in)** *m* ⟨~s; ~⟩ (*f*) ⟨~; ~nen⟩ *meist* propriétaire *m, f*; *jur.* possesseur *m*; détenteur, -trice *m, f*; *e-r Bar etc. auch* tenancier, -ière *m, f*; **der rechtmäßige ~** le propriétaire; **der ~ der Villa, des Autos** le propriétaire de la villa, de la voiture; **den ~ wechseln** changer de propriétaire, de mains; **~erˌgreifung** *f* prise *f* de possession; (*gewaltsame Aneignung*) annexion *f*; **~ˌklage** *f jur.* action *f* possessoire; **2los** *adj.* qui ne possède rien; **der Neid der 2en** l'envie de ceux qui ne possèdent rien; **~ˌnahme** *f* ⟨~⟩ *cf.* **~ergreifung**; **~ˌrecht** *n* droit *m* de posséder, de possession; *jur.* possessoire *m*; **~ˌstand** *m* état *m* de fortune; **~ˌstörung** *f jur.* trouble *m* de la possession; **~störungsˌklage** *f jur.* complainte *f*; **~ˌtum** *n* ⟨~(e)s; ~er⟩ *cf.* **~ 2.**; **~überˌtragung** *f* transmission *f* de possession, de propriété; **~ung** *f* ⟨~; ~en⟩ biens *m/pl.*; terres *f/pl.*; *e-s Staates* dépendances *f/pl.*; **große ~en haben** avoir beaucoup de biens, de terres; **überseeische ~en** dépendances d'outre-mer; **~verˌhältnisse** *n/pl.* situation *f* de la propriété; **~ˌwechsel** *m* changement *m* de propriétaire; *jur.* mutation *f* de propriété.

besoffen [bəˈzɔfən] *adjt.* P soûl *od.* saoul; rond; bituré; noir; **2ˌheit** *f* ⟨~⟩ P biture *f*.

besohl|en [bəˈzoːlən] **I** *v/t.* ⟨*pas de ge-*, h⟩ *Schuhe* ressemeler; **II 2en** *n* ⟨~s⟩, **2ung** *f* ⟨~⟩ ressemelage *m*.

besold|en [bəˈzɔldən] *v/t.* ⟨-ete, *pas de ge-*, h⟩ *Beamte* donner le traitement à; payer; rémunérer; *Soldaten* payer la solde à; *Truppen* solder; **2ung** *f* ⟨~⟩ **1.** (*Gehalt*) *von Beamten* traitement *m*; *von Soldaten* solde *f*; **2.** (*Besolden*) rémunération *f* (*auch milit.*); **2ungsgeˌsetz** *n* loi *f* sur les traitements, sur les soldes; **2ungsˌgruppe** *f* échelon *m* de traitement, de solde; **2ungsˌordnung** *f* tarif *m* des traitements; **2ungsreˌform** *f* reclassement *m* des traitements; **2ungsˌstufe** *f cf.* **2ungsgruppe**.

besonder [bəˈzɔndər] *adj.* particulier, -ière; exceptionnel, -lle; spécial; singulier, -ière; **~e Kennzeichen** signes particuliers; **e-e ~e Freude** un plaisir exceptionnel; **e-e ~e Vorliebe für etw. haben** avoir une préférence spéciale, particulière pour qc.; **von ~er Qualität** d'une qualité spéciale; **~e Umstände** circonstances particulières; **~e Wünsche** vœux, souhaits particuliers; **auf ~e Anordnung** sur ordre spécial; **das ist mir e-e ~e Ehre** c'est un honneur insigne pour moi; **es liegt keine ~e Veranlassung vor** il n'y a aucune raison particulière; **j-m e-e ~e Einladung schicken** envoyer une invitation personnelle à qn.; **im ~en** en particulier; **das ist nichts 2es** cela n'a rien d'extraordinaire, d'exceptionnel, de spécial, de spécialement intéressant; F ça ne casse rien; **das 2e und das Allgemeine** le particulier et le général; **2ˌheit** *f* ⟨~; ~en⟩ **a)** *im Charakter* particularité *f*; singularité *f*; propriété *f*; caractéristique *f*; **b)** (*Außergewöhnliches*) caractère exceptionnel; singularité *f*; **c)** *schrullige* singularité *f*; originalité *f*; **~s** *adv.* **a)** (*für sich allein*) **~ behandeln** traiter particulièrement, spécialement, à part; **etw. ~ aufbewahren** conserver qc. séparément; **b)** (*ausdrücklich*) **etw. ~ betonen** souligner particulièrement, expressément qc.; **das hat mir ~ gefallen, mich ~ gefreut** cela m'a particulièrement plu, fait plaisir; **~ wenn** surtout quand; particulièrement quand; **c)** *verstärkend* **~ gut** particulièrement bien; **er hatte es ~ eilig** il était singulièrement pressé; **etw. ~ gern essen** aimer particulièrement qc.; **ganz ~** par-dessus tout; **d)** F **heute war das Essen nicht ~** le dîner, le déjeuner n'avait rien d'extraordinaire aujourd'hui; **das gefällt mir nicht ~** cela ne me plaît pas particulièrement; **mir geht es nicht ~** je ne vais pas spécialement, particulièrement, très bien.

besonnen [bəˈzɔnən] **1.** *adj.* réfléchi; pondéré; **ein kluger und ~er Mensch** une personne calme et réfléchie; **2.** *adv.* **~ handeln** agir d'une façon réfléchie; agir avec prudence; **≈ˌheit** *f* ⟨~⟩ réflexion *f*; prudence *f*; **mit ~** après réflexion; avec prudence; avec circonspection.

besonnt [bəˈzɔnt] *adj.* ensoleillé.

besorg|en [bəˈzɔrgən] *v/t.* ⟨*pas de ge-*, h⟩ **1.** *Haushalt, Wirtschaft* s'occuper de; **2.** *Korrespondenz* s'occuper de; *Arbeit, Einkäufe* faire; **das weitere ~** se charger du reste; **die Auswahl besorgte...** choisi par...; **3.** (*beschaffen*) procurer; **sich etw. ~** se procurer qc.; **etw. zum Essen ~** procurer qc. à manger; **ich muß noch schnell etw. ~** il faut que j'aille vite acheter, chercher qc.; **4.** F **es j-m ~** rendre la pareille à qn.; rendre à qn. la monnaie de sa pièce; **≈nis** *f* ⟨~; **~se**⟩ souci *m*; préoccupation *f*; inquiétude *f*; **~ erregen, Anlaß zur ~ geben** donner du souci, de l'inquiétude; **s-e ~ äußern** faire part de ses soucis, de ses préoccupations, de son appréhension; **~t** *adjt.* **~e Miene** mine soucieuse; **~ sein um** se faire du souci pour; s'inquiéter de; **≈tˌheit** *f* ⟨~⟩ *cf.* ≈**nis**; **≈ung** *f* ⟨~; **~en**⟩ **1. ~en machen** faire des courses, des achats, des emplettes, des commissions; **2.** *e-r Arbeit etc. verbal*; **3.** *von Lebensmitteln etc. verbal.*

bespann|en [bəˈʃpanən] *v/t.* ⟨*pas de ge-*, h⟩ **1.** *Wand etc.* tendre (**mit** de); *Schirm etc.* recouvrir (**mit** de); *Instrumente, Tennisschläger etc.* garnir (de cordes); **2. e-n Wagen mit Pferden ~** atteler des chevaux à une voiture; **≈ung** *f* ⟨~⟩ tenture *f*; recouvrement *m*; garniture *f*.

bespeien [bəˈʃpaɪən] *v/t.* ⟨*irr., pas de ge-*, h⟩ *st. s.* cracher sur.

bespicken [bəˈʃpɪkən] *v/t.* ⟨*pas de ge-*, h⟩ *cuis.* larder; *fig.* **bespickt mit** 'hérissé de.

bespiegeln [bəˈʃpiːgəln] *v/réfl.* ⟨-(e)le, *pas de ge-*, h⟩ *fig.* **sich ~** se vanter.

bespielen [bəˈʃpiːlən] *v/t.* ⟨*pas de ge-*, h⟩ **1.** *Tonband etc.* enregistrer; **2.** *thé.* jouer dans; donner des représentations dans.

bespitzel|n [bəˈʃpɪtsəln] **I** *v/t.* ⟨-(e)le, *pas de ge-*, h⟩ espionner; surveiller; **II ≈n** *n* ⟨**~s**⟩, **≈ung** *f* ⟨~; **~en**⟩ surveillance *f*; espionnage *m*.

bespötteln [bəˈʃpœtəln] *v/t.* ⟨-(e)le, *pas de ge-*, h⟩ *Benehmen, Worte etc.* railler; *Person* se moquer de.

besprech|en [bəˈʃprɛçən] **I** *v/t.* ⟨*irr., pas de ge-*, h⟩ **1. etw. mit j-m ~** discuter, débattre qc. avec qn.; parler de qc. avec qn.; **2.** *Buch etc.* critiquer; faire une critique de; **3.** *Schallplatte etc.* enregistrer; **4.** *durch Zaubersprüche Krankheit* conjurer; *krankes Vieh* conjurer la maladie de; **II** *v/réfl.* **sich mit j-m ~** se concerter, conférer, s'entretenir avec qn.; **≈ung** *f* ⟨~; **~en**⟩ **1.** entretien *m*; conversation *f*; conférence *f*; discussion *f*; *pol. auch* pourparlers *m/pl.*; **~en führen mit** avoir des entretiens, des conversations avec; **2.** *e-s Buches etc.* critique *f*; compte rendu *m*; **≈ungsexemˌplar** *n* spécimen [-mɛn] pour compte rendu, destiné à la presse; **≈ungsˌraum** *m*, **≈ungsˌzimmer** *n* salle *f* de conférence.

bespreng|en [bəˈʃprɛŋən] **I** *v/t.* ⟨*pas de ge-*, h⟩ arroser; *Wäsche* humecter; asperger; *mit Weihwasser* asperger (**mit** de); **II ≈en** *n* ⟨**~s**⟩, **≈ung** *f* ⟨~⟩ arrosage *m*; *mit Weihwasser* aspersion *f*; *der Wäsche* humectage *m*.

bespringen [bəˈʃprɪŋən] *v/t.* ⟨*irr., pas de ge-*, h⟩ *Tiere* saillir; monter; couvrir.

bespritzen [bəˈʃprɪtsən] **I** *v/t.* ⟨-(es)t, *pas de ge-*, h⟩ asperger (**mit** de, avec); *Passanten* éclabousser (**mit** de, avec); *Kinder* **sich mit Wasser ~** s'asperger d'eau; s'éclabousser; **über und über mit Dreck bespritzt** tout éclaboussé; F crotté comme un barbet; **II ≈** *n* ⟨**~s**⟩ éclaboussement *m*.

besprühen [bəˈʃpryːən] *v/t.* ⟨*pas de ge-*, h⟩ asperger (de); vaporiser.

bespucken [bəˈʃpʊkən] *v/t.* ⟨*pas de ge-*, h⟩ cracher sur.

bespülen [bəˈʃpyːlən] *v/t.* ⟨*pas de ge-*, h⟩ *Ufer* baigner.

Bessarab|ier(in) [bɛsaˈraːbiˑər(ɪn)] *m* ⟨**~s**; **~**⟩ (*f*) ⟨~; **~nen**⟩ habitant(e) *m, f* de la Bessarabie; **≈isch** *adj.* de la Bessarabie; bessarabien, -nne.

Bessemer|birne [ˈbɛsəmərˌbɪrnə] *f* *métall.* (convertisseur *m*) Bessemer [bɛsmɛːr] *m*; **~ˌstahl** *m* acier *m* Bessemer; **~verˌfahren** *n* procédé *m* Bessemer.

besser [ˈbɛsər] (*comp. von* **gut**) **1.** *adj.* meilleur; **die ~en Leute** les gens bien; **ein ~er Herr** un monsieur bien, comme il faut; F **s-e ~e Hälfte** sa (chère, tendre) moitié; **der ~e Teil** la meilleure part; **~e Tage erlebt haben** avoir vécu des jours meilleurs; **wider ~es Wissen** tout en sachant que c'est mauvais, que c'est nuisible, *etc.*; **~ sein als** être meilleur que; **(das ist) ~ als nichts** c'est mieux que rien; c'est déjà ça; c'est toujours autant (de pris); **es ist ~ zu schweigen als...** mieux vaut se taire que (de) ...; **~ ist ~** il vaut mieux être prudent; prudence est mère de sûreté *prov.*; F **er ist nur ein ~er Hilfsarbeiter** il n'est guère plus qu'un manœuvre; **etw. ≈es sein wollen** vouloir être meilleur *od.* plus que les autres; **zu etw. ≈em bestimmt sein** pouvoir espérer une meilleure destinée; **e-e Wendung zum ≈en nehmen** prendre une meilleure tournure; **wir haben nichts ≈es** nous n'avons rien de mieux, de meilleur; **in Ermangelung e-s ≈en** faute de mieux; **Sie können nichts ≈es tun, als...** ce que vous avez de mieux à faire, c'est de...; **j-n e-s ≈en belehren** détromper qn.; faire revenir qn. de son erreur; **2.** *adv.* mieux; **~ werden** *Wein* se bonifier; *Wetter* s'améliorer; **etw. ~ wissen** savoir qc. mieux (que qn.); **es geht ihm ~** il va, il est mieux; **du tätest ~** tu ferais mieux (de faire qc.); **etw. ~ als irgend jemand sonst tun** faire qc. mieux que personne, que les autres; **es wird schon alles wieder ~ werden** tout cela s'arrangera, va s'arranger; **es ~ haben als** avoir une vie meilleure que; **je eher..., desto ~...** plus tôt ... mieux ça vaudra; **je eher, desto ~** le plus tôt sera le mieux; **um so ~!** tant mieux!; F chic!; **um so ~, als...** d'autant mieux que...; **~ spät als nie** mieux vaut tard que jamais *prov.*; **~beˌzahlt** *adjt.* mieux payé, rétribué; **~geˌstellt** *adjt.* plus 'haut placé (dans l'échelle sociale); **~n I** *v/t.* ⟨**bessere** *od.* **beßre**, h⟩ rendre meilleur; **II** *v/réfl.* **sich ~** *Befinden etc.* s'améliorer; *Wetter auch* se mettre au beau; *Person* devenir meilleur; s'amender; *Kinder* se corriger; **versprechen, sich zu ~** promettre de se corriger, de s'amender; **≈ung** *f* ⟨~; **~en**⟩ **1.** *Patient* **sich auf dem Wege der ~ befinden** être sur le chemin de la guérison; **j-m gute ~ wünschen** souhaiter un prompt rétablissement, une prompte guérison à qn.; **gute ~!** meilleure santé!; bon rétablissement!; **es ist e-e ~ eingetreten** il y a du mieux; **2.** *e-r Situation etc.* amélioration *f*; **3.** *moralisch* **~ geloben** promettre de s'amender, de se corriger; **Selbsterkenntnis ist der erste Schritt zur ~** *prov.* reconnaître soi-même sa faute, c'est le premier pas vers l'amendement; **≈ungsˌanstalt** *f* maison *f* de correction; **~ungsˌfähig** *adj.* susceptible de s'amender, de se corriger; corrigible; **≈ˌwisser** *m* ⟨**~s**; **~**⟩ *péj.* personne *f* qui sait tout (mieux que les autres); pédant *m*; Gros-Jean *m* qui en remontre à son curé; **≈wisseˈrei** *f* ⟨~⟩ manie *f* de vouloir tout savoir mieux que les autres; pédanterie *f*.

best [bɛst] (*sup. von* **gut**) *cf.* **beste.**

bestall|en [bəˈʃtalən] *adm. v/t.* ⟨*pas de ge-*, h⟩ **j-n ~** installer qn. (dans un emploi); nommer qn. (à un emploi); **~t** *adjt.* en fonction; **≈ung** *f* ⟨~; **~en**⟩ installation *f* (dans); nomination *f* (à); **≈ungsˌurkunde** *f* acte *m*, brevet *m*, titre *m* de nomination.

Bestand [bəˈʃtant] *m* ⟨**~(e)s**; **≈e**⟩ **1.** (*Weiterbestehen*) existence *f*; **~ haben** être durable; **von kurzem ~ sein** être de courte durée; **keinen ~ haben** être éphémère, passager, -ère; **2.** *an Waren* stock *m*; *an Büchern etc.* ensemble *m*; nombre *m*; *an Vieh* cheptel *m*; *an Wagen* parc *m*; *an Personal* effectif *m*; *an Geld* encaisse *f*; (*Wald≈*) peuplement forestier; *comm.* **den ~ aufnehmen** faire, établir, dresser l'inventaire; **eiserner ~** réserve *f*; *comm.* stock permanent; *Theaterstück* **zum eisernen ~ gehören** faire toujours partie du répertoire; **zum klassischen ~ der Literatur gehören** faire partie de la littérature classique, des classiques; **≈en** *adjt.* **mit etw. ~ sein** être recouvert de qc.

beständig [bəˈʃtɛndɪç] **1.** *adj.* durable; constant; continuel, -lle; perpétuel, -lle; **~e Unruhe** agitation continuelle; **das Wetter ist ~** le temps est, se maintient au beau fixe; **das Glück ist nicht ~** le bonheur n'est pas durable; **gegen Hitze, Frost ~ sein** être résistant à la chaleur, au gel; **2.** *adv.* continuellement; constamment; perpétuellement; **~ auf Reisen sein** être continuellement, perpétuellement, constamment en voyage; **er klagt ~ über Kopfschmerzen** il se plaint continuellement de maux de tête; **~ Fortschritte machen** faire des progrès constants; **≈ˌkeit** *f* ⟨~⟩ constance *f*; *des Glücks etc.* persistance *f*; *des Wetters* stabilité *f*; *gegen Hitze etc.* résistance *f* (à).

Bestand|saufnahme [bəˈʃtantsˌˀaufnaːmə] *f* *comm.* (établissement *m* d')inventaire *m*; **e-e ~ machen** faire, dresser, établir l'inventaire; **~sˌliste** *f* liste *f* des marchandises en stock; **~sverˌzeichnis** *n* inventaire *m*; **~ˌteil** *m* partie constituante, constructive; élément *m*; constituant *m*; *chim.* composant *m*; **integrierender ~** partie intégrante; **wesentlicher ~** constituant, élément essentiel; **etw. in s-e ~e zerlegen** démonter qc.; **sich in s-e ~e auflösen** *chim.* se décomposer en ses éléments; *fig.* se désagréger; se disloquer.

bestärk|en [bəˈʃtɛrkən] *v/t.* ⟨*pas de ge-*, h⟩ renforcer, confirmer (qn. dans qc.); **j-n darin ~, etw. zu tun** renforcer qn. dans l'idée de faire qc.;

j-n in s-r Meinung ~ renforcer, affermir, fortifier qn. dans son opinion; **2ung** *f* ⟨~⟩ *verbal.*

bestätig|en [bəˈʃtɛːtɪgən] **I** *v/t.* ⟨*pas de ge-,* h⟩ **1.** *Aussagen* confirmer; corroborer; certifier; etw. amtlich ~ confirmer officiellement qc.; etw. schriftlich ~ confirmer qc. par écrit; ich finde meinen Verdacht bestätigt mes soupçons se sont trouvés confirmés; die Richtigkeit ~ certifier la justesse (de); confirmer l'exactitude (de); **2.** *comm.* den Empfang ~ accuser réception (von de); **3.** *Urteil* homologuer; entériner; *Wahl etc.* reconnaître; approuver; confirmer; **II** *v/réfl.* sich ~ *Verdacht etc.* se confirmer; se vérifier; sich als wahr ~ s'avérer exact; **~end** *adjt.* confirmatif, -ive; confirmatoire; **2ung** *f* ⟨~; ~en⟩ **1.** *e-r Aussage* confirmation *f*; corroboration *f*; **2.** *e-r Sendung verbal*; **3.** *e-s Urteils* homologation *f*; entérinement *m*; *e-r Wahl etc. verbal*; **2ungsˌschreiben** *n* lettre *f* de confirmation; *comm.* accusé *m* de réception.

bestatt|en [bəˈʃtatən] *st. s.* **I** *v/t.* ⟨-ete, *pas de ge-,* h⟩ ensevelir; inhumer; **II 2en** *n* ⟨~s⟩, **2ung** *f* ⟨~; ~en⟩ ensevelissement *m*; inhumation *f*; **2ungsˌhaus** *n*, **2ungsinstiˌtut** *n cf.* Beerdigungsinstitut; **2ungsˌkosten** *pl. cf.* Beerdigungskosten.

bestäub|en [bəˈʃtɔʏbən] *v/t.* ⟨*pas de ge-,* h⟩ *bot.* féconder (par le pollen [-ɛnl]); **2ung** *f* ⟨~⟩ pollinisation *f*.

bestaunen [bəˈʃtaʊnən] *v/t.* ⟨*pas de ge-,* h⟩ regarder avec étonnement, bouche bée.

beste [ˈbɛstə] *adj.* (*sup. von* gut) **a)** meilleur; mein ~r Freund mon meilleur ami; in den ~n Jahren dans la force de l'âge; nach ~m Wissen und Gewissen en son âme et conscience; beim ~n Willen avec la meilleure volonté du monde; auf dem ~n Wege sein... être bien parti... (pour devenir qc.); ~n Dank! merci beaucoup!; das 2 le mieux; le dessus du panier; ce qu'il y a de meilleur; F la crème; das 2 bis zuletzt aufsparen garder qc. pour la bonne bouche; das 2 daraus machen en tirer le maximum [-məm], ce que l'on peut; das ist das 2 an der Geschichte c'est le meilleur de l'histoire; es ist das ~, er... le mieux (c')est qu'il... (+ *subj.*); ich halte es für das ~ ... je crois que le mieux est de...; das ist das ~, was Sie tun können c'est ce que vous avez de mieux à faire; am ~n machen wir das so le mieux est de le faire ainsi; aufs ~ au mieux; sich zum ~n wenden prendre bonne tournure; **b)** etw. zum ~n geben raconter, réciter, chanter qc. (dans une société); ein Lied zum ~n geben chanter une chanson à la société; **c)** j-n zum ~n haben se moquer de qn.; se payer la tête de qn.; **d)** nicht zum ~n (stehen *etc.*) (être, aller) assez mal; **e)** als 2r das Examen bestehen être reçu premier à l'examen; **f)** der erste ~ le premier venu; **g)** sein 2s tun faire de son mieux; das ist zu s-m 2n c'est dans son intérêt, pour son bien; zum 2n von au profit de; ich will nur dein 2s je ne veux que ton bien.

bestech|en [bəˈʃtɛçən] *v/t.* ⟨*irr., pas de ge-,* h⟩ corrompre; soudoyer; acheter; *Portier etc.* F graisser la patte à; *jur. Zeugen auch* suborner; *fig.* séduire; sich ~ lassen se laisser corrompre, *etc.*; durch sein Äußeres ~ séduire par son aspect; **~end** *adjt.* séduisant; attirant; e-e ~e Logik une logique séduisante; s-e Art hat etw. 2es il a qc. de séduisant, d'attirant; **~lich** *adj.* vénal; corruptible; achetable; **2lichˌkeit** *f* ⟨~⟩ vénalité *f*; corruptibilité *f*; **2ung** *f* ⟨~; ~en⟩ corruption *f*; *von Zeugen* subornation *f*; aktive, passive ~ corruption active, passive; **2ungsaˌffäre** *f* affaire *f* de corruption; **2ungsˌgeld** *n* pot *m* de vin; **2ungsverˌsuch** *m* tentative *f* de corruption.

Besteck [bəˈʃtɛk] *n* ⟨~(e)s; ~e⟩ **1.** (*Eß2*) couvert *m*; **2.** (*Werkzeug2*) trousse *f*; nécessaire *m*; chirurgisches ~ trousse chirurgicale, de chirurgien; **3.** *mar.* point *m*; das ~ nehmen faire, prendre le point; porter le point sur la carte; **2en** *v/t.* ⟨*pas de ge-,* h⟩ garnir (mit de); **~ˌkasten** *m für Eßbestecke* écrin *m* à couverts; *großer mit Inhalt* ménagère *f*.

bestehen [bəˈʃteːən] **I** *v/t.* ⟨*irr., pas de ge-,* h⟩ *Examen* réussir; être reçu à; passer avec succès; *Gefahr etc.* surmonter; triompher de; résister à; *Abenteuer* sortir de; se tirer de; *Kampf* soutenir avec succès; sortir vainqueur de; die schriftliche Prüfung ~ réussir à l'écrit; **II** *v/i.* **1.** *Einrichtung etc.* exister; dieser Brauch besteht noch cet usage existe, subsiste encore; es besteht der Verdacht, daß... on soupçonne que...; es besteht Aussicht, daß... on a des chances de...; darin besteht kein Unterschied il n'y a aucune différence là-dedans; darüber ~ noch Zweifel on a encore des doutes là-dessus; gegen s-e Wahl ~ keine Bedenken il ne faut pas avoir de scrupules à l'élire; **2.** auf s-r Meinung ~ persévérer dans, garder son opinion; rester sur ses positions; auf s-m Willen ~ persévérer dans sa volonté (de faire qc.); auf s-m Recht ~ maintenir avoir le droit (de faire qc.); ne pas démordre de son droit; darauf ~, daß... tenir à ce que...; insister pour que...; auf e-r Forderung ~ maintenir une exigence; ne pas démordre d'une exigence; **3.** aus etw. ~ être composé, se composer de qc.; consister en qc.; être fait de qc.; comprendre qc.; in etw. ~ consister en qc.; s-e Arbeit besteht darin, (etw. zu tun) son travail consiste (à faire qc.); **4.** vor j-m, vor j-s Augen nicht ~ können ne pas pouvoir paraître, se présenter devant qn.; vor der Kritik nicht ~ können ne pas supporter la critique; **III 2** *n* ⟨~s⟩ *e-s Unternehmens etc.* existence *f*; *e-s Examens* réussite *f*; nach ~ der Prüfung après avoir réussi l'examen; seit ~ der Welt depuis que le monde existe; depuis que le monde est monde; das fünfzigjährige ~ e-r Firma les cinquante ans d'existence d'une firme, d'une maison; **~ˌbleiben** *v/i.* ⟨*irr., sép.,* -ge-, sein⟩ rester; se maintenir; **~d** *adjt.* existant; *Ordnung, Gesetz auch* établi; ~ aus consistant en; composé, se composant de; für sich ~ indépendant; den ~en Zustand aufrechterhalten maintenir le statu quo.

bestehlen [bəˈʃteːlən] *v/t.* ⟨*irr., pas de ge-,* h⟩ voler.

besteig|en [bəˈʃtaɪgən] **I** *v/t.* ⟨*irr., pas de ge-,* h⟩ *Berg* faire l'ascension de; gravir; escalader; F faire; den Montblanc ~ faire l'ascension du, faire le Mont-Blanc; e-n Turm ~ monter sur une tour; ein Pferd ~ monter sur un cheval; sein Fahrrad ~ monter sur sa bicyclette; enfourcher sa bicyclette; den Zug ~ monter dans le train; das Schiff ~ monter sur le bateau; die Kanzel ~ monter en chaire; den Thron ~ monter sur le trône; accéder à la couronne; **II 2en** *n* ⟨~s⟩, **2ung** *f* ⟨~; ~en⟩ *e-s Berges* ascension *f*; escalade *f*; *sonst verbal*; das Besteigen des Thrones l'accession *f* au trône; l'avènement *m*.

Bestell|buch [bəˈʃtɛlˌbuːx] *n comm.* carnet *m* de commandes; **2en** *v/t.* ⟨*pas de ge-,* h⟩ **1.** *Waren, Tasse Kaffee etc.* commander; *Taxi* appeler; *Theaterkarten, Zimmer etc.* retenir; *Zimmer auch* faire réserver; *Buch in e-r Bibliothek* demander; das Aufgebot ~ demander la publication des bans; F das kommt wie bestellt ça tombe à pic; **2.** j-n (zu sich) ~ faire venir qn. (chez soi); sind Sie bestellt? avez-vous pris rendez-vous?; F er steht da wie bestellt und nicht abgeholt il reste là penaud, déconfit; **3.** j-n zum Verteidiger, zum Vormund ~ désigner qn. comme défenseur, comme tuteur; constituer qn. défenseur, tuteur; **4. a)** j-m Grüße ~ *cf.* Gruß **c)**; j-m etw. ~ lassen faire savoir qc. à qn.; bestell ihm doch (einmal), daß... fais-lui savoir que...; **b)** *Post cf.* zustellen; **5.** *agr. Feld* façonner; labourer; **6.** F nichts zu ~ haben *bei e-m Wettkampf* n'avoir aucune chance (dans, lors de); *bei j-m* n'avoir rien à dire (chez); ne pas avoir voix au chapitre; **7.** um etw. ist es schlecht bestellt ça va mal pour qc.; um ihn ist es schlecht bestellt il va mal; il file un mauvais coton; mit ihrer Zahlungsfähigkeit ist es schlecht bestellt il leur est difficile de payer; ils n'ont pas d'argent; **~er(in)** *m* ⟨~s; ~⟩ (*f*) ⟨~; ~nen⟩ *comm.* celui, celle, personne *f* qui passe une commande; client(e) *m* (*f*); acheteur, -euse *m, f*; **~ˌ(l)iste** *f* liste *f* de commandes; **~ˌnummer** *f* numéro *m* de référence, de commande; **~ˌschein** *m* bulletin *m*, bon *m*, feuille *f* de commande; **~ung** *f* ⟨~; ~en⟩ **1.** *von Waren, im Restaurant etc.* commande *f*; *comm. auch* ordre *m*; *e-s Zimmers etc.* réservation *f*; e-e ~ aufgeben, machen passer (une) commande; e-e ~ ausführen, entgegennehmen exécuter, prendre une commande; auf ~ sur commande; **2.** *von Grüßen verbal*; *der Post cf.* Zustellung; j-m e-e ~ ausrichten faire une commission à qn.; **3.** *e-s Vormunds etc.* désignation *f*; constitution *f*; **4.** *agr.* façon *f*; labourage *m*; **~ˌzettel** *m für Bücher etc.* fiche *f* (où l'on inscrit le livre demandé).

bestenfalls [ˈbɛstənˌfals] *adv.* en mettant les choses au mieux; dans le cas le plus favorable; tout au plus.

bestens [ˈbɛstəns] *adv.* au mieux; de son mieux; er ist ~ unterrichtet il est informé au mieux; wir haben uns ~ unterhalten nous avons conversé *bzw.* nous nous sommes divertis le plus agréablement du monde; ich lasse ~ danken je le *bzw.* la, *etc.* remercie de mon mieux.

besternt [bəˈʃtɛrnt] *adj.* **1.** *mit Orden* couvert de décorations; **2.** *cf.* bestirnt.

besteuer|n [bəˈʃtɔʏərn] *v/t.* ⟨-(e)re, *pas de ge-,* h⟩ *Einkommen etc.* imposer; frapper d'un impôt; *Genußmittel etc.* taxer; hoch ~ frapper de lourds impôts, de lourdes taxes; zu hoch ~ frapper d'impôts excessifs; **2te(r)** *m* ⟨→ A⟩ personne imposée; imposé *m*; **2ung** *f* ⟨~⟩ imposition *f*;

von Genußmitteln etc. taxation *f*; **ꝰungsˌart** *f* mode *m* d'imposition; **ꝰungsˌfähigkeit** *f* imposabilité *f*; **ꝰungsˌgrenze** *f* limite *f* d'imposition; **ꝰungsˌgrundlage** *f* assiette *f* d'imposition; **ꝰungsˌrecht** *n* droit *m* d'imposition; **ꝰungsˌsatz** *m* taux *m* d'imposition.

Best|form [ˈbɛstfɔrm] *f Sportler* excellente, meilleure condition; **ꝰgeˌhaßt** *adj.* le plus 'haï, détesté; **ꝰˌgehend** *adj. Geschäft* le plus florissant; *Artikel* le plus vendu; **das ~e Buch** le best-seller; **ꝰgeˌkleidet** *adj.* **die ~e Frau** la femme la mieux habillée.

bestial|isch [bɛstiˑˈɑːlɪʃ] *adj.* bestial; **ꝰiˈtät** *f* ⟨~; ~en⟩ bestialité *f*.

besticken [bəˈʃtɪkən] *v/t.* ⟨*pas de ge-*, **h**⟩ broder; garnir de broderie(s); **mit Perlen ~** garnir de perles.

Bestie [ˈbɛstiˑə] *f* ⟨~; ~n⟩ bête *f*, animal *m* féroce (*auch fig.*).

bestielen [bəˈʃtiːlən] **I** *v/t.* ⟨*pas de ge-*, **h**⟩ emmancher; mettre un manche à; **II ꝰ** *n* ⟨~s⟩ emmanchement *m*.

bestimm|bar [bəˈʃtɪmbɑːr] *adj.* déterminable; définissable; **nicht ~** indéterminable; indéfinissable; **~en** *v/t.* ⟨*pas de ge-*, **h**⟩ **1.** *Reihenfolge, Termin etc.* fixer; *Preise* déterminer; **er hat es so bestimmt** il en a décidé ainsi; **er hat in s-m Testament bestimmt...** il a fixé dans son testament...; **2. a)** *Ziel e-r Ware* destiner; **b)** *Geld, Geschenk etc.* **etw. für, zu etw. ~** destiner qc. à qc.; **zum persönlichen Gebrauch bestimmt** destiné à l'usage personnel; **c) j-n zum Lehrer** *etc.* **~** destiner qn. au métier de professeur, au professorat, *etc.*; **j-n zu s-m Nachfolger ~** désigner qn. pour être *od.* comme son successeur; **sie waren füreinander bestimmt** ils étaient destinés l'un à l'autre; *st. s.* **es war ihm nicht bestimmt...** il ne lui a pas été donné de...; **3.** *Größe, Alter, Wert, Ort, bot.* déterminer; *Begriff* définir; *gr.* **näher ~** *auch* qualifier; **4. über etw. zu ~ haben** avoir à décider de qc.; **über j-s Schicksal ~** décider du sort de qn.; **5.** *Epoche etc.* **von etw. bestimmt sein** être marqué par qc.; porter l'empreinte de qc.; **6. j-n ~, etw. zu tun** décider qn. à faire qc.; **~end** *adjt.* déterminant; **~t 1.** *adj.* **a)** (*entschieden*) *Ton* décidé; *Worte* énergique; **b)** (*feststehend*) *Stunde* fixé; *Anzahl* fixe; **~e Pflichten** devoirs (bien) définis; **an e-r ~en Stelle** à un endroit donné, déterminé, fixé; **zu e-m ~en Zeitpunkt** à un moment donné; **e-e ~e Richtung** une direction déterminée; **~er Zweck** but donné, déterminé, fixé; **in ~en Kreisen** dans certains milieux; **~e Anzeichen** certains signes; **~e Meinung** opinion bien arrêtée; **niemand weiß etw. ꝰes** personne ne sait rien de précis; **c)** *gr.* **der ~e Artikel** l'article défini; **2.** *adv.* **a)** (*sicher*) **es wird ~ besser** cela s'améliorera certainement; **ich glaube ~, daß...** je suis presque sûr que...; je suis persuadé que...; **das weiß ich ganz ~** j'en suis sûr, certain; je le sais avec certitude; **ich kann es nicht ~ sagen** je ne peux pas le dire avec certitude; **b)** (*entschieden*) **er sagte das sehr ~** il le dit d'un ton décidé; **höflich, aber ~** poliment, mais fermement; **ꝰtˌheit** *f* ⟨~⟩ certitude *f*; fermeté *f*; **etw. mit ~ erwarten** attendre qc. avec certitude; **etw. mit ~ erklären** dire qc. fermement, avec fermeté; **das kann ich nicht mit ~ sagen** je ne peux pas le dire avec certitude; **ꝰung** *f* ⟨~; ~en⟩ **1.** (*Anordnung*) disposition *f*; règlement *m*; **gesetzliche ~en** dispositions légales; **internationale ~en** règlements internationaux; **nach den geltenden ~en** d'après les dispositions en vigueur; **die ~en bleiben in Kraft** les dispositions restent en vigueur; **2.** *e-r Geldsumme, e-s Gebäudes etc.* destination *f*; **etw. s-r ~ übergeben** inaugurer qc.; **3.** *zu e-m Beruf* vocation *f*; **4.** *des Alters, math., bot., zo.* détermination *f*; *e-s Begriffs* définition *f*; **5.** *gr.* **adverbiale ~** complément circonstanciel; **ꝰungsˌbahnhof** *m* gare *f* de destination; **~ungsgeˌmäß** *adv.* selon les, conformément aux dispositions, prescriptions; **ꝰungsˌhafen** *m* port *m* de destination; **ꝰungsˌland** *n* pays *m* de destination; **ꝰungsˌort** *m* lieu *m* de destination; **ꝰungsˌrecht** *n* droit *m* de disposer de; **ꝰungsˌwort** *n* ⟨~(e)s; ~er⟩ *gr.* mot déterminant; **ꝰungsˌzweck** *m* destination *f*.

bestirnt [bəˈʃtɪrnt] *adjt. st. s.* étoilé; constellé d'étoiles.

Best|leistung [ˈbɛstˌlaɪstʊŋ] *f Sport relative* meilleure performance; *absolute* record *m*; **e-e neue ~ erzielen** établir un (nouveau) record; **~mann** *m* ⟨~(e)s; -leute *od.* ~er⟩ *mar.* second homme de barre; second timonier; **ꝰˈmöglich 1.** *adj.* le meilleur ... possible; **2.** *adv.* le mieux possible.

bestraf|en [bəˈʃtrɑːfən] *v/t.* ⟨*pas de ge-*, **h**⟩ punir, châtier (**mit** de, **für, wegen** pour, à cause de); **mit Gefängnis ~** punir d'emprisonnement; *Person auch* condamner à la prison; **mit hundert Mark ~** punir d'une amende de cent marks; *Person auch* infliger une amende de cent marks à; **mit dem Tode ~** punir de la peine capitale, de mort; *Person* condamner à la peine capitale, à mort; **mit fünf Jahren Gefängnis ~** punir de cinq ans d'emprisonnement; condamner à cinq ans de prison; **ꝰung** *f* ⟨~; ~en⟩ punition *f*; châtiment *m*.

bestrahl|en [bəˈʃtrɑːlən] *v/t.* ⟨*pas de ge-*, **h**⟩ **1.** (*hell bescheinen*) éclairer; illuminer; **2.** *phys. atom., méd.* exposer aux rayons; soumettre à un rayonnement; *phys. atom. auch* irradier; *méd. auch* traiter par les rayons; **mit Infrarot ~** exposer aux rayons infrarouges; *méd.* **mit Höhensonne ~** traiter par les rayons ultraviolets; appliquer le traitement actinothérapique; **mit Röntgenstrahlen ~** traiter par les rayons X, par la radiothérapie; **ꝰung** *f* ⟨~; ~en⟩ exposition *f* à un rayonnement; *phys. atom. auch* irradiation *f*; *méd. auch* traitement *m* par les rayons; *méd.* **~ mit Höhensonne** traitement par les rayons ultraviolets; actinothérapie *f*; **~ mit Licht** *auch* photothérapie *f*; **~ mit Röntgenstrahlen** *auch* radiothérapie *f*; **~ mit Alphastrahlen** *auch* alphathérapie *f*; **der Arzt hat zehn ~en verordnet** le médecin a ordonné dix séances de rayons; F **er kriegt ~en** on lui fait des rayons; **ꝰungsappaˌrat** *m* appareil *m* de radiation, *méd. auch* de radiothérapie, *etc.*; **ꝰungsˌdauer** *f méd.* durée *f* de l'exposition, *phys. atom.* de l'irradiation.

bestreb|en [bəˈʃtreːbən] **I** *v/réfl.* ⟨*pas de ge-*, **h**⟩ **sich ~** s'efforcer de; s'appliquer, chercher à; tâcher de; **II ꝰen** *n* ⟨~s⟩ *verbal*; **es wird mein ~ sein, zu...** je m'efforcerai de...; je m'appliquerai à...; je tâcherai de...; **in dem ~, zu...** soucieux, -euse de...; **~t** *adjt.* **~ sein** *cf.* **~en I**; **ꝰung** *f* ⟨~; ~en⟩ effort *m*; **j-n in s-n ~en unterstützen** soutenir qn. dans ses efforts; **revolutionäre ~en** des tendances révolutionnaires; **die gegenwärtigen ~en gehen dahin...** les tendances actuelles sont à, vont vers, sont dirigées vers...; actuellement on s'efforce de...

bestreichen [bəˈʃtraɪçən] *v/t.* ⟨*irr., pas de ge-*, **h**⟩ **1.** enduire (**mit** de); *Brot* tartiner; **mit Butter ~** beurrer; **mit Talg ~** ensuifer; **2.** *milit.* balayer; battre; prendre sous le feu.

bestreik|en [bəˈʃtraɪkən] *v/t.* ⟨*pas de ge-*, **h**⟩ faire la grève dans (une usine); diriger la grève contre; boycotter [bɔj-]; **ꝰung** *f* ⟨~⟩ boycottage *m*; *od. verbal.*

bestreit|bar [bəˈʃtraɪtbɑːr] *adj.* contestable; discutable; **~en** *v/t.* ⟨*irr., pas de ge-*, **h**⟩ **1.** contester; **e-e Behauptung ~** contester une affirmation; **j-s Zuständigkeit ~** contester la compétence de qn.; *comm.* **e-e Forderung ~** contester une créance; **die Echtheit (e-r Urkunde) ~** *jur. auch* s'inscrire en faux contre (un acte); **das wird, kann niemand ~** personne ne dira le contraire, ne le contestera; **das läßt sich nicht ~** c'est incontestable, indiscutable; F il n'y a pas à dire; P y a pas; **2. die Ausgaben, die Kosten ~** pourvoir, subvenir aux dépenses, aux frais; **j-s Unterhalt ~** subvenir aux besoins de qn.; **er bestreitet die Unterhaltung allein** il est le seul à animer la conversation; c'est lui seul qui fait les frais de la conversation; **ꝰung** *f* ⟨~⟩ **1.** *e-r Behauptung etc.* contestation *f*; **2.** *der Kosten etc.* subvention *f* (à); paiement *m*.

bestrenommiert [ˈbɛstre·nɔˌmiːrt] *adj.* qui a le meilleur renom.

bestreuen [bəˈʃtrɔʏən] *v/t.* ⟨*pas de ge-*, **h**⟩ couvrir, joncher, parsemer (**mit** de); *mit Zucker, Salz etc.* saupoudrer (de); **mit Mehl ~** *auch* (en-)fariner; **mit Sand ~** sabler; répandre du sable sur; **die Gartenwege mit Kies ~** couvrir les allées du jardin de gravier; répandre du gravier sur les allées du jardin; **der Waldboden war mit Tannennadeln bestreut** le sol du bois était jonché d'aiguilles de pin.

bestricken [bəˈʃtrɪkən] *v/t.* ⟨*pas de ge-*, **h**⟩ **1.** séduire; captiver; fasciner; ensorceler; envoûter; **2.** F **j-n ~** tricoter pour qn.; **~d** *adjt.* séduisant; captivant; fascinant; envoûtant; ensorcelant; **ein ~es Lächeln** un sourire séduisant, *etc.*; **~e Liebenswürdigkeit** amabilité à laquelle on ne peut résister.

bestrumpft [bəˈʃtrʊmpft] *adj.* qui porte un *bzw.* des bas.

Bestseller [ˈbɛstˌsɛlər] *m* ⟨~s; ~⟩ best-seller *m*.

bestück|en [bəˈʃtʏkən] *v/t.* ⟨*pas de ge-*, **h**⟩ *milit.* armer de canons; *par ext.* équiper (**mit** de); **ꝰung** *f* ⟨~⟩ armement *m* de *od.* en canons; *par ext.* équipement *m* (de *od.* en).

Bestuhlung [bəˈʃtuːlʊŋ] *f* ⟨~; ~en⟩ chaises *f/pl.*; fauteuils *m/pl.*

bestürmen [bəˈʃtʏrmən] *v/t.* ⟨*pas de ge-*, **h**⟩ *milit.* assaillir (*auch fig.*); *fig.* **j-n mit Fragen** *etc.* **~** assaillir, assiéger, presser qn. de questions, *etc.*; **j-n mit Bitten ~** poursuivre qn. de demandes; **j-n ~, noch ein wenig zu bleiben** presser qn. pour le faire rester encore un peu; **Zweifel ~ j-n** des doutes assaillent qn.

bestürz|en [bəˈʃtʏrtsən] *v/t.* ⟨-(es)t, *pas de ge-*, h⟩ consterner; atterrer; bouleverser; **~t 1.** *adjt.* consterné; atterré; bouleversé; effondré; F catastrophé; **2.** *advt.* j-n ~ **ansehen** regarder qn. d'un air consterné, *etc.*; **2theit** *f* ⟨~⟩ *cf.* **2ung**; **2ung** *f* ⟨~⟩ consternation *f*; désarroi *m*; bouleversement *m*; atterrement *m*; ~ **hervorrufen** semer la consternation, le désarroi; **in ~ versetzen** plonger dans la consternation; **er war außer sich vor ~** la consternation l'a mis 'hors de lui.

bestußt [bəˈʃtʊst] *adj.* F *cf.* **bekloppt.**

Best|wert [ˈbɛstveːrt] *m* optimum [-əm] *m*; **~zeit** *f Sport* meilleur temps; record *m*.

Besuch [bəˈzuːx] *m* ⟨~(e)s; ~e⟩ **1.** visite *f* (*auch e-s Arztes*); *der Schule etc.* fréquentation *f*; **s-n ~ ankündigen** annoncer sa visite; **bei j-m zu ~ sein** être en visite chez qn.; **j-m e-n ~ machen, abstatten** rendre visite, faire une visite à qn.; **er kommt zu uns auf, zu ~** il viendra nous voir; **j-n zum ~ des Theaters einladen** inviter qn. pour aller au théâtre; **der ~ der Theater nimmt zu** la fréquentation des théâtres augmente; **2.** (*Besucher*) **er hat ~** il a de la visite, du monde; il y a du monde chez lui; **prominenten ~ haben** avoir la visite d'une personne importante, de gens importants; **~ erwarten, bekommen** attendre, recevoir une *od.* de la visite; **2en** *v/t.* ⟨*pas de ge-*, h⟩ aller *bzw.* venir voir (qn.); rendre visite, faire une visite (à qn.); *Arzt s-e Patienten, Vertreter s-e Kunden* visiter; aller voir; *Museum, Ausstellung etc.* visiter; F aller voir; *Kino, Theater, Kirche, Versammlung etc.* aller (à); *häufig, regelmäßig* fréquenter; *Schule* aller (à l'école, au collège, au lycée); fréquenter (l'école, le lycée, le collège); être élève (du lycée de); **die Universität ~** *meist* suivre les cours de l'université; **ein Land ~** visiter un pays; *Arzt* **s-e Patienten ~** *auch* faire ses visites; **besuch mich doch einmal!** viens donc me voir!; rends-moi donc visite!; **~er(in)** *m* ⟨~s; ~⟩ (*f*) ⟨~; ~nen⟩ visiteur, -euse *m, f* (*auch e-r Ausstellung etc.*); *e-s Theaters, Kinos etc.* spectateur, -trice *m, f*; *e-r Versammlung* participant(e) *m* (*f*); **~erˌstrom** *m* afflux [-y] *m* de(s) visiteurs, de(s) spectateurs; **~erˌzahl** *f* nombre *m* de(s) visiteurs, de(s) spectateurs; **~sˌkarte** *f cf.* **Visitenkarte**; **~sˌstunde** *f* heure *f* de visite; **~sˌtag** *m* jour *m* de visite; **2sˌweise** *adv.* en visite; **~sˌzeit** *f* heures *f/pl.* de visite; *im Krankenhaus* visite *f*; **2t** *adjt.* **gut ~** fréquenté; couru; **schlecht ~** peu fréquenté; **die Vorstellung war schlecht ~** il y avait peu de monde, peu de spectateurs à la représentation.

besudel|n [bəˈzuːdəln] *v/t.* ⟨-(e)le, *pas de ge-*, h⟩ salir; souiller (*beide auch fig.*); **mit Blut besudelt** souillé de sang; **2ung** *f* ⟨~⟩ *verbal*.

Beta [ˈbeːta] *n* ⟨~(s); ~s⟩ *Buchstabe* [bêta *m*.]

betagt [bəˈtaːkt] *adj.* âgé; d'un grand âge; d'un âge avancé; *poét.* chargé d'ans; **2heit** *f* ⟨~⟩ grand âge.

Betain [beˑtaˈiːn] *n* ⟨~s⟩ *chim.* bétaïne *f*.

betakeln [bəˈtaːkəln] *v/t.* ⟨-(e)le, *pas de ge-*, h⟩ *cf.* **auftakeln.**

betanken [bəˈtaŋkən] *v/t.* ⟨*pas de ge-*, h⟩ *cf.* **auftanken.**

betasten [bəˈtastən] *v/t.* ⟨-ete, *pas de ge-*, h⟩ tâter; *méd.* palper; toucher.

Betastrahle|n [ˈbeːtaˌʃtraːlən] *m/pl. phys.* rayons *m/pl.* bêta; **~r** *m* émetteur *m* bêta.

Betastung [bəˈtastʊŋ] *f* ⟨~; ~en⟩ tâtement *m*; *od. verbal*; *méd.* palpation *f*; toucher *m*.

betätig|en [bəˈtɛːtɪgən] **I** *v/t.* ⟨*pas de ge-*, h⟩ actionner; mettre en action; manœuvrer; **die Bremse ~** actionner, manœuvrer le frein; **II** *v/réfl.* **sich ~** s'occuper; **sich schriftstellerisch, politisch ~** exercer une activité d'écrivain, politique; **sich sportlich ~** faire du sport; **2ung** *f* ⟨~; ~en⟩ **1.** *der Bremse etc.* actionnement *m*; **2.** *politische, künstlerische etc.* activité *f*; **2ungsˌdrang** *m* besoin *m* de s'occuper, F d'avoir de l'occupation; **2ungsˌfeld** *n* champ *m*, sphère *f* d'activité.

Betatron [ˈbeːtatroːn, beˑtaˈtroːn] *n* ⟨~s; ~e⟩ *phys. atom.* bêtatron *m*.

betätscheln [bəˈtɛtʃəln] F *v/t.* ⟨-(e)le, *pas de ge-*, h⟩ flatter.

betäub|en [bəˈtɔʏbən] *v/t.* ⟨*pas de ge-*, h⟩ **1.** *méd.* anesthésier; insensibiliser; **örtlich ~** anesthésier, insensibiliser localement; **mit Äther ~** anesthésier à l'éther; *sc.* éthériser; **2.** *durch e-n Schlag* étourdir; F estourbir; sonner; *durch Lärm* assourdir; abasourdir; F casser les oreilles (à); *durch e-n Schreck, e-e Nachricht* abasourdir; *durch Geruch, Duft* entêter; *durch Schmerz* engourdir; **den Schmerz ~** endormir, assoupir la douleur; **sein Gewissen ~** faire taire sa conscience; **~end** *adjt. Lärm* assourdissant; F à tout casser; d'enfer; *Duft, Parfüm* enivrant; entêtant; *Schmerz* qui fait perdre connaissance; **2ung** *f* ⟨~; ~en⟩ **1.** *méd.* anesthésie *f*; insensibilisation *f*; **örtliche ~** anesthésie, insensibilisation locale; **2.** *durch e-n Schlag* étourdissement *m*; *durch Lärm* assourdissement *m*; abasourdissement *m*; *durch Geruch* entêtement *m*; *durch Schmerz* engourdissement *m*; *e-s Schmerzes* assoupissement *m*; **aus s-r ~ erwachen** sortir de son étourdissement, engourdissement; **2ungsˌmittel** *n méd.* stupéfiant *m*; anesthésique *m*; **2ungsmittelgeˌsetz** *n* loi *f* sur les stupéfiants.

betaut [bəˈtaʊt] *st. s. adjt.* couvert de rosée.

Betbruder [ˈbeːtˌbruːdər] *m péj.* bigot *m*; rat *m* d'église.

Bete [ˈbeːtə] *f* ⟨~; ~n⟩ *bot.* **rote ~** betterave *f* rouge.

beteilig|en [bəˈtaɪlɪgən] **I** *v/t.* ⟨*pas de ge-*, h⟩ **j-n an etw. ~** faire participer qn. à qc.; *comm. auch* intéresser qn. à *od.* dans qc.; **j-n an e-m Geschäft ~** *auch* mettre qn. dans une affaire; **II** *v/réfl.* **sich an etw. ~** participer, prendre part à qc.; **er hat sich aktiv beteiligt** il y a participé, pris part activement; **sich mit e-r Million an etw. ~** participer à qc. avec un million; **~t** *adjt.* **~ sein** être intéressé, engagé (an dans); être concerné (par); **an e-m Unternehmen ~ sein** être intéressé dans une entreprise; **am Gewinn ~ sein** participer, être intéressé aux bénéfices; **an e-m Unfall ~ sein** être engagé dans, concerné par un accident; **an etw. zur Hälfte ~ sein** *auch* être de moitié dans qc.; **die ~en Parteien** les parties intéressées, en cause; **2te(r)** *f*(*m*) ⟨→ A⟩ personne intéressée, engagée dans qc., concernée par qc.; (*Teilnehmer*) participant *m*; **2ung** *f* ⟨~; ~en⟩ participation *f* (an à) (*auch comm.*); **die ~ war gering** la participation était faible; **s-e ~ ablehnen** refuser d'y participer; **2ungsgeˌsellschaft** *f comm.* société *f* en participation.

Betel [ˈbeːtəl] *m* ⟨~s⟩ bétel *m*; **~ˌnuß** *f* (noix *f* d')arec *m*; **~ˌpalme** *f bot.* arec *m*; aréquier *m*.

bet|en [ˈbeːtən] **I** *v/t.* ⟨-ete, h⟩ dire; **das Vaterunser ~** dire, réciter le Notre Père; **II** *v/i.* prier; faire sa prière; dire ses prières; faire ses oraisons; **andächtig ~** prier avec recueillement; **zu Gott, zu e-m Heiligen ~** prier Dieu, un saint; *st. s.* adresser sa prière à Dieu, à un saint; **vor dem Essen ~** dire le bénédicité; **nach dem Essen ~** dire les grâces; **III 2en** *n* ⟨~s⟩ prière *f*; *od. verbal*; **2er(in)** *m* ⟨~s; ~⟩ (*f*) ⟨~; ~nen⟩ celui, celle qui prie.

beteuer|n [bəˈtɔʏərn] *v/t.* ⟨-(e)re, *pas de ge-*, h⟩ protester de; affirmer, assurer solennellement; **s-e Unschuld, s-e guten Absichten ~** protester de son innocence, de ses bonnes intentions; **2ung** *f* ⟨~; ~en⟩ *s-r Unschuld etc.* protestation *f*; affirmation, assurance solennelle; **j-s ~en glauben** croire aux protestations de qn.

Bet|glocke [ˈbeːtˌglɔkə] *f* cloche *f* invitant à la prière; **~haus** *n* maison *f* du culte.

Beting [ˈbeːtɪŋ] *m* ⟨~s; ~e⟩, *f* ⟨~; ~e⟩ *mar.* bitte *f*; bollard *m*.

betitel|n [bəˈtiːtəln, -ˈtɪ-] **I** *v/t.* ⟨-(e)le, *pas de ge-*, h⟩ **a)** *Schriftwerk* intituler; donner un titre à; **b)** *Person* donner (à qn.) le titre de; **j-n Dummkopf ~** traiter qn. d'imbécile; **II** *v/réfl.* **sich ~** *Buch* avoir pour titre; être intitulé; s'intituler; *Person iron., péj.* s'intituler; **~t** *adjt.* intitulé.

betölpeln [bəˈtœlpəln] *v/t.* ⟨-(e)le, *pas de ge-*, h⟩ duper; **sich nicht ~ lassen** ne pas se laisser duper.

Beton [beˑˈtõː, -ˈtɔŋ, -ˈtoːn] *m* ⟨~s; ~s⟩ béton *m*; **aus ~** en béton; **~ˌbalken** *m* poutre *f* en béton; **~ˌbau** *m* ⟨~(e)s; ~ten⟩ construction *f* en béton; **~ˌbinder** *m* ferme *f* en béton; **~ˌblock** *m cf.* Betonklotz; **~ˌbrücke** *f* pont *m* en béton; **~ˌdecke** *f e-r Straße etc.* revêtement *m* en béton.

betonen [bəˈtoːnən] *v/t.* ⟨*pas de ge-*, h⟩ *phon.* accentuer; appuyer sur; *fig.* mettre l'accent sur; souligner; faire ressortir; *cf. auch* **betont.**

Beton|fertigteil [beˑˈtõːˌfɛrtɪçˌtaɪl, -ˈtɔŋ-, -ˈtoːn-] *m, n* élément préfabriqué en béton; **~ˌfüllung** *f* coulage *m* du béton.

Betonie [beˑˈtoːniˑə] *f* ⟨~; ~n⟩ *bot.* bétoine *f*.

Betonier|arbeiten [beˑtoˑˈniːrˌˀarbaɪtən] *f/pl.* travaux *m/pl.* de bétonnage; **2en I** *v/t.* ⟨*pas de ge-*, h⟩ bétonner; **II ~en** *n* ⟨~s⟩, **~ung** *f* ⟨~; ~en⟩ bétonnage *m*.

Beton|klotz [beˑˈtõːˌklɔts, -ˈtɔŋ-, -ˈtoːn-] *m* bloc *m* en béton (*auch péj. von e-m Gebäude*); **~ˌmast** *m* pylône *m* en béton; **~ˌmischer** *m*, **~ˌmischmaˌschine** *f* bétonneuse *f*; bétonnière *f*.

betonn|en [bəˈtɔnən] *v/t.* ⟨*pas de ge-*, h⟩ *mar.* baliser; **2ung** *f* ⟨~⟩ balisage *m*.

Beton|pfeiler [beˑˈtõːˌpfaɪlər, -ˈtɔŋ-, -ˈtoːn-] *m* pilier *m* en béton; **~ˌpiste** *f* piste bétonnée; **~ˌplatte** *f* plaque *f* en béton; **~ˌrohr** *n* tuyau *m* en béton; **~ˌschalung** *f* coffrage *m* pour le béton; **~ˌschicht** *f* couche *f* de béton; **~ˌsockel** *m* socle *m* en béton; **~ˌstampfer** *m* pilon *m* à béton; **~ˌstein** *m* pierre en béton, artificielle; **~ˌstraße** *f* route bétonnée.

beton|t [bəˈtoːnt] **1.** *adjt. phon.* accentué; **die Silbe ist schwach ~** la syllabe est faiblement accentuée; *fig.* **mit ~er Zurückhaltung** avec une réserve marquée; **2.** *advt. fig.* **ein Kleid von ~ schlichter Eleganz** une robe d'une élégance volontairement simple; **~ lässig sprechen** parler avec une nonchalance marquée; **2ung** *f* ⟨~; ~en⟩ *phon.* accentuation *f* (*auch fig.*); accent *m* tonique; *beim Gedichtvorlesen etc.* ton *m*; *fig. auch* accent mis sur qc.; **die ~ liegt auf der letzten Silbe** l'accentuation, l'accent tonique porte sur la dernière syllabe; **ein Gedicht mit ~ aufsagen** réciter une poésie en mettant le ton; **die ~ der Unterschiede** l'accentuation des différences; l'accent mis sur les différences; **2ungsˌregel** *f gr.* règle *f* d'accentuation; **2ungsˌzeichen** *n gr.* signe *m* d'accentuation.

Betonwand [beˈtõːˌvant, -ˈtɔŋ-, -ˈtoːn-] *f* mur *m* en béton.

betör|en [bəˈtøːrən] *v/t.* ⟨*pas de ge-*, h⟩ envoûter; ensorceler; **j-s Herz ~** troubler le cœur de qn.; **~end** *adjt.* envoûtant; ensorcelant; **~es Lächeln** sourire ensorcelant, envoûtant; **2ung** *f* ⟨~; ~en⟩ envoûtement *m*; ensorcellement *m*.

Betracht [bəˈtraxt] *m* ⟨~(e)s⟩ **in ~ kommen** entrer en considération, en ligne de compte; **in ~ ziehen** prendre en considération; tenir compte de; considérer; envisager; **außer ~ lassen** laisser de côté; ne pas prendre en considération; ne pas tenir compte de; **2en I** *v/t.* ⟨-ete, *pas de ge-*, h⟩ **1.** regarder; *Gemälde etc.* contempler; **von allen Seiten ~** examiner, regarder sous toutes les coutures; **das Leben durch e-e rosarote Brille ~** voir la vie en rose; **2.** *fig.* considérer; **etw. wissenschaftlich ~** considérer qc. du point de vue scientifique; **genau betrachtet** tout bien considéré; tout compte fait; **von nahem betrachtet** vu de près; regardé, considéré de plus près; **3. j-n, etw. als j-n, etw. ~** considérer qn., qc. comme qn., qc.; **j-n als e-n Schwindler ~** considérer qn. comme un escroc; tenir qn. pour un escroc; **etw. als s-e Pflicht ~** considérer qc. de *od.* comme son devoir; **etw. als erledigt ~** considérer qc. comme réglé; **II** *v/réfl.* **sich ~ als** se considérer comme; **~er(in)** *m* ⟨~s; ~⟩ (*f*) ⟨~; ~nen⟩ celui, celle qui regarde qc.; observateur, -trice *m, f*; *e-s Kunstwerkes etc.* contemplateur, -trice *m, f*.

beträchtlich [bəˈtrɛçtlɪç] **1.** *adj.* considérable; important; notable; grand; gros, -sse; **2.** *adv.* considérablement; notablement.

Betrachtung [bəˈtraxtʊŋ] *f* ⟨~; ~en⟩ **1.** *e-s Bildes etc.* contemplation *f*; **er war in die ~ s-s Gegenübers versunken** il était plongé dans la contemplation de son vis-à-vis; **2.** *e-s Problems etc.* considération *f*; meditation *f* (sur); réflexion *f* (sur); **~en anstellen** se livrer à des considérations (**über** sur); **kulturgeschichtliche ~en** considérations sur l'histoire de la civilisation; **bei näherer, genauerer ~** en y regardant de plus près; **bei näherer ~ des Themas** en considérant le sujet de plus près; **~sˌweise** *f* manière *f*, façon *f* de considérer qc.; **e-e wissenschaftliche ~** une manière, façon scientifique de considérer les choses.

Betrag [bəˈtraːk] *m* ⟨~(e)s; ~̈e⟩ *comm.* somme *f*; montant *m*; **e-n ~ von hundert Mark einzahlen** verser une somme de cent marks; **e-n ~ vorschießen** avancer une somme; **den ~ (der Rechnung) überweisen** virer le montant (de la facture); **~ erhalten** reçu; pour acquit; **bis zum ~ von** jusqu'à concurrence de; ne dépassant pas la somme de; **2en I** *v/i.* ⟨*irr.*, *pas de ge-*, h⟩ (*sich belaufen*) se monter à; s'élever à; se chiffrer à; **II** *v/réfl.* **sich ~** (*sich benehmen*) se conduire; se comporter; **sich schlecht ~** se comporter, se conduire mal; **III ~en** *n* ⟨~s⟩ conduite *f*; *cf. auch* **Benehmen**.

betrauen [bəˈtraʊən] *v/t.* ⟨*pas de ge-*, h⟩ **j-n mit etw. ~** confier qc. à qn.; charger qn. de qc.; **betraut mit** chargé de; qui a reçu mission de.

betrauern [bəˈtraʊərn] *v/t.* ⟨-(e)re, *pas de ge-*, h⟩ **j-n ~** pleurer qn.; porter le deuil de qn.; **e-n Verlust ~** déplorer une perte; **von der ganzen Bevölkerung betrauert** pleuré par toute la population.

beträufeln [bəˈtrɔʏfəln] *v/t.* ⟨-(e)le, *pas de ge-*, h⟩ **etw. mit etw. ~** verser qc. goutte à goutte sur qc.; faire tomber, couler des gouttes de qc. sur qc.

Betreff [bəˈtrɛf] *m* ⟨~(e)s; ~e⟩ (*abr.* Betr.) *am Briefkopf* objet *m*; concerne; **2en** *v/t.* ⟨*irr.*, *pas de ge-*, h⟩ **1.** (*angehen*) concerner; regarder; toucher; porter sur; *Maßnahme etc. auch* affecter; **was ... betrifft** en ce qui concerne ...; **was das betrifft** à ce sujet; **was mich betrifft** quant à moi; en ce qui me concerne; pour ma part; pour mon compte; **2.** *Unglück etc.* frapper; atteindre; *cf. auch* **betroffen**; **2end** *adjt.* **die ~e Person** la personne en question, concernée, intéressée; **das ~e Wort** le mot en question; **die ~e Behörde** l'autorité compétente; **der ~e Wirtschaftszweig** le secteur économique intéressé, concerné; **~ende(r)** *f(m)* ⟨→ A⟩ personne *f* en question; intéressé(e) *m(f)*; **2s** *prép.* ⟨*gén.*⟩ en ce qui concerne; au sujet de; relativement à.

betreib|en [bəˈtraɪbən] **I** *v/t.* ⟨*irr.*, *pas de ge-*, h⟩ **1.** *Gewerbe* exercer; *Studien* faire; poursuivre; *Politik* faire; **ein Geschäft ~** exploiter un (fonds de) commerce; **e-n Prozeß ~** poursuivre un procès; **mehrere Dinge gleichzeitig ~** mener plusieurs choses de front; **2.** *Ausführung e-r Sache* activer; pousser; presser; **s-e Abreise ~** activer son départ; **3.** *Maschine etc.* **mit Strom, Dampf** *etc.* **betrieben werden** marcher, fonctionner à l'électricité, à la vapeur, *etc.*; être mû par l'électricité, par la vapeur, *etc.*; **ein elektrisch betriebener Zug** un train à traction électrique; **II 2en** *n* ⟨~s⟩ **auf ~ von** sous l'impulsion de; à l'instigation de (*meist péj.*); **2ung** *f* ⟨~⟩ *e-s Gewerbes* exercice *m*; *von Studien, e-s Prozesses* poursuite *f*; *e-s Geschäftes* exploitation *f*; *der Ausführung e-r Sache verbal*.

betreßt [bəˈtrɛst] *adj.* galonné.

betreten [bəˈtreːtən] **I** *v/t.* ⟨*irr.*, *pas de ge-*, h⟩ *Raum* entrer dans; *Rasen* marcher sur; *Weg, Grundstück etc.* s'engager dans; *Grundstück auch* pénétrer dans; **der Schauspieler betritt die Bühne** l'acteur entre en scène; **die Fahrbahn ~** s'engager sur la chaussée; **festen Boden ~** mettre le pied sur la terre ferme; **ein Haus nie mehr ~** ne plus jamais mettre les pieds dans une maison; **II 2** *n* ⟨~s⟩ entrée *f* (dans); **~ verboten!** entrée interdite!; défense d'entrer!; **~ des Rasens verboten!** défense de marcher sur le gazon!; **III 1.** *adjt.* (*in peinlicher Verlegenheit*) embarrassé; gêné; **ein ~es Gesicht machen** avoir l'air embarrassé, gêné; **es herrscht ~es Schweigen** un silence embarrassé, gêné règne; **2.** *advt.* **~ vor sich hinblicken** regarder devant soi d'un air embarrassé, gêné; **er schwieg ~** il se tut, embarrassé *od.* gêné; **2ˌheit** *f* ⟨~⟩ embarras *m*; gêne *f*.

betreu|en [bəˈtrɔʏən] *v/t.* ⟨*pas de ge-*, h⟩ prendre soin de; s'occuper de; **2er** *m* ⟨~s; ~⟩ guide *m*; mentor [mɛ̃-] *m*; conseiller *m*; *Sport* soigneur *m*; *e-r Jugendgruppe etc.* moniteur *m*; **2ung** *f* ⟨~⟩ *ärztliche* soins *m/pl.*; *sonst verbal*; **2ungsˌstelle** *f* centre *m* d'aide, d'assistance.

Betrieb [bəˈtriːp] *m* ⟨~(e)s; ~e⟩ **1.** entreprise *f*; établissement *m*; usine *f*; *meist agr., mines* exploitation *f*; **kleiner ~** *auch* atelier *m*; **landwirtschaftlicher ~** exploitation agricole, rurale; **forstwirtschaftlicher ~** exploitation forestière; **gewerblicher ~** entreprise industrielle; **volkseigener ~** entreprise collectivisée; **e-n ~ leiten** diriger une entreprise, une exploitation; **2.** marche *f*; fonctionnement *m*; **in ~ nehmen** mettre en service; *Bergwerk etc.* mettre en exploitation; **in ~ setzen** mettre en marche; **in ~ sein** être en service, en marche; marcher; fonctionner; **außer ~ setzen** mettre 'hors service; **außer ~ sein** être 'hors service; être au repos; ne pas marcher, fonctionner; être en dérangement; **den ~ einstellen** suspendre le travail, l'exploitation, l'activité; **vorübergehend außer ~** arrêt momentané; *chem.* **elektrischer ~** traction *f* électrique; **3.** (*lebhaftes Treiben*) activité *f*; animation *f*; mouvement *m*; va-et-vient *m*; **es herrscht reger ~** il règne une grande activité, animation; il y a beaucoup de mouvement, de va-et-vient; F **~ machen** mettre de l'animation; P **ich habe den ganzen ~ satt** j'en ai marre de cette boîte; **2lich** *adj.* de l'entreprise; de l'exploitation; **~sˌabrechnung** *f comm.* décompte *m* de l'entreprise, de l'exploitation; **2ˌsam** *adj.* actif, -ive; *übertrieben* affairé; **~samˌkeit** *f* ⟨~⟩ activité *f*.

Betriebs|analyse [bəˈtriːpsˀanaˌlyːzə] *f* analyse *f* de l'entreprise, de l'exploitation; **~ˌangehörige(r)** *m* membre *m* de l'entreprise; **~ˌanlagen** *f/pl.* installations *f/pl.* de l'entreprise, de l'exploitation; **~ˌanleitung** *f* instructions *f/pl.*, directives *f/pl.* d'emploi; **~ˌarzt** *m* médecin *m* de l'entreprise; **~ˌausflug** *m* sortie *f* du personnel; **~ˌausschuß** *m* (section *f* du) comité *m* d'entreprise (qui gère les affaires courantes); **2beˌreit** *adj.* prêt à fonctionner; *cf. auch* **2fähig**; **~beˌsichtigung** *f* visite *f* de l'entreprise; **~ˌbremse** *f e-s Fahrzeuges* frein principal; **~ˌbuchführung** *f* comptabilité *f* de l'entreprise, de l'exploitation; **~ˌdauer** *f* durée *f* de marche, de service; **~ˌdruck** *m* pression normale, de fonctionnement; **2ˌeigen** *adj.* propre à, appartenant à l'entreprise; **~erˌfahrung** *f* expérience *f* dans l'entreprise; **~erˌweiterung** *f* extension *f*, agrandissement *m* de l'entreprise, de l'exploitation; **2ˌfähig** *adj.* en état de marche, de fonctionnement; capable de fonctionner; **~ˌferien** *pl.* vacances collectives; **2ˌfremd** *adj.* étranger, -ère à l'entreprise; **~ˌführer** *m cf.* **~leiter**; **~ˌführung** *f cf.* **~leitung**; **~geˌheimnis** *n* secret *m* d'entreprise; **~ingeniˌeur** *m* ingénieur *m* de fabrication; **~inven-**

ˌ**tar** *n* matériel *m* de l'entreprise; **~ˌkampfgruppe** *f in der DDR* groupe *m* de combat de l'entreprise; **~kapaziˌtät** *f* capacité *f* de production de l'entreprise; **~kapiˌtal** *n* fonds *m/pl.*, capital *m* de roulement; capital *m* d'exploitation; **~ˌklima** *n* ambiance *f*, atmosphère *f* de l'entreprise; **~ˌkosten** *pl.* frais *m/pl.* d'exploitation; **~ˌkrankenˌkasse** *f* caisse *f* (de) maladie de l'entreprise; **~ˌküche** *f* cuisine *f* de l'entreprise; **~ˌleiter** *m* chef *m* d'entreprise; **~ˌleitung** *f* direction *f*, gestion *f* de l'entreprise, de l'exploitation; **~ˌobmann** *m* délégué *m* du personnel; **~ˌordnung** *f* règlement *m* de l'entreprise; **~ˌplanung** *f* planning [planiŋ] *m*; **~ˌprüfung** *f* contrôle fiscal de la comptabilité de l'entreprise; **~psychoˌloge** *m* psychotechnicien *m* de l'entreprise; **~ˌrat** *m* ⟨**~(e)s**; **⸚e**⟩ comité *m* d'entreprise; **~ratsˌmitglied** *n* membre *m* du comité d'entreprise; délégué *m* du personnel; **~ˌschluß** *m* heure *f* de fermeture des usines *bzw.* de l'usine; **~ˌschutz** *m* **a)** protection *f* contre les accidents du travail; **b)** protection *f* des installations de l'entreprise; **2ˌsicher** *adj.* de fonctionnement sûr; offrant une entière sécurité; **~ˌsicherheit** *f* sécurité *f* de fonctionnement; **~ˌspannung** *f élect.* tension *f* de régime, de service; **~staˌtistik** *f* statistique *f* des entreprises; **~ˌstilllegung** *f* fermeture *f* d'une entreprise; **~ˌstockung** *f* interruption *f*, arrêt *m* dans la production, dans l'exploitation; **~ˌstörung** *f* perturbation *f* dans l'exploitation, dans la production; *bei elektr. Anlagen etc.* perturbation *f* de service; panne *f*; incident *m* technique; **~ˌstrom** *m élect.* courant normal, de régime; **~überˌwachung** *f* surveillance *f*, contrôle *m* de l' *od.* des entreprise(s); *bei der Stromversorgung, chem. etc.* dispatching [-patʃiŋ] *m*; **~ˌunfall** *m* accident *m* du travail; **~verˌeinbarung** *f* convention collective (entre patron et comité d'entreprise); convention *f* d'entreprise; **~verˌfassung** *f etwa* statut *m* de l'entreprise; **~verˌfassungsgeˌsetz** *n* loi *f* sur le statut des entreprises; **~verˌmögen** *n* fonds *m/pl.* de roulement; *par ext.* capital *m* de l'entreprise, de l'exploitation; **~verˌsammlung** *f* assemblée *f* du personnel de l'entreprise; **2ˌwirtschaftˌlich** *adj.* relatif, -ive à la gestion d'une *bzw.* des entreprise(s); **~ˌwirtschaft(sˌlehre)** *f* sciences économiques relatives à la gestion des entreprises; **~ studieren** *etwa* faire des études supérieures de commerce; **~ˌwissenschaft** *f etwa* science *f* de l'organisation d'une entreprise; **~ˌzählung** *f* recensement *m* des entreprises, des exploitations; **~ˌzugeˌhörigkeit** *f* appartenance *f* à l'entreprise; **~ˌzweig** *m* secteur *m* de l'entreprise, de l'exploitation.

betrifft [bəˈtrɪft] *comm., adm. am Briefkopf* objet *m*; concerne.

betrinken [bəˈtrɪŋkən] *v/réfl.* ⟨*irr., pas de ge-*, **h**⟩ **sich ~** s'enivrer [ɑ̃ni-]; F se soûler *od.* saouler [su-]; *cf. auch* **betrunken**.

betroffen [bəˈtrɔfən] *adjt.* **1. die von der Katastrophe ~e Stadt** la ville frappée, touchée par la catastrophe; **vom Hunger ~e Gegenden** des régions atteintes par la famine; **von e-m Verlust ~ werden** subir, essuyer une perte; **von e-r Maßnahme ~ sein** être affecté, touché par une mesure; **2.** *fig. cf.* **bestürzt** *u.* **betreten**; **j-n ~ machen** embarrasser, gêner qn.; *cf. auch* **bestürzen**; **2e(r)** *f(m)* ⟨→ **A**⟩ personne touchée, affectée, intéressée par une mesure, *etc.*; **2ˌheit** *f* ⟨**~**⟩ *cf.* **Bestürzung** *u.* **Betretenheit**.

betrogen [bəˈtroːgən] *adjt.* trompé; dupé; **~er Ehemann** mari trompé; F cocu *m*; cornard *m*; *cf. auch* **betrügen**; **2e(r)** *f(m)* ⟨→ **A**⟩ dupe *f*; F pigeon *m*; poire *f*; **der ~ sein** être le dindon de la farce.

betrüb|en [bəˈtryːbən] *v/t.* ⟨*pas de ge-*, **h**⟩ affliger; attrister; contrister; chagriner; désoler; **~lich** *adj.* affligeant; attristant; contristant; chagrinant; désolant; **~licherˈweise** *adv.* malheureusement; **2nis** *st. s. f* ⟨**~**; **~se**⟩ affliction *f*; tristesse *f*; désolation *f*; **~t** *adjt.* affligé, attristé, chagriné, désolé, peiné (über de); **ein ~es Gesicht machen** montrer une mine affligée, *etc.*; **zu Tode ~** mortellement triste; **2tˌheit** *f* ⟨**~**⟩ *cf.* **2nis**.

Betrug [bəˈtruːk] *m* ⟨**~(e)s**⟩ escroquerie *f* (*auch jur.*); fraude *f* (*meist geldlicher*); tromperie *f*; duperie *f*; imposture *f*; *beim Spiel* tricherie *f*; **das ist glatter ~** c'est de la pure escroquerie; **frommer ~** pieuse tromperie.

betrüg|en [bəˈtryːgən] **I** *v/t.* ⟨*irr., pas de ge-*, **h**⟩ tromper; duper; *jur.* escroquer; *meist geldlich* frauder; *beim Spiel* tricher; *den Ehemann* F *auch* cocufier; **s-e Frau ~** tromper sa femme (**mit j-m** avec qn.); **j-n um etw. ~** frustrer, spolier qn. de qc.; **von j-m betrogen werden** être trompé par qn.; être la dupe de qn.; **II** *v/réfl.* **sich selbst ~** se faire des illusions; s'abuser soi-même; **2er(in)** *m* ⟨**~s**; **~**⟩ (*f*) ⟨**~**; **~nen**⟩ escroc [-o] *m*; fraudeur, -euse *m, f*; imposteur *m*; trompeur, -euse *m, f*; dupeur, -euse *m, f*; **2eˈrei** *f* ⟨**~**; **~en**⟩ escroquerie *f*; fraude *f*; tromperie *f*; duperie *f*; imposture *f*; supercherie *f*; **~eˌrisch** *adj.* frauduleux, -euse; *Person* malhonnête; **in ~er Absicht** dans une intention frauduleuse; **~er Bankrott** banqueroute frauduleuse; **~eˌrischerˌweise** *adv.* frauduleusement; par fraude.

Betrugs|affäre [bəˈtruːksˀaˌfɛːrə] *f* affaire *f* d'escroquerie, de fraude; **~maˌnöver** *n* manœuvre frauduleuse; **~verˌfahren** *n jur.* procédure *f* pour escroquerie, pour fraude; **~verˌsuch** *m* tentative *f* d'escroquerie, de fraude.

betrunken [bəˈtruŋkən] *adjt.* ivre; en état d'ivresse, d'ébriété; pris de boisson; F soûl *od.* saoul [su]; **völlig, sinnlos ~** complètement soûl; ivre mort; **2e(r)** *f(m)* ⟨→ **A**⟩ homme *m*, femme *f* ivre.

Bet|saal [ˈbeːtzaːl] *m* salle *f* du culte; oratoire *m*; **~ˌschwester** *f péj.* bigote *f*; F grenouille *f* de bénitier; punaise *f* de sacristie; **~stuhl** *m* prie-Dieu *m*; **~ˌstunde** *f* heure *f* de prière.

Bett [bɛt] *n* ⟨**~(e)s**; **~en**⟩ **1.** lit *m*; *zusammenklappbares* lit-cage *m*; *mar.* couchette *f*; **zu, ins ~ bringen** mettre au lit; coucher; **zu, ins ~ gehen** aller se coucher, au lit; **im ~ liegen**, **sein** être au lit; **aus dem ~ springen** sauter du lit; *Kranker* **sich ins ~ legen** s'aliter; **das ~ hüten** garder le lit; **ans ~ gefesselt sein** être cloué au lit; **am ~ e-s Kranken** au chevet d'un malade; **das ~ machen** faire le *bzw.* son lit; **die ~en beziehen** mettre des draps; *frisch* changer les draps; **die ~en lüften** mettre les lits, la literie à l'air; aérer les lits; **die ~en sonnen** mettre la literie au soleil; *jur.* **Trennung von Tisch und ~** séparation *f* de corps et de biens; **2.** *e-s Flusses* lit *m*; **3.** *techn. e-r Drehbank etc.* banc *m*.

Bettag [ˈbeːttaːk] *m relig.* jour *m* de prière; *égl. prot.* **Buß- und ~** *cf.* **Bußtag**.

Bett|bezug [ˈbɛtbəˌtsuːk] *m* enveloppe *f* d'édredon, de couverture; **~chen** *n* ⟨**~s**; **~**⟩ petit lit; **~couch** *f* canapé-lit *m*; divan-lit *m*; divan *m* transformable; **~ˌdecke** *f* couverture *f*; (*Federbett*) édredon *m*.

bettel|arm [ˈbɛtəlˈˀarm] *adj.* misérable; miséreux, -euse; nécessiteux, -euse; **~ sein** *auch* n'avoir ni sou ni maille; être pauvre comme Job; **2ˌbrief** *m péj.* lettre *f* de quémandeur; **2ei** [-ˈlaɪ] *f* ⟨**~**; **~en**⟩ mendicité *f*; **2ˌmönch** *m relig.* moine mendiant; **~n** *v/i.* ⟨-(e)le, **h**⟩ mendier (um etw. qc.) (*auch fig.*); *abs. auch* demander l'aumône; *fig.* quémander (qc.); **2ˌorden** *m relig.* ordre mendiant; **2ˌpack** *n péj.* gueux *m/pl.*; gueusaille *f*; **2ˌstab** *m fig.* **j-n an den ~ bringen** réduire qn. à la mendicité; mettre qn. sur la paille; **an den ~ kommen** être réduit à la mendicité; **2ˌvolk** *n péj.* mendiants *m/pl.*; gueux *m/pl.*

bett|en [ˈbɛtən] **I** *v/t.* ⟨-ete, **h**⟩ *st. s.* coucher; **j-n zur letzten Ruhe ~** *cf.* **beerdigen**; F **nicht gerade auf Rosen gebettet sein** ne pas être dans une situation brillante; **II** *v/réfl.* **wie man sich bettet, so liegt** *od.* **schläft man** *prov.* comme on fait son lit, on se couche *prov.*; **2ˌfedern** *f/pl.* duvet *m*; **2ˌflasche** *f cf.* **Wärmflasche**; **2geˌstell** *n* bois *m* de lit; armature *f* en fer d'un lit; châlit *m*; **2ˌhimmel** *m* ciel *m* de lit; baldaquin *m*; **2ˌhupferl** F *n* ⟨**~s**; **~**⟩ friandise *f* que l'on donne aux enfants pour les encourager à se coucher; **2ˌjäckchen** *n*, **2ˌjacke** *f* liseuse *f*; **2ˌkante** *f* bord *m* du lit; **2ˌkarte** *f chem.* billet *m* de wagon-lit; **2ˌkasten** *m* coffre *m* à literie; **2ˌlade** *f cf.* **2gestell**; **~ˌlägeˌrig** *adj.* alité; **2ˌlaken** *n* drap *m* (de lit); **das ~ einschlagen** border le lit.

Bettler(in) [ˈbɛtlər(ɪn)] *m* ⟨**~s**; **~**⟩ (*f*) ⟨**~**; **~nen**⟩ mendiant(e) *m(f)*; *péj.* gueux, -euse *m, f*; F mendigot(e) *m(f)*; *fig.* quémandeur, -euse *m, f*.

Bett|nachbar [ˈbɛtˌnaxbaːr] *m im Krankenhaus etc.* voisin *m* de lit; **~ˌnässen** *n méd.* incontinence *f* d'urine; énurésie *f*; **~ˌnässer** *m* ⟨**~s**; **~**⟩ enfant *m, f* qui fait pipi au lit; **~ˌnische** *f* alcôve *f*; **~ˌpfosten** *m* pied *m* de lit; *e-s Himmelbettes* colonne *f* de lit; **~platz** *m chem.* place *f* de wagon-lit; **~rand** *m* bord *m* du lit; **~ˌruhe** *f* repos *m* au lit; *Arzt* **~ verordnen** prescrire le lit; **strenge ~ verordnen** ordonner le repos complet; **~ˌschlitten** *m e-r Drehbank* chariot *m* porte-outil; **~ˌschüssel** *f* bassin *m* (hygiénique); **~ˌschwere** *f* F **die nötige ~ haben** avoir suffisamment envie de dormir; **~ˌstelle** *f cf.* **Bettgestell**; **~(t)uch** *n cf.* **Bettlaken**; **~umˌrandung** *f* carpettes *f/pl.* autour du lit; **~ung** *f* ⟨**~**; **~en**⟩ *chem.* ballast [-st] *m*; *milit.* plate-forme *f*; **~ˌvorhang** *m* rideau *m* de lit; **~ˌvorleger** *m* descente *f* de lit; **~ˌwanze** *f zo.* punaise *f* de lit; **~ˌwärme** *f* chaleur *f* du lit; **~ˌwäsche** *f* draps *m/pl.* et taies *f/pl.* d'oreiller; **~zeug** *n* draps *m/pl.*, taies *f/pl.* d'oreiller et couvertures *f/pl. bzw.* édredons *m/pl.*; literie *f* (sans matelas); **~ˌzipfel** *m* bout *m*, coin *m* de l'édredon.

betulich [bəˈtuːlɪç] **1.** *adj.* (*um j-n besorgt*) prévenant; **~e Fürsorge** soins prévenants; **2.** *adv.* (*gemächlich*) posément; lentement; doucement.

betupfen [bəˈtʊpfən] *v/t.* ⟨*pas de ge-*, h⟩ **1.** *Wunde, Stirn etc.* tamponner; **2.** (*mit Tupfen versehen*) moucheter.

Beug|e [ˈbɔʏgə] *f* ⟨~; ~n⟩ **1.** *gym.* flexion *f*; **2.** *anat.* pli *m* (du bras, *etc.*); (*Arm*2) *auch* saignée *f*; (*Knie*2) *auch* jarret *m*; (*Leisten*2) *auch* aine *f*; **~eˌhaft** *f cf.* Erzwingungshaft; **~eˌmuskel** *m anat.* (muscle *m*) fléchisseur *m*; **2en I** *v/t.* ⟨h⟩ **1.** *Knie, Rumpf etc.* plier; fléchir; ployer; **den Kopf über das Buch ~** pencher sa tête sur le livre; **das Alter hatte s-e hohe Gestalt gebeugt** l'âge avait courbé sa haute taille; *cf. auch* **gebeugt**; **2.** *fig. j-s Stolz, Starrsinn etc.* plier; fléchir; briser; *Stolz auch* rabattre; **vom Kummer gebeugt** ployé, plié sous le poids du chagrin; **3.** *Recht, Gesetz* tourner; faire une entorse à; **4.** *phys.* diffracter; **5.** *gr. Substantiv, Adjektiv etc.* décliner; *Verb* conjuguer; **II** *v/réfl.* **6. sich über j-n, etw. ~** se pencher sur qn., sur qc.; **7. sich ~** (*nachgeben, sich fügen*) plier (devant, sous); s'incliner (devant); se soumettre (à); **III ~en** *n* ⟨~s⟩ *cf.* ~ung; **~er** *m* ⟨~s; ~⟩ *anat. cf.* ~emuskel; **~ung** *f* ⟨~; ~en⟩ **1.** *des Rumpfes etc.* flexion *f*; fléchissement *m*; **2.** *des Rechtes* violation *f*; *besser verbal*; **3.** *phys.* diffraction *f*; **4.** *gr.* flexion *f*; déclinaison *f bzw.* conjugaison *f*; **~ungsˌgitter** *n phys.* réseau *m* de diffraction; **~ungsˌspektrum** *n phys.* spectre *m* de diffraction.

Beule [ˈbɔʏlə] *f* ⟨~; ~n⟩ bosse *f* (*auch e-s Kotflügels etc.*); *cf. auch* Frost2 *u.* Pest2; **2n** *v/réfl.* ⟨h⟩ **sich ~** faire des bosses; **~nˌpest** *f méd.* peste *f* bubonique.

beunruhig|en [bəˈˀʊnˌruːɪgən] **I** *v/t.* ⟨*pas de ge-*, h⟩ inquiéter; donner du souci, de l'inquiétude à; préoccuper; alarmer; **II** *v/réfl.* **sich ~** s'inquiéter; s'alarmer; F se frapper; **~end** *adjt.* inquiétant; préoccupant; alarmant; **~t** *adjt.* inquiet, -ète; alarmé (über de); **2ung** *f* ⟨~; ~en⟩ inquiétude *f*.

beurkund|en [bəˈˀuːrˌkʊndən] *v/t.* ⟨-ete, *pas de ge-*, h⟩ *jur.* dresser, prendre, donner acte de; constater (officiellement, légalement); **notariell ~** constater par acte notarié; **2ung** *f* ⟨~; ~en⟩ constatation (officielle); **zur ~** dont acte.

beurlaub|en [bəˈˀuːrˌlaʊbən] *v/t.* ⟨*pas de ge-*, h⟩ **a)** accorder un congé à; *milit.* envoyer en permission; accorder une permission à; **b)** *vom Amt* suspendre (de ses fonctions); **2ung** *f* ⟨~; ~en⟩ congé *m*; *milit.* permission *f*; *vom Amt* suspension *f*.

beurteil|en [bəˈˀʊrˌtaɪlən] *v/t.* ⟨*pas de ge-*, h⟩ juger (qn., qc. *od.* de qn., de qc.); porter un jugement (sur); apprécier; **2er** *m* ⟨~s; ~⟩ juge *m*; **2ung** *f* ⟨~; ~en⟩ jugement *m*; appréciation *f*; analyse *f*; **bei der ~ Ihres Planes** en jugeant votre plan; **2ungsverˌmögen** *n* faculté *f*, pouvoir *m* de jugement, d'appréciation.

Beute [ˈbɔʏtə] *f* ⟨~⟩ **a)** butin *m*; *milit. auch* prises *f/pl.*; (*Jagd*2) (tableau *m* de) chasse *f*; **~ machen** faire du butin; *milit. auch* faire des prises; **die ~ teilen** partager le butin; **auf ~ ausgehen** partir à la recherche de butin; *ch.* **ohne ~ zurückkehren** revenir bredouille; **b)** *e-s Raubtieres* proie *f* (*auch fig.*); **sich auf s-e ~ stürzen** se jeter, se précipiter sur sa proie; **s-e ~ fahrenlassen** lâcher sa proie; *fig.* **e-e leichte ~** une proie facile; **~ˌgier** *f* avidité *f* de butin; *e-s Tieres* rapacité *f*; **2ˌgierig** *adj.* avide de butin; *Tier* rapace; **~ˌgut** *n* butin *m*.

Beutel [ˈbɔʏtəl] *m* ⟨~s; ~⟩ **1.** (petit) sac; *kleiner* sachet *m*; (*Brot*2) musette *f*; (*Tabaks*2) blague *f*; (*Geld*2) bourse *f*; **tief in den ~ greifen müssen** devoir pas mal débourser; **2.** *zo.* poche *f* (marsupiale); **~ˌdachs** *m cf.* Bandikut; **2n** *v/i. u. v/réfl.* ⟨-(e)le, h⟩ *Stoff, Futter* faire des poches, des faux plis; **~ˌratte** *f zo.* sarigue *f*; **~ˌtiere** *n/pl. zo.* marsupiaux *m/pl.*

beutelüstern [ˈbɔʏtəˌlʏstərn] *adj.* avide de butin.

Beutelwolf [ˈbɔʏtəlˌvɔlf] *m zo.* loup marsupial; thylacine *m*.

Beutezug [ˈbɔʏtəˌtsuːk] *m* razzia [radzja] *f*; raid [rɛd] *m*.

bevölker|n [bəˈfœlkərn] **I** *v/t.* ⟨-(e)re, *pas de ge-*, h⟩ peupler (mit de); *fig.* **viele Urlauber ~ den Strand** beaucoup de vacanciers occupent la plage; **II** *v/réfl.* **sich ~** se peupler; *fig. Straßen etc.* se remplir (de monde); **~t** *adjt.* **wenig, schwach ~** peu, faiblement peuplé; **stark, dicht ~** fortement peuplé; populeux, -euse; *fig.* **von Kindern ~e Parks** des parcs peuplés, remplis d'enfants; **die Straßen sind von e-r fröhlichen Menschenmenge ~** les rues sont pleines, remplies d'une foule joyeuse; **2ung** *f* ⟨~⟩ **1.** population *f*; **die erwerbstätige ~** la population active; **pro Kopf der ~** par (tête d')habitant; **die ~ zählen** recenser (la population); **2.** *Vorgang* peuplement *m*.

Bevölkerungs|abnahme [bəˈfœlkərʊŋsˌˀapnaːmə] *f* diminution *f* de la population; **~ˌabwanderung** *f* dépeuplement *m*; **~ˌanteil** *m* partie *f* de la population; **der ~ der Arbeiter** la partie ouvrière de la population; **~beˌwegung** *f* mouvement *m* démographique; **~ˌdichte** *f* densité *f* de (la) population; **~ˌdruck** *m* poussée *f* démographique; **~entˌwicklung** *f* évolution *f* démographique; **~geograˌphie** *f* géographie *f* de la population; **~ˌkunde** *f*, **~ˌlehre** *f* démographie *f*; **~poliˌtik** *f* politique *f* démographique; **2poˌlitisch** *adj.* relatif, -ive à la politique démographique; **~e Maßnahmen** mesures démographiques; **~proˌblem** *n* problème *m* démographique; **~ˌrückgang** *m* régression *f* de la population; **~ˌschicht** *f* couche *f* de la population; **~ˌschwund** *m cf.* ~rückgang; **~staˌtistik** *f* statistique *f* démographique; **~strukˌtur** *f* structure *f* de la population; **~ˌüberschuß** *m* excédent *m* de population; **~verˌschiebung** *f* déplacement *m* de la population; **~ˌwachstum** *n cf.* ~zuwachs; **~ˌzahl** *f* nombre *m* d'habitants; **~ˌzunahme** *f*, **~ˌzuwachs** *m* augmentation *f*, accroissement *m* de la population.

bevollmächtig|en [bəˈfɔlˌmɛçtɪgən] *v/t.* ⟨*pas de ge-*, h⟩ **j-n ~** donner mandat, procuration à qn. (pour); donner pouvoir à qn. (de); autoriser qn. (à); mandater qn. (pour); **~t** *adjt.* autorisé (à); mandaté (pour); *dipl.* plénipotentiaire; **2te(r)** *m* ⟨→ A⟩ mandataire *m*; *comm.* fondé *m* de pouvoir; *dipl.* plénipotentiaire *m*; **als ~** par procuration; **2ung** *f* ⟨~⟩ autorisation *f*; (*Vollmacht*) *comm.* procuration *f*; *dipl.* pleins pouvoirs.

bevor [bəˈfoːr] *conj.* avant que... (*st. s.* ne) (+ *subj.*); *bei gleichem Subjekt im Haupt- und Nebensatz* avant de... (+ *inf.*); **~ er kam, schrieb er e-n Brief** il écrivit une lettre avant de venir; **~ er kam, haben wir sein Zimmer hergerichtet** nous avons fait sa chambre avant qu'il vienne; **~ˌmunden** *v/t.* ⟨-ete, *insép.*, *pas de ge-*, h⟩ tenir en tutelle; F tenir en laisse; **von j-m bevormundet werden** être sous la tutelle de qn.; **2ˌmundung** *f* ⟨~⟩ tutelle *f*; **~ˌraten** *v/t.* ⟨-ete, *insép.*, *pas de ge-*, h⟩ *adm.* approvisionner (mit de *od.* en); **2ˌratung** *f* ⟨~⟩ approvisionnement *m*; **~ˌrechten** *v/t.* ⟨-ete, *insép.*, *pas de ge-*, h⟩ privilégier; accorder des privilèges (à); **~ˌrechtet** *adjt. cf.* ~rechtigt; **~ˌrechtigen** *v/t.* ⟨*insép.*, *pas de ge-*, h⟩ *cf.* ~rechten; **~ˌrechtigt** *adjt.* privilégié; prioritaire; **~ˌschussen** *v/t.* ⟨-ßt, *insép.*, *pas de ge-*, h⟩ donner un acompte à; **~ˌstehen I** *v/i.* ⟨*irr.*, *sép.*, -ge-, h⟩ être en vue, proche, en perspective; se préparer; **unmittelbar ~** être imminent; **mir steht etw. unmittelbar bevor** *auch* je suis à la veille de qc.; **j-m steht etw. bevor** qc. attend qn.; **wer weiß, was uns noch bevorsteht** qui sait ce qui nous attend; **das Schlimmste steht noch bevor** le plus dur est encore devant nous; **II 2ˌstehen** *n* ⟨~s⟩ proximité *f*; **unmittelbares ~** imminence *f*; **~ˌstehend** *adjt.* en vue; proche; **unmittelbar ~** imminent; **~ˌzugen** *v/t.* ⟨*insép.*, *pas de ge-*, h⟩ préférer; accorder, donner la préférence à; *Personen* (*bevorzugt behandeln*) *auch* accorder un traitement de faveur à; **bevorzugt behandelt, bedient werden** bénéficier d'un traitement de faveur; **das bevorzugte Wohnviertel** le quartier de résidence préféré; **2ˌzugung** *f* ⟨~⟩ préférence *f*; *von Personen* traitement *m* de faveur accordé à; **die einseitige ~ e-s Fachgebietes** la préférence exclusive d'un domaine.

bewach|en [bəˈvaxən] *v/t.* ⟨*pas de ge-*, h⟩ garder; surveiller; **bewachter Parkplatz** parking gardé; **2er** *m* ⟨~s; ~⟩ gardien *m*.

bewachsen [bəˈvaksən] *adjt.* (re)couvert (mit de); **mit Gebüsch ~** *auch* buissonneux, -euse.

Bewachung [bəˈvaxʊŋ] *f* ⟨~⟩ garde *f*; surveillance *f*; **unter polizeilicher ~ stehen** être gardé par la police; être sous la garde, sous la surveillance de la police; **~sˌmannschaft** *f* escorte *f*.

bewaffn|en [bəˈvafnən] **I** *v/t.* ⟨-ete, *pas de ge-*, h⟩ armer (mit de); équiper en armes; **II** *v/réfl.* **sich ~** s'armer (*auch fig.*); se munir (de); **~et** *adjt.* armé; **~e Neutralität** neutralité armée; **bis an die Zähne ~** armé jusqu'aux dents; **mit etw. ~ sein** être armé de qc.; **2ung** *f* ⟨~⟩ armement *m*; équipement *m* en armes; **atomare ~** armement atomique.

bewahren [bəˈvaːrən] *v/t.* ⟨*pas de ge-*, h⟩ **1.** *im Gedächtnis etc.* garder; conserver (*beide auch aufbewahren*); **j-m die Treue ~** conserver sa fidélité à qn.; rester fidèle à qn.; **Stillschweigen über etw. ~** garder le silence sur qc.; **Ruhe ~** conserver son calme; garder son sang-froid; **Fassung, Haltung ~** faire bonne contenance; ne pas perdre contenance; **e-e gewisse Zurückhaltung ~** conserver, garder une certaine réserve; **~ Sie mir Ihre Freundschaft** gardez-moi votre amitié; **sich sein kindliches Gemüt ~** conserver, garder son âme d'enfant; **2.** *vor schlechten Einflüssen, Unglück etc.* préserver, protéger (*auch vor Frost, vor dem Aussterben etc.*), garder, garantir (qn. de qc.); **vor dem Unter-**

gang ~ préserver de la destruction; **vor dem Schlimmsten sind wir bewahrt worden** le pire nous a été évité; **davor möge uns der Himmel, Gott ~!** Dieu nous en préserve, nous en garde!; **3.** i *od.* **Gott bewahre!** pas du tout!; pensez-vous!; mais non!; jamais de la vie!

bewähren [bəˈvɛːrən] *v/réfl.* ⟨*pas de ge-*, h⟩ **sich ~** faire ses preuves; *Personen auch* prouver ses capacités; **sich nicht ~** ne pas s'avérer bon, -nne; *Personen* ne pas montrer assez de qualités (pour); **sich im Kampf ~** faire ses preuves au combat; **das Verfahren, die Methode hat sich nicht bewährt** le procédé, la méthode ne s'est pas avéré(e) bon(ne); *cf. auch* **bewährt.**

bewahrheit|en [bəˈvaːrˌhaɪtən] *v/réfl.* ⟨**-ete**, *pas de ge-*, h⟩ **sich ~** se vérifier; se confirmer; **2ung** *f* ⟨~⟩ vérification *f*; confirmation *f*.

bewährt [bəˈvɛːrt] *adjt. Methode, Mittel* qui s'est avéré bon, efficace; qui a fait ses preuves (*auch von e-r Person*); éprouvé; **ein ~es Heilmittel** un remède qui a fait ses preuves, qui s'est avéré efficace; **e-e ~e Freundschaft** une amitié à toute épreuve; **ein ~er Fachmann** un spécialiste qui a fait ses preuves, qui a prouvé ses capacités.

Bewahrung [bəˈvaːrʊŋ] *f* ⟨~⟩ *der Unabhängigkeit etc.* conservation *f*; *vor Übel etc.* préservation *f*, protection *f* (contre).

Bewährung [bəˈvɛːrʊŋ] *f* ⟨~⟩ *verbal*; **j-m Zeit zur ~ geben** donner à qn. le temps de montrer ses capacités; *jur.* **die Strafe zur ~ aussetzen** surseoir à la peine; **~sˌfrist** *f jur.* sursis *m*; **er erhielt ein Jahr Gefängnis mit ~** il a été condamné à un an de prison avec sursis; **~sˌhelfer** *m jur.* délégué chargé de surveiller un délinquant juvénile; **~sˌprobe** *f* épreuve *f*; **~sˌzeit** *f* délai *m* d'épreuve.

bewald|et [bəˈvaldət] *adjt.* boisé; **2ung** *f* ⟨~⟩ boisement *m*.

bewältig|en [bəˈvɛltɪgən] *v/t.* ⟨*pas de ge-*, h⟩ venir à bout de (*auch Vergangenheit, Stoff etc.*); *Enttäuschung, Schwierigkeiten auch* surmonter; **der Läufer bewältigte die Strecke in X Minuten** le coureur a fait le parcours en X minutes; **2ung** *f* ⟨~⟩ *verbal*.

bewandert [bəˈvandərt] *adjt.* **in etw. ~ sein** être versé, F ferré en qc.

Bewandtnis [bəˈvantnɪs] *f* ⟨~; ~se⟩ **damit hat es folgende ~** voici comment la chose se présente; voici ce qu'il en est; **damit hat es s-e eigene ~** c'est un cas particulier; c'est une chose à part; c'est d'une nature toute particulière.

bewässer|n [bəˈvɛsərn] *v/t.* ⟨**-ssere** *od.* **-ßre**, *pas de ge-*, h⟩ arroser; *agr. auch* irriguer; **2ung** *f* ⟨~; ~en⟩ arrosage *m*; *agr. auch* irrigation *f*; **2ungsˌanlage** *f* système *m* d'irrigation, d'arrosage.

beweg|en¹ [bəˈveːgən] **I** *v/t.* ⟨*pas de ge-*, h⟩ **1.** *räumlich* remuer; bouger; mouvoir; **er bewegte die Lippen** il remua les lèvres; **er vermochte den Schrank nicht zu ~** il ne put pas bouger, remuer l'armoire; **der Wind bewegt die Blätter** le vent agite les feuilles; **die See ist bewegt** la mer est agitée; **2. a)** (*rühren*) émouvoir; toucher; **s-e Worte bewegten die Zuhörer** ses paroles émurent, touchèrent les auditeurs; **mit, in bewegten Worten** en termes émus; **die Nachricht hat uns tief bewegt** cette nouvelle nous a profondément touchés, émus; **b)** (*erregen*) agiter; **der Skandal hat lange die Gemüter bewegt** le scandale a longtemps agité les esprits; **Angst, Kummer bewegt ihn** la peur, le chagrin l'agite; **c)** (*beschäftigen*) occuper; **dieser Gedanke bewegt mich schon lange** cette pensée m'occupe depuis longtemps; **Fragen, die uns heute ~** les questions qui nous occupent aujourd'hui; **II** *v/réfl.* **sich ~ 3.** remuer; bouger; *phys., techn.* (*sich fort~*) se mouvoir; **ich kann mich nicht mehr ~** je ne peux plus remuer, bouger; **der Zug der Demonstranten bewegte sich durch die Stadt** le cortège des manifestants se déplaçait, se mouvait à travers la ville; **die Wagenschlange bewegte sich nicht von der Stelle** la colonne de voitures n'avançait pas, ne bougeait pas; **der Vorhang bewegt sich leicht** le rideau bouge, remue légèrement; **sich im Kreise ~** tourner en rond; *hist.* **und sie bewegt sich doch!** et pourtant, elle se meut!; **4.** *fig.* **s-e Pläne, Gedanken ~ sich in ganz anderer Richtung** ses projets, ses pensées suivent une toute autre direction; **sich auf sehr unsicherem Boden ~** se déplacer sur un terrain très incertain; **der Preis bewegt sich zwischen fünf und zehn Mark** le prix varie de cinq à dix marks, entre cinq et dix marks; **5.** *in Gesellschaft* **sich ungezwungen ~** se conduire, se comporter avec aisance; **er weiß sich nicht zu ~** il ne sait pas comment se comporter, comment se conduire; **~en²** *v/t.* ⟨**bewegt, bewog, bewogen**, h⟩ **j-n zu etw. ~** décider, pousser, engager qn. à qc.; **das bewog ihn, s-n Rücktritt einzureichen** cela le décida, le poussa, l'incita à donner sa démission; **er war nicht zu ~, das zu tun** on ne put pas le décider à faire cela; **sich bewogen fühlen, so zu handeln** se sentir poussé à agir de cette façon; **2ˌgrund** *m* mobile *m*; motif *m*; **die tieferen Beweggründe** les mobiles cachés, profonds; **~ˌlich** *adj.* **1.** mobile; *Puppe* **mit ~en Gliedern** aux membres articulés; **der ~e Besitz** les biens meubles; **~e Feste** fêtes mobiles; **2.** *fig. geistig etc.* vif, vive; **2lichˌkeit** *f* ⟨~⟩ mobilité *f*; *fig. des Geistes* vivacité *f*; **~t** *adjt.* mouvementé; agité; **ein ~es Leben führen** mener une vie agitée, mouvementée; **in e-r ~en Zeit leben** vivre à une époque troublée; *cf. auch* **~en 2.**; **2theit** *f* ⟨~⟩ agitation *f*; **2ung** *f* ⟨~; ~en⟩ **1.** mouvement *m*; **e-e wegwerfende, linkische ~** un geste de dédain *od.* de mépris, gauche; **drehende ~** mouvement de rotation; **in ~ geraten** se mettre en mouvement; **sich in ~ setzen** se mettre en marche, en mouvement, en branle; s'ébranler; **etw. in ~ setzen** mettre qc. en marche; **sich ~ machen, verschaffen** se donner de l'exercice, du mouvement; *fig.* **alle Hebel in ~ setzen** remuer ciel et terre; mettre tout en œuvre; faire des pieds et des mains; **2.** *innere* agitation *f*; (*Rührung*) émotion *f*; **3.** *pol. etc.* mouvement *m*; **sie schlossen sich zu e-r literarischen ~ zusammen** ils se réunirent pour former un mouvement littéraire; **2ungsenerˌgie** *f phys.* énergie *f* cinétique; force vive; **2ungsˌfreiheit** *f* liberté *f* de mouvement; **2ungsˌgröße** *f* quantité *f* de mouvement; **2ungsˌkrieg** *m* guerre *f* de mouvement; **2ungsˌlehre** *f* cinématique *f*; **~ungsˌlos** *adj. u. adv.* immobile; sans mouvement; inerte; **2ungsˌlosigkeit** *f* ⟨~⟩ immobilité *f*; **2ungsˌnerven** *m/pl. anat.* nerfs moteurs; **2ungsˌrichtung** *f* sens *m* du mouvement; **2ungsˌspiele** *n/pl.* jeux *m/pl.* de plein air, d'action; **2ungsˌstudie** *f peint.* étude *f* de mouvement; **~ungsˌunfähig** *adj.* incapable de remuer, de bouger, de se mouvoir; paralysé; **2ungsˌzustand** *m* (état *m* de) mouvement *m*.

bewehr|en [bəˈveːrən] *v/t.* ⟨*pas de ge-*, h⟩ armer (**mit** de); **2ung** *f* ⟨~; ~en⟩ *e-s Kabels etc.* armature *f*.

beweibt [bəˈvaɪpt] *adjt.* F (*verheiratet*) marié.

beweihräucher|n [bəˈvaɪˌrɔʏçərn] *v/t.* ⟨**-(e)re**, *pas de ge-*, h⟩ *péj.* encenser; **2ung** *f* ⟨~; ~en⟩ encensement *m*.

beweinen [bəˈvaɪnən] *v/t.* ⟨*pas de ge-*, h⟩ *Tote etc.* pleurer (qn., qc.).

Beweis [bəˈvaɪs] *m* ⟨~es; ~e⟩ preuve *f*; *math.* démonstration *f*; **schlüssiger ~** preuve concluante, formelle; **schlagender ~** preuve éclatante; **den ~ für etw. liefern, erbringen, führen** fournir, faire, *jur. auch* administrer la preuve de qc.; **etw. unter ~ stellen** prouver qc.; **aus Mangel an ~en, mangels ~e** faute de preuves; **j-m e-n ~ s-s Vertrauens geben** donner à qn. une preuve de confiance; **den ~ e-s mathematischen Lehrsatzes führen** faire, conduire la démonstration d'un théorème; **~ˌantrag** *m jur.* offre *f* de preuve; **~ˌaufnahme** *f jur.* instruction *f*; **in die ~ eintreten** ouvrir l'instruction; **der Abschluß der ~** la clôture de l'instruction; **die ~ beschließen** ordonner l'ouverture de l'instruction; **2bar** *adj.* que l'on peut prouver; prouvable; démontrable; **~beˌschluß** *m jur.* décision *f* d'ouvrir l'instruction; **2en** *v/t.* ⟨*irr., pas de ge-*, h⟩ prouver; *Mut etc.* faire preuve de; *math.* démontrer; **das Gegenteil ~** prouver le contraire; **s-e Unschuld ~** prouver son innocence; faire la preuve de son innocence; **etw. als bewiesen ansehen** considérer, regarder qc. comme prouvé; **als bewiesen gelten** être considéré comme prouvé; **~ˌführung** *f* argumentation *f*; démonstration *f*; *jur.* administration *f* de la preuve; **~ˌgrund** *m* argument probant; **~ˌkraft** *f* force probante; **~ haben** avoir une force probante; être probant; **2ˌkräftig** *adj.* probant; concluant; **~ˌlast** *f jur.* charge *f* de la preuve; **~materiˌal** *n* preuves *f/pl.*; **~ˌmittel** *n/pl. jur.* moyens *m/pl.* de preuve; **~ˌpflichtige(r)** *m* ⟨→ A⟩ *jur.* celui qui a la charge de la preuve; **~ˌsicherung** *f jur.* mise *f* en sûreté de la preuve; **~ˌstück** *n* pièce à conviction, justificative; preuve *f*; **~ˌurkunde** *f* acte, document probant, probatoire; **~ˌwürdigung** *f jur.* appréciation *f* des preuves.

bewenden [bəˈvɛndən] **I** *v/i.* **es bei etw. ~ lassen** en rester, s'en tenir, en demeurer à qc.; **lassen wir es dabei ~** restons-en là; tenons-nous-en là; **II 2** *n* ⟨~s⟩ **dabei, damit soll es sein ~ haben** il faut en rester là, s'en tenir à cela; **damit hatte es nicht sein ~** la chose n'en resta pas là.

bewerb|en [bəˈvɛrbən] *v/réfl.* ⟨*irr., pas de ge-*, h⟩ **sich um e-e Stelle ~** se porter candidat à *od.* pour un emploi; **er hat sich bei X beworben** il a demandé, sollicité, postulé, brigué un emploi chez X; **es hatten sich bereits mehrere Interessenten beworben** plusieurs intéressés s'étaient déjà portés candidats; **2er(in)** *m* ⟨⁓**s**; ⁓⟩ (*f*) ⟨⁓; ⁓**nen**⟩ **1.** candidat(e) *m* (*f*); postulant(e) *m* (*f*); *Sport etc.* concurrent(e) *m* (*f*); **2.** *e-s Mädchens* prétendant *m*; **2ung** *f* ⟨⁓; ⁓**en**⟩ candidature *f* (um à); (⁓*sschreiben*) demande *f* d'emploi; lettre *f* de candidature; **s-e** ⁓ **einreichen** présenter sa demande d'emploi, sa candidature (à); **2ungsge͵such** *n*, **2ungs͵schreiben** *n* (lettre *f* de) demande *f* d'emploi; lettre *f* de candidature; **2ungs͵unterlagen** *f/pl.* dossier *m* de candidature.

bewerfen [bəˈvɛrfən] **I** *v/t.* ⟨*irr., pas de ge-,* h⟩ **1. mit etw.** ⁓ jeter qc. à; **2.** *Mauer mit Mörtel* crépir; **II** 2 *n e-r Mauer* crépissage *m*; *sonst verbal.*

bewerkstellig|en[bəˈvɛrk͵ʃtɛlɪgən] *v/t.* ⟨*pas de ge-,* h⟩ exécuter; accomplir; réaliser; (*erreichen*) parvenir à; **wir müssen es irgendwie** ⁓, **daß...** il faut que l'on parvienne de n'importe quelle façon à (faire qc.); il faut absolument faire en sorte que...; **2ung** *f* ⟨⁓⟩ accomplissement *m*; réalisation *f*; *od. verbal.*

bewert|en [bəˈveːrtən] *v/t.* ⟨-ete, *pas de ge-,* h⟩ évaluer; estimer; *Sport, école.* noter; **zu hoch** ⁓ surévaluer; surestimer; attribuer trop de valeur à; **richtig** ⁓ estimer à sa juste valeur; **etw. mit zehn Punkten, mit „gut"** ⁓ donner dix points, la note «bien» pour qc.; **2ung** *f* ⟨⁓; ⁓**en**⟩ évaluation *f*; estimation *f*; appréciation *f*; *Sport, école. als Ergebnis* note *f*; points *m/pl.*; **2ungs͵ausschuß** *m* commission *f* d'évaluation; **2ungs͵maßstab** *m* échelle *f*, mode *m* d'évaluation; critère *m*; **e-n anderen** ⁓ **anlegen** partir d'une autre échelle d'évaluation.

bewetter|n [bəˈvɛtərn] *v/t.* ⟨-(e)re, *pas de ge-,* h⟩ *mines* aérer; ventiler; **2ung** *f* ⟨⁓⟩ aération *f*; ventilation *f*.

bewickeln [bəˈvɪkəln] *v/t.* ⟨-(e)le, *pas de ge-,* h⟩ *cf.* **umwickeln.**

bewillig|en [bəˈvɪlɪgən] *v/t.* ⟨*pas de ge-,* h⟩ accorder; octroyer; consentir; *Geld auch* allouer; **2ung** *f* ⟨⁓; ⁓**en**⟩ octroi *m*; consentement *m*; **2ungs͵ausschuß** *m pol.* comité *m* qui décide de la répartition des fonds du budget; **2ungs͵recht** *n pol.* droit *m* de consentement.

bewillkommn|en [bəˈvɪl͵kɔmnən] *v/t.* ⟨-ete, *pas de ge-,* h⟩ souhaiter la bienvenue à; saluer; **2ung** *f* ⟨⁓⟩ *verbal.*

bewimpelt [bəˈvɪmpəlt] *adjt.* pavoisé.

bewimpert [bəˈvɪmpərt] *adjt. zo., bot.* cilié.

bewirken [bəˈvɪrkən] *v/t.* ⟨*pas de ge-,* h⟩ *Sache* produire; amener; causer; provoquer; avoir pour effet; *Person* obtenir; **s-e Freilassung** ⁓ obtenir sa libération; **damit wirst du nur das Gegenteil** ⁓ avec cela tu n'obtiendras que le contraire; **die Senkung des Blutdrucks** ⁓ amener, provoquer, produire, avoir pour effet une baisse de la tension (artérielle).

bewirt|en [bəˈvɪrtən] *v/t.* ⟨-ete, *pas de ge-,* h⟩ offrir un repas à; *st. s.* traiter; **wir sind gut bewirtet worden** on nous a offert un bon repas; F on nous a régalés d'un bon repas; **wir wurden mit Kaffee und Kuchen bewirtet** on nous a offert du café et des gâteaux; ⁓͵**schaften** *v/t.* ⟨-ete, *pas de ge-,* h⟩ **1.** *Bauernhof etc.* exploiter; *Hotel etc.* gérer; administrer; *agr. Felder* cultiver; mettre en valeur; **die Hütte ist nur im Sommer bewirtschaftet** le refuge n'est gardé qu'en été; **2.** *zwangsweise Devisen, Wohnraum etc.* réglementer; *Waren auch* contingenter; rationner; 2͵**schaftung** *f* ⟨⁓⟩ **1.** *e-s Bauernhofes etc.* exploitation *f*; *e-s Hotels etc.* gestion *f*; administration *f*; *agr. der Felder* mise *f* en valeur; culture *f*; **2.** *des Wohnraums etc.* réglementation *f*; *von Waren auch* contingentement *m*; rationnement *m*; **die Aufhebung der** ⁓ la suppression de la réglementation, du rationnement, du contingentement; **2schaftungs͵maßnahme** *f* mesure *f* de réglementation, de contingentement; **2ung** *f* ⟨⁓⟩ *verbal*; **j-m für die freundliche** ⁓ **danken** remercier qn. pour son hospitalité, pour son bon repas.

bewitzeln [bəˈvɪtsəln] *v/t.* ⟨-(e)le, *pas de ge-,* h⟩ faire des bons mots sur; *cf. auch* **bespötteln.**

bewog(en) [bəˈvoːk, -ˈvoːgən] *cf.* **bewegen²**.

bewohn|bar [bəˈvoːnbaːr] *adj.* habitable; **nicht** ⁓ inhabitable; **2bar͵keit** *f* ⟨⁓⟩ habitabilité *f*; ⁓**en** *v/t.* ⟨*pas de ge-,* h⟩ occuper; habiter; **in e-m Hotel e-e ganze Etage** ⁓ occuper tout un étage d'un hôtel; **2er(in)** *m* ⟨⁓**s**; ⁓⟩ (*f*) ⟨⁓; ⁓**nen**⟩ *e-r Stadt* habitant(e) *m* (*f*); *e-s Landes auch, e-s Hauses* occupant(e) *m* (*f*); **2er͵schaft** *f* ⟨⁓⟩ habitants *m/pl.*; *e-s Hauses* occupants *m/pl.*

bewölk|en [bəˈvœlkən] *v/réfl.* ⟨*pas de ge-,* h⟩ **sich** ⁓ se couvrir (de nuages); *fig. Stirn* se rembrunir; s'assombrir; **es bewölkt sich** le temps, F ça se couvre; **stark, leicht bewölkt** très, légèrement couvert; **2ung** *f* ⟨⁓⟩ nuages *m/pl.*; **aufgelockerte** ⁓ nuages épars, dispersés; **die** ⁓ **riß gegen Abend auf** le ciel s'est dégagé dans la soirée; **am Nachmittag aufkommende** ⁓ apparition de nuages l'après-midi; **2ungs͵rückgang** *m* recul *m* des nuages.

bewuchert [bəˈvuːxərt] *adjt.* envahi de; couvert de.

Bewuchs [bəˈvuːks] *m* ⟨⁓**es**⟩ végétation *f*; plantes *f/pl.*

Bewunder|er(in) [bəˈvʊndərər(ɪn)] *m* ⟨⁓**s**; ⁓⟩ (*f*) ⟨⁓; ⁓**nen**⟩ admirateur, -trice *m, f*; **2n** *v/t.* ⟨-(e)re, *pas de ge-,* h⟩ admirer; **2nd** *adjt.* admiratif, -ive; **2ns͵wert** *adj. cf.* **2ungswürdig**; ⁓**ung** *f* ⟨⁓⟩ admiration *f*; **ein Ausruf der** ⁓ un cri d'admiration; une exclamation admirative; **mit** ⁓ **erfüllen** remplir d'admiration; émerveiller; **Gegenstand der allgemeinen** ⁓ **sein** faire l'admiration de tous; **2ungs͵würdig** *adj.* admirable; digne d'admiration; étonnant.

Bewurf [bəˈvʊrf] *m* ⟨⁓(e)s; ⁓̈e⟩ *bât.* crépi *m*; enduit *m*; ravalement *m*.

bewußt [bəˈvʊst] **1.** *adj.* **a)** conscient; (*absichtlich*) voulu; intentionnel, -lle; **sich e-r Sache** ⁓ **sein** avoir conscience, être conscient de qc.; **sich e-r Sache** ⁓ **werden** prendre conscience de qc.; **ich bin mir keiner Schuld** ⁓ je n'ai rien à me reprocher; j'ai la conscience tranquille; **er war sich der Folgen s-r Tat anscheinend gar nicht** ⁓ il ne s'était apparemment pas rendu compte des suites de son action; **e-e** ⁓**e Verdrehung der Tatsachen** une déformation voulue des faits; **das ist** ⁓**e Irreführung** cela induit volontairement, sciemment, intentionnellement en erreur; **b)** (*besagt, bekannt*) en question; dont il s'agit; **die** ⁓**e Person** la personne en question, dont il s'agit; **2.** *adv.* sciemment; en connaissance de cause; **etw.** ⁓ **tun, sagen** faire, dire qc. sciemment, en connaissance de cause; **etw.** ⁓ **miterleben** vivre qc. en toute lucidité; **etw.** ⁓ **wahrnehmen** prendre conscience de qc.; 2͵**heit** *f* ⟨⁓⟩ fait *m* d'être conscient de qc.; conscience *f*; ⁓͵**los** *adj.* sans connaissance; évanoui; ⁓ **werden** perdre connaissance; s'évanouir; **der** 2**e** la personne évanouie, sans connaissance; 2͵**losig͵keit** *f* ⟨⁓⟩ évanouissement *m*; perte *f* de (la) connaissance; *tiefe* coma *m*; **aus s-r** ⁓ **erwachen** revenir de son évanouissement; F (**sie spielte die Schallplatte**) **bis zur** ⁓ (elle faisait passer ce disque) jusqu'à vous donner le vertige, jusqu'à vous rendre saoul; 2͵**sein** *n* ⟨⁓**s**⟩ **1.** *psych.* conscience *f*; **in dem** ⁓, **s-e Pflicht getan zu haben** conscient d'avoir fait, en ayant conscience d'avoir fait son devoir; **das** ⁓ **s-r Schuld drückte ihn** la conscience de sa faute l'opprimait; **plötzlich kam es ihr zu(m)** ⁓, **daß sie...** elle prit conscience soudain d'avoir fait qc.; **sich etw. ins** ⁓ **zurückrufen** se rappeler qc.; se souvenir de qc.; **etw. nicht mit** ⁓ **erlebt haben** ne pas avoir eu conscience de qc.; **2.** *e-s Volkes etc.* conscience *f*; **an das nationale** ⁓ **appellieren** faire appel à la conscience nationale; **3.** *méd.* connaissance *f*; **das** ⁓ **verlieren, wiedererlangen** perdre, reprendre connaissance; **bei vollem** ⁓ **operiert werden** être opéré sans anesthésie, sans être endormi; **2seins͵schwelle** *f psych.* seuil *m* de la conscience; **2seins͵spaltung** *f psych.* schizophrénie [ski-] *f*; **an** ⁓ **leiden** être schizophrène; **2seins͵störung** *f*, **2seins͵trübung** *f méd.* trouble *m* de la conscience, psychique.

bezahl|bar [bəˈtsaːlbaːr] *adj.* payable; ⁓**en** *v/t.* ⟨*pas de ge-,* h⟩ payer; **für etw. zehn Mark** ⁓ payer qc. dix marks; **für etw. e-e hohe Summe** ⁓ payer une grosse somme pour qc.; **pünktlich** ⁓ payer ponctuellement; **die Rechnung** ⁓ payer, régler l'addition, la note, la facture; **s-e Schulden** ⁓ payer ses dettes; **etw.** (**zu**) **teuer** ⁓ payer qc. (trop) cher; **in ausländischer Währung** ⁓ payer en argent étranger; **aus s-r eigenen Tasche** ⁓ payer de sa poche; **j-n gut, schlecht** ⁓ bien, mal payer, rémunérer, rétribuer qn.; **j-n nach Leistung, nach Tarif** ⁓ payer, rémunérer, rétribuer qn. selon son travail, selon le tarif; *fig.* **das ist nicht mit Geld zu** ⁓ cela n'a pas de prix; cela vaut son pesant d'or; **s-e Unvorsichtigkeit teuer, mit dem Leben** ⁓ **müssen** devoir payer cher, de sa vie son imprudence; **sich bezahlt machen** rapporter; F payer; ⁓**t** *adjt.* ⁓**er Urlaub** congé(s) payé(s); **die Stelle ist gut** ⁓ la place est bien payée, bien rémunérée; *Post* **Rückantwort** ⁓ réponse payée; **2ung** *f* ⟨⁓⟩ **a)** paiement *od.* payement *m*; **die** ⁓ **e-r Ware** le paiement d'une marchandise; **b)** (*Lohn*) rémunération *f*; rétribution *f*; **e-e angemessene** ⁓ **verlangen** demander une rémunération, rétribution appropriée.

bezähm|en [bəˈtsɛːmən] **I** *v/t.* ⟨*pas de ge-,* h⟩ *Neugier etc.* maîtriser; dominer; refréner [re-]; réprimer; **II** *v/réfl.* **sich** ⁓ se dominer; se maîtriser; **2ung** *f* ⟨⁓⟩ domination *f*; refrènement [re-] *m*.

bezauber|n [bəˈtsaʊbərn] *v/t.* ⟨-(e)re, *pas de ge-,* h⟩ charmer; enchanter; ravir; captiver; séduire; *pfort.* envoûter; ensorceler; ⁓**nd** *adjt.* charmant; enchanteur, -teresse (*nicht von e-r Person*); ravissant; captivant; séduisant; *pfort.* envoûtant; ensorcelant; **2ung** *f* ⟨~; ~en⟩ charme (exercé sur qn.); enchantement *m*; ravissement *m*; séduction *f*; *pfort.* envoûtement *m*; ensorcellement *m*.

bezech|en [bə'tsɛçən] *v/réfl.* ⟨*pas de ge-*, h⟩ F *cf.* **sich betrinken**; **~t** *adjt. cf.* **betrunken**.

bezeichn|en [bə'tsaɪçnən] **I** *v/t.* ⟨-ete, *pas de ge-*, h⟩ **1.** *Weg etc.* marquer; indiquer; **die Aussprache ~** marquer, indiquer la prononciation; **ein bezeichneter Wanderweg** un sentier marqué; **2.** (*benennen*) désigner; **näher ~** spécifier; **dieses Wort bezeichnet mehrere Dinge** ce mot désigne plusieurs choses; **den genauen Treffpunkt ~** désigner l'endroit exact de la rencontre; **etw. als etw. ~** qualifier qc. de qc.; **e-n Versuch als gelungen ~** qualifier un essai de réussi; **j-n als Verräter ~** qualifier, traiter qn. de traître; **j-n als dumm ~** qualifier, traiter qn. de sot; **II** *v/réfl.* **sich als ... ~** se dire ...; **er bezeichnet sich als Künstler** il se dit artiste; **~end** *adjt.* typique; caractéristique; significatif, -ive; révélateur, -trice; symptomatique; **ein ~er Zug** un trait typique, *etc.*; **diese Handlungsweise ist ~ für ihn** cette façon d'agir est typique, *etc.* pour lui; **~ender,weise** *adv.* **~ hat er...** ce qui est typique, *etc.* pour lui, c'est qu'il a...; **2ung** *f* ⟨~; ~en⟩ **a)** *e-s Weges etc.* indication *f*; *od. verbal*; (*Zeichen*) *auch* marque *f*; **b)** désignation *f*; dénomination *f*; qualification *f*; *nähere* spécification *f*; **die chemische ~ für Wasser** la désignation chimique de l'eau; **die ~ der Pflanzen mit lateinischen Namen** la désignation des plantes par des noms latins; **2ungs,lehre** *f* *ling.* onomasiologie *f*.

bezeig|en [bə'tsaɪgən] *v/t.* ⟨*pas de ge-*, h⟩ *Achtung etc.* témoigner; marquer; manifester; **sein Beileid ~** faire, offrir, présenter ses condoléances; témoigner (de) sa sympathie; **2ung** *f* ⟨~; ~en⟩ témoignage *m*; marque *f*; manifestation *f*.

bezeug|en [bə'tsɔʏgən] *v/t.* ⟨*pas de ge-*, h⟩ **1.** *Wahrheit e-r Sache* témoigner de; attester; certifier; faire foi de; **das kann ich ~** je peux en témoigner; je peux l'attester, le certifier; **2.** *Achtung etc. cf.* **bezeigen**; **2ung** *f* ⟨~; ~en⟩ **1.** *e-r Aussage etc.* attestation *f*; *od. verbal*; **2.** *cf.* **Bezeigung**.

bezichtig|en [bə'tsɪçtɪgən] *v/t.* ⟨*pas de ge-*, h⟩ *cf.* **beschuldigen**; **2ung** *f* ⟨~; ~en⟩ *cf.* **Beschuldigung**.

bezieh|bar [bə'tsiːbaːr] *adj.* *Wohnung, Haus* à occuper; **sofort ~** libre de suite; **~en I** *v/t.* ⟨*irr., pas de ge-*, h⟩ **1.** *Schirm, Kissen etc.* recouvrir (**mit** de); **das Kopfkissen ~** mettre la taie d'oreiller; **die Betten ~** *cf.* **Bett**; *Geige etc.* **mit Saiten ~** monter; **2.** *Wohnung etc.* s'installer dans; **die Universität ~** entrer à l'Université; **Quartier ~** s'installer; *milit.* cantonner; **Winterquartiere ~** prendre ses quartiers d'hiver; *fig.* **Stellung ~** prendre position; **3.** *comm. Waren* se fournir en, acheter, prendre (**von j-m** chez qn.); *Gehalt* toucher; percevoir; *Zeitung* être abonné à; **die Zeitung durch die Post ~** recevoir le journal par la poste; **durch alle Buchhandlungen zu ~** toutes librairies; *fig. u.* F **Schläge, Prügel ~** recevoir des coups, une raclée; **4. etw. auf etw. ~** rapporter, appliquer qc. à qc.; **etw. auf sich ~** prendre qc. pour soi; **alles auf sich ~** ramener, rapporter tout à soi; **II** *v/réfl.* **5. sich ~ auf a)** *Person* se *od.* s'en référer à; **ich beziehe mich auf unser Gespräch** je me réfère à notre conversation; **b)** *Sache* se rapporter à; avoir rapport, trait à; s'appliquer à; être relatif, -ive à; viser (qn.); concerner; porter sur; **6.** *Himmel* se couvrir; s'assombrir; **III 2en** *n* ⟨~s⟩ *e-r Wohnung etc.* installation *f* (dans); *der Universität* entrée *f* (à); *sonst verbal*; *cf. auch* **Bezug**; **2er** *m* ⟨~s; ~⟩ *e-r Zeitung etc.* abonné *m*; **2ung** *f* ⟨~; ~en⟩ **1.** relation *f*; rapport *m*; **diplomatische, wirtschaftliche, geschäftliche ~en** relations diplomatiques, économiques, d'affaires; **gespannte ~en** rapports tendus; relations tendues; **die ~en des Menschen zu s-r Umwelt** les rapports de l'homme avec son milieu; **gute ~en zu j-m haben** avoir de bonnes relations avec qn.; **gute ~en zueinander haben** être en bons rapports; F **~en haben** avoir des relations; F *auch* être pistonné; **~en aufnehmen** entrer en relations (avec); **alle ~en zu j-m abbrechen** rompre toutes relations avec qn.; cesser toutes relations, tous rapports avec qn.; **zwei Dinge (zueinander) in ~ setzen** établir un rapport entre deux choses; **in ~ zu etw. stehen** avoir rapport à *od.* avec qc.; **in verwandtschaftlichen ~en zu j-m stehen** être en relations de parenté avec qn.; **2.** (*Hinsicht*) **in dieser ~** de ce point de vue; sur ce point; sous ce rapport; à cet égard; **in gewisser ~** dans un certain sens; d'un certain point de vue; à certains égards; **in mancher ~** à maints égards; **in keiner ~** en aucune façon; **in jeder ~** à tout point de vue; sous tous les rapports; dans tous les domaines; à tous (les) égards; **~ungs,los** *adj.* sans rapport; **~ungs,weise** *adv.* **a)** respectivement; ou selon le cas; **die beiden Kinder waren drei ~ fünf Jahre alt** les deux enfants étaient respectivement âgés de trois et cinq ans; **der ~ die Täter** le ou (selon le cas) les malfaiteurs; **b)** F *sich verbessernd* c'est-à-dire.

beziffern [bə'tsɪfərn] **I** *v/t.* ⟨-(e)re, *pas de ge-*, h⟩ chiffrer (**auf** à); *mus.* **bezifferter Baß** basse chiffrée; **II** *v/réfl.* **sich ~ auf** se chiffrer, se monter, s'élever à.

Bezirk [bə'tsɪrk] *m* ⟨~(e)s; ~e⟩ *géogr., adm.* district *m*; région *f*; *adm.* aussi circonscription *f*; *in der DDR* «Bezirk» *m*; *fig.* domaine *m*; sphère *f*; **~sver,band** *m* union régionale; **~sver,treter** *m* représentant *m* d'une région.

bezirzen [bə'tsɪrtsən] F *v/t.* ⟨-(es)t, *pas de ge-*, h⟩ séduire; ensorceler; envoûter.

Bezogen|e(r) [bə'tsoːgənə(r)] *m* ⟨→A⟩ *comm.* tiré *m*; **~,heit** *f* ⟨~⟩ *auf e-e Sache* rapports *m/pl.* (avec); dépendance *f* (de).

bezopft [bə'tsɔpft] *adj.* qui porte des nattes.

Bezug [bə'tsuːk] *m* ⟨~(e)s; ~e⟩ **1.** (*Bett2, Kissen2 etc.*) enveloppe *f*; (*Kopfkissen2*) taie *f* d'oreiller; (*Schon2*) 'housse *f*; **2.** *mus.* cordes *f/pl.*; **3.** *comm.* fourniture *f*; achat *m*; *e-r Pension etc.* perception *f*; *von Zeitungen* abonnement *m* (à); **der ~ von Waren durch den Großhandel** la fourniture de marchandises par le commerce en gros; l'achat de marchandises chez un commerçant en gros; **der ~ von Zeitungen durch die Post** la livraison de journaux par la poste; **zum ~ e-r Sache berechtigen** donner droit à l'achat de qc.; **4.** *pl.* **Bezüge** appointements *m/pl.*; traitement *m*; émoluments *m/pl.*; **5.** (*Beziehung*) rapport *m*; **~ nehmen auf** se *od.* s'en référer à; **~ nehmend auf** *od.* **mit ~ auf Ihr Schreiben** en référence à votre lettre; (en) me *bzw.* nous référant à votre lettre; relativement à votre lettre; **e-n ~ zur Gegenwart herstellen** établir un rapport avec l'actualité; **in 2 auf** en ce qui concerne; quant à.

bezüglich [bə'tsyːklɪç] **I** *prép.* ⟨*gén.*⟩ au sujet de; en ce qui concerne; pour ce qui a trait à; relativement à; touchant; concernant; en matière de; **II** *adj.* relatif, -ive (à); *gr.* **~es Fürwort** pronom relatif.

Bezugs|nahme [bə'tsuːkˌnaːmə] *f* ⟨~⟩ **mit, unter ~ auf** en référence à; (en) me *bzw.* nous référant à; **~sbe,dingungen** *f/pl.* *comm.* conditions *f/pl.* d'achat, d'acquisition, *e-r Zeitung* d'abonnement; **~sbe,rechtigung** *f* *comm.* autorisation *f* d'achat (de marchandises contingentées); **2s,fertig** *adj.* *Wohnung, Haus* à occuper; **~sge,nossenschaft** *f* coopérative *f* d'achats; **~s,preis** *m* *e-r Zeitung* prix *m* d'abonnement, *sonst* d'achat; **~s,quelle** *f* source *f* d'approvisionnement; **~s,recht** *n* *für Aktien* droit *m* de souscription; **~(s),schein** *m* bon *m* d'achat; **~s,stoff** *m* tissu *m* d'ameublement; **~ssys,tem** *n* *phys. etc.* système *m* de référence.

bezuschussen [bə'tsuːˌʃʊsən] *v/t.* ⟨-ßt, *pas de ge-*, h⟩ *adm.* accorder une *bzw.* des subvention(s) à.

bezwecken [bə'tsvɛkən] *v/t.* ⟨*pas de ge-*, h⟩ viser (à); avoir pour but, pour objet (de); **was bezweckt er mit s-r Frage?** quel est le but de sa question?; que vise-t-il, à quoi veut-il en venir avec sa question?

bezweif|eln [bə'tsvaɪfəln] *v/t.* ⟨-(e)le, *pas de ge-*, h⟩ douter de; mettre (qc.) en doute; **ich bezweifle nicht, daß ...** je ne doute pas que ... (ne) (+ *subj.*); **das ist nicht zu ~** cela ne fait aucun doute; il n'y a pas à en douter; c'est 'hors de doute; **2(e,)lung** *f* ⟨~⟩ mise *f* en doute.

bezwing|bar [bə'tsvɪŋbaːr] *adj.* que l'on peut vaincre; **~en** *v/t.* ⟨*irr., pas de ge-*, h⟩ *Berg, Gegner etc.* vaincre; *Gegner auch* mater; soumettre; assujettir; *Leidenschaften* maîtriser; dominer; triompher de; surmonter; **2er** *m* ⟨~s; ~⟩ vainqueur *m*; **2ung** *f* ⟨~⟩ *e-s Berges, im Sport* victoire *f* (sur); *e-s Gegners auch* soumission *f*; assujettissement *m*; *von Leidenschaften* domination *f*.

bibbern ['bɪbərn] *v/i.* ⟨-(e)re, h⟩ F (*zittern*) trembler; *Stimme* trembloter.

Bibel ['biːbəl] *f* ⟨~; ~n⟩ (*Heilige Schrift*) Bible *f*; *als Buch* bible *f* (*auch fig.*); **~,anstalt** *f* *égl. prot.* établissement *m* pour la propagation de la Bible; **~,ausgabe** *f* édition *f* de la Bible; **~,auslegung** *f* exégèse *f* biblique; **2,fest** *adj.* versé dans la Bible; **~ge,lehrte(r)** *m* biblіciste *m*; **~gesellschaft** *f* *égl. prot.* société *f* biblique; **~,glaube(n)** *m* foi *f* en la Bible; **2,gläubig** *adj.* qui croit en la Bible; **~insti,tut** *n* *égl. cath.* Institut biblique pontifical; **~kommissi,on** *f* *égl. cath.* Commission pontificale pour les études bibliques; **~konkorˌdanz** *f* concordance *f* de la Bible; **~ˌkreis** *m égl. prot.* cercle *m* biblique; **~ˌkunde** *f* connaissance *f* de la Bible; **~ˌsprache** *f* langue *f* biblique; langage *m* de la Bible; **~ˌspruch** *m* citation (tirée) de la Bible; **~ˌstelle** *f* passage *m* de l'Écriture, de la Bible; **~ˌstudium** *n* étude(s) *f(pl.)* biblique(s); **~ˌstunde** *f égl. prot.* heure *f* de méditation sur un passage de la Bible; **~ˌtext** *m* texte *m* de la Bible; **~überˌsetzung** *f* traduction *f*, version *f* de la Bible; **~ˌvers** *m* verset *m* (de la Bible); **~ˌwort** *n* ⟨~(e)s; ~e⟩ parole (tirée) de la Bible.

Biber [ˈbiːbər] *m* ⟨~s; ~⟩ *zo.* castor *m* (d'Europe); **~ˌbau** *m* ⟨~(e)s; ~e⟩ terrier *m* de castor; **~ˌbaum** *m bot.* magnolia *m*; **~ˌburg** *f* 'hutte *f* de castor; **~ˌfell** *n* peau *f*, fourrure *f* de castor; **~ˌgeil** *n* ⟨~(e)s⟩ *phm.* castoréum [-ɔm] *m*; **~ˌklee** *m cf.* Bitterklee; **~ˈnelle** *f* ⟨~; ~n⟩ *bot.* pimprenelle *f*; *sc.* sanguisorba *m*; **~ˌpelz** *m* fourrure *f* de castor; **~ˌratte** *f zo.* myopotame *m*; myocastor *m*; ragondin *m*; **~ˌschwanz** *m bât.* tuile plate.

Biblio|graph [biˑbliˑoˑˈgrɑːf] *m* ⟨~en; ~en⟩ bibliographe *m*; **~graˈphie** *f* ⟨~; -ien⟩ bibliographie *f*; **2ˈgraphisch** *adj.* bibliographique; **~ˈmane** *m* ⟨~n; ~n⟩ bibliomane *m*; **~maˈnie** *f* ⟨~⟩ bibliomanie *f*; **~manˈtie** *f* ⟨~⟩ bibliomancie *f*; **2ˈphil** *adj.* bibliophilique; **~ˈphile(r)** *m* ⟨→ A⟩ bibliophile *m*; **~phiˈlie** *f* ⟨~⟩ bibliophilie *f*; **~ˈthek** *f* ⟨~; ~en⟩ bibliothèque *f*; **~theˈkar(in)** *m* ⟨~s; ~e⟩ *(f)* ⟨~; ~nen⟩ bibliothécaire *m, f*; **2theˈkarisch** *adj.* de bibliothécaire; **~ˈtheksˌbuch** *n* livre *m* de bibliothèque; **~ˈtheksdiˌrektor** *m* directeur *m* de bibliothèque; **~ˈtheksgeˌbäude** *n* bâtiment *m* de la bibliothèque.

biblisch [ˈbiːblɪʃ] *adj.* biblique; de la Bible; **die ~e Geschichte** l'Histoire sainte; **~er Stil** style biblique; *fig.* **~es Alter** âge fort avancé.

Bichromat [ˈbiːkroˑˌmɑːt, -ˈmɑːt] *n* ⟨~(e)s; ~e⟩ *chim.* bichromate *m*.

Bickbeere [ˈbɪkˌbeːrə] *f cf.* Heidelbeere.

Bidet [biˑˈdeː] *n* ⟨~s; ~s⟩ bidet *m*.

bieder [ˈbiːdər] *adj.* (*rechtschaffen*) honnête; brave (*vorgestellt*); (*ohne Falsch*) droit; loyal; sans détours; (*naiv, treuherzig*) bon, bonne; brave; naïf, -ïve; **2ˌkeit** *f* ⟨~⟩ honnêteté *f*; loyauté *f*; droiture *f*; (*Gutmütigkeit*) bonhomie *f*; **2ˌmann** *m* ⟨~(e)s; ~er⟩ (*rechtschaffener Mensch*) homme *m* de bien; honnête homme *m*; (*gutartiger Mensch*) brave homme *m*; bonhomme *m*; *péj.* **unter der Maske e-s ~s auftreten** faire le bon apôtre; **2mannsˌmiene** *f péj.* mine *f* de bon apôtre; **2ˌmeier** *n* ⟨~s⟩ époque *f* du Biedermeier; *in Frankreich etwa* époque *f* de la Restauration et de Louis-Philippe; **2meierˌmöbel** *pl.* meubles *m/pl.* (du style) Biedermeier; **2meierˌstil** *m* style *m* du Biedermeier; *in Frankreich etwa* style *m* Louis-Philippe; **2meierˌzeit** *f* ⟨~⟩ *cf.* 2meier; **2ˌsinn** *m* ⟨~(e)s⟩ *cf.* 2keit.

bieg|bar [ˈbiːkbɑːr] *adj.* pliable; flexible; **2eˌdorn** *m techn.* mandrin *m* de pliage, de cintrage; **2eˌfestigkeit** *f techn.* résistance *f* à la flexion; **2eˌform** *f techn.* forme *f* de cintrage; **2emaˌschine** *f techn.* machine *f* à plier, à cintrer; plieuse *f*; cintreuse *f*; **~en I** *v/t.* ⟨biegt, bog, gebogen, h⟩ courber; infléchir; *techn. meist* cintrer; *bogenförmig auch* arquer; *Rohr etc. knieförmig* couder; (*zusammen~*) plier; *cf. auch* gebogen; **II** *v/i.* ⟨sein⟩ tourner; *um ein Hindernis* contourner qc.; **um die Ecke ~** tourner au coin (de la rue); **in e-e Toreinfahrt ~** tourner pour passer sous une porte cochère; **III** *v/réfl.* **sich ~** se courber; s'infléchir; fléchir; ployer; *fig.* **sich vor Lachen ~** se tordre de rire; rire comme un bossu; P se gondoler; **lügen, daß sich die Balken ~** *cf.* Balken; **IV 2en** *n* ⟨~s⟩ courbage *m*; *techn. auch* cintrage *m*; *e-s Rohres* coudage *m*; (*Zusammen2*) pliage *m*; *fig.* **auf ~ oder Brechen** avec acharnement; en risquant tout; à tout prix; **ein Kampf auf ~ oder Brechen** un combat acharné, enragé; **2eˌpresse** *f techn.* presse *f* à plier, à cintrer, à courber; **2eˌprobe** *f techn.* essai *m* de flexion; **2eˌspannung** *f techn.* tension *f* interne de flexion; **2eˌzange** *f* pince *f* à couder (les tubes), à courber; **~sam** *adj.* flexible; souple (*beide auch fig.*); *fig. Charakter auch* facile; malléable; **~er Körper** corps souple, flexible; **2samˌkeit** *f* ⟨~⟩ flexibilité *f*; souplesse *f* (*beide auch fig.*); *fig. des Charakters auch* malléabilité *f*; **2ung** *f* ⟨~; ~en⟩ **1.** courbe *f*; courbure *f*; incurvation *f*; *e-s Weges, Flusses* tournant *m*; coude *m*; **e-e ~ machen** *Weg etc.* tourner; faire un coude; *Person, Fahrzeug* tourner; obliquer; **2.** *Festigkeitslehre* flexion *f*; **auf ~ beanspruchen** soumettre à un effort de flexion.

Biene [ˈbiːnə] *f* ⟨~; ~n⟩ **1.** *zo.* abeille *f*; **2.** F (*junges Mädchen*) (jeune) fille *f*; P poupée *f*; **~nˌameise** *f zo.* mutille *f*; **~nˌart** *f zo.* espèce *f* d'abeilles; **~nˌbeute** *f* ruche *f*; **~nˌfleiß** *m* diligence *f* d'abeille, de fourmi; **2nˌfleißig** *adj.* diligent comme l'abeille, comme la fourmi; **~nˌfresser** *m zo.* abeillerolle *m*; guêpier *m*; **~ngeˌsumm** *n* bourdonnement *m* d'abeilles; **~nˌgift** *n* venin *m* d'abeille; **~nˌhaltung** *f cf.* ~nzucht; **~nˌhaube** *f cf.* ~nschleier; **~nˌhaus** *n* rucher *m*; **~nˌhonig** *m* miel *m* (d'abeilles); **~nˌkönigin** *f zo.* reine *f*, mère *f* (des abeilles); **~nˌkorb** *m* ruche *f*; **~nˌlaus** *f zo.* braule *m*; pou *m* des abeilles; **~nˌmotte** *f zo.* gallérie *f*; **~nˌsaug** *m* ⟨~(e)s; ~e⟩ *bot.* lamier *m*; **~nˌschleier** *m* voile *m*, masque *m* d'apiculteur; **~nˌschwarm** *m* essaim *m* d'abeilles; **~nˌsprache** *f* langage *m* des abeilles; **~nˌstaat** *m* cité *f* des abeilles; **~nˌstand** *m* rucher *m*; **~nˌstich** *m* **1.** piqûre *f* d'abeille; **2.** *cuis.* biscuit fourré de crème et recouvert d'amandes; **~nˌstock** *m* ruche *f*; *fig.* **e-m ~ gleichen** ressembler à une ruche; **~nˌvolk** *n* colonie *f* d'abeilles; **~nˌwabe** *f* rayon *m*; gâteau *m* de cire; **~nˌwachs** *n* cire *f* d'abeille; **~nˌzucht** *f* apiculture *f*; **~nˌzüchter** *m* apiculteur *m*.

Biennale [biˑɛˈnɑːlə] *f* ⟨~; ~n⟩ biennale *f*.

Bier [biːr] *n* ⟨~(e)s; ~e⟩ bière *f*; **helles, dunkles, obergäriges ~** bière blonde, brune, à fermentation 'haute; **~ vom Faß** bière à la pression; **schlechtes, dünnes ~** F bibine *f*; **ein (Glas) ~** une bière; **e-e Flasche ~ trinken** boire une bouteille, une canette de bière; **~ˌausschank** *m* débit *m* de bière; **~bankpoˌlitiker** *m plais.* politicien *m* du café du coin; **~baß** F *m* voix *f* grave, rauque; **~bauch** F *m* ventre *m* de buveur de bière; F bedaine *f*; **~ˌbrauen** *n* brassage *m* de la bière; **~ˌbrauer** *m* brasseur *m*; **~braueˌrei** *f* brasserie *f*; **~ˌdeckel** *m* dessous *m* de bock; **~ˌdruckappaˌrat** *m* appareil *m* de pression pour débit de bière; pompe *f* à bière; **~dunst** *m* odeur *f* de bière; **~ˌeifer** *m péj.* zèle ridicule, excessif; **mit ~** en faisant du zèle; **~faß** *n* tonneau *m* à bière; **Bierfässer abladen** décharger des tonneaux de bière; **~filz** *m cf.* ~deckel; **~ˌflasche** *f* bouteille *f* à bière; canette *f*; **~glas** *n* verre *m* à bière; **~hahn** *m* robinet *m* à bière; **~ˌhefe** *f* **a)** levure *f* de bière (*auch phm.*); **b)** *Bodensatz* lie *f* de la bière; **~ˌkeller** *m* **1.** cave *f* à bière; **2.** *cf.* ~lokal; **~ˌkneipe** *f péj. u.* F estaminet *m*; **~krug** *m* pot *m* à bière; **~ˌkutscher** *m* **fluchen wie ein ~** jurer comme un charretier; **~ˌleiche** *f* F type *m* ivre mort; **~loˌkal** *n* brasserie *f*; **~rausch** *m* ivresse provoquée par la bière; **~ˌreise** *f* F **e-e ~ machen** faire la tournée, F la virée des brasseries; **~ˌruhe** F *f* calme *m* inébranlable; **~schaum** *m* écume *f* de la bière; **~ˌseidel** *n* chope *f*; **~ˌsteuer** *f* impôt *m* sur la bière; **~ˌstimme** *f cf.* ~baß; **~ˌstube** *f* débit *m* de bière; **~ˌsuppe** *f cuis.* soupe *f* à la bière; **~ˌtrinken** *n verbal mit* boire de la bière; **~ˌtrinker** *m* buveur *m* de bière; **~verˌbrauch** *m* consommation *f* de bière; **~verˌlag** *m* dépôt *m* d'une brasserie; **~verˌleger** *m* commissionnaire *m*, dépositaire *m* d'une brasserie; **~ˌwärmer** *m* chauffe-bière *m*; **~ˌwürze** *f* moût *m* de bière; **~ˌzeitung** *f etwa* journal humoristique privé (publié à l'occasion d'une fête); **~zelt** *n* grande tente où l'on boit de la bière.

Biese [ˈbiːzə] *f* ⟨~; ~n⟩ *cout.* petit pli; *an Uniformen* passepoil *m*.

Biesfliege [ˈbiːsˌfliːgə] *f zo.* hypoderme *m*.

Biest [biːst] *n* ⟨~es; ~er⟩ *péj. u.* F sale bête *f* (*auch fig.*); *fig. von e-r Person* chameau *m*; vache *f*; charogne *f*; **so ein ~!** quelle sale bête!; quel chameau!, *etc.*; *von e-m Apparat etc.* **das ~ will nicht funktionieren** cette saleté ne veut pas fonctionner.

Bieswurm [ˈbiːsvʊrm] *m vét.* varron *m*.

biet|en [ˈbiːtən] **I** *v/t.* ⟨bietet, bot, geboten, h⟩ **1.** offrir; **j-m e-e hohe Summe ~** offrir, proposer une grosse somme à qn.; **j-m die Möglichkeit ~, zu …** offrir, donner à qn. la possibilité de…; **j-m den Arm ~** offrir son bras à qn.; **j-m die Hand zur Versöhnung ~** tendre à qn. sa main en signe de réconciliation; **e-e gute Leistung ~** offrir, présenter une belle performance; **Schwierigkeiten ~** offrir, présenter des difficultés; *fig.* **j-m die Stirn ~** faire front, face à qn.; tenir tête à qn.; affronter qn.; **j-m Trotz ~** défier, braver qn.; **e-r Gefahr Trotz ~** braver un danger; **Schach ~** faire échec (*auch fig.*); **2.** *bei e-r Versteigerung* faire, mettre, porter une *bzw.* des enchère(s); **wer bietet mehr?** qui dit mieux?; *cf. auch* **höher**; **II** *v/réfl.* **3. sich ~** *Gelegenheit, Anblick etc.* s'offrir; se présenter; **4. sich etw. nicht ~ lassen** ne pas supporter, endurer, accepter qc.; ne pas se laisser faire (*abs.*); ne pas se laisser marcher sur les pieds (*abs.*); **2ende(r)** *m* ⟨→ A⟩, **2er** *m* ⟨~s; ~⟩ *bei e-r Versteigerung* offrant *m*; enchérisseur *m*.

bifilar [biˑfiˑˈlɑːr] *adj. techn.* bifilaire; *phys.* **~e Aufhängung** suspension bifilaire.

Bifokalglas [biˑfoˑˈkɑːlˌglɑːs] *n e-r Brille* verre *m* à double foyer.

Bigam|ie [biˑgaˈmiː] *f* ⟨~; -ien⟩ bigamie *f*; **2isch** [-ˈgɑː-] *adj.* bigame; **~ist** *m* ⟨~en; ~en⟩ bigame *m*.

bigott [bi·'gɔt] *adj.* bigot; bondieusard; cagot; **2e'rie** *f* ⟨~; -ien⟩ bigoterie *f*; cagoterie *f*.

Bijouterie [bi·ʒu·tə'ri:] *f* ⟨~; -ien⟩ bijouterie *f* de fantaisie; articles *m/pl.* de Paris.

Bikarbonat ['bi:karbo·ˌna:t, -'na:t] *n chim.* bicarbonate *m.*

Bikini [bi·'ki:ni·] *m* ⟨~s; ~s⟩ *Badeanzug* bikini *m.*

bikon|kav [bi·kɔn'ka:f] *adj. opt.* biconcave; **~'vex** *adj.* biconvexe.

bilabial [bi·labi·'a:l, 'bi:-] **I** *adj. phon.* bilabial; **~er Laut** bilabiale *f*; **II** 2 *m phon.* bilabiale *f.*

Bilanz [bi·'lants] *f* ⟨~; ~en⟩ *comm.* bilan *m* (*auch fig.*); (*Handels2, Zahlungs2*) balance *f*; **die ~ ziehen, aufstellen** faire, dresser, établir le bilan (*auch fig.*); **die ~ frisieren** maquiller le bilan; **aktive ~** bilan *bzw.* balance excédentaire, bénéficiaire, en excédent; **passive ~** bilan *bzw.* balance déficitaire, en déficit [-t]; *fig.* **e-e erschütternde ~** un bilan bouleversant; **~ˌabschluß** *m* clôture *f* du bilan; **~ˌauszug** *m* relevé *m* de bilan; **~ˌbuch** *n* registre *m* des bilans; **~ˌbuchhalter** *m* comptable *m* qui s'occupe du bilan; **2ieren** [-'tsi:-] *v/t. u. v/i.* ⟨*pas de ge-*, h⟩ faire, dresser, établir le bilan (de); **~ierung** [-'tsi:-] *f* ⟨~; ~en⟩ établissement *m* du bilan; **~ˌposten** *m* poste *m* du bilan; **~ˌprüfer** *m* expert-comptable *m*; **~ˌprüfung** *f* vérification *f* du bilan; **2ˌsicher** *adj. Kaufmann* sûr, versé dans l'établissement d'un bilan; **~ˌstichtag** *m* date *f*, jour *m* d'établissement du bilan; **~verˌschleierung** *f* camouflage *m* du bilan; **~ˌwert** *m* valeur *f* figurant au bilan; **~ˌziehung** *f* établissement *m* du bilan.

bilateral [bi·late·'ra:l, 'bi:-] *adj.* bilatéral.

Bilch [bılç] *m* ⟨~(e)s; ~e⟩ *zo.* loir *m*; *pl.* **~e** *sc.* myoxidés *m/pl.*

Bild [bılt] *n* ⟨~(e)s; ~er⟩ **1.** image *f*; (*Photographie*) photo *f*; (*Gemälde, eingerahmtes ~*) tableau *m*; (*Stich, Reproduktion*) gravure *f*; *auf e-r Münze* effigie *f*; **an der Wand hängen ~er** il y a des tableaux au mur; **ein ~ malen** peindre un tableau; **ein ~ beschreiben** décrire un tableau; **aus Zeitschriften ~er ausschneiden** découper des photos, des illustrations, *meist bei Kindern* des images dans des revues; **ein ~ vergrößern lassen** faire agrandir une photo; **~er abziehen lassen** faire tirer des épreuves; **das ~ ist scharf, unscharf** la photo, *auf e-r Leinwand, e-m Bildschirm* l'image est nette, floue; *opt.* **wirkliches, scheinbares ~** image réelle, virtuelle; **2.** *thé.* tableau *m*; **lebende ~er** tableaux vivants; **3.** *sprachliches* image *f*; métaphore *f*; **abgegriffenes, kühnes ~** image banale, 'hardie; **ein ~ gebrauchen** employer une image; **in ~ern sprechen** s'exprimer par des images; **4.** *fig.* **a)** (*Anblick*) **ein ~ des Jammers** une image de la détresse; un tableau de désolation; **ein ~ des Grauens** un tableau d'horreur; **das friedliche ~ e-r Landschaft** le spectacle paisible d'un paysage; *plais.* **ein ~ für Götter** un spectacle impayable; **die Straße zeigt ihr gewohntes ~** la rue montre sa physionomie habituelle, son visage habituel, son aspect habituel; **b)** (*klare Vorstellung*) **sich ein ~ von etw. machen** se faire une idée de qc.; se représenter, se figurer qc.; **(über etw., j-n) im ~e sein** avoir compris (qc.); voir clair (dans qc., au sujet de qn.); être au courant (de qc., au sujet de qn.); savoir à quoi s'en tenir (sur qc., sur qn.); **jetzt bin ich über ihn im ~e** *auch* maintenant je suis édifié sur son compte; (j-m) **ein ~ von etw. geben** donner (à qn.) une image de qc.; **~ˌablenkung** *f télév.* déviation verticale; **~ˌabtastung** *f télév.* balayage *m*, exploration *f* de l'image; **~arˌchiv** *n* photothèque *f*; archives *f/pl.* photographiques; **~ˌaufklärung** *f milit.* reconnaissance *f* photographique; **~band** *m* ⟨~(e)s; ~e⟩ volume *m*, livre *m* de reproductions, de photographies; **2bar** *adj. cf.* **bildsam**; **~ˌbeilage** *f* supplément illustré, en images; **~beˌricht** *m cf.* **Bildreportage**; **~beˌrichterˌstattung** *f* information *f* par l'image; **~beˌschreibung** *f* description *f* de tableaux *bzw.* d'un tableau; **~chen** *n* ⟨~s; ~⟩ (petite) image; **die Kinder sammeln ~** les enfants collectionnent des images; **~dokuˌment** *n* document *m* par l'image; **~ˌebene** *f opt.* plan *m* de l'image; **~ˌeinstellung** *f phot.* cadrage *m.*

bilden ['bıldən] **I** *v/t.* ⟨-ete, h⟩ **1.** (*formen*) former; faire; *künstlerisch* façonner; **e-n Kreis ~** former un cercle; se ranger en cercle; **Spalier ~** faire la haie; **e-n Satz ~** construire, faire une phrase; **die Regierung ~** former le gouvernement; **Figuren aus Wachs ~** façonner des figures en cire; **schön gebildete Hände** des mains bien formées; **ein regelmäßig gebildetes Gesicht** un visage aux traits réguliers; **2.** (*hervorbringen*) produire; *Pflanze* **Ableger ~** produire des stolons, des coulants; **3.** (*darstellen*) constituer; former; **die Grenze ~** constituer, former la frontière; **das Gesprächsthema ~** constituer le sujet de la conversation; **e-n Bestandteil von etw. ~** entrer dans la composition de qc.; former un constituant de qc.; **ein Feuerwerk bildete den Abschluß der Festlichkeiten** les festivités se terminèrent par un feu d'artifice; **4.** *geistig* former; cultiver; **den Geist ~** former, cultiver l'esprit; **den Charakter ~** former le caractère; **Lesen bildet** la lecture forme (l'esprit), cultive; *cf. auch* **gebildet**; **II** *v/réfl.* **sich ~ 5.** se former; **es ~ sich Knospen** des bourgeons se forment; **6.** *geistig* se cultiver; se former; s'instruire; **7. sich ein Urteil ~** se faire une opinion (**über** sur); **~d 1.** *adjt.* **a)** instructif, -ive; enrichissant; éducatif, -ive; **b) ~e Kunst** arts plastiques; beaux-arts; **2.** *advt.* **~ wirken** instruire; cultiver.

Bildentzerrung ['bılt?ɛntˌtsɛrʊŋ] *f phot.* redressement *m*, restitution *f* de l'image, de la vue.

Bilder|bibel ['bıldərˌbi:bəl] *f* bible illustrée, en images; **~ˌbogen** *m* feuille *f* d'images; **~ˌbuch** *n* livre *m* d'images; **~galeˌrie** *f cf.* **Gemäldegalerie**; **~geˌschichte** *f* histoire *f* en images; **~ˌhaken** *m* crochet *m* pour tableaux; **~ˌhandel** *m* commerce *m* d'images, d'estampes; **~ˌhändler(in)** *m(f)* imagier, -ière *m, f*; **~ˌkult** *m relig.* culte *m* des images; iconolâtrie *f*; **~ˌleiste** *f* baguette *f* d'encadrement; **~ˌrahmen** *m* cadre *m* (pour tableaux); **~ˌrätsel** *n* rébus [-y] *m*; **2ˌreich** *adj. Stil etc.* riche en images, en métaphores; imagé; fleuri; **~ˌreichtum** *m rhét.* abondance *f* d'images; **~ˌsammlung** *f* collection *f* de tableaux, de gravures, d'estampes; **~ˌschrift** *f* écriture *f* pictographique; pictographie *f*; **~ˌsprache** *f* langage métaphorique, figuré; **~ˌstreit** *m hist. relig.* querelle *f* des images; iconoclasme *m*; **~ˌsturm** *m hist. relig.* iconoclastie *f*; **~ˌstürmer** *m hist. relig.* iconoclaste *m* (*auch fig.*); **2ˌstürmerisch** *adj.* iconoclaste; **~ˌteppich** *m* tapisserie *f*; **~verˌehrung** *f* vénération *f* des images; iconolâtrie *f.*

Bild|fenster ['bıltˌfɛnstər] *n phot.* fenêtre *f* de l'image, de projection; **~ˌfläche** *f* **1.** *opt.* plan *m* de l'image; **2.** (*Leinwand*) écran *m*; **3.** *fig. u.* F **von der ~ verschwinden** disparaître de la circulation; (**wieder**) **auf der ~ erscheinen** faire son apparition (sa réapparition); **~ˌfolge** *f* suite *f* d'images, de gravures, de photos; *Film* séquence *f*; *techn.* succession *f*, cadence *f* des images; **~forˌmat** *n* format *m* de l'image, de la photo, du tableau, *etc.*; **~freˌquenz** *f télév.* fréquence *f* d'images; **~funk** *m cf.* **~telegraphie**; **~ˌgröße** *f* grandeur *f* de l'image; **~guß** *m* fonte *f* de statues; **2haft** *adj.* imagé; **~e Sprache** langage imagé; **~ˌhaftigˌkeit** *f* ⟨~⟩ *der Sprache* caractère imagé; **~ˌhauer(in)** *m* ⟨~s; ~⟩ (*f*) ⟨~; ~nen⟩ sculpteur [-lt-] *m*, (femme *f*) sculpteur *m*; statuaire *m, f*; **~hauerˌarbeit** *f* (ouvrage *m* de) sculpture [-lt-] *f*; **~haue'rei** *f* ⟨~⟩ sculpture *f*; statuaire *f*; **2ˌhaueˌrisch** *adj.* sculptural [-lt-]; **~hauerˌkunst** *f* art sculptural; *cf. auch* **~hauerei**; **~hauerˌwerkstatt** *f* atelier *m* de sculpteur; **2'hübsch** *adj. cf.* **2schön**; **~kaˌlender** *m* calendrier illustré; **~kraft** *f der Sprache* force *f* des images; **2lich 1.** *adj.* **a)** en images; figuratif, -ive; **~e Darstellung** représentation en images, figurative; **b)** figuré; **~er Ausdruck** expression figurée; **2.** *adv.* **a)** en images; figurativement; **b)** au figuré; **das ist ~ zu verstehen** c'est à comprendre au figuré; **~ gesprochen** au figuré; **~lichˌkeit** *f* ⟨~⟩ **a)** caractère figuratif; **b)** caractère figuré; **~materiˌal** *n* photo(graphie)s *f/pl.*; **~ˌmischer** *m télév.* mélangeur *m* d'images; **~ˌmitte** *f* centre *m* de l'image, de la photo, *etc.*; **~ner** *m* ⟨~s; ~⟩ *st. s.* créateur *m*; *cf. auch* **~hauer**; **2neˌrisch** *adj.* créateur, -trice; **~nis** *n* ⟨~ses; ~se⟩ portrait *m*; *auf Münzen* effigie *f*; **~ˌpostkarte** *f* carte postale illustrée; **~proˌjektor** *m cf.* **Bildwerfer**; **~ˌpunkte** *m/pl. Bildfunk etc.* points *m/pl.* de l'image; **~reporˌtage** *f* reportage illustré, en photos, en images; **~reˌporter** *m* photo-reporter [-ɛ:r] *m*; reporter-photographe *m*; **~ˌröhre** *f télév.* tube-image *m*; tube *m* cathodique; **2sam** *adj.* malléable; souple (*beide auch fig.*); *Ton etc. auch* plastique; **~samˌkeit** *f* ⟨~⟩ malléabilité *f*; souplesse *f*; plasticité *f*; **~ˌsäule** *f* statue *f*; **~ˌschärfe** *f opt.* netteté *f* de l'image; **~ˌschieber** *m am Bildwerfer* passe-vues *m*; **~schirm** *m télév.* écran *m*; **~ˌschnitzer** *m* sculpteur [-lt-] *m* sur bois; **~schnitze'rei** *f* sculpture [-lt-] *f* sur bois; **2'schön** *adj.* beau, belle comme le jour, comme un astre, comme un ange; joli à croquer; **~ˌseite** *f e-r Münze* face *f*; avers *m*; **~stein** *m minéral.* agalmatolit(h)e *f*; **~ˌstelle** *f etwa* cinémathèque *f* et photothèque *f* d'une circonscription scolaire; **~stock** *m relig.* calvaire *m*; **~ˌstörung** *f télév.* interruption *f* de l'image; **~ˌstreifen** *m* pellicule *f*; film *m*; bande *f* de film; **~ˌsucher** *m phot.* viseur *m*; **~ˌtafel** *f in e-m Lexikon etc.* planche *f*; **~teleˌgramm** *n* bélinogramme *m*; **~teleˌgraph** *m* bélinographe *m*; **~telegraˌphie** *f* phototélégraphie *f*; **~ˌteppich** *m* tapisserie *f*;

~-'Ton-ˌKamera *f* caméra-son *f*; **~-überˌtragung** *f* transmission *f* d'images.

Bildung ['bɪldʊŋ] *f* ⟨~; ~en⟩ **1.** (*geistige Formung*) culture *f*; formation *f*; éducation *f*; (*Schul*2) instruction *f*; **literarische, wissenschaftliche, akademische ~** culture, formation littéraire, scientifique, universitaire; **~ haben** avoir de l'éducation; être cultivé; **e-e gute ~ genossen haben** avoir reçu une bonne éducation; **etw. für s-e ~ tun** faire qc. pour sa culture; **2.** *von Knospen, Kristallen, Rauch etc.* formation *f*; **die ~ e-r Regierung** la formation d'un gouvernement; **die ~ neuer Wörter** la formation de nouveaux mots; **3.** *des Gesichts etc.* forme *f*; *gr.* **e-e ~ auf -er** un mot en -er.

Bildungs|anstalt ['bɪldʊŋsˌˀanʃtalt] *f cf.* ~einrichtung; **~ˌarbeit** *f* travail *m* d'éducation; **~beˌdürfnis** *n* besoin *m* de se cultiver, de s'instruire; **2beˌflissen** *adj.* appliqué à se cultiver; **~-ˌdrang** *m* désir *m* de se cultiver, de s'instruire; **~ˌdünkel** *m* fierté *f*, orgueil *m* de sa culture; **~ˌeifer** *m* ardeur *f* à se cultiver, à s'instruire; **2ˌeifrig** *adj. cf.* 2beflissen; **~ˌeinrichtung** *f* établissement *m* d'éducation, d'enseignement; **~erˌlebnis** *n* événement, fait essentiel pour la culture, l'éducation de qn.; **2ˌfähig** *adj.* susceptible d'être cultivé, éduqué; **~ˌfaktor** *m* facteur *m* de culture, d'éducation; **~ˌgang** *m* formation reçue; études poursuivies; **~geˌwebe** *n bot.* méristème *m*; **~ˌgrad** *m* degré *m* d'instruction, de culture; **~ˌgut** *n* bien culturel; **~ˌhunger** *m* soif intellectuelle; **2ˌhungrig** *adj.* affamé, assoiffé de culture; **~ideˌal** *n* idéal *m* de culture; **~instiˌtut** *n cf.* ~einrichtung; **~ˌlücke** *f* lacune *f*; **~-ˌmöglichkeit** *f* possibilité *f* de s'instruire, de se cultiver; **~monoˌpol** *n* monopole *m* de l'enseignement, de l'instruction, de l'éducation; **~niˌveau** *n* niveau *m* d'instruction, de culture; **~phiˌlister** *m péj.* pédant *m*; **~reˌform** *f* réforme *f* de l'enseignement; **~ˌreise** *f* voyage culturel, éducatif; **~roˌman** *m* «Bildungsroman» *m*; roman éducatif; **~ˌschicht** *f* classe cultivée; **~ˌstätte** *f* établissement culturel, d'enseignement; **~ˌstufe** *f cf.* ~grad; **~ˌwärme** *f chim.* chaleur *f* de réaction; **~ˌwert** *m péd.* valeur éducative, instructive; **~-ˌwesen** *n* enseignement *m*.

Bild|unterschrift ['bɪltˌˀʊntərˌʃrɪft] *f* légende *f*; **~verˌzerrung** *f phot.* déformation *f* de l'image, de la vue; **~wand** *f* écran *m*; **~ˌwandler** *m élect.* convertisseur *m* d'images; **~ˌweite** *f opt.* distance (principale) de l'image; **~ˌwerbung** *f* publicité *f* par l'image; **~ˌwerfer** *m* appareil *m* de projection; projecteur *m*; **~werk** *st. s. n* (ouvrage *m* de) sculpture [-lt-] *f*; **~ˌwiedergabe** *f* reproduction *f*; *télév., Film* (qualité *f* de l')image rendue; **~wirke'rei** *f text.* tapisserie *f*; **~ˌwörterbuch** *n* dictionnaire *m* en images; **~ˌzeile** *f télév.* ligne *f* (de l'image); **~zerˌleger** *m* ⟨~s; ~⟩ *télév.* tube analyseur d'images; **~zerˌlegung** *f télév.* analyse *f* de l'image; **~ˌzuschrift** *f* **~en erbeten** unter … écrire à … joindre photo.

Bilge ['bɪlgə] *f* ⟨~; ~n⟩ *mar.* fond *m* de cale.

bilinear [bi·li·ne·'ɑːr, 'biː-] *adj. math.* bilinéaire.

bilinguisch [bi·'lɪŋgu·ɪʃ] *adj.* bilingue.

Billard ['bɪljart] *n* ⟨~s; ~e⟩ billard [-ij-] *m*; **~ spielen** jouer au billard; **~ˌball** *m*, **~ˌkugel** *f* bille [bij] *f*; boule *f* de billard; **~ˌspiel** *n* (jeu *m* de) billard *m*; **~ˌspieler** *m* joueur *m* de billard; **~ˌstock** *m* queue *f* (de billard); **~ˌstoß** *m* coup *m* (de billard); **~ˌtisch** *m* (table *f* de) billard *m*; **~ˌzimmer** *n* salle *f* de billard.

Billett [bɪl'jɛt] *n* ⟨~(e)s; ~e *od.* ~s⟩ *cf.* Fahrkarte *u.* Eintrittskarte.

Billiarde [bɪli·'ardə] *f* ⟨~; ~n⟩ *math.* mille billions.

billig ['bɪlɪç] **1.** *adj.* **a)** *im Preis* bon marché (*inv.*); d'un prix modéré, modique; F *auch* pas cher, chère; **~e Ware** marchandise bon marché, F pas chère; **~e Arbeitskräfte** de la main-d'œuvre bon marché; **e-e ~e Ausgabe** une édition (à) bon marché; **~er** meilleur marché; moins cher; **~er sein** être meilleur marché, moins cher; coûter moins cher; **~er werden** diminuer (de prix); baisser; **das Obst ist bei X am ~sten** les fruits sont les moins chers, coûtent le moins cher, sont les moins coûteux chez X; **b)** *fig. u. péj.* **~e Ausrede** mauvaise excuse; excuse cousue de fil blanc; **~er Vorwand** mauvais prétexte; **~er Trost** piètre consolation; **~er Trick** truc, artifice primitif; **~er Witz** plaisanterie facile; **c)** (*angemessen, gerecht*) juste; équitable; **recht und ~** juste et équitable; **das ist nicht mehr als ~** ce n'est que justice; **was dem e-n recht ist, ist dem anderen ~** il ne doit pas y avoir deux poids et deux mesures; **2.** *adv.* bon marché; à bas prix; F pour pas cher; **am ~sten** au meilleur prix; le moins cher; **~ einkaufen** acheter bon marché, F (pour) pas cher; **~er verkaufen als** … vendre moins cher que, meilleur marché que …; **etw. ~ bekommen** avoir qc. à bas prix, F pour pas cher; **etw. ~ herstellen** fabriquer qc. à bas prix; **man lebt dort ~** la vie y est bon marché; F **~ dabei wegkommen** s'en tirer à bon compte (*auch fig.*); **~en** *v/t.* ⟨h⟩ approuver; consentir à; agréer; **~erˌmaßen, ~erˌweise** *adv.* en toute équité; à juste raison; de bon droit; **2ˌkeit** *f* ⟨~⟩ **1.** *e-s Begehrens etc.* justesse *f*; (*Angemessenheit, Gerechtigkeit*) équité *f*; justice *f*; **die ~ e-r Forderung** la justesse d'une revendication; **aus Gründen der ~** pour des raisons d'équité, de justice; **2.** modicité *f* du prix; bas prix; **2keitsent-ˌscheidung** *f jur.* décision *f* selon l'équité, rendue en équité; **2keitserˌwägung** *f* considération tirée du sentiment de l'équité; **2ung** *f* ⟨~⟩ approbation *f*; consentement *m*; assentiment *m*; agrément *m*; **j-s ~ finden** être approuvé par qn.; obtenir l'approbation de qn.; trouver l'assentiment de qn.; **j-s ~ haben** avoir l'approbation, *etc.* de qn.

Billion [bɪli·'oːn] *f* ⟨~; ~en⟩ *math.* billion *m*.

Bilsenkraut ['bɪlzənˌkraʊt] *n* ⟨~(e)s⟩ *bot.* jusquiame *f*.

Biluxbirne ['biːlʊksˌbɪrnə] *f* ampoule *f* à deux filaments, Bilux.

bim [bɪm] *int.* ding [diŋ]; **~, bam!** ding, dong [diŋdɔŋ]!

Bimetall ['biːmɛˌtal, -'tal] *n techn. cf.* ~streifen; **~ismus** [-'lɪs-] *m* ⟨~⟩ *écon.* bimétallisme *m*; **~ˌstreifen** *m techn.* bilame *f*.

Bimmel ['bɪməl] F *f* ⟨~; ~n⟩ clochette *f*; sonnette *f*; **~ˌbahn** *f* F tortillard *m*; **2n I** *v/i.* ⟨-(e)le, h⟩ sonner; tinter; **II ~n** *n* ⟨~s⟩ tintement *m*.

Bims|beton ['bɪmsbe·ˌtõː, -ˌtɔŋ, -ˌtoːn] *m* béton *m* à la ponce; **2en I** *v/t.* ⟨-(es)t, h⟩ **1.** poncer; passer à la pierre ponce; **2.** *fig. u.* F **j-n ~** dresser qn.; F en faire baver à qn.; **II ~en** *n* ⟨~s⟩ ponçage *m*; **~stein** *m* pierre *f* ponce; **~steinˌseife** *f* savon *m* ponce; savon minéral.

bin [bɪn] *cf.* sein.

binär [bi·'nɛːr] *adj.* binaire; **2sysˌtem** *n math.* numération *f* binaire.

Binde ['bɪndə] *f* ⟨~; ~n⟩ **1.** *chir.* **a)** bande *f*; (*Verband*) bandage *m*; **elastische ~** bande élastique; **b)** (*Arm*2) écharpe *f*; **den Arm in der ~ tragen** avoir le bras en écharpe; **c)** (*Augen*2) bandeau *m*; **2.** (*Arm*2 *der Blinden etc.*) brassard *m*; **3.** *fig. u.* F **e-n hinter die ~ gießen** s'en jeter un derrière la cravate, le faux-col, le colback; se rincer la dalle; **~ˌbogen** *m mus.* liaison *f*; **~ˌfähigkeit** *f chim.* pouvoir liant; **~geˌwebe** *n anat.* tissu conjonctif; **~ˌglied** *n fig.* lien *m*; **~ˌhaut** *f anat.* conjonctive *f*; **~hautentˌzündung** *f méd.* conjonctivite *f*; **~ˌkraft** *f* cohésion *f*; **~ˌmittel** *n cuis., peint., bât.* liant *m*.

bind|en ['bɪndən] **I** *v/t.* ⟨bindet, band, gebunden, h⟩ **1.** attacher; *Garben* lier; *Besen, Kranz, Strauß* faire; *Krawatte, Schal* nouer; *Gefangenen* ligoter; garrotter; F ficeler comme un saucisson; **j-m Hände und Füße ~** attacher les pieds et les mains de qn. (*bzw.* on lui attache …); **fester ~** serrer (davantage); **e-e Pflanze an e-n Pfahl ~** attacher une plante à un tuteur; **ein Tuch um den Hals ~** attacher un foulard autour du cou; **Blumen zu e-m Strauß ~** attacher des fleurs pour en faire un bouquet; *fig.* **j-m etw. auf die Nase ~** raconter, dire qc. à qn.; mettre qn. au courant de qc.; **j-m etw. auf die Seele ~** recommander instamment qc. à qn.; en appeler à la conscience de qn. pour qc.; **j-m die Hände ~** lier les mains à qn.; **2.** *Buchbinderei* relier; *Böttcherei Faß* cercler; relier; *cuis., mus.* lier; *chim.* fixer; *écon. Preise etc.* imposer; contrôler; limiter; *phon.* faire la *bzw.* les liaison(s); **falsch ~** faire une *bzw.* des faute(s) de liaison; faire des pataquès, des cuirs; *plais.* faire des liaisons mal-t-à propos; **Wörter durch e-n Reim ~** lier des mots par une rime; *esc.* **die Klinge ~** lier l'épée; **3.** *fig.* **a)** **j-n ~** lier, engager qn.; **j-n bindet ein Eid, ein Gelübde** un serment, un vœu lie qn.; **j-n vertraglich ~** lier, engager qn. par un contrat *bzw.* traité; **b)** *Mittel* engager; *feindl. Truppen etc.* fixer; retenir; *Gerüche* fixer; **Wasser bindet Staub** l'eau retient la poussière; *cf. auch* **gebunden**; **II** *v/i. Zement, Leim etc.* lier; (*ab*~) prendre; **III** *v/réfl.* **sich ~** s'engager; se lier; **IV 2en** *n* ⟨~s⟩ *e-s Gefangenen* garrottage *m*; ligotage *m*; F ficelage *m*; *e-s Buches* reliure *f*; *e-s Fasses* cerclage *m*; reliage *m*; *cuis.* liaison *f*; *sonst verbal*; *cf. auch* 2ung; **~end** *adjt.* qui engage; obligatoire; **~e Entscheidung** décision qui engage; **etw. als ~ ansehen** considérer qc. comme obligatoire; **für j-n ~ sein** engager qn.; **~e Zusage** engagement *m*; **e-e ~e Zusage machen** s'engager (à); **2er** *m* ⟨~s; ~⟩ **1.** (*Schlips*) cravate *f*; **2.** (*Mäh*2) moissonneuse-lieuse *f*; **3. a)** *charp.* (*Dach*2) ferme *f*; **b)** *bât. Mauerstein* boutisse *f*; **4.** (*Bindemittel*) liant *m*; **2eˌstrich** *m gr.* trait *m* d'union; **2eˌwort** *n* ⟨~(e)s; ~er⟩ *gr.* conjonction *f*; **2ˌfaden** *m* ficelle *f*; *fig.* **es regnet Bindfäden** il pleut à seaux, des 'hallebardes, P comme vache qui pisse; ∽**ung** f ⟨~; ~en⟩ **1.** *innere* lien(s) m (*pl.*); *vertragliche, eidliche* engagement m; **politische, konfessionelle, wirtschaftliche ~** liens politiques, confessionnels, économiques; **die ~ der Menschen an ihre Heimat, Umwelt** les liens, les attaches des hommes à leur pays, à leur milieu; **vertragliche ~** engagement contractuel, par un contrat *bzw.* par un traité; **~ an das Gesetz** engagement, obligation envers la loi; **e-e ~ eingehen** s'engager; se lier; **s-e alten ~en lösen** rompre ses anciens liens; **2.** *von Mitteln* engagement m; *von Truppen, Gerüchen etc.* fixation f; **3. a)** *cuis., mus., chim., phys., phon.* liaison f; *chim.* **chemische ~** liaison chimique; *phys. atom.* **nukleare ~** liaison nucléaire; *phon.* **falsche ~** faute f de liaison; pataquès [-s] m; cuir m; **b)** (*Schi*∽) fixation f; **die ~ ist gerissen** la fixation est cassée; **c)** *text.* armure f; **d)** *esc.* liement m; ∽**ungsˌkräfte** *f/pl. chim., phys.* forces *f/pl.* de liaison.

Bingelkraut ['bɪŋəlˌkraut] n ⟨~(e)s⟩ *bot.* mercuriale f.

binnen ['bɪnən] *prép.* ⟨*dat. od. gén.*⟩ **~ e-s Monats** *od.* **e-m Monat** dans un délai d'un mois; avant un mois; d'ici un mois; **~ Jahresfrist** dans un délai d'un an; **~ e-r Minute** avant une minute; d'ici une minute; **~ 24 Stunden** dans les 24 heures; **~ kurzem** sous peu; ∽... *in Zssgn. meist* intérieur; **~ˌbords** *adv. mar.* à bord; en dedans du bord; ∽**ˌdeich** m digue intérieure; ∽**ˌdeutsche(r)** f (m) Allemand(e) m (f) de l'intérieur; ∽**ˌeis** n *cf.* **Inlandeis**; ∽**fischeˌrei** f pêche f en eau douce; ∽**geˌwässer** *n/pl.* eaux intérieures, continentales; ∽**ˌhafen** m port fluvial; ∽**ˌhandel** m *comm.* commerce intérieur; ∽**ˌland** n **1.** intérieur m (du pays); région continentale; **2.** (*eingedeichtes Land*) terres entourées de digues; ∽**ˌmarkt** m *comm.* marché intérieur; ∽**ˌmeer** n mer intérieure; ∽**ˌreim** m *métr.* rime intérieure; ∽**ˌschiffahrt** f navigation intérieure, fluviale; ∽**ˌstaat** m État continental; ∽**taˌrif** m *comm.* tarif intérieur; ∽**verˌkehr** m circulation intérieure; trafic intérieur; ∽**ˌwanderung** f migration intérieure; mouvement m de la population à l'intérieur d'un pays; ∽**ˌwasserˌstraße** f voie fluviale; ∽**ˌzoll** m douanes intérieures; droits de douane intérieurs.

Binode [biˑˈnoːdə] f ⟨~; ~n⟩ *élect.* binode f.

binokular [biˑnoˑkuˑˈlaːr] *adj.* binoculaire; **~es Sehen** vision binoculaire.

Binom [biˑˈnoːm] n ⟨~s; ~e⟩ *math.* binôme m; ∽**isch** *adj.* **~er Satz** binôme m de Newton.

Binse ['bɪnzə] f ⟨~; ~n⟩ *bot.* jonc m; *fig. u.* F **etw. ist in die ~n gegangen** qc. est fichu, foutu; **~nˌdickicht** n jonchaie f; jonchère f; **~ngeˌflecht** n jonc tressé; **~ngeˌwächse** *n/pl. bot. sc.* joncacées *f/pl.*; **~nˌwahrheit** f, **~nˌweisheit** f vérité f de la Palisse; lapalissade f; *iron.* vérité première.

Bio|chemie [biˑoˑçeˑˈmiː] f biochimie f; chimie f biologique; **~ˈchemiker** m biochimiste m; ∽ˈ**chemisch** *adj.* biochimique; **~geˈnese** f ⟨~; ~n⟩ biogénèse f; ∽**geˈnetisch** *adj.* biogénétique; **~es Grundgesetz** loi biogénétique fondamentale; **~geograˈphie** f biogéographie f; **~ˈgraph** m ⟨~en; ~en⟩ biographe m; **~graˈphie** f ⟨~; -ien⟩ biographie f; ∽ˈ**graphisch** *adj.* biographique; **~klimatoloˈgie** f bioclimatologie f; **~ˈlith** m ⟨~s; ~e⟩ *géol.* biolite f; **~ˈloge** m ⟨~n; ~n⟩ biologiste m; **~loˈgie** f ⟨~⟩ biologie f; *Schulfach* sciences naturelles; **~loˈgieˌunterricht** m enseignement m des, cours *m/pl.* de sciences naturelles; ∽ˈ**logisch** *adj.* biologique; **~meˈtrie** f ⟨~⟩ biométrie f; **~phyˈsik** f biophysique f; **~ˈpsie** f ⟨~; -ien⟩ *méd.* biopsie f; **~ˈsphäre** f biosphère f.

bipolar [biˑpoˑˈlaːr] *adj.* bipolaire; ∽**iˈtät** f ⟨~⟩ bipolarité f.

biquadratisch [biˑkvaˈdraːtɪʃ] *adj. math.* **~e Gleichung** équation bicarrée, du quatrième degré.

Birett [biˑˈrɛt] n ⟨~(e)s; ~e⟩ *égl. cath.* barrette f.

Birk|e ['bɪrkə] f ⟨~; ~n⟩ *bot.* bouleau m; **~engeˌwächse** *n/pl. bot. sc.* bétulacées *f/pl.*; **~enˌhaarwasser** n lotion f capillaire de sève de bouleau; **~enˌholz** n (bois m de) bouleau m; **~enˌpilz** m *bot.* bolet m rude; **~enˌrinde** f écorce f de bouleau; **~enˌspanner** m *zo.* phalène f du bouleau; *sc.* amphidasis m; **~enˌteer** m goudron m de bouleau; **~enˌwald** m forêt f, bois m de bouleaux; **~enˌwäldchen** n boulaie f; bouleraie f; **~enˌwasser** n ⟨~s⟩ *cf.* **~enhaarwasser**; **~enˌzweig** m branche f de bouleau; **~hahn** m *zo.* petit coq de bruyère; coq m des bouleaux; lyrure m; **~huhn** n *zo. sc.* tétras-lyre m.

Birman|e [bɪrˈmaːnə], **~in** m ⟨~n; ~n⟩, f ⟨~; ~nen⟩ Birman(e) m (f); ∽**isch** *adj.* birman.

Birn|baum ['bɪrnbaum] m *bot.* poirier m; **~baumˌholz** n (bois m de) poirier m; **~e** f ⟨~; ~n⟩ **1.** *bot.* poire f; **saftige, weiche, teigige ~** poire juteuse, fondante, blette; F **die ~n blühen** les poiriers fleurissent; **2.** F (*Kopf*) P caboche f; cafetière f; citron m; **3.** *élect.* ampoule f; ∽**enˌförmig** *adj.* en forme de poire; piriforme; **~enˌmost** m *gegorener* poiré m; **~enˌsaft** m jus m de poire; **~kraut** n ⟨~(e)s⟩ *bot.* pirole f; pirola m.

bis [bɪs] **I** *prép.* ⟨*acc.*⟩ *meistens* jusqu'à; *vor einigen Adverbien* jusque; **~ dahin** jusque-là; *zeitlich vorausschauend auch* d'ici là; *zeitlich zurückliegend auch* jusqu'alors; **~ hierher** jusqu'ici; **~ jetzt** jusqu'à maintenant; jusqu'à présent; jusqu'alors; **~ wohin?** jusqu'où?; **~ wann?** jusqu'à quand?; **~ abends spät** jusque tard dans la soirée; **~ heute** jusqu'aujourd'hui; jusqu'à aujourd'hui; **~ gestern** jusqu'à hier; **~ morgen** jusqu'à demain; *bei e-m Termin* avant demain; d'ici demain; **die Arbeit muß ~ morgen fertig sein** le travail doit être terminé avant demain, d'ici demain; **~ Donnerstag** jusqu'à *bzw.* avant jeudi; **~ fünf Uhr arbeiten** travailler jusqu'à cinq heures; **~ fünf Uhr warten** attendre (jusqu'à) cinq heures; **~ gleich!** à tout à l'heure!; **~ bald!** à bientôt!; **~ morgen!** à demain!; **~ heute abend!** à ce soir!; **~ München** jusqu'à Munich; **von Berlin ~ Paris** de Berlin à Paris; **von hier ~ dort(hin) sind es hundert Meter** d'ici jusque là-bas il y a cent mètres; **von oben ~ unten** de haut en bas; **von Kopf ~ Fuß** de la tête aux pieds; de pied en cap; **von A ~ Z** de A à Z; **von früh ~ spät** du matin (jusqu')au soir; **von Weihnachten ~ Ostern, ~ Pfingsten** de Noël à Pâques, à la Pentecôte; depuis Noël jusqu'à Pâques, jusqu'à la Pentecôte; **von Sonntag ~ Dienstag** de dimanche à mardi; depuis dimanche jusqu'à mardi; F **ich gehe ~ hundert Mark** j'irai jusqu'à cent marks; **II** *adv.* **1. ~ an** jusqu'à; **~ an den Rand** jusqu'au bord; **~ ans Ende der Welt** jusqu'au bout du monde; **~ auf den heutigen Tag** jusqu'à aujourd'hui; jusqu'aujourd'hui; **~ auf weiteres** jusqu'à nouvel ordre; **naß ~ auf die Haut** *cf.* **Haut**; **~ gegen** jusque vers; **~ gegen Morgen** jusque vers le matin; **~ in den Garten** jusque dans le jardin; **~ in die Nacht hinein** jusqu'à la nuit; **~ in die späte Nacht hinein** jusque tard dans la nuit; **~ in drei Monaten** d'ici trois mois; **~ ins kleinste** (jusque) dans les moindres détails; **~ nach Paris** jusqu'à Paris; **~ nach China** jusqu'en Chine; **~ nach Brasilien** jusqu'au Brésil; **~ nach Mitternacht** jusqu'à minuit passé; **~ über beide Ohren verliebt sein** *cf.* **Ohr**; **~ um zehn Uhr** jusqu'à dix heures; **~ unter das Dach** jusque sous le toit; **~ vor kurzem** il y a peu de temps (encore); **~ vor wenigen Jahren** il y a quelques années encore; **~ zu** jusqu'à; **~ zum Bahnhof** jusqu'à la gare; **~ zum Abend** jusqu'au soir; **~ zum Oktober** jusqu'en octobre; d'ici (à) octobre; avant octobre; **~ zum Tode** jusqu'à la mort; **~ zur Tollkühnheit** jusqu'à la témérité; **~ zur endgültigen Regelung** jusqu'au règlement définitif; **~ zu zweihundert Anschlägen in der Minute** jusqu'à deux cents frappes à la minute; **2. ~ auf a)** (*ausschließlich*) sauf; excepté; **alle ~ auf zwei** tous sauf deux; **~ auf e-e Ausnahme** à une exception près; **b)** (*einschließlich*) jusqu'à; **sein Geld ~ auf den letzten Pfennig ausgeben** dépenser son argent jusqu'au dernier pfennig, sou; **~ auf den letzten Platz besetzt** occupé jusqu'à la dernière place; **3.** (*zwischen*) **in zwei ~ drei Tagen, Monaten** dans deux ou trois jours, mois; **vier- ~ fünfmal** quatre ou cinq fois; **das kostet drei ~ vier Mark** cela coûte trois ou quatre marks; **das kostet fünf ~ zehn Mark** cela coûte de cinq à dix marks, entre cinq et dix marks; **zehn ~ zwölf Personen** (de) dix à douze personnes; **20 ~ 25 Kilometer** de 20 à 25 kilomètres; **schwache ~ mäßige Winde** vents faibles à modérés; **III** *conj.* jusqu'à ce que... (+ *subj.*); (*bevor*) avant que... (+ *subj.*); avant de... (+ *inf.*); **warten, ~ ...** attendre que... (+ *subj.*), *intensiver* jusqu'à ce que... (+ *subj.*); **ich bleibe, ~ der Regen aufhört** je reste jusqu'à ce que la pluie cesse; **wir suchten so lange, ~ wir es fanden** nous avons cherché jusqu'à tant que nous le trouvions; **es wird lange dauern, ~ er es merkt** cela durera longtemps avant qu'il *od.* jusqu'à ce qu'il s'en aperçoive; **wir können nicht nach Hause gehen, ~ die Arbeit fertig ist** nous ne pouvons pas rentrer à la maison avant que le travail ne soit terminé; **warten Sie, ~ er kommt** attendez qu'il vienne.

Bisam ['biːzam] m ⟨~s; ~e⟩ **1.** (fourrure f du) rat musqué; rat m d'Amérique; **2.** (*Moschus*) musc m; **~ˌkraut** n ⟨~(e)s⟩ *bot.* adoxe m; moscatelline f; **~ˌratte** f *zo.* rat musqué; ondatra m; **~ˌspitzmaus** f *zo.* desman m; *sc.* myogale m.

Bischof ['bɪʃɔf] m ⟨~s; ¨~e⟩ **1.** *relig.* évêque m; **2.** *Getränk* bi(s)chof m.

bischöflich ['bɪʃøːflɪç, -ʃœf-] *adj.*

épiscopal; ~es Palais palais épiscopal; évêché *m.*

Bischofs|amt ['bɪʃɔfsˌʔamt] *n* charge d'évêque, épiscopale; *cf. auch* ~würde; ~ˌ**hut** *m* chapeau *m* d'évêque; ~ˌ**kirche** *f* église épiscopale; cathédrale *f*; ~**konfeˌrenz** *f* conférence épiscopale; ~ˌ**mütze** *f* mitre *f*; ~ˌ**ring** *m* anneau épiscopal, pastoral; ~ˌ**sitz** *m* siège épiscopal; évêché *m*; ~ˌ**stab** *m* crosse *f*; ~ˌ**stuhl** *m* trône épiscopal; ~ˌ**würde** *f* dignité d'évêque, épiscopale; épiscopat *m.*

Bise ['biːzə] *f* ⟨~; ~n⟩ *Wind* bise *f.*

Bisexu|alität [biˑzɛksuˑaliˑ'tɛːt, 'biː-] *f* ⟨~⟩ *biol.* bisexualité *f*; 2**ell** [-'ɛl, 'biː-] *adj.* bis(s)exué; bis(s)exuel, -lle.

bisher [bɪs'heːr] *adv.* jusqu'à présent; jusqu'à maintenant; jusqu'alors; jusqu'ici; jusque-là; ~ **noch nicht** pas jusqu'à présent, *etc.*; **wie** ~ comme par le passé; ~**ig** *adj.* qui a été, existé, *etc.* jusqu'à présent, *etc.*; ~**e Tätigkeit** activité exercée jusqu'à présent, *etc.*; **die** ~**en Erfahrungen** les expériences faites jusqu'à présent, *etc.*; **die** ~**en Ereignisse** les événements survenus jusqu'à présent, *etc.*; **das** ~**e Verfahren** le procédé employé jusqu'à présent; ~**er Präsident, Abgeordneter** *etc.* président, député, *etc.* sortant.

Biskuit [bɪs'kviːt] *n* ⟨~(e)s; ~e⟩ **1.** *cuis.* biscuit *m* de Savoie; **2.** *Porzellan* biscuit *m*; ~ˌ**rolle** *f cuis.* biscuit roulé et fourré; ~ˌ**teig** *m cuis.* pâte *f* à biscuit; ~ˌ**torte** *f cuis.* biscuit *m* de Savoie fourré.

bislang [bɪs'laŋ] *adv. cf.* **bisher.**

Bismarckhering ['bɪsmarkˌheːrɪŋ] *m cuis.* (filet *m* de) hareng mariné.

Bison ['biːzɔn] *m* ⟨~s; ~s⟩ *zo.* bison *m.*

biß [bɪs] *cf.* **beißen.**

Biß [bɪs] *m* ⟨Bisses; Bisse⟩ **1.** *von Tieren* morsure *f*; *von Menschen* coup *m* de dent; **2.** (*Bißwunde*) morsure *f*; *e-r Schlange auch* piqûre *f.*

bißchen ['bɪsçən] *adv.* **ein** ~ un peu; **ein (ganz) klein** ~ un (tout) petit peu; un tant soit peu; **kein** ~! pas le moins du monde!; **ein** ~ **schlafen** dormir un peu; **warte ein** ~! attends un peu!; **ein** ~ **Geld** un peu d'argent; **mit dem** ~ **Geld** avec ce peu d'argent; **mit ein** ~ **Geduld** avec un peu de patience; **ein** ~ **Wein** un peu, un doigt de vin; **ein** ~ **Spanisch können** connaître un peu d'espagnol; **mein** ~ **Latein** mon peu de latin; le peu de latin que je sais; **sein** ~ **Verstand** son peu d'intelligence; le peu d'intelligence qu'il a; **ein** ~ **viel** un peu trop; F un peu beaucoup; **das ist ein** ~ **(zu)viel verlangt** c'est demander un peu trop; **das geht ein** ~ **weit** cela va un peu loin; **ein** ~ **teuer** un peu cher; F chérot; pas rien cher; **ein** ~ **beleidigt** un peu, un rien fâché; **ein** ~ **blöd** un peu bête; bébête; bêta; **ein** ~ **verrückt** un tantinet farfelu; F **(ein)** ~ **flink, dalli, plötzlich!** allez, grouille-toi *bzw.* grouillez-vous!; F **ach, du liebes** ~! ah, mon Dieu!; ah, bonne mère!

Bissen ['bɪsən] *m* ⟨~s; ~⟩ bouchée *f*; morceau *m*; **keinen** ~ **anrühren** ne toucher à rien; **keinen** ~ **hinunterbringen** ne pas pouvoir avaler une bouchée; **e-n** ~ **zu sich nehmen** manger un peu; **ich habe heute noch keinen** ~ **zu mir genommen** je n'ai rien mangé de toute la journée; *fig.* **j-m die** ~ **in den Mund zählen** compter les morceaux à qn.; **sich den** ~ **vom Munde absparen** réduire ses dépenses au minimum; économiser durement; **ein fetter** ~ un beau, joli morceau; 2ˌ**weise** *adv.* par bouchées; par morceaux.

bissig ['bɪsɪç] *adj.* **a)** *Tier* qui mord; méchant; 'hargneux, -euse; **Vorsicht,** ~**er Hund!** attention, chien méchant!; **b)** *fig.* 'hargneux, -euse; mordant; incisif, -ive; caustique; acéré; acerbe; ~**e Worte** *auch* des mots à l'emporte-pièce; ~**e Bemerkungen machen** faire des remarques mordantes, *etc.*; envoyer des piques, des pointes, des flèches; 2**keit** *f* ⟨~⟩ *e-r Bemerkung etc.* mordant *m*; causticité *f*; virulence *f*; *e-r Person* humeur 'hargneuse; acrimonie *f.*

Biß|stelle ['bɪsˌʃtɛlə] *f,* ~ˌ**wunde** *f* morsure *f*; *e-r Schlange auch* piqûre *f.*

bist [bɪst] *cf.* **sein.**

Bister ['biːstər] *m, n* ⟨~s⟩ *Farbe* bistre *m.*

Bistum ['bɪstuːm] *n* ⟨~(e)s; ~er⟩ *égl.* évêché *m.*

bisweilen [bɪs'vaɪlən] *adv.* quelquefois; parfois; de temps en temps; de temps à autre; par moments.

Bitt|ag ['bɪttaːk] *m relig. cath.* jour *m* des Rogations; ~**brief** *m* demande écrite; requête *f*; ~**e I** *f* ⟨~; ~n⟩ demande *f*; prière *f*; sollicitation *f*; requête *f*; *inständige* instances *f/pl.*; **dringende** ~ demande pressante; ~ **um Geld, um Ruhe, um e-e Audienz** demande d'argent, de silence, d'audience; **mit der** ~ **um Rückgabe** (avec) prière de retourner; **ich habe e-e** ~ **an Sie** j'ai une demande, une sollicitation à vous faire; j'ai une prière, une requête à vous adresser; j'ai qc. à vous demander; **e-e** ~ **abschlagen** rejeter, repousser une demande; **e-e** ~ **gewähren** satisfaire à, accéder à une demande; **e-e** ~ **äußern** faire, présenter, exposer, formuler une demande; **auf s-e** ~ **hin** à *od.* sur sa demande; à sa prière; sur ses instances; à sa requête; **II** 2**e** *int.* **a)** *Wunsch* s'il vous plaît *bzw.* s'il te plaît; **nehmen Sie** ~ **Platz!** prenez place, s'il vous plaît; **gib mir doch** ~ **mal die Zeitung!** pourrais-tu me passer le journal, s'il te plaît; ~ **wenden!** tournez, s'il vous plaît; ~ **nicht stören!** prière de ne pas déranger; ~ **zahlen!** l'addition, s'il vous plaît; ~ **nicht!** non! je t'en *bzw.* je vous en supplie!; **b)** *Antwort auf e-n Dank* je vous en prie!; (il n')y a pas de quoi!; pas de quoi!; de rien!; **c)** *Antwort auf e-e Entschuldigung* (il n')y a pas de mal!; ce n'est rien!; **d)** *Antwort auf e-e Bitte* oui! *bzw.* faites (donc)!; **e)** *Bitte um Wiederholung des Gesagten* **(wie)** ~? comment?; F vous dites?; *st. s.* plaît-il?; **f)** *Aufforderung zum Eintreten* entrez, s'il vous plaît; **g)** *enf.* ~, ~ **machen** taper dans ses mains pour demander qc.; **h)** F **na** ~! tu vois!; 2**en I** *v/t. u. v/i.* ⟨**bittet, bat, gebeten, h**⟩ **j-n** ~ prier qn.; demander à qn.; **um etw.** ~ demander qc.; solliciter qc.; **j-n um etw.** ~ demander qc. à qn.; prier qn. de faire qc.; solliciter qc. de qn.; **j-n** ~, **etw. zu tun** prier qn. de faire qc.; demander à qn. de faire qc.; **j-n auf Knien** ~ supplier qn. à deux genoux; **für j-n** ~ intercéder pour qn., en faveur de qn.; **e-n Freund um e-n Dienst** ~ demander un service à un ami; **den Präsidenten um ein Interview** ~ solliciter une interview du président; **j-n um Hilfe** ~ demander l'aide de qn.; demander à qn. son aide; **ich habe ihn um Hilfe gebeten** je lui ai *od.* j'ai demandé son aide; **j-n um Geduld** ~ prier qn., demander à qn. de patienter, de prendre patience; **j-n um ein wenig Geduld** ~ demander un peu de patience à qn.; **j-n um Nachsicht** ~ demander à qn., prier qn. d'être indulgent; **um Asyl** ~ demander asile; **um Erlaubnis** ~ demander la permission; **um Gehör** ~ demander à être entendu; **um Ruhe** ~ demander le silence; **ums Wort** ~ demander la parole; **ich habe ihn darum gebeten** je le lui ai demandé; je l'en ai prié; **j-n zu Tisch** ~ prier qn. de venir déjeuner *bzw.* dîner *bzw.* de passer à table; **j-n zum Tee** ~ prier qn. de venir prendre le thé; **j-n zu sich** ~ mander qn.; **ich bitte Sie zu kommen** je vous prie, je vous demande de venir; **ich möchte Sie** ~, **zu...** je vous prierais, demanderais de...; **dürfte ich Sie** ~, **mir zu helfen?** puis-je vous demander de m'aider?; **ich muß doch sehr** ~!, **aber ich bitte Sie!** je vous en prie!; de grâce!; **wenn ich** ~ **darf** si vous voulez bien; F si ça ne vous fait rien; *Aufforderung zum Tanz* **darf ich** ~? (voulez-vous m'accorder cette danse,) mademoiselle?; **sich nicht lange** ~ **lassen** ne pas se faire prier; ne pas faire de manières, de façons; F ne pas se faire tirer l'oreille; **ich lasse** ~ faites entrer; ~ **und betteln** demander et quémander; **II** ~**en** *n* ⟨~s⟩ **nach langem, auf vieles** ~ à force de prières; après maintes demandes, prières; **alles** ~ **war vergeblich** toutes les prières furent vaines; **sich aufs** ~ **verlegen** se mettre à supplier; 2**end** *adjt.* **e-e** ~**e Gebärde** un geste de supplication.

bitter ['bɪtər] **1.** *adj.* **a)** amer, -ère; ~**e Arznei** médicament amer; **e-n** ~**en Geschmack im Munde haben** avoir un goût amer dans la bouche; **b)** *fig.* amer, -ère; ~**e Enttäuschung** amère, cruelle déception; ~**e Erfahrung** dure, cruelle expérience; ~**e Pille** pilule amère; ~**e Tränen** larmes amères; **sich** ~**e Vorwürfe machen** se faire d'amers reproches; ~**e Wahrheit** amère, cruelle vérité; ~**e Worte** paroles amères; **das ist** ~ c'est dur; **c)** *verstärkend* ~**e Armut, Not** extrême pauvreté; détresse extrême; ~**e Kälte** froid rigoureux; **es ist** ~**er Ernst** c'est très sérieux, du plus 'haut sérieux; **2.** *adv.* **a)** ~ **schmecken** avoir un goût amer; **b)** ~ **enttäuscht** amèrement, cruellement déçu; **c) sich** ~ **über j-n beklagen** se plaindre amèrement de qn.; avoir des paroles très dures pour qn.; **etw.** ~ **nötig haben** avoir bien, extrêmement besoin de qc.; **das wird sich** ~ **rächen** cela se fera amèrement payer; 2ˌ**bier** *n* bière amère; ~'**böse** *adj.* extrêmement méchant; *Person* ~ **werden** se fâcher à mort; **j-m** ~ **sein** en vouloir à mort à qn.; 2**e(r)** *m* ⟨→ A⟩ *Schnaps* bitter *m*; amer *m* des Allemands; 2ˌ**erde** *f chim.* magnésie *f*; oxyde *m* de magnésium [-jɔm]; ~'**ernst** *adj.* très, extrêmement sérieux, -euse; 2ˌ**holz** *n* bois *m* du quassia, de Surinam; ~'**kalt** *adj.* excessivement, très froid; 2ˌ**keit** *f* ⟨~; ~en⟩ amertume *f* (*auch fig.*); ~ **empfinden** éprouver de l'amertume; 2ˌ**klee** *m bot.* trèfle *m* d'eau; ményanthe *m*; 2ˌ**kräuter** *n/pl. bot.* herbes amères; ~ˌ**lich** *adv.* ~ **weinen** pleurer amèrement; *st. s.* verser des larmes amères; *cf. auch* ~; 2ˌ**ling** *m* ⟨~s; ~e⟩ **1.** *zo.* bouvière *f*; **2.** *bot.* chlora [klo-] *f*; **3.** *cf.* 2schwamm; 2ˌ**mandelˌöl** *n* *chim.* huile *f* d'amandes amères; 2-ˌ**mandel**ˌ**seife** *f* savon *m* à l'huile d'amandes amères; 2ˌ**mittel** *n/pl. phm.* amers *m/pl.* (toniques); 2ˌ**nis** *f* ⟨~; ~**se**⟩ *cf.* 2**keit**; 2ˌ**salz** *n chim., phm.* sel amer; sel *m* d'epsom; epsomite *f*; sulfate *m* de magnésium; 2-ˌ**schwamm** *m bot.* bolet amer; 2-ˌ**spat** *m minéral.* magnésite *f*; écume *f* de mer; 2ˌ**stoffe** *m/pl.* substances amères; ~'**süß I** *adj.* douceâtre et amer, -ère; **II** 2ˌ**süß** *n* ⟨~**es**⟩ *bot.* douce-amère *f.*

Bitt|gang ['bɪtgaŋ] *m cf.* ~**prozession**; ~**ge**ˌ**such** *n* requête *f*; ~**prozes·si**ˌ**on** *f relig. cath.* procession *f* des Rogations; ~**schrift** *f* pétition *f*; e-e ~ einreichen faire une pétition; ~-ˌ**steller(in)** *m* ⟨~s; ~⟩ (*f*) ⟨~; ~**nen**⟩ solliciteur, -euse *m, f*; pétitionnaire *m, f*; ~ˌ**woche** *f relig. cath.* semaine *f* des Rogations.

Bitum|en [biˑ'tuːmɛn] *n* ⟨~s; ~ *od.* -mina⟩ *minéral.* bitume *m*; 2**i'nös** *adj.* bitumineux, -euse.

Biwak ['biːvak] *n* ⟨~s; ~s *od.* ~e⟩ bivouac *m*; 2**ieren** [-'kiː-] *v/i.* ⟨*pas de ge-,* h⟩ bivouaquer.

bizarr [biˑ'tsar] *adj. Formen* bizarre; *Einfälle etc. auch* fantasque.

Bizeps ['biːtsɛps] *m* ⟨~**es**; ~**e**⟩ *anat.* biceps [-ps] *m.*

blaffen ['blafən] *v/i.* ⟨h⟩ *cf.* bellen.

Blag [blaːk] *n* ⟨~s; ~**en**⟩ F (*Kind*) môme *m, f*; gosse *m, f*; mioche *m, f*; moutard *m*; mouflet *m*; loupiot *m.*

bläh|en ['blɛːən] **I** *v/t.* ⟨h⟩ *Wind die Segel etc.* gonfler; enfler; **Hülsenfrüchte** ~ les légumes secs ballonnent le ventre; **II** *v/réfl.* **sich** ~ *Segel etc.* se gonfler; s'enfler; **III** 2**en** *n* ⟨~s⟩ *mar.* gonflement *m* (des voiles); 2**ung** *f* ⟨~; ~**en**⟩ *physiol.* ballonnement *m*; flatulence *f*; **an** ~**en leiden** souffrir de ballonnements.

blaken ['blaːkən] *v/i.* ⟨h⟩ *Lampe etc.* filer; fumer.

blam|abel [bla'maːbəl] *adj.* ⟨-bl-⟩ qui fait 'honte à qn.; qui rend qn. ridicule; 2**age** [-'maːʒə] *f* ⟨~; ~n⟩ **das ist e-e** ~ **für ihn** il s'est rendu ridicule en faisant cela; **j-n vor e-r** ~ **bewahren** empêcher qn. de commettre un impair, de se rendre ridicule; **so e-e** ~! quelle 'honte!; ~**ieren I** *v/t.* ⟨*pas de ge-,* h⟩ ridiculiser; tourner en ridicule; rendre ridicule; couvrir de ridicule; faire 'honte à; **II** *v/réfl.* **sich** ~ se rendre ridicule; se ridiculiser; se couvrir de honte, de ridicule; **sich unsterblich** ~ se couvrir de ridicule pour le restant de ses jours.

blanchieren [blɑ̃ˈʃiːrən, blaŋ-] *v/t.* ⟨*pas de ge-,* h⟩ *cuis., Lederfabrikation* blanchir.

blank [blaŋk] **1.** *adj.* **a)** (*glänzend*) (re)luisant; brillant; *Kleidungsstück* (*blankgescheuert*) lustré; ~**e Stiefel** bottes reluisantes; *fig.* **das ist** ~**er Unsinn** c'est de la pure folie; c'est de la folie pure et simple; **b)** (*unbedeckt, bloß*) nu; dénudé; *élect.* ~**er Draht** fil nu, dénudé; **mit der** ~**en Waffe** à l'arme blanche; *fig. u.* F (**völlig**) ~ **sein** (*kein Geld haben*) être à sec, sans un rond, désargenté; être fauché (comme les blés); être raide comme un passe-lacet; *Kartenspiel* **e-e Farbe** ~ **haben** n'avoir qu'une carte d'une couleur; **2.** *adv.* ~ **putzen** faire reluire, briller; astiquer; briquer; *Waffen* fourbir; ~ **scheuern** *Stoff* lustrer; *techn.* ~ **drehen** polir; ~ **glühen** recuire sans oxydation; 2**ett** [-'kɛt] *n* ⟨~(e)s; ~e⟩ acte en blanc, incomplet.

blanko ['blaŋkoˑ] *adv.* en blanc; 2-**ak**ˌ**zept** *n cf.* 2**wechsel**; 2ˌ**fahrschein** *m chem.* billet *m* passe-partout; 2-ˌ**giro** [-ˌʒiː-] *n,* 2**indossa**ˌ**ment** *n comm.* endossement *m* en blanc; 2**kre**ˌ**dit** *m comm.* crédit *m* à découvert, en blanc; 2ˌ**scheck** *m* chèque *m* en blanc; 2ˌ**unterschrift** *f* signature *f* en blanc; 2ˌ**vollmacht** *f* blanc-seing [blɑ̃sɛ̃] *m*; procuration *f* en blanc; *fig.* **j-m** ~ **geben** donner carte blanche à qn.; 2ˌ**wechsel** *m comm.* lettre *f* de change, traite *f* en blanc.

Blank|vers ['blaŋkfɛrs] *m métr.* vers blanc; 2ˌ**ziehen** *v/i.* ⟨*irr., sép.,* -ge-, h⟩ mettre sabre au clair; tirer l'épée; dégainer; mettre flamberge au vent.

Bläschen ['blɛːsçən] *n* ⟨~s; ~⟩ petite bulle; *méd.* vésicule *f*; ~ˌ**ausschlag** *m méd.* éruption vésiculeuse; ~ˌ**flechte** *f méd.* herpès [-s] *m.*

Blase ['blaːzə] *f* ⟨~; ~n⟩ **1.** (*Luft*2, *Seifen*2) bulle *f*; *in Metall, Glas etc.* soufflure *f*; **2.** *méd.* ampoule *f*; cloque *f*; **sich** ~**n laufen** se faire des ampoules, des cloques aux pieds; **etw. zieht** ~**n** des cloques, des ampoules se forment sur qc.; **3.** *anat.* (*Harn*2) vessie *f*; *cf. auch* **Fruchtblase**; **4.** *fig. u.* F **die ganze** ~ toute la bande; toute la clique; tout le tremblement; ~ˌ**balg** *m* ⟨~(e)s; ~e⟩ soufflet *m*; 2**n I** *v/t.* ⟨-(es)t, **bläst, blies, geblasen, blas(e)!,** h⟩ **1.** souffler; **2.** *mus.* **Trompete** ~ jouer de la trompette; **Horn** ~ sonner, jouer du cor; **auf der Flöte** ~ jouer de la flûte; **das Halali** ~ sonner l'hallali; *fig. u.* F **j-m den Marsch** ~ sonner les cloches à qn.; *fig.* **Trübsal** ~ broyer du noir; **3.** *techn.* **Glas** ~ souffler le verre; **II** *v/i.* **4.** *Wind* souffler; **5.** *milit.* sonner (qc.); **zum Angriff** ~ sonner l'attaque, la charge (*auch fig.*); **zum Rückzug** ~ battre en retraite (*auch fig.*); **zum Sammeln** ~ sonner le rassemblement; **III** ~**n** *n* ⟨~s⟩ soufflage *m*; soufflement *m*; *od. verbal*; *von Glas* soufflage *m*; *milit.* sonnerie *f*; *fig.* **von Tuten und** ~ **keine Ahnung haben** *cf.* **Ahnung 2.**; ~**n**ˌ**ausschlag** *m méd.* pemphigus [pɛ̃figys] *m*; ~**n**ˌ**bildung** *f* formation *f* de bulles *bzw.* de soufflures *bzw.* d'ampoules, de cloques; ~**nent**ˌ**zündung** *f cf.* ~**nkatarrh**; ~**ner**ˌ**krankung** *f méd.* affection *f* de la vessie; 2**n**ˌ**förmig** *adj.* en forme de bulle; bulleux, -euse (*auch méd.*); ~**n**-ˌ**füßer** *m/pl. zo.* physapodes *m/pl.*; thysanoptères *m/pl.*; ~**n**ˌ**grieß** *m méd. cf.* **Harngrieß**; ~**nka**ˌ**tarrh** *m méd.* cystite *f*; ~**n**ˌ**keim** *m biol.* blastula *f*; ~**n**ˌ**kirsche** *f bot.* physalis [-s] *m*; 2**n**-ˌ**krank** *adj.* malade de la vessie; ~**n**-ˌ**krebs** *m méd.* cancer *m* de la vessie; ~**n**ˌ**leiden** *n* maladie *f*, affection *f* de la vessie; ~**n**ˌ**mole** *f méd.* môle *f* hydatiforme; ~**n**ˌ**qualle** *f zo.* physophora *m*; ~**n**ˌ**schnitt** *m chir.* incision *f* de la vessie; *sc.* cystotomie *f*; ~**n**-ˌ**schwäche** *f méd.* faiblesse *f*, atonie *f* de la vessie; ~**n**ˌ**spiegel** *m méd.* cystoscope *m*; ~**n**ˌ**sprung** *m Geburt* rupture *f* de la poche des eaux; ~**n**-ˌ**stein** *m* calcul *m* urinaire; ~**n**-ˌ**strauch** *m bot.* baguenaudier *m*; *sc.* colutea *m*; ~**n**ˌ**tang** *m bot.* fucus [-ys] *m*; ~**n**ˌ**wurm** *m zo.* (*Finne*) cysticerque *m*; 2**n**ˌ**ziehend** *adjt. méd.* vésicant.

Bläser ['blɛːzər] *m* ⟨~s; ~⟩ **1.** *mus.* joueur *m* (d'un instrument à vent); **2.** (*Glas*2) souffleur *m* (de verre); **3.** *mines* soufflard *m.*

blasiert [bla'ziːrt] *adj.* blasé; 2**heit** *f* ⟨~⟩ esprit, caractère blasé; désabusement *m.*

blasig ['blaːzɪç] *adj.* bulleux, -euse.

Blas|instrument ['blaːsˀɪnstruˑmɛnt] *n mus.* instrument *m* à vent; ~**ka**-ˌ**pelle** *f* harmonie *f*; orchestre *m* d'instruments à vent; *nur mit Blechblasinstrumenten* fanfare *f*; orphéon *m*; ~**mu**ˌ**sik** *f* musique *f* d'instruments à vent; ~**or**ˌ**chester** *n cf.* ~**kapelle.**

Blasphem|ie [blasfeˑ'miː] *f* ⟨~; -ien⟩ blasphème *m*; 2**isch** [-'feː-] *adj.* blasphématoire.

Blasrohr ['blaːsroːr] *n* **1.** *der Naturvölker, Kinderspielzeug* sarbacane *f*; **2.** *e-r Dampflokomotive* tuyère *f* d'échappement.

blaß [blas] *adj.* ⟨-ss-; **blasser** *od.* **blässer, blassest** *od.* **blässest**⟩ pâle; *pfort.* blême; livide; blafard; ~ **werden** pâlir; *Farben auch* passer; **blasses Gesicht** figure pâle; ~ **vor Zorn** pâle, blême, livide de colère; **blasses Rot** rouge pâle; **blasser Lichtschein** lueur pâle, blafarde; *fig.* **der blasse Neid** la jalousie pure; F **keinen blassen Dunst von etw. haben** *cf.* **Dunst**; ~**blau** *adj.* bleu pâle.

Blässe ['blɛsə] *f* ⟨~⟩ pâleur *f.*

Bläß|huhn ['blɛshuːn] *n zo.* foulque noire; judelle *f*; 2**lich** *adj.* pâlot, -tte; pâlichon, -nne; un peu pâle.

Blastula ['blastuˑla] *f* ⟨~⟩ *biol.* blastula *f.*

Blatt [blat] *n* ⟨~(e)s; ~er *bzw.* 5 ~ Papier⟩ **1.** *bot.* feuille *f*; **Blätter** *von Rüben etc.* fanes *f/pl.*; **die Blätter verlieren** perdre ses feuilles; *poét.* s'effeuiller; **2. a)** *Papier* feuille *f*; **ein** ~ **Papier** une feuille de papier; **fliegende Blätter** feuilles volantes, détachées; *fig.* **er ist ein unbeschriebenes** ~ il n'a pas encore fait parler de lui; il est encore inconnu; **das steht auf e-m anderen** ~ c'est une autre histoire, question; **b)** (*Noten*2) page *f* (de musique); **vom** ~ **spielen** jouer à première lecture, à première vue, à livre ouvert; **c)** (*Kunst*2) gravure *f* (d'art); estampe *f*; **d)** (*Zeitung*) journal *m*; feuille *f*; **e)** (*Spielkarten*) **ein gutes** ~ **haben** avoir un bon jeu; **3.** *e-r Säge etc.* lame *f*; *e-r Axt* fer *m*; **4.** *e-s Ruders* pale *f* (*auch e-s Propellers*); pelle *f*; **5.** *am Mundstück der Oboe etc.* anche *f*; **6.** *Weberei* peigne *m*; ros [ro] *m*; **7.** *ch.* épaule *f*; omoplate *f*; **8.** *fig.* **kein** ~ **vor den Mund nehmen** parler franc(hement), ouvertement, sans détours, sans ambages; dire carrément son avis, sa façon de penser (à qn.); ne pas y aller par quatre chemins; ne pas mâcher ses mots; **das** ~ **hat sich gewendet** la situation s'est renversée; le vent a tourné; ~ˌ**achsel** *f bot. cf.* **Blattwinkel**; ~ˌ**ader** *f bot.* nervure *f*; ~(**t**)**ang** *m bot.* laminaire *f*; 2ˌ**artig** *adj.* ressemblant à une feuille; *bot. auch* foliacé; ~ˌ**bildung** *f bot.* formation *f* de feuilles.

Blättchen ['blɛtçən] *n* ⟨~s; ~⟩ **1.** *bot. etc.* petite feuille; feuillet *m*; *e-s Akazienblattes etc.* foliole *f*; **2.** *Zeitung* petit journal; *péj.* feuille *f* de chou.

Blatter ['blatər] *f* ⟨~; ~n⟩ *méd.* **a)** (*Pockennarbe*) marque *f* de petite vérole; **b)** (*Eiterblase*) pustule *f*; **c)** *pl.* ~**n** petite vérole; variole *f.*

Blätter|dach ['blɛtərˌdax] *n poét.* toit *m* de feuilles; ~**ge**ˌ**bäck** *n cuis.* gâteau feuilleté; 2**ig** *adj.* (*abblätternd*) feuilleté; ~ˌ**magen** *m der Wiederkäuer* feuillet *m*; 2**n** *v/i.* ⟨-(e)re, h⟩ **1.** **in etw.** ~ feuilleter qc.; **2.** ⟨**sein**⟩ **von etw.** ~ *cf.* **abblättern.**

Blatternarb|e ['blatərˌnarbə] *f* marque *f* de petite vérole; 2**ig** *adj.* grêlé; marqué de petite vérole.

Blätter|pilz ['blɛtərˌpɪlts] *m bot.* agaric *m*; **~ˌteig** *m cuis.* pâte feuilletée; **~ˌwald** *m iron.* journaux *m/pl.*; presse *f*.

Blatt|feder ['blatˌfeːdər] *f techn.* ressort *m* à lames; ressort-lame *m*; **~floh** *m zo.* psylle *f*; 2**ˌförmig** *adj.* en forme de feuille; **~ˌfüßer** *m/pl. zo. sc.* phyllopodes *m/pl.*; **~gold** *n* or *m* en feuille, battu; **~grün** *n* chlorophylle [klo-] *f*; **~grund** *m bot.* base *f* de la feuille; **~ˌhalter** *m an e-r Schreibmaschine* tige *f* pour soutenir le papier; **~hornˌkäfer** *m/pl. zo.* coléoptères *m/pl.* lamellicornes; **~ˌkäfer** *m zo.* chrysomèle [kri-] *f*; *pl.* ~ *sc.* chrysomélidés *m/pl.*; **~ˌkaktus** *m bot.* phyllocactus [-ys] *m*; **~ˌknospe** *f* bourgeon *m* à feuilles; **~kohl** *m bot.* (*Futterkohl*) chou fourrager; (*Krauskohl*) chou frisé; **~laus** *f zo.* puceron *m*; 2**los** *adj.* sans feuilles; **~ˌpflanze** *f* plante verte, d'ornement; **~rand** *m* marge *f*; **~ˌrippe** *f* nervure principale; côte *f*; *cf. auch* Blattader; **~ˌroller** *m zo.* rouleur *m*; **~rollˌkrankheit** *f der Kartoffel* maladie *f* de l'enroulement; **~ˌscheide** *f bot.* gaine *f*; **~schuß** *m ch.* coup *m* de feu, balle *f* dans l'épaule; **~ˌsilber** *n* argent *m* en feuille, battu; **~ˌspreite** *f* ⟨~; ~n⟩ *bot.* limbe *m*; **~stand** *m bot.* foliation *f*; **~stiel** *m bot.* pétiole [pesjɔl] *m*; queue *f* de la feuille; 2**ˌweise** *adv.* feuille par *od.* à feuille; **~werk** *n* feuillage *m* (*auch in der Kunst*); **~ˌwespe** *f zo.* tenthrède *f*; **~ˌwinkel** *m bot.* aisselle *f*; **~zinn** *n* étain *m* en feuille.

blau [blaʊ] **I** *adj.* bleu; **~e Augen haben** avoir les yeux bleus; *cf. auch* **Auge**; **das** 2**e Band** le ruban bleu; *poét.* **die ~e Blume** la petite fleur bleue; **~es Blut** sang bleu, noble; **~e Bohne** (*Kugel*) pruneau *m*; *écol.* **~er Brief** lettre d'avertissement pour mauvais travail; **j-m ~en Dunst vormachen** *cf.* **Dunst**; **~er Fleck** *von e-m Schlag, Stoß* bleu *m*; *méd.* ecchymose *f*; **~e Jungs** F (*Matrosen*) cols-bleus *m/pl.*; gars *m/pl.* de la marine; *cuis.* **Karpfen ~** carpe au bleu; **das** 2**e Kreuz** *etwa* la Société d'aide aux alcooliques; **~er Montag** lundi férié, chômé; **du wirst noch dein ~es Wunder erleben** tu en reviendras; tu auras des surprises; tu seras bien étonné; **~ werden, anlaufen** devenir bleu; bleuir; *vor Kälte auch* devenir violacé; **~ schimmern** avoir des reflets bleu(té)s; **~ färben** teindre en bleu; *fig.* **j-n grün und ~ schlagen** rouer qn. de coups; **sich grün und ~ ärgern** se fâcher tout rouge; *fig. u.* F **~ sein** être soûl *od.* saoul, noir, rond, bituré; **~ wie ein Veilchen** complètement soûl, *etc.*; **II** 2 *n* ⟨~s⟩ bleu *m*; couleur bleue; **in ~** en bleu; 2**ˌalgen** *f/pl. bot.* cyanophycées *f/pl.*; **~ˌäugig** *adj.* aux yeux bleus; 2**bart** *m im Märchen* Barbe-Bleue *m*; 2**ˌbeere** *f bot. cf.* **Heidelbeere**; **~ˌblütig** *adj. iron.* de sang bleu; 2**buch** *n dipl.* Livre bleu; 2**druck** *m auf Stoff* impression *f* en bleu laissant des dessins blancs; 2**e** *n* **Fahrt ins ~** excursion-surprise *f*; excursion *f* à destination inconnue; **ins ~ hinein** à l'aveuglette; au hasard; **ins ~ hinein reden** parler en l'air; faire du baratin; baratiner; **das ~ vom Himmel herunterlügen** mentir comme un arracheur de dents.

Bläue ['blɔʏə] *f* ⟨~⟩ *des Himmels* bleu *m*; azur *m*.

blauen ['blaʊən] **I** *v/t.* ⟨h⟩ *Fische* cuire au bleu; **II** *v/i. poét.* bleuir.

bläuen ['blɔʏən] *v/t.* ⟨h⟩ *Wäsche* passer au bleu.

Blau|färbung ['blaʊˌfɛrbʊŋ] *f* coloration *f* en bleu; **~ˌfelchen** *m zo.* corégone *m*; **~fuchs** *m zo.* renard bleu, polaire; isatis [-s] *m*; 2**geˌblümt** *adj.* à fleurs bleues; 2**geˌfroren** *adjt.* bleui, violacé par le froid; 2**geˌstreift** *adj.* à raies bleues; 2**grau** *adj.* gris bleu(âtre); 2**grün** *adj.* vert bleuâtre; glauque; **~hai** *m zo.* requin bleu; **~holz** *n* bois *m* de campêche; **~ˌkehlchen** *n* ⟨~s; ~⟩ *zo.* gorge-bleue *f*; **~kopf** *m zo.* diloba *m* à tête bleue; double oméga *m*; **~kraut** *n* ⟨~(e)s⟩ *cf.* Rotkohl; **~kreuz** *n milit.* gaz irritants.

bläulich ['blɔʏlɪç] *adj.* bleuâtre; bleuté; tirant sur le bleu.

Blaulicht ['blaʊlɪçt] *n der Polizei etc.* signal bleu clignotant.

Bläuling ['blɔʏlɪŋ] *m* ⟨~s; ~e⟩ *zo.* argus [-ys] *m*; *sc.* lycène *f*.

blau|machen ['blaʊˌmaxən] *v/i.* ⟨*sép.*, **-ge-**, h⟩ F (*nicht arbeiten*) ne pas travailler; chômer; *écol.* faire l'école buissonnière (*auch fig.*); 2**ˌmeise** *f zo.* mésange bleue; 2**paˌpier** *n* papier *m* carbone bleu; 2**ˌpause** *f* photocalque bleu; bleu *m*; 2**ˌracke** *f* ⟨~; ~n⟩ *zo.* rollier *m* d'Europe; **~rot** *adj.* rouge tirant sur le bleu; violacé; violet, -tte; 2**ˌsäure** *f chim.* acide *m* cyanhydrique, prussique; 2**säureverˌgiftung** *f* intoxication *f* par l'acide cyanhydrique; **~schwarz** *adj.* noir à reflets bleu(té)s; 2**specht** *m zo.* sittelle *f* d'Europe; torche-pot *m*; 2**stift** *m* crayon bleu; 2**strumpf** *m fig. u. péj.* bas-bleu *m*; 2**sucht** *f* ⟨~⟩ *méd.* cyanose *f*; 2**wal** *m zo.* rorqual bleu; grande baleine bleue.

Blech [blɛç] *n* ⟨~(e)s; ~e⟩ **1.** tôle *f*; (*Weiß*2) fer-blanc *m*; **verzinktes ~** tôle galvanisée; **2.** (*Kuchen*2) tôle *f* (à pâtisserie); **3.** *fig. u.* F (*Unsinn*) bêtises *f/pl.*; sottises *f/pl.*; stupidités *f/pl.*; absurdités *f/pl.*; **~ reden** dire des bêtises, *etc.*; **das ist doch ~** *auch* ça ne rime à rien; **~ˌabfälle** *m/pl.* déchets *m/pl.* de tôle, de fer-blanc; **~beˌarbeitung** *f* usinage *m* de tôles; **~ˌblasinstruˌment** *n mus.* cuivre *m*; **~ˌbüchse** *f cf.* **~dose**; **~dach** *n* toit *m* en tôle; **~ˌdose** *f* boîte *f* en fer-blanc; **~druck** *m* impression *f* sur fer-blanc; **~ˌeimer** *m* seau *m* en tôle, en fer-blanc; 2**en** *v/t. u. v/i.* ⟨h⟩ F (*zahlen*) casquer; cracher; **er mußte ganz schön ~** il a drôlement dû casquer, cracher; 2**ern** *adj.* **a)** de *od.* en tôle; de *od.* en fer-blanc; **b)** *Geräusch* de casserole; **~geˌschirr** *n* vaisselle *f* en fer-blanc; **~instruˌment** *n cf.* **~blasinstrument**; **~ˌkante** *f* arête *f* d'une tôle; **~ˌlehre** *f* jauge *f* pour tôles; **~ˌlöffel** *m* cuiller *f* en fer-blanc; **~muˌsik** *f* musique *f* des cuivres; fanfare *f*; *Kapelle* clique *f*; **~napf** *m* écuelle *f* de fer-blanc; **~ˌschachtel** *f* boîte *f* en fer-blanc; **~ˌschaden** *m* tôles froissées; **~ˌschere** *f* cisailles *f/pl.* (de ferblantier, à tôle); **~schmied** *m* ferblantier *m*; tôlier *m*; **~ˌstraße** *f Walzwerk* train *m* à tôles; **~ˌstreifen** *m* ruban *m*, bande *f* de tôle; **~ˌteller** *m* assiette *f* en fer-blanc; **~ˌtrommel** *f* tambour *m* de tôle; **~verˌkleidung** *f* revêtement *m* en tôle; **~ˌwalzwerk** *n* laminoir *m* à tôles; **~ˌwanne** *f* baquet *m*, bassine *f* en tôle; **~ˌware(n)** *f* (*pl.*) ferblanterie *f*; tôlerie *f*.

blecken ['blɛkən] *v/t.* ⟨h⟩ **die Zähne ~** montrer les dents (*auch fig.*).

Blei[1] [blaɪ] *n* ⟨~(e)s⟩ **1.** *Metall* plomb [-õ] *m*; **aus ~** en plomb; *fig.* **mir liegt es wie ~ in den Gliedern** j'ai du plomb dans les membres; **meine Füße sind schwer wie ~** j'ai du plomb dans les jambes; **2.** ⟨*pl.* ~e⟩ (*Senk*2) fil *m* à plomb; *mar.* plomb *m* (de sonde); **3.** ⟨*pl.* ~e⟩ (*~stift*) crayon *m*; **~**[2] *m* ⟨~(e)s; ~e⟩ *zo.* brème *f*; **~akkumuˌlator** *m élect.* accumulateur *m* au plomb; 2**ˌartig** *adj.* de la nature du, semblable au plomb; **~ˌasche** *f cf.* Bleiglätte; **~bad** *n techn.* bain *m* de plomb; **~baum** *m chim.* arbre *m* de Saturne.

Bleibe ['blaɪbə] *f* ⟨~⟩ gîte *m*; demeure *f*; logis *m*; **e-e ~ suchen** chercher un gîte, une demeure; **keine ~ haben** n'avoir ni feu ni lieu; 2**n** *v/i.* ⟨**bleibt, blieb, geblieben, sein**⟩ rester; **a)** *örtlich* **zu Hause, im Bett ~** rester à la maison, au lit; **~ Sie am Apparat!** ne quittez pas!; **auf s-m Posten ~** rester à son poste; *thé.* **auf dem Spielplan ~** rester dans le répertoire; **in s-n Grenzen ~** rester dans ses limites; **auf der Strecke ~** *Sport* flancher; (*sterben*) rester sur le carreau; F y rester; **ihr Sohn ist im Krieg geblieben** son fils est mort à la guerre, est resté sur le champ de bataille; **sieh zu, wo du bleibst!** je te chasse!; **wo bleibst du?** où es-tu?; **wo bleibt der Sekt?** et où est le champagne?; et le champagne?; **er bleibt so lange!** comme il tarde à venir, à rentrer!; **nicht wissen, wo man ~ soll** ne pas savoir où aller; *st. s.* **hier ist meines** 2**s nicht länger** je ne puis plus rester ici; **Schuster, bleib bei deinem Leisten** *prov.* à chacun son métier *prov.*; **bleibe im Lande und nähre dich redlich** *prov.* là où la chèvre est attachée, il faut qu'elle broute *prov.*; **b)** *Zustand* **gesund, sachlich, ungenannt, unbekannt, allein ~** rester en bonne santé, objectif, anonyme, inconnu, seul; **ernst ~** garder son sérieux; **unbestraft ~** rester, demeurer impuni; **ich bleibe dabei** je reste sur ce que j'ai dit; **ich bleibe dabei, daß ...** je persiste à dire que ...; je maintiens que ...; **dabei wird es nicht ~** l'affaire n'en restera pas là, n'en demeurera pas là; **es bleibt abzuwarten, ob ...** il faut attendre pour savoir si ...; **er ist und bleibt ein Idiot** il est et restera toujours un idiot; **stehen ~** rester debout; **sitzen ~** rester assis; **j-m e-e Antwort schuldig ~** s'abstenir de répondre à qn.; **der alte ~** rester le même; ne pas changer; **das wird ein Rätsel ~** cela restera une énigme; **e-e Frage bleibt offen** une question reste ouverte, pendante; **am Leben ~** rester en vie; survivre; *Sport* **am Ball ~** conserver le ballon; **an der Macht ~** rester au pouvoir; **auf dem laufenden ~** rester au courant; **bei der Wahrheit ~** s'en tenir à la vérité; **bei der Sache ~** ne pas sortir, ne pas s'écarter du sujet; **bei guter Laune ~** rester de bonne humeur; **es bleibt alles beim alten** tout reste comme par le passé; rien n'est changé; **im Amt ~** rester dans ses fonctions; **ohne Folgen ~** n'avoir pas de suites; **das bleibt unter uns** cela reste entre nous; **j-m mit etw. vom Halse ~** ficher la paix à qn. avec qc.; **c)** (*übrig sein*) **es bleibt noch Zeit** (,**etw. zu tun**) nous avons encore le temps (de faire qc.); **es blieb mir keine andere Wahl** il ne me resta pas d'autre choix; **das einzige, was uns noch blieb** la seule chose qui nous restât; 2**nd** *adjt. Eindruck, Erinnerung etc.* durable; 2**nˌlassen** *v/t.* ⟨*irr., sép., pas de ge-*, h⟩ laisser tomber (qc.); **du solltest das Rauchen ~** tu devrais laisser tomber le tabac; wenn du es nicht glauben willst, (so) laß es bleiben! si tu ne le crois pas, laisse tomber *od.* tant pis pour toi!; F laß das bleiben! ne fais pas cela!

bleich [blaiç] *adj.* pâle; blafard (*bes. Licht, Himmel etc.*); livide; blême; ~ wie die Wand, wie Wachs blanc comme un linge; ein ~er Schimmer une lueur blafarde; ~ werden pâlir; devenir blême, livide, blafard; 2e *f* ⟨~; ~n⟩ *für Wäsche* gazon *m* où l'on étend le linge; ~en I *v/t.* ⟨h⟩ *text., jard., Papier* blanchir; *Wäsche auf dem Rasen* blanchir sur pré; exposer sur l'herbe au soleil; herber; sich die Haare ~ lassen se faire décolorer; II *v/i.* ⟨sein; *in Zssgn. auch* blich, geblichen⟩ pâlir; *Haare auch* blondir; se décolorer (*auch Knochen etc.*); III 2en *n* ⟨~s⟩ *text., von Papier* blanchiment *m*; *der Wäsche auf dem Rasen* blanchiment *m* sur pré; 2e'rei *f* ⟨~; ~en⟩ *text.* blanchisserie *f*; 2ge,sicht *n* visage *m* pâle; ~ge,sichtig *adj.* au visage pâle; 2kalk *m cf.* Chlorkalk.

Bleichlorid ['blaiklo·,ri:t] *n chim.* chlorure *m* de plomb.

Bleichmittel ['blaiç,mitəl] *n* produit *m* pour blanchir, de blanchiment; *chim.* décolorant *m*.

Bleichromat ['blaikro·,ma:t] *n* jaune *m* de chrome.

Bleich|soda ['blaiç,zo:da] *f, n* soude *f* à blanchir; ~sucht *f* ⟨~⟩ *path., bot.* chlorose *f*; 2,süchtig *adj.* chlorotique.

blei|ern ['blaiərn] *adj.* 1. de *od.* en plomb; *fig. Hitze etc.* lourd; *Schlaf* de plomb; F wie e-e ~e Ente schwimmen nager comme un fer à repasser, comme un soldat de plomb; 2. *cf.* ~farben; 2erz *n* minerai *m* de plomb; 2,farbe *f chim.* peinture *f* au plomb; ~,farben *adj. Farbe, Himmel* plombé; de plomb; 2ge,wicht *n e-r Standuhr etc.* poids *m*; plomb *m*; 2,gießen *n zu Silvester* coutume *f* de lire l'avenir dans des figures de plomb obtenues en jetant du plomb fondu dans de l'eau; 2glanz *m minéral.* galène *f*; sulfure *m* de plomb; 2glas *n cf.* 2kristall; 2,glätte *f* ⟨~⟩ litharge *f*; ~grau *adj.* couleur de plomb; plombé; ~,haltig *adj.* plombifère; 2,kabel *n* câble *m* sous plomb; 2,kammer *f* chambre *f* de plomb; 2kammerver,fahren *n* procédé *m* de fabrication par les chambres de plomb; 2ko,lik *f path.* colique *f* de plomb; 2kris,tall *m* cristal (artificiel); 2,kugel *f* balle *f* (de *od.* en plomb); 2le,gierung *f* alliage *m* de plomb; 2,mantel *m e-s Kabels etc.* gaine *f*, enveloppe *f* de plomb; 2ni,trat *n* nitrate *m* de plomb; 2o,xyd *n* oxyde *m* de plomb; 2,pflaster *n phm.* diachylon *od.* diachylum [-ki-] *m*; 2,platte *f* plaque *f* de plomb; 2rohr *n* tuyau *m* de *od.* en plomb; 2salz *n* sel *m* de plomb; 2schrot *m, n* plombs *m/pl.*; ~schwer *adj.* lourd (comme du plomb); 2sol,dat *m* soldat *m* de plomb; 2spat *m minéral.* cérusite *f*; 2stift *m* crayon *m* (noir); mit ~ schreiben écrire au crayon; 2stift,(an)spitzer *m* taille-crayon *m*; 2stift,hülse *f* capuchon *m* de crayon; 2stift,mine *f* mine *f* de crayon; 2stiftno,tiz *f* note *f* au crayon; 2stift,skizze *f* esquisse *f* au crayon; 2stift,spitzma,schine *f* machine *f* à tailler les crayons; 2stift,stummel *m* bout *m* de crayon; 2stiftver,längerer *m* ⟨~s; ~⟩ porte-crayon *m*; rallonge *f* de crayon; 2stift,zeichnung *f* dessin *m* au crayon (noir); 2sul,fat *n chim.* sulfate *m* de plomb; 2ver,bindung *f* composé *m* du plomb; 2ver,giftung *f path.* saturnisme *m*; 2ver,glasung *f* résille *f*; 2,wasser *n phm.* eau blanche; 2weiß *n* céruse *f*; blanc *m* d'argent, de plomb; 2wurz *f* ⟨~⟩ *bot.* dentelaire *f*; 2,zucker *m chim.* acétate *m* neutre de plomb.

Blend|arkade ['blɛntʔar,ka:də] *f*, ~,bogen *m bât.* arcade feinte, aveugle; ~e *f* ⟨~; ~n⟩ 1. *opt., phot.* diaphragme *m*; die ~ einstellen régler le diaphragme; bei ~ acht avec une ouverture de huit; 2. *cout.* garniture *f*; 3. *bât.* arcade feinte, aveugle; 4. *Schießstand* murs latéraux de protection; 5. *minéral., chim.* blende [blɛ̃d] *f*; 2en I *v/t.* ⟨-ete, h⟩ 1. éblouir (*auch fig.*); aveugler; er war von ihrer Schönheit geblendet il était ébloui par sa beauté; sich (nicht) durch Ruhm ~ lassen (ne pas) se laisser éblouir par la gloire; *péj.* er blendet alle il fait de l'épate; 2. *hist.* (*des Augenlichts berauben*) rendre aveugle; aveugler; priver de la vue; II ~en *n* ⟨~s⟩ *cf.* ~ung; 2end 1. *adjt.* a) *Licht etc.* aveuglant; éblouissant; ~ weiß d'une blancheur éblouissante, éclatante, aveuglante; b) *fig. u.* F (*auffallend gut*) *Erfolg, Redner etc.* éblouissant; fantastique; e-e ~e Idee une idée lumineuse, de génie; er ist e-e ~e Erscheinung il (re-)présente vraiment bien; 2. *advt.* mir geht es ~ ça va formidablement bien; wir haben uns ~ amüsiert nous nous sommes drôlement bien amusés; ~ aussehen avoir une mine magnifique; ~en,einstellung *f phot.* réglage *m* du diaphragme; ~en,öffnung *f phot.* ouverture *f* du diaphragme; ~er *m* ⟨~s; ~⟩ *fig. u.* F personne *f* qui fait de l'épate; bluffeur [blœ-] *m*; 2frei *adj.* anti-éblouissant; ~la,terne *f* lanterne sourde; ~,rahmen *m peint.* cadre *m*; *bât.* (bâti *m*) dormant *m*; *e-r Tür* bâti *m*; ~schirm *m* visière *f*; ~schutz *m Auto* pare-soleil *m*; ~stein *m bât.* pierre *f* de parement; ~ung *f* ⟨~⟩ éblouissement *m* (*auch fig.*); *od. verbal*; ~werk *n fig. u. péj.* tromperie *f*; supercherie *f*; trompe-l'œil *m*.

Blennorrhöe [blɛno·'rø:] *f* ⟨~; ~n⟩ *méd.* blennorragie *f*.

Blesse ['blɛsə] *f* ⟨~; ~n⟩ 1. (*weißer Stirnfleck*) tache blanche; 2. *Pferd* cheval *m* qui a une tache blanche sur le *od.* au chanfrein.

bleu [blø:] *adj.* ⟨*inv.*⟩ bleu.

Blick [blik] *m* ⟨~(e)s; ~e⟩ 1. regard *m*; sein ~ fiel auf das Buch son regard tomba, se posa sur le livre; s-n ~ auf etw. richten diriger son regard vers qc.; porter ses regards vers qc.; s-n ~ von etw. abwenden détourner son regard, sa vue, ses yeux de qc.; s-e ~e über etw. schweifen lassen promener, laisser errer ses regards sur qc.; die ~e auf sich ziehen attirer les regards sur soi; den ~ senken baisser les yeux; mit e-m ~ die Lage überschauen voir la situation d'un seul coup d'œil; e-n ~ auf j-n, etw. werfen jeter un regard sur qn., sur qc.; j-m e-n vielsagenden, aufmunternden, bösen, wütenden ~ zuwerfen jeter à qn. un regard qui en dit long, encourageant, mauvais, furieux; j-n mit den ~en durchbohren transpercer qn. du regard; mit j-m ~e tauschen échanger des coups d'œil avec qn.; etw. auf den ersten ~ sehen voir qc. au premier coup d'œil; auf den ersten ~ könnte man glauben ... à première vue, de prime abord, au premier abord on pourrait croire que ...; Liebe auf den ersten ~ coup *m* de foudre; j-s ~ auffangen rencontrer le regard de qn.; j-n mit s-n ~en messen mesurer qn. du regard; wenn ~e töten könnten! s'il avait pu nous fusiller du regard!; 2. (*Aussicht*) coup *m* d'œil; vue *f*; mit ~ auf avec vue sur; von hier aus hat man e-n schönen ~ auf die Vogesen d'ici on a une belle vue, un beau coup d'œil sur les Vosges; 3. (*Augenausdruck*) yeux *m/pl.*; er hat e-n bösen, verschlagenen, offenen ~ il a des yeux, un regard méchant(s), malin(s), franc(s); er hat e-n treuen ~ il a de bons yeux; in s-m ~ las ich s-e Ablehnung je lus un refus dans ses yeux; 4. e-n ~ für etw. haben avoir le coup d'œil pour qc.; er hat den richtigen ~ dafür gehabt il a eu le coup d'œil pour cela; 2en *v/i.* ⟨h⟩ auf j-n, etw. ~ regarder qn., qc.; aus dem Fenster ~ regarder par la fenêtre; zu Boden, zur Erde ~ regarder par *od.* à terre; *beschämt* baisser les yeux; nach rechts, links ~ regarder à droite, à gauche; die Sonne blickt durch die Wolken le soleil regarde à travers les nuages; finster, freundlich ~ avoir l'air sombre, aimable; *fig.* das läßt tief ~ cela révèle pas mal de choses; F sich ~ lassen se montrer; apparaître; laß dich ja nicht wieder ~! ne réapparais jamais!; ~fang *m* das ist ein ~ cela accroche les regards; ~feld *n opt.* champ visuel; in j-s ~ stehen être vu par qn.; être dans le champ visuel de qn.; in j-s ~ kommen, treten apparaître dans le champ visuel de qn.; *fig.* aus j-s ~ verschwinden disparaître aux yeux de qn.; ~punkt *m fig.* im ~ des Interesses stehen être au centre de l'intérêt, de l'actualité; im ~ der ganzen Welt stehen être le point de mire du monde entier; *cf. auch* Gesichtspunkt; ~,richtung *f* direction *f* du regard; ~,winkel *m* angle visuel; ich habe ihn aus dem ~ verloren je l'ai perdu de vue.

blieb [bli:p] *cf.* bleiben.

blies [bli:s] *cf.* blasen.

blind [blint] 1. *adj.* aveugle; *bât. auch* orbe; faux, fausse; *Metall, Glas etc.* terne; auf e-m Auge ~ borgne; ~er Fleck *im Auge* tache aveugle; papille optique; ~er Alarm fausse alerte; ~er Gehorsam obéissance aveugle; ~es Fenster fausse fenêtre; ~er Passagier passager clandestin; ~er Schuß coup à blanc; ~er Haß, ~e Wut 'haine, colère aveugle; ~ sein être aveugle; *fig. auch* avoir un bandeau sur les yeux, un voile devant les yeux; ~ werden devenir aveugle; perdre la vue; *Glas etc.* se ternir; in ~em Vertrauen handeln agir avec une confiance aveugle, les yeux fermés; ~er Eifer schadet nur *prov.* il ne faut pas pécher par excès de zèle; trop de zèle nuit; 2. *adv.* aveuglément; j-m ~ vertrauen faire confiance aveuglément à qn.; (die) Liebe macht ~ l'amour rend aveugle; ~ drauflosschlagen frapper aveuglément; F taper dans le tas; *cf. auch* ~lings; 2,boden *m bât.* faux plancher; 2darm *m anat.* cæcum [sekɔm] *m*; (*Wurmfortsatz*) appendice [-ɛ̃-] *m*; am ~ operiert werden être opéré de l'appendicite; 2darment,zündung *f méd.* typhlite *f*; (*Wurmfortsatzentzündung*) appendicite [-ɛ̃-] *f*; 2darmoperati,on *f* opération *f* de l'appendicite; 2druck *m impr.* impression *f* sans encre; 2e(r) *f(m)* ⟨→ A⟩ aveugle *m, f*; F das sieht doch ein ~r il faudrait être aveugle pour ne pas voir cela; c'est évident; von etw. wie ein ~r von der Farbe reden juger d'une chose comme un aveugle des couleurs; unter den ~n ist der Einäugige König *prov.* au royaume des aveugles les borgnes sont rois *prov.*; **2eˌkuh** *f Kinderspiel* ~ spielen jouer à colin-maillard *m*; **2enˌanstalt** *f* institut *m* pour aveugles; **2enˌbrille** *f* lunettes *f/pl.* pour aveugle; **2enˌfürsorge** *f* assistance *f*, secours *m* aux aveugles; **2enˌhund** *m* chien *m* d'aveugle; **2enˌschrift** *f* écriture *f*, caractères *m/pl.* Braille; **2enˌuhr** *f* montre *f* à l'usage des aveugles; **2enˌzeitung** *f* journal *m* à l'usage des aveugles; **~ˌfliegen I** *v/i.* ⟨*irr.*, *sép.*, -ge-, sein⟩ voler sans visibilité; **II 2ˌfliegen** *n* pilotage *m* sans visibilité; **2flug** *m* vol *m* sans visibilité; **2ˌgänger** *m* ⟨~s; ~⟩ bombe, *etc.* non éclatée; **~geˌboren** *adjt.* aveugle de naissance; **2heit** *f* ⟨~⟩ cécité *f*; *fig.* aveuglement *m*; mit ~ geschlagen sein être aveugle (*auch fig.*); **2ˌlandung** *f aviat.* atterrissage *m* sans visibilité; **2ˌleistung** *f élect.* puissance réactive, déwattée; **~lings** *adv.* aveuglément; tête baissée; ~ zuschlagen frapper aveuglément; j-m ~ gehorchen obéir aveuglément à qn.; ~ in sein Unglück rennen courir aveuglément au-devant d'un malheur; ~ zustimmen donner son consentement aveugle; **2maus** *f zo.* rat-taupe *m*; *sc.* spalax *m*; **2ˌröhre** *f élect.* tube *m* de réactance; **2schacht** *m mines* faux puits *m*; puits intérieur; bure *f*; **2ˌschleiche** *f* ⟨~; ~n⟩ *zo.* orvet *m*; serpent *m* de verre; **~ˌschreiben** *v/i.* ⟨*irr.*, *sép.*, -ge-, h⟩ *auf der Schreibmaschine* taper en aveugle; **2spiel** *n Schach* partie *f* d'échecs jouée sans regarder; **2start** *m aviat.* décollage *m* sans visibilité; **2strom** *m élect.* courant réactif, déwatté; **2ˌwiderstand** *m élect.* réactance *f*; **~ˌwütig** *adj.* d'une colère aveugle.

blink|en ['blɪŋkən] **I** *v/i.* ⟨h⟩ **1.** *Metall, Gläser etc.* étinceler; scintiller; **2.** *Warnlichter* clignoter; *Leuchtturm* éclairer par intermittences; **II 2en** *n* ⟨~s⟩ **3.** étincellement *m*; scintillement *m*; **4.** *von Warnlichtern* clignotement *m*; *des Leuchtturms* éclairement *m* par intermittences; **2er** *m* ⟨~s; ~⟩ **1.** *Auto* clignotant *m*; **2.** *Angel* cuiller *od.* cuillère *f*; **2erˌhebel** *m Auto* commande *f* du clignotant; **2erkonˌtrollˌlampe** *f Auto* lampe *f* témoin du clignotant; **2ˌfeuer** *n mar.* feu *m* à éclairage intermittent, à éclats, à éclipses; **2geˌrät** *n* appareil *m* de signalisation optique; **2licht** *n an Bahnübergängen etc.* feu clignotant; *Auto* clignotant *m*; **2lichtˌanlage** *f* feu clignotant; **2ˌzeichen** *n* signal lumineux.

blinzeln ['blɪntsəln] **I** *v/i.* ⟨-(e)le, h⟩ cligner des yeux; er blinzelt in die Sonne il cligne des yeux en regardant le soleil; sie blinzelte verschlafen elle cligna des yeux encore à moitié endormie; als Antwort blinzelte er nur mit e-m Auge pour toute réponse il cligna de l'œil; **II 2** *n* ⟨~s⟩ clignement *m*, clignotement *m* des yeux.

Blitz [blɪts] *m* ⟨~es; ~e⟩ *als Lichterscheinung* éclair *m*; (*Blitzschlag*) foudre *f*; ~ und Donner folgten kurz aufeinander l'éclair fut suivi immédiatement d'un coup de tonnerre; in X hat der ~ eingeschlagen la foudre est tombée à X; vom ~ getroffen werden être frappé par la foudre; être foudroyé (*auch fig.*); vom ~ erschlagen werden être foudroyé; die Nachricht schlug ein wie der ~ la nouvelle a éclaté comme un coup de tonnerre; *fig.* wie ein ~ aus heiterem Himmel kommen éclater comme un coup de tonnerre; F wie ein geölter ~ avec la rapidité de l'éclair; comme une flèche; à une vitesse vertigineuse; F potz ~! mille tonnerres!; tonnerre de Dieu!; tonnerre de Brest!; **~ˌableiter** *m* paratonnerre *m*; **~ˌangriff** *m milit.* attaque *f* éclair; **2ˌartig 1.** *adj.* de l'éclair; **2.** *adv.* comme l'éclair; comme une flèche; **~beˌsuch** *m pol.* visite *f* éclair; **2'blank** *adj.* reluisant; bien astiqué; F nickel; **2en I** *v/i. u. v/imp.* ⟨-(es)t, h⟩ **1.** es blitzt il fait des éclairs; je vois, on voit un *bzw.* des éclair(s); es blitzt dauernd les éclairs se succèdent; **2.** *Metall etc. in der Sonne* étinceler; briller; das Messer blitzt in s-r Hand le couteau étincelle dans sa main; es blitzt vor Sauberkeit in ihrer Küche tout brille, étincelle de propreté dans sa cuisine; s-e Augen ~ vor Zorn ses yeux flamboient de colère, lancent des éclairs; *fig. u.* F es blitzt (*der Unterrock guckt hervor*) elle cherche une belle-mère; **II ~en** *n* ⟨~s⟩ éclairs *m/pl.*; *von Gegenständen in der Sonne* étincellement *m*; **~esˌschnelle** *f* in, mit ~ avec la rapidité de l'éclair; **~geˌspräch** *n tél.* entretien *m*, conversation *f* téléphonique éclair; **~krieg** *m* guerre *f* éclair; **~licht** *n phot.* flash [flaʃ] *m*; **~lichtˌanschluß** *m* contact *m* du flash; **~lichtˌaufnahme** *f* photo *f* au flash; **~lichtbatteˌrie** *f* batterie *f* du flash; **~lichtˌbirne** *f* lampe-éclair *f*; **~lichtgeˌrät** *n* flash *m*; *mit Elektronenblitz* flash *m* électronique; **~offenˌsive** *f* offensive *f* éclair; **~ˌröhren** *f/pl. im Sand* fulgurites *f/pl.*; **2'sauber** *adj.* éclatant, étincelant de propreté; rutilant; F nickel; **~ˌschaden** *m* dégâts causés par la foudre; **~schlag** *m* foudre *f*; **2'schnell 1.** *adj.* rapide comme l'éclair; fulgurant; e-e ~e Entscheidung une décision ultra-rapide; **2.** *adv.* en un rien de temps; F en moins de rien; er hatte ~ begriffen, daß... il eut compris rapidement, en moins de rien, en un rien de temps que...; *Nachricht etc.* sich ~ verbreiten se répandre comme une traînée de poudre; **~schutz** *m techn.* parafoudre *m*; **~sieg** *m* victoire *f* éclair; **~spurt** *m Sport* démarrage foudroyant; sprint *m*; enlevage *m* éclair; **~strahl** *m* éclair *m*; **~teleˌgramm** *n* télégramme *m* ultra-rapide.

Block [blɔk] *m* ⟨~(e)s; ~e⟩ **1.** *aus Stein, Holz, Metall etc.* bloc *m*; *métall.* lingot *m*; **2.** ⟨*pl.* ~s⟩ (*Häuser2*) pâté *m* de maisons; **3.** *pol.*, *écon.* bloc *m*; e-n ~ bilden faire bloc; former un bloc; **4.** ⟨*pl.* ~s *od.* ~e⟩ *Papier* bloc *m*.

Blockade [blɔ'kaːdə] *f* ⟨~; ~n⟩ **1.** *milit.*, *écon.* blocus [-ys] *m*; die ~ verhängen décréter le blocus (über de); die ~ brechen forcer le blocus; die ~ aufheben lever le blocus; **2.** *impr.* blocage *m*; **~ˌbrecher** *m mar.* forceur *m* de blocus; **~ˌzustand** *m* blocus *m*; Aufhebung des ~es levée *f* du blocus.

block|en ['blɔkən] *v/t.* ⟨h⟩ *Boxsport Schläge* contrer; **2ˌflöte** *f mus.* flûte *f* à bec; **~frei** *adj. pol.* non-engagé; die ~en Staaten *auch* le tiers monde; **2haus** *n* maison faite de troncs d'arbres, de rondins.

blockier|en [blɔ'kiːrən] *v/t.* ⟨*pas de ge-*, h⟩ *chem.*, *comm.*, *impr.* bloquer; *Straße* obstruer; **~t** *adjt.* bloqué; *comm. auch* gelé; **2ung** *f* ⟨~; ~en⟩ *chem.*, *impr.*, *techn.* blocage *m*; *e-r Straße etc.* obstruction *f*.

Block|konstruktion ['blɔkkɔnstrʊktsiˌoːn] *f* construction *f* monobloc; **~ˌmotor** *m* moteur *m* monobloc; **~sberg** *m* F j-n auf den ~ wünschen vouloir que qn. soit à cent lieues (d'ici); **~schokoˌlade** *f* chocolat *m* à cuire; **~schrift** *f* caractères *m/pl.* d'imprimerie; (lettres *f/pl.*) capitales *f/pl.*; in ~ schreiben écrire en caractères d'imprimerie, en capitales, *par ext.* en script [-pt]; **~siˌgnal** *n chem.* signal *m* de bloc; sémaphore *m*; **~ˌstelle** *f chem.* poste *m* sémaphorique; **~ˌstrecke** *f chem.* section *f* de bloc; **~sysˌtem** *n chem.* bloc-système *m*; **~ˌwärter** *m chem.* sémaphoriste *m*.

blöd|(e) [bløːt, 'bløːdə] *adj. u. adv.* **a)** idiot (*auch path.*); bête; stupide; imbécile; er lachte ~ il rit bêtement, stupidement, d'un air idiot, bête; P so ein ~er Hund! quel idiot!; quel imbécile!; P quel corniaud!; F e-e ~e Gans une idiote; une imbécile; **b)** *Fehler, Text etc.* idiot; **c)** (*ungeschickt*) bête; F stell dich nicht so ~ an! ne sois pas si bête!; F du bist doch sonst nicht so ~! tu n'es pourtant pas si bête d'habitude!; tu es plus débrouillard que ça d'habitude!; **d)** F (*unangenehm*) e-e ~e Situation une situation idiote; es ist zu ~, daß... c'est trop bête de...; **~eln** F *v/i.* ⟨-(e)le, h⟩ dire, raconter des bêtises, des idioties [-si], des sottises; **2ˌhammel** *m* P *cf.* **2mann**; **2heit** *f* ⟨~⟩ imbécillité *f*; stupidité *f*; idiotie [-si] *f*; **2mann** P *m* ⟨~(e)s; ~er⟩ idiot *m*; imbécile *m*; P corniaud *m*; **2sinn** *m* ⟨~(e)s⟩ sottise *f*; bêtise *f*; idiotie [-si] *f*; stupidité *f*; imbécillité *f*; ~ reden dire des bêtises, *etc.*; die Kinder machen lauter ~ les enfants ne font que des bêtises, *etc.*; mach keinen ~! ne fais pas de bêtises!; pas de blagues!; blühender ~ inepties [-si] *f/pl.*; absurdités *f/pl.*; höherer ~ absurdité *f* à un degré supérieur; **~ˌsinnig 1.** *adj.* F e-e ~e Hitze une chaleur épouvantable, terrible, d'enfer, torride; *cf. auch* ~(e); **2.** *adv.* F terriblement; énormément; follement; es ist ~ heiß il fait une chaleur épouvantable, *etc.*

blöken ['bløːkən] **I** *v/i.* ⟨h⟩ *Schaf* bêler; **II 2** *n* ⟨~s⟩ bêlement *m*.

blond [blɔnt] *adj.* blond; *Kinder auch* blondinet, -tte; der, die 2e le, la blond(e); F ~es Gift pin-up [pinœp] blonde; **~geˌlockt** *adj.* aux boucles blondes; aux cheveux blonds bouclés; **~ˌhaarig** *adj.* aux cheveux blonds; blond; **~ieren** [-'diː-] *v/t.* ⟨*pas de ge-*, h⟩ *Haare* oxygéner; décolorer; **2ine** [-'diː-] *f* ⟨~; ~n⟩ blonde *f*; **2kopf** *m* blondinet, -tte *m*, *f*.

bloß [bloːs] **1.** *adj.* **a)** (*nackt*) nu; auf der ~en Haut à même la peau; sur la peau nue; mit ~en Füßen nu-pieds; pieds nus; mit ~en Händen les mains nues; mit ~em Kopf nu-tête; tête nue; mit ~em Auge à l'œil nu; auf der ~en Erde à même le sol; F sur la dure; **b)** (*einfach, allein*) simple; seul; der ~e Gedanke la seule, simple pensée; la pensée seule; rien que la pensée; e-e ~e Handbewegung un simple mouvement de la main; der ~e Anblick la vue seule; **2.** *adv.* (*nur*) seulement; uniquement; simplement; ~ ich moi seul; ~, um ihr zu gefallen seulement, uniquement pour lui plaire; wenn ich ~ daran denke rien que d'y penser; wie ist er ~ hierhergekommen? comment donc est-il venu ici?; **ich habe ihn ~ berührt** je n'ai fait que le toucher; **ich will ihn ~ sehen** je veux simplement le voir; **das sagen Sie ~ so** vous ne parlez pas sérieusement; **~ aus Spaß** seulement pour plaisanter.

Blöße ['blø:sə] *f* ⟨~; ~n⟩ nudité *f*; *esc.* partie découverte; *fig.* point faible; **sich e-e ~ geben** *esc.* se découvrir; donner prise à son adversaire; *fig.* montrer le défaut de la cuirasse; **bei j-m e-e ~ entdecken** découvrir un point faible chez qn.; *st. s.* **s-e ~(n) bedecken** couvrir sa nudité.

bloß|legen ['blo:s,le:gən] *v/t.* ⟨*sép.*, -ge-, h⟩ mettre à nu; dégager; *Fehler, Mängel* montrer; révéler; mettre à jour; **ˌlegung** *f* ⟨~⟩ mise *f* à nu; dégagement *m*; *von Mängeln etc.* mise *f* à jour; révélation *f*; **~ˌliegen** *v/i.* ⟨*irr.*, *sép.*, -ge-, h⟩ *Kleinkind* être découvert; **~ˌstellen I** *v/t.* ⟨*sép.*, -ge-, h⟩ couvrir de honte *bzw.* de ridicule; **j-n öffentlich ~** couvrir qn. publiquement de honte *bzw.* de ridicule; **II** *v/réfl.* **sich ~** se couvrir de honte *bzw.* de ridicule; **ˌstellung** *f* ⟨~⟩ *verbal*; **~ˌstrampeln** *v/réfl.* ⟨-(e)le, *sép.*, -ge-, h⟩ **sich ~** se découvrir.

Blouson [blu'zõ:, -'zɔŋ] *m* ⟨~s; ~s⟩ *cout.* blouson *m.*

blubbern ['blubərn] **I** *v/i.* ⟨-(e)re, h⟩ F *Wasser* gargouiller; **II** ~ *n* ⟨~s⟩ gargouillement *m.*

Blue jeans ['blu:'dʒi:ns] *pl.* blue-jeans [bludʒins] *m/pl.*

Blues [blu:s] *m* ⟨~; ~⟩ *mus.* blues [blu:z] *m.*

Bluff [bluf] *m* ⟨~s; ~s⟩ bluff [blœf] *m*; **~en** *v/t. u. v/i* ⟨h⟩ bluffer; faire de l'esbrouffe, de l'épate, du chiqué; **~er** *m* ⟨~s; ~⟩ bluffeur [blœ-] *m.*

blühen ['bly:ən] **I** *v/i.* ⟨h⟩ fleurir (*auch fig.*); être en fleur; *Geschäft etc.* prospérer; être florissant; **zum zweiten Mal ~** refleurir; **der Handel blüht** le commerce fleurit; F **das kann dir auch (noch) ~** cela peut t'arriver aussi; F ça te pend au nez; F **wer weiß, was dir noch blüht** qui sait ce qui peut t'arriver, ce qui te pend au nez; **II** ~ *n* ⟨~s⟩ floraison *f*; *fig.* prospérité *f*; *Blume* **zum ~ bringen** faire fleurir; **~d** *adjt.* fleuri; en fleur(s); *fig.* florissant; prospère; **~es Aussehen** mine magnifique; **~e Gesundheit** santé florissante; **~e Phantasie** vive imagination; **im ~(st)en Alter** dans la fleur de l'âge; **wie das ~e Leben aussehen** avoir un visage resplendissant (de santé); avoir un visage respirant *od.* qui respire la santé.

Blümchen ['bly:mçən] *n* ⟨~s; ~⟩ petite fleur; fleurette *f*; **~ˌkaffee** *m* F (*dünner Kaffee*) café léger; P jus *m* de chaussette.

Blume ['blu:mə] *f* ⟨~; ~n⟩ **1.** fleur *f* (*auch fig.*); **mit ~n schmücken** fleurir; garnir de fleurs; **~n streuen** semer des fleurs; **laßt ~n sprechen!** dites-le avec des fleurs!; **2.** *ch. bei Fuchs, Hase, Wolf* (pointe blanche de la) queue *f*; **3.** (*Bierschaum*) mousse *f*; **4.** *des Weines* bouquet *m*; **5.** *fig.* **durch die ~ (sprechen)** (parler, s'exprimer) à mots couverts, en termes voilés, à demi-mot; **~narrange|ment** *n* gerbe *f* de fleurs; **~nˌausstellung** *f* exposition de fleurs, florale; floralies *f/pl.*; **~nˌbank** *f* ⟨~; ~e⟩ table *f* à fleurs; **~nˌbeet** *n* plate-bande *f* de fleurs; parterre *m* de fleurs; *rundes, ovales auch* corbeille *f*; massif *m* de fleurs; **~nˌbild** *n cf.* **~nstück**; **~nbinde'rei** *f* ⟨~; ~en⟩ (atelier *m* de) fleuriste *m, f*; **~nˌbinderin** *f* ⟨~; ~nen⟩ jardinière *f* fleuriste; **~nˌbrett** *n* jardinière *f*; **~nˌdraht** *m* fil *m* de fer; **~nˌduft** *m* parfum *m* de fleurs; **~nˌerde** *f* terreau *m*; **~nˌflor** *m st. s.* abondance *f*, débauche *f* de fleurs; **~nˌfreund** *m* celui qui aime les fleurs; amateur *m* de fleurs; **~nˌgarten** *m* jardin *m* d'ornement, de fleurs, d'agrément; **~ngeˌschäft** *n* (boutique *f* de) fleuriste *m, f*; **~ngeˌschmückt** *adjt.* fleuri; **~nˌhändler(in)** *m* (*f*) marchand(e) *m*(*f*) de fleurs; fleuriste *m, f*; **~nkaˌlender** *m* calendrier *m* avec des reproductions de fleurs; **~nˌkasten** *m* jardinière *f*; **~nˌkohl** *m bot.* chou-fleur *m* (*pl.* choux-fleurs); **~nˌkorb** *m* corbeille *f* à fleurs, *mit Blumen* de fleurs; **~nˌkorso** *m* corso fleuri; **~nˌkranz** *m* couronne *f* de fleurs; **~nˌkrone** *f bot.* corolle *f*; **~nˌladen** *m cf.* **~ngeschäft**; **~nˌliebhaber(in)** *m* (*f*) amateur *m* de fleurs; **~nˌmädchen** *n* bouquetière *f*; **~nˌmarkt** *m* marché *m* aux fleurs; **~nˌmeer** *n* mer *f* de fleurs; **~nˌmuster** *n* mit ~ à fleurs; avec des fleurs; **~nraˌbatte** *f* bordure *f* de fleurs; **~nˌreich** *adj.* riche en fleurs; *fig. Stil etc.* imagé; fleuri; **~e Sprache** langage fleuri; **~nˌsamen** *m* graines *f/pl.* de fleurs; **~nˌschale** *f* coupe *f* à, *mit Blumen* de fleurs; **~nˌschau** *f cf.* **~nausstellung**; **~nˌschmuck** *m* décoration florale; **~nˌspende** *f* envoi *m* de fleurs; **~nˌsprache** *f* langage *m* des fleurs; **~nˌstand** *m* éventaire *m*, étalage *m* de fleuriste; **~nˌständer** *m* jardinière *f*; **~nˌstock** *m* fleur *f* en pot; **~nˌstrauß** *m* bouquet *m* de fleurs; **~nˌstück** *n peint.* tableau *m* représentant des fleurs; **~nˌtopf** *m* pot *m* de fleurs; (*Topfblume*) fleur *f* en pot; *fig. u.* F **damit ist kein ~ zu gewinnen** vous ne réussirez pas de cette façon; **~ntopfmanˌschette** *f* cache-pot *m*; **~ntopfˌuntersatz** *m* soucoupe *f* à pots de fleurs; **~nˌvase** *f* vase *m*; **~nverˌkäuferin** *f* bouquetière *f*; **~nˌzucht** *f* culture des fleurs, florale; floriculture *f*; **~nˌzwiebel** *f* oignon *m* à fleurs.

blümerant [bly·mə'rant] *adj.* F **mir wird ganz ~** je ne me sens pas très bien; je me sens mal à l'aise; F je ne suis pas dans mon assiette.

blumig ['blu:mıç] *adj. cf.* **blumen-reich.**

Blus|e ['blu:zə] *f* ⟨~; ~n⟩ corsage *m*; blouse *f*; (*Hemd*~) chemisier *m*; **~enˌeinsatz** *m* plastron *m*; **~ig** *adj.* flottant.

Blut [blu:t] *n* ⟨~(e)s⟩ sang *m*; **mit ~ befleckt** taché, couvert, souillé de sang; **~ spucken, husten** cracher le sang; **das ~ stillen** arrêter le sang; **in s-m ~e liegen** baigner dans son sang, dans une mare de sang; **sein ~ vergießen** verser son sang; **kein ~ sehen können** avoir horreur du sang; ne pas aimer voir le sang; **das ~ steigt ihm zu Kopfe** le sang lui monte, lui afflue à la tête; **das ~ schoß ihr ins Gesicht** elle rougit; le rouge lui monta au visage; **das ~ wich aus ihrem Gesicht** elle blêmit; **die Bande des ~es** les liens du sang; *fig.* **heißes ~ haben** avoir le sang chaud; **ruhig ~ bewahren** conserver sa tête, son sang-froid, sa présence d'esprit, tout son calme; **immer ruhig ~!** du calme, s'il vous plaît!; ne nous emballons pas!; F piano!; tout doux!; **das hat viel böses ~ gemacht** *cf.* **böse d)**; **(j-n) bis aufs ~ (peinigen)** (ulcérer qn.) à l'extrême; **~ geleckt haben** avoir trouvé du goût à cela; **das ~ erstarren lassen** tourner les sangs; glacer d'effroi; **das ~ stockte ihm in den Adern** son sang se glaça dans ses veines; **~ und Wasser schwitzen** suer à grosses gouttes; **das steckt mir im ~** j'ai cela, je l'ai dans le sang; P j'ai ça dans la peau; **die Musik geht ins ~** la musique entraîne, emporte; **in Fleisch und ~ übergehen** *cf.* **Fleisch**; *st. s.* **er ist mein Fleisch und ~** c'est mon propre sang; **wie Milch und ~ aussehen** avoir un teint de lis et de rose; **ein junges ~** une jeune fille, personne; **~ˌalgen** *f/pl. bot.* algues *f/pl.* rouges; **~ˌalkohol** *m* teneur *f* en alcool du sang; **~ˌandrang** *m* congestion *f* (*zum Gehirn* cérébrale); **~apfelˌsine** *f* orange sanguine; **~arm** *adj.* **1.** *méd.* anémique; **2.** [-'ˀarm] *fig.* (*sehr arm*) très pauvre; pauvre comme Job; **~ˌarmut** *f* anémie *f*; **~bad** *n* carnage *m*; massacre *m*; boucherie *f*; **ein ~ anrichten** faire un carnage, *etc.*; **~bahn** *f* circuit sanguin; **in die ~ eindringen** pénétrer dans le sang, dans la circulation; **~bank** *f* ⟨~; ~en⟩ *méd.* banque *f* du sang; **~bann** *m hist.* juridiction *f* jugeant sur la vie et la mort; **~beˌfleckt** *adjt.* taché, souillé de sang; **~beˌschmiert** *adjt.* souillé, maculé, couvert, taché de sang; **~bild** *n* hémogramme *m*; **~ˌbildend** *adjt.* qui favorise la formation des éléments du sang; hémoplastique; **~ˌblase** *f* cloque remplie de sang; **~ˌblume** *f bot.* haemanthus [-ys] *m*; **~ˌbrechen** *n méd.* vomissement *m* de sang; **~ˌbuche** *f bot.* 'hêtre *m* rouge foncé; **~druck** *m* pression, tension artérielle; F tension; **zu hohen ~ haben** avoir trop de tension; faire de l'hypertension; **zu niedrigen ~ haben** n'avoir pas assez de tension; faire de l'hypotension; **~druckˌmesser** *m* ⟨~s; ~⟩ tensiomètre *m*; sphygmomanomètre *m*; **~ˌdürstig** *adj.* assoiffé de sang; sanguinaire; féroce.

Blüte ['bly:tə] *f* ⟨~; ~n⟩ **1.** fleur *f*; **~n tragen** porter des fleurs; **die ~n von den Blumen abrupfen** arracher les fleurs et laisser les tiges; *fig.* **s-e Phantasie trieb sonderbare ~n** il fit preuve d'une imagination bizarre; **2.** (*Blütezeit*) floraison *f*; **in ~ stehen** être en fleur(s); *fig.* **in der ~ der Jahre stehen** être dans la fleur de l'âge; **3.** *méd. cf.* **Effloreszenz 2.**; **4.** (*falsche Banknote*) faux billet; **5.** (*unfreiwilliger Witz*) perle *f*.

Blut|egel ['blu:tˌˀe:gəl] *m* ⟨~s; ~⟩ *zo.* sangsue *f*; **~en I** *v/i.* ⟨-ete, h⟩ **1.** saigner; *Baum* perdre sa sève; *fig.* **das Herz blutet mir bei diesem Anblick** le cœur me saigne à ce spectacle; **2.** *fig. u.* F **dafür wird er ~ müssen** il sera obligé de casquer pour cela; **II ~en** *n* ⟨~s⟩ saignement *m*.

Blüten|blatt ['bly:tənˌblat] *n* pétale *m*; **~ˌdolde** *f* ombelle *f*; **~ˌhonig** *m* miel *m* (provenant de fleurs); **~ˌhüllblatt** *n* périanthe *m*; **~ˌkelch** *m* calice *m* (d'une fleur); **~ˌknospe** *f* bouton *m* de fleur; **~ˌlese** *f* ⟨~; ~n⟩ *litt.* florilège *m*; anthologie *f*; **~ˌpracht** *f* magnificence *f* de la floraison; **~ˌstand** *m* inflorescence *f*; **~ˌstaub** *m* pollen [-ɛn] *m*; **~ˌstecher** *m/pl. zo.* anthonomes *m/pl.*; **~ˌstengel** *m* tige florale, de la fleur.

Blutentnahme ['blu:tˀɛntˌna:mə] *f* prélèvement *m* de sang; prise *f* de sang.

blüten|tragend ['bly:tənˌtra:gənt] *adjt.* qui porte des fleurs; florifère; **~'weiß** *adj.* d'un blanc éclatant.

Blut|er ['blu:tər] *m* ⟨~s; ~⟩ *path.* hémophile *m*; **~erˌguß** *m méd.* épanchement sanguin, de sang; *sc.* hématome *m*; **~erˌkrankheit** *f* ⟨~⟩ *méd.* hémophilie *f*.

Blütezeit ['bly:təˌtsaɪt] *f* (époque *f* de la) floraison *f*; *fig. e-r Kultur etc.* apogée *m*.

Blut|farbstoff ['blu:tˌfarpʃtɔf] *m* hémoglobine *f*; **~ˌfaserˌstoff** *m* (*Fibrin*) fibrine *f*; **~fink** *m zo.* (*Gimpel*) bouvreuil *m*; **~fleck** *m* tache *f* de sang; **~geˌfäß** *n anat.* vaisseau sanguin; **~geˌrinnsel** *n* caillot (sanguin); **~geˌrinnung** *f* coagulation *f* du sang; **~geˌrüst** *n st. s. hist. cf.* Schafott; **2geˌtränkt** *adjt.* trempé, imbibé de sang; **2ˌgierig** *adj. cf.* blutdürstig; **~ˌgruppe** *f* groupe sanguin; **~gruppenbeˌstimmung** *f* détermination *f* du groupe sanguin; **~ˌharnen** *n méd.* hématurie *f*; **~ˌhochzeit** *f hist.* nuit *f*, massacre *m* de la Saint-Barthélemy; **~hund** *m* **1.** (*engl. Schweißhund*) sorte *f* de limier (anglais); *etwa* braque *m*; **2.** *fig. u.* F boucher *m*; buveur *m* de sang; **~ˌhusten** *n* ⟨~s⟩ *méd.* toux accompagnée de crachements de sang; *sc.* hémoptysie *f*; **2ig 1.** *adj.* **a)** taché de sang; sanglant; *von fremdem Blut* ensanglanté; (*mit Blut vermischt*) sanguinolent; *cuis. Fleisch* saignant; *Schlacht* sanguinaire; *fig. u. st. s.* **mit ~en Lettern** en lettres de sang; **b)** F *verstärkend* **ein ~er Anfänger** un tout débutant; **es ist mir ~er Ernst** c'est très sérieux; **~e Tränen** larmes amères; **2.** *adv.* **j-n ~ schlagen** frapper qn. jusqu'au sang; **sich die Köpfe ~ schlagen** se battre jusqu'au sang; **e-n Aufstand ~ niederschlagen** noyer une révolte dans le sang; **2'jung** *adj.* fort, tout jeune; **~ˌklumpen** *m*, **~ˌklümpchen** *n* ⟨~s; ~⟩ caillot *m* de sang; **~konˌserven** *f/pl.* flacons *m/pl.* de sang conservé; **~ˌkörperchen** *n* ⟨~s; ~⟩ *physiol.* globule *m* du sang, sanguin; **rotes ~** globule rouge; *sc.* hématie *f*; **weißes ~** globule blanc; *sc.* leucocyte *m*; **~körperchenˌsenkungsgeˌschwindigkeit** *f* vitesse *f* de sédimentation globulaire; **~ˌkreislauf** *m physiol.* circulation du sang, sanguine; **~ˌkuchen** *m physiol.* caillot *m*; **~ˌlache** *f* mare *f* de sang; **~laus** *f zo.* puceron *m* lanigère; **2leer** *adj.* exsangue; **~ˌleere** *f* ischémie [iskemi] *f*; anémie locale; **2los** *adj.* exsangue; **~mehl** *n agr.* farines *f/pl.* de sang; **~oˌrange** *f* orange sanguine; **~paß** *m* carte *f* de groupe sanguin; **~ˌplasma** *n physiol.* plasma sanguin; **~ˌprobe** *f* prise *f* de sang; **e-e ~ entnehmen** faire une prise de sang; *cf. auch* ~untersuchung; **~ˌrache** *f* vendetta *f*; **2ˌreinigend** *adjt.* dépuratif, -ive; **~es Mittel** dépuratif *m*; **~ˌreinigung** *f* dépuration *f* (du sang); **~reinigungsˌmittel** *n* dépuratif *m*; **2rot** *adj. Fahne etc.* rouge sang; *Gesicht etc.* tout rouge; *Himmel poét.* flamboyant; rougeoyant; en feu; *st. s.* ensanglanté; **die Sonne geht ~ unter** le soleil en feu se couche; **2ˌrünstig** *adj. Geschichte, Film etc.* sanglant; sanguinaire; **~ˌsauger** *m* ⟨~s; ~⟩ *fig.* sangsue *f*; **~ˌschande** *f* inceste *m*; **~ˌschänder(in)** *m* (*f*) inceste *m*, *f*; **2ˌschänderisch** *adj.* incestueux, -euse; **~schuld** *f* ⟨~⟩ *st. s.* **e-e ~ auf sich laden** se rendre coupable d'un meurtre; **~schwamm** *m méd.* hémangiome [-ʒjəm] *m*; **~ˌsenkung** *f méd.* sédimentation *f* du sang, globulaire; **~ˌspende** *f* sang donné; **~ˌspender** *m* donneur *m* de sang; **~ˌspucken** *n méd.* crachement *m* de sang; *sc.* hémoptysie *f*; **~ˌspuren** *f/pl.* traces *f/pl.* de sang; **~ˌstauung** *f* congestion *f*; **2ˌstillend** *adjt. phm.* **~es Mittel** hémostatique *m*; **~ˌstillung** *f* ⟨~⟩ arrêt *m* de l'écoulement du sang; hémostase *f*; **~strahl** *m* jet *m* de sang; **~strom** *m* flot, flux sanguin; **~sˌtropfen** *m* goutte *f* de sang; **~sturz** *m méd.* hémorragie *f*; **2sverˌwandt** *adj.* consanguin; **~sverˌwandte(r)** *m* consanguin *m*; **~sverˌwandtschaft** *f* consanguinité *f*; **~ˌtaufe** *f hist. relig.* baptême *m* du sang; **2überˌströmt** *adj.* inondé, noyé de sang; tout en sang; **~überˌtragung** *f* transfusion *f* de sang; **~ung** *f* ⟨~; ~en⟩ hémorragie *f*; saignement *m*; **innere ~** hémorragie interne; **2unterˌlaufen** *adj.* **~es Auge** œil poché; **~unterˌlaufung** *f* ⟨~⟩ ecchymose [-ki-] *f*; **~unterˌsuchung** *f* analyse *f* de sang; examen *m* du sang; **~verˌgießen** *n* effusion *f* de sang; **~verˌgiftung** *f* empoisonnement *m* du sang; *sc.* septicémie *f*; **~verˌlust** *m* perte *f* de sang; **~ˌwäsche** *f* épuration *f* du sang; **2'wenig** *pr/ind.* très peu; **~wurst** *f frische* boudin *m* (noir); **~ˌzeuge** *m st. s. relig.* martyr *m*; **~zirkulatiˌon** *f cf.* ~kreislauf; **~ˌzucker** *m* glucose présent dans le sang; glycémie *f*; **~ˌzufuhr** *f* arrivée *f* du sang.

b-Moll ['be:mɔl] *n* ⟨~⟩ *mus.* si *m* bémol mineur.

Bö [bø:] *f* ⟨~; ~en⟩ rafale *f*; bourrasque *f*; grain *m*; **in ~en auffrischende Winde** vent soufflant en rafales.

Boa ['bo:a] *f* ⟨~; ~s⟩ *zo.* boa *m*.

Bob [bɔp] *m* ⟨~s; ~s⟩ *Sport* bobsleigh [-slɛ] *m*; **~bahn** *f* piste *f* de bobsleigh; **~ˌmannschaft** *f* équipe *f* de bobsleigh; **~ˌschlitten** *m cf.* ~; **~ˌ(welt)meisterˌschaft** *f* championnat *m* (du monde) de bobsleigh.

Bock [bɔk] *m* ⟨~(e)s; ≈e⟩ **1.** *zo.* mâle *m*; (*Ziegen2*) bouc [buk] *m*; (*Schaf2*) bélier *m*; (*Reh2*) chevreuil *m* mâle; (*Gems2*) chamois *m* (mâle); (*Kaninchen2*) lapin *m* mâle; *ch.* bouquin *m*; *fig.* **den ~ zum Gärtner machen** mettre, introduire, enfermer le loup dans la bergerie; **die Böcke von den Schafen trennen, scheiden** séparer les brebis d'avec les boucs; F **e-n ~ schießen** (*e-n Fehler machen*) faire, commettre une bévue, une boulette, une gaffe, une balourdise; gaffer; F **sturer ~** cabochard *m*; tête *f* de cochon; F **steifer ~** gauche *m*; empoté *m*; P **geiler ~** satyre *m*; **2.** (*Stütz2*) tréteau *m*; (*Säge2*) chevalet *m*; (*Maschinen2*) support *m*; **3.** *gym. etwa* cheval *m* de bois; **4.** (*hochbeiniger Schemel*) tabouret *m*; **5.** (*Kutsch2*) siège *m* (du cocher); **2ˌbeinig** *adj.* entêté; têtu; buté; obstiné; F tête de mule; cabochard; **sich ~ stellen** faire l'entêté, la tête de mule, le cabochard; **~bier** *n* bière forte; double bière; **~ˌbrücke** *f milit.* pont *m* sur chevalets; **2en** *v/i.* ⟨h⟩ **1.** *Esel etc.* être rétif, -ive; refuser d'obéir; *Motor* cafouiller; tousser; *Personen* se buter; être obstiné; s'entêter (dans la désobéissance); faire l'entêté, F le cabochard; **2.** *Schafe, Ziegen* (*nach dem Bock verlangen*) être en chaleur; **2ig** *adj.* têtu (*auch Tier*); entêté; obstiné; F cabochard; **~igˌkeit** *f* ⟨~⟩ obstination *f*; entêtement *m*; **~ˌkäfer** *m/pl. zo.* cérambycidés *m/pl.*; **~ˌleiter** *f* escabeau *m*; **~mist** *m fig. u.* F sottises *f/pl.*; bêtises *f/pl.*; **so ein ~!** quelles bêtises, sottises!; **~sbart** *m* **1.** *bot.* tragopogon *m*; **2.** *des Ziegenbocks* barbe *f* de bouc; **~sˌbeutel** *m* **1.** *Wein* vin *m* des environs de Wurtzbourg; **2.** *Flasche* bouteille *f* à, *voll* de «Bocksbeutel»; **~sdorn** *m* ⟨~e(s)⟩ *bot.* lycium [-jəm] *od.* lyciet *m*; **~shorn** *n fig. u.* F **j-n ins ~ jagen** intimider qn.; faire peur à qn.; **sich nicht ins ~ jagen lassen** ne pas s'en laisser imposer; n'avoir pas froid aux yeux; **~shornˌklee** *m bot.* trigonella *m*; trigonelle *f*; **~ˌspringen** *n Spiel* saute-mouton *m*; **~sprung** *m* cabriole *f*; gambade *f*; **Bocksprünge machen** sauter comme un cabri; **~wurst** *f etwa* saucisse *f* de Francfort.

Bodden ['bɔdən] *m* ⟨~s; ~⟩ *mar.* golfe *m bzw.* baie *f* découpé(e) (de la mer Baltique).

Boden ['bo:dən] *m* ⟨~s; ≈⟩ **1.** *agr. etc.* sol *m*; terrain *m*; terre *f*; **fruchtbarer ~** sol fertile; **lockerer ~** terre meuble; **trockener ~** terrain sec; **sandiger ~** sol, terrain sablonneux; **den ~ bearbeiten** cultiver la terre; **den ~ planieren** aplanir le sol, le terrain; **die Beschaffenheit des ~s** la qualité, la nature du sol, du terrain; **Grund und ~ besitzen** posséder des terres; avoir des domaines, des biens-fonds; *fig.* **s-e Worte fielen auf fruchtbaren ~** ses paroles trouvèrent un écho; **er hatte den ~ dafür lange vorbereitet** il avait depuis longtemps déjà préparé le terrain; **2.** (*Erd2*) sol *m*; terre *f*; (*Fuß2*) sol *m*; plancher *m*; **der heimatliche ~** le sol natal; **historischer ~** sol historique; **französischen ~ betreten** fouler le sol français; **der ~ gab nach** le sol, le terrain céda; **am ~ zerstören** détruire au sol; **am ~ schleifen** traîner par terre; **wie Pilze aus dem ~ schießen** sortir du sol comme des champignons; **auf dem ~ liegen** être par terre; être sur le sol; **etw. vom ~ aufheben** ramasser qc. (qui était par terre); **zu ~ fallen** tomber par *od.* à terre; **j-n zu ~ schlagen** envoyer qn. au sol; *Boxen* **er ging zu ~** il alla à terre, au tapis; **zu ~ blicken** baisser les yeux; *fig.* **sich auf den ~ des Gesetzes stellen** se placer sur le terrain de la loi; **auf dem ~ der Wirklichkeit bleiben** rester dans la réalité; **(an) ~ gewinnen** gagner du terrain; **an ~ verlieren** perdre du terrain; **den ~ unter den Füßen verlieren** perdre pied; **der ~ brannte ihm unter den Füßen, wurde ihm zu heiß** il sentit que cela devenait dangereux, malsain pour lui; **etw. aus dem ~ stampfen** faire sortir qc. du sol; **(vor Scham) in den ~ versinken** rentrer, disparaître sous terre; **j-n in Grund und ~ verdammen** condamner qn. radicalement, absolument; **es war so voll, daß keine Stecknadel zu ~ fallen konnte** on était tassé comme des sardines; **Handwerk hat (e-n) goldenen ~** *prov.* il n'est si petit métier qui ne nourrisse son homme; **3.** *e-s Gefäßes, e-r Torte, e-r Hose etc.* fond *m*; *e-r Flasche* cul *m*; **doppelter ~** double fond; **auf den ~ sinken** se déposer; *fig.* **ein Faß ohne ~** une affaire sans fin; F **das schlägt dem Faß den ~ aus** *cf.* Faß; **4.** (*Speicher*) grenier *m*; **~ˌabwehr** *f milit.* défense *f* au sol; **~anaˌlyse** *f* analyse *f* du sol; **~beˌarbeitung** *f* culture *f* du sol; **~beˌlag** *m* revêtement *m* de sol; **~beˌschaffenheit** *f* qualité *f*, nature *f* du sol, du terrain; **~beˌwirtschaftung** *f cf.* ~bearbeitung; **~ˌdruck** *m phys.* pression exercée sur le fond (d'un récipient); ~ent-ˌwässerung *f* drainage *m* du sol; ~er-ˌhebung *f* 'hauteur *f*; élévation *f* de terrain; éminence *f*; ~erˌtrag *m* rendement *m*, rapport *m* du sol; ~er-ˌzeugnisse *n/pl.* produits *m/pl.* agricoles, du sol; ~ˌfalte *f* (re)pli *m* du terrain; ~ˌfenster *n* lucarne *f*; tabatière *f*; ~ˌfeuchtigkeit *f* humidité *f* du sol; ~ˌfläche *f* étendue *f* (de terrain); terres *f/pl.*; ~ˌfrost *m* gelée *f* au sol; ~frostgeˌfahr *f* danger *m* de gelée au sol; ~geˌstalt *f* configuration *f*, modelé *m* du terrain; relief *m*; ~ˌkammer *f* pièce *f* au grenier; mansarde *f*; ~kreˌdit *m* **a)** crédit immobilier, foncier; **b)** *agr.* crédit *m* agricole; ~kre-ditˌbank *f* ⟨~; ~en⟩ crédit foncier; banque foncière, immobilière; ~-ˌkunde *f* pédologie *f*; 2ˌlos *adj.* **1.** *Abgrund etc.* sans fond; **2.** *fig. u.* F inouï; énorme; sans borne; illimité; sans nom; e-e ~e Gemeinheit une méchanceté sans nom, sans borne, inouïe; ~ˌluke *f cf.* ~fenster; ~ˌmüdigkeit *f agr.* fatigue *f* du sol; ~ˌnähe *f* nachts Frost in ~ gelée *f* nocturne à proximité du sol; ~ˌnebel *m* brouillard *m* au sol; ~ˌnutzung *f* exploitation *f* du sol; ~persoˌnal *n aviat.* personnel *m* non navigant, au sol; F rampants *m/pl.*; ~proˌdukte *n/pl.* produits *m/pl.* agricoles, du sol; ~reˌform *f* réforme *f* agraire; ~ˌrente *f cf.* Grundrente 1.; ~ˌsatz *m* dépôt *m*; fond *m*; ~ˌschätze *m/pl.* richesses naturelles du sous-sol; ressources minières, minérales; ~-ˌschätzung *f* évaluation *f*, estimation *f* d'un terrain; ~ˌschicht *f* couche *f* de terrain; ~ˌsenke *f* dépression *f* de terrain; ~ˌsicht *f aviat.* visibilité *f* au sol; ~spekulatiˌon *f* spéculation *f* sur les terrains; 2ˌständig *adj.* natif, -ive; qui est du terroir; autochtone [-tok-]; ~e Bevölkerung population autochtone, attachée au terroir; ~e Industrie industrie liée au sol; ~statiˌon *f Raumflug* station *f* terrestre; ~ˌstreitkräfte *f/pl. milit.* forces *f/pl.* terrestres; ~-strukˌtur *f* structure *f* du sol; ~tem-peraˌtur *f* température *f* au sol; ~ˌtreppe *f* escalier *m* du grenier; ~-ˌtruppe *f cf.* ~streitkräfte; ~ˌtür *f* porte *f* du grenier; ~ˌturnen *n* gymnastique *f* au sol; ~ˌübung *f gym.* exercice *m* au sol; ~verˌbesserung *f* amélioration *f* du sol; ~verˌhältnisse *n/pl.* état *m*, nature *f* du sol, du terrain; ~verˌtiefung *f cf.* ~senke; ~ˌwellen *f/pl.* **1.** ondulation *f* du terrain; **2.** *rad.* ondes *f/pl.* directes, de surface; ~-ˌwind *m* vent *m* au sol.

Bofist ['bo:fɪst, bo·'fɪst] *m* ⟨~es; ~e⟩ *bot.* boviste *m*; vesse-de-loup *f*.

bog [bo:k] *cf.* biegen.

Bogen ['bo:gən] *m* ⟨~s; ~ *od.* ~̈⟩ **1.** *e-s Flusses* coude *m*; *math.* arc *m*; die Straße, der Fluß macht e-n (großen) ~ um die Stadt la route, le fleuve contourne la ville; im hohen ~ zum Fenster hinausfliegen passer par la fenêtre en décrivant une belle trajectoire; mit dem Zirkel e-n ~ schlagen décrire un arc au compas; um j-n e-n ~ machen éviter qn.; faire un détour pour éviter qn.; *fig. u.* F den ~ 'raushaben avoir trouvé le joint, le filon, la combine (pour faire qc.); große ~ spucken faire l'important, le fanfaron; **2.** *bât.* arc *m*; *e-r Brücke* arche *f*; runder, spitzer ~ arc plein cintre, en ogive; **3.** *mus.* **a)** *e-r Geige etc.* archet *m*; **b)** *Notenschrift* liaison *f*; **4.** *Schußwaffe* arc *m*; mit dem ~ schießen tirer à l'arc; den ~ spannen bander, tendre l'arc; *fig.* den ~ überspannen (dé-)passer la mesure, les bornes; exagérer; aller trop loin; **5.** (*Papier*2) feuille *f* (de papier) (*auch impr.*); **6.** in Bausch und ~ en bloc; ~ˌbrücke *f* pont *m* à arches; ~ˌfeld *n bât.* tympan *m*; ~-ˌfenster *n* fenêtre cintrée; 2ˌförmig *adj.* en (forme d')arc; arqué; cintré; ~ˌfries *m bât.* frise arquée, cintrée; ~ˌführung *f cf.* ~strich; ~ˌgang *m* **1.** *bât.* arcade *f*; **2.** *anat. pl.* Bogengänge canaux *m/pl.* semi-circulaires; ~geˌwölbe *n bât.* voûte *f* en plein cintre; ~ˌlampe *f techn.* lampe *f* à arc; ~ˌlänge *f* **1.** *math.* longueur *f* de l'arc; **2.** *mus.* longueur *f* de l'archet; ~ˌlilie *f bot.* cyrtanthus [-ys] *m*; ~ˌmaß *n math.* mesure *f* de l'arc; ~miˌnute *f math.* minute *f* d'arc; ~ˌpfeiler *m bât.* pilier *m* d'une arcade; ~ˌschießen *n* tir *m* à l'arc; ~ˌschütze *m hist.* archer *m*; ~ˌsehne *f* corde *f* de l'arc; ~seˌkunde *f math.* seconde *f* d'arc; ~ˌstrich *m mus.* coup *m* d'archet; 2ˌweise *adv.* par feuilles; ~ˌweite *f e-r Brücke* débouché *m*; ~ˌwerk *n bât.* arcature *f*; ~ˌzahl *f* nombre *m* de feuilles; ~ˌzeichen *n impr.* signature *f*.

Bohem|e [bo·'ɛ:m] *f* ⟨~⟩ bohème *f*; ~eˌleben *n* ein ~ führen mener une vie de bohème; ~i'en [-e·mi·'ɛ̃:] *m* ⟨~s; ~s⟩ bohème *m*.

Bohle ['bo:lə] *f* ⟨~; ~n⟩ planche épaisse; madrier *m*; 2n *v/t.* ⟨h⟩ garnir de planches, de madriers; ~nbeˌlag *m* revêtement *m* de madriers; ~nˌwand *f* paroi *f* de madriers; ~nˌweg *m* chemin fait de madriers; ~nˌwerk *n* palplanches *f/pl.*

Böhm|e ['bø:mə] *m* ⟨~n; ~n⟩ habitant *m* de la Bohème; Tchèque *m*; 2isch *adj.* de (la) Bohème; *fig.* das sind für mich ~e Dörfer c'est pour moi de l'algèbre, de l'hébreu, du chinois.

Bohne ['bo:nə] *f* ⟨~; ~n⟩ **1.** *bot.* 'haricot *m*; grüne ~n 'haricots verts; mange-tout *m* (*inv.*); weiße ~n 'haricots secs, blancs; P fayots *m/pl.*; dicke ~n fèves *f/pl.* **2.** (*Kaffee*2) grain *m*; (*Kakao*2) graine *f*; **3.** *fig. u.* F blaue ~ pruneau *m*; nicht die ~! pas du tout!; das ist nicht die ~, keine ~ wert cela ne vaut rien du tout; **4.** *bei Pferden* étoile *f* dentaire; ~nˌkaffee *m* café *m*; ~n-ˌkraut *n bot.* sarriette *f*; ~nˌmehl *n* farine *f* de fèves; ~nsaˌlat *m* salade *f* de haricots verts; ~nˌstange *f* rame *f*; *fig. u.* F grande perche; échalas *m*; *von Frauen auch* grande bringue; *von Männern auch* grand escogriffe; flandrin *m*; ~nˌstroh *n fig. u.* F dumm wie ~ sein être bête comme une oie, comme ses pieds, comme un âne bâté; être bête à manger du foin; ~nˌsuppe *f* soupe *f* aux 'haricots verts *bzw.* secs.

Bohner|besen ['bo:nərˌbe:zən] *m etwa* cireuse *f*; ~ˌlappen *m* chiffon *m* à parquet; ~maˌschine *f* cireuse *f*; 2n **I** *v/t.* ⟨-(e)re, h⟩ cirer; encaustiquer; astiquer; **II** ~n *n* ⟨~s⟩ cirage *m*; encaustiquage *m*; ~ˌwachs *n* encaustique *f*; cire *f*.

Bohr|arbeiten ['bo:rˌ?arbaɪtən] *f/pl.* travaux *m/pl.* de forage; ~ˌeinsatz *m techn.* mèche *f*; 2en **I** *v/t.* ⟨h⟩ percer; creuser; *techn.* forer; (*aus*~) aléser; ein Loch in etw. ~ percer, creuser (*auch Zahnarzt*) un trou dans qc.; e-n Brunnen ~ creuser un puits; *Käfer* Gänge ~ percer, creuser des galeries (in dans); *Schiff* in den Grund ~ couler; envoyer par le fond; den Stock in die Erde ~ enfoncer la canne dans le sol; **II** *v/i. Zahnarzt* passer la roulette; in der Nase ~ mettre les doigts dans son nez; F se fourrer les doigts dans le nez; nach Erdöl ~ faire des sondages pour rechercher du pétrole; *fig. u.* F bei j-m ~, bis er nachgibt ennuyer qn. jusqu'à ce qu'il cède; **III** *v/réfl.* sich in etw. ~ s'enfoncer dans qc.; **IV** ~en *n* ⟨~s⟩ forage *m* (*auch Tief*2); perçage *m*; (*Aus*2) alésage *m*; *Zahnarzt* das ~ schmerzt, tut nicht weh la roulette fait (du) mal, ne fait pas (de) mal; 2end *adjt. Schmerz* violent; térébrant; aigu, -uë; ~er *m* ⟨~s; ~⟩ *einfacher* vrille *f*; *techn.* mèche *f*; *für Metall* foret *m*; (*Tief*2) trépan *m*; (*Gewinde*2) taraud *m*; (*Zimmermanns*2) tarière *f*; *Zahnarzt* fraise *f*; ~ˌfutter *n techn.* mandrin *m*; ~ˌinsel *f* plate-forme *f* de forage; ~ˌkäfer *m/pl. zo.* anobiidés *m/pl.*; ~loch *n* trou percé au foret; *techn.* forure *f*; *bei Erdölbohrungen etc.* puits *m*; ~maˌschine *f* perceuse *f*; (*Gesteins*2) perforatrice *f*; foreuse *f*; ~-ˌmuschel *f zo.* pholade *f*; ~turm *m* tour *f* de forage; derrick *m*; ~ung *f* ⟨~; ~en⟩ **1.** forage *m*; (*Versuchs*2) sondage *m*; *cf. auch* ~en; **2.** trou *m*; *techn.* forure *f*; *e-s Geschützrohres* âme *f*; *e-s Zylinders* alésage *m*; ~-ˌwinde *f* vilebrequin *m*; ~wurm *m zo.* taret *m*.

böig ['bø:ɪç] *adj.* en rafales; ~er Wind vent soufflant en rafales.

Boiler ['bɔʏlər] *m* ⟨~s; ~⟩ chauffe-eau *m*.

Bojar [bo·'ja:r] *m* ⟨~en; ~en⟩ *hist.* boyard *m*.

Boje ['bo:jə] *f* ⟨~; ~n⟩ *mar.* bouée *f*; balise (flottante).

Bojer ['bo:jər] *m/pl. hist.* Boïens *m/pl.*

Bolero [bo·'le:ro·] *m* ⟨~s; ~s⟩ *mus.*, *cout.* boléro *m*.

Bolivian|er(in) [bo·li·vi·'a:nər(ɪn)] *m* ⟨~s; ~⟩ (*f*) ⟨~; ~nen⟩ Bolivien, -nne *m, f*; 2isch *adj.* bolivien, -nne; de Bolivie.

Böller ['bœlər] *m* ⟨~s; ~⟩ *für Salutschüsse etwa* mortier *m*; F crapouillot *m*; 2n *v/i.* ⟨-(e)re, h⟩ tirer le canon; ~ˌschuß *m* mit Böllerschüssen empfangen, eröffnen saluer l'arrivée, l'ouverture par des coups de canon.

Bollerwagen ['bɔlərˌva:gən] *m* F *cf.* Handwagen.

Bollwerk ['bɔlvɛrk] *n* **1.** *hist. milit.* bastion *m*; *fig.* rempart *m*; **2.** *mar.* digue *f*.

Bologneser [bo·lɔn'je:zər] *m* ⟨~s; ~⟩ *Hund* bichon bolonais.

Bolsche|wik [bɔlʃe·'vɪk] *m* ⟨~en; ~en *od.* ~i⟩ bolchevik *m*; 2wi'sieren *v/t.* ⟨*pas de ge-*, h⟩ bolcheviser; ~wi'sierung *f* ⟨~⟩ bolchevisation *f*; ~'wismus *m* ⟨~⟩ bolchevisme *m*; ~'wist (-in) *m* ⟨~en; ~en⟩ (*f*) ⟨~; ~nen⟩ bolcheviste *m, f*; 2'wistisch *adj.* bolchevique.

Bolzen ['bɔltsən] *m* ⟨~s; ~⟩ **1.** *techn.* boulon *m*; cheville *f*; goujon *m*; **2.** *für Kindergewehre etc.* flèche *f*.

Bombardement [bɔmbardə'mɑ̃:, -'maŋ] *n* ⟨~s; ~s⟩ bombardement *m*.

bombardier|en [bɔmbar'di:rən] **I** *v/t.* ⟨*pas de ge-*, h⟩ bombarder; *Kinder* sich mit Schneebällen ~ se lancer des, se bombarder avec des boules de neige; j-n mit Fragen ~ tenir qn. sous un feu roulant de questions; bombarder qn. de questions; **II** 2en *n* ⟨~s⟩ bombardement *m*; 2ˌkäfer *m zo.* bombardier *m*; *sc.* brachyne [-kin] *m*; 2ung *f* ⟨~⟩ *cf.* 2en.

Bombast [bɔm'bast] *m* ⟨~es⟩ emphase *f*; enflure *f*; phrases ampoulées; pathos [-os] *m*; 2isch *adj.* emphatique; ronflant; verbeux, -euse; ampoulé.

Bombe ['bɔmbə] *f* ⟨~; ~n⟩ **1.** *milit.* bombe *f*; **~n abwerfen** lâcher, lancer des bombes; *fig.* **das schlug wie e-e ~ ein** cela a éclaté comme une bombe; **die ~ ist geplatzt** la bombe a éclaté; **2.** *Fußball* boulet *m* de canon; **~nˌabwurf** *m* lancement *m*, lâchement *m* de bombes; **~nˌangriff** *m* bombardement *m*; **~nˌanschlag** *m*, **~nattenˌtat** *n* attentat *m* à la bombe (**auf j-n** contre qn.); **~nˌeinschlag** *m* **die Bombeneinschläge hören** entendre les bombes éclater, exploser, l'éclatement des bombes; **~nerˌfolg** F *m* succès foudroyant, éclatant, fantastique, phénoménal, F fou, monstre; **~nexplosiˌon** *f* éclatement *m*, explosion *f* de la bombe; **2n'fest** *adj.* F **das steht ~** c'est absolument sûr; c'est sûr comme deux et deux font quatre; **~nˌflugzeug** *n* bombardier *m*; **~ngeˌhalt** F *n* salaire phénoménal; **2ngeˌschädigt** *adj.* sinistré de guerre; **~ngeˌschädigte(r)** *f* (*m*) ⟨→ A⟩ sinistré(e) *m* (*f*) de guerre; **~ngeˌschäft** F *n* affaire *f* d'or, formidable; **~ngeˌschwader** *n* escadre *f* de bombardement; **~nˌhagel** *m* grêle *f* de bombes; **~nˌhunger** F *m* faim *f* de loup; **~nˌkrater** *m cf.* **~ntrichter**; **~nˌlast** *f* chargement *m* de bombes; **~nˌnacht** *f* nuit *f* de bombardement; **~nreˌklame** F *f* réclame fracassante; **~nˌrolle** *f* F *thé.* rôle formidable, sensationnel; **~nˌschaden** *m* dégâts causés par les bombes; **~nˌschuß** *m* F *Sport* boulet *m* de canon; **2nˌsicher** *adj.* à l'épreuve des bombes; *fig. u.* F **das ist e-e ~e Sache** c'est une affaire absolument sûre; **~nˌsplitter** *m* éclat *m* de bombe; **~nˌteppich** *m* tapis *m* de bombes; **~nˌtreffer** *m* **e-n ~ erhalten** recevoir une bombe; **~nˌtrichter** *m* entonnoir *m* de bombe; **~nˌwirkung** F *f* effet extraordinaire, sensationnel, étonnant; F effet bœuf, époustouflant; **~r** *m* ⟨~s; ~⟩ bombardier *m*; **viermotoriger ~** bombardier quadrimoteur; **~rˌstaffel** *f* escadrille *f* de bombardement. [*m.*]

Bommel ['bɔməl] F *f* ⟨~; ~n⟩ pompon

Bon [bõː, bɔŋ] *m* ⟨~s; ~s⟩ (*Essenmarke etc.*) bon *m*; (*Kassenquittung*) ticket *m* d'achat.

Bonbon [bõːˈbõː, bɔŋˈbɔŋ] *m*, *n* ⟨~s; ~s⟩ bonbon *m*; **gefüllter ~** bonbon fourré; **~faˌbrik** *f* fabrique *f* de bonbons; **2ˌfarben** F *adj.* rose bonbon.

Bonbonniere [bõːboniˈɛːrə, bɔŋ-] *f* ⟨~; ~n⟩ bonbonnière *f*.

bongen ['bɔŋən] *v/t.* ⟨h⟩ *comm. an der Registrierkasse* enregistrer.

Boni|fikation [boˑniˑfiˑkatsiˑ'oːn] *f* ⟨~; ~en⟩ *comm.* bonification *f*; **~'tät** *f* ⟨~⟩ *comm.* (*Zahlungsfähigkeit*) solvabilité *f*.

Bonmot [bõː'moː] *n* ⟨~s; ~s⟩ bon mot.

Bonus ['boːnʊs] *m* ⟨~ *od.* ~ses; ~ *od.* ~se *od.* -ni⟩ *comm.* dividende *m* supplémentaire.

Bonvivant [bõːviˑ'võː] *m* ⟨~s; ~s⟩ bon vivant *m*.

Bonze ['bɔntsə] *m* ⟨~n; ~n⟩ **1.** *relig.* bonze *m*; **2.** *péj. u.* F bonze *m*; pontife *m*; **~nˌwirtschaft** *f péj. u.* F régime *m* des bonzes, des pontifes.

Boom [buːm] *m* ⟨~s; ~s⟩ *comm.* boom [bum] *m*.

Boot [boːt] *n* ⟨~(e)s; ~e⟩ bateau *m*; embarcation *f*; (*Ruder2*) barque *f*; canot *m*; (*Paddel2*) canoë *m*; kayak *m*; (*Segel2*) bateau *m* à voiles; *auf e-m Schiff* embarcation *f*; canot *m*; chaloupe *f*; *auf e-m See* **~ fahren** faire de la barque; **die ~e am Ufer festmachen** amarrer les bateaux, les embarcations à la rive; **die ~e aussetzen** mettre les embarcations, les chaloupes, les canots à la mer; *fig.* **wir sitzen alle im gleichen ~** nous sommes tous dans le même bateau; nous sommes tous logés à la même enseigne.

Böot|ier(in) [bøˑ'oːtsiˑər(ɪn)] *m* ⟨~s; ~⟩ (*f*) ⟨~; ~nen⟩ Béotien, -nne [-sj-] *m, f*; **2isch** [-tɪʃ] *adj.* béotien, -nne [-sj-]; de la Béotie [-si].

Boots|deck ['boːtsdɛk] *n mar.* pont *m* des embarcations; pont *m* supérieur; **~ˌeigenˌtümer** *m* propriétaire *m* du *bzw.* des bateau(x), *etc.*; **~fahrt** *f* excursion *f*, promenade *f* en bateau; **~gast** *m mar.* matelot *m*; **~ˌhaken** *m* gaffe *f*; **~haus** *n* 'hangar *m*, remise *f*, garage *m* pour *od.* de bateaux; **~ˌlänge** *f* **mit e-r ~ gewinnen** gagner d'une longueur; **~mann** *m* ⟨~(e)s; -leute⟩ *mar. milit.* second maître; **~ˌmannschaft** *f* équipage *m* (du bateau); **~paˌpiere** *n/pl.* papiers *m/pl.* de bord; **~rand** *m* bord *m* du bateau, *etc.*; **~ˌrennen** *n* course *f* de bateaux; **~steg** *m* passerelle *f* d'embarquement; **~ und 'Schiffsˌbauer** *m* ⟨~s; ~⟩ constructeur *m* de bateaux; **~verˌleih** *m* location *f* de bateaux.

Bor [boːr] *n* ⟨~s⟩ *chim.* bore *m*.

Borassuspalme [boˑ'rasʊsˌpalmə] *f bot.* borassus [-ys] *od.* borasse *m*.

Borat [boˑ'rɑːt] *n* ⟨~s; ~e⟩ *chim.* borate *m*.

Bor|ax ['boːraks] *m* ⟨~es⟩ *chim.* borax *m*; borate *m* de soude; borate hydraté de sodium; **~a'zit** *m* ⟨~s⟩ *minéral.* boracite *f*; magnésie boratée.

Bord[1] [bɔrt] *n* ⟨~(e)s; ~e⟩ *cf.* Bücherbord; **~**[2] *m* ⟨~(e)s; ~e⟩ *mar., aviat.* bord *m*; **an ~ gehen** s'embarquer; monter à bord; **an ~ nehmen** prendre à bord; embarquer; **von ~ gehen** quitter le bord; **alles über ~ werfen** jeter tout par-dessus bord (*auch fig.*); *mar.* **Mann über ~!** un homme à la mer!; *comm.* **frei an ~** franco à bord; fob; **~arzt** *m* médecin *m* de bord.

Börde ['bœrdə] *f* ⟨~; ~n⟩ «Börde» *f*; région *f* agricole fertile.

Bordeaux [bɔr'doː] *m* ⟨~; ~⟩ *Wein* bordeaux *m*; **~ˌbrühe** *f vit.* (*Kupferkalkbrühe*) bouillie bordelaise; **2ˌrot** *adj.* bordeaux.

Bordell [bɔr'dɛl] *n* ⟨~s; ~e⟩ maison *f* de tolérance, de prostitution; maison close; P bordel *m*.

bördeln ['bœrdəln] *v/t.* ⟨-(e)le, h⟩ *techn.* border.

Bordereau [bɔrdə'roː] *m, n* ⟨~s; ~s⟩ *comm.* bordereau *m*.

Bord|flugzeug ['bɔrtˌfluːktsɔʏk] *n mar.* avion embarqué; **~ˌfunk(anlage)** *m(f) mar., aviat.* radio *f* de bord; **~ˌfunker** *m mar., aviat.* radiotélégraphiste *m* (de bord); F radio *m*; **~geˌrät** *n aviat.* instrument *m* de bord; **2ieren** [-'diː-] *v/t.* ⟨*pas de ge-*, h⟩ *cout.* border; galonner; **~kaˌnone** *f aviat.* canon *m* de bord; **~ˌkante** *f Bürgersteig* bordure *f* (du trottoir); **~ˌküche** *f mar., aviat.* cuisine *f* de bord; **~meˌchaniker** *m aviat.* mécanicien *m* de bord; **~ˌpeiler** *m*, **~ˌpeilgeˌrät** *n aviat.* radiogoniomètre *m* de bord; **~persoˌnal** *n aviat.* personnel *m* de bord; **~ˌschütze** *m aviat.* mitrailleur *m* de bord; **~ˌschwelle** *f cf.* **~kante**; **~stein** *m Bürgersteig* pierre *f* de bordure; **~steinˌtaster** *m am Auto* guide-trottoir *m*.

Bordüre [bɔr'dyːrə] *f* ⟨~; ~n⟩ *cout.* bordure *f*.

Bord|wache ['bɔrtˌvaxə] *f mar.* homme *m* de quart; **~ˌwaffen** *f/pl. aviat.* armes *f/pl.* de bord; **~wand** *f mar.* bordé *m*; bordage *m*; **~zeit** *f* heure *f* de bord.

Boreas ['boːreˑas] *m* ⟨~⟩ *Wind poét.* Borée *m*; Aquilon *m*.

Borg [bɔrk] *m* **etw. auf ~ kaufen** acheter qc. à crédit; **2en** *v/t.* ⟨h⟩ **1. etw. bei** *od.* **von j-m ~** emprunter qc. à qn.; **2 macht Sorgen** *prov.* emprunter cause des soucis; **2. j-m etw. ~** prêter qc. à qn.

Borgis ['bɔrgɪs] *f* ⟨~⟩, **~ˌschrift** *f impr.* petit romain.

Borke ['bɔrkə] *f* ⟨~; ~n⟩ **1.** *e-s Baumes* écorce *f*; **2.** (*Schorf*) croûte *f*; **~nˌflechte** *f méd.* rupia *m*; **~nˌkäfer** *m zo.* bostryche *m*; *pl.* **~** *sc.* bostrychidés *m/pl.*

Born [bɔrn] *m* ⟨~(e)s; ~e⟩ *poét.* puits *m*; source *f*; *fig.* **ein ~ der Weisheit** un puits de science; **aus dem (reichen) ~ s-r Erfahrungen schöpfen** puiser dans son expérience.

borniert [bɔr'niːrt] *adj.* (d'un esprit) borné; **~ sein** être borné; **2ˌheit** *f* ⟨~⟩ étroitesse *f* d'esprit; **s-e politische ~** l'étroitesse de ses vues politiques.

Borretsch ['bɔrɛtʃ] *m* ⟨~es⟩ *bot.* bourrache *f*; **~geˌwächse** *n/pl. bot.* borraginacées *f/pl.*

Bor|salbe ['boːrˌzalbə] *f phm.* vaseline boriquée; **~ˌsäure** *f chim.* acide *m* borique.

Börse ['bœrzə] *f* ⟨~; ~n⟩ **1.** (*Portemonnaie*) bourse *f*; **2.** *écon.* Bourse *f*; **die ~ war bewegt, blieb fest** la Bourse était 'houleuse, ferme; **an der ~ spekulieren** spéculer, jouer à la Bourse; **an der ~ notiert werden** être coté en Bourse; **an der ~ handeln** traiter à la Bourse.

'Börsen... *in Zssgn.* de Bourse; boursier, -ière; financier, -ière; **~ˌaufträge** *m/pl.* ordres *m/pl.* de Bourse; **~beˌginn** *m cf.* **~eröffnung**; **~beˌricht** *m* bulletin financier de la Bourse; compte rendu boursier; *in der Zeitung* rubrique boursière; vie financière; **~eˌffekten** *pl.* valeurs boursières, de Bourse; **~erˌöffnung** *f* ouverture *f* de la Bourse; **2ˌfähig**, **2ˌgängig** *adj.* négociable; négocié, coté en Bourse; admis à la Bourse; **~e Papiere** titres *m/pl.*, valeurs *f/pl.* négocié(e)s, coté(e)s en Bourse, admis(es) à la Bourse; **~geˌrücht** *n* bruit *m*, nouvelle *f*, rumeur *f* de Bourse; **~geˌschäfte** *n/pl.* affaires, opérations, transactions boursières, de Bourse; **~ˌhandel** *m* commerce boursier; **~ˌindex** *m* indice boursier; **~ˌjobber** *m* ⟨~s; ~⟩ *péj. cf.* **~spekulant**; **~ˌkrach** *m* krach [-k] *m* de la Bourse; débâcle boursière, financière; **~ˌkreise** *m/pl.* milieux boursiers, financiers; **~ˌkrise** *f* crise boursière; **~ˌkurs** *m* cours *m* de la Bourse, des valeurs; cote *f* de la Bourse, en Bourse; prix coté à la Bourse; **~ˌmakler** *m* agent *m* de change; boursier *m*; (*Wertpapiermakler*) courtier *m* en valeurs mobilières; **~maˌnöver** *n* manœuvre boursière; **~ˌnachrichten** *f/pl.* nouvelles boursières, de la Bourse; **~noˌtierung** *f* cote *f*, cotation *f* en *od.* à la Bourse; **~ˌordnung** *f* règlement boursier, de la Bourse; **~paˌpiere** *n/pl.* valeurs boursières; **~ˌpreis** *m* prix coté à la Bourse; cote *f* en Bourse; **~ˌrecht** *n* législation boursière; **~ˌschiedsgeˌricht** *n* tribunal arbitral de la Bourse; **~ˌschluß** *m* clôture *f* de la Bourse; **~ˌschwankungen** *f/pl.* fluctuations boursières, des cours; **~ˌschwindel** *m* tripotage *m* de Bourse; **~ˌschwindler** *m* tripoteur *m* de Bourse; **~speku,lant** *m* spéculateur *m* à la Bourse; boursier *m*; **~spekulati,on** *f* spéculation boursière; *gelungene* coup *m* de Bourse; **~,steuer** *f cf.* **~umsatzsteuer**; **~,sturz** *m* effondrement *m* des cours; chute *f* de la Bourse; **~,teil** *m e-r Zeitung* rubrique boursière; vie financière; **~ten,denz** *f* tendance *f* de la Bourse; **~,tip** *m* tuyau *m* de Bourse; **~,umsätze** *m/pl.* transactions boursières; **~,umsatz,steuer** *f* impôt *m* sur les opérations de Bourse; **~u,sancen** [-y·,zɑ̃:sən] *f/pl.* usages *m/pl.* de la Bourse; **~ver,kehr** *m* opérations boursières; **~,werte** *m/pl.*, **~,wertpa,piere** *n/pl.* valeurs boursières; **~,zeitung** *f* journal boursier; **~,zettel** *m* (*Kurszettel*) cote *f*.

Börsianer [bœrzi·'ɑ:nər] *m* ⟨~s; ~⟩ *comm.* boursier *m*.

Borst|e ['bɔrstə] *f* ⟨~; ~n⟩ **1.** soie *f* (de porc); *pl.* **~n** *e-s Pinsels etc.* soies *f/pl.*; poils *m/pl.*; **echte ~n** soies de porc; **2.** *fig. u.* F *pl.* **~n** (*Haare*) tifs *m/pl.*; **~en,gras** *n bot.* **1.** nard *m*; **2.** *Steppengras* aristide *f*; **~en,vieh** F *n* porcins *m/pl.*; espèce porcine; **~en,würmer** *m/pl. zo.* chétopodes [ke-] *m/pl.*; **2ig** *adj.* qui porte des soies; F *Haar* ressemblant à des crins; *fig. u.* F *Person* rébarbatif, -ive; rogue; revêche; grincheux, -euse.

Borte ['bɔrtə] *f* ⟨~; ~n⟩ *cout.* galon *m*; bordé *m*; bordure *f*; **mit e-r ~ besetzen, einfassen** mettre un galon, *etc.* à; galonner; *cf. auch* **Bücherbord.**

Borwasser ['bo:r,vasər] *n phm.* eau boriquée.

bösartig ['bø:s,ʔɑ:rtɪç] *adj. Krankheit* malin, -igne; pernicieux, -euse; *Tier* ʻhargneux, -euse; méchant; *Bemerkung* méchant; *Person* méchant; malfaisant; **~e Verleumdungen** de noires, de viles calomnies; **2,keit** *f* ⟨~⟩ *e-r Krankheit* malignité *f*; perniciosité *f*; *von Tieren, e-r Person, Bemerkung* méchanceté *f*.

bösch|en ['bœʃən] *v/t.* ⟨h⟩ *Erdreich* taluter; **2ung** *f* ⟨~; ~en⟩ talus [-y] *m*; pente *f*; (*Ufer2*) *auch* berge *f*; **die ~ hinunterrutschen** glisser le long de la pente, du talus; **2ungs,winkel** *m* inclinaison *f* du talus, de la pente.

böse ['bø:zə] **1.** *adj.* **a)** *sittlich* mauvais; méchant; *Kind* vilain; **e-e ~ Tat** une mauvaise action; **ein ~r Mensch** un homme méchant; **das 2 auf der Welt** le mal dans le monde; **2s mit Gutem vergelten** rendre le bien pour le mal; **der 2** (*Teufel*) le Malin; **b)** (*Übles verursachend*) **e-e ~ Zunge haben** avoir une mauvaise, méchante langue; **~r Streich** mauvais tour; tour pendable; **der ~ Blick** le mauvais œil; **es kommen ~ Zeiten** on est à la veille de temps durs, difficiles; **das nimmt ein ~s Ende** cela finira mal; **etw. nicht in ~r Absicht tun** ne pas faire qc. dans une mauvaise intention, dans une intention malhonnête; **nichts 2s beabsichtigen** ne pas penser à mal; **c)** *Krankheit* malin, -igne; grave; **e-e ~ Geschwulst** une tumeur maligne; **~r Finger** panaris *m*; **d)** (*aufgebracht*) **ein ~r Blick** un regard méchant, F mauvais; **j-n ~ machen** mettre qn. en colère; irriter, fâcher qn.; F faire monter la moutarde au nez de qn.; **~ werden** se mettre en colère; se fâcher; F devenir mauvais; **das hat viel ~s Blut gemacht** cela a provoqué le mécontentement; **j-m ~ sein** en vouloir à qn.; être fâché contre qn.; **sei mir deswegen nicht ~** ne m'en veux pas pour cela; **sie sind miteinander ~** ils s'en veulent; **ich habe noch nie ein ~s Wort von ihm gehört** je ne l'ai jamais entendu dire de méchancetés, de paroles méchantes; **e)** *verstärkend cf.* **arg b)**; **2.** *adv. Situation* **es sieht ~ aus** cela semble grave, sérieux; **ich habe es nicht ~ gemeint** je n'ai pas pensé à mal; je n'étais pas mal intentionné; **~ dreinschauen** regarder méchamment, d'un air mauvais; **j-m ~ mitspielen** jouer un mauvais tour à qn.; **2,wicht** *m* ⟨~(e)s; ~e(r)⟩ méchant *m*; vaurien *m*.

bos|haft ['bo:shaft] *adj.* méchant; *Person auch* malveillant; **~e Bemerkungen machen** faire des remarques, des observations méchantes, malveillantes, désobligeantes (**über j-n** sur qn.); **ihre ~e Zunge** sa méchante, sa mauvaise langue; **2,haftig,keit** *f* ⟨~⟩, **2heit** *f* ⟨~; ~en⟩ méchanceté *f*; malignité *f*; F rosserie *f*; **aus reiner ~** par pure méchanceté; **s-e ~ an j-m auslassen** dire plein de méchancetés à qn.; **mit konstanter ~** sans vouloir en démordre.

Boskett [bɔs'kɛt] *n* ⟨~s; ~e⟩ *jard.* bosquet *m*.

Bosn|ier(in) ['bɔsni·ər(ɪn)] *m* ⟨~s; ~⟩ (*f*) ⟨~; ~nen⟩ Bosnien, -nne *m, f*; Bosniaque *m, f*; **2isch** *adj.* bosnien, -nne; bosniaque.

Boß [bɔs] *m* ⟨-sses; -sse⟩ patron *m*; F boss *m*; *e-r Gewerkschaft etc.* chef *m*.

bosseln ['bɔsəln] *v/i.* ⟨-ssele *od.* -ßle, h⟩ F **an etw. ~** fignoler qc.

Bossier|eisen [bɔ'si:r,ʔaɪzən] *n* ébauchoir *m*; **2en** *v/t.* ⟨*pas de ge-*, h⟩ *techn.* ébaucher; *Ton, Wachs* modeler.

böswillig ['bø:s,vɪlɪç] **1.** *adj.* malveillant; *Person auch* malintentionné; **~e Verleumdung** calomnie malveillante, méchante; *jur.* **~es Verlassen** *e-s Ehegatten* abandon *m* du domicile conjugal; **2.** *adv.* **j-n ~ verlassen** délaisser qn.; **~ handeln** agir avec malveillance; **2,keit** *f* ⟨~⟩ malveillance *f*.

bot [bo:t] *cf.* **bieten.**

Botani|k [bo·'tɑ:nɪk] *f* ⟨~⟩ botanique *f*; **~ker** *m* ⟨~s; ~⟩ botaniste *m*; **2sch** *adj.* botanique; **~er Garten** jardin *m* botanique; *in Paris* Jardin des Plantes; **2'sieren I** *v/i.* ⟨*pas de ge-*, h⟩ herboriser; **II ~'sieren** *n* ⟨~s⟩ herborisation *f*; **~'sier,trommel** *f* boîte *f* à herboriser.

Bötchen ['bø:tçən] *n* ⟨~s; ~⟩ petit bateau.

Bot|e ['bo:tə] *m* ⟨~n; ~n⟩ messager *m*; *für Gänge* garçon *m* de courses; commissionnaire *m*; **geheimer ~** messager secret; **durch ~n** par messager; par porteur; **Zustellung durch ~n** remise *f* à domicile par porteur; *st. s.* **die ~n des Frühlings** les messagers du printemps; **~en,amt** *n* métier *m* de garçon de courses; **~en,dienst** *m* **~e verrichten, tun** être garçon de courses; **~en,gang** *m* course *f*; commission *f*; **~en,lohn** *m* pourboire *m*; **~en,zustellung** *f* remise *f* à domicile par porteur; **~in** *f* ⟨~; ~nen⟩ messagère *f*; commissionnaire *f*; **2,mäßig** *adj. st. s.* soumis; **~ machen** assujettir; soumettre; **~,mäßig,keit** *st. s. f* ⟨~⟩ autorité *f*; **unter s-e ~ bringen** assujettir; soumettre.

Botschaft ['bo:tʃaft] *f* ⟨~; ~en⟩ **1.** message *m*; nouvelle *f*; **e-e traurige ~** une nouvelle triste; **e-e ~ senden** envoyer un message; **2.** *diplom. Vertretung* ambassade *f*; **~er(in)** *m* ⟨~s; ~⟩ (*f*) ⟨~; ~nen⟩ ambassadeur, -drice *m, f*; **~er,posten** *m* poste *m* d'ambassadeur; **~satta,ché** *m* ⟨~s; ~s⟩ attaché *m* d'ambassade; **~sperso,nal** *n* (personnel *m* de l')ambassade *f*; **~s,rat** *m* ⟨~(e)s; ~e⟩ conseiller *m* d'ambassade; **~sekre,tär** *m* secrétaire *m* d'ambassade.

Böttcher ['bœtçər] *m* ⟨~s; ~⟩ tonnelier *m*; **~ei** [-'raɪ] *f* ⟨~; ~en⟩ tonnellerie *f*; **~ge,selle** *m* compagnon *m* tonnelier; **~,meister** *m* maître *m* tonnelier.

Bottich ['bɔtɪç] *m* ⟨~(e)s; ~e⟩ cuve *f*; (*Wasch2*) baquet *m*.

Bouclé [bu·'kle:] *n* ⟨~s; ~s⟩ *text.* tissage *m* bouclé; **~,teppich** *m* tapis *m* bouclé.

Boudoir [bu·do·'ɑ:r] *n* ⟨~s; ~s⟩ boudoir *m*.

Bougainvillea [bu·gɛ̃:'vɪle·a] *f* ⟨~⟩ *bot.* bougainvillée *f*.

Bouillon [bu'ljõ:, bu·'jõ:, bʊl'jɔŋ] *f* ⟨~; ~s⟩ *cuis.* bouillon *m*; *kräftige* consommé *m*; **~,reis** *m cf.* **Brühreis**; **~,würfel** *m* cube *m* de consommé.

Boulevardblatt [bu·lə'vɑ:r,blat] *n* feuille boulevardière; *péj.* feuille *f* de chou.

Bourbonen [bu·r'bo:nən] *m/pl. hist.* Bourbons *m/pl.*

Bovist ['bo:vɪst, bo·'vɪst] *cf.* **Bofist.**

Bowdenzug ['baudən,tsu:k] *m techn.* transmission *f* Bowden.

Bowle ['bo:lə] *f* ⟨~; ~n⟩ **1.** *Getränk etwa* punch [põʃ] froid; **2.** *Gefäß etwa* bol *m* à punch; **~n,glas** *n* verre *m* à punch; **~n,löffel** *m* cuillère *od.* cuiller *f* à punch.

Box [bɔks] *f* ⟨~; ~en⟩ **1.** *bei Ausstellungen, im Stall etc.* box *m*; **2.** *phot.* box *m*; **2en I** *v/t., v/i.* (*u. v/réfl.*) ⟨-(es)t, h⟩ (se) boxer; **II ~en** *n* ⟨~s⟩ boxe *f*; **~er** *m* ⟨~s; ~⟩ **1.** boxeur *m*; **2.** *Hunderasse* boxer [-ɛ:r] *m*; **~er,aufstand** *m hist.* insurrection *f* des Boxers; **2e,risch** *adj.* de boxeur; **~er,nase** *f* nez *m* de boxeur; **~,handschuh** *m* gant *m* de boxe; **~kalf** *n* ⟨~s; ~s⟩ *Leder* box-calf *m*; **~kampf** *m* match *m*, combat *m* de boxe; **~ring** *m* ring [rɪŋ] *m*; **~sport** *m* boxe *f*.

Boy [bɔʏ] *m* ⟨~s; ~s⟩ *Hotel* groom [grum] *m*.

Boykott [bɔʏ'kɔt] *m* ⟨~(e)s; ~e⟩ boycottage [bɔj-] *m*; **j-m den ~ androhen** menacer de boycotter qn.; **2ieren** [-'ti:-] *v/t.* ⟨*pas de ge-*, h⟩ boycotter [bɔj-]; **~,hetze** *f pol.* incitation *f* au boycottage.

Brabant|er(in) [bra'bantər(ɪn)] *m* ⟨~s; ~⟩ (*f*) ⟨~; ~nen⟩ Brabançon, -nne *m, f*; **2isch** *adj.* brabançon, -nne; du Brabant.

brabbeln ['brabəln] *v/i.* ⟨-(e)le, h⟩ F (*undeutlich sprechen*) bredouiller; bafouiller.

brach[1] [brɑ:x] *cf.* **brechen**; **~**[2] *adj.* (*unbebaut*) en friche; *vorübergehend* en jachère; **2e** *f* ⟨~; ~n⟩, **2feld** *n* friche *f*; *vorübergehend* jachère *f*.

Brachialgewalt [braxi·'ɑ:lgə,valt] *f* **mit ~** à la force du poignet.

Brach|land ['brɑ:xlant] *n* terre *f* inculte, en friche (*auch fig.*), *vorübergehend* en jachère, en repos; **2,legen** *v/t.* ⟨*sép.*, -ge-, h⟩ *agr.* mettre en jachère; **2,liegen** *v/i.* ⟨*irr.*, *sép.*, -ge-, h⟩ être en friche; *vorübergehend* être en jachère; *fig.* être inemployé; **~,schwalbe** *f zo.* glaréole *f*.

Brachse(n) ['braksə(n)] *f* ⟨~; ~n⟩ (*m*) ⟨~s; ~⟩ *zo.* brème *f*; *sc.* abramis [-s] *m*.

brachte ['braxtə] *cf.* **bringen.**

Brachvogel ['brɑ:x,fo:gəl] *m zo.* courlis *m*.

brachyzephal [braxy·tse·'fɑ:l] *adj. biol.* brachycéphale [-ki-]; **2e(r)** *f(m)* ⟨→ A⟩ brachycéphale [-ki-] *m, f*.

Bracke ['brakə] *m* ⟨~n; ~n⟩ *ch.* braque *m*.

brack|ig ['brakɪç] *adj. Wasser* saumâtre; ℒ**ˌwasser** *n* ⟨~s; ~⟩ eau *f* saumâtre.

Brahma|ismus [brama'ɪsmʊs] *m* ⟨~⟩ brahmanisme *m*; **~ne** [-'mɑː-] *m* ⟨~n; ~n⟩ brahmane *od.* bra(h)me *m*; ℒ**nisch** [-'mɑː-] *adj.* brahmanique.

Bram [brɑːm] *f* ⟨~; ~en⟩ *mar.* mât *m* de perroquet.

bramarbasieren [bramarba'ziːrən] *v/i.* ⟨*pas de ge-*, h⟩ *cf.* aufschneiden II.

Bramme ['bramə] *f* ⟨~; ~n⟩ *métall.* brame *f*.

Bram|rahe ['brɑːmˌrɑːə] *f mar.* vergue *f* de perroquet; **~ˌsegel** *n* (voile *f* de) perroquet *m*; **~ˌstenge** *f cf.* Bram.

Branche ['brɑ̃ːʃə, 'braŋʃə] *f* ⟨~; ~n⟩ *comm.* branche *f*; genre *m* d'affaires, d'activité; **~(n)ˌkenntnis** *f* connaissances *f/pl.* de la branche; ℒ**(n)ˌkundig** *adj.* au courant des, rompu aux affaires de la branche.

Brand [brant] *m* ⟨~(e)s; ~̈e⟩ **1.** incendie *m*; feu *m*; **in ~ geraten** prendre feu; **etw. in ~ stecken, setzen** mettre le feu à qc.; **in ~ stehen** être en feu, en flammes; **ein ~ bricht aus** un incendie se déclare, éclate; **e-n ~ eindämmen** circonscrire un incendie; **2.** F (*Durst*) soif *f*; F pépie *f*; **3.** *méd.* gangrène *f*; nécrose *f*; **4.** *bot.* charbon *m*; carie *f*; **5.** (*Brennstoff*) combustible *m*; **6.** *von Ziegeln etc.* cuisson *f*; cuite *f*; *von Kalk auch* calcination *f*; **~beˌkämpfung** *f* lutte *f* contre l'incendie; **~ˌbinde** *f phm.* pansement *m* contre les brûlures; **~ˌblase** *f méd.* ampoule, cloque causée par une brûlure; *méd.* phlyctène *f*; **~ˌbombe** *f milit.* bombe *f* incendiaire; **~ˌbrief** F *m* demande très pressante de secours; **~diˌrektor** *m* chef *m* des sapeurs-pompiers; **~ˌeisen** *n* fer *m* rouge, à marquer.

branden ['brandən] *v/i.* ⟨-ete, h⟩ *mar.* déferler (*auch fig. vom Verkehr etc.*); se briser (contre, sur); **die Wellen ~ gegen die Felsküste** les vagues déferlent contre, se brisent contre les rochers; **mitten im ~den Verkehr** au milieu de la circulation déferlante.

Brandenburg|er(in) ['brandənˌbʊrgər(ɪn)] **I** *m* ⟨~s; ~⟩ (*f*) ⟨~; ~nen⟩ Brandebourgeois(e) *m* (*f*); **II ~er** *adj.* ⟨*inv.*⟩ **~ Tor** porte *f* de Brandebourg; ℒ**isch** *adj.* brandebourgeois; du Brandebourg; ℒ**e Konzerte** Concertos brandebourgeois.

Brand|ente ['brantˌʔɛntə] *f zo.* tadorne *m*; **~ˌfackel** *f* brandon *m* (*auch fig.*); torche *f* incendiaire; **~fleck** *m* trace *f* de brûlure; **~fuchs** *m zo.* **1.** renard charbonnier; **2.** (*schwarzrotes Pferd*) alezan brûlé; **~ˌgasse** *f* espace *m* coupe-feu entre deux maisons, *etc.*; **~geˌfahr** *f* danger *m* d'incendie; **~geˌruch** *m* odeur *f* de brûlé, de roussi; **~ˌgiebel** *m bât.* pignon *m* coupe-feu; **~graˌnate** *f milit.* obus [-y] *m* incendiaire; **~herd** *m* foyer *m* d'incendie; ℒ**ig** *adj.* **a)** *méd.* gangrené; gangreneux, -euse; **~ werden** se gangrener; **b)** qui sent le brûlé, le roussi; **ein ~er Geruch** une odeur de brûlé, de roussi; **~ˌkasse** *f* caisse *f* d'assurance contre l'incendie; **~kataˌstrophe** *f* incendie *m* monstre, gigantesque; **~ˌlattich** *m bot.* homogyne *f*; **~mal** *n* **1.** cicatrice *f* de brûlure; **2.** *fig.* stigmate *m*; flétrissure *f*; **~maleˌrei** *f* pyrogravure *f*; ℒ**ˌmarken** *v/t.* ⟨h⟩ stigmatiser; flétrir; **~ˌmarkung** *f* ⟨~; ~en⟩ stigmatisation *f*; flétrissure *f*; **~ˌmauer** *f bât.* mur *m* coupe-feu; **~ˌmeister** *m* capitaine *m* des pompiers; **~munitiˌon** *f milit.* munition *f* incendiaire; **~ˌnarbe** *f* cicatrice *f* de brûlure; ℒ**neu** *adj.* flambant neuf, neuve; **~ˌopfer** *n bibl.* holocauste *m*; **~ˌpilze** *m/pl. bot.* ustilaginales *f/pl.*; **~ˌrede** *f* discours *m* incendiaire; ℒ**rot** *adj.* rouge, *Haar* roux, rousse flamboyant; **~ˌsalbe** *f* pommade *f* contre les brûlures; liniment *m* oléocalcaire; **~ˌschaden** *m* dommages, dégâts causés par l'incendie; ℒ**ˌschatzen** *v/t.* ⟨-(es)t, h⟩ pressurer; rançonner; **~ˌschatzung** *f* ⟨~; ~en⟩ rançonnement *m*; pressurement *m*; **~ˌschneise** *f* coupe-feu *m*; **~schutz** *m* protection *f* contre l'incendie; **~ˌsohle** *f cord.* première semelle; **~ˌstätte** *f*, **~ˌstelle** *f* lieu *m* de l'incendie, du sinistre; **~ˌstifter(in)** *m* (*f*) incendiaire *m, f*; **~ˌstiftung** *f vorsätzliche* incendie *m* volontaire; **fahrlässige ~** incendie par inadvertance, par imprudence, involontaire.

Brandung ['brandʊŋ] *f* ⟨~; ~en⟩ déferlement *m* de la houle, des flots; ressac *m*; **~sˌschwimmen** *n* surf(ing) [sœrf(iŋ)] *m*; **~sˌwelle** *f* vague déferlante.

Brand|ursache ['brantˌʔuːrzaxə] *f* cause *f* d'incendie; **~ˌwache** *f* piquet *m* d'incendie; **~ˌwirkung** *f e-s Geschosses* pouvoir *m* incendiaire; **~ˌwunde** *f* brûlure *f*.

Brandy ['brɛndi·] *m* ⟨~s; ~s⟩ brandy *m*.

Brandzeichen ['brantˌtsaɪçən] *n* marque *f* (au fer rouge).

brannt|e ['brantə] *cf.* **brennen**; ℒ**kalk** *m chim.* chaux vive.

Branntwein ['brantvaɪn] *m* eau-de-vie *f*; **~ˌbrenner** *m* distillateur *m* (d'eau-de-vie); bouilleur *m* de cru; brûleur *m*; **~brenneˌrei** *f* distillerie *f* (d'eau-de-vie); brûlerie *f*; **~geˌnuß** *m* consommation *f* d'eau-de-vie, d'alcool; **~monoˌpol** *n* monopole *m* des alcools.

Brasil [bra'ziːl] *f* ⟨~; ~⟩ cigare *m* du Brésil; **~ettoˌholz** [-'lɛ-] *n* pernambouc *m*; **~i'aner(in)** *m* ⟨~s; ~⟩ (*f*) ⟨~; ~nen⟩ Brésilien, -nne *m, f*; ℒ**i'anisch** *adj.* brésilien, -nne; du Brésil.

Brasse ['brasə] *f* ⟨~; ~n⟩ **1.** *mar.* bras *m* (d'une vergue); **2.** *zo. cf.* Brachse(n); ℒ**n** *v/t.* ⟨-ßt, h⟩ *mar.* brasser.

brät [brɛːt] *cf.* braten.

Brat|apfel ['brɑːtˌʔapfəl] *m* pomme cuite au four; ℒ**en I** *v/t.* ⟨**brät**, *2e pers. pl.* **bratet, briet, gebraten, brat(e)!**, h⟩ faire cuire (*in der Pfanne* à la poêle, *im Ofen* au four, *in e-m Brattopf* à la cocotte); *im Ofen auch* faire rôtir; *in siedendem Fett* faire frire; *auf e-m Bratrost, am Grill* faire griller, rôtir; faire cuire sur le gril; *Kartoffeln* faire sauter; *Zwiebeln* **braun ~** faire rissoler; **bei kleinem Feuer ~** faire rôtir, cuire à feu doux; **ein Schnitzel ~** faire cuire une escalope; **e-n Fisch ~** faire frire un poisson; **ein Hähnchen ~** faire rôtir un poulet; **e-e Wurst ~** faire cuire une saucisse à la poêle *bzw.* faire griller, rôtir une saucisse; **e-n Ochsen am Spieß ~** faire rôtir un bœuf à la broche; **II** *v/i.* cuire (à la poêle, au four, à la cocotte); rôtir; griller; dorer; *fig.* (sich) **in der Sonne ~ (lassen)** se faire griller, rôtir au soleil; **III ~en** *n* ⟨~s⟩ cuisson *f* (à la poêle, au four, à la cocotte); *im Ofen auch* rôtissage *m*; **IV ~en** *m* ⟨~s; ~⟩ rôti *m*; **kalter ~** viande froide; *fig. u.* F **das ist ein fetter ~** c'est une bonne aubaine, un riche butin; **den ~ riechen** éventer la mèche; flairer la chose; avoir vent de qc.; découvrir le pot aux roses; avoir la puce à l'oreille; **~enˌduft** *m* odeur *f* de rôti; **~enˌplatte** *f* plat *m* à rôti; **~enˌsauce** *f* sauce *f* de rôti; **~enˌwender** *m* ⟨~s; ~⟩ tournebroche *m*; **~fisch** *m* poisson frit, *zum Braten* à frire; **~fleisch** *n* viande *f* à rôtir; **~ˌhähnchen** *n*, **~ˌhendel** *n* ⟨~s; ~(n)⟩ poulet rôti; **~ˌhering** *m* 'hareng frit et mariné; **~karˌtoffeln** *f/pl.* pommes de terre sautées; **~ˌofen** *m* four *m*; **~ˌpfanne** *f* poêle [pwɑl] *f*; **~ˌröhre** *f cf.* **~ofen**; **~rost** *m* gril [-l] *m*; barbecue [-kju] *m*.

Bratsch|e ['brɑːtʃə] *f* ⟨~; ~n⟩ *mus.* alto *m*; **~ist** [-'tʃɪst] *m* ⟨~en; ~en⟩ altiste *m*.

Brat|spieß ['brɑːtʃpiːs] *m* broche *f* (à rôtir); **~wurst** *f* saucisse fraîche; *gebraten* saucisse grillée.

Bräu [brɔʏ] *n* ⟨~(e)s; ~e *od.* ~s⟩ (sorte *f* de) bière *f*.

Brauch [braux] *m* ⟨~(e)s; ~̈e⟩ coutume *f*; usage *m*; tradition *f*; **nach altem ~** selon une vieille coutume, un vieil usage; **das ist so ~** c'est la coutume; ℒ**bar** *adj.* qui peut servir (à); utile (à); utilisable; employable; *Kleidung auch* mettable; noch **~** *auch* récupérable; *Person* **zu allem ~** à toutes mains; **nichts** ℒ**es zustande bringen** ne faire rien qui vaille; **~barˌkeit** *f* ⟨~⟩ utilité *f*; ℒ**en** *v/t.* ⟨h⟩ **1.** (*nötig haben*) **a)** avoir besoin de; *Zeit meist* mettre; **ich brauche etw.** *auch* il me faut qc.; **der Kranke braucht Ruhe** le malade a besoin de repos; il faut du repos au malade; **der Weinbau braucht viel Pflege** la culture de la vigne a besoin de, réclame, exige, demande beaucoup de soins; **für etw. zwei Stunden ~** mettre deux heures pour (faire) qc.; **wie lange haben Sie gebraucht?** combien de temps avez-vous mis, vous a-t-il fallu?; **das braucht Zeit** cela demande du temps; F **ich kann dich jetzt nicht ~** tu me déranges; **b)** *mit zu + inf.*: **er braucht nicht zu kommen** il n'a pas besoin de venir; **das hättest du nicht zu tun ~** tu n'aurais pas eu besoin de le faire; **du brauchst gar nicht zu lachen** tu n'as pas besoin de rire; **das braucht niemand zu wissen** personne n'a besoin de le savoir; **es braucht nicht gleich zu sein** ce n'est pas pressé; **ich brauche wohl nicht erst zu sagen, daß...** *auch* inutile de dire que...; **Sie ~ es nur zu sagen** vous n'avez qu'à le dire; **man braucht nur (noch) auf e-n Knopf zu drücken** il n'y a (plus) qu'à appuyer sur un bouton; il suffit d'appuyer sur un bouton; **2.** F (*gebrauchen*) se servir de; **kannst du das noch ~?** est-ce que cela peut te servir?; **~tum** *n* ⟨~(e)s; -tümer⟩ coutumes *f/pl.*; usages *m/pl.*; **~ˌwasser** *n* ⟨~s⟩ eau industrielle.

Braue ['brauə] *f* ⟨~; ~n⟩ sourcil *m*; **die ~n runzeln** froncer les sourcils.

brau|en ['brauən] **I** *v/t.* ⟨h⟩ *Bier* brasser; *Punsch etc.* faire; préparer; fabriquer; **II** *v/i. Nebel* flotter; **III** ℒ**en** *n* ⟨~s⟩ brassage *m*; ℒ**er** *m* ⟨~s; ~⟩ brasseur *m*; ℒ**e'rei** *f* ⟨~; ~en⟩ brasserie *f*; ℒ**(e'rei)geˌwerbe** *n* brasserie *f*; ℒ**geˌrechtigkeit** *f cf.* Braurecht; ℒ**haus** *n* brasserie *f*; ℒ**ˌkessel** *m cf.* Braupfanne; ℒ**ˌmeister** *m* maître *m* brasseur.

braun [braun] **I** *adj. u. adv.* brun (*meist dunkel*); marron (*inv.*); *Haut* brun; *von der Sonne* bronzé; 'hâlé; basané; *Pferd* bai; *cuis.* **~e Butter** beurre noir; **die ~e Farbe der Kastanie** la couleur brune de la châtaigne; ~e Augen yeux marron, noisette, bruns; ~e Haare cheveux bruns; ~e Schuhe chaussures marron; ~ färben teindre en brun, en marron; ~ werden devenir brun, marron; *Person, Haut* bronzer; brunir; sich ~ brennen lassen se faire bronzer; *fig.* j-n ~ und blau schlagen rouer qn. de coups; der 2e *Pferd* le bai; *Person* le brun; **II** 2 *n* ⟨~s⟩ couleur brune, marron; brun *m*; marron *m*; ~ˌ**äugig** *adj.* aux yeux bruns, marron, noisette; 2**bär** *m zo.* ours brun; 2**bier** *n* bière brune; F aussehen wie ~ und Spucke avoir une tête de papier mâché.

Bräune [ˈbrɔʏnə] *f* ⟨~⟩ **1.** *der Haut* ˈhâle *m*; bronzage *m*; künstliche ~ ˈhâle artificiel; **2.** *méd.* **a)** (*Diphtherie*) croup [-p] *m*; diphtérie *f*; **b)** (*Angina*) angine *f*.

Brauneisen|erz [ˈbraʊnˌʔaɪzənˌʔeːrts] *n*, ~ˌ**stein** *m minéral.* limonite *f*; fer limoneux.

Braunelle [braʊˈnɛlə] *f* ⟨~; ~n⟩ **1.** *bot.* prunella *od.* brunella *f*; **2.** *zo.* accenteur *m*.

bräunen [ˈbrɔʏnən] **I** *v/t.* ⟨h⟩ *Sonne, Luft die Haut* brunir; bronzer; ˈhâler; basaner; *cuis. Zwiebel* faire rissoler; *Butter* faire dorer; *Zucker* faire caraméliser; **II** *v/i.* ⟨sein⟩ *u. v/réfl. in der Sonne, Luft* brunir; bronzer; *cuis.* rissoler; *Butter* dorer; *Zucker* (se) caraméliser; **III** 2 *n* ⟨~s⟩ *der Haut* brunissement *m*; bronzage *m*; *des Zuckers* caramélisation *f*; *sonst verbal.*

Braun|erde [ˈbraʊnˌʔeːrdə] *f géol.* terre brune; 2**geˌbrannt** *adjt.* bronzé; ˈhâlé; bruni; 2**geˌfleckt** *adjt.* tacheté de brun; 2**gelb** *adj.* feuille-morte (*inv.*); ocre (*inv.*); mordoré; 2**grün** *adj.* vert tirant sur le brun; 2ˌ**haarig** *adj.* aux cheveux bruns; brun; ~**hemd** *n Nazismus* chemise brune (*auch Person*); ~ˌ**kehlchen** *n* ⟨~s; ~⟩ *zo.* tarier *m* des prés; traquet *m* tarier.

Braunkohle [ˈbraʊnˌkoːlə] *f* lignite *m*; ~**nˌbergbau** *m* ⟨~(e)s⟩ industrie minière du lignite; ~**nbriˌkett** *n* briquette *f* de lignite; aggloméré *m*; ~**nˌförderung** *f* extraction *f* du lignite; ~**nformatiˌon** *f géol.* formation *f* de lignite; ~**nˌgrube** *f* mine *f* de lignite; ~**nˌlager** *n* gisement *m* de lignite; ~**nˌtagebau** *m* ⟨~(e)s; ~e⟩ extraction *f* du lignite à ciel ouvert.

bräunlich [ˈbrɔʏnlɪç] *adj.* brunâtre; blet, -tte; ~ˈ**gelb** *adj. Pferd* isabelle.

braun|rot [ˈbraʊnroːt] *adj.* rouge-brun; ~ˌ**scheckig** *adj.* tacheté de brun; 2**sche** ˈ**Röhre** *f phys.* oscillographe *m* cathodique; ~**schwarz** *adj.* noir brunâtre.

Braunschweig|er(in) [ˈbraʊnˌʃvaɪgər (-ɪn)] **I** *m* ⟨~s; ~⟩ (*f*) ⟨~; ~nen⟩ habitant(e) *m* (*f*) de Brunswick; **II** ~**er** *adj.* ⟨*inv.*⟩, 2**isch** *adj.* de Brunswick.

Braun|stein [ˈbraʊnʃtaɪn] *m minéral.* pyrolusite *f*; bioxyde naturel de manganèse; ~**wurz** *f* ⟨~⟩ *bot.* scrofulaire *f*; scrofularia *m*.

Brau|pfanne [ˈbraʊˌpfanə] *f* chaudière *f* à moût; ~**recht** *n* droit *m* de brasser; licence *f* de brasseur.

Braus [braʊs] *m* in Saus und ~ leben mener une vie de plaisirs, de dissipation, dissipée; mener la vie à grandes guides.

Brause [ˈbraʊzə] *f* ⟨~; ~n⟩ **1.** (*Dusche*) douche *f*; unter der ~ stehen être sous la douche; **2.** *e-r Gießkanne* pomme *f* d'arrosoir; **3.** *Limonade* limonade gazeuse; ~ˌ**bad** *n* douche *f*; ~**kaˌbine** *f* cabine *f* de douche; ~ˌ**kopf** *m fig. u.* F soupe *f* au lait; tête chaude; ~**limoˌnade** *f cf.* ~ **3.**; 2**n** **I** *v/i.* ⟨-(es)t, h⟩ **1.** *Sturm, Meer, Wellen* mugir; *Wind* souffler; *Wellen, Wasserfall etc. auch* gronder; *Beifall* crépiter; retentir; *Orgel* retentir; résonner; ~der Beifall tonnerre *m* d'applaudissements; es braust mir in den Ohren j'ai des bourdonnements d'oreilles; *cf. auch* aufbrausen; **2.** ⟨sein⟩ *fig. Zug, Flugzeug etc.* passer en trombe; **II** *v/réfl.* **3.** sich ~ (*sich duschen*) se doucher; prendre une douche; sich kalt ~ prendre une douche froide; se doucher à l'eau froide; **III** ~**n** *n* ⟨~s⟩ **4.** *des Sturms etc.* mugissement *m*; grondement *m*; retentissement *m*; **5.** (*Duschen*) douche *f*; *od. verbal*; ~ˌ**pulver** *n* limonade sèche; ~ˌ**raum** *m* douches *f/pl.*; ~ˌ**wind** *m fig.* jeune impétueux *m*.

Braut [braʊt] *f* ⟨~; ¨e⟩ fiancée *f*; *am Hochzeitstag* mariée *f*; *poét.* épousée *f*; *fig.* ~ Christi (*Nonne*) épouse *f* de Jésus-Christ; ~**bett** *n* lit nuptial [-ps-]; ~**buˌkett** *n* bouquet *m* de la mariée; ~ˌ**eltern** *pl.* parents *m/pl.* de la mariée; ~ˌ**führer** *m* garçon *m* d'honneur; ~**geˌschenke** *n/pl.* cadeaux *m/pl.* entre les fiancés.

Bräutigam [ˈbrɔʏtɪgam, -tiˑ-] *m* ⟨~s; ~e⟩ fiancé *m*; *am Hochzeitstag* marié *m*.

Braut|jungfer [ˈbraʊtˌjʊŋfər] *f* demoiselle *f* d'honneur; ~**kleid** *n* robe *f* de mariée; ~**kranz** *m* couronne *f* de mariée; ~ˌ**leute** *pl. cf.* Brautpaar.

bräutlich [ˈbrɔʏtlɪç] *adj.* d'une mariée; comme une mariée.

Braut|messe [ˈbraʊtˌmɛsə] *f égl. cath.* messe *f* de mariage; ~ˌ**mutter** *f* mère *f* de la mariée; ~**nacht** *f* nuit *f* de noces; ~**paar** *n* fiancés *m/pl.*; *am Hochzeitstag* mariés *m/pl.*; ~**schau** *f plais.* auf ~ gehen chercher femme; ~ˌ**schleier** *m* voile *m* de mariée; ~**schmuck** *m* parure *f* de mariée; ~**schuh** *m* chaussure *f* de mariée; ~**staat** *m* toilette *f* de mariée; ~ˌ**vater** *m* père *m* de la mariée; ~ˌ**werber** *m* ⟨~s; ~⟩ *hist.* personne *f* qui fait la demande en mariage pour qn.; ~**zeit** *f* temps *m* des fiançailles.

brav [braːf] **1.** *adj.* **a)** *Kind* sage; gentil, -lle; docile; ein sehr ~es Kind un enfant sage comme une image; **b)** *Erwachsener* brave; ~e Leute de braves gens; **2.** *adv.* sagement; gentiment; docilement; ~ essen, lernen manger, apprendre sagement, *etc.*; 2**heit** *f* ⟨~⟩ sagesse *f*; docilité *f*; gentillesse *f*; ~**issimo** [-ˈvɪ-] *int.* bravissimo!; ~**o** **I** *int.* bravo!; **II** 2**o** *n* ⟨~s; ~s⟩, 2**oˌruf** *m* bravo *m*; laute Bravorufe des bravos retentissants.

Bravour [braˈvuːr] *f* ⟨~⟩ mit ~ avec brio; ~ˌ**arie** *f mus.* air *m* de bravoure; ~ˌ**leistung** *f*, ~ˌ**stück** *n* action *f* d'éclat.

brech|bar [ˈbrɛçbaːr] *adj. opt.* réfrangible; 2**barˌkeit** *f* ⟨~⟩ *opt.* réfrangibilité *f*; 2ˌ**bohnen** *f/pl. cuis.* ˈharicots verts; 2ˌ**durchfall** *m méd.* gastro-entérite *f*; 2**e** *f* ⟨~; ~n⟩ *für Flachs, Hanf* broie *f*; brisoir *m*; 2**ˌeisen** *n techn.* pince *f* monseigneur; ~**en** **I** *v/t.* ⟨bricht, brach, gebrochen, h⟩ **1.** casser; rompre; *meist in mehrere Stücke* briser; *Brot* rompre; *Eis, Wellen* briser; *Gliedmaßen* casser; fracturer; *Steine, Schiefer, Marmor etc.* extraire; tirer; *Flachs, Hanf* broyer; briser; *opt., phys.* réfracter; ein Loch in e-e Mauer ~ faire, percer un trou dans un mur; e-n Rand ~ faire une marge (en pliant la feuille de papier); *fig.* nichts zu ~ und zu beißen haben n'avoir rien à se mettre sous la dent; das bricht ihm das Herz cela lui brise, lui fend le cœur; das wird ihm den Hals ~ *cf.* Hals; den Stab über j-n ~ condamner (irrévocablement) qn.; e-e Lanze für j-n ~ *cf.* Lanze; e-e Sache übers Knie ~ précipiter, expédier, brusquer une affaire; Not bricht Eisen *prov.* nécessité fait loi *prov.*; *cf. auch* gebrochen; **2.** *fig. Vertrag etc.* rompre; *Eid* violer; *Widerstand, Blockade etc.* forcer; *Rekord* battre; pulvériser; sein Wort ~ manquer à, trahir sa parole; s-n Eid ~ *auch* se parjurer; être parjure; den Frieden ~ rompre, violer la paix; das Recht ~ violer, enfreindre la loi; die Ehe ~ commettre un adultère, une infidélité conjugale; *st. s.* violer la foi conjugale; die Treue ~ être, devenir infidèle; den Bann ~ rompre l'enchantement; sein Schweigen ~ rompre son silence; den Widerstand ~ briser, forcer la résistance; e-n Streit, e-n Krieg vom Zaun ~ déclencher une querelle, une guerre; **3.** *physiol.* vomir; rendre; Blut, Galle ~ vomir du sang, de la bile; **II** *v/i.* **4.** ⟨sein⟩ *von Sachen* (se) rompre; (se) casser; (se) briser; *Oberleder* se fendre; *Stoff* se couper; *Stimme* se briser; der Ast bricht unter der Last la branche (se) rompt sous la charge; die Feder, die Achse ist gebrochen le ressort, l'essieu (s')est cassé; die Sonne bricht durch die Wolken le soleil perce à travers les nuages; die Quelle bricht aus der Erde la source jaillit de (la) terre; *fig.* sein Auge bricht il s'éteint; das Herz bricht mir bei diesem Anblick mon cœur se brise à ce spectacle; der Krug geht solange zum Brunnen, bis er bricht *prov. cf.* Krug; **5.** ⟨h⟩ *fig.* mit j-m, etw. ~ rompre avec qn., avec qc.; mit der Welt ~ divorcer d'avec le monde; **6.** ⟨h⟩ (*sich erbrechen*) vomir; rendre; **III** *v/réfl.* **7.** sich ~ *von Wellen* se briser (an contre, sur); déferler (sur); *opt.* se réfracter; être réfracté; sich Bahn ~ se faire jour; percer; sich das Bein ~ se casser, se fracturer la jambe; sich das Genick, den Hals ~ se rompre, se casser le cou; **IV** 2**en** *n* ⟨~s⟩ **8.** rupture *f*; cassement *m*; brisement *m*; *chir. von Gliedmaßen* fracture *f*; *relig. des Brotes* fraction *f* (du pain); *von Steinen etc.* extraction *f*; *von Hanf, Flachs* broyage *m*; *der Stimme* brisement *m*; *e-r Achse etc., fig. e-s Vertrages etc. cf.* Bruch² 1.; zum ~ voll plein à craquer; auf Biegen oder ~ *cf.* Biegen; **9.** (*Erbrechen*) vomissement *m*; ~**end** *advt.* ~ voll plein à craquer; 2**er** *m* ⟨~s; ~⟩ **1.** *mar.* (*Sturzsee*) paquet *m* de mer; grosse lame; **2.** *techn.* concasseur *m*; **3.** F *Person* armoire *f* à glace; 2**maˌschine** *f cf.* 2er 2.; 2ˌ**mittel** *n* **1.** *méd.* vomitif *m*; **2.** *fig. u.* F (*widerlicher Mensch*) répugnant personnage; 2**reiz** *m* envie *f* de vomir; nausée *f*; 2ˌ**schnecke** *f techn.* concasseur *m* giratoire; 2ˌ**stange** *f cf.* 2eisen; 2**ung** *f* ⟨~; ~en⟩ **1.** *opt., phys.* réfraction *f*; **2.** *ling.* métaphonie *f*; 2**ungsˌebene** *f opt.* plan *m* de réfraction; 2**ungskoeffiziˌent** *m* indice *m* de réfraction; 2**ungsverˌmögen** *n* pouvoir *m* de réfraction; 2**ungsˌwinkel** *m* angle *m* de réfraction; 2ˌ**wurzel** *f bot., phm.* ipéca(cuana) *m*.

Bregen ['bre:gən] *m* ⟨~s; ~⟩ *cuis.* cervelle *f*.

Brei [braɪ] *m* ⟨~(e)s; ~e⟩ *für Kinder, von Mehl, Grieß* bouillie *f*; *von Kartoffeln, Hülsenfrüchten etc.* purée *f*; **ganz zu ~ gekocht sein** être tout en bouillie; *fig. u.* F **j-n zu ~ schlagen** réduire qn. en bouillie; ˈhacher qn. comme chair à pâté; mettre qn. en marmelade, en capilotade; **wie die Katze um den heißen ~ herumgehen** *prov. cf.* **Katze**; **viele Köche verderben den ~** *prov. cf.* **Koch**; **2ˌartig, 2ig** *adj.* comme de la bouillie; en bouillie.

breit [braɪt] *adj. u. adv.* large; **zwei Meter ~ sein** avoir deux mètres de large; être large de deux mètres; **ein zwei Meter ~er Gehweg** un trottoir de deux mètres de large; **e-e drei Finger ~e Lücke** un espace d'une largeur de trois doigts, large de trois doigts; **(eben)so lang wie ~** aussi long que large; **~e Hüften** ˈhanches fortes; **~e Nase** nez large, camus; **~e Schultern** belle, forte carrure; épaules larges, carrées; **~e Stirn** front large; *fig.* **e-n ~en Rücken haben** avoir bon dos, le dos large; **~e Aussprache** prononciation traînante; **~e Schilderung** ample récit *m*; description détaillée, *péj.* longue; **die ~e Öffentlichkeit, das ~e Publikum** le grand public; **ein ~es Echo, Interesse finden** trouver un grand écho, intérêt; **auf ~ester Grundlage** sur la base la plus étendue possible; **~er machen** élargir; **~er werden** s'élargir; *Nagel etc.* **~ schlagen, ~ drücken** aplatir; *Schuhe* **~ treten** élargir; avachir; *fig. cf.* **~schlagen** *etc.*; *fig.* **sich ~ hinsetzen** s'asseoir en prenant ses aises; **~ lachen** rire de toutes ses dents; **etw. ~ erörtern** discuter longuement, en détail de qc.; **etw. lang und ~**, *st. s.* **des langen und ~en erzählen** raconter qc. en long et en large, par le menu; s'étendre longuement sur qc.; **weit und ~ war kein Mensch zu sehen** il n'y avait personne aussi loin que peut porter la vue, à la ronde, à perte de vue; **das ist weit und ~ bekannt** c'est partout connu; **2band-ˌwalzwerk** *n* laminoir *m* à tôles larges; **~ˌbeinig** *adv.* les jambes écartées; **2e** *f* ⟨~; ~n⟩ largeur *f*; *e-s Films* format *m*; *géogr.* latitude *f*; **die ~ beträgt, ist zwanzig Meter** la largeur est de vingt mètres; **drei Meter in der ~** trois mètres de large; *fig.* **epische ~** ampleur *f* épique; **die ~ s-r Darlegungen** la longueur de son exposé; F **in die ~ gehen** grossir; *géogr.* **auf dem 50. Grad nördlicher, südlicher ~** à cinquante degrés de latitude nord, sud; **in unseren ~n** sous nos latitudes; sous nos climats; **~en** *v/t.* ⟨-ete, h⟩ étendre; **2enˌgrad** *m géogr.* degré *m* de latitude; **auf dem 20. ~ liegen** être, se trouver à vingt degrés de latitude, sur le vingtième parallèle; **2enˌkreis** *m géogr., astr.* parallèle *m*; **2enˌwirkung** *f* portée étendue; grande influence; **~geˌstreift** *adj.* à larges rayures; **~ˌkrempig** *adj.* à large bord; **2ling** *m* ⟨~s; ~e⟩ *zo. cf.* **Sprotte**; **~ˌmachen** *v/réfl.* ⟨*sép.*, -ge-, h⟩ *fig.* **sich ~** prendre ses aises; **2ˌnasen** *f/pl. zo.* platyrhiniens *m/pl.*; **~ˌrandig** *adj.* à large bord; **~ˌschlagen** *v/t.* ⟨*irr., sép.*, -ge-, h⟩ *fig. u.* F finir par persuader; **sich ~ lassen** se laisser persuader; finir par céder; **~ˌschult(eˌ)rig** *adj.* de forte carrure; d'une belle carrure; qui a les épaules carrées; **2schwanz** *m Pelzart* breitschwanz *m*; **2ˌseite** *f mar., milit.* bordée *f*; **2spur** *f chem.* voie *f* large, à écartement large; **2spurˌbahn** *f* chemin *m* de fer à voie large; **~ˌspurig** *adj. cf.* **großspurig**; **2ˌspurigˌkeit** *f* ⟨~⟩ *cf.* **Großspurigkeit**; **~ˌstirnig** *adj.* au front large; **~ˌtreten** *v/t.* ⟨*irr., sép.*, -ge-, h⟩, **~ˌwalzen** *v/t.* ⟨-(es)t, *sép.*, -ge-, h⟩ *fig. u. péj. Thema etc.* délayer; trop s'appesantir sur; **2wand** *f Kino* écran *m* large; grand écran; **auf ~** sur écran large; en cinémascope; **2wandˌfilm** *m* film *m* sur écran large, en cinémascope.

Breiumschlag ['braɪˌʔʊmʃlaːk] *m méd.* cataplasme *m*.

Brem|er(in) ['breːmər(ɪn)] **I** *m* ⟨~s; ~⟩ *(f)* ⟨~; ~nen⟩ habitant(e) *m (f)* de Brême; **II ~er** *adj.* ⟨*inv.*⟩, **2isch** *adj.* de Brême.

Brems|backe ['brɛmsˌbakə] *f techn.* mâchoire *f* de frein; **~beˌlag** *m* garniture *f* de frein; **~berg** *m mines* plan incliné à traînage; **~ˌdauer** *f* durée *f* de freinage; **~druck** *m* pression *f* de freinage; **~e** *f* ⟨~; ~n⟩ **1.** *techn.* frein *m*; **auf die ~ treten** appuyer sur le frein; **die ~ anziehen** serrer le frein; **2.** *für Pferde* tord-nez *m*; serre-nez *m*; **3.** *zo.* **a)** taon [tã] *m*; **b)** *cf.* **Biesfliege**; **2en I** *v/t. u. v/i.* ⟨-(es)t, h⟩ freiner (*auch fig.*); **scharf ~** freiner brusquement; **kurz ~** donner un coup de frein; **II ~en** *n* ⟨~s⟩ freinage *m*; **~enˌplage** *f* fléau *m* que sont les taons; **~enˌschwarm** *m* essaim *m* de taons; **~enˌstich** *m* piqûre *f* de taon; **~er** *m* ⟨~s; ~⟩ **1.** *chem.* garde-frein *m*; serre-frein *m*; **2.** *e-s Bobs* brake *m*; **~erˌhäuschen** *n chem.* vigie *f*, guérite *f* de garde-frein; **~ˌfallschirm** *m aviat.* parachute-frein *m*; **~ˌfläche** *f* surface *f* de freinage; **~ˌflüssigkeit** *f* liquide *m* pour frein hydraulique; **~geˌstänge** *n* timonerie *f*, tringlerie *f* des freins; **~ˌhebel** *m* levier *m* de frein; **~ˌklappen** *f/pl. aviat.* frein *m* aérodynamique; aérofrein *m*; **~klotz** *m* sabot *m*, patin *m* de frein; **~kraft** *f* force *f*, puissance *f* de freinage; **~ˌkurbel** *f* manivelle *f* de frein; **~ˌleistung** *f* puissance *f* de freinage; **~ˌleuchte** *f*, **~licht** *n* feu *m* de stop; **~peˌdal** *n* pédale *f* de frein; **~ˌprobe** *f* essai *m* de freinage; **~raˌkete** *f* rétrofusée *f*; fusée *f* de freinage; **~ˌscheibe** *f* disque *m* de frein; **~schlauch** *m* tuyau *m* souple de frein; **~schuh** *m chem.* sabot *m* d'arrêt; **~seil** *n* câble *m* de frein; **~spur** *f* trace *f* de freins, de freinage; **~stoff** *m phys. atom.* modérateur *m*; **~ˌtrommel** *f* tambour *m* de frein; **~ung** *f* ⟨~⟩ freinage *m*; **~verˌsuch** *m cf.* **~probe**; **~verˌzögerung** *f* retardement *m* de freinage; **~ˌvorrichtung** *f* dispositif *m*, système *m*, mécanisme *m* de freinage; **~weg** *m* distance *f* de freinage; **~ˌwirkung** *f* effet *m* de freinage; **~zeit** *f* temps *m* de freinage; **~zyˌlinder** *m* cylindre *m* de frein.

brenn|bar ['brɛnbaːr] *adj.* combustible; **2barˌkeit** *f* ⟨~⟩ combustibilité *f*; **2ˌdauer** *f* **a)** *e-r Glühbirne etc.* durée *f* d'éclairage; **b)** *e-r Rakete* durée *f* de combustion; **c)** *für Ziegel etc.* durée *f* de cuisson; **2ˌebene** *f opt.* plan focal; **2ˌeisen** *n* **1.** *méd.* thermocautère *m*; **2.** *cf.* **2schere**; **~en I** *v/t.* ⟨brennt, brannte, brennte, gebrannt, h⟩ **1.** brûler; **Koks, Holz, Gas ~** brûler du coke, du bois, du gaz; **ein Loch in die Tischdecke ~** faire une brûlure dans la nappe; brûler la nappe avec la cigarette, *etc.*; **e-m Tier ein Zeichen aufs Fell ~** marquer un animal au fer rouge; F **j-m e-e Kugel auf den Pelz ~** mettre, flanquer une balle dans la peau de qn.; **sengen und ~** mettre (qc.) à feu et à sang; **2.** *techn. Ton, Ziegel, Porzellan etc.* (faire) cuire; *Gips, Zement* cuire; *Kalk auch* calciner; *Branntwein* distiller; **gebrannte Mandeln** amandes grillées; **II** *v/i. Feuer, brennbare Stoffe* brûler; *Gebäude, Stadt etc. auch* être en flammes, en feu; *Ofen* marcher; *Licht* brûler; être allumé; *Lampe* être allumé; *Wunde, Augen etc.* cuire; brûler; *Rauch in den Augen, Nessel* piquer; *Sonne* brûler; être brûlant; *Haß, Zorn in j-m* ronger (qn.); *Holz etc.* **schlecht ~** brûler, s'allumer difficilement; **zu ~ beginnen** prendre feu; **lichterloh ~** être tout en flammes; **es brennt** il y a le feu; *als Ruf* au feu!; *fig. u.* F **wo brennt's denn?** qu'est-ce qui ne va pas?; qu'y a-t-il?; *fig.* **j-m auf den Nägeln ~** être d'une extrême urgence (pour qn.); **der Boden brennt ihm unter den Füßen** *cf.* **Boden**; **vor Verlangen, Neugier** *etc.* **~** brûler de désir, de curiosité, *etc.*; **auf etw. ~** brûler de faire qc.; désirer ardemment faire qc.; **das brennt ihm auf der Seele** cela lui ronge le cœur; **III** *v/réfl.* F **sich ~** se brûler; **sich die Haare ~** se friser les cheveux avec un fer; **gebranntes Kind scheut das Feuer** *prov.* chat échaudé craint l'eau froide *prov.*; **IV 2en** *n* ⟨~s⟩ *des Feuers, e-r Lampe etc. verbal*; *e-r Wunde* cuisson *f*; *im Magen etc.* brûlures *f/pl.*; *techn. von Ziegeln, Gips etc.* cuisson *f*; cuite *f*; *von Kalk auch* calcination *f*; *von Branntwein* distillation *f*; **~end 1.** *adjt.* brûlant (*auch fig.*); *Lampe, Zigarette etc.* allumé; *Schmerz* cuisant; **~es Dorf** village en feu, en flammes; **~e Kerze** bougie allumée; *fig.* **~er Durst** soif terrible; **~er Ehrgeiz** ambition qui brûle; **~es Geheimnis** secret qui démange la langue; **~e Frage** question brûlante; **von ~er Aktualität** d'une brûlante actualité; **von ~em Interesse** d'un intérêt brûlant; *bibl.* **~er Dornbusch** buisson ardent; **2.** *advt.* **~ heiß** torride; **etw. ~ gern wollen** désirer ardemment qc.; **2er** *m* ⟨~s; ~⟩ **1.** *von Branntwein* distillateur *m*; brûleur *m*; bouilleur *m* de cru; **2.** *Gerät* brûleur *m*; (*Schneid2, Schweiß2*) chalumeau *m*; **2e'rei** *f* ⟨~; ~en⟩ *von Branntwein* distillerie *f*; brûlerie *f*; **2ˌ(n)essel** *f* ⟨~; ~n⟩ *bot.* ortie *f*; **2glas** *n* loupe *f*; lentille *f*; **2holz** *n* bois *m* de chauffage; **2ˌkammer** *f e-r Rakete etc.* chambre *f* de combustion; **2ˌkolben** *m beim Branntweinbrennen* alambic *m*; **2ˌlinse** *f cf.* **2glas**; **2materiˌal** *n* combustibles *m/pl.*; **2ˌofen** *m für Tonwaren, Zement etc.* four *m* à cuire; *für Kalk* four *m* à calciner; **2punkt** *m opt., math.* foyer *m*; *fig.* centre *m*; *des Verkehrs etc.* point chaud; **im ~ des Interesses stehen** être au centre de l'intérêt; être le point de mire; **2ˌschere** *f* fer *m* à friser; **2ˌschneiden** *n techn.* coupage *m* à l'autogène; oxycoupage *m*; **2ˌspiegel** *m opt.* miroir ardent, concave; **2ˌspiritus** *m* alcool *m* à brûler; **2ˌstelle** *f für Strom* prise *f* de courant; *für Gas* prise *f* de gaz; **2stoff** *m* combustible *m* (*auch phys. atom.*); *für Explosionsmotoren* carburant *m*; **2stoffbeˌdarf** *m* besoins *m/pl.* en combustible, en carburant; **2stoffˌmenge** *f* quantité *f* de combustible, de carburant; **2stoffverˌbrauch** *m* consommation *f* de combustible, de carburant; **2stoffverˌsorgung** *f* alimentation *f* en combustible, en carburant;

2stoff,vorrat *m* réserve *f* en combustible, en carburant; 2,weite *f opt.* distance focale.

brenzlig ['brɛntslɪç] *adj.* a) qui sent le brûlé, le roussi; ~er Geruch odeur de brûlé, de roussi; b) *fig. u.* F die Sache wird ~ ça sent le roussi; l'affaire commence à se gâter; e-e ~e Situation une situation dangereuse.

Bresche ['brɛʃə] *f* ⟨~; ~n⟩ brèche *f*; e-e ~ schlagen ouvrir, faire une brèche; *fig.* ouvrir la voie, le chemin (für à); *fig.* für j-n in die ~ springen prendre fait et cause pour qn.

Breton|e [bre·'to:nə], ~**in** *m* ⟨~n; ~n⟩, *f* ⟨~; ~nen⟩ Breton, -nne *m, f*; 2isch *adj.* breton, -nne.

Brett [brɛt] *n* ⟨~(e)s; ~er⟩ 1. planche *f*; aus ~ern en planches; *Boxen* auf die ~er schicken envoyer au tapis; *fig. u.* F ein ~ vor dem Kopf haben être bouché (à l'émeri); en avoir, en tenir une couche; da ist die Welt mit ~ern vernagelt c'est le bout du monde; c'est un trou perdu; bei j-m e-n Stein im ~ haben être en faveur auprès de qn.; être dans les bonnes grâces de qn.; être bien vu par qn.; F être dans les petits papiers de qn.; être dans la manche de qn.; 2. a) Schwarzes ~ *für Bekanntmachungen* tableau *m* d'affichage; b) (*Spiel*2) *etwa* damier *m*; (*Schach*2) échiquier *m*; c) *pl. thé.* die ~er (, die die Welt bedeuten) la scène; les planches; das Stück ging zehnmal über die ~er la pièce a eu dix représentations; er stand mit achtzig Jahren noch auf den ~ern il montait encore sur les planches à quatre-vingts ans; d) *pl.* ~er (*Schier*) skis *m/pl.*; ~chen *n* ⟨~s; ~⟩ planchette *f*; ~er,boden *m* sol en planches, planchéié; ~er,bude *f* baraque *f* (en planches); ~er,dach *n* toit *m* en planches; ~er,fußboden *m cf.* ~erboden; ~er,hütte *f* 'hutte *f*, cabane *f* en planches; ~er,kiste *f* caisse *f* en planches; ~er,stapel *m* pile *f* de planches; ~er,tisch *m* table *f* en planches; ~erver,kleidung *f* garnissage *m* en planches; ~erver,schlag *m*, ~er,wand *f* cloison *f*, cloisonnage *m* en planches; ~er,zaun *m* clôture *f* en planches; ~spiel *n* jeu *m* qui se joue sur une surface carrée divisée en cases; ~stein *m* pion *m*.

Breve ['bre:ve·, -və] *n* ⟨~s; ~n *od.* ~s⟩ *égl. cath.* bref *m*.

Brevier [bre·'vi:r] *n* ⟨~s; ~e⟩ *relig. cath.* bréviaire *m*; sein ~ beten lire, dire son bréviaire.

Brezel ['bre:tsəl] *f* ⟨~; ~n⟩ bretzel *m*.

Bridge [brɪtʃ] *n* ⟨~⟩ bridge *m*; ~ spielen jouer au bridge.

Brief [bri:f] *m* ⟨~(e)s; ~e⟩ 1. lettre *f*; F *u. iron.* épître *f* (*auch bibl.*); missive *f*; eingeschriebener ~ lettre recommandée; ~ mit Wertangabe lettre à valeur déclarée; unzustellbarer ~ lettre retournée à l'expéditeur; offener ~ lettre ouverte; e-n geharnischten ~ schreiben écrire une lettre salée; mit j-m ~e wechseln échanger des lettres, correspondre avec qn.; es ist ein ~ für Sie da vous avez une lettre; il y a une lettre pour vous; *fig.* darauf gebe ich dir ~ und Siegel tu peux en être sûr et certain; je te le promets; 2. *Börse* offre *f*; cours offert; ~,ablage *f* boîte *f* de classement; classeur *m* de lettres; ~,adel *m hist.* noblesse *f* par lettres; ~band *m* ⟨~(e)s; ~e⟩ volume *m*, recueil *m* de lettres; ~be,schwerer *m* ⟨~s; ~⟩ presse-papiers *m*; ~block *m* ⟨~(e)s; ~s *od.* ~e⟩ bloc *m* de papier à lettres; ~,bogen *m* feuille *f* de papier à lettres; ~,einwurf *m* fente *f* pour lettres; ~fach *n* casier *m* (pour les lettres); ~form *f* in ~ sous forme de lettre(s); ~for,mat *n* format *m* de(s) lettre(s); ~,freund(in) *m(f) cf.* ~partner(in); ~ge,heimnis *n* secret postal; ~,karte *f* carte-lettre *f*; ~,kasten *m* boîte *f* aux lettres; *in der Zeitung auch* courrier *m* des lecteurs; den ~ leeren faire la levée; der ~ wird dreimal täglich geleert il y a trois levées par jour; ~kasten,leerung *f* levée *f* des boîtes aux lettres; ~kasten,schlitz *m* fente *f* de la boîte aux lettres; ~kopf *m* en-tête *m* (de lettre); ~kurs *m Börse* cours offert; ~ku,vert *n cf.* ~umschlag; 2lich *adj. u. adv.* par lettre(s); par écrit; ~,mappe *f* buvard *m* de voyage; ~,marke *f* timbre-poste *m*; e-e ~ auf e-n Brief kleben coller un timbre sur une enveloppe; timbrer, affranchir une lettre; ~marken,album *n* album [-ɔm] *m* de timbres(-poste); ~marken,anfeuchter *m* ⟨~s; ~⟩ mouilleur *m*; ~markenauto,mat *m* distributeur *m* automatique de timbres-poste; ~marken,ecke *f in der Zeitung* rubrique *f*, coin *m* du philatéliste; ~marken,händler *m* marchand *m* (qui fait commerce) de timbres-poste; ~marken,kunde *f* philatélie *f*; ~marken,sammler(in) *m(f)* philatéliste *m, f*; ~marken,sammlung *f* collection *f* de timbres(-poste); ~,öffner *m* ⟨~s; ~⟩ coupe-papier *m*; ~,ordner *m* classeur *m* (de lettres); ~pa,pier *n* papier *m* à lettres; (*Luftpostpapier*) papier *m* pelure; *mit Trauerrand* papier *m* (à lettres) de deuil; ~,partner(in) *m(f)* correspondant(e) *m(f)*; ~,porto *n* port *m*; affranchissement *m* (des lettres); ~post *f* courrier *m*; ~ro,man *m* roman *m* épistolaire, par lettres; ~,schaften *f/pl.* lettres *f/pl.*; ~,schreiber(in) *m(f)* auteur *m* d'une lettre; *litt.* épistolier, -ière *m, f*; ~,schulden *f/pl.* s-e ~ erledigen mettre sa correspondance à jour; ~,sendung *f* envoi *m* de lettres; ~,steller *m* ⟨~s; ~⟩ *Buch* manuel *m* de correspondance; guide *m* épistolaire; ~stil *m* style *m* épistolaire; ~,tasche *f* portefeuille *m*; *des Briefträgers* sacoche *f* de facteur; ~,taube *f* pigeon *m* voyageur; ~tauben,zucht *f* colombophilie *f*; ~tauben,züchter *m* colombophile *m*; ~tele,gramm *n* télégramme-lettre *m*; ~,träger(in) *m* ⟨~s; ~⟩ (*f*) ⟨~; ~nen⟩ facteur, -trice *m, f*; ~,umschlag *m* enveloppe *f*; ~ver,kehr *m cf.* ~wechsel; ~,waage *f* pèse-lettre *m*; ~wahl *f* vote *m* par correspondance; ~,wechsel *m* correspondance *f*; échange *m* de lettres; mit j-m in ~ stehen correspondre avec qn.; ~zen,sur *f* censure *f* des lettres, du courrier; ~,zusteller(in) *m* ⟨~s; ~⟩ (*f*) ⟨~; ~nen⟩ *Berufsbezeichnung* préposé(e) *m(f)* des postes, à la distribution du courrier; ~,zustellung *f* distribution *f* du courrier.

Briekäse ['bri:,kɛ:zə] *m* (fromage *m* de) brie *m*.

Bries [bri:s] *n* ⟨~es; ~e⟩ *anat.* thymus [-ys] *m*; ~chen *n* ⟨~s; ~⟩ *cuis.* ris *m* de veau.

briet [bri:t] *cf.* braten.

Brigade [bri·'gɑ:də] *f* ⟨~; ~n⟩ *milit.* brigade *f* (*auch in der DDR*); ~gene,ral *m milit.* général *m* de brigade; ~,leiter *m in der DDR* chef *m* de brigade.

Brigadier [bri·gadi·'e:] *m* ⟨~s; ~s⟩ *milit.* général *m* de brigade; *in der DDR* [-'di:r] chef *m* de brigade.

Brigantine [bri·gan'ti:nə] *f* ⟨~; ~n⟩ *mar.* brigantin *m*.

Brigg [brɪk] *f* ⟨~; ~s⟩ *mar.* brick *m*.

Brikett [bri·'kɛt] *n* ⟨~(e)s; ~s *od.* ~e⟩ briquette *f*; 2ieren [-'ti:-] *v/t.* ⟨*pas de ge-*, h⟩ briqueter; agglomérer en briquettes; ~,träger *m* porte-briquettes *m*.

Brillant [brɪl'jant] I *m* ⟨~en; ~en⟩ brillant *m*; mit ~en besetzt garni de brillants; II 2 1. *adj.* brillant; excellent; 2. *adv.* brillamment; ~ aussehen se porter à merveille; ~,feuerwerk *n* feu *m* d'artifice d'étincelles blanches; ~ine [-'ti:-] *f* ⟨~; ~n⟩ brillantine *f*; ~kolli,er *n* collier *m* de brillants; ~,ring *m* bague *f* à brillant(s); ~,schliff *m* taille *f* en brillant.

Brillanz [brɪl'jants] *f* ⟨~⟩ brillant *m*.

Brille ['brɪlə] *f* ⟨~; ~n⟩ 1. lunettes *f/pl.*; e-e ~ des lunettes; une paire de lunettes; *iron.* des bésicles *f/pl.*; e-e ~ tragen porter des lunettes; e-e ~ aufsetzen mettre, F chausser des lunettes; *fig.* alles durch e-e rosarote ~ sehen voir tout, voir la vie en rose; 2. (*Abort*2) lunette *f*; ~n,bügel *m* branche *f* de lunettes; ~netu,i *n*, ~nfutte,ral *n* étui *m* à lunettes; ~nge,stell *n* monture *f*; ~n,glas *n* verre *m* à lunettes; ~n,schlange *f zo.* serpent *m* à lunettes; cobra indien; *sc.* naja *m* naja; *péj. u.* F femme *f* qui porte des lunettes; ~n,träger *m* qui porte des lunettes.

brillieren [brɪl'ji:rən] *v/i.* ⟨*pas de ge-*, h⟩ briller.

Brimborium [brɪm'bo:ri·ʊm] *n* ⟨~s⟩ F viel ~ machen faire beaucoup d'embarras, de manières, de façons.

bringen ['brɪŋən] I *v/t.* ⟨bringt, brachte, gebracht, h⟩ 1. *an e-n Ort, e-r Person* apporter; porter; (*zurück*~) rapporter; e-n Brief zur Post ~ porter une lettre à la poste; das Buch (wieder) in die Bibliothek ~ rapporter le livre à la bibliothèque; *Auto* in die Garage ~ mettre au garage; j-n ins Bett ~ mettre qn. au lit; coucher qn.; das Essen auf den Tisch ~ apporter le repas sur la table; warm auf den Tisch zu ~! servez chaud!; ich bringe dir Blumen je t'apporte des fleurs; ~ Sie mir bitte ein Glas Bier! apportez-moi, s'il vous plaît, une bière!; j-m e-e gute Nachricht ~ apporter une bonne nouvelle à qn.; avoir une bonne nouvelle pour qn.; j-m Hilfe ~ porter secours à qn.; j-m ein Opfer ~ faire un sacrifice pour qn.; 2. (*begleiten*) accompagner; conduire; (*zurück*~) raccompagner; j-n nach Hause ~ raccompagner, conduire qn. chez lui; j-n zum Bahnhof ~ accompagner, conduire (*auch mit dem Auto*), *mit dem Auto* emmener qn. à la gare; j-n ins Krankenhaus ~ conduire, emmener qn. à l'hôpital; 3. *gewaltsam* j-n zur Wache ~ emmener qn. au commissariat; j-n ins Gefängnis, vor den Richter ~ envoyer, traîner qn. en prison, devant le juge; 4. (*veröffentlichen*) publier; (*darbieten*) réciter; dire; chanter; *etc.*; die Zeitung brachte e-n interessanten Artikel darüber le journal a publié là-dessus un article intéressant; was ~ die Zeitungen? que disent les journaux?; das Kino bringt heute ... ... passe aujourd'hui au cinéma; er brachte die Pointe ganz anders als sonst il plaça sa pointe d'une toute autre façon qu'à l'ordinaire; ein Ständchen ~ donner une sérénade; 5. (*hervorrufen*) die Wolken ~ Regen les nuages apportent de la pluie; Glück ~ porter bonheur, chance; Nutzen ~ donner, procurer des avantages; être utile; F rapporter; **6.** (*Gewinn abwerfen*) Profit ~ rapporter un bénéfice; Zinsen ~ rapporter des intérêts; die Menge muß es ~ il faut se rattraper sur la quantité; **7.** es weit ~ faire son chemin; F percer; arriver; faire sa place au soleil; wenn man es soweit gebracht hat, daß ... quand on est parvenu à ... (+ *inf.*); etw. zustande, zuwege ~ réussir, parvenir à faire qc.; venir à bout de qc.; j-n dahin ~, daß ... amener qn. à ...; **8.** *in Verbindung mit prép.* etw. an sich ~ s'approprier qc.; s'emparer de qc.; accaparer qc.; mettre la main sur qc.; an den Bettelstab ~ réduire à la mendicité, à la misère; etw. an den Mann ~ placer qc.; *péj.* refiler qc.; F s-e Tochter an den Mann ~ finir par trouver un mari pour sa fille; finir par caser sa fille; an e-n sicheren Ort ~ mettre en lieu sûr; an den Rand des Verderbens ~ amener à deux doigts de sa perte; an den Rand der Verzweiflung ~ amener au bord du désespoir; die Sonne bringt es an den Tag cela se découvrira un jour; la vérité se fera jour; Geld auf die Bank ~ mettre, déposer de l'argent en banque; j-n wieder auf die Beine ~ *gesundheitlich* remettre qn. sur pied; ein Stück auf die Bühne ~ mettre une pièce en scène; auf die einfachste Formel ~ réduire à sa plus simple expression; j-n auf den Gedanken ~, etw. zu tun suggérer à qn. de faire qc.; donner la pensée, l'idée à qn. de faire qc.; faire naître chez qn. l'idée de faire qc.; das brachte mich darauf, ... cela m'a donné l'idée de ...; F j-n auf den Hund ~ ruiner (la santé de) qn.; es auf achtzig Jahre ~ atteindre quatre-vingts ans, l'âge de quatre-vingts ans; parvenir à l'âge de quatre-vingts ans; e-n Artikel auf den Markt ~ lancer un article sur le marché; sein Vermögen auf e-e Million ~ porter sa fortune à un million; F j-n auf die Palme ~ foutre qn. en colère; faire monter la moutarde au nez de qn.; mettre qn. en rogne; etw. auf die Seite ~ détourner qc.; j-n auf s-e Seite ~ mettre qn. de son côté; die Sprache auf etw. ~ amener la conversation sur qc.; auf die Spur ~ mettre sur la piste; aufs Tapet ~ mettre sur le tapis; j-n auf Touren, Trab ~ faire accélérer qn.; j-n wieder auf den rechten Weg ~ remettre qn. dans le droit chemin; etw. mit auf die Welt ~ naître avec qc.; j-n aus der Fassung ~ déconcerter, décontenancer, désarçonner qn.; faire perdre contenance à qn.; j-n aus dem Konzept ~ *cf.* Konzept; sich nicht aus der Ruhe ~ lassen ne pas perdre son calme; ne pas se démonter; es bis zum Minister ~ monter jusqu'au rang de ministre; j-n hinter Schloß und Riegel ~ mettre qn. sous les verrous; etw. hinter sich ~ en finir avec qc.; in Anrechnung ~ *cf.* Anrechnung; etw. in s-n Besitz ~ entrer en possession de qc.; *cf. auch* an sich ~; in Bewegung ~ mettre en train; in Einklang ~ mettre en accord; harmoniser; ins Elend ~ réduire à la misère; in Erfahrung ~ *cf.* Erfahrung; j-m etw. in Erinnerung ~ rappeler qc. à qn.; faire qn. se souvenir de qc.; *fig.* in Form ~ mettre en forme; in Gang ~ mettre en train, en marche; sich ins Gerede ~ faire parler de soi; in, unter s-e Gewalt ~ soumettre; se rendre maître de; das bringt mich noch ins Grab cela me tuera; *Ware* in den Handel ~ lancer; j-n in Harnisch ~ irriter qn.; échauffer la bile à qn.; in e-e schlimme Lage ~ mettre dans une *od.* en mauvaise posture; Licht in etw. ~ éclaircir qc.; in Mode, in Ordnung ~ mettre à la mode, en ordre; etw. ins reine ~ tirer qc. au clair; in e-n schlechten Ruf ~ faire une mauvaise réputation à; in Schwung ~ donner de l'essor à; in Sicherheit ~ mettre en sécurité, en sûreté; ins Stocken ~ arrêter; stopper; interrompre; sein Schäfchen ins Trockene ~ faire sa pelote (en prévision d'un coup dur); in Umlauf ~ faire circuler; *Geld auch* mettre en circulation; sich in den Verdacht ~ ... se rendre suspect de ...; in Vergessenheit ~ faire oublier; faire tomber dans l'oubli; j-n in Verlegenheit ~ mettre qn. dans l'embarras; embarrasser qn.; etw. in Verruf ~ déprécier qc.; in Verse ~ mettre en vers; versifier; in Wallung ~ mettre en colère; faire bouillir; etw. mit sich ~ avoir qc. pour conséquence; entraîner qc.; es mit sich ~, daß ... avoir pour conséquence de ..., que ...; etw. nicht übers Herz ~ ne pas avoir le cœur de, ne pas pouvoir se résoudre à faire qc.; Unglück über j-n ~ attirer des malheurs sur qn.; kein Wort über die Lippen ~ ne dire mot; j-n um etw. ~ frustrer, léser qn. de qc.; j-n ums Leben ~ tuer qn.; faire mourir qn.; F j-n um die Ecke ~ estourbir qn.; P buter qn.; das bringt mich noch um den Verstand ça me rend fou; unter Dach und Fach ~ *cf.* Dach; j-n unter die Erde ~ faire mourir qn.; tuer qn.; *Tochter* F unter die Haube ~ marier; F caser; *fig.* alle unter e-n Hut ~ mettre tout le monde d'accord; *Geld* unter die Leute ~ mettre en circulation; etw. vom Fleck, von der Stelle ~ (faire) remuer, bouger qc.; déplacer qc.; zum Blühen ~ faire fleurir; zum Ausdruck ~ exprimer; j-m etw. zu(m) Bewußtsein ~ faire prendre conscience de qc. à qn.; faire sentir qc. à qn.; etw. (wieder) zu Ehren ~ (re)mettre qc. en honneur; faire revivre qc.; es zu hohen Ehren ~ arriver aux plus grands honneurs; etw. zu Ende ~ finir, terminer, achever qc.; j-n dazu ~, etw. zu tun amener qn. à faire qc.; keine zehn Pferde ~ mich dazu personne ne me fera faire cela; zu Fall ~ *Person* causer la perte de; *Sache* faire échouer; zur Geltung ~ mettre en valeur; faire valoir; j-n zu e-m Geständnis ~ faire avouer qn.; j-m etw. zur Kenntnis ~ porter qc. à la connaissance de qn.; j-n zum Lachen ~ faire rire qn.; etw. zu Papier ~ mettre, jeter qc. sur le papier; mettre, coucher qc. par écrit; j-n zur Räson ~ faire entendre raison à qn.; j-n zum Reden ~ faire parler qn.; j-n zum Schweigen ~ faire taire qn.; réduire qn. au silence; etw. zur Sprache ~ amener la conversation sur qc.; mettre qc. sur le tapis; zum Stehen ~ (parvenir à) arrêter, stopper; j-n zur Verzweiflung ~ exaspérer, désespérer qn.; etw. zu hoher Vollendung ~ porter qc. à une grande perfection; etw. zum Vorschein ~ montrer qc.; ein Kind zur Welt ~ mettre un enfant au monde; es zu etw. ~ faire son chemin; es zu nichts ~ ne parvenir à rien; *cf. auch die betreffenden Substantive*; **II** 2 *n* ⟨~s⟩ *verbal.*

Bringschuld ['brɪŋʃʊlt] *f comm.* dette *f* portable.

brisan|t [bri·'zant] *adj.* très explosif, -ive; *fig.* très actuel, -lle; **2z** *f* ⟨~; ~en⟩ force explosive; **2z,wert** *m* valeur explosive.

Brise ['bri:zə] *f* ⟨~; ~n⟩ *mar.* brise *f*; leichte ~ brise légère; steife ~ forte brise; die ~ frischt auf la brise fraîchit.

Bristolpapier ['brɪstəlpa,pi:r] *n* (carton *m*) bristol *m*.

Brit|e ['brɪtə], **~in** *m* ⟨~n; ~n⟩, *f* ⟨~; ~nen⟩ Britannique *m*, *f*; **2isch** *adj.* britannique; de la Grande-Bretagne.

Bröck|chen ['brœkçən] *n* ⟨~s; ~⟩ petit morceau; **2(e,)lig** *adj. Farben, Mauer, Teig* friable; **2eln I** *v/i.* ⟨-(e)le, sein⟩ s'effriter; der Putz bröckelt von der Mauer l'enduit du mur s'effrite; *cf. auch* brocken; **II ~eln** *n* ⟨~s⟩ effritement *m*.

Brocken ['brɔkən] **I** *m* ⟨~s; ~⟩ **a)** morceau *m*; ein paar ~ *e-r Unterhaltung, e-r Sprache* quelques bribes *f/pl.*; er kann nur ein paar ~ Englisch il ne parle que quelques bribes d'anglais; mit lateinischen ~ um sich werfen parsemer ses discours de bribes de latin; F ein fetter ~ (*gutes Geschäft*) une bonne affaire; **b)** F (*vierschrötiger Mensch*) géant *m*; armoire *f* à glace; *milit.* dicke, schwere ~ (*Geschosse*) marmites *f/pl.*; **II** 2 *v/t.* ⟨h⟩ Brot in die Suppe ~ tremper la soupe; **2,weise** *adv.* par petits morceaux; ~ antworten répondre par bribes.

brodeln ['bro:dəln] **I** *v/i.* ⟨-(e)le, h⟩ *Flüssigkeiten* bouillonner; *fig.* in der Masse brodelt es la foule s'agite; **II** 2 *n* ⟨~s⟩ *von Wasser etc.* bouillonnement *m*.

Brodem ['bro:dəm] *m* ⟨~s; ~⟩ *st. s.* odeur *f*; exhalaisons *f/pl.*; émanations *f/pl.*

Brokat [bro·'ka:t] *m* ⟨~(e)s; ~e⟩ brocart *m*; **~,kleid** *n* robe *f* de brocart.

Brom [bro:m] *n* ⟨~s⟩ *chim.* brome *m*; **~argy'rit** *m* ⟨~s; ~e⟩ *minéral.* bromargyrite *f*; **~at** [-'ma:t] *n* ⟨~s; ~e⟩ bromate *m*; **~aze'ton** *n* ⟨~s⟩ bromacétone *f*.

Brombeer|e ['brɔm,be:rə] *f bot. Frucht* mûre *f* (sauvage); **~ge,büsch** *n*, **~ge,strüpp** *n* ronces *f/pl.*; roncier *m*; roncière *f*; **~marme,lade** *f* confiture *f* de mûres; **~,strauch** *m* ronce *f*.

Bromelie [bro·'me:li·ə] *f* ⟨~; ~n⟩ *bot.* bromélia *m*.

brom|haltig ['bro:m,haltɪç] *adj.* qui contient du brome; **2id** [-'mi:t] *n* ⟨~s; ~e⟩ bromure *m*; **2,öldruck** *m* ⟨~(e)s⟩ oléobromie *f*; **2präpa,rate** *n/pl. phm.* médicaments *m/pl.* à base de bromures; **2,säure** *f* acide *m* bromique; **2,silber** *n* bromure *m* d'argent; **2silbergela,tine** *f phot.* gélatino-bromure *m*; **2ver,bindung** *f* composé *m* du brome; **2ver,giftung** *f méd.* bromisme *m*; **2,wasserstoff(,säure)** *m* (*f*) acide *m* bromhydrique.

Bron|chialkatarrh [brɔnçi'a:lka,tar] *m cf.* ~chitis; **~chi'aler,weiterung** *f méd.* bronchectasie *f*; dilatation *f* des bronches; **~ch(i)en** ['brɔn-] *f/pl. anat.* bronches *f/pl.*; **~'chitis** *f* ⟨~; -i'tiden⟩ *méd.* bronchite *f*; **~chogra'phie** *f* ⟨~; -ien⟩ bronchographie [-ko-] *f*; **~chosko'pie** *f* ⟨~; -ien⟩ bronchoscopie [-ko-] *f*.

Bronz|e ['brõ:sə, 'brɔŋ-] *f* ⟨~; ~n⟩ bronze *m* (*auch Kunstgegenstand*); **~e-Dia,betes** *m méd.* diabète bronzé; **~e,druck** *m* ⟨~(e)s; ~e⟩ bronzage *m*; **~e,farbe** *f* peinture *f* bronze; **2e,farben** *adj.* couleur *f* bronze; *poét.* bronzé; **~e,krankheit** *f* maladie *f* d'Addison, bronzée; **2en** *adj.* de bronze; **~e,statue** *f* statue *f* de *od.* en bronze; **~e,zeit** *f* ⟨~⟩ âge *m* du bronze; **2ieren**

[-ˈsiː-] *v/t.* ⟨*pas de ge-*, h⟩ *techn.* bronzer; **~ierung** [-ˈsiː-] *f* bronzage *m*.
Brosamen [ˈbroːˌzaːmən] *pl.* (*Krümel*) miettes *f/pl*.
Brosche [ˈbrɔʃə] *f* ⟨~; ~n⟩ broche *f*.
brosch|ieren [brɔˈʃiːrən] **I** *v/t.* ⟨*pas de ge-*, h⟩ brocher; **II 2ieren** *n* ⟨~s⟩ brochage *m*; brochure *f*; **2üre** *f* ⟨~; ~n⟩ brochure *f*.
Brösel [ˈbrøːzəl] *m*, *n* ⟨~s; ~⟩ miette *f*; **2n** *v/i.* ⟨-(e)le, h⟩ *Kuchen etc.* s'émietter.
Brot [broːt] *n* ⟨~(e)s; ~e⟩ **1.** pain *m*; **frisches, trockenes, alt(backen)es ~** pain frais, sec, rassis; **dunkles ~** pain bis, de seigle; **e-e Scheibe, Schnitte ~** une tranche de pain; **bei Wasser und ~** en prison; *bibl.* **unser täglich ~ gib uns heute** donnez-nous notre pain de chaque jour; *relig.* **das Fest der ungesäuerten ~e** la fête des Azymes; *fig.* **das brauche ich wie das tägliche ~** c'est vital pour moi; **2.** F (*belegte Scheibe Brot*) canapé *m*; *für Kinder* (*Butterstulle*) tartine *f*; *zugeklapptes etwa* sandwich [sɑ̃dwitʃ] *m*; **belegte ~e** canapés; sandwich(e)s; **die ~e schmieren** faire, préparer les sandwich(e)s; *fig.* **sich nicht die Butter vom ~ nehmen lassen** ne pas se laisser marcher sur les pieds; ne pas se laisser manger la laine sur le dos; **j-m etw. immer wieder aufs ~ schmieren** faire toujours les mêmes reproches à qn.; **3.** ⟨*pas de pl.*⟩ *fig.* (*Lebensunterhalt*) **sein ~ haben** avoir de quoi vivre; **sein ~ verdienen** gagner son pain, sa vie; **in Lohn und ~ sein** travailler; **j-n um Lohn und ~ bringen** ôter son gagne-pain à qn.; **wes ~ ich esse, des Lied ich singe** *prov.* je chante la chanson de celui, je loue celui qui me nourrit; **~ˌaufstrich** *m*, **~beˌlag** *m* garniture *f*; ce que l'on met sur le pain; **~ˌbeutel** *m milit.* musette *f*; **~ˌbohrer** *m zo.* anobie *m* paniceum; **~ˌbüchse** *f für das Frühstück* boîte *f* à sandwich(e)s.
Brötchen [ˈbrøːtçən] *n* ⟨~s; ~⟩ petit pain; *belegtes* sandwich [sɑ̃dwitʃ] *m*; *fig. u.* F **kleine ~ backen** se serrer la ceinture; **~ˌgeber** *m plais.* patron *m*; P singe *m*.
Brot|erwerb [ˈbroːtˀɛrˌvɛrp] *m* gagne-pain *m*; **~faˌbrik** *f* usine *f* où l'on fabrique le pain; **~fach** *n in e-m Schrank* casier *m* à pain; **~(frucht,)baum** *m bot.* arbre *m* à pain; *sc.* artocarpus [-ys] *m*; **indischer ~** ja(c)quier *m*; **~ˌgeber** *m* employeur *m*; patron *m*; **~geˌtreide** *n* céréales *f/pl.* panifiables; **~ˌkanten** *m* entame *f*; croûton *m*; trognon *m*; **~ˌkasten** *m in Deutschland* boîte *f* à pain; **~korb** *m* corbeille *f* à pain; *fig.* **den ~ höher hängen** rogner les vivres; **~ˌkrümchen** *n* ⟨~s; ~⟩ miette *f*; **~ˌkruste** *f* croûte *f* de pain; **~laib** *m* miche *f*; **2los** *adj.* **~ sein** être sans travail, sur le pavé; **j-n ~ machen** faire perdre son gagne-pain à qn.; **~e Kunst** profession peu lucrative; **~ˌmangel** *m* manque *m* de pain; **~ˌmarke** *f bei Rationierung* ticket *m* de pain; **~mehl** *n* farine *f* à pain; **~ˌmesser** *n* couteau *m* à pain; **~nußˌbaum** *m bot.* brosimum [-ɔm] *m*; **~preis** *m* prix *m* du pain; **~ratiˌon** *f* ration *f* de pain; **~ˌrinde** *f cf.* **~kruste**; **~ˌröster** *m* grille-pain *m*; toasteur [tos-] *m*; **~ˌschneidemaˌschine** *f* machine *f* à couper, à trancher le pain; **~ˌschnitte** *f* tranche *f* de pain; **~ˌstudium** *n* études faites pour avoir un gagne-pain; **~ˌsuppe** *f* panade *f*; **~teig** *m* pâte *f* à pain; **~ˌteller** *m* assiette *f* à pain; **~zeit** *f* F casse-croûte *m*; **~ machen** casser la croûte.

brr [br] *int. Zugtiere* 'ho!
Bruch[1] [bruːx] *n*, *m* ⟨~(e)s; ~e⟩ (*Sumpfgebiet*) marécage *m*.
Bruch[2] [brʊx] *m* ⟨~(e)s; ~e⟩ **1.** *e-r Achse etc.* rupture *f* (*auch fig. e-s Vertrages*); *e-s Eides* violation *f*; *e-s Versprechens* manquement *m* (à); *pol. innerhalb e-r Partei etc.* scission *f*; schisme *m*; **der ~ mit der Tradition** la rupture avec la tradition; **es kam zwischen ihnen zum ~** ils en vinrent à une rupture; **2.** *méd. e-s Knochens* fracture *f*; (*Eingeweide2*) 'hernie *f*; **eingeklemmter ~** 'hernie étranglée; **sich e-n ~ heben** se faire une 'hernie; attraper une 'hernie; **3.** *im Material* cassure *f* (*auch minéral.*); fêlure *f*; **4.** *comm. von Keksen etc.* casse *f*; morceaux *m/pl.*; *péj.* (*schlechte Ware*) camelote *f*; F **das ist ~** c'est de la camelote; **5.** *géol.* faille *f*; **6.** *ch.* brisées *f/pl.*; **7.** *math.* fraction *f*; **echter ~** fraction simple; **unechter ~** expression fractionnaire; **gemischter ~** nombre fractionnaire; **gemeiner ~** fraction ordinaire; **periodischer ~** fraction périodique; **gleichnamiger ~** fraction de même dénominateur; **(un)reduzierbarer ~** fraction (ir)réductible; **8.** *fig. u.* F **in die Brüche gehen** *Gegenstände* être démoli, fichu; *Plan etc.* échouer; tomber à l'eau; *Freundschaft etc.* casser; *Fahrzeug* **zu ~ fahren** finir; **~ machen** faire de la casse; *aviat.* casser du bois; **~band** *n* ⟨~(e)s; ~er⟩, **~banˌdage** *f chir.* ceinture *f*, bandage *m* 'herniaire; **~bau** *m* ⟨~(e)s; ~ten⟩ *mines* (exploitation *f* par) foudroyage *m*; **~beˌlastung** *f* charge *f* de rupture; **~ˌbude** F *f* taudis *m*; (*baufälliges Haus*) baraque *f*; **~feld** *n mines* champ éboulé; zone foudroyée; **2fest** *adj.* résistant à la rupture; **~ˌfestigˌkeit** *f* résistance *f* à la rupture; **~ˌfläche** *f bei Metallen* (surface *f* de) cassure *f*; surface *f* de rupture; *chir.* surface *f* de la fracture; **~geˌfahr** *f métall.* danger *m* de rupture.
brüchig [ˈbrʏçɪç] *adj.* cassant; fragile; *Metalle auch* pailleux, -euse; (*rot~*) rouver(a)in; *Leder, Seide* qui se coupe; **~er Zaun** clôture caduque; **~e Stimme** voix cassée; **~e Existenz** existence précaire.
Bruchkraut [ˈbrʊxkraʊt] *n* ⟨~(e)s⟩ *bot.* 'herniaria *m*; 'herniaire *f*.
Bruchlandschaft [ˈbruːxˌlantʃaft] *f* paysage *m* de marécage.
Bruch|landung [ˈbrʊxˌlandʊŋ] *f aviat.* cassage *m* de bois; **e-e ~ machen** casser du bois; **~piˌlot** *m aviat.* casseur *m* de bois; **~ˌrechnen** *n*, **~ˌrechnung** *f math.* calcul *m* fractionnaire, des fractions; **~reis** *m* riz cassé; brisures *f/pl.* de riz; **~ˌschaden** *m comm.* casse *f*; **~schadenverˌsicherung** *f* assurance *f* contre la casse; **2ˌsicher 1.** *adj.* qui ne se casse pas; **2.** *adv.* **etw. ~ verpacken** empaqueter qc. de façon à ce qu'il ne se casse pas; **~stein** *m* pierre *f* de taille; moellon [mwal-] *m*; **~ˌstelle** *f* point *m* de rupture; cassure *f*; **~strich** *m math.* barre *f*, trait *m* de fraction; **~stück** *n* fragment *m*; morceau *m*; *pl.* **~e** *e-r Unterhaltung etc.* bribes *f/pl.*; **2stückˌhaft 1.** *adj.* fragmentaire; **2.** *adv. cf.* **2stückweise**; **2stückˌweise** *adv.* d'une façon fragmentaire; par fragments; par bribes; **~teil** *m* fraction *f*; (petite) partie; **im ~ e-r Sekunde** en une fraction de seconde; **~zahl** *f* nombre *m* fractionnaire.
Brück|chen [ˈbrʏkçən] *n* ⟨~s; ~⟩ petit pont; (*Steg*) passerelle *f*; **~e** *f* ⟨~; ~n⟩ **1.** pont *m*; **e-e ~ über e-n Fluß schlagen, bauen** jeter un pont sur une rivière; *fig.* **j-m goldene ~n bauen** faciliter la retraite, les aveux, *etc.* de qn.; **alle ~n hinter sich abbrechen** couper les ponts derrière soi; brûler ses vaisseaux; **2.** *e-s Schiffes* passerelle *f*; **3.** *Teppich* carpette *f*; **4.** *gym.* pont *m*; F reins cassés; **5.** (*Zahn2*) bridge *m*; pont *m* dentaire; **~enˌbau** *m* ⟨~(e)s; ~ten⟩ construction *f* de ponts; **~enˌbogen** *m* arche *f* (d'un pont); **~enˌechse** *f zo.* sphénodon *m*; 'hattéria *m*; **~engeˌländer** *n* parapet *m*; garde-fou *m*; **~enˌgeld** *n hist.* péage *m*; **~enkoˌlonne** *f milit.* colonne *f* de pontonniers; **~enˌkopf** *m milit.* tête *f* de pont; **~enˌpfeiler** *m* pile *f* (de pont); **~enˌwaage** *f* bascule *f*; **~enˌzoll** *m cf.* **~engeld**.
Bruder [ˈbruːdər] *m* ⟨~s; ~⟩ frère *m* (*auch Mönch*); P frangin *m*; *jur.* **leiblicher ~** frère germain; *fig.* **unter Brüdern** entre amis; F entre vieux frères; F **den ~ kennen wir** on le connaît, celui-là; F **ein gefährlicher ~** un type dangereux; P **warmer ~** (*Homosexueller*) P tante *f*; tapette *f*; tantouse *f*; pédale *f*; pédé *m*; *plais.* **~ Liederlich** débauché *m*; **~ Lustig** joyeux drille, compère; farceur *m*; F rigolo *m*; loustic *m*.
Brüderchen [ˈbryːdərçən] *n* ⟨~s; ~⟩ petit frère; *plais. in der Anrede* frérot *m*; **ein ~ bekommen** avoir un petit frère.
Bruder|hand [ˈbruːdərˌhant] *f* main fraternelle; **~ˌherz** *n plais.* frérot *m*; **~ˌkrieg** *m* guerre *f* fratricide; **~ˌkuß** *m* accolade fraternelle; **~ˌland** *n* pays *m* frère.
Brüder|lein [ˈbryːdərˌlaɪn] *n* ⟨~s; ~⟩ *cf.* Brüderchen; **2ˌlich 1.** *adj.* fraternel, -lle; **j-m die ~e Hand reichen** tendre une main fraternelle à qn.; *plais.* **meine ~e Liebe** mon frangin; **2.** *adv.* en frère(s); fraternellement; **etw. ~ teilen** partager qc. en frères; **~lichˌkeit** *f* ⟨~⟩ fraternité *f*; sentiments fraternels.
Bruder|liebe [ˈbruːdərˌliːbə] *f* amour fraternel; **~ˌmord** *m*, **~ˌmörder** *m*, **2ˌmörderisch** *adj.* fratricide *m u. adj.*; **~ˌschaft** *f* ⟨~; ~en⟩ *relig.* communauté *f*; confrérie *f*; congrégation *f*.
Brüderschaft [ˈbryːdərˌʃaft] *f* ⟨~⟩ fraternité *f*; **mit j-m ~ trinken, schließen** fraterniser avec qn. (le verre en main).
Bruder|volk [ˈbruːdərˌfɔlk] *n* peuple *m* frère; **~ˌzwist** *m* querelle *f* fratricide.
Brüh|e [ˈbryːə] *f* ⟨~; ~n⟩ **1.** (*Fleisch2*) bouillon *m*; *kräftige* consommé *m*; **2.** F *u. péj. Kaffee, Tee etc.* **dünne, abscheuliche ~** de la lavasse; **2en I** *v/t.* ⟨h⟩ *cuis.* échauder; **II ~en** *n* ⟨~s⟩ échaudage *m*; **2ˈheiß** *adj.* bouillant; **~karˌtoffeln** *f/pl. cuis.* ragoût *m* de pommes de terre; **~reis** *m cuis.* riz *m* au gras; **2ˈwarm 1.** *adj.* bouillant; *fig.* tout frais, fraîche; **2.** *adv.* F **etw. ~ erzählen** servir une nouvelle toute fraîche, toute chaude; **~ˌwürfel** *m cf.* Bouillonwürfel.
Brüll|affe [ˈbrʏlˌˀafə] *m zo.* (singe *m*) 'hurleur *m*; **2en I** *v/i.* ⟨h⟩ *Rind* mugir; beugler; meugler; *Löwe* rugir; *Tiger* rauquer; *Kind* (*laut weinen*) brailler; *Personen* (*schreien*) 'hurler; vociférer; P gueuler; **„Ruhe!" brüllte er** «silence!» 'hurla-t-il; **ein ~des Gelächter** un gros rire; **II ~en** *n* ⟨~s⟩ *von Rindern* mugissement *m*; beuglement *m*; meuglement *m*; *von Löwen* rugissement *m*; *von Tigern* rauque-

ment *m*; *von Kindern* braillements *m/pl.*; *von Personen* 'hurlements *m/pl.*; vociférations *f/pl.*

Brumm|bär ['brʊmbɛːr] *m fig. u.* F (*mürrischer Mensch*) bougon *m*; ronchonneur *m*; F ronchon *m*; **~baß** *m* F **1.** (*tiefe Stimme*) voix *f* grave, de basse; **2.** *cf.* Kontrabaß; **~ˌeisen** *n mus.* guimbarde *f*; **2en I** *v/t. u. v/i.* ⟨h⟩ **1. a)** *Bär* grogner; *Baß* bourdonner; vibrer; *Flugzeug* vrombir; *Fliege, Motor, Maschine etc.* bourdonner; *Kreisel* ronfler; **er kann nicht singen, er brummt** il ne sait pas chanter, il fait le bourdon; *fig.* **mir brummt der Kopf** (j'ai) la tête (qui) me bourdonne; **b)** *fig.* (*mürrisch äußern*) ronchonner; râler; rouspéter; bougonner; **wenn ich heute abend wieder ausgehen will, brummt mein Vater** si je veux encore sortir ce soir, mon père va ronchonner, *etc.*; **2.** (*undeutlich sagen*) **etw. vor sich hin, in den Bart ~** grommeler, marmonner qc. entre ses dents; **er brummte ein Lied vor sich hin** il chantonna, fredonna; **3.** F (*eingesperrt sein*) *Verbrecher* **drei Jahre ~ müssen** devoir passer trois ans sous les verrous, F en cabane, en taule, à l'ombre; faire trois ans de taule; *Schüler* **er hat zwei Stunden gebrummt** il a eu deux heures de colle; **II ~en** *n* ⟨~s⟩ *e-s Bären* grognement *m*; *e-s Basses* bourdonnement *m*; *von Motoren etc.* bourdonnement *m*; vrombissement *m*; ronflement *m*; *mürrisches e-r Person* ronchonnement *m*; rouspétance *f*; bougonnement *m*; **~er** *m* ⟨~s; ~⟩ **1.** *zo.* (*Schmeißfliege*) mouche bleue, à viande; *sc.* calliphore *f*; **2.** *écol.* (*Schüler, der nicht singen kann*) bourdon *m*; **2ig** *adj. Person* ronchon (*inv.*); ronchonneur, -euse; bougon, -nne; **e-e ~e Antwort** une réponse grincheuse; **sein ~es Wesen** sa nature ronchon(neuse); **~ˌkreisel** *m* toupie ronflante; **~ˌschädel** *m* F **e-n ~ haben** avoir mal aux cheveux; avoir la gueule de bois.

Brunelle [bru'nɛlə] *f* ⟨~; ~n⟩ *bot. cf.* Braunelle 1.

brünett [bry'nɛt] *adj.* brun; **ein ~er Typ** un brun *bzw.* une brune; **2e** *f* ⟨~; ~n; *od.* →A⟩ brune *f*.

Brunft [brʊnft] *f* ⟨~; ≈e⟩ *ch.* rut [-t] *m*; **2ig** *adj.* en rut; **~schrei** *m* cri *m* du cerf en rut; **~zeit** *f* temps *m* du rut.

brünieren [bry'niːrən] **I** *v/t.* ⟨*pas de ge-*, h⟩ *métall.* brunir; **II 2** *n* ⟨~s⟩ brunissage *m*.

Brunnen ['brʊnən] *m* ⟨~s; ~⟩ **1.** puits *m*; *künstlerischer* fontaine *f*; **artesischer ~** puits artésien; **e-n ~ graben** creuser un puits; *fig.* **den ~ zudecken, wenn das Kind ertrunken ist** fermer la cage quand l'oiseau s'est envolé; **der Krug geht so lange zum ~, bis er bricht** *prov. cf.* Krug; **2.** (*Wasser e-r Heilquelle*) eaux minérales; **~ trinken** prendre les eaux; **~ˌbau** *m* ⟨~(e)s; ~ten⟩ construction *f* de puits; **~ˌbauer** *m* ⟨~s; ~⟩ puisatier *m*; **~ˌdeckel** *m* couvercle *m* du puits; **~fiˌgur** *f* statue *f* de fontaine; **~ˌhaus** *n e-s Kurortes* (pavillon *m*, 'hall [ol] *m*, kiosque *m* de la) source minérale; **~ˌkresse** *f bot.* cresson *m* de fontaine; **~ˌkur** *f* cure *f* d'eau minérale; **~ˌrand** *m* margelle *f*; **~ˌschacht** *m* puits *m*; **~verˌgiftung** *f* empoisonnement *m* d'un puits; *fig. u. péj.* **politische ~** empoisonnement *m* de la vie politique; **~ˌwasser** *n* eau *f* de puits, de fontaine.

Brunst [brʊnst] *f* ⟨~; ≈e⟩ chaleur *f*.

brünstig ['brʏnstɪç] *adj. Tier* en chaleur; en chasse.

brüsk [brʏsk] **1.** *adj.* brusque; rude; **2.** *adv.* brusquement; **j-m ~ den Rücken kehren** tourner brusquement le dos à qn.; **~ieren** [-'kiː-] *v/t.* ⟨*pas de ge-*, h⟩ offenser; **sich durch etw. brüskiert fühlen** se sentir offensé par qc.; **2ierung** [-'kiː-] *f* ⟨~; ~en⟩ offense *f*; *od. verbal.*

Brüsseler|(in) ['brʏsələr(ɪn)] **I** *m* ⟨~s; ~⟩ (*f*) ⟨~; ~nen⟩ Bruxellois(e) *m* (*f*); **II ~** *adj.* ⟨*inv.*⟩ bruxellois; de Bruxelles; **~ Spitzen** dentelles de Bruxelles.

Brust [brʊst] *f* ⟨~; ≈e⟩ **1.** poitrine *f*; *des Pferdes* poitrail *m*; *von Insekten* thorax [-ks] *m*; *von Geflügel cuis.* blanc *m*; **j-n an s-e ~ drücken** serrer qn. sur son cœur; **sich an die ~ schlagen** se frapper la poitrine; *fig.* battre sa coulpe; **~ an ~ stehen** être coude à coude; *Sport* **~ an ~ kämpfen** lutter corps à corps; *Schwimmen* **zweihundert Meter ~** deux cents mètres brasse; F **er hat es auf der ~** il a la poitrine prise; *st. s.* **aus voller ~** à gorge déployée; *fig.* **j-m die Pistole, das Messer auf die ~ setzen** mettre le couteau sous la gorge de qn.; **sich in die ~ werfen** bomber la poitrine; plastronner; **2.** *des weiblichen Oberkörpers* sein *m*; *sc.* mamelle *f*; *pl.* Brüste *auch* poitrine *f*; *Säugling* **die ~ geben** donner le sein à; donner à téter à; **die rechte ~** le sein droit; **volle, schlaffe Brüste** poitrine forte, flasque; **~bein** *n anat.* sternum [-ɔm] *m*; os sternal; *des Geflügels* bréchet *m*; **~beˌklemmung** *f*, **~beˌschwerden** *f/pl.* oppression *f* de poitrine; poitrine oppressée; **~ˌbeutel** *m* bourse portée sur la poitrine, autour du cou; **~bild** *n phot.* buste *m*; **~ˌbreite** *f Sport* **um ~ siegen** gagner d'une poitrine; **~ˌdrüse** *f anat.* glande *f* mammaire; **innere ~** thymus [-ys] *m*; **~drüsenentˌzündung** *f méd.* mastite *f*; inflammation *f* des mamelles.

brüsten ['brʏstən] *v/réfl.* ⟨-ete, h⟩ *péj.* **sich ~** se vanter; **sich mit etw. ~** se vanter, faire parade, faire étalage, tirer vanité, se targuer de qc.

Brust|fell ['brʊstfɛl] *n anat.* plèvre *f*; **~fellentˌzündung** *f méd.* pleurésie *f*; **~ˌflosse** *f zo.* nageoire pectorale; **~ˌgegend** *f* région *f* de la poitrine; **~ˌharnisch** *m hist.* cuirasse *f*; plastron *m*; **~ˌhöhe** *f* **in ~** à 'hauteur de la poitrine; **~ˌhöhle** *f anat.* cavité *f* thoracique; **~ˌkasten** *m* F coffre *m*; **~kind** *n* enfant *m* qui est nourri au sein; enfant *m* à la mamelle; **~korb** *m anat.* cage *f* thoracique; thorax *m*; **~krebs** *m méd.* cancer [-ɛːr] *m* du sein; **~kreuz** *n égl.* croix pectorale; **~ˌleiden** *n* maladie *f* de poitrine; **~ˌmuskel** *m anat.* muscle pectoral; **~ˌpanzer** *m cf.* **~harnisch**; **~ˌriemen** *m am Pferdegeschirr* poitrail *m*; **~ˌschwimmen** *n Sport* brasse *f*; **~ˌschwimmer** *m* nageur *m* de brasse; **er ist ein guter ~** il nage bien la brasse; **~ˌseuche** *f vét.* pneumonie contagieuse du cheval; **~stich** *m méd.* ponction *f* de la plèvre; **~ˌstimme** *f mus.* voix *f* de poitrine; **~stück** *n cuis.* morceau *m* de poitrine; **~ˌtasche** *f* poche intérieure; **~tee** *m phm.* tisane pectorale; **~ton** *m fig.* **mit dem ~ der Überzeugung** du ton le plus convaincant; d'un ton pénétré; d'un ton de profonde conviction; **~ˌumfang** *m* tour *m* de poitrine.

Brüstung ['brʏstʊŋ] *f* ⟨~; ~en⟩ *bât.* parapet *m*; balustrade *f*.

Brust|warze ['brʊstˌvartsə] *f anat.* mamelon *m*; bout *m* du sein; **~wehr** *f* ⟨~; ~en⟩ *milit.* parapet *m*; **~ˌweite** *f cf.* Brustumfang; **~ˌwickel** *m* enveloppement *m*; **~ˌwirbel** *m anat.* vertèbre dorsale.

Brut [bruːt] *f* ⟨~; ~en⟩ **1.** *zo. von Vögeln* couvée *f*; *staatenbildender Insekten* couvain *m*; *von Fischen* alevin *m*; **2.** (*Brüten*) incubation *f*; **3.** *fig., péj. u.* F sale engeance *f*, graine *f*, race *f*.

brutal [bru'taːl] **1.** *adj.* brutal; rude; **~er Mensch** *auch* brute *f*; **~es Vorgehen** procédés brutaux; **~es Gesicht** figure de brute; **2.** *adv.* **j-n ~ behandeln** se montrer brutal envers qn.; **j-n ~ mißhandeln** brutaliser qn.; **2i'tät** *f* ⟨~; ~en⟩ brutalité *f*.

Brut|apparat ['bruːtˀapaˌraːt] *m* couveuse (artificielle); incubateur *m*; **~ˌbecher** *m bot.* propagule *f*; **~blatt** *n bot.* bryophyllum [-lɔm] *m*; **~ˌdauer** *f* (durée *f* de la) couvaison; durée *f* de l'incubation; **~ei** *n* œuf *m* à couver.

brüten ['bryːtən] **I** *v/t. u. v/i.* ⟨-ete, h⟩ **1.** couver; **~der Vogel** oiseau qui couve, couveur; **2.** *fig.* **a)** *Sonne* taper; brûler; *Gewitterluft* peser; **~de Hitze** chaleur accablante; **b)** *über e-m Problem etc.* méditer (sur); réfléchir (à); se creuser la tête (sur); **über s-n Sorgen ~** ruminer ses ennuis, ses soucis; **Rache ~** méditer une vengeance; **II 2** *n* ⟨~s⟩ **3.** incubation *f*; *od. verbal*; **sich beim ~ ablösen** se relayer pour couver; **4.** *fig.* méditation *f*; *od. verbal*; **in tiefes ~ versinken** se plonger dans une méditation profonde.

Brut|fleck ['bruːtflɛk] *m bei Vögeln* plaque incubatrice; **~geˌschäft** *n cf.* Brüten 3.; **~ˌhenne** *f* (poule *f*) couveuse *f*; **~herd** *m cf.* **~stätte** 2.; **~ˌhitze** *f fig.* chaleur accablante, brûlante, tropicale; **~ˌkasten** *m* F *für Frühgeburten* couveuse *f*; incubateur *m*; **~ˌknolle** *f bot.* caïeu *m*; **~ˌknospe** *f* **1.** *bot. auf Pflanzen* bulbille *f*; **2.** *zo. von Schwämmen etc.* bourgeon *m*; **~ˌofen** *m cf.* Brutapparat; **~ort** *m* endroit *m* de couvaison; **~ˌpflege** *f* soins donnés à la couvée, aux petits; **~reˌaktor** *m phys. atom.* pile régénératrice; **~schrank** *m cf.* Brutapparat; **~ˌstätte** *f* **1.** *cf.* **~ort**; **2.** *fig. u. péj.* foyer *m*.

brutto ['brʊto·] *adv. comm.* brut [-t]; **~ hundert Kilo wiegen** peser brut cent kilos; **~ für netto** (poids) brut pour net; F **er verdient tausend Mark ~** son salaire brut est de mille marks; **2ˌeinkommen** *n* revenu brut; **2ˌeinnahme** *f* recette brute; **2erˌtrag** *m* produit brut; **2geˌhalt** *n* salaire brut; **2geˌwicht** *n* poids brut; **2geˌwinn** *m* bénéfice brut; **2ˌlohn** *m* salaire brut; **2ˌpreis** *m* prix brut; **2reˌgisterˌtonnen** *f/pl.* (*abr.* BRT) *mar.* jauge brute; **das Schiff hat neuntausend ~** la jauge brute du navire est de neuf mille tonneaux (*abr.* tx); **2soziˌalproˌdukt** *n* produit national, social brut; **2verˌdienst** *m cf.* **2einkommen** *u.* **2gehalt.**

Brut|trieb ['bruːttriːp] *m* instinct *m* de couver; **~ˌvogel** *m* oiseau couveur, qui couve; **~ˌwärme** *f* chaleur *f* d'incubation, nécessaire à l'incubation; **~zeit** *f* couvaison *f*; **~ˌzelle** *f* cellule *f* pour le couvain.

brutzeln ['brʊtsəln] F *v/i.* ⟨-(e)le, h⟩ grésiller; frire; chanter dans la casserole, dans la poêle.

Brutzwiebel ['bruːtˌtsviːbəl] *f bot. cf.* Brutknospe 1.

bst [bst] *int.* chut [ʃt]!

Bub [buːp] *m* ⟨~en; ~en⟩ garçon *m*.

Bübchen [ˈbyːpçən] *n* ⟨~s; ~⟩ petit bonhomme, gamin, gosse.

Bube [ˈbuːbə] *m* ⟨~n; ~n⟩ **1.** *péj.* coquin *m*; fripon *m*; mauvais sujet; **2.** *Kartenspiel* valet *m*; **~nˌstück** *n* mauvais, sale coup.

Bubi|kopf [ˈbuːbiˑˌkɔpf] *m* coiffure *f* à la garçonne; **~ˌkragen** *m cout.* col *m* Claudine.

Bubo [ˈbuːboˑ] *m* ⟨~s; -ˈbonen⟩ *méd.* bubon *m*.

Buch [buːx] *n* ⟨~(e)s; ≈er⟩ **1.** livre *m* (*auch Teil e-s Werkes*); F bouquin *m*; **broschiertes, kartoniertes, gebundenes ~** livre broché, cartonné, relié; **antiquarisches ~** livre d'occasion; **Goldenes ~** *e-r Stadt* livre d'or; *relig.* **das ~ der Bücher** (*Bibel*) le Livre des livres; *bibl.* **die fünf Bücher Mose** le Pentateuque [pɛ̃-]; **an e-m ~ schreiben** travailler à un livre, à un ouvrage; F **ein ~ verschlingen** dévorer un livre; **immer über den Büchern hocken** pâlir sur les livres; être enfoui dans les livres; *fig.* **reden wie ein ~** parler comme un livre; **ein Dummkopf** *etc.*, **wie er im ~e steht** un véritable sot, *etc.*; **das ist für mich ein ~ mit sieben Siegeln** c'est de l'hébreu, du chinois pour moi; j'y perds mon latin; **2.** *comm. pl.* **Bücher** livres *m/pl.*; comptes *m/pl.*; écritures *f/pl.*; **etw. in die Bücher eintragen** porter qc. dans les livres, comptes; passer écriture de qc.; **zu ~ stehen** être comptabilisé, inscrit; **die Bücher führen** tenir les livres, les comptes, les écritures; **(genau) über etw. ~ führen** tenir un compte exact de qc.; *fig.* **zu ~ schlagen** compter; **~ˌausstattung** *f* présentation *f* d'un livre; **~ˌausstellung** *f* exposition *f* de livres; **~beˌsprechung** *f* critique *f*, compte rendu *m* d'un livre; **~ˌbinder** *m* relieur *m*; **~bindeˌrei** *f* ⟨~; ~en⟩ **1.** *Beruf, Tätigkeit* métier *m* de relieur; reliure *f*; **2.** *Werkstatt* atelier *m* de relieur; *Abteilung e-r Druckerei* reliure *f*; **~ˌdeckel** *m* couverture *f* de livre; **~ˌdrama** *n* pièce non écrite pour la scène, non prévue pour la scène, non destinée à la scène; **~druck** *m* ⟨~(e)s⟩ imprimerie *f*; typographie *f*; **~ˌdrucker** *m* **1.** imprimeur *m*; (*Schriftsetzer*) typographe *m*; **2.** *cf.* Borkenkäfer; **~druckeˌrei** *f allg.* imprimerie *f*; **~druckerˌkunst** *f* imprimerie *f*; typographie *f*; art *m* typographique; **~druckerˌpresse** *f* presse *f* typographique.

Buch|e [ˈbuːxə] *f* ⟨~; ~n⟩ *bot.* 'hêtre *m*; **~ˌecker** *f* ⟨~; ~n⟩ *bot.* faîne *f*.

Buch|eignerzeichen [ˈbuːxˌˀaɪgnərˌtsaɪçən] *n* ex-libris [-s] *m*; **~ˌeinband** *m* reliure *f*.

buchen [ˈbuːxən] **I** *v/t.* ⟨h⟩ **1.** *comm.* comptabiliser; passer écriture de; inscrire; mettre par écrit; **auf ein Konto ~** porter à un compte; **2.** *Flug, Reise* (se faire) retenir, réserver une place (pour un vol, un voyage); **3.** *fig.* **etw. als e-n Prestigegewinn ~** enregistrer qc. comme un gain de prestige; **e-n schönen Erfolg ~** remporter un beau succès; **II** 2 *n* ⟨~s⟩ **4.** *comm.* comptabilisation *f*; inscription *f* dans les livres; passation *f* d'écriture (*abs.*); **5.** *e-s Fluges etc.* réservation *f*; **III** *adj.* en 'hêtre; **2ˌblatt** *n* feuille *f* de hêtre; **2ˌhain** *m* bosquet *m* de hêtres; **2ˌhecke** *f* 'haie *f* de hêtres; **2ˌholz** *n* bois *m* de hêtre; **2ˌspinner** *m zo.* **1.** (*Rotschwanz*) dasychira [-ki-] *f*; **2.** (*Gabel2*) staurope *m*; écureuil *m*, harpye *m* du hêtre; **2ˌstamm** *m* tronc *m* de hêtre; **2ˌwald** *m* bois *m*, forêt *f* de hêtres.

Bücher|abschluß [ˈbyːçərˌˀapʃlʊs] *m comm.* clôture *f* des livres; **~ˌangebot** *n* choix *m* de livres; **~ˌausgabe** *f in e-r Bibliothek* service *m*, salle *f* des prêts; **~ˌberg** *m* F montagne *f* de livres; **~beˌstand** *m* effectif *m* de livres; **~ˌbord** *n*, **~ˌbrett** *n* tablette *f*, planche *f*, étagère *f* à livres; **~ei** [-ˈraɪ] *f* ⟨~; ~en⟩ bibliothèque *f*; **~ˌfreund** *m* bibliophile *m*; **~geˌstell** *n cf.* ~regal; **~ˌhaufen** *m* F tas *m* de livres; **~ˌkauf** *m* achat *m* de livres; **~ˌkiste** *f* caisse *f* de livres; **~ˌlaus** *f zo.* atropos [-pɔs] *m*; pou *m* des livres; **~ˌliebhaber(in)** *m* (*f*) *cf.* ~freund; **~ˌliebhabeˌrei** *f* bibliophilie *f*; **~ˌmappe** *f* serviette *f*; cartable *m*; **~ˌmarkt** *m* marché *m* du livre; **~ˌnarr** *m* bibliomane *m*; **~paˌket** *n* paquet *m*, colis *m* de livres; **~reˌgal** *n* étagère *f*, rayons *m/pl.* à livres; **~ˌreihe** *f* rangée *f* de livres; *cf. auch* Buchreihe; **~revisiˌon** *f comm.* vérification *f* de la comptabilité, des comptes, des livres; **~reˌvisor** *m comm.* expert-comptable *m*; vérificateur *m* de comptabilité; **~ˌsammlung** *f* collection *f* de livres; **~ˌschau** *f in e-r Zeitschrift* rubrique *f*, revue *f*, chronique *f*, compte rendu *m* des livres, des publications; **~ˌschrank** *m* bibliothèque *f*; **~skorpiˌon** *m zo.* scorpion *m* des livres; chélifère [ke-] *m* cancroïde; **~ˌstapel** *m*, **~ˌstoß** *m* pile *f* de livres; **~ˌtasche** *f cf.* ~mappe; **~verˌzeichnis** *n* catalogue *m*, liste *f* de livres; **~ˌweisheit** *f péj.* sagesse *f* livresque; **~ˌwurm** *m fig. u.* F rat *m* de bibliothèque; bouquineur *m*; **~zenˌsur** *f* censure *f* des livres.

Buch|fink [ˈbuːxfɪŋk] *m zo.* pinson *m*; **~ˌforderung** *f comm.* créance *f* comptable; **~form** *f* **in ~** sous forme de livre; **~ˌführung** *f comm.* comptabilité *f*; tenue *f* des livres; **einfache, doppelte ~** comptabilité en partie simple, en partie double; **die ~ machen** tenir les livres, les écritures; **~geld** *n comm.* monnaie scripturale; **~geˌmeinschaft** *f* club *m* du livre; **~geˌwerbe** *n* industrie *f* du livre; **~ˌhalter(in)** *m* ⟨~s; ~⟩ (*f*) ⟨~; ~nen⟩ *comm.* comptable *m, f*; **2ˌhalteˌrisch** *adj.* de comptable; en comptabilité; **~ˌhaltung** *f comm.* **1.** *Abteilung e-s Betriebes* comptabilité *f*; **2.** *cf.* ~führung; **~ˌhandel** *m* commerce *m* de(s) livres; librairie *f*; **im ~ (erhältlich) sein** être en librairie; être en vente (dans les librairies); **~ˌhändler(in)** *m* (*f*) libraire *m, f*; **~ˌhandlung** *f* librairie *f*; **~ˌhülle** *f* couvre-livre *m*; liseuse *f*; **~illustratiˌon** *f* illustration(s) *f* (*pl.*) d'un livre; **~kreˌdit** *m comm.* crédit *m* comptable; **~kunst** *f* art *m* du livre; **~ˌladen** *m cf.* ~handlung.

Büchlein [ˈbyːçlaɪn] *n* ⟨~s; ~⟩ petit livre.

Buch|macher [ˈbuːxˌmaxər] *m* ⟨~s; ~⟩ *beim Pferderennen* bookmaker [bukmekœːr] *m*; **~maleˌrei** *f* enluminure *f*; **2ˌmäßig** *comm.* **1.** *adj.* comptable; **2.** *adv.* **etw. ~ erfassen** comptabiliser qc.; **~ˌmesse** *f* foire *f* du livre; **~preis** *m in der Schule* prix *m* (sous forme de livre); **~ˌprüfer** *m comm. cf.* Bücherrevisor; **~ˌprüfung** *f cf.* Bücherrevision; **~ˌreihe** *f* série *f* de livres; **~ˌrücken** *m* dos *m* d'un livre.

Buchs [bʊks] *m* ⟨~es; ~e⟩, **~baum** *m bot.* buis *m*; **~baumˌholz** *n* buis *m*.

Buchschuld [ˈbuːxʃʊlt] *f comm.* dette *f* comptable.

Buchse [ˈbʊksə] *f* ⟨~; ~n⟩ *techn.* **a)** *e-s Lagers* coussinet *m*; *cf. auch* Büchse 3.; **b)** *élect.* borne *f*.

Büchse [ˈbʏksə] *f* ⟨~; ~n⟩ **1.** boîte *f*; *für Nadeln etc.* étui *m*; **2.** *Schußwaffe* fusil (rayé de chasse et de sport); carabine *f*; **3.** *techn.* (*Schmier2, Stopf2*) boîte *f*; **~nˌfleisch** *n* viande *f* en *od.* de conserve; F singe *m*; **~nˌfrüchte** *f/pl.* fruits *m/pl.* en *od.* de conserve; **~ngeˌmüse** *n* légumes *m/pl.* en *od.* de conserve; **~nˌknall** *m* coup *m* de fusil; **~nˌlauf** *m* canon *m* de fusil; **~nˌlicht** *n* lumière *f* qui suffit à tirer à coup sûr; **~nˌmacher** *m* ⟨~s; ~⟩ armurier *m*; **~nmacheˌrei** *f* ⟨~; ~en⟩ métier *m*, art *m* de l'armurier; armurerie *f*; **~nˌmilch** *f* lait concentré, condensé, en boîte; **~nˌöffner** *m* ouvre-boîte *m*; **~nˌschuß** *m fig.* **e-n ~ weit** à une portée de fusil.

Buchspende [ˈbuːxˌʃpɛndə] *f* don *m* de livres.

Buchstab|e [ˈbuːxˌʃtaːbə] *m* ⟨~n(s); ~n⟩ **1.** lettre *f*; caractère *m* (*auch impr.*); **großer ~** (lettre *f*) majuscule *f*; (lettre *f*) capitale *f*; **kleiner ~** (lettre *f*) minuscule *f*; *bei Zahlen* **in ~n** en toutes lettres; **mit lateinischen, kyrillischen ~n** en caractères romains, cyrilliques; **ein Plakat mit großen weißen ~n** une affiche en gros caractères blancs; **die ~n tanzen mir vor den Augen** les lettres dansent devant mes yeux; *fig.* **sich an den ~n halten, klammern** s'attacher plus à la lettre qu'à l'esprit; **nach dem ~n des Gesetzes** d'après la lettre de la loi; **die Vorschriften (nur) dem ~n nach erfüllen** ne suivre le règlement que formellement; **Vorschriften auf den ~n genau erfüllen** suivre un règlement au pied de la lettre, à la lettre; **2.** *fig. u.* F **die vier ~n** (*Gesäß*) le postérieur; le derrière; **2engeˌtreu** *adj.* fidèle à la lettre; **~enˌglaube** *m* foi *f* qui prend tout au pied de la lettre; foi *f* dogmatique; **2enˌgläubig** *adj.* qui prend tout au pied de la lettre; dogmatique; **~enˌrechnen** *n*, **~enˌrechnung** *f* algèbre *f*; **~enˌschloß** *n* cadenas *m* à combinaisons de lettres; **~enˌtonschrift** *f mus.* notation musicale alphabétique; **2ieren** [-ˈbiː-] **I** *v/t.* ⟨*pas de ge-*, h⟩ épeler; **II ~ieren** [-ˈbiː-] *n* ⟨~s⟩ épellation *f*; **~ierˌtafel** [-ˈbiːr-] *f tél.* tableau *m* d'épellation.

buchstäblich [ˈbuːxˌʃtɛːplɪç] *adv.* littéralement; **er wurde ~ in Stücke gerissen** il a été littéralement déchiqueté; **~ nichts mehr besitzen** n'avoir plus que les yeux pour pleurer.

Buchstütze [ˈbuːxˌʃtʏtsə] *f* serre-livres *m*; appui-livres *m*.

Bucht [bʊxt] *f* ⟨~; ~en⟩ **1.** baie *f*; *kleine* anse *f*; crique *f*; indentation *f*; *am Mittelmeer* calanque *f*; **2.** *für Haustiere* stalle *f*; case *f*; box *m*; **3.** P (*Bett*) pieu *m*; pucier *m*; **2enˌreich, 2ig** *adj.* découpé; dentelé; qui a, qui forme des anses, *etc.*

Buch|titel [ˈbuːxˌtiːtəl] *m* titre *m* de livre; **~ˌumschlag** *m* couverture *f* de livre.

Buchung [ˈbuːxʊŋ] *f* ⟨~; ~en⟩ **1.** *comm.* comptabilisation *f*; inscription *f* dans les livres; (passation *f* d')écriture *f* (*abs.*); **die ~ der Eingänge** la comptabilisation des entrées; **e-e ~ vornehmen** passer une écriture; **falsche ~** écriture erronée; **doppelte ~** *auch* double emploi; **2.** *e-r Flug-, Schiffsreise etc.* réservation *f*; **~s-**

beˌleg *m comm.* pièce *f* comptable; **~sˌfehler** *m* erreur *f* de comptabilisation; écriture erronée; **~smaˌschine** *f* machine *f* comptable; **~sˌnummer** *f* numéro *m* de comptabilisation; **~sˌtext** *m* libellé *m*; **~sˌvorgang** *m* opération *f* comptable.

Buch|verlag ['buːxfɛrˌlaːk] *m* maison *f* d'édition de livres; **~verˌleih** *m* service *m* de location de livres; **~verˌlust** *m comm.* perte *f* comptable; **~ˌweizen** *m bot.* sarrasin *m*; blé noir; **~weizenˌausschlag** *m vét.* fagopyrisme *m*; **~wert** *m comm.* valeur *f* comptable; **~ˌwissen** *n péj.* science *f* livresque; **~ˌzeichen** *n* **1.** (*Lesezeichen*) signet *m*; **2.** *cf.* Bucheignerzeichen.

Buck|el ['bʊkəl] *m* ⟨~s; ~⟩ **1.** *path.* bosse *f*; gibbosité *f*; **e-n ~ haben** avoir une bosse; être bossu; **2.** F (*Rücken*) dos *m*; **e-n krummen ~ machen** a) *Katze* faire le gros dos; b) *fig.* (*unterwürfig sein*) ramper; **j-m den ~ vollhauen** administrer une volée de coups de bâton à qn.; rouer qn. de coups; *fig.* **e-n breiten ~ haben** avoir bon dos; avoir le dos large; **er kann mir den ~ herunterrutschen!** qu'il me fiche la paix!; il peut toujours courir!; je lui dis zut!; **s-e siebzig Jahre auf dem ~ haben** avoir soixante-dix ans, P piges; **3.** (*Wölbung, Erhöhung*) bosse *f*; (*kleiner Hügel*) bosse *f* de terrain; petite colline; **~elˌfliege** *f zo.* phore *f*; **Ձ(e)lig** *adj.* **a)** *Person* bossu; **b)** *Weg etc.* qui a des bosses; cahoteux, -euse; défoncé; **~(e)lige(r)** *f* (*m*) ⟨→A⟩ bossu(e) *m* (*f*); P boscot, -tte *m, f*; **Ձeln I** *v/t.* ⟨-(e)le, h⟩ F (*schwer tragen*) se coltiner (qc.); **II** *v/i. fig. u. péj.* ramper; **~elˌrind** *n zo.* zébu *m*.

bück|en ['bʏkən] **I** *v/réfl.* ⟨h⟩ **sich ~** se baisser; **sich nach etw. ~** se baisser pour ramasser qc.; **gebückt gehen** marcher courbé; **II Ձen** *n* ⟨~s⟩ *verbal*; **Ձling** *m* ⟨~s; ~e⟩ **1.** (*Verbeugung*) courbette *f*; *pl.* **~e** *péj. auch* salamalecs *m/pl.*; **e-n ~ machen** faire une courbette; **2.** (*Räucherhering*) 'hareng *m* saur.

Buddel ['bʊdəl] *f* ⟨~; ~n⟩ F (*Flasche*) bouteille *f*; **~ei** [-'laɪ] *f* ⟨~; ~en⟩ *verbal*; **Ձn** F *v/t. u. v/i.* ⟨-(e)le, h⟩ creuser; faire des trous; **die Kinder ~ im Sand** les enfants font des trous, creusent dans le sable; **ein Loch ~** creuser, faire un trou; **Kartoffeln ~** déterrer des pommes de terre.

Buddhis|mus [bʊ'dɪsmʊs] *m* ⟨~⟩ *relig.* bouddhisme *m*; **~t** *m* ⟨~en; ~en⟩ bouddhiste *m*; **Ձtisch** *adj.* bouddhique; bouddhiste; **die ~e Lehre** la doctrine bouddhique; **ein ~er Mönch** un moine bouddhiste.

Bude ['buːdə] *f* ⟨~; ~n⟩ **a)** (*BretterՁ, JahrmarktsՁ*) baraque *f*; (*JahrmarktsՁ*) *auch* stand [stɑ̃d] *m*; **b)** F (*Studentenzimmer*) piaule *f*; turne *f*; **sturmfreie ~** chambre indépendante; **c)** *péj.* (*Wohnung, Zimmer, Laden etc.*) boîte *f*; **e-e armselige ~** une pauvre boîte; **die ~ auf den Kopf stellen** mettre tout sens dessus dessous; mettre tout en l'air; **Leben in die ~ bringen** mettre de l'ambiance; **j-m auf die ~ rücken** relancer qn.; **j-m die ~ zumachen** (faire) fermer la boîte de qn.; **d)** *péj.* (*Haus*) baraque *f*; **e-e alte ~** une vieille baraque; **~nˌreihe** *f* rangée *f* de baraques foraines, de stands; **~nˌzauber** *m* F foire *f*; nouba *f*; **~ machen, e-n ~ veranstalten** faire la foire, la nouba.

Budget [bʏ'dʒeː] *n* ⟨~s; ~s⟩ budget *m*; **das ~ aufstellen** établir, dresser le budget; **das ~ beraten** discuter le budget; **~beˌratung** *f* discussion *f* du budget; **~entˌwurf** *m* projet *m* de budget; **~ˌjahr** *n* année *f* budgétaire; **~ˌkürzung** *f* réduction *f* budgétaire, du budget; **~ˌmittel** *n/pl.* fonds *m/pl.* budgétaires.

Budike [bu'ˈdiːkə] *f* ⟨~; ~n⟩ F (*kleiner Laden*) boutique *f*; (*Kneipe*) bistrot *m*; *cf. auch* Bude c) *u.* d).

Büfett [bʏ'ˈfɛt] *n* ⟨~(e)s; ~e⟩ **1.** (*Anrichte, Geschirrschrank*) buffet *m*; **2. kaltes ~** buffet froid; **3.** (*Schanktisch*) comptoir *m*; bar *m*; F zinc [zɛ̃ːg] *m*; **~ˌdame** *f*, **~ˌfräulein** *n* barmaid *f*; **~i'er** [-iˈˈeː] *m* ⟨~s; ~s⟩ barman [-man] *m*.

Büffel ['bʏfəl] *m* ⟨~s; ~⟩ *zo.* buffle *m*; *nordamerikanischer* bison *m*; **junger ~** *auch* bufflon *m*; buffletin *m*; **~ei** [-'laɪ] *f* ⟨~; ~en⟩ F bûchage *m*; **~ˌherde** *f* troupeau *m* de buffles *bzw.* de bisons; **~ˌkuh** *f zo.* femelle *f* du buffle; bufflonne *f*; bufflette *f*; **~ˌleder** *n* peau *f* de buffle *bzw.* de bison; **Ձn** *v/t. u. v/i.* ⟨-(e)le, h⟩ F piocher; bûcher; potasser.

Buffet, Büffet [bʏ'feː] *cf.* Büfett.

Buffo ['bʊfoˑ] *m* ⟨~s; ~s *od.* -ffi⟩ *mus.* bouffe *m*.

Bug [buːk] *m* ⟨~(e)s; ⁓e *od.* ~e⟩ **1.** *mar.* proue *f*; avant *m*; *aviat.* avant *m*; nez *m*; **2.** *beim Rind etc.* épaule *f*; paleron *m*; *beim Pferd* garrot *m*; **~ˌanker** *m mar.* ancre *f* d'étrave.

Bügel ['byːgəl] *m* ⟨~s; ~⟩ **1.** (*KleiderՁ*) cintre *m*; portemanteau *m*; **2.** (*SteigՁ*) étrier *m*; **3.** *e-r Brille* branche *f*; **4.** *an Handfeuerwaffen* sous-garde *f*; pontet *m*; **5.** *e-r Handtasche* monture *f*; **6.** *e-r Säge* monture *f*; **7.** (*Stromabnehmer*) archet *m*; **Ձˌarm** *adj.* qui nécessite un minimum [-ɔm] de repassage; **~ˌbrett** *n* planche *f* à repasser; **~ˌeisen** *n* fer *m* à repasser; **~ˌfalte** *f* pli *m* (de pantalon); **Ձˌfest** *adj.* que l'on peut repasser; qui supporte le repassage; **Ձˌfrei** *adj.* qui ne se repasse pas; qui ne nécessite aucun repassage; **~maˌschine** *f* machine *f* à repasser; **Ձn I** *v/t.* ⟨-(e)le, h⟩ repasser; **II ~n** *n* ⟨~s⟩ repassage *m*; **~ˌsäge** *f techn.* scie *f* à monture trapézoïdale; **~ˌtisch** *m* table *f* à repasser; **~ˌtuch** *n* pattemouille *f*.

Bug|figur ['buːkfiˑˌguːr] *f mar.* figure *f* de proue; **~ˌflagge** *f* pavillon *m* de beaupré; **Ձˌlastig** *adj.* trop chargé à l'avant; *aviat. auch* lourd du nez, de l'avant; au nez lourd.

Büglerin ['byːgləˌrɪn] *f* ⟨~; ~nen⟩ repasseuse *f*.

Bug|licht ['buːklɪçt] *n mar.* feu *m* de proue; **~mann** *m* ⟨~(e)s; ⁓er *od.* -leute⟩ *Rudersport* rameur *m* de tête; **~rad** *n aviat.* roue *f*, train *m* avant.

bugsieren [bʊ'ksiːrən] **I** *v/t.* ⟨*pas de ge-*, h⟩ **1.** *Schiff* remorquer; **2.** *fig.* pousser; diriger; **II Ձ** *n* ⟨~s⟩ remorquage *m*.

Bug|spriet ['buːkʃpriːt] *m* ⟨~(e)s; ~e⟩ *mar.* beaupré *m*; **~ˌwelle** *f mar.* vague *f*, lame *f* d'étrave.

Buhle ['buːlə] *m* ⟨~n; ~n⟩, *f* ⟨~; ~n⟩ *poét.* amant(e) *m* (*f*); bien-aimé(e) *m* (*f*); **Ձn** *v/i.* ⟨h⟩ **1. um etw. ~** rechercher, briguer qc.; **2.** *poét.* **mit j-m ~** avoir un commerce amoureux avec qn.

Buhne ['buːnə] *f* ⟨~; ~n⟩ brise-lames *m*.

Bühne ['byːnə] *f* ⟨~; ~n⟩ **1.** *thé.* scène *f*; plateau *m*; **die ~ betreten** entrer en scène; paraître sur la scène; **Beifall auf offener ~** applaudissements au milieu d'une scène; *Stück* **auf die ~ bringen** mettre en scène; monter; **erfolgreich über die ~ gehen** être joué, représenté avec succès; *fig. u. st. s.* **von der politischen ~ abtreten** sortir de la, quitter la, se retirer de la scène politique; **von der ~ des Lebens abtreten** sortir de, quitter la vie; *fig. u.* F **die Sache muß sehr rasch über die ~ gehen** la chose doit être expédiée au plus vite; **2.** *fig.* (*Theater*) théâtre *m*; scène *f*; **zur ~ gehen** faire du théâtre; monter sur les planches; **für die ~ bearbeiten** adapter pour la scène; *Stück* **die ~ erobern** conquérir la scène; **3. a)** (*Podium*) estrade *f*; **e-e ~ errichten** construire une estrade; **b)** *e-s Hochofens etc.* plate-forme *f*; **~nˌanweisungen** *f/pl.* indications *f/pl.* scéniques; **~nˌarbeiter** *m* machiniste *m*; **~nˌ(aus)sprache** *f* prononciation adoptée au théâtre; bonne diction; **~nˌausstattung** *f* décors *m/pl.*; **~nˌautor** *m* auteur *m* dramatique; **~nbeˌarbeitung** *f* adaptation *f* scénique, pour la scène; **~nbeˌleuchtung** *f* éclairage *m* de la scène; **~nˌbild** *n* décor *m* de théâtre; décorations *f/pl.* scéniques; **~nˌbildner** *m* ⟨~s; ~⟩ scénographe *m*; décorateur-créateur *m*; **~ndekoratiˌon** *f* décorations *f/pl.* scéniques; **~nˌdichter** *m cf.* ~nautor; **~nˌdichtung** *f* œuvre *f* dramatique; **~nˌeingang** *m* entrée *f* des artistes; **~nerˌfahrung** *f* expérience *f* de la scène, du théâtre; **~nerˌfolg** *m* réussite théâtrale; **Ձnˌfähig** *adj.* fait pour la scène; scénique; représentable; **ՁngeˌRecht** *adj.* qui convient à la scène; **~nˌhaus** *n* scène *f*; plateau *m*; **~nˌhimmel** *m* frise *f*; **~nˌkünstler(in)** *m* (*f*) artiste *m, f* dramatique; acteur, -trice *m, f* de théâtre; **~nˌlaufbahn** *f* carrière théâtrale; **~nˌmaler** *m cf.* ~nbildner; **~nmuˌsik** *f* musique *f* de scène; **~nˌraum** *m* scène *f*; **Ձnˌreif** *adj.* mûr pour la scène; **~nˌstück** *n* pièce *f* de théâtre; **Ձnˌtechnisch 1.** *adj.* scénique; **2.** *adv.* **~ schwer zu realisieren** techniquement difficile à réaliser sur scène; **~nˌwerk** *n cf.* ~ndichtung; **Ձnˌwirksam** *adj.* qui fait de l'effet sur la scène; **~nˌwirkung** *f* effet scénique, théâtral.

Buhrufe ['buːˌruːfə] *m/pl.* 'huées *f/pl.*

buk [buːk] *cf.* backen.

Bukett [bu'ˈkɛt] *n* ⟨~(e)s; ~e⟩ *st. s.* bouquet *m* (*auch des Weines*).

Bukoli|ker [bu'ˈkoːliˑkər] *m* ⟨~s; ~⟩ poète *m* bucolique; **Ձsch** *adj.* bucolique; **die ~e Dichtung** la poésie bucolique, pastorale.

Bulette [bu'ˈlɛtə] *f* ⟨~; ~n⟩ *cuis.* boulette *f* de viande.

Bulgar|e [bʊl'gaːrə], **~in** *m* ⟨~n; ~n⟩, *f* ⟨~; ~nen⟩ Bulgare *m, f*; **Ձisch** *adj.* bulgare; *pol. in Zssgn.* bulgaro-...; **die ~e Sprache, das Ձe** la langue bulgare; le bulgare.

Bull|auge ['bʊlˌˀaʊgə] *n mar.* 'hublot *m*; **~ˌdogge** *f zo.* bouledogue *m*; **~ˌdozer** [-ˌdoːzər] *m* ⟨~s; ~⟩ (*Planierraupe*) bulldozer [byldɔzɛːr, buldɔzɛːr] *m*.

Bulle[1] ['bʊlə] *m* ⟨~n; ~n⟩ **1.** *zo.* taureau *m*; *fig.* **stark wie ein ~** fort comme un Turc; **2.** *fig. u.* F **ein ~ von Kerl** un gaillard; **3.** *péj. u.* P (*Kriminalbeamter*) flic [-k] *m*; **~**[2] *f* ⟨~; ~n⟩ *égl. cath.* bulle *f*; *hist.* **die Goldene ~** la bulle d'or; **~nˌbeißer** *m* ⟨~s; ~⟩ bouledogue *m* (*auch fig.*); **~nˌhitze** *f* F chaleur *f* à crever; **~nˌkalb** *n zo.* veau *m* mâle.

bullern [ˈbʊlərn] *v/i.* ⟨-(e)re, h⟩ F *Ofen* ronfler; *Person gegen e-e Tür* taper (contre).
Bulletin [bʏlˈtɛ̃ː, byˈlˈtɛ̃ː] *n* ⟨~s; ~s⟩ bulletin *m*; **ein ~ veröffentlichen, herausgeben** publier un bulletin.
bullig [ˈbʊlɪç] *adj.* F **ein ~er Kerl** un gaillard.
Bullrichsalz [ˈbʊlrɪçˌzalts] *n phm.* bicarbonate *m* de soude.
bum [bʊm] *int.* boum!
Bumerang [ˈbuːməˌraŋ] *m* ⟨~s; ~e⟩ boomerang *od.* boumerang *m.*
Bummel [ˈbʊməl] *m* ⟨~s; ~⟩ F balade *f;* P vadrouille *f;* **e-n ~ machen** faire une balade; aller se balader; **~ant** [-ˈlant] *m* ⟨~en; ~en⟩ *péj. u.* F **a)** (*langsamer Mensch*) lambin *m;* traînard *m;* **b)** (*Nichtstuer*) fainéant *m;* **~ei** [-ˈlaɪ] *f* ⟨~; ~en⟩ **a)** (*Langsamkeit*) lenteur *f;* lambinerie *f;* **b)** (*Pflichtvergessenheit*) fainéantise *f;* **2ig** *adj. cf.* **bummlig; 2n** *v/i.* ⟨-(e)le, h⟩ **1.** ⟨sein⟩ (*umherschlendern*) flâner; déambuler; P se baguenauder; **durch die Stadt ~** flâner, déambuler dans la ville; **~ gehen** aller se balader; faire une balade; (*ausgehen*) P partir en vadrouille; **2.** F (*langsam sein*) lanterner; lambiner; traînasser; **3.** F (*faulenzen*) perdre son temps; *Schüler* sécher (les cours); **~ˌstreik** *m* grève perlée; **~ˌzug** *m* F *chem.* train *m* omnibus; *péj.* tortillard *m.*
bummern [ˈbʊmərn] *v/i.* ⟨-(e)re, h⟩ F (*klopfen*) frapper, taper violemment (à *od.* contre); donner des coups de poing (dans).
Bumml|er [ˈbʊmlər] *m* ⟨~s; ~⟩ *cf.* Bummelant; **2ig** *adj.* F (*langsam*) lambin; traînard; (*unordentlich*) brouillon, -nne.
Bums [bʊms] **I** *m* ⟨~es; ~e⟩ F **1.** (*dumpfer Fall*) boum *m;* coup sourd; **2.** *cf.* **~lokal; II 2** *int.* boum!; patatras!; **~, da liegt er!** boum! le voilà par terre; **2en** F *v/i.* ⟨-(es)t, h⟩ faire boum; *an e-e Tür* taper, frapper (an contre); **gegen etw. ~** ˈheurter qc.; **~loˌkal** *n* P bastringue *m;* boui-boui *m.*
Buna [ˈbuːna] *m, n* ⟨~(s)⟩ (*synthet. Gummi*) buna *m.*
Bund¹ [bʊnt] *m* ⟨~(e)s; ⸗e⟩ **1.** *gleichgesinnter Personen* union *f;* alliance *f;* pacte *m;* **der ~ der Ehe** l'union conjugale; *st. s.* **mit j-m den ~ fürs Leben schließen** épouser qn.; **mit j-m im ~e stehen, sein** être l'allié, le complice de qn.; **er ist mit dem Teufel im ~e** il a passé un pacte avec le diable; **der dritte im ~e sein** être en tiers avec qn.; *relig.* **der Alte, der Neue ~** l'Ancienne, la Nouvelle alliance; *par ext.* l'Ancien, le Nouveau Testament; **2.** *organisierter* union *f;* confédération *f; hist. auch* ligue *f; pol. heute* fédération *f; hist.* **Deutscher ~** Confédération germanique; *hist.* **Norddeutscher ~** Confédération de l'Allemagne du Nord; *hist.* **Schmalkaldischer ~** ligue de Smalkalde; **~ der Vertriebenen** Union des réfugiés; **~ und Länder** le Bund et les Länder; la Fédération et les États; **3.** *e-r Hose, e-s Rockes* ceinture *f;* **4.** *Maschinenbau* collet *m* du palier de butée; **5.** *e-s Saiteninstruments* frette *f;* **6.** *e-s Buches* nerf *m;* **7.** *serr.* lien *m;* **~²** *n* ⟨~(e)s; ~e *bzw.* **4** ~⟩ *Gemüse, Stroh* botte *f; Petersilie etc.* bouquet *m; cf. auch* **Bündel; ~axt** *f* ˈhache *f* de charpentier; **~ˌbreite** *f cout.* largeur *f,* ˈhauteur *f* de ceinture.
Bündchen [ˈbʏntçən] *n* ⟨~s; ~⟩ *cout. am Ärmel* poignet *m; am Hals* col *m.*
Bündel [ˈbʏndəl] *n* ⟨~s; ~⟩ *Briefe, Wäsche etc.* paquet *m; Briefe auch, Banknoten* liasse *f; Reisigholz* fagot *m; Anmachholz* ligot *m; math., opt.* faisceau *m;* **etw. zu e-m ~ zusammenschnüren** faire un paquet de qc.; *fig.* **ein kleines hilfloses ~** (*Baby*) un pauvre petit paquet; **sein ~ schnüren** faire ses malles; **2n** *v/t.* ⟨-(e)le, h⟩ lier ensemble; faire un paquet de; *Banknoten* faire des liasses de; *Garben, Gemüse etc.* faire des bottes de; *Anmachholz* faire des ligots de; *Reisigholz* faire des fagots de; *Strahlen* focaliser; **~ˌpfeiler** *m bât.* pilier *m* en faisceau; **~ung** *f* ⟨~⟩ *von Strahlen* focalisation *f;* concentration *f;* convergence *f; sonst verbal;* **2ˌweise** *adv.* par bottes; par ligots; *etc.*
ˈ**Bundes...** *in Zssgn. meist* fédéral; **~ˌamt** *n* office fédéral; **Statistisches ~** Office fédéral de la statistique; **~ˌanstalt** *f* institution *f,* office *m* fédéral(e); **~ˌanwalt** *m* procureur *m* de la Cour fédérale suprême; *in der Schweiz* procureur fédéral; **~ˌarbeitsgeˌricht** *n* tribunal fédéral du travail; **~ˌautobahn** *f* autoroute fédérale; **~ˌbahn** *f* **Deutsche ~** (*abr.* DB) Chemins *m/pl.* de fer de la République fédérale; **Schweizerische ~en** Chemins *m/pl.* de fer fédéraux suisses; **~ˌbank** *f* ⟨~⟩ **Deutsche ~** Banque *f* de la République fédérale; **~beˌamte(r)** *m* fonctionnaire fédéral; **~beˌhörde(n)** *f* (*pl.*) autorités fédérales; **~ˌbruder** *m Studentenverbindung* camarade *m* de la corporation estudiantine; **~ˌbürger** *m* citoyen fédéral; **2ˌdeutsch** *adj.* fédéral allemand; de l'Allemagne fédérale; **~ˌebene** *f* **auf ~** au niveau, à l'échelon, sur le plan fédéral; **2ˌeigen** *adj.* fédéral; **~fiˌnanzhof** *m* tribunal fédéral en matière d'imposition; **~geˌbiet** *n* territoire fédéral; **~geˌnosse, ~geˌnossin** *m, f* allié(e) *m(f);* **~geˌricht** *n* tribunal fédéral; **~geˌrichtshof** *m* Cour fédérale suprême; **~geˌsetz** *n* loi fédérale; **~geˌsetzblatt** *n* Journal officiel de la République fédérale; **~ˌgrenzschutz** *m* police fédérale pour la protection des frontières; **~ˌhauptstadt** *f* capitale fédérale; **~ˌhaus** *n* bâtiment *m* du Parlement fédéral; **~ˌhaushalt** *m* budget fédéral; **~kabiˌnett** *n* cabinet fédéral; **~ˌkanzler** *m* chancelier *m* de la République fédérale, *in Österreich* de la Fédération; **~kanzlerˌamt** *n* chancellerie fédérale; **~ˌlade** *f bibl.* arche *f* d'alliance; **~ˌland** *n* État *m,* pays *m* (de la Fédération); land *m* (*pl.* länder); **~ˌliga** *f Fußball* première division; **~miˌnister** *m* ministre fédéral; **~ für Arbeit und Sozialordnung** Ministre fédéral du travail et de l'ordre social; **~ für Familien- und Jugendfragen** Ministre fédéral de la famille et de la jeunesse; **~ für Ernährung, Landwirtschaft und Forsten** Ministre fédéral de l'alimentation, de l'agriculture et des forêts; **~ für das Post- und Fernmeldewesen** Ministre fédéral des postes et des télécommunications; **~ für Vertriebene, Flüchtlinge und Kriegsbeschädigte** Ministre fédéral des expulsés, réfugiés et mutilés de guerre; **~ für Wohnungswesen, Städtebau und Raumordnung** Ministre fédéral des logements, de l'urbanisme et de l'aménagement du territoire; *cf. auch* **Außen-, Innen-, Verteidigungsminister** *etc.*; **~minisˌterium** *n* ministère fédéral; **~ˌpost** *f* **Deutsche ~** (*abr.* DP) Postes *f/pl.* de la République fédérale; **~präsiˌdent** *m* président *m* de la République fédérale, *in der Schweiz* de la Confédération, *in Österreich* de la Fédération; **~ˌrat** *m* ⟨~(e)s⟩ Conseil fédéral (qui représente les länder); Bundesrat *m;* **~ˌrechnungsˌhof** *m* Cour des comptes fédérale; **~ˌrecht** *n* droit fédéral; **~reˌgierung** *f* gouvernement fédéral; **~repuˌblik** *f* **die ~ (Deutschland)** la République fédérale (d'Allemagne); l'Allemagne fédérale; **~ˌstaat** *m* État fédéral; *einzelner* État (fédéré, fédératif, confédéré); **~ˌstraße** *f* route fédérale, nationale; **~ˌtag** *m* Parlement fédéral; Assemblée fédérale (qui représente l'ensemble de la République); Bundestag *m;* **Mitglied des ~es** (*abr.* M.d.B.) membre *m* du Parlement fédéral, du Bundestag; **~tagsˌabgeordnete(r)** *f(m)* député *m* du Bundestag; **~tagsdeˌbatte** *f* débat *m* au Bundestag; **~tagsˌwahl** *f* élections *f/pl.* pour le Bundestag; **~ˌtrainer** *m* entraîneur *m* de l'équipe nationale de football (de l'Allemagne fédérale); **~verˌdienstˌkreuz** *n* Croix fédérale du Mérite; **~verˌfassung** *f* constitution fédérale; **~verˌfassungsgeˌricht** *n* tribunal constitutionnel fédéral, de la Fédération; **~verˌsammlung** *f* Assemblée fédérale (*auch in der Schweiz*); *in der BRD* Assemblée *f* qui élit le président de la République fédérale; *hist. des Dt. Bundes* Diète *f* de Francfort; **~verˌwaltungsgeˌricht** *n* tribunal administratif fédéral; **~ˌwehr** *f* ⟨~⟩ armée *f* de la République fédérale; Bundeswehr *f.*
bündig [ˈbʏndɪç] *adj. u. adv.* **1. e-e ~e Antwort** une réponse claire, nette; **ein ~er Beweis** un argument concluant, convaincant; **kurz und ~** tout net [-t]; sans détours; brièvement; **2.** *bât. Balken etc.* **~ sein** former une surface plane; **2keit** *f* ⟨~⟩ *e-r Antwort* clarté *f;* netteté *f; e-s Beweises* force concluante, convaincante.
bündisch [ˈbʏndɪʃ] *adj. hist.* confédéré.
Bündnis [ˈbʏntnɪs] *n* ⟨~ses; ~se⟩ alliance *f;* pacte *m;* **ein ~ schließen** conclure une alliance; **e-m ~ beitreten** adhérer, se joindre à un pacte, à une alliance; *cf. auch* **Bund¹; ~poliˌtik** *f* politique *f* d'alliance; **~sysˌtem** *n* système *m* d'alliance; **~ˌtreue** *f* fidélité *f* à l'alliance; **~verˌtrag** *m* traité *m* d'alliance.
Bund|schuh [ˈbʊntʃuː] *m etwa* brodequin *m;* **~steg** *m impr.* petit fond; **2ˌweise** *adv.* par ligots; par bottes; *etc.*; **~ˌweite** *f cout.* tour *m* de taille; **~ˌzeichen** *n charp.* repère *m;* marque *f.*
Bungalow [ˈbʊŋgaloˑ] *m* ⟨~s; ~s⟩ bungalow [bɛ̃galo, bœ̃-] *m.*
Bunker [ˈbʊŋkər] *m* ⟨~s; ~⟩ **1.** *milit.* blockhaus [blokoːs] *m;* (*Luftschutz2*) abri *m* (en béton); **2.** *mar. für Kohle, Erz* soute *f;* **3.** P (*Gefängnis*) tôle *f;* **4.** *Golf* trou *m;* **2n** *v/t.* ⟨-(e)re, h⟩ *mar.* souter.
Bunsenbrenner [ˈbʊnzənˌbrɛnər] *m phys.* bec *m* Bunsen [bœ̃zɛn, bɛ̃-].
bunt [bʊnt] **1.** *adj.* **a)** (*mehrfarbig*) aux couleurs variées; de différentes couleurs; multicolore; bigarré; *schreiend* bariolé; **~e Bänder** rubans multicolores; **~er Blumenstrauß** bouquet multicolore; **~e Wäsche** linge de couleur; *fig. u.* F **bekannt sein wie ein ~er Hund** être connu comme le loup blanc; **b)** (*abwechslungsreich*) **~er Abend** soirée de variétés; *cuis.* **~e Platte** assiette de charcuterie décorée; *bei Tisch* **e-e ~e Reihe bilden** (faire)

alterner les messieurs avec les dames; in ~er Reihenfolge dans un ordre varié; ~er Teller assiette de gâteaux secs et de sucreries; **c)** (*ungeordnet*) **ein ~es Durcheinander** un beau pêle-mêle; **~es Treiben** grande animation; **2.** *adv.* **~ gestreift** aux rayures de diverses couleurs; **etw. ~ bemalen** peindre qc. de diverses couleurs; *péj.* barioler qc.; **die Blätter färben sich ~** les feuilles se colorent; *fig. u.* F **da geht es ~ zu** il y a de la vie, de la variété; **jetzt wird es mir aber zu ~!** c'est trop!; j'en ai assez!; P j'en ai marre!; **er treibt es zu ~** il va trop loin; il dépasse les bornes; il exagère; **~beˌmalt** *adjt.* peint de diverses couleurs; multicolore; bigarré; bariolé; **2druck** *m* impression *f* en plusieurs couleurs; chromotypographie *f*; chromotypie *f*; **2ˌfeuerwerk** *n* feu *m* d'artifice multicolore; **~geˌblümt** *adj.* à fleurs de différentes couleurs; à fleurs multicolores; **~geˌfiedert** *adj.* à plumage coloré, bigarré; **~geˌmustert** *adj. Stoff* fantaisie; **~geˌstreift** *adj.* aux rayures de différentes couleurs; **2heit** *f* ⟨~⟩ variété *f* de couleurs; richesse *f* en couleurs; *péj.* bigarrure *f*; bariolage *m*; **2ˌkäfer** *m/pl. zo.* clérides *m/pl.*; **~kaˌriert** *adj.* aux carreaux multicolores; **2ˌkupferˌkies** *m minéral.* érubescite *f*; **2meˌtalle** *n/pl.* métaux et alliages lourds non-ferreux; **2paˌpier** *n* papier *m* de couleur; **2ˌsandstein** *m* ⟨~(e)s⟩ *minéral.* grès bigarré; **~ˌscheckig** *adj.* bigarré; bariolé; **~ˌschillernd** *adjt.* chatoyant; **2specht** *m zo.* épeiche *f*; **2stift** *m* crayon *m* de couleur; **2ˌwäsche** *f* linge *m* de couleur.

Bürde ['bʏrdə] *f* ⟨~; ~n⟩ *st. s.* fardeau *m* (*auch fig.*); faix *m*; *fig.* **die ~ des Alters** le poids de l'âge; **etw. als ~ empfinden** ressentir qc. comme un fardeau, comme une charge.

Bure ['buːrə] *m* ⟨~n; ~n⟩ Boer [buːr, bɔɛːr] *m*.

Bureau *cf.* Büro.

Burenkrieg ['buːrənˌkriːk] *m* guerre *f* des Boers.

Bürette [by'rɛtə] *f* ⟨~; ~n⟩ *chim.* burette *f*.

Burg [burk] *f* ⟨~; ~en⟩ château fort; *deutsche auch* burg *m*; *im Sand* château *m* (de sable); *ch. e-s Bibers* 'hutte *f*.

Bürge ['bʏrgə] *m* ⟨~n; ~n⟩ garant *m*; caution *f*; répondant *m*; **e-n ~n stellen** citer qn. comme garant; **für etw. ~ sein** *cf.* 2n; **2n** *v/i.* ⟨h⟩ se porter garant (**für j-n, etw.** pour qn., de qc.); garantir (**für etw.** qc.); répondre (**für j-n, etw.** de qn., de qc.); *comm. für e-n Wechsel* garantir (qc.) par un aval; avaliser (qc.); **für die Richtigkeit ~** se porter garant de, répondre de, garantir la justesse (de qc.); **der Name bürgt für Qualität** la marque garantit la qualité; **wer bürgt mir dafür, daß ...?** qui me garantit que ...?

Bürger|(in) ['bʏrgər(ɪn)] *m* ⟨~s; ~⟩ (*f*) ⟨~; ~nen⟩ **1.** citoyen, -nne *m, f*; *e-r Stadt meist* habitant(e) *m(f)*; **2.** *der mittleren Gesellschaftsschicht* bourgeois(e) *m(f)*; **~ˌhaus** *n* maison bourgeoise; **~ˌkönig** *m hist. in Frankreich* Roi-Citoyen *m*; **~ˌkrieg** *m* guerre civile, intestine; **2ˌlich** *adj.* **1.** civil; civique; **~es Recht** droit civil; **2es Gesetzbuch** Code civil; **~e Ehrenrechte** droits civiques; droits civils et politiques; **im ~en Leben** dans le civil; **2.** (*dem Bürgerstand angehörend*) bourgeois (*auch péj.*); **~es Milieu** milieu bourgeois; **aus ~em Hause** de famille bourgeoise; **~es Trauerspiel** drame bourgeois; **~ˌmeister(in)** *m(f)* maire, -resse *m, f*; *in Deutschland, Belgien u. Holland meist* bourgmestre *m*; **Regierender ~ von Berlin** bourgmestre, maire de Berlin; **~'meisterˌamt** *n* bureau *m* du maire, du bourgmestre; *par ext.* mairie *f*; **~ˌpflicht** *f* devoir *m* civique, du citoyen; **~ˌrecht** *n* droit *m* du citoyen; *fig.* droit *m* de cité; **~ˌschaft** *f* ⟨~; ~en⟩ citoyens *m/pl.*; *e-r Stadt meist* habitants *m/pl.*; *hist. auch* bourgeois *m/pl.*; **~ˌschreck** *m* terreur *f* des bourgeois; **~ˌstand** *m* ⟨~(e)s⟩ bourgeoisie *f*; **~ˌsteig** *m* trottoir *m*; P bitume *m*; **~ˌtum** *n* ⟨~(e)s⟩ bourgeoisie *f*.

Burg|friede(n) ['burkˌfriːdə(n)] *m* trêve *f* politique; **~ˌgraben** *m* fossé *m*, douve *f* (d'un château fort); **~graf** *m hist.* burgrave *m*; **~herr** *m hist.* seigneur *m* du château (fort); châtelain *m*; **~ˌherrin** *f hist.* châtelaine *f*; **~hof** *m* cour *f* du château (fort); **~ruˌine** *f* ruine *f* de château fort.

Bürgschaft ['bʏrkʃaft] *f* ⟨~; ~en⟩ caution *f*; garantie *f*; **für etw. ~ leisten** se porter garant de qc., *für e-e Summe* pour qc.; **e-e ~ übernehmen** se porter garant, caution (pour qn., pour qc.); **sie boten e-e ~ von X Mark** ils se portèrent garants, caution, ils cautionnèrent pour X marks; **~serˌklärung** *f* cautionnement *m*.

Burgtor ['burktoːr] *n* porte *f* du château (fort).

Burgund|er [bur'gundər] **I** *m* ⟨~s; ~⟩ *Wein* vin *m* de Bourgogne; bourgogne *m*; **II ~er** *m/pl. hist. Volksstamm* Burgondes *m/pl.*; **2isch** *adj.* bourguignon, -nne; de (la) Bourgogne; *hist.* burgonde; *géogr.* **2e Pforte** trouée *f* de Belfort; porte *f* de Bourgogne.

Burg|verlies(e) ['burkfɛrˌliːs, -zə] *n(pl.)* oubliettes *f/pl.*; **~vogt** *m hist.* bailli *m*; **~wall** *m* remparts *m/pl.*; **~ˌwarte** *f* échauguette *f*; **~ˌzinnen** *f/pl.* créneaux *m/pl.* (du château fort).

burlesk [bur'lɛsk] *adj.* burlesque; **das 2e** le burlesque; **2e** *f* ⟨~; ~n⟩ *thé.* pièce *f* burlesque.

Burnus ['burnus] *m* ⟨~ *od.* ~ses; ~se⟩ burnous *m*.

Büro [by'roː] *n* ⟨~s; ~s⟩ bureau *m* (*auch die Angestellten e-s ~s*); F boîte *f*; P burlingue *m*; *e-s Anwalts* étude *f*; **ins ~ gehen** aller au bureau *bzw.* à l'étude; **~ˌangestellte(r)** *f(m)* employé(e) *m(f)* de bureau; **~ˌarbeit** *f* travail *m* de bureau; **~beˌdarf** *m* fournitures *f/pl.*, articles *m/pl.* de bureau; **~ˌchef** *m* chef *m* de bureau; **~ˌeinrichtung** *f* équipement *m*, matériel *m* de bureau; **~geˌbäude** *n*, **~ˌhaus** *n* bâtiment, *hohes* building administratif, commercial; **~ˌklammer** *f* trombone *m*; **~ˌkraft** *f* employé(e) *m(f)* de bureau; **~'krat** *m* ⟨~en; ~en⟩ *péj.* bureaucrate *m*; **~kra'tie** *f* ⟨~; -ien⟩ bureaucratie [-si] *f*; chinoiserie administrative; **2'kratisch** *adj.* bureaucratique; **~kra'tismus** *m* ⟨~⟩ bureaucratie [-si] *f*; **~'kratius** *m plais.* **der heilige ~** la Bureaucratie; **~ˌlampe** *f* lampe *f* de bureau; **~ˌluft** *f* air *m* de bureau; **~maˌschine** *f* machine *f* de bureau; **~materiˌal** *n cf.* ~bedarf; **~ˌmensch** *m* F rond-de-cuir *m*; **~ˌmöbel** *n/pl.* meubles *m/pl.*, mobilier *m* de bureau; **~persoˌnal** *n* (personnel *m* de) bureau *m*; **~ˌraum** *m* bureau *m*; **~ˌschluß** *m* fermeture *f* du *bzw.* des bureau(x); **~ˌschrank** *m* classeur *m*; **~ˌstuhl** *m* chaise *f* de bureau; **~ˌstunden** *f/pl.* heures *f/pl.* de bureau, de service; **~ˌvorsteher** *m* ⟨~s; ~⟩ chef *m* de bureau; **stellvertretender ~** sous-chef *m* de bureau; **~ˌzeit** *f cf.* ~stunden.

Bürschchen ['bʏrʃçən] *n* ⟨~s; ~⟩ F *u. iron.* **ein sauberes ~** un petit polisson, drôle.

Bursche ['burʃə] *m* ⟨~n; ~n⟩ **a)** (*Junge*) garçon *m*; gars [ga] *m*; **aufgeweckter ~** garçon éveillé; F **patenter, toller ~** type *m* (vraiment) bien; **seltsamer ~** drôle d'oiseau *m*; original *m*; gars bizarre; **übler ~** (drôle de) canaille *f*; **b)** (*Verbindungsstudent*) étudiant *m* de corporation de la deuxième, troisième année; **c)** (*Offiziers2*) ordonnance *f*; **d)** F (*kräftiges Tier*) **ein schöner, strammer ~** une belle pièce; **~nbeˌkleidung** *f* vêtement(s) *m(pl.)* pour garçonnets; **2nˌhaft** *adj. cf.* burschikos; **~nˌschaft** *f* ⟨~; ~en⟩ *etwa* corporation *f* d'étudiants.

burschikos [burʃi'koːs] *adj.* désinvolte; sans gêne; cavalier, -ière.

Bürschlein ['bʏrʃlaɪn] *n* ⟨~s; ~⟩ *cf.* Bürschchen.

Bürste ['bʏrstə] *f* ⟨~; ~n⟩ **1.** brosse *f*; (*Klosett2*) balai *m*; balayette *f*; *élect.* balai *m*; **2.** F *Haartracht* (cheveux *m/pl.* en) brosse *f*; **2n I** *v/t.* ⟨-ete, h⟩ brosser; donner, passer un coup de brosse à; **gegen den Strich ~** brosser à contre-poil, à rebrousse-poil; **II ~n** *n* ⟨~s⟩ brossage *m*; coup *m* de brosse (donné à); **~nˌabzug** *m impr.* épreuve *f* à la brosse; **~nˌbinder** *m cf.* ~nmacher; **~nbinderˌwaren** *f/pl. cf.* ~nwaren; **2nˌförmig** *adj. u. adv.* en (forme de) brosse; **~nˌhalter** *m* porte-brosse *m*; *élect.* porte-balais *m*; **~nˌmacher** *m* ⟨~s; ~⟩ fabricant *m* de brosses; **~nˌschnitt** *m* coupe *f* en brosse; **~nˌstellung** *f élect.* position *f* des balais; **~nˌwaren** *f/pl.* brosses *f/pl.*; brosserie *f*.

Bürzel ['bʏrtsəl] *m* ⟨~s; ~⟩ *der Vögel* croupion *m*; F sot-l'y-laisse *m*.

Bus [bus] *m* ⟨~ses; ~se⟩ bus [-s] *m*; (*Reise2*) car *m*.

Busch [buʃ] *m* ⟨~es; ⸚e⟩ **1.** buisson *m*; *fig. u.* F **sich (seitwärts) in die Büsche schlagen** s'esquiver; P prendre la tangente; se tirer; **bei j-m auf den ~ klopfen** tâter le terrain, prendre la température auprès de qn.; **2.** *in Afrika etc.* brousse *f*; (*Buschsteppe*) bush [buʃ] *m*; **im ~ leben** vivre dans la brousse; **3.** (*Strauß*) gros bouquet; *cf. auch* Büschel; **~ˌbohne** *f bot.* 'haricot nain.

Büschel ['bʏʃəl] *n* ⟨~s; ~⟩ **1.** touffe *f*; (*Feder2*) aigrette *f*; 'houppe *f*; **2.** *math.* faisceau *m*; **~entˌladung** *f élect.* décharge *f* en aigrette; **~ˌerbse** *f bot.* pois nain; **2ˌförmig** *adj.* en forme de touffe, d'aigrette, de faisceau; fasciculé; **~ˌkiemer** *m/pl. zo.* syngnathidés *m/pl.*; lophobranches *m/pl.*; **2'weise** *adv.* par touffes.

Busch|holz ['buʃhɔlts] *n* branchage *m*; broussailles *f/pl.*; **~hornˌblattwespe** *f zo.* lophyre *m*; **2ig** *adj. Augenbrauen* broussailleux, -euse; *Schwanz e-s Eichhörnchens etc.* touffu; **~ˌmänner** *m/pl.* Bo(s)chimans [-mã] *m/pl.*; bushmen [buʃmɛn] *m/pl.*; **~ˌmeister** *m zo.* surucucu *m*; maître *m* de la brousse; *sc.* lachésis [-kezis] *m*; **~ˌmesser** *n* machette *f*; sabre *m* d'abattis; **~ˌneger** *m* nègre marron; **~wald** *m* maquis *m*; **~werk** *n* broussailles *f/pl.*; **~windˌröschen** *n bot.* anémone *f* des bois; (*gelbes Windröschen*) renoncule *f* des bois.

Busen ['buːzən] *m* ⟨~s; ~⟩ **1.** *e-r Frau* seins *m/pl.*; poitrine *f*; gorge *f*; **voller**

~ forte poitrine; **2.** *des Menschen* sein *m*; *poét.* an s-n ~ drücken serrer sur son sein; *poét.* am ~ der Natur en pleine nature; au sein de la nature; *fig.* e-e Schlange am ~ großziehen, nähren réchauffer un serpent dans son sein; *st. s.* Haß *etc.* im ~ hegen nourrir de la haine, *etc.*; **~ˌfreund(in)** *m(f)* ami(e) *m(f)* intime.

Bus|fahrer ['bʊsˌfɑːrər] *m* conducteur *m* de bus; **~ˌhalteˌstelle** *f* arrêt *m* d'autobus; **~ˌlinie** *f* ligne *f* de bus.

Bussard ['bʊsart] *m* ⟨~(e)s; ~e⟩ *zo.* buse *f*.

Busschaffner ['bʊsˌʃafnər] *m* receveur *m* (d'autobus).

Buße ['buːsə] *f* ⟨~; ~n⟩ **1.** *relig.* pénitence *f*; ~ tun faire pénitence; **2.** *jur.* amende *f*; réparation *f*; e-e ~ bezahlen payer une amende.

büß|en ['byːsən] *v/t. u. v/i.* ⟨-(es)t, h⟩ expier; s-e Sünden ~ expier ses péchés; für e-n Irrtum ~ payer, expier une erreur; etw. mit dem Tode ~ expier qc. par sa mort; er mußte s-n Leichtsinn ~ il a dû expier, payer sa légèreté; F das sollst du mir ~! tu me le paieras!; je te revaudrai ça!; tu ne l'emporteras pas au paradis!; **2er(in)** *m* ⟨~s; ~⟩ *(f)* ⟨~; ~nen⟩ *relig.* pénitent(e) *m(f)*; **2ergeˌwand** *n* habit *m* de pénitent; **2erˌhemd** *n* 'haire *f*; cilice *m*.

Bußermahnung ['buːsˀɛrˌmaːnʊŋ] *f* exhortation *f* à la pénitence.

Büßer|schnee ['byːsərˌʃneː] *m géol.* pénitent *m* de neige; **~ˌzelle** *f* cellule *f* de pénitent.

buß|fertig ['buːsˌfɛrtɪç] *adj.* repentant; contrit; **2ˌfertigˌkeit** *f* ⟨~⟩ repentir *m*; contrition *f*; **2geˌbet** *n* prière *f* de pénitence.

Bussole [bʊ'soːlə] *f* ⟨~; ~n⟩ *phys.* boussole *f*.

Buß|prediger ['buːsˌpreːdɪgər] *m* prédicateur *m* qui exhorte à la pénitence; **~ˌpredigt** *f* sermon *m* sur la pénitence; **~ˌpsalmen** *m/pl.* Psaumes *m/pl.* de la pénitence, pénitentiaux; **~tag** *m* jour *m* de pénitence; *égl. prot.* Buß- und Bettag jour *m* de pénitence et de prière(s).

Büste ['bʏstə] *f* ⟨~; ~n⟩ **1.** *sculp.* buste *m*; **2.** (*weibl. Brust*) buste *m*; seins *m/pl.*; vollendete ~ buste magnifique; **3.** *cout.* mannequin *m*; **~nˌhalter** *m* (*abr.* BH) soutien-gorge *m*.

Butan [bu'tɑːn] *n* ⟨~s⟩ butane *m*; **~ˌgas** *n* gaz *m* butane.

Butike [bu'tiːkə] *cf.* Budike.

Butt [bʊt] *m* ⟨~(e)s; ~e⟩ *zo.* pleuronecte *m*.

Bütte ['bʏtə] *f* ⟨~; ~n⟩ cuve *f*; (*Trag2*) 'hotte *f*.

Büttel ['bʏtəl] *m* ⟨~s; ~⟩ *péj.* sbire *m*.

Bütten|papier ['bʏtənpaˌpiːr] *n* papier *m* à la cuve, à la main; **~ˌrede** *f Karneval etwa* discours *m* d'un humoriste du carnaval; **~ˌredner** *m* humoriste *m* du carnaval.

Butter ['bʊtər] *f* ⟨~⟩ beurre *m*; braune ~ beurre noir; ranzige ~ beurre rance; mit ~ bestreichen beurrer; *Birne* weich wie ~ fondant; *fig. u.* F sich nicht die ~ vom Brot nehmen lassen *cf.* Brot 2.; es ist alles in ~ tout va bien; tout est en ordre; tout va comme sur des roulettes; **~ˌbaum** *m bot.* bassia *m*; **~ˌbirne** *f bot.* beurré *m*; doyenné *f*; **~ˌblume** *f* F *bot.* (*Hahnenfuß*) bouton *m* d'or; (*Löwenzahn*) pissenlit *m*; *etc.*; **~ˌbrot** *n* tartine beurrée, de beurre; *fig. u.* F j-m etw. aufs ~ schmieren reprocher qc. à qn.; etw. für ein ~ bekommen avoir qc. pour une bouchée de pain, pour presque rien; **~brotpaˌpier** *n* papier sulfurisé; **~ˌcreme** *f* crème *f* au beurre; **~cremeˌtorte** *f* moka *m*; **~ˌdose** *f* beurrier *m*; boîte *f* à beurre; **~ˌfaß** *n*, **~ˌfertiger** *m* ⟨~s; ~⟩ baratte *f*.

Butterfly(stil) ['batərflaɪ(ˌʃtiːl, -ˌstiːl)] *m* ⟨~s⟩ *(m) Schwimmsport* brasse *f* papillon.

Butter|form ['bʊtərˌfɔrm] *f* moule *m* à beurre; **~geˌbäck** *n* petits-beurres *m/pl.*; **2ˌgelb** *adj.* beurre frais (*inv.*); **~ˌkeks** *m* petit-beurre *m*; **~ˌmesser** *n* couteau *m* à beurre; **~ˌmilch** *f* petit-lait *m*; babeurre *m*; **2n I** *v/t. u. v/i.* ⟨-(e)re, h⟩ battre le beurre; baratter; *fig. u.* F Geld in etw. ~ fourrer de l'argent dans qc.; **II ~n** *n* ⟨~s⟩ barattage *m*; **~ˌpilz** *m bot.* nonette voilée; bolet *m* jaune; **~ˌröllchen** *n* ⟨~s; ~⟩ coquille *f* de beurre; **~ˌsäure** *f chim.* acide *m* butyrique; **~ˌschmalz** *n* beurre fondu; **~ˌschnitte** *f*, **~ˌstulle** *f cf.* Butterbrot; **2ˌweich** *adj.* de la consistance du beurre; *Birne etc.* fondant.

Butylalkohol [bu'tyːlˌˀalkoˑhoːl] *m chim.* alcool *m* butylique.

Butyrometer [buˑtyˑroˑ'meːtər] *n* ⟨~s; ~⟩ *chim.* butyromètre *m*.

Butze|mann ['bʊtsəˌman] *m* ⟨~(e)s; ~er⟩ F croquemitaine *od.* croque-mitaine *m*; loup-garou *m*; **~nˌscheibe** *f* vitre *f* en culs-de-bouteille.

Buxe(n) ['bʊksə(n)] *f(pl.)* F (*Hose*) froc [-k] *m*; grimpant *m*; falzar *m*.

Buxtehude [ˌbʊkstə'huːdə] *fig. u.* F in ~ (*ganz weit weg*) au diable vauvert; au bout du monde.

Byssus ['bʏsʊs] *m* ⟨~⟩ **1.** *Gewebe* byssos [-os] *m*; **2.** *der Muscheln* bysse *m*; byssus [-ys] *m*.

Byzantin|er(in) [byˑtsan'tiːnər(ɪn)] *m* ⟨~s; ~⟩ *(f)* ⟨~; ~nen⟩ Byzantin(e) *m(f)*; **2isch** *adj.* byzantin; **~ismus** [-'nɪs-] *m* ⟨~⟩ *st. s.* servilité *f*; obséquiosité *f*.

C

C, c [tseː] *n* ⟨~; ~⟩ **1.** C, c [se] *m*; **2.** *mus.* **a)** do *m*; ut [yt] *m*; **bis zum hohen C singen** atteindre le do$_6$ [do sis]; **b)** (*Bezeichnung des Viervierteltaktes*) C *m*.
Café [kaˈfeː] *n* ⟨~s; ~s⟩ salon *m* de thé; **~beˌsitzer** *m* propriétaire *m* d'un salon de thé.
Callgirl [ˈkoːlgøːrl] *n* ⟨~s; ~s⟩ call-girl [kolgœrl] *f*.
calvi|nisch [kalˈviːnɪʃ] *adj.* calviniste; **2ˈnismus** *m* ⟨~⟩ calvinisme *m*; **2ˈnist** *m* ⟨~en; ~en⟩ calviniste *m*.
camp|en [ˈkɛmpən] *v/i.* ⟨h⟩ camper; **2ing** *n* ⟨~s⟩ camping [-iŋ] *m*; **2ingˌausrüstung** *f* matériel *m* de camping; **2ingˌclub** *m* club *m* de camping; camping-club *m*; **2ingˌlager** *n* camping *m*; **2ingˌplatz** *m* terrain *m* de camping.
Cant [kɛnt] *m* ⟨~s⟩ **1.** (*Heuchelei*) cant [kant] *m*; **2.** (*Gaunersprache*) argot *m*.
Cape [keːp] *n* ⟨~s; ~s⟩ cape *f*.
Capriccio *cf.* Kapriccio.
Caritas *cf.* Karitas.
Cäsar|enherrschaft [tseˈzɑːrənˌhɛrʃaft] *f*, **~enˌtum** *n* ⟨~(e)s⟩ règne *m* des Césars; **~enˌwahn(sinn)** *m* mégalomanie *f*; délire *m* des grandeurs; **2isch** *adj.* césarien, -nne; **~ismus** [-ˈrɪs-] *m* ⟨~⟩ *péj.* césarisme *m*.
Catcher [ˈkɛtʃər] *m* ⟨~s; ~⟩ catcheur *m*.
Cayennepfeffer [kaˈjɛnˌpfɛfər] *m* poivre *m* de Cayenne.
C-Dur [ˈtseːduːr] *n* ⟨~⟩ *mus.* do *m*, ut *m* majeur.
Cedille [seˈdiːj(ə)] *f* ⟨~; ~n⟩ *gr.* cédille *f*.
Cellist [tʃɛˈlɪst] *m* ⟨~en; ~en⟩ violoncell(ist)e *m*.
Cello [ˈtʃɛloˑ] *n* ⟨~s; ~s *od.* -lli⟩ *mus.* violoncelle *m*; cello *m*.
Cellophan [tsɛloˑˈfɑːn] *n* ⟨~s⟩ cellophane *f*.
Celsius [ˈtsɛlziˑʊs] *phys.* **Grad ~** degré(s) *m(pl.)* Celsius [-ys], centigrade(s); **~thermoˌmeter** *n* thermomètre *m* (de) Celsius; thermomètre *m* centigrade.
Cembalist [tʃɛmbaˈlɪst] *m* ⟨~en; ~en⟩ claveciniste *m*.
Cembalo [ˈtʃɛmbaloˑ] *n* ⟨~s; ~s *od.* -li⟩ *mus.* clavecin *m*.
ces [tsɛs] *n* ⟨~; ~⟩ *mus.* ut *m*, do *m* bémol.
Cetan [tseˑˈtɑːn] *n* ⟨~s; ~e⟩ *chim.* cétane *m*; **~ˌzahl** *f* indice *m* de cétane.
Ceylon|ese [tsaɪloˑˈneːzə] *m* ⟨~n; ~n⟩ Cingalais *m*; **2esisch** *adj.* cingalais; de Ceylan; **~ˌtee** [ˈtsaɪ-] *m* thé *m* de Ceylan.
Chaconne [ʃaˈkɔn] *f* ⟨~; ~s *od.* ~n⟩ *mus.* chaconne *f*.
chagrin|ieren [ʃagriˑˈniːrən] *v/t.* ⟨*pas de ge-*, h⟩ *techn.* chagriner; **2ˌleder** [-ˈgrɛ̃ː-, -ˈgrɛŋ-] *n* chagrin *m*.
Chaiselongue [ʃɛz(ə)ˈlõːg, -ˈlɔŋ] *f* ⟨~; ~n *od.* ~s⟩ divan *m*; ottomane *f*.
Chaldä|er(in) [kalˈdɛːər(ɪn)] *m* ⟨~s; ~⟩ (*f*) ⟨~; ~nen⟩ Chaldéen, -nne [kal-] *m, f*; **2isch** *adj.* chaldéen, -nne; chaldaïque; **die ~e Sprache, das 2e** le chaldéen.
Chalkographie [çalkoˑgraˈfiː] *f* ⟨~⟩ chalcographie [kal-] *f*.
Chalzedon [kaltseˑˈdoːn] *m* ⟨~s; ~e⟩ *minéral.* calcédoine *f*.
Chamäleon [kaˈmɛːleˑɔn] *n* ⟨~s; ~s⟩ *zo.* caméléon *m*.
Chamois [ʃamoˑˈa] **I** *n* ⟨~⟩ *Leder* chamois *m*; **II 2** *adj.* ⟨*inv.*⟩ *Farbe* chamois; *phot.* **~ glänzend, matt** papier chamois glacé, mat.
Champagner [ʃamˈpanjər] *m* ⟨~s; ~⟩ champagne *m*; **eisgekühlter ~** champagne frappé; **~ˌflasche** *f* bouteille *f* à, *voll* de champagne.
Champignon [ˈʃampɪnjõː, -jɔŋ] *m* ⟨~s; ~s⟩ *bot.* champignon *m* de Paris, de couche; **~kulˌtur** *f* culture *f* de(s) champignons; *Raum* champignonnière *f*.
Champion [ˈtʃɛmpiˑən, ʃɑ̃piˑˈõː] *m* ⟨~s; ~s⟩ *Sport* champion, -nne *m, f*.
Chance [ˈʃɑ̃ːs(ə), ˈʃaŋsə] *f* ⟨~; ~n⟩ chance *f*; **j-m e-e letzte ~ geben** donner une dernière chance à qn.; *Sport* **gleiche ~n geben** donner des chances égales; 'handicaper; **bei j-m ~n haben** avoir des chances auprès de qn.
changieren [ʃɑ̃ːˈʒiːrən, ʃaŋ-] *v/i.* ⟨*pas de ge-*, h⟩ être changeant.
Chansonsänger(in) [ʃɑ̃ːˈsõːˌzɛŋər(ɪn)] *m(f)* chanteur, -euse *m, f* (de chansons).
Cha|os [ˈkɑːɔs] *n* ⟨~⟩ chaos [kao] *m*; **2ˈotisch** *adj.* chaotique.
Charakter [kaˈraktər] *m* ⟨~s; -ˈtere⟩ caractère *m*; **schwieriger ~** caractère difficile; **ein Mann von ~** un homme de caractère, qui a une forte personnalité; **s-n wahren ~ zeigen** montrer son vrai, véritable caractère; se montrer sous son vrai jour; **energischer ~** caractère énergique, bien trempé; **der französische ~** le tempérament français; **~ˌbild** *n* portrait *m*; **2ˌbildend** *adjt.* qui forme le caractère; **~ˌdarsteller** *m thé.* acteur *m* qui joue les rôles de caractère; premier rôle; **~ˌfehler** *m* défaut *m* de caractère; **2ˌfest** *adj.* ferme de caractère; d'un caractère ferme; **~ˌfestigˌkeit** *f* fermeté *f* de caractère; **2iˈsieren** *v/t.* ⟨*pas de ge-*, h⟩ caractériser; (*ein Bild von etw. geben*) donner les caractéristiques (de); dépeindre; *e-e Person* faire le portrait (de); **~istik** [-ˈrɪs-] *f* ⟨~; ~en⟩ **1.** description *f*, tableau *m*, peinture *f* du caractère (de); *e-r Person* portrait *m*; **2.** *math.* caractéristique *f*; **~istikum** [-ˈrɪs-] *n* ⟨~s; -ka⟩ caractère distinctif; caractéristique *f*; **2istisch** [-ˈrɪs-] *adj.* caractéristique; typique; **für j-n ~ sein** être typique pour qn.; être une particularité chez qn.; **~ˌkopf** *m* figure *f* qui a du caractère; **~ˌkunde** *f cf.* **~ologie**; **2ˌlich** *adj.* de caractère; *psych.* **~e Störungen** troubles caractériels; **2ˌlos** *adj.* sans caractère; sans personnalité; dépourvu de caractère; faible; mou, molle (F comme une chiffe); **~ sein** manquer de caractère; n'avoir pas de caractère; **ein ~er Mensch** un homme sans caractère; un faible; un fantoche; **~ˌlosigˌkeit** *f* ⟨~⟩ manque *m*, faiblesse *f* de caractère; **~oloˈgie** *f* ⟨~⟩ caractérologie *f*; **~ˌrolle** *f thé.* rôle *m* de caractère; **~ˌschilderung** *f* peinture *f* de caractère(s); **~ˌschwäche** *f* faiblesse *f* de caractère; **~ˌstärke** *f* force *f* de caractère; **~ˌstück** *n* pièce *f* de caractère; *mus.* morceau *m* de caractère; **2ˌvoll** *adj.* qui a du caractère; **~ˌzug** *m* trait *m* de caractère.
Chargenrolle [ˈʃarʒənˌrɔlə] *f thé.* rôle *m* secondaire.
Chargierte(r) [ʃarˈʒiːrtə(r)] *m* ⟨→ A⟩ *e-r stud. Verbindung etwa* représentant *m* d'une corporation d'étudiants.
Charivari [ʃariˑˈvɑːriˑ] *n* ⟨~s; ~s⟩ charivari *m*.
charm|ant [ʃarˈmant] *adj.* charmant; **2e** [ʃarm] *m* ⟨~s⟩ charme *m*; **2eur** [-ˈmøːr] *m* ⟨~s; ~e⟩ charmeur *m*; **2euse** [-ˈmøːz] *f* ⟨~⟩ *Stoff* indémaillable *m*.
Charta [ˈkarta] *f* ⟨~; ~s⟩ charte *f*.
Charter|flugzeug [ˈʃartərˌfluːktsɔʏk] *n* avion spécial; avion affrété spécialement; **2n I** *v/t.* ⟨-(e)re, h⟩ *mar.*, *aviat.* affréter; **II ~n** *n* ⟨~s⟩ affrètement *m*; **~verˌtrag** *m* contrat *m* d'affrètement.
Chassis [ʃaˈsiː] *n* ⟨~; ~⟩ *Auto* châssis *m*.
Chauff|eur [ʃɔˈføːr] *m* ⟨~s; ~e⟩ chauffeur *m*; **2ieren** *v/t. u. v/i.* ⟨*pas de ge-*, h⟩ conduire.
Chaussee [ʃoˑˈseː, ʃɔ-] *f* ⟨~; -ˈsseen⟩ grand-route *f*; **~ˌbaum** *m* arbre *m* en bordure de la route; **~ˌfloh** *m* F (*kleines Auto*) F puce *f*; microbe *m*; **~ˌgraben** *m* fossé *m*.
Chauvin|ismus [ʃoˑviˑˈnɪsmʊs] *m* ⟨~⟩ chauvinisme *m*; **~ist** *m* ⟨~en; ~en⟩ chauvin *m*; **2istisch** *adj.* chauvin.
Chef [ʃɛf] *m* ⟨~s; ~s⟩ chef *m*; patron *m*; directeur *m*; *dipl.* **~ des Protokolls** chef du protocole; F **der ~ vom Ganzen** le patron de la barque; **~arzt** *m* médecin *m* en chef; médecin-chef *m*; **~ˌdolmetscher** *m* interprète *m* en chef; **~in** *f* ⟨~; ~nen⟩ patronne *f*; chef *f*; **~ingeniˌeur** *m* ingénieur *m* en chef; **~piˌlot** *m aviat.* chef-pilote aviateur; **~redakˌteur** *m* rédacteur *m* en

chef; **~sekre,tärin** *f* secrétaire *f* en *bzw.* du chef.

Chemi|e [çe·'miː] *f* ⟨~⟩ chimie *f*; **organische ~** chimie organique; chimie animale et végétale; **anorganische ~** chimie minérale; **physikalische ~** physico-chimie *f*; **~e,faser** *f* fibre *f* synthétique; **~'graph** *m* ⟨~en; ~en⟩ zincographe *m*; **~gra'phie** *f* ⟨~⟩ zincographie *f*; **2'graphisch** *adj.* zincographique; **~'kalien** *pl.* produits *m/pl.* chimiques; **~ker** ['çeː-] *m* ⟨~s; ~⟩ chimiste *m*; **2sch** ['çeː-] **1.** *adj.* chimique; **~es Element** élément chimique; **~e Fabrik** fabrique, usine de produits chimiques; **die ~e Industrie** l'industrie chimique; **~e Verbindung** combinaison chimique; **~er Vorgang** réaction chimique; **~e Reinigung** nettoyage à sec; **~es Zeichen** symbole chimique; **~-pharmazeutisch** chimico-pharmaceutique; **auf ~em Wege** chimiquement; **2.** *adv.* **~ rein** chimiquement pur; **etw. ~ untersuchen** faire l'analyse chimique de qc.; **~smus** [-'mɪs-] *m* ⟨~⟩ chimisme *m*.

Chemo|physiker [çeːmo·'fyːzɪkər] *m* physicien-chimiste *m*; **~'techniker** *m* technicien-chimiste *m*; **~thera'pie** *f* *méd.* chimiothérapie *f*.

Cherub ['çeːrʊp] *m* ⟨~s; ~im *od.* -'binen⟩ chérubin *m*.

Cherusk|er(in) [ke·'rʊskər(ɪn)] *m* ⟨~s; ~⟩ *(f)* ⟨~; ~nen⟩ Chérusque *m, f*; **2isch** *adj.* chérusque.

Chesterkäse ['tʃɛstər,kɛːzə] *m* chester [-ɛːr] *m*.

Cheviot ['ʃɛvi·ɔt] *m* ⟨~s; ~s⟩ *Stoff* cheviote *f*.

Chevreau(leder) [ʃə'vroː(,leːdər)] *n* ⟨~s⟩ *(n)* (cuir *m* de) chevreau *m*.

Chiasmus [çi·'asmʊs] *m* ⟨~⟩ *rhét.* chiasme [kjasm] *m*.

Chic [ʃɪk] *m* ⟨~(e)s⟩ **~ haben** avoir du chic.

Chicorée [ʃi·ko·'reː] *f* ⟨~⟩ *bot.* endive *f*.

Chiffon [ʃi'fõː, ʃɪ'fɔŋ] *m* ⟨~s; ~s⟩ *text.* crêpe *m* chiffon.

Chiffre ['ʃɪfrə] *f* ⟨~; ~n⟩ chiffre *m*; numéro *m*; **in ~n geschrieben** chiffré; **unter der ~ …** *in Anzeigen* sous le numéro …; **~,schlüssel** *m* clef *od.* clé *f* pour *od.* à déchiffrer; clef *od.* clé *f* d'un cryptogramme; **~,schrift** *f* écriture chiffrée; **~tele,gramm** *n* télégramme chiffré.

chiffrier|en [ʃɪ'friːrən] **I** *v/t.* ⟨*pas de ge-*, **h**⟩ chiffrer; **II 2en** *n* ⟨~s⟩ chiffrage *m*; **2ma,schine** *f* machine *f* à chiffrer; **2ung** *f* ⟨~; ~en⟩ *cf.* **2en**.

Chilen|e [tʃi·'leːnə, çi·-], **~in** *m* ⟨~n; ~n⟩, *f* ⟨~; ~nen⟩ Chilien, -nne *m, f*; **2isch** *adj.* chilien, -nne; du Chili.

Chilesalpeter ['tʃiːle·zal,peːtər, 'çiː-] *m* *chim.* salpêtre *m*, nitre *m* du Chili, du Pérou; nitre *m* cubique; nitrate *m*, azotate *m* de sodium [-jɔm].

Chilias|mus [çi·li·'asmʊs] *m* ⟨~⟩ *relig.* chiliasme [ki-] *m*; **~t** *m* ⟨~en; ~en⟩ chiliaste *m*.

Chimäre [çi·'mɛːrə] *f* ⟨~; ~n⟩ *arb.* chimère *f*; *cf. auch* Schimäre.

China|baum ['çiːna,baʊm] *m cf.* **~rindenbaum**; **~,gras** *n bot.* ramie *f*; ortie *f* de Chine; **~,kunde** *f* ⟨~⟩ sinologie *f*; **~,nessel** *f cf.* **~gras**; **~pa,pier** *n* papier *m* de Chine; **~,rinde** *f phm.* quinquina *m*; **~rinden,baum** *m bot.* quinquina *m*; **~,säure** *f chim.* acide *m* quinique; **~,silber** *n* maillechort [-ʃɔrt] *m*; **~,wein** *m* (vin *m* de) quinquina *m*.

Chinchilla [tʃɪn'tʃɪlja, -la] *f* ⟨~; ~s⟩, *n* ⟨~s; ~s⟩ *zo.* chinchilla *m*.

Chines|e [çi·'neːzə], **~in** *m* ⟨~n; ~n⟩, *f* ⟨~; ~nen⟩ Chinois(e) *m(f)*; **2isch** *adj.* chinois; de (la) Chine; *pol. in Zssgn.* sino-… (*par ex.* **~-japanisch** sino-japonais); **2e Mauer** muraille de Chine; **~e Tusche** encre de Chine; **~es Grün** lokao *m*; vert *m* de Chine; **die ~e Sprache, das 2e** le chinois; la langue chinoise; **Kenner des 2en** sinologue *m*.

Chinin [çi·'niːn] *n* ⟨~s⟩ *phm.* quinine *f*.

Chinoiserie [ʃi·no·azə'riː] *f* ⟨~; -ien⟩ *Kunst* chinoiserie *f*.

Chino|lin [çi·no·'liːn] *n* ⟨~s⟩ *chim.* quinoléine *f*; **~ne** [-'noː-] *pl. chim.* quinones *f/pl.*

Chintz [tʃɪnts] *m* ⟨~(e)s; ~e⟩ *text.* chintz *m*.

Chips [tʃɪps] *pl. cuis.* chips *m/pl.*

Chiragra ['çiːragra] *n* ⟨~s⟩ *méd.* chiragre [ki-] *f*; goutte *f* aux mains.

Chiro|mant(in) [çi·ro·'mant(ɪn)] *m* ⟨~en; ~en⟩ *(f)* ⟨~; ~nen⟩ chiromancien, -nne [ki-] *m, f*; **~man'tie** *f* ⟨~; -ien⟩ chiromancie [ki-] *f*; **~'praktik** *f* ⟨~⟩ *méd.* chiropractie *od.* chiropraxie [ki-] *f*; **~'praktiker** *m* chiropracteur *od.* chiropractor [ki-] *m*.

Chirurg [çi·'rʊrk] *m* ⟨~en; ~en⟩ chirurgien *m*; **~ie** [-'giː] *f* ⟨~; -ien⟩ chirurgie *f*; **2isch** *adj.* chirurgical; **~e Instrumente** instruments de chirurgie, chirurgicaux.

Chit|in [çi·'tiːn] *n* ⟨~s⟩ *zo.* chitine [ki-] *f*; **~on** *m* ⟨~s; ~e⟩ *hist.* chiton [ki-] *m*.

chladnisch ['kladnɪʃ] *adj.* **~e Klangfiguren** figures (acoustiques) de Chladni.

Chlor [kloːr] *n* ⟨~s⟩ *chim.* chlore *m*; **~al** [-'rɑːl] *n* ⟨~s⟩ *chim.* chloral *m*; **~alhy,drat** [-'rɑːl-] *n* hydrate *m* de chloral; **~am,monium** *n* sel *m* ammoniac; chlorure *m* d'ammonium [-jɔm]; **~anti,mon** *n* chlorure *m* d'antimoine; **~at** [-'rɑːt] *n* ⟨~(e)s⟩ chlorate *m*; **~ä,thyl** *n* chlorure *m* d'éthyle; **~at,sprengstoffe** [-'rɑːt-] *m/pl.* explosifs chloratés; **~blei** *n* chlorure *m* de plomb; **~ella** [-'rɛla] *f* ⟨~⟩ *bot.* chlorelle *f*; **2en** *v/t.* ⟨**h**⟩ javelliser; désinfecter au chlore; **2,haltig** *adj.* chloré; **~id** [-'rɪt, -'riːt] *n* ⟨~(e)s; ~e⟩ chlorure *m*; **2ieren** [-'riː-] *v/t.* ⟨*pas de ge-*, **h**⟩ *chim.* chlorurer; **2ig** *adj.* chloreux, -euse; **~e Säure** acide chloreux; **~it** [-'rɪt] *m* ⟨~s; ~e⟩ *minéral.* chlorite *m*; **2it,haltig** [-'rɪt-, -'riːt-] *adj.* chlorité; **~,kalium** *n* chlorure *m* de potassium [-jɔm]; **~,kalk** *m* chlorure *m* de chaux; chaux *f* à blanchir; **~,kalzium** *n* chlorure *m* de calcium [-jɔm]; **~,natrium** *n* chlorure *m* de sodium [-jɔm].

Chloroform [klo·ro·'fɔrm] *n* ⟨~s⟩ chloroforme *m*; **2ieren** [-'miː-] **I** *v/t.* ⟨*pas de ge-*, **h**⟩ chloroform(is)er; **II ~ieren** [-'miː-] *n* ⟨~s⟩ chloroform(is)ation *f*; anesthésie *f* au chloroforme.

Chloro|phyll [klo·ro·'fʏl] *n* ⟨~s⟩ *chim., bot.* chlorophylle *f*; **~'pren** *n* ⟨~s⟩ *chim.* chloroprène *m*.

chlor|sauer ['kloːr,zaʊər] *adj.* formé par l'acide chlorique; **chlorsaures Kali** chlorate *m* de potasse; **chlorsaures Salz** chlorate *m*; **2,säure** *f* acide *m* chlorique; **2ver,bindung** *f* chlorure *m*; **2,wasserstoff,säure** *f* acide *m* chlorhydrique; **2zink** *n* chlorure *m* de zinc; **2zinn** *n* chlorure *m* d'étain.

Cholera ['koːle·ra] *f* ⟨~⟩ *méd.* choléra [ko-] *m*; **asiatische ~** choléra asiatique; **~ des Geflügels** choléra aviaire, des poules; **2,artig** *adj.* cholériforme; **~ba,zillus** *m* bacille *m* du choléra; **~epide,mie** *f* épidémie *f* de choléra; **2,krank** *adj.* cholérique; atteint du choléra; **~,schutzimpfung** *f* vaccination *f* contre le choléra.

Choler|iker [ko·'leːri·kər] *m* ⟨~s; ~⟩ colérique *m*; **~ine** [-'riː-] *f* ⟨~; ~n⟩ *méd.* cholérine *f*; choléra *m* nostras; **2isch** *adj.* colérique; bilieux, -euse; **~es Temperament** tempérament coléreux; **~er Mensch** coléreux *m*.

Cholesterin [ko·lɛste·'riːn] *n* ⟨~s⟩ *chim.* cholestérol [ko-] *m*.

Cholin [ço·'liːn] *n* ⟨~s⟩ *Biochemie* choline [ko-] *f*; **~este'rase** *f* ⟨~⟩ *Enzym* cholinestérase [ko-] *f*.

Chor [koːr] *m* ⟨~(e)s; ~̈e⟩ *thé., mus., bât.* ⟨*pl. auch* **~e**⟩ chœur *m*; *als Verein* chorale *f*; **im ~ singen** chanter en chœur; **im ~ wiederholen** répéter tous ensemble.

Choral [ko·'rɑːl] *m* ⟨~s; -äle⟩ **1.** *égl. prot.* choral *m*; **2.** *égl. cath.* plain-chant *m*; chant grégorien; **~be,arbeitung** *f* adaptation *f*, arrangement *m* pour choral; **~,vorspiel** *n* prélude *m* choral.

Choreograph [ko·re·o·'grɑːf] *m* ⟨~en; ~en⟩ chorégraphe *m*; **~ie** [-'fiː] *f* ⟨~; -ien⟩ chorégraphie *f*; **2isch** *adj.* chorégraphique.

Chor|führer ['koːr,fyːrər] *m griech. thé.* coryphée *m*; **~ge,sang** *m* (chant[s] *m*[*pl.*] en) chœur *m*; **~ge,stühl** *n* stalles *f/pl.*; **~,gitter** *n* grille *f* du chœur; **~hemd** *n égl. cath.* surplis *m*; **~herr** *m* chanoine *m*.

Choriambus [ço·ri·'ambʊs] *m* ⟨~; -ben *od.* ~se⟩ *métr.* choriambe *m*.

Chor|kapelle ['koːrka,pɛlə] *f* absidiole *f*; **~,knabe** *m* petit chanteur d'une maîtrise; **~,leiter** *m* chef *m* de chorale; **~pult** *n* lutrin *m*; **~rock** *m cf.* Chorhemd; **~,sänger(in)** *m(f)* choriste *m, f*; **~,schranke** *f cf.* Chorgitter; **~,umgang** *m* déambulatoire *m*; pourtour *m* du chœur.

Chow-Chow ['tʃaʊ'tʃaʊ] *m* ⟨~s; ~s⟩ *zo.* chow-chow [ʃuʃu] *m*.

Chrestomathie [krɛsto·ma'tiː] *f* ⟨~; -ien⟩ chrestomathie [-ti *od.* -si] *f*; *als Buchtitel öfter* Morceaux Choisis de …

Chris|am ['çriːzam] *n* ⟨~s⟩, **~ma** ['çrɪsma] *n* ⟨~s⟩ *relig.* (saint) chrême *m*.

Christ|(in) ['krɪst(ɪn)] *m* ⟨~en; ~en⟩ *(f)* ⟨~; ~nen⟩ chrétien, -nne *m, f*; **~,abend** *m* veille *f* de Noël; **~baum** *m* arbre *m* de Noël; **~baum,schmuck** *m* décorations *f/pl.* pour arbres de Noël; **~dorn** *m* ⟨~(e)s⟩ *bot.* aubépine commune; **2en,feindlich** *adj.* antichrétien, -nne; **~enge,meinde** *f* communauté chrétienne, de(s) chrétiens; **~en,heit** *f* ⟨~⟩ chrétienté *f*; **~en,pflicht** *f* devoir *m* du chrétien; **~en,tum** *n* ⟨~(e)s⟩ christianisme *m*; religion chrétienne; **~enver,folgung** *f* persécution *f* des chrétiens; **~fest** *n* **das ~** Noël *m*; F la Noël; **2iani'sieren** *v/t.* ⟨*pas de ge-*, **h**⟩ christianiser; **~,kind(lein)** *n* enfant Jésus *m*; **~'königs,fest** *n égl. cath.* fête *f* du Christ-Roi; **2lich 1.** *adj.* chrétien, -nne; **~e Gewerkschaften** syndicats chrétiens; **~-demokratisch** chrétien-démocrate; démocrate-chrétien; **2-Demokratische Union (CDU)** Union chrétienne-démocrate; **2e Arbeiterjugend** Jeunesse Ouvrière Chrétienne (J.O.C.); **~-sozial** chrétien-social; social-chrétien; **2.** *adv.* **~ leben** vivre chrétiennement, en (bon) chrétien; mener une vie chrétienne; **~,messe** *f*, **~,mette** *f* messe *f* de minuit; **~nacht** *f* nuit *f* de Noël; **~olo'gie** *f* ⟨~; -ien⟩ christologie *f*.

Christoph(s)kraut ['krɪstɔf(s),kraʊt]

n bot. actée *f* en épi; herbe *f* de Saint-Christophe.
Christrose ['krɪstˌroːze] *f bot.* ellébore noir; rose *f* de Noël.
Christus ['krɪstʊs] *m* (le) Christ [krist]; Jésus-Christ [-kri] *m*; **vor** ~ *od.* **Christo, vor Christi Geburt** avant Jésus-Christ; **im Jahre 300 nach** ~ *od.* **Christo** en l'an 300 après Jésus-Christ; en l'an 300 de l'ère chrétienne, de notre ère; ~ˌ**bild** *n* image *f* du Christ; ~**geˌstalt** *f* christ *m*; **die** ~ le Christ; ~ˌ**kopf** *m* tête *f* de Christ; ~**monoˌgramm** *n* chrisme *m*; ~**symˌbol** *n* symbole *m* du Christ.
Chrom [kroːm] *n* ⟨~s⟩ *chim.* chrome *m*.
Chromat [kroˑ'mɑːt] *n* ⟨~(e)s; ~e⟩ *chim.* chromate *m*; ~**ik** *f* ⟨~⟩ *phys., mus.* chromatisme *m*; ♀**isch** *adj. phys., mus.* chromatique; *opt.* ~**e Aberration** aberration chromatique; ~**e Tonleiter** gamme chromatique; ~**ograˈphie** *f* ⟨~⟩ chromatographie *f*; ~**oˈphoren** *n/pl.* chromatophores *m/pl.*
Chrom|eisenstein ['kroːmˌʔaɪzənˌʃtaɪn] *m minéral.* chromite *f*; fer chromé; chromoferrite *f*; ~**gelb** *n* chromate *m* de plomb; jaune *m* de chrome; ~**grün** *n* vert *m* de chrome; ♀ˌ**haltig** *adj.* chromé; *Erz* chromifère; ~ˌ**leder** *n* cuir chromé; ~ˌ**nickelˌstahl** *m* acier *m* (au) nickel-chrome, chrome-nickel.
Chromo|lithographie [kroˑmoˑliˑtoˑgra'fiː] *f* chromo(lithographie) *f*; ♀**lithoˈgraphisch** *adj.* chromolithographique; ~**ˈsom** *n* ⟨~s; ~en⟩ *biol.* chromosome *m*; ~**ˈsphäre** *f* ⟨~⟩ chromosphère *f*.
chrom|sauer ['kroːmˌzaʊər] *adj. chim.* **chromsaures Kali** chromate *m* de potasse; ♀ˌ**säure** *f* acide *m* chromique; ♀**stahl** *m* acier chromé.
Chron|ik ['kroːnɪk] *f* ⟨~; ~en⟩ chronique *f*; ~**ikˌschreiber** *m cf.* ~**ist**; ♀**isch** *adj.* chronique; ~**e Krankheit** maladie chronique; ~**ist** [-'nɪst] *m* ⟨~en; ~en⟩ chroniqueur *m*.
Chrono|gramm [kroˑnoˑ'gram] *n* ⟨~s; ~e⟩ chronogramme *m*; ~**ˈgraph** *m* ⟨~en; ~en⟩ chronographe *m*; ~**graˈphie** *f* ⟨~; -ien⟩ chronographie *f*; ~**loˈgie** *f* ⟨~⟩ chronologie *f*; ♀**ˈlogisch** *adj. u. adv.* chronologique(ment); **etw.** ~ **ordnen** classer qc. par ordre chronologique; ~**ˈmeter** *n* ⟨~s; ~⟩ chronomètre *m*; ♀**ˈmetrisch** *adj.* chronométrique.
Chrysantheme [kryˑzan'teːmə] *f* ⟨~; ~n⟩ *bot.* chrysanthème *m*.
Chryso|beryll [kryˑzoˑbeˑ'rʏl] *m minéral.* chrysobéril *m*; cymophane *m*; ~**ˈlith** *m* ⟨~s *od.* ~en; ~e(n)⟩ *minéral.* chrysolithe *f*; péridot *m*; ~**ˈpras** *m* ⟨~**es**; ~e⟩ *minéral.* chrysoprase *f*.
chthonisch ['çtoːnɪʃ] *adj. myth.* chthonien, -nne [kto-].
Cicero ['tsiːtseˑroˑ] *f* ⟨~⟩ *impr.* cicéro *m*; ~**ne** [tʃiˑtʃeˑ'roːneˑ] *m* ⟨~(s); ~s *od.* -ni⟩ cicérone *od.* cicerone *m*; ♀**n(ian)isch** [-'roːnɪʃ, -roˑniˑ'ɑːnɪʃ] *adj.* cicéronien, -nne; ~ˌ**schrift** *f cf.* ~.
Cine|mascope [ˌsiˑneˑma'skoːp] *n* ⟨~⟩ *Film* cinémascope *m*; ~**ˈrama** *n* ⟨~(s)⟩ *Film* cinérama *m*.
circa *cf.* zirka.
Circulus vitiosus ['tsɪrkuˑlʊs viˑtsiˑ'oːzʊs] *m* ⟨~ ~; **-li -si**⟩ cercle *m* vicieux.
cis [tsɪs] *n* ⟨~; ~⟩ *mus.* do *m*, ut *m* dièse; ♀**-Dur** *n* ⟨~⟩ do *m* dièse majeur; ~**-Moll** *n* ⟨~⟩ do *m* dièse mineur.
City ['sɪtiˑ] *f* ⟨~; ~s⟩ centre-ville *m*; Cité *f*.
Clair-obscur [ˌklɛrɔps'kyːr] *n* ⟨~s⟩ *peint.* clair-obscur *m*.
Clan [klɛn] *m* ⟨~s; ~s⟩ clan *m*.
Claque [klak(ə)] *f* ⟨~⟩ *thé.* claque *f*.
Clavichord [klaviˑ'kɔrt] *n* ⟨~s; ~e⟩ *mus.* clavicorde *m*.
Clearing ['kliːrɪŋ] *n* ⟨~s; ~s⟩ *comm.* clearing [klɛriŋ] *m*; compensation *f*; ~ˌ**abkommen** *n* accord *m* de clearing; ~ˌ**haus** *n* chambre *f* de compensation; ~**verˌkehr** *m* opérations *f/pl.* de clearing.
Clinch [klɪntʃ] *m* ⟨~es⟩ *Sport* clinch [klɛ̃tʃ] *m*.
Clique ['klɪkə] *f* ⟨~; ~n⟩ *péj.* coterie *f*; clique *f*; clan *m*; ~**nˌwirtschaft** *f* régime *m* de coteries; népotisme *m*.
Clou [kluː] *m* ⟨~s; ~s⟩ clou *m*.
Clown [klaʊn] *m* ⟨~s; ~s⟩ clown [klun] *m*.
Club *cf.* Klub.
c-Moll ['tseːmɔl] *n* ⟨~⟩ *mus.* do *m*, ut *m* mineur.
Cockerspaniel ['kɔkərˌʃpɑːniˑəl] *m* ⟨~(s); ~s⟩ *zo.* cocker [-ɛːr] *m*.
Cocktail ['kɔkteːl] *m* ⟨~s; ~s⟩ cocktail [-tɛl] *m*; ~ˌ**glas** *n* verre *m* à cocktail; ~ˌ**kleid** *n* robe *f* de cocktail; ~ˌ**party** *f* cocktail *m*.
Collie ['kɔliˑ] *m* ⟨~s; ~s⟩ *zo.* colley *m*.
Colt [kɔlt] *m* ⟨~s; ~s⟩ *Revolver* colt [kɔlt] *m*.
Comeback [kam'bɛk] *n* ⟨~(s); ~s⟩ retour *m*; réapparition *f*.
Comics ['kɔmɪks] *pl.* bandes dessinées; comics *m/pl.*
Compound... ['kɔmpaʊnt] *techn. in Zssgn.* compound (*inv.*); ~**maˌschine** *f* machine *f* compound.
Computer [kɔm'pjuːtər] *m* ⟨~s; ~⟩ ordinateur *m*.
Conférencier [kõːfeˑrɑ̃ːsiˑ'eː] *m* ⟨~s; ~s⟩ (*Ansager*) présentateur *m*; animateur *m*.
Copyright ['kɔpiˑˌraɪt] *n* ⟨~s; ~s⟩ *impr.* copyright [kɔpirajt] *m*.
Corpus delicti ['kɔrpʊs deˑ'lɪktiˑ] *n* ⟨~ ~; **-pora** ~⟩ *jur.* corps *m* du délit.
Cort|icosteron [kɔrtiˑkoˑsteˑ'roːn] *n* ⟨~s⟩ *biol.* corticostérone *f*; ♀**icoˈtrop** *adj. physiol.* ~**es Hormon** hormone corticotrope; ~**in** [-'tiːn] *n* ⟨~s⟩ *physiol.* cortine *f*; ~**isch** ['kɔr-] *adj. anat.* ~**es Organ** organe *m* de Corti; ~**iˈson** *n* ⟨~s⟩ *Biochemie* cortisone *f*.
Cortusa [kɔr'tuːza] *f* ⟨~⟩ *bot.* cortusa *f*.
Costarican|er(in) [ˌkɔstariˑ'kɑːnər (-ɪn)] *m* ⟨~s; ~⟩ (*f*) ⟨~; ~**nen**⟩ Costaricien, -nne *m, f*; ♀**isch** *adj.* costaricien, -nne.
Couch [kaʊtʃ] *f* ⟨~; ~**es**⟩ divan *m*; canapé *m*; canapé-lit *m*.
Couleur [kuˑ'løːr] *f* ⟨~; ~**en** *od.* ~**s**⟩ *Student* ~ **tragen** porter les couleurs de sa corporation.
Coulomb [kuˑ'lõː, -'lɔŋ] *n* ⟨~s; ~s *bzw.* 6 ~⟩ *phys.* coulomb *m*; ~ˌ**meter** *n* ⟨~s; ~⟩ coulombmètre *m*; ~**sch** *adj.* ~**e Energie** énergie coulombienne.
Coupé [kuˑ'peː] *n* ⟨~s; ~s⟩ **1.** *Wagenform* coupé *m*; **2.** *cf.* Abteil.
Couplet [kuˑ'pleː] *n* ⟨~s; ~s⟩ *Strophe* couplet *m*; *kleines Lied* chansonnette *f*.
Coupon [kuˑ'põː, -'pɔŋ] *m* ⟨~s; ~s⟩ *comm.* **1.** (*Abschnitt*) souche *f*; talon *m*; **2.** (*Zinsschein*) coupon *m* d'intérêt.
Courage [kuˑ'rɑːʒə] *f* ⟨~⟩ courage *m*; F **Angst vor der eigenen** ~ **haben** avoir peur de sa propre audace.
Courtage [kʊr'tɑːʒə] *f* ⟨~; ~n⟩ *comm.* (droit *m* de) courtage *m*.
Cousin [kuˑ'zɛ̃ː, -'zɛŋ] *m* ⟨~s; ~s⟩ cousin *m*; ~**e** *f cf.* Kusine.
Cowboy ['kaʊbɔʏ] *m* ⟨~s; ~s⟩ cow-boy [kawbɔj, kɔbɔj] *m*.
Credo ['kreːdoˑ] *n* ⟨~s⟩ *égl. cath.* credo *m*.
Creme [krɛːm, kreːm] *f* ⟨~; ~s⟩ **1.** *Speise* crème *f*; **2.** (*Salbe*) crème *f*; pommade *f*; **3.** *der Gesellschaft* crème *f*; fin *m* du fin; 'haute société; *péj.* la Haute; gratin *m*; ~ˌ**farbe** *f* couleur *f* crème; ♀ˌ**farben** *adj.* crème; ~ˌ**schnitte** *f* tranche *f* de moka; ~ˌ**torte** *f cf.* Buttercremetorte.
crescendo [kreˑ'ʃɛndoˑ] *adv. mus.* crescendo.
Cretonne [kreˑ'tɔn] *m, f* ⟨~; ~s⟩ *text.* cretonne *f*.
Croupier [kruˑpiˑ'eː] *m* ⟨~s; ~s⟩ croupier *m*.
C-Schlüssel ['tseːˌʃlʏsəl] *m mus.* clef *od.* clé *f* d'ut.
cum grano salis [kʊm 'grɑːnoˑ 'zɑːlɪs] *loc. adv.* cum grano salis.
Curie [kyˑ'riː] *n* ⟨~; ~⟩ *phys.* curie *m*.
Cutaway ['katəˌveˑ, 'kœt-] *m* ⟨~s; ~s⟩ *cout.* jaquette *f*.
Cutter ['katər] *m* ⟨~s; ~⟩ **1.** *Film* monteur *m*; cutter [kœtœːr] *m*; **2.** *Fleischerei* machine *f* à 'hacher la viande.

D

D, d [deː] *n* ⟨~; ~⟩ D, d *m*; *mus.* ré *m*.

da [daː] **I** *adv.* **1.** *räumlich* là; **hier und ~, ~ und dort** çà et là; par-ci, par-là; **~ oben** là-haut; **~ hinten, drüben** là-bas; **~ entlang, ~ hindurch** *etc.* par là; **~ und ~** par-ci, par-là (*auch zeitlich*); çà et là; **ist er ~?** est-il là, ici?; est-il présent?; **ich bin ~** je suis là, ici; **nein, er ist nicht ~** non, il n'y est pas, il n'est pas là, il est absent; **ich bin für niemanden ~** je ne suis là pour personne; *st. s.* **der Ort, ~ das geschah** l'endroit où cela arriva; **~ ist, sind** voilà; *in größerer Nähe* voici; **~ kommt er (ja)!** le voilà qui vient!; **~ bin ich!** me voici!; me voilà!; **das Buch ~** le livre que voilà, que voici; ce livre-là; **~ haben wir es!** nous y voilà!; ça y est!; **ihr ~!** eh, vous, là-bas!; *milit.* **wer ~?** qui vive?; qui va là?; **ich bin auch noch ~!** je suis là (moi) aussi!; **~ steht es!** voilà où c'est!; voilà où cela se trouve!; **~ steht es (geschrieben)!** voilà où c'est écrit!; **~ hast du es!** (*par ex.* **das Buch**) (tiens, le) voilà!; **2.** *zeitlich* alors; à ce moment-là; à cette époque; *st. s.* en ce temps-là; **von ~ ab, an** à partir de, dès ce moment-là; dès lors; à compter de cet instant; **~ sagte er ...** alors il dit ...; **~ erst begriff er ...** c'est seulement à ce moment-là qu'il comprit ...; **~ gab es noch keine Autos** à cette époque, les automobiles n'existaient pas encore; il n'y avait pas, alors, d'automobiles; **3.** *Umstand* dans *od.* en ce cas; dans ces circonstances; alors; **~ heißt es, schnell gehen** alors là, il s'agit de faire vite; **~ wird man sich besinnen müssen** c'est là, ici qu'il va falloir réfléchir; **~ irren Sie sich!** en cela vous faites erreur!; **~ siehst du!** F tu vois (maintenant)!; **~ könnte man sagen** c'est le cas de dire; c'est bien le moment de dire; **was läßt sich ~ machen?** que faire dans ce(s) cas-là, dans de telles circonstances?; **~ läßt sich nichts machen** là, il n'y a rien à faire; **~ weiß ich keinen Rat** dans ces conditions, je ne vois point de solution; **~ lief alles fort** et tout le monde de se sauver; **wer ~ lacht ...** si quelqu'un rit ...; **~ könnt ihr euch denken...** je vous laisse alors imaginer...; **und ~ wagt man noch zu behaupten...** et malgré cela on ose dire (encore)...; **~ wäre ich schön dumm** là, je serais bien bête; je serais bien bête alors; **und ~ wird er auch noch ärgerlich** et ne voilà-t-il pas qu'il se fâche; **4.** *Füllwort* **als ~ sind...** tels *bzw.* telles que...; comme par exemple...; **als ich das sagte, ~ lachte er** comme je disais cela, il se mit à rire; **wer ~ will** celui qui veut; **es gibt Leute, die ~ glauben...** il y a des gens qui croient...; **was ~ (auch) kommen mag** quoi qu'il arrive; **~ ist keiner, der...** il n'y a personne qui... (+ *subj.*), pour... (+ *inf.*); **5.** *Ausruf* **sieh ~!** regarde!; *verwundert auch* tiens!; **nichts ~!** pas question!; jamais de la vie!; **~ (hast du es)!** voilà!; ça y est!; tu es content maintenant!; je te l'avais bien dit!; tiens donc!; *bei e-m Schlag* attrape!; F déguste!; **6.** (*vorhanden*) **es ist noch Suppe ~** il y a, il reste encore de la soupe; **II** *conj.* **7.** *Grund* comme; **~ (ja)** puisque; parce que; étant donné que; attendu que; vu que; **~ dem so ist** puisqu'il en est ainsi; cela étant ainsi; les choses étant ce qu'elles sont; **~ er krank ist...** comme il est malade...; étant malade...; **8.** *Zeit* lorsque; quand; **in dem Augenblick, ~ er...** au moment où il...; **~ alles fertig war** lorsque, quand tout fut prêt; tout étant prêt; **(zur Zeit,) ~ er sich verheiratete** lors de, au moment de son mariage; quand, lorsqu'il se maria; **nun, ~ du es gesagt hast** maintenant que tu l'as dit; **9.** *Gegensatz* **~ aber, ~ jedoch** mais comme; mais puisque, *etc.*; **~ er hingegen behauptete...** tandis qu'il affirmait au contraire...; **~ doch klar sein sollte,...** quoiqu'il, bien qu'il soit évident...

dabei [daˈbaɪ, *demonstrativ* ˈdaːbaɪ] *adv.* **1.** *räumlich* auprès, près, proche de; **wir standen nahe ~** nous en étions tout près; nous y touchions; **2.** *zeitlich* **gerade ~ sein, etw. zu tun** être (précisément, justement) en train de faire qc.; **~ sah er mich traurig an** et en même temps il me regardait tristement; **3.** *Beziehung* **er bleibt ~** *cf.* **bestehen auf**; **es bleibt ~** *cf.* **bleiben b)**; **lassen wir es ~ bewenden!** laissons l'affaire où elle en est!; **es ist nichts ~** a) il n'y a rien de spécial à cela; ce n'est pas difficile; b) (*es macht nichts*) cela ne fait rien; cela n'a pas d'importance; ce n'est pas grave; **was ist denn ~?** qu'est-ce que cela peut (bien) faire?; quel mal y a-t-il (à cela)?; F et (puis) après?; **~ komme ich zu kurz** je n'ai pas mon compte; **~ werden Sie nichts gewinnen** vous n'y gagnerez rien; **er fühlt sich wohl ~** il s'en trouve bien; **~ kam es zu e-r heftigen Auseinandersetzung** ce fut l'occasion d'une violente dispute; **das Gute ~ ist, daß...** ce qu'il y a de bon là-dedans, c'est...; **ich habe mir nichts Böses ~ gedacht** je l'ai fait sans penser à mal; **~ kommt nichts heraus** cela ne mène, ne sert à rien; **4.** (*überdies*) à la fois; **sie ist hübsch und ~ klug** elle est à la fois jolie et intelligente; **5.** (*doch*) mais; pourtant; cependant; dire que; **~ konnte ich ihn nicht ausstehen** et dire que je ne pouvais pas le supporter; **~ dürfen wir nicht vergessen, daß...** pourtant nous ne devons pas oublier que...; **~ könnte er längst Professor sein** et pourtant il pourrait être professeur depuis longtemps.

dabei|bleiben [daˈbaɪˌblaɪbən] *v/i.* ⟨*irr.*, *sép.*, -ge-, sein⟩ rester auprès de, au(x) côté(s) de; **~ˌsein** *v/i.* ⟨*irr.*, *sép.*, -ge-, sein⟩ en être (*abs.*); assister, être présent à; prendre part, participer à; *bei e-m Fest auch* être de la partie, de la fête, F de la noce; **~ˌsitzen** *v/i.* ⟨*irr.*, *sép.*, -ge-, h⟩, **~ˌstehen** *v/i.* ⟨*irr.*, *sép.*, -ge-, h⟩ se trouver, être (au)près de.

dableiben [ˈdaːˌblaɪbən] *v/i.* ⟨*irr.*, *sép.*, -ge-, sein⟩ rester.

da capo [daˈkaːpoˑ] *adv. mus.* da capo; *par ext. thé.*, *etc.* bis [bis]; **~ rufen** bisser.

Dach [dax] *n* ⟨~(e)s; ⸗er⟩ toit *m*; *abus.* toiture *f*; **flaches ~** (toit en) terrasse *f*; toit plat, peu incliné; **ein ~ über dem Kopf haben** avoir un toit; **unter dem ~ wohnen** loger sous les toits, sous les combles; **ein ~ decken** couvrir une maison; **unter ~ und Fach sein** être à l'abri, au sec; *fig.* être terminé; **unter ~ und Fach bringen** mettre en lieu sûr, à l'abri; *Ernte* rentrer; *fig.* terminer; **die Spatzen pfeifen es schon von den Dächern** cela court les rues; c'est connu; *fig. u.* F **j-m aufs ~ steigen** passer un savon à qn.; *cf. auch* **abkanzeln**; **e-n aufs ~ bekommen** en prendre pour son rhume, pour son grade; **~anˌtenne** *f* antenne installée sur le toit; **~ˌarbeiten** *f/pl.* travaux *m/pl.* de couvreur; **~ˌbalken** *m* entrait *m*; tirant *m*; **~ˌbinder** *m* ferme *f*; **~ˌboden** *m* combles *m/pl.*; grenier *m*; **~ˌdecker** *m* ⟨~s; ~⟩ couvreur *m*; **~deckerˌarbeit** *f* métier *m*, travail *m* de couvreur; **~deckeˈrei** *f* ⟨~; ~en⟩ atelier *m bzw.* métier *m* de couvreur; **~ˌfenster** *n* lucarne *f*; tabatière *f*; **~first** *m* faîtage *m*; **2ˌförmig** *adj.* en forme de toit; **~ˌgarten** *m* toit *m* en terrasse; **~ˌgaube** *f* lucarne *f*; **~geˌbälk** *n* charpente *f* (du toit); **~geˌschoß** *n* étage mansardé; *abus.* grenier *m*; **~geˌsellschaft** *f comm.* 'holding [-diŋ] *m*; **~geˌsims** *n* corniche *f* du toit; **~ˌhaken** *m* crochet *m* de couvreur; **~ˌhase** *m* F (*Katze*) chat *m* de gouttière; **~ˌhaube** *f* dôme *m*, coupole *f* à bulbe; **~ˌkammer** *f* mansarde *f*; chambre *f* sous les toits; **~konstruktiˌon** *f* construction *f* de toit; **~ˌlandeˌplatz** *m für Hubschrauber* toit-plateforme *m* d'atterrissage; ~ˌ**latte** *f* latte *f* de toiture; ~ˌ**leiter** *f* échelle *f* de couvreur; ~ˌ**luke** *f cf.* ~fenster; ~**organisatiˌon** *f comm.* organisation *f* de tête; ~ˌ**pappe** *f* carton bitumé; ~ˌ**pfanne** *f cf.* Dachziegel; ~ˌ**pfette** *f* ⟨~; ~n⟩ panne *f*; ~ˌ**reiter** *m bât.* lanterneau *m*; ~ˌ**rinne** *f* gouttière *f*; chéneau *m*; ~**rohr** *n*, ~ˌ**röhre** *f* tuyau *m* d'écoulement; descente *f*.

Dachs [daks] *m* ⟨~es; ~e⟩ *zo.* blaireau *m*; *fig.* **wie ein ~ schlafen** dormir comme un loir, une marmotte; dormir à poings fermés, d'un sommeil de plomb; F **junger ~** blanc-bec *m*; ~**bau** *m* ⟨~(e)s; ~e⟩ terrier *m* de blaireau.

Dach|schaden [ˈdaxˌʃaːdən] *m fig. u.* F (*Geistestrübung*) dérangement *m* du cerveau; *plais.* fêlure *f* du cerveau; ~ˌ**schalung** *f bât. äußere* voligeage *m*; *innere* plafonnage *m* (des combles); ~ˌ**schiefer** *m minéral.* ardoise *f* de toiture; ~ˌ**schindel** *f bât.* bardeau *m*; éclisse *f*.

Dachs|falle [ˈdaksˌfalə] *f ch.* piège *m* à blaireaux; ~**haarˌpinsel** *m* blaireau *m*; ~**hund** *m zo. cf.* Dackel.

Dach|sparren [ˈdaxˌʃparən] *m* chevron *m*; ~ˌ**spitze** *f cf.* Dachfirst; ~ˌ**ständer** *m élect.* potelet *m*; montant *m*; ~ˌ**stübchen** *n* (petite) mansarde; *fig. u.* F **bei ihm ist es im ~ (wohl) nicht ganz richtig** il a le cerveau dérangé, fêlé; il a une case de vide; il a une araignée au plafond; il travaille du chapeau; il (en) a un grain; ~ˌ**stube** *f cf.* Dachkammer; ~**stuhl** *m bât.* comble *m*; charpente *f* du toit; ~**stuhlˌbrand** *m* incendie *m* de la charpente du toit; F feu *m* de toit.

dachte [ˈdaxtə] *cf.* denken.

Dachtel [ˈdaxtəl] *f* ⟨~; ~n⟩ F *cf.* Ohrfeige.

Dach|traufe [ˈdaxˌtraufə] *f cf.* Dachrinne; ~ˌ**vorsprung** *m bât.* corniche *f*; ~**werk** *n charp.* charpente *f* de comble; ~ˌ**wohnung** *f* logement *m* sous les toits; ~ˌ**ziegel** *m* tuile *f*.

Dackel [ˈdakəl] *m* ⟨~s; ~⟩ *zo.* basset allemand; teckel [-ɛl] *m*.

Dadais|mus [dadaˈɪsmʊs] *m* ⟨~⟩ dadaïsme *m*; ~**t** *m* ⟨~en; ~en⟩ dadaïste *m*.

dadurch [ˈdaːdʊrç] **I** *adv.* **a)** *räumlich* par là; **b)** *Mittel, Grund, Umstand* de cette manière; par ce moyen; de ce fait; **~ ist alles anders gekommen** c'est pourquoi, voilà pourquoi, c'est ainsi, c'est pour cette raison que tout a pris une autre tournure; **was hat er ~ erreicht?** qu'est-ce que cela lui a donné de plus?; **alle ~ verursachten Schäden** tous les dommages causés (par ce sinistre, *etc.*); **II** *conj.* **~, daß** par le fait que; du fait que; en (+ *p. pr.*); **~, daß Rom alle Völker unterjochte, verlor es ...** Rome, en subjuguant tous les peuples, perdit ...; *bei verschiedenem Subjekt* **~, daß der Adel s-e Rechte verlor, kam das Volk in e-e bessere Lage** du fait que la noblesse perdit ses droits, la condition du peuple s'améliora.

dafür [daˈfyːr, *demonstrativ* ˈdaːfyːr] **I** *adv.* **a)** pour cela; **was bekommst du ~?** que te donne-t-on pour cela?; **ich habe zehn Mark ~ bezahlt** je l'ai payé dix marks; **b)** *bei Tausch* à la place de; en échange de; **c)** *zum Ausgleich* en retour; en compensation; **das Haus ist nicht schön, ~ ist es sehr geräumig** la maison n'est pas belle, par contre *od.* en revanche elle est très spacieuse; **d)** *mit Bezug auf Vorhergehendes* y; en; **~ danke ich dir** je t'en remercie; **wer kann ~?** à qui la faute?; **ich kann nichts ~** je n'y peux rien; ce n'est pas ma faute; je n'y suis pour rien; **was kann ich ~, wenn ...?** qu'y puis-je si ...?; **ich werde ~ sorgen** je m'en occuperai; **~ mag er sorgen** c'est son affaire; **ich bürge ~** j'en réponds; je m'en porte garant; **ich bürge ~, daß er ein ehrlicher Mensch ist** je réponds de l'honnêteté de cet homme; **es läßt sich vieles ~ und dagegen anführen** (dans cette affaire) il y a du pour et du contre; **~ sein, daß ...** être d'avis que ...; *abs.* **~ sein** être pour; **II** *conj.* **~, daß** parce que; **er wurde ~ bestraft, daß er ...** il a été puni parce qu'il ...; **~ sorgen, daß ...** veiller à ce que ...; faire en sorte que ...; ~ˌ**halten** [daˈfyːr-] **I** *v/i.* ⟨*irr., sép.,* -ge-, h⟩ penser; estimer; être d'avis; **II** ≗ˌ**halten** [daˈfyːr-] *n* ⟨~s⟩ opinion *f*; avis *m*; sentiment *m*; façon *f* de penser; position *f*; **nach meinem ~** à mon avis; ~ˌ**können** [daˈfyːr-] *v/i.* ⟨*irr., sép.,* -ge-, h⟩ *cf.* ~ d).

dagegen [daˈgeːgən, *demonstrativ* ˈdaːˌgeːgən] **I** *adv.* **a)** contre cela; *zum Ausgleich cf.* **dafür c)**; **~ sein** être contre; y être opposé; **ich habe nichts ~** je n'ai rien contre; je n'y vois pas d'inconvénient; je ne m'y oppose pas; je veux bien; **nichts ~ einwenden** n'avoir rien à objecter, à redire à ce sujet; **~ gibt es kein Mittel** il n'existe, il n'y a aucun remède à cela; **b)** *bei Vergleich* auprès de; en comparaison de; **das ist nichts ~** ce n'est rien en comparaison; **II** *conj.* tandis que; par contre; au contraire; **~ suchst du mir nur zu schaden** toi par contre, toi au contraire, tu ne cherches qu'à me nuire; ~ˌ**halten** [daˈgeːgən-] *v/t.* ⟨*irr., sép.,* -ge-, h⟩ *erwidernd* penser, estimer au contraire (que ...); objecter; *vergleichend* comparer (qc. à cela); regarder.

dagewesen [ˈdaːgəˌveːzən] *adjt.* **das ist noch nicht ~** c'est sans précédent; **alles ≗e übertreffen** dépasser tout ce qui a existé jusqu'ici; *cf. auch* dasein.

daheim [daˈhaɪm] *adv.* (*zu Hause*) chez moi, toi, *etc.*; à la maison; (*in der Heimat*) dans mon, ton, *etc.* pays.

daher [ˈdaːheːr] **I** *adv.* **a)** *räumlich* de là; de ce côté-là; de cet endroit; **b)** *Ursache* de là; **~ stammt die ganze Verwirrung** de là provient toute la confusion; **das kommt ~, daß ...** cela vient de ce que ...; **II** *conj. Grund* c'est, voilà pourquoi; *Folge* par conséquent; **~ habe ich geschwiegen** *auch* aussi me suis-je tu.

daher|fahren [daˈheːrˌfaːrən] *v/i.* ⟨*irr., sép.,* -ge-, sein⟩, ~ˌ**fliegen** *v/i.* ⟨*irr., sép.,* -ge-, sein⟩, ~ˌ**gehen** *v/i.* ⟨*irr., sép.,* -ge-, sein⟩ passer; ~ˌ**kommen** *v/i.* ⟨*irr., sép.,* -ge-, sein⟩ arriver, venir de; ~ˌ**reden** *v/i.* ⟨-ete, *sép.,* -ge-, h⟩ parler pour ne rien dire; **rede nicht so dumm ~!** ne dis pas de bêtises!; ~ˌ**reiten** *v/i.* ⟨*irr., sép.,* -ge-, sein⟩ passer à cheval; ~**stolˌzieren** *v/i.* ⟨*sép., pas de ge-,* sein⟩ arriver en se pavanant.

daherum [ˈdaːhɛˌrʊm, dahɛˈrʊm] *adv.* aux environs; dans les environs.

dahin [daˈhɪn, *demonstrativ* ˈdaːhɪn] *adv.* **1.** *räumlich* là; là-bas; à cet endroit-là; y; **bis ~** jusque-là; **~ gehe ich nicht mehr** je n'y retournerai plus jamais; F je n'y remettrai plus jamais les pieds; **~ und dorthin** par-ci, par-là; ici et là; un peu partout; **das gehört nicht ~** cela n'est pas à sa place; F **mir steht es bis ~** j'en ai jusqu'ici, jusque-là; **2.** *zeitlich* **bis ~** jusque-là; **bis ~ ist noch lange Zeit** jusque-là nous avons le temps; il s'écoulera encore beaucoup de temps avant que ...; **hoffentlich bist du bis ~ wieder gesund** j'espère que d'ici là tu seras rétabli; **bis ~ ging alles gut** jusqu'alors, jusqu'à ce moment-là tout alla(it) bien; **3.** *Ziel, Zweck* **meine Meinung geht ~, daß ...** je suis d'avis que ...; mon opinion est que ...; **die Antwort lautete ~ ...** la réponse portait (que ...); **man hat sich ~(gehend) geeinigt, daß ...** on a convenu de ... (+ *inf.*); on a convenu que ... (+ *fut.*); **sich ~(gehend) äußern, daß ...** s'exprimer en ce sens que ...; **s-e Bestrebungen gehen ~, zu ...** ses efforts tendent à ... (+ *inf.*); **~ arbeiten, streben** tâcher, s'efforcer de; **4.** (*soweit*) **j-n ~ bringen, zu ...** amener qn. à ...; **es ~ bringen, daß ...** arriver, parvenir, réussir à ...; **es ist ~ gekommen, daß ...** les choses en sont arrivées à un tel point que ...; **mußte es ~ kommen?** cela devait-il aller si loin, en arriver à un tel point?; cela devait-il prendre de telles proportions?; **5.** [daˈhɪn] (*vergangen*) passé; **meine Jugend ist ~** ma jeunesse est passée, perdue; **diese Zeiten sind ~** ces temps sont passés, révolus; **meine Ruhe ist ~** c'en est fait de ma tranquillité.

dahin|brausen [daˈhɪnˌbraʊzən] *v/i.* ⟨-(es)t, *sép.,* -ge-, sein⟩ passer en trombe; foncer; ~ˌ**dämmern** *v/i.* ⟨-(e)re, *sép.,* -ge-, sein⟩ végéter; ~ˌ**eilen** *v/i.* ⟨*sép.,* -ge-, sein⟩ passer rapidement, vite; *Zeit auch* fuir; F filer; ~**ein** [ˈdaː-] *adv.* (en entrant) par là; ~ˌ**fahren** *v/i.* ⟨*irr., sép.,* -ge-, sein⟩ s'éloigner; ~ˌ**fegen** *v/i.* ⟨*sép.,* -ge-, sein⟩ *cf.* ~jagen; ~ˌ**fliegen** *v/i.* ⟨*irr., sép.,* -ge-, sein⟩ s'envoler; voler; ~ˌ**fließen** *v/i.* ⟨*irr., sép.,* -ge-, sein⟩ s'écouler; couler; *Bach* courir; ~ˌ**flitzen** *v/i.* ⟨-(es)t, *sép.,* -ge-, sein⟩ filer comme une flèche; passer en trombe; ~ˌ**geben** *v/t.* ⟨*irr., sép.,* -ge-, h⟩ abandonner; sacrifier; ~ˈ**gegen** *adv.* au contraire; tandis que ...; ~ˌ**gehen** *v/i.* ⟨*irr., sép.,* -ge-, sein⟩ s'en aller; passer; *st.s.* (*sterben*) disparaître; s'en aller; **der Dahingegangene** le défunt; le disparu; ~ˌ**gehend** [ˈdaː-] *conj.* ~, **daß** *cf.* dahin 3.; ~**geˌstellt** *adjt.* **~ sein lassen** laisser en suspens; ne pas se prononcer sur; **es ~ sein lassen, ob ...** ne pas discuter la question de savoir si ...; **wir wollen es ~ sein lassen, es mag ~ bleiben** passons là-dessus; ~ˌ**jagen** *v/i.* ⟨*sép.,* -ge-, sein⟩ aller à toute vitesse; foncer; ~ˌ**leben** *v/i.* ⟨*sép.,* -ge-, h⟩ **glücklich ~** couler des jours heureux; **ruhig ~** finir ses jours en paix; **kümmerlich ~** vivoter; ~ˌ**raffen** *v/t.* ⟨*sép.,* -ge-, h⟩ enlever; emporter; *st. s.* faucher; moissonner; ~ˌ**rasen** *v/i.* ⟨-(es)t, *sép.,* -ge-, sein⟩ filer à toute allure; ~ˌ**sausen** *v/i.* ⟨-(es)t, *sép.,* -ge-, sein⟩ *cf.* ~flitzen; ~ˌ**schießen** *v/i.* ⟨*irr., sép.,* -ge-, sein⟩ filer; foncer; ~ˌ**schwimmen** *v/i.* ⟨*irr., sép.,* -ge-, sein⟩ voguer; ~ˌ**schwinden** *v/i.* ⟨*irr., sép.,* -ge-, sein⟩ s'en aller; passer; *Vermögen etc.* fondre; s'épuiser; ~ˌ**siechen** *v/i.* ⟨*sép.,* -ge-, sein⟩ dépérir; mourir à petit feu; ~ˌ**stehen** *v/imp.* ⟨*irr., sép.,* -ge-, h⟩ **es steht dahin, ob ...** il n'est pas certain que ... (+ *subj.*); il reste à savoir si ...; ~ˌ**stellen** *v/t.* ⟨*sép.,* -ge-, h⟩ **etw. dahingestellt sein lassen** laisser qc. ouvert, en suspens; **es sei, bleibe dahingestellt, ob ...** laissons la question ouverte, en suspens de savoir si ...; ~ˌ**sterben** *v/i.* ⟨*irr., sép.*, **-ge-, sein**⟩ se mourir; s'en aller.

dahin|ten [da'hɪntən, *demonstrativ* 'dɑːˌhɪntən] *adv.* là-bas; ~**ter** *adv.* (là-) derrière.

dahinter|haken [da'hɪntərˌhɑːkən] *v/i.* ⟨*sép.*, **-ge-, h**⟩ F y voir de plus près; ~ˌ**klemmen** *v/réfl.* ⟨*sép.*, **-ge-, h**⟩ F **sich ~** poursuivre (qc.) avec acharnement; prendre l'affaire en main; ~ˌ**knien** *v/réfl.* ⟨*sép.*, **-ge-, h**, *cf.* **knien**⟩ **sich ~** s'efforcer (de); faire effort (pour); ~ˌ**kommen** F *v/i.* ⟨*irr., sép.*, **-ge-, sein**⟩ découvrir (qc.); éclaircir la chose; *hinter j-s Schliche* éventer la mèche; découvrir le pot aux roses; (*verstehen*) comprendre, saisir (qc.); **man ist (ihm) dahintergekommen** son jeu a été découvert; ~ˌ**machen** *v/réfl.* ⟨*sép.*, **-ge-, h**⟩, ~ˌ**setzen** *v/réfl.* ⟨**-(es)t**, *sép.*, **-ge-, h**⟩ F **sich ~** s'y mettre; ~ˌ**stecken** *v/i.* ⟨*sép.*, **-ge-, h**⟩ être, se cacher derrière (qc. *bzw.* cela); **es steckt etw. dahinter** il y a qc. là-dessous; il y a anguille sous roche; **es steckt nichts dahinter** *péj.* c'est creux, vide.

dahin|treiben [da'hɪnˌtraɪbən] *v/i.* ⟨*irr., sép.*, **-ge-, sein**⟩ voguer; ~**vegeˌtieren** *v/i.* ⟨*sép., pas de ge-*, **h**⟩ végéter; vivoter; ~ˌ**welken** *v/i.* ⟨*sép.*, **-ge-, sein**⟩ se flétrir; ~ˌ**ziehen** *v/i.* ⟨*irr., sép.*, **-ge-, sein**⟩ *cf.* dahingehen.

Dahlie ['dɑːliˑə] *f* ⟨~; ~**n**⟩ *bot.* dahlia *m.*

Daimlermotor ['daɪmlərˌmoːtər] *m* moteur *m* Daimler.

Dakapo *cf.* da capo.

daktyl|isch [dak'tyːlɪʃ] *adj. métr.* dactylique; 2**osko'pie** *f* ⟨~; **-ien**⟩ dactyloscopie *f*; 2**us** ['dak-] *m* ⟨~; **-'tylen**⟩ *métr.* dactyle *m.*

da|lassen ['dɑːˌlasən] *v/t.* ⟨*irr., sép.*, **-ge-, h**⟩ laisser là; ~ˌ**liegen** *v/i.* ⟨*irr., sép.*, **-ge, h**⟩ être étendu (de tout son long).

Dalles ['daləs] *m* ⟨~⟩ F (*Geldnot*) pénurie *f* d'argent; **den ~ haben** être fauché, à sec, P dans la purée.

dalli ['daliˑ] *adv.* F (*schnell*) vite; lestement; prestement; F en quatrième (vitesse); dare-dare; en cinq sec; **~, ~!** et que ça saute!; **~ machen** faire vite; se dépêcher; F s'activer; se grouiller.

Dalmat|iner(in) [dalma'tiːnər(ɪn)] *m* ⟨~**s**; ~⟩ (*f*) ⟨~; ~**nen**⟩ **1.** Dalmate *m,f*; **2.** *m Hund* dalmatien [-sjɛ̃] *m*; chien *m* de Dalmatie [-si]; 2**(in)isch** [-'tiːnɪʃ, -'mɑːtɪʃ] *adj.* dalmate.

Daltonismus [daltoˑ'nɪsmʊs] *m* ⟨~⟩ *path.* daltonisme *m.*

damal|ig ['dɑːˌmɑːlɪç] *adj.* d'alors; de cette époque; **der ~e Eigentümer** le propriétaire d'alors; **über die ~en Zustände sprechen** parler de la situation de cette époque; ~**s** *adv.* alors; à cette époque; à ce moment-là; *st. s.* en ce temps-là; **~ wäre es ein leichtes gewesen** à cette époque, alors, ce n'eût été qu'un jeu; **schon, gleich ~** déjà à cette époque; **seit ~** depuis lors.

Damast [da'mast] *m* ⟨~**es**; ~**e**⟩ *text.* damas [-ɑ] *m*; ~ˌ**arbeit** *f* damassure *f*; 2ˌ**artig** *adj.* damassé; 2**en** *adj.* de damas; damassé; ~ˌ**tischtuch** *n* nappe *f* de damas; ~ˌ**weber** *m*, ~ˌ**wirker** *m* ⟨~**s**; ~⟩ damasseur *m.*

Damas|zener(in) [damas'tseːnər(ɪn)] *m* ⟨~**s**; ~⟩ (*f*) ⟨~; ~**nen**⟩ Damascène *m, f*; ~'**zener**ˌ**arbeit** *f* damasquinure *f*; ~'**zener**ˌ**klinge** *f* lame damasquinée; ~'**zener**ˌ**stahl** *m* acier damassé; 2'**zieren** *v/t.* ⟨*pas de ge-*, **h**⟩ damasquiner; ~'**zierung** *f* ⟨~; ~**en**⟩ damasquinage *m*; damasquinure *f.*

Dame ['dɑːmə] *f* ⟨~; ~**n**⟩ dame *f* (*auch Spielkarte, -figur*); *Schachfigur auch* reine *f*; *als Tanzpartnerin, bei e-m Fest* cavalière *f*; *Spiel* **~ spielen** jouer aux *od.* au jeu de dames; *Schach, Damespiel* **zur ~ machen** damer (un pion); **die ~ des Hauses** la maîtresse de maison; **junge ~** jeune fille; jeune personne; **die vornehme ~ spielen** jouer à, faire la grande dame; F **meine alte ~** ma mère; **meine ~n und Herren!** mesdames et messieurs!; F messieurs dames!; ~ˌ**brett** *n* damier *m*; ~**nbeˌgleitung** *f* **in ~ sein** être accompagné d'une femme; ~**nbe**ˌ**kanntschaft** *f* **e-e ~ machen** faire la connaissance d'une femme; ~**nbe**ˌ**such** *m* visite féminine; ~**n**ˌ**binde** *f* serviette *f* hygiénique; ~**n**ˌ**doppel**(ˌ**spiel**) *n Tennis* double *m* dames; ~**n**ˌ**einzel**(ˌ**spiel**) *n Tennis* simple *m* dames; ~**n**ˌ**fahrrad** *n* bicyclette *f* de dame; ~**nfri**ˌ**seur** *m* coiffeur *m* pour dames; ~**nge**ˌ**sellschaft** *f* société féminine; groupe féminin; **sich in ~ befinden** se trouver en présence de femmes, en compagnie féminine; ~**n**ˌ**handschuh** *m* gant *m* pour *od.* de femme; ~**n**ˌ**hemd** *n* chemise *f* de femme; ~**n**ˌ**hose** *f lange* pantalon *m* de femme; ~**n**ˌ**hut** *m* chapeau *m* pour *od.* de femme; ~**n**ˌ**jacke** *f* veste *f* de femme; ~**nka**ˌ**pelle** *f* orchestre féminin; ~**n**ˌ**kleidung** *f* vêtements *m/pl.* pour *od.* de femme; ~**nkonfekti**ˌ**on** *f* confection féminine; ~**n**ˌ**mannschaft** *f Sport* équipe féminine; ~**n**ˌ**mantel** *m* manteau *m* de *od.* pour femme; ~**n**ˌ**rad** *n cf.* ~nfahrrad; ~**n**ˌ**reitkleid** *n* amazone *f*; ~**nsa**ˌ**lon** *m* **1.** *cf.* ~nfriseur; **2.** boudoir *m*; ~**n**ˌ**sattel** *m* selle *f* pour dame; ~**n**ˌ**schlafanzug** *m* pyjama *m* de femme; ~**n**ˌ**schneider(in)** *m(f)* couturier, -ière *m, f*, tailleur *m* pour dames; ~**n**ˌ**schuh** *m* chaussure *f* de femme; ~**n**ˌ**sitz** *m* **im ~ reiten** monter en amazone; ~**n**ˌ**strumpf** *m* bas *m*; ~**ntoi**ˌ**lette** *f* lavabos *m/pl.* pour dames; ~**n**ˌ**unterwäsche** *f* sous-vêtements féminins; ~**n**ˌ**wahl** *f beim Tanz* **jetzt ist ~** et maintenant, c'est au tour des dames d'inviter les messieurs; ~**n**ˌ**welt** *f* monde féminin; ~ˌ**spiel** *n* jeu *m* de dames; ~ˌ**stein** *m* pion *m.*

Damhirsch ['damhɪrʃ] *m zo.* daim *m*; ~**kuh** *f* daine *f.*

damit [da'mɪt, *demonstrativ* 'dɑːmɪt] **I** *adv.* avec cela; *mit Bezug auf Vorhergehendes* en; y; **was willst du ~ sagen?** que veux-tu dire par là?; **was macht er ~?** qu'en fait-il?; F que fait-il avec (ça)?; **wie steht es ~?** qu'en est-il?; **~ ist es nichts** cela n'a pas lieu; F c'est à l'eau; c'est fichu; **~ ist es aus** c'est fini, terminé; **was soll ich ~ anfangen?** que voulez-vous que j'en fasse?; F que voulez-vous que je fasse avec (ça)?; **ich bin ~ einverstanden** je suis d'accord avec cela; **~ ist alles gesagt** c'est tout dire; **nur her ~!** donnez toujours!; **heraus ~!** *cf.* **heraus**; **~ ist mir nicht gedient** cela ne me sert à rien, ne m'avance guère; F **und ~ basta!** et maintenant ça suffit!; **und ~ ging er** et là-dessus il partit; **und ~, gute Nacht!** sur ce, bonsoir!; **sich ~ begnügen, zu ...** se contenter de ...; **er fing ~ an, daß er versuchte ...** il commença par essayer ...; **~ brach ein neues Zeitalter an** ce fut le début d'une ère nouvelle; **II** *conj.* afin de (+ *inf.*); pour (+ *inf.*); afin que (+ *subj.*); pour que (+ *subj.*); **~ nicht ...** *auch* de peur que ... ne ...

Däm|lack ['dɛːmlak] *m* ⟨~**s**; ~**e** *od.* ~**s**⟩ F (*Dummkopf*) nigaud *m*; niais *m*; benêt *m*; F serin *m*; 2**lich** *adj.* F (*dumm*) nigaud; niais; simplet, -tte; bête; **~e Fragen stellen** poser des questions stupides, idiotes; ~**lich**ˌ**keit** *f* ⟨~; ~**en**⟩ niaiserie *f*; stupidité *f*; bêtise *f.*

Damm [dam] *m* ⟨~(**e**)**s**; ~**e**⟩ **1.** *chem., etc.* remblai *m*; levée *f* de terre; *zur Absperrung* barrage *m*; barricade *f*; (*Deich*) digue *f*; (*Hafen*2) jetée *f*; (*Mole*) môle *m*; **2.** (*Fahr*2) chaussée *f*; **3.** *anat.* périnée *m*; **4.** *fig.* barrière *f*; barrage *m*; F **nicht (recht) auf dem ~ sein** ne pas se sentir bien; F être mal fichu; être patraque; **wieder auf dem ~ sein** être de nouveau sur pied, d'aplomb; être rétabli; avoir retrouvé la santé; ~ˌ**arbeiten** *f/pl.* travaux *m/pl.* de terrassement, de remblai *bzw.* d'endiguement; ~**bruch** *m* rupture *f* d'une digue.

dämmen ['dɛmən] *v/t.* ⟨**h**⟩ *fig.* endiguer; arrêter; refréner; réprimer.

dämmer|ig ['dɛməˌrɪç] *adj.* *abends* déjà sombre; crépusculaire; *morgens* encore sombre; **es wird schon ~** il commence à faire sombre; 2ˌ**licht** *n* demi-jour *m*; pénombre *f*; *morgens* lueur *f* de l'aube; *abends* lueur *f* du crépuscule; ~**n I** *v/i.* ⟨**-(e)re, h**⟩ commencer à faire jour *bzw.* nuit; **es dämmert schon** *morgens* le jour point; *abends* le soir, la nuit, le jour tombe; *fig.* **es dämmert mir** je commence à y voir (plus) clair, à comprendre; **II** 2**n** *n* ⟨~**s**⟩ point *m* du jour *bzw.* tombée *f* de la nuit; 2ˌ**schein** *m* faible lueur *f*; *poét.* lueur fugitive; 2ˌ**schlaf** *m méd.* somnolence *f*; engourdissement *m*; 2ˌ**schoppen** *m* F **e-n ~ trinken** *etwa* prendre un pot (dans l'après-midi); 2ˌ**stunde** *f* heure *f* du crépuscule; *poét.* moment *m* crépusculaire; 2**ung** *f* ⟨~; ~**en**⟩ *abends* crépuscule *m*; déclin *m* du jour; tombée *f* du jour, de la nuit; *st. s.* agonie *f* du jour; *morgens* aube *f*; aurore *f*; point *m* du jour; crépuscule *m* du matin; **in der ~** *auch* à la brune; à la nuit tombante; entre chien et loup; 2ˌ**zustand** *m méd.* état *m* de somnolence.

Damm|grube ['damˌgruːbə] *f métall.* fosse *f* de coulée, de fonderie; ~**riß** *m chir.* déchirure *f* du périnée; ~**rutsch** *m* éboulement *m* de remblai; ~**weg** *m* chaussée *f.*

Damoklesschwert ['dɑːmoˑklɛsˌʃveːrt] *n* épée *f* de Damoclès.

Dämon ['dɛːmɔn] *m* ⟨~**s**; **-'monen**⟩ démon *m* (*auch fig.*); ~**en**ˌ**kult** [-'moː-] *m* culte *m* des démons, du démon; 2**isch** [-'moː-] *adj.* démoniaque; diabolique; ~**ismus** [-'nɪs-] *m* ⟨~⟩ démonisme *m*; ~**olo'gie** *f* ⟨~; **-ien**⟩ démonologie *f.*

Dampf [dampf] *m* ⟨~(**e**)**s**; ~**e**⟩ **1.** vapeur *f*; *von Speisen* fumée *f*; **gesättigter ~** vapeur saturée; **überhitzter ~** vapeur surchauffée, surchargée; *chem.* **~ ablassen** lâcher de la vapeur; **e-e Lokomotive unter ~ setzen** mettre une locomotive sous pression; **2.** *fig. u.* F **~ hinter e-e Sache machen** activer une affaire; **mach mal ~ dahinter!** fais activer un peu!; ~ˌ**absperr**ˌ**schieber** *m techn.* vanne *f* à vapeur; ~ˌ**antrieb** *m* commande *f* à vapeur; **mit ~** marchant à la vapeur; ~ˌ**austrittsˌöffnung** *f am Zylinder* orifice *m*, lumière *f* de sortie; ~**bad** *n* bain *m* de vapeur; ~ˌ**bagger** *m* cure-môle *m*, drague *f* à vapeur; ~**be**ˌ**trieb** *m* fonctionnement *m* à la vapeur; ~ˌ**bildung** *f phys.* vaporisation *f*; ~**boot** *n cf.* Dampfer; ~ˌ**bremse** *f chem.* frein *m* à vapeur; ~ˌ**dichte** *f phys.* densité *f* de vapeur; **~dom** *m beim Dampfkessel* dôme *m* de vapeur; **~druck** *m phys.* pression *f* de vapeur; **~druck,messer** *m* ⟨~s; ~⟩ manomètre *m*; **~druck-,pumpe** *f* pompe *f* à pression de vapeur; **~druck,regler** *m* régulateur *m* de pression de vapeur; **2en I** *v/i.* ⟨h⟩ dégager de la vapeur; *Speisen* fumer; **II ~en** *n* ⟨~s⟩ dégagement *m* de vapeur.

dämpfen ['dɛmpfən] **I** *v/t.* ⟨h⟩ **1.** *cuis.* étuver; (faire) cuire à l'étuvée, à l'étouffée; **2.** *cout.* traiter à la vapeur; décatir; **3.** *mus.* mettre la sourdine à; *Stoß, élect.* amortir; *Geräusch, Schall auch* assourdir; atténuer; mettre une sourdine à; rendre moins sonore, moins bruyant; *pfort.* étouffer; *fig. Begeisterung etc.* atténuer; ralentir; refroidir; *iron.* calmer; **mit gedämpfter Stimme** d'une voix sourde; à voix basse, étouffée; **II** 2 *n* ⟨~s⟩ *cuis.* étuvage *m*; *cf. auch* Dämpfung.

Dampfer ['dampfər] *m* ⟨~s; ~⟩ (bateau *m* à) vapeur *m*; steamer [stimœ:r] *m*; (*Übersee*2) paquebot *m*; transatlantique *m*; **mit dem** ~ par le vapeur.

Dämpfer ['dɛmpfər] *m* ⟨~s; ~⟩ **1.** *cuis.* marmite *f* autoclave; cocotte-minute *f*; **2.** *mus. bei Streich- u. Blechinstrumenten* sourdine *f*; *beim Klavier* étouffoir *m*; **e-n ~ aufsetzen** mettre une sourdine à (*auch fig.*); **3.** *techn. für Stoß* amortisseur *m*; *für Schall auch* silencieux *m*.

Dampfer|fahrt ['dampfər,fa:rt] *f* voyage *m* en vapeur; **~,linie** *f* ligne *f* de vapeurs.

Dampf|fähre ['dampf,fɛ:rə] *f* bac *m* à vapeur; **~gene,rator** *m* générateur *m* de vapeur; **~,hammer** *m techn.* marteau-pilon *m*; **~,heizung** *f* chauffage *m* à la vapeur; (*Zentralheizung*) chauffage central; **~heizungs,rohr** *n*, **~heizungs,röhre** *f* tuyau *m* de chauffage à la vapeur; **~,kessel** *m* chaudière *f* à vapeur; **~kessel,anlage** *f* installation *f* de chaudières à vapeur; **~,kochtopf** *m cf.* Dämpfer 1.; **~kraft** *f* force *f* de la vapeur; **~,kraftwerk** *n* centrale *f* thermique; **~lokomo,tive** *f* locomotive *f* à vapeur; **~ma,schine** *f* machine *f* à vapeur; **~,messer** *m* ⟨~s; ~⟩ débitmètre *m*; **~,pfeife** *f chem.* sifflet *m* à vapeur; **~,pumpe** *f* pompe *f* à vapeur; **~,sägewerk** *n* scierie *f* à vapeur; **~schiff** *n cf.* Dampfer; **~,schiffahrt** *f* ⟨~⟩ navigation *f* à vapeur; **~schiffahrtsge,sellschaft** *f* compagnie *f* de navigation à vapeur; **~si,rene** *f* sirène *f* à vapeur; **~strahl** *m* jet *m* de vapeur; **~strahl,pumpe** *f* injecteur *m* à vapeur; giffard *m*; **~tur,bine** *f* turbine *f* à vapeur; **~über,hitzer** *m* ⟨~s; ~⟩ surchauffeur *m*.

Dämpfung ['dɛmpfuŋ] *f* ⟨~; ~en⟩ *techn.* amortissement *m*; *Schall auch* affaiblissement *m*; assourdissement *m*; *der Stimme* étouffement *m*; **~s-,faktor** *m* facteur *m* d'amortissement; **~sma,gnet** *m* aimant *m* d'amortissement; **~smo,ment** *n* moment *m* d'amortissement; **~s,vorrichtung** *f* dispositif *m* d'amortissement.

Dampf|ventil ['dampfvɛn,ti:l] *n* soupape *f* à vapeur; **~,walze** *f* rouleau compresseur; **~,winde** *f* treuil *m* à vapeur; **~zy,linder** *m* cylindre *m* à vapeur.

Damwild ['damvɪlt] *n zo.* daims *m/pl.*

danach [da'na:x, *demonstrativ* 'da:-na:x] *adv.* **1.** *zeitlich* après cela; (et) puis; (et) ensuite; **2.** (*entsprechend*) d'après, suivant cela; conformément à cela; en conséquence; **es sieht ganz ~ aus** il semble bien en être ainsi; cela en a bien l'air; **die Ware ist aber auch ~** la marchandise est en rapport avec le prix, ne vaut que ce qu'elle coûte; **s-e Kräfte sind nicht ~** ses forces n'y suffisent pas; **handelt ~!** agissez en conséquence!; **3.** *Beziehung* **wir sehnen uns ~** nous soupirons après cela; **Verlangen ~ tragen** y aspirer; **ich habe ihn ~ gefragt** je le lui ai demandé; **erkundigen Sie sich ~!** informez-vous-en!; **sich ~ richten** s'y conformer; se régler là-dessus; **nichts ~ fragen** ne s'en soucier guère; F s'en soucier comme de l'an quarante.

Dana|er ['da:naər] *m/pl.* Danaens *m/pl.*; **~erge,schenk** *n* don *m* funeste; **~'iden** *f/pl.* Danaïdes *f/pl.*; **~'iden-,arbeit** *f* travail *m* de(s) Danaïdes; **~'iden,faß** *n* tonneau *m* des Danaïdes.

Dän|e ['dɛ:nə], **~in** *m* ⟨~n; ~n⟩, *f* ⟨~; ~nen⟩ Danois(e) *m(f)*.

daneben [da'ne:bən, *demonstrativ* 'da:-,ne:bən] **I** *adv.* à côté; auprès (de cela); **~ legen** mettre à côté; **~ liegen** être à côté; **~ sitzen** être assis à côté; **~ stehen** être à côté; **II** *conj.* (*außerdem*) outre cela; à côté de cela; en outre; (*gleichzeitig*) en même temps.

daneben|benehmen [da'ne:bənbə-,ne:mən] *v/réfl.* ⟨*irr., sép., pas de ge-, h*⟩ F **sich ~** se conduire, comporter mal; **~,fallen** *v/i.* ⟨*irr., sép., -ge-, sein*⟩ tomber à côté; **~,gehen** *v/i.* ⟨*irr., sép., -ge-, sein*⟩ *fig. u.* F rater; échouer; manquer; **der Schuß ist danebengegangen** le coup est passé à côté; **sein Schlag ging daneben** son coup a porté à faux; **~,hauen** *v/i.* ⟨*irr., sép., -ge-, h*⟩ frapper à côté; **~,schießen** *v/t. u. v/i.* ⟨*irr., sép., -ge-, h*⟩ tirer à côté; manquer, rater le but; **~,schlagen** *v/i.* ⟨*irr., sép., -ge-, h*⟩ *cf.* **~hauen**.

daniederliegen [da'ni:dər,li:gən] *v/i.* ⟨*irr., sép., -ge-, h*⟩ *st. s.* être couché; **krank ~** être alité; *fig.* **der Handel liegt danieder** le commerce est dans le marasme; il y a un ralentissement, *pfort.* un arrêt dans les affaires.

dänisch ['dɛ:nɪʃ] *adj.* danois; **die ~e Sprache, das** 2**e** la langue danoise; le danois.

Dank [daŋk] **I** *m* ⟨~(e)s⟩ remerciement *m*; **s-n ~ abstatten** présenter, exprimer ses remerciements; **~ sagen** dire merci; remercier (qn.); *relig.* rendre grâce(s); **etw. mit ~ zurückgeben** rendre qc. en remerciant; **als, zum ~ dafür** en remerciement de *od.* pour cela; **vielen, tausend ~!** grand merci!; merci mille fois!; mille fois merci!; merci beaucoup!; mille remerciements!; merci bien!; **Gott sei ~!** Dieu merci!; Dieu soit loué!; **~ wissen** savoir gré (à qn. de qc.); **j-m zu ~ verpflichtet sein** être obligé à qn. de qc.; être redevable de qc. à qn.; F devoir une fière chandelle à qn.; **er ist dir keinen ~ schuldig** il n'a pas à te dire merci; **II** 2 *prép.* ⟨*dat. od. gén.*⟩ grâce à; 2**bar 1.** *adj.* reconnaissant (à qn. de qc.); **ich wäre Ihnen ~, wenn ...** je vous serais reconnaissant, obligé, redevable si ...; **äußerst ~** extrêmement obligé; **ein ~es Publikum** un bon public; **~es Photomotiv** sujet photogénique; **e-e ~e Aufgabe** une tâche agréable; F un travail qui paye; **2.** *adv.* avec reconnaissance; **sich gegen j-n ~ erweisen** témoigner de la reconnaissance à qn.; **~bar,keit** *f* ⟨~⟩ *als inneres Gefühl* gratitude *f*; *als Pflichtgefühl* reconnaissance *f*; 2**e** *int.* merci!; **nein ~!** non merci!; **~ sehr, schön!** merci beaucoup!; merci bien!; 2**en I** *v/t.* ⟨h⟩ **er hat es mir schlecht gedankt** il s'est montré bien ingrat envers moi; **wie soll ich Ihnen das ~!** comment (pourrai-je) vous remercier!; **er dankt es s-r Geistesgegenwart ...** il doit à sa présence d'esprit (de) ...; **II** *v/i.* **j-m für etw. ~** remercier qn. de qc.; **Gott ~** *auch* rendre grâce(s) à Dieu; **nichts zu ~!** je vous en prie!; (il n'y a) pas de quoi!; de rien!; à votre service!; *iron. u.* F **na, ich danke!** ah non! merci!; 2**end** *advt.* **~ ablehnen** refuser poliment; *comm.* (**Betrag**) **~ erhalten** pour acquit; 2**ens,wert** *adj.* digne de reconnaissance; 2**er,füllt** *adjt.* pénétré de gratitude; **~esbe,zeigung** *f*, **~esbe,zeugung** *f* marque *f*, témoignage *m* de gratitude, de reconnaissance; **~ge,bet** *n* prière *f* d'action de grâce(s); *bei Tisch* grâces *f/pl.*; **~,opfer** *n* sacrifice *m* d'action de grâces; 2**,sagen** *v/i.* ⟨*sép., -ge-, h*⟩ *cf.* **~** *u.* 2en; **~,sagung** *f* ⟨~; ~en⟩ remerciements *m/pl.*; *relig.* action *f* de grâces; **~,schreiben** *n* lettre *f* de remerciement(s).

dann [dan] *adv.* **1.** *zeitlich* (et) alors; puis; ensuite; après; **~ und wann** de temps en temps; de temps à autre; de loin en loin; **und was ~?** et puis?; et après?; et alors?; **2. selbst ~** alors même que; même dans le cas, au cas où; **selbst ~, wenn es wahr wäre** et même si c'était vrai; quand bien même ce serait vrai; **nur ~, wenn ...** seulement dans le cas où ...; **3.** *additiv* et puis; **~en** *adv. st. s.* **von ~ gehen,** **ziehen** s'en aller; partir.

Danziger|(in) ['dantsɪgər(ɪn)] **I** *m* ⟨~s; ~⟩ (*f*) ⟨~; ~nen⟩ habitant(e) *m (f)* de Dan(t)zig; **II ~** *adj.* ⟨*inv.*⟩ de Dantzig; **~ Goldwasser** eau-de-vie de Dantzig; liqueur d'or.

daran [da'ran, *demonstrativ* 'da:ran], F **dran** [dran] *adv.* à cela; y; en; **1.** *örtliche u. zeitliche Nähe* **es war ~ befestigt** c'était attaché après; **es war ein Kragen ~** il (y) avait un col; F il y avait un col après; **nah ~** tout près; tout contre; **wir sind dran** c'est (à) notre tour, à nous; **er ist nah(e) ~, sein Haus zu bauen** il est sur le point de construire sa maison; **er war nah ~, zu ...** il a failli ... (+ *inf.*); il était sur le point de ... (+ *inf.*); il s'en est fallu de peu qu'il ne ... (+ *subj.*); **2.** *mit Bezug auf e-e Sache* **~ soll es nicht liegen** qu'à cela ne tienne; **was liegt ~!** qu'importe!; **es liegt mir viel ~** j'y tiens beaucoup; **ich bin nicht schuld ~** ce n'est pas ma faute; **ich arbeite ~** j'y travaille; je travaille à cela; **~ erkenne ich ihn** je le reconnais bien là; **wenn ich nur ~ denke!** rien que d'y penser!; **denk ~!** penses-y!; *fig.* **~ wird er sich nicht stoßen** il n'en sera pas choqué; **er hat ~ glauben müssen** (*sterben müssen*) il y est resté; P il y a laissé sa peau; **es ist etw. Wahres ~** il y a du vrai là-dedans; **ich will sehen, was ~ ist** je veux voir ce qu'il en est; je veux en avoir le cœur net; F **da ist alles dran** il ne manque rien; **alles, was drum und dran ist** tout ce qui s'y rapporte, s'y rattache; **drauf und dran sein** *cf.* darauf; **man weiß nie, wie man mit ihm dran ist** avec lui, on ne sait jamais à quoi s'en tenir; **er ist gesundheitlich nicht gut dran** il n'est pas en très bonne santé; il n'a pas une santé extraordinaire; F **wie ist sie mit Kleidung dran?** que possède-t-elle en fait de vêtements?; F **gut dran sein** avoir de la chance; **3.** *mit folgender Ergänzung oft nicht zu übersetzen* **er tut gut ~, zu ...** il fait bien de ...; **ich habe nicht ~ gedacht, ihn einzuladen** je n'ai pas pensé à l'inviter; **es liegt mir viel ~, zu ...** il m'importe beaucoup de ...; je tiens beaucoup à ...

daran|geben [da'ran,ge:bən] *v/t.* ⟨*irr.*, *sép.*, -ge-, h⟩ laisser; sacrifier; **~gehen** *v/i.* ⟨*irr.*, *sép.*, -ge-, sein⟩ F (*mit etw. beginnen*) se mettre à (faire qc.); finir par; **~machen** *v/réfl.* ⟨*sép.*, -ge-, h⟩ F **sich ~** s'y mettre; **~setzen** *v/t.* ⟨-(es)t, *sép.*, -ge-, h⟩ **alles ~** tout mettre en œuvre; tout risquer; faire tout ce qu'on peut pour; **~wagen** *v/réfl.* ⟨*sép.*, -ge-, h⟩ F **sich ~** s'y risquer; F s'y frotter.

darauf [da'rauf, *demonstrativ* 'da:rauf], F **drauf** [drauf] *adv.* **1.** *räumlich* sur cela; (là-)dessus; **gerade ~** zu tout droit vers; **2.** *zeitlich* après cela; puis; ensuite; **gleich ~** immédiatement après; **bald ~** peu après; **ein Jahr ~** un an après; **im Jahr ~** l'année suivante; **am Tage, tags ~** le jour suivant, d'après; le lendemain; **3.** *in Verbindung mit anderen Adverbien u. Adjektiven* **drauf und dran sein** être sur le point (de); être prêt (à); **~ stolz sein** en être fier; **stolz ~ sein, daß ...** être fier de ..., de ce que ... (+ *ind.*); **4.** *in Verbindung mit Verben* en; y; *cf. auch die betreffenden Verben*; **man muß ~ achten** il faut y faire attention; **~ achten, daß ...** faire attention à ce que ... (+ *subj.*); **~ ankommen** *cf.* **ankommen II**; **er antwortet nicht ~** il n'y répond pas; il ne répond pas à cela; **~ ausgehen,** aussein, zu ... chercher à ...; **ich lasse mich nicht ~ ein** je ne m'engagerai pas, F je ne m'embarquerai pas dans cette affaire; **~ gebe ich nicht viel** je n'y crois pas beaucoup; je n'y attache pas (une) grande importance; **ich gebe mein Wort ~** j'en donne ma parole; **es geht viel Zeit ~** *cf.* **draufgehen**; F **achtzig (km/st) drauf haben** faire du quatre-vingt; **ich halte ~, daß ...** je tiens à ce que ... (+ *subj.*); **~ hindeuten, daß ...** annoncer, indiquer, montrer que ...; attirer l'attention sur le fait que ... (+ *ind.*); **wie kommst du ~?** qu'est-ce qui te fait penser à cela, te suggère cette idée?; **ich komme nicht ~** cela ne me revient pas; **wie kommst du ~, dies zu tun?** quel mobile t'a poussé à faire cela?; **~ losgehen** *auf ein Ziel* y marcher; *cf. auch* **drauflosgehen**; **~ rechnen** compter là-dessus; y compter; **~ rechnen, daß ...** compter que ... (+ *fut.*); **~ steht die Todesstrafe** c'est défendu sous peine de mort; **~ wird niemand verfallen** cette idée ne viendra à personne; **ich verlasse mich ~** j'y compte; je compte là-dessus; **du kannst dich ~ verlassen, daß ...** tu peux être certain que ... (+ *ind.*), de ... (+ *subst.*); **~ versessen sein, etw. zu tun** tenir à tout prix à faire qc.; **er wartet ~** F il attend après (cela); **er wartet ~, daß ...** il attend que ... (+ *subj.*); **ich wette ~** je parie que cela est, que c'est le cas, que cela arrivera; **~folgend** *adjt.* suivant; successif, -ive; **jedes ~e Jahr** chaque année successive; **~'hin** *adv.* sur ce; là-dessus; après cela.

daraus [da'raus, *demonstrativ* 'da:raus], F **draus** [draus] *adv.* de cela; par là; **man sieht ~, daß ...** on voit par là que ...; **ich mache kein Geheimnis ~** je n'en fais pas (un) mystère; **man kann ~ schließen, daß ...** on peut en déduire que ...; **es folgt ~, daß ...** il s'ensuit, il en résulte que ...; **es wird nichts ~** il n'en sera rien; **es ist nichts ~ hervorgegangen** il n'en est rien résulté, sorti; **was soll (einmal) ~ werden?** que va-t-il advenir de cela?; **ich weiß nicht, was ich ~ machen soll** je ne sais que faire avec cela; F **ich mache mir nichts ~** (*mag nicht gerne*) je n'y tiens pas; P très peu pour moi; **ich mache mir nichts ~, ob ...** (*es ist mir egal*) peu m'importe que ... (+ *subj.*); **ich kann nicht klug ~ werden** je n'y entends, je n'y comprends rien, F goutte; je m'y perds; **~ werde einer klug!** allez donc y comprendre qc.!; on s'y perd!; on ne s'y reconnaît plus, retrouve plus!; **~ wird oft e-e Gewohnheit** cela devient souvent une habitude; cela tourne souvent en habitude.

darben ['darbən] **I** *v/i.* ⟨h⟩ souffrir de(s) privations; manquer du nécessaire; *iron.* jeûner; **II ♀ n** ⟨~s⟩ privations *f/pl.*

darbiet|en ['da:r,bi:tən] **I** *v/t.* (*u. v/réfl.*) ⟨*irr.*, *sép.*, -ge-, h⟩ (s')offrir; (se) présenter; **II ♀en** *n* ⟨~s⟩ offre *f*; présentation *f*; **♀ung** *f* ⟨~; ~en⟩ *thé.* représentation *f*; spectacle *m*; *Zirkus etc.* numéro *m*; attraction *f*.

darbring|en ['da:r,brɪŋən] **I** *v/t.* ⟨*irr.*, *sép.*, -ge-, h⟩ offrir; *st. s.* faire l'offrande de; **Huldigungen ~** rendre hommage à; **II ♀en** *n* ⟨~s⟩, **♀ung** *f* ⟨~⟩ *verbal.*

darein [da'raɪn, *demonstrativ* 'da:raɪn], F **drein** [draɪn] *adv.* là-dedans; **~blicken** *v/i.* ⟨*sép.*, -ge-, h⟩ avoir l'air; **finster ~** avoir le regard, l'œil noir; **~er,geben** *v/réfl.* ⟨*irr.*, *sép.*, *pas de ge-*, h⟩ *cf.* **~fügen**; **~fahren** *v/i.* ⟨*irr.*, *sép.*, -ge-, sein⟩ intervenir brusquement, énergiquement; **~finden** *v/réfl.* ⟨*irr.*, *sép.*, -ge-, h⟩ **sich ~** s'y habituer; F s'y faire; **~fügen** *v/réfl.* ⟨*sép.*, -ge-, h⟩ **sich ~** s'y plier; s'y soumettre; **~mengen** *v/réfl.* ⟨*sép.*, -ge-, h⟩, **~mischen** *v/réfl.* ⟨*sép.*, -ge-, h⟩ **sich ~** se mêler de; s'ingérer, s'immiscer dans; intervenir dans; **du hast dich nicht d(a)reinzumischen** tu n'as pas à t'en mêler; F ça ne te regarde pas; **~reden** *v/i.* ⟨-ete, *sép.*, -ge-, h⟩ se mêler (à la conversation); s'en mêler; **ich lasse mir nicht ~** je n'ai pas de conseil à recevoir; **~schauen** *v/i.* ⟨*sép.*, -ge-, h⟩ *cf.* **~blicken**; **~schicken** *v/réfl.* ⟨*sép.*, -ge-, h⟩ *cf.* **~fügen**; **~schlagen** *v/i.* ⟨*irr.*, *sép.*, -ge-, h⟩ frapper à tort et à travers; F taper dans le tas; **~willigen** *v/i.* ⟨*sép.*, -ge-, h⟩ y consentir.

darf(st) [darf(st)] *cf.* **dürfen**.

darin [da'rɪn, *demonstrativ* 'da:rɪn], F **drin** [drɪn] (là-)dedans; en, dans cela; y; **mitten ~** en plein milieu; au beau milieu; **was ist ~?** qu'y a-t-il là-dedans?; **er ist nicht ~** il n'est pas dedans; il n'y est pas; **~ sehe ich nichts Besonderes** je n'y vois rien de spécial; **s-e Güte besteht ~, daß...** sa bonté consiste en ceci que..., dans le fait que...; **~ haben Sie unrecht** en cela vous avez tort; **dieses Material unterscheidet sich von anderen ~, daß...** cette matière se distingue des autres par le fait que, par *od.* en cela que...; **~nen** *adv. cf.* **~**.

darleg|en ['da:r,le:gən] **I** *v/t.* ⟨*sép.*, -ge-, h⟩ exposer; faire un exposé de; montrer; **II ♀en** *n* ⟨~s⟩, **♀ung** *f* ⟨~; ~en⟩ exposé *m*; exposition *f*; *sonst verbal.*

Darleh(e)n ['da:r,le:(ə)n] *n* ⟨~s; ~⟩ prêt *m*; **als ~** à titre de prêt; **kurzfristiges ~** prêt à court terme; **ungesichertes ~** prêt à découvert; **verzinsliches ~** prêt à intérêt; **zinsloses ~** prêt sans intérêt; **wucherisches ~** prêt usuraire, à usure; **pfandgesichertes ~** prêt sur gage; **j-m ein ~ geben** consentir un prêt à qn.; **ein ~ aufnehmen** faire un emprunt; **~s,geber** *m* prêteur *m*; **~sge,schäft** *n* opération *f* de prêt; **~s,kasse** *f* caisse *f* de prêts; **~s,nehmer** *m* emprunteur *m*; **~sver,mittler** *m* courtier *m* en prêts sur gage; **~sver,sprechen** *n* promesse *f* de prêt.

Darm [darm] *m* ⟨~(e)s; ⸚e⟩ *anat.* intestin *m*; *bei Tieren u.* F *bei Menschen* boyau *m*; **~bak,terien** *f/pl.* bactéries intestinales; **~bein** *n anat.* ilion *m*; **~,bluten** *n*, **~,blutung** *f méd.* hémorragie intestinale; entérorragie *f*; **~bruch** *m méd.* entérocèle *f*; **~ent,leerung** *f* défécation *f*; **~ent,zündung** *f* inflammation *f* de l'intestin; entérite *f*; **~,fäulnis** *f* putréfaction intestinale; **~,fieber** *n méd.* fièvre intestinale; **~,fistel** *f méd.* fistule intestinale; **~ge,schwür** *n méd.* ulcère intestinal; **~ka,tarrh** *m cf.* **~entzündung**; **~krebs** *m méd.* cancer [-ɛ:r] *m* de l'intestin; **~,lähmung** *f* parésie intestinale; **~,leiden** *n* affection intestinale; **~peris,taltik** *f* péristaltisme intestinal; **~saft** *m* suc intestinal; **~,saite** *f mus.* corde *f* en boyau; **~,schlinge** *f* anse intestinale; **~schnitt** *m chir.* entérotomie *f*; **~,spülung** *f* lavement *m* (intestinal); **~,steine** *m/pl. méd.* calculs intestinaux; **~,tätigkeit** *f* fonctions intestinales; **~,trägheit** *f* paresse intestinale; **~tri,chine** *f* trichine intestinale; **~ver,schließung** *f cf.* **~verschluß**; **~ver,schlingung** *f* enroulement *m* de l'intestin sur lui-même; *sc.* volvulus *m*; **~ver,schluß** *m* occlusion intestinale; iléus *m*; **~wand** *f* paroi intestinale; **~,zotten** *f/pl. anat.* villosités intestinales.

dar|nach, ~neben, ~nieder *cf.* **danach, daneben, danieder**.

darob [da'rɔp, *demonstrativ* 'da:rɔp], F **drob** [drɔp] *cf.* **darüber**.

Darr|blech ['darblɛç] *n* plateau *m* de touraille; **~e** *f* ⟨~; ~n⟩ **1.** séchoir *m*; étuve *f*; (*Malz♀*) touraille *f*; **2.** *cf.* Darrsucht.

darreich|en ['da:r,raɪçən] **I** *v/t.* ⟨*sép.*, -ge-, h⟩ présenter; tendre; offrir; **II ♀en** *n* ⟨~s⟩, **♀ung** *f* ⟨~⟩ présentation *f*.

darr|en ['darən] **I** *v/t.* ⟨h⟩ sécher au four; torréfier; *Malz* tourailler; **II ♀en** *n* ⟨~s⟩ séchage *m* au four; torréfaction *f*; *Malz* touraillage *m*; **♀,ofen** *m* four *m* à sécher; **♀sau** *f Brauerei* cochon *m* de touraille; chambre *f* de chauffe; **♀sucht** *f* ⟨~⟩ *vét.* atrophie *f*; **♀sys,tem** *n* système *m* de touraillage; **♀,trommel** *f Brauerei* tambour *m* de touraille.

darstell|bar ['da:rʃtɛl,ba:r] *adj.* représentable; jouable; **~en** *v/t.* ⟨*sép.*, -ge-, h⟩ représenter; *Tatsachen* présenter; exposer; décrire; dépeindre; *thé. Rolle* jouer; interpréter; *chim.* préparer; **etw. bildlich ~** figurer qc.; **etw. sinnbildlich ~** symboliser qc.; **auf dem Bild ist e-e Madonna dargestellt** sur le tableau une madone est représentée; *fig.* **etwas ~** avoir de la prestance; *rein äußerlich* bien présenter; *Sache* avoir de l'allure; **nichts ~** ne pas bien présenter; ne pas être assez représentatif; passer inaperçu; *Sache* ne pas avoir assez d'allure; **~end** *adjt.* descriptif, -ive; **~e Geometrie** géométrie descriptive; **♀er(in)** *m* ⟨~s; ~⟩ (*f*)

⟨~; ~nen⟩ *thé.* acteur, -trice *m, f*; interprète *m, f* (d'un rôle); Ձ**ung** *f* ⟨~; ~en⟩ représentation *f*; *von Tatsachen* présentation *f*; exposé *m*; exposition *f*; description *f*; *thé. e-r Rolle* interprétation *f*; *chim.* préparation *f*; **graphische** ~ représentation graphique; graphique *m*; **wirklichkeitsgetreue** ~ présentation, exposé réaliste; **sinnbildliche** ~ (re)présentation symbolique; **synoptische** ~ tableau synoptique; Ձ**ungsˌart** *f cf.* Ձ**ungsweise**; Ձ**ungsˌgabe** *f* don *m* d'exposer, de présenter; Ձ**ungsˌkraft** *f* puissance *f* de représentation; Ձ**ungsˌweise** *f* manière *f*, façon *f* d'exposer, de représenter, *etc.*

dartun ['dɑːrtuːn] *v/t.* ⟨*irr.*, *sép.*, -ge-, h⟩ prouver; (dé)montrer; *pfort.* mettre en évidence.

darüber [da'ryːbər, *demonstrativ* 'dɑːˌryːbər], F **drüber** ['dryːbər] *adv.* **1.** *räumlich* (au-)dessus (de); ~ **liegen** être au-dessus; ~ **hin** par-dessus; ~ **hinaus** au-delà; *fig.* en outre; de plus; *fig.* **es geht mir nichts** ~ rien ne m'est plus cher; je ne mets rien au-dessus; **ich bin** ~ **erhaben** je suis au-dessus de cela; cela ne me touche pas; F **Schwamm** ~! passons l'éponge là-dessus!; **2.** *zeitlich* **hundert Jahre und** ~ cent ans et plus; ~ **starb der Dichter** le poète est mort (*par ex.* en écrivant cette œuvre); ~ **hätte ich bald vergessen, daß...** cela allait me faire oublier que...; ~ **vergeht die Zeit** et avec cela le temps passe; **3.** *in Verbindung mit Verben* F **sich** ~ **hermachen** se jeter (là-)dessus; *iron. u.* F s'en occuper; ~ **hinwegkommen** surmonter (cela); **sich** ~ **hinwegsetzen** ne pas en tenir compte; passer outre (à cela); F s'en moquer; ~ **hinausgelangen** dépasser cela; aller au-delà; **er ist** ~ **hinweggegangen** il a passé ce fait sous silence; **wie denken Sie** ~? qu'en pensez-vous?; **denken Sie** ~ **nach!** réfléchissez-y!; **ich lasse mir keine grauen Haare** ~ **wachsen** *cf.* **Haar**; **sich** ~ **freuen** s'en réjouir; **er beklagte sich** ~, **daß...** il se plaignit (de ce) que...; ~ **in Zorn geraten** se fâcher, se mettre en colère à ce propos, à ce sujet; ~ **in Streit geraten** se quereller à ce sujet; ~ˌ**stehen** [da'ryːbər-] *v/i.* ⟨*irr.*, *sép.*, -ge-, h⟩ être au-dessus.

darum [da'rum, *demonstrativ* 'dɑːrum], F **drum** [drum] **I** *adv.* **1.** *räumlich* autour (de cela); **binde es** ~! lie-le autour!; **2.** *kausal* pour cela; **Sie sind** ~ **nicht glücklicher** vous n'en êtes pas plus heureux; vous n'êtes pas plus heureux pour cela; F *als Antwort auf „warum"* ~! parce que!; **3.** *in Verbindung mit Verben* **ich bitte dich** ~! je t'en prie!; **kein Mensch kümmert sich** ~ personne ne s'en soucie; ~ **hat sich niemand zu kümmern** cela ne regarde personne; **wie steht es** ~? où en est l'affaire?; ~ **handelt es sich nicht** il ne s'agit pas de cela; ce n'est pas de cela qu'il s'agit; **er weiß** ~ il est au courant de la chose; **sei es** ~! soit!; ~ **sei unbesorgt!** sois tranquille là-dessus!; **ich habe mich** ~ **bemüht** je m'y suis efforcé; **es ist mir** ~ **zu tun**, ... je tiens à ...; **es ist mir bloß** ~ **zu tun**, ... tout ce que je demande, c'est...; **j-n** ~ **bringen** faire perdre cela à qn.; **ich gäbe viel** ~, **wenn...** je donnerais beaucoup pour...; **es handelt sich** ~, **(zu wissen,) ob...** il s'agit de savoir si...; **II** *conj. kausal* c'est, voilà pourquoi; pour cette raison; pour cela; à cause de cela; **es ist** ~ **besser, wenn...** c'est pourquoi il est préférable de...; ~ˌ**binden** [da'rum-] *v/t.* ⟨*irr.*, *sép.*, -ge-, h⟩ mettre autour (de); ~ˌ**legen** [da'rum-] *v/t.* ⟨*sép.*, -ge-, h⟩ mettre autour (de).

darunter [da'runtər, *demonstrativ* 'dɑːˌruntər], F **drunter** ['druntər] *adv.* **1.** *räumlich* (là-)dessous; au-dessous (de cela); par-dessous; en dessous; **2.** *bei Preisangaben* à moins; ~ **gebe ich es nicht ab** je ne le donnerai pas à moins; **3.** (*inmitten*) **ist er** ~? est-il parmi eux?; **es waren fünfzig Personen anwesend,** ~ **der Bürgermeister** il y avait cinquante personnes, dont le maire; **4.** *mit Adverbien* **drunter und drüber** sens dessus dessous; **es geht alles drunter und drüber** tout est en désordre; **alles drunter und drüber gehen lassen** laisser tout aller en désordre; **5.** *mit Verben* ~ **leiden** en souffrir; **was verstehen Sie** ~? qu'entendez-vous par là?; *cf. auch die betreffenden Verben.*

darunter|legen [da'runtərˌleːgən] *v/t.* ⟨*sép.*, -ge-, h⟩ mettre par-dessous, au-dessous, (en) dessous; ~ˌ**liegen** *v/i.* ⟨*irr.*, *sép.*, -ge-, h⟩ être dessous; ~ˌ**liegend** *adjt.* sous-jacent; ~ˌ**mengen** *v/t.* (*u. v/réfl.*) ⟨*sép.*, -ge-, h⟩, ~ˌ**mischen** *v/t.* (*u. v/réfl.*) ⟨*sép.*, -ge-, h⟩ (s')y mêler; ~ˌ**setzen** *v/t.* ⟨-(es)t, *sép.*, -ge-, h⟩ **s-e Unterschrift** ~ y mettre, apposer sa signature; mettre, apposer sa signature en bas.

Darwinis|mus [darvi'nɪsmus] *m* ⟨~⟩ darwinisme *m*; ~**t** *m* ⟨~en; ~en⟩ darwiniste *m*; Ձ**tisch** *adj.* darwinien, -nne.

das [das] **I** *art. nom., acc. sg. n* le *bzw.* la *bzw.* l'; **II** *pr/d. n* ceci; cela; ce; F ça; **was ist** ~? qu'est-ce que c'est?; qu'est-ce que cela?; ~ **heißt** (*abr.* **d. h.**) c'est-à-dire (c.-à-d.); *als Antwort auf e-e Frage* ~ **nicht!** non pas!; F ça non!; ~ **bin ich** c'est moi; ~ **ist meine Frau** voici ma femme; ~ **ist es!** voilà!; c'est ça!; ~ **war e-e Freude!** quelle joie!; ~ **ist gut!** voilà qui est bien!; F ça c'est bien!; ~ **wären zwei, drei...** F ça fait deux, trois...; et de deux, et de trois...; ~, **was ich nicht begreife...** ce que je ne comprends pas...; ~ **ist nicht der Fall** ce n'est pas le cas; F **tanzen, (ja)** ~ **kann sie!** pour danser, ça elle sait danser!; ~ **war (mal) ein Erfolg!** pour un succès, ce fut un succès!; F tu parles d'un succès!; *cf. auch* **der, die**; **III** *pr/rel. nom.* qui; *acc.* que, *nach prép.* lequel *bzw.* laquelle; **das Kind,** ~ **hier spielt** l'enfant qui joue ici; **das Kind,** ~ **du da siehst** l'enfant que tu vois là.

dasein ['dɑːzaɪn] **I** *v/i.* ⟨*irr.*, *sép.*, -ge-, sein⟩ y être; être là; *Personen auch* être présent; **er ist dagewesen** il est venu; **nicht** ~ ne pas être là; *Personen auch* être absent; **ich werde gleich wieder** ~ je serai de retour dans un instant; je suis là dans un instant; **das ist noch nie dagewesen** cela ne s'est jamais vu; **(das ist) alles schon dagewesen!** (il y a longtemps qu')on connaît cela!; (il n'y a) rien de nouveau sous le soleil; *cf. auch* **dagewesen**; **II** Ձ *n* ⟨~s⟩ (*Vorhandensein, Anwesenheit*) présence *f*; (*Bestehen*) existence *f*; *philos.* **das** ~ l'être-là *m*; le Dasein; **trauriges** ~ triste existence; **früheres** ~ préexistence *f*; existence antérieure; Ձ**sbeˌrechtigung** *f* raison *f* d'être; (*Existenzberechtigung*) droit *m* à l'existence; Ձ**sˌkampf** *m* lutte *f* pour la vie, pour l'existence.

daselbst [da'zɛlpst] *adv.* là(-même); en ce lieu.

dasitzen ['dɑːˌzɪtsən] *v/i.* ⟨*irr.*, *sép.*, -ge-, h⟩ être assis (là).

dasjenige ['dasˌjeːnɪgə] *pr/d.* ce *bzw.* celui *bzw.* celle (qui).

daß [das] *conj.* que; **so** ~ de sorte, de manière que; **auf** ~ afin que, pour que (+ *subj.*); **verzeihen Sie,** ~ **ich so spät komme** excusez-moi de venir si tard; **ich bin froh,** ~ **ich ihn los bin** je suis content d'être débarrassé de lui; ~ **Sie es (nur) wissen!** sachez-le!; ~ **du dich nicht rührst!** ne t'avise pas de bouger!; ~ **man auch so dumm ist!** comment peut-on être si bête!; qu'on puisse être aussi bête!; **nicht** ~ **ich wüßte** pas que je sache; **es sind jetzt zwei Jahre,** ~ **ich ihn nicht gesehen habe** voilà maintenant deux ans que je l'ai vu.

dasselbe [das'zɛlbə] *pr/d.* le *bzw.* la même; **das ist** ~ c'est la même chose; c'est pareil; **es ist genau** ~ F c'est tout comme; **genau** ~ **tun** en faire autant.

Dasselfliege ['dasəlˌfliːgə] *f zo. cf.* [**Biesfliege.**]

dastehen ['dɑːˌʃteːən] *v/i.* ⟨*irr.*, *sép.*, -ge-, h⟩ **1.** être, se tenir là; *mit Betonung des Stehens* être debout; **wie er dasteht!** quelle attitude!; **unbeweglich** ~ rester immobile; F ne pas remuer plus qu'une bûche; **wie versteinert** ~ rester médusé; **2.** *fig. u.* F **gut** ~ être en bonne position; **jetzt stehe ich ganz anders da** ma position est bien changée maintenant; **wie stehe ich nun da!** de quoi ai-je l'air!

Dat|en ['dɑːtən] *n/pl.* **1.** *cf.* **Datum**; **2.** (*Angaben*) données *f/pl.*; indications *f/pl.*; (*Lebens*Ձ) dates *f/pl.*; **technische** ~ caractéristiques *f/pl.*, données *f/pl.* techniques; Ձ**enverˌarbeitend** *adjt.* ~**e Maschine** ordinateur *m*; ~**enverˌarbeitung** *f* traitement *m* de l'information; Ձ**ieren** [-'tiː-] **I** *v/t.* ⟨*pas de ge-*, h⟩ **ein Schreiben** ~ dater un écrit; mettre une date à un écrit; **II** *v/i.* ~ **von** dater de; porter la date du; **datiert vom** daté du; en date du; ~**ierung** [-'tiː-] *f* ⟨~; ~en⟩ datation *f.*

Dativ ['dɑːtiːf] *m* ⟨~s; ~e⟩ *gr.* datif *m*; ~ˌ**endung** *f* terminaison *f* du datif; ~**obˌjekt** *n gr.* complément *m* d'objet indirect.

dato ['dɑːto·] *adv. comm.* **bis** ~ jusqu'à ce jour; Ձˌ**wechsel** *m comm.* traite *f* à jour fixe; lettre *f* de change à échéance fixe.

Dattel ['datəl] *f* ⟨~; ~n⟩ *bot.* datte *f*; ~ˌ**baum** *m bot. cf.* ~**palme**; ~ˌ**honig** *m* miel *m* de dattes; ~ˌ**kern** *m* noyau *m* de datte; ~ˌ**öl** *n* huile *f* de dattes; ~ˌ**palme** *f bot.* dattier *m*; ~ˌ**pflaume** *f* plaquemine *f*; *als Pflanze* plaqueminier *m*; *sc.* diospyre *m*; ~ˌ**wein** *m* vin *m* de dattes.

Datterich *cf.* Tatterich.

Datum ['dɑːtum] *n* ⟨~s; -ten⟩ date *f*; **gleichen** ~**s** de même date; **ohne** ~ sans date; non daté; **heutigen** ~**s** daté d'aujourd'hui; **neueren** ~**s** de fraîche date; récent; **ein** ~ **festlegen** fixer une date; **das** ~ **einsetzen** mettre la date; **mit** ~ **versehen** dater (qc.); **alten** ~**s sein** dater de loin; **welches** ~ **haben wir heute?** le combien sommes-nous, quel jour est-ce aujourd'hui?; **unter dem** ~ **des** en date du; ~ˌ**grenze** *f géogr.* ligne *f* de changement de date; ~**sˌangabe** *f* indication *f* de date; ~**sˌstempel** *m* (timbre *m*) dateur *m.*

Datura [da'tuːra] *f* ⟨~; -ren⟩ *bot.* [datura *m.*]

Daube ['daubə] *f* ⟨~; ~n⟩ *Böttcherei* douve *f*.

Dauer ['dauər] *f* ⟨~⟩ **1.** (*Zeitraum*) durée *f*; **vermutliche ~ des Aufenthaltes** durée probable du séjour; **~ des Dienstverhältnisses** durée de l'emploi; **für die ~ von zehn Jahren** pour une durée de dix ans; pour un laps [laps] de temps de dix ans; **auf die ~** (**unerträglich**) (insupportable) à la longue; **auf ~** à demeure; **2.** (*Dauerhaftigkeit*) durabilité *f*; **von ~ sein** être durable; F faire long feu; **von kurzer ~ sein** durer peu; être de courte durée; passer comme une ombre; n'être qu'un feu de paille; **~ˌanlage** *f comm.* placement permanent; **~ˌauftrag** *m comm.* ordre permanent; **~ˌausstellung** *f* exposition permanente; **~ˌbad** *n* bain prolongé; **~beˌlastung** *f techn.* charge permanente; **~beˌschäftigung** *f* emploi *m* stable; **~beˌtrieb** *m* fonctionnement permanent; marche continue; **~brandˌofen** *m*, **~ˌbrenner** *m* poêle *m* à feu continu; **~erˌfolg** *m* succès *m* durable; **~ˌfahrt** *f Radsport* course *f* d'endurance; **~ˌfestigkeit** *f techn.* résistance *f* d'endurance, de fatigue; **~ˌflug** *m aviat.* vol *m* de durée; **~ˌform** *f* moule *m* durable; *méd.* forme *f* fixe; **&ˌhaft 1.** *adj.* durable; solide; stable; **~er Friede** paix durable; **2.** *adv.* de façon durable; solidement; **~ befestigt** fixé à demeure; **~ gearbeitet** de fabrication solide; **~ˌhaftigkeit** *f* ⟨~⟩ durabilité *f*; solidité *f*; stabilité *f*; **~ˌkarte** *f* (carte *f* d')abonnement *m*; **~ˌkartenˌinhaber** *m* possesseur *m* d'une carte d'abonnement; **~ˌkrisenˌzustand** *m pol.* état *m* de crise persistant; **~ˌlast** *f* charge continue; **~ˌlauf** *m* (*langer Wettlauf*) course *f* d'endurance; (*Laufschritt*) pas *m* de gymnastique; **~ˌleistung** *f techn.* puissance continue; **~ˌlutscher** *m* sucette *f*; **~maˌgnet** *m* aimant permanent; **~ˌmarsch** *m milit.* marche forcée, prolongée; **~ˌmieter(in)** *m(f)* locataire *m*, *f* à demeure; **&n¹** *v/i.* ⟨-(e)re, h⟩ durer; **es dauert nicht lange** cela ne dure pas longtemps, ne fait pas long feu; **es wird nicht mehr lange ~** cela ne tardera plus, ne va plus être long; **es wird lange ~, bis Sie fertig sind** vous n'aurez pas fini de sitôt; **es wird noch viele Monate ~, bevor wir ihn wiedersehen** nous ne le reverrons plus avant de longs mois; **nur kurze Zeit ~** être éphémère; **ewig ~** s'éterniser; **nichts dauert ewig** il est un terme à tout; **lange ~** être de longue durée; **zu lange ~** être trop long; **es dauerte nicht lange, da kam er** il ne tarda pas à venir; **wie lange dauert es, bis Sie ...?** combien de temps mettez-vous pour ...?; **&n²** *v/t.* ⟨-(e)re, h⟩ (*leid tun*) **er dauert mich** il me fait pitié, de la peine; **mich dauert jeder Pfennig** chaque centime dépensé me fend le cœur; **&nd 1.** *adjt.* continuel, -lle; permanent; persistant; **~er Wohnsitz** domicile, résidence fixe; **dank s-r ~en Bemühungen** grâce à ses efforts constants; **2.** *advt.* **er lacht ~** il rit continuellement, perpétuellement; **~ˌobst** *n* fruits *m/pl.* qui se conservent bien; **~ˌpflanze** *f* plante *f* vivace; **~ˌprüfung** *f* épreuve *f*, test *m* d'endurance; **~ˌregen** *m* pluie persistante; **~reˌkord** *m Sport* record *m* d'endurance; **~ˌrennen** *n Sport* course *f* d'endurance; **~ˌschmierung** *f mot.* graissage continu; **~ˌsichtverˌmerk** *m* visa *m* de durée non limitée; **~ˌsitzung** *f* séance permanente; **~ˌstellung** *f* situation *f* stable; emploi permanent; **~ˌübung** *f Sport* exercice *m* d'endurance; **~ˌwelle** *f* permanente *f*; indéfrisable *f*; **sich ~n machen lassen** se faire faire une permanente; **~ˌwirkung** *f* effet *m* durable; **~ˌwurst** *f* saucisson sec; **~ˌzustand** *m* état permanent.

Däumchen ['dɔʏmçən] *n* ⟨~s; ~⟩ *fig.* **~ drehen** se tourner les pouces.

Daumen ['daumən] *m* ⟨~s; ~⟩ **1.** *anat.* pouce *m*; **am ~ lutschen** sucer son pouce; *fig.* **j-m die, den ~ halten, drücken** penser à qn. (pour qu'il réussisse); *iron.* faire brûler un cierge pour qn.; **die ~ drehen** *cf.* Däumchen; **den ~ auf etw. halten** faire attention à qc.; **den ~ auf den Geldbeutel halten** serrer les cordons de la bourse; F **über den ~ gepeilt** à vue de nez; F au pifomètre; **2.** *techn.* taquet *m*; doigt *m*; (*Nocken*) came *f*; **~ˌabdruck** *m* empreinte *f* du pouce; **~ˌballen** *m anat.* (éminence *f*) thénar *m*; **&ˌbreit** *adj.* de la largeur d'un pouce; **~ˌbreite** *f* largeur *f* d'un pouce; (*Breite des Daumens*) largeur *f* du pouce; **&ˌdick** *adj.* de l'épaisseur d'un pouce; **~ˌdrücker** *m serr.* poucier *m*; **~ˌlutscher** *m* enfant *m* qui suce son pouce; **~ˌmuskel** *m anat.* muscle *m* de l'éminence thénar; **~ˌnagel** *m* ongle *m* du pouce; **~ˌring** *m* poucier *m*; **~ˌschrauben** *f/pl. hist.* poucettes *f/pl.*; *fig.* **j-m (die) ~ anlegen** serrer la vis à qn.; visser qn.; **~ˌschützer** *m* ⟨~s; ~⟩ poucier *m*; **~ˌwelle** *f techn.* arbre *m* à cames.

Däumling ['dɔʏmlɪŋ] *m* ⟨~s; ~e⟩ (*kleine Person*) marmouset *m*; *péj. u.* F minus [-ys] *m*; *Märchengestalt* Petit Poucet.

Daune ['daunə] *f* ⟨~; ~n⟩ plumule *f*; *pl.* **~n** duvet *m*; **~nˌbett** *n*, **~nˌdecke** *f* édredon *m*.

Daus [daus] *n* ⟨~es; ~e *od.* ~er⟩ *Würfelspiel* deux *m*; *Kartenspiel* as *m*.

David|sharfe ['dɑːvɪtsˌharfə] *f zo. cf.* Harfenschnecke; **~ˌstern** *m* étoile de David, juive.

Davis-Pokal ['deɪvɪspoˑˌkɑːl] *m Tennis* Coupe *f* Davis.

Davit ['deːvɪt] *m* ⟨~s; ~s⟩ *mar.* davier *m*.

davon [da'fɔn, *demonstrativ* 'dɑːfɔn] *adv.* **1.** de cela; en; **was habe ich ~?** à quoi cela m'avance-t-il?; **das kommt ~!** voilà ce que c'est!; **das kommt ~, wenn ...** cela vient de ce que ...; **man spricht ~, daß ...** on raconte, on dit que ...; **sprechen wir nicht mehr ~** n'en parlons plus; **ein andermal mehr ~** nous en reparlerons une autre fois; **~ Abstand nehmen** y renoncer; **~ ist nicht die Rede** il n'est pas question de cela; il n'en est pas question; **keine Notiz ~ nehmen** ne pas en prendre note; **man hat mir ~ erzählt** on m'en a parlé; **~ erwachte er** cela le réveilla; **nichts ~ hören wollen** ne pas vouloir en entendre parler; **2.** (*fort, weg*) **er ist auf und ~** F il a décampé, filé; il a fichu le camp; *cf. auch* **auf II d**); **laß die Finger ~!** *cf.* Finger.

davon|bleiben [da'fɔnˌblaɪbən] F *v/i.* ⟨*irr.*, *sép.*, **-ge-, sein**⟩ ne pas y toucher; **~ˌeilen** *v/i.* ⟨*sép.*, **-ge-, sein**⟩ partir à la hâte; fuir; **~ˌfahren** *v/i.* ⟨*irr.*, *sép.*, **-ge-, sein**⟩ partir (en voiture, *etc.*); **~ˌfliegen** *v/i.* ⟨*irr.*, *sép.*, **-ge-, sein**⟩ s'envoler; **~ˌgehen** *v/i.* ⟨*irr.*, *sép.*, **-ge-, sein**⟩ s'en aller; *Sport cf.* ~laufen; **~ˌhuschen** *v/i.* ⟨*sép.*, **-ge-, sein**⟩ filer comme une ombre, furtivement, à la dérobée; **~ˌjagen I** *v/t.* ⟨*sép.*, **-ge-, h**⟩ chasser; **II** *v/i.* ⟨**sein**⟩ F détaler; **~ˌkommen** *v/i.* ⟨*irr.*, *sép.*, **-ge-, sein**⟩ en réchapper; s'en tirer; en sortir; **mit dem Leben ~** avoir la vie sauve; **glücklich ~** sortir indemne; **mit heiler Haut ~** en sortir sain et sauf; F **er ist mit e-m blauen Auge davongekommen** il l'a échappé belle; il s'en est tiré à bon compte; **mit dem bloßen Schrecken ~** en être quitte pour la peur; **~ˌlaufen** *v/i.* ⟨*irr.*, *sép.*, **-ge-, sein**⟩ s'enfuir; se sauver; F détaler; filer; P mettre les voiles; *Sport* s'échapper; faire une échappée; **j-m ~** quitter qn.; fausser compagnie à qn.; **s-n Eltern ~** se sauver de chez ses parents; quitter le domicile paternel; F **es ist zum &!** c'est à n'y pas tenir!; c'est à se sauver!; **~ˌmachen** *v/réfl.* ⟨*sép.*, **-ge-, h**⟩ **sich (auf und) ~** s'enfuir; se sauver; **sich heimlich ~** s'esquiver; s'éclipser; F filer à l'anglaise; **~ˌreiten** *v/i.* ⟨*irr.*, *sép.*, **-ge-, sein**⟩ partir à cheval; **~ˌrennen** *v/i.* ⟨*irr.*, *sép.*, **-ge-, sein**⟩ *cf.* ~laufen; **~ˌschleichen** *v/réfl.* ⟨*irr.*, *sép.*, **-ge-, h**⟩ *cf.* (sich heimlich) ~machen; **~ˌsprengen** *v/i.* ⟨*sép.*, **-ge-, sein**⟩ partir au galop; **~ˌtraben** *v/i.* ⟨*sép.*, **-ge-, sein**⟩ partir au trot; **~ˌtragen** *v/t.* ⟨*irr.*, *sép.*, **-ge-, h**⟩ emporter; *Krankheit* attraper; **den Sieg ~** remporter la victoire (über sur); l'emporter (sur); **e-n Preis ~** décrocher un prix; **~ˌziehen** *v/i.* ⟨*irr.*, *sép.*, **-ge-, sein**⟩ s'éloigner; partir.

davor [da'foːr, *demonstrativ* 'dɑːfoːr] *adv.* **1.** *räumlich* devant cela; **2.** *mit Bezug auf etw.* de cela; en; **~ behüte, bewahre uns Gott, da sei Gott vor!** Dieu nous en garde!; **er fürchtet sich ~** il en a peur; **~ ist mir nicht bange** je n'en ai pas peur; je ne crains pas cela; je n'ai pas peur de cela.

davor|legen [da'foːrˌleːgən] *v/t.* ⟨*sép.*, **-ge-, h**⟩ mettre devant; **~ˌliegen** *v/i.* ⟨*irr.*, *sép.*, **-ge-, h**⟩ être devant; **~ˌsetzen I** *v/t.* ⟨-(es)t, *sép.*, **-ge-, h**⟩ mettre devant; **II** *v/réfl.* **sich ~** s'asseoir devant; **~ˌsitzen** *v/i.* ⟨*irr.*, *sép.*, **-ge-, h**⟩ être assis devant; **~ˌstehen** *v/i.* ⟨*irr.*, *sép.*, **-ge-, h**⟩ être devant; **~ˌstellen** *v/t.* ⟨*sép.*, **-ge-, h**⟩ mettre devant.

Davysch ['deːvɪʃ] *adj. mines* **~e Lampe** lampe *f* de Davy.

dawider [da'viːdər, *demonstrativ* 'dɑːˌviːdər] *adv. cf.* dagegen; **~ˌreden** [-'viː-] *v/t. u. v/i.* ⟨**-ete**, *sép.*, **-ge-, h**⟩ contredire.

dazu [da'tsuː, *demonstrativ* 'dɑːtsuː] *adv.* **1.** *Zweck* à cela; pour cela; dans ce but; à cette fin; à cet effet; **er ist ~ abgerichtet** il est dressé à cela; **~ wird es nicht kommen** on n'en viendra pas là; **wie ist es ~ gekommen?** comment cela est-il arrivé?; **wie komme ich ~?** *cf.* kommen d); **was sagst du ~?** qu'en dis-tu?; que dis-tu de cela?; **~ ist er ja da** mais c'est pour cela qu'il est ici; F il est là pour ça; **das Geld ist ~ da, daß man es ausgibt** l'argent est fait pour être dépensé; **ich bin nicht der Mann ~** je ne suis pas l'homme qu'il faut; **~ komme ich nicht hierher** je ne viens pas pour cela; **~ braucht man viel Zeit** cela demande beaucoup de temps; il faut beaucoup de temps pour cela; **ich bin nicht ~ gekommen, ihm zu schreiben** je n'ai pas trouvé le temps de lui écrire; je ne suis pas arrivé à lui écrire; **wie kommst du ~, das zu sagen?** comment peux-tu dire cela?; **~ bin ich gut genug!** pour cela, je suis bon!; **jegliche ~ erforderlichen Unterlagen** tous les documents nécessaires; **2.** *hinzufügend* (noch) ~ en outre; de plus; en sus; par surcroît; par-dessus le marché; au surplus; **und noch kränklich ~** et maladif par-dessus le marché; *cf. auch* dazukommen; **3.** (*dabei*) möchten Sie ~ etw. trinken? et comme boisson?; e-n Apfel ~ essen manger une pomme avec.

dazu|buttern [daˈtsuːˌbutərn] F *v/t.* ⟨-(e)re, *sép.*, -ge-, h⟩ (y) rajouter; (y) participer (avec); **~ˌgeben** *v/t.* ⟨*irr.*, *sép.*, -ge-, h⟩ donner en plus; ajouter; **~geˌhören** *v/i.* ⟨*sép.*, *p.p.* dazugehört, h⟩ en faire partie; **ich gehöre nicht dazu** *auch* je ne suis pas du nombre; **der gehört auch dazu** *péj.* il est de la même clique; **~geˌhörig** *adj.* y appartenant; qui en fait partie; **~ˌkommen** *v/i.* ⟨*irr.*, *sép.*, -ge-, sein⟩ **er kam gerade dazu, als** … il arriva, survint juste comme …, juste au moment où …; **dazu kommt:** … (il) s'ajoute à cela: …; **dazu kommt, daß** … ajoutez à cela que …; **~ˌlegen** *v/t.* ⟨*sép.*, -ge-, h⟩ ajouter; **~ˌlernen** *v/t.* ⟨*sép.*, -ge-, h⟩ **er hat nichts dazugelernt** il n'a rien appris de plus.

dazumal [ˈdaːtsuˌmaːl] *adv.* en ce temps-là; Anno ~ *cf.* Anno.

dazu|schreiben [daˈtsuːˌʃraɪbən] *v/t.* ⟨*irr.*, *sép.*, -ge-, h⟩ **ein paar Zeilen ~** ajouter quelques lignes; **~ˌsetzen** *v/réfl.* ⟨-(es)t, *sép.*, -ge-, h⟩ **sich ~** s'asseoir avec; **~ˌtun I** *v/t.* ⟨*irr.*, *sép.*, -ge-, h⟩ ajouter; **II 2ˌtun** *n* ⟨~s⟩ **ohne mein ~** sans mon aide, ma participation, mon intervention; **~ˌzählen** *v/t.* ⟨*sép.*, -ge-, h⟩ additionner; ajouter.

dazwischen [daˈtsvɪʃən, *demonstrativ* ˈdaːˌtsvɪʃən] *adv.* **1.** *räumlich* entre deux; entre ces objets; entre cela; **~ fließt ein Bach** un ruisseau les sépare; **der Raum ~ ist zu eng** il n'y a pas assez d'espace entre; l'entre-deux, l'intervalle est trop étroit; **2.** *zeitlich* entre-temps; **~ lag e-e lange Zeit** entre ces deux événements, il s'écoula beaucoup de temps.

dazwischen|fahren [daˈtsvɪʃənˌfaːrən] *v/i.* ⟨*irr.*, *sép.*, -ge-, sein⟩, **~ˌfunken** F *v/i.* ⟨*sép.*, -ge-, h⟩ intervenir; s'interposer; **~ˌkommen** *v/i.* ⟨*irr.*, *sép.*, -ge-, sein⟩ intervenir; survenir; se produire; **wenn nichts dazwischenkommt** … s'il n'arrive rien d'ici là …; à moins de, sauf contretemps …; **es ist etw. dazwischengekommen** il est survenu un contretemps; **2ˌkunft** *f* ⟨~⟩ *verbal*; **~ˌlegen** *v/t.* ⟨*sép.*, -ge-, h⟩ interposer; placer au milieu; intercaler; **~ˌliegen** *v/i.* ⟨*irr.*, *sép.*, -ge-, h⟩ se trouver, être entre, *abus.* au milieu; **~ˌliegend** *adjt.* intermédiaire; **~ˌreden** *v/i.* ⟨-ete, *sép.*, -ge-, h⟩ se mêler à la conversation; intervenir (dans la conversation); **j-m ~** interrompre qn.; couper la parole à qn.; **~ˌrufen** *v/t.* ⟨*irr.*, *sép.*, -ge-, h⟩ *pol.* interpeller; **~ˌschalten I** *v/t.* ⟨-ete, *sép.*, -ge-, h⟩ intercaler; **II** *v/réfl.* **sich ~** s'interposer; **~ˌschlagen** *v/i.* ⟨*irr.*, *sép.*, -ge-, h⟩ taper dans le tas; **~ˌsetzen** *v/t.* ⟨-(es)t, *sép.*, -ge-, h⟩ *cf.* **~legen**; **~ˌstecken I** *v/t.* ⟨*sép.*, -ge-, h⟩ *cf.* **~legen**; **II** *v/i.* y être intercalé, interposé; être parmi (qc.); **~ˌstehen** *v/i.* ⟨*irr.*, *sép.*, -ge-, h⟩ se trouver entre; **~ˌstellen** *v/t.* ⟨*sép.*, -ge-, h⟩ *cf.* **~legen**; **~ˌtreten I** *v/i.* ⟨*irr.*, *sép.*, -ge-, sein⟩ intervenir; **vermittelnd ~** s'interposer; **II 2ˌtreten** *n* ⟨~s⟩ intervention *f*; **~ˌwerfen** *v/t.* (*u. v/réfl.*) ⟨*irr.*, *sép.*, -ge-, h⟩ (se) jeter entre.

D-Dur [ˈdeːduːr] *n* ⟨~⟩ *mus.* ré *m* majeur.

Debatt|e [deˈbatə] *f* ⟨~; ~n⟩ débat *m*; discussion *f*; **etw. zur ~ stellen** mettre qc. en débat; **zur ~ stehen** être à débattre, à discuter; **in die ~ eingreifen** intervenir dans les débats; **~ über besondere Fragen** débat sur des questions spéciales; **in die ~ eintreten** entrer dans le débat; **die ~ schließen** clore, clôturer le débat; **e-e ~ über Verfahrensfragen eröffnen** ouvrir un débat sur les questions de procédure; **dieser Punkt steht auch zur ~** ce point est également à débattre; **2ieren** [-ˈtiː-] **I** *v/t. u. v/i.* ⟨*pas de ge-*, h⟩ débattre, discuter (**über etw.** qc.); **II ~ieren** [-ˈtiː-] *n* ⟨~s⟩ débats *m/pl.*

Debet [ˈdeːbɛt] *n* ⟨~s; ~s⟩ *comm.* débit *m*; **ins ~ stellen** porter au débit; débiter; **im ~ stehen** être porté au débit; **~ˌkonto** *n* compte débiteur; **~ˌposten** *m* poste débiteur; **~ˌsaldo** *m* solde débiteur; balance débitrice; **~ˌseite** *f* côté *m* débit; **~ˌspalte** *f* colonne débitrice; **~ˌzins** *m* intérêt *m* (du solde) débiteur.

Debit [deˈbiːt, -ˈbiː] *m* ⟨~s⟩ *comm.* (*Warenabsatz*) débit *m*; **2ieren** [-ˈtiː-] *v/t.* ⟨*pas de ge-*, h⟩ *comm.* **j-n mit etw. ~** débiter qn. de qc.; **zu ~** à porter au débit; **~ˌmasse** *f* masse débitrice; **~or** [ˈdeː-] *m* ⟨~s; -ˈtoren⟩ débiteur *m*.

deblockieren [deblɔˈkiːrən] *v/t.* ⟨*pas de ge-*, h⟩ *impr.*, *comm.*, *etc.* débloquer.

Debüt [deˈbyː] *n* ⟨~s; ~s⟩ *thé.* débuts *m/pl.*; **~ant(in)** [-ˈtant(ɪn)] *m* ⟨~en; ~en⟩ (*f*) ⟨~; ~nen⟩ débutant(e) *m*(*f*); **2ieren** [-ˈtiː-] *v/i.* ⟨*pas de ge-*, h⟩ faire ses débuts; débuter.

Dechan|at [dɛçaˈnaːt] *n* ⟨~(e)s; ~e⟩ *égl.* doyenné *m*; **~ei** *f* ⟨~; ~en⟩ *égl.* doyenné *m*; **~t** [-ˈçant] *m* ⟨~en; ~en⟩ *égl.* doyen *m*.

dechiffrier|bar [deʃɪˈfriːrbaːr] *adj.* déchiffrable; **~en I** *v/t.* ⟨*pas de ge-*, h⟩ déchiffrer; **II 2en** *n* ⟨~s⟩, **2ung** *f* ⟨~; ~en⟩ déchiffrage *od.* déchiffrement *m*.

Dechsel [ˈdɛksəl] *f* ⟨~; ~n⟩ (h)erminette *f*; *Böttcherei* aissette *f*; aisseau *od.* aisceau *m*; **2n** *v/t.* ⟨-(e)le, h⟩ *techn.* dresser à l'(h)erminette.

Deck [dɛk] *n* ⟨~(e)s; ~e *od.* ~s⟩ *mar.* pont *m*; **auf ~** sur le pont; **alle Mann an ~** tout le monde sur le pont; **~ˌaufbau** *m mar.* superstructure *f*; **~ˌbalken** *m mar.* barrot *m*, bau *m* de *od.* du pont; **~bett** *n* couverture *f* (de lit); *mit Daunen* édredon *m*; **~blatt** *n* **1.** *bot.* bractée *f*; **2.** *von Zigarren* robe *f*; cape *f*; **3.** *impr.* feuille rectificative; becquet *od.* béquet *m*; **~ˌblättchen** *n bot.* bractéole *f*; **~brett** *n bât.* planche *f* de recouvrement; **~chen** *n* ⟨~s; ~⟩ (*Zier2*) napperon *m*; **~e** *f* ⟨~; ~n⟩ **1.** (*Bett2 etc.*) couverture *f*; (*Daunen2*) édredon *m*; (*Pferde2*) *auch* ˈhousse *f*; caparaçon *m*; (*Tisch2*) nappe *f*; *mus. e-s Saiteninstruments* table *f* d'harmonie; (*Schnee2 etc.*) couche *f*; (*Bereifung*) enveloppe *f*; **e-m Pferde die ~ auflegen** caparaçonner un cheval; *fig.* **unter e-r ~ stecken** avoir la tête sous le même bonnet; être de connivence, de mèche (avec qn.); **sich nach der ~ strecken** vivre selon ses moyens; régler ses dépenses sur son revenu; **2.** (*Bucheinband*) couverture *f*; reliure *f*; **3.** *ch.* peau *f*; **4.** *e-s Raumes* plafond *m*; *bât.* plancher *m*; *mines auch* ciel *m*.

Deckel [ˈdɛkəl] *m* ⟨~s; ~⟩ **1.** *allg.* couvercle *m*; **2.** F (*Hut*) bibi *m*; *plais.* couvre-chef *m*; P galure *m*; galurin *m*; *fig.* **eins auf den ~ kriegen** F recevoir un savon, P une engueulade; P se faire enguirlander, engueuler; **3.** *zo.*, *bot.* opercule *m*; **4.** *techn.* chapeau *m*; dôme *m*; *e-s Buches* couverture *f*; *impr.* (*Preß2*) tympan *m*; *Uhr* (*Staub2*) cuvette *f*; **2ˌförmig** *adj.* en forme de couvercle; **~ˌglas** *n* ⟨~es; ~er⟩ verre *m* à couvercle; **~ˌkanne** *f cf.* **~krug**; **~ˌkapsel** *f bot.* capsule operculée; **~ˌkette** *f techn.* chaîne *f* des chapeaux; **~ˌkorb** *m* panier couvert; **~ˌkrug** *m* cruche *f* à couvercle; **~verˌschluß** *m* serrure *f* de couvercle.

decken [ˈdɛkən] **I.** *v/t.* ⟨h⟩ **1.** *Dach* couvrir; **den Tisch ~** mettre le couvert, la table; **für zwölf Personen ~** mettre douze couverts; **2.** *comm.* couvrir; *Wechsel* faire honneur à; honorer; **den Bedarf ~** couvrir les besoins; satisfaire, répondre aux besoins; **die Kosten ~** couvrir les frais; **e-n Fehlbetrag ~** combler un déficit; **hinlänglich gedeckt sein** avoir une couverture suffisante; **den Schaden ~** réparer les dégâts; **3.** *Tiere* couvrir; saillir; monter; **4.** *Sport* marquer; couvrir; **5.** (*schützen*) couvrir; protéger; *Schach* mettre à couvert; couvrir; **II** *v/i.* **6.** *von Farben* couvrir; **7.** *esc.* parer; *Boxen auch* garder; défendre; **III** *v/réfl.* **sich ~ 8.** *Begriffe*, *math.* coïncider; être identique; **9.** *milit.* se protéger; se mettre à l'abri; se couvrir; **sich den Rücken ~** protéger ses arrières; **10.** *comm.* se nantir; **IV 2** *n* ⟨~s⟩ couverture *f*; *von Tieren* saillie *f*; *von Pferden* monte *f*; **das ~ des Tisches** la mise de la table, du couvert; *cf. auch* Dekkung; **2ˌbalken** *m* poutre *f* du plafond; **2beˌleuchtung** *f* éclairage plafonnier; **2geˌmälde** *n* fresque *f* de plafond; **2ˌheizung** *f* chauffage *m* au plafond; **2ˌlampe** *f*, **2ˌleuchte** *f* plafonnier *m*; **2ˌlicht** *n* (*Oberlicht*) fenêtre *f* au plafond; **2maleˌrei** *f* fresques *f/pl.* de plafond; **2ˌputz** *m* crépi *m*, enduit *m* pour *od.* de plafond; **2ˌsäulenstaˌtiv** *n* *Röntgenanlage* support plafonnier; **2ˌschalung** *f techn.* plafonnage *m*; **2ˌstein** *m* pierre *f* pour plafonds; **2ˌtäfelung** *f* lambris *m* de plafond; **2ˌträger** *m bât.* poutre *f* de plancher; **2verˌkleidung** *f* revêtement *m* du plafond; **2ˌwulst** *m Auto* talon *m*, bourrelet *m* de l'enveloppe.

Deck|epithel [ˈdɛkˀepiˌteːl] *n anat.* épithélium [-jɔm] *m* de recouvrement; **~ˌfaden** *m Weberei* fil *m* à vaniser; **~ˌfarbe** *f* couleur opaque, couvrante; **~ˌfeder** *f zo.* (plume) tectrice *f*; **~ˌfläche** *f* superficie effective; **~ˌflügel** *m zo.* élytre *m*; **~ˌflügler** *m/pl. zo.* coléoptères *m/pl.*; **~ˌflugzeug** *n* avion embarqué; **~frucht** *f agr.* plante-abri *f*; **~ˌfuge** *f* joint *m* de recouvrement; **~garn** *n cf.* **~netz**; **~geˌbirge** *n mines* morts-terrains *m/pl.*; **~glas** *n* lamelle *f*; couvre-objet *m*; **~gut** *n cf.* **~ladung**; **~hengst** *m zo.* étalon *m*; **~kraft** *f* propriété opaque, couvrante; **~ˌladung** *f mar.* pontée *f*; **~lehm** *m techn.* potée *f*; **~ˌleiste** *f* couvre-joint *m*; baguette *f* de recouvrement; **~ˌmantel** *m fig.* **unter dem ~** … sous le couvert, le voile, le masque de …; **~ˌname** *m* pseudonyme *m*; nom *m* d'emprunt, de guerre; **~netz** *n ch.* nasse *f*; **~offiˌzier** *m mar. etwa* officier *m* de quart; premier maître; **~ˌplanken** *f/pl. mar.* bordés *m/pl.*, bordages *m/pl.* du pont; **~ˌplatte** *f* **1.** *e-r Geige etc.* table *f* d'harmonie; **2.** *techn. allg.* plaque *f* de recouvrement; *bât.* couvre-joint *m*; *auf e-r Mauer* chaperon *m*; *auf e-m Kapitell* tailloir *m*; *auf e-r Konsole* tablette *f*; **~platz** *m mar.* place *f* de pont; **~ˌrasen** *m* plaques *f/pl.* de gazon; **~schicht** *f* couche *f* de recouvrement; **~shaus** *n mar.* superstructure *f*; **~stuhl** *m mar.* transat(lantique) *m*.

Deckung [ˈdɛkʊŋ] *f* ⟨~; ~en⟩ **1.** (*Schutz*) couverture *f*; protection *f*; in ~ gehen se couvrir; se mettre à l'abri; **2.** *comm.* couverture *f*; garantie *f*; nantissement *m*; *e-s Wechsels* provision *f*; ~ des Bedarfs satisfaction *f* des besoins; zur ~ von en couverture de; sich ~ verschaffen se couvrir; ~ haben avoir des garanties; être couvert; ohne ~ sans provision; **3.** *Boxen* défense, garde couverte; *Ballspiel* marquage *m*; aktive ~ parade *f*; **4.** *von Begriffen, math.* coïncidence *f*; **5.** *von Tieren cf.* Decken; **~sbeˌtrag** *m comm.* montant *m* de la couverture; **~sgeˌschäft** *n comm.* opération *f* de couverture; **2sˌgleich** *adj. math.* qui coïncide; **~sˌgleichheit** *f* coïncidence *f*; **~sˌkauf** *m* achat *m* de couverture; **~sˌklausel** *f* clause *f* de couverture; **~sˌmittel** *n/pl. comm.* moyens *m/pl.* de couverture; **~sˌwinkel** *m math.* angle *m* de coïncidence.

Deck|weiß [ˈdɛkvaɪs] *n peint.* blanc opaque, couvrant; **~werk** *n an Deichen* fascinage *m*; **~ˌwinkel** *m bât.* cornière *f* couvre-joint; **~wort** *n* ⟨~(e)s; ~er⟩ mot convenu.

decrescendo [deˑkreˑˈʃɛndoˑ] *adv. mus.* decrescendo.

Dedi|kation [deˑdiˑkatsiˑˈoːn] *f* ⟨~; ~en⟩ dédicace *f*; **~kati'onsexemˌplar** *n* exemplaire dédicacé; **2'zieren** *v/t.* ⟨*pas de ge-*, h⟩ dédier; dédicacer.

Dedu|ktion [deˑdʊktsiˑˈoːn] *f* ⟨~; ~en⟩ *philos.* déduction *f*; **~kti'onsverˌfahren** *n* méthode déductive; **2k'tiv** *adj. philos.* déductif, -ive; **2'zieren** *v/t.* ⟨*pas de ge-*, h⟩ *philos.* déduire; inférer.

de facto [deː ˈfaktoˑ] *loc. adv.* de facto; de fait; selon le fait; **De-'facto-ˌAnerˌkennung** *f jur.* reconnaissance *f* de fait, de facto.

Defätis|mus [deˑfɛˈtɪsmʊs] *m* ⟨~⟩ défaitisme *m*; **~t** *m* ⟨~en; ~en⟩ défaitiste *m*; **2tisch** *adj.* défaitiste.

Defekt [deˑˈfɛkt] **I** *m* ⟨~(e)s; ~e⟩ **1.** manque *m*; défaut *m*; (*Schaden*) dommage *m*; avarie *f*; *fig.* geistiger ~ cerveau fêlé, dérangé; F case *f* de vide; **2.** *impr.* défets *m/pl.*; **II** 2 *adj.* (*mangelhaft*) défectueux, -euse; (*schadhaft*) endommagé; gâté; détérioré; *Ware* avarié; *impr.* ~es Buch livre incomplet; **~ˌbogen** *m impr.* défet *m*; **~ˌbuchstaben** *m/pl. impr.* caractères *m/pl.* défectueux; **~enˌkasten** *m impr.* **a)** casse *f* des défets; **b)** *für Buchstaben* cassetin *m* au diable; **2iv** [-ˈtiːf] *adj. gr.* défectif, -ive; **~ivum** [-ˈtiːvʊm] *n* ⟨~s; -va⟩ *gr.* (verbe *m*) défectif *m*.

defensiv [deˑfɛnˈziːf] *adj.* défensif, -ive; **2ˌbündnis** *n* alliance défensive; **2e** *f* ⟨~; ~n⟩ défensive *f*; in der ~ bleiben être, se tenir, rester sur la défensive; **2ˌpakt** *m* pacte défensif; **2ˌstärke** *f* puissance défensive; **2ˌstellung** *f* position défensive.

defilieren [deˑfiˑˈliːrən] **I** *v/i.* ⟨*pas de ge-*, sein⟩ défiler; **II** 2 *n* ⟨~s⟩ défilé *m*; *milit. auch* défilement *m*.

defin|ierbar [deˑfiˑˈniːrbaːr] *adj.* définissable; nicht ~ indéfinissable; **~ieren** *v/t.* ⟨*pas de ge-*, h⟩ définir; donner la définition de; **2iti'on** *f* ⟨~; ~en⟩ définition *f*; **~i'tiv 1.** *adj.* définitif, -ive; **2.** *adv.* définitivement; **2itor** *m* ⟨~s; -'toren⟩ *relig.* définiteur *m*.

Defizit [ˈdeːfiˑtsɪt] *n* ⟨~s; ~e⟩ *comm.* déficit [-it] *m*; découvert *m*; ein ~ ausgleichen combler un déficit, un découvert; mit e-m ~ abschließen se solder par un déficit; ein ~ aufweisen accuser un déficit; **2är** [-ˈtɛːr] *adj.* déficitaire; *comm.* en déficit; **~-Finanˌzierung** *f pol.* déficit *m* budgétaire systématique.

Deflat|ion [deˑflatsiˑˈoːn] *f* ⟨~; ~en⟩ *écon., géol.* déflation *f*; **2io'nistisch** *adj.* déflationniste; **~i'onsbeˌwegung** *f* mouvement *m* déflationniste; **~i'onsˌmaßnahme** *f* mesure *f* déflationniste; **~i'onspolitik** *f* politique *f* déflationniste, de déflation; **2orisch** [-ˈtoː-] *adj. cf.* 2ionistisch.

Deflektor [deˑˈflɛktər] *m* ⟨~s; -'toren⟩ *Lüftung* déflecteur *m*.

Deflexionslage [deˑflɛksiˑˈoːnsˌlaːgə] *f chir.* présentation défléchie de la tête.

Defloration [deˑfloˑratsiˑˈoːn] *f* ⟨~; ~en⟩ défloration *f*; **~sˌanspruch** *m jur.* demande *f* en dommages-intérêts pour défloration; **~sˌklage** *f jur.* plainte *f* pour défloration.

Deform|ation [deˑfɔrmatsiˑˈoːn] *f* ⟨~; ~en⟩ *phys.* déformation *f*; **2ieren** [-ˈmiː-] *v/t.* ⟨*pas de ge-*, h⟩ *techn.* déformer; contourner; **~i'tät** *f* ⟨~; ~en⟩ *anat.* difformité *f*.

Defraud|ant [deˑfraʊˈdant] *m* ⟨~en; ~en⟩ fraudeur *m*; escroc [-o] *m*; **~ati'on** *f* ⟨~; ~en⟩ fraude *f*; escroquerie *f*; (*Unterschlagung*) détournement *m*; **2ieren** [-ˈdiː-] *v/t. u. v/i.* ⟨*pas de ge-*, h⟩ frauder; (*unterschlagen*) détourner.

Defroster [deˑˈfrɔstər] *m* ⟨~s; ~⟩ *Auto* dégivreur *m*.

deftig [ˈdɛftɪç] *adj.* F salé; soigné.

Degen [ˈdeːgən] *m* ⟨~s; ~⟩ épée *f*; zum ~ greifen porter, mettre la main à l'épée; *plais.* mettre flamberge au vent; den ~ ziehen tirer l'épée; dégainer; den ~ wieder einstecken rengainer.

Degener|ation [deˑgeˑneˑratsiˑˈoːn] *f* ⟨~; ~en⟩ dégénération *f*; dégénérescence *f*; **2ieren** [-ˈriː-] *v/i.* ⟨*pas de ge-*, sein⟩ dégénérer; **2iert** [-ˈriːrt] *adjt.* dégénéré.

Degen|fechten [ˈdeːgənˌfɛçtən] *n* escrime *f* à l'épée; **~ˌfechter** *m* épéiste *m*; escrimeur *m* à l'épée; **~ˌfisch** *m zo.* espadon *m*; **~ˌglocke** *f* coquille *f* d'épée; **~ˌgriff** *m* poignée *f* d'épée; **~ˌhieb** *m* coup *m* d'épée; **~ˌklinge** *f* lame *f* d'épée; **~ˌknauf** *m* pommeau *m* d'épée; **~ˌscheide** *f* fourreau *m* d'épée; **~ˌschlucker** *m* avaleur *m* de sabres; **~ˌschneide** *f* fil *m* de l'épée; **~ˌspitze** *f* pointe *f* de l'épée; **~ˌstoß** *m* coup *m* d'épée.

Degra|dation [deˑgradatsiˑˈoːn] *f* ⟨~; ~en⟩ dégradation *f*; **2'dieren I** *v/t.* ⟨*pas de ge-*, h⟩ dégrader; casser (de son grade); **II ~'dieren** *n* ⟨~s⟩, **~'dierung** *f* ⟨~; ~en⟩ dégradation *f*.

Degress|ion [deˑgrɛsiˑˈoːn] *f* ⟨~; ~en⟩ *Steuer* dégression *f*; dégressivité *f*; **2iv** [-ˈsiːf] *adj.* dégressif, -ive.

degummieren [deˑgʊˈmiːrən] *v/t.* ⟨*pas de ge-*, h⟩ (*entbasten*) dégommer; décr(e)user.

dehn|bar [ˈdeːnbaːr] *adj. phys. durch Wärme* dilatable; *Gase auch* expansible; *feste Körper, anat.* extensible; *Metalle* ductile; *fig.* élastique; ~er Begriff notion élastique, mal définie; concept extensible; **2barˌkeit** *f* ⟨~⟩ dilatabilité *f*; expansibilité *f*; extensibilité *f*; ductilité *f*; *fig.* élasticité *f*; **~en I** *v/t.* (*u. v/réfl.*) ⟨h⟩ **1.** (s')étendre; *phys.* (se) dilater; *in die Länge* (s')allonger; *in die Breite* (s')élargir; **2.** *fig. Wörter* traîner (sur les mots); gedehnte Silbe syllabe allongée; **II 2en** *n* ⟨~s⟩, **2ung** *f* ⟨~; ~en⟩ extension *f*; dilatation *f*; allongement *m* (*auch gr.*); élargissement *m*; *méd.* dilatation *f*; élongation *f*; *phys.* bleibende ~ allongement permanent; spezifische ~ allongement unitaire; **2ungsˌfuge** *f* joint *m* de dilatation; **2ungsˌgrenze** *f phys.* limite *f* de dilatation, d'allongement; **2ungs-ˌh** [-ˌhaː] *n* ⟨~; ~⟩ *gr.* 'h [aʃ] *m* d'allongement; **2ungsˌhub** *m mot.* course *f* d'explosion; **2ungskoeffiziˌent** *m* coefficient *m* de dilatation; **2ungsˌkraft** *f* force extensive; **2ungsˌmesser** *m* ⟨~s; ~⟩ extensomètre *m*; **2ungsverˌhältnis** *n* taux *m* de détente; **2ungsˌwert** *m phys.* valeur *f* d'allongement; **2ungsˌzeichen** *n gr.* signe *m* d'allongement.

dehydrier|en [deˑhyˑˈdriːrən] **I** *v/t.* ⟨*pas de ge-*, h⟩ déshydrogéner; **II 2en** *n* ⟨~s⟩, **2ung** *f* ⟨~⟩ déshydrogénation *f*.

Deich [daɪç] *m* ⟨~(e)s; ~e⟩ digue *f*; **~amt** *n* inspection *f* des digues; **~ˌanker** *m* pied *m*, base *f* d'une digue; **~bau** *m* ⟨~(e)s; ~ten⟩ construction *f* d'une digue; **~ˌböschung** *f* flanc *m*, talus *m* de la digue; **~bruch** *m* rupture *f* d'une digue; **~geˌsetz** *n* loi *f* sur les digues; **~ˌkappe** *f*, **~ˌkrone** *f* crête *f*, couronnement *m* de digue; **~land** *n* pays protégé, contrée protégée par des digues; **~poliˌzei** *f* police *f* des digues; **~recht** *n* législation *f* sur les digues; **~ˌschaden** *m* endommagement *m* d'une digue; **~ˌschleuse** *f* écluse *f* à vanne de digue.

Deichsel [ˈdaɪksəl] *f* ⟨~; ~n⟩ timon *m*; **~ˌarm** *m* armon *m*; bras *m* du timon; *e-r Gabel*2 limon *m*; **~ˌbolzen** *m* boulon *m* d'assemblage du timon; **~ˌgabel** *f* limons *m/pl.*; brancards *m/pl.*; **~ˌkreuz** *n relig.* croix *f* en tau; **2n** *v/t.* ⟨-(e)le, h⟩ F ich werde die Sache schon ~ je vais arranger, F goupiller l'affaire; **~ˌstütze** *f* servante *f* d'un timon.

Deich|wärter [ˈdaɪçˌvɛrtər] *m* gardien *m* de digue; **~weg** *m* chemin *m* qui longe une digue; chaussée *f* de digue.

dein [daɪn] *pr/poss.* **1.** *adjektivisch* (*f u. pl.* ~e) ton *bzw.* ta, *pl.* tes; ~ und mein Freund ton ami et le mien; ~ bißchen Englisch le peu d'anglais que tu sais; e-r ~er Freunde un de tes amis; *fig.* ~ und mein verwechseln prendre mon bien pour le tien; tue ~ möglichstes fais tout ton possible, tout ce qui est en ton pouvoir (pour...); ich bin ~ je suis à toi; je t'appartiens; *am Briefschluß nicht übers.* 2 Karl Charles; *bibl.* ~ ist die Kraft (c'est) à toi (qu')appartient la puissance; **2.** *substantivisch* der, die, das ~(ig)e le tien *bzw.* la tienne; die 2(ig)en les tiens; ta famille; *Briefschluß* immer der 2e à toi pour la vie; das Mein und 2 le mien et le tien; **~er I** *pr/pers.* (*gén. von* du) de toi; *st. s.* wir werden ~ gedenken nous nous souviendrons de toi; als er ~ ansichtig wurde lorsqu'il te vit; à ta vue; **II** *pr/poss.* **a)** *gen. sg. f* de ta *bzw.* de ton; **b)** *dat. sg. f* à ta *bzw.* à ton; **c)** *gén. pl.* de tes; **~er'seits** *adv.* de ta part; de ton côté; à ton tour; **~es'gleichen** *pr.* ton *bzw.* ta pareil(le) *bzw.* tes pareil(le)s; ton *bzw.* ta *bzw.* tes semblable(s); **~et'halben, ~et'wegen, (um) ~et'willen** *adv.* à cause de toi; pour toi.

Deis|mus [deˑˈɪsmʊs] *m* ⟨~⟩ déisme *m*; **~t** *m* ⟨~en; ~en⟩ déiste *m*; **2tisch** *adj.* déiste.

Deiwel [ˈdaɪvəl] *m* ⟨~s⟩ F *cf.* Teufel.

de jure [deː ˈjuːreˑ] *loc. adv.* de jure; conformément au droit; de droit; **De-'jure-ˌAnerˌkennung** *f pol.* reconnaissance *f* de droit, de jure.

Dekade [de·ˈkɑːdə] *f* ⟨~; ~n⟩ décade *f*.
dekadent [de·ka'dɛnt] *adj.* décadent; en décadence.
Dekadenwiderstand [de·ˈkɑːdən͵viːdər͵ʃtant] *m élect.* résistance *f* en décades.
Dekadenz [de·ka'dɛnts] *f* ⟨~⟩ décadence *f*.
Deka|eder [de·ka'eːdər] *n* ⟨~s; ~⟩ *math.* décaèdre *m*; **~͵gramm** ['deːka-] *n* décagramme *m*; **~'log** *m* ⟨~(e)s⟩ *relig.* Décalogue *m*.
Dekameron [de·ˈkame·roːn] *n* ⟨~s⟩ Décaméron *m*.
Dekameter [͵deːka'meːtər] *n* décamètre *m*.
Dekan [de·ˈkɑːn] *m* ⟨~s; ~e⟩ *e-r Fakultät* doyen *m*; *égl. cf.* **Dechant**; **~at** [-'nɑːt] *n* ⟨~(e)s; ~e⟩ décanat *m*.
dekantier|en [de·kan'tiːrən] *v/t.* ⟨*pas de ge-*, **h**⟩ *chim.* décanter; **2͵glas** *n chim.* décanteur *m*.
dekapieren [de·ka'piːrən] *v/t.* ⟨*pas de ge-*, **h**⟩ *techn.* décaper.
dekartellisier|en [de·kartɛli·'ziːrən] **I** *v/t.* ⟨*pas de ge-*, **h**⟩ décartelliser; **II 2en** *n* ⟨~s⟩, **2ung** *f* ⟨~; ~en⟩ décartellisation *f*.
dekatier|en [de·ka'tiːrən] **I** *v/t.* ⟨*pas de ge-*, **h**⟩ *text.* décatir; **II 2en** *n* ⟨~s⟩ décatissage *m*; **2ma͵schine** *f* décatissoir *m*; machine *f*, table *f* à décatir; **2ung** *f* ⟨~⟩ *cf.* **2en**.
Dekla|mation [de·klamatsi·'oːn] *f* ⟨~; ~en⟩ déclamation *f* (*auch péj.*); **~'mator** *m* ⟨~s; -'toren⟩ déclamateur *m* (*auch péj.*); **2ma'torisch** *adj.* déclamatoire; **2'mieren** *v/t. u. v/i.* ⟨*pas de ge-*, **h**⟩ déclamer (*auch péj.*).
Deklar|ation [de·klaratsi·'oːn] *f* ⟨~; ~en⟩ *comm.* déclaration *f*; **~ati'ons͵pflicht** *f Steuer* obligation *f* de déclarer (l'ensemble de) son revenu; **2ieren** [-'riː-] *v/t.* ⟨*pas de ge-*, **h**⟩ déclarer.
deklassier|en [de·kla'siːrən] *v/t.* ⟨*pas de ge-*, **h**⟩ déclasser; **2te(r)** *f* (*m*) ⟨→ A⟩ déclassé(e) *m* (*f*).
Dekli|nation [de·kli·natsi·'oːn] *f* ⟨~; ~en⟩ *astr., gr., phys.* déclinaison *f*; **2'nierbar** *adj. gr.* déclinable; **2'nieren** *v/t. u. v/i.* ⟨*pas de ge-*, **h**⟩ *astr., gr., phys.* décliner.
Dekokt [de·ˈkɔkt] *n* ⟨~(e)s; ~e⟩ *phm.* décoction *f*; **~i'onsver͵fahren** *n phm.* procédé *m* de décoction.
Dekollet|é [de·kɔl'teː] *n* ⟨~s; ~s⟩ décolleté *m*; **2ieren** *v/t.* ⟨*pas de ge-*, **h**⟩ décolleter; **2iert** *adjt.* décolleté.
dekompo|nieren [de·kɔmpo·'niːrən] *v/t.* ⟨*pas de ge-*, **h**⟩ décomposer; **2siti'on** *f* ⟨~; ~en⟩ décomposition *f*; **2situm** [-'poː-] *n* ⟨~s; -ta⟩ *gr.* dérivé *m* d'un nom composé.
Dekompression [de·kɔmprɛsi·'oːn] *f* ⟨~; ~en⟩ décompression *f*.
Dekontamination [de·kɔntami·natsi·'oːn] *f* ⟨~; ~en⟩ *phys. atom.* décontamination *f*.
Dekonzentration [de·kɔntsɛntratsi·'oːn] *f* ⟨~; ~en⟩ déconcentration *f*.
Dekor [de·ˈkoːr] *m* ⟨~s; ~s⟩ décor *m*; **~a'teur** [-'tøːr] *m* ⟨~s; ~e⟩ décorateur *m*; (*Schaufenster2*) étalagiste *m*; **~ati'on** *f* ⟨~; ~en⟩ décoration *f*; *thé.* décors *m/pl.*; **~ati'ons͵maler** *m* peintre décorateur; scénographe *m*; **~ati'onsmale͵rei** *f* scénographie *f*; **~ati'ons͵stoff** *m* tissu *m* d'ameublement; **~ati'ons͵stück** *n* objet *m* de décoration; **2a'tiv 1.** *adj.* décoratif, -ive; **2.** *adv.* ~ **wirken** produire un bel effet.
dekorier|en [de·ko·'riːrən] **I** *v/t.* ⟨*pas de ge-*, **h**⟩ décorer; **II 2en** *n* ⟨~s⟩, **2ung** *f* ⟨~⟩ décoration *f*.
Dekort [de·ˈkoːr, de·ˈkɔrt] *m* ⟨~s; ~s *bzw.* ~e⟩ *comm.* déduction *f*; défalcation *f*; **2ieren** [-kɔr'tiː-] *v/t.* ⟨*pas de ge-*, **h**⟩ *comm.* déduire; défalquer.
Dekorum [de·ˈkoːrʊm] *n* ⟨~s⟩ décorum [-rɔm] *m*.
Dekrement [de·kre·'mɛnt] *n* ⟨~(e)s; ~e⟩ *math., phys.* décrément *m*; **~͵messer** *m* ⟨~s; ~⟩ décrémètre *m*.
Dekrepi|tation [de·kre·pi·tatsi·'oːn] *f* ⟨~; ~en⟩ *von Kristallen* décrépitation *f*; **2'tieren** *v/i.* ⟨*pas de ge-*, **sein**⟩ décrépiter.
Dekrescendo [de·kre·ˈʃɛndo·] *n* ⟨~s; ~s *od.* -di⟩ *mus.* decrescendo *m*.
Dekre|t [de·ˈkreːt] *n* ⟨~(e)s; ~e⟩ décret *m*; **~'tale** *n* ⟨~; ~n *od.* -lien⟩ *égl.* décrétale *f*; **2'tieren** *v/t.* ⟨*pas de ge-*, **h**⟩ décréter.
Dekuri|e [de·ˈkuːri·ə] *f* ⟨~; ~n⟩ *hist.* décurie *f*; **~o** *m* ⟨~s *od.* -'onen; -'onen⟩ décurion *m*.
dekussiert [de·kʊ'siːrt] *adjt. bot.* décussé; croisé.
Delation [de·latsi·'oːn] *f* ⟨~; ~en⟩ délation *f*.
Deleatur [de·le·'ɑːtʊr] *n* ⟨~s; ~⟩ *impr.* deleatur *m*.
Delegation [de·le·gatsi·'oːn] *f* ⟨~; ~en⟩ délégation *f*; **e-e (starke)** ~ **entsenden** envoyer une délégation (importante); **~s͵leiter** *m* chef *m* de (la) délégation.
delegier|en [de·le·'giːrən] *v/t.* ⟨*pas de ge-*, **h**⟩ déléguer; **~t** *adjt.* délégué; **2te(r)** *f* (*m*) ⟨→ A⟩ délégué(e) *m* (*f*); **ständiger ~r** délégué permanent; **2ten͵liste** *f* liste *f* des délégués.
Delfter ['dɛlftər] *adj.* ⟨*inv.*⟩ ~ **Fayence** faïence *f* de Delft.
delikat [de·li·'kɑːt] *adj.* **1.** délicat (*auch fig.*); **2.** (*wohlschmeckend*) délicieux, -euse; exquis; **3.** (*heikel*) délicat; *pfort.* scabreux, -euse; **~e Frage** question délicate; **~e Angelegenheit** *auch* affaire qui requiert du doigté; **2esse** [-'tɛ-] *f* ⟨~; ~n⟩ **1.** *cuis. pl.* **~n** comestibles fins; **das ist e-e** ~ c'est quelque chose de très fin, d'exquis; **2.** délicatesse *f* (*auch fig.*); **2essen-ge͵schäft** [-'tɛ-] *n* épicerie fine.
Delikt [de·ˈlɪkt] *n* ⟨~(e)s; ~e⟩ *jur.* délit *m*; **~s͵fähigkeit** *f* ⟨~⟩ responsabilité pénale; **~s͵haftung** *f* responsabilité délictuelle; **~s͵handlung** *f* acte délictueux; fait *m* illicite; **~s͵klage** *f* action civile.
Delinquent(in) [de·lɪŋ'kvɛnt(ɪn)] *m* ⟨~en; ~en⟩ (*f*) ⟨~; ~nen⟩ *jur.* délinquant(e) *m* (*f*).
Delirium [de·ˈliːri·ʊm] *n* ⟨~s; -ien⟩ *méd.* délire *m*; ~ **tremens** délire alcoolique; delirium [-jɔm] tremens.
delisch ['deːlɪʃ] *adj.* délien, -nne; déliaque.
Delkredere [dɛl'kreːde·re·] *n* ⟨~; ~⟩ *comm.* ducroire *m*; **das ~ übernehmen** être ducroire; **~͵konto** *n* compte *m* de garantie (ducroire); **~provisi͵on** *f* (commission *f* de) ducroire *m*; **~ver͵sicherung** *f* assurance *f* ducroire.
Delle ['dɛlə] *f* ⟨~; ~n⟩ F (*Beule*) creux *m*; bosse(lure) *f*; **e-e ~ haben** être cabossé.
Delphin [dɛl'fiːn] *m* ⟨~s; ~e⟩ *zo., astr.* dauphin *m*; **~͵stil** *m Schwimmsport* style *m* dauphin.
delphisch ['dɛlfɪʃ] *adj.* delphien, -nne; **das 2e Orakel** l'oracle *m* de Delphes.
Delta ['dɛlta] *n* ⟨~s; ~s⟩ *Buchstabe, géogr.* delta *m*; **~͵bildung** *f géogr.* formation *f* d'un *bzw.* de delta(s); **~͵flugzeug** *n* avion *m* à ailes en delta; **~me͵tall** *n* métal *m* delta; **~͵muskel** *m anat.* (muscle *m*) deltoïde *m*; **~͵schaltung** *f* couplage *m* en delta, en triangle.
Deltoid [dɛlto·'iːt] *n* ⟨~(e)s; ~e⟩ *math.* quadrilatère complet régulier.
dem [deːm, dem] (*dat. von* **der, das**) **I** *art.* au *bzw.* à la; **II** *pr/rel.* à qui; auquel, à laquelle; à quoi; **III** *pr/d.* **1.** *adjektivisch* à ce *bzw.* à cet *bzw.* à cette; ~ **Mann (da** *bzw.* **hier)** à cet homme(-là *bzw.* -ci); **2.** *substantivisch* **a)** *dat. sg. m* à celui-ci (-là) *bzw.* à celle-ci (-là); **b)** *dat. sg. n* à ceci; à cela; **wie ~ auch sei** quoi qu'il en soit; **wenn ~ so ist...** s'il en est ainsi...; **nach ~, was er gesagt hat** à ce qu'il a dit; ~ **steht nichts im Wege** il n'y a pas d'obstacle (à ceci, à cela).
Demagog|e [de·ma'goːgə] *m* ⟨~n; ~n⟩ démagogue *m*; **~en͵tum** *n* ⟨~(e)s⟩ démagogie *f*; **~en͵umtriebe** *m/pl.* menées *f/pl.*, agissements *m/pl.* démagogiques; **~enver͵folgung** *f hist.* persécution *f* des démagogues; **~ie** [-'giː] *f* ⟨~; -ien⟩ démagogie *f*; **2isch** *adj.* démagogique.
Demant ['deːmant, de·ˈmant] *m* ⟨~(e)s; ~e⟩ *cf.* **Diamant.**
Demarche [de·ˈmarʃ] *f* ⟨~; ~n⟩ *dipl.* démarche *f* diplomatique.
Demark|ationslinie [de·markatsi·'oːns͵liːni·ə] *f* ligne *f* de démarcation; **2ieren** [-'kiː-] *v/t.* ⟨*pas de ge-*, **h**⟩ démarquer.
demaskier|en [de·mas'kiːrən] *v/t.* (*u. v/réfl.*) ⟨*pas de ge-*, **h**⟩ (se) démasquer; **2ung** *f* ⟨~; ~en⟩ *verbal.*
dementgegen ['deːmˀɛnt'geːgən] *adv.* contre cela.
Demen|ti [de·ˈmɛnti·] *n* ⟨~s; ~s⟩ démenti *m*; **2'tieren** *v/t.* ⟨*pas de ge-*, **h**⟩ démentir; **Gerüchte ~** démentir des bruits, des rumeurs.
dem|entsprechend ['deːmˀɛnt'ʃprɛçənt] **1.** *adj.* conforme à cela; **der Rest ist ~** le reste est à l'avenant; **2.** *adv. cf.* **~gemäß**; **~gegen'über** *adv.* par contre; au contraire; **~ge'mäß** *adv.* en conséquence; conformément à cela; suivant cela.
Demijohn ['deːmi·͵dʒɔn] *m* ⟨~s; ~s⟩ (*Korbflasche*) dame-jeanne *f*.
Demilitari|sation [de·mi·li·tari·zatsi·'oːn] *f* ⟨~⟩ démilitarisation *f*; **2'sieren** *v/t.* ⟨*pas de ge-*, **h**⟩ démilitariser; **2'siert** *adjt.* démilitarisé.
Demimonde [dəmi·'mõːd] *f* ⟨~⟩ demi-monde *m*.
Demission [de·mɪsi·'oːn] *f* ⟨~; ~en⟩ démission *f*; **s-e ~ einreichen** donner, remettre sa démission; **2ieren** [-'niː-] *v/i.* ⟨*pas de ge-*, **h**⟩ démissionner.
Demiurg [de·mi·'ʊrk] *m* ⟨~en *od.* ~s⟩ démiurge *m*.
dem|nach ['deːm'nɑːx] *adv.* **1.** *Muster* d'après cela; **2.** *logische Folge* en conséquence; par conséquent; donc; partant; **~'nächst** *adv.* sous peu; bientôt; prochainement; un de ces jours; **erscheint ~** à paraître prochainement; ~ **in diesem Theater a)** *im Kino* prochainement sur cet écran; **b)** F (*nicht jetzt*) la suite au prochain numéro.
demobil|isieren [de·mo·bi·li·'ziːrən] *v/t.* ⟨*pas de ge-*, **h**⟩ *milit.* démobiliser; **2i'sierung** *f* ⟨~; ~en⟩, **2͵machung** [-'biːl-] *f* ⟨~; ~en⟩ *milit.* démobilisation *f*.
Demodu|lation [de·mo·du·latsi·'oːn] *f* ⟨~; ~en⟩ *élect., rad.* démodulation *f*; **2'lieren** *v/t.* ⟨*pas de ge-*, **h**⟩ démoduler.
Demo|graph [de·mo·'grɑːf] *m* ⟨~en; ~en⟩ démographe *m*; **~gra'phie** *f* ⟨~; -ien⟩ démographie *f*; **2'graphisch**

adj. démographique; **~'krat** m ⟨~en; ~en⟩ démocrate m; **~kra'tie** f ⟨~; -ien⟩ démocratie [-si] f; **2'kratisch** adj. von Personen démocrate; von Sachen démocratique; **2krati'sieren** v/t. ⟨pas de ge-, h⟩ démocratiser; **~krati'sierung** f ⟨~⟩ démocratisation f.

demolier|en [de·mo·'li:rən] v/t. ⟨pas de ge-, h⟩ démolir; **2ung** f ⟨~; ~en⟩ démolition f.

Demonstr|ant [de·mən'strant] m ⟨~en; ~en⟩ manifestant m; **~ati'on** f ⟨~; ~en⟩ **1.** (Beweisführung) démonstration f; **2.** (Kundgebung) manifestation f; **~ati'ons,recht** n droit m de manifestation; **~ati'ons,zug** m cortège m de(s) manifestants; **2a'tiv 1.** adj. démonstratif, -ive; **2.** adv. démonstrativement; **~a'tivpro,nomen** n gr. adjectif bzw. pronom démonstratif; **2ieren I** v/t. ⟨pas de ge-, h⟩ (darlegen, vorführen) démontrer; **II** v/i. pol. manifester.

Demont|age [de·mõ:'ta:ʒə] f ⟨~; ~n⟩ démontage m; **2ieren I** v/t. ⟨pas de ge-, h⟩ démonter; **II ~ieren** n ⟨~s⟩ cf. ~age.

Demorali|sation [de·mo·rali·za-tsi·'o:n] f ⟨~⟩ démoralisation f; **2'sieren** v/t. ⟨pas de ge-, h⟩ démoraliser; **~'sierung** f ⟨~⟩ cf. ~sation.

Demoskopie [de·məsko·'pi:] f ⟨~; -ien⟩ sondage m d'opinion.

demosthenisch [de·məs'te:nɪʃ] adj. de od. selon Démosthène; à la façon de Démosthène.

demun|erachtet ['de:m'ˀunˀɛr,ˀaxtət], **~ge,achtet** adv. cf. dessenungeachtet.

Demut ['de:mu:t] f ⟨~⟩ humilité f; (Unterwürfigkeit) soumission f.

demütig ['de:my:tɪç] adj. humble; (unterwürfig) soumis; **~en Herzens** le cœur plein d'humilité; adv. **~st** très humblement; en toute humilité; **~en I** v/t. (u. v/réfl.) ⟨h⟩ (s')humilier; (herabsetzen) (s')abaisser; relig. s'anéantir; **j-n ~** faire subir une humiliation à qn.; **II 2en** n ⟨~s⟩ cf. 2ung; **~end** adjt. humiliant; **das 2e** ce qu'il y a d'humiliant; **2ung** f ⟨~; ~en⟩ humiliation f; abaissement m; relig. anéantissement m; **e-e ~ einstecken** avaler une humiliation.

demutsvoll ['de:mu:ts,fɔl] adj. plein d'humilité.

demzufolge ['de:mtsu'fɔlgə] adv. cf. demnach.

den [de:n] **I** art. acc. sg. m le bzw. la bzw. l'; dat. pl. m, f, n aux, nach prép. les; **II** pr/d. **a)** adjektivisch acc. sg. m ce bzw. cet bzw. cette (...-ci, ...-là); dat. pl. à ces (...-ci, ...-là); **b)** substantivisch acc. sg. m celui-ci (-là) bzw. celle-ci (-là); **III** pr/rel. acc. sg. m que, nach prép. lequel bzw. laquelle.

Denar [de·'na:r] m ⟨~s; ~e⟩ Münze denier m.

Denaturali|sation [de·natu·rali·za-tsi·'o:n] f ⟨~; ~en⟩ dénaturalisation f; **2'sieren** v/t. ⟨pas de ge-, h⟩ dénaturaliser.

denaturier|en [de·natu·'ri:rən] **I** v/t. ⟨pas de ge-, h⟩ dénaturer; **denaturierter Alkohol** alcool dénaturé; **II 2en** n ⟨~s⟩, **2ung** f ⟨~⟩ dénaturation f; **2ungs,mittel** n dénaturant m.

Dendr|it [dɛn'dri:t, -'drɪt] m ⟨~en; ~en⟩ minéral., anat. dendrite f; **~ochronolo'gie** f ⟨~⟩ dendrochronologie f; **~oklimatolo'gie** f ⟨~⟩ dendroclimatologie f; **~olo'gie** f ⟨~⟩ dendrologie f; **2o'logisch** adj. dendrologique; **~o'meter** n ⟨~s; ~⟩ dendromètre m.

denen ['de:nən] (dat. pl. von **der, die, das**) **I** pr/d. à ceux bzw. celles; **II** pr/rel. à qui bzw. auxquel(le)s, nach prép. lesquel(le)s bzw. bei Personen auch qui.

Dengel|amboß ['dɛŋəl,ˀambəs] m enclumette f des faucheurs; chaploir m; **~,hammer** m marteau m à battre les faux; **2n** v/t. ⟨-(e)le, h⟩ Sense battre; **~,stock** m cf. ~amboß.

Denguefieber ['dɛŋgve·,fi:bər, 'dɛŋə-] n méd. dengue [-ɛ̃g] f.

Denier [de·ni·'e:] n ⟨~(s); ~⟩ Garnmaß denier m.

Denitrifi|kation [de·ni·tri·fi·ka-tsi·'o:n] f ⟨~; ~en⟩ chim. dénitrification f; **2'zieren** v/t. ⟨pas de ge-, h⟩ dénitrifier.

Denk|art ['dɛŋkˀa:rt] f manière f, façon f de penser; mentalité f; tournure f d'esprit; **~,aufgabe** f problème astucieux; **2bar 1.** adj. imaginable; que l'on peut (s')imaginer; **2.** adv. **~ schlecht** aussi mauvais que l'on peut (s')imaginer; **die ~ günstigsten Bedingungen** les conditions les plus favorables que l'on puisse s'imaginer; **2en I** v/t. ⟨denkt, dachte, gedacht, h⟩ penser; **wer hätte das gedacht!?** qui aurait pu le penser?; **es war für dich gedacht** cela t'était destiné; **ein für praktische Zwecke gedachtes Buch** un livre qui se veut pratique; **was ~ Sie von ihm?** que pensez-vous de lui?; quelle opinion avez-vous de lui?; **was ~ Sie!** quelle idée!; **was in aller Welt dachten Sie, als...?** à quoi pensiez-vous donc quand...?; **er denkt immer das Schlimmste** il pense toujours au pire; il voit tout en noir; **wie können Sie so etw. ~?** comment pouvez-vous avoir une idée pareille?; **ich kann es mir schon ~** je vois, je m'imagine ce que c'est; **das habe ich mir gedacht** je m'y attendais; je m'en doutais; **das kann man sich ~** cela se conçoit; **ich dachte mir die Sache so** voilà comment, c'est ainsi que je m'imaginais, que je me figurais, que je me représentais la chose; **den Rest können Sie sich ~** vous pouvez (vous) imaginer la suite; **er denkt sich sein(en) Teil** il n'en pense pas moins; il a sa petite idée là-dessus; **Sie können sich ~, daß...** vous comprenez bien que...; **er dachte sich nichts Böses dabei** il ne pensait pas à mal; **II** v/i. allg. penser; (Überlegungen anstellen) raisonner; (nachdenken) réfléchir; méditer; (beabsichtigen) se proposer de; avoir l'intention de; **ich dachte, er sei...** j'ai cru qu'il était...; **man sollte ~, daß...** on dirait que...; **ich denke, wir lassen es bleiben** je serais d'avis d'y renoncer; **ich dachte, wunder was er mir schenken würde** je m'imaginais naïvement qu'il me ferait quelque beau présent; je m'attendais de sa part à des merveilles de générosité; **er denkt, wunder wer er sei** il se prend pour je ne sais quoi; F il se croit sorti de la cuisse de Jupiter; il ne se prend pas pour rien; F **denkste!** tu parles!; P des clous!; **~ Sie mal!** figurez-vous!; imaginez-vous!; F **denk mal an!** figure-toi!; **wo ~ Sie hin!?** y pensez-vous!; vous n'y songez pas!; **das gibt zu ~!** cela donne à réfléchir, à penser; **solange ich ~ kann** du plus loin qu'il m'en souvienne; autant que je m'en souvienne; (**wann reisen Sie?**) **ich denke, morgen** (quand partez-vous en voyage?) demain, je suppose; **es wäre, denke ich, gut...** je pense qu'il serait bon...; **der Mensch denkt, Gott lenkt** prov. l'homme propose, Dieu dispose prov.; **gedacht, getan** aussitôt dit, aussitôt fait; **edel ~** avoir des pensées nobles; **an j-n, etw. ~** songer, penser à qn., à qc.; **wenn ich nur daran denke!** rien que d'y penser!; **man kann nicht an alles ~** on ne peut pas penser à tout; **nur an sich ~** ne penser qu'à soi; **ich muß immer daran ~** je ne puis m'empêcher d'y penser, songer; **anders ~** avoir une opinion différente; penser autrement; **denke daran!** penses-y!; songes-y!; **nicht daran zu ~!** il ne faut pas y penser, songer!; **ich denke daran** j'y pense(rai); **ich denke gar nicht daran!** loin de moi cette pensée!; **ich denke nicht daran, es zu tun** je me garderai bien, je ne m'aviserai pas de le faire; **woran ~ Sie?** à quoi pensez-vous?; **wie ~ Sie darüber?** qu'en pensez-vous?; **er denkt weiter** il voit plus loin; **III ~en** n ⟨~s⟩ pensée f; **2end** adjt. pensant; raisonnant; **jeder ~e Mensch** tout homme qui pense, réfléchit; **~er(in)** m ⟨~s; ~⟩ (f) ⟨~; ~nen⟩ penseur, -euse m, f; im engeren Sinne philosophe m, f; esprit m philosophique; **~er,stirn** f front m de penseur; **2,fähig** adj. capable de penser; **~,fähigkeit** f ⟨~⟩ faculté f de penser; **2faul** adj. paresseux, -euse d'esprit; **~,faulheit** f paresse f d'esprit; **~,fehler** m faute f de raisonnement; **(e-n) ~ machen** auch raisonner faux; **~form** f forme f de pensée; **~,freiheit** f liberté f de pensée; **~kraft** f puissance f de pensée; **~,lehre** f logique f; **~mal** n ⟨~(e)s; ~er⟩ monument m; **~mal,pflege** f entretien m des monuments; **~mal,schutz** m protection f des monuments; **unter ~ stehen** être classé monument historique; **~,münze** f médaille commémorative; **~schrift** f mémoire m; mémorandum [-ɑ̃dəm] m (auch dipl.); **~sport(,aufgabe)** m (f) jeu m d'esprit; **~spruch** m sentence f; pensée f; maxime f; apophtegme m; **~,störung** f trouble m du raisonnement; **~,übung** f exercice intellectuel; **~ungs,art** f cf. ~art; **~ver,mögen** n cf. ~kraft; **~,weise** f cf. ~art; **2,würdig** adj. mémorable; **~,würdig,keit** f ⟨~; ~en⟩ **a)** ('haute) importance f; **b)** fait m mémorable; **c)** als Buchtitel Mémoires m/pl.; **~,zentrum** n centre m de l'idéation; **~,zettel** m fig. j-m e-n **~ geben** donner une leçon à qn.

denn [dɛn] **I** conj. **1.** begründend car; **2.** nach comp. st. s. **mehr ~ je** plus que jamais; **II** adv. **1.** verstärkend donc; **wo ~?** où donc?; **was ~?** quoi donc?; **auf ~!** en avant donc!; **es sei ~, daß...** à moins que... ne... (+ subj.); sauf si... (+ ind.); **wo ist er ~?** où est-il donc?; **ist er ~ so arm?** est-il donc si pauvre?; **wieso ~?** comment donc?; **2.** (dann) **es gelang ihm ~ auch** et enfin il réussit.

dennoch ['dɛnɔx] conj. u. adv. cependant; pourtant; toutefois; néanmoins; nonobstant; nie zu Anfang des Satzes quand même; tout de même.

Denomina|tion [de·no·mi·natsi·'o:n] f ⟨~; ~en⟩ dénomination f; **~'tiv** n ⟨~s; ~e⟩, **~'tivum** n ⟨~s; -va⟩ gr. dénominatif m.

Densitometer [dɛnzi·to·'me:tər] n ⟨~s; ~⟩ phot. densitomètre m.

dental [dɛn'ta:l] **I** adj. dental; **II 2** m ⟨~s; ~e⟩, **2,laut** m gr. dentale f.

dentelieren [dɑ̃tə'li:rən] v/t. ⟨pas de ge-, h⟩ denteler.

Dent|in [dɛn'tiːn] *n* ⟨~s⟩ dentine *f*; **~ist** *m* ⟨~en; ~en⟩ dentiste *m* (sans diplôme d'une faculté).

Denudation [de·nu·datsi·'oːn] *f* ⟨~; ~en⟩ *géol.*, *méd.* dénudation *f*.

Denun|ziant(in) [de·nʊntsi·'ant(ɪn)] *m* ⟨~en; ~en⟩ *(f)* ⟨~; ~nen⟩ dénonciateur, -trice *m, f*; délateur, -trice *m, f*; sycophante *m, f*; F mouchard *m*; **~zi'at** *m* ⟨~en; ~en⟩ personne dénoncée; **~ziati'on** *f* ⟨~; ~en⟩ dénonciation *f*; délation *f*; **2'zieren** *v/t.* ⟨*pas de ge-*, h⟩ dénoncer; **s-e Mitschuldigen ~** *auch* donner, vendre ses complices.

Departement [de·part(ə)'mɑ̃ː, -'maŋ] *n* ⟨~s; ~s⟩ département *m*.

Depersonalisation [de·pɛrzo·nali·-zatsi·'oːn] *f* ⟨~; ~en⟩ *psych.* dépersonnalisation *f*.

Depesche [de·'pɛʃə] *f* ⟨~; ~n⟩ dépêche *f* (diplomatique); **~n,schlüssel** *m* code *m* télégraphique.

Depla|cement [de·plas(ə)'mɑ̃ː, -'maŋ] *n* ⟨~s; ~s⟩ *mar.* déplacement *m*; **2'ciert** *adjt.* déplacé.

Depolaris|ation [de·po·lari·zatsi·'oːn] *f* ⟨~; ~en⟩ *élect.* dépolarisation *f*; **~ator** [-'zɑː-] *m* ⟨~s; -'toren⟩ dépolarisant *m*; **2ieren** [-'ziː-] *v/t.* ⟨*pas de ge-*, h⟩ dépolariser.

Deponens [de·'poːnɛns] *n* ⟨~; -'nentia⟩ *gr.* (verbe *m*) déponent *m*.

Depon|ent [de·po·'nɛnt] *m* ⟨~en; ~en⟩ *comm.* déposant *m*; **2ieren I** *v/t.* ⟨*pas de ge-*, h⟩ mettre en dépôt; déposer; consigner; **II ~ieren** *n* ⟨~s⟩, **~ierung** *f* ⟨~⟩ dépôt *m*; consignation *f*.

Deport [de·'pɔrt, -'poːr] *m* ⟨~s; ~s *bzw.* ~e⟩ *comm.* déport *m*; **~ati'on** *f* ⟨~; ~en⟩ déportation *f*; **~ge,schäft** *n* transaction *f* de déport; **2ieren** [-'tiː-] **I** *v/t.* ⟨*pas de ge-*, h⟩ déporter; **II ~ieren** [-'tiː-] *n* ⟨~s⟩ déportation *f*; **~ierte(r)** [-'tiːr-] *f (m)* ⟨→ A⟩ déporté(e) *m (f)*.

Depositar [de·po·zi·'tɑːr] *m* ⟨~s; ~e⟩ dépositaire *m*.

Depositen [de·po·'ziːtən] *pl. comm.* dépôts *m/pl.*; **~,bank** *f* ⟨~; ~en⟩ banque *f* de dépôts; **Giro- und ~** banque de dépôts et de virements; **~,einlagen** *f/pl.*, **~,gelder** *n/pl.* fonds *m/pl.* mis en dépôt; sommes déposées; dépôts *m/pl.*; **~ge,schäft** *n* opération *f* bancaire avec des dépôts; **~,guthaben** *n* avoir *m* en dépôt; **~,kasse** *f* caisse *f* des dépôts et consignations; **~,konto** *n* compte *m* de dépôt; **~,schein** *m* récépissé *m*, reçu *m* de dépôt.

Depositum [de·'poːzi·tʊm] *n* ⟨~s⟩ *hist.* dépôt *m*.

Depot [de·'poː] *n* ⟨~s; ~s⟩ **a)** *comm.* dépôt *m*; **offenes ~** dépôt à découvert, irrégulier; **b)** (*Lager*) entrepôt *m*; (magasin *m* de) dépôt *m*; **im ~** au dépôt; **~,buch** *n* livre *m* de dépôt; **~,fund** *m Archäologie* découverte *f* de collections; **~präpa,rate** *n/pl. phm.* préparations *f/pl.* à action retardée; **~,schein** *m* certificat *m* de dépôt; **~,wechsel** *m* effet déposé en nantissement; **~,zwang** *m* dépôt *m* obligatoire.

Depp [dɛp] F *m* ⟨~s; ~e(n)⟩ sot *m*; idiot *m*; **du ~!** espèce d'idiot!

Depravation [de·pravatsi·'oːn] *f* ⟨~⟩ dépravation *f*.

Depression [de·prɛsi·'oːn] *f* ⟨~; ~en⟩ *géol.*, *comm.*, *méd.*, *phys.* dépression *f*; **~s,winkel** *m phys.* angle *m* de dépression.

deprimieren [de·pri·'miːrən] *v/t.* ⟨*pas de ge-*, h⟩ déprimer; *fig. auch* abattre; accabler; décourager; **deprimiert sein** *auch* avoir le cafard.

Deput|at [de·pu·'tɑːt] *n* ⟨~s; ~e⟩ *comm.* appointements *m/pl.*, prestations *f/pl.* en nature; **~ati'on** *f* ⟨~; ~en⟩ députation *f*; **an j-n e-e ~ absenden** députer vers qn.; **~at,zahlung** *f* paiement *m* en nature; **2ieren** *v/t.* ⟨*pas de ge-*, h⟩ députer; **~ierte(r)** *f (m)* ⟨→ A⟩ député(e) *m (f)*; **~ierten,kammer** *f* Chambre *f* des députés.

der [deːr, der] **I** *art. nom. sg. m* le *bzw.* la (*vor Vokal u. stummem „h"* l'); *gén. sg. f* de la *bzw.* du; *dat. sg. f* à la *bzw.* au; *gén. pl.* des; *unbetont, vor alleinstehenden Personennamen unübersetzt*; *betont* celui *bzw.* celle; **~ Ärmste** le pauvre; **~ König von Griechenland** le roi de Grèce; **zwanzig Mark ~ Zentner** vingt marks les cinquante kilos; **mein Hut und ~ des Gastes** mon chapeau et celui de l'hôte; **II** *pr/d.* **1.** *adjektivisch nom. sg. m* ce *bzw.* cet *bzw.* cette; *gén. sg. f* de cette *bzw.* de ce(t); *dat. sg. f* à cette *bzw.* à ce(t); *gén. pl.* de ces; F **~ Kerl (da** *bzw.* **hier)** ce type(-là *bzw.* -ci); **zu ~ und ~ Zeit** à telle et telle époque; **2.** *substantivisch* **a)** *nom. sg. m* **~ (hier)** celui-ci *bzw.* celle-ci; **~ (da)** celui-là *bzw.* celle-là; **~ und ~** un tel; *iron.* **~ und Wort halten!** celui-là, tenir parole!; **b)** *dat. sg. f* à celle-ci (-là) *bzw.* à celui-ci (-là); **III** *pr/rel. nom. sg. m* qui; *dat. sg. f* à qui; à laquelle *bzw.* auquel; **der Wissenschaftler, ~ das erfunden hat** le savant qui a inventé cela; **ich, ~ ich das selbst gesehen habe** moi qui ai vu cela de mes propres yeux; **er war der erste, ~ …** il fut le premier à … (+ *inf.*), le premier qui…; **die Dame, ~ ich begegnet bin** la dame que j'ai rencontrée; **die Stadt, in ~ ich gewohnt habe** la ville où j'ai habité; **~'art** *adv.* de telle manière; de telle façon; tant; tellement; **~, daß** à tel point que; tant et si bien que; à telle enseigne que; **~ groß war s-e Freude, daß …** sa joie était telle que …; **~artig** ['deːr·ʔɑːrtɪç] **1.** *adj.* tel, telle; pareil, -lle; de ce genre; **er sagte etw. 2es** il a dit qc. de ce genre, F dans ce goût-là; **2.** *adv. cf.* **~art**.

derb [dɛrp] *adj.* (*fest, kräftig*) ferme; solide; fort; vigoureux, -euse; *minéral.* massif, -ive; *Holz auch* plein; (*etwas grob*) rude; brutal; *pfort.* grossier, -ière; *von Worten* cru; vert; corsé; **~er Spaß** grivoiserie *f*; gauloiserie *f*; gaillardise *f*; gaudriole *f*; **~er Ausdruck** expression triviale; **2heit** *f* ⟨~; ~en⟩ rudesse *f*; brutalité *f*; *pfort.* grossièreté *f*; *von Worten* crudité *f*; verdeur *f*.

Derby ['dɛrbi·] *n* ⟨~(s); ~s⟩ derby *m*; **~,sieger** *m* vainqueur *m* du derby.

dereinst [der'ʔaɪnst] *adv.* un jour; quelque jour; **~ig** *adj. st. s.* futur; à venir.

der|en ['deːrən] **I** *pr/rel.* dont; *nach prép.* duquel *bzw.* de laquelle *bzw.* desquel(le)s; **die Berge, von ~ Gipfel …** les montagnes du sommet desquelles…; **II** *pr/d.* (*u. pr/poss.*) son *bzw.* sa *bzw.* ses; *bei mehreren Besitzern* leur(s); *betont* de celui-ci *bzw.* de celle-ci *bzw.* de ceux-ci *bzw.* de celles-ci; **Frau X und ~ Sohn** Madame X et son fils, *betont* et le fils de celle-ci; **ich habe ~ viele** j'en ai beaucoup; j'ai beaucoup de ceux-ci *bzw.* de celles-ci; **~e(n)t'halben, ~e(n)t'wegen, (um) ~e(n)t'willen I** *adv.* à cause d'elle *bzw.* de lui *bzw.* d'eux *bzw.* d'elles; pour elle *bzw.* lui *bzw.* eux *bzw.* elles; *betont* à cause de, pour celle-ci *bzw.* celui-ci *bzw.* ceux-ci *bzw.* celles-ci; **II** *pr/rel.* à cause de laquelle *bzw.* duquel *bzw.* desquel(le)s; pour laquelle *bzw.* lequel *bzw.* lesquel(le)s; **~er** *pr/d.* de ceux-ci *bzw.* celles-ci; de ceux-là *bzw.* celles-là; *bei folgendem pr/rel.* de ceux *bzw.* de celles; **~ge,stalt** *adv.* de telle manière; de telle façon; **~, daß** de sorte que; de manière que; à telle enseigne que; **~'gleichen** *adv.* tel, -lle; de ce genre; de la sorte; pareil, -lle; semblable; **~ Leute** de telles gens; **und ~ mehr** et autres choses de ce genre; et cætera; **nichts ~** rien de pareil; **er tat nichts ~** il n'en fit rien.

Derivat [de·ri·'vɑːt] *n* ⟨~(e)s; ~e⟩ *chim.*, *gr.* dérivé *m*; **~i'on** *f* ⟨~; ~en⟩ dérivation *f*; **2iv** [-'tiːf] *adj.* dérivatif, -ive.

der|jenige ['deːr,jeːnɪgə] *pr/d.* celui; **nur ~ ist glücklich, der sich zu bescheiden weiß** seul celui qui peut se contenter de peu est heureux; *st. s.* celui-là seul est heureux qui peut se contenter de peu; **~,lei** *adj.* ⟨*inv.*⟩ *cf.* **dergleichen**; **~'maßen** *adv. cf.* **derart**.

Derm|atologe [dɛrmato·'loːgə] *m* ⟨~n; ~n⟩ dermatologue *m*; **~atolo'gie** *f* ⟨~⟩ dermatologie *f*; **~atomy'kose** *f* ⟨~⟩ *méd.* dermatomycose *f*; **~a'tose** *f* ⟨~; ~n⟩ *méd.* dermatose *f*; **~ogra'phismus** *m* ⟨~⟩ dermographisme *m*; dermographie *f*.

Derogat|ion [de·ro·gatsi·'oːn] *f* ⟨~; ~en⟩ *jur.* dérogation *f*; **2iv** [-'tiːf] *adj.* dérogatoire.

der|selbe [deːr'zɛlbə] *pr/d.* le *bzw.* la même; *auf ein subst. zurückweisend auch* celui-ci *bzw.* celle-ci; ce dernier *bzw.* cette dernière; **ein und ~** une seule et même personne; un seul et même homme; **genau ~** exactement le même; **~'weil** *conj.* pendant que; **~'weilen** *adv.* pendant ce temps.

Derwisch ['dɛrvɪʃ] *m* ⟨~(e)s; ~e⟩ derviche *m*.

derzeit ['deːrtsaɪt] *adv.* à l'époque; alors; *cf. auch* **zur Zeit**; **~ig** *adj.* de l'époque; d'alors; (*jetzig*) présent; actuel, -lle.

des [dɛs] *gén. sg. von* **der, das**.

des [dɛs] *n* ⟨~; ~⟩ *mus.* ré *m* bémol.

desavouieren [de·zavu·'iːrən] *v/t.* ⟨*pas de ge-*, h⟩ désavouer.

Des-Dur ['dɛsduːr] *n* ⟨~⟩ *mus.* ré *m* bémol majeur.

Desensibilis|ator [de·zɛnzi·bi·li·'zɑːtɔr] *m* ⟨~s; -'toren⟩ *phot.* désensibilisateur *m*; **~ierung** *f* ⟨~⟩ *méd.*, *phot.* désensibilisation *f*.

Desert|eur [de·zɛr'tøːr] *m* ⟨~s; ~e⟩ déserteur *m*; **2ieren** *v/i.* ⟨*pas de ge-*, sein *od.* h⟩ déserter; **~i'on** *f* ⟨~; ~en⟩ désertion *f*.

des|gleichen [dɛs'glaɪçən] **1.** *adj.* ⟨*inv.*⟩ quelque chose de pareil; **2.** *adv.* pareillement; de même; **~'halb** ['dɛs-] **I** *adv.* *weil etw. geschehen ist* à cause de cela; pour cette raison; *weil etw. geschehen soll* à cet effet; (*ebendeshalb*) pour cela même; **ich achte ihn ~ nicht weniger** je ne l'en estime pas moins pour autant; **seien Sie mir ~ nicht böse** ne m'en veuillez pas pour cela; **er hat es mir nur ~ erlaubt, weil er …** il ne me l'a permis que parce qu'il …; *als Antwort* **eben ~!** parce que!; **und zwar ~, weil ich keinen Grund hatte, zu …** c'est qu'aussi je n'avais pas lieu de …; **II** *conj.* c'est, voilà pourquoi; **~ lehne ich es ab** *auch* c'est pour cette raison que je refuse.

Desiderat [de·zi·de·'rɑːt] *n* ⟨~(e)s; ~e⟩ desiderata *m/pl.*

Design|ation [deˑzɪgnatsiˑˈoːn] *f* ⟨~; ~en⟩ désignation *f*; **ℒieren** [-ˈgniː-] *v/t.* ⟨*pas de ge-*, h⟩ désigner.

Desillusion [ˌdɛsˀɪluˑziˑˈoːn] *f* ⟨~; ~en⟩ désillusion *f*; **ℒieren** [-ˈniː-] *v/t.* ⟨*pas de ge-*, h⟩ désillusionner.

Desin|fektion [deˑzɪnfɛktsiˑˈoːn, dɛsˀɪn-] *f* ⟨~; ~en⟩ désinfection *f*; **~fekti'onsappaˌrat** *m* appareil désinfecteur; **~fekti'onsˌmittel** *n* désinfectant *m*; **~'fektor** *m* ⟨~s; -'toren⟩ désinfecteur *m*; **ℒfi'zieren I** *v/t.* ⟨*pas de ge-*, h⟩ désinfecter; **II ~fi'zieren** *n* ⟨~s⟩ *cf.* ~fektion; **ℒfi'zierend** *adjt.* désinfectant; **~es Mittel** désinfectant *m*.

Desinte|gration [deˑzɪnteˑgratsiˑˈoːn, dɛsˀɪn-] *f* ⟨~; ~en⟩ désintégration *f*; **~'grator** *m* ⟨~s; -'toren⟩ *techn.* désintégrateur *m*; **ℒ'grieren** *v/t.* ⟨*pas de ge-*, h⟩ désintégrer.

Desinteress|e [deˑzɪnteˑˈrɛsə, dɛsˀɪn-] *n* ⟨~s⟩ manque *m* d'intérêt; *litt.* désintérêt *m*; **ℒiert** [-ˈsiːrt] *adjt.* désintéressé.

deskriptiv [deˑskrɪpˈtiːf] *adj.* descriptif, -ive.

Desman [ˈdɛsman] *m* ⟨~s; ~s⟩ *zo.* desman *m*.

desodor(is)ier|en [deˑzoˑdoˑˈriːrən, -riˑˈziː-, dɛsˀoˑ-] *v/t.* ⟨*pas de ge-*, h⟩ désodoriser; **ℒungsˌmittel** *n* désodorisant *m*.

Desorgani|sation [deˑzɔrganiˑzatsiˑˈoːn, dɛsˀɔr-] *f* ⟨~; ~en⟩ désorganisation *f*; **ℒ'sieren I** *v/t.* ⟨*pas de ge-*, h⟩ désorganiser; **II ~'sieren** *n* ⟨~s⟩ *cf.* ~sation.

Desorption [deˑzɔrptsiˑˈoːn] *f* ⟨~; ~en⟩ *chim.* désorption *f*.

Desoxy|dation [deˑzɔksyˑdatsiˑˈoːn, dɛsˀɔk-] *f* ⟨~; ~en⟩ *chim.* désoxydation *f*; **ℒ'dieren I** *v/t.* ⟨*pas de ge-*, h⟩ désoxyder; **II ~'dieren** *n* ⟨~s⟩ *n cf.* ~dation.

despektierlich [dɛspɛkˈtiːrlɪç] *adj.* irrespectueux, -euse.

Despot [dɛsˈpoːt] *m* ⟨~en; ~en⟩ despote *m*; tyran *m*; **ℒisch** *adj.* despotique; tyrannique; **~ismus** [-ˈtɪs-] *m* ⟨~⟩ despotisme *m*.

Dessauer|(in) [ˈdɛsaʊər(ɪn)] **I** *m* ⟨~s; ~⟩ *(f)* ⟨~; ~nen⟩ habitant(e) *m(f)* de Dessau; **II ~** *adj.* ⟨*inv.*⟩ **der ~ Marsch** la marche militaire du vieux prince d'Anhalt.

desselben [dɛsˈzɛlbən] *pr/d. gén. von* **derselbe, dasselbe.**

dessen [ˈdɛsən] **I** *pr/rel.* dont; *nach prép.* duquel *bzw.* de laquelle; **II** *pr/d.* *(u. pr/poss.)* son *bzw.* sa *bzw.* ses; *betont* de celui-ci *bzw.* de celle-ci; de celui-là *bzw.* de celle-là; *von Sachen* de cela; en; de ce (qui, que); **~t'halben, ~t'wegen, (um) ~t'willen I** *adv.* à cause de lui *bzw.* d'elle, *betont* de celui-ci *bzw.* de celle-ci; **II** *pr/rel.* à cause duquel *bzw.* de laquelle; **~ˌunge'achtet** *adv.* malgré cela; néanmoins; toutefois.

Dessert [dɛˈsɛːr, dɛˈseːr] *n* ⟨~s; ~s⟩ dessert *m*; **~ˌlöffel** *m* cuillère *od.* cuiller *f* à entremets; **~ˌteller** *m* assiette *f* à dessert; **~ˌwein** *m* vin *m* de dessert.

Destill|at [dɛstɪˈlaːt] *n* ⟨~(e)s; ~e⟩ *chim.* produit *m* de distillation; distillat *m*; **~a'teur** [-ˈtøːr] *m* ⟨~s; ~e⟩ distillateur *m*; **~ati'on** *f* ⟨~; ~en⟩ distillation *f*; **~ati'onsˌrückstand** *m* résidu *m* de distillation; **~ierappaˌrat** *m chim.* appareil distillateur, de distillation; *zur Alkoholbereitung* alambic [-k] *m*; **ℒierbar** *adj.* distillable; **~ierˌblase** *f cf.* ~ierkolben; **ℒieren I** *v/t.* ⟨*pas de ge-*, h⟩ distiller; **II ~ieren** *n* ⟨~s⟩ *cf.* ~ation; **~ierˌkolben** *m* ballon *m* à distiller; **~ierung** *f* ⟨~⟩ *cf.* ~ation.

Destinatar [dɛstiˑnaˈtaːr] *m* ⟨~s; ~e⟩ *mar.* destinataire *m*.

desto [ˈdɛstoˑ] *adv.* d'autant plus; **~ besser** d'autant mieux; *als Antwort* tant mieux!; **je (mehr) ..., ~ (mehr)** ... plus ..., plus ...

destruktiv [dɛstrʊkˈtiːf] *adj.* destructif, -ive.

des|ungeachtet [ˈdɛsˈˀʊngəˌˀaxtət] *adv. cf.* **dessenungeachtet**; **~ˌwegen** *adv. cf.* **deshalb.**

Deszend|ent(in) [deˑstsɛnˈdɛnt(ɪn)] *m* ⟨~en; ~en⟩ *(f)* ⟨~; ~nen⟩ descendant(e) *m(f)*; **~enz** *f* ⟨~⟩ descendance *f*; **~enztheoˌrie** *f* théorie *f* de la descendance.

Detail [deˑˈtaɪ, -ˈtaːj] *n* ⟨~s; ~s⟩ détail *m*; **in** *od.* **mit allen ~s berichten** rapporter en détail, dans tous les détails; **ins ~ gehen** entrer dans les détails; **~beˌratung** *f e-s Gesetzentwurfs* discussion détaillée; **~geˌschäft** *n comm.* magasin *m* de détail; **~ˌhandel** *m comm.* commerce *m* de détail; **~ˌhändler** *m* détaillant *m*; **ℒ'lieren** [-ˈjiː-] *v/t.* ⟨*pas de ge-*, h⟩ détailler; *comm.* vendre au détail; **ℒ'liert** [-ˈjiːrt] *adjt.* détaillé; **~ˌschilderung** *f* description détaillée; **~verˌkauf** *m* vente *f* au détail; **~ˌzeichnung** *f* dessin détaillé.

Detekt|iv [deˑtɛkˈtiːf] *m* ⟨~s; ~e⟩ détective *m*; **~ivbüˌro** *n* bureau *m* de détective; **~or** [-ˈtɛk-] *m* ⟨~s; -'toren⟩ *rad.* détecteur *m*; **~oremˌpfänger** [-ˈtɛk-] *m Radio* poste *m* à galène.

Determin|ante [deˑtɛrmiˑˈnantə] *f* ⟨~; ~n⟩ *math.* déterminant *m*; **ℒa'tiv** *adj.* déterminatif, -ive; **ℒieren** *v/t.* ⟨*pas de ge-*, h⟩ déterminer; **~ismus** *m* ⟨~⟩ *philos.* déterminisme *m*; **~ist** *m* ⟨~en; ~en⟩ déterministe *m*; **ℒistisch** *adj.* déterministe.

Deton|ation [deˑtoˑnatsiˑˈoːn] *f* ⟨~; ~en⟩ détonation *f*; **~ati'onsˌdruck** *m* déflagration *f*; souffle *m*; **~ati'onsˌladung** *f* charge explosive; **~ati'onsˌwert** *m phys. atom.* valeur explosive; **ℒieren** [-ˈniː-] **I** *v/i.* ⟨*pas de ge-*, **sein**⟩ **1.** *chim.* détoner; **2.** *mus.* ⟨h⟩ détonner; **II ~ieren** [-ˈniː-] *n* ⟨~s⟩ *chim.* détonation *f*.

deucht [dɔʏçt] *cf.* **dünken.**

Deut [dɔʏt] *m* **ich verstehe davon keinen ~** je n'y comprends goutte; c'est de l'hébreu, du chinois pour moi; **keinen ~ wert sein** ne pas valoir un sou, un liard; **er kümmert sich keinen ~ darum** il ne s'en soucie pas le moins du monde.

Deutelei [ˌdɔʏtəˈlaɪ] *f* ⟨~; ~en⟩ interprétation subtile; F finasserie *f*.

deut|eln [ˈdɔʏtəln] **I** *v/i.* ⟨-(e)le, h⟩ chercher des interprétations subtiles; **II ℒeln** *n* ⟨~s⟩ interprétation subtile; **~en I** *v/t.* ⟨-ete, h⟩ *Traum, Zeichen etc.* interpréter; expliquer; donner un sens à; **die Sterne ~** lire dans les astres; **falsch ~** mal interpréter; **II** *v/i.* **auf etw. ~** indiquer, montrer qc. (du doigt, *etc.*); *fig. auch* annoncer, présager qc.; **alles deutet darauf (hin), daß** ... tout porte à croire que ...; **III ℒen** *n* ⟨~s⟩ *cf.* Deutung; **ℒer** *m* ⟨~s; ~⟩ interprétateur *m*.

Deuter|ium [dɔʏˈteːriˑʊm] *n* ⟨~s⟩ *chim.* deutérium [-jəm] *m*; **~on** [ˈdɔʏ-] *n* ⟨~s; -'ronen⟩ *phys. atom.* deut(er)on *m*.

deutlich [ˈdɔʏtlɪç] **1.** *adj.* clair; net, -tte; intelligible; distinct; **2.** *adv.* clairement; nettement; intelligiblement; distinctement; *(unverblümt)* franchement; **~ schreiben** écrire lisiblement; **sich ~ ausdrücken** s'exprimer clairement, nettement, distinctement; **etw. ganz ~ hören** entendre qc. très distinctement, de façon très nette; **ℒˌkeit** *f* ⟨~⟩ clarté *f*; intelligibilité *f*; netteté *f*; lisibilité *f*; **j-m mit aller ~ zu verstehen geben, daß** ... faire comprendre clairement à qn. que ...

deutsch [dɔʏtʃ] **1.** *adj.* allemand; d'Allemagne; *péj.* boche; *plais.* teuton, -nne; *pol. in Zssgn.* germano-... *(par ex.* ~-holländisch germano-hollandais); *hist.* **das ℒe Reich** le Reich; l'Empire allemand; **der ~e Michel** *etwa* le Michel allemand; l'Allemand type; **ℒe Demokratische Republik** *(abr.* DDR) République démocratique allemande; **die ~e Schweiz** la Suisse allemande; **Ludwig der ℒe** Louis le Germanique; *zo.* **~e Dogge** dogue allemand; grand danois; **~e Redensart** germanisme *m*; *techn.* **~er Schlüssel** clef *od.* clé forée; **im ℒen** en allemand; **das ist gutes ℒ** c'est du bon allemand; **er hat e-e gute Note in ℒ** il a une bonne note en allemand; **2.** *adv.* **~ sprechen** parler allemand; **auf ~** en allemand; *fig. u.* F **mit j-m ~ reden** dire son fait, parler net à qn.; **ℒameriˌkaner(in)** *m(f)* Américain(e) *m(f)* d'origine allemande; **~ameriˌkanisch** *adj.* *(die Deutschamerikaner betreffend)* des Américains d'origine allemande; **~-ameri'kanisch** *adj.* *(zwischen Deutschland u. Amerika bestehend)* germano-américain; **ℒe(r)** *f(m)* ⟨→ A⟩ Allemand(e) *m(f)*; *péj.* Boche *m, f*; *plais.* Teuton, -nne *m, f*; **ℒenˌhaß** *m* haine *f* des Allemands; germanophobie *f*; **ℒenˌhasser** *m* ⟨~s; ~⟩ germanophobe *m*; **~ˌfeindlich** *adj.* germanophobe; anti-allemand; hostile aux Allemands; **~-fran'zösisch** *adj.* franco-allemand; **~ˌfreundlich** *adj.* germanophile; **ℒˌfreundlichˌkeit** *f* germanophilie *f*; **ℒkathoˌliken** *m/pl. hist.* Catholiques allemands; **~ˌkundlich** *adj.* qui concerne la civilisation allemande; **ℒlandˌlied** *n* hymne national allemand; **ℒlandˌreise** *f* voyage *m* en Allemagne (auf s-r lors de son); **ℒˌmeister** *m hist.* grand maître de l'ordre Teutonique; **~-'polnisch** *adj.* germano-polonais; **~-'schweizerisch** *adj.* germano-suisse; **~ˌsprachig** *adj.* de langue allemande; **~ˌsprechend** *adjt.* germanophone; **~ˌstämmig** *adj.* d'origine allemande; **ℒtum** *n* ⟨~(e)s⟩ caractère, esprit allemand; tradition, civilisation allemande; *péj.* bochisme *m*; **ℒˌunterricht** *m* **a)** *allg.* enseignement *m* de l'allemand; **b)** *Schulstunden* cours *m/pl.* d'allemand.

Deutung [ˈdɔʏtʊŋ] *f* ⟨~; ~en⟩ interprétation *f*; explication *f*; **~sˌgabe** *f* don *m* d'interprétation.

deval|orisieren [deˑvaloˑriˑˈziːrən] **I** *v/t.* ⟨*pas de ge-*, h⟩ dévaloriser; **II ℒori'sieren** *n* ⟨~s⟩ dévalorisation *f*; **ℒvati'on** *f* ⟨~; ~en⟩ dévaluation *f*; **~'vieren** *v/t.* ⟨*pas de ge-*, h⟩ dévaluer.

Deviation [deˑviˑatsiˑˈoːn] *f* ⟨~; ~en⟩ *Magnetismus* déviation *f*.

Devise [deˑˈviːzə] *f* ⟨~; ~n⟩ *(Wahlspruch)* devise *f*; **~n** *f/pl. comm.* devises *f/pl.*; changes *m/pl.*; **~nˌabkommen** *n* accord *m* sur les changes; **~nabˌteilung** *f* service *m* des changes; **~nˌausgänge** *m/pl.* sorties *f/pl.* de devises; **~nˌausgleichsˌfonds** *m* fonds *m* de compensation des changes; **~nˌausländer** *m* non-résident *m*; **~nbeˌschaffung** *f* obtention *f* de devises; **~nbeˌschränkungen** *f/pl.* restrictions *f/pl.* de devises; **~nbeˌstand** *m* stock *m*, portefeuille *m* de devises; **~nbe-**

ˌ**stimmungen** *f/pl.* dispositions *f/pl.* concernant les devises; **~nbeˌwirtschaftung** *f* réglementation *f* des changes; **~nerˌfassung** *f* saisie *f* de devises; **~ngeˌschäft** *n* transaction *f*, opération *f* de change; commerce *m* de devises; **~nˌhaushalt** *m* budget *m* des devises; **~nˌknappheit** *f* pénurie *f* de devises; **~nkonˌtrolle** *f* contrôle *m* des changes; **~nˌkurs** *m* cours *m* des changes; **~nˌlage** *f* situation *f* du marché des changes; **~nˌmangel** *m* manque *m* de devises; **~nˌmarkt** *m* marché *m* des devises, des changes; **~npoliˌtik** *f* politique *f* des changes; **~nˌpolster** *n* réserve *f* de, en devises; **~nˌrecht** *n* régime *m* des changes; **~n-reˌserve** *f cf.* ~npolster; **~nspekulatiˌon** *f* spéculation *f* sur les changes; **~nˌstelle** *f* office *m* des changes; bureau *m* de change; **~nverˌgehen** *n* infraction *f* au contrôle des changes; **~nverˌkehr** *m* trafic *m* des devises; **~nˌvorschriften** *f/pl.* prescriptions *f/pl.* en matière de devises.

Devolutionskrieg [deˑvoˑluˑtsiˑˈoːnsˌkriːk] *m* guerre *f* de dévolution.

devonisch [deˑˈvoːnɪʃ] *adj. géol.* ~e Formation (système *m*) dévonien *m*.

devot [deˑˈvoːt] *adj.* **1.** (*frömmelnd*) dévot; **2.** (*demütig, unterwürfig*) humble; soumis; **ℒiˈon** *f* ⟨~⟩ (*Unterwürfigkeit*) dévotion *f*; soumission *f*; **ℒioˈnalien** *pl.* articles *m/pl.* de piété.

Dextr|in [dɛksˈtriːn] *n* ⟨~s; ~e⟩ dextrine *f*; **ℒoˈgyr** *adj. chim.* dextrogyre; **~okarˈdie** *f* ⟨~; -ien⟩ dextrocardie *f*; **~ose** *f* ⟨~⟩ dextrose *m*.

Dez [deːts] *m* ⟨~es; ~e⟩ F (*Kopf*) P citron *m*; ciboulot *m*.

Dezember [deˑˈtsɛmbər] *m* ⟨~(s); ~⟩ (mois *m* de) décembre *m*; **im ~** au mois de décembre; en décembre; **ℒˌlich** *adj.* comme en, comme au mois de décembre.

Dezemvir [deˑˈtsɛmvɪr] *m* ⟨~n *od.* ~s; ~n⟩ *hist.* décemvir *m*; **~at** [-ˈraːt] *n* ⟨~(e)s; ~e⟩ décemvirat *m*.

Dezennium [deˑˈtsɛniˑʊm] *n* ⟨~s; -ien⟩ espace *m* de dix ans; décennie *f*.

dezent [deˑˈtsɛnt] *adj. Farbe* tendre; discret, -ète; délicat; *Licht* discret, -ète; tamisé; *Musik* doux, douce; *Kleidung* discret, -ète; décent.

Dezentrali|sation [deˑtsɛntraliˑzatsiˑˈoːn] *f* ⟨~; ~en⟩ décentralisation *f*; déconcentration *f*; **ℒˈsieren** *v/t.* ⟨*pas de ge-*, h⟩ décentraliser; déconcentrer; **~ˈsierung** *f* ⟨~; ~en⟩ *cf.* ~sation.

Dezern|at [deˑtsɛrˈnaːt] *n* ⟨~(e)s; ~e⟩ département *m*; service *m*; section *f*; **~ent** *m* ⟨~en; ~en⟩ chef *m* de service.

Dezi|ar [ˌdeːtsiˑˈˀaːr] *n* déciare *m*; **~ˈgramm** *n* décigramme *m*; **~ˈliter** *n*, *m* décilitre *m*.

dezimal [deˑtsiˑˈmaːl] *adj.* décimal; **ℒˌbruch** *m* fraction décimale; **ℒe** *f* ⟨~(n); ~n⟩ décimale *f*; **ℒklassifikatiˌon** *f Bibliothek* classification décimale; **ℒˌrechnung** *f* calcul décimal; **ℒˌstelle** *f* décimale *f*; **ℒsysˌtem** *n* système décimal; **ℒˌwaage** *f* bascule *f*.

Dezime [ˈdeːtsiˑmə, deˑˈtsiːmə] *f* ⟨~; ~n⟩ *mus., métr.* dixième *m*.

Dezimeter [ˈdeːtsiˑˌmeːtər, -ˈmeː-] *n*, *m* décimètre *m*; **~ˌwelle** *f rad.* onde *f* décimétrique.

dezimier|en [deˑtsiˑˈmiːrən] **I** *v/t.* ⟨*pas de ge-*, h⟩ décimer; **II ℒen** *n* ⟨~s⟩, **ℒung** *f* ⟨~; ~en⟩ décimation *f*.

Dhakbaum [ˈdakbaʊm] *m bot.* butée *f*; arbre *m* à laque.

Dia [ˈdiːa] *n* ⟨~s; ~s⟩ *cf.* Diapositiv.

Diabas [diˑaˈbaːs] *m* ⟨~es; ~e⟩ *minéral.* diabase *f*.

Diabet|es [diˑaˈbeːtɛs] *m* ⟨~⟩ *méd.* diabète *m*; **~iker** *m* ⟨~s; ~⟩ diabétique *m*; **ℒisch** *adj.* diabétique.

diabol|isch [diˑaˈboːlɪʃ] *adj.* diabolique; **ℒoˌspiel** [diˑˈaː-] *n* diabolo *m*.

diachronisch [diˑaˈkroːnɪʃ] *adj.* ~e Methode méthode *f* diachronique.

Diadem [diˑaˈdeːm] *n* ⟨~s; ~e⟩ diadème *m*.

Diadoche [diˑaˈdɔxə] *m* ⟨~n; ~n⟩ *hist.* diadoque *m*; **~nˌkämpfe** *m/pl. fig.* luttes *f/pl.* pour la succession.

Diagenese [diˑageˑˈneːzə] *f* ⟨~; ~n⟩ *géol.* diagenèse *f*.

Diagnos|e [diˑaˈgnoːzə] *f* ⟨~; ~n⟩ diagnostic [-gn-] *m*; **die ~** (e-r Krankheit) **stellen** diagnostiquer; établir, faire un diagnostic; **~tik** *f* ⟨~⟩ diagnose *f*; **~tiker** *m* ⟨~s; ~⟩ **ein guter ~** un médecin réputé pour la justesse de ses diagnostics; **ℒtisch** *adj.* diagnostique; **ℒtiˈzieren** *v/t.* ⟨*pas de ge-*, h⟩ diagnostiquer.

diagonal [diˑagoˑˈnaːl] **I 1.** *adj.* diagonal; **2.** *adv.* diagonalement; en diagonale; **~ lesen** lire en diagonale; **II ℒ** *n* ⟨~(s); ~s⟩ *text.* diagonale *f*; **ℒe** *f* ⟨~; ~n⟩ diagonale *f*; **ℒˌkraft** *f* force diagonale; **ℒˌstrebe** *f bât.* entretoise diagonale.

Diagramm [diˑaˈgram] *n* ⟨~s; ~e⟩ diagramme *m*; **~paˌpier** *n* papier *m* à diagrammes; ruban enregistreur.

Diakon [diˑaˈkoːn] *m* ⟨~s *od.* ~en; ~e(n)⟩ diacre *m*.

Diakon|at [diˑakoˑˈnaːt] *n* ⟨~(e)s; ~e⟩ diaconat *m*; **~isse** *f* ⟨~; ~n⟩, **~issin** *f* ⟨~; ~nen⟩ diaconesse *f*; **~issen(ˌmutter)ˌhaus** *n* maison(-mère) *f* de(s) diaconesses.

diakritisch [diˑaˈkriːtɪʃ] *adj.* diacritique; *gr.* **~e Zeichen** signes diacritiques.

Diakustik [diˑaˈkʊstɪk] *f* ⟨~⟩ *phys.* diacoustique *f*.

Dialekt [diˑaˈlɛkt] *m* ⟨~(e)s; ~e⟩ dialecte *m*; **~ˌausdruck** *m* dialectalisme *m*; **~ˌforschung** *f* étude *f* des dialectes; **ℒˌfrei** *adj.* sans influence du, d'un dialecte; pur; **~geograˌphie** *f* géographie *f* des dialectes; **~ik** *f* ⟨~⟩ dialectique *f*; **~iker** *m* ⟨~s; ~⟩ dialecticien *m*; **ℒisch** *adj.* dialectique; **~er Materialismus** matérialisme dialectique; **~oloˈgie** *f* ⟨~⟩ dialectologie *f*; **~ˌwörterˌbuch** *n* dictionnaire *m* de dialecte.

Dialog [diˑaˈloːk] *m* ⟨~(e)s; ~e⟩ dialogue *m*; **Kunst des ~s** art du dialogue; dialogisme *m*; **~ˌform** *f* **in ~** sous forme de dialogues; dialogué; **~ˌführung** *f* conduite *f* des dialogues; **ℒisch** *adj.* dialogique; **ℒiˈsieren** *v/t.* ⟨*pas de ge-*, h⟩ mettre en dialogue(s); dialoguer; **~ist** [-ˈgɪst] *m* ⟨~en; ~en⟩ *Film* dialoguiste *m*.

Dialy|se [diˑaˈlyːzə] *f* ⟨~; ~n⟩ *chim.* dialyse *f*; **~ˈsator** *m* ⟨~s; -ˈtoren⟩ dialyseur *m*; **ℒtisch** *adj.* dialytique.

diamagnet|isch [diˑamaˈgneːtɪʃ] *adj.* diamagnétique; **ℒismus** [-ˈtɪs-] *m* diamagnétisme *m*.

Diamant[1] [diˑaˈmant] *m* ⟨~en; ~en⟩ *minéral.* diamant *m*; **mit ~en besetzt** orné de diamants; **~**[2] *f* ⟨~⟩ *impr. cf.* ~schrift; **ℒˌartig** *adj.* adamantin; comme un diamant; diamantin; **~ˌausgabe** *f impr.* édition *f* diamant; **~ˌbohrer** *m* foret *m*, fleuret *m* à diamants; **~ˌbort** *n* ⟨~s⟩ bort *m*; **ℒen** *adj.* de diamant(s); *fig.* **~e Hochzeit** noces de diamant; soixantième anniversaire de mariage; **~enkolliˌer** *n* rivière *f* de diamants; **~ˌgriffel** *m* (pointe *f* de) diamant *m*; **~ˌhalsˌkette** *f cf.* ~enkollier; **ℒˌhaltig** *adj.* diamantifère; **~ˌhändler** *m* diamantaire *m*; **~meˌtall** *n* alliage diamanté; **~ˌnadel** *f* diamant *m*; **~ˌpulver** *n* poudre *f* de diamant; égrisé(e) *m* (*f*); **~ˌring** *m* bague ornée de diamants; diamant *m*; **~ˌschleifer** *m* ⟨~s; ~⟩, **~ˌschneider** *m* tailleur *m* de diamants; diamantaire *m*; **~schleiˌfeˌrei** *f* ⟨~; ~en⟩ taillerie *f* de diamants; **~ˌschmuck** *m* bijoux ornés de diamants; **~ˌschrift** *f impr.* diamant *m*; caractères *m/pl.* de quatre points; quatre *m*; **~ˌstaub** *m cf.* ~pulver; **~ˌvogel** *m zo.* pardalote *m*.

Diamet|er [diˑaˈmeːtər] *m* ⟨~s; ~⟩ diamètre *m*; **ℒral** [-ˈtraːl], **ℒrisch** *adj.* diamétral; *adv.* **diametral entgegengesetzt** diamétralement opposé.

Diamine [diˑaˈmiːnə] *pl. chim.* diamines *f/pl.*

Diapason [diˑaˈpaːzɔn] *m*, *n* ⟨~s; ~s *od.* -ˈsone⟩ *mus.* diapason *m*.

Diapensia [diˑaˈpɛnziˑa] *f* ⟨~⟩ *bot.* diapensie *f*.

diaphan [diˑaˈfaːn] *adj.* diaphane.

Diaphragma [diˑaˈfragma] *n* ⟨~s; -men⟩ *anat., élect.* diaphragme *m*.

Diaphyse [diˑaˈfyːzə] *f* ⟨~⟩ *anat.* diaphyse *f*.

Diapositiv [diˑapoˑziˑˈtiːf] *n* ⟨~s; ~e⟩ *phot.* diapositive *f*.

Diärese [diˑɛˈreːzə] *f* ⟨~; ~n⟩ *gr., métr.* diérèse *f*.

Diarium [diˑˈaːriˑʊm] *n* ⟨~s; -ien⟩ journal *m*.

Diarrhöe [diˑaˈrøː] *f* ⟨~; ~n⟩ *méd.* diarrhée *f*.

Diaskop [diˑaˈskoːp] *n* ⟨~s; ~e⟩ projecteur *m* (pour diapositives).

Diaspora [diˑˈaspoˑra] *f* ⟨~⟩ *égl.* dispersion *f*; diaspora *f*.

Diasta|se [diˑaˈstaːzə] *f* ⟨~; ~n⟩ *biol.* diastase *f*; **ℒtisch** *adj.* diastatique.

Diastereomerie [diˑasteˑreˑoˑmeˑˈriː] *f* ⟨~⟩ *chim.* diastéréo-isomérie *f*.

Diastol|e [diˑˈastoˑleˑ] *f* ⟨~; -ˈtolen⟩ *physiol.* diastole *f*; **ℒisch** [-ˈtoː-] *adj.* diastolique.

Diät [diˑˈɛːt] **I** *f* ⟨~⟩ (*Schonkost*) régime *m* (alimentaire); (*Enthaltsamkeit von Speisen*) diète *f*; **~ halten** être au régime, à la diète; suivre un régime; **j-n auf ~ setzen, umstellen** mettre qn. à la diète, au régime; **II ℒ** *adv.* **streng ~ leben** suivre un régime sévère; **~en** *f/pl.* (*Tagegelder*) indemnités journalières; (*Dienstbezüge*) émoluments *m/pl.*; (*Reisegelder*) frais *m/pl.* de déplacement; indemnités *f/pl.* de voyage; (*Sitzungsgelder*) jetons *m/pl.* de présence; *der Abgeordneten* indemnité *f* (parlementaire); **~enbeˌwilligung** *f* octroi *m* d'indemnité; **~endoˌzent** *m etwa* chargé *m* de cours recevant des honoraires fixes; **~etik** [-ˈteː-] *f* ⟨~; ~en⟩ diététique *f*; **ℒetisch** [-ˈteː-] *adj.* diététique; **~ˌfehler** *m* écart *m* de régime.

diatherm|an [diˑatɛrˈmaːn] *adj.* diathermane; diatherme; diathermique; **ℒie** *f* ⟨~⟩ *méd.* diathermie *f*.

Diät|kost [diˑˈɛːtkɔst] *f* aliments *m/pl.* de régime; **~kur** *f* régime *m*.

Diatomeen [diˑatoˑˈmeːən] *f/pl. bot.* diatomées *f/pl.*; **~ˌerde** *f*, **~ˌschlamm** *m* terre *f*, boue *f* à diatomées; diatomite *f*.

diatonisch [diˑaˈtoːnɪʃ] *adj. mus.* diatonique.

Diatretum [diˑaˈtreːtʊm] *n* ⟨~s; -ten⟩ *Archäologie* diatrète *f*.

Diatribe [diˑaˈtriːbə] *f* ⟨~; ~n⟩ diatribe *f*; critique *f* acerbe.

Diazotierung [diˑatsoˑˈtiːrʊŋ] *f* ⟨~⟩ *chim.* diazotation *f*.

Dibbel|maschine [ˈdɪbəlmaˌʃiːnə] *f agr.* dibble *m*; semoir *m* en lignes; **2n** *v/t.* ⟨-(e)le h⟩ dibbler; semer en lignes.

dich [dɪç] *pr/pers.* (*acc. von* **du**) te; *unverbunden* toi; **ich sehe ~** je te vois; **freue ~!** réjouis-toi!

Dichotom|ie [dɪçoˑtoˑˈmiː] *f* ⟨~; -ien⟩ *bot., philos.* dichotomie [-ko-] *f*; **2isch** [-ˈtoː-] *adj.* dichotomique.

dichro|matisch [diˑkroˑˈmaːtɪʃ] *adj.* dichromatique; **~ˈskopisch** *adj.* dichroscopique.

dicht [dɪçt] **1.** *adj. phys.* dense; *Masse* compact; *Menschenmenge, Verkehr* dense; *Nebel* dense; épais, -sse; *Regen* dru; *Gewebe* serré; *Haarwuchs* dru; épais, -sse; fourni; *Fugen, Fenster* qui joint bien; *Gefäß* étanche; *Verschluß, fig.* hermétique; F **~ machen** (*schließen*) fermer; F boucler; **2.** *adv.* **~** schließen fermer hermétiquement; **zu ~ stehende Bäume** arbres trop serrés; **~ bei j-m** *od.* **etw.** tout près de qn., de qc.; **~ an etw.** attenant à qc.; **~ aneinander** tout près l'un de l'autre; **~ am Boden** tout près du sol; **~ über dem Boden** au ras du sol; **~ an der Wasseroberfläche** au ras de l'eau; **~ auf der Haut** à fleur de peau; **~ daneben wohnen** habiter tout près; **~ hintereinander** juste l'un derrière l'autre; **j-m ~ auf den Fersen sein** être sur les talons de qn.; **~beˌhaart** *adjt.* tout velu; **~beˌlaubt** *adjt.* touffu; **~beˌsiedelt, ~beˌvölkert** *adjt.* très peuplé; populeux, -euse; **~beˌwachsen** *adjt.* tout couvert de; **2e** *f* ⟨~; ~n⟩ *phys.* densité *f*; compacité *f*; (*Undurchlässigkeit*) étanchéité *f*; imperméabilité *f*; **2eˌeisen** *n* fer *m* de calfat, à calfater; **2eˌmesser** *m* ⟨~s; ~⟩ densimètre *m*; **~en¹ I** *v/t.* ⟨-ete, h⟩ *techn.* rendre étanche, imperméable; fermer hermétiquement; *ein Loch* obturer; boucher; *mit Hanf etc.* étouper; *Fässer* serrer les douves de; *mar.* calfater; **die Fugen ~** remplir, couler les joints; *cf. auch* **abdichten**; **II 2en** *n* ⟨~s⟩ *cf.* **Abdichten**; **~en² I** *v/t. u. v/i.* ⟨-ete, h⟩ *Verse* faire (des vers); *allg.* composer; écrire; **II 2en** *n* ⟨~s⟩ composition *f*; *poét.* **sein ganzes ~ und Trachten** toute sa pensée et ses efforts; **2eˌprüfgeˌrät** *n* vérificateur *m* d'étanchéité; **2er** *m* ⟨~s; ~⟩ poète *m*; écrivain *m*; auteur *m*; **2erakadeˌmie** *f* académie *f* littéraire; **2eˌrin** *f* ⟨~; ~nen⟩ (femme *f*) poète *m*; poétesse *f*; **~eˌrisch** *adj.* poétique; **~e Freiheit** licence poétique; **~e Begabung** don de la poésie; **~e Sprache** style, langage poétique; **2erˌlesung** *f* séance *f* de lecture (par l'auteur); **2erˌling** *m* ⟨~s; ~e⟩ *péj.* mauvais poète; rimailleur *m*; **2eˌzahl** *f phys.* poids *m* spécifique; **~geˌdrängt** *adjt.* dense; serré; **~ˌhalten** F *v/i.* ⟨*irr., sép.*, -ge-, h⟩ savoir se taire; garder le secret; **2heit** *f* ⟨~⟩, **2igˌkeit** *f* ⟨~⟩ étanchéité *f*; imperméabilité *f*; *cf. auch* **2e**; **2kunst** *f* poésie *f*; **2ung¹** *f* ⟨~; ~en⟩ *techn.* joint *m*; garniture *f*; *cf. auch* **Abdichten**; **2ung²** *f* ⟨~; ~en⟩ poésie *f*; littérature *f*; *einzelnes Werk* œuvre *f* poétique; poésie *f*; poème *m*; **symphonische ~** poème symphonique; **~ und Wahrheit** fiction et vérité; **2ungsˌfläche** *f techn.* surface *f* de joint, de contact; **2ungsˌgummi** *n* caoutchouc [-u] *m* pour garnitures, pour joints; **2ungsmateriˌal** *n techn.* matériau(x) *m(pl.)* servant à étouper, à étancher; **2ungsˌplatte** *f* plaque obturatrice; **2ungsˌring** *m*, **2ungsˌscheibe** *f* anneau *m*, rondelle *f* de joint, de garniture; **2werk** *n* œuvre *f* poétique.

dick [dɪk] *adj.* épais, -sse; *von Personen* gros, -sse; corpulent; replet, -ète; fort; (*angeschwollen*) enflé; **e-n Meter ~ sein** avoir un mètre d'épaisseur; **~e Arme** des bras dodus; **~ und fett** gras comme un évêque; **~e Milch** lait caillé; *fig. u.* F **ein ~es Fell haben** *cf.* **Fell b)**; **es ist, herrscht ~e Luft** ça va chauffer, barder; il y a de l'orage dans l'air; **durch ~ und dünn** quoi qu'il arrive; **das ist (doch) klar wie ~e Tinte** c'est clair comme de l'eau de roche, comme le jour; cela tombe sous le sens; cela saute aux yeux; **~e Freunde sein** être amis intimes; **das ~e Ende kommt nach** in cauda venenum; mais attendons la fin; vous n'avez pas encore tout vu; **~ werden** grossir; épaissir; engraisser; prendre de l'embonpoint; *Milch* cailler; F **es ~(e) haben** en avoir assez; F en avoir marre; en avoir par-dessus la tête; **sich ~ und rund essen** F se taper la cloche; **~ auftragen** *cf.* **auftragen 2.** *u.* **5.**; **~ bestreichen** mettre une bonne couche sur; **~ˌbändig** *adj.* volumineux, -euse; **~ˌbäuchig** *adj.* F ventru; pansu; bedonnant; **2blatt** *n bot.* crassule *f*; crassula *m*; **~ˌblätt(e)rig** *adj. bot.* crassifolié; **2blattgeˌwächse** *n/pl. bot.* crassulacées *f/pl.*; **~ˌbusig** *adj.* qui a la poitrine forte; **2darm** *m anat.* gros intestin; **2darmentˌzündung** *f méd.* colite *f*; **2e** *f* ⟨~⟩ épaisseur *f*; grosseur *f*; *e-r Person* embonpoint *m*; corpulence *f*; **2e(r)** *f(m)* ⟨→A⟩ **der, die ~** le gros, la grosse; **2erchen** *n* ⟨~s; ~⟩ F (petit) gros *m*; rondouillard *m*; **~ˌfellig** *adj.* qui a la peau épaisse, dure; *fig.* **~ sein** être insensible; avoir bon dos; **2ˌfelligˌkeit** *f* ⟨~⟩ insensibilité *f*; **~ˌflüssig** *adj.* filant; visqueux, -euse; épais, -sse; **2ˌflüssigˌkeit** *f* ⟨~⟩ viscosité *f*; **2fuß** *m zo.* œdicnème *m*; **2ˌhäuter** *m* ⟨~s; ~⟩ *zo.* pachyderme [-ʃi-] *m* (*auch fig.*); **~ˌhülsig** *adj.* qui a la cosse épaisse; **2icht** *n* ⟨~(e)s; ~e⟩ taillis *m*; fourré *m*; 'hallier *m*; **2ˌkolben** *m bot.* amorphophallus [-ys] *m*; **2kopf** *m fig.* tête *f* de bois; tête dure; *Person auch* cabochard *m*; **2ˌköpfe** *m/pl. zo.* hespéridés *m/pl.*; **~ˌköpfig** *adj.* têtu; entêté; **2ˌköpfigˌkeit** *f* ⟨~⟩ entêtement *m*; obstination *f*; **~ˌleibig** *adj.* corpulent; gros, -sse; **~lich** *adj.* rondelet, -tte; replet, -ète; **~ˌlippig** *adj.* lippu; **2milch** *f* lait caillé; **2ˌrübe** *f bot.* rave *f*; **2ˌschädel** *m cf.* **2kopf**; **~ˌschalig** *adj.* qui a la peau, l'écaille épaisse; **2te** *f* ⟨~; ~n⟩ *charp.* couche *f* de bois mince; lame *f* de bois; **2tenˌhobelmaˌschine** *f charp.* machine *f* à raboter des lames de bois; **2tenschaˌblone** *f charp.* jauge *f* d'épaisseur; **2ˌtuer** *m* ⟨~s; ~⟩ F 'hâbleur *m*; vantard *m*; fanfaron *m*; **~tun** *v/i. u. v/réfl.* ⟨*irr., sép.*, -ge-, h⟩ F **(sich) ~** se rengorger, se glorifier, se vanter (de qc.); faire le malin, l'important; **2ung** *f* ⟨~; ~en⟩ *ch. cf.* **2icht**; **~ˌwandig** *adj.* à parois épaisses; **2wanst** *m* ⟨~es; ~e⟩ F ventru *m*; pansu *m*; **2wurz** *f* ⟨~⟩ *bot. cf.* **2rübe**.

Didakt|ik [diˑˈdaktɪk] *f* ⟨~⟩ didactique *f*; **~iker** *m* ⟨~s; ~⟩ didacticien *m*; **2isch** *adj.* didactique.

die [diː, di] **I** *art. nom., acc. sg. f* la *bzw.* le *bzw.* l'; *nom., acc. pl. m, f, n* les; **II** *pr/d.* **a)** *adjektivisch* cette *bzw.* ce *bzw.* cet (...-ci, ...-là), *pl.* ces (...-ci, ...-là); **b)** *substantivisch* celle-ci (-là) *bzw.* celui-ci (-là), *pl.* celles-ci (-là) *bzw.* ceux-ci (-là); **III** *pr/rel. nom.* qui; *acc.* que, *nach prép.* laquelle *bzw.* lequel *bzw.* lesquel(le)s; *cf. auch* **der, das**.

Dieb|(in) [diːp, ˈdiːbɪn] *m* ⟨~(e)s; ~e⟩ (*f*) ⟨~; ~nen⟩ voleur, -euse *m, f*; F chapardeur, -euse *m, f*; **haltet den ~!** au voleur!; **Gelegenheit macht ~e** *prov.* l'occasion fait le larron *prov.*; **~eˈrei** *f* ⟨~; ~en⟩ fric-frac *m*; *cf. auch* **~stahl**; **~esˌbande** *f* bande *f* de voleurs; **~esˌbeute** *f* butin *m* (de voleur[s]); **~esgeˌsindel** *n* voleurs *m/pl.*; engeance *f* de voleurs; **~esˌgut** *n* produit *m* du vol; **2esˌsicher** *adj.* à l'abri des voleurs; **~esˌwerkzeug** *n* attirail *m* de voleur; **2isch 1.** *adj.* voleur, -euse; enclin au vol; **die ~e Elster** la pie voleuse (*auch fig.*); **2.** *adv. fig.* **sich ~ freuen** se réjouir extrêmement, malicieusement; **~(s)ˌkäfer** *m/pl. zo.* ptinidés *m/pl.*; **~stahl** *m* ⟨~(e)s; ~e⟩ vol *m*; *leichter* larcin *m*; *jur.* vol simple; *schwerer* vol qualifié; (*Taschen2*) vol *m* à la tire; (*Einbruchs2*) vol *m* par effraction; **literarischer ~** plagiat *m*; larcin *m*; **~stahlaˌffäre** *f* affaire *f* de vol; **~stahlverˌsicherung** *f* assurance *f* contre le vol.

diejenige [ˈdiːˌjeːnɪgə] *pr/d.* celle.

Diele [ˈdiːlə] *f* ⟨~; ~n⟩ **1.** (*Fußbodenbrett*) planche *f*; madrier *m*; (*Fußboden*) plancher *m*; **2.** (*Flur*) vestibule *m*; entrée *f*; (*Tenne*) aire *f*.

Dielektr|ikum [diˑeˑˈlɛktriˑkum] *n* ⟨~s; -ka⟩ *phys.* diélectrique *m*; **2isch** *adj.* isolant; diélectrique; **~iziˈtätskonˌstante** *f* constante *f* diélectrique.

dielen [ˈdiːlən] **I** *v/t.* ⟨h⟩ *Fußboden* planchéier; poser un plancher; **II 2** *n* ⟨~s⟩ planchéiage *m*.

Diene [diˑˈeːnə] *pl. chim.* diènes *m/pl.*

dien|en [ˈdiːnən] *v/i.* ⟨h⟩ servir; aider; *beim Militär* faire son service militaire; *bei der Artillerie* servir dans l'artillerie; **er hat von unten, von der Pike auf gedient** il a passé par tous les grades; **j-m ~** servir qn.; **~ als** servir de; faire fonction de; **als Warnung ~** servir d'avertissement; **~ zu** servir à; être bon à; **j-m zu etw. ~** servir à qn. de qc.; **das dient zu nichts** cela ne sert à rien; **womit kann ich ~?** en quoi puis-je vous servir, être utile?; qu'y a-t-il pour votre service?; **ist Ihnen damit gedient, wenn ...?** est-ce que cela vous est utile que ...?; **kann ich Ihnen damit ~?** cela pourrait-il vous aider?; **j-m mit etw. ~** obliger qn. de qc.; **damit ist mir nicht gedient** cela ne m'arrange pas; *bibl.* **niemand kann zwei Herren ~** nul ne peut servir deux maîtres; **2er** *m* ⟨~s; ~⟩ **1.** domestique *m*; valet *m*; serviteur *m*; **2.** (*Verbeugung*) révérence *f*; F courbette *f*; **e-n ~ machen** s'incliner devant qn.; **2eˌrin** *f* ⟨~; ~nen⟩ servante *f*; domestique *f*; **~ern** *v/i.* ⟨-(e)re, h⟩ faire la révérence (à qn.); *péj.* faire des courbettes, des salamalecs; **2erˌschaft** *f* ⟨~⟩ domestiques *m/pl.*; gens *m/pl.*, employés *m/pl.* de maison; domesticité *f*; **2erˌtracht** *f* livrée *f*; **~lich** *adj.* utile; qui sert à; **zu etw. ~ sein** servir à qc.; **2lichˌkeit** *f* ⟨~⟩ utilité *f*; convenance *f*.

Dienst [diːnst] *m* ⟨~es; ~e⟩ service *m*; **öffentliche ~e** services publics; **im aktiven ~** en service actif; **Offizier vom ~** officier de service; **außer ~** en dehors du service; qui n'est pas de service; *milit., Beamte* en retraite; **freiwilliger ~** service volontaire; *pol.* **gute ~e** bons offices; **den ~ antreten**

entrer en service; ~ tun, haben être de service; zum ~ gehen aller au bureau, au travail; ~ ist ~ le travail, c'est le travail; j-m e-n ~ erweisen rendre (un) service à qn.; ~ am Kunden service après vente; service-clients *m*; in ~ stellen mettre en service; gute ~e leisten rendre bien service; sich in den ~ e-r Sache stellen se mettre au service d'une cause; j-m zu ~en stehen être aux ordres de qn.; den ~ versagen refuser le service; **~abˌteil** *n chem.* compartiment réservé au service.

Dienstag [ˈdiːnstaːk] *m* ⟨~(e)s; ~e⟩ mardi *m*; **~ˌabend** *m* mardi *m* soir; **2s** *adv.* le mardi; tous les mardis.

Dienst|alter [ˈdiːnstˌˀaltər] *n* années *f/pl.* de service; ancienneté *f*; dem ~ nach par ordre d'ancienneté; **~altersˌstufe** *f* rang *m* d'ancienneté; **~alterˌzulage** *f* prime *f* d'ancienneté; **~ˌälteste(r)** *m* ⟨→ A⟩ le plus ancien (en grade, en service, en charge); **~ˌangelegenˌheit** *f* affaire *f* de service; **~ˌanschluß** *m tél.* poste *m* de service; **~ˌantritt** *m* entrée *f* en service, en fonction, en charge; **~ˌanweisungen** *f/pl.* instructions *f/pl.*; **~ˌauszeichnung** *f* chevron *m*, distinction *f* d'ancienneté; **2bar** *adj.* serviable; ~er Geist aide *f*; domestique *m, f*; sein ~er Geist son séide; son âme damnée; **~barˌkeit** *f* ⟨~⟩ *jur.* servitude *f*; **2beˌflissen** *adj.* serviable; empressé; zélé; **~beˌhörde(n)** *f (pl.)* autorité(s) *f (pl.)*; supérieurs *m/pl.*; **~beˌreich** *m* compétence *f*; **2beˌreit** *adj.* prêt à servir; disponible; obligeant; *Apotheke* de garde; **~beˌzüge** *m/pl.* émoluments *m/pl.*; appointements *m/pl.*; **~ˌboten** *m/pl.* gens *m/pl.* de maison; domestiques *m/pl.*; **~eid** *m* serment professionnel; **~ˌeifer** *m* zèle *m* pour le service; empressement *m* à servir; **2ˌeifrig** *adj.* zélé; empressé; prompt (à servir); **~ˌeinkommen** *n* traitement *m*; appointements *m/pl.*; **~entˌhebung** *f* suspension *f*, destitution *f* de fonctions; révocation *f*; **~entˌlassung** *f* démission *f* d'office; *auf eigenen Antrag* démission *f*; **2ˌfähig** *adj.* apte au service; bon pour le service; **~fahrt** *f* déplacement *m* de service; **2ˌfertig** *adj.* prêt à rendre service; serviable; obligeant; **~ˌfertigˌkeit** *f* ⟨~⟩ serviabilité *f*; empressement *m*; caractère obligeant; **2frei** *adj.* libre, exempt de service; **~geˌheimnis** *n* secret professionnel; **~geˌhorsam** *m* subordination *f*; **~geˌspräch** *n tél.* communication *f* de service; **~geˌwalt** *f* autorité *f*; **~grad** *m* grade *m*; **2ˌhabend** *adjt.* de service; **~herr** *m* patron *m*; **~jahr** *n* année *f* de service; **~jubiˌläum** *n* (vingt-cinquième, quarantième, cinquantième) anniversaire *m* de l'entrée en service; fünfzigjähriges ~ jubilé *m*; **~ˌkleidung** *f* uniforme *m*; tenue *f* de service; **~ˌleistung** *f* prestation *f* de service; service *m*; **~ˌleitung** *f tél.* ligne *f* de service; **2lich 1.** *adj.* de service; ~er Befehl ordre (de service); ~es Schreiben lettre de service; ~e Versetzung déplacement, mutation d'office; aus ~en Gründen pour raisons de service; **2.** *adv.* ~ verhindert retenu par le service; ich muß ~ nach X mon travail m'envoie à X; **~lohn** *m* gages *m/pl.*; salaire *m*; **~ˌmädchen** *n* bonne *f*; **~mann** *m* ⟨~(e)s; ~er *od.* -leute⟩ porteur *m*; **~ˌmarke** *f* timbre(-poste) *m* de service; **2ˌmäßig** *adj.* réglementaire; **~ˌmütze** *f* casquette *f*; képi *m*; **~ˌordnung** *f* règlement *m* (de service); **~persoˌnal** *n* personnel *m* (de service); **~pflicht** *f* devoir *m*; obligation *f* de service; in Erfüllung s-r ~ dans l'accomplissement de ses devoirs, de sa fonction; **2ˌpflichtig** *adj.* obligé de servir; astreint au service; **~pisˌtole** *f* pistolet *m* réglementaire; **~ˌräume** *m/pl.* bureaux *m/pl.*; **~ˌreise** *f* voyage *m* en service commandé; mission *f*; **~ˌsache** *f* affaire officielle; portopflichtige ~ lettre officielle en port dû; **~ˌsiegel** *n* sceau, cachet officiel; **~ˌstelle** *f* service *m*; bureau *m*; zuständige ~ service compétent; **~ˌstrafe** *f* peine *f* disciplinaire; **~strafˌrecht** *n jur.* droit *m* disciplinaire; **~ˌstunden** *f/pl.* heures *f/pl.* de service, de bureau; **2ˌtauglich** *adj.* bon pour le service; apte au service; **~ˌtauglichˌkeit** *f* aptitude *f* au service; **2ˌtuend** *adjt.* de service; en activité; ~er Offizier officier de service, de jour; **2ˌunfähig** *adj. cf.* 2untauglich; **~ˌunfähigˌkeit** *f cf.* ~untauglichkeit; **2ˌuntauglich** *adj.* inapte à travailler, *milit.* à servir; incapable de travailler, *milit.* de servir; als ~ entlassen réformer; **~ˌuntauglichˌkeit** *f* inaptitude *f* à travailler, *milit.* à servir; wegen ~ vom Militärdienst befreien réformer; Entlassung wegen ~ réforme *f*; **~verˌhältnis** *n etwa* contrat *m* de travail, de service; im festen ~ stehen avoir un emploi fixe; **~verˌmerk** *m* notes *f/pl.*, mention *f* de service; **2verˌpflichtet** *p.p.* ~ werden être réquisitionné; **~verˌpflichtung** *f* réquisition *f*; **~verˌtrag** *m* contrat *m* (de service, de travail); **~ˌvorschrift** *f* règlement *m* (de service); *milit.* consigne *f*; **~ˌwagen** *m* voiture officielle, de service; **~weg** *m* voie *f* hiérarchique; auf dem ~(e) par (la) voie hiérarchique; **2ˌwidrig** *adj.* contraire au règlement; **~ˌwohnung** *f* logement attribué aux fonctionnaires; **~zeit** *f* temps *m*, heures *f/pl.*, années *f/pl.* de service; **~ˌzeugnis** *n* état(s) *m (pl.)*, certificat *m* de service; **~ˌzulage** *f* rétribution *f* supplémentaire; **~zweig** *m* service *m*.

diesbezüglich [ˈdiːsbəˌtsyːklɪç] *adj. u. adv.* à cet effet; sous ce rapport; à ce sujet.

Dieselantrieb [ˈdiːzəlˌˀantriːp] *m* traction *f* diesel.

dieselbe [diːˈzɛlbə] *pr/d.* la même; *cf. auch* **derselbe**.

diesel|elektrisch [ˈdiːzəlˀeˑˌlɛktrɪʃ] *adj.* diesel-électrique; **2ˌkraftstoff** *m* carburant *m* diesel; **2lokomoˌtive** *f* locomotive *f* diesel; **2ˌmotor** *m* moteur *m* diesel; **2ˌöl** *n* diesel-oil *m*; **2ˌtriebwagen** *m chem.* autorail *m* diesel.

dieser [ˈdiːzər] *pr/d.* (*f* **diese**, *n* **dies(es)**, *pl.* **diese**) **1.** *adjektivisch* ce (*vor Vokal u. stummem „h"* cet) *bzw.* cette, *pl.* ces; *bei Gegenüberstellung* ce, *etc.* ... -ci; diese vielen Bücher ce grand nombre de livres; diese ihre Beobachtung cette observation qu'elle a faite; am dritten dieses Monats le trois de ce mois; dieses Haus hat fünf Zimmer, jenes vier cette maison-ci a cinq pièces, celle-là quatre; **2.** *substantivisch* celui-ci *bzw.* celle-ci *bzw.* ceci *od.* cela *od.* F ça, *pl.* ceux-ci *bzw.* celles-ci; dies sind meine Schwestern celles-ci sont mes sœurs; wir haben von diesem und jenem gesprochen nous avons parlé de choses et d'autres; ich bevorzuge diesen c'est celui-ci que je préfère; bald dieser, bald jener tantôt l'un, tantôt l'autre; dies und das ceci et cela; toutes sortes de choses.

diesig [ˈdiːzɪç] *adj. Wetter* trouble; brumeux, -euse.

dies|jährig [ˈdiːsˌjɛːrɪç] *adj.* de cette année; **~mal** *adv.* cette fois-ci; pour le coup; **~ˌseitig** *adj.* qui est en deçà; qui est de ce côté; **~seits I** *adv. u. prép.* ⟨*gén.*⟩ en deçà (de qc.); de ce côté; ~ und jenseits en deçà et au delà; **II 2seits** *n* ⟨~⟩ la vie présente; **2seitsˌglaube** *m* foi *f* en ce monde.

Dietrich [ˈdiːtrɪç] *m* ⟨~s; ~e⟩ crochet *m* (de serrurier); passe-partout *m*; rossignol *m*; (ein Schloß) mit e-m ~ aufmachen crocheter (une serrure).

dieweil [diːˈvaɪl] *adv. u. conj. cf.* während(dessen).

Diffa|mation [dɪfamatsiˑˈoːn] *f* ⟨~; ~en⟩ diffamation *f*; **2ˈmieren** *v/t.* ⟨*pas de ge-*, h⟩ diffamer; **2ˈmierend** *adjt.* diffamant; **~ˈmierung** *f* ⟨~; ~en⟩ diffamation *f*.

differential [dɪfeˑrɛntsiˑˈaːl] **I** *adj.* différentiel, -lle; **II 2** *n* ⟨~s; ~e⟩ *math.* différentielle *f*; *mot.* différentiel *m*; **2diaˌgnose** *f méd.* diagnostic différentiel; **2ˌflaschenˌzug** *m techn.* moufle différentielle; **2geˌhäuse** *n* boîtier *m* de différentiel; **2geomeˌtrie** *f* géométrie différentielle; **2geˌtriebe** *n mot.* engrenage différentiel; **2ˌgleichung** *f math.* équation [ekwa-] différentielle; **2quotiˌent** *m* dérivée *f*; **2ˌrechnung** *f* calcul différentiel; **2reˌlais** *n* relais *m* à action différentielle; **2ˌschraube** *f* vis [-s] différentielle; **2taˌrif** *m comm.* tarif différentiel; **2ˌzölle** *m/pl. comm.* droits différentiels.

Differenz [dɪfeˑˈrɛnts] *f* ⟨~; ~en⟩ **1.** *comm.* (*Unterschied*) différence *f*; écart *m*; **2.** (*Unstimmigkeit*) différend *m*; désaccord *m*; **~beˌtrag** *m* différence *f*; **~geˌschäft** *n* vente *f*, marché *m* à prime; **2ieren** [-ˈtsiː-] **I** *v/t.* ⟨*pas de ge-*, h⟩ **1.** différencier; faire une différence (entre); **2.** *math.* différentier [-s-]; prendre la différentielle; **II ~ieren** [-ˈtsiː-] *n* ⟨~s⟩ *math.* différentiation *f*; **~iergeˌräte** [-ˈtsiːr-] *n/pl. math., phys.* appareils *m/pl.* de différentiation; **~ierung** [-ˈtsiː-] *f* ⟨~; ~en⟩ différenciation *f*; **~ˌton** *m mus.* son différentiel; **~ˌzahlung** *f* paiement *m* de la différence.

differieren [dɪfeˑˈriːrən] *v/i.* ⟨*pas de ge-*, h⟩ différer.

difform [dɪˈfɔrm] *adj.* difforme.

Diffraktion [dɪfraktsiˑˈoːn] *f* ⟨~; ~en⟩ *opt.* diffraction *f*.

diffus [dɪˈfuːs] *adj. opt.* diffus; **2at** [-ˈzaːt] *n* ⟨~(e)s; ~e⟩ gaz diffusé; **2iˈon** *f* ⟨~; ~en⟩ *chim., opt., mines* diffusion *f*; **2iˈonsˌkammer** *f phys., techn.* chambre *f* de diffusion; **2iˈonsˌpumpe** *f* pompe *f* à diffusion; **2iˈonsverˌmögen** *n* diffusibilité *f*; **2or** *m* ⟨~s; -ˈsoren⟩ *mot.* diffuseur *m*.

Digamma [diˑˈgama] *n* ⟨~s; ~(s)⟩ digamma *m*.

dige|rieren [diˑgeˑˈriːrən] *v/t.* ⟨*pas de ge-*, h⟩ *chim., physiol.* digérer; mettre en digestion; **2stiˈon** *f* ⟨~⟩ digestion *f*; **~sˈtiv** *adj.* digestif, -ive; **2stor** [-ˈgɛs-] *m* ⟨~s; -ˈtoren⟩ *Brauerei* autoclave *m*.

digital [diˑgiˑˈtaːl] *adj.* digital; **2is** *f* ⟨~⟩ *bot.* digitale *f*; **2oˈide** *pl. chim.* digitaléines *f/pl.*

Digression [diˑgrɛsiˑˈoːn] *f* ⟨~; ~en⟩ *astr.* digression *f*.

Dihybride [diˑhyˑˈbriːdə] *m* ⟨~n; ~n⟩ *biol.* dihybride *m*.

Dik|taphon [dɪkta'foːn] *n* ⟨~(e)s; ~e⟩ dictaphone *m*; **~'tat** *n* ⟨~(e)s; ~e⟩ dictée *f*; **nach ~ schreiben** écrire sous la dictée; **~'tator** *m* ⟨~s; -'toren⟩ dictateur *m*; **2ta'torisch** *adj.* dictatorial; **~ta'tur** *f* ⟨~; ~en⟩ dictature *f*; **2'tieren** *v/t.* ⟨*pas de ge-*, **h**⟩ dicter; **~'tierge,rät** *n* machine *f* à dicter; **~ti'on** *f* ⟨~; ~en⟩ diction *f*.

Dilat|ation [di·latatsi·'oːn] *f* ⟨~; ~en⟩ *phys.* dilatation *f*; **~i'on** *f* ⟨~; ~en⟩ *jur.* dilation *f*; **~o'meter** *n* ⟨~s; ~⟩ *phys.* dilatomètre *m*; **2orisch** [-'toː-] *adj. jur.* dilatoire.

Dilemma [di·'lɛma] *n* ⟨~s; ~s *od.* ~ta⟩ dilemme *m*.

Dilettant [di·lɛ'tant] *m* ⟨~en; ~en⟩ amateur *m*; dilettante *m*; **2isch** *adj.* en amateur; en dilettante; **~ismus** [-'tɪs-] *m* ⟨~⟩ dilettantisme *m*.

Dill [dɪl] *m* ⟨~(e)s; ~e⟩ *bot.* fenouil *m*; *sc.* aneth [-t] *m*; **~öl** *n* huile *f* d'aneth.

diluvi|al [di·lu·vi·'ɑːl] *adj.* diluvien, -nne; **2'al,bildung** *f* formation diluvienne; **2um** [-'luː-] *n* ⟨~s⟩ *géol.* diluvium [-jɔm] *m*.

Dimension [di·mɛnzi·'oːn] *f* ⟨~; ~en⟩ dimension *f*; **2al** [-'nɑːl] *adj.* dimensionnel, -lle; **drei~** à trois dimensions; **~sana,lyse** *f phys.* analyse dimensionnelle.

Dimeter ['diːme·tər] *m* ⟨~s; ~⟩ *métr.* dimètre *m*.

diminutiv [di·mi·nu·'tiːf] **I** *adj.* diminutif, -ive; **II 2** *n* ⟨~s; ~e⟩ *gr.* diminutif *m*; **2,form** *f* forme diminutive.

dinarisch [di·'nɑːrɪʃ] *adj.* dinarique.

Diner [di·'neː] *n* ⟨~s; ~s⟩ dîner *m*.

DIN-Format ['diːnfɔr,mɑːt] *n* format normalisé, standardisé (allemand).

Ding [dɪŋ] *n* ⟨~(e)s; ~e *od. péj.* ~er⟩ **1.** (*Sache*) chose *f*; (*Gegenstand*) objet *m*; (*Angelegenheit*) affaire *f*; histoire *f*; *philos.* **das ~ an sich** la chose en soi; **vor allen ~en** avant toutes choses; surtout; avant tout; **von gleichgültigen ~en sprechen** parler de la pluie et du beau temps; **das ist ein ~ der Unmöglichkeit** cela est matériellement impossible; **den ~en ihren Lauf lassen** laisser les choses aller (leur cours); **wie die ~e liegen** les choses étant ce qu'elles sont; dans l'état actuel des choses; **unverrichteter ~e zurückkehren** revenir bredouille; **das geht nicht mit rechten ~en zu** le diable s'en mêle; cela n'est pas naturel; **es müßte nicht mit rechten ~en zugehen, wenn das nicht geschähe** cela se fera, à moins que le diable ne s'en mêle; **guter ~e sein** être de bonne humeur; **gut ~ will Weile haben** Paris ne s'est pas fait en un jour; **aller guten ~e sind drei** jamais deux sans trois; **2.** F *von Personen* **das arme ~** la pauvre enfant; la pauvrette; **das dumme ~** la (petite) sotte; **freches ~** impertinente *f*; **3.** F (*Unbestimmtes*) chose *f*; F machin *m*; truc *m*; **2en I** *v/t.* ⟨**dingt, dingte** *od.* **dang, gedungen** *od.* **gedingt, h**⟩ engager; *Zeugen* aposter; *Mörder* soudoyer; **II ~en** *n* ⟨~s⟩ engagement *m*; **2fest** *adj.* **j-n ~ machen** mettre qn. en état d'arrestation; arrêter qn.

Dingi ['dɪŋgi·] *n* ⟨~s; ~s⟩ *mar.* dinghy *m*; youyou *m*.

dinglich ['dɪŋlɪç] *adj.* réel, -lle; **~e Klage** action réelle, pétitoire; **~es Recht** droit réel; **2,keit** *f* ⟨~⟩ droits réels.

Dingo ['dɪŋgo·] *m* ⟨~s; ~s⟩ *zo.* dingo *m*.

DIN-Grad ['diːngrɑːt] *m phot.* degré *m* D.I.N.

Ding|s [dɪŋs] F *n* ⟨~⟩ chose *f*; F truc *m*; machin *m*; **~sda** *m*, *f* ⟨~⟩ F **Herr, Frau ~** monsieur, madame chose; **~wort** *n* ⟨~(e)s; ⁓er⟩ substantif *m*.

dinieren [di·'niːrən] *v/i.* ⟨*pas de ge-*, **h**⟩ dîner.

Dinkel ['dɪŋkəl] *m* ⟨~s; ~⟩ *bot.* épeautre *m*.

Dinner ['dɪnər] *n* ⟨~s; ~⟩ dîner *m*.

Dinoflagellaten [di·no·flagɛ'lɑːtən] *pl. bot.* péridiniens *m/pl.*; péridiniacées *f/pl.*

Dinosaurier [di·no·'zaʊri·ər] *m* ⟨~(s); ~⟩ *zo.* dinosaurien *m*.

Diode [di·'oːdə] *f* ⟨~; ~n⟩ *élect.* diode *f*.

dionysisch [di·o·'nyːzɪʃ] *adj.* dionysiaque.

diophantisch [di·o·'fantɪʃ] *adj. math.* **~e Gleichung** problème *m* de Diophante; équation indéterminée.

Diopt|er [di·'ɔptər] *n* ⟨~s; ~⟩ *opt.* dioptre *m*; **~erline,al** *n* alidade *f*; **~ertele,skop** *n* télescope *m* dioptrique; **~rie** [-'triː] *f* ⟨~; -ien⟩ *opt.* dioptrie *f*; **~rik** *f* ⟨~⟩ dioptrique *f*; **2risch** *adj.* dioptrique.

Diorama [di·o·'rɑːma] *n* ⟨~s; -men⟩ diorama *m*.

Diorit [di·o·'riːt, -'rɪt] *m* ⟨~s; ~e⟩ *minéral.* diorite *f*.

Dioxyd [di·ɔ'ksyːt, 'diːɔ,ksyːt] *n chim.* bioxyde *m*.

Diözes|an [di·øtse·'zɑːn] *m* ⟨~en; ~en⟩ diocésain *m*; **~e** [-'tseː-] *f* ⟨~; ~n⟩ diocèse *m*.

Diphther|ie [dɪfte·'riː] *f* ⟨~; -ien⟩ *méd.* diphtérie *f*; **~ie,serum** *n* sérum [-ɔm] *m* antidiphtérique; **2isch** [-'teː-] *adj.* diphtérique.

Diphthong [dɪf'tɔŋ] *m* ⟨~s; ~e⟩ *phon.* diphtongue *f*; **2ieren** [-'giː-] *v/t.* (*u. v/i.*) ⟨*pas de ge-*, **h**⟩ (se) diphtonguer; **~ierung** [-'giː-] *f* ⟨~; ~en⟩ diphtongaison *f*.

diploid [di·plo·'iːt] *adj. biol.* diploïde.

Diplokokkus [di·plo·'kɔkʊs] *m* ⟨~; -kken⟩ *biol.* diplocoque *m*.

Diplom [di·'ploːm] *n* ⟨~(e)s; ~e⟩ diplôme *m*; brevet *m*.

Diplomat [di·plo·'mɑːt] *m* ⟨~en; ~en⟩ diplomate *m*; **~en,laufbahn** *f* carrière *f* diplomatique; **die ~ einschlagen** embrasser la carrière diplomatique; entrer dans la diplomatie [-si]; **~en,schreibtisch** *m* bureau *m* ministre; **~en,schub** *m* mouvement *m* diplomatique; **~ie** [-'tiː] *f* ⟨~⟩ diplomatie [-si] *f*; **~ik** *f* ⟨~⟩ diplomatique *f*; **~iker** *m* ⟨~s; ~⟩ diplomatiste *m*; **2isch** *adj.* diplomatique (*auch fig.*); *fig. von e-r Person* diplomate; **~e Antwort** réponse diplomatique; **die ~en Beziehungen abbrechen** rompre les relations diplomatiques; **~er Dienst** service diplomatique; **~es Korps** corps diplomatique; **~e Schritte** démarches diplomatiques.

Diplom|chemiker [di·'ploːm,çeːmikər] *m* (*abr.* **Dipl.-Chem.**) chimiste diplômé; **~,handels,lehrer** *m* (*abr.* **Dipl.-Hdl.**) professeur de commerce diplômé; **~ingeni,eur** *m* (*abr.* **Dipl.-Ing.**) ingénieur diplômé; **~,kaufmann** *m* (*abr.* **Dipl.-Kfm.**) diplômé *m* d'une école supérieure de commerce; **~,landwirt** *m* (*abr.* **Dipl.-Ldw.**) ingénieur *m* agronome, agricole; **~,physiker** *m* (*abr.* **Dipl.-Phys.**) physicien diplômé; **~,volkswirt** *m* (*abr.* **Dipl.-Volksw.**) économiste diplômé; licencié *m* ès sciences économiques.

Dipod|ie [di·po·'diː] *f* ⟨~; -ien⟩ *métr.* dipodie *f*; **2isch** [-'poː-] *adj.* dipode.

Dipol ['diːpoːl] *m* ⟨~s; ~e⟩ dipôle *m*; **~an,tenne** *f* antenne *f* dipôle; **~mo,ment** *n* moment *m* dipolaire.

Diptychon ['dɪptʏçɔn] *n* ⟨~s; -chen *od.* -cha⟩ diptyque *m*.

dir [diːr] *pr/p.* (*dat. von* **du**) te; *vor Vokal und stummem „h"* t'; *nach prép.* toi; *betont* à toi; **er wird ~ helfen** il va t'aider; **nach ~!** après toi!; *als Antwort* **~!** à toi!; *fig.* **mir nichts, ~ nichts** sans façon; tout bonnement; sans autre forme de procès.

direkt [di·'rɛkt] **1.** *adj.* direct; droit; *milit.* **~er Schuß** coup direct; tir de plein fouet; *gr.* **~e Rede** discours, style direct; *chem.*, *tél.* **~e Verbindung** communication directe; **~e Steuern** impôts directs; F **das ist ~er Wahnsinn** c'est de la folie pure; **2.** *adv.* directement; (tout) droit; **~ proportional** directement proportionnel; *comm.* **~ vom Hersteller** de première main; F **das ist ~ unangenehm** c'est franchement désagréable; **2flug** *m* vol *m* sans escale; **2i'on** *f* ⟨~; ~en⟩ direction *f*; **die ~** *auch* les directeurs; **2i'onsbü,ro** *n* bureau *m* de la direction, du directeur; **2i'ons,mitglied** *n* membre *m* de la direction, du comité de direction; **2i'onssekre,tärin** *f* secrétaire *f* de direction; **2iven** [-'tiː-] *f/pl.* directives *f/pl.*; instructions *f/pl.*; **2man,dat** *n pol.* mandat direct; **2or** *m* ⟨~s; -'toren⟩ directeur *m*; **leitender ~** directeur général, principal; **stellvertretender ~** directeur adjoint; sous-directeur *m*; **technischer ~** directeur technique; **~ e-s staatlichen Gymnasiums** proviseur *m* d'un lycée; **~ e-s städtischen, privaten Gymnasiums** principal *m* d'un collège; **~ der franz. Staatsbank** gouverneur *m* de la Banque de France; **2o'rat** *n* ⟨~(e)s; ~e⟩ direction *f*; directorat *m*; **2orenkonfe,renz** [-'toː-] *f* conférence *f* de directeurs; **~ori'al** *adj.* directorial; **2ori'alver,fügung** *f* disposition directoriale; **2orin** [-'toː-] *f* ⟨~; ~nen⟩ directrice *f*; **2orium** [-'toː-] *n* ⟨~s; -ien⟩ comité *m* directeur; direction *f*; *der ersten frz. Republik* Directoire *m* (exécutif); **2or,stelle** *f* poste *m* de directeur, *etc.*; **2,sendung** *f comm.* envoi direct; expédition directe; *rad.* émission *f* en direct; **2über,tragung** *f rad.* transmission *f* en direct; **2ver,kauf** *m* vente directe, sans intermédiaire.

Dirig|ent [di·ri·'gɛnt] *m* ⟨~en; ~en⟩ chef *m* d'orchestre; **~enten,stab** *m* baguette *f* de chef d'orchestre; **2ieren I** *v/t.* ⟨*pas de ge-*, **h**⟩ diriger, conduire (un orchestre); **II ~ieren** *n* ⟨~s⟩ direction *f*, conduite *f* (d'un orchestre); **~ismus** *m* ⟨~⟩ *comm.*, *pol.* dirigisme *m*.

Dirndl(kleid) ['dɪrndəl(,klaɪt)] *n* ⟨~s; ~⟩ (*n*) dirndl *m*.

Dirne ['dɪrnə] *f* ⟨~; ~n⟩ prostituée *f*; fille *f* (de joie); fille *f* publique; F grue *f*; P catin *f*; putain *f*.

dis [dɪs] *n* ⟨~; ~⟩ *mus.* ré *m* dièse.

Disagio [dɪs'ʔɑːdʒo·] *n* ⟨~s⟩ *comm.* perte *f* au change.

Dis-Dur ['dɪsduːr] *n* ⟨~⟩ *mus.* ré *m* dièse majeur.

Disengagement [dɪsɪn'gɛɪdʒmənt] *n* ⟨~s⟩ *pol.* désengagement *m*.

Disharmon|ie [dɪsharmo·'niː] *f* ⟨~; -ien⟩ manque *m* d'harmonie; discordance *f*; dissonance *f*; *fig.* désunion *f*; dissension *f*; désaccord *m*; **2ieren** *v/i.* ⟨*pas de ge-*, **h**⟩ discorder; être en désunion, en désaccord; **2isch** [-'moː-] *adj.* sans harmonie; discordant.

Disjunkt|ion [dɪsjʊŋktsi·'oːn] *f* ⟨~; ~en⟩ disjonction *f*; **2iv** [-'tiːf] *adj.* disjonctif, -ive.

Diskant [dɪsˈkant] *m* ⟨~s; ~e⟩ *mus.* dessus *m*; **erster, zweiter ~** 'haut, bas dessus'; **~ˌflöte** *f* dessus *m* de flûte; **~ˌgeige** *f* dessus *m* de violon; **~ˌschlüssel** *m* clef *f* de dessus; **~ˌstimme** *f* dessus *m*.

Diskont [dɪsˈkɔnt] *m* ⟨~s; ~e⟩ *comm.* escompte *m*; **~ˌbank** *f* ⟨~; ~en⟩ banque *f* d'escompte; **~erˌhöhung** *f* augmentation *f* du taux de l'escompte; **2ˌfähig** *adj.* escomptable; bancable; **~geˌschäft** *n* opération *f* d'escompte; **~heˌrabˌsetzung** *f* *cf.* **~senkung**; **2ieren** [-ˈtiː-] *v/t.* ⟨*pas de ge-*, h⟩ escompter; faire l'escompte (de); **~ierer** [-ˈtiː-] *m* ⟨~s; ~⟩ (banquier *m*) escompteur *m*; **~ierung** [-ˈtiː-] *f* ⟨~⟩ escompte *m*; **~ˌkasse** *f* caisse *f* d'escompte; **~ˌmarkt** *m* marché *m* d'escompte; **~ˌsatz** *m* taux *m* d'escompte, de l'escompte; **~ˌsenkung** *f* abaissement *m*, réduction *f* du taux de l'escompte; **~ˌspesen** *pl.* frais *m/pl.* d'escompte; **~ˌwechsel** *m* effet *m* à escompter.

diskontinuierlich [dɪskɔntiˑnuˑˈiːrlɪç] *adj.* discontinu.

diskordant [dɪskɔrˈdant] *adj.* discordant.

Diskothek [dɪskoˑˈteːk] *f* ⟨~; ~en⟩ discothèque *f*.

Diskredit [dɪskreˑˈdiːt] *m* ⟨~(e)s⟩ discrédit *m*; **2ieren** [-ˈtiː-] *v/t.* ⟨*pas de ge-*, h⟩ discréditer; déprécier; faire tomber en discrédit.

diskrepan|t [dɪskreˑˈpant] *adj.* divergent; dissident; **2z** *f* ⟨~; ~en⟩ divergence *f*; dissidence *f*.

diskret [dɪsˈkreːt] *adj.* discret, -ète; **2iˈon** *f* ⟨~; ~en⟩ discrétion *f*.

Diskrimin|ante [dɪskriˑmiˑˈnantə] *f* ⟨~; ~n⟩ *math.* discriminant *m*; **~ator** *m* ⟨~s; -ˈtoren⟩ *rad.* discriminateur *m*; **2ieren** *v/t.* ⟨*pas de ge-*, h⟩ discriminer; **2ierend** *adjt.* discriminatoire; **~ierung** *f* ⟨~; ~en⟩ discrimination *f*.

diskursiv [dɪskʊrˈziːf] *adj.* discursif, -ive.

Diskus [ˈdɪskʊs] *m* ⟨~; -ken *od.* ~se⟩ *Sport* disque *m*.

Diskussion [dɪskʊsiˑˈoːn] *f* ⟨~; ~en⟩ discussion *f*; **etw. zur ~ stellen** soumettre qc. à la discussion; **das steht nicht zur ~** la discussion n'est pas là; **~sˌgegenstand** *m* objet *m* de la discussion; **~sˌgegner** *m* interlocuteur *m* adverse; **~sˌpartner** *m*, **~sˌteilnehmer** *m* interlocuteur *m*.

Diskus|werfen [ˈdɪskʊsˌvɛrfən] *n* *Sport* lancement *m* de disque; **~ˌwerfer** *m* ⟨~s; ~⟩ lanceur *m* de disque; *hist.* discobole *m*; **~ˌwurf** *m* lancement *m* du disque.

diskut|abel [dɪskuˑˈtaːbəl] *adj.* ⟨-bl-⟩ discutable; **~ieren** *v/t. u. v/i.* ⟨*pas de ge-*, h⟩ (über) **etw. ~** discuter (sur, de) qc.

Dislokation [dɪsloˑkatsiˑˈoːn] *f* ⟨~; ~en⟩ dislocation *f*.

dis-Moll [ˈdɪsmɔl] *n* ⟨~⟩ ré *m* dièse mineur.

Dismutation [dɪsmuˑtatsiˑˈoːn] *f* ⟨~; ~en⟩ *chim.* dismutation *f*.

Dispach|e [dɪsˈpaʃ(ə)] *f* ⟨~; ~n⟩ *mar.* dispache *f* d'avarie; **~eur** [-ˈʃøːr] *m* ⟨~s; ~e⟩ dispacheur *m*.

disparat [dɪspaˈraːt] *adj.* disparate.

Dispatcher [dɪsˈpɛtʃər] *m* ⟨~s; ~⟩ *in Großbetrieben* dispatcher [-patʃœr] *m*.

Dispens|(ation) [dɪsˈpɛns, dɪspɛnzatsiˑˈon] *m* ⟨~es; ~e⟩ *(f)* ⟨~; ~en⟩ dispense *f*; **~atiˈonsˌrecht** *n* droit *m* de dispense; **2ieren** [-ˈziː-] *v/t.* ⟨*pas de ge-*, h⟩ **j-n von etw. ~** dispenser qn. de (faire) qc.

dispers [dɪsˈpɛrs] *adj.* dispersé; **2iˈon** *f* ⟨~; ~en⟩ *chim.*, *phys.* dispersion *f*.

Displaced Persons [dɪsˈplɛɪst ˈpəːsnz] *pl.* personnes déplacées.

dispon|ibel [dɪspoˑˈniːbəl] *adj.* ⟨-bl-⟩ disponible; **~ieren** *v/i.* ⟨*pas de ge-*, h⟩ disposer (über de); **~iert** *adjt.* disposé (à).

Disposition [dɪspoˑziˑtsiˑˈoːn] *f* disposition *f*; **zur ~ stehen** être à la disposition de (qn.); être disponible; **2sˌfähig** *adj.* en âge de contracter; **~sˌfonds** *m* fonds *m/pl.* disponibles; **~sˌrecht** *n* droit *m* de disposer, de disposition.

Disproportion [dɪsproˑpɔrtsiˑˈoːn] *f* disproportion *f*; **2iert** [-ˈniːrt] *adjt.* disproportionné.

Dispu|t [dɪsˈpuːt] *m* ⟨~(e)s; ~e⟩ vive discussion; **2ˈtieren I** *v/i.* ⟨*pas de ge-*, h⟩ discuter vivement (über de, sur); disputer (über de, sur); **II ~ˈtieren** *n* ⟨~s⟩ *cf.* ~t.

Disqualifi|kation [dɪskvaliˑfiˑkatsiˑˈoːn] *f* *Sport* disqualification *f*; **2ˈzieren** *v/t.* ⟨*pas de ge-*, h⟩ disqualifier; **2ˈziert** *adjt.* disqualifié; **~ˈzierung** *f* *cf.* **~kation**.

Dissenter [dɪˈsɛntər] *m* ⟨~s; ~⟩ *relig.* dissident *m*.

Dissertation [dɪsɛrtatsiˑˈoːn] *f* ⟨~; ~en⟩ thèse *f* (de doctorat).

Dissimilation [dɪsɪˑmiˑlatsiˑˈoːn] *f* ⟨~; ~en⟩ dissimilation *f*.

Dissimulation [dɪsiˑmuˑlatsiˑˈoːn] *f* ⟨~; ~en⟩ dissimulation *f*.

disson|ant [dɪsoˑˈnant] *adj.* dissonant; **2anz** *f* ⟨~; ~en⟩ dissonance *f*; **~ieren** *v/i.* ⟨*pas de ge-*, h⟩ dissoner.

Dissoziation [dɪsoˑtsiˑatsiˑˈoːn] *f* ⟨~; ~en⟩ *phys.* dissociation *f*; **~sˌwärme** *f* chaleur *f* de dissociation.

distal [dɪsˈtaːl] *adj.* *anat.* distal.

Distanz [dɪsˈtants] *f* ⟨~; ~en⟩ distance *f*; **~geˌschäft** *n* *comm.* opération *f* à distance; **2ieren** [-ˈtsiː-] **I** *v/t.* ⟨*pas de ge-*, h⟩ *Sport* distancer; **II** *v/réfl.* **sich ~** prendre ses distances (**von** à l'égard de); se désolidariser de.

Distel [ˈdɪstəl] *f* ⟨~; ~n⟩ *bot.* chardon *m*; **2ˌartig** *adj.* carduacé; **~ˌfalter** *m* *zo.* belle-dame *f*; vanesse *f* du chardon; **~ˌfeld** *n* chardonnière *f*; **~ˌfink** *m* *zo.* chardonneret *m*; **junger ~** griset *m*.

Distichon [ˈdɪstɪçɔn] *n* ⟨~s; -chen⟩ [*métr.* distique *m*.]

distin|guiert [dɪstɪŋˈgiːrt] *adjt.* distingué; **2ktiˈon** *f* ⟨~⟩ distinction *f*.

Distorsion [dɪstɔˑrziˑˈoːn] *f* ⟨~; ~en⟩ *opt.* distorsion *f*.

distributiv [dɪstriˑbuˑˈtiːf] *adj.* distributif, -ive; **2ˌzahl** *f* nombre distributif.

Distrikt [dɪsˈtrɪkt] *m* ⟨~(e)s; ~e⟩ (*Bezirk*) district *m*; circonscription *f*; (*Gebiet*) région *f*.

Disziplin [dɪstsiˑˈpliːn] *f* ⟨~; ~en⟩ discipline *f*; **sich an ~ gewöhnen** se discipliner.

Disziplinar|gericht [dɪstsiˑpliˑˈnaːrgəˌrɪçt] *n* conseil *m* de discipline; **~geˌwalt** *f* pouvoir *m* disciplinaire; **2isch** *adj.* disciplinaire; **~ˌstrafe** *f* punition *f* disciplinaire; **~ˌstrafˌordnung** *f* règlement *m* des peines disciplinaires; **~unterˌsuchung** *f* enquête *f* disciplinaire; **~verˌfahren** *n* procédure *f* disciplinaire; **ein ~ gegen j-n einleiten** engager une procédure disciplinaire contre qn.; **~ˌweg** *m* **auf dem ~** par voie disciplinaire.

disziplin|iert [dɪstsiˑpliˑˈniːrt] *adj.* discipliné; **~ˌlos** [-ˈpliːn-] *adj.* indiscipliné; **2ˌlosigˌkeit** [-ˈpliːn-] *f* ⟨~⟩ indiscipline *f*.

Dithyramb|e [diˑtyˑˈrambə] *f* ⟨~; ~n⟩ *métr.* dithyrambe *m*; **2isch** *adj.* dithyrambique; **~us** *m* ⟨~; -ben⟩ *cf.* **~e**.

Diure|se [diˑuˑˈreːzə] *f* ⟨~; ~n⟩ *méd.* diurèse *f*; **~tikum** *n* ⟨~s; -ka⟩ diurétique *m*; **2tisch** *adj.* diurétique.

Diva [ˈdiːva] *f* ⟨~; ~s *od.* -ven⟩ vedette *f*; star *f*.

diverg|ent [diˑvɛrˈgɛnt] *adj.* divergent; **2enz** *f* ⟨~; ~en⟩ divergence *f*; **~ieren** *v/i.* ⟨*pas de ge-*, h⟩ diverger.

divers [diˑˈvɛrs] *adj.* divers; différent.

Divertimento [diˑvɛrtiˑˈmɛntoˑ] *n* ⟨~s; ~s *od.* -ti⟩ *mus.* divertissement *m*.

Dividend [diˑviˑˈdɛnt] *m* ⟨~en; ~en⟩ *math.* dividende *m*; **~e** *f* ⟨~; ~n⟩ *comm.* dividende *m*; **~enˌabgabe** *f* taxe *f* sur les dividendes; **~enˌanspruch** *m* droit *m* au dividende; **~enˌausschüttung** *f* versement *m*, paiement *m* de dividendes; **2enbeˌrechtigt** *adjt.* ayant droit à des dividendes; **~enerˌhöhung** *f* augmentation *f* de dividendes; **~engaranˌtie** *f* garantie *f* de dividendes; **~enheˌrabsetzung** *f* réduction *f* de dividendes; **~enˌsatz** *m* taux *m* de dividendes; **~enverˌteilung** *f* distribution *f* de dividendes.

dividieren [diˑviˑˈdiːrən] **I** *v/t.* ⟨*pas de ge-*, h⟩ *math.* diviser; faire une division; **II 2** *n* ⟨~s⟩ division *f*.

Divinat|ion [diˑviˑnatsiˑˈoːn] *f* ⟨~; ~en⟩, **~iˈonsˌgabe** *f* divination *f*; **2orisch** [-ˈtoː-] *adj.* divinatoire.

Divis [diˑˈviːs] *n* ⟨~es; ~e⟩ *impr.* division *f*.

Division [diˑviˑziˑˈoːn] *f* ⟨~; ~en⟩ *math.*, *milit.* division *f*; **~sartilleˌrie** *f* artillerie *f* divisionnaire; **~sgeneˌral** *m* général *m* de division; **~skommanˌdeur** *m* commandant *m* de division; **~sˌstab** *m* état-major *m* de division; **~sˌzeichen** *n* *math.* signe *m* de division.

Divisor [diˑˈviːzɔr] *m* ⟨~s; -ˈsoren⟩ *math.* diviseur *m*.

Diwan [ˈdiːvan] *m* ⟨~s; ~e⟩ divan *m*.

DM, D-Mark [ˈdeːmark, ˈdɔʏtʃəmark] *f* ⟨~; ~⟩ «Deutsche Mark» *m* (*inv.*) (*abr.* DM); **~-Eröffnungsbiˌlanz** *f* bilan *m* d'ouverture libellé en DM, en «Deutsche Mark».

d-Moll [ˈdeːmɔl] *n* ⟨~⟩ *mus.* ré *m* mineur.

Döbel [ˈdøːbəl] *m* ⟨~s; ~⟩ *cf.* Dübel.

Dobermann [ˈdoːbərˌman] *m* ⟨~(e)s; ~̈er⟩ *zo.* doberman [-man] *m*.

doch [dɔx] **I** *adv.* **a)** *unbetont* **du kommst ~?** mais tu viendras?; **setz dich ~!** mais assieds-toi donc!; **kommen Sie ~!** venez donc!; **das kann ~ nicht dein Ernst sein!** tu ne parles quand même pas sérieusement!; **nicht ~!** mais non!; *tadelnd* laisse ça!; **ja ~!** mais oui!; en effet!; **du weißt ~, daß ...** tu sais bien que ...; **hättest du das ~ gleich gesagt!** ah! si tu l'avais dit plus tôt!; **wenn es ~ wahr wäre!** si cela pouvait être vrai!; **das ist ~ zu arg!** c'est vraiment trop fort!; **du hast es ihm ~ gesagt?** tu le lui as dit, j'espère *od.* quand même?; **b)** *betont* **und ~!** et pourtant!; **also ~!** quand même!; **und sie bewegt sich ~!** et pourtant elle se meut!; **er kam also ~?** il est quand même venu?; *als Antwort auf e-e verneinte Frage* **~!** si!; **II** *conj.* pourtant; cependant; mais; **~ er hat es sich anders überlegt** pourtant il a changé d'idée.

Docht [dɔxt] *m* ⟨~(e)s; ~e⟩ mèche *f*; **~ˌkohle** *f* charbon *m* à mèche; **~ˌschmierung** *f* *mot.* graissage *m* à mèche.

Dock [dɔk] *n* ⟨~(e)s; ~s *od.* ~e⟩ *mar.* dock *m*; bassin *m* de radoub; **schwimmendes** ~ dock flottant; **im** ~ **liegen** être en cale sèche; **auf** ~ **legen** faire entrer aux docks; ~ˌ**arbeiter** *m* docker [-ɛːr] *m*; ~**e** *f* ⟨~; ~n⟩ **1.** (*Garn*2) écheveau *m*; (*Hanf*2) peignon *m*; (*Tabak*2) rôle *m*; **2.** (*kleine gedrehte Säule*) balustre *m*; **3.** *Drechselei* mandrin *m*; chevillon *m*; arbre *m*; 2**en**¹ *v/t.* ⟨h⟩ *Garn etc.* mettre ... en écheveaux; 2**en**² *v/t.* ⟨h⟩ *mar.* faire entrer aux docks; ~**ge**ˌ**bühr** *f mar.* droits *m/pl.* de dock, de bassin; ~ˌ**hafen** *m* bassin *m* à flot; ~**schiff** *n* dock *m* en forme de navire.

Dodekaed|er [do·de·ka'eːdər] *n* dodécaèdre *m*; 2**risch** *adj.* dodécaédrique.

Dogaressa [do·ga'rɛsa] *f* ⟨~; -ssen⟩ dogaresse *f*.

Doge ['doːʒə] *m* ⟨~n; ~n⟩ doge *m*; ~**n...** *in Zssgn. oft* ducal; ~**npa**ˌ**last** *m* palais *m* des doges.

Dogge ['dɔgə] *f* ⟨~; ~n⟩ *zo.* dogue *m*; **deutsche** ~ dogue allemand; grand danois; **englische** ~ mastiff *m*.

Dogger ['dɔgər] *m* ⟨~s⟩ *géol.* dogger *m*; jura brun; oolithique inférieur.

Dogm|a ['dɔgma] *n* ⟨~s; -men⟩ dogme *m*; ~**atik** [-'maː-] *f* ⟨~; ~en⟩ dogmatique *f*; ~**atiker** [-'maː-] *m* ⟨~s; ~⟩ dogmatique *m*; 2**atisch** [-'maː-] *adj.* dogmatique; ~**a'tismus** *m* ⟨~⟩ dogmatisme *m*; ~**enge**ˌ**schichte** *f* histoire *f* des dogmes.

Dohle ['doːlə] *f* ⟨~; ~n⟩ *zo.* choucas *m*.

Dohne ['doːnə] *f* ⟨~; ~n⟩ *ch.* collet *m*; ~**n stellen** tendre des collets; ~**n**ˌ**fang** *m* chasse *f* au(x) collet(s); ~**n**ˌ**stieg** *m* ⟨~(e)s; ~e⟩ série *f* de collets.

doktern ['dɔktərn] *v/i.* ⟨-(e)re, h⟩ F **an etw. (herum)**~ soigner par ses propres moyens, à sa façon.

Doktor ['dɔktɔr] *m* ⟨~s; -'toren⟩ **1.** (*abr.* Dr., *pl.* DDr.) docteur *m*; ~ **der Theologie** (**Dr. theol.**, *Ehrenwürde* **D.**) docteur en théologie; ~ **der Medizin** (**Dr. med.**) docteur en médecine; ~ **der Philosophie** (**Dr. phil.**) docteur ès lettres *od.* ès sciences; ~ **der Rechte** (**Dr. jur.**) docteur en droit; ~ **der Staatswissenschaften** (**Dr. rer. pol.**) docteur ès sciences politiques; ~ **der Naturwissenschaften** (**Dr. rer. nat.**) docteur ès sciences; **Dr. h. c.** *cf.* **Ehrendoktor**; **s-n** ~ **machen** passer son doctorat; **Herr, Frau** ~! Monsieur!, Madame!; **sich** ~ **nennen** porter le titre de docteur; **2.** (*Arzt*) docteur *m*; médecin *m*; **Herr, Frau** ~! docteur!; ~**and** [-'rant] *m* ⟨~en; ~en⟩ candidat *m* au doctorat; ~ˌ**arbeit** *f* thèse *f* de doctorat; ~**di**ˌ**plom** *m* diplôme *m* de docteur; ~**e**ˌ**xamen** *n* (examen *m* de) doctorat *m*; ~ˌ**grad** *m cf.* ~**würde**; ~ˌ**hut** *m* bonnet doctoral, de docteur; ~**in** [-'toː-] *f* ⟨~; ~nen⟩ (*Ärztin*) doctoresse *f*; (femme *f*) médecin *m*; ~ˌ**titel** *m* titre *m* de docteur; **den** ~ **verleihen** décerner le titre de docteur (à); ~ˌ**würde** *f* grade *m* de docteur; doctorat *m*.

Doktrin [dɔk'triːn] *f* ⟨~; ~en⟩ doctrine *f*; 2**är** [-'nɛːr] **I** *adj.* doctrinaire; **II** ~**är** [-'nɛːr] *m* ⟨~s; ~e⟩ doctrinaire *m*.

Dokument [do·ku·'mɛnt] *n* ⟨~(e)s; ~e⟩ document *m*; pièce *f*; certificat *m*; ~**ar** [-'taːr] *m* ⟨~s; ~e⟩ documentaliste *m*; ~**arbe**ˌ**richt** [-'taːr-] *m* rapport *m*, chronique *f* documentaire; ~**ar**ˌ**film** *m* [-'taːr-] *m* (film *m*) documentaire *m*; 2**arisch** [-'taː-] *adj.* documentaire; *adv.* ~ **belegt** documenté; appuyé sur des documents; ~**ati'on** *f* ⟨~; ~en⟩ documentation *f*; ~**enab**ˌ**teilung** *f* service *m* de documentation; ~**en**ˌ**kauf** *m* vente *f* sur documents; ~**enkre**ˌ**dit** *m* crédit *m* sur documents; ~**en**ˌ**sammlung** *f* recueil *m* de documents; ~**en**ˌ**wechsel** *m* traite *f* documentaire; 2**ieren** [-'tiː-] **I** *v/t.* ⟨*pas de ge-*, h⟩ documenter; *par ext.* prouver; **II** *v/réfl.* **sich** ~ se manifester.

Dolch [dɔlç] *m* ⟨~(e)s; ~e⟩ poignard *m*; ~ˌ**messer** *n* couteau-poignard *m*; ~**stoß** *m* coup *m* de poignard; ~**stoßle**ˌ**gende** *f hist.* légende *f* du coup de poignard dans le dos; ~ˌ**wespen** *f/pl.* *zo.* **1.** scolies *f/pl.*; **2.** *europäische* tiphies *f/pl.*

Dold|e ['dɔldə] *f* ⟨~; ~n⟩ *bot.* ombelle *f*; 2**en**ˌ**artig**, 2**en**ˌ**förmig** *adj.* ombelliforme; ~**en**ˌ**blütler** *m/pl.*, ~**enge**ˌ**wächse** *n/pl. bot.* ombellifères *f/pl.*; ~**en**ˌ**rebe** *f* ampélopsis [-is] *m*; ~**en**ˌ**rispe** *f* panicule *f* ombelliforme; 2**en**ˌ**ständig**, 2**en**ˌ**tragend** *adj.* ombellifère; 2**ig** *adj.* disposé en ombelle; ombellé.

Dole ['doːlə] *f* ⟨~; ~n⟩ (*Abwassergrube*) puisard *m*; (*Abwasserleitung*) égout *m*.

doll [dɔl] *adj.* F **das ist ja** ~! c'est étonnant!; **e-e** ~**e Geschichte** une histoire invraisemblable; *cf. auch* toll.

Dollar ['dɔlar] *m* ⟨~s; ~s⟩ dollar *m*; ~ˌ**anleihe** *f* emprunt libellé en dollars; ~ˌ**basis** *f* base *f* du dollar; ~**bi**ˌ**lanz** *f* balance *f* des paiements en dollars; ~ˌ**guthaben** *n* avoirs *m/pl.* en dollars; ~**investiti**ˌ**onen** *f/pl.* investissements *m/pl.* en dollars; ~ˌ**klausel** *f* clause *f* du dollar; ~ˌ**kurs** *m* cours *m* du dollar; ~ˌ**länder** *n/pl.* pays *m/pl.* de la zone dollar; ~ˌ**lücke** *f* insuffisance *f* de dollars; déficit *m* en dollars; ~ˌ**raum** *m* zone *f* dollar; ~ˌ**schwund** *m* diminution *f* des réserves en dollars disponibles; ~ˌ**währung** *f* monnaie libellée en dollars; ~ˌ**währungsge**ˌ**biet** *n* zone *f* dollar; ~ˌ**werte** *m/pl.* valeurs-dollars *f/pl.*

Doll|bord ['dɔlbɔrt] *m* ⟨~(e)s; ~e⟩ *mar.* plat-bord *m*; ~**e** *f* ⟨~; ~n⟩ *bewegliche* tolet *m*; *feste* dame *f*.

Dolman ['dɔlman] *m* ⟨~s; ~e⟩ dolman *m*.

Dolmen ['dɔlmən] *m* ⟨~s; ~⟩ dolmen [-mɛn] *m*.

dolmetsch|en ['dɔlˌmɛtʃən] **I** *v/i.* ⟨h⟩ servir d'interprète; faire l'interprète; **II** 2**en** *n* ⟨~s⟩ *verbal*; 2**er(in)** *m* ⟨~s; ~⟩ (*f*) ⟨~; ~nen⟩ interprète *m, f*; 2**er**ˌ**posten** *m* emploi *m* d'interprète; 2**er**ˌ**schule** *f* école *f* d'interprètes; 2**er**ˌ**wesen** *n* interprétariat *m*.

Dolomit [do·lo·'miːt, do·lo·'mɪt] *m* ⟨~s; ~e⟩ *minéral.* dolomi(t)e *f*; 2ˌ**artig** *adj.* ressemblant à la dolomi(t)e; ~ˌ**bildung** *f* dolomisation *f*; 2ˌ**haltig** *adj.* dolomitique; 2**isch** *adj.* dolomitique.

Dolus ['doːlʊs] *m* ⟨~⟩ *jur.* dol *m*.

Dom [doːm] *m* ⟨~(e)s; ~e⟩ **1.** cathédrale *f*; (*Gewölbedecke*) *u. fig.* dôme *m*; **2.** *Dampfkessel* dôme *m*.

Domäne [do·'mɛːnə] *f* ⟨~; ~n⟩ **1.** domaine *m*; propriété rurale; **2.** (*Arbeitsgebiet*) domaine *m*.

Dom|bau ['doːmbaʊ] *m* ⟨~(e)s; ~ten⟩ construction *f* de la cathédrale; ~**de**ˌ**chant** *m* doyen *m* du chapitre.

Domestikation [do·mɛsti·katsi·'oːn] *f* ⟨~⟩ domestication *f*.

dom|förmig ['doːmˌfœrmɪç] *adj.* en dôme; 2**herr** *m* chanoine *m*.

Domina ['doːmi·na] *f* ⟨~; -nä⟩ *cf.* Äbtissin.

domin|ant [do·mi·'nant] *adj. biol.* dominant; 2**ante** *f* ⟨~; ~n⟩ *mus.* dominante *f*; 2**anz** *f* ⟨~; ~en⟩ *biol.* dominance *f*; ~**ieren I** *v/i.* ⟨*pas de ge-*, h⟩ dominer; **II** 2**ieren** *n* ⟨~s⟩ domination *f*.

Dominikaner|(in) [do·mi·ni·'kaːnər (-ɪn)] *m* ⟨~s; ~⟩ (*f*) ⟨~; ~nen⟩ **1.** *relig.* dominicain(e) *m* (*f*); **2.** *Dominikanische Republik* Dominicain(e) *m*(*f*); ~ˌ**kloster** *n* couvent *m* de dominicains; ~ˌ**orden** *m* ordre *m* des dominicains, de saint Dominique.

Dominion [do·'mɪni·ən] *n* ⟨~s; ~s *od.* -ien⟩ dominion *m*.

Domino¹ ['doːmi·no·] *m* ⟨~s; ~s⟩ *Maskenkostüm* domino *m*; ~² *n* ⟨~s; ~s⟩ *Spiel* domino *m*; ~ **spielen** jouer aux dominos; ~ˌ**stein** *m* domino *m*.

Domizil [do·mi·'tsiːl] *n* ⟨~s; ~e⟩ domicile *m*; 2**ieren** [-'liː-] *v/t.* ⟨*pas de ge-*, h⟩ *e-n Wechsel* domicilier; 2**iert** [-'liːrt] *adjt. comm.* domicilié; ~**ierung** [-'liː-] *f* ⟨~⟩ *comm.* domiciliation *f*; ~ˌ**wechsel** *m comm.* effet *m*, traite *f* à domicile; lettre *f* de change domiciliée.

Dom|kapitel ['doːmkaˌpɪtəl] *n* chapitre *m*; ~**pfaff** *m* ⟨~en; ~en⟩ *zo.* bouvreuil *m*.

Dompteur [dɔmp'tøːr] *m* ⟨~s; ~e⟩ dompteur *m*.

Domschule ['doːmˌʃuːlə] *f* école *f* cathédrale.

Donau|becken ['doːnaʊˌbɛkən] *n* bassin danubien; ~ˌ**fürstentümer** *n/pl.* principautés danubiennes; ~ˌ**länder** *n/pl.* pays danubiens; ~**monar**ˌ**chie** *f* monarchie danubienne; ~ˌ**pakt** *m pol.* pacte danubien; ~ˌ**raum** *m* régions danubiennes; ~ˌ**schiffahrt** *f* navigation *f* sur le Danube; ~ˌ**staat** *m* État danubien.

Donkosaken ['dɔnko·ˌzakən] *m/pl.* Cosaques *m/pl.* du Don.

Donner ['dɔnər] *m* ⟨~s; ~⟩ tonnerre *m*; **der** ~ **rollt** le tonnerre gronde; *fig.* **wie vom** ~ **gerührt** comme frappé par la foudre; ~ **und Doria!** mille tonnerres!; ~ˌ**bart** *m bot.* joubarbe *f*; ~ˌ**keil** *m* **1.** *minéral.* bélemnite *f*; **2.** *myth.* (carreau *m* de la) foudre; 2**n I** *v/imp.* ⟨-(e)re, h⟩ tonner; **es donnert** il tonne; **II** *v/i. fig. Kanonen* tonner; *Zug* ⟨sein⟩ passer avec un bruit de tonnerre; ⟨*Person*⟩ tonner, fulminer, tempêter (**gegen** contre); ~**der Applaus** tonnerre d'applaudissements; ~ˌ**schlag** *m* coup *m* de tonnerre.

Donnerstag ['dɔnərsˌtaːk] *m* ⟨~(e)s; ~e⟩ jeudi *m*; **Grüner** ~ jeudi saint; ~ˌ**abend** *m* jeudi *m* soir; 2**s** *adv.* tous les jeudis; le jeudi.

Donner|stimme ['dɔnərˌʃtɪmə] *f* voix tonitruante, de tonnerre; ~ˌ**wetter** *n fig. u.* F savon *m*; *int.* ~! tonnerre!; *erstaunt* F bigre!; fichtre!; par exemple!

Donquichotterie [dõki·ˌʃɔtə'riː, dɔŋ-] *f* ⟨~; -ien⟩ don(-)quichottisme *m*.

doof [doːf] *adj.* ⟨döfer *od.* ~er, döfst *od.* ~st⟩ F bête; idiot; (*langweilig*) rasant; assommant.

dopen ['dɔpən, 'doːpən] *v/t.* ⟨h⟩ *Sport* doper.

Doppel ['dɔpəl] *n* ⟨~s; ~⟩ double *m* (*auch Tennis*); *e-s Schriftstückes auch* duplicata *m*; **gemischtes** ~ double mixte; ~ˌ**ader** *f élect., tél.* fil *m* double; ~ˌ**adler** *m* aigle impériale, à deux têtes; ~**anasti**ˌ**gmat** *m phot.* double anastigmate *m*; 2ˌ**armig** *adj.* à deux bras; ~ˌ**aufhängung** *f* suspension *f* bifilaire; ~ˌ**axt** *f* bipenne *f*; ~-**b** *n* ⟨~; ~⟩ *mus.* double bémol *m*; ~**band** *m impr.* volume *m* double; ~**be**ˌ**lichtung** *f phot.* surimpression *f*; double exposition *f*; ~**be**ˌ**reifung** *f cf.* ~**reifen**; ~**be**ˌ**schäftigung** *f* double emploi *m*; ~**be**ˌ**steuerung** *f* double taxation *f*, imposition *f*; ~ˌ**bett** *n* lits jumeaux; lit *m* à deux personnes; ~ˌ**bild**

n image *f* double; *télév.* image *f* secondaire; ~ˌ**bindung** *f chim.* liaison *f* double; ~ˌ**bock** *m Bierart* double bock *m*; ~ˌ**boden** *m* double fond *m*; ~ˌ**bogen** *m techn.* raccord courbé double; ~ˌ**brechung** *f opt.* réfraction *f* double; biréfringence *f*; ~ˌ**brücke** *f* pont *m* double; ~ˌ**buchse** *f élect.* borne *f* bipolaire; ~ˌ**decker** *m* ⟨~s; ~⟩ *aviat.* biplan *m*; ~ˌ**deckung** *f Boxen* double défense *f*; 2ˌ**deutig** *adj. cf.* 2**sinnig**; ~ˌ**ehe** *f* bigamie *f*; ~ˌ**fehler** *m Tennis* double faute *f*; 2ˌ**fein** *adj. impr.* double maigre; ~ˌ**fenster** *n* double fenêtre *f*; ~ˌ**fernrohr** *n* télescope *m* binoculaire; ~ˌ**flinte** *f* fusil *m* à deux coups; ~ˌ**fuge** *f mus.* fugue *f* double; ~ˌ**gänger** *m* ⟨~s; ~⟩ double *m*; sosie *m*; 2ˌ**gängig** *adj. Schraube* à deux filets; ~**geˌwebe** *n* double étoffe *f*; tissu matelassé; ~**-ˌgitterˌröhre** *f rad.* bigrille *f*; ~ˌ**gleis** *n chem.* double voie *f*; ~ˌ**griff** *m mus.* double corde *f*; ~ˌ**haken** *m mus.* double croche *f*; ~ˌ**haus** *n* maisons jumelles; ~ˌ**hochzeit** *f* double(s) noce(s) *f(pl.)*; ~ˌ**kinn** *n* double menton *m*; ~ˌ**kolbenˌmotor** *m* moteur *m* à double piston; ~**konsoˌnant** *m* consonne redoublée; ~ˌ**kopfhörer** *m* casque *m* à deux écouteurs; ~ˌ**kreuz** *n mus.* double dièse *m*; 2ˌ**läufig** *adj. Gewehr* à deux canons; ~ˌ**laut** *m phon.* diphtongue *f*; ~ˌ**leitung** *f élect.* ligne *f* bifilaire; *tél.* ligne *f* à double fil; ~ˌ**linie** *f opt.* doublet *m*; ~ˌ**maul-ˌschlüssel** *m* clé *od.* clef *f* double; ~ˌ**mitgliedschaft** *f* double affiliation *f*; 2**n** *v/t.* ⟨-(e)le, h⟩ doubler; ~ˌ**nachstoß** *m esc.* reprise *f*; ~ˌ**naht** *f* couture double, anglaise; ~ˌ**name** *m* nom composé; ~ˌ**nelson** *m Ringen* double clé *od.* clef *f* à la nuque; 2ˌ**polig** *adj.* bipolaire; ~ˌ**posten** *m milit.* sentinelle *f* double; ~ˌ**punkt** *m gr.* deux points *m/pl.*; ~**reˌgister** *n e-r Orgel* doublette *f*; ~ˌ**reifen** *m* pneu jumelé; 2ˌ**reihig** *adj.* à deux rangs; à double rang; ~ˌ**reime** *m/pl.* rimes redoublées; ~**-ˌruder** *n mar.* pagaie *f*; ~ˌ**salz** *n* sel *m* double; ~ˌ**satz** *m impr. fehlerhafter* doublon *m*; ~ˌ**säulen** *f/pl.* colonnes géminées; ~ˌ**schalter** *m élect.* double interrupteur *m*; ~ˌ**schlag** *m mus. Verzierung* doublé *m*; ~ˌ**schluß...** *in Zssgn. techn.* compound; ~ˌ**schraubenˌdampfer** *m mar.* vapeur *m* à double hélice; ~ˌ**sehen** *n méd.* diplopie *f*; ~ˌ**seite** *f impr.* double page *f*; 2ˌ**seitig** *adj.* à double face; bilatéral; ~**e Lungenentzündung** pneumonie *f* double; 2ˌ**sinnig** *adj.* ambigu, -uë; à double sens; équivoque; ~ˌ**sinnigˌkeit** *f* ambiguïté *f*; double sens *m*; ~ˌ**spat** *m minéral.* spath *m*, calcaire *m* d'Islande; ~ˌ**spiel** *n cf.* ~; ~ˌ**stecker** *m élect.* fiche *f* bipolaire, double; ~ˌ**stern** *m astr.* étoile *f* double; 2ˌ**stöckig** *adj.* à deux étages; ~**es Fahrzeug** voiture à impériale; ~ˌ**strom...** *in Zssgn. tél.* à deux courants; 2**t 1.** *adj.* double; ~**e Ausfertigung** double expédition; duplicata *m*; ~**e Buchführung** comptabilité (en partie) double; *mus.* ~**e Oktave** double octave; ~**e Staatsbürgerschaft** double nationalité; **in** ~**er Urschrift** en double exemplaire; en duplicata; **e-m** ~**en Zweck dienen** servir à deux fins; **2.** *adv.* doublement; **er ist** ~ **so alt wie ich** il a le double de mon âge; il est deux fois plus âgé que moi; ~ **soviel** deux fois autant; ~ **soviel bezahlen** payer le double; ~ **sehen** voir double; *comm.* ~ **breit (liegen)** en grande largeur; *loc.* ~ **(genäht) hält besser** il est bon d'avoir deux cordes à son arc; deux précautions valent mieux qu'une; F **das ist** ~ **gemoppelt** c'est deux fois la même chose; ~**e(s)** *n* ⟨→ A⟩ double *m*; **um das** ~ du double; 2**tˌbasisch** *adj. chim.* bibasique; 2**tˌchromsauer** *adj.* bichromate *m* de ...; ~**-ˌT-ˌEisen** [-ˌteː-] *n* fer *m* en double T, en H; 2**tgeˌfiedert** *adj.* bipenné; 2**tˈkohlenˌsauer** *adj. chim.* bicarbonate *m* de ...; ~ˌ**tür** *f* contre-porte *f*; double porte *f*; 2**tˌwirkend** *adjt.* à double effet; ~**ung** *f* ⟨~; ~en⟩ doublement *m*; doublage *m*; ~**verˌanlagung** *f Steuer* double imposition *f*; ~**verˌdiener** *m* cumulard *m*; ménage *m* à deux salaires; ~**verˌgaser** *m mot.* carburateur jumelé; ~**verˌhältnis** *n* double rapport *m*; ~**verˌsicherung** *f* double assurance *f*; ~ˌ**vierer** *m Rudern* quatre *m* en couple; ~**voˌkal** *m* voyelle *f* double; ~ˌ**währung** *f* bimétallisme *m*; double étalon *m*; ~ˌ**währungssysˌtem** *n* système *m* bimétallique; 2**-ˌwandig** *adj.* à deux parois; ~ˌ**zentner** *m* quintal *m*; ~ˌ**zimmer** *n* chambre *f* à deux lits; ~ˌ**zündung** *f mot.* allumage *m* double; 2ˌ**züngig** *adj. fig.* double; dissimulé; ~ˌ**züngigˌkeit** *f* ⟨~⟩ *fig.* duplicité *f*; ~ˌ**zweier** *m Rudern* double-scull *m*; deux *m* en couple.

Döpper [ˈdœpər] *m* ⟨~s; ~⟩ *techn.* bouterolle *f*.

Dopplereffekt [ˈdɔplərˀɛˌfɛkt] *m phys.* (effet *m*) Doppler-Fizeau *m*.

Dorade [doˑˈrɑːdə] *f* ⟨~; ~n⟩ *zo.* daurade *f*.

Dorer(in) [ˈdoːrər(ɪn)] *m* ⟨~s; ~⟩ *(f)* ⟨~; ~nen⟩ Dorien, -nne *m, f*.

Dorf [dɔrf] *n* ⟨~(e)s; ~er⟩ village *m*; *(Weiler)* 'hameau *m*; *fig.* **das sind für mich böhmische Dörfer** c'est de l'hébreu, du chinois pour moi; ~**beˌwohner(in)** *m(f)* villageois(e) *m(f)*; ~ˌ**gasthof** *m* auberge *f*; ~**geˌmeinde** *f* commune rurale; ~**geˌmeinschaft** *f* communauté villageoise; ~**geˌschichte** *f* conte *m* rustique; ~ˌ**hochzeit** *f* noce *f* de village; ~ˌ**kirche** *f* église *f* de village; ~**krug** *m cf.* Dorfschenke.

dörflich [ˈdœrflɪç] *adj.* villageois.

Dorf|pfarrer [ˈdɔrfˌpfarər] *m prot.* pasteur *m*, *cath.* curé *m* de campagne; ~ˌ**schenke** *f* café *m* de village; ~ˌ**schule** *f* école *f* de village; ~ˌ**schulze** *m* maire *m* de village; ~**tanz** *m* danse villageoise; ~ˌ**trottel** F *m* idiot *m* du village.

Dor|ier(in) [ˈdoːriˑər(ɪn)] *m* ⟨~s; ~⟩ *(f)* ⟨~; ~nen⟩ *cf.* Dorer; 2**isch** *adj.* dorien, -nne; *Art und Weise* dorique; ~**e Säule** colonne dorique; ~**e Sprache** dorien *m*; *mus.* ~**e Tonart** mode dorien.

Dorn [dɔrn] *m* ⟨~(e)s⟩ **1.** ⟨*pl.* ~en⟩ épine *f*; **kleiner** ~ spinule *f*; **keine Rose ohne** ~**en** *prov.* point de roses sans épines *prov.*; *fig.* **er ist mir ein** ~ **im Auge** il m'importune; il me gêne; il m'embête; **2.** ⟨*pl.* ~e⟩ *e-r Türangel* broche *f*; rivure *f*; lacet *m*; *an Schnallen* ardillon *m*; *métall.* mandrin *m*; poinçon *m*; ~ˌ**apfel** *m bot.* pomme épineuse; *sc.* datura *m*; ~**busch** *m* buisson épineux, d'épines; *bibl.* **brennender** ~ buisson ardent; ~ˌ**dreher** *m* ⟨~s; ~⟩ *zo.* pie-grièche *f* écorcheur; *sc.* lanius [-njys] *m* collurio; ~**-ˌeidechse** *f zo. sc.* agame *m*; stellion *m*; 2**enˌförmig** *adj.* qui ressemble à une épine; spiniforme; ~**engeˌbüsch** *n* buisson *m* d'épines; ~**enˌhecke** *f* 'haie *f* d'épines; ~**en-ˌkrone** *f* couronne *f* d'épines; 2**enˌlos** *adj.* sans épines; 2**enˌreich**, 2**enˌvoll** *adj.* 'hérissé d'épines; ~ˌ**fortsatz** *m anat.* apophyse épineuse; ~ˌ**grundel** *f zo.* loche épineuse; ~**hai** *m zo.* aiguillat *m*; 2**ig** *adj.* épineux, -euse; 'hérissé d'épines; ~ˌ**presse** *f techn.* presse *f* à mandriner; ~ˌ**röschen** *n Märchen* la Belle au bois dormant; ~ˌ**strauch** *m bot.* arbuste épineux; ~ˌ**teufel** *m zo.* moloch [-k] *m*.

dorren [ˈdɔrən] *v/i.* ⟨sein⟩ (des)sécher.

dörr|en [ˈdœrən] **I** *v/t.* ⟨h⟩ (des)sécher; **II** 2**en** *n* ⟨~s⟩ dessèchement *m*; 2**-fleisch** *n* viande séchée; 2**geˌmüse** *n* légumes séchés; 2**obst** *n* fruits séchés, tapés.

dorsal [dɔrˈzɑːl] *adj.* dorsal; 2ˌ**laut** *m phon.* son dorsal.

Dorsch [dɔrʃ] *m* ⟨~es; ~e⟩ *zo.* merluche *f*; petite morue.

dort [dɔrt] *adv.* là; à cet endroit-là; *mit Bezug auf einen vorhergenannten Ort* y; *comm.* votre ville; **ich bin heute** ~ **gewesen** j'y suis allé, j'y étais aujourd'hui; *tél.* **wer ist** ~? qui est à l'appareil?; **von** ~ **aus** de là(-bas); ~ **oben** là-haut; ~ **drüben** là-bas; ~ **entlang** par là; ~**her** *adv.* (**von**) ~ de là; de ce côté-là; ~**hin** *adv.* (de ce côté-)là; là-bas; y; ~**hiˌnaus** *adv. fig.* **bis** ~ extrêmement; à l'extrême; ~**hiˌnein** *adv.* là-dedans; ~**ig** *adj.* de là-bas; de ce lieu; **der** ~**e Wein** le vin de ce pays, de là-bas; **der** ~**e Arzt** le médecin de l'endroit; **die** ~**en Verhältnisse sind ...** là-bas les conditions sont ...; les conditions y sont ...; ~**zuˌlande** *adv.* dans ce pays-là.

Dose [ˈdoːzə] *f* ⟨~; ~n⟩ boîte *f*; *élect.* prise *f* (de courant); **in** ~**n einmachen** mettre en conserves.

dösen [ˈdøːzən] F *v/i.* ⟨-(es)t, h⟩ somnoler; sommeiller.

Dosen [ˈdoːzən] *f/pl. von* **Dosis** *u.* Dose; ~**liˌbelle** *f arp.* niveau *m* sphérique; ~ˌ**öffner** *m* ouvre-boîtes *m*; ~**reˌlais** *n élect.* relais *m* tabatière; ~ˌ**schalter** *m élect.* interrupteur *m* à boîte; ~ˌ**sicherung** *f élect.* coupe-circuit *m*, fusible *m* à boîte.

dosier|en [doˑˈziːrən] **I** *v/t.* ⟨*pas de ge-*, h⟩ *phm.* doser; **II** 2**en** *n* ⟨~s⟩, 2**ung** *f* ⟨~; ~en⟩ dosage *m*.

dösig [ˈdøːzɪç] F *adj.* niais; bête; *cf. auch* doof.

Dosimeter [doˑziˑˈmeːtər] *n* ⟨~s; ~⟩ *Strahlenforschung* dosimètre *m*.

Dosis [ˈdoːzɪs] *f* ⟨~; -sen⟩ *phm.* dose *f*.

dossier|en [dɔˈsiːrən] *v/t.* ⟨*pas de ge-*, h⟩ taluter; 2**ung** *f* ⟨~; ~en⟩ mise *f* en talus.

Dost [dɔst] *m* ⟨~es; ~e⟩ *bot.* origan *m*.

Dot|ation [doˑtatsiˑˈoːn] *f* ⟨~; ~en⟩ dotation *f*; 2**ieren** [-ˈtiː-] *v/t.* ⟨*pas de ge-*, h⟩ doter (de); **e-e gut dotierte Stelle** un poste bien rémunéré; ~**ierung** [-ˈtiː-] *f* ⟨~; ~en⟩ dotation *f*.

Dotter [ˈdɔtər] *m, n* ⟨~s; ~⟩ *(Eigelb)* jaune *m* d'œuf; *zo., bot.* vitellus [-ys] *m*; ~ˌ**blume** *f bot.* populage *m*; 2ˌ**gelb** *adj.* jaune d'œuf; ~ˌ**öl** *n* huile *f* de caméline; ~ˌ**sack** *m* sac vitellin.

Double [ˈduːblə] *n* ⟨~s; ~s⟩ *Film* doublure *f*.

Douglastanne [ˈduːglasˌtanə] *f bot.* (sapin *m* de) Douglas *m*.

Doyen [doˑaˈjɛ̃ː] *m* ⟨~s; ~s⟩ *dipl.* [doyen *m*.]

Doz|ent(in) [doˑˈtsɛnt(ɪn)] *m* ⟨~en; ~en⟩ *(f)* ⟨~; ~nen⟩ chargé(e) *m(f)* de cours; maître *m* de conférences; *par ext.* professeur *m* d'université; 2**ieren** [-ˈtsiː-] *v/t. u. abs.* ⟨*pas de ge-*, h⟩ professer; enseigner; faire des cours; *fig. iron.* parler avec autorité.

Drache [ˈdraxə] *m* ⟨~n; ~n⟩ *myth.* dragon *m*; ~**n** *m* ⟨~s; ~⟩ **1.** (*Papier*2) cerf-volant *m*; e-n ~ **steigen lassen** lancer un cerf-volant; **2.** *fig. u.* F (*zanksüchtige Person*) dragon *m*; mégère *f*; F chipie *f*; **~nˌbaum** *m bot.* dragonnier *m*; dracéna *m*; **~nˌblut** *n* (*rotes Harz*) sang-(de-)dragon *m*; **~nˌkopf** *m* **1.** *astr.* tête *f* du Dragon; **2.** *bot. sc.* dracocephalum [-əm] *m*; **~nˌschwanz** *m astr.* queue *f* du Dragon; **~nˌwurz** *f* ⟨~⟩ *bot.* serpentaire *f*.

Drachme ['draxmə] *f* ⟨~; ~n⟩ *Münze* drachme [-kmə] *f*.

Dragée [dra'ʒeː] *n* ⟨~s; ~s⟩, *f* ⟨~; ~n⟩ dragée *f*; *phm. meist* pilule *f*.

Draggen ['dragən] *m* ⟨~s; ~⟩ *Anker* grappin *m*.

Dragon [dra'goːn] *m, n* ⟨~s⟩ *bot.* estragon *m*.

Dragoner [dra'goːnər] *m* ⟨~s; ~⟩ *milit.* dragon *m*.

Draht [draːt] *m* ⟨~(e)s; ⸚e⟩ fil *m* métallique, de métal; (*Eisen*2) fil *m* de fer; (*Messing*2) fil *m* de laiton, d'archal; (*Kupfer*2) fil *m* de cuivre; (*Pech*2) fil poissé; ligneul *m*; **blanker** ~ fil nu; **isolierter** ~ fil isolé; **umsponnener** ~ fil guipé; **umwickelter** ~ fil recouvert; **verzinkter** ~ fil zingué; **verzinnter** ~ fil étamé; *fig. u.* F **auf** ~ **sein** savoir guetter une occasion et en profiter; être sur le qui-vive; savoir saisir une occasion; **~ˌanker** *m élect.* induit *m* à fils; **~ˌauslöser** *m phot.* déclencheur *m* à fil métallique; **~ˌbürste** *f* brosse *f* métallique; **~ˌeisen** *n* (*Zieheisen*) filière *f*; **2en** *v/t.* ⟨-ete, h⟩ télégraphier; **~ˌesel** *m* F (*Fahrrad*) F vélo *m*; bécane *f*; **~ˌfeder** *f* ressort *m* à boudin; **~ˌfenster** *n* fenêtre grillagée; **~funk** *m* diffusion *f* de programmes radio par fil (téléphonique); **~ˌgaze** *f* gaze *f* métallique; **~geˌflecht** *n cf.* **~gitter**; **2geˌflochten** *adjt.* treillissé; **~geˌstell** *n* carcasse *f*, armature *f* en fil de fer; **~geˌwebe** *n* toile *f* métallique; **~ˌgitter** *n* treillis *m* de fil de fer; grillage *m*; **~glas** *n* verre armé; **~haar** *n bei Hunden* poil dur, raide; **~haarˌfox** *m* ⟨~(e)s; ~e⟩, **~haarˌterrier** *m zo.* fox-terrier *m* à poil raide; **~ˌhefter** *m* couseur *m* au fil de fer; **2ig** F *adj.* sportif, -ive; nerveux, -euse; **~kern** *m élect.* noyau *m* en fil; **~ˌklemme** *f* serre-fils *m*; **~koˌmmode** *f* F (*Klavier*) piano *m*; **~korb** *m* corbeille *f* en fil métallique; **~ˌlehre** *f* calibre *m*, jauge *f* pour fils de fer; **~ˌleitung** *f* **1.** ligne *f* télégraphique; **2.** *élect.* fil conducteur; **~ˌlitze** *f* toron *m*; câble *m*; **2los** *adj.* sans fil; **~e Telegraphie** radiotélégraphie *f*; T.S.F. (télégraphie sans fil) *f*; **~ˌnachrichtenˌtechnik** *f* techniques *f/pl.* des télécommunications électriques; **~netz** *n* toile *f* métallique; réseau *m* en fil de fer; **~ˌpuppe** *f* poupée *f* en fil de fer; **~putzˌdecke** *f bât.* plafond *m* à treillis métallique; **~ˌrichtmaˌschine** *f* machine *f* à dresser les fils métalliques; **~ˌrolle** *f* rouleau *m* de fil métallique; **~ˌsaite** *f mus.* corde *f* métallique; **~ˌschere** *f* cisailles *f/pl.*; **~ˌschiene** *f méd.* éclisse *f*, attelle *f* en fer; **~ˌschlinge** *f* boucle *f* en fil métallique; **~ˌschneidemaˌschine** *f* machine *f* à couper le fil métallique; **~ˌschneideˌzange** *f* pince *f* à fil de fer; **~ˌschutzgitter** *n*, **~ˌschutznetz** *n* grillage *m*, rideau *m* protecteur en fil métallique; **~seil** *n* câble *m* en fils métalliques; **~seilˌbahn** *f* téléphérique *m*; *für Waren* transporteur aérien; *auf Schienen* funiculaire *m*; **~seilˌbrücke** *f* pont suspendu; **~seilˌwerk** *n* tréfilerie *f*; **~sieb** *n* crible *m*, tamis *m* en toile métallique, en fil métallique; **~ˌspannung** *f* traction *f*, tension *f* du fil; **~spiˌrale** *f* fil *m* de fer en spirale; **~ˌspule** *f* bobine *f* de fil métallique; **~ˌstärke** *f* calibre *m* de fil métallique; **~stift** *m* pointe *f* de Paris; **~verˌhau** *m* réseau *m* de fils de fer (barbelés); **~ˌwalze** *f* cylindre *m* à fils métalliques; **~ˌwalzwerk** *n* laminoir *m*, train *m* à fils métalliques; **~webeˌrei** *f* tissage *m* de fil métallique; **~wurm** *m zo.* larve *f* d'élatéride; **~ˌzange** *f* pince plate; **~zaun** *m* clôture *f* en fil de fer; **~ziehˌbank** *f* ⟨~; ⸚e⟩ filière *f* à fil de métal; **~ziehˌeisen** *n* filière *f*; **~ˌziehen** *n* tréfilage *m*; **~ˌzieher** *m* ⟨~s; ~⟩ **1.** tréfileur *m*; **2.** *fig.* **der** ~ **sein** tirer les ficelles; **~zieheˌrei** *f* ⟨~; ~en⟩ tréfilerie *f*; *fig. verbal*; **~ziehmaˌschine** *f* machine *f* à tréfiler, étirer.

Draisine [draɪ'ziːnə, drɛ'ziːnə] *f* ⟨~; ~n⟩ *chem.* draisine *f*.

drakonisch [dra'koːnɪʃ] *adj.* draconien, -nne; d'une sévérité excessive.

Drall [dral] **I** *m* ⟨~(e)s; ~e⟩ *von Garn etc., techn.* torsion *f*; *des Laufes e-r Feuerwaffe* pas *m* de la rayure; (*Drehbewegung*) rotation *f*; **II** 2 *adj. Faden* tordu; retors; *fig. u.* F (*derb, stramm*) ferme; solide; vigoureux, -euse; dru; **~es Mädchen** fille vigoureuse; **2frei** *adj.* antigiratoire; sans torsion; sans giration; **~größe** *f* inclinaison *f* des rayures.

Dralon ['draːlɔn] *n* ⟨~(s)⟩ *text.* dralon *m*; **~puˌllover** *m* pull-over *m* en dralon.

Drama ['draːma] *n* ⟨~s; -men⟩ drame *m*; œuvre *f* dramatique; **~tik** [-'maː-] *f* ⟨~⟩ drame *m*; *fig.* dramatique *m*; **~tiker** [-'maː-] *m* ⟨~s; ~⟩ auteur *m* dramatique; dramaturge *m*; **2tisch** [-'maː-] *adj.* (*u. adv.*) dramatique (-ment) (*auch fig.*); **2ti'sieren** *v/t.* ⟨*pas de ge-*, h⟩ dramatiser (*meist fig.*); donner la forme d'un, transformer en drame; **~ti'sierung** *f* ⟨~; ~en⟩ dramatisation *f*; **~'turg** *m* ⟨~en; ~en⟩ *etwa* conseiller *m* dramatique (du metteur en scène); conseiller *m* artistique; directeur *m* artistique; **~tur'gie** *f* ⟨~; -ien⟩ dramaturgie *f*; art *m* de la composition des ouvrages dramatiques; **2'turgisch** *adj.* dramaturgique.

drạn [dran] *cf.* **daran.**

Drän [drɛːn] *m* ⟨~s; ~s *od.* ~e⟩ *Entwässerung, méd.* drain *m*.

drang [draŋ] *cf.* **dringen.**

Drang [draŋ] *m* ⟨~(e)s⟩ pression *f*; presse *f*; (*Antrieb*) impulsion *f*; désir *m*; soif *f*; (*Bedürfnis*) besoin *m*; nécessité *f*; **der** ~ **der Geschäfte** l'urgence *f* des affaires; **der** ~ **zur Freiheit** la soif de la liberté.

drangehen ['dranˌgeːən] *cf.* darangehen.

Drängel|ei [ˌdrɛŋə'laɪ] *f* ⟨~; ~en⟩ bousculade *f*; **2n** ['drɛŋ-] F *v/t. u. v/i.* ⟨-(e)le, h⟩ pousser; bousculer (qn.).

drängen ['drɛŋən] **I** *v/t.* ⟨h⟩ serrer; presser; pousser; *zur Eile* presser; *Schuldner* 'harceler; talonner; **j-n** ~, **etw. zu tun** presser qn. de faire qc.; **II** *v/i.* **die Zeit drängt** le temps presse; **die Angelegenheit drängt** l'affaire est urgente; **auf etw.** ~ insister sur qc.; **auf Zahlung** ~ réclamer le paiement; **III** *v/imp.* **es drängt mich, zu ...** (+ *inf.*) j'éprouve le besoin de ... (+ *inf.*); **IV** *v/réfl.* **sich** ~ se presser; se pousser; **sich in die vorderste Reihe** ~ se pousser au premier rang; **sich durch die Menge** ~ se frayer un passage, se glisser à travers la foule; fendre la foule; *fig.* **die Ereignisse** ~ **sich** les événements se précipitent; **sich zu e-r Sache** ~ jouer des coudes pour obtenir qc.; *cf. auch* **gedrängt**; **V** 2 *n* ⟨~s⟩ poussée *f*; bousculade *f*; *bittendes* instance(s) *f* (*pl.*); **auf** ~ **mehrerer Freunde** sur les instances de plusieurs amis.

Drangsal ['draŋzaːl] *f* ⟨~; ~e⟩ *st. s.* peine *f*; souffrance *f*; *pfort.* tribulations *f/pl.*; tourments *m/pl.*; **2ieren** [-'liː-] *v/t.* ⟨*pas de ge-*, h⟩ brimer; tracasser; F turlupiner; *pfort.* tourmenter.

drän|ieren [drɛ'niːrən] **I** *v/t.* ⟨*pas de ge-*, h⟩ drainer; **II 2ieren** *n* ⟨~s⟩, **2ierung** *f* ⟨~; ~en⟩ drainage *m*; **2rohr** ['drɛːn-] *n* tuyau *m* de drainage.

dransetzen ['dranˌzɛtsən] *cf.* daransetzen.

drapier|en [dra'piːrən] **I** *v/t.* ⟨*pas de ge-*, h⟩ draper; **II 2en** *n* ⟨~s⟩ drapement *m*; **2ung** *f* ⟨~; ~en⟩ draperie *f*.

Dräsine *cf.* Draisine.

Drasti|kum ['drastɪkum] *n* ⟨~s; -ka⟩ *phm.* drastique *m*; **2sch** *adj.* frappant; expressif, -ive; énergique; **~er Ausdruck** expression pleine de verdeur; terme expressif; **~e Maßnahmen** mesures radicales, énergiques.

drauf [drauf] *adv. cf.* **darauf**; **2ˌgabe** *f cf.* **2geld**; **2ˌgänger** *m* ⟨~s; ~⟩ risque-tout *m*; casse-cou *m*; tête brûlée; qui va droit au but; **~ˌgängeˌrisch** *adj.* risque-tout; casse-cou; **~ˌgehen** F *v/i.* ⟨*irr., sép.*, -ge-, sein⟩ (*sterben*) y rester; **dabei geht viel Zeit drauf** on y passe, perd beaucoup de temps; **dabei geht viel Geld drauf** on y dépense beaucoup d'argent; **2geld** *n comm.* arrhes *f/pl.*; **~ˌlegen** *v/t.* ⟨*sép.*, -ge-, h⟩ F *cf.* **~zahlen**; **~'losˌgehen** *v/i.* ⟨*irr., sép.*, -ge-, sein⟩ aller de l'avant; y marcher; foncer dessus; **~'losˌreden** *v/i.* ⟨-ete, *sép.*, -ge-, h⟩ parler à tort et à travers; **~'losˌschießen** *v/i.* ⟨*irr., sép.* -ge-, h⟩ tirer à tort et à travers, dans le tas; **~'losˌschlagen** *v/i.* ⟨*irr., sép.*, -ge-, h⟩ taper dans le tas; **~'losˌschreiben** *v/i.* ⟨*irr., sép.*, -ge-, h⟩ écrire au 'hasard de la plume; **~'losˌstürzen** *v/i.* ⟨-(es)t, *sép.*, -ge-, sein⟩ se jeter, se lancer, foncer dessus; **~'losˌwirtschaften** *v/i.* ⟨-ete, *sép.*, -ge-, h⟩ dépenser sans compter; **~ˌschlagen** *v/t.* ⟨*irr., sép.*, -ge-, h⟩ F *cf.* **aufschlagen 6.**; **2sicht** *f* vue *f* en plan; **~ˌzahlen** *v/t.* ⟨*sép.*, -ge-, h⟩ F (*zusätzlich bezahlen*) payer en surplus.

draus [draus] *cf.* **daraus.**

draußen ['drausən] *adv.* dehors; 'hors d'ici; (*im Freien*) dehors; à l'extérieur; en plein air; (*in der Fremde*) à l'étranger; là-bas; ~ **vor der Tür** dehors devant la porte; ~ **und drinnen** dehors et dedans; à l'extérieur et à l'intérieur.

drawidisch [dra'viːdɪʃ] *adj.* dravidien, -nne.

Drechsel|bank ['drɛksəlˌbaŋk] *f* ⟨~; ⸚e⟩ *techn.* tour *m*; **2n I** *v/t.* ⟨-(e)le, h⟩ tourner; façonner, faire au tour; *fig.* façonner méticuleusement; soigner; polir; **II ~n** *n* ⟨~s⟩ travail *m* au tour; tournage *m*; *fig. verbal.*

Drechsler ['drɛkslər] *m* ⟨~s; ~⟩ tourneur *m*; **~ˌarbeit** *f* **a)** travail *m* de tourneur; **b)** ouvrage fait au tour; **~ei** [-'raɪ] *f* ⟨~; ~en⟩ tournerie *f*; atelier *m* de tourneur; **~ˌhandwerk** *n* métier *m* de tourneur; **~ˌlehrling** *m* apprenti *m* tourneur; **~ˌmeister** *m* maître *m* tourneur; **~ˌwerkstatt** *f cf.*

~ei; ~ˌwerkzeuge n/pl. outils m/pl. de tourneur.

Dreck [drɛk] m ⟨~(e)s⟩ (Schmutz) boue f; gadoue f; crotte f; saleté f (auch fig.); von Tieren crotte f; fiente f; (Abfälle, Schutt) ordures f/pl.; gadoues f/pl.; F cochonnerie f; (Schund) camelote f; saleté f; cf. auch Kot, Mist; fig. u. F ich mache mir e-n ~ daraus je m'en soucie comme de l'an quarante; je m'en fiche; P je m'en fous; du verstehst e-n ~ davon tu n'y connais rien; das geht dich e-n ~ an P qu'est-ce que ça peut bien te foutre!; sich um jeden ~ kümmern fourrer son nez partout; ~ am Stecken haben avoir qc. à se reprocher; die Karre aus dem ~ ziehen cf. Karre; etw. in den ~ ziehen traîner qc. dans la fange, dans la boue; ~ˌbürste f brosse f à décrotter; ~fink fig. u. F m (petit) sale, cochon, malpropre; (petite) cochonne; souillon m; ~ˌhaufen F m tas m d'ordures; 2ig 1. adj. sale; boueux, -euse; crotté; dégoûtant; F ~es Lachen sale rire; rire sarcastique; 2. adv. es geht ihm ~ il est mal en point; il n'est pas brillant; F il est dans la mouise; ~nest F n P sale bled [blɛd] m; ~sack P m F cornichon m; paysan m; P corniaud m; ~sau V f (espèce f de) P salaud m, salope f; ~schwein V n (espèce f de) P porc m; P (sale) vache f; ~spatz m cf. ~fink; ~stall F m étable f; ~ˌwetter F n temps m de chien, de cochon; sale temps m.

Dreh [dreː] F m ⟨~(e)s; ~s⟩ F truc m; combine f; système m D; auf den ~ kommen trouver le truc, la combine; den ~ 'raushaben avoir trouvé le truc; e-r Geschichte e-n lustigen ~ geben donner un tour plaisant à une histoire; ~ˌachse f axe m de rotation; ~ˌarbeiten f/pl. Film tournage m; Beginn der ~ premier tour de manivelle; ~bank f ⟨~; ~e⟩ tour m; 2bar adj. mobile (autour d'un axe); pivotant; tournant; orientable; ~barˌkeit f ⟨~⟩ mobilité f (autour d'un axe); ~beˌanspruchung f effort m de torsion; ~beˌwegung f (mouvement m de) rotation f; ~ˌbleistift m porte-mine m; stylo-mine m; ~ˌbohrer m vilebrequin m; ~ˌbolzen m pivot m; tourillon m; ~ˌbrücke f pont tournant, mobile; ~buch n Film scénario m; ~buchˌautor m scénariste m; ~ˌbühne f thé. plateau tournant; scène tournante; ~ˌebene f plan m de rotation; ~eiseninstruˌment n instrument m à fer tournant, à fer doux; 2en I v/t. ⟨h⟩ tourner; tordre; tortiller; pivoter; Zwirn tordre; Hanf corder; Pillen faire; Film tourner; Zigarette rouler; fig. u. F etwas zu s-m Vorteil ~ tourner qc. à son avantage; sie wußte es so zu ~, daß ... elle sut si bien tourner l'affaire que ...; du magst es ~ und wenden, wie du willst tu peux essayer de le tourner comme tu veux; tu peux le regarder sous l'angle que tu veux; P ein Ding ~ faire un mauvais coup; II v/i. Auto tourner; Schiff virer de bord; Wind changer de direction; tourner (vers); III v/réfl. sich ~ tourner (auch beim Tanz); sich im Uhrzeigersinn ~ tourner dans le sens des aiguilles d'une montre; die Erde dreht sich um ihre Achse, um die Sonne la terre tourne sur son axe, autour du soleil; sich im Kreise ~ tournoyer; pirouetter; mir dreht sich alles im Kopf la tête me tourne; j'ai la tête qui tourne; fig. sich zu ~ und zu wenden wissen savoir s'accommoder aux circonstances; sich nach dem Winde ~ n'être qu'une girouette; tourner à tout vent; worum dreht es sich? de quoi retourne-t-il, s'agit-il?; darum dreht es sich nicht la discussion n'est pas là; ce n'est pas là-dessus que porte, roule la discussion; es dreht sich darum, ob ... la question est de savoir si ...; um diesen Punkt dreht sich die ganze Sache toute l'affaire porte sur ce point; alles dreht sich um ihn il est le pivot de l'affaire; il est le centre d'intérêt; IV ~en n ⟨~s⟩ rotation f; révolution f; torsion f; von Zwirn retordage m; techn., e-s Films tournage m; 2end adjt. tournant; qui tourne; pivotant; rotatoire; rotatif, -ive; giratoire; ~er m ⟨~s; ~⟩ tourneur m; ~feld n élect. champ tournant; ~ˌfestigˌkeit f résistance f à la torsion; ~ˌfeuer n mar. feu tournant; ~frucht f bot. streptocarpe m; ~ˌfutter n techn. mandrin m de tour; ~geˌlenk n articulation tournante, pivotante, à charnières; ~geˌstell n chem. plate-forme tournante; bogie pivotant; zweiachsiges ~ bogie (à deux essieux); ~griff m Motorrad poignée tournante; ~griffˌschaltung f Motorroller changement m de vitesse à poignée tournante; ~herz n techn. toc m d'entraînement; ~imˌpuls m quantité f de mouvement angulaire; ~ˌkäfer m zo. puce f aquatique [akwa-]; ~knopf m rad. bouton m; ~ˌkolben m piston rotatif; ~kolbenˌmotor m moteur m à piston rotatif; ~kondenˌsator m élect. condensateur variable, rotatif; ~kraft f force rotatrice, rotatoire, de rotation, de torsion; ~kran m grue pivotante; 2krank adj. vét. atteint du tournis; ~ˌkrankheit f ⟨~⟩ vét. tournis m; ~kreuz n tourniquet m; ~ling m ⟨~s; ~e⟩ cf. ~teil; ~maˌgnet m électro-aimant rotatif; ~ˌmangel f cf. ~rolle; ~ˌmeißel m acier m de tournage; ~moˌment n moment m, couple m de rotation; ~moos n bot. funaria m; ~ˌorgel f orgue m de Barbarie; ~ˌpause f Film arrêt m de tournage; ~ˌpfanne f chem. crapaudine f; ~punkt m techn. pivot m; centre m de rotation; ~ˌrichtung f sens m de rotation; ~ˌriegel m espagnolette f; ~(rohr)ˌofen m four rotatif; ~ˌrolle f calandre f; ~rost m techn. grille tournante; ~ˌschalter m élect. commutateur rotatif; ~ˌscheibe f chem. plaque tournante; Töpferei tour m; ~ˌschemel m techn. châssis m de rotation; ~ˌschieber m tiroir rotatif; ~ˌschranke f barrière pivotante; ~ˌsessel m fauteuil pivotant; ~ˌspannung f effort m de torsion; ~ˌspule f élect. bobine f (à cadre) tournant(e), mobile; ~stahl m cf. ~meißel; ~ˌständer m für Bücher etc. tourniquet m; 2steif adj. rigide en torsion; ~strom m courant triphasé; ~stromgeneˌrator m alternateur triphasé; ~stromˌmotor m moteur m (à courant) triphasé; ~stuhl m chaise pivotante, tournante; siège pivotant; ~sucht f ⟨~⟩ cf. ~krankheit; ~teil m, n a) pièce tournée; b) partie pivotante; ~tisch m table tournante, pivotante; opt. platine rotative; ~transforˌmator m transformateur rotatif; ~tür f porte tournante; ~ung f ⟨~; ~en⟩ tour m; rotation f; torsion f; ~ungsˌachse f axe m de rotation; ~ungsˌfestigˌkeit f résistance f à la torsion; ~ungsverˌmögen n pouvoir m rotatoire; ~ˌvorrichtung f mécanisme tournant; ~ˌwaage f balance f de torsion; ~werk n Kran dispositif m de rotation; ~wurm m zo. cœnure od. cénure m; fig. e-n ~ haben avoir la tête qui tourne; ~wurz f ⟨~⟩ bot. (Ackerwinde) liseron m des champs; ~zahl f vitesse f de rotation; nombre m de tours; régime m; ~zahlˌmesser m ⟨~s; ~⟩ compte-tours m; ~zahlˌregler m ⟨~s; ~⟩ régulateur m de vitesse; ~ˌzapfen m tourillon m; Drehgestell pivot m de bogie; ~zeit f Film temps m de tournage.

drei [draɪ] I adj. num. c. trois; ~ Uhr trois heures; halb ~ deux heures et demie; in ~ Viertelstunden dans bzw. en trois quarts d'heure; sich zu ~en, zu ~ und ~ aufstellen se mettre trois par od. à trois; nach den Aussagen ~er od. von ~ Zeugen d'après les dires de trois témoins; fig. ehe man bis ~ zählen konnte en un clin d'œil; F als ob er nicht bis ~ zählen könnte comme s'il ne savait pas compter jusqu'à deux; es sind nur ~ Schritte bis dorthin c'est à deux pas d'ici; für ~ essen manger comme quatre, comme un ogre; aller guten Dinge sind ~ cf. Ding; II 2 f ⟨~; ~en⟩ (chiffre m) trois m; 2ˌachser m ⟨~s; ~⟩ Auto camion m à trois essieux; 2'achtelˌtakt m mus. (mesure f à) trois-huit m; ~ˌadrig adj. cf. ~drähtig; ~e Schnur, ~es Kabel cordon triple câblé; 2ˌakter m ⟨~s; ~⟩ thé. pièce f en trois actes; ~ˌaktig adj. en trois actes; ~ˌarmig adj. à trois bras; ~aˌtomig adj. triatomique; 2'backenˌfutter n techn. mandrin m à trois mâchoires; ~ˌbahnig adj. Straße à trois voies; Tuch à trois lés; 2'bandenˌspiel n Billard jeu m par trois bandes; ~ˌbändig adj. en trois volumes; ~ˌbasisch adj. chim. tribasique; 2bein n trépied m; Hebegerät chèvre f; ~ˌbeinig adj. à trois pieds; ~er Bock chèvre f; 2blatt n 1. bot. trèfle m d'eau; ményanthe m; 2. bât. trèfle lancéolé; triangle m lobe; ~ˌblätt(e)ˌrig adj. à trois feuilles; trifolié; 2bund m hist. Triple-Alliance f; von 1882 auch Triplice f; 2ˌdecker m ⟨~s; ~⟩ mar. navire m à trois ponts; trois-ponts m; aviat. triplan m; ~dimensioˌnal adj. à trois dimensions; ~ˌdrähtig adj. à trois fils, brins, poils; 2drahtsysˌtem n tél. système m à trois fils; 2eck n ⟨~(e)s; ~e⟩ triangle m; (Zeichenwinkel) équerre f; gleichschenkliges ~ triangle isocèle; gleichseitiges ~ triangle équilatéral; ungleichseitiges ~ triangle scalène, quelconque; rechtwinkliges ~ triangle rectangle; sphärisches ~ triangle sphérique; 2eckgeˌschäft n comm. opération f triangulaire; ~ˌeckig adj. triangulaire; 2eckˌschaltung f élect. connexion f en triangle, en delta; 2ecksˌmuschel f zo. dreissen(si)a f; 2ecksˌseite f côté m du triangle; 2ecksysˌtem n bât. système m triangulaire; ~ein'halb adj. trois et demi; ~'einig adj. relig. un en trois; ~er Gott un seul Dieu en trois personnes; 2'einigˌkeit f ⟨~⟩ Trinité f; 2'einigkeitsˌfest n (fête f de) la Trinité; 2'einigkeitsˌlehre f doctrine f de la Trinité; 2elek'trodenˌröhre f lampe f à trois électrodes; triode f; 2er m ⟨~s; ~⟩ Eislauf trois m; Golf partie f à trois; 2erkonfeˌrenz f conférence f tripartite; ~er'lei adj. ⟨inv.⟩ de trois sortes, espèces; auf ~ Art de trois manières (différentes); 2erˌpakt m pacte m à trois, tripartite; 2erˌreihe f triple file f; ~fach adj. triple; ~es Vorkommen, Auftreten triplicité f; in ~er Ausführung en triple exemplaire; en trois exemplaires; 2ˌfache(s) n ⟨→ A⟩ triple m; 2fachˌsteckdose f prise f (de courant) triple, tripolaire; 2fachˌstecker m fiche f triple, tripolaire; 2fachverˌstärker m amplificateur m à trois étages; 2'fadenˌlampe f lampe incandescente à trois fils; 2'faltigˌkeit(sˌfest) f ⟨~⟩ (n) cf. 2einigkeit(sfest); 2'farbenˌdruck m procédé m trichrome; 2'farbenphotograˌphie f photographie f trichrome; ~ˌfarbig adj. tricolore; de trois couleurs; 2'felderˌwirtschaft f agr. culture f à trois assolements; ~ˌflammig adj. à trois feux; 2fuß m trépied m; Schuhmacher enclume f de cordonnier; 2gangeˌtriebe n mot. boîte f de vitesses à trois rapports; ~ˌgängig adj. Gewinde à trois pas, filets; 2gangˌschaltung f changement m de vitesse à trois rapports; 2geˌspann n troïka f; 2geˌstirn n constellation f de trois étoiles; fig. groupe m de trois (personnes représentatives); ~geˌstrichen adjt. mus. de la région cinq; ~geˌteilt adjt. triparti; tripartite; 2'gitterˌröhre f rad. lampe f trigrille; ~ˌglied(e)rig adj. de, à trois membres; (in drei Reihen) à trois rangs; math. ~e Größe trinôme m; 2'groschenˌoper f opéra m de quat'sous; 2heit f ⟨~⟩ triade f; ~ˌhundert adj. num. c. trois cents; ~ˌhundertste adj. num. o. trois-centième; 2ˌhundertstel n ⟨~s; ~⟩ trois-centième m; zwei ~ deux trois-centièmes; ~ˌjährig adj. (âgé) de trois ans; de od. qui dure trois ans; triennal; ch. ~er Hirsch cerf de refus; ~ˌjährlich 1. adj. qui revient tous les trois ans; 2. adv. tous les trois ans; 2kampf m Sport triathlon m; 2kant n, m ⟨~(e)s; ~e⟩ corps m à trois arêtes; 2kantˌfeile f lime f triangulaire; ~ˌkantig adj. triquètre; à trois angles, arêtes; 2'käseˌhoch F m ⟨~s; ~(s)⟩ (gosse m) pas plus grand que ça, 'haut comme trois pommes; 2klang m mus. triple accord m; 2klangˌhorn n Auto avertisseur m à trois sons; ~ˌklappig adj. bot. trivalve; 2'klassenˌwahl(sysˌtem) f (n) hist. système électoral des trois classes; 2'königsˌfest n, 2'königsˌtag m fête f, jour m des Rois; Épiphanie f; ~ˌköpfig adj. à trois têtes; anat. ~er Muskel triceps m; 2laut m phon. triphtongue f; 2'leitersysˌtem n élect. montage m à trois fils; 2'mächteˌabkommen n accord m tripartite; 2'mächtekonfeˌrenz f conférence f tripartite; 2'mächteˌpakt m pacte m tripartite; ~mal adv. trois fois; ~ˌmalig adj. fait, réitéré trois fois; nach ~er Verwarnung après un avertissement trois fois répété; 2ˌmaster m ⟨~s; ~⟩ mar. trois-mâts m; ~ˌmastig adj. à trois mâts; 2'meilenˌzone f mar. zone f des eaux territoriales de trois milles marins; ~'meterˌbrett n Schwimmsport tremplin m de trois mètres; ~ˌmonatig adj. de trois mois; qui dure trois mois; ~ˌmonatlich 1. adj. qui revient tous les trois mois; trimestriel, -lle; 2. adv. tous les trois mois; par trimestre; 2'monatsakˌzept n comm. acceptation f à trois mois; 2'monatsˌwechsel m comm. traite f à trois mois; ~moˌtorig adj. trimoteur, -trice; ~n adv. F cf. darein; ~ˌpaarig adj. en trois couples; sc. trigéminé; 2paß m ⟨-sses; -sse⟩ bât. trèfle m; ~ˌpfündig adj. de trois livres; 2'phasenˌmotor m moteur triphasé; 2'phasenˌschalter m élect. interrupteur m à courant triphasé; ~ˌphasig adj. (à courant) triphasé; ~ˌpolig adj. tripolaire; ~proˌzentig adj. à trois pour cent; 2'punktˌaufhängung f montage m, suspension f, attelage m (à) trois points; 2'punktˌauflage f fixation f en trois points; 2rad n tricycle m; für Lastentransport triporteur m; ~ˌräd(e)ˌrig adj. à trois roues; 2radˌwagen m voiture f à trois roues; ~ˌreihig adj. sur bzw. à trois rangs; disposé sur trois rangs; 2'röhrenappaˌrat m rad. poste m à trois lampes; 2ˌrud(e)rer m hist. trirème f; bei den Griechen trière f; ~ˌsaitig adj. mus. à trois cordes; 2satz m math. règle f de trois; 2satzˌaufgabe f problème m à résoudre par la règle de trois; 2'satzkampf m Tennis match m en trois sets; ~ˌschäftig adj. Garn à trois brins; 2ˌschenkel m Wappen triquètre f; ~ˌschichtig adj. à trois couches; ~ˌschiffig adj. Kirche à trois nefs; 2schlitz m bât. triglyphe m; ~ˌschneidig adj. à trois tranchants; à lame triangulaire; 2schneuß m ⟨~es; ~e⟩ bât. trèfle flamboyant; ~ˌschürig adj. ~e Wiese prairie f que l'on fauche trois fois; ~ˌseitig adj. à trois côtés, faces; trilatéral; tripartite; ~ˌsilbig adj. de trois syllabes; trisyllabique; ~ˌsitzig adj. à trois places; ~ˌspaltig adj. à trois colonnes; bot. trifide; 2ˌspänner m ⟨~s; ~⟩ voiture f à trois chevaux; ~ˌspännig adj. à trois chevaux; 2spitz m tricorne m; ~ˌsprachig adj. en trois langues; trilingue; 2ˌspringer m Sport sauteur m du triple saut; 2sprung m Sport triple saut m; ~ßig I adj. num. c. trente; etwa ~ une trentaine; in den ~er Jahren dans les années trente; Altersangabe Anfang der 2er au début de la trentaine; II 2ßig f ⟨~; ~en⟩ (nombre m) trente m; 2ßiger(in) m ⟨~s; ~⟩ (f) ⟨~; ~nen⟩ homme m, femme f qui a atteint la trentaine; ~ßigˌfach adj. trente fois autant; in ~er Ausführung en trente exemplaires; ~ßigˌjährig adj. tricennal; trentenaire; der 2e Krieg la guerre de Trente Ans; jur. ~e Verjährung prescription trentenaire; ~ßigste adj. num. o. trentième; den, am ~n, der ~ Januar le trente janvier; 2ßigstel n ⟨~s; ~⟩ trentième m; ~ßigstens adv. trentièmement; en trentième lieu; ~ßigˌtägig adj. qui dure trente jours.

dreist [draɪst] adj. 'hardi; audacieux, -euse; (frech) effronté; F culotté.

dreistellig ['draɪˌʃtɛlɪç] adj. à trois chiffres.

Dreistigkeit ['draɪstɪçˌkaɪt] f ⟨~; ~en⟩ 'hardiesse f; audace f; (Frechheit) effronterie f; F culot m; toupet m.

drei|stimmig ['draɪˌʃtɪmɪç] adj. à trois voix; Akkord de trois sons; ~ˌstöckig adj. à trois étages; 2'stufenraˌkete f fusée f à trois étages; ~ˌstufig adj. à trois échelons, degrés; Rakete à trois étages; ~ˌstündig adj. de trois heures; 2'tageˌfieber n méd. fièvre f à pappataci; fièvre f de trois jours; ~ˌtägig adj. de, âgé de, qui dure trois jours; 2takt m der Herztöne bruit m de galop; ~'tausend adj. num. c. trois mille; ~ˌteilig adj. de trois pièces; (partagé, divisé) en trois; en trois parties; triparti; 2ˌteilung f tripartition f; e-s Winkels trisection f; 2ˌtonner m ⟨~s; ~⟩ (camion m de) trois tonnes m; 2'tourenˌplattenˌspieler m tourne-disques m à trois vitesses; ~und'achtzig (~und'zwanzig etc.) adj. num. c. quatre-vingt-trois (vingt-trois, etc.); ~'viertel adj. num. trois quarts (de); ~ Liter trois quarts de litre; ~ zwölf midi moins le quart; 2'viertelˌmehrheit f majorité f des trois quarts; 2'viertelproˌfil n im ~ de trois quarts; 2ˌviertelˌstunde f trois quarts m/pl. d'heure; 2'viertelˌtakt m mesure f à trois temps; 2'wegeˌhahn m robinet m à trois eaux; ~ˌwertig adj. chim. trivalent; ~ˌwöchentˌlich 1. adj. qui revient toutes les trois semaines; 2. adv. toutes les trois semaines; ~ˌwöchig adj. de, qui dure trois semaines; 2zack m ⟨~(e)s; ~e⟩ trident m; ~ˌzackig adj. à trois pointes; tridenté; 2zahl f nombre m de trois, ternaire; triade f; 2zahn m bot. triodia m; ~zehn I adj. num. c. treize; F jetzt schlägt's ~! F ça dépasse les bornes!; II 2zehn f (nombre m) treize m; ~zehnˌjährig adj. a) (âgé) de treize ans; qui a treize ans; b) de, qui dure treize ans; 2zehn'meterˌwurf m Handball jet m de treize mètres; ~ˌzehnte adj. num. o. treizième; der ~ (des Monats) le treize (du mois); Ludwig der 2 (XIII.) Louis XIII [trɛːz]; 2ˌzehntel n treizième m; ~ˌzehntens adv. treizièmement; en treizième lieu; ~ˌzeilig adj. de trois lignes; ~e Strophe tercet m; 2'zimmerˌwohnung f logement m de trois pièces; ~ˌzöllig adj. de trois pouces; 2zy'linderˌmotor m moteur m à trois cylindres.

Drell [drɛl] m ⟨~s; ~e⟩ toile f à matelas.

Drempel ['drɛmpəl] m ⟨~s; ~⟩ bât., mar. jambette f; bei e-r Schleuse busc m.

Dresch|boden ['drɛʃˌboːdən] m, ~ˌdiele f aire f (de la grange); ~e f ⟨~⟩ fig. u. F ~ bekommen F recevoir une volée, une raclée; 2en I v/t. u. v/i. ⟨drischt, drosch, gedroschen, h⟩ battre; fig. leeres Stroh ~ parler pour ne rien dire; F faire du bla-bla-bla; II ~en n ⟨~s⟩ battage m; ~er m ⟨~s; ~⟩ batteur m en grange; ~ˌflegel m fléau m; ~korb m contre-batteur m; ~maˌschine f batteuse f (mécanique); ~stift m batte f; lame f de batteur; ~ˌtenne f cf. ~boden; ~ˌtrommel f (cylindre m) batteur m.

Dresd(e)ner|(in) ['dreːsd(ə)nər(ɪn)] I m ⟨~s; ~⟩ (f) ⟨~; ~nen⟩ habitant(e) m (f) de Dresde; Dresdois(e) m (f); II ~ adj. ⟨inv.⟩ de Dresde.

Dreß [drɛs] m ⟨~; ~⟩ (Sportkleidung) tenue f de sport.

dress|ieren [drɛ'siːrən] I v/t. ⟨pas de ge-, h⟩ dresser; II 2ieren n ⟨~s⟩ cf. 2ur; 2ur f ⟨~; ~en⟩ dressage m; 2urˌpferd n cheval m de dressage; 2urˌprüfung f épreuve f de dressage; 2urˌreiten n (équitation f de) dressage m; 2urˌsieger m vainqueur m de l'épreuve de dressage.

dribb|eln ['drɪbəln] v/i. ⟨-(e)le, h⟩ Fußball dribbler; 2ling n ⟨~s; ~s⟩ dribble m; dribbling m.

Drift[1] [drɪft] m ⟨~(e)s; ~e⟩ (Art Torf) tourbe fibreuse et légère; ~[2] f ⟨~; ~en⟩, ~ˌströmung f courant m de surface; dérive f (de la mer).

Drill [drɪl] *m* ⟨~(e)s⟩ *milit.* dressage *m*; entraînement *m* sévère, à la prussienne; **~ˌbohrer** *m techn.* drille *f*; **∽en I** *v/t.* ⟨h⟩ **1.** *milit.* dresser; entraîner; **2.** *techn.* faire tourner; *mit Drillbohrer* driller; percer à la drille; *Fäden* tortiller; *Seide* croiser; **3.** *agr.* semer en lignes; **II ~en** *n* ⟨~s⟩ *milit.* dressage *m*; entraînement *m* sévère, à la prussienne; *techn.* tournage *m*; *von Fäden* tortillement *m*.

Drillich [ˈdrɪlɪç] *m* ⟨~(e)s; ~e⟩ *text.* treillis *m*.

Drilling [ˈdrɪlɪŋ] *m* ⟨~s; ~e⟩ **1.** triplé(e) *m* (*f*); **2.** *ch.* fusil *m* à trois canons; **~e** *m/pl.* triplé(e)s *m* (*f*)/*pl.*; **~sˌbogen** *m bât.* triforium [-jɔm] *m*; **~sˌbruder** *m* frère jumeau; **~sˌschwester** *f* sœur jumelle; **~sˌturm** *m mar.* tourelle *f* triple.

Drill|maschine [ˈdrɪlmaˌʃiːnə] *f* semoir *m* en lignes; **~saat** *f* semence *f* en lignes; **~ung** *f* ⟨~; ~en⟩ *techn.* torsion *f*.

drin [drɪn] *cf.* darin.

dringen [ˈdrɪŋən] *v/i.* ⟨dringt, drang, gedrungen, sein⟩ **auf etw.** ~ ⟨h⟩ insister sur qc.; **auf Zahlung** ~ ⟨h⟩ réclamer le paiement; **darauf** ~, **daß** … ⟨h⟩ insister pour que … (+ *subj.*); **aus etw.** ~ sortir de qc.; s'échapper de qc.; *Gerücht etc.* **bis zu j-m** ~ parvenir à qn.; venir jusqu'à qn.; **bis ins Mark** ~ pénétrer jusqu'à la moelle [mwal]; **durch etw.** ~ pénétrer qc.; passer à travers qc.; traverser qc.; transpercer qc.; **in j-n** ~ insister auprès de qn.; **mit Fragen in j-n** ~ presser qn. de questions; **in die Öffentlichkeit** ~ transpirer dans le public; **zum Herzen** ~ aller (droit) au cœur; *cf. auch* gedrungen; **~d 1.** *adj.* urgent; pressant; **~e Bitte** prière instante; **~e Geschäfte** des affaires pressantes; **~e Notwendigkeit** nécessité urgente; urgence *f*; **~er Verdacht** sérieux, lourd soupçon; **2.** *adv.* d'urgence; **etw.** ~ **benötigen** avoir besoin d'urgence de qc.; **j-n** ~ **auffordern** inviter qn. d'une façon pressante; ~ **geboten sein** s'imposer; être de toute nécessité; ~ **raten, etw. zu tun** conseiller, recommander fortement de faire qc.; **wir werden** ~ **ersucht** … nous sommes instamment priés …

dringlich [ˈdrɪŋlɪç] **1.** *adj.* pressant; *pfort.* urgent; d'urgence; **2.** *adv.* **etw.** ~ **behandeln** s'occuper d'urgence de qc.; **∽ˌkeit** *f* ⟨~⟩ urgence *f*; **∽keitsˌantrag** *m* demande *f* de priorité; **e-n** ~ **stellen** faire une demande de priorité; **∽keitsbeˌscheinigung** *f* certificat *m* de priorité; **∽keitserˌklärung** *f* déclaration *f* d'urgence; **∽keitsˌfall** *m* cas *m* d'urgence; **im** ~ en cas d'urgence; **∽keitsˌfrage** *f* question *f* d'urgence; **∽keitsˌklausel** *f* clause *f* d'urgence; **∽keitsˌliste** *f* liste *f* de priorité; **∽keitsˌmaßnahme** *f* mesure *f* d'urgence; **∽keitsˌstufe** *f* degré *m* d'urgence; **∽keitsverˌfahren** *n* procédure *f* d'urgence; **∽keitsverˌmerk** *m* mention *f*: urgent.

drinnen [ˈdrɪnən] *adv.* dedans; à [l'intérieur.]

dritt [drɪt] *adj. num. o.* troisième; *in einigen Wendungen* tiers, tierce; **zu** ~ **sein** être trois; **etw. zu** ~ **unternehmen** entreprendre qc. à trois; **am ~en, den ~en, der ~e Mai** le trois mai; **zum ~enmal, zum ~en Male** pour la troisième fois; *Versteigerung* **zum ~en!** trois fois!; *hist.* **der ~e Stand** le Tiers état; *relig.* **der ∽e Orden** le Tiers ordre; **in der ~en Klasse sein** être en troisième; **in die ~e Potenz erheben** élever au cube; cuber; élever à la puissance trois; **bei ihm ist jedes ~e Wort X** X, il n'a que ce mot-là à la bouche; **aus ~er Hand (haben)** (tenir qc.) d'un tiers; *comm.* de troisième main; **am ~en Ort** chez un tiers; **der ~e Mann sein** être le troisième; être en tiers; **in der ~en Person schreiben** écrire à la troisième personne; **Heinrich der ∽e (III.)** Henri III [trwa]; **das ∽e Reich** le troisième Reich; **der lachende ∽e** le troisième larron; *jur.* **e-m ∽en gegenüber** devant un tiers; *jur.* **Rechte ∽er** droits des tiers; **der ∽e im Bunde sein** faire partie du trio; être en tiers avec; **er erreichte das Ziel als ∽er** il arriva troisième; **bleibt noch ein ∽es zu erwähnen** reste un troisième point à mentionner; **∽ˌausfertigung** *f* triplicata *m*; triple exemplaire *m*; *e-s Wechsels* troisième *f* de change; **∽beˌteiligte(r)** *m jur.* tiers *m* intervenant; **∽el** *n* ⟨~s; ~⟩ tiers *m*; **zwei** ~ deux tiers; **den Preis um ein** ~ **erhöhen** augmenter le prix d'un tiers; **~eln** *v/t.* ⟨-(e)le, h⟩ diviser en trois parties; **~ens** *adv.* troisièmement; en troisième lieu; tertio; **~größt** *adj.* troisième quant à la grandeur; **die ~e Stadt Frankreichs** la troisième ville de France; **~höchst** *adj.* troisième en altitude, en 'hauteur; *bei Bergen* le troisième sommet; **~ˌklassig** *adj.* de troisième classe; **∽land** *n* pays *m* tiers; **~letzt** *adj.* qui précède l'avant-dernier *bzw.* l'avant-dernière; *Silbe* antépénultième; **der, die, das ∽e** le, la troisième à la fin, à la queue, avant la fin; le, la premier, -ière des trois derniers, -ières; F l'avant-avant-dernier, -ière; **∽oppositiˌon** *f* tierce opposition *f*; **~ˌrangig** *adj.* de troisième ordre; **∽ˌschuldner** *m jur.* tiers débiteur *m*; *im Zwangsvollstreckungsverfahren* tiers saisi *m*.

Driver [ˈdraɪvər] *m* ⟨~s; ~⟩ *Golf* driver [drajvœːr] *m*.

drob [drɔp] *adv.* F *cf.* darüber.

droben [ˈdroːbən] *adv.* là-haut; en 'haut; ~ **im Himmel** là-haut dans le ciel.

Drog|e [ˈdroːgə] *f* ⟨~; ~n⟩ drogue *f*; **~eˈrie** *f* ⟨~; -ien⟩ droguerie *f*; herboristerie *f*; **~ist** [-ˈgɪst] *m* ⟨~en; ~en⟩ droguiste *m*; herboriste *m*.

Droh|brief [ˈdroːbriːf] *m* lettre *f* de menaces, d'intimidation; **∽en I** *v/i.* ⟨h⟩ **j-m mit etw.** ~ menacer qn. de qc.; **mit Entlassung** ~ menacer de renvoi; **mit Krieg** ~ menacer de guerre; **uns droht ein Unglück** un malheur nous menace; **er weiß noch nicht, was ihm droht** il ne sait pas encore ce qui l'attend, F ce qui lui pend au nez; **die Mauer droht einzustürzen** le mur menace de s'écrouler; **der Kranke drohte zu ersticken** le malade risquait de s'étouffer; **II ~en** *n* ⟨~s⟩ menace *f*; **∽end** *adjt.* *Blick* menaçant; *Gefahr* imminent; **~e Kriegsgefahr** menace, danger de guerre; **~er Verlust** perte imminente; **e-e ~e Haltung annehmen** prendre une attitude menaçante.

Drohne [ˈdroːnə] *f* ⟨~; ~n⟩ *zo.* faux bourdon; *fig. u.* F fainéant *m*.

dröhnen [ˈdrøːnən] **I** *v/i.* ⟨h⟩ résonner en vibrant; *aviat., mot.* vrombir; **mir dröhnt der Kopf** j'ai la tête qui bourdonne; **II ∽** *n* ⟨~s⟩ retentissement *m*; *e-s Motors, aviat.* vrombissement *m*.

Drohnenschlacht [ˈdroːnənˌʃlaxt] *f* massacre *m* des faux bourdons.

Droh|rede [ˈdroːˌreːdə] *f* propos menaçants; **~ung** *f* ⟨~; ~en⟩ menace *f*; **e-e** ~ **ausstoßen** proférer une menace; **~wort** *n* ⟨~(e)s; ~e⟩ parole menaçante; menace *f*.

drollig [ˈdrɔlɪç] *adj.* plaisant; amusant; F rigolo, -ote; cocasse; marrant; **e-e ~e Geschichte** une histoire amusante; **∽ˌkeit** *f* ⟨~; ~en⟩ caractère plaisant, amusant; drôlerie *f*.

Dromedar [dromeˈdaːr] *n* ⟨~s; ~e⟩ *zo.* dromadaire *m*.

Dronte [ˈdrɔntə] *f* ⟨~; ~n⟩ *zo.* dronte *m*.

Drops [drɔps] *m, n* ⟨~; ~⟩ bonbon acidulé.

drosch [drɔʃ] *cf.* dreschen.

Droschke [ˈdrɔʃkə] *f* ⟨~; ~n⟩ fiacre *m*; *auf Parkschildern* taxi *m*; **~nˌkutscher** *m* cocher *m* de fiacre; **~nˌparkplatz** *m auf Parkschildern* station *f* de taxis.

Drossel [ˈdrɔsəl] *f* ⟨~; ~n⟩ **1.** *zo.* grive *f*; **2.** *cf.* ~spule; **3.** *cf.* ~klappe; **~ˌader** *f anat.* veine *f* jugulaire; **~ˌhebel** *m techn.* levier *m*, manette *f* d'étranglement; **~ˌkette** *f élect.* chaîne *f* de réactance; **~ˌklappe** *f* papillon *m*, clapet *m* d'étranglement; soupape *f* à papillon; soupape *f* d'étranglement; *mines* guichet *m*; **~ˌkreis** *m élect.* circuit *m* de réactance; **∽n** *v/t.* ⟨-ßle *od.* -ssele, h⟩ *Einfuhr etc.* limiter; freiner; réduire; mettre au ralenti; *techn.* étrangler; couper les gaz (*abs.*); mettre au ralenti; **~ˌschieber** *m* tiroir *m* d'étranglement; **~ˌspule** *f élect.* bobine *f* de réactance; **~ung** *f* ⟨~; ~en⟩ *der Einfuhr etc.* réduction *f*; freinage *m*; *techn.* étranglement *m*; **~venˌtil** *n* soupape *f* d'étranglement.

drüben [ˈdryːbən] F *adv.* de l'autre côté; au-delà; **hüben und** ~ *cf.* hüben.

drüber [ˈdryːbər] *cf.* darüber.

Druck [drʊk] *m* ⟨~(e)s⟩ **1.** ⟨*pl.* ~̈e⟩ pression *f*; compression *f*; (*Schub*) poussée *f*; *e-r Last* poids *m*; pesée *f*; pression *f*; *phys.* effort *m*; *fig. seelischer* oppression *f*; ~ **und Gegendruck** action et réaction; **atmosphärischer** ~ pression atmosphérique; **spezifischer** ~ pression spécifique; **auf** ~ **beansprucht** soumis à la compression; **den** ~ **wegnehmen** décomprimer; ~ **im Magen** pesanteur *f* d'estomac [-a]; ~ **im Kopf** lourdeur *f* de tête; ~ **der Hand** poignée *f*, serrement *m* de main; **unter** ~ **stehen** être sous pression; *fig.* **im** ~ **sein** être bousculé, pressé par le temps; *finanziell* être dans la gêne; **unter** ~ **setzen** mettre sous pression; *fig.* faire pression sur; *fig.* **unter** ~ **handeln** agir sous la pression de; **e-n** ~ **ausüben** exercer une pression (sur); **2.** ⟨*pl.* ~e⟩ *impr.* **a)** impression *f*; (*Abdruck*) tirage *m*; **in** ~ **geben** mettre sous presse; **im** ~ **(befindlich) sein** être sous presse; **Satz und** ~ composition et impression; **b)** (*Erzeugnis des Buchdrucks*) impression *f*; (*Kunst*∽) gravure *f*; estampe *f*; **alte ~e** gravures anciennes; **~ˌabnahme** *f* diminution *f*, réduction *f*, baisse *f* de pression; **~ˌanstieg** *m* accroissement *m*, augmentation *f* de pression; **~ˌausgleich** *m* compensation *f* de pression.

Drückbank [ˈdrʏkbaŋk] *f* ⟨~; ~̈e⟩ *techn.* tour *m*, machine *f* à emboutir.

Druck|beanspruchung [ˈdrʊkbəˌʔanʃprʊxʊŋ] *f* effort *m* de compression; **~beˌginn** *m impr. cf.* Drucklegung; **~ˌbleistift** *m* stylo-mine *m*; porte-mine(s) *m*; **~ˌbogen** *m* feuille (imprimée *od.* d'impression); **~ˌbolzen** *m* boulon *m* de *od.* à pression; **~ˌbuchstabe** *m impr.* caractère *m* d'imprimerie.

Drückeberger ['drʏkəˌbɛrgər] *m* ⟨~s; ~⟩ F tire-au-flanc *m*; planqué *m*; *milit.* embusqué *m*; *vor e-r Gefahr* dégonflé *m*.

druck|empfindlich ['drʊkˀɛmˌpfɪntlɪç] *adj.* sensible à la pression; **2em,pfindlichkeit** *f* sensibilité *f* à la pression; **~en I** *v/t.* ⟨h⟩ imprimer; (*ab~*) tirer; **~ lassen** faire imprimer; **gedruckt bei** ... imprimerie de ...; imprimé par ...; *fig. u.* F **er lügt wie gedruckt** il ment comme un arracheur de dents, comme il respire; **II 2en** *n* ⟨~s⟩ *cf.* Druck 2 a).

drücken ['drʏkən] **I** *v/t.* ⟨h⟩ **1.** presser; serrer; *fig. Sorgen etc.* opprimer; accabler; oppresser; **etw. aus etw. ~** faire sortir qc. de qc. (en pressant); **Saft aus der Zitrone ~** presser le jus du citron; **e-n Stempel aufs Papier ~** apposer un cachet sur le papier; **die Nase an die Scheibe ~** écraser son nez sur la vitre; **etw., j-n an sich ~** serrer qc., qn. contre soi; **j-n an sein Herz ~** serrer qn. contre *od.* sur son cœur; presser qn. sur son cœur; **etw. in etw. ~** faire entrer qc. dans qc. (en pressant); **j-m zehn Mark in die Hand ~** glisser dix marks dans la main de qn.; **den Hut tief ins Gesicht ~** enfoncer son chapeau; **j-m die Hand ~** serrer la main de, à qn.; **etw. breit, platt ~** aplatir, écraser qc.; *Tür* **~** poussez; **der rechte Schuh drückt mich** ma chaussure droite me serre; *fig.* **ich weiß, wo ihn der Schuh drückt** je sais où le bât le blesse; **j-m die Daumen ~** *cf.* **Daumen; die Schulbank ~** aller à l'école; **j-n an die Wand ~** évincer qn.; **2.** *Preise, Löhne* exercer une pression sur; *Rekord* abaisser; **3.** *Spielkarten* écarter; **4.** *Schwerathletik* développer; **II** *v/i. Last* peser; **auf etw. ~** appuyer sur qc.; **auf e-n Knopf ~** appuyer sur un bouton; **auf die Hupe ~** klaxonner; **der Nebel drückt auf die Dächer** le brouillard pèse sur les toits; *Film etc.* **auf die Tränendrüsen ~** faire jouer la fibre sentimentale; *fig.* **wo drückt der Schuh?** qu'est-ce qui ne va pas?; **III** *v/réfl.* F **sich in e-e Ecke ~** se blottir dans un coin; **sich vor etw. ~** se dérober à, se soustraire à, éviter adroitement qc.; *abs.* **er hat sich gedrückt** F il s'est défilé; **IV 2** *n* ⟨~s⟩ *im Magen* pesanteur *f*; lourdeur *f*; *Schwerathletik* développé *m*; *der Preise* pression exercée sur; *sonst verbal*; **~d** *adjt.* lourd; *Schweigen auch* pesant; *Hitze auch* accablant; *Atmosphäre* oppressant; *Wetter* **es ist ~** il fait lourd; *cf. auch* **gedrückt.**

Druck|entlastung ['drʊkˀɛntˌlastʊŋ] *f* décompression *f*; **~er** *m* ⟨~s; ~⟩ **1.** *cf.* Buchdrucker; **~ und Verleger** imprimeur-éditeur *m*; **2.** *Graphik* (*Hervorhebung*) vigueurs *f/pl.*

Drücker ['drʏkər] *m* ⟨~s; ~⟩ **1.** (*Türfalle*) pêne *m*; (*Türgriff*) poignée *f*; (*elektr. Druckknopf*) bouton *m*; *fig. u.* F **am ~ sitzen** (*e-e einflußreiche Stellung bekleiden*) être dans les huiles; être au poste de commande; **2.** *am Gewehr* détente *f*.

Druckerei [drʊkə'raɪ] *f* ⟨~; ~en⟩ imprimerie *f*; (*Stoff2*) impression *f*.

Druck|erhitzung ['drʊkˀɛrˌhɪtsʊŋ] *f* chauffage *m* sous pression; **~er,laubnis** *f* permission *f* d'imprimer.

Drucker|presse ['drʊkərˌprɛsə] *f* presse *f* d'imprimerie; **~,schwärze** *f* encre *f* d'imprimerie; **~,zeichen** *n* marque *f* d'éditeur.

Druck|erzeugnis ['drʊkˀɛrˌtsɔʏknɪs] *n* imprimé *m*; **~er,zeugung** *f* production *f* de pression; **~,fahne** *f impr.* placard *m*; épreuve *f*; **~,farbe** *f für Gewebe* couleur *f* à imprimer la toile; vernis gras; **~,feder** *f* ressort *m* de *od.* à pression; **~,fehler** *m* faute *f* d'impression; erratum [-əm] *m*; coquille *f*; **~fehlerver,zeichnis** *n* liste *f* des fautes d'impression; errata *m*; **2,fertig** *adj.* bon à tirer; imprimable; **2fest** *adj.* résistant à la compression; **~-,festig,keit** *f* résistance *f* à la compression; **~,filter** *m* filtre-presse *m*; **~filz** *m impr.* blanchet *m*; **~,fläche** *f impr.* surface *f* d'impression; **~form** *f impr.* forme *f* à imprimer, d'imprimerie; *für Zeugdruck* rentrée *f*; **~,fortpflanzung** *f* transmission *f* de pression; **~gas** *n* gaz comprimé; **~,hebel** *m* levier *m* de pression; **~,höhe** *f* 'hauteur *f* manométrique; *e-r Pumpe* (pression *f* de) refoulement *m*; **~ka,bine** *f aviat.* cabine pressurisée; **~ka,ttun** *m text.* indienne *f*; **~,kessel** *m* chaudière *f*, réservoir *m* de pression; **~knopf** *m élect.* bouton-poussoir *m*; *cout.* bouton-pression *m*; **~knopf,schalter** *m* interrupteur *m* à bouton-poussoir; **~,kolben** *m* piston refouleur; **~kon,takt** *m* contact *m* de butée, par pression; **~-,kosten** *pl. impr.* frais *m/pl.* d'impression; **~kraft** *f* force de pression, foulante; **~,kugel,lager** *n* butée *f* à billes; **~,lager** *n* palier *m* de butée; **~,lähmung** *f méd.* paralysie *f* par compression; **~,legung** *f impr.* mise *f* à l'impression, sous presse; **~,leitung** *f* tuyau *m*, conduite *f* de refoulement, de pression; conduite forcée; **~,linie** *f* ligne *f* des pressions; axe *m* des centres de poussée; **~luft** *f* air comprimé; *in Zssgn. oft* pneumatique; *cf. auch* **Preßluft; ~luft,bohrer** *m cf.* **Preßluftbohrer; ~luft,bremse** *f* frein *m* à air comprimé; **~luft,gründung** *f Fundamentierung* fondation *f* à air comprimé; **~luft,kühlung** *f* refroidissement *m* à (courant d')air comprimé; **~luft,maske** *f* masque *m* à air comprimé; **~luft,messer** *m* ⟨~s; ~⟩ manomètre *m* à air comprimé; **~luft,motor** *m* moteur *m* à air comprimé; **~luft-ver,teiler** *m mot.* distributeur *m* d'air comprimé; **~luft,werkzeuge** *n/pl. cf.* **Preßluftwerkzeuge; ~ma,schine** *f impr.* machine *f* à imprimer; **~,messer** *m* ⟨~s; ~⟩ manomètre *m*; indicateur *m* de pression; **~,mittel** *n fig.* moyen coercitif, de coercition, de pression; **~ni,veau** *n* niveau *m* de pression; **~öl** *n* huile *f* de pression; **~pa,pier** *n* papier *m* d'imprimerie; **~,platte** *f* planche *f* à imprimer; stéréotype *m*; **~-,posten** *m* F planque *f*; filon *m*; **~-,probe** *f techn.* essai *m* de (com)pression; *impr.* épreuve *f*; **~,pumpe** *f* pompe foulante, de pression; **~punkt** *m phys.* (*Angriffspunkt*) point *m* de fatigue, d'application, de poussée; *bei Neuralgie* point douloureux névralgique; **~,regler** *m* ⟨~s; ~⟩ régulateur *m* de pression; **2reif** *adj. cf.* **2fertig; ~rohr** *n cf.* **~leitung; ~,sache** *f* imprimé *m* (**zu ermäßigter Gebühr** à taxe réduite); **~,säule** *f* piston *m* hydraulique; **~,schalter** *m* interrupteur *m* manométrique, à pression; **~,scheibe** *f* rondelle *f*, disque *m* de pression, de butée; **~,schmierung** *f mot.* graissage forcé; **~,schraube** *f* vis [-s] *f* de pression; **~schrift** *f* **1.** *impr.* caractères *m/pl.* typographiques, d'imprimerie; **in ~** en caractères d'imprimerie; **2.** *Schriftwerk* imprimé *m*; **~,schwankung** *f* variation *f*, fluctuation *f* de pression; **~,seite** *f* **1.** *impr.* page (imprimée); **2.** *aviat.* côté *m* de refoulement.

drucksen ['drʊksən] F *v/i.* ⟨-(es)t, h⟩ hésiter (à parler).

Druck|spannung ['drʊkˌʃpanʊŋ] *f* effort *m* de compression; **~,stelle** *f* empreinte *f*; **~stock** *m impr.* cliché *m*; planche *f*; **~,stutzen** *m* tubulure *f*, tuyau *m*, buse *f* de refoulement; **~tasta,tur** *f* clavier sélecteur; *rad.* touches *f/pl.*; **~,taste** *f rad.* touche *f*; **~tele,graph** *m* téléimprimeur *m*; **~,umformer** *m* transformateur *m* de pression; **~,umlauf-,schmierung** *f mot.* graissage *m* par circulation forcée; **~ven,til** *n* soupape *f* de refoulement, de compression; **~ver,band** *m méd.* bandage compressif; **~ver,bot** *n* défense *f* d'imprimer; **~ver,fahren** *n* procédé *m* d'imprimerie, d'impression; **~ver,minderung** *f cf.* Druckabnahme; **~ver,such** *m techn.* essai *m* de (com)pression; **~-,walze** *f impr.* cylindre rotatif, d'impression; *für Zeugdruck* rouleau *m* d'impression; **~,welle** *f* onde *f* de pression; *phys. atom.* onde expansive; souffle *m*; *techn.* arbre *m* de butée; **~,zunahme** *f* accroissement *m*, augmentation *f* de pression; **~zy,linder** *m* cylindre presseur; *impr. cf.* **~walze.**

Drude ['dru:də] *f* ⟨~; ~n⟩ sorcière *f*; **~n,fuß** *m* pentacle [pɛ̃-] *m* (magique).

Druide [dru'ˈi:də] *m* ⟨~n; ~n⟩ druide *m*.

drum [drʊm] F **I** *cf.* darum; **II 2** *n* ⟨~⟩ **das ganze ~ und Dran** (ct) tout ce qui s'y rapporte, rattache.

Drumlin ['drʊmlɪn] *m* ⟨~s; ~s⟩ *géol.* drumlin [drœmlin] *m*.

drunten ['drʊntən] F *adv.* en bas; là-bas.

drunter ['drʊntər] *cf.* darunter.

Drusch [drʊʃ] *m* ⟨~es; ~e⟩ battage *m*; *Ertrag* blé (battu).

Druse ['dru:zə] *f* ⟨~; ~n⟩ *minéral.* druse *f*; *vét.* gourme *f*.

Drüse ['dry:zə] *f* ⟨~; ~n⟩ *physiol.* glande *f*; **kleine ~** glandule *f*; **~ mit innerer, äußerer Sekretion** glande endocrine *od.* à sécrétion interne, exocrine *od.* à sécrétion externe; **~n,anschwellung** *f* gonflement *m*, engorgement *m*, tuméfaction *f* ganglionnaire, des glandes; **2n,artig** *adj.* glandulaire; glanduleux, -euse; **~n,ausführungs-,gang** *m* conduit *m* glandulaire; **~n-,bläschen** *n* vésicule *f* glandulaire; **~nent,zündung** *f* adénite *f*; **~ner-,krankung** *f* adénopathie *f*; **2n,förmig** *adj.* glanduliforme; en forme de glande; **~nge,schwulst** *f* tumeur glanduleuse; adénome *m*; **~n,gruppe** *f* groupe *m* de glandes.

Drusenkopf ['dru:zənˌkɔpf] *m zo.* conolophe *m*.

Drüsen|leiden ['dry:zənˌlaɪdən] *n* affection *f* des glandes; **~,schmerz** *m* adénalgie *f*; **~,schwellung** *f cf.* **Drüsenanschwellung; ~,tätigkeit** *f* activité *f* des glandes.

drusig ['dru:zɪç] *adj. minéral.* drusique; *vét.* qui a la gourme.

drüsig ['dry:zɪç] *adj.* glanduleux, -euse; qui a des glandes.

Dryade [dry'ˈɑ:də] *f* ⟨~; ~n⟩ dryade *f*.

D-Saite ['de:ˌzaɪtə] *f mus.* corde *f* de ré.

Dschiu-Dschitsu *cf.* Jiu-Jitsu.

Dschungel ['dʒʊŋəl] *m, n* ⟨~s; ~⟩, *f* ⟨~; ~n⟩ jungle [ʒõgl, ʒœ̃gl] *f*; **~,fieber** *n* fièvre *f* des jungles.

Dschunke ['dʒʊŋkə] *f* ⟨~; ~n⟩ *mar.* jonque *f*.

du [du:] **I** *pr/pers.* tu; *betont* toi; **~ hast es getan** c'est toi qui l'as fait; **wenn**

ich ~ wäre si j'étais (de) toi; mit j-m auf ~ und ~ stehen être à tu et à toi avec qn.; j-n mit ~ anreden tutoyer qn.; ~ zueinander sagen se tutoyer; wie ~ mir, so ich dir *prov.* je te rends la pareille; **II** 2 *n* ⟨~s; ~s⟩ j-m das ~ anbieten proposer à qn. de le tutoyer.

Dual [du·'ɑːl] *m* ⟨~s; ~e⟩ *gr.* duel *m*; **~ismus** [-'lɪs-] *m* ⟨~⟩ dualisme *m*; **~ist** [-'lɪst] *m* ⟨~en; ~en⟩ dualiste *m*; **2istisch** [-'lɪs-] *adj.* dualiste; **~i'tät** *f* ⟨~⟩ dualité *f*; **~sys͵tem** *n math.* système *m* binaire.

Dübel ['dyːbəl] *m* ⟨~s; ~⟩ *techn.* cheville *f*; tampon *m*; *aus Metall* goujon *m*; *aus Holz* fenton *od.* fanton *m*; **2n** *v/t.* ⟨-(e)le, h⟩ cheviller.

dubios [du·bi·'oːs] *adj.* douteux, -euse; **2en** *f/pl. comm.* créances douteuses.

Dublee(gold) [du·'bleː(͵gɔlt)] *n* ⟨~s; ~s⟩ (*n*) doublé *m* (or).

Dubl|ette [du·'blɛtə] *f* ⟨~; ~n⟩ double *m*; *minéral., gr.* doublet *m*; *Boxen, ch.* doublé *m*; **2ieren** *v/t.* ⟨*pas de ge-*, h⟩ *techn., text.* doubler.

Ducht [dʊxt] *f* ⟨~; ~en⟩ *mar. cf.* Ruderbank.

Duckdalbe, Dückdalbe ['dʊk͵dalbə, 'dʏk-] *m* ⟨~n; ~n⟩ *mar.* duc d'albe *m*.

duck|en ['dʊkən] **I** *v/t.* ⟨h⟩ *fig.* j-n ~ (r)abaisser, humilier qn.; F moucher qn.; clouer le bec à qn.; rabattre le caquet à qn.; **II** *v/réfl.* sich ~ se baisser; se courber; plier le dos; rentrer la tête; **2͵mäuser** *m* ⟨~s; ~⟩ sournois(e) *m(f)*; dissimulateur, -trice *m, f*; F cachottier, -ière *m, f*; **~͵mäuse͵risch** *adj.* sournois; dissimulé; F cachottier, -ière.

Duckstein ['dʊkʃtaɪn] *m minéral.* tuf *m* calcaire.

Dudel|ei [͵duːdə'laɪ] F *f* ⟨~; ~en⟩ musique importune; mauvaise musique; **2n** ['duː-] F *v/i.* ⟨-(e)le, h⟩ faire de la mauvaise musique; **~͵sack** ['duː-] *m mus.* cornemuse *f*; *in der Bretagne* biniou *m*; **~sack͵pfeifer** ['duː-] *m* ⟨~s; ~⟩ joueur *m* de cornemuse, *etc.*

Duell [du·'ɛl] *n* ⟨~s; ~e⟩ duel *m*; j-n zum ~ (heraus)fordern provoquer qn. en duel; im ~ töten tuer en duel; ~ auf Pistolen duel au pistolet; **~ant** [-'lant] *m* ⟨~en; ~en⟩ celui qui se bat en duel; duelliste *m*; **2ieren** [-'liː-] *v/réfl.* ⟨*pas de ge-*, h⟩ sich ~ se battre en duel (mit avec).

Duett [du·'ɛt] *n* ⟨~(e)s; ~e⟩ *mus.* duo *m* (de chanteurs).

Duft [dʊft] *m* ⟨~(e)s; ≈e⟩ odeur *f* agréable; parfum *m*; arôme *m*; senteur *f*; **2e** *adj.* F (*gut, fein*) épatant; chouette; bath (*inv.*); **2en** *v/i.* ⟨-ete, h⟩ sentir bon; répandre, dégager, exhaler une odeur agréable; fleurer bon; nach etw. ~ sentir, fleurer qc.; **2end** *adjt.* odorant; qui sent bon; odoriférant; **2ig** *adj. Kleid etc.* vaporeux, -euse; léger, -ère; **2los** *adj.* inodore; **~stoff** *m* parfum *m*; *chim.* matière odorante.

Dugong ['duːgɔŋ] *m* ⟨~s; ~e *od.* ~s⟩ *zo.* dugon(g) *m*.

Dukaten [du·'kɑːtən] *m* ⟨~s; ~⟩ ducat *m*; **~͵gold** *n* or *m* ducat.

duktil [dʊk'tiːl] *adj.* ductile; **2i'tät** *f* ⟨~⟩ ductilité *f*.

Duktus ['dʊktʊs] *m* ⟨~⟩ (*Schriftführung*) trait *m* (de plume); façon *f* d'écrire.

duld|en ['dʊldən] **I** *v/t. u. v/i.* ⟨-ete, h⟩ souffrir; tolérer; das duldet keinen Aufschub cela ne souffre aucun délai, retard; ich werde nicht ~, daß ... je ne souffrirai pas que ...; nur geduldet sein n'être que toléré; etw. nicht länger ~ ne pas tolérer qc. plus longtemps; keinen Widerspruch ~ ne supporter, n'admettre aucune contradiction; **II** **2en** *n* ⟨~s⟩ souffrance *f*; tolérance *f*; **2er(in)** *m* ⟨~s; ~⟩ (*f*) ⟨~; ~nen⟩ celui, celle qui souffre avec patience; **2er͵miene** *f iron.* air *m* de martyr(e); **~sam** *adj.* tolérant; **2sam͵keit** *f* ⟨~⟩, **2ung** *f* ⟨~⟩ tolérance *f*.

Dumdumgeschoß [dʊm'dʊmgə͵ʃɔs] *n* dum-dum [dumdum] *f*.

dumm [dʊm] **1.** *adj.* ⟨≈er; ≈st⟩ bête; sot, -tte; stupide; idiot; (*unwissend*) ignorant; (*beschränkt*) borné; bouché; (*schwachsinnig*) imbécile; crétin; (*albern*) niais; (*gutmütig*) F poire; das ist zu ~! c'est vraiment trop bête!; zu ~ sein, um ... être trop bête pour ...; F ~ wie Bohnenstroh bête comme un pied, ses pieds, une cruche, une oie; ~er Junge nigaud *m*; ~e Gans dinde *f*; bécasse *f*; ~es Schaf cruche *f*; andouille *f*; abruti(e) *m(f)*; cornichon *m*; gourde *f*; cloche *f*; tarte *f*; e-e ~e Geschichte une histoire bête, idiote; une fâcheuse affaire; e-e ~e Bemerkung une remarque stupide, idiote; e-e ~e Frage une question idiote; ~es Zeug! ineptie(s) [-si]!; absurdité(s)!; ~es Zeug reden raconter des bêtises, sottises, balivernes, sornettes; radoter; das war ~ von mir c'était bête de ma part; schließlich wurde es mir zu ~ à la fin j'ai trouvé cela trop bête; **2.** *adv.* bêtement; sottement; stupidement; niaisement, *etc.*; F j-n für ~ verkaufen prendre qn. pour un idiot; F j-m ~ kommen être insolent vis-à-vis de qn.; sich ~ stellen faire l'âne, la bête; F j-n ~ und dußlich reden abrutir qn.; F ~ geboren und nichts dazu gelernt tu es un cas désespéré, d'une bêtise incurable; **~dreist** *adj.* d'une insolence sotte; **2e(r)** *f (m)* ⟨→ A⟩ e-n ~n finden trouver une dupe; der ~ sein être le dindon de la farce; F être roulé; **2e'jungen͵streich** *m* gaminerie *f*; **2erchen** *n* ⟨~s; ~⟩ gros(se) bêta(sse) *m(f)*; petit(e) sot(te) *m(f)*; **2er͵jan** *m* ⟨~s; ~e⟩ *cf.* 2kopf; **2heit** *f* ⟨~⟩ **1.** bêtise *f*; sottise *f*; ignorance *f*; imbécillité *f*; stupidité *f*; niaiserie *f*; **2.** ⟨*pl.* ~en⟩ (*törichte Handlung*) ânerie *f*; bêtise *f*; e-e große ~ begehen, machen faire une grosse bêtise; nur keine ~en! pas de blague!; **2kopf** *m* sot, -tte *m, f*; idiot(e) *m(f)*; âne (bâté) *m*; nigaud(e) *m(f)*; ignorant(e) *m(f)*; imbécile *m, f*.

dumpf [dʊmpf] *adj. Geräusch, Aufprall* sourd; *Laut* mat; *Luft, Geruch* (*muffig*) moisi; renfermé; *fig.* (*unklar*) vague; **2heit** *f* ⟨~⟩ *e-s Geräusches* matité *f*; *sonst verbal*; **~ig** *adj. cf.* muffig.

Dumping ['dampɪŋ] *n* ⟨~s⟩ *comm.* dumping [dœmpiŋ] *m*.

dun [duːn] *adj.* F *cf.* betrunken.

Düne ['dyːnə] *f* ⟨~; ~n⟩ dune *f*; **2n͵artig** *adj.* semblable aux dunes; **~n͵bildung** *f* formation *f* des dunes; **~n͵distel** *f bot.* panicaut *m* maritime; **~n͵hafer** *m bot.* élyme *m*; **~n͵sand** *m* sable *m* (des dunes).

Dung [dʊŋ] *m* ⟨~(e)s⟩ *cf.* Dünger.

Düng|emittel ['dʏŋə͵mɪtəl] *n agr.* engrais (artificiel, chimique); **2en** **I** *v/t.* ⟨h⟩ amender; engraisser; *mit Stallmist* fumer; *mit Kalk* chauler; **II** **~en** *n* ⟨~s⟩ amendement *m*; engraissement *m*; *mit Stallmist* fumage *m*; fumaison *f*; *mit Kalk* chaulage *m*; **~er** *m* ⟨~s; ~⟩ engrais *m*; fumure *f*; (*Stallmist*) fumier *m*.

Dungerde ['dʊŋ͵ˀeːrdə] *f* terreau *m*.

Düngerstreumaschine ['dʏŋər͵ʃtrɔʏma͵ʃiːnə] *f* épandeur *m*, distributeur *m* d'engrais, de fumier.

Dung|fliege ['dʊŋ͵fliːgə] *f zo.* mouche *f* à merde; *sc.* scatophage *m*; **~͵grube** *f* fosse *f* à fumier; **~͵haufen** *m* tas *m* de fumier; **~͵käfer** *m zo. sc.* aphodius *m*.

Düngung ['dʏŋʊŋ] *f* ⟨~; ~en⟩ *cf.* Düngen.

dunkel ['dʊŋkəl] **I** **1.** *adj.* ⟨-kl-⟩ **a)** sombre, obscur (*auch fig.*); es ist ~ il fait sombre, noir, nuit; es wird ~ il commence à faire sombre, nuit; le jour baisse; la nuit tombe; der Himmel wird ~ le ciel s'obscurcit; ein dunkles Loch un trou noir; ein dunkler Vokal une voyelle sombre (a, o, u); **b)** *von Farben* foncé; ein dunkles Blau un bleu foncé; dunkles Haar des cheveux foncés; ein dunkler Teint un teint brun, basané; dunkles Bier de la bière brune; dunkle Brillengläser des verres teintés, fumés; **c)** *fig.* (*unklar*) obscur; vague; douteux, -euse; e-e dunkle Ahnung un vague pressentiment; dunkle Geschäfte des affaires louches; dunkler Punkt (im Leben e-s Menschen) qc. de louche, une tache (dans l'existence de qn.); dunkler Ursprung origine douteuse, obscure; **2.** *adv.* sich ~ erinnern se souvenir, se rappeler confusément; avoir un vague souvenir; **II** 2 *n* ⟨~s⟩ obscurité *f*; ombre *f* (*beide auch fig.*); im ~n dans l'obscurité; dans l'ombre; *fig.* im 2n tappen tâtonner; agir à l'aveuglette; aller à l'aventure; ne pas savoir à quoi s'en tenir; j-n über s-e Absichten im ~n lassen ne pas dévoiler ses intentions à qn.; laisser qn. dans l'ignorance, dans l'incertitude au sujet de ses intentions; im ~n ist gut munkeln *prov.* l'ombre, l'obscurité est favorable aux secrets, est propice aux confidences.

Dünkel ['dʏŋkəl] *m* ⟨~s⟩ outrecuidance *f*; suffisance *f*; présomption *f*; sentiment excessif de sa valeur; morgue *f*.

dunkel|blau ['dʊŋkəl͵blaʊ] *adj.* bleu foncé (*inv.*); **~͵blond** *adj.* blond foncé (*inv.*); **~͵braun** *adj.* brun foncé (*inv.*); *von Pferden* bai; **~͵farbig** *adj.* foncé; de couleur sombre; **2͵feldbe͵leuchtung** *f opt.* illumination *f* sur fond noir; **~͵gelb** *adj.* jaune foncé (*inv.*); **~͵grau** *adj.* gris foncé (*inv.*); **~͵grün** *adj.* vert foncé (*inv.*).

dünkelhaft ['dʏŋkəl͵haft] *adj.* outrecuidant; présomptueux, -euse; suffisant.

dunkel|häutig ['dʊŋkəl͵hɔʏtɪç] *adj.* brun (de peau); basané; **2͵heit** *f* ⟨~⟩ obscurité *f* (*auch fig.*); in der ~ dans l'obscurité; bei, nach Einbruch der ~ à la nuit tombante; à la tombée de la nuit; **2͵kammer** *f phot.* chambre noire; **2͵mann** *m* ⟨~(e)s; ≈er⟩ *hist.* obscurantiste *m*; **~n** *v/imp.* ⟨-(e)le, h⟩ es dunkelt il commence à faire sombre, nuit; la nuit vient, tombe; **~͵rot** *adj.* rouge foncé (*inv.*); **2͵wolken** *f/pl. astr.* nébuleuses obscures.

dünken ['dʏŋkən] *v/imp. u. v/réfl.* ⟨h⟩ mich, mir dünkt *od.* deucht ... il me semble que ... (+ *ind.*); sich besser ~ als ... se croire plus que ...; *cf. auch* gut 2.

dünn [dʏn] **1.** *adj.* mince; *Papier* fin; *Wand* mince; *Stoff* léger, -ère; *Gliedmaßen* menu; (*mager*) maigre; (*hager*) sec, sèche; *Taille* fin; *Hals, Beine* (*lang u.* ~) grêle; *Haare* rare; clairsemé; *Flüssigkeiten* clair; *Kaffee* léger, -ère; *Luft* rare; raréfié; *Faden* ténu; *Stimme* grêle; fluet, -tte; ~ werden s'amincir; se clairsemer; se raréfier; *fig.* das Ergebnis ist ~ le résultat est mince;

2. *adv.* mit j-m durch dick und ~ gehen suivre qn. quoi qu'il arrive; **~be,völkert** *adjt.* peu peuplé; **2bier** *n* petite bière; **2darm** *m anat.* intestin *m* grêle; **2darment,zündung** *f méd.* entérite *f*; **2darm,schlinge** *f anat.* anse *f* grêle; **2druckpa,pier** *n* papier *m* bible; **2e** *f* ⟨~⟩ *cf.* **2heit**; **~e,machen** *v/réfl.* ⟨*sép.*, -ge-, h⟩ F sich ~ s'éclipser; s'esquiver; fausser compagnie; F filer (à l'anglaise, en douce); **~,flüssig** *adj.* très fluide, liquide; **~ge,sät** *adjt.* rare; clairsemé; **~,häutig** *adj.* à la peau fine; **2heit** *f* ⟨~⟩ *von Papier etc.* minceur *f*; finesse *f*; *von Stoff auch* légèreté *f*; *der Luft* raréfaction *f*; **2schiß** *m* V (*Durchfall*) P foire *f*; courante *f*; chiasse *f*; cliche *f*; **2schliff** *m* lame mince, polie; **~,wandig** *adj.* à paroi mince.

Dunst [dʊnst] *m* ⟨~es; ⸗e⟩ (*Trübung der Luft*) brume *f*; *über e-r Stadt* fumées *f/pl.*; (*Ausdünstung*) exhalaison *f*; émanation *f*; (*Dampf*) (légère[s]) vapeur(s); *fig. u.* F j-m blauen ~ vormachen monter un bateau à qn.; en faire accroire à qn.; keinen ~ von etw. haben n'avoir aucune idée de qc.; n'avoir pas la moindre idée de qc.

dünsten ['dʏnstən] *v/t.* ⟨-ete, h⟩ *cuis.* cuire à l'étuvée, à l'étouffée; étuver.

dunst|ig ['dʊnstɪç] *adj.* brumeux, -euse; vaporeux, -euse; es ist ~ il y a de la brume; **2kreis** *st. s. m* atmosphère *f*; **2schicht** *f* couche *f* de brume; **2,schleier** *m* voile *m* de brume.

Dünung ['dy:nʊŋ] *f* ⟨~⟩ *mar.* 'houle *f*; bei starker ~ par mer 'houleuse.

Duo ['du:o·] *n* ⟨~s; ~s⟩ *mus.* duo *m*; **~'dezfor,mat** *n* format *m* in-12, in-douze; **~'dez,fürst** *m* petit prince (sans puissance); principicule *m*; **2dezi'mal** *adj.* duodécimal; **~dezi'malsys,tem** *n* système *m* de numération duodécimale; **~,straße** *f métall.* train *m* duo.

düpieren [dy·'pi:rən] *v/t.* ⟨*pas de ge-*, h⟩ duper.

Duplex|betrieb ['du:plɛksbə,tri:p] *m tél.* duplexage *m*; **~telegra,phie** *f* télégraphie *f* duplex.

Dupli|kat [du·pli·'kɑ:t] *n* ⟨~(e)s; ~e⟩ duplicata *m*; double *m*; copie *f*; **2'zieren** *v/t.* ⟨*pas de ge-*, h⟩ doubler; **~zi'tät** *f* ⟨~⟩ (*Zweimaligkeit, Doppelheit*) die ~ der Ereignisse, Fälle la coïncidence des deux événements, des deux cas.

Dur [du:r] *n* ⟨~; ~⟩ *mus.* mode, ton majeur; **2abel** [-'rɑ:-] *adj.* ⟨-bl-⟩ durable; **~a,kkord** *m mus.* accord *m* en mode majeur; **~alu'minium** *n Metall* duralumin *m*; **2a'tiv** *adj. gr.* duratif, -ive.

durch [dʊrç] **I** *prép.* ⟨*acc.*⟩ **a)** *räumlich* par; (quer) ~ à travers; das Haus ~ die Hintertür verlassen quitter la maison par la porte de derrière; ~ die Luft sausen fendre l'air; ~ e-n Fluß schwimmen traverser une rivière à la nage; ~ die Nase sprechen parler du nez; nasiller; ~ ganz Deutschland reisen voyager à travers toute l'Allemagne; sich e-n Weg ~ die Menge bahnen se frayer un passage à travers la foule; **b)** *zeitlich* das ganze Jahr (hin)~ toute l'année; l'année durant; *cf. auch* hindurch 2.; **c)** (*mittels*) par; teilen ~ diviser par; ersetzen ~ remplacer par; **II** *adv.* ~ und ~ de bout en bout; d'un bout à l'autre; complètement; ~ und ~ naß sein être trempé jusqu'aux os; er ist ~ und ~ Künstler il est artiste dans l'âme, jusqu'au bout des ongles; F ein Buch noch nicht ~ haben n'avoir pas encore fini un livre; F ~ sein *beim Examen* avoir réussi; *Käse* être fait; *Zug, Bus* être passé; bei j-m unten ~ sein être complètement déconsidéré auprès de qn.; F être coulé, ne plus compter pour qn.

durch|ackern ['dʊrç,ˀakərn] *v/t.* ⟨-(e)re, *sép.*, -ge-, h⟩ *fig. u.* F étudier à fond; **~,arbeiten I** *v/t.* ⟨-ete, *sép.*, -ge-, h⟩ examiner, étudier à fond, d'un bout à l'autre; etw. wieder ~ revoir qc. d'un bout à l'autre; **II** *v/i.* travailler sans s'arrêter, sans interruption; faire la journée continue; **III** *v/réfl.* sich (durch etw.) ~ se frayer un passage, un chemin (à travers qc.); **IV 2,arbeiten** *n* ⟨~s⟩, **2,arbeitung** *f* ⟨~⟩ étude approfondie; *besser verbal*; **~,atmen** *v/i.* ⟨-ete, *sép.*, -ge-, h⟩ respirer à fond; **~'aus** *adv.* absolument; ~ nicht certainement pas; absolument pas; nullement; aucunement; pas le moins du monde; en aucune façon; ~ recht haben avoir entièrement, parfaitement, absolument, mille fois raison; wenn du es ~ willst si tu le désires absolument, à tout prix; **~,backen** *v/t.* ⟨*irr.*, *sép.*, -ge-, h⟩ faire cuire complètement; **~'beben** *v/t.* ⟨*insép.*, *pas de ge-*, h⟩ faire frémir (de); prendre (qn.) aux entrailles; **~,beißen I** *v/t.* ⟨*irr.*, *sép.*, -ge-, h⟩ percer, traverser, couper en mordant, d'un coup de dent; **II** *v/réfl. fig.* sich ~ faire son chemin, se tirer d'affaire en luttant; arriver à la force du poignet; **~,betteln** *v/réfl.* ⟨-(e)le, *sép.*, -ge-, h⟩ sich ~ vivre de mendicité; **~,bilden** *v/t.* ⟨-ete, *sép.*, -ge-, h⟩ *Körper* développer; façonner; **~,blasen I** *v/t. u. v/i.* ⟨*irr.*, *sép.*, -ge-, h⟩ souffler à travers qc.; *chim.* faire barboter qc. dans; **~,blättern** *v/t.* ⟨-(e)re, *sép.*, -ge-, h⟩ feuilleter; parcourir; **~,bleuen** F *v/t.* ⟨*sép.*, -ge-, h⟩ rouer de coups; battre comme plâtre; F passer à tabac; rosser; **2blick** *m* échappée *f*; percée *f*; **~,blicken** *v/i.* ⟨*sép.*, -ge-, h⟩ regarder à travers; *fig.* ~ lassen laisser entrevoir, percer; er hat ~ lassen, daß ... il a fait comprendre que ...; **~'bluten I** *v/t.* ⟨-ete, *insép.*, *pas de ge-*, h⟩ *anat.* irriguer; **II 2'bluten** *n* ⟨~s⟩, **2'blutung** *f* ⟨~⟩ *anat.* irrigation sanguine; **~'bohren I** *v/t.* ⟨*insép.*, *pas de ge-*, h⟩ perforer; (trans)percer; *mit Kugeln* cribler; *fig. Blick* transpercer (du regard); **II 2'bohren** *n* ⟨~s⟩, **2'bohrung** *f* ⟨~; ~en⟩ perforation *f*; perforage *m*; percement *m*; **~,braten** *v/t.* ⟨*irr.*, *sép.*, -ge-, h⟩ faire rôtir complètement; **~,brausen** *v/i.* ⟨-(es)t, *sép.*, -ge-, sein⟩ *Zug* passer en trombe; **~,brechen I** *v/t.* ⟨*irr.*, *sép.*, -ge-, h⟩ *Stock* casser; briser; rompre; *Straße* percer; **II** *v/i.* ⟨sein⟩ *Pflanzen* percer; **~'brechen** *v/t.* ⟨*irr.*, *insép.*, *pas de ge-*, h⟩ *Hindernis, Schranken* rompre; enfoncer; *milit.* percer; *Blockade* forcer; *fig. Regeln, Schema* manquer à; rompre avec; s'écarter de; *Sport* die Verteidigung ~ percer la défense; *aviat.* die Schallmauer ~ franchir, passer le mur du son; **2'brechung** *f* ⟨~; ~en⟩ *milit.* percée *f*; rupture *f*; *e-r Straße* percement *m*; *sonst verbal*; **~,brennen** *v/i.* ⟨*irr.*, *sép.*, -ge-, sein⟩ **1.** *Sicherung* fondre; sauter; *Röhren, Lampe* griller; **2.** *fig. u.* F (*fliehen*) filer; prendre la clef *od.* clé des champs, la poudre d'escampette; mit der Kasse ~ *cf.* Kasse; **~,bringen I** *v/t.* ⟨*irr.*, *sép.*, -ge-, h⟩ **1.** *Gesetz* faire passer, adopter; **2.** *Kranke* sauver; tirer d'affaire; *Kandidaten* faire réussir à un examen; **3.** F *Vermögen* dissiper; manger; **II** *v/réfl.* sich ~ gagner sa vie; se tirer d'affaire; **~'brochen** *adjt. Stickerei etc.* ajouré; ~e Arbeit ouvrage à jour.

Durchbruch ['dʊrçbrʊx] *m* **1.** *e-r Straße, e-s Tunnels* percement *m*; *e-s Dammes* rupture *f*; *von Wasser* irruption *f*; **2.** *milit.* percée *f*; rupture *f*; *Sport* percée *f*; **3.** *fig. verbal*; zum ~ kommen se faire jour; éclater au grand jour; *bei Krankheit auch* sortir; zum ~ verhelfen faire triompher (qc.); **~s,schlacht** *f milit.* bataille *f* de rupture; **~s,stelle** *f* brèche *f*; trouée *f*; percée *f*; **~sver,such** *m milit., Sport* tentative *f* de percée, de rupture.

durch|dacht [dʊrç'daxt] *adjt. Plan etc.* mûrement réfléchi; **~'denken** *v/t.* ⟨*irr.*, *insép.*, *pas de ge-*, h⟩ examiner à fond; réfléchir profondément à; méditer; ruminer.

durch|drängeln ['dʊrç,drɛŋəln] *v/réfl.* ⟨-(e)le, *sép.*, -ge-, h⟩, **~,drängen** *v/réfl.* ⟨*sép.*, -ge-, h⟩ sich ~ se frayer un passage; jouer des coudes; **~,drehen I** *v/t.* ⟨*sép.*, -ge-, h⟩ *Fleisch etc.* passer au hachoir; **II** *v/i.* ⟨sein⟩ *fig. u.* F (*verwirrt werden*) s'embrouiller; s'affoler; *cf. auch* durchgedreht; **~'dringen** *v/t.* ⟨*irr.*, *insép.*, *pas de ge-*, h⟩ pénétrer; percer; traverser; sich von etw. ~ lassen se laisser envahir, pénétrer par qc.; **~,dringen** *v/i.* ⟨*irr.*, *sép.*, -ge-, sein⟩ pénétrer; traverser (*auch von Strahlen*); *Nachrichten* arriver (jusqu'à); parvenir (à); *Meinung* prévaloir; l'emporter (sur); er ist mit s-r Meinung durchgedrungen son opinion l'a emporté, a prévalu; **~,dringend** *adjt. Strahlen* perçant; *Stimme auch* strident; **2'dringung** *f* ⟨~⟩ pénétration *f*; gegenseitige ~ interpénétration *f*; *pol.* friedliche ~ pénétration pacifique; **2'dringungs,kraft** *f*, **2'dringungsver,mögen** *n von Strahlen etc.* pouvoir *m* de pénétration; **~,drücken** *v/t.* ⟨*sép.*, -ge-, h⟩ *Knie* effacer; *fig. u.* F *cf.* 'durchsetzen; **~'drungen** *adjt.* pénétré (de); imbu (de); **~'eilen** *v/t.* ⟨*insép.*, *pas de ge-*, h⟩ parcourir, traverser à la hâte, rapidement.

durcheinander [,dʊrçˀaɪ'nandər] **I** *adv.* pêle-mêle; en désordre; sens dessus dessous; dans n'importe quel ordre; à la débandade; wild ~ F en pagaille *od.* pagaïe *od.* pagaye; *fig.* ganz ~ sein avoir la tête tout à l'envers; ne plus s'y retrouver; **II 2** *n* ⟨~s; ~⟩ désordre *m*; pêle-mêle *m*; confusion *f*; chaos *m*; F fouillis *m*; embrouillamini *m*; méli-mélo *m*; pagaille *od.* pagaïe *od.* pagaye *f*; gâchis *m*; welch ein ~! F quelle salade!; ein tolles ~ un désordre indescriptible; un capharnaüm [-aəm]; F une pagaille monstre; **~,bringen** *v/t.* ⟨*irr.*, *sép.*, -ge-, h⟩ mettre en désordre; mettre le désordre (dans); mettre sens dessus dessous; (em)brouiller; emmêler; *Begriffe* confondre; mélanger; embrouiller; **~,gehen** *v/i.* ⟨*irr.*, *sép.*, -ge-, sein⟩ se confondre; s'embrouiller; **~ge,raten** *v/i.* ⟨*irr.*, *sép.*, *p.p.* durcheinandergeraten, sein⟩, **~,kommen** *v/i.* ⟨*irr.*, *sép.*, -ge-, sein⟩ s'emmêler; se mélanger; se brouiller; **~,liegen** *v/i.* ⟨*irr.*, *sép.*, -ge-, h⟩ être pêle-mêle; être en désordre; **~,reden** *v/i.* ⟨-ete, *sép.*, -ge-, h⟩ parler tous à la fois; **~,werfen** *v/t.* ⟨*irr.*, *sép.*, -ge-, h⟩

jeter pêle-mêle; *fig.* embrouiller; confondre; mélanger.
durch|fahren ['dʊrç‚fa:rən] *v/i.* ⟨*irr.*, *sép.*, **-ge-, sein**⟩ *chem.* brûler, griller (une station); ne pas s'arrêter; **e-e Nacht ~** rouler toute une nuit; **bei Rot ~** griller, brûler un feu rouge; **~'fahren** *v/t.* ⟨*irr.*, *insép.*, *pas de ge-*, **h**⟩ traverser; *fig.* saisir; s'emparer de; **2'fahren** *n Verkehr* traversée *f*; **beim ~ von Ortschaften** dans la traversée des agglomérations; **2fahrt** *f* ⟨**~**⟩ **1.** ⟨*pl.* **~en**⟩ (*Öffnung für Wagen*) passage *m* (pour voitures); **2.** *Verkehr* traversée *f*; passage *m*; **~ verboten** passage interdit; **2fahrts‚höhe** *f* 'hauteur *f* de passage, libre, navigable; **2fahrts‚recht** *n* droit *m* de passage; **2fahrtsver‚bot** *n* défense *f* de passer.
Durch|fall ['dʊrçfal] *m* **1.** *méd.* diarrhée *f*; F colique *f*; **2.** *fig. u.* F (*Mißerfolg*) *Prüfung* échec *m*; *thé. auch* four *m*; **2'fallen** *v/t.* ⟨*irr.*, *insép.*, *pas de ge-*, **h**⟩ *Raum* traverser en tombant; **2‚fallen** *v/i.* ⟨*irr.*, *sép.*, **-ge-, sein**⟩ **1.** tomber à travers; **2.** *fig. u.* F *in e-r Prüfung* échouer (à); être refusé (à); rater; subir, F essuyer un échec; être collé, recalé (à); *thé.* être un échec; faire, être un four; faire fiasco.
durch|faulen ['dʊrç‚faulən] *v/i.* ⟨*sép.*, **-ge-, sein**⟩ pourrir entièrement; **~‚fechten** *v/t.* ⟨*irr.*, *sép.*, **-ge-, h**⟩ venir à bout de qc., faire triompher qc. en luttant; l'emporter de haute lutte; **e-e Sache (bis zur Entscheidung) ~** lutter jusqu'à la décision d'une cause; **~‚fegen** *v/t.* ⟨*sép.*, **-ge-, h**⟩ (*kehren*) donner un coup de balai (à); **~‚feilen** *v/t.* ⟨*sép.*, **-ge-, h**⟩ limer (complètement); **~'feuchten** *v/t.* ⟨**-ete**, *insép.*, *pas de ge-*, **h**⟩ imprégner, pénétrer d'humidité; **~‚finden** *v/réfl.* ⟨*irr.*, *sép.*, **-ge-, h**⟩ **sich ~** s'y retrouver; s'orienter; se débrouiller; **~'flechten** *v/t.* ⟨*irr.*, *insép.*, *pas de ge-*, **h**⟩ entrelacer; entremêler; **~'fliegen** *v/t.* ⟨*irr.*, *insép.*, *pas de ge-*, **h**⟩ *Raum* parcourir; *fig. Buch* parcourir (des yeux); **~‚fliegen** *v/i.* ⟨*irr.*, *sép.*, **-ge-, sein**⟩ *fig. u.* F *cf.* **'durchfallen 2.**; **~'fließen** *v/t.* ⟨*irr.*, *insép.*, *pas de ge-*, **h**⟩ *Fluß* couler à travers; traverser; arroser; *élect.* parcourir; **~‚fließen** *v/i.* ⟨*irr.*, *sép.*, **-ge-, sein**⟩ couler à travers; traverser.
Durchfluß|geschwindigkeit ['dʊrçflʊsgə‚ʃvɪndɪçkaɪt] *f* régime *m*; vitesse *f* d'écoulement; **~koeffizi‚ent** *m* coefficient *m* de débit; **~‚menge** *f* débit *m*; **~‚messer** *m* ⟨**~s**; **~**⟩ débitmètre *m*.
durchfluten [‚dʊrç'flu:tən] *v/t.* ⟨**-ete**, *insép.*, *pas de ge-*, **h**⟩ inonder.
durch|formen ['dʊrç‚fɔrmən] *v/t.* ⟨*sép.*, **-ge-, h**⟩ façonner, travailler jusque dans les détails; **~'forschen** *v/t.* ⟨*insép.*, *pas de ge-*, **h**⟩ examiner à fond; explorer; approfondir; scruter; *Land* explorer; **2'forschung** *f* ⟨**~**⟩ recherche *f*; examen approfondi; *e-s Landes* exploration *f*; **~'forsten** *v/t.* ⟨**-ete**, *insép.*, *pas de ge-*, **h**⟩ éclaircir; **2'forstung** *f* ⟨**~**⟩ éclaircissage *m*; **~‚fragen** *v/réfl.* ⟨*sép.*, **-ge-, h**⟩ **sich ~** arriver au but en demandant son chemin, à force de questions; **~‚fressen I** *v/t.* ⟨*irr.*, *sép.*, **-ge-, h**⟩ ronger, manger (complètement); *chim.* ronger; corroder; **II** *v/réfl.* **sich ~** se faire un passage en rongeant; *fig.* venir péniblement à bout (de qc.); F *u. fig.* faire le pique-assiette; se faire nourrir; **~‚frieren** *v/i.* ⟨*irr.*, *sép.*, **-ge-, sein**⟩ **ganz durchgefroren sein** être complètement gelé, transi (de froid); **2fuhr** *f* ⟨**~**; **~en**⟩ *comm.* transit [-zit] *m*; **2fuhr...** *in Zssgn. cf. auch* **Transit...**
durchführ|bar ['dʊrçfy:r‚ba:r] *adj.* réalisable; exécutable; faisable; **nicht ~** inexécutable; impraticable; infaisable; **schwer ~** difficile à réaliser; difficilement réalisable; d'une exécution, d'une réalisation difficile; **2bar‚keit** *f* ⟨**~**⟩ possibilité *f* d'exécution, de réalisation; **~en** *v/t.* ⟨*sép.*, **-ge-, h**⟩ exécuter; mettre à exécution, en application; réaliser; effectuer; accomplir; **e-e Reform ~** faire, opérer une réforme; **etw. in großer Eile ~** mener qc. tambour battant; **2ung** *f* ⟨**~**; **~en**⟩ exécution *f*; mise *f* à exécution, en application; réalisation *f*; accomplissement *m*; **~ e-s Projektes** réalisation d'un projet; **etw. zur ~ bringen** mettre qc. à exécution, en application; **zur ~ kommen** entrer en voie d'exécution; venir à exécution; **2ungs‚abkommen** *n* convention *f* d'application; **2ungsbe‚stimmungen** *f/pl.* prescriptions *f/pl.* d'application; *für ein Gesetz* dispositions *f/pl.* d'exécution, d'application; **2ungsver‚ordnung** *f* ordonnance *f*, règlement *m* d'exécution; décret *m* d'application.
Durch|fuhrzoll ['dʊrçfu:r‚tsɔl] *m comm.* droit(s) *m* (*pl.*) de transit; **2'furchen** *v/t.* ⟨*insép.*, *pas de ge-*, **h**⟩ sillonner; **durchfurchte Stirn** front sillonné de rides; **~‚gabe** *f cf.* **Durchsage**.
Durch|gang ['dʊrçgaŋ] *m* passage *m* (*auch astr. u. phys.*); *comm.* transit [-zit] *m*; *Wahl* tour *m* (de scrutin); *Sport* tour *m*; **~ verboten** passage interdit; **2‚gängig 1.** *adj.* (*allgemein geltend*) courant; usuel, -lle; général; **2.** *adv.* en général; (*alle*) tous, toutes; (*ausnahmslos*) sans exception.
Durchgangs|bahnhof ['dʊrçgaŋs‚ba:nho:f] *m* gare *f* de passage; **~‚handel** *m* commerce *m* de transit; **~instru‚ment** *n astr.* lunette méridienne, de passage; **~‚lager** *n* camp *m* de transit (pour réfugiés); **~‚land** *n* pays *m* transitaire, de transit; **~stati‚on** *f* station *f* de passage; **~‚straße** *f* route *f* de trafic à grande distance; route nationale; **~ver‚kehr** *m* trafic *m* de transit, transitaire; **~‚wagen** *m chem. cf.* **D-Zug-Wagen**; **~‚zug** *m cf.* **D-Zug**.
durch|geben ['dʊrç‚ge:bən] *v/t.* ⟨*irr.*, *sép.*, **-ge-, h**⟩ *rad.*, *tél.* communiquer; donner; passer; **~ge‚dreht** *adjt.* F (*verwirrt*) troublé; déconcerté; *pfort.* égaré; **~ge‚froren** *adjt. cf.* **durchfrieren**; **~‚gehen I** *v/t.* ⟨*irr.*, *sép.*, **-ge-, h**⟩ *Schriftstück etc.* examiner; parcourir; **noch einmal ~** revoir; réviser; examiner de nouveau; **II** *v/i.* ⟨**sein**⟩ **1.** *Pferd* s'emballer; prendre le mors aux dents; *mot.* s'emballer; *fig.* **s-e Phantasie ging mit ihm durch** son imagination s'emballa; **2.** *fig. u.* F (*fliehen*) *cf.* **durchbrennen**; **3.** F (*durchpassen*) passer à travers; *fig.* (*stillschweigend erlaubt werden*) passer; **etw. ~ lassen** laisser passer qc.; passer sur qc.; passer qc. (à qn.); fermer les yeux sur qc.; **für dieses Mal mag es ~** passe pour cette fois; **das wird bei ihm nicht ~** il ne passera pas là-dessus; **das wird nicht ohne weiteres ~** cela ne passera pas sans difficultés; **das geht mit durch** cela passe avec le reste; **4.** F (*durchdringen*) traverser; passer à *od.* au travers; **~‚gehend 1.** *adjt. Raum* continu; *chem.* direct; **2.** *adv. Geschäft* **~ geöffnet** ouvert sans interruption, en permanence; (*ausnahmslos*) *cf.* **durchweg**; **~'geistigt** *adj.* empreint, pénétré d'esprit; **~‚gießen** *v/t.* ⟨*irr.*, *sép.*, **-ge-, h**⟩ *durch ein Sieb* passer; *durch e-n Filter* filtrer; **~‚gliedern** *v/t.* ⟨**-(e)re**, *sép.*, **-ge-, h**⟩ bien composer, enchaîner; **~'glühen** *v/t.* ⟨*insép.*, *pas de ge-*, **h**⟩ faire rougir à blanc; *fig.* enflammer; emplir d'ardeur; **~‚greifen I** *v/i.* ⟨*irr.*, *sép.*, **-ge-, h**⟩ passer la main à travers; *fig.* prendre des mesures énergiques; user d'autorité; trancher net; *disziplinarisch* sévir; **II 2‚greifen** *n* ⟨**~s**⟩ *fig.* prise *f* de mesures énergiques; **~‚greifend** *adjt.* décisif, -ive; énergique; péremptoire; tranchant; radical; **~e Maßnahmen treffen** prendre des mesures décisives, énergiques, radicales; **2griff** *m élect.* facteur *m* de pénétration; transparence *f* de grille; **~‚gucken** F *v/i.* ⟨*sép.*, **-ge-, h**⟩ regarder à travers; **~‚haben** *v/t.* ⟨*irr.*, *sép.*, **-ge-, h**⟩ F (*beendet haben*) avoir fini, terminé, achevé; **~'hallen** *v/t.* ⟨*insép.*, *pas de ge-*, **h**⟩ retentir (à travers); **~‚halten** *v/i.* ⟨*irr.*, *sép.*, **-ge-, h**⟩ tenir ferme, bon; persévérer jusqu'au bout; F tenir le coup; **2hang** *m techn.* flèche *f*; **~‚hängen** *v/i.* ⟨*irr.*, *sép.*, **-ge-, h**⟩ s'affaisser; fléchir; **~‚hauen** *v/t.* ⟨*irr.*, *sép.*, **-ge-, h**⟩ **1.** couper en deux; trancher; fendre; **2.** *cf.* **durchbleuen**; **~‚hecheln** *v/t.* ⟨**-(e)le**, *sép.*, **-ge-, h**⟩ F (*hämisch bekritteln*) déchirer à belles dents; F casser du sucre sur le dos de (qn.); cancaner (sur); **~‚heizen** *v/t.* ⟨**-(es)t**, *sép.*, **-ge-, h**⟩ bien chauffer; *abs.* ne pas laisser s'éteindre le poêle, le chauffage; **~‚helfen** *v/i.* ⟨*irr.*, *sép.*, **-ge-, h**⟩ (*unterstützen*) aider (qn.) (à franchir un mauvais pas, à gagner sa vie).
Durchhieb ['dʊrçhi:p] *m* (*Schneise*) ligne *f*; layon *m*.
durchirren [‚dʊrç'ʔɪrən] *v/t.* ⟨*insép.*, *pas de ge-*, **h**⟩ errer par, à travers.
durch|jagen ['dʊrç‚ja:gən] *v/t.* ⟨*sép.*, **-ge-, h**⟩ *u. v/i.* ⟨**sein**⟩ (faire) passer rapidement, à toute allure (par); **~‚kämmen** *v/t.* ⟨*sép.*, **-ge-, h**⟩ *Haar* démêler; *Gelände* passer au peigne fin; **~‚kämpfen** *v/t. u. v/réfl.* ⟨*sép.*, **-ge-, h**⟩ venir à bout (de qc.) en luttant; **~‚kauen** *v/t.* ⟨*sép.*, **-ge-, h**⟩ *fig. u.* F (*durchsprechen*) remâcher; **~‚kneten** *v/t.* ⟨**-ete**, *sép.*, **-ge-, h**⟩ *Teig* bien pétrir; **~‚knöpfen** *v/t.* ⟨*sép.*, **-ge-, h**⟩ *Kleid* boutonner de haut en bas; **~‚kommen** *v/i.* ⟨*irr.*, *sép.*, **-ge-, sein**⟩ passer à travers; *Zähne, Pflanzen* percer; *fig.* parvenir à; arriver au but; *im Examen* réussir; être reçu; *bei Gefahr* réchapper (de); se tirer (de); se sortir (de); *bei Krankheit* se relever (de); *mit Sprachkenntnissen* s'en tirer; s'en sortir; se débrouiller; *wirtschaftlich* **wir kommen so eben durch** nous nous en sortons, tirons à peu près; **mit dieser Entschuldigung kommen Sie bei ihm nicht durch** ce n'est pas en vous excusant ainsi que vous vous en tirerez avec lui; **~kompo‚nieren** *v/t.* ⟨*sép.*, *pas de ge-*, **h**⟩ *mus.* mettre en musique de façon que la mélodie ne se répète pas d'une strophe à l'autre; **~‚können** *v/i.* ⟨*irr.*, *sép.*, **-ge-, h**⟩ pouvoir passer; **~'kreuzen** *v/t.* ⟨**-(es)t**, *insép.*, *pas de ge-*, **h**⟩ *Pläne* contrarier; contrecarrer; se mettre en travers (de); **2'kreuzung** *f verbal*; **~‚kriechen** *v/i.* ⟨*irr.*, *sép.*, **-ge-, sein**⟩ se glisser par, à travers, (au-des)sous.

Durch|laß [ˈdʊrçlas] *m* ⟨-sses; -lässe⟩ **1.** (*kleiner Durchgang*) passage *m*; **2.** (*kleiner Tunnel zur Unterführung e-s Wasserlaufes*) *etwa* ponceau *m*; caniveau *m*; **2ˌlassen** *v/t.* ⟨*irr.*, *sép.*, -ge-, h⟩ *Personen, Licht etc.* laisser passer; **2ˌlässig** *adj.* perméable; **~lässigˌkeit** *f* ⟨~⟩ perméabilité *f*; **~laucht** *f* ⟨~⟩ *hist. Fürstentitel u. -anrede* Altesse *f*.

durchlauf|en [ˈdʊrçˌlaufən] **I** *v/t.* ⟨*irr.*, *sép.*, -ge-, h⟩ *Schuhsohlen* percer (à force de marcher); **II** *v/i.* ⟨sein⟩ parcourir; *von Flüssigkeiten* couler par, à travers; **~en** [-ˈlau-] *v/t.* ⟨*irr.*, *insép.*, *pas de ge-*, h⟩ *fig. Schule etc.* passer par (toutes les classes, tous les échelons, *etc.*); **~end** *adjt.* continu; sans interruption; *comm.* **~er Posten** poste d'ordre; **2erˌhitzer** *m* ⟨~s; ~⟩ chauffe-eau *m* à chauffage instantané.

durch|legen [ˈdʊrçˌleːgən] *v/t.* ⟨*sép.*, -ge-, h⟩ *Straße* percer; **~ˌlesen** *v/t.* ⟨*irr.*, *sép.*, -ge-, h⟩ lire en entier, jusqu'au bout; *flüchtig* parcourir (un livre); **~ˈleuchten** *v/t.* ⟨-ete, *insép.*, *pas de ge-*, h⟩ examiner à la lumière; *Ei* mirer; *mit Röntgenstrahlen* passer à la radioscopie, F à la radio; **die Lungen ~** passer une radio(scopie) des poumons; *fig. j-s Vergangenheit* passer au crible; **2ˈleuchtung** *f* ⟨~; ~en⟩ *von Eiern* mirage *m*; *méd. mit Licht* diaphanoscopie *f*; *mit Röntgenstrahlen* radioscopie *f*; **~ˌliegen** *v/t. u. v/réfl.* ⟨*irr.*, *sép.*, -ge-, h⟩ contracter une escarre (à force d'être couché) (den Rücken sur le dos); **~ˈlochen** *v/t.* ⟨*insép.*, *pas de ge-*, h⟩ perforer; percer; trouer; **~ˈlöchern** *v/t.* ⟨-(e)re, *insép.*, *pas de ge-*, h⟩ perforer; trouer; **~ˈlöchert** *adjt.* perforé; **~ˈlüften** *v/t.* ⟨-ete, *insép.*, *pas de ge-*, h⟩ aérer; **~ˌlüften** *v/i.* ⟨-ete, *sép.*, -ge-, h⟩ aérer à fond; **2ˈlüftung** *f* aération *f*; aérage *m*; **~ˌmachen** *v/t.* ⟨*sép.*, -ge-, h⟩ *Lehre* suivre; (*leiden*) subir, traverser, passer par (de dures épreuves, *etc.*); **wir haben allerhand durchgemacht** F nous en avons vu de dures, de toutes les couleurs; **2marsch** *m* **1.** *milit.* passage *m*; marche *f* à travers ...; **2.** F *cf.* Durchfall 1.; **~marˌschieren** *v/i.* ⟨*sép.*, *pas de ge-*, sein⟩ traverser (au pas de marche); **~ˌmengen** *v/t.* ⟨*sép.*, -ge-, h⟩ mélanger; **~ˈmessen** *v/t.* ⟨*irr.*, *insép.*, *pas de ge-*, h⟩ arpenter; parcourir; **2ˌmesser** *m* ⟨~s; ~⟩ *math.* diamètre *m*; *techn.* calibre *m*; **~ˌmüssen** *v/i.* ⟨*irr.*, *sép.*, -ge-, h⟩ être obligé de passer par; **~ˌmustern** *v/t.* ⟨-(e)re, *sép.*, -ge-, h⟩ passer en revue; examiner soigneusement; **~ˌnagen** *v/t.* ⟨*sép.*, -ge-, h⟩ percer en rongeant; **2ˌnahme** *f* ⟨~⟩ étude *f*; **bei der ~ dieses Kapitels** en étudiant, en traitant ce chapitre; **~ˈnässen** *v/t.* ⟨-ßt, *insép.*, *pas de ge-*, h⟩ tremper; **vom Regen durchnäßt** trempé par la pluie; **~ˌnehmen** *v/t.* ⟨*irr.*, *sép.*, -ge-, h⟩ (*schulmäßig behandeln*) étudier; traiter; **~numeˌrieren** *v/t.* ⟨*sép.*, *pas de ge-*, h⟩ numéroter à la file, en suivant; **~organiˌsieren** *v/t.* ⟨*sép.*, *pas de ge-*, h⟩ organiser complètement, à fond; **~ˈörtern** *v/t.* ⟨-(e)re, *insép.*, *pas de ge-*, h⟩ *mines* (*Strecken anlegen*) faire communiquer; **~ˌpausen I** *v/t.* ⟨-(es)t, *sép.*, -ge-, h⟩ (dé)calquer; *mit Kohlenstaubbeutel* poncer; **II 2ˌpausen** *n* ⟨~s⟩ (dé)calquage *m*; ponçage *m*; **~ˌpeitschen** *v/t.* ⟨*sép.*, -ge-, h⟩ fouetter (fort); *fig. Thema etc.* F expédier; **~ˌpfeifen** *v/i.* ⟨*irr.*, *sép.*, -ge-, h⟩ *Wind* siffler à travers; **~ˌplumpsen** *v/i.* ⟨-(es)t, *sép.*, -ge-, sein⟩ F *im Examen* F se faire coller (à); **~ˌpressen** *v/t.* ⟨-ßt, *sép.*, -ge-, h⟩ introduire, faire pénétrer, faire passer en pressant; **~proˌbieren** *v/t.* ⟨*sép.*, *pas de ge-*, h⟩ essayer l'un après l'autre; **~ˌprügeln** *v/t.* ⟨-(e)le, *sép.*, -ge-, h⟩ *cf.* durchbleuen; **~ˈqueren** *v/t.* ⟨*insép.*, *pas de ge-*, h⟩ traverser; **2ˈquerung** *f* ⟨~; ~en⟩ traversée *f*; **~ˌrasen** *v/i.* ⟨-(es)t, *sép.*, -ge-, sein⟩ passer à une allure folle, en trombe; **~ˈrasen** *v/t.* ⟨-(es)t, *insép.*, *pas de ge-*, h⟩ traverser à toute allure; **~ˌrasseln** *v/i.* ⟨-ßle *od.* -ssele, *sép.*, -ge-, sein⟩ F *cf.* ~plumpsen; **~ˌrechnen** *v/t.* ⟨-ete, *sép.*, -ge-, h⟩ calculer (jusqu'au bout); (*nachrechnen*) recompter; vérifier un calcul; **~ˌregnen** *v/imp.* ⟨-ete, *sép.*, -ge-, h⟩ pleuvoir à travers; **~ˌreiben** *v/t. u. v/réfl.* ⟨*irr.*, *sép.*, -ge-, h⟩ *cf.* durchscheuern; **2ˌreiche** *f* ⟨~; ~n⟩ passe-plat *m*; **~ˌreichen** *v/t.* ⟨*sép.*, -ge-, h⟩ j-m etw. ~ tendre, passer qc. à qn. à travers (qc.).

Durchreise [ˈdʊrçˌraɪzə] *f* passage *m*; **auf der ~ sein** être de passage; **auf der ~ nach X** ... en allant à X...; **ich werde dich auf der ~ in X besuchen** je viendrai te voir à mon passage à X, en passant par X; **~erˌlaubnis** *f* permission *f* de passer, de transit; **2n** [-ˈraɪ-] *v/t.* ⟨-(es)t, *insép.*, *pas de ge-*, h⟩ parcourir; **er durchreiste die ganze Welt** il parcourut le monde entier; **2n** *v/i.* ⟨-(es)t, *sép.*, -ge-, sein⟩ passer (en voyage) par; **~nde(r)** *f* (*m*) passager, -ère *m, f* en transit; **~ˌvisum** *n* visa *m* de transit.

durch|reißen [ˈdʊrçˌraɪsən] *v/t.* ⟨*irr.*, *sép.*, -ge-, h⟩ déchirer complètement; **~ˈreiten** *v/t.* ⟨*irr.*, *insép.*, *pas de ge-*, h⟩ traverser à cheval; **~ˌreiten** *v/i.* ⟨*irr.*, *sép.*, -ge-, sein⟩ passer à cheval; **~ˈrieseln** *v/t.* ⟨-(e)le, *insép.*, *pas de ge-*, h⟩ *fig.* **es durchrieselt ihn kalt** un frisson le parcourt, lui court le long du corps; **~ˌrieseln** *v/i.* ⟨-(e)le, *sép.*, -ge-, sein⟩ ruisseler à travers; **~ˌringen** *v/réfl.* ⟨*irr.*, *sép.*, -ge-, h⟩ **sich ~** *zu e-r Überzeugung* finir par être convaincu; **sich zu e-m Entschluß ~** se décider après mûre réflexion (à); **~ˌrosten** *v/i.* ⟨-ete, *sép.*, -ge-, sein⟩ rouiller entièrement; **~ˌrutschen** *v/i.* ⟨*sép.*, -ge-, sein⟩ glisser à travers; **~ˌrütteln** *v/t.* ⟨-(e)le, *sép.*, -ge-, h⟩ secouer fort; cahoter; **~ˌsacken** *v/i.* ⟨*sép.*, -ge-, sein⟩ *aviat.* tomber dans un trou d'air; **2ˌsage** *f* (*Mitteilung durch den Rundfunk*) message *m* (radiophonique); *als Handlung* diffusion *f*; **~ˌsagen** *v/t.* ⟨*sép.*, -ge-, h⟩ *cf.* durchgeben; **~ˌsägen** *v/t.* ⟨*sép.*, -ge-, h⟩ scier en deux; **2satz** *m techn.* quantité passée; débit *m*; **~ˌsausen** *v/i.* ⟨-(es)t, *sép.*, -ge-, sein⟩ *cf.* durchbrausen *u.* ˈdurchfallen 2.; **~ˌschalten** *v/i.* ⟨-ete, *sép.*, -ge-, h⟩ *élect.* coupler; relier; raccorder; mettre en communication; **~ˈschauen** *v/t.* ⟨*insép.*, *pas de ge-*, h⟩ *Pläne, Absichten* pénétrer; percer à jour; deviner; connaître le dessous des cartes; **j-s Spiel ~** voir clair dans le jeu de qn.; **~ˌschauen** *v/i.* ⟨*sép.*, -ge-, h⟩ *cf.* durchblicken; **~ˈschauern** *v/t.* ⟨-(e)re, *insép.*, *pas de ge-*, h⟩ *cf.* ~ˈrieseln; **~ˌscheinen** *v/i.* ⟨*irr.*, *sép.*, -ge-, h⟩ *Sonne* briller, luire à travers; **~ˌscheinend** *adjt.* (*lichtdurchlässig*) diaphane; translucide; **~ˌscheuern I** *v/t.* ⟨-(e)re, *sép.*, -ge-, h⟩ *Stoff* user par frottement; **II** *v/réfl.* **sich ~** *Hände* s'écorcher; *Stoff* s'user par frottement; **~ˌschieben** *v/t.* ⟨*irr.*, *sép.*, -ge-, h⟩ glisser, pousser, passer sous, à travers; **~ˈschießen** *v/t.* ⟨*irr.*, *insép.*, *pas de ge-*, h⟩ **1.** traverser, transpercer d'une balle; **2.** *impr. Zeilen* interligner; *Blätter* interfolier; **~ˌschießen** *v/i.* ⟨*irr.*, *sép.*, -ge-, h⟩ tirer à travers; **~ˌschimmern** *v/i.* ⟨-(e)re, *sép.*, -ge-, h⟩ luire à travers; **~ˌschlafen** *v/i.* ⟨*irr.*, *sép.*, -ge-, h⟩ dormir d'une seule traite, sans arrêt.

Durchschlag [ˈdʊrçʃlaːk] *m* **1.** (*Schreibmaschinen2*) double *m*; **mit zwei Durchschlägen schreiben** taper avec deux doubles, en trois exemplaires; **2.** (*großes Sieb*) passoire *f*; **3.** *mines* percement *m* (d'une paroi entre deux galeries); **4.** *élect.* décharge disruptive; disruption *f*; claquage *m*; perforation *f*; percement *m* de l'isolant; **5.** *Werkzeug* poinçon *m*; perçoir *m*; **2en I** *v/t.* ⟨*irr.*, *sép.*, -ge-, h⟩ **1.** percer; trouer; pratiquer une ouverture dans; couper; casser en deux; enfoncer (un clou); **2.** (*durchsieben*) passer; **3.** *mines* percer (une paroi entre deux galeries); **4.** *élect.* percer, perforer (l'isolant); claquer; **II** *v/i.* ⟨sein⟩ **5.** *élect. Sicherung* fondre; **6.** *Tinte* passer à travers; **7.** *fig.* (*wirksam sein*) faire son effet; être efficace; **III** *v/réfl. fig.* **sich ~** se frayer un passage; arriver à grand-peine à passer; F se débrouiller (pour); **sich kümmerlich ~** F manger de la vache enragée; **2en** [-ˈʃlaː-] *v/t.* ⟨*irr.*, *insép.*, *pas de ge-*, h⟩ faire un trou dans; enfoncer; traverser; percer; **2end** *adjt.* de poids; décisif, -ive; efficace; *Erfolg* éclatant; *Argument* massue; **e-n ~en Erfolg haben** avoir un franc, plein succès, un succès complet; **~e Wirkung** action pleinement efficace; **~paˌpier** *n* papier *m* pelure, pour doubles; **~sˌfestigkeit** *f* ⟨~⟩ *techn.* rigidité *f* diélectrique; résistance *f* au percement disruptif; **~sˌkraft** *f* ⟨~⟩ *e-s Geschosses etc.* force percutante, de pénétration (*beide auch fig.*).

durch|schlängeln [ˈdʊrçˌʃlɛŋəln] *v/réfl.* ⟨-(e)le, *sép.*, -ge-, h⟩ **sich ~** serpenter, se faufiler (à travers); **~ˌschleichen** *v/réfl.* ⟨*irr.*, *sép.*, -ge-, h⟩ **sich ~** se glisser secrètement (à travers); **~ˌschleusen** *v/t.* ⟨-(es)t, *sép.*, -ge-, h⟩ *mar.* écluser; sasser; *fig.* faire passer subrepticement; **~ˌschlüpfen** *v/i.* ⟨*sép.*, -ge-, sein⟩ se glisser rapidement à travers; se couler par; se faufiler (à travers); **~ˌschmekken** *v/t.* ⟨*sép.*, -ge-, h⟩ sentir (le goût de); **~ˌschmelzen** *v/i.* ⟨*irr.*, *sép.*, -ge-, sein⟩ *élect.* fondre; **~ˌschmoren** *v/i.* ⟨*sép.*, -ge-, sein⟩ *Kabel* brûler; **~ˌschmuggeln** *v/t.* ⟨-(e)le, *sép.*, -ge-, h⟩ passer en fraude, en contrebande; **~ˌschneiden** *v/t.* ⟨*irr.*, *sép.*, -ge-, h⟩ couper en deux; sectionner; trancher; **~ˈschneiden** *v/t.* ⟨*irr.*, *insép.*, *pas de ge-*, h⟩ croiser; traverser; *fig.* fendre.

Durchschnitt [ˈdʊrçʃnɪt] *m* **1.** coupe *f*; **2.** *math.* moyenne *f*; **3.** (*Mittelmaß*) moyenne *f*; **im ~** en moyenne; **unter, über dem ~** en dessous, au-dessus de la moyenne; **guter ~** bonne moyenne; **ungefährer ~** moyenne approximative; **im ~ ausmachen, ergeben** donner, faire en moyenne; revenir en moyenne à; valoir en moyenne; **den ~ nehmen** faire, prendre la moyenne; **2lich 1.** *adj.* moyen, -nne; **~es Alter** moyenne d'âge; âge moyen; **~e Jahreserzeugung** production annuelle moyenne; moyenne annuelle de production; ~er Gewinn moyenne des bénéfices; ~e Leistung *cf.* ~s-leistung; ~er Betrag somme moyenne; **2.** *adv.* en moyenne; (*mittelmäßig*) moyennement; ~ **betragen** être en moyenne de; se monter en moyenne à; ~ **begabt sein** être moyennement doué; **~sˌalter** *n* âge moyen; **~sˌauflage** *f e-r Zeitung* tirage moyen; **~sˌbildung** *f* niveau (moyen) de culture; culture moyenne; **~sˌeinkommen** *n* revenu moyen; **~sˌeinnahme** *f* recette moyenne; **~serˌgebnis** *n* résultat moyen, général; **~serˌtrag** *m* rendement moyen; **~serˌzeugung** *f cf.* ~sproduktion; **~sfranˌzose** *m* Français moyen; **~sgeˌschwindigkeit** *f* vitesse moyenne; mit e-r ~ **von achtzig Stundenkilometer(n)** à une moyenne de quatre-vingts kilomètres-heure; **~s-ˌkurs** *m comm.* cours moyen; **~s-ˌlaufzeit** *f e-s Wechsels* échéance moyenne; **~sˌleistung** *f* (*mittlere Leistungsfähigkeit*) capacité moyenne; (*durchschnittliche Erzeugung*) rendement moyen; production moyenne; (*normale Ausbeute*) rendement normal; (*mittelmäßige Leistung*) travail passable, quelconque, moyen, médiocre; **~sˌlohn** *m* salaire moyen; **~sˌmensch** *m* homme de la rue, ordinaire, moyen, quelconque; (*mittelmäßiger Mensch*) homme médiocre; **~sˌpreis** *m* prix moyen; **~sproduktiˌon** *f* production moyenne; **~s-qualiˌtät** *f* qualité moyenne, courante; **~sˌsumme** *f* somme moyenne; **~stemperaˌtur** *f* température moyenne; **~sverˌbrauch** *m* consommation moyenne; **~sˌware** *f* marchandises *f/pl.* de qualité courante; **~sˌwert** *m* valeur moyenne; *math.* moyenne *f*; **~sˌzahl** *f* chiffre, nombre moyen.

durch|schnüffeln [ˌdurçˈʃnyfəln] *v/t.* ⟨-(e)le, *insép.*, *pas de ge-*, h⟩ fureter, farfouiller dans; **~ˈschossen** *adjt. impr.* interfolié; interligné.

Durch|schreibeblock [ˈdurçʃraibəˌblɔk] *m* bloc *m* à calquer, à copier; manifold *m*; **~schreibeˌbuch** *n* copie-lettres *m*; **~schreibeˌbuchführung** *f comm.* comptabilité *f* par décalque; **2ˌschreiben** *v/t.* ⟨*irr.*, *sép.*, -ge-, h⟩ écrire en double; **~schreibeverˌfahren** *n* procédé *m* de calquage; **2ˈschreiten** *v/t.* ⟨*irr.*, *insép.*, *pas de ge-*, h⟩ parcourir, traverser à grands pas; arpenter; **~schrift** *f* double *m*; **~schuß** *m* **1.** *méd. e-r Kugel* coup *m* de feu de part en part; **2.** *text.* trame *f*; **3.** *impr.* interligne *f*; **2ˌschütten** *v/t.* ⟨-ete, *sép.*, -ge-, h⟩ verser, jeter par, à travers; **2ˈschweifen** *v/t.* ⟨*insép.*, *pas de ge-*, h⟩ flâner, déambuler, errer par, à travers; **2ˈschwimmen** *v/t.* ⟨*irr.*, *insép.*, *pas de ge-*, h⟩ traverser à la nage; **2ˌschwimmen** *v/i.* ⟨*irr.*, *sép.*, -ge-, **sein**⟩ passer à la nage; **2ˌschwitzen** *v/t.* ⟨-(es)t, *sép.*, -ge-, h⟩ tremper de sueur; **2ˌsegeln** *v/i.* ⟨-(e)le, *sép.*, -ge-, **sein**⟩ F *cf.* ˈdurchfallen 2.; **2ˌsehen** *v/t.* ⟨*irr.*, *sép.*, -ge-, h⟩ parcourir (du regard); *prüfend* examiner; vérifier; revoir; réviser; *schriftliche Arbeiten* corriger; *s-e Post* dépouiller; **2ˌseihen** *v/t.* ⟨*sép.*, -ge-, h⟩ passer à l'étamine; couler; *cf. auch* **durchsieben.**

durch|setzen [ˈdurçˌzetsən] **I** *v/t.* ⟨-(es)t, *sép.*, -ge-, h⟩ *Meinung*, *Willen* faire prévaloir, adopter, accepter; (réussir à) imposer; parvenir à obtenir; l'emporter (*abs.*); **etw. mit Gewalt** ~ l'emporter de haute lutte (*abs.*); **es** ~, **daß** ... obtenir que ... (+ *subj.*); **II** *v/réfl.* **sich** ~ arriver à ses fins; *im Leben* se faire respecter; s'imposer; se faire une place au soleil; (*sich behaupten*) s'imposer; percer; *Erzeugnis* s'imposer; **s-e Meinung hat sich schließlich durchgesetzt** en fin de compte, son opinion l'a emporté; **~ˈsetzen** *v/t.* ⟨-(es)t, *insép.*, *pas de ge-*, h⟩ **etw. mit etw.** ~ introduire qc. dans qc.; faire pénétrer qc. dans qc.; **mit etw. durchsetzt sein** contenir qc.; être traversé, (entre)mêlé, chargé de qc.

Durchsicht [ˈdurçziçt] *f* examen *m*; inspection *f*; révision *f*; **bei, zur** ~ à l'examen (de); **nach** ~ **der Akten** sur le vu des pièces; **bei (der)** ~ **unserer Bücher** à l'examen de nos livres; en examinant, en vérifiant nos livres; **2ig** *adj.* transparent; *fig.* visible; clair; **~igˌkeit** *f* ⟨~⟩ transparence *f*.

durch|sickern [ˈdurçˌzikərn] **I** *v/i.* ⟨-(e)re, *sép.*, -ge-, **sein**⟩ *Wasser etc.* suinter, s'infiltrer (à travers); *fig. Nachrichten* transpirer; **II 2ˌsickern** *n* ⟨~s⟩ suintement *m*; infiltration *f*; *sonst verbal*; **~ˌsieben I** *v/t.* ⟨*sép.*, -ge-, h⟩ passer; tamiser; *techn. Sand etc. auch* sasser; *Grobkörniges* cribler; passer au crible; **II 2ˌsieben** *n* ⟨~s⟩ criblage *m*; tamisage *m*; **~ˌspielen** *v/t.* ⟨*sép.*, -ge-, h⟩ *mus.* jouer d'un bout à l'autre; **~ˌsprechen** *v/t.* ⟨*irr.*, *sép.*, -ge-, h⟩ discuter à fond; **~ˌspringen** *v/i.* ⟨*irr.*, *sép.*, -ge-, **sein**⟩ sauter à travers; **~ˈstechen** *v/t.* ⟨*irr.*, *insép.*, *pas de ge-*, h⟩ piquer; percer; perforer; transpercer; *Damm* percer; **~ˌstecken** *v/t.* ⟨*sép.*, -ge-, h⟩ faire passer (à travers); **~ˌstehen** *v/t.* ⟨*irr.*, *sép.*, -ge-, h⟩ supporter; *cf. auch* **durchhalten**; **~ˌsteigen** *v/i.* ⟨*irr.*, *sép.*, -ge-, **sein**⟩ passer (par); **2stich** *m* percement *m*; (*Stichöffnung*) percée *f*; **~ˈstöbern** *v/t.* ⟨-(e)re, *insép.*, *pas de ge-*, h⟩ fouiller, fureter, fourrager, farfouiller dans; **2stoß** *m milit.* poussée *f*; percée *f*; **~ˌstoßen** *v/t.* ⟨*irr.*, *sép.*, -ge-, h⟩ pousser à travers; *Hochofen* faire la percée; *Kleidung an den Ärmeln etc.* user; *pfort.* percer; **~ˈstoßen** *v/t.* ⟨*irr.*, *insép.*, *pas de ge-*, h⟩ (trans)percer; *milit.* enfoncer; **2stoßˌlandung** *f aviat.* atterrissage *m* en percée; **~ˌstreichen** *v/t.* ⟨*irr.*, *sép.*, -ge-, h⟩ barrer; rayer; biffer; raturer; **~ˈstreifen** *v/t.* ⟨*insép.*, *pas de ge-*, h⟩ flâner par, dans, à travers; parcourir (sans but); vagabonder par; rôder dans, à travers; **~ˈströmen** *v/t.* ⟨*insép.*, *pas de ge-*, h⟩ *Fluß etc.* traverser; *Gefühl etc.* envahir.

durchsuch|en [durçˈzuːxən] **I** *v/t.* ⟨*insép.*, *pas de ge-*, h⟩ fouiller (*auch Personen*); *jur.* perquisitionner, faire une perquisition (chez qn., dans qc.); *Ort* fouiller; visiter; *Gelände auch* explorer; battre; **II 2en** *n* ⟨~s⟩, **2ung** *f* ⟨~; ~en⟩ fouille *f*; visite *f*; *jur.* perquisition *f*; *Gelände* exploration *f*; **2ungsbeˌfehl** *m jur.* mandat *m* de perquisition; **2ungsˌrecht** *n jur. auf See* droit *m* de visite (en mer); (*Haussuchungsrecht*) droit *m* de visite, de perquisition.

durch|tanzen [ˈdurçˌtantsən] *v/t.* ⟨-(es)t, *sép.*, -ge-, h⟩ *Nacht* passer (la nuit) à danser; *Schuhsohlen* trouer ses semelles à force de danser; **~ˈtanzt** *adjt.* ~e **Nacht** nuit passée à danser; **~ˈtränken** *v/t.* ⟨*insép.*, *pas de ge-*, h⟩ imprégner, imbiber (mit de); **~ˌtreiben** *v/t.* ⟨*irr.*, *sép.*, -ge-, h⟩ *techn.* enfoncer qc. à travers; **~ˌtreten** *v/t.* ⟨*irr.*, *sép.*, -ge-, h⟩ **das Gaspedal** ~ appuyer à fond sur l'accélérateur; **~ˈtrieben** *adjt.* rusé; retors; madré; roué; **ein ~er Kerl** un Normand; une fine mouche; un rusé compère; **2ˈtriebenˌheit** *f* ⟨~⟩ ruse *f*; rouerie *f*; **~ˌtropfen** *v/i.* ⟨*sép.*, -ge-, **sein**⟩ tomber goutte à goutte à travers; goutter à travers; **~ˈwachen** *v/t.* ⟨*insép.*, *pas de ge-*, h⟩ *Nacht* veiller (toute la nuit); **durchwachte Nacht** nuit de veille; **~ˈwachsen** *adjt. cuis.* entrelardé; *bot. Blatt* perfolié; **~ˌwagen** *v/réfl.* ⟨*sép.*, -ge-, h⟩ **sich** ~ oser passer (par); **~ˌwählen** *v/i.* ⟨*sép.*, -ge-, h⟩ *tél.* faire un numéro interurbain automatique; **~ˌwalken** *v/t.* ⟨*sép.*, -ge-, h⟩ fouler; *fig. cf.* durchbleuen; **~ˈwandern** *v/t.* ⟨-(e)re, *insép.*, *pas de ge-*, h⟩, **~ˌwandern** *v/i.* ⟨-(e)re, *sép.*, -ge-, **sein**⟩ traverser, parcourir (qc.) à pied; **~ˈwärmen** *v/t.* ⟨*insép.*, *pas de ge-*, h⟩ bien chauffer; **~ˌwaschen** *v/t.* ⟨*irr.*, *sép.*, -ge-, h⟩ laver; **~ˈwaten** *v/t.* ⟨-ete, *insép.*, *pas de ge-*, h⟩, **~ˌwaten** *v/i.* ⟨-ete, *sép.*, -ge-, **sein**⟩ passer à gué; guéer; **~ˈweben** *v/t.* ⟨*irr.*, *insép.*, *pas de ge-*, h⟩ entretisser; **mit etw. durchwoben** entremêlé de qc. (*auch fig.*); **~weg** *adv.* tous, toutes; sans exception; **~ˌwehen** *v/i.* ⟨*sép.*, -ge-, h⟩ souffler à travers; **~ˈweichen** *v/t.* ⟨*insép.*, *pas de ge-*, h⟩ amollir, ramollir complètement; **~ˌweichen** *v/i.* ⟨*sép.*, -ge-, **sein**⟩ s'amollir, se ramollir complètement; **~ˌwerfen** *v/t.* ⟨*irr.*, *sép.*, -ge-, h⟩ jeter à travers; **~ˌwinden** *v/réfl.* ⟨*irr.*, *sép.*, -ge-, h⟩ **sich** ~ passer en se faufilant; **~ˈwirken** *v/t.* ⟨*insép.*, *pas de ge-*, h⟩ entrelacer (mit de); **mit Gold durchwirkt** broché (de fils) d'or; **~ˌwollen** *v/i.* ⟨*irr.*, *sép.*, -ge-, h⟩ vouloir passer; **~ˈwühlen** *v/t.* ⟨*insép.*, *pas de ge-*, h⟩ *Erde* fouir; creuser; (*durchsuchen*) farfouiller, fourgonner, fourrager, trifouiller dans; **~ˌwursteln** *v/réfl.* ⟨-(e)le, *sép.*, -ge-, h⟩ F **sich** ~ s'en tirer tant bien que mal, vaille que vaille; **~ˌzählen** *v/t.* ⟨*sép.*, -ge-, h⟩ compter un à un; **~ˌzechen** *v/i.* ⟨*sép.*, -ge-, h⟩ passer la nuit, *etc.* à boire; **~ˈzecht** *adjt.* ~e **Nacht** nuit de beuverie; **~ˌzeichnen** *v/t.* ⟨-ete, *sép.* -ge-, h⟩ *cf.* durchpausen; **~ˌziehen I** *v/t.* ⟨*irr.*, *sép.*, -ge-, h⟩ *Faden etc.* passer; *Linie* tirer (un trait) d'un bout à l'autre; *bât. Querbalken* poser (une traverse); *Rudern* **die Riemen** ~ passer la pelle dans l'eau; **II** *v/i.* ⟨**sein**⟩ passer; *mot.* ⟨h⟩ entraîner bien; **~ˈziehen** *v/t.* ⟨*irr.*, *insép.*, *pas de ge-*, h⟩ parcourir; traverser; *agr. mit Gräben* rigoler; **2ziehˌnadel** *f cout.* passe-lacet *m*; **~ˈzucken** *v/t.* ⟨*insép.*, *pas de ge-*, h⟩ faire tressaillir; traverser; **2zug** *m* **1.** (*Luftzug*) courant *m* d'air; **2.** *milit.* passage *m*; **2zugsˌkraft** *f mot.* puissance *f* d'entraînement; **2zugsˌrecht** *n milit.* droit *m* de passage; **~ˌzwängen** *v/réfl.* ⟨*sép.*, -ge-, h⟩ **sich** ~ passer, se glisser avec peine à travers.

dürfen [ˈdyrfən] *v/aux.* ⟨**darf, darfst, darf; durfte; dürfte; gedurft;** h⟩ avoir la permission, le droit de (faire qc.); être autorisé à; **etw. nicht tun** ~ n'avoir pas la permission, le droit de faire qc.; ne pas devoir faire qc.; **das hättest du nicht tun** ~ tu n'aurais pas dû faire cela; **darf ich?** puis-je?; est-ce que je peux?; **wenn ich fragen darf** si je peux vous le demander; si je ne suis pas indiscret; **wenn ich so sagen darf** si je puis, si j'ose m'exprimer ainsi; **wenn ich bitten darf!, darf ich bitten?** je vous en prie; si vous voulez bien; **man darf wohl annehmen, daß ...** on peut aisément *od.* bien supposer que ...; **man darf erwarten, daß ...** on peut s'attendre à ce que ...; **das dürfte wohl falsch sein** cela devrait bien être faux; **das dürfte stimmen** cela devrait être juste; F ça devrait être ça; **das dürfte leicht, ein leichtes sein** cela devrait être facile; c'est probablement chose facile; **es dürfte sich erübrigen** ... il devrait être inutile, superflu de ...; **das dürfte Herr X sein** cela doit être Monsieur X; **das ~ Sie mir glauben** vous pouvez m'en croire; **wir ~ darüber nicht klagen** nous n'avons pas à nous en plaindre; **darüber ~ Sie sich nicht wundern** il ne faut pas vous en étonner.

dürftig ['dyrftɪç] **1.** *adj.* (*unzureichend*) insuffisant; maigre; médiocre; (*armselig*) mesquin; pauvre; (*bedürftig*) nécessiteux, -euse; (*kümmerlich*) indigent; **2.** *adv.* insuffisamment; pauvrement; médiocrement; maigrement; **2ˌkeit** *f* ⟨~⟩ insuffisance *f*; mesquinerie *f*; pauvreté *f*; indigence *f*.

Durit [du'riːt, -'rɪt] *m* ⟨~s⟩ *minéral.* durain *m*.

dürr [dyr] *adj. Äste etc.* sec, sèche; *pfort.* mort; *Mensch* sec, sèche; décharné; *fig.* **mit ~en Worten** sèchement; **2e** *f* ⟨~; ~n⟩ sécheresse *f* (*auch fig.*); (*Magerkeit*) maigreur *f*.

Durst [durst] *m* ⟨~es⟩ soif *f*; **~ haben** avoir soif; **~ bekommen** commencer à avoir soif; **vor ~ sterben, umkommen** mourir de soif; **~ machen** donner soif; **s-n ~ löschen** apaiser, étancher sa soif; se désaltérer; *Getränk* **den ~ löschen** désaltérer; apaiser, étancher la soif; F **(e-n) über den ~ getrunken haben** avoir bu un coup de trop; *fig.* **~ nach Erkenntnis** soif de science; **2en** *v/i.* ⟨-ete, h⟩ *cf.* **dürsten**.

dürsten ['dyrstən] *v/i.* ⟨-ete, h⟩ *st. s.* avoir soif (**nach** de); être altéré.

durst|ig ['durstɪç] *adj.* assoiffé (**nach, auf** de); altéré; **~ˌlöschend, ~ˌstillend** *adjt.* désaltérant; **2ˌstrecke** *f fig.* période *f* difficile.

Durton|art ['duːrˌtoːnˀart] *f mus.* mode majeur; **~leiter** *f mus.* gamme majeure.

Dusch|e ['duːʃə] *f* ⟨~; ~n⟩ douche *f* (*auch fig.*); **e-e kalte ~** une douche froide (*auch fig.*); **2en I** *v/t.* ⟨h⟩ doucher; **II** *v/réfl.* **sich ~** se doucher; prendre une douche; **~raum** *m* (salle *f* de) douche(s) *f(pl.)*.

Düse ['dyːzə] *f* ⟨~; ~n⟩ *techn.* tuyère *f*; buse *f*; *Vergaser* gicleur *m*; injecteur *m*; pulvérisateur *m*; *aviat.* turbo-réacteur *m*; (*Rohransatz*) ajutage *m*.

Dusel ['duːzəl] *m* ⟨~s⟩ **1.** F (*Rausch*) ivresse *f*; **2.** F (*Glück*) F veine *f*; **~ haben** avoir de la veine; être verni; **unverschämten ~ haben** avoir une veine de pendu; **~ei** [-'laɪ] *f* ⟨~; ~en⟩ (*Gedankenlosigkeit*) étourderie *f*; inadvertance *f*; **2ig** *adj.* étourdi; F tête en l'air; **2n** *v/i.* ⟨-(e)le, h⟩ (*träumen*) rêvasser.

Düsen|antrieb ['dyːzənˌˀantriːp] *m* propulsion *f* par réaction; **~ˌbomber** *m* bombardier *m* à réaction; **~ˌflugzeug** *n* avion *m* à réaction; **vierstrahliges ~** quadriréacteur *m*; **~ˌhalter** *m mot.* support *m* d'injecteur; **~ˌjäger** *m* chasseur *m* à réaction; **~maˌschine** *f cf.* **~flugzeug**; **~ˌnadel** *f mot.* aiguille *f* de gicleur, d'injection; **~ˌstock** *m Hochofen* porte-vent *m*; **~ˌtriebwerk** *n* turbo-réacteur *m*; moteur *m* à réaction; **~verˌgaser** *m* carburateur *m* à gicleur.

Dussel ['dusəl] *m* ⟨~s; ~⟩ F (*Dummkopf*) idiot(e) *m(f)*; **2ig** *adj.* idiot; stupide.

düster ['dyːstər] *adj.* sombre (*auch fig.*); obscur; ténébreux, -euse; noir; (*bedrückend*) morne; lugubre; **2ˌheit** *f* ⟨~⟩, **2ˌkeit** *f* ⟨~⟩ obscurité *f*; ténèbres *f/pl*.

Dutzend ['dutsənt] *n* ⟨~s; ~e *bzw.* 6 ~⟩ douzaine *f*; F **im ~ billiger** moins cher à la douzaine; **2ˌmal** *adv. fig.* dix fois; une dizaine de fois; **~ˌmensch** *m* homme moyen, quelconque; monsieur *m* Tout-le-monde; **~ˌware** *f* marchandise *f* à la douzaine, ordinaire; **2ˌweise** *adv.* par douzaines; à la douzaine.

Duz|bruder ['duːtsˌbruːdər] *m cf.* **~freund**; **2en** *v/t.* (*u. v/réfl.*) ⟨-(es)t, h⟩ (se) tutoyer; **wir ~ uns** nous nous tutoyons; **II ~en** *n* ⟨~s⟩ tutoiement *m*; **~freund(in)** *m(f)* ami(e) *m(f)* que l'on tutoie; **wir sind ~e** *cf.* **2en**; **~fuß** *m* ⟨~es⟩ **mit j-m auf dem ~ stehen** tutoyer qn.

D-Wagen ['deːˌvaːgən] *m cf.* **D-Zug-Wagen**.

Dyn [dyːn] *n* ⟨~s; ~⟩ *phys.* dyne *f*.

Dynam|ik [dy'naːmɪk] *f* ⟨~⟩ *phys., mus.* dynamique *f*; *fig.* (*Schwung*) dynamisme *m*; **2isch** *adj.* dynamique; **~ismus** [-'mɪs-] *m* ⟨~⟩ *philos.* dynamisme *m*.

Dynamit [dyna'miːt, -'mɪt] *n* ⟨~s⟩ dynamite *f*; **mit ~ sprengen** dynamiter; **~faˌbrik** *f* fabrique *f* de dynamite; **~paˌtrone** *f* cartouche *f* de dynamite; **~ˌsprengung** *f* dynamitage *m*.

Dynamo [dy'naːmo] *m* ⟨~s; ~s⟩ dynamo *f*; **~ˌanker** *m* induit *m* de dynamo; **2eˌlektrisch** *adj.* dynamo-électrique; **~maˌschine** *f* machine *f* dynamo-électrique; **~'meter** *n* ⟨~s; ~⟩ dynamomètre *m*.

Dynast|ie [dynas'tiː] *f* ⟨~; -ien⟩ dynastie *f*; **2isch** [-'nas-] *adj.* dynastique.

Dys|enterie [dyzente'riː] *f* ⟨~; -ien⟩ *méd.* dysenterie *f*; **~pe'psie** *f* ⟨~; -ien⟩ *méd.* dyspepsie *f*; **2'peptisch** *adj.* dyspeptique; **~'prosium** *n* ⟨~s⟩ *chim.* dysprosium [-jɔm] *m*; **~teleolo'gie** *f* ⟨~⟩ *philos.* dystéléologie *f*; **~to'nie** *f* ⟨~; -ien⟩ *méd.* dystonie *f*; **~tro'phie** *f* ⟨~; -ien⟩ *méd.* dystrophie *f*; **~u'rie** *f* ⟨~; -ien⟩ *méd.* dysurie *f*.

D-Zug ['deːtsuːk] *m* (train *m*) rapide *m*, express *m*, direct *m*; **~-ˌartig** *adj.* d'un rapide; **~-ˌWagen** *m* wagon *m*, voiture *f* de train express; **~-ˌZuschlag** *m in Deutschland* supplément *m* (pour «D-Zug»).

E

E, e [eː] *n* ⟨~; ~⟩ E, e *m*; **das E** l'e [lə ə, lə]; *mus.* mi *m.*

E 605 [eː ˈzɛksˌhʊndərtˈfʏnf] *n* ⟨~⟩ *Schädlingsbekämpfung* S.N.P. *m*; thiophosphate *m* de diéthyle et de paranitrophényle.

Ebbe [ˈɛbə] *f* ⟨~; ~n⟩ *mar.* marée basse; basse mer; **einsetzende ~** marée descendante; *litt.* reflux [-y] *m*; *poét.* jusant *m*; **~ und Flut** marée *f*; *litt.* le flux et le reflux; **es ist ~** la mer est basse; **wann beginnt die ~?** à quelle heure la mer descend-elle?; **die ~ beginnt, setzt ein** la mer commence à descendre; *fig. u.* F **es herrscht ~ in meinem Portemonnaie, in meiner Kasse** je suis à court d'argent; F je suis à sec; je suis fauché; **~ˌstrom** *m* courant *m* de la marée descendante.

eben [ˈeːbən] **1.** *adj. Gelände, Weg* plat; uni; égal; *math.* plan; **zu ~er Erde** au niveau du sol; **zu ~er Erde wohnen** demeurer au rez-de-chaussée; **2.** *adv.* (*gerade*) justement; précisément; **~ deshalb wollen wir es tun** c'est justement, précisément pour cela que nous voulons le faire; **da kommt er ~** le voilà précisément, justement (qui vient); **das nun ~ nicht** justement pas cela; pas du tout; **das ist ~ so** c'est comme ça; **~ damals** juste à cette époque-là; **nur so ~** à peine; **nur ~ angedeutet** vaguement indiqué; **er will ~ nicht kommen** c'est qu'il ne veut pas venir; **mit ~ diesen Worten** en ces termes; **es kommt ~ recht** cela vient à point, à propos; F cela tombe bien; **~ etw. angefangen haben** venir (justement) de commencer qc.; avoir commencé qc. à l'instant; **er ist ~ gekommen** il vient (justement) d'arriver; **~ wollte ich es sagen** j'allais (justement) le dire.

Eben|bild [ˈeːbənˌbɪlt] *n* portrait *m*; image *f*; **sie ist das ~ ihres Vaters** elle est tout le portrait de son père; F elle est son père tout craché; **der Mensch ist das ~ Gottes** l'homme a été fait à l'image de Dieu; **2ˌbürtig** *adj.* **1.** *durch Geburt* égal (par la naissance); d'aussi bonne naissance; **2.** *fig.* égal; d'égale valeur; **einander, sich ~ sein** se valoir; **er ist dir ~** il te vaut (bien); **~ˌbürtigˌkeit** *f* ⟨~⟩ égalité *f* de naissance, de valeur.

eben|da [ˈeːbənˈdaː] *adv. bei Zitaten* ibidem (*abr.* ibid.); **~daher** [-daˈheːr, -ˈdaːheːr] *adv.* (*aus dem gleichen Grunde*) pour cette même raison; **~dasˈselbe, ~derˈselbe** *pr/d.* juste le même; **~deshalb** [-dɛsˈhalp, -ˈdɛshalp], **~desˈwegen** [-dɛsˈveː-, -ˈdɛsveː-] *adv.* justement pour cela; voilà justement pourquoi; **~dieˈselbe** *pr/d.* juste la même.

Ebene [ˈeːbənə] *f* ⟨~; ~n⟩ **1.** (*flaches Land*) plaine *f*; rase campagne; **die ~ breitete sich meilenweit aus** la plaine s'étendait à perte de vue; **2.** *math.*, *techn.* plan *m*; surface *f* plan; **schiefe ~** plan incliné; **3.** *fig.* plan *m*; niveau *m*; échelon *m*; **auf politischer** *etc.* **~** sur le plan politique, *etc.*; *dipl.* **auf höchster ~** à l'échelon, au niveau le plus élevé; *fig.* **auf die schiefe ~ geraten** glisser sur une mauvaise pente.

eben|erdig [ˈeːbənˌeːrdɪç] *adj.* au niveau du sol; **~ˌfalls** *adv.* également; pareillement; de même; aussi; **2ˌholz** *n* ébène *f*; **schwarz wie ~** noir comme l'ébène, le jais; **2holzˌbaum** *m bot.* ébénier *m*; **2ˌmaß** *n* régularité *f*; harmonie *f*; juste proportion *f*; proportions harmonieuses; **~ˌmäßig** *adj.* régulier, -ière; bien proportionné.

ebenso [ˈeːbənˌzoː] *adv.* pareillement; de même; aussi; **~ groß wie** (juste) aussi grand que; **j-n ~ behandeln** traiter qn. de la même façon; **es ~ machen** en faire autant; **es geht mir ~** il en va de même pour moi; c'est exactement mon cas; je me trouve dans la même situation; **er spricht ~ gut Französisch wie Deutsch** il parle le français aussi bien que l'allemand; **~ˌgut** *adv.* tout aussi bien; **Französisch ~ wie Deutsch sprechen** parler tout aussi bien le français que l'allemand; parler indifféremment le français et l'allemand; **~ könnte man …** on pourrait aussi bien, autant …; **du könntest ~ hierbleiben** tu pourrais aussi bien rester ici; **~ˌhäufig** *adv.* tout aussi souvent; **~ˌlange** *adv.* tout aussi longtemps; **~ˌoft** *adv.* tout aussi souvent; autant de fois; **~ˌsehr, ~ˌviel** *adv.* (tout) autant (**wie** que); juste autant; ni plus ni moins; **~ˌwenig** *adv.* (tout) aussi peu (**wie** que); (ne …) pas plus; (ne …) pas davantage; **ich ~** (ni) moi non plus; **~ˌwohl** *adv. cf.* **~gut.**

Eber [ˈeːbər] *m* ⟨~s; ~⟩ *zo.* verrat *m*; **~ˌesche** *f bot.* sorbier *m*; **~ˌwurz** *f* ⟨~⟩ *bot.* carline *f.*

ebnen [ˈeːbnən] **I** *v/t.* ⟨-ete, h⟩ aplanir; égaliser; niveler; *fig.* **j-m den Weg ~** aplanir le chemin, les difficultés à qn.; déblayer le terrain à qn.; faciliter le chemin, la voie, la route à qn.; **II 2** *n* ⟨~s⟩ aplanissement *m*; égalisation *f*; nivellement *m.*

Ebonit [eboˈniːt, -ˈnɪt] *n* ⟨~s⟩ *Hartgummi* ébonite *f.*

Echinodermen [eçinoˈdɛrmən] *pl. zo.* (*Stachelhäuter*) échinodermes [eki-] *m/pl.*

Echo [ˈɛço] *n* ⟨~s; ~s⟩ écho [eko] *m*; **ein ~ geben** rendre un écho; faire écho; *fig.* **ein lebhaftes ~ finden** avoir, trouver un vif écho, un écho retentissant; **2en** *v/imp.* ⟨h⟩ **es echot** il y a un écho, de l'écho; **~ˌlot** *n mar.* sondeur *m* à écho, acoustique.

Echse [ˈɛksə] *f* ⟨~; ~n⟩ *zo.* lacert(il)ien *m*; saurien *m.*

echt [ɛçt] **1.** *adj.* véritable; vrai; authentique; *Farbe* bon, grand teint; *Gemälde etc.* véritable; authentique; *Haare* naturel, -lle; *Metall* véritable; *Urkunde* authentique; **dieser Stoff ist in der Farbe ~** cette étoffe est grand, bon teint; **mit ~er Herzlichkeit** avec une franche cordialité; **ein ~er Freund** un véritable ami; **ein ~er Rubens** un Rubens authentique; **~e Perlen** des perles fines; *math.* **~er Bruch** fraction simple; **2.** *adv.* **~ deutsch** très, bien, tout à fait, typiquement allemand; **~ französisches Parfüm** du vrai parfum français; **2e(s)** *n* ⟨→ A⟩ vrai *m*; (*Unverfälschtes*) naturel *m*; **2heit** *f* ⟨~⟩ *e-r Nachricht* véracité *f*; *e-r Urkunde etc.* authenticité *f*; **2heitsbeˌweis** *m* preuve *f* d'authenticité.

Eck|ball [ˈɛkbal] *m Sport* corner [kɔrnɛːr] *m*; **~bank** *f* ⟨~; ~e⟩ banquette *f* en coin; **~e** *f* ⟨~; ~n⟩ coin *m*; (*Winkel*) angle *m*; *abgestoßene* écornure *f*; *Sport* corner [kɔrnɛːr] *m*; **zurückspringende ~** angle rentrant; **abgestumpfte ~ e-s Raumes** pan coupé; **e-n Ball zur ~ lenken** mettre en corner; **um die ~ biegen** tourner le *od.* au coin (de la rue); **sich in e-e ~ zurückziehen** se retirer dans un coin; **an allen ~n und Enden** de tous (les) côtés; de toutes parts; à droite et à gauche; partout; **an allen ~n und Enden Schulden haben** être criblé de dettes; *fig. u.* F **bis zum Bahnhof ist es noch e-e ganze ~** il y a encore un bon bout de chemin jusqu'à la gare; **um ein paar ~n miteinander verwandt sein** être cousins à la mode de Bretagne; **j-n um die ~ bringen** P liquider, descendre qn.; expédier qn. (ad patres); **~enˌsteher** F *m* ⟨~s; ~⟩ fainéant *m*; P tire-au-flanc *m* (*inv.*); **~ˌfahne** *f Sport* drapeau *m* de corner; **~ˌfenster** *n bât.* fenêtre *f* en encoignure [-kɔŋ-]; **~ˌflügler** *m zo.* vanesse *f*; **~haus** *n* maison *f* d'angle; **2ig** *adj. Gegenstand, Gesicht etc.* anguleux, -euse; **~e Klammer** crochet *m*; *fig.* **ein ~es Benehmen** un comportement maladroit; **~ˌladen** *m* magasin *m*, boutique *f* d'angle; **~lohn** *m* salaire *m* minimum [-mɔm] des ouvriers spécialisés; **~ˌpfeiler** *m bât.* pilier *m* d'angle; **~ˌpfosten** *m* poteau *m* cornier, d'angle; **~platz** *m* (place *f* de) coin *m*; **~ˌsäule** *f* colonne *f* d'angle; **~ˌschiene** *f bât.* cornière *f*; équerre *f* de fer; **~schrank** *m* armoire *f* d'angle; **~ˌschränkchen** *n* encoignure [-kɔŋ-] *f*; **~stein** *m* pierre *f* angulaire, d'angle (*auch fig.*); **~turm** *m* tour *f* d'angle; **~zahn** *m anat.* canine *f*; **~ˌzimmer** *n* chambre *f* de coin, d'angle.

Ecuadorianer *cf.* Ekuadorianer.

Edamer ['eːdamər] *m* ⟨~s; ~⟩ *u. adj.* ⟨*inv.*⟩ ~ (Käse) fromage *m* de Hollande; édam [edam] *m*.

Eddalieder ['ɛdaˌliːdər] *n/pl.* poèmes *m/pl.* de l'Edda.

edel ['eːdəl] **1.** *adj.* ⟨-dl-⟩ *Herkunft, Gesinnung* noble; *Früchte* d'une bonne espèce; sélectionné; (*schmackhaft, köstlich*) délicat; fin; exquis; *Wein* fin; de grand cru; *Metall* précieux, -euse; **von edler Abstammung sein** être de descendance noble, d'origine aristocratique; **ein edles Pferd** un cheval de race; un pur-sang; **2.** *adv.* noblement; ~ **denken** avoir des pensées nobles; **⁓ˌfäule** *f* pourriture *f* noble; **⁓ˌfräulein** *n* demoiselle *f* noble; **⁓ˌgas** *n* gaz *m* rare; **~geˌsinnt** *adjt.* généreux, -euse; au cœur noble; **⁓ˌhirsch** *m zo.* cerf [sɛːr] commun; **⁓ˌholz** *n* bois précieux; **⁓kasˌtanie** *f bot. Baum* châtaignier *m*; *Frucht* châtaigne *f*; *geröstete* marron *m*; **⁓ˌleute** *pl.* gentilshommes [-izəm] *m/pl.*; nobles *m/pl.*; **⁓ˌmann** *m* ⟨~(e)s; -leute⟩ gentilhomme *m*; **⁓ˌmarder** *m zo.* mart(r)e commune (de France); **⁓meˌtall** *n* métal précieux; **⁓ˌmut** *m* générosité *f*; noblesse *f* de cœur; **viel ~ beweisen** faire preuve d'une grande générosité; **~ˌmütig** *adj. cf.* ~gesinnt; **⁓ˌreis** *n* greffe *f*; greffon *m*; **⁓ˌrost** *m* (*Patina*) patine *f*; **⁓ˌstahl** *m* acier fin, inoxydable; **⁓ˌstein** *m* pierre précieuse; gemme *f*; *pl.* **~e** *auch* pierreries *f/pl.*; **unechter, künstlicher ~** pierre fausse; **⁓steinˌhandel** *m* commerce *m* de pierres précieuses; **⁓steinˌhändler** *m* commerçant *m* en pierres précieuses; **⁓steinˌschleifer** *m* ⟨~s; ~⟩ lapidaire *m*; **⁓ˌtanne** *f bot.* sapin argenté; **⁓ˌweiß** *n* ⟨~(es); ~e⟩ *bot.* edelweiss [-vɛs, -vajs] *m*.

Eden ['eːdən] *n* ⟨~s⟩ Éden [edɛn] *m*; *fig.* éden *m*; lieu *m* de délices.

edieren [eˑ'diːrən] *v/t.* ⟨*pas de ge-*, h⟩ éditer; publier.

Edikt [eˑ'dɪkt] *n* ⟨~(e)s; ~e⟩ édit *m*.

Edison|akkumulator ['eːdiˑzənˀakuˑmuˑˌlaːtər] *m élect.* accumulateur *m* Edison, au fer-nickel; **~ˌfassung** *f élect.* douille *f* Edison, à vis.

Edition [eˑdiˑtsiˑ'oːn] *f* ⟨~; ~en⟩ (*Ausgabe*) édition *f*.

edle(r) ['eːdlə(r)] *cf.* edel.

E-Dur ['eːduːr] *n* ⟨~⟩ *mus.* mi *m* majeur.

Efeu ['eːfɔʏ] *m* ⟨~s⟩ *bot.* lierre *m*; **⁓ˌartig 1.** *adj.* semblable au lierre; **2.** *adv.* ~ **in die Höhe ranken** grimper comme du lierre.

Effeff ['ɛf'ˀɛf] *n* F **etw. aus dem ~ können, verstehen** savoir qc. sur le bout du doigt *od.* des doigts; connaître qc. à fond.

Effekt [ɛ'fɛkt] *m* ⟨~(e)s; ~e⟩ effet *m*; **~en** *pl. comm.* (*Wertpapiere*) titres *m/pl.*; valeurs *f/pl.* (mobilières); effets *m/pl.*; **~enabˌteilung** *f* service *m* (des) titres; **~enbeˌsitzer** *m* détenteur *m* de titres; **~enbeˌstand** *m* portefeuille-titres *m*; **~enˌbörse** *f* Bourse *f* des valeurs; **~engeˌschäft** *n*, **~enˌhandel** *m* commerce *m* des valeurs; négociation *f* de titres; **~enˌhändler** *m cf.* ~enmakler; **~enkreˌdit** *m* **e-n ~ einräumen** accorder une avance, un prêt sur titres; **~enˌmakler** *m* agent *m* de change; courtier *m* de Bourse; **~enˌmarkt** *m* marché *m* des titres, des valeurs; **~ˌgarn** *n cout.* fil *m* fantaisie retordu; **~ˌhascher** *m* ⟨~s; ~⟩ poseur *m*; **~hascheˈrei** *f* ⟨~; ~en⟩ recherche *f* de l'effet; tendance *f* à épater; **nur ~ sein** n'être que du tape-à-l'œil; **aus ~** F pour épater la galerie.

effektiv [ɛfɛk'tiːf] *adj.* effectif, -ive; **⁓beˌstand** *m* stock réel; *von Menschen* effectif *m*; **⁓ˌkraft** *f* force effective; **⁓ˌleistung** *f* puissance réelle; **⁓ˌlohn** *m* salaire effectif; **⁓ˌwert** *m* valeur effective; *élect.* valeur *f* efficace.

Effekt|kohle [ɛ'fɛktˌkoːlə] *f élect.* charbon minéralisé; **⁓ˌvoll** *adj.* plein d'effet; qui fait de l'effet; théâtral.

Effet [ɛ'feː, ɛ'fɛː] *n* ⟨~s; ~s⟩ *Billard* effet *m*; ~ **geben** donner de l'effet.

effilieren [ɛfiˑ'liːrən] *v/t.* ⟨*pas de ge-*, h⟩ *Haare* désépaissir.

Effloreszenz [ɛfloˑrɛs'tsɛnts] *f* ⟨~; ~en⟩ **1.** *minéral.* efflorescence *f*; **2.** *méd.* éruption *f* (de boutons).

Effusivgestein [ɛfuˑ'ziːfgəˌʃtaɪn] *n géol.* roche effusive.

egal [eˑ'gaːl] F *adj.* égal; indifférent; **das ist ~** c'est égal, pareil; **das ist mir ~** ça m'est égal; F je m'en fiche; **~i'sieren** *v/t.* ⟨*pas de ge-*, h⟩ égaliser; **⁓i'sierung** *f* ⟨~; ~en⟩ égalisation *f*; **⁓i'sierˌwalze** *f* cylindre *m* finisseur égalisateur.

Egel ['eːgəl] *m* ⟨~s; ~⟩ *zo.* (*Blutegel*) sangsue *f*; **~ˌschnecken** *f/pl. zo.* limacidés *m/pl.*

Egge ['ɛgə] *f* ⟨~; ~n⟩ **1.** *agr.* 'herse *f*; **2.** *cout.* (*Gewebekante*) lisière *f*; **⁓n I** *v/t. u. v/i.* ⟨h⟩ 'herser; **II ~n** *n* ⟨~s⟩ 'hersage *m*; **~nˌzinke** *f* dent *f* de herse.

Ego|ismus [eˑgoˑ'ɪsmʊs] *m* ⟨~⟩ égoïsme *m*; **~'ist(in)** *m* ⟨~en; ~en⟩ (*f*) ⟨~; ~nen⟩ égoïste *m, f*; **⁓'istisch** *adj.* égoïste; **~'tismus** *m* ⟨~⟩ égotisme *m*; **~'tist** *m* ⟨~en; ~en⟩ égotiste *m*.

Egoutteur [eˑgʊ'tøːr] *m* ⟨~s; ~e⟩ *Papierherstellung* égoutteur *m*.

egozentrisch [eˑgoˑ'tsɛntrɪʃ] *adj.* égocentrique.

egrenier|en [eˑgreˑ'niːrən] **I** *v/t.* ⟨*pas de ge-*, h⟩ *Baumwolle* égrener; **II ⁓en** *n* ⟨~s⟩, **⁓ung** *f* ⟨~⟩ égrenage *m*; **⁓maˌschine** *f* égreneuse *f*; égrenoir *m*.

eh [eː] **I** *int.* eh!; hé!; **II** *adv.* **seit ~ und je** depuis toujours; depuis des temps immémoriaux; **wie ~ und je** comme toujours.

ehe ['eːə] *conj.* avant que ... (+ *subj.*); *bei gleichem Subjekt* avant de ... (+ *inf.*).

Ehe ['eːə] *f* ⟨~; ~n⟩ mariage *m*; *poét.* hyménée *m*; hymen [-ɛn] *m*; (*eheliches Zusammenleben*) ménage *m*; **wilde ~** concubinage *m*; union *f* libre; P collage *m*; *jur.* faux ménage; **in wilder ~ leben** vivre en concubinage; P vivre en collage; **(rechts)gültige ~** union légitime; **nicht vollzogene ~** mariage nul; **im guten Glauben geschlossene ungültige ~** mariage putatif; **in zweiter ~** en secondes noces; **ein Kind aus erster ~** un enfant du premier lit, mariage; **kinderlose ~** ménage sans enfants; **e-e ~ schließen, eingehen** contracter (un) mariage; se marier; **in glücklicher ~ leben** faire bon ménage; **die ~ versprechen** promettre le mariage; **die ~ brechen** commettre un adultère; violer la foi conjugale; **die ~ wurde geschieden** les époux ont divorcé; **~ˌanbahnung** *f* mise *f* en relation en vue de mariage; **~ˌanbahnungsinstiˌtut** *n* agence matrimoniale; **~ˌanfechtung** *f* action *f* en annulation de mariage; **~ˌauflösung** *f* dissolution *f* du mariage; **~beˌratung** *f* consultation conjugale; *vor der Ehe* orientation nuptiale; **~beˌratungsˌstelle** *f* centre *m* de consultation conjugale; **~ˌbett** *n* lit conjugal; **⁓ˌbrechen** *v/i.* ⟨*nur inf.*⟩ *cf.* (die) ~ (brechen); **~ˌbrecher** *m* adultère *m*; **~ˌbrecherin** *f* ⟨~; ~nen⟩ femme *f* adultère; **⁓ˌbrecherisch** *adj.* adultère; **~ˌbruch** *m* adultère *m*; **im ~ gezeugt** adultérin; **~ˌbund** *m*, **~ˌbündnis** *n* union conjugale.

ehedem ['eːə'deːm] *adv. cf.* ehemals.

Ehe|dispens ['eːədɪsˌpɛns] *f jur., égl.* dispense relative à la conclusion du mariage; **⁓ˌfähig** *adj.* pubère; nubile; **~ˌfähigkeitsˌzeugnis** *n jur.* acte *m* de capacité à mariage; **~ˌfeind** *m* adversaire *m* du mariage; misogame *m*; **~ˌfrau** *f* épouse *f*; conjointe *f*; **~ˌgatte** *m* époux *m*; conjoint *m*; **~ˌgatten** *pl. cf.* ~leute; **~gattenbeˌsteuerung** *f* imposition *f* des gens mariés; **~ˌgattin** *f cf.* ~frau; **~geˌlübde** *n* vœu matrimonial; **~geˌmahl(in)** *m* (*f*) *cf.* ~gatte *u.* ~frau; **~geˌspons** *m* ⟨~es; ~e⟩ *plais. cf.* ~gatte; **~ˌglück** *n* bonheur conjugal; **~ˌhälfte** *f* **meine ~** ma femme; *plais.* ma moitié; **~ˌhindernis** *n* empêchement *m* au mariage; **~ˌjoch** *n* joug [ʒu] *m* du mariage; **~konˌtrakt** *m cf.* Ehevertrag; **~ˌkrach** *m* scène *f* de ménage; **~ˌkrise** *f* crise *f* dans le ménage; **~ˌkrüppel** *m* F (*Pantoffelheld*) mari *m* dont la femme porte la culotte; **~ˌleute** *pl.* époux *m/pl.*; conjoints *m/pl.*; couple *m*; **⁓ˌlich** *adj.* conjugal; matrimonial; **ein ~es Kind** un enfant légitime; **~er Aufwand** dépenses ménagères, du ménage; **~es Güterrecht** *cf.* Güterrecht; **~e Gütergemeinschaft** communauté de biens entre époux; **~e Bindung** lien conjugal; **~e Lebensgemeinschaft** communauté de vie conjugale; **für ~ erklären** légitimer; **⁓ˌlichen** *v/t.* ⟨h⟩ épouser; prendre (qn.) en mariage; se marier avec; **~lichˌkeit** *f* ⟨~⟩ légitimité *f*; **~lichkeitserˌklärung** *f* légitimation *f*; **⁓ˌlos** *adj.* célibataire; non marié; **~ˌlosigkeit** *f* ⟨~⟩ célibat *m*.

ehe|malig ['eːəˌmaːlɪç] *adj.* ancien, -nne (*vorgestellt*); **ein ~er Soldat** un ancien soldat; **ein ~es Schloß** un ancien château; **ihre ~e Schönheit** son ancienne beauté; **mein ~er Mitarbeiter** mon ancien collègue; mon ex-collègue; **~ˌmals** *adv.* autrefois; dans le temps; jadis [-is].

Ehe|mann ['eːəˌman] *m* ⟨~(e)s; ~er⟩ mari *m*; (*Gatte*) époux *m*; **~ˌmündigˌkeit** *f* âge requis pour contracter mariage; nubilité *f*; **~ˌpaar** *n* époux *m/pl.*; couple *m*; ménage *m*; **junges ~** jeune ménage; **~paarˌzimmer** *n* chambre meublée pour jeune ménage; **~ˌpartner** *m* conjoint *m*; **~ˌpflicht** *f* devoir conjugal.

eher ['eːər] *adv.* (*früher*) plus tôt; avant; auparavant; antérieurement à; (*lieber*) plutôt; de préférence; **je ~, je lieber** *od.* **je ~, desto besser** le plus tôt sera le mieux; **er war ~ da als du** il y était avant toi; **ich wäre ~ gekommen, wenn** ... je serais venu plus tôt si ...; **um so ~ muß man darauf achten** il faut y faire d'autant plus attention; **~ sterben als** ... plutôt mourir que (de) ...; **~ würde ich** ... j'aimerais mieux, je préférerais ...; **das schon ~** plutôt cela; **das läßt sich schon ~ hören** à la bonne heure!; cela se comprend mieux; c'est beaucoup plus raisonnable, acceptable; **das ist ~ möglich** c'est plus vraisemblable; **das wird um so ~ gehen, als** ... cela ira d'autant plus facilement que ...

(+ *ind.*); **das kann er ~ tun als ich** il est plus à même de le faire que moi; il peut le faire plus facilement que moi.

Ehe|recht ['eːəˌrɛçt] *n* droit matrimonial; **~ˌring** *m* alliance *f*.

ehern ['eːərn] *adj.* d'airain (*auch fig.*); *écon.* **~es Lohngesetz** loi *f* d'airain.

Ehe|sachen ['eːəˌzaxən] *f/pl.* affaires matrimoniales; **~ˌscheidung** *f* divorce *m*; **die ~ beantragen** demander le divorce; **auf ~ klagen** intenter une action en divorce; **~ˌscheidungsˌklage** *f* action *f* en divorce; **e-e ~ einbringen** intenter une action en divorce; **~ˌscheidungsproˌzeß** *m* **e-n ~ führen** être en instance de divorce; **2ˌscheu I** *adj.* qui craint le mariage; **II ~ˌscheu** *f* crainte *f* du mariage; **~ˌschließung** *f* (célébration *f* du) mariage *m*; **Zahl der ~en** nuptialité *f*; **~ˌstand** *m* ⟨~(e)s⟩ (état *m* de) mariage *m*; **in den ~ treten** entrer dans la vie conjugale; **~standsˌ(bei)hilfe** *f* aide *f* aux jeunes mariés.

ehest ['eːəst] *adv.* **diese Kirschen sind am ~en reif** ces cerises mûrissent les premières; **sich am ~en zurechtfinden, wenn** ... se retrouver le plus facilement si ...; **~ens** *adv. cf.* **frühestens.**

Ehe|streit(igkeiten) ['eːəˌʃtraɪt(ɪçkaɪtən)] *m* (*f/pl.*) querelle(s) *f* (*pl.*) de ménage; **~ˌtauglichkeitsˌzeugnis** *n* certificat prénuptial; **~ˌtrennung** *f* séparation *f* des époux; **~verˌbot** *n* défense *f* de contracter (un) mariage; interdiction *f* de mariage; **~verˌmittlung** *f*, **~verˌmittlungsbüˌro** *n cf.* **Eheanbahnung(sinstitut)**; **~verˌsprechen** *n* promesse *f* de mariage; **Bruch des ~s** rupture de la promesse de mariage; **~verˌtrag** *m* contrat *m* de mariage; **~vollˌzug** *m* consommation *f* du mariage; **~ˌweib** *n* F *cf.* **Ehefrau**; **~ˌwunsch** *m Annonce etwa* ... recherche vue mariage ...; **~zerˌrüttung** *f* troubles profonds des relations entre les époux; destruction *f* du ménage; **~ˌzwist** *m cf.* **~streit(igkeiten).**

Ehr|abschneider ['eːrˀapˌʃnaɪdər] *m* diffamateur *m*; calomniateur *m*; sycophante *m*; **~abschneide'rei** *f*, **~abˌschneidung** *f* ⟨~; ~en⟩ diffamation *f*; calomnie *f*; **2bar** *adj.* (*angesehen*) honorable; respectable; (*sittsam*) honnête; bienséant; **~barˌkeit** *f* ⟨~⟩ honorabilité *f*; honnêteté *f*; bienséance *f*; **~beˌgier(de)** *f* soif *f*, goût *m* des honneurs; ambition *f*; **2beˌgierig** *adj.* avide d'honneurs; ambitieux, -euse; **~beˌgriff** *m* notion *f* d'honneur.

Ehre ['eːrə] *f* ⟨~; ~n⟩ honneur *m*; gloire *f*; (*guter Name, Ruf*) bonne réputation; renommée *f*; considération *f*; estime *f*; **sehr auf s-e ~ bedacht sein** tenir à son honneur, à sa réputation; **hoch in ~n stehen** être tenu en 'haute estime; **in ~n halten** honorer; (*achten*) respecter; (*werthalten*) chérir; *Geschenk* conserver, garder avec soin; **j-s Andenken in ~n halten** honorer la mémoire de qn.; **j-s in ~n gedenken** avoir une pensée respectueuse à la mémoire de qn.; rendre hommage à la mémoire de qn.; **auf ~ schwören** jurer sur l'honneur; **die ~ retten, wahren** sauver l'honneur, la réputation; **mit ~n** honorablement; **sein Amt mit ~n verwalten** remplir sa charge honorablement; **s-e ~ dareinsetzen, daransetzen, zu** ... mettre son (point d')honneur à ...; se faire un point d'honneur de ...; se piquer d'honneur de ...; **s-e ~ aufs Spiel setzen** mettre son honneur en jeu; **meine ~ steht auf dem Spiel, es geht um meine ~** mon honneur est en jeu; il y va de mon honneur; il s'agit de mon honneur; **die ~ verlieren** perdre l'honneur; *durch eigenes Verschulden* se déshonorer; **etw. wieder zu ~n bringen** remettre qc. en honneur; **zu ~n kommen** parvenir aux honneurs; **wieder zu ~n kommen** revenir en honneur, à la mode; F **~ im Leibe haben** avoir le sens de l'honneur; **er hat keine ~ im Leibe** il n'a aucun sens de l'honneur; **in allen ~n** en tout bien tout honneur; **j-m zu ~n** en l'honneur de qn.; **zu ~n des Präsidenten** en l'honneur du président; **zu ~n dieses Tages** en l'honneur de ce jour; **das gereicht dir zur ~, das macht dir ~** cela te fait honneur; cela t'honore; l'honneur t'en revient; **damit wirst du keine ~ einlegen** cela ne te fera pas honneur; *péj.* tu n'en tireras pas de gloire; **sich e-e ~ daraus machen, zu** ... se faire un honneur de ...; *péj.* se faire une gloire de ... ; **der Wahrheit die ~ geben** rendre hommage à la vérité; **j-m ~ erweisen** faire honneur à qn.; **j-m die letzte ~ erweisen** rendre les derniers honneurs, les honneurs funèbres à qn.; **mit militärischen ~n** avec les honneurs militaires; **militärische ~n erweisen** rendre les honneurs militaires; **~ sei Gott in der Höhe!** gloire à Dieu au plus 'haut des cieux!; **zur größeren ~ Gottes** *Wahlspruch der Jesuiten* pour la plus grande gloire de Dieu; **~, wem ~ gebührt** *prov.* à tout seigneur tout honneur *prov.*; **~ verloren, alles verloren** *prov.* on perd tout en perdant l'honneur; **j-m die ~ geben** faire à qn. l'honneur de; **geben Sie mir die ~ Ihres Besuches** faites-moi l'honneur de votre visite; **es ist mir e-e ~, zu** ... cela m'est un honneur de ...; **mit wem habe ich die ~ (zu sprechen)?** à qui ai-je l'honneur (de parler)?; **zu s-r, Ihrer ~ sei es gesagt** soit dit à son, à votre honneur; **auf ~!, bei meiner ~!** sur l'honneur!, sur mon honneur!; sur ma foi!; **auf ~ und Gewissen!** sur mon honneur et ma conscience!; **Ihr Wort in ~n!** (*ich denke anders*) sauf votre respect!; permettez-moi de vous contredire.

ehren ['eːrən] *v/t.* ⟨h⟩ honorer (mit, durch de); (*Ehre erweisen*) rendre honneur à; (*achten*) respecter; **Ihr Vertrauen ehrt mich** votre confiance me fait honneur, m'honore; *Briefanfang* **Sehr geehrter Herr X!** ... (Cher) Monsieur, ...

Ehren|akzept ['eːrənˀakˌtsɛpt] *n cf.* **~annahme**; **~ˌamt** *n* charge *f*, fonction *f* honorifique; **2ˌamtlich 1.** *adj.* honorifique; bénévole; **ein ~er Helfer** un aide bénévole; **2.** *adv.* à titre honorifique; **~ˌannahme** *f comm.* acceptation *f* par intervention; **~beˌsuch** *m* visite *f* de cérémonie; **~beˌzeigung** *f*, **~beˌzeugung** *f* honneurs rendus; honneurs *m/pl.* (militaires); marques *f/pl.* de respect; **~ˌbürger (-in)** *m* (*f*) citoyen, -nne *m*, *f* d'honneur; citoyen, -nne *m*, *f* honoraire; **~bürgerˌbrief** *m* lettre *f* de citoyen d'honneur; **~bürgerˌrecht** *n* droit *m* à la citoyenneté honoraire, d'honneur; **j-m das ~ verleihen** nommer qn. citoyen d'honneur; **~ˌdame** *f hist.* dame *f* d'honneur; **~ˌdoktor** *m* docteur *m* honoris causa; **~doktorˌwürde** *f* titre *m*, dignité *f* de docteur honoris causa; **~ˌeintritt** *m comm.* intervention *f*; **~erˌklärung** *f* réparation *f* d'honneur; **e-e ~ für j-n abgeben** faire une réparation d'honneur à qn.; **~erˌweisung** *f cf.* **~bezeigung**; **~forˌmatiˌon** *f* formation *f* d'honneur; **~ˌgarde** *f* garde *f* d'honneur; **~ˌgast** *m* invité *m* d'honneur; **~geˌleit** *n* cortège *m*, escorte *f* d'honneur; **~geˌricht** *n jur.* tribunal *m* d'honneur; **2geˌrichtlich** *adj.* du tribunal d'honneur; *jur.* **~es Verfahren gegen e-n Rechtsanwalt** procédure disciplinaire contre un avocat; **~geˌrichtsbarˌkeit** *f* juridiction *f* disciplinaire; **~geˌschenk** *n* cadeau *m*, don *m* honorifique, d'honneur; **2ˌhaft** *adj.* honorable; qui fait honneur; **~ˌhaftigkeit** *f* ⟨~⟩ honorabilité *f*; **2ˌhalber** *adv.* (*abr.* e.h.) honoris causa; honorifique; **~ verliehener akademischer Grad** titre, grade (universitaire) honoris causa; **~ verliehener Rang** grade honorifique; **~ˌjungfrauen** *f/pl. etwa* demoiselles *f/pl.* d'honneur; **~ˌkarte** *f* carte *f* d'honneur; **~ˌkodex** *m* code *m*, règles *f/pl.* de l'honneur; **~komiˌtee** *n* comité *m* d'honneur; **~kompaˌnie** *f* compagnie *f* d'honneur; **~ˌkränkung** *f* atteinte *f*, outrage *m* à l'honneur; injure *f*; flétrissure *f*; diffamation *f*; affront *m*; **~ˌkreuz** *n* croix *f* d'honneur; **~legiˌon** *f* Légion *f* d'honneur; **Kreuz der ~** (croix de la) Légion d'honneur; **Mitglied der ~** membre de la Légion d'honneur; **~ˌmahl** *n* festin *m* en l'honneur de qn.; **~ˌmal** *n* ⟨~(e)s; ~e *od.* ~̈er⟩ monument *m* aux morts, aux victimes de la guerre; **~ˌmann** *m* ⟨~(e)s; ~̈er⟩ homme *m* d'honneur, de bien; **~ˌmitglied** *n* membre *m* honoraire; **~ˌmitgliedschaft** *f* honorariat *m*; **~ˌnadel** *f* insigne distinctif; **~ˌpatenschaft** *f* parrainage présidentiel; **~ˌpflicht** *f* devoir *m* d'honneur; **~ˌplatz** *m* place *f* d'honneur; **den ~ einnehmen** tenir, occuper la place d'honneur; **~poˌkal** *m* coupe *f* d'honneur; **~präsiˌdent** *m* président *m* honoraire, d'honneur; **~ˌpreis**[1] *m* prix *m* d'honneur; **~ˌpreis**[2] *n*, *m bot.* véronique *f*; **~ˌrechte** *n/pl.* droits *m/pl.* honorifiques; **bürgerliche ~** droits civiques; droits civils et politiques; **Verlust der bürgerlichen ~** déchéance des droits civiques; **Aberkennung der bürgerlichen ~** dégradation civique; privation des droits civiques; **~ˌrettung** *f* réhabilitation *f*; apologie *f*; **~ˌrichter** *m* juge *m* d'honneur; **2ˌrührig** *adj.* qui porte atteinte à l'honneur; injurieux, -euse; diffamant; *Rede, Schrift* diffamatoire; outrageant; **~ˌrunde** *f Sport* tour *m* d'honneur; **~ˌsache** *f* affaire *f* d'honneur; F **(das ist doch) ~!** tu peux compter sur moi!; **~ˌsalve** *f* salve *f* d'honneur; **~ˌsäule** *f* colonne érigée en l'honneur de qn.; **~ˌschuld** *f* dette *f* d'honneur, sur parole; **~ˌstrafe** *f jur.* peine infamante; **~ˌtafel** *f* plaque commémorative; **~ˌtag** *m* **a)** anniversaire *m*; **b)** jour *m* de fête; **heute war ein ~ für ihn** aujourd'hui il était à l'honneur; **~ˌtitel** *m* titre *m* honorifique; **~ˌtor** *n Sport* but *m* qui sauve l'honneur; **~triˌbüne** *f* tribune *f* d'honneur; **~verˌpflichtung** *f* engagement *m* sur l'honneur; **2ˌvoll 1.** *adj.* honorable; qui fait honneur; plein d'honneur; **2.** *adv.* **~ bestehen** s'en sortir honorablement, à son honneur; **~ erwähnt werden** remporter une mention honorable; *milit.* être cité à l'ordre du jour; **~ˌvorsitz** *m* présidence *f* honoraire; ~ₗ**vorsitzende(r)** *m cf.* ~präsident; 2ₗ**wert** *adj.* honorable; respectable; ~ₗ**wort** *n* ⟨~(e)s; ~e⟩ parole *f* d'honneur; **sein ~ geben** donner sa parole d'honneur; **sein ~ brechen** renier sa parole (d'honneur); (**auf**) **~!** parole (d'honneur)!; **e-n Gefangenen auf ~ freilassen** libérer un prisonnier sur parole; ~ₗ**zeichen** *n* (*Orden*) décoration *f*; insigne *m* honorifique.

ehr|erbietig ['eːrˀɛrˌbiːtɪç] *adj.* déférent; respectueux, -euse; 2**erₗbietigₗkeit** *f* ⟨~⟩, 2**erₗbietung** *f* ⟨~⟩ déférence *f*; (témoignage *m* de) respect *m*; 'haute considération; 2**furcht** *f* crainte respectueuse; profond respect; vénération *f*; révérence *f*; **~ vor dem Bestehenden** crainte respectueuse de ce qui est, du monde tel qu'il est; **j-m ~ einflößen** inspirer un profond respect à qn.; en imposer à qn.; ~**furchtgeₗbietend** *adjt.* qui impose le respect; imposant; ~ₗ**fürchtig**, ~**furchtsₗvoll** *adj.* rempli d'une crainte respectueuse; plein de vénération, de révérence; 2**geₗfühl** *n* ⟨~(e)s⟩ sens *m*, sentiment *m* de l'honneur; **an j-s ~ appellieren** faire appel au sens de l'honneur de qn.; **kein ~ haben** n'avoir aucun sens de l'honneur; 2**geiz** *m* ambition *f*; **s-n (ganzen) ~ daransetzen** y mettre toute son ambition; ~ₗ**geizig** *adj.* ambitieux, -euse; **~ sein** avoir de l'ambition; être ambitieux; F avoir les dents longues; 2ₗ**geizige(r)** *f* (*m*) ⟨→A⟩ ambitieux, -euse *m, f*; ~**lich 1.** *adj.* (*aufrichtig*) sincère; honnête; loyal; (*rechtschaffen*) probe; **~e Leute** braves gens; **ein ~es Spiel spielen** jouer franc jeu; **sein ~ Teil bekommen** avoir sa bonne part; F **e-e ~e Haut** *cf.* Haut; **2.** *adv.* honnêtement; sincèrement; loyalement; de bonne foi; **es ~ mit j-m meinen** agir honnêtement envers qn.; **er hat sich ~ bemüht** il s'est vraiment donné du mal; **~ gestehen** avouer franchement; **~ gesagt** à parler franchement; **~ währt am längsten** *prov.* c'est avec l'honnêteté qu'on va le plus loin; 2**lichₗkeit** *f* ⟨~⟩ sincérité *f*; honnêteté *f*; bonne foi; loyauté *f*; probité *f*; ~**los** *adj.* infâme; 2ₗ**losigₗkeit** *f* ⟨~⟩ infamie *f*; ~**sam** *adj. cf.* ehrbar; 2**samₗkeit** *f* ⟨~⟩ *cf.* Ehrbarkeit; 2**sucht** *f* ⟨~⟩ ambition démesurée; ~ₗ**süchtig** *adj.* avide d'honneurs; 2**ung** *f* ⟨~; ~en⟩ honneur *m* (fait à qn.); ~**verₗgessen** *adj.* insoucieux, -euse de l'honneur; 2**verₗgessenheit** *f* oubli *m* de l'honneur; 2**verₗletzung** *f* atteinte *f* à l'honneur; *cf. auch* Ehrenkränkung; 2**verₗlust** *m jur.* dégradation *f* civique; 2ₗ**würden** *Anrede* **Euer, Eure ~** mon révérend, ma révérende; ~ₗ**würdig** *adj.* respectable; vénérable; révérend; 2ₗ**würdigₗkeit** *f* ⟨~⟩ respectabilité *f*.

ei [aɪ] *int. Erstaunen* oh!; tiens!; *drohend* attention!; **~, ~!** tiens! tiens!; **~, wer kommt denn da?** tiens! tiens! qui vient là?; *enf.* **~ ~ machen** (*streicheln*) faire mimi, des mamours, des câlins.

Ei [aɪ] *n* ⟨~(e)s; ~er⟩ œuf [œf] *m* (*pl.* œufs [ø]); *enf.* coco *m*; *biol.* (*Eizelle*) ovule *m*; **frisches ~** œuf frais; œuf coque; **frisch gelegtes ~** œuf du jour; **faules ~** œuf pourri, gâté; **angebrütetes ~** œuf (à moitié) couvé; **~er legen** pondre; **weich(gekocht)es ~** œuf à la coque; **hart(gekocht)es ~** œuf dur; **nicht ganz hartgekochtes ~** œuf mollet; **rohes ~** œuf cru; **verlorene ~er** œufs pochés; *fig.* **das ~ des Kolumbus** l'œuf de Colomb; *hist.* **Nürnberger ~** (*Uhr*) œuf de Nuremberg; F **wie aus dem ~ gepellt** tiré à quatre épingles; **wie auf ~ern gehen** (avoir l'air de) marcher sur des œufs; **ähnlich wie ein ~ dem andern sein** se ressembler comme deux gouttes d'eau; **man muß ihn wie ein rohes ~ behandeln** avec lui il faut mettre des gants; il est extrêmement susceptible, chatouilleux; F **sich um ungelegte ~er kümmern** se préoccuper de choses qui n'existent pas encore; **das ~ will klüger sein als die Henne** c'est Gros-Jean qui veut en remontrer à son curé.

eiapopeia [ˌaɪapoˑ'paɪa] *int. in Wiegenliedern* dodo, l'enfant do!

Eibe ['aɪbə] *f* ⟨~; ~n⟩ *bot.* if *m*; 2**n** *adj.* (en bois) d'if; ~**nₗbaum** *m cf.* ~; ~**nₗholz** *n* bois *m* d'if.

Eibisch ['aɪbɪʃ] *m* ⟨~es; ~e⟩ *bot.* **1.** hibiscus [-ys] *m*; **2.** guimauve *f*; ~ₗ**tee** *m phm.* infusion *f* de guimauve; ~ₗ**wurzel** *f phm.* racine *f* de guimauve.

Eich|amt ['aɪçˀamt] *n* bureau *m* d'étalonnage des poids et mesures; ~**baum** *m bot. cf.* Eiche; ~**beₗamte(r)** *m* vérificateur *m* des poids et mesures.

Eiche ['aɪçə] *f* ⟨~; ~n⟩ *bot.* chêne *m*; **junge ~** *auch* chêneau *m*; **immergrüne ~** chêne vert; yeuse *f*; **aus ~** en *od.* de chêne.

Eichel ['aɪçəl] *f* ⟨~; ~n⟩ **1.** *bot.* gland *m*; **2.** *anat.* gland *m*; **3.** *deutsche Spielkartenfarbe* trèfle *m*; ~ₗ**becher** *m* cupule *f* de gland; ~ₗ**bohrer** *m zo.* balanin *m*; ~**entₗzündung** *f méd.* balanite *f*; 2ₗ**förmig** *adj.* en forme de gland; ~ₗ**häher** *m zo.* geai *m*.

eichen[1] ['aɪçən] *adj.* en (bois de) chêne; de chêne; ~[2] **I** *v/t.* ⟨h⟩ étalonner; **II** 2 *n* ⟨~s⟩ *cf.* Eichung; 2ₗ**baum** *m cf.* Eiche; 2ₗ**blatt** *n* feuille *f* de chêne; 2ₗ**bock**(ₗ**käfer**) *m zo.* grand capricorne du chêne; 2ₗ**bohle** *f* madrier *m* de chêne; 2ₗ**gallapfel** *m bot.* noix *f* de galle; pomme *f* de chêne; 2ₗ**gallwespe** *f zo.* cynips *m*; 2ₗ**holz** *n* (bois *m* de) chêne *m*; 2ₗ**laub** *n* **1.** feuilles *f/pl.* de, feuillage *m* du chêne; **2.** *milit.* **~ mit Schwertern** feuille de chêne et glaive; 2ₗ**lohe** *f Gerberei* tan *m* (de chêne); 2ₗ**rinde** *f bot.* **a)** écorce *f* de chêne; **b)** *Gerberei* **gemahlene ~** tan *m*; 2ₗ**stamm** *m* tronc *m* de chêne; 2ₗ**wald** *m* forêt *f* de chênes; *kleiner* chênaie *f*.

Eich|frequenz ['aɪçfreˑˌkvɛnts] *f* fréquence *f* étalon; ~**geₗbühr** *f* droit *m* d'étalonnement; ~**geₗrät** *n* instrument *m* étalon, d'étalonnage; ~**geₗwicht** *n* poids *m* étalon; ~ₗ**hase** *m bot.* (*Eichpilz*) polypore *m* du chêne; ~**horn** *n*, ~ₗ**hörnchen** *n zo.* écureuil *m*; ~ₗ**hornie** *f* ⟨~; ~n⟩ *bot.* eichornia [ɛkɔr-] *m*; ~**instruₗment** *n cf.* ~gerät; ~ₗ**kätzchen** *n*, ~ₗ**katze** *f cf.* ~horn; ~ₗ**kurve** *f* courbe *f* d'étalonnage; ~**maß** *n* étalon *m*; matrice *f*; *für Hohlkörper* jauge *f*; 2ₗ**pflichtig** *adj.* soumis au poinçonnage; ~ₗ**spannung** *f* tension *f* d'étalonnage; ~**stab** *m für Hohlkörper* jauge *f*; ~ₗ**stempel** *m* poinçon *m* d'étalonnage; ~**strich** *m* marque *f* d'étalonnage; ~**taₗbelle** *f* table *f* d'étalonnage; ~**ung** *f* ⟨~; ~en⟩ étalonnage *od.* étalonnement *m*; *bei Hohlkörpern* jaugeage *m*; ~**ungsₗwiderstand** *m élect.* résistance *f* étalon; ~**zahl** *f* (*Galvanometerkonstante*) constante *f* de galvanomètre.

Eid [aɪt] *m* ⟨~(e)s; ~e⟩ serment *m*; **assertorischer ~** serment assertoire; **promissorischer ~** serment promissoire; **~ vor Gericht** serment judiciaire; **falscher ~** faux serment; parjure *m*; **e-n ~ leisten, ablegen, schwören** prêter serment; **den ~ auf die Verfassung ablegen** prêter serment (d'obéissance) à la constitution; **j-m den ~ abnehmen** faire prêter serment à qn.; **durch e-n ~ bekräftigen** confirmer par serment; **unter ~ bezeugen** affirmer sous la foi du serment; **unter ~ aussagen** déposer sous (la foi du) serment; **j-n von s-m ~ entbinden** relever, délier qn. de son serment; rendre son serment à qn.; **e-n falschen ~ schwören** faire un faux serment; se parjurer; **e-n ~ brechen** violer, rompre son serment; se parjurer; être parjure; **an ~es Statt** à titre, à la place, en lieu de serment; **an ~es Statt erklären** déclarer formellement (sans prêter serment); certifier sur l'honneur; ~**bruch** *m* violation *f* de serment; parjure *m*; 2ₗ**brüchig** *adj.* parjure; **~ werden** violer, rompre son serment; se parjurer.

Eidechse ['aɪdɛksə] *f* ⟨~; ~n⟩ *zo.* lézard *m*; *pl.* ~n *sc.* lacertidés *m/pl.*; ~**nₗleder** *n* (peau *f* de) lézard *m*; **e-e Tasche aus ~** un sac en lézard.

Eider|daunen ['aɪdərˌdaunən] *f/pl.* duvet *m* de l'eider; ~ₗ**ente** *f zo.* eider [ɛdɛːr] *m*.

Eides|belehrung ['aɪdəsbəˌleːrʊŋ] *f* avertissement *m* sur la portée du serment; ~ₗ**fähigₗkeit** *f* ⟨~⟩ capacité *f* de prêter serment; ~ₗ**formel** *f* formule *f* de serment; ~ₗ**leistung** *f* prestation *f* de serment; ~ₗ**mündigₗkeit** *f* âge requis pour déposer sous serment; ~ₗ**norm** *f* teneur *f* du serment; 2ₗ**stattlich** *adj.* **~e Versicherung, Erklärung** déclaration tenant lieu de serment; déclaration formelle (sans prestation de serment).

Eidet|ik [aɪ'deːtɪk] *f* ⟨~⟩ *philos. u. psych.* eidétique *f*; ~**iker(in)** *m* ⟨~s; ~⟩ (*f*) ⟨~; ~nen⟩ *psych.* eidétique *m, f*; 2**isch** *adj.* eidétique.

Eid|genosse ['aɪtgəˌnɔsə] *m* confédéré *m* (suisse); ~**geₗnossenₗschaft** *f* confédération *f*; **die Schweizerische ~** la Confédération helvétique; 2**geₗnössisch** *adj.* fédéral (suisse); 2**lich 1.** *adj.* sous (la foi du) serment; **~e Aussage** déposition sous serment; **2.** *adv.* par, sous serment; **~ vernehmen** entendre sous (la foi du) serment; **~ gebunden sein** être lié par serment; **sich ~ verpflichten, etw. zu tun** s'engager sous *od.* par serment, en prêtant serment à faire qc.; **~ versichern** affirmer sous serment.

Eidotter ['aɪˌdɔtər] *m* jaune *m* d'œuf.

eid|vergessen ['aɪtfɛrˌgɛsən] *adj. cf.* eidbrüchig; 2(**es**)**verₗletzung** *f* manquement *m* aux devoirs imposés par le serment; 2(**es**)**verₗweigerer** *m* ⟨~s; ~⟩ celui qui refuse de prêter serment; 2(**es**)**verₗweigerung** *f* refus *m* de prêter serment.

Eier|auflauf ['aɪərˌˀaufl auf] *m cuis.* soufflé *m* aux œufs; ~ₗ**becher** *m* coquetier *m*; ~**briₗketts** *n/pl.* boulets *m/pl.* (de charbon); ~ₗ**handgraₗnate** *f milit.* grenade *f* à main ovoïde; ~ₗ**händler** *m* marchand *m* d'œufs; *Großhändler* coquetier *m*; ~(**isolaₗtoren**)ₗ**kette** *f techn.* chaîne *f* d'isolateurs ovoïdes; ~ₗ**krem** *f* crème *f* aux œufs; ~ₗ**kuchen** *m* crêpe *f*; ~ₗ**legen** *n* ponte *f*; 2ₗ**legend** *adjt. sc.* ovipare; **~e Henne** (poule) pondeuse *f*; ~ₗ**leiste** *f bât. cf.* ~stab; ~**liₗkör** *m* liqueur f aux œufs; ~ˌlöffel m cuillère f à œuf; ~ˌmarkt m marché m de l'œuf; ~ˌnudeln f/pl. nouilles f/pl. aux œufs; ~ˌpflanze f bot. aubergine f; ~ˌprüfer m cf. ~spiegel; ~ˌschale f coquille f, coque f d'œuf; ~ˌschnee m blancs m/pl. d'œufs en neige; ~ˌschneider m cuis. coupe-œuf m; ~ˌschwamm m bot. (Pfifferling) chanterelle f; girolle f; ~ˌspeise f œufs m/pl.; plat m aux œufs; ~ˌspiegel m Prüfgerät mire-œufs m; ~ˌstab m bât. ove m; godron m; ~ˌstich m cuis. royale f; ~ˌstock m anat. ovaire m; ~stockentˌzündung f méd. ovarite f; ~stockˌkrebs m méd. cancer [-ɛːr] m de l'ovaire; ~stockˌschwangerschaft f méd. grossesse ovarienne; ~stockˌzyste f méd. kyste ovarien; ~ˌtanz m danse f des œufs; fig. e-n ~ aufführen essayer d'échapper à une situation pénible, fâcheuse; ~ˌuhr f sablier m.

Eifer ['aɪfər] m ⟨~s⟩ zèle m; pfort. ardeur f; etw. mit ~ betreiben faire, poursuivre qc. avec ardeur; im ~ des Gefechtes dans le feu du combat; mit ~ an e-e Arbeit herangehen se mettre au travail avec ardeur; mit ~ bei der Sache sein se donner corps et âme à la cause; blinder ~ schadet nur prov. trop de zèle nuit; il ne faut pas pécher par excès de zèle; ~er m ⟨~s; ~⟩ zélateur m; partisan zélé; apôtre ardent; ≈n I v/i. ⟨-(e)re, h⟩ montrer du zèle; pfort. s'enflammer, s'emballer (pour qc.); II ~n n ⟨~s⟩ verbal; ~ˌsucht f ⟨~⟩ jalousie f; ~süchteˈlei f ⟨~; ~en⟩ jalousie mesquine; basse jalousie; ≈ˌsüchtig 1. adj. jaloux, -ouse; j-n ~ machen rendre qn. jaloux; auf j-n ~ sein être jaloux de qn.; jalouser qn.; auf j-n ~ werden concevoir, ressentir de la jalousie envers qn.; 2. adv. ~ über etw. wachen garder jalousement qc.; ~suchtsˌdrama n drame m de la jalousie.

eiförmig ['aɪˌfœrmɪç] adj. ovoïde; ovale; oviforme.

eifrig ['aɪfrɪç] 1. adj. appliqué; bien occupé; zélé; 2. adv. avec zèle; avec application; pfort. avec empressement; sich ~ bemühen (um), ~ bestrebt sein (zu) s'appliquer avec zèle (à); s'efforcer avec ardeur (de).

Eigelb ['aɪgɛlp] n jaune m d'œuf; cuis. mit ~ bestreichen dorer (avec du jaune d'œuf).

eigen ['aɪgən] I adj. 1. Besitz propre; à soi; personnel, -lle; ein ~es Zimmer haben avoir une chambre à soi, à part, particulière; auf ~e Faust de son propre chef; de sa propre autorité; nach ~en Angaben d'après ses propres dires; sein ~er Herr sein être son propre maître; in ~er Person en personne; auf ~e Verantwortung sous sa propre responsabilité; auf ~e Gefahr à ses risques et périls; aus ~em Antrieb de son propre mouvement; de sa propre initiative; mit ~en Augen de ses propres yeux; keine ~e Meinung haben n'avoir pas d'opinion propre, à soi; sein ~es Wort nicht verstehen ne pas pouvoir s'entendre; sich um s-e ~en Angelegenheiten kümmern s'occuper de ses propres affaires; F s'occuper de ses oignons; auf ~en Füßen stehen voler de ses propres ailes; être indépendant; sich etw. zu ~ machen s'approprier qc.; fig. adopter, épouser qc.; Zeitung ~er Bericht de notre correspondant particulier; er nennt es sein ~ c'est sa propriété; ~er Herd ist Goldes wert prov. cf. Herd; 2. (eigentümlich) particulier, -ière; spécial; caractéristique; spécifique; mit dem Leichtsinn, der ihm ~ ist avec la légèreté qui lui est naturelle, propre, qui le caractérise; von ~em Reiz d'un charme tout particulier; das ist so e-e ~e Sache c'est une chose tout à fait à part, spéciale; 3. (sonderbar) étrange; singulier, -ière; original; F drôle; fig. ganz ~e Ideen haben avoir des idées singulières, bizarres; F avoir de drôles d'idées; 4. (wählerisch) im Essen difficile; 5. (peinlich, sorgsam) méticuleux, -euse; minutieux, -euse; II ≈ n ⟨~s⟩ propriété f; ≈ˌantrieb m mit ~ automoteur, -trice; Flugkörper autopropulsé; ≈ˌart f particularité f; caractéristique f; trait distinctif; caractère m spécifique; ~ˌartig adj. singulier, -ière; étrange; curieux, -euse; bizarre; original; es ist doch ~, daß ... c'est quand même singulier, curieux, étrange, bizarre que ...; ≈ˌartigˌkeit f ⟨~⟩ originalité f; singularité f; étrangeté f; ≈ˌbau m ⟨~(e)s⟩ F fabrication f maison; ≈beˌdarf m besoins m/pl. propres (à), e-s Landes nationaux; ≈beˌricht m Zeitung reportage m d'un correspondant particulier; ≈beˌsitz m biens propres, personnels; possession f en propre; ≈beˌtrieb m entreprise f propre; ≈beˌwegung f astr. mouvement m propre; ≈beˌwirtschaftung f faire-valoir direct; ≈ˌblutbeˌhandlung f méd. autohémothérapie f; ≈bröteˈlei f ⟨~⟩ etwa originalité f; ≈ˌbrötler m ⟨~s; ~⟩ etwa original m; ~ˌbrötleˌrisch adj. etwa original; ≈ˌdrehung f autorotation f; ≈erˌregung f auto-excitation f; ≈erˌzeugung f e-s Landes production nationale; ≈finanˌzierung f autofinancement m; ≈freˌquenz f fréquence propre, naturelle; ≈geˌräusch n bruit m de fond; ≈geˌschäft n comm. affaire f pour compte propre; ≈geˌsetzlichˌkeit f ⟨~⟩ lois propres, spéciales (à); ≈geˌwicht n poids m propre; e-s Fahrzeuges poids mort; ~ˌhändig 1. adj. de sa propre main; ~es Testament testament olographe; ~e Unterschrift autographe m; 2. adv. ~ unterzeichnen signer de sa main; ~ tun faire de ses propres mains; ~ übergeben remettre en main propre; ≈ˌheim n maison à soi, individuelle; ≈ˌheit f ⟨~; ~en⟩ singularité f; originalité f; particularité f; e-r Sprache idiotisme m; ≈kapaziˌtät f capacité f propre; ≈kapiˌtal n comm. capital m propre; ≈ˌleben n vie personnelle; ≈ˌliebe f amour-propre m; ≈ˌlob n éloge m de soi-même; F ~ stinkt il est malséant de se louer soi-même; ≈ˌmacht f ⟨~⟩ jur. acte m arbitraire; ~ˌmächtig 1. adj. arbitraire; 2. adv. ~ handeln agir d'autorité, de sa propre autorité; ≈ˌmächtigˌkeit f autoritarisme m; ≈ˌmittel n/pl. comm. fonds m/pl. propres; ≈ˌname m nom m propre; ≈ˌnutz m ⟨~es⟩ intérêt personnel, particulier; pfort. égoïsme m; aus ~ dans un but intéressé; ~ˌnützig 1. adj. qui est près de ses intérêts; intéressé; pfort. égoïste; 2. adv. par intérêt; ≈ˌnützigˌkeit f ⟨~⟩ cf. ≈nutz.

eigens ['aɪgəns] adv. exprès; spécialement; particulièrement; ~ zu diesem Zweck spécialement à cet effet, dans ce but; ~ dafür exprès pour cela.

Eigen|schaft ['aɪgənˌʃaft] f ⟨~; ~en⟩ qualité f; charakterisierende attribut m; phys., chim. propriété f; in s-r ~ als en (sa) qualité de; à titre de; ~schaftsˌwort n ⟨~(e)s; ~er⟩ gr. cf. Adjektiv; ~ˌschwingung f oscillation f, vibration f propre; ~ˌschwingungsˌzahl f fréquence f propre; nombre m d'oscillations propres; ~ˌsinn m ⟨~(e)s⟩ entêtement m; opiniâtreté f; obstination f; ≈ˌsinnig adj. opiniâtre; entêté; têtu; obstiné; ≈ˌstaatlich adj. souverain; ≈ˌständig adj. autonome; ~ˌständigˌkeit f ⟨~⟩ autonomie f; ≈ˌsüchtig adj. cf. selbstsüchtig.

eigentlich ['aɪgəntˌlɪç] 1. adj. propre; véritable; vrai; proprement dit; im ~en Sinne au sens propre; das ~e Griechenland la Grèce proprement dite; der ~e Wert la valeur intrinsèque; 2. adv. à vrai dire; à proprement parler; en réalité; au fond; das müßtest du ~ wissen au fond tu devrais savoir cela; ~ solltest du auf diesen Brief gar nicht antworten à vrai dire tu ne devrais pas répondre à cette lettre; was willst du ~? que veux-tu donc?

Eigentor ['aɪgənˌtoːr] n Sport but marqué dans ses propres filets.

Eigentum ['aɪgənˌtuːm] n ⟨~(e)s⟩ propriété f; gemeinsames ~ copropriété f; öffentliches ~ domaine public; geistiges ~ propriété intellectuelle; fremdes ~ bien d'autrui; bewegliches ~ biens meubles; unbewegliches ~ biens immeubles; propriété immobilière; ~ ohne Nutznießung nue-propriété f; ~ erwerben acquérir de la propriété; das ist mein persönliches ~ cela m'appartient personnellement; das ~ verletzen léser la propriété; etw. als sein ~ beanspruchen revendiquer qc. comme étant sa propriété.

Eigentümer|(in) ['aɪgənˌtyːmər(ɪn)] m ⟨~s; ~⟩ (f) ⟨~; ~nen⟩ propriétaire m, f; alleiniger ~ propriétaire unique; rechtmäßiger ~ propriétaire légitime; ~ˌgrundschuld f dette foncière au nom du propriétaire; ~hypoˌthek f hypothèque f au profit du propriétaire.

eigentümlich ['aɪgənˌtyːmlɪç] 1. adj. (eigen) particulier, -ière; caractéristique; propre; (seltsam) singulier, -ière; étrange; curieux, -euse; bizarre; F drôle; es ist dem Menschen ~, zu ... c'est le propre de l'homme de ...; das ≈e der Sache ist ... ce qui caractérise la chose, c'est ...; ce qu'il y a de particulier dans cette affaire, c'est ...; er hat ~e Gewohnheiten il a de curieuses habitudes; 2. adv. das hat mich ~ berührt cela m'a singulièrement, étrangement impressionné; ≈ˌkeit f ⟨~; ~en⟩ (unterscheidende Eigenschaft) particularité f; trait distinctif; caractéristique f; (Sonderbarkeit) singularité f; étrangeté f.

Eigentums|anspruch ['aɪgəntuːmsˌ?anʃprʊç] m revendication f de la, prétention f à la propriété; ~ˌaufgabe f abandon m de propriété; ~beˌschränkung f restriction f, limitation f de la propriété; ~ˌbildung f formation f, constitution f de la propriété; ~erˌwerb m acquisition f de propriété; ~ˌklage f action f pétitoire; ~ˌnachweis m preuve f de l'origine de propriété; ~ˌrecht n droit m de propriété; ~ˌübergang m transmission f de propriété; ~überˌtragung f translation f, transfert m de propriété; ~ˌurkunde f titre m de propriété; ~verˌänderung f mutation f de propriété; ~verˌgehen n crime m, délit m contre la propriété; ~verˌmutung f présomption *f* de propriété; ~ˌ**vorbeˌhalt** *m* réserve *f* de propriété; ~ˌ**wohnung** *f* appartement *m*, logement *m* sous le régime de la copropriété; logement *m* en copropriété.

Eigen|verbrauch ['aɪgənfɛrˌbraux] *m comm.* auto-consommation *f*; consommation *f* pour son propre usage; *techn.* consommation *f* propre; ~**verˌmögen** *n* capital *m* propre; ~**verˌsorgung** *f cf.* Selbstversorgung; ~ˌ**wärme** *f* chaleur *f* propre; ~ˌ**wille** *m* entêtement *m*; volonté têtue; 2ˌ**willig** *adj.* entêté; volontaire; ~ˌ**willigkeit** *f* ⟨~⟩ entêtement *m*.

eign|en ['aɪgnən] **I** *v/i.* ⟨-ete, h⟩ être particulier, -ière, propre à; **II** *v/réfl.* **sich** ~ convenir à; se prêter à; être propre, apte à; *von Personen auch* être qualifié pour; avoir les qualités requises pour; **für e-n Beruf nicht geeignet sein** ne pas être apte à, ne pas avoir les qualités requises pour exercer une profession; **das eignet sich für unsere Zwecke nicht** cela ne convient pas à nos desseins; 2**ung** *f* ⟨~⟩ qualification *f*; aptitude *f*; **e-e besondere fachliche** ~ **besitzen** posséder une qualification professionnelle particulière; 2**ungsˌprüfung** *f* examen *m*, test *m* d'aptitude; **berufliche** ~ examen d'aptitude professionnelle.

Eihaut ['aɪhaut] *f anat.* chorion [ko-] *m*.

Eiland ['aɪlant] *n* ⟨~(e)s; ~e⟩ *poét.* (*Insel*) île *f*; îlot *m*.

Eil|bote ['aɪlˌboːtə] *m* **durch** ~**n** par exprès [-ɛs]; ~**brief** *m* lettre *f* exprès [-ɛs]; ~**dienst** *m* service *m* rapide; ~**e** *f* ⟨~⟩ 'hâte *f*; **in aller** ~ à toute vitesse; en (toute) 'hâte; **in (großer)** ~ **sein** être (très) pressé; *cf. auch* eilen, eilig.

Eileiter ['aɪˌlaɪtər] *m anat.* trompe *f*; *bei Tieren* oviducte *m*; ~ˌ**schwangerschaft** *f méd.* grossesse *f* tubaire.

eilen ['aɪlən] **I** *v/i.* ⟨sein⟩ se presser; se dépêcher; se hâter; faire diligence; **j-m zu Hilfe** ~ voler au secours de qn.; **es eilt** ⟨h⟩ cela presse; c'est pressé; c'est urgent; **er eilte nach Hause** il courut à la maison; **eile mit Weile** *prov.* 'hâte-toi lentement; **II** *v/réfl.* ⟨h⟩ *cf.* **sich beeilen**; ~**d** *adjt.* pressé; rapide; ~**ds** *adv.* à la hâte; en 'hâte.

eil|fertig ['aɪlˌfɛrtɪç] **1.** *adj.* 'hâtif, -ive; **2.** *adv.* à la hâte; 'hâtivement; 2ˌ**fertigˌkeit** *f* ⟨~⟩ 'hâte *f*; 2**fracht** *f cf.* 2gut; 2ˌ**frachtbrief** *m* lettre *f* de voiture de grande vitesse; 2**geˌspräch** *n tél.* communication *f* en priorité; 2**gut** *n chem.* marchandises (expédiées) en régime accéléré (*abr.* R.A.), en grande vitesse (*abr.* G.V.); ~**ig 1.** *adj.* pressé; *Sachen auch* pressant; **es** ~ **haben** être pressé; **nichts** 2**eres zu tun haben als** n'avoir rien de plus pressé à faire que; **2.** *adv.* à la hâte; en 'hâte; vite; **wohin so** ~? où cours-tu *bzw.* courez-vous si vite?; 2**marsch** *m milit.* marche forcée; 2**schritt** *m* pas accéléré; 2**zug** *m chem. etwa* (train *m*) express *m*; 2ˌ**zustellung** *f Post* distribution *f* des exprès; remise *f* par exprès.

Eimer ['aɪmər] *m* ⟨~s; ~⟩ seau *m*; *techn. e-s Baggers etc.* godet *m*; F **im** ~ **sein** être cassé, F fichu, P foutu; ~ˌ**kette** *f Bagger* chaîne *f* à godets; ~ˌ**kettenˌbagger** *m* excavateur *m*, drague *f* (à chaîne) à godets; ~ˌ**seilbagger** *m* dragline *f*; 2ˌ**weise** *adv.* par seaux.

ein [aɪn] **I** *unbestimmter art.* (*f* ~e) un *bzw.* une; ~**es Abends** un soir; ~ **Herr Müller** un Monsieur Müller; **die Beredsamkeit** ~**es Bossuet** l'éloquence d'un Bossuet; ~ **jeder** chacun; ~**en Eid leisten** prêter serment; **welch** ~ **Glück!** quelle chance!; **hab' ich** ~**en Hunger!** qu'est-ce que j'ai faim!; **das ist** ~**e Stradivari** c'est un stradivarius [-ys]; **er hat** ~ **spitzes Kinn** il a le menton pointu; **II** *adj. num. c.* un *bzw.* une; **Punkt** ~**s** a) (*um* ~ *Uhr*) à une heure juste; F à une heure pile; b) (*erstens*) premièrement; **Viertel nach** ~**s** une heure un quart; **drei Uhr** ~**s** trois heures une; **es ist halb** ~**s** il est midi *bzw.* minuit et demi; ~ **bis zwei Tage** un à deux jours; ~**s, zwei!,** ~**s, zwei!** une, deux!, une, deux!; **(in)** ~**s, zwei, drei** (*im Nu*) en un clin d'œil; **einmal** ~**s ist** ~**s** une fois un (fait) un; ~**s und vier ist, sind fünf** quatre et un (font) cinq; **mit** ~**em Schlag** d'un seul coup; **in** ~**em fort** *cf.* **fort**; ~ **und derselbe** un seul et même homme; une seule et même personne; ~**er von uns** l'un de nous; ~**e von beiden** l'une des deux; ~**s von beiden** de deux choses l'une; ~**er für alle und alle für** ~**en** tous pour un et un pour tous; **das kann** ~**er allein gar nicht tragen** on ne peut pas porter cela tout seul; ~ **für allemal** une fois pour toutes; une bonne fois; **sein** ~ **und alles** tout ce qu'il a de plus cher; tout ce qu'il possède; ~**s werden** tomber d'accord; convenir (de qc.); ~ **Herz und** ~**e Seele** *cf.* **Herz**; **das läuft auf** ~**s hinaus** cela revient au même; **mir ist alles** ~**s** tout m'est égal; **wie sich** ~**s aus dem andern ergibt** de fil en aiguille; ~**s muß ich sagen: ...** je dois dire, il faut que je dise une chose: ...; ~**(e)s gefällt mir nicht** il y a quelque chose, un point qui ne me plaît pas; **die Gefahr bemerken und auf die Bremse treten war** ~**s** voir le danger, appuyer sur le frein fut l'affaire d'une seconde; F ~**s a** de première (qualité); **III** *pr/ind.* **der** ~**e oder der andere** l'un ou l'autre; ~**er nach dem ander(e)n** l'un après l'autre; à tour de rôle; ~**er hinter dem ander(e)n** les uns derrière les autres; à la queue leu leu; ~**s ums andere** un sur deux; **manch** ~**er** plus d'un; mainte personne; **die** ~**en sagen so, die ander(e)n so** les uns sont d'un avis, les autres d'un autre; **der** ~**e mehr, der andere weniger** qui plus qui moins; **das kann** ~**em alle Tage passieren** cela peut vous arriver à tout instant; F **sie sollen** ~**en in Ruhe lassen** ils devraient laisser les gens tranquilles; **wenn** ~**er behauptet ...** lorsque l'on prétend ...; **es kommt** ~**em fremd vor** cela vous paraît étrange; **das tut** ~**em wohl** cela vous fait du bien; F **mit so** ~**em verkehrst du?** tu fréquentes un type pareil?; F ~**en trinken** boire un coup; F **hau ihm** ~**e 'runter!** fiche-lui une gifle!; **IV** *adv.* **nicht mehr** ~ **und aus wissen** ne plus savoir à quel saint se vouer, où donner de la tête; **bei j-m** ~ **und aus gehen** avoir ses petites et ses grandes entrées chez qn.; *an Geräten* ~ ouvert.

Ein|achsenanhänger ['aɪnˌʔaksənˌʔanhɛŋər] *m* remorque *f* à un essieu, à deux roues; 2ˌ**achsig** *adj.* à essieu unique; à deux roues; 2ˌ**adrig** *adj. Kabel* à un conducteur, fil; unipolaire; ~ˌ**akter** *m* ⟨~s; ~⟩ *thé.* pièce *f* en un acte; 2ˌ**aktig** *adj.* en un acte.

einander [aɪ'nandər] *adv. acc.* l'un(e) l'autre *bzw.* les un(e)s les autres; *dat.* l'un(e) à l'autre *bzw.* les un(e)s aux autres; *acc. u. dat.* réciproquement; mutuellement; ~ **helfen** s'entraider; s'aider l'un l'autre, les uns les autres, mutuellement; ~ **im Wege sein** se gêner mutuellement; ~ **schaden** se nuire réciproquement.

Einankerumformer ['aɪnˌʔaŋkərˌʔumformər] *m élect.* commutatrice *f*.

einarbeit|en ['aɪnˌʔarbaɪtən] **I** *v/t.* ⟨-ete, *sép.*, -ge-, h⟩ mettre (qn.) au courant d'un travail; initier (qn.) à un travail; **II** *v/réfl.* **sich** ~ se mettre au courant d'un travail; s'initier à un travail; s'entraîner; F se roder; 2**ung** *f* ⟨~⟩ mise *f* au courant du travail; entraînement *m*; initiation *f*; F rodage *m*; 2**ungsˌzeit** *f* période *f* d'initiation, d'adaptation, d'entraînement.

ein|armig ['aɪnˌʔarmɪç] *adj.* manchot, -tte; *techn.* à bras unique; ~ˌ**äschern** *v/t.* ⟨-(e)re, *sép.*, -ge-, h⟩ réduire en cendres; *Leichen* incinérer; 2ˌ**äscheˌrung** *f* ⟨~; ~en⟩ incinération *f*; crémation *f*; 2ˌ**äscherungsˌofen** *m* four *m* crématoire; ~ˌ**atmen I** *v/t. u. abs.* ⟨-ete, *sép.*, -ge-, h⟩ *durch die Nase* inspirer; *durch den Mund* aspirer; *Gas, Rauch etc.* respirer; inhaler; **II** 2ˌ**atmen** *n durch die Nase* inspiration *f*; *durch den Mund* aspiration *f*; *von Gas, Rauch* inhalation *f*; ~**aˌtomig** *adj.* monoatomique; ~ˌ**ätzen** *v/t.* ⟨-(es)t, *sép.*, -ge-, h⟩ graver à l'eau-forte; ~ˌ**äugig** *adj.* borgne; *opt.* monoculaire; 2ˌ**äugige(r)** *f(m)* ⟨→ A⟩ borgne *m, f*; ~ˌ**bahnig** *adj. Straße* à voie unique; 2**bahnˌstraße** *f* (rue *f* à) sens *m* unique; 2**bahnverˌkehr** *m* circulation *f* à sens unique; ~**balsaˌmieren** *v/t.* ⟨*sép., pas de ge-*, h⟩ embaumer; 2**balsaˌmierung** *f* ⟨~; ~en⟩ embaumement *m*; 2**band** *m e-s Buches* reliure *f*; 2**bandˌdecke** *f e-s Buches* couverture *f*; ~ˌ**bändig** *adj.* en un volume; ~ˌ**basisch** *adj. chim.* monobasique.

Einbau ['aɪnbau] *m* ⟨~(e)s; ~ten⟩ encastrement *m*; *von Maschinen, Apparaten* montage *m*; mise *f* en place; 2**en** *v/t.* ⟨*sép.*, -ge-, h⟩ *Möbel* incorporer, encastrer (in dans); *Geräte* monter; installer; *Entfernungsmesser in e-e Kamera* incorporer; ~ˌ**fehler** *m* montage incorrect; faute *f* de montage; 2ˌ**fertig** *adj.* prêt à être monté.

Einbaum ['aɪnbaum] *m* pirogue *f*.

Einbau|möbel ['aɪnbauˌmøːbəl] *n/pl.* meubles incorporés, encastrés; ~ˌ**motor** *m* moteur *m vor dem Einbau* à incorporer, à installer, *nach dem Einbau* incorporé, installé; ~ˌ**schrank** *m* placard *m*; ~ˌ**vorrichtung** *f* dispositif *m* d'installation; ~ˌ**zwecke** *m/pl.* **für** ~ destiné à être encastré, incorporé, monté, installé.

Einbeere ['aɪnˌbeːrə] *f bot.* parisette *f*.

ein|begreifen ['aɪnbəˌgraɪfən] *v/t.* ⟨*irr., sép., pas de ge-*, h⟩ comprendre; renfermer; englober; embrasser; impliquer; ~**beˌgriffen** *adjt.* (y) compris; ~**beˌhalten** *v/t.* ⟨*irr., sép., pas de ge-*, h⟩ retenir; déduire; *Sozialbeiträge etc. durch den Arbeitgeber* précompter; 2**beˌhaltung** *f* ⟨~⟩ retenue *f*; déduction *f*; *der Sozialbeiträge etc.* précompte *m*; **unter** ~ **e-s Betrages von ...** en retenant une somme de ...; sous retenue d'une somme de ...; ~ˌ**beinig** *adj.* unijambiste; *Tisch* à un seul pied; ~**beˌrufen** *v/t.* ⟨*irr., sép., pas de ge-*, h⟩ *Versammlung* convoquer; *milit.* appeler sous les drapeaux; **zu e-r außerordentlichen Sitzung** ~ convoquer en assemblée extraordinaire; 2**beˌrufene(r)** *m* ⟨→ A⟩ *milit.* appelé *m*; 2**beˌrufung** *f e-r Versammlung* convocation *f*; *milit.* appel *m* (sous les drapeaux); ~**betoˌnieren** *v/t.* ⟨*sép., pas* *de ge-*, h⟩ encastrer, sceller dans du béton; 2**betoˌnierung** *f* scellement *m* dans du béton; bétonnage *m*; ~ˌ**betten** *v/t.* ⟨-ete, *sép.*, -ge-, h⟩ encastrer; enrober; noyer; 2**bettˌzimmer** *n* chambre *f* à un lit; ~ˌ**beulen** *v/t.* ⟨*sép.*, -ge-, h⟩ bosseler; cabosser; ~**beˌziehen** *v/t.* ⟨*irr., sép., pas de ge-*, h⟩ faire entrer (dans); comprendre (dans); associer (à); inclure; 2**beˌziehung** *f* ⟨~⟩ association *f*; **unter** ~ **von** à l'inclusion de; ~ˌ**biegen I** *v/i.* ⟨*irr., sép.*, -ge-, sein⟩ tourner (**links, rechts** à gauche, à droite, **in** dans); s'engager (**in** dans); **in e-e Nebenstraße** ~ s'engager, entrer dans une rue latérale; **II** 2ˌ**biegen** *n verbal.*

einbild|en [ˈaɪnˌbɪldən] *v/réfl.* ⟨-ete, *sép.*, -ge-, h⟩ **sich etw.** ~ s'imaginer, se figurer qc.; se faire des idées sur qc.; **sich** ~, **ein Kenner zu sein** s'imaginer être un expert; **bilde dir ja nicht ein, daß ...** ne t'imagine pas, ne te figure pas que ...; **ich bilde mir nicht ein, daß es so leicht sei** je ne m'imagine pas que cela soit aussi facile; je ne me fais pas d'idées sur la facilité de la chose; **darauf brauchst du dir nichts einzubilden** tu n'as pas besoin d'en être fier; **darauf kannst du dir etwas** ~ tu peux en être fier; **sich viel auf etw.** ~ tirer vanité de qc.; se piquer de (+ *inf.*); *cf. auch* **eingebildet**; 2**ung** *f* ⟨~; ~en⟩ imagination *f*; (*Stolz, Überheblichkeit*) prétention *f*; suffisance *f*; arrogance *f*; outrecuidance *f*; 2**ungsˌkraft** *f* puissance *f*, pouvoir *m* d'imagination; 2**ungsverˌmögen** *n* faculté imaginative.

ein|binden [ˈaɪnˌbɪndən] *v/t.* ⟨*irr., sép.*, -ge-, h⟩ *Buch* relier; **in Pappe** ~ cartonner; ~ˌ**blasen** *v/t.* ⟨*irr., sép.*, -ge-, h⟩ insuffler; *fig.* insinuer; suggérer; 2**blattˌdruck** *m impr.* feuille tirée en blanc; ~ˌ**blättrig** *adj. bot.* monophylle; *von Blüten* monopétale; ~ˌ**blenden I** *v/t.* ⟨-ete, *sép.*, -ge-, h⟩ *Filmszene etc.* ouvrir, faire apparaître en fondu; *Ton* faire apparaître progressivement; (*einfügen*) insérer; intercaler; **II** *v/réfl.* **sich** ~ *rad.* se brancher (sur); ~ˌ**bleuen** *v/t.* ⟨*sép.*, -ge-, h⟩ F **j-m etw.** ~ fourrer qc. dans la tête de qn.; 2**blick** *m* vue *f*; *fig.* connaissance *f*; *flüchtiger* aperçu *m*; ~ **gewinnen in** avoir, prendre connaissance de; ~ **gewähren in** autoriser (qn.) à prendre connaissance de, à examiner (qc.); ~ **nehmen in** prendre connaissance de; ~ **haben in** connaître (qc.); ~ˌ**brechen** *v/i.* ⟨*irr., sép.*, -ge-, sein⟩ **1.** *auf dem Eis* s'enfoncer (dans l'eau); **2.** ⟨h, *avec* **in** + *acc.* sein⟩ *in ein Haus etc.* pénétrer par effraction (dans); cambrioler; **3.** *Wolf in e-e Herde, Wasser etc.* faire irruption; **4.** *Dunkelheit* tomber; **mit** ~**der Nacht** à la nuit tombante; 2ˌ**brecher** *m* ⟨~s; ~⟩ cambrioleur *m*; 2ˌ**brecherˌbande** *f* bande *f* de cambrioleurs; 2ˌ**brenne** *f* ⟨~⟩ *cuis.* roux *m*; ~ˌ**brennen** *v/t.* ⟨*irr., sép.*, -ge-, h⟩ marquer au fer; *Farben in Glas etc.* cuire; 2**brennˌlack** *m* vernis-émail *m*; vernis *m* d'application à chaud; ~ˌ**bringen** *v/t.* ⟨*irr., sép.*, -ge-, h⟩ **1.** *Ernte* rentrer; engranger; **2.** *Antrag, Gesetzesvorlage, Klage* déposer; *Entschließung* soumettre; **3.** *Gewinn* rapporter; *comm. Kapital* faire apport de; faire un apport (de); **4.** *Lob, Kritik etc.* valoir (j-m à qn.); ~ˌ**bringlich** *adj. cf.* einträglich; 2ˌ**bringung** *f* ⟨~⟩ **1.** *der Ernte* rentrée *f*; engrangement *m*; **2.** *e-s Antrags, e-r Vorlage* dépôt *m*; **3.** *von Kapital* apport *m*; ~ˌ**brocken** *v/t.* ⟨*sép.*, -ge-, h⟩ *Brot* tremper; *fig. u.* F **j-m etw.** ~ jouer un mauvais tour à qn.; F **da haben wir uns etwas Schönes eingebrockt** nous nous sommes mis dans de jolis draps; nous voilà dans de beaux draps; *cf. auch* **auslöffeln**.

Einbruch [ˈaɪnbrʊx] *m* ⟨~(e)s; ≈e⟩ **1.** *jur.* effraction *f*; cambriolage *m*; **2.** (*Beginn*) début *m*; **bei** ~ **der Dunkelheit** à la tombée de la nuit; à la nuit tombante; **3.** *von Wasser etc.* irruption *f*; *der Kälte* offensive *f*; ~ˌ**diebstahl** *m* cambriolage *m*; vol *m* avec effraction; **versuchter** ~ tentative *f* de cambriolage; ~ˌ**sicherung** *f* dispositif *m* de sécurité (contre le cambriolage); 2**sˌsicher** *adj. Schloß* à l'épreuve de l'effraction; incrochetable; ~**verˌsicherung** *f* assurance *f* contre le vol par effraction.

ein|buchten [ˈaɪnˌbʊxtən] *v/t.* ⟨-ete, *sép.*, -ge-, h⟩ F (*einsperren*) coffrer; boucler; 2ˌ**buchtung** *f* ⟨~; ~en⟩ anfractuosité *f*; ~ˌ**buddeln** *v/t.* ⟨-(e)le, *sép.*, -ge-, h⟩ F *cf.* **eingraben**; ~ˌ**bürgern I** *v/t.* ⟨-(e)re, *sép.*, -ge-, h⟩ *jur.* naturaliser; *Sitten* introduire; **II** *v/réfl.* **sich** ~ *Sitten, Methode* s'introduire; s'implanter; passer en usage; *jur.* **sich** ~ **lassen** se faire naturaliser; 2ˌ**bürgeˌrung** *f* ⟨~⟩ *jur.* naturalisation *f*; *von Sitten* introduction *f*; implantation *f*; 2ˌ**buße** *f* perte *f*; dommage *m*; **erhebliche** ~**n erleiden** subir des pertes considérables; ~ˌ**büßen** *v/t. u. v/i.* ⟨-(es)t, *sép.*, -ge-, h⟩ perdre; **an Wert** ~ perdre de sa valeur; ~ˌ**cremen** *v/t.* (*u. v/réfl.*) ⟨*sép.*, -ge-, h⟩ (s')enduire de crème; (se) mettre de la crème; ~ˌ**dämmen** *v/t.* ⟨*sép.*, -ge-, h⟩ *Fluß* endiguer; *Brand* circonscrire; maîtriser; enrayer (*alle auch fig.*); 2**dampfappaˌrat** *m* évaporateur *m*; ~ˌ**dampfen** *v/t.* ⟨*sép.*, -ge-, h⟩ concentrer par évaporation; ~ˌ**decken** *v/réfl.* ⟨*sép.*, -ge-, h⟩ **sich** ~ se pourvoir (**mit** de); s'approvisionner, se ravitailler (en); 2ˌ**decker** *m* ⟨~s; ~⟩ *aviat.* monoplan *m*; 2ˌ**deckung** *f* ⟨~⟩ approvisionnement *m*; ravitaillement *m*; ~ˌ**deichen** *v/t.* ⟨*sép.*, -ge-, h⟩ endiguer; 2ˌ**deichung** *f* ⟨~; ~en⟩ endiguement *m*; ~ˌ**deutig 1.** *adj.* clair; évident; manifeste; sans ambiguïté; net, -tte; **s-e Stellungnahme ist** ~ sa prise de position est claire, nette; il a pris nettement position; **2.** *adv.* clairement; nettement; sans ambiguïté; **daraus geht** ~ **hervor, daß ...** il s'ensuit clairement que ...; 2ˌ**deutigˌkeit** *f* ⟨~⟩ clarté *f*; netteté *f*; ~ˌ**deutschen** *v/t.* ⟨*sép.*, -ge-, h⟩ germaniser; *Rechtschreibung* ~**d für ...** forme allemande pour ...; 2ˌ**deutschung** *f* ⟨~⟩ germanisation *f*; ~ˌ**dicken** *v/t.* ⟨*sép.*, -ge-, h⟩ épaissir; concentrer; réduire; 2ˌ**dickung** *f* ⟨~⟩ épaississement *m*; ~ˌ**dosen** *v/t.* ⟨-(es)t, *sép.*, -ge-, h⟩ *cf.* einmachen; ~ˌ**drillen** *v/t.* ⟨*sép.*, -ge-, h⟩ **j-m etw.** ~ inculquer qc. à qn.; entraîner qn. intensivement, dresser qn. à faire qc.; ~ˌ**dringen I** *v/i.* ⟨*irr., sép.*, -ge-, sein⟩ pénétrer, entrer par force; *in ein Land* faire irruption (dans); envahir (qc.); **gewaltsam bei j-m** ~ faire irruption chez qn.; forcer la porte de qn.; **auf j-n** ~ fondre, se précipiter sur qn.; *fig.* **in den Geist e-r Sprache** ~ saisir le génie d'une langue; **in ein Geheimnis** ~ pénétrer un secret; **II** 2ˌ**dringen** *n* ⟨~s⟩ pénétration *f*; *gewaltsames* irruption *f*; envahissement *m*; ~ˌ**dringlich 1.** *adj.* pénétrant; insistant; **2.** *adv.* avec insistance; 2ˌ**dringlichˌkeit** *f* ⟨~⟩ insistance *f*; 2ˌ**dringling** *m* ⟨~s; ~e⟩ intrus *m*; 2**dringˌtiefe** *f techn.* profondeur *f* de pénétration.

Eindruck [ˈaɪndrʊk] *m* ⟨~(e)s; ≈e⟩ **1.** (*Wirkung*) impression *f*; ~ **machen** faire de l'impression, de l'effet; **e-n guten** ~ **machen** faire une bonne impression; faire bon effet; **auf j-n** ~ **machen** impressionner qn.; faire de l'effet sur qn.; **den** ~ **erwecken, als ob ...** donner l'impression de ...; **ich habe den** ~, **daß ...** j'ai l'impression que ...; **das hat mir e-n tiefen** ~ **gemacht** cela m'a profondément impressionné; cela m'a fait beaucoup d'effet; **unter dem** ~ **von** sous l'effet, sous le coup de; F ~ **schinden** impressionner; **2.** (*Druckspur*) empreinte *f*; marque *f*; ~ˌ**durchmesser** *m* diamètre *m* de l'empreinte.

eindrücken [ˈaɪnˌdrʏkən] *v/t.* ⟨*sép.*, -ge-, h⟩ *Tür etc.* enfoncer; *Glasscheibe* casser.

Eindruck|schmierung [ˈaɪndrʊkˌʃmiːrʊŋ] *f Maschine* graissage central (sous pression); 2**sˌvoll** *adj.* impressionnant; plein d'effet; ~ˌ**tiefe** *f* profondeur *f* d'empreinte, Brinell.

eindünsten [ˈaɪnˌdʏnstən] *v/t.* ⟨-ete, *sép.*, -ge-, h⟩ *cf.* einmachen.

eine [ˈaɪnə] *cf.* ein.

ein|ebnen [ˈaɪnˌʔeːbnən] *v/t.* ⟨-ete, *sép.*, -ge-, h⟩ aplanir; niveler; égaliser; régaler; 2ˌ**ebnung** *f* ⟨~; ~en⟩ aplanissement *m*; nivellement *m*; égalisation *f*; régalement *m*; 2ˌ**ehe** *f* monogamie *f*; ~ˌ**eiig** *adj.* univitellin; ~**e Zwillinge** vrais jumeaux; jumeaux univitellins; ~**einˈhalb** *adj.*, ~**einˈhalbmal** *adv. cf.* anderthalb(mal); ~**en** *v/t.* (*u. v/réfl.*) ⟨h⟩ (*zusammenfügen*) (s')unir; (s')unifier; (*in Übereinstimmung bringen*) (se) mettre d'accord; ~ˌ**engen** *v/t.* ⟨*sép.*, -ge-, h⟩ réduire; restreindre; rétrécir; **sich eingeengt fühlen** se sentir à l'étroit; 2ˌ**engung** *f* ⟨~; ~en⟩ limitation *f*; restriction *f*.

einer [ˈaɪnər] **I** *adj. num. c. u. pr/ind. cf.* ein; **II** 2 *m* ⟨~s; ~⟩ **1.** *math.* unité *f*; **2.** *Ruderboot* canot *m* à un rameur; skiff *m*; ~ˈ**lei I** *adj.* ⟨*inv.*⟩ de la même espèce, nature; la même chose; *mit subst.* le *bzw.* la même; (*gleichgültig*) indifférent; **es ist mir** ~ cela m'est égal, indifférent; **II** 2ˈ**lei** *n* ⟨~s⟩ répétition *f* monotone; monotonie *f*; uniformité *f*; **das tägliche** ~ le train-train quotidien.

einernten [ˈaɪnˌʔɛrntən] *v/t.* ⟨-ete, *sép.*, -ge-, h⟩ recueillir; récolter.

einerseits [ˈaɪnərˌzaɪts] *adv.* d'un côté (**andererseits** de l'autre; d'un autre côté).

einesteils [ˈaɪnəsˌtaɪls] *adv.* d'une part (**anderenteils** d'autre part).

einfach [ˈaɪnfax] **1.** *adj.* simple; (*nicht schwierig*) facile (à comprendre); (*bescheiden*) modeste; ~**e Fahrkarte** (billet *m* d')aller *m*; billet simple; F **zweimal X** ~ deux aller pour X; ~**er Brief** lettre ordinaire; ~**e Stimmenmehrheit** majorité simple; ~**er Soldat** simple soldat; ~**es Essen** repas simple, frugal; *comm.* ~**e Buchführung** comptabilité en partie simple; *math.* ~**e Größe** monôme *m*; *méd.* ~**er Bruch** fracture simple; **das ist ganz** ~ c'est tout simple; F c'est simple comme bonjour; c'est bête comme chou; **das ist nicht so** ~, **wie es aussieht** ce n'est pas aussi simple que cela en a l'air; **die** ~**sten Dinge nicht verstehen** ne pas comprendre les choses les plus simples; **2.** *adv.* simplement; **das ist** ~ **herrlich!** c'est tout simplement magnifique, splendide, épatant!; **es ist ~ unglaublich** c'est absolument incroyable; **ich verstehe dich ~ nicht** je ne te saisis pas du tout; **ich habe ~ keinen Mut, keine Lust mehr** je n'ai tout simplement plus de courage, plus envie; **2ˌheit** *f* ⟨~⟩ simplicité *f*; **der ~ halber** pour plus de commodité; **~ˌwirkend** *adjt. techn.* à simple effet.

ein|fädeln ['aɪnˌfɛːdəln] **I** *v/t.* ⟨-(e)le, *sép.*, -ge-, h⟩ **1. (e-n Faden, e-e Nadel) ~** enfiler une aiguille; **2.** *fig. Intrigen etc.* engager, amorcer, entamer adroitement; **II** *v/i. u. v/réfl. Fahrzeug* s'enfiler; **2ˌfadenˌaufhängung** *f techn.* suspension *f* unifilaire; **2ˌfadenˌlampe** *f élect.* ampoule *f* à filament simple, à un filament; **~ˌfädig** *adj.* à un seul fil; unifilaire.

einfahr|en ['aɪnˌfaːrən] **I** *v/t.* ⟨*irr., sép.*, -ge-, h⟩ *Getreide* rentrer; engranger; *Auto* roder; *Brückenteil* lancer; **II** *v/i.* ⟨sein⟩ entrer; *Zug* entrer en gare; *mines* descendre; **III 2en** *n* entrée *f* (en gare, *etc.*); *mines* descente *f*; *e-s Autos* rodage *m*; *e-s Brückenteiles* lancement *m*; **2t** *f* entrée *f* (*auch Hafen2*); *vor Grundstücken* bateau *m*; (*Tor2*) porte cochère; *mines* descente *f*; **~ freihalten!** (interdit de stationner) sortie de voitures!; **~ verboten** entrée interdite (aux voitures); *chem.* **der Zug hat keine ~** le train ne peut entrer en gare; la voie d'arrivée n'est pas libre; **2t(s)siˌgnal** *n chem.* signal *m* d'entrée; **2tˌzeit** *f Auto* période *f* de rodage; **2ˌvorschrift** *f Auto* instructions *f/pl.* de rodage.

Einfall ['aɪnfal] *m* **1.** (*plötzlicher Gedanke*) idée (subite); *e-s Künstlers* trouvaille *f*; **er kam auf den ~, zu ...** l'idée lui vint de ...; il s'avisa de ...; il eut l'idée de ...; **wunderlicher, sonderbarer ~** idée bizarre; lubie *f*; **witziger ~** saillie *f*; **glücklicher ~** heureuse idée; **2.** *phys. von Strahlen* incidence *f*; **3.** *milit.* invasion *f*; irruption *f*; **2en I** *v/i.* ⟨*irr., sép.*, -ge-, sein⟩ **1.** *Licht* pénétrer; entrer; *Strahlen* tomber; *opt.* **~der Strahl** rayon incident; **2.** *milit.* faire irruption, invasion (in dans); envahir (qc.); **3.** (*einstürzen*) s'écrouler; s'effondrer; **4.** *mus.* attaquer; **5.** *Gedanken* venir à l'esprit, à l'idée; **sein Name fällt mir nicht ein** je ne me souviens plus de son nom; **dabei fällt mir ein, daß ...** j'y pense ...; à propos ...; cela me fait penser que ...; **es fällt mir jetzt nicht ein** je ne m'en souviens pas pour l'instant; F **was fällt dir ein!?** qu'est-ce qui te prend!?; quelle mouche te pique!?; **sich etw. ~ lassen** s'aviser de qc.; **laß es dir ja nicht ~, zu ...** ne t'avise pas de ...; F **fällt mir gar nicht ein!** pas question!; jamais de la vie!; F tu ne m'as pas regardé!; **II ~en** *n cf.* ~; **2sˌlos** *adj.* sans idées; **2sˌreich** *adj.* plein, rempli de bonnes idées; **~sˌwinkel** *m opt.* angle *m* d'incidence.

Ein|falt ['aɪnfalt] *f* ⟨~⟩ simplicité *f* d'esprit; naïveté *f*; niaiserie *f*; (*Dummheit*) imbécillité *f*; **2ˌfältig** *adj.* simple; naïf, -ïve; niais; sot, -tte; **~ˌfältigˌkeit** *f* ⟨~⟩ *cf.* **~falt**; **~faltsˌpinsel** *m* F bêta *m*; nigaud *m*; benêt *m*; **2ˌfalzen** *v/t.* ⟨-(es)t, *sép.*, -ge-, h⟩ *cf.* **falzen**; **~faˌmilienˌhaus** *n* maison particulière, individuelle, pour une seule famille, unifamiliale; pavillon *m*; **~fang** *m phys. atom.* capture *f*; **2ˌfangen** *v/t.* ⟨*irr., sép.*, -ge-, h⟩ capturer; attraper; *Bienenschwarm* recueillir; récolter; *phys. atom.* capter; **~fangproˌzeß** *m phys. atom.* processus [-ys] *m* de capture; **~fangreaktiˌon** *f phys. atom.* réaction *f* de capture; **2ˌfarbig** *adj.* d'une (seule) couleur; unicolore; *Stoff* uni; *opt.* monochromatique; **2ˌfassen I** *v/t.* ⟨-ßt, *sép.*, -ge-, h⟩ *cout. etc.* border; *mit e-m Band* galonner; *Brillengläser* monter; **II ~ˌfassen** *n e-r Brille* montage *m*; *sonst verbal*; **~ˌfassung** *f cout. etc.* bordure *f*; *cout. auch* galon *m*; ganse *f*; **2ˌfetten I** *v/t.* ⟨-ete, *sép.*, -ge-, h⟩ graisser; enduire de graisse; lubrifier; *mit Butter* beurrer; **II ~ˌfetten** *n*, **~ˌfettung** *f* ⟨~⟩ graissage *m*; lubrification *f*; **2ˌfinden** *v/réfl.* ⟨*irr., sép.*, -ge-, h⟩ **sich ~** venir; être (présent); **ich werde mich pünktlich ~** j'y serai, je m'y trouverai à l'heure exacte; **2ˌflechten** *v/t.* ⟨*irr., sép.*, -ge-, h⟩ entremêler (qc. de qc.); *fig.* insérer (qc. dans qc.); semer, entremêler (qc. de qc.); **~ˌflechtung** *f* ⟨~⟩ *fig.* insertion *f*; *sonst verbal*; **2ˌflicken** *v/t.* ⟨*sép.*, -ge-, h⟩ mettre une pièce à; *fig.* insérer (çà et là); **2ˌfliegen I** *v/t.* ⟨*irr., sép.*, -ge-, h⟩ *aviat.* essayer en vol; *Truppen etc.* amener, apporter par avion; **II** *v/i.* ⟨sein⟩ *aviat.* faire une incursion aérienne; **2ˌfließen** *v/i.* ⟨*irr., sép.*, -ge-, sein⟩ couler (dans); *fig.* **etw. ~ lassen** glisser qc. (dans); **2ˌflößen I** *v/t.* ⟨-(es)t, *sép.*, -ge-, h⟩ *Arznei* faire prendre; faire ingurgiter; *Bewunderung, Furcht* inspirer (à qn.); remplir (qn. de); **II ~ˌflößen** *n*, **~ˌflößung** *f* ⟨~; ~en⟩ *fig.* inspiration *f*; *sonst verbal*; **~flug** *m aviat.* incursion *f*; **~flugˌschneise** *f* ligne *f* d'accès de la piste; **~flugˌzeichenˌsender** *m aviat.* radiobalise *f*.

Einfluß ['aɪnflʊs] *m* influence *f*; *durch Überlegenheit* ascendant *m*; **großen ~ haben, ausüben auf** avoir, exercer une grande influence, beaucoup d'influence sur; **ich habe gar keinen ~ darauf** je ne peux rien y faire; je n'y suis pas du tout influent; **~ gewinnen, nehmen auf** acquérir, prendre de l'influence sur; prendre de l'ascendant sur; **s-n ~ bei j-m geltend machen** user de son influence, de son crédit auprès de qn.; **unter dem ~ stehen von** être sous, subir l'influence, l'ascendant de; **ohne ~ sein** n'avoir aucune influence; **leicht fremden Einflüssen unterliegen** être facilement influençable; se laisser facilement influencer; **~beˌreich** *m*, **~geˌbiet** *n* zone *f* d'influence; **~ˌnahme** *f* ⟨~⟩ *cf.* **~ (nehmen auf)**; **2ˌreich** *adj.* (très) influent; **~ sein** être très influent; avoir le bras long; **~e Freunde haben** avoir des amis en 'haut lieu, influents; **~ˌsphäre** *f* sphère *f*, zone *f* d'influence.

ein|flüstern ['aɪnˌflʏstərn] *v/t.* ⟨-(e)re, *sép.*, -ge-, h⟩ *fig.* **j-m etw. ~** insinuer, suggérer qc. à qn.; **2ˌflüsteˌrung** *f* ⟨~; ~en⟩ *fig.* insinuation *f*; suggestion *f*; **~ˌfordern** *v/t.* ⟨-(e)re, *sép.*, -ge-, h⟩ *comm.* exiger; réclamer; demander; **2ˌfordeˌrung** *f comm.* réclamation *f*; demande *f*; **~ˌförmig 1.** *adj.* uniforme; *fig.* monotone; **2.** *adv.* uniformément; *fig.* d'une façon monotone; **2ˌförmigˌkeit** *f* ⟨~⟩ uniformité *f*; *fig.* monotonie *f*; **~ˌfressen** *v/réfl.* ⟨*irr., sép.*, -ge-, h⟩ **sich ~** *Staub, Schmutz etc.* s'incruster; *chim.* ronger, attaquer, corroder (in etw. qc.); **~ˌfrieden** *v/t.* ⟨-ete, *sép.*, -ge-, h⟩, **~ˌfriedigen** *v/t.* ⟨*sép.*, -ge-, h⟩ (en-)clore; clôturer; **2ˌfried(iˌg)ung** *f* ⟨~; ~en⟩ clôture *f*; enceinte *f*; enclos *m*; **~ˌfrieren I** *v/t.* ⟨*irr., sép.*, -ge-, h⟩ *Lebensmittel* congeler; **II** *v/i.* ⟨sein⟩ geler (*auch comm.*); *Schiff* être pris par les glaces; **~ˌfügen I** *v/t.* ⟨*sép.*, -ge-, h⟩ insérer; (r)ajouter; **II** *v/réfl.* **sich ~** s'adapter (à); **2ˌfügung** *f* ⟨~; ~en⟩ insertion *f*; *fig.* adaptation *f*; **~ˌfühlen** *v/réfl.* ⟨*sép.*, -ge-, h⟩ **sich ~** *in ein Kunstwerk* sentir (qc.); *in e-e Person* sentir comme; s'identifier à; se mettre à la place de, dans la peau de; **2ˌfühlung** *f* ⟨~⟩ *verbal*; **2ˌfühlungsverˌmögen** *n* faculté *f* de sentir qc., de sentir comme qn., de se mettre à la place de qn., de s'identifier à qn.; facilité *f* d'adaptation; pouvoir *m*, puissance *f* d'intuition.

Einfuhr ['aɪnfuːr] *f* ⟨~; ~en⟩ *comm.* importation(s) *f* (*pl.*); entrée(s) *f* (*pl.*); **zollfreie ~** entrée libre; importation en franchise; **staatliche ~** importations du secteur public; **bei der ~** à l'entrée; **~arˌtikel** *m/pl.* biens *m/pl.*, articles *m/pl.* d'importation; (*eingeführte Waren*) articles importés.

einführbar ['aɪnfyːrˌbaːr] *adj.* importable.

Einfuhr|beschränkung ['aɪnfuːrbəˌʃrɛŋkʊŋ] *f* restriction *f* à l'importation, des importations; **~beˌstimmung** *f* règlement *m* d'importation; **~beˌwilligung** *f* permis *m*, licence *f* d'importation; **~deklaratiˌon** *f cf.* Einfuhrerklärung.

einführen ['aɪnˌfyːrən] *v/t.* ⟨*sép.*, -ge-, h⟩ **1.** *Mode, Sitten, Personen, méd. etc.* introduire; *in ein Amt* installer; (*einweihen*) initier (à qc.); **2.** *comm.* importer; **gut eingeführte Ware** marchandise qui se vend, s'écoule bien; **~d** *adjt.* **~e Worte** mots d'introduction.

Einfuhr|erklärung ['aɪnfuːrˀɛrˌklɛːrʊŋ] *f* déclaration *f* d'importation; **~erˌlaubnis** *f cf.* **~genehmigung**; **~erˌleichterungen** *f/pl.* facilités *f/pl.* d'importation; **~geˌnehmigung** *f* permis *m*, licence *f* d'importation; **~ˌhafen** *m* port importateur, d'importation, d'entrée; **~ˌhandel** *m* commerce *m* d'importation; **~ˌhändler** *m* (commerçant) importateur *m*; **~kontinˌgent** *n* contingent *m* d'importation; **~kontingenˌtierung** *f* contingentement *m* des importations, à l'entrée; **~kreˌdit** *m* crédit *m* à l'importation; **~ˌland** *n* pays importateur; **~ˌmenge** *f* montant *m* des importations; **~monoˌpol** *n* monopole *m* d'importation; **~paˌtent** *n* brevet *m* d'importation; **~ˌpreis** *m* prix *m* à l'importation; **~ˌschein** *m* licence *f* d'importation; **~ˌsperre** *f* embargo *m* sur les importations; blocage *m* des importations; **~staˌtistik** *f* statistiques *f/pl.* d'importation; **~ˌsteigerung** *f* accroissement *m*, augmentation *f* des importations; **~ˌsteuer** *f* taxe *f* d'importation; **~ˌstopp** *m* arrêt *m* des importations; **~taˌrif** *m* tarif *m* d'entrée; **~ˌüberschuß** *m* excédent *m* d'importation.

Einführung ['aɪnˌfyːrʊŋ] *f allg.* introduction *f*; *e-r Maßnahme etc. auch* institution *f*; instauration *f*; *in ein Amt* installation *f*; *in ein Wissensgebiet etc.* initiation *f*; (*Einleitung*) introduction *f*; (*Wegweiser für Anfänger*) introduction *f*; initiation *f*; *comm. auch* importation *f*; *e-s Artikels* lancement *m*; *élect. e-s Kabels* entrée *f*; **~ der 40-Stunden-Woche** introduction de la semaine de 40 heures; **~sbeˌstimmungen** *f/pl.* règlement *m* d'introduction; **~sˌdraht** *m* *élect.* fil *m* d'entrée; **~s,feierlich,keiten** *f/pl.* cérémonies *f/pl.* d'installation; **~sge,setz** *n* loi *f* d'introduction; **~s,kurs** *m* cours *m* d'introduction; **~s,öffnung** *f* entrée *f*; ouverture *f*, orifice *m* d'entrée; **~s,rohr** *n* conduit *m*, tube *m* d'entrée.

Einfuhr|verbot ['aɪnfuːrfɛr,boːt] *n* interdiction *f*, prohibition *f* d'importation, d'entrée; allgemeines ~ prohibition générale d'entrée; **~ver,trag** *m* contrat *m* d'importation; **~,ware** *f* marchandise *f* d'importation; (*eingeführte Ware*) marchandise importée; **~,wert** *m* valeur *f* d'importation, à l'importation; **~,zoll** *m* droit *m* d'entrée, (de douane) à l'importation.

einfüll|en ['aɪn,fylən] **I** *v/t.* ⟨*sép.*, -ge-, h⟩ remplir (de); verser dans; etw. in ein Faß ~ entonner qc.; remplir un tonneau de qc.; **II** 2**en** *n* remplissage *m*; 2**,öffnung** *f* trou *m*, ouverture *f*, orifice *m* de remplissage; *am Faß* bonde *f*; 2**,stutzen** *m am Benzintank* tubulure *f* de remplissage; 2**,trichter** *m* entonnoir *m* de remplissage.

einfüßig ['aɪn,fyːsɪç] *adj.* à un pied; *zo.* monopode.

Eingabe ['aɪn,gɑːbə] *f e-s Gesuches* demande *f* (par écrit); pétition *f*; *jur.* requête *f*; e-e ~ machen faire, formuler une demande; présenter une requête, une pétition.

Eingang ['aɪngaŋ] *m* **1.** (*Tür*) entrée *f*; **2.** (*Aufnahme*) accès *m*; ~ finden trouver accès, faveur; être accueilli, accepté; e-r Sache ~ verschaffen faire accepter qc.; sich ~ verschaffen se faire admettre; se procurer accès; **3.** (*Eintreffen*) entrée *f*; arrivée *f*; *comm. e-r Summe* rentrée *f*; *von Waren* arrivage *m*; entrée *f*; nach ~ après réception; au reçu; ~ vorbehalten sauf rentrée; **4.** (*Einnahme*) recette *f*.

eingängig ['aɪn,gɛŋɪç] *adj.* **1.** *Gewinde* à pas simple; **2.** *Melodie etc.* qui se retient facilement.

eingangs ['aɪngaŋs] *adv. u. prép.* ⟨*gén.*⟩ au début; au commencement; en tête; wie ~ erwähnt comme mentionné au début.

Eingangs|bestätigung ['aɪngaŋsbə,ʃtɛːtɪguŋ] *f* accusé *m* de réception; récépissé *m*; **~be,stimmung** *f* disposition *f* préliminaire; **~,buch** *n comm.* livre *m* des entrées; **~,datum** *n* date *f*, jour *m* d'entrée; **~,formel** *f e-r Urkunde* intitulé *m*; **~kapazi,tät** *f élect.* capacité *f* d'entrée; **~,leistung** *f élect.* puissance *f* d'entrée; **~,nummer** *f* numéro *m* d'entrée; **~,spannung** *f élect.* tension *f* d'entrée; **~,stempel** *m* cachet *m*, timbre *m* de la date d'entrée; **~,tor** *n* porte *f* d'entrée; **~transfor,mator** *m élect.* transformateur *m* d'entrée; **~,widerstand** *m élect.* résistance *f* d'entrée; **~,zoll** *m* droit *m* (de douane) d'entrée.

ein|geäschert ['aɪngə,ʔɛʃərt] *adjt.* incinéré; **~ge,baut** *adjt.* incorporé; encastré; installé; mit ~er Antenne avec antenne incorporée; **~,geben** *v/t.* ⟨*irr.*, *sép.*, -ge-, h⟩ *fig. Gedanken* inspirer; suggérer; insinuer; **~ge,bildet** *adjt. Krankheit* imaginaire; (*dünkelhaft*) fat [-t]; plein de soi-même; présomptueux, -euse; prétentieux, -euse; suffisant; ~ sein se croire; F ne pas se prendre pour rien, pour n'importe qui; ne pas se moucher du pied; F ~e Gans poseuse *f*; 2**ge,bildet,heit** *f* ⟨~⟩ suffisance *f*; fatuité *f*; présomption *f*; **~ge,boren** *adjt.* indigène; aborigène; *bibl.* unique; 2**ge,borene(r)** *f* (*m*) ⟨→ A⟩ indigène *m*, *f*; natif, -ive *m*, *f*; 2**ge,borenen,aufstand** *m* insurrection *f* des indigènes; 2**ge,borenen,sprache** *f* langue *f* indigène; **~ge,bracht** *adjt. jur.* ~es Gut apport *m*; ~es Kapital apport *m* de capital; mise *f* de fonds; **~ge,brannt** *adjt.* marqué au fer; *Muster in Porzellan etc.* cuit; 2**,gebung** *f* ⟨~; ~en⟩ inspiration *f*; e-r plötzlichen ~ folgen suivre une idée soudaine, subite; **~ge,denk** *st. s. adj.* e-r Sache ~ sein se souvenir d'une chose; ~ bleiben garder le souvenir (de); garder (qc.) en mémoire; **~ge,engt** *adjt.* réduit; à l'étroit; **~ge,fallen** *adjt. Wangen* creux, -euse; *Augen auch* enfoncé; *Gesicht auch* 'hâve; amaigri; **~ge,fleischt** *adjt.* ~er Junggeselle célibataire endurci; ~e Gewohnheiten coutumes ancrées; **~ge,froren** *adjt. comm.* bloqué; gelé; **~ge,fuchst** *adjt.* F auf etw. ~ sein être familiarisé avec qc.; **~ge,gangen** *adjt.* (*eingetroffen*) arrivé; ~e Beträge recettes *f/pl.*; *cf. auch* eingehen; **~ge,hakt, ~ge,hängt** *advt.* (*Arm in Arm*) bras dessus, bras dessous.

eingehen ['aɪn,geːən] **I** *v/t.* ⟨*irr.*, *sép.*, -ge-, sein⟩ *Ehe* contracter; conclure; *Wette* faire; conclure; *Verbindung* entrer (en liaison); e-e bindende Verpflichtung ~ contracter des obligations, un engagement; ein Risiko ~ encourir un risque; **II** *v/i.* **1.** arriver; *in die Ewigkeit*, *in die Geschichte* entrer; **2.** *Gelder* rentrer; **3.** *auf e-n Handel* conclure (qc.); *auf ein Angebot, auf e-e Bedingung etc.* accepter (qc.); souscrire à; *auf Einzelheiten etc.* entrer dans; *auf e-e Frage, Bitte, auf besondere Wünsche* répondre à; **4.** *Pflanzen, Tiere* mourir; dépérir; F crever; *Zeitung* cesser de paraître; *Geschäft* cesser (d'exister); **5.** *Argument, Text etc.* se comprendre; *Melodie etc.* se retenir; das geht e-m leicht ein cela se comprend, se retient facilement; **~d 1.** *adjt.* **a)** détaillé; (*genau*) exact; ~er Bericht *auch* rapport circonstancié; ~e Beschreibung *auch* description spécifique; ~e Kenntnisse connaissances approfondies; **b)** (*eintreffend*) die ~e Post le courrier qui arrive; **2.** *advt.* en détail; etw. ~ behandeln, darlegen traiter, exposer qc. en détail; etw. ~ prüfen examiner minutieusement qc.; etw. ~ beschreiben donner une description détaillée de qc.

ein|gekapselt ['aɪngə,kapsəlt] *adjt. méd.* enkysté; **~ge,keilt** *adjt.* coincé; in die Menge ~ serré dans la foule; **~ge,lagert** *adjt. géol.* interstratifié; **~ge,lassen** *adjt. bât.* encastré; **~ge,legt** *adjt.* ~e Arbeit (ouvrage *m* de) marqueterie *f*; incrustation *f*; *cuis.* ~e Heringe 'harengs marinés; *cf. auch* einlegen; 2**ge,machte(s)** *n* ⟨→ A⟩ *cuis.* fruits *m/pl. od.* légumes *m/pl.* en bocaux, stérilisés; **~ge,meinden** *v/t.* ⟨-ete, *sép.*, *p.p.* eingemeindet, h⟩ incorporer dans, réunir à une commune; 2**ge,meindung** *f* ⟨~; ~en⟩ incorporation *f* dans, réunion *f* à une commune; **~ge,nommen** *adjt.* prévenu (für, von en faveur de, gegen contre); von sich ~ sein être plein de soi-même; être fat [-t]; se croire; avoir une trop bonne opinion de soi-même; 2**ge,nommen,heit** *f* ⟨~⟩ prévention *f* (für en faveur de, gegen contre); **~ge,rechnet** *adjt.* y compris; die Unkosten ~ faux frais compris; **~ge,schaltet** *adjt. élect.* en marche; allumé; **~ge,schlafen** *adjt. Körperglieder* engourdi; **~ge,schlechtig** *adj. bot.* unisexué; unisexuel, -lle; **~ge,schnappt** *adjt.* F (*beleidigt*) vexé; froissé; offensé; leicht ~ sein se vexer, se froisser facilement; prendre la mouche facilement; **~ge,schossig** *adj.* d'un *od.* à un étage; **~ge,schränkt** *adjt.* étroit; restreint; 2**ge,schränktheit** *f* ⟨~⟩ restriction *f*; étroitesse *f*; **~ge,schrieben** *adjt.* inscrit; *Brief* recommandé; **~ge,schworen** *adjt.* auf etw. ~ sein ne jurer que par qc.; **~ge,sessen** *adjt. Bevölkerung etc.* établi; installé; **~ge,sprengt** *adjt. mines* disséminé; **~ge,stand(e)ner,maßen** *adv.* il faut avouer que ... *bzw.* comme qn. l'a avoué ...; 2**ge,ständnis** *n* aveu *m*; **~ge,stehen** *v/t.* ⟨*irr.*, *sép.*, *p. p.* eingestanden, h⟩ avouer; (*zugeben*) admettre; confesser; **~ge,stellt** *adjt. cf.* einstellen 7.; **~ge,strichen** *adjt. mus.* de la région trois; **~ge,tragen** *adjt.* enregistré; inscrit; ~e Schutzmarke marque déposée; ~er Verein association déclarée, enregistrée; **~ge,wachsen** *adjt. méd.* ~er Nagel ongle incarné.

Eingeweide ['aɪngə,vaɪdə] *n* ⟨~s; ~⟩ *anat.* viscères *m/pl.*; (*Gedärme*) entrailles *f/pl.* (*auch fig.*); intestins *m/pl.*; *von Tieren* tripes *f/pl.*; **~,bruch** *m méd.* 'hernie *f*; **~,senkung** *f méd.* entéroptôse *f*; descente *f* de l'intestin; **~,würmer** *m/pl.* vers intestinaux.

ein|geweiht ['aɪngə,vaɪt] *adjt.* initié (à); *in e-n Plan etc.* informé (de); 2**ge,weihte(r)** *f* (*m*) ⟨→ A⟩ initié(e) *m*(*f*); **~ge,wöhnen** *v/réfl.* ⟨*sép.*, *p. p.* eingewöhnt, h⟩ sich ~ s'habituer, s'accoutumer (à); s'acclimater (à); 2**ge,wöhnung** *f* ⟨~⟩ accoutumance *f*; acclimatation *f*; **~ge,wurzelt** *adjt.* enraciné; tief ~e Gewohnheit habitude invétérée; **~ge,zahlt** *adjt. comm.* versé; bei der Bank ~ versé à la banque; **~,gießen** *v/t.* ⟨*irr.*, *sép.*, -ge-, h⟩ verser (dans); **~,gipsen** *v/t.* ⟨-(es)t, *sép.*, -ge-, h⟩ sceller dans le plâtre; 2**glas** *n* monocle *m*; **~,gleisig** *adj.* à une voie; à voie unique; **~,gliedern** *v/t.* ⟨-(e)re, *sép.*, -ge-, h⟩ incorporer; intégrer; 2**,gliede,rung** *f* incorporation *f*; intégration *f*; 2**,gliederungs,darlehen** *n écon.* prêt *m* de reclassement (pour les réfugiés); **~,graben I** *v/t.* ⟨*irr.*, *sép.*, -ge-, h⟩ enterrer; (*einscharren*) enfouir; *fig.* graver; **II** *v/réfl.* sich ~ *Tiere* se terrer; *milit.* se retrancher; se terrer; *fig.* se graver; 2**,grabung** *f* enterrement *m*; enfouissement *m*; **~gra,vieren** *v/t.* ⟨*sép.*, *pas de ge-*, h⟩ graver (dans); **~,greifen I** *v/i.* ⟨*irr.*, *sép.*, -ge-, h⟩ *in e-e Angelegenheit* intervenir, s'interposer (dans); *techn.* engrener; in j-s Rechte ~ empiéter sur, usurper les droits de qn.; **II** 2**,greifen** *n* intervention *f*; *od. verbal*; **~,grenzen** *v/t.* ⟨-(es)t, *sép.*, -ge-, h⟩ limiter; localiser; borner; 2**,grenzung** *f* ⟨~; ~en⟩ limitation *f*; 2**griff** *m* intervention *f*; *jur. widerrechtlicher* empiétement *m*; *chir.* intervention *f*; ~ in das Privateigentum atteinte à la propriété privée; e-n strafbaren, verbotenen ~ vornehmen provoquer un avortement (par des manœuvres criminelles); **~gru,ppieren** *v/t.* ⟨*sép.*, *pas de ge-*, h⟩ grouper; classer; 2**guß** *m métall.* (jet *m* de) coulée *f*; (*Gießloch*) trou *m* de coulée; (*Zapfen*) masselotte *f*; **~,hakken** *v/i.* ⟨*sép.*, -ge-, h⟩ *Vogel* auf etw. ~ donner des coups de bec à, sur qc.; **~,haken** *v/t.* (*u. v/réfl.*) ⟨*sép.*, -ge-, h⟩ *techn.* (s')accrocher; (s')agrafer; (s')enclencher (dans); j-n ~, **sich bei j-m ~** prendre le bras de qn.; **er wagte nicht, sich bei ihr einzuhaken** il n'osa pas lui prendre le bras, prendre son bras, lui donner le bras; **~'halbmal** *adv.* une demi-fois.

Ein|halt ['aɪnhalt] *m* ⟨~(e)s⟩ arrêt *m*; ~ **gebieten, tun** arrêter; mettre fin à; faire cesser; (*eindämmen*) endiguer; enrayer; **2ˌhalten I** *v/t.* ⟨*irr., sép.*, -ge-, h⟩ observer (strictement); *Bedingungen, Bestimmungen etc. auch* satisfaire à; se conformer à; observer; respecter; **die Verpflichtungen ~** tenir les engagements; **II** *v/i.* **mit etw. ~** s'arrêter, cesser, arrêter de faire qc.; **halt ein!** arrête!; **~ˌhaltung** *f von Bedingungen, Bestimmungen, Fristen* observation *f*; *relig. e-r Regel* observance *f*; **unter ~** von en observant (qc.); **strikte ~** observation rigoureuse; étroite observance; **2ˌhämmern** *v/t.* ⟨-(e)re, *sép.*, -ge-, h⟩ *fig.* faire entrer dans la tête (de qn.); **2ˌhandeln** *v/t.* ⟨-(e)le, *sép.*, -ge-, h⟩ échanger (gegen contre); **2ˌhändig** *adj.* à une (seule) main (*auch mus.*); **2ˌhändigen** *v/t.* ⟨*sép.*, -ge-, h⟩ remettre (en main propre); **~ˌhändiˌgung** *f* ⟨~⟩ remise *f*; **2ˌhängen I** *v/t.* ⟨*sép.*, -ge-, h⟩ accrocher; *Tür* mettre sur ses gonds; *tél. Hörer* raccrocher; **II** *v/réfl.* **sich bei j-m ~** *cf.* einhaken; **2ˌhauchen** *v/t.* ⟨*sép.*, -ge-, h⟩ insuffler; *fig. auch* inspirer; **(neues) Leben ~** (r)animer (qn., qc.) de son souffle; **2ˌhauen I** *v/t.* ⟨*irr., sép.*, -ge-, h⟩ enfoncer; casser; **II** *v/i.* **auf j-n ~** *cf.* **einschlagen 11.**; *fig. u.* F (*beim Essen kräftig zulangen*) avoir un bon, joli coup de fourchette; **2ˌhäusig** *adj. bot.* monoïque; **2ˌheften** *v/t.* ⟨-ete, *sép.*, -ge-, h⟩ *Seiten* fixer, mettre dans; *cout. Futter* faufiler; **2ˌhegen** *v/t.* ⟨*sép.*, -ge-, h⟩ *cf.* einfried(ig)en; **2ˌheimisch** *adj.* indigène; du pays; aborigène; national; local; **~ˌheimische(r)** *f(m)* ⟨→ A⟩ indigène *m, f*; natif, -ive *m, f*; personne *f* du pays; **2ˌheimsen** *v/t.* ⟨-(es)t, *sép.*, -ge-, h⟩ *fig. u.* F empocher; **~ˌheirat** *f* alliance *f* à une famille par mariage; entrée *f* en jouissance d'un bien par suite de mariage; **2ˌheiraten** *v/i.* ⟨-ete, *sép.*, -ge-, h⟩ **in e-e Familie ~** entrer dans une famille par alliance; s'allier à une famille par mariage; **in ein Geschäft ~** épouser une affaire.

Einheit ['aɪnhaɪt] *f* ⟨~; ~en⟩ unité *f* (*auch milit.*); **das Meter ist die ~ unserer Längenmaße** le mètre est l'unité de nos mesures de longueur; **e-e ~ bilden** former un tout; **zu e-r ~ verbinden** réunir en un(e) seul(e); **2lich 1.** *adj.* **a)** (*in sich geschlossen*) qui a de l'unité; homogène; unique; **ein ~es Ganzes** un tout homogène; **b)** (*für alle gleich*) uniforme; unique; standard (*inv.*); pareil, -lle; semblable; même; **e-e ~e Ausbildung** une même formation; **~e Größe** grandeur *f* standard; **~e Kleidung** uniforme *m*; tenue *f* semblable; **2.** *adv.* **a) ~ vorgehen** procéder selon un plan d'ensemble; **b) sich ~ kleiden** s'habiller pareil, uniformément; **~lichˌkeit** *f* **a)** (*Geschlossenheit*) unité *f*; homogénéité *f*; **b)** (*Gleichheit*) caractère *m* uniforme, semblable; **~sbeˌstrebungen** *f/pl. pol.* tendances *f/pl.* unitaires; **~sfabrikatiˌon** *f* fabrication standardisée; **~sformuˌlar** *n* formulaire *m* standard; **~sfreˌquenz** *f élect.* fréquence *f* étalon; **~sˌfront** *f pol.* front *m* unique; unité *f* de front; **~sgeˌbühr** *f* taxe *f* uniforme; droit *m* unique; redevance unitaire; **~sgeˌwerkschaft** *f* syndicat *m* unique; **~sˌgröße** *f* grandeur *f* standard; **~sˌkleidung** *f* uniforme *m*; **~sˌkurs** *m Börse* cours *m* unique; **~sˌkurzschrift** *f* sténographie unifiée; **~sˌliste** *f Wahl* liste *f* unique; **~sˌmietverˌtrag** *m* contrat-type *m* de location; bail-type *m*; **~sparˌtei** *f* **a)** *einzige Partei* parti *m* unique; **b)** *Zusammenschluß mehrerer Parteien* parti unifié; **~sˌpreis** *m* prix *m* unique; **~spreisgeˌschäft** *n* magasin *m* à prix unique; **~sˌschule** *f* école *f* unique; enseignement *m* uniforme; **~sˌstaat** *m* État *m* unitaire; **~staˌrif** *m* tarif *m* unique; **~sˌvektor** *m Mechanik* vecteur *m* unité; **~sverˌsicherung** *f* assurance *f* unique, de plusieurs risques; **~sˌwert** *m Steuer* valeur *f* imposable.

ein|heizen ['aɪnˌhaɪtsən] *v/i.* ⟨-(es)t, *sép.*, -ge-, h⟩ bien chauffer; *fig. u.* F **j-m tüchtig ~** flanquer la frousse à qn.; secouer les puces à qn.; **~ˌhellig 1.** *adj.* unanime; **2.** *adv.* à l'unanimité; **2ˌhelligˌkeit** *f* ⟨~⟩ unanimité *f*; **~ˌhenk(e)lig** *adj.* à une anse; à une poignée; **~ˌhenkeln** *v/réfl.* ⟨-(e)le, *sép.*, -ge-, h⟩ *cf.* einhaken.

einher... [aɪn'heːr] *in Verbindung mit Verben meist nicht übersetzt*; **~ˌgehen** *v/i.* ⟨*irr., sép.*, -ge-, sein⟩ aller; se promener; *Maßnahmen etc.* **mit etw. ~** s'accompagner de qc.; **~stolˌzieren** *v/i.* ⟨*sép., pas de ge-*, sein⟩ se pavaner.

einhol|en ['aɪnˌhoːlən] *v/t.* ⟨*sép.*, -ge-, h⟩ **1.** (*erreichen*) rejoindre; rattraper; atteindre (*auch Sport*); **2.** *Ernte* rentrer; *Segel, Flagge* amener; *mar.* 'haler bas; **3.** *cf.* **einkaufen**; **4.** *Erlaubnis etc.* demander; *Akzept* obtenir; **Auskünfte ~** se renseigner; prendre des renseignements; **ein Gutachten ~** demander une expertise; recueillir l'avis d'un expert; **2ˌtasche** *f cf.* **Einkaufstasche**; **2ung** *f* ⟨~⟩ demande *f*; *e-s Akzepts* obtention *f* (d'acceptation); *von Auskünften* prise *f* (de renseignements).

Ein|horn ['aɪnhɔrn] *n myth.* licorne *f*; **2ˌhörnig** *adj.* unicorne; **~ˌhufer** *m* ⟨~s; ~⟩ *zo.* solipède *m*; **2ˌhufig** *adj. zo.* solipède; **2ˌhüllen** *v/t.* (*u. v/réfl.*) ⟨*sép.*, -ge-, h⟩ (s')envelopper (dans); *in Dunkel, Schweigen, Nebel etc.* (se) plonger, (s')envelopper (dans); **sich warm ~** s'emmitoufler (dans); **2ˌhüllend** *adjt. math.* **~e Kurve** enveloppe *f*; **~ˌhüllung** *f* ⟨~; ~en⟩ enveloppement *m*; **2ˌhundert** *adj. num. c. cf.* hundert.

einig ['aɪnɪç] *adj.* **a) ein ~es Volk** un peuple uni; **b) ~ sein, werden** être, tomber d'accord (sur); **mit sich selbst nicht ~ sein** n'être pas d'accord avec soi-même; **die Fachwelt ist sich darüber ~, daß ...** les spécialistes s'accordent pour dire, penser que ...; **darin sind wir uns ~** nous sommes bien d'accord là-dessus; **~e** *pr/ind. adjektivisch* quelque(s); *substantivisch* quelques-un(e)s; **vor ~r Zeit** il y a quelque temps; **~ tausend Exemplare** quelques milliers d'exemplaires; **~ Leute sagen** certaines personnes disent; **es hat mir ~ Mühe bereitet** cela m'a donné quelque peine; **~s** quelque chose; **ich könnte dir ~s erzählen** je pourrais t'en raconter des choses; **er wußte ~s** il savait quelque chose, *untertreibend* pas mal de choses; **wir hätten mit dir ~s zu besprechen** nous aurions à te parler de différentes choses.

einigeln ['aɪnˌʔiːgəln] *v/réfl.* ⟨-(e)le, *sép.*, -ge-, h⟩ **sich ~** *milit.* former le hérisson; se mettre en 'hérisson; *fig.* se retrancher.

einig|emal ['aɪnɪgəˌmaːl] *adv.* plusieurs fois; **~en** *v/réfl.* ⟨h⟩ **sich ~** tomber, se mettre d'accord (sur); **sich über den Preis ~** *auch* convenir du prix; **sich gütlich ~** s'arranger à l'amiable; **~er'maßen** *adv.* quelque peu; tant soit peu; (*leidlich*) passablement; **mit j-m ~ auskommen** s'entendre moyennement avec qn.; **es geht mir ~** je vais comme ci comme ça; **s-e Lage hat sich ~ gebessert** sa situation s'est quelque peu améliorée; **wer nur ~ Französisch versteht ...** qui comprend tant soit peu le français ...; **~ˌgehen** *v/i.* ⟨*irr., sép.*, -ge-, sein⟩ *st. s. cf.* **~ (sein)**; **2ˌkeit** *f* ⟨~⟩ union *f*; accord *m*; (*Eintracht*) concorde *f*; **~ macht stark** *prov.* l'union fait la force *prov.*; **2ung** *f* ⟨~; ~en⟩ union *f*; unification *f*; (*Verständigung*) entente *f*; accord *m*; arrangement *m*; *jur.* **~ zwischen den Parteien** accord entre les parties; **~ erzielen** parvenir à une entente, à un accord; s'entendre; s'accorder; **kommt keine ~ zustande, ...** en cas de désaccord ...; **2ungsˌamt** *n jur.* bureau *m* de conciliation; **2ungsbeˌstrebungen** *f/pl. pol.* mouvement *m* d'unification; **2ungsˌformel** *f* formule *f* d'accord; **2ungsˌplan** *m* plan *m* de conciliation; **2ungsˌstelle** *f jur.* office *m* de conciliation; **2ungsverˌsuch** *m* tentative *f* de conciliation; **2ungsˌvorschlag** *m* proposition *f* d'arrangement; **2ungsˌwerk** *n* œuvre *f* d'unification.

ein|impfen ['aɪnˌʔɪmpfən] *v/t.* ⟨*sép.*, -ge-, h⟩ inoculer (*auch fig.*); **2ˌimpfung** *f* inoculation *f*; **~ˌjagen** *v/t.* ⟨*sép.*, -ge-, h⟩ inspirer; **j-m Furcht ~** faire peur à qn.; **j-m e-n panischen Schrecken ~** faire très peur à qn.; F flanquer la frousse à qn.; **~ˌjährig** *adj.* d'un an; **2ˌjährige(s)** *n* ⟨→ A⟩ (*mittlere Reife*) *etwa* niveau *m* du B.E.P.C. (Brevet d'Études du Premier Cycle); **~ˌkacheln** *v/i.* ⟨-(e)le, *sép.*, -ge-, h⟩ F (*einheizen*) bien chauffer; faire du bon feu; **~kalkuˌlieren** *v/t.* ⟨*sép., pas de ge-*, h⟩ mettre en ligne de compte; tenir compte de; prévoir (dans); **2ˌkammersysˌtem** *n pol.* monocamérisme *m*; **~ˌkapseln** *v/t.* (*u. v/réfl.*) ⟨-(e)le, *sép.*, -ge-, h⟩ *méd.* (s')enkyster; *fig.* **sich ~** s'isoler; **2ˌkaps(e)ˌlung** *f* ⟨~; ~en⟩ *méd.* enkystement *m*; *fig.* isolement *m*; **~kaˌssieren** *v/t.* ⟨*sép., pas de ge-*, h⟩ encaisser; toucher; **2kaˌssierung** *f* encaissement *m*.

Einkauf ['aɪnkauf] *m* achat *m*; emplette *f*; **Einkäufe machen** faire, effectuer des achats, des emplettes; **2en I** *v/t.* ⟨*sép.*, -ge-, h⟩ acheter; **II** *v/i.* **~ (gehen)** (aller) faire des courses; *für den täglichen Bedarf* faire les commissions.

Einkäufer(in) ['aɪnˌkɔʏfər(ɪn)] *m (f) comm.* acheteur, -euse *m, f*; agent *m* d'achat.

Einkaufs|abteilung ['aɪnkaufsˌʔapˌtaɪlʊŋ] *f* service *m* des achats; **~ˌbuch** *n* registre *m*, journal *m*, livre *m* d'achats; **~erˌmächtigung** *f* autorisation *f* d'achat; **~geˌnossenˌschaft** *f* coopérative *f*, société *f*, groupement *m* d'achat; **~kommissiˌon** *f* commission *f*, ordre *m* d'achat; **~kommissioˌnär** *m* commissionnaire-acheteur *m*; personne *f* qui exécute un ordre d'achat; **~konˌtor** *n* comptoir *m* d'achat; **~ˌnetz** *n* filet *m* à provisions; **~ˌpreis** *m* **a)** prix *m* d'achat; **b)** (*Einstandspreis*) prix *m* de revient d'achat; **zum**

~ au prix coûtant; unter (dem) ~ à perte; ~ˌ**tasche** *f* sac *m* à provisions; ~ˌ**zentrum** *n* centre *m* d'achat, commercial.

Einkehr ['aınkeːr] *f* ⟨~⟩ *verbal*; *fig.* recueillement *m*; 2**en** *v/i.* ⟨*sép.*, -ge-, sein⟩ *in ein Wirtshaus* entrer se restaurer (dans une auberge).

ein|keilen ['aınˌkaılən] *v/t.* ⟨*sép.*, -ge-, h⟩ serrer avec des coins; coincer; enclaver; *fig.* coincer; serrer; ~ˌ**keimblättrig** *adj. bot.* monocotylédone; ~ˌ**kellern** *v/t.* ⟨-(e)re, *sép.*, -ge-, h⟩ mettre en cave; encaver; 2ˌ**kelleˌrung** *f* ⟨~; ~en⟩ mise *f* en cave; encavement *m*; 2ˌ**keller(ungs)karˌtoffeln** *f/pl.* pommes de terre pour l'hiver, bonnes à être mises en cave; ~ˌ**kerben** *v/t.* ⟨*sép.*, -ge-, h⟩ entailler; encocher; 2ˌ**kerbung** *f* ⟨~; ~en⟩ entaillage *m*; encochement *m*; (*Kerbe*) entaille *f*; encoche *f*; *an e-m Zapfen* mortaise *f*; ~ˌ**kerkern** *v/t.* ⟨-(e)re, *sép.*, -ge-, h⟩ incarcérer; mettre au cachot; 2ˌ**kerkeˌrung** *f* ⟨~; ~en⟩ incarcération *f*; ~ˌ**kesseln** *v/t.* ⟨-ssele *od.* -ßle, *sép.*, -ge-, h⟩ encercler; cerner; 2ˌ**kesseˌlung** *f* ⟨~; ~en⟩ encerclement *m*; ~ˌ**kitten** *v/t.* ⟨-ete, *sép.*, -ge-, h⟩ mastiquer; ~**klagˌbar** *adj. jur.*, *comm.* exigible; ~**er Betrag** somme exigible; ~ˌ**klagen** *v/t.* ⟨*sép.*, -ge-, h⟩ *comm.* **e-n Wechsel** ~ intenter une action en matière de change; **e-e Schuld** ~ poursuivre le recouvrement d'une dette; ~ˌ**klammern** *v/t.* ⟨-(e)re, *sép.*, -ge-, h⟩ mettre entre parenthèses; *in eckige Klammern* mettre entre crochets; 2ˌ**klammeˌrung** *f* ⟨~; ~en⟩ mise *f* entre parenthèses, *eckige* entre crochets; 2**klang** *m mus.* unisson *m*; accord *m*; *fig.* **im ~ stehen mit** concorder avec; être en harmonie avec; **in ~ bringen** harmoniser; concilier; **nicht in ~ zu bringen sein** être inconciliable; ~ˌ**klappig** *adj. bot.* univalve; ~ˌ**klassig** *adj.* d'une seule classe; *Schule* à classe unique; ~ˌ**kleben I** *v/t.* ⟨*sép.*, -ge-, h⟩ coller dans; **II** 2ˌ**kleben** *n* collage *m*; ~ˌ**kleiden** *v/t.* (*u. v/réfl.*) ⟨-ete, *sép.*, -ge-, h⟩ (s')habiller; *Gedanken* habiller; **sich neu ~** s'habiller de neuf; **die Rekruten werden eingekleidet** on habille les recrues; *math.* **eingekleidete Aufgabe** problème *m*; ~ˌ**klemmen** *v/t.* ⟨*sép.*, -ge-, h⟩ coincer; pincer; *chir.* **eingeklemmter Bruch** 'hernie étranglée; 2ˌ**klemmung** *f* ⟨~; ~en⟩ coinçage *m*; coincement *m*; *chir.* étranglement *m*; ~ˌ**klinken** *v/t.* ⟨*sép.*, -ge-, h⟩ *techn.* enclencher; *Tür* fermer; ~ˌ**knicken** *v/t.* ⟨*sép.*, -ge-, h⟩ *u. v/i.* ⟨sein⟩ plier; *Ecke e-r Seite* corner (une page); faire une corne (à); ~ˌ**kochen** *v/t.* ⟨*sép.*, -ge-, h⟩ *cf.* einmachen; 2**kochˌglas** *n cf.* Einmachglas.

Einkommen ['aınˌkɔmən] **I** *n* ⟨~s; ~⟩ revenu(s) *m* (*pl.*); **ein ~ beziehen** tirer un revenu (de); **mit geringem ~** à faible revenu; **~ aus Arbeit** revenu du travail; **~ aus Besitz** revenu de la fortune; **~ aus Kapital** rente(s) *f*(*pl.*); **festes ~** revenu fixe; **jährliches ~** revenu annuel; **tatsächliches ~** revenu réel; **steuerfreies ~** revenu exonéré de l'impôt; **steuerpflichtiges ~** revenu imposable; **II** 2 *v/i.* ⟨*irr.*, *sép.*, -ge-, sein⟩ *jur.* **um etw. ~** faire une demande pour qc.; demander qc.; ~**sˌart** *f* catégorie *f*, genre *m* de revenus; ~**sˌgrenze** *f* limite *f* des revenus; ~**sˌgruppe** *f* tranche *f* de revenus; ~**sˌquelle** *f* source *f* de revenu(s); ~**(s)ˌschicht** *f* catégorie *f* de contribuables; ~**(s)ˌschichtung** *f* répartition *f* des revenus; ~ˌ**steuer** *f* impôt *m* sur le revenu; **Erhebung der ~** perception, prélèvement de l'impôt sur le revenu; ~ˌ**steuererˌklärung** *f* déclaration *f* d'impôt sur le revenu; **s-e ~ abgeben** faire la déclaration de, déclarer ses revenus; ~ˌ**steuergeˌsetz** *n* loi relative à l'impôt sur le revenu; 2ˌ**steuerˌpflichtig** *adj.* soumis, assujetti à l'impôt sur le revenu; ~ˌ**steuertaˌbelle** *f* barème *m* de l'impôt sur le revenu; ~ˌ**stufe** *f* tranche *f*, niveau *m* de revenus.

Einkorn ['aınkɔrn] *n* ⟨~(e)s⟩ *bot.* *Weizenart* petit épeautre; engrain *m*.

einkreis|en ['aınˌkraızən] *v/t.* ⟨-(es)t, *sép.*, -ge-, h⟩ encercler; cerner; *pol.* isoler; encercler; *Problem* cerner; 2**er** *m* ⟨~s; ~⟩ *rad.* récepteur *m* à un circuit d'accord; 2**ung** *f* ⟨~; ~en⟩ encerclement *m*; isolement *m*; 2**ungspoliˌtik** *f* politique *f* d'isolement, d'encerclement.

ein|kremen ['aınˌkreːmən] *v/t.* ⟨*sép.*, -ge-, h⟩ *cf.* eincremen; ~ˌ**kriegen** F *v/t.* ⟨*sép.*, -ge-, h⟩ *cf.* einholen 1.; 2ˌ**künfte** *f/pl.* revenus *m/pl.*; (*Einnahmen*) recettes *f/pl.*; **laufende ~** revenus périodiques; **steuerliche ~** recettes fiscales; ~ˌ**kuppeln** *v/t. u. v/i.* ⟨-(e)le, *sép.*, -ge-, h⟩ *Auto* embrayer.

einlad|en ['aınˌlaːdən] **I** *v/t.* ⟨*irr.*, *sép.*, -ge-, h⟩ **1.** *Waren* charger; **2. j-n ~** inviter, convier qn. (à); **II** 2**en** *n* **3.** *von Waren* chargement *m*; **4.** *von Gästen* invitation *f*; ~**end** *adjt.* *Speisetafel* appétissant; alléchant; **mit e-r ~en Geste bat er uns, Platz zu nehmen** d'un geste (aimable) il nous invita à prendre place; 2**ung** *f* invitation *f*; **e-e ~ absagen** décliner, refuser une invitation; **auf ~ der Regierung** sur invitation du gouvernement; 2**ungsˌkarte** *f* carte *f*, billet *m* d'invitation; 2**ungsˌschreiben** *n* lettre *f* d'invitation.

Einlage ['aınˌlaːgə] *f* **1.** *thé. etc.* divertissement *m*; intermède *m*; **mit kabarettistischen ~n** avec attractions; **2.** *bei der Sparkasse* dépôt *m*; (*Geschäfts*2) mise *f* de fonds; apport *m*; **e-e ~ machen** faire un apport; **3. Suppe mit ~** soupe garnie; **4.** *e-r Zigarre* tripe *f*; **5.** *im Schuh* semelle *f* orthopédique; *cout.* triplure *f*; (*Zahn*2) pansement *m*; (*Reifen*2) protecteur intérieur; (*Brief*2) pièce jointe, annexe; *comm.* **als ~ senden** envoyer ci-joint, ci-annexé, ci-contre; ~**kapiˌtal** *n* mise *f* de fonds; capital *m* d'apport; ~ˌ**konto** *n* compte *m* de dépôt.

ein|lagern ['aınˌlaːgərn] *v/t.* ⟨-(e)re, *sép.*, -ge-, h⟩ *Waren* emmagasiner; entreposer; stocker; *im Silo* ensiler; 2ˌ**lageˌrung** *f* emmagasinage *m*; stockage *m*; entreposage *m*; *im Silo* ensilage *m*; ~ˌ**lagig** *adj. élect.* *Spule* à une couche; 2**laß** *m* ⟨-sses; -lässe⟩ **1.** admission *f*; entrée *f*; **~ gewähren** permettre (à qn.) d'entrer; laisser (qn.) entrer; **~ begehren** demander la permission d'entrer; **~ um 20 Uhr** ouverture des portes à 20 heures; **2.** (*Pforte*) guichet *m*; ~ˌ**lassen I** *v/t.* ⟨*irr.*, *sép.*, -ge-, h⟩ **1.** laisser entrer; admettre; **2.** *bât. in e-e Mauer* encastrer; enchâsser; sceller; emboîter (dans); **II** *v/réfl.* **sich auf, in etw. ~** s'engager, s'embarquer dans qc.; F se fourrer dans qc.; **sich auf keinerlei Fragen ~** refuser de répondre; **sich auf e-n Kampf ~** se laisser entraîner dans une bataille; **laß dich nicht darauf ein!** ne t'embarque pas dans cette affaire!; **sich mit j-m in ein Gespräch ~** engager une conversation avec qn.; *péj.* **sich mit j-m ~** s'acointer, se commettre avec qn.

Einlaß|hub ['aınlasˌhuːp] *m mot.* course *f* d'aspiration; ~ˌ**karte** *f cf.* Eintrittskarte; ~ˌ**nocken** *m mot.* came *f* d'admission; ~ˌ**rohr** *n mot.* tuyau *m* d'admission, d'aspiration; ~ˌ**schieber** *m* vanne *f* d'admission.

Einlassung ['aınˌlasʊŋ] *f* ⟨~; ~en⟩ *jur.* exposé *m*; argumentation *f*; *auf e-e Klage* défense *f*, réponse *f* au fond; ~**sˌfrist** *f jur.* délai *m* pour présenter son argumentation; délai *m* pour répondre au fond.

Einlaßventil ['aınlasvɛnˌtiːl] *n mot.* soupape *f* d'admission, d'aspiration (**gesteuertes** mécanique).

Einlauf ['aınlauf] *m méd.* lavement *m*; 2**en I** *v/i.* ⟨*irr.*, *sép.*, -ge-, sein⟩ **1.** arriver; *Zug* arriver, entrer en gare; *Schiff* entrer au port; **2.** *Stoff* rétrécir; **II** ~**en** *n* **3.** arrivée *f*; *e-s Zuges* entrée *f* en gare; *e-s Schiffes* entrée *f* au port; **4.** *e-s Stoffes* rétrécissement *m*; 2**end** *adjt.* **~e Post** lettres reçues; courrier *m* qui arrive; **nicht ~e Stoffe** tissus irrétrécissables.

ein|läuten ['aınˌlɔytən] *v/t.* ⟨-ete, *sép.*, -ge-, h⟩ sonner; **den Sonntag ~** sonner pour le dimanche; ~ˌ**leben** *v/réfl.* ⟨*sép.*, -ge-, h⟩ **sich ~ (in)** s'habituer (à); 2ˌ**legeˌarbeit** *f cf.* eingelegt(e Arbeit); 2ˌ**legeˌkeil** *m techn.* clavette encastrée.

einleg|en ['aınˌleːgən] *v/t.* ⟨*sép.*, -ge-, h⟩ **1.** *Film in die Kamera* mettre (une pellicule dans l'appareil); charger (l'appareil); *e-e Seite in ein Heft* insérer; mettre; *Auto e-n Gang* passer (une vitesse); **2.** *cuis. Fisch etc.* mariner; *in Salzwasser* mettre dans la saumure; *in Essig* conserver dans du vinaigre; **3.** *Einlegearbeit* marqueter; incruster; **4.** *Kapital* apporter; *Geld* déposer; verser; **5.** *Pause, Tanz* intercaler; insérer; **6.** *jur.* **Berufung ~** *cf.* Berufung 3.; **Einspruch ~** former, formuler opposition; **ein Veto gegen etw. ~** mettre, opposer son veto à qc.; **Protest ~** protester; **Revision ~** recourir, se pourvoir en cassation; **Verwahrung gegen etw. ~** protester contre qc.; **7.** *fig.* **ein gutes Wort für j-n ~** intercéder pour, en faveur de qn.; dire un mot en faveur de qn.; **Ehre ~** *cf.* Ehre; 2**eˌsohle** *f* semelle (intérieure); 2**ung** *f* ⟨~⟩ *von Berufung* interjection *f* (d'appel); (pourvoi *m* en) appel *m*; *von Revision* pourvoi *m*, recours *m* (en cassation).

einleit|en ['aınˌlaıtən] *v/t.* ⟨-ete, *sép.*, -ge-, h⟩ introduire; ouvrir; commencer; *Fahndung* entreprendre; *Verhandlungen* entamer; ouvrir; engager; amorcer; *Untersuchung* ouvrir; *Prozeß* instruire; **ein Verfahren gegen j-n ~** engager, entamer, instruire une procédure contre qn.; *milit.* **e-e Offensive ~** lancer une offensive; ~**end** *adjt.* préliminaire; **nach den ~en Bemerkungen** après les remarques préliminaires; **~e Schritte** mesures préliminaires; 2**ung** *f* **1.** introduction *f*; ouverture *f*; **~ e-r Untersuchung** ouverture d'une enquête; **~ e-r Strafuntersuchung** ouverture d'une instruction; **~ e-s Prozesses** instruction d'un procès; **~ e-s Verfahrens** ouverture, mise en mouvement d'une procédure; **~ von Verhandlungen** ouverture de négociations; **2.** (*einleitende Bemerkung*) introduction *f*; préface *f*.

ein|lenken ['aɪnˌlɛŋkən] *v/i.* ⟨*sép.*, -ge-, h⟩ *fig.* (*anfangen nachzugeben*) faire des concessions; céder; se montrer conciliant; se raviser; **~ˌlesen** *v/réfl.* ⟨*irr.*, *sép.*, -ge-, h⟩ sich ~ se familiariser avec le texte; **~ˌleuchten** *v/i.* ⟨-ete, *sép.*, -ge-, h⟩ paraître, être évident, clair; das will mir gar nicht ~ cela ne me paraît pas clair du tout; das leuchtet jedem ein cela saute aux yeux; **~ˌleuchtend** *adjt.* évident; clair; plausible.

einliefer|n ['aɪnˌliːfərn] *v/t.* ⟨-(e)re, *sép.*, -ge-, h⟩ livrer; remettre; *bei der Post* déposer; *ins Gefängnis etc.* emmener; j-n ins Gefängnis ~ *auch* incarcérer, emprisonner qn.; j-n ins Krankenhaus ~ hospitaliser qn.; **2ung** *f* livraison *f*; remise *f*; dépôt *m*; ~ in ein Krankenhaus hospitalisation *f*; ~ ins Gefängnis emprisonnement *m*; incarcération *f*; **2ungsˌort** *m* lieu *m* de dépôt; **2ungsˌschein** *m Post* récépissé *m*; reçu *m*; **2ungsˌstelle** *f* bureau *m* de dépôt; **2ungsˌtag** *m* jour *m* d'hospitalisation *bzw.* d'incarcération; jour *m*, date *f* de dépôt.

ein|liegend ['aɪnˌliːgənt] *adjt. comm.* inclus; ci-inclus; ci-joint; **~ˌlochen** *v/t.* ⟨*sép.*, -ge-, h⟩ **1.** F (*einsperren*) coffrer; boucler; mettre à l'ombre; **2.** *Golf* den Ball ~ faire entrer la balle (dans le trou); **~loˌgieren** [-ˌʒiː-] **I** *v/t.* ⟨*sép.*, *pas de ge-*, h⟩ loger; **II** *v/réfl.* *cf.* einmieten II.

einlös|bar ['aɪnløːsˌbaːr] *adj. comm.* remboursable; payable; *Wertpapiere* convertible; **2barˌkeit** *f* ⟨~⟩ remboursabilité *f*; convertibilité *f*; **~en** *v/t.* ⟨-(es)t, *sép.*, -ge-, h⟩ *Scheck* toucher; encaisser; *Kupons* payer; *Wechsel* honorer; payer; faire accueil à; *Wertpapiere* convertir; *Pfand* dégager; retirer; *Wort, Versprechen* tenir; s'acquitter de; rester fidèle à; **2ung** *f e-s Schecks* encaissement *m*; *e-s Kupons, Wechsels* paiement *m*; *von Wertpapieren* conversion *f*; *e-s Pfandes* dégagement *m*; retrait *m*; *e-s Versprechens verbal*; **2ungsˌfrist** *f* délai *m* de remboursement; **2ungsˌkurs** *m* cours *m* de rachat, de remboursement; **2ungsˌpflicht** *f* obligation *f* de remboursement; **2ungsˌrecht** *n* droit *m* de rachat; **2ungsˌschein** *m* certificat *m* de rachat; **2ungsterˌmin** *m* date *f*, jour *m*, terme *m* de remboursement, de paiement; **2ungsˌwert** *m* valeur *f* de rachat, de remboursement.

ein|löten ['aɪnˌløːtən] *v/t.* ⟨-ete, *sép.*, -ge-, h⟩ souder (dans); **~ˌlotsen** *v/t.* ⟨-(es)t, *sép.*, -ge-, h⟩ ein Schiff ~ piloter un bateau dans le port; **~ˌlullen** *v/t.* ⟨*sép.*, -ge-, h⟩ *Kind* endormir; **2machappaˌrat** *m* stérilisateur *m*; **~ˌmachen** *v/t.* ⟨*sép.*, -ge-, h⟩ *Obst, Gemüse* faire des conserves (de); mettre (qc.) en conserve; **2machˌglas** *n* bocal *m*, verre *m* à conserves.

einmal ['aɪnmaːl, 'aɪn'maːl] *adv.* une fois; ~ eins ist eins une fois un (fait) un; ~ hell, ~ dunkel tantôt clair, tantôt sombre; ~, weil ... d'une part parce que ...; auf ~ a) (*plötzlich*) tout à coup; tout d'un coup; subitement; soudain; b) (*mit e-m Zug, Schlag etc.*) d'un seul trait, coup, jet; c) (*gleichzeitig*) à la fois; en même temps; alles auf ~ tout à la fois; es war ~ il était une fois; il y avait une fois; das war ~! c'était autrefois!; noch ~ encore une fois; etw. noch ~ machen recommencer, refaire qc.; etw. noch ~ abschreiben, lesen, bearbeiten *etc.* recopier, relire, retravailler, *etc.* qc.; etw. noch ~ schreiben récrire qc.; nicht ~ même pas; *pfort.* pas même; pas seulement; wenn ~ ... une fois que ...; besuchen Sie uns ~ venez un jour nous rendre visite; achten Sie ~ darauf ... regardez, et vous ... (verrez, *etc.*); haben Sie schon ~ ...? avez-vous déjà ...?; ich bin nun ~ so voilà comme je suis, moi; es ist nun ~ so c'est comme ça; ainsi va le monde; es ist nun ~ geschehen que voulez-vous, la chose est faite; sag (ein)mal? dis-moi!; dis donc!; hör (ein)mal! écoute (donc)!; stell dir ~ vor! imagine-toi un peu!; das gibt es nur ~ cela n'arrive qu'une fois; ~ ist keinmal *prov.* une fois n'est pas coutume *prov.*; **2'eins** *n* ⟨~; ~⟩ *math.* table *f* de multiplication; **~ig 1.** *adj.* **a)** nach ~em Durchlesen après simple lecture; e-e ~e Ausgabe une dépense unique; **b)** (*einzigartig*) exceptionnel, -lle; unique; extraordinaire; ~e Gelegenheit occasion unique; von ~er Schönheit d'une beauté exceptionnelle; **2.** *adv.* exceptionnellement; extraordinairement; ~ schön extraordinairement beau; **2igˌkeit** *f* ⟨~⟩ unicité *f*; caractère extraordinaire, unique, exceptionnel; **2ˌprämie** *f comm.* prime *f* unique.

Einmann|bedienung ['aɪnmanbəˌdiːnuŋ] *f* mit ~ manœuvré par un seul opérateur; **~geˌsellschaft** *f comm.* société *f* à personne unique, à un seul membre. [monandre.]

einmännig ['aɪnˌmɛnɪç] *adj. bot.*

Einmann|torpedo ['aɪnmantɔrˌpeːdo·] *m milit.* torpille humaine; **~ˌwagen** *m Verkehrsbetriebe* (auto)car *m* où le chauffeur fait aussi fonction de receveur.

Einmarkstück [aɪn'markʃtʏk, 'aɪn-] *n* pièce *f* de un *od.* d'un mark.

Ein|marsch ['aɪnmarʃ] *m milit.* entrée *f* (des troupes); **2marˌschieren** *v/i.* ⟨*sép.*, *pas de ge-*, sein⟩ entrer; **~ˌmaster** *m* ⟨~s; ~⟩ *mar.* bateau *m* à un seul mât; **2ˌmastig** *adj. mar.* à un seul mât; **2ˌmauern** *v/t.* ⟨-(e)re, *sép.*, -ge-, h⟩ (em)murer; **2ˌmeißeln** *v/t.* ⟨-(e)le, *sép.*, -ge-, h⟩ graver, sculpter [-ylte] au ciseau (dans); **2ˌmengen** *v/réfl.* ⟨*sép.*, -ge-, h⟩ *cf.* 2mischen; **~'meterˌbrett** *n Schwimmsport* tremplin *m* d'un mètre; **2ˌmieten I** *v/t.* ⟨-ete, *sép.*, -ge-, h⟩ *Feldfrüchte* ensiler; **II** *v/réfl.* sich bei j-m ~ louer un logement chez qn.; **~mi'nutenˌkamera** *f phot.* appareil *m* de photo développant instantanément les épreuves; **2ˌmischen** *v/réfl.* ⟨*sép.*, -ge-, h⟩ sich ~ se mêler (de); s'ingérer, s'immiscer, intervenir (dans); **~ˌmischung** *f* ingérence *f*; immixtion *f*; intervention *f*; **2monˌtiert** *adjt.* fertig ~ complètement monté; **2moˌtorig** *adj.* monomoteur, -trice; à un seul moteur; **2ˌmotten** *v/t.* ⟨-ete, *sép.*, -ge-, h⟩ mettre de l'antimite (dans); **2ˌmummeln** *v/réfl.* ⟨-(e)le, *sép.*, -ge-, h⟩, **2ˌmummen** *v/réfl.* ⟨*sép.*, -ge-, h⟩ sich ~ F s'emmitoufler (dans); **2ˌmünden** *v/i.* ⟨-ete, *sép.*, -ge-, sein⟩ se jeter, déboucher dans; *Straßen* déboucher dans *od.* sur; **~ˌmündung** *f* embouchure *f*; *e-r Straße* débouché *m*; **2ˌmütig 1.** *adj.* unanime; **2.** *adv.* unanimement; d'un commun accord; **~ˌmütigˌkeit** *f* ⟨~⟩ unanimité *f*; **2ˌnähen** *v/t.* ⟨*sép.*, -ge-, h⟩ coudre (dans, à).

Einnahme ['aɪnˌnaːmə] *f* ⟨~; ~n⟩ **1.** *milit.* prise *f*; **2.** *comm.* recette *f*; rentrée *f* (d'argent); *von Steuern* perception *f*; ~n und Ausgaben recettes et dépenses; rentrées et sorties; laufende ~n recettes courantes; tatsächliche ~n recettes effectives; außerordentliche ~n recettes extraordinaires; etw. als ~ buchen inscrire, coucher qc. en recette; ~ in bar rentrée en numéraire; **3.** *von Mahlzeiten, Arznei* absorption *f*; **~(n)ˌbuch** *n* livre *m* des recettes, des rentrées; **~nˌhaushalt** *m* budget *m* des recettes; **~ˌposten** *m* poste *m*, article *m* de recette; **~ˌquelle** *f* source *f* de revenus; **~ˌrückgang** *m* diminution *f*, baisse *f* des recettes; **~ˌrückstand** *m* recettes arriérées; **~ˌstelle** *f* bureau *m* des recettes; **~ˌüberschuß** *m* excédent *m* des recettes; **~verˌlust** *m* perte *f* de recettes.

ein|nebeln ['aɪnˌneːbəln] *v/t.* ⟨-(e)le, *sép.*, -ge-, h⟩ *milit.* dissimuler *bzw.* aveugler au moyen de fumigènes; *fig. Raucher* enfumer; **2ˌneb(e)ˌlung** *f* ⟨~; ~en⟩ *milit.* dissimulation *f bzw.* aveuglement *m* au moyen de fumigènes; *sonst verbal.*

einnehm|bar ['aɪnneːmˌbaːr] *adj.* prenable; **~en** *v/t.* ⟨*irr.*, *sép.*, -ge-, h⟩ **1.** *Medizin, Essen* prendre; absorber; **2.** *Geld* encaisser; *Steuern* percevoir; viel ~ faire une belle recette; **3.** *milit.* prendre; s'emparer de; **4.** *Stellung, Posten* occuper; tenir; prendre; e-e übergeordnete Stellung ~ occuper un poste élevé; s-n Platz ~ prendre (sa) place; zuviel Platz ~ prendre trop de place; **5.** *gym. Lage* se mettre dans, prendre (une position); *fig. Haltung* prendre; adopter; observer; Rückenlage ~ se coucher sur le dos; e-e ablehnende, abwartende Haltung ~ prendre, adopter une attitude de refus, expectante; **6.** *fig.* j-n für, gegen sich ~ prévenir, disposer qn. en faveur de, contre soi; **~end** *adjt.* avenant; engageant; prévenant; ein ~es Wesen haben avoir des manières avenantes, prévenantes; F *u. iron.* encaisser de l'argent; **2er** *m* ⟨~s; ~⟩ receveur *m*; percepteur *m*.

ein|nicken ['aɪnˌnɪkən] *v/i.* ⟨*sép.*, -ge-, sein⟩ s'assoupir; **~ˌnisten** *v/réfl.* ⟨-ete, *sép.*, -ge-, h⟩ sich ~ se nicher; *fig.* sich bei j-m ~ s'implanter, s'installer chez qn.; **2ˌöde** *f* endroit *m* solitaire; coin perdu; **2ödˌhof** *m* ferme *f* solitaire; **~ˌölen I** *v/t.* ⟨*sép.*, -ge-, h⟩ huiler; lubrifier; **II** *v/réfl.* sich ~ se mettre de l'huile; s'enduire d'huile; **~ˌordnen I** *v/t.* ⟨-ete, *sép.*, -ge-, h⟩ classer; ranger; grouper; classifier; caser; **II** *v/réfl. fig.* sich ~ s'adapter à; *Verkehr* sich (rechts *etc.*) ~ se ranger dans la file (de droite, *etc.*); **2ˌordnung** *f* classement *m*; rangement *m*; classification *f*; **~ˌpacken I** *v/t.* ⟨*sép.*, -ge-, h⟩ emballer; envelopper; *in Stroh* empailler; *in e-n Koffer* mettre (dans une valise); **II** *v/i.* F da können wir ~ nous n'avons plus qu'à plier bagage, qu'à rentrer chez nous; **III 2ˌpacken** *n* emballage *m*; *in Stroh* empaillement *m*; **~ˌparken I** *v/i.* ⟨*sép.*, -ge-, h⟩ *Auto* se ranger (entre deux voitures); **II 2ˌparken** *n* rangement *m*; **2par'teienˌherrschaft** *f pol.* domination *f* d'un parti; **~ˌpassen** *v/t.* ⟨-ßt, *sép.*, -ge-, h⟩ *techn.* adapter, encastrer, emboîter (dans); **~ˌpauken** *v/t.* ⟨*sép.*, -ge-, h⟩ F j-m etw. ~ fourrer qc. dans la tête de qn.; seriner qc. à qn.; **~ˌpennen** *v/i.* ⟨*sép.*, -ge-, sein⟩ F *cf.* einschlafen; **~ˌpferchen** *v/t.* ⟨*sép.*, -ge-, h⟩ parquer; **2ˌpferchung** *f*

⟨~; ~en⟩ parcage *m*; **~ˌpflanzen** *v/t.* ⟨-(es)t, *sép.*, -ge-, h⟩ planter (dans); **2ˌphasen...** *in Zssgn.* monophasé; **2ˌphasen(ˌwechsel)ˌstrom** *m élect.* courant (alternatif) monophasé; **~ˌphasig** *adj. élect.* monophasé; **~ˌplanen** *v/t.* ⟨*sép.*, -ge-, h⟩ prévoir (dans un plan); budgétiser; **~ˌpökeln I** *v/t.* ⟨-(e)le, *sép.*, -ge-, h⟩ saler; mettre dans la saumure; F **laß dich ~!** tu n'y connais rien!; **II 2ˌpökeln** *n* salaison *f*; saumurage *m*; **~ˌpolig** *adj. élect.* unipolaire; **~ˌprägen I** *v/t.* ⟨*sép.*, -ge-, h⟩ *fig.* inculquer; graver dans la mémoire; **II** *v/réfl.* **sich etw. ~** graver qc. dans sa mémoire; F mettre qc. sur ses tablettes; **~ˌprägsam** *adj.* qui se grave facilement dans la mémoire; **~ˌpressen** *v/t.* ⟨-ßt, *sép.*, -ge-, h⟩ presser, serrer (dans); **~ˌpudern** *v/t.* (*u. v/réfl.*) ⟨-(e)re, *sép.*, -ge-, h⟩ (se) poudrer; **~quarˌtieren** *v/t.* (*u. v/réfl.*) ⟨*sép.*, *pas de ge-*, h⟩ (s')installer; (se) loger; *milit.* **einquartiert sein** être logé, cantonné; **2quarˌtierung** *f* ⟨~; ~en⟩ logement *m*; cantonnement *m*; **~ haben** loger des soldats; **2quarˌtierungsˌschein** *m* billet *m* de logement; **~ˌquetschen** *v/t.* ⟨*sép.*, -ge-, h⟩ **eingequetscht sein zwischen ...** être coincé, serré dans ...; **~ˌrädrig** *adj.* à une (seule) roue; monoroue; **~ˌrahmen** *v/t.* ⟨*sép.*, -ge-, h⟩ encadrer; **2ˌrahmung** *f* ⟨~; ~en⟩ encadrement *m*; **~ˌrammen** *v/t.* ⟨*sép.*, -ge-, h⟩ enfoncer (avec un mouton); **~ranˌgieren** *v/t.* ⟨*sép.*, *pas de ge-*, h⟩ *cf.* **einreihen**; **~ˌrasten** *v/i.* ⟨-ete, *sép.*, -ge-, h *od.* sein⟩ encliqueter; **~ˌräuchern** *v/t.* ⟨-(e)re, *sép.*, -ge-, h⟩ enfumer; **~ˌräumen** *v/t.* ⟨*sép.*, -ge-, h⟩ **1.** ranger; mettre en place; *Zimmer* emménager; **2.** (*zugestehen*) accorder; concéder; admettre; **3.** *Frist* accorder; *Kredit auch* allouer; **j-m ein Recht ~** octroyer un droit à qn.; **~ˌräumend** *adjt. gr.* concessif, -ive; **2ˌräumung** *f* **1.** rangement *m*; emménagement *m*; **2.** (*Zugeständnis*) concession *f*; *e-s Rechtes* octroi *m*; **~ˌrechnen** *v/t.* ⟨-ete, *sép.*, -ge-, h⟩ faire entrer en ligne de compte; *comm.* inclure, comprendre dans un compte; **mit eingerechnet** y compris; **nicht (mit) eingerechnet** non compris; **2ˌrechnung** *f* mise *f* en ligne de compte; inclusion *f* (dans un compte); **2ˌrede** *f* (*Einwand, Widerspruch*) objection *f*; contradiction *f*; *jur.* exception *f*; **aufschiebende ~** exception dilatoire; **e-e prozeßhindernde ~ erheben** invoquer, faire valoir une exception péremptoire; **~ˌreden I** *v/t.* ⟨-ete, *sép.*, -ge-, h⟩ **j-m etw. ~** faire (ac)croire qc. à qn.; **das lasse ich mir nicht ~** on ne me fera pas croire cela; **er versucht uns einzureden, daß ...** il cherche à nous persuader que ...; **II** *v/i.* **auf j-n ~** tenir des discours à, parler à qn.; tâcher de persuader, d'influencer qn.; **III** *v/réfl.* **sich etw. ~** se persuader de qc.; **~ˌregnen I** *v/i.* ⟨-ete, *sép.*, -ge-, sein⟩ se faire tremper; **II** *v/réfl.* ⟨h⟩ **es regnet sich ein** le temps se met à la pluie; la pluie s'installe; **~reguˌlieren** *v/t.* ⟨*sép.*, *pas de ge-*, h⟩ *techn.* régler; ajuster; **2ˌreibeˌmittel** *n phm.* liniment *m*; **~ˌreiben** *v/t.* (*u. v/réfl.*) ⟨*irr.*, *sép.*, -ge-, h⟩ **(sich) mit etw. ~** (se) frictionner, (se) frotter avec qc.; **2ˌreibung** *f* friction *f* (*auch méd.*).

einreich|en [ˈaɪnˌraɪçən] *v/t.* ⟨*sép.*, -ge-, h⟩ présenter; remettre; déposer; **e-n Antrag ~** déposer une demande; **ein Gesuch ~** présenter, déposer une demande, une requête, une pétition; **Rechnungen ~** présenter des factures; **s-e Entlassung ~** donner sa démission; **e-e Klage ~** déposer une plainte; *cf. auch* **Klage**; **e-e Scheidungsklage ~** demander le divorce; **ein Gnadengesuch ~** se pourvoir en grâce; **2ung** *f* ⟨~; ~en⟩ présentation *f*; remise *f*; dépôt *m*; **~ e-r Scheidungsklage** demande *f* de divorce; **~ e-s Gnadengesuchs** pourvoi *m* en grâce; **2ungsˌdatum** *n* date *f* de dépôt, de remise, de présentation; **2ungsˌfrist** *f* délai *m* pour le dépôt, la présentation, la remise.

ein|reihen [ˈaɪnˌraɪən] **I** *v/t.* ⟨*sép.*, -ge-, h⟩ mettre dans une série, dans un rang; faire prendre rang (à qn.); **II** *v/réfl.* **sich ~** se mettre dans un rang, dans une file; **2ˌreiher** *m* ⟨~s; ~⟩ *Anzug* costume *m* à veston droit; **~ˌreihig** *adj.* à un (seul) rang; à une rangée; **~es Kugellager** roulement à simple rangée de billes; **~e Nietung** rivure à un rang; **~er Anzug** *cf.* **2reiher**.

Einreise [ˈaɪnˌraɪzə] *f* entrée *f*; **j-m die ~ verweigern** refuser l'entrée à qn.; **~beˌwilligung** *f*, **~erˌlaubnis** *f*, **~geˌnehmigung** *f* permis *m*, autorisation *f* d'entrée; **2n** *v/i.* ⟨-(es)t, *sép.*, -ge-, sein⟩ entrer; **~verˌbot** *n* interdiction *f* d'entrée; **~ˌvisum** *n* visa *m* d'entrée.

ein|reißen [ˈaɪnˌraɪsən] **I** *v/t.* ⟨*irr.*, *sép.*, -ge-, h⟩ *Papier etc.* faire une déchirure (à); déchirer; *Stoff* faire un accroc (à) ; (*niederreißen*) démolir; *cf. auch* **abreißen**; **II** *v/i.* ⟨sein⟩ se déchirer; *fig. Unsitte, Gewohnheit* se propager; se répandre; s'étendre; gagner du terrain; **III 2ˌreißen** *n* déchirure *f*; *e-r Unsitte, Gewohnheit* propagation *f*; *od. verbal*; **~ˌreiten I** *v/t.* ⟨*irr.*, *sép.*, -ge-, h⟩ *Pferd* dresser; **II** *v/i.* ⟨sein⟩ *in die Manege etc.* entrer (à cheval); **~ˌrenken I** *v/t.* ⟨*sép.*, -ge-, h⟩ *chir. Glieder* remettre; remboîter; réduire (une luxation); *fig.* arranger; **ich will versuchen, das wieder einzurenken** je vais essayer d'arranger cela; **II** *v/réfl. fig.* **das wird sich schon wieder ~** cela s'arrangera; **III 2ˌrenken** *n* ⟨~s⟩ *chir.* remboîtement *m*; réduction *f* (d'une luxation); **~ˌrennen** *v/t.* ⟨*irr.*, *sép.*, -ge-, h⟩ *fig.* **offene Türen ~** enfoncer des portes ouvertes; **j-m das Haus ~** assaillir la maison de qn.

einricht|en [ˈaɪnˌrɪçtən] **I** *v/t.* ⟨-ete, *sép.*, -ge-, h⟩ **1.** disposer; arranger; installer; organiser; régler; agencer; **es so ~, daß ...** faire en sorte que ...; s'arranger pour que ..., de manière à ce que ...; **etw. so ~, daß ...** organiser, arranger qc. de manière à ce que ...; **das läßt sich ~** cela peut se faire; **alles zu s-r Bequemlichkeit ~** arranger tout à sa convenance; **auf etw. eingerichtet sein** être organisé en vue de qc.; **2.** (*möblieren*) aménager; installer; meubler; équiper; *Praxis etc.* monter; **gut eingerichtet sein** être bien installé; **3.** *Institutionen* instituer; organiser; établir; fonder; **II** *v/réfl.* **sich ~ 4.** s'arranger, s'organiser (pour); faire en sorte (que); **5. sich wohnlich ~** bien s'équiper, s'installer; se meubler confortablement; **2ung** *f* **1.** (*Institution*) institution *f*; organisation *f*; **städtische ~en** services municipaux; **soziale ~en** institutions sociales; **öffentliche ~en** services publics; **2.** (*Gründung*) institution *f*; établissement *m*; organisation *f*; fondation *f*; (*Einsetzung*) instauration *f*; **3.** *e-s Raumes* aménagement *m*; installation *f*; équipement *m*; disposition *f*; agencement *m*; (*Mobiliar*) ameublement *m*; mobilier *m*; meubles *m/pl.*; (*Vorrichtung*) dispositif *m*; équipement *m*; (*techn. Anlage*) installation *f*; **sanitäre ~en** installations sanitaires; **4.** *méd. cf.* **Einrenkung**; **2ungsˌgegenˌstand** *m* objet *m* d'équipement, d'ameublement; **2ungsˌhaus** *n* (*Möbelgeschäft*) maison *f* d'ameublement; **2ungsˌkosten** *pl.* frais *m/pl.* d'installation.

ein|riegeln [ˈaɪnˌriːɡəln] *v/t.* (*u. v/réfl.*) ⟨-(e)le, *sép.*, -ge-, h⟩ (s')enfermer au verrou; (se) verrouiller; **~ˌritzen** *v/t.* ⟨-(es)t, *sép.*, -ge-, h⟩ *Namen* graver; *Haut* inciser légèrement; **2ˌröhrenappaˌrat** *m rad.* poste *m* à une (seule) lampe; **~ˌrollen** *v/t.* (*u. réfl.*) ⟨*sép.*, -ge-, h⟩ (s')enrouler; mettre en rouleau (*nur v/t.*); **~ˌrosten** *v/i.* ⟨-ete, *sép.*, -ge-, sein⟩ (se) rouiller (*auch fig.*).

einrück|en [ˈaɪnˌrʏkən] **I** *v/t.* ⟨*sép.*, -ge-, h⟩ *Anzeige* insérer; *impr. Zeile* rentrer; renfoncer; *techn. Maschinenteil* embrayer; enclencher; **II** *v/i.* ⟨sein⟩ *milit.* être appelé sous les drapeaux; **2ˌhebel** *m* levier *m* d'embrayage; **2ung** *f* ⟨~; ~en⟩ *e-r Anzeige* insertion *f*; *e-r Zeile* renfoncement *m*; *techn.* embrayage *m*; enclenchement *m*; **2ˌvorrichtung** *f techn.* dispositif *m* d'embrayage.

einrühren [ˈaɪnˌryːrən] *v/t.* ⟨*sép.*, -ge-, h⟩ délayer.

Eins [aɪns] **I** *f* ⟨~; ~en⟩ *Zahl* un *m*; *Zeugnis* très bien; **er hat die Prüfung mit „~" bestanden** *etwa* il a été reçu avec la mention «très bien»; **II 2** *adj. num. c. u. pr/ind. cf.* **ein**.

Ein|saat [ˈaɪnzaːt] *f agr.* semailles *f/pl.*; ensemencement *m*; **2ˌsacken I** *v/t.* ⟨*sép.*, -ge-, h⟩ *cf.* (in Säcke) **füllen**; *fig. u.* F *Geld, Gewinn etc.* empocher; **II** *v/i.* ⟨sein⟩ F *cf.* **einsinken**; **2ˌsäen** *v/t.* ⟨*sép.*, -ge-, h⟩ ensemencer; **2ˌsalben I** *v/t.* ⟨*sép.*, -ge-, h⟩ oindre; **II ~ˌsalben** *n* ⟨~s⟩, **~ˌsalbung** *f* onction *f*; **2ˌsalzen I** *v/t.* ⟨*irr.*, *sép.*, -ge-, h⟩ saler; **eingesalzenes Schweinefleisch** du salé; **II ~ˌsalzen** *n* salaison *f*; **2sam 1.** *adj.* solitaire; seul; isolé; désert; **~e Insel** île déserte; **~e Gegend** région inhabitée, déserte; **ein ~es Leben führen** mener une vie solitaire; **ein ~er Ort** un lieu retiré, isolé, désert; **~es Haus** maison solitaire, isolée; **es ist dort ~** la région, la contrée est déserte, inhabitée; **2.** *adv.* solitairement; isolément; **sich ~ fühlen** se sentir seul; **2ˌsamig** *adj. bot.* monosperme; **~samˌkeit** *f* ⟨~⟩ solitude *f*; isolement *m*; **~samˌkeitsbeˌdürfnis** *n* besoin *m* de solitude; **2ˌsammeln** *v/t.* ⟨-(e)le, *sép.*, -ge-, h⟩ ramasser; rassembler; *Schulhefte* relever; ramasser; *Geld* recueillir; ramasser; collecter; **2ˌsargen** *v/t.* ⟨*sép.*, -ge-, h⟩ mettre en bière, dans un cercueil; **~ˌsargung** *f* ⟨~; ~en⟩ mise *f* en bière.

Einsatz [ˈaɪnzats] *m* **1.** *Spiel* mise *f* (*auch beim Rennen*); enjeu *m*; **um hohen ~ spielen** jouer gros; **den ganzen ~ gewinnen** gagner la poule; **2.** *Geräteteil* accessoire *m*; garniture *f*; *e-s Koffers* casier *m*; **3.** *cout.* (*Brust2*) plastron *m*; (*zwischengesetztes Stück*) empiècement *m*; **4.** *mus.* attaque *f*; **5.** *métall. cf.* **~härtung**; **6.** *fig.* **a)** ⟨*pas de pl.*⟩ *der Person* entrée *f* en action; intervention *f*; engagement *m*; **unter**

~ von en faisant appel à; ~ von Arbeitskräften emploi de main-d'œuvre; in vollem ~ toutes forces en action; pausenlos im ~ continuellement en action; unter ~ des Lebens en risquant la vie; *Sport* den ~ vermissen lassen ne pas donner le meilleur de soi, tout ce que l'on peut; **b)** *von Kräften, Mitteln* mise *f* en œuvre, en action; mobilisation *f*; *von Maschinen* emploi *m*; *milit. von Truppen* entrée *f* en ligne; engagement *m*; *aviat.* sortie, mission aérienne; **~beˌfehl** *m milit.* ordre *m* d'engagement, de mission; **2beˌreit** *adj.* disponible; prêt à intervenir, à l'action; *von Maschinen etc.* prêt à être utilisé; sich ~ machen se préparer à l'action; **~beˌreitschaft** *f* disponibilité *f*; **2ˌfähig** *adj.* apte à être utilisé, employé; *cf. auch* 2bereit; **~ˌflug** *m milit.* sortie, mission aérienne; **2ˌfreudig** *adj. etwa* qui se donne corps et âme à sa tâche; **~ˌfreudigkeit** *f* ⟨~⟩ esprit *m* d'entreprise, d'initiative; **~geˌbiet** *n milit.* zone *f* d'engagement; **~ˌgruppe** *f* groupe *m* mobile; **~ˌhärtung** *f métall.* cémentation superficielle; **~koˌmmando** *n* commando *m*; **~ˌofen** *m métall.* four *m* à cémenter; **~ˌstahl** *m* acier cémenté, de cémentation; **~ˌstück** *n* pièce *f* intercalaire; *mus.* corps *m* de rechange; **~ˌstutzen** *m* tubulure *f* de communication; **~ˌwagen** *m Verkehrsbetriebe* voiture *f* supplémentaire; **~ˌzeichen** *n mus.* signal *m* (pour attaquer).

ein|säuern ['aɪnˌzɔʏərn] *v/t.* ⟨-(e)re, *sép.*, -ge-, h⟩ *Viehfutter* ensiler (du fourrage vert); **2ˌsäueˌrung** *f von Viehfutter* ensilage *m* (de fourrage vert); **~ˌsaugen** *v/t.* ⟨*irr., sép.*, -ge-, h⟩ sucer; aspirer; 'humer; **2ˌsaugung** *f* ⟨~⟩ succion *f*; aspiration *f*; **~ˌsäumen** *v/t.* ⟨*sép.*, -ge-, h⟩ *cout.* ourler; **~ˌschachteln** *v/t.* ⟨-(e)le, *sép.*, -ge-, h⟩ emboîter; *fig.* enchevêtrer; **~ˌschalen I** *v/t.* ⟨*sép.*, -ge-, h⟩ *bât.* coffrer; **II 2ˌschalen** *n* ⟨~s⟩ coffrage *m*.

Einschalt|dauer ['aɪnʃaltˌdauər] *f élect.* durée *f* de mise en circuit; **2en I** *v/t.* ⟨-ete, *sép.*, -ge-, h⟩ **1.** (*dazwischenfügen*) intercaler; insérer; **2.** *Strom* fermer le circuit; mettre le contact; *in den Stromkreis* mettre dans le circuit; brancher sur le circuit; *Lichtschalter* tourner (le commutateur); *Licht, Radio etc.* allumer; *Maschinen* mettre en marche; *Gang beim Auto* passer (une vitesse); den ersten Gang ~ mettre en première (vitesse); passer la première (vitesse); **II** *v/réfl.* sich ~ *fig.* intervenir; s'interposer; (*sich einmischen*) s'immiscer; s'ingérer; sich in ein Gespräch ~ intervenir dans une conversation; *tél.* sich in e-e Leitung ~ se brancher sur une ligne; **~er** *m élect.* commutateur *m*; interrupteur *m*; contacteur *m*; **~ˌhebel** *m* levier *m* d'interrupteur; **~ˌstellung** *f élect.* position fermée, de fermeture; **~ˌstrom** *m élect.* courant *m* lors de la fermeture du circuit; **~ung** *f* **1.** intercalation *f*; insertion *f*; *fig.* intervention *f*; interposition *f*; ~ e-r dritten Person interposition de personne, d'un tiers; **2.** *in e-n Stromkreis* mise *f* en circuit; *des Stromes* fermeture *f*; *e-r Maschine* mise *f* en marche; *e-s Ganges beim Auto* passage *m*; automatische ~ mise en marche automatique; **~ˌvorrichtung** *f* dispositif *m* de mise en marche.

ein|schärfen ['aɪnˌʃɛrfən] **I** *v/t.* ⟨*sép.*, -ge-, h⟩ recommander expressément; *pfort.* enjoindre (de faire ...); **II 2ˌschärfen** *n* recommandation pressante; injonction *f*; **~ˌscharig** *adj.* ~er Pflug charrue à un soc; **~ˌscharren I** *v/t.* ⟨*sép.*, -ge-, h⟩ enfouir; enterrer; **II 2ˌscharren** *n* enfouissement *m*; **~ˌschätzen I** *v/t.* ⟨-(es)t, *sép.*, -ge-, h⟩ évaluer, estimer, apprécier (la valeur de); etw. zu hoch ~ surestimer, surévaluer qc.; etw. zu niedrig ~ sous-estimer, sous-évaluer qc.; *cf. auch* schätzen, abschätzen; **II** *v/réfl.* sich ~ s'estimer; sich zu hoch ~ se surestimer; **2ˌschätzung** *f* estimation *f*; évaluation *f*; appréciation *f*; zu hohe ~ surestimation *f*; zu niedrige ~ sous-estimation *f*; **~ˌschaufeln** *v/t.* ⟨-(e)le, *sép.*, -ge-, h⟩ mettre qc. dans ... avec une pelle; **2ˌscheibenˌkupplung** *f Auto* embrayage *m* à disque unique; **~ˌschenken** *v/t.* (*u. v/réfl.*) ⟨*sép.*, -ge-, h⟩ (se) verser à boire; j-m ein Glas Wein ~ verser un verre de vin à qn.; *fig.* j-m reinen Wein ~ dire la vérité à qn.; **~ˌschichtig** *adj.* à une (seule) couche; *Arbeit* à une seule équipe; **~ˌschicken I** *v/t.* ⟨*sép.*, -ge-, h⟩ envoyer; **II 2ˌschicken** *n* envoi *m*; **~ˌschieben** *v/t.* ⟨*irr., sép.*, -ge-, h⟩ *fig.* insérer; intercaler; interpoler; **2ˌschiebsel** *n* ⟨~s; ~⟩ passage rajouté, intercalé, interpolé; **2ˌschiebung** *f* insertion *f*; intercalation *f*; interpolation *f*; addition *f*; **2ˌschienenˌbahn** *f chem.* monorail *m*; **~ˌschienig** *adj.* monorail; à rail unique; **~ˌschießen I** *v/t.* ⟨*irr., sép.*, -ge-, h⟩ **1.** *Gewehr* éprouver; régler le tir de; **2.** *comm. Geld* verser; faire des versements; **3.** *Brot in den Backofen* enfourner; **II** *v/i.* ⟨sein⟩ *Muttermilch* monter; **III** *v/réfl.* sich ~ s'exercer au tir; **~ˌschiffen** *v/réfl.* ⟨*sép.*, -ge-, h⟩ sich ~ (s')embarquer (nach pour); **~ˌschiffig** *adj. Kirche* à une (seule) nef; **2ˌschiffung** *f* ⟨~; ~en⟩ embarquement *m*; **~ˌschirren** *v/t.* ⟨*sép.*, -ge-, h⟩ *Pferd* 'harnacher; **~ˌschlafen I** *v/i.* ⟨*irr., sép.*, -ge-, sein⟩ s'endormir; *Glieder* s'engourdir; F *Briefwechsel etc.* cesser; mir ist das Bein eingeschlafen j'ai la jambe engourdie; die Angelegenheit ist wieder eingeschlafen l'affaire est à nouveau à l'état latent; **II 2ˌschlafen** *n* **1.** vor dem ~ avant de s'endormir; zum ~ langweilig ennuyeux à périr; mortellement ennuyeux; **2.** *von Gliedern* engourdissement *m*; **~ˌschläfern** *v/t.* ⟨-(e)re, *sép.*, -ge-, h⟩ endormir; assoupir; **~ˌschläfernd** *adjt.* endormant; assoupissant; *phm.* ~es Mittel somnifère *m*; soporifique *m*; dormitif *m*; **2ˌschläfeˌrung** *f* ⟨~; ~en⟩ assoupissement *m*; **~ˌschläf(r)ig** *adj. Bett* à une personne.

Einschlag ['aɪnʃlaːk] *m* **1.** *e-s Geschosses* (~*stelle*) point *m* d'impact, de chute; *des Blitzes verbal*; die Einschläge der Bomben hören entendre tomber, exploser les bombes; **2.** *cout.* rempli *m*; **3.** *Weberei* trame *f*; **4.** *der Vorderräder beim Auto* braquage *m*; großer ~ petit rayon de braquage; **5.** *fig.* mit sozialistischem ~ avec une teinte de socialisme; **2en I** *v/t.* ⟨*irr., sép.*, -ge-, h⟩ **1.** *Nägel etc.* enfoncer; ficher; planter; *Schädel* défoncer; *Fensterscheiben* enfoncer; casser; **2.** (*einpacken*) envelopper, emballer (in Papier dans du papier); **3.** *Weg* prendre; enfiler; s'engager dans; *Laufbahn* embrasser; *fig.* den falschen Weg ~ faire fausse route; **4.** *impr.* plier (une feuille); **5.** *cout. Saum* remplier; rendoubler; **6.** *Weberei* tramer; **7.** *Auto* (die Lenkung) ~ braquer; **II** *v/i.* **8.** *Geschoß, Blitz* tomber; éclater; es hat eingeschlagen la foudre est tombée; der Blitz hat in die Kirche eingeschlagen la foudre est tombée sur l'église; *fig.* das schlug wie e-e Bombe ein c'est arrivé comme une bombe; **9.** ⟨*auch* sein⟩ (*Erfolg haben*) réussir; **10.** *in j-s Hand* (*einwilligen*) toper; schlag ein! tope-là!; **11.** auf j-n ~ battre, taper qn.; tomber sur qn. à bras raccourcis; **III ~en** *n* **12.** *von Nägeln etc.* enfoncement *m*; *e-r Tür, des Schädels* défoncement *m*; **13.** (*Einwickeln*) enveloppement *m*; **14.** *e-s Geschosses* chute *f*; **15.** (*Erfolg haben*) réussite *f*; **16.** *Auto, der Lenkung* braquage *m*; **~ˌfaden** *m Weberei* fil *m* de trame; duite *f*.

einschlägig ['aɪnˌʃlɛːgɪç] *adj.* ⟨*attributiv*⟩ se rapportant à; relatif, -ive à; correspondant; compétent; die ~e Fachliteratur la bibliographie s'y rapportant, correspondante; la bibliographie relative à ce sujet; *comm.* ~es Geschäft magasin spécialisé (dans cette branche).

Einschlag|papier ['aɪnʃlaːkpaˌpiːr] *n* papier *m* d'emballage; **~ˌwinkel** *m der Vorderräder beim Auto* angle *m* de braquage.

ein|schleichen ['aɪnˌʃlaɪçən] *v/réfl.* ⟨*irr., sép.*, -ge-, h⟩ sich ~ se glisser, se faufiler, s'introduire furtivement (dans); *fig.* s'infiltrer; *Fehler* se glisser; sich in j-s Vertrauen ~ gagner la confiance de qn. en le flattant; **~ˌschleifen I** *v/t.* ⟨*irr., sép.*, -ge-, h⟩ *Ventile etc.* roder; *Zylinder* meuler; **II 2ˌschleifen** *n* rodage *m*; meulage *m*; **~ˌschleppen I** *v/t.* ⟨*sép.*, -ge-, h⟩ *Krankheit* introduire; amener; importer; **II 2ˌschleppen** *n* introduction *f*; importation *f*; **~ˌschleusen** *v/t.* ⟨-(es)t, *sép.*, -ge-, h⟩ *mar.* faire entrer dans une écluse; *fig.* faire entrer clandestinement; **~ˌschließen I** *v/t.* ⟨*irr., sép.*, -ge-, h⟩ **1.** enfermer à clef; chambrer; **2.** *milit. Stadt, Festung* cerner; encercler; investir; bloquer; **3.** (*in sich begreifen*) comprendre; renfermer; inclure; englober; j-n in sein Gebet ~ prier pour qn.; **II** *v/réfl.* sich ~ s'enfermer à clef; **~ˌschließlich** *adv.* (y) compris; inclus; inclusivement; à l'inclusion de; bis (zum) 31. Dezember ~ jusqu'au 31 décembre compris, inclus; ~ Verpackung emballage compris; ~ Bedienung service compris; **2ˌschließung** *f* **1.** inclusion *f*; *milit.* encerclement *m*; investissement *m*; **2.** *jur.* emprisonnement *m*; *milit.* arrêts *m/pl.* de forteresse; **3.** *chim.* occlusion *f*; **~ˌschlitzen** *v/t.* ⟨-(es)t, *sép.*, -ge-, h⟩ taillader; entailler; **~ˌschlummern** *v/i.* ⟨-(e)re, *sép.*, -ge-, sein⟩ s'assoupir; **2schluß** *m* inclusion *f*; mit ~ von *cf.* ~schließlich; **~ˌschmeicheln** *v/réfl.* ⟨-(e)le, *sép.*, -ge-, h⟩ sich bei j-m ~ s'insinuer auprès de qn.; **~ˌschmeichelnd** *adjt.* insinuant; ein ~es Wesen haben avoir des manières insinuantes; **2ˌschmeich(e)lung** *f* insinuation *f*; **~ˌschmeißen** *v/t.* ⟨*irr., sép.*, -ge-, h⟩ F *Fensterscheiben etc.* casser; **~ˌschmelzen** *v/t.* ⟨*irr., sép.*, -ge-, h⟩ (re)fondre; **2ˌschmelzung** *f* (re)fonte *f*; **~ˌschmieren** *v/t.* ⟨*sép.*, -ge-, h⟩ enduire (de graisse, d'huile); graisser; lubrifier; **2ˌschmierung** *f* graissage *m*; **~ˌschmuggeln I** *v/t.* ⟨-(e)le, *sép.*, -ge-, h⟩ introduire, faire passer, faire entrer en fraude, en contrebande; **II** *v/réfl. fig.* sich ~ s'introduire clandestinement; **~ˌschmutzen** *v/t.* (*u. v/réfl.*) ⟨-(es)t, *sép.*, -ge-, h⟩ *cf.*

beschmutzen; **∼ˌschnappen** *v/i.* ⟨*sép.*, -ge-, sein⟩ (se) fermer brusquement (à l'aide d'un ressort); *fig. u.* F (*beleidigt sein*) prendre mal qc.; **er ist eingeschnappt** il est vexé; il l'a mal pris; **∼ˌschneiden I** *v/t.* ⟨*irr.*, *sép.*, -ge-, h⟩ couper; inciser; cranter; (*einkerben*) entailler; encocher; *Figuren etc.* graver; **II** *v/i. ins Fleisch* couper; entrer dans; blesser; **ein tief eingeschnittenes Flußbett** un lit fluvial profondément creusé; **∼ˌschneidend** *adjt.* coupant; tranchant; *fig.* radical; tranchant; décisif, -ive; **∼ˌschneidig** *adj. Messer etc.* à un seul tranchant; **∼ˌschneien** *v/i.* ⟨*sép.*, -ge-, sein⟩ **eingeschneit sein** être couvert de neige, enneigé; *verkehrstechnisch* (*auch* ∼) être arrêté, bloqué, immobilisé par la neige; **2schnitt** *m* incision *f*; coupure *f*; (*Kerbe*) encoche *f*; entaille *f*; cran *m*; (*Schlitz*) fente *f*; taillade *f*; *cout.* cran *m*; échancrure *f*; *métr.* césure *f*; (*Erddurchstich*) tranchée *f*; déblai *m*; *fig. im Leben e-s Menschen* événement décisif; **∼ˌschnitzen** *v/t.* ⟨-(es)t, *sép.*, -ge-, h⟩ graver (dans, sur); **∼ˌschnüren** *v/t.* (*u. v/réfl.*) ⟨*sép.*, -ge-, h⟩ (se) lacer; *Taille* (se) serrer; **2ˌschnürung** *f* ⟨∼; ∼en⟩ laçage *m*; **∼ˌschränken I** *v/t.* ⟨*sép.*, -ge-, h⟩ *Ausgaben, Produktion etc.* limiter; réduire; restreindre; **e-e Behauptung** ∼ atténuer une affirmation; **II** *v/réfl.* **sich** ∼ limiter, réduire ses dépenses; **∼ˌschränkend 1.** *adjt.* restrictif, -ive; limitatif, -ive; **2.** *advt.* restrictivement; limitativement; **2ˌschränkung** *f* ⟨∼; ∼en⟩ réduction *f*; restriction *f*; limitation *f*; (*Vorbehalt*) réserve *f*; **ohne** ∼ sans réserve; **∼ˌschrauben** *v/t.* ⟨*sép.*, -ge-, h⟩ visser (dans).

Einschreib|(e)brief [ˈaɪnʃraɪpˌbriːf, -ʃraɪbə-] *m* lettre recommandée; **∼(e)ˌgeˌbühr** *f Post* droits *m/pl.* de recommandation; **2en I** *v/t.* ⟨*irr.*, *sép.*, -ge-, h⟩ inscrire; *comm.* enregistrer; *cf. auch* **eintragen**; *Post* ∼ **lassen** recommander; **II** *v/réfl.* **sich** ∼ s'inscrire; prendre une inscription; **sich** ∼ **lassen** se faire inscrire; **III ∼en** *n* ⟨∼s; ∼⟩ **etw. als** ∼ **schicken** envoyer qc. en recommandé; ∼ *als Aufschrift* recommandé; **∼(e)ˌsendung** *f* envoi recommandé; **∼ung** *f* inscription *f* (*auch bei der Universität*); *comm.* enregistrement *m*; **∼ungsgeˌbühren** *f/pl.* droits *m/pl.* d'inscription, d'enregistrement.

ein|schreiten [ˈaɪnˌʃraɪtən] **I** *v/i.* ⟨*irr.*, *sép.*, -ge-, sein⟩ *fig.* intervenir; **gegen etw.** ∼ prendre des mesures contre qc.; **gegen die Demonstranten mußte die Polizei** ∼ la police dut intervenir contre les manifestants; **streng gegen etw.** ∼ sévir contre qn.; **gegen j-n gerichtlich** ∼ poursuivre qn. en justice; **II 2ˌschreiten** *n* intervention *f*; **∼ˌschrumpfen I** *v/i.* ⟨*sép.*, -ge-, sein⟩ se ratatiner; **II 2ˌschrumpfen** *n verbal*; **2schub** *m* passage rajouté, intercalé, inséré; **∼ˌschüchtern** *v/t.* ⟨-(e)re, *sép.*, -ge-, h⟩ intimider; **2ˌschüchteˌrung** *f* ⟨∼; ∼en⟩ intimidation *f*; **2ˌschüchterungsmeˌthode** *f* méthode *f* d'intimidation; **2ˌschüchterungsˌmittel** *n* moyen *m* d'intimidation; **2ˌschüchterungsverˌsuch** *m* tentative *f* d'intimidation; **∼ˌschulen** *v/t.* ⟨*sép.*, -ge-, h⟩ *in die erste Volksschulklasse* mettre à l'école; **2ˌschulung** *f verbal*; **∼ˌschürig** *adj. agr. Wiese* qu'on ne fauche qu'une fois par an; **2schuß** *m* **1.** *e-s Geschosses* entrée *f* (de la balle); point *m* d'impact; **2.** *comm.* versement *m*; **3.** *Weberei* trame *f*; **2schußˌgarn** *n* fil *m* pour trame; **∼ˌschütten** *v/t.* ⟨-ete, *sép.*, -ge-, h⟩ verser (dans); **∼ˌschwärzen** *v/t.* ⟨-(es)t, *sép.*, -ge-, h⟩ encrer; **∼ˌschwefeln** *v/t.* ⟨-(e)le, *sép.*, -ge-, h⟩ soufrer; **∼ˌschwenken** *v/i.* ⟨*sép.*, -ge-, sein⟩ *auf e-e Linie* se rallier (à); se convertir (à); *milit.* opérer une conversion; **2ˌschwenkung** *f milit.* conversion *f*; **∼ˌsegnen I** *v/t.* ⟨-ete, *sép.*, -ge-, h⟩ (*konfirmieren*) confirmer; (*segnen*) bénir; **II 2ˌsegnen** *n*, **2ˌsegnung** *f* (*Konfirmation*) confirmation *f*.

einsehen [ˈaɪnˌzeːən] **I** *v/t.* ⟨*irr.*, *sép.*, -ge-, h⟩ **1.** comprendre; voir; reconnaître; **ich sehe nicht ein, weshalb** ... je ne vois pas pourquoi ...; **sein Unrecht** ∼ reconnaître ses torts; **2.** *comm. Bücher* examiner; regarder; prendre connaissance de; **Akten** ∼ consulter, compulser des dossiers; **ein Register** ∼ consulter un registre; **II 2** *n* **ein** ∼ **haben** se rendre à la raison; **hab doch ein** ∼! sois donc raisonnable!

ein|seifen [ˈaɪnˌzaɪfən] **I** *v/t.* ⟨*sép.*, -ge-, h⟩ *Bart etc.* savonner; *fig. u.* F (*betrügen*) rouler, avoir (qn.); **II 2ˌseifen** *n* ⟨∼s⟩ savonnage *m*; **2seilˌbahn** *f* téléphérique *m* monocâble; **∼ˌseitig 1.** *adj.* d'un (seul) côté; *jur.*, *pol.* unilatéral; *méd.* simple; *fig.* trop spécialisé; exclusif, -ive; *Auffassung* étroit; (*unausgeglichen*) déséquilibré; **∼e Belastung e-s Fahrzeuges** mauvais équilibre du chargement d'un véhicule; **∼e Ernährung** alimentation mal équilibrée, incomplète; **∼e Bindung** engagement unilatéral; **∼es Rechtsgeschäft** acte juridique unilatéral; **∼e Lungenentzündung** pneumonie simple; **∼er Standpunkt** point de vue exclusif; **∼e Darstellung der Lage** façon tendancieuse de présenter la situation; **2.** *adv.* **ein Blatt** ∼ **beschreiben** n'écrire que sur un côté d'une feuille; ∼ **belastet sein** *Auto* être chargé d'un seul côté; ∼ **begabt sein** être doué dans un seul domaine; **e-n Vertrag** ∼ **lösen** dénoncer un traité unilatéralement; ∼ **bindend** avec obligation unilatérale; *fig.* ∼ **interessiert sein** ne s'intéresser qu'à une sorte de choses; **etw.** ∼ **beurteilen** juger qc. avec partialité; **2ˌseitigˌkeit** *f* ⟨∼⟩ caractère unilatéral; *in der Auffassung* point de vue exclusif; ∼ **der Ernährung** carence *f*, déséquilibre *m* de l'alimentation; ∼ **e-r Darstellung** façon tendancieuse de présenter (qc.); **∼ˌsenden** *v/t.* ⟨*irr.*, *sép.*, -ge-, h⟩ envoyer; expédier; adresser; *an Zeitungen auch* communiquer; **2ˌsender** *m* expéditeur *m*; envoyeur *m*; *an Zeitungen auch* correspondant *m*; **2ˌsendeˌschluß** *m*, **2ˌsendeˌtag** *m* letzter ∼, **2ˌsendeterˌmin** *m e-s Preisausschreibens etc.* date *f* limite des envois; **2ˌsendung** *f* envoi *m*; **gegen** ∼ **e-s Betrages von** ... contre envoi d'une somme de ...; **∼ˌsenken I** *v/t.* ⟨*sép.*, -ge-, h⟩ (faire) descendre; plonger; **II 2ˌsenken** *n* descente *f*.

Einser [ˈaɪnzər] *m* ⟨∼s; ∼⟩ F *cf.* **Eins.**

einsetz|en [ˈaɪnˌzɛtsən] **I** *v/t.* ⟨-(es)t, *sép.*, -ge-, h⟩ **1.** mettre, placer (dans); *Fensterscheibe etc.* poser; monter; (*fest anbringen*) insérer; *cout. Ärmel* monter; *math. e-e Größe* substituer; **ein fehlendes Wort** ∼ ajouter un mot manquant; compléter un texte; **2.** *Arbeitskräfte* employer; mobiliser; mettre en action; *Maschinen* utiliser; employer; *Mittel auch* mettre en œuvre; *milit.* mettre en ligne; engager; **s-e ganze Kraft** ∼ déployer toutes ses forces; **sein Leben** ∼ risquer sa vie; **3.** instituer; *in e-e Würde* investir; **j-n in ein Amt** ∼ installer qn. dans une charge; **e-n Verwalter** ∼ désigner un administrateur; **j-n zu s-m Erben** ∼ instituer qn. héritier; **e-n Untersuchungsausschuß** ∼ constituer un comité d'enquête; **j-n wieder in s-n Besitz** ∼ réintégrer qn. dans son bien; **j-n in s-e früheren Rechte** ∼ réintégrer qn. dans ses droits; **e-e Summe im Budget** ∼ inscrire, porter une somme au budget; **etw. zum Pfand** ∼ donner, mettre qc. en gage; **e-e Klausel** ∼ insérer, introduire une clause; **II** *v/i.* (*anfangen, einfallen*) commencer; *mus.* attaquer; **III** *v/réfl.* **sich** ∼ *Sport* faire de son mieux; **sich für j-n, etw.** ∼ intervenir pour qn., pour qc.; soutenir qn., qc.; se faire le défenseur de qn., de qc.; intercéder pour qn., pour qc.; **sich für die Interessen e-r Firma** ∼ défendre les intérêts d'une firme; **sich für ein gutes Einvernehmen** ∼ s'employer à faire régner la bonne entente; **IV 2en** *n*, **2ung** *f* ⟨∼; ∼en⟩ mise *f* en place; pose *f*; institution *f*; instauration *f*; *in ein Amt* installation *f*; investiture *f*; *e-s Erben* institution *f*; *e-s Nachfolgers, Verwalters* désignation *f*; *e-s Ausschusses, Gerichtes* constitution *f*; *e-r Klausel* insertion *f*; introduction *f*; *in j-s Rechte* subrogation *f*; *in die früheren Rechte* réintégration *f*; *math.* substitution *f*; *cf. auch* **Einsatz.**

Einsicht [ˈaɪnzɪçt] *f* ⟨∼; ∼en⟩ **1.** *comm.* (∼*nahme*) examen *m*; inspection *f*; ∼ **in die Bücher** examen, consultation des livres; **in etw.** ∼ **gewähren** permettre de prendre connaissance de, d'examiner qc.; ∼ **nehmen in** examiner, consulter, inspecter (qc.); prendre connaissance de; **zur** ∼ à l'examen; **2.** (*Verständnis*) compréhension *f*; discernement *m*; jugement *m*; intelligence *f*; pénétration *f*; (**endlich**) **zur** ∼ **kommen** (finir par) comprendre, voir; **es an** ∼ **mangeln lassen** manquer de discernement; **2ig** *adj. cf.* **2svoll**; **∼ˌnahme** *f* ⟨∼⟩ **zur** ∼ à l'examen; **nach** ∼ après examen, vérification; **2sˌlos** *adj.* qui ne comprend pas; sans discernement; **2sˌvoll** *adj.* intelligent; entendu (à); **er war** ∼ **genug, um** ... il comprenait assez bien pour ...; il avait assez de discernement pour ...

einsickern [ˈaɪnˌzɪkərn] **I** *v/i.* ⟨-(e)re, *sép.*, -ge-, sein⟩ s'infiltrer, se perdre (dans); **II 2** *n* ⟨∼s⟩ infiltration *f*.

Einsiedelei [ˌaɪnziːdəˈlaɪ] *f* ⟨∼; ∼en⟩ ermitage *m*.

Einsiedler [ˈaɪnˌziːdlər] *m* ermite *m*; solitaire *m*; anachorète [-ko-] *m*; **2isch 1.** *adj.* d'ermite; de solitaire; d'anachorète; **2.** *adv.* en ermite; en solitaire; en anachorète; **∼ˌkrebs** *m zo.* bernard-l'ermite *m*; *sc.* pagure *m*; **∼ˌleben** *n* vie *f* d'ermite, de solitaire, d'anachorète.

Einsilb|er [ˈaɪnˌzɪlbər] *m* ⟨∼s; ∼⟩ *gr.* monosyllabe *m*; **2ig** *adj. gr.* monosyllabique; *fig.* taciturne; qui parle peu; **∼igˌkeit** *f* ⟨∼⟩ *fig.* taciturnité *f*.

ein|sinken [ˈaɪnˌzɪŋkən] **I** *v/i.* ⟨*irr.*, *sép.*, -ge-, sein⟩ *im Schlamm etc.* (s')enfoncer; *Erdboden* s'affaisser; **II 2ˌsinken** *n im Schlamm etc.* enfoncement *m*; *des Erdbodens* affaissement *m*; **2ˌsitzer** *m* ⟨∼s; ∼⟩ voiture *f* à une place; *aviat.* monoplace *m*; **∼ˌsitzig** *adj.* à une place; monoplace; **∼ˌspannen** *v/t.* ⟨*sép.*, -ge-, h⟩ *in e-n*

Rahmen tendre (sur); *techn.* serrer (dans); *Pferde cf.* **anspannen**; *fig.* (*in Anspruch nehmen*) atteler, mettre (qn.) au travail; **2ˌspänner** *m* ⟨~s; ~⟩ voiture *f* à un cheval; *fig.* solitaire *m*; **~ˌspännig 1.** *adj.* à un cheval; **2.** *adv.* ~ **fahren** n'avoir qu'un cheval à sa voiture; **2ˌspannung** *f* serrage *m*; fixation *f*; **2spannˌvorrichtung** *f* dispositif *m* de serrage, de fixation; **~ˌsparen** *v/t.* ⟨*sép.*, -ge-, h⟩ économiser; faire, réaliser des économies de; **2ˌsparung** *f* ⟨~; ~en⟩ économie *f*; **~en im Haushalt** compression, réduction du budget; ~ **an Arbeitskräften** économie de main-d'œuvre; **~ˌsperren I** *v/t.* ⟨*sép.*, -ge-, h⟩ enfermer; *in e-n Käfig* encager; *in ein Gefängnis* mettre en prison; emprisonner; incarcérer; écrouer; **j-n** ~ **lassen** faire emprisonner qn.; **II 2ˌsperren** *n*, **2ˌsperrung** *f ins Gefängnis* emprisonnement *m*; incarcération *f*; **~ˌspielen** *v/réfl.* ⟨*sép.*, -ge-, h⟩ **sich** ~ *Sport* s'entraîner, s'exercer à jouer en équipe; *fig.* **sich aufeinander** ~ s'exercer à faire ensemble qc.; **sie sind gut aufeinander eingespielt** ils forment un bon ensemble, une bonne équipe; **die Sache hat sich gut eingespielt** l'affaire fonctionne, marche bien; **~ˌspinnen** *v/réfl.* ⟨*irr.*, *sép.*, -ge-, h⟩ **sich** ~ *Seidenraupen* se mettre en cocon; **~ˌsprengen** *v/t.* ⟨*sép.*, -ge-, h⟩ *Wäsche* asperger; *géol.* disséminer; **~ˌspringen** *v/i.* ⟨*irr.*, *sép.*, -ge-, sein⟩ *bât.* rentrer; *fig.* **für j-n** ~ remplacer qn.; **~ˌspringend** *adjt. bât.* rentrant.

Einspritz|düse [ˈaɪnʃprɪtsˌdyːzə] *f Diesel* injecteur *m*; **2en** *v/t.* ⟨-(es)t, *sép.*, -ge-, h⟩ injecter; **~ˌhahn** *m Dampfmaschine* robinet *m* d'injection; **~kondenˌsator** *m Dampfmaschine* jet *m* condenseur; condenseur *m* par injection; **~ˌmengenˌregelung** *f* réglage *m* de la quantité de combustible d'injection; **~ˌpumpe** *f mot.* pompe *f* à injection; **~ung** *f* ⟨~; ~en⟩ *méd.*, *mot.* injection *f*.

Einspruch [ˈaɪnʃprʊx] *m* opposition *f*; protestation *f*; **gegen etw.** ~ **erheben** faire, mettre opposition à qc.; s'opposer à qc.; élever une protestation contre qc.; protester contre qc.; mettre son veto à qc.; ~ **einlegen** former, formuler opposition; **lebhaft, laut** ~ **erheben** se récrier; **~sˌrecht** *n* **a)** droit *m* de former opposition; **b)** droit *m* de veto; **~sverˌfahren** *n* procédure *f* d'opposition, de réclamation; **~sverˌzicht** *m* désistement *m* d'opposition.

einspurig [ˈaɪnˌʃpuːrɪç] *adj.* à une seule voie.

einst [aɪnst] **I** *adv.* (*einmal*) un jour; (*früher*) autrefois; jadis [-s]; **das war** ~ **anders** il en était autrement par le passé; **II 2** *n* ⟨~⟩ passé *m*.

ein|stämmig [ˈaɪnˌʃtɛmɪç] *adj. bot.* qui n'a qu'une tige; **~ˌstampfen I** *v/t.* ⟨*sép.*, -ge-, h⟩ *Kraut* tasser au pilon; *impr. Bücher* mettre au pilon; **II 2ˌstampfen** *n*, **2ˌstampfung** *f* ⟨~; ~en⟩ *impr.* mise *f* au pilon; *sonst verbal*; **2stand** *m* **1.** **s-n** ~ **geben** arroser son entrée en fonction; **2.** *Tennis* égalité *f*; **2standsˌpreis** *m comm.* prix *m* coûtant; prix *m* de revient d'achat; prix rendu; **~ˌstauben** *v/i.* ⟨*sép.*, -ge-, sein⟩ se couvrir de poussière; **~ˌstechen I** *v/t.* ⟨*irr.*, *sép.*, -ge-, h⟩ *Nadel* enfoncer; piquer; **II** *v/i.* **1.** *Kartenspiel* couper; **2. auf j-n** ~ donner, porter des coups de couteau, de poignard, *etc.* à qn.; **~ˌstecken** *v/t.* ⟨*sép.*, -ge-, h⟩ *in die Tasche* empocher; mettre dans la poche; *Brief in den Briefkasten* mettre à la boîte; *Schwert* rengainer; *Sport Schlag* encaisser; *Gewinn* empocher; *fig.* **e-e Beleidigung** ~ avaler une insulte; **Vorwürfe** ~ **müssen** essuyer des reproches; F **etw.** ~ **müssen** trinquer (*abs.*); écoper (*abs.*); **er kann viel** ~ il a bon dos; **2steckˌkamm** *m* petit peigne à cheveux; **2steckˌschloß** *n* serrure encastrée; **~ˌstehen** *v/i.* ⟨*irr.*, *sép.*, -ge-, sein⟩ garantir; répondre de; cautionner; **für j-n** ~ se porter garant, caution pour qn.; se rendre caution de qn.; répondre de qn.; **für etw.** ~ répondre de qc.; se porter garant de qc.; **für den Schaden** ~ prendre les dommages sur soi; **füreinander** ~ se porter garant les uns des autres; **~ˌsteigen I** *v/i.* ⟨*irr.*, *sép.*, -ge-, sein⟩ **1.** *in e-n Wagen* monter (en); *in ein Schiff* monter à bord; ~ **bitte!** en voiture, s'il vous plaît!; **2.** *von Dieben* entrer par escalade; **3.** F *in e-n Beruf, ein Geschäft* entrer; **II 2ˌsteigen** *n* **4. j-m beim** ~ **behilflich sein** aider qn. à monter (en voiture); **5.** *von Dieben* escalade *f*; **nächtliches** ~ escalade de nuit; **2steig(e)ˌloch** *n*, **2steig(e)ˌöffnung** *f*, **2steig(e)ˌschacht** *m e-r Maschine* ouverture *f* d'entrée; *der Kanalisation auch* regard *m*; bouche *f* d'accès; trou *m* d'homme; **2ˈsteinium** *n* ⟨~s⟩ *chim.* einsteinium [-jɔm] *m*.

einstell|bar [ˈaɪnʃtɛlˌbaːr] *adj.* réglable; ajustable; orientable; **2ˌebene** *f opt.* plan *m* de mise au point; **~en I** *v/t.* ⟨*sép.*, -ge-, h⟩ **1.** mettre dans; remiser; *in die Garage* garer; **2.** *techn.* régler; ajuster; orienter; *rad.*, *opt.* régler; *richtig, scharf* mettre au point; **auf Unendlich** ~ régler sur l'infini; **schlecht eingestellt** mal mis (au point); mal réglé; **3.** *Arbeitskräfte* embaucher; recruter; **Arbeiter** ~ engager des ouvriers; **j-n auf Zeit** ~ engager qn. temporairement; **j-n wieder** ~ réemployer qn.; **4.** *Arbeit, Betrieb* cesser; arrêter; suspendre; **der Verkehr auf dieser Strecke wurde eingestellt** le trafic a été supprimé sur cette ligne; **die Feindseligkeiten** ~ suspendre, cesser, arrêter les hostilités; **das Feuer** ~ cesser le tir; **das Feuer wurde um zwölf Uhr eingestellt** le cessez-le-feu a eu lieu à midi; **ein gerichtliches Verfahren** ~ arrêter, suspendre une procédure; rendre une ordonnance de non-lieu; **die Zahlungen** ~ suspendre, cesser les paiements; **5.** *Sport* **e-n Rekord** ~ égaler un record; **II** *v/réfl.* **sich** ~ **6.** *Personen* arriver; se trouver; *Schäden* survenir; *Schmerzen* se faire sentir; **sich wieder** ~ revenir; reparaître; **es hat sich e-e Besserung eingestellt** il s'est produit un mieux; une amélioration est survenue; **7. sich auf etw.** ~ s'adapter à qc.; se préparer à qc.; s'orienter vers qc.; s'attendre à qc.; **auf etw. eingestellt sein** être prêt à qc.; être organisé en vue de, pour qc.; **sich auf j-n** ~ se régler sur qn.; **gegen j-n eingestellt sein** être mal disposé envers qn.; **sozialistisch eingestellt** sein être orienté vers le socialisme; tendre vers le socialisme; avoir des idées socialistes; **2ˌhebel** *m* levier *m* de réglage.

einstellig [ˈaɪnˌʃtɛlɪç] *adj. math.* d'un seul chiffre.

Einstell|knopf [ˈaɪnʃtɛlˌknɔpf] *m* bouton *m* de réglage; **~ˌring** *m* bague *f* de réglage; **~ˌschraube** *f* vis *f* de réglage; **~ˌskala** *f* échelle graduée; **~ung** *f* **1.** *techn.*, *opt.*, *rad. etc.* réglage *m*; ajustage *m*; ajustement *m*; *opt.* (*Gesamt2*) mise *f* au point; ~ **der Blende** réglage du diaphragme; **2.** *von Arbeitskräften* embauchage *m*; embauche *f*; engagement *m*; recrutement *m*; **3.** *der Arbeit, des Betriebes* cessation *f*; suspension *f*; arrêt *m*; ~ **der Feindseligkeiten** arrêt, cessation des hostilités; ~ **der Schiffahrt** interruption de la navigation; **(vorläufige)** ~ **des Verfahrens** arrêt, cessation (provisoire) de la procédure; abandon *m* (provisoire) des poursuites; non-lieu *m* (provisoire); **Antrag auf** ~ **des Verfahrens** demande en cessation de la procédure; ~ **der Zahlungen** suspension, cessation des paiements; **4.** (*Haltung, Meinung*) attitude *f*; opinion *f*; point *m* de vue; disposition *f*; **politische** ~ opinion politique; ~ **zum Leben** conception de la vie; **~ungsbeˌdingungen** *f/pl.* conditions *f/pl.* d'embauche; **~ungsbeˌschluß** *m jur.* ordonnance *f* de non-lieu; **~ungsˌsperre** *f* arrêt *m* de recrutement; **~ungsˌwinkel** *m opt.* angle *m* de mise au point; *techn.* angle *m* de réglage, de calage.

ein|stemmen [ˈaɪnˌʃtɛmən] *v/t.* ⟨*sép.*, -ge-, h⟩ *cf.* **stemmen**; **2sternˌmotor** *m aviat.* moteur *m* en étoile à une seule couronne de cylindres; **2stich** *m* piqûre *f*; **2stieg** *m* ⟨~(e)s; ~e⟩ *Autobus etc.* entrée *f*; **~ˌstielig** *adj. bot.* à une tige; unicaule.

einstig [ˈaɪnstɪç] *adj.* ancien, -nne; d'autrefois.

einstimm|en [ˈaɪnˌʃtɪmən] *v/i.* ⟨*sép.*, -ge-, h⟩ *mus.* **in etw. (mit)** ~ joindre sa voix à celle des autres; *fig.* faire chorus [-ys]; se joindre à; **~ig 1.** *adj.* **a)** *mus.* à une voix; monodique; **b)** unanime; **~e Annahme** adoption à l'unanimité; **2.** *adv.* à l'unanimité; unanimement; à l'unisson; d'un commun accord; **e-n Antrag** ~ **annehmen** adopter une motion à l'unanimité; **fast** ~ à la quasi-unanimité; **2igˌkeit** *f* ⟨~⟩ unanimité *f*; **mit** ~ **e-n Beschluß fassen** prendre une décision à l'unanimité; **kommt keine** ~ **zustande** ... à défaut d'unanimité ...

einstmals [ˈaɪnstmaːls] *adv. cf.* **einst**.

ein|stöckig [ˈaɪnˌʃtœkɪç] *adj. Haus* à un (seul) étage; **~ˌstöpseln** *v/t.* ⟨-(e)le, *sép.*, -ge-, h⟩ enfoncer (une fiche); **~ˌstoßen** *v/t.* ⟨*irr.*, *sép.*, -ge-, h⟩ enfoncer; *Scheibe auch* casser; **2ˌstrahlung** *f* irradiation *f*; **~ˌstreichen** *v/t.* ⟨*irr.*, *sép.*, -ge-, h⟩ *Geld* empocher; encaisser; **~ˌstreuen** *v/t.* ⟨*sép.*, -ge-, h⟩ *fig.* entremêler (**etw. in etw.** qc. de qc.); jeter (**in dans**); **~ˌströmen I** *v/i.* ⟨*sép.*, -ge-, sein⟩ affluer; **II 2ˌströmen** *n* afflux *m*; *von Dampf* admission *f*; **~stuˌdieren** *v/t.* ⟨*sép.*, *pas de ge-*, h⟩ *Rolle etc.* étudier; apprendre; **j-m etw.** ~ faire apprendre, étudier, répéter qc. à qn.; **2stuˌdierung** *f* ⟨~; ~en⟩ étude *f*; *thé. auch* réalisation *f*; **~ˌstufen** *v/t.* ⟨*sép.*, -ge-, h⟩ *in e-e Gruppe, Steuerklasse* classer; classifier; répartir par classes; *Leistung* coter; **~ˌstufig** *adj. Rakete* à un (seul) étage; **2ˌstufung** *f* ⟨~; ~en⟩ classification *f*; classement *m*; répartition *f* par classes; **~ˌstündig** *adj.* d'une heure; **~ˌstürmen** *v/i.* ⟨*sép.*, -ge-, sein⟩ *fig.* **auf j-n (mit Fragen)** ~ assaillir qn. (de questions); **2sturz** *m* écroulement *m*; effondrement *m*; *von Erdmassen* éboulement *m*; **vor dem** ~ **bewahren** prévenir l'écroulement (de); **~ˌstürzen I** *v/i.* ⟨-(es)t, *sép.*,

-ge-, sein⟩ s'écrouler; s'effondrer; *Erdmassen* s'ébouler; e-e Brücke ist eingestürzt un pont s'est écroulé; **II ≈ˌstürzen** *n cf.* ≈sturz; **≈sturzgeˌfahr** *f* danger *m* d'écroulement.

einst|weilen ['aɪnst'vaɪlən] *adv.* en attendant; d'ici là; provisoirement; pour le moment; lassen wir das ~ auf sich beruhen laissons provisoirement cela en attente; **~'weilig 1.** *adj.* provisoire; intérimaire; par intérim [-im]; *jur.* provisionnel, -lle; ~e Anordnung décision, mesure provisoire; ~er Zustand état provisoire; *jur.* ~e Verfügung (ordonnance *f* de) référé *m*; mesure provisionnelle; **2.** *adv.* à titre provisoire; provisoirement; provisionnellement; ~ ernannt nommé à titre provisoire, par intérim; j-n ~ festnehmen mettre qn. en état d'arrestation provisoire.

ein|sudeln ['aɪnˌzuːdəln] *v/t.* ⟨-(e)le, *sép.*, -ge-, h⟩ salir; *cf. auch* beschmutzen; **~ˌtägig** *adj.* d'un jour; éphémère; **≈tagsˌfliege** *f zo.* éphémère *m*; **≈tagsˌküken** *n* poussin *m* d'un jour; **≈ˌtänzer** *m* danseur mondain; **~ˌtauchen I** *v/t.* ⟨*sép.*, -ge-, h⟩ plonger; enfoncer; immerger; *Brot* tremper; *Feder* tremper; plonger; die Feder ~ *auch* prendre de l'encre; **II ≈ˌtauchen** *n* immersion *f*; plongement *m*; trempage *m*; **≈tausch** *m* échange *m*; troc [-k] *m*; **~ˌtauschen** *v/t.* ⟨*sép.*, -ge-, h⟩ etw. gegen etw. ~ échanger, troquer qc. contre qc.; recevoir qc. en échange de qc.

einteil|en ['aɪnˌtaɪlən] *v/t.* ⟨*sép.*, -ge-, h⟩ *in Gruppen* répartir; diviser; distribuer; *in Klassen* classer; classifier; *phys.* graduer; *Zeit, Arbeit* répartir; distribuer; *Geld* répartir; ~ nach classer d'après; répartir selon; (sich) s-e Zeit gut ~ organiser son temps; **~ig** *adj.* d'une (seule) pièce; ~er Badeanzug costume de bain d'une pièce; **≈ung** *f der Zeit, Arbeit* répartition *f*; division *f*; *in Klassen* classement *m*; classification *f*; *in Grade* graduation *f*; *phys.* échelle *f*; ~ nach Sachgebieten *Katalog* classement par matières.

Eintel ['aɪntəl] *n* ⟨~s; ~⟩ *math.* [entier *m*.]

ein|tönig ['aɪnˌtøːnɪç] *adj.* monotone (*auch fig.*); **≈ˌtönigˌkeit** *f* ⟨~; ~en⟩ monotonie *f*; **≈topf(geˌricht)** *m* (*n*) *cuis.* plat unique (composé de soupe, légumes et viande ayant cuit ensemble); **≈tracht** *f* ⟨~⟩ concorde *f*; harmonie *f*; bonne intelligence; in ~ miteinander leben vivre en bonne intelligence; **~ˌträchtig** *adj. u. adv.* en accord; en harmonie; en bonne intelligence.

Eintrag ['aɪntraːk] *m* ⟨~(e)s; ≈e⟩ **1.** *st. s.* ~ tun (*schädigen*) porter préjudice, nuire (à); **2.** *comm.* (*Eintragung*) inscription *f*; enregistrement *m*; **≈en I** *v/t.* ⟨*irr.*, *sép.*, -ge-, h⟩ **1.** *in Bücher* inscrire (dans); enregistrer; porter sur; ins Grundbuch ~ inscrire au livre foncier; ins Handelsregister ~ immatriculer au registre du commerce; *cf. auch* eingetragen; **2.** *cf.* einbringen; **II** *v/réfl.* sich ~ *in e-e Liste* s'inscrire (sur); *in ein Gästebuch etc.* inscrire son nom (dans).

einträglich ['aɪnˌtrɛːklɪç] *adj.* rémunérateur, -trice; productif, -ive; de bon rapport; lucratif, -ive; profitable; sehr ~ sein rapporter beaucoup; **≈ˌkeit** *f* ⟨~⟩ bon rapport, rendement; productivité *f*.

Eintragung ['aɪnˌtraːgʊŋ] *f* ⟨~; ~en⟩ *in e-e Liste* inscription *f*; *in Bücher* enregistrement *m*; *als Ergebnis* ce qui a été écrit; notes *f/pl.*; ~ e-r Hypothek inscription hypothécaire; ~ e-s Warenzeichens dépôt *m* d'une marque; ~ des Sichtvermerks *Paß* apposition *f* du visa; ~ in ein öffentliches Register immatriculation, enregistrement sur un registre public; e-e ~ vornehmen passer écriture de (qc.); etw. zur ~ anmelden notifier qc. à fin d'inscription; soumettre qc. à l'inscription; **~sˌantrag** *m* demande *f* d'inscription; **~sbeˌwilligung** *f* consentement *m* à l'inscription; **~sgeˌbühr** *f* droit *m* d'enregistrement, d'inscription; **~sˌnummer** *f* numéro *m* d'immatriculation; **≈sˌpflichtig** *adj.* soumis à l'enregistrement; **~sˌschein** *m* certificat *m* d'enregistrement, d'inscription; **~sverˌmerk** *m* note *f*, mention *f* d'enregistrement; **~sˌzwang** *m* obligation *f* de faire inscrire (qc.).

ein|träufeln ['aɪnˌtrɔʏfəln] *v/t.* ⟨-(e)le, *sép.*, -ge-, h⟩ *méd.* verser goutte à goutte; instiller; **~ˌtreffen I** *v/i.* ⟨*irr.*, *sép.*, -ge-, sein⟩ arriver; *Voraussage* se réaliser; s'accomplir; als erster ~ arriver le premier; rechtzeitig ~ arriver à l'heure; meine Voraussagen sind eingetroffen mes prédictions se sont réalisées; **II ≈ˌtreffen** *n* arrivée *f*; *e-r Voraussage* accomplissement *m*; réalisation *f*; **~treibˌbar** *adj.* recouvrable; exigible; encaissable; **~ˌtreiben** *v/t.* ⟨*irr.*, *sép.*, -ge-, h⟩ **1.** *Geld, Steuern* faire rentrer; recouvrer; toucher; Außenstände ~ recouvrer des créances; faire des recouvrements; die Miete ~ lassen (faire) recouvrer le loyer; **2.** *Vieh* ramener; **≈ˌtreibung** *f* ⟨~; ~en⟩ *von Geldern etc.* recouvrement *m*; encaissement *m*; **~ˌtreten I** *v/t.* ⟨*irr.*, *sép.*, -ge-, h⟩ *Tür etc.* enfoncer d'un coup de pied; **II** *v/i.* ⟨sein⟩ **1.** *in ein Haus, e-n Beruf, Verein, ins Heer etc.* entrer (dans); *in e-e Partei auch* se joindre à; adhérer à; *in e-n Verein auch* devenir membre (de); als Teilhaber ~ entrer comme associé; in (die) Verhandlungen ~ entrer en pourparlers; in die Beweisaufnahme ~ ouvrir l'instruction; in das Recht e-s anderen ~ subroger qn.; **2.** (*sich ereignen*) arriver; se produire; se faire; intervenir; avoir lieu; *Stille, Tod* se produire; survenir; *Umstände, Notwendigkeit* se présenter; *Versicherung, Haftpflicht* intervenir; plötzlich ~ survenir; der Tod trat auf der Stelle ein la mort a été instantanée; es trat e-n Augenblick Stillschweigen ein il se fit un moment de silence; es trat ein Wetterumschwung ein un changement de temps a eu lieu; es könnte der Fall ~, daß ... le cas où ... pourrait se présenter; **3.** für j-n ~ prendre le parti de qn.; défendre, soutenir, appuyer qn.; prêter son appui à qn.; für etw. ~ appuyer, soutenir, préconiser, défendre qc.; **III ≈ˌtreten** *n* **4.** enfoncement *m*; **5.** entrée *f*; schon beim ~ dès l'entrée; *sonst verbal*; **~ˌtretendenˌfalls** *adv. adm.* le cas échéant; **~ˌtrichtern** *v/t.* ⟨-(e)re, *sép.*, -ge-, h⟩ verser à l'aide d'un entonnoir; *fig. u.* F j-m etw. ~ seriner qc. à qn.; fourrer qc. dans la tête de qn.

Eintritt ['aɪntrɪt] *m* **1.** entrée *f*; *vom Dampf* admission *f*; ~ frei entrée libre, gratuite; ~ verboten entrée interdite; défense d'entrer; den ~ in etw. erzwingen forcer l'entrée de qc.; freiwilliger ~ in das Heer enrôlement *m* volontaire; ~ in e-e Partei adhésion *f* à un parti; entrée dans un parti; **2.** *fig.* arrivée *f*; commencement *m*; bei ~ der Dunkelheit à la tombée de la nuit; ~ e-s Schadens survenance d'un sinistre; **3.** (*Eintrittsgeld*) entrée *f*; ~ zwei Mark entrée deux marks; **~sˌgeld** *n* prix *m* d'entrée; **~sˌkarte** *f* billet *m*, carte *f* d'entrée; **~sˌöffnung** *f techn.* entrée *f*; orifice *m* d'admission; lumière *f*; **~sˌphase** *f* phase *f* d'entrée; **~stemperaˌtur** *f Dampfmaschine* température *f* d'admission; **~sˌwinkel** *m* angle *m* d'entrée.

ein|trocknen ['aɪnˌtrɔknən] **I** *v/t.* ⟨-ete, *sép.*, -ge-, h⟩ (*u. v/i.*) ⟨sein⟩ (se) dessécher; **II ≈ˌtrocknen** *n méd.* dessication *f*; **~ˌtröpfeln** *v/t.* ⟨-(e)le, *sép.*, -ge-, h⟩ *méd.* verser goutte à goutte; instiller; **≈ˌtröpf(e)ˌlung** *f* ⟨~; ~en⟩ instillation *f*; **~ˌtrüben** *v/réfl.* ⟨*sép.*, -ge-, h⟩ sich ~ *Wetter* se couvrir; s'assombrir; **≈ˌtrübung** *f* assombrissement *m*; **~ˌtunken** *v/t.* ⟨*sép.*, -ge-, h⟩ *cf.* eintauchen; **~ˌüben I** *v/t.* ⟨*sép.*, -ge-, h⟩ étudier; etw. auf dem Klavier ~ travailler qc. au piano; **II** *v/réfl.* sich ~ s'exercer; se faire la main; **III ≈ˌüben** *n* exercice *m*; étude *f*.

einund|achtzig ['aɪnʔʊnt'ʔaxtsɪç] *adj. num. c.* quatre-vingt-un; **≈'alles** *n* ⟨~⟩ tout ce que l'on a de plus cher, que l'on possède; **~ein'halb** *adj. num. cf.* anderthalb; **~'neunzig** *adj. num. c.* quatre-vingt-onze; **~'siebzig** *adj. num. c.* soixante et onze; **~'zwanzig** *adj. num. c.* vingt et un; **~'zwanzigste** *adj. num. o.* vingt et unième.

einver|leiben ['aɪnfɛrˌlaɪbən] *v/t.* ⟨*sép.*, *pas de ge-*, h⟩ incorporer; intégrer; annexer; **≈ˌleibung** *f* ⟨~; ~en⟩ incorporation *f*; intégration *f*; annexion *f*; **≈ˌnahme** *f* ⟨~; ~n⟩ *jur.* audition *f*; **≈ˌnehmen** *n* accord *m*; entente *f*; bonne intelligence; arrangement *m*; sich mit j-m ins ~ setzen se mettre d'accord avec qn.; arriver à une entente avec qn.; mit j-m in gutem ~ leben, stehen bien s'entendre avec qn.; vivre, être en bonne intelligence avec qn.; ~ mit dem Feinde intelligences avec l'ennemi; herzliches ~ entente cordiale; in bestem ~ en parfait accord; in vollem ~ en plein accord; im ~ mit d'accord avec; de concert avec; après entente avec; in gegenseitigem ~ d'un commun accord; **~ˌstanden** *adjt.* ~! d'accord!; entendu!; mit etw. ~ sein être d'accord avec qc.; approuver qc.; consentir à qc.; ich bin ~ je veux bien; d'accord!; sich mit etw. ~ erklären donner son assentiment à qc.; sich mit den Bedingungen ~ erklären accepter, agréer les conditions; **≈ˌständnis** *n* accord *m*; entente *f*; concert *m*; bonne intelligence; im ~ mit d'accord avec; de concert avec; après entente avec; in beiderseitigem, in gegenseitigem ~ d'un commun accord; geheimes ~ a) entente secrète; intelligence *f*; b) *jur.* collusion *f*; connivence *f*; sein ~ zu etw. geben donner son assentiment à qc.; consentir à qc.; approuver qc.; mit j-s ~ avec le consentement de qn.; **≈ˌständniserˌklärung** *f* approbation *f*; déclaration *f* d'accord.

ein|wachsen ['aɪnˌvaksən] **I** *v/t.* ⟨-(es)t, *sép.*, -ge-, h⟩ (*mit Wachs einreiben*) cirer; encaustiquer; **II** *v/i.* ⟨*irr.*, *sép.*, -ge-, sein⟩ *méd.* eingewachsener Nagel ongle incarné; **III ≈ˌwachsen** *n* cirage *m*; **≈wand** *m*

⟨~(e)s; ~̈e⟩ **1.** objection *f*; **e-n ~ erheben** faire, élever une objection; **e-n ~ vorbringen** mettre en avant une objection; **sich über e-n ~ hinwegsetzen** ne pas s'arrêter à, passer outre à une objection; **2.** *jur.* exception *f*; *cf. auch* Einspruch, Einrede.

Einwander|er ['aɪnˌvandərər] *m* immigrant *m*; (*Eingewanderter*) immigré *m*; **≈n** *v/i.* ⟨-(e)re, *sép.*, -ge-, sein⟩ immigrer; **~ung** *f* immigration *f*; **~ungsbeˌschränkung** *f* restriction *f* à l'immigration; **~ungsbeˌwegung** *f* mouvement *m* d'immigration; **~ungserˌlaubnis** *f* autorisation *f*, permis *m* d'immigration; **~ungsˌland** *n* pays *m* d'immigration; **~ungspoliˌtik** *f* politique *f* d'immigration; **~ungsˌquote** *f* contingent *m* d'immigration; **~ungsverˌbot** *n* interdiction *f* d'immigration.

ein|wandfrei ['aɪnvantˌfraɪ] **1.** *adj.* parfait; irrécusable; irréfutable; irréprochable; irrépréhensible; impeccable; (*unbestreitbar*) incontestable; inattaquable; **in ~em Zustand** en parfait état; **ein ~es Alibi** un alibi parfait; **~er Beweis** preuve incontestable, inattaquable, irréfutable, irrécusable; **2.** *adv.* parfaitement; irréfutablement; irréprochablement; impeccablement; incontestablement; de façon irrécusable, irréprochable, impeccable, parfaite, incontestable; **~ arbeiten, funktionieren** travailler, marcher parfaitement, impeccablement, irréprochablement; **etw. ~ nachweisen** démontrer qc. incontestablement, irréfutablement, de façon irrécusable; **daraus ergibt sich ~, daß ...** il s'ensuit incontestablement que ...; **~ˌwandig** *adj.* à simple paroi; **~wärts** *adv.* en dedans; *techn.* vers l'intérieur; **die Füße ~ setzen** *cf.* ~gehen; **~wärtsgeˌbogen** *adjt.* rentrant; courbé vers l'intérieur; **~wärtsˌgehen** *v/i.* ⟨*irr.*, *sép.*, -ge-, sein⟩ marcher les pieds (tournés) en dedans; **~ˌwässern** *v/t.* ⟨-ssere *od.* -ßre, *sép.*, -ge-, h⟩ (faire) tremper, macérer dans l'eau; **~ˌweben** *v/t.* ⟨*irr.*, *sép.*, -ge-, h⟩ *text.* tisser (dans); **ein Muster ~** damasser (une étoffe); **~ˌwechseln** *v/t.* ⟨-(e)le, *sép.*, -ge-, h⟩ *comm.* changer; **≈ˌwechs(e)lung** *f* ⟨~⟩ change *m*; **~ˌwecken** *v/t.* ⟨*sép.*, -ge-, h⟩ *cf.* einmachen.

Einweg|gleichrichter ['aɪnveːkˌglaɪçrɪçtər] *m* *élect.* redresseur *m* à une seule alternance; **~ˌhahn** *m* robinet *m* à une voie.

ein|weichen ['aɪnˌvaɪçən] **I** *v/t.* ⟨*sép.*, -ge-, h⟩ (r)amollir en trempant; *Wäsche* (faire) tremper; essanger; **II ≈ˌweichen** *n*, **≈ˌweichung** *f* ⟨~⟩ *der Wäsche* trempage *m*; essangeage *m*; **~ˌweihen** *v/t.* ⟨*sép.*, -ge-, h⟩ **1.** *Gebäude etc.* inaugurer; **2. j-n in etw. ~** *in e-n Brauch etc.* initier qn. à qc.; **j-n in e-n Plan, in ein Geheimnis ~** mettre qn. au courant d'un projet, dans le secret; **e-e neue Wohnung ~** pendre la crémaillère; *cf. auch* **eingeweiht**; **≈ˌweihung** *f* *e-s Gebäudes etc.* inauguration *f*; *in ein Geheimnis* mise *f* (dans le secret); *in e-n Plan etc.* mise *f* au courant (de); *in e-n Brauch etc.* initiation *f*; **≈ˌweihungsˌfeierlichˌkeit** *f* inauguration *f*; **~ˌweisen** *v/t.* ⟨*irr.*, *sép.*, -ge-, h⟩ guider (*auch aviat.*); *in e-e Wohnung* assigner, affecter (un logement) (à); *in ein Amt* installer (dans une charge); affecter (à une fonction); *in ein Heim etc.* envoyer; **in e-e Heilanstalt ~** (faire) interner; **in ein Krankenhaus ~** (faire) hospitaliser; *jur.* **in den Besitz ~** envoyer (qn.) en possession; **≈ˌweisung** *f* guidage *m* (*auch aviat.*); *in e-e Wohnung* affectation *f* (de logement); *in ein Amt* installation *f*; affectation *f*; *in ein Heim etc.* envoi *m*; *od. verbal*; *in e-e Heilanstalt* internement *m*; *in ein Krankenhaus* hospitalisation *f*; *jur.* **~ in e-n Besitz** envoi *m* en possession; **≈ˌweisungsbeˌscheid** *m* acte *m* d'affectation; **~ˌwenden** *v/t.* ⟨*irr.*, *sép.*, -ge-, h⟩ objecter, opposer (**gegen** à); **dagegen läßt sich nichts ~** il n'y a pas d'objection à cela; **hast du dagegen etw. einzuwenden?** as-tu qc. à objecter à cela?; **≈ˌwendung** *f* objection *f*; **~en machen** faire, opposer des objections; **former opposition à; falls keine ~en erhoben werden** s'il n'y a pas d'objection; *cf. auch* Einwand, Einrede; **~ˌwerfen I** *v/t.* ⟨*irr.*, *sép.*, -ge-, h⟩ **1.** *Scheiben etc.* casser, briser (en lançant qc.); **2.** *Sport Ball* remettre en jeu; *Brief* mettre à la boîte; *Geld in e-n Automaten* introduire; **3.** *fig.* objecter; **II ≈ˌwerfen** *n* *von Scheiben verbal*; *des Balles* remise *f* en jeu; *e-s Briefes* mise *f* à la boîte; *fig.* objection *f*; **~ˌwertig** *adj. chim.* monovalent; univalent; **~ˌwickeln I** *v/t.* ⟨-(e)le, *sép.*, -ge-, h⟩ *in Papier etc.* envelopper; emballer; *fig. u.* F **j-n ~** entortiller, emberlificoter qn.; **II ≈ˌwickeln** *n* *in Papier etc.* enveloppement *m*; emballage *m*; *fig.* entortillement *m*; **≈ˌwickelpaˌpier** *n* papier fin d'emballage; **~ˌwilligen** *v/i.* ⟨*sép.*, -ge-, h⟩ **in etw. ~** consentir à qc.; donner son consentement, son assentiment, son adhésion, son agrément à qc.; **~, daß etw. geschieht** consentir à ce que qc. se fasse; **≈ˌwilliˌgung** *f* ⟨~; ~en⟩ consentement *m*; assentiment *m*; agrément *m*; autorisation *f*; permission *f*; **nur mit ~ der Eltern** seulement avec consentement, autorisation des parents; **ausdrückliche ~** consentement exprès; **stillschweigende ~** consentement tacite; **j-s ~ erzwingen** forcer la main à qn.; **~ˌwirken** *v/i.* ⟨*sép*,. -ge-, h⟩ **auf j-n, etw. ~** agir, influer sur qn., sur qc.; affecter qn., qc.; *mechanisch* opérer sur qc.; *chim.* **~ lassen** laisser agir; **≈ˌwirkung** *f* action *f*; effet *m*; influence *f*; **chemische ~** action chimique; *biol.* **äußere ~en** influences, actions extérieures; **unter der ~ von Alkohol** sous l'influence de l'alcool; **~ˌwöchig** *adj.* d'une semaine.

einwohn|en ['aɪnˌvoːnən] *v/réfl.* ⟨*sép.*, -ge-, h⟩ **sich (an e-m Ort) ~** s'habituer (à un endroit); **≈er(in)** *m* ⟨~s; ~⟩ (*f*) ⟨~; ~nen⟩ habitant(e) *m*(*f*); **≈erˌliste** *f* liste officielle des habitants; **≈erˌmeldeˌamt** *n* bureau *m* de déclaration domiciliaire; **≈erˌmeldeˌpflicht** *f* obligation *f* de déclarer son domicile; **≈erˌschaft** *f* ⟨~⟩ **die ~** les habitants *m/pl.*; la population; **≈erverˌzeichnis** *n* registre *m* de la population; **≈erˌzahl** *f* nombre *m* d'habitants.

ein|wölben ['aɪnˌvœlbən] *v/t.* ⟨*sép.*, -ge-, h⟩ *bât.* voûter; **≈wurf** *m* **1.** *Sport* touche *f*; remise *f* en jeu; **2.** *am Briefkasten* fente *f*; **3.** *cf.* Einwand; **~ˌwurzeln** *v/réfl.* ⟨-(e)le, *sép.*, -ge-, h⟩ **sich ~** s'enraciner; *cf. auch* eingewurzelt.

Einzahl ['aɪntsaːl] *f* *gr.* singulier *m*.

einzahl|bar ['aɪntsaːlˌbaːr] *adj.* à verser; à payer; payable; **~en** *v/t.* ⟨*sép.*, -ge-, h⟩ verser; payer; *von Spargeldern* déposer; **bei der Bank ~** verser à la banque; **≈er** *m* ⟨~s; ~⟩ payeur *m*; (*Einleger*) déposant *m*; **≈ung** *f* versement *m*; paiement *m*; *von Spargeldern* dépôt *m*; **~ auf ein Postscheckkonto** versement à un compte-chèque postal; **Aufforderung zur ~** appel de fonds, de versement; **≈ungsbeˌscheinigung** *f* attestation *f* de versement; certificat *m* de dépôt; **≈ungsgeˌbühr** *f* taxe *f* de versement; **≈ungsˌort** *m* lieu *m* de versement; **≈ungsˌschein** *m* bulletin *m*, feuille *f* de versement, de paiement; **≈ungsˌschalter** *m* guichet *m* de versement; **≈ungsˌtag** *m* jour *m*, date *f* de paiement.

ein|zapfen ['aɪnˌtsapfən] *v/t.* ⟨*sép.*, -ge-, h⟩ *charp.* emboîter; mortaiser; **~ˌzäunen** *v/t.* ⟨*sép.*, -ge-, h⟩ enclore; clôturer; palissader; **≈ˌzäunung** *f* ⟨~; ~en⟩ clôture *f*; **~ˌzehig** *adj. zo.* monodactyle; **~ˌzeichnen** *v/t.* ⟨-ete, *sép.*, -ge-, h⟩ dessiner (dans); **Maße ~** coter (un plan, un dessin); **≈ˌzeichnung** *f* *verbal*; **~ˌzeilig** *adj.* à une ligne; *Abstand* d'une ligne; *métr.* monostique.

Einzel ['aɪntsəl] *n* ⟨~s; ~⟩ *Tennis* simple *m*; **~ˌabfederung** *f* *Auto* suspension *f* à roues indépendantes; **~abˌteil** *n* *chem.* compartiment séparé; **~ˌanfertigung** *f* fabrication *f* à la *od.* par pièce; fabrication *f* de pièces isolées; **~ˌangabe** *f* indication détaillée; donnée spéciale; **~ˌantrieb** *m* *bei Maschinen* commande individuelle, séparée; **~ˌaufhängung** *f* suspension indépendante; *der Autoräder auch* roues indépendantes; **~ˌaufstellung** *f* *comm.* état détaillé; **~ˌaufzählung** *f* énumération détaillée; **~ˌausbildung** *f* instruction individuelle; **~ˌausgabe** *f* *impr. etwa* volume, exemplaire isolé; **~ˌband** *m* *Buch* livre dépareillé; **~beˌobachtung** *f* observation isolée; **~beˌratung** *f* *e-s Gesetzentwurfes* délibération détaillée; **~beˌtrag** *m* *comm.* montant particulier; **~beˌtrieb** *m* entreprise, exploitation individuelle; **~ˌbett** *n* *Schlafwagen* single [sɪŋgl] *m*; **~beˌwegung** *f* mouvement composant; **~beˌwertung** *f* évaluation individuelle; **~beˌzeichnung** *f* nom individuel; **~ˌbox** *f* box particulier; **~ˌdarstellung** *f* description individuelle; **~elekˌtron** *n* *phys. atom.* électron *m* célibataire; **~erˌscheinung** *f* phénomène *m*, événement *m*, fait *m* unique, isolé; **~ˌfall** *m* cas individuel; (*vereinzelter Fall*) cas spécial, unique, isolé; **im ~** en cas isolé; **in jedem ~** dans chaque cas d'espèce; **~ˌfertigung** *f* *cf.* ~anfertigung; **~ˌfeuer** *n* *milit.* feu *m* coup par coup; **~ˌfirma** *f* entreprise individuelle, en nom personnel; **~ˌgabe** *f* *méd.* dose *f* unique; **~ˌgänger** *m* ⟨~s; ~⟩ solitaire *m*; **≈ˌgängeˌrisch** *adj.* solitaire; **~geˌschwindigkeit** *f* vitesse composante; **~ˌhaft** *f* emprisonnement *m*, détention *f* cellulaire; **~ˌhandel** *m* commerce *m* de détail; **nur im ~ erhältlich** en vente uniquement chez les détaillants; **~ˌhandelsgeˌschäft** *n* magasin *m* de détail; **~ˌhandelsˌpreis** *m* prix *m* de (vente au) détail; **~ˌhandelsˌspanne** *f* marge *f* du détaillant; **~ˌhandelsverˌband** *m* union *f*, association *f* du commerce de détail; **~ˌhändler** *m* détaillant *m*; commerçant *m* de détail; **~ˌhaus** *n* maison isolée, séparée; **~ˌheit** *f* ⟨~; ~en⟩ détail *m*; *pl.* **~en** *auch* modalités *f/pl.*; **genaue ~en** précisions *f/pl.*; **nähere ~en** plus amples détails; **weitere ~en zu erfragen bei ...** pour plus amples renseignements s'adresser à ...; **bis in alle ~en** jusque dans tous les détails; **mit allen ~en** avec tous les détails; **sich mit ~en be-**

fassen s'occuper des détails; **ohne auf ~en einzugehen** sans entrer dans les détails; **~kaˌbine** *f Schwimmbad* cabine *f*; **~ˌkampf** *m Sport* épreuve individuelle; *milit.* combat isolé, partiel, local; **~ˌkaufmann** *m* commerçant *m* (en nom) individuel; **~ˌkosten** *pl.* charges individuelles; frais directs, particuliers; **~ˌlast** *f Mechanik, bât.* charge unique, isolée, concentrée; **~ˌleben** *n* vie *f* solitaire; **~ˌleistung** *f Sport, thé.* performance individuelle; **~ˌleiter** *m élect.* conducteur *m* unifilaire; **~ˌleitung** *f élect., tél.* ligne *f* unifilaire.

Einzell|er ['aɪnˌtsɛlər] *m* ⟨~s; ~⟩ *zo.* organisme *m* unicellulaire; **2ig** *adj.* unicellulaire.

einzeln ['aɪntsəln] **1.** *adj.* (*allein*) seul; (*gesondert*) particulier, -ière; spécial; (*für sich bestehend*) individuel, -lle; (*abgesondert*) séparé; détaché; isolé; **ein ~er Schuh** une seule chaussure; **ein ~er (nicht zum Service gehöriger) Teller** une assiette dépareillée; **die ~en Teile** les différentes parties; **die ~e Nummer (e-r Zeitschrift) kostet ...** le prix du numéro est de ...; **die ~en Umstände** les circonstances particulières; les particularités; **in jedem ~en Fall** dans chaque cas particulier; **~e** quelques-un(e)s; **ein ~er** un individu; une seule personne; **jeder ~e** chacun en particulier; **es kommt auf den ~en an** cela dépend de chacun; **im ~en** en détail; **zu sehr ins ~e gehen** entrer trop dans les détails; **2.** *adv.* un à un; un à la fois; en particulier; à part; séparément; isolément; individuellement; en détail; **etw. ~ angeben, aufführen** spécifier qc.; **~ verkaufen** vendre séparément; **~ eintreten** entrer un à un, l'un après l'autre; **~ˌstehend** *adjt.* isolé (*auch von Gebäuden*); *Pflanzen* solitaire.

Einzel|nummer ['aɪntsəlˌnʊmər] *f e-r Zeitschrift* numéro isolé; **~perˌson** *f* individu *m*; particulier *m*; **~ˌpreis** *m* prix *m* de la pièce, à l'unité; **~proˌkura** *f* procuration *f* unique; **~radˌaufhängung** *f Auto* suspension *f* à roues indépendantes; **~ˌrichter** *m jur.* juge *m* unique; **~ˌsendung** *f comm.* envoi isolé; expédition isolée; **~ˌspiel** *n Tennis* simple *m*; **2ˌstaatlich** *adj.* national; **~ˌstart** *m Sport* départ individuel; **~ˌsteuerung** *f techn.* commande, manœuvre individuelle; **~ˌteilchen** *n phys. atom.* particule non appariée; **~ˌteile** *n/pl.* pièces détachées, constituantes, constitutives, isolées; éléments *m/pl.*; différentes parties; (*Zubehör*) accessoires *m/pl.*; **vorgefertigte ~** éléments préfabriqués; **~ˌübung** *f gym.* exercice individuel; **~unterˌnehmen** *n comm.* entreprise individuelle, privée; **~unterˌnehmer** *m* entrepreneur particulier, privé; **~ˌunterˌricht** *m* enseignement individuel; **~verˌkauf** *m* vente *f* au *od.* de détail; **~verˌnehmung** *f jur.* audition séparée; **~verˌsicherung** *f* assurance individuelle; **~ˌwahl** *f pol.* scrutin uninominal; **~ˌwesen** *n* individu *m*; **~ˌwettbeˌwerb** *m Sport* épreuve individuelle; **~ˌwirtschaft** *f écon.* économie individuelle; **~ˌzelle** *f im Gefängnis* cellule *f*; **~ˌzimmer** *n* chambre particulière, individuelle, à un lit.

einzementieren ['aɪntse·mɛnˌtiːrən] *v/t.* ⟨*sép., pas de ge-*, h⟩ *bât.* cimenter.

einzieh|bar ['aɪntsiːˌbaːr] *adj. comm.* encaissable; (*konfiszierbar*) confiscable; *physiol.* rétractile; *Fahrgestell* escamotable; **2ˌdraht** *m fil m* d'amenée; fil *m* à tirer les câbles; **~en I** *v/t.* ⟨*irr., sép.*, -ge-, h⟩ **1.** *Gummiband, Faden etc.* enfiler; passer; **2.** *Banknoten* retirer de la circulation; *Krallen, Bauch* rentrer; *Kopf* rentrer (la tête dans les épaules); *aviat. Fahrwerk* rentrer; *Fahne, Segel* amener; **3.** *bât.* **e-e Decke ~** plafonner (in etw. qc.); **e-e Wand ~** cloisonner (qc.); **4.** *impr.* renfoncer, rentrer (une ligne); **5.** *comm.* encaisser; recouvrer; **Außenstände ~** faire des recouvrements; recouvrer des créances; **Steuern ~** percevoir, recouvrer des impôts; **6.** (*beschlagnahmen*) confisquer; saisir; **7. Erkundigungen, Auskünfte ~** prendre, recueillir des renseignements, des informations; s'informer; se renseigner; **8.** *Soldaten* appeler (sous les drapeaux); mobiliser; **II** *v/i.* ⟨sein⟩ entrer (dans); faire son entrée (dans); *von Flüssigkeiten* pénétrer (dans); *mines Luft* entrer; *in e-e Wohnung* emménager; **bei j-m ~** venir habiter, aller loger chez qn.; **2ˌkran** *m* grue *f* à flèche relevable, à relevage de flèche; **2ˌschacht** *m mines* puits *m* d'aérage; **2ung** *f* **1.** *von Erkundigungen, Auskünften* prise *f*; **2.** *von Geldern* encaissement *m*; recouvrement *m*; *von Steuern auch* perception *f*; **3.** *von Banknoten* retrait *m*; **4.** (*Beschlagnahme*) confiscation *f*; **5.** *von Soldaten* appel *m* (sous les drapeaux); **2ungsˌauftrag** *m comm.* mandat *m* de recouvrement; **2ungsbeˌscheid** *m jur.* déclaration *f* de saisie, de confiscation; **2ungsgeˌbühr** *f comm.* droit *m* d'encaissement; **2ungsprovisiˌon** *f comm.* commission *f* d'encaissement; **2ungsˌrecht** *n* droit *m* de percevoir; **2ungsˌvollmacht** *f comm.* procuration *f* pour l'encaissement.

einzig ['aɪntsɪç] **1.** *adj.* unique; seul; **~ in s-r Art** unique en son genre; **das ~e Kind** l'enfant unique; **unser 2er** notre seul fils; notre fils unique; **nicht ein ~es Mal** pas une seule fois; **kein ~er** personne; pas un seul; **es gibt keinen ~en Fall, wo ...** il n'y a pas un seul cas où ...; **das ist das ~e, was wir tun können** c'est la seule chose que nous puissions faire; **das ~e wäre, zu ...** la seule chose à faire serait de ...; **2.** *adv.* uniquement; seulement; **~ und allein** uniquement; purement et simplement; **~ dastehen** être unique (en son genre, au monde); se trouver dans une situation exceptionnelle; **~ˌartig 1.** *adj.* unique en son genre; sans pareil; sans égal; extraordinaire; exceptionnel, -lle; singulier, -ière; **von ~er Schönheit** d'une beauté exceptionnelle; **2.** *adv.* exceptionnellement; extraordinairement; singulièrement; **2ˌartigˌkeit** *f* ⟨~⟩, **2ˌkeit** *f* ⟨~⟩ unicité *f*.

Einzimmerwohnung [ˌaɪn'tsɪmərˌvoːnʊŋ] *f* studio *m*.

ein|zöllig ['aɪnˌtsœlɪç] *adj.* épais, -sse d'un pouce; **~ˌzuckern** *v/t.* ⟨-(e)re, *sép.*, -ge-, h⟩ *cuis.* sucrer; saupoudrer de sucre.

Einzug ['aɪntsuːk] *m* **1.** entrée *f*; *in e-e Wohnung* emménagement *m*; **s-n ~ halten** a) faire son entrée; b) *Jahreszeiten* faire son apparition; **2.** *comm.* recouvrement *m*; encaissement *m*; *cf. auch Einziehung* **2.**; **3.** *impr.* renfoncement *m*; **~sgeˌbiet** *n* **1.** *géol.* bassin-versant *m*; **2.** *e-r Stadt* zone attenante, avoisinante; grande banlieue; **~sgeˌbühr** *f cf.* Einziehungsgebühr; **~sˌspesen** *pl.* frais *m/pl.* d'encaissement; **~sˌstelle** *f comm.* centre *m* de perception; **~sverˌfahren** *n comm.* procédure *f* d'encaissement.

ein|zwängen ['aɪnˌtsvɛŋən] *v/t.* ⟨*sép.*, -ge-, h⟩ faire entrer en forçant; **eingezwängt sein** être serré, coincé; **2ˌzwängung** *f* ⟨~; ~en⟩ *verbal*; **2zy'lindermaˌschine** *f* machine *f* monocylindre, monocylindrique, à un cylindre; **2zy'linderˌmotor** *m* moteur *m* monocylindre, monocylindrique, à un cylindre.

Ei|pulver ['aɪˌpʊlvər] *n cuis.* œufs *m/pl.* en poudre; **2rund 1.** *adj.* ovale; **2.** *adv.* en ovale.

Eis [aɪs] *n* ⟨~es⟩ glace *f*; **~ essen** manger de la glace; **e-e Portion ~** une glace (**gemischt** panachée); **zu ~ gefrieren** se glacer; se congeler; **auf ~ legen** mettre à la glace; *fig. Vorhaben* abandonner provisoirement; *Flüsse* **~ treiben, führen** charrier des glaçons; **das ~ ist gebrochen** la glace est rompue (*auch fig.*); *fig. u.* F **j-n aufs ~ führen** entraîner qn. sur un terrain glissant.

eis [ˈeːɪs] *n* ⟨~; ~⟩ *mus.* mi *m* dièse.

Eis|alaun ['aɪsˀaˌlaʊn] *m chim.* alun *m* de roche non coloré; alun *m* de glace; **~ˌauflauf** *m cuis.* soufflé glacé; **~bahn** *f Sport* patinoire *f*; **~baiˌser** *n cuis.* meringue glacée; **~bank** *f* ⟨~; ⸗e⟩ banc *m* de glace; **~bär** *m zo.* ours blanc; **~ˌbarre** *f* ⟨~; ~n⟩, **~barriˌere** *f* barrière *f* de glace; **~ˌbecher** *m* coupe glacée; **2beˌdeckt** *adjt.* couvert de glace; **~beˌhälter** *m* seau *m* à glace; **~bein** *n cuis.* jambonneau *m* (et pied *m*) de porc; *fig. u.* F **~e haben** avoir les pieds gelés; **~berg** *m* iceberg [isbɛrg] *m*; **~beˌschaffenheit** *f Sport* état *m* de la glace; **~ˌbeutel** *m méd.* poche *f*, vessie *f* de glace; **~ˌbildung** *f* formation *f* de glace; **~ˌblumen** *f/pl.* cristaux *m/pl.* de glace; fleurs *f/pl.* de givre (aux fenêtres); **~ˌbombe** *f cuis.* bombe glacée; **~ˌbrecher** *m* ⟨~s; ~⟩ *mar.* brise-glace *m* (*auch an Brücken*); **~bruch** *m Gletscher* rupture *f* des glaces; débâcle *f*.

Eischnee ['aɪʃneː] *m cuis.* blancs *m/pl.* d'œufs montés en neige.

Eis|creme ['aɪskreːm(ə)] *f* ice-cream [ajskrim] *m*; crème glacée; **~ˌdecke** *f* couche *f* de glace; **~ˌdiele** *f* glacier *m*; **in der ~** chez le glacier.

Eisen ['aɪzən] *n* ⟨~s; ~⟩ fer *m*; **weiches ~** fer doux; **glühendes ~** fer rouge; **mit ~ beschlagen** ferrer; garnir de fer; **altes ~** ferraille *f*; *fig.* **zum alten ~ werfen** mettre au rancart, au rebut; F **zum alten ~ gehören** *Person* ne plus être bon à rien; **heißes ~** sujet brûlant; **mehrere ~ im Feuer haben** avoir plusieurs cordes à son arc; **man muß das ~ schmieden, solange es heiß ist** *prov.* il faut battre le fer pendant qu'il est chaud *prov.*; **~ˌabfall** *m* déchets *m/pl.*, débris *m/pl.* de fer; riblons *m/pl.*; **~ˌader** *f mines* veine *f* de fer; **~aˌlaun** *m chim.* alun *m* de fer; halotrichite *f*; **~albumiˌnat** *n chim.* albuminate *m* de fer; **~antiˌmonglanz** *m minéral.* berthiérite *f*; **2ˌartig** *adj.* qui ressemble au fer; **~azeˌtat** *n chim.* acétate *m* de fer.

Eisenbahn ['aɪzənˌbaːn] *f* chemin(s) de fer *m* (*pl.*); (*Zug*) train *m*; **mit der ~ fahren** aller en train, par le train, en chemin de fer; **mit der ~ befördert werden** être transporté par chemin de fer; *fig. u.* F **es ist (aller)höchste ~** il est grand temps; il n'y a pas une minute à perdre; *cf. auch* Bahn; **~abˌteil** *n* compartiment *m* (de chemin de fer); **~ˌaktien** *f/pl. écon.* actions *f/pl.* des chemins de fer; **~ˌangeˌstellte(r)** m employé m des chemins de fer; **~ˌarbeiter** m ouvrier m des chemins de fer; cheminot m; **~ˌausbesserungsˌwerk** n atelier m d'entretien et de réparation des chemins de fer; **~ˌbau** m ⟨~(e)s⟩ construction f de voies ferrées; **~beˌamte(r), ~beˌamtin** m, f employé(e) m (f) des chemins de fer; **~beˌdienstete** m/pl. ⟨→A⟩ personnel m, agents m/pl. des chemins de fer; **~ˌbeirat** m comité consultatif des chemins de fer; **~beˌtrieb** m exploitation f des chemins de fer; **~beˌtriebsmateriˌal** n matériel m d'exploitation ferroviaire; **~beˌtriebsordnung** f règlement m d'exploitation des chemins de fer; **~ˌbrücke** f pont m de chemin de fer; **~ˌdamm** m remblai m de chemin de fer; **~direktiˌon** f direction f des chemins de fer; **~er** m ⟨~s; ~⟩ cheminot m; **~ergeˌwerkschaft** f syndicat m des cheminots; **~ˌfähre** f ferry-boat [fɛribot] m; bac m transbordeur; bac m porte-trains; **~ˌfahrplan** m indicateur m, horaire m des chemins de fer; **~ˌfahrt** f voyage m en train; **~ˌfracht** f marchandises transportées par (chemin de) fer; **~ˌfrachttaˌrif** m taux m de fret ferroviaire; **~ˌfrachtverˌkehr** m trafic m de marchandises par (chemin de) fer; **~geˌlände** n terrains m/pl. appartenant aux chemins de fer; **~geˌsellschaft** f compagnie f de chemins de fer; **~ˌgleis** n voie f de chemin de fer; rails m/pl.; **~ˌgüterverˌkehr** m cf. ~frachtverkehr; **~katasˌtrophe** f catastrophe f ferroviaire; **~ˌknotenˌpunkt** m nœud m ferroviaire; **~ˌkupplung** f attelage m de wagons de chemin de fer; **~ˌlinie** f ligne f de chemin de fer; **~materiˌal** n matériel m ferroviaire; **~ˌnetz** n réseau m ferroviaire; **~ˌoberbau** m superstructure f (des voies de chemin de fer); **~ˌschaffner** m contrôleur m des chemins de fer; **~ˌschiene** f rail m; **~ˌschranke** f barrière f de passage à niveau; **~ˌschwelle** f traverse f (de chemin de fer); **~ˌsicherungsˌeinrichtung** f dispositif m de sécurité de chemin de fer; **~siˌgnal** n signal m de chemin de fer; **~statiˌon** f station f de chemin de fer; **~ˌstrecke** f parcours m, trajet m de chemin de fer; cf. auch ~linie; **~taˌrif** m tarif m ferroviaire; **~transˌport** m transport m par (chemin de) fer, par voie ferrée, par rail; **~überˌführung** f passage supérieur; **~ˌübergang** m schienengleicher ~ passage m à niveau; **~ˌunfall** m, **~ˌunglück** n accident m de chemin de fer; **~ˌunterbau** m infrastructure f; **~unterˌführung** f passage inférieur; **~verˌband** m Internationaler ~ Union internationale des chemins de fer; **~verˌbindung** f correspondance f de chemin de fer; **~verˌkehr** m trafic m ferroviaire; **~verˌkehrsordnung** f réglementation f du trafic ferroviaire; **~verˌwaltung** f administration f des chemins de fer; **~ˌwagen** m wagon m; (*Personenwagen*) voiture f (d'un train); **~ˌwerkstätte** f cf. ~ausbesserungswerk; **~ˌzug** m train m.

Eisen|band [ˈaɪzənˌbant] n ⟨~(e)s; ⸚er⟩ feuillard m; **~ˌbau** m ⟨~(e)s; ~ten⟩ construction f en fer; **~ˌbaum** m *bot.* sidéroxyle m; **~ˌbeize** f mordant ferrugineux, de fer; **~beˌreifung** f bandage m métallique; **~ˌbergwerk** n mine f de fer; **~beˌschlag** m garniture f de fer; ferrure f; **~beˌton** m béton armé; **~betonˌkern** m noyau m en béton armé; **~beˌtonkonstruktiˌon** f construction f en béton armé; **~betonˌmast** m mât m, poteau m en béton armé; **~betonˌschwelle** f *chem.* traverse f en béton armé; **2beˌwehrt** *adjt.* armé de fer; **~beˌwehrung** f armature f de od. en fer; **~ˌblech** n tôle f de fer; **~blechˌplatte** f, **~blechˌtafel** f plaque f (de tôle) de fer; **~ˌblüte** f *minéral.* aragonite f; **~broˌmid** n *chim.* bromure m de fer; **~chloˌrid** n *chim.* chlorure m de fer; **~disulˌfid** n *chim.* bisulfure m de fer; **~ˌdraht** m fil m de fer; **~ˌdruse** f *minéral.* druse f de fer; cavité tapissée de fer cristallisé; **~ˌerde** f terre ferrugineuse; **~ˌerz** n minerai m de fer; **~erˌzeugung** f production f de fer; **~erzˌgrube** f mine f de fer; **~ˌfarbe** f couleur f (du, de) fer; **~ˌfeilicht** n, **~ˌfeilspäne** m/pl. limaille f de fer; **~fluoˌrid** n *chim.* fluorure m de fer; **~ˌfrischen** n *métall.* puddlage [pydlɑːʒ] m; **~ˌgang** m *mines* filon m de fer; **~ˌgarn** n fil glacé (de coton); **~geˌhalt** m teneur f en fer; **~geˌrüst** n a) charpente f en fer; b) *außen* échafaudage m en fer; **~geˌwinnung** f cf. ~erzeugung; **~gießeˌrei** f fonderie f de fonte; **~ˌgitter** n grille f, grillage m de od. en fer; **~ˌglanz** m *minéral.* fer m spéculaire; hématite f; **~ˌgleichrichter** m *élect.* redresseur m métallique; **~ˌgrube** f cf. ~erzgrube; **2ˌhaltig** *adj.* ferrifère; ferrugineux, -euse; *phm.* ~e Präparate préparations ferrugineuses; **~ˌhaltigˌkeit** f ⟨~⟩ ferruginosité f; **~ˌhammer** m marteau m de forge; martinet m; **~-ˌhandel** m commerce m du fer; **2ˌherstellend** *adjt.* sidérurgique; **~ˌhochbau** m ⟨~(e)s; ~ten⟩ construction f en fer au-dessus du sol; **~ˌholz** n bois m de fer; **~ˌhut** m *bot.* aconit [-t] m; **~ˌhütte** f forge(s) f (pl.); fonderie f; usine f sidérurgique; **~ˌhüttenˌkunde** f sidérurgie f; **~ˌhüttenˌwerk** n cf. ~hütte; **~ˌhüttenˌwesen** n sidérurgie f; **~ˌhydroxyd** n *chim.* hydroxyde m ferrique; **~indusˌtrie** f industrie f sidérurgique; **~joˌdid** n *chim.* iodure m de fer; **~karˌbid** n *chim.* carbure m de fer; **~ˌkeil** m coin m en fer; angrois m; **~ˌkern** m *élect.* noyau m de fer; **~kernˌspule** f *élect.* bobine f à noyau de fer; **~ˌkies** m *minéral.* pyrite f de fer; **~ˌkiesel** m *minéral.* eisenkiesel [ajzɛnkizɛl] m; quartz [kwarts] m hématoïde; **~ˌkitt** m mastic m de limaille de fer; **~konstruktiˌon** f construction f, charpente f en fer, métallique; **~ˌkraut** n *bot.* verveine f; **~ˌlack** m vernis m pour fer; **~leˌgierung** f alliage m de fer; **~ˌluppe** f ⟨~; ~n⟩ *minéral.* fer m en loupes; **~ˌmantel** m chemise f, enveloppe f de fer; **~ˌmennige** f *minéral.* minium [-jɔm] m de fer; **~-ˈNickel-Akkumuˌlator** m accumulateur m au fer-nickel; **~ˌocker** m, n ocre f de fer; **~ooˌlith** m ⟨~en; ~en⟩ *minéral.* oolithe ferrugineuse; **~oˌxyd** n *chim.* oxyde m de fer; **~phosˌphat** n *chim.* phosphate m de fer; **~ˌplatte** f plaque f de fer; **~präpaˌrate** n/pl. *phm.* préparations ferrugineuses; **~ˌprobe** f *hist.* épreuve f du fer; **~ˌquellen** f/pl. eaux ferrugineuses; **~ˌrahmen** m cadre m, encadrement m en od. de fer; **~ˌreif(en)** m cercle m, cerceau m de od. en fer; **~ˌring** m anneau m de od. en fer; **~ˌrost** m rouille f; **~rostˌfarbe** f couleur f rouille; **~ˌrot** n oxyde m rouge de fer; **~ˌsäge** f scie f à métaux; **~ˌsalz** n *chim.* sel m de fer; **~ˌsand** m sable m de fer; **~ˌsäure** f *chim.* acide m ferrique; **2ˌschaffend** *adjt.* ~e Industrie sidérurgie f; **~ˌschere** f cisailles f/pl. à fer; **~ˌschiene** f rail m de fer; **~ˌschlacke** f scorie f de fer; mâchefer m; **~ˌschneider** m *techn.* coupe-fer m; coupeuse f de fer; **~ˌschrott** m ferraille(s) f (pl.); riblons m/pl.; **2ˌschüssig** *adj. minéral.* ferrifère; **~ˌschwamm** m *métall.* éponge f de fer; **~siliˌkat** n *chim.* silicate m de fer; **~ˌspäne** m/pl. copeaux m/pl., paille f de fer; **~ˌspat** m *minéral.* fer m spathique; **~ˌspiegel** m *minéral.* fer m spéculaire; **~ˌspitze** f pointe f de fer; **~ˌstange** f barre f, perche f de fer; **~ˌstein** m *minéral.* minerai m de fer; **~sulˌfat** n *chim.* sulfate m de fer; **~sulˌfid** n *chim.* sulfure m de fer; **~ˌteilchen** n particule f, fragment m de fer; **~tinkˌtur** f *phm.* teinture f de fer; **~ˌträger** m *bât.* poutre f, poutrelle f en fer; **~- und ˈStahlindusˌtrie** f sidérurgie f; **2verˌarbeitend** *adjt.* ~e Industrie sidérurgie f de transformation; **~verˌbindung** f composé m du fer; **~vitriˌol** n *chim.* vitriol (de fer) vert; couperose verte; **~ˌvorkommen** n gisement m de fer; **~ˌwalzwerk** n usine f de laminage de fer; laminoir m de fer; **~ˌwaren** f/pl. quincaillerie f; ferronnerie f; taillanderie f; **~ˌwarenˌhändler** m quincaillier m; **~ˌwarenˌhandlung** f quincaillerie f; **~ˌwerk** n forge f; **~ˌwiderstand** m *élect.* résistance f en fer; **~ˌzeit** f ⟨~⟩ âge m du fer.

eisern [ˈaɪzərn] 1. *adj.* de od. en fer; *fig.* de fer; ~er Bestand cf. Bestand 2.; *milit.* ~e Ration vivres de réserve; ~e Hochzeit noces de platine; das 2e Kreuz la Croix de fer; *thé.* ~er Vorhang rideau de fer; *pol.* der 2e Vorhang le rideau de fer; *méd.* ~e Lunge poumon d'acier; *fig.* ~er Fleiß zèle infatigable; ~er Wille volonté de fer; ~er Grundsatz principe de fer; F mit ~em Besen kehren cf. Besen; F aber ~! tu parles!; et comment!; 2. *adv.* ~ an etw. festhalten tenir bon, ferme à qc.; ~ sparen économiser dur; **2ˌviehverˌtrag** m *comm.* cheptel m de fer.

Eis|essig [ˈaɪsˌˀɛsɪç] m *chim.* acide acétique glacial; **~feld** n champ m de glace; **~fischeˌrei** f pêche f sous la glace; **~ˌfläche** f étendue f, surface f de glace; **2frei** *adj.* débarrassé des glaces; die Straßen sind wieder schnee- und ~ il n'y a plus ni neige ni verglas sur les routes; **~fuchs** m cf. Polarfuchs; **~gang** m débâcle f; charriage m des glaçons; **2geˌkühlt** *adjt.* glacé; *Sekt* frappé; **~glas** n verre craquelé; **2grau** *adj.* chenu; gris blanc; **~ˌgrenze** f limite f des glaces; **~ˌhaken** m *Bergsteigen* piton m; **~ˌheilige** m/pl. ⟨→A⟩ saints m/pl. de glace; **~ˌhockey** n 'hockey m sur glace; **~hockeyˌmannschaft** f équipe f de hockey sur glace; **~ˌhockeyˌscheibe** f palet m de hockey sur glace; **~hockeyˌschläger** m crosse f de hockey sur glace; **~ˌhöhle** f glacière f; **2ig** *adj.* glacé; glacial (*beide auch fig.*); ein ~er Schreck durchfuhr sie elle fut glacée d'effroi; **~jacht** f *Eissegeln* yacht [jot, jak] m à glace; ice-boat [ajsbot] m; **~ˌkaffee** m *cuis.* café liégeois; **2ˈkalt** *adj.* glacé; glacial; ~er Wind vent glacial; ~ servieren servir glacé; *fig.* es läuft mir ~ über den Rücken cela me fait froid dans le dos;

~ˌ**keller** *m fig.* glacière *f*; ~ˌ**klumpen** *m* glaçon *m*; ~**kraut** *n bot.* glaciale *f*; ~**krem** *f*, *m cf.* Eiscreme; ~ˌ**kübel** *m* seau *m* à glace; ~ˌ**kunstlauf** *m* patinage *m* artistique; ~ˌ**kunstläufer(in)** *m (f)* patineur, -euse *m*, *f* artistique; ~**lauf** *m* patinage *m*; 2ˌ**laufen** *v/i.* ⟨*irr.*, *sép.*, -ge-, sein⟩ patiner; ~ˌ**läufer(in)** *m (f)* patineur, -euse *m*, *f*; ~ˌ**löffel** *m* cuillère *f* à glace; ~**ma**ˌ**schine** *f für Speiseeis* machine *f* à glace; *mit Handantrieb* sorbetière *f*; ~ˌ**masse** *f* masse *f* de glace; ~**meer** *n* océan glacial; ~ˌ**ober**ˌ**fläche** *f* surface *f* de la glace; ~ˌ**pickel** *m Bergsteigen* piolet *m*.

Eisprung ['aɪʃprʊŋ] *m biol.* ovulation *f*.

Eis|revue ['aɪsre'ˌvyː] *f* revue *f* sur glace; ~ˌ**säge** *f* scie *f* à glace; ~**schicht** *f* couche *f* de glace; ~ˌ**schlitten** *m Sport* ice-boat [ajsbot] *m*; ~ˌ**schnellauf(en)** *m (n)* patinage *m* de vitesse; ~ˌ**schnelläufer** *m* patineur *m* de vitesse; ~ˌ**scholle** *f* glaçon *m*; ~**schrank** *m* glacière *f*; (*Kühlschrank*) réfrigérateur *m*; ~ˌ**segeln** *n Sport* yachting [jotiŋ] *m* sur glace; ~ˌ**spiegel** *m* surface polie de la glace; ~**sport** *m* sport *m* sur glace; ~ˌ**stadion** *n* stade *m* d'hiver; patinoire *f*; ~**stück** *n* morceau *m* de glace; ~**tanz** *m Eiskunstlauf* danse *f* sur glace; ~ˌ**treiben** *n* charriage *m* de glaçons; ~ˌ**umschläge** *m/pl. méd.* compresses *f/pl.* de glace; ~ˌ**vogel** *m zo.* **1.** *Vogel* martin-pêcheur *m*; **2.** *Schmetterling* limenitis [-is] *m*; ~ˌ**wasser** *n* eau glacée; ~ˌ**würfel** *m* cube *m* de glace; ~ˌ**zapfen** *m* glaçon *m*; ~**zeit** *f* époque *f*, période *f* glaciaire; glaciation *f*; 2ˌ**zeitlich** *adj.* de l'époque glaciaire; ~ˌ**zone** *f* zone glaciale.

eitel ['aɪtəl] *adj.* ⟨-tl-⟩ coquet, -tte; (*nichtig*) vain; futile; frivole; **eitler Wahn** pure chimère; **eitles Geschwätz** pur verbiage; 2ˌ**keit** *f* ⟨~⟩ coquetterie *f*; (*Nichtigkeit*) vanité *f*; futilité *f*; frivolité *f*.

Eiter ['aɪtər] *m* ⟨~s⟩ *méd.* pus *m*; ~ˌ**ansammlung** *f* collection purulente; 2ˌ**artig** *adj.* purulent; puriforme; ~**bak**ˌ**terien** *f/pl.* microbes *m/pl.* pyogènes; ~ˌ**beule** *f* abcès *m*; ~ˌ**bildung** *f* formation *f* de pus; ~ˌ**bläschen** *n* pustule *f*; ~**er**ˌ**reger** *m* agent provocateur d'une suppuration; ~ˌ**fluß** *m* suppuration *f*; ~**ge**ˌ**schwulst** *f* abcès *m*; ~ˌ**grind** *m* impétigo *m*; ~ˌ**herd** *m* foyer purulent; ~ˌ**höhle** *f* collection purulente; 2**ig** *adj.* purulent; ~**ka**ˌ**nal** *m* fusée *f*; ~ˌ**körperchen** *n* globule *m* du pus; 2**n I** *v/i.* ⟨-(e)re, h⟩ suppurer; secréter du pus; **II** ~**n** *n* ⟨~s⟩ *cf.* ~ung; 2**nd** *adjt.* suppurant; ~ˌ**pfropf** *m* bourbillon *m*; ~ˌ**sack** *m* poche *f* d'un abcès; ~ˌ**stock** *m cf.* ~pfropf; ~**ung** *f* ⟨~; ~en⟩ suppuration *f*; ~ˌ**zelle** *f* cellule *f* du pus; 2ˌ**ziehend** *adjt.* maturatif, -ive.

eitrig ['aɪtrɪç] *adj. cf.* eiterig.

Eiweiß ['aɪvaɪs] *n* ⟨~es; ~e⟩ **1.** *e-s Eies* blanc *m* d'œuf; *sc.* albumen [-ɛn] *m*; *Buchbinderei* **mit** ~ **einreiben** glairer; **2.** *Biochemie* protide(s) *m (pl.)*; *im Harn meist* albumine *f*; 2ˌ**arm** *adj.* pauvre en protides; 2ˌ**artig** *adj.* qui ressemble aux protides; albuminoïde; ~ˌ**ausscheidung** *f* excrétion *f* d'albumine; ~**be**ˌ**darf** *m* besoin *m* en protides; ~ˌ**bildung** *f* formation *f* de protides; ~**ge**ˌ**halt** *m* teneur *f* en protides *bzw.* en albumine; 2ˌ**haltig** *adj.* qui contient des protides; ~ˌ**harnen** *n méd.* albuminurie *f*; protéinurie *f*; ~ˌ**körper** *m/pl. Biochemie* protides *m/pl.*; **einfache** ~ protéines *f/pl.*; **zusammengesetzte** ~ protéides *f/pl.*; ~ˌ**mangel** *m* carence *f* en protides; ~**präpa**ˌ**rat** *n* préparation *f* de protides; ~ˌ**stoffe** *m/pl. cf.* ~körper.

Eizelle ['aɪˌtsɛlə] *f biol.* ovule *m*.

Eka-Elemente ['eːkaˀeˑleˑˌmɛntə] *n/pl. chim.* éléments *m/pl.* eka-.

Ekel[1] ['eːkəl] *m* ⟨~s⟩ dégoût *m*; répugnance *f*; *mit Übelkeit* nausée *f*; écœurement *m*; ~ **vor etw. haben, empfinden** éprouver du dégoût pour qc.; ~[2] *n* ⟨~s; ~⟩ F (*widerlicher Mensch*) dégoûtant *m*; 2**er**ˌ**regend** *adjt.* nauséabond; 2ˌ**haft** *adj.* dégoûtant; répugnant; écœurant; nauséabond; 2**ig** *adj.* **a)** *cf.* ~haft; **b)** (*unangenehm*) **e-e** ~**e Sache** une affaire ennuyeuse; 2**n** *v/imp. u. v/réfl.* ⟨-(e)le, h⟩ **es ekelt mich, mir davor, ich ekle mich davor** cela me dégoûte.

Eklampsie [ɛklam'psiː, eˑklam-] *f* ⟨~⟩ *méd.* éclampsie *f*.

eklatant [eˑkla'tant] *adj.* éclatant.

Eklekti|ker [ɛk'lɛktiˑkər, eˑ'klɛk-] *m* ⟨~s; ~⟩ *philos.* éclectique *m*; 2**sch** *adj.* éclectique; ~'**zismus** *m* ⟨~⟩ éclectisme *m*.

eklig ['eːklɪç] *adj. cf.* ekelig.

Eklip|se [ɛk'lɪpsə, eˑ'klɪpsə] *f* ⟨~; ~n⟩ *astr.* éclipse *f*; ~**tik** *f* ⟨~⟩ écliptique *f*; 2**tisch** *adj.* écliptique.

Ekloge [ɛk'loːgə, eˑ'kloːgə] *f* ⟨~; ~n⟩ *Gedicht* églogue *f*.

Ekrasit [eˑkra'ziːt, -'zɪt] *n* ⟨~s⟩ *Sprengstoff* écrasite *f*.

Ekrüseide [eˑ'kryːˌzaɪdə] *f text.* soie écrue.

Eksta|se [ɛk'stɑːzə] *f* ⟨~; ~n⟩ extase *f*; **in** ~ **geraten** tomber en extase; ~**tiker** *m* ⟨~s; ~⟩ extatique *m*; 2**tisch** *adj.* extatique.

Ektasie [ɛkta'ziː] *f* ⟨~; -ien⟩ *méd.* ectasie *f*.

Ekto|derm [ɛktoˑ'dɛrm] *n* ⟨~s; ~e⟩ *anat.* ectoderme *m*; ~**para'sit** *m* ectoparasite *m*.

Ektropium [ɛk'troːpiˑʊm] *n* ⟨~s⟩ *e-s Augenlides etc.* ectropion *m*.

Ekzem [ɛk'tseːm] *n* ⟨~s; ~e⟩ *méd.* eczéma *m*; 2ˌ**artig** *adj.* eczémateux, -euse.

Elaidin [eˑlaiˑ'diːn] *n* ⟨~s; ~e⟩ *chim.* élaïdine *f*; ~ˌ**säure** *f* acide *m* élaïdique.

Elan [eˑ'lɑːn, eˑ'lɑ̃ː] *m* ⟨~s⟩ ardeur *f*; élan *m*.

Elasti|k [eˑ'lastɪk] *f* ⟨~; ~en⟩, *n* ⟨~s; ~s⟩ *Gewebe* élastique *m*; ~**k**ˌ**reifen** *m Auto* bandage creux; 2**sch** *adj.* élastique; *fig. auch* souple; *phm.* ~**e Binde** bande élastique; ~**zi'tät** *f* ⟨~⟩ élasticité *f*; ~**zi'tätsge**ˌ**setz** *n* loi *f* de Hooke; ~**zi'täts**ˌ**gleichung** *f* équation [ekwa-] *f* d'élasticité; ~**zi'täts**ˌ**grenze** *f* limite *f* d'élasticité; ~**zi'tätskoeffizi**ˌ**ent** *m* coefficient *m* d'élasticité; ~**zi'täts**ˌ**messer** *m* ⟨~s; ~⟩ *für Seidenfäden* séri(ci)mètre *m*; ~**zi'täts**ˌ**modul** *m* ⟨~s⟩ module *m* d'élasticité.

Elb|kahn ['ɛlpkɑːn] *m* péniche *f* de l'Elbe; *fig. u.* F (*großer Schuh*) godillot *m*; péniche *f*; ~ˌ**schiffahrt** *f* navigation *f* sur l'Elbe.

Elch [ɛlç] *m* ⟨~(e)s; ~e⟩ *zo.* élan *m*; **kanadischer** ~ orignal *m*.

Eldorado [ɛldoˑ'rɑːdoˑ] *n* ⟨~s; ~s⟩ *fig.* eldorado *m*.

eleatisch [eˑleˑ'ɑːtɪʃ] *adj. philos.* éléatique.

Elefant [eˑleˑ'fant] *m* ⟨~en; ~en⟩ *zo.* éléphant *m*; **junger** ~ éléphanteau *m*; F *u. fig.* **wie ein** ~ **im Porzellanladen** comme un éléphant dans un magasin de porcelaine; **aus e-r Mücke e-n** ~**en machen** (se) faire une montagne de qc.; ~**en**ˌ**führer** *m* cornac [-ak] *m*; ~**en**ˌ**gras** *n bot.* pennisète *m*; ~**en**ˌ**krankheit** *f* ⟨~⟩ *méd. cf.* ~iasis; ~**en**ˌ**kuh** *f zo.* éléphante *f*; ~**en**ˌ**laus** *f bot.* anacarde *m*; noix *f* d'acajou; ~**en**ˌ**orden** *m* ordre *m* de l'Éléphant; **Weißer** ~ ordre de l'Éléphant blanc; ~**en**ˌ**robbe** *f zo.* éléphant *m* de mer; ~**en**ˌ**rüssel** *m* trompe *f* d'éléphant; ~**en**ˌ**schildkröte** *f zo.* tortue éléphantine; ~**en**ˌ**stoßzahn** *m* défense *f* d'éléphant; ~**en**ˌ**zahn** *m zo.* (*Dentalium*) dentale *m*; dentalium [-jɔm] *m*; ~**iasis** [-'tiː-] *f* ⟨~; -'**asen**⟩ *méd.* éléphantiasis [-is] *m*.

elegan|t [eˑleˑ'gant] **1.** *adj.* élégant; **2.** *adv.* avec élégance; élégamment; 2**z** *f* ⟨~⟩ élégance *f*.

Eleg|ie [eˑleˑ'giː] *f* ⟨~; -ien⟩ *Gedichtform* élégie *f*; ~**iker** [-'leː-] *m* ⟨~s; ~⟩ élégiaque *m*; 2**isch** [-'leː-] *adj.* élégiaque.

elektiv [eˑlɛk'tiːf] *adj. biol.* électif, -ive.

Elektoral|schaf [eˑlɛktoˑ'rɑːlˌʃɑːf] *n zo.* mérinos [-os] *m* de Saxe; ~ˌ**wolle** *f* laine mérinos saxonne.

Elektret [eˑlɛk'treːt] *m* ⟨~s; ~e⟩ *élect.* électret *m*.

elektri|fizieren [eˑlɛktriˑfiˑ'tsiːrən] *v/t.* ⟨*pas de ge-*, h⟩ électrifier; 2**fi'zierung** *f* ⟨~; ~en⟩ électrification *f*; 2**ker** [-'lɛk-] *m* ⟨~s; ~⟩ électricien *m*; ~**sch** [-'lɛk-] **1.** *adj.* électrique; ~**es Licht** lumière électrique; électricité *f*; ~**er Strom** courant électrique; ~**e Maschinen** machines électriques; **mit** ~**em Antrieb** électrique; marchant à l'électricité; actionné par l'électricité; mû électriquement; *chem.* ~**er Betrieb** traction électrique; *phys.* ~**es Feld** champ électrique; ~**e Ladung** charge électrique; ~**er Schlag** décharge électrique; **durch e-n** ~**en Schlag getötet werden** être électrocuté; ~**e Uhr** horloge électrique; ~**er Stuhl** chaise électrique; **2.** *adv.* électriquement; à l'électricité; ~ **betrieben** électrique; marchant à l'électricité; ~ **beleuchten** éclairer à l'électricité; ~ **geheizt** chauffé à l'électricité; ~ **neutral** électriquement neutre; ~ **geladen** électrisé; 2**sche** [-'lɛk-] *f* ⟨→A⟩ F (*Straßenbahn*) tram [-m] *m*; ~'**sierbar** *adj.* électrisable; ~'**sieren** *v/t.* (*u. v/réfl.*) ⟨*pas de ge-*, h⟩ (s')électriser (*auch fig.*); 2'**sierma**ˌ**schine** *f* machine *f*, appareil *m* électrostatique; 2'**sierung** *f* ⟨~; ~en⟩ électrisation *f*.

Elektrizität [eˑlɛktriˑtsiˑ'tɛːt] *f* ⟨~⟩ électricité *f*; **atmosphärische** ~ électricité atmosphérique; **gebundene** ~ électricité latente, dissimulée; **ungleichnamige** ~ électricité de signes contraires; ~**ser**ˌ**zeugung** *f* production *f* d'électricité; ~**sge**ˌ**sellschaft** *f* compagnie *f* d'électricité; ~**s**ˌ**leiter** *m* conducteur *m* électrique; ~**s**ˌ**menge** *f* quantité *f* d'électricité; ~**s**ˌ**messer** *m* ⟨~s; ~⟩ électromètre *m*; ~**s**ˌ**messung** *f* électrométrie *f*; ~**sver**ˌ**sorgung** *f* alimentation *f* en courant électrique; ~**sver**ˌ**teilung** *f* distribution *f* d'électricité; ~**s**ˌ**werk** *n* centrale *f* électrique; ~**s**ˌ**zähler** *m* compteur *m* électrique.

Elektro|akustik [eˑˌlɛktroˑa'kʊstɪk] *f* électro-acoustique *f*; 2**a'kustisch** *adj.* électro-acoustique; ~**ana'lyse** *f* électro-analyse *f*; ~**che'mie** *f* électrochimie *f*; 2'**chemisch** *adj.* électrochimique; ~**chirur'gie** *f* électrochirurgie *f*.

Elektrode [eˑlɛk'troːdə] *f* ⟨~; ~n⟩ électrode *f*; **umhüllte** ~ électrode enrobée; **~nˌabstand** *m* distance *f* d'électrodes; **~nˌhalter** *m* ⟨~s; ~⟩ porte-électrode *m*; **~nkapaziˌtät** *f* capacité *f* entre deux électrodes; **~nˌkohle** *f* charbon *m* à électrode; **~nˌmantel** *m Schweißen* enveloppement *m*, enrobage *m* d'électrode; **~nmeˌtall** *n Schweißen* métal *m* d'électrode; **~nˌüberschlag** *m* formation *f* d'un arc (entre les électrodes).

Elektro|diagnostik [eˑˌlɛktroˑdiˑaˈgnɔstɪk] *f* électrodiagnostic *m*; **~dyˈnamik** *f* électrodynamique *f*; **≈dyˈnamisch** *adj.* électrodynamique; **~dynamoˈmeter** *n* électrodynamomètre *m*; **~endosˈmose** *f* ⟨~⟩ *cf.* Elektroosmose; **~-Enkephaloˈgramm** *n* ⟨~s; ~e⟩ *méd.* électro-encéphalogramme *m*; **~-Enkephalograˈphie** *f* ⟨~⟩ électro-encéphalographie *f*; **~erosiˈon** *f* ⟨~⟩ *métall.* électro-érosion *f*.

Elektro|fahrzeug [eˑˈlɛktroˑˌfaːrtsɔʏk] *n* véhicule *m* électrique; **≈galˈvanisch** *adj.* électrogalvanique; **~galvaˈnismus** *m* électrogalvanisme *m*; **~geˌrät** *n* appareil *m* électrique; **~geˌschäft** *n* magasin *m* d'appareils électriques; **~ˌhängebahn** *f* transporteur aérien électrique; **~ˌheizgeˌrät** *n* radiateur *m* électrique; appareil *m* de chauffage électrique; **~ˌherd** *m* cuisinière *f* électrique; **~indusˌtrie** *f* industrie *f* électrique; **~ingeniˌeur** *m* ingénieur *m* électricien; **~kardioˈgramm** *n méd.* électrocardiogramme *m*; **~kardiograˈphie** *f* électrocardiographie *f*; **~ˌkarren** *m* chariot *m* électrique; **~ˌkessel** *m* chaudière *f* électrique; **≈kiˈnetisch** *adj.* électrocinétique; **~kulˈtur** *f* électroculture *f*; **~lokomoˌtive** *f cf.* Ellok; **~lumineˈszenz** *f* ⟨~; ~en⟩ *phys.* électroluminescence *f*; **~ˈlyse** *f* ⟨~; ~n⟩ électrolyse *f*; **~lyˈseur** *m* ⟨~s; ~e⟩ électrolyseur *m*; **~ˈlyt** *m* ⟨~en; ~e(n)⟩ électrolyte *m*; **≈ˈlytisch** *adj.* électrolytique; **~maˈgnet** *m* électro-aimant *m*; **≈maˈgnetisch** *adj.* électromagnétique; **~magneˈtismus** *m* électromagnétisme *m*; **~maˌschinenˌbau** *m* construction *f* de machines électriques; **~meˈchanik** *f* électromécanique *f*; **≈meˈchanisch** *adj.* électromécanique; **~metallurˈgie** *f* électrométallurgie *f*; **~ˈmeter** *n* ⟨~s; ~⟩ électromètre *m*; **~ˌmotor** *m* moteur *m* électrique; électromoteur *m*; **≈moˈtorisch** *adj.* électromoteur, -trice; ~e Kraft force électromotrice.

Elektron [eˑlɛkˈtroːn, ˈeːlɛktrɔn, eˑˈlɛktrɔn] *n* ⟨~s; -ˈtronen⟩ **1.** *phys.* électron *m*; freies ~ électron libre; positives ~ électron positif; positon *m*; negatives ~ électron négatif; négaton *m*; ~ der äußersten Schale électron de valence; **2.** *Leichtmetallegierung* électron *m*; **3.** *Gold-Silber-Legierung* électrum [-ɔm] *m*.

elektronegativ [eˑˌlɛktroˑneˑgaˈtiːf] *adj.* électronégatif, -ive.

Elektronen|anordnung [eˑlɛkˈtroːnənˌʔanɔrdnʊŋ] *f* configuration *f* électronique; disposition *f* des électrons; **~ˌbahn** *f* trajectoire *f* des électrons; **~beˌschleunigung** *f* accélération *f* d'électrons; **~ˌbeugung** *f* diffraction *f* électronique; **~ˌbildwandler** *m* ⟨~s; ~⟩ convertisseur *m* d'images électronique; **~ˌblitz(gerät)** *m* (*n*) *phot.* flash *m* électronique; **~bombardeˌment** *n* bombardement *m* électronique, cathodique; **~ˌbremsung** *f* ⟨~⟩ retardation *f*, freinage *m* d'électrons; **~ˌbündel** *n cf.* ~strahl 1.; **~ˌdichte** *f* densité *f* électronique; **~emissiˌon** *f* émission *f* électronique; **~enerˌgie** *f* énergie *f* d'électrons; **~entˌladung** *f* décharge *f* électronique; **~ˌgas** *n* gaz *m* électronique; **~geˌhirn** *n* cerveau *m* électronique; **~geˌräte** *n/pl.* appareils *m/pl.* électroniques; **~geˌschwindigkeit** *f* vitesse *f* des électrons; **~ˌgleichrichter** *m* redresseur *m* électronique; **~ˌhülle** *f* nuage *m* d'électrons; **~ˌkamera** *f* caméra *f* électronique; **~konfiguratiˌon** *f* ⟨~; ~en⟩ *cf.* ~anordnung; **~ˌladung** *f* charge *f* d'un électron; **~ˌlinse** *f* lentille *f* électronique; **~ˌmantel** *m cf.* ~hülle; **~ˌmasse** *f* masse *f* de l'électron; **~mikrosˌkop** *n* microscope *m* électronique; **~ˌoptik** *f* optique *f* électronique; **~phyˌsik** *f* physique *f* électronique **~ˌrechner** *m* calculatrice *f*, calculateur *m* électronique; **~ˌröhre** *f* tube *m* électronique; **~ˌschale** *f* couche *f* électronique; **~ˌschalter** *m* interrupteur *m* électronique; **~ˌschleuder** *f* bêtatron *m*; **~ˌschwingungen** *f/pl.* oscillations *f/pl.* électroniques; **~ˌspektrum** *n* spectre *m* électronique; **~ˌspiegel** *m* miroir *m* électronique; **~ˌspin** *m* spin *m* électronique; **~ˌstoß** *m* choc *m* électronique; **~ˌstrahl** *m* **1.** *télév.* faisceau *m* électronique; **2.** *phys.* rayon *m* électronique; **~ˌstrom** *m* courant *m*, flux *m* électronique; **~theoˌrie** *f* théorie *f* des électrons; **~verˌteilung** *f* distribution *f* électronique, des électrons; **~verˌvielfacher** *m* ⟨~s; ~⟩ multiplicateur *m* d'électrons; **~ˌvolt** *n* électron-volt *m*; **~ˌwolke** *f* nuage *m* d'électrons; **~ˌzahl** *f* nombre *m* d'électrons.

Elektroni|k [eˑlɛkˈtroːnɪk] *f* ⟨~⟩ électronique *f*; **~ker** *m* ⟨~s; ~⟩ électronicien *m*; **≈sch** *adj.* électronique; ~e Musik musique électronique.

Elektro|ofen [eˑˈlɛktroˑˌʔoːfən] *m métall.* four *m* électrique; (*Heizofen*) radiateur *m* électrique; **≈ˈoptisch** *adj.* électro-optique; **~osˈmose** *f* ⟨~⟩ électro-osmose *f*; **~ˈphor** *m* ⟨~s; ~e⟩ électrophore *m*; **~phoˈrese** *f* ⟨~⟩ électrophorèse *f*; **~physioloˈgie** *f* électrophysiologie *f*; **≈posiˈtif** *adj.* électropositif, -ive; **~raˌsierer** *m* ⟨~s; ~⟩ rasoir *m* électrique; **~ˌschock** *m méd.* électrochoc *m*; **~ˌschweißen** *n*, **~ˌschweißung** *f* électrosoudure *f*; **~ˈskop** *n* ⟨~s; ~e⟩ électroscope *m*; **~ˌstahl** *m* acier *m* électrique; **~ˈstatik** *f* électrostatique *f*; **≈ˈstatisch** *adj.* électrostatique; **~striktiˈon** *f* ⟨~⟩ électrostriction *f*; **~ˈtechnik** *f* électrotechnique *f*; **~ˈtechniker** *m* technicien *m* électricien; **≈ˈtechnisch** *adj.* électrotechnique; **~theraˈpie** *f* électrothérapie *f*; **~therˈmie** *f* ⟨~⟩ électrothermie *f*; **≈ˈthermisch** *adj.* électrothermique; **≈ˈtonisch** *adj.* électrotonique; **~(ˌweide)ˌzaun** *m* clôture *f* électrique; **~ˌwerkzeug** *n* outil *m* électrique.

Element [eˑleˑˈmɛnt] *n* ⟨~(e)s; ~e⟩ élément *m* (*auch fig.*); *chim. auch* corps *m* simple; *élect. auch* pile *f*; couple *m*; die vier ~e les quatre éléments; das feuchte ~ l'élément liquide; *fig.* in s-m ~ sein être dans son élément; schlechte ~e (*Personen*) mauvais éléments.

elementar [eˑleˑmɛnˈtaːr] *adj.* élémentaire; mit ~er Gewalt avec une force déchaînée; **≈anaˌlyse** *f chim.* analyse *f* élémentaire; **≈ˌbuch** *n* manuel *m* élémentaire; **≈geˌwalt** *f* force *f* des éléments; **≈ˌladung** *f élect.* charge *f* élémentaire; **≈maˌgnete** *m/pl.* éléments *m/pl.* magnétiques; **≈ˌquantum** *n élect.* quantum [-ɔm] *m* élémentaire; **≈ˌschule** *f* école *f* primaire (élémentaire); **≈ˌteilchen** *n phys. atom.* particule *f* élémentaire; corpuscule *m*; **≈ˌunterricht** *m* enseignement *m* primaire (élémentaire).

Element|behälter [eˑleˑˈmɛntbəˌhɛltər] *m élect.* récipient *m*, bac *m* d'élément; **~ˌklemme** *f élect.* borne *f* d'élément; **~ˌkohle** *f élect.* charbon *m* de cornue. [élémi *m*.]

Elemi [eˑˈleːmiˑ] *n* ⟨~s⟩ *Baumharz*

Elen [ˈeːlɛn] *m*, *n* ⟨~s; ~⟩ *zo. cf.* Elch; **~antiˌlope** *f zo.* élan *m* du Cap.

Elend [ˈeːlɛnt] **I** *n* ⟨~(e)s⟩ misère *f*; *pfort.* détresse *f*; ins ~ geraten tomber dans la misère; im ~ leben vivre dans la misère; F être dans la purée; F das heulende ~ haben *etwa* avoir une forte envie de pleurer, de s'épancher; avoir le cafard; es ist schon ein ~ mit ihm! c'est à désespérer avec lui!; es ist ein ~! c'est malheureux!; c'est une pitié, une misère!; **II** ≈ **1.** *adj.* misérable; malheureux, -euse; pitoyable; ~er Schurke vil coquin; misérable *m*; ~es Geschwätz vils propos; **2.** *adv.* ~ aussehen avoir très mauvaise mine; sich ~ fühlen se sentir mal (en point); er ist ~ umgekommen il a trouvé une vilaine mort; **≈ig(lich)** *adv. cf.* ≈; **~sˌviertel** *n* quartier miséreux; bidonville *m*; îlot *m* insalubre.

Elephantiasis *cf.* Elefantiasis.

Elevator [eˑleˑˈvaːtər] *m* ⟨~s; -ˈtoren⟩ *techn.* élévateur *m*.

elf [ɛlf] **I** *adj. num. c.* onze; **II** ≈ *f* ⟨~; ~en⟩ *Zahl* onze *m* (*auch Sport*); die französische ~ le onze de France.

Elf(e) [ˈɛlf(ə)] *m* ⟨~en; ~en⟩ (*f*) ⟨~; ~n⟩ *myth.* elfe *m*.

Elfeck [ˈɛlfʔɛk] *n* ⟨~(e)s; ~e⟩ (h)endécagone *m*; **≈ig** *adj.* (h)endécagone.

Elfenbein [ˈɛlfənˌbaɪn] *n* ⟨~(e)s⟩ ivoire *m*; **~ˌarbeiten** *f/pl.* ivoireries *f/pl.*; **≈ˌartig** *adj.* ivoirin; **≈ern** *adj.* d'ivoire; ivoirin; **≈ˌfarbig** *adj.* ivoire; **~fiˌgur** *f* statuette *f* en ivoire; **~ˌnuß** *f bot.* ivoire végétal; corozo *m*; **~ˌpalme** *f bot.* phytéléphas [-as] *m*; **~ˌschnitzer** *m* ivoirier *m*; **~schnitzeˌrei** *f* ivoirerie *f*; **~ˌschwarz** *n* noir *m* d'ivoire.

elfen|haft [ˈɛlfənˌhaft] *adj.* d'elfe; **≈ˌkönig** *m* roi *m* des elfes; **≈ˌreigen** *m* danse *f* des elfes.

elf|erlei [ˈɛlfərˈlaɪ] *adj.* ⟨*inv.*⟩ de onze espèces différentes; **~fach** *adj. u. adv.* onze fois autant; **~ˌjährig** *adj.* de onze ans; **~mal** *adv.* onze fois; **≈ˈmeter** *m Fußball* penalty *m*; **≈ˈmeterˌmarke** *f*, **≈ˈmeterˌpunkt** *m* point *m* de penalty; **~ˌsilbig** *adj.* de onze syllabes; **~ˌstündig** *adj.* de onze heures; **~te** *adj. num. o.* onzième; am ~n, der ~, den ~n Januar le onze janvier; Ludwig der ≈ (XI.) Louis XI [õːz]; **≈tel** *n* ⟨~s; ~⟩ onzième *m*; **~tens** *adv.* onzièmement; en onzième lieu.

elidieren [eˑliˑˈdiːrən] *v/t.* ⟨*pas de ge-*, h⟩ *gr.* élider.

Elimin|ation [eˑliˑmiˑnatsiˑˈoːn] *f* ⟨~⟩ *math.* élimination *f*; **≈ieren** [-ˈniː-] *v/t.* ⟨*pas de ge-*, h⟩ éliminer.

Elision [eˑliˑziˑˈoːn] *f* ⟨~; ~en⟩ *gr.* élision *f*.

Elite [eˑˈliːtə] *f* ⟨~; ~n⟩ élite *f*; *der Gesellschaft auch* (fine) fleur; F crème *f*; dessus *m* du panier; die ~ bilden former l'élite; **~ˌtruppen** *f/pl. milit.* troupes *f/pl.* d'élite.

Elixier [eˑlɪˈksiːr] *n* ⟨~s; ~e⟩ élixir *m*.

Ellbogen [ˈɛlˌboːgən] *m* ⟨~s; ~⟩ *anat.* coude *m*; sich auf die ~ stützen s'appuyer sur les coudes; sich mit den ~ auf etw. stützen s'accouder à, sur qc.; j-n mit dem ~ anstoßen donner un coup de coude à qn.; pousser qn. du coude; coudoyer qn.; **sich mit den ~ e-n Weg bahnen** jouer des coudes pour se frayer un chemin; **~ˌfreiheit** *f fig.* ~ **haben** avoir les coudées franches; **~geˌlenk** *n anat.* articulation *f* du coude; **~ˌmuskel** *m anat.* muscle cubital; **~ˌnerv** *m anat.* nerf cubital; **~ˌschutz** *m esc.* protège-coude *m.*

Elle [ˈɛlə] *f* ⟨~; ~n⟩ **1.** *anat.* cubitus [-ys] *m*; **2.** *hist. Längenmaß* aune *f.*

ellenlang [ˈɛlənˌlaŋ] *adj. fig.* extrêmement long; interminable.

Ellip|se [ɛˈlɪpsə] *f* ⟨~; ~n⟩ *math., astr., gr.* ellipse *f*; **2senˌförmig** *adj.* en forme d'ellipse; elliptique; **~senˌzirkel** *m* ellipsographe *m*; compas *m* elliptique; **~soˈid** *n* ⟨~(e)s; ~e⟩ ellipsoïde *m*; **2tisch** *adj.* elliptique; **~tiziˈtät** *f* ⟨~⟩ *astr.* ellipticité *f.*

Ellok [ˈɛllɔk] *f* ⟨~; ~s⟩ *chem.* (*elektrische Lokomotive*) locomotive *f* électrique; **~ˌführer** *m* conducteur-électricien *m.*

Elmsfeuer [ˈɛlmsˌfɔʏər] *n* feu *m* Saint-Elme.

Elongation [e·lɔŋgatsi·ˈoːn] *f* ⟨~; ~en⟩ *astr., phys.* élongation *f.*

Elox|al-Verfahren [e·lɔˈksaːlfɛrˌfaːrən] *n chim.* procédé *m* d'oxydation électrolytique d'aluminium; **2ieren** [-ˈksiː-] *v/t.* ⟨*pas de ge-*, h⟩ *chim.* oxyder électrolytiquement l'aluminium.

Elritze [ˈɛlˌrɪtsə] *f* ⟨~; ~n⟩ *zo.* vairon *m.*

Elsäss|er(in) [ˈɛlzɛsər(ɪn)] **I** *m* ⟨~s; ~⟩ (*f*) ⟨~; ~nen⟩ Alsacien, -nne *m, f*; **II ~er** *adj.* ⟨*inv.*⟩, **2isch** *adj.* alsacien, -nne; d'Alsace.

Elsbeer|baum [ˈɛlsbeːrˌbaum] *m bot.* alisier *m*; **~e** *f bot.* alise *f.*

Elster [ˈɛlstər] *f* ⟨~; ~n⟩ *zo.* pie *f*; **er stiehlt wie e-e ~** il est voleur comme une pie; **schwatzhaft wie e-e ~ sein** être (bavard comme) une pie; **~nˌnest** *n* nid *m* de pie.

elterlich [ˈɛltərˌlɪç] *adj.* des parents; paternel, -lle; *jur.* **~e Gewalt** puissance paternelle; **~es Erbe** patrimoine *m*; **~e Zustimmung** autorisation paternelle.

Eltern [ˈɛltərn] *pl.* parents *m/pl.*; **s-e ~** ses parents; ses père et mère; **leibliche ~** parents du sang; F **nicht von schlechten ~** *Ohrfeige* magistral; **~ˌabend** *m Schule* réunion *f* de parents (d'élèves); **~ˌbeirat** *m Schule* conseil *m* des parents d'élèves; **~ˌhaus** *n* maison paternelle; **~ˌliebe** *f* amour paternel, des parents; **2ˌlos** *adj.* sans parents; sans père ni mère; **~ˌrecht** *n* droit paternel; **~ˌrente** *f* pension versée aux parents; **~ˌschaft** *f* ⟨~⟩ (l'ensemble *m* des) parents *m/pl.*; **~ˌschlafzimmer** *n* chambre *f* des parents; **~ˌsprechtag** *m Schule* jour *m* de réception des parents; **~ˌteil** *m* un *m* des parents; **~verˌband** *m* association *f* de parents d'élèves; **~verˌsammlung** *f Schule* réunion *f* de parents (d'élèves).

Eluvium [e·ˈluːvi·um] *n* ⟨~s; -ien⟩ *géol.* éluvium [-jɔm] *m*; éluvion *f.*

Elysi|um [e·ˈlyːzi·um] *n* ⟨~s⟩ *myth.* Élysée *m*; **2sch** *adj.* élyséen, -nne.

Elzbeere *cf.* Elsbeere.

Elzevir [ˈɛlzəˌviːr] *f* ⟨~⟩ *impr.* (caractère *m*) elzévir *m*; **~ˌausgabe** *f* édition elzévirienne; elzévir *m.*

Email [e·ˈmaːj] *n* ⟨~s; ~s⟩ émail *m*; **~ˌarbeiter** *m* émailleur *m*; **~ˌdraht** *m élect.* fil émaillé; **~ˌfarbe** *f* (peinture *f* à l')émail *m*; **~le** [e·ˈmaljə] *f* ⟨~; ~n⟩ *cf.* ~.

emaillier|en [e·ma(l)ˈjiːrən] **I** *v/t.* ⟨*pas de ge-*, h⟩ émailler; **II 2en** *n* ⟨~s⟩ émaillage *m*; **2ˌofen** *m* four *m* à émailler; **2ˌwerk** *n* émaillerie industrielle.

Eman|ation [e·manatsi·ˈoːn] *f* ⟨~; ~en⟩ *philos., phys.* émanation *f*; **~atiˈonstheraˌpie** *f* thérapeutique radio-active; **2ieren** [-ˈniː-] *v/i.* ⟨*pas de ge-*, sein⟩ émaner.

Emanzip|ation [e·mantsi·patsi·ˈoːn] *f* ⟨~; ~en⟩ émancipation *f*; **~atiˈonsbeˌstrebungen** *f/pl.* tendances émancipatrices; **2ieren** [-ˈpiː-] *v/t.* (*u. v/réfl.*) ⟨*pas de ge-*, h⟩ (s')émanciper; **2iert** [-ˈpiːrt] *adjt.* émancipé; **~ierung** [-ˈpiː-] *f* ⟨~; ~en⟩ émancipation *f.*

Embargo [ɛmˈbargo·] *n* ⟨~s; ~s⟩ *écon.* embargo *m.*

Emblem [ɛmˈbleːm] *n* ⟨~s; ~e⟩ emblème *m*; **2atisch** [-ˈmaː-] *adj.* emblématique.

Embol|ie [ɛmbo·ˈliː] *f* ⟨~; -ien⟩ *méd.* embolie *f*; **2isch** [-ˈboː-] *adj.* embolique.

Embryo [ˈɛmbry·o·] *m* ⟨~s; ~s *od.* -ˈonen⟩ embryon *m*; **~loˈgie** *f* ⟨~⟩ embryologie *f*; **2ˈnal** *adj.* embryonnaire; **~ˈnalgeˌwebe** *n bot. cf.* Bildungsgewebe; **~ˈnalˌzustand** *m* état *m* embryonnaire (*auch fig.*); **~ˌsack** *m bot.* sac *m* embryonnaire.

emerit|ieren [e·me·ri·ˈtiːrən] *v/t.* ⟨*pas de ge-*, h⟩ *Professor* mettre à la retraite; **~iert** *adjt.* en retraite; **2us** [-ˈmeː-] *m* ⟨~; -ti⟩ professeur *m* en retraite.

Emigr|ant(in) [e·mi·ˈgrant(ɪn)] *m* ⟨~en; ~en⟩ (*f*) ⟨~; ~nen⟩ émigré(e) *m(f)*; **~antenliteraˌtur** *f* littérature *f* d'émigration; **~antenˌschicksal** *n* destin *m* des émigrés; **~atiˈon** *f* ⟨~; ~en⟩ émigration *f*; **2ieren** *v/i.* ⟨*pas de ge-*, sein⟩ émigrer.

eminen|t [e·mi·ˈnɛnt] **1.** *adj.* éminent; **2.** *adv.* éminemment; **das ist ~ wichtig** c'est extrêmement important; **2z** *f* ⟨~; ~en⟩ *Titel der Kardinäle* Éminence *f.*

Emir [ˈe·mɪr, e·ˈmiːr] *m* ⟨~s; ~e⟩ émir *m.*

Emission [e·mɪsi·ˈoːn] *f* ⟨~; ~en⟩ *comm., phys.* émission *f*; **~sˌbank** *f* ⟨~; ~en⟩ banque *f* d'émission; **~sbeˌdingungen** *f/pl.* conditions *f/pl.* d'émission; **~sgeˌschäft** *n* opération *f* d'émission; **~sinstiˌtut** *n* institut *m* d'émission; **~skonˌsortium** *n* syndicat *m*, consortium [-sjɔm] *m* d'émission; **~sˌkurs** *m* cours *m* d'émission; **~sˌland** *n* pays émetteur, d'émission; **~sˌspektrum** *n phys.* spectre *m* d'émission; **~sˌsperre** *f* embargo *m* sur les émissions; arrêt *m* des émissions; **~sˌsteuer** *f* impôts *m/pl.* sur les émissions (de titres); **~stheoˌrie** *f phys.* théorie *f* de l'émission; **~sverˌmögen** *n phys.* pouvoir émissif; **~swahrˌscheinlichkeit** *f phys.* probabilité *f* d'émission; **~sˌwährung** *f* monnaie *f* d'émission; **~sˌwert** *m comm.* valeur *f* d'émission.

Emitt|ent [e·mɪˈtɛnt] *m* ⟨~en; ~en⟩ *comm.* émetteur *m*; émissionnaire *m*; **2ieren** *v/t.* ⟨*pas de ge-*, h⟩ émettre.

Emmentaler [ˈɛmənˌtaːlər] *m* ⟨~s; ~⟩ *Käse* emment(h)al *m.*

e-Moll [ˈeːmɔl] *n* ⟨~⟩ *mus.* mi *m* mineur.

Emotion [e·mo·tsi·ˈoːn] *f* ⟨~; ~en⟩ émotion *f*; **2al** [-ˈnaːl], **2ell** [-ˈnɛl] *adj.* émotionnel, -lle; émotif, -ive.

empfahl [ɛmˈpfaːl] *cf.* empfehlen.

empfand [ɛmˈpfant] *cf.* empfinden.

Empfang [ɛmˈpfaŋ] *m* ⟨~(e)s; ~e⟩ **1.** *e-s Besuches* réception *f*; accueil *m*; **offizieller ~** réception officielle; **j-m e-n freundlichen, schlechten ~ bereiten** faire bon, mauvais accueil à qn.; **2.** *comm.* réception *f*; **den ~ bescheinigen** donner récépissé (de); **den ~ von etw. bestätigen** accuser réception de qc.; **den ~ bescheinigt** pour acquit; **bei, nach ~** à la, après réception; **etw. in ~ nehmen** recevoir qc.; *Waren* prendre livraison de qc.; **3.** *rad.* réception *f*; audition *f*; **auf ~ bleiben** rester à l'écoute; **2en** *v/t.* ⟨empfängt, empfing, empfangen, empfang(e)!, h⟩ **1.** *Besuch* recevoir; accueillir; faire accueil à; **j-n (un-)freundlich ~** faire bon *bzw.* mauvais accueil à qn.; **j-n freudig ~** faire fête à qn.; **j-n äußerst ungnädig ~** recevoir qn. comme un chien dans un jeu de quilles; **2.** *Geld* recevoir; toucher; **3.** *rad. Sender* recevoir; **4.** *Kind* concevoir (*auch abs.*).

Empfäng|er [ɛmˈpfɛŋər] *m* ⟨~s; ~⟩ **1.** *e-r Postsendung* destinataire; *comm. e-r Warensendung für den Verkauf* consignataire *m*; *e-r Zahlung, Rente etc.* bénéficiaire *m*; partie prenante; **~ unbekannt** destinataire inconnu; **auf Kosten des ~s** aux frais du destinataire, du consignataire; **2.** *rad.* récepteur *m*; **~ergeˌhäuse** *n rad.* boîtier *m* de récepteur; **~erˌröhre** *f rad.* tube *m* récepteur; **2lich** *adj.* réceptif, -ive, sensible (à); *für Krankheiten* prédisposé (à); **für Eindrücke ~** impressionnable; **für Schmeicheleien sehr ~ sein** être très sensible aux flatteries; **~lichˌkeit** *f* ⟨~⟩ réceptivité *f* (à); *für Krankheiten* prédisposition *f* (à); **~ für Eindrücke** impressionnabilité *f.*

Empfangnahme [ɛmˈpfaŋˌnaːmə] *f* ⟨~⟩ *comm.* réception *f*; *von Waren auch* prise *f* de livraison; **bei ~** à la réception.

Empfängnis [ɛmˈpfɛŋnɪs] *f* ⟨~; ~se⟩ conception *f*; *relig. cath.* **Unbefleckte ~** Immaculée Conception; **2verˌhütend** *adjt.* anticonceptionnel, -lle; contraceptif, -ive; **~e Mittel** produits anticonceptionnels; contraceptifs *m/pl.*; **~verˌhütung** *f* contraception *f*; **~ˌzeit** *f jur.* période *f* de conception.

Empfangs|antenne [ɛmˈpfaŋsʔanˌtɛnə] *f rad.* antenne *f* de réception; **2beˌrechtigt** *adjt. für Geld* autorisé à toucher, à percevoir; **~beˌreich** *m rad.* zone *f* de réception; **~beˌscheinigung** *f comm.* récépissé *m*; reçu *m*; quittance *f*; **~beˌstätigung** *f comm.* accusé *m* de réception; **~ˌchef** *m cf.* ~direktor; **~ˌdame** *f* hôtesse *f* d'accueil; **~diˌrektor** *m Hotel* chef *m* de la réception; **~geˌrät** *n rad.* appareil récepteur; **~ˌhalle** *f* salle *f* de réception; **~komiˌtee** *n* comité *m* d'accueil; **~ˌlautstärke** *f rad.* intensité *f* du son de réception; **~ˌleistung** *f rad.* puissance *f* de réception; **~ˌraum** *m cf.* ~zimmer; **~reˌlais** *n tél.* relais récepteur; **~ˌschein** *m comm.* récépissé *m*; reçu *m*; quittance *f*; **~statiˌon** *f rad.* station réceptrice; **~ˌstörungen** *f/pl. rad.* perturbations *f/pl.* de réception; **~ˌtag** *m* jour *m* de réception; **~verˌhältnisse** *n/pl. rad.* conditions *f/pl.* de réception; **~ˌwelle** *f rad.* onde *f* de réception; **~ˌzimmer** *n* salon *m* de réception.

empfehl|en [ɛmˈpfeːlən] **I** *v/t.* ⟨empfiehlt, empfahl, empföhle, empfohlen, h⟩ recommander (qc. *od.* qn. à qn.); **j-m ~, etw. zu tun** recommander à qn. de faire qc.; **heute besonders zu ~** particulièrement recommandé aujourd'hui; **etw. warm ~** recommander chaudement qc.; **II** *v/réfl.* **sich ~** se retirer; **sich auf französisch ~** filer à l'anglaise; *st. s.* **ich empfehle mich Ihnen** j'ai l'honneur de vous saluer; **~ Sie mich ...** (présentez) mes compliments (à Monsieur X); *e-r Dame auch* (présentez) mes hommages (à Madame X); *Brief* ich empfehle mich mit den besten Grüßen je vous prie d'agréer (Monsieur) mes salutations distinguées; **III** *v/imp.* es empfiehlt sich, zu ... il convient de ...; il est indiqué de ...; **~ensˌwert** *adj.* recommandable; **2ung** *f* ⟨~; ~en⟩ recommandation *f*; auf ~ von ... sur la recommandation de ...; gute ~en haben avoir de bonnes références; *Brief* meine besten, mit den besten ~en an ... veuillez présenter mes compliments, mes respects, *an e-e Dame auch* mes hommages à ...; **2ungsˌschreiben** *n* lettre *f* de recommandation.

empfiehl [ɛm'pfiːl] *cf.* empfehlen.

empfind|en [ɛm'pfɪndən] **I** *v/t. u. v/i.* ⟨empfindet, empfand, empfunden, h⟩ ressentir; éprouver; sentir; etw. als lästig ~ trouver qc. ennuyeux; Schmerz ~ ressentir de la douleur; **II 2en** *n* ⟨~s⟩ sensation *f*; sentiment *m*; *od. verbal*; künstlerisches ~ sens *m* artistique; *cf. auch* Gefühl; **~lich 1.** *adj.* sensible (à); *Schmerz, Kälte* vif, vive; *Möbel, Holz* délicat; fragile; (*leicht zu verletzen*) susceptible; chatouilleux, -euse; e-e ~e Haut haben avoir la peau sensible; ~ gegen Kälte sein être sensible au froid; *Person auch* être frileux, -euse; *phot.* ~ machen sensibiliser; ~or Mangel lacune importante; ~e Strafe peine d'importance; ~er Verlust perte sensible; ~e Störung grand dérangement; ~e Kränkung grosse vexation; j-n an s-r ~sten Stelle treffen toucher qn. au vif, à son point sensible; atteindre qn. au point sensible; toucher la corde sensible de qn.; **2.** *adv.* sensiblement; beaucoup; sich ~ getroffen fühlen se sentir touché au vif; **2lichˌkeit** *f* ⟨~⟩ sensibilité *f* (*auch opt.*); (*Verletzbarkeit*) susceptibilité *f*; (*Zartgefühl*) délicatesse *f*; **2lichkeitsˌgrad** *m opt.* degré *m* de sensibilité; **~sam** *adj.* sensible; sentimental; émotif, -ive; **2samˌkeit** *f* ⟨~⟩ sentimentalité *f*; sensibilité *f*; übertriebene ~ sensiblerie *f*; **2ung** *f* ⟨~; ~en⟩ sensation *f*; (*Gefühl*) sentiment *m*; **2ungsanomaˌlie** *f méd.* trouble sensitif; anomalie sensitive; **2ungsˌgrenze** *f* seuil *m* de la sensation; **2ungsˌkraft** *f cf.* 2ungsvermögen; **~ungsˌlos** *adj.* insensible; **2ungsˌlosigkeit** *f* ⟨~⟩ insensibilité *f*; **2ungsverˌmögen** *n* sensibilité *f*; faculté sensitive; **~ungsˌvoll** *adj.* plein de sensibilité; **2ungsˌzelle** *f anat.* cellule sensitive.

empfing [ɛm'pfɪŋ] *cf.* empfangen.

empfohlen [ɛm'pfoːlən] *cf.* empfehlen.

empfunden [ɛm'pfʊndən] *cf.* empfinden.

Empha|se [ɛm'faːzə] *f* ⟨~; ~n⟩ emphase *f*; **2tisch** *adj.* emphatique.

Emphysem [ɛmfy'ˈzeːm] *n* ⟨~s; ~e⟩ *méd.* emphysème *m*.

Empirestil [ɑ̃ːˈpiːrˌʃtiːl] *m* style *m* Empire.

Empir|ie [ɛmpiˈˈriː] *f* ⟨~⟩ *philos.* expérience *f*; **~iker** [-ˈpiː-] *m* ⟨~s; ~⟩ empirique *m*; **2isch** [-ˈpiː-] **1.** *adj.* empirique; **2.** *adv.* empiriquement; **~ismus** *m* ⟨~⟩ empirisme *m*; **~ist** *m* ⟨~en; ~en⟩ empiriste *m*; **2istisch** *adj.* empiriste.

empor [ɛm'poːr] *adv. st. s.* en l'air; en 'haut; vers le haut; vers le *od.* au ciel; *cf. auch* hoch, auf; **~ˌarbeiten** *v/réfl.* ⟨-ete, *sép.*, -ge-, h⟩ sich ~ *fig.* s'élever, monter grâce à *od.* par son propre travail; **~ˌblicken** *v/i.* ⟨*sép.*, -ge-, h⟩ regarder en l'air, vers le haut.

Empore [ɛm'poːrə] *f* ⟨~; ~n⟩ *bât.* galerie *f*; (*Orgel2*) tribune *f*.

empören [ɛm'pøːrən] *v/t.* (*u. v/réfl.*) ⟨*pas de ge-*, h⟩ (s')indigner (über de); empört sein être indigné, outré, révolté, scandalisé (über par); **~d** *adjt.* révoltant; scandaleux, -euse; etw. ~ finden trouver qc. révoltant, scandaleux.

empor|kommen [ɛm'poːrˌkɔmən] *v/i.* ⟨*irr.*, *sép.*, -ge-, sein⟩ monter; parvenir; faire son chemin; **2ˌkömmling** *m* ⟨~s; ~e⟩ *péj.* parvenu *m*; **~ˌlodern** *v/i.* ⟨-(e)re, *sép.*, -ge-, sein⟩ *Flamme* monter; s'élever; **~ˌragen** *v/i.* ⟨*sép.*, -ge-, h *od.* sein⟩ se dresser, s'élever (au-dessus de); **~ˌranken** *v/réfl.* ⟨*sép.*, -ge-, h⟩ sich an etw. ~ grimper le long de qc.; **~ˌschauen** *v/i.* ⟨*sép.*, -ge-, h⟩ *cf.* emporblicken; **~ˌschießen** *v/i.* ⟨*irr.*, *sép.*, -ge-, sein⟩, **~ˌschnellen** *v/i.* ⟨*sép.*, -ge-, sein⟩ sauter en l'air; **~ˌschrauben** *v/réfl.* ⟨*sép.*, -ge-, h⟩ sich ~ *aviat.* monter en spirale; **~ˌschwingen** *v/réfl.* ⟨*irr.*, *sép.*, -ge-, h⟩ sich ~ s'élancer; **~ˌsteigen** *v/i.* ⟨*irr.*, *sép.*, -ge-, sein⟩ s'élever; monter; **~ˌstreben** *v/i.* ⟨*sép.*, -ge-, sein⟩ chercher à s'élever; **~ˌstrecken** *v/t.* ⟨*sép.*, -ge-, h⟩ élever; tendre vers le haut.

Empörung [ɛm'pøːrʊŋ] *f* ⟨~; ~en⟩ (*sittliche Entrüstung*) indignation *f*; révolte *f*.

emporwachsen [ɛm'poːrˌvaksən] *v/i.* ⟨*irr.*, *sép.*, -ge-, sein⟩ s'élever.

Emser ['ɛmzər] *adj.* ⟨*inv.*⟩ d'Ems; *hist.* ~ Depesche dépêche *f* d'Ems.

emsig ['ɛmzɪç] **1.** *adj.* affairé; actif, -ive; laborieux, -euse; assidu; diligent; **2.** *adv.* avec activité; avec ardeur; avec zèle; assidûment; **2ˌkeit** *f* ⟨~⟩ ardeur *f*; diligence *f*; activité *f*; assiduité *f*; zèle *m*.

Emu ['eːmuˑ] *m* ⟨~s; ~s⟩ *zo.* émeu *m*.

emul|gieren [eˑmʊl'giːrən] *v/t. u. v/i.* ⟨*pas de ge-*, h⟩ *chim.* émulsionner; **2'sin** *n* ⟨~s⟩ *chim.* émulsine *f*; **2si'on** *f* ⟨~; ~en⟩ *chim., phot.* émulsion *f*.

enantio|morph [eˑnantiˑoˑ'mɔrf] *adj.* *Kristalle etc.* énantiomorphe; **~'trop** *adj. chim.* énantiotrope.

End|abnehmer ['ɛntˀapˌneːmər] *m comm.* dernier acheteur; **~ˌabrechnung** *f comm.* compte final, définitif; **~ˌabstimmung** *f pol.* vote final; **~ˌausschalter** *m techn.* limiteur *m* de course; interrupteur *m* de fin de course; **~ˌbahnhof** *m chem.* gare *f* terminus [-ys]; **~beˌscheid** *m jur.* décision définitive; arrêt définitif; **~beˌtrag** *m comm.* montant final; **~ˌbuchstabe** *m gr.* (lettre) finale *f*; **~chen** *n* ⟨~s; ~⟩ petit bout.

Ende ['ɛndə] *n* ⟨~s; ~n⟩ **1.** *räumlich* bout *m* (*auch Spitze, Ausläufer*); fin *f*; extrémité *f*; *ch.* (*Geweihzacken*) cor *m*; oberes ~ bout supérieur; *Kabel* isoliertes ~ bout (de câble) isolé; am äußersten ~ à l'extrémité; tout au bout; à l'extrême bout; von e-m ~ zum anderen d'un bout à l'autre; an allen Ecken und ~n *cf.* Ecke; etw. am rechten ~ anfassen s'y bien prendre; prendre qc. par le bon bout; am falschen ~ sparen économiser en s'y prenant mal; faire des économies de bouts de chandelles; F ein ~ Wurst un bout de saucisse; F am ~ der Welt au diable (au vert); au bout du monde; F es ist ein ganzes ~ bis dahin il y a un bon bout de chemin jusque là; F das dicke ~ kommt nach *cf.* dick; **2.** *zeitlich* fin *f*; terme *m*; *e-r Frist* expiration *f*; ~ Februar à la fin du mois de février; *comm.* fin février; ~ dieses Monats à la fin de ce mois; *comm.* fin courant; ~ nächsten Monats à la fin du mois prochain; *comm.* fin prochain; am ~ des Jahres à la fin de l'année; en fin d'année; am ~ a) à la fin; b) (*hinterher*) après coup; c) (*schließlich*) en fin de compte; d) (*vielleicht*) peut-être; *iron.* am ~ verlangst du noch ... tu finiras par demander ...; après tu voudras peut-être ...; letzten ~s en fin de compte; en définitive; au bout du compte; somme toute; après tout; e-r Sache ein ~ machen mettre fin, un terme à qc.; etw. zu ~ führen, bringen finir, terminer qc.; mener qc. à terme; etw. glücklich zu ~ führen mener qc. à bonne fin; bis zum bitteren ~ jusqu'au bout; zu ~ gehen, dem ~ entgegengehen tirer, toucher à sa fin; prendre fin; ein ~ nehmen, haben finir; se terminer; prendre fin; da ist kein ~ abzusehen on n'en voit pas la fin, le bout; das nimmt kein ~ cela n'en finit pas; Klagen ohne ~ plaintes éternelles; ich würde kein ~ finden, wenn ... je n'en finirais pas si ...; es wird mit ihm ein schlechtes ~ nehmen il finira mal; es geht mit ihm zu ~ il est près de sa fin; mit s-m Latein, s-r Weisheit am ~ sein être au bout de son latin; am ~ s-r Kräfte sein être au bout de ses forces; ich bin mit meiner Geduld am ~ ma patience est à bout; je suis à bout de patience; das ~ vom Lied wird sein ... le résultat de tout ceci sera ...; ~ gut, alles gut *prov.* tout est bien qui finit bien *prov.*

Endeffekt ['ɛntˀɛˌfɛkt] *m* im ~ en fin de compte; au bout du compte.

Endem|ie [ɛndeˑ'miː] *f* ⟨~; -ien⟩ *méd.* endémie *f*; **2isch** [-'deː-] *adj.* endémique; ~e Krankheit maladie endémique; **~ismus** *m* ⟨~⟩ endémisme *m*.

enden ['ɛndən] *v/i.* ⟨-ete, h⟩ finir; cesser; prendre fin; se terminer; nicht ~ wollender Beifall applaudissements à n'en plus finir; ~ mit se terminer par; ~ auf se terminer en; ich weiß nicht, wie das ~ soll j'ignore comment cela se terminera.

...ender [...ˌˀɛndər] *in Zssgn. ch.* à ... cors; *par ex.* ein Zwölfender un douze-cors; un cerf à douze cors.

End|ergebnis ['ɛntˀɛrˌgeːpnɪs] *n* résultat définitif, final; **~geˌhalt** *n* salaire *m bzw.* traitement *m* en fin de carrière; **~geˌschwindigkeit** *f* vitesse finale; **2ˌgültig 1.** *adj.* définitif, -ive; sans retour; *jur.* sans appel; **2.** *adv.* définitivement; etw. ~ entscheiden résoudre définitivement qc.; e-n Termin ~ festsetzen fixer définitivement une date; F jetzt ist (aber) ~ Schluß! maintenant c'est fini!; **~ˌhalteˌstelle** *f cf.* Endstation.

endigen ['ɛndɪgən] *v/i.* ⟨h⟩ *cf.* enden.

Endivie [ɛn'diːviˑə] *f* ⟨~; ~n⟩ *bot.* **1.** (*Winter2*) chicorée *f* endive; glatte ~ (e)scarole *f*; krause ~ chicorée frisée; **2.** (*Sommer2*) (laitue) romaine *f*; **~nsaˌlat** *m cuis.* salade *f* de chicorée.

End|kampf ['ɛntkampf] *m Sport* finale *f*; **~kapaziˌtät** *f* capacité terminale; **~lauf** *m Sport* course finale; in den ~ kommen se qualifier pour la course finale.

endlich ['ɛntlɪç] **1.** *adj.* limité; borné; *philos., math.* fini; **2.** *adv.* enfin;

finalement; ∽e(s) *n* ⟨→ A⟩ *philos.* fini *m*; ∽ˌ**keit** *f* ⟨~⟩ *philos.* fini *m*.

endlos [ˈɛntloːs] **1.** *adj.* sans fin; infini; interminable; e-e ~e Autoschlange une file de voitures interminable; **2.** *adv.* à l'infini; à perte de vue; à n'en plus finir; interminablement; ~ **lang** interminable; *Zeit auch* long comme un jour sans pain; ∽**ig**ˌ**keit** *f* ⟨~⟩ infinité *f*; longueur *f*, caractère *m* interminable.

End|lösung [ˈɛntˌløːzʊŋ] *f* solution finale; ~**maß** *n techn.* cale *f* étalon; ~**mo**ˌ**räne** *f géol.* moraine frontale.

Endo|dermis [ɛndoˑˈdɛrmɪs] *f* ⟨~; -men⟩ *bot.* endoderme *m*; ∽ˈ**gen** *adj.* *biol.*, *géol.* endogène; ∽ˈ**krin** *adj.* endocrinien, -nne; ~e Drüsen glandes endocrines; ~ˈ**skop** *n* ⟨~s; ~e⟩ *méd.* endoscope *m*; ~ˈ**sperm** *n* ⟨~s; ~e⟩ *bot.* endosperme *m*; ∽ˈ**therm** *adj.* *chim.*, *phys. atom.* endothermique.

End|platte [ˈɛntˌplatə] *f Akku* plaque *f* extrême; ~**preis** *m comm.* prix final; prix *m* pour le dernier consommateur; ~**pro**ˌ**dukt** *n* produit final; ~**punkt** *m* bout *m*; point *m* extrême; extrémité *f*; ~**reim** *m métr.* rime finale; ~**resul**ˌ**tat** *n* résultat définitif; ~ˌ**runde** *f Sport* poule finale; ~**runden**ˌ**teilnehmer** *m* équipe qualifiée pour la poule finale; ~ˌ**silbe** *f gr.* syllabe finale; ~**spiel** *n Sport* finale *f*; ins ~ kommen se qualifier pour la finale; arriver en finale; ~**spiel**ˌ**teilnehmer** *m* finaliste *m*; ~**spurt** *m Sport* sprint [-int] *m*; emballage (final); enlevée finale; zum ~ ansetzen sprinter; ~ˌ**stadium** *n* phase terminale; ~**stati**ˌ**on** *f* terminus [-ys] *m*; ~ˌ**stellung** *f* position extrême, finale; ~**stück** *n* extrémité *f*; bout *m*; ~ˌ**stufe** *f e-r Rakete* dernier étage; *élect.* étage final; ~ˌ**summe** *f* total *m*.

Endung [ˈɛndʊŋ] *f* ⟨~; ~en⟩ *gr.* terminaison *f*; désinence *f*.

End|ursache [ˈɛntˌˀuːrzaxə] *f* cause finale; ~ˌ**urteil** *n jur.* jugement définitif; ~**ver**ˌ**braucher** *m comm.* dernier consommateur; consommateur final; ~**ver**ˌ**schluß** *m élect.* boîte *f* d'extrémité; ~**ver**ˌ**stärker** *m tél.* amplificateur final; ~**wert** *m* valeur finale; ~ˌ**widerstand** *m élect.* résistance terminale; ~**ziel** *n* but *m*; terme *m*; ~ˌ**zustand** *m* état final; ~**zweck** *m* fin *f*; but final.

Energet|ik [eˑnɛrˈgeːtɪk] *f* ⟨~⟩ énergétique *f*; ∽**isch** *adj.* énergétique.

Energie [eˑnɛrˈgiː] *f* ⟨~; -ien⟩ énergie *f* (*auch fig.*); kinetische ~ énergie cinétique; potentielle ~ énergie potentielle; elektrische ~ énergie électrique; freiwerdende ~ *cf.* ~**abgabe**; freigewordene ~ énergie libérée; gespeicherte ~ énergie emmagasinée; strahlende ~ énergie rayonnante; ~ˌ**abgabe** *f* libération *f*, dégagement *m* d'énergie; ~ˌ**abnahme** *f* décroissement *m*, diminution *f* d'énergie; ~ˌ**art** *f cf.* ~form; ~ˌ**aufspeicherung** *f cf.* ~speicherung; ~ˌ**ausgleich** *m* compensation *f* d'énergie; ~ˌ**ausstrahlung** *f* radiation *f* d'énergie; ~ˌ**austausch** *m biol.* échange *m* d'énergie; ~**be**ˌ**darf** *m* énergie *f* nécessaire; besoins *m/pl.* énergétiques, en énergie; ~**bi**ˌ**lanz** *f cf.* ~haushalt; ~ˌ**einheit** *f* unité *f* d'énergie; ~**ent**ˌ**wicklung** *f cf.* ~abgabe; ~**er**ˌ**haltung** *f* conservation *f* de l'énergie; ~**er**ˌ**zeugung** *f cf.* ~produktion; ~ˌ**form** *f* forme *f* d'énergie; ∽**ge**ˌ**laden** *adjt.* *fig.* plein d'énergie; dynamique; ~**ge**ˌ**winn** *m* gain *m*, accroissement *m* d'énergie; ~ˌ**haushalt** *m* bilan *m* énergétique; ∽ˌ**los** *adj.* sans énergie; ~ˌ**losig**ˌ**keit** *f* ⟨~⟩ manque *m* d'énergie; ~ˌ**menge** *f* quantité *f* d'énergie; ~**ni**ˌ**veau** *n* niveau *m* d'énergie; ~**produkti**ˌ**on** *f* production *f* d'énergie; ~ˌ**quelle** *f* source *f* d'énergie; ressources *f/pl.* énergétiques; ∽ˌ**reich** *adj.* riche en énergie; ~ˌ**rückge**ˌ**winnung** *f* récupération *f* d'énergie; ~ˌ**speicherung** *f* accumulation *f* d'énergie; ~ˌ**überschuß** *m* excès *m* d'énergie; ~**über**ˌ**tragung** *f* transmission *f*, transfert *m*, transport *m* d'énergie; ~ˌ**umwandlung** *f* transformation *f* d'énergie; ~**ver**ˌ**brauch** *m* consommation *f* d'énergie; ~**ver**ˌ**lust** *m* perte *f*, dégradation *f* d'énergie; ~**ver**ˌ**schwendung** *f* dissipation *f*, gaspillage *m* d'énergie; ~**ver**ˌ**sorgung** *f* alimentation *f*, approvisionnement *m* en énergie; ~**ver**ˌ**teilung** *f* répartition *f*, distribution *f* d'énergie; ∽ˌ**voll** *adj.* plein d'énergie; ~ˌ**wirtschaft** *f* économie *f* énergétique, de l'énergie; ~**zer**ˌ**streuung** *f* dispersion *f*, diffusion *f* de l'énergie; ~ˌ**zustand** *m* état *m* énergétique.

energisch [eˑˈnɛrgɪʃ] **1.** *adj.* énergique; ~er Mensch *auch* homme à poigne; ~e Maßnahmen ergreifen prendre des mesures énergiques; mit ~en Worten en termes énergiques; ~ werden se montrer énergique; **2.** *adv.* énergiquement; avec énergie; ~ protestieren protester énergiquement; ~ vorgehen ne pas y aller de main morte; agir avec énergie.

eng [ɛŋ] **1.** *adj.* étroit; serré; restreint; e-e ~e Gasse une ruelle; *von Kleidungsstücken* zu ~ étriqué; der Rock ist mir zu ~ ma jupe est trop étroite, trop serrée; ma jupe me serre, me boudine; ~er machen rétrécir; ~er werden se rétrécir; *fig.* ~e Beziehungen relations étroites; im ~eren Sinne au sens restreint; in die ~ere Wahl kommen être sélectionné; **2.** *adv.* étroitement; ~ schreiben écrire serré; ~ beschrieben rempli d'une écriture serrée; ~ beisammensitzen, -stehen être serrés; ~ befreundet *cf.* engbefreundet; *Verbindungen* ~er knüpfen resserrer.

Engag|ement [ãgaʒəˈmãː, aŋgaʒəˈmaŋ] *n* ⟨~s; ~s⟩ *thé.*, *pol.* engagement *m*; *comm. auch* obligation *f*; ∽**ieren** [-ˈʒiː-] *v/t.* (*u. v/réfl.*) ⟨*pas de ge-*, **h**⟩ (s')engager.

eng|anliegend [ˈɛŋˌˀanliːgənt] *adjt.* *Kleidung* collant; ~**be**ˌ**freundet** *adjt.* intimement lié; ~**be**ˌ**grenzt** *adjt.* très limité; restreint; ~ˌ**brüstig** *adj.* étroit de poitrine.

Enge [ˈɛŋə] *f* ⟨~; ~n⟩ étroitesse *f*; *fig.* j-n in die ~ treiben acculer, coincer qn.; mettre qn. au pied du mur; pousser qn. dans ses retranchements.

Engel [ˈɛŋəl] *m* ⟨~s; ~⟩ ange *m*; *fig.* ein ~ fliegt durchs Zimmer un ange passe; F die ~ im Himmel singen hören (*heftigen Schmerz empfinden*) voir trente-six chandelles; du bist ein ~! tu es un ange!; ~**chen** *n* ⟨~s; ~⟩ angelot *m*; petit ange; ∽ˌ**gleich** *adj.*, ∽ˌ**haft** *adj.* angélique; ~ˌ**macherin** *f* ⟨~; ~nen⟩ F (*Abtreiberin*) faiseuse *f* d'anges; ~**sge**ˌ**duld** *f* patience *f* angélique; ~**s**ˌ**güte** *f* bonté *f* angélique; ~ˌ**süß** *n* ⟨~es⟩ *bot.* polypode *m* vulgaire; ~ˌ**wurz** *f* ⟨~⟩ *bot.* *cf.* Angelika.

Engerling [ˈɛŋərˌlɪŋ] *m* ⟨~s; ~e⟩ *zo.* larve *f* de hanneton; ver blanc.

Eng|führung [ˈɛŋˌfyːrʊŋ] *f mus.* strette *f*; ∽ˌ**halsig** *adj.* à col étroit; ∽ˌ**herzig** *adj.* peu généreux, -euse; qui a peu de cœur; ~ˌ**herzig**ˌ**keit** *f* ⟨~⟩ manque *m* de générosité.

Engländer [ˈɛŋˌlɛndər] *m* ⟨~s; ~⟩ **1.** Anglais *m*; **2.** (*Schraubenschlüssel*) clef anglaise; ~**in** *f* ⟨~; ~nen⟩ Anglaise *f*.

england|feindlich [ˈɛŋlantˌfaɪntlɪç] *adj.* anglophobe; ~ˌ**freundlich** *adj.* anglophile.

Englein [ˈɛŋlaɪn] *n* ⟨~s; ~⟩ *cf.* Engelchen.

englisch [ˈɛŋlɪʃ] **1.** *adj.* **a)** anglais; d'Angleterre; *pol. in Zssgn.* anglo-...; die ~e Sprache, das ∽e la langue anglaise; l'anglais *m*; aus dem ∽en de l'anglais; ins ∽e, im ∽en en anglais; ∽ lernen apprendre l'anglais; er spricht fließend ∽ il parle couramment (l')anglais; *méd.* die ~e Krankheit le rachitisme; ~-französische Beziehungen rapports anglo-français; ~-deutsches Wörterbuch dictionnaire anglais-allemand; **b)** *relig.* der ∽e Gruß la salutation angélique; **2.** *adv.* auf ~ en anglais; ~ sprechen parler anglais; *cuis.* ~ gebraten saignant; ∽ˌ**horn** *n mus.* cor anglais; ∽ˌ**leder** *n text.* molesquine *f*; ∽ˌ**lehrer(in)** *m* (*f*) professeur *m* d'anglais; ∽ˌ**rot** *n* rouge *m* d'Angleterre; ~ˌ**sprechend** *adjt.* de langue anglaise; anglophone; ∽ˌ**traben** *n Reitsport* trot enlevé, à l'anglaise.

englisieren [ɛŋliˑˈziːrən] *v/t.* ⟨*pas de ge-*, **h**⟩ *Pferd* anglaiser; niqueter.

engmaschig [ˈɛŋˌmaʃɪç] *adj.* à mailles serrées, fines.

Engobe [ãːˈgoːbə, aŋ-] *f* ⟨~; ~n⟩ *Keramik* engobe *m*.

Engpaß [ˈɛŋpas] *m* défilé *m*; gorge *f*; goulet *m*; *fig. comm. etc.* goulot *m* d'étranglement.

Engramm [ɛnˈgram] *n* ⟨~s; ~e⟩ *psych.* engramme *m*.

en gros [ãːˈgroː, aŋ-] *loc. adv. comm.* en gros.

Engros|geschäft [ãːˈgroːgəˌʃɛft, aŋ-] *n* magasin *m* de gros; ~ˌ**handel** *m* commerce *m* de *od.* en gros; ~ˌ**händler** *m* grossiste *m*; commerçant *m*, marchand *m* de *od.* en gros; ~ˌ**käufer** *m* acheteur *m* en gros; ~ˌ**preis** *m* prix *m* de gros; ~**ra**ˌ**batt** *m* rabais *m* de vente en gros; ~**ver**ˌ**kauf** *m* vente *f* en gros.

eng|stirnig [ˈɛŋˌʃtɪrnɪç] *adj. fig.* borné; ∽ˌ**stirnig**ˌ**keit** *f* ⟨~⟩ esprit borné; ~**ver**ˌ**bündet** *adjt.* étroitement allié.

Enharmon|ie [ɛnharmoˑˈniː] *f mus.* enharmonie *f*; ∽**isch** [-ˈmoː-] *adj.* enharmonique.

Enjambement [ãʒãːb(ə)ˈmãː] *n* ⟨~s; ~s⟩ *métr.* enjambement *m*.

Enkel[1] [ˈɛŋkəl] *m* ⟨~s; ~⟩ *cf.* Fußknöchel; ~[2] *m* ⟨~s; ~⟩ petit-fils *m*; die ~ les petits-fils; les petits-enfants; ~**in** *f* ⟨~; ~nen⟩ petite-fille *f*; ~ˌ**kind** *n* *cf.* ~[2] *u.* ~in; die ~er les petits-enfants.

Enklave [ɛnˈklaːvə] *f* ⟨~; ~n⟩ enclave *f*.

Enkli|se [ɛnˈkliːzə] *f* ⟨~; ~n⟩ *gr.* enclise *f*; ~**ti**ˌ**kon** *n* ⟨~s; -ka⟩ enclitique *m*, *f*; ∽**tisch** *adj.* enclitique.

enorm [eˑˈnɔrm] **1.** *adj.* énorme; extraordinaire; formidable; **2.** *adv.* énormément.

Ensemble [ãːˈsãːbl(ə)] *n* ⟨~s; ~s⟩ *thé.* troupe *f*; *mus.*, *cout.* ensemble *m*; ~ˌ**spiel** *n thé.* jeu *m* d'ensemble.

Enstatit [ɛnstaˈtiːt, -ˈtɪt] *m* ⟨~s⟩ *minéral.* enstatite *f*.

entart|en [ɛntˈˀɑːrtən] **I** *v/i.* ⟨-ete, *pas de ge-*, **sein**⟩ dégénérer (zu en); *sittlich* se dépraver; *biol. pfort.* s'abâtardir; **II** ∽**en** *n* ⟨~s⟩ *cf.* ∽ung; ~**et** *adjt.*

dégénéré; dépravé; dénaturé; ~e Kunst art dégénéré; 2ung *f* ⟨~; ~en⟩ dégénération *f*; dégénérescence *f*; *sittliche* dépravation *f*; *biol. pfort.* abâtardissement *m*; *méd.* dégénérescence *f*.

entasch|en [ɛnt'ˀaʃən] *v/t.* ⟨*pas de ge-*, h⟩ *techn.* enlever les cendres de; 2ung *f* ⟨~; ~en⟩ enlèvement *m* des cendres.

Entase [ɛn'taːzə] *f* ⟨~; ~n⟩ *bât. e-r Säule* entasis [-s] *f*.

ent|ästen [ɛnt'ˀɛstən] *v/t.* ⟨-ete, *pas de ge-*, h⟩ *cf.* abästen; **~'äußern** *v/réfl.* ⟨-(e)re, *pas de ge-*, h⟩ *st. s.* sich e-r Sache ~ se défaire, se démettre, se dessaisir, se dépouiller de qc.; aliéner qc.; **2'äuße|rung** *f* dessaisissement *m*; **~'basten I** *v/t.* ⟨-ete, *pas de ge-*, h⟩ *Rohseide* décr(e)user; **II 2'basten** *n* ⟨~s⟩, **2'bastung** *f* ⟨~; ~en⟩ décr(e)usage *m*.

entbehr|en [ɛnt'beːrən] **I** *v/t.* ⟨*pas de ge-*, h⟩ *Sache* être privé, manquer de (qc.); *Person* ich entbehre ihn sehr il me manque beaucoup; viel(es) ~ müssen devoir se priver (de) beaucoup (de choses); j-n, etw. (nicht) ~ können (ne pas) pouvoir se passer de qn., de qc.; können Sie es ~? je ne vous en prive pas?; wir können ihn nur schwer ~ nous pouvons nous passer difficilement de lui; **II** *v/i.* être dépourvu (de); die Beschuldigung entbehrt jeder Grundlage l'accusation est dénuée de tout fondement; der Fall entbehrt nicht e-r gewissen Komik le cas n'est pas dépourvu, dénué d'un certain comique; **~lich** *adj.* dont on peut se passer; pas indispensable; inutile; **2lich|keit** *f* ⟨~⟩ inutilité *f*; *besser verbal*; **2ung** *f* ⟨~; ~en⟩ privation *f*; manque *m*; große ~en auf sich nehmen müssen devoir supporter de fortes privations; F manger de la vache enragée.

entbieten [ɛnt'biːtən] *v/t.* ⟨*irr., pas de ge-*, h⟩ *st. s.* j-m s-n Gruß ~ présenter ses salutations, faire ses compliments à qn.

entbind|en [ɛnt'bɪndən] **I** *v/t.* ⟨*irr., pas de ge-*, h⟩ **1.** délier (von de); *von e-m Gelübde, e-r Funktion auch* relever (de); *von e-m Versprechen, e-r Verpflichtung, e-m Berufsgeheimnis auch* dégager (de); (*befreien*) dispenser (de); **2.** e-e Frau ~ accoucher une femme; aider une femme à accoucher; **II** *v/i.* accoucher; sie wird in Kürze ~ elle va accoucher, être délivrée sous peu; von e-m Jungen entbunden werden accoucher d'un, donner le jour à un garçon; **2ung** *f* ⟨~⟩ **1.** *von e-m Eid etc.* déliement *m*; dégagement *m*; **2.** ⟨*pl.* ~en⟩ *e-r Frau* accouchement *m*; couches *f/pl.*; délivrance *f*; schmerzlose ~ accouchement sans douleur; **2ungs|anstalt** *f* *cf.* 2ungsheim; **2ungs|arzt** *m* médecin *m* accoucheur; **2ungs|heim** *n* clinique *f* d'accouchement; maternité *f*; **2ungs|kosten** *pl.* frais *m/pl.* d'accouchement.

ent|bittern [ɛnt'bɪtərn] *v/t.* ⟨-(e)re, *pas de ge-*, h⟩ *Pflanzen* enlever l'amertume de; **~'blättern I** *v/t.* ⟨-(e)re, *pas de ge-*, h⟩ *Pflanzen* effeuiller; *Baum auch* dépouiller de ses feuilles; **II** *v/réfl.* sich ~ s'effeuiller (*auch fig. u.* F *sich entkleiden*); **2-'blätte|rung** *f* ⟨~⟩ effeuillage *od.* effeuillement *m*; **~'blocken** *v/t.* ⟨*pas de ge-*, h⟩ *chem.* débloquer; **~'blöden** *v/réfl.* ⟨-ete, *pas de ge-*, h⟩ *st. s.* sich nicht ~, zu … avoir le front, l'audace de …; ne pas rougir, ne pas avoir 'honte de …; **~'blößen** *v/t.* ⟨-(es)t, *pas de ge-*, h⟩ mettre à nu; dénuder; découvrir; **2'blößung** *f* ⟨~; ~en⟩ mise *f* à nu; dénudation *f*; **~'brennen** *v/i.* ⟨*irr., pas de ge-*, sein⟩ *Kampf, Streit* éclater; s'engager; für j-n, etw. ~ s'enflammer, prendre feu pour qn., pour qc.

Entchen ['ɛntçən] *n* ⟨~s; ~⟩ *zo.* caneton *m*; canardeau *m*; *weibliches* canette *f*.

entchristlich|en [ɛnt'krɪstlɪçən] *v/t.* ⟨*pas de ge-*, h⟩ déchristianiser; **2ung** *f* ⟨~; ~en⟩ déchristianisation *f*.

entdeck|en [ɛnt'dɛkən] **I** *v/t.* ⟨*pas de ge-*, h⟩ découvrir; (*finden*) trouver; etw. auf den ersten Blick ~ voir qc. du premier coup d'œil; s'apercevoir du premier coup d'œil que …; etw. zufällig ~ trouver qc. par hasard; den eigentlichen Zweck e-r Sache ~ découvrir le pot aux roses; e-n geheimen Anschlag ~ éventer, dépister un complot; das Geheimnis ist entdeckt le secret est découvert; F la mèche est éventée; wo hast du das entdeckt? où as-tu trouvé cela?; **II** *v/réfl.* sich j-m ~ s'ouvrir à qn.; **2er(in)** *m* ⟨~s; ~⟩ (*f*) ⟨~; ~nen⟩ celui, celle qui découvre; découvreur, -euse *m, f*; auteur *m* d'une découverte; (*Erforscher unbekannter Länder*) explorateur *m*; **2er|freude** *f* joie *f* de la découverte; **2ung** *f* ⟨~; ~en⟩ découverte *f*; **2ungs|reise** *f* voyage *m* de découverte.

Ente ['ɛntə] *f* ⟨~; ~n⟩ **1.** *zo.* canard *m*; *weibliche* cane *f*; kleine, junge ~ caneton *m*; F wie e-e bleierne ~ schwimmen nager comme un fer à repasser, comme un soldat de plomb; **2.** (*falsche Nachricht*) canard *m*; fausse nouvelle; F blague *f*; bobard *m*; **3.** *cuis.* kalte ~ boisson composée de vin blanc et d'eau minérale gazeuse; **4.** F (*Harngefäß*) urinal *m*.

entehr|en [ɛnt'ˀeːrən] *v/t.* (*u. v/réfl.*) ⟨*pas de ge-*, h⟩ (se) déshonorer; (*in Verruf bringen*) flétrir la réputation de; (se) diffamer; **~end** *adjt.* déshonorant; *jur.* ~e Strafen peines infamantes; **2ung** *f* ⟨~; ~en⟩ déshonneur *m*; diffamation *f*; flétrissure *f* de la réputation.

enteign|en [ɛnt'ˀaɪgnən] *v/t.* ⟨-ete, *pas de ge-*, h⟩ exproprier; déposséder; **2ung** *f* ⟨~; ~en⟩ expropriation *f*; dépossession *f*; ~ im öffentlichen Interesse expropriation pour cause d'utilité publique; **2ungsent|schädigung** *f* indemnité *f* d'expropriation; **2ungsge|setz** *n* loi *f* sur l'expropriation; **2ungs|recht** *n* droit *m* d'expropriation; **2ungsver|fahren** *n* procédure *f* d'expropriation.

ent|eilen [ɛnt'ˀaɪlən] *v/i.* ⟨*pas de ge-*, sein⟩ (s'en)fuir; *Zeit auch* s'envoler; **~'eisen I** *v/t.* ⟨-(es)t, *pas de ge-*, h⟩ déglacer; *aviat., Glasscheibe* dégivrer; **II 2'eisen** *n* ⟨~s⟩ *cf.* 2eisung; **~'eisenen** *v/t.* ⟨*pas de ge-*, h⟩ *chim. Wasser* déferriser; **2'eise|nung** *f* ⟨~⟩ déferrisation *f*; **2'eiser** *m* ⟨~s; ~⟩ *aviat.* dégivreur *m*; **2'eisung** *f* ⟨~⟩ déglaçage *od.* déglacement *m*; *aviat.* dégivrage *m*.

Entelechie [ɛnteˑle'çiː] *f* ⟨~; -ien⟩ *philos.* entéléchie *f*.

Enten|braten ['ɛntən|braːtən] *m* *cuis.* canard rôti; **~|ei** *n* œuf *m* de cane; **~|flugzeug** *n* avion-canard *m*; **~|grün** *n*, **~|grütze** *f* *bot.* lentille *f* d'eau; **~|jagd** *f* chasse *f* aux canards (sauvages); **~|küken** *n* caneton *m*; **~|muschel** *f* *zo.* bernacle *f*; *sc.* anatife *m*; **~|teich** *m* étang *m* à canards; *ch.* canardière *f*.

Entente [ɑ̃ː'tɑ̃ːt(ə)] *f* ⟨~; ~n⟩ *pol.* entente *f*.

enter|al [ɛnteˑ'raːl] *adj. méd.* entérique; intestinal; **2itis** [-'riː-] *f* ⟨~; -'tiden⟩ *méd.* entérite *f*.

enterben [ɛnt'ˀɛrbən] *v/t.* ⟨*pas de ge-*, h⟩ déshériter; *jur.* exhéréder.

Enterbrücke ['ɛntər|brʏkə] *f* *mar.* pont *m* d'abordage.

Enterb|te(r) [ɛnt'ˀɛrptə(r)] *f* (*m*) ⟨→ A⟩ déshérité(e) *m* (*f*); **~ung** *f* ⟨~; ~en⟩ déshéritement *m*; *jur.* exhérédation *f*.

Enterhaken ['ɛntər|haːkən] *m* *mar.* grappin *m*; crochet *m* d'abordage.

Enterich ['ɛntə|rɪç] *m* ⟨~s; ~e⟩ *zo.* canard *m* (mâle).

entern ['ɛntərn] **I** *v/t.* ⟨-(e)re, h⟩ *mar.* mettre, jeter le grappin sur (un navire ennemi); aborder, accrocher (un navire pour le prendre); **II** 2 *n* ⟨~s⟩ abordage *m*; accrochage *m*.

ent|fachen [ɛnt'faxən] *v/t.* ⟨*pas de ge-*, h⟩ *st. s. Feuer* allumer; *fig.* enflammer; *Streit auch* déclencher; **~'fahren** *v/i.* ⟨*irr., pas de ge-*, sein⟩ échapper.

entfallen [ɛnt'falən] *v/i.* ⟨*irr., pas de ge-*, sein⟩ **1.** échapper; tomber; **2.** *dem Gedächtnis* échapper, sortir (de); das war mir ~ cela m'avait *od.* m'était échappé de la mémoire; sein Name ist mir ~ son nom m'échappe; j'ai oublié son nom; **3.** (*wegfallen*) s'annuler; être supprimé; disparaître; *bei Formularen* entfällt néant; **4.** *als Erb-, Gewinnanteil etc.* revenir, échoir (auf j-n à qn.); auf ihn entfällt ein Viertel il lui en revient le quart; un quart lui en revient; der auf meinen Bruder entfallende Teil la part afférente à mon frère; auf Paris entfällt etwa ein Zehntel der Bevölkerung Frankreichs Paris compte environ un dixième de la population de la France.

entfalt|en [ɛnt'faltən] **I** *v/t.* ⟨-ete, *pas de ge-*, h⟩ *Tuch, Zeitung* déplier; (*weit ausbreiten*) déployer; *fig. Wissen, Reize, Prunk* déployer; e-e rege Tätigkeit, s-e Kräfte ~ déployer une grande activité, toute sa force; s-e Fähigkeiten ~ *auch* développer ses facultés; **II** *v/réfl.* sich ~ *Blume* s'épanouir (*auch fig.*); *milit.* se déployer; (*sich entwickeln*) se développer; **2ung** *f* ⟨~⟩ dépliage *od.* dépliement *m*; déploiement *m* (*auch milit.*); *von Blumen* épanouissement *m*; (*Entwicklung*) développement *m*; expansion *f*.

entfärb|en [ɛnt'fɛrbən] **I** *v/t.* ⟨*pas de ge-*, h⟩ décolorer; **II** *v/réfl.* sich ~ se décolorer; perdre sa couleur; **2ung** *f* ⟨~; ~en⟩ décoloration *f*; **2ungs|mittel** *n* décolorant *m*.

entfaser|n [ɛnt'faːzərn] *v/t.* ⟨-(e)re, *pas de ge-*, h⟩ *techn.* défibrer; **2ung** *f* ⟨~; ~en⟩ défibrage *m*; **2ungsma|schine** *f* défibreur *m*.

entfern|en [ɛnt'fɛrnən] **I** *v/t.* ⟨*pas de ge-*, h⟩ écarter; éloigner; enlever; ôter; éliminer; ein Hindernis ~ écarter un obstacle; Flecken ~ enlever, faire disparaître des taches; ein Bild ~ retirer un tableau; j-n aus dem Amt ~ révoquer qn.; **II** *v/réfl.* sich ~ *räumlich u. gefühlsmäßig* s'éloigner; (*weggehen*) s'absenter; sich unbemerkt ~ disparaître furtivement; s'évanouir; s'éclipser; *aus e-r Gesellschaft* quitter une société; se retirer; **~t** *adjt. räumlich* éloigné; *e-e bestimmte Strecke* distant; weit ~

lointain; A und B sind drei Kilometer voneinander ~ A et B sont distants de trois kilomètres; **X ist fünfzehn Kilometer von hier entfernt** X est à quinze kilomètres d'ici; **nicht weit von hier** ~ à deux pas d'ici; *fig.* **ein ~er Verwandter** un parent éloigné; **e-e ~e Ähnlichkeit** une vague ressemblance; **weit ~!** tu en es loin!; tu es loin du compte!; **nicht im ~esten** pas le moins du monde; **weit ~ davon, es zu glauben** loin de le croire; *math.* **gleich weit ~** équidistant [ekɥi-]; **2ung** *f* ⟨~; ~en⟩ **1.** *räumlich* distance *f*; **in e-r ~ von** à une distance de; **die ~ beträgt zehn Meter** la distance est de dix mètres; **2.** (*Beseitigung*) éloignement *m*; écartement *m*; enlèvement *m*; élimination *f*; *aus dem Amt* révocation *f*; renvoi *m*; *méd.* ablation *f*; résection *f*; **3.** *milit.* **unerlaubte ~** absence illégale; **2ungsˌanzeiger** *m* tableau *m* des distances; **2ungsˌeinstellung** *f phot.* réglage *m* de distance (focale); **2ungsˌmesser** *m* ⟨~s; ~⟩ télémètre *m*; **2ungsˌschätzen** *n milit.* appréciation *f* des distances.

entfessel|n [ɛnt'fɛsəln] *v/t.* ⟨-ssele *od.* -ßle, *pas de ge-*, h⟩ *Leidenschaften* déchaîner; *Streit* déclencher; provoquer; **e-n wahren Beifallssturm ~** soulever des tonnerres d'applaudissements; **~t** *adjt.* déchaîné; **die ~en Elemente** les éléments déchaînés; **2ung** *f* ⟨~⟩ déclenchement *m*; provocation *f*; déchaînement *m*; *e-s Beifallssturmes* soulèvement *m*.

entfett|en [ɛnt'fɛtən] *v/t.* ⟨-ete, *pas de ge-*, h⟩ dégraisser; **2ung** *f* ⟨~⟩ dégraissage *m*; **2ungsˌkur** *f* cure *f* d'amaigrissement; **2ungsˌmittel** *n* produit amaigrissant *bzw.* de dégraissage.

entflamm|bar [ɛnt'flambɑːr] *adj.* inflammable; **2barˌkeit** *f* ⟨~⟩ inflammabilité *f*; **~en** *v/t.* ⟨*pas de ge-*, h⟩ (*u. v/i.*) ⟨sein⟩ (s')enflammer (*auch fig.*); **2ungsˌpunkt** *m phys.* point *m* d'inflammation.

ent|flechten [ɛnt'flɛçtən] *v/t.* ⟨*irr.*, *pas de ge-*, h⟩ détortiller; *Wirtschaft, Industrie, Verkehr* décentraliser; décongestionner; *écon. Kartell* décartelliser; **2'flechtung** *f* ⟨~; ~en⟩ *fig.* décentralisation *f*; déconcentration *f*; *écon.* décartellisation *f*; **~'fleischen I** *v/t.* ⟨*pas de ge-*, h⟩ *Gerberei* écharner; **II 2'fleischen** *n* ⟨~s⟩ écharnage *m*; **~'fliegen** *v/i.* ⟨*irr.*, *pas de ge-*, sein⟩ s'envoler; s'échapper; **Wellensittich entflogen** perruche échappée; **~'fliehen** *v/i.* ⟨*irr.*, *pas de ge-*, sein⟩ (s'en)fuir; prendre la fuite; se sauver; s'échapper; s'esquiver; s'évader.

entfremd|en [ɛnt'frɛmdən] **I** *v/t.* ⟨-ete, *pas de ge-*, h⟩ aliéner; rendre étranger, -ère; **s-m Zweck ~** détourner de son but; *Gebäude, Räume* désaffecter; *Gelder* ne pas employer suivant la destination prévue; **II** *v/réfl.* **sich ~** devenir étranger, indifférent; **2ung** *f* ⟨~; ~en⟩ aliénation *f*.

entfritt|en [ɛnt'frɪtən] *v/t.* ⟨-ete, *pas de ge-*, h⟩ *rad.* décohérer; **2er** *m* ⟨~s; ~⟩ décohéreur *m*.

entfrost|en [ɛnt'frɔstən] *v/t.* ⟨-ete, *pas de ge-*, h⟩ *mot.* dégivrer; **2er** *m* ⟨~s; ~⟩ *Auto* dégivreur *m*; **2erˌschlauch** *m Auto* tuyau *m* du dégivreur; **2ung** *f* ⟨~⟩ dégivrage *m*.

entführ|en [ɛnt'fyːrən] *v/t.* ⟨*pas de ge-*, h⟩ enlever (aus de); *mit Gewalt* ravir; kidnapper; **2er(in)** *m* ⟨~s; ~⟩ (*f*) ⟨~; ~nen⟩ ravisseur, -euse *m, f*; **2ung** *f* ⟨~; ~en⟩ enlèvement *m*; rapt [-pt] *m*; kidnapping [-iŋ] *m*; ravissement *m*; *jur.* **~ e-s Minderjährigen** enlèvement de mineur.

entgas|en [ɛnt'gɑːzən] *v/t.* ⟨-(es)t, *pas de ge-*, h⟩ *techn.*, *chim.* dégazer; **2er** *m* ⟨~s; ~⟩ *techn.* dégazeur *m*; **2ung** *f* ⟨~⟩ dégazage *m*.

entgegen [ɛnt'geːgən] *prép.* ⟨*dat.*⟩ **1.** *Gegensatz* contrairement à; à l'encontre de; contre; **~ s-r Gewohnheit** contrairement à son habitude; **~ den allgemein geltenden Ansichten** contrairement aux, à l'encontre des idées reçues; **~ allen Erwartungen** contre toute attente; **2.** *Richtung* vers; **dem Frühling ~** vers le printemps; **~ˌarbeiten** *v/i.* ⟨-ete, *sép.*, -ge-, h⟩ **j-m, e-r Sache ~** s'opposer à qn., à qc.; agir, travailler à l'encontre de qn., de qc.; **j-s Absichten, Plänen ~** contrecarrer, contrarier les desseins, les plans de qn.; **e-r Wirkung ~** *auch* combattre un effet; **Intrigen ~** chercher à déjouer des intrigues; **~ˌbringen** *v/t.* ⟨*irr.*, *sép.*, -ge-, h⟩ *räumlich* apporter; *fig. Achtung, Vertrauen* montrer; **j-m Vertrauen ~** *auch* placer sa confiance en qn.; **~ˌeilen** *v/i.* ⟨*sép.*, -ge-, sein⟩ **j-m ~** courir à la rencontre de, au-devant de qn.; **~ˌfahren** *v/i.* ⟨*irr.*, *sép.*, -ge-, sein⟩ aller (en voiture, *etc.*) au-devant de, à la rencontre de; **~ˌführen** *v/t.* ⟨*sép.*, -ge-, h⟩ **j-m j-n ~** mener qn. au-devant de, à la rencontre de qn.; **e-r besseren Zukunft ~** mener, conduire vers un avenir meilleur; **~ˌgehen** *v/i.* ⟨*irr.*, *sép.*, -ge-, sein⟩ aller à la rencontre de, au-devant de; **ich gehe ihm entgegen** je vais au-devant de lui, à sa rencontre; *fig.* **dem Ende ~** approcher de, toucher à sa fin; **s-m Untergang ~** aller à sa perte; **e-r glücklichen Zukunft ~** aller, se diriger vers un avenir souriant; **~geˌsetzt** *adjt.* opposé (à); *pfort.* contraire (à); inverse; **im ~en Sinn** à contresens; **in ~er Richtung** dans le sens opposé; en sens contraire, inverse; **~e Interessen** des intérêts opposés, contraires; **diametral ~** diamétralement opposé; **~geˌsetztenˌfalls** *adv.* dans le cas contraire; **~ˌhalten** *v/t.* ⟨*irr.*, *sép.*, -ge-, h⟩ tendre (qc.) vers, à (qn.); (*einwenden*) opposer; objecter; **~ˌhandeln** *v/i.* ⟨-(e)le, *sép.*, -ge-, h⟩ agir contre; aller à l'encontre de; **e-m Gesetz, Bestimmungen ~** contrevenir à, transgresser, enfreindre une loi, des règlements; **den Weisungen ~** agir contrairement aux instructions; **~ˌjauchzen** *v/i.* ⟨-(es)t, *sép.*, -ge-, h⟩, **~ˌjubeln** *v/i.* ⟨-(e)le, *sép.*, -ge-, h⟩ **j-m ~** accueillir qn. par des acclamations; **~ˌkommen I** *v/i.* ⟨*irr.*, *sép.*, -ge-, sein⟩ venir à la rencontre, au-devant (de qn.); se porter à la rencontre de; *Fahrzeug* venir en sens inverse; **j-m auf halbem Wege ~** rencontrer qn. à mi-chemin; *fig.* faire la moitié des avances; faire un compromis; *fig.* **j-m ~** faire des avances, des concessions à qn.; se montrer complaisant envers, obligeant envers, arrangeant avec qn.; **j-s Wünschen ~** aller, venir au-devant des désirs de qn.; **j-m freundlich ~** faire bon accueil, bonne figure à qn.; **II 2ˌkommen** *n* ⟨~s⟩ complaisance *f*; obligeance *f*; prévenance(s) *f* (*pl.*); bienveillance *f*; avance(s) *f* (*pl.*); **~ zeigen** *cf.* **~kommen**; **~ˌkommend** *adjt.* complaisant; obligeant; prévenant; serviable; **~ˌkommenderˌweise** *adv.* (très) obligeamment; **~ˌlaufen** *v/i.* ⟨*irr.*, *sép.*, -ge-, sein⟩ *cf.* **~eilen**; **2ˌnahme** *f* ⟨~⟩ réception *f*; acceptation *f*; **~ e-r Erklärung** acceptation d'une déclaration; **~ˌnehmen** *v/t.* ⟨*irr.*, *sép.*, -ge-, h⟩ recevoir; (*annehmen*) accepter; *am Briefschluß* agréer; *Warensendung* prendre livraison de; *Ober* **Bestellungen ~** prendre des commandes; **Glückwünsche ~** recevoir des félicitations; **Gesuche, Beschwerden ~** accepter des requêtes, des réclamations; **e-e Erklärung ~** accepter une déclaration; **~ˌrücken** *v/i.* ⟨*sép.*, -ge-, sein⟩ **dem Feind ~** marcher, avancer vers, à la rencontre de l'ennemi; **~ˌschicken** *v/t.* ⟨*sép.*, -ge-, h⟩ envoyer (qn., qc.) à la rencontre, au-devant de; **~ˌsehen** *v/i.* ⟨*irr.*, *sép.*, -ge-, h⟩ attendre; envisager; **e-m Ereignis mit Spannung, Ungeduld ~** attendre un événement avec impatience; **dem Tod ruhig ~** attendre, envisager la mort avec calme; *comm.* **Ihrer Antwort, Ihren weiteren Aufträgen ~d** dans l'attente de votre réponse, de vos ordres ultérieurs; **~ˌsetzen I** *v/t.* (*u. v/réfl.*) ⟨-(es)t, *sép.*, -ge-, h⟩ (s')opposer (à); *nur réfl.* résister (à); **II 2ˌsetzen** *n* ⟨~s⟩, **2ˌsetzung** *f* ⟨~⟩ opposition *f*; **~ˌstehen** *v/i.* ⟨*irr.*, *sép.*, -ge-, h⟩ être contraire, opposé à; s'opposer à; faire obstacle à; **dem steht nichts entgegen** rien ne s'y oppose; **~d** en opposition; contradictoire; **~ˌstellen I** *v/t.* ⟨*sép.*, -ge-, h⟩ opposer; **II** *v/réfl.* **sich j-m, e-r Sache ~** s'opposer à qn., à qc.; faire (de l')opposition à (un projet); faire face à (un danger); **~ˌstemmen** *v/réfl.* ⟨*sép.*, -ge-, h⟩ **sich ~** s'opposer, résister à; combattre, affronter, braver (qn., qc.); **~ˌstrecken** *v/t.* ⟨*sép.*, -ge-, h⟩ **j-m etw. ~** tendre qc. vers, à qn.; **~ˌstürzen** *v/i.* ⟨-(es)t, *sép.*, -ge-, sein⟩ **j-m ~** se précipiter à la rencontre de, au-devant de qn.; **~ˌtreten** *v/i.* ⟨*irr.*, *sép.*, -ge-, sein⟩ **j-m, e-r Sache ~** s'opposer, faire opposition à qn., à qc.; **e-m Vorurteil ~** combattre un préjugé; **e-r Gefahr ~** braver, affronter un danger; **~ˌwirken** *v/i.* ⟨*sép.*, -ge-, h⟩ *der Schwerkraft etc.* contrarier; *cf. auch* **~arbeiten**; **~ˌwirkend** *adjt. anat.* **~er Muskel** muscle antagoniste; **~ˌziehen** *v/i.* ⟨*irr.*, *sép.*, -ge-, sein⟩ aller (en foule) à la rencontre (de).

entgegn|en [ɛnt'geːgnən] *v/i.* ⟨-ete, *pas de ge-*, h⟩ répondre; répliquer; *treffend, geistreich* repartir; *scharf* riposter; **2ung** *f* ⟨~; ~en⟩ réplique *f*; repartie *f*; riposte *f*.

entgehen [ɛnt'geːən] *v/i.* ⟨*irr.*, *pas de ge-*, sein⟩ *e-r Gefahr etc.* échapper (à); réchapper (de); F couper (à qc.); **sich e-e Gelegenheit ~ lassen** manquer, laisser échapper une occasion; F s'endormir sur le rôti; **sich nichts ~ lassen** ne rien laisser échapper (von de); ne rien perdre (von de); **man kann s-m Schicksal nicht ~** on ne peut se dérober à, échapper à, éviter sa destinée; **dieses Wort, dieser Fehler ist mir entgangen** ce mot, cette faute m'a échappé; **es ist mir kein Wort entgangen** je n'ai pas perdu un seul mot.

entgeistert [ɛnt'gaɪstərt] *adj.* ébahi; stupéfait; F éberlué.

Entgelt [ɛnt'gɛlt] *n, m* ⟨~(e)s⟩ rémunération *f*; rétribution *f*; compensation *f*; **gegen ~** contre, moyennant rémunération, rétribution; **ohne ~** gratis [-s]; à titre gratuit; gratuitement; **als ~** en retour; **2en** *v/t.* ⟨*irr.*, *pas de ge-*, h⟩ **1.** rémunérer; rétribuer; **2.** *fig.*

payer; expier; j-n etw. ~ lassen faire payer qc. à qn.; revaloir qc. à qn.; *unschuldigerweise* s'en prendre à qn. de qc.; 𝔖**lich** *adj.* contre rémunération.

entgift|en [ɛnt'gɪftən] *v/t.* ⟨-ete, *pas de ge-*, h⟩ *Organismus, fig. Atmosphäre etc.* désintoxiquer; 𝔖**ung** *f* ⟨~⟩ désintoxication *f*; 𝔖**ungsˌanlage** *f* installation *f* d'élimination des produits toxiques.

entglasen [ɛnt'glɑːzən] *v/t.* ⟨-(es)t, *pas de ge-*, h⟩ *techn.* dévitrifier.

entgleis|en [ɛnt'glaɪzən] **I** *v/i.* ⟨-(es)t, *pas de ge-*, sein⟩ **1.** *chem.* dérailler; sortir des rails; quitter les rails, la voie; **2.** *fig. durch Worte* faire des écarts de langage; faire une bévue, F une boulette, un impair, une gaffe; **II** 𝔖**en** *n* ⟨~s⟩, 𝔖**ung** *f* ⟨~; ~en⟩ déraillement *m*; *fig.* écart *m* (de langage); zum Entgleisen bringen faire dérailler; 𝔖**ungsˌvorrichtung** *f* dérailleur *m*.

ent|gleiten [ɛnt'glaɪtən] *v/i.* ⟨*irr., pas de ge-*, sein⟩ glisser de la main, des mains; (s')échapper; ~'**göttern** *v/t.* ⟨-(e)re, *pas de ge-*, h⟩ ôter le caractère divin à; ~'**grannen** *v/t.* ⟨*pas de ge-*, h⟩ *agr. Getreide* ébarber; 𝔖'**granner** *m* ⟨~s; ~⟩ *e-r Dreschmaschine* ébarbeur *m*; ~'**graten** *v/t.* ⟨-ete, *pas de ge-*, h⟩ *techn.* (*gußputzen*) ébarber; ~'**gräten** *v/t.* ⟨-ete, *pas de ge-*, h⟩ ôter, enlever les arêtes à; désosser; 𝔖'**gratung** *f* ⟨~⟩ ébarbage *m*.

enthaar|en [ɛnt'hɑːrən] *v/t.* ⟨*pas de ge-*, h⟩ *Kosmetik* épiler; *Tierhäute* dépiler; ébourrer; peler; ~**end** *adjt.* épilatoire; 𝔖**ung** *f* ⟨~⟩ *Kosmetik* épilation *f*; *Gerberei* épilage *m*; dépilage *m*; ébourrage *m*; 𝔖**ungsˌkrem** *f* crème *f* épilatoire; 𝔖**ungsˌmittel** *n* (d)épilatoire *m*.

Enthalpie [ɛntal'piː] *f* ⟨~⟩ *phys.* enthalpie *f*.

enthalt|en [ɛnt'haltən] **I** *v/t.* ⟨*irr., pas de ge-*, h⟩ contenir; (*in sich schließen*) renfermer; (*umfassen*) comprendre; comporter; *im Anhang e-s Buches etc.* ~ sein figurer; mit ~ sein être inclus, compris (dans); Luft enthält Sauerstoff l'air contient de l'oxygène; fünf ist in dreißig sechsmal ~ cinq est contenu six fois dans trente; **II** *v/réfl.* sich ~ s'abstenir (de); sich e-s Urteils ~ s'abstenir de juger; sich der Stimme ~ s'abstenir (de voter); ich kann mich nicht ~, zu ... je ne peux m'empêcher de ...; er konnte sich des Lachens nicht ~ il ne put s'empêcher de rire; ~**sam** *adj. im Essen u. Trinken* abstinent; tempérant; sobre; *geschlechtlich* continent; 𝔖**samˌkeit** *f* ⟨~⟩ tempérance *f*; *aus relig. Gründen* abstinence *f*; *im Alkoholgenuß* sobriété *f*; *geschlechtliche* continence *f*; 𝔖**ung** *f* ⟨~; ~en⟩ (*Stimm*𝔖) abstention *f*; bei sechs ~en avec six abstentions.

ent|härten [ɛnt'hɛrtən] *v/t.* ⟨-ete, *pas de ge*, h⟩ *Wasser* adoucir; 𝔖'**härtung** *f* adoucissage *m*; ~'**haupten** *v/t.* ⟨-ete, *pas de ge-*, h⟩ décapiter; *st. s.* décoller; *mit dem Fallbeil* guillotiner; 𝔖'**hauptung** *f* ⟨~; ~en⟩ décapitation *f*; guillotinement *m*; *st. s.* décollation *f*; ~'**häuten** *v/t.* ⟨-ete, *pas de ge-*, h⟩ *cf.* abhäuten.

entheb|en [ɛnt'heːbən] *v/t.* ⟨*irr., pas de ge-*, h⟩ j-n s-s Amtes, Postens ~ relever qn. de ses fonctions; destituer, révoquer, déposer qn.; *vorläufig* suspendre qn. de ses fonctions; s-s Amtes enthoben werden *auch* être déclaré démissionnaire; das enthebt mich nicht meiner Verpflichtungen cela ne me dégage, dispense pas de mes obligations; on ne me tient pas quitte pour cela de mes obligations; j-n s-r Verantwortung ~ décharger qn. de sa responsabilité; 𝔖**ung** *f* ⟨~⟩ *vom Amt* destitution *f*; révocation *f*; déposition *f*; *vorläufige* suspension *f*; *von Verpflichtungen* dispense *f*.

ent|heiligen [ɛnt'haɪlɪgən] *v/t.* ⟨*pas de ge-*, h⟩ profaner; violer; 𝔖'**heiliˌgung** *f* profanation *f*; violation *f*; ~'**hemmen** *v/t.* ⟨*pas de ge-*, h⟩ faire perdre le contrôle de soi-même; inciter au sans-gêne; ~**heroi'sieren** *v/t.* ⟨*pas de ge-*, h⟩ ôter le caractère de héros à; faire tomber (un 'héros, qn.) de son piédestal; démystifier; ~'**hüllen** *v/t.* ⟨*pas de ge-*, h⟩ découvrir; *Geheimnis* dévoiler; révéler; *Denkmal* dévoiler; 𝔖'**hüllung** *f* ⟨~; ~en⟩ découverte *f*; *e-s Denkmals* dévoilement *m*; ~en machen faire des révélations; ~'**hülsen** *v/t.* ⟨-(es)t, *pas de ge-*, h⟩ *cf.* aushülsen.

enthusias|mieren [ɛntuˑziˑas'miːrən] *v/t.* ⟨*pas de ge-*, h⟩ enthousiasmer; 𝔖**mus** [-'as-] *m* ⟨~⟩ enthousiasme *m*; 𝔖**t** [-'ast] *m* ⟨~en; ~en⟩ enthousiaste *m*; F fan *m*; ~**tisch** [-'as-] **1.** *adj.* enthousiaste; *pfort.* plein d'enthousiasme; **2.** *adv.* avec enthousiasme.

entionisier|en [ɛntˀiˑoˑniˑ'ziːrən] *v/t.* ⟨*pas de ge-*, h⟩ *phys., chim.* déioniser; 𝔖**ung** *f* ⟨~⟩ déionisation *f*.

Entität [ɛntiˑ'tɛːt] *f* ⟨~; ~en⟩ *philos.* entité *f*.

ent|jungfern [ɛnt'jʊŋfərn] *v/t.* ⟨-(e)re, *pas de ge-*, h⟩ déflorer; 𝔖'**jungfeˌrung** *f* ⟨~⟩ défloration *f*; ~'**kalken** *v/t.* ⟨*pas de ge-*, h⟩ détartrer; ~**kartelli'sieren** *v/t.* ⟨*pas de ge-*, h⟩ *cf.* dekartellisieren; ~'**keimen** *v/t.* ⟨*pas de ge-*, h⟩ *Kartoffeln, Braugerste* dégermer; *Raum* désinfecter; *Watte etc.* stériliser; 𝔖'**keimung** *f* ⟨~⟩ désinfection *f*; stérilisation *f*; ~'**kernen** *v/t.* ⟨*pas de ge-*, h⟩ *Steinobst* (d)énoyauter; *Kernobst* épépiner; *techn. Gußstücke* débourrer; 𝔖'**kerner** *m* ⟨~s; ~⟩ *cuis. für Steinobst* (d)énoyauteur *m*; *für Äpfel* vide-pommes *m*; 𝔖'**kernung** *f* ⟨~⟩ (d)énoyautage *m*; épépinage *m*; *von Gußstücken* débourrage *m*; ~'**kirchlichen** *v/t.* ⟨*pas de ge-*, h⟩ aliéner (qn.), rendre (qn.) étranger, -ère à l'église.

entkleid|en [ɛnt'klaɪdən] **I** *v/t.* ⟨-ete, *pas de ge-*, h⟩ dévêtir; déshabiller; *fig.* dépouiller; j-n s-r Würden ~ retirer à qn. son rang, ses titres; **II** *v/réfl.* sich ~ se dévêtir; se déshabiller; 𝔖**ung** *f* ⟨~⟩ déshabillage *m*; *fig.* dépouillement *m*; 𝔖**ungsˌszene** *f* scène *f* de déshabillage, de strip-tease.

ent|kletten [ɛnt'klɛtən] *v/t.* ⟨-ete, *pas de ge-*, h⟩ *Wolle* échardonner; 𝔖'**klettung** *f* ⟨~⟩ *text.* échardonnage *m*; ~'**knoten** *v/t.* ⟨-ete, *pas de ge-*, h⟩ dénouer; ~'**kohlen** *v/t.* ⟨*pas de ge-*, h⟩ *Roheisen* décarburer; 𝔖'**kohlung** *f* ⟨~⟩ décarburation *f* (de la fonte); ~**koloni'sieren** *v/t.* ⟨*pas de ge-*, h⟩ décoloniser; 𝔖**koloni'sierung** *f* décolonisation *f*; ~'**kommen I** *v/i.* ⟨*irr., pas de ge-*, sein⟩ s'échapper (de); s'évader; (parvenir à) se sauver (de); prendre la clef des champs; F prendre le large; mit knapper Not ~ s'échapper de justesse; **II** 𝔖'**kommen** *n* évasion *f*; fuite *f*; ~'**korken** *v/t.* ⟨*pas de ge-*, h⟩ *Flasche* déboucher; 𝔖'**korkung** *f* ⟨~⟩ débouchage *od.* débouchement *m*.

entkörn|en [ɛnt'kœrnən] *v/t.* ⟨*pas de ge-*, h⟩ égrener; égrainer; 𝔖**ung** *f* ⟨~⟩ égrenage *od.* égrènement *m*; 𝔖**ungsmaˌschine** *f* égreneuse *f*; égrenoir *m*.

entkörperlicht [ɛnt'kœrpərˌlɪçt] *adjt.* désincarné.

entkräft|en [ɛnt'krɛftən] *v/t.* ⟨-ete, *pas de ge-*, h⟩ **1.** *durch Krankheit, Hunger* priver de (ses) forces; débiliter (*auch méd.*); affaiblir; *durch Überanstrengung* exténuer; (*erschöpfen*) épuiser; *méd.* entkräftet prostré; **2.** *fig. Beweis, Aussage* infirmer; réfuter; *Argumentation auch* démolir; 𝔖**ung** *f* ⟨~⟩ **1.** affaiblissement *m*; exténuation *f*; épuisement *m*; *méd.* débilitation *f*; *durch mangelhafte Ernährung* inanition *f*; völlige ~ prostration *f*; plötzliche ~ affaissement *m*; **2.** *fig.* infirmation *f*; réfutation *f*; démolition *f*.

entkuppeln [ɛnt'kʊpəln] *v/t.* ⟨-(e)le, *pas de ge-*, h⟩ *cf.* auskuppeln 2.

Entlad|ebecherwerk [ɛnt'lɑːdəˌbɛçərˌvɛrk] *n* élévateur *m* à godets, noria *f* de déchargement; ~**eˌbrücke** *f* pont *m* (de grue) de déchargement; ~**eˌdauer** *f élect.* durée *f* de décharge; ~**eˌfrist** *f* délai *m* de déchargement; 𝔖**en I** *v/t.* ⟨*irr., pas de ge-*, h⟩ *Wagen, Gewehr, élect.* décharger (*auch fig.*); *Schiff auch* débarder; *Waren auch* débarquer; **II** *v/réfl.* sich ~ se décharger; *Gewitter* éclater; ~**er** *m* ⟨~s; ~⟩ déchargeur *m* (*auch Person*); ~**eˌrampe** *f* quai *m* de déchargement; ~**eˌspannung** *f élect.* tension *f* de décharge; ~**eˌstrom** *m Akku* courant *m* de décharge; ~**eˌzeit** *f Akku* temps *m* de décharge; ~**ung** *f* ⟨~; ~en⟩ **1.** déchargement *m*; *von Schiffen auch* débardage *m*; *von Waren auch* débarquement *m*; **2.** *élect.* décharge *f*; *e-s Gewitters verbal*; ~**ungsˌröhre** *f phys.* tube *m* à décharge.

entlang [ɛnt'laŋ] *prép.* ⟨*acc.*⟩ le long de; den Fluß ~, am Fluß ~ le long de la rivière; ~ˌ**eilen** *v/i.* ⟨*sép.*, -ge-, sein⟩ courir le long de (qc.); ~ˌ**fahren** *v/i.* ⟨*irr., sép.*, -ge-, sein⟩, ~ˌ**gehen** *v/i.* ⟨*irr., sép.*, -ge-, sein⟩, ~ˌ**reiten** *v/i.* ⟨*irr., sép.*, -ge-, sein⟩ aller (en voiture, à pied, à cheval, *etc.*) le long de (qc.); longer, suivre qc. (en voiture, à pied, à cheval, *etc.*); ~ˌ**schleichen** *v/i.* ⟨*irr., sép.*, -ge-, sein⟩ se couler le long de; ~ˌ**segeln** *v/i.* ⟨-(e)le, *sép.*, -ge-, sein⟩ aller (en bateau à voile) le long de; longer qc. (en bateau à voile).

entlarv|en [ɛnt'larfən] **I** *v/t.* ⟨*pas de ge-*, h⟩ démasquer; arracher le masque à; **II** *v/réfl.* sich ~ se démasquer; jeter le masque; 𝔖**ung** *f* ⟨~⟩ *verbal.*

entlass|en [ɛnt'lasən] *v/t.* ⟨*irr., pas de ge-*, h⟩ *Arbeitnehmer* congédier; renvoyer; remercier; mettre à pied; donner (son) congé, ses 'huit jours à; *Beamte auch* révoquer; relever de ses fonctions; *wegen Arbeitsmangels* licencier; débaucher; *milit.* libérer; démobiliser; *Truppen* licencier; *aus der Haft* remettre en liberté; relâcher; *aus dem Gefängnis* libérer; lever l'écrou (d'un prisonnier); *jur.* relaxer; élargir; *aus der Kriegsgefangenschaft* libérer; (*verabschieden*) congédier; e-n Soldaten als dienstuntauglich ~ réformer un soldat; aus dem Krankenhaus ~ werden sortir de l'hôpital; 𝔖**enenˌfürsorge** *f* aide sociale aux personnes sorties de prison; 𝔖**ung** *f* ⟨~; ~en⟩ *von Arbeitnehmern* congédiement *m*; renvoi *m*; *von Beamten* révocation *f*; relèvement *m* de ses fonctions; *wegen Arbeitsmangels* licenciement *m*; débauchage *m*; *aus dem Heeresdienst* libération *f*; démobilisation *f*; renvoi *m* dans les foyers; licenciement *m*; *aus der Haft* mise *f* en liberté; relaxe *f*; *aus dem Gefängnis* libération *f*; levée *f* d'écrou; *jur.* relaxation *f*; élargissement *m*; *aus dem Krankenhaus* sortie *f*; (*Ver-*

abschiedung) congédiement *m*; **fristlose ~** licenciement sans préavis; **s-e ~ erhalten** être congédié; recevoir son congé; *Beamter* **um s-e ~ nachsuchen, bitten** donner sa démission; **~ wegen Dienstuntauglichkeit** réforme *f*; **bedingte ~** libération conditionnelle; **vorzeitige ~** libération anticipée; **2ungsent‚schädigung** *f* indemnité *f* de licenciement; **2ungsge‚such** *n* lettre *f* de démission; **sein ~ einreichen** donner sa démission; **2ungs‚grund** *m* motif *m* du renvoi; **2ungspa‚piere** *n/pl.* papiers *m/pl.* de libération; **2ungs‚recht** *n* droit *m* de licenciement; **2ungs‚schein** *m milit.* fiche *f*, certificat *m* de démobilisation; *aus der Kriegsgefangenschaft* certificat *m* de libération de captivité; *aus dem Krankenhaus* bulletin *m* de sortie; **2ungs‚schreiben** *n* avis *m*, lettre *f* de renvoi, de congédiement, de licenciement.

entlast|en [ɛnt'lastən] **I** *v/t.* ⟨-ete, *pas de ge-*, h⟩ **1.** *bei der Arbeit* décharger (qn. de qc.); soulager (*auch fig.*); aider; assister; *Verkehr* décongestionner; désembouteiller; *bât., techn.* soulager; décharger; **die Bremsen ~** soulager les freins; *fig.* **sein Gewissen ~** décharger, soulager, libérer sa conscience; **2.** *comm.* porter une somme à la décharge d'un compte, en décharge; **3.** *comm. Personen* donner décharge, quitus [kitys] à; **den Vorstand ~** donner décharge de leur gestion aux directeurs; **4.** *jur.* **e-n Angeklagten ~** décharger un accusé; **~des Beweismaterial** preuves à décharge; **II** *v/réfl.* **sich ~** (*sich rechtfertigen*) se disculper; **2ung** *f* ⟨~⟩ **1.** *bei der Arbeit* aide *f*; assistance *f*; *von e-r Verantwortung* dégagement *m*; *des Verkehrs* décongestion *f*; *bât., techn.* soulagement *m*; décharge *f*; *fig.* soulagement *m*; décharge *f*; **2.** *comm.* décharge *f*; **3.** *comm. des Vorstandes, Kassierers* décharge *f*; quitus [kitys] *m*; **j-m ~ erteilen** donner, accorder décharge, quitus à qn.; **4.** *jur.* décharge *f*; (*Rechtfertigung*) disculpation *f*; **zu s-r ~** à sa décharge; **2ungsbe‚weis** *m jur.* preuve *f* à décharge; **2ungs‚bogen** *m bât.* arc *m* de décharge; **2ungsmateri‚al** *n jur.* pièces *f/pl.* à décharge; **2ungs‚straße** *f* voie *f* de décongestion; **2ungs‚zeuge** *m jur.* témoin *m* à décharge; **2ungs‚zug** *m chem.* train *m* supplémentaire.

ent|lauben [ɛnt'laubən] *v/t.* ⟨*pas de ge-*, h⟩ *cf.* **entblättern**; **~'laufen** *v/i.* ⟨*irr., pas de ge-*, sein⟩ s'échapper; se sauver; s'enfuir; *cf. auch* **davonlaufen, ausreißen II**; **~'lausen** *v/t.* ⟨-(es)t, *pas de ge-*, h⟩ épouiller; débarrasser de ses poux; **2'lausung** *f* ⟨~⟩ épouillage *m*; **2'lausungs‚anstalt** *f* centre *m* d'épouillage; **~'ledigen** *v/réfl.* ⟨*pas de ge-*, h⟩ **sich j-s, e-r Sache ~** se défaire, se débarrasser de qn., de qc.; **sich s-r Kleider ~** ôter, retirer ses vêtements; **sich e-s Auftrages ~** s'acquitter d'une mission.

entleer|en [ɛnt'le:rən] *v/t.* ⟨*pas de ge-*, h⟩ vider; *techn. Grube, Reservoir, mot.* vidanger; *physiol.* **den Darm ~** déféquer; **2ung** *f* vidage *m*; *techn.* vidange *f*; évacuation *f*; *physiol. des Darmes* défécation *f*; **2ungs‚vorrichtung** *f* dispositif *m* d'évacuation.

entlegen [ɛnt'le:gən] *adj.* éloigné; (*fern*) lointain; (*abgelegen, isoliert*) isolé; écarté; **~er Stadtteil** *auch* quartier perdu; **2‚heit** *f* ⟨~⟩ éloignement *m*; (*Abgelegenheit*) isolement *m*.

ent|lehnen [ɛnt'le:nən] *v/t.* ⟨*pas de ge-*, h⟩ *Wörter etc.* emprunter, prendre (*dat. od.* **aus** *od.* **von** à); tirer (de); **2'lehnung** *f* ⟨~; ~en⟩ emprunt *m*; **~'leiben** *v/réfl.* ⟨*pas de ge-*, h⟩ *st. s.* **sich ~** mettre fin à ses jours; se suicider; **2'leibung** *f* ⟨~; ~en⟩ suicide *m*; **~'leihen** *v/t.* ⟨*irr., pas de ge-*, h⟩ *Gegenstände, Geld* emprunter (qc. à qn.); **2'leiher(in)** *m* ⟨~s; ~⟩ (*f*) ⟨~; ~nen⟩ emprunteur, -euse *m, f*; **2'leihung** *f* ⟨~; ~en⟩ emprunt *m*.

Entlein ['ɛntlaın] *n* ⟨~s; ~⟩ caneton *m*; **häßliches ~** vilain petit canard.

ent|loben [ɛnt'lo:bən] *v/réfl.* ⟨*pas de ge-*, h⟩ **sich ~** rompre ses fiançailles; **2'lobung** *f* ⟨~; ~en⟩ rupture *f* de(s) fiançailles; **~'locken** *v/t.* ⟨*pas de ge-*, h⟩ *Geheimnis, Geständnis* arracher (avec adresse); soutirer; **e-m Instrument Töne ~** (réussir à) tirer des sons d'un instrument; (pouvoir) arracher des sons à un instrument; **~'lohnen** *v/t.* ⟨*pas de ge-*, h⟩ rémunérer; rétribuer; payer; **2'lohnung** *f* ⟨~⟩ rémunération *f*; rétribution *f*; *der Arbeiter* paie *od.* paye *f*; **angemessene ~** rémunération appropriée.

entlüft|en [ɛnt'lyftən] *v/t.* ⟨-ete, *pas de ge-*, h⟩ *techn.* désaérer; *Bremse* purger; (*durchlüften*) aérer; ventiler; **2er** *m* ⟨~s; ~⟩ *cf.* **Exhaustor**; **2er‚rohr** *n*, **2er‚stutzen** *m mot.* reniflard *m*; évent *m*; **2ung** *f techn.* désaération *f*; *e-r Bremse* purge *f*; (*Lüftung*) aération *f*; aérage *m*; ventilation *f*; **2ungs‚anlage** *f* dispositif *m* d'aération, de ventilation; **2ungs‚öffnung** *f* bouche *f*, orifice *m* d'aération; évent *m*.

ent|machten [ɛnt'maxtən] *v/t.* ⟨-ete, *pas de ge-*, h⟩ priver (qn.) de son pouvoir; destituer; **2'machtung** *f verbal*; **~magneti'sieren** *v/t.* ⟨*pas de ge-*, h⟩ désaimanter; démagnétiser; **2magneti'sierung** *f* désaimantation *f*; démagnétisation *f*; **~'mannen** *v/t.* ⟨*pas de ge-*, h⟩ émasculer; castrer; **2'mannung** *f* ⟨~; ~en⟩ émasculation *f*; castration *f*; **2materiali'sierung** *f* ⟨~⟩ *Kernphysik* dématérialisation *f*; **~'menscht** *adjt.* dénaturé; bestial; (*unmenschlich*) inhumain; (*grausam*) cruel, -lle; **~militari'sieren** *v/t.* ⟨*pas de ge-*, h⟩ démilitariser; **entmilitarisierte Zone** zone démilitarisée; **2militari'sierung** *f* ⟨~⟩ démilitarisation *f*; **~'minen I** *v/t.* ⟨*pas de ge-*, h⟩ déminer; **II 2'minen** *n* ⟨~s⟩ déminage *m*.

entmündig|en [ɛnt'myndıgən] *v/t.* ⟨*pas de ge-*, h⟩ *jur.* interdire; mettre (qn.) sous tutelle; **~t** *adjt.* mis sous tutelle; sous conseil judiciaire; **2te(r)** *f(m)* ⟨→ A⟩ interdit(e) *m(f)*; **2ung** *f* ⟨~⟩ interdiction judiciaire, civile; **~ wegen Geisteskrankheit** interdiction pour cause de maladie mentale; **Aufhebung der ~** mainlevée *f* de l'interdiction; **2ungs‚antrag** *m* demande *f* en interdiction; **2ungsbe‚schluß** *m*, **2ungs‚urteil** *n* jugement *m* d'interdiction; **2ungsver‚fahren** *n* procédure *f* d'interdiction.

entmutig|en [ɛnt'mu:tıgən] *v/t.* ⟨*pas de ge-*, h⟩ décourager; démoraliser; abattre; déprimer; **~end** *adjt.* décourageant; **~t** *adjt.* **~ sein** être découragé; **2ung** *f* ⟨~; ~en⟩ découragement *m*; démoralisation *f*; abattement *m*; dépression *f*.

entmythologi'sieren [ɛntmy·to·lo·gi·'zi:rən] *v/t.* ⟨*pas de ge-*, h⟩ *evangelische Theologie* démythologiser.

Entnahme [ɛnt'na:mə] *f* ⟨~; ~n⟩ prise *f*; *e-r kleinen Menge* prélèvement *m*; **~ von Proben** prélèvement d'échantillons; *méd.* **~ e-r Blutprobe** prélèvement sanguin; prise de sang; *comm.* **~n aus dem Betrieb** prélèvements sur l'entreprise; **~‚kreis** *m élect.* circuit *m* d'utilisation, de sortie; **~tur‚bine** *f* turbine *f* à prise de vapeur.

ent|nationalisieren [ɛntnatsi·o·nali·'zi:rən] *v/t.* ⟨*pas de ge-*, h⟩ dénationaliser; **2nationali'sierung** *f* dénationalisation *f*; **~nazifi'zieren** *v/t.* ⟨*pas de ge-*, h⟩ dénazifier; **2nazifi'zierung** *f* ⟨~⟩ dénazification *f*.

entnehmen [ɛnt'ne:mən] *v/t.* ⟨*irr., pas de ge-*, h⟩ **1.** prendre (*dat. od.* **aus** de, dans); emprunter (à); tirer (de); *als Probe* prélever; *comm.* prélever (sur); retirer (de); **2.** *fig.* conclure (**aus** de); **Ihrem Brief, Ihren Worten entnehme ich, daß …** je conclus, je tire la conclusion de votre lettre, de vos paroles que …

entnerv|en [ɛnt'nɛrfən] *v/t.* ⟨*pas de ge-*, h⟩ (*schwächen*) affaiblir; amollir; **~end** *adjt.* (*auf die Nerven gehend*) énervant; **~t** *adjt.* (*geschwächt*) affaibli; amolli.

Ento|derm [ɛnto·'dɛrm] *n* ⟨~s; ~e⟩ *biol.* endoderme *m*; **~para'sit** *m* endoparasite *m*; entoparasite *m*.

entölen [ɛnt'ʔø:lən] **I** *v/t.* ⟨*pas de ge-*, h⟩ déshuiler; **II 2** *n* déshuilage *m*.

Entomolog|e [ɛnto·mo·'lo:gə] *m* ⟨~n; ~n⟩ entomologiste *m*; **~ie** [-'gi:] *f* ⟨~⟩ entomologie *f*; **2isch** *adj.* entomologique.

ent|persönlichen [ɛntpɛr'zø:nlıçən] *v/t.* ⟨*pas de ge-*, h⟩ dépersonnaliser; **2per'sönli‚chung** *f* ⟨~⟩ dépersonnalisation *f*; **~politi'sieren** *v/t.* ⟨*pas de ge-*, h⟩ dépolitiser; **2politi'sierung** *f* dépolitisation *f*; **~proletari'sieren** *v/t.* ⟨*pas de ge-*, h⟩ déprolétariser; **2proletari'sierung** *f* déprolétarisation *f*; **~'puppen** *v/réfl.* ⟨*pas de ge-*, h⟩ **sich ~ 1.** *zo.* sortir de sa chrysalide, de sa coque, *Seidenraupe* de son cocon; **2.** *fig.* se révéler; s'avérer; **er entpuppte sich als Schwindler** il se révéla, s'avéra être un escroc [-o]; **2'puppung** *f* ⟨~⟩ *verbal*; **~'rahmen** *v/t.* ⟨*pas de ge-*, h⟩ *Milch* écrémer; **2'rahmung** *f* ⟨~⟩ écrémage *m*; **~'raten** *v/i.* ⟨*irr., pas de ge-*, h⟩ *st. s.* **e-r Sache ~** se passer de qc.; **~'rätseln** *v/t.* ⟨-(e)le, *pas de ge-*, h⟩ déchiffrer; éclaircir; **2'rätse‚lung** *f* ⟨~⟩ éclaircissement *m*; *od. verbal*; **~'rechten** *v/t.* ⟨-ete, *pas de ge-*, h⟩ déposséder, priver (qn.) de ses droits; **2'rechtung** *f* ⟨~⟩ privation *f* de ses droits; **~'reißen** *v/t.* ⟨*irr., pas de ge-*, h⟩ arracher; enlever de force; *Geheimnis auch* extorquer; *durch e-n Schicksalsschlag* ravir; **~'richten** *v/t.* ⟨-ete, *pas de ge-*, h⟩ payer; **s-n Beitrag ~** verser sa cotisation; **Steuern ~** acquitter des impôts; **2'richtung** *f* ⟨~⟩ paiement *m*; versement *m*; acquittement *m*; **~'riegeln** *v/t.* ⟨-(e)le, *pas de ge-*, h⟩ déverrouiller; débloquer; **2'riege‚lung** *f* ⟨~⟩ déverrouillage *m*; déblocage *od.* débloquement *m*; **~'rinden I** *v/t.* ⟨-ete, *pas de ge-*, h⟩ *Baumstämme* écorcer; décortiquer; **II 2'rinden** *n* ⟨~s⟩ écorçage *m*; décorticage *m*; **~'ringen I** *v/t.* ⟨*irr., pas de ge-*, h⟩ arracher (en luttant); **II** *v/réfl. st. s.* **sich ~** *Seufzer* s'échapper; sortir; **~'rinnen** *v/i.* ⟨*irr., pas de ge-*, sein⟩ échapper (à); **e-r Gefahr ~** échapper à un danger; sortir d'un péril; **II 2'rinnen** *n* ⟨~s⟩ issue *f*; fuite *f*; **~'rollen** *v/t.* ⟨*pas de ge-*, h⟩ dérouler.

Entropie [ɛntro·'pi:] *f* ⟨~⟩ *phys.* entropie *f*.

entrosten [ɛnt'rɔstən] **I** *v/t.* ⟨-ete, *pas de ge-*, h⟩ dérouiller; *durch Abreiben auch* décaper; **II** 2 *n* dérouillement *m*; décapement *m*.
entrück|en [ɛnt'rʏkən] *st. s. v/t.* ⟨*pas de ge-*, h⟩ éloigner; enlever; faire disparaître; **den Blicken ~** dérober, soustraire aux regards; **~t** *adjt. geistig* absent; abstrait; **der Welt ~** soustrait aux regards, aux yeux du monde; **2ung** *f* ⟨~⟩ éloignement *m*; enlèvement *m*; absence *f*.
entrümpel|n [ɛnt'rʏmpəln] *v/t.* ⟨-(e)le, *pas de ge-*, h⟩ *Speicher etc.* déblayer; débarrasser; **2ung** *f* ⟨~; ~en⟩ déblaiement *m*.
entrußen [ɛnt'ruːsən] *v/t.* ⟨-(es)t, *pas de ge-*, h⟩ *mot.* décalaminer.
entrüst|en [ɛnt'rʏstən] *v/t.* (*u. v/réfl.*) ⟨-ete, *pas de ge-*, h⟩ (s')indigner, (se) scandaliser (über de); **~et** *adjt.* **über j-n, etw. ~ sein** être indigné contre qn., par qc.; **sehr ~ tun** faire semblant d'être très indigné; **2ung** *f* ⟨~⟩ indignation *f*; **2ungs,sturm** *m* indignation générale.
ent|saften [ɛnt'zaftən] *v/t.* ⟨-ete, *pas de ge-*, h⟩ *Früchte* extraire le jus de; **2'safter** *m* ⟨~s; ~⟩ appareil *m* à extraire le jus des fruits; centrifugeuse *f* (à jus de fruits); **2'saftung** *f* ⟨~⟩ *verbal*; **~'sagen** *v/i.* ⟨*pas de ge-*, h⟩ renoncer (à); **2'sagung** *f* ⟨~⟩ renoncement *m*; abnégation *f*; **~'sagungs,voll** *adj.* plein de renoncement, d'abnégation; **~'salzen** *v/t.* ⟨*irr.*, *pas de ge-*, h⟩ dessaler; **2'salzung** *f* ⟨~⟩ dessalement *m*; *agr.* dessalage *m*; **2'satz** *m* ⟨~es⟩ *milit.* déblocage *m*; dégagement *m* (d'une armée bloquée, d'une place investie); **~'säuern I** *v/t.* ⟨-(e)re, *pas de ge-*, h⟩ *chim.*, *techn.* désacidifier; **II** **2'säuern** *n* ⟨~s⟩ désacidification *f*; désacidage *m*.
entschädig|en [ɛnt'ʃɛːdɪgən] *v/t.* ⟨*pas de ge-*, h⟩ dédommager (für de); *in Geld* indemniser (de); **2ung** *f* ⟨~; ~en⟩ dédommagement *m*; indemnisation *f*; *als Geldsumme* indemnité *f*; (*Schadenersatz*) dommages-intérêts *m/pl.*; (*Ausgleich*) compensation *f*; (*Wiedergutmachung*) réparation *f*; **angemessene ~** dédommagement suffisant; indemnité suffisante; **als ~** à titre d'indemnité; **e-e ~ beanspruchen** réclamer une indemnité, un dédommagement; **e-e ~ gewähren** allouer, accorder une indemnité; **2ungs,anspruch** *m* droit *m* à une indemnité, aux dommages-intérêts; **2ungs,berechtigte(r)** *f(m)* personne *f* ayant droit à une indemnité; **2ungsge,setz** *n* loi *f* sur les indemnités; **2ungs,klage** *f jur.* action *f* en dommages-intérêts; **2ungs,leistung** *f* indemnité *f*; **~ungs,pflichtig** *adj.* tenu d'indemniser, de payer des dommages-intérêts; **2ungs,summe** *f* indemnité *f*.
entschärf|en [ɛnt'ʃɛrfən] *v/t.* ⟨*pas de ge-*, h⟩ *Granate, Bombe* désamorcer; *fig. Gegensätze* apaiser; atténuer; *Diskussion* dépassionner; **2ung** *f* ⟨~⟩ désamorçage *m*; *fig.* apaisement *m*; atténuation *f*.
Entscheid [ɛnt'ʃaɪt] *m* ⟨~(e)s; ~e⟩ *jur. cf.* **~ung**; **2en I** *v/t.* ⟨*irr.*, *pas de ge-*, h⟩ *Frage, Streitfall etc.* décider; trancher; résoudre; solutionner; **etw. durch Schiedsspruch ~** arbitrer qc.; **das Los ~ lassen** tirer au sort; **II** *v/i.* décider (über de); se prononcer; *jur.* statuer (sur); prononcer; décider; **ohne Debatte ~** se prononcer sans débat; **durch Abstimmung ~** décider, se prononcer par voie de scrutin; **zwischen Meinungen ~** départager des opinions; **unverzüglich, auf der Stelle ~** prendre une décision séance tenante; **das Gericht hat entschieden** le tribunal a prononcé; **auf Freispruch ~** prononcer l'acquittement; **in e-r Sache ~** statuer sur, décider une affaire, un cas; **in erster Instanz ~** juger, décider en premier ressort, en première instance; **in letzter Instanz ~** statuer, juger en dernier ressort; juger sans appel; **zu j-s Gunsten ~** (se) prononcer, décider en faveur de qn.; **zu j-s Ungunsten ~** donner tort à qn.; **in Frankreich entscheidet die schriftliche Prüfung über die Zulassung zur mündlichen** en France les épreuves écrites sont éliminatoires; **III** *v/réfl.* **sich für j-n, etw. ~** se décider pour qn., pour qc., en faveur de qn.; opiner, opter pour qn., pour qc.; porter son choix sur qn., sur qc.; s'arrêter à qc.; **sein Schicksal wird sich bald ~** son sort va bientôt se décider; **hier muß man sich ~** c'est à prendre ou à laisser; **sich nicht ~ können** ne pas pouvoir se décider; être indécis; **IV** *v/imp.* **es entscheidet sich morgen, ob ...** on saura demain si ...; **2end** *adjt.* décisif, -ive; crucial; critique; **ein ~er Sieg** une victoire décisive; **im ~en Augenblick** au moment décisif, crucial; **~er Einfluß** influence décisive, déterminante; **~er Punkt** point crucial; **die ~e Stimme** la voix prépondérante; **das ~e Argument** l'argument tranchant; **~ung** *f* ⟨~; ~en⟩ décision *f* (*auch jur.*); *e-s Gerichts auch* prononcé *m*; *e-s höheren Gerichts auch* arrêt *m*; *der Geschworenen auch* verdict *m*; **e-e ~ treffen** prendre une décision; **zur ~ bringen** *cf.* **~en I**; **ich überlasse dir die ~** je te laisse (le choix de) la décision; **vor e-r schwierigen ~ stehen** se trouver devant une fâcheuse alternative; *Sport* **um die ~ spielen** jouer la belle; **gerichtliche, richterliche ~** décision judiciaire, de justice; **freie richterliche ~** pouvoir discrétionnaire; **schiedsrichterliche ~** sentence d'arbitrage; **höchstrichterliche ~** décision, arrêt de la Cour suprême, *in Frankreich* de la Cour de cassation; **ablehnende, abweisende ~** décision de rejet; **aufhebende ~** arrêt infirmatif; **rechtskräftige ~** décision ayant force de chose jugée; **unwiderrufliche ~** décision sans appel; **~ungsbe,fugnis** *f jur.* compétence *f*; juridiction *f*; pouvoir *m* de décision; **~ungs,freiheit** *f* liberté *f* de décision, du choix; **~ungs,gründe** *m/pl. jur.* motifs *m/pl.* du jugement; **~ungs,kampf** *m Sport* combat décisif; **~ungs,lauf** *m Sport* course décisive; **2ungs,reif** *adj. jur.* en état; **~ungs,rennen** *n cf.* **~ungslauf**; **~ungs,sammlung** *f jur.* répertoire *m* de jurisprudence; **~ungs,schlacht** *f* bataille décisive, cruciale; **~ungs,spiel** *n Sport* belle *f*; match décisif.
entschieden [ɛnt'ʃiːdən] **I** *p. p. cf.* entscheiden; **II 1.** *adjt.* **in e-m ~en Ton** d'un ton décisif, résolu, péremptoire; **~e Abneigung** aversion prononcée; **auf ~e Ablehnung stoßen** se heurter à un refus catégorique; **~e Meinung** opinion arrêtée; **~e Überlegenheit** supériorité incontestable; **~er Gegner** adversaire résolu; **2.** *advt.* décidément; **~ zu jung** décidément trop jeune; **das geht ~ zu weit!** ça va décidément trop loin!; **~ gegen etw. Stellung nehmen** s'opposer avec détermination, avec fermeté, d'une façon décidée, résolue à qc.; **~ antworten** répondre sur *od.* d'un ton décisif; **2,heit** *f* ⟨~⟩ décision *f*; (*Entschlossenheit*) détermination *f*; résolution *f*; (*Festigkeit*) fermeté *f*; **mit ~** avec détermination; d'une manière décidée; **mit aller ~** péremptoirement.
ent|schlacken [ɛnt'ʃlakən] *v/t.* ⟨*pas de ge-*, h⟩ *techn.* décrasser; ôter la crasse, les scories de; *méd.* épurer; débarrasser de ses déchets; **2'schlackung** *f* ⟨~⟩ *techn.* décrassage *m*; *méd.* épuration *f*; **~'schlafen** *v/i.* ⟨*irr.*, *pas de ge-*, sein⟩ *litt.* (*sterben*) s'éteindre; mourir; **im Herrn ~** s'endormir dans le Seigneur; **~'schlammen** *v/t.* ⟨*pas de ge-*, h⟩ débourber; *mines* déschlammer; **~'schleiern** *v/t.* (*u. v/réfl.*) ⟨-(e)re, *pas de ge-*, h⟩ *meist fig.* (se) dévoiler; *fig. auch* déchirer, soulever le voile (sur qc.); **2'schleie,rung** *f* ⟨~⟩ dévoilement *m*; révélation *f*; **~'schlichten** *v/t.* ⟨-ete, *pas de ge-*, h⟩ *text.* dégommer; **2'schlichtung** *f* dégommage *m*; **2'schlichtungs,mittel** *n* agent *m* de dégommage.
entschließ|en [ɛnt'ʃliːsən] *v/réfl.* ⟨*irr.*, *pas de ge-*, h⟩ **sich ~** se décider, se résoudre, se déterminer (**zu etw.** à qc., **etw. zu tun** à faire qc.); **sich zu etw. ~ müssen** en passer par qc.; **sich kurz ~** *cf.* **kurz 2.**; **sich anders ~** changer d'avis; **wir haben uns entschlossen, zu bleiben** nous avons décidé, résolu de rester; **2ung** *f* ⟨~; ~en⟩ résolution *f*; **e-e ~ annehmen, ablehnen, einbringen** adopter, rejeter, proposer *od.* soumettre une résolution; *cf. auch* Entschluß; **2ungs-ent,wurf** *m* projet *m* de résolution.
entschlossen [ɛnt'ʃlɔsən] **I** *p. p. cf.* entschließen; **II 1.** *adjt.* résolu; déterminé (à); décidé; (*unerschütterlich*) ferme; arrêté; **ein ~er Mensch** un homme décidé; **~ sein, etw. zu tun** être déterminé, décidé, résolu à faire qc.; **2.** *advt.* **~ handeln** agir résolument, avec détermination; **kurz ~** *cf.* **kurz 2.**; **2,heit** *f* ⟨~⟩ résolution *f*; détermination *f*; décision *f*; fermeté *f*; **mangelnde ~** indécision *f*; irrésolution *f*.
ent|schlummern [ɛnt'ʃlumərn] *v/i.* ⟨-(e)re, *pas de ge-*, sein⟩ *cf.* einschlafen; **~'schlüpfen** *v/i.* ⟨*pas de ge-*, sein⟩ *Personen* s'échapper; *Worte, Ausdrücke* échapper.
Entschluß [ɛnt'ʃlus] *m* décision *f*; résolution *f*; **e-n ~ fassen** prendre une décision, (*Vorsatz*) une résolution; **den ~ fassen, zu ...** décider de ...; se décider à ...; *st. s.* prendre le parti de ...; **zu e-m ~ kommen** arriver à une décision; **zu keinem ~ kommen können** ne pas pouvoir se décider; **aus eigenem ~ handeln** agir de son propre chef, de sa propre initiative; **ein verzweifelter ~** une décision désespérée; **bei s-m ~ bleiben** rester sur sa décision; persister dans sa résolution.
entschlüssel|n [ɛnt'ʃlʏsəln] *v/t.* ⟨-ssele *od.* -ßle, *pas de ge-*, h⟩ décoder; déchiffrer; **2ung** *f* ⟨~⟩ décodage *m*; déchiffrement *m*.
Entschluß|freude [ɛnt'ʃlus,frɔydə] *f* esprit *m* de décision; **2,freudig** *adj.* qui a de l'esprit de décision; **~,freudig,keit** *f* ⟨~⟩ *cf.* **~freude**; **~,kraft** *f* décision *f*; détermination *f*.
entschuld|bar [ɛnt'ʃultbaːr] *adj.* excusable; pardonnable; **2bar,keit** *f* ⟨~⟩ excusabilité *f*; **~en** *v/t.* ⟨-ete, *pas de ge-*, h⟩ libérer, dégrever de(s) dettes; **~igen I** *v/t.* ⟨*pas de ge-*, h⟩

excuser; pardonner; ~ **Sie!** (je vous demande) pardon!; ~ **Sie bitte, könnten Sie mir sagen, ...** excusez-moi, je vous prie, pourriez-vous me dire ...; ~ **Sie meine Verspätung!** veuillez excuser mon retard; excusez-moi d'être en retard; **das ist nicht zu** ~ c'est inexcusable, impardonnable; **II** *v/réfl.* **sich** ~ s'excuser (**wegen, für** de); présenter, faire ses excuses (pour qc.); *öffentlich* faire amende honorable; **sich bei j-m** ~ s'excuser auprès de qn.; **er hat sich bei mir entschuldigt** *auch* il m'a demandé pardon; il m'a fait des *od.* ses excuses; **sich mit etw.** ~ donner, alléguer qc. comme excuse; **sich** ~ **lassen** se faire excuser; **wer sich entschuldigt, klagt sich an** qui s'excuse s'accuse *prov.*; **2ˌgung** *f* ⟨~; ~en⟩ **1.** excuse *f*; **j-n um** ~ **bitten** faire, présenter ses excuses à qn.; **ich bitte um** ~ *auch* je vous prie de m'excuser; **als** ~ **vorbringen, anführen** alléguer pour, comme excuse; prendre pour excuse; **etw. als** ~ **gelten lassen** accepter qc. comme excuse; **dafür gibt es keine** ~ c'est inexcusable; ~! pardon!; excusez-moi!; **2.** *écol.* mot *m* d'excuse(s); **2igungsˌgrund** *m* excuse *f*; **als** ~ **anführen** *cf.* 2igung 1.; **2igungsˌschreiben** *n*, **2igungsˌzettel** *m cf.* 2igung 2.; **2ung** *f* ⟨~⟩ *jur.* désendettement *m*; suppression *f* des dettes.

ent|schweben [ɛnt'ʃveːbən] *v/i.* ⟨*pas de ge-*, **sein**⟩ s'envoler (lentement); *fig.* s'en aller d'une démarche aérienne; **~'schwefeln** *v/t.* ⟨-(e)le, *pas de ge-*, h⟩ *techn.*, *chim.* désulfurer; désoufrer; **2'schwefeˌlung** *f* ⟨~⟩ désulfuration *f*; désoufrage *m*; **~'schweißen** *v/t.* ⟨-(es)t, *pas de ge-*, h⟩ *text. Wolle* dessuinter; **2'schweißung** *f* dessuintage *m*; **~'schwinden** *v/i.* ⟨*irr.*, *pas de ge-*, **sein**⟩ *litt.* disparaître (peu à peu); se perdre au loin; **den Blicken** ~ disparaître aux regards, aux yeux, à la vue de; **~'seelt** *adjt. st. s.* inanimé; mort; **~'senden** *v/t.* ⟨*irr.*, *pas de ge-*, h⟩ *Diplomaten etc.* envoyer; *mit besonderem Auftrag* mandater; **j-n als Abgeordneten** ~ députer qn.; **j-n als Delegierten** ~ déléguer qn.; **e-n Bevollmächtigten, e-n Vertreter** ~ déléguer un plénipotentiaire, un représentant; **2'sendung** *f* ⟨~⟩ envoi *m*; députation *f*; délégation *f*.

entsetz|en [ɛnt'zɛtsən] **I** *v/t.* ⟨-(es)t, *pas de ge-*, h⟩ **1.** épouvanter; effrayer; *moralisch* indigner; **2.** *milit.* débloquer, dégager (des troupes, une place); **II** *v/réfl.* **sich** ~ s'épouvanter, s'effrayer, s'indigner (**über** de); **III 2en** *n* ⟨~s⟩ épouvante *f*; effroi *m*; horreur *f*; **starr vor** ~ glacé d'effroi; **2ensˌschrei** *m* cri *m* d'épouvante; **~lich 1.** *adj.* épouvantable; effrayant; horrible; affreux, -euse; **das ist ja** ~! c'est horrible, *etc.*!; **2.** *adv.* ~ **dumm** terriblement bête; ~ **reich** prodigieusement riche; **2lichˌkeit** *f* ⟨~; ~en⟩ horreur *f*; **~t** *adjt.* **ich bin über sein Verhalten** ~ je suis indigné, épouvanté par sa conduite; sa conduite me met 'hors de moi, m'épouvante.

entseuch|en [ɛnt'zɔʏçən] *v/t.* ⟨*pas de ge-*, h⟩ désinfecter; *radioaktiv Verseuchtes* décontaminer; **2ung** *f* ⟨~⟩ désinfection *f*; décontamination *f*; **2ungsˌanlage** *f* installation *f* de décontamination.

ent|sichern [ɛnt'zɪçərn] *v/t.* ⟨-(e)re, *pas de ge-*, h⟩ *Schußwaffe* enlever, retirer le cran d'arrêt, la sûreté de; *Granate* dégoupiller; **2'sicheˌrung** *f* ⟨~⟩ enlèvement *m*, ouverture *f* de la sûreté, du cran d'arrêt; **~'siegeln** *v/t.* ⟨-(e)le, *pas de ge-*, h⟩ *Brief* décacheter; *jur.* lever les scellés de; desceller; **2'siegeˌlung** *f* décachetage *m*; *jur.* levée *f* des scellés; descellement *m*; **~'sinnen** *v/réfl.* ⟨*irr.*, *pas de ge-*, h⟩ **sich** ~ se souvenir (de qc.); se rappeler (qc.); **wenn ich mich recht entsinne** si je me souviens bien; *st. s.* s'il m'en souvient bien; **soviel ich mich entsinne** autant que je me souvienne; **ich entsinne mich kaum** je m'en souviens à peine; je n'en ai plus qu'une vague idée; **~'sittlichen** *v/t.* ⟨*pas de ge-*, h⟩ dépraver; corrompre; démoraliser; **2'sittliˌchung** *f* ⟨~⟩ dépravation *f*; corruption *f*; démoralisation *f*.

entspann|en [ɛnt'ʃpanən] **I** *v/t.* ⟨*pas de ge-*, h⟩ *Feder, Muskel etc., pol. Lage* détendre; (*lockern*) relâcher; *Feder etc. auch* débander; *méd.* relaxer; décontracter; **II** *v/réfl.* **sich** ~ *allg.* se détendre; (*sich lockern*) se relâcher; (*sich erholen*) se relaxer; se décontracter; se délasser; **sich geistig** ~ se débander l'esprit; **die politische Lage entspannt sich** la situation politique se détend; la tension politique se relâche, diminue; **2ung** *f* ⟨~⟩ détente *f*; relâchement *m*; (*Erholung*) *auch* délassement *m*; **Tendenzen e-r** ~ tendances à la détente; *méd.* **völlige** ~ relaxation *f*; F relax [-ks] *m*; **2ungspoliˌtik** *f* politique *f* de détente; **2ungsˌübung** *f* exercice *m* de relaxation.

entspinnen [ɛnt'ʃpɪnən] *v/réfl.* ⟨*irr.*, *pas de ge-*, h⟩ **sich** ~ *Unterhaltung, Streit etc.* s'amorcer; s'engager; naître; s'élever.

entsprech|en [ɛnt'ʃprɛçən] **I** *v/i.* ⟨*irr.*, *pas de ge-*, h⟩ **1.** *den Tatsachen* correspondre (à); être conforme (à); *den Erwartungen, Anforderungen, e-m Zweck auch* répondre (à); *den Vorschriften* être conforme (à); **2.** (*stattgeben*) *e-r Bitte, e-m Wunsch* satisfaire (à); *adm. e-m Antrag, Gesuch* donner suite, faire droit (à); **II** *v/réfl.* **sich** ~ se correspondre; **~end 1.** *adjt.* correspondant; approprié; *biol. auch* homologue; **e-e ~e Antwort** une réponse appropriée, analogue, équivalente; **e-e ~e Anwendung** une application correspondante; **e-e ~e Belohnung, Entschädigung** une récompense, une indemnité correspondante; **die ~e Menge** la quantité correspondante; **~e Empfehlungen richten an** (j-n) adresser à (qn.) des recommandations à cette fin; **das 2e gilt für ...** c'est également valable pour ...; **2.** *advt. u. prép.* ⟨*dat.*⟩ conformément à; selon; **den Vorschriften** ~ conformément aux règlements; **den Umständen** ~ selon les circonstances; ~ **anwendbar sein** être applicable par analogie; ~ **weniger bekommen** recevoir proportionnellement moins; **s-n Leistungen** ~ **bezahlt werden** être payé selon son travail, en fonction de son travail; **2ung** *f* ⟨~; ~en⟩ *als Eigenschaft* correspondance *f*; analogie *f*; conformité *f*; *als Sache* équivalent *m*; analogue *m*; **e-e** ~ **im Französischen** qc. de correspondant, un équivalent en français.

ent|springen [ɛnt'ʃprɪŋən] *v/i.* ⟨*irr.*, *pas de ge-*, **sein**⟩ **1.** *Quelle* sortir de terre; sourdre; *Fluß* prendre sa source; naître; **2.** *fig.* sortir, résulter, naître, provenir (**aus** de); **~'staatlichen** *v/t.* ⟨*pas de ge-*, h⟩ dénationaliser; **2'staatliˌchung** *f* ⟨~⟩ dénationalisation *f*; **~ˌstalini'sieren** *v/t.* ⟨*pas de ge-*, h⟩ déstaliniser; **2ˌstalini'sierung** *f* ⟨~⟩ déstalinisation *f*; **~'stammen** *v/i.* ⟨*pas de p. p.*⟩ *cf.* **abstammen, herrühren**; **~'stauben** *v/t.* ⟨*pas de ge-*, h⟩ dépoussiérer; **2'staubung** *f* ⟨~⟩ dépoussiérage *m*.

entsteh|en [ɛnt'ʃteːən] *v/i.* ⟨*irr.*, *pas de ge-*, **sein**⟩ naître (**aus** de); tirer son origine (de); prendre naissance; (*sich bilden*) se former; se faire; *Streitigkeiten auch* s'élever; *Kampf* s'engager; *Unannehmlichkeiten, Komplikationen* surgir; naître; *Notlage, Krise* se produire; surgir; naître; **aus etw.** ~ résulter, provenir de qc.; être causé par qc.; être engendré par qc.; **es entstanden zusätzliche Kosten** on eut des frais supplémentaires; des frais supplémentaires surgirent; **was auch daraus** ~ **mag** quoi qu'il en résulte; **es entstanden Schwierigkeiten bei dieser Frage** cette question a engendré, a fait naître des difficultés; **im 2 begriffen** en voie de formation; naissant; **2ung** *f* ⟨~⟩ naissance *f*; origine *f*; (*Bildung*) formation *f*; (*Beginn*) commencement *m*; **die** ~ **e-r Krise** l'origine, la formation, la naissance d'une crise; **die** ~ **der Welt** l'origine, la naissance, *naturwissenschaftlich* la formation du monde; **die** ~ **e-s literarischen Werkes** la genèse d'une œuvre littéraire; **2ungsgeˌschichte** *f* genèse *f*; **2ungsˌzustand** *m chim.* état naissant.

ent|steigen [ɛnt'ʃtaɪgən] *v/i.* ⟨*irr.*, *pas de ge-*, **sein**⟩ sortir, descendre (*dat.* de); **~'steinen** *v/t.* ⟨*pas de ge-*, h⟩ *Steinobst* dénoyauter.

entstell|en [ɛnt'ʃtɛlən] *v/t.* ⟨*pas de ge-*, h⟩ **1.** *Gesicht etc.* défigurer; déformer; *vorübergehend* **ganz entstellt aussehen** avoir la figure décomposée, le visage défait, altéré; **2.** *fig.* (*falsch darstellen*) déformer; défigurer; dénaturer; altérer; fausser; **die Presse gab die Rede entstellt wieder** le discours a été déformé par la presse; **2ung** *f* ⟨~; ~en⟩ défiguration *f*; déformation *f*; altération *f*; *fig. auch* travestissement *m*.

entstör|en [ɛnt'ʃtøːrən] *v/t.* ⟨*pas de ge-*, h⟩ *élect.* éliminer les parasites de; antiparasiter; **2kondenˌsator** *m* condensateur *m* antiparasite; **2ung** *f* ⟨~⟩ élimination *f* des parasites; antiparasitage *m*; **2ungsˌdienst** *m der Post* service *m* d'antiparasitage; **2ˌvorrichtung** *f* (dispositif *m*) antiparasite *m*.

ent|strömen [ɛnt'ʃtrøːmən] *v/i.* ⟨*pas de ge-*, **sein**⟩ *Gas, Flüssigkeit* s'échapper; **~'sühnen** *v/t.* ⟨*pas de ge-*, h⟩ *relig.* laver, délivrer (qn.) de sa faute; **2'sühnung** *f* expiation *f*; *od. verbal*; **~'sumpfen** *v/t.* ⟨*pas de ge-*, h⟩ assécher; dessécher; **2'sumpfung** *f* ⟨~⟩ assèchement *m*; dessèchement *m*.

enttäusch|en [ɛnt'tɔʏʃən] *v/t.* ⟨*pas de ge-*, h⟩ décevoir; désappointer; (*die Illusionen nehmen, ernüchtern*) désillusionner; **wir müssen dich leider** ~ nous devons malheureusement te décevoir; **von j-m enttäuscht sein** être déçu par qn.; **angenehm enttäuscht** agréablement déçu; **durch bittere Erfahrungen enttäuscht** désillusionné par de tristes expériences; **2ung** *f* ⟨~; ~en⟩ déception *f*; désappointement *m*; désillusion *f*; **j-m e-e**

~ **bereiten** causer une déception, une désillusion à qn.; **das war e-e große ~ für mich** ce fut une grande, grosse déception pour moi.

ent|teeren [ɛnt'teːrən] *v/t.* ⟨*pas de ge-*, h⟩ dégoudronner; 2'**teerung** *f* ⟨~⟩ dégoudronnage *m*; ~'**thronen** *v/t.* ⟨*pas de ge-*, h⟩ détrôner (*auch fig.*); 2'**thronung** *f* ⟨~⟩ détrônement *m*; ~'**trümmern** *v/t.* ⟨-(e)re, *pas de ge-*, h⟩ déblayer (qc. des décombres); 2'**trümme͵rung** *f* ⟨~; ~en⟩ déblaiement *m*; ~'**völkern** *v/t.* (*u. v/réfl.*) ⟨-(e)re, *pas de ge-*, h⟩ (se) dépeupler; **entvölkert sein** *auch* être déserté; 2'**völke͵rung** *f* ⟨~⟩ dépopulation *f*; *Vorgang auch* dépeuplement *m*; ~'**wachsen** *v/i.* ⟨*irr.*, *pas de ge-*, **sein**⟩ **e-r Sache ~ sein** être sorti de, avoir quitté qc.; avoir dépassé l'âge de qc.; ~'**waffnen** *v/t.* ⟨-ete, *pas de ge-*, h⟩ désarmer (*auch fig.*); **ein ~des Lächeln** un sourire désarmant; 2'**waffnung** *f* ⟨~⟩ désarmement *m*; ~'**warnen** *v/i.* ⟨*pas de ge-*, h⟩ *Luftschutz* donner le signal de fin d'alerte; 2'**warnung** *f* fin *f* d'alerte, de l'alerte.

entwässer|n [ɛnt'vɛsərn] *v/t.* ⟨-ssere *od.* -ßre, *pas de ge-*, h⟩ *Gelände* drainer; saigner; dessécher; assécher; *chim.*, *techn.* déshydrater; 2**ung** *f* ⟨~⟩ drainage *m*; dessèchement *m*; assèchement *m*; *chim.*, *techn.* déshydratation *f*; 2**ungs͵anlagen** *f/pl.* installations *f/pl.* de drainage; 2**ungs͵graben** *m* fossé *m* de drainage; 2**ungs͵rinne** *f* saignée *f*; rigole *f* de drainage; 2**ungs͵rohr** *n* drain *m*.

entweder ['ɛnt͵veːdər] *conj.* ~ ... **oder** ... ou (bien) ... ou (bien) ...; soit ... soit ...; F ~ — **oder!** c'est à prendre ou à laisser!; c'est l'un ou l'autre; de deux choses l'une; il faut qu'une porte soit ouverte ou fermée *prov.*; 2-'**Oder** *n* ⟨~; ~⟩ alternative *f*.

ent|weichen [ɛnt'vaɪçən] **I** *v/i.* ⟨*irr.*, *pas de ge-*, **sein**⟩ *Gefangener* s'évader, s'échapper, s'enfuir (de prison); *Luft, Rauch, Gas* s'échapper; *chim.* se dégager; **II** 2'**weichen** *n* ⟨~s⟩ évasion *f*; fuite *f*; *von Gas etc.* échappement *m*; *chim.* dégagement *m*; ~'**weihen** *v/t.* ⟨*pas de ge-*, h⟩ profaner (*auch fig.*); 2'**weihung** *f* profanation *f*; sacrilège *m*; ~'**wenden** *v/t.* ⟨-ete, *pas de ge-*, h⟩ dérober; soustraire; voler; 2'**wendung** *f* ⟨~⟩ soustraction *f*; vol *m*; *kleiner Dinge* larcin *m*; ~'**werfen** **I** *v/t.* ⟨*irr.*, *pas de ge-*, h⟩ *Plan, Konstruktion* ébaucher; dresser; tracer; concevoir; *Muster* esquisser; croquer; *Vertrag etc.* ébaucher; faire le brouillon de; *Programm* projeter; *Skizze* crayonner; croquer; **II** 2'**werfen** *n* ébauchage *m*; tracement *m*; *cf. auch* **Entwurf**; 2'**werfer** *m* ⟨~s; ~⟩ *cf.* **Entwurfszeichner**; ~'**werten** *v/t.* ⟨-ete, *pas de ge-*, h⟩ **1.** *Geld, moralische Werte* déprécier; avilir; *écon. Währung* dévaloriser; **2.** *Geld* (*außer Kurs setzen*) démonétiser; *Briefmarke, Fahrausweis* oblitérer; 2'**wertung** *f* ⟨~⟩ *des Geldes, moralischer Werte* dépréciation *f*; avilissement *m*; *der Währung* dévalorisation *f*; *völlige* démonétisation *f*; *von Wertzeichen etc.* oblitération *f*; 2'**wertungs͵stempel** *m* timbre *m* à oblitérer; oblitérateur *m*; ~'**wesen** *v/t.* ⟨-(es)t, *pas de ge-*, h⟩ désinsectiser; détruire la vermine dans, de; 2'**wesung** *f* ⟨~⟩ désinsectisation *f*; *durch Ausräucherung* fumigation *f*; 2'**wichene(r)** *f* (*m*) ⟨→ A⟩ évadé(e) *m* (*f*).

entwick|eln [ɛnt'vɪkəln] **I** *v/t.* ⟨-(e)le, *pas de ge-*, h⟩ développer; *phot. auch* révéler; *Wärme, Gas* dégager; *techn., neue Produkte, Geräte* mettre au point; réaliser; *Kräfte* déployer; *PS, mot.* développer; *Geschwindigkeit* atteindre; *fig. Plan, Ideen* exposer; développer; **II** *v/réfl.* **sich ~** se développer; *Wärme, Gas* se dégager; *milit.* se déployer; **sich weiter ~** évoluer; **sich zu etw. ~** devenir qc.; **sich allmählich ~** se faire petit à petit; 2**ler** *m* ⟨~s; ~⟩ *phot.* révélateur *m*; 2**ler͵schale** *f phot.* cuvette *f* de développement; 2**lung** *f* ⟨~; ~en⟩ développement *m*; (*Weiter*2) évolution *f*; *von Wärme, Gas* dégagement *m*; *techn.* mise *f* au point; réalisation *f*; *von Kräften, milit.* déploiement *m*; *écon.* développement *m*; *der Preise etc.* mouvement *m*; évolution *f*; **rückläufige ~** régression *f*; **die weitere ~ abwarten** attendre les événements; **in der ~ zurückgeblieben** retardé (dans son développement); *geistig auch* arriéré; 2**lungs͵abschnitt** *m* phase *f* d'évolution; 2**lungsab͵teilung** *f e-s Betriebs* bureau *m* d'études; 2**lungs͵bad** *n phot.* bain révélateur; 2**lungsbe͵dingungen** *f/pl.* conditions *f/pl.* d'épanouissement; 2**lungsbe͵schleunigung** *f biol.* accélération *f* de la maturation; 2**lungs͵dose** *f phot.* boîte *f* de développement; ~**lungs͵fähig** *adj.* susceptible de développement; qui peut être développé; 2**lungs͵fonds** *m* fonds *m* de développement; 2**lungs͵gang** *m* ⟨~(e)s⟩ phases *f/pl.* de l'évolution, du développement; 2**lungsge͵biet** *n cf.* 2**lungsland**; 2**lungsge͵schichte** *f allg.* genèse *f*; *biol. e-s Einzelwesens* ontogénie *f*; *e-s Stammes* phylogénie *f*; ~**lungsge͵schichtlich** *adj.* génétique; *biol.* ontogénique; phylogénique; 2**lungsge͵setz** *n* loi *f* du développement; 2**lungs͵hemmung** *f méd.* arrêt *m* du *od.* dans le développement; 2**lungs͵hilfe** *f écon.* aide *f* au développement, aux pays en voie de développement; 2**lungsingeni͵eur** *m* ingénieur *m* du bureau d'études; 2**lungs͵jahre** *n/pl.* puberté *f*; 2**lungs͵land** *n* pays sous-développé, en voie de développement; 2**lungs͵lehre** *f biol.* transformisme *m*; théorie *f* de la descendance; 2**lungs͵möglichkeit** *f* possibilité *f* de développement; 2**lungspa͵pier** *n phot.* papier *m* à développement; 2**lungsphysiolo͵gie** *f* physiologie *f* évolutionnaire; 2**lungs͵plan** *m écon.* plan *m* de développement; 2**lungspro͵zeß** *m* processus *m* du développement; 2**lungspsycholo͵gie** *f* psychologie *f* génétique; 2**lungs͵raum** *m milit.* zone *f* de déploiement; 2**lungsro͵man** *m etwa* roman éducatif; 2**lungs͵stadium** *n* stade *m* de développement; 2**lungs͵störung** *f biol.* accident *m* lors du développement; 2**lungs͵stufe** *f* degré *m* de développement; 2**lungsten͵denz** *f* tendance *f* du développement; 2**lungstheo͵rie** *f cf.* 2**lungslehre**; 2**lungs͵vorhaben** *n* projet *m* de développement; 2**lungs͵zeit** *f* durée *f* du développement; *e-r Krankheit* (période *f* d')incubation *f*.

ent|winden [ɛnt'vɪndən] **I** *v/t.* ⟨*irr.*, *pas de ge-*, h⟩ **j-m etw. ~** arracher qc. à qn., des mains de qn.; **II** *v/réfl.* **sich ~** s'arracher (à qn., de l'étreinte de qn.); ~'**wirren** *v/t.* (*u. v/réfl.*) ⟨*pas de ge-*, h⟩ (se) démêler; (se) débrouiller; *fig. auch* (s')éclaircir; 2'**wirrung** *f* ⟨~⟩ démêlage *m*; *fig.* démêlement *m*; débrouillement *od.* débrouillage *m*; éclaircissement *m*; ~'**wischen** **I** *v/i.* ⟨*pas de ge-*, **sein**⟩ s'échapper; se sauver; *geschickt* s'esquiver; **j-m ~** échapper à qn.; **er ist ihnen entwischt** il leur a échappé; il leur a glissé entre les doigts; **II** 2'**wischen** *n* évasion *f*; ~'**wöhnen** *v/t.* ⟨*pas de ge-*, h⟩ *Säugling* sevrer; *e-r Gewohnheit* déshabituer, désaccoutumer (de); *méd.* désintoxiquer; 2'**wöhnung** *f* ⟨~⟩ *e-s Säuglings* sevrage *m*; *méd.* désintoxication *f*.

entwürdig|en [ɛnt'vʏrdɪgən] *v/t.* ⟨*pas de ge-*, h⟩ avilir; dégrader; ~**end** *adjt.* avilissant; dégradant; 2**ung** *f* ⟨~; ~en⟩ avilissement *m*; dégradation *f*.

Entwurf [ɛnt'vʊrf] *m e-s Gemäldes, Stoffmusters etc.* ébauche *f*; esquisse *f*; croquis *m*; *st. s.* linéaments *m/pl.*; *e-s literar. Werkes* canevas *m*; (*Konzept von Schriften*) brouillon *m*; *e-s Gesetzes, Vertrages, Bauwerkes* projet *m*; *ausgearbeiteter* plan *m*; ~**s͵zeichner** *m* dessinateur-projeteur *m*.

ent|wurzeln [ɛnt'vʊrtsəln] *v/t.* ⟨-(e)le, *pas de ge-*, h⟩ déraciner (*auch fig.*); 2'**wurze͵lung** *f* ⟨~⟩ déracinement *m*; ~'**zaubern** *v/t.* ⟨-(e)re, *pas de ge-*, h⟩ désenchanter; désensorceler; 2'**zaube͵rung** *f* ⟨~⟩ désenchantement *m*; désensorcellement *m*.

entzerr|en [ɛnt'tsɛrən] *v/t.* ⟨*pas de ge-*, h⟩ *tél., rad., télév.* corriger, compenser la distorsion de; *Luftaufnahme* redresser; restituer; 2**er** *m* ⟨~s; ~⟩ *tél.* correcteur *m*; 2**ung** *f* ⟨~⟩ correction *f*, compensation *f* de la distorsion; *tél.* contre-distorsion *f*; *von Luftaufnahmen* redressement *m*; restitution *f*; 2**ungs͵linse** *f phot.* lentille *f* de redressement; 2**ungsma͵gnet** *m télév.* redresseurs *m/pl.* de distorsion.

entzieh|en [ɛnt'tsiːən] **I** *v/t.* ⟨*irr.*, *pas de ge-*, h⟩ **1.** *Wort, Führerschein, Rente, Befugnisse etc.* retirer (**j-m etw.** qc. à qn.); **den Blicken ~** dérober à la vue; **j-m s-e Rechte ~** déposséder, priver qn. de ses droits; **j-m die Staatsangehörigkeit ~** dénaturaliser qn.; **s-r Bestimmung ~** *Gebäude etc.* désaffecter; détourner de sa destination; *Geld* ne pas employer suivant la destination prévue; **2.** *chim., techn.* enlever; *zur Verwertung* extraire; **Kohlensäure, Phosphor, Sauerstoff, Wasser** *etc.* ~ décarbonater, déphosphorer, désoxyder, déshydrater, *etc.*; **II** *v/réfl.* **sich ~** *der Verantwortung, Gerechtigkeit, e-r Verpflichtung, e-m Einfluß etc.* se soustraire, se dérober (à qc.); **sich der Berechnung, Kontrolle ~** défier tout calcul, tout contrôle; être incalculable, incontrôlable; **das entzieht sich meiner Kenntnis** *cf.* **Kenntnis 2.**; **es entzieht sich meiner Beurteilung, ob** ... je ne puis juger si ...; 2**ung** *f* ⟨~⟩ *der Nahrung, e-s Rechts etc.* privation *f*; *des Führerscheins etc. cf.* **Entzug**; *chim., techn. verbal*; ~ **von Kohlensäure, Phosphor** *etc.* décarbonatation *f*, déphosphoration *f*, *etc.*; 2**ungs͵kur** *f méd.* cure *f* de désintoxication.

entziffer|bar [ɛnt'tsɪfər͵baːr] *adj.* déchiffrable; ~**n** *v/t.* ⟨-(e)re, *pas de ge-*, h⟩ déchiffrer; 2**ung** *f* ⟨~⟩ déchiffrement *m*.

entzück|en [ɛnt'tsʏkən] **I** *v/t.* ⟨*pas de ge-*, h⟩ ravir; charmer; enchanter; enthousiasmer; **II** 2**en** *n* ⟨~s⟩ ravissement *m*; enchantement *m*; enthousiasme *m*; **zum ~** à ravir; ~**end** *adjt.*

ravissant; beau, belle à ravir; charmant; enchanteur, -teresse; F à croquer; welch ~er kleiner Hut! quel amour de petit chapeau!; **~t** *adjt.* ravi, enchanté (über de); **2ung** *f* ⟨~⟩ *cf.* 2en.

Entzug [ɛnt'tsu:k] *m* ⟨~(e)s⟩ *des Führerscheins, e-r Konzession etc.* retrait *m*; *e-s Rechtes* privation *f*; dépossession *f*; ~ der Staatsangehörigkeit dénaturalisation *f*; ~ der elterlichen Gewalt déchéance *f* de la puissance paternelle; *cf. auch* Entziehung.

entzünd|bar [ɛnt'tsʏntbɑ:r] *adj.* inflammable; **2bar,keit** *f* ⟨~⟩ inflammabilité *f*; **~en I** *v/t.* ⟨-ete, *pas de ge-*, h⟩ enflammer (*auch fig.*); allumer; **II** *v/réfl.* sich ~ *Benzin etc.* prendre feu; s'enflammer; *méd.* s'enflammer; s'irriter.

entzundern [ɛnt'tsundərn] *v/t.* ⟨-(e)re, *pas de ge-*, h⟩ *cf.* dekapieren.

entzünd|et [ɛnt'tsʏndət] *adjt. méd.* enflammé; F rouge; ~e Augen de l'inflammation aux yeux; yeux rouges; e-n ~en Hals haben avoir la gorge rouge; **~lich** *adj. méd.* inflammatoire; **2ung** *f* ⟨~; ~en⟩ *chim., méd.* inflammation *f*; *méd.* e-e ~ hervorrufen produire une inflammation; enflammer; **2ungs,herd** *m méd.* foyer *m* d'inflammation; **2ungstempera,tur** *f chim.* température *f* d'inflammation; **~ungs,widrig** *adj. méd.* antiphlogistique; anti-inflammatoire.

entzwei [ɛnt'tsvaɪ] *adv.* en (deux) morceaux; en pièces; cassé; rompu; brisé; (*zerrissen*) déchiré; **~,brechen I** *v/t.* ⟨*irr., sép.*, -ge-, h⟩ casser, briser, rompre (en deux); **II** *v/i.* ⟨sein⟩ se casser; se briser; *in zwei Teile* se rompre; **~en** *v/t.* (*u. v/réfl.*) ⟨*pas de ge-*, h⟩ (se) brouiller; (se) désunir; (se) diviser; **~,gehen** *v/i.* ⟨*irr., sép.*, -ge-, sein⟩ se casser; **~,hauen** *v/t.* ⟨*irr., sép.*, -ge-, h⟩ couper; fendre; **~,reißen I** *v/t.* ⟨*irr., sép.*, -ge-, h⟩ déchirer; **II** *v/i.* ⟨sein⟩ se déchirer; **~,schlagen** *v/t.* ⟨*irr., sép.*, -ge-, h⟩ briser; casser; mettre en morceaux, en pièces; **~,schneiden** *v/t.* ⟨*irr., sép.*, -ge-, h⟩ couper; **2ung** *f* ⟨~; ~en⟩ désunion *f*; division *f*.

Enzian ['ɛntsiɑ:n] *m* ⟨~s; ~e⟩ *bot., Likör* gentiane [ʒɑ̃sjan] *f*.

Enzykl|ika [ɛn'tsy:klika] *f* ⟨~; -ken⟩ *égl. cath.* encyclique *f*; **2isch** *adj.* encyclique; **~opä'die** *f* ⟨~; -ien⟩ encyclopédie *f*; **2o'pädisch** *adj.* encyclopédique; **~opä'dist** *m* ⟨~en; ~en⟩ encyclopédiste *m*.

Enzym [ɛn'tsy:m] *n* ⟨~s; ~e⟩ *physiol., chim.* enzyme *m, f*.

Eo|lith [e·o·'li:t, e·o·'lɪt] *m* ⟨~s *od.* ~en; ~e(n)⟩ *géol.* éolithe *m*; **~'sin** *n* ⟨~s⟩ *chim.* éosine *f*; **~'zän I** *n* ⟨~s⟩ *géol.* éocène *m*; **II 2'zän** *adj.* éocène; **~'zänformati,on** *f* formation *f* éocène; **~'zoikum** *n* ⟨~s⟩ *géol.* archéozoïque *m*.

Epakte [e·'paktə, ɛp'ʔaktə] *f* ⟨~; ~n⟩ *astr.* épacte *f*.

Epen ['e:pən] *pl. von* Epos.

Epenthe|se [e·pɛn'te:zə, ɛpʔɛn-] *f* ⟨~; ~n⟩ *gr.* épenthèse *f*; **2tisch** *adj. gr.* épenthétique.

ephemer [e·fe·'me:r] *adj.* éphémère; **2iden** [-'ri:-] *f/pl.* **1.** *astr.* éphémérides *f/pl.*; **2.** *zo.* éphéméridés *m/pl.*

Epheser|(in) ['e:fe·zər(ɪn), 'e·fe·-] *m* ⟨~s; ~⟩ (*f*) ⟨~; ~nen⟩ Éphésien, -nne *m, f*; **~,brief** *m* Épître *f* aux Éphésiens.

Ephor [e·'fo:r] *m* ⟨~en; ~en⟩ *hist.* éphore *m*; **~us** ['e:-, 'e·-] *m* ⟨~; -'phoren⟩ *égl.* directeur *m* d'un séminaire protestant.

Epi|demie [e·pi·de·'mi:] *f* ⟨~; -ien⟩ *méd.* épidémie *f*; **2'demisch** *adj.* épidémique; **~'dermis** *f* ⟨~; -men⟩ *bot., anat.* épiderme *m*; **~dia'skop** *n* ⟨~s; ~e⟩ *opt.* épidiascope *m*; **~'dot** *m* ⟨~s; ~e⟩ *minéral.* épidote *m*; **~ge'nese** *f* ⟨~; ~n⟩ *biol.* épigenèse *f*; **~'glottis** *f* ⟨~; -ttes⟩ *anat.* épiglotte *f*.

Epigone [e·pi·'go:nə] *m* ⟨~n; ~n⟩ épigone *m*; **2n,haft** *adj.* sans originalité; imité; **~n,tum** *n* ⟨~(e)s⟩ académisme *m*; manque *m* d'originalité.

Epigramm [e·pi·'gram] *n* ⟨~s; ~e⟩ épigramme *f*; **~atiker** [-'mɑ:-] *m* ⟨~s; ~⟩ épigrammatiste *m*; auteur *m* d'épigrammes; **2atisch** [-'mɑ:-] *adj.* épigrammatique.

Epigraph [e·pi·'grɑ:f] *n* ⟨~s; ~e⟩ épigraphe *f*; **~ik** *f* ⟨~⟩ épigraphie *f*; **~iker** *m* épigraphiste *m*; **2isch** *adj.* épigraphique.

Epik ['e:pɪk] *f* ⟨~⟩ poésie *f*, littérature *f* épique; **~er** *m* ǀ ⟨~s; ~⟩ poète *m* épique.

Epikrise [e·pi·'kri:zə] *f méd.* analyse critique finale d'un cas médical.

Epikur|eer [e·pi·ku·'re:ər] *m* ⟨~s; ~⟩ épicurien *m*; **2(e)isch** [-'re:-, -'ku:rɪʃ] *adj.* épicurien, -nne.

Epilep|sie [e·pi·lɛ'psi:] *f* ⟨~⟩ *méd.* épilepsie *f*; ˈhaut mal; mal caduc; an ~ leiden être épileptique; **~tiker** [-'lɛp-] *m* ⟨~s; ~⟩ épileptique *m*; **2tisch** [-'lɛp-] *adj.* épileptique; ~er Anfall attaque d'épilepsie.

Epilog [e·pi·'lo:k] *m* ⟨~s; ~e⟩ épilogue *m*.

Epiphan|ias(fest) [e·pi·'fɑ:ni·as(,fɛst)] *n* ⟨~⟩ (*n*) *relig.* (fête *f* de l')Épiphanie *f*; **~ie** [-'ni:] *f* ⟨~⟩ Épiphanie *f*.

Epi|physe [e·pi·'fy:zə] *f* ⟨~; ~n⟩ *anat.* épiphyse *f*; **~'phyt** *m* ⟨~en; ~en⟩ *bot.* épiphyte *m*.

episch ['e:pɪʃ] *adj.* épique.

Episkop [e·pɪs'ko:p] *n* ⟨~s; ~e⟩ *opt.* épiscope *m*.

episko|pal [e·pɪsko·'pɑ:l] *adj. égl.* épiscopal; **2'pal,kirche** *f* Église épiscopale, anglicane; **2'pat** *n, m* ⟨~(e)s; ~e⟩ épiscopat *m*.

Episod|e [e·pi·'so:də] *f* ⟨~; ~n⟩ épisode *m*; **2en,artig, 2en,haft, 2isch** *adj.* épisodique.

Epistel [e·'pɪstəl] *f* ⟨~; ~n⟩ *relig., iron.* (*Brief*) épître *f*; *fig. u.* F (*Strafpredigt*) semonce *f*; sermon *m*.

Epi|styl [e·pi·'sty:l, e·pɪ'sty:l] *n* ⟨~s; ~e⟩ *bât.* épistyle *m*; architrave *f*; **~'taph(ium)** *n* ⟨~s; ~e⟩ (*n*) ⟨~s; -ien⟩ épitaphe *f*; **~'thel** *n* ⟨~s; ~e⟩ *biol.* épithélium [-jɔm] *m*; **~'thel,körperchen** *n/pl. anat.* parathyroïdes *f/pl.*

Epitheton [e·'pi:te·tɔn, e·'pi·te·tɔn] *n* ⟨~s; -ta⟩ *gr., rhét.* épithète *f*.

Epi|zentrum [e·pi·'tsɛntrum] *n e-s Erdbebens* épicentre *m*; **~'zykel** *m* ⟨~s; ~⟩, **~zyklo'ide** *f* ⟨~; ~n⟩ *math.* épicycloïde *f*; **~zyklo'iden,rad** *n techn.* roue épicycloïdale.

epoch|al [e·pɔ'xɑ:l] *adj. cf.* ~emachend; **2e** [-'pɔ-] *f* ⟨~; ~n⟩ époque *f* (*auch astr.*); ~ machen faire époque; **~e,machend** [-'pɔ-] *adjt.* qui fait époque, date; qui marque une époque.

Epos ['e:pɔs] *n* ⟨~; Epen⟩ poème *m* épique; épopée *f*.

er [e:r, ɛr] *pr/pers.* **a)** *beim Verb* il; *an Stelle e-s subst. f* elle; **b)** *alleinstehend od. betont* lui; ~ allein lui seul; ~ selbst lui-même; ~ auch, auch ~ lui aussi; **c)** *vor voici, voilà* le, *mit Bezug auf ein subst. f* la; da ist ~ le voici; le voilà.

erachten [ɛr'ʔaxtən] **I** *v/t.* ⟨-ete, *pas de ge-*, h⟩ estimer; juger; etw. für notwendig ~ estimer, juger qc. nécessaire; für gut ~ juger à propos; **II** 2 *n* ⟨~s⟩ opinion *f*; avis *m*; meines ~s à mon avis; selon, d'après moi.

erahnen [ɛr'ʔɑ:nən] *v/t.* ⟨*pas de ge-*, h⟩ *cf.* ahnen.

erarbeit|en [ɛr'ʔar,baɪtən] *v/t.* ⟨-ete, *pas de ge-*, h⟩ acquérir, gagner par le travail; *Wissensstoff etc.* assimiler; *Grundlinien, Leitsätze etc.* élaborer; **2ung** *f* ⟨~⟩ acquisition *f* par le travail; *von Wissen* assimilation *f*; *von Leitsätzen etc.* élaboration *f*.

Erb|adel ['ɛrp,ʔɑ:dəl] *m* aristocratie [-si] *f* héréditaire; **~,änderung** *f biol.* mutation *f*; **~,anfall** *m jur.* dévolution *f* d'un héritage, d'une succession; **~,anlage** *f biol.* disposition *f*, caractère *m* héréditaire; **~,anspruch** *m jur.* prétention *f*, droit *m* à un héritage; droit *m* héréditaire; Erbansprüche erheben soulever des prétentions à l'héritage; **~,anteil** *m* part *f* d'héritage; **~,anwartschaft** *f jur.* espérance successorale.

erbarmen [ɛr'barmən] **I** *v/t.* ⟨*pas de ge-*, h⟩ faire pitié à; apitoyer; attendrir; das könnte e-n Stein ~ c'est à faire pleurer des pierres; **II** *v/réfl.* sich ~ avoir pitié (de), de la compassion (pour); prendre (qn.) en pitié; *abs.* être pris de pitié; *relig.* Herr, erbarme dich unser! Seigneur, ayez pitié de nous!; **III** 2 *n* ⟨~s⟩ pitié *f*; miséricorde *f*; compassion *f*; es ist zum ~ c'est à faire pitié, à fendre le cœur, l'âme; er kennt kein ~ il ne connaît pas la pitié; il n'a aucune pitié; **~s,wert, ~s,würdig** *adj.* digne de pitié, de compassion; pitoyable.

erbärmlich [ɛr'bɛrmlɪç] **1.** *adj.* lamentable; (*kläglich*) déplorable; (*jämmerlich*) piteux, -euse; pitoyable; (*elend*) malheureux, -euse; minable (*alle auch fig. verachtenswert*); **2.** *adv.* ~ singen chanter à faire pitié, d'une façon pitoyable; ~ frieren avoir terriblement froid; es ist ~ kalt il fait terriblement froid; ~ sterben mourir comme un chien; **2,keit** *f* ⟨~⟩ état *m* pitoyable, lamentable, misérable; *der Gesinnung* bassesse *f*; (*erbärmliche Sache*) misère *f*; (*Armseligkeit*) pauvreté *f*.

erbarmungs|los [ɛr'barmuŋs,lo:s] **1.** *adj.* impitoyable; **2.** *adv.* sans pitié; impitoyablement; **~,voll 1.** *adj.* plein de compassion; compatissant; miséricordieux, -euse; **2.** *adv.* avec miséricorde.

erbau|en [ɛr'bauən] **I** *v/t.* ⟨*pas de ge-*, h⟩ **1.** construire; bâtir; *st. s.* édifier; Rom ist nicht an e-m Tag erbaut worden *prov.* Paris ne s'est pas fait en un jour *prov.*; **2.** *fig. geistig* édifier; F *u. iron.* er war davon nicht gerade erbaut il n'en fut pas trop enchanté; **II** *v/réfl. fig.* sich an etw. ~ être édifié par qc.; **2er** *m* ⟨~s; ~⟩ constructeur *m*; bâtisseur *m*; architecte *m*; **~lich 1.** *adj. fig.* édifiant; **2.** *adv.* d'une manière édifiante; **2lich,keit** *f* ⟨~⟩ caractère édifiant (de qc.).

Erbauseinandersetzung ['ɛrpʔaus-ʔaɪ,nandər,zɛtsuŋ] *f jur.* liquidation *f*, règlement *m* d'une succession; partage successoral.

Erbauung [ɛr'bauuŋ] *f* ⟨~⟩ construction *f*; édification *f* (*auch fig.*); **~s,buch** *n*, **~s,schrift** *f* livre *m* de piété, d'édification.

Erb|baurecht ['ɛrpˌbaurɛçt] *n jur.* droit *m* de superficie héréditaire; **2beˌdingt** *adj.* héréditaire; **2beˌrechtigt** *adj. jur.* successible; **~e Nachkommen** descendants successibles; **~ sein** avoir droit à la succession; **~beˌrechtigte(r)** *f(m) jur.* personne *f* successible; **~beˌrechtigung** *f* droit *m* à une succession; droit successoral; successibilité *f*; **~beˌsitz** *m* possession *f* héréditaire; **~bild** *n biol.* génotype *m*; **~bioloˌgie** *f* génétique *f*; **2bioˌlogisch** *adj.* génétique.

Erbe[1] ['ɛrbə] *m* ⟨~n; ~n⟩ héritier *m*; *jur. auch* successeur *m*; (*Vermächtnisnehmer*) légataire *m*; **alleiniger ~** unique héritier; héritier unique; **~ erster Ordnung** héritier en première ligne, du premier ordre, degré; **gesetzlicher ~** héritier légitime; **pflichtteilsberechtigter ~** (héritier) réservataire *m*; **mutmaßlicher ~** héritier présomptif; **ohne leibliche ~n** sans héritier(s) du sang; **j-n zum ~n einsetzen** instituer qn. héritier; faire de qn. son héritier; **~**[2] *n* ⟨~s⟩ héritage *m*; *elterliches* patrimoine *m* (*beide auch fig.*); succession *f*; **ein ~ antreten** recueillir un héritage, une succession; *fig.* **ein trauriges ~ hinterlassen** laisser un triste héritage; *cf. auch* **Erbschaft**.

erbeben [ɛr'beːbən] **I** *v/i.* ⟨*pas de ge-*, **sein**⟩ (se mettre à) trembler, frissonner, *pfort.* frémir (**vor etw.** de qc., **vor j-m** devant qn.); **II** 2 *n* tremblement *m*; frisson *m*; frémissement *m*.

erb|eigen ['ɛrpˌˀaɪgən] *adj.* acquis par héritage; **2ˌeigenˌtum** *n* héritage *m*; patrimoine *m*; **2ˌeigenˌtümer(in)** *m(f)* propriétaire *m, f* d'un bien acquis par héritage; **2ˌeinsetzung** *f jur.* institution *f* d'héritier; **~en** *v/t.* ⟨h⟩ hériter (de qc. *od.* qc. de qn.); *abs.* faire un héritage; **ein Haus ~** hériter d'une maison; **den guten Charakter s-s Vaters ~** hériter du bon caractère de son père; **er hat von s-m Onkel tausend Mark geerbt** il a hérité mille marks de son oncle; **gemeinsam ~** cohériter; *fig. u.* F **dabei ist nichts zu ~** il n'y a rien à y gagner; **2engeˌmeinschaft** *f* indivision héréditaire, successorale; communauté *f* héréditaire; copropriétaires indivis des biens successoraux; **2enˌhaftung** *f jur.* responsabilité *f* de l'héritier, des héritiers; **~enˌlos** *adj. jur.* **~er Nachlaß** succession vacante; **2enˌlosigkeit** *f* ⟨~⟩ déshérence *f*; **2erˌschleichung** *f cf.* **Erbschleicherei**.

erbetteln [ɛr'bɛtəln] *v/t.* ⟨-(e)le, *pas de ge-*, h⟩ mendier, quémander (qc.); obtenir en mendiant.

erbeut|en [ɛr'bɔʏtən] *v/t.* ⟨-ete, *pas de ge-*, h⟩ *milit.* capturer, prendre (**von j-m** à qn.); **2ung** *f* ⟨~⟩ capture *f*; prise *f*.

erb|fähig ['ɛrpˌfɛːɪç] *adj. jur.* habile à succéder; capable de succéder; successible; **~e Verwandte** parents au degré successible; **2ˌfähigˌkeit** *f* ⟨~⟩ *jur.* habilité *f*, capacité *f* à succéder; **2ˌfaktor** *m biol.* facteur *m* héréditaire; **2fall** *m* cas *m* de succession; **Eintritt des ~s** ouverture de la succession; **2ˌfehler** *m biol.* défaut *m*, vice *m* héréditaire; **2feind** *m* ennemi *m* héréditaire; **2ˌfeindschaft** *f* inimitié *f*, 'haine *f* héréditaire; **2ˌfolge** *f* ⟨~⟩ succession *f* (héréditaire); ordre successoral, de succession; **gesetzliche ~** succession ab intestat, légale; **testamentarische ~** succession testamentaire; **~ in gerader Linie** succession en ligne directe; **~ der Seitenlinie** succession collatérale; **durch ~ übertragbar** transmissible par voie de succession (héréditaire); **2folgeˌfrage** *f* question *f* de succession; **2folgegeˌsetz** *n* loi successorale; **2folgeˌkrieg** *m hist.* guerre *f* de succession; **Spanischer ~** guerre de la Succession d'Espagne; **2folgeˌordnung** *f* ordre *m* de succession; **2folgeˌrecht** *n* droit *m* de succession, successoral; **2gang** *m jur.* dévolution *f*; *biol.* processus [-ys] *m* héréditaire; **~gleich** *adj. biol.* d'hérédité identique; **2grind** *m méd.* teigne *f*; *sc.* favus [-ys] *m*; **2gut** *n* bien successoral, héréditaire; bien *m* de famille; patrimoine *m*; *biol.* hérédité *f*; patrimoine *m* héréditaire; **2hof** *m* domaine *m*, ferme *f* héréditaire.

erbieten [ɛr'biːtən] **I** *v/réfl.* ⟨*irr.*, *pas de ge-*, h⟩ **sich ~, zu …** s'offrir à …; offrir de …; **II** 2 *n* ⟨~s⟩ offre *f*.

Erbin ['ɛrbɪn] *f* ⟨~; ~nen⟩ héritière *f*.

erbitten [ɛr'bɪtən] *v/t.* ⟨*irr.*, *pas de ge-*, h⟩ **etw. von j-m ~** demander qc. à qn.

erbitter|n [ɛr'bɪtərn] *v/t.* ⟨-(e)re, *pas de ge-*, h⟩ remplir d'amertume; (*wütend machen*) exaspérer; **~t 1.** *adjt. Kampf etc.* acharné; **~ sein** ressentir de l'amertume; (*aufgebracht sein*) être exaspéré; **2.** *advt.* avec acharnement; **2ung** *f* ⟨~⟩ (*Außersichsein*) exaspération *f*; (*Groll*) rancœur *f*; *od. verbal.*

Erbium ['ɛrbiˑʊm] *n* ⟨~s⟩ *chim.* erbium [-jɔm] *m*.

erbkrank ['ɛrpkrank] *adj.* atteint d'un mal héréditaire; héréditairement taré; **2heit** *f* maladie *f* héréditaire.

erblassen [ɛr'blasən] *v/i.* ⟨-ßt, *pas de ge-*, **sein**⟩ pâlir, blêmir (**vor** de); **vor Neid ~** pâlir d'envie.

Erblasser(in) ['ɛrpˌlasər(ɪn)] *m* ⟨~s; ~⟩ (*f*) ⟨~; ~nen⟩ *jur.* de cujus [-ys] *m*; défunt(e) *m(f)*; *bei e-m Testament* testateur, -trice *m, f*.

erbleichen [ɛr'blaɪçən] *v/i.* ⟨*pas de ge-*, **sein**⟩ devenir pâle, *pfort.* livide; *cf. auch* **erblassen**.

erblich ['ɛrplɪç] **1.** *adj. jur.*, *biol.* héréditaire; *jur. auch* transmissible par succession; *biol. auch* transmissible par hérédité; **~e Belastung** tare *f* héréditaire; hérédité chargée; **2.** *adv.* **~ belastet sein** *cf.* **belasten 1.**; **2ˌkeit** *f* ⟨~⟩ *jur.* transmissibilité successorale; *biol.* hérédité *f*.

erblicken [ɛr'blɪkən] *v/t.* ⟨*pas de ge-*, h⟩ apercevoir; voir; aviser; découvrir; **das Licht der Welt ~** voir le jour; venir au monde; naître; *fig.* **in j-m, in e-r Sache etw. ~** considérer qn., qc. comme qc.

erblind|en [ɛr'blɪndən] *v/i.* ⟨-ete, *pas de ge-*, **sein**⟩ perdre la vue; devenir aveugle; être frappé de cécité; **2ung** *f* ⟨~⟩ perte *f* de la vue; cécité *f*.

erblondet [ɛr'blɔndət] *adjt.* F *u. plais.* (*blond gefärbt*) décoloré.

erblühen [ɛr'blyːən] *v/i.* ⟨*pas de ge-*, **sein**⟩ *cf.* **aufblühen**.

Erb|masse ['ɛrpˌmasə] *f jur.* corps *m* héréditaire; masse successorale; *biol.* hérédité *f*; **~monarˌchie** *f* monarchie *f* héréditaire; **~ˌonkel** *m* oncle *m* à héritage.

erbos|en [ɛr'boːzən] *v/t.* (*u. v/réfl.*) ⟨-(es)t, *pas de ge-*, h⟩ (se) mettre en colère (**über** contre); (se) fâcher, (s')irriter (**über j-n** contre qn., **über etw.** de qc.); **2theit** *f* ⟨~⟩ irritation *f*; dépit *m*; colère *f*; fureur *f*.

erbötig [ɛr'bøːtɪç] *adj.* **~ sein** être prêt, disposé (à).

Erb|pacht ['ɛrppaxt] *f* bail *m* emphytéotique; emphytéose *f*; **~ˌpächter** *m* emphytéote *m*; **~prinz** *m* prince héritier; **~prinˌzessin** *f* princesse héritière.

erbrechen [ɛr'brɛçən] **I** *v/t.* ⟨*irr.*, *pas de ge-*, h⟩ **1.** *cf.* **aufbrechen 1.**; **2.** *méd.* vomir; rejeter; **II** *v/réfl.* **3. sich ~** vomir; rendre; **III** 2 *n* **4.** *cf.* **Aufbrechen 5.**; **5.** *méd.* vomissement(s) *m(pl.)*.

Erbrecht ['ɛrprɛçt] *n jur.* droit relatif aux successions; (*Erbanspruch*) droit *m* de succession; droit *m* héréditaire.

erbringen [ɛr'brɪŋən] *v/t.* ⟨*irr.*, *pas de ge-*, h⟩ *Beweis* apporter; fournir; *Summe* rapporter.

Erbschaft ['ɛrpʃaft] *f* ⟨~; ~en⟩ héritage *m*; succession *f*; patrimoine *m*; **e-e ~ machen** faire un héritage; **e-e ~ ausschlagen** répudier une succession; **auf e-e ~ verzichten** renoncer à une succession (future); *jur.* **j-m durch ~ anfallen** être dévolu à qn.; **dem Staat verfallene ~** succession dévolue à l'État; **~sˌanfall** *m* ⟨~(e)s⟩ dévolution *f* d'une succession; **~sˌangelegenheit** *f* affaire successorale; **~sˌannahme** *f* acceptation *f* de succession; **~sˌanspruch** *m* prétention *f* à l'héritage; **~sˌanteil** *m* part *f* d'héritage; **~sˌantritt** *m* prise *f* de possession d'une succession; saisine *f*; **~sˌausschlagung** *f* répudiation *f* d'une succession; **~sˌklage** *f auf Herausgabe* pétition *f* d'hérédité; action successorale; **~sˌsteuer** *f* droits *m/pl.* de succession; impôt *m* sur les successions; taxe successorale; **~sˌstreit** *m* litige successoral.

Erb|schein ['ɛrpʃaɪn] *m* certificat *m* d'héritier; attestation *f* de la qualité d'héritier; **~ˌschleicher(in)** *m* ⟨~s; ~⟩ (*f*) ⟨~; ~nen⟩ captateur, -trice *m, f* d'héritage; **~schleiche'rei** *f* ⟨~; ~en⟩ captation *f* d'héritage.

Erbse ['ɛrpsə] *f* ⟨~; ~n⟩ *bot.* pois *m*; **grüne ~n** petits pois; **gelbe ~n** pois secs jaunes; **~nˌbaum** *m Zierstrauch* caragan *m*; arbre *m* aux pois; acacia *m* jaune; **~nˌbein** *n anat.* pisiforme *m*; **2nˌförmig** *adj.* pisiforme; **2nˌgroß** *adj.* gros, -sse comme un petit pois; **~nˌkäfer** *m zo.* bruche *m* du pois; **~nˌmehl** *n* farine *f* de pois; **~npüˌree** *n* purée *f* de pois; **~nˌreiser** *pl.* rames *f/pl.*; **~nˌschote** *f* cosse *f*; gousse *f*; **~nˌstrauch** *m cf.* **~nbaum**; **~nˌsuppe** *f* soupe *f* aux pois cassés; potage *m* Saint-Germain; **~nˌwickler** *m zo.* tordeuse *f* du pois.

Erb|stück ['ɛrpʃtʏk] *n* objet hérité; bijou *m*, meuble *m*, *etc.* de famille; **~ˌsünde** *f relig.* péché originel.

Erbswurst ['ɛrpsvʊrst] *f etwa* soupe *f* aux pois en sachet.

Erb|tante ['ɛrpˌtantə] *f* tante *f* à héritage; **~teil** *n, m* part *f*, portion *f* d'héritage; émolument *m*; **~ˌteilung** *f* partage *m* de la succession, des biens successoraux, du patrimoine; **~teilungsverˌtrag** *m* contrat *m* de partage de succession; **~ˌübel** *n* mal *m* héréditaire; **2ˌunfähig** *adj.* inhabile à succéder; **~ˌunfähigˌkeit** *f* inhabilité *f* à succéder; **2ˌunwürdig** *adj.* indigne d'hériter, de succéder; **~ˌunwürdigˌkeit** *f* indignité successorale; **~verˌgleich** *m* compromis successoral; **~verˌtrag** *m* pacte *m* sur succession future; pacte successoral; contrat *m* d'hérédité; **~verˌzicht** *m* renonciation *f* à la succession, à une succession future; désistement *m* de la succession; **~weg** *m jur.* **Übergang im ~** transmission *f* par voie de succession.

Erd|ableiter ['eːrtˌˀaplaɪtər] *m cf.* **Erdleiter**; **~ˌachse** *f* axe *m* terrestre, de la terre; **~alˌkalien** *pl. chim.* terres alcalines; **~alˌkalimeˌtall** *n* métal *m* alcalino-terreux; **~ˌaltertum** *n géol.* paléozoïque *m*; (ère *f*) primaire *m*; **~ˌanschluß** *m élect.* prise *f* de terre; **~ˌanziehung** *f* attraction *f* terrestre; **~ˌarbeiten** *f/pl.* travaux *m/pl.* de terrassement; **~ˌarbeiter** *m* terrassier *m*; **~atmosˌphäre** *f* atmosphère *f* terrestre, de la terre; **~ˌaufschüttung** *f* remblai *m*; terrassement *m*; **~ˌaufwurf** *m* levée *f* de terre; terre-plein *m*; **~ˌaushub** *m* déblai *m*; fouilles *f/pl.*; **~bahn** *f astr.* orbite *f* terrestre; **~ball** *m* globe *m* terrestre; **~ˌbeben** *n* tremblement *m* de terre; séisme *m*; **~bebengeˌbiet** *n* zone *f* du séisme; **~bebenˌherd** *m* foyer *m* du séisme, du tremblement de terre; hypocentre *m*; **~bebenˌkunde** *f* s(é)ismologie *f*; **~bebenˌmesser** *m* ⟨~s; ~⟩ sismographe *m*; **2bebenˌsicher** *adj.* à l'abri des tremblements de terre; **~bebenˌwarte** *f* station *f* s(é)ismographique; **~bebenˌwelle** *f* onde *f* sismique; **~beerˌbaum** *m bot.* arbousier *m*; **~beerˌblatt** *n* feuille *f* de fraisier; **~beerˌbowle** *f* punch [pɔ̃ʃ] froid aux fraises; **~ˌbeere** *f bot.* fraise *f*; **~beerˌeis** *n* glace *f* à la fraise; **~beermarmeˌlade** *f* confiture *f* de fraises; **~beerˌpflanze** *f* fraisier *m*; **~beerˌpflanzung** *f* fraisière *f*; **~beerˌsaft** *m* sirop *m* de fraises; **~beerˌtorte** *f* tarte *f* aux fraises; **~beerˌwein** *m* vin *m* de fraises; **~beˌschreibung** *f* géographie *f* (physique); **~beˌwegung** *f bei Bauarbeiten* terrassement *m*; **~beˌwohner** *m* habitant *m* de la terre; Terrien *m*; **~ˌbiene** *f zo.* abeille *f* des sables; *sc.* andrène *m, f*; **~ˌboden** *m* sol *m*; terre *f*; terrain *m*; dem ~ gleichmachen raser; **~ˌbohrer** *m techn., minéral.* tarière *f*; fleuret *m*; sonde *f*; **~ˌbohrung** *f* (*Versuchs2*) sondage *m*; **~damm** *m* levée *f* de terre; remblai *m*; **~druck** *m géol.* poussée *f* des terres; **~ˌdurchmesser** *m* diamètre *m* de la terre.

Erde ['eːrdə] *f* ⟨~⟩ **1.** terre *f*; monde *m*; *als Planet* Terre *f*; (*Erdball*) globe *m* (terrestre); auf der ~ sur (la) terre; auf ~n ici-bas; sur terre; en ce bas monde; die Hölle auf ~n haben *cf.* Hölle; **2.** (*Erdboden*) terre *f*; sol *m*; zu ebener ~ au niveau du sol; de plain-pied (avec le sol); über der ~ au-dessus du sol; unter der ~ sous terre; souterrain; auf die ~ fallen tomber par *od.* à terre; auf die ~ werfen jeter par *od.* à terre; auf der (bloßen) ~ schlafen coucher, dormir par terre, F sur la dure; *fig.* mit beiden Beinen auf der ~ stehen avoir les pieds sur terre; F j-n unter die ~ bringen faire mourir qn. (de chagrin); **3.** ⟨*pl.* ~n⟩ *chim.* terre *f*; seltene ~n terres rares; alkalische ~n *cf.* Erdalkalien; feuerfeste ~ terre réfractaire; gebrannte ~ terre cuite; **4.** *rad., élect.* (prise *f* de) terre *f*; masse *f*; künstliche ~ contrepoids *m*; **~ˌessen** *n* ⟨~s⟩ géophagie *f*; **~ˌesser** *m* géophage *m*.

erden ['eːrdən] **I** *v/t.* ⟨-ete, h⟩ *élect.* mettre, relier à la terre; **II** 2 *n* ⟨~s⟩ *cf.* Erdung; **2ˌbürger** *m plais.* neuer, kleiner ~ nouveau-né *m*; **2ˌglück** *n* bonheur *m* terrestre.

erdenk|en [ɛr'dɛŋkən] *v/t.* ⟨*irr., pas de ge-,* h⟩ imaginer; concevoir; (*erfinden*) inventer; controuver; **~lich** *adj.* imaginable; concevable; sich alle ~e Mühe geben se donner toutes les peines du monde; faire de son mieux; alle ~en Mittel tous les moyens imaginables.

Erden|leben ['eːrdənˌleːbən] *n* vie *f* terrestre, d'ici-bas; **~ˌrund** *n* ⟨~(e)s⟩ globe *m* terrestre; *litt.* machine ronde.

Erd|erschütterung ['eːrtʔɛrˌʃʏtərʊŋ] *f* ébranlement *m*, commotion *f* de la terre; **2fahl** *adj. cf.* 2farben; **~fall** *m* affaissement *m* de terrain; **~ˌfarbe** *f* **1.** *Farbstoff* couleur minérale; **2.** *Farbton* couleur terre, terreuse, sienne, ocre (jaune); **2ˌfarben** *adj.* couleur terre; sienne; ocre (*alle inv.*); **~ˌferkel** *n zo.* cochon *m* de terre; *sc.* oryctérope *m*; **~ˌferne** *f astr., e-s Satelliten* apogée *m*; **~floh** *m zo.* altise *f*; **~gas** *n* gaz naturel; **~gasˌleitung** *f* gazoduc *m*; feeder [fidœːr] *m*; **~gasˌvorkommen** *n* gisement *m* de gaz naturel; **2geˌbunden** *adj.* attaché à la terre; **~geist** *m* gnome *m*; *in Goethes „Faust"* Esprit *m* de la terre; **~geˌruch** *m* odeur *f* de (la) terre; **~geˌschichte** *f* géologie *f*; **2geˌschichtlich** *adj.* géologique; **~geˌschoß** *n* rez-de-chaussée *m*; **~ˌgürtel** *m* zone *f* de la terre, terrestre; **~ˌhälfte** *f* hémisphère *m*; **2ˌhaltig** *adj.* mêlé de terre; terreux, -euse; **~ˌhaufen** *m* tas *m* de terre; **~ˌhügel** *m* tertre *m*; butte *f*.

erdicht|en [ɛr'dɪçtən] *v/t.* ⟨-ete, *pas de ge-,* h⟩ imaginer; fabriquer de toutes pièces; (*erfinden*) inventer; (*erlügen*) forger; **~et** *adjt.* fictif, -ive; *cf. auch* ~en; **2ung** *f* ⟨~; ~en⟩ fiction *f*; invention *f*; fable *f*; légende *f*.

erd|ig ['eːrdɪç] *adj.* terreux, -euse; qui contient de la terre; ~er Geruch odeur de terre; ~e Quellen eaux bicarbonatées mixtes; ~e Braunkohle lignite terreux; **2inˌduktor** *m* magnétomètre *m* d'inclinaison; **2ˌinnere(s)** *n* ⟨→ A⟩ intérieur *m* de la terre; **2ˌkabel** *n* câble souterrain; **2kampf** *m milit.* combat *m* au sol; **2kern** *m* noyau *m* de la terre; *sc.* barysphère *f*; nifé *m*; **2ˌklemme** *f élect.* borne *f* de terre; **2ˌklumpen** *m* motte *f* de terre; **2ˌkohle** *f* lignite terreux; **2krebs** *m zo.* courtilière *f*; taupe-grillon *m*; **2kreis** *m* globe *m* terrestre; terre *f*; **2ˌkröte** *f zo.* crapaud *m* vulgaire; **2ˌkrümmung** *f* courbure *f* de la terre; **2ˌkruste** *f cf.* Erdrinde; **2ˌkugel** *f* globe *m* terrestre; **2ˌkunde** *f* ⟨~⟩ géographie *f*; **~ˌkundlich** *adj.* géographique; **2ˌleiter** *m élect.* conducteur *m*, fil *m* de terre; **2ˌleitung** *f élect.* **1.** *cf.* 2leiter; **2.** conducteur souterrain; ligne souterraine; **2licht** *n* lumière reflétée par la terre; **2maˌgnetfeld** *n* champ *m* magnétique terrestre; **2magneˌtismus** *m* magnétisme *m* terrestre; géomagnétisme *m*; **2ˌmännchen** *n cf.* Alraun; **2ˌmassen** *f/pl.* terres *f/pl.*; masses *f/pl.* de terre; **2maus** *f zo. cf.* Wühlmaus; **2ˌmessung** *f* géodésie *f*; **2meˌtalle** *n/pl.* métaux *m/pl.* des terres rares; **2ˌmittelˌalter** *n géol.* mésozoïque *m*; secondaire *m*; **2ˌmittelˌpunkt** *m* centre *m* de la terre; **~nah** *adj. fig.* terre-à-terre; **2ˌnähe** *f astr., e-s Satelliten* périgée *m*; **2ˌneuzeit** *f géol.* cénozoïque *m*; tertiaire *m*; **2nuß** *f bot. Frucht* cacah(o)uète *f*; *Pflanze* arachide *f*; **2nußˌbutter** *f* beurre *m* de cacah(o)uète; **2nußˌöl** *n* huile *f* d'arachide; **2ˌoberfläche** *f* surface *f* de la terre.

Erdöl ['eːrtʔøːl] *n* pétrole *m*; huile minérale; naphte *m*; or noir; **~...** *in Zssgn. oft* pétrolier, -ière; **~ˌbohrung** *f* forage *m* de pétrole, pétrolier; **~cheˌmie** *f* pétrochimie *f*.

erdolch|en [ɛr'dɔlçən] *v/t.* ⟨*pas de ge-,* h⟩ poignarder; **2ung** *f* ⟨~; ~en⟩ *verbal.*

Erdöl|erzeuger ['eːrtʔøːlʔɛrˌtsɔʏgər] *m* producteur *m* de pétrole; **~erˌzeugnis** *n* produit pétrolier; **~ˌfeld** *n* champ *m* pétrolifère, de pétrole; **~ˌförderung** *f cf.* ~gewinnung; **~geˌsellschaft** *f* compagnie, société pétrolière; **~geˌwinnung** *f* production pétrolière, de pétrole; **2ˌhaltig** *adj.* pétrolifère; **2ˌhöffig** *adj.* qui promet du pétrole; **~indusˌtrie** *f* industrie pétrolière; **~ˌlager** *n cf.* ~vorkommen; **~ˌleitung** *f* pipeline [piplin] *m*; oléoduc *m*; **~proˌdukt** *n cf.* ~erzeugnis; **~ˌquelle** *f* puits *m* de pétrole; **~raffineˌrie** *f* raffinerie *f* de pétrole; **~verˌarbeitung** *f* traitement *m* du pétrole brut; **~ˌvorkommen** *n* gisement *m* de pétrole.

Erd|pech ['eːrtpɛç] *n cf.* Asphalt; **~ˌplatte** *f élect.* plaque *f* de mise à la terre; **~pol** *m* pôle *m* terrestre; **~potentiˌal** *n élect.* potentiel *m* de la terre; **~pyraˌmide** *f géol.* cheminée *f* des fées; demoiselle *f*; bloc perché; **~ˌradius** *m* rayon *m* terrestre; **~rauch** *m bot.* fumeterre *f*; **~reich** *n* ⟨~(e)s⟩ terre *f*; sol *m*.

erdreisten [ɛr'draɪstən] *v/réfl.* ⟨-ete, *pas de ge-,* h⟩ sich ~ avoir le front, la hardiesse, l'impudence, l'audace (de).

Erd|rinde ['eːrtˌrɪndə] *f* écorce *f*, croûte *f* terrestre; *sc.* lithosphère *f*; sial *m*; **~riß** *m géol.* faille *f*; fissure *f*.

erdröhnen [ɛr'drøːnən] *v/i.* ⟨*pas de ge-,* sein⟩ retentir; *mot.* (commencer à) vrombir.

erdrossel|n [ɛr'drɔsəln] **I** *v/t.* ⟨-ssele *od.* -ßle, *pas de ge-,* h⟩ étrangler; stranguler; **II** *v/réfl.* sich ~ s'étrangler; **2ung** *f* ⟨~; ~en⟩ étranglement *m*; strangulation *f*.

erdrücken [ɛr'drʏkən] **I** *v/t.* ⟨*pas de ge-,* h⟩ écraser; *fig.* accabler; ~de Mehrheit majorité écrasante; ~de Beweise preuves accablantes; **II** 2 *n* écrasement *m*; *fig.* accablement *m*.

Erd|rücken ['eːrtˌrʏkən] *m* élévation *f* de terrain; croupe *f*; monticule *m*; éminence *f*; **~ˌrückleitung** *f élect.* circuit *m* de retour par la terre, par le sol; **~rutsch** *m* glissement *m* de terrain; éboulement *m*; *fig. bei Wahlen etc.* raz *m* de marée; **~sateˌllit** *m* satellite *m* terrestre; **~ˌschaltung** *f élect.* prise *f* de terre; **~ˌschatten** *m* ombre *f* de la terre; **~schicht** *f* couche *f* de terre; *géol.* assise *f*; **~schluß** *m élect.* contact *m* à la terre; court-circuit *m* à la terre; mise *f* à la terre accidentelle; **~schlußˌanzeiger** *m élect.* indicateur *m* de (perte à la) terre; **~schlußbeˌstimmung** *f élect.* détermination *f* de la perte à la terre; **~schlußˌstrom** *m élect.* courant *m* de perte à la terre, de court-circuit à la terre; **~ˌschocke** *f* ⟨~; ~n⟩ *bot.* (tubercule *m* de) topinambour *m*; **~ˌscholle** *f* motte *f* de terre; **~schwein** *n cf.* Erdferkel; **~ˌsenkung** *f* enfoncement *m* du sol; affaissement *m* de terrain; **~sicht** *f aviat.* visibilité *f* au sol; **~ˌspalte** *f* fente *f*, fissure *f*, crevasse *f* (dans le sol); **~stern** *m bot. Pilz* géaster *m*; **~stoß** *m* secousse *f* sismique, tellurique; **~strom** *m phys.* courant *m* tellurique; *techn.* vagabundierender ~ courant vagabond; **~sturz** *m* éboulement *m*; affaissement *m* de terrain; **~teil** *m* continent *m*.

erduld|en [ɛr'dʊldən] *v/t.* ⟨-ete, *pas de ge-,* h⟩ endurer; supporter; souffrir; **2ung** *f* ⟨~⟩ *verbal.*

Erd|umdrehung ['eːrtʔʊmˌdreːʊŋ] *f* rotation *f* de la terre; **~ˌumfang** *m* circonférence *f* de la terre; **~umˌkreisung** *f* révolution *f* autour de la terre;

~um,seg(e)lung *f* voyage *m* de circumnavigation autour du globe; **~-,umwälzung** *f* cataclysme *m*; bouleversement *m*, révolution *f* terrestre.

Erdung ['e:rdʊŋ] *f* ⟨~; ~en⟩ *élect.* mise *f* à (la) terre; prise *f* de terre; **~s,draht** *m* fil *m* de (mise à la) terre; **~s,drossel** *f* bobine *f* d'écoulement; **~s,klemme** *f* borne *f* de (mise à la) terre; **~s,netz** *n* réseau *m* de prises de terre; **~s,widerstand** *m* résistance *f* de (mise à la) terre.

Erd|wachs ['e:rtvaks] *n* cire minérale, fossile; ozokérite *f*; **~wall** *m* levée *f* de terre; remblai *m*; *mit Mauer* terre-plein *m*; *milit.* rempart *m* (de terre); **~,wanze** *f zo.* cydne *m*; **~,wärme** *f* propre chaleur *f* de la terre; **2wärts** *adv.* vers *od.* en direction de la terre; **~,zeitalter** *n* ère *f* géologique; **~,zone** *f* zone *f* terrestre.

ereifer|n [ɛr'ʔaɪfərn] *v/réfl.* ⟨-(e)re, *pas de ge-*, h⟩ **sich ~** s'échauffer (**über** pour, au sujet de); F s'emballer; *zornig* s'emporter; **2ung** *f* ⟨~⟩ échauffement *m*.

ereig|nen [ɛr'ʔaɪgnən] *v/réfl.* ⟨-ete, *pas de ge-*, h⟩ **sich ~** arriver; se passer; se produire; **2nis** *n* ⟨~ses; ~se⟩ événement [evɛn-] *m*; (*Zwischenfall*) incident *m*; **freudiges ~** (*Geburt*) heureux événement; **unvorhergesehenes ~** événement fortuit; **der Gang der ~se** le cours des événements; **~nis,los** *adj.* sans événements importants; calme; monotone; **~nis,reich, ~nis,voll** *adj.* mouvementé; agité; riche, fertile en événements.

ereilen [ɛr'ʔaɪlən] *v/t.* ⟨*pas de ge-*, h⟩ *litt. Tod* surprendre; *Schicksal* frapper.

Erektion [e·rɛktsi·'o:n] *f* ⟨~; ~en⟩ *physiol.* érection *f*.

Eremit [e·re·'mi:t] *m* ⟨~en; ~en⟩ ermite *m*.

Erepsin [e·rɛ'psi:n] *n* ⟨~s⟩ *physiol.*, *chim.* érepsine *f*.

ererb|en [ɛr'ʔɛrbən] *v/t.* ⟨*pas de ge-*, h⟩ hériter; recevoir en héritage; **~t** *adjt.* hérité; (*überkommen*) transmis par tradition; *biol. auch* héréditaire.

Erethismus [e·re·'tɪsmʊs] *m* ⟨~⟩ *méd.* éréthisme *m*.

erfahren [ɛr'fa:rən] **I** *v/t.* ⟨*irr.*, *pas de ge-*, h⟩ **1.** *durch Mitteilung* apprendre; savoir; **wie wir von maßgebender Seite ~** comme nous apprenons de source autorisée; **sie braucht davon nichts zu ~** il n'est pas nécessaire qu'elle le sache; **zuletzt erfährt man doch alles** tout se sait à la fin; **woher hast du das ~?** d'où tiens-tu cela?; **von e-r Sache ~** avoir vent d'une affaire; **damit es jeder erfährt** afin que nul ne l'ignore; **2.** (*die Erfahrung machen*) faire l'expérience de; expérimenter; **den Undank der Welt ~** expérimenter l'ingratitude du monde; **er hat es an sich selbst ~** il en a fait lui-même l'expérience; il en a fait l'expérience par lui-même; **etw. am eigenen Leib ~ haben** être payé pour le savoir; **3.** *Leid etc.* subir; éprouver; *Rückschläge* essuyer; *Veränderungen* subir; *Preise* **e-e Erhöhung ~** subir une majoration; **II** *adj.* (*reich an Erfahrung*) expérimenté; qui a de la pratique, de l'expérience; (*fachkundig*) expert; **er ist in diesen Dingen sehr ~** il est très expérimenté, il a beaucoup d'expérience en la matière; **2,heit** *f* ⟨~⟩ expérience *f*.

Erfahrung [ɛr'fa:rʊŋ] *f* ⟨~; ~en⟩ expérience *f*; (*Übung*) *auch* pratique *f*; **aus (eigener) ~** par expérience; **nach meiner ~** d'après mon expérience; **die ~ lehrt, daß ...** l'expérience enseigne que ...; **auf ~ begründet** fondé sur l'expérience; empirique; **etw. in ~ (zu) bringen (suchen)** (chercher à) apprendre, découvrir qc.; **~en sammeln** faire beaucoup d'expériences; acquérir de l'expérience; **die ~ machen, daß ...** faire l'expérience que ...; **um e-e ~ reicher werden** gagner en expérience; **mit etw. gute ~en machen** être content de qc.; se trouver bien de qc.; **~ ist die beste Lehrmeisterin, macht klug** l'expérience fait le maître, rend sage; **~s,austausch** *m* communication *f* réciproque de ses expériences; échange *m* d'expérience; **~sbe,griff** *m* notion expérimentale; idée *f* empirique; **~sbe,weis** *m* preuve fondée sur l'expérience; **2sge,mäß** *adv.* nous savons par expérience, expérimentalement, empiriquement (que ...); l'expérience nous apprend (que ...); **2s,mäßig** *adj.* expérimental; empirique; **~s,satz** *m* principe, axiome fondé sur l'expérience; **~s,tatsache** *f* fait basé sur l'expérience; **~s,wert** *m* valeur *f* empirique; **~s,wissenschaft** *f* science *f* empirique; **~s,zahl** *f* chiffre *m*, nombre *m* empirique.

erfaßbar [ɛr'fasba:r] *adj.* saisissable; enregistrable; *zahlenmäßig* calculable; qui peut être chiffré; *statistisch* qui peut être chiffré statistiquement; *steuerlich* imposable.

erfass|en [ɛr'fasən] *v/t.* ⟨-ßt, *pas de ge-*, h⟩ **1.** saisir (*auch fig.*); *Auto e-n Fußgänger, Lokomotive ein Auto etc.* accrocher; *pfort.* 'happer; *Feuer* envahir; gagner; *fig. durch Presse, Werbung etc.* atteindre; toucher; gagner; **2.** *geistig, Sachlage etc.* saisir; (*verstehen*) comprendre; concevoir; **3.** *adm.* enregistrer; *Bevölkerung, Wehrpflichtige* recenser; **gewerkschaftlich ~** syndiquer; **karteilich ~** classer (dans un fichier); **zahlenmäßig ~** chiffrer; dénombrer; **statistisch ~** chiffrer statistiquement; **steuerlich ~** imposer; taxer; **2ung** *f* ⟨~⟩ enregistrement *m*; *von Wehrpflichtigen etc.* recensement *m*; *in e-r Kartei* classement *m*; inscription *f*; *zahlenmäßige* dénombrement *m*; *steuerliche* imposition *f*; taxation *f*; **2ungs,stelle** *f* bureau *m* d'enregistrement.

erfechten [ɛr'fɛçtən] *v/t.* ⟨*irr.*, *pas de ge-*, h⟩ *cf.* **erkämpfen**.

erfind|en [ɛr'fɪndən] *v/t.* ⟨*irr.*, *pas de ge-*, h⟩ *allg.* inventer; (*entdecken*) découvrir; (*erdichten*) imaginer; forger; *cf. auch* **erfunden**; **2er** *m* inventeur *m*; **2er,anteil** *m* part *f* de l'inventeur (provenant de l'exploitation de sa découverte); **2er,geist** *m* génie inventif, créateur; **2e,rin** *f* inventrice *f*; **~e,risch** *adj.* inventif, -ive; (*findig*) ingénieux, -euse; (*phantasievoll*) imaginatif, -ive; (*schöpferisch*) créateur, -trice; **Not macht ~** *prov.* nécessité est mère d'industrie *prov.*; **2erpa,tent** *n* brevet *m* d'invention; **2er,schutz** *m* protection *f* des inventeurs; **2ung** *f* ⟨~; ~en⟩ invention *f*; (*Erdichtung*) fiction *f*; **patentfähige ~** invention brevetable; **e-e ~ patentieren lassen** faire breveter une invention; **das ist reine ~** c'est une pure invention, une histoire; **2ungs,gabe** *f* talent *m* pour l'invention; don *m* d'invention; **2ungspa,tent** *n* brevet *m* d'invention; **~ungs,reich** *adj.* fertile, fécond en inventions; inventif, -ive.

erflehen [ɛr'fle:ən] *v/t.* ⟨*pas de ge-*, h⟩ *st. s.* implorer; invoquer.

Erfolg [ɛr'fɔlk] *m* ⟨~(e)s; ~e⟩ succès *m*; réussite *f*; (*Ergebnis*) résultat *m* (*auch comm.*); **ein noch nicht dagewesener ~** un succès sans précédent; F **ein kolossaler ~** un succès bœuf; F **das war vielleicht ein ~!** tu parles *bzw.* vous parlez d'un succès!; **guten ~!** bonne chance!; **~ haben** avoir du succès, réussir (**bei j-m** auprès de qn.); *abs.* arriver; **großen ~ haben** remporter un grand succès; faire fureur; **ein voller ~ sein** être un succès complet, un plein succès; **von ~ gekrönt sein** être couronné de succès; **alle Aussichten auf ~ haben** avoir toutes les chances de réussir, de succès; **~e verzeichnen** enregistrer des succès; **mit ~** avec succès; **ohne ~** sans succès, résultat; en vain; **leider ohne ~** mais en vain, sans succès; **mit dem ~, daß alles lachte** ayant pour résultat un éclat de rire général; **der ~ meiner Bemühungen** le résultat de mes peines; **2en** *v/i.* ⟨*pas de ge-*, sein⟩ **a)** *als Wirkung* s'ensuivre; *pfort.* résulter; **es ist nichts weiter darauf erfolgt** l'affaire n'a pas eu de suites; **b)** (*geschehen*) s'effectuer; avoir lieu; se produire; arriver; *Zahlung auch* être effectué; *Antwort* arriver; être donné; **2,los 1.** *adj.* infructueux, -euse; vain; **2.** *adv.* sans succès; **~ bleiben** ne pas réussir; être un échec; rester sans résultat; **~,losig,keit** *f* ⟨~⟩ manque *m* de succès; insuccès *m*; échec *m*; **2,reich 1.** *adj.* couronné de succès; **2.** *adv.* avec succès; **~s,anteil** *m comm.* prime *f* de résultat, de production, de productivité collective; **~s,aussichten** *f/pl.* chances *f/pl.* de succès; **~s,film** *m* film *m* à succès; **~s,konto** *n cf.* **~s-rechnung**; **~s,mensch** *m* homme *m* à succès; **~s,rechnung** *f comm.* compte *m* de résultats; **2s,sicher** *adj.* à réussite certaine; **~sten,denz** *f* tendance *f* au succès; **2ver,sprechend** *adjt.* qui promet du succès; promis au succès.

erforder|lich [ɛr'fɔrdər,lɪç] *adj.* requis; nécessaire; *pfort.* exigé; exigible; **das ~e Alter** l'âge requis; **die ~en Kenntnisse** les connaissances requises, exigées; **die ~e Mehrheit** la majorité requise; **~ machen** nécessiter; **für diese Arbeit ist viel Zeit ~** ce travail exige beaucoup de temps; **~,lichen-'falls** *adv.* en cas de besoin; **~n** *v/t.* ⟨-(e)re, *pas de ge-*, h⟩ demander; *pfort.* exiger; nécessiter; **Zeit ~** prendre, demander, exiger du temps; **2,nis** *n* ⟨~ses; ~se⟩ exigence *f*; (*Notwendigkeit*) nécessité *f*; besoin *m*; (*Voraussetzung*) condition exigée.

erforsch|en [ɛr'fɔrʃən] *v/t.* ⟨*pas de ge-*, h⟩ *wissenschaftlich, Land etc.* explorer; *Gewissen* examiner; (*ergründen*) sonder; **2er** *m* explorateur *m*; **2ung** *f* ⟨~⟩ exploration *f*; recherche *f*; (*Ergründung*) sondage *m*.

erfragen [ɛr'fra:gən] *v/t.* ⟨*pas de ge-*, h⟩ apprendre, trouver en posant des questions, en questionnant; **zu ~ bei ...** s'adresser à ...

erfrechen [ɛr'frɛçən] *v/réfl.* ⟨*pas de ge-*, h⟩ *cf.* **erdreisten**.

erfreu|en [ɛr'frɔʏən] **I** *v/t.* ⟨*pas de ge-*, h⟩ réjouir; faire plaisir à; *pfort.* enchanter; charmer; **erfreut sein über** être enchanté de; **II** *v/réfl.* **sich e-r Sache ~** jouir de qc.; **sich e-r guten Gesundheit ~** jouir d'une bonne santé; **sich ~ an** se délecter à; **~lich** *adj.* réjouissant; **~e Nachrichten** des nouvelles réjouissantes; **~e Fortschritte** des progrès satisfaisants, encourageants; **das 2ste für ihn ist,**

daß ... ce qui lui donne le plus de joie, c'est ...; **es ist ~, zu sehen** ... c'est un plaisir de voir ...; **~licherˌweise** *adv.* heureusement; par bonheur.

erfrier|en [ɛr'fri:rən] **I** *v/i.* ⟨*irr.*, *pas de ge-*, **sein**⟩ *Personen* mourir de froid; périr de froid, par le froid; *cf. auch* **abfrieren**; *Pflanzen* geler; **die Obstbäume sind erfroren** *auch* le froid a gelé, tué les arbres fruitiers; **II Ձen** *n* destruction *f*, mort *f* par le froid; *von Gliedern* congélation *f*; **Ձung** *f* ⟨~; ~en⟩ *lokale* gelure *f*.

erfrisch|en [ɛr'frɪʃən] *v/t.* (*u. v/réfl.*) ⟨*pas de ge-*, **h**⟩ (se) rafraîchir; **~end** *adjt.* rafraîchissant; **Ձung** *f* ⟨~; ~en⟩ rafraîchissement *m*; **~en reichen** offrir des rafraîchissements; **Ձungsˌraum** *m* buvette *f*; *im Warenhaus* salon *m* de thé; bar *m*.

erfüll|en [ɛr'fʏlən] **I** *v/t.* ⟨*pas de ge-*, **h**⟩ **1.** *mit Bewunderung etc.* remplir (de); **von dem Bestreben erfüllt sein, zu** ... être rempli du désir de ...; **2.** *Pflicht, Aufgabe, Mission* remplir; accomplir; s'acquitter de; *Verpflichtungen* faire face à; *Bedingung* remplir; satisfaire (qc. *od.* à qc.); *Bitte* accéder à; satisfaire (qc. *od.* à qc.); *Wunsch, Hoffnungen* réaliser; combler; *Erwartungen* répondre à; *Versprechen, Vertrag* exécuter; *Zweck* remplir; **II** *v/réfl.* **sich ~** *Hoffnungen, Traum etc.* s'accomplir; se réaliser; **Ձung** *f* ⟨~⟩ **1.** accomplissement *m*; réalisation *f*; **in ~ gehen** *cf.* **~en II**; **2.** *jur.* exécution *f*; **an ~s Statt** à titre d'exécution; **Ձungsˌort** *m jur.* lieu *m* d'exécution; **Ձungspoliˌtik** *f* politique *f* d'exécution d'un traité; **Ձungsˌtag** *m jur.* jour *m* d'exécution.

erfunden [ɛr'fʊndən] *p. p. fig.* **die Arbeit nicht ~ haben** avoir un poil dans la main; avoir les côtes en long; *fig.* **das Pulver nicht ~ haben** ne pas avoir inventé la poudre; **diese Geschichte ist frei ~** cette histoire est inventée de toutes pièces, est cousue de fil blanc; *cf. auch* **erfinden**.

Erg [ɛrk] *n* ⟨~s; ~⟩ *phys.* erg *m*.

ergänz|en [ɛr'gɛntsən] **I** *v/t.* ⟨-(es)t, *pas de ge-*, **h**⟩ compléter; **laufend ~** tenir à jour; **ein Wort in Gedanken ~** sous-entendre un mot; **II** *v/réfl.* **sich ~** se compléter; **~end** *adjt.* complémentaire; (*zusätzlich*) supplémentaire; **e-e ~e Bemerkung machen** ajouter une remarque; **Ձung** *f* ⟨~; ~en⟩ *zur Vervollständigung* complément *m* (*auch gr.*); *als Zusatz* supplément *m*; **als, zur ~** comme supplément; en complément; **Ձungsˌband** *m* volume *m* supplémentaire; supplément *m*; **Ձungsbeˌstimmung** *f* disposition *f*, clause *f* supplémentaire; **Ձungsˌfarbe** *f* couleur *f* complémentaire; **Ձungskreˌdit** *m* crédit *m* complémentaire; **Ձungsˌprüfung** *f* épreuve *f* complémentaire; **Ձungsˌsteuer** *f* impôt *m* supplémentaire; **Ձungsˌstück** *n* complément *m*; **Ձungsˌvorlage** *f im Parlament* projet *m* complémentaire; **Ձungsˌwahl** *f* élection *f* complémentaire; **Ձungsˌwinkel** *m math.* angle *m* complémentaire.

ergattern [ɛr'gatərn] F *v/t.* ⟨-(e)re, *pas de ge-*, **h**⟩ se procurer, obtenir (par adresse, ruse); F décrocher; P dégot(t)er.

ergaunern [ɛr'gaʊnərn] F *v/t.* ⟨-(e)re, *pas de ge-*, **h**⟩ escroquer; F carotter (**von j-m** à qn.).

ergeben [ɛr'ge:bən] **I** *v/t.* ⟨*irr.*, *pas de ge-*, **h**⟩ donner (comme, pour résultat); rendre; produire; *Gewinn, Betrag etc.* rapporter; **e-n** *od.* **im Durchschnitt ~** rendre, donner la moyenne (de); **II** *v/réfl.* **sich ~ 1.** *milit.* se rendre; rendre les armes; se constituer prisonnier; capituler; **2.** *in sein Schicksal* se résigner (à); **3.** *e-m Laster* s'adonner (à); *e-r Idee etc.* se dévouer, se livrer (à); **4.** *Schwierigkeiten etc.* résulter, s'ensuivre, découler, se dégager, ressortir (**aus** de); **daraus ergibt sich, daß** ... il en résulte, il s'ensuit que ...; **das ergibt sich von selbst** cela va de soi; **III** *adjt. Person* dévoué (à); **mit Leib und Seele ~** dévoué corps et âme; **j-m völlig ~ sein** être à la dévotion de qn.; *am Briefschluß* **~st, Ihr (sehr) ~er** veuillez agréer, monsieur, l'assurance de ma plus 'haute considération, de mes sentiments (les plus) distingués; **Ձˌheit** *f* ⟨~⟩ dévouement *m*; *cf. auch* **Ergebung**; **Ձheitsaˌdresse** *f pol.* adresse *f* de dévouement; **Ձheitsbeˌweis** *m* preuve *f* de dévouement.

Ergeb|nis [ɛr'ge:pnɪs] *n* ⟨~ses; ~se⟩ résultat *m* (*auch math.*); *e-r Arbeit auch* fruit *m*; *Sport auch* score *m*; **Ձnisˌlos** *adj. u. adv.* sans résultat; *Arbeit* sans fruit; *Bemühungen* inutile; vain; **~ bleiben** rester sans résultat; **~nisˌlosigkeit** *f* ⟨~⟩ *von Bemühungen etc.* inutilité *f*; *sonst adjektivisch*; **~ung** *f* ⟨~⟩ *in ein Schicksal etc.* résignation *f*, soumission *f* (à).

ergehen [ɛr'ge:ən] **I** *v/i.* ⟨*irr.*, *pas de ge-*, **sein**⟩ **1.** *Einladung etc.* être envoyé (**an** à); *Aufruf, Verbot etc.* être lancé (à); *Anweisung, Befehl etc.* être donné (à); **Gnade für Recht ~ lassen** user de clémence; **2. etw. über sich ~ lassen** souffrir, supporter patiemment, avec patience, avec résignation qc.; subir qc.; **II** *v/réfl.* ⟨**h**⟩ **sich ~ 3.** *st. s.* (*spazierengehen*) se promener; faire une promenade; **4.** *fig. in Lobeshymnen, Vorwürfen, über ein Thema etc.* se répandre (en); se perdre (en); **III** *v/imp.* **wie ist es dir seither ergangen?** qu'es-tu devenu, que t'est-il advenu pendant tout ce temps-là?; **es ist ihm übel ergangen** il a vécu, passé de mauvais moments; **IV Ձ** *n* (état *m* de) santé *f*; *cf. auch* **Befinden**.

ergiebig [ɛr'gi:bɪç] *adj.* qui rend bien; qui rapporte; *Quelle, Erzvorkommen etc.* abondant; riche; *Ackerland etc.* productif, -ive; fertile; fécond; *Einnahmequelle* productif, -ive; *Geschäft* lucratif, -ive; **Ձˌkeit** *f* ⟨~⟩ rendement *m*, productivité *f*, richesse *f* (**an** en); abondance *f* (**an** de); rapport *m*; fertilité *f*; fécondité *f*.

ergießen [ɛr'gi:sən] *v/réfl.* ⟨*irr.*, *pas de ge-*, **h**⟩ **sich ~** se répandre (**über** sur); *méd.* s'épancher; *Fluß* se jeter (**in** dans).

erglänzen [ɛr'glɛntsən] *v/i.* ⟨-(es)t, *pas de ge-*, **sein**⟩ (se mettre à) luire, briller, *pfort.* resplendir.

erglühen [ɛr'gly:ən] *v/i.* ⟨*pas de ge-*, **sein**⟩ rougir.

Ergo|graph [ɛrgo·'gra:f] *m* ⟨~en; ~en⟩ *physiol.* ergographe *m*; **~ste'rin** *n* ⟨~s⟩ *biol.* ergostérol *m*; **~'tismus** *m* ⟨~⟩ *méd.* ergotisme *m*.

ergötz|en [ɛr'gœtsən] **I** *v/t.* ⟨-(es)t, *pas de ge-*, **h**⟩ amuser; divertir; **II** *v/réfl.* **sich ~** se délecter (**an** à); se divertir; s'amuser; **III Ձen** *n* ⟨~s⟩ amusement *m*; divertissement *m*; plaisir *m*; délectation *f*; **~lich** *adj.* amusant; divertissant; plaisant.

ergrauen [ɛr'graʊən] *v/i.* ⟨*pas de ge-*, **sein**⟩ grisonner; blanchir; **leicht ergraut** grisonnant; **im Dienst ~** blanchir sous le harnais.

ergreif|en [ɛr'graɪfən] *v/t.* ⟨*irr.*, *pas de ge-*, **h**⟩ **1.** *Gegenstand* prendre; saisir; empoigner; *Verbrecher* appréhender; arrêter; **2.** *fig. die Flucht, das Wort, Maßnahmen etc.* prendre; **e-n Beruf ~** embrasser une profession, une carrière; choisir un métier; **die Gelegenheit ~** saisir l'occasion; **für j-n Partei ~** prendre parti, prendre fait et cause pour qn.; **von etw. Besitz ~** prendre possession de qc.; **3.** *seelisch* émouvoir; toucher; affecter; *Furcht, Panik* saisir; gagner; **~end** *adjt.* émouvant; touchant; saisissant; prenant; **Ձung** *f* ⟨~⟩ prise *f*; *e-s Verbrechers* arrestation *f*; capture *f*.

ergriffen [ɛr'grɪfən] *adjt.* ému; touché; **Ձˌheit** *f* ⟨~⟩ émotion *f*; *plötzliche* saisissement *m*.

ergrimm|en [ɛr'grɪmən] *v/i.* ⟨*pas de ge-*, **sein**⟩ se courroucer; se mettre en colère; **~t** *adjt.* en courroux.

ergründ|en [ɛr'grʏndən] *v/t.* ⟨-ete, *pas de ge-*, **h**⟩ sonder; pénétrer; approfondir; étudier à fond; **ein Geheimnis zu ~ suchen** chercher à approfondir un mystère; **Ձung** *f* ⟨~⟩ sondage *m*; pénétration *f*; approfondissement *m*.

Erguß [ɛr'gʊs] *m méd. u. fig.* épanchement *m*; effusion *f*; **~geˌstein** *n géol.* roche effusive.

erhaben [ɛr'ha:bən] *adj.* **1.** en relief; saillant; proéminent; **2.** *fig. Gedanke, Tat* élevé; sublime; *Kunstwerk* grandiose; majestueux, -euse; **über etw. ~** au-dessus de qc.; **über allen Verdacht ~** au-dessus de tout soupçon; *philos.* **das Ձe** le sublime; **vom Ձen zum Lächerlichen ist nur ein Schritt** du sublime au ridicule il n'y a qu'un pas; **Ձˌheit** *f* ⟨~⟩ *fig.* élévation *f*; caractère *m* sublime; sublimité *f*; (*Überlegenheit*) supériorité *f*.

Erhalt [ɛr'halt] *m* ⟨~(e)s⟩ *comm.* réception *f*; **nach ~ der Ware** après réception de la marchandise; **Ձen I** *v/t.* ⟨*irr.*, *pas de ge-*, **h**⟩ **1.** recevoir; avoir; *durch Anstrengung, auf Verlangen* obtenir; *Geld, Lohn etc.* toucher; *comm. Warensendungen auch* réceptionner; **ich erhielt gestern Nachricht von ihm** j'ai eu, reçu, *litt.* j'eus hier de ses nouvelles; **zu ~ (bei ...)** *cf.* **erhältlich**; **2.** *Kunstwerke etc.* conserver; *Sitte, Frieden etc.* maintenir; *in e-m Zustand* entretenir; **j-n am Leben ~** maintenir qn. en vie; **in gutem Zustand ~** entretenir; tenir en bon état; **II** *v/réfl.* **sich ~** se maintenir; **sich gesund ~** se maintenir en bonne santé; **III** *adjt.* **gut ~** bien conservé; bien entretenu; en bon état; F **für sein Alter gut ~** bien conservé pour son âge; *Bauwerke etc.* **sind noch ~** se sont conservés; existent encore; **~ bleiben** rester.

erhältlich [ɛr'hɛltlɪç] *adj. comm.* en vente; **schwer ~** difficile à obtenir.

Erhaltung [ɛr'haltʊŋ] *f* ⟨~⟩ conservation *f*; (*Instandhaltung*) entretien *m*; (*Aufrechterhaltung*) maintien *m*; *phys.* **~ der Energie** conservation de l'énergie; **~sˌsätze** *m/pl. phys.* principes *m/pl.* de la conservation.

erhäng|en [ɛr'hɛŋən] **I** *v/t.* (*u. v/réfl.*) ⟨*pas de ge-*, **h**⟩ (se) pendre; **II Ձen** *n*, **Ձung** *f* ⟨~; ~en⟩ pendaison *f*.

erhärt|en [ɛr'hɛrtən] **I** *v/t.* ⟨-ete, *pas de ge-*, **h**⟩ *Behauptung etc.* corroborer; confirmer; *jur.* **eidlich ~** affirmer sous serment; **II** *v/i.* ⟨**sein**⟩ *Zement etc.* (se) durcir; **Ձung** *f* ⟨~⟩ corroboration *f*; confirmation *f*; *jur.* affirmation *f*; *von Zement etc.* durcissement *m*.

erhaschen [ɛr'haʃən] *v/t.* ⟨*pas de ge-*, h⟩ saisir; attraper; 'happer; **etw. im Fluge ~** saisir qc. au vol; **von etw. e-n Blick ~** entr'apercevoir qc.

erheb|en [ɛr'heːbən] **I** *v/t.* ⟨*irr., pas de ge-*, h⟩ **1.** *Glas, Hand etc.* lever; **s-e Hand gegen j-n ~** lever la main sur qn.; **2.** *fig. zum System etc.* ériger (en); **die Stimme ~** élever la voix; 'hausser le ton; **ein Geschrei ~** pousser des cris; *math.* **ins Quadrat, in die dritte Potenz ~** élever au carré, au cube *od.* à la puissance trois; *relig.* **s-e Seele zu Gott ~** élever son âme vers Dieu; **in den Adelsstand ~** anoblir; **3.** *Steuern, Beitrag, Zuschlag etc.* percevoir; **4.** *Protest, Einwände etc.* soulever; élever; *Anschuldigungen* porter; **Einspruch ~** *cf.* **Einspruch; Anspruch auf etw. ~** prétendre à qc.; revendiquer qc.; *jur.* **Klage gegen j-n ~** intenter une action contre qn.; *cf. auch* **Klage; II** *v/réfl.* **sich ~ 5.** *von s-m Sitz etc.* se lever; *Flugzeug* s'élever; décoller; *Berg* s'élever; se dresser; **sich über etw. ~** surmonter qc.; **6.** *pol.* se soulever, s'insurger (gegen contre); **7.** *Wind, Streit, Schwierigkeiten etc.* s'élever; *Frage* se poser; *Wind auch* se lever; *Schwierigkeiten auch* surgir; **~end** *adjt.* exaltant; **~lich 1.** *adj.* considérable; *jur.* **~e Tatsachen** faits pertinents; **2.** *adv.* considérablement; **~ jünger** beaucoup plus jeune; **2lich|keit** *f* ⟨~⟩ importance *f*; *jur.* pertinence *f*; **2ung** *f* ⟨~; ~en⟩ **1.** *im Gelände* élévation *f*; éminence *f*; **2.** *pol.* soulèvement *m*; insurrection *f*; **3.** *math., der Seele* élévation *f*; **~ in den Adelsstand** anoblissement *m*; **4.** *von Steuern etc.* perception *f*; **5.** *statistische etc.* enquête *f*; sondage *m*; **~en anstellen** faire une enquête; **2ungs|reihe** *f Statistik* série *f* de sondages.

erheiter|n [ɛr'haɪtərn] *v/t.* ⟨-(e)re, *pas de ge-*, h⟩ égayer; divertir; amuser; **~nd** *adjt.* égayant; divertissant; *pfort.* désopilant; hilarant; **2ung** *f* ⟨~⟩ divertissement *m*; amusement *m*.

erhell|en [ɛr'hɛlən] **I** *v/t.* ⟨*pas de ge-*, h⟩ éclairer; *fig., Problem etc.* éclaircir; élucider; **II** *v/imp. st. s.* **daraus erhellt, daß ...** il en résulte, ressort que ...; **2ung** *f* ⟨~⟩ *fig.* éclaircissement *m*; élucidation *f*.

erhitz|en [ɛr'hɪtsən] **I** *v/t.* ⟨-(es)t, *pas de ge-*, h⟩ (faire) chauffer; *fig.* échauffer; **auf achtzig Grad ~** chauffer à, porter à une température de quatre-vingts degrés; **II** *v/réfl.* **sich ~** s'échauffer; *fig. auch* s'exalter; s'emballer; **2ung** *f* ⟨~⟩ *fig.* échauffement *m*; *sonst verbal.*

erhoffen [ɛr'hɔfən] *v/t.* ⟨*pas de ge-*, h⟩ espérer; escompter.

erhöh|en [ɛr'høːən] **I** *v/t.* ⟨*pas de ge-*, h⟩ **1.** *bât.* surélever, exhausser (um de); **2.** *Löhne, Preise etc.* augmenter, majorer, relever, élever, 'hausser (um de); *Geschwindigkeit, Leistung, Spannung, Wirkung, Schmerz etc.* augmenter; accroître; *im Rang* élever; faire monter (de grade); **etw. auf etw. ~** porter qc. à qc.; **auf das Doppelte, Dreifache ~** doubler, tripler; **auf zwanzig Mark ~** porter à vingt marks; *mus.* **um e-n halben Ton ~** élever, 'hausser d'un demi-ton; diéser; *Sport* **auf 3 : 1 ~** porter l'avantage, le score à 3-1; *méd.* **erhöhte Temperatur haben** avoir un peu de température; **II** *v/réfl.* **sich ~** *Zahl etc.* augmenter; s'accroître; *bibl.* **wer sich selbst erhöht, der wird erniedrigt** quiconque s'élève sera abaissé; **2ung** *f* ⟨~; ~en⟩ **1.** *bât.* surélévation *f*; exhaussement *m*; **2.** (*Anhöhe*) élévation *f*; 'hauteur *f*; **3.** *der Preise, Löhne etc.* augmentation *f*; majoration *f*; relèvement *m*; élévation *f*; 'hausse *f*; *der Geschwindigkeit, Spannung, Wirkung etc.* accroissement *m*; augmentation *f*; *mus., der Temperatur, im Rang* élévation *f*; **2ungs|winkel** *m beim Schießen* angle *m* au niveau; **2ungs|zeichen** *n mus.* dièse *m*; *doppeltes* double dièse *m*.

erhol|en [ɛr'hoːlən] *v/réfl.* ⟨*pas de ge-*, h⟩ **sich ~** *allg.* se remettre; *nach der Arbeit* se reposer; se délasser; se détendre; *nach e-r Anstrengung* récupérer; *nach e-r Krankheit* se rétablir; *von s-m Schrecken etc.* revenir (de); *écon. Börsenkurse, Preise, Markt etc.* reprendre; être en reprise; se redresser; se ressaisir; *Kurse auch* se relever; **~sam** *adj.* reposant; réparateur, -trice; **2ung** *f* ⟨~⟩ repos *m*; délassement *m*; détente *f*; *nach e-r Krankheit* rétablissement *m*; *écon.* reprise *f*; redressement *m*; ressaisissement *m*; **~ungsbe|dürftig** *adj.* qui a besoin de repos; **2ungs|heim** *n* maison *f* de repos, de convalescence; **2ungs|kur** *f* cure *f* de repos; **2ungs|ort** *m* lieu *m*, station *f* de repos; **2ungs|pause** *f* récréation *f*; **2ungs|urlaub** *m* repos *m*; *nach e-r Krankheit* (congé *m* de) convalescence *f*.

erhör|en [ɛr'høːrən] *v/t.* ⟨*pas de ge-*, h⟩ exaucer; **2ung** *f* ⟨~⟩ exaucement *m*.

Erigeron [eˑ'riːgeˑrən] *n* ⟨~s⟩ *bot. cf.* **Berufkraut.**

Erika ['eːriˑka] *f* ⟨~; -ken⟩ *bot.* bruyère *f*.

erinner|lich [ɛr'ʔɪnər‚lɪç] *adj.* présent à la mémoire, à l'esprit; **das ist mir nicht ~** je ne m'en souviens pas; je ne me le rappelle pas; **~n I** *v/t.* ⟨-(e)re, *pas de ge-*, h⟩ **j-n an etw. ~** rappeler qc. à qn.; **j-n daran ~, etw. zu tun** rappeler à qn. de faire qc.; faire penser qn. à faire qc.; **II** *v/i.* faire penser (à); rappeler; évoquer; **dieses Bild erinnert an Rubens** ce tableau fait penser à, rappelle Rubens; **III** *v/réfl.* **sich an j-n, etw. ~** se souvenir de qn., de qc.; se rappeler qn., qc.; **soviel ich mich erinnere ...** autant que je m'en souvienne ...; *litt.* autant qu'il m'en souvienne ...; **wenn ich mich recht erinnere ...** si je me souviens bien ...; si j'ai bonne mémoire ...; **2ung** *f* ⟨~; ~en⟩ souvenir *m*; *poét.* souvenance *f*; (*Gedächtnis*) mémoire *f*; *comm.* (*Mahnung*) rappel *m*; *jur.* observation *f*; objection *f*; **j-m etw. in ~ bringen** rappeler, remémorer qc. à qn.; remettre qc. en mémoire à qn.; **j-n, etw. in guter ~ haben** se souvenir bien de qn., de qc.; **zur ~ an** en souvenir de; en mémoire de; **2ungs|gabe** *st. s. f* souvenir *m*; **2ungsme|daille** *f* médaille commémorative; **2ungs|posten** *m comm.* poste *m* «pour mémoire»; **2ungs|tafel** *f* plaque commémorative; **2ungsver|mögen** *n* mémoire *f*; **2ungs|wert** *m* valeur sentimentale; *comm.* valeur *f* de rappel.

Erinnyen [eˑ'rɪnyˑən] *f/pl. myth.* Erin(n)yes *f/pl.*

erjagen [ɛr'jaːgən] *v/t.* ⟨*pas de ge-*, h⟩ **1.** *ch.* chasser; **2.** *fig.* atteindre (en courant); attraper.

erkalt|en [ɛr'kaltən] **I** *v/i.* ⟨-ete, *pas de ge-*, sein⟩ se refroidir (*auch fig.*); *Speise* **~ lassen** laisser refroidir; **II 2en** *n* ⟨~s⟩, **2ung** *f* ⟨~⟩ refroidissement *m*; *fig. auch* attiédissement *m*.

erkält|en [ɛr'kɛltən] *v/réfl.* ⟨-ete, *pas de ge-*, h⟩ **sich ~** prendre, attraper froid, un refroidissement; *oft* s'enrhumer; **stark erkältet sein** être très enrhumé; avoir un gros rhume; **2ung** *f* ⟨~; ~en⟩ refroidissement *m*; **gegen ~ empfindlich sein** être sujet, -tte aux refroidissements; **2ungs|krankheit** *f* maladie due au refroidissement.

erkämpf|en [ɛr'kɛmpfən] *v/t.* ⟨*pas de ge-*, h⟩ obtenir, acquérir en luttant, de haute lutte; lutter pour avoir (qc.); **2ung** *f* ⟨~⟩ *verbal.*

erkaufen [ɛr'kaufən] *v/t.* ⟨*pas de ge-*, h⟩ payer (mit de); acquérir (au prix de); **etw. teuer ~ müssen** devoir payer cher qc.

erkenn|bar [ɛr'kɛnbaːr] *adj.* reconnaissable; *philos.* connaissable; (*wahrnehmbar*) perceptible; **2bar|keit** *f* ⟨~⟩ possibilité *f* de reconnaître; perceptibilité *f*; **~en I** *v/t.* ⟨*irr., pas de ge-*, h⟩ **1.** reconnaître (an à); *Absicht etc.* discerner; (*wahrnehmen*) percevoir; *philos.* **erkenne dich selbst** connais-toi toi-même; **~ lassen** révéler; montrer; **zu ~ geben** donner à, laisser entendre; **sich zu ~ geben** se faire reconnaître; dévoiler son identité; **sich nicht zu ~ geben** *auch* garder l'incognito; *jur.* **j-n für schuldig ~** reconnaître qn. coupable (de); **2.** *comm.* **j-n für e-n Betrag ~** créditer qn. d'une somme; **ein Konto mit e-m Betrag ~** créditer un compte d'un montant; **II** *v/i. jur.* **in e-r Sache ~** connaître d'une cause; **auf e-e Gefängnisstrafe ~** prononcer une peine d'emprisonnement; **über e-n Antrag ~** statuer sur une demande; **III 2en** *n* ⟨~s⟩ *cf.* **2ung; ~tlich** *adj.* reconnaissant (für de); **sich (j-m gegenüber) ~ zeigen** se montrer reconnaissant (envers qn.); en savoir gré (à qn.); **2tlich|keit** *f* ⟨~⟩ reconnaissance *f*; **2tnis**[1] *f* ⟨~; ~se⟩ *als Fähigkeit od. Vorgang, nur sg.* connaissance *f*; *philos. auch* cognition *f*; *als Ergebnis, oft pl.* découverte *f*; résultat *m*; conclusion *f*; fait établi (par une science); renseignement *m*; *bibl.* **der Baum der ~** l'arbre de la science du bien et du mal; **nach den neuesten wissenschaftlichen ~sen** d'après les découvertes les plus récentes de la science; **zur ~ gelangen** reconnaître; se rendre compte; **sich jeder ~ verschließen** se fermer à toute compréhension; **aus der ~ heraus, daß ...** sachant bien que ...; comme il *bzw.* elle, *etc.* savait que ...; **2tnis**[2] *n* ⟨~ses; ~se⟩ *jur. cf.* **Urteil; 2tnispro|blem** *n philos.* problème *m* de la connaissance; **2tnistheo|rie** *f philos.* théorie *f* de la connaissance; **2tnisver|mögen** *n* faculté *f* de connaître; connaissance *f*; intelligence *f*; entendement *m*; **2ung** *f* ⟨~⟩ reconnaissance *f*; identification *f*; *milit. e-s Zieles* repérage *m*; **2ungs|dienst** *m der Polizei* service *m* d'anthropométrie judiciaire; **2ungs|marke** *f milit.* plaque *f* d'identité; **2ungs|zeichen** *n* signe *m*, marque *f* de reconnaissance.

Erker ['ɛrkər] *m* ⟨~s; ~⟩ *bât.* pièce *f*, partie *f* en saillie; encorbellement *m*; **~|fenster** *n* fenêtre *f* en saillie; bow-window [bowindo] *m*; **~|zimmer** *n* pièce *f*, chambre *f* en encorbellement.

erklär|bar [ɛr'klɛːrbaːr] *adj.* explicable; interprétable; **~en I** *v/t.* ⟨*pas de ge-*, h⟩ **1.** *in bindender Form* déclarer (für etw. qc.); *Rücktritt, Zustimmung etc.* donner; **den Krieg ~** déclarer la guerre (à); **j-n für schuldig, für tot ~** déclarer qn. coupable, décédé; **etw. für null und nichtig ~** déclarer qc. nul et non avenu; j-n für e-n Betrüger ~ qualifier qn. d'imposteur; **2.** (*erläutern*) expliquer; interpréter; **II** *v/réfl.* **sich** ~ **3.** *Person, abs.* se déclarer; **sich für zahlungsunfähig** *etc.* ~ se déclarer insolvable, *etc.*; **sich für** *od.* **gegen j-n, etw.** ~ se déclarer en faveur de, pour *od.* contre qn., qc.; **sich mit etw. einverstanden** ~ *auch* donner son accord à qc.; **4.** *Sache* s'expliquer; **~end** *adjt.* explicatif, -ive; interprétatif, -ive; **~lich** *adj.* explicable; **aus ~en Gründen** pour des raisons explicables; **es ist mir nicht ~, warum** ... je ne m'explique pas pourquoi ...; **~licher,weise** *adv.* pour des raisons explicables; **~t** *adjt.* **ein ~er Gegner** un adversaire déclaré; un ennemi juré; **2ung** *f* ⟨~; ~en⟩ **1.** *formelle, comm.* déclaration *f*; **e-e ~ abgeben** faire une déclaration; **eidesstattliche** ~ *cf.* **eidesstattlich**; **2.** *e-s Phänomens* explication *f*; interprétation *f*; *zu e-r Abbildung etc.* légende *f*; *bibl.* exégèse *f*; **zur ~ von** pour expliquer (qc.); pour donner une explication de; **2ungsver,such** *m* essai *m* d'explication; **2ungs,weise** *f* manière *f* d'expliquer.

erklecklich [ɛr'klɛklɪç] *adj. Summe etc.* considérable; important.

erklettern [ɛr'klɛtərn] *v/t.* ⟨-(e)re, *pas de ge-*, h⟩, **erklimmen** [ɛr'klɪmən] *v/t.* ⟨*irr., pas de ge-*, h⟩ escalader; grimper (à, sur) (*beide auch fig.*); *mühsam* gravir.

erklingen [ɛr'klɪŋən] *v/i.* ⟨*irr., pas de ge-*, **sein**⟩ se faire entendre; *pfort.* résonner; retentir.

erkoren [ɛr'ko:rən] *p. p. poét.* élu.

erkrank|en [ɛr'kraŋkən] *v/i.* ⟨*pas de ge-*, **sein**⟩ *abs.* tomber malade; *Organ* être atteint; **an etw.** ~ attraper, contracter qc.; **an etw. erkrankt sein** avoir qc.; être atteint de qc.; **2ung** *f* ⟨~; ~en⟩ *als Vorgang verbal*; *als Zustand* maladie *f*; affection *f*; **wegen ~** pour cause de maladie; *oft* par suite d'indisposition; **2ungs,fall** *m* **im ~e** en cas de maladie.

erkühnen [ɛr'ky:nən] *v/réfl.* ⟨*pas de ge-*, h⟩ *st. s.* **sich ~** s'enhardir; *cf. auch* **erdreisten**.

erkund|en [ɛr'kʊndən] *v/t.* ⟨-ete, *pas de ge-*, h⟩ explorer; sonder; *milit.* reconnaître; **~igen** *v/réfl.* ⟨*pas de ge-*, h⟩ **sich ~** s'informer (**nach, über** de, **bei j-m** auprès de qn.); se renseigner (sur); *litt.* s'enquérir (de); **sich nach j-m ~** demander des nouvelles de qn.; **sich nach dem Weg ~** s'informer du chemin à prendre, à suivre; **2i,gung** *f* ⟨~; ~en⟩ information *f* (**über** sur); renseignement *m* (sur); **~en einziehen** prendre des informations, des renseignements; s'informer; se renseigner; **2ung** *f* ⟨~⟩ exploration *f*; sondage *m*; *milit.* reconnaissance *f*; **2ungs,flug** *m* vol *m* de reconnaissance; **2ungsge,spräche** *n/pl. pol.* pourparlers *m/pl.* d'information, exploratoires.

erkünstelt [ɛr'kynstəlt] *adjt.* affecté; feint.

erlahm|en [ɛr'la:mən] **I** *v/i.* ⟨*pas de ge-*, **sein**⟩ *Kräfte, Interesse etc.* diminuer; décroître; *Interesse, Eifer auch* s'attiédir; se refroidir; **II 2en** *n*, **2ung** *f* ⟨~⟩ diminution *f*; attiédissement *m*.

erlang|en [ɛr'laŋən] *v/t.* ⟨*pas de ge-*, h⟩ obtenir; *Gewißheit, Wert etc.* acquérir; **Bedeutung ~** prendre, acquérir de l'importance; **Rechtskraft ~** acquérir force de loi; **von etw. Kenntnis ~** apprendre qc.; **2ung** *f* ⟨~⟩ obtention *f*; acquisition *f*.

Erlaß [ɛr'las] *m* ⟨-sses⟩ **1.** ⟨*pl*, -sse⟩ *adm.* arrêté *m*; décret *m*; **2.** *e-s Gesetzes etc. verbal*; **3.** *e-r Strafe, Schuld* remise *f*; *von Gebühren etc.* dispense *f*; exemption *f*; détaxe *f*.

erlass|en [ɛr'lasən] *v/t.* ⟨*irr., pas de ge-*, h⟩ **1.** *Gesetz, Verordnung, Vorschrift etc.* édicter; lancer; **die Verfügung, Vorschrift** *etc.* **~, daß** ... décréter que ...; décréter qc.; **Vorschriften ~** édicter, lancer des prescriptions; **e-n Aufruf ~** lancer un appel (**an** à); **Haftbefehl ~** lancer, décerner un mandat d'arrêt; **2. j-m etw. ~** *Strafe, Schuld* remettre qc. à qn.; faire grâce à qn. de qc.; *Verpflichtung etc.* dispenser, exempter qn. de qc.; *Gebühren etc.* dispenser, exonérer qn. de qc.; **2ung** *f* ⟨~⟩ *cf.* **Erlaß 2.** *u.* **3.**

erlaub|en [ɛr'laubən] **I** *v/t.* ⟨*pas de ge-*, h⟩ permettre (qc. à qn.); autoriser (qn. à faire qc.); **meine Mittel ~ es nicht** mes moyens ne me le permettent pas; **II** *v/réfl.* **sich etw. ~** se permettre qc.; prendre la liberté de faire qc.; **ich erlaube mir, zu** ... je me permets de ...; **das können wir uns nicht ~** nous ne pouvons (pas) nous le permettre; **was ~ Sie sich!** que vous permettez-vous là!; **2nis** *f* ⟨~⟩ permission *f*; autorisation *f*; *offizielle* permis *m*; licence *f*; **mit Ihrer ~** avec votre permission; **um ~ bitten** demander la permission, l'autorisation; **die ~ erteilen** accorder la permission, l'autorisation (**à** qn.); **2nis,schein** *m* permis *m*; **~t** *adjt.* permis; *gesetzlich* licite; **mit ~en Mitteln** par des moyens licites.

erlaucht [ɛr'lauxt] *adj.* illustre.

erläuter|n [ɛr'lɔytərn] *v/t.* ⟨-(e)re, *pas de ge-*, h⟩ expliquer; commenter; **2ung** *f* ⟨~; ~en⟩ explication *f*; commentaire *m*; *zu e-m Text* note explicative.

Erle ['ɛrlə] *f* ⟨~; ~n⟩ *bot.* au(l)ne *m*.

erleb|en [ɛr'le:bən] *v/t.* ⟨*pas de ge-*, h⟩ **1.** voir; *mit Zeitbestimmungen* vivre (*par ex.* des jours d'angoisse); (*erfahren*) faire l'expérience de; (*Zeuge sein*) être témoin de; **ich habe es oft erlebt, daß** ... j'ai souvent vu que ...; **etw. ~ wollen** chercher des aventures; **er hat viel erlebt** il lui est arrivé toutes sortes d'aventures; **wir werden es nicht mehr ~** nous ne verrons plus cela; **wir werden es ja ~!** qui vivra verra!; F **hat man so was schon erlebt!** a-t-on déjà vu une chose pareille!; F **ich habe schon ganz andere Dinge erlebt** j'en ai déjà vu bien d'autres; F **du wirst noch dein blaues Wunder ~!** *cf.* **blau**; **2.** *Überraschung, Freude, Enttäuschung etc.* éprouver; **2ens,fall** *m* **im ~** en cas de vie; **2ensfallver,sicherung** *f* assurance *f* en cas de vie; **2nis** *n* ⟨~ses; ~se⟩ événement (vécu, dont on a été témoin); expérience vécue; *unerwartetes* aventure *f*; *unangenehmes* mésaventure *f*; **das war für mich ein großes ~** ce fut pour moi un grand événement; **2nis,dichtung** *f* poésie inspirée par des événements vécus; **~nis,hungrig** *adj.* qui a soif d'aventures; **2nispäda,gogik** *f* pédagogie fondée sur la participation émotive; **~t** *adjt. gr.* **~e Rede** style, discours indirect libre.

erledig|en [ɛr'le:dɪgən] **I** *v/t.* ⟨*pas de ge-*, h⟩ *Arbeit, Aufgabe etc.* finir; terminer; *rasch* expédier; F trousser; *flüchtig* F bâcler; *Fall* régler; *Auftrag* exécuter; *laufende Geschäfte* expédier; *Korrespondenz* mettre à jour; *Formalitäten* accomplir; s'acquitter de; F *Gegner* se débarrasser de; P descendre; buter; **etw. spielend ~** se jouer des difficultés; **ich werde die Sache ~** je réglerai ça; **II** *v/réfl.* **sich ~** *Sache, Fall etc.* se régler; **~t** *adjt.* **1.** *Sache* fini; terminé; réglé; *Arbeit* **noch nicht ~ sein** *auch* rester en souffrance; **damit wäre dieser Fall ~** sur ce, le cas est classé, réglé; **schon ~!** ça y est!; **2.** F *Person* (*erschöpft*) épuisé; F claqué; P crevé; vidé; (*ruiniert*) F flambé; frit; fichu; P foutu; **er ist ~** c'en est fait de lui; c'est un homme fini; **er ist für mich ~** il n'existe plus pour moi; **2ung** *f* ⟨~; ~en⟩ *e-s Falles* règlement *m*; *laufender Geschäfte* expédition *f*; *der Korrespondenz* mise *f* à jour; *comm. e-s Auftrages* exécution *f*; *von Formalitäten* accomplissement *m*; **in ~ Ihres Auftrages** en exécution de votre ordre; *sonst verbal*.

erlegen [ɛr'le:gən] *v/t.* ⟨*pas de ge-*, h⟩ *ch.* abattre; tuer.

erleichter|n [ɛr'laɪçtərn] *v/t.* ⟨-(e)re, *pas de ge-*, h⟩ *gewichtsmäßig* alléger; *seelisch* soulager; *Arbeit, Dasein, Zahlung etc.* faciliter; *Schicksal auch* alléger; **erleichtert aufatmen** respirer de soulagement; F **j-n um s-e Brieftasche ~** délester, P soulager qn. de son portefeuille; **2ung** *f* ⟨~; ~en⟩ *gewichtsmäßige* allégement *m*; *seelische* soulagement *m*; **j-m ~ verschaffen** soulager qn.; *comm.* **~en** facilités *f/pl.*

erleiden [ɛr'laɪdən] *v/t.* ⟨*irr., pas de ge-*, h⟩ *Verluste, Niederlage etc.* subir; essuyer; *Schaden* subir; *Tod* souffrir; **Schiffbruch ~** faire naufrage; *fig.* échouer.

Erlen|bruch ['ɛrlən,brux] *m, n* terrain marécageux (re)couvert d'au(l)nes; **~,holz** *n* bois *m* d'au(l)ne; **~,wäldchen** *n* au(l)naie *f*.

erlern|bar [ɛr'lɛrnba:r] *adj.* qui peut s'apprendre; **~en** *v/t.* ⟨*pas de ge-*, h⟩ apprendre; **2ung** *f* ⟨~⟩ apprentissage *m*; *od. verbal*.

erlesen [ɛr'le:zən] *adjt.* de choix; choisi.

erleucht|en [ɛr'lɔyçtən] *v/t.* ⟨-ete, *pas de ge-*, h⟩ *fig.* illuminer; inspirer; *relig.* illuminer; **~et** *adjt.* éclairé; *hell, festlich* illuminé; **2ung** *f* ⟨~; ~en⟩ *fig.* inspiration *f*; illumination *f*; (trait *m* de) lumière *f*; *relig.* illumination *f*.

erliegen [ɛr'li:gən] **I** *v/i.* ⟨*irr., pas de ge-*, **sein**⟩ *e-r Krankheit, Versuchung etc.* succomber (à); **der Übermacht ~** succomber sous le nombre; **II 2** *n* **zum ~ kommen** être paralysé; s'arrêter.

erlischt [ɛr'lɪʃt] *cf.* **erlöschen**.

erlisten [ɛr'lɪstən] *v/t.* ⟨-ete, *pas de ge-*, h⟩ obtenir par ruse.

Erlkönig ['ɛrl,kø:nɪç] *m* roi *m* des au(l)nes.

erlogen [ɛr'lo:gən] *adjt.* mensonger, -ère; faux, fausse; **erstunken und ~** *cf.* **erstunken**.

Erlös [ɛr'lø:s] *m* ⟨~es; ~e⟩ produit *m* (de la vente); recette *f*.

erlöschen [ɛr'lœʃən] **I** *v/i.* ⟨**erlischt, erlosch, erloschen, sein**⟩ *Licht etc.* s'éteindre (*auch fig.*); *jur. Firma* cesser d'exister; *Frist, Prokura, Hypothek, Ansprüche etc.* expirer; s'éteindre; **II 2** *n* extinction *f* (*auch jur., fig.*); *jur. auch* expiration *f*.

erlös|en [ɛr'lø:zən] *v/t.* ⟨-(es)t, *pas de ge-*, h⟩ **1.** délivrer; *bibl.* **erlöse uns von dem Übel** délivrez-nous du mal; **das ~de Wort** la remarque à faire; le mot de la situation; **2.** *relig.* racheter; sauver; **3.** *comm.* tirer (**aus** de); **2er** *m* ⟨~s⟩ *relig.* Rédempteur *m*; Sauveur *m*; **2ung** *f* ⟨~⟩ **1.** délivrance *f*; F **e-e wahre ~** un bon débarras; **2.** *relig.* Rédemption *f*; rachat *m*; **2ungsreli-**

giˌon *f* religion rédemptrice; **2ungsˌwerk** *n relig.* œuvre rédemptrice, de Rédemption.

ermächtig|en [ɛr'mɛçtɪgən] *v/t.* ⟨*pas de ge-*, h⟩ autoriser (zu etw. à qc., à faire qc.); donner le pouvoir à; **ermächtigt sein** être autorisé (à); **2ung** *f* ⟨~⟩ autorisation *f*; *pol.* pleins pouvoirs; **2ungsgeˌsetz** *n hist. pol.* loi *f* sur les pleins pouvoirs.

ermahn|en [ɛr'maːnən] *v/t.* ⟨*pas de ge-*, h⟩ exhorter (zu à); **zur Ruhe ~** exhorter au calme; **2ung** *f* ⟨~; ~en⟩ exhortation *f*; admonition *f*.

ermangel|n [ɛr'maŋəln] *v/i.* ⟨-(e)le, *pas de ge-*, h⟩ *st. s.* manquer (de qc.); **2ung** *f* ⟨~⟩ **in ~ von** faute de; à défaut de; **in ~ e-s Besseren** faute de mieux.

ermannen [ɛr'manən] *v/réfl.* ⟨*pas de ge-*, h⟩ **sich ~** prendre courage; s'enhardir.

ermäßig|en [ɛr'mɛːsɪgən] *v/t.* ⟨*pas de ge-*, h⟩ réduire; diminuer; **zu ermäßigten Preisen** à prix réduits; **2ung** *f* ⟨~; ~en⟩ réduction *f*; diminution *f*; **2ungsˌantrag** *m* demande *f* de réduction.

ermatt|en [ɛr'matən] **I** *v/t.* ⟨-ete, *pas de ge-*, h⟩ fatiguer; lasser; *pfort.* exténuer; 'harasser; **II** *v/i.* ⟨sein⟩ *Person* se lasser; se fatiguer; *Kräfte, Interesse etc.* faiblir; s'affaiblir; **~et** *adjt.* brisé, rompu de fatigue; exténué; 'harassé; rendu; abattu; **2ung** *f* ⟨~⟩ fatigue *f*; lassitude *f*; exténuation *f*; 'harassement *m*; *der Kräfte etc.* affaiblissement *m*.

ermessen [ɛr'mɛsən] **I** *v/t.* ⟨*irr., pas de ge-*, h⟩ juger (qc. *od.* de qc.); mesurer; estimer; apprécier; **nicht zu ~ sein** être inestimable, inappréciable; **II 2** *n* appréciation *f*; jugement *m*; estimation *f*; **nach menschlichem ~** autant que l'on puisse en juger; **nach meinem ~** d'après ce que j'en juge; **nach eigenem ~** à mon, ton, *etc.* gré; **in j-s ~ stellen** laisser à l'appréciation de qn.; **2sentˌscheidung** *f* décision *f* discrétionnaire; **2sˌfrage** *f* question *f* d'appréciation; **2sˌhandlung** *f* acte *m* discrétionnaire; **2sˌmißbrauch** *m*, **2süberˌschreitung** *f* abus *m* du pouvoir discrétionnaire.

ermitt|eln [ɛr'mɪtəln] *v/t.* ⟨-(e)le, *pas de ge-*, h⟩ *Sachverhalte* établir; *jur.* informer; enquêter; *Täter* rechercher; découvrir; dépister; *durch Berechnung* déterminer; *Prozentsatz, math. gemeinsamen Nenner* calculer; **nicht zu ~** introuvable; **2lung** *f* ⟨~; ~en⟩ *durch Befragung* recherche *f*; enquête *f*; investigation *f*; *von Sachverhalten* établissement *m*; *e-s Täters* découverte *f*; recherche *f*; dépistage *m*; *durch Berechnung* détermination *f*; calcul *m*; *jur. pl.* **~en** information *f*; enquête *f*; **2lungsverˌfahren** *n jur.* procédure *f* d'enquête, d'information; **ein ~ einleiten** procéder à, ouvrir une information, une enquête.

ermöglichen [ɛr'møːklɪçən] *v/t.* ⟨*pas de ge-*, h⟩ rendre possible; permettre.

ermord|en [ɛr'mɔrdən] *v/t.* ⟨-ete, *pas de ge-*, h⟩ assassiner; **2ung** *f* ⟨~; ~en⟩ assassinat *m*; meurtre *m*.

ermüd|bar [ɛr'myːtbaːr] *adj.* fatigable; **2barˌkeit** *f* ⟨~⟩ fatigabilité *f*; **~en I** *v/t.* ⟨-ete, *pas de ge-*, h⟩ fatiguer; *aus Langeweile* lasser; **II** *v/i.* ⟨sein⟩ se fatiguer; *techn.* fatiguer; **~end** *adjt.* fatigant; **2ung** *f* ⟨~⟩ fatigue *f* (*auch techn.*); lassitude *f*; **~ungsbeˌständig** *adj. techn.* résistant à la fatigue; **2ungsˌbruch** *m techn.* rupture *f* de fatigue; **2ungserˌscheinungen** *f/pl.* symptômes *m/pl.* de lassitude, de fatigue; **2ungsˌgrenze** *f techn.* limite *f* de fatigue; **2ungsˌprüfung** *f techn.* contrôle *m* de fatigue.

ermunter|n [ɛr'mʊntərn] *v/t.* ⟨-(e)re, *pas de ge-*, h⟩ **zu etw. ~** encourager, inciter à faire qc.; *cf. auch* **aufmuntern**; **2ung** *f* ⟨~; ~en⟩ encouragement *m*.

ermutig|en [ɛr'muːtɪgən] *v/t.* ⟨*pas de ge-*, h⟩ encourager (zu à); **~end** *adjt.* encourageant; **2ung** *f* ⟨~; ~en⟩ encouragement *m*.

ernähr|en [ɛr'nɛːrən] *v/t.* (*u. v/réfl.*) ⟨*pas de ge-*, h⟩ (se) nourrir; (s')alimenter; **sich von etw. ~** se nourrir, vivre de qc.; **2er** *m* ⟨~s; ~⟩ *e-r Familie* soutien *m* de famille; **2ung** *f* ⟨~⟩ alimentation *f*; *biol.* nutrition *f*; **schlechte ~** mauvaise alimentation; **Organisation für ~ und Landwirtschaft (der Vereinten Nationen)** Organisation (des Nations Unies) pour l'alimentation et l'agriculture (F.A.O.); **2ungsˌfaktor** *m* facteur *m* de l'alimentation; **2ungsˌfrage** *f* question *f* d'alimentation; **2ungsˌlage** *f* situation *f* alimentaire; **2ungsˌlehre** *f* diététique *f*; **2ungsˌschwierigkeiten** *f/pl.* difficultés *f/pl.* d'alimentation; **2ungsˌstörungen** *f/pl.* troubles dus à l'alimentation; **2ungstheraˌpie** *f* thérapeutique *f* alimentaire; **2ungsˌweise** *f* mode *m* d'alimentation; **2ungsˌwirtschaft** *f* économie *f* de l'alimentation; production *f* et commerce *m* de denrées alimentaires; **~ungsˌwirtschaftlich** *adj.* concernant l'économie de l'alimentation; concernant la production et le commerce de denrées alimentaires.

ernenn|en [ɛr'nɛnən] *v/t.* ⟨*irr., pas de ge-*, h⟩ nommer (j-n zu etw. qn. qc.); **j-n zum Direktor ~** nommer qn. directeur; **j-n zu s-m Stellvertreter ~** faire de qn. son représentant; désigner qn. pour son représentant; **2ung** *f* ⟨~; ~en⟩ nomination *f*; **s-e ~ zum Botschafter** sa nomination au poste d'ambassadeur, comme ambassadeur; **~ e-s Beamten auf Lebenszeit** titularisation *f* d'un fonctionnaire; **2ungsˌrecht** *n* droit *m*, pouvoir *m* de nomination; **2ungsˌurkunde** *f* acte *m*, brevet *m*, certificat *m* de nomination.

erneuer|n [ɛr'nɔʏərn] *v/t.* ⟨-(e)re, *pas de ge-*, h⟩ *Vertrag, Bündnis, Paß, Bestand etc.* renouveler; *techn.* changer; remplacer; (*neu instand setzen*) refaire; remettre à neuf; rénover; **2ung** *f* ⟨~; ~en⟩ renouvellement *m* (*auch comm.*); *e-s Miet-, Pachtvertrages* reconduction *f*; (*Neuinstandsetzung*) remise *f* à neuf; rénovation *f*; *techn.* remplacement *m*; **2ungsˌfonds** *m comm.* fonds *m* de renouvellement; **2ungsˌrücklage** *f comm.* réserve *f* de renouvellement; **2ungsˌschein** *m comm.* talon *m* (de renouvellement).

erneut [ɛr'nɔʏt] **1.** *adj.* renouvelé; **~e Verhandlungen** négociations renouvelées; **2.** *adv.* de nouveau.

erniedrig|en [ɛr'niːdrɪgən] **I** *v/t.* ⟨*pas de ge-*, h⟩ **1.** *fig.* (r)abaisser; dégrader; avilir; humilier; **2.** *mus.* **um e-n halben Ton ~** baisser d'un demi-ton; bémoliser; **II** *v/réfl.* **sich ~** s'abaisser; se dégrader; s'avilir; **~end** *adjt.* avilissant; dégradant; humiliant; **2ung** *f* ⟨~; ~en⟩ avilissement *m*; dégradation *f*; abaissement *m*; humiliation *f*; **2ungsˌzeichen** *n mus.* bémol *m*.

ernst [ɛrnst] **I 1.** *adj.* sérieux, -euse; grave; **ein ~es Problem** un grave problème; **ein ~es Wort mit j-m zu reden haben** avoir à parler sérieusement à qn.; **nun wird es ~!** maintenant cela devient sérieux!; **2.** *adv.* sérieusement; **j-n, etw. ~ nehmen** prendre qn., qc. au sérieux; **~ bleiben** garder son sérieux; **das ist nicht ~ gemeint** c'est pour rire; **II 2** *m* ⟨~es⟩ sérieux *m*; gravité *f*; **nun beginnt der ~ des Lebens** maintenant cela devient sérieux; **der ~ der Lage** la gravité de la situation; **im ~** sérieusement; vraiment; pour de bon; sans plaisanter; **allen ~es** pour de bon; sérieusement; **~ machen mit etw.** mettre qc. à exécution; *abs.* passer à l'action; **es ist mein voller ~** je ne plaisante pas du tout; **ist das Ihr ~?** parlez-vous sérieusement?; **das ist doch wohl nicht Ihr ~?!** vous plaisantez?!; vous ne parlez pas sérieusement?!; vous voulez rire?!; **wollen Sie im ~ behaupten ...?** prétendez-vous sérieusement que ...?; **es war bitterer ~** c'était extrêmement sérieux; **2fall** *m* **im ~** en cas critique; au cas où cela deviendrait sérieux; *milit.* en cas de guerre; **~geˌmeint** *adjt.* sérieux, -euse; **~es Angebot** offre sérieuse; **~e Absichten** intentions sérieuses; **~haft 1.** *adj.* sérieux, -euse; grave; **2.** *adv.* sérieusement; pour de bon; **etw. ~ in Angriff nehmen** se mettre à qc. pour de bon; **~lich 1.** *adj.* sérieux, -euse; grave; **2.** *adv.* sérieusement; **~ besorgt sein** être sérieusement ennuyé; **~ krank sein** être sérieusement malade.

Ernte ['ɛrntə] *f* ⟨~; ~n⟩ récolte *f* (*auch fig.*); (*Getreide2*) moisson *f* (*auch fig.*); (*Heu2*) fenaison *f*; **~ auf dem Halm** récolte sur pied; **die ~ einbringen** rentrer la récolte; **~ˌarbeit** *f* travaux *m/pl.* de la récolte, de la moisson; **~ˌarbeiter(in)** *m* (*f*) ouvrier, -ière *m, f* engagé(e) pour la récolte; moissonneur, -euse *m, f*; *m/pl.* main-d'œuvre engagée pour la récolte; *für die Heuernte* faneur, -euse *m, f*; **~ˌausfall** *m* récolte perdue; **~ˌaussichten** *f/pl.* prévisions *f/pl.*, perspectives *f/pl.* de récolte; **~ˌbräuche** *m/pl.* coutumes *f/pl.* à l'occasion des récoltes; **~'dankfest** *n relig.* fête *f* d'action de grâces pour la récolte; **~erˌtrag** *m* (produit *m* de la) récolte *f*; **~ˌfest** *n* fête(s) *f* (*pl.*) de la moisson; **~ˌhelfer** *m cf.* **~arbeiter**; **~ˌjahr** *n* année *f* agricole; **~ˌkranz** *m* couronne *f* d'épis et de fleurs; **~maˌschine** *f* machine *f* de récolte; **2n I** *v/t. u. v/i.* ⟨-ete, h⟩ récolter; *Getreide* moissonner; *fig. auch* recueillir; **die Früchte s-r Arbeit ~** recueillir les fruits de son travail; **wer ~ will, muß auch säen** *prov.* il faut semer pour récolter; **II ~n** *n* ⟨~s⟩ moissonnage *m*; **~ˌschäden** *m/pl.* dégâts causés à la récolte; **~verˌsicherung** *f* assurance *f* agricole; **~ˌwagen** *m* charrette *f*, voiture *f* de moisson; **~ˌwetter** *n* temps *m* favorable à la récolte, à la moisson; **~ˌzeit** *f* époque *f* de la récolte, de la moisson.

ernüchter|n [ɛr'nʏçtərn] *v/t.* ⟨-(e)re, *pas de ge-*, h⟩ *fig.* désenchanter; désillusionner; *pfort.* désenivrer; dégriser; **~nd 1.** *adjt.* décevant; dégrisant; **e-e ~e Feststellung** une constatation décevante; **2.** *advt.* **~ wirken** produire un désenchantement, une désillusion; **2ung** *f* ⟨~; ~en⟩ *fig.* désenchantement *m*; désillusion *f*; dégrisement *m*.

Erober|er [ɛr'ʔoːbərər] *m* ⟨~s; ~⟩ conquérant *m*; **2n** *v/t.* ⟨-(e)re, *pas de ge-*, h⟩ conquérir (*auch fig.*); *Stadt auch* prendre; *Gegenstände* s'emparer de; *fig. auch* gagner; **im Sturm ~** prendre d'assaut; **~ung** *f* ⟨~; ~en⟩ conquête *f* (*auch fig.*); prise *f*; e-e ~ machen faire une conquête; **~ungsˌabsicht** *f* visée *f* de conquête; **~ungsˌkrieg** *m* guerre *f* de conquête.

eröffn|en [ɛrˈʔœfnən] **I** *v/t.* ⟨-ete, *pas de ge-*, h⟩ **1.** *allg.* ouvrir; *Ausstellung* inaugurer; *Verhandlungen auch* engager; entamer; *jur.* ein Verfahren ~ ouvrir une procédure; **2.** *fig.* j-m etw. ~ apprendre, faire savoir qc. à qn.; *jur.* ein Testament ~ ouvrir et homologuer un testament; **II** *v/réfl.* sich ~ *Aussichten etc.* s'ouvrir; *Möglichkeiten* se présenter; **2ung** *f* ⟨~; ~en⟩ *allg.* ouverture *f*; *e-r Ausstellung* inauguration *f*; *fig. verbal*; **2ungsˌansprache** *f* allocution d'ouverture, inaugurale; **2ungsbeˌschluß** *m jur. beim Konkursverfahren* jugement déclaratif de faillite; **2ungsbiˌlanz** *f comm.* bilan *m* d'ouverture; **2ungsˌfeier(lichˌkeit)** *f* cérémonie *f* d'ouverture, d'inauguration; **2ungsˌkurs** *m Börse* cours *m* d'ouverture; **2ungsprotoˌkoll** *n jur.* procès-verbal *m* d'ouverture; **2ungsˌrede** *f* discours d'ouverture, inaugural; **2ungsˌsitzung** *f* session, séance d'ouverture, inaugurale.

erörter|n [ɛrˈʔœrtərn] *v/t.* ⟨-(e)re, *pas de ge-*, h⟩ discuter; débattre; **2ung** *f* ⟨~; ~en⟩ discussion *f*; débat *m*.

Eros [ˈeːrɔs, ˈeˑrɔs] *m* ⟨~⟩ éros [eros] *m*.

Erosion [eˑroˑziˈoːn] *f* ⟨~; ~en⟩ *géol.* érosion *f*.

Erot|ik [eˑˈroːtɪk] *f* ⟨~⟩ érotisme *m*; **~iker** *m* ⟨~s; ~⟩ érotique *m*; **2isch** *adj.* érotique; **~omaˈnie** *f* ⟨~⟩ érotomanie *f*.

Erpel [ˈɛrpəl] *m* ⟨~s; ~⟩ *cf.* Enterich.

erpicht [ɛrˈpɪçt] *adj.* F auf etw. ~ sein avoir grande envie, être avide de qc.

erpress|en [ɛrˈprɛsən] *v/t.* ⟨-ßt, *pas de ge-*, h⟩ j-n ~ faire chanter qn.; von j-m etw. ~ extorquer qc. à qn.; von j-m ein Geständnis ~ arracher des aveux, un aveu à qn. par chantage; **2er** *m* ⟨~s; ~⟩ maître-chanteur *m*; **2ung** *f* ⟨~; ~en⟩ chantage *m*; extorsion *f* (de qc.); das ist ja ~! c'est du chantage!; **2ungsverˌsuch** *m* tentative *f* de chantage.

erprob|en [ɛrˈproːbən] *v/t.* ⟨*pas de ge-*, h⟩ éprouver; essayer; **~t** *adjt.* éprouvé; ~es Mittel remède éprouvé; **2ung** *f* ⟨~⟩ épreuve *f*; essai *m*; bei der ~ en éprouvant; en essayant; à l'essai.

erquick|en [ɛrˈkvɪkən] *v/t.* (*u. v/réfl.*) ⟨*pas de ge-*, h⟩ (se) rafraîchir; (se) revigorer; **~end** *adjt.*, **~lich** *adj.* rafraîchissant; **2ung** *f* ⟨~⟩ *verbal*.

Errata [ɛˈrɑːta] *n/pl.* errata *m* (*inv.*).

erraten [ɛrˈrɑːtən] *v/t.* ⟨*irr.*, *pas de ge-*, h⟩ deviner; das ~ Sie nie! *auch* je vous le donne en mille!; Sie haben es ~! vous avez deviné!; vous y êtes!

erratisch [ɛˈrɑːtɪʃ] *adj. géol.* erratique; ~e Blöcke blocs erratiques.

errechnen [ɛrˈrɛçnən] *v/t.* ⟨-ete, *pas de ge-*, h⟩ calculer; faire le calcul de.

erreg|bar [ɛrˈreːkbɑːr] *adj.* irritable; excitable; **2barˌkeit** *f* ⟨~⟩ irritabilité *f*; excitabilité *f*; **~en I** *v/t.* ⟨*pas de ge-*, h⟩ **1.** exciter; irriter; **2.** *Argwohn etc.* faire naître; *Mitleid auch* exciter; *Zorn* soulever; provoquer; *Aufmerksamkeit* attirer; *Anstoß, Verwunderung* provoquer; causer; Ärgernis ~ faire scandale; öffentliches Ärgernis ~ porter atteinte à la pudeur; commettre un outrage public à la pudeur; Schwindel ~ donner le vertige; **II** *v/réfl.* sich ~ s'irriter; s'énerver; s'exciter; **2er** *m* ⟨~s; ~⟩ **1.** *méd.* agent *m* pathogène; **2.** *élect.* excitatrice *f*; **2erenerˌgie** *f élect.* énergie *f* du champ d'excitation; **2erˌfeld** *n élect.* champ *m* d'excitation; **2erˌkreis** *m élect.* circuit *m* d'excitation; **2ermaˌschine** *f élect.* excitatrice *f*; **2erˌspannung** *f élect.* tension *f* d'excitation; **2erˌspule** *f élect.* bobine excitatrice, d'excitation; **2erˌstrom** *m élect.* courant *m* d'excitation; **~t** *adjt.* excité; irrité; énervé; agité; e-e ~e Auseinandersetzung une vive explication; **2tˌheit** *f* ⟨~⟩ excitation *f*; énervement *m*; irritation *f*; agitation *f*; **2ung** *f* ⟨~⟩ excitation *f* (*auch physiol.*, *élect.*); énervement *m*; irritation *f*; agitation *f*; in großer ~ très excité; dans une grande agitation; freudige ~ excitation (joyeuse); in ~ versetzen exciter; irriter; agiter; *jur.* ~ öffentlichen Ärgernisses outrage public à la pudeur.

erreich|bar [ɛrˈraɪçbɑːr] *adj.* qui peut être atteint; *Ort, Ziel* accessible; leicht ~ que l'on peut facilement atteindre; très accessible; sind Sie telephonisch ~? peut-on vous joindre par téléphone?; er ist im Augenblick nicht ~ on ne peut pas le joindre, l'atteindre pour le moment; **~en** *v/t.* ⟨*pas de ge-*, h⟩ *Ort, Ziel, Zweck, Grenze, Alter etc.* atteindre; parvenir à; arriver à; *e-n Zug, e-n Anschluß* avoir; *Ufer* atteindre; gagner; *ein gewisses Maß* atteindre; *e-n Höhepunkt* toucher (à); atteindre; es ist mit dem Bus leicht zu ~ on peut y aller facilement en autobus; j-n telephonisch ~ joindre, toucher qn. par téléphone; er hat das Klassenziel nicht erreicht il n'a pas réussi à passer (dans la classe supérieure); bei j-m etw. ~ (arriver à) obtenir qc. de qn.; nichts erreicht haben n'avoir rien obtenu; n'avoir pas réussi; en être pour ses frais; er hat s-n Zweck erreicht il a atteint son but; il est parvenu à ses fins; er hat erreicht, daß ... il est parvenu à ce que ...; il a obtenu que ...; **2ung** *f* ⟨~⟩ bei ~ der Altersgrenze à l'âge de la retraite; bei (der) ~ der Volljährigkeit à la *bzw.* sa majorité; bei ~ des zwanzigsten Lebensjahres à l'âge de vingt ans; zur ~ s-s Zweckes pour arriver à, pour atteindre ses fins.

erretten [ɛrˈrɛtən] *v/t.* ⟨-ete, *pas de ge-*, h⟩ *cf.* retten.

erricht|en [ɛrˈrɪçtən] *v/t.* ⟨-ete, *pas de ge-*, h⟩ **1.** *Gebäude* ériger; *Denkmal auch* élever; *Altar auch* dresser; *Gerüst* construire; *math. Lot* élever; **2.** *comm.* e-e Gesellschaft ~ créer, fonder, constituer, établir une société; *jur.* ein Testament ~ rédiger un testament; **2ung** *f* ⟨~⟩ **1.** *e-s Gebäudes etc.* érection *f*; construction *f*; *sonst verbal*; **2.** *écon. e-r Wirtschaftsgemeinschaft etc.* établissement *m*; création *f*; constitution *f*; *jur.* ~ e-s Testamentes rédaction *f* d'un testament.

erringen [ɛrˈrɪŋən] *v/t.* ⟨*irr.*, *pas de ge-*, h⟩ *Preis, Sieg, Erfolg etc.* remporter.

erröten [ɛrˈrøːtən] **I** *v/i.* ⟨-ete, *pas de ge-*, sein⟩ rougir (vor de); **II** 2 *n* ⟨~s⟩ *verbal*.

Errungenschaft [ɛrˈrʊŋənˌʃaft] *f* ⟨~; ~en⟩ conquête(s) *f*(*pl.*); (*Erwerbung*) acquisition *f*; *jur.* acquêts *m/pl.*; *fig.* réalisation *f*; die neuesten ~en les dernières réalisations; *der Wissenschaft auch* les dernières conquêtes; *e-s Haushaltes etc.* les dernières acquisitions; **~sgeˌmeinschaft** *f jur. cf.* Zugewinngemeinschaft.

Ersatz [ɛrˈzats] *m* ⟨~es⟩ **1.** *stellvertretender* produit *m* de remplacement; *unzulänglicher* succédané *m*; ersatz *m*; (*Ersetzung*) remplacement *m*; substitution *f*; als, zum ~ für etw. pour remplacer qc.; en remplacement de qc.; **2.** *comm., jur.* (*Entschädigung*) compensation *f*; dédommagement *m*; indemnité *f*; (*Erstattung*) restitution *f*; (*Wiedergutmachung*) réparation *f*; ~ in Geld indemnité; réparation (d'un dommage) en argent; voller ~ pleine et entière indemnité; zum ~ verpflichtet sein être tenu de dommages et intérêts; être obligé à faire réparation de dommages; ~ fordern demander un dédommagement, des dommages et intérêts; j-m für etw. ~ leisten faire compensation à qn. de qc.; dédommager qn. de qc.; als, zum ~ für en compensation de; en retour de; **3.** *milit.* recrutement *m* de maintenance, de remplacement; **~...** *in Zssgn. oft* de remplacement; de rechange; de réserve; de secours; **~ˌanspruch** *m jur.* droit *m* à indemnisation, à réparation, à dédommagement; **~batteˌrie** *f élect.* batterie *f*, pile *f* de rechange, de réserve; **~ˌdehnung** *f phon.* allongement *m* pour remplacer une *od.* des consonne(s) disparue(s); **~ˌdienst** *m milit.* ziviler ~ service civil (pour les objecteurs de conscience); **~ˌeinheiten** *f/pl. milit.* unités *f/pl.* de maintenance; **~ˌerbe** *m jur.* héritier substitué; **~ˌforderung** *f* demande *f* d'indemnité, de réparation; demande *f* en restitution; **~geˌschworene(r)** *m jur.* juré suppléant; **~ˌkasse** *f etwa* caisse libre agréée (d'assurance maladie); **~ˌkraftstoff** *m* carburant *m* de remplacement; **~ˌleistung** *f* dédommagement *m*; indemnité *f*; réparation *f*; compensation *f*; **~ˌmann** *m* ⟨~(e)s; ~er *od.* -leute⟩ suppléant *m*; remplaçant *m* (*auch Sport*); **~ˌmine** *f Füllbleistift* mine *f* de réserve; *Kugelschreiber* recharge *f*; **~ˌmittel** *n* succédané *m*; ersatz *m*; produit *m* de remplacement; **~ˌpflicht** *f* obligation *f* d'indemniser, de dédommager, de réparer; **2ˌpflichtig** *adj.* ~ sein être tenu à indemnisation, à dédommagement, à réparation, à restitution; être obligé d'indemniser, de dédommager, *etc.*; répondre des dommages et intérêts; **~ˌrad** *n* roue *f* de rechange, de secours; **~ˌrichter** *m* juge suppléant; **~ˌschöffe** *m jur.* juré suppléant; **~ˌspieler** *m Sport cf.* ~mann; **~ˌstoff** *m cf.* ~mittel; **~ˌstrafe** *f jur.* peine *f* de remplacement; **~ˌstück** *n*, **~ˌteil** *n, m* pièce *f* de rechange, **~ˌtruppe** *f milit.* troupe chargée de former les unités de maintenance; **~ˌwahl** *f* élection complémentaire, partielle, de remplacement; **2ˌweise** *adv.* comme succédané; comme ersatz; en guise de remplacement; *comm.* à titre de compensation; **~ˌwert** *m* valeur *f* de remplacement; **~ˌwesen** *n cf.* Wehrersatzwesen.

ersaufen [ɛrˈzaʊfən] *v/i.* ⟨*irr.*, *pas de ge-*, sein⟩ F (*ertrinken*) se noyer.

ersäufen [ɛrˈzɔʏfən] *v/t.* ⟨*pas de ge-*, h⟩ noyer.

erschaff|en [ɛrˈʃafən] *v/t.* ⟨*irr.*, *pas de ge-*, h⟩ créer; **2ung** *f* ⟨~⟩ création *f*.

erschallen [ɛrˈʃalən] *v/i.* ⟨erschallt, erschallte *od.* erscholl, erschallt *od.* erschollen, sein⟩ résonner; retentir; *Gelächter* éclater.

erschaudern [ɛrˈʃaʊdərn] *v/i.* ⟨-(e)re, *pas de ge-*, sein⟩ frémir, frissonner (vor de).

erschauern [ɛrˈʃaʊərn] *v/i.* ⟨-(e)re, *pas de ge-*, sein⟩ frissonner (vor de).

erschein|en [ɛrˈʃaɪnən] **I** *v/i.* ⟨*irr.*, *pas de ge-*, sein⟩ paraître; *Person, Geist* apparaître; **wieder** ~ reparaître; réapparaître; *Buch* **soeben erschienen** vient de paraître; **erscheint in Kürze** est sur le point de paraître; *jur.* **vor Gericht** ~ comparaître en justice, devant le tribunal; **auf die Vorladung nicht** ~ *auch* faire défaut; **II** *v/imp.* **es erscheint mir merkwürdig, daß ...** il me semble, il me paraît étonnant que ...; **es erscheint ratsam, zu ...** il paraît raisonnable de ...; il est conseillé de ...; **III 2en** *n* ⟨~s⟩ *e-s Buches* parution *f*; publication *f*; *e-r Person* apparition *f*; arrivée *f*; *von Geistern etc.* apparition *f*; *vor Gericht* comparution *f*; *Buch* **bei** ~ à la parution; **2ung** *f* ⟨~; ~en⟩ apparition *f*; (*Natur2*) phénomène *m*; (*Krankheits2*) symptôme *m*; (*äußere* ~) apparences *f/pl.*; **sie ist e-e anziehende** ~ c'est une personne attirante; **er ist e-e glänzende** ~ il présente bien; **es ist e-e eigentümliche** ~ c'est un phénomène, un fait curieux; **in** ~ **treten** se montrer; se manifester; **die Fülle der** ~**en** l'abondance des phénomènes; *philos.* **die Welt der** ~**en** le monde des apparences; **2ungs,bild** *n biol.* phénotype *m*; **2ungs,form** *f* forme sous laquelle une chose se présente; manifestation *f*; état *m*; **2ungs,frist** *f jur.* délai *m* de comparution, pour comparaître; **2ungs,jahr** *n e-s Buches* année *f* de la parution, de la publication; **2ungs,weise** *f e-r Zeitschrift* mode *m* de parution; **2ungs,welt** *f* monde *m* des apparences, des phénomènes.

Erschienene(r) [ɛr'ʃiːnənə(r)] *m* ⟨→ A⟩ *jur.* membre présent; comparant *m.*

erschieß|en [ɛr'ʃiːsən] **I** *v/t.* ⟨*irr., pas de ge-,* h⟩ tuer d'un coup de feu; *Hinrichtungsart* fusiller; passer par les armes; **II** *v/réfl.* **sich** ~ se tuer d'un coup de feu; se brûler, se faire sauter la cervelle; **2ung** *f* ⟨~; ~en⟩ *milit.* exécution *f* militaire; *sonst verbal*; **2ungsko,mmando** *n* peloton *m* d'exécution.

erschlaff|en [ɛr'ʃlafən] *v/i.* ⟨*pas de ge-,* sein⟩ *Muskeln, Glieder* se relâcher (*auch fig.*); perdre sa vigueur; **2ung** *f* ⟨~; ~en⟩ atonie *f*; relâchement *m* (*auch fig.*).

erschlagen [ɛr'ʃlaːgən] **I** *v/t.* ⟨*irr., pas de ge-,* h⟩ tuer (à coups de qc.); tuer en frappant (avec qc.); assommer; **vom Blitz** ~ **werden** être foudroyé; **von e-m Baum** ~ **werden** être tué, écrasé par un arbre; **II** *adjt. fig. u.* F **wie** ~ **sein** être fourbu, F claqué, crevé, vanné.

erschleich|en [ɛr'ʃlaɪçən] *v/t.* ⟨*irr., pas de ge-,* h⟩ *e-e Gunst, Erbschaft etc.* capter; obtenir par subreption; **2ung** *f* ⟨~⟩ captation *f*; subreption *f.*

erschlichen [ɛr'ʃlɪçən] *adjt. jur.* capté; subreptice; ~**e Zustimmung** consentement obtenu par subreption.

erschließ|en [ɛr'ʃliːsən] **I** *v/t.* ⟨*irr., pas de ge-,* h⟩ **1.** *Gelände* ouvrir à l'exploitation; mettre en valeur; développer; **neue Absatzgebiete** ~ créer de nouveaux débouchés; ouvrir de nouveaux marchés; **die Bodenschätze e-s Gebietes** ~ mettre en valeur, développer une région; **neue Hilfsquellen** ~ créer de nouvelles ressources; **2.** *ling. Wort* reconstruire; reconstituer; **erschlossene Formen** formes reconstituées; **II** *v/réfl.* **sich** ~ s'ouvrir; **2ung** *f* ⟨~⟩ **1.** *e-s Gebiets* mise *f* en valeur, en exploitation; développement *m*; *von Absatzmärkten* création *f*; **2.** *ling.* reconstitution *f.*

erschmeicheln [ɛr'ʃmaɪçəln] *v/t.* ⟨-(e)le, *pas de ge-,* h⟩ *Gunst etc.* obtenir à force de flatteries.

erschöpf|en [ɛr'ʃœpfən] *v/t.* ⟨*pas de ge-,* h⟩ *Vorräte, Bodenschätze, Kräfte, Mittel, Thema etc.* épuiser; *körperlich auch* exténuer; éreinter; ~**end 1.** *adjt.* exhaustif, -ive; complet, -ète; *jur.* limitatif, -ive; ~**e Darstellung** étude exhaustive; **2.** *advt.* ~ **behandeln** traiter à fond; ~**t** *adjt.* épuisé; à bout; exténué; éreinté; fatigué; *Batterie* usé; *agr.* fatigué; **meine Geduld ist** ~ ma patience est à bout; **2ung** *f* ⟨~⟩ *allg.* épuisement *m*; *körperliche auch* éreintement *m*; exténuation *f*; fatigue *f*; **bis zur** ~ jusqu'à épuisement; **2ungs,zustand** *m méd.* état *m* d'épuisement.

erschossen [ɛr'ʃɔsən] **I** *p.p. cf.* erschießen; **II** *adjt.* F (*erschöpft*) crevé; claqué; vanné.

erschrak [ɛr'ʃraːk] *cf.* erschrecken.

erschrecken [ɛr'ʃrɛkən] **I** *v/t.* ⟨*pas de ge-,* h⟩ effrayer; faire peur à; **j-n fürchterlich** ~ terrifier, épouvanter qn.; **II** *v/i.* ⟨**erschrickt, erschrak, erschrocken, sein**⟩ *u. v/réfl.* ⟨h⟩ s'effrayer (**vor** de); (**sich**) **fürchterlich** ~ s'épouvanter; **sie erschrak beim leisesten Geräusch** elle s'effrayait au moindre bruit; **III** 2 *n* ⟨~s⟩ frayeur *f*; peur *f*; effroi *m*; épouvante *f*; ~**d 1.** *adjt.* effrayant; terrifiant; **2.** *adv.* F (*äußerst*) extrêmement; ~ **wenig** extrêmement peu.

erschrocken [ɛr'ʃrɔkən] *adjt.* effrayé; épouvanté; terrifié; **zu Tode** ~ mort de frayeur.

erschütter|n [ɛr'ʃʏtərn] *v/t.* ⟨-(e)re, *pas de ge-,* h⟩ *Boden etc.* ébranler; secouer; *Entschluß, Vertrauen, Glauben, Gesundheit etc.* ébranler; *Glauben auch* faire chanceler; *seelisch* frapper; secouer; bouleverser; émouvoir; **nichts konnte ihn** ~ rien ne pouvait l'ébranler; ~**nd** *adjt.* bouleversant; émouvant; **ein** ~**er Anblick** un spectacle bouleversant; ~**t** *adjt.* ébranlé; *seelisch* bouleversé; secoué; ému; **2ung** *f* ⟨~; ~en⟩ ébranlement *m*; *techn. auch* secousse *f*; vibration *f*; trépidation *f*; *seelische* bouleversement *m*; émotion profonde; choc *m*; secousse *f*; ~**ungs,frei** *adj. techn.* exempt de vibrations; à l'abri de secousses, de vibrations.

erschwer|en [ɛr'ʃveːrən] *v/t.* ⟨*pas de ge-,* h⟩ rendre (plus) difficile, (plus) pénible; compliquer; aggraver; **das Leben** ~ rendre la vie dure; ~**end** *adjt. jur.* ~**e Umstände** circonstances aggravantes; **2ung** *f* ⟨~⟩ aggravation *f*; complication *f*; accroissement *m*, surcroît *m* de difficultés.

erschwindeln [ɛr'ʃvɪndəln] *v/t.* ⟨-(e)le, *pas de ge-,* h⟩ escroquer.

erschwing|en [ɛr'ʃvɪŋən] *v/t.* ⟨*irr., pas de ge-,* h⟩ (pouvoir) payer; **nicht zu** ~ **sein** être 'hors de prix; ~**lich** *adj.* qu'on peut payer; **ein** ~**er Preis** un prix accessible, abordable.

ersehen [ɛr'zeːən] *v/t.* ⟨*irr., pas de ge-,* h⟩ voir; **daraus ist zu** ~**, daß ...** on peut y voir que ...; on peut en conclure que ...; **soviel ich daraus** ~ **kann** (pour) autant que j'en puisse juger; **ich ersehe aus Ihrem Brief, daß ...** je vois par votre lettre que ...

ersehnen [ɛr'zeːnən] *v/t.* ⟨*pas de ge-,* h⟩ souhaiter vivement; désirer ardemment, avec ardeur.

ersetz|bar [ɛr'zɛtsbaːr] *adj.* remplaçable; *Verlust, Schaden* réparable; ~**en** *v/t.* ⟨-(es)t, *pas de ge-,* h⟩ remplacer (**durch** par); suppléer (à qc.); *Unkosten etc.* rembourser; *Schaden* réparer; payer les dommages et intérêts; indemniser (qn. de qc.); *Verlust* compenser; (*an die Stelle setzen von*) substituer (qc. à qc.); **j-m e-n Schaden** ~ *auch* dédommager qn.; **den Schaden ersetzt bekommen** recevoir des dommages et intérêts; être indemnisé; **ein Wort durch ein Zeichen** ~ remplacer un mot par un signe; substituer à un mot un signe; **er versuchte, mangelndes Talent durch Fleiß zu** ~ il essayait de suppléer à son manque de talent par du zèle; **er ist nicht zu** ~ il est irremplaçable; **die Differenz** ~ **müssen** devoir suppléer à la différence; **2ung** *f* ⟨~⟩ remplacement *m*; substitution *f*; *von Unkosten etc.* remboursement *m*; *von Schäden* réparation *f*; dédommagement *m*; indemnisation *f*; *von Verlusten* compensation *f.*

ersichtlich [ɛr'zɪçtlɪç] *adj.* évident; manifeste; visible; **ohne** ~**en Grund** sans raison apparente; **daraus wird** ~**, daß ...** on voit par là que ...; il ressort par là que ...

ersinnen [ɛr'zɪnən] *v/t.* ⟨*irr., pas de ge-,* h⟩ imaginer; inventer; trouver.

ersitz|en [ɛr'zɪtsən] *v/t.* ⟨*irr., pas de ge-,* h⟩ *jur.* acquérir par prescription; usucaper; **2ung** *f* ⟨~⟩ prescription acquisitive; usucapion *f.*

erspähen [ɛr'ʃpɛːən] *v/t.* ⟨*pas de ge-,* h⟩ apercevoir; découvrir.

erspar|en [ɛr'ʃpaːrən] *v/t.* ⟨*pas de ge-,* h⟩ épargner; économiser; *fig.* **j-m etw.** ~ épargner, éviter qc. à qn.; **erspar dir die Mühe!** épargne-toi cette peine!; **das erspart uns viel Zeit** cela nous fait économiser beaucoup de temps; **uns bleibt nichts erspart** rien ne nous est épargné; **2nis** *f* ⟨~⟩ économie *f* (*auch fig.*); épargne *f*; **2,nisse** *f/pl.*, **2te(s)** *n* ⟨→ A⟩ économies *f/pl.*; épargnes *f/pl.*; **von s-n Ersparnissen leben** vivre de, sur ses économies; **Ersparnisse machen** faire, réaliser des économies.

ersprießlich [ɛr'ʃpriːslɪç] *adj.* fructueux, -euse; utile; profitable; rentable; productif, -ive; **e-e** ~**e Tätigkeit** une activité productive, fructueuse; **e-e** ~**e Zusammenarbeit** une collaboration fructueuse; **2,keit** *f* ⟨~⟩ utilité *f*; rentabilité *f*; productivité *f.*

erst [eːrst] *adv.* **1.** (*zuerst*) d'abord; au commencement; premièrement; auparavant; ~ **(ein)mal** (tout) d'abord; avant tout; **ich möchte** ~ **etw. essen** je voudrais d'abord manger qc.; je voudrais commencer par manger qc.; **ein wirklich gutes Mittel muß** ~ **erfunden werden** il s'agit d'abord de trouver un remède efficace; ~ **denken, dann handeln** réfléchir avant d'agir; ~ **sagtest du, du würdest ...** tu disais d'abord que tu ...; **2.** (*nicht eher, mehr als*) ne ... que; seulement; **eben** ~ il y a un instant; **ich bin eben** ~ **angekommen** je ne fais qu(e d')arriver; je viens seulement d'arriver; ~ **als ich ihn sah ...** ce n'est que lorsque je le vis que ...; ~ **dann** seulement alors, après; ~ **jetzt** seulement maintenant; ce n'est que maintenant que ...; ~ **gestern** ce n'est qu'hier que ...; ~ **nach dem Kriege** ce n'est qu'après la guerre que ...; seulement après la guerre; **es ist** ~ **zehn Uhr** il n'est que dix heures; **ich habe** ~ **einige Seiten davon gelesen** je n'en ai lu que quelques pages; **3.** *verstärkend* **und ich** ~! et moi donc!; ~ **recht** à plus forte raison; **und nun** ~ **recht!** et maintenant plus que jamais!; ~ **recht nicht**

encore moins; nun ~ recht nicht! moins que jamais!; das macht die Sache ~ schlimm! voilà qui rend l'affaire délicate!; wenn er ~ (einmal) verheiratet ist une fois (qu'il sera) marié; wäre er ~ hier! si seulement il était ici!

erstarken [ɛrˈʃtarkən] **I** *v/i.* ⟨*pas de ge-*, **sein**⟩ se renforcer; se fortifier; **II** 2 *n* ⟨~s⟩ renforcement *m.*

erstarr|en [ɛrˈʃtarən] *v/i.* ⟨*pas de ge-*, **sein**⟩ *Glieder vor Kälte* s'engourdir; *chim.* se solidifier; se congeler; *fig. Blut* se figer; *vor Schreck etc.* être glacé (de); être paralysé (par); *vor Staunen* être stupéfié; j-s Blut ~ lassen glacer les sangs de qn.; glacer qn. d'effroi; **2ung** *f* ⟨~⟩ *der Glieder* engourdissement *m*; *chim.* solidification *f*; congélation *f*; *sonst verbal.*

erstatt|en [ɛrˈʃtatən] *v/t.* ⟨-ete, *pas de ge-*, **h**⟩ **1.** *Unkosten etc.* rembourser; *jur.* restituer; *cf. auch* **zurückerstatten**; etw. **erstattet bekommen** se voir rembourser qc.; **s-e Ausgaben erstattet bekommen** rentrer dans ses frais; **2. über etw. Bericht ~** faire, donner, fournir un rapport, un compte rendu sur qc.; rapporter qc.; **gegen j-n Anzeige ~** déposer une plainte, porter plainte contre qn.; **2ung** *f* ⟨~⟩ **1.** *von Unkosten etc.* remboursement *m*; *jur.* restitution *f*; **2.** *e-s Berichtes verbal*; ~ **e-r Anzeige** dépôt *m* d'une plainte; **2ungs,anspruch** *m comm.* demande *f* de, droit *m* à remboursement; *jur.* demande *f* en restitution; **2ungsbe,trag** *m comm.* montant *m* du remboursement; **~ungs,fähig** *adj. comm.* remboursable; à rembourser; **2ungs,pflicht** *f comm.* obligation *f* de rembourser; *jur.* obligation *f* de restituer; **~ungs,pflichtig** *adj. comm.* tenu de rembourser; **2ungs,satz** *m* taux *m* de remboursement; **2ungsver,fahren** *n jur.* procédure *f* de débet, de restitution.

erstaufführ|en [ˈeːrstˀauf,fyːrən] *v/t.* ⟨*nur inf. u. p. p.* **erstaufgeführt**⟩ *thé.* représenter pour la première fois; donner la première de; *mus.* donner la première audition de; **X wurde erstaufgeführt (am ... in ...)** la première de X eut lieu, fut donnée (le ... à ...); X fut représenté pour la première fois (le ... à ...); *mus.* la première audition de X eut lieu, fut donnée (le ... à ...); **2ung** *f* première *f*; *mus.* première audition.

erstaun|en [ɛrˈʃtaunən] **I** *v/t.* ⟨*pas de ge-*, **h**⟩ étonner; surprendre; ébahir; **das erstaunt mich sehr** cela m'étonne beaucoup; F ça m'épate; **II** *v/i.* ⟨**sein**⟩ s'étonner (**über** de); **III 2en** *n* étonnement *m*; surprise *f*; ébahissement *m*; **in ~ (ver)setzen** frapper d'étonnement; ébahir; **j-n in höchstes ~ versetzen** stupéfier qn.; **zu meinem (großen) ~** à mon grand étonnement; à ma grande surprise; **~lich 1.** *adj.* étonnant; surprenant; extraordinaire; **es wäre doch wirklich ~, wenn ...** *auch* ce serait bien le diable si ...; **2.** *adv.* étonnamment; extraordinairement; **er ist ~ dumm** c'est étonnant ce qu'il est bête; **~t 1.** *adjt.* étonné; ébahi; **ganz ~ sein** être stupéfait; tomber de son 'haut; ne pas en revenir; **2.** *advt.* **j-n ~ ansehen** regarder qn. tout étonné, d'un air étonné.

Erst|ausfertigung [ˈeːrst,ˀausfɛrtɪguŋ] *f e-s Schriftstückes* première expédition; ~ **e-s Wechsels** première *f* de change; **~,ausführung** *f techn.* prototype *m*; **~,ausgabe** *f e-s Buches* édition *f* princeps [-ɛps]; première édition; **~,ausstattung** *f jur.* première dotation; **2'beste(r)** *f(m)* ⟨→ A⟩ *cf.* **erste (beste)**; **~be,steigung** *f e-s Berges* première ascension; **~druck** *m* ⟨~(e)s; ~e⟩ *cf.* **~ausgabe.**

erste [ˈeːrstə] *adj. num. o.* premier, -ière; **der ~, am, den ~n Oktober** le premier octobre; **am 2n (des Monats)** le premier (du mois); **Franz der 2 (I.)** François Ier; *mar.* **2r Offizier** (capitaine *m* en) second *m*; *milit.* (officier *m* en) second *m*; **2 Hilfe** *bei Unglücksfällen* premiers soins; **die ~n drei Monate** les trois premiers mois; **die drei ~n** les trois premiers; **e-r der ~n** l'un des premiers; **als ~r eintreten** entrer le premier; **der ~ beste** le premier venu; **an ~r Stelle stehen** être en tête, au début (de); **aus ~r Hand** de première main; **~n Ranges** de premier ordre; de première classe; **die ~ Klasse** a) *chem.* la première (classe); b) *Volksschule* la première classe de l'école primaire; *in Frankreich* le cours préparatoire; c) *höhere Schule* la sixième; **im ~n Schuljahr sein** être au cours préparatoire; **in ~r Linie** premièrement; en premier lieu; avant tout; tout d'abord; **~r Wahl** de premier choix; *thé.* **~r Liebhaber** jeune premier; **das ~ Mal** la première fois; **zum ~n Male** pour la première fois; **fürs ~** pour le moment; provisoirement; **zum ~n!** *bei Versteigerungen* une fois!; **das ~, was zu tun ist** la première chose à faire; *bibl.* **die 2n werden die Letzten sein** les premiers seront les derniers; **~re(r) ... letztere(r)** le premier *bzw.* la première ... le dernier *bzw.* la dernière.

erstechen [ɛrˈʃtɛçən] *v/t.* ⟨*irr.*, *pas de ge-*, **h**⟩ tuer d'un coup de couteau, à coups de couteau; poignarder.

ersteh|en [ɛrˈʃteːən] *v/t.* ⟨*irr.*, *pas de ge-*, **h**⟩ acquérir; acheter; **2er** *m* ⟨~s; ~⟩ *bei Versteigerungen* adjudicataire *m*; **2ung** *f* ⟨~⟩ acquisition *f*; achat *m.*

ersteig|en [ɛrˈʃtaɪgən] *v/t.* ⟨*irr.*, *pas de ge-*, **h**⟩ monter sur; *mühsam* gravir; *kletternd* escalader; *Berg auch* faire l'ascension de; **2ung** *f* ⟨~⟩ escalade *f*; *e-s Berges auch* ascension *f.*

ersteiger|n [ɛrˈʃtaɪgərn] *v/t.* ⟨-(e)re, *pas de ge-*, **h**⟩ **etw. ~** acheter qc. à l'enchère, aux enchères, à l'encan; se rendre adjudicataire de qc.; **2er** *m* ⟨~s; ~⟩ adjudicataire *m*; **2ung** *f* ⟨~; ~en⟩ achat *m* à l'enchère, aux enchères, par voie d'adjudication.

erstell|en [ɛrˈʃtɛlən] *v/t.* ⟨*pas de ge-*, **h**⟩ (*herstellen*) produire; fabriquer; *Gebäude* construire; ériger; *comm. Rechnung* établir; **2ung** *f* ⟨~⟩ production *f*; fabrication *f*; *von Gebäuden* construction *f*; *comm.* ~ **von Rechnungen** établissement *m* de factures.

erst|e(n)mal [ˈeːrstə(n),maːl] *adv. cf.* **(zum) erste(n Male)**; **~ens** *adv.* premièrement; en premier lieu; primo; **~er** *cf.* **erste.**

ersterben [ɛrˈʃtɛrbən] *v/i.* ⟨*irr.*, *pas de ge-*, **sein**⟩ *Ton etc.* expirer; mourir; s'éteindre.

erstere(r) [ˈeːrstərə(r)] *cf.* **erste.**

Erst|erwerb [ˈeːrstˀɛr,vɛrp] *m jur.* première acquisition; **~er,werber** *m* premier acquéreur; acquéreur primitif; **2ge,boren** *adj.* premier-né, première-née; aîné; **~ge,borene(r)** *f(m)* ⟨→ A⟩ *jur.* aîné(e) *m(f)*; **~ge,burt(s-,recht)** *f(n)* (droit *m* d')aînesse *f*; (droit *m* de) primogéniture *f*; **~ge,nannte(r)** *f(m)* ⟨→ A⟩ le premier, la première.

erstick|en [ɛrˈʃtɪkən] **I** *v/t.* ⟨*pas de ge-*, **h**⟩ étouffer; asphyxier; **etw. im Keim ~** étouffer qc. dans l'œuf; **II** *v/i.* ⟨**sein**⟩ étouffer; suffoquer; être asphyxié; **er erstickte vor Wut** la fureur l'étouffait, le suffoquait; il suffoquait de fureur; **ich ersticke vor Hitze** j'étouffe de chaleur; **mit erstickter Stimme** d'une voix étouffée; **II 2en** *n* ⟨~s⟩ étouffement *m*; **es ist zum ~ heiß** il fait une chaleur étouffante, à étouffer; **~end** *adjt.* étouffant; suffocant; asphyxiant; **2ung** *f* ⟨~; ~en⟩ étouffement *m*; suffocation *f*; asphyxie *f*; **2ungs,anfall** *m* crise *f*, accès *m* d'étouffement; **2ungs,tod** *m* (mort *f* par) asphyxie *f.*

Erst|infektion [ˈeːrstˀɪnfɛktsiˑ,oːn] *f méd.* primo-infection *f*; **2in,stanzlich** *adj. jur.* de première instance; **2,klassig** *adj.* de première qualité, classe; de premier ordre; **~kommuni,on** *f égl. cath.* première communion; communion solennelle; **~,linge** *m/pl. agr.* prémices *f/pl.*; **2,malig 1.** *adj.* premier, -ière; **2.** *adv.* pour la première fois; **2mals** *adv.* pour la première fois.

erstrahlen [ɛrˈʃtraːlən] *v/i.* ⟨*pas de ge-*, **sein**⟩ (se mettre à) briller, rayonner, resplendir.

erstrangig [ˈeːrst,raŋɪç] *adj.* de premier ordre; *cf. auch* **erstklassig.**

erstreben [ɛrˈʃtreːbən] *v/t.* ⟨*pas de ge-*, **h**⟩ tâcher, s'efforcer d'obtenir, d'atteindre, d'arriver à, de parvenir à; aspirer à; prétendre à; **~s,wert** *adj.* digne d'efforts, d'être poursuivi.

erstreck|en [ɛrˈʃtrɛkən] *v/réfl.* ⟨*pas de ge-*, **h**⟩ **sich ~** s'étendre (**über** sur); s'étaler (**über** sur); *ins Meer, ins Land* s'avancer (dans); **sich ~ von ... bis** *auch* aller de ... à; *fig.* **sich ~ auf** s'étendre à; porter sur; s'appliquer à; couvrir; **die Erhebung erstreckt sich auf e-n Zeitraum von ...** l'enquête porte sur une période de ...; **die Zahlungen ~ sich auf mehrere Jahre** les paiements s'échelonnent sur plusieurs années; **2ung** *f* ⟨~; ~en⟩ étendue *f*; extension *f.*

Erst|risikoversicherung [ˈeːrst,riːziˑkoˑfɛr,zɪçəruŋ] *f* assurance *f* du premier risque; **~schrift** *f* original *m*; première expédition; **~,schuldner** *m comm.* débiteur *m* en premier rang; **2,stellig** *adj. comm. Hypothek etc.* en premier rang; **~,stimme** *f pol.* première voix; **~ver,sicherer** *m comm.* apériteur *m.*

erstunken [ɛrˈʃtuŋkən] *adjt.* F **das ist ~ und erlogen** c'est un abominable mensonge.

erstürm|en [ɛrˈʃtʏrmən] *v/t.* ⟨*pas de ge-*, **h**⟩ *milit.* prendre, emporter, enlever d'assaut; **2ung** *f* ⟨~⟩ prise *f* d'assaut.

ersuchen [ɛrˈzuːxən] **I** *v/t.* ⟨*pas de ge-*, **h**⟩ **j-n ~, etw. zu tun** demander à qn. de faire qc.; prier, requérir qn. de faire qc.; **j-n um etw. ~** demander qc. à qn.; **dringend ~** solliciter (qn. de faire qc.); *jur.* **ersuchter Richter** juge requis, commis; **II 2** *n* requête *f*; demande *f*; prière *f*; **auf ~ von** à la requête de; sur la demande, la prière de; **auf sein dringendes ~** à sa sollicitation; sur ses instances.

ertappen [ɛrˈtapən] **I** *v/t.* ⟨*pas de ge-*, **h**⟩ surprendre; F pincer; **j-n auf frischer Tat ~** prendre qn. sur le fait, en flagrant délit, la main dans le sac; **II** *v/réfl.* **sich bei etw. ~** se surprendre à faire qc.

erteil|en [ɛrˈtaɪlən] *v/t.* ⟨*pas de ge-*, **h**⟩ *Unterricht, Auskunft, Instruktionen, Absolution etc.* donner; *Befehl auch* intimer; *Erlaubnis auch* accorder; *Rüge* infliger; *Lob* prodiguer; *Patent, Lizenz* délivrer; **j-m e-n Auftrag ~** charger qn. d'une mission; *comm.* passer une commande à qn.; **j-m den Auftrag ~, etw. zu tun** charger qn. de faire qc.; **j-m Vollmacht ~** conférer, donner, remettre les pleins pouvoirs à qn.; **j-m das Wort ~** donner, accorder la parole à qn.; **j-m e-n Rat ~** conseiller qn.; donner un conseil à qn.; **j-m e-e Abfuhr ~** *cf.* **Abfuhr 2.**; **2ung** *f* ⟨~⟩ *e-s Befehls* intimation *f*; *e-s Patents, e-r Lizenz* délivrance *f*; **~ von Auskünften** renseignements *m/pl.*; **~ von Instruktionen** instructions *f/pl.*; **~ der Prokura** procuration *f*; **~ der Vollmacht** remise *f* des pleins pouvoirs; **~ von Unterricht** cours *m/pl.*; *od. alle verbal*; **2ungsver,fahren** *n jur.* procédure *f* de délivrance.

ertönen [ɛr'tø:nən] *v/i.* ⟨*pas de ge-*, **sein**⟩ *cf.* **erklingen.**

Ertrag [ɛr'tra:k] *m* ⟨~(e)s; ⸗e⟩ rendement *m*; produit *m*; rapport *m*; (*Einnahme*) revenu *m*; bénéfice *m*; recette *f*; **den ~ steigern** augmenter le rendement; **abnehmender ~** rendement décroissant; **2en** *v/t.* ⟨*irr., pas de ge-*, **h**⟩ supporter; souffrir; tolérer; endurer; **etw. nicht ~ können** ne pouvoir supporter qc.; **nicht zu ~** insupportable; intolérable; **sein Leiden geduldig ~** prendre son mal en patience; **2,fähig** *adj.* capable de rendre, de produire, de rapporter; **~,fähig,keit** *f* ⟨~⟩ rentabilité *f*; productivité *f*; rapport *m*.

erträglich [ɛr'trɛ:klɪç] *adj.* supportable; tolérable; **2,keit** *f* ⟨~⟩ *verbal.*

ertraglos [ɛr'tra:k,lo:s] *adj.* improductif, -ive; non rentable; **2ig,keit** *f* ⟨~⟩ improductivité *f*; non-rentabilité *f*.

Erträgnisse [ɛr'trɛ:k,nɪsə] *n/pl. comm.* produit(s) *m(pl.)*; revenus *m/pl.*; profit *m*; rapport *m*.

ertrag|reich [ɛr'tra:k,raɪç] *adj.* productif, -ive; **2s,ausfall** *m* perte *f* de rendement; **2sbe,teiligung** *f cf.* **Gewinnbeteiligung**; **2ser,höhung** *f* augmentation *f* du produit, du rendement; **2s,grenze** *f* limite *f* de rendement; **2s,höhe** *f* niveau *m* de rendement; **2s,lage** *f* rendement *m* bénéficiaire; **2s,minderung** *f* diminution *f* du produit, du rendement; **2s,rechnung** *f* compte *m* des pertes et profits; **2s,spitze** *f* rendement *m* maximum [-ɔm]; **2s,steigerung** *f* accroissement *m* du rendement, du produit; **2s,steuer** *f* impôt *m* sur le rendement bénéficiaire; **2s,wert** *m* valeur de rendement, productive.

ertränken [ɛr'trɛŋkən] **I** *v/t.* ⟨*pas de ge-*, **h**⟩ noyer (*auch fig.*); **II 2** *n* noyade *f*.

erträumen [ɛr'trɔymən] *v/t.* ⟨*pas de ge-*, **h**⟩ rêver de.

ertrinken [ɛr'trɪŋkən] **I** *v/i.* ⟨*irr., pas de ge-*, **sein**⟩ se noyer; *fig.* être noyé; **II 2** *n* noyade *f*.

ertrotzen [ɛr'trɔtsən] *v/t.* ⟨**-(es)t,** *pas de ge-*, **h**⟩ **von j-m etw. ~** obtenir qc. de qn. à force d'obstination.

Ertrunkene(r) [ɛr'truŋkənə(r)] *f(m)* ⟨→ A⟩ noyé(e) *m(f)*.

ertüchtig|en [ɛr'tʏçtɪgən] *v/t.* (*u. v/réfl.*) ⟨*pas de ge-*, **h**⟩ (s')entraîner; **2ung** *f* ⟨~⟩ entraînement *m*; **körperliche ~** éducation, culture physique.

erübrig|en [ɛr'ʔy:brɪgən] **I** *v/t.* ⟨*pas de ge-*, **h**⟩ *Zeit, Geld* avoir ... de reste, ... en trop; **was ich ~ kann** ... ce qu'il me reste ...; **wenn ich soviel Zeit ~ kann** si j'en trouve le temps; si je peux réserver assez de temps; **II** *v/réfl.* **sich ~** être inutile, superflu; **es erübrigt sich, zu** ... *auch* il n'est pas nécessaire de ...; cela ne vaut pas la peine de ...; **2te(s)** *n* ⟨→ A⟩ reste *m*.

eruieren [e·ru·'i:rən] *v/t.* ⟨*pas de ge-*, **h**⟩ tirer au clair; dégager.

Erupt|ion [e·ruptsi·'o:n] *f* ⟨~; ~en⟩ éruption *f*; **2iv** [-'ti:f] *adj.* éruptif, -ive; **~ivge,stein** [-'ti:f-] *n* roches éruptives. [tarde.]

Erve ['ɛrvə] *f* ⟨~; ~n⟩ *bot.* lentille bâ-

erwachen [ɛr'vaxən] **I** *v/i.* ⟨*pas de ge-*, **sein**⟩ se réveiller; s'éveiller (*auch fig.*); *aus e-m Traum* sortir (d'un rêve); *geistig* prendre conscience; **II 2** *n* réveil *m*; *fig.* éveil *m*; *geistig, pol.* prise *f* de conscience; **beim ~** au réveil; en se réveillant.

erwachsen [ɛr'vaksən] **I** *v/i.* ⟨*irr., pas de ge-*, **sein**⟩ *Vorteile, Unkosten etc.* résulter (aus de); **daraus können uns große Schwierigkeiten ~** il peut en résulter pour nous de grosses difficultés; **II** *adj.* adulte; **2e(r)** *f(m)* ⟨→ A⟩ adulte *m*; grande personne; **2en,bildung** *f* éducation *f* des adultes; cours *m/pl.* d'adultes; **2en,fürsorge** *f* aide sociale aux adultes.

erwäg|en [ɛr'vɛ:gən] *v/t.* ⟨**erwägt, erwog, erwogen, h**⟩ considérer; prendre en considération; examiner; peser; **alles wohl erwogen** tout bien considéré, pesé; **2ung** *f* ⟨~; ~en⟩ considération *f*; délibération *f*; **etw. in ~ ziehen** prendre qc. en considération; **in der ~, daß** ... en considération de ...; considérant que ...; attendu que ...; vu que ...; en tenant compte de ...; **nach reiflicher ~** après délibération; après mûre réflexion.

erwähl|en [ɛr'vɛ:lən] *v/t.* ⟨*pas de ge-*, **h**⟩ choisir; élire; *jur.* **erwählter Wohnsitz** domicile élu; **2te(r)** *f(m)* ⟨→ A⟩ élu(e) *m(f)*.

erwähn|en [ɛr'vɛ:nən] *v/t.* ⟨*pas de ge-*, **h**⟩ mentionner; faire mention de; dire; **wie ich schon erwähnte** comme je l'ai déjà dit; **hier wäre zu ~** c'est le moment de mentionner; il faudrait mentionner ici; **der oben erwähnte Brief** la lettre sus-mentionnée; **~ens,wert** *adj.* digne d'être mentionné; **2ung** *f* ⟨~⟩ mention *f*; *st. s.* **e-r Sache ~ tun** faire mention de qc.; mentionner qc.

erwärm|en [ɛr'vɛrmən] **I** *v/t.* ⟨*pas de ge-*, **h**⟩ (faire) chauffer; échauffer; **bis zu e-r Temperatur von X Grad ~** porter à une température de X degrés; **II** *v/réfl.* **sich ~** se chauffer; s'échauffer; *fig.* **sich für etw. nicht ~ können** ne pas arriver à s'intéresser à qc.; **2ung** *f* ⟨~⟩ échauffement *m*; chauffage *m*; *techn. auch* caléfaction *f*; *Wetterbericht* **allmähliche ~** réchauffement progressif.

erwart|en [ɛr'vartən] **I** *v/t.* ⟨**-ete,** *pas de ge-*, **h**⟩ attendre (qn., qc.); s'attendre à (qc.); **e-e Belohnung ~** s'attendre à une récompense; **ein Kind ~** attendre un enfant, un bébé; **ich erwarte, daß** ... je m'attends à (ce que) ...; **es ist, steht zu ~, daß** ... il faut, on peut s'attendre à ce que ...; **ich hatte nicht erwartet, ihn zu treffen** je ne m'étais pas attendu à le rencontrer; **ich kann es kaum ~, daß** ... il me tarde de ...; **wenn er wüßte, was ihn erwartet** s'il savait ce qui l'attend; **das war mehr, als er erwartet hatte** c'était plus qu'il ne l'espérait; cela dépassait ses espérances; **von ihm ist nicht viel zu ~** il ne faut pas s'attendre à beaucoup de sa part; **II 2en** *n* **wider ~** contre toute attente; contrairement à toute attente; **über alles ~** au-delà de toute attente; **2ung** *f* ⟨~; ~en⟩ attente *f*; expectative *f*; espérance *f*; *comm.* **in ~ Ihrer Antwort** dans l'attente de votre réponse; **den ~en entsprechen** répondre à l'attente, aux espérances; **das übertraf (bei weitem) s-e ~en** cela dépassa (de beaucoup) ses espérances; **s-e ~en zu hoch spannen** placer ses espérances trop 'haut; **~ungsge,mäß** *adv.* comme on s'y attendait; **~ungs,voll** *adj.* plein d'attente, d'espoir.

erweck|en [ɛr'vɛkən] *v/t.* ⟨*pas de ge-*, **h**⟩ *fig. Hoffnung, Verdacht, Anteilnahme* éveiller; faire naître; *Vertrauen, Furcht* inspirer; faire naître; susciter; *Gefühle* éveiller; provoquer; susciter; *Interesse* éveiller; *Eindruck* donner; *Erinnerung* réveiller; **zu neuem Leben ~** donner une vie nouvelle à; ressusciter; **2ung** *f* ⟨~⟩ *verbal.*

erwehren [ɛr've:rən] *v/réfl.* ⟨*pas de ge-*, **h**⟩ **sich ~** se défendre (de qc.); s'empêcher (de faire qc.); **man konnte sich des Eindrucks nicht ~** ... on ne pouvait se défendre de l'impression ...; **ich konnte mich des Lachens nicht ~** je ne pus m'empêcher de rire; je ne pus refréner mon rire; **sich der Tränen nicht ~ können** ne pas pouvoir s'empêcher de pleurer; être incapable de retenir ses larmes.

erweich|en [ɛr'vaɪçən] *v/t.* ⟨*pas de ge-*, **h**⟩ (*u. v/i.*) ⟨**sein**⟩ *techn.* (s')amollir; (s')adoucir; *méd.* ramollir; *fig.* attendrir; fléchir; **sich (durch Bitten** *etc.*) **~ lassen** se laisser fléchir (par des prières, *etc.*); **~end** *adjt.* ramollissant; *phm.* **~es Mittel** émollient *m*; **2ung** *f* ⟨~⟩ (r)amollissement *m*; *chim.* adoucissement *m*; *fig. verbal.*

Erweis [ɛr'vaɪs] *m* ⟨~es; ~e⟩ *cf.* **Beweis**; **2en I** *v/t.* ⟨*irr., pas de ge-*, **h**⟩ **1.** (*beweisen*) prouver; **es ist erwiesen, daß** ... il est établi, c'est un fait avéré que ...; **etw. als erwiesen ansehen** regarder, considérer qc. comme prouvé, établi; **als erwiesen gelten** être considéré comme prouvé, établi; **2.** *Achtung* témoigner; manifester; *Gehorsam* montrer; *Dankbarkeit* témoigner; montrer; *Ehre* faire; *Wohltat* rendre; *Gunst* faire; accorder; **j-m e-n schlechten Dienst ~** desservir qn.; rendre un mauvais service à qn.; **j-m die letzte Ehre ~** *cf.* **Ehre**; **II** *v/réfl.* **sich ~** se montrer; **sich ~ als** *auch* se révéler; **sich als notwendig, nützlich ~** se révéler nécessaire, utile; **das Mittel hat sich als unwirksam erwiesen** le remède s'est révélé, montré inefficace; **es erwies sich als Irrtum** cela se révéla être une erreur; **sich als wahr ~** se confirmer; **s-e Behauptung erwies sich als wahr** son assertion se révéla véridique; **2lich** *adj.* prouvable; démontrable.

erweiter|n [ɛr'vaɪtərn] **I** *v/t.* ⟨**-(e)re,** *pas de ge-*, **h**⟩ élargir; étendre; *Geschäft* agrandir; *Gebiet* étendre; agrandir; *Befugnisse* étendre; accroître; *Macht* étendre; augmenter; *Kenntnisse auch* enrichir; *phys., méd.* dilater; *gr. sprachlich* amplifier; *math.* **e-n Bruch ~** porter une fraction à une plus grande expression (pour la réduire au même dénominateur qu'une autre); **im erweiterten Sinne** par extension; au sens plus large; *Buch* **erweiterte Ausgabe** édition augmentée; **II** *v/réfl.* **sich ~** s'élargir; devenir plus large; *trichterartig* s'évaser; **2ung** *f* ⟨~; ~en⟩ élargissement *m*; *der Befug-*

nisse, Kenntnisse extension *f*; *e-r Fabrik, e-s Betriebs* agrandissement *m*; *phys., méd.* dilatation *f*; *gr.* amplification *f*; *trichterartige* évasement *m*; **2ungsˌbau** *m* ⟨~(e)s; ~ten⟩ construction *f* d'agrandissement; bâtiment *m* accessoire; **~ungsˌfähig** *adj.* qui peut être agrandi; susceptible d'être étendu.

Erwerb [ɛr'vɛrp] *m* ⟨~(e)s; ~e⟩ **1.** *e-s Eigentums etc.* acquisition *f*; **Art des ~s** mode d'acquisition; *jur.* **gemeinsamer ~ der Ehegatten** acquêts *m/pl.*; **gutgläubiger ~** acquisition de bonne foi; **ursprünglicher ~** acquisition originelle; **abgeleiteter ~** acquisition dérivée; **2.** (*Verdienst*) gain *m*; (*Brot2*) gagne-pain *m*; **unfähig, e-m ~ nachzugehen** incapable de gagner sa vie; **2en I** *v/t.* ⟨*irr., pas de ge-,* h⟩ *Eigentum, Rechte, Kenntnisse etc.* acquérir; *Vertrauen, Achtung auch* gagner; **etw. als Eigentum ~** acquérir la propriété de qc.; se rendre propriétaire de qc.; **etw. käuflich ~** faire l'acquisition de qc.; acheter qc.; acquérir qc. par voie d'achat, moyennant paiement; **ein Vermögen ~** acquérir, réaliser, gagner une fortune; **II** *v/réfl.* **sich Verdienste ~ um** bien mériter de; **~er** *m comm., jur.* acquéreur *m*; **2sbeˌhindert** *adjt.* partiellement incapable de travailler; **~sˌeinkünfte** *pl.* revenus professionnels, du travail; **2sˌfähig** *adj.* capable de travailler, de gagner sa vie; **~sˌfähigkeit** *f* ⟨~⟩ capacité *f* de travailler, de gagner sa vie; **~sgeˌnossenschaft** *f* **Erwerbs- und Wirtschaftsgenossenschaft** coopérative *f* de production et de consommation; **~sgeˌsellschaft** *f* société *f* à but lucratif; **~sˌleben** *n* activité professionnelle; **im ~ stehen** participer à la vie active; **2sˌlos** *etc. cf.* arbeitslos *etc.*; **~sˌminderung** *f* diminution *f* de la capacité de travailler; **~sˌpreis** *m* prix *m* d'acquisition; **~sˌquelle** *f* source *f* de revenus; **2sˌtätig** *adj.* **~ sein** exercer une activité rémunérée; **~e Bevölkerung** population active; **~sˌtätige(r)** *f(m)* ⟨→ A⟩ travailleur, -euse *m, f*; **~sˌtätigkeit** *f* activité rémunérée, rémunératrice; **unselbständige ~** activité, travail salarié(e); **2sˌunfähig** *adj.* incapable de travailler; **~sˌunfähigˌkeit** *f* incapacité *f* de travailler; **~sˌurkunde** *f jur.* titre d'acquisition, constitutif de propriété; **~sˌzweck** *m* but lucratif; **zu ~en** dans un but lucratif; **~sˌzweig** *m* branche *f* de la vie active, de la vie professionnelle; **~ung** *f* ⟨~; ~en⟩ acquisition *f*; **die neuesten ~en** les dernières acquisitions.

erwider|n [ɛr'viːdərn] *v/t.* ⟨-(e)re, *pas de ge-,* h⟩ **1.** répondre (**etw. auf etw.** qc. à qc.); *auf e-n Vorwurf, e-e Ermahnung, Warnung* répliquer (*auch jur.*); *scharf u. schnell* riposter; *geistreich, treffend* repartir; *litt. in e-e direkte Rede eingeschoben auch* faire; **ja, erwiderte er, ...** oui, fit-il, ...; **2.** *Gruß, Besuch etc.* rendre; *Gefühl auch* payer de retour; *Schläge beim Boxen etc. auch* riposter (*abs.*); **2ung** *f* ⟨~; ~en⟩ réponse *f*; réplique *f* (*auch jur.*); *scharfe* riposte *f* (*auch von Schlägen*); *treffende* repartie *f*; *comm.* **in ~ auf** en réponse à; *sonst verbal*; **2ungsˌrecht** *n jur.* droit *m* de réplique, de réponse; **2ungsˌschrift** *f jur.* réplique *f*.

erwiesen [ɛr'viːzən] *cf.* erweisen; **~er'maßen** *adv.* comme il a été prouvé.

erwirken [ɛr'vɪrkən] *v/t.* ⟨*pas de ge-,* h⟩ obtenir.

erwischen [ɛr'vɪʃən] *v/t.* ⟨*pas de ge-,* h⟩ **1. j-n bei etw. ~** (sur)prendre, attraper, F pincer qn. au moment où; F **sich (nur) nicht ~ lassen** ne pas se faire pincer; ne pas se laisser prendre; **2.** F (*gerade noch zu fassen kriegen*) attraper; **ihn hat's erwischt** il a été atteint; il n'y a pas échappé; **ihn hätte es beinahe erwischt** il était moins une pour lui.

erwogen [ɛr'voːgən] *cf.* erwägen.

erwünscht [ɛr'vʏnʃt] *adjt.* souhaité; souhaitable; désiré; **Englischkenntnisse ~** connaissances en anglais souhaitables; **ich bin hier nicht ~** ma présence n'est pas désirée ici.

erwürg|en [ɛr'vʏrgən] *v/t.* ⟨*pas de ge-,* h⟩ étrangler; **2ung** *f* ⟨~; ~en⟩ strangulation *f*; étranglement *m*.

Eryngium [eˑ'rʏŋgiˑum] *n* ⟨~s; -ien⟩ *bot.* eryngium [-jɔm] *m*; érynge *f*.

Erysipel [eˑryˑziˑ'peːl] *n* ⟨~s⟩ *méd.* érysipèle *od.* érésipèle *m*.

Erythem [eˑryˑ'teːm] *n* ⟨~(e)s; ~e⟩ *méd.* érythème *m*.

Erythrin [eˑryˑ'triːn] *n* ⟨~s⟩ *minéral., chim.* érythrine *f*.

Erz [eːrts] *n* ⟨~es; ~e⟩ **1.** *minéral.* minerai *m*; **taubes, geringwertiges ~** minerai stérile; **hochwertiges ~** minerai de qualité supérieure, à teneur élevée; **leichtflüssiges ~** minerai fusible; **strengflüssiges ~** minerai rebelle; **trockenes ~** minerai dur; **2.** ⟨*pas de pl.*⟩ *hist., poét.* airain *m*; **~ˌader** *f cf.* Erzgang.

erzähl|en [ɛr'tsɛːlən] *v/t.* ⟨*pas de ge-,* h⟩ raconter; narrer; conter; *oft* dire; **etw. ausführlich ~** relater qc.; raconter qc. en détail, par le menu; **viel (davon) zu ~ haben (en)** avoir long à raconter; **man hat mir erzählt, daß ...** on m'a raconté que ...; **ich habe mir ~ lassen ...** je me suis laissé dire ...; **man erzählte von ihr ...** on disait d'elle ...; **das kann man gar nicht ~** ce n'est pas racontable; **wem ~ Sie das!** à qui le dites-vous!; F **du kannst mir viel ~!** tu peux me raconter tout ce que tu voudras!; **~end** *adjt.* narratif, -ive; **~e Dichtung** littérature narrative, épique; **~ensˌwert** *adj.* qui vaut la peine d'être raconté; **2er(in)** *m* ⟨~s; ~⟩ (*f*) ⟨~; ~nen⟩ narrateur, -trice *m, f*; conteur, -euse *m, f*; **~eˌrisch** *adj.* narratif, -ive; **2ˌkunst** *f* art narratif; **2ung** *f* ⟨~; ~en⟩ narration *f*; récit *m*; conte *m*; histoire *f*; nouvelle *f*.

Erz|art ['eːrtsˀaːrt] *f* sorte *f* de minerai; **~ˌaufbereitung** *f* traitement *m*, préparation *f* du minerai (pour la fonte).

Erz|bischof ['ɛrtsˌbɪʃoˑf] *m* archevêque *m*; métropolitain *m*; **2ˌbischöflich** *adj.* archiépiscopal [arki-]; métropolitain; **~es Palais** palais archiépiscopal; archevêché *m*; **~ˌbischofsˌhut** *m* chapeau *m* d'archevêque; **~ˌbistum** *n* archevêché *m*; **~diaˌkon** *m* archidiacre [-ʃi-] *m*; **~diöˌzese** *f cf.* ~bistum.

Erzdruse ['eːrtsˌdruːzə] *f* minerai cristallisé.

erzeigen [ɛr'tsaɪgən] *v/t.* ⟨*pas de ge-,* h⟩ *cf.* erweisen 2.

erzen ['eːrtsən] *adj.* d'airain.

Erzengel ['ɛrtsˌˀɛŋəl] *m relig.* archange [ark-] *m*.

erzeug|en [ɛr'tsɔʏgən] *v/t.* ⟨*pas de ge-,* h⟩ *landwirtschaftliche Produkte etc.* produire; *Energie auch* engendrer (*auch litt. Kinder*); (*herstellen*) fabriquer; manufacturer; **~end** *adjt.* producteur, -trice; générateur, -trice; **2er** *m* ⟨~s; ~⟩ producteur *m*; **~ und Verbraucher** producteur et consommateur; **2erˌland** *n* pays producteur; **2erˌpreis** *m* prix *m* à la production; **2ˌnis** *n* ⟨~ses; ~se⟩ produit *m* (*auch geistiges*); **einheimisches ~** produit indigène, national, du pays; **landwirtschaftliche ~se** produits agricoles; **literarisches ~** œuvre littéraire; **2ung** *f* ⟨~⟩ production *f*; fabrication *f*; *von Energie auch* génération *f*; **2ungsˌeinschränkung** *f* réduction *f* de la production; **2ungsˌfähigkeit** *f* capacité productive, de production; **2ungsgeˌbiet** *n* région productrice, de production; zone productrice; **2ungsˌkosten** *pl.* coût *m* de production; **2ungsˌkraft** *f* capacité, puissance productrice, de production; **2ungsˌkrise** *f* crise *f* de production; **2ungsmonoˌpol** *n* monopole *m* de production; **2ungsˌort** *m* lieu *m* de production; **2ungsˌquote** *f* quota *m* de production.

Erzfeind ['ɛrtsfaɪnt] *m* ennemi juré, mortel.

Erz|gang ['eːrtsgaŋ] *m* filon *m*, veine *f* métallique; **~geˌwinnung** *f* extraction *f*, exploitation *f* de minerai; **~ˌgrube** *f* mine *f* (métallique); **2ˌhaltig** *adj.* qui contient du minerai.

Erzherzog|(in) ['ɛrtsˌhɛrtsoːk, -tsoːgɪn] *m(f)* archiduc, -duchesse *m, f*; **2lich** *adj.* archiducal; **~ˌtum** *n* archiduché *m*.

erzieh|bar [ɛr'tsiːbaːr] *adj.* **schwer ~es Kind** enfant difficile; **~en** *v/t.* ⟨*irr., pas de ge-,* h⟩ élever; éduquer; **schlecht erzogen sein** être mal élevé; **2er(in)** *m* ⟨~s; ~⟩ (*f*) ⟨~; ~nen⟩ éducateur, -trice *m, f*; (*Hauslehrer[in]*) précepteur *m*, institutrice *f*; **~eˌrisch** *adj.* éducatif, -ive; éducateur, -trice; pédagogique; **2ung** *f* ⟨~⟩ éducation *f*; **er hat e-e gute ~ genossen** il a reçu une bonne éducation; **2ungsˌanspruch** *m* droit *m* à l'éducation; **2ungsˌanstalt** *f* maison *f*, établissement *m* d'éducation (surveillée); **2ungsˌbeihilfe** *f cf.* **Ausbildungsbeihilfe**; **2ungsbeˌratungsˌstelle** *f* centre *m* de consultation pédagogique; **2ungsbeˌrechtigte(r)** *f(m)* ⟨→ A⟩ personne chargée de l'éducation; **2ungsˌfürsorge** *f* service social en faveur de l'éducation; **2ungsgeˌwalt** *f* pouvoir *m* d'éducation; **2ungsˌheim** *n cf.* 2ungsanstalt; **2ungsˌkosten** *pl.* frais *m/pl.* d'éducation; **2ungsˌmaßnahme** *f* mesure éducative; **2ungsmeˌthode** *f* méthode *f* d'éducation, pédagogique; **2ungsˌrecht** *n* droit *m* d'éducation; **2ungsˌschwierigkeiten** *f/pl.* difficultés *f/pl.* d'éducation; **2ungsˌtätigkeit** *f* éducation *f*; **2ungsˌwesen** *n* instruction *f* publique; **2ungsˌwissenschaft** *f* pédagogie *f*.

erziel|en [ɛr'tsiːlən] *v/t.* ⟨*pas de ge-,* h⟩ *Gewinn* réaliser; obtenir; *Preise* obtenir; *Ergebnisse* obtenir; parvenir à; atteindre; *Erfolg, Wirkung* obtenir; *Sport Treffer* marquer; *Verständigung, Einigung* arriver à; parvenir à; se mettre d'accord (*abs.*); *comm.* **e-n Abschluß ~** conclure une affaire; conclure, passer un marché; **erzielter Gewinn** bénéfice(s) réalisé(s); **2ung** *f* ⟨~⟩ *von Ergebnissen* obtention *f*; *von Gewinn* réalisation *f*; *sonst verbal.*

erzittern [ɛr'tsɪtərn] **I** *v/i.* ⟨-(e)re, *pas de ge-,* **sein**⟩ se mettre à trembler; *Person auch* frémir; **II 2** *n* tremblement *m*; frémissement *m*.

Erz|lagerstätte ['eːrtsˌlaːgərˌʃtɛtə] *f* gisement *m* de minerai; **~ˌscheiden** *n* triage *m* du minerai; scheidage *m*; **~schelm** ['ɛrts-] *m* fieffé coquin; **~ˌschlämmen** *n* ⟨~s⟩ lavage *m* du minerai; **~ˌstampfwerk** *n* bocard *m*.

erzürn|en [ɛr'tsʏrnən] **I** *v/t.* ⟨*pas de ge-,* h⟩ mettre en colère; courroucer;

irriter; fâcher; **II** *v/réfl.* **sich ~** se mettre en colère; **sich darüber ~, daß …** s'irriter de ce que …; **2ung** *f* ⟨~⟩ irritation *f*.

Erz|verarbeitung ['eːrtsfɛrˌˀarbaɪtʊŋ] *f* travail *m* du minerai; **~verˌhüttung** *f* traitement *m*, élaboration *f* métallurgique du minerai; **~ˌwäsche** *f* **1.** *Werk* laverie *f*; patouillet *m*; **2.** lavage *m* du minerai; **~ˌwespen** ['ɛrts-] *f/pl. zo.* chalcidiens *od.* chalcididés [ka-] *m/pl.*

erzwing|en [ɛr'tsvɪŋən] *v/t.* ⟨*irr., pas de ge-,* h⟩ obtenir de *od.* par force; **die Einhaltung e-r Bestimmung ~** faire observer de force un règlement; **e-e Entscheidung ~** forcer (qn.) à se décider; **Gehorsam ~** se faire obéir de force; **ein Geständnis ~** extorquer, arracher un aveu (**von** à); **etw. von j-m ~** obtenir qc. de qn. par (la) force; *Gefühle* **sich nicht ~ lassen** ne pas se laisser commander; **2ung** *f* ⟨~⟩ obtention *f* par force; *e-s Geständnisses* extorsion *f*; **2ungsˌhaft** *f jur.* contrainte *f* par corps; **2ungsˌstrafe** *f jur.* amende coercitive; astreinte *f*; **2ungsverˌfahren** *n jur.* procédure coercitive.

erzwungen [ɛr'tsvʊŋən] *adjt.* forcé; obtenu par (la) force; **~es Stillschweigen** silence forcé.

es [ɛs] **I** *pr/pers.* **1.** *als Subjekt* **a)** il *bzw.* elle; *vor v/imp.* il; on; **~ regnet** il pleut; **~ klopft** on frappe; **b)** *in einleitenden Wendungen oft nicht übersetzt* **~ spielt das Orchester X** (avec l')orchestre X; **~ sprechen Herr X und Herr Y** prendront la parole MM. X et Y; **~ fehlen zwei Bücher** il manque deux livres; **~ finden sich immer Menschen, die …** il se trouve toujours des gens qui …; **c)** *in Verbindung mit „sein" + adj. wenn etw. folgt* il; *wenn etw. vorhergeht* c'est; cela est; **~ ist offensichtlich, daß …** il est évident que …; **~ war einmal** il était une fois; **~ ist nicht nötig!** c'est inutile!; **d)** *in Verbindung mit „sein" vor subst. der Zeit* il; *vor subst. mit art.* c'est; **~ ist Zeit** il est temps; **~ ist ein Junge!** c'est un garçon!; **2.** *als Objekt* **e)** le *bzw.* la; **er nimmt ~** *(das Buch)* il le prend; **f)** *nach Verben, die im Franz. den gén. bzw. dat. regieren* en *bzw.* y; **er wird ~ bereuen** il s'en repentira; **ich habe ~ satt** j'en ai assez; **ich bin ~ gewöhnt** j'y suis habitué; **g)** *als bloßer Hinweis oft nicht übersetzt* **ich halte ~ für unnötig, zu …** je trouve inutile de …; **h)** *als Ersatz od. Ergänzung des Prädikats* le *(inv.)*; **ich hoffe ~!** je l'espère!; **er ist reich, ich bin ~ nicht** il est riche, je ne le suis pas; **i)** *mit Bezug auf ein subst.* **ich bin's** c'est moi; **sie sind ~** ce sont eux; **j)** *in festen Wendungen* **da haben wir's!** nous y voilà!; *Idee etc.* **ich hab's!** ça y est!; *cf. auch die betreffenden Verben*; **II ~** *n* ⟨~; ~⟩ *mus.* mi *m* bémol; **III 2** *n* ⟨~⟩ **1.** *cf.* Es-Dur; **2.** *psych.* ça *m*.

E-Saite ['eːˌzaɪtə] *f mus.* corde *f* de mi.

Eschatolog|ie [ɛsçato·lo·'giː] *f* ⟨~; -ien⟩ eschatologie [ɛska-] *f*; **2isch** [-'loː-] *adj.* eschatologique.

Esche ['ɛʃə] *f* ⟨~; ~n⟩ *bot.* frêne *m*; **2n** *adj.* de *od.* en frêne; **~nˌholz** *n* bois *m* de frêne; **~nˌwald** *m*, **~nˌwäldchen** *n* frênaie *f*.

Es-Dur ['ɛsduːr] *n* ⟨~⟩ *mus.* mi *m* bémol majeur.

Esel ['eːzəl] *m* ⟨~s; ~⟩ *zo.* âne *m*; (*Zucht2*) baudet *m*; **kleiner ~** *cf.* **~chen**; **wilder ~** onagre *m*; *fig. u.* F **du ~!** espèce *f* d'âne!; **du alter ~!** âne bâté!; bourrique!; cornichon!; **j-n für e-n ~ halten** prendre qn. pour un imbécile; **wenn es dem ~ zu wohl wird, geht er aufs Eis** *prov. etwa* qui se sent trop gai devient imprudent; **~chen** *n* ⟨~s; ~⟩ petit âne; ânon *m*; bourricot *m*; bourriquet *m*; **~ei** [-'laɪ] *f* ⟨~; ~en⟩ ânerie *f*; bêtise *f*; **2ˌhaft** *adj.* d'âne; stupide; **~in** *f* ⟨~; ~nen⟩ *zo.* ânesse *f*; bourrique *f*; **~sˌbrücke** *f fig. etwa* guide-âne *m*; **~sgeˌschrei** *n* braiment *m*; **~sˌlast** *f* ânée *f*; **~sˌohr** *n im Buch* corne *f*; **~en machen** (é)corner; **~sˌrücken** *m bât.* (arc *m* en) accolade *f*; **~ˌtreiber** *m* ⟨~s; ~⟩ ânier *m*.

Eskalation [ɛskalatsi·'oːn] *f milit.* escalade *f*.

Eskimo ['ɛski·mo·] *m* ⟨~(s); ~(s)⟩ Esquimau *od.* Eskimo *m*; **~ˌfrau** *f* Esquimaude *f*; **2isch** [-'moː-] *adj.* esquimau, -aude.

Eskort|e [ɛs'kɔrtə] *f* ⟨~; ~n⟩ escorte *f*; **2ieren** [-'tiː-] *v/t.* ⟨*pas de ge-,* h⟩ escorter.

es-Moll ['ɛsmɔl] *n* ⟨~⟩ *mus.* mi *m* bémol mineur.

esoterisch [e·zo·'teːrɪʃ] *adj.* ésotérique.

Espar|sette [ɛspar'zɛtə] *f* ⟨~⟩ *bot.* sainfoin *m*; esparcet(te) *m(f)*; **~to(-ˌgras)** [-'par-] *m* ⟨~s⟩ *(n) bot.* spart(e) *m*.

Espe ['ɛspə] *f* ⟨~; ~n⟩ *bot.* tremble *m*; **2n** *adj.* en (bois de) tremble; **~nˌholz** *n* bois *m* de tremble; **~nˌlaub** *n fig.* **wie ~ zittern** trembler comme une feuille; **~nˌwald** *m*, **~nˌwäldchen** *n* tremblaie *f*.

Esperanto [ɛspe·'ranto·] *n* ⟨~s⟩ espéranto *m*.

Espresso(-Bar) [ɛs'prɛso·(ˌbaːr)] *m* ⟨~(s); ~s *od.* -ssi⟩ *(f)* (bar *m*) espresso *m*.

Essay ['ɛse·, ɛ'sɛ] *m, n* ⟨~s; ~s⟩ essai *m*; étude *f*; **~'ist** *m* ⟨~en; ~en⟩ essayiste *m*; **2'istisch** *adj.* sous forme d'essai.

Eß|apfel ['ɛsˌˀapfəl] *m* pomme *f* au couteau; **2bar** *adj.* comestible; mangeable; bon à manger; **~e Pilze** champignons comestibles; **~barˌkeit** *f* ⟨~⟩ comestibilité *f*; **~beˌsteck** *n* couvert *m*.

Esse ['ɛsə] *f* ⟨~; ~n⟩ *cf.* **Schornstein.**

Eßecke ['ɛsˌˀɛkə] *f* coin *m* repas.

essen ['ɛsən] **I** *v/t. u. v/i.* ⟨-(es)t, ißt, aß, gegessen, h⟩ manger; prendre son repas; faire un repas; **zu Mittag ~** déjeuner; **zu Abend ~** dîner; souper; **auswärts ~** *cf.* **auswärts**; **ständig im Restaurant ~** prendre tous ses repas au restaurant; manger toujours au restaurant; **nach der Karte ~** manger à la carte; **man ißt dort ganz gut** on y mange assez bien; **gerne Austern ~** aimer les huîtres; **gut ~ und trinken** bien manger et bien boire; faire bonne chère; **sich satt ~** se rassasier; **tüchtig ~** manger bien, beaucoup; **für drei ~** manger comme quatre; **ich könnte mich krank daran ~** je pourrais m'en rendre malade; **den Teller leer ~** vider son assiette; **mit Widerwillen ~** manger à contrecœur; **sich etw. leid ~** se dégoûter de qc. (à force d'en manger trop); **alles ~** a) (*nicht wählerisch sein*) manger de tout; b) (*aufessen*) manger tout; **schlecht ~** manger mal; **wie ein Spatz ~** manger comme un moineau; **den ganzen Tag nichts gegessen haben** n'avoir rien mangé de toute la journée; **selber ~ macht fett** *prov.* on ne tire aucun profit de ce qu'avalent les autres; **wes Brot ich esse, des Lied ich singe** *cf.* **Brot**; **II 2** *n* ⟨~s; ~⟩ repas *m*; manger *m*; **vor dem ~** avant le repas; **beim ~** pendant le(s) repas; aux repas; **nach dem ~** après le repas; après avoir mangé; **um zwölf Uhr muß das ~ auf dem Tisch stehen** le repas doit être prêt à midi; **das ~ ist hier gut** on mange bien ici; **~ und Trinken** le boire et le manger; **j-n zum ~ einladen** inviter qn. à déjeuner *bzw.* à dîner; **2ˌausgabe** *f* distribution *f* de repas; **2emˌpfang** *m milit.* **zum ~ antreten!** à la soupe!; **2ˌmarke** *f* bon *m*, ticket *m* de repas; **2sˌzeit** *f* heure *f* des repas *bzw.* du déjeuner *bzw.* du dîner.

Essenz [ɛ'sɛnts] *f* ⟨~; ~en⟩ *phm., chim.* essence *f*.

Esser|(in) ['ɛsər(ɪn)] *m* ⟨~s; ~⟩ *(f)* ⟨~; ~nen⟩ mangeur, -euse *m, f*; **ein guter ~ sein** être un gros mangeur; **~ei** [-'raɪ] *f* ⟨~⟩ mangerie *f*.

Eß|geschirr ['ɛsgəˌʃɪr] *n* gamelle *f*; **~geˌwohnheit** *f* manière *f* de manger; **~gier** *f* gloutonnerie *f*; **2ˌgierig** *adj.* glouton, -nne; goulu.

Essig ['ɛsɪç] *m* ⟨~s; ~e⟩ vinaigre *m*; *cuis.* **mit ~ anmachen** assaisonner avec du, au vinaigre; vinaigrer; **in ~ einlegen** mettre, confire dans du vinaigre; **mit ~ und Öl angemacht** *auch* à la vinaigrette; *fig. u.* F **damit ist es ~!** c'est tombé à l'eau!; c'est raté, fichu!; **~ˌälchen** *n* ⟨~s; ~⟩ *zo.* anguillule *f* du vinaigre; **~ˌäther** *m chim.* ester [-ɛːr] *m* acétique; **~bakˌterien** *f/pl.* acétobacter [-tɛːr] *m/pl.* *(inv.)*; bactéries *f/pl.* acétiques; **~ˌbildung** *f* acétification *f*; **~ˌbrühe** *f cf.* **~soße**; **~eˌssenz** *f* vinaigre concentré; **~ˌester** *m cf.* **~äther**; **~faˌbrik** *f* vinaigrerie *f*; **~ˌflasche** *f auf dem Tisch* vinaigrier *m*; burette *f* de vinaigre; **~ˌfliege** *f zo.* mouche *f* du vinaigre; **~ˌgurke** *f* cornichon *m* au vinaigre, confit dans du vinaigre; **~ˌkahm** *m* ⟨~(e)s; ~e⟩ moisissure *f*, fleur *f* de vinaigre; **~ˌmutter** *f* mère *f* du vinaigre; **2ˌsauer** *adj. chim.* acétique; **essigsaure Tonerde** acétate *m* d'aluminium; **essigsaures Salz** acétate *m*; **~ˌsäure** *f* acide *m* acétique; **~säureˌgärung** *f* fermentation *f* acétique; **~ˌsoße** *f* sauce vinaigrée, au vinaigre; **~- und 'Ölˌständer** *m* huilier *m*; **~ˌweinstein** *m* acétate *m* de tartre; **~ˌzucker** *m* oxysaccharum [-karəm] *m*.

Eß|kastanie ['ɛskasˌtaːni·ə] *f cf.* **Edelkastanie**; **~ˌkohle** *f* charbon demi-gras; **~ˌlöffel** *m* cuiller [-ɛːr] *od.* cuillère *f* à soupe; **e-n ~ voll** une cuillerée à soupe; **2löffelˌweise** *adv.* par cuillerées (à soupe); **~lust** *f* appétit *m*; **~ˌnische** *f* coin *m* salle à manger; **~tisch** *m* table *f* (de salle à manger); **~ˌwaren** *f/pl.* comestibles *m/pl.*; (*Lebensmittel*) denrées *f/pl.* alimentaires; nourriture *f*; **~ˌzimmer** *n* salle *f* à manger.

Este ['eːstə] *m* ⟨~n; ~n⟩ Estonien *m*.

Ester ['ɛstər] *m* ⟨~s; ~⟩ *chim.* éther-sel *m*; ester [-ɛːr] *m*.

Est|in ['eːstɪn] *f* ⟨~; ~nen⟩ Estonienne *f*; **2ˌländisch**, **2nisch** *adj.* estonien, -nne.

Estragon ['ɛstraˌgɔn] *m* ⟨~s⟩ *bot.* estragon *m*.

Estrich ['ɛstrɪç] *m* ⟨~s; ~e⟩ *bât.* aire *f* (en ciment, en plâtre, *etc.*); **schwimmender ~** aire flottante.

etablier|en [e·ta'bliːrən] *v/t.* *(u. v/réfl.)* ⟨*pas de ge-,* h⟩ (s')établir; **2ung** *f* ⟨~⟩ établissement *m*.

Etage [e·'taːʒə] *f* ⟨~; ~n⟩ étage *m*; **2nˌförmig** *adj.* en étages; **~ngeˌschäft** *n* magasin *m* en étages; **~nˌheizung** *f* chauffage central d'étage, d'appartement; **~nˌkessel** *m* chaudière à étages, étagée; **~nˌrost** *m* grille *f* à étages; **~nvenˌtil** *n* soupape étagée; **~nˌwohnung** *f* appartement *m*.

Etamin [e·ta'mi:n] *n* ⟨~(s)⟩ *text.* étamine *f*.
Etappe [e·'tapə] *f* ⟨~; ~n⟩ étape *f* (*auch Sport*); *milit.* arrière(s) *m(pl.)*; **~nˌhengst** *m*, **~nˌschwein** *n* P *milit.* F embusqué *m*; planqué *m*; **~nˌsieger** *m Sport* vainqueur *m* d'étape; **≈nˌweise** *adv.* par étapes.
Etat [e·'tɑ:] *m* ⟨~s; ~s⟩ *écon.* budget *m*; **ordentlicher ~** budget ordinaire; **den ~ aufstellen** établir, fixer le budget; **außer ~** extra-budgétaire; **~ˌansätze** *m/pl.* prévisions *f/pl.* budgétaires; **~ˌaufstellung** *f* établissement *m* du budget; **~ˌausgleich** *m* balance *f* budgétaire; **~beˌratung** *f* discussion *f* du budget; **~ˌdefizit** *n* déficit *m* budgétaire; **~entˌwurf** *m* projet *m* de budget; **~geˌsetz** *n* loi *f* budgétaire; **≈i'sieren** *v/t.* ⟨*pas de ge-*, h⟩ budgétiser; inscrire au budget; **≈ˌmäßig** *adj.* budgétaire; *Beamter* réglementaire; nicht **~** extra-budgétaire; **~ˌmittel** *n/pl.* crédits *m/pl.*, ressources *f/pl.* budgétaires; **≈ˌrechtlich** *adj. u. adv.* selon la loi budgétaire; **~sˌjahr** *n* année *f* budgétaire; **~überˌschreitung** *f* dépassement *m* budgétaire.
etc. pp. [ɛt'tse:te·ra pe:'pe:] *conj.* F (*usw., usw.*) etc. etc.; etc. ...
etepetete [ˌe:təpe·'te:tə] *adj.* F (*zimperlich*) *etwa* délicat; difficile; (*geziert*) maniéré; affecté; (*peinlich ordentlich*) trop minutieux, -euse; méticuleux, -euse.
Etesien [e·'te:zi·ən] *pl.* vents étésiens; **~ˌklima** *n* climat *m* des régions où soufflent les vents étésiens.
Ethi|k ['e:tɪk] *f* ⟨~⟩ éthique *f*; **≈sch** *adj.* éthique.
ethnisch ['ɛtnɪʃ] *adj.* ethnique.
Ethno|graph [ɛtno·'grɑ:f] *m* ⟨~en; ~en⟩ ethnographe *m*; **~gra'phie** *f* ⟨~⟩ ethnographie *f*; **≈'graphisch** *adj.* ethnographique; **~'loge** *m* ⟨~n; ~n⟩ ethnologue *m*; **~lo'gie** *f* ⟨~⟩ ethnologie *f*; **≈'logisch** *adj.* ethnologique.
Ethologie [e·to·lo·'gi:] *f* ⟨~⟩ éthologie *f*.
Ethos ['e:tɔs] *n* ⟨~⟩ principes moraux; conception morale.
Etikett|(e) [e·ti·'kɛt(ə)] *n* ⟨~(e)s; ~e⟩ (*f*) ⟨~; ~n⟩ étiquette *f*; **etw. mit e-r Etikette versehen** étiqueter qc.; **~e** *f* ⟨~; ~n⟩ (*Förmlichkeit, Sitte*) étiquette *f*; cérémonial *m*; protocole *m*; **gegen die ~ verstoßen** manquer à l'étiquette.
etikettier|en [e·ti·kɛ'ti:rən] *v/t.* ⟨*pas de ge-*, h⟩ étiqueter; **≈maˌschine** *f* étiqueteuse *f*; machine *f* à étiqueter; **≈ung** *f* ⟨~; ~en⟩ étiquetage *m*.
etliche ['ɛtlɪçə] *pr/ind.* quelques; maint(e)s; *substantivisch* quelques-un(e)s; **~ Stunden** quelques heures; **~s** plusieurs choses; **~ˌmal** *adv.* plusieurs, maintes fois.
Etrusk|er(in) [e·'truskər(ɪn)] *m* ⟨~s; ~⟩ (*f*) ⟨~; ~nen⟩ Étrusque *m, f*; **≈isch** *adj.* étrusque.
Etüde [e·'ty:də] *f* ⟨~; ~n⟩ *mus.* étude *f*.
Etui [ɛ'tvi:, e·ty·'i:] *n* ⟨~s; ~s⟩ étui *m*; *für Schmuck* écrin *m*.
etwa ['ɛtva] *adv.* **1.** (*ungefähr*) environ; à peu près; approximativement; **in ~** à peu près; **das stimmt in ~** c'est à peu près juste; **in ~ vierzehn Tagen** dans une quinzaine de jours; dans environ, dans à peu près quinze jours; **~ fünfzig Personen** *auch* une cinquantaine de personnes; **~ zehn Pfund** *auch* dans les dix livres; **2.** (*vielleicht*) peut-être; **ist das ~ besser?** est-ce peut-être mieux?; **bist du ~ krank?** serais-tu malade par hasard?; **denken Sie nicht ~, daß** ... ne croyez pas par hasard que ...; **nicht ~, daß** ... non pas que ...; ce n'est pas que ...; **wollen Sie damit ~ sagen, daß ...?** vous voulez peut-être dire par là que ...?; **3.** (*zum Beispiel*) par exemple; **~ in Italien** par exemple en Italie; **~ig** ['ɛt-, -'vɑ:ɪç] *adj.* éventuel, -lle; **~e Unkosten** faux frais éventuels.
etwas ['ɛtvas] **I** *pr/ind.* quelque chose; *bei verneintem Sinn* rien; **irgend ~** quelque chose; *unverbunden* n'importe quoi; *cf. auch* **irgend**; **das wäre ~ für dich** cela serait quelque chose pour toi; cela ferait ton affaire; **~ Merkwürdiges** quelque chose de curieux; **gibt es ~ Schöneres!?** y a-t-il rien de plus beau!?; **das ist ~ anderes** c'est autre chose; **das ist immerhin ~** c'est déjà ça (de pris, de gagné); c'est autant de gagné; **aus ihm wird nie ~** on n'en fera jamais rien; **ohne ~ zu sagen** sans rien dire; sans mot dire; **so ~ habe ich noch nie gesehen** je n'ai jamais rien vu de tel, de pareil, de semblable; **so ~ wie** ... quelque chose comme ...; une espèce de ...; *plais.* un semblant de ...; **II** *adv.* un peu; quelque peu (+ *adj.*); **er kann ~ Französisch** il sait un peu le français; **das ist ~ besser** c'est un peu mieux; **hast du ~ Geld?** as-tu un peu d'argent?; **III ≈** *n* ⟨~; ~⟩ **ein gewisses ~** un certain quelque chose; un je-ne-sais-quoi.
Etymo|loge [e·ty·mo·'lo:gə] *m* ⟨~n; ~n⟩ étymologiste *m*; **~lo'gie** *f* ⟨~; -ien⟩ étymologie *f*; **≈'logisch** *adj.* étymologique; **~n** ['e·ty·-] *n* ⟨~s; -ma⟩ étymon *m*.
euch [ɔʏç] *pr/pers.* (*dat. u. acc. von* ihr) vous; **setzt ~!** asseyez-vous!; **ich wende mich an ~** je m'adresse à vous.
Eucharist|ie [ɔʏçarɪs'ti:] *f* ⟨~⟩ *égl. cath.* eucharistie [-ka-] *f*; **≈isch** [-'rɪs-] *adj.* eucharistique.
Eudämonis|mus [ɔʏdɛmo·'nɪsmʊs] *m* ⟨~⟩ eudémonisme *m*; **≈tisch** *adj.* eudémonique.
euer ['ɔʏər] **I** *pr/poss.* **1.** *adjektivisch* (*f u. pl.* **eure**) votre, *pl.* vos; **ist das ~ Haus?** est-ce votre maison?; **~ möglichstes** votre possible; *am Briefschluß* **≈ Hans** Jean; *in Titeln* **Eure** Votre; **2.** *substantivisch* **der, die, das eure** le *bzw.* la vôtre; **ihr müßt das eure tun** il faut donner du vôtre; **II** *pr/pers.* (*gén. von* ihr) de vous; **wir werden ~ gedenken** nous conserverons votre souvenir dans notre mémoire.
Eugen|ik [ɔʏ'ge:nɪk] *f* ⟨~⟩ eugénique *f*; eugénisme *m*; **≈isch** *adj.* eugénique.
Eukalyptus [ɔʏka'lʏptʊs] *m* ⟨~; ~ *od.* -ten⟩ *bot.* eucalyptus [-ys] *m*; **~-ˌBonbons** *m/pl.* bonbons *m/pl.* à l'eucalyptus; **~ˌöl** *n* essence *f* d'eucalyptus.
euklidisch [ɔʏ'kli:dɪʃ] *adj. math.* euclidien, -nne.
Eule ['ɔʏlə] *f* ⟨~; ~n⟩ *zo.* 'hibou *m*; chouette *f*; *fig. u.* F **e-e häßliche, alte ~** une vieille chouette; un vieux tableau; **~n nach Athen tragen** porter de l'eau à la rivière; **~nˌnest** *n* nid *m* de hibou, de chouette; **~n(ˌschmetterlinge)** *f/pl.* (*m/pl.*) *zo.* noctuelles *f/pl.*; **~nˌschrei** *m* ('h)ululement *m*; ululation *f*; **~nspiege'lei** *f* ⟨~; ~en⟩ espièglerie *f*.
Eunuch [ɔʏ'nu:x] *m* ⟨~en; ~en⟩ eunuque *m*; **~o'ismus** *m* ⟨~⟩ eunuchisme [-k-] *m*.
Euphemis|mus [ɔʏfe·'mɪsmʊs] *m* ⟨~; -men⟩ euphémisme *m*; **≈tisch 1.** *adj.* euphémique; **2.** *adv.* par euphémisme.
Euphon|ie [ɔʏfo·'ni:] *f* ⟨~; -ien⟩ euphonie *f*; **≈isch** [-'fo:-] *adj.* euphonique.
Euphorbia [ɔʏ'fɔrbi·a] *f* ⟨~; -ien⟩ *bot.* euphorbe *f*; euphorbia *m*.
Euratom [ɔʏra'to:m] *f* ⟨~⟩ Euratom *f*; **~ˌländer** *n/pl.* pays *m/pl.* de l'Euratom.
eure, eurer ['ɔʏrə, 'ɔʏrər] *pr/poss. u. pr/pers. cf.* **euer**.
eurerseits ['ɔʏrər'zaɪts] *adv.* de votre côté; pour votre part.
euresgleichen ['ɔʏrəs'glaɪçən] *pr.* vos pareil(le)s.
euret|halben ['ɔʏrət'halbən], **~'wegen, (um) ~'willen** *adv.* à cause de vous; pour l'amour de vous.
eurige ['ɔʏrɪgə] *pr/poss. cf.* euer I 2.
Europäer|(in) [ɔʏro·'pɛ:ər(ɪn)] *m* ⟨~s; ~⟩ (*f*) ⟨~; ~nen⟩ Européen, -nne *m, f*; **~tum** *n* ⟨~(e)s⟩ européanisme *m*.
Europa|flagge [ɔʏ'ro:paˌflagə] *f* pavillon *m* de l'Europe; **~iˌdee** *f* idée *f* de l'Europe unie.
europäisch [ɔʏro·'pɛ:ɪʃ] *adj.* européen, -nne; d(e l)'Europe; **~es Gleichgewicht** équilibre de l'Europe, européen; **≈e Freihandelszone** Association européenne de libre-échange (A.E.L.E.); **≈e Atomgemeinschaft** (**Euratom**) Communauté européenne de l'énergie atomique; **≈e Gemeinschaft für Kohle und Stahl** (*Montanunion*) Communauté européenne du charbon et de l'acier (C.E.C.A.); **≈e Investitionsbank** Banque européenne d'investissement; **≈e Organisation für Kernforschung** Organisation européenne pour la recherche nucléaire; **≈es Parlament** Parlement européen; **≈er Sozialfonds** Fonds social européen; **≈e Verteidigungsgemeinschaft** (**EVG**) Communauté européenne de défense (C.E.D.); **≈es Währungsabkommen** Accord monétaire européen; **≈e Wirtschaftsgemeinschaft** (**EWG**) Communauté économique européenne (C.E.E.); **≈er Wirtschaftsrat** (**OEEC**) Organisation européenne de coopération économique (O.E.C.E.); **≈e Zahlungsunion** (**EZU**) Union européenne des paiements (U.E.P.).
europäisier|en [ɔʏro·pɛi·'zi:rən] *v/t.* ⟨*pas de ge-*, h⟩ europé(an)iser; **≈ung** *f* ⟨~⟩ europé(an)isation *f*.
Europa|marke [ɔʏ'ro:paˌmarkə] *f Post* timbre *m* Europa; **~ˌmeister(in)** *m(f) Sport* champion, -nne *m, f* d'Europe; **~ˌmeisterschaft** *f Sport* championnat *m* d'Europe; **~poˌkal** *m Sport* coupe *f* d'Europe; **~ˌrat** *m* ⟨~(e)s⟩ *pol.* Conseil *m* de l'Europe; **~ˌstraße** *f* route européenne.
Europium [ɔʏ'ro:pi·ʊm] *n* ⟨~s⟩ *chim.* europium [-jɔm] *m*.
Eurovision [ɔʏro·vi·zi·'o:n] *f* ⟨~⟩ *télév.* eurovision *f*.
Eustachisch [ɔʏs'taxɪʃ] *adj. anat.* **~e Röhre** trompe *f* d'Eustache.
Eutektikum [ɔʏ'tɛkti·kʊm] *n* ⟨~s; -ken⟩ *phys.* eutectique *m*.
Euter ['ɔʏtər] *n* ⟨~s; ~⟩ pis *m*.
Euthanasie [ɔʏtana'zi:] *f* ⟨~⟩ euthanasie *f*.
Evakostüm ['e:fakɔsˌty:m] *n* costume [*m* d'Ève.]
evakuier|en [e·vaku·'i:rən] *v/t.* ⟨*pas de ge-*, h⟩ évacuer; **≈ung** *f* ⟨~; ~en⟩ évacuation *f*.
Evangeliar [e·vaŋge·li·'ɑ:r] *n* ⟨~s; **~e** *od.* **~ien**⟩ évangéliaire *m*.
Evange|lienbuch [e·vaŋ'ge:li·ənˌbu:x] *n* livre *m* des évangiles; **~lienharmoˌnie** *f* harmonie *f* évangélique; **~lisa'ti'on** *f* ⟨~⟩ évangélisation *f*; **≈lisch** *adj.* **1.** protestant; **die ≈e Kirche** l'Église protestante; **2.** évangélique; **≈lisch-**

-lu'therisch *adj.* (évangélique) luthérien, -nne; **2lisch-refor'miert** *adj.* (protestant) réformé; **~'list** *m* ⟨~en; ~en⟩ évangéliste *m*; **~lium** *n* ⟨~s; -ien⟩ Évangile *m*; **das ~ des Matthäus** l'Évangile selon saint Matthieu; *fig. u.* F **das ist für ihn ein ~** c'est parole d'évangile pour lui.

Evapor|ation [e·vapo·ratsi·'oːn] *f* ⟨~; ~en⟩ *phys.* évaporation *f*; **~ator** [-'rɑː-] *m* ⟨~s; -'toren⟩ évaporateur *m*; **2ieren** [-'riː-] *v/t.* ⟨*pas de ge-*, h⟩ évaporer.

Evasion [e·vazi·'oːn] *f* ⟨~; ~en⟩ évasion *f*.

Evastochter ['eːfas,tɔxtər] *f* fille *f* d'Ève.

Evektion [e·vɛktsi·'oːn] *f* ⟨~⟩ *astr.* évection *f*.

Eventual|antrag [e·vɛntu·'ɑːl,ˀantrɑːk] *m jur.* conclusion *f* subsidiaire; **~i'tät** *f* ⟨~; ~en⟩ éventualité *f*; **~verpflichtung** *f* obligation éventuelle.

eventuell [e·vɛntu·'ɛl] **1.** *adj.* éventuel, -lle; **2.** *adv.* éventuellement.

eviden|t [e·vi·'dɛnt] *adj.* évident; **2z** *f* ⟨~⟩ évidence *f*.

Eviktion [e·vɪktsi·'oːn] *f* ⟨~; ~en⟩ *jur.* éviction *f*.

Evokation [e·vo·katsi·'oːn] *f* ⟨~; ~en⟩ évocation *f* (*auch jur.*).

Evolut|e [e·vo·'luːtə] *f* ⟨~; ~n⟩ *math.* développée *f*; **~i'on** *f* ⟨~; ~en⟩ *biol.* évolution *f*; **~i'onstheo,rie** *f* théorie *f* de l'évolution.

Evolvente [e·vɔl'vɛntə] *f* ⟨~; ~n⟩ *math.* développante *f*.

evozieren [e·vo·'tsiːrən] *v/t.* ⟨*pas de ge-*, h⟩ évoquer.

Ewer ['eːvər] *m* ⟨~s; ~⟩ *mar.* gabare *f*.

E-Werk ['eːvɛrk] *n cf.* Elektrizitätswerk.

EWG-|Kommission [eːveː'geːkɔmɪsi·,oːn] *f* Commission *f* de la C.E.E.; **~Mi,nister,rat** *m* Conseil *m* des ministres du Marché Commun; **~-,Staaten** *m/pl.* pays *m/pl.* du Marché Commun; **~Ver,handlungen** *f/pl.* négociations *f/pl.* de la C.E.E.; **~Ver,trag** *m* traité *m* de la C.E.E.

ewig ['eːvɪç] **1.** *adj.* éternel, -lle; perpétuel, -lle; sempiternel, -lle; (*beständig*) continuel, -lle; **~er Schnee** neiges éternelles; *égl. cath.* **das 2e Licht** la lampe du Saint-Sacrement; **der 2e Jude** le Juif errant; **die 2e Stadt** la Ville éternelle; *philos.* **2er Friede** paix perpétuelle; **ein ~es Hin und Her** un va-et-vient perpétuel; **seit ~en Zeiten** depuis une éternité; F **diese ~en Vorhaltungen** ces remontrances perpétuelles, continuelles; **2.** *adv.* éternellement; perpétuellement; continuellement; à jamais; **~ dauern, bleiben** s'éterniser; F **das dauert ja ~** cela dure une éternité; F **es ist ~ schade** c'est vraiment, réellement dommage; **2,keit** *f* ⟨~; ~en⟩ éternité *f*; **bis in alle ~** à (tout) jamais; pour toujours; *relig.* **in ~** dans (tous) les siècles des siècles; F **das dauert (ja) e-e ~** *cf.* **~ 2.**; **es ist e-e ~ her, seit ...** il y a une éternité que ...; **2'weibliche** *n* ⟨→A⟩ **das ~** l'éternel féminin.

exakt [ɛ'ksakt] *adj.* exact [ɛgza(kt)]; précis; **die ~en Wissenschaften** les sciences exactes; **2heit** *f* ⟨~⟩ exactitude *f*; précision *f*.

exaltiert [ɛksal'tiːrt] *adj.* exalté; **2heit** *f* ⟨~⟩ exaltation *f*.

Examen [ɛ'ksɑːmən] *n* ⟨~s; ~ *od.* -mina⟩ examen [ɛgzamɛ̃] *m*; **das mündliche ~** les épreuves orales; l'oral *m*; **das schriftliche ~** les épreuves écrites; l'écrit *m*; **ein ~ ablegen, machen** passer, subir un examen; **das ~ bestehen** être reçu à, réussir (à) l'examen; **im ~ durchfallen** être refusé à, échouer à l'examen; **~s,arbeit** *f* épreuve écrite d'examen; **~s,aufgabe** *f* sujet *m*, devoir *m* d'examen.

Exanthem [ɛksan'teːm] *n* ⟨~s; ~e⟩ *méd.* exanthème *m*.

Exarch [ɛ'ksarç] *m* ⟨~en; ~en⟩ *hist.* exarque *m*; **~at** [-'çɑːt] *n* ⟨~(e)s; ~e⟩ exarchat [-ka] *m*.

Exege|se [ɛkse·'geːzə] *f* ⟨~; ~n⟩ exégèse *f*; **~t** *m* ⟨~en; ~en⟩ exégète *m*; **2tisch** *adj.* exégétique.

Exekution [ɛkse·ku·tsi·'oːn] *f* ⟨~; ~en⟩ *jur.*, *comm.* exécution *f*; **~sko,mmando** *n milit.* peloton *m* d'exécution.

exekutiv [ɛkse·ku·'tiːf] *adj.* exécutif, -ive; **2,ausschuß** *m* comité exécutif; **2e** *f* ⟨~⟩, **2ge,walt** *f* (pouvoir) exécutif *m*; **2komi,tee** *n cf.* 2ausschuß; **2or,gan** *n* organe exécutif; **2,rat** *m* ⟨~(e)s; ≈e⟩ conseil exécutif.

Exempel [ɛ'ksɛmpəl] *n* ⟨~s; ~⟩ exemple *m*; **ein ~ statuieren** faire un exemple.

Exemplar [ɛksɛm'plɑːr] *n* ⟨~s; ~e⟩ exemplaire *m*; spécimen [-mɛn] *m*; **ein schönes ~** un beau spécimen; un bel exemplaire; **2isch 1.** *adj.* exemplaire; **e-e ~e Bestrafung** un châtiment exemplaire; **2.** *adv.* **j-n ~ bestrafen** punir qn. exemplairement; infliger une punition exemplaire à qn.

Exequatur [ɛkse·'kvɑːtʊr] *n* ⟨~s; -'turen⟩ *dipl.* exequatur *m*.

Exequien [ɛ'kseːkvi·ən] *pl. égl. cath.* obsèques (religieuses).

exerzier|en [ɛksɛr'tsiːrən] **I** *v/t.* ⟨*pas de ge-*, h⟩ *milit.* s'exercer (à qc.); **II** *v/i.* faire l'exercice; **III 2en** *n* ⟨~s⟩ exercice *m*; **2,platz** *m* champ *m* d'exercice.

Exerzitien [ɛksɛr'tsiːtsi·ən] *n/pl. égl. cath.* retraite *f*.

Ex-Europameister ['ɛksˀɔʏ,roːpa-,maɪstər] *m Sport* ancien champion, ex-champion *m* d'Europe.

Exhalation [ɛkshalatsi·'oːn] *f* ⟨~; ~en⟩ exhalaison *f*.

Exhaustor [ɛks'haʊstər] *m* ⟨~s; -'toren⟩ *techn.* exhausteur *m*; aspirateur *m*.

Exhibitionis|mus [ɛkshi·bi·tsi·o·'nɪsmʊs] *m* ⟨~⟩ exhibitionnisme *m*; **~t** *m* ⟨~en; ~en⟩ exhibitionniste *m*.

exhumier|en [ɛkshu·'miːrən] *v/t.* ⟨*pas de ge-*, h⟩ exhumer; **2ung** *f* ⟨~; ~en⟩ exhumation *f*.

Exil [ɛ'ksiːl] *n* ⟨~s; ~e⟩ exil *m*; **im ~ leben** vivre en exil; **ins ~ schicken** exiler; bannir; envoyer en exil; **ins ~ gehen** s'exiler; **~re,gierung** *f* gouvernement en exil, exilé.

existent [ɛksɪs'tɛnt] *adj.* existant; qui existe; **2ia'lismus** *m* ⟨~⟩ existentialisme *m*; **2ia'list** *m* ⟨~en; ~en⟩ existentialiste *m*; **~ia'listisch** *adj.* existentialiste; **2i'alphiloso,phie** *f cf.* Existenzphilosophie; **~i'ell** *adj.* existentiel, -lle.

Existenz [ɛksɪs'tɛnts] *f* ⟨~; ~en⟩ existence *f*; vie *f*; **um s-e ~ ringen** lutter pour l'existence; **sichere, gesicherte ~** existence assurée; **e-e neue ~ aufbauen** se refaire une nouvelle vie, existence; **s-e ~ als Schriftsteller ist bedroht** sa vie, sa situation d'écrivain est menacée; F **verkrachte ~en** des ratés; **zweifelhafte, dunkle ~en** des gens douteux; **~be,dingungen** *f/pl.* conditions *f/pl.* d'existence; **2be,rechtigt** *adjt.* qui a droit à l'existence; **~be,rechtigung** *f* droit *m* à l'existence, de vivre; raison *f* d'être; **~be,weis** *m* preuve *f* de l'existence; **~er,hellung** *f philos.* révélation *f* de l'existence; **2,fähig** *adj.* viable; **~,frage** *f* question *f* de vie; **~,kampf** *m* lutte *f* pour la vie, pour l'existence; **~,minimum** *n* minimum [-əm] vital; **~,mittel** *n/pl.* moyens *m/pl.* d'existence, de subsistance; **~philoso,phie** *f* philosophie *f* existentialiste.

existieren [ɛksɪs'tiːrən] *v/i.* ⟨*pas de ge-*, h⟩ exister.

Exkaiser ['ɛks,kaɪzər] *m* ex-empereur *m*; **~in** *f* ex-impératrice *f*.

Exkardination [ɛkskardi·natsi·'oːn] *f* ⟨~; ~en⟩ *égl. cath.* excardination *f*.

Exklave [ɛks'klɑːvə] *f* ⟨~; ~n⟩ enclave *f*.

exklusiv [ɛksklu·'ziːf] *adj.* exclusif, -ive; *Lokal etc.* réservé à la classe supérieure; distingué; **~e Kreise** milieux fermés; **~e** *adv. u. prép.* ⟨*gén.*⟩ à l'exclusion de; non compris; **2i'tät** *f* ⟨~⟩ exclusivité *f*; *fig.* distinction *f*; *od. verbal*.

Exkommuni|kation [ɛkskɔmu·ni·katsi·'oːn] *f* ⟨~; ~en⟩ *égl.* excommunication *f*; **2'zieren** *v/t.* ⟨*pas de ge-*, h⟩ excommunier; **~'zierung** *f* ⟨~; ~en⟩ *cf.* ~kation.

Exkönig ['ɛks,køːnɪç] *m* ex-roi *m*; **~in** *f* ex-reine *f*.

Exkremente [ɛkskre·'mɛntə] *n/pl.* excréments *m/pl.*

Exkret|e [ɛks'kreːtə] *n/pl. physiol.* excreta *m/pl.*; **~i'on** *f* ⟨~; ~en⟩ excrétion *f*.

Exkurs [ɛks'kʊrs] *m* ⟨~es; ~e⟩ (*Abschweifung*) digression *f*; (*beigefügte Ausarbeitung*) traité *m* supplémentaire; **~i'on** *f* ⟨~; ~en⟩ excursion *f* (scientifique); **~i'ons,teilnehmer** *m* participant *m* d'une *od.* à une excursion; excursionniste *m*.

Exlibris [ɛks'liːbrɪs] *n* ⟨~; ~⟩ ex-libris *m*.

Exmatri|kel [ɛksma'triːkəl] *f* ⟨~; ~n⟩ certificat *m* de sortie de l'université; **~kulati'on** *f* ⟨~; ~en⟩ *verbal*; **2ku'lieren** *v/t.* (*u. v/réfl.*) ⟨*pas de ge-*, h⟩ (se faire) rayer de la liste des étudiants; quitter l'université.

Exminister ['ɛksmi·,nɪstər] *m* ex-ministre *m*.

Exmission [ɛksmɪsi·'oːn] *f jur.* expulsion *f*; **~s,klage** *f* action *f* en expulsion; procédure *f* d'expulsion (d'un local loué).

Exodus ['ɛkso·dʊs] *m* ⟨~⟩ exode *m*.

exogen [ɛkso·'geːn] *adj.* exogène.

Exorzis|mus [ɛksɔr'tsɪsmʊs] *m* ⟨~; -men⟩ exorcisme *m*; **~t** *m* ⟨~en; ~en⟩ *égl. cath.* exorciste *m*.

Exo|t [ɛ'ksoːt] *m* ⟨~en; ~en⟩ habitant *m* d'un pays exotique; **2'terisch** *adj.* exotérique; **2'therm** *adj. chim.* exothermique; **2tisch** *adj.* exotique.

Expan|der [ɛks'pandər] *m* ⟨~s; ~⟩ *Sport* extenseur *m*; **2'sibel** *adj.* ⟨-bl-⟩ expansible; **~si'on** *f* ⟨~; ~en⟩ *pol.*, *écon.*, *phys.* expansion *f*; **~si'ons,dampfma,schine** *f* machine *f* à vapeur à détente; **~si'onsge,schwindigkeit** *f* vitesse *f* d'expansion; **~si'ons,kraft** *f* pouvoir expansif; force *f* d'expansion; **~si'ons,kurve** *f* courbe *f* d'expansion; **~si'onspoli,tik** *f* politique *f* expansionniste, d'expansion; **~si'onspro,gramm** *n* programme *m* d'expansion; **~si'ons,rhythmus** *m* rythme *m* de l'expansion; **~si'onsven,til** *n* soupape *f* de détente; **2'siv** *adj.* expansif, -ive; expansible; **~'siv,kraft** *f cf.* 2sionskraft.

expatriier|en [ɛkspatri·'iːrən] *v/t.* ⟨*pas de ge-*, h⟩ **1.** (*ausbürgern*) dénaturaliser; **2.** (*verbannen*) expatrier; **2ung** *f* ⟨~; ~en⟩ **1.** dénaturalisation *f*; **2.** expatriation *f*.

Exped|ient [ɛkspe·di·'ɛnt] *m* ⟨~en; ~en⟩ *comm.* expéditionnaire *m*; **2ieren** [-'di:-] *v/t.* ⟨*pas de ge-*, h⟩ expédier; envoyer; **~iti'on** *f* ⟨~; ~en⟩ expédition *f* (*auch comm.*); **~iti'onsabˌteilung** *f*, **~iti'onsbüˌro** *n comm.* service *m*, bureau *m* d'expédition; **~iti'onsˌkorps** *n* corps *m* expéditionnaire; **~iti'onsˌleiter** *m* chef *m* d'expédition; **~iti'onsˌteilnehmer** *m* participant *m* d'une *od.* à une expédition.

Experimen|t [ɛkspe·ri·'mɛnt] *n* ⟨~(e)s; ~e⟩ expérience *f*; **2'tal** *adj.* expérimental; **~'talphyˌsik** *f* physique expérimentale; **~'tator** *m* ⟨~s; -'toren⟩ expérimentateur *m*; **2'tell** **1.** *adj.* expérimental; **2.** *adv.* expérimentalement; d'une façon expérimentale; **2'tieren I** *v/i.* ⟨*pas de ge-*, h⟩ expérimenter (mit etw. qc.); faire une *od.* des expérience(s); **II ~'tieren** *n* ⟨~s⟩ expérimentation *f*.

Expert|e [ɛks'pɛrtə] *m* ⟨~n; ~n⟩ expert *m*; **~ise** [-'ti:-] *f* ⟨~; ~n⟩ expertise *f*.

Explantation [ɛksplantatsi·'o:n] *f* ⟨~; ~en⟩ *von Geweben etc.* prélèvement *m* et conservation *f*.

explodier|bar [ɛksplo·'di:rbɑ:r] *adj.* *cf.* explosiv; **~en** *v/i.* ⟨*pas de ge-*, sein⟩ exploser; faire explosion; éclater; détoner.

Explosion [ɛksplo·zi·'o:n] *f* ⟨~; ~en⟩ explosion *f*; détonation *f*; zur ~ bringen faire éclater, exploser; unterirdische ~ explosion souterraine; **2sˌartig** *adj.* comme une explosion; sous forme d'explosion; **~sˌdruck** *m* pression *f* de *od.* à l'explosion; **2sˌfähig** *adj.* explosible; **~sgeˌfahr** *f* danger *m* d'explosion(s); **~sgeˌmisch** *n* mélange explosible, détonant; **2sgeˌschützt** *adj. cf.* 2ssicher; **~sˌhub** *m mot.* course *f*, temps *m* d'explosion; **~sˌmotor** *m* moteur *m* à explosion; **~sˌraum** *m mot.* chambre *f* d'explosion; **2sˌsicher** *adj.* à l'épreuve des explosions; inexplosible; **~sˌwirkung** *f* effet *m* de l'explosion.

explosiv [ɛksplo·'zi:f] *adj.* explosif, -ive; explosible; **2i'tät** *f* ⟨~⟩ explosivité *f*; **2ˌlaut** *m phon.* (consonne *f*) explosive *f*; **2ˌstoff** *m* explosif *m*; **2verˌbrennung** *f* déflagration *f*.

Expon|ent [ɛkspo·'nɛnt] *m* ⟨~en; ~en⟩ *math.* exposant *m*; *fig.* (*hervorragender Vertreter*) représentant *m*; chef *m* de file; **~enti'alfunktiˌon** *f math.* fonction exponentielle; **~enti'alˌkurve** *f math.* courbe exponentielle; **~enti'alˌröhre** *f élect.* tube *m* à pente variable; **2ieren** [-'ni:-] *v/t.* ⟨*pas de ge-*, h⟩ exposer (*auch phot.*).

Export [ɛks'pɔrt] *m* ⟨~(e)s; ~e⟩ *comm.* exportation *f*; **~abˌteilung** *f* service *m* des exportations; **~arˌtikel** *m* article *m* d'exportation; **~ˌauflage** *f* contingent exigé pour l'exportation; **~ˌauftrag** *m* commande *f* pour l'exportation; **~ˌausführung** *f* modèle, type destiné à l'exportation; **~beˌschränkungen** *f/pl.* restrictions *f/pl.* des exportations, à l'exportation; **~beˌstimmungen** *f/pl.* dispositions *f/pl.* d'exportation; **~ˌbier** *n* bière *f* export, d'exportation; **~erˌhöhung** *f* augmentation *f* des exportations; **~erˌlaubnis** *f* autorisation *f*, permis *m* d'exportation; **~eur** [-'tø:r] *m* ⟨~s; ~e⟩ exportateur *m*; **2ˌfähig** *adj.* exportable; **~ˌfirma** *f* maison *f*, entreprise *f* d'exportation; **~ˌförderung** *f* aide *f*, encouragement *m* à l'exportation; **~geˌmeinschaft** *f* organisme *m* d'exportation en commun; **~geˌschäft** *n* **a)** opération *f* d'exportation; **b)** maison *f* d'exportation; **~ˌhandel** *m* commerce *m* d'exportation; **~ˌhändler** *m* négociant-exportateur *m*; **~ˌhilfe** *f* aide *f* à l'exportation; **2ieren** [-'ti:-] *v/t.* ⟨*pas de ge-*, h⟩ exporter; **~-'Import** ['ɛks-] *m* export-import *m*; **~indusˌtrie** *f* industrie *f* d'exportation; **~kapaziˌtät** *f* capacité exportatrice, d'exportation; **~karˌtell** *n* cartel *m* d'exportation; **~ˌkaufmann** *m* négociant-exportateur *m*; commerçant-exportateur *m*; **~kommissioˌnär** *m* commissionnaire exportateur; **~kontinˌgent** *n* contingent *m* d'exportation; **~kreˌdit** *m* crédit *m* à l'exportation; **~ˌland** *n* pays exportateur; **~ˌlenkung** *f* exportation dirigée; **~ˌlieferung** *f* livraison *f* pour l'exportation; **~liˌzenz** *f* licence *f* d'exportation; **~ˌmarkt** *m* marché *m* d'exportation; **~monoˌpol** *n* monopole *m* d'exportation; **~ˌprämie** *f* prime *f* à l'exportation; **~ˌpreis** *m* prix *m* à l'exportation; **~proˌdukt** *n* produit *m* d'exportation; **~ˌquote** *f* quota *m* d'exportation; **~ˌrückgang** *m* diminution *f* des exportations; **~ˌsperre** *f* prohibition *f* de sortie; embargo *m* sur les exportations; **~ˌsteigerung** *f* accroissement *m* des exportations; **~taˌrif** *m* tarif *m* d'exportation; **~ˌüberschuß** *m* excédent *m* des exportations; **~unterˌnehmen** *n* entreprise exportatrice; **~vaˌluta** *f* devises *f/pl.* provenant des exportations; **~verˌtreter** *m* représentant *m* en produits d'exportation; **~voˌlumen** *n* volume *m* des exportations; **~ˌware** *f* marchandise *f* d'exportation; **~ˌwirtschaft** *f* commerce *m* d'exportation; **~ˌzoll** *m* taxe *f*, droits *m/pl.* d'exportation; **~ˌzweig** *m* branche *f* d'exportation.

Exposition [ɛkspo·zi·tsi·'o:n] *f* ⟨~; ~en⟩ *allg.* exposition *f*.

Expreß [ɛks'prɛs] *m* ⟨-sses⟩ *chem.* express [-ɛs] *m*; **~ˌgut** *n* colis *m* (par) exprès [-ɛs]; **~guttaˌrif** *m* tarif *m* des colis exprès [-ɛs].

Expressionis|mus [ɛksprɛsi·o'nɪsmʊs] *m* ⟨~⟩ expressionnisme *m*; **~t** *m* ⟨~en; ~en⟩ expressionniste *m*; **2tisch** *adj.* expressionniste.

expressiv [ɛksprɛ'si:f] *adj.* expressif, -ive; **2i'tät** *f* ⟨~⟩ expressivité *f*.

exquisit [ɛkskvi·'zi:t] *adj.* exquis; choisi.

Exsequien *cf.* Exequien.

Exsikkator [ɛkszɪ'kɑ:tər] *m* ⟨~s; -'toren⟩ *chim.* dessiccateur *m*.

Exspirat|ion [ɛkspi·ratsi·'o:n] *f* ⟨~; ~en⟩ expiration *f*; **2orisch** [-'to:-] *adj.* ~er Akzent accent *m* d'intensité.

Exstirpation [ɛkstɪrpatsi·'o:n] *f* ⟨~; ~en⟩ *chir.* extirpation *f*.

Exsudat [ɛkszu·'dɑ:t] *n* ⟨~(e)s; ~e⟩ *physiol.* exsudat *m*; **~i'on** *f* ⟨~⟩ exsudation *f*.

Extens|ion [ɛkstɛnzi·'o:n] *f* ⟨~; ~en⟩ *chir.* extension *f*; **2iv** [-'zi:f] *adj.* extensif, -ive.

extern [ɛks'tɛrn] *adj.* externe; **2e(r)** *f(m)* ⟨→ A⟩ externe *m, f*.

Exterritorialität [ɛkstɛri·to·ri·ali·'tɛ:t] *f* ⟨~⟩ exterritorialité *f*.

extra ['ɛkstra] *adv.* **1.** (*absichtlich, eigens*) exprès; spécialement; **das hat er ~ getan, um ...** il l'a fait exprès pour ...; **~ für dich** spécialement pour toi; exprès pour toi; **~ angefertigt** fait spécialement; **2.** (*gesondert*) à part; (*obendrein*) en plus; en sus; supplémentaire; (*besonders*) extraordinaire (-ment); **Strom und Heizung ~** électricité et chauffage à part; **der Wein wird ~ berechnet** le vin est en supplément; F **er will immer etwas 2s** il veut toujours quelque chose de spécial; *Annonce* **und viele 2s** et de nombreux suppléments; **2...** *in Zssgn. cf. auch* Sonder...; **2ˌausgaben** *f/pl.* dépenses *f/pl.*, frais *m/pl.* supplémentaires; **2ˌblatt** *n* édition spéciale; numéro spécial; **~ˌfein** *adj.* extra-fin; surfin; **~ˌhart** *adj.* extra-dur.

extrahieren [ɛkstra'hi:rən] *v/t.* ⟨*pas de ge-*, h⟩ extraire.

Extrakt [ɛks'trakt] *m* ⟨~(e)s; ~e⟩ extrait *m* (*auch fig.*); **~i'on** *f* ⟨~; ~en⟩ *méd., chim.* extraction *f*; **~i'onsˌanlage** *f chim.* installation *f* d'extraction.

Extra|ordinarius [ɛkstraˀɔrdi·'nɑ:ri·ʊs] *m cf.* außerordentlich(er Professor); **~polati'on** *f* ⟨~; ~en⟩ *math.* extrapolation *f*; **2po'lieren** *v/t.* ⟨*pas de ge-*, h⟩ extrapoler.

Extra|prämie ['ɛkstraˌprɛ:mi·ə] *f Versicherung* surprime *f*; **~ˌstrom** *m élect.* extra-courant *m*; **~ˌtour** *f* F *etwa* incartade *f*; écart *m*; **2va'gant** *adj.* extravagant; **~va'ganz** *f* ⟨~; ~en⟩ extravagance *f*; **~verˌgütung** *f* gratification *f*; **2ver'tiert** *adjt. psych.* extraverti; **2ˌweich** *adj.* extra-doux, -douce; **~ˌwurst** *f fig. u.* F quelque chose de spécial; **er will immer e-e ~ gebraten haben** il lui faut toujours quelque chose à part, de spécial; il ne veut jamais faire comme tout le monde.

extrem [ɛks'tre:m] **I 1.** *adj.* extrême; **2.** *adv.* extrêmement; **~ nationalistisch** extrêmement nationaliste; **II 2** *n* ⟨~s; ~e⟩ extrême *m*; **von e-m ~ in das andere fallen** tomber d'un extrême dans l'autre; passer d'un extrême à l'autre; **2ismus** [-'mɪs-] *m* ⟨~; -men⟩ extrémisme *m*; **2ist** [-'mɪst] *m* ⟨~en; ~en⟩ extrémiste *m*; **~istisch** [-'mɪs-] *adj.* extrémiste; **2i'täten** *f/pl.* extrémités *f/pl.*; **2ˌwert** *m math.* valeur *f* extrême.

Ex-Weltmeister ['ɛksˌvɛltmaɪstər] *m Sport* ex-champion *m*, ancien champion du monde.

exzellen|t [ɛkstsɛ'lɛnt] *adj.* excellent; **2z** *f* ⟨~; ~en⟩ Excellence *f*.

Exzenter [ɛks'tsɛntər] *m* ⟨~s; ~⟩ *techn., phys.* excentrique *m*; **~ˌbolzen** *m* boulon *m* d'excentrique; maneton *m*; **~ˌpresse** *f* presse *f* à excentrique; **~ˌradius** *m* rayon *m* d'excentrique; **~ˌscheibe** *f* poulie *f*, disque *m* à excentrique; **~ˌspannung** *f* blocage *m*, serrage *m* à excentrique; **~ˌwelle** *f* arbre *m* à excentrique.

exzentri|sch [ɛks'tsɛntrɪʃ] *adj.* excentrique; **2zi'tät** *f* ⟨~; ~en⟩ *math.* excentricité *f* (*auch fig.*).

exzerp|ieren [ɛkstsɛr'pi:rən] *v/t.* ⟨*pas de ge-*, h⟩ *Buch, Autor* dépouiller; **etw. aus etw. ~** tirer, extraire qc. de qc.; **2t** [-'tsɛrpt] *n* ⟨~(e)s; ~e⟩ extraits *m/pl.*

Exzeß [ɛks'tsɛs] *m* ⟨-sses; -sse⟩ excès *m*.

F

F, f [ɛf] *n* ⟨~; ~⟩ F, f *m*; *mus.* fa *m*.
Fabel ['fa:bəl] *f* ⟨~; ~n⟩ **1.** fable *f* (*auch fig.*); (*Lehr*2) *auch* apologue *m*; **2.** *e-r Dichtung* fond *m*; *e-s Romans auch* affabulation *f*; **~ˌbuch** *n* livre *m* de fables; **~ˌdichter** *m* fabuliste *m*; **2ˌhaft** *adj.* merveilleux, -euse; F formidable; épatant; **~!** *auch* chic alors!; **2n** *v/t. u. v/i.* ⟨-(e)le, h⟩ *cf.* faseln; **~ˌsammlung** *f* recueil *m* de fables; fablier *m*; **~ˌtier** *n* animal fabuleux; **~ˌwelt** *f* monde fabuleux; **~ˌwesen** *n* être fabuleux; créature fabuleuse.
Fabrik [fa'bri:k, fa'brɪk] *f* ⟨~; ~en⟩ *allg.* usine *f*; *für einfache Fertigwaren auch* fabrique *f*; *comm.* **ab ~** départ usine; pris à l'usine; **~ˌabwässer** *n/pl.* eaux industrielles usées; **~ˌanlagen** *f/pl.* installations *f/pl.* d'usine; usines *f/pl.*; **~ant** [-'kant] *m* ⟨~en; ~en⟩ fabriquant *m*; **~ˌarbeit** *f* **1.** travail *m* d'usine; **2.** *cf.* ~ware; **~ˌarbeiter(in)** *m(f)* ouvrier, -ière *m, f* d'usine; **~at** [-'ka:t] *n* ⟨~(e)s; ~e⟩ produit, article (fabriqué en *od.* par ...); **deutsches** *etc.* **~** *auch* article, produit de fabrication allemande, *etc.*; F **eigenes ~** de ma, ta, *etc.* fabrication; **~ati'on** *f* ⟨~; ~en⟩ fabrication *f*; usinage *m*; **~ati'onsˌfehler** *m* défaut *m*, vice *m* de fabrication; **~ati'onsˌgang** *m* processus [-ys] *m* de fabrication; **~ati'onsgeˌheimnis** *n* secret *m* de fabrication; **~ati'onsproˌgramm** *n* programme *m* de fabrication; **~ati'onsˌstätte** *f* lieu *m*, endroit *m* de fabrication; usine *f*; **~ati'onsˌsteuer** *f* impôt perçu pendant la production; **~ati'onsˌzweig** *m* branche *f* de fabrication; **~atˌsteuer** [-'ka:t-] *f* impôt *m*, taxe *f* sur la production; **~beˌsitzer(in)** *m(f)* propriétaire *m, f* d'une usine; **~beˌtrieb** *m* entreprise industrielle; usine *f*; *kleiner* atelier *m*; **~diˌrektor** *m* directeur *m* d'usine; **~ˌeinrichtung** *f* installations *f/pl.*, équipement *m* d'usine; **~geˌbäude** *n* bâtiment *m* d'usine; **~geˌlände** *n* terrain industriel, d'une usine; **~ˌklausel** *f* clause *f* «départ usine»; **~ˌlärm** *m* vacarme *m*, bruit *m* d'usine; **~ˌmädchen** *n* fille *f* d'usine; **~ˌmarke** *f* marque *f* de fabrique; **2ˌmäßig 1.** *adj.* d'usine; *péj.* de série; **2.** *adv.* **~ herstellen** faire, fabriquer en usine; **2ˌneu** *adj.* qui sort de l'usine; neuf, neuve; **~ˌnummer** *f* numéro *m* d'usine, de fabrication; **~ˌpreis** *m* prix *m* de fabrique, d'usine; **~ˌschornstein** *m* cheminée *f* d'usine; **~siˌrene** *f* sirène *f* d'usine; **~ˌviertel** *n* quartier industriel; **~ˌware** *f* article *m*, produit *m* de fabrique, d'usine, *péj.* de série; **~ˌzeichen** *n cf.* ~marke.
fabrizieren [fabri·'tsi:rən] *v/t.* ⟨*pas de ge-*, h⟩ fabriquer (*auch péj.*).
Fabul|ant [fabu·'lant] *m* ⟨~en; ~en⟩ fabulateur *m*; **2ieren** *v/i.* ⟨*pas de ge-*, h⟩ conter des fables.
Facett|e [fa'sɛtə] *f* ⟨~; ~n⟩ facette *f*; *impr.* biseau *m*; **~enˌauge** *n zo.* œil à facettes, composé; **2ieren** [-'ti:-] *v/t.* ⟨*pas de ge-*, h⟩ facetter; tailler à facettes.
Fach [fax] *n* ⟨~(e)s; ≈er⟩ **1.** compartiment *m*; case *f*; *unter gleichartigen Fächern* casier *m*; *e-s Schrankes meist* rayon *m*; *e-r Brieftasche* poche *f*; compartiment *m*; *bât.* pan *m*; *charp.* travée *f*; *impr. e-s Setzkastens* cassetin *m*; *text.* pas *m*; *bot.* loge *f*; **in Fächer einteilen** diviser en compartiments; compartimenter; **2.** (*Schul*2, *Studien*2) matière *f*; discipline *f*; (*Berufszweig*) branche *f*; métier *m*; (*Spezial*2, *Zuständigkeit*) spécialité *f*; domaine *m*; ressort *m*; compétence *f*; **vom ~ sein** être du métier, de la partie; être compétent; **j-s ~ sein, in j-s ~ schlagen** être la spécialité, le domaine de qn.; être du ressort, du domaine, de la compétence de qn.; **unter Dach und ~** *cf.* Dach; **~ˌarbeit** *f* travail *m* de spécialiste; **~ˌarbeiter** *m* ouvrier qualifié; *angelernter* ouvrier spécialisé; **~arbeiterˌbrief** *m* certificat *m* d'aptitude professionnelle (C.A.P.); **~ˌarbeiterin** *f* ouvrière qualifiée; **~arbeiterˌprüfung** *f* examen *m* pour l'obtention du C.A.P.; **s-e ~ ablegen** passer son C.A.P.; **~arzt** *m* (médecin *m*) spécialiste *m* (**für** pour, de); **2ˌärztlich** *adj.* **~e Untersuchung** examen médical fait par un spécialiste; **~ˌausbildung** *f* formation spéciale, professionnelle; **~ˌausdruck** *m* terme technique, spécial, de métier; **wissenschaftlicher, literarischer** *etc.* **~** terme scientifique, littéraire, *etc.*; **~ˌausschuß** *m* commission *f*, comité *m* d'experts; **~beˌrater** *m* conseiller spécialisé; **~ˌbildung** *f* formation spécialisée; spécialisation *f*; **~blatt** *n* journal spécialisé, professionnel; **wirtschaftliches** *etc.* **~** journal économique, *etc.*; **~buch** *n* livre spécialisé; **juristisches** *etc.* **~** livre juridique, *etc.*
fächeln ['fɛçəln] *v/t.* ⟨-(e)le, h⟩ **j-m** *bzw.* **sich Luft ins Gesicht ~** éventer qn. *bzw.* s'éventer.
Fächer ['fɛçər] *m* ⟨~s; ~⟩ éventail *m*; **~anˌtenne** *f rad.* antenne *f* en éventail, à rideau; **2ˌartig** *adj.* en (forme d')éventail; *biol.* flabellé; *bât.* flabelliforme; **~ˌfenster** *n* fenêtre *f* en éventail; **~ˌflügler** *m/pl. zo.* strepsiptères *m/pl.*; rhipiptères *m/pl.*; **2ˌförmig** *cf.* 2artig; **~geˌwölbe** *n* voûte *f* en éventail; **2ig** *adj. bot.* loculaire; loculé; loculeux, -euse; **~ˌkasten** *m* casier *m*; **~ˌmotor** *m* moteur *m* en W; **~ˌpalme** *f bot.* palmier *m* en éventail; **~ˌschuß** *m Torpedo* lancement *m* en gerbe.
Fach|gebiet ['faxgəˌbi:t] *n* spécialité *f*; domaine *m*; **~geˌlehrte(r)** *m* érudit *m*; spécialiste *m*; **2geˌrecht 1.** *adj.* approprié; **2.** *adv.* d'une façon appropriée, compétente; **~geˌschäft** *n* maison spécialisée; **~ˌgruppe** *f* groupe, groupement professionnel; **~ˌhandel** *m* commerce spécialisé; **nur im ~ erhältlich** en vente exclusive chez les spécialistes; **~ˌhändler** *m* marchand spécialisé; spécialiste *m*; **~ˌhochschule** *f* grande école; **~ingeniˌeur** *m* ingénieur-spécialiste *m*; ingénieur spécialisé; **~ˌkenntnis(se)** *f(pl.)* connaissances spéciales, professionnelles, techniques; **~koˌllege** *m* confrère *m*; **~kraft** *f* personne qualifiée; **~ˌkräfte** *f/pl.* personnel qualifié; **~ˌkreise** *m/pl.* milieux *m/pl.* d'experts, spécialisés; **in ~n** parmi les experts; **2ˌkundig** *adj.* compétent; expert; **~ˌkurs(us)** *m cf.* ~lehrgang; **~ˌlehrer(in)** *m(f)* professeur (spécialisé); **~ˌlehrgang** *m* cours *m* de spécialisation; **~ˌleute** *pl. von* ~mann; **2lich** *adj. Wissen, Eignung etc.* professionnel, -elle; **~literaˌtur** *f* littérature spécialisée; **technische** *etc.* **~** littérature technique, *etc.*; **~mann** *m* ⟨~(e)s; ≈er *od.* -leute⟩ spécialiste *m*; homme *m* du métier; professionnel *m*; technicien *m*; expert *m*; **2ˌmännisch 1.** *adj.* de spécialiste; d'expert; compétent; **2.** *adv.* **~ prüfen** vérifier en spécialiste; **~ prüfen lassen** faire vérifier par un spécialiste; **2ˌmäßig** *adj.* par matière(s); par branche(s); *cf. auch* 2lich; **~ˌmesse** *f* foire-exposition (spéciale); foire spécialisée; **~miˌnister** *m* ministre compétent; **~persoˌnal** *n cf.* ~kräfte; **~ˌpresse** *f* presse spécialisée; **~ˌrichtung** *f* branche *f*; discipline *f*; **~schaft** *f* ⟨~; ~en⟩ *cf.* ~verband; **~ˌschule** *f* école professionnelle, de métier; **~simpe'lei** *f* ⟨~; ~en⟩ bavardages *m/pl.* sur le métier; manie *f* de parler métier; **2ˌsimpeln** *v/i.* ⟨-(e)le, h⟩ parler métier; **~ˌsprache** *f* langage *m* technique; terminologie *f*; *péj.* jargon *m*; **~ˌstudium** *n* études spéciales, spécialisées (dans une matière); **~ˌunterricht** *m* enseignement spécialisé; **~verˌband** *m* association professionnelle; **~verˌlag** *m* maison d'édition spécialisée; **2ˌweise** *adv.* par compartiments, branches, matières; **~welt** *f* spécialistes *m/pl.*; **~werk** *n bât. ausgeriegeltes, sichtbares* colombage *m*; *Bauweise* pan *m* de bois; *techn., aus Metall* treillis *m*; **~werkˌausfüllung** *f*, **~werkˌausriegelung** *f* 'hourdage *m*; 'hourdis *m*; **~werkˌbau** *m* ⟨~(e)s; ~ten⟩ construction *f* à colombage, à pan de bois;

~werkˌbinder *m bât.* ferme *f* (en treillis); **~werkˌbogen** *m* arc *m* en treillis; **~werkˌhaus** *n* maison *f* à colombage; **~werkˌträger** *m* poutre *f* en treillis; **~werkˌwand** *f* cloison *f* en charpente, en pan de bois; **~ˌwissen** *n* connaissances *f/pl.* en tant que spécialiste; **~ˌwissenschaft** *f* spécialité *f*; domaine *m* scientifique; **~wort** *n* ⟨~(e)s; ≈er⟩ *cf.* Fachausdruck; **~ˌwörterbuch** *n* dictionnaire spécial; ~ **für Architektur** *etc.* dictionnaire de l'architecture, *etc.*; **~ˌzeitschrift** *f* revue, publication périodique spécialisée, professionnelle; **technische** *etc.* ~ revue technique, *etc.*

Fackel ['fakəl] *f* ⟨~; ~n⟩ flambeau *m*; *einfache* torche *f*; (*Stroh*2) brandon *m*; **2n** *v/i.* ⟨-(e)le, h⟩ F **nicht lange** ~ ne faire ni une ni deux; ne pas hésiter; **~ˌlauf** *m* course *f* aux flambeaux; **~ˌträger** *m* porte-flambeau *m*; **~ˌzug** *m* retraite *f* aux flambeaux.

Fädchen ['fɛːtçən] *n* ⟨~s; ~⟩ petit fil.

fad(e) [faːt, 'faːdə] *adj.* fade; insipide; *pfort.* F fadasse (*alle auch fig.*).

Faden ['faːdən] *m* ⟨~s; ≈⟩ fil *m*; *in e-r Nähnadel* aiguillée [-gɥije] *f*; *e-s Zwirnsfadens etc.* brin *m*; *text. e-s Tuches* fond *m*; *e-r Glühbirne etc.* filament *m*; *mar.* ⟨*pl.* ~⟩ *Tiefenmaß* brasse *f*; **Fäden ziehen** filer; *fig.* **roter** ~ *e-r Erzählung* fil conducteur; **den** ~ **verlieren, wiederaufnehmen** perdre, reprendre le fil; **alle Fäden in der Hand halten** tenir, tirer les ficelles; **an e-m** ~ **hängen** ne tenir qu'à un fil; **keinen trockenen** ~ **mehr am Leibe haben** n'avoir plus un poil de sec; **keinen guten** ~ **an j-m lassen** déchirer qn. à belles dents; **nach Strich und** ~ dans (toutes) les règles de l'art; **2ˌförmig** *adj.* filiforme; en forme de fil; **~ˌführer** *m text.* guide-fil *m*; barbin *m*; **~geˌflecht** *n e-s Pilzes* mycélium [-jɔm] *m*; **~ˌglas** *n* verre filigrané; **~ˌkreuz** *n opt.* réticule *m*; **~mikroˌmeter** *n opt.* micromètre *m* à fil; **~moleˌkül** *n chim.* macromolécule *f* filiforme; **~ˌnudeln** *f/pl.* vermicelle *m*; **~ˌrolle** *f* bobine *f* de fil; (*Kartonspule*) fusette *f*; **2ˌscheinig** *adj.* usé jusqu'à la corde; élimé; râpé; *fig. Vorwand, Argument etc.* cousu de fil blanc; **~ˌspanner** *m e-r Nähmaschine etc.* tendeur *m* de fil; **~ˌstärke** *f* grosseur *f* du fil; **~ˌwurm** *m zo.* filaire *m, f*; dragonneau *m*; *sc.* **Fadenwürmer** nématodes *m/pl.*; **~ˌzähler** *m* compte-fils *m*; **2ˌziehend** *adjt.* filant.

Fadheit ['faːthaɪt] *f* ⟨~⟩ fadeur *f*; insipidité *f*.

Fading ['feːdɪŋ] *n* ⟨~s⟩ *rad.* fading [fadiŋ] *m*; évanouissement *m*; **~ˌausgleich** *m rad.* antifading *m*.

Fagott [fa'gɔt] *n* ⟨~(e)s; ~e⟩ *mus.* basson *m*; **~ˌbläser** *m* ⟨~s; ~⟩, **~ist** [-'tɪst] *m* ⟨~en; ~en⟩ basson *m*; bassoniste *m*.

fähig ['fɛːɪç] *adj.* capable; compétent; *zu etw., e-r Sache* capable (de); apte (à); *passiv, e-r Verbesserung etc.* susceptible (de); **ein ~er Kopf** un esprit capable; *péj.* **zu allem** ~ capable de tout; **2ˌkeit** *f* ⟨~; ~en⟩ *zu e-r Tätigkeit* capacité *f*; *natürliche* aptitude *f*; *geistige, seelische* faculté *f*.

fahl [faːl] *adj. Licht etc.* blafard; blême; *Gesicht auch* livide; **2erz** *n* cuivre gris; **~gelb** *adj.* jaune blafard (*inv.*); **2ˌleder** *n* cuir *m* de molleterie, d'œuvre; **~rot** *adj.* fauve.

Fähnchen ['fɛːnçən] *n* ⟨~s; ~⟩ **1.** petit drapeau; *meist dreieckiges* fanion *m*; *mus. an Noten* crochet *m*; **2.** *péj. u.* F (*Kleid*) robe *f* d'été bon marché.

fahnd|en ['faːndən] *v/i.* ⟨-ete, h⟩ **nach j-m** ~ rechercher qn.; **2ung** *f* ⟨~; ~en⟩ recherches *f/pl.*; **2ungsˌdienst** *m* service *m* des recherches.

Fahne ['faːnə] *f* ⟨~; ~n⟩ **1.** drapeau *m*; (*Flagge*) pavillon *m*; (*Banner, Kirchen*2) bannière *f*; *fig.* **mit fliegenden ~n** bannières déployées; **die** ~ **hochhalten** rester fidèle à ses convictions; **2.** *impr.* épreuve *f*; placard *m*; **3.** *zo. e-r Feder* barbes *f/pl.*; **4.** *bot. e-r Schmetterlingsblüte* étendard *m*; **5.** *gym.* drapeau *m*; **6.** F (*Alkohol*2) **er hat e-e** ~ il empeste l'alcool; **~nˌabzug** *m impr. cf.* ~ 2.; **~nˌeid** *m milit.* serment *m* (de fidélité) au drapeau; **~nˌflucht** *f milit.* désertion *f*; **2nˌflüchtig** *adj.* ~ **werden** déserter; **~nˌflüchtige(r)** *m* ⟨→ A⟩ déserteur *m*; **~nˌjunker** *m milit.* aspirant *m* (dont le grade actuel est sergent); **~nkorrekˌtur** *f* épreuve *f*; **~nˌmast** *m* mât *m* de drapeau; **~nˌmeer** *n* mer *f* de drapeaux; **~nˌnagel** *m* clou *m* de la hampe; **~nˌschmuck** *m* pavoisement *m*; **~nˌstange** *f*, **~nˌstock** *m* 'hampe *f* (de drapeau); **~nˌträger** *m* porte-drapeau *m*; **~nˌtuch** *n* étamine *f*; tissu *m* pour drapeaux; **~nˌweihe** *f* bénédiction *f* de(s) drapeau(x).

Fähnlein ['fɛːnlaɪn] *n* ⟨~s; ~⟩ **1.** *hist.* bande *f*; **2.** *cf.* Fähnchen 1.

Fähnrich ['fɛːnrɪç] *m* ⟨~(e)s; ~e⟩ *milit.* aspirant *m* (dont le grade actuel est adjudant); ~ **zur See** aspirant de marine.

Fahr|ausweis ['faːrˌʔausvaɪs] *m* titre *m* de circulation, de transport; **~bahn** *f e-r Straße* chaussée *f*; (*Straßenseite*) voie *f*; *e-r Brücke* tablier *m*; **~bahnˌbreite** *f* largeur *f* de la chaussée; **~bahnˌdecke** *f* revêtement *m* (de la chaussée); **2bar** *adj.* roulant; mobile; F **~er Untersatz** (*Auto*) F bagnole *f*; **~beˌreich** *m mar., chem.* rayon *m* d'action; **2beˌreit** *adj. Fahrzeug* en état de marche, de fonctionnement; **~beschleunigung** *f* accélération *f* de l'allure.

Fährboot ['fɛːrboːt] *n* bac [-k] *m*.

Fahr|damm ['faːrdam] *m* chaussée *f*; **~dienstˌleiter** *m chem.* chef *m* de sécurité; **~draht** *m élect.* fil *m* de contact; **~drahtˌaufhängung** *f* suspension *f* du fil de contact; **~drahtˌspanner** *m* tendeur *m* du fil de contact.

Fähre ['fɛːrə] *f* ⟨~; ~n⟩ bac [-k] *m*; *große* ferry-boat [-bot] *m*; (*Seil*2) traille *f*; (*Schwebe*2) pont transbordeur; **mit der** ~ **fahren, übersetzen** passer le bac.

Fahreigenschaften ['faːrˌʔaɪgənˌʃaftən] *f/pl.* qualités *f/pl.* de marche.

fahren ['faːrən] **I** *v/t.* ⟨fährt, fuhr, gefahren, fahr(e)!, h⟩ *je nach Fahrzeug* véhiculer; camionner; voiturer; charrier; *Person, Auto* conduire; *Lasten* transporter; *Strecke, Runde etc.* faire; **j-n zum Bahnhof** ~ conduire qn. à la gare; **die beste Zeit** ~ mettre le meilleur temps; **II** *v/i.* ⟨sein⟩ **1.** aller; rouler; *Schiff auch* naviguer; *Person am Steuer* conduire; (*ab*~) partir; (*umher*~) circuler; **gut, sicher** ~ conduire bien, avec assurance; **mit 80 km/st** ~ faire du 80 à l'heure; **mit dem Auto, dem Fahrrad, der Bahn, dem Schiff** *etc.* ~ aller en voiture, à bicyclette, en train, en bateau, *etc.*; prendre la voiture, la bicyclette, le train, le bateau, *etc.*; **Auto, Schlitten** *etc.* ~ *zum Vergnügen* faire de la voiture, de la luge, *etc.*; *chem.* **erster Klasse** ~ voyager, aller en première; **der Zug fährt in zehn Minuten** le train part dans dix minutes; **der Bus fährt zweimal täglich** le bus passe deux fois par jour; **rechts** ~ conduire, circuler, rouler à droite; **langsamer** ~ ralentir; **rückwärts** ~ faire marche arrière; *Radfahrer* **nebeneinander** ~ rouler de front; **gegen etw.** ~ rentrer dans qc.; *leichter* 'heurter qc.; **durch die Stadt** *etc.* ~ passer par, traverser la ville, *etc.*; **über e-n Fluß** *etc.* ~ passer un fleuve, *etc.*; **flußabwärts, flußaufwärts** ~ descendre, remonter la rivière, le fleuve; **j-n** ~ **lassen** laisser qn. conduire; *Fahrzeug* **sich leicht** *etc.* ~ se conduire facilement, *etc.*; **2.** *Pferderennen* courir au trot attelé; **3.** *fig. u.* F **in die Kleider** ~ enfiler ses vêtements à toute vitesse; **j-m an die Kehle** ~ sauter à la gorge de qn.; **aus dem Bett** ~ s'élancer, bondir 'hors du lit; **mit der Hand über das Gesicht** ~ se passer la main sur le visage; *Gedanke* **durch den Sinn** ~ traverser l'esprit; *Schreck* **in die Glieder** ~ couper bras et jambes; **was ist bloß in dich gefahren?** qu'est-ce qui t'a pris?; quelle mouche t'a piqué?; **aus der Haut** ~ se mettre 'hors de soi; **j-m über den Mund,** F **übers Maul** ~ rabrouer qn.; F **mit j-m Schlitten** ~ *cf.* **Schlitten 3.**; **gut dabei** ~ y trouver son compte; s'en trouver bien; faire une bonne affaire; **III** 2 *n* ⟨~s⟩ *am Steuer* conduite *f*; *e-s Fahrzeuges* marche *f*; *oft verbal*; *von Lasten* camionnage *m*; voiturage *m*; charriage *m*; *Pferderennen* course *f* au trot attelé; **ich kann das** ~ **im Auto nicht vertragen** je ne peux pas supporter la voiture; **~d** *adjt.* en marche; *hist.* **~er Sänger** ménestrel *m*; **~er Ritter** chevalier errant; **~e Leute, ~es Volk, 2e** bateleurs *m/pl.*; forains *m/pl.*; *jur.* **~e Habe** *cf.* **Fahrnis**; **2ˌheit** *phys.* **Grad** ~ degré(s) *m(pl.)* Fahrenheit; **2heitˌskala** *f* échelle *f* Fahrenheit; **~ˌlassen** *v/t.* ⟨*irr., sép., pas de ge-,* h⟩ *Gegenstand* lâcher; *Hoffnung etc.* abandonner; renoncer à; **alle Sorgen** ~ bannir tous les soucis; P **e-n** ~ P lâcher un vent; en lâcher un.

Fahr|er ['faːrər] *m* ⟨~s; ~⟩ conducteur *m*; chauffeur *m*; (*Omnibus*2) *auch* machiniste *m*; *Pferderennen* driver [drajvœːr] *m*; **rücksichtsloser** ~ chauffard *m*; **~e'rei** *f* ⟨~⟩ *péj.* **bei dieser** ~ *etwa* avec tous ces chauffards; **~erˌflucht** *f* délit *m* de fuite; ~ **begehen** commettre un délit de fuite; **~eˌrin** *f* ⟨~; ~nen⟩ conductrice *f*; **~ʔerˌlaubnis** *f* autorisation *f*, permission *f* de conduire; **~erˌsitz** *m* siège *m* du conducteur, du chauffeur; **~gast** *m im Auto, Schiff* passager *m*; *chem.* voyageur *m*; *im Taxi* client *m*; *im Bus, in der Straßenbahn* usager *m*; voyageur *m*; **~geld** *n* argent *m* pour le tramway, pour l'autobus, *etc.*; **das** ~ **abgezählt bereithalten** préparer la monnaie.

Fährgeld ['fɛːrgɛlt] *n* (droit *m* de) passage *m*.

Fahr|gelegenheit ['faːrgəˌleːgənhaɪt] *f* occasion *f* d'aller en voiture, en train, *etc.*; **~geˌschwindigkeit** *f* allure *f*; vitesse *f*; **~geˌstell** *n* **1.** *e-s Autos* châssis *m*; *e-s Flugzeugs* train *m* d'atterrissage; atterrisseur *m*; *e-s Krans etc.* chariot *m*; **einziehbares** ~ train d'atterrissage escamotable; **2.** *fig. u.* F (*Beine*) F pattes *f/pl.*; P quilles *f/pl.*; **~geˌstellˌnummer** *f* numéro *m* de châssis; **2ig** *adj.* instable; *Bewegung* incontrôlé; nerveux, -euse; **~igˌkeit** *f* ⟨~⟩ instabilité *f*; nervosité *f*; **~ˌkarte** *f* billet *m*; *für Bus, Straßenbahn meist* ticket *m*; (*Rück*2) (billet *m* d')aller et retour *m*; einfache ~ *cf.* **einfach 1.**; ~ **zum halben Preis** billet demi-tarif; demi-place *f*; **e-e ~ lösen** prendre un billet; **~karten,ausgabe(,stelle)** *f* (guichets *m/pl.* de) délivrance *f* des billets; **~kartenauto,mat** *m* distributeur *m* automatique de billets; **~karten,heft** *n* carnet *m* de billets; **~kartenkon,trolle** *f* contrôle *m* des billets; **~karten,schalter** *m* guichet *m* des billets, de délivrance des billets; **~karten,stempel** *m* dateur *m* de billets; **~kunst** *f* art *m* de conduire; **2,lässig 1.** *adj.* négligent; imprudent; **~e Tötung** homicide *m* involontaire, par imprudence, par négligence; **2.** *adv.* par négligence; par imprudence; **~,lässig,keit** *f* ⟨~⟩ négligence *f*; imprudence *f*; **grobe ~** grave négligence; **~,lehrer(in)** *m* (*f*) moniteur, -trice *m, f* d'auto-école; **~,leitung** *f* *élect.* ligne *f* de contact; *chem.* (ligne *f*) caténaire *f*; **~leitungs,mast** *m* support *m* de caténaire.

Fährmann ['fɛːrman] *m* ⟨~(e)s; ~er *od.* -leute⟩ passeur *m*; *myth.* nocher *m*; nautonier *m*.

Fahrmotor ['fɑːr,moːtər] *m* moteur *m* de traction.

Fahrnis ['fɑːrnɪs] *f* ⟨~; ~se⟩ *jur.* biens meubles, mobiliers; **~ge,meinschaft** *f* *jur.* communauté *f* de biens meubles et d'acquêts; **~,pfändung** *f* saisie mobilière.

Fahr|personal ['fɑːrpɛrzo·,naːl] *n* *chem.* personnel roulant; **~plan** *m* *in Buchform* indicateur *m* (des chemins de fer, des autocars); *als Aushang* (tableau *m*) horaire *m*; **2plan,mäßig 1.** *adj.* *Zug etc.* régulier, -ière; **~e Ankunft** arrivée prévue; **2.** *adv.* d'après l'horaire; **~,praxis** *f* pratique *f* de la voiture, *etc.*; **~preis** *m* prix *m* du voyage, du billet, du trajet, *Taxi* de la course; **~preis,anzeiger** *m* ⟨~s; ~⟩ *im Taxi* compteur *m* du taxi; taximètre *m*; **~preiser,mäßigung** *f* réduction *f* du prix du billet; **~,prüfung** *f* examen *m* du permis de conduire.

Fahrrad ['fɑːrrɑːt] *n* bicyclette *f*; F vélo *m*; P bécane *f*; **~ mit Hilfsmotor** bicyclette à moteur auxiliaire; cyclomoteur *m*; **~,anhänger** *m* remorque *f* pour bicyclette; **~be,reifung** *f* pneus *m/pl.* de bicyclette; **~,diebstahl** *m* vol *m* de bicyclette; **~,händler** *m* marchand *m* de bicyclettes; **~indus,trie** *f* industrie *f* de la bicyclette; **~,keller** *m* *cf.* **~schuppen**; **~,kette** *f* chaîne *f* (de bicyclette); **~,kippständer** *m* béquille *f* (de bicyclette); **~,klingel** *f* timbre *m* de bicyclette; **~,lampe** *f* phare *m* de bicyclette; **~,mantel** *m* pneu *m* de bicyclette; **~,pumpe** *f* pompe *f* de bicyclette; **~,rahmen** *m* cadre *m* de bicyclette; **~,schlauch** *m* chambre *f* à air de bicyclette; **~,schuppen** *m* garage *m* pour bicyclettes; **~,speiche** *f* rayon *m* (de roue) de bicyclette; **~,ständer** *m* râtelier *m* à bicyclettes; support *m* pour bicyclettes; **~,zubehör** *n* accessoires *m/pl.* pour bicyclettes.

Fahr|rinne ['fɑːr,rɪnə] *f* *mar.* chenal *m*; passe *f*; **~schacht** *m* *mines* puits *m* de descente et de remontée (des mineurs); **~schein** *m* billet *m*; *aus e-m Heft* ticket *m*; **~schein,heft** *n* carnet *m* de tickets; *chem.* **zusammengestelltes ~** livret *m* à coupons combinés.

Fährschiff ['fɛːrʃɪf] *n* *mar.* ferry-boat [-bot] *m*.

Fahr|schule ['fɑːr,ʃuːlə] *f* auto-école *f*; **~,schüler(in)** *m* (*f*) **a)** *e-r Fahrschule* élève *m, f* d'auto-école; **b)** écolier, -ière *m, f* utilisant un moyen de transport; **~spur** *f* *e-r Straße* voie *f*; **~,straße** *f* *chem.* itinéraire *m*; **~straßen,hebel** *m* *chem.* levier *m* d'itinéraire; **~,strecke** *f* parcours *m*; trajet *m*; (*Reiseweg*) itinéraire *m*; **~strom** *m* courant *m* de traction; **~stuhl** *m* **1.** ascenseur *m*; **2.** *für Kranke* fauteuil roulant; **~stuhl,führer** *m* garçon *m* d'ascenseur; liftier *m*; **~stuhl,schacht** *m* cage *f* d'ascenseur; **~,stunde** *f* *Fahrschule* leçon *f* de conduite.

Fahrt [fɑːrt] *f* ⟨~; ~en⟩ **1.** voyage *m*; *kurze* parcours *m*; trajet *m*; *im Taxi* course *f*; *über ein Gewässer* passage *m*; traversée *f*; *als Ausflug* promenade *f*, excursion *f*, randonnée *f*, sortie *f* (en voiture, en car, *etc.*); **~ ins Blaue** excursion-surprise *f*; excursion *f* à destination inconnue; *Pfadfinder etc.* **auf ~ gehen** faire une sortie, une randonnée; **auf der ~ nach** ... en route pour ...; en allant à ...; **gute ~!** bon voyage!; *bei e-r Autofahrt* bonne route!; *chem.* **einfache ~** billet simple; *mar.* **große ~** navigation *f* au long cours; **mittlere, kleine ~** *etwa* grand, petit cabotage; **2.** (*Fahren*) marche *f*; (*Art des Fahrens*) allure *f*; (*Geschwindigkeit*) vitesse *f*; **während der ~ aufspringen** monter en marche; **in schneller ~** à vive allure; **in rasender ~** à une allure, vitesse folle; **in voller ~** à toute vitesse; en pleine vitesse; **freie ~** voie libre; *mar.* **halbe ~** demi-vitesse; **volle ~ voraus!** en avant toute!; *fig. u.* F **in ~ kommen** s'animer; **in ~ sein** être en verve; (*aufgebracht sein*) F fumer; **~,antritt** *m* départ *m*; **~,dauer** *f* *cf.* **Fahrzeit**.

Fährte ['fɛːrtə] *f* ⟨~; ~n⟩ trace(s) *f*(*pl.*); *ch. auch* foulées *f/pl.*; *fig.* **auf der falschen, richtigen ~ sein** suivre une fausse, bonne piste; **j-n auf die falsche ~ bringen** donner le change à qn.; induire qn. en erreur; **j-n auf die richtige ~ bringen** mettre qn. sur la voie.

Fahrtechnik ['fɑːr,tɛçnɪk] *f* technique *f* de conduite.

Fahrt|enbuch ['fɑːrtən,buːx] *n* carnet *m* de route; livret *m* de marche; **~en,messer** *n* couteau *m* scout [-t]; **~(en)-,nachweis,heft** *n* *cf.* **~enbuch**; **~,kosten** *pl.* frais *m/pl.* de voyage; **~,messer** *m* ⟨~s; ~⟩ *aviat.* badin *m*; **~,richtung** *f* sens *m* de la marche; **vorgeschriebene ~** sens obligatoire; **Verbot e-r ~** sens interdit; **~richtungs,änderung** *f* changement *m* du sens de la marche; **~richtungs,anzeiger** *m* ⟨~s; ~⟩ indicateur *m* (de changement) de direction; **~,schreiber** *m* ⟨~s; ~⟩ tachygraphe [-k-] *m*; appareil enregistreur de vitesse; **~,stellung** *f* *chem.* *e-s Signals* position *f* voie libre.

fahrtüchtig ['fɑːr,tʏçtɪç] *adj.* *Person* capable de conduire; *Fahrzeug* en état de marche.

Fahrt|unterbrechung ['fɑːrtˀʊntər,brɛçʊŋ] *f* *chem.* arrêt *m*, interruption *f* (au cours du voyage); **~wind** *m* déplacement *m* d'air; vent *m*.

Fahr|verbot ['fɑːrfɛr,boːt] *n* interdiction *f* de conduire; **~,vorschrift** *f* règlement *m* de la circulation routière; **~,wasser** *n* *cf.* **Fahrrinne**; *fig.* **in ein politisches** *etc.* **~ kommen** être entraîné dans le sillage de la politique, *etc.*; **in s-m ~ sein** être dans son élément; **~weg** *m* voie *f*, chemin *m* carrossable; **~,weise** *f* façon *f* de conduire, de rouler; **~werk** *n* *aviat.* *cf.* **Fahrgestell 1.**; **~,widerstand** *m* résistance *f* au roulement, à la marche; **~zeit** *f* durée *f* du parcours, du trajet; **reine ~** temps net mis pour faire le parcours; **~zeug** *n* ⟨~(e)s; ~e⟩ véhicule *m*; **~zeug,bau** *m* ⟨~(e)s⟩ construction *f* de véhicules; **~zeug,führer** *m* conducteur *m*; **~zeug,halter** *m* ⟨~s; ~⟩ détenteur *m* d'un véhicule; **~zeugko,lonne** *f* colonne *f* de véhicules; **~zeugpa,piere** *n/pl.* papiers *m/pl.* du véhicule; **~zeug,park** *m* parc [-k] *m* de véhicules; *cf. auch* **Fuhrpark**; **~zeug,schlange** *f* file *f* de véhicules; **~zeugunter,haltung** *f* entretien *m* d'un véhicule; **~zeugver,kehr** *m* circulation *f* des véhicules; **~zeug,zulassung** *f* permission *f* de circuler.

Faible ['fɛːblə, 'fɛːbəl] *n* ⟨~⟩ **ein ~ für etw. haben** avoir un faible, une faiblesse pour qc.

fair [fɛːr] *adj.* loyal; fair-play [fɛrplɛ]; *Verhalten auch* F sportif, -ive; **2neß** *f* ⟨~⟩ fair-play *m*; loyauté *f*.

fäkal [fɛ'kɑːl] *adj.* fécal; **2,dünger** *m* engrais humain; **2ien** *pl.* matières fécales; vidanges *f/pl.*; **2ien,abfuhr** *f* enlèvement *m* des vidanges.

Fakir ['fɑːkɪr] *m* ⟨~s; ~e⟩ fakir *m*.

Faksimile [fak'ziːmiˑleˑ] *n* ⟨~s; ~s⟩ fac-similé *m*; **~,stempel** *m* griffe *f*; **~über,tragung** *f* *cf.* **Bildtelegraphie**; **~,unterschrift** *f* *cf.* **~stempel**.

Faktion [faktsiˑ'oːn] *f* ⟨~; ~en⟩ *pol.* faction *f*; parti *m*.

Faktis ['faktɪs] *m* ⟨~⟩ (*Ölkautschuk*) factice *m*.

faktisch ['faktɪʃ] **1.** *adj.* effectif, -ive; réel, -lle; **2.** *adv.* effectivement; réellement; en réalité; de fait.

faktitiv [faktiˑ'tiːf] *adj.* *gr.* factitif, -ive; **ein ~es Verbum** un verbe factitif; **2** *n* ⟨~s; ~e⟩ *gr.* verbe factitif.

Faktor ['faktər] *m* ⟨~s; -'toren⟩ **1.** facteur *m* (*auch math., biol. etc.*); **2.** *impr.* prote *m*; **~ei** [-'raɪ] *f* ⟨~; ~en⟩ *comm.* factorerie *f*; comptoir *m*.

Faktotum [fak'toːtʊm] *n* ⟨~s; ~s⟩ factotum [-əm] *m*; maître *m* Jacques.

Faktum ['faktʊm] *n* ⟨~s; -ten⟩ fait *m*.

Faktur [fak'tuːr] *f* ⟨~; ~en⟩ *comm.* facture *f*; mémoire *m*; **die ~ über etw. ausfertigen** facturer qc. (**für j-n** à qn.); **~en,buch** *n* livre *m* des factures; facturier *m*.

faktur|ieren [faktuˑ'riːrən] *v/t.* ⟨*pas de ge-*, h⟩ *comm.* facturer; dresser, établir la facture de; **2ierma,schine** *f* machine *f* à facturer; facturière *f*; **2ierung** *f* ⟨~⟩ facturation *f*; **2ist(in)** *m* ⟨~en; ~en⟩ (*f*) ⟨~; ~nen⟩ facturier, -ière *m,f*.

Fakult|ät [fakul'tɛːt] *f* ⟨~; ~en⟩ **1.** *e-r Universität* faculté *f*; F fac [-k] *f*; **die philosophische, naturwissenschaftliche, juristische, medizinische, theologische ~** la faculté des lettres, des sciences, de droit, de médecine, de théologie; **2.** *math.* factorielle *f*; **2a'tiv** *adj.* facultatif, -ive; **~a'tiv,klausel** *f* clause, disposition facultative; **~äts,rat** *m* conseil *m* de faculté.

falb [falp] *adj.* fauve; jaune pâle; *Pferd* aubère; **2e(r)** *m* ⟨→ A⟩ cheval *m* aubère, isabelle.

Falbel ['falbəl] *f* ⟨~; ~n⟩ *an Kleidern* falbala(s) *m*(*pl.*).

Falerner [fa'lɛrnər] *m* ⟨~s; ~⟩ *ital.* *Wein* falerne *m*.

Falk|e ['falkə] *m* ⟨~n; ~n⟩ *zo.* faucon *m*; **~en,auge** *n* œil *m* de faucon; **~en,beize** *f* *ch.* *cf.* **~enjagd**; **~en,haube** *f* chaperon *m*; **~en,jagd** *f* chasse *f* au faucon; fauconnerie *f*; **~ner** *m* ⟨~s; ~⟩ fauconnier *m*; **~ne'rei** *f* ⟨~⟩ *cf.* **~enjagd**.

Fall[1] [fal] *m* ⟨~(e)s; ~̈e⟩ **1.** cas *m* (*auch jur., méd.*); *jur. auch* cause *f*; espèce *f*; **ein hoffnungsloser ~** un cas désespéré; **ein typischer ~** un cas typique, type; **ein grundsätzlicher ~** un cas de principe; **ein schwieriger ~** un cas difficile; **ein Fall von ...** un cas de ...; **in diesem ~(e)** dans, en ce cas; **im vorliegenden ~(e)** dans le cas présent; *jur.* en l'espèce; **in e-m solchen ~** en pareil cas; **in vielen Fällen** dans bien des cas; **im besten, günstigsten ~(e)** en mettant les choses au mieux; dans le cas le plus favorable; **im schlimmsten ~(e)** au pis aller; **im äußersten ~** à l'extrême rigueur; en dernière éventualité; **im entgegengesetzten ~(e)** dans le cas contraire; **in dringenden Fällen** en cas d'urgence; dans les cas d'urgence; **im ~(e), daß ...** dans le *od.* au cas où ... (+ *cond.*); **im ~(e) e-s Unglücks** *etc.* en cas d'accident, *etc.*; **auf jeden ~, auf alle Fälle** en tout cas; de toute façon; **auf keinen ~** en aucun cas; **für alle Fälle** à tout 'hasard; (pour parer) à toute éventualité; **für den ~, daß ...** pour le cas où ... (+ *cond.*); **außer im ~e e-s Unglücks** *etc.* à moins d'accident, *etc.*; **von ~ zu ~** (**entscheiden**) (décider) selon, suivant le cas; **gesetzt den ~, daß ...** supposons que ..., à supposer que ... (+ *subj.*); **der ~ sein** être le cas; **das ist auch bei ihm der ~** c'est aussi son cas; **es gibt Fälle, wo ...** il y a, il existe des cas où ...; *st. s.* il est des cas où ...; **der ~ liegt ganz anders** le cas est tout autre; F **das wäre ganz mein ~** ça me plairait bien; **2.** (*Sturz*) chute *f* (*auch fig.*); *e-r Festung etc.* prise *f*; *phys.* **freier ~** chute libre; **zu ~ kommen** tomber; **zu ~ bringen** faire tomber; renverser; *fig. Antrag im Parlament etc.* faire échouer; *fig.* **Knall und ~** *cf.* **Knall 2.**; **Hochmut kommt vor dem ~** *prov.* l'orgueil précède la chute; **3.** *gr.* cas *m*; **erster, zweiter, dritter, vierter ~** nominatif *m*, génitif *m*, datif *m*, accusatif *m*; **~**[2] *n* ⟨~(e)s; ~en⟩ *mar.* drisse *f*; **~bär** *m techn.* mouton *m*.

fällbar ['fɛlbaːr] *adj. chim.* précipitable.

Fall|beil ['falbaɪl] *n* guillotine *f*; couperet *m*; **~be|schleunigung** *f phys.* accélération *f* de la pesanteur; **~bö** *f* rafale *f* de vent descendant.

Falle ['falə] *f* ⟨~; ~n⟩ **1.** piège *m* (*auch fig.*); *ch.* (*Fallgrube*) trappe *f*; *fig.* traquenard *m*; embûche(s) *f(pl.)*; **e-e ~ aufstellen** poser, mettre un piège; *fig.* **j-m e-e ~ stellen** tendre un piège à qn.; dresser des embûches à qn.; **j-n in e-e ~ locken** attirer qn. dans un traquenard; *durch Überredung* emberlificoter qn.; **in die ~ gehen** donner, tomber dans le piège, le panneau; se laisser prendre au piège; **in der ~ sitzen** être pris au piège; F être fait comme un rat; **2.** *e-s Türschlosses* pêne *m* demi-tour; **3.** F (*Bett*) P pieu *m*; panier *m*; plumard *m*; pucier *m*; schloff *m*; P **sich in die ~ hauen** aller au pieu, *etc.*; se pieuter.

fallen ['falən] **I** *v/i.* ⟨**fällt, fiel, gefallen, fall(e)!, sein**⟩ **a)** *abs.*: tomber; F chuter; *im Kriege* mourir à la guerre; tomber au champ d'honneur; *Preise, Kurse* baisser; être en baisse; *pfort.* tomber; *Barometer etc.* baisser; descendre; *Temperatur auch* se refroidir; *Wasserstand etc.* baisser; *Straße, Gelände* descendre; être en pente; dévaler; *Linie, Ton* descendre; *Stimme, Intonation* baisser; tomber; *Festung etc.* être pris; *moralisch* se laisser séduire; F fauter; *Tor beim Sport* être marqué; *Schuß* partir; se faire entendre; *Wort* être lâché; tomber au cours de la conversation; se faire entendre; **es fielen beleidigende Worte** *auch* il y eut des propos offensants; **ein gefallenes Mädchen** une fille déshonorée; **gefallener Engel** ange déchu; **die Entscheidung fällt heute** la chose se décide aujourd'hui; **~ lassen** *Gegenstand* laisser tomber, choir; *Masche beim Stricken* lâcher; *Bemerkung* laisser tomber; *cf. auch* **fallenlassen**; **b)** *mit Präpositionen*: **an j-n ~** *Erbschaft etc.* revenir, échoir à qn.; **auf j-n, etw. ~** tomber sur qn., sur qc.; *Wahl, Los, Verdacht auch* se porter sur qn.; *Licht auch* frapper qn., qc.; donner sur qn., sur qc.; **ihre Wahl fiel auf diesen Hut** *auch* elle arrêta son choix sur ce chapeau; **auf e-n Sonntag** *etc.* **~** tomber un dimanche, *etc.*; **in dieselbe Kategorie** *etc.* **~** rentrer dans la même catégorie, *etc.*; **unter ein Gesetz ~** tomber sous le coup d'une loi; **unter die neuen Bestimmungen ~** tomber sous l'application des nouvelles ordonnances; **c)** *in festen Wendungen*: **j-m in den Arm ~** retenir le bras de qn.; retenir qn.; empêcher qn. de faire qc.; **sich in die Arme ~** tomber dans les bras l'un de l'autre; **von e-m Extrem ins andere ~** tomber d'un extrême dans l'autre; passer d'un extrême à l'autre; **auf die Füße ~** retomber sur ses pieds; **ins Gewicht ~** avoir du poids, de l'importance; être important; compter; **j-m um den Hals ~** se jeter, sauter au cou de qn.; **j-m in die Hände ~** tomber entre, dans les mains de qn.; **mit der Tür ins Haus ~** dire brutalement les choses; casser les vitres; **nicht auf den Kopf gefallen sein** ne pas être tombé sur la tête; **j-m zur Last ~** être une charge pour qn.; **nicht auf den Mund,** F **aufs Maul gefallen sein** avoir réponse à tout; F ne pas avoir sa langue dans sa poche; **in Ohnmacht ~** s'évanouir; tomber sans connaissance; se trouver mal; *cf. auch* **Ohnmacht**; **zum Opfer ~** être (la) victime (de); **aus dem Rahmen ~** sortir de l'ordinaire; **aus der Rolle ~** manquer aux convenances; s'oublier; **j-m in den Rücken ~** attaquer qn. par derrière; prendre qn. à revers; *fig.* tirer dans le dos de qn.; *Tür* **ins Schloß ~** se fermer en claquant; **in e-n lehrhaften** *etc.* **Ton ~** prendre un ton doctoral, *etc.*; **in Ungnade ~** tomber en disgrâce; **ins Wasser ~** tomber à l'eau; **aus allen Wolken ~** tomber des nues, de son 'haut; **j-m ins Wort ~** couper la parole à qn.; **die Würfel sind gefallen** les dés sont jetés; le sort en est jeté; **in die Zügel ~** saisir par la bride; **es ist noch kein Meister vom Himmel gefallen** *prov.* il y a un commencement à tout *prov.*; *cf. auch* **schwerfallen, leichtfallen** *u. die betreffenden Substantive*; **II** ≈ *n* ⟨~s⟩ chute *f*; *der Preise, Kurse, des Barometers etc.* baisse *f*; *géol.* inclinaison *f*.

fällen ['fɛlən] **I** *v/t.* ⟨h⟩ *Bäume* abattre (*auch fig.*); *chim.* précipiter; *math.* **das Lot ~** abaisser la perpendiculaire; **e-e Entscheidung ~** prendre une décision; *jur.* **ein Urteil ~** prononcer, rendre un jugement; **II** ≈ *n* ⟨~s⟩ *von Bäumen* abattage *m*; *chim.* précipitation *f*; *math. e-s Lotes* abaissement *m*; *jur. e-s Urteils* prononcé *m*.

fallend ['falənt] *adjt.* qui tombe; tombant; *Preise, Kurse, Barometer etc.* en baisse; *Gelände* en pente; *Linie* descendant; **~e Tendenz** tendance à la baisse; *élect.* **~e Kennlinie** caractéristique décroissante.

fallenlassen ['falən|lasən] *v/t.* ⟨*irr., sép., pas de ge-* (*au passif* -ge-), h⟩ *fig. Person* laisser tomber, F choir; F plaquer; *Absicht, Thema etc.* abandonner; F laisser tomber.

Fallenstell|en ['falən|ʃtɛlən] *n* ⟨~s⟩ *ch.* piégeage *m*; **~er** *m* ⟨~s; ~⟩ trappeur *m*.

Fall|fenster ['fal|fɛnstər] *n* fenêtre *f* à guillotine; baie *f* à glace mobile; **~|gatter** *n fortif.* 'herse *f*; sarrasine *f*; **~ge|schwindigkeit** *f phys.* vitesse *f* de chute; **~ge|setz** *n phys.* loi *f* sur la chute des corps; **~|grube** *f ch.* trappe *f*; **~|hammer** *m* marteau-pilon *m*; **~|härte|prüfer** *m techn.* scléroscope *m*; **~|höhe** *f* 'hauteur *f* de chute.

fällig ['fɛlɪç] *adj.* **a)** *Gebühren, Steuern etc.* exigible; *comm.* échéant; *nach dem Termin* échu; (**am ...**) **~ werden** échoir (le ...); venir, arriver à échéance (le ...); **b)** *par ext.* **~ sein** *Flugzeug etc.* être attendu (**um fünf Uhr** pour cinq heures); *Wahlen etc.* devoir avoir lieu; F **es wäre e-e Gehaltserhöhung, ein neuer Mantel ~** il serait temps que j'aie une augmentation de salaire, un nouveau manteau; **≈keit** *f* ⟨~⟩ échéance *f*; exigibilité *f*; **≈keits|datum** *n* (date *f* d')échéance *f*; **≈keits|tag** *m* (jour *m* d')échéance *f*; **≈keitster|min** *m* (date *f* d')échéance *f*.

Fall|klappe ['fal|klapə] *f* trappe *f*; *tél.* annonciateur *m* à volet; **~ma|schine** *f phys.* appareil *m* pour démontrer l'accélération de la chute des corps; **~nest** *n für Hühner* nid-trappe *m*; **~obst** *n* fruits tombés (prématurément); **~reep** *n mar.* échelle *f* de coupée; **~rohr** *n* tuyau *m* de descente; **~|rückzieher** *m Fußball* coup de pied retourné.

falls [fals] *conj.* dans le *od.* au cas où ... (+ *cond.*); si (+ *ind. présent od. ind. impf.*); **~ nicht** sinon.

Fallschirm ['falʃɪrm] *m* parachute *m*; **mit dem ~ abspringen** sauter, descendre en parachute; **mit dem ~ abwerfen** parachuter; **~|absprung** *m* saut *m*, descente *f* en parachute; **~|abwurf** *m* parachutage *m*; **~|fangleinen** *f/pl.* suspentes *f/pl.* du parachute; **~|gurte** *m/pl.* 'harnais *m* du parachutiste; **~|hülle** *f* voilure *f* du parachute; **~|jäger** *m milit.* parachutiste *m*; F para *m*; **~|jägerdivisi|on** *f milit.* division *f* de parachutistes; **~|landung** *f* atterrissage *m*, réception *f* au sol en parachute; **~|springen** *n* parachutisme *m*; **~|springer(in)** *m* ⟨~s; ~⟩ (*f*) ⟨~; ~nen⟩ parachutiste *m, f*; **~|truppen** *pl. cf.* **Luftlandetruppen**; **~ver|packungs|sack** *m* sac extérieur du parachute.

Fall|strick ['falʃtrɪk] *m* lacs [lɑ] *m*; *fig.* traquenard *m*; **~stromver|gaser** *m mot.* carburateur inversé; **~sucht** *f* ⟨~⟩ *cf.* **Epilepsie**; **~tank** *m* réservoir *m* à gravité; **~|treppe** *f* échelle *f* escamotable; **~tür** *f* trappe *f*; abattant *m*.

Fällung ['fɛlʊŋ] *f* ⟨~; ~en⟩ *cf.* **Fällen**; **~s|mittel** *n chim.* précipitant *m*.

Fall|werk ['falvɛrk] *n techn. cf.* **Fallhammer, Fallbär**; **~wind** *m* vent descendant; **~|winkel** *m e-s Geschosses etc.* angle *m* de chute; *mines* pendage *m*; **~zeit** *f* durée *f* de chute.

falsch [falʃ] **I 1.** *adj. allg.* faux, fausse (*meist vorgestellt*); *Ansicht, Vorstellung auch* erroné; *Rechnung, Adresse auch* mauvais; *Tür, Straßenseite etc.* mauvais; *Haare, Schnurrbart etc. auch* postiche; **das ist ~** c'est faux; *von e-m Menschen* **er ist ~** il est faux; **~e** Propheten de faux prophètes; **~e Scham** fausse 'honte; **~er Schmuck** de faux bijoux; **~e Zähne** de fausses dents; **~e Zeugenaussage** faux témoignage; *gr.* e-e **~e Bindung** une faute de liaison; un cuir; un pataquès [-ɛs]; *cuis.* **~er Hase** *etwa* rôti *m* de viande 'hachée; **~e Tränen** des larmes feintes; **~e Angaben machen** faire de fausses déclarations; donner de faux renseignements; **e-e ~e Aussage machen** faire une fausse déposition; **in ~en Verdacht geraten** faire l'objet de faux soupçons; **unter Vorspiegelung ~er Tatsachen** sous de fausses apparences; **sich e-e ~e Vorstellung von etw. machen** se faire une fausse idée de qc.; **am ~en Ende sparen** *cf.* **Ende**; *fig.* **auf dem ~en Wege sein** être sur la mauvaise voie; **j-n auf die ~e Fährte bringen** *cf.* **Fährte**; **etw. in die ~e Kehle bekommen** *cf.* **Kehle 1.**; **im ~en Lichte erscheinen** paraître sous un faux jour; **an den ≈en geraten** se tromper d'adresse; **etw. ≈es** qc. de faux; **das Wahre vom ≈en unterscheiden** distinguer le vrai du faux; **2.** *adv.* **~ singen** chanter faux; **etw. ~ beurteilen, einschätzen** mal juger, estimer qc.; juger, estimer faussement qc.; **~ adressieren, auslegen, aussprechen, übersetzen, verstehen, schreiben** *etc.* mal adresser, interpréter, prononcer, traduire, comprendre, orthographier, *etc.*; **~ verstehen** *auch* comprendre de travers; **Sie verstehen mich ~** vous vous méprenez sur mes paroles; **~ spielen** *auf e-m Instrument* jouer faux; faire de fausses notes; *ohne Kenntnis der Spielregeln* mal jouer; **etw. ~ machen** mal faire qc.; faire qc. de travers; se tromper; *Uhr* **~ gehen** mal marcher; **~ schwören** faire un faux serment; *tél.* **(ich bin) ~ verbunden** c'est une erreur; **e-n Sachverhalt (bewußt) ~ darstellen** altérer les faits; **II ≈** *n* **es ist kein ~ an ihm** il est franc comme l'or; **ohne ~** candide; ingénu; **≈ˌaussage** *f jur.* fausse déposition; **≈ˌbuchung** *f comm.* faux emploi; fausse inscription; **≈eid** *m jur.* faux serment (fait inconsciemment).

fälsch|en ['fɛlʃən] *v/t.* ⟨h⟩ *durch Nachahmung* contrefaire; *durch Änderung* falsifier; altérer; *Spielkarten, Würfel* truquer; **≈er** *m* ⟨~s; ~⟩ faussaire *m*; falsificateur *m*; contrefacteur *m*; **≈erˌbande** *f* bande *f* de faussaires; **≈eˌrin** *f* ⟨~; ~nen⟩ faussaire *f*; falsificatrice *f*.

Falsch|geld ['falʃgɛlt] *n* fausse monnaie; faux billet de banque; **~heit** *f* ⟨~⟩ fausseté *f*; *e-r Person auch* duplicité *f*; **≈ˌklingend** *adjt.* discordant; *fig.* qui sonne faux.

fälschlich ['fɛlʃlɪç] **1.** faux, fausse; (*irrtümlich*) erroné; **2.** *adv.* faussement; (*irrtümlich*) par erreur; **j-n ~ anklagen** *auch* accuser qn. à faux; **~erˌweise** *adv. cf.* **~ 2.**

Falsch|meldung ['falʃˌmɛldʊŋ] *f* fausse nouvelle; F bobard *m*; canard *m*; **~ˌmünzer** *m* ⟨~s; ~⟩ faux-monnayeur *m*; **~münzerˌbande** *f* bande *f* de faux-monnayeurs; **~münzeˌrei** *f* ⟨~; ~en⟩ faux-monnayage *m*; contrefaçon *f* (de monnaie); **~spiel** *n* tricherie *f*, F triche *f* (au jeu); **≈ˌspielen** *v/i.* ⟨*sép.*, -ge-, h⟩ tricher (au jeu); **~ˌspieler(in)** *m(f)* tricheur, -euse *m, f*.

Fälschung ['fɛlʃʊŋ] *f* ⟨~; ~en⟩ *durch Nachahmung* contrefaçon *f*; *jur.*, *von Geld etc. auch* contrefaction *f*; *durch Änderung* falsification *f*; truquage *m*; *jur. od. von Kunstwerken* faux *m*; **e-e ~ begehen** commettre un faux.

Falschweisung ['falʃˌvaɪzʊŋ] *f e-s Meßinstrumentes* indication fausse.

Falsett [fal'zɛt] *n* ⟨~(e)s; ~e⟩ *mus.* fausset *m*.

Falt|balg ['faltbalk] *m chem.* soufflet *m*; **≈bar** *adj.* pliable; **~boot** *n* kayak pliant; canot pliant, démontable; **~bootˌeiner** *m* kayak pliant à un pagayeur; **~bootˌzweier** *m* kayak pliant à deux pagayeurs.

Falte ['faltə] *f* ⟨~; ~n⟩ **a)** *allg.* pli *m* (*auch géol.*); **~n werfen** faire des plis; **in ~n legen** plisser; **die ~n verlieren** se déplisser; **b)** *ungewollte, in Kleidern* faux pli; *techn. im Eisen* crissure *f*; *im Papier* fronce *f*.

fälteln ['fɛltəln] **I** *v/t.* ⟨-(e)le, h⟩ *cout.* plisser; *abs.* faire du plissé; **II ≈** *n* ⟨~s⟩ plissage *m*.

falten ['faltən] **I** *v/t.* ⟨-ete, h⟩ *Papier etc.* plier; **die Hände ~** joindre les mains; **II ≈** *n* ⟨~s⟩ pliage *m*; **≈geˌbirge** *n géol.* montagnes dues à des plissements; **~ˌlos** *adj.* sans plis; **≈ˌrock** *m* jupe plissée; jupe *f* à plis; **≈ˌwurf** *m Kunst* draperie *f*; *cout.* drapé *m*.

Falter ['faltər] *m* ⟨~s; ~⟩ *zo.* papillon *m*; *pl. sc.* lépidoptères *m/pl.*

Falt|fenster ['faltˌfɛnstər] *n* fenêtre *f* en accordéon; **~gaˌrage** *f* 'housse-garage *f*; **≈ig** *adj.* à plis; *Haut* ridé; **~proˌspekt** *m* dépliant *m*; **~tür** *f* porte pliante; **~ung** *f* ⟨~; ~en⟩ *géol.* plissement *m*; **~verˌsuch** *m techn.* essai *m* de pliage; **~wand** *f* cloison pliante, en accordéon.

Falz [falts] *m* ⟨~es; ~e⟩ **1.** *e-s Papierbogens* pli *m*; (*Briefmarken≈*) charnière *f*; **2.** *techn.* (*Blech≈*) agrafure *f*; avis(s)ure *f*; (*Holz≈*) *rillenförmiger* rainure *f*; (*Gleit≈*) coulisse *f*; *rechtwinkliger* feuillure *f*; *e-s Buches* mors *m*; (*Ansetz≈*) onglet *m*; **~bein** *n* ploir *m*; **≈en I** *v/t.* ⟨-(es)t, h⟩ *Papier* plier; *Blech etc.* replier; *Klempnerei* sertir; *Tischlerei* feuiller; bouveter; **II ~en** *n* ⟨~s⟩ *von Papier* pliage *m*; *Buchbinderei* pliure *f*; *Klempnerei* agrafage *m*; sertissage *m*; *Tischlerei* bouvetage *m*; **~er(in)** *m* ⟨~s; ~⟩ (*f*) ⟨~; ~nen⟩ *Buchbinderei* plieur, -euse *m, f*; **~ˌfräser** *m* ⟨~s; ~⟩ *Tischlerei* fraise *f* à feuilleret; **~ˌhobel** *m* feuilleret *m*; bouvet *m*; **~maˌschine** *f Buchbinderei* plieuse *f*; *Klempnerei* machine *f* à agrafer, à sertir; *Tischlerei* bouveteuse *f*; **~ˌpfanne** *f cf.* **~ziegel**; **~ung** *f* ⟨~⟩ *cf.* **~en**; **~ˌziegel** *m* tuile *f* mécanique, à emboîtement.

famil|iär [famiˑliˑ'ɛːr] **1.** *adj.* familier, -ière; **aus ~en Gründen** pour (des) raisons de famille; **2.** *adv.* familièrement; **≈iari'tät** *f* ⟨~; ~en⟩ familiarité *f*.

Familie [fa'miːliˑə] *f* ⟨~; ~n⟩ famille *f* (*auch bot., zo.*); **kinderreiche ~** famille nombreuse; **aus guter ~** de bonne famille; **e-e ~ gründen** fonder un foyer, une famille; **das liegt in der ~** c'est dans la famille; *plais.* **das kommt in den besten ~n vor** cela arrive dans les meilleures familles; **~nˌähnlichkeit** *f* air *m* de famille; **~nˌalbum** *n* album *m* de famille; **~nˌangehörige (-r)** *f(m)* membre *m* de la famille; **~nˌangelegenheit** *f* affaire *f* de famille; **~nˌanschluß** *m* accueil *m* dans une famille; **~nˌanzeige** *f als Karte* faire-part *m*; *in der Zeitung* annonce *f* de mariage, de décès, *etc.*; **~nˌausgleichsˌkasse** *f* caisse *f* d'allocations familiales; **~nˌbad** *n im Hallenbad* piscine ouverte au public; **~nˌbande** *n/pl.* liens *m/pl.* de famille; **~nˌbeihilfe** *f* prestations familiales; **~nbeˌtrieb** *m* entreprise, *agr.* exploitation familiale; **~nˌbild** *n* photo *f* de la famille; **~nˌbuch** *n* **a)** *beim Standesamt* livret de famille conservé par le bureau d'état civil; **b)** *cf.* **~nstammbuch**; **c)** (*Familienchronik*) chronique familiale; **~nbudˌget** *n* budget familial; **~nˌdrama** *n* drame *m* de famille; **~nerˌmäßigung** *f* réduction *f* pour charges de famille; **~nˌfest** *n* fête *f* de famille; **~nˌflasche** *f comm.* bouteille familiale; **~nˌforschung** *f* recherches *f/pl.* concernant la famille; **~nˌfürsorge** *f* assistance, aide familiale; **~nˌgeld** *n Unfallversicherung* somme versée (par l'assurance accident) pour charges de famille; **~nˌglück** *n* bonheur familial; **~nˌgrab** *n*, **~nˌgruft** *f* caveau *m* de famille; **~nˌhilfe** *f Krankenversicherung* prestations *f/pl.* (de l'assurance maladie) pour charges de famille; **~nˌkrach** *m* scène familiale; **~nˌkreis** *m* **im ~(e)** en famille; **im engsten ~(e)** dans la plus stricte intimité; **~nˌkunde** *f cf.* **Genealogie**; **~nˌleben** *n* vie *f* de famille; vie familiale; **~nˌlohn** *m* salaire familial; **~nmiˌnister** *m in Deutschland* ministre *m* de la famille; **~nˌmitglied** *n* membre *m* de la famille; **~nˌname** *m* nom *m* de famille; **~nˌoberhaupt** *n* chef *m* de famille; **~nˌpackung** *f comm.* paquet familial; **~nˌplanung** *f* planning [-iŋ] familial; **~nˌrat** *m* conseil *m* de famille; **~nˌrecht** *n* droit familial; **~nˌstammbuch** *n* livret *m* de famille; **~nˌstand** *m* état civil; situation *f* de famille; **~nˌunterhalt** *m* entretien *m* de la famille; **~nunterˌstützung** *f cf.* **~nbeihilfe**; **~nˌvater** *m* père *m* de famille; **~nverˌband** *m* organisme familial; **Internationale Vereinigung der Familienverbände** Union internationale des organismes familiaux; **~nverˌsicherung** *f* assurance familiale; **~nverˌtrag** *m* pacte *m* de famille; **~nˌvorstand** *m cf.* **~noberhaupt**; **~nˌwappen** *n* armes *f/pl.* de famille; **~nˌzulage** *f* sursalaire familial; *cf. auch* **~nbeihilfe**; **~nzuˌsammenˌführung** *f* rassemblement *m*, reconstitution *f* des familles (de réfugiés); **~nzuˌsammenkunft** *f* réunion familiale; **~nˌzuschlag** *m* supplément *m* (de l'assurance chômage) pour charges de famille; **~nˌzuwachs** *m* F **~ erwarten** attendre un heureux événement; **~ erhalten, bekommen haben** avoir eu un héritier.

famos [fa'moːs] *adj.* F épatant; chouette; fameux, -euse; **ein ~er Kerl** un chic type.

Fan [fɛn] *m* ⟨~s; ~s⟩ F fan [fan] *m*.

Fanal [fa'nɑːl] *n* ⟨~s; ~e⟩ *hist.* fanal *m* (*auch fig.*).

Fanat|iker(in) [fa'nɑːtiˑkər(ɪn)] *m* ⟨~s; ~⟩ (*f*) ⟨~; ~nen⟩ fanatique *m, f*; F fana *m, f*; **≈isch** *adj.* fanatique; **≈i'sieren** *v/t.* ⟨*pas de ge-*, h⟩ fanatiser; **~ismus** [-'tɪs-] *m* ⟨~⟩ fanatisme *m*.

fand [fant] *cf.* **finden**.

Fandango [fan'daŋgoˑ] *m* ⟨~s; ~s⟩ *Tanz* fandango *m*.

Fanfare [fan'fɑːrə] *f* ⟨~; ~n⟩ *mus.* fanfare *f*.

Fang [faŋ] *m* ⟨~(e)s; ≈e⟩ **1.** *allg.* prise *f*; *lebender Tiere* capture *f*; (*Fisch≈*) *auch* pêche *f*; coup *m* de filet; *meist fig.* **ein guter ~** une bonne prise; un beau coup de filet; **2.** *ch. e-s Fuchses, Hundes* gueule *f*; *pl.* **Fänge** *e-s Raubvogels* serres *f/pl.*; **~arm** *m zo.* tentacule *m*; **~damm** *m Wasserbau* batardeau *m*;

2en I *v/t.* ⟨fängt, fing, gefangen, fang(e)!, h⟩ attraper; *Tiere lebend* capturer; *Fische* prendre; *Vögel mit Leim* engluer; *Ball auch* recevoir; Feuer ~ prendre feu; mit gefangen, mit gehangen *prov.* celui qui est pris avec des larrons est pendu avec; **II** *v/réfl.* sich ~ *Wind* s'engouffrer; sich (wieder) ~ *beim Fall* se rattraper (*auch fig.*); *Flugzeug* se rétablir; **III ~en** *n* ⟨~s⟩ *cf.* ~ 1.; *e-s Balles* réception *f*; *meist verbal*; *Kinderspiel* ~ spielen jouer à chat; **~er,gebnis** *n* produit *m* de la pêche; **~,frage** *f* question *f* piège; *écol.* colle *f*; e-e ~ stellen *écol.* poser une colle; **~,gitter** *n élect.* grille *f* d'arrêt; **~,grube** *f* trappe *f*; **~,gründe** *m/pl.* lieux *m/pl.* de pêche; **~,gürtel** *m an Obstbäumen* bande-piège *f*; (*Leimring*) bande, ceinture gluante; **~,heuschrecken** *f/pl. zo.* mantidés *m/pl.*; **~,leine** *f e-s Fallschirms* suspente *f*; **~netz** *n* filet *m*; *kleines für Fische etc.* épuisette *f*.

Fango ['faŋgoˑ] *m* ⟨~s⟩ *méd.* boue minérale.

Fang|schnur ['faŋʃnuːr] *f milit.* aiguillette [-gɥij-] *f*; fourragère *f*; **~schuß** *m ch.* coup *m* de grâce; den ~ geben *auch* achever; **~,vorrichtung** *f e-s Aufzuges etc.* dispositif *m* d'arrêt; *mines* parachute *m*; **~zahn** *m zo.* croc [kro] *m*; **~zeug** *n phys. atom.* dispositif *m* mécanique de préhension.

Fantas|ia [fanta'ziːa] *f* ⟨~; ~s⟩ (*arab. Reiterspiele*) fantasia *f*; **~ie** *f* ⟨~; -ien⟩ *mus.* fantaisie *f*; *cf. auch* Phantasie.

Farad [fa'rɑːt] *n* ⟨~(s); ~⟩ *élect.* farad [farad] *m*; **~ayscher 'Käfig** ['fɛrə,dɪʃər-] *m élect.* cage *f* de Faraday; **~isati'on** *f* ⟨~⟩ *méd.* faradisation *f*; **2isch** *adj.* ~e Ströme courants *m/pl.* faradiques.

Farb|abstufung ['farp,ʔapʃtuːfuŋ] *f* gradation *f* de couleurs; fondu *m*; **~,abweichung** *f opt.* aberration *f* chromatique; **~,aufnahme** *f phot.* prise *f* de vue en couleurs; *cf. auch* ~dia, Farbphoto; **~,auftrag** *m* application *f* (d'une couche) de peinture; **~band** *n in Büromaschinen* ruban encreur; **~band,einsteller** *m* ⟨~s; ~⟩ levier *m* de réglage pour le ruban encreur; **~band,spule** *f* bobine *f* de ruban encreur; **~bandtrans,port** *m* avance *f* du ruban; **~,dia(posi,tiv)** *n phot.* diapositive *f* en couleurs; **~druck** *m* ⟨~(e)s; ~e⟩ impression *f* en couleurs; chromotyp(ograph)ie *f*; *cf. auch* Farblithographie.

Farb|e ['farbə] *f* ⟨~; ~n⟩ couleur *f* (*auch Spielkarten2 u. fig.*); *des Gesichts auch* teint *m*; *zum Anstreichen u. Malen* peinture *f*; *impr.* encre *f* d'imprimerie; e-e gesunde ~ haben avoir des couleurs; avoir le teint coloré; *fig.* ~ bekommen prendre de la couleur; *fig.* e-r Sache ~ verleihen donner de la couleur à qc.; wie ein Blinder von der ~ reden *cf.* Blinde(r); *fig.* ~ bekennen jouer cartes sur table; die ~n *e-s Landes etc.* les couleurs; *Verbindungsstudenten* ~n tragen porter les couleurs d'une corporation d'étudiants; **2echt** *adj.* grand, bon teint (*inv.*); **~,echtheit** *f* solidité *f* des couleurs.

Färbe|flotte ['fɛrbə,flɔtə] *f Färberei* bain *m* de teinture; **~,flüssigkeit** *f* liquide colorant; **~,kraft** *f* pouvoir colorant; **~,mittel** *n allg.* colorant *m*; agent *m* de coloration; *text., für Haare auch* teinture *f*.

farbempfind|lich ['farpʔɛm,pfɪntlɪç] *adj.* sensible aux couleurs; **2lich,keit** *f* sensibilité *f* chromatique, aux couleurs; **2ung** *f* sensation *f* chromatique.

färben ['fɛrbən] **I** *v/t.* ⟨h⟩ *allg.* colorer; *Gewebe, Haare* teindre; *Glas etc. leicht* teinter; *fig. Bericht etc.* farder; blau *etc.* ~ colorer, teindre, teinter en bleu, *etc.*; **II** *v/réfl.* sich ~ *Blätter, Früchte etc.* se colorer; sich das Haar ~ (lassen) se (faire) teindre les cheveux; **III** 2 *n* ⟨~s⟩ coloration *f*; *Färberei* teinture *f*.

'Farben... *in Zssgn. cf. auch* Farb...; **~,binde,mittel** *n* liant *m* (pour peintures); **2,blind** *adj.* daltonien, -nne; atteint de daltonisme; **~,blindheit** *f* daltonisme *m*; *sc.* achromatopsie *f*; **~fa,brik** *f* usine *f* de colorants; **~,fehlsichtig,keit** *f* ⟨~⟩ *sc.* dyschromatopsie *f*; (*Rot-Grün-Blindheit*) daltonisme *m*; **2,freudig** *adj.* aux couleurs gaies, vives; rehaussé de couleurs; **~,freudig,keit** *f* ⟨~⟩ gaieté *f*, vivacité *f*, diversité *f* de(s) couleurs; **~ge,misch** *n péj.* bariolage *m*; **~ge,schäft** *n* (boutique *f* de) marchand *m* de couleurs; **~,index** *m astr.* indice *m* de couleur; **~indus,trie** *f* industrie *f* des colorants; **~,kleckser** *m* ⟨~s; ~⟩ *péj.* (*Maler*) barbouilleur *m*; **2,kräftig** *adj.* 'haut en couleurs; **~,kreis** *m* cercle *m* chromatique; **~,lehre** *f* théorie *f* des couleurs; **~,messer** *m* ⟨~s; ~⟩ *opt.* colorimètre *m*; **~,mischung** *f* mélange *m* de couleurs; additive ~ synthèse additive de couleurs; subtraktive ~ synthèse soustractive de couleurs; **~,pracht** *f* magnificence *f*, somptuosité *f* de couleurs; *poét.* émail *m*; **2,prächtig** *adj.* aux couleurs magnifiques, somptueuses; *poét.* émaillé; ein ~es Schauspiel un spectacle 'haut en couleurs; **~,reiber** *m* ⟨~s; ~⟩ *peint.* broyeuse *f*; **2,reich** *adj.* riche en couleurs; richement coloré; **~,reichtum** *m* richesse *f* des couleurs, du coloris; **~,sehen** *n physiol.* chromatopsie *f*; **~,sinn** *m* sens *m* des couleurs; **~,skala** *f* échelle *f*, gamme *f* de couleurs; **~,spa(ch)tel** *m, f* couteau *m* à palette; amassette *f*; **~,spiel** *n* jeu *m* de couleurs; effets *m/pl.* de lumière; **~sym,bolik** *f* symbolisme *m* des couleurs; **~zu,sammen,stellung** *f* harmonie *f* des couleurs; arrangement *m* de couleurs.

Färber ['fɛrbər] *m* ⟨~s; ~⟩ teinturier *m*; **~,baum** *m bot.* sumac *m* des teinturiers; **~,distel** *f bot.* carthame *m*; **~ei** [-'raɪ] *f* ⟨~; ~en⟩ teinturerie *f*; **~,flechte** *f bot.* orseille *f*; **~,ginster** *m bot.* genêt *m* des teinturiers; genestrol(l)e *f*; **~in** *f* ⟨~; ~nen⟩ teinturière *f*; **~,röte** *f bot.* garance *f*; **~,scharte** *f bot.* sarrette *f*; *sc.* serratula *m*; **~,waid** *m* ⟨~s⟩ *bot.* guède *f*; pastel *m*.

Farb|fehler ['farp,feːlər] *m opt.* défaut *m* chromatique; **~,fernsehen** *n* télévision *f* en couleurs; **~film** *m* film *m* en couleurs; *phot. auch* pellicule *f* en couleurs; **~,filter** *m, n opt., phot.* filtre, écran coloré; **~,gebung** *f* ⟨~⟩ coloris *m*; *impr.* encrage *m*; **~glas** *n* verre teinté, *pfort.* coloré; **~holz** *n* bois *m* de teinture; **~,holzschnitt** *m* gravure *f* en couleurs sur bois; **2ig** *adj.* coloré (*auch fig.*); de couleur; en couleurs; *opt.* ~e Ränder franges irisées; **~ige(r)** *f* (*m*) ⟨→ A⟩ homme *m*, femme *f* de couleur; die ~n les gens de couleur; **~ig,keit** *f* ⟨~⟩ *des Stils etc.* couleur *f*; coloris *m*; **~,kasten** *m* boîte *f* de couleurs, de peinture; *impr.* encrier *m*; **~,klima** *n* ambiance créée par les couleurs; **~lithogra,phie** *f* chromo(lithographie) *f*; **2los** *adj.* sans couleur; incolore (*beide auch fig.*); **~,losig,keit** *f* ⟨~⟩ manque *m* de couleur (*auch fig.*); **~,muster** *n e-s Stoffes etc.* dessin *m*, motif *m* en couleurs; **~,muster,karte** *f* carte *f* d'échantillons de couleur; **~,näpfchen** *n peint.* godet *m*; **~pa,pier** *n* papier *m* de couleur; **~,pflanze** *f* plante tinctoriale; **~,photo** *n* photo *f* en couleurs; **~photogra,phie** *f* photographie *f* en couleurs; **~,pulver** *n* peinture *f*, colorant *m* en poudre; **~,raster** *m impr.* trame *f* de couleur; **~,reiz** *m physiol.* excitation *f* chromatique; **~,scheibe** *f thé. Beleuchtung* disque *m*, écran *m* de couleur; **~schnitt** *m e-s Buches* tranche *f* en couleur; **2,spritzen I** *v/t.* ⟨*nur inf.*⟩ peindre au pistolet; **II ~,spritzen** *n* peinture *f* au pistolet; **~stift** *m* crayon *m* de couleur; **~stoff** *m* matière colorante; colorant *m*; *techn. wasserunlöslicher auch* pigment *m*; synthetische ~e matières colorantes synthétiques; *cf. auch* Färbemittel; **~stoffindus,trie** *f cf.* Farbenindustrie; **~stoff,träger** *m chim.* chromophore *m*; **~stoff,zelle** *f biol.* chromatophore *m*; **~ton** *m* teinte *f*; ton *m*; tonalité *f*; coloris *m*; nuance *f*; **~topf** *m* pot *m* à peinture; camion *m*; **~,tube** *f* tube *m* de couleur.

Färbung ['fɛrbuŋ] *f* ⟨~; ~en⟩ *Vorgang cf.* Färben; *Eigenschaft* coloration *f*; *leichte* teinte *f* (*auch fig.*).

Farb|wahrnehmung ['farp,vɑːrneːmuŋ] *f physiol.* perception *f* chromatique, des couleurs; **~,walze** *f impr.* rouleau encreur; **~,wechsel** *m* changement *m* de couleur; **~werk** *n impr.* dispositif *m* d'encrage; **~,wieder,gabe** *f* reproduction *f* des couleurs.

Farc|e ['farsə] *f* ⟨~; ~n⟩ farce *f* (*auch cuis.*); **2ieren** [-'siː-] *v/t.* ⟨*pas de ge-*, h⟩ *cuis.* farcir.

Farin [fa'riːn] *m* ⟨~s⟩ sucre *m* glace.

Farm [farm] *f* ⟨~; ~en⟩ (grande) ferme *f*; *in Amerika auch* ranch [rɑ̃tʃ] *m*; **~er(in)** *m* ⟨~s; ~⟩ (*f*) ⟨~; ~nen⟩ fermier, -ière *m, f*.

Farn [farn] *m* ⟨~(e)s; ~e⟩ *bot.* fougère *f*; *pl.* ~e *sc.* filicinées *f/pl.*; **~kraut** *n cf.* ~; **~,wedel** *m* ⟨~s; ~⟩ feuille *f* de fougère; fronde *f*.

Farre ['farə] *m* ⟨~n; ~n⟩ *zo.* (jeune) taureau *m*. [taure *f*.]

Färse ['fɛrzə] *f* ⟨~; ~n⟩ *zo.* génisse *f*;

Fasan [fa'zɑːn] *m* ⟨~(e)s; ~e(n)⟩ *zo.* faisan *m*; *junger* faisandeau *m*; **~en,braten** *m* faisan rôti; **~en,feder** *f* plume *f* de faisan; **~enge,hege** *n cf.* ~erie; **~en,henne** *f* (poule *f*) faisane *f*; **~e'rie** *f* ⟨~; -ien⟩ faisanderie *f*.

Faschine [fa'ʃiːnə] *f* ⟨~; ~n⟩ *Wasserbau* fascine *f*; **~n,anlage** *f* fascinage *m*; **~n,messer** *n* serpe *f*.

Fasching ['faʃɪŋ] *m* ⟨~s; ~e *od.* ~s⟩ carnaval *m*; **~s...** *in Zssgn. cf. auch* Fastnachts..., Karnevals...; **~s,ball** *m* bal *m* du carnaval; **~s,(um)zug** *m* cortège *m* du carnaval; **~s,zeit** *f* période *f* du carnaval.

Faschis|mus [fa'ʃɪsmus] *m* ⟨~⟩ fascisme [-ʃ- *od.* -s-] *m*; **~t** *m* ⟨~en; ~en⟩ fasciste *m*; **2tisch** *adj.* fasciste.

Fase ['fɑːzə] *f* ⟨~; ~n⟩ (*Schrägkante*) chanfrein *m*; biseau *m*.

Fasel|ei [,fɑːzə'laɪ] *f* ⟨~; ~en⟩ divagation *f*; radotage *m*; propos incohérents, extravagants; *aus Nervosität* bafouillage *m*; **2ig** ['fɑː-] *adj.* inconsidéré; écervelé; évaporé; **2n** ['fɑː-] *v/i.* ⟨-(e)le, h⟩ extravaguer; divaguer; radoter; déraisonner; F dérailler.

Faser ['fɑːzər] *f* ⟨~; ~n⟩ *text., biol.* fibre *f*; *feine auch* filament *m*; *zähe des Fleisches od. Gemüses* filandre *f*; synthetische ~ fibre synthétique; *fig.*

mit allen ~n s-s Herzens an etw. hängen tenir à qc. de toutes les fibres de son cœur; **~ˌbündel** *n* faisceau *m* de fibres, de fibrilles; **~geˌschwulst** *f méd.* fibrome *m*; **~geˌwebe** *n biol.* tissu fibreux; **2ig** *adj. text., biol.* fibreux, -euse; filamenteux, -euse; *Fleisch etc.* filandreux, -euse; **~ˌknorpel** *m anat.* fibrocartilage *m*; **~ˌkohle** *f* 'houille fibreuse; **2'nackt** *adj.* nu comme un ver; P à poil; **~ˌpflanze** *f* plante *f* textile; **~ˌplatte** *f* plaque *f* en fibre(s); **~ˌrichtung** *f* sens *m* des fibres; **~ˌstoff** *m text.* matière fibreuse, filamenteuse; fibre *f*; **~ˌtorf** *m* tourbe fibreuse.

Faß [fas] *n* ⟨-sses; Fässer⟩ *allg.* tonneau *m*; *großes, bauchiges auch* tonne *f* (*auch fig.*); *meist für Wein auch* fût *m*; futaille *f*; pièce *f*; barrique *f* (*etwa 225 l*); *sehr großes Wein2* foudre *m*; *für Teer, Heringe etc.* baril [-il] *m*; *als Verpackung* boucaut *m*; **ein ~ binden** cercler, relier un tonneau; **in Fässer füllen** entonner; *Wein auch* enfutailler; **ein ~ Wein** *etc.* un tonneau, *etc.* de vin, *etc.*; **Bier vom ~** (de la) bière à la pression; **frisch vom ~** fraîchement tiré; **nach (dem) ~ schmecken** sentir le fût; *fig. u.* F **das schlägt dem ~ den Boden aus** c'est le comble, le bouquet.

Fassade [fa'sɑːdə] *f* ⟨~; ~n⟩ *bât.* façade *f* (*auch fig.*); *von großen Bauwerken* frontispice *m*; **~nˌkletterer** *m* ⟨~s; ~⟩ monte-en-l'air *m*; cambrioleur *m* escaladeur.

Faßband ['fasbant] *n cf.* **Faßreif(en)**.

faßbar ['fasbɑːr] *adj.* saisissable (*auch fig.*); concevable; compréhensible.

Faß|bier ['fasbiːr] *n* bière *f* en tonneau(x); **~ˌbinder** *m* ⟨~s; ~⟩ tonnelier *m*; **~ˌboden** *m* fond *m* du tonneau; **~ˌdaube** *f* douve *f* (de tonneau); **~(ˌdaubenˌ)holz** *n* douvain *m*; merrain *m*.

Fäßchen ['fɛsçən] *n* ⟨~s; ~⟩ tonnelet *m*; barillet [-ijɛ] *m*.

fassen ['fasən] **I** *v/t.* ⟨-ßt, h⟩ **1.** prendre; *schnell u. fest* saisir; *Verbrecher auch* arrêter; **bei, an der Hand** *etc.* **~** prendre, saisir par la main, *etc.*; **sich an den Kopf ~** se prendre la tête à deux mains; **zu ~ bekommen, kriegen** attraper; empoigner; saisir; *milit.* **Essen ~** recevoir la soupe; *zum Hund* **faß ihn!** attrape-le!; mords-le!; **2.** *fig. Entschluß, Vorsatz etc.* prendre; *Neigung, Vertrauen, Plan etc.* concevoir; **gegen j-n e-e Abneigung ~** prendre qn. en aversion; se prendre d'aversion pour qn.; **etw. ins Auge ~** envisager qc.; **sich ein Herz ~** prendre son courage à deux mains; **(wieder) Mut ~** (re)prendre courage; **etw. in Worte ~** exprimer qc. (par des mots); formuler qc.; **Wurzel ~** s'enraciner; **3.** *Quelle* capter; *Edelstein* monter; sertir; enchâsser; enchatonner; *cf. auch* **einfassen**; **4.** (*begreifen*) **etw. nicht ~ können** ne pas pouvoir concevoir, comprendre, saisir qc.; **es ist nicht zu ~** c'est incroyable; **5.** *Gefäß, Raum* (*aufnehmen können*) (pouvoir) contenir; *als Volumen* cuber; **II** *v/i.* **6.** *techn., Kupplung etc.* prendre; mordre; **III** *v/réfl.* **sich ~ 7.** *fig.* se remettre; se ressaisir; (*sich beruhigen*) se calmer; se rassurer; *cf. auch* **gefaßt**; **sich vor Freude nicht ~ können** ne pas se sentir, se tenir de joie; **8. sich kurz ~** être bref, brève; s'expliquer en peu de mots; **IV 2** *n* ⟨~s⟩ prise *f*; *e-r Quelle* captage *m*; *e-s Edelsteines* sertissage *m*; serte *f*; *cf. auch* **Einfassen**.

fässerweise ['fɛsərˌvaɪzə] *adv.* par tonneaux.

Faß|fabrik ['fasfaˌbriːk] *f* tonnellerie *f*; **~ˌgärung** *f* fermentation *f* en tonneau(x); **~geˌschmack** *m* goût *m* de fût; **~hahn** *m* robinet *m* de tonneau; cannelle *f*; cannette *f*; **~ˌlager** *n* tin *m*; chantier *m*.

faßlich ['faslɪç] *adj.* compréhensible; clair; **leicht ~** *auch* à la portée de tous; **2ˌkeit** *f* ⟨~⟩ compréhensibilité *f*; clarté *f*.

Fasson [fa'sõː, -'sɔŋ] *f* ⟨~; ~s⟩ façon *f*; **~...** *techn. in Zssgn. cf.* **Form..., Profil...**; **2iert** [-'niːrt] *adjt. text.* façonné; **~ˌschnitt** *m Haarschnitt in Deutschland* coupe *f* de cheveux ordinaire.

Faß|reif(en) ['fasˌraɪf(ən)] *m* cercle *m*, cerceau *m* de tonneau; **~ˌschnecke** *f zo.* tonne *f*; *sc.* dolium [-jɔm] *m*; **~spund** *m* bonde *f*; bondon *m*.

Fassung ['fasʊŋ] *f* ⟨~; ~en⟩ **1.** *e-r Glühbirne, Röhre* douille *f*; *optischer Instrumente* monture *f*; *e-s Edelsteins* chaton *m*; monture *f*; sertissure *f*; *allg. techn.* châssis *m*; **2.** *e-s literarischen Werkes etc.* version *f*; rédaction *f* **3.** ⟨*pas de pl.*⟩ *seelische* contenance *f*; calme *m*; **die ~ bewahren** faire bonne contenance; **die ~ verlieren** perdre contenance; se décontenancer; se déconcerter; se démonter; **j-n aus der ~ bringen** faire perdre contenance à, décontenancer, déconcerter, démonter, F désarçonner qn.; **sich nicht leicht aus der ~ bringen lassen** ne pas se laisser facilement déconcerter; **etw. mit ~ tragen** supporter qc. avec calme; **~sˌkraft** *f* compréhension *f*; entendement *m*; portée *f*; **das geht über meine ~** cela dépasse ma compréhension, mon entendement; **2sˌlos 1.** *adj.* décontenancé; démonté; déconfit; F désarçonné; **2.** *adv.* **~ dastehen** rester décontenancé, *etc.*; **~sˌlosigkeit** *f* ⟨~⟩ perte *f*, manque *m* de contenance; **~sverˌmögen** *n e-s Behälters etc.* contenance *f*; capacité *f*; *fig. cf.* **~skraft**.

fast [fast] *adv.* presque; *vor Zahlen und Zeitangaben auch* près de; **~ vier Jahre** près de, presque quatre ans; **~ nur** *auch* ne guère que; **es waren ~ nur Deutsche da** il n'y avait guère que des Allemands; *in Verbindung mit Verben cf.* **beinahe**.

Fastebene ['fastˌʔeːbənə] *f géol.* pénéplaine *f*.

fasten ['fastən] **I** *v/i.* ⟨-ete, h⟩ jeûner; F faire carême; **II 2** *n* ⟨~s⟩ jeûne *m*; **III 2** *pl. relig. cath.* carême *m*; **2geˌbot** *n* obligation *f* de jeûner; **2ˌkur** *f* cure *f* d'amaigrissement par le jeûne; **2ˌprediger** *m* prédicateur *m* de carême; **2ˌpredigt** *f* sermon *m* de carême; *pl.* **~en** *auch* (prédication *f* de) carême *m*; **2ˌsonntag** *m* dimanche *m* de carême; **2ˌzeit** *f* carême *m*.

Fastnacht ['fastnaxt] *f* ⟨~⟩ mardi gras; **~s...** *in Zssgn. cf. auch* **Faschings..., Karnevals...**; **~sˌbrauch** *m* coutume *f* de mardi gras, de carnaval; **~sˌnarr** *m* fou *m* du carnaval; personne déguisée au carnaval; **~sˌspiel** *n Literatur* pièce *f*, jeu *m* carnavalesque.

Fasttag ['fasttɑːk] *m* jour *m* de jeûne.

Faszie ['fastsiˑə] *f* ⟨~; ~n⟩ *anat.* fascia *m*.

Faszin|ation [fastsiˑnatsiˑ'oːn] *f* ⟨~⟩ fascination *f*; **2ieren** [-'niː-] *v/t.* ⟨*pas de ge-*, h⟩ fasciner.

fatal [fa'tɑːl] *adj.* fâcheux, -euse; désagréable; ennuyeux, -euse; contrariant.

Fatalis|mus [fatɑˑ'lɪsmʊs] *m* ⟨~⟩ fatalisme *m*; **~t** *m* ⟨~en; ~en⟩ fataliste *m*; **2tisch** *adj.* fataliste.

Fatalität [fatɑˑliˑ'tɛːt] *f* ⟨~; ~en⟩ fatalité *f*; *cf. auch* **Mißgeschick**.

Fata Morgana ['fɑːtamər'gɑːna] *f* ⟨~; -nen *od.* ~s⟩ mirage *m*.

Fatum ['fɑːtʊm] *n* ⟨~s; -ta⟩ *philos.* fatum [-ɔm] *m*; (*Schicksal*) destin *m*; (*Verhängnis*) fatalité *f*.

Fatzke ['fatskə] F *m* ⟨~n; ~n⟩ gandin *m*; gommeux *m*; fat [-t]*m*.

fauchen ['faʊxən] *v/i.* ⟨h⟩ *Katze* cracher (*auch fig.*); félir.

faul [faʊl] *adj.* **1.** *Person* paresseux, -euse; fainéant; F flemmard; feignant; P **~er Sack** cossard *m*; **sich auf die ~e Haut legen** *cf.* **Haut**; **2.** *Früchte etc.* pourri; **~e Stelle** *e-r Frucht auch* pourri *m*; **~ werden** *cf.* **faulen**; **3.** *fig.* **~e Ausrede** mauvaise excuse; **~e Sache** affaire douteuse, louche, véreuse; **~er Witz** plaisanterie déplacée; F **~er Zauber** bluff *m*; F esbroufe *f*; **an der Sache ist etwas ~** il y a quelque chose de louche dans cette affaire; *Zitat* **etwas ist ~ im Staate Dänemark** il y a quelque chose de pourri dans l'État de Danemark; **2baum** *m bot.* bourdaine *f*; **2brand** *m agr.* carie *f* du blé; **2brut** *f der Bienen* loque *f*.

Fäule ['fɔʏlə] *f* ⟨~⟩ *cf.* **Fäulnis**.

faulen ['faʊlən] **I** *v/i.* ⟨sein⟩ (se) pourrir; **II 2** *n* ⟨~s⟩ *verbal*.

faulenz|en ['faʊlɛntsən] **I** *v/i.* ⟨-(es)t, h⟩ paresser; fainéanter; F flemmarder; *péj.* avoir la flemme, P la cosse; tirer, battre sa flemme; **II 2en** *n* ⟨~s⟩ *verbal*; **2er(in)** *m* ⟨~s; ~⟩ (*f*) ⟨~; ~nen⟩ paresseux, -euse *m, f*; fainéant(e) *m*(*f*); F flemmard(e) *m*(*f*); feignant(e) *m*(*f*); **2e'rei** *f* ⟨~⟩ F flemmardise *f*; P cosse *f*; *cf. auch* **Faulheit**; **2erˌleben** *n* vie *f* de paresseux, de fainéant.

Faul|heit ['faʊlhaɪt] *f* ⟨~⟩ paresse *f*; fainéantise *f*; F flemme *f*; P cosse *f*; P **vor ~ stinken** être un cossard fini; **2ig** *adj. Geruch etc.* putride; **~e Gärung** fermentation putride; *cf. auch* **faul 2.**

Fäulnis ['fɔʏlnɪs] *f* ⟨~⟩ pourriture *f*; **in ~ übergehen** *cf.* **faulen**; **~bakˌterien** *f/pl.* bactéries *f/pl.* saprogènes; **2erˌregend** *adjt.* saprogène; **~erˌreger** *m* agent *m* de la pourriture; **~proˌzeß** *m* processus [-ys] *m* de la pourriture; **2verˌhütend** *adjt.*, **2ˌwidrig** *adj.* antiputride.

Faul|pelz ['faʊlpɛlts] *m* F *cf.* **Faulenzer**; **ein ~ sein** *auch* avoir les côtes en long; avoir un poil dans la main; **~schlamm** *m géol.* sapropel *m*; **~tier** *n zo.* paresseux *m*; *fig. u.* F *cf.* **Faulenzer**.

Faun [faʊn] *m* ⟨~(e)s; ~e⟩ *myth.* faune *m*; **~a** *f* ⟨~; -nen⟩ faune *f*; **~ˌaffe** *m zo.* sajou brun; apelle *m*; **2isch** *adj.* faunesque.

Faust [faʊst] *f* ⟨~; ⸚e⟩ poing *m*; **e-e ~ machen** fermer le poing; **die Fäuste ballen** serrer les poings; **j-m mit der ~ drohen** menacer qn. du poing; **sich mit Fäusten schlagen** se battre à coups de poing; faire le coup de poing; **aus der ~ essen** manger sur le pouce; *fig.* **die ~ in der Tasche machen** *etwa* serrer les poings dans ses poches; se retenir; **mit der ~ auf den Tisch schlagen** donner un coup de poing, frapper du poing sur la table; **das paßt wie die ~ aufs Auge** c'est tout à fait déplacé; cela vient comme un cheveu sur la soupe; **etw. auf eigene ~ tun** faire qc. de son propre chef, de sa propre autorité; **mit eiserner ~** avec une poigne de fer; **~ˌabwehr** *f cf.* **Fausten**; **~ball** *m* ⟨~(e)s⟩ *Sport* balle *f* au poing.

Fäustchen ['fɔʏstçən] *n* ⟨~s; ~⟩ petit poing; *fig.* **sich ins ~ lachen** rire sous cape; rire dans sa barbe.

faustdick ['faustdɪk] *adj. fig.* e-e ~e Lüge un gros mensonge; F un mensonge gros comme toi, lui, *etc.*; er hat es ~ hinter den Ohren c'est un fin lapin, un rusé compère; il a plus d'un tour dans son sac.

Fäustel ['fɔʏstəl] *m* ⟨~s; ~⟩ **1.** *mines* masse *f*; massette *f*; **2.** *cf.* Faustkeil.

faust|en ['faustən] **I** *v/t.* ⟨-ete, h⟩ *Torhüter* (den Ball) ~ dégager du poing; **II** **2en** *n* ⟨~s⟩ dégagement *m* du poing; **2ˌfeuerˌwaffe** *f* arme individuelle se maniant d'une seule main; **~groß** *adj.* gros, -sse comme le poing; **2ˌhandschuh** *m* moufle *f*; **~isch** *adj.* qui ressemble à Faust; **2kampf** *m* combat *m* à coups de poing; *hist.* pugilat *m*; **2ˌkämpfer** *m* pugiliste *m*; **2keil** *m Vorgeschichte* biface *m*; coup-de-poing *m*; **2pfand** *n* gage (mobilier); **2recht** *n* loi *f* du plus fort; **2ˌregel** *f* règle approximative, grossière; **2ˌsäge** *f cf.* Handsäge; **2schlag** *m* coup *m* de poing.

Fautfracht ['fautfraxt] *f comm.* faux fret.

Fauvismus [foˑ'vɪsmus] *m* ⟨~⟩ fauvisme *m*.

Fauxpas [foˑ'pa] *m* ⟨~; ~⟩ impair *m*; bévue *f*; faux pas *m*.

favori|siert [favoˑriˑ'ziːrt] *adj. Sport* favori, -ite; **2t(in)** [-'riːt(ɪn)] *m* ⟨~en; ~en⟩ *(f)* ⟨~; ~nen⟩ *Sport* favori(te) *m(f)*.

Favus ['fɑːvus] *m* ⟨~⟩ *méd. cf.* Erbgrind.

Faxen ['faksən] *f/pl.* F ~ machen faire des pitreries, des singeries; **~ˌmacher** *m* ⟨~s; ~⟩ pitre *m*; clown [klun] *m*.

Fayence [fa'jɑ̃ːs] *f* ⟨~; ~n⟩ faïence *f*.

Fazetie [fa'tseːtsiˑə] *f* ⟨~; ~n⟩ *Literatur* facétie [-si] *f*.

Fazies ['fɑːtsiˑɛs] *f* ⟨~; ~⟩ *géol.* faciès [-s] *m*.

Fazit ['fɑːtsɪt] *n* ⟨~s; ~e *od.* ~s⟩ *fig.* résultat *m*; bilan *m*; das ~ ziehen faire le bilan.

F-Dur ['ɛfduːr] *n* ⟨~⟩ *mus.* fa *m* majeur.

FD-Zug ['ɛf'deːtsuːk] *m cf.* Fernschnellzug.

Februar ['feːbruˑɑːr] *m* ⟨~(s); ~e⟩ février *m*; im ~ en février; au mois de février.

Fecht|abstand ['fɛçtˌʔapʃtant] *m esc.* mesure *f*; distance *f*; **~ˌanzug** *m* tenue *f* d'escrime; **~bahn** *f* terrain *m*, piste *f* (d'escrime); **~ˌboden** *m cf.* ~saal; **~ˌbruder** F *m* vagabond *m*; mendiant *m*; **2en** **I** *v/i.* ⟨ficht (du fichtst *od.* F fichst, ihr fechtet), focht, gefochten, h⟩ faire de l'escrime *(abs.)*; faire, tirer des armes (avec qn.); *fig.* *(kämpfen)* se battre; **II** **~en** *n* ⟨~s⟩ escrime *f*; **~er(in)** *m* ⟨~s; ~⟩ *(f)* ⟨~; ~nen⟩ escrimeur, -euse *m, f*; **~gang** *m* assaut *m*; **~ˌhandschuh** *m* gant *m* d'escrime; **~ˌhose** *f* culotte *f* d'escrime; **~ˌjacke** *f* veste *f* d'escrime; **~kunst** *f* (art *m* de l')escrime *f*; art *m* des armes; **~ˌlehrer** *m* professeur *m* d'escrime; **~ˌmannschaft** *f* équipe *f* d'escrime; **~ˌmaske** *f* masque *m* d'escrime; **~ˌmeister** *m* maître *m* d'armes; **~ˌregeln** *f/pl.* règlement *m* de l'escrime; **~ˌrunde** *f* poule *f* (d'escrime); **~saal** *m* salle *f* d'armes, d'escrime; **~ˌschuhe** *m/pl.* chaussures *f/pl.* d'escrime; **~ˌschule** *f* école *f* d'escrime; **~schurz** *m* plastron *m*; **~sport** *m* escrime *f*; **~ˌstellung** *f* position *f* en garde; in ~ stehen être en garde; **~strumpf** *m* bas *m* d'escrime; **~ˌstunde** *f* leçon *f* d'escrime; **~turˌnier** *n* tournoi *m* d'escrime; **~ˌübung** *f* exercice *m* d'escrime; **~ˌunterricht** *m* leçons *f/pl.* d'escrime; **~verˌband|***m* Fédération *f* d'escrime.

Feder ['feːdər] *f* ⟨~; ~n⟩ **1.** *e-s Vogels* plume *f*; ~n bekommen s'emplumer; neue ~n bekommen se remplumer; s-e ~n verlieren perdre ses plumes; se déplumer; *fig.* sich mit fremden ~n schmücken se parer des plumes du paon [pɑ̃]; être le geai paré des plumes du paon; dabei ~n lassen y laisser des *od.* de ses plumes; F noch in den ~n liegen être encore au lit, P au plumard; **2.** *(Schreib2)* plume *f*; zur ~ greifen prendre la plume; aus der ~ e-s bekannten Autors *etc.* de la plume d'un auteur connu, *etc.*; **3.** *techn.* ressort *m*; *Tischlerei* languette *f*; ~ und Nut languette et rainure.

Feder|ball ['feːdərˌbal] *m* ⟨~(e)s⟩ *Ball* ⟨*pl.* ~e⟩ *u. Spiel* volant *m*; *als Sportart* badminton [badmintən] *m*; ~ spielen jouer au volant; **~ballˌspiel** *n* volant *m*; **~ˌbein** *n aviat.* jambe *f* élastique (du train d'atterrissage); **~ˌbett** *n* édredon *m*; **~ˌblatt** *n techn.* lame *f* de ressort; **~ˌbrett** *n gym.* tremplin *m* à ressorts; **~ˌbruch** *m techn.* rupture *f* de ressort; **~ˌbusch** *m milit.* plumet *m*; *hist.* panache *m*; **~ˌbüschel** *n* touffe *f* de plumes; *am Kopf mancher Vögel* aigrette *f*; **~ˌdruck** *m techn.* pression *f* de ressort; **~dynamoˌmeter** *n* ⟨~s; ~⟩ *phys.* dynamomètre *m* à ressort; **~ˌfuchser** *m* ⟨~s; ~⟩ F *péj.* gratte-papier *m*; scribouillard *m*; écrivassier *m*; **2ˌführend** *adjt.* compétent; responsable; **~ˌgabel** *f beim Motorrad* fourche *f* à ressort; **~geˌhäuse** *n e-r Uhr* barillet *m*; **~ˌgeistchen** *n/pl. zo. sc.* ptérophoridés *m/pl.*; **~geˌwicht** *n*, **~geˌwichtler** *m* ⟨~s; ~⟩ *Sport* poids *m* plume; **~geˌwichtsˌklasse** *f* catégorie *f* (des) poids plume; **~ˌhalter** *m* porte-plume *m*; **~kernmaˌtratze** *f* matelas *m* à ressorts; **~ˌkiel** *m* tuyau *m* de plume; **~ˌkissen** *n* coussin *m* de plumes; **~ˌkleid** *n zo.* plumage *m*; livrée *f*; **~ˌklemme** *f techn.* borne *f* à ressort; **~ˌkraft** *f als Eigenschaft* force *f* élastique; élasticité *f*; *(Kraft e-r Feder)* force *f* de ressort; **~ˌkrieg** *m* guerre *f* de plume; **2'leicht** *adj.* léger, -ère comme une plume; **~ˌlesen** *n fig.* nicht viel ~s machen ne pas prendre de gants (mit j-m avec qn.); ne pas y aller par quatre chemins *(abs.)*; **~ˌling** *m* ⟨~s; ~e⟩ *zo. cf.* Haarling; **~ˌmesser** *n (Radiermesser)* grattoir *m*; **2n** **I** *v/t.* ⟨-(e)re, h⟩ *Tischlerei* langueter; *techn. cf.* abfedern, gefedert; **II** *v/i.* faire ressort; **III** **~n** *n* ⟨~s⟩ *verbal*; *cf. auch* ~kraft; **2nd** *adjt.* qui fait ressort; élastique; ein ~er Gang une démarche élastique; **~ˌnelke** *f bot.* œillet frangé; mignardise *f*; **~ˌohr** *n der Uhus* oreille *f* à aigrettes; **~ˌpuffer** *m techn.* tampon *m*, butoir *m*, amortisseur *m* à ressort; **~ˌring** *m techn.* rondelle *f* Grower; **~ˌschale** *f* plumier *m*; **~ˌschmuck** *m* parure *f* de plumes; **~ˌschopf** *m mancher Vögel* 'huppe *f*; **~ˌspannung** *f techn.* tension *f* de ressort; **~ˌspitze** *f* bec *m* de plume; **~ˌstahl** *m techn.* acier *m* à ressorts; **~ˌstrich** *m* trait *m* de plume; **~ung** *f* ⟨~⟩ *e-s Fahrzeugs* suspension *f* (à ressorts); *e-s Möbels etc.* ressorts *m/pl.*; **~ˌvieh** F *n* volaille *f*; **~ˌwaage** *f* peson *m* à ressort; *cf. auch* ~dynamometer; **~ˌweiße(r)** *m* ⟨→ A⟩ vin *m* jeune encore en effervescence; vin bourru; **~ˌwild** *n ch.* gibier *m* à plume; **~ˌwindung** *f techn.* spire *f* (de ressort); **~ˌwolke** *f* cirrus [-ys] *m*; **~ˌzeichnung** *f* dessin *m* à la plume; **~ˌzirkel** *m* compas *m* à ressort; **~ˌzug** *m cf.* ~strich; **~ˌzunge** *f e-r Weiche* lame *f* d'aiguille flexible.

Fee [feː] *f* ⟨~; ~n ['feːən]⟩ *myth.* fée *f*; **2nˌhaft** *adj.* féerique; *von e-r Person* d'une merveilleuse beauté; **~nˌland** *n* pays *m* des fées; *fig.* pays féerique; **~nˌmärchen** *n* conte *m* de fées.

Feg(e)feuer ['feːg(ə)ˌfɔʏər] *n relig. cath.* purgatoire *m*.

fegen ['feːgən] **I** *v/t.* ⟨h⟩ **1.** *mit e-m Besen* balayer; *Schornstein* ramoner; **2.** *ch. Geweih* frayer (sa tête); **II** *v/i.* ⟨sein⟩ **3.** *Schnellzug etc.* passer en trombe; *Wind* über die Ebene *etc.* ~ balayer la plaine, *etc.*; **III** ~ *n* ⟨~s⟩ **4.** balayage *m*; *des Schornsteins* ramonage *m*; **5.** *ch.* frayure *f*.

Feh [feː] *n* ⟨~(e)s; ~e⟩ *zo.* petit-gris *m* *(auch Pelz)*.

Fehde ['feːdə] *f* ⟨~; ~n⟩ *hist.* diffidation *f*; *fig.* démêlé(s) *m(pl.)*; querelle *f*; **~ˌbrief** *m hist.* défi *m*; **~ˌhandschuh** *m fig.* j-m den ~ hinwerfen jeter le gant à qn.; den ~ aufnehmen relever le gant.

Fehl [feːl] **I** *m* ohne ~ irréprochable; sans défaut; **II** **2** *adj.* ~ am Platz sein *Person* ne pas être à sa place; *Mitleid etc.* être déplacé; **~ˌanzeige** *f adm.* état *m* néant; F ~! néant!; **2bar** *adj.* faillible; **~barˌkeit** *f* ⟨~⟩ faillibilité *f*; **~beˌsetzung** *f thé.* mauvaise distribution (des rôles); **~beˌtrag** *m comm.* déficit [-t] *m*; manque *m*; e-n ~ (von ... Mark) aufweisen avoir un déficit (de ... marks); *abs.* être déficitaire; e-n ~ decken couvrir un déficit; **~ˌbitte** *f* vaine demande, prière; e-e ~ tun essuyer un refus; **~ˌboden** *m cf.* Blindboden; **~diaˌgnose** *f méd.* diagnostic erroné; **~dispositiˌon** *f* fausse prévision; **~druck** *m impr.* impression manquée; **~ˌeinschätzung** *f* fausse estimation, évaluation.

fehlen ['feːlən] **I** *v/i. u. v/imp.* ⟨h⟩ manquer (an de); faire défaut *(auch jur.)*; *von Personen auch* être absent; ne pas être là; es ~ zwei Bände dieses Werkes *od.* zwei Bände dieses Werkes ~ il manque deux volumes à *od.* de cet ouvrage; *Schule* wer fehlt heute? qui est absent, qui n'est pas là, qui manque aujourd'hui?; mir ~ fünfzig Mark il me manque cinquante marks; es fehlt ihm nicht an Talent il ne manque pas de talent; es fehlt uns an Zeit nous manquons de temps; le temps nous fait défaut; ihm fehlt es nie an e-r Ausrede il trouve toujours une bonne excuse; daran soll es nicht ~ qu'à cela ne tienne; es an nichts ~ lassen ne laisser manquer qn. de rien; es hätte nicht viel gefehlt, so wäre ... il s'en est fallu de peu que ... (+ *subj.*); peu s'en est fallu que ... (+ *subj.*); *gesundheitlich* fehlt Ihnen etwas? n'êtes-vous pas bien?; cela ne va pas?; dir fehlt immer etwas tu as toujours quelque chose quelque part; wo fehlt's denn? qu'est-ce qui ne va pas?; F qu'est-ce qui cloche donc?; das fehlte gerade noch! il ne manquait plus que cela!; das hätte gerade noch gefehlt! il ne manquerait plus que cela!; weit gefehlt! vous n'y êtes pas!; erreur!; pas du tout!; **II** **2** *n* ⟨~s⟩ manque *m*; défaut *m*; *(Abwesenheit)* absence *f*; **~d** *adjt.* manquant; absent; ~er Betrag déficit *m*; somme manquante.

Fehlentscheidung ['feːlʔɛntˌʃaɪdʊŋ] *f* décision erronée; décision entachée d'erreur.

Fehler ['feːlər] *m* ⟨~s; ~⟩ **1.** faute *f* (*auch Sport*); erreur *f*; **dummer ~** *auch* bévue *f*; F gaffe *f*; (orthographische) **~ machen** faire des fautes (d'orthographe); **e-n ~ machen, begehen** faire, commettre une faute; **immer wieder in denselben ~ verfallen** retomber toujours dans la même faute; **das war gerade sein ~!** ce fut là son erreur!; c'est là qu'il fit la faute!; **das ist nicht Ihr ~** ce n'est pas (de) votre faute; **2.** (*Mangel*) défaut *m*; vice *m*; *techn. auch* défectuosité *f*; *physischer, erblicher* tare *f*; **ein offensichtlicher ~** un vice apparent; **organischer ~** vice de conformation; **jeder hat s-e ~** tout le monde a des défauts; **~ˌeingrenzung** *f cf.* **~ortsbestimmung**; **2ˌfrei** *adj. u. adv.* sans faute(s); correct(ement); (*ohne Mangel*) sans défaut(s); **~ˌgrenze** *f* tolérance *f*; **2ˌhaft** *adj.* plein de fautes; incorrect; vicieux, -euse; fautif, -ive; *techn.* défectueux, -euse; plein de défauts; **~er Zustand** état défectueux; **~e Sätze** des phrases incorrectes, vicieuses; **~e Stelle** *im Stoff etc.* défaut *m*; **~ˌhaftigˌkeit** *f* ⟨~⟩ *techn.* défectuosité *f*; **2ˌlos** *adj. cf.* **2frei**; **~ˌlosigˌkeit** *f* ⟨~⟩ *verbal*; **~ˌortsbeˌstimmung** *f techn.* localisation *f* d'un dérangement, d'un défaut; **~ˌquelle** *f* source *f*, cause *f* d'erreur(s); **e-e ~ ausmerzen** supprimer une cause d'erreur(s); **~verˌzeichnis** *n impr.* errata *m*; **~ˌzahl** *f* nombre *m* de fautes.

Fehl|farbe ['feːlˌfarbə] *f Zigarre* cigare *m* de second choix; cigare *m* dont la robe est un peu décolorée; **~geˌburt** *f* fausse couche; *künstliche* avortement *m*; **e-e ~ haben** avoir fait une fausse couche; **2ˌgehen** *v/i.* ⟨*irr., sép.*, -ge-, sein⟩ *Schuß* rater; manquer le but; *fig.* faire fausse route; se tromper; **du gehst in der Annahme fehl ...** tu fais erreur en supposant que ...; **2ˌgreifen** *v/i.* ⟨*irr., sép.*, -ge-, h⟩ avoir la main malheureuse; s'y prendre mal; se tromper; **~griff** *m* faute *f*; erreur *f*; *besser verbal*; **~ˌhandlung** *f cf.* **~leistung**; **~investitiˌon** *f comm.* investissement mal orienté; **~kalkulatiˌon** *f* mauvais calcul; **~kauf** *m comm.* mauvaise affaire; mauvais achat, marché; **~konstruktiˌon** *f* construction défectueuse; *fig. u.* F erreur *f*; **~ˌleistung** *f psych.* acte manqué; **2ˌleiten** *v/t.* ⟨-ete, *sép.*, -ge-, h⟩ *Sendung etc.* égarer; *fig.* diriger sur une fausse piste, sur une mauvaise route; **~ˌmeldung** *f comm.* avis *m* de manquant; **~ˌmenge** *f comm.* quantité, marchandise manquante; **~proˌgnose** *f* faux pronostic; prévision inexacte, erronée; **~ˌrechnung** *f comm.* compte faux; **~ˌschätzung** *f* fausse appréciation; évaluation inexacte; **2ˌschießen** *v/i.* ⟨*irr., sép.*, -ge-, h⟩ rater; manquer le but; **~schlag** *m* échec *m*; affaire ratée; **e-n ~ erleiden** échouer; subir un échec; **2ˌschlagen** *v/i.* ⟨*irr., sép.*, -ge-, sein⟩ échouer; rater; ne pas réussir; **~schluß** *m* conclusion erronée, fausse; *philos.* paralogisme *m*; **~schuß** *m* coup manqué, raté; **~spekulatiˌon** *f* mauvaise spéculation; **~start** *m Sport, aviat.* faux départ; **~tritt** *m* faux pas (*auch fig.*); *fig.* **e-n ~ tun, begehen** fauter; **~ˌurteil** *n* jugement erroné, faux; mal-jugé *m*; **~ˌzündung** *f mot.* raté *m*; allumage défectueux; *fig. u.* F **~ haben** saisir de travers.

Feier ['faɪər] *f* ⟨~; ~n⟩ cérémonie *f*; fête *f*; *e-s Geburtstages etc. verbal od. st. s.* célébration *f*; **e-e kleine ~ veranstalten** organiser une petite fête; **zur ~ des Tages** pour fêter ce jour, F ça; *offizieller* pour célébrer le jour; **~ˌabend** *m* **~ haben** avoir fini sa journée de travail; **~ machen** s'arrêter de travailler; **nach ~** après le travail; **2ˌlich 1.** *adj.* solennel, -lle; cérémonieux, -euse; **~e Eröffnung, Einweihung** inauguration solennelle; **in ~em Ton** d'un ton solennel; **~e Stimmung** atmosphère solennelle; F **das ist (schon) nicht mehr ~** ce n'est plus drôle, supportable du tout; **2.** *adv.* solennellement; **~ begehen** célébrer (solennellement); solenniser; **~lichˌkeit** *f* ⟨~; ~en⟩ solennité *f*; *als Vorgang* cérémonie *f*; **2n I** *v/t.* ⟨-(e)re, h⟩ fêter (qn., qc.); *festlich, offiziell* célébrer (qc.); **ein (kleines) Fest ~** faire une (petite) fête; **e-n Geburtstag ~** fêter un anniversaire; **j-s Hochzeit ~** faire une fête à l'occasion du mariage de qn.; **goldene Hochzeit ~** célébrer les noces d'or; **ein gefeierter Künstler** un artiste fêté; F **das muß gefeiert werden!** on doit fêter cela!; **II** *v/i.* **1.** faire une fête; **heute wird gefeiert** aujourd'hui c'est fête; **2.** (*nicht arbeiten*) chômer; **~ˌschicht** *f* service, poste chômé; **~en einlegen** intercaler des services chômés, des postes chômés; **~ˌstunde** *f* cérémonie *f*; **~ˌtag** *m* jour férié, de fête; **gesetzlicher ~** fête légale; **kirchlicher ~** fête de l'Église, religieuse; **kirchlich gebotener ~** fête d'obligation; **schöne ~e!** (passez de) bonnes fêtes!; **2ˌtags** *adv.* les jours fériés; **~tagsˌarbeit** *f* travail effectué pendant les jours fériés; **~tagsˌzuschlag** *m* prime *f*, indemnité *f* de jour férié.

Feifel ['faɪfəl] *m* ⟨~s; ~⟩ *vét.* avives *f/pl.*

feig(e) [faɪk, 'faɪgə] **1.** *adj.* lâche; couard; capon, -nne; poltron, -nne; **~ sein** *auch* manquer de courage; *mines* **~es Gestein** roche cassante; **2.** *adv.* lâchement; en lâche; en poltron.

Feige ['faɪgə] *f* ⟨~; ~n⟩ *bot.* figue *f*; **~nˌbaum** *m* figuier *m*; **~nˌblatt** *n* feuille *f* de figuier; *auf Darstellungen* feuille *f* de vigne; **~nˌkaktus** *m bot.* nopal *m*; figuier *m* de Barbarie.

Feig|heit ['faɪkhaɪt] *f* ⟨~⟩ lâcheté *f*; couardise *f*; poltronnerie *f*; **~ling** *m* ⟨~s; ~e⟩ lâche *m*; couard *m*; capon *m*; poltron *m*; F dégonflard *m*; F **sei kein ~!** ne te dégonfle pas!; **~ˌwarze** *f méd.* condylome *m*.

feil [faɪl] *adj. cf.* (ver)käuflich, (zu) verkaufen; **2bank** *f* ⟨~; ~e⟩ *techn.* banc *m* à limer; **~ˌbieten** *v/t.* ⟨*irr., sép.*, -ge-, h⟩ offrir; mettre en vente; **2e** *f* ⟨~; ~n⟩ *techn.* lime *f*; **dreikantige ~** tiers-point *m*; lime triangulaire; **vierkantige ~** carrelet *m*; lime carrée; **~en I** *v/t.* ⟨h⟩ limer; *fig. Stil etc.* polir; châtier; **II 2en** *n* ⟨~s⟩ limage *m*; *fig.* polissement *m*; **2enˌhauen** *n* taillage *m* de limes; **2enˌhauer** *m* ⟨~s; ~⟩ tailleur *m* de limes; **~ˌhalten** *v/t.* ⟨*irr., sép.*, -ge-, h⟩ *fig.* **Maulaffen ~** bayer aux corneilles; **2icht** *n* ⟨~(e)s⟩ limaille *f*; **2ˌkloben** *m* étau *m* à main; **2maˌschine** *f* limeuse *f*; machine *f* à limer; **~schen I** *v/i.* ⟨h⟩ **um etw. ~** marchander qc.; **II 2schen** *n* ⟨~s⟩ marchandage *m*; **2ˌspäne** *m/pl.*, **2staub** *m* limaille *f*; *zum Abreiben des Parkettfußbodens* paille *f* de fer; **2stock** *m* étau *m* à main; **2strich** *m* trait *m* de lime.

fein [faɪn] **1.** *adj. allg.* fin; *Unterschied* faible; subtil; *Gesicht auch* délicat; *Stimme* petit; **~es Benehmen** de bonnes manières; des manières distinguées; **er hat ein ~es Empfinden** il a une sensibilité fine; il est sensible; **ein ~er Herr** un monsieur distingué, très bien; F **ein ~er Kerl** un chic type; F **sich ~ machen** se faire beau; se mettre sur son trente et un; **~!** très bien!; **das ist ~!** c'est bien!; *iron.* **du bist mir ein ~er Freund!** quel bon ami tu fais!; **2.** *adv.* finement; bien; **das hast du ~ gemacht!** voilà qui est bien fait!; comme tu as bien fait cela!; **~ gemahlen** finement moulu; **~ gesprenkelt** finement moucheté; **2ˌabstimmung** *f rad.* syntonisation *f* de précision; accord précis; **2ˌarbeit** *f* travail *m* de précision; **2bäckeˌrei** *f* pâtisserie *f*; **2blech** *n* tôle fine, mince.

Feind [faɪnt] **I** *m* ⟨~(e)s; ~e⟩ ennemi *m*; **sich j-n zum ~e machen** se faire un ennemi de qn.; **~ hört mit!** des oreilles ennemies vous écoutent; **zum ~ überlaufen** passer, déserter à l'ennemi; **II 2** *adj.* **j-m, e-r Sache ~ sein** être hostile à qn., à qc.; être ennemi de qn., de qc.; **~beˌrührung** *f milit.* contact *m* avec l'ennemi; **~ˌeinwirkung** *f milit.* action ennemie; **~esˌhand** *f* **in ~ fallen** tomber entre les mains de l'ennemi; **~esˌland** *n* pays ennemi; **~flug** *m aviat.* raid [rɛd] aérien; **~geˌbiet** *n* territoire ennemi; **~in** *f* ⟨~; ~nen⟩ ennemie *f*; **2lich 1.** *adj.* ennemi; hostile; **2.** *adv.* **~ gesinnt sein** avoir des dispositions hostiles (envers); être hostile (à), ennemi (de); **~lichˌkeit** *f* ⟨~⟩ hostilité *f*; sentiments *m/pl.* hostiles; **~schaft** *f* ⟨~; ~en⟩ inimitié *f*; **in ~ leben mit** vivre en inimitié avec; **2ˌselig 1.** *adj.* hostile; **2.** *adv.* hostilement; avec hostilité; en ennemi; **~ˌseligˌkeit** *f* ⟨~; ~en⟩ hostilité *f*; **die ~en einstellen, eröffnen** cesser *od.* suspendre, ouvrir les hostilités.

Fein|einstellskala ['faɪnˌʔaɪnʃtɛlˌskaːla] *f* cadran *m* à vernier; **~ˌeinstellung** *f* réglage *m*, mise *f* au point précis(e), micrométrique; **~ˌeinstellˌvorrichtung** *f* vernier *m*; **~ˌeisen** *n* fer fin, affiné; **2en** *v/t.* ⟨h⟩ *techn.* affiner; rendre (plus) fin; **2ˌfaserig** *adj.* à fibres fines; fibrillaire; **2ˌfühlend** *adjt.*, **2ˌfühlig** *adj.* sensible; **~ sein** *auch* avoir une sensibilité fine; **~ˌfühligˌkeit** *f* ⟨~⟩ sensibilité *f* (fine); finesse *f*; délicatesse *f*; tact *m*; **~garn** *n* filé fin; **~geˌbäck** *n* pâtisseries *f/pl.*; **~geˌfüge** *n cf.* **~struktur**; **~geˌfühl** *n* ⟨~(e)s⟩ *cf.* **~fühligkeit**; **~geˌhalt** *m e-s Metalls* titre *m*; degré *m* de fin; **e-n ~ haben von ...** être au titre de ...; **~geˌhaltˌstempel** *m* poinçon *m*, marque *f* de titre; **2geˌmahlen** *adjt.* finement moulu; **2geˌsponnen** *adjt.* finement filé; **~geˌwinde** *n* filet *m* (à pas) fin; filetage fin; **2ˌgliedrig** *adj.* gracile; frêle; **~gold** *n* or fin; **~goldgeˌhalt** *m* titre *m* de l'or; **~heit** *f* ⟨~; ~en⟩ finesse *f*; *e-s Gesichtes auch* délicatesse *f*; *fig. auch* subtilité *f*; nuance *f*; détail *m*; **~heitsˌgrad** *m* degré *m* de finesse; **2ˌhörig** *adj.* **~ sein** avoir l'ouïe, l'oreille fine; **~keˌramik** *f* céramique fine; **~ˌkohle** *f* fines *f/pl.*; charbon fin; menus *m/pl.* de houille; grésillon *m*; **~korn** *n* grain fin, serré; **2ˌkörnig** *adj.* à grain fin, serré; **~ˌkörnigˌkeit** *f* ⟨~⟩ finesse *f* du grain; **~kostgeˌschäft** *n* épicerie fine; **2ˌmahlen** *v/t.* ⟨*irr., sép.*, -ge-, h⟩ moudre fin; *techn.* broyer; triturer; pulvériser; **2ˌmaschig** *adj.* à mailles étroites, serrées; **~meˌchanik** *f* mécanique *f* de précision; **~meˌchaniker** *m* mécanicien *m* de précision; **~ˌmeßgeˌrät** *n* instrument *m* de mesure de (haute) précision; **~ˌmeßokuˌlar** *n* oculaire *m* micrométrique; **~ˌmessung** *f* mesure *f* de précision; **~meˌtall** *n* métal fin; **~ˌpassung** *f* ⟨~⟩ ajustage *m* de précision; **2ˌporig** *adj.* aux pores fins; **~ˌprobe** *f bei Münzen etc.* essai *m* (d'objets en or, argent, *etc.*); **2ˌpulverig** *adj.* pulvérulent; **~reguˌlierung** *f* réglage *m* de précision; **2ˌschleifen** *v/t.* ⟨*irr.*, *sép.*, -ge-, h⟩ polir; adoucir; **~schliff** *m* polissage fin; **~ˌschmecker** *m* ⟨~s; ~⟩ gourmet *m*; gastronome *m*; fine bouche; **~schnitt** *m Tabak* tabac fin; **~ˌseife** *f* savonnette *f*; **~ˌsicherung** *f élect.* fusible *m* en fil fin; fusible *m* pour faible intensité; **~ˌsilber** *n* argent fin; **2ˌsinnig** *adj.* subtil; fin; **~ˌsinnigˌkeit** *f* ⟨~⟩ subtilité *f*; finesse *f*; **~ˌspinnen** *n* filage *m* en fin; **~stbeˌarbeitung** *f* superfinition *f*; **~stellˌknopf** *m* bouton *m* de réglage de précision; **~stellˌschraube** *f* vis *f* micrométrique; **~strukˌtur** *f phys.* structure fine; **2verˌteilt** *adjt.* finement réparti; **~ˌwaage** *f* balance *f* de précision; **~ˌwäsche** *f* lingerie fine; **~waschˌmittel** *n* lessive *f* pour la lingerie; **~zerˌkleinerung** *f von Erz* broyage *m*; **~ˌziehen** *n* étirage *m*, tréfilage *m* de précision.

feist [faɪst] *adj.* gras, -sse; replet, -ète; dodu; obèse; **2heit** *f* ⟨~⟩, **2igˌkeit** *f* ⟨~⟩ obésité *f*.

feixen ['faɪksən] F **I** *v/i.* ⟨-(es)t, h⟩ ricaner; **II** 2 *n* ⟨~s⟩ ricanement *m*.

Felchen ['fɛlçən] *m* ⟨~s; ~⟩ *zo.* corégone *m*.

Feld [fɛlt] *n* ⟨~(e)s; ~er⟩ *agr.*, *élect.*, *phys.*, (*Schuß2*), *psych.* champ *m* (*auch fig.*); (*umgrenztes Gebiet*, *Spiel2*) terrain *m*; *Tennis* court *m*; (*Gefilde*, *Landschaft*) campagne *f* (*auch milit.*); *Brettspiel* case *f*; *Sport* (*Mannschafts2*) peloton *m*; *e-r Decke*, *Wand* panneau *m*; *charp.* travée *f*; **in ~er einteilen** compartimenter; *agr.* **das ~ bestellen** cultiver la terre, les champs; **auf freiem ~e** en plein champ; en pleine, rase campagne; *milit.* **ins ~ ziehen, rücken** entrer en campagne; **im ~e stehen** être en, faire campagne; *Sport* **ein geschlossenes ~ von zwanzig Fahrern** un peloton serré de vingt coureurs; *fig.* **das ~ räumen** se retirer; **das ~ behaupten** rester maître du terrain; **aus dem ~e schlagen** évincer; éliminer; écarter; **gegen j-n, etw. zu ~e ziehen** faire la guerre à qn., à qc.; **sich das ~ streitig machen** se disputer le terrain; **etw. ins ~ führen** avancer, alléguer qc.; **freies ~ haben** avoir le champ libre; **das ist ein weites ~** c'est un vaste sujet; **~ˌarbeit** *f* travail *m* de la terre; travaux *m/pl.* agricoles, des champs; **~ˌarbeiter(in)** *m(f)* travailleur, -euse *m,f* agricole; ouvrier, -ière *m,f* agricole; **~artilleˌrie** *f milit.* artillerie *f* de campagne; **~ˌausrüstung** *f milit.* équipement *m* de campagne; **~bäckeˌrei** *f* boulangerie *f* militaire; **~bahn** *f* decauville *m*; chemin *m* de fer de campagne; **~beˌfestigung** *f milit.* fortification *f* de campagne; **~beˌreinigung** *f cf.* Flurbereinigung; **~beˌstellung** *f* ⟨~⟩ culture *f* de la terre; **~bett** *n* lit *m* de camp; **~ˌblume** *f* fleur *f* des champs; **~ˌdichte** *f phys.* densité *f* du champ; **~ˌdiebstahl** *m* vol *m* champêtre; maraudage *m*; maraude *f*; **~dienst** *m milit.* service *m* en campagne; **~enerˌgie** *f phys.* énergie *f* du champ; **~erˌregung** *f phys.* excitation *f* du champ; **~erˌwirtschaft** *f agr.* (système *m* d')assolement *m*; **~ˌfernsprecher** *m tél.* téléphone *m* de campagne; **~ˌflasche** *f* bidon *m*; gourde *f*; **~ˌfrevel** *m jur.* contravention rurale; délit rural; **~frucht** *f* fruit *m* des champs; **~ˌgeistliche(r)** *m cf.* Militärgeistliche(r); **~geˌmeinschaft** *f* collectivité *f* agraire; communauté rurale; **~gendarmeˌrie** *f cf.* ~jäger; **~geˌschütz** *n milit.* pièce *f* de campagne; **~ˌgleichung** *f phys.* équation [ekwa-] *f* de champ; **~ˌgottesˌdienst** *m* service religieux en campagne; **2grau** *adj.* gris verdâtre; **~ˌhase** *m zo.* lièvre commun; **~heer** *n milit.* armée *f* de campagne; **~herr** *m milit.*, *hist.* (grand) capitaine; général *m*; commandant *m* en chef; **~ˌhühner** *n/pl. zo.* perdrix *f/pl.*; **~ˌhüter** *m* garde *m* champêtre; **~ˌjäger** *m/pl. milit.* police *f* militaire; **~ˌküche** *f milit.* cuisine roulante; **~ˌkümmel** *m bot.* carvi *m*; cumin *m* des prés; **~ˌlattich** *m cf.* Huflattich; **~lazaˌrett** *n milit.* hôpital *m* de campagne; **~ˌlerche** *f zo.* alouette *f* des champs; **~ˌlinie** *f phys.* ligne *f* du champ; **~mark** *f* (*Flur*) territoire *m*; **~marˌschall** *m milit.* *etwa* maréchal *m* (de France); *in Deutschland* feld-maréchal *m*; **2marschˌmäßig** *adj.* en tenue de campagne; **~maß** *n* mesure *f* agraire; **~ˌminze** *f bot.* menthe *f* des champs; **~mohn** *m bot.* coquelicot *m*; **~poliˌzei** *f* police *f* rurale; **~post** *f milit.* poste *f* aux armées, militaire; **~postˌbrief** *m* lettre *f* aux armées; **~ˌposten** *m milit.* guetteur *m*; **~postˌnummer** *f* (numéro *m* de) secteur postal; **~rain** *m* limite *f*, bord *m*, lisière *f* d'un champ; **~ˌraute** *f bot. cf.* Erdrauch; **~ˌregler** *m* ⟨~s; ~⟩ *phys.* rhéostat *m*, régulateur *m* de champ, d'excitation; **~ˌrichtung** *f phys.* direction *f* du champ; **~saˌlat** *m bot.* mâche *f*; doucette *f*; **~ˌschädlinge** *m/pl.* parasites *m/pl.* des cultures; **~ˌscheune** *f* 'hangar *m* (à récoltes); **~ˌschmiede** *f* forge portative, transportable; **~ˌschwächung** *f phys.* affaiblissement *m* du champ; **~ˌspannung** *f élect.* tension *f* d'excitation; **~spat** *m minéral.* feldspath *m*; **~ˌsperling** *m zo.* friquet *m*; **~ˌstärke** *f phys.* intensité *f* du champ; **~ˌstecher** *m* ⟨~s; ~⟩ *opt.* jumelles *f/pl.*; **~stein** *m cf.* Bruchstein; **~ˌteilchen** *n phys.* particule *f* de champ; **~telegraˌphie** *f milit.* télégraphie *f* de campagne; **~theoˌrie** *f phys.* einheitliche ~ théorie *f* unitaire de champ; **~verˌstärkung** *f phys.* renforcement *m* du champ; **'~verˌzerrung** *f phys.* distorsion *f* du champ; **~ˌwebel** *m* ⟨~s; ~⟩ **1.** *milit.* sergent-chef *m*; maréchal *m* des logis-chef; feldwebel *m*; **2.** *fig. u.* F (*Bierschaum*) mousse *f* de la bière; **~weg** *m* chemin *m* à travers champs; **~ˌwicklung** *f élect.* enroulement *m* d'excitation, de champ; **~zeugˌtruppe** *f milit.* unité *f* du matériel; **~zug** *m* campagne *f* (*auch fig. Reklame*); **e-n ~ führen (gegen)** faire, mener (une) campagne (contre); **~zugsˌplan** *m* plan *m* de campagne.

Felg|e ['fɛlgə] *f* ⟨~; ~n⟩ **1.** *Rad* jante *f*; **2.** *gym.* tour *m* d'appui; **~enˌabziehˌhebel** *m* levier *m* démonte-jante; **~enˌaufschwung** *m gym.* rétablissement *m* avec tour d'appui; **~enˌbremse** *f* frein *m* sur jante; **~enˌrand** *m* rebord *m* de jante; **~enˌring** *m* cercle *m* de blocage de pneu; **~ˌumschwung** *m gym.* tour *m* d'appui.

Fell [fɛl] *n* ⟨~(e)s; ~e⟩ **a)** *von toten Tieren* peau *f*; **b)** *von lebenden Tieren* poil *m*; *e-s Pferdes auch* robe *f*; *e-s Schafes* toison *f*; *von Pelztieren* fourrure *f*; *von wilden Tieren*, *Rehen* pelage *m*; **e-m Tier das ~ abziehen** dépouiller, dépiauter un animal; **mit ~ gefüttert** fourré; doublé de fourrure; *fig. u.* F **ein dickes ~ haben** être insensible; ne se formaliser de rien; **j-m das ~ über die Ohren ziehen** plumer qn.; saigner qn. à blanc; **s-e ~e davonschwimmen sehen** voir s'envoler ses espérances; **dir juckt wohl das ~?!** tu as envie de recevoir une raclée, une dégelée?!

Fellache [fɛ'laxə] *m* ⟨~n; ~n⟩ fellah *m*.

Fell|handel ['fɛlˌhandəl] *m* pelleterie *f*; peausserie *f*; **~ˌhändler** *m* pelletier *m*; peaussier *m*.

Fels [fɛls] *m* ⟨~en; ~en⟩ *cf.* ~en; **~ˌbilder** *n/pl.* dessins *m/pl.* rupestres; **~block** *m* bloc *m* de roche; **~en** *m* ⟨~s; ~⟩ rocher *m*; roc *m*; **~enˌbein** *n anat.* rocher *m*; **~enˌbirne** *f bot.* amélanchier *m*; **2enˌfest** **1.** *adj.* ferme (comme le roc); inébranlable; **2.** *adv.* dur comme fer; ferme(ment); **~ an etw. glauben** croire dur comme fer à qc.; **von etw. ~ überzeugt sein** être convaincu fermement de qc.; **~enˌgrab** *n*, **~enˌgruft** *f* tombeau pratiqué dans le roc; **~enˌgrund** *m* fond rocheux; **~enˌkeller** *m* cave (creusée) dans le roc; **~enˌklippe** *f* écueil *m*; brisant *m*; **~enˌküste** *f* côte rocheuse; **~enˌmeer** *n* mer *f* de rochers; **~enˌmispel** *f cf.* ~enbirne; **~enˌriff** *n* récif *m*; écueils *m/pl.*; **~enˌspitze** *f* pointe *f* de rocher; **~geˌstein** *n* roche *f*; roc *m*; **~grat** *m* arête rocheuse; **2ig** *adj.* rocheux, -euse; **~it** [-'zɪt] *m* ⟨~s⟩ *minéral.* felsite *f*; **~maleˌrei** *f* peinture *f* rupestre; **~ˌmasse** *f* masse rocheuse; rocher *m*; **~ˌplatte** *f* plateau rocheux; **~reliˌef** *n* bas-relief *m* rupestre; **~ˌspalte** *f* crevasse *f*, fissure *f*, fente *f* dans le roc(her); **~sturz** *m* éboulement *m* de rochers; **~ˌvorsprung** *m* promontoire rocheux; saillie rocheuse; **~wand** *f* paroi rocheuse, de rocher.

Feluke [fe'lu:kə] *f* ⟨~; ~n⟩ *mar.* felouque *f*.

Fem|e ['fe:mə] *f* ⟨~; ~n⟩ *hist.* Sainte-Vehme *f*; **~geˌricht** *n hist.* cour *f* vehmique.

femin|in [fe'mi'ni:n] *adj.* féminin (*auch gr.*); de femme; **2inum** ['fe'-] *n* ⟨~s; -na⟩ *gr.* (genre *m*, nom *m*) féminin *m*; **2ismus** *m* ⟨~⟩ féminisme *m*.

Fenchel ['fɛnçəl] *m* ⟨~s⟩ *bot.* fenouil *m*; aneth doux; **~ˌhonig** *m* miel *m* de fenouil; **~ˌöl** *n* huile *f* de fenouil; **~ˌtee** *m* tisane *f* de fenouil.

Fender ['fɛndər] *m* ⟨~s; ~⟩ *mar.* défense *f*.

Fenster ['fɛnstər] *n* ⟨~s; ~⟩ fenêtre *f* (*auch anat.*, *e-s Briefumschlages*); croisée *f*; *großes*, *meist feststehendes* baie (vitrée); *e-s Geschäftes* vitrine *f*; *e-r Kirche* vitrail *m* (*pl.* vitraux); *e-s Mistbeetes* châssis *m*; **rundes ~** *bât.* œil-de-bœuf *m*; *e-s Flugzeuges*, *e-s Schiffes*, *e-r Waschmaschine* 'hublot *m*; **blindes ~** fausse fenêtre; **feststehendes ~** fenêtre à glace fixe; **dreiteiliges ~** fenêtre à trois jours, à deux meneaux; **aus dem ~ sehen, zum ~ hinaussehen** regarder par la fenêtre; *fig.* **sein Geld zum ~ hinauswerfen** jeter son argent par les fenêtres; **~ˌanordnung** *f* emplacement *m*, disposition *f* des fenêtres; **~ˌanschlag** *m* feuillure *f*, battée *f* de fenêtre; **~ˌbank** *f* ⟨~; ~e⟩ *cf.* ~brett;

~beˌschläge *m/pl.* ferrures *f/pl.* de fenêtre; **~ˌbogen** *m* arc *m* de décharge d'une fenêtre; **~ˌbrett** *n* rebord *m* de fenêtre; **~ˌbriefumschlag** *m* enveloppe *f* à fenêtre; **~ˌbrüstung** *f* allège *f*; appui *m* de fenêtre; **~ˌeinfassung** *f* huisserie *f* de fenêtre; châssis dormant de fenêtre; **~ˌflügel** *m* battant *m* de fenêtre; vantail *m* (*pl.* vantaux); **~ˌfutter** *n* châssis dormant de fenêtre; **~geˌsims** *n cf.* ~sims; **~ˌgitter** *n* barreaux *m/pl.*, grille *f* de fenêtre; **~ˌglas** *n* verre *m* à vitres; **~ˌgriff** *m* poignée *f*, bouton *m* de fenêtre; **~ˌheber** *m* ⟨~s; ~⟩ monte-châssis *m*; **~ˌhöhle** *f* ouverture *f* de fenêtre; **~ˌkitt** *m* mastic *m* de vitrier; **~ˌkreuz** *n* croisée *f*; **~ˌkurbel** *f* *Auto etc.* manivelle *f* de remonte-glace; **~ˌladen** *m* volet *m*; contrevent *m*; persienne *f*; **~ˌleder** *n* ⟨~s; ~⟩ peau *f* de chamois; **~ˌleibung** *f* ⟨~; ~en⟩ ébrasure *f* de fenêtre; **ℒln** *v/i.* ⟨h⟩ rendre visite à sa bien-aimée en grimpant par une échelle jusqu'à sa fenêtre; **ℒˌlos** *adj.* sans fenêtres; **~ˌnische** *f* niche vitrée; **~ˌöffnung** *f* baie *f*; embrasure *f*; jour *m*; **~ˌpfeiler** *m* trumeau *m*; pied-droit *m* de fenêtre; **~ˌpfosten** *m* montant *m* de fenêtre; meneau *m*; *pl.* jambage *m*; **~ˌplatz** *m chem.* coin *m* fenêtre; **~ˌputzer** *m* ⟨~s; ~⟩ laveur *m* de carreaux; **~ˌrahmen** *m* châssis *m*, chambranle *m* de fenêtre; **~ˌriegel** *m* crémone *f*; targette *f*; **~ˌrose** *f bât.* rosace *f*; **~ˌscheibe** *f* vitre *f*, carreau *m* de fenêtre; e-e ~ einwerfen, zerschlagen enfoncer, casser une vitre, un carreau; **~ˌsims** *m, n* rebord *m* de fenêtre; **~ˌsprosse** *f* petit-bois *m*; **~ˌsturz** *m* **1.** *bât.* linteau *m* de fenêtre; **2.** *hist.* Prager ~ défenestration *f* de Prague; **~ˌtür** *f* porte-fenêtre *f*; **~ˌvorsprung** *m bât.* fenêtre *f* en saillie.

...fenstrig [...ˌfɛnstrɪç] *adj. par ex.* drei~ à trois fenêtres.

Ferien [ˈfeːrɪən] *pl.* vacances *f/pl.*; *thé.* fermeture (annuelle); *jur.* vacations *f/pl.*; die großen ~ les grandes vacances; sechs Wochen ~ haben avoir six semaines de vacances; **~ˌheim** *n* maison *f* de vacances; **~ˌkammer** *f jur.* chambre *f* des vacations; **~koloˌnie** *f* colonie *f* de vacances; **~ˌkurs** *m* cours *m(pl.)* de vacances, d'été; **~ˌlager** *n* camp *m* de vacances; **~ˌreise** *f* voyage *m* de vacances; **~ˌzeit** *f* (temps *m* des) vacances *f/pl.*

Ferkel [ˈfɛrkəl] *n* ⟨~s; ~⟩ *zo.* porcelet *m*; goret *m*; cochonnet *m*; (*Spanℒ*) cochon *m* de lait; *fig. u. péj.* petit cochon; **~ei** [-ˈlaɪ] *f* ⟨~; ~en⟩ saleté(s) *f (pl.)*; **ℒn** *v/i.* ⟨-(e)le, h⟩ cochonner; *fig. auch* faire des saletés.

Fermate [fɛrˈmaːtə] *f* ⟨~; ~n⟩ *mus.* point *m* d'orgue.

Ferment [fɛrˈmɛnt] *n* ⟨~s; ~e⟩ ferment *m*; **~atiˈon** *f* ⟨~⟩ fermentation *f*; **ℒaˈtiv** *adj.* fermentatif, -ive; **ℒieren** [-ˈtiː-] *v/t.* ⟨*pas de ge-*, h⟩ faire fermenter.

Fermium [ˈfɛrmiˑum] *n* ⟨~s⟩ *chim.* fermium [-jɔm] *m*.

fern [fɛrn] *adj.* lointain; (*entfernt*) éloigné; ~e Länder pays lointains; der ℒe Osten l'Extrême-Orient *m*; in ~er Zeit à une époque éloignée; in nicht (allzu) ~er Zukunft dans un avenir assez proche; das sei ~(e) von mir! loin de moi cette idée!; ~ der Heimat loin de chez soi; von ~(e) de loin; **~ˈab** *adv.* loin (de); **ℒˌablesung** *f* lecture *f* à distance; **ℒamt** *n tél.* central interurbain; F inter [-ɛːr] *m*; **ℒˌanschluß** *m tél.* liaison interurbaine; **ℒˌantrieb** *m* télécommande *f*; commande *f* à distance; **ℒˌanzeige** *f* indication *f* à distance; téléindication *f*; **ℒˌaufklärer** *m aviat.* avion *m* de reconnaissance à grand rayon d'action; **ℒˌaufklärung** *f aviat.* reconnaissance à grande distance; **ℒˌaufnahme** *f phot.* téléphotographie *f*; photographie *f* à distance; **ℒˌbeben** *n* tremblement *m* de terre à grande distance; **ℒbeˌdienung** *f* télémanipulation *f*; manipulation *f* à distance; **ℒbeˌreich** *m* zone *f* d'action lointaine; **~ˌbleiben I** *v/i.* ⟨*irr.*, *sép.*, -ge-, sein⟩ être absent; ne pas assister (à); ne pas paraître; unerlaubt ~ manquer sans autorisation; **II ℒˌbleiben** *n* ⟨~s⟩ absence *f*; unentschuldigtes ~ absence non excusée; unerlaubtes ~ absence illégale, non autorisée; **ℒblick** *m cf.* Fernsicht; **ℒˌdrucker** *m cf.* ℒschreiber; **ℒe** *f* ⟨~; ~n⟩ lointain *m*; in der ~ au loin; dans le lointain; in die ~ au loin; aus der ~ de loin; in weiter ~ tout au loin; das liegt noch in weiter ~ nous en sommes encore loin; **ℒˌeinstellung** *f* réglage *m* à distance; **ℒemˌpfang** *m rad.* réception *f* à grande distance; **~er** *adv.* de plus; en outre; ensuite; *bei Rechnungen, Aufzählungen auch* item; ~ muß man bedenken, daß ... de plus, en outre il faut considérer que ...; F das kommt unter ~ liefen ça n'est pas bien important; **~erhin** [ˈfɛrnərˌhɪn, ˈfɛrnərˈhɪn] *adv.* à l'avenir; etw. auch ~ tun continuer à faire qc.; **ℒˌfahrer** *m* routier *m*; **ℒgas** *n* gaz (transporté) à grande distance; **ℒgasˌleitung** *f* gazoduc [-yk] *m*; **ℒgasˌnetz** *n* réseau *m* de gaz à grande distance; **ℒgasverˌsorgung** *f* approvisionnement *m* en gaz à grande distance; **~geˌlenkt** *adjt.* téléguidé; **ℒgeˌspräch** *n tél.* appel interurbain; communication interurbaine; *Ausland* conversation *f* avec l'étranger; ein ~ aus New York une communication de New York; **~geˌsteuert** *adjt.* téléguidé; ~e mechanische Greifer manipulateurs mécaniques à distance; **ℒglas** *n* ⟨~es; ~er⟩ jumelles *f/pl.*; **ℒˌgüterˌzug** *m chem.* train *m* de marchandises à longue distance; **~ˌhalten** *v/t.* (*u. v/réfl.*) ⟨*irr.*, *sép.*, -ge-, h⟩ (se) tenir éloigné, à l'écart (von de); éviter de (se) mêler (von à); **ℒˌheizung** *f* chauffage *m* à distance; **ℒheizˌwerk** *n* usine *f* de chauffage à distance; **~ˈher** *adv.* von ~ de loin; **ℒˌhörer** *m tél.* récepteur *m*; **ℒˌkabel** *n* câble *m* à grande distance; **ℒˌkurs(us)** *m* cours *m (pl.)* par correspondance; **ℒˌlaster** *m*, **ℒˌlastzug** *m* poids lourd (effectuant de longs trajets); **ℒˌleitung** *f* ligne *f*, conduite *f* à grande distance; **ℒˌlenkung** *f cf.* Fernsteuerung; **ℒlicht** *n* ⟨~(e)s⟩ *Auto* feux *m/pl.* de route; phares *m/pl.*; das ~ einschalten mettre les feux de route, les phares; **ℒlichtkonˌtrolˌlampe** *f* lampe-témoin *f* des phares; **~ˌliegen** *v/i.* ⟨*irr.*, *sép.*, -ge-, h⟩ être loin; das liegt mir fern c'est loin de ma pensée; je n'y pense même pas; **ℒmeldeˌamt** *n* bureau *m* des télécommunications; **ℒmeldeˌanlage** *f* installation *f* de télécommunication; **ℒmeldeˌdienst** *m* service *m* des télécommunications; **ℒmeldeˌlinie** *f* ligne *f* des télécommunications; **ℒmeldeˌnetz** *n* réseau *m* des télécommunications; **ℒmeldeˌtechnik** *f* technique *f* des télécommunications; **ℒmeldeˌturm** *m* tour-relais *f* de télécommunication; **ℒmeldeˌwesen** *n* télécommunications *f/pl.*; **ℒmeßgeˌrät** *n* appareil *m* de télémesure, de mesure à distance; **ℒˌmessung** *f* télémesure *f*; **~ˌmündlich** *adj. u. adv.* par téléphone; **ℒˈost** *m* in ~ en Extrême-Orient; **~ˈöstlich** *adj.* d'Extrême-Orient; extrême-oriental; **ℒphotograˌphie** *f* téléphotographie *f*; **ℒpunkt** *m opt.* punctum *m* remotum; **ℒrohr** *n* lunette *f* d'approche; longue-vue *f*; astronomisches ~ lunette astronomique; télescope *m*; **ℒrohrˌaufsatz** *m beim Gewehr* longue-vue *f* pour tir; **ℒruf** *m* appel interurbain; *auf Briefköpfen etc.* téléphone *m*; **ℒˌschalter** *m élect.* interrupteur *m* (de commande) à distance; téléinterrupteur *m*; **ℒˌschaltung** *f* commande *f* à distance; **ℒˌschnellzug** *m* (*abr.* F) *chem.* (train *m*) rapide *m*; **ℒˌschreiber** *m* ⟨~s; ~⟩ téléscripteur *m*; télex *m*; (*Ferndrucker*) téléimprimeur *m*; **ℒschreibˌnetz** *n* réseau *m* télex; **~ˌschriftlich** *adj. u. adv.* par téléscripteur; par télex.

Fernseh|abtaster [ˈfɛrnzeːˌʔaptastər] *m* dispositif *m* d'exploration, de balayage; **~ˌansager(in)** *m(f)* speaker (-ine) *m(f)* de la télévision; **~appaˌrat** *m* appareil *m* de télévision; téléviseur *m*; **~ˌaufnahme** *f* prise *f* de vues de télévision; **~ˌautor** *m* auteur créateur de pièces pour la télévision; **~ˌbild** *n* image télévisée; **~emˌpfang** *m* réception *f* de télévision; **~emˌpfänger** *m* récepteur *m* de télévision; **ℒen I** *v/i.* ⟨*irr.*, *sép.*, -ge-, h⟩ regarder la télévision; **II ~en** *n* ⟨~s⟩ télévision *f*; petit écran; F télé *f*; T.V. *f*; im ~ übertragen téléviser; retransmettre à la télévision; **~er** F *m* ⟨~s; ~⟩ téléviseur *m*; **~ˌfilm** *m* film *m* pour la télévision; **~geˌrät** *n cf.* ~apparat; **~interˌview** *n* interview télévisée; **~ˌkabel** *n* câble *m* de télévision; **~ˌkamera** *f* caméra *f* de télévision; **~kaˌnal** *m* canal *m* de télévision; **~ˌkofferemˌpfänger** *m* téléviseur portatif; **~ˌnetz** *n* réseau *m* de télévision; **~proˌgramm** *n* programme *m* de télévision; **~reporˌtage** *f* téléreportage *m*; reportage télévisé; **~ˌröhre** *f* tube *m* de téléviseur; **~sateˌllit** *m* satellite *m* de télévision; **~ˌschirm** *m cf.* Bildschirm; **~ˌsender** *m* émetteur *m* de télévision; **~ˌsendung** *f* émission *f* de télévision; **~ˌspiel** *n* pièce écrite pour la télévision; **~ˌstudio** *n* studio *m* de télévision; **~ˌtechnik** *f* technique *f* de la télévision; **~ˌteilnehmer** *m* abonné *m* à la télévision; usager *m* de la télévision; téléspectateur *m*; **~ˌturm** *m* tour *f* de télévision; **~überˌtragung** *f* transmission *f* par télévision; **~ˌzuschauer(in)** *m(f)* téléspectateur, -trice *m, f*.

Fernsicht [ˈfɛrnzɪçt] *f* vue *f*; e-e gute ~ haben voir très loin.

Fernsprech... [ˈfɛrnʃprɛç...] *cf. auch* Telephon...; **~ˌamt** *n* central *m* téléphonique; **~ˌanlage** *f* installation *f* téléphonique; **~ˌanschluß** *m* abonnement *m* au téléphone; poste *m* d'abonné au téléphone; **~appaˌrat** *m cf.* ~er; **~-ˌAuftragsˌdienst** *m* service *m* des abonnés absents; **~autoˌmat** *m* (*Münzfernsprecher*) taxiphone *m*; **~ˌbuch** *n* annuaire *m* du téléphone; *in Frankreich auch* «Bottin»; **~er** *m* ⟨~s; ~⟩ téléphone *m*; öffentlicher ~ téléphone public; taxiphone *m*; ~ mit Selbstwählanschluß poste téléphonique automatique; **~geˌbühren** *f/pl.* taxe *f* téléphonique; **~geˌheimnis** *n* secret *m* des communications téléphoniques; **~ˌkabel** *n* câble *m* téléphonique; **~ˌleitung** *f* ligne *f* téléphonique; ~ˌ**netz** *n* réseau *m* téléphonique; ~ˌ**nummer** *f* numéro *m* de téléphone; ~ˌ**säule** *f an der Autobahn etc.* poste *m* téléphonique (de secours); ~ˌ**sonder**ˌ**dienst** *m* service spécial du téléphone; ~ˌ**technik** *f* téléphonie *f*; ~ˌ**teilnehmer** *m* abonné *m* au téléphone; ~**ver**ˌ**zeichnis** *n cf.* ~**buch**; ~ˌ**wesen** *n* téléphone *m*; ~ˌ**zelle** *f* cabine *f* téléphonique; ~**zen**ˌ**trale** *f* central *m* téléphonique.

fern|stehen ['fɛrnˌʃteːən] *v/i.* ⟨*irr.*, *sép.*, -ge-, h⟩ j-m, e-r Sache ~ être étranger, -ère à qn., à qc.; **er steht der Kunst fern** l'art lui est étranger; il est étranger à l'art; **er steht mir fern** il m'est étranger; ≈ˌ**steuer**ˌ**anlage** *f* système *m* de télécommande; ~ˌ**steuern** *v/t.* ⟨-(e)re, *sép.*, -ge-, h⟩ télécommander; téléguider; ≈ˌ**steuerung** *f* télécommande *f*; téléguidage *m*; ≈ˌ**straße** *f* grande route; ≈ˌ**studium** *n cf.* ≈unterricht; ≈**thermo**ˌ**meter** *n* téléthermomètre *m*; ≈**trans**ˌ**port** *m* transport *m* à grande distance; ~ˌ**trauen** *v/t.* ⟨*sép.*, -ge-, h⟩ marier par procuration; **sich** ~ **lassen** se marier par procuration; ≈ˌ**trauung** *f* mariage *m* par procuration; ≈ˌ**triebwagen** *m* (*abr.* FT) *chem.* autorail *m* à grande distance; ≈ˌ**unterricht** *m* cours *m/pl.* par correspondance; ≈**ver**ˌ**kehr** *m allg.* trafic *m* à grande distance; *chem.* trafic *m* des trains de grandes lignes; **Züge im** ~ trains de grandes lignes; ≈(**verkehrs**)ˌ**omnibus** *m* autocar *m* pour longs parcours; ≈**verkehrs**ˌ**straße** *f cf.* ≈straße; ≈**wahl** *f*, ≈ˌ**wählen** *n tél.* sélection interurbaine automatique; ≈**weh** *n* ⟨~(e)s⟩ nostalgie *f* des pays lointains, du départ; ≈ˌ**wirkung** *f* effet *m*, action *f* à distance; ≈ˌ**zähler** *m élect.* compteur *m* à distance; ≈ˌ**zone** *f tél.* zone interurbaine; ≈**zug** *m cf.* Fernschnellzug.

Ferri|salz ['fɛriˑˌzalts] *n* sel *m* ferrique; ~**sul'fat** *n* sulfate *m* ferrique.

Ferrit[1] [fɛ'riːt, fɛ'rɪt] *n* ⟨~s; ~e⟩ *chim.* ferrite *m*; ~[2] *m* ⟨~s; ~e⟩ *métall.* ferrite *f*; ~**an**ˌ**tenne** *f rad.* antenne *f* avec noyau en ferrite; ~ˌ**kern** *m* noyau *m* en ferrite.

Ferrizyankalium ['fɛriˑtsyˑaːn'kaːliˑʊm] *n chim.* ferricyanure *m* de potassium; prussiate *m* rouge.

Ferro|chrom [fɛroˑ'kroːm] *n métall.* ferrochrome *od.* fer-chrome *m*; ~**le**ˌ**gierung** ['fɛ-] *f* ferro-alliage *m*; ≈**ma'gnetisch** *adj.* ferromagnétique; ~**magne'tismus** *m phys.* ferromagnétisme *m*; ~**man'gan** *n* ferromanganèse *m*; ~ˌ**salz** ['fɛ-] *n* sel ferreux; ~**si'lizium** *n* ferrosilicium *m*; ~**sul'fat** *n* sulfate ferreux; ~**ti'tan** *n* ferrotitane *m*; ~**ty'pie** *f* ⟨~; -ien⟩ *phot.* ferrotypie *f*; ~**zyan'kalium** *n chim.* ferrocyanure *m* de potassium; ferroprussiate *m*; prussiate *m* jaune.

Ferse ['fɛrzə] *f* ⟨~; ~n⟩ *anat.* talon *m*; *fig.* j-m (**dicht**) **auf den** ~**n sein** être, marcher sur les talons de qn.; talonner qn.; être aux trousses de qn.; **sich an j-s** ~**n heften** s'attacher aux pas de qn.; coller aux talons de qn.; ~**n**ˌ**bein** *n anat.* calcanéum [-ɔm] *m*; ~**n**ˌ**geld** *n* F ~ **geben** décamper; prendre la poudre d'escampette; ~**n**ˌ**sehne** *f anat.* tendon *m* d'Achille.

fertig ['fɛrtɪç] *adj.* **1.** (*bereit*) prêt; **das Essen ist** ~ le repas est prêt; ~ **zur Abfahrt** prêt à partir; *Sport* **Auf die Plätze!** ≈! **Los!** à vos marques! prêts! partez!; **2.** (*beendet, abgeschlossen*) fini; terminé; achevé; *von Kleidung* tout fait; confectionné; de confection; **ich bin (mit meiner Arbeit)** ~ j'ai fini mon travail; F **mach, daß du** ~ **wirst!** dépêche-toi de finir!; **schon** ~! ça y est!; **fix und** ~ fin prêt; **3.** *fig. u.* F (*erschöpft*) épuisé; à bout; F à plat; claqué; **ich bin völlig** ~ je suis complètement claqué, *etc.*; **4.** *fig.* **mit j-m, etw. (nicht)** ~ **werden** (ne pas) venir à bout de qn., de qc.; (ne pas) avoir raison de qn.; **ohne j-n, etw.** ~ **werden** se débrouiller sans qn., sans qc.; **mit ihm ist schwer** ~ **zu werden** il est difficile de venir à bout de lui; F c'est un mauvais coucheur; **mit etw. rasch** ~ **werden** venir rapidement à bout de qc.; **sehen Sie zu, wie Sie damit** ~ **werden!** tâchez de vous en tirer!; arrangez-vous pour en venir à bout!; F **mit ihm bin ich** ~ (*auseinander*) c'est fini avec lui; F **nun bin ich aber** ~! c'est le comble!; c'est le summum [sɔmɔm]!; c'est invraisemblable!; ≈ˌ**bauweise** *f bât.* préfabrication *f*; ≈**be**ˌ**arbeitung** *f techn.* (travail *m* de) finissage *m*; ~ˌ**bringen** *v/t.* ⟨*irr.*, *sép.*, -ge-, h⟩ **es** ~, **zu** ... être capable de ...; arriver à ...; **er bringt es nicht fertig, zu** ... il est incapable de ...; **das bringt er glatt fertig!** il en est bien capable!; **das Kunststück** ~, **zu** ... réaliser, réussir le tour de force de ...; ~**en** *v/t.* ⟨h⟩ fabriquer; manufacturer; confectionner; ≈**er**ˌ**zeugnis** *n*, ≈**fabri**ˌ**kat** *n* produit fini; ≈ˌ**haus** *n* maison préfabriquée; ≈ˌ**keit** *f* ⟨~; ~en⟩ dextérité *f*; adresse *f*; habileté *f*; capacité *f*; *im Ausdruck* facilité *f* (d'élocution); ~ˌ**kriegen** *v/t.* ⟨*sép.*, -ge-, h⟩ *cf.* ~bringen; ~ˌ**machen I** *v/t.* ⟨*sép.*, -ge-, h⟩ finir; terminer; faire; *fig. u.* F **den habe ich (schön) fertiggemacht!** je lui ai donné une bonne leçon!; je l'ai achevé!; **II** *v/réfl.* **sich** ~ se préparer (à); s'apprêter (à); se disposer (à); ≈**mon**ˌ**tage** *f* montage *m* d'éléments préfabriqués; ≈**pro**ˌ**dukt** *n cf.* ≈erzeugnis; ~ˌ**stellen** *v/t.* ⟨*sép.*, -ge-, h⟩ achever; finir; terminer; ≈ˌ**stellung** *f* ⟨~⟩ achèvement *m*; ≈ˌ**stellungster**ˌ**min** *m* délai *m* d'achèvement; ≈ˌ**straße** *f Walzwerk* train finisseur; ≈**teil** *n*, *m* élément préfabriqué; ≈**ung** *f* ⟨~⟩ fabrication *f*; production *f*; confection *f*; usinage *m*; ≈**ungs**ˌ**kosten** *pl.* coût *m* de production; frais *m/pl.* de fabrication; ≈**ungs**ˌ**technik** *f* technique *f* de fabrication, d'usinage; ≈**ungs**ˌ**zeit** *f* temps *m* de fabrication, d'usinage; ≈ˌ**ware** *f cf.* ≈erzeugnis; ≈**warenindus**ˌ**trie** *f* industrie *f* de produits finis.

fes [fɛs] *n* ⟨~; ~⟩ *mus.* fa *m* bémol.

Fes [fɛs] *m* ⟨~ *od.* ~**ses**; ~ *od.* ~**se**⟩ *Kopfbedeckung* fez [fɛːz] *m*.

fesch [fɛʃ, feːʃ] F *adj.* chic; pimpant; coquet, -tte; F chouette.

Fessel ['fɛsəl] *f* ⟨~; ~n⟩ **1.** liens *m/pl.*; (*Ketten*) chaînes *f/pl.*; fers *m/pl.*; *bei Tieren* entraves *f/pl.*; *fig.* entrave *f*; **j-m** ~**n anlegen** *cf.* ≈n; **j-m die** ~**n abnehmen** délier, détacher qn.; **die** ~**n sprengen** se libérer, se dégager des entraves; **2.** *anat.* cheville *f*; *beim Pferd* paturon *m*; ~**ba**ˌ**llon** *m* ballon captif; F saucisse *f*; ≈**n** *v/t.* ⟨-ssele *od.* -ßle, h⟩ **1.** lier; attacher; ligoter; (*in Ketten legen*) mettre aux fers; enchaîner; *Tiere* entraver; **j-m die Hände** ~ lier les mains de qn. (*auch fig.*); *mit Handschellen* mettre les menottes à qn.; **2.** *fig. Aufmerksamkeit, Blick* captiver; *Zuhörer etc.* tenir sous le charme; captiver; *ans Bett* clouer; ≈**nd** *adjt. Buch, Vortrag etc.* captivant; ~**ung** *f* ⟨~; ~en⟩ *verbal.*

fest [fɛst] **1.** *adj.* (*dauerhaft, haltbar, stark*) ferme; solide; résistant; fort; *Aggregatzustand* solide; consistant; concret, -ète; compact; serré; ferme; (*unveränderlich*) fixe; permanent; stable; *Masse* compact; *Körper, Gewebe* solide; *chim.* concret, -ète; *Stoff* serré; *Fleisch* ferme; *Umrisse* net, -tte; *Händedruck* fort; solide; *Schlaf* profond; *Regel* établi; immuable; *Wohnsitz* fixe; permanent; *Währung* stable; *Kosten, Preise, Einkommen, Anstellung* fixe; *comm. Abmachung, Geschäft, Börse, Kurse* ferme; *Kapital* immobilisé; *fig. Entschluß, Absicht, Wille* ferme; *Redewendung* consacré; *chim.* ~ **werden** se solidifier; *Fette* se figer; ~ **werden lassen** concréter; ~**en Fuß fassen** prendre pied; s'établir solidement; ~**e Gestalt annehmen** prendre corps; **der** ~**en Überzeugung sein** avoir la ferme conviction; être intimement convaincu; **mit der** ~**en Absicht, zu** ... avec la ferme intention de ...; déterminé à ...; **2.** *adv.* ferme(ment); solidement; ~ **stehen** être stable; ~ **im Sattel sitzen** se tenir ferme en selle; *Schraube* ~ **anziehen** serrer à fond; *Gegenstand* ~ **anbringen** fixer; *Geld* ~ **angelegt** immobilisé; *comm.* **etw.** ~ **kaufen** acheter qc. ferme; *fig.* ~ **bleiben** tenir ferme, bon; ~ **bei etw. bleiben** persévérer dans qc.; ~ **bei s-r Meinung bleiben** rester ferme sur, maintenir ses positions; ~ **schlafen** dormir profondément, à poings fermés; ~ **versprechen** promettre ferme, formellement; **sich etw.** ~ **vornehmen** prendre la ferme résolution de faire qc.; se jurer de faire qc.; se proposer sérieusement de faire qc.; F ~**e!** 'hardi!; allez-y *bzw.* vas-y!

Fest [fɛst] *n* ⟨~**es**; ~**e**⟩ fête *f*; *großes, offizielles* gala *m*; **bewegliche, unbewegliche** ~**e** fêtes mobiles, fixes; **ein** ~ **feiern, veranstalten** faire, organiser une fête; *festlich* célébrer une fête; (**ein**) **frohes** ~! joyeuse fête!; **j-m (zu Ehren) ein** ~ **geben, veranstalten** donner, offrir, organiser une fête en l'honneur de qn.; F **es war mir ein** ~! cela a été un plaisir, un régal pour moi!; **man muß die** ~**e feiern, wie sie fallen** il ne faut pas laisser passer les occasions de fête; ~**akt** *m* cérémonie *f*; ≈ˌ**angestellt** *adjt.* qui a un emploi, un poste fixe; *Beamter* titulaire; ~ˌ**ausschuß** *m* comité *m* des fêtes; ≈ˌ**backen** *v/i.* ⟨*irr.*, *sép.*, -ge-, sein⟩ *cuis.* attacher; **festgebacken sein** avoir attaché; ~**be**ˌ**leuchtung** *f* illumination *f*; ≈**be**ˌ**soldet** *adjt. Beamter* qui reçoit un traitement fixe, des appointements fixes; ≈ˌ**binden** *v/t.* ⟨*irr.*, *sép.*, -ge-, h⟩ attacher; lier; *mar. Boot* amarrer; ≈ˌ**drehen** *v/t.* ⟨*sép.*, -ge-, h⟩ serrer (à fond); ~ˌ**essen** *n* festin *m*; banquet *m*; ≈ˌ**fahren I** *v/t.* ⟨*irr.*, *sép.*, -ge-, h⟩ *Schneedecke etc.* damer; **II** *v/réfl.* **sich** ~ *fig.* ne plus pouvoir avancer; ≈ˌ**fressen** *v/réfl.* ⟨*irr.*, *sép.*, -ge-, h⟩ **sich** ~ se gripper; ≈ˌ**frieren** *v/i.* ⟨*irr.*, *sép.*, -ge-, sein⟩ être pris dans la glace; ~ˌ**gabe** *f* cadeau *m* de fête; ~**ge**ˌ**wand** *n cf.* ~kleid; ~ˌ**halle** *f cf.* Festsaal; ≈ˌ**halten I** *v/t.* ⟨*irr.*, *sép.*, -ge-, h⟩ (re)tenir; *fig.* fixer; **etw. im Bilde** ~ fixer qc. par l'image; **II** *v/i.* **an etw.** ~ rester attaché à qc.; tenir à qc.; conserver qc.; **III** *v/réfl.* **sich** ~ se tenir, s'accrocher (à); **IV** ~ˌ**halten** *n* attachement *m*; ≈**igen** *v/t.* (*u. v/réfl.*) ⟨h⟩ (s')affermir; *Stellung, Macht auch* (se) consolider; *Währung* (se) stabiliser; *Preise* (se) raffermir; **~igˌkeit** *f* ⟨~⟩ fermeté *f* (*auch fig.*); solidité *f*; stabilité *f*; compacité *f*; consistance *f*; *techn.* résistance *f*; *der Preise* tenue *f*; stabilité *f*; **~igkeitsbeˌrechnung** *f* calcul *m* de résistance; **~igkeitsˌgrad** *m* degré *m* de résistance; **~igkeitsˌgrenze** *f* limite *f* de résistance; **~igkeitsˌlehre** *f* science *f* de la résistance des matériaux; **~igkeitsˌprüfung** *f* essai *m* de résistance; **~iˌgung** *f* ⟨~⟩ affermissement *m*; consolidation *f*; *Börse* raffermissement *m*; stabilisation *f*; die ~ des Friedens la consolidation de la paix; **~ival** ['fɛstiˑval] *n* ⟨~s; ~s⟩ festival *m* (*pl.* festivals); **2ˌkeilen** *v/t.* ⟨*sép.*, -ge-, h⟩ coincer; **2ˌkitten** *v/t.* ⟨-ete, *sép.*, -ge-, h⟩ mastiquer; **2ˌklammern I** *v/t.* ⟨-(e)re, *sép.*, -ge-, h⟩ attacher avec une agrafe; **II** *v/réfl.* sich an j-m, etw. ~ se cramponner à qn., à qc.; **2ˌkleben** *v/t.* ⟨*sép.*, -ge-, h⟩ *u. v/i.* ⟨sein⟩ coller; **~kleid** *n* habit *m* de fête; **2ˌklemmen** *v/t.* ⟨*sép.*, -ge-, h⟩ coincer; bloquer; caler; **2ˌknoten** *v/t.* ⟨-ete, *sép.*, -ge-, h⟩, **2ˌknüpfen** *v/t.* ⟨*sép.*, -ge-, h⟩ attacher; nouer; **~ˌkörper** *m* corps *m* solide; **~ˌkraftstoff** *m* carburant *m* solide; **~land** *n* continent *m*; terre *f* ferme; **2ˌländisch** *adj.* continental; **2ˌlegen I** *v/t.* ⟨*sép.*, -ge-, h⟩ fixer; *Zeitpunkt, Einzelheiten e-s Planes etc. auch* arrêter; *Kurs, Reiseroute, Grenze, Richtlinien auch* établir; *comm. Kapital* immobiliser; investir; *vertraglich* stipuler; etw. gesetzlich ~ définir qc. par la loi; etw. im voraus ~ préfixer qc.; **II** *v/réfl.* sich ~ s'engager; s'avancer; **~ˌlegung** *f* ⟨~⟩ fixation *f*; *e-r Reiseroute, Grenze, Richtlinie, des Weges* établissement *m*; *comm. von Kapital* immobilisation *f*; investissement *m*; vertragliche ~ stipulation *f*; **2lich 1.** *adj.* de fête; solennel, -lle; ~e Veranstaltung manifestation solennelle; ~e Stimmung ambiance de fête; ein ~er Anblick un spectacle de fête; **2.** *adv.* ~ begehen fêter; célébrer; ~ empfangen accueillir solennellement; faire fête (à); ~ geschmückt décoré pour une fête; ~ gekleidet en habits de fête; endimanché; **~lichˌkeit** *f* ⟨~; ~en⟩ **1.** festivité *f*; **2.** air *m*, caractère *m* de fête; solennité *f*; **2ˌliegen** *v/i.* ⟨*irr.*, *sép.*, -ge-, h⟩ *Datum etc.* être fixé; *Kapital* être immobilisé, investi; *von Fahrzeugen, Schiffen* être immobilisé; **2ˌliegend** *adjt. comm.* ~e Gelder capitaux immobilisés; **~macheˌboje** *f mar.* bouée *f* coffre, meule; **2ˌmachen I** *v/t.* ⟨*sép.*, -ge-, h⟩ **1.** fixer; assujettir; attacher; serrer; *mar.* amarrer; **2.** *comm. Handel* conclure; **3.** *fig.* (*vereinbaren*) *Termin etc.* fixer; arrêter; **II** *v/i. mar.* s'amarrer; **III ~ˌmachen** *n* ⟨~s⟩ *mar.* amarrage *m*; *sonst verbal*; **~mahl** *n cf.* ~essen; **~ˌmeter** *m* mètre *m* cube; **2ˌnageln** *v/t.* ⟨-(e)le, *sép.*, -ge-, h⟩ clouer; *fig.* j-n (auf etw.) ~ coincer qn. (sur, par qc.); **2ˌnähen** *v/t.* ⟨*sép.*, -ge-, h⟩ coudre; **~ˌnahme** *f* ⟨~⟩ arrestation *f*; vorläufige ~ arrestation provisoire; **2ˌnehmen** *v/t.* ⟨*irr.*, *sép.*, -ge-, h⟩ arrêter; mettre (qn.) en état d'arrestation; appréhender; **~oˌfferte** *f comm.* offre *f* ferme.

Feston [fɛsˈtõː, -ˈtɔŋ] *n* ⟨~s; ~s⟩ *bât. Ornament, cout.* feston *m*.

Fest|ordner [ˈfɛstˌˀɔrdnər] *m* surveillant *m* d'une fête; **~ˌordnung** *f* programme *m* d'une fête; **~platz** *m* place *f* des fêtes; **~preis** *m comm.* prix *m* fixe; **~punkt** *m Vermessung, Wärmelehre* (point *m* de) repère *m*; **~ˌrede** *f* discours *m* de fête; **~ˌredner** *m* orateur *m* de la fête; **2ˌrosten** *v/i.* ⟨-ete, *sép.*, -ge-, sein⟩ se coincer par la rouille; **~saal** *m* salle *f* des fêtes; **2ˌsaugen** *v/réfl.* ⟨*sép.*, -ge-, h⟩ sich ~ s'appliquer par ventouse; *Tiere* se fixer par succion; **2ˌschnallen** *v/t.* (*u. v/réfl.*) ⟨*sép.*, -ge-, h⟩ fixer; (s')attacher; **2ˌschrauben** *v/t.* ⟨*sép.*, -ge-, h⟩ visser; **~schrift** *f* (livre *m* en) hommage *m* à qn.; **2ˌsetzen I** *v/t.* ⟨-(es)t, *sép.*, -ge-, h⟩ **1.** *Preis, Löhne, Frist etc.* fixer; établir; *Termin auch* arrêter; *cf. auch* festlegen; **2.** (*gefangennehmen*) emprisonner; **II** *v/réfl.* sich ~ *techn.* se coincer; **~ˌsetzung** *f* ⟨~⟩ fixation *f*; établissement *m*; **2ˌsitzen** *v/i.* ⟨*irr.*, *sép.*, -ge-, h⟩ **1.** *Keil etc.* (*gut halten*) être solidement fixé; tenir bien; **2.** (*klemmen*) être coincé, enrayé, bloqué; **3.** *Fahrzeuge etc.* être en panne (*auch fig.*); *fig. bei e-r Arbeit etc.* être arrêté; **~ˌspiele** *n/pl.* festival *m* (*pl.* festivals); **~spielˌhaus** *n* théâtre *m* du festival; **~spielˌwoche** *f* (semaine *f* du) festival *m*; **2ˌstampfen** *v/t.* ⟨*sép.*, -ge-, h⟩ pilonner; damer; tasser; fouler; **2ˌstehen** *v/i.* ⟨*irr.*, *sép.*, -ge-, h⟩ être certain; être (bien) établi; es steht fest, daß ... il est établi, avéré, certain que ...; il est de fait que ...; soviel steht fest ... ce qui est certain, c'est que ...; immerhin, jedenfalls steht fest, ... toujours est-il que ...; **2ˌstehend** *adjt.* fixe; immobile; *fig.* certain; ~e Redensart locution toute faite, consacrée; **2stellˌbar** *adj. Tatsachen* à constater; constatable; *techn.* qui peut être bloqué; **2ˌstellen** *v/t.* ⟨*sép.*, -ge-, h⟩ **1.** *techn.* bloquer; caler; **2.** *fig. offensichtliche Tatsachen* constater; *durch Prüfung* établir; *Ursache* déterminer; établir; *Krankheit* diagnostiquer; *Echtheit* constater; établir; *Tod, Irrtum, technische Fehler* constater; *Personalien etc.* (*nachsehen*) vérifier; der Arzt stellte als Ursache der Krankheit ... fest le médecin constata que la maladie était due à ..., que la cause de la maladie était ...; ~, daß ... constater que ...; *nach Prüfung auch* établir que ...; ~, ob ... vérifier si ...; regarder si ...; abschließend ~ établir, déterminer en fin de compte; **~ˌsteller** *m* ⟨~s; ~⟩ *cf.* ~stelltaste; **~stellˌhebel** *m* levier *m* de blocage; **~stellˌtaste** *f e-r Schreibmaschine* touche *f* de blocage; **~ˌstellung** *f* **1.** *techn.* blocage *m*; **2.** *fig.* constatation *f*; *e-r Ursache, der Identität* établissement *m*; *e-r Ursache auch* détermination *f*; *von Personalien etc.* vérification *f*; **~stellungsˌklage** *f jur.* action *f* en constatation (de droit); **~stellungsˌurteil** *n jur.* jugement déclaratif; **~stellˌvorrichtung** *f* dispositif *m* de blocage; **~stoffraˌkete** *f* fusée *f* à combustible solide; **~tag** *m* jour *m* de fête; (*Feiertag*) jour férié; **2ˌtäglich** *adj. u. adv.* (de jour) de fête; **2ˌtreten** *v/t.* ⟨*irr.*, *sép.*, -ge-, h⟩ *Erde etc.* damer; fouler; *auf dem Boden* écraser; **~ung** *f* ⟨~; ~en⟩ *milit.* forteresse *f*; (*befestigter Ort*) place forte; **~ungsartilleˌrie** *f* artillerie *f* de forteresse; **~ungsˌbau** *m* ⟨~(e)s; ~ten⟩ fortification(s) *f* (*pl.*); **~ungsgeˌschütz** *n* pièce *f* de place forte; **~ungsˌgraben** *m* fossé *m* de forteresse; **~ungsˌgürtel** *m* ceinture fortifiée, de forts; **~ungsˌhaft** *f* arrêts *m/pl.* de forteresse; **~ungsˌkrieg** *m* guerre *f* de siège; **~ungsˌwall** *m* rempart *m*; **~ungsˌwerk** *n* (ouvrage[s] *m*[*pl.*] de) fortification(s) *f* (*pl.*); **~verˌsammlung** *f* assemblée *f*; hochverehrte ~! *etwa* mesdames, messieurs!; **2verˌzinslich** *adj. comm.* à intérêts fixes; à revenu fixe; **2ˌwachsen** *v/i.* ⟨*irr.*, *sép.*, -ge-, sein⟩ s'attacher (an à); adhérer (à); prendre; **~ˌwagen** *m bei Umzügen* char *m* de fête; **~ˌwiese** *f* champ *m* de foire; **~zelt** *n* tente *f* (d'une foire); **~zug** *m* cortège *m*; défilé *m*.

fetal [feˑˈtaːl] *adj. biol.* fœtal [fe-].

Fetisch [ˈfeːtɪʃ] *m* ⟨~es; ~e⟩ fétiche *m*; **~ismus** [-ˈʃɪs-] *m* ⟨~⟩ fétichisme *m*; **~ist** [-ˈʃɪst] *m* ⟨~en; ~en⟩ fétichiste *m*.

fett [fɛt] **I 1.** *adj.* gras, -sse; (*~leibig*) obèse; dick und ~ gros et gras; ~ werden engraisser; prendre de l'embonpoint; *fig.* ein ~er Bissen un gros morceau; F das macht den Kohl nicht ~ *cf.* Kohl **1.**; selber essen macht ~ *cf.* essen; **2.** *adv.* ~ drucken imprimer en caractères gras; **II 2** *n* ⟨~(e)s; ~e⟩ graisse *f*; (*Speise2*) *auch* matières grasses; tierisches ~ graisse animale; *chim.* die ~e les corps gras; *Biochemie* les lipides *m/pl.*; ~ ansetzen engraisser; das ~ abschöpfen dégraisser (qc.); F j-m sein ~ geben donner à qn. ce qu'il mérite; (d)er hat sein ~ (weg) ça lui apprendra; **2ˌablagerung** *f* dépôt *m* de graisse; **2ˌabscheider** *m* ⟨~s; ~⟩ séparateur *m* de graisse; **2ˌansatz** *m* graisse *f*; **~arm** *adj.* peu gras, -sse; pauvre en graisse; **~ˌartig** *adj.* adipeux, -euse; lipoïde; **2ˌauge** *n Bouillon etc.* œil *m* (de bouillon); **2ˌbildung** *f* formation *f* de graisse; **2druck** *m impr.* impression *f* en caractères gras; **2e** *f* ⟨~⟩ *cf.* 2heit; **2e(s)** *n* ⟨→ A⟩ gras *m*; **~en I** *v/t.* ⟨-ete, h⟩ graisser; *techn. auch* lubrifier; **II 2en** *n* ⟨~s⟩ graissage *m*; lubrification *f*; **2ˌfarbstoffe** *m/pl.* colorants *m/pl.* gras; **2ˌfleck(en)** *m* tache *f* de graisse; **2fleckenˌkrankheit** *f bot.* graisse *f* des 'haricots; **2fleckphotoˌmeter** *n* photomètre *m* de Bunsen [bœ̃zɛn, bɛ̃-], à tache d'huile; **2ˌflosse** *f zo. bei Lachsen etc.* nageoire dorsale; **~geˌdruckt** *adjt.* imprimé en caractères gras; **2geˌhalt** *m* teneur *f* en graisse; **2geˌschwulst** *f méd.* lipome *m*; **2geˌwebe** *n* tissu adipeux; pannicule adipeux, graisseux; **~ˌhaltig** *adj.* contenant de la graisse; gras, -sse; *Gewebe* adipeux, -euse; **2ˌhärtung** *f chim.* hydrogénation *f* des corps gras; **2heit** *f* ⟨~⟩ (*Fettleibigkeit*) obésité *f*; **2ˌhenne** *f bot.* orpin *m*; **~ig** *adj.* graisseux, -euse; gras, -sse; onctueux, -euse; **2igˌkeit** *f* ⟨~⟩ onctuosité *f*; **2kalk** *m* chaux grasse; **2kloß** *m cf.* 2wanst; **2ˌklumpen** *m* morceau *m* de graisse; **2ˌkohle** *f* charbon gras; **2kraut** *n bot.* grassette *f*; **2ˌleber** *f méd.* cirrhose graisseuse; **~ˌleibig** *adj.* obèse; **2ˌleibigˌkeit** *f* ⟨~⟩ obésité *f*; embonpoint *m*; **~ˌlöslich** *adj.* lipolytique; **2ˌmenge** *f* quantité *f* de graisse; **2ˌnäpfchen** *n* ⟨~s; ~⟩ *fig.* ins ~ treten mettre les pieds dans le plat; **2ˌpflanze** *f* plante grasse; **2ˌpolster** *n* bourrelet *m* de graisse; **2ˌpresse** *f mot.* pompe *f* à graisse; **2ˌsalbe** *f phm.* pommade grasse; onguent *m*; **2ˌsäure** *f chim.* acide gras; **2schicht** *f* couche de graisse, adipeuse; **2ˌschmierung** *f mot.* lubrification *f* à graisse; **2schweiß** *m Wolle* suint *m*; **~ˌspaltend** *adjt. chim.* hydrolysant les lipides; **2ˌspritze** *f mot.* seringue *f* à graisse; **2steiß** *m* stéatopygie *f*; **2sucht** *f* ⟨~⟩ adipose *f*; *partielle* adiposité *f*; **~ˌsüchtig** *adj.* atteint d'adiposité; **~ˌtriefend** *adjt.* dégouttant de graisse; **2wanst** *m* F *Person* pansu *m*; ventru *m*; **2ˌwolle** *f* laine *f* surge, en suint; **2wulst** *m* bourrelet *m*, pli *m* de graisse; **2ˌzelle** *f* cellule adipeuse.

Fetus ['feːtʊs] *m* ⟨~ses; ~se⟩ *biol.* fœtus [fetys] *m.*

Fetzen ['fɛtsən] *m* ⟨~s; ~⟩ (*Schnitzel, kleines Stück*) morceau *m*; bout *m*; lambeau *m* (*auch Wolken*2); (*Lumpen, Lappen*) loque *f*; guenille *f*; 'haillon *m*; chiffon *m*; ein ~ Papier un morceau de papier; *wertloser* un chiffon de papier; etw. in lauter ~ zerreißen déchirer qc. en mille morceaux; *Stoff* mettre qc. en lambeaux; die Kleider hingen ihm in ~ vom Leibe ses vêtements s'en allaient par lambeaux; F (arbeiten), daß die ~ fliegen (travailler) avec rage; ~ˌ**fisch** *m zo.* phylloptéryx *m.*

feucht [fɔʏçt] *adj. Luft etc.* humide; *Haut* moite; *Boden, Gras auch* mouillé; ~ machen *cf.* anfeuchten; ~ werden s'humidifier; devenir humide; s'humecter; ~e Augen des yeux humides; F das geht dich e-n ~en Kehricht an! ça ne te regarde pas!; occupe-toi de tes oignons!; ~'**fröhlich** *adj.* ~er Abend soirée rendue gaie par l'alcool; 2**ig**ˌ**keit** *f* ⟨~⟩ humidité *f*; *der Haut* moiteur *f*; *physiol.* sérosité *f*; relative ~ der Luft humidité relative de l'air; vor ~ (zu) schützen tenir à l'abri de l'humidité; protéger contre l'humidité; ~ anziehend hygroscopique; ~**igkeitsbe**ˌ**ständig** *adj.* imperméable, résistant à l'humidité; non hygroscopique; 2**igkeitsge**ˌ**halt** *m* état *m* hygroscopique; teneur *f* en humidité; 2**igkeits**ˌ**grad** *m* degré *m* d'humidité; 2**igkeits**ˌ**menge** *f* quantité *f* d'humidité; 2**igkeits**ˌ**messer** *m* ⟨~s; ~⟩ hygromètre *m*; psychromètre *m*; 2**igkeits**ˌ**prüfung** *f* épreuve *f* hygrométrique; conditionnement *m*; 2**igkeits**ˌ**überschuß** *m* excès *m* d'humidité; ~**kalt** *adj.* froid et humide; 2**raum**ˌ**leitung** *f élect.* câble *m* hydrofuge; ~**warm** *adj.* chaud et humide; *Klima auch* mou, molle.

feudal [fɔʏ'daːl] **1.** *adj. hist.* féodal; *fig. u.* F magnifique; somptueux, -euse; F formidable; **2.** *adv.* ~ eingerichtet magnifiquement, somptueusement installé; 2ˌ**herrschaft** *f hist.* féodalité *f*; 2**ismus** [-'lɪs-] *m* ⟨~⟩ féodalisme *m*; 2ˌ**staat** *m hist.* État féodal; 2**sys**ˌ**tem** *n* système féodal.

Feuer ['fɔʏər] *n* ⟨~s; ~⟩ feu *m* (*auch milit., mar., von Edelsteinen, Pferden u. fig.*); *von Pferden u. fig. auch* fougue *f*; ardeur *f*; *hell aufloderndes* flambée *f*; (*Brand*) *auch* incendie *m*; ~! au feu!; *milit.* feu!; offenes ~ feu nu; bengalisches ~ feu de Bengale; ~ anmachen faire du feu; allumer le feu; das ~ schüren attiser, tisonner le feu; ~ anlegen mettre le feu (à); incendier (qc.); ins ~ werfen jeter au feu; ~ fangen prendre feu; s'enflammer (*auch fig.*); j-m ~ geben donner du feu à qn.; bei, auf kleinem, schwachem ~ à petit feu; *milit.* das ~ eröffnen ouvrir le feu; das ~ einstellen cesser le feu; ~ geben (*schießen*) faire feu; *fig.* wie ~ brennen *Wunde etc.* brûler comme du feu; ~ und Flamme für j-n, etw. sein être tout feu tout flamme pour qn., pour qc.; dafür lege ich meine Hand ins ~ j'en mettrais ma main au feu; für j-n, etw. durchs ~ gehen se jeter à l'eau pour qn., pour qc.; passer à travers le feu pour qn., pour qc.; die Kastanien für j-n aus dem ~ holen tirer les marrons du feu pour qn.; mit dem ~ spielen jouer avec le feu; zwischen zwei ~n entre deux feux; Öl ins ~ gießen jeter de l'huile sur le feu; mehrere Eisen im ~ haben *cf.* Eisen; gebranntes Kind scheut das ~ *prov.* chat échaudé craint l'eau froide *prov.*; ~**a**ˌ**larm** *m* alerte *f* d'incendie; ~ˌ**anbeter** *m* ⟨~s; ~⟩ ignicole *m*; adorateur *m* du feu; ~ˌ**anzünder** *m* ⟨~s; ~⟩ allume-feu *m*; allumoir *m*; ~**be**ˌ**kämpfung** *f* lutte *f* contre le feu; 2**be**ˌ**ständig** *adj.* résistant au feu; ~**be**ˌ**ständig**ˌ**keit** *f* résistance *f* au feu; ~**be**ˌ**stattung** *f* incinération *f*; crémation *f*; ~ˌ**bock** *m Kamin* chenet *m*; ~ˌ**bohne** *f bot.* 'haricot *m* d'Espagne; ~ˌ**boje** *f mar.* balise lumineuse; ~ˌ**büchse** *f e-r Lokomotive etc.* boîte *f* à feu; foyer *m*; ~ˌ**dorn** *m* ⟨~(e)s; ~e⟩ *bot.* buisson ardent; pyracanthe *m*; ~ˌ**eifer** *m* zèle ardent; ~ˌ**einstellung** *f milit.* cessez-le-feu *m*; ~**er**ˌ**öffnung** *f milit.* ouverture *f* du feu; 2ˌ**fest** *adj.* réfractaire; à l'épreuve du feu; (*künstlich* ~ *gemacht*) ignifugé; (*nicht brennbar*) incombustible; (*nicht entzündbar*) ininflammable; ~es Glas verre à feu; ~er Ton argile réfractaire; ~e Ziegel briques réfractaires; ~er Geldschrank coffre-fort incombustible; ~e Kleidung vêtements ignifugés; ~ˌ**festig**ˌ**keit** *f* résistance *f* au feu; incombustibilité *f*; ininflammabilité *f*; 2ˌ**flüssig** *adj.* fondu; en fusion; 2ˌ**fressend** *adjt.* ignivore; ~ˌ**garbe** *f milit.* gerbe *f* de feu; ~**ge**ˌ**fahr** *f cf.* Feuersgefahr; 2**ge**ˌ**fährlich** *adj.* inflammable; ~e Stoffe matières inflammables; ~**ge**ˌ**schwindigkeit** *f milit.* rapidité *f* du tir; ~**ge**ˌ**wölbe** *n* voûte *f* du foyer; ~ˌ**haken** *m Feuerwehr* croc [-o] *m* à incendie; (*Schüreisen*) tisonnier *m*; attisoir *m*; pique-feu *m*; 2ˌ**hemmend** *adjt.* ignifuge; ~ˌ**käfer** *m zo.* pyrochre *f*; ~ˌ**kult** *m* culte *m* du feu; ~ˌ**leiter** *f* échelle *f* à incendie; ~ˌ**lilie** *f bot.* lis orangé; ~ˌ**löschappa**ˌ**rat** *m* appareil extincteur; ~ˌ**löscher** *m* ⟨~s; ~⟩ extincteur *m*; ~ˌ**löschge**ˌ**rät** *n cf.* ~löschapparat; ~ˌ**lösch**ˌ**mittel** *n* produit extincteur; ~ˌ**lösch**ˌ**wesen** *n* service *m* incendie; ~ˌ**mal** *n path.* tache *f* de vin; angiome plan; ~ˌ**melder** *m* avertisseur *m* d'incendie.

feuern ['fɔʏərn] **I** *v/t.* ⟨-(e)re, h⟩ **1.** *Ofen* alimenter; **2.** *fig. u.* F (*werfen*) jeter; F balancer; **II** *v/i.* **3.** *mit Holz, Kohle* chauffer; **4.** *milit.* (*schießen*) faire feu; tirer.

Feuer|nelke ['fɔʏərˌnɛlkə] *f bot.* croix *f* de Jérusalem *od.* de Malte; *sc.* lychnis [liknis] *m* chalcedonica; ~ˌ**pause** *f milit.* arrêt *m* du tir; ~ˌ**probe** *f hist.* (*Gottesurteil*) *u. techn.* épreuve *f* du feu; *fig.* die ~ bestehen passer par le creuset; ~ˌ**rad** *n Feuerwerk* roue *f* de feu; ~ˌ**raum** *m cf.* ~ungsraum; ~ˌ**regen** *m Feuerwerk* pluie *f* de feu; ~ˌ**rost** *m* grille *f*; 2ˌ**rot** *adj.* rouge vif, feu, ardent; *Haar* roux flamboyant, rousse flamboyante; *von e-r Person* ~ werden devenir cramoisi, écarlate; ~**sala**ˌ**mander** *m zo.* salamandre *f* terrestre; ~ˌ**säule** *f* colonne *f* de feu; ~**s**ˌ**brunst** *f* grand incendie; embrasement *m*; ~ˌ**schaden** *m* dommage causé par le feu; sinistre *m*; ~ˌ**schein** *m am Kamin etc.* lueur *f* du feu; *e-s Brandes* lueur *f* d'incendie; ~ˌ**schiff** *n mar.* bateau-phare *m*; bateau-feu *m*; ~ˌ**schirm** *m* garde-feu *m*; écran *m*; ~ˌ**schott** *n* paroi *f*, cloison *f* pare-feu, de protection contre le feu; ~ˌ**schutz** *m milit.* feu *m* de protection; ~ˌ**schutz**ˌ**anstrich** *m* peinture *f* ignifuge; ~ˌ**schwamm** *m bot.* amadou *m*; ~ˌ**schweißung** *f* soudure *f* au feu; ~**s**ˌ**ge**ˌ**fahr** *f* danger *m*, risque *m* d'incendie; 2ˌ**sicher** *adj. cf.* feuerfest; 2ˌ**speiend** *adjt.* qui vomit, crache du feu; ignivome; ~er Berg volcan *m*; ~ˌ**spritze** *f* lance *f* à incendie; ~ˌ**stahl** *m hist.* briquet *m*; ~ˌ**stätte** *f* foyer *m*; ~ˌ**stein** *m* pierre *f* à feu; silex *m*; *für Feuerzeuge* pierre *f* à briquet; ~ˌ**stelle** *f cf.* ~stätte; ~ˌ**stellung** *f milit.* in ~ en position de batterie, de tir; ~ˌ**stoß** *m milit.* rafale *f*; ~ˌ**strahl** *m* jet *m* de flammes; ~ˌ**taufe** *f milit.* baptême *m* du feu; ~ˌ**tod** *m hist.* supplice *m* du feu; ~ˌ**tür** *f* porte *f* de foyer; ~ˌ**über**ˌ**fall** *m milit.* tir *m* de surprise; ~**ung** *f* ⟨~⟩ **a)** ⟨*pl.* ~en⟩ *Anlage* four *m*; fourneau *m*; (installation *f* de) chauffe *f*; automatische ~ foyer automatique; **b)** (*Heizung*) chauffage *m*; chauffe *f*; **c)** (*Heizmaterial*) combustible *m*; ~**ungs**ˌ**anlage** *f* (installation *f* de) chauffage *m*; ~**ungs**ˌ**raum** *m métall.* chauffe *f*; *e-r Ziegelei, e-s Schiffes* chaufferie *f*; ~**ver**ˌ**goldung** *f* dorure *f* à chaud; ~**ver**ˌ**sicherung** *f* assurance *f* incendie; ~**ver**ˌ**sicherungs**ˌ**anstalt** *f*, ~**ver**ˌ**sicherungsge**ˌ**sellschaft** *f* compagnie *f* d'assurance incendie; ~**ver**ˌ**sicherungspo**ˌ**lice** *f* police *f* d'assurance incendie; ~**ver**ˌ**sicherungs**ˌ**prämie** *f* prime *f* d'assurance incendie; 2**ver**ˌ**zinkt** *adjt.* galvanisé, zingué à chaud; ~**ver**ˌ**zinkung** *f* ⟨~⟩ galvanisation *f* à chaud; 2**ver**ˌ**zinnt** *adjt.* étamé à chaud; ~**ver**ˌ**zinnung** *f* ⟨~⟩ étamage *m* à chaud; ~ˌ**wache** *f* poste *m*, caserne *f* de pompiers; ~ˌ**waffe** *f* arme *f* à feu; ~ˌ**walze** *f milit.* barrage roulant; ~ˌ**wanze** *f zo.* diable *m*; *sc.* pyrrhocoris *m*; ~ˌ**wasser** *n* ⟨~s⟩ (*Branntwein*) eau *f* de feu; ~ˌ**wehr** *f* ⟨~; ~en⟩ (corps *m* des sapeurs-)pompiers *m/pl.*; die ~ alarmieren avertir les pompiers; F das geht wie die ~ cela va à toute vitesse; ça fonce; ~**wehr**ˌ**ausrüstung** *f* équipement *m* des (sapeurs-)pompiers; ~**wehr**ˌ**helm** *m* casque *m* de pompier; ~**wehr**ˌ**leiter** *f* échelle *f* d'incendie, de pompiers; ~**wehr**ˌ**mann** *m* ⟨~(e)s; ~er *od.* -leute⟩ (sapeur-)pompier *m*; ~**wehr**ˌ**schlauch** *m* tuyau *m* d'incendie; ~**wehr**ˌ**übung** *f* exercice *m* des pompiers; ~ˌ**werk** *n* feu *m* d'artifice; ~ˌ**werker** *m* ⟨~s; ~⟩ pyrotechnicien *m*; artificier *m*; ~**werke'rei** *f* ⟨~⟩ pyrotechnie *f*; ~**werks**ˌ**körper** *m* pièce *f* d'artifice; ~ˌ**zange** *f* pincettes *f/pl.* de cheminée; ~ˌ**zangen**ˌ**bowle** *f* punch [pɔ̃ʃ] (chaud flambé); ~ˌ**zeug** *n* briquet *m*; ~ˌ**zug** *m Kamin etc.* carneau *m.*

Feuilleton [fœj(ə)'tõː, 'fœj(ə)tõː, -tɔŋ] *n* ⟨~s; ~s⟩ partie *f*, page *f* littéraire; *hauptsächlich Fortsetzungsroman* feuilleton *m*; ~**ist** [-'nɪst] *m* ⟨~en; ~en⟩ rédacteur *m* d'articles culturels; feuilletoniste *m*; 2**istisch** [-'nɪs-] *adj.* de feuilleton; ~ˌ**stil** *m* style *m* de feuilleton.

feurig ['fɔʏrɪç] *adj.* ardent; enflammé; plein de flamme; fougueux, -euse; *Rede, Blick* enflammé; *Pferd* fougueux, -euse; *Wein* généreux, -euse; chaud.

Fez [feːts] *m* ⟨~es⟩ F (*Spaß, Unsinn*) rigolade *f*; ~ machen rigoler; faire le(s) fou(s), la foire.

Fiale [fi'aːlə] *f* ⟨~; ~n⟩ *bât.* pinacle *m.*

Fiasko [fi'asko·] *n* ⟨~s; ~s⟩ fiasco *m*; *thé. auch* four *m*; ~ machen faire fiasco.

Fibel ['fiːbəl] *f* ⟨~; ~n⟩ **1.** (*Schul*2) abécédaire *m*; alphabet *m*; **2.** *hist.* (*Spange*) fibule *f.*

Fiber ['fiːbər] *f* ⟨~; ~n⟩ fibre *f.*

Fibrille [fi'brɪlə] *f* ⟨~; ~n⟩ *text., biol.* fibrille *f.*

Fibrin [fi'briːn] *n* ⟨~s⟩ *Biochemie* fi-[brine *f.*]

Fibroin [fiˑbroˑˈiːn] *n* ⟨~s⟩ *chim.* fibroïne *f.*
Fibr|om [fiˈbroːm] *n* ⟨~s; ~e⟩ *méd.* fibrome *m*; **2ös** *adj.* fibreux, -euse.
Fibula [ˈfiːbuˑla] *f* ⟨~; -lä⟩ *anat.* péroné *m.*
ficht [fɪçt] *cf.* fechten.
Fichte [ˈfɪçtə] *f* ⟨~; ~n⟩ *bot.* épicéa *m*; (*Rot*2) sapin *m* rouge; **2n** *adj.* en bois d'épicéa; **~nˌharz** *n* résine *f* d'épicéa; **~nˌholz** *n* bois *m* d'épicéa; **~nˌlohe** *f* tan *m* d'épicéa; **~nˌnadel** *f* aiguille *f* d'épicéa; **~nnadelexˌtrakt** *m* extrait *m* d'aiguilles de pin (pour sels de bain); **~nˌspargel** *m bot.* monotrope *m*; **~nˌwald** *m* forêt *f* d'épicéas; **~nˌzapfen** *m* cône *m* d'épicéa.
ficken [ˈfɪkən] V *v/t. u. v/i.* ⟨h⟩ V baiser.
Fidel [ˈfiːdəl] *f* ⟨~; ~n⟩ *mus.* vièle *f.*
fidel [fiˈdeːl] *adj.* gai; joyeux, -euse; enjoué; de bonne humeur.
Fidibus [ˈfiːdiˑbus] *m* ⟨~ *od.* ~ses; ~ *od.* ~se⟩ petite torche de papier (pour allumer qc.).
Fieber [ˈfiːbər] *n* ⟨~s; ~⟩ fièvre *f* (*auch fig.*); température *f*; **hohes ~** forte fièvre; F fièvre de cheval; **~ haben** avoir de la fièvre, de la température; **das ~ messen** prendre la température; **~ˌanfall** *m* accès *m*, poussée *f* de fièvre, fébrile; **2ˌartig** *adj.* fébrile; fiévreux, -euse; **~ˌbaum** *m cf.* Chinarindenbaum; **~deˌlirium** *n* délire *m* fébrile; **2ˌfrei** *adj.* sans fièvre; *sc.* apyrétique; *Kranker* **~ sein** ne plus avoir de fièvre; **~ˌfrost** *m* frissons *m/pl.* de fièvre; **~ˌglut** *f cf.* ~hitze; **2ˌhaft 1.** *adj.* fiévreux, -euse; fébrile (*beide auch fig.*); **2.** *adv.* fiévreusement; avec fièvre; **~ nach etw. suchen** chercher qc. fiévreusement, avec fièvre; **~ˌhaftigkeit** *f* ⟨~⟩ fébrilité *f*; **~ˌhitze** *f* chaleur *f* fébrile; **2ig** *adj.* fébrile; fiévreux, -euse; **2ˌkrank** *adj.* fiévreux, -euse; qui a de la température; **~ˌkranke(r)** *f* (*m*) fiévreux, -euse *m, f*; **~ˌkurve** *f* courbe *f* de température; **~ˌmittel** *n* fébrifuge *m*; antipyrétique *m*; antipyrine *f*; **~ˌmücke** *f zo.* anophèle *m*; **2n** *v/i.* ⟨-(e)re, h⟩ avoir, faire de la fièvre; être fiévreux, -euse; avoir de la température; **~phantaˌsie** *f* divagations *f/pl.*, hallucinations *f/pl.* dues à la fièvre; **~ˌpuls** *m* pouls *m* fébrile; **~ˌrinde** *f cf.* Chinarinde; **~ˌschauer** *m cf.* ~frost; **~taˌbelle** *f* feuille *f* de température; **~thermoˌmeter** *n* thermomètre médical; **~verˌlauf** *m* évolution *f* de la fièvre; **2verˌtreibend** *adjt.* fébrifuge; **~ˌwahn** *m cf.* ~delirium.
Fiedel [ˈfiːdəl] *f* ⟨~; ~n⟩ F (*Geige*) violon *m*; **2n** *v/i.* ⟨-(e)le, h⟩ F racler du violon.
fiel [fiːl] *cf.* fallen.
fies [fiːs] *adj.* F (*ekelhaft, widerwärtig*) dégoûtant; désagréable.
Figur [fiˈguːr] *f* ⟨~; ~en⟩ *Eislauf, Kartenspiel, Kunst, rhét., mus., math.* figure *f*; *Schachspiel* pièce *f*; (*Körperwuchs*) silhouette *f*; **sie hat e-e gute ~** elle est bien faite, proportionnée; **die ~ zur Geltung bringen** mettre le corps, la silhouette en valeur; *fig.* **e-e gute ~ machen** se montrer à son avantage; faire bonne figure; **~almuˌsik** [-ˈrɑːl-] *f* musique figurée.
Figürchen [fiˈgyːrçən] *n* ⟨~s; ~⟩ figurine *f.*
Figur|enlaufen [fiˈguːrənˌlaufən] *n cf.* Eiskunstlauf; **2iert** [-ˈriːrt] *adjt. mus.* figuré; **~ine** [-ˈriːnə] *f* ⟨~; ~n⟩ **1.** (*Modell für Theaterkostüm*) croquis *m* de costume; **2.** (*kleine Statue*) figurine *f.*
figürlich [fiˈgyːrlɪç] **1.** *adj.* figuré; **im ~en Sinn(e)** au (sens) figuré; **2.** *adv.* au figuré; figurément.
Fikt|ion [fɪktsiˑˈoːn] *f* ⟨~; ~en⟩ fiction *f* (*auch jur.*); **2iv** [-ˈtiːf] *adj.* fictif, -ive.
Filet [fiˈleː] *n* ⟨~s; ~s⟩ *cuis., impr., Netzstoff* filet *m*; **~ˌarbeit** *f Stickerei* filet *m*; **~ˌbraten** *m cuis.* rôti *m* dans le filet; **~ˌnadel** *f Stickerei* navette *f*; aiguille *f* à filet; **~ˌsteak** *n cuis.* bifteck *m* dans le filet.
Filial|betrieb [fiˑliˑˈɑːlbəˌtriːp] *m* maison *f* à succursales multiples; **~e** *f* ⟨~; ~n⟩ *comm.* succursale *f*; **~geˌschäft** *n cf.* ~e; **~ˌleiter** *m* gérant *m* de succursale; **~ˌnetz** *n* réseau *m* de succursales; **~unterˌnehmen** *n* entreprise *f* à succursales multiples.
Filiation [fiˑliˑatsiˑˈoːn] *f* ⟨~⟩ (*Abstammung*) filiation *f.*
Filigran|(arbeit) [fiˑliˑˈgrɑːn(ˌʔarbaɪt)] *n* ⟨~s; ~e⟩ (*f*) filigrane *m*; **~ˌglas** *n cf.* Fadenglas.
Film [fɪlm] *m* ⟨~(e)s; ~e⟩ film *m*; (*Filmstreifen*) *auch* pellicule *f*; *par ext.* cinéma *m*; **lichtempfindlich gemachter ~** pellicule sensibilisée; **dreidimensionaler ~** film en cinérama, en relief; **e-n ~ einlegen** mettre un film, une pellicule; **e-n ~ drehen** tourner un film; **e-n ~ vorführen** projeter, passer, présenter un film; **in e-m ~ mitwirken, mitspielen** jouer dans un film; F **er ist beim ~** il est dans le cinéma; F **zum ~ wollen** vouloir faire du cinéma; **~arˌchiv** *n* cinémathèque *f*; filmothèque *f*; **~ateliˌer** *n cf.* ~studio; **~ˌaufnahme** *f* prise *f* de vue(s) cinématographique; **~ˌautor** *m* cinéaste *m*; scénariste *m*; **~ˌband** *n cf.* ~streifen; **~ˌbauten** *pl.* décors *m/pl.*; **~beˌarbeitung** *f* adaptation *f* cinématographique; **2en I** *v/t.* ⟨h⟩ filmer; cinématographier; **II** *v/i. Schauspieler* tourner, jouer dans un film; faire du cinéma; **III ~en** *n* ⟨~s⟩ tournage *m* d'un film; **~ˌfachmann** *m* cinéaste *m*; **~ˌfestspiele** *n/pl.* festival *m* du film, du cinéma; **~freund** *m* cinéphile *m*; **~geˌsellschaft** *f* société *f*, compagnie *f* cinématographique; **~ˌhersteller** *m* producteur *m* de cinéma; **~ˌherstellung** *f* production *f* cinématographique; **~indusˌtrie** *f* industrie *f* cinématographique; **2isch 1.** *adj.* cinématographique; filmique; **2.** *adv.* cinématographiquement; **~ˌkamera** *f* caméra *f*; **~kaˌssette** *f* magasin *m*, chargeur *m* cinématographique; **~klub** *m* ciné-club *m*; **~koˌpie** *f* copie *f* de film; **~ˌkrise** *f* crise *f* du cinéma; **~ˌkritiker** *m* critique *m* cinématographique; **~kunst** *f* cinéma *m*; art *m* cinématographique; **~ˌleinwand** *f* écran *m* de cinéma, cinématographique; **~magaˌzin** *n* magazine *m* de cinéma; **~manusˌkript** *n* scénario original; **~pack** *m* ⟨~(e)s; ~en⟩ film-pack *m*; bloc-film *m*; **~paˌtrone** *f* cartouche *f* de pellicule; **~preis** *m Auszeichnung* prix *m* (cinématographique); **~produˌzent** *m cf.* ~hersteller; **~proˌgramm** *n* programme *m* de cinéma; **~proˌjektor** *m* appareil *m* de projection cinématographique; **~ˌprüfstelle** *f* commission *f* de contrôle de films; **~regiˌsseur** *m* metteur *m* en scène (de films); **~reˌklame** *f* **1.** publicité *f*, réclame *f* pour un *bzw.* des film(s); **2.** *cf.* ~werbung; **~ˌrolle** *f* **1.** rôle *m* dans un film; **2.** rouleau *m* de pellicule; film *m*; **~ˌschaffen** *n* (création *f* de) film(s) *m* (*pl.*); **~ˌschaffende(r)** *m* ⟨→A⟩ cinéaste *m*; **~ˌschauˌspieler(in)** *m* (*f*) acteur, -trice *m, f* de cinéma; **~schnitt** *m* montage *m*; **~ˌspule** *f* bobine *f* de film; **~stadt** *f* studios *m/pl.* de cinéma; **~star** *m* vedette *f*, étoile *f*, star *f* de cinéma; vedette *f* de l'écran; **~ˌsternchen** *n* starlette *f*; **~stoff** *m* sujet *m* de film; **~ˌstreifen** *m* bande *f* de film; pellicule *f*; **~ˌstudio** *n* studio *m* de cinéma; **~ˌtechnik** *f* cinématographie *f*; **~theˌater** *n* cinéma *m*; **~ˌtitel** *m* titre *m* de film; **~verˌleih** *m* distribution *f*, location *f* de films; **~verˌtrag** *m* contrat *m* de cinéma; **~verˌtrieb** *m cf.* ~verleih; **~ˌvorführer** *m* ⟨~s; ~⟩ opérateur *m* de cinéma; **~ˌvorführgeˌrät** *n cf.* ~projektor; **~ˌvorführung** *f* projection *f* de film; **~ˌvorschau** *f* (présentation *f* d')extraits *m/pl.* d'un *od.* de film(s); **~ˌvorstellung** *f* séance *f* de cinéma; **~ˌwerbung** *f* publicité *f* par le film, au cinéma; **~ˌwesen** *n* cinéma *m*; **~ˌwirtschaft** *f cf.* ~industrie; **~ˌwissenschaft** *f* filmologie *f*; **~zenˌsur** *f* censure *f* cinématographique.
Filter [ˈfɪltər] *m, n* ⟨~s; ~⟩ filtre *m* (*auch rad., Akustik*); *phot. auch* écran *m*; **~ˌeinsatz** *m* cartouche filtrante; **~ˌglas** *n opt.* verre filtrant; **~ˌkaffee** *m* café *m* filtre; **~ˌkies** *m* gravier *m* à filtrer; **~ˌkohle** *f* charbon *m* à filtrer; **~kondenˌsator** *m rad.* condensateur *m* de filtrage; **~ˌkreis** *m rad.* (circuit *m*) filtre *m*; **~ˌmundstück** *n* bout *m* filtre; **2n I** *v/t.* ⟨-(e)re, h⟩ filtrer; **II ~n** *n* ⟨~s⟩ filtrage *m*; filtration *f*; **~paˌpier** *n cf.* Filtrierpapier; **~ˌpresse** *f* filtre-presse *m*; **~ˌrückstand** *m* résidu *m* de filtrage; **~ˌsack** *m cf.* Filtriersack; **~transforˌmator** *m élect.* transformateur *m* filtre; **~ˌtrommel** *f* filtre-tambour *m*; **~ˌtuch** *n* étamine *f*; tissu filtrant; **~ung** *f* ⟨~⟩ *cf.* ~n; **~zigaˌrette** *f* cigarette *f* à bout filtre.
Filtrat [fɪlˈtrɑːt] *n* ⟨~(e)s; ~e⟩ filtrat *m*; **~iˈon** *f* ⟨~⟩ filtration *f.*
Filtrier|apparat [fɪlˈtriːrʔapaˌrɑːt] *m* filtre *m*; appareil *m* à filtrer; **2en I** *v/t.* ⟨*pas de ge-*, h⟩ filtrer (*auch opt.*); passer au filtre, à l'étamine; **II ~en** *n* ⟨~s⟩ *cf.* ~ung; **~geˌrät** *n cf.* ~apparat; **~paˌpier** *n* papier-filtre *m*; papier *m* emporétique, joseph; **~ˌsack** *m* chausse *f* à filtrer; **~ˌtrichter** *m* (entonnoir *m*) filtre *m*; **~ˌtuch** *n cf.* Filtertuch; **~ung** *f* ⟨~⟩ filtrage *m*; filtration *f.*
Filz [fɪlts] *m* ⟨~es; ~e⟩ **1.** feutre *m*; **2.** F (*Geizhals*) grigou *m*; pingre *m*; rapiat *m*; **2ˌartig** *adj.* feutré; **~ˌdeckel** *m cf.* ~unterlage; **~ˌdichtung** *f* joint *m* en feutre; **~ˌeinlage** *f* feutre(s) *m* (*pl.*); *bei Schuhen* semelle *f* de feutre; **2en** *v/i.* ⟨-(es)t, h⟩ (se) feutrer; *fig. cf.* durchsuchen; **2end** *adjt.* feutrant; **nicht ~** infeutrable; **~hut** *m* (chapeau *m* de) feutre *m*; **2ig** *adj.* feutrant; feutré; **~laus** *f zo.* morpion *m*; pou *m* de pubis; **~panˌtoffel** *m* pantoufle *f* de feutre; **~ˌpappe** *f* carton *m* feutre; **~ˌplatte** *f* (tapis *m* de) feutre *m*; **~ring** *m* anneau *m* de feutre; **~ˌscheibe** *f* disque *m*, rondelle *f* de feutre; **~ˌschreiber** *m* stylo *m* (à pointe) feutre; **~schuh** *m* chaussure *f* de feutre; **~ˌsohle** *f* semelle *f* de feutre; **~ˌstiefel** *m* botte *f* de feutre; **~tuch** *n* drap *m* feutre; **~ˌunterlage** *f*, **~ˌuntersatz** *m* dessous *m* de feutre; feutre *m*; *impr.* blanchet *m.*
Fimmel [ˈfɪməl] *m* ⟨~s; ~⟩ **1.** *bot. Hanf* chanvre *m* mâle; **2.** *mines* coin *m* en fer; **3.** F (*Verrücktheit*) folie *f*; manie *f*; **er hat e-n Musik**2 *etc.* il est toqué de musique, *etc.*; **e-n ~ haben** être toqué.
Final|e [fiˈnɑːlə] *n* ⟨~s; ~⟩ **1.** *mus.* final(e) *m*; **2.** *Sport* finale *f*; **~ˌsatz** *m gr.* proposition finale.

Finanz... [fiˈnants...] *in Zssgn. meist* financier, -ière; des finances; **~ˌabkommen** *n* accord financier; **~abˌteilung** *f* service financier; **~ˌamt** *n* bureau *m* des contributions directes; perception *f*; percepteur *m*; F **das bekommt doch nur das ~** ce n'est que pour le percepteur; **~ˌausgleich** *m* péréquation [-kwa-] financière; **~ˌausschuß** *m* comité financier; commission *f* des finances; **~beˌamte(r)** *m* fonctionnaire *m* (de l'administration) des finances; **~beˌdarf** *m* besoins financiers; **~beˌhörden** *f/pl.* autorités financières; **~ˌbeitrag** *m* contribution financière; **~beˌrater** *m* conseiller financier; **~beˌricht** *m* rapport financier, de trésorerie; **~en** *f/pl.* finances *f/pl.*; F **mit meinen ~ steht es schlecht** mes finances sont en baisse, vont mal; **~exˌperte** *m* expert financier; **~ˌfragen** *f/pl.* questions financières; **~geˌbaren** *n* ⟨~s⟩, **~geˌbarung** *f* ⟨~⟩ gestion financière; **öffentliche(s) ~** gestion des finances publiques, du Trésor (public); **~geˌricht** *n* tribunal compétent en matière d'imposition; **~geˌsellschaft** *f* société financière; **~geˌsetz** *n* loi financière; **~geˌsetzgebung** *f* législation financière; **~ˌgruppe** *f* groupe financier, de financiers; **~ˌhilfe** *f* aide financière; subvention *f*; **staatliche ~** subvention de l'État; **~ˌhoheit** *f* souveraineté financière; **2iˈell 1.** *adj.* financier, -ière; **die ~en Verhältnisse** la situation financière; **~e Entwicklung** évolution de la situation financière; **~e Interessen** intérêts financiers, pécuniaires; **2.** *adv.* financièrement; **~ gut, schlecht stehen** se trouver dans une bonne, mauvaise situation financière; (ne pas) être en fonds; **~ unterstützen** aider financièrement; *Institution etc.* subventionner.

finanzier|en [fi·nanˈtsiːrən] *v/t.* ⟨*pas de ge-*, h⟩ financer; **2ung** *f* ⟨~⟩ financement *m*; **2ungsˌart** *f* mode *m* de financement; **2ungsgeˌsellschaft** *f* société *f* de financement; **2ungsˌkosten** *pl.* frais *m/pl.* de financement; **2ungsˌmittel** *n/pl.* moyens *m/pl.* de financement; **2ungsˌplan** *m* plan *m*, programme *m* de financement; **2ungsˌschwierigkeiten** *f/pl.* difficultés *f/pl.* de financement.

Finanz|institut [fiˈnantsˀɪnstiˑˌtuːt] *n* établissement financier; **~ˌjahr** *n* année financière; exercice *m*; **~konˌtrolle** *f* contrôle *m* des finances; **~ˌkraft** *f* capacités financières; **~ˌkreise** *m/pl.* milieux financiers; **~ˌkrise** *f* crise financière; **~ˌlage** *f* situation financière, de trésorerie; **~ˌmacht** *f* puissance financière; **~maˌgnat** *m* magnat *m* de la finance; **~ˌmann** *m* ⟨~(e)s; -leute⟩ financier *m*; homme *m* de finance; **~matheмаˌtik** *f* mathématiques relatives aux finances; **~miˌnister** *m* ministre *m* des finances; **~minisˌterium** *n* ministère *m* des Finances; **~monoˌpol** *n* monopole fiscal; **~ˌplan** *m* plan, programme financier; **~poliˌtik** *f* politique financière; **~ˌquellen** *f/pl.* ressources financières; **~ˌrecht** *n* droit financier; **~reˌform** *f* réforme financière; **~ˌsachverˌständige(r)** *m cf.* Finanzexperte; **~staˌtistik** *f* statistique financière; **~sysˌtem** *n* système financier; **~verˌwaltung** *f* administration *f* des finances; trésorerie *f*; **~ˌwechsel** *m* effet *m* de finance; **~ˌwelt** *f* monde *m* de la finance; **~ˌwesen** *n* finances *f/pl.*; **~ˌwirtschaft** *f* gestion financière; régime financier; **~ˌwissenschaft** *f* science financière, des finances; **~ˌzölle** *m/pl.* droits *m/pl.* de douane à caractère fiscal; **~ˌzuweisung** *f* subvention financière; dotation *f* de fonds.

Findel|haus [ˈfɪndəlˌhaus] *n* maison *f*, hospice *m* des enfants trouvés; **~ˌkind** *n* enfant trouvé.

find|en [ˈfɪndən] **I** *v/t.* ⟨**findet, fand, gefunden,** h⟩ trouver; **Ruhe ~** trouver le repos; **Beifall ~** avoir, remporter du succès; être applaudi; **Anerkennung ~** être apprécié; **Gefallen an etw. ~** trouver du plaisir à (faire) qc.; **Gnade vor j-m ~** trouver grâce aux yeux de qn.; **den Tod ~** trouver la mort; **e-n Partner ~** trouver un partenaire; **das Passende ~** trouver ce qui convient; trouver chaussure à son pied; **ich habe noch keine Zeit dazu gefunden** je n'en ai pas encore trouvé le temps; **es ist nicht zu ~** c'est introuvable; *fig.* **ich finde, daß ...** je trouve que ...; **ich finde, er sieht gut aus** je trouve qu'il est bien (physiquement); *gesundheitlich* je lui trouve bonne mine; **ich finde nichts dabei** je n'y trouve pas de, aucun mal; je n'y vois pas de, aucun mal; **ich finde nichts Besonderes dabei** je n'y trouve rien de particulier, de spécial; **etw. gut, dumm, ratsam** *etc.* **~** trouver qc. bien, bête, prudent, *etc.*; F **~ Sie nicht?** ne trouvez-vous pas?; **wie ~ Sie das Buch?** comment trouvez-vous ce livre?; **II** *v/réfl.* **sich ~** se trouver; *von Partnern* se rencontrer; **es ~ sich immer Menschen, die ...** il se trouve toujours des gens qui ...; **die Gelegenheit wird sich schon ~** cela s'arrangera (bien); on verra (bien); cela se fera avec le temps; **... bis sich etw. Besseres findet** en attendant mieux; **sich in s-e Lage ~** s'accommoder de sa situation; **sich bereit ~ zu ...** être prêt, disposé à ...; *plais.* **sie haben sich gesucht und gefunden** ils se sont cherchés et trouvés; **2er(in)** *m* ⟨~s; ~⟩ (*f*) ⟨~; ~nen⟩ celui, celle qui trouve; trouveur, -euse *m, f*; **der ehrliche ~ wird gebeten ...** la personne honnête qui trouvera ... est priée de ...; **2erˌlohn** *m* récompense (accordée pour un objet trouvé); **~ig** *adj.* ingénieux, -euse; inventif, -ive; **ein ~er Kopf sein** être ingénieux, inventif; avoir l'esprit ingénieux; **2igˌkeit** *f* ⟨~⟩ ingéniosité *f*; **2ling** *m* ⟨~s; ~e⟩ **1.** *géol.* bloc *m* erratique; **2.** *cf.* Findelkind.

Finesse [fiˈnɛsə] *f* ⟨~; ~n⟩ finesse *f*; raffinement *m*.

fing [fɪŋ] *cf.* fangen.

Finger [ˈfɪŋər] *m* ⟨~s; ~⟩ doigt *m*; **der kleine ~** le petit doigt; l'auriculaire *m*; **böser ~** *cf.* **~entzündung**; **mit ~n auf j-n zeigen** montrer qn. du doigt; **etw. auf die ~ bekommen** recevoir une tape sur les doigts; **sich in den ~ schneiden** se couper le doigt; *fig.* **man kann sich dabei leicht in den ~ schneiden** cela peut facilement vous retomber sur le nez; **sich die ~ verbrennen** se brûler les doigts; *fig.* toucher à un sujet brûlant; **etw. an den ~n abzählen** compter qc. sur ses doigts; *fig.* **das kann man sich an den (fünf) ~n abzählen** cela saute aux yeux; c'est évident; **durch die ~ gehen** filer entre les doigts, les mains; **sich die ~ danach lecken** s'en lécher les doigts; **was ihm unter die ~ kommt** ce qui lui tombe sous la main; **sich etw. aus den ~n saugen** inventer, forger qc.; **j-m auf die ~ sehen** surveiller qn. de près; avoir l'œil sur qn.; **keinen ~ krumm machen, rühren** ne pas remuer le petit doigt; **j-n um den ~ wickeln können** pouvoir obtenir de qn. tout ce que l'on veut; **etw. an den ~n aufzählen, hersagen können** pouvoir énumérer, réciter qc. de mémoire; F **laß die ~ davon!** n'y touche pas!; F bas les pattes!; *fig.* ne t'en mêle pas!; **lange ~ machen** avoir les doigts crochus; **wenn man ihm den kleinen ~ reicht, nimmt er gleich die ganze Hand** si on lui donne long comme le doigt, il en prend long comme le bras; **~ˌabdruck** *m* empreinte digitale; dactylogramme *m*; **~ˌabdruckverˌfahren** *n* dactyloscopie *f*; **~ˌbeuger** *m* ⟨~s; ~⟩ *anat.* muscle fléchisseur des doigts; **2ˌbreit** *adj.* (de la largeur) d'un doigt; **~ˌbreit** *m* ⟨~; ~⟩ doigt *m*; *fig.* **keinen ~ nachgeben** ne pas reculer d'un pouce; **2ˌdick 1.** *adj.* de l'épaisseur d'un doigt; **2.** *adv.* **~ auftragen** mettre une bonne couche; *fig.* exagérer; **~entˌzündung** *f méd.* panaris *m*; *oberflächliche* tourniole *f*; **2ˌfertig** *adj.* adroit, habile, agile de ses doigts; **~ sein** *auch* avoir de la dextérité; **~ˌfertigkeit** *f* ⟨~⟩ dextérité *f*; doigté *m* (*auch mus.*); **2ˌförmig** *adj.* en forme de doigt; *bot.* digité; **~ˌglied** *n anat.* phalange *f*; **~ˌhandschuh** *m* gant *m* à doigts; **~ˌhut** *m* **1.** *cout.* dé *m* (à coudre); **2.** *bot.* digitale *f*; **~ˌkraut** *n* ⟨~(e)s⟩ *bot.* potentille *f*; **2ˌlang** *adj.* de la longueur d'un doigt; **~ˌling** *m* ⟨~s; ~e⟩ doigtier *m*; **2n** *v/i.* ⟨-(e)re, h⟩ tripoter (an etw. qc.); **~ˌnagel** *m* ongle *m* (du doigt); **~ˌring** *m* bague *f*; *ohne Stein* anneau *m*; **~ˌsatz** *m mus.* doigté *m*; **~ˌspitze** *f* bout *m* du doigt; **~ˌspitzengeˌfühl** *n* doigté *m*; tact *m*; **~ˌsprache** *f* dactylologie *f*; dactylolalie *f*; **~ˌstrecker** *m* ⟨~s; ~⟩ *anat.* muscle extenseur des doigts; **~ˌtier** *n zo.* aye-aye *m*; **~ˌübung** *f mus.* exercice *m* de doigté; **~ˌwurm** *m cf.* ~entzündung; **~ˌzeig** *m* ⟨~(e)s; ~e⟩ indication *f*; F tuyau *m*; *cf. auch* Hinweis, Wink.

fingier|en [fɪŋˈgiːrən] *v/t.* ⟨*pas de ge-*, h⟩ feindre; simuler; **~t** *adjt.* fictif, -ive; feint; simulé; *comm.* **~er Wert** valeur fictive; **~er Wechsel** lettre de change simulée; **~e Rechnung** facture simulée; **2ung** *f* ⟨~; ~en⟩ simulation *f*; feinte *f*.

Finish [ˈfɪnɪʃ] *n* ⟨~s; ~s⟩ **1.** *Sport* finish *m*; **2.** *Weberei etc.* finissage *m*.

Fink [fɪŋk] *m* ⟨~en; ~en⟩ *zo.* pinson *m*.

Finn|e[1] [ˈfɪnə] *f* ⟨~; ~n⟩ **1.** *Flosse des Wals* nageoire dorsale; *des Hais* aileron dorsal; **2.** *Hammer* panne *f*; **3.** *e-s Bandwurms* cysticerque *m*; **~e**[2] *m* ⟨~n; ~n⟩ Finnois *m*; Finlandais *m*; **~enˌkrankheit** *f méd.* ladrerie *f*; cysticercose *f*; **~fisch** *m cf.* ~wal; **2ig** *adj.* ladre; **~in** *f* ⟨~; ~nen⟩ Finnoise *f*; Finlandaise *f*; **2isch** *adj.* finnois; finlandais; **~wal** *m zo.* rorqual *m*; baleinoptère *od.* balénoptère *m*.

finster [ˈfɪnstər] **1.** *adj.* sombre (*auch fig.*); obscur; *st. s.* ténébreux, -euse; *pfort.* noir; **~e Nacht** nuit noire; **ein ~er Keller** une cave obscure, sombre; **ein ~es Gesicht machen** avoir l'air sombre; faire grise mine; **~ werden** commencer à faire sombre; *Himmel* s'obscurcir; **im ~n (tappen)** *cf.* Dunkel; **2.** *adv.* **~ dreinschauen** regarder d'un air sombre; **2ˌnis** *f* ⟨~; ~se⟩ **1.** obscurité *f*; ténèbres *f/pl.*; **2.** *astr.* éclipse *f*.

Finte [ˈfɪntə] *f* ⟨~; ~n⟩ feinte *f* (*auch esc.*); ruse *f*; piège *m*.

Firlefanz ['fɪrləˌfants] *m* ⟨~es; ~e⟩ F (*Tand, Albernheit*) futilités *f/pl.*; bêtises *f/pl.*; sottises *f/pl.*; (*wertlose Gegenstände*) fanfreluches *f/pl.*; colifichets *m/pl.*
firm [fɪrm] *adj.* **in etw.** ~ **sein** être ferré, fort, F calé en qc., sur une question; être versé dans qc.
Firma ['fɪrma] *f* ⟨~; -men⟩ **a)** maison *f*; firme *f*; entreprise *f*; **angesehene** ~ maison, firme considérée; **die Erzeugnisse dieser** ~ les produits de cette maison; **b)** (*Firmenbezeichnung*) raison sociale; nom *m* de la firme; **unter der** ~ ... sous la raison sociale de ...
Firmament [fɪrma'mɛnt] *n* ⟨~(e)s; ~e⟩ firmament *m*.
firmen ['fɪrmən] *v/t.* ⟨h⟩ *relig. cath.* confirmer.
Firmen|änderung ['fɪrmənˌʔɛndərʊŋ] *f* modification *f*, changement *m* de la raison sociale; **~ˌaufdruck** *m Briefkopf* en-tête *m*; **~beˌzeichnung** *f* raison sociale; nom *m* de (la) firme; **~ˌeintragung** *f* inscription *f* d'une firme; **~ˌinhaber** *m* propriétaire *m* de firme, de maison de commerce; **~ˌkonto** *n* compte *m* de firme, de maison de commerce; **~ˌname** *m* raison sociale; **~reˌgister** *n* registre *m* du commerce; **~ˌschild** *n* plaque indicatrice de raison sociale; (*Aushängeschild*) enseigne *f*; **~ˌstempel** *m* timbre *m*, cachet *m* de firme; **~verˌzeichnis** *n* annuaire *m* du commerce; **~ˌwert** *m* valeur *f* de la raison sociale; **~ˌzeichen** *n* marque *f* de fabrique (d'une firme); **~ˌzeichnung** *f* signature sociale.
firmieren [fɪr'miːrən] *v/i.* ⟨*pas de ge-*, h⟩ *comm.* ~ **als, mit** ... signer la raison sociale ..., le nom de ...; **wir** ~ ... notre raison sociale est ...
Firm|ling ['fɪrmlɪŋ] *m* ⟨~s; ~e⟩ *relig. cath.* confirmant(e) *m* (*f*); **~ˌpate** *m* parrain *m* de confirmation; **~ung** *f* ⟨~; ~en⟩ confirmation *f*.
Firn [fɪrn] *m* ⟨~(e)s; ~e⟩ névé *m*; **~feld** *n* champ *m* de névé; **~ˌgrenze** *f* limite *f* du névé.
Firnis ['fɪrnɪs] *m* ⟨~ses; ~se⟩ vernis *m*; **fetter** ~ vernis gras; **~ˌbaum** *m bot.* sumac *m* vernis; (véritable) vernis *m* du Japon; **~paˌpier** *n* papier verni; **2sen** *v/t.* ⟨-ßt, h⟩ vernir; enduire de vernis; *Keramik* vernisser.
Firnschnee ['fɪrnʃneː] *m cf.* **Firn.**
First [fɪrst] *m* ⟨~es; ~e⟩ (*Dachfirst*) faîte *m*; *mines* toit *m*; ciel *m*; plafond *m*; **~blech** *n* enfaîtement *m*; faîtage *m*; **~ˌpfette** *f* ⟨~; ~n⟩ faîtage *m*; panne faîtière; **~ˌziegel** *m* (tuile) faîtière *f*; enfaîteau *m*.
fis [fɪs] **I** *n* ⟨~; ~⟩ *mus.* fa *m* dièse; **II 2** *n* ⟨~⟩ *cf.* **Fis-Dur.**
Fisch [fɪʃ] *m* ⟨~es; ~e⟩ poisson *m*; *kleine, wertlose* ~e fretin *m*; **gebratener** ~ friture *f*; ~ **ohne Gräten** poisson sans arêtes, désossé; **stumm wie ein** ~ **sein** être muet, -tte comme une carpe, comme une tombe; **weder** ~ **noch Fleisch sein** n'être ni chair ni poisson; n'être ni lard ni cochon; **munter wie ein** ~ **im Wasser** gai comme un pinson; **sich wohl fühlen wie ein** ~ **im Wasser** être, se sentir comme un poisson dans l'eau; F **das sind (für mich) kleine** ~**e** c'est rien, nul, un jeu, de la rigolade (pour moi); **~ˌadler** *m zo.* aigle pêcheur; balbuzard *m* fluviatile; **2ˌähnlich** *adj.* ichtoïde [ikt-]; **2arm** *adj.* peu poissonneux, -euse; **~band** *n Scharnier* paumelle *f*; fiche *f*; **~beˌhälter** *m cf.* **~kasten**; **~bein** *n* baleine *f*; **~beˌsteck** *n* couvert *m* à poisson; **~ˌblase** *f* vessie *f* de poisson; **~blut** *n* sang *m* de poisson; *fig.* ~ **haben** être froid; **~ˌbrühe** *f cuis.* court-bouillon *m* (de poisson); **~chen** *n* ⟨~s; ~⟩ **1.** petit poisson; **2.** *zo.* (*Silber2*) petit poisson d'argent; *sc.* lépisme *m*; **~ˌdampfer** *m* bateau *m* de pêche (à vapeur); chalutier *m* (à vapeur); **~e** *m/pl. Sternbild* Poissons *m/pl.*; **2en I** *v/t. u. v/i.* ⟨h⟩ pêcher **(aus dans)** (*auch fig.*); *mit dem Schleppnetz* pêcher au chalut; chaluter; *fig.* **im trüben** ~ pêcher en eau trouble; **II ~en** *n* ⟨~s⟩ pêche *f*; ~ **verboten!** défense de pêcher!; pêche interdite!; **~er** *m* ⟨~s; ~⟩ pêcheur *m*; **~erˌboot** *n* barque *f*, canot *m* de pêche; **~erˌdorf** *n* village *m* de pêcheurs; **~e'rei** *f* ⟨~⟩ pêche *f*; **~e'reibeˌrechtigung** *f* droit *m* de pêche; **~e'reiˌfahrzeug** *n* bateau *m* de pêche; **~e'reiˌgrenze** *f* limite *f* des eaux territoriales; **~e'reiˌhafen** *m* port *m* de pêche; **~e'reiˌrecht** *n* droit *m* de pêche; **~e'reiˌschein** *m* permis *m* de pêche; **~erˌflotte** *f* flottille *f* de pêche; **~erˌfrau** *f* femme *f* de pêcheur; **~erˌnetz** *n cf.* **~netz**; **~erˌring** *m égl. cath.* anneau *m* du pêcheur; **~fang** *m* pêche *f*; **~fiˌlet** *n cuis.* filet *m* de poisson; **~fleisch** *n* chair *f* de poisson; **~ˌflosse** *f* nageoire *f*; **2ˌförmig** *adj.* pisciforme; en forme de poisson; **2ˌfressend** *adjt.* piscivore; ichtyophage [ikt-]; **~ˌfutter** *n* nourriture *f* pour poisson(s); **~ˌgabel** *f* fourchette *f* à poisson; **~geˌricht** *n* plat *m* de poisson; **~geˌruch** *m* odeur *f* de poisson; *frischer Seefische auch* odeur *f* de marée; **~geˌschäft** *n* poissonnerie *f*; **~geˌschmack** *m* goût *m* de poisson; **~ˌgräte** *f* arête *f* de poisson; **~grätenˌmuster** *n cout.* chevrons *m/pl.*; **~grund** *m* pêcherie *f*; **~ˌhandel** *m* commerce *m* de poisson; **~ˌhändler(in)** *m* (*f*) marchand(e) *m* (*f*) de poisson; poissonnier, -ière *m, f*; **~haut** *f techn.* chagrin *m*; **~ˌkasten** *m* vivier *m*; banneton *m*; **~ˌköder** *m* amorce *f*; appât *m*; **~konˌserven** *f/pl.* conserves *f/pl.* de poisson; **~ˌkunde** *f* ichtyologie [ikt-] *f*; **~ˌkutter** *m* chalutier *m*; **~laich** *m* frai *m* (de poisson); **~ˌlake** *f cuis.* saumure *f* de poisson; **~leim** *m* ichtyocolle [ikt-] *f*; colle *f* de poisson; carlock *m*; **~lein** *n* ⟨~s; ~⟩ *cf.* **~chen 1.**; **~ˌleiter** *f* échelle *f* à poissons; **~markt** *m* marché *m* aux poissons; **~mehl** *n* farine *f* de poisson; **~ˌmesser** *n* couteau *m* à poisson; **~netz** *n* filet *m* de pêche; **~ˌotter** *m zo.* loutre *f*; **~paß** *m* passe *f* à poissons; **~ˌpfanne** *f* poissonnière *f*; **2reich** *adj.* poissonneux, -euse; **~ˌreichtum** *m* richesse *f* piscicole; **~ˌreiher** *m zo.* 'héron cendré; **~ˌreuse** *f* nasse *f*; **~ˌrogen** *m* œufs *m/pl.* de poisson; **~ˌschuppe** *f* écaille *f* de poisson; **~schuppenˌkrankheit** *f méd.* ichtyose [ikt-] *f*; **~schwanz** *m* queue *f* de poisson; **~ˌsuppe** *f* soupe *f* au poisson; **~teich** *m* vivier *m*; étang *m* à poissons; **~tran** *m* huile *f* de poisson; **~verˌgiftung** *f* intoxication *f*, *pfort.* empoisonnement *m* par le poisson; **~weg** *m cf.* **~paß**; **~wehr** *n*, **~zaun** *m* égrilloir *m*; écrille *f*; **~zucht** *f* pisciculture *f*; **~ˌzüchter** *m* pisciculteur *m*; **~zug** *m* coup *m* de filet.
Fis-Dur ['fɪsduːr] *n* ⟨~⟩ *mus.* fa *m* dièse majeur.
Fisimatenten [fiːzi·ma'tɛntən] *pl.* F ~ **machen** faire des histoires, des façons, des embarras, F des chichis.
Fisis ['fɪsɪs] *n* ⟨~⟩ *mus.* fa *m* double dièse.
Fiskus ['fɪskʊs] *m* ⟨~⟩ fisc *m*.
fis-Moll ['fɪsmɔl] *n* ⟨~⟩ *mus.* fa *m* dièse mineur.
fiss|il [fɪ'siːl] *adj.* (*spaltbar*) fissile; **2ili'tät** *f* ⟨~⟩ fissilité *f*; **2ur** [-'suːr] *f* ⟨~; ~en⟩ *méd.* fissure *f*.
Fistel ['fɪstəl] *f* ⟨~; ~n⟩ *méd.* fistule *f*; **2ˌartig** *adj.* fistuleux, -euse; **~ˌstimme** *f* voix *f* de fausset.
fit [fɪt] F *adj.* en forme; bien entraîné, exercé.
Fitis ['fɪtɪs] *m* ⟨~ *od.* ~ses; ~se⟩ *zo.* fitis *m*.
Fitsche ['fɪtʃə] *f* ⟨~; ~n⟩ *cf.* **Fischband.**
Fittich ['fɪtɪç] *m* ⟨~(e)s; ~e⟩ *fig.* **j-n unter s-e** ~**e nehmen** prendre qn. sous son aile.
Fitting ['fɪtɪŋ] *n* ⟨~s; ~s⟩ *techn.* raccord *m* de tube.
fix [fɪks] **1.** *adj.* **a)** *comm.* (*fest*) fixe; *fig.* **e-e** ~**e Idee** une idée fixe; **b)** F (*gewandt, flink*) preste; alerte; (*schnell*) rapide; prompt; ~ **und fertig** *cf.* **fertig**; **2.** *adv.* vite; F **mach** ~!, **(nun mal) ein bißchen** ~! fais vite!; dépêche-toi!; **2a'teur** *m* ⟨~s; ~e⟩ *peint.* (*Zerstäuber*) fixateur *m*; **2a'tiv** *n* ⟨~s; ~e⟩ *peint.* fixatif *m*; (*Haar2*) fixateur *m*; laque *f*; **2geˌschäft** *n comm.* affaire conclue pour une date fixe.
Fixier|bad [fɪ'ksiːrˌbaːt] *n phot.* bain fixateur, de fixage; **2en I** *v/t.* ⟨*pas de ge-*, h⟩ fixer (*auch phot., peint.*); **II ~en** *n* ⟨~s⟩ *phot.* fixage *m*; *chim., biol.* fixation *f*; **~ˌmittel** *n phot.* fixateur *m*; **~ˌnatron** *n* hyposulfite *m* de sodium; **~ˌsalz** *n* sel fixateur; **~ung** *f* ⟨~⟩ *psych.* fixation *f*.
Fix|punkt ['fɪkspʊŋkt] *m cf.* **Festpunkt**; **~stern** *m astr.* étoile *f* fixe; **~um** *n* ⟨~s; -xa⟩ *comm.* fixe *m*.
Fjord [fjɔrt] *m* ⟨~(e)s; ~e⟩ fjord *od.* fiord *m*.
flach [flax] **1.** *adj. allg.* plat (*auch fig.*); *Gewässer* peu profond; *Gebäude* bas, -sse; *Sport Ball* au ras du sol; bas, -sse; *Tennis etc.* au ras du filet; ~**er Teller** assiette plate; **mit der** ~**en Hand** du plat de la main; ~**es Land** *im Gegensatz zum Gebirge* pays plat; **auf dem** ~**en Lande** *im Gegensatz zur Stadt* en rase campagne; *bât.* ~**er Bogen** arc surbaissé, bombé; **2.** *adv.* ~ **einfallend** *opt. Strahlen* tombant obliquement; *mines* à faible pendage; F **das fällt** ~ il n'en est plus question; cela tombe à l'eau; **2bahn** *f Pferderennen* piste *f* pour courses de plat; **2bahngeˌschütz** *n milit.* canon *m* à trajectoire tendue; **2ball** *m* balle au ras du sol, basse, *Tennis etc.* au ras du filet; **2ˌbauweise** *f* construction basse; **2bettˌfelge** *f Auto* jante *f* à base plate; **2ˌbogen** *m bât.* arc surbaissé, bombé; **2ˌbrenner** *m* ⟨~s; ~⟩ *techn.* papillon *m*; **2dach** *n bât.* toit plat; (toit *m* en) terrasse *f*; **2draht** *m* fil plat, aplati; **2druck** *m* ⟨~(e)s⟩ *impr.* impression *f* à plat.
Fläche ['flɛçə] *f* ⟨~; ~n⟩ (*Ober2*) surface *f* (*auch math.*); *berechnete* superficie *f*; aire *f*; (*flache Seite*) plat *m*; (*Seiten2*) face *f*; (*Wasser2*) plan *m*, nappe *f* d'eau; (*ausgedehnte Wasser2, Land2 etc.*) étendue *f* (d'eau, de terre, *etc.*); **ebene, glatte, gekrümmte** *etc.* ~ surface unie, lisse, courbe, *etc.*
Flacheisen ['flaxˌʔaɪzən] *n* fer (méplat, en bandes.
Flächen|antenne ['flɛçənʔanˌtɛnə] *f rad.* antenne *f* en nappe; **~ˌaufteilung** *f* division *f* de la surface, de la superficie; **~ˌausdehnung** *f* superficie *f*; étendue *f* d'une surface; **~beˌdarf** *m techn.* superficie requise; place *f* néces-

saire; **~beˌlastung** *f bât.* charge *f* par unité de surface, au mètre carré; *aviat.* charge *f* alaire; **~beˌrechnung** *f* calcul *m* des surfaces; **~ˌblitz** *m* éclair diffus; **~ˌdruck** *m techn.* pression *f* par unité de surface; **~ˌeinheit** *f* unité *f* de surface; **~ˌheizung** *f* chauffage *m* par rayonnement; **~ˌinhalt** *m* superficie *f*; aire *f*; surface *f*; **~inteˌgral** *n* intégrale *f* de surface; **~ˌmaß** *n* mesure *f* de surface; **~ˌmessung** *f* planimétrie *f*; **~ˌschleifmaˌschine** *f* machine *f* à rectifier les surfaces planes; **~ˌwinkel** *m math.* angle plan; dièdre *m*.

Flach|feile ['flaxˌfaɪlə] *f* lime plate; **~ˌfeuer** *n milit.* tir tendu; **Ƨgeˌdrückt** *adjt.* aplati; **~geˌwinde** *n* filet carré; **~glas** *n* verre plat; **Ƨˌhämmern** *v/t.* ‹-(e)re, *sép.*, -ge-, h› aplatir (au marteau); **~hang** *m Schi* pente douce; **~heit** *f* ‹~; ~en› forme plate; *fig.* platitude *f*; banalité *f*; **Ƨkant** *adv.* à plat; **~keil** *m* clavette plate; **Ƨˌköpfig** *adj. Schrauben etc.* à tête plate, aplatie; **~ˌkuppel** *f bât.* coupole surbaissée; **~ˌküste** *f* côte plate; **~land** *n* pays plat; **~ˌmeißel** *m* burin, ciseau plat; **~paß** *m Fußball* passe *f* au ras du sol; **~reliˌef** *n* bas-relief *m*; **~ˌrennen** *n Pferderennen* course plate, de plat; **~rohrˌheizkörper** *m* radiateur *m* à tubes aplatis; **~rohrˌkühler** *m Auto* radiateur *m* à tuyaux plats.

Flachs [flaks] *m* ‹~es› *bot.* lin *m*; roher ~ lin cru; gerösteter ~ lin roui; **Ƨˌähnlich** *adj.* linacé; **~ˌaufbeˌreitung** *f* préparation *f* du lin; **~bau** *m* ‹~(e)s› culture *f* du lin; *comm.* industrie linière; **Ƨblond** *adj.* (blond) filasse (*inv.*); **~ˌbrechen** *n* broyage *m* du lin; **~brechmaˌschine** *f* broie *f* mécanique; teilleuse *f*.

flach|schmieden ['flaxˌʃmiːdən] *v/t.* ‹-ete, *sép.*, -ge-, h› aplatir (en forgeant); **Ƨschuß** *m Fußball* shoot [ʃut] *m* au ras du sol; **Ƨseil** *n* câble plat.

flachs|en ['flaksən] *v/i.* ‹-(es)t, h› F (*necken, spotten, scherzen*) *etwa* plaisanter; F rigoler; **~ˌfarben** *adj.* (couleur) gris de lin; **Ƨfeld** *n* linière *f*; champ *m* de lin; **Ƨgarn** *n* fil *m* de lin; **~ˌhaarig** *adj.* aux cheveux filasse; **Ƨˌhechelmaˌschine** *f* peigneuse *f* à lin.

Flachsieb ['flaxziːp] *n* tamis plat.

Flachslilie ['flaksˌliːliˑə] *f bot.* phormium *m* tenax; lin *m* de la Nouvelle Zélande.

Flach|spiel ['flaxʃpiːl] *n Sport* jeu *m* à ras de terre; **~ˌspule** *f élect.* bobine plate; galette *f*.

Flachs|riffel ['flaksˌrɪfəl] *f* drège *f*; **~ˌröste** *f* ‹~; ~n› rouissoir *m*; routoir *m*; **~ˌrösten** *n* rouissage *m* du lin; **~ˌschwingen** *n* teillage *m* du lin; **~ˌseide** *f bot.* cuscute *f*; **~spinneˌrei** *f* filature *f* de lin.

Flachstahl ['flaxʃtaːl] *m* acier (mé-) plat.

Flachswerg ['flaksvɛrk] *m* étoupe *f* de lin.

Flach|zange ['flaxˌtsaŋə] *f* pince plate; **~ˌziegel** *m cf.* Biberschwanz.

flacker|n ['flakərn] **I** *v/i.* ‹-(e)re, h› *Licht* vaciller; trembloter; *tél.* scintiller; **II Ƨn** *n* ‹~s› vacillement *m*; *tél.* scintillement *m*; **Ƨˌzeichen** *n tél.* signal *m* de scintillement.

Fladen ['flaːdən] *m* ‹~s; ~› **1.** *cuis.* galette *f*; **2.** (*Kuh*Ƨ) bouse *f* (de vache).

Flader ['flaːdər] *f* ‹~; ~n› *cf.* Maser.

Flagellant [flagɛ'lant] *m* ‹~en; ~en› *hist.* flagellant *m*.

Flagellum [fla'gɛlum] *n* ‹~s; -llen› *zo.* flagelle *m*.

Flageolett [flaʒoˑ'lɛt] *n* ‹~s; ~e› *mus.* flageolet *m*.

Flagg|e ['flagə] *f* ‹~; ~n› pavillon *m*; (*National*Ƨ) *auch* couleurs *f/pl.*; (*Signal*Ƨ) fanion *m*; (*Fahne*) drapeau *m*; **unter falscher ~** sous un faux pavillon; **unter französischer ~ fahren** battre pavillon français; naviguer sous le pavillon français; **die ~ hissen** 'hisser le pavillon; **die ~ streichen, einholen** rentrer le pavillon; *zum Zeichen des Besiegtseins* amener pavillon; **e-e ~ führen** battre pavillon; arborer un pavillon; **Ƨen I** *v/i.* ‹h› pavoiser; *mar.* battre pavillon; arborer un pavillon; **die öffentlichen Gebäude haben geflaggt** les édifices publics ont, sont pavoisé(s); **II ~en** *n* ‹~s› pavoisement *m*; **~enˌgala** *f mar.* grand pavois; **~enˌmeer** *n* mer *f* de drapeaux; **~enpaˌrade** *f mar.* cérémonie *f* des couleurs; **~ensiˌgnal** *n mar.* signal *m* par fanions; **~enˌtuch** *n* étamine *f*; **~ˌleine** *f* drisse *f* de pavillon; **~ˌleutnant** *m* aide *m* de camp d'amiral; **~offiˌzier** *m* officier *m* général; amiral *m*; **~schiff** *n* vaisseau *m* amiral; **~stock** *m* mât *m* de pavillon.

Flak [flak] *f* ‹~; ~(s)› *milit.* canon antiaérien; *par ext.* défense antiaérienne; D.C.A. (défense contre avions) *f*; **schwere ~** canon antiaérien lourd; **~...** *in Zssgn. meist* antiaérien, -nne; de D.C.A.; **~artilleˌrie** *f* artillerie antiaérienne.

Flakon [fla'kõː, -'kɔŋ] *n, m* ‹~s; ~s› flacon *m*.

Flakscheinwerfer ['flakˌʃaɪnvɛrfər] *m* projecteur *m* de D.C.A.

Flamboyant-Stil [flɑ̃ːboˑa'jɑ̃ːˌʃtiːl] *m Spätgotik* style flamboyant.

Flam|e ['flaːmə], **~in** (*od.* **Flämin** ['flɛːmɪn]) *m* ‹~n; ~n›, *f* ‹~; ~nen› Flamand(e) *m* (*f*).

Flamingo [fla'mɪŋgoˑ] *m* ‹~s; ~s› *zo.* flamant *m* (rose).

flämisch ['flɛːmɪʃ] *adj.* flamand; **die ~e Sprache, das Ƨe** le flamand.

Flammbogen ['flamˌboːgən] *m élect.* arc *m* voltaïque, électrique.

Flämmchen ['flɛmçən] *n* ‹~s; ~› petite flamme.

Flamme ['flamə] *f* ‹~; ~n› **1.** flamme *f*; **in ~n aufgehen** s'enflammer; **in ~n stehen** être en flammes; *fig.* **Feuer und ~ sein** être tout feu tout flamme (pour); **2.** *iron. u.* F (*Geliebte*) objet *m* de ma, sa, *etc.* flamme; **Ƨn** *v/t.* ‹h› **1.** (*absengen*) flamber; **2.** *Stoff* chiner; **~nˌblume** *f bot.* phlox *m*; **~nˌbogen** *m cf.* Flammbogen; **~nˌmeer** *n* mer *f* de flammes; **~nˌtod** *m* mort *f* dans les flammes; **~nˌwerfer** *m milit.* lance-flammes *m*.

Flammeri ['flaməriˑ] *m* ‹~(s); ~s› *cuis.* sorte *f* de gâteau de semoule.

flamm|ig [ˌflamɪç] *adj. in Zssgn.* à ... feux; *par ex.* **drei~** à trois feux; **Ƨˌkohle** *f* charbon flambant; 'houille flambante; **Ƨˌofen** *m métall.* four *m* à réverbère, à flamme; **Ƨpunkt** *m chim.* point *m* de flamme, d'éclair; **Ƨrohr** *n Dampfmaschine* tube-foyer *m*.

flandrisch ['flandrɪʃ] *adj. cf.* flämisch.

Flanell [fla'nɛl] *m* ‹~s; ~e› *text.* flanelle *f*; **~ˌhemd** *n* chemise *f* de flanelle; **~ˌhose** *f* pantalon *m* de flanelle.

Flanke ['flaŋkə] *f* ‹~; ~n› **1.** (*Seite*) flanc *m* (*auch milit.*); **dem Feind in die ~ fallen** prendre l'ennemi de flanc; **2.** *Fußball* centre *m*; **e-e ~ schießen** centrer; **3.** *gym.* saut *m* de côté; **Ƨn** *v/t.* ‹h› *Fußball* centrer; **~nˌangriff** *m milit.* attaque *f* de flanc; **~nˌball** *m cf.* **~ 2.**; **~nbeˌdrohung** *f milit.* menace *f* sur un flanc; **~nˌdeckung** *f cf.* ~nschutz; **~nˌgleitstoß** *m esc.* croisé *m* au flanc; **~nˌhieb** *m esc.* coup *m* au flanc; **~nˌmarsch** *m milit.* marche *f* de flanc; **~nˌschutz** *m milit.* couverture *f* du flanc; **~nˌsicherung** *f milit.* flanc-garde *f*; **~nˌstellung** *f milit.* position *f* de flanc.

flankier|en [flaŋ'kiːrən] *v/t.* ‹*pas de ge-*, h› flanquer; **Ƨung** *f* ‹~› flanquement *m*.

Flansch [flanʃ] *m* ‹~es; ~e› *techn. von Rohren* bride *f*; collerette *f*; collet *m*; *von Profileisen* aile *f*; **~ˌbreite** *f Profileisen* largeur *f* de l'aile; **Ƨen** *v/t.* ‹h› *techn.* brider; mettre une bride à; **~enˌdichtung** *f* garniture *f* de brides; **~enˌkupplung** *f* accouplement *m* à brides; **~enverˌbindung** *f* joint *m* à brides; **~ˌmotor** *m élect.* moteur *m* à (flasque-)bride; **~ˌpresse** *f* presse *f* à brides, à collerettes; **~rohr** *n* tuyau *m* à bride(s); **~ˌstärke** *f Profileisen* épaisseur *f* de l'aile.

Flaps [flaps] *m* ‹~es; ~e› F *cf.* Flegel.

Fläschchen ['flɛʃçən] *n* ‹~s; ~› petite bouteille; *phm.* (petit) flacon; fiole *f*; *für Säuglinge* biberon *m*.

Flasche ['flaʃə] *f* ‹~; ~n› **1.** bouteille *f*; *für Säuglinge* biberon *m*; (*Bier*Ƨ) *auch* canette *f*; *élect.* **Leidener ~** bouteille de Leyde; **e-e ~ Wein** une bouteille de vin; **e-e halbe ~** une demi-bouteille; **in ~n füllen, auf ~n ziehen** mettre en bouteilles; embouteiller; **aus der ~ trinken** boire à même la bouteille, au goulot; *Säugling* **die ~ geben** donner le biberon; **mit der ~ aufziehen** élever au biberon; F **e-r ~ den Hals brechen** faire un sort à une bouteille; **2.** *fig. u.* F (*Feigling, Schwächling*) nouille *f*; (*ungeschickter Mensch*) empoté(e) *m* (*f*); godiche *m, f*; **~nˌbier** *n* bière *f* en bouteille(s); **~nˌboden** *m* cul *m* de bouteille; **~nˌbürste** *f* goupillon *m*; **~nˌfüllmaˌschine** *f* machine *f* de mise en bouteilles, à remplir les bouteilles; **~nˌgas** *n* gaz *m* en bouteilles, sous pression; **~ngeˌstell** *n* casier *m* à bouteilles; **~nˌglas** *n* verre *m* à bouteilles; **Ƨnˌgrün** *adj.* vert bouteille; cul-de-bouteille; **~nˌhals** *m* goulot *m*; col *m* de bouteille; **~nˌkapsel** *f* capsule *f* de bouteille; **~nˌkind** *n* enfant élevé au biberon; **~nˌkorb** *m* panier *m* à bouteilles; **~nˌkorkmaˌschine** *f* bouche-bouteilles *m*; **~nˌkürbis** *m bot.* gourde *f*; calebasse *f*; **~nˌmilch** *f* lait *m* en bouteille(s); **~nˌöffner** *m* ‹~s; ~› ouvre-bouteilles *m*; décapsuleur *m*; **~nˌpfand** *n* consigne *f*; **~nˌpost** *f* bouteille *f* à la mer; **Ƨnˌreif** *adj. Wein* bon, -nne à mettre en bouteilles; **~nˌreiniger** *m* ‹~s; ~› *cf.* ~nbürste; **~nˌspülmaˌschine** *f* rince-bouteilles *m*; **~nverˌkorkungsmaˌschine** *f cf.* ~nkorkmaschine; **~nverˌschluß** *m* bouchon *m* de canette; **Ƨnˌweise** *adv.* par bouteilles; **~nˌzug** *m techn.* palan *m*; moufle *f*.

Flaschner ['flaʃnər] *m* ‹~s; ~› *cf.* Klempner.

Flatter|binse ['flatərˌbɪnzə] *f bot.* jonc épars; **~ˌgeist** *m* F *von e-r Person* girouette *f*; esprit *m* volage; **~ˌgras** *n bot.* millet épars; **Ƨˌhaft** *adj.* volage; inconstant; évaporé; **~ˌhaftigkeit** *f* ‹~› humeur *f*, esprit *m* volage; inconstance *f*; légèreté *f* d'esprit; **Ƨn I** *v/i.* ‹-(e)re, sein› **a)** *Vogel, Schmetterling* voltiger; voleter; **b)** ‹h› *Segel, Fahne* battre; flotter (*auch Auto*); *Segel auch* faséyer *od.* faseiller; **im Winde ~** flotter au (gré du) vent; **II ~n** *n* ‹~s› voltigement *m*; *Auto der*

Vorderräder flottement *m*; shimmy *m*; dandinement *m*; *sonst verbal*; **~ˌtiere** *n/pl.* chiroptères [ki-] *m/pl.*

flau [flaʊ] *adj.* **1.** F (*schlecht, übel*) faible; **mir ist (ganz) ~** *bes. vor Hunger* je me sens défaillir; je me sens mal (parce que j'ai l'estomac vide); **2.** *comm.* calme; inactif, -ive; **~e Börse** marché calme, terne, sans activité; **2heit** *f* ⟨~⟩ faiblesse *f*.

Flaum [flaʊm] *m* ⟨~(e)s⟩ *Bart, Feder* duvet *m*; **~ˌfeder** *f*, **~haar** *n* duvet *m*; **2ig** *adj.* duveteux, -euse; *bot. auch* cotonneux, -euse; **2weich** *adj.* moelleux, -euse [mwal-].

Flau|s(ch) [flaʊs, flaʊʃ] *m* ⟨~es; ~e⟩ *text.* frise *f*; **2schig** *adj.* en *od.* de frise.

Flausen ['flaʊzən] *f/pl.* F **1.** (*törichte Gedanken*) **~ im Kopf haben** ne penser qu'à des bêtises; **2.** (*Ausflüchte*) **~ machen** faire des histoires, des chichis, des façons, des embarras.

Flaute ['flaʊtə] *f* ⟨~; ~n⟩ **1.** *mar.* calme *m*; *vorübergehende* accalmie *f*; **2.** *comm.* inactivité *f*; accalmie *f*; période creuse; (*Absatz2*) mévente *f*; marasme *m*.

fläzen ['flɛːtsən] ⟨-(es)t, h⟩ *v/réfl.* F **sich ~** se vautrer.

Flechse ['flɛksə] *f* ⟨~; ~n⟩ *anat.* (*Sehne*) tendon *m*.

Flecht|e ['flɛçtə] *f* ⟨~; ~n⟩ **1.** *méd.* dartre *f*; **2.** *bot.* lichen [likɛn] *m*; **3.** (*Haar2*) tresse *f*; natte *f*; **2en I** *v/t.* ⟨**flicht** (2ᵉ *pers. pl.* **flechtet**), **flocht, geflochten**, h⟩ *Haar, Korb etc.* tresser; *zopfförmig* natter; *Stuhl mit Stroh* (r)empailler; *mit Rohr* canner; *bât. Eisen* ferrailler; **Zöpfe ~** faire des nattes; natter les cheveux; *fig. cf.* **einflechten**; **II ~en** *n* ⟨~s⟩ tressage *m*; *zopfförmig* nattage *m*; *sonst verbal*; **2enˌähnlich, 2enˌartig** *adj. méd.* dartreux, -euse; **~er (-in)** *m* ⟨~s; ~⟩ (*f*) ⟨~; ~nen⟩ tresseur, -euse *m, f*; *bât. Eisenbeton* ferrailleur *m*; **~werk** *n* (ouvrage *m* en) treillis *m*; *Eisenbeton* ferraillage *m*; *bât. Ornament* entrelacs *m/pl.*; *Wasserbau* clayonnage *m*; claie *f*; **mit ~ befestigen** clayonner.

Fleck [flɛk] *m* ⟨~(e)s; ~e⟩ **1.** tache *f* (*auch fig.*); *an Obst auch* meurtrissure *f*; **~en geben** tacher; **~en machen** faire des taches; **blauer ~** bleu *m*; *méd.* ecchymose *f*; *im Auge* **blinder, gelber ~** tache aveugle, jaune; **2.** (*Stelle, Ort*) endroit *m*; place *f*; lieu *m*; **nicht vom ~ kommen** ne pas pouvoir avancer; piétiner (sur place); **sich nicht vom ~ rühren** ne pas bouger (de place); **vom ~ weg** sur-le-champ; **das Herz auf dem rechten ~ haben** avoir bon cœur; **~chen** *n* ⟨~s; ~⟩ (~ *Erde*) coin *m*; terre *f*; **~en** *m* ⟨~s; ~⟩ **1.** *cf.* **~**; **2.** *hist.* (*größeres Dorf*) bourg *m*; bourgade *f*; **~enˌfalter** *m zo.* vanesse *f*; **2enˌfrei, 2enˌlos** *adj.* sans tache; immaculé; **~enˌreiniger** *m* ⟨~s; ~⟩ détachant *m*; **~enˌreinigung** *f* détachage *m*; **~enˌwasser** *n cf.* **~enreiniger**; **~ˌfieber** *n méd.* typhus *m* (exanthématique); **2ig** *adj.* taché; maculé; **~ˌtyphus** *m cf.* **~fieber**; **~ˌwasser** *n cf.* **~enwasser**.

Fledermaus ['fleːdərˌmaʊs] *f zo.* chauve-souris *f*; **~papaˌgei** *m zo.* loricule *m*.

Flegel ['fleːgəl] *m* ⟨~s; ~⟩ **1.** malotru *m*; voyou *m*; impertinent *m*; mal élevé; goujat *m*; **2.** *agr.* fléau *m*; **~ei** [-'laɪ] *f* ⟨~; ~en⟩ goujaterie *f*; impertinence *f*; **2ˌhaft** *adj.* **~es Benehmen** comportement de malotru, de voyou, de goujat; **~ˌjahre** *n/pl.* âge ingrat; **2n** *v/réfl.* ⟨-(e)le, h⟩ **sich ~** se vautrer.

flehen ['fleːən] **I** *v/i.* ⟨h⟩ supplier (qn.); implorer (qn.; qc. de qn.); **um Gnade ~** supplier, implorer qn. de lui faire grâce; implorer la grâce de qn.; demander grâce; **zu Gott ~** implorer, supplier Dieu; **II 2** *n* ⟨~s⟩ supplication *f*; imploration *f*; **~tˌlich 1.** *adj.* instant; suppliant; implorant; **2.** *adv.* instamment; **~ bitten** prier instamment; supplier; implorer.

Fleisch [flaɪʃ] *n* ⟨~es⟩ chair *f*; (*Frucht2*) *auch* pulpe *f*; *cuis.* viande *f*; *méd.* **wildes ~** *cf.* **~wärzchen**; *cuis.* **zähes ~** viande dure; F carne *f*; *fig.* **aus ~ und Blut** en chair et en os; **in ~ und Blut übergehen** passer dans les habitudes (de qn.); devenir une habitude (chez qn.); **sein eigen ~ und Blut** sa propre chair; son propre sang; **sich ins eigene ~ schneiden** se nuire à soi-même; se faire du tort, du mal à soi-même; F **vom ~(e) fallen** maigrir; *st. s.* **den Weg allen ~es gehen** subir le sort de tout être vivant; **~beˌarbeitungsmaˌschine** *f* machine *f* à préparer la viande; **~beˌschau** *f* ⟨~⟩ inspection *f* de la viande de boucherie; **~beˌschauer** *m* ⟨~s; ~⟩ inspecteur *m* de la viande de boucherie; **~ˌbrühe** *f* bouillon *m* (de viande); *kräftige* consommé *m*; **~ mit Ei** bouillon à l'œuf; **~er** *m* ⟨~s; ~⟩ boucher *m*; *nur für Schweinefleisch u. zubereitete Fleischwaren* charcutier *m*; **beim ~** chez le boucher *bzw.* charcutier; **~e'rei** *f* ⟨~; ~en⟩ boucherie(-charcuterie) *f*; *für Schweinefleisch* charcuterie *f*; *für Pferdefleisch* boucherie chevaline; *für Innereien* triperie *f*; **~ergeˌselle** *m* garçon *m* boucher; **~erˌinnung** *f* corporation *f* des bouchers; **~erˌladen** *m cf.* **~erei**; **~erˌmeister** *m* (maître *m*) boucher *m*; **~esˌlust** *f* plaisir *m* de la chair; concupiscence *f*; désirs charnels; **~exˌtrakt** *m* extrait *m* de viande; **~ˌfarbe** *f* couleur *f* de la chair; **2ˌfarben** *adj.* couleur chair; *bot.* carné; **~ˌfaser** *f* fibre *f* de viande; *zähe* filandre *f*; **~ˌfliege** *f zo.* mouche *f* à viande; mouche bleue de la viande; **2ˌfressend** *adjt.* carnivore; **~e Pflanzen** plantes carnivores; **~geˌricht** *n cuis.* plat *m* de viande; **~geˌschwulst** *f méd.* sarcome *m*; **2geˌworden** *adjt. relig.* incarné; **~ˌhackmaˌschine** *f cf.* **~wolf**; **~ˌhaken** *m* allonge *f*; croc [-o] *m* à viande; **2ig** *adj.* charnu; *bot. auch* pulpeux, -euse; **~ˌklopfer** *m* ⟨~s; ~⟩ *cuis.* battoir *m* à viande; **~ˌklößchen** *n* ⟨~s; ~⟩ *cuis.* boulette *f* de viande; **~konˌserven** *f/pl.* conserves *f/pl.* de viande; **~kost** *f* alimentation carnée; régime carné; **2lich** *adj.* charnel, -lle; de la chair; **2los** *adj.* sans viande; **~ˌmade** *f zo.* asticot *m*; **~ˌmangel** *m* manque *m* de viande; **~ˌmarke** *f* ticket *m* de viande; **~mehl** *n* farine *f* de viande; **~ˌnahrung** *f cf.* **~kost**; **~pasˌtete** *f cuis.* pâté *m*; **~ˌplatte** *f cuis.* assiette anglaise; **~saft** *m* jus *m* de viande; **~saˌlat** *m cuis. etwa* salade *f* de saucisse à la mayonnaise; **~ton** *m peint.* carnation *f*; ton *m* de la chair; **~topf** *m fig.* **sich nach den Fleischtöpfen Ägyptens sehnen** regretter le bon temps; **~verˌbrauch** *m* consommation *f* de viande; **~verˌgiftung** *f* intoxication *f*, *pfort.* empoisonnement *m* par la viande; **~ˌwaren** *f/pl.* Fleisch- und Wurstwaren boucherie-charcuterie *f*; **~ˌwärzchen** *n* (*pl.*) *méd.* granulation *f*; **~ˌwerdung** *f* ⟨~⟩ *relig.* incarnation *f*; **~wolf** *m* 'hachoir *m* (à viande); **~ˌwunde** *f* blessure *f*, plaie *f* dans les chairs; **~wurst** *f* (sorte *f* de) saucisse *f*.

Fleiß [flaɪs] *m* ⟨~es⟩ application *f*; assiduité *f*; (*Eifer*) zèle *m*; diligence *f*; **eiserner ~** labeur acharné; **s-n ganzen ~ verwenden auf** mettre toute son application à; **ohne ~ kein Preis** *prov.* on n'a rien sans peine; **2ig 1.** *adj.* appliqué; assidu; (*eifrig*) zélé; diligent; **~e Arbeit** travail appliqué; **2.** *adv.* avec application; avec zèle; assidûment; **~ üben** s'exercer avec application; **~ besuchen** fréquenter assidûment; **~ studieren** être studieux, -euse; être assidu à l'étude; étudier avec zèle.

Fleiverkehr ['flaɪfɛrˌkeːr] *m* trafic combiné air-fer.

flektier|bar [flɛk'tiːrbaːr] *adj. gr.* déclinable; *Verben* conjugable; **~en** *v/t.* ⟨*pas de ge-*, h⟩ *gr.* décliner; *Verben* conjuguer; **~de Sprachen** langues flexionnelles.

flenn|en ['flɛnən] **I** *v/i.* ⟨h⟩ F (*weinen*) pleurer; P chialer; *um jede Kleinigkeit* F pleurnicher; **II 2en** *n* ⟨~s⟩ pleurnichement *m*; **2e'rei** *f* ⟨~⟩ pleurnicherie *f*.

fletschen ['flɛtʃən] *v/t.* ⟨h⟩ **die Zähne ~** montrer les dents.

flex|ibel [flɛ'ksiːbəl] *adj.* ⟨-bl-⟩ flexible; **2i'on** *f* ⟨~; ~en⟩ *gr.* flexion *f*; **2i'onsˌendung** *f gr.* élément flexionnel; **2ur** [-'ksuːr] *f* ⟨~; ~en⟩ *géol.* flexure *f*.

flicht [flɪçt] *cf.* **flechten**.

Flick|arbeit ['flɪkˌˀarbaɪt] *f* raccommodage *m*; **2en I** *v/t.* ⟨h⟩ *Wäsche, Kleider* mettre une pièce à; rapiécer; *par ext.* raccommoder; *Reifen* réparer; mettre une rustine à; *fig.* **j-m etw. am Zeug(e) ~** chercher la petite bête chez qn.; **II ~en** *n* ⟨~s⟩ rapiéçage *m*; raccommodage *m*; *von Reifen* réparation *f*; **III ~en** *m* ⟨~s; ~⟩ pièce *f*; *e-s Reifens auch* rustine *f*; **e-n ~ aufsetzen** mettre une pièce, une rustine (à); *cout. auch* rapiécer (qc.); **~werk** *n* (*Stückwerk*) rapiéçage *m*; assemblage *m* disparate; *péj.* (*schlechte Arbeit*) rafistolage *m*; *geistiges* placage *m*; compilation *f*; **~zeug** *n* ⟨~(e)s⟩ *für Fahrzeuge* nécessaire *m* pour réparer les pneus.

Flieboot ['fliːboːt] *n mar.* flibot *m*.

Flieder ['fliːdər] *m* ⟨~s; ~⟩ *bot.* lilas *m*; **~ˌbeere** *f cf.* **Holunderbeere**; **2ˌfarben** *adj.* lilas; **~ˌstrauch** *m* lilas *m*; **~ˌstrauß** *m* bouquet *m* de lilas; **~ˌtee** *m phm.* tisane *f* de (fleurs de) sureau.

Fliege ['fliːgə] *f* ⟨~; ~n⟩ **1.** *zo.* mouche *f* (*auch künstliche zum Angeln*); **kleine ~** moucheron *m*; *fig.* **zwei ~n mit e-r Klappe schlagen** faire d'une pierre deux coups; faire coup double; **in der Not frißt der Teufel ~n** *prov.* faute de grives on mange des merles *prov.*; **2.** (*Querbinder*) nœud-papillon *m*; **3.** (*Bärtchen*) mouche *f*.

fliegen ['fliːgən] **I** *v/t.* ⟨**fliegt, flog, geflogen**, h⟩ piloter, conduire (un avion); transporter (qn., qc.) en *od.* par avion; **II** *v/i.* ⟨**sein**⟩ **1.** voler (*auch von Piloten*); *im Flugzeug* aller en avion; prendre l'avion; *als Sport* faire de l'avion; **800 km/st ~** voler à, faire du 800 (km) à l'heure; **nach Paris ~** prendre l'avion pour Paris; aller en avion à Paris; s'envoler pour Paris; **über etw. (hinweg) ~** survoler qc.; **in die Höhe ~** s'élever dans les airs; *Schmetterlinge etc.* **von Blume zu Blume ~** voltiger de fleur en fleur; **2.** *fig.* (*eilen*) **die Landschaft flog an uns, unseren Blicken vorüber** le paysage se déroulait, défilait à vive allure devant nous, nos yeux; F **ich**

kann doch nicht ~! je ne peux quand même pas aller plus vite que la musique!; je n'ai pas d'ailes!; **3.** *Haare, Fahnen etc.* im Winde ~ flotter au vent; **4.** in die Luft ~ (*explodieren*) sauter; **5.** F (*geschleudert werden*) *Sand etc.* j-m ins Gesicht *etc.* ~ recevoir qc. à la figure, *etc.*; *Gegenstände* durchs Fenster (hinaus) ~ voler par la fenêtre; gegen die Scheiben ~ voler contre les carreaux; die Bücher flogen in die Ecke les livres volèrent dans un coin; P der Pantoffel fliegt dir gleich ins Gesicht! je vais t'envoyer, tu vas recevoir ma savate à la figure!; **6.** F (*entlassen werden*) être flanqué à la porte; **7.** F in den Dreck *etc.* ~ (*fallen*) s'étaler dans la boue, *etc.*; **III** 2 *n* ⟨~s⟩ vol *m*; *od. verbal*; *aviat.* ~ im Verband vol en formation; **~d** *adjt.* volant; mobile; *zo.* ~e Fische poissons volants; ~e Untertasse soucoupe volante; ~e Blätter feuilles volantes; ~es Gerüst échafaudage volant; ~er Händler marchand ambulant; *méd.* ~e Hitze bouffée *f* de chaleur; der 2e Holländer *cf.* Holländer; *Sport* ~er Start départ lancé; *aviat.* ~es Personal personnel navigant; ~es Geschwader escadre volante; mit ~en Haaren les cheveux flottants; mit ~en Fahnen bannières déployées; 2ˌ**dreck** *m* traces *f/pl.*, chiasse *f* de mouches; chiure *f*; 2ˌ**fänger** *m* ⟨~s; ~⟩ attrape-mouches *m*; tue-mouches *m*; 2ˌ**fenster** *n* fenêtre grillagée; 2geˌ**wicht** *n*, 2geˌ**wichtler** *m* ⟨~s; ~⟩ *Boxen, Ringen* poids *m* mouche; 2ˌ**gift** *n* fly-tox *m*; tue-mouches *m*; 2ˌ**gitter** *n* toile *f* métallique, grillage *m* contre les mouches; 2ˌ**klappe** *f*, 2ˌ**klatsche** *f* ⟨~; ~n⟩ tue-mouches *m*; tapette *f*; 2ˌ**kopf** *m impr.* lettre bloquée; Fliegenköpfe setzen bloquer; 2ˌ**netz** *n für Pferde* émouchette *f*; 2ˌ**pilz** *m bot.* fausse oronge; amanite *f* tue-mouches; 2ˌ**schiß** P *m* ⟨-sses; -sse⟩, 2ˌ**schmutz** *m cf.* 2dreck; 2ˌ**schnäpper** *m* ⟨~s; ~⟩ *zo.* gobe-mouches *m*; 2ˌ**schrank** *m* garde-manger *m*; 2ˌ**schwamm** *m cf.* 2pilz; 2ˌ**schwarm** *m* essaim *m* de mouches; 2ˌ**stein** *m minéral.* arsenic *m* vierge.

Flieger ['fliːgər] *m* ⟨~s; ~⟩ **1.** *aviat.* aviateur *m*; pilote *m*; **2.** F (*Flugzeug*) avion *m*; **3.** *Radrennen* sprinter [sprintœːr] *m*; ~ˌ**abwehr** *f* défense antiaérienne; défense *f* contre avions (D.C.A.); **~aˌlarm** *m* alerte aérienne; ~ˌ**angriff** *m* attaque aérienne; ~ˌ**anzug** *m cf.* ~dreß; ~ˌ**aufnahme** *f phot.* photo, prise de vue aérienne; ~ˌ**bombe** *f* bombe aérienne; ~ˌ**deckung** *f* abri *m* contre les avions; ~ˌ**dreß** *m* combinaison *f*, tenue *f* de vol; **~ei** [-'raɪ] *f* ⟨~⟩ aviation *f*; **~geˌschädigte(r)** *m* ⟨→ A⟩ sinistré *m* des bombardements aériens; ~ˌ**horst** *m* base aérienne; **~in** *f* ⟨~; ~nen⟩ aviatrice *f*; 2**isch** *adj.* d'aviateur; de pilote; ~ˌ**kamera** *f* appareil *m* de prise de vues aériennes; ~ˌ**krankheit** *f* ⟨~⟩ mal *m* des aviateurs; ~ˌ**schule** *f* école *f* d'aviation, de pilotage; ~ˌ**staffel** *f* escadrille *f* d'avions; ~ˌ**truppe** *f* unité *f*, troupe *f* de l'armée de l'air.

flieh|en ['fliːən] **I** *v/t.* ⟨flieht, floh, geflohen, h⟩ *st. s.* fuir (qn., qc.); die Gesellschaft ~ fuir la société; **II** *v/i.* ⟨sein⟩ s'enfuir; prendre la fuite; vor j-m, etw. ~ fuir devant qn., devant qc.; ~ aus se sauver de; s'évader de; s'enfuir de; ins Ausland ~ s'enfuir, se sauver à l'étranger; **III** 2**en** *n* ⟨~s⟩ fuite *f*; **~end** *adjt.* fuyant; en fuite; ~e Stirn front fuyant; 2**kraft** *f phys.* force *f* centrifuge; 2**kraftˌlüfter** *m* ⟨~s; ~⟩ ventilateur *m* centrifuge; 2**kraftˌmühle** *f* broyeur *m* centrifuge; 2**kraftˌregler** *m* ⟨~s; ~⟩ régulateur *m* à boules.

Fliese ['fliːzə] *f* ⟨~; ~n⟩ *bât.* carreau *m*; (*Platte*) dalle *f*; mit ~n belegen, auslegen carreler; daller; poser des carreaux, des dalles; **~n(ˌfuß)ˌboden** *m* carrelage *m*; dallage *m*; **~nˌleger** *m* ⟨~s; ~⟩ carreleur *m*; dalleur *m*; **~nˌpflaster** *n cf.* ~n(fuß)boden.

Fließ|arbeit ['fliːsˌ?arbaɪt] *f* travail *m* à la chaîne; **~band** *n* chaîne *f* (de montage); (*Förderband*) tapis roulant; **~bandˌarbeit** *f cf.* ~arbeit; **~bandmonˌtage** *f* montage *m* à la chaîne; 2**en I** *v/i.* ⟨-(es)t, fließt, floß, flösse, geflossen, sein⟩ couler; s'écouler; *élect.* circuler; passer; *Papier* boire; *Zeit* passer; s'écouler; *Worte* couler; *Geld* affluer; ~ in *Fluß* se jeter dans; *Wasser auch* se déverser dans; ~ durch couler à travers; traverser; *élect.* passer à travers; parcourir; aus etw. ~ couler, sortir de qc.; *fig.* découler de qc.; in Strömen ~ couler à torrents; ruisseler à flots; **II ~en** *n* ⟨~s⟩ écoulement *m*; *élect.* passage *m*; 2**end 1.** *adjt.* coulant; courant; ~es Wasser eau courante; die Grenzen sind ~ les limites ne sont pas fixes, définies; in ~em Englisch dans un anglais aisé, coulant; **2.** *advt.* couramment; ~ Französisch sprechen parler couramment (le) français; parler français couramment; ~ˌ**grenze** *f métall.* limite *f* d'écoulement; **~paˌpier** *n* (papier *m*) buvard *m*.

Flimmer|frequenz ['flɪmərfreˑˌkvɛnts] *f Film* fréquence *f* de scintillement; ~ˌ**härchen** *n biol.* cil *m*; ~ˌ**messer** *m* ⟨~s; ~⟩ scintillomètre *m*; 2**n I** *v/i.* ⟨-(e)re, h⟩ *Sterne, Film, télév.* scintiller; *Luft* vibrer; es flimmert mir vor den Augen j'ai des éblouissements; **II ~n** *n* ⟨~s⟩ scintillement *m*; *astr., phys.* scintillation *f*; *der Luft* vibration *f*; *vor den Augen* éblouissement *m*; papillotement *m*; **~photoˌmeter** *n* photomètre *m* à scintillation.

flink [flɪŋk] **1.** *adj.* (*rasch, behende*) leste; preste; agile; alerte; vif, vive; ~ wie ein Wiesel vif comme un écureuil; **2.** *adv.* prestement; lestement; agilement; avec agilité; vivement; 2**heit** *f* ⟨~⟩ agilité *f*; rapidité *f*; vivacité *f*.

Flinte ['flɪntə] *f* ⟨~; ~n⟩ fusil [-zi] *m*; *fig.* die ~ ins Korn werfen jeter le manche après la cognée; abandonner la partie; perdre courage; **~n...** *in Zssgn. cf.* Gewehr...

Flintglas ['flɪntglaːs] *n opt.* flint(-glass) *m*.

Flip [flɪp] *m* ⟨~s; ~s⟩ *Cocktail* flip *m*.

flirren ['flɪrən] *v/i.* ⟨h⟩ *cf.* flimmern.

Flirt [flœrt] *m* ⟨~es; ~s⟩ flirt [flœrt] *m*; 2**en** *v/i.* ⟨-ete, h⟩ flirter [flœrte].

Flittchen ['flɪtçən] *n* ⟨~s; ~⟩ F (*leichtes Mädchen*) coureuse *f*; flirteuse [flœr-] *f*.

Flitter ['flɪtər] *m* ⟨~s; ~⟩ paillettes *f/pl.*; clinquant *m* (*auch fig.*); ~ˌ**glanz** *m* faux brillant(s); ~ˌ**gold** *n* clinquant *m* d'or; **~ˌkram** *m* clinquant(s) *m* (*pl.*); ~ˌ**wochen** *f/pl.* lune *f* de miel; sie sind noch in den ~ ils sont encore dans leur lune de miel; ils filent encore le parfait amour.

Flitz|(e)bogen ['flɪts(ə)ˌboːgən] F *m* arc *m*; *fig.* gespannt sein wie ein ~ (, ob ...) être très curieux, -euse (de savoir si ...); se demander vraiment (si ...); 2**en** F *v/i.* ⟨-(es)t, sein⟩ filer; courir.

Flobertgewehr ['floːbɛrtgəˌveːr] *n* carabine *f* Flobert.

F-Löcher ['ɛfˌlœçər] *n/pl. e-r Geige* ouïes *f/pl.*; FF *f/pl.*

flocht [flɔxt] *cf.* flechten.

Flöckchen ['flœkçən] *n* ⟨~s; ~⟩ petit flocon.

Flock|e ['flɔkə] *f* ⟨~; ~n⟩ flocon *m*; ~n bilden floconner; 2**enˌartig** *adj. cf.* 2ig; **~enˌbildung** *f chim.* floculation *f*; **~enˌblume** *f bot.* centaurée *f*; 2**enˌförmig**, 2**ig** *adj.* floconneux, -euse; ~ˌ**seide** *f* bourre *f* de soie; frison *m*; ~ˌ**wolle** *f* bourre *f* de laine.

flog [floːk] *cf.* fliegen.

floh [floː] *cf.* fliehen.

Floh [floː] *m* ⟨~(e)s; ≈e⟩ *zo.* puce *f*; *fig. u.* F j-m e-n ~ ins Ohr setzen faire naître chez qn. une idée qui l'obsède; die Flöhe husten hören se croire mieux au courant que les autres.

flöhen ['fløːən] *v/t.* (*u. v/réfl.*) ⟨h⟩ (s')épucer; (se) chercher les puces (à).

Floh|gras ['floːgraːs] *n bot.* (*Zittergras*) brize *od.* briza *f*; (*Perlgras*) melica *m*; mélique *f*; ~ˌ**käfer** *m zo. cf.* Erdfloh; ~ˌ**kiste** *f* P (*Bett*) P pucier *m*; **~kraut** *n bot.* pulicaire *f*; ~ˌ**krebse** *m/pl. zo. sc.* amphipodes *m/pl.*; **~stich** *m* piqûre *f* de puce.

Flom(en) ['floːm(ən)] *m* ⟨~s⟩ (*Nierenfett*) graisse *f* des rognons (du porc, de l'oie).

Flor [floːr] *m* ⟨~s; ~e⟩ **1.** (*Blumen*2) abondance *f*, débauche *f* de fleurs; **2.** (*Trauer*2) crêpe *m* de deuil; **3.** ⟨*pl. auch* ≈e⟩ *Spinnerei* voile *m* de carde.

Flora ['floːra] *f* ⟨~; -ren⟩ flore *f*.

Florentin|er(in) [floˑrɛn'tiːnər(ɪn)] *m* ⟨~s; ~⟩ (*f*) ⟨~; ~nen⟩ **1.** Florentin(e) *m* (*f*); **2.** *m Gebäck* florentin *m*; gâteau *m* de Florence; 2**isch** *adj.* florentin.

Florett [floˑ'rɛt] *n* ⟨~(e)s; ~e⟩ *esc.* fleuret *m*; ~ˌ**fechten** *n* escrime *f* au fleuret; ~ˌ**fechter(in)** *m* (*f*) fleurettiste *m, f*; ~ˌ**meister(in)** *m* (*f*) champion, -nne *m, f* d'escrime au fleuret; ~ˌ**meisterˌschaft** *f* championnat *m* d'escrime au fleuret; ~ˌ**seide** *f text.* filoselle *f*; fleuret *m*.

Flor|fliege ['floːrˌfliːgə] *f zo.* chrysope *f*; **~garn** *n* (*feiner Baumwollzwirn*) fil *m* de coton gazé.

florieren [floˑ'riːrən] *v/i.* ⟨*pas de ge-*, h⟩ être florissant, prospère; prospérer.

Florilegium [floˑriˑ'leːgiˑum] *n* ⟨~s; -ien⟩ (*Blütenlese*) florilège *m*; anthologie *f*.

Florschleier ['floːrˌʃlaɪər] *m* voile *m* [de crêpe.]

Floskel ['flɔskəl] *f* ⟨~; ~n⟩ (*abgegriffene Redensart*) phrase *f*; mot *m*; formule toute faite; 2ˌ**haft** *adj.* tout fait.

floß [flɔs] *cf.* fließen.

Floß [floːs] *n* ⟨~es; ≈e⟩ radeau *m*; (*Baum*2) train *m* de bois.

flößbar ['fløːsbaːr] *adj.* flottable.

Floßbrücke ['floːsˌbrykə] *f* pont *m* de radeaux.

Flosse ['flɔsə] *f* ⟨~; ~n⟩ **1.** *zo.* nageoire *f*; *beim Hai etc.* aileron *m*; **2.** *aviat.* stabilisateur *m*; **3.** *Schwimmsport* palme *f*; **4.** P (*Hand*) F patte *f*; P pince *f*.

flößen ['fløːsən] **I** *v/t.* ⟨-(es)t, h⟩ flotter (du bois); transporter par flottage; **II** 2 *n* ⟨~s⟩ flottage *m*.

flossen|förmig ['flɔsənˌfœrmɪç] *adj. zo.* en forme de nageoire; *sc.* pinniforme; 2ˌ**füßer** *m/pl. zo.* pinnipèdes *m/pl.*

Flößer ['fløːsər] *m* ⟨~s; ~⟩ flotteur *m* de bois; **~ei** [-'raɪ] *f* ⟨~⟩ flottage *m*.

Floß|gasse ['floːsˌgasə] *f* passe *f* pour trains de bois; **~sack** *m* canot *m* pneumatique.

Flotation [floˑtatsiˑ'oːn] *f* ⟨~; ~en⟩ *métall.* flottation *f*; *Tätigkeit* flottage *m*; **~sproˌzeß** *m* processus *m* de flottation.

Flöt|e ['fløːtə] *f* ⟨~; ~n⟩ **1.** *mus.* flûte *f*; ~ **spielen** jouer de la flûte; **2.** *Kartenspiel* séquence *f*; suite *f*; **2en** *v/t. u. v/i.* ⟨-ete, h⟩ **1.** *Amsel* siffler; **2.** *iron.* (*sprechen*) susurrer; **~enˌbläser** *m* ⟨~s; ~⟩ *cf.* **~ist**; **~enfutteˌral** *n* étui *m* à flûte; **2enˌgehen** *v/i.* ⟨*irr.*, *sép.*, -ge-, sein⟩ F **flötengegangen sein** être perdu, F fichu; **~enˌklappe** *f* clef *f* de flûte; **~enˌspiel** *n verbal*; **~enˌspieler(in)** *m* (*f*) *cf.* **~ist(in)**; **~enˌton** *m* son *m* de flûte; *fig. u.* F **j-m die Flötentöne beibringen** apprendre la politesse à qn.; remettre qn. à sa place; **~ist(in)** [-'tɪst(ɪn)] *m* ⟨~en; ~en⟩ (*f*) ⟨~; ~nen⟩ flûtiste *m, f*; joueur, -euse *m, f* de flûte.

flott [flɔt] **1.** *adj.* **a)** *mar.* à flot; **b)** *fig.* (*leicht*) aisé; (*schnell*) rapide; *Kleidung cf.* **fesch**; **2.** *adv.* ~ **leben** mener une vie aisée; vivre dans l'aisance; ~ **vonstatten gehen** se dérouler, se passer pour le mieux, au mieux; ~ **machen** se dépêcher.

Flotte ['flɔtə] *f* ⟨~; ~n⟩ **1.** *mar.* flotte *f*; **2.** *text.* (*Färbe*2) bain *m*; **~nˌabkommen** *n* accord naval; **~nˌbasis** *f cf.* **~nstützpunkt**; **~nmaˌnöver** *n* manœuvres navales; **~npaˌrade** *f* revue navale; **~nˌstützpunkt** *m* base navale.

Flottholz ['flɔthɔlts] *n* flotteur *m* de *od.* en bois.

flottierend [flɔ'tiːrənt] *adjt. jur.* **~e Schuld** dette flottante.

Flottille [flɔ'tɪl(j)ə] *f* ⟨~; ~n⟩ flottille *f*; **~nˌchef** *m* chef *m* de flottille.

flottmachen ['flɔtˌmaxən] **I** *v/t.* ⟨*sép.*, -ge-, h⟩ *Schiff* mettre à flot; **wieder** ~ remettre à flot; renflouer (*beide auch fig. von e-m Geschäft etc.*); *Auto etc.* dépanner; **II** 2 *n* ⟨~s⟩ *e-s Schiffes* remise *f* à flot; renflouage *od.* renflouement *m* (*auch comm.*).

Flöz [fløːts] *n* ⟨~es; ~e⟩ *mines* couche *f*; veine *f*; filon *m*; **~(ˌab)bau** *m* ⟨~(e)s⟩ exploitation *f* d'une couche, d'une veine; **~geˌbirge** *n* roches stratifiées; **2leer** *adj.* qui ne contient pas de couches exploitables; **~ˌmächtigkeit** *f* puissance *f*, épaisseur *f* de couche; **~proˌfil** *n* coupe *f* d'une couche; **~ˌstörung** *f* accident *m* d'une veine; faille *f*.

Fluch [fluːx] *m* ⟨~(e)s; ~̈e⟩ **1.** malédiction *f*; (*Verwünschung*) *auch* imprécation *f*; **ein** ~ **lastet, liegt auf ...** une malédiction pèse, est sur ...; **e-n** ~ **ausstoßen** lancer une malédiction (contre); ~ **über ihn!** qu'il soit maudit!; **2.** *Kraftwort* juron *m*; *gotteslästerlicher* blasphème *m*; **Flüche ausstoßen** proférer des jurons; **2beˌladen** *adjt.* chargé de malédiction(s); maudit; **2en I** *v/i.* ⟨h⟩ jurer; sacrer; pester; **j-m** ~ maudire qn.; **auf j-n, etw.** ~ invectiver (contre) qn., qc.; pester contre qn., contre qc.; F ~ **wie ein Bierkutscher** jurer comme un charretier; **II ~en** *n* ⟨~s⟩ *verbal.*

Flucht [fluxt] *f* ⟨~; ~en⟩ **1.** fuite *f* (*auch von Kapital*); *aus e-m Gefängnis etc. auch* évasion *f*; **wilde** ~ déroute *f*; **auf der** ~ dans, pendant la fuite; en fuyant; **auf der** ~ **sein** être en fuite; **die** ~ **ergreifen** prendre la fuite; s'enfuir; s'évader; F prendre le large; **in die** ~ **schlagen** mettre en fuite; mettre en déroute; **die** ~ **vor der Verantwortung** la fuite devant les responsabilités; **2.** *bât.* (*Fluchtlinie*) alignement *m*; **in e-r** ~ **liegen** être à l'alignement; **aus der** ~ **heraustreten** sortir de, dépasser l'alignement; **3.** *von Räumen* enfilade *f*; **e-e** ~ **von sechs Zimmern** une enfilade de six pièces; **2ˌartig 1.** *adj.* précipité; **2.** *adv.* **etw.** ~ **verlassen** quitter qc. précipitamment, en 'hâte, à la hâte; **2en** *v/t.* ⟨-ete, h⟩ *bât.* aligner.

flüchten ['flʏçtən] **I** *v/i.* ⟨-ete, sein⟩ s'enfuir; fuir; se sauver; *Gefangene auch* s'évader; **zu j-m** ~ s'enfuir chez qn.; *cf. auch* **fliehen**; **II** *v/réfl.* ⟨h⟩ **sich** ~ se réfugier (dans qc., chez qn.).

Fluchtgefahr ['fluxtgəˌfaːr] *f* **es besteht (bei ihm)** ~ il y a des risques qu'il s'enfuie; il risque de s'enfuir.

flüchtig ['flʏçtɪç] **1.** *adj.* **a)** *Verbrecher etc.* en fuite; fugitif, -ive; en liberté; **b)** *chim.* volatil; **c)** *fig.* (*von kurzer Dauer*) fugitif, -ive; passager, -ère; éphémère; (*oberflächlich*) peu soigneux, -euse; superficiel, -lle; fait à la hâte; **~e Wirkung** effet passager; action passagère; **~er Blick** coup d'œil; **~e Bekanntschaft** vague connaissance; connaissance de passage; **~er Besuch** visite 'hâtive; brève visite; **~e Notizen** notes prises à la hâte, jetées en passant; **~e Bemerkung** remarque (faite) en passant; **~e Arbeit** travail 'hâtif, négligé, superficiel; **2.** *adv.* à la hâte; en 'hâte; en passant; superficiellement; **etw.** ~ **durchsehen, durchlesen** parcourir qc. (à la hâte); ~ **arbeiten** travailler sans soin, à la hâte; *pfort.* bâcler le travail; ~ **skizzieren** ébaucher; esquisser; ~ **grüßen** esquisser un salut; **ich kenne ihn nur** ~ je ne le connais que vaguement; **sich** ~ **sehen** s'entrevoir; s'entr'apercevoir; *Gefangene etc.* ~ **werden** s'enfuir; s'évader; prendre la fuite; **2ˌkeit** *f* ⟨~⟩ *chim.* volatilité *f*; (*Unzulänglichkeit*) négligence *f*; (*Hast*) 'hâte *f*; (*Gedankenlosigkeit*) inattention *f*; **2keitsˌfehler** *m* faute *f* d'inattention.

Flüchtling ['flʏçtlɪŋ] *m* ⟨~s; ~e⟩ réfugié(e) *m* (*f*); (*auf der Flucht Begriffener*) fugitif, -ive *m, f*; **politischer** ~ réfugié politique; **~sˌausweis** *m* carte *f* de réfugié; **~sfaˌmilie** *f* famille *f* de réfugiés; *auf der Flucht* famille fugitive; **~sˌfürsorge** *f* assistance *f* aux réfugiés; **~sˌhilfe** *f* aide *f*, *finanzielle* allocation *f* aux réfugiés; **~sˌlager** *n* camp *m* de réfugiés; **~sˌsammelˌstelle** *f* centre *m* de réfugiés; **~sˌstrom** *m* afflux *m* de réfugiés.

Flucht|linie ['fluxtˌliːniˑə] *f bât.* alignement *m*; *opt.* ligne *f* de fuite; **~linienˌplan** *m bât.* plan *m* d'alignement; **~plan** *m* plan *m* d'évasion; **~punkt** *m opt.* point *m* de fuite; **~schnur** *f zum Abstecken* ligne *f*; **~stab** *m arp.* jalon(-mire) *m*; **~verˌdacht** *m* présomption *f* de fuite; **2verˌdächtig** *adj.* suspect de vouloir fuir; **~verˌsuch** *m* tentative *f* d'évasion, de fuite; **e-n** ~ **machen** tenter, essayer de s'évader, de fuir; **~weg** *m* chemin pris par un fugitif.

fluchwürdig ['fluːxˌvʏrdɪç] *adj.* maudissable.

Flug [fluːk] *m* ⟨~(e)s; ~̈e⟩ **1.** vol *m*; *aviat. längerer auch* raid [rɛd] *m*; **auf dem ~(e) nach ...** en allant à ... en avion; **im ~e** en volant; au vol; *fig.* rapidement; **die Zeit vergeht im ~e** *auch* le temps fuit; **2.** (*Vogelschwarm*) vol *m*; volée *f*; **3.** *Wappen* vol *m*; **~ˌabkommen** *n* accord aérien; **~ˌabwehr** *f* défense antiaérienne, contre avions (D.C.A.); **~ˌabwehrraˌkete** *f* engin antiaérien; **~ˌasche** *f* escarbille *f*; **~bahn** *f* trajectoire *f*; **~ball** *m Tennis* volée *f*; **~beˌreich** *m* rayon *m* d'action; **2beˌreit** *adj.* en état de vol; prêt à décoller; **~beˌtrieb** *m cf.* **Flugverkehr**; **~ˌbeutler** *m* ⟨~s; ~⟩ *zo.* pétauroïde *m*; **~blatt** *n* tract [-akt] *m*; **Flugblätter abwerfen** jeter, lancer des tracts; **~boot** *n* hydravion *m*; **~brand** *m des Getreides* charbon *m* des céréales; **~ˌdauer** *f* durée *f* de vol; **~deck** *n* pont *m* d'envol; **~dienst** *m* service aérien; **~ˌdrache** *m zo.* dragon (volant); **~ˌechse** *f cf.* **Flugsaurier**; **~ˌeigenschaften** *f/pl.* qualités *f/pl.* de vol.

Flügel ['flyːgəl] *m* ⟨~s; ~⟩ **1.** *von Vögeln, Kerbtieren, aviat., bot., bât., e-r Mannschaft* aile *f* (*auch fig.*); *aviat. auch* plan *m* de sustentation; **mit den ~n schlagen** battre des ailes; **die** ~ **beschneiden** rogner les ailes (à) (*auch fig.*); *fig.* **die** ~ **hängen lassen** être découragé; **j-m** ~ **verleihen** donner des ailes à qn.; **2.** *e-s Fensters etc.* battant *m*; vantail *m* (*pl.* vantaux); **3.** *mus.* piano *m* à queue; **4.** *anat. der Lunge* poumon *m*; *der Nase* aile *f*; **5.** *e-r Windmühle* aile *f*; *e-s Propellers auch* pale *f*; **6.** *techn.* ailette *f*; oreille *f*; **~alˌtar** *m* triptyque *m*; **~ˌanordnung** *f aviat.* disposition *f* des ailes, des plans; **~beˌspannung** *f* entoilage *m*, revêtement *m* des ailes, des plans; **~ˌbremse** *f aviat.* frein *m* aérodynamique; aérofrein *m*; **~ˌdecke** *f von Insekten* élytre *m*; **~ˌfenster** *n* fenêtre *f* à battants, à vantaux; **2ˌförmig** *adj.* en forme d'aile; *sc.* aliforme; **~ˌfrucht** *f bot.* samare *f*; **~fruchtˌbaum** *m bot.* ptérocarpe *m*; **~ˌhorn** *n mus.* bugle *m*; **...2ig** *adj. in Zssgn. Fenster etc.* à ... battants; *par ex.* **drei~** à trois battants; **~ˌkaktus** *m bot.* phyllocactus *m*; **~ˌklappe** *f aviat.* volet *m*; aileron *m*; **2ˌlos** *adj.* sans ailes; aptère; **~ˌmann** *m* ⟨~(e)s; ~̈er⟩ *milit.* chef *m* de file; *Sport* ailier *m*; **~ˌmutter** *f* ⟨~; ~n⟩ *techn. cf.* **~schraube**; **~ˌpumpe** *f* pompe rotative à ailettes, à palettes; **~ˌrad** *n* roue *f* à aubes, à palettes; **~ˌschlag** *m* coup *m*, battement *m* d'ailes; **~ˌschnecken** *f/pl. zo.* ptéropodes *m/pl.*; **~ˌschraube** *f techn.* écrou *m* à ailettes, à oreilles; papillon *m*; **~ˌspannweite** *f* envergure *f*; **~ˌspitze** *f* bout *m*, extrémité *f* d'aile; **~ˌstürmer** *m Sport* ailier *m*; **~ˌtür** *f* porte *f* à deux battants, à vantaux; **~verˌstrebung** *f* 'haubanage *m* (des ailes); **~ˌweite** *f cf.* **~spannweite**; **~ˌwölbung** *f aviat.* courbure *f*, cambrure *f* d'aile; **~ˌzelle** *f aviat.* compartiment *m* d'aile.

Flug|erfahrung ['fluːkˀɛrˌfaːrʊŋ] *f* expérience *f* du vol; **2ˌfähig** *adj.* capable de voler; **~feld** *n* terrain *m*, champ *m* d'aviation; **~-'Fernmeldeˌdienst** *m* service *m* des télécommunications aériennes; **~fiˌgur** *f* figure *f* d'acrobatie [-si] aérienne; **~ˌfische** *m/pl. cf.* **fliegend(e Fische)**; **~frosch** *m zo.* rhacophore *m*; **~ˌfunk(dienst)** *m* (service *m* de la) radio aérienne; **~gast** *m* passager *m*.

flügge ['flʏgə] *adj.* capable de voler; prêt à quitter le nid; *fig.* ~ **sein** voler de ses propres ailes.

Flug|gelände ['fluːkgəˌlɛndə] *n cf.* **Flugfeld**; **~geˌpäckschein** *m* bulletin *m* de bagages par avion; **~geˌschwindigˌkeit** *f* vitesse *f* de vol; **~geˌsellschaft** *f* compagnie aérienne; **~geˌwicht** *n* poids total en vol; **~ˌhafen** *m* aéroport *m*; **~ˌhafer** *m bot.* folle avoine; ~ˌ**halle** *f cf.* Flugzeughalle; ~**haut** *f der Flattertiere* membrane *f* alaire; ~ˌ**höhe** *f* 'hauteur *f*, altitude *f* de vol; *höchste* plafond *m*; *e-s Geschosses* flèche *f* de trajectoire; ~ˌ**hörnchen** *n* ⟨~s; ~⟩ *zo.* ptéromys *m*; ~ˌ**hühner** *n/pl. zo.* ptéroclididés *m/pl.*; ~ˌ**hunde** *m/pl.* roussettes *f/pl.*; *sc.* ptéropodidés *m/pl.*; ~**kapiˌtän** *m aviat.* commandant *m* de bord; ~ˌ**karte** *f* billet *m* d'avion; ~ˌ**körper** *m* engin volant; ~ˌ**lehrer** *m* instructeur *m* de pilotage; ~ˌ**leistung** *f* performance *f* de vol; ~ˌ**linie** *f* ligne aérienne; ~**loch** *n im Taubenschlag etc.* entrée *f*; ouverture *f*; ~ˌ**maki** *m* ⟨~s; ~s⟩ *zo.* galéopithèque volant; ~**materiˌal** *n* matériel *m* aéronautique; ~**meˌchanik** *f* mécanique *f* du vol; ~**meteoroloˌgie** *f* météorologie aérienne; ~**moˌdell** *n* maquette *f*, modèle réduit d'avion; ~ˌ**motor** *m* moteur *m* d'avion; ~**navigatiˌon** *f* navigation aérienne; ~**netz** *n* réseau aérien; ~**plan** *m* horaire *m*, indicateur *m* du trafic, du service aérien, des lignes aériennes; ~**platz** *m* aérodrome *m*; ~ˌ**prüfung** *f* examen *m* du brevet de pilote; ~ˌ**reise** *f* voyage *m* en avion; ~ˌ**richtung** *f* direction *f* de vol; ~ˌ**route** *f* route aérienne; itinéraire aérien.

flugs [fluks, fluːks] *adv. cf.* schnell 2.

Flug|sand ['fluːkzant] *m* sable mouvant; ~ˌ**saurier** *m zo.* ptérosaurien *m*; ~**schein** *m cf.* Flugkarte; ~**schrift** *f cf.* Flugblatt; ~ˌ**schüler(in)** *m (f)* élève-pilote *m, f*; ~ˌ**sicherˌheit** *f*, ~ˌ**sicherung** *f* sécurité *f* de la navigation aérienne; ~ˌ**sicherungsˌdienst** *m* service *m* de sécurité aérienne; ~**sicht** *f* visibilité *f*; ~**sport** *m* aviation sportive; ~**staub** *m métall.* poussière folle, volante; ~ˌ**strecke** *f* trajet *m*, parcours *m*, distance *f* en avion; ~**streckenbeˌfeuerung** *f* balisage *m* de voie, de ligne aérienne; ~ˌ**stunde** *f* heure *f* de vol; ~ˌ**stützpunkt** *m* base aérienne; ~ˌ**tauglichˌkeit** *f* **a)** *e-s Piloten* aptitude *f* de vol; **b)** *e-s Flugzeuges* navigabilité *f*; ~ˌ**technik** *f* aérotechnique *f*; technique *f* aéronautique; 2ˌ**technisch** *adj.* aérotechnique; 2ˌ**unfähig** *adj.* incapable de voler; ~**verˌbindung** *f zwischen zwei Orten* liaison aérienne; *Anschluß* correspondance aérienne; ~**verˌkehr** *m* trafic aérien; circulation aérienne; e-n **regelmäßigen** ~ **einrichten** établir un service aérien régulier; ~**verˌsuch** *m* essai *m* de vol; ~**weg** *m* voie, ligne aérienne; ~ˌ**weite** *f cf.* Flugbereich; ~ˌ**wesen** *n* aviation *f*; aéronautique *f*; ~ˌ**wettbeˌwerb** *m* concours *m* de vol; ~ˌ**wetterˌdienst** *m* service *m* météorologique de l'aviation; ~ˌ**wissenschaft** *f* aéronautique *f*; ~**zeit** *f aviat., phys. atom.* temps *m* de vol.

Flugzeug ['fluːktsɔʏk] *n* ⟨~(e)s; ~e⟩ avion *m*; F zinc [-g] *m*; *kleines, älteres* F coucou *m*; **einmotoriges** ~ monomoteur *m*; **mit dem** ~ **fliegen** aller par *od.* en avion; prendre l'avion; ~ˌ**absturz** *m* chute *f* d'avion; ~ˌ**abwehr** *f cf.* Flugabwehr; ~**armaˌturenˌbrett** *n* tableau *m* de bord (d'avion); ~ˌ**bau** *m* ⟨~(e)s⟩ construction *f* aéronautique, d'avions; ~ˌ**bauingeniˌeur** *m* ingénieur *m* de l'aéronautique; ~**beˌsatzung** *f* équipage *m* d'avion; ~ˌ**bordwaffen** *f/pl.* armes *f/pl.* de bord d'un avion; ~**faˌbrik** *f* usine *f* d'aviation, d'avions; ~ˌ**führer** *m* pilote *m* (aviateur); aviateur *m*; ~ˌ**führerˌkanzel** *f* cockpit [kɔkpit] *m*; (*Führerraum*) poste *m*, cabine *f* de pilotage; ~ˌ**führerˌschein** *m* brevet *m* de pilote; ~**geˌschwader** *n* escadrille (aérienne); ~ˌ**halle** *f* 'hangar *m* d'avions, d'aviation; ~**indusˌtrie** *f* industrie *f* aéronautique; ~**kaˌbine** *f* cabine *f* d'avion; ~**katasˌtrophe** *f* catastrophe aérienne; ~**konstrukˌteur** *m* constructeur *m* d'avions; avionneur *m*; ~**moˌdell** *n cf.* Flugmodell; ~**monˌteur** *m* mécanicien *m* d'avion; ~ˌ**motor** *m cf.* Flugmotor; ~ˌ**mutterˌschiff** *n cf.* ~träger; ~**raˌkete** *f* roquette *f* d'avion; ~ˌ**rumpf** *m* fuselage *m*; carlingue *f* (d'avion); ~ˌ**schlepp** *m* ⟨~s⟩ remorquage *m* par avion; ~ˌ**schleuder** *f* catapulte *f*; ~ˌ**schuppen** *m cf.* ~halle; ~**torˌpedo** *m* torpille *f* d'avion; ~ˌ**träger** *m* porte-avions *m*; ~ˌ**trümmer** *pl.* débris *m/pl.* d'avion; ~ˌ**typ** *m* type *m* d'avion; ~ˌ**unglück** *n* accident *m* d'avion; ~**verˌband** *m* formation aérienne; ~ˌ**werk** *n cf.* ~fabrik.

Fluid|kompaß [fluˈˈiːtˌkɔmpas] *m* compas *m* liquide; ~**um** ['fluːiˑ-] *n* ⟨~s; -da⟩ *fig.* fluide *m*.

Fluktu|ation [fluktuˑatsiˈˈoːn] *f* ⟨~; ~en⟩ (*Schwankung*) fluctuation *f*; 2**'ieren I** *v/i.* ⟨*pas de ge-*, h⟩ fluctuer; **II** ~**'ieren** *n* ⟨~s⟩ *cf.* ~ation.

Flunder ['flundər] *f* ⟨~; ~n⟩ *zo.* flet *m*; flondre *m*; picaud *m*; flaiteau *m*.

Flunker|ei [ˌfluŋkəˈraɪ] *f* ⟨~; ~en⟩ F *verbal*; 2**n** ['fluŋ-] *v/i.* ⟨-(e)re, h⟩ F (*lügen, prahlen*) *etwa* raconter des histoires; broder pour épater.

Fluor ['fluːɔr] *n* ⟨~s⟩ *chim.* fluor *m*; ~**aˌmmonium** *n* fluorure *m* d'ammonium [-jɔm]; ~**esze'in** *n* ⟨~s⟩ fluorescéine *f*; ~**es'zenz** *f* ⟨~⟩ *phys.* fluorescence *f*; 2**es'zieren** *v/i.* ⟨*pas de ge-*, h⟩ être fluorescent; fluorescer; 2**es'zierend** *adjt.* fluorescent; 2ˌ**haltig** *adj.* fluoritique; ~**id** [-'riːt] *n* ⟨~s; ~e⟩ fluorure *m*; ~**it** [-'riːt, -'rɪt] *m* ⟨~s; ~e⟩ fluorine *f*; ~ˌ**kalium** *n* fluorure *m* de potassium; ~ˌ**natrium** *n* fluorure *m* de sodium; ~ˌ**wasserstoff**(ˌ**säure**) *m (f)* acide *m* fluorhydrique.

Flur[1] [fluːr] *f* ⟨~; ~en⟩ campagne *f*; terres *f/pl.*; champs *m/pl.*; *fig.* **allein auf weiter** ~ **(stehen, sein)** (être) tout seul; ~[2] *m* ⟨~(e)s; ~e⟩ (*Haus*2) ('hall [ol] *m* d')entrée *f*; (*Treppen*2) palier *m*; *e-r Wohnung* entrée *f*; vestibule *m*; antichambre *f*; *schmaler e-s Stockwerkes, e-r Wohnung* couloir *m*; ~**beˌreinigung** *f* ⟨~; ~en⟩ *agr.* remembrement *m* agricole, des terres, de la propriété rurale; ~**buch** *n* cadastre *m*; ~ˌ**fenster** *n* fenêtre *f* d'entrée *bzw.* de palier; ~**gardeˌrobe** *f* portemanteau *m*; ~ˌ**karte** *f* plan cadastral; ~ˌ**name** *m* lieu-dit *m*; ~ˌ**schaden** *m* dégât(s), dommage(s) causé(s) dans les *od.* aux champs; ~ˌ**umgang** *m relig. cath.* procession *f* dans les champs.

Fluß [flus] *m* ⟨-sses⟩ **1.** ⟨*pl.* Flüsse⟩ rivière *f*; cours *m* d'eau; (*Strom*) fleuve *m*; **schiffbarer** ~ rivière navigable; **an e-m** ~ **wohnend** riverain; **den** ~ **hinuntertreiben** aller à la dérive, à vau-l'eau; **2.** (*Schmelzzusatz*) fondant *m*; flux *m*; **3.** *élect.* flux *m*; **4.** *physiol.* flux menstruel; **5.** *méd.* fluxion *f*; **6.** *fig.* **etw. in** ~ **bringen** mettre qc. en train; ~**aal** *m zo.* anguille *f*; 2**'abwärts** *adv.* en aval; *mit Bewegung* en descendant la rivière, le courant; ~ **von Paris** en aval de Paris; ~ **fahren** descendre une rivière; ~ˌ**anwohner** *m* riverain *m*; ~**arm** *m* bras *m* de rivière; **toter** ~ bras mort; 2**'aufwärts** *adv.* en amont; *mit Bewegung* en remontant la rivière, le courant; ~ˌ**barbe** *f zo.* barbeau (commun); ~**barsch** *m zo.* perche (commune); ~**bett** *n* lit *m* de rivière.

Flüßchen ['flʏsçən] *n* ⟨~s; ~⟩ petite rivière.

Fluß|dampfer ['flusˌdampfər] *m* vapeur *m* de rivière; ~ˌ**delta** *n* delta fluvial; ~ˌ**eisen** *n cf.* Flußstahl; ~**geˌbiet** *n* bassin *m* d'un fleuve; ~**gold** *n* or *m* en paillettes, de rivière; ~ˌ**gottheit** *f myth.* divinité *f* d'un fleuve; ~ˌ**hafen** *m* port fluvial.

flüssig ['flʏsɪç] *adj.* **1.** liquide; *Gas* liquéfié; *Metall* fondu; à l'état liquide; ~**er** *od.* **gasförmiger Körper** fluide *m*; ~**e Luft** air liquide; ~**er Sauerstoff** oxygène liquide; ~ **werden** se liquéfier; devenir liquide; fondre; *Metall auch* entrer en fusion; ~ **machen** liquéfier; fondre; **2.** *comm.* liquide; disponible; ~**e Mittel** fonds liquides, disponibles; **Kapital** ~ **machen** rendre liquides, mobiliser des capitaux; F **ich bin im Augenblick nicht** ~ je ne suis pas en fonds pour le moment; **3.** *fig. Stil etc.* aisé; coulant; fluide (*auch Verkehr*); facile; 2ˌ**gas** *n* gaz liquéfié; 2ˌ**keit** *f* ⟨~; ~en⟩ **1.** liquide *m*; **2.** ⟨*pas de pl.*⟩ (*flüssiger Zustand*) liquidité *f*; fluidité *f*; *fig. des Stils etc.* fluidité *f*; aisance *f*; facilité *f*; 2**keitsbeˌhälter** *m* réservoir *m* de fluide, de liquide; 2**keitsˌbremse** *f* frein *m* hydraulique; 2**keitsˌdämpfung** *f* amortissement *m* hydraulique, par liquide; 2**keitsˌdruck** *m* pression *f* hydraulique, de liquide; 2**keitsgeˌtriebe** *n* (mécanisme *m* de) commande *f* hydraulique; 2**keitsˌgrad** *m* degré *m* de fluidité; 2**keitsˌkupplung** *f* embrayage *m* hydraulique; 2**keitsˌmenge** *f* quantité *f* de liquide, de fluide; 2**keitsraˌkete** *f* fusée *f* à liquides; 2**keitsˌsäule** *f* colonne *f* de liquide; 2**keitsˌstand** *m* niveau *m*, 'hauteur *f* de liquide; 2**keitsˌwaage** *f* aréomètre *m*; 2**keitsˌwiderstand** *m élect.* résistance *f*, rhéostat *m* à liquide; 2ˌ**machen** *n* ⟨~s⟩ *von Geldern* réalisation *f*; mobilisation *f*.

Fluß|kabel ['flusˌkaːbəl] *n* câble sous-fluvial; ~ˌ**karpfen** *m zo.* carpe *f* ordinaire; ~**kies** *m* gravier *m* de rivière; ~**krebs** *m zo.* écrevisse *f*; ~ˌ**krümmung** *f* courbure *f* d'une rivière; ~**lauf** *m* cours *m* d'une rivière; ~ˌ**mittel** *n chim.* fondant *m*; ~ˌ**mündung** *f* embouchure *f*; ~ˌ**muschel** *f zo.* mulette *f*; *sc.* unio *m*; ~**netz** *n* réseau fluvial; ~**pferd** *n zo.* hippopotame *m*; ~ˌ**regelung** *f*, ~**reguˌlierung** *f* régularisation *f* du cours d'une rivière; ~**sand** *m* sable *m* de rivière; ~ˌ**säure** *f chim.* acide *m* fluorhydrique; ~ˌ**schifffahrt** *f* navigation fluviale; ~ˌ**sohle** *f* fond *m* de rivière; ~**spat** *m minéral.* fluorine *f*; *als Flußmittel auch* spath *m* fluor; ~**stahl** *m* acier fondu; ~ˌ**ufer** *n* rive *f*; bord *m* de rivière; berge *f*; ~ˌ**wasser** *n* eau *f* de rivière; ~ˌ**windung** *f* méandre *m*; sinuosité *f* d'une rivière.

Flüster|gewölbe ['flʏstərgəˌvœlbə] *n* salle *f* d'écho; 2**n I** *v/t. u. v/i.* ⟨-(e)re, h⟩ chuchoter; susurrer; **j-m etw. ins Ohr** ~ chuchoter qc. à l'oreille de qn.; F **dem werde ich was** ~! je vais lui dire ma façon de penser!; **II** ~**n** *n* ⟨~s⟩ chuchotement *m*; ~**propaˌganda** *f* rumeur *f* publique; bruits répandus de bouche à oreille; ~ˌ**ton** *m* **im** ~ en chuchotant.

Flut [fluːt] *f* ⟨~; ~en⟩ **1.** (*Wassermasse*) flots *m/pl.*; (*Gezeit*) marée montante; flux *m*; marée 'haute; pleine mer; **bei**

~ à marée 'haute *bzw.* montante; **Ebbe und** ~ marée montante et marée descendante; flux et reflux; *poét.* flot et jusant; **die** ~ **setzt ein** la mer commence à monter; **2.** *fig. von Worten etc.* flot *m*; déluge *m*; *von Tränen auch* torrent *m*; **er mußte e-e** ~ **von Fragen über sich ergehen lassen** il lui fallut subir un flot de questions; **2en I** *v/t.* ⟨-ete, h⟩ *mar.* noyer; **II** *v/i.* ⟨sein⟩ (s'é)couler; ~ **in** entrer à flots, affluer dans; ~ **aus** sortir à flots de; **III ~en** *n* ⟨~s⟩ *mar.* noyage *m*; *sonst verbal*; **~ˌhöhe** *f* 'hauteur *f* de la marée; **~ˌkraftwerk** *n* usine *f* marémotrice; **~licht** *n* lumière *f* de projecteur; **bei** ~ sous la lumière des projecteurs; **~lichtbeˌleuchtung** *f* éclairage *m* par projecteurs; **~lichtˌscheinwerfer** *m* projecteur *m* pour illumination; **~lichtˌspiel** *n Sport* match *m* en nocturne; **~ˌmesser** *m* ⟨~s; ~⟩ marégraphe *m*; **~ˌmündung** *f e-s Flusses* estuaire *m*.

flutschen ['flʊtʃən] F *v/i.* ⟨sein⟩ aller bon train; marcher bien; aller comme sur des roulettes; avancer vite.

Flut|schleuse ['flu:tˌʃlɔyzə] *f* écluse *f* de marée; **~tor** *n* porte *f* de flot; **~venˌtil** *n Schiff* soupape *f* d'entrée d'eau; **~ˌwelle** *f* raz *m* de marée.

fluvial [flu·vi·'ɑ:l] *adj. géol.* fluvial; fluviatile.

f-Moll ['ɛfmɔl] *n* ⟨~⟩ *mus.* fa *m* mineur.

focht [fɔxt] *cf.* **fechten.**

Fock [fɔk] *f* ⟨~; ~en⟩ *mar.* (voile *f* de) misaine *f*; *beim Segelboot* foc [fɔk] *m*; **~mast** *m* mât *m* de misaine; **~ˌsegel** *n cf.* ~.

Födera|lismus [fø·de·ra'lɪsmʊs] *m* ⟨~⟩ fédéralisme *m*; **~'list** *m* ⟨~en; ~en⟩ fédéraliste *m*; **2'listisch** *adj.* fédéraliste; **~ti'on** *f* ⟨~; ~en⟩ fédération *f*; **2'tiv** *adj.* fédératif, -ive; fédéral.

Fohlen ['fo:lən] **I** *n* ⟨~s; ~⟩ *zo.* poulain *m*; *weibliches* pouliche *f*; **II 2** *v/i.* ⟨h⟩ pouliner.

Föhn [fø:n] *m* ⟨~(e)s; ~e⟩ fœhn *od.* föhn [føn] *m*.

Föhre ['fø:rə] *f* ⟨~; ~n⟩ *bot.* (*Kiefer*) [pin *m*.]

fokal [fo·'kɑ:l] *adj.* focal; **2ˌebene** *f* plan focal; **2infektiˌon** *f méd.* infection focale.

Fokometer [fo·ko·'me:tər] *n* ⟨~s; ~⟩ *opt.* focomètre *m*.

Fokus ['fo:kʊs] *m* ⟨~; ~⟩ *opt., méd.* foyer *m*.

Folge ['fɔlgə] *f* ⟨~; ~n⟩ **1.** (*Aufeinander2*) suite *f*; succession *f*; série *f*; **in bunter** ~ pêle-mêle; **in rascher** ~ coup sur coup; **e-e ununterbrochene** ~ une suite ininterrompue; **e-e** ~ **von Unglücksfällen** une série d'accidents; **in der** ~ *cf.* **Folgezeit**; **Neue** ~ *e-r Zeitschrift etc.* nouvelle série; **2.** (*Resultat*) conséquence *f*; suite *f*; résultat *m*; séquelle *f*; *Logik* **notwendige, offensichtliche** ~ corollaire *m*; **die ~n des Krieges** les conséquences, les suites de la guerre; **an den ~n e-r Verwundung sterben** mourir des suites d'une blessure; **(böse) ~n haben** avoir des conséquences (fâcheuses); **etw. zur** ~ **haben** avoir qc. pour conséquence; **~n nach sich ziehen** entraîner des conséquences; tirer à conséquence; **die ~n bedenken** réfléchir aux conséquences; peser les conséquences; **die ~n tragen** subir, accepter les conséquences; **ohne ~n bleiben** rester sans conséquences, sans suites, sans résultat; *Liebesverhältnis* **nicht ohne ~n bleiben** porter son fruit; avoir des suites; **die** ~ **davon ist, daß ...** il s'ensuit, il en résulte que ...; **3.** ~ **leisten** *e-r Aufforderung, Anordnung etc.* se conformer, obéir, obtempérer à; *e-r Vorladung* obéir, répondre à; *e-r Einladung* répondre à; accepter; **~erˌscheinung** *f* phénomène consécutif; conséquence *f*.

folgen ['fɔlgən] *v/i.* ⟨sein⟩ **1.** (*nach~*) suivre (**j-m, e-r Sache** qn., qc.); **auf j-n, etw.** ~ succéder à qn., à qc.; **j-s Beispiel** ~ suivre l'exemple de qn.; **j-m auf Schritt und Tritt** ~ emboîter le pas à qn.; ne pas lâcher qn. d'une semelle; être sur les talons de qn.; talonner qn.; **j-m im Amt** ~ succéder à qn.; prendre la succession de qn.; remplacer qn.; **die Ereignisse folgten rasch aufeinander** les événements se succédèrent avec rapidité; **auf Regen folgt Sonne** après la pluie le beau temps; **Fortsetzung folgt** *cf.* **Fortsetzung**; **Brief folgt** lettre suit; **wie folgt** comme suit; **2.** (*resultieren*) ~ **aus** résulter de; découler de; être la conséquence de; **daraus folgt** (,daß ...) il s'ensuit (que ...); il en résulte (que ...); **3.** (*befolgen*) **e-m Rat** ~ suivre un conseil; *cf. auch* **Folge 3.**; **4.** *geistig* suivre; **können Sie** ~? pouvez-vous suivre?; **5.** (*beistimmen*) **ich kann Ihnen hierin nicht** ~ là je ne vous suis plus; là je ne suis plus d'accord avec vous; **6.** ⟨h⟩ F (*gehorchen*) obéir; **~d** *adjt.* suivant; **in den ~en Jahren** les années suivantes; **am ~en Tag** le lendemain; le jour suivant, d'après; **am ~en Morgen** le lendemain matin; le matin suivant; **er machte ~e Feststellung** il a fait la constatation suivante; **ein Brief ~en Inhalts** une lettre ainsi conçue; **aus ~en Gründen** pour les raisons suivantes; **im ~en** ci-après; **das 2e** *bzw.* **~e** ce qui suit; **es handelt sich um ~es** voici *od.* voilà ce dont il s'agit; **und ~e (Seiten)** et (pages) suivantes; **~derˌmaßen, ~derˌweise** *adv.* de la manière, de la façon suivante; ainsi; comme suit; *am Satzanfang* voici, voilà comment; **~ˌlos** *adj. u. adv.* sans conséquences; sans suites; sans résultat; **~ˌschwer** *adj.* lourd, gros, -sse de conséquences; **e-e ~e Entscheidung** une décision lourde de conséquences.

Folge|produkt ['fɔlgəpro·ˌdʊkt] *n phys. atom.* produit *m* de filiation; **2ˌrichtig 1.** *adj.* conséquent; logique; **~e Argumentation** raisonnement conséquent, suivi, logique; **2.** *adv.* conséquemment; logiquement; ~ **denken, handeln** *auch* raisonner, agir avec esprit de suite; **~ˌrichtigkeit** *f* logique *f*; ~ **vermissen lassen** être illogique, dépourvu de logique.

folger|n ['fɔlgərn] *v/t.* ⟨-(e)re, h⟩ déduire, conclure, inférer, induire (**aus** de); **daraus kann man ~, daß ...** on peut en conclure, en déduire que ...; **2ung** *f* ⟨~; ~en⟩ déduction *f*; conclusion *f*; induction *f*; inférence *f*; **~en ziehen aus** tirer des conséquences de.

Folge|satz ['fɔlgəˌzats] *m gr.* proposition *f* de conséquence; proposition consécutive; **2ˌwidrig 1.** *adj.* inconséquent; illogique; **2.** *adv.* inconséquemment; illogiquement; **~ˌwidrigkeit** *f* inconséquence *f*; illogisme *m*; manque *m* de logique; **~ˌzeit** *f* suite *f*; avenir *m*; **in der, für die** ~ à, pour l'avenir; par la suite; désormais; **ohne daraus Konsequenzen für die** ~ **zu ziehen** sans en tirer de conséquences pour l'avenir.

folg|lich ['fɔlklɪç] *conj. u. adv.* par conséquent; en conséquence; partant; (*also*) donc; ainsi; **~sam** *adj.* obéissant; docile; **2samˌkeit** *f* ⟨~⟩ obéissance *f*; docilité *f*.

[-folio *m*.]

Foliant [fo·li·'ant] *m* ⟨~en; ~en⟩ in-

Foli|e ['fo:li·ə] *f* ⟨~; ~n⟩ feuille *f*; *e-s Spiegels* tain *m*; **2'ieren** *v/t.* ⟨*pas de ge-*, h⟩ *Spiegel* étamer; **~o(forˌmat)** *n* ⟨~s; -lien *od.* ~s⟩ (*n*) *Papierformat* format *m* 21 × 33 cm.

Folklor|e ['fɔlklo:r] *f* ⟨~⟩ folklore *m*; **2istisch** [-'rɪs-] *adj.* folklorique.

Follik|el [fɔ'li:kəl] *m* ⟨~s; ~⟩ *biol.* follicule *m*; **2u'lar** *adj.* folliculeux, -euse.

Folter ['fɔltər] *f* ⟨~; ~n⟩ torture *f*; supplice *m*; *hist. auch* question *f*; *fig.* **j-n auf die** ~ **spannen** mettre qn. au supplice; **~ˌbank** *f* ⟨~; ⸗e⟩ *hist.* chevalet *m*; **~instruˌment** *n* instrument *m* de torture; **~ˌkammer** *f hist.* chambre *f*, salle *f* des tortures; **~ˌknecht** *m hist.* tortionnaire *m*; questionnaire *m*; **2n** *v/t.* ⟨-(e)re, h⟩ torturer; supplicier; mettre à la torture; *hist.* donner la question à; mettre au supplice (*auch fig.*); **~ˌqual** *f* tourment *m*; torture *f*; *fig.* **~en ausstehen** être au supplice; **~ung** *f* ⟨~; ~en⟩ torture *f*; supplice *m*; **~ˌwerkzeug** *n cf.* **~instrument.**

Fön [fø:n] *m* ⟨~(e)s; ~e⟩ (*Haartrockner*) sèche-cheveux *m*.

Fond [fõ:, fɔŋ] *m* ⟨~s; ~s⟩ (*Hintergrund, Rücksitz im Wagen*) arrière *m*.

Fondant [fõ:'dɑ̃:] *m* ⟨~s; ~s⟩ *Zuckerwerk* fondant *m*.

Fonds [fõ:, fɔŋ] *m* ⟨~; ~⟩ *écon.* fonds *m*; **~geˌschäfte** *n/pl.* opérations *f/pl.* de fonds publics.

fönen ['fø:nən] *v/t.* ⟨h⟩ sécher au sèche-cheveux.

Fontäne [fɔn'tɛ:nə] *f* ⟨~; ~n⟩ jet *m* d'eau; (*Springbrunnen*) fontaine *f*.

Fontanelle [fɔnta'nɛlə] *f* ⟨~; ~n⟩ *anat.* fontanelle *f*.

foppe|n ['fɔpən] *v/t.* ⟨h⟩ F (*necken, aufziehen, anführen*) mystifier; taquiner; se payer la tête de; **2'rei** *f* ⟨~; ~en⟩ mystification *f*; taquinerie *f*.

Foraminifere [fo·rami·ni·'fe:rə] *f* ⟨~; ~n⟩ *zo.* foraminifère *m*.

forcier|en [fɔr'si:rən] *v/t.* ⟨*pas de ge-*, h⟩ pousser; faire avancer; activer; développer artificiellement; **2ung** *f* ⟨~; ~en⟩ *verbal.*

Förder|anlage ['fœrdərˌʔanlɑ:gə] *f* installation *f* de transport, *mines* d'extraction; **~ˌausfall** *m* perte *f*, déficit *m* d'extraction, de production; **~ˌband** *n* tapis roulant; convoyeur *m* (à bande); bande transporteuse; **~ˌeinrichtung** *f cf.* **~anlage**; **~er** *m* ⟨~s; ~⟩ celui qui encourage; protecteur *m*; promoteur *m*; bienfaiteur *m*; **~geˌfäß** *n* benne *f*; **~geˌrüst** *n cf.* **Förderturm**; **~geˌschwindigˌkeit** *f* vitesse *f* de transport, *mines* d'extraction; **~geˌstell** *n cf.* **~korb**; **~ˌgut** *n* produit *m*, matières transporté(es) *bzw.* à transporter, *mines* extrait(es) *bzw.* à extraire; **~ˌhaspel** *f mines* treuil *m* d'extraction; **~ˌhöhe** *f* 'hauteur *f* de levage, d'élévation; *mines* 'hauteur *f* d'extraction; **~ˌhund** *m cf.* **Förderwagen**; **~in** *f* ⟨~; ~nen⟩ celle qui encourage; protectrice *f*; promotrice *f*; bienfaitrice *f*; **~ˌkette** *f* chaîne transporteuse, d'extraction; **~ˌkohle** *f* charbon tout-venant; **~ˌkorb** *m mines* cage *f* d'extraction; **~ˌkosten** *pl.* frais *m/pl.* d'extraction; **~ˌleistung** *f* capacité *f* d'extraction; *e-r Pumpe etc.* débit *m*.

förderlich ['fœrdərˌlɪç] *adj.* qui fait avancer; profitable; utile; *für die Gesundheit* salutaire; **e-r Sache** ~ **sein** aider une affaire; **das wird s-n Interessen** ~ **sein** cela pourra servir ses intérêts.

Förder|maschine ['fœrdərma,ʃiːnə] *f* machine *f* d'extraction; **~,menge** *f* quantité extraite *bzw.* à extraire; débit *m*; **~,mittel** *n* transporteur *m*; moyen *m* de transport.

fordern ['fɔrdərn] *v/t.* ⟨-(e)re, h⟩ **1.** exiger (qc. de qn.); *Recht* revendiquer; réclamer; requérir; *Opfer* causer; *Preis* demander; Pflege ~ exiger, réclamer, demander des soins; Rechenschaft von j-m ~ exiger des comptes (de la part) de qn.; demander des comptes à qn.; Schadenersatz ~ exiger, réclamer des dommages et intérêts, des dommages-intérêts; zuviel ~ demander trop; **2.** j-n (zum Duell) ~ provoquer qn. en duel.

fördern ['fœrdərn] **I** *v/t.* ⟨-(e)re, h⟩ **1.** *mines* extraire; *Pumpe* refouler; *fig.* **zutage** ~ découvrir; **2.** *Bestrebungen, Beziehungen, Künstler* encourager; aider; soutenir; *Wissenschaft etc.* faire avancer; promouvoir; *Entwicklung* favoriser; promouvoir; *Schüler* pousser; *Verdauung* aider; favoriser; j-s **Interessen** ~ aider, favoriser les intérêts de qn.; **II** 2 *n* ⟨~s⟩ *cf.* Förderung; **~d** *adjt.* ~es Mitglied cotisant *m.*

Förder|rad ['fœrdər,raːt] *n mines* molette *f* d'extraction; **~,rinne** *f mines* gouttière, rigole transporteuse, de transport; **~,rutsche** *f mines* couloir *m*, goulotte *f* de transport; **~,schacht** *m mines* puits *m* d'extraction; **~,schnecke** *f* hélice transporteuse; transporteur hélicoïdal; **~,seil** *n mines* câble *m* d'extraction; **~,sohle** *f mines* niveau *m*, étage *m* d'extraction; **~,soll** *n* extraction prévue *bzw.* imposée; **~,stollen** *m mines* galerie *f* d'extraction; **~,strecke** *f mines* galerie *f*, voie *f* de roulage; **~,turm** *m* chevalement *m* de mine.

Forderung ['fɔrdə,ruŋ] *f* ⟨~; ~en⟩ **1.** demande *f*; *pfort.* exigence *f*; *rechtmäßige* revendication *f*; réclamation *f*; **~en der Arbeiter** revendications ouvrières; **übertriebene** ~ demande exagérée, immodérée; **e-e** ~ **stellen** *cf.* fordern 1.; **2.** (*Heraus*2) provocation *f* en duel; **3.** *comm., jur.* créance *f.*

Förderung ['fœrdə,ruŋ] *f* ⟨~; ~en⟩ **1.** *mines* extraction *f*; *par ext.* production *f*; *e-r Pumpe* refoulement *m*; **maschinelle** ~ extraction mécanique; **2.** *von Bestrebungen, Beziehungen, des Warenabsatzes etc.* encouragement *m*; *der Wissenschaft etc. auch* promotion *f*; *sonst verbal*; **Maßnahmen zur** ~ ... mesures d'encouragement, pour encourager, pour développer ...; **Verein zur** ~ **von** ... société d'encouragement de ...; **zur** ~ **von etw.** pour aider, encourager, favoriser qc.

Forderungs|abtretung ['fɔrdəruŋs-,ˀaptreːtuŋ] *f jur.* cession *f* de créance; **~,anmeldung** *f* déclaration *f* de créance; **~be,rechtigte(r)** *m* ayant droit *m* (à une créance); **~be,trag** *m* montant *m* d'une créance; **~,pfändung** *f* saisie-arrêt *f* de créance; **~,recht** *n* droit *m* de créance; **~,tilgung** *f* amortissement *m* de créance; **~,übergang** *m* transfert *m* de créance.

Förder|wagen ['fœrdər,vaːgən] *m mines* berline *f*; wagonnet *m*; **~,winde** *f cf.* Förderhaspel.

Forelle [fɔ'rɛlə] *f* ⟨~; ~n⟩ *zo.* truite *f*; *cuis.* ~ **blau** truite au bleu; **~n,fang** *m* pêche *f* de la truite; **~n,zucht** *f* élevage *m* de truites.

forensisch [fo'rɛnzɪʃ] *adj. jur.* judiciaire; **~e Medizin** médecine légale.

Forke ['fɔrkə] *f* ⟨~; ~n⟩ F (*Mistgabel*) fourche *f.*

Form [fɔrm] *f* ⟨~; ~en⟩ **1.** *allg.* forme *f* (*auch gr., impr., math. etc.*); *e-s Schiffes, Autos etc. auch* ligne *f*; *gr.* **aktive, passive** ~ *auch* voix active, passive; ~ **und Inhalt** le fond et la forme; **in** ~ **von** sous forme de; **in** ~ **e-s, e-r** ... en forme de ...; **in welcher** ~? sous quelle forme?; **feste** ~**en annehmen** prendre forme; se concrétiser; **ernste, merkwürdige** *etc.* ~**en annehmen** prendre une tournure sérieuse, curieuse, *etc.*; **in abgekürzter** ~ en abrégé; **in aller, in gehöriger** ~ en bonne (et due) forme; dans les formes; **der** ~ **halber** pour la forme; **die** ~ **wahren** mettre les formes; **in höflicher** ~ en y mettant les formes; *Sport* **in** ~ **sein** être en forme; *fig.* **in** ~ **kommen** retrouver sa forme; **2.** (*Guß*2, *Kuchen*2) moule *m*; *cord.*, (*Hut*2) forme *f*; **in e-e** ~ **gießen** couler, jeter dans un moule; fondre; **aus der** ~ **nehmen** démouler; **~,abhebung** *f Gießerei* démoulage *m.*

formal [fɔr'maːl] **1.** *adj.* formel, -lle; qui concerne la forme; **~e Bildung** éducation formelle; **2.** *adv.* du point de vue de la forme; quant à la forme.

Formaldehyd ['fɔrmˀalde·,hyːt] *m chim.* aldéhyde *m* formique; formaldéhyde *m.*

Formalin [fɔrma'liːn] *n* ⟨~s⟩ *chim.* formol *m.*

Formal|ismus [fɔrma'lɪsmus] *m* ⟨~⟩ formalisme *m*; **~ist** *m* ⟨~en; ~en⟩ formaliste *m*; **2istisch** *adj.* formaliste; **~i'tät** *f* ⟨~; ~en⟩ formalité *f*; **reine** ~ pure formalité; **alle** ~**en erledigt haben** avoir accompli toutes les formalités; être en règle.

Form|änderung ['fɔrm,ˀɛndəruŋ] *f techn.* déformation *f*; *absichtliche* changement *m* de forme; **~,änderungsver,mögen** *n* aptitude *f* à se laisser façonner; plasticité *f*; **~,arbeit** *f* façonnage *m*; *Gießerei* moulage *m.*

Format [fɔr'maːt] *n* ⟨~(e)s; ~e⟩ format *m*; *fig.* envergure *f*; classe *f*; **von internationalem** ~ de classe internationale; **~i'on** *f* ⟨~; ~en⟩ *milit., géol.* formation *f.*

form|bar ['fɔrmbaːr] *adj.* plastique; malléable (*auch fig.*); **2bar,keit** *f* ⟨~⟩ plasticité *f*; malléabilité *f*; **~be,ständig** *adj.* indéformable; **2blatt** *n adm.* formulaire *m*; **2draht** *m* fil profilé, façonné; **2,drehbank** *f* tour *m* à façonner, à profiler; **~,drehen I** *v/t.* ⟨*nur inf.*⟩ façonner au tour; **II** 2,**drehen** *n* ⟨~s⟩ façonnage *m* au tour; **2,eisen** *n* fer profilé, façonné; **2eisen,walzwerk** *n* laminoir *m* à profilés.

Formel ['fɔrməl] *f* ⟨~; ~n⟩ formule *f* (*auch chim. u. Rennwagen*); *fig.* **auf die einfachste** ~ **gebracht** réduit à sa plus simple expression; en un mot; **dafür gibt es keine** ~ il n'y a pas de règle pour cela; **~,buch** *n cf.* Formelsammlung; **2,haft** *adj.* (*u. adv.*) succinct(ement); **~,kram** F *m* formalités *f/pl.*

formell [fɔr'mɛl] **1.** *adj.* formel, -lle; fait selon, dans les formes; **2.** *adv.* formellement; dans, selon les formes.

Formel|sammlung ['fɔrməl,zamluŋ] *f* recueil *m* de formules; formulaire *m*; **~,wesen** *n* formules *f/pl.*

formen ['fɔrmən] **I** *v/t.* ⟨h⟩ former (*auch fig.*); façonner; modeler; *Gießerei* mouler; **II** 2 *n* ⟨~s⟩ modelage *m*; façonnage *m*; *Gießerei* moulage *m*; **2,lehre** *f gr.* morphologie *f*; **~,reich** *adj.* riche en formes; multiforme; **2,reichtum** *m* richesse *f* de formes.

Former ['fɔrmər] *m* ⟨~s; ~⟩ *Gießerei* mouleur *m.*

Formerde ['fɔrm,ˀeːrdə] *f Gießerei* potée *f.*

Formerei [,fɔrmə'raɪ] *f* ⟨~; ~en⟩ moulerie *f*; atelier *m* de moulage.

Form|erfordernis ['fɔrmˀɛr,fɔrdərnɪs] *f jur.* condition *f* de forme; **~,fehler** *m jur.* vice *m* de forme; **~,fräser** *m techn.* fraise *f* de forme, à profiler; **~,gebung** *f* ⟨~⟩ façonnage *m*; façonnement *m*; modelage *m*; **2ge,recht** *adj. u. adv.* dans les formes; en bonne (et due) forme; **2ge,wandt** *adj.* qui a de bonnes manières; **~guß** *m* moulage *m.*

formier|en [fɔr'miːrən] *v/t.* (*u. v/réfl.*) ⟨*pas de ge-*, h⟩ (se) former; **2ung** *f* ⟨~; ~en⟩ *élect., milit.* formation *f.*

Formkasten ['fɔrm,kastən] *m Gießerei* châssis *m* de moulage, de moule.

förmlich ['fœrmlɪç] **1.** *adj.* dans les formes; en bonne (et due) forme; formel, -lle; cérémonieux, -euse; **ein** ~**er Vertrag** un contrat en bonne (et due) forme; **es herrschte ein** ~**er Ton** il régnait une atmosphère cérémonieuse; **2.** *adv.* **a)** dans les formes; en bonne (et due) forme; formellement; en termes formels; j-n ~ **um etw. bitten** demander qc. à qn. dans les formes; **b)** *fig. u.* F (*gewissermaßen, buchstäblich*) littéralement; **die Sonne stach** ~ le soleil tapait littéralement; **2,keit** *f* ⟨~; ~en⟩ formalité *f*; cérémonial *m*; étiquette *f*; **ohne** ~**en** sans (plus de) formalités; **in aller** ~ dans les formes; selon l'étiquette.

formlos ['fɔrmloːs] **1.** *adj. Gebilde, Körper* informe; sans forme; dépourvu de forme; (*ohne Förmlichkeit*) *jur.* informe; **2.** *adv.* sans façons; sans formalité; **die Anträge können** ~ **gehalten sein** les demandes n'ont pas besoin d'être formelles; **2ig,keit** *f* ⟨~⟩ absence *f* de formalité, de cérémonie; manque *m* de forme(s).

Form|mangel ['fɔrm,maŋəl] *m jur.* défaut *m*, manque *m* de forme; **~ma,schine** *f Gießerei* machine *f* à mouler; **2,nichtig** *adj. jur.* nul par défaut de forme; **~ol** [-'moːl] *n* ⟨~s⟩ *chim. cf.* Formalin; **~,rahmen** *m cf.* Formkasten; **~,sache** *f* formalité *f*; **das ist reine** ~ c'est une simple formalité; ce n'est que pour la forme; c'est de pure forme; **~sand** *m Gießerei* sable *m* de moulage, à mouler, à moules; **~sand-aufbe,reitung** *f* préparation *f* du sable de moulage; **2schön** *adj.* qui a une *od.* de belle(s) forme(s); **~,schönheit** *f* beauté *f* de la *od.* des forme(s); **~,schwärze** *f* ⟨~⟩ *Gießerei* noir *m* de moulage; **~stein** *m bât.* parpaing [-pɛ̃] profilé; **~stück** *n* pièce façonnée, profilée; **2treu** *adj. cout.* indéformable.

Formul|ar [fɔrmu·'laːr] *n* ⟨~s; ~e⟩ formulaire *m*; formule *f*; **ein** ~ **ausfüllen** remplir un formulaire; **~ar,buch** *n* formulaire *m*; **2ieren** *v/t.* ⟨*pas de ge-*, h⟩ formuler; exprimer; *adm. auch* libeller; **II** ~**ieren** *n* ⟨~s⟩, **~ierung** *f* ⟨~; ~en⟩ manière *f* d'exprimer; mise *f* au point; formulation *f*; **endgültige** ~ dernière mise au point; **das ist e-e treffende** ~ c'est fort bien exprimé.

Form|ung ['fɔrmuŋ] *f* ⟨~; ~en⟩ *cf.* Formgebung; **~ver,änderung** *f cf.* Formänderung; **~ver,letzung** *f jur.* violation *f* des formes; **2voll,endet** *adjt.* parfait; de forme parfaite; **~,vorschrift** *f jur.* prescription *f* de forme; **wesentliche** ~**en** formes substantielles; **2,widrig** *adj.* contraire aux formes.

forsch [fɔrʃ] **1.** *adj.* crâne; plein d'énergie, d'entrain, d'assurance; énergique; décidé; **2.** *adv.* crânement; énergiquement; avec assurance, énergie, entrain.

forschen ['fɔrʃən] **I** *v/i.* ⟨h⟩ **nach etw.** ~ rechercher qc.; chercher à découvrir qc.; **nach der Ursache** ~ *auch* faire une enquête sur la cause (de); **II** ♀ *n* ⟨~s⟩ *cf.* Forschung; **~d** *adjt. Blick* scrutateur, -trice; inquisiteur, -trice; investigateur, -trice.

Forscher|(in) ['fɔrʃər(ɪn)] *m* ⟨~s; ~⟩ *(f)* ⟨~; ~nen⟩ chercheur, -euse *m,f*; investigateur, -trice *m, f*; (*Entdecker*) explorateur, -trice *m, f*; **~ˌgeist** *m* ⟨~es⟩ esprit *m* de recherche.

Forschung ['fɔrʃʊŋ] *f* ⟨~; ~en⟩ recherche *f*; investigation *f*; exploration *f*; **~sabˌteilung** *f* service *m*, département *m* de recherche(s); **~sˌanstalt** *f* établissement *m*, centre *m* de recherche(s); **~sˌarbeit** *f* travail *m* de recherche; **~sˌauftrag** *m* **e-n ~ haben** être chargé de faire des recherches; **~sgeˌbiet** *n* domaine *m*, champ *m* de recherches, d'investigations; **~sgeˌmeinschaft** *f* communauté *f*, société *f* de recherche(s); **~sinstiˌtut** *n* institut *m* de recherche(s); **~slaboraˌtorium** *n* laboratoire *m* de recherche(s); **~smeˌthoden** *f/pl.* méthodes *f/pl.* de recherche; **~sˌmittel** *n/pl.* moyens *m/pl.* de recherche; **~sreˌaktor** *m phys. atom.* réacteur *m* de recherche; **~sˌreise** *f* expédition *f* scientifique; voyage *m* d'exploration; **~ssateˌllit** *m* satellite *m* scientifique; **~sˌstelle** *f* établissement *m*, centre *m* de recherche(s); **~sstiˌpendium** *n* bourse *f* de recherche; **~sˌzentrum** *n* (grand) centre de recherche(s); **~sˌzweig** *m* branche *f* de recherche(s).

Forst [fɔrst] *m* ⟨~es; ~e(n)⟩ forêt *f*; **~akadeˌmie** *f* école *f* des Eaux et Forêts; **~amt** *n* inspection *f*, conservation *f* des Eaux et Forêts; **~ˌanwärter** *m* élève *m* de l'école des Eaux et Forêts; **~ˌaufseher** *m* garde *m* forestier; **~beˌamte(r)** *m* agent *m*, fonctionnaire *m* (de l'administration) des Eaux et Forêts; **~beˌtrieb** *m* exploitation forestière; **~ˌdiebstahl** *m* vol forestier.

Förster ['fœrstər] *m* ⟨~s; ~⟩ garde *m* forestier; **~ei** [-'raɪ] *f* ⟨~; ~en⟩, **~ˌhaus** *n* maison forestière, de garde forestier.

Forst|fach ['fɔrstfax] *n* sylviculture *f*; **~ˌfrevel** *m* délit forestier; **~haus** *n cf.* Försterhaus; **♀lich** *adj.* forestier, -ière; sylvicole; **~ˌmeister** *m* inspecteur *m* des Eaux et Forêts; **~recht** *n* droit forestier; **♀ˌrechtlich** *adj.* du droit forestier; **~reˌvier** *n* triage forestier; **~ˌschädlinge** *m/pl.* parasites *m/pl.* des forêts; **~ˌschule** *f* école forestière, de sylviculture; **~schutz** *m* protection *f* des forêts; **~verˌwaltung** *f* administration *f* des Eaux et Forêts; **~ˌwesen** *n* eaux et forêts *f/pl.*; **~wirt** *m* ingénieur *m* des Eaux et Forêts; **~ˌwirtschaft** *f* économie, exploitation forestière; sylviculture *f*; **♀ˌwirtschaftlich** *adj.* sylvicole; d'économie forestière; **~ˌwissenschaft** *f* science forestière; **♀ˌwissenˌschaftlich** *adj.* de science forestière.

Forsythie [fɔr'zyːtsiᵊ] *f* ⟨~; ~n⟩ *bot.* forsythia [-sja] *m.*

Fort [foːr] *n* ⟨~s; ~s⟩ *milit.* fort *m*; *kleines* fortin *m.*

fort [fɔrt] *adv.* parti; sorti; absent; F *als Antwort, Aufforderung etc. mit* s'en aller; partir; sortir *zu übersetzen*; **weit ~** loin; F **~ mit dir!** va-t'en!; disparais!; F fiche le camp!; **in einem ~** sans arrêt; sans cesse; sans relâche; sans discontinuer; sans interruption; continuellement; **~ und ~** perpétuellement; éternellement; **und so ~** et ainsi de suite; **~...** *in Zssgn. cf. auch* **weg...** *u.* **weiter...**; **~'an** *adv.* désormais; dorénavant; (*seitdem*) dès lors; **~beˌgeben** *v/réfl.* ⟨*irr., sép., pas de ge-,* h⟩ **sich ~** s'en aller; partir; **♀beˌstand** *m* ⟨~(e)s⟩ maintien *m*; perpétuation *f*; continuité *f*; *von Sitten auch* pérennité *f*; **den ~ sichern** assurer le maintien, *etc.*; **~beˌstehen I** *v/i.* ⟨*irr., sép., pas de ge-,* h⟩ se maintenir; se perpétuer; continuer à exister; **II ♀beˌstehen** *n cf.* ♀bestand; **~beˌwegen** *v/réfl.* ⟨*sép., pas de ge-,* h⟩ **sich ~** se déplacer; se mouvoir; **♀beˌwegung** *f* locomotion *f*; déplacement *m*; **♀beˌwegungsˌart** *f* mode *m* de locomotion; **♀beˌwegungsˌmittel** *n* moyen *m* de déplacement; **~ˌbilden** *v/t.* (*u. v/réfl.*) ⟨-ete, *sép.*, -ge-, h⟩ (se) perfectionner; **♀ˌbildung** *f* perfectionnement *m*; **♀ˌbildungsˌkurs** *m*, **♀ˌbildungsˌlehrgang** *m* cours *m* (*pl.*) de perfectionnement; **~ˌbleiben I** *v/i.* ⟨*irr., sép.*, -ge-, sein⟩ rester parti, absent; ne pas (re)venir; **nicht lange ~** *auch* ne pas tarder à revenir; F **er kann ruhig ~** il peut rester où il est; **II ♀ˌbleiben** *n* absence *f*; **~ˌbringen** *v/t.* ⟨*irr., sép.*, -ge-, h⟩ emmener (qn.); (**~***tragen*) emporter (qc., qn.); **♀ˌdauer** *f* persistance *f*; continuation *f*; **~ˌdauern** *v/i.* ⟨-(e)re, *sép.*, -ge-, h⟩ persister; continuer; durer; **~ˌdauernd** *adjt.* persistant; *cf. auch* **fortwährend**; **~ˌdrängen I** *v/t.* ⟨*sép.*, -ge-, h⟩ *cf.* wegdrängen; **II** *v/i.* désirer, vouloir partir, s'en aller; **~ˌdürfen** F *v/i.* ⟨*irr., sép.*, -ge-, h⟩ avoir la permission de s'en aller, de partir; **nicht ~** ne pas devoir partir, s'en aller.

forte ['fɔrteˑ] **I** *adv. mus.* forte; **II ♀** *n* ⟨~s; ~s *od.* -ti⟩ forte *m.*

fort|eilen ['fɔrtˌˀaɪlən] *v/i.* ⟨*sép.*, -ge-, sein⟩ s'en aller à la *od.* en 'hâte; **~entˌwickeln I** *v/t.* ⟨-(e)le, *sép., pas de ge-,* h⟩ *cf.* weiterentwickeln; **II** *v/réfl.* **sich ~** *meist biol.* continuer à se développer, à évoluer; **♀entˌwicklung** *f* développement ultérieur; évolution ultérieure. [forte-piano.]

fortepiano [fɔrteˑpiˑ'aːnoˑ] *adv. mus.*

fort|erben ['fɔrtˌˀɛrbən] *v/réfl.* ⟨*sép.*, -ge-, h⟩ **sich ~** passer d'une génération à l'autre; **~ˌfahren I** *v/t.* ⟨*irr., sép.*, -ge-, h⟩ emmener, emporter (en voiture, *etc.*); **II** *v/i.* ⟨sein⟩ **1.** partir (en voiture, *etc.*); **2.** (*weitermachen*) continuer (qc., à *od.* de faire qc.); **♀fall** *m* ⟨~(e)s⟩ *cf.* Wegfall; **~ˌfallen** *v/i.* ⟨*irr., sép.*, -ge-, sein⟩ *cf.* wegfallen; **~ˌfliegen** *v/i.* ⟨*irr., sép.*, -ge-, sein⟩ s'envoler; *Vogel auch* prendre son vol, *litt.* son essor; *Sachen* être emporté (par le vent); **~ˌführen** *v/t.* ⟨*sép.*, -ge-, h⟩ **1.** *cf.* wegführen; **2.** (*weiterführen*) continuer; prolonger; *Firma* continuer; reprendre; **♀ˌführung** *f* continuation *f*; prolongation *f*; *e-r Firma* reprise *f*; **♀gang** *m* ⟨~(e)s⟩ *e-r Arbeit, Handlung etc.* continuation *f*; marche *f*; **s-n ~ nehmen** continuer; se poursuivre; marcher; **~ˌgehen** *v/i.* ⟨*irr., sép.*, -ge-, sein⟩ **1.** s'en aller; partir; sortir; **2.** *cf.* weitergehen; **~geˌschritten** *adjt.* avancé; **♀geˌschrittene(r)** *f(m)* ⟨→ A⟩ élève avancé(e); **Französischkurs für ~** cours de français pour élèves avancés; **~geˌsetzt** *adjt.* continu; continuel, -lle.

Fortgürtel ['foːrˌgʏrtəl] *m milit.* ceinture *f* de forts.

fort|helfen ['fɔrtˌhɛlfən] *v/i.* ⟨*irr., sép.*, -ge-, h⟩ *fig.* **j-m ~** secourir, aider qn.; **~'hin** *adv. cf.* fortan; **~ˌhumpeln** *v/i.* ⟨-(e)le, *sép.*, -ge-, sein⟩ s'en aller clopin-clopant, en boitant; **~ˌhüpfen** *v/i.* ⟨*sép.*, -ge-, sein⟩ s'en aller en sautillant.

fortissimo [fɔr'tɪsiˑmoˑ] **I** *adv. mus.* fortissimo; **II ♀** *n* ⟨~s; ~s *od.* -mi⟩ fortissimo *m.*

fort|jagen ['fɔrtˌjaːgən] *v/t.* ⟨*sép.*, -ge-, h⟩ chasser; mettre, F flanquer (qn.) à la porte; **~ˌkommen I** *v/i.* ⟨*irr., sép.*, -ge-, sein⟩ **1.** (*weiterkommen*) avancer; **2.** F *von zu Hause etc.* sortir (de chez soi, *etc.*); (*weggeschickt werden*) être envoyé autre part; *zur Erholung etc.* être envoyé en cure, *etc.*; **mach, daß du fortkommst!** va-t'en!; sauve-toi!; F fiche(-moi) le camp!; **II ♀ˌkommen** *n im Beruf etc.* avancement *m*; **~ˌkönnen** F *v/i.* ⟨*irr., sép.*, -ge-, h⟩ pouvoir partir, s'en aller, sortir; **~ˌlassen** *v/t.* ⟨*irr., sép.*, -ge-, h⟩ **j-n ~** laisser partir qn.; *cf. auch* **weglassen**; **~ˌlaufen** *v/i.* ⟨*irr., sép.*, -ge-, sein⟩ s'éloigner en courant; se sauver; s'enfuir; prendre la fuite; **~ˌlaufend 1.** *adjt.* continu; suivi; **2.** *advt.* d'une façon continue, suivie; **~ numeriert** *auch* numéroté consécutivement; **~ˌleben I** *v/i.* ⟨*sép.*, -ge-, h⟩ *nach dem Tode* continuer à vivre (après la mort); *Werk* survivre; **in s-n Kindern, s-n Werken ~** *auch* se survivre dans ses enfants, dans ses œuvres; **II ♀ˌleben** *n nach dem Tode* survie *f*; **~ˌloben** F *v/t.* ⟨*sép.*, -ge-, h⟩ louer qn. pour le voir partir; **~ˌmachen** *v/réfl.* ⟨*sép.*, -ge-, h⟩ F **sich ~** s'en aller; F débarrasser le plancher; décamper; **~ˌmüssen** F *v/i.* ⟨*irr., sép.*, -ge-, h⟩ devoir partir, s'en aller; être obligé de partir, de s'en aller; *von Sachen* devoir disparaître.

fortpflanz|en ['fɔrtˌpflantsən] *v/réfl.* ⟨-(es)t, *sép.*, -ge-, h⟩ **sich ~** *biol.* se reproduire; *phys.* se propager; **♀ung** *f* ⟨~⟩ *biol.* reproduction *f*; *phys.* propagation *f*; **(un)geschlechtliche ~** reproduction (a)sexuée; **♀ungsˌalter** *n* âge *m* de reproduction; **~ungsˌfähig** *adj. biol.* capable de se reproduire; **♀ungsˌfähigˌkeit** *f* capacité *f* de reproduction; **♀ungsgeˌschwindigkeit** *f phys.* vitesse *f* de propagation; **♀ungsorˌgane** *n/pl.* organes reproducteurs; **♀ungsˌtrieb** *m* instinct reproducteur.

fort|räumen ['fɔrtˌrɔʏmən] *v/t.* ⟨*sép.*, -ge-, h⟩ enlever; ranger; **etw. von e-r Stelle ~** débarrasser un endroit de qc.; **~ˌrauschen** F *v/i.* ⟨*sép.*, -ge-, sein⟩ partir, s'en aller avec bruit; **~ˌreisen** *v/i.* ⟨-(es)t, *sép.*, -ge-, sein⟩ partir en voyage; **~ˌreißen** *v/t.* ⟨*irr., sép.*, -ge-, h⟩ (arracher et) emporter, emmener; **(mit sich) ~** entraîner (*auch fig.*); **~ˌrennen** *v/i.* ⟨*irr., sép.*, -ge-, sein⟩ partir en courant; **~ˌrollen I** *v/t.* ⟨*sép.*, -ge-, h⟩ pousser, faire rouler (plus loin); **II** *v/i.* ⟨sein⟩ s'en aller; s'éloigner; **♀satz** *m meist biol.* prolongement *m*; appendice [-ɛ̃-] *m*; *e-s Knochens* apophyse *f*; **~ˌschaffen** *v/t.* ⟨*sép.*, -ge-, h⟩ emmener; (*beseitigen*) enlever; faire disparaître; **etw. von e-r Stelle ~** débarrasser, déblayer un endroit de qc.; **~ˌscheren** *v/réfl.* ⟨*sép.*, -ge-, h⟩ F **sich ~** filer; ficher, P foutre le camp; **~ˌscheuchen** *v/t.* ⟨*sép.*, -ge-, h⟩ chasser; **~ˌschicken** *v/t.* ⟨*sép.*, -ge-, h⟩ *Brief etc.* envoyer; expédier; *Person* faire partir; (*entlassen*) renvoyer; **j-n ~, etw. zu holen** envoyer qn. chercher qc.; **~ˌschleichen** *v/i.* ⟨*irr., sép.*, -ge-,

sein⟩ (*u. v/réfl.*) ⟨h⟩ s'esquiver; se retirer furtivement, à la dérobée (aus de); sich aus etw. ~ *auch* se glisser 'hors de qc.; **~ˌschleppen I** *v/t.* ⟨*sép.*, -ge-, h⟩ *cf.* wegschleppen; **II** *v/réfl.* sich (mühsam) ~ se traîner; **~ˌschleudern** *v/t.* ⟨-(e)re, *sép.*, -ge-, h⟩ lancer (au loin); **~ˌschmeißen** F *v/t.* ⟨*irr., sép.*, -ge-, h⟩ *cf.* fortwerfen; **~ˌschreiben** *v/t.* ⟨*irr., sép.*, -ge-, h⟩ *Statistik* dénombrer d'une façon continue; **2ˌschreibung** *f Statistik* dénombrement *m* (fait d'une façon continue à partir d'un recensement); **~ˌschreiten I** *v/i.* ⟨*irr., sép.*, -ge-, sein⟩ progresser; avancer; **II 2ˌschreiten** *n* progression *f*; avancement *m*; **~ˌschreitend** *adjt.* progressif, -ive.

Fortschritt ['fɔrtʃrɪt] *m* progrès *m*; **~e machen** faire des progrès; progresser; avancer; **große, gewaltige ~e machen** *auch* avancer à grands pas, à pas de géant; **nur langsame ~e machen** progresser, avancer lentement; **2lich 1.** *adj. Idee etc.* avancé; *pol.* progressiste; *Einrichtung etc.* d'avant-garde; moderne; **2.** *adv.* **~ gesinnt sein** avoir des idées avancées; *pol.* être progressiste; **~sˌglaube** *m* foi *f* dans le, croyance *f* au progrès; **2sˌgläubig** *adj.* qui croit au progrès.

fort|schwemmen ['fɔrtˌʃvɛmən] *v/t.* ⟨*sép.*, -ge-, h⟩ emporter; *pfort.* entraîner; **fortgeschwemmt werden** être emporté par l'eau, par le courant; **~ˌschwimmen** *v/i.* ⟨*irr., sép.*, -ge-, sein⟩ s'éloigner à la nage; **~ˌsehnen** *v/réfl.* ⟨*sép.*, -ge-, h⟩ sich ~ désirer (ardemment) partir; **~ˌsetzen** *v/t.* (*u. v/réfl.*) ⟨-(es)t, *sép.*, -ge-, h⟩ (se) continuer; (se) poursuivre; **fortgesetzt werden** *meist* se poursuivre; continuer; **2ˌsetzer(in)** *m* ⟨~s; ~⟩ (*f*) ⟨~; ~nen⟩ continuateur, -trice *m, f*; **2ˌsetzung** *f* ⟨~; ~en⟩ *e-r Arbeit etc.* poursuite *f*; continuation *f*; *e-s Textes, e-r Aufführung* suite *f*; *e-r Straße etc.* prolongement *m*; continuation *f*; **~ folgt** à suivre; *fig. u.* F la suite au prochain numéro; **~ auf Seite 8** suite à la page 8; **~ von Seite 1** suite de la page 1; **die ~ von etw. bilden** faire suite à qc.; **in ~en veröffentlichen** publier en feuilletons; **2ˌsetzungsroˌman** *m* roman-feuilleton *m*; **~ˌspülen** *v/t.* ⟨*sép.*, -ge-, h⟩ *cf.* **~schwemmen**; **~ˌstehlen** *v/réfl.* ⟨*irr., sép.*, -ge-, h⟩ *cf.* fortschleichen; **~ˌstürzen** *v/i.* ⟨-(es)t, *sép.*, -ge-, sein⟩ partir précipitamment; **~ˌtaumeln** *v/i.* ⟨-(e)le, *sép.*, -ge-, sein⟩ s'éloigner en chancelant; **~ˌtragen** *v/t.* ⟨*irr., sép.*, -ge-, h⟩ emporter; **~ˌtreiben** *v/i.* ⟨*irr., sép.*, -ge-, sein⟩ *im Wasser* être emporté (par le courant); aller à la dérive.

Fortuna [fɔr'tuːna] *f myth. u. fig.* la Fortune.

fort|wagen ['fɔrtˌvaːgən] *v/réfl.* ⟨*sép.*, -ge-, h⟩ sich ~ oser sortir, s'éloigner; **~ˌwähren** *v/i.* ⟨*sép.*, -ge-, h⟩ durer; continuer; **~ˌwährend 1.** *adjt.* continuel, -lle; perpétuel, -lle; constant; **2.** *advt.* continuellement; perpétuellement; constamment; **er klagt** *etc.* ~ *auch* il est toujours à se plaindre, *etc.*; **~ˌwälzen I** *v/t.* ⟨-(es)t, *sép.*, -ge-, h⟩ *cf.* wegwälzen; **II** *v/réfl.* sich ~ *Wasser-, Menschenmasse* s'écouler; **~ˌwehen** *v/t.* ⟨*sép.*, -ge-, h⟩ emporter; **fortgeweht werden** être emporté par le vent; **~ˌwerfen** *v/t.* ⟨*irr., sép.*, -ge-, h⟩ jeter; lancer; **~ˌwirken** *v/i.* ⟨*sép.*, -ge-, h⟩ continuer d'agir; **~ˌwollen** F *v/i.* ⟨*sép.*, -ge-, h⟩ vouloir s'en aller, partir; **~ˌwünschen I** *v/t.* ⟨*sép.*, -ge-, h⟩ **j-n, etw. ~** souhaiter que qn., qc. soit parti; **II** *v/réfl.* sich ~ souhaiter être parti; **~ˌwursteln** F *v/i.* ⟨-(e)le, *sép.*, -ge-, h⟩ continuer son train-train habituel; **~ˌzerren** *v/t.* ⟨*sép.*, -ge-, h⟩ entraîner; **~ˌziehen I** *v/t.* ⟨*irr., sép.*, -ge-, h⟩ entraîner; **II** *v/i.* ⟨sein⟩ partir; *aus der Wohnung* déménager; *aus der Stadt* quitter la ville; *Vögel* émigrer.

Forum ['foːrʊm] *n* ⟨~s; -ren *od.* -ra⟩ **1.** *hist.* forum [-ɔm] *m*; **2.** *fig.* tribunal *m*; **vor dem ~ der öffentlichen Meinung** *etc.* devant le tribunal de l'opinion publique, *etc.*; **3.** (*öffentliche Aussprache*) débat public; discussion publique.

Fossa ['fɔsa] *f* ⟨~⟩ *zo.* foussa *m*; *sc.* cryptoprocte *m* féroce.

fossil [fɔ'siːl] **I** *adj.* fossile; **II 2** *n* ⟨~s; ~ien⟩ fossile *m*; **~ienˌhaltig** *adj.* fossilifère.

fötal [fø'taːl] *adj. cf.* fetal.

Foto ['foːto] F *n* ⟨~s; ~s⟩ photo *f*; **~...** *in Zssgn. cf.* Photo...

Fötus ['føːtʊs] *m* ⟨~ses; ~se⟩ *cf.* Fetus.

foul [faʊl] **I** *adv.* F **~ spielen** jouer incorrectement, d'une façon déloyale; **II 2** *n* ⟨~s; ~s⟩ (*Regelverstoß*) faute *f*; (*Unsportlichkeit*) incorrection *f*; conduite incorrecte; **ein ~ begehen** contrevenir aux règles; commettre une faute, une incorrection.

Foulard [fu'laːr] *m* ⟨~s; ~s⟩ *text.* foulard *m*.

Foul|elfmeter ['faʊlʔɛlfˌmeːtər] *m* penalty dû à une incorrection; **~spiel** *n cf.* Foul.

Fouriersche Reihen [fu'rieːʃə 'raɪən] *f/pl. math.* séries *f/pl.* de Fourier.

Fowler|-Flügel ['faʊlə(r)ˌflyːgəl] *m aviat.* aile *f* à volet Fowler; **~-ˌKlappe** *f aviat.* volet *m* Fowler; **~sche 'Lösung** *f phm.* liqueur *f* de Fowler.

Fox|terrier ['fɔksˌtɛriər] *m zo.* fox-terrier *m*; **~trott** *m* ⟨~(e)s; ~e⟩ *mus.* fox-trot *m*.

Foyer [foa'jeː] *n* ⟨~s; ~s⟩ *im Theater etc.* foyer *m* (du public).

Fracht [fraxt] *f* ⟨~; ~en⟩ **1.** (*Transportgut*) chargement *m*; marchandise(s) *f* (*pl.*); *e-s Schiffes, Flugzeuges* fret *m*; **2.** (*Transportkosten*) prix *m*, frais *m/pl.* de transport; port *m*; *für Schiffs- u. Lufttransport* fret *m*; **~...** *in Zssgn. cf. auch* Transport...; **~brief** *m* lettre *f* de voiture; (*Konnossement*) connaissement *m*; **~briefˌdoppel** *n* duplicata *m*, double *m* de la lettre de voiture; **~ˌdampfer** *m*, **~er** *m* ⟨~s; ~⟩ cargo *m*; navire *m* de charge; **~ mit Passagierkabinen** cargo mixte; **~ˌflugzeug** *n* avion-cargo *m*; **2frei** *adv.* franco; franc, -che de port; **~ˌführer** *m* voiturier *m*; transporteur *m*; **~geˌbühr** *f*, **~geld** *n cf.* Fracht 2.; **~geˌschäft** *n* affaire *f* de transport; **~gut** *n allg. cf.* Fracht 1.; *chem.* marchandises (expédiées) en régime ordinaire (*abr.* R.O.), en petite vitesse (*abr.* P.V.); **als ~ (senden)** (expédier) en régime ordinaire, en petite vitesse; **~gutˌannahme** *f* réception *f* des marchandises; **~kahn** *m cf.* Lastkahn; **~ˌkosten** *pl.* frais *m/pl.* de transport; **~lohn** *m cf.* Fracht 2.; **~raum** *m in e-m Schiff, Flugzeug* soute *f* à fret; **~satz** *m cf.* **~tarif**; **~schiff** *n cf.* **~dampfer**; **~stück** *n* colis *m*; **~taˌrif** *m* tarif *m*, *als Tabelle auch* barème *m* d'expédition; taux *m* de fret; **~verˌkehr** *m* trafic *m* de marchandises; **~verˌsicherung** *f* assurance *f* contre les risques de transport; **~verˌtrag** *m* contrat *m* de transport.

Frack [frak] *m* ⟨~(e)s; ~̈e *od.* F ~s⟩ habit *m*; frac [-ak] *m*; **im ~** en habit; **~schoß** *m* basque *f*; **~verˌleih** *m* location *f* d'habits; **~zwang** *m* **~!** l'habit est de rigueur!

Frage ['fraːgə] *f* ⟨~; ~n⟩ question *f*; interrogation *f* (*auch gr.*); **e-e offene ~** une question pas résolue, pas solutionnée; un point d'interrogation; **e-e schwebende ~** une question en suspens, pendante; **e-e strittige ~** une question litigieuse; **e-e rhetorische ~** une interrogation oratoire, rhétorique; **die soziale ~** la question sociale; F **dumme ~!** quelle question!; **e-e ~ stellen, aufwerfen** poser, soulever une question; **j-m ~n stellen** *auch* interroger, questionner qn.; **e-e ~ beantworten, auf e-e ~ antworten** répondre à une question; **die ~ bejahen, verneinen** répondre affirmativement, négativement; **e-e ~ behandeln** traiter (d')une question; **(nicht) in ~ kommen** (ne pas) entrer en ligne de compte; **j., etw. kommt (nicht) in ~** il (n')est (pas) question de qn., de qc.; F **(das) kommt nicht in ~!** (il n'en est) pas question!; **nicht in ~ kommen** *Sache auch* être 'hors de question; *als Täter* être 'hors de cause; **etw. in ~ stellen** remettre qc. en question, en cause; **in ~ stehend** en question; **es steht außer ~ (, daß ...)** il n'y a pas de doute (que ...); cela ne fait pas de doute (que ...); **ohne ~** sans aucun doute; **das ist gar keine ~!** sans aucun doute!; cela va sans dire!; **die ~ (ist), ob ...** la question (est) de savoir si ...; **das ist (eben) die ~** c'est là *od.* voilà la question; **das ist noch die ~!** c'est à savoir!; **die ~ ist noch ...** reste à savoir ...; **es ist nur noch e-e ~ der Zeit** ce n'est plus qu'une question de temps; *loc.* **auf e-e dumme ~ gehört e-e dumme Antwort** à sotte demande point de réponse; **~ˌbogen** *m* questionnaire *m*; **~ˌbogenˌfälschung** *f* faux renseignements sur un questionnaire; **~ˌform** *f gr.* forme interrogative; **~ˌfürwort** *n gr.* pronom interrogatif; *adjektivisch gebrauchtes* adjectif interrogatif.

fragen ['fraːgən] **I** *v/t. u. v/i.* ⟨h, *impf. auch* **frug**⟩ demander; (*Fragen stellen*) interroger, questionner (nach, über sur); **j-n etw. od. nach etw. ~** demander qc. à qn.; **(j-n) nach j-m ~** (*j-n sprechen wollen*) demander qn. (à qn.); **(j-n) nach j-m, j-s Befinden ~** demander (à qn.) des nouvelles de qn.; **j-n um Rat ~** demander (des) conseil(s) à qn.; consulter qn.; *abs.* **etwas ~** demander qc.; poser une question; **eins muß ich Sie noch ~** j'ai encore une question à vous poser; je dois encore vous demander une chose; **viel, gern ~** être questionneur; F **j-m ein Loch in den Bauch ~** assaillir, cribler qn. de questions; **... wenn ich ~ darf** puis-je vous demander ...; *fig.* **nichts,** P **e-n Dreck nach j-m, etw. ~** se moquer bien, P se foutre bien de qn., de qc.; **nicht lange ~** y aller tout droit; ne pas tergiverser; **II** *v/réfl.* **sich ~** se demander; **III** *v/imp.* **es fragt sich, ob ...** on se demande si ...; reste à savoir si ...; **IV 2** *n* ⟨~s⟩ *verbal*; **~ kostet nichts** demander ne coûte rien; **~d 1.** *adjt. Blick etc.* interrogateur, -trice; **2.** *advt.* **j-n ~ ansehen** interroger qn. du regard; regarder qn. d'un air interrogateur; **2komˌplex** *m* complexe *m*, ensemble *m* de questions.

Frage|partikel ['fraːgəparˌtiːkəl] *f gr.* particule interrogative; **~r** *m* ⟨~s; ~⟩ *cf.* **~steller**; **~ˌrecht** *n jur.* droit *m* de poser des questions; droit *m* d'interroger; **~'rei** *f* ⟨~⟩ F *u. péj.* manie *f* de questionner; **diese ewige ~** cette manie perpétuelle de questionner; ces questions continuelles; **~ˌsatz** *m gr.* proposition interrogative; **~ˌsteller (-in)** *m* ⟨~s; ~⟩ *(f)* ⟨~; ~nen⟩ celui, celle qui pose une question; *in e-r Versammlung* interpellateur, -trice *m, f*; **~ˌstellung** *f* ⟨~⟩ (façon *f*, manière *f* de formuler la) question *f*; problème *m*; **bei dieser ~** la question ainsi formulée; **~ˌstunde** *f im Parlament* heure *f* d'interpellations; **~-und-'Antwort-ˌSpiel** *n* jeu *m* de la demande et de la réponse; **das ~ spielen** jouer aux demandes et aux réponses; **~ˌwort** *n* ⟨~(e)s; ~er⟩ *gr.* adverbe interrogatif; **~ˌzeichen** *n gr.* point *m* d'interrogation; *fig. u.* F **wie ein ~ dastehen** se tenir mal, F comme un bossu.

frag|lich ['fraːklɪç] *adj.* **1.** *(unsicher)* incertain; douteux, -euse; problématique; discutable; **es ist ~, ob** ... on se demande si ...; reste à savoir si ...; il est douteux que ... (+ *subj.*); **2.** *(betreffend)* en question; en cause; **die ~e Angelegenheit** l'affaire en question; **~los 1.** *adj.* incontestable; **2.** *adv.* incontestablement; sans aucun doute.

Fragment [fra'gmɛnt] *n* ⟨~(e)s; ~e⟩ fragment *m*; **2arisch** [-'taː-] *adj.* fragmentaire.

fragwürdig ['fraːkˌvʏrdɪç] *adj.* louche; interlope; équivoque; suspect; **2ˌkeit** *f* ⟨~⟩ façon *f*, caractère *m* louche, *etc.*

Fraktion [fraktsi'oːn] *f* ⟨~; ~en⟩ **1.** *Parlament* groupe *m* parlementaire; **2.** *chim.* fraction *f*; **2ieren** [-'niː-] **I** *v/t.* ⟨*pas de ge-*, h⟩ *chim.* fractionner; **fraktionierte Destillation** distillation fractionnée; **II ~ieren** [-'niː-] *n* ⟨~s⟩ fractionnement *m*; **~ierkoˌlonne** [-'niːr-] *f*, **~ierˌturm** [-'niːr-] *m chim.* tour *f* de fractionnement; **~sbeˌschluß** *m* décision *f* de groupe parlementaire; **2sˌlos** *adj.* **ein ~er Abgeordneter** un député isolé, non inscrit; **~sˌsitzung** *f* réunion *f* de groupe parlementaire; **~sˌvorsitzende(r)** *m* président *m*, chef *m* de groupe parlementaire; **~sˌzwang** *m* obligation *f* de voter suivant les directives du parti.

Fraktur [frak'tuːr] *f* ⟨~; ~en⟩ **1.** *méd.* fracture *f*; **2.** *impr.* (écriture *f*) gothique *f*; **~enbeˌhandlung** *f méd.* traitement *m* des fractures; **~ˌschrift** *f cf.* **~2.**

Frambösie [frambø'ziː] *f* ⟨~; -ien⟩ *méd.* pian *m*; frambœsia *f*.

Franc [frɑ̃ː, fraŋ] *m* ⟨~; ~s⟩ *Währung* franc *m*; P balle *f*.

Franchise [frɑ̃'ʃiːzə, fraŋ-] *f* ⟨~; ~n⟩ *Versicherung* franchise *f*.

Francisturbine ['fraːnsɪstʊrˌbiːnə] *f techn.* turbine *f* Francis.

Francium ['frantsiʊm] *n* ⟨~s⟩ *chim.* francium [-jɔm] *m*.

Franc-Zone ['frɑ̃ːˌtsoːnə, 'fraŋ-] *f* zone *f* franc.

frank [fraŋk] **I** *adv.* **~ und frei** franchement; carrément; **II 2** *m cf.* **Franc**; **2a'tur** *f* ⟨~; ~en⟩ *cf.* **Frankierung.**

Frank|e ['fraŋkə] *m* ⟨~n; ~n⟩ **1.** *hist.* Franc *m*; **2.** *(Bewohner von Franken)* Franconien *m*; **~en** *m* ⟨~s; ~⟩ *schweiz. Währung* franc *m* suisse; *cf. auch* **Franc**; **~enˌkönig** *m hist.* roi *m* des Francs; **~enˌreich** *n hist.* royaume franc; **~enˌwein** *m* vin *m* de Franconie; **~ˌfurter(in) I** *m* ⟨~s; ~⟩ *(f)* ⟨~; ~nen⟩ habitant(e) *m (f)* de Francfort; **II ~ˌfurter** *adj.* ⟨*inv.*⟩ de Francfort; **~ (Würstchen)** saucisse(s) *f (pl.)* de Francfort.

frankier|en [fraŋ'kiːrən] **I** *v/t.* ⟨*pas de ge-*, h⟩ *Postsendungen* affranchir; **II 2en** *n* ⟨~s⟩ *cf.* **2ung**; **2maˌschine** *f* machine *f* à affranchir; **~t** *adjt.* affranchi; **ungenügend ~** insuffisamment affranchi; **2ung** *f* ⟨~⟩ affranchissement *m*.

Fränk|in ['frɛŋkɪn] *f* ⟨~; ~nen⟩ **1.** *hist.* Franque *f*; **2.** *(Bewohnerin von Franken)* Franconienne *f*; **2isch** *adj. hist.* franc, franque; *(das heutige Franken betreffend)* franconien, -nne; **das 2e** le francique.

franko ['fraŋko·] *adv. comm.* franco; **2'linˌhuhn** *n zo.* francolin *m*; **~'phil** *adj.* francophile.

Frans|e ['franzə] *f* ⟨~; ~n⟩ *cout.* frange *f*; *gedrehte* torsade *f*; **mit ~n besetzen** franger; **~enˌflügler** *m/pl. cf.* **Blasenfüßer**; **2ig** *adj.* frangé; *(ausgefasert)* effiloché.

Franzbranntwein ['frantsˌbrantvaɪn] *m phm.* alcool *m* aromatique.

franzisch ['frantsɪʃ] *adj.* **das 2e** *altfranzös. Dialekt* le francien.

Franziskaner|(in) [frantsɪs'kaːnər(ɪn)] *m* ⟨~s; ~⟩ *(f)* ⟨~; ~nen⟩ *relig.* franciscain(e) *m (f)*; **~ˌkloster** *n* couvent *m* de franciscains; **~ˌorden** *m* ordre *m* des franciscains.

Franzose [fran'tsoːzə] *m* ⟨~n; ~n⟩ **1.** Français *m*; **2.** *Schraubenschlüssel* clef anglaise; **~nˌfeind(in)** *m (f)* francophobe *m, f*; **2nˌfeindlich** *adj.* francophobe; **~nˌfeindlichˌkeit** *f* francophobie *f*; **~nˌfreund(in)** *m (f)* francophile *m, f*; **2nˌfreundlich** *adj.* francophile; **~nˌfreundlichˌkeit** *f* francophilie *f*; **~nˌgras** *n bot.* fromental *m*; avoine élevée; **~nˌhaß** *m* 'haine *f* des *od.* envers les Français; **~nˌkraut** *n bot.* **1.** *(Knopfkraut)* galinsoga *m*; **2.** *(Immergrün)* petite pervenche; **~nˌtum** *n* ⟨~(e)s⟩ Français *m/pl.*; caractère français; coutumes françaises; civilisation française.

französier|en [frantsø'ziːrən] *v/t.* ⟨*pas de ge-*, h⟩ franciser; **2ung** *f* ⟨~⟩ francisation *f*.

Französ|in [fran'tsøːzɪn] *f* ⟨~; ~nen⟩ Française *f*; **2isch 1.** *adj.* français; de France; *pol. in Zssgn.* franco-...; **~e Weine** des vins français, de France; **~e Geschichte** histoire de France; *hist.* **~er König** roi de France; **~e Redensart** gallicisme *m*; **die ~e Schweiz** la Suisse française, romande; **die 2e Revolution** la Révolution; **die 2e Republik** la République française; **die 2e Union** l'Union française; **das 2 von heute** le français d'aujourd'hui; **im 2en** en français; **ins 2e übersetzen** traduire en français; **fließend 2 sprechen** parler couramment (le) français; **ein wenig 2 sprechen** parler un peu le français; **2 lernen, verstehen, können** apprendre, comprendre, savoir le français; **gebrochen 2 sprechen** parler petit nègre; **2 radebrechen** écorcher le français; *péj.* parler (le) français comme une vache espagnole; **die ~-belgische Grenze** la frontière franco-belge; **ein ~-deutsches Wörterbuch** un dictionnaire français-allemand; **2.** *adv.* **~ aussehen** avoir l'air français; **ein Wort ~ aussprechen** prononcer un mot à la façon française; **auf ~** en français; **~ sprechen** parler français; *fig.* **sich auf ~ empfehlen** filer à l'anglaise; **~ischˌlehrer(in)** *m (f)* professeur *m* de français; **2ischˌsprechend** *adjt.* francophone; **die ~e Bevölkerung** la population francophone.

frapp|ant [fra'pant] *adj.* frappant; **~ieren** *v/t.* ⟨*pas de ge-*, h⟩ frapper; **~ierend** *adjt. cf.* **~ant.**

Fräs|arbeit ['frɛːsˌˀarbaɪt] *f* fraisage *m*; **~autoˌmat** *m* fraiseuse *f* automatique; **~e** *f* ⟨~; ~n⟩ **1.** *agr.* fraise *f*; **2.** *cf.* **~maschine**; **2en I** *v/t. u. v/i.* ⟨-(es)t, h⟩ fraiser; **II ~en** *n* ⟨~s⟩ fraisage *m*; **~er** *m* ⟨~s; ~⟩ **1.** *Teil der Fräsmaschine* fraise *f*; **2.** *Arbeiter* fraiseur *m*; **~e'rei** *f* ⟨~; ~en⟩ atelier *m* de fraisage; **~erˌsatz** *m* jeu *m* de fraises; **~kopf** *m* tête *f* porte-fraise; **~maˌschine** *f* fraiseuse *f*; *für Holzbearbeitung* toupie *f*.

fraß [fraːs] *cf.* **fressen.**

Fraß [fraːs] *m* ⟨~es; ~e⟩ **1.** *péj. u.* P *(Essen)* F mangeaille *f*; ratatouille *f*; P tambouille *f*; boustifaille *f*; becquetance *f*; *milit.* rata *m*; **2.** *von Tieren* nourriture *f*; **zum ~ vorwerfen** jeter en pâture; **~gift** *n gegen Insekten* insecticide *m* par ingestion.

Fräs|spindel ['frɛːsˌʃpɪndəl] *f* arbre *m*, broche *f* porte-fraise; **~ˌvorrichtung** *f* dispositif *m* de fraisage; **~ˌwerkzeug** *n* outil *m* de fraisage.

Frater ['fraːtɛr] *m* ⟨~s; -tres⟩ *relig. cath.* frère *m*; **2ni'sieren** *v/i.* ⟨*pas de ge-*, h⟩ fraterniser; **~ni'sierung** *f* ⟨~⟩ fraternisation *f*.

Fratz [frats] F *m* ⟨~es; ~e(n)⟩ jeune fille délurée; petite friponne; **eitler ~** petite coquette; **süßer ~** mignonne créature; **~e** *f* ⟨~; ~n⟩ **1.** figure grimaçante, grotesque; **2.** *péj. u.* P *(Gesicht)* P binette *f*; bobine *f*; fiole *f*; **2enˌhaft** *adj.* grotesque.

Frau [fraʊ] *f* ⟨~; ~en⟩ **1.** femme *f*; **unverheiratete ~** (femme) célibataire *f*; **verheiratete ~** femme mariée; **geschiedene ~** femme divorcée; **junge ~** jeune femme; *jungverheiratete auch* jeune épouse; **die ~ des Hauses** la maîtresse de maison; **zur ~ nehmen** prendre pour femme; **zur ~ geben** donner en mariage; **~ und Kind haben** avoir femme et enfant; **sich von s-r ~ scheiden lassen** divorcer d'avec sa femme; **sich von s-r ~ trennen** se séparer de sa femme; **meine ~** ma femme; P ma légitime; ma bourgeoise; ma bergère; mon gouvernement; **wie geht es Ihrer ~?** comment va votre femme, F votre dame?; *relig. cath.* **Unsere Liebe ~** Notre Dame; **2.** *vor Familiennamen* **~ X** Madame X; *jur.* dame X; *in der Anrede* **~ X!** Madame (X)!; **gnädige ~!** Madame !; **Ihre ~ Mutter** *etc.* Madame votre mère, *etc.*; **~chen** *n* ⟨~s; ~⟩ **1.** petite femme; **2.** F *(Herrin e-s Hundes)* maîtresse *f*; F mémère *f*.

Frauen... ['fraʊən...] *in Zssgn. cf. auch* **Damen...**; **~ˌarbeit** *f* travail féminin, de(s) femme(s); **~ˌarbeitsˌschutz** *m* protection *f* des femmes qui travaillent; **~ˌarzt** *m* gynécologue *m*; gynécologiste *m*; **~ˌärztin** *f* (femme *f*) gynécologue *m*, gynécologiste *m*; **~beˌruf** *m* métier féminin; profession féminine; **~beˌwegung** *f* mouvement *m* féministe; féminisme *m*; **~ˌbildung** *f* éducation féminine; **~ˌbund** *m cf.* **~verband**; **~ˌchor** *m* chœur *m* de femmes; **~emanzipatiˌon** *f* émancipation féminine; **~ˌfachschule** *f* école professionnelle ménagère, d'enseignement ménager; **~ˌfarn** *m bot.* fougère *f* femelle; *sc.* athyrium [-jɔm] *m*; **~ˌfeind** *m* misogyne *m*; **2ˌfeindlich** *adj.* misogyne; **~ˌflachs** *m bot.* linaire *f* vulgaire; **~ˌfrage** *f* question *f* féministe; **~ˌhaar** *n* **1.** cheveu(x) *m (pl.)* de femme; **2.** *bot.* cheveu *m* de Vénus; capillaire *m* de Montpellier; *sc.* adiantum [-ɔm] *m*; **~ˌheilkunde** *f* gynécologie *f*; **~ˌheim** *n* maison *f* de réadaptation, de réintégration sociale pour femmes; **~ˌherz** *n* *bot. cf.* (Tränendes) Herz; **~ˌkleid (-ungsˌstück)** *n* vêtement *m*, habit *m* de femme; **~ˌklinik** *f* hôpital, service spécial pour les maladies féminines; **~ˌkloster** *n* couvent *m* de femmes; **~konˌgreß** *m* congrès de femmes, féminin; **~ˌkrankheit** *f*, **~ˌleiden** *n* affection, maladie particulière à la femme; **~ˌmantel** *m bot.* alchémille [-kemij] *f*; manteau *m* de Notre-Dame; *sc.* alchimilla [-kimija] *f*; **~ˌmilch** *f* lait *m* de femme; **~milchˌsammelˌstelle** *f* lactarium [-jɔm] *m*; **~organisatiˌon** *f cf.* ~verband; **~ˌrechtlerin** *f* ⟨~; ~nen⟩ féministe *f*; suffragette *f*; **2ˌrechtlerisch** *adj.* féministe; **~ˌschuh** *m bot.* sabot *m* de Vénus, de la Vierge; *sc.* cypripedium [-jɔm] *m*; **~ˌspiegel** *m bot.* spéculaire *f* miroir; miroir *m* de Vénus; **~ˌsport** *m* sport féminin; **~ˌstift** *n* fondation *f* pour femmes seules; **~ˌstimme** *f* voix féminine; **~ˌstimmrecht** *n cf.* ~wahlrecht; **~ˌtracht** *f* costume régional féminin; **~ˌturnen** *n* gymnastique féminine; **~ˌüberschuß** *m* excédent *m* de femmes; **~verˌband** *m*, **~verˌein** *m* association, organisation féminine; **~ˌwahlrecht** *n* droit *m* de vote pour la femme; **~ˌwelt** *f* monde féminin; **~ˌzeitschrift** *f* revue féminine; magazine féminin; **~ˌzimmer** *n péj. u.* F bonne femme; fille *f*; donzelle *f*; P gonzesse *f*; **neugieriges ~** fouineuse *f*; vieille curieuse; **hochnäsiges ~** pimbêche *f*; **liederliches ~** dévergondée *f*; fille *f* de rien.

Fräulein ['frɔylaɪn] *n* ⟨~s; ~⟩ demoiselle *f*; *in der Anrede* Mademoiselle (*auch Kellnerin*); *bei älteren Kellnerinnen* Madame; **~** X Mademoiselle X; **Ihr ~ Tochter, Schwester** Mademoiselle votre fille, votre sœur; *tél.* **das ~ vom Amt** *cf.* Amt 1.

fraulich ['fraulɪç] *adj.* de femme; féminin (et maternel, -lle); doux, douce; **2ˌkeit** *f* ⟨~⟩ féminité *f*; douceur *f*.

Fraunhofersche Linien ['fraunˌhoːfərʃə 'liːniˑən] *f/pl. phys.* raies *f/pl.* de Fraunhofer.

frech [frɛç] **1.** *adj.* insolent, impertinent, effronté, impudent, F culotté (**zu j-m** envers, avec qn.); **~er Kerl** *cf.* 2dachs; F **~ wie Dreck, wie Oskar** effronté comme un moineau; **~ sein** *auch* F avoir du toupet, du culot, de l'aplomb; ne pas avoir froid aux yeux; **~ werden** être, se montrer insolent, *etc.*; **2.** *adv.* d'une façon insolente, impertinente, effrontée; avec insolence, impertinence; effrontément; insolemment; **j-n ~ ansehen** *auch* regarder qn. sous le nez; **2dachs** F *m* insolent *m*; impertinent *m*; effronté *m*; **2heit** *f* ⟨~; ~en⟩ insolence *f*; impertinence *f*; effronterie *f*; impudence *f*; F culot *m*; toupet *m*; aplomb *m*; **die ~ haben, zu ...** avoir l'insolence, *etc.* de ...; F **so e-e ~!** quel culot, *etc.*!; **sich ~en erlauben, herausnehmen** se permettre d'être insolent (**gegenüber j-m** envers qn.).

Fregatt|e [freˑ'gatə] *f* ⟨~; ~n⟩ *mar.* frégate *f*; *fig. u. péj.* **e-e aufgetakelte ~** *cf.* auftakeln; **~enkapiˌtän** *m* capitaine *m* de frégate; **~ˌvogel** *m zo.* frégate *f*.

frei [fraɪ] **1.** *adj. allg.* libre; (*arbeits~, schul~*) *auch* de congé; *Arbeitsplatz* (*unbesetzt*) vacant; *Journalist, Übersetzer etc.* (*freiberuflich tätig*) indépendant; *Verbrecher, wildes Tier* (*in Freiheit*) en liberté; *Gepäck im Flugzeug etc.* (*erlaubt*) autorisé; *Gelder* (*nicht besteuert*) non imposable; *Buch, Film etc. in moralischer Hinsicht* osé; licencieux, -euse; aux mœurs trop libres; à l'allure trop libre; *Eintritt etc.* (*unentgeltlich*) gratuit; libre; *Paketsendungen* **~** affranchi; **ein ~er Nachmittag** un(e) après-midi (de) libre, de congé; **~ von etw.** sans qc.; qui n'a pas, n'a plus qc.; exempt [ɛgzɑ̃], libre de qc.; **~ bleiben** rester libre; (*unbedeckt*) rester découvert, visible; **falls Stellen ~ werden** en cas de vacance; **ist dieser Platz ~?** cette place est-elle libre?; **sind Sie gerade ~?** êtes-vous libre en ce moment?; *von e-m Mädchen* **sie ist noch ~** elle est à marier, F à prendre; *bei e-m Angebot* **ich bin so ~!** si vous le permettez!; volontiers!; avec plaisir!; *Film* **~ ab 18** interdit aux moins de dix-huit ans; **alles ~ haben** n'avoir rien à payer; *comm.* être défrayé de tout; *Buch für den Nachdruck etc.* **~ werden** tomber dans le domaine public; **~e Ansichten** idées libertines; **keinen ~en Augenblick haben** n'avoir pas un moment de libre *od.* à soi; **~e Auslegung** interprétation libre; **~e Bahn, Fahrt** voie libre; **die ~en Berufe** les professions libérales; **die 2en Demokraten** les libéraux; *phys. atom.* **~es Elektron, ~e Energie** électron, énergie libre; **~e Erfindung** pure invention; *phys.* **~er Fall** chute libre; **auf ~em Feld(e)** en plein champ; **j-n auf ~en Fuß setzen** (re-)mettre qn. en liberté; *jur.* relaxer qn.; **~es Geleit** sauf-conduit *m*; **aus ~er Hand zeichnen** dessiner à main levée; **~e Hand haben** avoir les mains libres; avoir le champ libre; avoir les coudées franches; avoir carte blanche; **j-m ~e Hand lassen** laisser les mains libres à qn.; laisser le champ libre à qn.; donner carte blanche à qn.; **j-m völlig ~e Hand lassen** *auch* laisser toute latitude à qn.; **unter ~em Himmel** en plein air; **unter ~em Himmel schlafen** dormir, coucher à la belle étoile; **die ~en Künste** les arts libéraux; **e-r Sache ~en Lauf lassen** donner libre cours à qc.; **ein ~es Leben führen** mener une vie indépendante; **~e Liebe** union libre; **~er Markt** marché libre; **~e Marktwirtschaft** économie libre; libéralisme économique; **~e Meinungsäußerung** libre expression d'opinion; **in der ~en Natur** en pleine nature; **~e Reden** propos libres; *hist.* **~e Reichsstadt** ville libre impériale; *métr.* **~e Rhythmen** rythmes libres; **~e Sitten** mœurs libres; **2e Stadt** ville libre; *im Krankenhaus etc.* **~e Station** logé et nourri; **~e Stelle** place vacante; emploi vacant; **auf ~er Strecke** en pleine, rase campagne; **aus ~en Stücken** de son plein gré; **~e Übersetzung** traduction libre; *Zoll* **im ~en Verkehr befindlich** en libre pratique; **(die) ~e Wahl haben** avoir le libre choix; être libre de choisir; *philos.* **~er Wille** libre arbitre; **~e Wirtschaft** *agr.* assolement *m* non rigide; *cf. auch* **~e Marktwirtschaft**; **~er Wohnungsbau** construction de logements due à l'initiative privée; **~e Zeit** temps libre; **Zimmer ~** chambre à louer; **ein ~es Zimmer** une chambre (de) libre; **~er Zutritt** libre accès; **bei j-m ~en Zutritt haben** *auch* avoir ses entrées libres chez qn.; **2.** *adv.* **a)** librement; **s-e Meinung ~ äußern** donner franchement, *pol.* librement son avis; **sich ~ bewegen (können)** (pouvoir) se déplacer librement, en toute liberté; **sich ~ entfalten** développer librement ses dons, *etc.*; **~ sprechen** (*ohne Konzept*) parler sans notes; **~ stehen** *Gebäude* être isolé; **~ über etw. verfügen** disposer librement de qc.; **~ von der Leber weg reden** *cf.* Leber; **~ erfunden** inventé de toutes pièces; *écon.* **~ konvertierbar** librement convertible; *techn.* **~ beweglich** mobile; à mouvement libre; **~ schwingen** osciller, vibrer librement; **b)** *comm.* franco; **~ Haus** franco à domicile; **~ Schiff** franco à bord; **~ Bahnhof N** franco en gare de N.

Frei|aktie ['fraɪˌˀaktsiˑə] *f comm.* action gratuite; **~bad** *n* piscine en plein air, découverte; **~baˌllon** *m* ballon *m* (libre); **~bank** *f* ⟨~; ~e⟩ *für minderwertiges Fleisch etwa* point *m* de vente de viande de dernière catégorie; **2beˌruflich 1.** *adj.* qui exerce une profession libérale; indépendant; **2.** *adv.* **~ tätig sein** exercer une profession libérale; être indépendant; **~beˌtrag** *m* (*Steuer2*) somme *f* non imposable; montant exonéré; **~ˌbeuter** *m* ⟨~s; ~⟩ *hist.* flibustier *m*; **~beute'rei** *f* ⟨~⟩ *hist.* flibusterie *f*; **~bier** *n* bière gratuite; **j-m ~ stiften** régaler qn. de bière; **2ˌbleibend** *adjt. u. advt. comm.* sans engagement; **~bord** *m mar.* franc-bord *m*; **~brief** *m fig.* carte blanche (**für etw.** pour qc.); **~ˌdenker** *m* libre penseur *m*; **2ˌdenkeˌrisch** *adj.* de libre penseur; **~ˌdenkerˌtum** *n* ⟨~(e)s⟩ libre pensée *f*; **~e** *n* ⟨→A⟩ **im ~n** en plein air; dehors; en pleine campagne; **ins ~ gehen** aller dehors; sortir; **im ~n übernachten** *auch* coucher à la belle étoile; **2en** *v/t. u. v/i.* ⟨h⟩ *litt.* **(um) ein Mädchen ~** rechercher, demander une jeune fille en mariage; **jung gefreit hat noch nie gereut** *prov.* qui s'est marié tôt ne s'en est jamais encore repenti; **~er** *m* ⟨~s; ~⟩ prétendant *m*; **~ersˌfüße** *m/pl. st. s.* **auf ~n gehen** chercher à se marier; **~exemˌplar** *n* exemplaire gratuit; **~ˌfahrkarte** *f cf.* Freikarte; **~fahrt** *f* voyage, parcours gratuit; **2finanˌziert** *adjt.* à financement privé; **~ˌgabe** *f* ⟨~⟩ *e-s Gefangenen, e-r vertraglich verpflichteten Person, techn. e-r Blockierung* libération *f*; *gerichtlich beschlagnahmten Gutes* mainlevée *f*; levée *f* de séquestre; restitution *f*; *chem. e-r Strecke, comm. e-s Kontos etc.* déblocage *m*; *bewirtschafteter Güter* déblocage *m*; levée *f* du contrôle (établi, mis sur); *e-s Films, Presseartikels etc.* autorisation *f* (de paraître); **~ der Mieten** libération, déblocage des loyers; **~ für den Verkehr** ouverture à la circulation; **~gabeˌtaste** *f techn.* touche *f* de libération; **2ˌgeben I** *v/t.* ⟨*irr., sép.*, -ge-, h⟩ *Gefangene, vertraglich verpflichtete Person, adm. Mieten, techn. Blockierung* libérer; *gerichtlich beschlagnahmtes Gut* accorder mainlevée de; lever le séquestre de; restituer; *chem. Strecke, comm. Konto etc.* débloquer; *bewirtschaftete Güter* débloquer; lever le contrôle (établi, mis sur); *Film, Presseartikel etc.* autoriser (la parution, la publication de); *Film* **freigegeben ab 18 Jahren** interdit aux moins de 18 ans; **für den Verkehr ~** ouvrir à la circulation; **II** *v/i. in der Schule, im Betrieb* **j-m ~** donner congé à qn.; **2ˌgebig** *adj.* large; généreux, -euse; **~ˌgebigˌkeit** *f* ⟨~⟩ largesse *f*; générosité *f*; libéralité *f*; *große auch* munificence *f*; **~geˌfecht** *n esc.* assaut *m*; **~geˌhege** *n im Zoo* installation *f* à ciel ouvert; **~geist** *m* esprit fort; *hist.* libertin *m*; **~geiste'rei** *f* ⟨~⟩ *péj.* incrédulité *f*; irréligiosité *f*; *cf. auch* ~-

denkertum; 2ˌ**geistig** *adj.* libéral; *cf. auch* 2denkerisch; **~geˌlassene(r)** *f* (*m*) ⟨→ A⟩ *hist.* affranchi(e) *m* (*f*); **~geˌpäck** *n* franchise *f* de bagages; **~ˌgrenze** *f* (*Steuer*2) limite *f* d'exonération; 2ˌ**haben** *v/i.* ⟨*irr., sép.*, -ge-, h⟩ *in der Schule, im Betrieb* avoir congé; zwei Tage ~ avoir deux jours de libres, de congé; **~ˌhafen** *m* port franc; 2ˌ**halten** *v/t.* ⟨*irr., sép.*, -ge-, h⟩ **1.** j-n ~ inviter, régaler, *nur beim Trinken* P rincer qn.; **2.** *Platz* réserver; Einfahrt ~! sortie de voitures!; **~hand-büche̜ˌrei** *f* bibliothèque *f* où l'on a libre accès aux livres; **~ˌhandel** *m* libre-échange *m*; **~handelsˌzone** *f* zone *f* de libre-échange; 2ˌ**händig** **1.** *adj. comm.* ~er Verkauf vente *f* à l'amiable, de gré à gré; **2.** *adv.* ~ fahren faire du vélo, *etc.* sans tenir le guidon; ~ schießen tirer sans appui; ~ verkaufen vendre à l'amiable, de gré à gré; **~handˌzeichnen** *n*, **~hand-ˌzeichnung** *f* dessin *m* à main levée.

Freiheit ['fraıhaıt] *f* ⟨~; ~en⟩ liberté *f*; persönliche ~ liberté individuelle; politische ~ liberté politique; dichterische ~ licence *f* poétique; ~ der Meere liberté des mers; in (voller) ~ en (toute) liberté; volle ~ haben avoir toute liberté, toute latitude; j-m volle ~ lassen, gewähren laisser, accorder toute liberté, toute latitude à qn.; sich die ~ nehmen, etw. zu tun prendre la liberté de faire qc.; sich ~en erlauben, herausnehmen se permettre des libertés, des privautés, des licences (gegenüber j-m envers qn.); 2**lich** **1.** *adj.* libéral; où règne, qui aime la liberté; **2.** *adv.* ~ gesinnt sein être libéral; avoir l'esprit libéral; **~sbeˌraubung** *f jur.* séquestration *f*; **~sbeˌschränkung** *f* restriction *f* de la liberté; **~s-ˌdrang** *m* soif *f*, désir *m* de liberté; **~sentˌziehung** *f* privation *f* de liberté; **~sˌgrad** *m math., phys.* degré *m* de liberté; **~siˌdee** *f* idée *f* de la liberté; **~sˌkampf** *m* combat *m* pour la liberté; **~sˌkämpfer** *m* combattant *m* pour la liberté; **~sˌkrieg** *m* guerre *f* pour la liberté; *hist.* die ~e les guerres de la sixième coalition; **~sˌliebe** *f* amour *m* de la liberté; 2sˌ**liebend** *adjt.* qui aime la liberté; **~sˌsinn** *m* ⟨~(e)s⟩ sens *m* de la liberté; **~sˌstatue** *f* statue *f* de la Liberté; **~sˌstrafe** *f* peine privative de liberté; **~sverˌbrechen** *n jur.* crime *m* contre la liberté d'autrui; attentat *m* à la liberté.

freiheraus ['fraıhɛ'raus] *adv.* franchement; sans détour; de but en blanc; F carrément; ~ erklären déclarer, dire franchement, *etc.*

Frei|herr ['fraıhɛr] *m* baron *m*; 2-ˌ**kämpfen** *v/réfl.* ⟨*sép.*, -ge-, h⟩ *milit.* sich ~ se dégager; **~ˌkarte** *f für e-e Veranstaltung* carte *f* d'entrée gratuite; billet gratuit, de faveur; *chem.* carte de circulation gratuite; **~ˌkirche** *f* Église indépendante de l'État; **~kör-perkulˌtur** *f* nudisme *m*; **~korps** *n hist.* corps franc; **~ˌlager** *n comm.* entrepôt *m* de douane; **~land** *n jard.* im ~ en pleine terre; en plein air; **~-landsaˌlat** *m* salade maraîchère; laitue *f* de pleine terre; 2ˌ**lassen** *v/t.* ⟨*irr., sép.*, -ge-, h⟩ **1.** *Gefangenen* libérer; relâcher; *jur.* relaxer; élargir; *Tiere* remettre en liberté; relâcher; *hist. Sklaven* affranchir; gegen Kaution ~ (re)mettre en liberté, relâcher sous caution; **2.** *Platz* laisser libre, inoccupé; *Zeile* laisser (une ligne) en blanc; **~ˌlassung** *f* ⟨~⟩ *e-s Gefangenen* libération *f*; mise *f* en liberté; *jur.* relaxation *f*; élargissement *m*; *hist. e-s Sklaven* affranchissement *m*; **~lauf** *m techn.* roue *f* libre; **~laufˌnabe** *f Fahrrad* moyeu *m* à roue libre; ~ mit Rücktrittbremse moyeu à roue libre avec frein à rétropédalage; 2ˌ**legen** *v/t.* ⟨*sép.*, -ge-, h⟩ mettre à jour; dégager; **~ˌlegung** *f* ⟨~⟩ mise *f* à jour; dégagement *m*; **~ˌleitung** *f élect.* ligne (électrique) aérienne.

freilich ['fraılıç] *adv.* certes; bien sûr; il est vrai que ...

Freilicht|aufführung ['fraılıçtˌʔauf-fyːrʊŋ] *f* représentation *f* en plein air; **~ˌaufnahme** *f phot.* prise *f* de vue, photo *f* en plein air; **~ˌbühne** *f* théâtre *m* de plein air, de verdure; **~maleˌrei** *f* peinture *f* de plein air; **~muˌseum** *n* musée *m* de plein air; **~theˌater** *n cf.* ~bühne.

Frei|liste ['fraıˌlıstə] *f comm.* liste *f* de produits d'importation libérés de la taxe sur le chiffre d'affaires; liste *f* des produits libéralisés; **~los** *n* billet de loterie gratuit; **~luftˌschule** *f* école *f* de plein air; 2ˌ**machen I** *v/t.* ⟨*sép.*, -ge-, h⟩ **1.** *Postsendung* affranchir; **2.** *Straße, Eingang etc.* dégager; (*abräumen*) débarrasser; den Oberkörper ~ se mettre torse nu; **II** *v/réfl.* sich ~ **3.** (*sich entkleiden*) se déshabiller; **4.** sich von etw. ~ se libérer, s'affranchir, s'émanciper de qc.; **III ~-ˌmachen** *n* ⟨~s⟩ *der Straße etc.* dégagement *m*; **~ˌmachung** *f* ⟨~⟩ *von Postsendungen* affranchissement *m*; **~-machungsˌzwang** *m* affranchissement *m* obligatoire; obligation *f* d'affranchir; **~ˌmarke** *f* timbre-poste *m*.

Freimaurer ['fraıˌmaurər] *m* franc-maçon *m*; **~ei** [-'raı] *f* ⟨~⟩ franc-maçonnerie *f*; 2**isch** *adj.* (franc-)maçonnique; **~ˌloge** *f* loge *f* (franc-)maçonnique.

Frei|mut ['fraımuːt] *m* franchise *f*; sincérité *f*; 2ˌ**mütig** **1.** *adj.* franc, -che; sincère; **2.** *adv.* à cœur ouvert; franchement; sincèrement; 2**religiˌös** *adj. in Deutschland* ~e Gemeinde communauté religieuse indépendante; 2-ˌ**schaffend** *adjt.* ~er Künstler artiste indépendant; **~schar** *f hist.* corps *m* de francs-tireurs; **~schlag** *m Hockey, Polo* coup franc; 2ˌ**schwimmen** *v/réfl.* ⟨*irr., sép.*, -ge-, h⟩ sich ~ passer son brevet de natation (de quinze minutes de nage libre); **~ˌschwimmer(in)** *m* (*f*) nageur, -euse *m, f* qui possède le brevet de natation; 2ˌ**setzen** *v/t.* ⟨-(es)t, *sép.*, -ge-, h⟩ dégager; libérer; 2ˌ**sinnig** *adj.* aux vues larges; libéral; **~ˌsinnigˌkeit** *f* ⟨~⟩ vues *f/pl.* larges; libéralisme *m*; 2ˌ**sprechen** *v/t.* ⟨*irr., sép.*, -ge-, h⟩ *jur.* acquitter; j-n von e-m Verdacht *etc.* ~ décharger qn. d'un soupçon, *etc.*; **~spruch** *m jur.* acquittement *m*; **~staat** *m* État *m* libre; **~statt** *f*, **~ˌstätte** *f hist.* asile *m*; 2ˌ**stehen I** *v/i.* ⟨*irr., sép.*, -ge-, h⟩ *Sport* être démarqué; **II** *v/imp.* es steht Ihnen ~, zu ... vous êtes libre de ...; je vous laisse libre de ...; 2ˌ**stehend** *adjt. Gebäude etc.* isolé; ~er Glockenturm campanile *m*; *Sport* ~er Spieler joueur démarqué; 2ˌ**stellen I** *v/t.* ⟨*sép.*, -ge-, h⟩ **1.** j-m etw. ~ laisser qn. libre de faire qc.; ich stelle es dir frei je te laisse libre (de); **2.** *Person von e-r Aufgabe etc.* libérer; *von Steuern etc.* exempter; exonérer; **II** *v/réfl.* **3.** sich ~ *Sport* se démarquer; **~ˌstellung** *f* ⟨~⟩ *von Steuern etc.* franchise *f*; exemption *f*; exonération *f*; **~ˌstempel** *m* timbre imprimé (par la machine à affranchir); **~ˌstempler** *m* ⟨~s; ~⟩ machine *f* à affranchir; **~stil-ˌringen** *n* lutte *f* libre; **~stilˌringer** *m* lutteur *m* pratiquant la lutte libre; **~stilˌschwimmen** *n* nage *f* libre; **~stoß** *m Fußball* coup franc; **~strahl-turˌbine** *f techn.* turbine tangentielle; roue *f* Pelton; **~tag** *m* ⟨~(e)s; ~e⟩ vendredi *m*; 2**tags** *adv.* le vendredi; tous les vendredis; **~tod** *m* suicide *m*; 2ˌ**tragend** *adjt. bât.* en encorbellement; en porte-à-faux; **~ˌtreppe** *f bât.* perron *m*; escalier extérieur; **~ˌübun-gen** *f/pl. gym.* gymnastique *f*; **~ˌum-schlag** *m* enveloppe timbrée, affranchie; **~verˌkehr** *m Zoll, Börse* marché *m* libre; *cf. auch* (im) frei(en Verkehr); **~verkehrsˌkurs** *m Börse* cours *m* au marché libre, 'hors cote; **~ver-kehrsˌwerte** *m/pl. Börse* valeurs non cotées; 2'**weg** *adv. cf.* freiheraus; 2ˌ**werden I** *v/i.* ⟨*irr., sép.*, -ge-, sein⟩ *chim.* se dégager; *phys. atom.* se libérer; **II ~ˌwerden** *n* ⟨~s⟩ *chim.* dégagement *m*; *phys. atom.* libération *f*; **~wild** *n fig.* proie *f*.

freiwillig ['fraıˌvılıç] **1.** *adj.* volontaire; *Dienst, Hilfe etc.* bénévole; *Geständnis* spontané; (*freigestellt*) facultatif, -ive; ~e Feuerwehr corps *m* de pompiers volontaires; *jur.* ~e Gerichtsbarkeit juridiction gracieuse; ~e Sozialleistungen prestations sociales à titre gracieux; ~e Versicherung assurance facultative; **2.** *adv.* volontairement; de plein gré; *milit.* sich ~ melden s'engager comme volontaire; ~ Hilfe leisten aider bénévolement; ~ gestehen avouer spontanément; ~ Latein lernen apprendre le latin facultativement; 2**e(r)** *f* (*m*) ⟨→ A⟩ volontaire *m, f*; ~ vor! un *bzw.* des volontaire(s)!; 2ˌ**keit** *f* ⟨~⟩ caractère bénévole, facultatif, gracieux; spontanéité *f*.

Frei|wurf ['fraıvʊrf] *m Handball* jet franc; **~ˌzeichen** *n tél.* signal *m* «libre»; **~ˌzeichnungsˌklausel** *f comm.* clause *f* de responsabilité limitée, de non-responsabilité (pour le fret maritime); **~zeit** *f* heures *f/pl.* de loisir, de liberté; moments perdus; **~zeit-geˌstaltung** *f* emploi *m*, utilisation *f*, organisation *f* des loisirs; **~zeitˌhemd** *n* chemisette *f*; **~ˌzone** *f comm.* zone franche; 2ˌ**zügig** *adj. comm.* libre de circuler; **~ˌzügigˌkeit** *f* ⟨~⟩ liberté *f* de choisir son domicile; *écon.* libre circulation *f*.

fremd [frɛmt] **1.** *adj.* étranger, -ère; ~e Länder pays étrangers; ~es Gut bien, propriété d'autrui; ~e Währung monnaie étrangère; ~e Gelder, Mittel capitaux, fonds d'emprunt; *comm.* für ~e Rechnung pour le compte d'un tiers, d'autrui; ohne ~e Hilfe sans l'aide de personne, d'autrui; sich in ~e Angelegenheiten mischen s'immiscer dans les affaires d'autrui; sich an ~em Eigentum vergreifen porter la main sur le bien d'autrui; in ~e Hände fallen, kommen tomber dans, passer à des mains étrangères; in e-r Stadt ~ sein être étranger à une ville; ich bin hier ~ je ne suis pas d'ici; s-e Art ist mir ~ sa façon d'être m'est étrangère; sie sind sich ~ ils sont étrangers l'un à l'autre; solche Gefühle sind ihm ~ de tels sentiments lui sont étrangers; **2.** *adv.* ~ tun se montrer froid; *fig. u.* F ~ gehen être infidèle; F découcher.

Fremd|arbeiter(in) ['frɛmtˌʔarbaıtər (-ın)] *m* (*f*) travailleur étranger, travailleuse étrangère; 2ˌ**artig** *adj.* étrange; **~ˌartigˌkeit** *f* ⟨~⟩ étrangeté *f*; **~-beˌstäubung** *f bot.* pollinisation indirecte; *sc.* allogamie *f*; **~e** *f* ⟨~⟩ **in der, in die** ~ à l'étranger; en pays étranger; **in die** ~ **gehen** *auch* quitter le pays; **~e(r)** *f* (*m*) ⟨→ A⟩ étranger, -ère *m, f* (à la ville, à la région, *etc.*); **~enˌbuch** *n* registre *m*, livre *m* des étrangers, des voyageurs, des touristes; **≈enˌfeindlich** *adj.* hostile aux étrangers; xénophobe; **~enˌführer** *m* guide *m*; **~enˌhaß** *m* 'haine *f* des étrangers; xénophobie *f*; **~enˌheim** *n* pension *f* (de famille); **~enindusˌtrie** *f* industrie *f* touristique; **~enlegiˌon** *f* *milit.* Légion étrangère; **~enlegioˌnär** *m* légionnaire *m*; **~enˌliste** *f* liste *f* des voyageurs, des étrangers, des touristes; **~enpoliˌzei** *f* police *f* des étrangers; **~enˌrecht** *n* droit *m* concernant les étrangers; **~enverˌkehr** *m* tourisme *m*; **~enverˌkehrsgeˌwerbe** *n* *cf.* ~enindustrie; **~enverˌkehrsˌort** *m* lieu *m*, endroit *m*, centre *m* touristique; **~enverˌkehrsverˌband** *m* association *f* touristique; **~enverˌkehrsverˌein** *m* syndicat *m* d'initiative; **~enˌzimmer** *n* chambre *f* (à louer); chambre *f* d'hôtel; **~erˌregung** *f* *élect.* excitation indépendante; **~finanˌzierung** *f* *écon.* financement *m* par capitaux empruntés; **~heit** *f* ⟨~⟩ caractère étranger, insolite; **~ˌherrschaft** *f* domination étrangère; **~kapiˌtal** *n* capitaux empruntés, étrangers; **~ˌkörper** *m* *méd.* corps étranger; *fig.* élément étranger; **≈ˌländisch** *adj.* étranger, -ère; exotique; **~ling** *m* ⟨~s; ~e⟩ étranger *m*; **~ˌpeilung** *f* *aviat.*, *mar.* radiogoniométrie *f* à partir du sol, de la terre; **≈ˌrassisch** *adj.* d'une autre race; allogène; **~ˌsprache** *f* langue étrangère; **~spracheninstiˌtut** *n* institut *m* de langues étrangères; **≈ˌsprachig** *adj.* de langue étrangère; qui parle une langue étrangère; *Text etc.* en langue étrangère; **≈ˌsprachlich** *adj.* concernant l'enseignement d'une *od.* de langue(s) étrangère(s); **~er Unterricht** enseignement des langues étrangères; **≈ˌstämmig** *adj.* *cf.* ≈rassisch; **~stoff** *m* corps étranger; **~verˌsicherung** *f* assurance *f* pour le compte d'autrui; **~währungsˌkonto** *n* *écon.* compte *m* en monnaie étrangère; **~wort** *n* ⟨~(e)s; ~er⟩ mot savant *bzw.* étranger; **~ˌwörterˌbuch** *n* dictionnaire *m* de mots savants et de mots étrangers.

frenetisch [freˑ'neːtɪʃ] *adj.* **~er Beifall** applaudissements *m/pl.* frénétiques.

frequentieren [freˑkvɛn'tiːrən] *v/t.* ⟨*pas de ge-*, h⟩ fréquenter.

Frequenz [freˑ'kvɛnts] *f* ⟨~; ~en⟩ (*Häufigkeitsziffer*) *u. phys.* fréquence *f*; **~ˌband** *n* *phys.* bande *f* de fréquences; **~beˌreich** *m* *phys.* gamme *f* de fréquences; **~ˌmesser** *m* ⟨~s; ~⟩ *élect.* fréquencemètre *m*; **~modulatiˌon** *f* *rad.* modulation *f* de fréquence; **≈moduˌliert** *adjt.* en modulation de fréquence; **~verˌvielfacher** *m* ⟨~s; ~⟩ *élect.* multiplicateur *m* de fréquence; **~ˌwandler** *m* ⟨~s; ~⟩ *élect.* changeur *m* de fréquence; **~ˌzuteilung** *f* assignation *f* de fréquences.

Fresk|e ['frɛskə] *f* ⟨~; ~n⟩, **~o** *n* ⟨~s; -ken⟩ fresque *f*; **al fresco malen** peindre à fresque; **~oˌmaler** *m* peintre *m* de fresques; fresquiste *m*; **~omaleˌrei** *f* peinture *f* à fresque.

Fressalien [frɛ'saːliˑən] F *f/pl.* victuailles *f/pl.*; F mangeaille *f*; P boustifaille *f*.

Fress|e ['frɛsə] *f* ⟨~; ~n⟩ *péj. u.* P (*Mund, Gesicht*) P gueule *f*; margoulette *f*; (sale) bobine *f*; **j-m in die** ~ **hauen** casser la gueule, *etc.* à qn.; **j-m die** ~ **polieren** arranger le portrait de qn.; **halt die** ~! (ferme) ta gueule!; ferme-la!; la ferme!; **meine** ~! oh! la vache!; **≈en I** *v/t. u. v/i.* ⟨-(es)t, frißt, fraß, gefressen, h⟩ **1.** *von Tieren* manger; **zu** ~ **geben** donner à manger; *loc.* F **friß, Vogel, oder stirb**! il n'y a pas d'autre possibilité; il faut en passer par là; **2.** P *od. péj.* (*essen*) P bouffer (*auch fig. vom Motor*); becqueter; croûter; boulotter; F **sich dick und rund** ~ s'empiffrer; se goinfrer; P se bâfrer; P s'en mettre, s'en foutre plein la gueule; se taper la cloche; ~ **wie ein Scheunendrescher** manger comme quatre; *fig. u.* F **j-n gefressen haben** ne pas pouvoir voir qn. (en peinture); P avoir qn. dans le nez; P **etw.** ~ (*begreifen*) F piger qc.; **s-n Kummer** *etc.* **in sich (hinein)**~ (r)avaler son chagrin, *etc.*; **Kilometer** ~ dévorer, avaler des kilomètres; F **an j-m, etw. e-n Narren gefressen haben** raffoler de qn., de qc.; **sie werden dich doch nicht** ~! ils ne te mangeront pas!; on ne te mangera pas!; **die Weisheit nicht mit Löffeln gefressen haben** ne pas avoir la science infuse; **reim dich oder ich fress' dich**! la rime est tirée par les cheveux!; **3.** *Rost, Säure etc.* manger, ronger (*auch fig.*), corroder (**an etw.** qc.); **II ~en** *n* ⟨~s⟩ **4.** *der Tiere* nourriture *f*; pâture *f*; **5.** P *od. péj.* (*Essen*) *cf.* **Fraß**; *fig. u.* F **j-n zum** ~ **gern haben** aimer qn. à la folie; **das ist ein gefundenes** ~ **für ihn** c'est une bonne aubaine pour lui; **≈end** *adjt.* qui mange; *techn.* corrosif, -ive; *méd.* rongeant; *méd.* **~e Flechte** lupus [lypys] vulgaire, tuberculeux; **~er(in)** *m* ⟨~s; ~⟩ (*f*) ⟨~; ~nen⟩ gourmand(e) *m* (*f*); glouton, -nne *m, f*; goulu(e) *m* (*f*); **~e'rei** *f* ⟨~⟩ *péj.* (*Art des Essens*) gloutonnerie *f*; goinfrerie *f*; P (*vieles Essen*) gueuleton *m*.

Freß|gelage ['frɛsgəˌlaːgə] *n* P riboulding ue *f*; **~gier** *f* voracité *f*; gloutonnerie *f*; *nur péj. vom Menschen* goinfrerie *f*; **≈ˌgierig** *adj.* vorace; glouton, -nne; goulu; goinfre; **~napf** *m* *für Tiere* écuelle *f*; **~paˌket** F *n* paquet *m* de victuailles; **~sack** F *m* goinfre *m*; piffre *m*; Gargantua *m*; P bâfreur *m*; *cf. auch* **Fresser**; **~trog** *m* auge *f*; **~ˌwerkzeuge** *n/pl.* *der Insekten* mandibules *f/pl.*; **~ˌzelle** *f* *physiol.* phagocyte *m*.

Frettchen ['frɛtçən] *n* ⟨~s; ~⟩ *zo.* furet *m*.

Freude ['frɔʏdə] *f* ⟨~; ~n⟩ joie *f*; *laute* allégresse *f*; **s-e** ~ **am Studieren** *etc.* la joie que lui procurent, donnent ses études, *etc.*; **vor** ~ de joie; **mit ~n** avec joie; **welche** ~! quelle joie!; quel bonheur!; **zu meiner großen** ~ à ma grande joie; **an etw.** ~ **haben** trouver du plaisir à qc.; aimer qc.; **an j-m (seine)** ~ **haben** trouver sa joie dans qn.; **j-m** ~ **machen, bereiten** faire plaisir à qn.; faire la joie de qn.; **j-m viel** ~ **machen** *auch* donner beaucoup de joie à qn.; **j-m e-e** ~ **machen** faire plaisir à qn.; **j-m die** ~ **verderben** gâter la joie de qn.; **vor** ~ **außer sich sein, sich vor** ~ **nicht zu halten wissen** être transporté de joie; ne plus se sentir de joie; **j-s einzige** ~ **sein** être l'unique joie de qn.; **..., daß es e-e wahre** ~ **war** ce fut un vrai plaisir de voir ...; **es ist e-e** ~, **das zu sehen** cela fait plaisir à voir; **es macht mir** ~, **zu sehen, wie ...** cela me fait plaisir de voir comment ...; **mit j-m Freud und Leid teilen** partager les joies et les peines de qn.; **herrlich und in ~en leben** avoir la vie belle; **geteilte** ~ **ist doppelte** ~ *prov.* plaisir partagé, plaisir doublé *prov.*

Freuden|botschaft ['frɔʏdənˌboːtʃaft] *f* heureuse, bonne nouvelle; **~ˌfest** *n* fête *f*; **~ˌfeuer** *n* feu *m* de joie; **~geˌheul** *n* 'hurlement *m* de joie; **in ein** ~ **ausbrechen** pousser des 'hurlements de joie; **~geˌsang** *m* **e-n** ~ **anstimmen** chanter pour exprimer sa joie; **~ˌhaus** *n* maison close, de tolérance; **~ˌmädchen** *n* fille *f* de joie; **~ˌschrei** *m* cri *m* de joie, d'allégresse; **~ˌtag** *m* jour(née) *m* (*f*) de joie, d'allégresse; **~ˌtanz** *m* danse *f* d'allégresse; **e-n** ~ **aufführen** danser de joie; **~ˌtaumel** *m* transports *m/pl.* de joie; joie folle; **~ˌtränen** *f/pl.* larmes *f/pl.* de joie.

freud|estrahlend ['frɔʏdəˌʃtraːlənt] *adj.* rayonnant de joie; épanoui; **~eˌtrunken** *adj.* ivre de joie; **~ig 1.** *adj.* joyeux, -euse; *Nachricht etc.* heureux, -euse; bon, -nne; **~es Ereignis** (*Geburt*) heureux événement; **2.** *adv.* avec joie; de bon cœur; **~los** *adj.* sans joie; triste; morne; **≈ˌlosigˌkeit** *f* ⟨~⟩ tristesse *f*.

freuen ['frɔʏən] **I** *v/imp.* ⟨h⟩ **es freut mich, zu ...** je suis content, heureux, -euse, enchanté, charmé, ravi, *oft iron.* bien aise de ... (+ *inf.*); **es freut mich, daß ...** je suis heureux, *etc.* que ... (+ *subj.*); **das freut mich** j'en suis heureux, *etc.*; cela me fait plaisir; **II** *v/réfl.* **sich** ~ être content, heureux, enchanté, ravi, se réjouir (**über, an** de); **sich auf etw.** ~ se réjouir, être content en pensant à qc. *od.* rien qu'à l'idée de faire qc.; **sich sehr auf etw.** ~ *auch* se faire une fête de (faire) qc.; **ich freue mich darauf** je m'en réjouis d'avance, à l'avance; **ich freue mich, Sie zu sehen** je suis content de vous voir.

Freund [frɔʏnt] *m* ⟨~(e)s; ~e⟩ ami *m*; F copain *m*; **alter** ~ vieil ami; ami de longue date; **erprobter** ~ ami à toute épreuve; **vertrauter** ~ (ami) intime *m*; *iron. u.* F **feiner, sauberer** ~ bon, bel ami; **gute,** F **dicke ~e sein** être de bons, de grands amis; être comme les deux doigts de la main; **mit j-m gut** ~ **sein** faire bon ménage avec qn.; être bien avec qn.; **j-m zum, als** ~ **haben** avoir qn. pour, comme ami; **als** ~ **mit j-m reden** parler en ami à qn.; **~e gewinnen** se faire des amis; **er ist ein** ~ **von mir** c'est un de, il est de mes amis; **ein** ~ **klassischer Musik** *etc.* un ami de la, un amateur de musique classique, *etc.*; **kein** ~ **von etw. sein** ne pas aimer qc.; **ich bin kein** ~ **von vielen Worten** je n'aime pas les paroles inutiles; **ob** ~ **oder Feind** peu importe qu'il soit ami ou ennemi; *poét.* ~ **Hein** la Mort; **~e in der Not gehen hundert auf ein Lot** *prov.* c'est dans le besoin qu'on connaît ses vrais amis *prov.*; **~chen** *n* ⟨~s; ~⟩ *iron. u.* F **paß auf,** ~! gare à toi, mon petit ami!; **~esˌhand** *f* main *f* amie; **~esˌkreis** *m* (cercle *m* d')amis *m/pl.*; **~esˌtreue** *f* fidélité *f* d'un ami; **~in** *f* ⟨~; ~nen⟩ amie *f*; *e-s Mannes* petite amie; **≈lich 1.** *adj.* **a)** *von Personen* aimable; gracieux, -euse; **das ist sehr** ~ **von Ihnen** c'est très aimable à vous; **seien Sie bitte so** ~ **und ...**! soyez assez aimable pour ...!; **bitte recht** ~! un petit sourire!; souriez, s'il vous plaît!; **b)** *von Dingen* agréable; *Zimmer, Farben auch* gai; *Gegend auch* riant; *Wetter* beau; clément; *Empfang etc.* aimable; amical; **Ihr ~es Anerbieten, Angebot** votre offre obligeante, aimable; *Briefschluß* **mit ~en Grüßen** recevez mes sincères salutations; **mit ~er Genehmigung des Verfassers** *etc.* avec l'aimable approbation de l'auteur, *etc.*; **2.** *adv.* aimablement; gracieusement; obligeamment; **j-n ~ empfangen** *auch* faire bon accueil à qn.; **ein Zimmer ~ gestalten** égayer une chambre; **~ tun** faire l'aimable; **≈licherˌweise** *adv. cf.* **~lich 2.**; **~lichˌkeit** *f* ⟨~⟩ **a)** *von Personen, e-s Empfangs etc.* amabilité *f*; gentillesse *f*; **würden Sie die ~ haben, zu …** voudriez-vous avoir l'amabilité de …; **j-m e-e ~ erweisen** accorder une faveur à qn.; **b)** *e-r Landschaft etc.* air agréable, riant, gai; **≈ˌnachbarˌlich** *adj.* **~e Beziehungen** des rapports de bon voisinage.

Freundschaft [ˈfrɔyntʃaft] *f* ⟨~; ~en⟩ amitié [-tje] *f*; **enge ~** étroite amitié; intimité *f*; **aus ~** par amitié; **mit j-m ~ schließen** se lier d'amitié avec qn.; **kleine Geschenke erhalten die ~** *prov.* les petits cadeaux entretiennent l'amitié *prov.*; **≈lich 1.** *adj.* amical; **mit j-m auf ~em Fuße stehen** être bien avec qn.; être en bons termes, rapports avec qn.; **2.** *adv.* amicalement; **mit j-m ~ verkehren** avoir des rapports amicaux avec qn.; **j-m ~ gesinnt sein** éprouver de l'amitié pour qn.; **~lichˌkeit** *f* ⟨~⟩ caractère amical; **~sˌbande** *n/pl.* liens *m/pl.* d'amitié; **~sbeˌsuch** *m* visite *f* d'amitié; **~sbeˌweis** *m* témoignage *m*, preuve *f* d'amitié; **~sˌdienst** *m* service *m* d'ami; **j-m e-n ~ erweisen** rendre un service d'ami à qn.; **~sˌspiel** *n Sport* match amical; **~sverˌtrag** *m pol.* traité *m* d'amitié.

Frevel [ˈfreːfəl] *m* ⟨~s; ~⟩ (*Vergehen*) délit *m*; (*Übertretung*) infraction *f*; (*Missetat*) méfait *m*; *litt. par ext.* crime *m*; *gegen etw. als heilig Angesehenes* sacrilège *m*; **≈ˌhaft** *adj.* criminel, -lle; sacrilège; **~er Leichtsinn** légèreté criminelle; **~ˌhaftigˌkeit** *f* ⟨~⟩ caractère criminel, sacrilège; **≈n** *v/i.* ⟨-(e)le, h⟩ commettre un, se rendre coupable d'un délit, crime, sacrilège (an, gegen contre); **~ˌtat** *f cf.* **~**.

Frevler(in) [ˈfreːflər(ɪn)] *m* ⟨~s; ~⟩ (*f*) ⟨~; ~nen⟩ auteur *m* d'un délit; délinquant(e) *m* (*f*).

Frieden [ˈfriːdən] *m* ⟨~s; ~⟩ paix *f*; **im ~** en temps de paix; **mitten im ~** en pleine paix; **den ~ stören, brechen, bewahren** troubler, rompre, préserver la paix; **~ schließen** faire la paix; *pol.* conclure la paix; **wegen des ~s verhandeln** négocier la paix; **häuslicher Friede(n)** paix au foyer, dans le ménage; **um des lieben ~s willen** pour avoir la paix; de guerre lasse; **(mit j-m) in ~ leben** vivre en paix (avec qn.); F **laß mich in ~!** laisse-moi tranquille, en paix!; F fiche-moi la paix!; **dem ~ nicht trauen** être sur ses gardes; rester méfiant; *philos.* **Ewiger Friede** paix perpétuelle; *relig.* **in ~ ruhen** reposer en paix.

Friedens|angebot [ˈfriːdənsˌʔangəboːt] *n* offre *f* de paix; **~aˌppell** *m* appel *m* pour la paix; **~beˌdingungen** *f/pl.* conditions *f/pl.* de paix; **~beˌstrebungen** *f/pl.* efforts *m/pl.* en faveur de la paix; **~beˌwegung** *f* mouvement *m* pour la paix; **~ˌbotschaft** *f* message *m* de paix; **~ˌbruch** *m jur.* attentat *m* contre l'ordre public; *pol.* rupture *f*, violation *f* de la paix; **~ˌfest** *n* fête *f* de la paix; **~ˌfürst** *m relig.* prince *m* de la paix; **~ˌkämpfer** *m* combattant *m* pour la paix; **~konfeˌrenz** *f* conférence *f* de la paix; **~konˌgreß** *m* congrès *m* de la paix; **~ˌkuß** *m relig. cath.* baiser *m* de paix; **≈ˌmäßig** *adj.* en *od.* du temps de paix; **~noˌbelpreis** *m* prix *m* Nobel de la paix; **~ˌpfeife** *f* calumet *m* de la paix; **~poliˌtik** *f* politique *f* de paix; **~ˌpreis** *m* **~ des Deutschen Buchhandels** prix de la paix décerné par les libraires-éditeurs allemands; **~propaˌganda** *f* propagande *f* pour la paix; **~ˌregelung** *f* règlement *m* de la paix; **~ˌrichter** *m* juge *m* de paix; **~ˌschluß** *m* conclusion *f* de la paix; **~ˌsicherung** *f* assurance *f* du maintien de la paix; **~ˌstifter(in)** *m* (*f*) pacificateur, -trice *m, f*; **~ˌstörer(in)** *m* (*f*) perturbateur, -trice *m, f* de la paix; **~ˌstörung** *f* perturbation *f* de la paix; **~ˌtaube** *f* colombe *f* de la paix; **~verˌhandlungen** *f/pl.* négociations *f/pl.* de paix; **~verˌmittler(in)** *m* (*f*) médiateur, -trice *m, f* de la paix; **~verˌtrag** *m* traité *m* de paix; **~ˌvorschläge** *m/pl.* propositions *f/pl.* de paix; **~ˌwille** *m* volonté *f* de paix; **~ˌzeit** *f* temps *m* de paix; **in ~en** en temps de paix.

fried|fertig [ˈfriːtˌfɛrtɪç] *adj.* pacifique; paisible; **≈ˌfertigˌkeit** *f* ⟨~⟩ caractère *m*, humeur *f* pacifique, paisible; **≈hof** *m* cimetière *m*; **≈hofsgärtneˌrei** *f* service *m* d'entretien de cimetière; **≈hofskaˌpelle** *f* chapelle *f* de cimetière; **~lich 1.** *adj.* **a)** (*ohne Krieg*) pacifique; **~e Nutzung der Atomenergie** exploitation pacifique de l'énergie atomique; **~e Durchdringung** pénétration pacifique; **b)** *Charakter, Landschaft etc.* paisible; tranquille; F **sei doch ~!** reste donc tranquille!; **2.** *adv.* pacifiquement; paisiblement; tranquillement; **~ zusammenleben** vivre paisiblement, *pol.* pacifiquement ensemble; **≈lichˌkeit** *f* ⟨~⟩ *von Absichten etc.* caractère *m* pacifique; *e-r Landschaft* caractère *m* paisible, tranquille; **~ˌliebend** *adjt.* pacifique; qui aime la paix; épris de paix; **~los** *adj. cf.* **ruhelos**; **~sam** *adj. cf.* **~fertig**.

frieren [ˈfriːrən] *v/i. u. v/imp.* ⟨**friert, fror, gefroren,** h⟩ **a)** *von Lebewesen* avoir froid; *pfort.* F geler; **ich friere, mich friert, es friert mich** j'ai froid; F je gèle; **ich friere an den Händen** j'ai froid aux mains; F j'ai les mains gelées; **leicht ~** (*kälteempfindlich sein*) être frileux, -euse; **b) es friert** il gèle; **es friert Stein und Bein** il gèle à pierre fendre.

Fries [friːs] *m* ⟨~es; ~e⟩ *bât., text.* frise *f*.

Friese [ˈfriːzə] *m* ⟨~n; ~n⟩ Frison *m*.

Friesel [ˈfriːzəl] *m, n* ⟨~s; ~n⟩ *meist pl.* **~n** *méd.* miliaire *f*.

Fries|in [ˈfriːzɪn] *f* ⟨~; ~nen⟩ Frisonne *f*; **≈isch** *adj.* frison, -nne; **das ≈e** le frison.

frigid [friˈgiːt] *adj. physiol.* frigide; **≈iˈtät** *f* ⟨~⟩ frigidité *f*.

Frika|delle [frikaˈdɛlə] *f* ⟨~; ~n⟩ *cuis.* boulette *f* de viande 'hachée; fricadelle *f*; **~ˈssee** *n* ⟨~s; ~s⟩ *cuis.* fricassée *f*; *fig. u.* F **aus j-m ~ machen** réduire qn. en bouillie.

frikativ [frikaˈtiːf] *adj. phon.* fricatif, -ive; **≈ˌlaut** *m phon.* fricative *f*.

Friktion [frɪktsiˈoːn] *f* ⟨~; ~en⟩ friction *f*; **~s…** *techn. in Zssgn. cf.* **Reibungs…**

frisch [frɪʃ] **1.** *adj.* frais, fraîche; nouveau, nouvel, -lle; *Witterung* **es ist heute ~** il fait frais aujourd'hui; **ein ~es Aussehen haben** avoir le teint frais; avoir des couleurs; **j-n, etw. in ~er Erinnerung haben** avoir qn., qc. présent à la mémoire; **ein ~es Hemd anziehen** mettre une chemise propre; **mit ~en Kräften** avec de nouvelles forces; **~e Luft schöpfen** prendre l'air, le frais; **an die ~e Luft gehen** aller prendre l'air; **~e Seefische** marée *f*; **auf ~er Tat** sur le fait; en flagrant délit; la main dans le sac; **~e Truppen** des troupes fraîches; **~e Wäsche** du linge propre; **~e Wäsche anziehen** changer de linge; se changer; **es weht ein ~er Wind** un vent frais souffle; *fig.* un vent nouveau souffle; **2.** *adv.* fraîchement; nouvellement; **~ drauflos** avec élan, entrain; **~ gepflückte Blumen** *etc.* des fleurs, *etc.* fraîchement, fraîches cueillies; **~ gefallener Schnee** de la neige fraîchement, fraîche tombée; **~ eingetroffen** nouvellement arrivé; **~ gewaschen, rasiert** lavé, rasé de frais; **~ gestrichen!** peinture fraîche!; *fig.* **ein ~ gebackener Ingenieur, Leutnant** *etc.* un ingénieur, un lieutenant, *etc.* frais émoulu de l'école; **ein ~ gebackener Ehemann** un jeune, nouveau marié; **ein Bett ~ überziehen** changer les draps d'un lit; **sich ~ halten** *Lebensmittel* se garder frais, fraîche; **sich ~ fühlen** *am Morgen etc.* se sentir d'attaque; *nach e-m Bad* se sentir propre; **~ gewagt ist halb gewonnen** *prov.* la fortune sourit aux audacieux *prov.*

Frisch|arbeit [ˈfrɪʃˌʔarbaɪt] *f métall.* affinage *m*; **~e** *f* ⟨~⟩ fraîcheur *f*; F **in alter ~** plus frais que jamais; **~ˌeisen** *n* fer affiné; **≈en I** *v/t.* ⟨h⟩ *métall.* affiner; **II** *v/i. Wildsau* mettre bas; **III ~en** *n* ⟨~s⟩ *métall.* affinage *m*; **~fleisch** *n* viande fraîche; **~geˌmüse** *n* légumes frais; légumes verts; **~halteˌbeutel** *m* sac spécial pour la conservation des aliments; **~halteˌpackung** *f* emballage *m* qui conserve frais les aliments; **~ˌhaltung** *f* ⟨~⟩ conservation *f* de l'état de fraîcheur; **~ling** *m* ⟨~s; ~e⟩ *zo.* (*junges Wildschwein*) marcassin *m*; **~luft** *f* ⟨~⟩ air frais; **~luftˌzufuhr** *f* alimentation *f*, amenée *f* d'air frais; ventilation *f*; **~milch** *f* lait frais; **~obst** *n* fruits frais (cueillis); **~ˌwasser** *n* ⟨~s⟩ *auf Schiffen* eau douce; *techn.* eau fraîche; **≈weg** *adv.* sans hésiter; **~zellenbeˌhandlung** *f méd.* traitement *m* à l'aide de cellules vivantes.

Fris|eur [friˈzøːr] *m* ⟨~s; ~e⟩ coiffeur *m*; P merlan *m*; **~eurgeˌhilfe** *m* garçon *m* coiffeur; **~eurˌladen** *m* boutique *f* de coiffeur; **~euse** *f* ⟨~; ~n⟩ coiffeuse *f*; **≈ieren I** *v/t.* ⟨*pas de ge-,* h⟩ **1.** *Haare* coiffer; **2.** *fig. Bilanz, Bericht etc.* maquiller; truquer; **II** *v/réfl.* **sich ~** se coiffer; **III ~ieren** *n* ⟨~s⟩ *fig.* maquillage *m*; truquage *m*; *sonst verbal*; **~ierˌkrem** *f, m* crème *f* à coiffer; **~iersaˌlon** *m* salon *m* de coiffure; **~ierˌtisch** *m*, **~iertoiˌlette** *f* coiffeuse *f*.

friß(t) [frɪs(t)] *cf.* **fressen**.

Frist [frɪst] *f* ⟨~; ~en⟩ délai *m*; *jur. auch* terme *m*; **e-e ~ von acht Tagen** un délai de huit jours, d'une 'huitaine; **in kürzester ~** dans le plus bref délai; **gesetzliche ~** délai légal; **nach Ablauf der ~** le délai expiré; **j-m e-e ~ setzen** fixer, donner un délai à qn.; **e-e ~ gewähren** impartir, accorder un délai; **~ˌablauf** *m* expiration *f* de délai; **≈en** *v/t.* ⟨-ete, h⟩ **sein Dasein ~** avoir tout juste de quoi vivre; *mühsam* gagner péniblement sa vie; **≈geˌmäß, ≈geˌrecht** *adj. u. adv.* dans les délais fixés, prescrits; **≈los** *adj. u. adv.* sans délai; **j-n ~ entlassen** renvoyer qn. sans préavis; **~überˌschreitung** *f* dépassement *m* de délai; **~verˌlängerung** *f* prolongation *f* de délai; prorogation *f*

de terme; **~verˌsäumnis** *f, n* non-observation *f* de délai; **wegen ~** par suite de délai non observé.
Frisur [friˑ'zuːr] *f* ⟨~; ~en⟩ coiffure *f*.
Fritfliege ['frɪtˌfliːgə] *f zo.* oscine *f*.
fritt|en ['frɪtən] **I** *v/t.* ⟨-ete, h⟩ *techn.* fritter; **II 2en** *n* ⟨~s⟩ frittage *m*; **2er** *m* ⟨~s; ~⟩ *rad.* cohéreur *m*.
Fritüre [friˑ'tyːrə] *f* ⟨~; ~n⟩ *cuis.* friture *f*.
frivol [friˑ'voːl] *adj.* (*schlüpfrig*) libre; leste; gaillard; équivoque; osé; (*leichtfertig*) frivole; **2i'tät** *f* ⟨~; ~en⟩ (*Schlüpfrigkeit*) caractère libre, leste, gaillard, équivoque, osé; (*Leichtfertigkeit*) frivolité *f*; *pl.* ~en propos *m/pl.* libres, *etc.*; **2i'tätenˌarbeit** *f Handarbeit* frivolité *f*.
froh [froː] *adj.* heureux, -euse (**über** de); joyeux, -euse; *Nachricht etc.* bon, -nne; **~es Fest!** bonne fête!; **~e Ostern!** joyeuses Pâques!; bonnes fêtes de Pâques!; **e-r Sache nicht ~ werden können** ne pas pouvoir jouir de qc.; **2ˌbotschaft** *f cf.* **Evangelium**; **~geˌlaunt** *adj.* d'humeur joyeuse; **~geˌmut** *adj.* de bonne humeur.
fröhlich ['frøːlɪç] **1.** *adj.* joyeux, -euse; (*lustig*) gai; *von Natur aus* jovial; *Menschenmenge auch* en liesse; **~e Weihnachten!** joyeux Noël!; **2.** *adv.* joyeusement; gaiement; **2ˌkeit** *f* ⟨~⟩ gaieté *f*; joie *f*; *als Charakterzug* jovialité *f*.
frohlocken [ˌfroː'lɔkən] **I** *v/i.* ⟨*pas de ge-*, h⟩ exulter; **II 2** *n* ⟨~s⟩ exultation *f*.
Froh|natur ['froːnaˌtuːr] *f* ⟨~; ~en⟩ nature joviale; jovialité *f*; **~sinn** *m* ⟨~(e)s⟩ bonne humeur; gaieté *f*; enjouement *m*.
fromm [frɔm] **1.** *adj.* ⟨~er *od.* ≈er, ~st *od.* ≈st⟩ pieux, -euse; *pfort. od. péj.* dévot; *Pferd* doux, douce; paisible; **~e Lüge** pieux mensonge; *relig.* **~e Werke** œuvres pieuses, pies; *fig.* **~er Wunsch** souhait irréalisable; *hist.* **Ludwig der 2e** Louis le Débonnaire, le Pieux; **2.** *adv.* pieusement; dévotement; **~ tun** *cf.* **frömmeln**.
Frömmel|ei [ˌfrœmə'laɪ] *f* ⟨~⟩ fausse dévotion; bigoterie *f*; bigotisme *m*; **2n** ['frœ-] *v/i.* ⟨-(e)le, h⟩ faire le bigot *bzw.* la bigote, le dévot *bzw.* la dévote; affecter des dehors pieux; **2nd** ['frœ-] *adjt.* bigot; dévot.
frommen ['frɔmən] *v/i.* ⟨h⟩ *litt.* **j-m ~** être utile, servir à qn.
Frömm|igkeit ['frœmɪçˌkaɪt] *f* ⟨~⟩ piété *f*; dévotion *f*; **~ler(in)** *m* ⟨~s; ~⟩ (*f*) ⟨~; ~nen⟩ faux dévot, fausse dévote.
Fron|(arbeit) ['froːn(ˌʔarbaɪt)] *f* ⟨~; ~en⟩ (*f*), **~dienst** *m hist. u. fig.* corvée *f*.
frönen ['frøːnən] *v/i.* ⟨h⟩ *e-r Leidenschaft, e-m Laster* s'adonner, se livrer (à).
Fronleichnam|(sfest) [froːn'laɪçnaːm(-sˌfɛst)] *m* ⟨~(e)s⟩ (*n*) ⟨~(e)s⟩ *relig. cath.* Fête-Dieu *f*; Fête *f* du Saint-Sacrement; **~sprozessiˌon** *f* procession *f* de la Fête-Dieu.
Front [frɔnt] *f* ⟨~; ~en⟩ *milit., pol., Meteorologie* front *m*; *bât.* façade *f*; **mit ~ nach** face à; *milit.* **an der ~** sur le *od.* au front; *milit.* **vor j-m ~ machen** se mettre au garde-à-vous devant qn.; *fig.* **gegen j-n, etw. ~ machen** faire front, résister à qn., à qc.; **~ˌabschnitt** *m milit.* secteur *m* du front; **2al** [-'taːl] *adj. u. adv.* de face; de front; **~er Zusammenstoß** collision de face; **~alˌangriff** [-'taːl-] *m milit.* attaque *f* de front; **~ˌantrieb** *m mot.* traction *f* avant; **~ˌbreite** *f milit.* largeur *f* du front; **~dienst** *m milit.* service *m* au front; **~ˌeinsatz** *m milit.* im **~** au front; **~geˌwitter** *n Meteorologie* orage dû à un front.
Frontispiz [frɔntiˑ'spiːts] *n* ⟨~es; ~e⟩ *bât., e-s Buches* frontispice *m*.
Front|kämpfer ['frɔntˌkɛmpfər] *m* **ehemaliger ~** ancien combattant; **2nah** *adj.* proche du front; **~schwein** P *n im 1. Weltkrieg* F poilu *m*; *cf. auch* **~soldat**; **~solˌdat** *m* soldat *m* de première ligne, du front; **~ˌstellung** *f fig.* opposition *f*; **~ˌtruppen** *f/pl.* troupes *f/pl.* du front; **~verˌlauf** *m* tracé *m* du front; **~ˌwechsel** *m fig.* changement *m* d'opinion; volte-face *f*.
fror [froːr] *cf.* **frieren**.
Frosch [frɔʃ] *m* ⟨~es; ≈e⟩ **1.** *zo.* grenouille *f*; **2.** *Feuerwerkskörper* crapaud *m*; **3.** *e-s Geigenbogens* 'hausse *f* d'archet; **4.** *techn.* (*Explosionsramme*) *u. impr.* grenouille *f*; **5.** *fig.* **e-n ~ im Hals haben** avoir un chat dans la gorge; F **sei kein ~!** allez, ne fais pas de façons!; **~ˌaugen** F *n/pl.* yeux proéminents, à fleur de tête; **~biß** *m bot.* mor(r)ène *f*.
Fröschchen ['frœʃçən] *n* ⟨~s; ~⟩ petite grenouille.
Frosch|dosis ['frɔʃˌdoːzɪs] *f méd.* dose suffisante pour tuer une grenouille; **~fisch** *m zo.* baudroie *f*; **~geˌquake** *n* coassement *m*; **~geˌschwulst** *f méd.* ranule *f*; grenouillette *f*; **~ˌklemme** *f techn.* mâchoire *f* à tendre; **~laich** *m* frai *m* de grenouille; **~ˌlöffel** *m bot.* flûteau *m*; plantain *m* d'eau; *sc.* alisma *m*; **~ˌlurche** *m/pl. sc.* anoures *m/pl.*; **eigentliche ~** ranidés *m/pl.*; **~mann** *m* ⟨~(e)s; ≈er⟩ homme-grenouille *m*; **~maul** *n fig. u.* F bouche *f* en tirelire; **~perspekˌtive** *f fig.* perspective *f* à ras de terre; **~ˌschenkel** *m* cuisse *f* de grenouille; **~teich** *m* étang *m* à grenouilles; grenouillère *f*; **~test** *m méd.* test *m* de la grenouille.
Frost [frɔst] *m* ⟨~es; ≈e⟩ gelée *f*; *andauernder* gel *m*; **bei ~** quand il gèle; **bei starkem ~** par forte gelée; **es herrscht ~** le temps est à la gelée, au gel; **~ˌaufbruch** *m cf.* **Frostschaden**; **2beˌständig** *adj.* résistant à la gelée, au gel; **~ˌbeule** *f méd.* engelure *f*.
frösteln ['frœstəln] **I** *v/i. u. v/imp.* ⟨-(e)le, h⟩ **ich fröstele, mich fröstelt** je frissonne; j'ai des frissons; **leicht ~** être frileux, -euse; **II 2** *n* ⟨~s⟩ frissons *m/pl.*
Frost|er ['frɔstər] *m* ⟨~s; ~⟩ *e-s Kühlschranks* freezer [frizœːr] *m*; **~geˌfahr** *f* danger *m*, risque *m* de gelée, de gel; **2geˌschützt** *adjt.* à l'abri de la gelée, du gel; **2ig** *adj. fig. Empfang etc.* gelé; **~igˌkeit** *f* ⟨~⟩ *fig.* froideur *f*; atmosphère gelée; **~nacht** *f* nuit *f* de gelée; **~periˌode** *f* (période *f* de) gel *m*; **~riß** *m an Bäumen* gélivure *f*; **2ˌrissig** *adj.* gélif, -ive; **~ˌsalbe** *f* pommade *f* pour les engelures; **~ˌschaden** *m* dommages, dégâts causés par le gel; *Straßenschild* **Frostschäden** chaussée déformée; **~schutz** *m* protection *f* contre la gelée, le gel; **~schutzˌmittel** *n* (produit *m*) antigel *m*; **~schutzˌscheibe** *f* vitre *f* à dégivreur thermique; **~ˌspanner** *m* ⟨~s; ~⟩ *zo.* **Kleiner ~** chéimatobie [kei-] *f*; **~ˌwetter** *n* gel *m*; temps *m* de gelée.
Frottee ['frɔteˑ, frɔ'teː] *n* ⟨~(s); ~s⟩ *Gewebe* tissu *m* éponge; **~ˌ(hand)tuch** *n* serviette *f* éponge.
frottier|en [frɔ'tiːrən] **I** *v/t.* ⟨*pas de ge-*, h⟩ frotter; frictionner; **II 2en** *n* ⟨~s⟩ frottement *m*; friction *f*; **2geˌwebe** *n*, **2ˌstoff** *m cf.* **Frottee**; **2ˌ(hand)tuch** *n cf.* **Frottee(hand)tuch**; **2ˌwaren** *f/pl.* articles *m/pl.* en tissu éponge.
frotzeln ['frɔtsəln] F *v/t.* ⟨-(e)le, h⟩ agacer; narguer.
Frucht [frʊxt] *f* ⟨~; ≈e⟩ **1.** *bot. u. fig.* fruit *m*; **Früchte tragen** porter des fruits; fructifier (*beide auch fig.*); *poét.* **die Früchte des Feldes** les fruits des champs; *fig.* **verbotene ~** fruit défendu; **2.** *méd.* fœtus [fetys] *m*; embryon *m*; œuf *m*; **3.** *comm.* **Früchte** fruits *m/pl.*; **~ˌauge** *n jard.* bourgeon *m* à fruits; **2bar** *adj. agr.* fertile; fécond; productif, -ive; *Lebewesen* fécond; *pfort.* prolifique; *fig. Phantasie* fertile; fécond; *Autor* fécond; *Verhandlungen etc.* fructueux, -euse; **~ machen** *agr.* fertiliser; *fig.* rendre fructueux; **~barˌkeit** *f* ⟨~⟩ fécondité *f*; fertilité *f*; productivité *f* (*alle auch fig.*); (*rasche Vermehrung*) prolifération *f*; **~barkeitsˌziffer** *f* taux *m* de natalité par rapport au nombre de femmes fécondes; **~barˌmachung** *f* ⟨~⟩ *agr.* fertilisation *f*; **~ˌbecher** *m bot.* cupule *f*; **~ˌbildung** *f bot.* fructification *f*; **~ˌblase** *f anat.* poche *f* des eaux; *sc.* cavité *f* amniotique; **~bonˌbon** *m, n* bonbon *m* aux fruits; **2ˌbringend** *adjt. fig.* fructueux, -euse.
Frücht|chen ['frʏçtçən] *n* ⟨~s; ~⟩ *fig. u. iron.* F **ein nettes, sauberes ~** un mauvais sujet; une mauvaise graine; un joli moineau; un vaurien; **~eˌbrot** *n* gâteau *m* aux fruits séchés.
Frucht|eis ['frʊxtʔaɪs] *n* glace *f* aux fruits; **2en** *v/i.* ⟨-ete, h⟩ *fig.* porter des fruits; servir; être fructueux, -euse; **nichts ~** ne pas porter de fruits, ne servir à rien, rester infructueux (**bei j-m** auprès de *od.* chez qn.); **~eˌssenz** *f chim.* essence *f* de fruits; **~fleisch** *n bot.* pulpe *f*; chair *f*; **~ˌfolge** *f agr.* assolement *m*; **~geˌhäuse** *n cf.* **~wand**; **~geˌschmack** *m* goût *m* de fruit(s); **mit ~** fruité; **~holz** *n an Obstbäumen* branche(s) fruitière(s); **2ig** *adj. Wein* fruité; **~ˌkapsel** *f bot.* capsule *f*; **~ˌknoten** *m bot.* ovaire *m*; **~ˌkörper** *m e-s Pilzes* carpophore *m*; **2los** *adj.* dépourvu de fruits; sans fruits; *fig.* infructueux, -euse; stérile; **~ˌlosigˌkeit** *f* ⟨~⟩ *fig.* stérilité *f*; inutilité *f*; **~ˌpresse** *f* presse-fruits *m*; pressoir *m*; **~saft** *m* jus *m* de fruits; **~saˌlat** *m cuis.* salade *f*, macédoine *f* de fruits; **~ˌsäure** *f chim.* acide contenu dans les fruits; **~ˌschale** *f* **1.** *Gefäß* coupe *f* à fruits; **2.** *bot.* peau *f*; pelure *f*; **~ˌsirup** *m* sirop *m* de fruits; **2ˌtragend** *adjt. bot.* fructifère; frugifère; **~wand** *f bot.* péricarpe *m*; **~ˌwasser** *n* ⟨~s⟩ *anat.* liquide *m* amniotique; **~ˌwechsel** *m cf.* **~folge**; **~ˌzucker** *m chim.* fructose *m*; lévulose *m*.
frugal [fruˑ'gaːl] *adj.* frugal; **2i'tät** *f* ⟨~⟩ frugalité *f*.
früh [fryː] **1.** *adj.* **a)** (*frühzeitig*) *Obst etc., Jahreszeit* précoce; (*vorzeitig*) prématuré; **trotz der ~en Stunde** malgré l'heure matinale; **am ~en Morgen** de bon, de grand matin; au petit matin; tôt le matin; **ein ~er Winter** un hiver précoce; **in s-r ~en Jugend** dans sa prime jeunesse; **sein ~er Tod** sa mort prématurée; **das ist mir zu ~** c'est trop tôt pour moi; **b)** (*anfänglich*) les débuts de; à ses débuts; des débuts (de); **das ~e Mittelalter** les débuts du Moyen Âge; **das ~e Altertum** la haute Antiquité; **der ~e Goethe** (le) Gœthe des débuts; Gœthe à ses débuts; **die ~en Werke e-s Künstlers** les œuvres de(s) début(s) d'un artiste; **2.** *adv.* de bonne heure; tôt; **ziemlich ~** assez

tôt; so ~ wie möglich le plus tôt possible; zehn Minuten zu ~ dix minutes trop tôt; ~ am Abend le soir de bonne heure; heute ~ ce matin; morgen ~ demain matin; ~ um fünf Uhr à cinq heures du matin; von ~ bis spät du matin au soir; ~ aufstehen se lever de bonne heure, tôt; *als Gewohnheit auch* être matinal; ~ heiraten se marier tôt, de bonne heure; sie wurde ~ Witwe elle a été veuve de bonne heure; *cf. auch* früher *u.* frühest.

Früh|apfel ['fry:ˌʔapfəl] *m* pomme 'hâtive, précoce; **~auf** *adv.* von ~ depuis, dès l'enfance, le plus jeune âge; **~aufˌsteher(in)** *m* ⟨~s; ~⟩ *(f)* ⟨~; ~nen⟩ homme, femme matinal(e); **~beet** *n jard.* couche *f*; **~beetˌfenster** *n jard.* châssis *m*; **~beˌhandlung** *f méd.* traitement appliqué assez tôt; **~ˌbirne** *f* poire 'hâtive, précoce; **~ˌchristlich** *adj.* des débuts du christianisme; **~diaˌgnose** *f méd.* diagnostic fait assez tôt; **~e** *f* ⟨~⟩ matin *m*; in der ~ de bonne heure; de bon matin; in aller ~ de grand matin; de très bonne heure; **~er 1.** *adj.* ancien, -nne; in ~en Zeiten autrefois; **2.** *adv.* *(eher)* plus tôt; *(einst)* autrefois; jadis; *bei Namensänderung* anciennement; ich war ~ einmal dort j'y suis déjà allé il y a (bien) longtemps; ~ oder später tôt ou tard; je ~, desto besser le plus tôt sera le mieux; **~est 1.** *adj.* am ~en Morgen de très bon matin; das ~e Stadium e-r Sache les tous débuts de qc.; **2.** *adv.* am ~en le plus tôt; **~estens** *adv.* au plus tôt; **~geˌburt** *f* accouchement prématuré, avant terme; *Kind* prématuré *m*; enfant né avant terme; **~geˌmüse** *n* primeurs *f/pl.*; **~geˌschichte** *f* protohistoire *f*; **~geˌschichtlich** *adj.* protohistorique; **~ˌgotik** *f* style ogival primaire; **~ˌgotisch** *adj.* de style ogival primaire; **~ˌgottesˌdienst** *m* premier service religieux, divin; **~gymˌnastik** *f* gymnastique matinale; **~jahr** *n* printemps *m*; **~jahrsbeˌstellung** *f agr.* culture *f* de printemps; **~jahrsgeˌschäft** *n* affaires *f/pl.* au printemps; **~jahrskollekˌtiˌon** *f Mode* collection *f* de printemps; **~jahrsˌmesse** *f* foire *f* de printemps; **~jahrsˌmode** *f* mode *f* de printemps; **~jahrsˌmüdigˌkeit** *f* fatigue *f* de printemps; **~jahrsˌputz** *m* nettoyage *m* de printemps; **~jahrs-ˌTagund'nachtˌgleiche** *f* équinoxe *m* de printemps; **~karˌtoffel** *f* pomme de terre 'hâtive, précoce; **~ˌkirsche** *f* cerise 'hâtive, précoce; **~konˌzert** *n* concert matinal.

Frühling ['fry:lɪŋ] *m* ⟨~s; ~e⟩ printemps *m*; **~sˌanfang** *m* début *m*, commencement *m* du printemps; **~sˌblume** *f* fleur *f* de printemps; **~sˌfest** *n* fête *f* de printemps; **~sˌhaft** *adj.* printanier, -ière *(auch fig.)*; **~sˌlied** *n* chanson *f*, chant *m* sur le printemps; **~sˌluft** *f* air printanier; **~sˌmäßig** *adj. cf.* ~shaft; **~sˌmonat** *m* mois *m* du printemps; **~sˌmorgen** *m* matin(ée) *m (f)* de printemps; **~sˌpunkt** *m astr.* point vernal; **~sˌtag** *m* jour(née) *m (f)* de printemps; **~sˌwetter** *n* temps printanier; **~sˌzeit** *f* printemps *m*.

Früh|messe ['fry:ˌmɛsə] *f relig. cath.* première messe; **~'morgens** *adv.* de bon, grand matin; **~ˌnebel** *m* brume matinale; brouillard matinal; **~obst** *n* fruits 'hâtifs, précoces; primeurs *f/pl.*; **~reif** *adj. Obst etc.* 'hâtif, -ive; précoce; *Kind* précoce; **~ˌreife** *f* précocité *f*; **~schicht** *f* équipe *f* du matin; **~ˌschoppen** *m etwa* apéritif *m*; F apéro *m*; **~sport** *m* sport matinal; **~ˌstadium** *n meist méd.* débuts *m/pl.*; premier stade; **~start** *m Sport cf.* Fehlstart; **~stück** *n* petit déjeuner; *bes. zum Mitnehmen* F casse-croûte *m*; **~ˌstücken** *v/t. u. v/i.* ⟨h⟩ prendre son petit déjeuner; *Arbeiter, Handwerker* F casser la croûte; etw. ~ manger qc. au petit déjeuner; **~stücksˌzeit** *f* heure *f* du petit déjeuner *bzw.* du casse-croûte; **~ˌzeitig 1.** *adj.* précoce; prématuré; fait assez tôt; *cf. auch* früh a); **2.** *adv.* tôt; de bonne heure; **~ˌzeitigˌkeit** *f* ⟨~⟩ précocité *f*; **~ˌzündung** *f mot.* avance *f* à l'allumage.

Frukt|ifikation [fruktiˑfiˑkatsiˑ'o:n] *f* ⟨~; ~en⟩ *cf.* Fruchtbildung; **~ose** [-'to:zə] *f* ⟨~⟩ *cf.* Fruchtzucker.

Frustr|ation [frustratsiˑ'o:n] *f* ⟨~; ~en⟩ *psych.* frustration *f*; **~ieren** [-'tri:-] *v/t.* ⟨*pas de ge-*, h⟩ frustrer.

F-Schlüssel ['ɛfˌʃlʏsəl] *m mus.* clef *od.* clé *f* de fa.

Fuchs [fuks] *m* ⟨~es; ~̈e⟩ **1.** *zo.* renard *m*; junger ~ *auch* renardeau *m*; Reineke ~ maître Renard; *fig. u.* F alter ~ vieux renard; schlauer ~ rusé compère; ein schlauer ~ sein être rusé comme un renard; wo ~ und Hase sich gute Nacht sagen au bout du monde; **2.** F *(rothaariger Mensch)* rouquin *m*; **3.** *Pferd* alezan *m*; **4.** *Schmetterling* Großer, Kleiner ~ grande, petite tortue; **5.** *e-r stud. Verbindung* étudiant *m* de corporation de première année; **6.** *(Rauchkanal)* carneau *m*; **7.** *Billard* raccroc [-o] *m*; **8.** *Sternbild* Renard *m*; **~bau** *m* ⟨~(e)s; ~e⟩ tanière *f*, terrier *m* du renard; renardière *f*.

Füchschen ['fʏksçən] *n* ⟨~s; ~⟩ renardeau *m*.

fuchsen ['fuksən] *v/imp.* ⟨-(es)t, h⟩ F es fuchst mich (, daß ...) ça m'agace (de ...).

Fuchsfalle ['fuksˌfalə] *f* piège *m* à renard.

Fuchsie ['fuksiˑə] *f* ⟨~; ~n⟩ *bot.* fuchsia [fuksja, fyʃja] *m*.

fuchsig ['fuksɪç] *adj.* **1.** *Haar* roux, rousse; *péj.* rouquin; **2.** F *(ärgerlich)* fâché; en colère; furieux, -euse; ~ werden se fâcher; se mettre en colère; devenir furieux.

Fuchsin [fu'ksi:n] *n* ⟨~s⟩ *chim.* fuchsine *f*.

Füchsin ['fʏksɪn] *f* ⟨~; ~nen⟩ *zo.* renarde *f*.

Fuchsjagd ['fuksja:kt] *f* chasse *f* au renard.

Füchslein ['fʏkslaɪn] *n* ⟨~s; ~⟩ renardeau *m*.

Fuchs|major ['fuksmaˌjo:r] *m e-r stud. Verbindung* étudiant *m* qui s'occupe des nouveaux de la corporation; **~pelz** *m* renard *m*; **~rot** *adj. cf.* fuchsig 1.; **~schwanz** *m* **1.** queue *f* de renard; **2.** *bot. Grasart* vulpin *m*; queue-de-renard *f*; *Zierpflanze* amarante *f*; queue-de-renard *f*; **3.** *Säge* (scie *f*) égoïne *f*; **~ˌstute** *f* jument alezane; **~('teufels)'wild** F *adj.* furieux, -euse; furibond; ~ werden *auch* se fâcher tout rouge; sortir de ses gonds; ~ sein *auch* voir rouge.

Fuchtel ['fuxtəl] *f* ⟨~; ~n⟩ F unter j-s ~ stehen être sous la coupe, férule de qn.; j-n unter s-r ~ haben avoir qn. sous sa coupe, férule; **~n** *v/i.* ⟨-(e)le, h⟩ mit den Armen *etc.* ~ gesticuler avec, agiter les bras, *etc.*

fuchtig ['fuxtɪç] *adj.* F *cf.* fuchs(teufels)wild.

Fuffziger ['fuftsɪgər] F *m* ⟨~s; ~⟩ pièce *f* de cinquante pfennigs; *fig.* falscher ~ *(unaufrichtige Person)* faux jeton.

Fug [fu:k] *m* mit ~ und Recht à bon droit.

Fugato [fuˑ'ga:toˑ] *n* ⟨~s; ~s *od.* -ti⟩ *mus.* fugato *m*.

Fuge ['fu:gə] *f* ⟨~; ~n⟩ **1.** *techn., bât.* joint *m*; aus den ~n gehen se disjoindre; se déboîter; se disloquer *(auch fig.)*; *fig.* se désagréger; **2.** *mus.* fugue *f*; in Form e-r ~ fugué.

fügen ['fy:gən] **I** *v/t. u. v/imp.* ⟨h⟩ der Zufall *etc.* hat es so gefügt le hasard, *etc.* en a décidé ainsi; es fügt sich, daß ... il se trouve que ...; **II** *v/réfl.* sich in sein Schicksal ~ se soumettre, se résigner à son sort; s'incliner devant le sort; sich ins Unvermeidliche ~ *auch* se faire une raison; sich in die Umstände ~ *auch* se prêter aux circonstances; man muß sich dar(e)in ~ il faut s'y faire; sich e-m Befehl *etc.* ~ se soumettre, se plier, se conformer à un ordre, *etc.*; *abs.* s'exécuter.

fugen|dicht ['fu:gənˌdɪçt] *adj. techn.* jointif, -ive; **~ˌkelle** *f der Maurer* fiche *f* à dents; **~ˌlos** *adj.* sans joints; **~ˌstil** *m mus.* style fugué.

füg|lich ['fy:klɪç] *adv.* avec raison; en toute justice; décemment; très bien; **~sam** *adj.* souple; docile; facile; **~samˌkeit** *f* ⟨~⟩ docilité *f*; souplesse *f*; **~ung** *f* ⟨~; ~en⟩ 'hasard providentiel; décret *m*, décision *f* du destin, de la providence; durch Gottes ~ par la volonté de Dieu.

fühl|bar ['fy:lba:r] **1.** *adj.* sensible; qui se fait sentir; appréciable; notable; deutlich ~ *auch* prononcé; **2.** *adv.* sensiblement; notablement; d'une façon appréciable; sich ~ machen se faire sentir; **~barˌkeit** *f* ⟨~⟩ caractère *m* sensible; **~en I** *v/t.* ⟨h⟩ **1.** *(empfinden)* sentir; *lebhaft* ressentir; j-n etw. ~ lassen faire sentir qc. à qn.; **2.** j-m den Puls ~ tâter le pouls à qn.; *fig.* sonder les intentions de qn.; **II** *v/i. abs.* *(Gefühl haben)* éprouver des sensations; mit j-m ~ sympathiser avec qn.; *fig.* j-m auf den Zahn ~ sonder qn.; faire un sondage *(abs.)*; wer nicht hören will, muß ~ *prov.* quand on n'écoute pas les conseils, on s'instruit à ses dépens; **III** *v/réfl.* sich wohl, verantwortlich *etc.* ~ se sentir bien, responsable (de), *etc.*; sich geschmeichelt, getroffen ~ se sentir flatté, visé; sich als Fachmann *etc.* ~ se prendre pour un expert, *etc.*; *abs.* F sich ~ *(stolz sein)* se sentir fier, -ère; se rengorger; **IV ~en** *n* ⟨~s⟩ *verbal*; **~er** *m* ⟨~s; ~⟩ *von Insekten* antenne *f*; *von Weichtieren* tentacule *m*; *fig.* s-e ~ ausstrecken tâter, sonder le terrain; **~erˌlehre** *f Meßinstrument* jauge *f* d'épaisseur; **~ˌhebel** *m Dickenmessung* palpeur *m*; **~horn** *n cf.* ~er; **~ung** *f* ⟨~⟩ contact *m*; mit j-m ~ nehmen se mettre en, entrer en, prendre contact avec qn.; mit j-m ~ haben, die ~ verlieren être en, perdre contact avec qn.; **~ungˌnahme** *f* ⟨~⟩ (prise *f* de) contact *m*; persönliche ~ contact personnel.

fuhr [fu:r] *cf.* fahren.

Fuhr|betrieb ['fu:rbəˌtri:p] *m cf.* Fuhrunternehmen; **~e** *f* ⟨~; ~n⟩ *(Wagenladung) agr.* charretée *f*; e-e ~ Kohlen *etc.* une voiture de charbon, *etc.*

führen ['fy:rən] **I** *v/t.* ⟨h⟩ **1.** mener; conduire; guider; *Fahrzeug* conduire; *Schiff, Flugzeug* piloter; *techn. durch Schiene etc.* guider; *Leitung* Strom ~ conduire le courant; *Sport* den Ball ~ conduire la balle; *Fluß* Eis *etc.* ~ charrier des glaçons, *etc.*; Hochwasser ~

être en crue; j-n bei *od.* an der Hand ~ mener qn. par la main; j-m die Hand ~ guider la main de qn.; j-n in den Garten ~ conduire qn. dans le jardin; e-n Fremden, e-n Blinden ~ guider un étranger, un aveugle; etw. zum Mund ~ porter qc. à sa bouche; s-e Papiere *etc.* mit sich ~ avoir, porter ses papiers, *etc.* sur soi; *fig.* j-n zum Altar ~ conduire qn. à l'autel; j-m etw. vor Augen ~ mettre en évidence, montrer qc. à qn.; etwas im Schilde ~ avoir des desseins cachés; méditer un coup; j-n in Versuchung ~ tenter qn.; induire qn. en tentation; *relig.* führe uns nicht in Versuchung ne nous laissez pas succomber à la tentation; ein Wort ständig im Munde ~ avoir toujours un mot à la bouche; **2.** (*leiten, befehligen*) diriger; conduire; *milit. auch* commander; *Unternehmen auch* gérer; *fig.* das Regiment ~ être le chef; *von e-r Frau* porter la culotte; **3.** *Verhandlungen, Feldzug, Untersuchung* mener; *Bücher, Tagebuch, Kasse, Haushalt etc.* tenir; *comm. e-n Artikel* tenir; vendre; *Hieb, Stoß etc., Namen, Titel* porter; *Degen, Feder etc.* manier; sein Amt ~ remplir, exercer sa *od.* ses fonction(s); die Aufsicht ~ surveiller (über j-n, etw. qn., qc.); *abs.* être de surveillance, de garde; den Beweis ~ faire, fournir la preuve; e-e glückliche Ehe ~ être heureux, -euse en ménage; e-e Flagge ~ battre pavillon; arborer un pavillon; die Geschäfte ~ gérer les affaires; ein Gespräch ~ *cf.* Gespräch 1.; Klage ~ se plaindre (über de); Krieg ~ faire la guerre (gegen à); ein angenehmes *etc.* Leben ~ mener une vie agréable, *etc.*; den Oberbefehl ~ avoir le commandement suprême; das Protokoll ~ rédiger, tenir le procès-verbal; e-n Prozeß ~ être en procès (gegen j-n avec qn.); beleidigende *etc.* Reden ~ tenir des propos insultants, *etc.*; e-e gewandte Sprache ~ parler d'une façon aisée; den Vorsitz ~ présider (über, bei qc.); das große Wort ~ mener la conversation; parler en maître; **II** *v/i.* mener, conduire (nach, zu à); zu etw. ~ aboutir à qc.; *Sport* (mit 1:0, mit zwei Längen) ~ mener (par un à zéro, de deux longueurs); *Straße etc.* durch etw. ~ traverser qc.; das führt zu nichts cela ne mène à rien; wohin soll das noch ~? où cela va-t-il encore nous mener, conduire?; alle Wege ~ nach Rom *prov.* tous les chemins mènent à Rome *prov.*; **III** *v/réfl.* sich (gut, schlecht) ~ se conduire (bien, mal); **IV** ≈ *n* ⟨~s⟩ *cf.* Führung; **~d** *adjt.* qui mène, est à la tête; (*leitend*) dirigeant; *Unternehmen etc.* prédominant; *Politiker etc.* éminent.

Führer ['fyːrər] *m* ⟨~s; ~⟩ **1.** *e-s Fahrzeuges* conducteur *m*; *cf. auch* Fahrer; **2.** *e-r Gruppe etc.* chef *m*; dirigeant *m*; *pol. auch* leader [lidœːr] *m*; **3.** *für Fremde* guide *m* (*Person u. Buch*); **4.** *mus. e-r Fuge* sujet *m*; **~ˌeigenˌschaften** *f/pl.* qualités *f/pl.* de chef; **~ˌhaus** *n e-s Lastwagens, Krans etc.* cabine *f* du conducteur; **~in** *f* ⟨~; ~nen⟩ **1.** *e-s Fahrzeuges* conductrice *f*; **2.** *e-r Gruppe etc.* dirigeante *f*; *von Pfadfinderinnen* cheftaine *f*; **~kaˌbine** *f cf.* ~haus; **~ˌkanzel** *f cf.* ~raum; **≈ˌlos** *adj. Fahrzeug* sans conducteur; *Flugzeug* sans pilote; *Personen* sans guide; *Land, Gruppe etc.* sans chef; **~naˌtur** *f* caractère *m* de chef; chef né; **~prinˌzip** *n* principe *m* autoritaire; **~ˌraum** *m aviat.* poste *m*, cabine *f* de pilotage; **~ˌschaft** *f* ⟨~⟩ conduite *f*; direction *f*; *milit.* commandement *m*; *coll.* chefs *m/pl.*; dirigeants *m/pl.*; leaders [lidœːr] *m/pl.*; **~ˌschein** *m* permis *m* de conduire; j-m den ~ entziehen retirer le permis de conduire à qn.; F s-n ~ machen passer son permis (de conduire); **~scheinentˌzug** *m* retrait *m* du permis de conduire; **~ˌsitz** *m* siège *m* du conducteur; **~ˌstand** *m e-r Lokomotive etc.* poste *m* de mécanicien, de commande, de manœuvre; **~ˌstellung** *f* position *f* de chef.

Fuhr|geld ['fuːrgɛlt] *n*, **~lohn** *m* frais *m/pl.* de voiturage; factage *m*; **~mann** *m* ⟨~(e)s; ≈er *od.* -leute⟩ **1.** voiturier *m*; **2.** ⟨*pas de pl.*⟩ *astr.* Cocher *m*; **~park** *m* matériel roulant.

Führung ['fyːrʊŋ] *f* ⟨~⟩ **1.** *e-s Fahrzeuges* conduite *f*; *e-s Schiffes, Flugzeuges* pilotage *m*; *sonst verbal*; **2.** ⟨*pl.* ~en⟩ *durch ein Museum etc.* visite guidée, accompagnée; **3.** *e-r Gruppe, e-s Betriebes, Staates etc.* direction *f* (*auch coll.*); conduite *f*; *coll.* dirigeants *m/pl.*; *milit.* commandement *m* (*auch coll.*); *e-s Unternehmens auch* gestion *f*; gérance *f*; unter der ~ von sous la conduite, direction de; die ~ übernehmen prendre la direction, *milit.* le commandement; **4.** *Sport* in ~ liegen être en tête; mener; in ~ gehen prendre la tête; **5.** *von Verhandlungen, Geschäften, e-r Untersuchung etc.* conduite *f*; *von Geschäften auch* gestion *f*; gérance *f*; *von Büchern, e-s Haushaltes etc.* tenue *f*; *e-s Titels etc.* port *m*; *sonst verbal*; **6.** *techn.* guide *m*; glissière *f*; guidage *m* (*meist Vorgang*); **7.** (*Verhalten*) conduite *f*.

Führungs|akademie ['fyːrʊŋsˀakadeˑˌmiː] *f milit. in Deutschland* école militaire supérieure; **~ˌanspruch** *m* prétention *f* de diriger; **~ˌband** *n im Lauf e-r Waffe* rayure *f*; **~ˌbolzen** *m techn.* boulon *m* de guidage; **~ˌkräfte** *f/pl.* cadres *m/pl.*; **~ˌleiste** *f techn.* barre conductrice, de guidage; **~ˌnute** *f techn.* rainure *f*, gorge *f* de guidage; **~ˌrolle** *f techn.* galet *m*, poulie *f*, rouleau *m* de guidage; *fig.* rôle *m* de dirigeant; **~ˌschicht** *f* classe dirigeante; **~ˌschiene** *f techn.* glissière *f*, rail *m* de guidage; **~ˌspitze** *f e-r Partei etc.* tête (dirigeante); chefs *m/pl.*; **~ˌstab** *m milit. etwa* grand état-major; **~ˌtor** *n Sport* but *m* qui donne l'avantage; **~ˌwalze** *f techn.* cylindre *m*, rouleau *m* de guidage; **~ˌwechsel** *m* changement *m* de dirigeant(s); **~ˌwulst** *m e-s Geschosses* ceinture *f* du projectile; **~ˌzeugnis** *n* certificat *m* de bonne conduite; *polizeiliches* certificat *m* de bonnes vie et mœurs.

Fuhr|unternehmen ['fuːrˀʊntərˌneːmən] *n* entreprise *f* de transport; **~unterˌnehmer** *m* entrepreneur *m* de transport; **~werk** *n* véhicule *m* hippomobile; **≈ˌwerken** F *v/i.* ⟨h⟩ s'agiter; remuer; **~ˌwesen** *n* transports *m/pl.*

Fukose [fuˑ'koːzə] *f* ⟨~⟩ *Zuckerart* fucose *m*.

Fulgurit [fʊlguˑ'riːt, -'rɪt] *m* ⟨~s; ~e⟩ [(*Blitzröhre*) fulgurite *f*.]

Füll|anlage ['fʏlˌˀanlaːgə] *f* installation *f* de remplissage; **~ˌansatz** *m techn.* appendice [-ɛ̃-] *m* de remplissage; **~ˌbleistift** *m* porte-mines *m* (*inv.*).

Fülle ['fʏlə] *f* ⟨~⟩ abondance *f*; profusion *f*; *körperliche* embonpoint *m*; *e-r Stimme, e-s Klanges* ampleur *f*; volume *m*; *der Macht etc.* plénitude *f*; *bibl.* die ~ der Zeit la plénitude des temps; e-e ~ von … une abondance, une profusion de …; in (Hülle und) ~ en abondance; à profusion; à foison; F à gogo; *cf. auch* Füllung **4.**; **≈n I** *v/t.* ⟨h⟩ remplir, emplir (mit de); *Kissen, Polster* rembourrer; *cuis.* farcir; in etw. ~ verser dans qc.; in Fässer ~ mettre en tonneaux, en fûts; entonner; enfutailler; in Flaschen ~ mettre en bouteilles; embouteiller; in Säcke ~ mettre en sacs; ensacher; **II** *v/réfl.* sich ~ se remplir; *Raum auch* se garnir; **III ~n¹** *n* ⟨~s⟩ *cf.* Füllung 1.

Füllen² ['fʏlən] *n* ⟨~s; ~⟩ **1.** *cf.* Fohlen; **2.** ⟨*pas de pl.*⟩ *Sternbild* Petit Cheval.

Füll|er ['fʏlər] *m* ⟨~s; ~⟩ *cf.* ~federhalter; **~ˌerde** *f* terre *f* de remplage, de remplissage; **~ˌfederˌhalter** *m* ⟨~s; ~⟩ stylo(graphe) *m*; **~geˌwicht** *n* poids *m* au remplissage; **~ˌhalter** *m* ⟨~s; ~⟩ *cf.* ~federhalter; **~halterˌfeder** *f* plume *f* de stylo; **~halterˌtinte** *f* encre *f* à, pour stylo; **~horn** *n poét.* corne *f* d'abondance; **≈ig** *adj.* replet, -ète; rondelet, -tte; **~ˌmasse** *f*, **~materiˌal** *n* masse *f*, matière *f* de remplissage; **~ort** *m mines* accrochage *m*; recette *f* d'encagement; **~sand** *m Gießerei* sable *m* de remplissage; **~sel** *n* ⟨~s; ~⟩ remplissage *m*; **~stoff** *m* matière *f* de remplissage *bzw.* de rembourrage; **~ung** *f* ⟨~; ~en⟩ **1.** remplissage *m*; *in Fässer* entonnage *m*; *in Flaschen* mise *f* en bouteilles; *in Säcke* ensachage *m*; *von Kissen, Polstern* rembourrage *m*; *bât. zwischen Mauern etc.* remplage *m*; **2.** *charp.* panneau *m*; **3.** *e-s Zahnes* obturation *f*; plombage *m* (*auch Plombe*); **4.** *cuis. aus Fleisch etc.* farce *f*; *von Backwaren, Süßigkeiten* intérieur *m*; *oft* crème *f*, liqueur *f*, *etc.*; **~ˌvorrichtung** *f* appareil *m*, dispositif *m* de remplissage; **~wort** *n* ⟨~(e)s; ≈er⟩ *gr.* mot explétif; particule explétive.

fulminant [fʊlmiˑ'nant] *adj. Erfolg* brillant; *Rede* enflammé.

Fumarole [fuˑma'roːlə] *f* ⟨~; ~n⟩ *Vulkan* fumerolle *f*.

Fumarsäure [fuˑ'maːrˌzɔʏrə] *f chim.* acide *m* fumarique.

Fummel|ei [ˌfʊmə'laɪ] *f* ⟨~⟩ F tripotage *m*; trifouillage *m*; **≈n** ['fʊ-] F *v/t. u. v/i.* ⟨-(e)le, h⟩ tripoter (qc.); trifouiller (dans qc.).

Fund [fʊnt] *m* ⟨~(e)s; ~e⟩ objet trouvé; *glücklicher* trouvaille *f*; *von Altertümern* découverte *f*; *jur.* (*Schatz*≈) invention *f*; ~e aus der Vorzeit découvertes de la préhistoire; e-n ~ machen trouver qc.; faire une trouvaille; e-n ~ unterschlagen s'approprier, détourner un objet trouvé.

Fundamen|t [fʊnda'mɛnt] *n* ⟨~(e)s; ~e⟩ *bât.* fondations *f/pl.*; *fig.* fondement *m*; base *f*; **≈'tal 1.** *adj.* fondamental; ~er Rechtsgrundsatz principe fondamental du droit; **2.** *adv.* fondamentalement; **~ta'lismus** *m* ⟨~⟩ *relig.* fondamentalisme *m*; **~'talkataˌlog** *m astr.* catalogue *m* d'étoiles; **~'talˌsatz** *m* principe fondamental; **~'taltheoloˌgie** *f* théologie fondamentale; **~tˌanker** *m zur Befestigung von Maschinen* boulon *m* de fondation; **≈'tieren** *v/t.* ⟨*pas de ge-*, h⟩ faire les fondations (de); **~'tierung** *f* ⟨~⟩ fondation *f*; **~tˌplatte** *f* plaque *f* de fondation, de base.

Fund|büro ['fʊntbyˑˌroː] *n* bureau *m* des objets trouvés; **~ˌdiebstahl** *m* vol *m* d'un objet trouvé; **~ˌgegenstand** *m cf.* Fundsache; **~ˌgrube** *f fig.* mine *f*; das ist e-e wahre ~ c'est une véritable mine de …

fundier|en [fʊn'diːrən] *v/t.* ⟨*pas de ge-*, h⟩ **1.** fonder; **2.** *comm.* consolider; **~t** *adjt.* **1.** gut ~ bien fondé; **2.** *comm.* ~e Schuld dette consolidée; **≈ung** *f* ⟨~;

~en⟩ **1.** fondement *m*; **2.** *comm.* consolidation *f*.

fündig [ˈfʏndɪç] *adj. mines* exploitable; riche; ~ **werden** découvrir (un gisement exploitable).

Fund|ort [ˈfʊntˀɔrt] *m* endroit *m* où un objet a été trouvé; endroit *m* de découverte; **~recht** *n* droit relatif à la découverte d'objets trouvés; (*Schatz*2) droit *m* d'invention; **~ˌsache** *f* objet trouvé; **~ˌstelle** *f cf.* ~ort; **~unterˌschlagung** *f* détournement *m*, appropriation *f* d'objet(s) trouvé(s).

fünf [fʏnf] **I** *adj. num. c.* cinq; **es ist halb ~** il est quatre heures et demie; **zu ~ Prozent** à cinq pour cent; **zu ~t** à cinq; *fig.* **~ gerade sein lassen** ne pas y regarder de trop près; fermer les yeux dessus; **II** 2 *f* ⟨~; ~en⟩ (chiffre *m*) cinq *m*; **e-e ~ in Mathematik geschrieben haben** *etwa* avoir entre 5 et 9 sur 20 en composition de maths; **e-e ~ haben** *auch* n'avoir pas la moyenne; **~ˌaktig** *adj. thé.* en cinq actes; **~aˌtomig** *adj.* pentatomique [pɛ̃-]; **~ˌblättrig** *adj.* à cinq feuilles; *bot.* quinquéfolié; **2eck** *n* ⟨~(e)s; ~e⟩ pentagone [pɛ̃-] *m*; **~ˌeckig** *adj.* pentagonal [pɛ̃-]; pentagone [pɛ̃-]; **~einˈhalb** *adj.* cinq et demi; **2elekˈtrodenˌröhre** *f élect.* pentode [pɛ̃-] *f*; **2er** F *m* ⟨~s; ~⟩ **1.** pièce *f* de cinq pfennigs; **2.** *cf.* 2; **2eralphaˌbet** *n Fernschreiber* alphabet *m* à cinq éléments; **2erkonfeˌrenz** *f pol.* conférence *f* à cinq, des Cinq; **~erˈlei** *adj.* ⟨*inv.*⟩ cinq ... différent(e)s; de cinq sortes, espèces; **~ Typen** cinq types différents; **~fach** *adj.* **die ~e Menge, Größe, der ~e Wert** *etc.* le quintuple; **in ~er Vergrößerung** agrandi, grossi cinq fois; **2ˌfache(s)** *n* ⟨→ A⟩ quintuple *m*; **der Preis hat sich um das ~ erhöht** le prix a quintuplé; **2ˈfingerˌkraut** *n bot.* quintefeuille *f*; potentille rampante; **~ˌfingrig** *adj.* pentadactyle [pɛ̃-]; **~ˌflächig** *adj.* pentaèdre [pɛ̃-]; **2ˈfrankenˌstück** *n* pièce *f* de cinq francs; **~ˌfüßig** *adj. métr.* de cinq pieds; **~er Vers** pentamètre [pɛ̃-] *m*; **~ˌhundert** *adj. num. c.* cinq cents; **2ˈjahresˌplan** *m écon.* plan quinquennal; **~ˌjährig** *adj.* (âgé) de cinq ans; qui dure cinq ans; **~ˌjährlich** *adj.* qui revient, qui a lieu tous les cinq ans; **2kampf** *m Sport* pentathlon [pɛ̃-] *m*; **2ˌlinge** *m/pl.* quintuplé(e)s *m (f)/pl.*; **~mal** *adv.* cinq fois; **~ˌmalig** *adj.* répété cinq fois; **2ˈmarkschein** *m* billet *m* de cinq marks; **2ˈmarkstück** *n* pièce *f* de cinq marks; **2paß** *m* ⟨-sses; -sse⟩ *Maßwerk* quintefeuille *f*; cinq-feuille *m* (*inv.*); **2ˈpfennigˌstück** *n* pièce *f* de cinq pfennigs; **2polˌröhre** *f élect.* pentode [pɛ̃-] *f*; **~proˌzentig** *adj.* à cinq pour cent; **2proˈzentˌklausel** *f pol. in Deutschland* clause *f* des cinq pour cent; **2ˈröhrenˌsuper** *m rad.* récepteur *m* superhétérodyne à cinq lampes; **~ˌsaitig** *adj. mus.* à cinq cordes; **2satzˌkampf** *m Tennis* match *m* en cinq sets; **~ˌseitig** *adj.* **1.** de cinq pages; **2.** à cinq côtés; **~ˌsilbig** *adj.* pentasyllabe [pɛ̃-]; **~ˌsitzig** *adj.* à cinq places; **~ˌsprachig** *adj.* en cinq langues; pentaglotte [pɛ̃-]; **~ˌstellig** *adj.* de *od.* à cinq chiffres; **~ˌstimmig** *adj.* à cinq voix, parties; **~ˌstöckig** *adj.* à cinq étages; **2ˈstromland** *n* ⟨~(e)s⟩ **das ~** le Pendjab; **~ˌstündig** *adj.* de cinq heures; **~t** *adv. cf.* ~; **2ˈtageˌfieber** *n méd.* fièvre *f* quintane; **2ˈtageˌwoche** *f* semaine *f* de cinq jours; **~ˌtägig** *adj.* de cinq jours; **~ˌtausend** *adj. num. c.* cinq mille; **~te** *adj. num. o.* cinquième; **~s Kapitel** *auch* chapitre cinq; **am ~n, den ~n, der ~ Dezember** le cinq décembre; **Philipp der 2** (V.) Philippe V [sɛ̃k]; **Karl der 2** (V.) Charles Quint; *fig. u.* F **das ~ Rad am Wagen sein** être de trop; être la cinquième roue du carrosse; **~ˌteilig** *adj.* en cinq pièces, parties; **2tel** *n* ⟨~s; ~⟩ cinquième *m*; cinquième partie *f*; **~tens** *adv.* cinquièmement; en cinquième lieu; **~ˌtürig** *adj. Auto* à cinq portes; **2ˈuhrtee** *m* five o'clock tea *m*; thé *m* de cinq heures.

fünfund|achtzig [ˈfʏnfˀʊntˈˀaxtsɪç] *adj. num. c.* quatre-vingt-cinq; **~ˈneunzig** *adj. num. c.* quatre-vingt-quinze; **~ˈsiebzig** *adj. num. c.* soixante-quinze; **~ˈzwanzig** *etc. adj. num. c.* vingt-cinq, *etc.*

fünfwertig [ˈfʏnfˌveːrtɪç] *adj. chim.* pentavalent [pɛ̃-].

fünfzehn [ˈfʏnftseːn] **I** *adj. num. c.* quinze; **etwa ~** *auch* une quinzaine; *Tennis* **~ beide** quinze partout; quinze A; **II** 2 *f* ⟨~; ~en⟩ (nombre *m*) quinze *m*; **~ˌjährig** *adj.* (âgé) de quinze ans; qui dure quinze ans; **~ˌstellig** *adj.* de quinze chiffres; **~te** *adj. num. o.* quinzième; **am ~n, den ~n, der ~ Mai** le quinze mai; **Ludwig der 2** (XV.) Louis XV [kɛ̃ːz]; **2tel** *n* ⟨~s; ~⟩ quinzième *m*; quinzième partie *f*; **~tens** *adv.* quinzièmement.

fünfzeilig [ˈfʏnfˌtsaɪlɪç] *adj.* de cinq lignes.

fünfzig [ˈfʏnftsɪç] **I** *adj. num. c.* cinquante; **etwa ~** *auch* une cinquantaine; **II** 2 *f* ⟨~; ~en⟩ (nombre *m*) cinquante *m*; **die ~ überschritten haben** avoir dépassé la cinquantaine; **~er I** *adj.* ⟨*inv.*⟩ **in den ~ Jahren** dans les années cinquante; **II 2er(in)** *m* ⟨~s; ~⟩ (*f*) ⟨~; ~nen⟩ **1.** quinquagénaire *m, f*; **in den ~n sein** avoir cinquante ans passés; **2.** *m* (*Fünfzigpfennigstück*) pièce *f* de cinquante pfennigs; **2ˈjahrˌfeier** *f* cinquantenaire *m*; jubilé *m*; **~ˌjährig** *adj.* de cinquante ans; *von Personen auch* quinquagénaire; **~es Jubiläum** cinquantenaire *m*; jubilé *m*; **2ˈmarkschein** *m* billet *m* de cinquante marks; **2ˈpfennigˌstück** *n cf.* 2er 2.; **~ste** *adj. num. o.* cinquantième; **der ~ Geburtstag** le cinquantième anniversaire; **2stel** *n* ⟨~s; ~⟩ cinquantième *m*; cinquantième partie *f*; **~stens** *adv.* cinquantièmement; en cinquantième lieu.

fungieren [fʊŋˈgiːrən] *v/i.* ⟨*pas de ge-*, h⟩ **~ als** faire fonction de; assumer, exercer, remplir les fonctions de.

Funk [fʊŋk] *m* ⟨~s⟩ radio *f*; T.S.F. *f*; **über ~** par radio; **durch ~ übertragen** transmettre par radio; **~amaˌteur** *m* radio-amateur *m*; **~amt** *n* service *m* des radiocommunications; **~ˌanlage** *f* installation *f* (de) radio; **~ˌausstellung** *f* exposition *f* de la radio (et de la télévision); **~ˌbake** *f aviat.* radiobalise *f*; **~bild** *n* radiophoto(graphie) *f*.

Fünkchen [ˈfʏŋkçən] *n* ⟨~s; ~⟩ petite étincelle; *fig.* **kein ~ Verstand** pas un grain de bon sens; *cf. auch* Funke(n).

Funkdienst [ˈfʊŋkdiːnst] *m* service *m* de radio(communication).

Funke(n) [ˈfʊŋkə(n)] *m* ⟨-kens; -ken⟩ étincelle *f* (*auch fig.*); *glühender* flammèche *f*; **elektrischer ~(n)** étincelle électrique; **~n sprühen** jeter des étincelles; *fig.* **kein ~n Wahrheit** pas un mot de vrai; **ein ~n Hoffnung** une lueur, une étincelle d'espoir; **keinen ~n Ehrgefühl haben** n'avoir aucun sens de l'honneur; **keinen ~n Ehrgeiz** pas la moindre ambition.

Funkeinrichtung [ˈfʊŋkˌˀaɪnrɪçtʊŋ] *f cf.* Funkanlage.

funkel|n [ˈfʊŋkəln] **I** *v/i.* ⟨-(e)le, h⟩ *Sterne, Augen, in der Sonne etc.* étinceler; scintiller; **II 2n** *n* ⟨~s⟩ étincellement *m*; scintillement *m*; **~ˈnagelˈneu** *adj.* flambant neuf, neuve.

funken [ˈfʊŋkən] **I** *v/t.* ⟨h⟩ émettre, envoyer, lancer par radio; radiotélégraphier; radiotéléphoner; **II** *v/i. élect.* produire une *od.* des étincelle(s); *fig. u.* F **es hat gefunkt** il, elle a compris, F pigé; **III 2¹** *n* ⟨~s⟩ **1.** émission *f*, envoi *m* par radio; **2.** formation *f* d'étincelle(s); **2²** *m* ⟨~s; ~⟩ *cf.* Funke(n); **~ˌbildend** *adjt.* formant des étincelles; **2ˌbildung** *f* formation *f* d'étincelle(s); **2entˌladung** *f élect.* décharge *f* avec étincelles; **2erosiˌon** *f techn.* étincelage *m*; **2ˌfänger** *m* ⟨~s; ~⟩ *e-r Lokomotive etc.* pare-étincelles *m*; **2ˌflug** *m* flammèches *f/pl.*; **~ˌfrei** *adj.* sans (lancer d')étincelles; **2inˌduktor** *m élect.* bobine *f* d'induction; **2ˌlänge** *f* longueur *f* d'étincelle; **2ˌlöscher** *m* ⟨~s; ~⟩ extincteur *m* d'étincelles; **2ˌsehen** *n* ⟨~s⟩ *path.* photopsie *f*; **~ˌsprühend** *adjt.* jetant des étincelles; **2ˌstrecke** *f* éclateur *m*.

Funkentstörung [ˈfʊŋkˀɛntˌʃtøːrʊŋ] *f* antiparasitage *m*; déparasitage *m*.

Funken|überschlag [ˈfʊŋkənˌˀyːbərʃlaːk] *m* jaillissement *m*, éclatement *m* d'étincelle(s); claquage *m*; **~ˌzahl** *f* nombre *m* d'étincelles; **~ˌzündung** *f mot.* allumage *m* par étincelle.

Funker [ˈfʊŋkər] *m* ⟨~s; ~⟩ opérateur *m* radio; radio(télégraphiste) *m*; radio(téléphoniste) *m*.

Funk|fernsprechen [ˈfʊŋkˌfɛrnʃprɛçən] *n* radiotéléphonie *f*; **~ˌfeuer** *n aviat., mar.* radiophare *m*; **~freˌquenz** *f* fréquence *f* de radio; **~geˌrät** *n* poste *m* émetteur-récepteur; **~geˌspräch** *n* conversation *f* radiotéléphonique; **2geˌsteuert** *adjt.* radioguidé; **~haus** *n* maison *f* de la radio; **~lotteˌrie** *f etwa* concours *m* radiophonique; **~mast** *m* pylône *m* de radio; **~ˌmeldung** *f cf.* ~spruch; **~ˌmeßgeˌrät** *n cf.* ~peiler; **~ˌmeßˌtechnik** *f* radiogoniométrie *f*; radar *m*; **~netz** *n* réseau *m* de stations de radio; **~ˌorgel** *f mus.* orgue *m* radiophonique; **~ˌortung** *f* radiorepérage *m*; **~ˌpeiler** *m* radiogoniomètre *m*; **~ˌpeilstelle** *f* station *f* radiogoniométrique; **~ˌpeilung** *f* radiorepérage *m*; repérage *m* par radar; relèvement *m* radiogoniométrique; **~ˌsendung** *f* émission *f*, envoi *m* par radio; **~siˌgnal** *n* signal *m* radio(électrique); **~ˌsonde** *f* radiosonde *f*; **~ˌsprechgeˌrät** *n* appareil *m* radio(télé)phonique; **~ˌsprechverˌbindung** *f* liaison *f* radio(téléphonique; **~ˌsprechverˌkehr** *m* (communications *f/pl.* par) radio(télé)phonie *f*; **~spruch** *m* message *m* radio; radio(télégramme) *m*; radiogramme *m*; **j-n durch ~ benachrichtigen** aviser qn. par radio; **~statiˌon** *f*, **~ˌstelle** *f* station *f* (de) radio(communication); **~ˌsteuerung** *f* radioguidage *m*; **~ˌstille** *f* silence *m* en T.S.F.; silence *m* radio; **~ˌstörung** *f* perturbation *f* radioélectrique; **~ˌstreife** *f* policiers *m/pl.* en voiture radio, en patrouille équipés de la radio; **~ˌstreifenˌwagen** *m* voiture *f* radio de la police; **~ˌtechnik** *f* radiotechnique *f*; **~ˌtechniker** *m* radiotechnicien *m*; **~teleˌgramm** *n cf.* ~spruch; **~telegraˌphie** *f* radiotélégraphie *f*; T.S.F. *f*; **2teleˌgraphisch** *adj.* radiotélégraphique; **~telephoˌnie** *f* radiotéléphonie *f*; **2teleˌphonisch** *adj.* radiotéléphonique.

Funktion [fʊŋktsiˈoːn] *f* ⟨~; ~en⟩ fonction *f* (*auch math., biol., philos.,* *gr.*); in ~ treten entrer en fonction; richterliche ~en ausüben exercer les fonctions de juge; beratende ~ fonction consultative; *math.* abgeleitete ~ fonction dérivée; **~aldetermiˌnante** [-ˈnɑːl-] *f math.* déterminant fonctionnel; jacobien *m*; **~är** [-ˈnɛːr] *m* ⟨~s; ~e⟩ *e-r Partei, Gewerkschaft etc.* responsable *m*; permanent *m*; *e-s Sportverbandes auch* directeur sportif; **≈ell** [-ˈnɛl] *adj.* fonctionnel, -lle; *chim.* ~e Gruppen groupements fonctionnels; *path.* ~es Leiden trouble fonctionnel; **≈ieren** [-ˈniː-] **I** *v/i.* ⟨*pas de ge-*, h⟩ fonctionner; marcher; **II ~ieren** [-ˈniː-] *n* ⟨~s⟩ fonctionnement *m*; marche *f*; **≈sˌfähig** *adj.* capable de fonctionner; **~sˌstörung** *f path.* trouble fonctionnel; **≈sˌunfähig** *adj.* incapable de fonctionner.

Funk|turm [ˈfuŋkturm] *m* tour émettrice de radio; **~verˌbindung** *f* liaison *f* radio; radiocommunication *f*; **~verˌkehr** *m* radiocommunications *f/pl.*; **~ˌwagen** *m cf.* Funkstreifenwagen; **~ˌwerbung** *f* publicité *f* par la radio; **~ˌwesen** *n* radio *f*; **~ˌwetterˌdienst** *m* service *m* météorologique de la radio; **~ˌzeitung** *f* hebdomadaire *m* des programmes de radio.

Funzel [ˈfuntsəl] *f* ⟨~; ~n⟩ *péj. u.* F (*Lampe*) P loupiote *f*.

für [fyːr] *prép.* ⟨*acc.*⟩ *allg.* pour; *nach gewissen Substantiven u. Verben* de *bzw.* à *od. unübersetzt*; (*zugunsten*) en faveur de; (*als Ersatz* ~) en échange de; (*was betrifft*) quant à; meinen besten Dank ~ ... mes meilleurs remerciements pour ...; Bücher ~ die Jugend livres pour la jeunesse, à l'usage de la jeunesse; Bewunderung ~ j-n hegen avoir de l'admiration pour qn.; ~ j-n Vorbild sein être un exemple pour qn.; Sinn ~ Schönheit haben avoir le sens du beau; das ist ~ dich c'est pour toi; das gilt auch ~ dich cela vaut également pour toi; das ist ein Beweis ~ s-e Güte *etc.* c'est une preuve de sa bonté, *etc.*; das spricht ~ dich cela parle en ta faveur; ~ moderne Kunst *etc.* sein être pour l'art moderne, *etc.*; etw. ~ j-n tun faire qc. pour qn.; ~ j-n einspringen remplacer qn.; ~ j-n unterschreiben signer pour qn.; j-n ~ s-e Dienste bezahlen payer les services de qn.; er ißt ~ drei il mange comme quatre; gib mir ~ dieses Buch ein anderes donne-moi un livre en échange de celui-ci; en échange de ce livre donne-m'en un autre; ~ Geld arbeiten travailler pour de l'argent; etw. ~ acht Mark kaufen acheter qc. (pour) 'huit marks; ~ dieses Geld (hätte man ...) pour ce prix, à ce prix (on aurait ...); ~ sein Alter pour son âge; das gehört sich ~ ein junges Mädchen nicht ce n'est pas un comportement pour une *od.* de jeune fille; ~ immer pour toujours; à jamais; ~ ein Jahr pour un an; ~s erste pour le moment; provisoirement; ein ~ allemal une fois pour toutes; une bonne fois; ich ~ meine Person quant à moi; pour ma part; en ce qui me concerne; ich möchte ~ mein Leben gern ... je donnerais tout ce que je possède pour ...; j'ai une folle envie de ...; ~ sich gewinnen gagner à soi; ~ sich leben, bleiben vivre, rester seul; das ist e-e Gruppe ~ sich c'est un groupe à part; das ist e-e Sache ~ sich c'est une chose à part; c'est une autre affaire; das hat etwas, viel ~ sich cela a un, beaucoup d'avantage(s); an und ~ sich au fond; was ~ ein(e) quel, -lle; quel genre (de); quelle espèce, sorte (de); was sind das ~ Äpfel? quelle sorte de pommes avez-vous là?; was ~ Wünsche er auch haben mag quels que puissent être ses désirs; Wort ~ Wort mot à mot; (*wörtlich*) mot pour mot; Tag ~ Tag jour après jour; chaque jour; tous les jours; Punkt ~ Punkt point par point; das ≈ und Wider le pour et le contre; *cf. auch die betreffenden Verben, Substantive u. Adjektive.*

Furan [fuˑˈrɑːn] *n* ⟨~s⟩ *chim.* furanne *m*.

Fürbitte [ˈfyːrˌbɪtə] *f* intercession *f*; bei j-m ~ einlegen (für) intercéder auprès de qn. (pour); durch die ~ von par l'intercession de; **≈n** *v/i.* ⟨*nur inf.*⟩ intercéder; **~r** *m* ⟨~s; ~⟩ intercesseur *m*.

Furch|e [ˈfurçə] *f* ⟨~; ~n⟩ *agr.* sillon *m* (*auch fig. im Gesicht u. Gehirn*≈); ~n ziehen tracer des sillons; **≈enˌartig**, **≈enˌförmig** *adj.* en forme de sillon(s); *sc.* sulciforme; **~enˌwal** *m cf.* Finnwal; **≈ig** *adj.* sillonné.

Furcht [furçt] *f* ⟨~⟩ crainte *f* (vor de); peur *f* (de); appréhension *f* (de qc.); ~ vor j-m haben craindre qn.; ~ haben avoir peur; ~ einflößen inspirer de la crainte (à); faire peur (à); vor ~ erblassen pâlir de peur; aus ~ vor Strafe par crainte du châtiment, de la punition; aus ~, daß ... de crainte, de peur de ... (+ *inf.*) *od.* que ... (+ *subj.*); in ~ geraten s'effrayer; être saisi de crainte; alles in ~ und Schrecken versetzen jeter partout la crainte et l'effroi; ohne ~ und Tadel sans peur et sans reproche; **≈bar** **1.** *adj.* terrible; effrayant; effroyable; épouvantable; horrible; affreux, -euse; ~e Angst peur terrible; ein ~es Kind un enfant terrible, insupportable; das ist ja ~! mais c'est terrible, affreux, épouvantable, *etc.*!; ein ~er Schlag un coup terrible, formidable; e-n ~en Schrecken einjagen donner, F flanquer une peur affreuse, terrible; wie ~! comme c'est terrible, *etc.*!; das ≈ste ist ... le plus terrible c'est ...; **2.** *adv.* terriblement; effroyablement; épouvantablement; horriblement; affreusement; d'une manière, d'une façon terrible, *etc.*; ~ kalt horriblement froid; ~ schwierig terriblement difficile; er ist ~ ängstlich il est terriblement peureux; F ~ blöd bête à faire peur; das ist ~ einfach c'est tout ce qu'il y a de plus simple; sie ist ~ häßlich elle est affreusement laide; F ich habe mich ~ gefreut ça a été pour moi une joie formidable; sich ~ langweilen *auch* s'ennuyer à mourir; **~barˌkeit** *f* ⟨~⟩ horreur *f*; caractère effrayant, effroyable, épouvantable, horrible; **≈ˌeinflößend** *adjt.* qui fait peur; qui effraie.

fürchten [ˈfyrçtən] **I** *v/t.* ⟨-ete, h⟩ craindre; appréhender (qc.); *pfort.* redouter; den Tod, Gott *etc.* ~ craindre la mort, Dieu, *etc.*; fürchte nichts! ne crains rien!; ich fürchte, dich enttäuschen zu müssen je crains de devoir te décevoir; ich fürchte, es ist zu spät *od.* daß es zu spät ist je crains qu'il (ne) soit trop tard; ich fürchte, ich habe ... je crains d'avoir ...; ich fürchte, er hat ... je crains qu'il (n')ait ...; **II** *v/réfl.* sich ~ avoir peur (vor de); craindre, redouter (qc.); wovor ~ Sie sich? de quoi avez-vous peur?; que craignez-vous?; sich ~, etw. zu tun avoir peur de faire qc.; sie fürchtet sich vor Gewittern elle a peur des orages; elle craint les orages; sich vor nichts ~ n'avoir peur de rien; **III** ≈ *n* ⟨~s⟩ *cf.* Furcht.

fürchterlich [ˈfyrçtərˌlɪç] *adj. cf.* furchtbar.

furcht|erregend [ˈfurçtˀɛrˌreːgənt] *adjt. cf.* furchteinflößend; **~los** *adj.* sans crainte; sans peur; qui n'a pas peur; **≈ˌlosigˌkeit** *f* ⟨~⟩ *verbal*; **~sam** *adj.* craintif, -ive; peureux, -euse; **≈samˌkeit** *f* ⟨~⟩ *verbal.*

Furchung [ˈfurçuŋ] *f* ⟨~; ~en⟩ *biol.* segmentation *f*.

füreinander [ˌfyːrˀaɪˈnandər] *adv.* l'un(e) pour l'autre *bzw.* les un(e)s pour les autres.

Furfurol [furˑfuˑˈroːl] *n* ⟨~s⟩ *chim.* furfural *m*.

Furie [ˈfuːriˑə] *f* ⟨~; ~n⟩ furie *f* (*auch fig.*).

furioso [furˑiˑˈoːzoˑ] *adv. mus.* furioso.

Furnier [furˈniːr] *n* ⟨~s; ~e⟩ feuille *f* de placage; **~ˌarbeit** *f* placage *m*; **≈en I** *v/t.* ⟨*pas de ge-*, h⟩ plaquer; *auf beiden Seiten* contre-plaquer; **II ~en** *n* ⟨~s⟩ placage *m*; *auf beiden Seiten* contre-placage *m*; **~ˌholz** *n* bois *m* de placage; **~ˌmesser** *n* couteau *m*, lame *f* pour couper le bois de placage; **~ˌpresse** *f* presse *f* de placage, à plaquer; **~ˌsäge** *f* scie *f* à placage; **~ˌschälmaˌschine** *f* dérouleuse *f* à placage; **~ung** *f* ⟨~; ~en⟩ placage *m*.

Furore [fuˑˈroːreˑ] *f* ⟨~⟩, *n* ⟨~s⟩ ~ machen faire fureur.

Fürsorge [ˈfyːrˌzɔrgə] *f* ⟨~⟩ assistance *f*; aide *f*; secours *m*; soziale ~ aide, assistance sociale; private freie ~ assistance privée; öffentliche ~ assistance publique; zu Lasten der öffentlichen ~ à la charge (de l'assistance) publique; **~ˌamt** *n* bureau *m* d'aide sociale; **~ˌanstalt** *f* maison *f*, hospice *m* de l'aide sociale; **≈beˌrechtigt** *adjt.* qui a droit à l'aide sociale; **~ˌeinrichtung** *f* institution *f* de l'aide sociale; **~emˌpfänger** *m* assisté(e) *m* (*f*) social(e); bénéficiaire *m, f* de l'aide sociale; **~erˌziehung** *f* éducation confiée à l'assistance publique; éducation *f* dans un centre d'enfants secourus; **~geˌsetzgebung** *f* législation *f* de l'aide sociale; **~ˌkasse** *f* caisse *f* d'aide sociale; **~ˌkosten** *pl.* frais *m/pl.* d'aide sociale; **~ˌlast** *f* charge *f* d'aide sociale; **~ˌleistung** *f* prestation *f* d'aide sociale; **~ˌpflicht** *f* devoir *m* d'aide, d'assistance sociale; **~r(in)** *m* ⟨~s; ~⟩ (*f*) ⟨~; ~nen⟩ assistant(e) *m* (*f*) social(e); **~ˌrecht** *n* lois *f/pl.* de l'aide sociale; **≈ˌrisch** *adj.* d(e l)'aide sociale; **~ˌstelle** *f cf.* ~amt; **~ˌwesen** *n* aide, assistance sociale; **~ˌzögling** *m* pupille *m, f* de l'assistance publique.

fürsorglich [ˈfyːrˌzɔrklɪç] **1.** *adj.* plein de sollicitude; qui prend bien soin de; **2.** *adv.* avec sollicitude; **≈ˌkeit** *f* ⟨~⟩ sollicitude *f*.

Für|sprache [ˈfyːrˌʃprɑːxə] *f* intercession *f*; intervention *f*; dank s-r ~ grâce à son intervention, intercession; bei j-m für j-n ~ einlegen intercéder, intervenir en faveur de, pour qn. auprès de qn.; **~ˌsprecher(in)** *m* (*f*) avocat *m*; intercesseur *m*; celui, celle qui intercède; sich zum ~ von j-m machen *auch* intercéder pour qn.

Fürst [fyrst] *m* ⟨~en; ~en⟩ prince *m*; *fig.* leben wie ein ~ vivre en prince; *bibl.* der ~ dieser Welt le prince de ce monde; Satan *m*; **~enfaˌmilie** *f* famille princière; **~engeˌschlecht** *n* race, dynastie princière; **~enˌgruft** *f* caveau *m* des princes; **~enˌkrone** *f* couronne *f* de prince; **~enˌsitz** *m* résidence princière, de prince(s); **~enˌtitel** *m* titre *m* de prince; **~enˌtum** *n* ⟨~(e)s; ~̈er⟩ principauté *f*; **~in** *f* ⟨~; ~nen⟩ princesse *f*; **2lich 1.** *adj.* princier, -ière; de prince; **~es Trinkgeld** pourboire princier; **2.** *adv.* princièrement; comme un prince; en prince; **j-n ~ bewirten, empfangen** traiter, recevoir qn. princièrement; **~ gekleidet** vêtu comme un prince; **~ leben** vivre en prince; **~lichˌkeit** *f* ⟨~; ~en⟩ prince *m*.

Furt [furt] *f* ⟨~; ~en⟩ gué *m*.

Furunk|el [fuˑ'ruŋkəl] *m, n* ⟨~s; ~⟩ *méd.* furoncle *m*; clou *m*; (*Karbunkel*) anthrax *m*; **~u'lose** *f* ⟨~; ~n⟩ *méd.* furonculose *f*.

für|wahr [fyːr'vaːr] *adv.* en vérité; certes; vraiment; **2wort** ['fyːr-] *n* ⟨~(e)s; ~̈er⟩ *gr.* pronom *m*; *adjektivisch gebrauchtes* adjectif *m*.

Furz [furts] V *m* ⟨~es; ~̈e⟩ V pet *m*; **e-n ~ lassen** lâcher, faire un pet; *fig.* **aus e-m ~ e-n Donnerschlag machen** charrier vachement; **2en** V *v/i.* ⟨-(es)t, **h**⟩ V péter.

Fusel ['fuːzəl] *m* ⟨~s; ~⟩ F (*schlechter Branntwein*) tord-boyaux *m*; mauvaise eau-de-vie; **~ˌöl** *n chim.* huiles *f/pl.* de fusel.

Fusion [fuˑziˑ'oːn] *f* ⟨~; ~en⟩ *comm., pol., phys. atom.* fusion *f*; **2ieren** [-'niː-] *v/t.* ⟨*pas de ge-*, **h**⟩ fusionner; **~ierung** [-'niː-] *f* ⟨~⟩ fusionnement *m*; **~sˌabkommen** *n* accord *m* de fusion; **~sener̥ˌgie** *f phys. atom.* énergie *f* de fusion; **~sgeˌsellschaft** *f* nouvelle société (résultant d'une fusion); **~sreaktiˌon** *f phys. atom.* réaction *f* de fusion; **~sreˌaktor** *m phys. atom.* réacteur *m* à fusion; **~sverˌtrag** *m* contrat *m* de fusion.

Fuß [fuːs] *m* ⟨~es; ~̈e⟩ pied *m* (*auch e-s Berges, métr., e-s Bettes etc.*); *von Tieren* patte *f*; *e-r Schiene* semelle *f*; patin *m*; *e-r Säule* base *f*; *zum Hund* **(bei) ~!** derrière!; **von Kopf bis ~** de la tête aux pieds; de pied en cap [-p]; **zu ~ gehen** aller à pied; marcher; **gut zu ~ sein** être (un) bon marcheur; **die Füße abputzen** s'essuyer les pieds; **j-m zu Füßen fallen** se jeter, tomber aux pieds de qn.; **j-n mit Füßen treten** bourrer qn. de coups de pied; *fig.* fouler qn. aux pieds; *fig.* **mit dem linken ~ aufstehen** se lever du pied gauche; **wieder auf die Füße fallen** retomber sur ses pieds (*auch fig.*); *von Katzen etc.* retomber sur ses pattes; **stehenden ~es** de ce pas; sur-le-champ; *fig.* **auf eigenen Füßen stehen** être indépendant; voler de ses propres ailes; **festen ~ fassen** prendre pied; s'établir solidement; **auf freiem ~ sein** être en liberté; **j-n auf freien ~ setzen** (re)mettre qn. en liberté; *jur.* relaxer qn.; **auf schwachen Füßen stehen** reposer sur une base fragile; **auf großem ~e leben** vivre sur un grand pied; mener grand train de vie; **mit j-m auf vertrautem ~ stehen**, **leben** être, vivre sur un pied d'intimité avec qn.; **mit j-m auf gutem, schlechtem ~ stehen** être bien, mal avec qn.; être en bons, mauvais termes avec qn.; **mit j-m auf gespanntem ~ stehen** avoir des rapports tendus avec qn.; être en froid, en mauvais termes avec qn.; être à couteaux tirés avec qn.; **auf freundschaftlichem ~ stehen** *cf.* **freundschaftlich 1.**; **das hat Hand und ~** cela tient debout; c'est sensé; cela repose sur des bases solides; **das hat weder Hand noch ~** cela n'a ni queue ni tête; **~ˌabblendˌschalter** *m Auto* interrupteur *m* à pied feux de route — feux de croisement; interrupteur *m* à pied code-phare; **~ˌabstreicher** *m* ⟨~s; ~⟩ décrottoir *m*; **~ˌangel** *f* chausse-trape *f*; **~ˌanlasser** *m* démarreur *m* à pied; pédale *f* de démarrage, de mise en marche; **~bad** *n* bain *m* de pieds.

Fußball ['fuːsbal] *m* ⟨~(e)s; ~̈e⟩ ballon *m* de football; *par ext.* ⟨*pas de pl.*⟩ football [futbol] *m*; **~ spielen** jouer au football; **~ˌanhänger** *m* fervent *m*, enthousiaste *m* du football; **~ˌblase** *f* vessie *f* de ballon de football; **~en** *m anat.* éminence *f* du gros orteil; **~er** *m* ⟨~s; ~⟩ *cf.* **~spieler**; **~ˌklub** *m cf.* **~verein**; **~ˌmannschaft** *f* équipe *f* de football; **~ˌmeister** *m* champion *m* de football; **~ˌmeisterschaft** *f* championnat *m* de football; **~ˌplatz** *m* terrain *m* de football; **~ˌschuh** *m* chaussure *f* de football; **~ˌspiel** *n* match *m* de football; **~ˌspieler** *m* joueur *m* de football; footballeur [futbɔlœːr] *m*; **~ˌstrumpf** *m*, **~ˌstutzen** *m* chaussette *f* de football; **~ˌtor** *n* but *m* de football; **~ˌtoto** *m, n* concours *m* de pronostics de football; **~ˌtrainer** *m* entraîneur *m* de football; **~verˌband** *m* fédération *f*, association *f* de football; **~verˌein** *m* club [klœb] *m* de football.

Fuß|bank ['fuːsbaŋk] *f* ⟨~; ~̈e⟩ petit banc; tabouret *m*; **~beˌkleidung** *f* chaussure *f*; **~ˌboden** *m* plancher *m*; sol *m*; **~bodenbeˌlag** *m* revêtement *m* de plancher, de sol; **~breit** *m* ⟨~; ~⟩ **keinen ~ weichen** ne pas reculer d'une semelle; **~ˌbremse** *f Auto* frein *m* à pied; **~ˌbremsˌhebel** *m* pédale *f* de frein à pied; **~ˌeisen** *n* (*Fußfessel*) boulet *m*; *cf. auch* **Fußangel**.

Fussel ['fusəl] *f* ⟨~; ~n⟩ petit poil; peluche *f*; **2ig** *adj.* pelucheux, -euse; *fig. u.* F **sich den Mund ~ reden** se fatiguer à répéter (qc., de ..., que ...); **2n** *v/i.* ⟨-ssele *od.* -ßle, **h**⟩ pelucher.

füßeln ['fyːsəln] F *v/i.* ⟨-(e)le, **h**⟩ faire du pied (à qn.).

fußen ['fuːsən] *v/i.* ⟨-(es)t, **h**⟩ **~ auf** reposer, être basé, être fondé sur.

Fuß|ende ['fuːsˌˀɛndə] *n* pied *m* (du lit); **~fall** *m* prosternation *f*; prosternement *m*; **e-n ~ vor j-m machen** se prosterner devant qn.; **2ˌfällig** *adj. u. adv.* prosterné; **er bat ihn ~ ...** prosterné, il lui demanda ...; **2ˌförmig** *adj.* en forme de pied; pédiforme; **~ˌgänger(in)** *m* ⟨~s; ~⟩ (*f*) ⟨~; ~nen⟩ piéton *m*; **~gängerˌbrücke** *f* passerelle *f*; **~gängerˌschranke** *f chem.* petite barrière de passage à niveau pour piétons; *in Frankreich* portillon *m* de passage à niveau; **~gängerˌüberweg** *m Straße* passage clouté; **~ˌgashebel** *m Auto* (pédale *f* de l')accélérateur *m*; **~geˌlenk** *n anat.* articulation *f* du pied; **~gicht** *f méd.* goutte *f* aux pieds; podagre *f*; **~ˌhebel** *m* pédale *f*; **2hoch 1.** *adj.* 'haut d'un pied; **2.** *adv.* **das Wasser steht ~** on a de l'eau jusqu'aux chevilles.

...füßig [ˌfyːsɪç] *adj. in Zssgn.* à ... pieds *bzw.* pattes; *par ex.* **vier~** à quatre pieds; *Tier* à quatre pattes.

Fuß|knöchel ['fuːsˌknœçəl] *m anat.* cheville *f*; *sc.* malléole *f*; **~ˌknochen** *m anat.* os *m* du pied; **2krank** *adj.* qui souffre des pieds; **~ˌlage** *f Geburt* présentation *f* du siège décomplété en mode des pieds; **~ˌlappen** *m* chaussette *f* russe; **~ˌleiden** *n* maladie *f* des pieds; **ein ~ haben** avoir le(s) pied(s) malade(s); **2ˌleidend** *adjt. cf.* **2krank**.

Füßlein ['fyːslaɪn] *n* ⟨~s; ~⟩ petit pied; F peton *m*.

Fuß|leiste ['fuːsˌlaɪstə] *f* plinthe *f*; **~ˌ(luft)pumpe** *f* pompe *f* à pédale; **~marsch** *m* marche *f* à pied; **~ˌmatte** *f* paillasson *m*; *im Auto* tapis *m* de sol; **~ˌnagel** *m anat.* ongle *m* de pied; **~ˌnote** *f* note *f*, observation *f*, remarque *f* au bas de la page; **~pfad** *m* sentier *m*; **~ˌpflege** *f* soins *m/pl.* des pieds; **~ˌpfleger(in)** *m* (*f*) pédicure *m, f*; **~ˌpuder** *m* poudre *f*, talc [-lk] *m* pour les pieds; **~punkt** *m* **1.** *astr.* nadir *m*; **2.** *Lot* pied *m* (d'une perpendiculaire); **~ˌraste** *f Motorrad etc.* repose-pied *m*; **~ring** *m e-s Vogels* bague *f*; **~sack** *m* chancelière *f*; **~ˌschalter** *m élect.* interrupteur *m*, commutateur *m* à pied; **~ˌschaltung** *f Motorrad* changement *m* de vitesse à pédale; **~ˌschemel** *m cf.* **Fußbank**; **~schweiß** *m* transpiration *f* des pieds; **~ˌsohle** *f* plante *f* du pied; **~spann** *m* cou-de-pied *m*; **~ˌspitze** *f* pointe *f* du pied; **~sprung** *m Schwimmsport* plongeon *m* les pieds en avant, les premiers; **~spur** *f* trace *f*, empreinte *f* de pied; **~ˌstapfe** *f* ⟨~; ~n⟩, **~ˌstapfen** *m* ⟨~s; ~⟩ *cf.* **~spur**; *fig.* **in j-s ~n treten** marcher sur, suivre les traces de qn.; **~tritt** *m* coup *m* de pied; **j-m e-n ~ versetzen** donner un coup de pied à qn.; F botter les fesses de qn.; **~ˌtruppe** *f cf.* **Infanterie**; **~venˌtil** *n e-r Pumpe etc.* clapet de fond, inférieur; **~volk** *n fig.* (masse *f*, reste *m* des) adhérents *m/pl.*, partisans *m/pl.*; reste *m* (des gens); (menu) peuple *m*; *hist. milit.* piétaille *f*; **~ˌwanderung** *f* excursion *f* à pied, pédestre; **~waschˌbecken** *n* bassin *m* pour se laver les pieds; cuvette *f* pour bains de pieds; **~ˌwaschung** *f relig. cath.* lavement *m* des pieds; **~weg** *m* chemin (réservé aux piétons); **~ˌwurzel** *f anat.* tarse *m*.

Fustikholz ['fustɪkˌhɔlts] *n* bois *m* de fustet.

futsch [futʃ] F *adj.* perdu; disparu; F fichu; P foutu.

Futter ['futər] *n* ⟨~s⟩ **1.** *für Tiere* nourriture *f*; pâture *f*; mangeaille *f*; (*Pflanzen2*) fourrage *m*; **~ geben** donner à manger; **als ~ dienen** *auch* servir à l'alimentation (de); **2.** ⟨*pl.* ~⟩ *cout., e-s Briefumschlages* doublure *f*; (*Pelz2*) fourrure *f*; **ausknöpfbares ~** doublure amovible; **3.** ⟨*pl.* ~⟩ *e-r Tür, e-s Fensters* dormant *m*; bâti dormant; (*Spann2*) mandrin *m* de serrage; *e-s Ofens, Behälters* revêtement *m*; garnissage *m*; **basisches ~** garnissage basique; **saures ~** garnissage acide; **~al** [-'raːl] *n* ⟨~s; ~e⟩ étui *m*; gaine *f*; fourreau *m*; **~ˌarbeit** *f Drehbank* travail *m* au mandrin; **~ˌbau** *m* ⟨~(e)s⟩ *agr.* culture *f* de plantes fourragères; **~ˌbeutel** *m cf.* **Futtersack**; **~ˌdämpfer** *m* étuveur *m* (à fourrage); **~geˌtreide** *n* céréales fourragères; **~ˌgras** *n* herbe fourragère; **~ˌhäuschen** *n für Vögel* abri *m* pour les oiseaux; **~karˌtoffel** *f* pomme de terre fourragère; **~ˌkrippe** *f* mangeoire *f*; *fig.* assiette *f* au beurre; **~ˌmangel** *m* manque *m* de fourrage; **~ˌmauer** *f an Böschungen etc.* mur *m* de revêtement, de soutènement; contre-mur *m*; **~ˌmittel** *n/pl.* aliments *m/pl.* pour animaux, pour bétail; **2n** *v/t. u. v/i.* ⟨-(e)re, **h**⟩ F (*essen*) F boulotter; P bouffer; becqueter (*abs.*).

füttern ['fytərn] **I** *v/t.* ⟨-(e)re, **h**⟩ **1.** *Tiere* donner à manger à; *Vieh auch* affourager; *Nestvögel* donner la becquée à; embecquer; abecquer;

Kinder, Kranke faire manger; *Zoo* bitte nicht ~! prière de ne rien donner aux animaux; *fig. u.* F **die Fische** ~ (*sich übergeben*) donner à manger aux poissons; **2.** *cout.* doubler (mit de); *mit Watte* ouater; *mit Pelz* fourrer; **3.** *techn.* revêtir; garnir; **II** ♀ *n* ⟨~s⟩ **1.** *cf.* Fütterung; **2.** *cout.* doublage *m*; *techn.* garnissage *m*; *oft verbal.*

Futter|napf ['futər,napf] *m für Hunde etc.* écuelle *f*; *für Vögel* auget *m*; mangeoire *f*; **~,neid** *m* jalousie *f*; envie *f*; *fig.* jalousie de métier, professionnelle; **~,pflanze** *f* plante fourragère; **~,platz** *m für Wild* râtelier *m* à fourrage; **~,raufe** *f* râtelier *m*; **~,rübe** *f* betterave fourragère; **~,sack** *m* musette *f*; **~,schneidema,schine** *f* (*Häckselmaschine*) 'hache-paille *m*; (*Rübenschneidemaschine*) coupe-racines *m*; **~,seide** *f* soie *f* pour doublure; **~,silo** *m* silo *m* à fourrage; **~,stoff** *m* tissu *m* pour doublure; **~,trog** *m* auge *f*; mangeoire *f*.

Fütterung ['fytə,ruŋ] *f* ⟨~; ~en⟩ **1.** *von Vieh* affouragement *m*; *der Nestvögel* embecquement *m*; abecquement *m*; die ~ der Raubtiere le repas des fauves; **2.** *cf.* Füttern 2.

Futterwicke ['futər,vıkə] *f bot.* vesce commune.

Futur [fu'tu:r] *n* ⟨~s; ~e⟩ *cf.* Futurum.

Futuris|mus [futu'rısmus] *m* ⟨~⟩ futurisme *m*; **~t** *m* ⟨~en; ~en⟩ futuriste *m*; **♀tisch** *adj.* futuriste.

Futurum [fu'tu:rum] *n* ⟨~s; -ra⟩ *gr.* futur *m*; ~ **exaktum** ⟨~ ~; -ra -ta⟩ futur antérieur.

G

G, g [geː] *n* ⟨~; ~⟩ G, g [ʒe] *m*; *mus.* sol *m*.
gab [gaːp] *cf.* geben.
Gabardine ['gabardɪn, gabar'diːn(ə)] *m* ⟨~s⟩, *f* ⟨~⟩ *text.* gabardine *f*.
Gabbro ['gabroˑ] *m* ⟨~s⟩ *minéral.* gabbro *m*.
Gabe ['gaːbə] *f* ⟨~; ~n⟩ **1.** don *m*; (*Opfer*2) offrande *f*; (*Geschenk*) présent *m*; cadeau *m*; milde ~ aumône *f*; j-n um e-e milde ~ bitten demander l'aumône à qn.; **2.** (*Begabung*) don *m*; die ~ zu gefallen *etc.* le don de plaire, *etc.*; *iron.* die ~, alles zu vergessen le chic d'oublier tout.
Gabel ['gaːbəl] *f* ⟨~; ~n⟩ **1.** (*Eß*2) fourchette *f*; **2.** (*Heu*2, *Mist*2, *Fahrrad*2, *Telefon*2, *Ast*2 *etc.*) fourche *f*; **3.** *Ballistik* fourchette *f*; **4.** *ch.* (*Geweih*2) enfourchure *f*; ~ˌ**anker** *m bât.* ancre *f* en forme d'Y; ~**antiˌlope** *f zo.* antilocapre *f*; ~ˌ**bein** *n der Vögel* fourchette *f*; ~ˌ**bissen** *m cuis.* canapé *m*; F amuse-gueule *m*; ~ˌ**bock** *m cf.* ~antilope *u.* Gabler; ~ˌ**deichsel** *f* brancards *m/pl.*; limonière *f*; 2ˌ**förmig** *adj.* fourchu; ~ˌ**frühstück** *n* lunch [lœːʃ, lœntʃ] *m*; ~**geˌlenk** *n techn.* chape *f*; ~**geˌweih** *n* bois fourchus; ~**häkeˌlei** *f* ⟨~⟩ dentelle *f* à la fourche; ~ˌ**hirsch** *m cf.* Gabler; 2**ig** *adj.* fourchu; ~ˌ**karren** *m* chariot élévateur à fourche; ~ˌ**kreuz** *n* croix *f* en forme d'Y; ~ˌ**mücke** *f zo.* anophèle *m*; 2**n I** *v/i.* ⟨-(e)le, h⟩ *Ballistik* rechercher la fourchette; **II** *v/réfl.* sich ~ bifurquer; ~(ˌ**schrauben**)ˌ**schlüssel** *m* clef *od.* clé plate, à fourche; ~ˌ**schwanz** *m zo.* queue-fourchue *f*; *sc.* dicranure *f*; ~ˌ**stapler** *m* ⟨~s; ~⟩ gerbeur *m*; *cf. auch* ~karren; ~ˌ**stiel** *m* manche *m* de fourche(tte); ~**ung** *f* ⟨~; ~en⟩ bifurcation *f*; (*Weg*2) *auch* fourche *f*; ~ˌ**weihe** *f zo.* milan rouge, royal; ~ˌ**zinke** *f* dent *f* de fourche(tte).
Gabentisch ['gaːbənˌtɪʃ] *m* table *f* des cadeaux, des présents.
Gabler ['gaːblər] *m* ⟨~s; ~⟩ *ch. Hirsch* daguet fourchu; *Rehbock* brocard fourchu.
gackern ['gakərn] **I** *v/i.* ⟨-(e)re, h⟩ *Hühner* caqueter (*auch fig.*); Hühner, die viel ~, legen wenig Eier *prov.* les grands diseurs ne sont pas les grands faiseurs *prov.*; **II** 2 *n* ⟨~s⟩ caquet(age) *m* (*auch fig.*).
Gadolin|it [gadoˑliˑ'niːt, -'nɪt] *m* ⟨~s⟩ *minéral.* gadolinite *f*; ~**ium** [-'liː-] *n* ⟨~s⟩ *chim.* gadolinium [-jɔm] *m*.
Gaffel ['gafəl] *f* ⟨~; ~n⟩ *mar.* corne *f*; ~ˌ**segel** *n* voile *f* à corne.
gaff|en ['gafən] **I** *v/i.* ⟨h⟩ faire le badaud; badauder; **II** 2**en** *n* ⟨~s⟩ *cf.* ~**erei**; 2**er(in)** *m* ⟨~s; ~⟩ (*f*) ⟨~; ~nen⟩ badaud(e) *m* (*f*); 2**e'rei** *f* ⟨~⟩ badauderie *f*.

Gag [gɛk] *m* ⟨~(s); ~s⟩ *Film* gag [gag] *m*. [jais *m*.]
Gagat [ga'gaːt] *m* ⟨~(e)s; ~e⟩ *minéral.*
Gage ['gaːʒə] *f* ⟨~; ~n⟩ *e-s Schauspielers etc.* cachet *m*.
Gagel ['gaːgəl] *m* ⟨~s; ~⟩ *bot.* myrica *m*; echter ~ galé *m*.
gähn|en ['gɛːnən] **I** *v/i.* ⟨h⟩ bâiller; ständig ~ bâiller comme une carpe; *fig.* ein Abgrund gähnt vor uns un gouffre béant s'ouvre devant nous; **II** 2**en** *n* ⟨~s⟩ bâillement *m*; ~ steckt an bâiller est contagieux; ~**end** *adjt. fig. Abgrund* béant; es herrschte ~e Leere im Saal la salle était pour ainsi dire vide; 2**krampf** *m méd.* bâillement convulsif.
Gaillardia [ga'jardiˑa] *f* ⟨~; -dien⟩ *bot.* gaillardia *od.* gaillarde *f*.
Gala ['gala, 'gaːla] *f* ⟨~⟩ tenue *f* de gala; in ~ *auch* en grande tenue; ~ˌ**anzug** *m* habit *m* de gala; ~**emˌpfang** *m* réception *f* de gala.
galakt|isch [ga'laktɪʃ] *adj. astr.* galactique; 2**o'meter** *n* ⟨~s; ~⟩ galactomètre *m*; 2**o'rrhöe** *f* ⟨~; ~n⟩ *méd.* galactorrhée *f*; 2**ose** [-'toːzə] *f* ⟨~; ~n⟩ *Zuckerart* galactose *m*.
Galalith [gala'liːt, -'lɪt] *n* ⟨~s⟩ (*Kunsthorn*) galalithe *f*.
galamäßig ['galaˌmɛːsɪç, 'gaː-] *adj.* de gala; comme pour un gala.
Galan [ga'laːn] *m* ⟨~s; ~e⟩ amant *m*; galant *m*.
galant [ga'lant] **1.** *adj.* galant; ~es Abenteuer aventure (galante, amoureuse); **2.** *adv.* galamment; 2**e'rie** *f* ⟨~; -ien⟩ galanterie *f*.
Galater ['gaːlatər, 'ga-] *m* ⟨~s; ~⟩ *hist.* Galate *m*; ~ˌ**brief** *m bibl.* Épître *f* aux Galates.
Gala|uniform ['galaˀuˑniˑˌfɔrm, 'gaː-] *f* grande tenue; ~ˌ**vorstellung** *f* (représentation *f* de) gala *m*.
Galbanum ['galbanum] *n* ⟨~s⟩ *phm.* galbanum [-ɔm] *m*.
Gäle ['gɛːlə] *m* ⟨~n; ~n⟩ Gaël *m*.
Galeere [ga'leːrə] *f* ⟨~; ~n⟩ *mar. hist.* galère *f*; ~**nˌsklave** *m*, ~**nˌsträfling** *m* galérien *m* (*auch fig.*).
Galenit [galeˑ'niːt, -'nɪt] *m* ⟨~s⟩ *minéral. cf.* Bleiglanz.
Galerie [galə'riː] *f* ⟨~; -ien⟩ *bât.*, *mines*, (*Kunst*2) galerie *f*.
Galgant [gal'gant] *m* ⟨~(e)s; ~e⟩ *bot.* galanga *m*.
Galgen ['galgən] *m* ⟨~s; ~⟩ **1.** potence *f*; *litt.* gibet *m*; **2.** *techn. für ein Mikrophon* perche *f*; ~ˌ**frist** *f* dernier délai; quart *m* d'heure, jour *m*, *etc.* de grâce; ~**geˌsicht** F *n* mine *f*, face *f*, air *m* patibulaire; ~**huˌmor** *m* humour noir; ~ˌ**strick** F *m* pendard *m*; vaurien *m*; garnement *m*; ~ˌ**vogel** F *m* gibier *m* de potence.

Galic|ier(in) [ga'liːtsiˑər(ɪn)] *m* ⟨~s; ~⟩ (*f*) ⟨~; ~nen⟩ Galicien, -nne *m*, *f*; habitant(e) *m* (*f*) de la Galice; 2**isch** *adj.* galicien, -nne.
Galiläe|er(in) [galiˑ'lɛːər(ɪn)] *m* ⟨~s; ~⟩ (*f*) ⟨~; ~nen⟩ Galiléen, -nne *m*, *f*; 2**isch** *adj.* galiléen, -nne.
Galimathias [galiˑma'tiːas] *m*, *n* ⟨~⟩ galimatias *m*.
Galionsfigur [galiˑ'oːnsfiˑˌguːr] *f mar.* figure *f* de proue.
gälisch ['gɛːlɪʃ] *adj.* gaélique; *Sprache* das 2e le gaélique.
Galiz|ier(in) [ga'liːtsiˑər(ɪn)] *m* ⟨~s; ~⟩ (*f*) ⟨~; ~nen⟩ Galicien, -nne *m*, *f*; habitant(e) *m* (*f*) de la Galicie; 2**isch** *adj.* galicien, -nne.
Gallapfel ['galˌˀapfəl] *m bot.* noix *f* de galle.
Galle ['galə] *f* ⟨~; ~n⟩ **1.** *physiol.* bile *f* (*auch fig.*); *der Tiere* fiel *m* (*auch fig.*); *meist von Fischen* amer [amɛːr] *m*; *par ext.* (*Gallenblase*) vésicule *f* biliaire; *fig.* die ~ läuft mir über la moutarde me monte au nez; je me mets en colère; Gift und ~ speien vomir son fiel; déverser sa bile; **2.** *bot.* galle *f*; *sc.* cécidie *f*; **3.** *vét.* molette *f*; **4.** *techn.* (*Gußblase*) soufflure *f*; bulle *f*.
Galleiche ['galˌˀaɪçə] *f bot.* chêne *m* à galles.
Gallen|absonderung ['galənˌˀapzəndərʊŋ] *f physiol.* sécrétion *f* biliaire; 2ˌ**bitter** *adj.* amer, -ère comme chicotin, comme du fiel; ~ˌ**blase** *f anat.* vésicule *f* biliaire; *chir.* Entfernung der ~ ablation *f* de la vésicule biliaire; *sc.* cholécystectomie [kɔ-] *f*; ~ˌ**blasenentˌzündung** *f méd.* inflammation *f* de la vésicule biliaire; *sc.* cholécystite [kɔ-] *f*; ~ˌ**blasenˌgang** *m anat.* canal *m* cystique; ~ˌ**fett** *n physiol.* cholestérol [kɔ-] *m*; ~ˌ**gang** *m anat.* canal *m* cholédoque; ~ˌ**kolik** *f* colique *f* hépatique; ~ˌ**leiden** *n* ein ~ haben souffrir de la vésicule (biliaire); ~ˌ**säure** *f physiol.* acide *m* biliaire; ~ˌ**stein** *m méd.* calcul *m* biliaire; er hat ~e il a des calculs *od.* des pierres dans la vésicule; ~**steinˌkolik** *f cf.* ~kolik; ~**steinˌkrankheit** *f méd.* lithiase *f* biliaire; ~ˌ**steinoperatiˌon** *f* opération *f* (des calculs) de la vésicule; *sc.* cholédochotomie [kɔledɔkɔ-] *f*; cholécystotomie [kɔ-] *f*; ~ˌ**weg** *m anat.* voie *f*, canal *m* biliaire.
Gallert|(e) ['galərt, ga'lɛrtə] *n* ⟨~(e)s; ~e⟩ (*f*) ⟨~; ~n⟩ gélatine *f*; 2ˌ**artig** *adj.* gélatineux, -euse; ~**geˌwebe** *n anat.* tissu muqueux; 2**ig** *adj. cf.* 2artig; ~ˌ**masse** *f* masse gélatineuse.
galletreibend ['galəˌtraɪbənt] *adjt.* cholagogue [kɔ-]; ~es Mittel cholagogue *m*.
Gallier(in) ['galiˑər(ɪn)] *m* ⟨~s; ~⟩ (*f*) ⟨~; ~nen⟩ Gaulois(e) *m* (*f*).

gallig ['galɪç] *adj.* fielleux, -euse; bilieux, -euse (*beide meist fig.*).
gallikan|isch [gali·'kaːnɪʃ] *adj. relig.* gallican; **♀ismus** [-'nɪs-] *m* ⟨~⟩ *hist.* gallicanisme *m*.
gall|isch ['galɪʃ] *adj.* gaulois; **der ~e Hahn** le coq gaulois; **♀ium** *n* ⟨~s⟩ *chim.* gallium [-jɔm] *m*; **♀i'zismus** *m* ⟨~; -men⟩ *ling.* gallicisme *m*.
Gallmücken ['galˌmʏkən] *f/pl. zo.* cécidomyidés *m/pl*.
Galloman|e [galo·'maːnə] *m* ⟨~n; ~n⟩ gallomane *m*; **~ie** [-'niː] *f* ⟨~⟩ gallomanie *f*.
Gallone [ga'loːnə] *f* ⟨~; ~n⟩ *Hohlmaß in England u. USA* gallon *m*.
galloromanisch [ˌgalo·ro·'maːnɪʃ] *adj.* gallo-romain.
Gall|usgerbsäure ['galusˌgɛrpzɔʏrə] *f Gerberei* tanin *m* pyrogallique; **~us~ˌsäure** *f chim.* acide *m* gallique; **~ˌwespe** *f zo.* (*Eichen♀*) cynips *m*; *pl.* **~n** *sc.* cynipidés *m/pl*.
Galmei [gal'maɪ] *m* ⟨~s; ~e⟩ *minéral.* calamine *f*.
Galopp [ga'lɔp] *m* ⟨~s; ~e *od.* ~s⟩ galop *m* (*auch mus.*); **im ~** au galop (*auch fig.*); **in gestrecktem ~** au grand galop; à toute bride; à bride abattue; ventre à terre; **♀ieren** [-'piː-] **I** *v/i.* ⟨*pas de ge-*, **sein**⟩ galoper; *méd.* **~de Schwindsucht** phtisie galopante; **II ~ieren** [-'piː-] *n* ⟨~s⟩ galopade *f*.
Galosche [ga'lɔʃə] *f* ⟨~; ~n⟩ (couvre--chaussure *m* en) caoutchouc *m*.
galt [galt] *cf.* **gelten**.
Galtonpfeife ['gɔːltnˌpfaɪfə] *f phys.* sifflet *m* de Galton.
Galvan|isation [galvani·zatsi·'oːn] *f* ⟨~⟩ *méd.* galvanisation *f*; **♀isch** [-'vaː-] *adj.* galvanique; **~es Element** couple, élément, pile électrique; *méd.* **~er Strom** courant galvanique; **~i'seur** *m* ⟨~s; ~e⟩ galvaniseur *m*; **♀i'sieren I** *v/t.* ⟨*pas de ge-*, **h**⟩ *techn.*, *méd.* galvaniser; **II ~i'sieren** *n* ⟨~s⟩, **~i'sierung** *f* ⟨~⟩ galvanisation *f*; **~ismus** [-'nɪs-] *m* ⟨~⟩ galvanisme *m*; **~o** [-'vaː-] *n* ⟨~s; ~s⟩ *techn.* galvano(type) *m*; **~o'kaustik** *f* ⟨~⟩ *méd.* galvanocaustie *f*; **~o'kauter** *m* ⟨~s; ~⟩ *méd.* galvanocautère *m*; **~o'meter** *n* ⟨~s; ~⟩ *Meßgerät* galvanomètre *m*; **ballistisches ~** galvanomètre balistique; **~o'plastik** *f* ⟨~⟩ *techn.* galvanoplastie *f*; *impr.* galvanotypie *f*; **♀o'plastisch** *adj.* galvanoplastique; **~o'skop** *n* ⟨~s; ~e⟩ *Meßgerät* galvanoscope *m*; **~o'technik** *f* galvanoplastie *f*.
Gamander [ga'mandər] *m* ⟨~s; ~⟩ *bot.* germandrée *f*; *sc.* teucrium [-jɔm] *m*; **~ˌehrenpreis** *m*, *n bot. sc.* veronica *f* chamædrys.
Gamasche [ga'maʃə] *f* ⟨~; ~n⟩ guêtre *f*; jambière *f*; (*Wickel♀*) bande molletière.
Gambe ['gambə] *f* ⟨~; ~n⟩ *mus.* viole *f* de gambe.
Gambit [gam'bɪt] *n* ⟨~s; ~s⟩ *Schach* gambit *m*.
Gambusien [gam'buːzi·ən] *pl. zo.* gambusies *m/pl*.
Gamet [ga'meːt] *m* ⟨~en; ~en⟩ *biol.* gamète *m*.
Gamma ['gama] *n* ⟨~(s); ~s⟩ *Buchstabe* gamma *m*; **~ˌeule** *f zo.* noctuelle *f* gamma; *sc.* phytometra *f* gamma; **~funktiˌon** *f math.* fonction *f* gamma; **~gra'phie** *f* ⟨~⟩ *techn.* gammagraphie *f*; **~phoˌton** *n phys. atom.* photon *m* gamma; **~ˌquant** *n phys. atom.* quantum *m* gamma; **~ˌstrahlen** *m/pl.* rayons *m/pl.* gamma; **~ˌstrahler** *m phys. atom.* émetteur *m* gamma; **~ˌstrahlung** *f phys. atom.* rayonnement *m* gamma.

Gammler ['gamlər] *m* ⟨~s; ~⟩ beatnik [bitnik] *m*; *cf. auch* **Herumtreiber**.
Gams [gams] *f* ⟨~; ~en⟩ *cf.* **Gemse**; **~bart** *m* touffe *f* de poils de chamois (servant de parure au chapeau tyrolien).
Ganasche [ga'naʃə] *f* ⟨~; ~n⟩ *des Pferdes* ganache *f*.
gang [gaŋ] *adv.* **das ist ~ und gäbe** c'est courant; c'est l'usage.
Gang [gaŋ] *m* ⟨~(e)s; ~̈e⟩ **1.** (*Gehen, Bewegung*) marche *f*; **in ~ setzen, bringen** mettre en marche, en route, en train; *Maschine auch* actionner; *fig. auch* amorcer; *Gespräch etc.* **wieder in ~ bringen** *auch* relancer; **in ~ kommen** se mettre en marche, en route; s'amorcer; démarrer; *Verhandlungen etc.* **wieder in ~ kommen** *auch* reprendre son cours; **in ~ halten** maintenir en marche; *Gespräch etc.* poursuivre; maintenir; **im ~e sein** être en cours; **in vollem ~e sein** battre son plein; **s-n ~ gehen** aller son train; suivre son cours; **der ~ der Verhandlungen** le cours des négociations; **der ~ der Geschäfte** la marche des affaires; **2.** (*Art des Gehens*) démarche *f*; allure *f*; **ein anmutiger, stolzer, schwerfälliger ~** une démarche, une allure gracieuse, fière, lourde; **j-n an s-m ~ erkennen** reconnaître qn. à sa démarche; **s-n ~ beschleunigen** accélérer son allure; **3.** (*Besorgung, Einkauf*) course *f*; démarche *f*; (*Rund♀*) tour *m*; *zum Arzt etc. verbal*; **e-n schweren ~ vor sich haben** avoir une course, une visite, une démarche pénible à faire; avoir une mission difficile à remplir; **4.** (*umschlossener Weg*) couloir *m* (*auch chem.*); corridor *m*; (*Durch♀*) passage *m*; *zwischen Sitzreihen* allée *f*; *unterirdischer* souterrain *m*; *anat.* canal *m*; conduit *m*; tube *m*; méat *m*; *géol.*, *mines* filon *m*; veine *f*; **5.** *beim Essen* service *m*; (*Gericht*) plat *m*; **ein Essen mit drei Gängen** un dîner de trois services, plats; **6.** *Auto* vitesse *f*; **synchronisierter ~** vitesse synchronisée; **den ersten ~ einlegen, einschalten** mettre en première (vitesse); **im zweiten ~ fahren** rouler en deuxième (vitesse); **den ~ eingeschaltet**, F **drin lassen** laisser (une vitesse) en prise; **7.** *techn. e-s Gewindes* spire *f*; **~ˌanordnung** *f Auto* disposition *f* des vitesses; **~art** *f* **1.** allure *f*; **2.** *mines* gangue *f*; **♀bar** *adj. fig.* **ein ~er Weg** une voie possible.
Gängel|band ['gɛŋəlˌbant] *n* **j-n am ~ führen** tenir qn. en laisse, en lisière, en tutelle; **~ei** [-'laɪ] *f* ⟨~; ~en⟩ *péj.* tutelle *f*; **♀n** *v/t.* ⟨-(e)le, **h**⟩ *cf.* **(am) ~band (führen)**.
Gang|erz ['gaŋʔeːrts] *n* minerai *m* en filon; **~geˌstein** *n géol.* roche filonienne; **~ˌhöhe** *f techn. e-s Gewindes* pas *m*.
gängig ['gɛŋɪç] *adj. comm. Artikel* qui se vend bien, s'écoule facilement; d'un débit facile; *Ausdruck etc.* courant; *fig.* **~e Münze** monnaie courante; **♀ˌkeit** *f* ⟨~⟩ *e-s Artikels* vente *f*, écoulement *m* facile; *e-s Ausdrucks* emploi fréquent.
Gangkreuz ['gaŋkrɔʏts] *n mines* filons croisés.
Gangli|ensystem ['gaŋ(g)li·ənzysˌteːm] *n anat.* système *m* ganglionnaire; **~on** *n* ⟨~s; -ien⟩ **1.** (*Nervenknoten*) ganglion *m* (nerveux); **2.** (*Überbein*) ganglion, kyste synovial.
Gangrän|(e) [gaŋ'grɛːn(ə)] *n* ⟨~s; ~e⟩ (*f*) ⟨~; ~n⟩ *méd.* gangrène *f*; **♀ös** [-'nøːs] *adj.* gangréneux, -euse.

Gang|schaltung ['gaŋˌʃaltuŋ] *f Auto* changement *m* de vitesses; *Fahrrad* dérailleur *m*; **~ˌspill** *n mar.* guindeau *m*.
Gangster ['gɛŋstər] *m* ⟨~s; ~⟩ gangster [gɑ̃gstɛːr] *m*; **~ˌbande** *f* gang [gɑ̃g] *m*; bande *f* de gangsters; **~ˌtum** *n* ⟨~s⟩ gangstérisme *m*.
Gangway ['gɛŋvɛɪ] *f* ⟨~; ~s⟩ *mar.*, *aviat.* passerelle *f*.
Gangzahl ['gaŋtsaːl] *f e-s Gewindes* nombre *m* de spires.
Ganove [ga'noːvə] F *m* ⟨~n; ~n⟩ bandit *m*; malfaiteur *m*; type *m* du milieu; apache *m*.
Gans [gans] *f* ⟨~; ~̈e⟩ *zo.* oie *f*; *junge* oison *m*; *fig.* **dumme ~** oie *f*; dinde *f*; bécasse *f*; cruche *f*; gourde *f*.
Gäns|chen ['gɛnsçən] *n* ⟨~s; ~⟩ petite oie; oison *m*; *fig. u.* F petite nigaude; **~eˌblümchen** *n bot.* pâquerette *f*; **~eˌbraten** *m cuis.* oie rôtie; rôti *m* d'oie; **~eˌbrust** *f cuis.* poitrine *f* d'oie; **~eˌdistel** *f bot.* laiteron *m*; **~eˌfeder** *f* plume *f* d'oie; **~eˌfett** *n* graisse *f* d'oie; **~eˌfleisch** *n* viande *f*, chair *f* d'oie; **~eˌfuß** *m bot.* ansérine *f*; *sc.* chénopode [ke-] *m*; **~eˌfüßchen** *n/pl.* F (*Anführungszeichen*) guillemets *m/pl.*; **~eˌfußgeˌwächse** *n/pl. bot.* chénopodiacées [ke-] *f/pl.*; **~eˌhaut** *f* **1.** peau *f* d'oie; **2.** *fig.* chair *f* de poule; **e-e ~ haben, bekommen** avoir la chair de poule; **dabei überläuft mich e-e ~** cela me donne la chair de poule; **~eˌhirt(in)** *m* (*f*) gardeur, -euse *m*, *f* d'oies; **~eˌklein** *n* ⟨~s⟩ *cuis.* abat(t)is *m/pl.* d'oie; **~eˌkraut** *n bot.* arabis *f*; arabelle *f*; **kaukasisches ~** corbeille-d'argent *f*; **~eˌleber** *f* foie *m* d'oie; *von Mastgänsen* foie gras d'oie; **~eˌleberpaˌstete** *f* pâté *m* de foie gras; **~eˌmarsch** *m* **im ~** en file indienne; à la queue leu leu; **~eˌrich** *m* ⟨~s; ~e⟩ *zo.* jars *m*; **~eˌschmalz** *n cf.* **~efett**; **~eˌspiel** *n* jeu *m* de l'oie; **~lein** *n* ⟨~s; ~⟩ *cf.* **~chen**.
ganz [gants] **1.** *adj.* tout; entier, -ière; **das ~e (vorhandene) Brot** tout le pain; **ein ~es Brot** un pain entier; tout un pain; **die ~e Welt** le monde entier; **~ Paris** tout Paris; **in ~ Frankreich** dans toute la France; dans la France entière; **~e Länder** des pays entiers; **ein ~es Volk** tout un peuple; un peuple entier; **die ~e Nacht** toute la nuit; la nuit entière; **ich habe die ~e Nacht kein Auge zugetan** je n'ai pas fermé l'œil de toute la nuit; **e-n ~en Monat** tout un mois; un mois entier; **die ~e Zeit** tout le temps; **von ~em Herzen** de tout (mon, *etc.*) cœur; **e-e ~e Drehung um sich selbst** un tour complet, entier sur soi-même; **das Glas ist noch ~** le verre est encore intact, entier; **etw. wieder ~ machen** raccommoder, réparer, refaire qc.; *verstärkend* **drei ~e Stunden** trois grandes heures; trois heures entières; *einschränkend* **~e drei Mann blieben übrig** seuls trois hommes restèrent; il ne resta que trois hommes; F **die ~en Leute** tous les gens; *fig.* **ein ~er Kerl** un homme; **~e Arbeit leisten** ne pas faire les choses à moitié; *iron. auch* faire du beau travail; *peint.* **in ~er Figur** en pied; *mus.* **~e Note** ronde *f*; *math.* **~e Zahl** nombre entier; **2.** *adv.* **a)** *verstärkend* tout (*var.*); *pfort.* tout à fait; entièrement (*meist bei Verben*); **er, sie ist ~ gerührt** il, elle est tout ému(e); **sie ist ~ zufrieden** elle est toute contente; **~ blutige Hände** des mains toutes sanglantes; F **das ist ~ egal** c'est tout un; c'est tout comme; **sind Sie ~ sicher?** êtes-vous tout à fait, absolument cer-

tain?; ~ **gewiß** sans aucun doute; sans faute; à coup sûr; il est sûr et certain que ...; très certainement; ~ **recht!** c'est ça!; parfaitement!; F ~ **groß!** superbe!; magnifique!; **ein ~ klein wenig** un tout petit peu; un tant soit peu; ~ **Auge, Ohr sein** être tout yeux, oreilles; **er ist ~ der Vater** c'est tout à fait son père; F c'est son père tout craché; ~ **oder teilweise** entièrement ou en partie; **sich ~ s-r Arbeit widmen** se consacrer entièrement à son travail; **ein Buch ~ lesen** lire un livre en entier; **er sieht ~ danach aus** *cf.* aussehen 1.; **er ist ~ der Mann** dazu il en est tout à fait capable; ~ **anders** tout (à fait) autre(ment); **die Wirklichkeit ist ~ anders** la réalité est tout autre; **das ist etwas ~ anderes** c'est tout (à fait) autre chose; ~ **und gar** tout à fait; absolument; ~ **und gar nicht** pas du tout; pas le moins du monde; **im ~en** dans l'ensemble; **das macht im ~en zehn Mark** cela fait dix marks en tout, au total; **im großen (und) ~en** en somme; somme toute; en gros; dans l'ensemble; en général; **b)** *einschränkend* assez; passablement; **es war ~ nett** c'était assez bien; **die Bezahlung ist ~ gut** la paye n'est pas trop mauvaise, est satisfaisante.

Ganz|aufnahme ['gantsˌʔaufnɑːmə] *f phot.* photo *f* en pied; **~e(s)** *n* ⟨→ A⟩ tout *m*; ensemble *m*; *math.* entier *m*; **als ~s** en tant que tout; **ein ~s bilden** former un tout; **e-n Blick für das ~ haben** voir l'ensemble; **das ist nichts Halbes und nichts ~s** cela n'est ni fait ni à faire; **es geht ums ~** tout en dépend; **aufs ~ gehen** aller droit au but; risquer le tout pour le tout; **~fabriˌkat** *n comm.* produit fini; **~heit** *f* ⟨~⟩ *philos., psych.* ensemble *m*; totalité *f*; **~heitsmediˌzin** *f* médecine *f* qui tient compte de l'organisme entier; **~heitsmeˌthode** *f* méthode *f* qui considère l'ensemble, le tout; méthode *f* qui tient compte de l'ensemble; **~heitspsycholoˌgie** *f* psychologie *f* de l'ensemble; **~ˌleder** *n Buch* **in ~ gebunden** relié pleine peau; **~lederˌ(ein)band** *m* reliure pleine peau; **2ˌleinen I** *adj.* tout toile; **II ~ˌleinen** *n Buch* **in ~ gebunden** relié pleine toile; **~leinenˌ(ein)band** *m* reliure pleine toile.

gänzlich ['gɛntslɪç] **1.** *adj.* total; entier, -ière; complet, -ète; **2.** *adv.* totalement; entièrement; complètement; *cf. auch* ganz.

Ganz|metallbau ['gantsmeˈtalˌbau] *m techn.* construction *f* entièrement métallique; **~porˌträt** *n* portrait *m* en pied; **~ˌsache** *f Briefmarkenkunde* entier *m*; **~schluß** *m mus.* note finale sur la tonique; **2ˌseiden** *adj.* tout soie; **2ˌseitig** *adj. Anzeige etc.* sur une page entière; **~stahlkarosseˌrie** *f Auto* carrosserie *f* tout acier; **~stahlkonstruktiˌon** *f techn.* construction *f* tout acier; **~stoff** *m cf.* ~zeug; **2ˌtägig 1.** *adj.* d'une journée entière; qui dure toute la journée; **2.** *adv.* ~ **geöffnet** ouvert toute la journée; **~tagsbeˌschäftigung** *f* emploi *m* à plein temps, pour toute la journée; **~ton** *m mus.* ton entier; **~tonˌleiter** *f mus.* gamme *f* par tons entiers; **2ˌwollen** *adj.* tout laine; **~zeug** *n* ⟨~(e)s; ~e⟩ *Papierherstellung* pâte *f* (à papier).

gar [gɑːr] **1.** *adj. cuis.* à point; (assez) cuit; **2.** *adv.* ~ **nicht** pas du tout; ~ **nicht schlecht!** pas mal du tout!; F **das fällt mir ~ nicht ein** je n'ai pas la moindre intention de le faire; F pas question!; jamais de la vie!; tu ne m'as pas regardé!; ~ **niemand** personne du tout; absolument personne; ~ **nichts** rien du tout; absolument rien; **rein ~ nichts wissen** ne savoir rien de rien; **rein ~ nichts begreifen** ne comprendre rien à rien; **er hat ~ keine Geduld** il n'a pas du tout de patience *od.* pas de patience du tout; **es besteht ~ kein Zweifel** il n'y a aucun doute; ~ **zu (sehr)** beaucoup trop; *litt.* par trop; ~ **zu bescheiden** *etc.* beaucoup trop, par trop modeste, *etc.*; F **sei nicht ~ so wild!** ne sois donc pas aussi remuant!; ~ **mancher** maintes personnes; **oder ~** ou même.

Garage [ga'rɑːʒə] *f* ⟨~; ~n⟩ garage *m*; (*Einzel2*) box *m*; **~nˌschlüssel** *m* clef *od.* clé *f* de garage; **~nˌtor** *n* porte *f* de garage.

Garant [ga'rant] *m* ⟨~en; ~en⟩ garant *m*.

Garantie [garan'tiː] *f* ⟨~; -ien⟩ garantie *f*; **ein Jahr ~** garantie d'un an; un an de garantie; **darauf habe ich ein Jahr ~** c'est garanti un an; cela porte une garantie d'un an; **mit, ohne ~** avec, sans garantie; **als ~** à titre de garantie; **die ~ für etw. übernehmen** garantir qc.; répondre de qc.; **~ˌabkommen** *n* accord *m* de garantie; **~erˌklärung** *f* déclaration *f* de garantie; **~ˌfonds** *m* fonds *m* de garantie; **~ˌfrist** *f* délai *m* de garantie; **~ˌmacht** *f pol.* puissance garante; **2ren** *v/t. u. v/i.* ⟨*pas de ge-*, h⟩ garantir (qc.); **für j-n, etw. ~** se porter garant de qn., de qc.; *fig.* **ich garantiere Ihnen, daß ...** je vous garantis que ...; **2rt** *advt. comm.* ~ **reine Wolle** garanti(e) pure laine; **~ˌschein** *m comm.* certificat *m*, bulletin *m* de garantie; **~ˌstempel** *m* poinçon *m* de garantie; **~ˌübernahme** *f* acceptation *f* d'une garantie; **~verˌsprechen** *n* promesse *f* de garantie; **~verˌtrag** *m* contrat *m*, *pol.* traité *m* de garantie.

Garaus ['gɑːrʔaus] *m* **den ~ machen** occire (qn.); supprimer (qn., qc.); mettre fin à (qc.).

Garbe ['garbə] *f* ⟨~; ~n⟩ **1.** gerbe *f* (*auch fig.*); **2.** *bot.* achillée [akile] *f*; **~nˌbindemaˌschine** *f agr.* lieuse *f*.

Gärbottich ['gɛːrˌbɔtɪç] *m Brauerei* cuve *f* de fermentation; guilloire *f*.

Gärbstahl ['gɛrpʃtɑːl] *m techn.* acier corroyé.

Garcinie [gar'tsiːniə] *f* ⟨~; ~n⟩ *bot.* garcinia *m*.

Garde ['gardə] *f* ⟨~; ~n⟩ *milit.* garde *f*; *fig.* **die alte ~** la vieille garde.

Gardenie [gar'deːniˑə] *f* ⟨~; ~n⟩ *bot.* gardénia *m*.

Garde|offizier ['gardəʔɔfiˑˌtsiːr] *m* officier *m* de la garde; **~regiˌment** *n* régiment *m* de la garde.

Garderob|e [gardə'roːbə] *f* ⟨~; ~n⟩ **1.** (*Kleiderbestand*) garde-robe *f*; **2.** (*Kleiderablage*) vestiaire *m*; (*Flur2*) portemanteau *m*; **3.** *thé.* (*Ankleideraum*) loge *f*; **~enˌfrau** *f* dame *f* du vestiaire; **~engeˌbühr** *f* prix *m*, tarif *m* du vestiaire; **~enˌhaken** *m* patère *f*; **~enˌmarke** *f*, **~enˌnummer** *f* numéro *m* de vestiaire; **~enˌständer** *m* portemanteau *m*; **~enˌzettel** *m* ticket *m* de vestiaire; **~i'er(e)** [-'eː, -'ɛːrə] *m* ⟨~s; ~s⟩ (*f*) ⟨~; ~n⟩ *thé. für die Schauspieler* habilleur, -euse *m, f*.

Gardine [gar'diːnə] *f* ⟨~; ~n⟩ rideau *m* (en voile, en étamine); *fig.* **hinter schwedischen ~n** en prison; F à l'ombre; **~nabˌteilung** *f Kaufhaus* rayon *m* des rideaux; **~nˌband** *n* galon fronceur; **~nˌhalter** *m* ⟨~s; ~⟩ embrasse *f*; **~nˌpredigt** F *f* semonce (conjugale); F savon *m*; **j-m e-e ~ halten** sermonner, semoncer qn.; passer un savon à qn.; **~nˌring** *m* anneau *m* de rideau; **~nˌstange** *f* tringle *f* à rideaux.

Gardist [gar'dɪst] *m* ⟨~en; ~en⟩ *milit.* garde *m*.

Gare ['gɑːrə] *f* ⟨~⟩ *jard. des Bodens* qualités optimales du sol.

gär|en ['gɛːrən] **I** *v/i.* ⟨h⟩ fermenter (*auch fig.*); *Wein etc. auch* bouillonner; *Wein in der Bütte* cuver; ~ **lassen** faire, laisser fermenter; *Wein auch* faire cuver; **II** *v/imp. fig.* **es gärt im Volk** le peuple est en effervescence; **III 2en** *n* ⟨~s⟩ *cf.* Gärung; **~ˌfähig** *adj.* fermentescible; **2ˌfutter** *n agr.* fourrage ensilé.

Gargel ['gargəl] *m* ⟨~s; ~⟩ *Faß* jable *m*.

Gärmittel ['gɛːrˌmɪtəl] *n* ferment *m*.

Garn [garn] *n* ⟨~(e)s; ~e⟩ fil *m*; *fig.* **j-m ins ~ gehen** donner dans le panneau (*abs.*); se laisser prendre aux filets de qn.

Garnele [gar'neːlə] *f* ⟨~; ~n⟩ *zo.* crevette *f*.

Garnhaspel ['garnˌhaspəl] *f* dévidoir *m* de fil.

garnier|en [gar'niːrən] *v/t.* ⟨*pas de ge-*, h⟩ garnir (mit de); **2ung** *f* ⟨~⟩ garniture *f*.

Garnison [garniˑ'zoːn] *f* ⟨~; ~en⟩ *milit.* garnison *f*; **~ˌstadt** *f* ville *f* de garnison.

Garnitur [garniˑ'tuːr] *f* ⟨~; ~en⟩ **1.** (*Besatz, Verzierung*) garniture *f*; **2.** (*Satz zusammengehöriger Dinge*) ensemble *m*; assortiment *m*; (*Damenwäsche2*) parure *f*; *techn.* jeu *m*; *fig.* **die erste ~** *von Sportlern etc.* l'élite *f*; les meilleurs.

Garn|knäuel ['garnˌknɔʏəl] *m, n* peloton *m*, pelote *f* de fil; **~ˌnummer** *f* numéro *m*, titre *m* du fil; **~ˌrolle** *f* fusette *f*, *aus Holz* bobine *f* de fil; **~ˌspindel** *f* fuseau *m*, quenouille *f*, broche *f* de fil; **~ˌstärke** *f* grosseur *f* du fil; **~ˌsträhne** *f* écheveau *m* de fil; **~ˌwaage** *f* balance *f* pour le numérotage du fil.

Gärspund ['gɛːrʃpʊnt] *m* bonde *f* de fermentation.

garstig ['garstɪç] *adj.* vilain, méchant, dégoûtant (zu j-m envers qn.); laid; **2ˌkeit** *f* ⟨~⟩ vilaine conduite; méchanceté *f*.

Gärstoff ['gɛːrʃtɔf] *m* ferment *m*.

Gärtchen ['gɛrtçən] *n* ⟨~s; ~⟩ petit jardin; jardinet *m*.

Garten ['gartən] *m* ⟨~s; ⁓⟩ jardin *m*; **botanischer ~** jardin botanique; *in Paris* Jardin des Plantes; **englischer, japanischer ~** jardin anglais, japonais; **im ~ arbeiten** jardiner; **~ˌampfer** *m* ⟨~s⟩ *bot.* patience *f*; **~ˌamt** *n* service *m* (qui s'occupe) des jardins publics; **~ˌanlage** *f* jardin(s) *m* (*pl.*); *öffentliche* jardin(s) public(s); **~ˌarbeit** *f* (travail *m* de) jardinage *m*; **~archiˌtekt** *m* architecte *m* paysagiste; jardiniste *m*; **~ˌbank** *f* ⟨~; ⁓e⟩ banc *m* de jardin.

Gartenbau ['gartənˌbau] *m* ⟨~(e)s⟩ horticulture *f*; jardinage *m*; **~ˌausstellung** *f* exposition *f* horticole; **~beˌtrieb** *m* exploitation *f* horticole; **~erˌzeugnis** *n* produit *m* horticole; **~geˌsellschaft** *f* société *f* horticole; **~ˌtechniker** *m etwa* ingénieur *m*, technicien *m* horticole; **~verˌein** *m* union *f* des horticulteurs et amateurs de l'horticulture.

Garten|blume ['gartənˌbluːmə] *f* fleur *f* de jardin; **~ˌerdbeere** *f bot.* fraisier *m* des jardins, à gros fruits; **~ˌerde** *f* (*Mutterboden*) terreau *m*; **~ˌfest** *n* garden-party *f*; **~geˌrät** *n* outil *m*, instrument *m* de jardinage; **~geˌstalter** *m cf.* Gartenarchitekt; **~geˌstaltung** *f* aménagement *m* de jardin(s); **~ˌhäuschen** *n* cabane *f*, maisonnette *f* de jardin; **~ˌkerbel** *m bot.* cerfeuil commun; **~ˌkresse** *f bot.* cresson alénois; **~ˌkunst** *f* art *m* du jardin d'agrément; **~ˌland** *n* terrain *m* propre au jardinage; terrain maraîcher; **~ˌlaube** *f* tonnelle *f*; berceau *m* de verdure; *fig. in der Literatur* faux sentimentalisme (du XIXe siècle); **~loˌkal** *n* restaurant *m*, café *m* avec jardin; **~ˌmeister** *m* maître *m* jardinier; **~ˌmesser** *n* serpette *f*; **~ˌmöbel** *n/pl.* meubles *m/pl.* de jardin; **~ˌmohn** *m bot.* pavot *m* somnifère; **~ˌpflanze** *f* plante *f* de jardin; **~ˌschädling** *m* parasite *m* des jardins; **~ˌschau** *f* exposition *f* horticole; **~ˌschere** *f* sécateur *m*; **~ˌschläfer** *m zo.* lérot *m*; **~ˌschlauch** *m* tuyau *m* d'arrosage; **~ˌspötter** *m zo.* hypolaïs [-is] *m* ictérine; **~ˌstadt** *f* cité-jardin *f*; **~ˌstuhl** *m* chaise *f* de jardin; **~ˌtisch** *m* table *f* de jardin; **~ˌtür** *f* porte *f* de jardin; **~ˌwirtschaft** *f cf.* ~lokal; **~ˌzaun** *m* clôture *f* de jardin; **~ˌzwerg** *m* nain placé dans un jardin; *fig. u.* F (*Spottfigur*) (espèce *f* de) gnome *m*.

Gärtner|(in) ['gɛrtnər(ɪn)] *m* ⟨~s; ~⟩ (*f*) ⟨~; ~nen⟩ jardinier, -ière *m, f*; horticulteur, -trice *m, f*; (*Gemüse*2) maraîcher, -ère *m, f*; (*Blumen*2) fleuriste *m, f*; *fig.* **den Bock zum ~ machen** *cf.* Bock 1.; **~ei** [-'raɪ] *f* ⟨~; ~en⟩ exploitation *f* horticole; *cf. auch* Gartenbau; **~geˌhilfe** *m* aide-jardinier *m*; **2isch 1.** *adj.* horticole; d'horticulteur; de jardinier; **2.** *adv.* **~ gestalten** aménager suivant l'art horticole; **2n** *v/i.* ⟨-(e)re, h⟩ jardiner.

Gärung ['gɛːrʊŋ] *f* ⟨~⟩ fermentation *f*; *fig. auch* effervescence *f*; sourde agitation; **alkoholische ~** fermentation alcoolique; **in ~ übergehen** commencer à fermenter; **zur ~ bringen** faire fermenter; **sich in ~ befinden** fermenter; *fig. auch* être en effervescence; **~sˌalkohol** *m* alcool produit par fermentation; **~scheˌmie** *f* zymologie *f*; **2serˌregend** *adjt.* qui provoque la fermentation; zymogène; **~serˌreger** *m* agent *m* provoquant la fermentation; ferment *m*; **2sˌfähig** *adj.* fermentescible; **~sˌfähigkeit** *f* fermentescibilité *f*; **~sgeˌwerbe** *n* métiers *m/pl.* des boissons fermentées; *par ext.* métiers basés sur la fermentation; **~sˌmittel** *n* ferment *m*; **~sˌpilz(e)** *m* (*pl.*) moisissure *f* de la fermentation; **~sproˌzeß** *m* processus *m* de fermentation; **~sˌstoff** *m cf.* ~smittel; **~sverˌfahren** *n* procédé *m* de fermentation.

Garzeit ['gaːrtsaɪt] *f cuis.* (temps *m* de) cuisson *f*.

Gas [gaːs] *n* ⟨~es; ~e⟩ gaz [gaːz] *m*; *par ext. beim Motorfahrzeug* accélérateur *m*; **es riecht nach ~** ça sent le gaz; **in ~ verwandeln** gazéifier; **mit ~ vergiften** asphyxier par le gaz; *beim Motorfahrzeug* **~ geben** accélérer (*auch fig.*); F appuyer sur le champignon; **das ~ wegnehmen** couper les gaz; **~ˌableser** *m* ⟨~s; ~⟩ releveur *m* du gaz; **~ˌabsperrˌhahn** *m* robinet *m* d'arrêt de gaz; **~ˌabzug** *m Vorrichtung* évent *m* des gaz; *Vorgang* évacuation *f* des gaz; **~anaˌlyse** *f chim.* analyse *f* de gaz; **~ˌanschluß** *m* raccordement *m*, branchement *m* au gaz; **~ˌanstalt** *f* usine *f* à gaz; **~ˌanzünder** *m* ⟨~s; ~⟩ allume-gaz *m* (*inv.*); **~ˌausbruch** *m* éruption *f* de gaz; **~ˌaustritt** *m* échappement *m*, fuite *f* de gaz; **~autoˌmat** *m* distributeur *m* automatique de gaz; **~ˌbackofen** *m* four *m* de cuisinière à gaz; **~ˌbadeˌofen** *m* chauffe-bain *m* à gaz; **~bauch** *m méd.* météorisme *m*; **~beˌhälter** *m* gazomètre *m*; **~beˌleuchtung** *f* éclairage *m* au gaz; **~ˌbildung** *f* formation *f* de gaz; gazéification *f*; **~ˌblase** *f* soufflure *f*, bulle *f* de gaz; **~brand** *m méd.* gangrène gazeuse; **~ˌbrenner** *m* ⟨~s; ~⟩ brûleur *m* à gaz; bec *m* de gaz; **2dicht** *adj.* imperméable, étanche aux gaz; **~druck** *m* pression *f* de gaz; **~dyˌnamik** *f* dynamique *f* des gaz.

Gasel(e) [ga'zeːl(ə)] *n* ⟨~s; ~e⟩ (*f*) ⟨~; ~n⟩ *métr.* ghazel *m*.

Gas|entladung ['gaːsʔɛntˌlaːdʊŋ] *f élect.* décharge *f* dans les gaz; **~entˌladungsˌlampe** *f élect.* lampe fluorescente; **~entˌwicklung** *f* dégagement *m* de gaz; **2erˌzeugend** *adjt.* qui produit du gaz; générateur, -trice de gaz; **~erˌzeuger** *m cf.* ~generator; **~erˌzeugung** *f* production *f* de gaz; **~ˌfernleitung** *f* gazoduc *m*; **~ˌfernverˌsorgung** *f* distribution *f* de, alimentation *f* en, approvisionnement *m* en gaz à grande distance; **~ˌfeuerung** *f techn.* foyer *m* à gaz; **~ˌfeuerˌzeug** *n* briquet *m* à gaz; **~ˌflamme** *f* flamme *f* du gaz; gaz enflammé; **~ˌflasche** *f* bouteille *f* de gaz; **2ˌförmig** *adj.* gazeux, -euse; gazéiforme; **~er Körper** corps gazeux; **in ~en Zustand übergehen** passer à l'état gazeux; se gazéifier; **~ˌförmigˌkeit** *f* ⟨~⟩ état gazeux; **~ˌfüllung** *f* gaz (contenu dans ...); **~geˌbläse** *n techn.* soufflerie *f* à gaz; **2geˌfüllt** *adjt.* rempli de gaz; **~geˌhalt** *m* teneur *f* en gaz; **~geˌmisch** *n* mélange gazeux; **~geneˌrator** *m techn.* gazogène *m*; **~geˌrät** *n* appareil *m* à gaz; **~geˌruch** *m* odeur *f* de gaz; **~geˌschoß** *n milit.* projectile *m* à gaz; **~geˌsetze** *n/pl. phys.* lois *f/pl.* sur les gaz; **~geˌwinnung** *f* production *f* de gaz; **~ˌglühlicht** *n* lumière *f* à incandescence par le gaz; **~graˌnate** *f milit.* obus *m* à gaz; **~griff** *m Motorrad* manette *f* des gaz; **~hahn** *m* robinet *m* à gaz; *fig.* **den ~ aufdrehen** se suicider au gaz; **2ˌhaltig** *adj.* qui contient du gaz; **~ˌhebel** *m* accélérateur *m*; F champignon *m*; (*Hand*2) manette *f* des gaz; **~ˌheizung** *f* chauffage *m* au gaz; **~herd** *m* cuisinière *f*, fourneau *m* à gaz; **2ieren** [-'ziː-] *v/t.* ⟨*pas de ge-*, h⟩ *text.* gazer; **~ˌkammer** *f* chambre *f* à gaz; **~ˌkessel** *m cf.* Gasbehälter; **~ˌkocher** *m* réchaud *m* à gaz.

Gaskogn|er(in) [gas'kɔnjər(ɪn)] *m* ⟨~s; ~⟩ (*f*) ⟨~; ~nen⟩ Gascon, -nne *m, f*; **2isch** *adj.* gascon, -nne.

Gas|koks ['gaːskoːks] *m* coke *m* d'usine à gaz; **~konˌstante** *f phys.* constante *f* des gaz parfaits; **~ˌlagerung** *f* conservation *f* de denrées dans des gaz protecteurs; **~ˌlampe** *f* lampe *f* à gaz; **~laˌterne** *f* réverbère *m* (à gaz); bec *m* de gaz; **~ˌleitung** *f* canalisation *f*, conduite *f* de gaz; **~licht** *n* lumière *f* à gaz; **~lichtpaˌpier** *n phot.* papier *m* au chlorobromure; **~-'Luft-Geˌmisch** *n* mélange *m* d'air et de gaz; **~mann** *m* ⟨~(e)s⟩ F *cf.* Gasableser; **~maˌschine** *f cf.* ~motor; **~ˌmaske** *f* masque *m* à gaz; **~ˌmasse** *f* masse gazeuse; **~ˌmenge** *f* quantité *f* de gaz; **~ˌmesser** *m* ⟨~s; ~⟩ compteur *m* à gaz; **~moleˌkül** *n* molécule gazeuse; **~ˌmotor** *m* moteur *m* à gaz; **~ˌofen** *m* radiateur *m*, poêle *m* à gaz; **~öl** *n* gas-oil [gazwal] *m*; **~o'lin** *n* ⟨~s⟩ *chim.* gazoline *f*; **~o'meter** *m* ⟨~s; ~⟩ gazomètre *m*; **~ome'trie** *f* ⟨~⟩ gazométrie *f*; **~peˌdal** *n* *Auto* accélérateur *m*; **~phlegˌmone** *f* ⟨~; ~n⟩ *cf.* Gasbrand; **~ˌprüfer** *m* appareil vérificateur de la teneur en gaz; **~ˌreiniger** *m* épurateur *m* de gaz; **~ˌreinigung** *f* épuration *f* de gaz; **~rohr** *n* tuyau *m* à gaz; **~rohrˌbruch** *m* rupture *f* de canalisation de gaz.

Gäßchen ['gɛsçən] *n* ⟨~s; ~⟩ ruelle *f*; venelle *f*.

Gas|schieber ['gaːsˌʃiːbər] *m* vanne *f* à gaz; **~schlauch** *m* tuyau *m* (flexible) à gaz; **~ˌ(schmelz)schweißung** *f techn.* soudure *f* autogène; **~schutz** *m* protection *f* contre les gaz.

Gasse ['gasə] *f* ⟨~; ~n⟩ rue étroite; ruelle *f*; *par ext.* rue *f*; (*Durchgang*) passage *m*; *fig.* **e-e ~ bilden** faire, former une 'haie; **ein Hansdampf in allen ~n sein** être partout à la fois; être un brasseur d'affaires; **~nˌhauer** *m* ⟨~s; ~⟩ chanson *f*, refrain *m* populaire; F rengaine *f*; **~nˌjunge** *m* gamin *m* des rues; polisson *m*; garnement *m*; F titi *m*.

Gas|sicherung ['gaːsˌzɪçərʊŋ] *f* obturateur *m*, soupape *f* de sûreté des appareils à gaz; **~strahl** *m* jet gazeux; **~ˌsuchgeˌrät** *n* détecteur *m* de fuites de gaz.

Gast [gast] *m* ⟨~es; ⸚e⟩ *e-s Restaurants* client(e) *m* (*f*); consommateur, -trice *m, f*; *ständiger* habitué(e) *m* (*f*); *e-s Hotels* client(e) *m* (*f*); hôte *m, f*; pensionnaire *m, f*; *e-s Landes, e-r Regierung etc.* hôte *m, f* (*auch fig.*); *privater bzw. eingeladener* invité(e) *m* (*f*); hôte *m, f*; *beim Essen* convive *m, f*; (*Besucher*) visiteur, -euse *m, f*; **Gäste haben** *auch* avoir du monde; **j-n zu ~ bitten** inviter qn. à déjeuner, à dîner; **wollen Sie mein ~ sein?** voulez-vous déjeuner, dîner avec moi?; **j-n bei sich zu ~ haben** compter, avoir qn. au nombre de ses invités; **bei j-m zu ~ sein** être l'invité(e) de qn.; **ein willkommener, gern gesehener ~** un(e) visiteur (-euse) bienvenu(e); *bei e-m Empfang etc.* **geladener ~** invité(e); personne conviée; **ein ungebetener ~** une personne non invitée; un(e) intrus(e) (*auch fig.*); **ein seltener ~** un(e) visiteur (-euse), une personne qu'on voit rarement; *Schauspieler etc.* **als ~** (*abr.* **a. G.**) hôte du théâtre, de la troupe, *etc.*; *Parkplatz* **nur für Gäste** (parking) réservé aux clients; **~ˌarbeiter(in)** *m* (*f*) travailleur étranger, travailleuse étrangère *m, f*; **~bett** *n* lit *m* pour les invités; **~diriˌgent** *m* chef d'orchestre invité (à diriger un orchestre); hôte *m*.

Gästebuch ['gɛstəˌbuːx] *n* livre *m* des hôtes, des visiteurs.

Gasteer ['gaːsteːr] *m* goudron *m* de gaz.

gast|frei ['gastfraɪ] *adj.* hospitalier, -ière; **2ˌfreiheit** *f* hospitalité *f*; **2freund** *m litt.* hôte *m*; **~ˌfreundlich** *adj.* hospitalier, -ière; **2ˌfreundlichˌkeit** *f*, **2ˌfreundschaft** *f* hospitalité *f*; **2ˌgeber(in)** *m* ⟨~s; ~⟩ (*f*) ⟨~; ~nen⟩ hôte, -esse *m, f*; *litt.* amphitryon *m*; **2geberˌstaat** *m* État *m* qui donne l'hospitalité (à ...); **2haus** *n*, **2hof** *m* hôtel *m*; restaurant *m*; *vornehm* hôtellerie *f*; *ländlich* auberge *f*; **2ˌhörer(in)** *m* (*f*) *e-r Universität* auditeur, -trice *m, f* libre; **~ieren** [-'tiː-] *v/i.* ⟨*pas de ge-*, h⟩ *thé. etc.* se produire, jouer, donner des représentations (lors de sa tournée); **2land** *n* pays *m* d'accueil; **~lich 1.** *adj.* hospitalier, -ière; accueillant; **2.** *adv.* **~ aufnehmen** accueillir d'une façon hospitalière; **2lichˌkeit** *f* ⟨~⟩ hospitalité *f*; caractère hospitalier;

Ω**mahl** *n litt.* banquet *m*; festin *m*; Ω**proˌfessor** *m* professeur étranger à l'université, hôte de l'université; Ω**recht** *n* droit *m* d'hospitalité; ~ **gewähren** donner l'hospitalité; **in Frankreich** ~ **genießen** jouir de l'hospitalité de la France.

gastr|isch [ˈgastrɪʃ] *adj. méd.* gastrique; Ω**itis** [-ˈtriː-] *f* ⟨~; -ˈtiden⟩ *méd.* gastrite *f*.

Gastrolle [ˈgastˌrɔlə] *f thé.* rôle *m* d'un acteur étranger à la troupe; *fig.* **e-e kurze** ~ **geben** faire une brève visite.

Gastro|nom [gastroˑˈnoːm] *m* ⟨~en; ~en⟩ gastronome *m*; *cf. auch* **Gastwirt**; **~noˈmie** *f* ⟨~⟩ gastronomie *f*; Ωˈ**nomisch** *adj.* gastronomique; **~ˈpoden** *m/pl. zo.* gastropodes *m/pl.*; **~ˈskop** *n* ⟨~s; ~e⟩ *méd.* gastroscope *m*; **~skoˈpie** *f* ⟨~⟩ *méd.* gastroscopie *f*.

Gastrula [ˈgastruˑla] *f* ⟨~⟩ *biol.* gastrula *f*; **~tiˈon** *f* ⟨~⟩ *biol.* gastrulation *f*.

Gast|spiel [ˈgastʃpiːl] *n* représentation *f*, spectacle *m* d'acteur(s) en tournée; **~spielˌreise** *f* tournée *f*; **~ˌstätte** *f* (petit) restaurant *m*; café *m*; *auf dem Land* auberge *f*; **~stättengeˌwerbe** *n* industrie hôtelière; hôtellerie *f*; **~stättenˌordnung** *f* règlement hôtelier; **~stättenˌwesen** *n* restaurants *m/pl.*

Gasturbine [ˈgaːsturˌbiːnə] *f* turbine *f* [à gaz.]

Gast|vorlesung [ˈgastˌfoːrleːzuŋ] *f* conférence donnée par un professeur étranger à l'université, hôte de l'université; **~ˌvorstellung** *f cf.* **Gastspiel**; **~ˌwirt(in)** *m (f)* restaurateur, -trice *m, f*; hôtelier, -ière *m, f*; aubergiste *m, f*; **~ˌwirtschaft** *f cf.* **Gaststätte** *u.* **Gasthaus**; **~ˌzimmer** *n* chambre *f* d'hôte(s); *privat* chambre *f* d'ami(s).

Gas|uhr [ˈgaːsˀuːr] *f* compteur *m* à gaz; Ω**verˌgiftet** *adjt.* asphyxié par le gaz; **~verˌgiftung** *f* asphyxie *f* par le gaz; **~verˌsorgung** *f* approvisionnement *m*, alimentation *f* en gaz; distribution *f* de gaz; **~ˌwechsel** *m biol.* échanges *m/pl.* gazeux; **~werk** *n* usine *f* à gaz; **Angestellter e-s ~es** gazier *m*; **~ˌzähler** *m cf.* **~uhr**; **~ˌzelle** *f Luftschiff* ballonnet *m*; **~ˌzufuhr** *f* admission *f*, arrivée *f* de gaz; *Vorgang* amenée *f* de gaz.

Gat(t) [gat] *n* ⟨~(e)s; ~en *od.* ~s⟩ *mar.* (*Loch*) trou *m*; (*enge Durchfahrt*) chenal *m*.

Gatte [ˈgatə] *m* ⟨~n; ~n⟩ époux *m*; mari *m*; **die ~n** les époux; les conjoints; **~nˌliebe** *f* amour conjugal; **~nˌwahl** *f* choix *m* d'un époux, d'une épouse.

Gatter [ˈgatər] *n* ⟨~s; ~⟩ treillage *m*; treillis *m* (en lattes); *e-r* **~säge** châssis *m*; *e-r Spinnmaschine* râtelier *m* de bobines; **~ˌsäge** *f* scie alternative verticale à lames multiples; **~ˌtor** *n* porte *f* à claire-voie.

gattieren [gaˈtiːrən] *v/t.* ⟨*pas de ge-*, h⟩ *techn.* mélanger.

Gattin [ˈgatɪn] *f* ⟨~; ~nen⟩ épouse *f*; femme *f*.

Gattung [ˈgatuŋ] *f* ⟨~; ~en⟩ *biol.*, *Kunst etc.* genre *m*; *par ext.* espèce *f*; sorte *f*; **~sbeˌgriff** *m* notion *f* générique; **~sˌkauf** *m comm.* achat déterminé génériquement; **~sˌname** *m* nom *m* générique; *gr.* nom commun; **~sˌschuld** *f* dette, obligation déterminée quant au genre.

Gau [gau] *m* ⟨~(e)s; ~e⟩ *hist. etwa* province *f*.

Gaube [ˈgaubə] *f* ⟨~; ~n⟩ *bât. cf.* **Dachgaube**.

Gauchheil [ˈgauxhaɪl] *m* ⟨~(e)s; ~e⟩ *bot.* mouron *m*; *sc.* anagallis *f*.

Gaucho [ˈgautʃoˑ] *m* ⟨~(s); ~s⟩ gaucho [gotʃo, goʃo] *m*.

Gaudi [ˈgaudiˑ] F *f* ⟨~⟩, *n* ⟨~s⟩, **~um** *n* ⟨~s⟩ plaisir *m*; amusement *m*; **zum Gaudium der Zuschauer** à l'amusement des spectateurs; F **e-e richtige Gaudi** une vraie partie de plaisir.

gaufrier|en [goˑˈfriːrən] *v/t.* ⟨*pas de ge-*, h⟩ *techn.* gaufrer; Ω**en** *n* ⟨~s⟩ gaufrage *m*; Ω**kaˌlander** *m* gaufreuse *f*.

Gauk|elbild [ˈgaukəlˌbɪlt] *n* image trompeuse; illusion *f*; **~eˈlei** *f* ⟨~; ~en⟩ jonglerie *f*; charlatanisme *m*; cabotinage *m*; tours *m/pl.* de passe-passe; fantasmagorie *f*; Ω**eln** *v/i.* ⟨-(e)le, h, *doublé d'une indication de direction* sein⟩ *Schmetterling* voltiger; **~elˌspiel** *n*, **~elˌwerk** *n cf.* **~elei**; **~ler** *m* ⟨~s; ~⟩ saltimbanque *m*; *hist.* jongleur *m*; bateleur *m*; **~lerˌblume** *f bot.* mimulus [-ys] *m*; Ω**lerˌhaft**, Ω**leˌrisch** *adj.* trompeur, -euse; fantasmagorique.

Gaul [gaul] *m* ⟨~(e)s; ~e⟩ F (*Pferd*) cheval *m*; *péj.* canasson *m*; rosse *f*; **e-m geschenkten ~ schaut man nicht ins Maul** *prov.* qui reçoit un cadeau s'abstiendra de l'examiner de trop près.

Gaullis|mus [goˑˈlɪsmus] *m* ⟨~⟩ *pol.* gaullisme *m*; **~t** *m* ⟨~en; ~en⟩ gaulliste *m*; Ω**tisch** *adj.* gaulliste.

Gaumen [ˈgaumən] *m* ⟨~s; ~⟩ *anat.* palais *m*; **harter** ~ voûte palatine, du palais; **weicher** ~ voile *m* du palais; *fig.* **e-n feinen ~ haben** avoir un fin palais; **~ˌbein** *n anat.* os palatin; **~ˌkitzel** *m* ⟨~s⟩ ce qui chatouille, flatte le palais; régal *m* pour le palais; **~ˌlaut** *m phon.* palatale *f*; **~ˌplatte** *f méd.* obturateur *m* du palais; palais artificiel; **~ˌsegel** *n anat.* voile *m* du palais; **~ˌspalte** *f méd.* scissure *f* du palais; gueule-de-loup *f*.

Gauner [ˈgaunər] *m* ⟨~s; ~⟩ escroc [-kro] *m*; filou *m*; fripon *m*; fripouille *f*; **~ˌbande** *f* bande *f* d'escrocs; **~ei** [-ˈraɪ] *f* ⟨~; ~en⟩ escroquerie *f*; filouterie *f*; friponnerie *f*; Ω**ˌhaft**, Ω**isch** *adj.* d'escroc; de filou; de fripon; **~ˌsprache** *f* langue *f*, argot *m* du milieu; **~ˌstreich** *m*, **~ˌstück** *n cf.* **~ei**; **~ˌtum** *n* ⟨~(e)s⟩ escroquerie *f*; escrocs *m/pl.*; **~ˌwelt** *f* monde *m* des escrocs; pègre *f*.

Gaur [ˈgauər] *m* ⟨~s⟩ *zo.* gaur *m*.

Gauß [gaus] *n* ⟨~; ~⟩ *phys. Maßeinheit* gauss [gos] *m*.

Gautschpresse [ˈgautʃˌprɛsə] *f Papierherstellung* presse coucheuse.

Gavotte [gaˈvɔtə] *f* ⟨~; ~n⟩ *mus.* gavotte *f*.

Gaze [ˈgaːzə] *f* ⟨~; ~n⟩ *text.* gaze *f*; **~ˌstreifen** *m* bande *f* de gaze.

Gazelle [gaˈtsɛlə] *f* ⟨~; ~n⟩ *zo.* gazelle *f*.

G-Dur [ˈgeːduːr] *n* ⟨~⟩ *mus.* sol *m* majeur.

Geächtete(r) [gəˈˀɛçtətə(r)] *f (m)* ⟨→ A⟩ proscrit(e) *m (f)*; 'hors-la-loi *m*.

Geächze [gəˈˀɛçtsə] *n* ⟨~s⟩ gémissement(s) *m (pl.)*.

Geäder [gəˈˀɛːdər] *n* ⟨~s⟩ *anat. etc.* veines *f/pl.*; veinules *f/pl.*; *bot. meist* nervures *f/pl.*; *in Stein, Holz auch* marbrures *f/pl.*; veinure *f*.

geartet [gəˈˀaːrtət] *adjt.* **anders** *etc.* ~ différent, *etc.* de nature; d'un naturel, d'un caractère différent, *etc.*; **er ist so** ~ il est ainsi fait.

Geäst [gəˈˀɛst] *n* ⟨~es⟩ branchage *m*; ramure *f*.

Gebäck [gəˈbɛk] *n* ⟨~(e)s; ~e⟩ pâtisserie(s) *f (pl.)*; petits gâteaux; gâteaux secs.

Gebackene(s) [gəˈbakənə(s)] *n* ⟨→ A⟩ chose(s) cuite(s) au four.

Gebalge [gəˈbalgə] *n* ⟨~s⟩ bataille *f*; lutte *f*; *pfort.* bagarre *f*.

Gebälk [gəˈbɛlk] *n* ⟨~(e)s⟩ *bât.* charpente *f*; poutrage *m*; *e-s Säulentempels* entablement *m*; **~ˌträger** *m bât.* atlante *m*.

gebar [gəˈbaːr] *cf.* **gebären**.

Gebärde [gəˈbɛːrdə] *f* ⟨~; ~n⟩ geste *m*; Ω**n** *v/réfl.* ⟨-ete, h⟩ **sich** ~ se conduire, se comporter (**wie toll** comme un fou furieux); **~nˌspiel** *n e-s Schauspielers etc.* mimique *f*; gestes *m/pl.*; **~nˌsprache** *f* langage *m* par gestes; langage *m* mimique.

gebaren [gəˈbaːrən] **I** *v/réfl.* ⟨*p. p.* gebart, h⟩ **sich** ~ se conduire; se comporter; **II** Ω *n* ⟨~s⟩ façon *f* de se conduire; agissements *m/pl.*; attitude *f*.

gebären [gəˈbɛːrən] **I** *v/t.* ⟨gebärt *od. st. s.* gebiert, gebar, geboren, h⟩ enfanter; donner naissance à (*auch fig.*); accoucher de; mettre au monde; **geboren werden** naître; **er ist, wurde am ... geboren** il est né, il naquit le ...; *cf. auch* **geboren**; **II** Ω *n* ⟨~s⟩ enfantement *m*; accouchement *m*; *sc.* parturition *f*; Ω**de** *f* ⟨→A⟩ femme *f* qui accouche; *sc.* parturiente *f*.

Gebärmutter [gəˈbɛːrˌmutər] *f anat.* utérus [-ys] *m*; matrice *f*; **~ˌband** *n anat.* ligament utérin; **~entˌzündung** *f méd.* inflammation *f* de la matrice; métrite *f*; **~ˌhals** *m anat.* col *m* de l'utérus; **~ˌkörper** *m anat.* corps *m* de l'utérus; **~ˌkrebs** *m méd.* cancer *m* de l'utérus; **~ˌsenkung** *f méd.* descente *f* de l'utérus; **~ˌspiegel** *m méd.* spéculum [-ɔm] utérin; **~ˌvorfall** *m méd.* prolapsus [-ys] utérin.

Gebäude [gəˈbɔydə] *n* ⟨~s; ~⟩ bâtiment *m*; bâtisse *f*; *großes, bemerkenswertes* édifice *m* (*auch fig.*); (*großes Wohn*Ω) immeuble *m*; *fig.* **geistiges** échafaudage *m*; **öffentliches** ~ bâtiment, édifice public; **~komˌplex** *m* ensemble *m* de bâtiments; **~ˌkosten** *pl.* charges *f/pl.* d'immeuble(s); **~ˌschaden** *m* dégâts causés aux bâtiments; **~ˌsteuer** *f* impôt *m* sur la propriété bâtie; **~ˌteil** *m* partie *f* d'un bâtiment; **~verˌsicherung** *f* assurance immobilière.

gebefreudig [ˈgeːbəˌfrɔydɪç] *adj.* donnant; généreux, -euse.

Gebeine [gəˈbaɪnə] *n/pl.* ossements *m/pl.*

Gebell [gəˈbɛl] *n* ⟨~(e)s⟩ aboiement(s) *m (pl.)*.

geben [ˈgeːbən] **I** *v/t.* ⟨**gibt, gab, gegeben**, h⟩ donner; *Brief zur Post, Zukker in den Tee etc.* mettre; *Kredit, Rabatt etc.* faire; *rad.* émettre; *Tennis* servir; *Kartenspiel* donner; *math.* faire; **wer gibt?** *auch* à qui la donne?; **10 durch 2 gibt 5** 10 divisé par 2 fait 5 *od.* égale 5; *thé.* **was wird gegeben?** F qu'est-ce qu'on donne?; **viel auf etw.** ~ faire grand cas de qc.; attacher, accorder beaucoup d'importance à qc.; **darauf gebe ich nichts** je n'y attache aucune importance; **viel darum** ~, **zu ...** donner cher pour ... (+ *inf.*); **etw. von sich** ~ a) dire qc.; b) (*erbrechen*) rendre qc.; **keinen Laut von sich** ~ ne souffler mot; ne pas proférer une parole; **j-m zu denken** ~ donner à penser, à réfléchir à qn.; **ich gebe Ihnen zu bedenken, daß ...** je vous signale que ...; vous devez considérer que ...; **j-m etw. zu verstehen** ~ faire comprendre qc. à qn.; **etw. verloren** ~ considérer qc. comme perdu; déclarer qc. perdu; F faire son deuil de qc.; **er gibt nicht gern** il n'est pas donnant; F **es j-m tüchtig** ~ donner à qn. ce qu'il mérite; *mit Worten* dire à qn. ses quatre vérités; F **gib's ihm!** vas-y!; **gut gegeben!** bien fait!; **gebe Gott, daß ...** fasse le Ciel que ... (+ *subj.*); *bibl.* **gebet dem Kaiser, was des Kaisers ist, und Gott, was Gottes ist** rendez à César ce qui est à César et à Dieu ce qui est à Dieu; **doppelt gibt, wer schnell gibt** *prov.* qui donne tôt donne deux fois *prov.*; **Antwort ~** répondre; donner (une) réponse; rendre réponse; **ein Fest ~** donner une fête; **in Druck ~** mettre sous presse; **s-n Sohn in die Lehre ~** mettre son fils en apprentissage; **e-m Pferd die Sporen ~** piquer des deux; éperonner un cheval; **zu etw. Veranlassung ~** donner lieu à qc.; **ein Wort gab das andere** un propos en amena un autre; **j-m ein Zeichen ~** faire (un) signe à qn.; *cf. auch die betreffenden Substantive*; **II** *v/réfl.* **sich ungezwungen** *etc.* **~** se montrer naturel, *etc.*; **sich gefangen ~** se rendre; se constituer prisonnier; **sich zu erkennen ~** se faire connaître; dévoiler son identité; **das wird sich schon ~** ça va s'arranger; F ça va se tasser; **III** *v/imp.* **es gibt** il y a; *litt.* il est; *pfort.* il existe; **es gibt Leute, die ...** il y a des gens qui ...; **es gibt welche, die ...** il y en a qui ...; **es gibt Fälle, wo ...** il y a, il est des cas où ...; **das gibt es nicht** cela n'existe pas; *Verbot* **das gibt's nicht!** c'est défendu!; c'est impossible!; pas question!; ça ne va pas!; **was gibt es?** qu'y a-t-il?; qu'est-ce qu'il y a?; **was gibt es Neues?** qu'y a-t-il de nouveau?; quoi de neuf?; **es gibt Regen** on aura de la pluie; il va pleuvoir; F **da hat's was gegeben** il s'est passé quelque chose; F il y a eu du sport, du grabuge; *Schläge etc.* F ça a bardé; F **gleich wird's was ~!** il va se passer quelque chose; F tu vas voir!; F **was es nicht alles gibt!** qu'est-ce qu'on ne voit pas!; **und wie es sich so gibt ...** et de fil en aiguille ...; **IV 2** *n* ⟨~s⟩ *meist verbal*; *Kartenspiel* donne *f*; **~ ist seliger denn Nehmen** *prov.* il vaut mieux donner que recevoir *prov.*

Geber|(in) ['ge:bər(ɪn)] *m* ⟨~s; ~⟩ (*f*) ⟨~; ~nen⟩ **1.** donneur, -euse *m, f*; **der ~ alles Guten** le dispensateur de tout bien; **2.** *m rad.* émetteur *m*; **~ˌlaune** *f* **in ~ sein** être d'humeur généreuse.

Gebet [gə'be:t] *n* ⟨~(e)s; ~e⟩ prière *f*; *liturgisches auch* oraison *f*; F patenôtre *f*; **stilles ~** prière, oraison mentale; **das ~ des Herrn** l'oraison dominicale; le Notre Père; **ein ~ verrichten** faire une prière; **~e murmeln** marmonner des prières; *fig.* **j-n ins ~ nehmen** faire des remontrances à qn.; réprimander qn.; **~ˌbuch** *n* livre *m* de prières; paroissien *m*.

gebeten [gə'be:tən] *cf.* bitten.

Gebets|mühle [gə'be:tsˌmy:lə] *f* moulin *m* à prières; **~ˌriemen** *m der Juden* phylactère *m*; **~ˌteppich** *m* tapis *m* pour la prière.

Gebettel [gə'bɛtəl] *n* ⟨~s⟩ mendicité *f*; demandes, prières incessantes.

gebeugt [gə'bɔʏkt] *adjt. u. advt. Körperhaltung* courbé; **~ gehen** marcher, se tenir courbé; *cf. auch* beugen.

Gebiet [gə'bi:t] *n* ⟨~(e)s; ~e⟩ **1.** *géogr.* territoire *m*; région *f*; zone *f*; **überseeisches ~** territoire d'outre-mer; **landwirtschaftliches ~** région agricole; **dünn besiedelte ~e** régions à faible densité démographique, faiblement peuplées; **2.** *fig.* domaine *m*; **ein weites ~** un vaste domaine; **auf dem ~ der Technik** *etc.* dans le domaine de la technique, *etc.*; **2en I** *v/t.* ⟨*irr., p. p.* geboten, h⟩ *litt.* **j-m etw. ~** commander, ordonner, *pfort.* enjoindre qc. à qn.; *Achtung, Schweigen* commander, imposer qc. à qn.; **II** *v/i.* régner (**über** sur); commander; être le maître (de); **~er(in)** *m* ⟨~s; ~⟩ (*f*) ⟨~; ~nen⟩ maître, -esse *m, f*; **2eˌrisch 1.** *adj.* impérieux, -euse; impératif, -ive; **2.** *adv.* **etw. ~ fordern** exiger qc. impérativement, impérieusement, d'une façon impérative, d'une façon impérieuse; **~sˌabtretung** *f* cession territoriale; abandon *m* de territoire; **~sˌanspruch** *m* revendication territoriale, de territoire; **~sˌaustausch** *m* échange territorial, de territoires; **~serˌweiterung** *f* accroissement, agrandissement territorial, de territoire; **~sˌhoheit** *f* souveraineté territoriale; **~sˌkörperschaft** *f* personne morale territoriale; collectivité territoriale; **~sˌstand** *m* situation *f* du point de vue territorial; **~sverˌletzung** *f* violation territoriale, de territoire; **2sˌweise** *adv.* par régions, territoires; **~ aufheiternd** éclaircies par endroits.

Gebilde [gə'bɪldə] *n* ⟨~s; ~⟩ chose *f*; figure *f*; création *f*; formation *f*; produit *m*; construction *f*; organisme *m*; **ein eigenartiges, formloses ~** une figure bizarre, informe; une chose aux formes bizarres, sans forme; **2t** *adjt.* cultivé; **~ sein** *auch* avoir des lettres; **akademisch ~ sein** avoir fait des études universitaires; **~te(r)** *f* (*m*) ⟨→A⟩ personne cultivée; **die ~n** les gens cultivés.

Gebimmel [gə'bɪməl] *n* ⟨~s⟩ tintement *m*.

Gebirg|e [gə'bɪrgə] *n* ⟨~s; ~⟩ **1.** (chaîne *f* de) montagnes *f/pl.*; **2.** *mines* roche *f*; **festes, schwimmendes ~** roche compacte, ébouleuse; **2ig** *adj.* montagneux, -euse; **~sˌart** *f cf.* ~e 2.; **~sartilleˌrie** *f* artillerie *f* de montagne; **~sˌausläufer** *m* contrefort *m* (de montagne); **~sˌbach** *m* torrent *m*; ravine *f*; **~sˌbahn** *f chem.* chemin de fer *m* de montagne; **~sbeˌschreibung** *f sc.* orographie *f*; **~sbeˌwohner(in)** *m* (*f*) montagnard(e) *m* (*f*); **~sˌbildung** *f géol.* formation *f* de montagnes; *sc.* orogénèse *f*; **~sˌdorf** *n* village *m* de montagne; **~sˌdruck** *m mines* pression *f*, poussée *f* de la roche; **~sˌfahrzeug** *n* véhicule adapté à la montagne; **~sˌgegend** *f* région, contrée montagneuse; **~sˌgrat** *m cf.* ~skamm; **~sˌjäger** *m milit.* soldat *m* de l'infanterie de montagne; *in Frankreich* chasseur alpin; **~sˌkamm** *m géol.* crête *f*, arête *f* de montagne; ligne *f* de faîte; **~sˌkette** *f* chaîne *f* de montagnes; **~sˌklima** *n* climat *m* de montagne; **~sˌkrieg** *m* guerre *f* en montagne; **~sˌlandschaft** *f* paysage montagneux, de montagnes; **~sˌluft** *f* air *m* de la montagne; **~sˌpaß** *m* col *m*; **~sˌschlucht** *f* gorge *f*; ravin *m*; **~sˌstock** *m géol.* massif *m* de montagnes; **~sˌtruppen** *f/pl. milit.* troupes *f/pl.* de montagne; **~sˌzug** *m cf.* ~skette.

Gebiß [gə'bɪs] *n* ⟨-sses; -sse⟩ **1.** *anat.* denture *f*; dentition *f*; dents *f/pl.*; *künstliches* dentier *m*; F râtelier *m*; **2.** *am Zaum des Pferdes* mors *m*.

gebissen [gə'bɪsən] *cf.* beißen.

Gebläse [gə'blɛ:zə] *n* ⟨~s; ~⟩ *techn.* soufflerie *f*; machine soufflante.

geblieben [gə'bli:bən] *cf.* bleiben.

Geblöke [gə'blø:kə] *n* ⟨~s⟩ bêlement(s) *m* (*pl.*).

geblümt [gə'bly:mt] *adjt.* *Stoff* à fleurs; *fig.* **~er Stil** style plein de fioritures.

Geblüt [gə'bly:t] *n* ⟨~(e)s⟩ sang *m*; lignée *f*; race *f*.

gebogen [gə'bo:gən] *adjt.* (re)courbé; courbe; incurvé; *Nase* busqué; *cf. auch* biegen.

geboren [gə'bo:rən] *adjt.* né; *Mädchenname* **~e X** née X; **sie ist e-e ~e X** son nom de jeune fille est X; *fig.* **der ~e Politiker, Schriftsteller** un politicien-né, un écrivain-né; **zu etw. ~ sein** être doué pour qc.; F avoir la bosse de qc.; *cf. auch* gebären.

geborgen [gə'bɔrgən] *adjt. u. advt.* en sécurité; à l'abri; 'hors de danger; **sich ~ fühlen** se sentir en sécurité; *cf. auch* bergen; **2ˌheit** *f* ⟨~⟩ sécurité *f*.

geborsten [gə'bɔrstən] *cf.* bersten.

Gebot [gə'bo:t] *n* ⟨~(e)s; ~e⟩ **1.** *relig.* commandement *m*; **die Zehn ~e** les dix commandements; le décalogue; *fig.* **es ist ein ~ der Vernunft, zu ...** la raison (nous) commande de ...; **das ~ der Stunde** le mot d'ordre du moment; **j-m zu ~e stehen** être à la disposition de qn.; **Not kennt kein ~** *prov.* nécessité n'a pas de loi *prov.*; **2.** *Verkehrszeichen* **~ für Radfahrer** piste obligatoire pour cyclistes; **3.** *comm. bei Versteigerung* offre *f*; *höheres* enchère *f*; **letztes ~** dernière enchère; **2en** *adjt.* qui s'impose; requis; **Eile ist ~** il importe de faire vite; la hâte s'impose; **kirchlich ~er Feiertag** fête d'obligation; *cf. auch* bieten *u.* gebieten; **~sˌzeichen** *n Verkehrszeichen* signal *m* d'obligation.

gebracht [gə'braxt] *cf.* bringen.

gebrannt [gə'brant] *cf.* brennen.

gebraten [gə'brɑ:tən] *cf.* braten; **2e(s)** *n* ⟨→ A⟩ ce qui est rôti, grillé, frit.

Gebräu [gə'brɔʏ] *n* ⟨~(e)s; ~e⟩ *péj.* breuvage *m*; mixture *f*.

Gebrauch [gə'braux] *m* ⟨~(e)s⟩ **1.** usage *m*; emploi *m*; utilisation *f*; **von etw. ~ machen** faire usage de qc.; *von e-m Recht, e-r List etc.* user de qc.; **von der Waffe ~ machen** faire usage de ses armes; **von e-m Recht ~ machen** user d'un droit; **in ~** en usage; employé; **in ~ kommen** passer dans l'usage; **außer ~** 'hors d'usage; **außer ~ kommen** *Sitten, Wörter etc.* tomber en désuétude; *Gegenstände* ne plus être employé; **zum allgemeinen, persönlichen ~** pour l'usage général, personnel; **zum äußeren, inneren ~** pour l'usage externe, interne; **ein Artikel des täglichen ~s** un article d'usage quotidien; **vor ~ schütteln** agiter avant l'emploi, l'usage; **der ~ s-s rechten Armes** l'usage de son bras droit; **sich im ~ der Waffen üben** s'exercer au maniement des armes; **2.** ⟨*pl.* ~e⟩ *cf.* Brauch; **die Sitten und Gebräuche** les us et coutumes; **2en** *v/t.* ⟨*p. p.* gebraucht, h⟩ **1.** employer; se servir de; utiliser; user de; *Werkzeug etc. auch* manier; **das ist nicht zu ~** on ne peut pas s'en servir; *Person u. Sache* **zu nichts zu ~ sein** être bon, -nne à rien; *Person* **zu allem zu ~ sein** être bon, -nne à toutes les sauces; **2.** F **das kann ich gut ~** cela me sera bien utile; *cf. auch* brauchen.

gebräuchlich [gə'brɔʏçlɪç] *adj.* usuel, -lle; d'usage; *Wörter meist* employé; usité; courant; **~ werden** passer dans l'usage; **nicht mehr ~** désuet, -ète; **2ˌkeit** *f* ⟨~⟩ *e-s Wortes etc.* emploi (courant).

Gebrauchs|anmaßung [gə'brauxsˌʔanmɑ:sʊŋ] *f jur.* utilisation irrégulière; usurpation *f*; **~ˌanweisung** *f* mode *m* d'emploi; **~arˌtikel** *m* article *m* d'usage courant; **~ˌdiebstahl** *m cf.*

~anmaßung; 2ˌfähig *adj.* utilisable; 2ˌfertig *adj.* prêt à l'usage, à l'emploi, à servir; ~ˌgegenstand *m* objet *m* d'usage courant; ~geˌschirr *n* vaisselle *f* ordinaire, d'usage courant; ~ˌgraphik *f* dessin *m* publicitaire; ~ˌgraphiker (-in) *m* (*f*) dessinateur, -trice *m, f* publicitaire; *für Plakate auch* affichiste *m, f*; ~muˌsik *f* musique *f* utilitaire; ~ˌmuster *n* modèle déposé; ~musterˌrecht *n* droit relatif aux modèles déposés; ~musterˌrolle *f* registre *m* des modèles déposés; ~musterˌschutz *m* protection *f* des modèles déposés; ~ˌrecht *n* droit *m* d'usage; ~ˌwert *m* valeur *f* utilitaire, d'utilisation.

gebraucht [gəˈbrauxt] *adjt.* qui a déjà servi; *pfort.* usagé; (*aus zweiter Hand*) d'occasion; etw. ~ kaufen acheter qc. d'occasion; 2ˌfahrzeug *n* véhicule *m* d'occasion; 2ˌwagen *m* voiture *f* d'occasion; 2wagenˌhändler *m* marchand *m* de voitures d'occasion; 2wagenˌschau *f* exposition *f* de voitures d'occasion; 2ˌwert *m* valeur *f* à l'état usagé.

Gebraus(e) [gəˈbraus, -zə] *n* ⟨-ses⟩ bruit *m*; bruissement *m*; mugissement *m*.

gebrech|en [gəˈbrɛçən] I *v/imp.* ⟨*irr., p. p.* gebrochen, h⟩ *litt.* es gebricht ihm an Erfahrung il manque d'expérience; l'expérience lui fait défaut; II 2en *n* ⟨~s; ~⟩ infirmité *f*; défaut *m*; ~lich *adj.* faible; caduc, -uque; décrépit; 2lichˌkeit *f* ⟨~⟩ faiblesse *f*; caducité *f*.

gebrochen [gəˈbrɔxən] *adjt. u. advt. seelisch* brisé; *Lichtstrahl* réfracté; *Linie* brisé; *Farbe* rompu; mit ~em Herzen le cœur brisé; *cf. auch* Herz; mit ~er Stimme d'une voix étranglée, brisée; *math.* ~e Zahl nombre fractionnaire; ~ Französisch, Deutsch *etc.* sprechen parler un mauvais français, allemand, *etc.*; F écorcher le français, l'allemand, *etc.*; F parler petit nègre; *cf. auch* brechen.

Gebrodel [gəˈbroːdəl] *n* ⟨~s⟩ bouillonnement *m*; grondement *m*.

Gebrüder [gəˈbryːdər] *pl.* frères *m/pl.*; die ~ Grimm les frères Grimm; *comm.* ~ X X frères.

Gebrüll [gəˈbryl] *n* ⟨~(e)s⟩ *e-s Rindes* mugissement(s) *m* (*pl.*); beuglement(s) *m* (*pl.*); meuglement(s) *m* (*pl.*); *e-s Löwen* rugissement(s) *m* (*pl.*); *e-s Tigers* rauquement(s) *m* (*pl.*); *von Menschen* vociférations *f/pl.*; *von Kindern* ʻhurlements *m/pl.*; braillements *m/pl.*

Gebrumm(e) [gəˈbrum(ə)] *n* ⟨~s⟩ *e-s Bären* grognement(s) *m* (*pl.*); *von Insekten* bourdonnement *m*; *e-s Motors* ronflement *m*; vrombissement *m*; bourdonnement *m*; *mürrisches e-r Person* bougonnement(s) *m* (*pl.*); ronchonnement(s) *m* (*pl.*).

Gebühr [gəˈbyːr] *f* ⟨~; ~en⟩ 1. *oft pl.* ~en droits *m/pl.*; taxe(s) *f* (*pl.*); *e-s Rechtsanwalts* honoraires *m/pl.*; e-e ~ erheben percevoir une taxe, des droits; *auf Postsendungen* ~ bezahlt port payé; taxe perçue; 2. ⟨*pas de pl.*⟩ nach ~ convenablement; selon ses mérites, ses fautes; über ~ plus que de raison; excessivement; outre mesure.

gebühren [gəˈbyːrən] I *v/i.* ⟨*p. p.* gebührt, h⟩ j-m ~ revenir, appartenir à qn. de droit; être dû, due à qn.; ihm gebührt Achtung le respect lui est dû, lui revient de droit; il a droit au respect; il mérite qu'on le respecte; er erhielt, was ihm gebührte il a reçu son dû; II *v/imp. u. v/réfl.* es gebührt sich nicht (für j-n) ... il ne convient pas (à qn.) de ...; 2ˌansage *f tél.* communication *f* de la taxe à payer; ~d 1. *adjt.* (qui est) dû, due (à qn.); qui convient; convenable; 2. *advt.* comme qn. le mérite; comme il convient; convenablement; comme il faut; dûment; comme de droit; ~derˈmaßen, ~derˈweise *adv. cf.* ~d 2.; 2erˌlaß *m* détaxe *f*; dispense *f*, exonération *f* de taxe(s), de droits; 2erˌmäßigung *f* réduction *f* de taxe(s), de droits; détaxe *f*; ~ˌfrei *adj.* exempt, affranchi de taxe(s), de droits; 2ˌfreiheit *f* franchise *f*, exemption *f* de taxe(s), de droits; 2ˌmarke *f* timbre fiscal; 2ˌordnung *f* règlement *m*, tarif *m* des taxes, des droits; *der Ärzte etc.* tarif *m* des honoraires; ~ˌpflichtig *adj.* soumis, assujetti à la taxe, à des droits; taxé; ~e Verwarnung avertissement taxé (sur place); *abus.* contravention *f*; 2ˌrechnung *f e-s Rechtsanwaltes etc.* note *f* d'honoraires; 2rückerˌstattung *f* remboursement *m* de taxe(s), de droits; 2ˌsatz *m* taux *m* des taxes, des droits; 2ˌzuschlag *m* taxe additionnelle; droits additionnels; surtaxe *f*.

gebührlich [gəˈbyːrlɪç] *adj.* convenable; décent; 2ˌkeit *f* ⟨~⟩ convenance *f*; décence *f*.

Gebums(e) [gəˈbums(ə), -zə] F *n* ⟨-ses⟩ coups, bruits sourds.

gebündelt [gəˈbʏndəlt] *adjt. Mohrrüben etc.* en botte; *Papier* en liasse; *Holz* en ligot; *Strahlen* en faisceau.

gebunden [gəˈbundən] *adjt.* 1. *Wärme* latent; *chim.* fixé; *mus.* lié; legato; *fig. durch ein Versprechen, vertraglich* lié; engagé; *an Regeln* assujetti (à); soumis (à); *comm.* ~e Preise prix imposés, contrôlés, limités; eidlich ~ sein être lié, engagé, tenu par un serment; an j-n ~ sein être lié à qn.; *von Personen* sich ~ fühlen se sentir engagé (vis-à-vis de); an das Haus ~ sein être tenu à la maison; mir sind die Hände ~ j'ai les mains liées; 2. in ~er Rede en vers; 3. *impr.* relié; in Leinen ~ relié en toile; *cf. auch* binden; 2ˌheit *f* ⟨~⟩ engagement *m*; assujettissement *m*.

Geburt [gəˈbuːrt] *f* ⟨~; ~en⟩ 1. naissance *f*; bei s-r ~ à sa naissance; *bei gleichem Subjekt auch* en naissant; seit s-r ~ dès sa naissance; von ~ an (*angeboren*) de naissance; von ~ an blind aveugle de naissance; die ~ Christi la Nativité; vor, nach Christi ~ avant, après Jésus-Christ; 2. (*Ursprung, Herkunft*) naissance *f*; extraction *f*; origine *f*; er ist von ~ Franzose il est Français de naissance; von vornehmer ~ d'illustre naissance, extraction; 3. (*Entbindung*) accouchement *m*; *litt.* enfantement *m*; e-e leichte, schwere ~ un accouchement facile, difficile; schmerzlose ~ accouchement sans douleur; *fig. u.* F das war e-e schwere ~ c'était (un accouchement) laborieux.

Geburten|beschränkung [gəˈbuːrtənbəˌʃrɛnkuŋ] *f* limitation *f* des naissances; restriction *f* de la natalité; Maßnahmen zur ~ mesures pour la limitation des naissances; ~ˌbuch *n beim Standesamt* registre *m* d'état civil; ~ˌhäufigkeit *f* natalité *f*; ~konˌtrolle *f* contrôle *m* des naissances; ~ˌregelung *f* régulation *f* des naissances; ~reˌgister *n cf.* ~buch; ~ˌrückgang *m* baisse *f* de la natalité; diminution *f* du nombre des naissances; dénatalité *f*; 2ˌschwach *adj.* de faible natalité; ~e Jahrgänge années creuses; 2ˌstark *adj.* de forte natalité; ~staˌtistik *f* statistique *f* des naissances; ~ˌüberschuß *m* excédent *m* des naissances; ~ˌzahl *f*, ~ˌziffer *f* (taux *m* de) natalité *f*; Rückgang der ~ *cf.* ~rückgang; ~ˌzuwachs *m* ʻhausse *f*, accroissement *m* de la natalité.

gebürtig [gəˈbʏrtɪç] *adj.* natif, -ive; né; de naissance; ~er Deutscher Allemand de naissance; né Allemand; ~er Berliner natif de, originaire de Berlin; né à Berlin; aus ... ~ sein être natif de...

Geburts|adel [gəˈbuːrtsˌʔaːdəl] *m* noblesse *f* héréditaire; ~ˌanmeldung *f* déclaration *f* de naissance; ~ˌanzeige *f private* faire-part *m* de naissance; ~ˌdatum *n* date *f* de naissance; ~ˌfehler *m* malformation *f* de naissance; ~geˌwicht *n* poids *m* de naissance; ~ˌhaus *n* maison natale; ~ˌhelfer *m* accoucheur *m*; Arzt und ~ médecin accoucheur; ~helferˌkröte *f zo.* alyte *m*; crapaud *m* accoucheur; ~ˌhilfe *f* 1. *als Wissenschaft* obstétrique *f*; 2. *Hilfeleistung* aide *f* à un accouchement; 2ˌhilflich *adj.* obstétrical; ~ˌjahr *n* année *f* de naissance; ~ˌland *n* pays natal; ~ˌname *m* nom *m* de jeune fille; ~ˌort *m* lieu *m* de naissance; ~pädaˌgogik *f* pédagogie *f* de l'accouchement; ~reˌgister *n* registre *m* d'état civil; ~ˌschein *m cf.* Geburtsurkunde; ~ˌstadt *f* ville natale; ~ˌstunde *f cf.* Geburtszeit.

Geburtstag [gəˈbuːrtsˌtaːk] *m* a) jour *m* de naissance; b) (jour) anniversaire *m*; ~ haben avoir son anniversaire; ich habe heute ~ c'est mon anniversaire aujourd'hui; j-m zum ~ gratulieren souhaiter un bon anniversaire à qn.; j-s ~ feiern fêter l'anniversaire de qn.; ~sˌbrief *m* lettre *f* pour (souhaiter) un anniversaire; ~sˌfeier *f* fête *f* d'anniversaire; ~sgeˌschenk *n* cadeau *m* d'anniversaire; ~sˌkarte *f* carte *f* d'anniversaire; ~sˌkind *n* personne *f* qui fête son anniversaire; ~sˌtisch *m in Deutschland* table *f* des cadeaux.

Geburts|urkunde [gəˈbuːrtsˌʔuːrkundə] *f* acte *m* de naissance; *als Abschrift* extrait *m*, bulletin *m* de naissance; ~ˌvorgang *m* accouchement *m*; ~ˌwehen *f/pl.* douleurs *f/pl.* de l'accouchement, *litt.* de l'enfantement; ~ˌzange *f chir.* forceps [-ɛps] *m*; ~ˌzeit *f* heure *f* de naissance.

Gebüsch [gəˈbʏʃ] *n* ⟨~es; ~e⟩ buissons *m/pl.*; dichtes ~ buissons épais.

Geck [gɛk] F *m* ⟨~en; ~en⟩ gommeux *m*; fat *m*; poseur *m*; alter ~ vieux beau; 2enˌhaft *adj.* fat; de gommeux; de poseur; ~enˌhaftigkeit *f* ⟨~⟩ manières *f/pl.* de gommeux, de fat, de poseur.

Gecko [ˈgɛkoˑ] *m* ⟨~s; ~s⟩ *zo.* gecko *m*.

gedacht [gəˈdaxt] *cf.* denken, gedenken.

Gedächtnis [gəˈdɛçtnɪs] *n* ⟨~ses; ~se⟩ mémoire *f*; zum ~ (von ...) à la mémoire (de qn.); en mémoire (de qn., de qc.); ein gutes ~ haben avoir une bonne mémoire; avoir une mémoire fidèle; ein schlechtes ~ haben n'avoir pas de mémoire; avoir une mauvaise mémoire; ein ~ wie ein Sieb haben avoir une mémoire de lièvre; n'avoir aucune mémoire; ein kurzes ~ haben avoir la mémoire courte; ein gutes ~ für Eigennamen *etc.* haben avoir la mémoire des noms propres, *etc.*; ein schlechtes ~ für Namen haben *auch* être brouillé avec les noms;

etw. im ~ behalten garder qc. en mémoire; etw. noch im ~ haben avoir qc. encore à la mémoire; **aus dem ~** de mémoire; **j-s ~ nachhelfen** rafraîchir la mémoire de qn.; aider la mémoire de qn.; j-m etw. ins ~ (zurück)rufen rappeler qc. à qn.; remettre qc. en mémoire à qn.; **sich etw. ins ~ zurückrufen** se remémorer qc.; **sein ~ anstrengen** faire un, des effort(s) de mémoire; **wenn mich mein ~ nicht trügt** si j'ai bonne mémoire; **mein ~ hat mich im Stich gelassen** la mémoire m'a fait défaut; **das ist meinem ~ entfallen** cela m'est sorti de la mémoire; **~...** *in Zssgn. cf. auch* **Gedenk...**; **~ˌfehler** *m* défaut *m* de mémoire; **~ˌfeier** *f* commémoration *f* (*auch relig.*); fête, cérémonie commémorative; **~ˌkraft** *f* mémoire *f*; **~ˌkunst** *f* mnémotechni(qu)e *f*; **~ˌlücke** *f* lacune *f*, trou *m* de mémoire; **~ˌrede** *f* discours *m* à la mémoire de qn., en mémoire de qc.; **~ˌsache** *f* **das ist reine ~** c'est uniquement une question de mémoire; **~ˌschwäche** *f* manque *m*, défaillance *f* de mémoire; **unter zeitweiliger ~ leiden** avoir des absences; **~ˌschwund** *m* perte *f* de la mémoire; amnésie *f*; **~ˌstörung** *f* trouble *m* de (la) mémoire; **~ˌstütze** *f* moyen *m* mnémotechnique; F *etwa* pense-bête *m*; **~ˌtraining** *n* entraînement *m* de la mémoire; **~ˌübung** *f* exercice *m* de mémoire.

gedackt [gəˈdakt] *adjt. Orgel* **~e Pfeife** tuyau fermé.

gedämpft [gəˈdɛmpft] *adjt. Ton, Schall, Geräusch* assourdi; étouffé; *Musik* en sourdine; *Stoß* amorti; *cuis.* à l'étuvée; à l'étouffée; *élect.* amorti; apériodique; *cf. auch* **dämpfen**.

Gedanke [gəˈdaŋkə] *m* ⟨~ns; ~n⟩ pensée *f*; idée *f*; **ein beruhigender ~** une pensée rassurante; **ein großartiger ~** une idée géniale; **ein komischer ~** une drôle d'idée; **der ~ an den Tod** l'idée de la mort; **~n sind (zoll)frei** on est libre de penser ce que l'on veut; **j-s ~n lesen** lire dans la pensée de qn.; **j-s ~n aufgreifen** (re)prendre l'idée de qn.; **auf j-s ~n eingehen** suivre l'idée de qn.; **sich mit dem ~n tragen** *od.* **mit dem ~n umgehen, zu ...** songer à ...; nourrir le projet de ...; **von e-m ~n besessen sein** être obsédé, dominé par une idée; **s-e ~n sammeln** rassembler ses idées; **das bringt mich auf e-n ~n** cela me donne une idée; **j-n auf andere ~n bringen** changer les idées de *od.* à qn.; distraire qn.; **plötzlich kam er auf den ~n** il eut, il lui vint soudain l'idée de; l'idée lui vint soudain de; **wie kommst du auf den ~n?** qu'est-ce qui te fait penser cela?; qu'est-ce qui te donne cette idée?; d'où te vient cette idée?; **dadurch kommt man auf schlechte ~n** cela vous donne de mauvaises idées; **in ~n** (*im Geiste*) mentalement; en esprit; par la pensée; **etw. in ~n vorüberziehen lassen** passer qc. mentalement en revue; **in ~n sein** être dans la lune; ne pas faire attention; **in ~n versunken sein** être plongé dans ses pensées; être absorbé dans ses réflexions; être pensif, -ive; **mit s-n ~n ganz woanders sein** avoir l'esprit, être tout à fait ailleurs; être dans la lune; **etw. in ~n tun** faire qc. machinalement; **wo bist du mit deinen ~n?** où as-tu l'esprit, la tête?; **s-n ~n nachhängen** suivre le cours de ses pensées; **sich ~n machen** s'inquiéter; se faire du souci; **kein ~ (daran)!** pas du tout!; loin de là!

Gedanken|arbeit [gəˈdaŋkənˌʔarbaɪt] *f* travail intellectuel; **Ձˌarm** *adj.* pauvre en idées; **~ˌarmut** *f* pauvreté *f* d'idées; *besser verbal*; **~ˌaustausch** *m* échange *m* d'idées, de vues; **~ˌblitz** *m* éclair *m* de génie; **~ˌflug** *m* élévation *f* des idées; **~ˌfolge** *f* suite *f* des idées; **ohne logische ~** sans aucune suite dans les idées; **~ˌfreiheit** *f* liberté *f* de pensée; **~ˌfülle** *f* richesse *f*, abondance *f* d'idées; **~ˌgang** *m* raisonnement *m*; cours *m*, suite *f*, ordre *m* des idées; **j-s Gedankengängen nicht folgen können** ne (pas) pouvoir suivre le raisonnement de qn.; **~ˌgut** *n* idées *f/pl.*; **~ˌlesen** *n verbal*; **~ˌleser(in)** *m* (*f*) personne qui lit (dans) la pensée d'autrui; **Ձˌlos 1.** *adj.* distrait; étourdi; irréfléchi; **2.** *adv.* distraitement; étourdiment; sans réfléchir; d'une manière irréfléchie; **~ˌlosigkeit** *f* ⟨~⟩ manque *m* d'attention; distraction *f*; inadvertance *f*; étourderie *f*; irréflexion *f*; **aus ~** par distraction; par étourderie; par manque d'attention; par inadvertance; **~ˌlyrik** *f* lyrisme inspiré par la réflexion; **Ձˌreich** *adj.* riche, fécond en idées; **~ˌreichtum** *m cf.* **~fülle**; **~ˌsplitter** *m* pensée détachée; aphorisme *m*; **~ˌsprung** *m* coq-à-l'âne *m* (*inv.*); **~ˌstrich** *m gr.* tiret *m*; **~ˌtiefe** *f* profondeur *f* des idées; **~überˌtragung** *f* transmission *f* de pensée; **~verˌbindung** *f* association *f* d'idées; **~verˌknüpfung** *f* liaison *f* d'idées; **Ձverˌloren** *adjt. u. advt.* perdu dans des *od.* ses pensées; **Ձˌvoll 1.** *adj.* pensif, -ive; (*sorgenvoll*) soucieux, -euse; **2.** *adv.* pensivement; soucieusement; *cf. auch* **Ձreich**; **~ˌwelt** *f* monde des idées, idéal; pensée *f*.

gedanklich [gəˈdaŋklɪç] *adj. u. adv.* en ce qui concerne les idées; du point de vue des idées.

Gedärm [gəˈdɛrm] *n* ⟨~(e)s; ~e⟩ *meist pl.* **~e** intestins *m/pl.*; boyaux *m/pl.*; (*Eingeweide*) entrailles *f/pl.*

Gedeck [gəˈdɛk] *n* ⟨~(e)s; ~e⟩ **1.** couvert *m*; **ein ~ auflegen** mettre un couvert; **2.** (*Menü*) menu *m*; repas *m* à prix fixe.

Gedeih [gəˈdaɪ] *m* **auf ~ und Verderb** pour le meilleur et pour le pire; **Ձen I** *v/i.* ⟨gedeiht, gedieh, gediehen, sein⟩ *Pflanzen etc.* pousser, croître bien; prospérer; réussir; *von Kindern* pousser; se développer; **die Sache ist soweit gediehen, daß ...** l'affaire en est venue à tel point que ...; **die Verhandlungen sind noch nicht soweit gediehen (, daß ...)** les négociations n'ont pas encore progressé à ce point (que ...); **unrecht Gut gedeiht nicht** *prov.* bien mal acquis ne profite jamais *prov.*; **II ~en** *n* ⟨~s⟩ *verbal*; **Ձlich** *adj.* (*förderlich*) profitable; utile.

gedenk|en [gəˈdɛŋkən] **I** *v/i.* ⟨*irr.*, *p. p.* gedacht, h⟩ **1. j-s, e-r Sache ~** évoquer la mémoire de qn., le souvenir de qc.; **2. etw. zu tun ~** compter, penser faire qc.; avoir l'intention, se proposer de faire qc.; **II Ձen** *n* ⟨~s⟩ mémoire *f* (de qn.); souvenir *m* (de qc.); **e-e Minute stillen ~s** une minute de silence (à la mémoire de, en souvenir de, en commémoration de); **Ձˌfeier** *f* cérémonie commémorative; commémoration *f*; **Ձˌrede** *f* discours *m* à la mémoire de, pour commémorer qc., qn.; **Ձˌstätte** *f* lieu commémoratif; **Ձˌstein** *m* pierre commémorative; **Ձˌstunde** *f* réunion consacrée à la mémoire, au souvenir (de); **Ձˌtafel** *f* plaque commémorative; **Ձˌtag** *m* (jour *m*) anniversaire *m*.

Gedicht [gəˈdɪçt] *n* ⟨~(e)s; ~e⟩ poésie *f*; vers *m/pl.*; *längeres* poème *m*; **ein ~ aufsagen** réciter une poésie, des vers; *fig. u.* F **das Kleid ist ein ~** cette robe est adorable, merveilleuse; **~ˌform** *f* **in ~** en vers; **~ˌsammlung** *f* recueil *m* de poésies; anthologie *f*.

gediegen [gəˈdiːgən] *adj. Metalle* natif, -ive; vierge; pur; *fig.* solide; F **du bist aber ~!** (*wunderlich*) tu es drôle!; **Ձˌheit** *f* ⟨~⟩ *von Metallen* pureté *f*; *fig.* solidité *f*.

gedieh(en) [gəˈdiː(ən)] *cf.* **gedeihen**.

Gedinge [gəˈdɪŋə] *n* ⟨~s; ~⟩ *mines* (*Akkordlohn*) **im ~** à la tâche; **~ˌarbeiter** *m* travailleur *m* à la tâche.

Gedonner [gəˈdɔnər] *n* ⟨~s⟩ tonnerre *m*.

Gedräng|e [gəˈdrɛŋə] *n* ⟨~s⟩ cohue *f*; foule *f*; bousculade *f*; *Rugby* mêlée *f*; **im ~** dans la cohue; dans la foule; dans la bousculade; *fig.* **ins ~ kommen** se trouver, être bousculé (par le temps); **Ձt 1.** *adjt.* serré; pressé; *Inhaltsangabe etc.* concis; sommaire; **~e Übersicht** aperçu *m*; sommaire *m*; **dicht ~** très serré; **2.** *advt.* sommairement; **~ voll** comble; **~theit** *f* ⟨~⟩ *e-r Inhaltsangabe etc.* concision *f*.

Gedröhn [gəˈdrøːn] *n* ⟨~(e)s⟩ vrombissement *m*.

gedroschen [gəˈdrɔʃən] *cf.* **dreschen**.

gedrückt [gəˈdrʏkt] *adjt. Stimmung etc.* pesant; pénible; *seelisch* abattu; triste; *cf. auch* **drücken**; **Ձheit** *f* ⟨~⟩ *der Stimmung* lourdeur *f*; *e-r Person* abattement *m*; tristesse *f*.

gedrungen [gəˈdrʊŋən] *adjt. Gestalt* trapu; ramassé; *cf. auch* **dringen**; **Ձˌheit** *f* ⟨~⟩ forme trapue, ramassée; corps trapu, ramassé.

Gedudel [gəˈduːdəl] *n* ⟨~s⟩ F *cf.* **Dudelei**.

Geduld [gəˈdʊlt] *f* ⟨~⟩ patience *f*; **etw. mit ~ ertragen** supporter qc. avec patience; prendre qc. en patience; **~ haben** avoir de la patience; **mit j-m ~ haben** être patient, user de patience avec qn.; **haben Sie ~ mit mir!** soyez patient avec moi!; **j-n um ~ bitten** prier qn. de prendre patience, de patienter; **die ~ verlieren** s'impatienter; perdre patience; **mit s-r ~ am Ende sein** être à bout de patience; **jetzt reißt mir aber die ~** maintenant ma patience est à bout; **nur ~!** patience!; F **mit ~ und Spucke (fängt man eine Mucke)** *prov.* patience et longueur de temps (font plus que force ni que rage) *prov.*; **Ձen** *v/réfl.* ⟨-ete, *p. p.* geduldet, h⟩ **sich ~** patienter; prendre patience; **~ Sie sich bitte (ein wenig)!** patientez (un peu), s'il vous plaît!; **Ձig 1.** *adj.* patient; **Papier ist ~** *prov.* le papier souffre tout *prov.*; on fait dire au papier ce qu'on veut; **2.** *adv.* patiemment; avec patience; **etw. ~ über sich ergehen lassen** supporter patiemment qc.; **~sˌfaden** *m* **mir reißt der ~** ma patience est à bout; **~sˌprobe** *f* **j-n auf e-e ~ stellen** mettre la patience de qn. à l'épreuve; **~(s)ˌspiel** *n* (jeu *m* de) patience *f*.

gedungen [gəˈdʊŋən] *cf.* **dingen**.

gedunsen [gəˈdʊnzən] *adj. Gesicht* bouffi; boursouflé; **Ձˌheit** *f* ⟨~⟩ boursouflement *m*.

gedurft [gəˈdʊrft] *cf.* **dürfen**.

geehrt [gəˈʔeːrt] *adjt.* **sehr ~er Herr X!** (cher) Monsieur,; *cf. auch* **ehren**.

geeignet [gəˈʔaɪgnət] *adjt.* propre (à); approprié; qui convient; convenable; idoine; *von Personen* qualifié, désigné (pour); bon, -nne pour; apte à; idoine; **im ~en Augenblick** au moment convenable; **~e Maßnahmen** mesures appropriées; *cf. auch* **eignen.**

Geest(land) ['ge:st(lant)] *f* ⟨~; ~en⟩ (*n*) Geest *f*; régions morainiques sableuses de l'Allemagne du Nord.

GEE-System [ge:ˀe:'ˀe:zysˌte:m] *n rad.* (système *m*) gee *m.*

Gefach [gə'fax] *n* ⟨~(e)s; ~er⟩ casier *m.*

Gefahr [gə'fa:r] *f* ⟨~; ~en⟩ danger *m*; péril [-il] *m*; (*Wagnis*) risque *m*; **drohende ~** danger imminent; **in ~ sein** être en danger, en péril; **außer ~ sein** être 'hors de danger; (*in Sicherheit*) être à l'abri du danger; **auf eigene ~** à ses risques et périls; *comm.* **auf ~ des Empfängers** aux risques et périls du destinataire; **in ~ schweben** être en danger; avoir un danger suspendu au-dessus de sa tête; **in ~ bringen** *cf.* **gefährden; ~ wittern** flairer le danger; **es besteht ~, daß die Deiche brechen** les digues risquent de se rompre; **es ist ~ im Verzug** il y a du danger à l'horizon; il y a péril en la demeure; **auf die ~ hin, alles zu verlieren** au risque de tout perdre; **~ laufen, zu ...** risquer de ...; courir le risque de ...; **e-r ~ entrinnen** échapper à un danger; **sich e-r ~ aussetzen, sich in ~ begeben** s'exposer à un danger; **wer die ~ sucht, kommt darin um** *prov.* qui cherche le danger y périra; **2ˌbringend** *adjt. cf.* **gefährlich.**

gefährde|n [gə'fɛ:rdən] *v/t.* ⟨-ete, *p.p.* gefährdet, h⟩ compromettre; être un danger pour; porter atteinte à; menacer; mettre en danger, en péril; **den Frieden ~** compromettre la paix; **j-s Existenz ~** compromettre l'existence de qn.; **den Verkehr ~** être un danger pour la circulation; **die Staatssicherheit ~** porter atteinte à, compromettre la sécurité de l'État; **den Warenabsatz ~** menacer les ventes; (ernstlich) **gefährdet sein** être (sérieusement) compromis, menacé; être (sérieusement) en danger; **die Absatzmärkte sind gefährdet** les débouchés sont menacés; *Schule* **die Versetzung ist gefährdet** le passage dans la classe supérieure est compromis; **gefährdete Jugend** jeunesse en danger; **2te(r)** *f* (*m*) ⟨→ A⟩ personne *f* en danger (moral); **2tenˌfürsorge** *f* aide sociale aux personnes en danger (moral).

gefahrdrohend [gə'fa:rˌdro:ənt] *adjt.* menaçant.

Gefährdung [gə'fɛ:rduŋ] *f* ⟨~; ~en⟩ mise *f* en danger; menace *f* (pour); atteinte *f* (à); *od. verbal*; **wegen ~ der Staatssicherheit** pour atteinte à la sécurité de l'État; **~sˌhaftung** *f jur.* responsabilité *f* pour le danger causé.

Gefahr|engemeinschaft [gə'fa:rəngəˌmaınʃaft] *f* communauté *f* de risques; **~enˌherd** *m pol.* foyer *m* de conflits, de troubles; **~enˌklasse** *f Versicherung* catégorie *f* de risques; **~enˌquelle** *f* source *f* de danger, de péril; **~enˌschild** *n Straßenverkehr* panneau *m* de danger; **~enˌstelle** *f Verkehrsschild* **allgemeine ~** danger; **~enˌübergang** *m cf.* **Gefahrübergang; ~enˌzone** *f* zone dangereuse; **~enˌzulage** *f* indemnité *f* de risques; **~erˌhöhung** *f* aggravation *f*, augmentation *f* des risques.

gefährlich [gə'fɛ:rlıç] **1.** *adj.* dangereux, -euse; *pfort. von Sachen auch* périlleux, -euse; **ein ~er Gegner** un adversaire dangereux; **ein ~er Bursche** un type dangereux; un dangereux individu; **e-e ~e Arbeit** un travail dangereux; **es ist ~, zu ...** il est dangereux de ...; il y a du danger à ...; **ein ~es Spiel treiben** jouer un jeu dangereux; **sich in e-r ~en Lage befinden** se trouver dans une situation dangereuse, périlleuse; F **das ist nicht so ~!** ça n'est pas grave!; ça ne fait rien!; **2.** *adv.* dangereusement; **~ˌkeit** *f* ⟨~⟩ **die ~ e-s Gegners, e-r Krankheit** *etc.* le danger que représente un adversaire, une maladie, *etc.*

gefahrlos [gə'fa:rˌlo:s] *adj.* sans danger; sans risque; **2igˌkeit** *f* ⟨~⟩ *verbal.*

Gefährt [gə'fɛ:rt] *n* ⟨~(e)s; ~e⟩ véhicule *m*; **~e** *m* ⟨~n; ~n⟩ **1.** (*Reise2, Lebens2*) compagnon *m*; **2.** *mus. Fuge* réponse *f*; **~in** *f* ⟨~; ~nen⟩ compagne *f.*

Gefahr|übergang [gə'fa:rˌˀy:bərgaŋ] *m jur.* transfert *m* de risques; **2ˌvoll** *adj. cf.* **gefährlich.**

Gefälle [gə'fɛlə] *n* ⟨~s; ~⟩ **1.** *e-s Geländes* déclivité *f*; pente *f* (*auch von Gewässern*); inclinaison *f*; *élect.* chute *f*; **starkes ~** forte déclivité; **bei e-m ~ von 10 %** dans une pente de 10 %; **2.** *fig.* (*Unterschied*) différence *f*; écart *m*; disparité *f*; **3.** *phys.* gradient *m.*

gefallen [gə'falən] **I** *v/i.* ⟨*irr., p.p.* gefallen, h⟩ **1.** plaire (à qn.); **das gefällt mir gut** cela me plaît bien; **wie gefällt Ihnen ...?** comment trouvez-vous ...?; que dites-vous de ...?; que pensez-vous de ...?; (**wie**) **gefällt es Ihnen hier?** vous plaisez-vous ici?; **mir gefällt es hier** je me plais ici; **du gefällst mir nicht** (*siehst krank aus*) tu as mauvaise mine; **2. sich etw. ~ lassen** supporter, accepter qc.; se laisser faire (*abs.*); se laisser marcher sur les pieds (*abs.*); **er läßt sich alles ~** il se laisse toujours faire; il se laisse toujours marcher sur les pieds; **das brauchst du dir nicht ~ zu lassen** tu n'as pas besoin de, tu ne dois pas te laisser faire; **das lasse ich mir nicht ~** je ne supporte, ne permets, n'accepte pas cela; **sich nichts ~ lassen** ne pas se laisser faire; ne pas se laisser marcher sur les pieds; **das lasse ich mir ~!** ça c'est bien!; voilà qui fait plaisir (à entendre, à apprendre)!; **das lasse ich mir noch ~** cela passe encore; **II** *v/réfl.* **sich in etw. ~** se (com)plaire à, en, dans qc. *od.* à faire qc.; **III** *p.p. cf.* **fallen; IV 2** *n* ⟨~s⟩ **~ finden an etw.** trouver, prendre (du) plaisir à (faire) qc.; se plaire à faire qc.; **er fand ~ an ihr** elle lui plut; **V 2** *m* ⟨~s; ~⟩ service *m*; faveur *f*; **j-m e-n ~ tun** rendre un service à qn.; **würden Sie mir e-n ~ tun und ...?** auriez-vous l'obligeance de ... (+ *inf.*)?; pourriez-vous me faire le plaisir de ... (+ *inf.*)?; pourriez-vous me rendre service en ... (+ p. pr.)?; **Ihnen zu ~** pour vous faire plaisir; pour vous être agréable.

Gefallen|endenkmal [gə'falənənˌdɛŋkma:l] *n* monument *m* aux morts; **~e(r)** *m* ⟨→ A⟩ mort *m* à la guerre, pour la patrie, au champ d'honneur.

gefällig [gə'fɛlıç] **1.** *adj. Person* complaisant; obligeant; *Anblick etc.* agréable; plaisant; **j-m ~ sein** être complaisant, obligeant envers qn.; être agréable à qn.; obliger qn.; **ein ~es Wesen haben** être complaisant; **sonst noch etw. ~?** et avec cela?; vous désirez encore?; **Bier ~?** bière (Mesdames, Messieurs)?; **2.** *adv.* complaisamment; avec complaisance; **sich ~ erweisen, zeigen** se montrer complaisant; **etw. ~ darbieten** présenter qc. d'une façon agréable; **2ˌkeit** *f* ⟨~; ~en⟩ complaisance *f*; obligeance *f*; **aus ~** par complaisance; **darf ich Sie um e-e ~ bitten?** puis-je vous demander un service, une faveur?; voudriez-vous me faire plaisir?; **2keitsakˌzept** *n comm.* acceptation *f* de complaisance; **2keitsˌwechsel** *m comm.* effet *m*, traite *f* de complaisance; **~st** *adv.* je vous prie; **machen Sie ~ die Tür zu!** je vous prie de fermer la porte; **halt ~ den Mund!** tu es prié, je te prie de te taire!

Gefall|sucht [gə'falˌzuxt] *f* coquetterie *f*; empressement *m* à plaire; **2ˌsüchtig** *adj.* coquet, -tte; empressé à plaire.

gefangen [gə'faŋən] *adjt.* prisonnier, -ière; captif, -ive; (*in Haft*) détenu; **sich ~ geben** se constituer prisonnier; *cf. auch* **fangen; 2enˌaustausch** *m* échange *m* de prisonniers; **2enbeˌfreiung** *f jur.* libération *f* de prisonniers; **2enˌfürsorge** *f* aide sociale aux détenus; **2enˌlager** *n* camp *m* de prisonniers; **2entransˌport** *m* convoi *m* de prisonniers; **2enˌwagen** *m* voiture *f*, fourgon *m* cellulaire; **2enˌwärter** *m cf.* **Gefängniswärter; 2e(r)** *f* (*m*) ⟨→ A⟩ prisonnier, -ière *m, f*; captif, -ive *m, f*; (*Inhaftierte[r]*) détenu(e) *m* (*f*); **~ˌhalten** *v/t.* ⟨*irr., sép.* -ge-, h⟩ détenir en prison; **2ˌhaltung** *f* ⟨~⟩ détention *f*; emprisonnement *m*; **2ˌnahme** *f* ⟨~⟩ capture *f*; prise *f*; **~ˌnehmen** *v/t.* ⟨*irr., sép.*, -ge-, h⟩ faire prisonnier, -ière; capturer; *fig.* captiver; **2ˌschaft** *f* ⟨~⟩ captivité *f*; **in ~ geraten** être fait prisonnier; **~ˌsetzen** *v/t.* ⟨-(es)t, *sép.*, -ge-, h⟩ mettre en prison.

Gefängnis [gə'fɛŋnıs] *n* ⟨~ses; ~se⟩ prison *f*; geôle *f*; F tôle *f*; bloc *m*; **j-n ins ~ stecken, werfen, schicken** mettre, jeter, envoyer qn. en prison; emprisonner qn.; **aus dem ~ ausbrechen** s'évader, s'échapper de la prison; **im ~ sitzen** être en prison; être détenu, emprisonné; faire de la prison; **~ mit Bewährung** prison avec sursis; **j-n zu zwei Jahren ~ verurteilen** condamner qn. à deux ans de prison; **mit ~ bestraft werden** *Person* être condamné à la prison; être passible de prison; *Sache* être puni de prison; **darauf steht ~** c'est puni de prison; *Gericht* **auf ~ erkennen** prononcer une peine d'emprisonnement; **~ˌarbeit** *f* travail *m* pénitentiaire; **~ˌarzt** *m* médecin *m* de prison; **~ˌaufseher** *m cf.* **~wärter; ~diˌrektor** *m* directeur *m* de prison; **~ˌgeistliche(r)** *m* aumônier *m* de prison; **~ˌhof** *m* cour *f* de prison; préau *m*; **~ˌmauer** *f* mur *m* de prison; **~persoˌnal** *n* personnel *m* pénitentiaire, de prison; **~ˌstrafe** *f* (peine *f* d') emprisonnement *m*; (peine *f* de) prison *f*; **j-n zu e-r ~ von sechs Jahren verurteilen** condamner qn. à six ans de prison; **e-e ~ absitzen** faire son temps de prison; **e-e ~ verhängen** prononcer une peine d'emprisonnement (**über** contre); **bei ~** sous peine d'emprisonnement; **darauf steht ~** c'est puni de prison; **~verˌwaltung** *f* administration *f* pénitentiaire; **~ˌwärter** *m* gardien *m* de prison; geôlier *m*; **~ˌwesen** *n* (régime *m* des) prisons *f/pl.*; **~ˌzelle** *f* cellule *f* de prison.

Gefasel [gə'fa:zəl] *péj. n* ⟨~s⟩ radotage *m*; baratin *m*; *cf. auch* **Faselei.**

Gefäß [gəˈfɛːs] *n* ⟨~es; ~e⟩ **1.** récipient *m*; **2.** *anat.*, *bot.* vaisseau *m*; **3.** (*Handschutz am Griff des Degens*) garde *f*; **~ˌbildung** *f* vascularisation *f*; **~ˌbündel** *n bot.* paquet *m* de vaisseaux; **≈erˌweiternd** *adjt. méd.* vaso-dilatateur, -trice; **~erˌweiterung** *f méd.* vaso-dilatation *f*; dilatation *f* des vaisseaux; *sc.* angiectasie *f*; **~geˌschwulst** *f méd.* tumeur *f* vasculaire; angiome *m*; **~ˌhaut** *f anat.* tunique *f* vasculaire; **~ˌkrampf** *m méd.* spasme *m* vasculaire; **~ˌmal** *n* nævus [nevys] *m* (*pl.* nævi) vasculaire; **~ˌnerv** *m* (nerf *m*) vaso-moteur *m*.

gefaßt [gəˈfast] *adj. u. adv.* **1.** (avec) calme; **e-e schlechte Nachricht ~ aufnehmen** recevoir une mauvaise nouvelle avec calme; **2. auf etw., alles ~ sein** s'attendre à qc., à tout; **sich auf das Schlimmste ~ machen** s'attendre au pire; F **er kann sich auf etw. ~ machen!** il peut s'attendre à qc.!; **3.** *cf.* **fassen**; **≈heit** *f* ⟨~⟩ contenance *f*; calme *m*.

gefäß|verengend [gəˈfɛːsfɛrˌˀɛŋənt] *adj. méd.* vaso-constricteur (*nur m*); **≈verˌengung** *f méd.* vaso-constriction *f*; constriction *f* des vaisseaux; **≈ˌwand** *f anat.* paroi *f* de vaisseau.

Gefecht [gəˈfɛçt] *n* ⟨~(e)s; ~e⟩ combat *m*; (*~sberührung*) engagement *m*; **außer ~ setzen** mettre 'hors de combat (*auch fig.*); *fig.* **im Eifer des ~s** dans le feu de l'action, du combat; **≈sbeˌreit** *adj.* prêt pour le combat; **~sbeˌreitschaft** *f verbal*; **~sbeˌrührung** *f* engagement *m*; **~sformatiˌon** *f* formation *f* de combat; **≈sˌklar** *adj. mar.* paré pour le combat; **~ machen** sonner le branle-bas de combat; **~sˌpause** *f* accalmie *f* (du combat); **~sˌstand** *m* poste *m* de commandement (au front); **~sˌstreifen** *m* zone *f* d'action; **~sˌvorposten** *m* avant-poste *m* de combat.

gefedert [gəˈfeːdərt] *adjt.* **1.** *Fahrzeug* suspendu; garni de ressorts; **gut ~ sein** avoir une bonne suspension; être bien suspendu; avoir de bons ressorts; **2.** *Holz* à languettes; **3.** *cf.* **federn**.

Gefege [gəˈfeːgə] *n* ⟨~s⟩ *ch.* (*vom Geweih abgefegter Bast*) lambeau *m*.

gefeit [gəˈfaɪt] *adj.* **gegen etw. ~ sein** être immunisé contre qc.

Gefiedel [gəˈfiːdəl] *n* ⟨~s⟩ *péj.* raclements *m/pl.* de violon.

Gefieder [gəˈfiːdər] *n* ⟨~s; ~⟩ plumage *m*; **≈t** *adj.* garni de plumes; emplumé; *bot.* penné; *Pfeile* empenné.

Gefilde [gəˈfɪldə] *poét. n* ⟨~s; ~⟩ paysage *m*; région *f*; sphères *f/pl.*

gefingert [gəˈfɪŋərt] *adj. bot.* digité.

Geflacker [gəˈflakər] *n* ⟨~s⟩ vacillement *m*.

geflammt [gəˈflamt] *adjt. Stoff* chiné; flammé.

Geflatter [gəˈflatər] *n* ⟨~s⟩ battements *m/pl.* d'aile(s).

Geflecht [gəˈflɛçt] *n* ⟨~(e)s; ~e⟩ **1.** *aus Draht, Holz* treillis *m*; *aus Fäden, Bändern* entrelacs *m/pl.*; entrelacement *m*; *um Flaschen* clisse *f*; *cf. auch* **Flechtwerk**; **2.** *anat.* plexus [-ys] *m*; *netzartiges* réseau *m*.

gefleckt [gəˈflɛkt] *adj.* tacheté; moucheté.

Geflenne [gəˈflɛnə] *péj. u.* F *n* ⟨~s⟩ pleurnicheries *f/pl.*

Geflimmer [gəˈflɪmər] *n* ⟨~s⟩ scintillement *m*; papillotement *m*.

geflissentlich [gəˈflɪsəntˌlɪç] **1.** *adj.* intentionnel, -lle; **2.** *adv.* intentionnellement; avec intention; **etw. ~ übersehen** passer sur qc. intentionnellement, exprès.

geflochten [gəˈflɔxtən] *cf.* **flechten**.

geflogen [gəˈfloːgən] *cf.* **fliegen**.

geflohen [gəˈfloːən] *cf.* **fliehen**.

geflossen [gəˈflɔsən] *cf.* **fließen**.

Gefluche [gəˈfluːxə] *n* ⟨~s⟩ jurons *m/pl.*; jurements *m/pl.*

Geflügel [gəˈflyːgəl] *n* ⟨~s⟩ volaille *f*; **~ˌfarm** *f* ferme *f*, exploitation *f* avicole; **~ˌhändler(in)** *m* (*f*) marchand(e) *m* (*f*) de volaille(s); **~ˌhandlung** *f* commerce *m* de volaille(s); **~ˌkrankheit** *f* maladie *f* de la volaille; **~ˌmarkt** *m* marché *m* à la volaille; **~ˌpest** *f vét.* peste *f* aviaire; **~ˌschere** *f* cisailles *f/pl.* à (découper la) volaille; **≈t** *adj.* **1.** ailé; *zo. auch* alifère; **2.** *fig.* **~es Wort** citation, sentence passée dans le langage courant; dicton *m*; **~ˌzucht** *f* aviculture *f*; **~ˌzüchter** *m* aviculteur *m*; **~zuchtverˌein** *m* association *f* avicole.

Geflunker [gəˈfluŋkər] *n* ⟨~s⟩ histoires *f/pl.*

Geflüster [gəˈflʏstər] *n* ⟨~s⟩ chuchotements *m/pl.*

gefochten [gəˈfɔxtən] *cf.* **fechten**.

Gefolg|e [gəˈfɔlgə] *n* ⟨~s⟩ suite *f*; escorte *f*; **~ˌschaft** *f* ⟨~⟩ suite *f*; partisans *m/pl.*; **die ~ verweigern** refuser d'obtempérer; **~sˌmann** *m* ⟨~(e)s; ~̈er *od.* -leute⟩ partisan *m*; *hist.* vassal *m*.

Gefrag|e [gəˈfrɑːgə] *péj. n* ⟨~s⟩ (éternelles) questions; **≈t** *adjt. comm.* demandé; recherché; *cf. auch* **fragen**.

gefräßig [gəˈfrɛːsɪç] *adj.* vorace; glouton, -nne; goulu; **≈ˌkeit** *f* ⟨~⟩ voracité *f*; gloutonnerie *f*.

Gefreite(r) [gəˈfraɪtə(r)] *m* ⟨→ A⟩ *milit.* soldat *m* de première classe; *mar.* matelot breveté.

Gefrier|anlage [gəˈfriːrˌˀanlɑːgə] *f* installation *f* frigorifique, de congélation; *für Flüssigkeiten* congélateur *m*; **≈ˌbar** *adj. phys.* congelable; **≈en I** *v/i.* ⟨*irr.*, *p. p.* **gefroren, sein**⟩ geler; se congeler; **II ~en** *n* ⟨~s⟩ congélation *f*; **zum ~ bringen** congeler; **~ˌfach** *n* frigorifère *m*; *im Kühlschrank* freezer [frizœːr] *m*; compartiment *m* de congélation; **~ˌfleisch** *n* viande frigorifiée; *tiefgekühlt* viande surgelée, congelée; **~ˌgründung** *f bât.* fondation *f* par congélation; **~ˌpunkt** *m phys.* point *m*, degré *m*, température *f* de congélation; *beim Thermometer* zéro *m*; **~ˌschacht** *m mines* puits foncé par congélation; **~ˌschutzˌmittel** *n* (produit *m*) antigel *m*; **~verˌfahren** *n* procédé *m* de congélation; **~ˌware** *f* produit frigorifié; *tiefgekühlt* produit congelé, surgelé.

gefroren [gəˈfroːrən] *cf.* **frieren**.

Gefüg|e [gəˈfyːgə] *n* ⟨~s; ~⟩ structure *f*; texture *f* (*auch minéral.*); **~unterˌsuchung** *f* examen *m* de la structure, de la texture; **≈ig** *adj.* docile; flexible; souple; maniable; facile; **er ist in allem ~** il est très docile; **j-n ~ machen** rendre qn. docile; faire plier qn.; **~igˌkeit** *f* ⟨~⟩ docilité *f*.

Gefühl [gəˈfyːl] *n* ⟨~(e)s; ~e⟩ sentiment *m*; *physiol.* sensation *f*; (*Tastsinn*) toucher *m*; **kein ~ mehr in den Füßen haben** ne plus sentir ses pieds; avoir les pieds engourdis; **ein ~ der Sicherheit** un sentiment de sécurité; **ein unbehagliches**, F **ungutes ~** un sentiment de malaise; **ein feines ~ haben** avoir une sensibilité fine; être sensible; avoir du tact; **ein feines ~ für etw. haben** sentir finement qc.; **ein ~ für etw. haben** avoir le sens de qc.; **mit gemischten ~en** avec des sentiments mêlés; avec inquiétude; **s-e ~e verbergen** cacher, déguiser ses sentiments; **ich habe das ~, daß ...** j'ai le sentiment, l'impression que ...; **etw. im ~ haben** sentir qc.; **etw. mit ~ machen** faire qc. avec âme, avec sensibilité; **≈ˌlos** *adj.* insensible (*auch fig.*, **gegenüber** à); dépourvu de sensibilité; dur; sec, sèche; **~ˌlosigˌkeit** *f* ⟨~⟩ insensibilité *f*; **~sˌausbruch** *m* explosion *f* de sentiments; **≈sbeˌtont** *adjt.* sentimental; affectif, -ive; **~sduseˌlei** *f* ⟨~; ~en⟩ sensiblerie *f*; sentimentalisme *m*; **~sˌkälte** *f* insensibilité *f*; froideur *f*; **~sˌleben** *n* sentiments *m/pl.*; vie affective; **≈sˌmäßig** *adv.* par intuition; intuitivement; **~sˌmensch** *m* personne chez laquelle le sentiment domine; sentimental(e) *m* (*f*); **~sˌsache** *f* affaire *f* de sentiment; **≈sˌselig** *adj.* sentimental; **~sˌtiefe** *f* profondeur *f* du sentiment; **~sˌwärme** *f* chaleur *f* (de sentiments); **~sˌwelt** *f* monde affectif; **~sˌwert** *m* valeur affective; **≈ˌvoll 1.** *adj.* plein de sensibilité; sentimental; **2.** *adv.* avec sensibilité; avec âme.

gefüllt [gəˈfʏlt] *adjt.* **1.** *cuis. mit Fleisch* farci; *Bonbons etc.* fourré; *Gebäck auch* rempli; **2.** *bot.* double; **3.** *cf. auch* **füllen**.

gefunden [gəˈfundən] *cf.* **finden**.

Gefunkel [gəˈfuŋkəl] *n* ⟨~s⟩ scintillement *m*; étincellement *m*.

gefüttert [gəˈfʏtərt] *adjt. cout.*, *Briefumschlag* doublé; *mit Pelz, Filz* fourré.

gegabelt [gəˈgɑːbəlt] *adjt.* fourchu; bifurqué.

Gegacker [gəˈgakər] *n* ⟨~s⟩ caquetage *m*.

gegangen [gəˈgaŋən] *cf.* **gehen**.

gegeben [gəˈgeːbən] **I** *adjt. math.* **die ~en Größen** les (quantités) données; **unter den ~en Umständen** dans ces circonstances; **zu ~er Zeit** au moment voulu; si l'occasion se présente; **etw. als ~ voraussetzen** supposer qc. comme un fait établi; **das ist das ~e** c'est ce qui convient; **II** *p. p. cf.* **geben**; **~enˌfalls** *adv.* le cas échéant; **≈ˌheit** *f* ⟨~; ~en⟩ donnée *f*; réalité *f*; fait (existant).

gegen [ˈgeːgən] *prép.* ⟨*acc.*⟩ **1.** *gegensätzlich* contre; (*gegenüber*) envers; **~ die Natur** contre (la) nature; **~ alle Erwartung** contre toute attente; contrairement à toute attente; **~ meinen Willen** contre ma volonté; malgré moi; **mit zwanzig ~ fünf Stimmen** avec vingt voix contre cinq; **~ j-n, etw. sein** (*ablehnen*) être contre qn., qc.; **~ etw. sein** (*zuwiderlaufen*) *auch* être contraire à qc.; **das ist ~ die Vernunft** c'est contraire à *od.* contre la raison; **~ j-s Pläne** *etc.* **gehen** aller à l'encontre des projets, *etc.* de qn.; **das geht ihm ~ den Strich** cela va à l'encontre de ses désirs; **~ den Strom schwimmen** nager contre le courant *od.* à contre-courant; **mit dem Kopf ~ etw. stoßen** donner de la tête contre qc.; **e-e Leiter ~ e-e Mauer lehnen** appuyer une échelle contre un mur; **~ Kälte schützen** protéger contre le, protéger du froid; **die Pflichten ~ Gott** les devoirs envers Dieu; **streng** *etc.* **~** sévère, *etc.* envers *od.* avec; **abgehärtet, taub, gefühllos** *etc.* **~** endurci, sourd, insensible, *etc.* à; **Abneigung, Widerwillen** *etc.* **~** aversion, antipathie, répulsion, *etc.* pour; *cf. auch die betreffenden Verben*,

Substantive u. Adjektive; **2.** (*im Austausch für*) contre; en échange de; **etw. ~ etw. tauschen** échanger qc. contre qc.; **~ Quittung** en échange d'une *od.* contre quittance; **~ bar** au comptant; **~ Entgelt** contre *od.* moyennant rémunération, rétribution; **~ Einsendung von ...** contre envoi de ...; **~ Vorzeigen des Passes** sur présentation du passeport; **3.** (*im Vergleich zu*) comparé à; auprès de; à côté de; par rapport à; au prix de; **~ ihn ist er ein reicher Mann** comparé à, auprès de, à côté de, par rapport à lui, c'est un homme riche; **4.** *Richtungsangabe* vers; **~ Norden** vers le nord; **5.** *zeitlich* vers; **~ Abend** vers le soir; **~ Ende des 19. Jahrhunderts** vers la fin du XIXe siècle; **~ sieben Uhr** vers (les) sept heures; sur les sept heures; **~ Weihnachten** vers Noël; **6.** *vor Zahlen* près de; à peu près; **~ tausend Zuschauer** près de *od.* à peu près mille spectateurs.

Gegen|abdruck ['ge:gən,ˀapdruk] *m*, **~ˌabzug** *m impr.* contre-épreuve *f*; **~akti,on** *f* action *f* contraire; entreprise *f* en retour; contre-opération *f*; **~ˌangebot** *n* offre faite en retour; **ein ~ machen** offrir qc., autre chose en retour; **~ˌangriff** *m milit., fig.* contre-attaque *f*; **zum ~ übergehen** passer à la contre-attaque; contre-attaquer; **~ˌanklage** *f cf.* **~beschuldigung**; **~ˌansicht** *f* vue contraire, opposée; **~ˌanspruch** *m* prétention *f*, revendication *f* contraire; **~ˌanstrengung** *f* effort contraire, opposé; **~ˌantrag** *m im Parlament etc.* contre-proposition *f*; **~ˌanzeige** *f méd.* contre-indication *f*; **~argu,ment** *n* argument *m* contraire; **~ar,tikel** *m* article *m* en réponse à un autre; **~ˌauslese** *f biol.* sélection *f* contraire à la sélection naturelle; **~ˌaussage** *f jur.* déposition *f* contraire; **~ˌäußerung** *f* réplique *f*; **~be,dingung** *f* condition faite en retour, en échange; **zur ~ machen** stipuler en retour; **~be,fehl** *m* contrordre *m* od. contre-ordre *m*; **~ˌbeispiel** *n* exemple *m* démontrant le contraire; **~be,merkung** *f* remarque *f*, observation *f* contraire; **~be,mühung** *f cf.* **~anstrengung**; **~be,richt** *m* rapport *m* en réponse à un autre; **~be,schuldigung** *f* contre-accusation *f*; **~en vorbringen** porter des contre-accusations (contre); **~be,strebung** *f cf.* **~anstrengung**; **~be,such** *m* visite faite en retour; **j-m e-n ~ machen** rendre sa visite à qn.; **~be,wegung** *f* mouvement contraire (*auch mus.*), opposé; **~be,weis** *m* preuve *f* (du) contraire; **den ~ antreten** fournir la preuve du contraire; **~ˌbitte** *f* prière, demande adressée en retour; **ich habe e-e ~ an Sie** j'ai aussi une prière à vous adresser, une demande à vous faire; **~ˌbuch** *n comm.* contrepartie *f*; contrôle *m*; **~ˌbuchung** *f comm.* contre-passation *f*.

Gegend ['ge:gənt] *f* ⟨~; ~en⟩ région *f* (*auch anat.*); contrée *f*; F parages *m/pl.*; *landschaftlich schöne* site *m*; (*Umgebung*) environs *m/pl.*; alentours *m/pl.*; (*Stadtviertel*) quartier *m*; **in der ~ von Paris** dans la région parisienne; **was machen Sie in dieser ~?** que faites-vous dans ces parages?

Gegen|dampf ['ge:gən,dampf] *m techn.* contre-vapeur *f*; **~demonstra,ti,on** *f* contre-manifestation *f*; **~ˌdienst** *m* service rendu en retour d'un autre; **j-m e-n ~ erweisen** payer qn. de retour; **zu ~en bereit sein** être prêt à rendre la pareille; **~ˌdreier** *m Eislaufen* bracket [brakɛt] *m*; **~ˌdruck** *m techn.* contre-pression *f*; *fig.* pression contraire, opposée; **~drucktur,bine** *f techn.* turbine *f* à contre-pression.

gegeneinander [ˌge:gənˀaɪ'nandər] *adv.* l'un(e) contre l'autre *bzw.* les un(e)s contre les autres; **~ˌhalten** *v/t.* ⟨*irr., sép.*, -ge-, h⟩ (*vergleichen*) comparer; confronter; **~ˌlaufen** *v/i.* ⟨*irr., sép.*, -ge-, sein⟩ marcher, se mouvoir l'un(e) vers l'autre *bzw.* les un(e)s vers les autres; **~ˌprallen** *v/i.* ⟨*sép.*, -ge-, sein⟩ se heurter; entrer en collision; **~ˌstoßen I** *v/t.* ⟨*irr., sép.*, -ge-, h⟩ entrechoquer; **II** *v/i.* ⟨sein⟩ s'entrechoquer; *cf. auch* **~prallen**.

Gegen|entwurf ['ge:gənˀɛnt,vurf] *m* contre-projet *m*; **~er,klärung** *f* contre-déclaration *f*; **~ˌfahrbahn** *f* voie opposée; **~ˌfarbe** *f* couleur *f* complémentaire; **~ˌfeder** *f techn.* ressort *m* antagoniste; **~ˌforderung** *f* revendication *f* contraire; *comm.* créance *f* en contrepartie; **~ˌfrage** *f* question *f* que l'on oppose à une autre; **e-e ~ stellen** répondre par une question; **~ˌgabe** *f* don offert en retour d'un autre; **~ge,rade** *f Sport* ligne droite du côté opposé; **~ge,schenk** *n* cadeau offert en retour d'un autre; **ein ~ machen** faire un cadeau en retour; **~ge,wicht** *n* contrepoids *m* (*auch fig.*); **ein ~ bilden** contrebalancer (zu qc.); **~ˌgift** *n méd.* contrepoison *m*; antidote *m*; **~ˌgleis** *n chem.* contre-voie *f*; **~ˌgrund** *m cf.* **Gegenargument**; **~ˌgruß** *m* salut *m* que l'on rend; **~ˌgutachten** *n* contre-expertise *f*; **~kandi,dat** *m* candidat *m* d'un autre parti, de l'opposition; **~ˌklage** *f jur.* action, demande reconventionnelle; reconvention *f*; **~ˌkläger** *m jur.* demandeur reconventionnel; **~ˌkolben,motor** *m techn.* moteur *m* à pistons opposés; **~kompli,ment** *n* compliment fait en retour d'un autre; **ein ~ machen** rendre son compliment à qn.; **~ˌkopp(e)lung** *f rad.* contre-réaction *f*; **~ˌkraft** *f* force *f* antagoniste; **~kri,tik** *f* critique opposée à une autre; **~ˌkrümmung** *f chem.* contre-courbe *f*; **~ˌlauf** *m techn.* rotation *f* antagoniste; **𝔖ˌläufig** *adj.* qui marche en sens contraire; **~ˌleistung** *f* contrepartie *f*; service rendu en retour d'un autre; **als ~** en contrepartie; en revanche; à titre de réciprocité; **bei entsprechender ~** à charge de revanche; **~ˌlicht** *n* contre-jour *m*; **~licht,aufnahme** *f phot.* photo *f* à *od.* de contre-jour; **~licht,blende** *f phot.* parasoleil *m*; **~ˌliebe** *f* amour *m* que l'on rend; *fig.* accueil *m* favorable; **(Liebe) ohne Hoffnung auf ~** (amour) sans espoir de retour; **da er keine ~ fand** ... comme il n'était pas aimé en retour ...; comme il ne trouvait pas d'écho à son amour ...; *fig.* **keine ~ finden** ne pas recevoir un accueil favorable; **~ˌmaßnahme** *f* contre-mesure *f*; **~n ergreifen** prendre des contre-mesures; **~ˌmittel** *n* antidote *m*; remède *m*; **~ˌmuskel** *m anat.* muscle *m* antagoniste; **~ˌmutter** *f* ⟨~; ~n⟩ *techn.* contre-écrou *m*; **~offen,sive** *f milit.* contre-offensive *f*; retour offensif; **~ˌpapst** *m hist.* antipape *m*; **~par,tei** *f jur.* partie *f* adverse; *Sport* équipe *f* adverse; *pol.* parti opposant; **~ˌplan** *m* contre-projet *m*; **~ˌpol** *m* pôle opposé; **~ˌposten** *m comm.* contrepartie *f*; **~ˌprobe** *f* contre-épreuve *f* (*auch bei e-r Abstimmung*); contre-essai *m*; **~propa,ganda** *f* propagande *f* en réponse à une autre; **~ˌrechnung** *f comm.* compensation mutuelle des obligations; **~ˌrede** *f* réplique *f* (à un discours); **~reformati,on** *f hist.* Contre-Réforme *f*; **~re,gierung** *f* contre-gouvernement *m*; **~revoluti,on** *f* contre-révolution *f*; **~ˌrichtung** *f* sens inverse, contraire, opposé; **~ˌsaldo** *m comm.* solde *m* en contrepartie; **~ˌsatz** *m* contraste *m*; *pfort.* antagonisme *m*; (*Meinungs*𝔖) divergence *f*; *mus.* *e-r Fuge* contre-sujet *m*; **fundamentale Gegensätze** contrastes fondamentaux; divergences fondamentales; **e-n ~ bilden, im ~ stehen** contraster, faire un contraste, être en opposition (zu avec); **im ~ zu** à l'encontre de; à l'inverse de; contrairement à; (tout) au contraire de; à l'opposition de; par opposition à; **im ~ dazu** par contre; en revanche; *loc.* **Gegensätze ziehen sich an** les extrêmes s'attirent; **𝔖ˌsätzlich** *adj.* opposé; contraire; divergent; **~ˌsätzlich,keit** *f* ⟨~⟩ divergence *f*; **~ˌschlag** *m fig.* riposte *f*; **zum ~ ausholen** riposter; **~ˌschrift** *f* réplique *f* à un écrit.

Gegenseit|e ['ge:gən,zaɪtə] *f* côté opposé; *jur., fig.* partie *f* adverse; **𝔖ig 1.** *adj.* réciproque; mutuel, -lle; **~es Einverständnis** consentement mutuel, réciproque; **im ~en Einverständnis, Einvernehmen** d'un commun accord; **~e Abhängigkeit** *auch* interdépendance *f*; **~e Hilfe** *auch* entraide *f*; **2.** *adv.* réciproquement; mutuellement; **~ abhängig** *auch* interdépendant; **sich ~ helfen** *auch* s'entraider; **sich ~ töten** s'entre-tuer; **~ig,keit** *f* ⟨~⟩ réciprocité *f*; mutualité *f*; **auf (der Grundlage der) ~** sur la base de la *od.* avec stipulation de réciprocité; **unter der Bedingung der ~** sous réserve de réciprocité; **Versicherung(sverein) auf ~** assurance mutuelle; **auf ~ beruhen** être réciproque; **~igkeits,abkommen** *n* accord *m*, convention *f* de réciprocité; **~igkeitsge,schäft** *n* opération *f* sur la base de la réciprocité; **~igkeits,klausel** *f* clause *f* de réciprocité; **~igkeitsprin,zip** *n* principe *m* de réciprocité; **~igkeitsver,trag** *m* contrat *m*, *pol.* traité *m* de réciprocité.

Gegen|sonne ['ge:gən,zɔnə] *f Meteorologie* anthélie *f*; **~ˌspannung** *f élect.* contre-tension *f*; **~ˌspieler** *m* adversaire *m*; opposant *m*; antagoniste *m*; rival *m*; **~spio,nage** *f* contre-espionnage *m*; **~ˌsprechen** *n tél.* communication *f* en duplex; **~ˌstand** *m* objet *m* (*auch fig. e-s Gesprächs etc.*); *fig. e-r Dichtung etc.* sujet *m*; *von e-r Person* **~ des allgemeinen Spottes** objet de la risée publique; **zum ~ haben** avoir pour objet, pour sujet; **𝔖ˌständig** *adj. bot.* opposé; **𝔖ˌständlich 1.** *adj.* concret, -ète; *philos.* objectif, -ive; *Kunst* figuratif, -ive; **2.** *adv.* concrètement; **~ˌständlich,keit** *f* ⟨~⟩ caractère concret, *in der Kunst* figuratif; **𝔖stands,los** *adj. Frage etc.* sans objet; **~ werden** devenir sans objet; **~e Kunst** art non figuratif, abstrait; **𝔖ˌsteuern** *v/t. u. v/i.* ⟨-(e)re, *sép.*, -ge-, h⟩ *Auto* contrebraquer; **~ˌstimme** *f bei e-r Wahl* voix *f* contre; **~ˌstoß** *m milit.* contre-attaque (immédiate); **~ˌstrom** *m*, **~ˌströmung** *f* contre-courant *m*; **~stromver,fahren** *n chim.* procédé *m* du contre-courant; **~ˌstrophe** *f métr.* antistrophe *f*; **~ˌstück** *n entsprechendes* pendant *m*; *cf. auch* **~teil**; **~takt,schaltung** *f rad.* montage *m* en push-pull; **~ˌteil** *n* contraire *m*; opposé *m*; inverse *m*; **im ~** au contraire; **ins ~ umschlagen** devenir (brusquement) l'inverse; passer (brusquement) à l'opposé; **etw. ins ~ verkehren** inverser qc.; **das ~ ist der Fall** c'est le contraire; **das ~** tun *auch* prendre le contre-pied (de qc.); **≈ˌteilig** *adj.* contraire; opposé.

gegenüber [ˌgeːgən'ʔyːbər] **I** *prép.* ⟨*dat.*⟩ *u. adv.* **1.** *örtlich* en face de; vis-à-vis de; **das Haus ~** la maison d'en face; **2.** *fig.* envers; à l'égard de; vis-à-vis de; (*im Vergleich zu*) par rapport à; comparé à; à côté de; **sein Verhalten mir ~** sa conduite envers moi, vis-à-vis de moi, à mon égard; **s-e Dankbarkeit, Höflichkeit mir ~** sa gratitude, sa politesse envers moi; **höflich, unfreundlich ~ j-m sein** être poli, désagréable envers, avec qn.; **Gehorsam den Gesetzen ~** obéissance aux lois; **~ früher** par rapport à, comparé à autrefois; **diesen Preisen ~** devant, en présence de, vis-à-vis de ces prix; **II ≈** *n* ⟨~s; ~⟩ vis-à-vis *m*; **~ˌliegen** *v/i.* ⟨*irr.*, *sép.*, -ge-, h⟩ être (situé) en face (de); faire face (à); *Haus auch* regarder qc.; **einander, sich ~** se faire face, vis-à-vis; être en face l'un(e) de l'autre *bzw.* les un(e)s des autres; **~ˌliegend** *adjt.* d'en face; opposé; **~ˌsehen** *v/réfl.* ⟨*irr.*, *sép.*, -ge-, h⟩ **sich e-r Aufgabe** *etc.* ~ se trouver face à *od.* avec une tâche, *etc.*; **~ˌsetzen I** *v/t.* ⟨-(es)t, *sép.*, -ge-, h⟩ mettre, faire asseoir en face (de), vis-à-vis (de); **II** *v/réfl.* **sich ~** se mettre, s'asseoir en face (de), vis-à-vis (de); **~ˌstehen** *v/i.* ⟨*irr.*, *sép.*, -ge-, h⟩ être en face (de), vis-à-vis (de); **e-r Sache ablehnend, wohlwollend ~** se montrer ennemi de, bienveillant envers qc.; **j-m plötzlich, unerwartet ~** se trouver nez à nez avec qn.; **einander, sich ~** se faire face, vis-à-vis; être en face l'un(e) de l'autre *bzw.* les un(e)s des autres; se trouver face à face; **sich feindlich ~** se faire face en ennemi; **~ˌstellen** *v/t.* ⟨*sép.*, -ge-, h⟩ mettre en face (de), vis-à-vis (de), en regard (de); *vergleichend* opposer; confronter (*auch jur.*); **≈ˌstellung** *f* opposition *f*; confrontation *f* (*auch jur.*); (*Vergleich*) *auch* parallèle *m*; **~ˌtreten** *v/i.* ⟨*irr.*, *sép.*, -ge-, sein⟩ faire face à (*auch fig.*); **~ˌwohnen** *v/i.* ⟨*sép.*, -ge-, h⟩ habiter en face (de).

Gegen|ufer ['geːgənˌʔuːfər] *n* rive opposée; **~'uhrzeigerˌsinn** *m* **im ~** en sens inverse des aiguilles d'une montre; **~ˌunterschrift** *f cf.* **~zeichnung**; **~verˌkehr** *m* circulation *f* en sens inverse, contraire, opposé; **~verˌsuch** *m* contre-essai *m*; **~ˌvormund** *m jur.* subrogé-tuteur *m*; **~ˌvorschlag** *m* contre-proposition *f*; **~ˌvorwurf** *m* reproche *m* en réponse à un autre; **~ˌwaffe** *f* arme *f* de défense contre ...; arme *f* antagoniste; **~ˌwart** *f* ⟨~⟩ **1.** (*jetzige Zeit*) présent *m* (*auch gr.*); époque actuelle; **2.** (*Anwesenheit*) présence *f*; **in s-r ~** en sa présence; lui présent; **≈ˌwärtig 1.** *adj.* (*jetzig*) actuel, -lle; présent; **~ sein** (*anwesend*) être présent; **das ist mir nicht ~** (*erinnerlich*) cela ne m'est pas présent à l'esprit, à la mémoire; **2.** *adv.* actuellement; à l'heure actuelle; à l'heure qu'il est; présentement; en ce moment; à présent; **~wartsˌkunde** *f in der Schule etwa* instruction *f* civique; **≈wartsˌnah(e)** *adj.* actuel, -lle; moderne; **~wartsproˌblem** *n* problème actuel, de notre époque; **~wartsˌwert** *m comm.* valeur actuelle; **~ˌwehr** *f* résistance *f*; défense *f*; **trotz verzweifelter ~** malgré une résistance désespérée; **~ˌwende** *f Eislaufen* contre-rocking [-rɔkiŋ] *m*; **~ˌwert** *m comm.* contre-valeur *f*, équivalent *m* (in en); **~ˌwind** *m* vent contraire, de face, *mar.* debout; **~ haben** avoir le vent contraire, *etc.*; **bei ~** par vent contraire, *etc.*; **~ˌwinkel** *m math.* angle opposé; **~ˌwirkung** *f* réaction *f*; **~ˌzeichen** *n comm.* contremarque *f*; **mit e-m ~ versehen** contremarquer; **≈ˌzeichnen** *v/t.* ⟨-ete, *sép.*, -ge-, h⟩ contresigner; **~ˌzeichner** *m* contresignataire *m*; **~ˌzeichnung** *f* contreseing [-sɛ̃] *m*; **~ˌzeuge** *m* témoin *m* contraire; **~ˌzug** *m* **1.** *Schach etc.* riposte *f* (*auch fig.*); **2.** *chem.* train *m* qui en croise un autre.

gegessen [gə'gɛsən] *cf.* essen.

Gegirre [gə'gɪrə] *n* ⟨~s⟩ *der Tauben* roucoulement *m*.

geglichen [gə'glɪçən] *cf.* gleichen.

gegliedert [gə'gliːdərt] *adjt.* articulé; *geistige Arbeit* **gut, schlecht ~** bien, mal bâti, construit; *cf. auch* gliedern.

geglitten [gə'glɪtən] *cf.* gleiten.

geglommen [gə'glɔmən] *cf.* glimmen.

Gegner|(in) ['geːgnər(ɪn)] *m* ⟨~s; ~⟩ (*f*) ⟨~; ~nen⟩ adversaire *m* (*auch Sport*); ennemi(e) *m* (*f*); antagoniste *m*; *pol.* opposant(e) *m*, *f*; **ein ~ von etw. sein** être (un) adversaire de qc.; **sich j-n zum ~ machen** se faire un adversaire de qn.; **es mit e-m starken ~ zu tun haben** avoir affaire à forte partie; **≈isch** *adj.* adverse; d(e l)'adversaire; **das ~e Lager** le camp adverse, ennemi; **~ˌschaft** *f* ⟨~⟩ antagonisme *m*; *coll.* adversaires *m/pl.*

gegolten [gə'gɔltən] *cf.* gelten.

gegoren [gə'goːrən] *cf.* gären.

gegossen [gə'gɔsən] *cf.* gießen.

gegriffen [gə'grɪfən] *cf.* greifen.

Gegrinse [gə'grɪnzə] F *n* ⟨~s⟩ ricanement(s) (continuel[s]).

Gegröle [gə'grøːlə] F *n* ⟨~s⟩ beuglement(s) *m* (*pl.*).

Gegrunze [gə'grʊntsə] *n* ⟨~s⟩ grognement(s) *m* (*pl.*).

Gehabe [gə'hɑːbə] *n* ⟨~s⟩ façons *f/pl.*; manières *f/pl.*; airs *m/pl.*; **≈n** *v/réfl.* **gehab dich wohl!** adieu!; porte-toi bien!

Gehackte(s) [gə'haktə(s)] *n* ⟨→ A⟩ (*Hackfleisch*) viande 'hachée.

Gehader [gə'hɑːdər] *n* ⟨~s⟩ querelle(s) (continuelle[s]); *cf. auch* Hader.

Gehalt[1] [gə'halt] *m* ⟨~(e)s; ~e⟩ *chim. etc.* teneur *f* (an en); proportion *f*; pourcentage *m*; *fig.* fond *m*; valeur *f*; idées *f/pl.*; **~**[2] *n* ⟨~(e)s; ≈er⟩ *von Angestellten* salaire *m*; appointements *m/pl.*; émoluments *m/pl.*; *von Beamten* traitement *m*; **ein (festes) ~ beziehen** toucher un salaire, un traitement (fixe); **≈ˌarm** *adj. geistiges Erzeugnis* pauvre (au point de vue du fond, des idées).

gehalten [gə'haltən] **I** *adjt.* **~ sein, etw. zu tun** être tenu de faire qc.; **II** *p. p. cf.* halten.

gehalt|los [gə'haltˌloːs] *adj. Nahrung* sans valeur nutritive; *fig. Buch etc.* sans fond; sans valeur; creux, -euse; vide; **≈losigˌkeit** *f* ⟨~⟩ *fig.* absence *f* de fond, de valeur; **~ˌreich** *adj. Nahrung* substantiel, -lle; nutritif, -ive; *fig. Buch etc.* riche au point de vue du fond, des idées.

Gehalts|abzug [gə'haltsˌʔaptsuːk] *m* retenue *f*, décompte *m* sur le salaire, sur le traitement; **~anaˌlyse** *f e-s Buches etc.* analyse *f* du fond; **~ˌansprüche** *m/pl.* salaire demandé, exigé, désiré; **~ˌaufbesserung** *f cf.* **~erhöhung**; **~beˌscheinigung** *f* certificat *m* du montant du salaire; **~emˌpfänger(in)** *m* (*f*) salarié(e) *m* (*f*); bénéficiaire *m*, *f* d'un traitement; **~erˌhöhung** *f* augmentation *f*, majoration *f*, relèvement *m*, élévation *f* de salaire, de traitement; **~ˌforderung** *f* revendication *f* de salaire; **~ˌfrage** *f* question *f* (de) salaire; **~ˌgrenze** *f* **oberste ~** salaire *m* maximum; **unterste ~** salaire *m* minimum; **~ˌgruppe** *f* zone *f* de traitements, de salaires; **~ˌkürzung** *f* réduction *f*, diminution *f* de salaire, de traitement; **~ˌskala** *f* échelle *f* des salaires, des traitements; **~ˌstreifen** *m* bordereau *m* de salaire; **~ˌstufe** *f* échelon *m* de traitement, de salaire; **~taˌrif** *m* tarif *m* des salaires; **~ˌvorschuß** *m* avance *f* sur le salaire, sur le traitement; **~ˌwünsche** *m/pl. cf.* **~ansprüche**; **~ˌzahlung** *f* paiement *m* de salaire, de traitement; **~ˌzulage** *f* supplément *m* de salaire, de traitement.

gehaltvoll [gə'haltˌfɔl] *adj. Nahrung* substantiel, -lle; *fig. Buch etc.* qui a du fond, de la valeur.

Gehämmer [gə'hɛmər] *n* ⟨~s⟩ martèlement continuel; bruit *m* de marteau.

gehandikapt [gə'hɛndiˌkɛpt] *adj.* 'handicapé.

Gehänge [gə'hɛŋə] *n* ⟨~s; ~⟩ **1.** (*Wehr*≈) baudrier *m*; (*Ohr*≈) pendant *m* d'oreille; (*Schmuck*≈) breloques *f/pl.*; *e-s Kronleuchters* pendeloques *f/pl.*; **2.** *ch.* oreilles pendantes (de chien de chasse).

gehangen [gə'haŋən] *cf.* hängen.

geharnischt [gə'harnɪʃt] *adj. fig. Protest etc.* énergique; bien senti; **ein ~er Brief** une lettre salée.

gehässig [gə'hɛsɪç] **1.** *adj.* 'haineux, -euse; **2.** *adv.* avec 'haine; 'haineusement; **≈ˌkeit** *f* ⟨~; ~en⟩ (sentiment *m* de) haine *f*; **j-m ~en sagen** dire des méchancetés à qn.

Gehäuse [gə'hɔyzə] *n* ⟨~s; ~⟩ *allg.* boîte *f*; *e-r Uhr, e-s Meßinstruments etc.* boîtier *m*; *techn.* carter [-ɛːr] *m*; cage *f*; *zo. e-r Schnecke etc.* coquille *f*.

gehechtet [gə'hɛçtət] *adjt. Kunstspringen* carpé; **~er Sprung** saut carpé.

geheftet [gə'hɛftət] *adjt. Buchbinderei* broché; *cf. auch* heften.

Gehege [gə'heːgə] *n* ⟨~s; ~⟩ enclos *m*; *fig.* **j-m ins ~ kommen** marcher sur les plates-bandes, les brisées de qn.; empiéter sur les droits de qn.; **anderen ins ~ kommen** *auch* chasser sur les terres d'autrui.

geheim [gə'haɪm] *adj.* secret, -ète; **streng ~** rigoureusement secret; **im ~en** en secret; secrètement; *jur.* **~er Vorbehalt** réserve, restriction mentale; *fig.* **die ~sten Falten des menschlichen Herzens** les replis du cœur humain; **≈ˌabkommen** *n*, **≈ˌabmachung** *f* accord secret; convention secrète; **≈aˌgent** *m* agent secret; **≈ˌbuchhaltung** *f comm.* comptabilité secrète, privée; **≈ˌbund** *m* société secrète; **≈bünde'lei** *f* ⟨~; ~en⟩ *jur.* formation *f* de sociétés secrètes; **≈ˌdienst** *m* service secret; **≈diplomaˌtie** *f* diplomatie [-si] secrète; **≈dokuˌment** *n* document secret; **≈ˌfach** *n* compartiment (à) secret; cachette *f*; **≈ˌfonds** *m* fonds secret; **~ˌhalten** *v/t.* ⟨*irr.*, *sép.*, -ge-, h⟩ tenir, garder secret, -ète; garder, conserver le secret de (qc.) (**vor j-m** devant qn.); **≈ˌhaltung** *f* ⟨~⟩ *verbal*; **≈haltungsˌanlage** *f tél.* dispositif *m* de chiffrement; **≈haltungsˌpflicht** *f* obligation *f* de garder, de conserver un secret; *der Ärzte etc.* obligation *f* au secret professionnel; **≈ˌklausel** *f* clause secrète; **≈ˌkonto** *n comm.* compte secret; **≈ˌlehre** *f* doctrine secrète, ésotérique; 2,**mittel** *n* produit secret; *phm. auch* préparation secrète; arcane *m*; *comm.* fonds secrets.

Geheimnis [gə'haɪmnɪs] *n* ⟨~ses; ~se⟩ secret *m*; *unergründliches* mystère *m*; **ein ~ bewahren, ergründen, verraten, preisgeben** conserver, approfondir, trahir, livrer un secret; **das ~ ausplaudern** trahir le secret; vendre la mèche; **j-m ein ~ anvertrauen** confier un secret à qn.; **j-m ein ~ entlocken** arracher un secret à qn.; **hinter das ~ kommen** éventer, découvrir le secret; découvrir le pot aux roses; **j-n in das ~ einweihen** mettre qn. dans le secret; **in das ~ eingeweiht sein** être dans le secret; **vor j-m ein ~ haben** avoir un secret pour qn.; cacher qc. à qn.; **vor j-m keine ~se haben** n'avoir pas de secrets pour qn.; **ein ~ aus etw. machen** faire mystère de qc.; **das ist ein offenes ~** c'est le secret de Polichinelle; **das ist das ganze ~!** voilà tout le secret!; ~,**krämer(in)** *m* (*f*) cachottier, -ière *m, f*; ~**kräme,rei** *f* ⟨~⟩ cachotterie *f*; ~,**träger** *m* porteur *m* de secret; ~**ver,rat** *m* trahison *f* de secret; 2,**voll 1.** *adj.* mystérieux, -euse; **2.** *adv.* mystérieusement; **~ tun** faire le mystérieux *bzw.* la mystérieuse, le cachottier *bzw.* la cachottière, des cachotteries; se donner des airs mystérieux.

Geheim|plan [gə'haɪm,plaːn] *m* projet secret; ~**poli,zei** *f* police secrète; ~**poli,zist** *m* agent *m* de la police secrète; F limier *m*; ~,**rat** *m* ⟨~(e)s; ≈e⟩ *hist. etwa* conseiller privé; ~**rats,ecken** *f/pl. plais. etwa* tempes dégarnies; **er bekommt ~** il se dégarnit sur les tempes; ses tempes se dégarnissent; ~,**sache** *f* affaire secrète; papier secret; ~,**schrift** *f* écriture secrète, chiffrée; chiffre *m*; ~,**sender** *m* émetteur clandestin; ~,**sitzung** *f* séance secrète; ~,**sprache** *f* langage secret, conventionnel, chiffré; ~,**text** *m* texte secret, chiffré; ~,**tinte** *f* encre *f* sympathique; ~,**tür** *f* porte dérobée, secrète; ~**ver,handlungen** *f/pl.* négociations secrètes; ~**ver,trag** *m* traité secret; ~,**wissenschaft** *f* science secrète, occulte, ésotérique; ~,**zeichen** *n* signe secret.

Geheiß [gə'haɪs] *n* ⟨~es⟩ **auf ~ von …** sur l'ordre de …; **auf sein ~** sur son ordre.

gehen ['geːən] **I** *v/i.* ⟨geht, ging, gegangen, sein⟩ **1.** *Lebewesen allg.* aller; *zu Fuß oft* marcher (*auch Sport*); (*nicht fahren etc.*) aller à pied; (*weggehen, aufbrechen*) s'en aller; partir; *aus dem Haus etc.* sortir (de); quitter (qc.); *in ein Gebäude etc.* entrer (dans); *durch e-n Ort etc.* passer (par); traverser (qc. à pied); *über e-e Brücke etc.* passer (sur, par); *über die Straße etc.* traverser (qc.); **auf die andere Seite ~** traverser; aller, passer de l'autre côté; **in das andere Zimmer ~** aller, passer dans l'autre pièce; **nach rechts, nach links ~** aller, prendre à droite, à gauche; **nach vorne, nach hinten ~** aller à l'avant, à l'arrière; **nach oben ~** monter; aller en 'haut; **nach unten ~** descendre; aller en bas; **auf und ab ~** aller et venir; passer et repasser; aller, se promener, marcher de long en large; faire les cent pas; **zu j-m ~** aller, se rendre chez qn.; **zum Arzt ~** (aller) voir un médecin; **zwei Kilometer ~** faire deux kilomètres (à pied); **ein bißchen ~** faire un peu de marche; **schlafen, einkaufen, schwimmen, tanzen ~** aller se coucher, faire des courses, à la piscine, danser *od.* au bal; **~ wir!** allons-nous-en!; partons!; F on s'en va!; on part!; **ich muß jetzt ~** il faut que je m'en aille, que je parte maintenant; **an Bord ~** monter à bord; s'embarquer; **an Land ~** descendre à terre; débarquer; *Matrosen* aller à terre; **auf Reisen ~** aller en voyage; **in die Schule ~** aller à l'école; **nach Hause ~** aller à la maison; rentrer chez soi; *cf. auch die betreffenden Substantive*; **2.** *fig. meist von Menschen* **j-m bis an die Schulter** *etc.* **~** arriver à l'épaule, *etc.* de qn.; **ins fünfzigste Lebensjahr ~** entrer dans sa cinquantième année; **in den Staatsdienst, in die Industrie ~** entrer au service de l'État, dans l'industrie; **in sich ~** faire un retour sur soi-même; rentrer en soi-même; F **mit j-m ~** fréquenter qn.; **miteinander ~** se fréquenter; **j-m über alles ~** passer avant tout pour qn.; *st. s.* **von j-m ~** (*sterben*) quitter qn.; **bei j-m ein und aus ~** avoir ses petites et grandes entrées chez qn.; **zu weit ~** aller trop loin; F *iron.* **gegangen werden** être forcé de partir; être congédié; **an die Arbeit ~** se mettre au travail, à travailler; **j-m an die Hand ~** *cf.* **Hand**; **j-m auf die Nerven ~** exaspérer qn.; porter, F taper sur les nerfs, sur le système de *od.* à qn.; **ins Wasser ~** (*sich ertränken*) se noyer; **j-m aus dem Wege ~** éviter qn.; *cf. auch die betreffenden Substantive*; **3.** *Dinge*: *Uhr, Maschine etc.* marcher; fonctionner; *Geschäfte* marcher; aller; *Ware* se vendre; *Bus, Zug etc.* partir; *Teig* lever; *Gerücht* courir; circuler; *Wind* souffler; *Fenster, Tür etc.* donner (**auf** sur; **nach Norden** vers le *od.* au nord); *math.* **wie oft geht fünf in zehn?** — **zweimal** en dix combien de fois cinq? — il y va deux fois; **es ~ hundert Personen in den Saal** la salle contient cent personnes; **wieviel Kilo ~ auf eine Tonne?** combien y a-t-il de kilos dans une tonne?; combien une tonne fait-elle de kilos?; **das geht nicht in meine Tasche** cela n'entre pas dans ma poche; *Schaden* **in die Tausende ~** se chiffrer par milliers; *Bemerkung etc.* **das geht auf dich** c'est pour toi; c'est une pierre dans ton jardin; **ein Aufatmen ging durch den Saal** un soupir de soulagement parcourut la salle; **der Brief geht über Berlin** la lettre passe par Berlin; **wohin geht die Reise?** où vous conduit ce voyage?; **vor sich ~** se passer; se dérouler; **das geht gegen mein Gewissen** ma conscience me l'interdit; **das geht über meine Kräfte** cela dépasse mes forces; c'est au-dessus de mes forces; **das geht über mein Verständnis, über meinen Horizont** cela dépasse ma compréhension; cela me dépasse; c'est au-dessus de ma portée; **von Hand zu Hand ~** passer de main en main; **sich etw. durch den Kopf ~ lassen** réfléchir à, sur qc.; repenser à qc.; **nach e-r Regel ~** suivre une règle; **dieses Verb geht wie „finir"** ce verbe se conjugue comme «finir»; *cf. auch die betreffenden Substantive*; **II** *v/imp.* **a)** *örtlich* **hier geht es sich gut, schlecht** ici on marche bien, mal; **es geht hier nach X** ce chemin va, mène à X; **b)** *zeitlich* **es geht auf zehn (Uhr)** il est près de *od.* presque dix heures; **c)** *gesundheitlich* **wie geht es Ihnen?** comment allez-vous, vous portez-vous?; comment va la santé?; F **wie geht's?** ça va?; **es geht** ça va; **es geht mir gut, schlecht** je vais, me porte bien, mal; **es sich gut ~ lassen** se laisser vivre; F se la couler douce; se soigner; *péj.* se goberger; **laß es dir gut ~!** *etwa* au revoir!; bonne continuation!; bon courage!; **d)** *allg.* **es geht** (*ich bin leidlich zufrieden, ich brauche keine Hilfe*) ça va; **es, das geht nicht** (*ist nicht möglich*) c'est impossible; je, tu ne peux pas; **wann und wo es nur geht** où et quand ce sera possible; **so gut es eben geht** tant bien que mal; vaille que vaille; **so geht es nicht** ça ne va pas, n'ira pas comme ça; **es geht auch so** ça va aussi comme ça, de cette manière; **es geht auch anders** on peut aussi faire autrement; **es geht auch ohne j-n, etw.** ça va, marche tout aussi bien sans qn., sans qc.; on peut tout aussi bien se passer de qn., de qc.; **es geht nicht anders** on ne peut pas faire autrement; il faut en passer par là; **es geht nun eben mal nicht anders** *auch* à la guerre comme à la guerre; **es wird schon ~!** ça va aller!; **es geht alles reibungslos** (*verläuft, spielt sich ab*) tout se passe sans accroc; **wenn alles gut geht** si tout va bien; **wenn das nur gut geht!** pourvu que ça se passe, marche bien!; **das wird nicht lange gut ~** cela n'ira pas, ne marchera pas, ne durera pas longtemps; **es, das ist noch einmal gut gegangen** cela s'est bien passé cette fois encore; **so geht es, wenn …** c'est, voilà ce qui arrive, se passe quand …; **wie es so geht** comme il arrive dans ces cas-là; comme on devait s'y attendre; **es geht alles nach Wunsch** tout va, marche à souhait; **wenn es nach mir ginge** si ça dépendait de moi; **so geht es mir auch** c'est pareil pour moi; c'est comme moi; il en est de même pour moi; je suis logé à la même enseigne; **mir ist es genauso gegangen** il m'est arrivé exactement la même chose; je me suis trouvé dans le même cas, dans la même situation; **es geht um …** (*handelt sich um*) il s'agit de …; il y va de …; **es geht um Leben und Tod** c'est une question de vie ou de mort; **es geht darum, wer zuerst ankommt** c'est à qui arrivera le premier; **worum geht es?** de quoi s'agit-il?; **wenn es darum geht, zu …** quand il s'agit de … (+ *inf.*); **es geht nichts über …** rien ne vaut …; il n'y a rien de tel, de mieux que …; **das geht zu weit** ça va trop loin; cela dépasse les limites, les bornes; c'en est trop; **III** 2 *n* ⟨~s⟩ marche *f* (*auch Sport*); **das ~ fällt ihm schwer** la marche lui est pénible; **das Kommen und ~** le va-et-vient; les allées et venues *f/pl.*

Gehenkte(r) [gə'hɛŋktə(r)] *f* (*m*) ⟨→ **A**⟩ pendu(e) *m* (*f*).

gehenlassen ['geːən,lasən] **I** *v/t.* ⟨*irr., sép., pas de ge-*, h⟩ **j-n ~** (*in Ruhe lassen*) laisser qn. tranquille; **II** *v/réfl.* **sich ~** se laisser aller; en prendre à son aise; s'écouter.

Geher ['geːər] *m* ⟨~s; ~⟩ *Sport* marcheur *m*.

Gehetz|e [gə'hɛtsə] *n* ⟨~s⟩ course(s) perpétuelle(s); 2**t** *adjt. Mensch* pressé; talonné.

geheuer [gə'hɔʏər] *adj.* **nicht (recht) ~** suspect; inquiétant; **das kommt mir nicht ~ vor** cela me paraît suspect, inquiétant; il y a du louche là-dedans, là-dessous; **hier ist es nicht ~** ce n'est pas sûr ici; on n'est pas rassuré ici;

ihm ist nicht (recht) ~ zumute il a un sentiment de malaise.

Geheul [gəˈhɔʏl] *n* ⟨~(e)s⟩ **1.** 'hurlement(s) *m* (*pl.*) (*auch fig. vom Sturm*); **2.** F *cf.* Geweine.

Gehilf|e [gəˈhɪlfə] *m* ⟨~n; ~n⟩ aide *m*; garçon *m*; (*Laden*ꝰ, *Schreib*ꝰ) commis *m*; **~in** *f* ⟨~; ~nen⟩ aide *f*; assistante *f*.

Gehirn [gəˈhɪrn] *n* ⟨~(e)s; ~e⟩ *als Organ* cerveau *m*; *anat.* encéphale *m*; *als Substanz* cervelle *f* (*auch fig.*); **sein ~ anstrengen** faire marcher sa cervelle, son cerveau; **~abˌszeß** *m méd.* abcès *m* du cerveau; **~ˌblutung** *f méd.* hémorragie cérébrale; **~entˌzündung** *f méd.* encéphalite *f*; **~erˌschütterung** *f méd.* commotion cérébrale; **~erˌweichung** *f méd.* ramollissement cérébral; **~geˌschwulst** *f cf.* ~tumor; **~geˌwebe** *n anat.* tissu cérébral; **~ˌhälfte** *f anat.* hémisphère cérébral; **~ˌhaut** *f anat.* méninge *f*; **weiche ~** pie-mère *f*; **harte ~** dure-mère *f*; **~hautentˌzündung** *f méd.* méningite *f*; **~ˌkasten** F *m* crâne *m*; cervelle *f*; **~ˌkrankheit** *f*, **~ˌleiden** *n* affection cérébrale, du cerveau; **~ˌmasse** *f* masse cérébrale, *sc.* encéphalique; **~ˌnerv** *m anat.* nerf *m* du cerveau; **~-ˈRückenmarks-ˌFlüssigkeit** *f anat.* liquide céphalo-rachidien; **~ˌschale** *f anat.* boîte crânienne; crâne *m*; **~ˌschlag** *m méd.* (attaque *f* d')apoplexie *f*; **~subˌstanz** *f anat.* substance cérébrale; **~ˌtätigkeit** *f physiol.* activité cérébrale; cérébration *f*; **~ˌtumor** *m méd.* tumeur cérébrale; **~ˌwäsche** *f pol.* lavage *m* de cerveau; **~ˌwindung** *f anat.* circonvolution cérébrale.

gehoben [gəˈhoːbən] **I** *adjt.* *Stil, Sprache* soutenu; élevé; **~e Stimmung** atmosphère gaie, animée, où règne la bonne humeur; **~e Stellung** position élevée; *adm. in Deutschland* **Beamter des ~en Dienstes** *etwa* fonctionnaire d'un service élevé, des cadres moyens; *comm.* **Güter des ~en Bedarfs** marchandises de luxe et de demi-luxe; **II** *p. p. cf.* heben.

Gehöft [gəˈhøːft] *n* ⟨~(e)s; ~e⟩ ferme *f*; métairie *f*.

Gehöhne [gəˈhøːnə] *n* ⟨~s⟩ moqueries *f/pl.*; quolibets *m/pl.*

geholfen [gəˈhɔlfən] *cf.* helfen.

Gehölz [gəˈhœlts] *n* ⟨~es; ~e⟩ petit bois; boqueteau *m*; (*Baumgruppe*) bosquet *m*.

Geholze [gəˈhɔltsə] *n* ⟨~s⟩ F *Sport* jeu rude, brutal.

Gehölz|kunde [gəˈhœltsˌkundə] *f* dendrologie *f*; **~ˌschnitt** *m* taille *f* des arbres et des buissons.

Gehör [gəˈhøːr] *n* ⟨~(e)s⟩ *Sinn* ouïe *f*; *mus.* oreille *f*; **ein feines ~ haben** avoir l'ouïe fine; *mus.* avoir de l'oreille; **das ~ verlieren** devenir sourd; perdre l'ouïe; *mus.* **nach ~ (spielen)** (jouer) d'oreille; **zu ~ bringen** faire entendre; *fig.* **~ schenken** donner audience (à qn.); prêter l'oreille (à qn., à qc.); écouter (qn., qc.); **~ finden** trouver, avoir audience, trouver un accueil favorable (bei j-m auprès de qn.); **sich ~ verschaffen** se faire entendre; *jur.* **Anspruch auf rechtliches ~** droit d'être entendu (par un tribunal).

gehorchen [gəˈhɔrçən] **I** *v/i.* ⟨*p. p.* **gehorcht**, h⟩ obéir (à) (*auch techn. Motor, Steuer etc.*); obtempérer (à); **aufs Wort ~** obéir au doigt et à l'œil; **nicht ~** *auch* désobéir (à qn.); **II** ꝰ *n* ⟨~s⟩ obéissance *f*.

gehören [gəˈhøːrən] **I** *v/i.* ⟨*p. p.* **gehört**, h⟩ **1.** *als Besitz* **j-m ~** appartenir, être à qn.; **dieses Haus gehört mir** cette maison m'appartient, est à moi; **2.** *als Teil* **zu etw., j-m ~** faire partie de qc., de qn.; compter parmi qc., qn.; *zu e-m Personenkreis auch* être du nombre (de); **er gehört zu meinen Schülern** il fait partie de, est (du nombre) de, compte parmi mes élèves; **er gehört zu unserer Mannschaft** il fait partie, il est de notre équipe; **der Tiger gehört zu den Raubkatzen** le tigre fait partie des félins; **das gehört zu deinen Pflichten** *auch* c'est de ton devoir; **das gehört nicht zur Sache** c'est en dehors de la question, du sujet; **und alles, was dazu gehört** et tout ce qui va avec, en fait partie; **3.** (*erforderlich, am Platze sein*) **dazu gehört Zeit, Geld, Mut** il faut du temps, de l'argent, du courage pour (faire) cela; cela demande du temps, de l'argent, du courage; **es gehört nicht viel dazu** cela ne demande pas beaucoup d'efforts, de courage, *etc.*; **es gehört Salz in die Suppe** il faut du sel dans la soupe; **wo gehört das hin?** où faut-il ranger cela?; **diese Sachen ~ in den Schrank** ces choses-là se rangent dans l'armoire; **das gehört nicht hierher** cela n'a rien à faire, à voir ici; **der Fall gehört vor das Parlament** le cas doit être porté devant le parlement; **er gehört nicht an diesen Platz** il n'est pas à sa place ici; F **er gehört ins Gefängnis, tüchtig verprügelt** *etc.* il mérite la prison, une bonne volée, *etc.*; **auf e-n groben Klotz gehört ein grober Keil** *cf.* Klotz; **II** *v/imp.* **es gehört sich, daß ...** il est juste, convenable que ... (+ *subj.*); **es gehört sich für junge Leute, zu ...** il convient aux jeunes gens de ...; il est convenable que les jeunes gens ...; **es, das gehört sich so** cela se fait; c'est convenable; **wie es sich gehört** comme il faut; comme de juste; comme il se doit.

Gehör|fehler [gəˈhøːrˌfeːlər] *m* défaut *m* d'oreille; **~ˌgang** *m anat.* conduit auditif.

gehörig [gəˈhøːrɪç] **1.** *adj.* **a)** *als Besitz* appartenant (à); **das ihm ~e Eigentum** la propriété qui lui appartient, lui appartenant; **b)** *als Teil* **zu etw. ~** qui fait partie de qc.; **zur Sache ~** qui fait partie de, qui a rapport à la question; **c)** (*gebührend*) convenable; dû, due; **in ~er Form** d'une façon convenable; *jur., adm.* en bonne et due forme; **mit ~em Respekt** avec le respect dû; **d)** F (*tüchtig, kräftig*) bon, -nne; grand; F fameux, -euse; **e-e ~e Portion** une bonne, fameuse portion; **e-e ~e Tracht Prügel** une volée carabinée, soignée; **2.** *adv.* F (*gebührend, kräftig*) comme il faut; joliment (bien); d'importance; **j-n ~ durchprügeln** battre, corriger qn. d'importance; **j-m ~ die Meinung sagen** dire à qn. sa façon de penser, son fait, ses quatre vérités.

Gehör|knöchelchen [gəˈhøːrˌknœçəlçən] *n/pl. anat.* (chaîne *f* des) osselets *m/pl.* de l'oreille; **ꝰˌleidend** *adjt.* qui a l'ouïe défectueuse, diminuée; **ꝰˌlos** *adj.* sourd; **~losenˌschule** *f* école *f* pour les sourds; **~ˌlosigˌkeit** *f* ⟨~⟩ surdité *f*.

Gehörn [gəˈhœrn] *n* ⟨~(e)s; ~e⟩ *e-s Rindes etc.* cornes *f/pl.*; *ch. e-s Rehbockes* bois *m/pl.*

Gehörnerv [gəˈhøːrˌnɛrf] *m anat.* nerf auditif, acoustique.

gehörnt [gəˈhœrnt] *adj.* à cornes; encorné; cornu.

Gehörorgan [gəˈhøːrˀɔrˌgaːn] *n* organe *m* de l'ouïe.

gehorsam [gəˈhoːrˌzaːm] **I 1.** *adj.* obéissant; docile; soumis; **2.** *adv.* avec obéissance, docilité, soumission; **II** ꝰ *m* ⟨~(e)s⟩ obéissance *f*; docilité *f*; *pfort.* soumission *f*; **blinder ~** obéissance aveugle; **j-m ~ leisten** obéir à qn.; **j-m ~ schulden** devoir obéissance, devoir obéir à qn.; **j-m den ~ verweigern** refuser d'obéir à qn.; refuser obéissance à qn.; **ꝰˌkeit** *f* ⟨~⟩ *cf.* ꝰ; **ꝰsˌpflicht** *f* devoir *m* d'obéissance; **ꝰsverˌweigerung** *f* refus *m* d'obéissance; insubordination *f*.

Gehör|schutz [gəˈhøːrˌʃuts] *m tél.* protection *f* contre les chocs acoustiques; **~ˌsinn** *m* ouïe *f*; **~verˌlust** *m* perte *f* de l'ouïe.

Gehr|e [ˈgeːrə] *f* ⟨~; ~n⟩ *cf.* Gehrung; **ꝰen** *v/t.* ⟨h⟩ *techn.* assembler en onglet, en biais; **~ˌlade** *f techn.* boîte *f* à onglet; **~maß** *n* équerre *f* à onglet.

Gehrock [ˈgeːrɔk] *m* redingote *f*.

Gehrung [ˈgeːrʊŋ] *f* ⟨~⟩ *techn.* onglet *m*; biais *m*; **~sˌsäge** *f* scie *f* à onglet; **~sˌschere** *f* cisailles *f/pl.* à onglet; **~sˌschnitt** *m* coupe *f* d'onglet.

Gehsteig [ˈgeːʃtaɪk] *m* ⟨~(e)s; ~e⟩ trottoir *m*.

Gehupe [gəˈhuːpə] *péj. n* ⟨~s⟩ coups *m/pl.* de klaxon(s).

gehupft [gəˈhʊpft] *adjt.* F **das ist ~ wie gesprungen** cela revient au même; c'est bonnet blanc et blanc bonnet; F c'est kif-kif (bourricot).

Gehuste [gəˈhuːstə] *n* ⟨~s⟩ *péj.* tousserie *f*.

Geh|verband [ˈgeːfɛrˌbant] *m chir.* plâtre *m* de marche; **~verˌsuch** *m* tentative *f*, essai *m* de marche; **~weg** *m* trottoir *m*; **~werk** *n e-r Uhr* mouvement *m* (d'horlogerie).

geien [ˈgaɪən] *v/t.* ⟨h⟩ *mar. Segel* [carguer.]

Geier [ˈgaɪər] *m* ⟨~s; ~⟩ *zo.* vautour *m*; *fig. u.* F **hol's der ~!** que le diable l'emporte!

Geifer [ˈgaɪfər] *m* ⟨~s⟩ bave *f*; **~er** *m* ⟨~s; ~⟩ celui qui se répand en invectives; **ꝰn** *v/i.* ⟨-(e)re, h⟩ baver; jeter de la bave; *fig.* invectiver; déblatérer contre; baver sur; *vor Wut* écumer de rage.

Geige [ˈgaɪgə] *f* ⟨~; ~n⟩ *mus.* violon *m*; **~ spielen** jouer du violon; **etw. auf der ~ spielen** jouer qc. au *od.* sur le violon; *im Orchester* **die ersten, zweiten ~n** les premiers, les deuxièmes violons; *fig.* **die erste ~ spielen** tenir le premier rôle; jouer le premier violon; **der Himmel hängt für ihn voller ~n** il voit la vie en rose; il voit tout en rose; **ꝰn** *v/t. u. v/i.* ⟨h⟩ jouer du violon; *fig. u.* F **ich werde dir (et)was ~!** tu peux toujours courir!; **~nˌbauer** *m* ⟨~s; ~⟩ luthier *m*; **~nˌbogen** *m* archet *m* (de violon); **~nˌhals** *m* manche *m* de violon; **~nˌharz** *n* colophane *f*; **~nˌholz** *n* bois *m* pour violons; **~nholzˌbaum** *m bot.* citharexylum [-ɔm] *m*; **~nˌkasten** *m* étui *m* à violon; **~nˌsaite** *f* corde *f* de violon; **~nˌspiel** *n verbal*; **~nˌspieler(in)** *m* (*f*) violoniste *m, f*; joueur, -euse *m, f* de violon; **~nˌsteg** *m* chevalet *m* de violon; **~nˌstrich** *m* coup *m* d'archet; **~nˌstunde** *f* leçon *f* de violon.

Geiger [ˈgaɪgər] *m* ⟨~s; ~⟩ *cf.* Geigenspieler; **~-ˌZähler** *m phys.* compteur *m* (de) Geiger [ʒeʒɛːr].

geil [gaɪl] *adj.* **1.** *bot.* luxuriant; exubérant; **2.** (*geschlechtserregt*) luxurieux, -euse; concupiscent; lubrique; libidineux, -euse; **2heit** *f* ⟨~⟩ **1.** *bot.* exubérance *f*; luxuriance *f*; **2.** luxure *f*; concupiscence *f*; lubricité *f*.

Geisel ['gaɪzəl] *m* ⟨~s; ~⟩, *f* ⟨~; ~n⟩ otage *m*; **~n stellen** donner, livrer des otages; **als ~ stellen** donner en otage.

Geiser ['gaɪzər] *m* ⟨~s; ~⟩ *cf.* **Geysir.**

Geisha ['ge:ʃa] *f* ⟨~; ~s⟩ geisha [gɛjʃa *od.* gɛʃa] *f*.

Geiß [gaɪs] *f* ⟨~; ~en⟩ *zo.* chèvre *f*; **~bart** *m bot.* ulmaire *f*; reine *f* des prés; **~blatt** *n bot.* chèvrefeuille *m*; **~blattgeˌwächse** *n/pl. bot.* caprifoliacées *f/pl.*

Geißel ['gaɪsəl] *f* ⟨~; ~n⟩ **1.** (*Peitsche*) fouet *m*; verge *f*; *relig.* discipline *f*; *fig.* fléau *m*; **2.** *zo.* (*Flagellum*) flagelle *m*; **~ˌalgen** *f/pl. cf.* **~tierchen**; **~ˌbruder** *m relig.* flagellant *m*; **2n** *v/t.* (*u. v/réfl.*) ⟨-(e)le, h⟩ (se) flageller; (se) fustiger (*auch fig.*); **~ˌtierchen** *n/pl. zo.* flagellés *od.* flagellates *m/pl.*; **~ung** *f* ⟨~; ~en⟩ fustigation *f*; *relig.* flagellation *f*.

Geiß|fuß ['gaɪsfu:s] *m* **1.** *techn. zum Ausziehen von Nägeln* pied-de-biche *m*; **2.** *bot.* ægopodium [-jɔm] *m*; **~klee** *m* cytise *m*; **~lein** *n* ⟨~s; ~⟩ chevreau *m*; **~ler** *m* ⟨~s; ~⟩ *cf.* **Geißelbruder**; **~lersche 'Röhre** *f phys.* tube *m* de Geissler; **~ˌrebe** *f cf.* **Geißblatt.**

Geist [gaɪst] *m* ⟨~es; ~er⟩ **1.** esprit *m*; génie *m*; (*Verstand*) intelligence *f*; intellect *m*; **ein großer ~** un grand esprit; un génie; **ein unruhiger ~** un caractère remuant; **ein scharfer, kritischer ~** un esprit subtil, critique; **er hat ~** il a de l'esprit; il est spirituel; **der ~ der Zeit** l'esprit de l'époque; **der ~ der französischen Sprache** le génie de la langue française; **der ~ der Goethezeit** le génie, l'esprit de l'époque de Gœthe; *st. s.* **den ~ aufgeben** rendre l'esprit, l'âme, le dernier soupir; expirer; **ich werde im ~e bei dir sein** je serai près de toi en pensée, en esprit, par la pensée; **etw. im ~e vor sich sehen** voir qc. en esprit; **ich glaube, in s-m ~e zu handeln** je crois agir dans son esprit; **wes ~es Kind er ist** quel genre d'esprit c'est; d'où il tient ses idées; *bibl.* **der ~ ist willig, aber das Fleisch ist schwach** l'esprit est prompt, mais la chair est faible; **2.** (*Haus2, Natur2*) esprit *m*; (*Gespenst*) revenant *m*; fantôme *m*; spectre *m*; **der ~ im „Hamlet"** le spectre dans «Hamlet»; **der böse ~** l'esprit malin; le démon; **der Heilige ~** le Saint-Esprit; l'Esprit-Saint; **an ~er glauben** croire aux esprits, aux revenants; F **bist du denn von allen guten ~ern verlassen?!** qu'est-ce qui t'a donc pris?!; as-tu donc perdu la tête?!; **2ˌbildend** *adjt.* qui forme l'esprit; **~chen** *n/pl. zo. Schmetterlinge sc.* ptérophoridés *m/pl.*

Geister|beschwörer ['gaɪstərbəˌʃvøːrər] *m* ⟨~s; ~⟩ **a)** (*der Geister ruft*) nécromancien *m*; **b)** (*der Geister austreibt*) conjurateur *m*; **~beˌschwörung** *f* **a)** nécromancie *f*; **b)** conjuration *f* (des esprits); **~erˌscheinung** *f* apparition *f*, vision *f* de spectre(s), d'esprit(s); **~geˌschichte** *f* conte *m*, histoire *f* de revenants; **~ˌglaube** *m* croyance *f* aux esprits; **2ˌhaft** *adj.* spectral; fantomatique; d'esprit; de spectre; **e-e ~e Stimme** une voix spectrale; **2n** *v/i.* ⟨-(e)re, sein⟩ rôder (**durch** dans); errer comme un fantôme; **~ˌreich** *n* monde *m* des esprits; **~ˌseher(in)** *m* (*f*) visionnaire *m, f* (de fantômes); **~ˌstimme** *f* voix spectrale, caverneuse, d'un revenant, d'un fantôme; **~ˌstunde** *f* heure *f* des revenants; **~ˌwelt** *f* monde des esprits, surnaturel.

geistes|abwesend ['gaɪstəsˌ?apve:zənt] *adj.* absent; **zeitweilig ~ sein** avoir des absences; **~ sein** F *auch* être dans la lune; **2ˌabwesenˌheit** *f* absence *f* d'esprit; **2ˌanstrengung** *f* contention *f* (de l'esprit); effort intellectuel, cérébral; **2ˌarbeit** *f* travail intellectuel, de tête; **2ˌarbeiter** *m* travailleur intellectuel; **2ˌarmut** *f* pauvreté *f* d'esprit; **2ˌart** *f* genre *m* d'esprit; mentalité *f*; **2ˌbildung** *f* culture intellectuelle; **2ˌblitz** *m* trait *m* d'esprit; saillie *f*; **2ˌflug** *m* envolée *f* de l'esprit; **2ˌgabe** *f* don *m* de l'esprit; **2ˌgegenwart** *f* présence *f* d'esprit; **~ˌgegenwärtig** *adj. u. adv.* avec (de la) présence d'esprit; avec (de l')à-propos; **2geˌschichte** *f* histoire *f* des idées; **~geˌstört** *adjt.* atteint de troubles d'esprit; dément; **~ sein** *auch* avoir l'esprit dérangé, égaré; **2geˌstörte(r)** *f* (*m*) ⟨→ A⟩ dément(e) *m* (*f*); **2geˌstörtheit** *f* ⟨~⟩ démence *f*; **2ˌgröße** *f* génie *m*; **2ˌhaltung** *f* état *m*, tournure *f* d'esprit; mentalité *f*; manière *f* de penser; **2ˌkraft** *f* force de l'esprit, mentale; vigueur intellectuelle; **~ˌkrank** *adj.* aliéné (mental); atteint d'aliénation (mentale); *pfort.* fou, folle; **2ˌkranke(r)** *f* (*m*) aliéné(e) *m* (*f*); **2ˌkrankheit** *f* maladie mentale; aliénation (mentale); **2ˌleben** *n* vie intellectuelle, spirituelle, de l'esprit; **2ˌrichtung** *f* tendance intellectuelle, de l'esprit; **~ˌschwach** *adj.* faible d'esprit; imbécile; idiot; **2ˌschwäche** *f* faiblesse *f* d'esprit; débilité mentale; imbécillité *f*; **2ˌschwache(r)** *f* (*m*) ⟨→ A⟩ faible *m, f* d'esprit; débile *m, f* mental(e); imbécile *m, f*; idiot(e) *m* (*f*); **2ˌstärke** *f* force *f* d'esprit; vigueur intellectuelle; **2ˌstörung** *f* trouble, égarement mental, de l'esprit; aberration mentale; **Zeichen von ~** *auch* signes de détraquement cérébral; **2ˌströmung** *f* courant intellectuel, des idées; **2ˌtätigkeit** *f* activité de l'esprit, intellectuelle; **2ˌträgheit** *f* lourdeur *f*, paresse *f*, lenteur *f* d'esprit; **2verˌfassung** *f* moral *m*; état *m*, disposition *f* d'esprit; **~verˌwandt** *adj.* qui a le même esprit (que); qui a des affinités intellectuelles (avec); **2verˌwandtschaft** *f* affinité *f*, parenté *f* d'esprit; **2verˌwirrung** *f* égarement *m*, désordre *m* de l'esprit; **2ˌwissenschaften** *f/pl.* lettres *f/pl.*; **~ˌwissenschaftlich** *adj.* des *od.* relatif, -ive aux lettres; **2zerˌrüttung** *f cf.* **2verwirrung**; **2ˌzustand** *m* état mental; **auf den ~ untersuchen** examiner l'état mental (j-n de qn.).

geistig ['gaɪstɪç] **1.** *adj.* intellectuel, -lle; mental; d(e l)'esprit; spirituel, -lle; **~e Anstrengung** effort intellectuel, cérébral; contention (de l'esprit); **~e Arbeit** travail intellectuel, de l'esprit; **~e Armut** pauvreté d'esprit, intellectuelle; **~e Aufgeschlossenheit** ouverture d'esprit; **etw. vor dem ~en Auge vorüberziehen lassen** passer mentalement qc. en revue; **die ~en Bindungen** les liens spirituels; **~es Eigentum** propriété intellectuelle; **der ~e Einfluß** l'influence intellectuelle; **~e Einstellung** mentalité *f*; **~e Elite** élite intellectuelle; **~e Fähigkeiten** facultés intellectuelles; **~e Freiheit** liberté d'esprit; **~e Gaben** dons de l'esprit, intellectuels; **der ~e Gehalt** le fond; les idées *f/pl.*; **~e Getränke** spiritueux *m/pl.*; **~e Größe a)** grandeur d'esprit; **b)** *Person* génie *m*; **~e Haltung** état, tournure d'esprit; mentalité *f*; **~e Kraft** force mentale, d'esprit; **das ~e Leben** la vie intellectuelle, spirituelle; **~e Nahrung** nourriture intellectuelle, spirituelle, de l'esprit; **~e Umnachtung** aliénation mentale; égarement d'esprit; **im Zustand ~er Umnachtung** en état de démence; **der ~e Urheber** l'auteur *m*; **~e Verfassung** état, disposition d'esprit; moral *m*; **~e Verwandtschaft** affinité, parenté d'esprit, spirituelle; **~er Vorbehalt** restriction, réserve mentale; **~es Wesen** être spirituel; **2.** *adv.* intellectuellement; mentalement; en ce qui concerne l'esprit; **~ hochstehend sein** être cultivé; **er ist ~ träge** il a l'esprit lourd, lent; il est lent, paresseux d'esprit; **~ zurückgeblieben sein** être débile, arriéré mental; F **~ minderbemittelt sein** être idiot; **2ˌkeit** *f* ⟨~⟩ caractère intellectuel, spirituel.

geistlich ['gaɪstlɪç] *adj.* spirituel, -lle; (*religiös*) religieux, -euse; (*kirchlich*) clérical; ecclésiastique; **~es Lied** chant religieux; **~e Musik** musique sacrée; **~e Übungen** exercices spirituels; **~er Beistand** assistance spirituelle; *relig. cath.* **~e Verwandtschaft** parenté spirituelle; **~er Orden** ordre religieux; **~es Amt** fonctions ecclésiastiques; **der ~e Stand** l'état ecclésiastique; le clergé; **die ~e Gerichtsbarkeit** la juridiction ecclésiastique; **2e(r)** *m* ⟨→ A⟩ ecclésiastique *m*; homme *m* d'Église; (*Pfarrer*) curé *m*; (*Priester*) prêtre *m*; *evangelischer* pasteur *m*; *e-r Sekte* ministre *m*; (*Feld2, Gefängnis2 etc.*) aumônier *m*; **~r werden** *auch* prendre la soutane; se faire prêtre; **2ˌkeit** *f* ⟨~⟩ clergé *m*; gens *m/pl.* d'Église; ecclésiastiques *m/pl.*; *péj.* calotte *f*.

geist|los ['gaɪstlo:s] **1.** *adj.* privé, dépourvu, dénué, vide d'esprit; sans esprit; qui manque d'esprit; **2.** *adv.* sans esprit; **2ˌlosigˌkeit** *f* ⟨~⟩ manque *m* d'esprit; **~reich 1.** *adj.* spirituel, -lle; plein d'esprit; **e-e ~e Bemerkung** une remarque spirituelle; **das ist ~** *auch* cela ne manque pas de sel; **höchst ~ sein** *auch* avoir de l'esprit jusqu'au bout des doigts, des ongles; **2.** *adv.* spirituellement; avec esprit; **~ˌsprühend** *adjt.* pétillant d'esprit; **~ˌtötend** *adjt.* abrutissant; **e-e ~e Beschäftigung** un travail abrutissant; **~voll** *adj. cf.* **~reich.**

Geitau ['gaɪtaʊ] *n mar.* cargue *f*.

Geiz [gaɪts] *m* ⟨~es⟩ **1.** avarice *f*; lésine *f*; **schmutziger ~** avarice sordide; ladrerie *f*; **2.** ⟨*pl.* ~e⟩ *bot.* pousse *f* inutile; **2en** *v/i.* ⟨-(es)t, h⟩ **mit etw. ~** être avare, avaricieux, -euse de qc.; lésiner sur qc.; **~hals** *m* avare *m*; F radin *m*; pingre *m*; harpagon *m*; grippe-sou *m*; *pfort.* ladre *m*; **2ig** *adj.* avare; avaricieux, -euse; F radin; **er ist furchtbar ~** il est d'une avarice sordide; il est ladre; **~ˌkragen** *m cf.* **~hals.**

Gejammer [gə'jamər] *n* ⟨~s⟩ lamentations *f/pl.*; jérémiades *f/pl.*; plaintes *f/pl.*

Gejauchze [gə'jaʊxtsə] *n* ⟨~s⟩ cris *m/pl.* de joie, d'allégresse.

Gejohle [gə'jo:lə] *n* ⟨~s⟩ 'huées *f/pl.*; 'hurlements *m/pl.* (d'une foule); charivari *m*.

Gejubel [gəˈjuːbəl] *n* ⟨⁓s⟩ *cf.* Gejauchze.
gekachelt [gəˈkaxəlt] *adjt.* carrelé.
gekannt [gəˈkant] *cf.* kennen.
Gekeife [gəˈkaɪfə] *n* ⟨⁓s⟩ criailleries *f/pl.*
Gekicher [gəˈkɪçər] *n* ⟨⁓s⟩ ricanements *m/pl.*
Gekläff(e) [gəˈklɛf(ə)] *n* ⟨⁓s⟩ jappements *m/pl.*
Geklapper [gəˈklapər] *n* ⟨⁓s⟩ *von Geschirr, e-r Schreibmaschine etc.* bruit(s) *m* (*pl.*); *e-r Schreibmaschine auch* mitraillade *f*; *von Störchen* craquètement *m*; claquement *m* de bec.
Geklatsche [gəˈklatʃə] F *n* ⟨⁓s⟩ **1.** applaudissements *m/pl.*; **2.** *fig.* (*Schwatzen*) commérages *m/pl.*; racontars *m/pl.*
Geklimper [gəˈklɪmpər] *n* ⟨⁓s⟩ pianotage *m.*
Geklingel [gəˈklɪŋəl] *n* ⟨⁓s⟩ sonnerie (perpétuelle).
Geklirr(e) [gəˈklɪr(ə)] *n* ⟨⁓s⟩ *von Waffen* cliquetis *m*; *von Gläsern etc.* bruit *m*; choc *m.*
geklommen [gəˈklɔmən] *cf.* klimmen.
Geklopfe [gəˈklɔpfə] F *n* ⟨⁓s⟩ tapements (continuels).
geklungen [gəˈklʊŋən] *cf.* klingen.
Geknatter [gəˈknatər] *n* ⟨⁓s⟩ *mot.* pétarade *f*; *von Gewehrfeuer* crépitement *m.*
geknickt [gəˈknɪkt] *adjt. fig.* désolé; triste; er ist ganz ⁓ il est tout désolé.
gekniffen [gəˈknɪfən] *cf.* kneifen.
Geknirsche [gəˈknɪrʃə] F *n* ⟨⁓s⟩ *von Zähnen* grincement *m*; *von Sand, Schnee* crissement *m.*
Geknister [gəˈknɪstər] *n* ⟨⁓s⟩ *des Feuers* crépitement *m*; crépitation *f*; pétillement *m.*
Geknurr(e) [gəˈknʊr(ə)] *n* ⟨⁓s⟩ *e-s Hundes* grondement *m.*
Geknutsche [gəˈknuːtʃə] *n* ⟨⁓s⟩ P *cf.* Knutscherei.
gekonnt [gəˈkɔnt] *adjt.* **das ist sehr ⁓** cela montre du savoir-faire; *cf. auch* können.
geköpert [gəˈkøːpərt] *adjt. Weberei* croisé.
gekörnt [gəˈkœrnt] *adjt. techn.* granulé; en grenaille.
Gekrächze [gəˈkrɛçtsə] *n* ⟨⁓s⟩ *der Raben* croassement *m*; *fig.* cris *m/pl.* rauques.
Gekrakel [gəˈkraːkəl] *n* ⟨⁓s⟩ *cf.* Gekritzel.
gekränkt [gəˈkrɛŋkt] *adjt.* vexé; offensé; **tief ⁓ sein** être profondément vexé; **sich ⁓ fühlen** se sentir vexé, offensé; *cf. auch* kränken.
Gekrätz [gəˈkrɛts] *n* ⟨⁓es⟩ (*Metallabfall*) scories *f/pl.*; crasses *f/pl.*
Gekritzel [gəˈkrɪtsəl] *n* ⟨⁓s⟩ griffonnage(s) *m* (*pl.*); *klein u. schlecht lesbar* pattes *f/pl.* de mouche.
gekrochen [gəˈkrɔxən] *cf.* kriechen.
gekröpft [gəˈkrœpft] *adjt. techn. Achse etc.* coudé; **doppelt ⁓** à deux coudes.
Gekröse [gəˈkrøːzə] *n* ⟨⁓s; ⁓⟩ **1.** *anat.* mésentère *m*; **2.** *cuis.* fraise *f.*
gekrümmt [gəˈkrʏmt] *adjt.* courbé; *cf. auch* gebogen *u.* krümmen.
gekünstelt [gəˈkʏnstəlt] *adjt. Benehmen* affecté; recherché; guindé; maniéré; *Stil auch* artificiel, -lle; factice; **es liegt etwas 2es in dem, was er sagt** il y a de la recherche dans ce qu'il dit.
gekürzt [gəˈkʏrtst] **1.** *adjt.* **⁓e Ausgabe** édition abrégée; **2.** *advt.* **etw. stark ⁓ wiedergeben** rendre qc. sous une forme très abrégée; *cf. auch* kürzen.

Gel [geːl] *n* ⟨⁓s; ⁓e⟩ *chim.* gel *m.*
Gelächter [gəˈlɛçtər] *n* ⟨⁓s; ⁓⟩ rires *m/pl.*; (*Gegenstand des ⁓s*) risée *f*; **schallendes ⁓** éclats *m/pl.* de rire; **in schallendes ⁓ ausbrechen** éclater de rire; s'esclaffer; **unterdrücktes ⁓** rires étouffés; **sich dem ⁓ aussetzen** s'exposer aux rires; **zum ⁓ werden** être la risée de tous, de la ville, *etc.*
gelackmeiert [gəˈlakˌmaɪərt] *adj.* F ⁓ *od.* **der 2e sein** être refait, roulé; être le dindon de la farce.
geladen [gəˈlaːdən] *adjt.* **1.** F **⁓ sein** (*wütend sein*) être furieux, -euse; ne pas être à prendre avec des pincettes; **auf j-n ⁓ sein** *auch* être monté contre qn.; **2.** (*eingeladen*) **vor ⁓en Gästen** devant les invités, les personnes conviées; **3.** *Gewehr, élect.* chargé; *élect. auch* électrisé; **einfach ⁓es Ion** ion à charge unique.
Gelage [gəˈlaːgə] *n* ⟨⁓s; ⁓⟩ F ripaille *f*; P ribouldingue *f*; ribote *f*; (*Trink2*) beuverie *f.*
Geläger [gəˈlɛːgər] *n* ⟨⁓s; ⁓⟩ (*Gärniederschlag*) dépôt *m*; lie *f.*
gelagert [gəˈlaːgərt] *adjt.* **schichtenförmig ⁓** stratifié; *fig.* **dieser Fall ist anders ⁓** ce cas se présente autrement; **in besonders ⁓en Fällen** dans des cas spéciaux; *cf. auch* lagern.
Gelände [gəˈlɛndə] *n* ⟨⁓s; ⁓⟩ terrain *m*; **unebenes ⁓** terrain accidenté; **offenes ⁓** terrain découvert; **abschüssiges ⁓** terrain en pente; **hügeliges ⁓** terrain bosselé; **⁓ˌabschnitt** *m* section *f* de terrain; **⁓ˌabtretung** *f* cession *f* de terrain; **⁓ˌaufnahme** *f arp.* levé *od.* lever *m* topographique; **⁓beˌschaffenheit** *f* configuration *f*, nature *f* du terrain; **⁓ˌeinschnitt** *m* tranchée *f*; **⁓ˌfahrt** *f* promenade *f* en terrain varié; **⁓ˌfahrzeug** *n* véhicule *m* tout terrain; **2ˌgängig** *adj. Fahrzeug* tout terrain; **⁓ˌgängigkeit** *f* qualités *f/pl.* de véhicule tout terrain; **⁓ˌkarte** *f* carte *f* topographique; **⁓ˌkunde** *f* topographie *f*; **⁓ˌlauf** *m Sport* cross-country *m.*
Geländer [gəˈlɛndər] *n* ⟨⁓s; ⁓⟩ balustrade *f*; *e-r Treppe* rampe *f*; *e-r Brücke* garde-fou *m*; *aus Stein* parapet *m*; *e-s Schiffes* rambarde *f*; *schützendes* garde-corps *m*; **⁓ˌdocke** *f* balustre *m.*
Gelände|reifen [gəˈlɛndəˌraɪfən] *m Auto* pneu *m* tout terrain; **⁓ˌritt** *m* cross-country *m* équestre.
Geländer|pfosten [gəˈlɛndərˌpfɔstən] *m* pilastre *m* de rampe d'escalier; **⁓ˌsäule** *f* balustre *m*; **⁓ˌstab** *m* barreau *m*, fuseau *m* de rampe (d'escalier).
Gelände|spiel [gəˈlɛndəˌʃpiːl] *n* grand jeu (de plein air); **⁓ˌsport** *m* sport *m* en terrain varié; **⁓ˌstreifen** *m* bande *f* de terrain; **⁓ˌübung** *f* exercice *m* en terrain varié; **⁓ˌwagen** *m* voiture *f* tout terrain; **⁓ˌwinkel** *m Geschütz* angle *m* de site.
gelang [gəˈlaŋ] *cf.* gelingen.
gelangen [gəˈlaŋən] *v/i.* ⟨*p. p.* gelangt, sein⟩ parvenir, arriver, accéder (à); **in j-s Hände ⁓** parvenir entre les mains de qn.; **ans, zum Ziel ⁓** parvenir, arriver au but; atteindre le but; **zur Ausführung ⁓** être réalisé; être exécuté; **zur Aufführung ⁓** être représenté; *mus.* être exécuté; **zum Abschluß ⁓** s'achever; se terminer; arriver, venir, être mené à terme; **zur Macht ⁓** parvenir, accéder, arriver au pouvoir; **zu Reichtum ⁓** faire fortune; **zu Ansehen ⁓** acquérir du prestige.
gelangweilt [gəˈlaŋˌvaɪlt] *adjt. u. advt.* (d'un air) ennuyé; **er macht ein ⁓es Gesicht** il a l'air de s'ennuyer, F de s'embêter.

Gelaß [gəˈlas] *n* ⟨-sses; -sse⟩ (*Raum*) réduit *m*; (*Platz*) place *f*; **genug ⁓ für etw. haben** avoir assez de place pour qc.
gelassen [gəˈlasən] **1.** *adj.* calme; tranquille; impassible; placide; **2.** *adv.* avec calme; avec sang-froid; tranquillement; avec placidité; sans s'émouvoir; **⁓ bleiben** rester calme, impassible; ne pas s'émouvoir; **2ˌheit** *f* ⟨⁓⟩ calme *m*; sang-froid *m*; impassibilité *f*; tranquillité *f*; placidité *f.*
Gelatin|e [ʒe·laˈtiːnə] *f* ⟨⁓⟩ gélatine *f*; **2eˌartig** *adj.* gélatineux, -euse; gélatiniforme; **⁓edynaˌmit** *n* dynamite-gomme *f*; **⁓eˌkapsel** *f phm.* capsule *f* de gélatine; **2ieren** [-ˈniː-] **I** *v/t.* ⟨*pas de ge-*, h⟩ gélatiniser; **II** *v/i.* ⟨sein⟩ se gélatiniser; **⁓ierungsˌmittel** [-ˈniː-] *n* produit *m* de gélatinisation; **2ös** [-ˈnøːs] *adj. cf.* 2eartig.
Geläuf [gəˈlɔʏf] *n* ⟨⁓(e)s; ⁓e⟩ *ch.* trace *f.*
Gelaufe [gəˈlaufə] F *n* ⟨⁓s⟩ courses continuelles; allées et venues *f/pl.*; va-et-vient *m.*
geläufig [gəˈlɔʏfɪç] *adj.* courant; familier, -ière; **das ist mir ⁓** cela m'est familier; **diese Redensart ist sehr ⁓** cette locution est très courante; **2ˌkeit** *f* ⟨⁓⟩ emploi courant; *od. verbal.*
gelaunt [gəˈlaunt] *adj.* **gut ⁓ sein** être de bonne, belle humeur; être bien disposé; F être bien luné; être de bon poil; **schlecht ⁓ sein** être de mauvaise, méchante humeur; être mal disposé; F être mal luné; être de mauvais poil.
Geläut(e) [gəˈlɔʏt(ə)] *n* ⟨⁓(e)s; ⁓e⟩ (*n*) ⟨⁓s; ⁓⟩ *von Glocken* carillon *m*; sonnerie *f*; *e-s Schlittens* tintement *m* (de grelots); (*die Glocken*) cloches *f/pl.*; **unter dem ⁓ der Glocken** au son des cloches.
gelb [gɛlp] **I** *adj.* jaune; **⁓e Rübe** (*Mohrrübe*) carotte *f*; *Verkehrsampel* **⁓(es Licht)** (feu) orange; *pol.* **die ⁓e Gefahr** le péril jaune; *anat.* **2er Körper** corps jaune; **der ⁓e Fleck** la tache jaune; *méd.* **das ⁓e Fieber** la fièvre jaune; **⁓ werden** jaunir; **II 2** *n* ⟨⁓s⟩ jaune *m*; couleur *f* jaune; *Verkehrsampel* **bei ⁓** à l'orange; **2bleiˌerz** *n minéral.* plomb *m* jaune; molybdate *m* de plomb; wulfénite *f*; **⁓braun** *adj.* brun tirant sur le jaune; **2ˌbrennen** *n Beizverfahren* décapage *m* du cuivre (et de ses alliages); **2buch** *n dipl.* Livre *m* jaune; **2ˌeisenˌstein** *m minéral.* xanthosidérite *f*; **2ˌerde** *f* argile ocreuse et jaune; **2ˌfieber** *n méd.* fièvre *f* jaune; **2ˌfilter** *m phot.* filtre *m*, écran *m* jaune; **2ˌgießer** *m* ⟨⁓s; ⁓⟩ *métall.* fondeur *m* de laiton; dinandier *m*; **2glut** *f métall.* jaune orangé; orange foncé; *helle* jaune clair; **⁓ geht bei 1200° in Weißglut über à 1200°** l'orange passe au blanc; **⁓grün** *adj.* vert tirant sur le jaune; **2guß** *m métall.* cuivre *m* jaune; laiton *m*; **2holz** *n Färberei* bois *m* jaune, de fustet; **2kreuz** *n milit.* gaz vésicants; **⁓lich** *adj.* jaunâtre; **⁓lichˌgrün** *adj.* vert jaunâtre; **2ling** *m* ⟨⁓s; ⁓e⟩ **1.** *bot. cf.* Pfifferling; **2.** *zo.* coliade *f*; colias [-as] *m*; **2rand** *m zo.* dytique *od.* dytiscus *m*; **⁓rot** *adj.* rouge tirant sur le jaune; **2ˌschnabel** *m cf.* Grünschnabel; **2stern** *m bot.* étoile *f* jaune; *sc.* gagea *m*; **2sucht** *f méd.* jaunisse *f*; *sc.* ictère *m*; **⁓ˌsüchtig** *adj.* qui a la jaunisse; ictérique; **2ˌveigelein** *n* ⟨⁓s; ⁓⟩ *bot.* giroflée *f* jaune; **2wurz** *f* ⟨⁓⟩ *bot.* curcuma *m.*
Geld [gɛlt] *n* ⟨⁓(e)s; ⁓er⟩ argent *m*; F fric [-ik] *m*; (*Währung, Klein2, Münze*) monnaie *f*; *Börse* (*abr.* **G**)

demande *f*; cours demandé; *cf. auch* **Gelder**; **kleines ~** monnaie (d'appoint); **deutsches ~** argent allemand; devises allemandes; **billiges ~** argent prêté à un taux réduit; argent bon marché; **bares ~** argent comptant; espèces *f/pl.*; numéraire *m*; **falsches ~** fausse monnaie; **nachgemachtes ~** monnaie contrefaite; **fest angelegtes ~** argent immobilisé; capitaux immobilisés; *Börse* **~ und Brief** demande et offre; achat et vente; **in ~** en espèces; comptant; **das gibt es ohne ~** c'est gratuit; **ohne e-n Pfennig ~ dastehen** être sans un *od.* le sou; **~ abheben** retirer de l'argent; F **j-m ~ abknöpfen, aus der Tasche ziehen** soutirer, F carotter de l'argent à qn.; **sein ~ gut anlegen** bien placer son argent; **sein ~ fest anlegen** immobiliser son argent; **~ aufnehmen** emprunter des fonds; **~ auftreiben** trouver, se procurer des fonds, des capitaux; **~ ausgeben** dépenser de l'argent; **mit s-m ~ auskommen** s'en sortir, se débrouiller avec son argent; joindre les deux bouts; **~ auszahlen, einzahlen** verser de l'argent; **~ bekommen** recevoir, toucher de l'argent; **sich ~ beschaffen** se procurer de l'argent, des fonds, des capitaux; **nicht mit ~ zu bezahlen sein** valoir son pesant d'or; être précieux, -euse; **viel ~ einbringen** rapporter beaucoup (d'argent); **sein ~ einteilen können** savoir s'organiser (avec l'argent qu'on a); **viel ~ haben** avoir beaucoup d'argent; **~ wie Heu haben, im ~ schwimmen** avoir de l'argent à foison; rouler sur l'or; être (tout) cousu d'or; avoir du foin dans ses bottes; P être plein aux as; **kein ~ haben** ne pas avoir d'argent; se trouver, être sans argent, sans le *od.* sans un sou; être à court d'argent; ne pas avoir un sou vaillant; **~ bei sich haben** avoir de l'argent sur soi; **für sein ~ etwas haben wollen** en vouloir pour son argent; F **nicht gerne ~ herausrücken** être dur à la détente; F **aus etw. ~ herausschlagen** faire argent de qc.; *fig.* **sein ~ zum Fenster hinauswerfen** jeter son argent par la *od.* les fenêtre(s); **etw. für teures ~ kaufen** acheter, payer qc. cher; **zu ~ kommen** trouver de l'argent; **wieder zu s-m ~ kommen** rentrer dans son argent, dans ses fonds; **um sein ~ gekommen sein** en être pour son argent; **ins ~ laufen, gehen** coûter cher; **von s-m ~ leben** vivre de ses rentes; **j-m ~ leihen** prêter de l'argent à qn.; **sich von j-m ~ leihen, borgen** emprunter de l'argent à qn.; *fig.* **das ~ liegt auf der Straße** il y a de l'argent à la pelle; **etw. zu ~ machen, in ~ umsetzen** faire argent de qc.; *Wertpapiere etc.* convertir qc. en argent; réaliser qc.; **~ prägen** battre monnaie; **um ~ spielen** jouer (pour) de l'argent; **~ unterschlagen** détourner de l'argent, des fonds; **~ verdienen** gagner de l'argent; **~ verschwinden lassen** faire disparaître de l'argent, des fonds; **~ vorschießen, vorstrecken** avancer de l'argent; **in, mit barem ~ zahlen** payer en espèces; payer comptant; **sein ~ zusammenhalten** ne pas délier les cordons de sa bourse; **~ wert sein** valoir de l'argent; avoir de la valeur; **~ und Gut** les biens; **für ~ und gute Worte** pour de l'argent et un sourire; **~ (allein) macht nicht glücklich** *prov.* l'argent ne fait pas le bonheur *prov.*; **Zeit ist ~** *prov.* le temps c'est de l'argent *prov.*; **~ regiert die Welt** *prov.* l'argent gouverne, mène le monde.

Geld|abfindung [ˈgɛltˌʔapfɪnduŋ] *f* indemnité *f* en argent; **~ˌabwertung** *f* dévaluation *f* de la monnaie; **~ˌadel** *m* noblesse *f* d'argent; **~ˌangeˌlegenheit** *f* affaire, question d'argent, financière, pécuniaire; **in ~en kennt er keinen Spaß** pour les questions d'argent, en affaires il ne connaît pas la plaisanterie; **~ˌanhäufung** *f* accumulation *f* d'argent; **~ˌanlage** *f* placement *m* (d'argent, de capitaux); **~ˌanleihe** *f* emprunt *m* (d'argent); **~ˌanweisung** *f* mandat *m*; telegraphische **~** mandat télégraphique; **~aristokraˌtie** *f* aristocratie [-si] financière, de la finance; **~ˌaufnahme** *f* emprunt *m* (d'argent); **~ˌaufwertung** *f* réévaluation *f*, revalorisation *f* de la monnaie; **~ˌausfuhr** *f* exportation *f* de capitaux, de fonds; **~ˌausgabe** *f* dépense (d'argent, financière); **~ˌausgang** *m Bank* sortie *f* d'argent; **~beˌdarf** *m* besoins d'argent, financiers; **~ˌbeitrag** *m* contribution, subvention financière, en argent; **~beˌschaffung** *f* fourniture *f*, recherche *f* de capitaux; *besser verbal*; **~beˌstand** *m* encaisse *f*; fonds *m* de caisse; **~ der Wirtschaft** disponibilités des différentes branches économiques; **~beˌtrag** *m* somme *f* (d'argent); montant *m*; **e-n ~ abheben** retirer une somme (d'argent); **~ˌbeutel** *m* porte-monnaie *m*; bourse *f*; *für Hartgeld bei der Bank* sac *m* à *bzw.* d'argent; **den Daumen auf den ~ halten** serrer les cordons de la bourse; **sich nach s-m ~ richten** régler ses dépenses selon ses moyens; **das geht über meinen ~** cela dépasse mes moyens; **für jeden ~** à la portée de toutes les bourses; **~beˌwegung** *f* mouvement *m* de fonds, de capitaux; **~beˌwilligung** *f* allocation *f* de fonds; **~ˌbörse** *f cf.* **~beutel**; **~brief** *m* (*Wertbrief*) lettre chargée; lettre *f* à valeur déclarée; **~ˌbriefträger** *m* facteur *m* de mandats; **~ˌbuße** *f* amende *f*; peine *f* pécuniaire; **~ˌeingang** *m Bank* rentrée *f* d'argent; **~ˌeinheit** *f* unité *f* monétaire; **~ˌeinlage** *f* **a)** (*Investierung*) apport *m*; mise *f* de fonds; investissement *m*; **b)** (*Einzahlung*) versement *m* en numéraire; **~ˌeinnahme** *f* recette *f*; entrée *f* de caisse; **~ˌeinwurf** *m bei Automaten* fente *f* (pour la pièce de monnaie); **~entˌschädigung** *f* indemnité *f* en argent; **~entˌwertung** *f* dépréciation *f*, dévalorisation *f* monétaire, de la monnaie; démonétisation *f*; **~entˌwertungsˌausgleich** *m* compensation *f* de la dépréciation monétaire.

Gelder [ˈgɛldər] *n/pl.* fonds *m/pl.*; capitaux *m/pl.*; deniers *m/pl.*; sommes *f/pl.* d'argent; **öffentliche, staatliche ~** deniers, fonds publics, de l'État; **verfügbare ~** fonds libres, disponibles; disponibilités *f/pl.*; **eingefrorene ~** fonds gelés.

Geld|erwerb [ˈgɛltʔɛrˌvɛrp] *m* acquisition *f* d'argent; **~esˌwert** *m* valeur *f* (en argent); **Geld oder ~** argent ou valeurs; **~ˌfälscher** *m cf.* **Falschmünzer**; **~ˌfälschung** *f* faux-monnayage *m*; falsification *f* de monnaie; **~ˌflüssigkeit** *f* liquidité *f*; **~ˌforderung** *f* créance *f*; **~ˌfrage** *f* question, affaire d'argent, financière, pécuniaire; **~ˌgeber** *m* ⟨~s; ~⟩ bailleur *m* de fonds; capitaliste *m*; **~geˌschäft** *n* opération financière; **~geˌschenk** *n* cadeau; **ein ~ machen** donner de l'argent en cadeau; **~gier** *f* soif *f* d'argent; cupidité *f*; **2ˌgierig** *adj.* avide d'argent; âpre à l'argent; cupide; **~ˌheirat** *f* mariage *m* d'argent; **~ˌherrschaft** *f* ploutocratie [-si] *f*; **~ˌhilfe** *f* aide financière; appui financier; **~hinterˌlegung** *f* dépôt *m* (d'une somme) d'argent, d'espèces; **~ˌhortung** *f* thésaurisation *f*; **~instiˌtut** *n* établissement financier; **~kaˌssette** *f* caisse *f*; cassette *f*; **~ˌklemme** *f* F *cf.* **~verlegenheit**; **~ˌknappheit** *f* rareté *f* de l'argent; insuffisance *f*, disette *f* d'argent; **~ˌkreislauf** *m* circulation *f* monétaire; **~ˌkrise** *f* crise financière, monétaire; **~kurs** *m Börse* cours d'achat, demandé; **~ˌleistung** *f* prestation *f* en argent, en espèces; **~ˌleute** *pl.* gens *m/pl.* de finance; financiers *m/pl.*; **2lich 1.** *adj.* financier, -ière; monétaire; pécuniaire; **2.** *adv.* financièrement; pécuniairement; du point de vue financier, monétaire, pécuniaire; **~macht** *f* puissance financière, d'argent; **~ˌmakler** *m* agent *m* de change; courtier *m*; **~ˌmangel** *m* manque *m*, disette *f*, pénurie *f* d'argent; **~mann** *m* ⟨~(e)s; -leute⟩ financier *m*; homme *m* de finance, d'argent; **~markt** *m* marché monétaire, financier; **~ˌmenge** *f cf.* **~volumen**; **~mensch** *m* F *cf.* **~mann**; **~ˌmittel** *n/pl.* fonds *m/pl.*; capitaux *m/pl.*; ressources *f/pl.* pécuniaires; moyens *m/pl.*; argent *m*; **verfügbare ~** fonds disponibles; **private ~** deniers, fonds privés; **über ~ verfügen** être en fonds; **~not** *f cf.* **~mangel**; **~poliˌtik** *f* politique monétaire, financière; **~ˌprägung** *f* monnayage *m*; frappe *f* de la monnaie; **~ˌquelle** *f* source *f* d'argent, de capital; **~ˌrente** *f* rente *f* en argent; **~reˌserve** *f* réserve *f* monétaire, d'argent; **~ˌsache** *f* affaire *f*, question *f* d'argent, pécuniaire; **~sack** *m* **1.** *für Hartgeld* sac *m* à *bzw.* d'argent; **2.** F *Person* capitaliste *m*; crésus [-ys] *m*; **~schein** *m* billet *m* de banque; **~scheinˌtasche** *f* portefeuille *m*; **~ˌschöpfung** *f* création *f* de monnaie; **~schrank** *m* coffre-fort *m*; **~schrankˌknacker** *m* ⟨~s; ~⟩ perceur *m* de coffres-forts; **~ˌschuld** *f* dette *f* (d'argent); **~ˌschwemme** *f* abondance *f* d'argent; **~ˌschwierigkeiten** *f/pl.* difficultés d'argent, pécuniaires, financières; **~ˌsendung** *f* envoi *m* d'argent; **~ˌsorgen** *f/pl.* soucis d'argent, pécuniaires, financiers; **~ˌsorten** *f/pl.* monnaies étrangères; espèces *f/pl.*; **~ˌspende** *f* don *m* en argent; **~ˌstrafe** *f* amende *f*; peine *f* pécuniaire; **bei ~** sous peine d'amende; **Verhängung e-r ~** infliction *f* d'une amende; **j-n zu e-r ~ verurteilen** condamner qn. à une amende; **j-n mit e-r ~ belegen** frapper, punir qn. d'une amende; infliger une amende à qn.; **mit e-r ~ davonkommen** en être quitte pour une amende; s'en sortir avec une amende; **~stück** *n* pièce *f* de monnaie, d'argent; **~ˌsumme** *f* somme *f* d'argent; **~ˌtasche** *f zum Umhängen* sacoche *f*; **~theoˌrie** *f* théorie *f* monétaire; **~transˌport** *m* transport *m* d'argent; **~ˌüberschuß** *m* excédent *m* (de circulation) monétaire, de capitaux; pléthore *f* monétaire; **~überˌweisung** *f* mandat *m*; **telegraphische ~** mandat télégraphique; **~ˌumlauf** *m* circulation *f* monétaire; **~ˌumsatz** *m* mouvement *m* de fonds; transaction *f* monétaire; **~ˌumstellung** *f* conversion *f* monétaire; **~ˌumtausch** *m* échange *m* monétaire; **~unterˌschlagung** *f* détournement *m* d'argent, de fonds; **~unterˌstützung** *f* appui financier; aide financière; **~verˌdienen** *n verbal*; **~verˌdiener** *m* celui qui gagne de l'argent; **~verˌkehr** *m* circulation *f*, trafic *m* monétaire, de l'argent; **~verˌknappung** *f cf.* **~knappheit**; **~verˌlegenheit** *f* embarras d'argent, pécuniaire, financier; gêne *f*; **in ~ sein** *auch* être gêné, à court d'argent; **~verˌleiher** *m* ⟨**~s**; **~**⟩ bailleur *m* de fonds; prêteur *m*; **~verˌlust** *m* perte *f* d'argent; **~verˌschwender** *m* gaspilleur *m* d'argent; panier percé; **~verˌschwendung** *f* gaspillage *m* d'argent; **~voˌlumen** *n* volume *m*, masse *f* monétaire; **~ˌvorrat** *m* réserve *f* monétaire, d'argent; **~ˌvorschuß** *m* avance *f* (d'argent); **~ˌwechsel** *m* change *m*; **~ˌwechsler** *m* ⟨**~s**; **~**⟩ changeur *m*; cambiste *m*; **~wert** *m* valeur *f* de l'argent; *e-r Sache* valeur *f* (en argent); **~ˌwesen** *n* finances *f/pl.*; régime *m*, système *m* monétaire; **~ˌwirtschaft** *f* économie monétaire, financière; finances *f/pl.*; **~zählmaˌschine** *f* machine *f* de comptage automatique de la monnaie; **~ˌzeichen** *n* signe *m* monétaire.

Gelee [ʒeˑˈleː, ʒəˈleː] *n, m* ⟨**~s**; **~s**⟩ *cuis.* gelée *f*; **in ~** en gelée.

Gelege [gəˈleːgə] *n* ⟨**~s**; **~**⟩ (*Eier e-s Vogelnestes*) ponte *f*.

gelegen [gəˈleːgən] *adjt.* **1.** *örtlich* situé; *jur., adm.* sis; **am Wald ~es Haus** maison située au bord de la forêt; **nach Süden ~** exposé au, tourné vers le sud; **nach der Straße ~** donnant sur la rue; **2.** (*passend*) convenable; *zeitlich auch* opportun; propice; **zu ~er Stunde** à l'heure qui convient; **im ~en Augenblick** au moment opportun, propice; **das kommt (mir) gerade ~** cela vient bien à propos, juste à point (pour moi); cela m'arrange très bien; **du kommst (mir) sehr ~** tu arrives très à propos, juste au bon moment, F à pic; **3.** (*wichtig sein*) **mir ist viel daran ~, daß ...** il m'importe beaucoup que ... (+ *subj.*); je tiens beaucoup à ce que ... (+ *subj.*); **es ist mir viel daran ~** j'y tiens beaucoup; j'y attache une grande importance; c'est très important pour moi; **mir ist an ihm ~** je tiens beaucoup à lui; **mir ist nichts daran ~, ob ...** *od.* **daß ...** peu m'importe si ... (+ *ind.*) *od.* que ... (+ *subj.*); **was ist daran ~!?** qu'importe!?; *cf. auch* **liegen**.

Gelegenheit [gəˈleːgənˌhaɪt] *f* ⟨**~**; **~en**⟩ occasion *f*; **bei ~** à l'occasion; **bei passender ~** en temps voulu; **bei dieser ~** par la même occasion; **bei jeder (passenden oder unpassenden) ~** à chaque occasion; à tout bout de champ; **bei e-r festlichen ~** à l'occasion d'une fête; **e-e günstige ~** une belle occasion favorable, propice; P une belle occase; **das ist die einzige ~, zu ...** c'est l'occasion ou jamais de ...; **~ haben, zu ...** avoir l'occasion de ...; **e-e günstige ~ haben (,zu ...)** *auch* avoir des facilités (de ...); **j-m ~ geben, zu ...** donner, fournir à qn. l'occasion de ...; donner à qn. du temps pour ...; **es bot sich die ~, zu ...** l'occasion de faire qc. s'offrit, se présenta; **die erstbeste ~ ergreifen** saisir la première occasion (venue, qui se présente); **e-e ~ beim Schopfe ergreifen** saisir une occasion au bond, par les cheveux; sauter sur une occasion; **e-e ~ verpassen, versäumen** manquer, rater, laisser passer, laisser échapper une occasion; F manquer le coche; **~ macht Diebe** *prov.* l'occasion fait le larron *prov.*; **~sˌarbeit** *f* travail occasionnel; **~sˌarbeiter** *m* ouvrier occasionnel; **~sgeˌdicht** *n* poésie *f* de circonstance; **~sgeˌsellschaft** *f comm.* association *f* de fait; **~sˌkauf** *m* (achat *m* d') occasion *f*.

gelegentlich [gəˈleːgəntˌlɪç] **I 1.** *adj.* occasionnel, -lle; **ein ~er Besuch** une visite occasionnelle; **2.** *adv.* à l'occasion; F des fois; **ich werde Sie ~ besuchen** je vous rendrai visite à l'occasion; **gib mir das Buch ~ zurück** rends-moi le livre quand tu pourras; **wenn Sie ~ vorbeikommen** si des fois vous passez par là; **~ e-e Zigarette rauchen** fumer une cigarette à l'occasion; **II** *prép.* ⟨*gén.*⟩ à l'occasion de; **~ meines Aufenthaltes in X** à l'occasion de mon séjour à X.

gelehr|ig [gəˈleːrɪç] *adj.* docile (d'esprit); intelligent; **2igˌkeit** *f* ⟨**~**⟩ docilité *f* (d'esprit); intelligence *f*; **2samˌkeit** *f* ⟨**~**⟩ science *f*; savoir *m*; *in Geisteswissenschaften* érudition *f*; **~t 1.** *adj.* savant; *in Geisteswissenschaften* érudit; lettré; **ein ~er Mann** un savant; un érudit; **das Buch ist mir zu ~** le livre est trop savant pour moi; F **ein ~es Haus** un puits de science; une encyclopédie vivante; **2.** *adv.* savamment; **sehr ~ tun** avoir l'air très savant; **sehr ~ über etw. sprechen** parler très savamment de qc.; **2tenfaˌmilie** *f* famille *f* de savants; **2te(r)** *m* ⟨→ A⟩ savant *m*; *in Geisteswissenschaften* érudit *m*; **ein großer ~r** un grand savant; **2theit** *f* ⟨**~**⟩ *cf.* **2samkeit**.

Geleier [gəˈlaɪər] *n* ⟨**~s**⟩ déclamation *f*, récitation *f*, musique *f* monotone.

Geleise [gəˈlaɪzə] *n* ⟨**~s**; **~**⟩ *cf.* **Gleis**.

Geleit [gəˈlaɪt] *n* ⟨**~(e)s**; **~e**⟩ conduite *f*; accompagnement *m*; *zurück* reconduite *f*; (*Gefolge*) escorte *f* (*auch milit.*); *jur.* **sicheres, freies ~ (zusichern)** (donner un) sauf-conduit; **j-m das ~ geben** (re)conduire, (r)accompagner qn.; **j-m das letzte ~ geben** accompagner qn. à sa dernière demeure; **~ˌbrief** *m* sauf-conduit *m*; **2en** *v/t.* ⟨-ete, *p. p.* **geleitet**, **h**⟩ conduire; accompagner; *zurück* reconduire; raccompagner; *feierlich* escorter; faire escorte (à); *milit., mar.* convoyer; escorter; **j-n zur Tür ~** reconduire, raccompagner qn. à la porte; **~ˌschein** *m cf.* **~brief**; **~ˌschiff** *n mar.* convoyeur *m*; escorteur *m*; **~ˌschutz** *m milit.* escorte *f*; **unter ~** sous escorte; escorté; **~ˌwort** *n* ⟨**~(e)s**; **~e**⟩ préface *f*; **mit e-m ~ versehen** préfacer; **~ˌzug** *m mar.* convoi *m*; **im ~ fahren** naviguer en convoi.

Gelenk [gəˈlɛŋk] *n* ⟨**~(e)s**; **~e**⟩ *anat., techn.* articulation *f*; jointure *f*; *techn. auch* joint articulé; (*Scharnier*) charnière *f*; **~ˌanschwellung** *f méd.* gonflement *m* de l'articulation; **~ˌarm** *m techn.* bras articulé; **~ˌautobus** *m* autobus articulé; **~ˌband** *n anat.* ligament *m* articulaire; **~ˌbolzen** *m techn.* axe *m*, boulon *m* d'articulation; **~ˌbruch** *m chir.* fracture *f* de l'articulation; **~ˌeiterung** *f méd.* suppuration *f* articulaire; **~entˌzündung** *f méd.* inflammation *f* articulaire; arthrite *f*; **~ˌflüssigkeit** *f cf.* **~schmiere**; **~geˌtriebe** *n techn.* mécanisme articulé; **~ˌhaut** *f anat.* membrane synoviale; **~ˌhöhle** *f anat.* cavité *f* articulaire; **2ig** *adj. techn.* articulé; *gym.* souple; *Glieder* **~ machen** assouplir; **~igˌkeit** *f* ⟨**~**⟩ *gym.* souplesse *f*; **~ˌkapsel** *f anat.* capsule *f* articulaire; **~ˌkette** *f techn.* chaîne *f* à maillons articulés; **~ˌknorpel** *m anat.* cartilage *m* articulaire; **~ˌknoten** *m bot.* nœud *m*; **~ˌkupplung** *f techn.* accouplement articulé; **~ˌleiden** *n méd.* arthropathie *f*; **~ˌmaus** *f chir.* arthrolithe *m*; **~ˌpfanne** *f anat.* cavité *f* glénoïde; *techn.* coussinet *m* d'articulation; **~ˌpunkt** *m techn.* point *m* d'articulation; **~ˌpuppe** *f cf.* **Gliederpuppe**; **~ˌquarz** *m minéral.* grès quartzeux flexible; **~rheumaˌtismus** *m méd.* rhumatisme *m* articulaire; **~ˌschmerz** *m méd.* douleur *f* articulaire, dans les articulations; *sc.* arthralgie *f*; **~ˌschmiere** *f anat.* synovie *f*; **~ˌschwamm** *m méd.* tumeur blanche; **~ˌstange** *f techn.* barre articulée; **~ˌstück** *n techn.* pièce articulée; joint articulé; **2t** *adjt.* dirigé; **~e Wirtschaft** économie dirigée; *cf. auch* **lenken**; **~ˌtriebwagen** *m* autorail articulé; automotrice articulée; **~tuberkuˌlose** *f méd.* tuberculose *f* articulaire; **~verˌbindung** *f techn.* assemblage articulé, à rotule; **~verˌsteifung** *f méd.* ankylose *f*; **~ˌwasser** *n cf.* **~schmiere**; **~ˌwasserˌsucht** *f méd.* épanchement *m* de synovie; *sc.* hydarthrose *f*; **~ˌwelle** *f techn.* arbre articulé, à cardan.

gelernt [gəˈlɛrnt] *adjt.* de métier; qualifié; **~er Arbeiter** ouvrier qualifié; **er ist ~er Schlosser** il est serrurier de métier; *cf. auch* **lernen**.

Geleucht [gəˈlɔʏçt] *n* ⟨**~(e)s**⟩ *mines* lampe *f* (de sûreté).

Gelichter [gəˈlɪçtər] *n* ⟨**~s**⟩ *péj.* racaille *f*; canaille *f*; (*Brut*) engeance *f*; **solches ~** *auch* des gens de cette espèce, de cet acabit.

Geliebte [gəˈliːptə] *f* ⟨→ A⟩ bien-aimée *f*; *plais.* dulcinée *f*; *als Anrede* chérie; *péj.* maîtresse *f*; amante *f*; **~(r)** *m* ⟨→ A⟩ bien-aimé *m*; *als Anrede* chéri; *péj.* amant *m*.

geliefert [gəˈliːfərt] *adjt.* F **~ sein** être perdu, F fichu; *cf. auch* **liefern**.

geliehen [gəˈliːən] *cf.* **leihen**.

gelieren [ʒeˑˈliːrən] *v/i.* ⟨*pas de ge-*, **h**⟩ se transformer en gelée.

gelinde [gəˈlɪndə] **1.** *adj.* léger, -ère; doux, douce; **ein ~r Regen** une pluie légère; **e-e ~ Strafe** une peine douce, légère; **ein ~r Schmerz** une légère douleur; **~re Saiten aufziehen** devenir plus indulgent; relâcher un peu la bride; **2.** *adv.* doucement; légèrement; **~ gesagt** pour ne pas dire autre chose; pour ne pas dire plus; **mit j-m ~ verfahren** traiter qn. avec indulgence.

gelingen [gəˈlɪŋən] **I** *v/i.* ⟨**gelingt, gelang, gelungen, sein**⟩ réussir; **es gelang mir, etw. zu tun** je réussis, je parvins, j'arrivai à faire qc.; **das ist mir gut gelungen** j'y ai réussi; j'y suis parvenu, arrivé; **der Kuchen ist mir heute gut gelungen** j'ai bien réussi le gâteau aujourd'hui; **sein Plan wird ihm ~** son plan va réussir; **II 2** *n* ⟨**~s**⟩ réussite *f*; succès *m*; **zum ~ beitragen** contribuer au succès, à la réussite.

Gelispel [gəˈlɪspəl] *n* ⟨**~s**⟩ zézaiement *m*.

gelitten [gəˈlɪtən] *adjt.* nicht sehr, nicht wohl ~ sein ne pas être très bien vu; ne pas être estimé; *cf. auch* leiden.

gell [gɛl] **I** *adj. cf.* ~end; **II** *int. cf.* gelt; ~**en** *v/i.* ⟨h⟩ résonner; retentir; Schreie ~ des cris aigus, perçants résonnent, retentissent; der Schrei gellt mir in den Ohren le cri me perce les oreilles; ~**end** *adjt. Ton etc.* aigu; perçant; strident.

geloben [gəˈloːbən] *v/t.* ⟨*p. p.* gelobt, h⟩ promettre solennellement; faire le vœu de (faire qc.); *relig.* faire vœu de; j-m Gehorsam ~ vouer obéissance à qn.; *bibl.* das Gelobte Land la Terre promise.

Gelöbnis [gəˈløːpnɪs] *n* ⟨~ses; ~se⟩ promesse solennelle; vœu *m.*

gelockt [gəˈlɔkt] *adjt. Haar* bouclé; *cf. auch* locken.

gelogen [gəˈloːgən] *cf.* lügen.

gelt [gɛlt] *int.* 'hein?; n'est-ce pas?

gelten [ˈgɛltən] **I** *v/i.* ⟨gilt, galt, gölte *od.* gälte, gegolten, h⟩ **1.** (*gültig sein*) être valable; diese Fahrkarte gilt zwei Monate ce billet est valable deux mois; *beim Spiel* das gilt nicht (*ist gegen die Spielregel*) ce n'est pas de jeu; (*zählt nicht*) cela ne compte pas; die Wette gilt le pari tient; das soll für immer ~ c'est valable pour toujours; was er sagt, gilt ce qu'il dit est sérieux; der Poststempel gilt als Nachweis le timbre de la poste fait foi; etw. ~ lassen admettre qc.; e-n Einwand nicht ~ lassen ne pas accepter une objection; etw. für diesmal ~ lassen accepter, admettre qc. pour cette fois; das lasse ich ~! cela, je l'admets; **2.** (*wert sein*) valoir; viel, wenig ~ valoir beaucoup, peu; avoir beaucoup, peu de valeur; sein Wort gilt viel sa parole fait autorité, a de la valeur, a du poids; viel bei j-m ~ avoir du crédit auprès de qn.; was gilt die Wette? que parions-nous?; der Prophet gilt nichts in s-m Vaterland *prov.* nul n'est prophète en son pays *prov.*; **3.** ~ für, als (*für etw. gehalten werden*) passer pour; für e-n Dummkopf ~ passer pour un imbécile; das gilt als vornehm c'est considéré comme distingué; als bewiesen ~, daß ... être considéré comme prouvé que ...; **4.** ~ für (*sich beziehen auf*) valoir pour; être applicable à; s'appliquer à; das gilt für alle cela vaut, c'est valable pour tout le monde; das gilt auch für dich *od.* von dir cela vaut aussi pour toi; c'est aussi valable pour toi; cela s'applique aussi à toi; das gilt nicht für Sie ce n'est pas valable pour vous; cela ne s'applique pas à vous; cela ne vous concerne, ne vous touche pas; diese Bestimmungen ~ für ... ces dispositions s'appliquent, sont applicables à ...; dafür gilt e-e Sonderregelung pour cela, il existe une réglementation spéciale; à cela s'applique une réglementation particulière; **5.** j-m ~ (*j-n betreffen*) s'adresser à qn.; concerner qn.; die Bemerkung gilt dir cette remarque s'adresse à toi, te regarde, te concerne; der Vorwurf gilt uns ce reproche s'adresse à nous; **II** *v/imp.* es gilt zu ... (+ *inf.*) il s'agit de ... (+ *inf.*); c'est le moment de ... (+ *inf.*); jetzt gilt es, die Nerven zu behalten maintenant il s'agit de ne pas s'énerver; es gilt e-n Versuch cela vaut la peine d'essayer; es gilt unser Leben il y va de notre vie; ~**d** *adjt.* **1.** valable; en vigueur; applicable; nach den ~en Bestimmungen suivant, d'après les dispositions en vigueur; nach ~em Recht d'après le droit en vigueur; die ~e Währung la monnaie en cours; die für die Zollsätze ~en Regelungen les réglementations applicables aux droits de douane; die für uns ~en Vorschriften les prescriptions valables pour nous; **2.** ~ machen faire valoir; s-n Einfluß ~ machen faire prévaloir son influence; s-e Rechte, Ansprüche vor Gericht ~ machen faire valoir ses droits, ses prétentions en justice; ich mache als Entschuldigung ~ comme excuse, je fais valoir (que ...); sich ~ machen se faire sentir; s'exprimer; ꝯ**d**ˌ**machung** *f* ⟨~⟩ *verbal.*

Geltung [ˈgɛltʊŋ] *f* ⟨~⟩ (*Wert*) valeur *f*; (*Gültigkeit*) validité *f*; (*Ansehen*) autorité *f*; crédit *m*; (*Anwendbarkeit*) application *f*; rechtliche ~ validité en droit; die ~ der Verträge für Berlin l'application des traités à Berlin; ~ haben *cf.* gelten 1.; keine ~ haben ne pas être valable; keine ~ mehr haben ne plus être valable; *von Geld auch* être 'hors cours; etw. zur ~ bringen mettre qc. en valeur; faire valoir qc.; zur ~ kommen être mis en valeur; e-r Sache ~ verschaffen donner du crédit, du poids à qc.; sich ~ verschaffen se mettre en valeur; s'imposer; acquérir de l'autorité; ~**sbe**ˌ**dürfnis** *n* besoin *m* de se faire valoir, de se mettre en valeur; ~**sbe**ˌ**reich** *m* domaine *m*, champ *m* d'application; in den ~ e-s Gesetzes fallen tomber sous l'application d'une loi; ~**s**ˌ**dauer** *f* durée *f* de validité, d'application; die ~ der Fahrkarte beträgt ... la durée de validité du billet est de ...; ~**s**ˌ**sucht** *f cf.* ~sbedürfnis; ~**s**ˌ**trieb** *m psych.* besoin instinctif de se faire valoir, de se mettre en valeur.

Gelübde [gəˈlʏpdə] *n* ⟨~s; ~⟩ vœu *m*; ein ~ ablegen, tun faire un vœu; das ~ ablegen, zu ... faire le vœu de ...

Gelumpe [gəˈlʊmpə] *n* ⟨~s⟩ *péj.* vieilleries *f/pl.*; bric-à-brac *m.*

gelungen [gəˈlʊŋən] *adjt.* F *iron.* (*eigenartig, komisch*) réussi; curieux, -euse; drôle; das ist ja ~! c'est curieux, drôle!; du siehst ja ~ aus! tu es réussi!; *cf. auch* gelingen.

Gelüst|(e) [gəˈlʏst(ə)] *n* ⟨~(e)s; ~e⟩ (*n*) ⟨~s; ~⟩ grande envie; grand désir; convoitise *f*; nach etw. ein ~ haben convoiter qc.; avoir grande envie, grand désir de (faire) qc.; ꝯ**en** *v/imp.* ⟨-ete, *p. p.* gelüstet, h⟩ mich gelüstet, es gelüstet mich ... j'ai grande envie, grand désir, une forte envie de ...

gemach [gəˈmaːx] **I** *int.* doucement!; lentement!; **II** ꝯ *n* ⟨~(e)s; ⸚er⟩ *st. s.* pièce *f*, salle *f* (d'un palais); die königlichen Gemächer les appartements royaux.

gemächlich [gəˈmɛːçlɪç, -ˈmɛ-] **1.** *adj.* tranquille; **2.** *adv.* tranquillement; lentement; ~ gehen aller tranquillement; ꝯ**keit** *f* ⟨~⟩ lenteur *f*; nonchalance *f*; in aller ~ sans se presser; tranquillement.

gemacht [gəˈmaxt] *adjt.* ~er Mann homme arrivé; *cf. auch* machen.

Gemahl [gəˈmaːl] *m* ⟨~(e)s; ~e⟩ *st. s.* (*Gatte*) époux *m*; wie geht es Ihrem Herrn ~? comment va Monsieur votre époux, Monsieur X?; ~**in** *f* ⟨~; ~nen⟩ épouse *f*; Ihre Frau ~ Madame votre épouse; Madame X; empfehlen Sie mich Ihrer Frau ~! présentez mes hommages à Madame votre épouse, à Madame X.

gemahnen [gəˈmaːnən] *v/t.* ⟨*p. p.* gemahnt, h⟩ *st. s.* j-n an etw. ~ rappeler qc. à qn.

Gemälde [gəˈmɛːldə] *n* ⟨~s; ~⟩ tableau *m*; peinture *f*; toile *f*; ~ˌ**ausstellung** *f* exposition *f* de tableaux, de peinture; ~**gale**ˌ**rie** *f* galerie *f*, musée *m* de tableaux, de peinture; ~**konser**ˌ**vierung** *f* conservation *f* de tableaux; ~ˌ**sammlung** *f* collection *f* de tableaux.

Gemansche [gəˈmanʃə] F *n* ⟨~s⟩ tripotage *m.*

Gemarkung [gəˈmarkʊŋ] *f* ⟨~; ~en⟩ **1.** (*Gemeindeflur*) territoire (communal); **2.** (*Grenze*) bornes *f/pl.*; limites *f/pl.*

gemasert [gəˈmaːzərt] *adjt. Holz etc.* veiné; madré; marbré.

gemäß [gəˈmɛːs] **I** *adj.* conforme à; approprié à; **II** *prép.* ⟨*dat.*⟩ selon; suivant; d'après; conformément à; en conformité de *od.* à; en vertu de; dem Befehl ~ d'après l'ordre; ~ den bestehenden Bestimmungen d'après les, conformément aux dispositions existantes; Ihren Wünschen ~ conformément à, selon, suivant vos désirs; ꝯ**heit** *f* ⟨~⟩ conformité *f.*

gemäßigt [gəˈmɛːsɪçt] **1.** *adjt.* modéré; *géogr.* tempéré; die ~en Zonen les zones tempérées; ~e Partei parti modéré; **2.** *advt.* avec modération; modérément.

Gemäuer [gəˈmɔʏər] *n* ⟨~s; ~⟩ murailles *f/pl.*; *altes, verfallenes* ruines *f/pl.*; *von e-m Haus auch* masure *f.*

Gemecker [gəˈmɛkər] *n* ⟨~s⟩ F rouspétance *f.*

gemein [gəˈmaɪn] **1.** *adj.* **a)** (*gewöhnlich*) commun; ordinaire; die ~e Stubenfliege la mouche commune; der ~e Mann l'homme du peuple, de la rue; der ~e Soldat le simple soldat; le soldat de deuxième classe; *math.* ~er Bruch fraction ordinaire; *comm.* ~er Wert valeur commune, usuelle; **b)** (*niedriggesinnt*) vil; bas, -sse; vilain; abject; ignoble; infâme; (*grob*) vulgaire; grossier, -ière; trivial; e-e ~e Anschuldigung une accusation ignoble, infâme, vile, basse; ~e Gesinnung âme basse, vile; ein ~er Kerl un type dégoûtant, ignoble, F vache; un dégoûtant; F une vache; j-m e-n ~en Streich spielen jouer à qn. un vilain tour, un tour ignoble, dégoûtant, F vache; das ist ~! ce n'est pas gentil!; *pfort.* c'est dégoûtant!; F c'est vache!; du bist ~! tu n'es pas gentil!; tu es dégoûtant, F vache!; **c)** (*gemeinsam*) etw., nichts mit j-m ~ haben avoir qc., n'avoir rien de commun avec qn.; er hat vieles mit s-m Vater ~ il a beaucoup de points communs avec son père; **d)** (*allgemein*) commun; (*öffentlich*) public, -ique; *hist.* ~es Recht droit commun; das ~e Wohl le bien, l'intérêt commun, public; *cf. auch* allgemein; **2.** *adv.* sich j-m gegenüber ~ benehmen se conduire bassement, ignoblement, d'une façon basse, ignoble, dégoûtante avec qn.; ~ handeln agir bassement, ignoblement, d'une façon basse, vile, ignoble, infâme, dégoûtante; sich mit j-m ~ machen s'abaisser au niveau de qn.; se commettre avec qn.; ꝯ**be**ˌ**sitz** *m* bien commun.

Gemeinde [gəˈmaɪndə] *f* ⟨~; ~n⟩ **1.** commune *f*; städtische ~ commune urbaine; municipalité *f*; der ~ zur Last fallen tomber à la charge de la commune; **2.** *relig.* **a)** (*Kirchen2*) paroisse *f*; **b)** *beim Gottesdienst* assemblée *f* des fidèles; fidèles *m/pl.*; **3.** (*Zuhörerschaft*) auditoire *m*; (*Gemeinschaft Gleichgesinnter*) communauté *f* (*auch relig.*); **~ˌabgaben** *f/pl.* taxes communales; **~ˌanleihe** *f* emprunt communal, municipal; **~ˌausschuß** *m* comité communal, municipal; **~autonoˌmie** *f* autonomie communale, municipale; **~beˌamte(r)** *m* fonctionnaire communal, municipal; **~beˌhörde(n)** *f* (*pl.*) autorités municipales, communales; **~beˌtrieb** *m* service communal, municipal; entreprise communale, municipale; **~beˌzirk** *m* arrondissement communal; circonscription municipale; **~ˌdiener** *m* appariteur *m*; secrétaire *m* de mairie; **~ˌeinnahmen** *f/pl.* recettes communales, municipales; **~fiˌnanzen** *pl.* finances communales, municipales; **~ˌgrund** *m* terrain communal, municipal; **~ˌgut** *n* bien communal; **~ˌhaus** *n* maison commune; mairie *f*; *égl.* maison *f* des œuvres paroissiales; **~ˌhaushalt** *m* budget communal, municipal; **~ˌhelfer(in)** *m* (*f*) *égl. prot.* aide *m, f* (laïque) du pasteur; **~ˌkasse** *f* caisse communale, municipale; **~ˌmitglied** *n* membre *m* d'une commune; *relig.* paroissien, -nne *m, f*; **~ˌordnung** *f* lois *f/pl.* sur l'organisation communale; **~ˌplanung** *f* planification communale; **~poliˌzei** *f* police locale, municipale; **~ˌrat** *m* ⟨~(e)s; ~e⟩ **a)** *als Gesamtheit* conseil municipal; **b)** *als Einzelperson* conseiller municipal; **~ratsbeˌschluß** *m* décision *f* du conseil municipal; **~ratsˌwahl** *f cf.* Gemeindewahl; **~ˌrecht** *n* droit relatif aux communes; **~ˌschule** *f* école communale; **~ˌschwester** *f égl. prot.* diaconesse *f*; assistante sociale d'une paroisse; **~ˌsteuern** *f/pl.* impôts communaux, municipaux.

gemeindeutsch [gəˈmaɪnˌdɔʏtʃ] *adj. ling.* qui appartient à l'allemand commun.

Gemeinde|verband [gəˈmaɪndəfɛrˌbant] *m* syndicat intercommunal; association intercommunale; **~verˌmögen** *n* biens communaux; **~verˌsammlung** *f* assemblée communale; **~verˌtreter** *m* représentant *m* d'une commune; **~verˌtretung** *f* représentation *f* d'une commune; **~verˌwaltung** *f* administration communale, municipale; municipalité *f*; **~ˌvorstand** *m*, **~ˌvorsteher** *m* maire *m*; premier magistrat d'une commune; der Bürgermeister ist der ~ le maire est le premier magistrat d'une commune, est à la tête de la commune; **~ˌwahl** *f* élections communales, municipales; **~ˌwahlrecht** *n* droit *m* de vote communal; **~ˌwald** *m* bois communaux; **~ˌweg** *m* chemin communal, vicinal; **~ˌweide** *f* pâturage communal; **~ˌwiese** *f* pré communal; **~ˌwirtschaft** *f* économie communale.

Gemein|eigentum [gəˈmaɪnˌʔaɪgənˌtuːm] *n jur.* propriété collective; in ~ überführen socialiser; **~geˌbrauch** *m jur.* usage commun, public; **2geˌfährlich** *adj. Verbrecher etc.* (constituant un) danger public; **~ˌgläubiger** *m comm.* créancier non privilégié d'un failli; **2ˌgültig** *adj.* généralement valable, applicable, accepté; qui a cours partout; **~ˌgut** *n* bien commun; domaine public; (zum) ~ werden être vulgarisé; **~heit** *f* ⟨~⟩ **a)** caractère vil, bas, ignoble; bassesse *f*; **b)** ⟨*pl.* ~en⟩ action vile, basse, ignoble, infâme, dégoûtante, F vache; F vacherie *f*; **2ˌhin** *adv.* communément; ordinairement; d'une façon générale; **~ˌjahr** *n* année commune, moyenne; **~ˌkosten** *pl. comm.* frais généraux; **~ˌnutz** *m* ⟨~es⟩ intérêt général; ~ geht vor Eigennutz l'intérêt général prime l'intérêt particulier; **2ˌnützig** *adj.* d'utilité publique; d'intérêt commun, public, général; ~es Unternehmen entreprise d'utilité publique; ~e Anstalt établissement d'utilité publique; **~ˌnützigˌkeit** *f* ⟨~⟩ utilité *f* publique; **~ˌplatz** *m* lieu commun; banalité *f*; **2ˌrechtlich** *adj.* de droit commun.

gemeinsam [gəˈmaɪnˌzaːm] **1.** *adj.* commun; collectif, -ive; *jur.* indivis; conjoint; ~er Besitz copossession *f*; propriété indivise; ~es Eigentum copropriété *f*; ~e Erfindung invention faite en commun; ~er Erwerb coacquisition *f*; ~er Freund ami commun; ~e Front front commun; ~er Gebrauch, ~e Nutznießung cojouissance *f*; ~e Haftung responsabilité collective, solidaire; ~e Interessen haben avoir des intérêts communs; *comm.* der 2e Markt le Marché commun; *math.* ~er Nenner dénominateur commun; auf ~e Rechnung en compte conjoint; ~e Sache mit j-m machen faire cause commune avec qn.; ~es Vorgehen action commune, collective, combinée; **2.** *adv.* en commun; conjointement; ensemble; ~ ausgeführte Arbeit travail fait en commun, en collaboration; etw. ~ mit j-m besitzen posséder qc. en commun, conjointement avec qn.; *jur.* posséder qc. indivisément, par indivis; ~ erben cohériter; ~ haften être solidairement responsable; ~ handeln agir en commun; etw. ~ machen, unternehmen faire, entreprendre qc. en commun, ensemble; ~ verantwortlich conjointement, solidairement responsable; ~ über etw. verfügen disposer de qc. en commun, conjointement; ~ durchs Leben gehen mener une vie commune; **2ˌkeit** *f* ⟨~; ~en⟩ communauté *f*; *meist verbal.*

Gemeinschaft [gəˈmaɪnʃaft] *f* ⟨~; ~en⟩ communauté *f*; collectivité *f*; *jur. auch* indivision *f*; (*Glaubens2*) communion *f*; eheliche ~ vie commune; union conjugale; häusliche ~ communauté formée par les habitants d'une maison; e-e ~ bilden former une communauté; *jur.* ~ nach Bruchteilen indivision par fractions; Atlantische ~ Communauté atlantique; Europäische ~ für Kohle und Stahl Communauté européenne du charbon et de l'acier; in ~ mit conjointement avec; en commun avec; en collaboration, en coopération avec; *relig.* ~ der Heiligen communion des saints; **2ˌlich** *adj.* (en) commun; collectif, -ive; solidaire; *jur.* ~er Erbteil part héréditaire commune; ~es Testament testament commun; *bei Grenzbesitz* ~e Mauer mur mitoyen; *cf. auch* gemeinsam; **~lichˌkeit** *f* ⟨~⟩ *e-s Grenzbesitzes* mitoyenneté *f*; *sonst verbal*; **~sˌanschluß** *m tél.* ligne partagée, commune; **~sanˌtenne** *f rad.* antenne commune; **~sˌarbeit** *f* travail *m* en commun, en collaboration, d'équipe; **~serˌziehung** *f* **1.** éducation *f* mixte; coéducation *f*; **2.** éducation sociale; **2sˌfähig** *adj.* social; **~sfinanˌzierung** *f* financement *m* en commun; **~sgeˌfühl** *n* sentiment *m* de solidarité; **~sˌgeist** *m* solidarité *f*; **~sˌhaft** *f jur.* emprisonnement *m* en commun; **~sˌkasse** *f* caisse commune; **~sˌkunde** *f Schulfach* instruction *f* civique; **~sˌleben** *n* vie *f* en commun; **~sˌleistung** *f* réalisation, performance collective; **~sproduktiˌon** *f Film etc.* coproduction *f*; **~sˌraum** *m* salle commune; **~sˌschule** *f* école interconfessionnelle; **~sˌsendung** *f rad.* émission commune, en commun; **~sverˌpflegung** *f* nourriture *f* de cantine; **~sˌwerbung** *f* publicité collective.

Gemein|schuldner [gəˈmaɪnˌʃʊldnər] *m comm.* failli *m*; **~ˌsinn** *m* sens civique, social; dévouement *m* à la collectivité; **~ˌsprache** *f* langue commune; **2verˌständlich** *adj. u. adv.* à la portée de tous; populaire; ~ machen vulgariser; sich ~ ausdrücken s'exprimer de façon à être compris par tous; **~ˌwesen** *n* communauté *f*; das staatliche ~ la chose publique; **~ˌwirtschaft** *f* économie *f* communautaire; *staatlich gelenkt* étatisme *m*; **2ˌwirtschaftlich** *adj.* d'économie communautaire; **~ˌwohl** *n* bien, intérêt commun; salut public; auf das ~ bedacht sein se montrer soucieux du bien commun.

Gemeng|e [gəˈmɛŋə] *n* ⟨~s; ~⟩ mélange *m*; mixture *f*; (*Hand2*) mêlée *f*; corps à corps *m*; (*Durcheinander*) pêle-mêle *m*; F méli-mélo *m*; **~ˌsaat** *f agr.* mélange *m* (de plantes fourragères); **~sel** *n* ⟨~s; ~⟩ *cf.* ~e.

gemessen [gəˈmɛsən] *adjt.* mesuré; compassé; *st. s.* ~en Schrittes d'un pas mesuré; in ~er Haltung avec une attitude compassée; **2ˌheit** *f* ⟨~⟩ *verbal.*

Gemetzel [gəˈmɛtsəl] *n* ⟨~s; ~⟩ massacre *m*; carnage *m*; tuerie *f*; F boucherie *f*.

gemieden [gəˈmiːdən] *cf.* meiden.

Gemin|ation [gemiˑnatsiˑˈoːn] *f* ⟨~; ~en⟩ *ling.* gémination *f*; **~iden** [-ˈniː-] *pl. astr.* Géminide *f*.

Gemisch [gəˈmɪʃ] *n* ⟨~es; ~e⟩ mélange *m* (*auch mot.*); explosibles ~ mélange détonant, explosible; **2t** *adjt.* mixte; *Bonbons etc.* mélangé; *Eis* panaché; (*bunt*) mêlé; *math.* ~er Bruch nombre fractionnaire; *mus.* ~er Chor chœur mixte; *Tennis* ~es Doppel double mixte; *chem.* ~er Zug train mixte; mit ~en Gefühlen avec des sentiments mêlés; avec inquiétude; e-e ~e Gesellschaft une société mêlée; **~tˌbauweise** *f bât.* construction *f* mixte; **~twarenˌhandlung** *f* épicerie *f*; **2tˌwirtschaftlich** *adj.* d'économie mixte; ~e Unternehmung entreprise mixte.

Gemme [ˈgɛmə] *f* ⟨~; ~n⟩ pierre précieuse gravée; *erhaben geschnittene* camée *m*; *vertieft geschnittene* intaille *f*; **~nˌsammlung** *f* collection *f* de pierres (précieuses) gravées; *sc.* dactyliothèque *f*; **~nˌschneider** *m* graveur *m* de pierres précieuses.

gemocht [gəˈmɔxt] *cf.* mögen.

gemolken [gəˈmɔlkən] *cf.* melken.

Gems|bart [ˈgɛmsbaːrt] *m cf.* Gamsbart; **~bock** *m zo.* chamois *m* mâle; **~e** *f* ⟨~; ~n⟩ *zo.* chamois *m*; *in den Pyrenäen* isard *m*; **~(en)ˌjagd** *f* chasse *f* au chamois; **~(en)ˌjäger** *m* chasseur *m* de chamois; **~horn** *n* corne *f* de chamois; **~kitz** *n zo.* petit *m* du chamois; jeune chamois *m*; **~ˌleder** *n* (peau *f* de) chamois *m*.

Gemunkel [gəˈmʊŋkəl] *n* ⟨~s⟩ bruit *m* qui court; rumeur *f*.

Gemurmel [gə'murməl] *n* ⟨~s⟩ murmure(s) *m (pl.)*.

Gemurre [gə'murə] *n* ⟨~s⟩ grognement *m*; bougonnement *m*; ronchonnement *m*; murmure(s) *m (pl.)* de mécontentement; grondement *m*.

Gemüse [gə'my:zə] *n* ⟨~s; ~⟩ légume(s) *m (pl.)*; frisches ~ légumes frais; *fig. u.* F junges ~ jeunes gens, filles; gosses *m, f/pl.*; ~ˌ(an)bau *m* culture maraîchère; ~ˌbeet *n* carré *m*, plate-bande *f* de légumes; ~ˌgarten *m* (jardin) potager *m*; jardin maraîcher; ~ˌgärtner *m* maraîcher *m*; ~geˌschäft *n* marchand *m* de légumes; im ~ chez le marchand de légumes; ~ˌhändler (-in) *m (f)* marchand(e) *m (f)* de légumes; *auf der Straße* marchand(e) *m (f)* des quatre-saisons; ~ˌhandlung *f cf.* ~geschäft; ~konˌserven *f/pl.* conserves *f/pl.* de légumes; ~ˌmarkt *m* marché *m* aux légumes; ~ˌpflanze *f* légume *m*; ~saˌlat *m cuis.* salade russe; macédoine *f* de légumes; ~ˌsuppe *f* soupe *f* aux légumes; potage *m* (aux légumes); julienne *f*.

gemußt [gə'must] *cf.* müssen.

gemustert [gə'mustərt] *adjt. Stoff* orné de motifs, de dessins; à motifs; à dessins; *mit eingewebtem Muster* façonné.

Gemüt [gə'my:t] *n* ⟨~(e)s; ~er⟩ *etwa* âme *f*; cœur *m*; ein edles ~ une âme noble; un noble cœur; ein weiches ~ haben avoir le cœur sensible; ein kindliches ~ une âme d'enfant, enfantine; ein sonniges ~ haben être d'un naturel gai, heureux; die ~er haben sich erhitzt, beruhigt les esprits se sont échauffés, calmés; F sich etw. zu ~e führen savourer qc.; *von geistigen Dingen* s'assimiler qc.; 2lich 1. *adj.* a) (*behaglich*) où l'on se sent à l'aise; intime; confortable; accueillant; agréable; ~e Ecke coin intime; ein ~er Abend une soirée charmante, intime, sympathique; ~es Beisammensein réunion intime; hier ist es ~ on est bien ici; c'est sympathique ici; Sie haben es hier sehr ~ vous êtes bien (installé) ici; c'est très agréable, accueillant, intime, confortable chez vous; votre intérieur est très confortable, accueillant, intime, agréable; es war sehr ~ c'était très sympathique; b) *von Personen* débonnaire; tranquille; bonhomme; agréable; sympathique; 2. *adv.* (*behaglich*) à son aise; confortablement; (*ruhig*) tranquillement; es sich ~ machen se mettre à son aise; ~ beisammensitzen être bien ensemble; ~ gehen aller tranquillement; ~ Kaffee trinken boire tranquillement son café; ~lichˌkeit *f* ⟨~⟩ intimité *f*; aises *f/pl.*; confort *m*; *von Personen* bonhomie *f*; in aller ~ tout tranquillement; F da hört doch die ~ auf! ce n'est plus drôle du tout!; c'est trop fort!; c'est le comble!; in Geldangelegenheiten hört die ~ auf pas de sentiments en affaires; 2ˌlos *adj.* sans âme; insensible; ~ˌlosigˌkeit *f* ⟨~⟩ manque *m* d'âme, de cœur, de sentiments; insensibilité *f*; 2sˌarm *adj.* qui a peu d'âme, de sensibilité; ~sˌart *f* tempérament *m*; naturel *m*; ~sbeˌwegung *f*, ~serˌregung *f* émotion *f*; agitation *f*; j-n in heftige ~ versetzen émouvoir fortement qn.; plonger qn. dans une forte agitation; 2sˌkrank *adj.* atteint de mélancolie; ~sˌkrankheit *f*, ~sˌleiden *n* mélancolie *f*; dépression *f* mélancolique; ~sˌmensch *m* homme *m* tranquille, qui ne se fait pas de bile; ~sˌruhe *f* égalité *f* d'âme; tranquillité *f*, quiétude *f* d'âme, d'esprit; in aller ~ en toute tranquillité; ~sˌtiefe *f* profondeur *f* d'âme, de cœur, de sentiments; ~sverˌfassung *f*, ~sˌzustand *m* moral *m*; état *m* d'esprit, d'âme; 2ˌvoll *adj. cf.* empfindsam.

gen [gɛn] *prép.* ⟨*acc.*⟩ *poét.* (*gegen*) vers; ~ Süden vers le sud.

Gen [ge:n] *n* ⟨~s; ~e⟩ *biol.* gène *m*.

genannt [gə'nant] *adjt.* surnommé; dit; (D. Theotokopulos) ~ El Greco dit le Greco; H. Baldung ~ Grien H. Baldung surnommé Grien; *adm.* der, die ~e ledit, ladite (*nur adj.*); der, die oben ~e le susdit, la susdite; le susnommé, la susnommée; *cf. auch* nennen.

Genappegarn [ʒe·'napˌgarn] *n text.* génappe *m*.

genarbt [gə'narpt] *adjt. Leder* grenu; à grain.

genas [gə'na:s] *cf.* genesen.

genäschig [gə'nɛʃiç] *adj. cf.* naschhaft.

genau [gə'nau] 1. *adj.* exact [ɛgza(kt)]; précis; juste; (*ausführlich*) détaillé; (*streng*) strict [-kt]; peinlich ~ sein être minutieux, -euse, méticuleux, -euse, pointilleux, -euse; mettre les points sur les i; ~e Abschrift copie fidèle, exacte; ~e Abrechnung compte spécifié, détaillé; ~e Angaben indications précises, détaillées; renseignements précis, détaillés; ~e Befolgung, Einhaltung von ... observance stricte, rigoureuse, étroite de ...; ein ~er und sachlicher Bericht un compte rendu précis et exact; e-e ~e Darstellung des Sachverhalts un exposé précis des faits; das ~e Datum angeben indiquer la date exacte; préciser la date; e-e ~e Übersetzung une traduction exacte, fidèle; die Waage ist ~ la balance est juste; die ~e Zeit l'heure exacte, juste; er ist in diesem Punkte sehr ~ il est très pointilleux là-dessus; in geschäftlichen Dingen sehr ~ sein être strict en affaires; 2eres erfahren Sie bei ... vous trouverez de plus amples détails à ...; pour plus de renseignements s'adresser à ...; ich weiß nichts 2eres je ne sais rien de précis; je n'ai aucun détail; 2. *adv.* exactement; précisément; juste; strictement; rigoureusement; minutieusement; méticuleusement; pointilleusement; avec précision; en détail; au juste; ~ dasselbe exactement, absolument la même chose; auf drei Dezimalen ~ à trois décimales près; au millième près; ~ um fünf Uhr à cinq heures précises, juste, exactement, sonnantes; es ist ~ halb sechs il est exactement, juste cinq heures et demie; ~ in der Mitte juste, exactement au milieu; ~ passen s'adapter, aller exactement; das ist ~ der Punkt, an dem ... c'est exactement le point où ...; *Uhr* ~ gehen être exact; aller juste; ~ entgegengesetzt, das Gegenteil exactement, juste opposé, le contraire; etw. ~ berechnen calculer exactement qc.; etw. ~ angeben indiquer exactement qc.; préciser qc.; etw. ganz ~ berichten faire un rapport exact, détaillé sur qc.; faire un récit détaillé, exact de qc.; ~ hinsehen regarder de près; etw. ~ nehmen regarder qc. de près; (*wörtlich*) prendre qc. à la lettre, au pied de la lettre; bei ihm muß man es nicht so ~ nehmen avec lui il ne faut pas regarder de si près; zu ~ sein chercher la petite bête; die Anweisungen ~ befolgen suivre les instructions rigoureusement, exactement, strictement, à la lettre, au pied de la lettre; s'en tenir strictement aux instructions; etw. sehr ~ kennen connaître, savoir qc. à fond; etw. ~ im Auge behalten avoir, garder qc. bien à l'œil; sich etw. ~ merken prendre bien note de qc.; ich weiß es ~ j'en suis sûr; je le sais très bien; ich weiß ~, daß ... je sais très bien, parfaitement que ...; ich weiß (es) nicht ~ ... je ne sais pas exactement, au juste ...; ich weiß noch ~ ... je me souviens, rappelle très bien, exactement ...; aufs ~este très exactement; ~geˌnommen *adv.* strictement, rigoureusement parlant; à vrai dire; ~ ist das nicht richtig strictement, rigoureusement parlant c'est faux; 2igˌkeit *f* ⟨~⟩ précision *f*; exactitude *f*; justesse *f*; *peinliche* minutie [-si] *f*; méticulosité *f*; *e-r Übersetzung auch* fidélité *f*; 2igkeitsˌgrad *m* degré *m* de précision, de justesse; ~ˌso *adv.* das ist ~ richtig, gut c'est tout aussi juste, bien; ich denke ~ je pense tout à fait, exactement la même chose; je pense exactement pareil; *cf. auch* ebenso; ~soˌgut *adv.* tout aussi bien; tout autant; ich könnte ~ das Gegenteil behaupten je pourrais tout aussi bien prétendre le contraire; *cf. auch* ebensogut; ~soˌlange, ~soˌoft, ~soˌviel, ~soˌwenig *adv. cf.* ebenso...

Gendarm [ʒan'darm] *m* ⟨~en; ~en⟩ gendarme *m*; ~e'rie *f* ⟨~; -ien⟩ gendarmerie *f*.

Genealog|e [ge·ne·a'lo:gə] *m* ⟨~n; ~n⟩ généalogiste *m*; ~ie [-'gi:] *f* ⟨~; -ien⟩ généalogie *f*; 2isch *adj.* généalogique.

genehm [gə'ne:m] *adj.* qui convient; qui plaît; (*angenehm*) agréable; *st. s.* wenn es Ihnen ~ ist si cela vous convient, vous plaît, vous est agréable.

genehmig|en [gə'ne:migən] *v/t.* ⟨*p. p.* genehmigt, h⟩ *Versammlung, Aufführung e-s Theaterstücks etc.* autoriser; *Antrag, Gesuch* donner une suite favorable à; donner son accord à; accepter; agréer; *Plan, Vorschlag, Gesetzentwurf* approuver; *jur.* homologuer; das muß behördlich genehmigt werden cela doit être autorisé par l'administration; etw. nicht ~ *auch* désapprouver qc.; F sich etw. ~ s'offrir, se payer qc.; F sich einen ~ (*e-n Schnaps trinken*) se payer, s'offrir un pot, un verre; ~t *adjt.* autorisé; approuvé; *unter e-m Schriftstück* vu, lu et approuvé; 2ung *f* ⟨~; ~en⟩ autorisation *f*; approbation *f*; consentement *m*; gewerbliche ~ licence professionnelle; behördliche ~ autorisation officielle, administrative; gerichtliche ~ homologation *f*; e-e besondere ~ une autorisation spéciale; nach vorheriger ~ sur autorisation préalable; j-s ~ erhalten recevoir l'autorisation, l'approbation de qn.; e-e ~ erteilen donner, accorder, concéder une autorisation; mit (freundlicher) ~ der, des ... avec (l'aimable) autorisation de ...; 2ungsˌantrag *m* demande *f* d'autorisation; 2ungsbeˌhörde *f* service administratif qui délivre une autorisation; 2ungsgeˌsuch *n* requête *f* en approbation; *cf. auch* 2ungsantrag; ~ungsˌpflichtig *adj.* soumis à une autorisation préalable; subordonné à l'approbation administrative; 2ungsˌrecht *n* droit *m* d'autorisation, d'approbation;

2**ungsverˌmerk** *m* visa *m*, mention *f* d'autorisation, d'approbation.

geneigt [gəˈnaɪkt] *adjt.* **1.** *Gelände* incliné; penché; en pente; **2.** *fig.* **a)** (*wohlwollend*) bénévole; bienveillant; **der ~e Leser** le lecteur bénévole; **ein ~es Ohr finden** trouver un accueil favorable; **j-m ~ sein** vouloir du bien à qn.; **b) zu etw. ~ sein** être disposé à qc.; **leicht ~ sein zu etw.** être enclin, sujet, -tte, porté à; **er war nicht ~, ihn zu empfangen** il n'était pas disposé à le recevoir; 2**ˌheit** *f* ⟨~⟩ *fig.* bienveillance *f*; faveur *f*; disposition *f* (à).

General [geˑneˑˈrɑːl] *m* ⟨~s; ~e *od.* ⁼e⟩ général *m* (d'armée); **kommandierender ~** général commandant un corps d'armée; **~ˌabkommen** *n* accord général; **~ˌabrechnung** *f comm.* règlement de comptes général; **~aˌgent** *m* agent général; **~agenˌtur** *f* agence générale; **~amnesˌtie** *f* amnistie générale; **~ˌanwalt** *m* avocat général; **~ˌarzt** *m milit.* médecin général; **~ˌbaß** *m mus.* basse continue; **~beˌauftragte(r)** *m* délégué général; **~ˌbeichte** *f relig. cath.* confession générale; **~beˌricht** *m* rapport général; **~beˌrichterˌstatter** *m* rapporteur général; **~beˌvollmächtigte(r)** *m* mandataire général; fondé *m* de pouvoir ayant procuration générale; **~biˌlanz** *f comm.* bilan général; **~direktiˌon** *f* direction générale; **~diˌrektor** *m* directeur général; **~ˈfeldˌmarschall** *m milit.* feld-maréchal *m*; **~gouverˌneur** *m* gouverneur général; **~inspekˌteur** *m milit. in Deutschland* chef *m* de l'état-major général des armées; **~inspektiˌon** *f* inspection générale; **~intenˌdant** *m thé.* directeur *m*; **~isatiˈon** *f* ⟨~; ~en⟩ *Logik* généralisation *f*; 2**iˈsieren** *v/t.* ⟨*pas de ge-*, h⟩ généraliser; **~iˈsierung** *f* ⟨~; ~en⟩ *cf.* **~isation**; **~issimus** [-ˈlɪ-] *m* ⟨~; -mi *od.* -musse⟩ *milit.* généralissime *m*; **~iˈtät** *f* ⟨~⟩ *milit.* généraux *m/pl.*; **~kaˌpitel** *n égl. cath.* chapitre général; **~ˌklausel** *f jur.* clause générale; **~koˌmmando** *n milit.* état-major *m* de corps d'armée; **~ˌkonsul** *m* consul général; **~konsuˌlat** *n* consulat général; **~ˈleutnant** *m milit.* général *m* de division; *in der Bundeswehr* général *m* de corps d'armée; **~maˌjor** *m milit.* général *m* de brigade; *in der Bundeswehr* général *m* de division; **~ˌmarsch** *m milit.* générale *f*; **~muˌsikdiˌrektor** *m* chef *m* d'orchestre (d'un opéra); **~ˌobere(r)** *m* ⟨→ A⟩ *e-r Klostergenossenschaft* supérieur général; **~ˈoberst** *m milit.* général *m* de corps d'armée; **~poˌlice** *f Versicherung* police générale, globale; **~ˌprobe** *f thé.* répétition générale; **~prokuˌrator** *m égl. cath.* procureur général; **~ˌquittung** *f comm.* quittance globale, finale, pour solde de tout compte; **~ˌrat** *m* ⟨~(e)s⟩ *in Frankreich* Conseil général; **~sekreˌtär** *m* secrétaire général; **~sˌrang** *m* grade *m* de général; **~ˌstaaten** *m/pl. hist.* États-Généraux; **~ˌstaatsanwalt** *m* procureur général; **~ˌstab** *m milit.* grand état-major; état-major général des armées; **~stabsˌchef** *m* chef *m* de l'état-major général; **~stabsˌkarte** *f* carte *f* d'état-major; **~stabsoffiˌzier** *m* officier *m* d'état-major; **~ˌstreik** *m* grève générale; **~superintenˌdent** *m égl. prot.* intendant général (des églises protestantes); **~syˌnode** *f égl. prot.* synode général; **~überˌholung** *f techn.* révision générale; **~verˌsammlung** *f* assemblée générale; **außerordentliche, konstituierende ~** assemblée générale extraordinaire, constitutive; **e-e ~ einberufen** convoquer une assemblée générale; **~verˌtrag** *m* accord général; (*Deutschlandvertrag*) Convention *f* sur les relations entre les trois Puissances et la République fédérale allemande; **~verˌtreter** *m* agent, représentant général; **~verˌtretung** *f*, **~verˌtrieb** *m* agence générale; **~viˌkar** *m égl. cath.* vicaire général; **~ˌvollmacht** *f* procuration générale; mandat général.

Generation [geˑneˑratsiˑˈoːn] *f* ⟨~; ~en⟩ génération *f*; **die jüngere ~** la jeune, nouvelle génération; **die ältere ~** la génération des parents; **~sˌwechsel** *m biol.* génération alternante.

Generator [geˑneˑˈrɑːtər] *m* ⟨~s; -ˈtoren⟩ **1.** *élect.* génératrice *f*; générateur *m*; **2.** (*Gas*2) gazogène *m*; **~-ˌFahrzeug** *n* véhicule *m* à gazogène; **~ˌgas** *n* gaz *m* de gazogène; **~maˌschinenˌsatz** *m* groupe générateur.

generell [geˑneˑˈrɛl] **1.** *adj.* général; **2.** *adv.* généralement; en général.

generisch [geˑˈneːrɪʃ] *adj.* générique.

gener|ös [geˑneˑˈrøːs] *adj.* généreux, -euse; 2**osiˈtät** *f* ⟨~⟩ générosité *f*.

genesen [gəˈneːzən] *v/i.* ⟨-(es)t, genest, genas, genesen, sein⟩ guérir; se rétablir; recouvrer la santé; relever de maladie (*abs.*); **von e-r schweren Krankheit ~** guérir, se rétablir d'une grave maladie; **er ist endlich wieder ~** il est enfin guéri, rétabli; il a enfin recouvré la santé; 2**de(r)** *f (m)* ⟨→ A⟩ convalescent(e) *m (f)*.

Genesis [ˈgeːnezɪs, ˈgeˑ-] *f* ⟨~⟩ genèse *f*; *bibl.* Genèse *f*.

Genesung [gəˈneːzʊŋ] *f* ⟨~⟩ guérison *f*; convalescence *f*; rétablissement *m*; recouvrement *m* de la santé; **s-e ~ macht gute Fortschritte** sa guérison, sa convalescence, son rétablissement est en bonne voie; il recouvre vite la santé; **~sˌheim** *n* maison *f* de convalescence; **~sˌurlaub** *m* congé *m* de convalescence.

Genet|ik [geˑˈneːtɪk] *f* ⟨~⟩ *biol.* génétique *f*; 2**isch** *adj.* génétique.

Genfer|(in) [ˈgɛnfər(ɪn)] **I** *m* ⟨~s; ~⟩ *(f)* ⟨~; ~nen⟩ Genevois(e) *m (f)*; **II ~** *adj.* ⟨*inv.*⟩ genevois; de Genève; **~ Konventionen** Conventions de Genève.

genial [geˑniˑˈɑːl] **1.** *adj.* génial; **ein ~er Gedanke, Einfall** une idée géniale; **e-e ~e Erfindung** une invention géniale; *iron.* **das war wirklich ~!** c'était vraiment intelligent!; **2.** *adv.* d'une manière géniale; **das hast du ~ gemacht** tu as fait cela d'une manière géniale (*auch iron.*); 2**iˈtät** *f* ⟨~⟩ génie *m*.

Genick [gəˈnɪk] *n* ⟨~(e)s; ~e⟩ nuque *f*; (*Hals*) cou *m*; **j-n beim ~ packen** saisir, prendre qn. à la nuque; **sich das ~ brechen** se briser la nuque; se rompre, se casser le cou; *fig.* **das wird ihm noch das ~ brechen** il va encore se rompre, se casser le cou; **~ˌfänger** *m* ⟨~s; ~⟩ *ch.* couteau *m* de chasse; **~ˌschlag** *m* coup *m* à la nuque; **~ˌschuß** *m* balle *f* dans la nuque; **~ˌstarre** *f* ⟨~⟩ *méd.* méningite cérébro-spinale.

Genie [ʒeˑˈniː] *n* ⟨~s; ~s⟩ génie *m*; **ein verkanntes ~** un génie méconnu; **~n** [ˈgeːniˑən] *m/pl. cf.* **Genius**.

genieren [ʒeˑˈniːrən] **I** *v/t.* ⟨*pas de ge-*, h⟩ gêner; **ihre Gegenwart geniert ihn** sa présence le gêne; **II** *v/réfl.* **sich ~** être, se sentir gêné; éprouver de la gêne; **sich vor j-m ~** se sentir gêné devant qn.; **sich ~, etw. zu tun** ne pas oser faire qc.; avoir 'honte de faire qc.; **~ Sie sich nicht!** ne vous gênez pas!

genieß|bar [gəˈniːsˌbɑːr] *adj.* **1.** (*eßbar*) mangeable; (*trinkbar*) buvable; **nicht mehr ~** *auch* immangeable *bzw.* imbuvable; **2.** *fig. u.* F **er ist heute schlecht, nicht ~** il est de mauvais poil aujourd'hui; 2**barˌkeit** *f* ⟨~⟩ *verbal*; **~en I** *v/t.* ⟨-(es)t, genießt, genoß, genösse, genossen, h⟩ **1.** (*essen*) manger; (*trinken*) boire; *Lebensmittel* **nicht zu ~ sein** n'être pas mangeable *bzw.* pas buvable; être immangeable *bzw.* imbuvable; **2.** *fig.* jouir de; *mit Behagen* savourer; prendre plaisir à; se délecter à; *Vertrauen, Ruf, Vorteil etc.* jouir de; **Kredit ~** avoir du crédit; **den Vorzug ~, zu ...** jouir de l'avantage de ...; **sein Leben ~** jouir de la vie; **s-e Freizeit ~** jouir de ses loisirs; **e-e gute Erziehung genossen haben** avoir reçu une bonne éducation; F **er ist heute nicht zu ~** il est de mauvais poil aujourd'hui; **II** 2**en** *n* ⟨~s⟩ **1.** *cf.* **Genuß 1.**; **2.** *fig.* jouissance *f*; 2**er(in)** *m* ⟨~s; ~⟩ *(f)* ⟨~; ~nen⟩ jouisseur, -euse *m, f*; **~eˌrisch 1.** *adj.* de jouisseur; qui dénote la jouissance; **2.** *adv.* en savourant; avec délice; en jouisseur.

genital [geˑniˑˈtɑːl] génital; 2**ien** *pl. anat.* parties génitales; organes génitaux.

Genitiv [ˈgeːniˑtiːf] *m* ⟨~s; ~e⟩ *gr.* génitif *m*; **~obˌjekt** *n gr.* complément *m* d'objet au génitif.

Genius [ˈgeːniˑʊs] *m* ⟨~; -ien⟩ *myth. u. fig.* génie *m*.

genommen [gəˈnɔmən] *cf.* **nehmen**.

genormt [gəˈnɔrmt] *adjt.* standardisé; normalisé; standard.

genoß [gəˈnɔs] *cf.* **genießen**.

Genoss|e [gəˈnɔsə], **~in** *m* ⟨~n; ~n⟩, *f* ⟨~; ~nen⟩ *pol. hauptsächlich in der Anrede* camarade *m, f*; (*Partei*2) membre *m* du parti; (*Gefährte*) compagnon *m*, compagne *f*; **gegen N und Genossen** contre N et consorts; contre N et compagnie.

genossen [gəˈnɔsən] *cf.* **genießen**.

Genossenschaft [gəˈnɔsənˌʃaft] *f* ⟨~; ~en⟩ (société *f*) coopérative *f*; groupement coopératif; **landwirtschaftliche ~** coopérative agricole; **eingetragene ~ mit beschränkter Haftpflicht** coopérative déclarée à responsabilité limitée; **~(l)er** *m* ⟨~s; ~⟩ coopérateur *m*; 2**lich 1.** *adj.* coopératif, -ive; **2.** *adv.* en coopération; coopérativement; **~sˌbank** *f* ⟨~; ~en⟩ banque coopérative; **~sbeˌwegung** *f* mouvement coopératif; **~sˌkasse** *f* caisse coopérative; **~sˌmitglied** *n* coopérateur *m*; membre *m* de coopérative; **~sreˌgister** *n* registre *m* des coopératives; **~sverˌband** *m* union *f*, fédération *f* des coopératives; **~sˌwesen** *n* coopération *f*.

genotyp|isch [geˑnoˑˈtyːpɪʃ] *adj. biol.* génotypique; 2**us** *m biol.* génotype *m*.

Genre [ʒɑ̃ːr] *n* ⟨~s; ~s⟩ genre *m*; **~bild** *n peint.* tableau *m* de genre; 2**haft** *adj. peint.* d'un caractère familier, intime, populaire; à la manière des peintres de genre; **~ˌmaler** *m* peintre *m* de genre; intimiste *m*; **~maleˌrei** *f* peinture *f* de genre.

Genter|(in) [ˈgɛntər(ɪn)] **I** *m* ⟨~s; ~⟩ *(f)* ⟨~; ~nen⟩ Gantois(e) *m (f)*;

habitant(e) *m* (*f*) de Gand; **II** ~ *adj.* ⟨*inv.*⟩ gantois; de Gand.

Gentleman ['dʒɛntlmən] *m* ⟨~s; -men⟩ gentleman [-man] *m* (*pl.* gentlemen).

Genues|er(in) [ge·nu·'eːzər(ɪn)] *m* ⟨~s; ~⟩ (*f*) ⟨~; ~nen⟩ Génois(e) *m* (*f*); habitant(e) *m* (*f*) de Gênes; **~er** *adj.* ⟨*inv.*⟩, **≈isch** *adj.* génois; de Gênes.

genug [gə'nuːk] *adv.* assez; (*genügend*) suffisant; suffisamment; **von etw. ~ haben** a) (*ausreichend*) avoir assez, suffisamment de qc.; b) (*es leid sein*) en avoir assez de qc.; F en avoir plein le dos de qc.; en avoir marre de qc.; **mehr als ~** plus que suffisant; plus qu'il n'en faut; **~ Geld haben** avoir assez d'argent; (*viel*) avoir de l'argent en suffisance; **man kann es nicht oft ~ wiederholen** on ne le répétera jamais assez; on ne saurait trop le répéter; **~ haben, um leben zu können** avoir de quoi vivre; **~ geschlafen, gearbeitet haben** avoir assez, (*ausreichend*) suffisamment dormi, travaillé; **Manns ~ sein, etw. zu tun** être homme à faire qc.; être capable de faire qc.; **das ist gut ~** c'est assez bon; **ich kenne ihn gut ~, um ...** je le connais suffisamment pour ...; **das Beste ist gerade gut ~ für ...** rien n'est trop bon, beau pour ...; **lassen wir es (für heute) ~ sein** restons-en là (pour aujourd'hui); **es ist schon traurig ~, daß wir ...** c'est déjà assez, suffisamment triste que nous ...; **nicht ~, daß er ...** il ne suffit pas qu'il ... (mais en plus ...); non content de ... (il ...); non seulement il ... (mais encore ...); **laß es ~ sein!** (*hör auf*) arrête!; ça suffit!; **~ der Worte!** assez causé, parlé!; trêve de paroles!; **~ des grausamen Spiels!** assez, cela suffit avec ce jeu cruel!; cessez *bzw.* cessons ce jeu cruel!

Genüg|e [gə'nyːgə] *f* ⟨~⟩ **zur ~** suffisamment; en suffisance; **ich kenne ihn zur ~** je le connais suffisamment; **e-r Sache ~ tun** satisfaire à qc.; **≈en** *v/i.* ⟨*p.p.* genügt, h⟩ suffire; être suffisant; **das genügt für unsere Zwecke** c'est suffisant pour ce que nous voulons faire; **den Anforderungen nicht ~** ne pas satisfaire aux *od.* les exigences; **das genügt vollauf** cela suffit amplement; c'est amplement suffisant; **es genügt, zu ...** il suffit de ...; **ein Wink genügt und ...** il suffit d'un signe et ...; **es genügt nicht, zu ...** il ne suffit pas de ...; ce n'est pas tout de ...; **≈end 1.** *adj.* suffisant; **2.** *adv.* suffisamment; assez; **~ Zeit haben** avoir suffisamment de temps; **≈ˌsam** *adj.* peu exigeant; content de peu; facile à satisfaire; modéré dans ses besoins; *im Essen auch* frugal; **~ sein** *auch* se contenter de peu; **~samˌkeit** *f* ⟨~⟩ modération *f* dans ses besoins; *meist im Essen* frugalité *f*; **s-e ~** *auch* son peu d'exigences.

genugtu|n [gə'nuːkˌtuːn] *v/i.* ⟨*irr.*, *sép.*, -ge-, h⟩ **j-m ~** satisfaire qn.; **sich nicht ~ können** ne pas pouvoir se lasser (de); **≈ung** *f* ⟨~; ~en⟩ satisfaction *f* (*auch jur. u. relig.*); **~ empfinden** éprouver, ressentir de la satisfaction; **es ist mir e-e ~** c'est pour moi une satisfaction; **etw. mit ~ feststellen** constater qc. avec satisfaction; **j-m ~ geben, leisten** donner satisfaction à qn.; satisfaire qn.; faire réparation à qn.; **von j-m ~ für etw. fordern** demander satisfaction, réparation à qn. pour qc.; demander raison à qn. de qc.; **sich für etw. ~ verschaffen** chercher à obtenir satisfaction, réparation pour qc.

Genus ['geːnus, 'ge·nus] *n* ⟨~; -nera⟩ *gr.* genre *m*; (~ *verbi*) voix *f*.

Genuß [gə'nus] *m* ⟨-sses; Genüsse⟩ **1.** *von Lebensmitteln* consommation *f*; absorption *f*; **der ~ von Alkohol** la consommation, l'absorption d'alcool; **der ~ von Rauschgiften ist strafbar** l'absorption, la consommation de stupéfiants est punissable; **2.** (*inneres Vergnügen*) plaisir *m*; **diese Musik ist ein ~** cette musique est délectable; **es war ein ~ für mich, das zu hören, zu sehen** c'était pour moi un véritable plaisir d'entendre, d'écouter, de voir cela; **etw. mit ~ essen, trinken** manger, boire qc. en le savourant, avec délice, avec délectation; **ein Buch mit ~ lesen** se délecter à la lecture d'un livre; **3.** *jur.* jouissance *f*; **in den ~ e-s Rechts treten** entrer en jouissance d'un droit; **in den ~ von etw. kommen** bénéficier de qc.; **j-n in den ~ von etw. kommen lassen** faire bénéficier qn. de qc.; **≈ˌfähig** *adj.* capable de jouir de (qc.); capable de goûter (qc.); **≈ˌfreudig** *adj.* qui aime le plaisir, la jouissance; **~ˌmensch** *m* jouisseur *m*; **~ˌmittel** *n* denrée *f* de luxe; **≈ˌreich** *adj.* plein de plaisirs, de jouissances; délicieux, -euse; **ein ~es Leben** une vie de plaisirs; **~-ˌschein** *m comm.* action *f*, bon *m* de jouissance; **~ˌsucht** *f* avidité *f* de jouissances, de plaisirs; **≈ˌsüchtig** *adj.* avide de jouissances, de plaisirs.

Geo|botanik [ge·o·bo·'taːnɪk] *f* géobotanique *f*; **≈bo'tanisch** *adj.* géobotanique; **~che'mie** *f* géochimie *f*; **≈'chemisch** *adj.* géochimique; **~dä'sie** *f* ⟨~⟩ géodésie *f*; **~'dät** *m* ⟨~en; ~en⟩ géodésien *m*; **≈'dätisch** *adj.* géodésique; *math.* **~e Linie** ligne géodésique; **~de** [-'oː-] *f* ⟨~; ~n⟩ *minéral.* géode *f*; **~dy'namik** *f* géodynamique *f*; géologie *f* dynamique; **~'graph** *m* ⟨~en; ~en⟩ géographe *m*; **~gra'phie** *f* ⟨~⟩ géographie *f*; **≈'graphisch** *adj.* géographique; **~'id** *n* ⟨~(e)s⟩ géoïde *m*; **~'loge** *m* ⟨~n; ~n⟩ géologue *m*; **~lo'gie** *f* ⟨~⟩ géologie *f*; **≈'logisch** *adj.* géologique; **~e Formationen** formations géologiques; **~'meter** *m* ⟨~s; ~⟩ géomètre *m*; **~me'trie** *f* ⟨~; -ien⟩ géométrie *f*; **darstellende ~** géométrie descriptive; **≈'metrisch** *adj.* géométrique; *math.* **~er Ort** lieu géométrique; **~e Reihe** progression géométrique; *Kunst* **~er Stil** style géométrique; **~morpholo'gie** *f* géomorphologie *f*; **≈morpho'logisch** *adj.* géomorphologique; **~pha'gie** *f* ⟨~⟩ (*Erdeessen*) géophagie *f*; **~phy'sik** *f* géophysique *f*; **≈physi'kalisch** *adj.* géophysique; **~poli'tik** *f* géopolitique *f*; **≈po'litisch** *adj.* de géopolitique.

geordnet [gə'ˀɔrdnət] *adjt. fig.* réglé; **in ~en Verhältnissen leben** mener une vie réglée; *cf. auch* **ordnen.**

Georgier [ge·'ɔrgi·ər] *m* ⟨~s; ~⟩ Géorgien *m*. [dahlia *m*.]

Georgine [ge·ɔr'giːnə] *f* ⟨~; ~n⟩ *bot.*

georgisch [ge·'ɔrgɪʃ] *adj.* géorgien, -nne; **die ~e Sprache** le géorgien.

Geo|statik [ge·o·'staːtɪk] *f* géostatique *f*; **~synkli'nale** *f* ⟨~; ~n⟩ *géol.* géosynclinal *m*; **~tek'tonik** *f* tectonique *f*; **≈'thermisch** *adj.* géothermique; **≈'tropisch** *adj.* géotropique; **~tro'pismus** *m* ⟨~⟩ *bot.* géotropisme *m*; **≈'zentrisch** *adj. astr.* géocentrique.

Gepäck [gə'pɛk] *n* ⟨~(e)s⟩ bagages *m/pl.*; *milit.* paquetage *m*; équipement *m*; **sein ~ aufgeben** (faire) enregistrer ses bagages; **das ~ zur Aufbewahrung geben** déposer ses bagages à la consigne; **~ˌabfertigung** *f* enregistrement *m* des bagages; **~abˌteil** *n cf.* **~raum**; **~ˌannahme(ˌstelle)** *f* (guichet *m* d')enregistrement *m* des bagages; **~ˌaufbewahrung(sˌstelle)** *f* consigne *f*; **~ˌaufgabe(ˌstelle)** *f cf.* **~annahme(stelle)**; **~ˌaufzug** *m auf dem Bahnhof* monte-charge *m*; **~ˌausgabe(ˌstelle)** *f* (guichet *m* de) remise *f* des bagages (à l'arrivée); **~ˌbahnsteig** *m* quai *m* des bagages; **~hinterˌlegungsˌschein** *m* bulletin *m* de consigne; **~ˌkarren** *m* ⟨~s; ~⟩ chariot *m* à bagages; **~ˌmarsch** *m milit.* marche *f* avec équipement; **~ˌnetz** *n* filet *m* à bagages; **~ˌraum** *m chem.* compartiment *m* à bagages; **~ˌschalter** *m* guichet *m* des bagages; **~ˌschein** *m* bulletin *m* d'enregistrement; **~ˌstück** *n* colis *m*; *pl.* **~e** *auch* bagages *m/pl.*; **~ˌtasche** *f am Fahrrad etc.* sacoche *f*; **~ˌträger** *m* **1.** *chem.* porteur *m*; **2.** *am Fahrrad etc.* porte-bagages *m*; **~ˌübergewicht** *n* excédent *m* de bagages; **~verˌsicherung** *f* assurance *f* des bagages; **~ˌwagen** *m* fourgon *m* (à bagages).

gepanzert [gə'pantsərt] *adjt.* blindé; cuirassé.

Gepard ['geːpart] *m* ⟨~s; ~e⟩ *zo.* guépard *m*.

gepfeffert [gə'pfɛfərt] *adjt. fig. von Preisen etc.* salé; *cf. auch* **pfeffern.**

Gepfeife [gə'pfaɪfə] F *n* ⟨~s⟩ sifflements (continuels).

gepfiffen [gə'pfɪfən] *cf.* **pfeifen.**

gepflegt [gə'pfleːkt] *adjt.* soigné; **ein ~es Äußeres** un extérieur soigné; **~e Hände** mains soignées; **~er Stil** style soigné; **sehr ~ aussehen** *auch* être tiré à quatre épingles; **≈ˌheit** *f* ⟨~⟩ aspect, extérieur soigné.

Gepflogenheit [gə'pfloːgənˌhaɪt] *f* ⟨~; ~en⟩ habitude *f*; coutume *f*.

Gepiep(s)e [gə'piːp(s)ə] *n* ⟨~s⟩ *von kleinen Vögeln* pépiement *m*; *von Küken* piaulement *m*.

geplagt [gə'plaːkt] *adjt.* **ein ~er Mann** un pauvre malheureux; un homme bien à plaindre; *cf. auch* **plagen.**

Geplänkel [gə'plɛŋkəl] *n* ⟨~s; ~⟩ *milit.* escarmouche(s) *f* (*pl.*); accrochage(s) *m* (*pl.*); échauffourée *f*; *fig. mit Worten* escarmouches *f/pl.*

Geplapper [gə'plapər] *n* ⟨~s⟩ *e-s Kindes* babil [-il] *m*; babillage *m*.

Geplärr(e) [gə'plɛr(ə)] F *n* ⟨~s⟩ *e-s Kindes* piailleries *f/pl.*; criailleries *f/pl.*

Geplätscher [gə'plɛtʃər] *n* ⟨~s⟩ *von Wasser* clapotis *m*; clapotement *m*; *fig.* **seichtes ~** discours plat; conversation plate.

Geplauder [gə'plaudər] *n* ⟨~s⟩ causerie *f*.

gepolstert [gə'pɔlstərt] *adjt.* rembourré; *cf. auch* **polstern.**

Gepolter [gə'pɔltər] *n* ⟨~s⟩ bruit sourd.

Gepräge [gə'prɛːgə] *n* ⟨~s; ~⟩ empreinte *f*; caractère *m*; **e-r Sache ihr ~ geben** marquer une chose de son empreinte; donner à une chose son caractère.

Geprahle [gə'praːlə] *n* ⟨~s⟩ vantardises *f/pl.*; fanfaronnades *f/pl.*

Gepränge [gə'prɛŋə] *n* ⟨~s⟩ faste *m*; pompe *f*; apparat *m*.

Geprassel [gə'prasəl] *n* ⟨~s⟩ crépitement *m*; crépitation *f*; *von Steinen* fracas *m*.

gepunktet [gəˈpʊŋktət] *adj. Stoff* à pois.
Gequake [gəˈkvaːkə] *n* ⟨~s⟩ coassement *m*.
Gequassel, Gequatsche [gəˈkvasəl, gəˈkvatʃə] F *n* ⟨~s⟩ jacasseries *f/pl.*; bla-bla-bla *m*; bavardage *m*; commérages *m/pl.*
Gequieke [gəˈkviːkə] *n* ⟨~s⟩ *von Schweinen* couinement *m*.
Gequietsche [gəˈkviːtʃə] *n* ⟨~s⟩ cris aigus.
gequollen [gəˈkvɔlən] *cf.* quellen.
Ger [geːr] *m* ⟨~(e)s; ~e⟩ *hist.* javelot *m*.
gerade [gəˈraːdə] **I 1.** *adj.* droit; (*ohne Umweg*) direct; (*eben*) plan; égal; *von Zahlen* pair; **e-e ~ Linie** une ligne droite; **in ~r Linie** en ligne droite; *bei Abstammung auch* en ligne directe; *math.* **e-e ~ Zahl** un nombre pair; *Roulett* **~!** pair!; *chem.* **auf ~r Strecke** sur parcours en ligne droite; *fig.* **e-e ~ Haltung** une attitude sincère, franche, honnête; F **fünf ~ sein lassen** ne pas y regarder de trop près; fermer les yeux dessus; **2.** *adv.* (*genau*) juste(ment); précisément; exactement; (*soeben*) venir de (+ *inf.*); tout à l'heure; (*geradewegs*) droit; **~ (in dem Augenblick), als ...** juste, précisément au moment où ...; **~ in dem Augenblick** juste à ce moment; à ce moment précis; **~ ein Jahr** juste un an; un an jour pour jour; **~ das Gegenteil** juste, exactement le contraire; **~ zur rechten Zeit** juste au bon moment; **~ recht kommen** venir à point; tomber à pic; **das ist ~ das Richtige (für mich)** c'est juste(ment), exactement, précisément ce qu'il (me) faut; **geschieht dir ~ recht** c'est bien fait pour toi; tu ne l'as pas volé; **er hat ihn ~ ins Auge getroffen** il l'a atteint en plein œil; **warum ~ ich?** pourquoi justement moi?; **da wir ~ davon sprechen** puisque nous en parlons justement; puisque nous sommes justement en train d'en parler; **mußt du das ~ jetzt tun?** dois-tu faire cela juste maintenant?; **~ dabei sein, etw. zu tun** être (précisément, justement) en train de faire qc.; **ich wollte es ~ sagen** j'allais justement le dire; **ich wollte ~ hinausgehen** j'allais justement sortir; j'étais justement sur le point de sortir; **er ist ~ angekommen, eingeschlafen** il vient (justement) d'arriver, de s'endormir; **ich habe ihn ~ noch gesehen** je viens (juste) de le voir; **ich habe ~ noch gesehen, wie ...** j'ai juste eu le temps de voir comment ...; **er will ~ das (und nichts anderes)** c'est justement cela qu'il veut (et rien d'autre); **~ auf sein Ziel losgehen** aller droit au but; **etw. ~ heraussagen** dire qc. franchement, sans détour(s), sans façons; *cf. auch* **geradeheraus**; **du bist nicht ~ liebenswürdig** tu n'es pas précisément, particulièrement aimable; **sie ist nicht ~ e-e Schönheit** ce n'est pas précisément une beauté; ce n'est pas tout à fait ce qu'on nomme une beauté; **nun, jetzt ~!** maintenant raison de plus!; **jetzt tut er es ~** il le fait exprès maintenant; **nun ~ nicht!** maintenant encore moins!; raison de plus pour ne pas le faire; **~, als wenn ...** exactement comme si ...; **~ darum** justement, précisément pour cela, pour cette raison; **~ darum, weil ...** justement parce que ...; **II** 2 *f* ⟨→ A⟩ *math.* droite *f*; *Sport* ligne droite; *Boxen cf.* **Gerade(r).**
geradeaus [gəˌraːdəˈˀaʊs] *adv.* tout droit; **fahren Sie ~** allez tout droit; 2**emˌpfänger** *m rad.* récepteur *m* à amplification directe.
gerade|biegen [gəˈraːdəˌbiːgən] *v/t.* ⟨*irr., sép.*, -ge-, h⟩ redresser; détordre; *fig.* arranger (qc.); **~ˌbügeln** *v/t.* ⟨-(e)le, *sép.*, -ge-, h⟩ *fig. u.* F etw. ~ arranger qc.; **~ˌhalten I** *v/t.* ⟨*irr., sép.*, -ge-, h⟩ *Gegenstand* tenir droit; **II** *v/réfl.* **sich ~** se tenir droit; 2**ˌhalter** *m* ⟨~s; ~⟩ corset *m* orthopédique; **~ˌhängen** *v/t.* ⟨*sép.*, -ge-, h⟩ *Bild* redresser; **~heˈraus** *adv.* franchement; sans détour(s); sans façons; F carrément; sans tourner autour du pot; **~ˈhin** *adv.* tout droit; directement; **~ˌlegen** *v/t.* ⟨*sép.*, -ge-, h⟩, **~ˌmachen** *v/t.* ⟨*sép.*, -ge-, h⟩ redresser; **~nˌwegs** *adv. cf.* geradewegs.
Gerade(r) [gəˈraːdə(r)] *m* ⟨→ A⟩ *Boxen* direct [-kt] *m*.
geraderichten [gəˈraːdəˌrɪçtən] *v/t.* ⟨-ete, *sép.*, -ge-, h⟩ *techn.* redresser.
gerädert [gəˈrɛːdərt] *adjt. fig. u.* F **wie ~ sein** être rompu (de fatigue); être vanné.
gerade|setzen [gəˈraːdəˌzɛtsən] *v/t.* (*u. v/réfl.*) ⟨-(es)t, *sép.*, -ge-, h⟩ (s')asseoir droit; **~ˌsitzen** *v/i.* ⟨*irr., sép.*, -ge-, h⟩ se tenir droit; **~ˌso** *adv.* **es sieht ~ aus, als ob ...** on a tout à fait l'impression que ...; *cf. auch* **ebenso, genauso**; **~ˌstehen** *v/i.* ⟨*irr., sép.*, -ge-, h⟩ se tenir droit; *fig.* **für etw. ~** prendre la responsabilité, répondre de qc.; **~ˌstellen** *v/t.* ⟨*sép.*, -ge-, h⟩ remettre droit; redresser; **~ˌwegs** *adv.* directement; tout droit; **~ auf sein Ziel zusteuern** se diriger droit au but; **~ˈzu** *adv.* **1.** tout droit; directement; **2.** [gəˈraːdəˌtsuː] *verstärkend* vraiment; simplement; **es ist ~ ein Wunder** c'est vraiment, simplement un miracle; **es ist ~ schädlich** c'est vraiment, simplement nuisible.
gerad|faserig [gəˈraːtˌfaːzərɪç] *adj. Holz* à fibres droites; **~ˌflankig** *adj. techn.* à flancs droits; 2**ˌflügler** *m/pl. zo.* orthoptères *m/pl.*; 2**ˌführung** *f techn.* glissière *f*; 2**ˌheit** *f* ⟨~⟩ rectitude *f*; *fig.* (*Offenheit*) franchise *f*; droiture *f*; **~ˌläufig** *adj.* droit; **~ˌlinig 1.** *adj.* en ligne droite; rectiligne; **2.** *adv.* **~ verlaufen** faire une ligne droite; 2**ˌlinigkeit** *f* ⟨~⟩ disposition *f* rectiligne; *besser verbal*; **~ˌsinnig** *adj.* droit; franc, -che; sincère; **~verˌzahnt** *adjt. techn.* à denture rectiligne; **~ˌzahlig** *adj.* (à nombre) pair.
gerammelt [gəˈraməlt] *advt.* F **~ voll** bondé; plein à craquer.
gerändelt [gəˈrɛndəlt] *adjt. techn.* moleté.
Geranil|e [geˈraːniˑə] *f* ⟨~; ~n⟩ *bot.* géranium [-jɔm] *m*; **~ˈol** *n* ⟨~s⟩ *chim.* géraniol *m*; **~umˌöl** *n* essence *f* de géranium.
Geranke [gəˈraŋkə] *n* ⟨~s⟩ (*Rankenwerk*) feuillage grimpant.
gerannt [gəˈrant] *cf.* rennen.
Geraschel [gəˈraʃəl] *n* ⟨~s⟩ *von Blättern* bruissement *m*; *von Papier* bruit *m* de papier.
Gerassel [gəˈrasəl] *n* ⟨~s⟩ *von Ketten etc.* fracas *m*; cliquetis *m*; *von Wagen* roulement *m*; *allg.* bruit *m* de ...
Gerät [gəˈrɛːt] *n* ⟨~(e)s; ~e⟩ *allg.* engin *m*; (*Haushalts*2, *Küchen*2) ustensile *m*; (*Werkzeug, Garten*2) outil [-i] *m*; *coll.* outillage *m*; *feinmechanisches*, (*Meß*2) instrument *m*; *meist elektrisches* appareil *m*; (*Radio*2, *Fernseh*2) poste *m*; appareil *m*; (*Turn*2) appareil *m* de gymnastique; *pl.* agrès *m/pl.*; *liturgisches* objet *m* du culte; **~eˌglas** *n* verre spécial pour instruments; **~eˌkasten** *m* boîte *f* à outils, à instruments.
geraten [gəˈraːtən] **I** *v/i.* ⟨**gerät, geriet, geraten, sein**⟩ **1.** (*zufällig gelangen*) tomber, arriver, se trouver pris (par hasard); F atterrir; **an j-n ~** tomber sur qn.; *feindlich* se prendre de querelle, F avoir une prise de bec avec qn.; **außer sich ~** *vor Zorn* sortir de ses gonds; *vor Ärger* s'exaspérer; *vor Freude* ne pas se sentir de joie; **er geriet vor Wut außer sich** *auch* la colère l'a mis 'hors de lui; **in Brand ~** prendre feu; **in Entzücken ~** être ravi; **in e-e Falle ~** tomber dans un piège; **in Gefahr ~** se trouver pris dans un danger; **in Gefangenschaft ~** être fait prisonnier; *mar.* **auf Grund ~** (s')échouer; **in Konkurs ~** faire faillite; **in Mißkredit ~** tomber en discrédit; **in Not ~** tomber dans la misère; **in Not ~ sein** être dans la misère; être en détresse, en difficulté; **in e-e Sackgasse ~** s'engager dans une impasse; **in Schulden ~** s'endetter; **in Schweiß ~** (commencer à) transpirer, suer; **in finanzielle Schwierigkeiten ~** avoir des difficultés financières; **ins Stocken ~** arriver à un point mort; se bloquer; rester en panne; **in Streit ~** se prendre de querelle; **in Verfall ~** tomber en ruine, *Kultur etc.* en décadence; **in Vergessenheit ~** tomber dans l'oubli; **in Verlegenheit ~** se trouver embarrassé; **in Verwirrung ~** se troubler; s'embrouiller; **ins Wanken ~** se mettre à chanceler; **in Wut, Zorn ~** entrer en fureur; se mettre en colère; *cf. auch* **kommen** *u. die betreffenden Substantive*; **2.** (*gelingen, gedeihen*) **gut (schlecht) ~** *Werk, Kuchen etc.* (ne pas) bien réussir; *Obst etc.* (ne pas) devenir beau, belle; (ne pas) pousser bien; (ne pas) donner; **ihm gerät alles** tout lui réussit; **nach dem Vater ~** tenir (de plus en plus) de, ressembler (de plus en plus) à son père; **II** *adjt. st. s.* (*ratsam*) **es für ~ halten** juger bon, convenable, à propos, prudent, utile (de faire qc.); **das ~ste wäre, zu ...** le mieux serait de ...
Geräte|schuppen [gəˈrɛːtəˌʃʊpən] *m* remise *f* à outils, du matériel; **~ˌstekker** *m élect.* fiche femelle d'un appareil; **~ˌträger** *m agr.* tracteur porteur d'outils; **~ˌturnen** *n* gymnastique *f* aux agrès; **~ˌübung** *f gym.* exercice *m* aux agrès; **~ˌwagen** *m* voiture *f* d'outillage; **~ˌwart** *m* ⟨~(e)s; ~e⟩ *gym.* surveillant *m* des agrès.
Geratewohl [gəˌraːtəˈvoːl] *n* **aufs ~** au hasard; au petit bonheur; à l'aventure.
Gerätschaften [gəˈrɛːtˌʃaftən] *f/pl. cf.* Gerät.
Geratter [gəˈratər] *n* ⟨~s⟩ *e-s Zuges etc.* roulement *m*.
geräuchert [gəˈrɔʏçərt] *adjt.* fumé; **~er Speck** lard fumé; 2**e(s)** *n* ⟨→ A⟩ ce qui est fumé; fumé *m*.
Geraufe [gəˈraufə] F *n* ⟨~s⟩ lutte *f*; bataille *f*; *pfort.* bagarre *f*.
gerauht [gəˈraut] *adjt. text.* gratté.
geraum [gəˈraum] *adj.* **e-e ~e Zeit** un certain temps; **seit ~er Zeit** depuis un certain temps.
geräumig [gəˈrɔʏmɪç] *adj.* spacieux, -euse; vaste; 2**ˌkeit** *f* ⟨~⟩ grandeur *f*; *od. verbal.*
Geraune [gəˈraunə] *n* ⟨~s⟩ chuchotement(s) *m* (*pl.*).

Geräusch [gəˈrɔʏʃ] *n* ⟨~es; ~e⟩ bruit *m*; 2ˌ**arm** *adj.* peu bruyant; presque silencieux, -euse; 2ˌ**dämpfend** *adjt.* qui amortit, étouffe les bruits; ~**kuˌlisse** *f* fond *m* sonore; *thé.* bruitage *m*; 2ˌ**los** **1.** *adj.* silencieux, -euse (*auch techn.*); sans bruit; **2.** *adv.* silencieusement; sans faire de bruit; ~ˌ**losigˌkeit** *f* ⟨~⟩ absence *f* de bruit; silence *m*; *e-s Motors* marche silencieuse; ~ˌ**messer** *m* ⟨~s; ~⟩ phonemètre *m*; ~ˌ**pegel** *m* niveau *m* des bruits; 2ˌ**voll** **1.** *adj.* bruyant; plein de bruit; **2.** *adv.* bruyamment.

Geräusper [gəˈrɔʏspər] *n* ⟨~s⟩ petite toux pour s'éclaircir la voix; *pfort.* raclement *m* de gorge.

gerb|en [ˈgɛrbən] **I** *v/t.* ⟨h⟩ tanner; (*weiß~*) mégi(sse)r; (*sämisch~*) chamoiser; (*zurichten*) corroyer; *fig. u.* F **j-m das Fell ~** donner, F flanquer une volée, une raclée à qn.; P tanner la peau, le cuir de qn.; **II** 2**en** *n* ⟨~s⟩ *cf.* 2ung; 2**er** *m* ⟨~s; ~⟩ tanneur *m*; (*Weiß2*) mégissier *m*; (*Sämisch2*) chamoiseur *m*; 2**e'rei** *f* ⟨~; ~en⟩ tannerie *f*; (*Weiß2*) mégisserie *f*; (*Sämisch2*) chamoiserie *f*; 2**erˌhandwerk** *n* métier *m* de tanneur; 2**erˌlohe** *f* tan *m*; ~ˌ**sauer** *adj. chim.* **gerbsaures Salz** tan(n)ate *m*; 2ˌ**säure** *f* acide *m* tan(n)ique; 2**stoff** *m* tan(n)in *m*; **synthetischer ~** tanin synthétique; 2**ung** *f* ⟨~⟩ (*Loh2 u. allg.*) tannage *m*; (*Weiß2*) mégisserie *f*; (*Sämisch2*) chamoisage *m*.

gerecht [gəˈrɛçt] **1.** *adj.* juste; équitable; **ein ~er Richter** un juge équitable, juste; **ein ~es Urteil** un jugement juste, équitable; **e-e ~e Strafe** une peine juste; **e-e ~e Belohnung** une juste récompense; **~er Lohn, Preis** salaire, prix juste; **~e Ansprüche** de justes prétentions; **ein ~er Zorn** une juste colère; **e-e ~e Sache** une juste cause; **das ist nur ~** ce n'est que justice; F **~er Himmel!** juste ciel!; *fig.* **in allen Sätteln ~ sein** être habile en, se prêter à, s'accommoder de tout; **j-m, e-r Sache ~ werden** rendre justice à qn., à qc.; *Wünschen, Forderungen etc.* satisfaire qc.; *Aufgaben etc.* faire qc. convenablement; venir à bout de qc.; **2.** *adv.* avec justice; justement; équitablement; 2**e(r)** *m* ⟨→ A⟩ juste *m* (*auch relig.*); **den Schlaf des ~n schlafen** dormir du sommeil du juste; *bibl.* **der ~ muß viel leiden** malheur sur malheur pour le juste; ~ˌ**fertigt** *adjt.* justifié; *cf. auch* **rechtfertigen**.

Gerechtigkeit [gəˈrɛçtɪçˌkaɪt] *f* ⟨~⟩ justice *f* (*auch philos., relig.*); équité *f*; **höhere, göttliche, menschliche, soziale ~** justice supérieure, divine, humaine, sociale; **ausgleichende ~** justice commutative; **austeilende ~** justice distributive; **ein Akt der ~** un acte de justice; **~ fordern** réclamer justice (**für** pour); **~ walten lassen** être juste; faire qc. avec justice; user de justice; **j-m, e-r Sache ~ widerfahren, zuteil werden lassen** rendre justice à qn., à qc.; **j-n der ~ überliefern** livrer qn. à la justice, aux mains de la justice; **die ~ nimmt ihren Lauf** la justice suit son cours; ~**sgeˌfühl** *n* sentiment *m* de la justice; ~**sˌliebe** *f* amour *m* de la justice; 2**sˌliebend** *adjt.* qui aime la justice; ~**sˌsinn** *m* sens *m* de la justice.

Gerechtsame [gəˈrɛçtˌzaːmə] *f* ⟨~; ~n⟩ *jur.* droit *m*; privilège *m*; (*Nutzungsrecht*) usufruit *m*.

Gerede [gəˈreːdə] *n* ⟨~s⟩ bavardage(s) *m* (*pl.*); *leeres* verbiage *m*; F bla-bla-bla *m*; (*Klatsch*) racontars *m/pl.*; ragots *m/pl.*; cancans *m/pl.*; potins *m/pl.*; (*Gerücht*) rumeurs *f/pl.*; **das ~ der Leute** le qu'en-dira-t-on; **auf das ~ der Leute nichts geben** ne pas s'occuper du qu'en-dira-t-on, des racontars, *etc.*; **sich ins ~ bringen, ins ~ kommen** faire parler de soi; **j-n ins ~ bringen** compromettre (la réputation de) qn.

geregelt [gəˈreːgəlt] *adjt.* réglé; régulier, -ière; **ein ~es Leben führen** mener une vie réglée; *cf. auch* **regeln**.

gereichen [gəˈraɪçən] *v/i.* ⟨*p.p.* **gereicht**, h⟩ **zu etw. ~** contribuer à qc.; causer qc.; **es gereicht dir zum Vorteil** cela te donnera un avantage; **j-m zum Verderben ~** causer la perte de qn.; **j-m zur Ehre, zur Schande ~** faire honneur, 'honte à qn.

Gereime [gəˈraɪmə] *n* ⟨~s⟩ *péj.* vers *m/pl.* de rimailleur.

gereizt [gəˈraɪtst] *adjt.* irrité; 2**heit** *f* ⟨~⟩ irritation *f*.

Gerenne [gəˈrɛnə] *n* ⟨~s⟩ courses continuelles; va-et-vient affairé.

Gericht [gəˈrɪçt] *n* ⟨~(e)s; ~e⟩ **1.** *cuis.* mets *m*; plat *m*; **2.** *jur.* tribunal *m*; (~*shof*) cour *f* de justice; **ordentliches ~** tribunal ordinaire, de droit commun; **zuständiges ~** tribunal compétent; **übergeordnetes ~** tribunal supérieur; **~ erster Instanz** tribunal de première instance; *relig.* **das Jüngste ~** le jugement dernier; **von ~s wegen** par ordre du tribunal; **vor ~** en justice; devant le tribunal; **ein ~ anrufen** faire appel à un tribunal; **vor ~ gehen** recourir à la justice; se pourvoir en justice; **e-e Sache vor ~ bringen** porter, déférer une cause devant un tribunal; soumettre une cause à un tribunal; saisir un tribunal d'une cause; **j-n vor ~ stellen** traduire, déférer qn. en justice; **vor ~ stehen** être jugé; **vor ~ erscheinen** comparaître en justice, devant un tribunal; **sich vor ~ verantworten** répondre de ses faits et gestes devant le tribunal; **vor ~ auftreten (können)** *jur.* (pouvoir) ester en justice; **vor ~ aussagen** déposer en justice; **j-n vor ~ vertreten** représenter qn. en justice; **über j-n zu ~ sitzen** juger qn.; **~ halten** rendre la justice (*abs.*); *fig.* **mit j-m scharf, hart ins ~ gehen** faire de vertes réprimandes à qn.; 2ˌ**lich** **1.** *adj.* judiciaire; **~e Medizin** médecine légale; **~e Psychologie** psychologie légale; **ein ~es Nachspiel haben** avoir des suites judiciaires; **~e Schritte unternehmen** faire des démarches en justice (**gegen** contre); **~e Untersuchung** enquête judiciaire; **(durch) ~e Verfügung** (par) ordonnance judiciaire; **2.** *adv.* judiciairement; **etw. ~ beschlagnahmen** saisir qc. judiciairement, par voie de justice; **j-n ~ belangen** poursuivre qn. en justice, devant un tribunal (**wegen** pour); intenter des poursuites judiciaires contre qn. (pour); **gegen j-n ~ vorgehen** poursuivre qn. en justice; recourir à la justice contre qn.; **etw. ~ verfolgen** poursuivre qc. en justice.

Gerichts|akten [gəˈrɪçtsˌʔaktən] *f/pl.* dossier *m* judiciaire; ~ˌ**arzt** *m* médecin *m* légiste; 2ˌ**ärztlich** *adj.* médico-légal; ~**aˌssessor** *m etwa* magistrat débutant; ~**barˌkeit** *f* ⟨~⟩ juridiction *f*; **ordentliche ~** juridiction de droit commun; **streitige ~** juridiction contentieuse; **freiwillige ~** juridiction gracieuse; **e-r ~ unterliegen** relever d'une juridiction; ~**beˌamte(r)** *m* officier *m*, fonctionnaire *m* de justice; magistrat *m*; ~**beˌhörde** *f* autorité judiciaire, juridictionnelle; magistrature *f*; ~ˌ**beisitzer** *m* (juge *m*) assesseur *m*; 2**beˌkannt** *adj.* connu du tribunal; ~**beˌschluß** *m* décision *f* judiciaire, du tribunal; **durch ~** par décision judiciaire; ~**beˌzirk** *m* circonscription *f* judiciaire; juridiction *f*; ~ˌ**diener** *m* huissier *m* (audiencier); ~ˌ**dolmetscher** *m* interprète *m* auprès des tribunaux; ~**entˌscheidung** *f* décision *f* judiciaire, de justice, du tribunal; ~ˌ**ferien** *pl.* vacations *f/pl.*; ~**geˌbäude** *n* palais *m* de justice; ~**geˌbühren** *f/pl.* droits *m/pl.* de justice; ~ˌ**hof** *m* cour *f* de justice; tribunal *m*; ~**inˌstanz** *f* instance *f* judiciaire, en justice; ~**kanzˌlei** *f* greffe *m*; ~ˌ**kosten** *pl.* frais *m/pl.* de justice; dépens *m/pl.*; 2ˌ**kundig** *adj.* connu du tribunal; ~**mediˌzin** *f* médecine légale; ~**mediˌziner** *m* médecin *m* légiste; 2**mediˌzinisch** *adj.* médico-légal; ~ˌ**ordnung** *f* règlement *m* judiciaire; ~**perˌson** *f cf.* **~beamte(r)**; ~ˌ**praxis** *f* pratique *f* judiciaire; ~**referenˌdar** *m in Deutschland etwa* magistrat *m* stagiaire; *in Frankreich* auditeur *m* de justice; ~ˌ**saal** *m* salle *f* d'audience (d'un tribunal); prétoire *m*; ~ˌ**sachverˌständige(r)** *m* expert *m* auprès des tribunaux; ~ˌ**schranken** *f/pl.* barre *f*; ~ˌ**schreiber** *m* greffier *m*; ~ˌ**siegel** *n* sceau *m* du tribunal; ~ˌ**sitzung** *f* audience *f*; séance *f* du tribunal; ~ˌ**sprache** *f* langue *f* judiciaire, du palais; ~ˌ**stand** *m* tribunal compétent; juridiction compétente; lieu *m* de juridiction; ~ˌ**tafel** *f* tableau *m* d'affichage du tribunal; ~ˌ**tag** *m*, ~**terˌmin** *m* jour *m* d'audience; ~ˌ**urteil** *n* jugement *m* du tribunal; ~**verˌfahren** *n* procédure *f*; **gegen j-n ein ~ einleiten** instruire, engager, entamer une procédure contre qn.; ~**verˌfassung** *f* organisation *f* judiciaire; ~**verˌfassungsgeˌsetz** *n* loi *f* sur l'organisation judiciaire; ~**verˌhandlung** *f* débats *m/pl.* (judiciaires); ~**vollˌzieher** *m* ⟨~s; ~⟩ huissier *m* de justice; ~ˌ**vorsitzende(r)** *m* président *m* du tribunal; ~ˌ**wesen** *n* tribunaux *m/pl.*; organisation *f*, système *m* judiciaire.

gerieben [gəˈriːbən] **I** *adjt. cf.* **gerissen**; **II** *p.p. cf.* **reiben**; 2ˌ**heit** *f* ⟨~⟩ *cf.* **Gerissenheit**.

gerief(el)t [gəˈriːf(əl)t] *adjt.* cannelé; *sehr fein* strié.

Geriesel [gəˈriːzəl] *n* ⟨~s⟩ léger bruit (de la pluie, de la neige, du sable qui tombe).

geriffelt [gəˈrɪfəlt] *adjt. cf.* **gerief(el)t**.

gering [gəˈrɪŋ] **1.** *adj.* petit; peu considérable; peu important; insignifiant; mince; peu (de); minime; réduit; **~e Einkünfte** de petits revenus; des revenus assez minces; **~es Interesse** peu d'intérêt; **~e Kenntnisse** des connaissances limitées; **e-e ~e Summe** une somme insignifiante, minime; **~e Unterschiede** de petites, faibles différences; des différences minimes; **mit ~en Ausnahmen** à quelques exceptions près; **von ~er Tiefe** peu profond; de faible profondeur; **von ~em Wert** de peu de valeur; **~e Aussichten auf Erfolg haben** avoir des chances minimes, réduites, assez minces de réussir; **in ~em Ansehen stehen** être peu estimé; **das machte keinen ~en Eindruck auf ihn** cela fit une forte impression sur lui; **er kam in nicht ~e Verlegenheit** il se trouva fort embarrassé; **er bildet sich nichts 2es ein** il n'a pas (une) petite opinion de sa personne; il ne se croit pas rien; **um ein ~es höher** un peu plus élevé; **2.** *adv.*

er wurde nur ~ bestraft il n'a été que légèrement puni; das kostet, ~ geschätzt, drei Mark j'estime que cela coûte au minimum trois marks, que cela coûte trois marks au bas mot; *cf. auch* ~er *u.* ~st; **~ˌachten** *v/t.* ⟨-ete, *sép.*, -ge-, h⟩ etw. ~ faire peu de cas de qc.; *Gesundheit etc.* faire bon marché de qc.; *cf. auch* ~schätzen; **2ˌachtung** *f cf.* 2schätzung; **~ˌdenken** *v/i.* ⟨*irr.*, *sép.*, -ge-, h⟩ ne pas avoir bonne opinion (de); avoir piètre opinion (de); **~er** *adj.* (*comp. von* gering) moindre; inférieur (als à); moins important; e-e ~e Entfernung une moindre distance; e-e ~e Summe une somme moins élevée, moindre; e-e ~e Stellung une position inférieure; in ~em Maße à un degré moindre; in ~em Ansehen stehen être moins estimé; das ~e von zwei Übeln de deux maux le moindre; kein 2er als ... nul autre, personne d'autre que ...; qn. en personne; une personne de l'importance de ...; ~ machen (*herabsetzen*) amoindrir; diminuer; ~ werden s'amoindrir; diminuer; **~ˌfügig 1.** *adj.* de peu d'importance; peu important; peu considérable; insignifiant; minime; **2.** *adv.* d'une façon insignifiante; légèrement; **2ˌfügigˌkeit** *f* ⟨~; ~en⟩ peu *m* d'importance; insignifiance *f*; das Verfahren wegen ~ einstellen arrêter la procédure pour insignifiance; **~ˌhaltig** *adj. Erz etc.* de faible teneur; **~ˌschätzen** *v/t.* ⟨-(es)t, *sép.*, -ge-, h⟩ mépriser; dédaigner; faire fi de; **~ˌschätzig 1.** *adj.* méprisant; dédaigneux, -euse; **2.** *adv.* avec mépris, dédain; dédaigneusement; **2ˌschätzung** *f* mépris *m*; dédain *m*; mésestime *f*; **~st** *adj.* (*sup. von* gering) (le, la) moindre; *bei Versteigerung* ~es Gebot mise, offre la plus basse; beim ~en Anlaß pour un rien; à la moindre occasion; beim ~en Geräusch au moindre bruit; das ist meine ~e Sorge c'est là le moindre de mes soucis; c'est le cadet de mes soucis; das ist das 2e, das ich erwarten kann c'est bien le moins que je puisse attendre; auch der 2e même l'homme le plus humble; auch das 2e même la moindre chose; nicht das 2e absolument rien; pas la moindre chose; er sieht, hört, versteht nicht das 2e il n'y voit, entend, comprend goutte; nicht im ~en pas le moins du monde; nicht die ~e Aussicht auf ... pas la moindre perspective de ...; nicht die ~e Ahnung pas la moindre idée; nicht der ~e Zweifel pas l'ombre d'un doute; **~stenˌfalls** *adv.* au minimum [-mɔm]; au bas mot; **~ˌwertig** *adj.* de peu de valeur.

gerinn|bar [gəˈrɪnˌbaːr] *adj.* coagulable; **2barˌkeit** *f* ⟨~⟩ coagulabilité *f*; **2e** *n* ⟨~s; ~⟩ (*Mühl2*) auge *f*; (*Rinne*) rigole *f*; canal *m*; conduit *m*; (*Fließen*) écoulement (continu); **~en I** *v/i.* ⟨gerinnt, gerann, geronnen, sein⟩ *allg.* (se) coaguler; *Milch* (se) cailler; ~ machen, lassen (faire) coaguler, cailler; geronnenes Blut du sang coagulé; **II 2en** *n* ⟨~s⟩ *cf.* 2ung; **2sel** *n* ⟨~s; ~⟩ *von Blut etc.* caillot *m*; *sc.* coagulum [-ɔm] *m*; *cf. auch* Rinnsal; **2ung** *f* ⟨~⟩ coagulation *f*; caillage *od.* caillement *m*; **2ungsenˌzym** *n* enzyme *m* de coagulation; **2ungsˌmittel** *n* coagulant *m*.

Geripp|e [gəˈrɪpə] *n* ⟨~s; ~⟩ **1.** *anat.* squelette *m*; *fig. u.* F ein wandelndes ~ un squelette ambulant; **2.** *techn.* carcasse *f*; squelette *m*; ossature *f*; charpente *f*; *e-s Schiffes auch* membrure *f*; **2t** *adj. Stoff* côtelé; à côtes; *bot. Blatt* nervuré.

gerissen [gəˈrɪsən] **I** *adjt.* F (*schlau*) rusé; roué; madré; matois; F roublard; ein ~er Geschäftsmann un homme d'affaires rusé, roué; ein ~er Bursche un fin renard; un rusé compère; F un roublard; **II** *p. p. cf.* reißen; **2ˌheit** *f* ⟨~⟩ rouerie *f*; F roublardise *f*.

geritten [gəˈrɪtən] *cf.* reiten.

Germa|ne [gɛrˈmaːnə] *m* ⟨~n; ~n⟩ Germain *m*; **~nin** *f* ⟨~; ~nen⟩ femme *f* germanique; **2nisch** *adj.* germanique; germain; des Germains; ~e Sprachen langues germaniques; das 2e le germanique; ~e Völker peuples germaniques; ~er Krieger guerrier germain; **2niˈsieren** *v/t.* ⟨*pas de ge-*, h⟩ germaniser; **~niˈsierung** *f* ⟨~⟩ germanisation *f*; **~ˈnismus** *m* ⟨~; -men⟩ *ling.* germanisme *m*; **~ˈnist(in)** *m* ⟨~en; ~en⟩ (*f*) ⟨~; ~nen⟩ germaniste *m, f*; germanisant(e) *m* (*f*); **~ˈnistik** *f* ⟨~⟩ philologie allemande; études *f/pl.* d'allemand, germaniques; ~ studieren faire des études d'allemand; **2ˈnistisch** *adj.* de philologie allemande.

Germanium [gɛrˈmaːniˑum] *n* ⟨~s⟩ *chim.* germanium [-jɔm] *m*; **~diˌode** *f rad.* diode *f* au germanium.

Germer [ˈgɛrmər] *m* ⟨~s; ~⟩ *bot.* vératre *m*; weißer ~ vératre, ellébore blanc.

gern|(e) [ˈgɛrn(ə)] *adv.* ⟨lieber, am liebsten⟩ volontiers; *als Antwort* ~! *auch* je veux bien; sehr ~! très volontiers!; avec plaisir!; ~ geschehen! (il n'y a) pas de quoi!; à votre service!; herzlich ~ *cf.* herzlich; (ob) ~ oder ungern bon gré mal gré; (etw.) ~ tun *meist* aimer (*litt.* à) faire (qc.); *pfort.* trouver du plaisir, prendre plaisir à faire (qc.); ~ lesen, tanzen, Auto fahren aimer (bien) lire, danser, conduire; etw. leidenschaftlich ~ tun être un(e) acharné(e) de qc.; etw. ~ haben, mögen, essen, trinken aimer qc.; ~ essen und trinken *auch* aimer la bonne chère; j-n ~ haben aimer (bien) qn.; avoir de l'affection pour qn.; F er kann mich ~ haben! qu'il me fiche la paix!; je lui dis zut; il peut toujours courir; j-n ~ sehen voir qn. d'un bon œil; ~ gesehen sein être bien vu; *Gast* être le bienvenu; das wird hier nicht ~ gesehen ce n'est pas bien vu ici; ~ an e-m Ort sein se plaire dans un endroit; ich bin ~ in Paris je me plais à Paris; wie ~ wäre ich dort gewesen! comme *od. litt.* que j'aurais voulu être là!; diese Blume wächst ~ auf feuchtem Boden cette fleur aime un sol humide; er kommt ~ um diese Zeit il vient souvent, d'habitude à cette heure-ci; ich möchte ~ wissen, ob ... je voudrais, j'aimerais bien savoir si ...; er hört es ~, wenn man ihn lobt il aime être loué; das glaube ich ~ je le crois volontiers, bien; je veux bien le croire; gut und ~ zehn Mark plus de, au moins dix marks; wir nehmen ~ zur Kenntnis ... c'est avec plaisir que nous prenons note ...; wir sind natürlich ~ bereit, zu ... nous sommes naturellement tout prêts, disposés à ...; **2eˌgroß** F *m* ⟨~; ~e⟩ vantard *m*; hâbleur *m*; **~geˌsehen** *adjt.* bienvenu.

Geröchel [gəˈrœçəl] *n* ⟨~s⟩ râle(ment) *m*.

gerochen [gəˈrɔxən] *cf.* riechen.

Geröll [gəˈrœl] *n* ⟨~(e)s; ~e⟩ éboulis *m*; *am Wasser* galets *m/pl.*; **~ˌablagerung** *f* dépôt *m* d'éboulis.

Gerolle [gəˈrɔlə] F *n* ⟨~s⟩ roulement continuel.

Geröll|halde [gəˈrœlˌhaldə] *f* versant *m* où s'accumulent les éboulis; **~ˌmasse** *f* masse *f* d'éboulis; **~ˌschicht** *f* couche *f* d'éboulis.

geronnen [gəˈrɔnən] *cf.* gerinnen *u.* rinnen.

Gerontologie [geˑrɔntoˑloˑˈgiː] *f* ⟨~⟩ (*Altersforschung*) gérontologie *f*.

Gerste [ˈgɛrstə] *f* ⟨~⟩ *bot.* orge *f*; **~nˌbrot** *n* pain *m* d'orge; **~nˌfeld** *n* champ *m* d'orge; **~nˌflocken** *f/pl.* flocons *m/pl.* d'orge; **~nˌgraupen** *f/pl.* orge mondé(!), perlé(!); **~nˌkorn** *n* **1.** *bot.* grain *m* d'orge; **2.** *méd.* compère-loriot *m*; orgelet *m*; **~nkornˌbindung** *f text.* croisement *m* grain-d'orge; **~nˌmalz** *n* malt *m* d'orge; **~nˌmehl** *n* farine *f* d'orge; **~nˌsaft** *m* (*Bier*) bière *f*; **~nˌschleim** *m* crème *f* d'orge; **~nˌschrot** *m, n* orge broyée; **~nˌzucker** *m* (*Malzzucker*) sucre *m* d'orge.

Gerte [ˈgɛrtə] *f* ⟨~; ~n⟩ badine *f* (*auch Reit2*); baguette *f*; verge *f*; **2nˈschlank** *adj.* élancé et souple.

Geruch [gəˈrʊx] *m* ⟨~(e)s; ⸚e⟩ odeur *f*; (*Geruchssinn*) odorat *m*; angenehmer, starker, ekelerregender ~ odeur agréable, forte, nauséabonde; angenehmer ~ *cf. auch* Duft; übler ~ mauvaise odeur; *in der Küche auch* relent *m*; muffiger, dumpfer ~ odeur de renfermé; *fig.* in dem ~ stehen, zu ... avoir la réputation de ...; **2beˌseitigend** *adjt.* désodorisant; **2ˌlos** *adj.* sans odeur; inodore; ~ machen désodoriser; **~ˌlosigˌkeit** *f* ⟨~⟩ absence *f* d'odeur; *besser verbal*; **~sˌeindruck** *m* impression olfactive; **~sˌnerv** *m anat.* nerf olfactif; **~sorˌgan** *n* organe olfactif; **~sˌreiz** *m physiol.* excitation olfactive; **~sˌsinn** *m* (sens *m* de l')odorat *m*; **~sˌstoff** *m* substance perçue par l'odorat; **~sverˌmögen** *n* pouvoir olfactif.

Gerücht [gəˈrʏçt] *n* ⟨~(e)s; ~e⟩ bruit *m*; rumeur *f* (*meist pl.*); allgemeines ~ rumeur publique; bloße ~e *auch* des bruits en l'air; ein ~ in Umlauf setzen, verbreiten faire courir, répandre, propager un bruit; es geht das ~, daß ... le bruit court que ...; **~eˌmacher** *m* ⟨~s; ~⟩ celui qui lance de faux bruits; propagateur *m* de faux bruits; alarmiste *m*; **~emacheˈrei** *f* ⟨~⟩ propagation *f* de faux bruits.

geruchtilgend [gəˈrʊxˌtɪlgənt] *adjt.* désodorisant; ~es Mittel désodorisant *m*.

gerüchtweise [gəˈrʏçtˌvaɪzə] *adv.* par un bruit; par des bruits; ~ verlautet, daß ... le bruit court que ...; ~ erfahren entendre dire.

Geruchverschluß [gəˈrʊxfɛrˌʃlʊs] *m an Waschbecken etc.* siphon *m*.

Gerufe [gəˈruːfə] F *n* ⟨~s⟩ appels continuels; **2n** *advt.* wie ~ kommen venir, arriver fort à propos, au bon moment, comme marée en carême; tomber bien, à pic; *cf. auch* rufen.

geruhen [gəˈruːən] *v/i.* ⟨*p. p.* geruht, h⟩ ~, etw. zu tun condescendre à, daigner faire qc.

gerührt [gəˈryːrt] *adjt. seelisch* ému; touché; ~ sein, werden *auch* s'attendrir (von etw. sur qc.); F da bin ich (doch) leicht ~! F cela me flanque un coup!; je n'en reviens pas!; *cf. auch* rühren.

geruhsam [gəˈruːzaːm] **1.** *adj.* tranquille; calme; **2.** *adv.* tranquillement; avec calme; **2ˌkeit** *f* ⟨~⟩ tranquillité *f*.

Gerumpel [gəˈrʊmpəl] *n* ⟨~s⟩ bruit *m* de cahots; *e-s Wagens* roulement *m*; *cf. auch* Gerüttel.

Gerümpel [gəˈrʏmpəl] *n* ⟨~s⟩ bric-à-brac *m*; vieilleries *f/pl.*
Gerundi|um [geˈrundiˑum] *n* ⟨~s; -ien⟩ *gr.* gérondif *m*; **~v** [-ˈdiːf] *n* ⟨~s; ~e⟩ *gr.* gérondif *m*; participe futur passif.
gerungen [gəˈruŋən] *cf.* ringen.
Gerüst [gəˈrʏst] *n* ⟨~(e)s; ~e⟩ *bât.* échafaudage *m*; *fig.* charpente *f*; canevas *m*; **~ˌstange** *f bât.* perche *f* d'échafaudage; écoperche *f*.
Gerüttel [gəˈrʏtəl] *n* ⟨~s⟩ secousses continuelles; *e-s Wagens auch* cahots *m/pl.*
ges [gɛs] **I** *n* ⟨~; ~⟩ *mus.* sol *m* bémol; **II** ♀ *n cf.* Ges-Dur.
Gesalbte(r) [gəˈzalptə(r)] *m* ⟨→ A⟩ *bibl.* der Gesalbte des Herrn l'oint *m* du Seigneur.
gesalzen [gəˈzaltsən] *adjt. fig. Preise etc.* salé; *cf. auch* salzen; **♀e(s)** *n* ⟨→ A⟩ *cuis.* ce qui est salé; salaisons *f/pl.*
gesammelt [gəˈzaməlt] *adjt. innerlich* recueilli; *cf. auch* sammeln.
gesamt [gəˈzamt] *adj.* total; global; entier, -ière; tout; général; d'ensemble; l'ensemble, le total, la totalité de ...; **♀ˌabsatz** *m comm.* total *m* des ventes; **♀ˌansicht** *f* vue d'ensemble, générale; **♀ˌaufkommen** *n écon.* produit total; **♀ˌauflage** *f impr.* tirage global; **♀ˌausfuhr** *f comm.* exportation totale, globale; **♀ˌausgabe** *f impr.* (édition *f* des) œuvres complètes; **♀ˌausgaben** *f/pl. comm.* dépenses totales; **♀beˌanspruchung** *f* effort total; **♀beˌdarf** *m* totalité *f* des besoins (an en); **♀beˌgriff** *m* notion globale; **♀beˌlastung** *f* charge(s) totale(s); **♀beˌricht** *m* rapport d'ensemble, global, général; **♀beˌsitz** *m* totalité *f* des biens, de ce que qn. possède; **♀beˌtrag** *m* (montant, chiffre) total *m*; somme totale; **♀beˌtriebskosten** *pl.* frais totaux d'exploitation; **♀beˌvölkerung** *f* population totale; **♀ˌbild** *n* tableau *m* d'ensemble; aperçu général; **♀ˌbreite** *f* largeur totale; **♀buˌdget** *n* budget global; **~ˌdeutsch** *adj.* concernant toute l'Allemagne, l'Allemagne de l'Est et de l'Ouest; **Minister für ~e Fragen** *etwa* ministre des questions relatives à l'Allemagne partagée; **♀ˌdurchschnitt** *m* moyenne générale; **♀ˌeigentum** *n cf.* ♀besitz; **♀ˌeindruck** *m* impression générale, d'ensemble; **♀ˌeinfuhr** *f comm.* importation totale, globale; **♀ˌeinkommen** *n* revenu global, total; **♀entˌschädigung** *f* indemnité globale, totale; **♀entˌwicklung** *f* évolution générale; **♀erˌgebnis** *n* résultat global, total; *Sport* classement général; **♀erˌlös** *m comm.* produit global; **♀erˌtrag** *m comm.* revenu global; *agr.* rendement global; **♀erˌzeugung** *f* production totale, globale; **♀e(s)** *n* ⟨→ A⟩ tout *m*; ensemble *m*; **♀ˌfläche** *f* surface totale; **♀ˌforderung** *f comm.* créance totale, globale; **♀geˌbiet** *n* territoire entier; ensemble *m* du territoire; **♀geˌwicht** *n* poids total, en charge; **zulässiges ~** poids total autorisé; **♀ˌgläubiger** *m jur.* créancier *m* solidaire; **♀ˌgut** *n jur.* biens communs (dans le régime de la communauté universelle); **♀ˌhandelsˌspanne** *f* marge commerciale globale, totale; **~ˌhänderisch** *adj. jur.* **~es Eigentum** propriété indivise; **♀ˌhandsgeˌmeinschaft** *f* indivision (dans laquelle l'indivisaire ne peut disposer seul de sa propre part); **♀ˌheit** *f* ⟨~⟩ totalité *f*; ensemble *m*; tout *m*; collectivité *f*; **in s-r ~** dans son ensemble; **im Interesse der ~** dans l'intérêt de la collectivité; **♀ˌhöhe** *f* 'hauteur totale; *von Investitionen etc.* chiffre global; **♀hypoˌthek** *f* hypothèque *f* portant sur plusieurs biens fonciers; **♀inteˌresse** *n* intérêt général; **♀kapiˌtal** *n* total *m* des capitaux; **♀ˌkosten** *pl.* totalité *f* des frais; **♀ˌlage** *f* situation générale; **♀ˌlänge** *f* longueur totale; **♀ˌlast** *f* charge totale; **♀ˌleistung** *f e-r Maschine, e-s Arbeiters* rendement total; *écol. etc.* travail *m* dans son ensemble; **♀ˌmasse** *f* masse totale; **♀orgaˌnismus** *m* organisme entier; **♀ˌplan** *m* plan *m* d'ensemble; **♀ˌplanung** *f* planification générale; **♀ˌpreis** *m* prix total, global; **♀produktiˌon** *f cf.* ♀erzeugung; **♀proˌkura** *f* procuration conjointe; **♀ˌregelung** *f* règlement général, d'ensemble; **♀ˌschaden** *m* totalité *f* des dommages; **♀ˌschau** *f* vue *f* d'ensemble; **♀ˌschuld** *f comm.* dette totale, globale; *jur.* dette solidaire; **♀ˌschuldner** *m jur.* codébiteur *m* solidaire; **als ~ haften** répondre solidairement; **~ˌschuldnerisch** *adj. jur.* solidaire; **~e Haftung** responsabilité solidaire; **♀schuldverˌhältnis** *n* solidarité *f*; **♀ˌsieg** *m Sport* victoire finale; **♀ˌsieger** *m Sport* vainqueur final; **♀ˌstimmenˌzahl** *f* total *m* des voix; **♀ˌstrafe** *f* peine globale (pour plusieurs infractions); **♀ˌstrecke** *f* totalité *f* du parcours; **♀ˌstreitigkeit** *f jur.* différend *m* entre collectivités; **♀strukˌtur** *f* structure entière, de l'ensemble; **♀ˌsumme** *f cf.* ♀betrag; **♀toˌnnage** *f* tonnage global; **♀ˌüberˌblick** *m*, **♀ˌüberˌsicht** *f* vue *f* d'ensemble; **♀ˌumsatz** *m comm.* chiffre d'affaires global; **♀ˌunterˌricht** *m* enseignement non divisé par matières; **♀verˌband** *m* association, union, organisation, fédération générale; **♀verˌbindlichkeit** *f cf.* ♀schuld; **♀verˌhalten** *n* comportement général; **♀verˌlust** *m* totalité *f* des pertes; **♀verˌmögen** *n* totalité *f* de la fortune, des biens; **♀verˌsicherung** *f* assurance globale, générale; **♀vorˌstand** *m* comité directeur au complet; ensemble *m* du comité de direction; **♀ˌwerk** *n e-s Künstlers* œuvre entière; toute l'œuvre; **♀ˌwert** *m* valeur totale, globale; **♀ˌwertung** *f Sport* classement général; **♀ˌwille** *m* volonté générale; **♀ˌwirkung** *f* effet général; **♀ˌwirtschaft** *f* économie *f* dans son ensemble; ensemble *m* de l'économie; **♀ˌwohl** *n* bien général; **♀ˌzahl** *f* nombre total; total *m*; totalité *f*.
gesandt [gəˈzant] *cf.* senden; **♀enˌposten** *m* poste *m* de ministre plénipotentiaire; **♀e(r)** *m* ⟨→ A⟩ *dipl. allg.* envoyé *m*; *rangmäßig* ministre *m* (plénipotentiaire); **außerordentlicher ~r** envoyé extraordinaire; **♀ˌschaft** *f* ⟨~; ~en⟩ légation *f*; **♀schaftsgeˌbäude** *n* (hôtel *m* de la) légation *f*; **♀schaftspersoˌnal** *n* personnel *m* de la légation; **♀schaftsˌrat** *m* ⟨~(e)s; ⸚e⟩ conseiller *m* de légation; **♀schaftssekreˌtär** *m* secrétaire *m* de légation.
Gesang [gəˈzaŋ] *m* ⟨~(e)s; ⸚e⟩ chant *m* (*auch e-r Dichtung*); *der Vögel auch* ramage *m*; **~ˌbuch** *n égl.* livre *m* de cantiques; **~ˌlehrer(in)** *m (f)* professeur *m* de chant; **♀lich** *adj.* concernant le chant; de chant(eur); **~ˌprobe** *f* répétition *f* de chant; **~ˌschule** *f* école *f* de chant; *als Lehrbuch* (livre *m* de) solfège *m*; **~sˌeinlage** *f* intermède *m* de chant; **~sˌkunst** *f* art *m* du chant; **~ˌstück** *n* (morceau *m* de) chant *m*; **~ˌstunde** *f* leçon *f* de chant; **~ˌunterˌricht** *m* enseignement *m* du chant; cours *m/pl.* de chant; **~verˌein** *m* (société *f*) chorale *f*.
Gesäß [gəˈzɛːs] *n* ⟨~es; ~e⟩ *anat.* séant *m*; fesses *f/pl.*; fessier *m*; *e-r Hose* fond *m* de culotte, de pantalon; **~ˌbacke** *f anat.* fesse *f*; **~ˌgegend** *f anat.* région fessière, des fesses; **~ˌmuskel** *m anat.* muscle fessier; **~ˌtasche** *f e-r Herrenhose* poche *f* revolver.
gesättigt [gəˈzɛtiçt] *adjt. chim.* saturé; *cf. auch* sättigen.
Gesäuge [gəˈzɔʏgə] *n* ⟨~s⟩ *zo.* mamelles *f/pl.*
Gesause [gəˈzauzə] *n* ⟨~s⟩ *des Windes* sifflement *m*.
Gesäusel [gəˈzɔʏzəl] *n* ⟨~s⟩ *des Windes* bruissement *m*; murmure *m*; chanson *f* (du vent).
Geschädigte(r) [gəˈʃɛːdiçtə(r)] *f (m)* ⟨→ A⟩ *jur.* personne lésée; *durch Unglück* sinistré(e) *m (f)*.
Geschäft [gəˈʃɛft] *n* ⟨~(e)s; ~e⟩ **1.** *als Tätigkeit* affaire *f*; P bisness *m*; (*Handel*) *auch* marché *m*; négoce *m*; commerce *m*; *Börse, Bank* transaction *f*; opération *f*; **gutes, schlechtes ~** bonne, mauvaise affaire; **einträgliches, lohnendes, faules, unsicheres ~** affaire lucrative, rentable, véreuse, incertaine; **unsaubere, dunkle ~e** affaires louches; **laufende ~e** affaires courantes; **das ~ mit dem Ausland** le commerce avec l'étranger; **in ~en, ~e halber** pour affaires; **ein gutes ~ machen** faire une bonne affaire; **ein ~ abschließen** conclure une affaire, un marché; **mit j-m ins ~ kommen** faire des affaires avec qn.; **von ~en reden** parler affaires; **s-n ~en nachgehen** vaquer à ses affaires; **sich vom ~, von den ~en zurückziehen** se retirer des affaires; **die ~e gehen gut, schlecht** les affaires vont, marchent bien, mal; **die ~e führen** gérer les affaires; **~ ist ~** les affaires sont les affaires; **2.** (*Handelsunternehmen*) (fonds *m* de) commerce *m*; (*Laden*) boutique *f*; *größeres* magasin *m*; (*Betrieb*) entreprise *f*; établissement *m*; **ein gutgehendes ~** un commerce qui marche bien; **ein ~ eröffnen, übernehmen, betreiben** ouvrir, prendre, exploiter un commerce; **ins ~ gehen** aller au travail; **3.** *enf., plais.* (*Notdurft*) **kleines, großes ~** petite, grosse commission; **sein ~ verrichten** faire sa commission; faire ses besoins; **~eˌmacher** *m* ⟨~s; ~⟩ affairiste *m*; brasseur *m* d'affaires; combinard *m*; **♀ig 1.** *adj.* affairé; actif, -ive; **2.** *adv.* d'une façon affairée; **~ hin und her eilen** aller et venir l'air affairé; **~ tun** faire l'affairé; **~igˌkeit** *f* ⟨~⟩ affairement *m*; activité *f*; **♀lich 1.** *adj.* d'affaires; en, des affaires; commercial; **~e Beziehungen** relations d'affaires; **in e-r ~en Angelegenheit** pour affaires; **2.** *adv.* pour affaires; **~ unterwegs** en route, en voyage pour affaires; **~ verhindert sein** être empêché à cause de *od.* par ses affaires; **~ geht es ihm gut** ses affaires marchent, vont bien.
Geschäfts|abschluß [gəˈʃɛftsˌˀapʃlus] *m* conclusion *f* d'une affaire; **~aˌdresse** *f* adresse *f* de bureau *bzw.* de magasin, d'usine; **~ˌanteil** *m* part sociale; **~ˌanzeige** *f* annonce commerciale; **~ˌaufgabe** *f* cessation *f* de commerce; **~ˌaufsicht** *f* surveillance *f* des affaires; **~ˌaussichten** *f/pl.* perspectives *f/pl.* concernant les affaires; **~ˌauto** *n cf.* ~wagen; **~beˌdingungen** *f/pl.* **allgemeine ~** conditions générales (concernant les rapports entre

client et société); ~beˌlebung f reprise f des affaires; ~beˌreich m ressort m; e-s Ministers portefeuille m; in j-s ~ gehören être du ressort de qn.; ~beˌricht m rapport m, compte rendu m de gestion; ~beˌziehungen f/pl. relations f/pl. d'affaires; cf. auch ~verbindung; ~ˌbrief m lettre d'affaires, commerciale; ~ˌbücher n/pl. livres m/pl. de commerce; ~ˌeifer m zèle m dans les affaires; ~ˌeinlage f apport m (dans une entreprise); 2erˌfahren adj. versé, expérimenté en affaires; ~erˌfahrenheit f, ~erˌfahrung f expérience f des affaires; ~erˌöffnung f ouverture f d'un fonds de commerce, d'un magasin; 2ˌfähig adj. jur. capable de contracter; ~ˌfähigˌkeit f jur. capacité f de contracter; beschränkte ~ capacité restreinte de contracter; ~ˌflaute f accalmie f, stagnation f des affaires; ~ˌfrau f commerçante f; par ext. femme f d'affaires; ~ˌfreund m correspondant m; relation f d'affaires; 2ˌführend adjt. gestionnaire; gérant; ~ˌführer(in) m (f) gérant(e) m (f) (d'affaires); ~ˌführung f a) gestion f (d'affaires); gérance f; mit der ~ beauftragt sein (être chargé de) gérer les affaires; die ~ übernehmen (re)prendre la gestion des affaires, la direction des affaires, la gérance; ~ ohne Auftrag gestion sans mandat; b) dirigeants m/pl., direction f (d'une affaire, d'une entreprise); ~ˌgang m ⟨~(e)s⟩ marche f des affaires; ~geˌbaren n gestion f des affaires; ~ˌgegend f cf. ~viertel; ~geˌheimnis n secret m d'affaires; 2geˌwandt adj. habile en affaires; ~geˌwandtheit f habileté f en affaires; ~ˌgründung f fondation f d'un commerce, d'une entreprise; ~ˌhaus n immeuble commercial; ~ˌinhaber(in) m (f) exploitant(e) m (f), propriétaire m, f d'un fonds de commerce, d'une entreprise; ~inteˌresse n intérêt porté aux affaires; ~ˌjahr n exercice m; année commerciale; laufendes ~ exercice courant; Abschluß des ~es clôture f de l'exercice; ~kapiˌtal n capital m d'un fonds de commerce, d'une entreprise; ~ˌkosten pl. frais généraux; auf ~ aux frais de la maison; ~ˌkreis m a) sphère f d'activité commerciale; attributions f/pl.; b) in ~en dans les milieux d'affaires; 2ˌkundig adj. cf. 2erfahren; ~ˌlage f a) situation des affaires, commerciale; b) Gegend gute ~ situation f propice au commerce; ~ˌleben n (vie f des) affaires f/pl.; im ~ en affaires; ins ~ eintreten entrer dans les affaires; ~ˌleiter m chef m d'entreprise; ~ˌleitung f direction f (de l'entreprise); ~ˌleute pl. gens m, f/pl., hommes m/pl. d'affaires; commerçants m/pl.; ~loˌkal n local (à usage) commercial, professionnel; ~ˌmann m ⟨~(e)s; -leute⟩ homme m d'affaires; commerçant m; ~ sein auch être dans les affaires; er ist ein guter ~ auch il s'entend bien en affaires; er ist der geborene ~ auch il a la bosse des affaires; 2ˌmäßig 1. adj. propre aux affaires; fig. (unpersönlich) impersonnel, -lle; froid; 2. adv. comme on traite les affaires courantes; d'une façon impersonnelle; ~meˌthode f méthode f en affaires; ~moˌral f morale f en affaires; ~ˌneid m jalousie f de métier; ~ˌordnung f im Parlament etc. règlement (intérieur); sich e-e ~ geben arrêter, établir un règlement; die ~ einhalten observer le règlement; ein Antrag zur ~ une motion d'ordre; ~paˌpiere n/pl. papiers m/pl. d'affaires; ~persoˌnal n personnel m (d'un magasin, d'une entreprise); ~ˌpraktiken f/pl., ~ˌpraxis f pratique f en affaires; ~ˌraum m cf. ~lokal; ~ˌreise f voyage m d'affaires; ~ˌreisende(r) m voyageur m de commerce; commis m voyageur; ~ˌrisiko n risque m en affaires; ~ˌrückgang m ralentissement m, récession f des affaires; ~ˌschädigung f préjudice commercial; ~ˌschluß m fermeture f des magasins, des bureaux; ~ˌsinn m sens m des affaires; ~ˌsitz m siège social; ~ˌsprache f langage m des (gens d')affaires; ~ˌstelle f bureau m; secrétariat m; agence f; e-s Gerichtes greffe m; Urkundsbeamter der ~ greffier m; ~ˌstil m style commercial; ~ˌstille f, ~ˌstockung f arrêt m des affaires; cf. auch ~flaute; ~ˌstraße f rue commerçante; ~ˌtätigkeit f activité f des bzw. en affaires; ~ˌton m ton m propre aux affaires, fig. impersonnel; ~ˌträger m dipl. chargé m d'affaires; ~ˌtrick m ficelle f de métier; truc [-yk] m en affaires; 2ˌtüchtig adj. capable, apte en affaires; ~ˌtüchtigˌkeit f capacité f, aptitude f en affaires; ~ˌüberˌgabe f remise f d'un fonds de commerce; ~ˌüberˌnahme f reprise f d'un fonds de commerce; ~ˌumfang m volume m des affaires; ~ˌumsatz m chiffre m d'affaires; 2ˌunfähig adj. jur. incapable de contracter; ~ˌunfähigˌkeit f jur. incapacité f de contracter; ~ˌunkosten pl. cf. ~kosten; ~verˌbindung f relation f d'affaires; mit j-m in ~ treten entrer en relations d'affaires avec qn.; mit j-m in ~ stehen être en relations d'affaires avec qn.; ~verˌkehr m mouvement m des affaires; relations f/pl. d'affaires; ~verˌlauf m cf. ~gang; ~verˌlegung f transfert m, déplacement m d'un fonds de commerce; ~verˌlust m perte f en affaires; ~ˌviertel n quartier m des affaires, des magasins; ~ˌvorgang m opération (commerciale); ~ˌwagen m voiture f d'affaires, appartenant à l'entreprise; ~ˌwelt f monde m des affaires, du commerce; ~ˌwert m valeur f d'un fonds de commerce, d'une entreprise; ~ˌzeichen n référence f (à rappeler); ~ˌzeit f heures f/pl. d'ouverture (des magasins); heures f/pl. de travail; ~ˌzentrum n centre m des affaires; ~ˌzimmer n bureau m; ~ˌzweig m branche d'affaires, commerciale.

geschah [gəˈʃaː] cf. geschehen.

Geschäker [gəˈʃɛːkər] n ⟨~s⟩ badinage amoureux; flirt [flœrt] m.

Gescharre [gəˈʃarə] n ⟨~s⟩ von Tieren grattement m; des Publikums frottement m de pieds.

Geschaukel [gəˈʃaukəl] n ⟨~s⟩ balancement m; im Auto ballottement m.

gescheckt [gəˈʃɛkt] adj. Tier pie (inv.).

gescheh|en [gəˈʃeːən] I v/i. ⟨geschieht, geschah, geschehen, sein⟩ se passer; arriver; se produire; se faire; etw. ~ lassen laisser faire qc.; was ist ~? qu'est-ce qui s'est passé, est arrivé?; er wußte nicht, wie ihm geschah il ne réalisait pas ce qui lui arrivait; der Unfall geschah an dieser Stelle l'accident s'est produit, s'est passé, est arrivé à cet endroit; was auch ~ mag quoi qu'il advienne, arrive; was soll damit ~? que faut-il en faire?; es muß etw. ~ il faut faire quelque chose; von meiner Seite ist alles ~ j'ai fait tout mon possible; ist ihm etw. ~? lui est-il arrivé quelque chose?; es wird dir kein Leid ~ on ne te fera aucun mal; ihm ist Unrecht ~ on lui a fait du tort; es geschieht ihm (ganz) recht c'est bien fait pour lui; il n'a que ce qu'il mérite; F il ne l'a pas volé; es ist um ihn ~ c'en est fait de lui; was ~ ist, ist ~ ce qui est fait est fait; relig. Dein Wille geschehe que votre volonté soit faite; II 2en n ⟨~s⟩ événements m/pl.; ce qui arrive, se passe; 2ˌnis n ⟨~ses; ~se⟩ événement m.

gescheit [gəˈʃaɪt] 1. adj. judicieux, -euse; (intelligent) intelligent; (klug) prudent; avisé; (vernünftig) raisonnable; sensé; (begabt) doué; ein ~er Kopf un esprit judicieux, réfléchi; sei doch ~! sois donc raisonnable!; F du bist wohl nicht recht ~! tu n'as pas tout ton bon sens!; F tu as un grain!; tu es tombé sur la tête!; ich kann daraus nicht ~ werden je n'y comprends rien; j'y perds mon latin; jetzt bin ich so ~ wie zuvor je ne suis pas plus avancé qu'avant; 2. adv. judicieusement; intelligemment; etw. ~ anfangen s'y prendre judicieusement; 2ˌheit f ⟨~⟩ esprit judicieux; jugement m; intelligence f.

Geschelte [gəˈʃɛltə] n ⟨~s⟩ gronderies f/pl.

Geschenk [gəˈʃɛŋk] n ⟨~(e)s; ~e⟩ cadeau m; présent m; j-m ein ~ machen faire un cadeau à qn.; j-m etw. zum ~ machen faire cadeau de qc. à qn.; fig. ein ~ des Himmels un don du ciel; kleine ~e erhalten die Freundschaft prov. les petits cadeaux entretiennent l'amitié prov.; ~abonneˌment n abonnement m de faveur; ~arˌtikel m/pl. cadeaux m/pl.; ~ˌpackung f emballage m, boîte f pour cadeaux; ~ˌsendung f envoi m de cadeau(x); als Aufschrift cadeau m.

Geschicht|chen [gəˈʃɪçtçən] n ⟨~s; ~⟩ historiette f; ~e f ⟨~; ~n⟩ 1. ⟨pas de pl.⟩ histoire f; alte, mittelalterliche, neuere, neueste ~ histoire ancienne, du moyen âge, moderne, contemporaine; Biblische ~ histoire sainte; ~ studieren étudier l'histoire; faire des études d'histoire; in die ~ eingehen entrer dans l'histoire; der ~ angehören appartenir à, faire partie de l'histoire; 2. (Erzählung) histoire f; conte m; ~n erzählen raconter des histoires, des contes; er macht e-e ganze ~ daraus il en fait toute une histoire, F tout un plat; 3. F (Angelegenheit) histoire f; affaire f; e-e dumme ~ une affaire désagréable; une histoire idiote; une vilaine histoire; e-e alte ~ une vieille histoire; die ganze ~ le tout; F tout le machin, le truc; das ist ja e-e schöne ~! en voilà une sale affaire!; nous voilà propres!; nous voilà dans de beaux draps!; (schöne) ~n machen en faire de belles; mach keine ~n! ne fais pas de façons, d'histoires!; es ist immer dieselbe ~ c'est toujours la même histoire; alte ~n aufrühren remuer, réveiller de vieilles histoires; réveiller le chat qui dort; ~enˌbuch n livre m de contes, d'histoires; ~enˌzähler(in) m (f) conteur, -euse m, f.

geschichtet [gəˈʃɪçtət] adjt. stratifié; cf. auch schichten.

geschichtlich [gəˈʃɪçtlɪç] 1. adj. historique; 2. adv. historiquement.

Geschichts|auffassung [gəˈʃɪçts-ˌʔaʊffasʊŋ] *f* conception *f* de l'histoire; **~ˌbild** *n* **1.** image *f* (que l'on se fait) de l'histoire; **2.** *Kunst* tableau *m*, peinture *f* historique; **~ˌbuch** *n* livre *m* d'histoire; **~ˌdarstellung** *f* présentation *f* de l'histoire; **~ˌfälscher** *m* falsificateur *m* de l'histoire; **~ˌfälschung** *f* falsification *f* de l'histoire; **~ˌforscher** *m* historien *m*; **~ˌforschung** *f* recherches *f/pl.* historiques; **~ˌkenntnis** *f* connaissance *f* de l'histoire; **~ˌklitterung** *f* ⟨~; ~en⟩ arrangement *m* arbitraire, déformation *f* de l'histoire; **2ˌkundig** *adj.* versé dans l'histoire; **~ˌlehrer** *m* professeur *m* d'histoire; **~maleˌrei** *f* peinture *f* historique; **~philosoˌphie** *f* philosophie *f* de l'histoire; **~ˌquelle** *f* source *f* historique; **~ˌschreiber** *m* historien *m*; *e-s Fürsten* historiographe *m*; **~ˌschreibung** *f* historiographie *f*; **~ˌstudium** *n* études *f/pl.* d'histoire; **~ˌstunde** *f* cours *m*, heure *f* d'histoire; **~taˌbelle** *f* tableau *m* historique; **~ˌunterricht** *m* enseignement *m* de l'histoire; **~ˌwerk** *n* ouvrage *m* d'histoire; **~ˌwissenschaft** *f* histoire *f*; **~ˌwissenˌschaftler** *m* historien *m*; **~ˌzahl** *f* date *f* d'histoire, historique.

Geschick [gəˈʃɪk] *n* ⟨~(e)s⟩ **1.** ⟨*pl.* ~e⟩ (*Schicksal*) sort *m*; destin *m*; destinée *f*; **2.** (*Geschicklichkeit*) habileté *f*; adresse *f*; (*Eignung*) aptitude *f*; talent *m*; **mit ~** avec habileté, adresse; **ein ~ für etw. haben** avoir des aptitudes, du talent pour qc.; avoir le chic pour faire qc.; **~lichˌkeit** *f* ⟨~⟩ habileté *f*; adresse *f*; savoir-faire *m*; (*Fingerfertigkeit*) dextérité *f*; doigté *m*; **~lichkeitsˌprüfung** *f* examen *m*, test *m* d'habileté; **~lichkeitsˌspiel** *n* jeu *m* d'adresse; **2t 1.** *adj.* habile, adroit (*im Nähen etc.* en couture, *etc.*); **2.** *adv.* habilement; adroitement; **sich ~ aus der Affäre ziehen** se tirer habilement, adroitement d'affaire; **~ vorgehen** se montrer habile, adroit; **sich ~ anstellen** s'y prendre bien, adroitement; **~tˌheit** *f* ⟨~⟩ *cf.* **~lichkeit.**

Geschiebe [gəˈʃiːbə] *n* ⟨~s⟩ **1.** *e-r Menschenmenge* poussées *f/pl.*; bousculade *f*; **2.** *géol.* gravier *m*; **~ˌlehm** *m* *géol.* argile *f* à blocaux.

geschieden [gəˈʃiːdən] *adjt. Eheleute* divorcé; **ihr ~er Mann** son ex-mari; **s-e ~e Frau** son ex-femme; *fig.* **wir sind ~e Leute** c'est fini entre nous; *cf. auch* **scheiden; 2e(r)** *f* (*m*) ⟨→ A⟩ divorcé(e) *m* (*f*).

geschieht [gəˈʃiːt] *cf.* geschehen.

geschienen [gəˈʃiːnən] *cf.* scheinen.

Geschieße [gəˈʃiːsə] F *n* ⟨~s⟩ tir continuel; coups *m/pl.* de feu (répétés).

Geschimpfe [gəˈʃɪmpfə] *n* ⟨~s⟩ F rouspétance *f*; F criailleries *f/pl.*; (*Schimpfreden*) invectives *f/pl.*; injures *f/pl.*

Geschirr [gəˈʃɪr] *n* ⟨~(e)s; ~e⟩ **1.** (*Tafel2*) vaisselle *f*; (*Küchen2*) batterie *f* de cuisine; **irdenes ~** poterie *f*; **(das) ~ spülen** faire, laver la vaisselle; **2.** *von Zugtieren* 'harnais *m*; *fig.* **sich (mächtig) ins ~ legen** donner un coup de collier; s'atteler à la tâche; F en mettre un coup; **3.** *techn. am Webstuhl* 'harnais *m*; 'harnat *m*; *cf. auch* **Gerät**; **~ˌschrank** *m* buffet *m*; **~ˌspüler** *m* ⟨~s; ~⟩ *Person* plongeur *m*; *cf. auch* **~spülmaschine**; **~ˌspülmaˌschine** *f* machine *f* à laver la vaisselle; **~ˌtuch** *n* torchon *m* à vaisselle.

geschissen [gəˈʃɪsən] *cf.* scheißen.

Geschlabber [gəˈʃlabər] F *n* ⟨~s⟩ lapements *m/pl.*

geschlängelt [gəˈʃlɛŋəlt] *adjt. Linie etc.* sinueux, -euse; ondulé; *cf. auch* schlängeln.

Geschlecht [gəˈʃlɛçt] *n* ⟨~(e)s; ~er⟩ **1.** *natürliches* sexe *m*; **das männliche, weibliche ~** le sexe masculin, féminin; **das schöne ~** le beau sexe; **das schwache ~** le sexe faible; **das starke ~** le sexe fort; **Personen beiderlei ~s** personnes des deux sexes; hommes et femmes; **2.** *gr.* genre *m*; **3.** (*Familie*) race *f*; famille *f*; lignage *m*; (*Generation*) génération *f*; (*Gattung*) genre *m*; **aus altem ~** d'une vieille famille; **das ~ der Karolinger** la race des Carolingiens; **vergangene, künftige ~er** les générations passées, à venir; **von ~ zu ~** de génération en génération; **das menschliche ~** le genre humain; **~erˌfolge** *f* lignée *f*; **~erˌkunde** *f* généalogie *f*; **2lich 1.** *adj.* sexuel, -lle; **~e Aufklärung** éducation sexuelle; *biol.* **~e Fortpflanzung** reproduction sexuée; **2.** *adv.* sexuellement; **mit j-m ~ verkehren** avoir des rapports sexuels avec qn.; **~lichˌkeit** *f* ⟨~⟩ sexualité *f*.

Geschlechts|akt [gəˈʃlɛçtsˌʔakt] *m* acte sexuel; **~beˌstimmung** *f* détermination *f* du sexe; **~chromoˌsom** *n* *biol.* chromosome sexuel; **~ˌdrüse** *f* *anat.* glande sexuelle; **~funktiˌon** *f* *physiol.* fonction sexuelle; **~horˌmone** *n/pl.* *physiol.* hormones sexuelles; **2ˌkrank** *adj. méd.* atteint d'une maladie vénérienne; **~ˌkranke(r)** *f* (*m*) *méd.* vénérien, -nne *m, f*; **~ˌkrankheit** *f méd.* maladie vénérienne; **~ˌleben** *n* vie sexuelle; **~ˌliebe** *f* amour physique, sexuel; **2ˌlos** *adj. biol.* asexué; **~ˌmerkmal** *n biol.* **sekundäres ~** caractère sexuel secondaire; **~ˌname** *m* nom *m* de famille, patronymique; patronyme *m*; **~orˌgane** *n/pl.* organes génitaux; **~ˌreife** *f* maturité sexuelle; **~ˌteile** *m/pl.* parties sexuelles; **~ˌtrieb** *m* instinct sexuel; **~ˌumwandlung** *f* changement *m* de sexe; **~ˌunterschied** *m* différence *f* entre les sexes; **~verˌkehr** *m* rapports sexuels; relations sexuelles; **~ˌwerkzeuge** *n/pl. cf.* **~organe**; **~ˌwort** *n* ⟨~(e)s; ≈er⟩ *gr.* article *m*; **~ˌzelle** *f biol.* gamète *m*.

geschlichen [gəˈʃlɪçən] *cf.* schleichen.

geschliffen [gəˈʃlɪfən] *adjt. Stil etc.* poli; *Manieren* affiné; dégrossi; *cf. auch* schleifen; **2ˌheit** *f* ⟨~⟩ *des Stils* poli *m*; *der Manieren* finesse *f*.

Geschlinge [gəˈʃlɪŋə] *n* ⟨~s; ~⟩ *Schlächterei* fressure *f*.

geschlossen [gəˈʃlɔsən] **I 1.** *adjt. Reihe, Front etc.* serré; compact; *Arbeit, Darstellung* concis; *Vokal* fermé; **~es Ganzes** ensemble compact; **~e Gesellschaft** réunion privée; **~e Vorstellung** représentation privée; **~e Fürsorge** aide sociale en établissements; *écon.* **~e Hauswirtschaft** économie familiale close; *milit.* **~e Ordnung** ordre serré; **in ~er Formation** en formation serrée; *relig. cath.* **~e Zeit** périodes de l'Avent et du Carême; **2.** *advt.* d'une façon compacte, serrée; (*alle[s] zusammen*) en bloc; *milit.* en formation serrée; **~ für etw. stimmen** voter en bloc pour qc.; **~ hinter j-m stehen** se tenir en bloc derrière qn.; ne former qu'un bloc derrière qn.; **II** *p.p. cf.* schließen; **2ˌheit** *f* ⟨~⟩ *e-r Reihe etc.* compacité *f*; caractère serré; *e-r Darstellung etc.* concision *f*; *im Verhalten* solidarité *f*; unanimité *f*.

Geschluchze [gəˈʃluxtsə] F *n* ⟨~s⟩ sanglots *m/pl.*

geschlungen [gəˈʃlʊŋən] *cf.* schlingen.

Geschmack [gəˈʃmak] *m* ⟨~(e)s; ≈e(r)⟩ goût *m* (*auch ~ssinn u. fig.*); *cuis. auch* saveur *f*; **ein fader ~** un goût fade, insipide; **ein salziger, eigentümlicher ~** un goût salé, particulier; une saveur salée, particulière; **e-n bitteren ~ im Munde haben** *auch* avoir la bouche amère; **ohne ~** *cuis.* sans goût, saveur; insipide; fade; *Sprudel* sans parfum; *fig.* **der heutige ~** le goût d'aujourd'hui; **der herrschende ~** le goût du jour; **nach meinem ~** à *od.* de mon goût; **~ haben** avoir du goût; **an etw. ~ finden, e-r Sache ~ abgewinnen** trouver du goût, prendre goût à qc.; **auf den ~ kommen** y prendre goût; **den ~ an etw. verlieren** perdre le goût de qc.; *loc.* **Geschmäcker sind verschieden** chacun son goût; tous les goûts sont dans la nature; il en faut pour tous les goûts; **über den ~ läßt sich nicht streiten** *prov.* des goûts et des couleurs il ne faut pas discuter *prov.*; **2lich 1.** *adj.* concernant le goût; de goût; **2.** *adv.* en ce qui concerne le goût; quant au goût; **2ˌlos 1.** *adj. cuis.* sans goût (*auch fig.*); *fig.* qui manque de goût; de mauvais goût; **es wäre ~, zu …** ce serait un manque de goût de …; **2.** *adv.* sans goût; **~ angezogen sein** être mis avec peu de goût, sans aucun goût; **~ˌlosigˌkeit** *f* ⟨~; ~en⟩ *fig.* manque *m*, absence *f* de goût; mauvais goût; *Bemerkung, Sache* remarque *f*, chose *f* de mauvais goût; **~sˌbildung** *f* formation *f* du goût; **~sˌeindruck** *m* *physiol.* impression gustative; **~s-emˌpfindung** *f physiol.* sensation gustative; **~sˌknospe** *f anat.* bourgeon gustatif; **~sˌmuster** *n* modèle artistique déposé; **~sˌnerv** *m* nerf gustatif; **~sorˌgan** *n* organe *m* du goût; **~s-ˌrichtung** *f* tendance *f* du goût; **~(s)ˌsache** *f* **das ist ~** c'est une affaire, une question de goût; **~sˌsinn** *m* (sens *m* du) goût *m*; **~sˌurteil** *n* jugement basé sur le goût; **~sverˌirrung** *f* aberration *f* du goût; faute *f* de goût; **2sˌwidrig** *adj.* contraire au bon goût; **~sˌwidrigˌkeit** *f* (chose *f* de) mauvais goût; **~sˌzusatz** *m in Lebensmitteln* parfum *m*; **2ˌvoll 1.** *adj.* plein de goût; de bon goût; **2.** *adv.* avec goût; **~ gekleidet sein** être mis avec goût.

Geschmatze [gəˈʃmatsə] F *n* ⟨~s⟩ bruits *m/pl.* que l'on fait en mangeant (la bouche ouverte).

Geschmeichel [gəˈʃmaɪçəl] *n* ⟨~s⟩ flatteries *f/pl.*

Geschmeid|e [gəˈʃmaɪdə] *n* ⟨~s; ~⟩ chaînes *f/pl.*, bracelets *m/pl.* d'or et d'argent; bijoux *m/pl.*; parure *f*; **2ig 1.** *adj.* souple; flexible; *Metall* malléable; **~ machen** assouplir; **2.** *adv.* d'une manière souple; souplement; avec souplesse; **~igˌkeit** *f* ⟨~⟩ souplesse *f*; flexibilité *f*; malléabilité *f*.

Geschmeiß [gəˈʃmaɪs] *n* ⟨~es⟩ *zo.* vermine *f* (*auch fig.*).

Geschmetter [gəˈʃmɛtər] *n* ⟨~s⟩ sonnerie *f* de trompette(s); fanfare *f*.

Geschmier|(e) [gəˈʃmiːr(ə)] *n* ⟨~s⟩ barbouillage *m* (*auch fig. schlechte Malerei*); **2t** *advt.* F **wie ~ gehen** aller, marcher comme sur des roulettes; *cf. auch* schmieren.

geschmissen [gəˈʃmɪsən] *cf.* schmeißen.

geschmolzen [gəˈʃmɔltsən] *cf.* schmelzen.

Geschmorte(s) [gəˈʃmoːrtə(s)] *n* ⟨→ A⟩ *cuis.* ce qui est braisé, cuit à l'étouffée.
Geschmunzel [gəˈʃmʊntsəl] *n* ⟨~s⟩ sourire *m*.
Geschmuse [gəˈʃmuːzə] F *n* ⟨~s⟩ câlineries *f/pl.*; caresses *f/pl.*
Geschnäbel [gəˈʃnɛːbəl] *n* ⟨~s⟩ *der Vögel* becquetage *m* (*auch fig.*); *besser verbal.*
Geschnarche [gəˈʃnarçə] F *n* ⟨~s⟩ ronflements *m/pl.*
Geschnatter [gəˈʃnatər] *n* ⟨~s⟩ *e-r Ente* nasillement(s) *m* (*pl.*); *e-r Gans* cacardement(s) *m* (*pl.*); *fig.* caquetage *m*; jacasserie *f*.
Geschnaufe [gəˈʃnaufə] F *n* ⟨~s⟩ respiration 'haletante; 'halètement *m*.
geschniegelt [gəˈʃniːgəlt] *adjt.* ~ **und gebügelt** tiré à quatre épingles.
geschnitten [gəˈʃnɪtən] *cf.* **schneiden.**
Geschnörkel [gəˈʃnœrkəl] *n* ⟨~s⟩ fioritures *f/pl.*
Geschnüffel [gəˈʃnʏfəl] *n* ⟨~s⟩ reniflements *m/pl.*; *fig.* reniflerie *f*; *besser verbal.*
Geschnurr(e) [gəˈʃnʊr(ə)] F *n* ⟨~s⟩ *e-r Katze* ronrons *m/pl.*; ronronnement(s) *m* (*pl.*).
geschoben [gəˈʃoːbən] *cf.* **schieben.**
gescholten [gəˈʃɔltən] *cf.* **schelten.**
Geschöpf [gəˈʃœpf] *n* ⟨~(e)s; ~e⟩ créature *f*; F **ein süßes** ~ une douce créature.
geschoren [gəˈʃoːrən] *cf.* **scheren.**
Geschoß [gəˈʃɔs] *n* ⟨-sses; -sse⟩ **1.** *milit.*, *phys. atom.* projectile *m* (*auch fig.*); **ferngelenktes** ~ projectile téléguidé; **2.** *bât.* étage *m*; ~ˌ**bahn** *f* trajectoire *f*; ~ˌ**boden** *m* culot *m* de projectile.
geschossen [gəˈʃɔsən] *cf.* **schießen.**
Geschoß|garbe [gəˈʃɔsˌgarbə] *f* gerbe *f* de projectiles; ~**geˌschwindigkeit** *f* vitesse *f* du projectile; ~ˌ**höhe** *f bât.* 'hauteur *f* d'étage; ~ˌ**körper** *m* corps *m* de projectile; ~ˌ**mantel** *m* enveloppe *f* de projectile; ~ˌ**teilchen** *n phys. atom.* particule *f* de bombardement; ~ˌ**wirkung** *f* efficacité *f*, action *f* d'un projectile.
geschränkt [gəˈʃrɛŋkt] *adjt.* *Treibriemen* croisé.
geschraubt [gəˈʃraupt] *adjt. fig.* *Stil etc.* maniéré; guindé; F tarabiscoté; 2ˌ**heit** *f* ⟨~⟩ affectation *f*; caractère maniéré, guindé.
Geschrei [gəˈʃraɪ] *n* ⟨~s⟩ cris *m/pl.*; *andauerndes* criailleries *f/pl.*; *e-r Menge* clameurs *f/pl.*; *wildes* vociférations *f/pl.*; **mit lautem** ~ à grands cris; **ein großes** ~ **erheben** jeter les 'hauts cris; **mit großem** ~ **etw. verlangen** réclamer qc. à cor et à cri.
Geschreibsel [gəˈʃraɪpsəl] *n* ⟨~s⟩ *péj.* griffonnage *m*; F gribouillis *m/pl.*
geschrieben [gəˈʃriːbən] *cf.* **schreiben**; 2**e(s)** *n* ⟨→ A⟩ ce qui est écrit; **etwas** ~**s** quelque chose d'écrit.
geschrie(e)n [gəˈʃriː(ə)n] *cf.* **schreien.**
geschritten [gəˈʃrɪtən] *cf.* **schreiten.**
geschunden [gəˈʃʊndən] *cf.* **schinden.**
Geschüttel [gəˈʃʏtəl] *n* ⟨~s⟩ secousses continuelles; *in e-m Fahrzeug auch* cahots *m/pl.*
Geschütz [gəˈʃʏts] *n* ⟨~es; ~e⟩ *milit.* pièce *f* (d'artillerie); **ein** ~ **in Stellung bringen** mettre une pièce en batterie; *fig.* **grobes** ~ **auffahren** employer des arguments massue; ~**beˌdienung** *f Mannschaft* servants *m/pl.* de pièce; ~ˌ**donner** *m* bruit *m*, tonnerre *m* du canon; ~ˌ**feuer** *n* feu *m* d'artillerie; canonnade *f*; ~ˌ**führer** *m* chef *m* de pièce; ~ˌ**rohr** *n* (tube *m* de) canon *m*; ~ˌ**stand** *m*, ~ˌ**stellung** *f* emplacement *m* de pièce; ~ˌ**turm** *m* tourelle *f*.
Geschwader [gəˈʃvaːdər] *n* ⟨~s; ~⟩ *mar.*, *aviat.* escadre *f*; ~ˌ**arzt** *m mar.* médecin *m* responsable d'une escadre; ~ˌ**chef** *m mar.*, ~**kommoˌdore** *m aviat. in Deutschland* commandant *m* d'escadre.
Geschwafel [gəˈʃvaːfəl] F *n* ⟨~s⟩ bla-bla-bla *m*; verbiage *m*.
Geschwätz [gəˈʃvɛts] *n* ⟨~es⟩ *endloses* bavardage(s) *m* (*pl.*); papotage(s) *m* (*pl.*); jacasserie(s) *f* (*pl.*); *leeres* verbiage *m*; *haltloses* sornettes *f/pl.*; *sich dauernd wiederholendes* radotage(s) *m* (*pl.*); *dummes* sottises *f/pl.*; inepties [-si] *f/pl.*; (*Klatsch*) racontars *m/pl.*; ragots *m/pl.*; cancans *m/pl.*; potins *m/pl.*; **in** ~ **ausarten** dégénérer en, tourner au verbiage; 2**ig** *adj.* bavard; loquace; ~**igˌkeit** *f* ⟨~⟩ loquacité *f*; goût *m* du bavardage.
geschweift [gəˈʃvaɪft] *adjt.* arqué; cambré; bombé.
geschweige [gəˈʃvaɪgə] *adv. u. conj.* ~ **denn** et encore moins.
geschwiegen [gəˈʃviːgən] *cf.* **schweigen.**
geschwind [gəˈʃvɪnt] **1.** *adj. cf.* **schnell 1.**; **2.** *adv.* en vitesse; rapidement; (*für e-n bzw. in e-m Augenblick*) pour *bzw.* en une minute; pour *bzw.* en quelques instants; 2**igˌkeit** *f* ⟨~; ~en⟩ vitesse *f*; allure *f*; (*Schnelligkeit*) rapidité *f*; promptitude *f*; célérité *f*; vélocité *f*; **mit voller** ~ à toute vitesse, allure; **mit großer** ~ à grande vitesse; **mit e-r** ~ **von 50 km/st** à une, à la vitesse de 50 km/h; **e-e** ~ **erreichen** atteindre une vitesse; **die** ~ **herabsetzen** réduire la vitesse; ~ **ist keine Hexerei** *prov.* il ne faut pas être sorcier pour faire cela.
Geschwindigkeits|abfall [gəˈʃvɪndɪçkaɪtsˌʔapfal] *m* perte *f* de vitesse; ~ˌ**anzeiger** *m* indicateur *m* de vitesse; ~**beˌgrenzung** *f*, ~**beˌschränkung** *f* limitation *f* de vitesse; ~ˌ**grenze** *f* limite *f* de vitesse; ~ˌ**messer** *m* ⟨~s; ~⟩ compteur *m* de vitesse; tachymètre [taki-] *m*; ~ˌ**rausch** *m* ivresse *f* de la vitesse; ~ˌ**regler** *m* ⟨~s; ~⟩ régulateur *m* de vitesse; ~**reˌkord** *m* record *m* de vitesse; ~**überˌschreitung** *f* excès *m* de vitesse.
Geschwirr [gəˈʃvɪr] *n* ⟨~s⟩ *von Insekten* bourdonnement *m*; *von Vögeln* bruit *m* d'ailes.
Geschwister [gəˈʃvɪstər] *pl.* frère(s) *m* (*pl.*) et sœur(s) *f* (*pl.*); **eines meiner** ~ un de mes frères et sœurs; **alle meine** ~ tous mes frères et sœurs; **wieviel** ~ **haben Sie?** combien avez-vous de frères et sœurs?; 2ˌ**lich 1.** *adj.* fraternel, -lle; **2.** *adv.* fraternellement; ~ˌ**liebe** *f* amour fraternel; ~ˌ**paar** *n* frère *m* et sœur *f*.
geschwollen [gəˈʃvɔlən] **I 1.** *adjt. méd.* enflé; *fig. Rede, Stil* ampoulé; grandiloquent; pompeux, -euse; **2.** *advt.* **sich** ~ **ausdrücken** s'exprimer avec grandiloquence; employer des expressions pompeuses; **II** *p. p. cf.* **schwellen**; 2ˌ**heit** *f* ⟨~⟩ *fig.* grandiloquence *f*.
geschwommen [gəˈʃvɔmən] *cf.* **schwimmen.**
geschworen [gəˈʃvoːrən] *adjt.* **ein** ~**er Gegner von etw.** un ennemi juré de qc.; *cf. auch* **schwören**; 2**enˌbank** *f* ⟨~; ~̈e⟩ *jur.* banc *m* des jurés; 2**engeˌricht** *n cf.* **Schwurgericht**; 2**enˌliste** *f jur.* liste *f* des jurés; 2**e(r)** *m* ⟨→ A⟩ juré *m*; **die** ~**n** les jurés; le jury; **Spruch der** ~**n** verdict *m*; **Obmann der** ~**n** président du jury.
Geschwulst [gəˈʃvʊlst] *f* ⟨~; ≈e⟩ *méd.* tumeur *f*; **gutartige, bösartige** ~ tumeur bénigne, maligne.
geschwunden [gəˈʃvʊndən] *cf.* **schwinden.**
geschwungen [gəˈʃvʊŋən] *adjt.* arqué; *cf. auch* **schwingen.**
Geschwür [gəˈʃvyːr] *n* ⟨~(e)s; ~e⟩ *méd.* ulcère *m*; ~ˌ**bildung** *f méd.* ulcération *f*; 2**ig** *adj.* ulcéreux, -euse.
Ges-Dur [ˈgɛsduːr] *n* ⟨~⟩ *mus.* sol *m* bémol majeur.
gesehen [gəˈzeːən] *cf.* **sehen.**
Gesell|e [gəˈzɛlə] *m* ⟨~n; ~n⟩ (*Handwerks*2 *in Deutschland*) compagnon *m*; ouvrier qualifié; *fig.* compagnon *m*; **ein lustiger** ~ un joyeux compagnon; *péj.* **X und s-e** ~**n** X et ses acolytes, et sa coterie; 2**en** *v/réfl.* ⟨*p. p.* gesellt, h⟩ **sich** ~ se joindre (zu à); **gleich und gleich gesellt sich gern** *prov.* qui se ressemble s'assemble *prov.*; ~**enˌbrief** *m* certificat *m* de fin d'apprentissage artisanal; ~**enˌprüfung** *f* examen *m* de fin d'apprentissage artisanal (E.F.A.A.); ~**enˌstück** *n* travail *m* d'examen de fin d'apprentissage artisanal; ~**enˌzeit** *f* compagnonnage *m*; 2**ig** *adj.* sociable; *zo.* social; **ein** ~**er Mensch sein** être (un homme) sociable; ~**es Beisammensein** réunion *f*; ~**er Kreis** cercle *m* (de personnes qui aiment la société); ~**igˌkeit** *f* ⟨~⟩ sociabilité *f*; **die** ~ **lieben** aimer la société, la compagnie.
Gesellschaft [gəˈzɛlˌʃaft] *f* ⟨~⟩ **1.** *allg.* société *f*; **die menschliche** ~ la société humaine; **die bürgerliche** ~ la société civile; **die Pflichten gegenüber der** ~ les devoirs envers la société; **2.** ⟨*pl.* ~en⟩ (*Vereinigung*) société *f*; compagnie *f*; association *f*; **eingetragene** ~ société enregistrée; **gemeinnützige** ~ compagnie, association, société d'utilité publique; ~ **mit beschränkter Haftung (GmbH)** société à responsabilité limitée (S.A.R.L.); ~ **des bürgerlichen Rechts** société civile; **e-e gelehrte** ~ une société savante; **e-e literarische** ~ une société, une association littéraire; **e-e** ~ **gründen** créer, fonder une société; **3.** (*führende Schicht*) **die vornehme, bessere** ~ la haute société; le grand, le beau monde; P la haute; **Leute der höheren** ~ gens du monde; **zur (besseren)** ~ **gehören** faire partie de la haute société; appartenir à la haute société, au grand monde; **in die (höhere)** ~ **aufgenommen werden** être reçu, admis dans le (grand) monde, dans la haute société; **4.** ⟨*pl.* ~en⟩ (*geladener Kreis*) réunion (mondaine); (*Abend*2) soirée *f*; **e-e kleine ausgewählte** ~ un petit comité; **geschlossene** ~ réunion privée; **in** ~ **gehen** aller à une soirée, à une réunion mondaine; **e-e** ~ **geben** donner une soirée; recevoir; **sich auf e-r** ~ **begegnen** se rencontrer à une soirée; **5.** (*Beisammensein*) compagnie *f*; **j-m** ~ **leisten** tenir compagnie à qn.; **in j-s** ~ **reisen** voyager en compagnie, en la société de qn.; **sich in schlechter, guter** ~ **befinden** se trouver en mauvaise, en bonne compagnie; **ich ziehe s-e** ~ **jeder anderen vor** je préfère sa compagnie, sa société à toute autre; **6.** (*zufällige Gruppe*) **die kleine** ~ *von Kindern* le petit monde; **da ist ja e-e nette** ~ **beisammen!** voilà une bande bien sympathique!; ~**er** *m* ⟨~s; ~⟩ *comm.* (*Teilhaber*) associé *m*; sociétaire *m*; **stiller** ~ bailleur *m* de fonds; commanditaire *m*; **persönlich haftender** ~ associé personnellement res-

ponsable; in e-e Firma als ~ eintreten entrer comme associé dans une maison; ~erˌ**anteil** *m* part sociale, d'associé; ~eˌ**rin** *f* ⟨~; ~nen⟩ dame *f*, demoiselle *f* de compagnie; ~**erverˌsammlung** *f* assemblée *f* des associés; 2ˌ**lich** **1.** *adj.* social; *auf die höhere Gesellschaft bezüglich* mondain; **die** ~**e Stellung** la position sociale; **das** ~**e Leben** la vie mondaine; ~**es Benehmen** comportement en société; ~**e Beziehungen** relations mondaines; **2.** *adv.* ~ **niedriggestellt sein** occuper une place inférieure dans la société; *comm.* ~ **organisiert** constitué en société.

Gesellschafts|anteil [gəˈzɛlʃaftsˌʔantaɪl] *m comm.* part sociale; ~ˌ**anzug** *m* tenue *f* de soirée; ~ˌ**einlage** *f comm.* apport *m*; 2ˌ**fähig** *adj.* convenable en société; **in diesem Anzug bin ich nicht** ~ je ne peux pas sortir avec ce costume; ~ˌ**fahrt** *f cf.* ~**reise**; ~ˌ**firma** *f comm.* raison, dénomination sociale; ~ˌ**form** *f* forme *f* de société; ~**geˌwinne** *m/pl.* bénéfices sociaux; ~**ˌgläubiger** *m/pl.* créanciers sociaux; ~ˌ**gründer** *m* fondateur *m*, créateur *m* d'une société; ~ˌ**gründung** *f* fondation *f*, création *f* d'une société; ~**kapiˌtal** *n* capital social; ~ˌ**kasse** *f* caisse *f* d'une société; ~ˌ**kreis** *m* milieu (fréquenté); ~**kriˌtik** *f* critique *f* de la société; 2ˌ**kritisch** *adj.* critiquant la société; ~ˌ**lehre** *f* sociologie *f*; ~ˌ**name** *m comm.* raison, dénomination sociale; ~ˌ**ordnung** *f* ordre social; ~ˌ**raum** *m cf.* Gesellschaftszimmer; ~ˌ**recht** *n* droit *m* des sociétés; ~ˌ**reise** *f* voyage collectif; ~ˌ**satzung** *f* statuts *m/pl.* d'une société; ~ˌ**schicht** *f* couche sociale; ~ˌ**schuld** *f* dette *f* d'une société; ~ˌ**sitz** *m* siège social; ~ˌ**spiel** *n* jeu *m* de société; ~**staˌtut** *n cf.* ~satzung; ~ˌ**stück** *n thé.* pièce mondaine, de salon; ~ˌ**tanz** *m* danse *f* de salon, de société.

Gesellschaftsteuer [gəˈzɛlʃaftˌʃtɔʏər] *f* impôt *m* sur l'acquisition de parts sociales.

Gesellschafts|vermögen [gəˈzɛlʃaftsfɛrˌmøːgən] *n* actif, patrimoine social; ~**verˌtrag** *m comm.* contrat *m* de société; *pol.* contrat social; ~ˌ**wissenschaft** *f* science sociale; 2ˌ**wissenschaftlich** *adj.* des sciences sociales; ~ˌ**zimmer** *n in Gasthäusern* salle *f*; ~**ˌzweck** *m comm.* objet *m*, but *m* de la société.

Gesenk [gəˈzɛŋk] *n* ⟨~(e)s; ~e⟩ **1.** (*Schmiedeform*) estampe *f*; matrice *f*; *kleineres* étampe *f*; **im** ~ **schmieden** estamper; matricer; étamper; **2.** *mines* (*Blindschacht*) puits souterrain (incliné); ~ˌ**amboß** *m* enclume *f* à étamper, à estamper; ~ˌ**arbeit** *f* travail *m* d'estampage, de matriçage; ~ˌ**fräsmaˌschine** *f* fraiseuse *f* à estampes, à matrices; ~ˌ**hammer** *m* marteau *m* à étamper; ~ˌ**oberˌteil** *n* étampe, matrice, estampe supérieure; ~ˌ**presse** *f* presse *f* à matrices, à estampes; ~**ˌschmiede** *f* forge *f* à estampes, à matrices, à étampes; ~ˌ**schmieden** *n* estampage *m*; matriçage *m*; étampage *m*; ~ˌ**schmiedeˌpresse** *f cf.* ~presse; ~ˌ**schmiedeˌstück** *n* pièce estampée, matricée *bzw.* à estamper, à matricer; ~ˌ**unterˌteil** *n* étampe, matrice, estampe inférieure.

gesessen [gəˈzɛsən] *cf.* **sitzen.**

Gesetz [gəˈzɛts] *n* ⟨~es; ~e⟩ loi *f*; **die** ~**e der Schwerkraft** les lois de la pesanteur; **oberstes** ~ loi suprême; **kraft** ~**es** en vertu de la loi; **vor dem** ~ devant la loi; **Gleichheit vor dem** ~ égalité devant la loi; **nach dem** ~ selon, d'après la loi; **im Namen des** ~**es** au nom de la loi; **zum** ~ **werden** passer en loi; **sich etw. zum obersten** ~ **machen** se faire une loi de qc.; **ein** ~ **abändern** amender, modifier une loi; **ein** ~ **aufheben** abroger une loi; **das** ~ **befolgen, sich an das** ~ **halten** observer la, se conformer à la loi; **ein** ~ **erlassen** édicter une loi; **unter das** ~ **fallen** tomber sous le coup, sous l'application de la loi; ~**e geben** légiférer; **ein** ~ **übertreten** transgresser, enfreindre, violer une loi; **das** ~ **umgehen** tourner, éluder la loi; **dem** ~**e unterworfen sein** être soumis à, régi par, justiciable de la loi; **ein** ~ **verabschieden** voter, adopter une loi; **das** ~ **verbietet es** la loi le défend, l'interdit; c'est interdit, défendu par la loi; **ein** ~ **verkünden** promulguer une loi; **gegen das** ~ **verstoßen** violer la loi; contrevenir à la loi; ~ˌ**auslegung** *f* interprétation *f* de la loi; ~ˌ**blatt** *n* Journal officiel; ~ˌ**buch** *n* Code *m*; **Bürgerliches** ~ Code civil; ~**entˌwurf** *m* projet *m* de loi.

Gesetzes|änderung [gəˈzɛtsəsˌʔɛndərʊŋ] *f* amendement législatif; ~ˌ**auslegung** *f cf.* Gesetzauslegung; ~**beˌstimmung** *f* disposition légale; ~**initiaˌtive** *f* initiative législative, des lois; ~ˌ**kenntnis** *f* connaissance *f* des lois, du droit; ~**konˌflikt** *m* conflit *m* de lois; ~ˌ**kraft** *f* force *f* de loi, législative; **Verordnung mit** ~ décret-loi *m*; ~ **erlangen** acquérir force de loi; ~ **haben** avoir force de loi; ~ **verleihen** donner, conférer force de loi; ~ˌ**kunde** *f cf.* ~kenntnis; 2ˌ**kundig** *adj.* ~ **sein** connaître les lois; ~ˌ**kundige(r)** *m* ⟨→ A⟩ légiste *m*; ~ˌ**lücke** *f* lacune *f* juridique, dans une loi; ~ˌ**sammlung** *f* bulletin *m*, recueil *m* de lois; ~**ˌsprache** *f* phraséologie *f*, langue *f* juridique; ~ˌ**strenge** *f* rigueur *f* de la loi; ~ˌ**tafeln** *f/pl. relig.* tables *f/pl.* de la Loi; ~ˌ**text** *m* texte de loi, législatif; 2ˌ**treu** *adj.* respectueux, -euse de la loi; se conformant à la loi; observant la loi; ~ˌ**treue** *f* respect *m* de la *bzw.* des loi(s); ~**überˌtretung** *f* violation *f* de, transgression *f* de, infraction *f* à la loi; ~**umˌgehung** *f* fraude *f* à la loi; ~**verˌletzung** *f cf.* ~übertretung; ~**verˌordnung** *f* décret-loi *m*; ~ˌ**vorlage** *f* proposition *f*, projet *m* de loi; **e-e** ~ **einbringen** déposer un projet de loi; ~ˌ**vorschrift** *f* prescription légale.

gesetzgeb|end [gəˈzɛtsˌgeːbənt] *adjt.* législatif, -ive; ~**e Gewalt** pouvoir législatif; ~**e Körperschaft** corps législatif; ~**e Versammlung** assemblée législative; 2**er** *m* ⟨~s; ~⟩ législateur *m*; ~**erisch** *adj.* législatif, -ive; ~**e Maßnahmen** mesures législatives; 2**ung** *f* ⟨~⟩ législation *f*; 2**ungsˌakt** *m* acte législatif; 2**ungsgeˌwalt** *f* pouvoir législatif, de légiférer; **autonome** ~ autonomie législative; 2**ungsˌnotstand** *m* état *m* de crise législative; 2**ungsperiˌode** *f* législature *f*; 2**ungsˌrecht** *n* droit *m* de légiférer.

Gesetz|kunde [gəˈzɛtsˌkʊndə] *f cf.* Gesetzeskunde; 2**lich** **1.** *adj.* légal; ~**er Feiertag** fête légale; ~**er Erbe** héritier légitime; *comm.* ~**er Kurs** cours légal; ~**es Zahlungsmittel** monnaie légale; ~**er Vertreter** représentant, mandataire légal; **2.** *adv.* légalement; ~ **geschützt** protégé par la loi; *Markenzeichen* breveté; patenté; ~ **vorgeschrieben** prescrit par la loi; **etw.** ~ **zulassen** légaliser qc.; rendre qc. légal; ~**lichˌkeit** *f* ⟨~⟩ légalité *f*; 2ˌ**los** *adj.* sans loi; déréglé; anarchique; ~**er Zustand** état de désordre; anarchie *f*; ~ˌ**losigˌkeit** *f* ⟨~⟩ absence *f* de lois; anarchie *f*; 2ˌ**mäßig** **1.** *adj. jur.* légal; (*rechtmäßig*) légitime; (*regelmäßig*) régulier, -ière; **2.** *adv.* légalement; (*rechtmäßig*) légitimement; (*regelmäßig*) régulièrement; selon les lois naturelles; ~ˌ**mäßigkeit** *f* ⟨~; ~en⟩ *jur.* légalité *f*; (*Rechtmäßigkeit*) légitimité *f*; (*Regelmäßigkeit*) régularité *f*; **wirtschaftliche** ~**en** lois économiques; ~ˌ**sammlung** *f cf.* Gesetzessammlung.

gesetzt [gəˈzɛtst] *adjt.* **1.** (*ruhig, besonnen*) posé; pondéré; grave; sérieux, -euse; **ein** ~**es Wesen haben** être d'un caractère posé; **ein** ~**es Alter erreicht haben** avoir atteint un âge mûr, posé; **2.** ~ **(den Fall), daß** ... supposé que ..., en admettant que ..., en supposant que ... (+ *subj.*); ~ **den Fall, es sei wahr** supposé, mettons, supposons, admettons que cela soit vrai; supposé, admettons, mettons, prenons le cas où ce soit vrai; *cf. auch* **setzen**; ~**enˌfalls** *adv. cf.* ~ 2.; 2ˌ**heit** *f* ⟨~⟩ pondération *f*; gravité *f*.

gesetzwidrig [gəˈzɛtsˌviːdrɪç] **1.** *adj.* illégal; contraire à la loi; **2.** *adv.* illégalement; contrairement à la loi; 2**keit** *f* ⟨~⟩ illégalité *f*.

Geseufze [gəˈzɔʏftsə] F *n* ⟨~s⟩ soupirs *m/pl.*; gémissements *m/pl.*

gesichert [gəˈzɪçərt] *adjt.* protégé; assuré; **e-e** ~**e Existenz** une existence assurée; *cf. auch* **sichern.**

Gesicht [gəˈzɪçt] *n* ⟨~(e)s; ~er⟩ **1.** figure *f*; visage *m*; *anat.* face *f*; **mitten ins** ~ en pleine figure; **ein ovales, blasses** ~ un visage ovale, pâle; **ein rundes** ~ **haben** avoir un *od.* le visage rond, une *od.* la figure ronde; **sie hat ein hübsches** ~ elle a un joli visage; **ein finsteres** ~ **machen** avoir l'air sombre; faire grise mine; **ein trauriges** ~ **machen** faire une triste figure; **sich das** ~ **waschen** se laver la figure; **sein** ~ **in den Händen verbergen** cacher sa figure, son visage entre ses mains; se cacher la figure, le visage entre les mains; **er strahlt übers ganze** ~ son visage rayonne; **er machte ein langes** ~ son visage s'allongea; il fit une longue mine; **sie ist ihrer Mutter wie aus dem** ~ **geschnitten** elle est tout le portrait de sa mère; F c'est sa mère toute crachée; **ein neues, unbekanntes** ~ une figure nouvelle, inconnue; **viele bekannte** ~**er sehen** voir bien des figures connues, de connaissance; **j-m ins** ~ **sehen** regarder qn. en face; **die Sonne im** ~ **haben** avoir le soleil dans la figure, en face (de soi); **j-m ins** ~ **lachen** rire au nez de qn.; **j-m ins** ~ **lügen** mentir à qn. avec aplomb; **j-m etw. ins** ~ **sagen** dire ses quatre vérités, son fait à qn.; **j-n ins** ~ **schlagen** frapper qn. en plein visage; **(gut) zu** ~ **stehen** (*kleiden*) aller bien; **das schlägt allen Regeln ins** ~ c'est contraire à toutes les règles; *fig.* **das** ~ **verlieren** perdre la face; **2.** (*Aussehen*) aspect *m*; visage *m*; physionomie *f*; **die Sache erhält ein anderes** ~ l'affaire revêt un autre aspect, prend un autre visage, une autre physionomie; **3.** (*Grimasse*) ~**er schneiden** faire des grimaces; **4.** (*Gesichtssinn*) vue *f*; **etw. zu** ~ **bekommen** voir qc.; **j-n aus dem** ~ **verlieren** perdre qn. de vue; **5.** ⟨*pl.* ~e⟩ (*Traum*2) vision *f*; **das zweite** ~ la seconde vue; ~**e**

haben avoir des visions; **∼chen** *n bei Kindern u. Mädchen* frimousse *f*; minois *m*.

Gesichts|achse [gəˈzɪçtsˌˀaksə] *f opt.* axe visuel; **∼ˌausdruck** *m* expression *f* du visage; air *m*; mine *f*; physionomie *f*; *sc.* faciès [-ɛs] *m*; **∼ˌerker** *m* F (*Nase*) F pif *m*; P blair *m*; **∼ˌfarbe** *f* teint *m* (du visage); **∼ˌfeld** *n* champ visuel, de vision; *fig.* **j-n aus dem ∼ verlieren** perdre qn. de vue; **∼ˌform** *f* forme *f* du visage; **∼ˌhieb** *m escr.* coup *m* de figure; **∼ˌkreis** *m* horizon *m*; **s-n ∼ erweitern** élargir son horizon; *cf. auch* **∼feld**; **∼krem** *f* crème *f* pour le visage; **∼ˌlage** *f Geburt* présentation *f* de la face; **∼ˌlinie** *f* **1.** (*Visionsradius*) rayon visuel; **2.** *opt.* axe visuel; ligne visuelle; **∼ˌmaske** *f Schutz* masque *m* (de sécurité); *escr.* masque *m* (d'escrime); **∼maˌssage** *f* massage facial, du visage; **∼ˌmuskel** *m anat.* muscle facial; **∼muskelˌlähmung** *f méd.* paralysie faciale; **∼ˌnerv** *m* nerf facial; **∼ˌpflege** *f* soins *m/pl.* du visage; **∼ˌpuder** *m* poudre *f* (pour le visage); **∼ˌpunkt** *m* point *m* de vue; aspect *m*; **neue ∼e** nouveaux points de vue, aspects; **unter diesem ∼** sous, de ce point de vue; sous cet angle; **es kommt auf den ∼ an** cela dépend du point de vue où l'on se place; **∼ˌrose** *f méd.* érysipèle facial; **∼ˌschmerz** *m* névralgie faciale; **∼ˌseife** *f* savon *m* pour le visage; **∼ˌsinn** *m* (sens *m* de la) vue *f*; **∼ˌtäuschung** *f* illusion *f* optique; hallucination *f*; **∼ˌurne** *f Archäologie* urne *f* à figure humaine; canope *m*; **∼ˌwasser** *n* eau *f*, lotion *f* pour le visage; **∼ˌwinkel** *m* (*Sehwinkel*) angle visuel; *anat.* angle facial; *fig.* **unter diesem ∼** sous cet angle; **∼ˌzug** *m* trait *m* du visage; *pl.* **Gesichtszüge** *auch* physionomie *f*.

Gesims [gəˈzɪms] *n* ⟨∼es; ∼e⟩ *bât.* corniche *f*.

Gesinde [gəˈzɪndə] *n* ⟨∼s; ∼⟩ personnel *m*, domestiques *m/pl.* (d'une ferme).

Gesindel [gəˈzɪndəl] *n* ⟨∼s⟩ *péj.* racaille *f*; canaille *f*; vermine *f*.

Gesinge [gəˈzɪŋə] F *n* ⟨∼s⟩ chants (continuels et importuns).

gesinnt [gəˈzɪnt] *adj.* disposé; intentionné; **(j-m) gut, schlecht ∼ sein** être bien, mal disposé, intentionné (à l'égard de qn.); **feindlich ∼** hostile; **demokratisch, republikanisch ∼ sein** être démocrate, républicain; **anders ∼ sein** avoir une autre opinion, idée; avoir d'autres opinions, idées.

Gesinnung [gəˈzɪnʊŋ] *f* ⟨∼; ∼en⟩ sentiments *m/pl.*; opinions *f/pl.*; façon *f*, manière *f* de penser; convictions *f/pl.*; **niedrige ∼** bassesse *f* de cœur, d'âme, des sentiments; **e-e aufrichtige ∼** des sentiments sincères; **patriotische ∼** patriotisme *m*; sentiments patriotiques; **staatsbürgerliche ∼** civisme *m*; **edle ∼** sentiments nobles; **∼sgeˌnosse** *m* celui qui partage les mêmes opinions, idées; **ℒsˌlos** *adj.* sans caractère; sans convictions; **∼sˌlosigkeit** *f* ⟨∼⟩ manque *m* de caractère, de convictions; **ℒsˌmäßig** *adv.* quant aux idées; en ce qui concerne la façon de penser; **ℒsˌtreu** *adj.* fidèle à une opinion; **ℒsˌtüchtig** *adj.* (aveuglément) fidèle à une opinion; **∼sˌwechsel** *m* volte-face *f*.

gesitt|et [gəˈzɪtət] *adj.* civilisé; policé; civil; bien élevé; honnête; **ein ∼es Verhalten zeigen** se comporter en personne bien élevée, en honnête homme, avec civilité, en homme civilisé, en homme policé; **s-e ∼e Art** ses manières policées, civiles; **ℒung** *f* ⟨∼⟩ civilité *f*; honnêteté *f*.

ges-Moll [ˈgɛsmɔl] *n* ⟨∼⟩ *mus.* sol *m* bémol mineur.

Gesocks [gəˈzɔks] *n* ⟨∼⟩ P *cf.* **Gesindel.**

Gesöff [gəˈzœf] P *n* ⟨∼(e)s; ∼e⟩ F bibine *f*; *von Wein auch* piquette *f*.

gesoffen [gəˈzɔfən] *cf.* **saufen.**

gesogen [gəˈzoːgən] *cf.* **saugen.**

gesondert [gəˈzɔndərt] **1.** *adjt.* séparé; **2.** *advt.* à part; séparément; **etw. ∼ behandeln, verpacken** traiter, empaqueter qc. séparément, à part; *cf. auch* **sondern.**

gesonnen [gəˈzɔnən] *adj.* **∼ sein, etw. zu tun** être disposé à faire qc.; avoir l'intention de faire qc.

gesotten [gəˈzɔtən] *adjt.* bouilli; *cf. auch* **sieden**; **ℒe(s)** *n* ⟨→ A⟩ *cuis.* du bouilli.

Gespann [gəˈʃpan] *n* ⟨∼(e)s; ∼e⟩ *von Zugtieren* attelage *m*; *fig.* **ein seltenes, eigenartiges ∼** un couple étrange.

gespannt [gəˈʃpant] **1.** *adjt.* **a)** *Seil, Muskel etc.* tendu; **b)** *fig. Atmosphäre, Verhältnis, Beziehungen, Lage* tendu; *Aufmerksamkeit* soutenu; **die ∼e Lage auf dem Wirtschaftssektor** *auch* la tension dans le secteur économique; **mit j-m auf ∼em Fuße leben, stehen** avoir des rapports tendus avec qn.; être en froid, en mauvais termes, à couteaux tirés avec qn.; **c)** (*neugierig*) **∼ sein** être curieux, -euse, impatient (**auf** de savoir, connaître ...); **ich bin darauf ∼** je suis curieux de le savoir; **ich bin ∼, ob ...** je suis curieux de savoir si ...; **2.** *advt.* **∼ zuhören** écouter l'oreille tendue, avec une attention soutenue; **etw. ∼ verfolgen** suivre qc. avec grand intérêt, avec passion; **∼ auf etw. warten** attendre qc. avec impatience; être curieux de savoir qc.; **ℒˌheit** *f* ⟨∼⟩ *der Lage, Atmosphäre, Beziehungen, Verhältnisse* tension *f*.

Gespärre [gəˈʃpɛrə] *n* ⟨∼s⟩ *bât.* chevrons *m/pl.*; chevronnage *m*.

Gespenst [gəˈʃpɛnst] *n* ⟨∼es; ∼er⟩ fantôme *m*; revenant *m*; spectre *m*; **das (drohende) ∼ des Krieges** le spectre (menaçant) de la guerre; **an ∼er glauben** croire aux revenants, aux fantômes; **wie ein ∼ aussehen** n'être qu'un spectre vivant; n'être plus que l'ombre de soi-même; avoir l'air d'un spectre; **∼erˌfurcht** *f* peur *f* des revenants, des fantômes; **∼ergeˌschichte** *f* histoire *f*, conte *m* de revenants; **∼erˌglaube** *m* croyance *f* aux revenants; **ℒerˌhaft** *adj.* spectral; fantomatique; à l'aspect de fantôme, de spectre; **ℒern** *v/i.* ⟨-(e)re, *p. p.* **gespenstert, sein**⟩ errer comme un fantôme; **∼ˌheuschrecken** *f/pl. zo.* phasmidés *m/pl.*; **ℒig, ℒisch** *adj. cf.* **ℒerhaft**; **∼ˌtier** *n cf.* **Koboldmaki.**

Gesperr|e [gəˈʃpɛrə] *n* ⟨∼s; ∼⟩ *techn.* (*Hemmvorrichtung*) encliquetage *m*; arrêt *m*; cliquet *m*; dispositif *m* de blocage; **ℒt 1.** *adjt.* barré; interdit; *impr.* espacé; **die Straße ist ∼** la rue est barrée; **∼ für LKW** interdit aux poids lourds; **2.** *advt. impr.* **etw. ∼ drucken** espacer qc.; *cf. auch* **sperren.**

gespickt [gəˈʃpɪkt] **1.** *adjt. cuis.* (entre)lardé; **2.** *advt.* **∼ voll** bien rempli; *Geldbeutel auch* bien garni; *cf. auch* **spicken.**

Gespiel|e¹ [gəˈʃpiːlə] F *n* ⟨∼s⟩ jeux *m/pl.*; **∼e²** *m* ⟨∼n; ∼n⟩ compagnon *m* de jeu; **∼in** *f* ⟨∼; ∼nen⟩ compagne *f* de jeu.

gespie(e)n [gəˈʃpiː(ə)n] *cf.* **speien.**

Gespinst [gəˈʃpɪnst] *n* ⟨∼es; ∼e⟩ (*Gesponnenes*) fils *m/pl.*; tissu *m* (*auch fig.*); *zo. von Raupen* cocon *m*; coque *f*; **∼ˌfaser** *f text.* fibre *f* textile; **∼ˌmotten** *f/pl. zo.* hyponomeutidés *m/pl.*; **∼ˌpflanzen** *f/pl. bot.* plantes *f/pl.* textiles.

gesponnen [gəˈʃpɔnən] *cf.* **spinnen.**

Gespött [gəˈʃpœt] *n* ⟨∼(e)s⟩ risée *f*; **zum ∼ (der Leute) werden** être, devenir la risée, la fable des gens; **j-n zum ∼ machen** tourner qn. en dérision.

Gespräch [gəˈʃprɛːç] *n* ⟨∼(e)s; ∼e⟩ **1.** (*Unterhaltung*) conversation *f*; entretien *m*; colloque *m*; dialogue *m*; **im Laufe des ∼s** au cours de la conversation, de l'entretien, du colloque, du dialogue; **mit j-m ein ∼ führen** avoir une conversation, un entretien avec qn.; converser, s'entretenir avec qn.; **mit j-m ins ∼ kommen** entrer en conversation avec qn.; **mit j-m ein ∼ anknüpfen** lier conversation avec qn.; engager, entamer la conversation avec qn.; **das ∼ auf etw. bringen** amener la conversation sur qc.; **über j-n etw. im ∼ erfahren** apprendre qc. au sujet de qn. au cours d'une conversation; **∼ unter vier Augen** (conversation en) tête-à-tête *m*; F conversation entre quatre yeux [-tzjø]; **das Ost-West-∼** le dialogue Est-Ouest; **2.** (*Besprochenes*) sujet *m* de conversation; **er ist das ∼ der ganzen Stadt** il est le sujet de conversation de toute la ville; **3.** *tél.* communication *f*, conversation *f* (téléphonique); **ein gewöhnliches ∼** une conversation (privée) ordinaire; **ein ∼ anmelden** demander une communication; **dringendes ∼** communication urgente; **ℒig** *adj.* causant; bavard; loquace; communicatif, -ive; causeur, -euse; **∼ werden** devenir (plus) bavard; **der Alkohol machte ihn ∼** l'alcool lui délia la langue, le rendit bavard, communicatif; **∼igˌkeit** *f* ⟨∼⟩ loquacité *f*; *od. verbal*; **∼sˌanmeldung** *f tél.* demande *f* de communication; **∼sˌdauer** *f* durée *f* d'une communication, d'une conversation; **∼sˌdichte** *f tél.* fréquence *f* d'appels; **∼sˌform** *f* in **∼** sous forme dialoguée, de dialogue; **∼sgeˌbühr** *f* taxe *f* de communication; **∼sˌgegenstand** *m* sujet *m*, thème *m* de conversation; **∼sˌpartner** *m* interlocuteur *m*; **∼sˌstoff** *m* sujet(s) *m* (*pl.*) de conversation; **genug ∼ haben** *auch* avoir de quoi alimenter la conversation; **ℒsˌweise** *adv.* (tout) en conversant; **etw. ∼ erwähnen** mentionner qc. au cours d'une conversation; **∼sˌzähler** *m tél.* compteur *m* de la taxe des communications; **∼szeitˌmesser** *m* ⟨∼s; ∼⟩ *tél.* compteur *m* de durée des communications.

gespreizt [gəˈʃpraɪtst] *adjt.* **1.** écarté; **mit ∼en Beinen** les jambes écartées; **2.** *fig.* (*geziert*) affecté; recherché; contraint; *cf. auch* **spreizen**; **ℒˌheit** *f* ⟨∼⟩ *fig.* affectation *f*; recherche *f*.

gesprenkelt [gəˈʃprɛŋkəlt] *adjt.* moucheté; *cf. auch* **sprenkeln.**

gesprochen [gəˈʃprɔxən] *cf.* **sprechen.**

gesprossen [gəˈʃprɔsən] *cf.* **sprießen.**

Gesprudel [gəˈʃpruːdəl] *n* ⟨∼s⟩ bouillonnement *m*.

gesprungen [gəˈʃprʊŋən] *cf.* **springen.**

Gespür [gəˈʃpyːr] *n* ⟨∼s⟩ flair *m*; **ein ∼ für etw. haben** avoir du flair pour qc.

Gestade [gəˈʃtaːdə] *st. s.* *n* ⟨∼s; ∼⟩ rivage *m*.

Gestalt [gəˈʃtalt] *f* ⟨~; ~en⟩ **1.** (*äußere Form, Erscheinung*) forme *f* (*auch philos.*); **die äußere ~** la forme extérieure; **in (der) ~ von** sous la forme de; *von Personen auch* sous les traits de; **der Retter in ~ e-s Hirten** le sauveteur sous les traits d'un berger; **(feste) ~ annehmen** prendre forme, corps; **e-r Sache ~ geben, verleihen** donner une forme à qc.; **sich in s-r wahren ~ zeigen** se montrer sous son vrai jour, tel qu'on *od.* que l'on est; révéler son vrai visage; *litt.* **der Ritter von der traurigen ~** le chevalier de la Triste Figure; *Abendmahl* **in beiderlei ~** sous les deux espèces; **2.** (*Person*) figure *f*; personnage *m*; **die ~ Wallensteins** la figure, le personnage de Wallenstein; **e-e historische, literarische ~** une figure de l'histoire, de la littérature; **(im Geiste) die ~ s-s Vaters vor sich sehen** voir en esprit l'image de son père; **3.** (*Wuchs*) taille *f*; stature *f*; **von großer ~** d'une grande taille; d'une ʻhaute stature; **ein Mann von hagerer ~** un homme maigre et long; **ℒen I** *v/t.* ⟨-ete, *p. p.* gestaltet, h⟩ *Leben, Freizeit etc.* organiser; (*anordnen*) arranger; (*e-e konkrete Form geben*) donner une forme à; construire; *schöpferisch* créer; composer; (*formen*) former; modeler; façonner; **sein Leben interessant ~** organiser sa vie d'une façon intéressante; **s-e Freizeit, e-n Abend abwechslungsreich ~** organiser ses loisirs, une soirée de façon variée; **das Menü abwechslungsreich ~** varier le menu; **e-n Raum geschmackvoll ~** arranger une pièce avec goût; **e-n Stoff dramatisch ~** dramatiser un sujet; **etw. künstlerisch, literarisch ~** donner une forme artistique, littéraire à qc.; **etw. schöpferisch ~** créer qc.; réaliser qc.; **etw. nach eigenen Entwürfen ~** réaliser, créer, construire qc. d'après ses propres plans; **etw. anders ~** arranger, organiser qc. autrement; donner une autre forme, un autre aspect à qc.; **II** *v/réfl.* **sich ~** (*sich darbieten*) se présenter; (*sich entwickeln*) prendre une tournure; **die Rettung gestaltet sich sehr schwierig** le sauvetage se présente sous un aspect très compliqué; **die Sache gestaltet sich anders als ...** l'affaire prend une autre tournure que ...; **sich zu etw. ~** tourner à qc.; prendre l'aspect de qc.; **das gestaltet sich immer besser** cela s'améliore sans cesse; cela devient de mieux en mieux; **III ~en** *n* ⟨~s⟩ *cf.* **~ung**; **~er(in)** *m* ⟨~s; ~⟩ (*f*) ⟨~; ~nen⟩ organisateur, -trice *m, f*; **ℒeˌrisch** *adj.* créateur, -trice; **ℒet** *adjt.* construit; formé; modelé; façonné; fait; **~ˌlehre** *f* morphologie *f*; **ℒˌlos** *adj.* informe; sans forme; *chim., minéral.* amorphe; **~ˌlosigˌkeit** *f* ⟨~⟩ absence *f*, manque *m* de forme; **~psycholoˌgie** *f* psychologie *f* de la forme; gestaltisme [gəʃtaltism] *m*; **~ung** *f* ⟨~; ~en⟩ *des Lebens, der Freizeit, e-s Abends etc.* organisation *f*; *e-s Raumes* arrangement *m*; décoration *f*; *schöpferische* création *f*; réalisation *f*; (*Formung*) modelage *m*; façonnage *m*; construction *f*; *géol.* formation *f*; *als Zustand* configuration *f*; forme *f*; **die architektonische ~ liegt in der Hand von ...** la partie architecturale est réalisée par ...; **e-e künstlerische ~ erfahren** être représenté sous une forme artistique; **die dramatische ~ e-s Stoffes** la forme dramatique donnée à un sujet; **~ungsˌklage** *f jur.* action *f* judiciaire tendant à faire modifier une situation juridique; **~ungsˌkraft** *f* puissance créatrice; **~ungsˌtrieb** *m* instinct créateur; **~ungsˌwille** *m* volonté créatrice; **~ˌwandel** *m* métamorphose *f*.

Gestammel [gəˈʃtaməl] *n* ⟨~s⟩ balbutiement [-si-] *m*.

Gestampfe [gəˈʃtampfə] *n* ⟨~s⟩ piétinement *m*; tapement *m* de pieds; *von Maschinen* bruit *m*.

gestanden [gəˈʃtandən] *cf.* **stehen** *u.* **gestehen**.

geständ|ig [gəˈʃtɛndɪç] *adj. jur.* **~ sein** avouer; faire des aveux; reconnaître sa culpabilité; s'avouer coupable; **nicht ~ sein** ne pas avouer; ne pas faire d'aveux; nier sa culpabilité; **ℒnis** *n* ⟨~ses; ~se⟩ aveu *m*; **ein unter Druck abgelegtes ~** un aveu fait sous contrainte; **ein (umfassendes, volles) ~ ablegen** faire un aveu (complet); **ein ~ erzwingen** arracher un aveu (à); **sein ~ widerrufen** revenir sur ses aveux; **ℒnisˌzwang** *m jur.* extorsion *f* d'aveux.

Gestänge [gəˈʃtɛŋə] *n* ⟨~s; ~⟩ *techn.* (système *m* de) tiges *f/pl.*, tringles *f/pl.*; **~ˌantrieb** *m* commande *f* par tiges, par tringles; **~ˌpumpe** *f* pompe *f* à tiges.

Gestank [gəˈʃtaŋk] *m* ⟨~(e)s⟩ puanteur *f*; infection *f*; **ein fürchterlicher ~** une odeur abominable; une puanteur; une infection.

Gestapo [geˑˈstaːpoˑ] *f* ⟨~⟩ *hist.* Gestapo *f*.

gestatten [gəˈʃtatən] *v/t.* ⟨-ete, *p. p.* gestattet, h⟩ permettre; **meine Mittel ~ mir nicht ...** mes moyens ne me permettent pas ...; **sobald die Umstände es ~** dès que les circonstances le permettront; **sich ~, etw. zu tun** se permettre de faire qc.; prendre la liberté de faire qc.; **j-m ~, etw. zu tun** permettre à qn. de faire qc.; autoriser qn. à faire qc.; **j-m etw. nicht ~** *auch* interdire qc. à qn.; **es ist nicht gestattet, zu ...** il est interdit de ...; il n'est pas permis de ...; **~ Sie?** (vous) permettez?; **~, N** permettez (que je me présente) N.

Geste [ˈgɛstə] *f* ⟨~; ~n⟩ geste *m*; **e-e freundliche ~** un geste aimable.

gesteh|en [gəˈʃteːən] *v/t. u. v/i.* ⟨*irr., p. p.* gestanden, h⟩ avouer; admettre; convenir de; **(e-e Schuld) offen ~** avouer franchement (une faute); **ich muß ~, daß ...** j'avoue, je conviens, j'admets que ... (+ *ind.*); je dois avouer, convenir, admettre que ... (+ *ind.*); **offen gestanden, ...** pour parler franchement ...; pour vous avouer franchement ...; à vrai dire ...; à dire vrai ...; **ℒungsˌkosten** *pl.*, **ℒungsˌpreis** *m comm.* prix *m* de revient; **unter (dem) ~ verkaufen** vendre à perte.

Gestein [gəˈʃtaɪn] *n* ⟨~(e)s; ~e⟩ roche(s) *f* (*pl.*); **poröses, hartes, taubes ~** roche poreuse, dure, stérile; **metamorphe ~e** roches métamorphiques; **~sˌader** *f* veine *f* de substances pierreuses; **~sˌart** *f* espèce *f* de roche; **~sˌbohrer** *m* fleuret *m* à roches; **~sˌbohrmaˌschine** *f* perforatrice *f* (à roches); **~sˌbohrung** *f* forage *m* de roches; **~sˌkunde** *f* pétrographie *f*; (*Mineralogie*) minéralogie *f*; **~sˌmasse** *f* masse rocheuse; **~sˌschicht** *f* couche rocheuse; **~ˌstaub** *m* poussière *f* de roches.

Gestell [gəˈʃtɛl] *n* ⟨~(e)s; ~e⟩ **1.** *Maschinenbau* châssis *m*; bâti *m*; *e-s Fahrrades, Rollers etc.* cadre *m*; (*Gerüst*) carcasse *f*; **2.** *Hochofen* creuset *m*; **3.** *e-r Brille* monture *f*; **4.** F (*Regal*) étagère *f*; (*Bock, Stütze*) tréteau *m*; chevalet *m*; **5.** *fig. u.* F *von Personen* carcasse *f*.

Gestellung [gəˈʃtɛlʊŋ] *f* ⟨~; ~en⟩ *milit. u. Zoll* présentation *f*; **~sbeˌfehl** *m milit.* ordre *m* de présentation, d'appel.

gestelzt [gəˈʃtɛltst] *adjt. fig.* recherché; affecté.

gestern [ˈgɛstərn] **I** *adv.* hier [ijɛːr]; **~ morgen, abend** hier matin, soir; *fig. u.* F **ich bin auch nicht von ~** je ne suis (quand même) pas né d'hier; je ne suis pas de la dernière pluie; **II ℒ** *n* ⟨~⟩ (*Vergangenheit*) passé *m*.

Gestichel [gəˈʃtɪçəl] *n* ⟨~s⟩ pointes (lancées à qn.); allusions piquantes.

gestiefelt [gəˈʃtiːfəlt] *adj.* botté; **der ℒe Kater** le Chat botté.

gestiegen [gəˈʃtiːgən] *cf.* **steigen**.

gestielt [gəˈʃtiːlt] *adj. von Werkzeugen* emmanché; muni d'un manche; *bot. Blatt* pétiolé [-sjə-]; *Blüte* pédonculé.

Gestikul|ation [gɛstiˑkuˑlatsiˑˈoːn] *f* ⟨~; ~en⟩ gesticulation *f*; **ℒieren** [-ˈliː-] *v/i.* ⟨*pas de ge-*, h⟩ gesticuler; faire des gestes.

Gestirn [gəˈʃtɪrn] *n* ⟨~(e)s; ~e⟩ astre *m*; (*Sternbild*) constellation *f*; **der Einfluß der ~e** l'influence astrale, des astres; **ℒt** *adj.* étoilé; constellé; **der ~e Himmel** *auch* le ciel semé d'étoiles.

gestoben [gəˈʃtoːbən] *cf.* **stieben**.

Gestöber [gəˈʃtøːbər] *n* ⟨~s; ~⟩ *von Schneeflocken* tourbillon *m*, rafale *f* (de neige).

gestochen [gəˈʃtɔxən] *advt.* **wie ~ schreiben** avoir une écriture moulée, calligraphiée; *cf. auch* **stechen**.

gestohlen [gəˈʃtoːlən] *adjt.* F **du kannst mir ~ bleiben** tu peux rester où tu es; *cf. auch* **stehlen**.

Gestöhn(e) [gəˈʃtøːn(ə)] *n* ⟨~s⟩ gémissements *m/pl.*

Gestolper [gəˈʃtɔlpər] *n* ⟨~s⟩ faux pas *m/pl.*; trébuchement(s) *m* (*pl.*).

gestorben [gəˈʃtɔrbən] *cf.* **sterben**.

gestört [gəˈʃtøːrt] *adjt. tél.* en dérangement; *cf. auch* **stören**.

gestoßen [gəˈʃtoːsən] *adjt. mus.* détaché; *Zucker* en poudre; *cf. auch* **stoßen**.

Gestotter [gəˈʃtɔtər] *n* ⟨~s⟩ bégaiement *m*; *beim Aufsagen von Gedichten etc.* ânonnement *m*.

Gestrampel [gəˈʃtrampəl] *n* ⟨~s⟩ gigotements *m/pl.*

Gesträuch [gəˈʃtrɔʏç] *n* ⟨~(e)s; ~e⟩ buissons *m/pl.*; (*Gestrüpp*) broussailles *f/pl.*

gestreckt [gəˈʃtrɛkt] *adjt.* **in ~em Galopp** au grand galop; à toute bride; à bride abattue; ventre à terre; *cf. auch* **strecken**.

gestreift [gəˈʃtraɪft] *adj. Stoff* rayé; à raies; à rayures; **dunkel ~** *auch* zébré.

gestreng [gəˈʃtrɛŋ] *adj.* **die ℒen Herren** (*Eisheilige*) les saints de glace; *cf. auch* **streng**.

gestrichelt [gəˈʃtrɪçəlt] *adjt.* **~e Linie** ligne discontinue, formée de petits traits; *cf. auch* **stricheln**.

gestrichen [gəˈʃtrɪçən] **1.** *adjt.* **Achtung, frisch ~!** attention à la peinture!; peinture fraîche!; *cf. auch* **streichen**; **2.** *advt.* **~ voll** *Glas etc.* plein à ras bord; plein jusqu'au bord.

gestrig [ˈgɛstrɪç] *adj.* d'hier; **am ~en Tage** hier; **wo hast du den ~en Tag verbracht?** où as-tu passé la journée d'hier?; *comm.* unser ~es Schreiben notre lettre d'hier.

gestritten [gəˈʃtrɪtən] *cf.* streiten.

Gestrüpp [gəˈʃtrʏp] *n* ⟨~(e)s; ~e⟩ broussailles *f/pl.*; fourré *m*; *fig.* dédale *m*; maquis *m*.

Gestübe [gəˈʃtyːbə] *n* ⟨~s⟩ *métall.* brasque *f*.

Gestühl [gəˈʃtyːl] *n* ⟨~(e)s; ~e⟩ *in Kirchen etc.* bancs *m/pl.* *bzw.* chaises *f/pl.*; (*Chor*Ձ) stalles *f/pl.*

Gestümper [gəˈʃtʏmpər] *n* ⟨~s⟩ travail de débutant, d'apprenti, mal fait; (*Pfuscherei*) bousillage *m*.

Gestüt [gəˈʃtyːt] *n* ⟨~(e)s; ~e⟩ 'haras *m*; **~beˌsitzer** *m* propriétaire *m* de haras; **~ˌbuch** *n* livre *m* généalogique d'un 'haras; **~ˌhengst** *m* étalon *m* de haras; **~ˌpferd** *n* cheval *m* de haras; **~sˌbrand** *m* *Brandzeichen* marque *f* (d'identification) de haras.

Gesuch [gəˈzuːx] *n* ⟨~(e)s; ~e⟩ demande *f*; requête *f*; pétition *f*; ein ~ ablehnen rejeter une requête, une demande, une pétition; ein ~ einreichen présenter, déposer une requête, une demande, une pétition; e-m ~ entsprechen, stattgeben donner suite à, faire droit à, accueillir une pétition, une demande, une requête; **~ˌsteller** *m* ⟨~s; ~⟩ requérant *m*; pétitionnaire *m*; **~ˌstellung** *f* ⟨~⟩ présentation *f*, dépôt *m* d'une demande, d'une requête, d'une pétition.

gesucht [gəˈzuːxt] *adjt.* **1.** (*unnatürlich, geziert*) *Vergleich, Redeweise* recherché; affecté; maniéré; précieux, -euse; **2.** (*begehrt, erwünscht, gefragt*) recherché; demandé (*auch Börse*); *Waren etc.* sehr ~ sein être très demandé, recherché; **3.** polizeilich ~ recherché par la police; *cf. auch* suchen; Ձˌ**heit** *f* ⟨~⟩ *fig.* recherche *f*; affectation *f*.

Gesudel [gəˈzuːdəl] *n* ⟨~s⟩ *Schrift* gribouillage *m*; *Malerei etc.* barbouillage *m*; barbouillis *m*; (*Pfuscherei*) bousillage *m*; bâclage *m*.

Gesumm(e) [gəˈzʊm(ə)] *n* ⟨~s⟩ *von Insekten* bourdonnement *m*.

gesund [gəˈzʊnt] **1.** *adj.* ⟨≈er *od.* ~er, ≈est *od.* ~est⟩ sain; (*die Gesundheit fördernd*) salubre; salutaire; (*kräftig*) vigoureux, -euse; valide; (augenblicklich) ~ sein être en bonne santé, bien portant; aller bien; körperlich und geistig ~ sein être sain de corps et d'esprit; e-e ~e Gesichtsfarbe un teint frais, qui dénote la santé; ein ~es Klima un climat sain, salubre; Salat ist sehr ~ la salade est très bonne pour la santé; e-m ~en Kind das Leben schenken donner la vie à un enfant vigoureux; e-n ~en Schlaf haben avoir un bon sommeil; ein ~es Herz haben avoir le cœur en bon état, solide; ~en Appetit haben avoir bon appétit, un solide appétit; ~en Menschenverstand haben avoir du bon sens, le sens commun; ein ~es Urteil haben avoir le jugement sain; juger sainement; ~ und munter frais et dispos; wirtschaftlich ~ sein avoir une économie saine; *Lehre etc.* für j-n ganz ~ sein faire du bien à qn.; être salutaire à qn.; ~ aussehen avoir l'air bien portant, en bonne santé; sich ~ fühlen se sentir bien, en bonne santé; wieder ~ werden recouvrer la santé; se rétablir; guérir; j-n ~ machen rendre la santé à qn.; guérir qn.; *Arzt* j-n ~ schreiben délivrer un certificat de guérison à qn.; bleiben Sie ~! portez-vous bien!; **2.** *adv.* ~ leben vivre sainement; Ձ**e(r)** *m* ⟨→ A⟩ personne bien portante; die ~n les gens bien portants; **~en** *v/i.* ⟨-ete, *p. p.* gesundet, sein⟩ guérir; se rétablir; recouvrer la santé; Ձˌ**heit** *f* ⟨~⟩ santé *f*; *des Klimas* salubrité *f*; geschädigte, zerrüttete ~ santé gâchée, abîmée, ruinée; bei bester ~ sein être en parfaite santé; se porter comme un charme; von zarter ~ sein être d'une santé délicate; avoir une petite santé; vor ~ strotzen respirer la santé; resplendir de santé; auf j-s ~ trinken boire à la santé de qn.; auf Ihre ~! à votre santé!; ~! *beim Niesen* à vos souhaits!; **~ˌheitlich 1.** *adj.* de santé; sanitaire; hygiénique; aus ~en Gründen pour (des) raisons de santé; der ~e Zustand l'état de santé; **2.** *adv.* sich ~ nicht auf der Höhe fühlen ne pas se sentir en très bonne santé.

Gesundheits|amt [gəˈzʊnthaɪtsˌʔamt] *n* bureau *m* d'hygiène; *in Frankreich etwa* dispensaire *m*; **~aˌttest** *n* *cf.* ~zeugnis; **~beˌhörde** *f* office *m* de la santé, de l'hygiène publique; **~ˌdienst** *m* service *m* sanitaire, d'hygiène publique; **~ˌeinrichtungen** *f/pl.* installations *f/pl.* sanitaires; Ձˌ**förderlich**, Ձˌ**fördernd** *adj.* salubre; **~ˌfürsorge** *f* santé *f* publique; Ձˌ**halber** *adv.* pour (des) raisons de santé; **~konˌtrolle** *f* contrôle *m*, inspection *f* sanitaire; **~ˌlehre** *f* hygiène *f*; **~miˌnister** *m* ministre *m* de la santé; **~ˌpaß** *m* carte *f*, carnet *m* sanitaire; *mar.* patente *f* sanitaire; **~ˌpflege** *f* (soins *m/pl.* d')hygiène *f*; öffentliche ~ hygiène publique; **~poliˌzei** *f* police *f* sanitaire; **~ˌrecht** *n* lois relatives à l'hygiène; **~ˌrücksichten** *f/pl.* aus ~ pour (des) raisons de santé; **~ˌschäden** *m/pl.* ~ hervorrufen nuire à la santé; Ձˌ**schädlich** *adj.* malsain; insalubre; nuisible à la santé; ~e Gase gaz délétères; **~ˌschutz** *m* protection *f* sanitaire; **~verˌwaltung** *f* administration *f* de l'hygiène publique; **~ˌvorschriften** *f/pl.* règlements *m/pl.* sanitaires; prescriptions *f/pl.* d'hygiène; **~ˌwesen** *n* santé, hygiène publique; Ձˌ**widrig** *adj.* antihygiénique; **~ˌzeugnis** *n* certificat *m* de santé; **~ˌzustand** *m* état *m* de santé.

gesund|machen [gəˈzʊntˌmaxən] *v/réfl.* ⟨*sép.*, -ge-, h⟩ F sich ~ (*sich finanziell verbessern*) améliorer ses finances; se remettre en fonds; Ձ**ung** *f* ⟨~⟩ guérison *f*; rétablissement *m*; *wirtschaftliche* assainissement *m*; finanzielle ~ assainissement des finances.

gesungen [gəˈzʊŋən] *cf.* singen.

gesunken [gəˈzʊŋkən] *cf.* sinken.

Getäfel [gəˈtɛːfəl] *n* ⟨~s⟩ boiserie *f*; lambris *m*; Ձ**t** *adjt.* garni de boiseries; boisé.

getan [gəˈtaːn] *cf.* tun.

Getändel [gəˈtɛndəl] *n* ⟨~s⟩ badinage amoureux.

Getier [gəˈtiːr] *st.s.* *n* ⟨~(e)s⟩ animaux *m/pl.*

getigert [gəˈtiːgərt] *adj.* tigré.

Getobe [gəˈtoːbə] *n* ⟨~s⟩ *von Kindern* tapage *m*; vacarme *m*.

Getöse [gəˈtøːzə] *n* ⟨~s⟩ vacarme *m*; tumulte *m*; grand bruit; fracas *m*; mit ~ à grand bruit; avec fracas.

getragen [gəˈtraːgən] *adjt.* *Töne* solennel, -lle; *cf. auch* tragen.

Getrampel [gəˈtrampəl] *n* ⟨~s⟩ piétinement *m*; pas lourds.

Getränk [gəˈtrɛŋk] *n* ⟨~(e)s; ~e⟩ boisson *f*; alkoholfreie ~e boissons non-alcoolisées, non-alcooliques; geistige ~e spiritueux *m/pl.*; **~eˌausschank** *m* débit *m* de boissons; **~eindusˌtrie** *f* industrie *f* des boissons; **~eˌkarte** *f* *in Deutschland* carte *f* des boissons; *in Frankreich meist* carte *f* des vins; **~eˌsteuer** *f* impôt *m* sur les boissons.

Getrappel [gəˈtrapəl] *n* ⟨~s⟩ piétinement *m*.

Getratsch(e) [gəˈtraːtʃ(ə)] F *n* ⟨~es⟩ (*n*) ⟨~s⟩ commérages *m/pl.*; papotage(s) *m* (*pl.*); racontars *m/pl.*; ragots *m/pl.*; cancans *m/pl.*; potins *m/pl.*

getrauen [gəˈtraʊən] *v/réfl.* ⟨*p. p.* getraut, h⟩ sich ~, etw. zu tun oser faire qc.

Getreide [gəˈtraɪdə] *n* ⟨~s; ~⟩ céréales *f/pl.*; (*Korn*) grain(s) *m* (*pl.*); ~ ernten moissonner; ~ auf dem Halm céréale(s) sur pied; **~ˌälchen** *n* ⟨~s; ~⟩ *zo.* tylenchus [-ɛ̃kys] *m*; **~ˌanbau** *m* *cf.* ~bau; Ձˌ**arm** *adj.* *Gegend* pauvre en céréales; **~ˌart** *f* céréale *f*; **~ˌausfuhr** *f* exportation *f* de céréales; **~ˌausfuhrˌländer** *n/pl.* pays exportateurs de céréales; **~ˌbau** *m* ⟨~(e)s⟩ culture *f* de céréales; **~ˌboden** *m* *cf.* ~speicher; **~ˌbörse** *f* *comm.* bourse *f* des grains; **~ˌbrand** *m* *bot.* charbon *m* (des céréales); **~ˌdarre** *f* four *m* à sécher les grains; **~ˌeinfuhr** *f* importation *f* de céréales; **~ˌernte** *f* moisson *f*; **~erˌzeugnis** *n* produit *m* de céréales; **~ˌfeld** *n* champ *m* de céréales; **~ˌhalmwespe** *f* *zo.* cèphe *m*; **~ˌhandel** *m* commerce *m* des céréales, des grains; **~ˌhändler** *m* marchand *m* de, négociant *m* en céréales; **~ˌkorn** *n* grain *m*; **~ˌland** *n* pays (producteur) de céréales; **~ˌlaubkäfer** *m* *zo.* anisoplie *f*; **~ˌlaufkäfer** *m* *zo.* zabre *m*; **~ˌmarkt** *m* *comm.* marché *m* des céréales; *in e-r Stadt* marché *m* aux grains; **~ˌmotte** *f* *zo.* teigne *f* des grains; **~ˌpreis** *m* prix *m* des céréales; **~produktiˌon** *f* production *f* de céréales; **~ˌreinigungsmaˌschine** *f* machine *f* à nettoyer le grain; **~ˌrost** *m* *bot.* rouille *f* des céréales; **~ˌsack** *m* sac *m* à *bzw.* de céréales; **~ˌschädlinge** *m/pl.* parasites *m/pl.* des céréales; **~ˌsilo** *m* silo *m* à grain; **~sorˌtiermaˌschine** *f* trieuse *f* à grain; **~ˌspeicher** *m* grenier *m* (à grain); *cf. auch* ~silo; **~wäscheˌrei** *f* laverie *f* des céréales; **~ˌweltmarkt** *m* marché mondial des céréales; **~ˌzoll** *m* droit *m* sur les céréales.

getrennt [gəˈtrɛnt] **1.** *adjt.* séparé; **2.** *advt.* ~ leben *von Eheleuten* vivre séparés; *jur.* être séparés de corps; ~ schreiben écrire en deux mots; *cf. auch* trennen; Ձ**beˌsteuerung** *f* imposition séparée; **~geˌschlechtig** *adj.* *bot.* dicline; *zo.* à sexes séparés; *sc.* gonochorique; Ձˌ**schreibung** *f* *gr.* verbal.

getreu [gəˈtrɔʏ] **1.** *adj.* *Bericht, Darstellung, Abbildung* fidèle; **2.** *adv.* etw. ~ wiedergeben rendre qc. fidèlement, avec fidélité; Ձ**e(r)** *m* ⟨→ A⟩ fidèle *m*; *pol. auch* partisan *m*; **~ˌlich** *adv.* fidèlement.

Getriebe [gəˈtriːbə] *n* ⟨~s; ~⟩ **1.** mécanisme *m*; organes *m/pl.* de transmission; (*Räder*Ձ) engrenage *m*; *Auto* boîte *f* de vitesses; **2.** *fig.* (*Treiben*) *der Großstadt etc.* mouvement *m*; agitation *f*; **~ˌaufhängung** *f* suspension *f* de boîte de vitesses; **~ˌflansch** *m* bride *f* de boîte de vitesses; rebord *m* du carter de boîte de vitesses; **~geˌhäuse** *n* carter [-ɛːr] *m* de boîte de vitesses; **~ˌkasten** *m* boîte *f* d'engrenages; Ձ**n** *adjt.* ~e Arbeit repoussé *m*; travail bosselé, martelé; bosselage *m*; bosselure *f*; *cf. auch* treiben; **~ˌöl** *n* huile *f*

à engrenages; *Auto* huile *f* pour boîte de vitesses; **~ˌrad** *n* roue *f* d'engrenage; **~ˌwelle** *f* arbre *m* de transmission; **~ˌzahnrad** *n* pignon *m*.
Getrippel [gəˈtrɪpəl] *n* ⟨~s⟩ trottinement *m*.
getroffen [gəˈtrɔfən] *cf.* treffen.
getrogen [gəˈtroːgən] *cf.* trügen.
Getrommel [gəˈtrɔməl] *n* ⟨~s⟩ roulements *m/pl.* de tambour(s); tambourinement *m*.
getrost [gəˈtroːst] **1.** *adj.* confiant; tranquille; assuré; **sei ~!** sois confiant, tranquille, sans crainte!; **2.** *adv.* avec confiance; en toute tranquillité; sans crainte; en toute sécurité; **du kannst dich ~ auf ihn verlassen** tu peux te reposer sur lui en toute tranquillité, sans crainte, avec confiance; tu peux avoir toute confiance en lui; **das kannst du ~ tun** tu peux le faire en toute tranquillité, sans crainte.
getrunken [gəˈtrʊŋkən] *cf.* trinken.
Getter [ˈgɛtər] *n* ⟨~(s); ~⟩ (*Restgasbindestoff*) getter *m*.
Getto [ˈgɛtoˑ] *n* ⟨~s; ~s⟩ ghetto *m*.
Getue [gəˈtuːə] *n* ⟨~s⟩ **a)** (*zweckloses Herumwirtschaften*) affairement *m* (inutile); **b)** (*geziertes Benehmen*) affectation *f*; manières *f/pl.*; façons *f/pl.*; embarras *m/pl.*; chichis *m/pl.*
Getümmel [gəˈtʏməl] *n* ⟨~s; ~⟩ mêlée *f*; cohue *f*.
getüpfelt [gəˈtʏpfəlt] *adjt.* pointillé; moucheté; *Stoff* à pois.
Getuschel [gəˈtʊʃəl] *n* ⟨~s⟩ chuchotements *m/pl.*; F messes basses.
Getute [gəˈtuːtə] F *n* ⟨~s⟩ claxon(s) *m* (*pl.*).
geübt [gəˈʔyːpt] *adjt.* exercé; **in etw. ~ sein** être entraîné à (faire) qc.; avoir l'habitude de (faire) qc.; *cf. auch* **üben**; **2ˌheit** *f* ⟨~⟩ pratique *f*; habitude *f*.
Geuse [ˈgɔʏzə] *m* ⟨~n; ~n⟩ *hist.* Gueux *m* (de mer).
Gevatter [gəˈfatər] *m* ⟨~s *od.* ~n; ~n⟩ *litt.* (*Pate*) compère *m*.
Geviert [gəˈfiːrt] *n* ⟨~(e)s; ~e⟩ (*Quadrat*) carré *m*; *mines* cadre *m* (de boisage); *impr.* cadratin *m*; **~ˌschein** *m astr.* quadrature *f*.
Gewächs [gəˈvɛks] *n* ⟨~es; ~e⟩ **1.** végétal *m*; plante *f*; **2.** (*Weinsorte*) cru *m*; **3.** *méd.* (*krankhafte Gewebeneubildung*) végétation *f*; excroissance *f*; tumeur *f*.
gewachsen [gəˈvaksən] *adjt.* **1.** *Boden, Erde* naturel, -lle; **2.** *Person* **gut ~ sein** être bien fait, bien proportionné; **schlank ~ sein** être mince; **3.** *fig.* **j-m ~ sein** être de la force de qn.; être de taille à se mesurer avec, à tenir tête à qn.; **e-r Sache ~ sein, sich e-r Sache ~ zeigen** être, se montrer à la hauteur de qc.; *cf. auch* **wachsen**.
Gewächshaus [gəˈvɛksˌhaus] *n* serre *f*; **~ˌpflanze** *f* plante *f* de serre.
Gewackel [gəˈvakəl] *n* ⟨~s⟩ *verbal cf.* **wackeln**.
gewagt [gəˈvaːkt] *adjt.* osé; risqué; 'hasardeux, -euse; aventuré; **ein ~es Unternehmen** une entreprise risquée, 'hasardeuse, aventurée; **e-e ~e Bemerkung** une remarque osée; **ein ~es Spiel spielen** jouer gros (jeu); **frisch ~ ist halb gewonnen** *prov.* la fortune sourit aux audacieux *prov.*; *cf. auch* **wagen**.
gewählt [gəˈvɛːlt] **1.** *adjt. Ausdruck, Sprache* recherché; **2.** *advt.* **sich ~ ausdrücken** s'exprimer d'une manière recherchée; parler en termes choisis; choisir ses mots; **2ˌheit** *f* ⟨~⟩ *des Ausdrucks* recherche *f*; distinction *f*.
gewahr [gəˈvaːr] *adj.* **etw., e-r Sache ~ werden** s'apercevoir de qc.
Gewähr [gəˈvɛːr] *f* ⟨~⟩ garantie *f*; **für etw. ~ leisten, die ~ übernehmen** garantir qc.; se porter garant de qc.; répondre de qc.; **keine ~ leisten** *auch* dégager toute responsabilité; **ohne ~** sans garantie, sans engagement (de notre part); sous toutes réserves.
gewahren [gəˈvaːrən] *v/t.* ⟨*p.p.* gewahrt, h⟩ apercevoir.
gewähren [gəˈvɛːrən] **I** *v/t.* ⟨*p. p.* gewährt, h⟩ accorder; octroyer; concéder; allouer; (*bieten*) offrir; **j-m e-e Bitte ~** satisfaire à, accéder à la demande de qn.; **j-m Einlaß ~** permettre à qn. d'entrer; laisser qn. entrer; **j-m in etw. Einsicht ~** permettre à qn. d'examiner qc., de prendre connaissance de qc.; **j-m e-n Kredit ~** accorder, allouer, octroyer un crédit à qn.; **j-m ein Recht ~** accorder, octroyer un droit à qn.; **j-m gegen etw. Schutz ~** accorder sa protection à qn. (contre qc.); **j-m e-n Unterhaltsbeitrag ~** allouer, accorder une rente à qn.; **j-m Zeit ~, etw. zu tun** donner à qn. le temps de faire qc.; accorder à qn. un délai pour faire qc.; **diese Terrasse gewährt e-n herrlichen Ausblick** cette terrasse offre, présente une vue splendide; **II** *v/i.* **j-n ~ lassen** laisser faire qn.
Gewährfrist [gəˈvɛːrˌfrɪst] *f comm.* délai *m* de garantie.
gewährleist|en [gəˈvɛːrˌlaɪstən] *v/t.* ⟨-ete, *p. p.* gewährleistet, h⟩ garantir; se porter garant de; **2ung** *f* ⟨~⟩ garantie *f*; **2ungsˌklage** *f jur.* action *f*, recours *m*, demande *f* en garantie; **2ungsˌpflicht** *f* obligation *f* de garantie; **2ungsverˌtrag** *m* contrat *m* de garantie.
Gewahrsam [gəˈvaːrˌzaːm] *m, n* ⟨~(e)s; ~e⟩ (*Haft*) détention *f*; (*Obhut*) garde *f*; **in sicherem ~** en lieu sûr; **j-n in ~ halten** détenir qn.; **in ~ nehmen** *Sache* prendre sous sa garde; *Person* mettre en détention; **~sˌmacht** *f* puissance détentrice.
Gewähr|schaft [gəˈvɛːrˌʃaft] *f* ⟨~⟩ *comm.* garantie *f*; **~sˌmann** *m* ⟨~(e)s; ~̈er *od.* -leute⟩ autorité *f*; garant *m*; répondant *m*; **~ung** *f* ⟨~⟩ *e-s Kredits, e-r Rente, e-s Vorrechts etc.* octroi *m*; concession *f*; *sonst verbal.*
Gewalt [gəˈvalt] *f* ⟨~; ~en⟩ **1.** (*Zwangsanwendung*) force *f*; *meist unrechtmäßige* violence *f*; **mit ~** de *od.* par (la) *od.* avec force; par la *od.* avec violence; **mit aller ~** de toutes mes, tes, *etc.* forces; *fig.* à tout prix; à toute force; **mit brutaler ~** avec force et brutalité; **mit unwiderstehlicher ~** par *od.* avec une force irrésistible; **nackte ~** de la pure violence; **mit ~ öffnen** *Tür etc.* forcer; **j-n mit ~ zurückhalten** retenir qn. de force; **das ist höhere ~** c'est un cas de force majeure; **Verzicht auf ~** renoncement à la violence; **~ anwenden** employer la force, la violence; faire usage de la force, de la violence; recourir à la force, à la violence; **j-m ~ antun** faire violence à qn.; *e-r Frau* violenter qn.; **der ~ weichen** céder à la force, à la violence; **vor ~ nicht zurückschrekken** ne pas reculer devant l'emploi de la force; **2.** (*Machtbefugnis*) pouvoir *m*; puissance *f*; autorité *f*; **oberste, öffentliche, weltliche, geistliche ~** pouvoir suprême, public, temporel, spirituel; **gesetzgebende ~** pouvoir législatif; **ausübende, vollziehende ~** pouvoir exécutif; **richterliche ~** pouvoir judiciaire; **elterliche ~** puissance paternelle; **in s-e ~ bringen** mettre la main sur; s'emparer de; **in s-r ~ haben** avoir, tenir en son pouvoir; avoir prise sur; **sich in der ~ haben** être maître de soi; se maîtriser; **in j-s ~ stehen, sein** être au pouvoir de qn.; **über j-n ~ haben** avoir de l'autorité, de l'empire sur qn.; **die ~ über etw. verlieren** perdre le contrôle de qc.; **~ˌakt** *m* acte *m* de violence; **~ˌandrohung** *f* menace *f* de violence; **~ˌanmaßung** *f* usurpation *f* du pouvoir; **~ˌanwendung** *f* emploi *m* de la force; **unter ~** en employant la force; en faisant usage de la force; **~enˌteilung** *f* séparation *f* des pouvoirs; **~ˌherrschaft** *f* tyrannie *f*; despotisme *m*; **~ˌherrscher** *m* tyran *m*; despote *m*; **2ig 1.** *adj.* **a)** (*mächtig*) puissant; **b)** (*riesig*) énorme; gigantesque; prodigieux, -euse; colossal; F terrible; du tonnerre; **ein ~er Erfolg** un succès énorme; F un succès fou, bœuf, du tonnerre; **e-n ~en Eindruck machen** faire une impression formidable, prodigieuse, F du tonnerre; **2.** *adv.* énormément; prodigieusement; colossalement; F terriblement; formidablement; **da irren Sie sich ~** *auch* F là vous vous mettez le doigt dans l'œil.
gewältigen [gəˈvɛltɪgən] *v/t.* ⟨*p. p.* gewältigt, h⟩ *mines* déblayer; débarrasser des décombres.
Gewalt|ige(r) [gəˈvaltɪgə(r)] *m* ⟨→ A⟩ **die ~n dieser Welt** les puissants de ce monde; **2ˌlos** *adj. u. adv.* sans violence; **~ˌlosigˌkeit** *f* ⟨~⟩ non-violence *f*; **~ˌlösung** *f* solution *f* par la *od.* de force, violence; **~ˌmarsch** *m* marche forcée; **~ˌmaßnahme** *f* mesure *f* de force, de violence; **~ˌmensch** *m* personne *f* tyrannique; tyran *m*; despote *m*; **~poliˌtik** *f* politique *f* de force; **2ˌsam** *adj. u. adv.* (fait) de *od.* par (la) *od.* avec force; par la *od.* avec violence; **~e Entführung** enlèvement par (la) force, par la violence; **e-s ~en Todes sterben** mourir d'une mort violente; *Tür etc.* **~ öffnen** forcer; **~samˌkeit** *f* ⟨~; ~en⟩ violence *f*; **~ˌstreich** *m* coup *m* de force; **~ˌtat** *f* acte *m* de violence; **2ˌtätig** *adj.* violent; brutal; tyrannique; **~ˌtätigˌkeit** *f* violence *f*; brutalité *f*; tyrannie *f*; **~verˌbrechen** *n* crime *m* de violence; **~verˌbrecher** *m* criminel *m* qui use de la force.
Gewand [gəˈvant] *n* ⟨~(e)s; ~̈er⟩ robe *f*; habit *m*; vêtement *m*.
Gewände [gəˈvɛndə] *n* ⟨~s; ~⟩ *bât.* jambage *m*.
gewandt [gəˈvant] **1.** *adj.* (*geschickt*) adroit; habile (in en); *körperlich* leste; agile; *Umgangsformen, Stil etc.* aisé; **2.** *adv.* adroitement; habilement; lestement; agilement; aisément; **sich ~ ausdrücken** s'exprimer avec facilité; **2ˌheit** *f* ⟨~⟩ adresse *f*; habileté *f*; savoir-faire *m*; *körperliche* agilité *f*; *der Umgangsformen etc.* aisance *f*.
Gewandung [gəˈvandʊŋ] *f* ⟨~; ~en⟩ *cf.* **Gewand**.
gewann [gəˈvan] *cf.* **gewinnen**.
gewärtig [gəˈvɛrtɪç] *adj.* **e-r Sache ~ sein** s'attendre à qc.
Gewäsch [gəˈvɛʃ] *n* ⟨~(e)s⟩ *péj. cf.* **Geschwätz**.
Gewässer [gəˈvɛsər] *n* ⟨~s; ~⟩ eaux *f/pl.*; **stehende ~** eaux stagnantes; **fließende ~** eaux courantes; **~ˌkunde** *f* hydrologie *f*.
Gewatschel [gəˈvatʃəl] *n* ⟨~s⟩ dandinement *m*.

Gewebe [gəˈveːbə] *n* ⟨~s; ~⟩ *text., biol.* tissu *m* (*auch fig.*); **~ˌkante** *f cout.* lisière *f*; **~ˌlehre** *f biol.* histologie *f*; **2ˌschonend** *adjt. text.* qui ménage les tissus, les textiles; **~überˌtragung** *f méd.* transplantation *f* de tissu; **~verˌänderung** *f biol.* altération *f* tissulaire; **~ˌzüchtung** *f biol.* culture *f* de tissu.

Gewehr [gəˈveːr] *n* ⟨~(e)s; ~e⟩ fusil [-i] *m*; P flingot *m*; flingue *m*; *milit.* **das ~ über!** arme sur l'épaule ... droite!; **~ ab!** reposez armes!; **präsentiert das ~!** présentez arme!; **setzt die ~e zusammen!** formez les faisceaux!; **an die ~e!** aux faisceaux!; *fig. u.* F au boulot!; **~ bei Fuß stehen** tenir l'arme au pied; **~ˌauflage** *f* appui *m* pour le fusil; **~faˌbrik** *f* usine *f* de fusils; **~ˌfeuer** *n* feu *m* d'infanterie; fusillade *f*; **~graˌnate** *f* grenade *f* à fusil; **~ˌgriffe** *m/pl.* maniement *m* du fusil; **~ üben** s'exercer au maniement du fusil; **~ˌkolben** *m* crosse *f* (de fusil); **~ˌkugel** *f* balle *f* (de fusil); **~ˌlauf** *m* canon *m* (de fusil); **~munitiˌon** *f* munitions *f/pl.* pour fusil(s); **~pyraˌmide** *f* faisceau *m* (de fusils); **~ˌriemen** *m* bretelle *f* de fusil; **~ˌschaft** *m* fût *m* (de fusil); **~ˌschlitten** *m* affût *m* de la mitrailleuse lourde; **~ˌschloß** *n* culasse *f* (de fusil); **~ˌschuß** *m* coup *m* de fusil.

Geweih [gəˈvaɪ] *n* ⟨~(e)s; ~e⟩ bois *m/pl.*; ramure *f*; **~ˌbaum** *m bot.* chicot *m* du Canada; **~ˌfarn** *m bot.* platycerium [-jɔm] *m*.

Geweine [gəˈvaɪnə] *n* ⟨~s⟩ F pleurnicheries *f/pl.*; pleurnichements *m/pl.*

gewellt [gəˈvɛlt] *adj.* ondulé.

Gewerbe [gəˈvɛrbə] *n* ⟨~s; ~⟩ (*berufsmäßige Tätigkeit*) métier *m*; activité professionnelle; (*gewerbliche Wirtschaft*) artisanat *m* et industrie *f*; arts *m/pl.* et métiers *m/pl.*; **ehrliches ~** métier honnête; **dunkles ~** métier louche; **ein ~ betreiben** exercer un métier; **~ˌaufsicht** *f*, **~ˌaufsichtsˌamt** *n* inspection *f* du travail; **~ˌaufsichtsbeˌamte(r)** *m* inspecteur *m* du travail; **~ˌausstellung** *f* exposition industrielle; **~ˌbank** *f* ⟨~; ~en⟩ banque industrielle et artisanale; **~beˌtrieb** *m* exploitation industrielle, artisanale; **~erˌtrag(s)ˌsteuer** *f* taxe *f* sur les bénéfices industriels et commerciaux; **~ˌfreiheit** *f* liberté *f* du commerce et de l'industrie; liberté *f* d'entreprise; **~hygiˌene** *f* hygiène industrielle; **~kapiˌtalˌsteuer** *f* taxe *f* sur le capital d'exploitation; **~legitimatiˌonsˌkarte** *f* carte *f* d'identité professionnelle; **~ˌlehrer(in)** *m* (*f*) professeur *m* de l'enseignement professionnel, technique; **~muˌseum** *n* musée *m* des arts et métiers; **~ˌordnung** *f* Code *m* de l'industrie et de l'artisanat; **~poliˌtik** *f* politique industrielle et artisanale; **~poliˌzei** *f* police *f* du travail; **~ˌrecht** *n* droit *m* concernant l'industrie et l'artisanat; **~ˌschein** *m* licence (professionnelle); **~ˌschule** *f* école professionnelle, technique; **~ˌsteuer** *f* taxe professionnelle; patente *f*; **2ˌtreibend** *adjt.* qui exerce un métier, un commerce, une industrie; **~ˌtreibende(r)** *f* (*m*) ⟨→ A⟩ artisan *m*; commerçant(e) *m* (*f*); industriel *m*; **selbständiger ~r** travailleur indépendant.

gewerb|lich [gəˈvɛrplɪç] *adj.* industriel, -lle; artisanal; commercial; **~er Arbeiter** travailleur de l'industrie, du commerce; **~es Eigentum** propriété industrielle; **~er Rechtsschutz** protection de la propriété industrielle; **~e Wirtschaft** industrie, artisanat, commerce et transports privés; **für ~e Zwecke** à des fins professionnelles, industrielles; pour usages professionnels, industriels; **~sˌmäßig 1.** *adj.* professionnel, -lle; de métier; **~e Unzucht** prostitution *f*; **2.** *adv.* professionnellement; **e-e Tätigkeit ~ ausüben** exercer une activité à titre professionnel; **2sˌzweig** *m* branche *f* de l'industrie, du commerce, de l'artisanat.

Gewerk|e [gəˈvɛrkə] *m* ⟨~n; ~n⟩ membre *m* d'une société minière; **~ˌschaft** *f* ⟨~; ~en⟩ **1.** syndicat (ouvrier); **2. bergrechtliche ~** société (d'exploitation) minière; **~ˌschaftler** *m* ⟨~s; ~⟩ syndicaliste *m*; syndiqué *m*; **2ˌschaftlich 1.** *adj.* syndical; **2.** *adv.* **~ erfassen, organisieren** syndiquer.

Gewerkschafts|beitrag [gəˈvɛrkʃaftsˌbaɪtraːk] *m* cotisation syndicale; **~beˌwegung** *f* mouvement *m* syndicaliste; syndicalisme *m*; **~ˌbund** *m* fédération *f* des syndicats ouvriers; **~ˌebene** *f* **auf ~** sur le plan syndical; **2ˌfeindlich** *adj.* antisyndical; **~ˌführer** *m* chef *m* de syndicat; **~funktioˌnär** *m* responsable syndical, d'un syndicat; **~ˌhaus** *n* Bourse *f* du travail; **~konˌgreß** *m* congrès syndical; **~ˌmitglied** *n* syndiqué *m*; membre *m* d'un syndicat; **~poliˌtik** *f* politique syndicale; **~ˌpresse** *f* presse syndicale; **~ˌrecht** *n* droit syndical; **~sekreˌtär** *m* secrétaire syndical; **~verˌband** *m* association *f*, union *f* de syndicats; **~verˌtreter** *m* délégué syndical; **~ˌwesen** *n* syndicats *m/pl.*; syndicalisme *m*; **~ˌzugehörigˌkeit** *f* appartenance *f* à un syndicat.

gewesen [gəˈveːzən] **I** *adjt.* (*ehemalig*) ancien, -nne; ex-...; **II** *p. p. cf.* sein.

gewichen [gəˈvɪçən] *cf.* weichen.

Gewicht [gəˈvɪçt] *n* ⟨~(e)s; ~e⟩ poids *m* (*auch ~sstück u. fig.*); **Maße und ~e** poids et mesures; **spezifisches ~** poids spécifique; **ein ~ von fünf Kilo haben** peser cinq kilos; **nach ~ verkaufen** vendre au poids; **das ~ überschreiten** dépasser le poids; **sein ~ (nach rechts) verlagern** se porter de tout son poids (du côté droit); *fig.* **von ~** de poids; **ohne ~** sans poids; sans importance; **~ haben** avoir du poids; **e-r Sache ~ beimessen** attacher de l'importance à qc.; **auf etw. ~ legen** donner du poids à qc.; **ins ~ fallen** être important; avoir du poids, de l'importance; compter; **s-e Meinung fällt nicht ins ~** *auch* son opinion importe peu; **~ˌheben** *n* ⟨~s⟩ *Sport* poids et haltères *m/pl.*; haltérophilie *f*; **~ˌheber** *m* ⟨~s; ~⟩ haltérophile *m*; **2ig** *adj. fig.* de poids; important; **~igˌkeit** *f* ⟨~⟩ poids *m*; importance *f*.

Gewichts|abgang [gəˈvɪçtsˌˀapgaŋ] *m*, **~abnahme** *f* diminution *f* de poids; **~anaˌlyse** *f chim.* dosage pondéral; gravimétrie *f*; **~ˌangabe** *f* déclaration *f* de poids; **~ˌeinheit** *f* unité *f* de poids; **~ˌgrenze** *f* limite *f* de poids; **~ˌklasse** *f Sport* catégorie *f* de poids; **~konˌtrolle** *f* vérification *f* du poids; **~ˌkurve** *f* courbe de poids, pondérale; **~ˌmangel** *m*, **~ˌmanko** *n* manque *m* de poids; **2ˌmäßig** *adv.* quant au poids; **~ˌsatz** *m* série *f* de poids; **~ˌstück** *n* poids *m*; **~ˌunterschied** *m* différence *f* de poids; **~verˌhältnis** *n* proportion *f* de poids; **~verˌlagerung** *f* déplacement *m* de poids; *fig.* déplacement *m* du centre d'intérêt; **~verˌlust** *m* perte *f* de poids; **~ˌvorgabe** *f Handikaprennen* avance *f* de poids; **~ˌzunahme** *f* augmentation *f* de poids.

gewieft [gəˈviːft] F *adj.* expérimenté; averti; malin, -igne; F débrouillard; combinard.

gewiegt [gəˈviːkt] *adj. cf.* gewieft.

Gewieher [gəˈviːər] *n* ⟨~s⟩ *e-s Pferdes* 'hennissement(s) *m* (*pl.*); *fig. u.* F (*Gelächter*) rires éclatants.

gewiesen [gəˈviːzən] *cf.* weisen.

gewillt [gəˈvɪlt] *adj.* **~ sein, etw. zu tun** être disposé à faire qc.; avoir l'intention de faire qc.

Gewimmel [gəˈvɪməl] *n* ⟨~s⟩ grouillement *m*; fourmillement *m*; pullulement *m*.

Gewimmer [gəˈvɪmər] *n* ⟨~s⟩ gémissement(s) *m* (*pl.*).

Gewinde [gəˈvɪndə] *n* ⟨~s; ~⟩ *techn.* filet(age) *m*; **rechtsgängiges, linksgängiges ~** filet à droite, à gauche; **scharfgängiges ~** filet triangulaire; **mit ~** fileté; **(ein) ~ schneiden** fileter; **~ˌauslauf** *m* fin *f* de filet; **~ˌbohren** *n* taraudage *m*; **~ˌbohrer** *m* taraud *m*; **~ˌbohrmaˌschine** *f* machine *f* à tarauder; taraudeuse *f*; **~ˌbolzen** *m* boulon fileté; **~ˌdrehbank** *f* tour *m* à fileter; **~ˌgang** *m* filet *m*; spire *f*; **~ˌlehre** *f* calibre *m* de filetage; **~mikroˌmeter** *n* ⟨~s; ~⟩ micromètre *m* à filetage; **~ˌschneiden** *n* filetage *m*; **~schneidˌkluppe** *f* filière *f* (à fileter); **~ˌschneidmaˌschine** *f* machine *f* à fileter; **~ˌsteigung** *f* pas *m* de vis.

Gewinn [gəˈvɪn] *m* ⟨~(e)s; ~e⟩ **1.** *comm.* bénéfice *m*; profit *m*; gain *m*; *péj.* lucre *m*; **~ und Verlust** pertes et profits; **angemessener ~** juste bénéfice; **erhoffter ~** bénéfice, profit espéré; **entgangener ~** manque à gagner; **nicht entnommener ~** bénéfice non retiré; **~ abwerfen, bringen** rapporter, donner du bénéfice; **den ~ ausschütten, verteilen** verser, distribuer, répartir le(s) bénéfice(s); **~e erzielen** réaliser, faire des bénéfices, des gains, des profits; **mit ~ verkaufen** vendre avec bénéfice; **am ~ beteiligt sein** avoir sa part de bénéfices; participer aux bénéfices; **auf ~ gerichtet sein** avoir un but lucratif; **2.** *Lotterie etc.* gain *m*; **ein unerwarteter ~** un gain inattendu; **3.** *fig. innerer* profit *m*; **ein Buch mit ~ lesen** lire un livre avec profit; **~ˌanteil** *m* part *f* de bénéfice; **~anteilˌschein** *m* coupon *m* (de dividende); **~ˌausschüttung** *f* distribution *f*, répartition *f* des bénéfices; **~beˌteiligung** *f* participation *f* aux bénéfices; **2ˌbringend 1.** *adjt. comm.* rapportant des bénéfices; rémunérateur, -trice; lucratif, -ive; *meist fig.* profitable; avantageux, -euse; **2.** *advt.* **Geld ~ anlegen** placer avantageusement de l'argent; **~ˌchancen** *f/pl.* chances *f/pl.* de gagner.

gewinn|en [gəˈvɪnən] **I** *v/t.* ⟨gewinnt, gewann, gewönne, gewonnen, h⟩ **1.** gagner (*auch abs.*); **(an) Boden ~** gagner du terrain; **auf j-n Einfluß ~** prendre de l'ascendant sur qn.; **Freunde ~** se faire des amis; **die Oberhand ~** prendre le dessus; **den Preis ~** *auch* remporter le prix; **e-n Prozeß ~** gagner un procès; **die Überzeugung ~, daß ...** acquérir la conviction que ...; **Zeit ~** gagner du temps; **j-n für sich ~** gagner qn. à soi; **j-n für e-e Sache ~** gagner qn. à une cause; **j-n als Mitarbeiter ~** réussir à gagner, à s'adjoindre qn. comme collaborateur; **j-s Vertrauen** *etc.* **~** gagner la confiance, *etc.* de qn.; **dabei ist nichts gewonnen** on n'y gagne rien; cela ne nous avance pas; **wie gewonnen, so zerronnen** *prov.* ce que l'on gagne sans peine se dépense avec facilité; *cf. auch die betreffenden Substantive*; **2.** *techn., chim.* extraire, tirer (**aus** de); (*erzeugen*) produire; (*erlangen*) obtenir; **Opium wird aus Mohn gewonnen** on tire, extrait l'opium du pavot; **II** *v/i.* **3. in der Lotterie, beim Spiel** ∼ gagner à la loterie, au jeu; *fig.* **bei j-m gewonnen haben** avoir gagné auprès de qn.; **gewonnenes Spiel haben** avoir la partie gagnée; **4.** (*zunehmen, besser werden*) gagner (**an** en); **die Sache gewinnt dadurch an Klarheit** la chose y gagne en clarté; *abs.* **sie gewinnt durch ihre neue Frisur** elle a changé à son avantage, elle gagne par sa nouvelle coiffure; **er gewinnt bei näherer Bekanntschaft** il gagne à être mieux connu; **∼end** *adjt. Wesen, Lächeln etc.* avenant; prévenant; engageant; **♀er(in)** *m* ⟨∼s; ∼⟩ (*f*) ⟨∼; ∼nen⟩ gagnant(e) *m* (*f*); (*Sieger*) vainqueur *m*.

Gewinn|ergebnis [gəˈvɪnˀɛrˌgeːpnɪs] *n comm.* résultat *m* bénéficiaire; **∼erˌmittlung** *f* détermination *f*, calcul *m* des bénéfices; **∼ˌklasse** *f Lotterie* catégorie *f* des gains; **∼ˌliste** *f Lotterie* liste *f* des numéros gagnants *bzw.* des gains; **∼ˌquote** *f* quote-part *f* de gain, *comm.* de bénéfice; **∼ˌschuldverˌschreibung** *f* obligation *f* avec part de bénéfice; **∼ˌspanne** *f* marge *f* bénéficiaire; **∼ˌstreben** *n* recherche *f* du, désir *m* de, intérêt *m* au gain *bzw.* bénéfice; **∼ˌsucht** *f* avidité *f* du gain; âpreté *f* au gain; amour *m* du lucre; esprit *m* de lucre; **♀ˌsüchtig** *adj.* avide de gain; âpre au gain; **∼er Mensch** *auch* profiteur *m*; **in ∼er Absicht** dans un but de lucre; **∼ˌsumme** *f Lotterie* somme gagnée; **∼(ˌn)ummer** *f Lotterie* numéro gagnant; **∼-und-Ver'lust-ˌRechnung** *f* compte *m* des pertes et profits; **∼ung** *f* ⟨∼⟩ *techn., chim.* extraction *f*; (*Erzeugung*) production *f*; (*Erlangung*) obtention *f*; **∼verˌteilung** *f cf.* **Gewinnausschüttung**; **∼ˌvortrag** *m comm.* report *m* des bénéfices; **∼ˌzahl** *f cf.* **∼(n)ummer**.

Gewinsel [gəˈvɪnzəl] *n* ⟨∼s⟩ pleurnicheries *f/pl.*

Gewirke [gəˈvɪrkə] *n* ⟨∼s; ∼⟩ *text.* tissu *m* à mailles; bonneterie *f*.

Gewirr [gəˈvɪr] *n* ⟨∼(e)s; ∼e⟩ enchevêtrement *m*; embrouillage *od.* embrouillement *m*; *fig.* imbroglio *m*; dédale *m*; confusion *f*; F (em)brouillamini *m*.

gewiß [gəˈvɪs] **1.** *adj.* ⟨-ss-; -sser, -ssest⟩ **a)** (*nicht näher bestimmt*) certain (*vorangestellt*); **ein gewisser (Herr) X** un certain (monsieur) X; un nommé X; **e-e gewisse Person** *auch* un quidam [-am]; **gewisse Leute** certaines gens; **ein gewisses Etwas** un je-ne-sais-quoi; **in gewissem Sinne** dans *od.* en un certain sens; **in gewissen Fällen** dans certains cas; **bis zu e-m gewissen Grad** jusqu'à un certain point, degré; **unter gewissen Voraussetzungen** sous certaines conditions; **b)** (*sicher*) sûr; certain; **es ist (ganz) ∼, daß ...** il est (tout à fait) certain, sûr que ...; **soviel ist ∼, daß ...** ce qui est sûr, certain c'est que ...; toujours est-il (certain) que ...; **s-r Sache ∼ sein** être sûr de son fait; **2.** *adv.* certainement; sûrement; *einschränkend* certes; **ich komme ∼** je viendrai certainement, sûrement; **er ist ∼ nicht dumm (,aber ...)** il n'est certainement pas sot (, mais ...); **ganz ∼** sans aucun doute; très certainement; sans faute; à coup sûr; il est sûr et certain que ...; **wissen Sie es ganz ∼?** le savez-vous de façon certaine, avec certitude?; **(aber) ∼!** (mais) certainement!; (mais) bien sûr!; mais oui!; pour sûr!; *cf. auch* **sicher**.

Gewissen [gəˈvɪsən] *n* ⟨∼s; ∼⟩ conscience (morale); **mit gutem, ruhigem ∼** la conscience tranquille; **nach bestem (Wissen und) ∼** en son âme et conscience; **vor meinem ∼** devant ma conscience; **die Stimme des ∼s** la voix de la conscience; **ein gutes, schlechtes ∼ haben** avoir bonne, mauvaise conscience; **ein reines, sauberes ∼ haben** avoir la conscience pure, nette; **ein ruhiges ∼ haben** avoir la conscience tranquille, en paix; **sein ∼ erforschen** faire son examen de conscience; **sein ∼ entlasten** décharger, libérer, soulager sa conscience; **sein ∼ beruhigen** tranquilliser sa conscience; **um sein ∼ zu beruhigen** par acquit de conscience; **ihm schlägt das ∼** il a des remords; **ihn quält das ∼** sa conscience le tourmente; **das kann ich nicht mit meinem ∼ vereinbaren** ma conscience me l'interdit; **sich ein ∼ aus etw. machen** se faire scrupule de qc.; se faire un cas de conscience de qc.; **j-m ins ∼ reden** s'adresser, faire appel à la conscience de qn.; **etw., j-n auf dem ∼ haben** avoir qc., la mort de qn. sur la conscience; **ein gutes ∼ ist ein sanftes Ruhekissen** *prov.* une conscience pure est un bon oreiller; **♀ˌhaft 1.** *adj.* consciencieux, -euse; scrupuleux, -euse; **2.** *adv.* consciencieusement; scrupuleusement; **etw. ∼ tun** *auch* mettre de la conscience à faire qc.; **∼ˌhaftigkeit** *f* ⟨∼⟩ conscience *f* (dans le travail, *etc.*); scrupules *m/pl.*; **♀ˌlos** *adj. u. adv.* sans conscience, scrupules; qui n'a ni foi ni loi; **∼ˌlosigkeit** *f* ⟨∼⟩ manque *m* de conscience; absence *f* de scrupules.

Gewissens|angst [gəˈvɪsənsˌˀaŋst] *f* angoisse morale; **∼beˌdenken** *n/pl.* scrupules *m/pl.*; **∼ˌbisse** *m/pl.* remords *m/pl.*; **∼ haben, bekommen** avoir des remords; **sich wegen etw. ∼ machen** se faire un cas de conscience de qc.; **∼erˌforschung** *f* examen *m* de conscience; **∼ˌfrage** *f* cas *m* de conscience; **∼ˌfreiheit** *f* liberté *f* de conscience; **∼ˌgrund** *m* **aus Gewissensgründen** pour des raisons morales; **∼konˌflikt** *m* conflit *m* de conscience; **∼not** *f* détresse morale; **∼ˌpflicht** *f* obligation morale; **∼ˌqualen** *f/pl.* tourments *m/pl.* de la conscience; **∼ˌruhe** *f* tranquillité *f* de la conscience; quiétude morale; **∼ˌsache** *f* affaire *f* de conscience; **∼ˌzwang** *m* contrainte morale; violation *f* de(s) conscience(s); **∼ˌzweifel** *m/pl.* scrupules *m/pl.*

gewissermaßen [gəˈvɪsərˌmaːsən] *adv.* en quelque sorte; pour ainsi dire.

Gewißheit [gəˈvɪsˌhaɪt] *f* ⟨∼⟩ certitude *f*; assurance *f*; **∼ erhalten, erlangen** obtenir la certitude, l'assurance (**über** de); **sich über etw. ∼ verschaffen** s'assurer de qc.; **darüber ∼ haben wollen** *auch* vouloir en avoir le cœur net; **(j-m) zur ∼ werden** devenir une certitude (pour qn.).

Gewitter [gəˈvɪtər] *n* ⟨∼s; ∼⟩ orage *m* (*auch fig.*); **es gibt ein ∼, ein ∼ ist im Anzug** il va y avoir un orage, de l'orage; un orage se prépare; le temps est à l'orage; **das ∼ bricht los** l'orage éclate; *phys.* **magnetisches ∼** orage magnétique; **∼ˌbildung** *f* formation *f* d'un orage; **∼ˌbö** *f* rafale *f* d'orage; **♀ˌdrohend** *adjt.* annonçant l'orage; **∼ˌflug** *m Segelflug* vol *m* devant un orage; **∼ˌfront** *f* front orageux.

gewitt(e)rig [gəˈvɪt(əˌ)rɪç] *adj.* orageux, -euse.

gewitter|n [gəˈvɪtərn] *v/imp.* ⟨-(e)re, *p. p.* gewittert, h⟩ **es gewittert** il y a, il fait de l'orage; **♀ˌneigung** *f* tendance *f* à l'orage; **♀ˌregen** *m* pluie *f* d'orage; **♀ˌschauer** *m* averse orageuse; **∼ˌschwül** *adj.* lourd et orageux, -euse; **♀ˌschwüle** *f* chaleur orageuse; **♀ˌstimmung** *f fig.* atmosphère orageuse; **es herrscht ∼** il y a de l'orage dans l'air; **♀ˌsturm** *m* tempête (accompagnée d'éclairs et de tonnerre); **♀ˌwolke** *f* nuage *m* d'orage; *sc.* cumulo-nimbus [-ys] *m*.

gewitzigt [gəˈvɪtsɪçt] *adjt.* **∼ sein** être devenu prudent, sage, avisé; **ich bin jetzt ∼** c'était une bonne leçon pour moi.

gewitzt [gəˈvɪtst] *adjt.* (*erfahren*) averti; (*schlau*) rusé; roué; malin, -igne.

gewoben [gəˈvoːbən] *cf.* **weben**.

Gewoge [gəˈvoːgə] *n* ⟨∼s⟩ mouvement ondoyant; ondoiement *m*; ondulation *f*; balancement *m*; agitation *f*.

gewogen [gəˈvoːgən] **I** *adjt.* **j-m ∼ sein** être bienveillant, bien disposé envers qn.; vouloir du bien à qn.; avoir de l'affection pour qn.; affectionner qn.; **der Chef ist ihm ∼** *auch* il est dans les bonnes grâces du patron; **sich j-n ∼ machen** gagner les faveurs, les bonnes grâces, l'affection de qn.; **II** *p. p. cf.* **wiegen**; **♀ˌheit** *f* ⟨∼⟩ bienveillance *f*; affection *f*; faveur *f*; bonnes grâces.

gewöhnen [gəˈvøːnən] **I** *v/t.* ⟨*p. p.* gewöhnt, h⟩ **j-n an etw., j-n ∼** habituer, accoutumer qn. à qc., à qn.; faire prendre, donner à qn. l'habitude de qc.; familiariser qn. avec qc.; **j-n daran ∼, etw. zu tun** habituer, accoutumer qn. à faire qc.; **II** *v/réfl.* **sich an j-n, etw. ∼** s'habituer, s'accoutumer, se faire à qn., à qc.; prendre l'habitude de qc.; **man gewöhnt sich an alles** on s'habitue, s'accoutume, se fait à tout.

Gewohnheit [gəˈvoːnˌhaɪt] *f* ⟨∼; ∼en⟩ habitude *f*; (*Sitte, Brauch*) coutume *f*; **die Macht der ∼** la force de l'habitude; **aus ∼** par habitude; **nach s-r ∼** à *od.* selon son habitude; **die ∼ haben, etw. zu tun** avoir l'habitude, avoir coutume de faire qc.; **e-e ∼ annehmen** prendre, contracter une habitude; **e-e gute, schlechte ∼ annehmen** *auch* prendre un bon, un mauvais pli; **sich etw. zur ∼ machen** prendre l'habitude de (faire) qc.; **aus der ∼ kommen** perdre l'habitude; **(j-m) zur ∼ werden** devenir une habitude (chez *od.* pour qn.); **das ist gegen meine ∼** c'est contre mes habitudes; ce n'est pas mon habitude; **♀sˌmäßig 1.** *adj.* habituel, -lle; **2.** *adv.* par habitude; **∼sˌmensch** *m* homme *m* qui suit ses habitudes; routinier *m*; **∼sˌrecht** *n* droit coutumier; **∼sˌsache** *f* affaire *f*, question *f* d'habitude; **∼sˌsünde** *f* péché *m* d'habitude; **∼sˌtier** *n* F **der Mensch ist ein ∼** l'homme est esclave de ses habitudes; **∼sˌtrinker(-in)** *m* (*f*) buveur, -euse invétéré(e); **∼sverˌbrecher(in)** *m* (*f*) délinquant (-e) *m* (*f*) d'habitude.

gewöhnlich [gəˈvøːnlɪç] **1.** *adj. allg.* ordinaire; (*einfach*) simple; (*unfein, gemein*) commun; (*gewohnt*) habituel, -lle; **∼er Wein** vin ordinaire; **das ∼e Essen** l'ordinaire *m*; **ein ∼er Angestellter** un simple employé; **der ∼e Sterbliche** le commun des mortels; **das ist ihm zu ∼** c'est trop commun, ordinaire pour lui; **2.** *adv.* **a) (für) ∼** (*meist, üblicherweise*) d'habitude; habituellement; d'ordinaire; ordinairement; **wie ∼** comme d'habitude; comme à l'ordinaire; ~ etw. tun *auch* avoir l'habitude de faire qc.; **b)** (*unfein*) d'une façon ordinaire, commune; **sehr ~ aussehen** avoir l'air très ordinaire, très commun; **2ₗkeit** *f* ⟨~⟩ caractère ordinaire, commun; *besser verbal.*

gewohnt [gəˈvoːnt] *adjt.* **a)** *attributiv* habituel, -lle; coutumier, -ière; **der ~e Anblick** la vue habituelle; **die ~e Arbeit** le travail habituel, coutumier; **mit der ~en Sachlichkeit** avec l'objectivité habituelle, coutumière; **zur ~en Stunde** à l'heure habituelle; **b)** *prädikativ* **etw. ~ sein** être habitué, accoutumé, fait à qc.; avoir l'habitude de qc.; **(es) ~ sein, etw. zu tun** être habitué, accoutumé à faire qc.; avoir l'habitude de faire qc.; **wie ~** comme d'habitude; **jung ~, alt getan** *prov.* on garde dans la vieillesse les habitudes de jeunesse.

gewöhn|t [gəˈvøːnt] *adjt.* **an etw., j-n ~ sein** être habitué, accoutumé, fait à qc., à qn.; *cf. auch* **gewöhnen** *u.* **gewohnt**; **2ung** *f* ⟨~⟩ accoutumance *f* (an à); *meist verbal.*

Gewölbe [gəˈvœlbə] *n* ⟨~s; ~⟩ *bât.* voûte *f*; *Raum* cave (voûtée); *fig.* **das ~ des Himmels** la voûte céleste; **~ₗbogen** *m* arc *m* de voûte; arceau *m*; **~ₗform** *f* forme *f* de voûte; **~ₗjoch** *n* travée *f* (de voûte); **~ₗrippe** *f* nervure *f* de voûte; **~ₗrücken** *m* extrados *m*; **~ₗscheitel** *m* sommet *m* d'une voûte; **~ₗschlußstein** *m* clef *f* de voûte; **~ₗstein** *m* voussoir *m*.

gewölbt [gəˈvœlpt] *adjt.* *Decke etc.* voûté; *Oberfläche, Stirn etc.* bombé; *cf. auch* **wölben.**

Gewölk [gəˈvœlk] *n* ⟨~(e)s⟩ nuages *m/pl.*

Gewölle [gəˈvœlə] *n* ⟨~s; ~⟩ *von Raubvögeln* pelote *f*.

gewollt [gəˈvɔlt] *adjt.* voulu; *cf. auch* **wollen.**

gewonnen [gəˈvɔnən] *cf.* **gewinnen.**

geworben [gəˈvɔrbən] *cf.* **werben.**

geworden [gəˈvɔrdən] *cf.* **werden.**

geworfen [gəˈvɔrfən] *cf.* **werfen.**

Gewühl [gəˈvyːl] *n* ⟨~(e)s⟩ *e-r Menschenmenge* cohue *f*.

gewunden [gəˈvundən] *adjt.* *Flußlauf* sinueux, -euse; *Pfad* tortueux, -euse; *Säule* tors; contourné (*auch fig. vom Stil*); **spiralenförmig ~** en spirale; spiralé; *cf. auch* **winden.**

gewürfelt [gəˈvyrfəlt] *adjt.* à carreaux; quadrillé; *cf. auch* **würfeln.**

Gewürm [gəˈvyrm] *n* ⟨~(e)s; ~e⟩ *péj.* (toutes sortes de) vers *m/pl.*

Gewürz [gəˈvyrts] *n* ⟨~es; ~e⟩ *cuis.* épice *f*; condiment *m*; *sc.* aromate *m*; **~ₗessig** *m* vinaigre aromatisé; **~extrakt** *m* extrait *m* d'épices; **~ₗgurke** *f* cornichon *m*; **~ₗhandel** *m* commerce *m* des épices; **~ₗkräuter** *n/pl.* herbes *f/pl.* aromatiques; fines herbes; **~ₗnelke** *f cuis.* clou *m* de girofle; **~nelkenₗbaum** *m bot.* giroflier *m*; **~nelkenₗöl** *n* essence *f* de girofle; **~ₗpflanze** *f* plante *f* aromatique; **~ₗstrauch** *m bot.* calycanthe *m*; **2t** *adjt. cuis.* épicé; relevé; *fig.* **mit Humor ~** parsemé de remarques humoristiques; *cf. auch* **würzen.**

gewußt [gəˈvust] *cf.* **wissen.**

Geysir [ˈgaɪzɪr] *m* ⟨~s; ~e⟩ geyser [ʒezɛːr] *m*.

gezackt [gəˈtsakt] *adjt.* denté; dentelé; découpé.

Gezähe [gəˈtsɛːə] *n* ⟨~s; ~⟩ *mines* outils *m/pl.* de mineur.

gezahnt, gezähnt [gəˈtsaːnt, gəˈtsɛːnt] *adjt. bot.* denté; dentelé; *cf. auch* **gezackt.**

Gezänk, Gezanke [gəˈtsɛŋk, gəˈtsaŋkə] *n* ⟨~(e)s⟩, *n* ⟨~s⟩ chamailleries *f/pl.*; querelles continuelles; disputes *f/pl.* sans fin.

Gezappel [gəˈtsapəl] *n* ⟨~s⟩ gigotements *m/pl.*

gezeichnet [gəˈtsaɪçnət] *adjt.* *Schriftstück* signé; *Gesicht vom Schicksal etc.* marqué; *Tierfell* **hübsch ~ sein** avoir de beaux dessins; *cf. auch* **zeichnen.**

Gezeiten [gəˈtsaɪtən] *pl.* marée *f*; **~ₗkraftwerk** *n* usine *f* marémotrice; **~ₗpegel** *m* échelle *f* de marée; **~ₗstrom** *m* courant *m* de marée; **~ₗwechsel** *m* changement *m*, renversement *m* de marée.

Gezerre [gəˈtsɛrə] *n* ⟨~s⟩ *verbal cf.* **zerren.**

Gezeter [gəˈtseːtər] *n* ⟨~s⟩ glapissements *m/pl.*; 'hauts cris.

geziehen [gəˈtsiːən] *cf.* **zeihen.**

geziemen [gəˈtsiːmən] *v/réfl.* ⟨*p. p.* **geziemt**, h⟩ **sich ~** convenir; être convenable; **es geziemt sich für ihn nicht, zu ...** il ne convient pas, il n'est pas convenable qu'il ...; **wie es sich geziemt** comme il faut; comme il convient; convenablement; **~d 1.** *adjt.* convenable; (*sittsam*) décent; (*ordentlich*) comme il faut; **2.** *advt.* convenablement; (*ordentlich*) comme il faut; dûment; (*sittsam*) décemment.

Gezier|e [gəˈtsiːrə] *n* ⟨~s⟩ *cf.* **~theit**; **2t 1.** *adjt.* *Benehmen, Auftreten* affecté; maniéré; précieux, -euse; minaudier, -ière; **ein ~es Wesen haben** avoir des manières affectées, précieuses; être maniéré; **2.** *advt.* d'une façon affectée, maniérée, précieuse; avec affectation; en minaudant; **~tₗheit** *f* ⟨~⟩ affectation *f*; préciosité *f*; pose *f*.

gezinkt [gəˈtsɪŋkt] *adjt.* *Spielkarten* biseauté.

Gezirp(e) [gəˈtsɪrp(ə)] *n* ⟨~s⟩ *von Grillen* grésillement *m*; *von Zikaden* chant *m* des cigales.

Gezisch|(e) [gəˈtsɪʃ(ə)] *n* ⟨-sches⟩ sifflement(s) *m* (*pl.*); *mißbilligendes* sifflements (désapprobateurs); **~el** *n* ⟨~s⟩ sifflement (doux).

Gezitter [gəˈtsɪtər] *n* ⟨~s⟩ tremblement(s) *m* (*pl.*).

gezogen [gəˈtsoːgən] *adjt.* *Gewehrlauf* rayé; *Draht* étiré; *cf. auch* **ziehen.**

Gezücht [gəˈtsyçt] *n* ⟨~(e)s; ~e⟩ *péj.* engeance *f*; race *f*.

Gezweig [gəˈtsvaɪk] *n* ⟨~(e)s⟩ branchage *m*; ramure *f*.

Gezwitscher [gəˈtsvɪtʃər] *n* ⟨~s⟩ gazouillement *m*; gazouillis *m*; ramage *m*.

gezwungen [gəˈtsvuŋən] **1.** *adjt.* *Lächeln, Fröhlichkeit, Haltung etc.* forcé; contraint; (*steif*) guindé; **2.** *advt.* d'une manière forcée, contrainte; **~ lachen** rire jaune; *cf. auch* **zwingen**; **~erˈmaßen, ~erˈweise** *adv.* forcément; **etw. ~ tun** être forcé de faire qc.; **2ₗheit** *f* ⟨~⟩ manque *m* de naturel; caractère forcé, guindé.

ghanaisch [ˈgɑːnaˀɪʃ] *adj.* ghanéen, -nne; **die ~e Hauptstadt** la capitale du Ghana, ghanéenne.

Ghetto *cf.* **Getto.**

Gibbon [ˈgɪbɔn] *m* ⟨~s; ~s⟩ *zo.* gibbon *m*.

Gibelline [giˑbɛˈliːnə] *m* ⟨~n; ~n⟩ *hist.* gibelin *m*.

gib(s)t [giːp(s)t] *cf.* **geben.**

Gicht [gɪçt] *f* ⟨~⟩ **1.** *méd.* goutte *f*; *an den Händen* goutte aux mains; chiragre *f*; *an den Füßen* goutte aux pieds; podagre *f*; **2.** ⟨*pl.* **~en**⟩ *métall.* (*Hochofenöffnung*) gueulard *m*; (*Beschickung*) charge *f*; **~ₗanfall** *m méd.* accès goutteux, de goutte; **2ₗartig** goutteux, -euse; **~ₗaufzug** *m métall.* appareil *m* de chargement; **~ₗbühne** *f métall.* plate-forme *f* de chargement; **~ₗbrüchige(r)** *m* ⟨→ A⟩ *bibl.* paralytique *m*; **~gas** *n métall.* gaz *m* de haut fourneau; **2isch** *adj. cf.* **2artig**; **~ₗknoten** *m méd.* tophus [-ys] *m*; **2krank** *adj.* goutteux, -euse; **~ₗkranke(r)** *f* (*m*) goutteux, -euse *m, f*; **2ₗleidend** *adjt. cf.* **2krank**; **~ₗmorchel** *f cf.* **Stinkmorchel**; **~ₗrose** *f cf.* **Päonie**; **~ₗschmerzen** *m/pl.* douleurs dues à la goutte; **~schwamm** *m métall.* cadmie *f*; tutie *f*; **~staub** *m métall.* poussière *f* du gueulard; **~staubbriₗkett** *n* briquette *f* de poussière de gueulard.

Giebel [ˈgiːbəl] *m* ⟨~s; ~⟩ *bât.* *e-s Hauses* pignon *m*; *bei Tempeln, Kirchen, über Portalen etc.* fronton *m*; **~ₗdach** *n* toit *m* à pignon; **~ₗdreieck** *n* fronton *m*; **~ₗfeld** *n* tympan *m*; **~ₗfenster** *n* fenêtre *f* de pignon; **~ₗhaus** *n* maison *f* à pignon; **2ig** *adj.* à pignon; **~ₗmauer** *f cf.* **~wand**; **~ₗseite** *f* pignon *m*; **~ₗspitze** *f* sommet *m* de pignon; **~verₗzierung** *f* ornementation *f* de pignon; **~ₗwand** *f* pignon *m*.

Giek|baum [ˈgiːkbaum] *m mar.* gui *m*; **~ₗsegel** *n* brigantine *f*.

Gier [giːr] *f* ⟨~⟩ avidité *f*; désir ardent (**nach** de); convoitise *f*; *sinnliche meist* concupiscence *f*; *bes. nach Geld* cupidité *f*; *im Essen* gloutonnerie *f*; voracité *f*; **2en** *v/i.* ⟨h⟩ **1. nach etw. ~** désirer qc. ardemment, avec cupidité, avec convoitise; être avide de qc.; convoiter qc.; **2.** *mar.* faire des embardées; embarder; **~ₗfähre** *f* (*Seilfähre*) traille *f*; **2ig 1.** *adj.* avide de; *bes. nach Geld* cupide; *im Essen* vorace; glouton, -nne; **~e Blicke** regards de convoitise; **2.** *adv.* avec avidité, cupidité; **~ essen, verschlingen** manger, avaler gloutonnement, voracement, avec voracité, avec gloutonnerie; **~igₗkeit** *f* ⟨~⟩ *cf.* **~.**

Gieß|bach [ˈgiːsbax] *m* torrent *m*; ravine *f*; *in den Pyrenäen auch* gave *m*; **2en I** *v/t.* ⟨-(es)t, gießt, goß, gösse, gegossen, h⟩ **1.** verser (in dans, auf sur); *Blumen etc.* arroser; (*schütten über*) renverser, répandre (qc. sur qc.); **2.** *métall.* couler; fondre; *Statue etc. auch* mouler; **Blei, Glocken ~** fondre, couler du plomb, des cloches; **II** *v/imp.* **es gießt (in Strömen)** il pleut à verse, à torrents, à seaux; il tombe des 'hallebardes; **III ~en** *n* ⟨~s⟩ **1.** *der Blumen etc.* arrosage *m*; *sonst verbal*; **2.** *métall.* coulée *f*; coulage *m*; fonte *f*; **~er** *m* ⟨~s; ~⟩ fondeur *m*; mouleur *m*; couleur *m*; **~eˈrei** *f* ⟨~; ~en⟩ fonderie *f*; **~eˈreiₗlaufkran** *m* pont roulant de fonderie; **~form** *f* moule *m*; matrice *f*; **~ₗkanne** *f* arrosoir *m*; **~kannenₗbrause** *f* pomme *f* d'arrosoir; **~ₗkelle** *f*, **~ₗlöffel** *m* cuiller *f*, louche *f* de fondeur, de coulée; **~maₗschine** *f* fondeuse *f* (*auch impr.*); **~ₗpfanne** *f* poche *f* de coulée; **~ₗvorgang** *m* processus [-ys] *m* de coulée, de coulage, de fonte; **~ₗwagen** *m* chariot *m* de coulée; **~werk** *n für Druckplatten* fondeuse *f*.

Gift [gɪft] *n* ⟨~(e)s; ~e⟩ poison *m*; toxique *m*; *tierisches* venin *m*; **pflanzliches, mineralisches ~** poison végétal, minéral; **~ nehmen** prendre du poison; s'empoisonner; *fig.* **das ist ~ für ihn** c'est très mauvais pour lui; ce n'est pas bon du tout pour lui;

~ und Galle speien vomir son fiel; déverser sa bile; F darauf kannst du ~ nehmen tu peux en être absolument sûr, certain; F ein blondes ~ une pin-up [pinœp] blonde; **~buch** *n* registre *m* de contrôle pour la vente des poisons; **~ˌdrüse** *f zo.* glande *f* à venin; **~emˌpfindlichkeit** *f* sensibilité *f* aux poisons; **2fest** *adj.* immunisé (contre les poisons); *durch Gewöhnung* mithridatisé; **~ˌfestigˌkeit** *f* immunité *f* (contre les poisons); *durch Gewöhnung* mithridatisation *f*; **2frei** *adj. biol.* non toxique; atoxique; **~gas** *n* gaz *m* toxique; **2grün** *adj.* vert criard; **~ˌhandel** *m* commerce *m* des poisons; **2ig 1.** *adj.* toxique; *Tiere* venimeux, -euse; *Pflanzen* vénéneux, -euse; *fig. Blick, Bemerkung* venimeux, -euse; ʽhaineux, -euse; ~e Gase gaz toxiques; **2.** *adv.* j-n ~ ansehen jeter à qn. des regards ʽhaineux, venimeux; **~igˌkeit** *f* ⟨~⟩ toxicité *f*; *von Tieren* venimosité *f*; *fig.* venimosité *f*; méchanceté *f*; **~ˌkunde** *f*, **~ˌlehre** *f* toxicologie *f*; **~mord** *m* empoisonnement *m*; **~ˌmörder(in)** *m (f)* empoisonneur, -euse *m, f*; **~ˌnudel** *f* P *von Personen* poison *m*, P *f*; venin *m*; **~pfeil** *m* flèche empoisonnée; **~ˌpflanze** *f* plante vénéneuse; **~pilz** *m* champignon vénéneux; **~schein** *m* licence *f* pour la vente de produits toxiques; **~ˌschlange** *f zo.* serpent venimeux; **~schrank** *m* armoire *f* aux poisons; **~ˌstachel** *m* dard empoisonné; **~stoff** *m* toxine *f*; **~ˌweizen** *m* blé empoisonné; **~zahn** *m e-r Schlange* crochet *m* (à venin).

Gig [gɪk] *n* ⟨~s; ~s⟩ *mar. u.* (*Einspänner*) gig *od.* guig [gig] *m*.

Gigant [giˑˈgant] *m* ⟨~en; ~en⟩ *myth. u. fig.* géant *m*; **2isch** *adj.* gigantesque; colossal; **~omaˈchie** *f* ⟨~⟩ gigantomachie *f*.

Gigolo [ˈʒiːgoˑloˑ, ˈʒɪgoˑloˑ] *m* ⟨~s; ~s⟩ *cf.* Eintänzer.

Gigue [ʒiːk] *f* ⟨~; ~n⟩ *mus.* gigue *f*.

Gilde [ˈgɪldə] *f* ⟨~; ~n⟩ *hist.* gilde [gild] *od.* guilde *od.* ghilde *f*.

gilt [gɪlt] *cf.* gelten.

Gimpel [ˈgɪmpəl] *m* ⟨~s; ~⟩ **1.** *zo.* bouvreuil *m*; **2.** *fig.* (*einfältiger Mensch*) serin *m*; nigaud *m*; niais *m*.

Gin [dʒɪn] *m* ⟨~s; ~(s)⟩ gin [dʒin] *m*.

ging [gɪŋ] *cf.* gehen.

Ginkgo, Ginkjo [ˈgɪŋkoˑ, ˈgɪŋkjoˑ] *m* ⟨~s; ~s⟩ *bot.* ginkgo *m*.

Ginseng [ˈgɪnzɛŋ, ˈʒɪn-] *m* ⟨~s; ~s⟩ *bot.* ginseng *m*.

Ginster [ˈgɪnstər] *m* ⟨~s; ~⟩ *bot.* genêt *m*; **~ˌblüte** *f* fleur *f* de genêt; **~ˌstrauch** *m* buisson *m* de genêts.

Gipfel [ˈgɪpfəl] *m* ⟨~s; ~⟩ sommet *m*; cime *f*; *von Bäumen auch* faîte *m*; *fig.* comble *m*; sommet *m*; apogée *m*; auf dem ~ des Ruhms au sommet, à l'apogée, au comble de la gloire; das ist der ~ der Unverschämtheit! c'est le comble de l'impertinence!; **~geˌspräch** *n pol.* conversation *f* au sommet; **~ˌhöhe** *f aviat.* plafond *m*; **2ig** *adj. meist in Zssgn.* à ... sommets; **~konfeˌrenz** *f pol.* conférence *f* au sommet; **~ˌkreuz** *n* croix *f* au sommet d'une montagne; **2n** *v/i.* ⟨-(e)le, h⟩ atteindre son point culminant (in avec); parvenir à son apogée (in avec); **~ˌpunkt** *m* point culminant; **2ˌständig** *adj. bot.* terminal; **~ˌtreffen** *n pol.* rencontre *f* au sommet; **~ˌtrieb** *m e-s Baumes* pousse *f* de la cime.

Gips [gɪps] *m* ⟨~es; ~e⟩ *minéral.* gypse *m*; *techn.* plâtre *m*; gebrannter ~ plâtre; gypse cuit, calciné; *chir.* in ~ legen mettre dans le plâtre; plâtrer; **~ˌabdruck** *m*, **~ˌabguß** *m* (moulage *m* en) plâtre *m*; **~ˌarbeit** *f* plâtrage *m*; plâtrerie *f*; *e-s Baues* plâtres *m/pl.*; **2ˌartig** *adj.* plâtreux, -euse; gypseux, -euse; **~ˌbauplatte** *f* carreau *m* de plâtre; **~ˌbaustein** *m* pierre *f* en plâtre; **~bett** *n chir.* coquille *f*; **~ˌbinde** *f cf.* ~verband; **~ˌbrennen** *n* calcination *f* du gypse; **~bruch** *m* plâtrière *f*; **~ˌbüste** *f* buste *m* en plâtre; **~ˌdecke** *f* plafond *m* en plâtre; **~ˌdiele** *f cf.* ~bauplatte; **2en I** *v/t.* ⟨-(es)t, h⟩ plâtrer; **II ~en** *n* ⟨~s⟩ plâtrage *m*; **~er** *m* ⟨~s; ~⟩ plâtrier *m*; **~erˌkelle** *f* plâtroir *m*; truelle *f* à plâtrer; **2ern** *adj.* de *od.* en plâtre; **~ˌestrich** *m* aire *f* de plâtre; **~fiˌgur** *f* plâtre *m*; **~ˌgrube** *f cf.* ~bruch; **2ˌhaltig** *adj.* gypsifère; gypseux, -euse; **~kalk** *m* plâtre cuit; **~kraut** *n bot.* gypsophila *m*; **~mehl** *n* plâtre *m* en poudre; **~ˌmergel** *m minéral.* marne gypseuse; **~moˌdell** *n* modèle *m* en plâtre; *kleines* maquette *f* en plâtre; **~ˌmörtel** *m* mortier *m* de plâtre; **~ˌofen** *m* plâtrière *f*; four *m* à plâtre; **~putz** *m* crépi *m*, enduit *m* de plâtre; **~spat** *m minéral.* spath gypseux; gypse *m* spathique; **~stein** *m minéral.* pierre *f* à plâtre; gypse *m*; **~stuck** *m* stuc *m*; **~verˌband** *m chir.* plâtre *m*; e-n ~ anlegen mettre un plâtre.

Gipüre [giˑˈpyːrə] *f* ⟨~; ~n⟩ *text.* guipure *f*.

Giraffe [giˑˈrafə] *f* ⟨~; ~n⟩ *zo.* girafe *f*.

Giralgeld [ʒiˑˈrɑːlˌgɛlt] *n comm.* monnaie scripturale.

Girandole [ʒiˑranˈdoːlə] *f* ⟨~; ~n⟩ *Feuerwerk* girandole *f*.

Gi|rant [ʒiˑˈrant] *m* ⟨~en; ~en⟩ *comm.* endosseur *m*; **~ˈrat** *m* ⟨~en; ~en⟩, **~raˈtar** *m* ⟨~s; ~e⟩ endossataire *m*; **2ˈrieren** *v/t.* ⟨*pas de ge-*, h⟩ **1.** endosser; e-n Wechsel ~ endosser un effet (auf, an au profit de, en faveur de); **2.** (*überweisen*) opérer un virement; virer.

Girl [gørl, gœrl] *n* ⟨~s; ~s⟩ fille *f*; *im Varieté* girl [gœrl] *f*.

Girlande [gɪrˈlandə] *f* ⟨~; ~n⟩ guirlande *f*; *bât. auch* feston *m*.

Girlitz [ˈgɪrlɪts] *m* ⟨~es; ~e⟩ *zo.* serin *m*.

Giro [ˈʒiːroˑ] *n* ⟨~s; ~s⟩ *comm.* **1.** endos(sement) *m*; **2.** (*Überweisung*) virement *m*; durch ~ par virement; **~abˌteilung** *f* service *m* des virements; **~ˌanweisung** *f* mandat *m* de virement; **~ˌauftrag** *m* ordre *m* de virement; **~ˌbank** *f* ⟨~; ~en⟩ banque *f* de virement; **~ˌeinlage** *f* dépôt *m* sur compte de virement; **~ˌguthaben** *n* compte créditeur de virement; **~ˌkasse** *f* caisse *f*, banque *f* de virement; **~ˌkonto** *n* compte (courant) *m* de virement.

Girondist [ʒiˑrõːˈdɪst] *m* ⟨~en; ~en⟩ *hist.* Girondin *m*.

Giro|netz [ˈʒiːroˑˌnɛts] *n* réseau *m* de banques de virement; **~verˌbindlichkeiten** *f/pl.* passif *m* des comptes de virement; **~verˌkehr** *m* opérations *f/pl.* de virement; **~zenˌtrale** *f* office central de virement.

girren [ˈgɪrən] **I** *v/i.* ⟨h⟩ *Tauben* roucouler (*auch fig.*); **II 2** *n* ⟨~s⟩ roucoulement *m*.

gis [gɪs] *n* ⟨~; ~⟩ *mus.* sol *m* dièse.

Gischt [gɪʃt] *m* ⟨~es⟩, *f* ⟨~⟩ embrun *m*; poudrin *m*.

gis-Moll [ˈgɪsmɔl] *n* ⟨~⟩ sol *m* dièse mineur.

Gitarr|e [giˑˈtarə] *f* ⟨~; ~n⟩ *mus.* guitare *f*; **~enˌsaite** *f* corde *f* de guitare; **~enˌspieler(in)** *m* ⟨~s; ~⟩ *(f)* ⟨~; ~nen⟩, **~ist(in)** [-ˈrɪst(ɪn)] *m* ⟨~en; ~en⟩ *(f)* ⟨~; ~nen⟩ guitariste *m, f*.

Gitter [ˈgɪtər] *n* ⟨~s; ~⟩ grille *f* (*auch rad., élect.*); *geflochtenes* grillage *m*; treillis *m*; *auf Landkarten* quadrillage *m*; optisches ~ réseau *m* optique; feinmaschiges ~ grillage à mailles fines; schmiedeeisernes ~ grille en fer forgé; mit e-m ~ versehen garnir d'une grille; treillisser; grillager; *fig.* hinter ~n en prison; sous les verrous; **~ˌbalken** *m cf.* ~träger; **~batteˌrie** *f élect.* batterie *f* de grille; **~ˌbett(chen)** *n* lit *m* à barreaux; **~ˌblech** *n* tôle perforée; **~ˌbrücke** *f* pont *m* en treillis; **~ˌfenster** *n* fenêtre grillagée, à barreaux; **2ˌförmig** *adj. u. adv.* en forme de grille, de grillage; **~ˌglas** *n* verre armé (à treillis métallique); **~konˌstante** *f élect.* constante *f* de grille; **~ˌkreis** *m élect.* circuit *m* de grille; **~ˌmasche** *f* maille *f* de grille; **~ˌmast** *m Hochspannungsleitung* pylône *m*, poteau *m* en treillis; **~modulatiˌon** *f élect.* modulation *f* par grille; **~ˌnetz** *n auf Landkarten* quadrillage *m*; **~ˌpflanze** *f bot.* aponogéton *m*; **~ˌrost** *m* grille *f*; **~ˌschwamm** *m bot.* clathre *m*; **~ˌspannung** *f élect.* tension *f* de grille; **~spektroˌgraph** *m opt.* spectrographe *m* à réseau; **~ˌstab** *m*, **~ˌstange** *f* barreau *m* de grille; **~ˌstoff** *m text.* canevas *m*; **~ˌstrom** *m élect.* courant *m* de grille; **~ˌtor** *n* porte grillagée, à claire-voie; **~ˌträger** *m* poutre *f* en treillis; *élect.* support *m* de grille; **~ˌtür** *f cf.* ~tor; **~ˌvorspannung** *f élect.* (tension *f* de) polarisation *f* de grille; **~ˌwechselˌspannung** *f élect.* tension alternative de grille; **~ˌwerk** *n* grillage *m*; treillis *m*; treillage *m*; mit ~ versehen grillager; treillisser; treillager; garnir d'un grillage, d'un treillis, d'un treillage; **~ˌzaun** *m* clôture *f* à claire-voie; treillis *m*; treillage *m*.

Glacé|handschuh [glaˈseːˌhantʃuː] *m* gant glacé; *fig.* j-n mit ~en anfassen prendre des gants avec qn.; **~ˌleder** *n* cuir glacé.

Glacis [glaˈsiː] *n* ⟨~; ~⟩ *fortif.* glacis *m*.

Gladiator [gladiˑˈɑːtər] *m* ⟨~s; -ˈtoren⟩ *hist.* gladiateur *m*.

Gladiole [gladiˑˈoːlə] *f* ⟨~; ~n⟩ *bot.* glaïeul *m*.

Glanz [glants] *m* ⟨~es⟩ *allg.* éclat *m*; *bes. von Metallen auch* brillant *m*; *e-s Stoffes auch* lustre *m*; *fig. st. s.* splendeur *f*; der äußere ~ l'éclat apparent; der ~ der Abendsonne, der Augen l'éclat du soleil couchant, des yeux; s-n ~ verlieren perdre son éclat; se ternir; in s-m ganzen ~ (er)strahlen briller de tout son éclat; **~blech** *n* tôle polie; **~ˌbürste** *f* brosse *f* à reluire, à faire briller.

glänzen [ˈglɛntsən] **I** *v/t.* ⟨-(es)t, h⟩ faire briller; faire reluire; *techn. cf. auch* ~d (machen); **II** *v/i.* briller; reluire; *fig.* mit s-n Kenntnissen ~ briller par ses connaissances; *iron.* durch Abwesenheit ~ briller par son absence; es ist nicht alles Gold, was glänzt *cf.* Gold; **III 2** *n* ⟨~s⟩ éclat *m*; resplendissement *m*; **~d 1.** *adjt.* brillant; éclatant; resplendissant; e-e ~e Idee une idée lumineuse; e-e ~e Lösung une solution excellente; ein ~es Schulzeugnis un livret excellent; e-e ~e Leistung une brillante performance; *phot.* chamois~chamois brillant; *techn.* ~ machen polir; *Metall auch* brunir; *Stoff, Pelz* lustrer; *Papier, Stoff* glacer; du siehst ~ aus tu as une mine resplendissante; **2.** *advt.* brillamment; avec éclat; das hast du ~ gemacht tu as fait cela à merveille; e-e Prüfung ~ bestehen réussir brillamment un examen; es bekommt mir ~ cela me réussit à merveille, merveilleusement; mir geht es ~ je vais très bien, à merveille; je me porte comme un charme; *cf. auch* hervorragend.

Glanz|garn ['glantsgarn] *n* fil glacé, lustré; **~gras** *n bot.* phalaride *f*; phalaris [-is] *m*; baldingera *f*; **~ˌkäfer** *m zo. sc.* nitidule *f*; (*Raps*2) méligèthe *m*; **~ˌkobalt** *n minéral.* cobaltine *f*; **~ˌleinwand** *f text.* toile gommée, lustrée; **~ˌleistung** *f* brillante performance; e-e schauspielerische ~ une brillante performance d'acteur; **2los** *adj.* sans éclat; terne (*beide auch fig.*); (*matt*) mat [mat]; **~ˌnummer** *f* numéro brillant; **~paˌpier** *n* papier glacé, satiné; **~ˌpappe** *f* carton glacé; **~periˌode** *f cf.* ~zeit; **~punkt** *m* moment le plus brillant; apogée *m*; F clou *m*; **~ruß** *m* suie cristallisée; **2ˌschleifen I** *v/t.* ⟨*nur inf. u. p.p.* glanzgeschliffen, h⟩ *techn.* polir à la meule; **II ~ˌschleifen** *n* ⟨~s⟩ polissage *m* à la meule; **~ˌstärke** *f* empois luisant; **~taft** *m* taffetas gommé; **2voll 1.** *adj.* brillant; splendide; éclatant; magnifique; **2.** *adv.* brillamment; magnifiquement; avec éclat; **~zeit** *f* époque brillante; **~zwirn** *m* fil glacé.

Glas [glɑːs] *n* ⟨~es⟩ **1.** *Material* verre *m*; farbiges, buntes ~ verre de couleur, coloré; getöntes ~ verre teinté; blindes ~ verre terne; optisches ~ verre optique; feuerfestes ~ verre à feu; geschliffenes ~ verre poli, taillé, surfacé; splitterfreies ~ verre de sécurité; wie ~ zerbrechen se casser comme du verre; Glück und ~, wie leicht bricht das *cf.* Glück; **2.** ⟨*pl.* ⸗er *bzw.* 2 ~ Bier⟩ (*Trink*2) verre *m*; (*Marmeladen*2) pot *m*; (*Einmach*2) bocal *m* (*pl.* bocaux); *comm.* ohne ~ verre non compris; *bei Flaschen* bouteille non comprise; aus e-m ~ trinken boire dans un verre; ein ~ Bier un verre de bière; *im Restaurant auch* une bière; un demi (*etwa* $^1/_3$ *l*); un bock (*etwa* $^1/_4$ *l*); ein ~ Wein un verre de vin; *im Restaurant auch* F un rouge; un blanc; ein ~ Champagner une coupe, un verre de champagne; *fig. u.* F zu tief ins ~ geguckt haben avoir bu un coup, un verre de trop; **3.** ⟨*pl.* ⸗er⟩ *abkürzend für verschiedene Geräte cf.* Brillen2 *etc.*; **4.** ⟨*pl.* ~en⟩ *mar.* (*halbe Stunde*) demi-heure *f*; **5.** *minéral.* (*nicht kristallines Gestein*) verre *m*; **~aal** *m zo.* civelle *f*; **~ˌarbeiter** *m* verrier *m*; **2ˌartig** *adj.* vitreux, -euse; **~ˌauge** *n* œil *m* de verre; **~baˌllon** *m* (*Korbflasche*) dame-jeanne *f*; **~bau** *m* ⟨~(e)s; ~ten⟩ construction *f* en verre; **~ˌbaustein** *m* brique *f* de verre; **~beˌarbeitung** *f* travail *m*, façonnage *m* du verre; **~ˌblasen** *n* soufflage *m* du verre; **~ˌbläser** *m* souffleur *m* de verre; **~bläserˌpfeife** *f* fêle *od.* felle *f*; **~ˌbohrer** *m* perceur *m* de verre; **~cheˌmie** *f* chimie *f* du verre.

Gläschen ['glɛːsçən] *n* ⟨~s; ~⟩ petit verre; ein ~ Wein un petit verre de vin; ein ~ zuviel trinken boire un verre, un coup de trop.

Glas|dach ['glɑːsdax] *n* toit en verre, vitré; verrière *f*; **~ˌdeckel** *m* couvercle *m* en verre; **~er** *m* ⟨~s; ~⟩ vitrier *m*; **~erˌarbeiten** *f/pl.* travaux *m/pl.* de vitrier; vitrage *m*; **~erdiaˌmant** *m* diamant *m* de vitrier; **~e'rei** *f* ⟨~; ~en⟩ vitrerie *f*; **~erˌhandwerk** *n* métier *m* de vitrier; **~erˌkitt** *m* mastic [-k] *m* de vitrier.

Gläserklang ['glɛːzərˌklaŋ] *poét.* *m* choc *m* de verres.

Glasermeister ['glɑːzərˌmaɪstər] *m* maître *m* vitrier.

gläsern ['glɛːzərn] *adj.* en, de verre; *Blick* vitreux, -euse; éteint; terne.

Glaserwerkstatt ['glɑːzərˌvɛrkʃtat] *f* atelier *m* de vitrier.

Glas|erzeugnis ['glɑːsˀɛrˌtsɔʏknɪs] *n* produit *m* en verre; **~ˌfaden** *m* fil *m* de verre; **~ˌfaser** *f* fibre *f* de verre; **~ˌfenster** *n* fenêtre vitrée; *e-s Schrankes etc.* vitre *f*; **~ˌfliese** *f* carreau *m* de verre; **~ˌflügler** *m zo.* sésie *f*; **~fluß** *m* strass *m*; **~ˌgalle** *f beim Glasschmelzen* fiel *m* de verre; suint *m*; **~geˌfäß** *n* récipient *m* en verre; **~geˌschirr** *n* vaisselle *f* de verre; verrerie *f*; **~geˌspinst** *n* tissu *m* de verre; **~ˌglocke** *f* cloche *f* (en verre); *e-r Uhr* globe *m*; **~ˌhafen** *m* creuset *m* de verrerie; **~harˌmonika** *f mus.* harmonica *m*; **2hart** *adj.* dur comme du verre; **~haus** *n jard.* serre *f*; wer im ~ sitzt, soll nicht mit Steinen werfen *prov.* il ne faut pas reprocher aux autres d'être dans un cas où l'on se trouve soi-même; **~haut** *f anat.* membrane *f* hyaloïde; **2hell** *adj.* vitré; *minéral.* hyalin; **~ˌhütte** *f* verrerie *f*; cristallerie *f*; **2ieren** [-'ziː-] **I** *v/t.* ⟨*pas de ge-*, h⟩ *cuis.*, *Keramik etc.* glacer; *Keramik auch* émailler; vernisser; **II ~ieren** [-'ziː-] *n* ⟨~s⟩ glaçage *m*; émaillage *m*; vernissage *m*; **2ig** *adj.* vitreux, -euse (*auch fig.*); *Keramik* ~ werden se vitrifier; **~indusˌtrie** *f* industrie *f* du verre; verrerie *f*; **~isoˌlator** *m* isolateur *m* en *od.* de verre; **2klar** *adj.* clair comme de l'eau de roche, comme du cristal; **~knopf** *m* bouton *m* de *od.* en verre; **~ˌkolben** *m chim.* ballon *m*; matras *m*; **~ˌkörper** *m anat.* corps vitré; **~kraut** *n bot.* pariétaire *f*; **~ˌkugel** *f* bille *f* de verre; **~ˌleinwand** *f* toile verrée, de verre; **~maleˌrei** *f* peinture *f* sur verre; **~ˌmasse** *f* masse *f* de verre; *cf. auch* ~satz; **~mehl** *n* poudre *f* de verre; verre pulvérisé; **~ˌofen** *m* four *m* de verrerie, à verre; **~oˌpal** *m minéral.* hyalithe *f*; **~paˌpier** *n* papier *m* de verre, verré; **~ˌpaste** *f cf.* ~fluß; **~ˌperle** *f* perle *f* de verre; **~platte** *f* plaque *f*, tablette *f* de verre; **~ˌpulver** *n cf.* ~mehl; **~rohr** *n*, **~ˌröhre** *f* tuyau *m*, tube *m* de verre; **~satz** *m* fritte *f*; **~ˌscheibe** *f* vitre *f*; carreau *m*; (*Glasplatte*) plaque *f* de verre; **~ˌscherbe** *f* morceau *m*, débris *m* de verre; tesson *m*; **~ˌschere** *f* ciseaux *m/pl.* à couper le verre; **~ˌschleifen** *n* doucissage *m*, polissage *m* du verre; **~ˌschleifer** *m* tailleur *m* de verre; *für Spiegel* polisseur *m*; **~schmalz** *m bot.* salicorne *f*; **~ˌschneiden** *n* coupage *m* du verre; **~ˌschneider** *m Instrument* coupe-verre *m*; **~schrank** *m* armoire vitrée; vitrine *f*; **~ˌseide** *f* soie *f* de verre; **~ˌspinnen** *n*, **~spinneˌrei** *f* filage *m*, filature *f* du verre; **~ˌsplitter** *m* éclat *m* de verre; **~ˌstahlbeˌton** *m* béton *m* translucide; **~ˌstöpsel** *m* bouchon *m* de *od.* en verre; **~ˌträne** *f* larme *f* batavique; **~tür** *f* porte vitrée; porte-fenêtre *f*.

Glasur [gla'zuːr] *f* ⟨~; ~en⟩ *von Keramik* émail *m*; vernis *m*; couverte *f*; glaçure *f*; *cuis.* glaçage *m*; glace *f*; **~ˌerz** *n* alquifoux *m*.

Glas|veranda ['glɑːsveˌranda] *f* véranda *f*; **~verˌsicherung** *f* assurance *f* contre les bris de vitre; **~wand** *f* vitrage *m*; cloison *f* en verre; **~ˌwaren** *f/pl.* verrerie *f*; *Schmuck* verroterie *f*; **~ˌwatte** *f* ouate *f* de verre; **~ˌwolle** *f* laine *f* de verre; **~ˌzange** *f* pincettes *f/pl.* à étirer le verre; **~ˌziegel** *m* brique *f* de verre.

glatt [glat] **1.** *adj.* ⟨~er *od.* ⸗er, ~est *od.* ⸗est⟩ *Oberfläche* lisse; uni; (*poliert*) poli; *Rechnung, Betrag* rond; *Straße, Pflaster* (*glitschig*) glissant; *fig. Reden* (*allzu gewandt*) mielleux, -euse; doucereux, -euse; *Fahrt* (*ohne Zwischenfall*) sans encombre; sans incident; sans accroc; ~es Haar cheveux lisses; ~e Haut peau lisse; es ist ~ (*glitschig*) ça glisse; c'est glissant; das kostet mich ~e hundert Mark cela me coûte facilement cent marks; *fig.* ~ wie ein Aal *cf.* aalglatt; e-e ~e Enttäuschung une vraie déception; das ist e-e ~e Lüge c'est un pur mensonge; **2.** *adv.* ~ rasiert rasé de près; ~ anliegen être juste; etw. ~ heraussagen dire qc. nettement, carrément, sans façons; déclarer qc. net; ~ (ab)gehen, ablaufen, vonstatten gehen se dérouler sans incident, sans accroc, sans encombre, sans obstacle; es geht nicht immer alles so ~ tout ne marche pas toujours si facilement; der Wagen hätte ihn ~ überfahren la voiture l'aurait écrasé net, l'aurait facilement écrasé; er hätte ~ gewonnen il aurait facilement, certainement gagné; das kostet ~ zweihundert Mark cela (vous) coûte aussitôt, tout de suite deux cents marks; etw. ~ ablehnen refuser qc. (tout) net [-t], carrément; etw. ~ leugnen nier qc. carrément; das habe ich ~ vergessen je l'ai simplement oublié; das bringt er ~ fertig il en est bien capable; **~ˌbürsten** *v/t.* ⟨-ete, *sép.*, -ge-, h⟩ lisser avec une brosse; **~ˌdrücken** *v/t.* ⟨*sép.*, -ge-, h⟩ planer à la machine à emboutir.

Glätte ['glɛtə] *f* ⟨~; ~n⟩ *techn.* lisse *f*; *der Straße* route glissante; glissance *f*; (*Blei*2) litharge *f*; *sonst verbal.*

Glatteis ['glatˀaɪs] *n* verglas *m*; es herrscht ~ il y a du verglas; *fig.* j-n aufs ~ führen entraîner qn. sur un terrain glissant.

Glätteisen ['glɛtˌˀaɪzən] *n techn.* polissoir *m*; fer *m* à polir.

Glatteisgefahr ['glatˀaɪsgəˌfɑːr] *f* danger *m* de verglas.

glätt|en ['glɛtən] **I** *v/t.* ⟨-ete, h⟩ lisser; (*polieren*) polir; *Metall auch* planer; *Glas* adoucir; *Papier, Stoff auch* calandrer; satiner; *Falten* effacer; *fig.* die Wogen ~ calmer les esprits; **II 2en** *n* ⟨~s⟩ lissage *m*; polissage *m*; adoucissage *m*; calandrage *m*; satinage *m*; **2ˌfeile** *f* lime douce, à polir.

glatt|geschoren ['glatgəˌʃoːrən] *adjt.* tondu ras, de près; **~ˌhaarig** *adj.* à poils *bzw.* à cheveux lisses; **2ˌhafer** *m bot.* fromental *m*; avoine élevée; *sc.* arrhenatherum [-ɔm] *f*; **~ˌhäutig** *adj.* à la peau lisse; **2heit** *f* ⟨~⟩ *cf.* Glätte; **2ˌhobel** *m* varlope *f*, rabot *m* à recaler; **~ˌhobeln** *v/t.* ⟨-(e)le, *sép.*, -ge-, h⟩ polir au rabot, à la varlope.

Glättkelle ['glɛtˌkɛlə] *f bât.* lisse *f*.

glatt|legen ['glatˌleːgən] *v/t.* ⟨*sép.*, -ge-, h⟩ mettre à plat; **~ˌmachen** *v/t.* ⟨*sép.*, -ge-, h⟩ **1.** *cf.* glätten; **2.** *comm.* régler; liquider.

Glättmaschine [ˈglɛtmaˌʃiːnə] *f* machine *f* à lisser, à planer; lisseuse *f*; *für Papier, Stoff auch* calandre *f*; satineuse *f*.
glatt|putzen [ˈglatˌputsən] *v/t.* ⟨-(es)t, *sép.*, -ge-, h⟩ *bât.* polir (un enduit); **~ˌrandig** *adj.* à bord lisse.
Glättscheibe [ˈglɛtˌʃaɪbə] *f techn.* disque *m* à lisser.
glatt|schleifen [ˈglatˌʃlaɪfən] *v/t.* ⟨*irr.*, *sép.*, -ge-, h⟩ adoucir, polir à la meule; **~ˌschneiden** *v/t.* ⟨*irr.*, *sép.*, -ge-, h⟩ *techn.* raser; couper ras; *Rand* couper droit.
Glättstahl [ˈglɛtʃtaːl] *m techn.* polissoir *m*, brunissoir *m* d'acier.
glatt|stellen [ˈglatˌʃtɛlən] *v/t.* ⟨*sép.*, -ge-, h⟩ *comm.* régler; liquider; **≗ˌstellung** *f* ⟨~⟩ *comm.* règlement *m*; liquidation *f*; **~ˌstreichen** *v/t.* ⟨*irr.*, *sép.*, -ge-, h⟩ lisser; **≗strich** *m bât.* chape *f*; enduit *m* lisse.
Glättung [ˈglɛtuŋ] *f* ⟨~⟩ *cf.* Glätten.
Glattwale [ˈglatˌvaːlə] *m/pl. zo.* balénidés *m/pl.*
Glättwalz|e [ˈglɛtˌvaltsə] *f* cylindre *m* à polir, à lisser; **~werk** *n* laminoir *m* à polir, à lisser.
glatt|weg [ˈglatvɛk] *adv.* (tout) net [-t]; carrément; **etw. ~ ablehnen** refuser qc. tout net, carrément; **~ˌzüngig** *adj.* (*schmeichlerisch*) mielleux, -euse; doucereux, -euse; flatteur, -euse.
Glatz|e [ˈglatsə] *f* ⟨~; ~n⟩ calvitie [-si] *f*; crâne *m*, tête *f* chauve; **e-e ~ haben** être chauve; **er bekommt e-e ~** il devient chauve; il se dégarnit; il a un début de calvitie; **~ˌflechte** *f vét.* trichophytie *f*; **~kopf** *m* chauve *m*; **≗ˌköpfig** *adj.* chauve.
Glaube [ˈglaubə] *m* ⟨~ns⟩ foi *f*, croyance *f* (an en, dans, à); **blinder ~** foi aveugle; **unerschütterlicher ~** foi inébranlable; **in gutem ~n handeln** agir de bonne foi, en toute bonne foi; **auf Treu und ~n** sur la *bzw.* ma, sa, *etc.* bonne foi; **j-m ~n schenken** croire qn.; **j-s Worten ~n schenken** accorder, donner, ajouter foi aux dires de qn.; donner, ajouter créance aux paroles de qn.; **den ~n an j-n, etw. verlieren** ne plus croire à qn., à qc.; perdre la foi en qn., en, dans qc.; **ich ließ ihn in s-m frommen ~n** je l'ai laissé à ses douces croyances; **der ~ an Gott** la foi, la croyance en Dieu; **der christliche ~** la foi chrétienne; **s-n ~n wechseln** changer de religion; **von s-m ~n abfallen** renier sa foi; être apostat; apostasier; **≗n I** *v/t.* ⟨h⟩ croire (qc.); **ich glaube es Ihnen** je vous crois; je le crois; **das kannst du mir ~** tu peux me croire, le croire, *st. s.* m'en croire; **das will ich ~!** je (le) crois bien!; **das glaube ich gerne** je le crois bien; **es ist schwer zu ~, daß …** il est difficile de croire que …; **ich kann es kaum ~!** j'ai de la peine, du mal à le croire!; je n'en reviens pas!; **es ist nicht zu ~!** c'est incroyable!; F ça n'est pas croyable!; **ich glaube nichts davon** je n'en crois rien; **man braucht ihm nicht alles zu ~** on n'est pas forcé de croire tout ce qu'il dit; **man sollte es nicht ~!** on ne le croirait, dirait pas!; **etw. steif und fest ~** croire qc. dur comme fer; **ich glaubte dich in Paris** je te croyais à Paris; **j-n etw. ~ machen** faire (ac)croire qc. à qn.; *iron. u.* F **wer's glaubt, wird selig!** à d'autres!; **das glaubst du ja selbst nicht!** tu ne le crois pas toi-même!; **II** *v/i.* croire; **j-m aufs Wort ~** croire qn. sur parole; **an j-n, etw. ~** croire à *od.* en qn., à *od.* en qc.; **an Gott ~** croire en Dieu; **ich glaube nicht daran** je n'y crois pas; **ich glaube, daß …** je crois que …; **~ Sie nur nicht, daß …!** n'allez pas croire que …!; **ich möchte fast ~, …** je suis près de croire …; je ne suis pas loin de croire …; **man könnte ~, …** on pourrait croire que …; **ich glaubte, recht zu haben** je croyais avoir raison, que j'avais raison; **ich glaubte, er sei Künstler** je croyais qu'il était artiste; je le croyais artiste; **ich glaube schon!** je crois bien!; F **daran ~ müssen** y rester; P y laisser sa peau; **III ~n** *m* ⟨~s⟩ *cf.* ~.
Glaubens|änderung [ˈglaubənsˌʔɛndəruŋ] *f* changement *m* de religion; **~arˌtikel** *m* article *m* de foi; **~beˌkenntnis** *n* profession *f* de foi (*auch fig.*); Credo *m*; *fig.* credo *m*; **das Apostolische ~** le Symbole des apôtres; **sein (politisches) ~ ablegen** faire sa profession de foi (politique), son credo (politique); **~ˌeifer** *m* zèle religieux; **~ˌfeind(in)** *m* (*f*) ennemi(e) *m* (*f*) de la foi; **≗ˌfest** *adj.* ferme dans la foi; **~ˌformel** *f* formulaire *m* de foi; **~ˌfrage** *f* question *f* de foi; **~ˌfreiheit** *f* liberté religieuse, des cultes; **~geˌmeinschaft** *f* communauté *f* des fidèles; **~geˌnosse, ~geˌnossin** *m*, *f* coreligionnaire *m*, *f*; **~ˌlehre** *f* dogmatique *f*; **≗ˌlos** *adj.* sans foi; incroyant; **~ˌrichtung** *f* tendance religieuse; **~ˌsache** *f* question *f*, matière *f* de foi; **~ˌsatz** *m* dogme *m*; **~ˌspaltung** *f* schisme *m*; dissidence religieuse; **~ˌstärke** *f* fermeté *f* de la foi; **~ˌstreit** *m* controverse, querelle confessionnelle, religieuse, dogmatique; **~ˌwechsel** *m cf.* **~änderung**; **~ˌzwang** *m* contrainte religieuse.
Glaubersalz [ˈglaubərˌzalts] *n chim.* sel *m* de Glauber; sulfate *m* neutre de sodium.
glaubhaft [ˈglauphaft] **1.** *adj.* croyable; vraisemblable; *Ausrede etc.* valable; **etw. ~ machen** rendre qc. vraisemblable; établir la vraisemblance de qc.; **2.** *adv.* **etw. ~ darstellen** présenter qc. avec vraisemblance; **≗igˌkeit** *f* ⟨~⟩ vraisemblance *f*; crédibilité *f*; **≗ˌmachung** *f* ⟨~⟩ *jur. e-r Behauptung* établissement *m* de la vraisemblance.
gläubig [ˈglɔʏbɪç] *adj.* **a)** *relig.* croyant; **~ sein** *auch* avoir la foi; **ein ~er Christ** un chrétien convaincu, pratiquant; **b)** (*vertrauensvoll*) confiant; **j-n mit ~en Augen ansehen** regarder qn. avec des yeux confiants; **≗e(r)** *m* ⟨→ A⟩ *relig. meist pl.* **die ~n** les fidèles *m/pl.*; les croyants *m/pl.*
Gläubiger|(in) [ˈglɔʏbɪgər(ɪn)] *m* ⟨~s; ~⟩ (*f*) ⟨~; ~nen⟩ *comm.* créancier, -ière *m*, *f*; **bevorrechtigter ~** créancier privilégié; **nicht gesicherter, nicht bevorrechtigter ~** créancier chirographaire [ki-]; **e-n ~ abfinden, befriedigen** désintéresser, satisfaire, payer un créancier; **e-n Vergleich mit den ~n schließen** s'accommoder, transiger, composer avec les créanciers; **die ~ benachteiligen** porter préjudice aux créanciers; **~ˌanspruch** *m* réclamation *f* d'un *od.* des créancier(s); **~ˌaufgebot** *n* convocation *f*, appel *m* des créanciers; **~ˌausschuß** *m* commission *f*, comité *m* des créanciers; **~beˌgünstigung** *f* préférence *f* illicite de créancier(s); **~beˌnachteiligung** *f* préjudice *m* aux créanciers; **~beˌstechung** *f* corruption *f* de créancier(s); **~ˌland** *n*, **~ˌstaat** *m* pays, État créancier; **~verˌsammlung** *f* assemblée *f* des créanciers; **~verˌzug** *m* demeure *f* du créancier.
Gläubigkeit [ˈglɔʏbɪçˌkaɪt] *f* ⟨~⟩ *relig.* foi *f*.
glaub|lich [ˈglauplɪç] *adj.* croyable; vraisemblable; probable; **das ist kaum ~** c'est à peine croyable; **~ˌwürdig** *adj.* digne de foi; digne d'être cru; croyable; **e-e ~e Behauptung** une affirmation digne de foi; **ein ~er Zeuge** un témoin croyable, digne de foi; **≗ˌwürdigˌkeit** *f* ⟨~⟩ *e-r Aussage* crédibilité *f*.
Glauko|dot [glaukoˑˈdoːt] *n* ⟨~(e)s; ~e⟩ *minéral.* glaucodot *m*; **~m** [-ˈkoːm] *n* ⟨~s; ~e⟩ *méd.* (*grüner Star*) glaucome *m*; **~ˈnit** *m* ⟨~s; ~e⟩ *minéral.* glauconie *f*; glauconite *f*; **~ˈphan** *m* ⟨~s; ~e⟩ *minéral.* glaucophane *f*.
glazi|al [glatsiˑˈaːl] *adj. géol.* glaciaire; **≗oloˈgie** *f* ⟨~⟩ glaciologie *f*.
gleich [glaɪç] **1.** *adj.* même; égal; pareil, -lle; identique; *im Wert* équivalent; **im ~en Alter** du même âge; **von der ~en Art** de la même sorte, espèce; **in ~er, auf ~e Weise** de la même manière; **in ~em Abstand** équidistant; à distance égale; **~e Winkel** angles égaux; **x (ist) ~ 3** x égale 3; **zu ~en Teilen** à parts égales; **~en Schritt halten** marcher d'un même pas, d'un pas égal; **an Wert ~ sein** être équivalent; avoir la même valeur; **von ~er Wirkung sein** avoir le même effet; **immer der ~en Meinung sein** être toujours du même avis; avoir toujours les mêmes idées; **im ~en Augenblick** au même instant, moment; **zur ~en Zeit** en même temps; simultanément; **~ und ~ gesellt sich gern** *prov. cf.* **gesellen**; **es läuft aufs ~e hinaus** cela revient au même; **das ~e gilt für …** c'est pareil, la même chose pour …; F **das ist alles ~** c'est kif-kif (bourricot); c'est le même tabac; F **das ist mir (ganz) ~** cela m'est (complètement) égal; **er ist nicht mehr der ~e wie früher** il n'est plus le même qu'autrefois; **≗es mit ≗em vergelten** rendre la pareille; rendre le mal pour le mal; **ein ≗es tun** faire de même; **2.** *adv.* **a)** (*sofort*) tout de suite; (*schon*) dès; déjà; **bis ~!** à tout à l'heure!; à tout de suite!; **(ich komme) ~!** (j'arrive) tout de suite!; **ich ging ~ zu Bett** je suis allé tout de suite au lit; je me suis couché tout de suite, immédiatement; **sag es doch ~!** dis-le donc tout de suite!; **er hat es ~ gemerkt** il l'a tout de suite remarqué; **~ als** juste comme; juste au moment où; **~ darauf, danach** tout de suite après; aussitôt après; **es ist ~ zehn Uhr** il est presque dix heures; **das Essen ist ~ fertig** le repas est tout de suite prêt; **das habe ich mir ~ gedacht** je m'en suis tout de suite douté; je l'ai tout de suite pensé; **das ist ~ geschehen** c'est tout de suite fait; c'est l'affaire d'un instant; **das hört sich ~ ganz anders an!** voilà qui est mieux!; j'aime mieux cela!; **mit e-r Antwort ~ bei der Hand sein** avoir la repartie prompte, facile; **~ heute** dès aujourd'hui; **~ zu Anfang** dès le début, le commencement; **er wird ~ zurückkommen** il va revenir tout de suite, d'un moment à l'autre; **wie heißt er doch ~?** comment s'appelle-t-il déjà?; **~ daneben** juste à côté; **~ gegenüber** juste en face; **b)** **~ schnell** aussi rapide *bzw.* aussi vite *od.* à la même vitesse (**wie** que); **~ groß** de (la) même grandeur; **~ weit (entfernt)** équidistant; à égale distan-

ce *st s.* ~ e-m König tel un roi; semblable à un roi; **beide reagieren** ~ ils réagissent tous deux de la même façon, de la même manière, pareillement, identiquement; ~ **gekleidet sein** être habillé pareil; **es geht uns allen** ~ nous sommes tous dans le même cas.

gleich|altrig ['glaıç,ʔaltrıç] *adj.* du même âge; **~ˌarmig** *adj. techn. Hebel* à bras égaux; **~ˌartig 1.** *adj.* de (la) même espèce, nature, sorte; semblable; analogue; similaire; identique; *phys.* homogène; **2.** *adv.* de la même manière, façon; pareillement; semblablement; **2ˌartigˌkeit** *f* ⟨~⟩ similitude *f*; ressemblance *f*; similarité *f*; analogie *f*; homogénéité *f*; **~beˌdeutend** *adjt.* qui signifie la même chose; qui a le même sens, la même signification; identique; équivalent; égal; *ling.* synonyme; **2beˌhandlung** *f Arbeitsrecht* égalité *f* de traitement; **~beˌrechtigt** *adjt.* égal en droits; ayant les mêmes droits; émancipé; ~ **sein** avoir les mêmes droits; **2beˌrechtigung** *f* égalité *f* des droits; émancipation *f*; **die ~ von Mann und Frau** l'égalité des droits de l'homme et de la femme; **politische ~** émancipation politique; **~ˌbleiben** *v/i. u. v/réfl.* ⟨*irr., sép.*, -ge-, sein⟩ rester le *bzw.* la même; rester égal à soi-même; **das bleibt sich gleich** cela revient au même; F c'est tout comme; **~ˌbleibend** *adjt.* (qui reste) constant, invariable; *Barometerstand etc.* stationnaire; **mit ~er Geschwindigkeit** avec une vitesse constante; *comm.* **~e Nachfrage (nach etw.)** demande constante (de qc.); **~en** *v/i. u. v/réfl.* ⟨gleicht, glich, geglichen, h⟩ ressembler (à qn., à qc.); se ressembler; **sie gleicht ihrer Mutter** elle ressemble à sa mère; **sie ~ sich (wie ein Ei dem andern)** ils *bzw.* elles se ressemblent (comme deux gouttes d'eau); **das gleicht e-m Wunder** cela tient du prodige; **~erˌmaßen, ~erˌweise** *adv.* pareillement; également; de la même manière, façon; de même; mêmement; **~falls** *adv.* également; pareillement; de même; **danke ~!** merci, (à) vous aussi!; **~ˌfarbig** *adj.* de la même couleur; **2ˌflügler** *m/pl. zo.* homoptères *m/pl.*; **~ˌförmig 1.** *adj.* uniforme (*auch phys.*); régulier, -ière; égal; monotone; **e-e ~e Bewegung** un mouvement uniforme; **2.** *adv.* uniformément; régulièrement; également; monotonement; **2ˌförmigˌkeit** *f* ⟨~⟩ uniformité *f*; régularité *f*; monotonie *f*; **~geˌrichtet** *adjt. techn.* placé dans la même direction, dans le même sens; parallèle; *élect.* redressé; **~geˌschlechtlich** *adj.* homosexuel, -lle; **~geˌsinnt** *adj.* ~ **sein** être animé(e)s des mêmes sentiments; avoir les mêmes idées, intérêts, opinions; **~e Menschen** personnes unies par les mêmes idées, sentiments, intérêts; **2geˌsinnte(r)** *f (m)* ⟨→ A⟩ personne animée des mêmes sentiments, partageant les mêmes idées, opinions; **~geˌstellt** *adjt.* (mis) au même rang, niveau; mis à égalité; assimilé; **~geˌstimmt** *adjt.* ayant les mêmes sentiments; vibrant à l'unisson.

Gleichgewicht ['glaıçgə,vıçt] *n* équilibre *m*; **das seelische, politische, wirtschaftliche ~** l'équilibre mental, politique, économique; *phys.* **stabiles, labiles, indifferentes ~** équilibre stable, instable, indifférent; **das ~ der Kräfte** l'équilibre, la balance des forces, des puissances; **mangelndes, gestörtes ~** déséquilibre *m*; **Störung des ~s** trouble *m* de l'équilibre; **das ~ verlieren, aus dem ~ kommen** perdre l'équilibre; **das ~ herstellen, etw. ins ~ bringen** mettre qc. en équilibre; équilibrer qc.; **aus dem ~ bringen** déséquilibrer; faire perdre l'équilibre à; rompre, bouleverser l'équilibre de; *fig.* ébranler; **das ~ halten** garder, maintenir l'équilibre; **sich das ~ halten** s'équilibrer; se faire équilibre; se contrebalancer; **im ~** en équilibre; équilibré; **~sbeˌdingung** *f* condition *f* d'équilibre; **~sgeˌfühl** *n cf.* **~ssinn**; **~sˌlage** *f* (position *f* d')équilibre *m*; **~sorˌgan** *n* organe équilibreur; **~sˌsinn** *m* sens *m* de l'équilibre; **~sˌstörung** *f* trouble *m* de l'équilibre; **~sˌübung** *f* exercice *m* d'équilibre; **~sˌzustand** *m* état *m* d'équilibre.

gleich|gültig ['glaıç,gʏltıç] **1.** *adj.* indifférent, insensible, impassible (gegen à); **von ~en Dingen sprechen** parler de la pluie et du beau temps; **ein ~es Gesicht machen** avoir, rester l'air indifférent; **s-e Gedanken sind mir ~** ses idées me sont indifférentes; **das ist mir ~** cela m'est indifférent, égal; cela ne me fait ni chaud ni froid; **~, zu welcher Zeit** à n'importe quelle heure; peu importe l'heure; quelle que soit l'heure (à laquelle ...); **~, ob er kommt oder nicht** (peu importe) qu'il vienne ou non; **~, was du machst** quoi que tu fasses; **2.** *adv.* avec indifférence; avec impassibilité; **~ zuschauen** regarder d'un air indifférent; **2ˌgültigˌkeit** *f* ⟨~⟩ indifférence *f*; insensibilité *f*; impassibilité *f*; F je-m'en-fichisme *m*; **2heit** *f* ⟨~⟩ égalité *f*; uniformité *f*; **~ vor dem Gesetz** égalité devant la loi; **2heitsˌzeichen** *n math.* signe *m* d'égalité; signe = (égale); **~ˌjährig** *adj.* de la même année; du même âge; **2klang** *m mus.* unisson *m*; consonance *f*; *ling. von Wortendungen* consonance *f*; *verschiedener Wörter* homonymie *f*; *von ungleicher Schreibung auch* homophonie *f*; *fig.* harmonie *f*; **~ˌkommen** *v/i.* ⟨*irr., sép.*, -ge-, sein⟩ égaler (qn., qc.); être l'égal de; équivaloir à; **das kommt e-m Verbrechen gleich** cela équivaut à un crime; **darin kommt ihm keiner gleich** il n'a pas son égal en la matière; **im Hochsprung kommt ihm keiner gleich** il n'a pas son égal en saut en 'hauteur; personne ne l'égale au saut en 'hauteur; **2lauf** *m techn.* synchronisme *m*; **~ˌlaufen** *v/i.* ⟨*irr., sép.*, -ge-, sein⟩ être parallèle; marcher parallèlement; être synchronisé; **~ˌlaufend** *adjt.* **1.** parallèle (mit à); **2.** synchronisé; **~ˌlautend** *adjt.* conforme; *ling.* homonyme; *bei verschiedener Schreibung auch* homophone; **~e Abschrift** copie conforme; **~ˌmachen** *v/t.* ⟨*sép.*, -ge-, h⟩ égaliser; égaler; rendre égal; niveler (*auch fig.*); **etw. dem Erdboden ~** raser qc.; **2macheˈrei** *f* ⟨~⟩ *péj.* manie *f* de tout niveler; nivellement *m*; **2ˌmachung** *f* ⟨~⟩ égalisation *f*; nivellement *m* (*auch fig.*); **2maß** *n* symétrie *f*; régularité *f*; *cf. auch* **2mäßigkeit**; **~ˌmäßig 1.** *adj. Anordnung* symétrique; *Bewegung* uniforme; constant; *Verteilung* égal; (*regelmäßig*) régulier, -ière; (*eintönig*) monotone; **2.** *adv.* **etw. ~ verteilen** répartir qc. également; **~ gut** toujours aussi bon; **2ˌmäßigˌkeit** *f* ⟨~⟩ *in der Anordnung* symétrie *f*; *der Bewegung* uniformité *f*; (*Regelmäßigkeit*) régularité *f*; (*Eintönigkeit*) monotonie *f*; **2mut** *m* constance *f*; égalité *f* d'humeur, d'âme; tranquillité *f* d'âme; impassibilité *f*; **~ˌmütig** *adj. u. adv.* d'humeur égale; impassible(ment); calme(ment); tranquille(ment); **2ˌmütigˌkeit** *f* ⟨~⟩ *cf.* **2mut**; **~ˌnamig** *adj.* de même nom; *élect.* de même signe; *math.* ~ **machen** réduire au même dénominateur.

Gleichnis ['glaıçnıs] *n* ⟨~ses; ~se⟩ parabole *f*; **in ~sen sprechen** parler par paraboles; **2ˌhaft** *adj.* parabolique.

gleich|ordnen ['glaıç,ʔɔrdnən] *v/t.* ⟨-ete, *sép.*, -ge-, h⟩ coordonner; **2ˌordnung** *f* coordination *f*; **~ˌphasig** *adj. élect.* en phase; **2polgeneˌrator** *m* génératrice *f* homopolaire; **~ˌpolig** *adj. élect.* homopolaire; **~ˌrangig 1.** *adj.* du même niveau; de la même importance; ~ **sein** *auch* être sur un pied d'égalité; **2.** *adv.* sur le même niveau; **~ˌrichten** *v/t.* ⟨-ete, *sép.*, -ge-, h⟩ *élect.* redresser; **2ˌrichter** *m* ⟨~s; ~⟩ *élect.* redresseur *m*; **2richterˌröhre** *f rad.* tube *m* redresseur; **2ˌrichtung** *f* ⟨~⟩ *élect.* redressement *m*; **~sam** *adv.* pour ainsi dire; comme; quasi(ment); en quelque sorte; **~ˌschalten** *v/t.* ⟨-ete, *sép.*, -ge-, h⟩ *techn.* synchroniser; *pol. u. fig.* mettre au pas; uniformiser; unifier; **2ˌschaltung** *f techn.* synchronisation *f*; *pol. u. fig.* mise *f* au pas; uniformisation *f*; **~ˌschenk(e)lig** *adj. math.* isocèle; **2schritt** *m* pas cadencé; **im ~ marschieren** marcher au pas cadencé; **~ˌsehen** *v/i.* (*u. v/réfl.*) ⟨*irr., sép.*, -ge-, h⟩ (se) ressembler; **~ˌseitig** *adj. math.* équilatéral; **~ˌsetzen** *v/t.* ⟨-(es)t, *sép.*, -ge-, h⟩ égaler (qn. à qn.); mettre sur le même plan, le même niveau; *math.* **x und 3 y ~** poser l'égalité: x égale 3 y; **~ˌsilbig** *adj.* parisyllabique; **~ˌstehen** *v/i.* ⟨*irr., sép.*, -ge-, h⟩ être égaux; s'égaler; *Sport nach Punkten* être à égalité; **~ˌstellen** *v/t.* ⟨*sép.*, -ge-, h⟩ mettre au même rang, au même niveau, sur le même plan, sur un pied d'égalité; ne pas faire de différence (entre); *sozial auch* assimiler; *rechtlich auch* émanciper; **2ˌstellung** *f* ⟨~⟩ mise *f* sur un pied d'égalité; *soziale* assimilation *f*; *rechtliche* émancipation *f*; **~ˌstimmig** *adj. cf.* **gleichgestimmt.**

Gleichstrom ['glaıçʃtro:m] *m élect.* courant continu; **Wechselstrom in ~ umwandeln** transformer du courant alternatif en courant continu; **~emˌpfänger** *m rad.* récepteur *m* à courant continu; **~geneˌrator** *m* génératrice *f* à courant continu; **~ˌleitung** *f* ligne *f* à courant continu; **~ˌmotor** *m* moteur *m* à courant continu; **~ˌnetz** *n* réseau *m* à courant continu; **~transforˌmator** *m* transformateur *m* à courant continu.

gleich|tun ['glaıçtu:n] *v/t.* ⟨*irr., sép.*, -ge-, h⟩ **es j-m ~** égaler qn.; faire comme qn.; **2ung** *f* ⟨~; ~en⟩ équation [ekwa-] *f*; **~ ersten, zweiten, dritten Grades** équation du premier, du second, du troisième degré; **e-e ~ lösen** résoudre une équation; **~ˈviel** *adv.* peu importe; **~, ob** ... peu importe que ... *od.* si ...; **2wellenˌfunk** *m rad.* radiodiffusion *f* par réseau synchronisé, sur fréquence commune; **~ˌwertig** *adj. von Sachen* équivalent; **~er Gegner** adversaire de même valeur, de même force; **j-m ~ sein** valoir qn.; **2ˌwertigˌkeit** *f* équivalence *f*; **~ˌwink(e)lig** *adj.* dont les angles sont égaux; aux angles égaux; équiangle; isogone; **~ˈwohl** *adv. u. conj.* néanmoins; tout de même; pourtant; quand même; **~ˌzeitig 1.** *adj.* simultané; concomitant; synchron(iqu)e; ~e **Anwesenheit** présence simultanée; ~e **Übersetzung** traduction simultanée; ~es **Vorhandensein** coexistence *f*; concomitance *f*; **2.** *adv.* simultanément; en même temps; à la fois; **mehrere Dinge ~ machen, betreiben** faire plusieurs choses à la fois, en même temps; **~ übersenden wir Ihnen ...** en même temps nous vous faisons parvenir ...; **2ˌzeitigˌkeit** *f* ⟨~⟩ simultanéité *f*; concomitance *f*; synchronisme *m*; **~ˌziehen** *v/i.* ⟨*irr.*, *sép.*, -ge-, h⟩ (*in gleicher Weise handeln*) faire de même; imiter; *Sport* (*einholen*) rattraper (**mit j-m** qn.); arriver à la hauteur (**mit j-m** de qn.); (*ausgleichen*) égaliser.

Gleis [glaɪs] *n* ⟨~es; ~e⟩ *chem.* voie (ferrée); rails [rɑːj] *m/pl.*; (*Wagenspur*) ornière *f*; **totes ~** voie de garage, en impasse; **das ~ freimachen** libérer la voie; **das Überschreiten der ~e ist verboten** défense de, il est défendu de traverser les voies; *fig.* **im alten ~ weitermachen** continuer comme par le passé, dans la même voie; suivre ses vieilles habitudes; **etw. wieder ins rechte ~ bringen** remettre qc. sur la bonne voie; arranger qc.; **aus dem ~ kommen** quitter ses habitudes; *Verhandlungen etc.* **auf ein totes ~ geraten** aboutir à une impasse; *cf. auch* ausgefahren; **~ˌabbau** *m* ⟨~(e)s⟩ dépose *f* de voies ferrées; **~ˌabschnitt** *m* tronçon *m*, section *f* de voie ferrée; **~ˌabstand** *m* entre-voie *f*; **~ˌabsteckung** *f* jalonnement *m*, piquetage *m* de voie ferrée; **~ˌanlage** *f* voies ferrées; **~ˌanschluß** *m* raccordement *m* de voie ferrée; embranchement (particulier); **~bau** *m* ⟨~(e)s⟩ construction *f* de voies ferrées; **~bauˌmaˌschine** *f* machine *f* pour la pose de voies ferrées; **~ˌbettung** *f* ballast [-st] *m* de voie ferrée; **~bild** *n* tableau *m* (schématique) des voies; **~bildˌstellwerk** *n* combinateur *m*; poste *m* d'aiguillage à tableau de contrôle optique (des voies); **~ˌbremse** *f* frein *m* de voie; **~ˌdreieck** *n* triangle *m* de voies ferrées; **~erˌneuerung** *f* réfection *f* de voie ferrée; **~ˌhebung** *f* relèvement *m* de voie ferrée; **~ˌkette** *f* chenille *f*; **~kettenˌfahrzeug** *n* véhicule *m* à chenilles.

Gleisner ['glaɪsnər] *m* ⟨~s; ~⟩ *cf.* Heuchler.

Gleiße ['glaɪsə] *f* ⟨~; ~n⟩ *bot.* petite ciguë; faux persil [-si]; ciguë *f* des jardins.

gleißen ['glaɪsən] *v/i.* ⟨-(es)t, h⟩ *cf.* glänzen.

Gleis|senkung ['glaɪsˌzɛŋkuŋ] *f* affaissement *m* de voie ferrée; **~ˌstopfmaˌschine** *f* bourreuse *f*; **~ˌstromkreis** *m* circuit *m* de voie; **~ˌtafel** *f* tableau *m* schématique des voies; **~ˌübergang** *m* passage *m* à cabrouets; **~unterˌhaltung** *f* entretien *m* de voies ferrées; **~verˌankerung** *f* ancrage *m* de voie ferrée; **~verˌbindung** *f* jonction *f* de voies ferrées; **~verˌlegung** *f* pose *f* de voie ferrée; **~ˌwaage** *f* bascule *f* à wagons.

Gleit|bahn ['glaɪtbɑːn] *f* (*Rutsche*) glissoir *m*; *mines* couloir *m*; *techn.* (*Führung*) glissière *f*; guide *m*; **~boot** *n* *mar.* hydroglisseur *m*; **2en I** *v/i.* ⟨gleitet, glitt, geglitten, sein⟩ glisser; **über etw. ~** glisser sur qc.; *mit den Händen* passer les mains sur qc.; effleurer qc. des *od.* avec les mains; **II ~en** *n* ⟨~s⟩ glissement *m*; **2end** *adjt.* glissant; *fig.* mobile; **~e Preise** prix mobiles; **~e Lohnskala** échelle mobile des salaires; **~e Arbeitswoche** semaine de travail mobile; **~er Zoll** droits mobiles; **~er** *m* ⟨~s; ~⟩ *Segelflug* planeur *m*; **~ˌfläche** *f techn.* surface *f* de glissement; **~flug** *m* vol plané; **im ~** en vol plané; **~ˌflugzeug** *n cf.* ~er; **~hang** *m* pente douce; **~konˌtakt** *m techn.* contact *m* de glissement; **~ˌkufe** *f aviat.* patin *m*; ski *m*; **~ˌlager** *n techn.* palier *m* (à coussinet) lisse; palier *m* de glissement; **~ˌschiene** *f* glissière *f*; **~schuh** *m* patin *m*; **~schutz** *m Auto* antidérapant *m*; **~schutzˌkette** *f* chaîne antidérapante; **~schutzˌreifen** *m* pneu antidérapant; **~sitz** *m techn.* ajustement glissant; *im Rennboot etc.* siège *m* à glissière; **~stoß** *m esc.* coulé *m*; **~stück** *n* glissoir *m*; **~ung** *f* ⟨~⟩ glissement *m*; **~wachs** *n Ski* fart [fart] *m*; **~ˌwiderstand** *m* résistance *f* au glissement; **~ˌwinkel** *m aviat.* angle *m* de descente (en vol plané).

Gletscher ['glɛtʃər] *m* ⟨~s; ~⟩ glacier *m*; **~ˌbach** *m* torrent *m* glaciaire; **~ˌbildung** *f* formation *f* de glaciers; **~ˌbrand** *m* coup *m* de soleil (en montagne); **~ˌbruch** *m* sérac *m*; **~ˌkunde** *f* glaciologie *f*; **~ˌsee** *m* lac *m* glaciaire; **~ˌspalte** *f* crevasse *f* (d'un glacier); **~ˌtor** *n* sortie *f* d'un torrent glaciaire; **~ˌtour** *f* excursion *f* sur les glaciers; **~ˌzunge** *f* langue *f* glaciaire, d'un glacier.

Glia ['gliːa] *f* ⟨~⟩ *anat.* névroglie *f*.

glich [glɪç] *cf.* gleichen.

Glied [gliːt] *n* ⟨~(e)s; ~er⟩ **1.** *anat.* membre *m*; (*Finger2*, *Zehen2*) phalange *f*; *von Gliedertieren* article *m*; segment *m* (*auch e-s Bandwurms*); **männliches ~** membre viril; verge *f*; pénis [-is] *m*; **künstliches ~** membre artificiel; prothèse *f*; **an allen ~ern zittern** trembler de tous ses membres; **der Schrecken fuhr ihm in alle ~er** la frayeur lui coupa bras et jambes; il fut frappé de terreur; **ich kann kein ~ mehr rühren** je ne peux même plus remuer le petit doigt; **2.** *fig. e-r Gemeinschaft* membre *m*; **3.** *bibl.* génération *f*; **bis ins dritte und vierte ~** jusqu'à la troisième et quatrième génération; **4.** *milit.* rang *m*; **in Reih und ~** en rangs; **in Linie zu drei ~ern antreten** se rassembler, se mettre en ligne sur trois rangs; **aus dem ~ treten** sortir des rangs; **ins ~ zurücktreten** rentrer dans les rangs; **5.** *e-r Kette* maillon *m*; chaînon *m*; **6.** *math.*, *Logik* terme *m*; **~erˌbau** *m* ⟨~(e)s⟩ membrure *f*; structure *f* des membres; **von kräftigem ~** bien membré; **...2(e)ˌrig** *adj. in Zssgn.* **1.** *par ex.* **fein~** aux membres délicats; **2.** *math. par ex.* **zwei~** de deux termes; **~erˌfüßer** *m/pl.* *zo.* arthropodes *m/pl.*; **2erˌlahm** *adj.* perclus; impotent; paralytique; **~erˌmaßstab** *m* mètre pliant.

gliedern ['gliːdərn] **I** *v/t.* ⟨-(e)re, h⟩ (*unterteilen*) (sub)diviser, organiser (in en); sectionner; *geistige Arbeit* arranger; classer; ordonner; **II** *v/réfl.* **sich ~** se diviser (in en).

Glieder|puppe ['gliːdərˌpupə] *f für Künstler* mannequin *m*; *Kinderspielzeug* poupée articulée; (*Marionette*) marionnette *f*; **~ˌreißen** *n* rhumatisme(s) *m* (*pl.*); **~ˌriemen** *m* courroie articulée; **~ˌschmerz** *m* douleur *f* dans les membres; **~ˌtiere** *n/pl. zo.* articulés *m/pl.*; **~ung** *f* ⟨~; ~en⟩ (*Unterteilung*) division *f*; organisation *f*; classement *m*; répartition *f*; classification *f*; (*Anordnung*) arrangement *m*; disposition *f*; (*Struktur*) structure *f*; *e-s Aufsatzes etc.* plan *m*; *biol.* articulation *f*.

Glied|maßen ['gliːtˌmɑːsən] *f/pl.* membres *m/pl.*; **~satz** *m gr.* proposition dépendante, subordonnée; **~staat** *m* État *m* membre (d'une fédération); **2ˌweise** *adv. anat.* membre par membre; *milit.* par rangs.

glimm|en ['glɪmən] *v/i.* ⟨glimmt, glomm *od.* glimmte, geglommen *od.* geglimmt, h⟩ rougeoyer; être en ignition; brûler sans flamme; **2entˌladung** *f élect.* décharge *f* électrique à faible luminescence (dans les gaz).

Glimmer ['glɪmər] *m* ⟨~s; ~⟩ *minéral.* mica *m*; **2ˌartig**, **2ˌhaltig** *adj.* micacé; **~ˌplättchen** *n* paillette *f*, lame *f* de mica; **~ˌschiefer** *m* micaschiste [-ʃ-] *m*.

Glimm|lampe ['glɪmˌlampə] *f élect.* (petite) lampe luminescente (au néon); **~licht** *n* faible luminescence *f* (dans les lampes à décharge); **~ˌstengel** *m* F (*Zigarette*) P sèche *f*; cibiche *f*.

glimpflich ['glɪmpflɪç] *adv.* **~ davonkommen** s'en tirer à bon compte; en être quitte à bon compte; **mit j-m ~ verfahren** se montrer indulgent envers *od.* avec qn.; user d'indulgence, de bons procédés envers qn.

Gliom [gliˈoːm] *n* ⟨~s; ~e⟩ *méd.* gliome *m*.

Glissando [glɪˈsandoˑ] *n* ⟨~s; ~s *od.* -di⟩ *mus.* glissando *m*.

glitsch|en [ˈglɪtʃən] F *v/i.* ⟨sein⟩ glisser; **~ig** *adj.* glissant.

glitt [glɪt] *cf.* gleiten.

glitzern ['glɪtsərn] **I** *v/i.* ⟨-(e)re, h⟩ scintiller; étinceler; **II 2** *n* ⟨~s⟩ scintillement *m*.

global [gloˑˈbɑːl] **1.** *adj.* (*weltweit*) mondial; planétaire; (*alles umfassend*) global; **2.** *adv.* globalement.

Globetrotter ['gloːpˌtrɔtər] *m* ⟨~s; ~⟩ globe-trotter [-ɛːr] *m*.

Globigerinen [gloˑbiˑgeˑˈriːnən] *f/pl.* *zo.* globigérines *f/pl.*; **~ˌschlamm** *m* *géol.* vase abyssale formée de globigérines.

Glob|in [gloˑˈbiːn] *n* ⟨~s⟩ *biol.*, *chim.* globine *f*; **~u'lin** *n* ⟨~s; ~e⟩ *biol.*, *chim.* globuline *f*.

Globus ['gloːbus] *m* ⟨~ *od.* ~ses; -ben *od.* ~se⟩ globe *m* terrestre; mappemonde *f*.

Glöckchen ['glœkçən] *n* ⟨~s; ~⟩ clochette *f* (*auch bot.*); grelot *m*.

Glocke ['glɔkə] *f* ⟨~; ~n⟩ cloche *f* (*auch Käse2*, *Taucher2*, *Kuh2 etc.*); *größte e-s Geläutes* bourdon *m*; (*Sturm2*, *Feuer2*) tocsin *m*; (*Präsidenten2*, *Klingel*) sonnette *f*; *am Florett* coquille *f*; **die ~n läuten** sonner les cloches; *fig.* **etw. an die große ~ hängen** crier qc. sur les toits; claironner qc.; **wissen, was die ~ geschlagen hat** savoir à quoi s'en tenir.

Glocken|blume ['glɔkənˌbluːmə] *f* *bot.* campanule *f*; **~ˌblumengeˌwächse** *n/pl. bot.* campanulacées *f/pl.*; **2ˌförmig** *adj.* en forme de cloche; *bot.* campanulé; **~geˌläut** *n* sonnerie *f*, tintement *m* des cloches; *besser verbal*; **unter ~** au son des cloches; **~ˌgießer** *m* fondeur *m* de cloches; **~gießeˌrei** *f* fonderie *f* de cloches; **~ˌguß** *m* fonte *f* de cloches; **~ˌklang** *m* son *m* des cloches; **~ˌklöppel** *m cf.* ~schwengel; **~ˌrock** *m cout.* jupe *f* cloche; **~ˌschlag** *m* coup *m* de cloche; **mit dem ~** à l'heure tapante, précise; **~ˌschwengel** *m* battant *m* (de cloche); **~ˌseil** *n* corde *f* de cloche; **~ˌspeise** *f* métal *m* de cloche; **~ˌspiel** *n auf Rathaustürmen* carillon *m*; *Musikinstrument* jeu *m* de cloches; **~ˌstuhl** *m* char-

pente *f* soutenant une *bzw.* des cloche(s); **~ₗtierchen** *n zo.* vorticelle *f*; **~ₗturm** *m* clocher *m*; *freistehender auch* campanile *m*; (*Rathaus*2) beffroi *m*; **~ₗtürmchen** *n* clocheton *m*; **~ₗweihe** *f* baptême *m* d'une *bzw.* de cloche(s); **~ₗzeichen** *n* signal *m* de la cloche.
glockig ['glɔkɪç] *adj. cf.* glockenförmig.
Glöck|lein ['glœklaɪn] *n* ⟨~s; ~⟩ *cf.* Glöckchen; **~ner** *m* ⟨~s; ~⟩ sonneur *m* de cloches; carillonneur *m*.
glomm [glɔm] *cf.* glimmen.
Glor|ia ['glo:riˑa] *n* ⟨~s; ~s⟩ *égl.* gloria *m*; *iron.* mit Glanz und ~ brillamment; avec éclat; **~iaₗseide** *f* gloria *m*; **~ie** *f* ⟨~; ~n⟩ *relig.* gloire (éternelle); **~ienₗschein** *m* auréole *f*; gloire *f*; **~i'ette** *f* ⟨~; ~n⟩ *bât.* gloriette *f*; **2ifi'zieren** *v/t.* ⟨*pas de ge-*, h⟩ glorifier; **~i'ole** *f* ⟨~; ~n⟩ auréole *f*; **2reich 1.** *adj.* glorieux, -euse; **2.** *adv.* glorieusement.
Gloss|ar [glɔ'sɑ:r, gloˑ'sɑ:r] *n* ⟨~s; ~e⟩ glossaire *m*; **~ator** *m* ⟨~s; -'toren⟩ glossateur *m*; **~e** ['glɔsə, 'glo:-] *f* ⟨~; ~n⟩ *zu e-m Text* glose *f*; *fig. auch* commentaire spirituel, moqueur; *fig.* s-e ~n über etw. machen *cf.* glossieren; **~enₗsammlung** ['glɔ-] *f* recueil *m* de gloses; **2ieren** *v/t.* ⟨*pas de ge-*, h⟩ commenter, critiquer spirituellement, d'une façon moqueuse; gloser, faire des gloses sur.
Glottis ['glɔtɪs] *f* ⟨~; -ttes⟩ *anat.* glotte *f*.
Glotz|auge ['glɔtsₗˀaʊgə] F *n* œil proéminent, à fleur de tête, F en boule de loto; *méd.* ~n exophtalmie *f*; ~n machen *cf.* glotzen; **2ₗäugig** *adj.* qui a les yeux proéminents, à fleur de tête; **2en** *v/i.* ⟨-(es)t, h⟩ ouvrir de grands yeux; faire des yeux en boule de loto.
Gloverturm ['glavəₗtʊrm] *m techn.* tour *f* de Glover.
Gloxinie [glɔ'ksi:niˑə] *f* ⟨~; ~n⟩ *bot.* gloxinia *m*.
gluck [glʊk] *int. Flüssigkeit* F ~ ~ machen faire glouglou.
Glück [glʏk] *n* ⟨~(e)s⟩ *zufälliges* chance *f*; F veine *f*; *inneres* bonheur *m*; (*Zufall*) 'hasard *m*; (*Schicksal*) fortune *f*; junges ~ bonheur tout neuf; eheliches, häusliches ~ bonheur conjugal, du foyer; Hans im ~ *etwa* Jean le veinard; zum ~ par bonheur; heureusement; zu meinem ~ heureusement pour moi; auf gut ~ au petit bonheur; à l'aventure; au hasard; viel ~! bonne chance!; viel ~ zum neuen Jahr! tous mes vœux de bonheur pour l'année nouvelle; *Bergmannsgruß* ~ auf! bonne chance!; *Fliegergruß* ~ ab! bonne chance!; das ~ war auf s-r Seite la chance était de son côté; es war sein ~, daß ... il a eu de la chance que ...; es ist ein wahres ~, daß ... quelle chance que ... (+ *subj.*); welches ~, daß er noch lebt! quel bonheur qu'il vive encore!; welches ~, Sie hier zu treffen! quelle chance de vous rencontrer ici!; er ist mein ganzes ~ il est tout mon bonheur; ~ bedeuten être de bon augure; vom ~ begünstigt sein être favorisé par la chance; zu j-s ~ beitragen contribuer au bonheur de qn.; ~ bringen porter bonheur, chance; ~ haben avoir de la chance, F de la veine; ~ im Unglück haben avoir de la chance dans la malchance; F ein unverschämtes ~ haben avoir une veine de pendu; F mehr ~ als Verstand haben avoir plus de chance que d'intelligence; das ~ haben, zu ... avoir le bonheur de ...; endlich lächelte ihm das ~ la chance lui a enfin souri; sein ~ machen faire fortune; dem ~ nachhelfen aider le hasard; da kannst du von ~ sagen tu peux t'estimer heureux; j-s ~ im Wege stehen faire obstacle au bonheur de qn.; sich auf sein ~ verlassen se fier à sa chance; das ~ hat ihn verlassen la chance l'a abandonné; sein ~ versuchen tenter sa chance; j-m ~ wünschen souhaiter du bonheur à qn.; *für ein Vorhaben* souhaiter bonne chance à qn.; man kann niemanden zu s-m ~ zwingen on ne peut forcer personne à être heureux; jeder ist s-s ~es Schmied *prov.* chacun est l'artisan de sa fortune *prov.*; Unglück im Spiel, ~ in der Liebe malheureux au jeu, heureux en amour *prov.*; ~ und Glas, wie leicht bricht das! *prov.* le bonheur est chose fragile; **2ₗbringend** *adjt.* qui porte bonheur.
Glucke ['glʊkə] *f* ⟨~; ~n⟩ **1.** *zo. Henne* couveuse *f*; mère *f* poule; **2.** *zo. Schmetterling* gastropacha *m*; **2n** *v/i.* ⟨h⟩ *Henne* glousser.
glücken ['glʏkən] *v/imp. u. v/i.* ⟨sein⟩ *cf.* gelingen.
gluckern ['glʊkərn] *v/i.* ⟨-(e)re, h⟩ *Flüssigkeit* faire glouglou; glouglouter.
Gluckhenne ['glʊkₗhɛnə] *f cf.* Glukke 1.
glücklich ['glʏklɪç] **1.** *adj.* **a)** *von Personen* heureux, -euse; ~ ist, wer vergißt (, was nicht mehr zu ändern ist) heureux celui qui oublie (ce qui ne peut plus être changé); sich ~ schätzen s'estimer heureux, -euse; se féliciter; **b)** *von Dingen* bon, -nne; heureux, -euse; e-e ~e Lösung une bonne, heureuse solution; e-e ~e Hand haben avoir la main heureuse; durch e-n ~en Zufall par un heureux 'hasard; welcher ~e Zufall führt Sie hierher? quel bon vent vous amène?; ~e Reise! bon voyage!; **2.** *adv.* **a)** heureusement; d'une façon heureuse; bien; ~ ankommen, ans Ziel kommen arriver bien, à bon port; ~ verlaufen, vonstatten gehen se passer, se dérouler bien; etw. ~ formulieren formuler qc. d'une heureuse façon; **b)** (*schließlich*) finalement; en fin de compte; als er ~ sein ganzes Geld ausgegeben hatte ... quand il eut en fin de compte *od.* finalement dépensé tout son argent ...; **2e(r)** *f* (*m*) ⟨→ A⟩ heureux, -euse *m, f*; Sie ~r! heureux que vous êtes!; dem ~n schlägt keine Stunde *prov.* celui qui est heureux ne voit pas le temps passer; **~erₗweise** *adv.* heureusement; par bonheur; ~ haben Sie ... heureusement que vous avez ...
Glück|sbringer ['glʏksₗbrɪŋər] *m* ⟨~s; ~⟩ porte-bonheur *m*; **2'selig** *adj.* bienheureux, -euse; **~'seligₗkeit** *f* ⟨~⟩ félicité *f*; *relig.* béatitude *f*.
glucksen ['glʊksən] *v/i.* ⟨-(es)t, h⟩ glousser.
Glücks|fall ['glʏksfal] *m* coup *m* de chance; (bonne) aubaine; F veine *f*; **~geₗfühl** *n* sentiment *m* du bonheur; **~ₗgöttin** *f* déesse *f* du hasard; la Fortune; **~ₗgüter** *n/pl.* biens *m/pl.*; richesses *f/pl.*; **~ₗkäfer** *m cf.* Marienkäfer; **~kind** *n cf.* ~pilz; **~klee** *m* trèfle *m* porte-bonheur; trèfle *m* à quatre feuilles; **~ₗpfennig** *m* (pièce *f* d'un) pfennig *m* porte-bonheur; **~pilz** *m* veinard *m*; chanceux *m*; ein ~ sein *auch* F être verni; **~rad** *n* roue *f* de la Fortune; *Lotterie* roue *f* de loterie; **~ₗritter** *m* aventurier *m*; **~ₗsache** *f* question *f*, affaire *f* de chance; das ist reine ~ c'est une question de pur 'hasard; **~spiel** *n* jeu *m* de hasard; **~spielautoₗmat** *m* appareil *m* à sous; **~ₗspieler (-in)** *m* (*f*) joueur, -euse *m, f*; **~stern** *m* bonne étoile; **~ₗsträhne** *f* suite *f* de coups de chance; coups *m/pl.* de chance en série; **~tag** *m* jour *m* de chance.
glückstrahlend ['glʏkₗʃtrɑ:lənt] *adjt.* rayonnant de bonheur; radieux, -euse.
Glücks|treffer ['glʏksₗtrɛfər] *m* coup *m* de chance; **~ₗumstand** *m* circonstance heureuse; **~verₗtrag** *m jur.* contrat *m* aléatoire; **~zahl** *f* chiffre *m* porte-bonheur.
glück|verheißend ['glʏkfɛrₗhaɪsənt] *adjt.* de bon augure; **2wunsch** *m zu e-m Erfolg* félicitations *f/pl.* (zu pour); *für die Zukunft* vœux *m/pl.* de bonheur; herzlichen ~! (toutes mes) félicitations!; j-m s-n ~, s-e Glückwünsche aussprechen féliciter qn. (zu de, pour); **2wunschaₗdresse** *f* adresse *f* de félicitations; **2wunschₗkarte** *f* carte *f* de félicitations; **2wunschₗschreiben** *n* lettre *f* de félicitations; **2wunschteleₗgramm** *n* télégramme *m* de félicitations.
Glüh|birne ['gly:ₗbɪrnə] *f élect.* ampoule *f* (électrique); **~draht** *m cf.* ~faden; **2en I** *v/t.* ⟨h⟩ *techn.* recuire; **II** *v/i. Metall, Kohlen etc.* être rouge, incandescent; *fig. Berge, Himmel etc.* être embrasé; rougeoyer; *Gesicht* être rouge, en feu; vor Begeisterung ~ brûler d'enthousiasme; **III ~en** *n* ⟨~s⟩ *techn.* recuit *m*; recuite *f*; zum ~ bringen porter au rouge, à l'incandescence; *cf. auch* Glut; **2end 1.** *adjt. Metall, Kohlen, Asche* rouge; incandescent; ardent; *fig.* fervent; ardent; *Gesicht* rouge; en feu; ~e Hitze fournaise *f*; chaleur torride; ein ~er Verehrer un fervent adorateur; mit ~en Hingabe avec ardeur, feu; auf ~en Kohlen sitzen être sur des charbons ardents; ~ machen faire rougir; chauffer au rouge; porter à l'incandescence; **2.** *advt.* ~ heiß brûlant; *Wetter* torride; **~ₗfaden** *m élect.* filament *m*; **~kaₗthode** *f rad.* cathode chaude, incandescente; **~kaₗthodenₗgleichrichter** *m élect.* redresseur *m* à cathode chaude, incandescente; **~ₗkerze** *f Dieselmotor* bougie *f* de réchauffement; **~kopf** *m mot.* calotte incandescente; boule chaude; **~kopfₗmotor** *m* moteur *m* à calotte incandescente, semi-diesel; **~ₗkörper** *m* corps incandescent; **~ₗlampe** *f* lampe *f* (électrique) à incandescence; **~licht** *n* lumière *f* de lampe à incandescence; **~ₗofen** *m techn.* four *m* à recuire, de recuit; **~strumpf** *m techn.* manchon *m* à incandescence; **~wein** *m cuis.* vin chaud; **~wurm** *m*, **~ₗwürmchen** *n zo.* ver luisant.
Gluk|agon [gluˑka'go:n] *n* ⟨~s⟩ *chim., biol.* glucagon *m*; **~osa'min** *n* ⟨~s⟩ *chim., biol.* glucosamine *f*; **~ose** [-'ko:zə] *f* ⟨~⟩ *chim.* glucose *m*; **~o'side** *pl. chim.* glucosides *m/pl.*
Glut [glu:t] *f* ⟨~; ~en⟩ **1.** (*Glühen*) incandescence *f*; (*Holz*2, *Kohlen*2) braise *f*; *starke* brasier *m*; **2.** *fig. e-r Leidenschaft etc.* ardeur *f*; ferveur *f*; feu *m*.
Glut|amin [gluˑta'mi:n] *n* ⟨~s⟩ *chim.* glutamine *f*; **~a'minₗsäure** *f chim.* acide *m* glutamique; **~athi'on** *n* ⟨~s⟩ *chim., biol.* glutathion *m*; **~en** [-'te:n] *n* ⟨~s⟩ *Pflanzenstoff* gluten [-ɛn] *m*.
Glut|hauch ['glu:thaʊç] *m* souffle brûlant, embrasé; **~ₗhitze** *f* chaleur *f* torride; fournaise *f*; **2rot** *adj.* embrasé.

Glyk|ämie [gly·kɛ'miː] *f* ⟨~⟩ *méd.* glycémie *f*; **~o'gen** *n* ⟨~s⟩ *chim., biol.* glycogène *m*; **~o'koll** *n* ⟨~s⟩ *chim.* glycocolle *m*; glycine *f*; **~ol** [-'koːl] *n* ⟨~s⟩ *chim.* glycol *m*; **~olˌsäure** [-'koːl-] *f chim.* acide *m* glycolique; **~o'lyse** *f* ⟨~⟩ *chim., biol.* glycolyse *f*; **~oprote'id** *n chim., biol.* glycoprotéide *m*; **~ose** [-'koːzə] *f* ⟨~⟩ *cf.* Glukose; **~(os)u'rie** *f* ⟨~; -ien⟩ *méd.* glycosurie *f*.

Glypt|ik ['glyptɪk] *f* ⟨~⟩ (*Steinschneidekunst*) glyptique *f*; **~o'thek** *f* ⟨~; ~en⟩ glyptothèque *f*.

Glyzer|id [gly·tsə'riːt] *n* ⟨~s; ~e⟩ *chim.* glycéride *m*; **~in** [-'riːn] *n* ⟨~s⟩ *chim.* glycérine *f*; **~inˌsalbe** *f* pommade *f* à la glycérine.

Glyz|in [gly·'tsiːn] *n* ⟨~s⟩ *cf.* Glykokoll; **~inie** *f* ⟨~; ~n⟩ *bot.* glycine *f*; **~yrrhi'zin** *n* ⟨~s⟩ *chim.* glycyrrhizine *f*.

g-Moll ['geːmɔl] *n* ⟨~⟩ *mus.* sol *m* mineur.

Gnade ['gnaːdə] *f* ⟨~; ~n⟩ grâce *f* (*auch relig.*); (*Milde*) clémence *f*; (*Erbarmen*) pitié *f*; **ohne ~** (**und Barmherzigkeit**) sans pitié; **aus ~** (**und Barmherzigkeit**) par charité; *relig. cath.* **heiligmachende ~** grâce sanctifiante; **im Stande der ~** en état de grâce; *hist.* **von Gottes ~n** par la grâce de Dieu; de droit divin; *hist. Anrede* **Euer ~n** Votre Grâce; **j-m e-e ~ gewähren** accorder une grâce à qn.; **um ~ bitten** demander grâce; **keine ~ kennen** ne pas connaître la pitié; **bei j-m, vor j-s Augen ~ finden** trouver grâce devant qn., aux yeux de qn.; **von j-m wieder in ~n aufgenommen werden** rentrer en grâce auprès de qn.; **~ walten lassen, ~ für Recht ergehen lassen** user de clémence; **j-m auf ~ und Ungnade ausgeliefert sein** être à la merci de qn.; **2n** *v/i.* (**dann**) **gnade uns Gott!** que Dieu ait pitié de nous!

Gnaden|akt ['gnaːdənˌʔakt] *m* acte *m*, mesure *f* de clémence; **~ˌbild** *n relig. cath.* image miraculeuse; **~ˌbrot** *n* **sein ~ essen** être nourri dans sa vieillesse en récompense des services rendus; **~erˌweis** *m* grâce *f*; **~ˌfrist** *f* délai *m* de grâce; **~geˌsuch** *n jur.* recours *m* en grâce; **ein ~ einreichen** se pourvoir en grâce; **~ˌhochzeit** *f* soixante-dixième anniversaire *m* de mariage; **~ˌkraut** *n bot.* gratiole [-sjɔl] *f*; **~ˌlehre** *f égl.* doctrine *f* sur la grâce; **2ˌlos** *adj. Kampf etc.* sans pitié; **~ˌmittel** *n/pl. égl.* moyens *m/pl.* pour obtenir la grâce; **versehen mit den ~n der katholischen Kirche** muni des sacrements de l'Église catholique; **~ˌort** *m relig. cath.* lieu *m* de pèlerinage; **~quarˌtal** *n* trimestre *m* de traitement versé après la mort d'un fonctionnaire; trimestre *m* de faveur; **~ˌschuß** *m*, **~ˌstoß** *m* coup *m* de grâce; **~ˌtod** *m* mort donnée par pitié; euthanasie *f*; **2ˌvoll** *adj.* plein de grâce; **~ˌwahl** *f égl.* prédestination *f*; **~ˌweg** *m jur.* **auf dem ~e** par une mesure de clémence.

gnädig ['gnɛːdɪç] **1.** *adj.* (*wohlwollend*) bienveillant; (*milde*) clément; (*nachsichtig*) indulgent; **Gott sei uns ~!** que Dieu ait pitié de nous!; *Anrede* **~e Frau!, ~es Fräulein!** Madame!, Mademoiselle!; **2.** *adv.* avec bienveillance, clémence, indulgence, bonté; **noch einmal ~ davonkommen** en être quitte à bon marché, à bon compte; **machen Sie es ~!** soyez juste et humain!

Gneis [gnaɪs] *m* ⟨~es; ~e⟩ *minéral.* gneiss [gnɛs] *m*.

Gnom [gnoːm] *m* ⟨~en; ~en⟩ gnome *m*; **2enˌhaft** *adj.* de gnome.

Gnomon ['gnoːmɔn] *n* ⟨~s; -'mone⟩ *hist. Meßgerät* gnomon *m*; **2isch** [-'moː-] *adj. géogr.* **~e Projektion** projection gnomonique.

Gnosis ['gnoːzɪs] *f* ⟨~⟩ *philos., relig.* gnose *f*.

Gnosti|ker ['gnɔsti·kər] *m* ⟨~s; ~⟩ gnostique *m*; **2sch** *adj.* gnostique; **~'zismus** *m* ⟨~⟩ *hist.* gnosticisme *m*.

Gnu [gnuː] *n* ⟨~s; ~s⟩ *zo.* gnou *m*.

Gobelin [go·bə'lɛ̃ː, gɔ'blɛ̃ː, gɔbə'lɛŋ] *m* ⟨~s; ~s⟩ *echter* gobelin *m*; *par ext.* (*Wandteppich*) tapisserie *f*.

Gockel(hahn) ['gɔkəl(ˌhaːn)] F *m* ⟨~s; ~⟩ (*m*) coq *m*.

Godetie [go·'deːtsi·ə] *f* ⟨~; ~n⟩ *bot.* godetia [-sja] *m*.

Go-Kart ['gɔkart, 'goː-] *m* ⟨~s; ~s⟩ *Kleinstrennwagen* kart [kart] *m*.

Gold [gɔlt] *n* ⟨~(e)s⟩ or *m*; **gediegenes ~** or natif; **gemünztes ~** or monnayé; **aus (reinem) ~** en or (pur); *fig.* **treu wie ~** fidèle comme un chien, un caniche; **~ wert sein** valoir son pesant d'or; **das ist mit ~ nicht zu bezahlen, aufzuwiegen** cela vaut son pesant d'or; cela n'a pas de prix; **es ist nicht alles ~, was glänzt** *prov.* tout ce qui brille n'est pas or *prov.*; **~ˌabfluß** *m écon.* sortie *f* d'or; **~ˌader** *f mines* filon *m* d'or; **~ˌafter** *m zo.* cul-doré *m*; **~ˌammer** *f zo.* bruant *m* jaune; **~ˌamsel** *f zo.* loriot *m*; merle *m* d'or; **~ˌanleihe** *f écon.* emprunt-or *m*; **~ˌauflage** *f* **mit ~** plaqué (d')or; **~ˌauge** *n zo.* chrysope *f*; **~ˌbarren** *m* lingot *m* d'or; **~barsch** *m zo.* (*Rotbarsch*) sébaste *m*; **~ˌbasis** *f écon.* base-or *f*; **~ˌbergwerk** *n* mine *f* d'or; **~beˌstand** *m écon.* encaisse-or *f*; **~ˌblättchen** *n* paillette *f* d'or; **2blond** *adj.* blond doré; **~ˌborte** *f* galon *m* d'or; **~ˌbrasse** *f zo.* daurade *od.* dorade *f*; **2braun** *adj.* mordoré; **~broˌkat** *m* brocart *m* d'or; **~ˌbronze** *f* bronze *m* d'or; **~ˌbuchstabe** *m* lettre *f* d'or; **~butt** *m zo.* (*Scholle*) plie *f*; **~chloˌrid** *n chim.* chlorure *m* aurique; **~ˌdeckung** *f écon.* couverture-or *f*; **~deˌvisen** *f/pl.* devises-or *f/pl.*; **~deˌvisenˌwährung** *f écon.* gold exchange standard *m*; **~ˌdollar** *m* dollar-or *m*; **~draht** *m* fil *m* d'or; **2durchˌwirkt** *adjt. text.* lamé (d')or; **~'elfenbeinˌbildwerk** *n* statue chryséléphantine.

golden ['gɔldən] *adj.* en or; d'or; *fig.* **j-m ~e Berge versprechen** promettre monts et merveilles à qn.; **j-m ~e Brücken bauen** faciliter la retraite, les aveux, *etc.* de qn.; **das 2e Buch** *e-r Stadt* le livre d'or; *hist.* **die 2e Bulle** la bulle d'or; **~e Hochzeit** noces d'or; *bibl.* **das 2e Kalb** le veau d'or; **die ~e Mitte, der ~e Mittelweg** le juste milieu; *égl. cath.* **die 2e Rose** la rose d'or; **der 2e Sonntag** le dernier dimanche avant Noël; **~e Tage** des jours heureux; *myth.* **das 2e Vlies** la toison d'or; **~e Worte** paroles d'or; *myth.* **das 2e Zeitalter** l'âge d'or.

Gold|erz ['gɔltʔeːrts] *n* minerai *m* d'or; **2ˌfarben, 2ˌfarbig** *adj.* (couleur) or; doré; **~faˌsan** *m zo.* faisan doré; **~ˌfeder** *f* plume *f* en or; **~fisch** *m zo.* poisson *m* rouge; carassin doré; **~fischˌteich** *m* bassin *m* de poissons rouges; **~ˌflitter** *m* clinquant *m* d'or; **~ˌfolie** *f* feuille *f* d'or; **~ˌfranken** *m* franc-or *m*; **2ˌführend** *adjt.* aurifère; **~geˌhalt** *m minéral.* teneur *f* en or; *e-s Ringes, e-r Münze etc.* titre *m* (d'or); **2gelb** *adj.* jaune d'or; **~geˌwinnung** *f* extraction *f*, récupération *f*, affinage *m*, production *f* de l'or; **~glanz** *m* éclat *m* de l'or; **2ˌglänzend** *adjt.* brillant comme de l'or; à reflets dorés; doré; **~ˌgräber** *m* ⟨~s; ~⟩ chercheur *m* d'or; **~ˌgrube** *f* mine *f* d'or (*auch fig.*); **eine (wahre) ~ sein** *auch* être de l'or en barre; **~grund** *m peint.* fond *m* d'or; **~ˌhähnchen** *n zo.* roitelet *m*; **2ˌhaltig** *adj.* qui contient de l'or; aurifère; **2ig** *adj. fig.* délicieux, -euse; mignon, -nne; **~ˌjunge** *m fig. u.* F garçon *m* en or; **~kernˌwährung** *f écon.* gold bullion standard *m*; **~kind** *n fig.* trésor *m*; bijou *m*; **~ˌklausel** *f écon.* clause-or *f*; **~ˌklumpen** *m* pépite *f*; **~korn** *n* grain *m* d'or; **~ˌkrone** *f Zahn* couronne *f* en or; **~ˌkupfer** *n Metall* chrysocal (-que) *m*; **~kurs** *m écon.* cours *m* de l'or; **~lack** *m bot.* giroflée *f* jaune; **~ˌlaufkäfer** *m zo.* carabe doré; **~leˌgierung** *f* alliage *m* d'or; **~ˌleiste** *f* baguette dorée; **~mark** *f écon.* mark-or *m*; **~meˌdaille** *f* médaille *f* d'or; **~meˌdaillengeˌwinner** *m*, **~medaillenˌträger** *m* porteur *m* de la médaille d'or; **~ˌmine** *f* mine *f* d'or; **~ˌmundstück** *n e-r Zigarette* bout doré; bout-or *m*; **~ˌmünze** *f* monnaie *f* d'or; **~paˌpier** *n* papier doré; **~pariˌtät** *f écon.* parité-or *f*; **2plaˌttiert** *adjt.* plaqué or; **~ˌplombe** *f Zahn* plombage *m* en or; aurification *f*; **~ˌprägung** *f* frappe *f* de l'or; **~punkt** *m écon.* point-or *m*; gold point *m*; **~ˌpurpur** *m* pourpre *f* de Cassius; **~ˌrahmen** *m* cadre doré; **~rausch** *m hist.* ruée *f* vers l'or; **~ˌregen** *m bot.* cytise *m*; faux ébénier; **~reˌserve** F *écon.* réserve *f* d'or; **2'richtig** F *adj.* très juste; **~ring** *m* anneau *m* d'or; bague *f* en or; **~ˌrute** *f bot.* verge *f* d'or; *sc.* solidago *m*; **kanadische ~** solidago du Canada; **~salz** *n chim.* sel *m* d'or; **~sand** *m* sable *m* aurifère; **~ˌschläger** *m* batteur *m* d'or; **~schlägerˌhaut** *f* baudruche *f*; **~schmied** *m* orfèvre *m*; **~schmiedeˌarbeit** *f* (pièce *f* d')orfèvrerie *f*; **~schmiedeˌkunst** *f* orfèvrerie *f*; **~schnitt** *m Buch* dorure *f* sur tranche; **ein Buch mit ~** un livre doré sur tranche; **~ˌseife** *f géol.* placer [-ɛːr] *m*; **~ˌstandard** *m écon.* étalon-or *m*; **~staub** *m* poussière *f* d'or; **~stern** *m bot.* étoile *f* jaune; *sc.* gagea *m*; **~stickeˌrei** *f* broderie *f* d'or; **~stück** *n* pièce *f* d'or; **~ˌsucher** *m* chercheur *m* d'or; **~ˌtresse** *f* galon *m* d'or; **~ˌvorkommen** *n* gisement *m* d'or; **~ˌvorrat** *m cf.* **~reserve**; **~ˌwaage** *f* trébuchet *m*; *fig.* **man darf bei ihm nicht jedes Wort auf die ~ legen** il ne faut pas prendre à la lettre tout ce qu'il dit; **~ˌwährung** *f écon.* monnaie-or *f*; **~ˌwaren** *f/pl.* orfèvrerie *f*; **~ˌwäsche** *f* lavage *m* de l'or; **~ˌwäscher** *m* ⟨~s; ~⟩ laveur *m* d'or; orpailleur *m*; **~wäscheˌrei** *f* orpaillage *m*; **~wert** *m écon.* valeur-or *f*; **~ˌwespe** *f zo.* guêpe dorée; *sc.* chrysis *f*; *pl.* **~n** *sc.* chrysidés *m/pl.*; **~wolf** *m zo.* loup doré; chacal commun; **~ˌwurzel** *f bot.* scolyme *m* d'Espagne; **~zahn** *m* dent *f* en or; **~ˌzufluß** *m écon.* rentrée *f*, afflux *m* d'or.

Golf[1] [gɔlf] *m* ⟨~(e)s; ~e⟩ *géogr.* golfe *m*; **~**[2] *n* ⟨~s⟩ *Sport* golf *m*; **~ spielen** jouer au golf; **~ball** *m* balle *f* de golf; **~ˌhose** *f* pantalon *m* de golf; **~ˌjunge** *m* caddie *m*; **~platz** *m* terrain *m* de golf; **~ˌschläger** *m* club [klœb] *m*; crosse *f* de golf; **~ˌspieler(in)** *m (f)* joueur, -euse *m, f* de golf; golfeur, -euse *m, f*; **~strom** *m géogr.* Gulf Stream [gœlfstrim] *m*.

Gonade [goˑˈnaːdə] *f* ⟨~; ~n⟩ *biol.* gonade *f*.

Gond|el [ˈgɔndəl] *f* ⟨~; ~n⟩ **1.** *mar.* gondole *f*; **2.** *aviat.* nacelle *f*; *e-r Seilbahn* cabine *f*; **2eln** *v/i.* ⟨-(e)le, sein⟩ *fig. u.* F aller, voyager (en prenant tout son temps); sillonner (qc.); **~oliˈere** [gɔndoˑliˑˈeːrə] *m* ⟨~; -ri⟩ gondolier *m*.

Gong [gɔŋ] *m* ⟨~s; ~s⟩ gong [gõg] *m*; **~schlag** *m* coup *m* de gong.

Goniomet|er [goˑniˑoˑˈmeːtər] *n* ⟨~s; ~⟩ (*Winkelmesser*) goniomètre *m*; **~rie** [-ˈtriː] *f* ⟨~⟩ goniométrie *f*; **2risch** *adj.* goniométrique.

gönn|en [ˈgœnən] **I** *v/t.* ⟨h⟩ être content pour qn.; **ich gönne es ihm** (von Herzen) je suis content (de tout mon cœur) pour lui; **ich gönne ihm s-n Erfolg** je suis content pour lui qu'il ait réussi; **er gönnt niemandem etwas** il est jaloux de tout le monde; *iron.* **das gönne ich ihm** c'est bien fait pour lui; **II** *v/réfl.* **sich etw. ~** s'accorder, s'offrir qc.; **sich e-e Abwechslung, ein Vergnügen ~** *auch* se passer une fantaisie; **sich nichts ~** se priver de tout; **2er(in)** *m* ⟨~s; ~⟩ *(f)* ⟨~; ~nen⟩ protecteur, -trice *m, f*; (*Mäzen*) mécène *m*; (*Wohltäter[in]*) bienfaiteur, -trice *m, f*; **~erˌhaft** *adj.* protecteur, -trice; **ein ~er Ton** un ton protecteur; **2erˌmiene** *f* air protecteur; **2erˌschaft** *f* ⟨~⟩ protection *f*.

Gono|chorismus [goˑnoˑkoˑˈrɪsmus] *m* ⟨~⟩ *biol.* gonochorisme *m*; **~ˈkokkus** *m* ⟨~; -kken⟩ gonocoque *m*; **~ˈrrhöe** *f* ⟨~; ~n⟩ *méd.* blennorragie *f*.

Goodwill [ˈgudvɪl] *m* ⟨~s⟩ *comm. cf.* Firmenwert.

Göpel [ˈgøːpəl] *m* ⟨~s; ~⟩ *techn.* manège *m*.

Gording [ˈgɔrdɪŋ] *f* ⟨~; ~s⟩ *mar.* cargue *f*.

gordisch [ˈgɔrdɪʃ] *adj. hist.* **2er Knoten** nœud gordien; *fig.* **den ~en Knoten zerhauen** couper, trancher le nœud gordien.

Gör|(e) [ˈgøːr(ə)] F *n* ⟨~(e)s; ~en⟩ *(f)* ⟨~; ~n⟩ gosse *f*; môme *f*; **freche ~e, freches ~** polissonne *f*; **~en** *pl.* gosses *f, m/pl.*; mômes *f, m/pl.*; P moutards *m/pl.*; mouflets *m/pl.*

Gorilla [goˑˈrɪla] *m* ⟨~s; ~s⟩ *zo.* gorille *m*.

Gösch [gœʃ] *f* ⟨~; ~en⟩ *mar.* pavillon *m* de beaupré.

Gosche [ˈgɔʃə] *f* ⟨~; ~n⟩ *péj. u.* F (*Mund*) P gueule *f*.

goß [gɔs] *cf.* gießen.

Gosse [ˈgɔsə] *f* ⟨~; ~n⟩ caniveau *m*; *fig.* **in der ~ landen** finir dans la rue; tomber dans le ruisseau.

Goten [ˈgoːtən] *m/pl. hist. Volk* Goths [go] *m/pl.*

Goeth|e-Ausgabe [ˈgøːtəˌʔausgaːbə] *f* édition *f* de Goethe *od.* Gœthe [gøt]; **2isch** *adj.* goethéen, -nne; de *bzw.* à la manière de Goethe; **~it** [-ˈtɪt, -ˈtiːt] *m* ⟨~s; ~e⟩ *minéral.* goethite *f*.

Got|ik [ˈgoːtɪk] *f* ⟨~⟩ *Kunst* gothique *m*; *Epoche* époque *f* gothique; **2isch** *adj.* gothique; *Kunst auch* ogival; **~er Stil** style gothique, ogival; **~e Schrift** (écriture) gothique *f*; **die ~e Sprache, das 2e** la langue got(h)ique, le got(h)ique.

Gott [gɔt] *m* ⟨~es⟩ **1.** Dieu *m*; **der liebe ~** le bon Dieu; **~ der Allmächtige** Dieu Tout-Puissant; **~ der Herr** le Seigneur; **das Wort ~es** la parole de Dieu; **der Sohn, die Mutter ~es** le fils, la mère de Dieu; **das Reich ~es** le royaume de Dieu; **~es Segen, Wege** la bénédiction, les voies de Dieu; **zu Ehren ~es** en l'honneur de Dieu; **mit ~es Hilfe** avec l'aide de Dieu; grâce à Dieu; **im Namen ~es** au nom de Dieu; **e-e Gabe ~es** un don du Ciel; **an ~ glauben** croire en Dieu; **auf ~ vertrauen** placer sa confiance en Dieu; **ach ~!** mon Dieu!; F **mein ~!** mon Dieu!; bonté divine!; bonté du Ciel!; F **großer ~!** grand Dieu!; F **um ~es willen** pour l'amour de Dieu!; F **leider ~es!** malheureusement!; hélas!; **in ~es Namen!** soit!; **~ sei Dank!** Dieu merci!; Dieu soit loué!; heureusement!; **bei ~!** pardi!; *bei Eidesleistung* **ich schwöre es, so wahr mir ~ helfe** je le jure!; **grüß ~!** bonjour!; **vergelt's ~!** Dieu vous le rende!; **~ gebe es!** (que) Dieu le veuille!; **gebe ~, daß ...** Dieu veuille que ... (+ *subj.*); **das verhüte ~!** que Dieu nous en préserve!; **so ~ will** si Dieu le veut; **weiß ~ wie lange, wo** *etc.* Dieu sait combien de temps, où, *etc.*; **er ist weiß ~ nicht dumm!** Dieu sait qu'il n'est pas sot!; F **bist du denn ganz von ~ verlassen!** est-ce que tu n'es pas devenu complètement fou!; **wie ihn, sie ~ erschaffen hat** en costume d'Adam, d'Ève; **leben wie ~ in Frankreich** vivre comme un coq en pâte; F **den lieben ~ e-n guten Mann sein lassen** se laisser vivre; ne pas se faire de soucis; **er kennt ~ und die Welt** il connaît tout le monde; *bibl.* **bei ~ ist kein Ding unmöglich** rien n'est impossible à Dieu; **hilf dir selbst, so hilft dir ~!** *prov.* aide-toi, le Ciel t'aidera! *prov.*; **der Mensch denkt, ~ lenkt** *prov.* l'homme propose, Dieu dispose *prov.*; **an ~es Segen ist alles gelegen** *prov.* tout dépend de la bénédiction de Dieu; **jeder für sich, ~ für uns alle** *prov.* chacun pour soi et Dieu pour tous *prov.*; **2.** ⟨*pl.* ~er⟩ dieu *m*; **die griechischen, germanischen Götter** les dieux grecs, germaniques; **schön wie ein junger ~** beau comme un jeune dieu; **ein Bild für (die) Götter** un spectacle impayable; **das mögen die Götter wissen** Dieu seul le sait; **2ˌähnlich** *adj.* qui ressemble à Dieu; **~ˌähnlichˌkeit** *f* ressemblance *f* avec Dieu; **2beˌgnadet** *adjt.* comblé par le Ciel; **~erˌbarmen** *n* **zum ~** à faire pitié; à fendre le cœur, l'âme.

Götter|baum [ˈgœtərˌbaum] *m bot.* ailante glanduleux; **~ˌbild** *n* image *f*, représentation *f* d'un dieu; **~ˌbote** *m* messager *m* des dieux; **~ˌdämmerung** *f myth.* crépuscule *m* des dieux.

gottergeben [ˈgɔtʔɛrˌgeːbən] *adjt.* soumis à la volonté divine; **2heit** *f* ⟨~⟩ soumission *f* à la volonté divine.

Götter|glaube [ˈgœtərˌglaubə] *m* croyance *f* aux dieux; **2ˌgleich** *adj.* semblable aux dieux; **~ˌpflaume** *f bot.* plaqueminier *m*; *sc.* diospyros *m*; **~ˌsage** *f* mythe *m*; **~ˌspeise** *f myth.* ambroisie *f*; **~ˌtrank** *m* nectar *m* (*auch fig.*); **~ˌwelt** *f* monde *m* des dieux.

Gottes|acker [ˈgɔtəsˌʔakər] *m st. s.* champ *m* des morts; cimetière *m*; **~ˌanbeterin** *f* ⟨~; ~nen⟩ *zo.* mante religieuse; **~beˌweis** *m* preuve *f* de l'existence de Dieu; **~ˌdiener** *m st. s.* serviteur *m* de Dieu; **~ˌdienst** *m* service, office (divin); *prot. meist* culte *m*; **~ (ab)halten** officier; célébrer le service, l'office, le culte; **2ˌdienstlich** *adj.* concernant les services, les offices, le culte; **~ˌfriede(n)** *m hist.* trêve *f* de Dieu; **~ˌfurcht** *f* respect *m*, crainte *f* de Dieu; (*Frömmigkeit*) piété *f*; **2ˌfürchtig** *adj.* respectueux, -euse envers Dieu; (*fromm*) pieux, -euse; **~ˌgabe** *f* don *m* du Ciel; **~geˌdanke** *m* idée *f* de Dieu; **~geˌricht** *n cf.* ~urteil; **~ˌglaube(n)** *m* croyance *f* en Dieu; **~ˈgnadenˌtum** *n* ⟨~(e)s⟩ *hist.* royauté *f* de droit divin; **~ˌhaus** *n* maison *f* de Dieu; église *f*; **~ˌkind** *n relig.* enfant *m* de Dieu; **~ˌlamm** *n* (*Christus*) agneau *m* de Dieu; **~ˌlästerer** *m* blasphémateur *m*; **2ˌlästerlich** *adj.* blasphématoire; **~ˌlästerung** *f* blasphème *m*; **~ˌleugner(in)** *m (f)* athée *m, f*; **2ˌleugnerisch** *adj.* athée; **~ˌleugnung** *f* athéisme *m*; **~ˌmutter** *f* mère *f* de Dieu; **~ˌreich** *n* royaume *m* de Dieu; **~ˌsohn** *m* fils *m* de Dieu; **~ˌurteil** *n hist.* jugement *m* de Dieu; ordalie *f*; **~verˌehrung** *f* adoration *f* de Dieu; **~ˌvorstellung** *f* représentation *f*, conception *f* de Dieu; **~ˌwort** *n* ⟨~(e)s⟩ parole *f* de Dieu.

gott|gefällig [ˈgɔtgəˌfɛlɪç] *adj.* agréable à Dieu; **~geˌsandt** *adjt.* envoyé de Dieu; **~geˌweiht** *adjt.* consacré à Dieu; **~geˌwollt** *adjt.* voulu par Dieu; **~ˌgläubig** *adj.* (croyant) sans confession; **~gleich** *adj.* égal à Dieu; divin; **2heit** *f* ⟨~; ~en⟩ divinité *f*.

Gött|in [ˈgœtɪn] *f* ⟨~; ~nen⟩ déesse *f*; **2lich** *adj.* **a)** divin; **das 2e** le divin; **b)** F *cf.* gottvoll; **~lichˌkeit** *f* ⟨~⟩ divinité *f*; caractère divin; essence divine.

gottlob [gɔtˈloːp] *int.* Dieu soit loué!; heureusement!

gott|los [ˈgɔtloːs] *adj.* impie; irréligieux, -euse; *fig.* **~e Reden führen** tenir des propos impertinents, irrespectueux, irrévérencieux; **2ˌlose(r)** *f (m)* ⟨→ A⟩ impie *m, f*; (*Atheist*) athée *m, f*; **2losenbeˌwegung** *f* mouvement *m* des athées; **2ˌlosigˌkeit** *f* ⟨~⟩ impiété *f*; irréligiosité *f*; (*Atheismus*) athéisme *m*; **2mensch** *m* (*Christus*) Homme-Dieu *m*; **~ˌselig** *adj.* bienheureux, -euse.

gotts|erbärmlich [ˌgɔtsʔɛrˈbɛrmlɪç] F **1.** *adj.* pitoyable; **2.** *adv.* d'une façon pitoyable; pitoyablement; à faire pitié; **~ˈjämmerlich** F **1.** *adj.* lamentable; **2.** *adv.* d'une façon lamentable; lamentablement; **~ schreien** *auch* crier à fendre le cœur, l'âme.

Gott|vater [gɔtˈfaːtər] *m* Dieu le Père; **2verˌdammt, 2verˌflucht** P *adjt.* maudit; *pfort.* sacré (*vorangestellt*); **2verˌgessen** *adjt. Tat, Person* impie; **2verˌlassen** *adjt. Ort* perdu; au bout du monde; F **ein ~es Nest** un trou perdu; **~verˌtrauen** *n* confiance *f* en Dieu; **2voll** *adj.* F (*köstlich*) impayable; inimitable; très drôle; délicieux, -euse.

Götze [ˈgœtsə] *m* ⟨~n; ~n⟩ idole *f*; faux dieu; **~nˌbild** *n* idole *f*; **~nˌdiener(in)** *m (f)* idolâtre *m, f*; adorateur, -trice *m, f* d'un faux dieu; **~nˌdienst** *m* idolâtrie *f*; **~nˌopfer** *n* sacrifice *m* aux idoles; **~nˌpriester** *m* prêtre *m* idolâtre.

Gouvernante [guˑvɛrˈnantə] *f* ⟨~; ~n⟩ gouvernante *f*; **2nˌhaft** *adj.* à la manière d'une gouvernante; de gouvernante.

Gouverneur [guˑvɛrˈnøːr] *m* ⟨~s; ~e⟩ gouverneur *m*.

Grab [graːp] *n* ⟨~(e)s; ~er⟩ tombe *f*; *ausgehobenes* fosse *f*; (*Grabmal*) tombeau *m*; das ~ Napoleons le tombeau de Napoléon; das Heilige ~ le Saint--Sépulcre; über das ~ hinaus au-delà de la mort; j-s ~ besuchen aller sur la tombe de qn.; ein ~ pflegen entretenir une tombe; zu ~e tragen enterrer (*auch fig.*); inhumer; porter, mettre en terre; sein ~ in den Wellen finden périr en mer; *fig.* am Rande des ~es, mit e-m Fuß im ~e stehen avoir un pied dans la tombe; ein Geheimnis mit ins ~ nehmen emporter un secret dans la tombe; (sich) sein eigenes ~ schaufeln causer sa propre ruine; sich im ~e umdrehen se retourner dans sa tombe; schweigen wie ein ~ être muet, -tte comme la tombe; **~ˌbeigaben** *f/pl. Archäologie* mobilier *m* funéraire; **~ˌdenkmal** *n* monument *m* funéraire; tombeau *m*; **~ˌeinfassung** *f* entourage *m* d'une tombe.

graben ['grɑːbən] **I** *v/t. u. v/i.* ⟨gräbt, grub, gegraben, grab(e)!, h⟩ creuser; *Brunnen auch* foncer; *jard.* bêcher; nach Wasser ~ (creuser pour) chercher de l'eau; **II** 2¹ ⟨~s⟩ *n cf.* Grabung; 2² *m* ⟨~s; ~̈⟩ fossé *m* (*auch géol. u. fig.*); *im Ozean* fosse *f*; *vorübergehend ausgehobener* tranchée *f* (*auch milit.*); e-n ~ ausheben creuser un fossé, une tranchée; **2ˌbagger** *m techn.* excavateur *m*, excavatrice *f* de tranchées; **2ˌbruch** *m géol.* fossé *m* d'effondrement; **2ˌkrieg** *m* guerre *f* des tranchées.

Gräberfeld ['grɛːbərˌfɛlt] *n hist.* cimetière *m*.

Grabes|nacht ['grɑːbəsˌnaxt] *f* nuit *f* du tombeau; **~ˌruhe** *f*, **~ˌstille** *f* silence *m* du tombeau; **~ˌstimme** *f* voix sépulcrale, caverneuse.

Grab|fund ['grɑːpfʊnt] *m* objet(s) *m* (*pl.*) trouvé(s) dans un tombeau; **~ˌgabel** *f jard.* fourche *f* à bêcher; **~geˌläut(e)** *n* glas *m* (funèbre); **~geˌsang** *m* chant *m* funèbre; **~ˌheuschrecke** *f cf.* Grille 1.; **~ˌhügel** *m* tertre *m* funéraire; *hist.* tumulus [-ys] *m*; **~ˌinschrift** *f* inscription sépulcrale, sur une tombe; épitaphe *f*; **~ˌkammer** *f* chambre *f* funéraire, sépulcrale; *Archäologie* hypogée *m*; **~kaˌpelle** *f* chapelle *f* funéraire; **~kreuz** *n* croix tombale; **~ˌlegung** *f* ⟨~⟩ (~ *Christi*) mise *f* au tombeau; **~mal** *n* tombeau *m*; das ~ des Unbekannten Soldaten le tombeau du soldat inconnu; **~ˌpflege** *f* entretien *m* de tombe(s); **~ˌplatte** *f* dalle *f* funéraire; plaque tombale; **~ˌrede** *f* discours *m*, oraison *f* funèbre; **~ˌsäule** *f* colonne *f* funéraire; stèle *f*; **~ˌschändung** *f jur.* violation *f* de sépulture; **~scheit** *n* bêche *f*; **~schmuck** *m* décoration tombale; **~ˌstätte** *f* (lieu *m* de) sépulture *f*; **~stein** *m* pierre tombale; **~ˌstichel** *m techn.* ciselet *m*; burin *m*; poinçon *m*; **~stock** *m Völkerkunde* bâton fouisseur, à fouir; **~tuch** *n relig.* das ~ Christi le saint suaire; **~ung** *f* ⟨~; ~en⟩ creusage *od.* creusement *m*; *cf. auch* Ausgrabung; **~ˌurne** *f* urne *f* funéraire.

Grad [grɑːt] *m* ⟨~(e)s; ~e *bzw.* 3 ~⟩ **1.** *Maßeinheit u. fig.* degré *m*; in ~e einteilen graduer; zehn ~ Celsius dix degrés Celsius; dix degrés centigrades, centésimaux; zwanzig ~ im Schatten, in der Sonne vingt (degrés) à l'ombre, au soleil; bei zehn ~ (Wärme) à plus dix; bei zwanzig ~ Kälte à moins vingt; das Thermometer steht auf, zeigt zwei ~ unter Null le thermomètre marque moins deux, deux (degrés) en-dessous de zéro; vierzig (~) Fieber haben avoir quarante de fièvre; fünfzig ~ nördlicher Breite cinquante degrés de latitude nord; 50° de latitude N; ein Winkel von dreißig ~ un angle de trente degrés (30°); e-e Gleichung ersten ~es une équation du premier degré; Verbrennungen zweiten ~es des brûlures du second degré; im dritten ~ verwandt sein être parent au troisième degré; *fig.* in hohem ~e à un 'haut degré; d'une façon très marquée, très prononcée; im höchsten ~e au plus 'haut point, degré; extrêmement; au dernier degré; bis zu e-m gewissen ~e jusqu'à un certain point, degré; **2.** *militärischer, akademischer* grade *m*; ein akademischer ~ un grade universitaire; **~atiˈon** *f* ⟨~; ~en⟩ gradation *f* (*auch phot.*); **~ˌbogen** *m Topographie* éclimètre *m*; **~ˌeinteilung** *f auf Instrumenten* graduation *f*; **~iˈent** *m* ⟨~en; ~en⟩ *phys.*, *math.* gradient *m*; **2ieren** [-ˈdiː-] *v/t.* ⟨*pas de ge-*, h⟩ die Salzsole ~ concentrer la solution saline; **~ierˌwaage** [-ˈdiːr-] *f* pèse-sel *m*; **~ierˌwerk** [-ˈdiːr-] *n Salzgewinnung* (bâtiment *m* de) graduation *f*; **2ˌlinig** *adj. cf.* geradlinig; **~ˌmesser** *m* ⟨~s; ~⟩ *fig.* indicateur *m*; baromètre *m*; **~netz** *n e-r Karte* quadrillage *m*; **~stock** *m cf.* Jakobsstab; **~uˈale** *n* ⟨~s; -lien⟩ *égl. cath.* graduel *m*; **2uˈell 1.** *adj.* graduel, -lle; **2.** *adv.* graduellement; **2uˈieren** *v/t.* ⟨*pas de ge-*, h⟩ (*abstufen*) graduer; **2ˌweise** *adv.* par degrés; graduellement.

Graf [grɑːf] *m* ⟨~en; ~en⟩ comte *m*; **~ik** *f cf.* Graphik.

Gräf|in ['grɛːfɪn] *f* ⟨~; ~nen⟩ comtesse *f*; **2lich** *adj.* comtal.

Grafschaft ['grɑːfʃaft] *f* ⟨~; ~en⟩ comté *m*.

Gräkomanie [grɛkoˑmaˈniː] *f* ⟨~⟩ grécomanie *f*.

Gral [grɑːl] *m* ⟨~s⟩ (Saint-)Graal *m*; **~sˌritter** *m* chevalier *m* du Graal; **~sˌsage** *f* légende *f* du Graal; **~sˌsuche** *f* quête *f* du Graal.

gram [grɑːm] **I** *adj.* j-m ~ sein garder rancune à qn.; en vouloir à qn.; **II** 2 *m* ⟨~(e)s⟩ chagrin *m*; peine *f*; affliction *f*; von ~ gebeugt courbé par le chagrin.

grämen ['grɛːmən] *v/réfl.* ⟨h⟩ sich ~ se chagriner; s'affliger (über de); *pfort.* se ronger de chagrin; sich zu Tode ~ mourir de chagrin.

Gramfärbung ['grɑːmˌfɛrbʊŋ] *f biol.* coloration *f* par la méthode de Gram.

gramgebeugt ['grɑːmgəˌbɔʏkt] *adjt.* courbé par le chagrin.

grämlich ['grɛːmlɪç] *adj.* chagrin; morose; renfrogné; *cf. auch* griesgrämig; **2ˌkeit** *f* ⟨~⟩ humeur chagrine, morose; morosité *f*.

Gramm [gram] *n* ⟨~s; ~e *bzw.* 2 ~⟩ gramme *m*.

Grammat|ik [graˈmatɪk] *f* ⟨~; ~en⟩ grammaire *f* (*auch Buch*); **2iˈkalisch** *adj. cf.* 2isch; **~iker** *m* ⟨~s; ~⟩ grammairien *m*; **~ikˌregel** *f* règle grammaticale, de grammaire; **2isch 1.** *adj.* grammatical; de grammaire; ~es Subjekt sujet apparent; **2.** *adv.* grammaticalement; du point de vue grammatical.

Gramm|atom ['gramˀaˌtoːm] *n chim.* atome-gramme *m*; **~kaloˌrie** *f phys.* petite calorie; **~(m)oleˌkül** *n chim.* molécule-gramme *f*.

Grammophon [gramoˑˈfoːn] *n* ⟨~s; ~e⟩ gramophone *m*; phonographe *m*.

gramnegativ [grɑːmˈneːgatiːf] *adj. biol.* Gram négatif, -ive.

gram|versunken ['grɑːmfɛrˌzʊŋkən] *adjt.* plongé dans le chagrin; **~voll** *adj.* tout affligé; plein de chagrin.

Granat [graˈnɑːt] *m* ⟨~(e)s; ~e⟩ **1.** *minéral.* grenat *m*; **2.** *zo.* crevette grise; **~ˌapfel** *m bot.* grenade *f*; **~(apfel)ˌbaum** *m* grenadier *m*; **~apfelgeˌwächse** *n/pl. bot. sc.* punicacées *f/pl.*; **~apfelˌsirup** *m* grenadine *f*.

Granat|e [graˈnɑːtə] *f* ⟨~; ~n⟩ *milit.* obus [oby] *m*; (*Hand*2) *etc.* grenade *f*; **~ˌloch** *n* trou *m* d'obus; **~ˌsplitter** *m* éclat *m* d'obus; **~ˌtrichter** *m* entonnoir *m*; **~ˌwerfer** *m* ⟨~s; ~⟩ mortier *m* d'infanterie; lance-grenades *m*.

Grand|e ['grandə] *m* ⟨~n; ~n⟩ spanischer ~ grand *m* d'Espagne; **2iˈos** *adj.* grandiose.

Granit [graˈniːt, -ˈnɪt] *m* ⟨~s; ~e⟩ *minéral.* granit(e) [-it] *m*; *fig.* auf ~ beißen se heurter à une forte opposition; **2ˌähnlich** *adj.* granitoïde; **2ˌartig** *adj.* granitique; **~ˌblock** *m* ⟨~(e)s; ~̈e⟩ bloc *m* de granit(e); **2en** *adj.* de granit(e); granitique; **~ˌfelsen** *m* rocher *m* de granit(e), granitique; **2ˌhaltig** *adj.* graniteux, -euse.

Gränke ['grɛŋkə] *f* ⟨~; ~n⟩ *bot.* andromède *f*.

Granne ['granə] *f* ⟨~; ~n⟩ *bot.* barbe *f*; arête *f*; **~nˌhaar** *n zo.* jarre(s) *m* (*pl.*); **~nˌhafer** *m bot. sc.* trisetum [-ɔm] *m*; **2nˌlos** *adj. bot.* sans barbes; mutique.

grantig ['grantɪç] F *adj.* grincheux, -euse; bourru; 'hargneux, -euse.

Granu|lation [granuˑlatsiˑˈoːn] *f* ⟨~⟩ *techn.*, *astr.*, *méd.* granulation *f*; **2ˈlieren I** *v/t.* ⟨*pas de ge-*, h⟩ *techn.* granuler; **II** *v/i. méd.* se couvrir de granulations; **III ~ˈlieren** *n* ⟨~s⟩ granulation *f*; **~ˈlit** *m* ⟨~s; ~e⟩ *minéral.* granulite *f*; **~ˈlom** *n* ⟨~s; ~e⟩ *méd.* granulome *m*; **2ˈlös** *adj.* granuleux, -euse; granulé; **~ˈlose** *f* ⟨~⟩ *méd.* ophtalmie granuleuse; **~loˈzyten** *pl. biol.* granulocytes *m/pl.*

Grapefruit ['greːpfruːt] *f* ⟨~; ~s⟩ *bot.* pamplemousse *m*; *sc.* grape-fruit *m*.

Graph|ik ['grɑːfɪk] *f* ⟨~; ~en⟩ arts *m/pl.* graphiques; *Einzelblatt* gravure *f*; estampe *f*; **~iker(in)** *m* ⟨~s; ~⟩ (*f*) ⟨~; ~nen⟩ artiste *m, f* des arts graphiques; dessinateur-graveur *m*; *cf. auch* Gebrauchsgraphiker; **2isch 1.** *adj.* graphique; ~e Darstellung (représentation *f*) graphique *m*; ~es Rechnen calcul graphique; das ~e Gewerbe les industries et arts graphiques; ~es Kabinett cabinet des estampes; **2.** *adv.* graphiquement; ~ darstellen représenter graphiquement.

Graphit [graˈfiːt, -ˈfɪt] *m* ⟨~s; ~e⟩ *minéral.* graphite *m*; plombagine *f*; **2ˌhaltig** *adj.* graphiteux, -euse; **~ˌmine** *f* mine *f* en graphite; **~reˌaktor** *m phys. atom.* réacteur *m* au graphite; **~ˌschmiermittel** *n* graisse graphitée; lubrifiant graphité; **~ˌtiegel** *m* creuset *m* en graphite.

Graphologe|e [grafoˑˈloːgə], **~in** *m* ⟨~n; ~n⟩, *f* ⟨~; ~nen⟩ graphologue *m, f*; **~ie** [-ˈgiː] *f* ⟨~⟩ graphologie *f*; **2isch** *adj.* graphologique.

grapschen ['grapʃən] F *v/t.* ⟨h⟩ s'emparer de, saisir vivement, avidement.

Gras [grɑːs] *n* ⟨~es; ~̈er⟩ *bot.* herbe *f*; *sc.* graminée *f*; gramen [-ɛn] *m*; sich ins ~ legen se coucher dans l'herbe; *fig. u.* F das ~ wachsen hören se croire mieux au courant que les autres; se croire bien fin, bien malin, -igne; über etw. ~ wachsen lassen passer l'éponge sur qc.; **darüber ist längst ~ gewachsen** c'est oublié depuis longtemps; F **wo er hinschlägt, wächst kein ~ mehr** il n'y va pas de main morte; P **ins~ beißen** P casser sa pipe; calancher; claboter; clamecer; passer l'arme à gauche; lâcher la rampe; avaler son extrait de naissance; **2ˌähnlich** *adj.* graminiforme; **~art** *f* graminée *f*; **2ˌartig** *adj. cf.* 2ähnlich; **2beˌwachsen** *adjt.* couvert d'herbe; herbu; herbeux, -euse; **~ˌblüte** *f* floraison *f* de l'herbe; **~ˌboden** *m* sol, terrain couvert d'herbe; **~ˌbüschel** *n* touffe *f* d'herbe.

Gräschen ['grɛːsçən] *n* ⟨~s; ~⟩ brin *m* d'herbe.

Gras|decke ['grɑːsˌdɛkə] *f* couche *f* d'herbe; **2en** *v/i.* ⟨-(es)t, h⟩ *Vieh* brouter (l'herbe); paître.

Gräser ['grɛːzər] *n/pl. sc.* graminées *f/pl.*; **~ˌkunde** *f* graminologie *f*.

Gras|eule ['grɑːsˌʔɔʏlə] *f zo. sc.* charæas [kareas] *f* graminis; **~ˌfläche** *f* surface couverte d'herbe; surface enherbée; **~fleck** *m auf Kleidern* tache *f* d'herbe; **~frosch** *m zo.* grenouille rousse; **2grün** *adj.* vert-pré; **~halm** *m* brin *m*, tige *f* d'herbe; **~hecht** *m zo.* brocheton *m*; **~ˌhüpfer** *m* ⟨~s; ~⟩ F (*Heuschrecke*) sauterelle *f*; **2ig** *adj.* herbu; herbeux, -euse; **~land** *n* prairie *f*; herbage *m*; terrain couvert d'herbe; **~ˌlilie** *f bot.* anthericum [-ɔm] *m*; **~ˌmäher** *m Maschine* faucheuse *f* à herbe; **~ˌmücke** *f zo.* fauvette *f*; **~ˌnarbe** *f* (couche *f* d')herbe *f*; **~ˌnelke** *f bot.* armeria *f*; **~ platz** *m* endroit couvert d'herbe; **~ˌsamen** *m* graine(s) *f* (*pl.*) de graminées.

grassieren [gra'siːrən] *v/i.* ⟨*pas de ge-*, h⟩ *Krankheit etc.* sévir; *fig. Mode etc.* faire fureur.

gräßlich ['grɛslɪç] **1.** *adj.* atroce; horrible; affreux, -euse; épouvantable; **2.** *adv.* atrocement; horriblement; affreusement; épouvantablement; **2ˌkeit** *f* ⟨~; ~en⟩ atrocité *f*; horreur *f*.

Grassteppe ['grɑːsˌʃtɛpə] *f* steppe *f*.

Grat [grɑːt] *m* ⟨~(e)s; ~e⟩ *e-s Berges, Daches, Gewölbes* arête *f*; *techn. e-s Werkstückes* bavure *f*; ébarbure *f*; *e-r Schneidfläche* morfil *m*; **~ˌbalken** *m* arêtier *m*.

Gräte ['grɛːtə] *f* ⟨~; ~n⟩ *e-s Fisches* arête *f*; **voller ~n** plein d'arêtes; **2nˌlos** *adj.* sans arêtes; **~nˌschritt** *m Schisport* pas *m* en ciseaux; **~nˌstich** *m cout.* point *m* de chevron.

Gratgewölbe ['grɑːtgəˌvœlbə] *n bât.* voûte *f* d'arête.

Gratifikation [gratiˑfiˑkatsiˑ'oːn] *f* ⟨~; ~en⟩ gratification *f*.

Gräting ['grɛːtɪŋ] *f* ⟨~; ~s⟩ *mar.* caillebot(t)is *m*.

gratinieren [gratiˑ'niːrən] *v/t.* ⟨*pas de ge-*, h⟩ *cuis.* gratiner.

gratis ['grɑːtɪs] *adv.* gratuitement; gratis [-is]; gracieusement; à titre gracieux; **2ˌaktie** *f comm.* action gratuite; **2ˌangebot** *n* offre gratuite; **2ˌbeilage** *f* supplément gratuit; **2exemˌplar** *n* exemplaire gratuit.

Grätsch|e ['grɛːtʃə] *f* ⟨~; ~n⟩ *gym.* saut *m* jambes écartées; **2en** *v/i.* ⟨h⟩ écarter les jambes; sauter jambes écartées; **~sitz** *m* position assise jambes écartées; **~sprung** *m cf.* ~e; **~ˌstellung** *f* ⟨~⟩ position *f* jambes écartées.

Gratsparren ['grɑːtˌʃparən] *m bât.* arêtier *m*.

Gratul|ant(in) [gratuˑ'lant(ɪn)] *m* ⟨~en; ~en⟩ (*f*) ⟨~; ~nen⟩ personne *f* qui félicite qn., qui présente ses vœux (à qn.); **~ati'on** *f* ⟨~; ~en⟩ présentation *f* des félicitations, des vœux; **~ati'onsˌcour** *f* ⟨~⟩ défilé *m* (des personnes qui présentent leurs vœux); **2ieren** [-'liː-] *v/i.* ⟨*pas de ge-*, h⟩ j-m **zu etw. ~** féliciter qn. de qc.; j-m **zum Geburtstag, zum Namenstag ~** souhaiter à qn. un bon anniversaire, une bonne fête; **ich gratuliere!** mes félicitations!; *iron. u.* F **da kannst du dir ~!** tu es bien servi!

Grat|wanderung ['grɑːtˌvandərʊŋ] *f Alpinistik* excursion *f* sur l'arête d'une montagne; **~ˌziegel** *m bât.* arêtière *f*.

grau [graʊ] **I** *adj.* gris; *fig.* **der ~e Alltag** la grisaille (de la vie) quotidienne; **in ~er Vorzeit** dans la nuit des temps; *hist. u. fig.* **2e Eminenz** éminence grise; **Malerei ~ in ~** grisaille *f*; *égl. cath.* **2e Schwestern** sœurs grises; *phm.* **~e Salbe** onguent gris; *méd.* **der ~e Star** la cataracte lenticulaire; *anat.* **die ~e Substanz** la substance grise; **~ werden** *Haare* grisonner; *Himmel etc.* devenir gris; grisailler; **~e Haare haben** avoir les *bzw.* des cheveux gris; **~e Haare bekommen** commencer à grisonner; *fig.* **darüber lasse ich mir keine ~en Haare wachsen** c'est là le moindre de mes soucis; je ne me fais pas de souci à ce sujet; je ne me fais pas de cheveux pour ça; **~ ist alle Theorie** toute théorie est pâle et froide; **~ anstreichen** peindre en gris; **~ in ~ malen** peindre en grisaille; **II 2** *n* ⟨~s⟩ gris *m*; couleur grise; *Farbe* **ins ~(e) gehen** tirer sur le gris; **~ˌäugig** *adj.* aux yeux gris; qui a les yeux gris; **2bart** *m* vieillard *m* à (la) barbe grise; **~ˌbärtig** *adj.* à (la) barbe grise; **~blau** *adj.* gris-bleu; **2brot** *n* pain bis [bi]; **2buch** *n dipl.* Livre gris; **2'bündner (-in)** *m* ⟨~s; ~⟩ (*f*) ⟨~; ~nen⟩ Grison, -nne *m, f*.

grauen[1] ['graʊən] *v/i.* ⟨h⟩ **der Tag, der Morgen graut** le jour commence à poindre, point, se lève; **~**[2] **I** *v/imp.* ⟨h⟩ **es graut mir, mir graut** je frémis, je frissonne (**vor devant**); j'ai horreur de; **mir graut vor dem Winter** l'approche de l'hiver me fait frémir, frissonner; **davor graut mir** *auch* cela me fait horreur; **II 2** *n* ⟨~s⟩ horreur *f*; épouvante *f*; **j-m ~ einflößen** faire horreur à qn.; **von ~ gepackt** saisi d'horreur; **das ~ überkommt mich** l'horreur me saisit; **~erˌregend, ~ˌhaft, ~ˌvoll** *adj.* horrible; épouvantable; affreux, -euse; atroce; qui fait horreur; qui fait frémir, frissonner.

Grau|fäule ['graʊˌfɔʏlə] *f bot.* pourriture grise; toile *f*; **2geˌfleckt** *adj.* tacheté de gris; **2gelb** *adj.* jaune grisâtre; jaune tirant sur le gris; **~guß** *m métall.* fonte grise; **2ˌhaarig** *adj.* *Mensch* aux cheveux gris; *Tier* au poil gris; **~kopf** *m* homme *m* aux cheveux gris; **2ˌköpfig** *adj.* aux cheveux gris; **~ˌleiter** *f Farbskala* échelle *f* des gris.

graulen ['graʊlən] *v/imp. u. v/i.* ⟨h⟩ **es grault mir**, F **ich graule mich** j'ai peur; j'ai la chair de poule.

gräulich ['grɔʏlɪç] *adj.* grisâtre.

grau|meliert ['graʊmeˑˌliːrt] *adjt.* *Haare* poivre et sel; grisonnant; **2papaˌgei** *m zo.* perroquet gris; jaco *m*.

Graup|e ['graʊpə] *f* ⟨~; ~n⟩ *meist pl.* **~n** orge *bzw.* blé mondé, perlé; **~el** *f* ⟨~; ~n⟩ *meist pl.* **~n** grésil *m*; **2eln** *v/imp.* ⟨-(e)le, h⟩ **es graupelt** il tombe du grésil; il grésille; **~elˌschauer** *m* giboulée *f*.

Graus [graʊs] *m* ⟨~es⟩ *poét. cf.* Grauen.

grausam ['graʊzɑːm] **1.** *adj.* cruel, -lle; *Schmerzen* horrible; atroce; **2.** *adv.* cruellement; d'une façon cruelle; **2e(r)** *f (m)* ⟨→ A⟩ cruel, -lle *m, f*; **2ˌkeit** *f* ⟨~; ~en⟩ cruauté *f*; *Tat* acte *m* de cruauté.

Grauschimmel ['graʊˌʃɪməl] *m* **1.** *Pilz sc.* botrytis *m* (cinerea); **2.** *Pferd* cheval gris blanc.

graus|en ['graʊzən] **I** *v/imp.* ⟨h⟩ *cf.* grauen[2]; **II 2en** *n* ⟨~s⟩ *cf.* Grauen; **~ig** *adj. cf.* grauenerregend.

Grau|specht ['graʊʃpɛçt] *m zo.* pic cendré; **~spießˌglanz** *m minéral.* antimonite *f*; **~ˌwacke** *f géol.* grauwacke *f*; **~ˌwerden** *n* ⟨~s⟩ *im Alter* grisonnement *m*; **~werk** *n Pelz* petit-gris *m*.

Graveur [gra'vøːr] *m* ⟨~s; ~e⟩ graveur *m*.

Gravier|anstalt [gra'viːrˌʔanʃtalt] *f* atelier *m*, établissement *m* de graveur; **~ˌarbeit** *f* travail *m* de graveur; **2en I** *v/t.* ⟨*pas de ge-*, h⟩ graver; **II ~en** *n* ⟨~s⟩ gravure *f*; *besser verbal*; **2end** *adjt.* *Maßnahmen etc.* sérieux, -euse; grave; **~ˌkunst** *f* (art *m* de la) gravure *f*; **~ˌnadel** *f* pointe *f* de graveur; **~ung** *f* ⟨~; ~en⟩ *cf.* Gravur.

Gravimet|er [graviˑ'meːtər] *n* ⟨~s; ~⟩ *phys.* gravimètre *m*; **2risch** *adj.* gravimétrique.

Gravis ['grɑːvɪs] *m* ⟨~; ~⟩ *gr.* accent *m* grave.

Gravität [graviˑ'tɛːt] *f* ⟨~⟩ gravité *f*; air sérieux.

Gravitation [graviˑtatsiˑ'oːn] *f* ⟨~⟩ *phys.* gravitation *f*; **~sˌfeld** *n* champ *m* de gravitation; **~sgeˌsetz** *n* loi *f* de la gravitation; **~skonˌstante** *f* constante *f* de la gravitation.

gravitätisch [graviˑ'tɛːtɪʃ] **1.** *adj.* grave; sérieux, -euse; solennel, -lle; **2.** *adv.* avec gravité; d'une manière solennelle.

gravitieren [graviˑ'tiːrən] *v/i.* ⟨*pas de ge-*, h⟩ *phys.* graviter (*auch fig.*).

Gravur [gra'vuːr] *f* ⟨~; ~en⟩ (*Eingraviertes*) ce qui est gravé; date gravée, initiales gravées, *etc.*

Grazie ['grɑːtsiˑə] *f* ⟨~; ~n⟩ grâce *f*; *myth.* **die drei ~n** les trois Grâces (*auch fig.*).

grazi|l [gra'tsiːl] *adj.* gracile; **~'ös 1.** *adj.* gracieux, -euse; **2.** *adv.* gracieusement.

gräzis|ieren [grɛtsiˑ'ziːrən] *v/t.* ⟨*pas de ge-*, h⟩ helléniser; gréciser; **2mus** [-'tsɪs-] *m* ⟨~; -men⟩ hellénisme *m*; **2t** [-'tsɪst] *m* ⟨~en; ~en⟩ helléniste *m*.

Grège(seide) ['grɛːʒ(ˌzaɪdə)] *f* ⟨~⟩ (*f*) (soie *f*) grège *f*.

gregorianisch [greˑgoˑriˑ'ɑːnɪʃ] *adj.* grégorien, -nne; **der 2e Kalender** le calendrier grégorien; *égl. cath.* **der 2e Gesang** le chant grégorien; le plain-chant.

Greif [graɪf] *m* ⟨~(e)s *od.* ~en; ~e(n)⟩ *Fabeltier* griffon *m*.

Greif|backe ['graɪfˌbakə] *f techn.* mâchoire *f*; **~ˌbagger** *m techn.* excavateur *m* à benne preneuse; **2bar** *adj.* **a)** palpable (*auch fig.*); *fig.* tangible; **in ~er Nähe** à portée de la main; **~e Gestalt annehmen** prendre forme, tournure; **b)** *comm. Ware* disponible; **im Moment nicht ~** pas disponible pour l'instant.

greifen ['graɪfən] **I** *v/t.* ⟨**greift, griff, gegriffen**, h⟩ *meist abs.* saisir; *techn. auch* prendre; *fig.* **das ist mit Händen zu ~** c'est évident; cela saute aux yeux;

aus dem Leben gegriffen pris sur le vif; **(völlig) aus der Luft gegriffen** inventé de toutes pièces; *bei Schätzung* **das ist zu hoch gegriffen** c'est trop (*'haut, élevé*); **II** *v/i.* **in die Tasche ~** porter la main à la poche; **in die Kasse ~** prendre de l'argent dans la caisse; *fig.* **tief in den Beutel ~ müssen** devoir pas mal débourser; **ans Herz ~** toucher; **nach etw. ~** (chercher à) prendre, saisir qc.; *fig.* **um sich ~** se propager; se répandre; gagner du terrain; faire tache d'huile; *fig.* **j-m unter die Arme ~** soutenir qn. financièrement, pécuniairement; tirer qn. d'affaire; **zu etw. ~** prendre qc.; avoir recours à qc.; **zur Feder ~** prendre la plume; **zur Flasche ~** se mettre à boire; **zu den Waffen ~** prendre les armes; *cf. auch die betreffenden Substantive*; **III** 2 *n* ⟨~s⟩ *biol., techn.* préhension *f*; **zum ~ dienen** servir à la préhension, à saisir; *cf. auch* **Griff 1.**; *fig.* **zum ~ nahe** à portée de la main.

Greifer ['graɪfər] *m* ⟨~s; ~⟩ *techn. einfacher* griffe *f*; *e-s Baggers* benne preneuse; *e-s Krans* grappin *m*; *phys. atom.* dispositif *m* de préhension; *cf. auch* Greifwerkzeug *u.* Greifzange; **~ˌkran** *m techn.* grue *f* à grappin.

Greif|fuß ['graɪffuːs] *m biol.* pied préhensile, prenant; **~orˌgan** *n biol., techn.* organe *m* de préhension; **~schwanz** *m biol.* queue préhensile, prenante; **~schwanzˌaffen** *m/pl. zo. sc.* cébidés *m/pl.*; **~ˌwerkzeug** *n techn.* appareil *m*, outil *m* de préhension; **~ˌzange** *f* pince *f*; **~ˌzirkel** *m* compas *m* d'épaisseur.

greinen ['graɪnən] F *v/i.* ⟨h⟩ pleurnicher.

greis [graɪs] **I** *adj.* très âgé; sénile; *poét.* chenu; **~es Haupt** tête chenue; **II** 2 *m* ⟨~es; ~e⟩ vieillard *m*.

Greisen ['graɪzən] *m* ⟨~s⟩ *géol.* greisen [grajzɛn] *m*.

Greis|enalter ['graɪzənˌʔaltər] *n* vieillesse *f*; **~enˌbogen** *m méd.* arc *m* sénile; **2enˌhaft** *adj.* d'un vieillard; sénile; **~enˌhaftigkeit** *f* ⟨~⟩ sénilité *f*; décrépitude *f*; **~enˌhaupt** *n*, **~enˌkaktus** *m bot. sc.* céphalocéreus *m*; **~enˌkrankheit** *f* maladie *f* de la vieillesse, sénile; **~in** *f* ⟨~; ~nen⟩ vieille femme; **~kraut** *n bot.* séneçon *m*.

grell [grɛl] **1.** *adj. Licht* cru; éblouissant; aveuglant; *Farbe* criard; cru; voyant; *Ton* perçant; strident; **in ~en Farben** aux couleurs criardes; *fig.* crûment; **e-e ~e Stimme** une voix perçante; **2.** *adv.* **~ beleuchten** éclairer crûment; **~ abstechen** contraster violemment (**von** avec); **~ˌfarbig** *adj.* aux couleurs criardes, crues; **2heit** *f* ⟨~⟩ *e-r Farbe, des Lichts* crudité *f*; **~rot** *adj.* rouge criard.

Gremium ['greːmiˑʊm] *n* ⟨~s; -ien⟩ collège *m*; assemblée *f*; corps *m*; comité *m*.

Grenadier [greˑna'diːr] *m* ⟨~s; ~e⟩ (*Infanteriesoldat*) fantassin *m*; *heutiger Dienstgrad* soldat *m* de deuxième classe; *hist.* grenadier *m*; **~bataiˌllon** *n* bataillon *m* d'infanterie; **~kompaˌnie** *f* compagnie *f* de fantassins, d'infanterie.

Grena|dillholz [greˑna'dɪlhɔlts] *n* grenadille *f*; **~'dine** *f* ⟨~; ~n⟩ *text.* grenadine *f*.

Grenz|abfertigung ['grɛntsˌʔapfɛrtɪgʊŋ] *f* accomplissement *m* des formalités de passage de *od.* à la frontière; **~ˌabkommen** *n* accord frontalier; convention frontalière; **~ˌabschnitt** *m* section *f* de frontière; **~ˌänderung** *f* modification *f* de frontière; **~ˌaufseher** *m* garde *m* frontière; **~ˌausweis** *m cf.* Grenzschein; **~ˌbahnhof** *m* gare *f* frontière; **~beˌamte(r)** *m* fonctionnaire *m* à la frontière; **~beˌfestigung** *f* fortification *f* de frontière; **~beˌgradigung** *f cf.* ~berichtigung; **~beˌhörde(n)** *f (pl.)* autorités frontalières; **~beˌlastung** *f techn.* charge *f* limite; **~beˌrichtigung** *f* rectification *f*, réajustement *m* de frontière; **~beˌtrieb** *m comm.* entreprise marginale; **~beˌvölkerung** *f* population frontalière; **~beˌwohner(in)** *m (f)* frontalier, -ière *m, f*; **~beˌzirk** *m* zone frontalière, frontière; **~dorf** *n* village frontalier; **~ˌdurchgangsˌlager** *n* camp *m* de transit près de la frontière.

Grenze ['grɛntsə] *f* ⟨~; ~n⟩ *e-s Staates, Landes etc.* frontière *f*; *e-s Grundstücks, e-r Gemeinde etc. u. fig.* limite *f*; *fig. auch* borne *f*; (*Grenzgebiet*) confins *m/pl.* (*auch fig.*); **an der ~** à la frontière; **e-e natürliche, künstliche, ethnische ~** une frontière naturelle, artificielle, ethnique; **die französisch-spanische ~** la frontière franco-espagnole; **die ~ des ewigen Schnees** la limite des neiges éternelles; **die ~ überschreiten** passer, franchir la frontière; **e-e ~ ziehen** tracer une frontière *bzw.* une limite; *fig.* **innerhalb bestimmter ~n** dans une certaine limite; **die ~n des Möglichen** *etc.* les limites du possible, *etc.*; **die ~n der Wissenschaft** *auch* les confins de la science; **die ~n des Anstandes überschreiten** dépasser les limites de la bienséance; *abs.* **die ~n überschreiten** dépasser les bornes, les limites; **sich in ~n halten** rester dans la mesure; se tenir dans des bornes; **keine ~n kennen** ne pas connaître de bornes, de limites; **~n setzen** mettre des bornes; limiter (qc.); **alles hat s-e ~n** il y a une limite à tout.

grenzen ['grɛntsən] *v/i.* ⟨-(es)t, h⟩ **an etw. ~** toucher (à) qc.; *Länder etc. auch* confiner à qc.; être limitrophe de qc.; *Grundstücke auch* être attenant, contigu à qc.; *fig.* friser qc.; confiner à qc.; **an Wahnsinn** *etc.* **~** confiner à, tenir de, friser la démence, la folie, *etc.*; **das grenzt ans Wunderbare** cela tient du miracle, du prodige, du merveilleux; **~ˌlos 1.** *adj.* sans bornes; sans limites; infini; illimité; immense; **2.** *adv.* sans bornes; sans limites; infiniment; **~ dumm, leichtsinnig** *etc.* d'une sottise, d'une légèreté, *etc.* sans bornes, sans limites; **2ˌlosigkeit** *f* ⟨~⟩ immensité *f*; *od. verbal.*

Grenz|er ['grɛntsər] *m* ⟨~s; ~⟩ (*Zollbeamter*) douanier *m*; *cf. auch* **~wache 1.**; **~erˌtrag** *m comm.* produit marginal; **~fall** *m* cas *m* limite; **~ˌfälschung** *f jur.* délit *m* consistant à changer les limites d'un terrain; **~ˌfestsetzung** *f* délimitation *f* de(s) frontières; **~ˌfläche** *f phys.* surface *f* de séparation; **~fluß** *m* fleuve *m* frontière; **~formaliˌtäten** *f/pl.* formalités *f/pl.* à la frontière; **~freˌquenz** *f rad.* fréquence *f* limite; **~ˌfurche** *f zwischen zwei Äckern* dérayure *f*; **~ˌgänger(in)** *m* ⟨~s; ~⟩ *(f)* ⟨~; ~nen⟩ (travailleur, -euse *m, f*) frontalier, -ière *m, f*; **~geˌbiet** *n* région frontière, frontalière; territoire frontalier; **~geˌbirge** *n* montagne(s) *f (pl.)* frontière(s); **~ˌgegend** *f cf.* ~gebiet; **~geˌmeinde** *f* commune frontière, frontalière; **~geˌmeinschaft** *f jur.* mitoyenneté *f*; **~geˌwässer** *n/pl.* eaux *f/pl.* frontières, limitrophes; **~ˌgraben** *m* fossé *m* limitrophe; *gemeinsamer* fossé mitoyen; **~ˌkarte** *f cf.* ~schein; **~ˌkohlenˌwasserstoff** *m chim.* carbure d'hydrogène saturé; paraffine *f*; **~kommissiˌon** *f* commission *f* de délimitation (de la frontière); **~konˌflikt** *m* conflit frontalier, de frontière; **~konˌtrolle** *f* contrôle *m* à la frontière; **~ˌkosten** *pl. comm.* frais marginaux; **~land** *n* région frontière, frontalière; **~ˌlehre** *f Meßgerät* calibre-mâchoire *m* à limites; **~ˌlinie** *f* (ligne *f* formant) frontière *f*, limite *f*; ligne *f* de la frontière; **~mark** *f hist.* marche *f*; **~ˌmauer** *f* mur *m* limitrophe; *gemeinsame* mur mitoyen; **~ˌnachbar** *m* voisin *m* de l'autre côté de la frontière; **~ˌnutzen** *m écon.* utilité marginale; **~nutzenˌschule** *f écon.* école *f* marginaliste; marginalisme *m*; **~ort** *m* localité *f* frontière; **~pfahl** *m* poteau *m* frontière; **~poliˌzei** *f* police frontalière; **~ˌposten** *m Person* garde *m* frontière; **~proˌvinz** *f* province *f* frontière; **~reguˌlierung** *f cf.* ~festsetzung; **~schein** *m* carte frontalière; carte *f* de frontière, de frontalier; **~schicht** *f phys., aviat.* couche *f* limite; **~schutz** *m* **1.** protection *f* de la frontière; **2.** *in der Bundesrepublik* police *f* pour la protection des frontières; **~ˌsicherung** *f* sécurité *f* des frontières; **~ˌsperre** *f* barrage *m* de la frontière; **~ˌstadt** *f* ville frontière, frontalière; **~statiˌon** *f* station *f* frontière; **~stein** *m* borne *f* (frontière); **~ˌstrahlen** *m/pl. phys., méd.* rayons X mous; **~strang** *m anat.* chaîne *f* sympathique; **~ˌstreife** *f* patrouille *f* de gardes frontières; **~ˌstreifen** *m* bande *f* frontière; **~ˌstreit(igkeit)** *m (f)* litige *m*, différend *m* de frontière; **~ˌübergang** *m* **1.** point *m* de passage de *od.* à la frontière; **2.** *math.* passage *m* à la limite; **~überˌschreitung** *f*, **~ˌübertritt** *m* passage *m*, franchissement *m* de la frontière; **illegale(r) ~** franchissement illégal de la frontière; **~überˌwachung** *f* surveillance *f* de la frontière; **~verˌkehr** *m* **(kleiner) ~** trafic frontalier; **~verˌlauf** *m* tracé *m* de la frontière; **~verˌletzung** *f* violation *f* de frontière; **~verˌtrag** *m* traité frontalier; **~ˌwache** *f* **1.** *Person* garde *m* frontière; **2.** garde *f* de la frontière; **~ˌwächter** *m cf.* ~wache 1.; **~wert** *m* **1.** *math.* limite *f*; **2.** *comm.* valeur marginale; **3.** *comm.* (*Wert an der Grenze*) valeur *f* à la frontière; **~ˌwinkel** *m opt.* angle *m* limite; **~zaun** *m* clôture *f* formant limite; **~ˌzeichen** *n* marque *f* d'une frontière, d'une limite; **~ˌziehung** *f cf.* ~festsetzung; **~zoll** *m* douane *f* (frontière); **~ˌzollamt** *n* bureau *m* de douane (à la frontière); **~ˌzone** *f* zone frontière, frontalière; **~ˌzwischenfall** *m* incident *m* de frontière.

Gretchen|frage ['greːtçənˌfraːgə] *f fig. etwa* question délicate; **~friˌsur** *f* coiffure *f* aux nattes relevées *bzw.* pendantes; coiffure *f* à la gretchen [grɛtʃɛn].

Greuel ['grɔʏəl] *m* ⟨~s; ~⟩ atrocité *f*; abomination *f*; horreur *f*; **die ~ e-s Krieges** les atrocités d'une guerre; **das ist mir ein ~** j'ai cela en horreur, en abomination; **~ˌmärchen** *n fig.* atrocités inventées; histoires *f/pl.* d'atrocités; **~propaˌganda** *f* (propagande *f* à l'aide d')atrocités inventées; **~ˌtat** *f* atrocité *f*.

greulich ['grɔʏlɪç] **1.** *adj.* atroce; abominable; horrible; **2.** *adv.* atrocement; abominablement; horriblement.

Grieben ['griːbən] *f/pl. cuis.* rillons

m/pl.; cretons *m/pl.*; ~ˌschmalz *n* saindoux *m* contenant des rillons; ~ˌwurst *f* saucisson *m* aux rillons.

Griebs [gri:ps] *m* ⟨~es; ~e⟩ (*Kerngehäuse im Obst*) trognon *m*.

Griech|e ['gri:çə] *m* ⟨~n; ~n⟩ Grec *m*; ~enˌtum *n* hellénisme *m*; ~in *f* ⟨~; ~nen⟩ Grecque *f*; 2isch *adj.* grec, grecque; *pol. in Zssgn.* gréco-... (*par ex.* ~-türkisch gréco-turc, gréco-turque); ~es Kreuz croix grecque; *hist.* ~es Feuer feu grégeois; die ~e Sprache, das 2e la langue grecque; le grec; 2isch-ka'tholisch *adj. cf.* 2isch-uniert; 2isch-ortho'dox *adj. égl.* grec-orthodoxe, grecque-orthodoxe; orthodoxe de Grèce; 2isch-'römisch *adj.* gréco-romain; *Sport* ~es Ringen lutte gréco-romaine; 2isch-u'niert *adj. égl.* grec-uni, grecque-unie.

Gries|gram ['gri:sgra:m] *m* ⟨~(e)s; ~e⟩ grincheux *m*; grognon *m*; 2ˌgrämig 1. *adj.* grincheux, -euse; grognon; morose; renfrogné; 2. *adv.* ~ dreinschauen regarder devant soi d'un air morose, renfrogné.

Grieß [gri:s] *m* ⟨~es; ~e⟩ 1. *cuis.* semoule *f*; 2. (*grobkörniger Sand*) gros sable; ~brei *m* (crème *f* de) semoule *f*; ~ˌklößchen *n* boulette *f* de semoule; ~mehl *n* semoule *f*; ~ˌpudding *m etwa* gâteau *m* de semoule; ~ˌsuppe *f* potage *m* à la semoule; ~ˌzucker *m* sucre *m* semoule.

griff [grɪf] *cf.* greifen.

Griff [grɪf] *m* ⟨~(e)s; ~e⟩ 1. (*Zugreifen*) *meist verbal*; durch e-n ~ in die Kasse en subtilisant, en prenant de l'argent dans la caisse; mit e-m ~ d'un seul coup; *fig.* e-n guten ~ tun avoir la main heureuse; etw. im ~ haben avoir l'habitude de (faire) qc.; avoir la main (pour qc.); etw. in den ~ bekommen (réussir à) dominer qc., contrôler qc., prendre qc. en main; 2. *Sport* prise *f*; *mus.* (*Fingersatz*) doigté *m*; *Ringen* erlaubter, unerlaubter ~ prise permise, défendue; *milit.* ~e üben, P kloppen s'exercer au, faire du maniement d'armes; 3. *text.* *e-s Stoffes* toucher *m*; 4. *e-r Tür, Lenkstange, e-s Degens, Koffers, Hebels etc.* poignée *f*; *e-s Werkzeuges, Messers, Schirms etc.* manche *m*; 2beˌreit *adj.* à portée de la main; ~brett *n Geige etc.* touche *f*.

Griffel ['grɪfəl] *m* ⟨~s; ~⟩ 1. (*Schreib2*) crayon *m* d'ardoise; 2. *bot.* style *m*; ~ˌkasten *m* plumier *m*; ~ˌkunst *f* art *m* de la gravure; ~ˌspitze *f* pointe *f* du crayon d'ardoise.

griff|ig ['grɪfɪç] *adj.* (*handlich*) maniable; (*gut greifend*) qui prend bien; (*nicht gleitend*) qui ne glisse pas; *Stoff* qui a du toucher; 2igˌkeit *f* ⟨~⟩ maniabilité *f*; *sonst verbal*; 2loch *n mus.* perce *f*; trou *m*; ~los *adj.* sans poignée, manche; 2stück *n e-r Pistole* poignée *f*; 2ˌwechsel *m gym.* changement *m* de prise.

Grill [grɪl] *m* ⟨~s; ~s⟩ (*Bratrost*) gril [-il] *m*; *cf. auch* Grillgerät.

Grille ['grɪlə] *f* ⟨~; ~n⟩ 1. *zo.* grillon *m*; cri-cri *m*; *pl.* ~n *sc.* gryllidés *m/pl.*; 2. (*wunderlicher Einfall*) lubie *f*; chimère *f*; idée *f* bizarre; (seltsame) ~n im Kopf haben avoir des lubies, des idées bizarres.

grill|en ['grɪlən] I *v/t.* ⟨h⟩ *cuis.* griller; II 2en *n* ⟨~s⟩ grillage *m*; ~enˌhaft *adj.* lunatique; capricieux, -euse; bizarre; 2geˌrät *n* gril [-il] *m*; grilloir *m*; ~ieren [-'li:-] *v/t.* ⟨*pas de ge-*, h⟩ *cf.* ~en; 2ˌpfanne *f* poêle *f* à griller; 2room [-ru:m] *m* grill-room [-rum] *m*; 2rost *m* grille *f* (d'un gril); 2spieß *m* broche *f* (d'un gril).

Grimasse [gri·'masə] *f* ⟨~; ~n⟩ grimace *f*; singerie *f*; ~n schneiden faire des grimaces.

Grimm [grɪm] *m* ⟨~(e)s⟩ colère (persistante); humeur massacrante; *st. s.* courroux *m*; s-n ~ verbeißen rentrer sa colère; ~darm *m anat.* côlon *m*; ~en *n* ⟨~s⟩ *méd.* colique *f*; mal *m* au ventre; 2ig 1. *adj.* furieux, -euse; furibond; *Kälte* rigoureux, -euse; 2. *adv.* furieusement; es ist ~ kalt *cf.* kalt 1.

Grind [grɪnt] *m* ⟨~(e)s; ~e⟩ *méd.* teigne *f*; ~el *m* ⟨~s; ~⟩ *e-s Pfluges* age *m*; 2ig *adj.* teigneux, -euse.

grinsen ['grɪnzən] I *v/i.* ⟨-(es)t, h⟩ ricaner; II 2 *n* ⟨~s⟩ ricanement *m*.

grippal [grɪ'pa:l] *adj. méd.* ~er Infekt infection grippale.

Grippe ['grɪpə] *f* ⟨~; ~n⟩ *méd.* grippe *f*; die ~ haben avoir la grippe; être grippé; ~epideˌmie *f* épidémie *f* de grippe; 2ˌkrank *adj.* grippé; ~ˌvirus *n, m* virus [-ys] *m* de la grippe.

Grips [grɪps] F *m* ⟨~(e)s; ~e⟩ cervelle *f*; F jugeot(t)e *f*; ~ haben avoir de la cervelle, F de la jugeot(t)e.

Grislybär ['grɪsli·ˌbɛ:r] *m zo.* grizzly *m*.

grob [gro:p] 1. *adj.* ⟨~er, ~st⟩ grossier, -ière; *Tuch, Feile, Faser, Sand etc.* gros, -sse; *Person auch* rude; ein ~er Fehler une faute grossière; une grosse faute; ~e Gesichtszüge traits grossiers; ein ~er Kerl, Klotz *cf.* 2ian; ~e Leinwand grosse toile; toile grossière; e-e ~e Lüge un mensonge grossier, cousu de fil blanc; e-e ~e Skizze une esquisse grossière; ~e Worte des mots, termes grossiers; *jur.* ~e Fahrlässigkeit grave négligence; ~er Unfug acte troublant l'ordre public; ~es Verschulden faute grave; ~e Mißhandlung(en) graves sévices *m/pl.*; in ~en Umrissen, Zügen à grands traits; dans les grandes lignes; en gros; grosso modo; ~ sein, werden être, devenir grossier, rude (zu, gegenüber avec *od.* envers); *fig.* ~es Geschütz auffahren employer des arguments massue; wir sind aus dem Gröbsten heraus le plus difficile est passé; auf e-n ~en Klotz gehört ein ~er Keil *prov. cf.* Klotz; 2. *adv.* grossièrement; j-n ~ behandeln traiter qn. avec rudesse; rudoyer qn.; etw. ~ sortieren trier qc. grossièrement, en gros; etw. ~ bearbeiten, behauen, schleifen *etc.* dégrossir qc.; ~ zerkleinern concasser; etw. ~ überschlagen évaluer qc. en gros; ~ gemahlen grossièrement moulu; ~ gerechnet, geschätzt en gros; ~ sinnlich grossièrement sensuel, -lle; ~ fahrlässig gravement négligent, imprudent; 2beˌarbeitung *f* dégrossissage *m*; usinage *m* préalable; 2blech *n* tôle forte; 2draht *m* gros fil de fer; 2ˌeinstellung *f* réglage grossier; ~ˌfaserig *adj.* à grosses fibres; 2ˌfeile *f* grosse lime; râpe *f*; ~geˌmahlen *adjt. cf.* grob 2.; 2heit *f* ⟨~; ~en⟩ grossièreté *f* (*auch Handlung, Wort*); muflerie *f*; rudesse *f*; brutalité *f*; j-m ~en sagen dire des grossièretés à qn.; 2ian *m* ⟨~(e)s; ~e⟩ rustre *m*; brute *f*; mufle *m*; malotru *m*; ours mal léché; grossier personnage; type grossier; ~ˌjährig *adj. Holz* aux cernes larges; 2ˌkohle *f* gros *m/pl.*; 2koks *m* gros coke; 2korn *n* gros grain; ~ˌkörnig *adj.* à gros grain; 2ˌkörnigˌkeit *f* ⟨~⟩ grossièreté *f* du grain.

gröblich ['grø:plɪç] 1. *adj.* grossier, -ière; 2. *adv.* grossièrement; j-n ~ beleidigen insulter qn. grossièrement.

grob|mahlen ['gro:pˌma:lən] *v/t.* ⟨*irr., sép.*, -ge-, h⟩ moudre grossièrement; ~ˌmaschig *adj.* à grosses, larges mailles; 2ˌpassung *f* ⟨~⟩ *techn.* ajustage grossier; 2ˌregelung *f* réglage grossier; 2sand *m* gros sable; ~ˌschlächtig *adj.* grossier, -ière; de nature grossière; ~ˌschleifen *v/t.* ⟨*irr., sép.*, -ge-, h⟩ dégrossir à la meule; 2schliff *m* dégrossissage *m* à la meule; 2schnitt *m Tabak* gros tabac; 2sieb *n* tamis *m*, passoire *f* à gros trous; 2ˌstraße *f Walzwerk* train dégrossisseur; 2zerˌkleinerung *f* concassage *m*.

Grog [grɔk] *m* ⟨~s; ~s⟩ *Getränk* grog [grɔg] *m*.

groggy ['grɔgi·] *adj. Boxen* groggy [-gi] (*auch fig.*).

grölen ['grø:lən] I *v/i.* ⟨h⟩ beugler; II 2 *n* ⟨~s⟩ beuglement *m*.

Groll [grɔl] *m* ⟨~(e)s⟩ rancune *f*; animosité *f*; *pfort.* rancœur *f*; (e-n) ~ gegen j-n hegen garder rancune à qn.; en vouloir à qn.; avoir, nourrir de la rancune envers qn.; avoir une dent contre qn.; garder à qn. un chien de sa chienne; ohne ~ sans rancune; 2en I *v/i.* ⟨h⟩ 1. j-m ~ *cf.* ~ (hegen); 2. *Donner* gronder; II ~en *n* ⟨~s⟩ *des Donners* grondement *m*.

Grönländ|er(in) ['grø:nˌlɛndər(ɪn)] *m* ⟨~s; ~⟩ (*f*) ⟨~; ~nen⟩ Groenlandais(e) [groɛn-] *m* (*f*); 2isch *adj.* groenlandais.

Gros [gro:] *n* ⟨~; ~⟩ gros *m*; das ~ des Heeres le gros de l'armée.

Groschen ['grɔʃən] *m* ⟨~s; ~⟩ a) pièce *f* de dix pfennigs; b) *meist pl.* F (*Geld*) sou(s) *m* (*pl.*); mit s-n paar ~ avec les quelques sous qu'il a; *fig. u.* F der ~ ist (bei ihm) gefallen il a enfin compris; P il a pigé; c) *in Österreich* groschen *m*; ~autoˌmat *m* machine *f* à sous; ~ˌheft *n* petit illustré; ~roˌman *m* roman *m* de quatre sous.

groß [gro:s] 1. *adj.* ⟨~er, größt⟩ *allg.* grand (*auch fig.*); *dem Volumen nach oft* gros, -sse; ~en Ausmaßes, in ~em Ausmaß sur une grande échelle; en grand; de grande envergure; mein ~er Bruder mon grand frère; *astr.* der 2e Bär, Wagen la Grande Ourse; ~er Buchstabe (lettre *f*) majuscule *f*, capitale *f*; ~e Dame femme du monde; *math.* das ~e Einmaleins la table de multiplication de 1 à 20; ~es Erlebnis grand événement; ~er Fehler grande, grosse faute; ~e Ferien grandes vacances; ~es Geld billet(s) *m* (*pl.*); das 2e Los le gros lot; ein ~er Mann (*berühmt*) un grand homme; (*körperlich* ~) un homme grand, de grande taille; die ~e Masse, der ~e Haufen la masse; les foules; le vulgaire; la plèbe; ~e Mehrheit grande, grosse majorité; mit ~er Mühe à grand-peine; der 2e Ozean le Pacifique; *écol.* ~e Pause longue récréation; ~en Stils, im ~en (Stil) de grand style; de grande envergure; en grand; zum ~en Teil en grande partie; *mus.* ~e Terz tierce majeure; in ~er Toilette en grande toilette; die ~e Welt le grand monde; in ~er Zahl en grand nombre; *anat.* die ~e Zehe le gros orteil; in ~en Zügen dans les grandes lignes; ~ und klein petits et grands; *von Kindern* schon recht ~ grandelet, -tte; so ~ wie ein Markstück aussi grand qu'une pièce d'un mark; so ~ wie e-e Erbse aussi gros qu'un pois; gleich ~ de même taille, grandeur, grosseur; wie ~ ist ...? combien mesure ...?; quelle est la grandeur *bzw.* la grosseur de ...?; wie ~ sind Sie?

combien mesurez-vous?; quelle est votre taille?; quelle taille avez-vous?; **ich bin ein(en) Meter siebzig ~** je mesure un mètre soixante-dix; **wie ~ war mein Erstaunen!** quel fut mon étonnement!; **meine Überraschung war so ~, daß ...** ma surprise fut telle, si grande que ...; **wenn ich erst ~ bin** quand je serai grand; **~ werden** devenir grand; grandir; **das 2e an ...** ce qu'il y a de grand dans ...; **etwas 2es** quelque chose de grand; **im 2en wie im Kleinen** dans les petites choses comme dans les grandes; **im ~en (und) ganzen** en somme; somme toute; en gros; dans l'ensemble; en général; F **darin ist er ~** il est fort dans ce domaine; F **er war ganz ~** il était, a été excellent, F sensationnel, formidable; F **e-e ~e Sache sein** être formidable, sensationnel; **~e Angst, ~en Hunger, ~en Durst haben** avoir très peur, faim, soif; avoir grand-peur, grand-faim, grand-soif; **~e Augen machen** ouvrir de grands yeux; écarquiller les yeux; **auf ~em Fuße leben** vivre sur un grand pied; mener un grand train de vie; **den ~en Herrn spielen** faire le, jouer au grand seigneur; **~e Pläne (im Kopf) haben** voir grand; **~en Wert auf etw. legen** attacher beaucoup d'importance à qc.; P **e-e ~e Schnauze haben** P avoir une grande gueule; être fort en gueule; *allg.* **der 2e** le grand; **die 2en** (*Erwachsenen*) les grands; les grandes personnes; **die 2en dieser Welt** les grands de ce monde; *hist.* **Karl der 2e** Charlemagne; **Friedrich der 2e** Frédéric le Grand; **Katharina die 2e** Catherine la Grande; *cf. auch* größer *u. die betreffenden Substantive*; **2.** *adv.* **j-n ~ ansehen** regarder qn. avec de grands yeux; **~ auftreten** faire le grand seigneur; **von j-m ~ denken** avoir une 'haute opinion de qn.; F **~ in Form sein** être en grande, en pleine forme; **etw. ~ herausbringen, herausstellen** mettre qc. en vedette; **~ herauskommen** être, se montrer excellent; F **sich nicht ~ um etw. kümmern** ne pas se soucier beaucoup de qc.; **er schreibt ~** il écrit gros; *Rechtschreibung* **~ schreiben** écrire avec une majuscule; **~ geschrieben werden** prendre une majuscule; *fig.* **Sport wird heute ~ geschrieben** le sport a de l'importance aujourd'hui; F **da liegt mir nicht ~ dran** je n'y tiens pas beaucoup.

Groß|abnehmer ['groːsˌˀapneːmər] *m comm.* acheteur *m* en *od.* de gros; *von Strom etc.* gros consommateur; **~admiˌral** *m mar. etwa* grand amiral; **~aktioˌnär** *m* gros actionnaire; **~aˌlarm** *m* alerte générale; **2ˌangeˌlegt** *adjt. Plan etc.* de grande envergure; **~ˌangriff** *m* attaque *f* de grande envergure; **2ˌartig 1.** *adj.* grandiose; magnifique; imposant; F épatant; formidable; **2.** *adv.* magnifiquement; F d'une façon formidable, épatante; **~ˌartigˌkeit** *f* ⟨~⟩ magnificence *f*; grandeur *f*; majesté *f*; **~ˌaufnahme** *f Film* gros plan; **in ~** en gros plan; **~ˌauftrag** *m comm.* grosse commande; **~bäckeˌrei** *f* grosse boulangerie; boulangerie *f* à gros débit; **~bank** *f* ⟨~; ~en⟩ grande banque; **~ˌbauer** *m* grand, gros fermier; **~ˌbaustelle** *f* grand chantier; **2ˌbeerig** *adj. bot.* à grosses baies; *Trauben* à gros grains; **~-Ber'lin** *n* le grand Berlin; **~beˌtrieb** *m* grande entreprise, exploitation; **2ˌblätt(e)rig** *adj. bot.* à grandes feuilles; **2ˌblumig** *adj. bot.* à grandes fleurs; **~brand** *m* grand incendie; **~ˌbuchstabe** *m gr.* (lettre *f*) majuscule *f*; *impr.* capitale *f*; **2deutsch** *adj. etwa* pangermaniste.

Größe ['grøːsə] *f* ⟨~; ~n⟩ **1.** *Eigenschaft* grandeur *f* (*auch fig.*); *dem Volumen nach oft* grosseur *f*; (*Ausmaße*) dimensions *f/pl.*; mesures *f/pl.*; **von der ~ e-s Markstückes** de la grandeur d'une pièce d'un mark; **von der ~ e-r Erbse** de la grosseur d'un pois; *Abbildung etc.* **in natürlicher ~** grandeur nature; **ein Viertel natürlicher ~** un quart de la grandeur naturelle, réelle; **in voller ~** dans toute sa grandeur; **der ~ nach ordnen** classer par ordre de grandeur *bzw.* de grosseur; **2.** (*Körper2*), *e-s Wäsche- od. Kleidungsstücks* taille *f*; (*Schuh2, Handschuh2, Hut2*) pointure *f*; (*Format*) format *m*; **e-e gängige ~** une taille *bzw.* pointure courante; **welche ~ haben Sie?** quelle est votre taille *bzw.* pointure?; *bei Schuhen auch* combien chaussez-vous?; **ich habe ~ 42** je fais du 42 (de taille, de pointure); *bei Schuhen auch* je chausse du 42; **3.** *astr.* magnitude *f*; grandeur *f*; **scheinbare ~** magnitude apparente; **ein Stern zweiter ~** une étoile de magnitude deux, de deuxième grandeur; **4.** *math., phys.* grandeur *f*; *math. auch* quantité *f*; **periodische, vektorielle** *etc.* **~** grandeur périodique, vectorielle, *etc.*; **gegebene, bekannte ~** donnée *f*; **5.** *im Sport etc.* as *m*; vedette *f*.

Groß|einkauf ['groːsˌˀaɪnkauf] *m* achat *m* en gros; **~ˌeinkäufer** *m* acheteur *m* en gros; **~ˌeinkaufsgeˌsellschaft** *f* société *f* d'achats en gros; **~ˌeinsatz** *m* opération *f* de grand style, de grande envergure; **2ˌelterˌlich** *adj.* des grands-parents; **~ˌeltern** *pl.* grands-parents *m/pl.*

Größenfaktor ['grøːsənˌfaktɔr] *m* facteur *m* de grandeur.

Großenkel(in) ['groːsˌˀɛŋkəl(ɪn)] *m* (*f*) arrière-petit-fils *m*, arrière-petite-fille *f*; **die Großenkel** les arrière-petits-fils *bzw.* les arrière-petits-enfants.

Größen|klasse ['grøːsənˌklasə] *f* catégorie *f* de grandeur; *astr.* magnitude *f*; **~ˌordnung** *f* ordre *m* de grandeur; dimension *f*.

großenteils ['groːsənˌtaɪls] *adv.* en grande partie.

Größen|verhältnis ['grøːsənfɛrˌhɛltnɪs] *n* proportion *f*; **~ˌwahn** *m* folie *f*, *pfort.* délire *m* des grandeurs; mégalomanie *f*; **2ˌwahnsinnig** *adj.* qui a la folie des grandeurs; mégalomane.

größer ['grøːsər] *adj.* (*comp. von* groß) **a)** plus grand; **der ~e Teil** la majeure, la plus grande partie; **er ist um e-n Kopf ~ als ich** il me dépasse d'une tête; il a la tête de plus que moi; **mit umso ~em Recht** à plus forte raison; **~ werden** grandir; grossir; croître; s'agrandir; augmenter; **b)** (*ziemlich groß*) **e-e ~e Summe** une assez grande, grosse somme; une somme assez considérable, importante.

Groß|erzeuger ['groːsˀɛrˌtsɔʏgər] *m* producteur *m* en gros; **~fabrikatiˌon** *f* fabrication *f* en gros, à grande échelle; **~ˌfahndung** *f* recherches *f/pl.* en grand; **~faˌmilie** *f* grande famille; **~ˌfeuer** *n* grand incendie; **~ˌflugzeug** *n* avion *m* à grande capacité; gros avion; **~forˌmat** *n* grand format; **~fürst(in)** *m* (*f*) *hist. in Rußland* grand-duc *m*, grande-duchesse *f*; **~fußˌhuhn** *n zo.* mégapode *m*; **2ˌfüttern** *v/t.* ⟨-(e)re, *sép.*, -ge-, h⟩ élever; **~gaˌrage** *f* grand garage; **~ˌgrundbeˌsitz** *m* grande propriété foncière; **~ˌgrundbeˌsitzer** *m* grand propriétaire foncier, terrien; **~ˌhandel** *m* (commerce *m* de *od.* en) gros *m*; **~ treiben** faire du gros; **~handelsˌfirma** *f* maison *f*, établissement *m* de gros; **~handelsˌindex** *m* indice *m* des prix de gros; **~handelsˌpreis** *m* prix *m* de gros; **zum ~** au prix de gros; **~handelsˌspanne** *f* marge *f* des grossistes; **~handelsunterˌnehmen** *n* entreprise *f* de gros; **~ˌhändler** *m* grossiste *m*; commerçant *m*, marchand *m* en gros; négociant *m* (en gros); **~ˌhandlung** *f* magasin *m*, commerce *m* de gros; **2ˌherzig** *adj.* généreux, -euse; magnanime; **e-e ~e Spende** un don généreux; **~ˌherzigˌkeit** *f* ⟨~⟩ générosité *f*; magnanimité *f*; **~ˌherzog(in)** *m* (*f*) grand-duc *m*, grande-duchesse *f*; **2ˌherzogˌlich** *adj.* grand-ducal; **~herzogˌtum** *n* grand-duché *m*; **~hirn** *n anat.* cerveau *m*; **~hirnˌrinde** *f anat.* écorce cérébrale; **~indusˌtrie** *f* grande, grosse industrie; **~industriˌelle(r)** *m* grand, gros industriel; **~inquiˌsitor** *m hist.* grand-inquisiteur *m*.

Grossist [grɔ'sɪst] *m* ⟨~en; ~en⟩ *comm. cf.* Großhändler.

groß|jährig ['groːsˌjɛːrɪç] *adj.* majeur; **2ˌjährigˌkeit** *f* ⟨~⟩ majorité *f*; **~kaˌlib(e)rig** *adj.* de gros calibre; **2kampf** *m* grand combat; combat *m* de grande envergure; **2kampfˌtag** *m* journée *f* de grande bataille; *fig.* dure journée; **2kapiˌtal** *n* gros capital; **2kapitaˌlismus** *m* gros capitalisme; **2kapitaˌlist** *m* gros capitaliste; **2ˌkaufmann** *m cf.* Großhändler; **2konˌzern** *m écon.* grand consortium [-sjɔm]; **2kotz** F *m* ⟨~en; ~en⟩ crâneur *m*; 'hâbleur *m*; **~ˌkotzig** F *adj.* crâneur, -euse; 'hâbleur, -euse; **2ˌkotzigˌkeit** *f* ⟨~⟩ façons *f/pl.* de crâneur; crânerie *f*; 'hâblerie *f*; **2ˌkraftwerk** *n* centrale *f* électrique à grande puissance; **2kreis** *m math.* grand cercle; **2kreuz** *n e-s Ordens* grand-croix *f*; **2ˌküche** *f* cuisine *f* à grande échelle; **2ˌlautsprecher** *m* 'haut-parleur géant; **2liefeˌrant** *m* fournisseur *m* de, en gros; **2ˌloge** *f der Freimaurer* Grande Loge; **~ˌmachen** *v/réfl.* ⟨*sép.*, -ge-, h⟩ F *cf.* großtun; **2macht** *f* grande puissance; **2machtgeˌlüste** *n/pl.* velléités *f/pl.* de grande puissance; **~ˌmächtig** *adj.* très puissant; **2machtpoliˌtik** *f* politique *f* de grande puissance; **2machtˌstellung** *f* position *f* de grande puissance; **2maˌma** *f* F mémère *f*; grand-maman *f*; bonne-maman *f*; **2mannsˌsucht** *f* folie *f* des grandeurs; **~mannsˌsüchtig** *adj.* qui a la folie des grandeurs; **2mars** *m mar.* grand-'hune *f*; **~ˌmaschig** *adj.* à grandes mailles; **2mast** *m mar.* grand mât; **2maul** *n* F (*Prahler*) vantard *m*; 'hâbleur *m*; fanfaron *m*; P fort *m* en gueule; (*Schreier*) P grande gueule; braillard *m*; gueulard *m*; **~ˌmäulig** *adj.* vantard; 'hâbleur, -euse; fanfaron, -nne; P qui a une grande gueule; braillard; gueulard; **2ˌmeister** *m der Freimaurer, Ritterorden etc.* grand maître; **2meisterˌwürde** *f* grande maîtrise; **2moˌgul** *m hist.* Grand Mog(h)ol; **2mut** *f* ⟨~⟩ générosité *f*; grandeur *f* d'âme; magnanimité *f*; **~ˌmütig 1.** *adj.* généreux, -euse; magnanime; **2.** *adv.* généreusement; magnanimement; **2ˌmütigˌkeit** *f* ⟨~⟩ *cf.* 2mut; **2ˌmutter** *f* grand-mère *f*; aïeule *f*; F **das kannst du**

deiner ~ erzählen! à d'autres!; **~ˌmütterˌlich** *adj.* de (la) grand-mère; **2ˌneffe** *m* petit-neveu; **2ˌnichte** *f* petite-nièce; **2okˌtav** *n Buchformat* format *m* de 25 cm de haut; **2ˌonkel** *m* grand-oncle; **2paˌpa** *m* F pépère *m*; grand-papa *m*; **2-Paˈris** *n* le grand Paris; **~ˌporig** *adj. Haut* aux pores dilatés; **2raˌbbiner** *m* grand rabbin; **2ˌrahe** *f mar.* grand-vergue *f*; **2raumˌwagen** *m Straßenbahn etc.* voiture *f* à grande capacité; **2ˈreineˌmachen** *n* nettoyage *m* en grand (*auch fig.*); **2ˌschiffahrtsˌweg** *m* ligne *f*, voie *f* de grande navigation; **2schlächteˌrei** *f* grosse boucherie-charcuterie; boucherie-charcuterie *f* à gros débit; **2ˌschnauze** *f* P *cf.* 2maul; **~ˌschnauzig** *adj. cf.* ~mäulig; **2ˌschreibung** *f* emploi *m* des majuscules; *od. verbal*; **2ˌsegel** *n mar.* grand-voile *f*; **2ˌsender** *m rad.* émetteur *m* à grande puissance; **2ˌsprecher(in)** *m* (*f*) 'hâbleur, -euse *m, f*; vantard *m*; fanfaron, -nne *m, f*; diseur, -euse *m, f* de grands mots; **~ˌspracheˌrisch 1.** *adj.* 'hâbleur, -euse; vantard; fanfaron, -nne; de hâbleur, *etc.*; **2.** *adv.* d'une façon 'hâbleuse, *etc.*; avec 'hâblerie, *etc.*; **~ˌspurig 1.** *adj.* crâneur, -euse; 'hâbleur, -euse; **2.** *adv.* d'une façon crâneuse; ~ **auftreten** faire le crâneur; se donner de grands airs; **2ˌspurigˌkeit** *f* ⟨~⟩ façons *f/pl.* de crâneur; crânerie *f*; 'hâblerie *f*; **2stadt** *f* grande ville; **2ˌstädter(in)** *m* (*f*) habitant(e) *m* (*f*) d'une grande ville; **~ˌstädtisch** *adj.* de la grande ville; **2stadtˌluft** *f* air *m* de la grande ville; **2stadtverˌkehr** *m* circulation *f*, trafic *m* de la grande ville; **2steinˌgrab** *n Vorgeschichte* tombe *f* mégalithique.

größt [grøːst] *adj.* (*sup. von* groß) le plus grand; **der ~e Teil (ist)** la plupart (sont); la majeure, la plus grande partie (est); **der 2e** le plus grand.

Groß|tanker [ˈgroːsˌtaŋkər] *m mar.* gros pétrolier; **~ˌtankstelle** *f* grande station service; **~ˌtante** *f* grand-tante *f*; **~tat** *f* exploit *m*; 'haut fait; prouesse *f* (*auch iron.*); **~teil** *m* grande partie.

größt|enteils [ˈgrøːstənˌtaɪls] *adv.* pour la plupart; en majeure partie; **2maß** *n techn.* maximum [-əm] *m*; **~ˌmöglich** *adj.* le plus grand possible; **2spiel** *n techn.* jeu *m* maximum.

Groß|tuer(in) [ˈgroːsˌtuːər(ɪn)] *m* ⟨~s; ~⟩ (*f*) ⟨~; ~nen⟩ crâneur, -euse *m, f*; poseur, -euse *m, f*; **~tueˈrei** *f* ⟨~⟩ façons *f/pl.* de crâneur; crânerie *f*; **2ˌtueˌrisch** *adj.* crâneur, -euse; poseur, -euse; *Verhalten* ostentatoire; **2tun** *v/i.* ⟨*irr., sép.*, -ge-, h⟩ se donner de grands airs; crâner; **(sich) mit etw.** ~ faire étalage, se targuer, se vanter de qc.

Grossular [grɔsuˈlaːr] *m* ⟨~s; ~e⟩ *minéral.* grossulaire *f*.

Groß|unternehmen [ˈgroːsˀʊntərˌneːmən] *n* grande entreprise; **~unterˌnehmer** *m* grand entrepreneur; **~ˌvater** *m* grand-père *m*; aïeul *m*; **2ˌväterˌlich** *adj.* de *bzw.* du grand-père; **~vaterˌstuhl** *m* fauteuil *m*, chaise *f* du grand-père; **~verˌanstaltung** *f* grande manifestation; **~verˌbraucher** *m* gros consommateur; **~verˌbraucherˌpreis** *m* prix *m* pour gros consommateurs; **~verˌdiener** *m* celui qui gagne beaucoup; **~verˌsandhaus** *n comm.* grande maison *od.* grand magasin de vente par correspondance; **~verˌteiler** *m comm. cf.* Großhändler; **~verˌtrieb** *m* vente *f* en gros; **~vieh** *n* gros bétail; **~ˌwarnˌanlage** *f* grande installation d'alerte; **~weˌsir** *m hist.* grand vizir; **~ˌwetterˌlage** *f* situation météorologique générale; **~wildˌjagd** *f* chasse *f* aux grands animaux; **2ˌziehen** *v/t.* ⟨*irr., sép.*, -ge-, h⟩ élever; **2ˌzügig 1.** *adj.* large; d'esprit large; large d'idées, de vues; libéral; *Hilfe, Angebot etc.* généreux, -euse; **2.** *adv.* largement; avec largeur d'esprit, d'idées; libéralement; généreusement; **~ˌzügigˌkeit** *f* ⟨~⟩ largeur *f* d'esprit, d'idées; *e-r Hilfe etc.* générosité *f*; (*Freigebigkeit*) largesse *f*; libéralité *f*.

grotesk [groˈtɛsk] **I** *adj.* (*u. adv.*) grotesque(ment); **das 2e** le grotesque; **II 2** *f* ⟨~⟩ *impr.* antique *f*; **2e** *f* ⟨~; ~n⟩ *Ornament* grotesque *f*; *Literatur* poème *m*, anecdote *f*, comédie *f*, *etc.* grotesque; **2ˌtanz** *m* danse *f* grotesque.

Grotte [ˈgrɔtə] *f* ⟨~; ~n⟩ grotte *f*.

grub [gruːp] *cf.* graben.

Grubber [ˈgrʊbər] *m* ⟨~s; ~⟩ *agr.* cultivateur *m*.

Grübchen [ˈgryːpçən] *n* ⟨~s; ~⟩ *im Gesicht* fossette *f*.

Grube [ˈgruːbə] *f* ⟨~; ~n⟩ **1.** fosse *f* (*auch anat.*); **wer andern e-e ~ gräbt, fällt selbst hinein** *prov.* tel est pris qui croyait prendre *prov.*; **2.** *mines* mine *f*; *im Tagebau auch* minière *f*; *comm.* **ab ~** sur le carreau de la mine.

Grübel|ei [ˌgryːbəˈlaɪ] *f* ⟨~; ~en⟩ réflexions *f/pl.* sans fin; profonde réflexion; ruminations *f/pl.*; **2n** *v/i.* ⟨-(e)le, h⟩ ruminer (**über etw.** qc.); réfléchir sans fin (sur, à); *abs.* se creuser la tête.

Gruben|arbeit [ˈgruːbənˌˀarbaɪt] *f* travail minier, dans les mines; **~ˌarbeiter** *m* mineur *m*; **~ˌausbau** *m* ⟨~(e)s⟩ boisage *m*; **~ˌbahn** *f* chemin de fer minier; **~beˌtrieb** *m* exploitation minière; **~ˌbrand** *m* feu *m* dans une mine; **~ˌfeld** *n* unité *f* de concession d'une mine; **~ˌgas** *n* grisou *m*; **~gasˌanzeiger** *m* ⟨~s; ~⟩ grisoumètre *m*; **~geˌlände** *n* carreau *m* de la mine; **~ˌgerbung** *f* tannage *m* en fosse; **~ˌhelm** *m* casque *m* de mineur; **~ˌholz** *n* bois *m* de mine; **~indusˌtrie** *f* industrie minière; **~ˌlampe** *f* lampe *f* de mineur; **~ˌleitung** *f* direction *f* de la mine; **~lokomoˌtive** *f* locomotive *f*, locotracteur *m* de fond; **~ˌotter** *f zo.* crotale *m*; **~ˌschmelz** *m Schmelzmalerei* émail champlevé; **~ˌunglück** *n* accident *m* dans une mine; **~verˌwaltung** *f* administration *f* d'une *bzw.* des mine(s); **~ˌwasser** *n* eau *f* d'infiltration dans une mine; **~ˌwehr** *f* brigade *f* de sauvetage; **~ˌwurm** *m zo.* ankylostome *m*.

Grübler|(in) [ˈgryːblər(ɪn)] *m* ⟨~s; ~⟩ (*f*) ⟨~; ~nen⟩ personne *f* qui rumine, qui réfléchit sans fin, qui se creuse tout le temps la tête; **2isch** *adj. u. adv.* (d'une personne) qui rumine, *etc.*; *Aussehen etc.* pensif, -ive; ~ **veranlagt** d'une nature à ruminer, à réfléchir sans fin.

Grude|herd [ˈgruːdəˌheːrt] *m* fourneau *m* à coke de lignite; **~(ˌkoks)** *f* ⟨~; ~n⟩ (*m*) coke *m* de lignite.

Gruft [grʊft] *f* ⟨~; ⸗e⟩ *e-r Familie etc.* caveau *m*; *st. s.* (*Grab*) tombeau *m*.

Grummet [ˈgrʊmət] *n* ⟨~s⟩ *agr.* regain *m*.

grün [gryːn] **I** *adj.* vert; *fig.* (*unerfahren*) inexpérimenté; *Straßenverkehr* **bei 2** au vert; **~e Bohnen** 'haricots verts; **~e Erbsen** petits pois; *fig.* **über die ~e Grenze gehen** passer la frontière en fraude; **~er Hering** 'hareng frais; **~es Holz** bois vert; **die 2e Insel** l'Irlande *f*; *fig.* **~er Junge** blanc-bec *m*; **j-n, etw. über den ~en Klee loben** porter qn., qc. aux nues; faire le panégyrique de qn., de qc.; *fig.* **~es Licht** *für ein Unternehmen etc.* feu vert; F **~e Minna** *der Polizei* panier *m* à salade; **~ vor Neid** pâle, blême d'envie; **~es Obst** fruits verts; *agr.* **2er Plan** plan *m* (d'aide) agricole; **~er Salat** salade verte; *méd.* **der ~e Star** le glaucome; *fig.* **vom ~en Tisch aus** d'un point de vue bureaucratique, abstrait, théorique; sans tenir compte de la réalité; *Straßenverkehr* **~e Welle** feux coordonnés; *agr.* **2e Woche** semaine de l'agriculture; *fig.* **auf keinen ~en Zweig kommen** ne pas prospérer, réussir; **~ werden** devenir vert; verdir; *Natur* **wieder ~ werden** reverdir; **~ färben, anstreichen** teindre, peindre en vert; *fig.* **man könnte sich ~ und gelb ärgern** il y a de quoi se fâcher tout rouge; il y a de quoi en attraper une jaunisse; *fig. u.* F **j-m nicht ~ sein** en vouloir à qn.; avoir une dent contre qn.; F **das ist dasselbe in ~** cela revient au même; c'est du pareil au même; **II 2** *n* ⟨~s⟩ vert *m*; couleur verte; *der Natur* verdure *f*; *Golf* green [grin] *m*; **im ~en**, F **bei Mutter ~** dans la nature; **ins ~e gehen** aller dans la nature; **2ˌalgen** *f/pl. bot.* algues vertes; *sc.* chlorophycées *f/pl.*; **2ˌanlage** *f* parc *m*; *kleine* square [skwaːr] *m*; *vorwiegend Rasen* pelouse *f*; **~blau** *adj.* bleu-vert; **2bleiˌerz** *n* pyromorphite *f*; plomb vert; **2buch** *n dipl.* Livre vert.

Grund [grʊnt] *m* ⟨~(e)s⟩ **1.** *e-s Gewässers, Gefäßes etc.* fond *m*; **schwarz auf weißem ~** noir sur fond blanc; *mar.* **auf ~ laufen** (s')échouer; **im Wasser keinen ~ mehr haben** perdre pied; *fig.* **den Dingen, e-r Sache auf den ~ gehen** aller au fond des choses, de qc.; **ich will der Sache auf den ~ gehen** *auch* je veux en avoir le cœur net; **im ~e s-s Herzens** au fond de son cœur; **von ~ aus, auf de fond en comble**; à fond; entièrement; radicalement; **von ~ auf verändert** *auch* changé du tout au tout; **im ~e (genommen)** dans le *od.* au fond; **auf ~ von** en raison de; **auf ~ s-s Könnens** en raison de sa compétence; **auf ~ e-s Gesetzes, Urteils** *etc.* en vertu d'une loi, d'un jugement, *etc.*; **auf ~ von Indizien** sur la base d'indices; sur des indices; **2.** (*Grundlage*) **den ~ zu etw. legen** jeter, établir, poser les bases de qc.; **3.** (*Erdboden*) sol *m*; **auf festem ~** sur un sol ferme; **4.** (*Grundbesitz*) **~ und Boden** terres *f/pl.*; terrain *m*; propriété foncière; *fig.* **etw. in ~ und Boden verurteilen** condamner qc. radicalement, absolument; **5.** ⟨*pl.* ⸗e⟩ (*Vernunft2*) raison *f*; (*Beweg2*) motif *m*; mobile *m*; (*Ursache*) cause *f*; **triftiger, stichhaltiger ~** raison valable, plausible; **die tieferen Gründe** les raisons profondes; *philos.* **zureichender ~** raison suffisante; **~ zur Entlassung, Kündigung** motif de congédiement; **(guten) ~ haben, zu …** avoir de bonnes *bzw.* des raisons de …; **allen ~ haben, zu …** avoir toute(s) raison(s) de …; **~ zur Klage, Freude, Kritik haben** avoir des raisons, avoir lieu, avoir sujet de se plaindre, de se réjouir, de critiquer; **~ zur Klage, Freude geben** donner lieu de se plaindre, de se réjouir; **~ zur Kritik, zum Lachen** *etc.* **geben** *auch* prêter à la critique, à la plaisanterie, *etc.*; **es besteht ~ zu der Annahme, daß …** on a des raisons, il y a lieu de supposer que ...; **dazu ist kein ~ vorhanden** il n'y a pas de raison; **das ist kein ~ zur Aufregung** *etc.* il n'y a pas de quoi s'affoler, *etc.*; **und zwar aus gutem ~e** et pour de bonnes raisons; et pour cause; **das ist ein ~ mehr** (, **zu** ...) raison de plus (pour ...); **als ~ angeben** donner comme raison; **Gründe für und wider, Gründe und Gegengründe** des raisons pour et contre; **ich habe meine Gründe** j'ai mes raisons; **die Gründe s-s Handelns** ses raisons d'agir ainsi; **s-e Gründe darlegen** exposer ses raisons; **mit ~** avec raison; **ohne ~** sans raison; sans motif; **ohne Angabe von Gründen** sans donner de raisons, de motifs; **nicht ganz ohne ~** pas tout à fait sans raison; **aus welchem ~?** pour quelle raison?; **aus diesem ~e** pour cette raison; **aus irgendeinem ~e** pour une raison quelconque; **aus dem einfachen ~e, daß** ... pour la simple raison que ...; **schon aus diesem ~e** pour cette seule raison; **aus gesundheitlichen Gründen** pour raison, pour des raisons de santé; **aus naheliegenden Gründen** pour des raisons manifestes, évidentes; **aus Gründen der Sicherheit** pour des raisons de sécurité; par mesure de sécurité.

Grund|akkord ['grʊntˀaˌkɔrt] *m mus.* accord fondamental; **~ˌangel** *f Fischerei* ligne *f* de fond; **~ˌanschauung** *f* conception(s) fondamentale(s), de base; **ℒ'anständig** *adj.* foncièrement honnête; **~ˌanstrich** *m peint.* première couche (de peinture); fond *m*; **~ˌausbildung** *f* formation *f* de base; **~ˌbalken** *m* racinal *m*; **~baß** *m mus.* basse fondamentale; **~beˌdeutung** *f ling.* sens *m* de base; **~beˌdingung** *f* condition fondamentale; **~beˌgriff** *m* notion fondamentale; **~beˌsitz** *m* propriété foncière; **~beˌsitzer** *m* propriétaire foncier, terrien; **~beˌstandteil** *m* constituant, composant fondamental; élément constitutif, de base; **~beˌtrag** *m* montant *m* de base; **~buch** *n* livre foncier; *in Frankreich, ausgenommen Elsaß* cadastre *m*; **~buchˌamt** *n* service chargé de la tenue du livre foncier; **~buchˌauszug** *m* extrait *m* du livre foncier; **~buchˌblatt** *n* feuillet *m* du livre foncier; **~ˌdienstbarkeit** *f jur.* service foncier; servitude *f*; **ℒ'ehrlich** *adj.* foncièrement honnête; **~ˌeigentum** *n cf.* **~besitz**; **~ˌeigentümer** *m cf.* **~besitzer** *u.* **Grundstückseigentümer**; **~ˌeinkommen** *n* revenus *m/pl.* de base; **~ˌeinstellung** *f cf.* **Grundhaltung**; **~eis** *n* glace *f* de fond.

Grundel ['grʊndəl] *f* ⟨~; ~n⟩ *zo.* gobie *m*; *cf. auch* **Gründling**.

gründel|n ['grʏndəln] *v/i.* ⟨-(e)le, h⟩ *Ente* barboter; **ℒˌwale** *m/pl. zo. sc.* delphinaptéridés *m/pl.*

gründ|en ['grʏndən] **I** *v/t.* ⟨-ete, h⟩ *allg.* fonder; *bât. auch* asseoir (les fondations de); faire les fondations de; **II** *v/réfl.* **sich auf etw. ~** se baser, se fonder sur qc.; être basé, fondé sur qc.; **ℒer(in)** *m* ⟨~s; ~⟩ (*f*) ⟨~; ~nen⟩ fondateur, -trice *m, f*; **ℒerˌanteil** *m* part *f* de fondateur; **ℒerˌjahre** *n/pl. hist.* années *f/pl.* de spéculation après 1870.

Grund|erwerb ['grʊntˀɛrˌvɛrp] *m* acquisition *f* de terrain, de terres; **~erwerb(s)ˌsteuer** *f* droits *m/pl.* de mutation; **~erˌzeugnis** *n* produit *m* de base; **ℒ'falsch** *adj.* absolument, entièrement, tout à fait faux, fausse; **~ˌfarbe** *f Farbenlehre* couleur *f* primaire; **~ˌfehler** *m* faute principale; erreur fondamentale; **~ˌfeste** *f* ⟨~; ~n⟩ **1.** **in s-n ~n erschüttern** ébranler jusque dans ses fondations; **2.** *bot.* crépis *m*; **~fiˌgur** *f Eislaufen etc.* figure *f* de base; **~ˌfirnis** *m* vernis *m* de fond; première couche de vernis; **~ˌfläche** *f* (surface *f* de) base *f*; **~form** *f* forme, figure fondamentale, de base; *gr.* infinitif *m*; **~ˌformel** *f* formule fondamentale, de base; **~freˌquenz** *f phys., rad.* fréquence fondamentale; **~geˌbirge** *n géol.* roches primitives; **~geˌbühr** *f* taxe *f*, droits *m/pl.* de base; *tél.* taxe *f* d'abonnement; **~geˌdanke** *m* idée, pensée fondamentale; **~geˌhalt** *n* salaire *m*, traitement *m* de base; **ℒge'lehrt** *adj.* très, extrêmement savant; érudit; **er ist ~** *auch* c'est un puits de science; **ℒge'scheit** *adj.* très, extrêmement judicieux, -euse; **~geˌschütz** *n milit.* pièce directrice; **~geˌsetz** *n* loi fondamentale; *pol.* **das ~ (der Bundesrepublik)** la constitution (de la République fédérale); **~geˌstein** *n cf.* **~gebirge**; **~ˌhaltung** *f* attitude fondamentale; **~handelsgeˌschäft** *n jur.* acte *m* de commerce; **~herr** *m hist.* seigneur *m*.

grundier|en [grʊn'diːrən] *v/t.* ⟨*pas de ge-*, h⟩ *peint.* appliquer, passer la première couche (sur); faire le fond (de); **ℒˌfarbe** *f* peinture *f* de fond; **ℒung** *f* ⟨~; ~en⟩ application *f* de la première couche, du fond.

Grund|industrie ['grʊntˀɪndusˌtriː] *f* industrie *f* de base; **~ˌirrtum** *m* erreur fondamentale; **~kapiˌtal** *n comm.* fonds, capital social; **~ˌkarte** *f géogr.* carte *f* de base; **~kaˌtaster** *m* cadastre *m*; **~ˌkenntnisse** *f/pl.* connaissances *f/pl.* de base; **~kraft** *f* force fondamentale; **~kreˌdit** *m comm.* crédit foncier; **~kreditˌbank** *f* ⟨~; ~en⟩ banque *f* de crédit foncier; **~ˌlage** *f* base *f*; fondement *m*; assises *f/pl.*; *pl.* **~n** *e-r Wissenschaft auch* principes *m/pl.*; éléments *m/pl.*; **auf gesetzlicher ~** sur une base légale; **auf der ~ von** sur la base de; **die ~n legen** jeter, établir, poser les bases (**für** de); **die ~ bilden** former la base; être à la base; **als ~ dienen** servir de base; **etw. auf e-e sichere ~ stellen** donner une base solide à qc.; **jeder ~ entbehren** être dénué de tout fondement; **~lagenˌforschung** *f* recherche fondamentale; **~ˌlasten** *f/pl.* charges foncières; **ℒˌlegend** **1.** *adjt.* fondamental; **von ~er Bedeutung** d'une importance fondamentale, capitale; **2.** *advt.* fondamentalement; essentiellement; *cf. auch* (**von**) **Grund** (**aus**).

gründ|lich ['grʏntlɪç] **1.** *adj. Person* qui fait les choses à fond; minutieux, -euse; *Kenntnisse* solide; *Untersuchung* approfondi; *Arbeit etc.* qui a du fond; bien fait; sérieux, -euse; minutieux, -euse; **2.** *adv.* à fond; minutieusement; soigneusement; F tout à fait; radicalement; **j-m ~ die Meinung sagen** dire son fait, ses quatre vérités à qn.; **ℒlichˌkeit** *f* ⟨~⟩ *e-r Person* minutie [-si] *f*; soin *m*; qualité *f*, *péj.* manie *f* de faire les choses à fond; *von Kenntnissen etc.* solidité *f*; caractère approfondi; **ℒling** *m* ⟨~s; ~e⟩ *zo.* goujon (commun).

Grund|linie ['grʊntˌliːniˑə] *f math.* base *f*; *Tennis* ligne *f* de fond; *fig.* **~n** lignes directrices; grandes lignes; **~ˌlohn** *m* salaire *m* de base; **ℒlos** **1.** *adj. Wasser, Tiefe* sans fond; insondable; *Beschuldigung etc.* dénué de fondement; pas fondé; gratuit; **2.** *adv.* **j-n ~ verdächtigen** soupçonner qn. sans raison, sans motif, gratuitement; **~ˌlosigˌkeit** *f* ⟨~⟩ *e-s Gewässers etc.* profondeur *f* insondable; *e-s Verdachts etc.* absence *f* de fondement; *besser verbal*; **~maß** *n* mesure *f* de base; **~ˌmauer** *f bât.* mur *m* de fondation; *oft pl.* **~n** fondations *f/pl.*; embasement *m*; soubassement *m*; **~ˌmauerˌwerk** *n bât. cf.* **~mauer(n)**; **~meˌtall** *n* métal *m* de base; **~moˌräne** *f géol.* moraine *f* de fond; **~ˌnahrungsˌmittel** *n* aliment *m* de base; **~norm** *f* norme fondamentale, de base; **~ˌnote** *f mus.* note fondamentale.

Gründonnerstag [gryːn'dɔnərsˌtaːk] *m* jeudi saint.

Grund|ordnung ['grʊntˌˀɔrdnʊŋ] *f* ordre fondamental, de base; **~pfand** *n* gage immobilier; **~ˌpfandrecht** *n* droit *m* de gage immobilier; **~ˌpfeiler** *m bât.* pilier *m* de fondation; *fig.* pilier, support, soutien (principal); **~ˌplatte** *f techn.* plaque *f* d'assise, de base; **~preis** *m* prix *m* de base; **~prinˌzip** *n* principe fondamental; **~proˌblem** *n* problème fondamental; **~ˌrechnungsˌart** *f math.* opération fondamentale de l'arithmétique; **~recht** *n* droit fondamental, de l'homme; **~ˌregel** *f* règle fondamentale; **~ˌrente** *f* **1.** (*Bodenrente*) rente foncière; **2.** *Kriegsopferversorgung* pension *f* de base; **~riß** *m* plan (horizontal); coupe horizontale; **~ˌsäge** *f techn.* scie *f* pour travailler sous l'eau; **~satz** *m* principe *m*; (*Axiom*) axiome *m*; **ein Mann mit Grundsätzen** un homme à principes; **ich habe meine Grundsätze** j'ai mes principes; **sich zum ~ machen, zu** ... se donner comme principe de ... (+ *inf.*); **von s-n Grundsätzen abgehen** déroger à ses principes; **~satzentˌscheidung** *f* décision *f* de principe; **~satzerˌklärung** *f* déclaration *f* de principe; **~satzˌfrage** *f* question *f* de principe; **~satzgeˌsetzgebung** *f* législation *f* énonçant des principes généraux; **ℒˌsätzlich** **1.** *adj.* de principe; fondamental; **e-e ~e Einigung** un accord de principe, sur le fond, de base; **aus ~en Erwägungen** pour des raisons de principe; **2.** *adv.* par principe; (*im Prinzip*) en principe; **~ dagegen sein** être contre par principe; **e-e Frage ~ erörtern** discuter sur le fond d'une question; **~ˌsätzlichˌkeit** *f* ⟨~⟩ caractère *m* de principe; **ℒsatzˌlos** *adj.* dépourvu de *od.* sans principes; **~satzˌlosigkeit** *f* ⟨~⟩ absence *f* de principes; **~satzproˌgramm** *n* programme *m* de principe; **~schein** *m der DLRG etwa* brevet *m* de sauvetage de base; **~schicht** *f* couche *f* du fond; **ℒ'schlecht** *adj. Person* foncièrement, *Sache* extrêmement mauvais; **~ˌschleppnetz** *n* chalut *m*; **~schrift** *f impr.* caractères courants, ordinaires; écriture *f* de base; **~schuld** *f* dette foncière; **~ˌschule** *f* école *f* primaire élémentaire; **~see** *f* lame *f* de fond; **~stein** *m bât.* première pierre; **den ~ zu etw. legen** poser la première pierre de qc. (*auch fig.*); **~steinˌlegung** *f* ⟨~⟩ pose *f* de la première pierre; **~ˌstellung** *f gym.* position normale, fixe; *esc.* position *f* en garde; **~ˌsteuer** *f* impôt foncier; contribution foncière; **~ˌstimme** *f mus.* **a)** (*Baßstimme*) basse *f*; **b)** *Orgel* jeu *m* de fonds; **~stock** *m* base *f*; **~stoff** *m* **1.** *chim.* élément *m*; **2.** *Industrie* matière *f* de base; charbon *m* *bzw.* minerai *m*; (*Rohstoff*) matière première; **~stoffindusˌtrie** *f* industrie *f* du charbon et de l'acier; industrie *f* de base; **~ˌstrecke** *f mines* voie *f* de fond; **~stück** *n* (parcelle *f* de) terrain *m*; terre *f*; bien foncier; fonds *m* de terre; *auch bebautes* bien-fonds *m*; bien immeuble, immobilier; immeuble *m*; **angrenzende ~e** tenants et aboutissants; **~stücksbeˌlastung** *f* charge foncière, immobilière; **~stücksˌeigentümer(in)** *m(f)* propriétaire *m*, *f* d'un terrain, *etc.*; **~stücksgeˌsellschaft** *f* société immobilière; **~stücksˌmakler** *m* agent immobilier; **~stücksˌpfandrecht** *n cf.* **~pfandrecht**; **~stücksˌschaden** *m* dommage, dégâts causé(s) à un terrain, *etc.*; **~stücksspekulatiˌon** *f* spéculation *f* sur des terrains, *etc.*; **~stücksˌumlegung** *f cf.* Flurbereinigung; **~stückszuˌsammenˌlegung** *f* réunion *f* de terrains, de parcelles de terrain, *etc.*; **~ˌstufe** *f* degré *m* de base; premier degré; *gr.* positif *m*; **~taˌrif** *m* tarif *m* de base; **~tenˌdenz** *f* tendance fondamentale; **~ˌthema** *n* sujet, thème principal; **~ton** *m mus.* son fondamental; *peint.* ton dominant; couleur, teinte dominante; *fig. e-r Rede etc.* ton général; **~ˌübel** *n* source *f* de tous les maux; **~überˌzeugung** *f* conviction fondamentale; **~ˌübung** *f gym.* exercice *m* de base; **~ˌumsatz** *m physiol.* métabolisme basal.

Gründung ['grʏndʊŋ] *f* ⟨~; ~en⟩ fondation (*auch bât.*); création *f*; institution *f*; **diese Stadt ist e-e römische ~** cette ville est de fondation romaine; **~sˌakt** *m* acte constitutif, de fondation; **~sˌarbeiten** *f/pl. bât.* travaux *m/pl.* de fondation; **~sˌfeier** *f* cérémonie *f* de fondation; **~sˌjahr** *n* année *f* de fondation; **~skapiˌtal** *n* capital *m* de fondation; **~sˌkosten** *pl.* frais *m/pl.* de fondation, d'établissement; **~sˌmitglied** *n* membre fondateur; **~sˌurkunde** *f* acte *m* de fondation; **~sverˌfahren** *n bât.* procédé *m* de fondation; **~sverˌsammlung** *f* assemblée constitutive; **~verˌtrag** *m* contrat *m* de fondation.

Gründüngung ['gry:nˌdʏŋʊŋ] *f agr.* engrais verts.

Grund|unterschied ['grʊntˌʔʊntərˌʃi:t] *m* différence fondamentale; **~ˌursache** *f* cause fondamentale; **2verˈkehrt** *adj. cf.* grundfalsch; **~verˌmögen** *n* **1.** capital immobilier; fortune immobilière; **2.** *Fähigkeit* faculté première, primitive; **2verˈschieden** *adj.* tout à fait, radicalement, fondamentalement différent; **~ˌwahrheit** *f* vérité fondamentale; **~ˌwasser** *n* eaux souterraines; nappe *f* aquifère, phréatique; **~wasserˌspiegel** *m* niveau *m* des eaux souterraines, de la nappe aquifère, de la nappe phréatique; **~wert** *m* valeur fondamentale; *von Grundstücken* valeur foncière; **~ˌwissenschaft** *f* science *f* de base; **~wort** *n* ⟨~(e)s; ¨er⟩ *gr.* mot déterminé; **~zahl** *f math.* nombre cardinal; *bei Potenzen* nombre *m*; **~zins** *m* redevance *f*; rente foncière; **~zug** *m* trait, caractère principal, fondamental; caractéristique *f*; **~ˌzustand** *m* état fondamental.

grün|en ['gry:nən] *v/i.* ⟨h⟩ (re)verdir; *poét.* verdoyer; **2ˌerde** *f minéral.* terre verte; **2ˌerle** *f bot.* au(l)ne vert; **2ˌfeuer** *n Feuerwerk* feu vert; **2fink** *m cf.* 2ling **1.**; **2ˌfläche** *f e-r Stadt* espace vert; **2ˌfutter** *n agr.* fourrage vert; **~gelb** *adj.* jaune verdâtre; jaune tirant sur le vert; **2ˌgürtel** *m e-r Stadt* ceinture *f* de verdure, d'espaces verts; **2kern** *m cuis.* grain *m* de blé vert; **2kernˌsuppe** *f cuis.* potage *m* au blé vert; **2ˌknochen** *m zo. Fisch* orphie *f*; **2kohl** *m jard.* chou vert, frisé; **2kreuz** *n* ⟨~es⟩ *milit.* gaz suffocants; **2land** *n* prairies *f/pl.* **~lich** *adj.* verdâtre; tirant sur le vert; **2ling** *m* ⟨~s; ~e⟩ **1.** *Vogel* verdier *m*; **2.** *Pilz* tricholome [-k-] *m* équestre; **2rock** *plais. m* chasseur *m bzw.* garde forestier; **2sand** *m minéral.* grès vert, glauconieux; **2ˌschnabel** *m fig.* blanc-bec *m*; **~schwarz** *adj.* noir verdâtre, tirant sur le vert; **2span** *m* ⟨~(e)s⟩ *chim.* vert-de-gris *m*; **~ ansetzen, sich mit ~ überziehen** se couvrir de vert-de-gris; **mit ~ überzogen** *auch* vert-de-grisé; **2specht** *m zo.* pivert *od.* pic-vert *m*; **2stift** *m* crayon vert; **2ˌstreifen** *m der Autobahn* bande verte, médiane; **2ˌwerden** *n* ⟨~s⟩ verdissement *m*; *der Bäume auch* feuillaison *f*.

grunzen ['grʊntsən] **I** *v/i.* ⟨-(es)t, h⟩ grogner; **II 2** *n* ⟨~s⟩ grognement(s) *m* (*pl.*).

Grünzeug ['gry:ntsɔʏk] *n* F verdure *f*.

Grunzochse ['grʊntsˌʔɔksə] *m zo.* ya(c)k *m*.

Gruppe ['grʊpə] *f* ⟨~; ~n⟩ groupe *m* (*auch Soziologie, math., milit. etc.*); **in ~n** en *od.* par groupes; **in der ~** dans le groupe; **e-e ~ bilden** former un groupe.

Gruppen|anordnung ['grʊpənˌʔanˀɔrdnʊŋ] *f* disposition *f* par groupes; **~ˌantrieb** *m techn.* commande *f* par groupes; **~ˌarbeit** *f* travail *m* en groupe *bzw.* par groupes; **~ˌaufnahme** *f phot.* photo *f* de groupe; **~ˌbild** *n peint.* tableau *m* de groupe; **~ˌbildung** *f* formation *f* de groupes; **~ˌflug** *m* vol *m* en groupe; **~ˌführer** *m* chef *m* de groupe; **~ˌmord** *m* génocide *m*; **~ˌschaltung** *f élect.* montage *m* par groupes; **~ˌsieger** *m Sport* vainqueur *m* d'un groupe; **~theoˌrie** *f math.* théorie *f* des groupes; **~theraˌpie** *f méd., psych.* thérapeutique *f* en groupe; **~ˌunterricht** *m écol.* enseignement *m* par groupes; **~verˌsicherung** *f* assurance de groupe, collective; **~ˌwähler** *m tél.* sélecteur *m* de groupe; **2ˌweise** *adv.* par groupes; **~ˌwettkampf** *m Sport* épreuve *f* de groupes.

gruppier|en [grʊ'pi:rən] **I** *v/t.* (*u. v/réfl.*) ⟨*pas de ge-*, h⟩ (se) grouper; **II 2en** *n* ⟨~s⟩, **2ung** *f* ⟨~; ~en⟩ groupement *m*.

Grusel|film ['gru:zəlˌfɪlm] *m* film *m* d'épouvante; **~geˌschichte** *f* histoire *f* qui donne le frisson, à faire dresser les cheveux; **2ig** *adj.* qui donne le frisson; qui fait dresser les cheveux; **2n I** *v/imp.* ⟨-(e)le, h⟩ **mir, mich gruselt** je frissonne d'épouvante (**bei dem Gedanken** à l'idée); **II ~n** *n* ⟨~s⟩ épouvante *f*; effroi *m*; **das ~ lernen** connaître l'épouvante, l'effroi.

Grus|(kohle) ['gru:s(ˌko:lə)] *m* ⟨~es; ~e⟩ (*f*) fines *f/pl.*; menu *m*; **~koks** *m* grésillon *m*.

Gruß [gru:s] *m* ⟨~es; ¨e⟩ **a)** *als Wort, Geste* salut *m*; **e-n ~ erwidern** rendre un salut; **militärischer ~** salut militaire; *relig. cath.* **Englischer ~** salutation *f* angélique; **b)** *am Briefschluß* **(mit) freundliche(n) Grüße(n)** recevez mes sincères salutations; **(mit) herzliche(n) Grüße(n)** (cordiales) amitiés; *in der Familie* bons baisers; **c)** *aufgetragener* bonjour *m*; *unter Vertrauten* amitiés *f/pl.*; *vornehm* compliments *m/pl.*; respects *m/pl.*; hommages *m/pl.*; **j-m von j-m Grüße bestellen, ausrichten** donner le bonjour à qn. de la part de qn.; transmettre les amitiés, *etc.* de qn. à qn.; **(bestelle, sag ihm) e-n schönen ~ von mir!** donne-lui le bonjour de ma part!; transmets-lui mes amitiés!; **schöne Grüße zu Hause!** donne *bzw.* donnez (bien) le bonjour à la maison!; bien des choses à la maison!; *meist in Briefen* **viele Grüße an Ihre Frau!** transmettez mes amitiés, mes compliments, mes respects à votre femme!; **viele Grüße von meinem Bruder** mon frère vous adresse ses amitiés, ses meilleures pensées, son bon souvenir, ses respects, ses compliments; **~ˌbotschaft** *f* message *m* de sympathie, d'amitié.

grüßen ['gry:sən] **I** *v/t.* ⟨-(es)t, h⟩ saluer (*auch fig.*); **militärisch ~** faire le salut militaire; saluer militairement; **grüß Gott!** bonjour!; F **grüß dich!** salut!; **~ Sie ihn von mir!** donnez-lui le bonjour de ma part!; **er läßt Sie ~** il vous souhaite le bonjour; il vous présente ses compliments, respects, hommages; *relig. cath.* **Gegrüßet seist du, Maria** Je vous salue, Marie; **II 2** *n* ⟨~s⟩ *verbal.*

Gruß|formel ['gru:sˌfɔrməl] *f* (formule *f* de) salut *m*; **~geˌbärde** *f* geste *m* de salut; **2los** *adv.* sans saluer; **~pflicht** *f milit.* obligation *f* du salut militaire.

Grütz|beutel ['grʏtsˌbɔʏtəl] *m méd.* kyste sébacé; loupe *f*; **~e** *f* ⟨~; ~n⟩ **1.** gruau *m*; *cuis.* **rote ~** *etwa* gelée de fruits rouges au gruau; **2.** *fig. u.* F (*Verstand*) cervelle *f*; F jugeot(t)e *f*; **nicht viel ~ im Kopf haben** ne pas avoir beaucoup de cervelle, jugeotte; **~(e)ˌbrei** *m* bouillie *f* de gruau.

G-Saite ['ge:ˌzaɪtə] *f mus.* corde *f* de sol.

G-Schlüssel ['ge:ˌʃlʏsəl] *m mus.* clef *f* [de sol.]

Guajak|baum [gu'a'jakˌbaum] *m bot.* gaïac *m*; **~ˌharz** *n* résine *f* de gaïac; **~ˌholz** *n* (bois *m* de) gaïac *m*; **~ol** [-'ko:l] *n* ⟨~s⟩ *phm.* gaïacol *m*.

Guajave [gu'a'ja:və] *f* ⟨~; ~n⟩ *bot.* goyavier *m*.

Guanako [gu'a'nako'] *n, m* ⟨~s; ~s⟩ *zo.* guanaco [gwa-] *m*.

Guan|idin [gu'ani'di:n] *n* ⟨~s⟩ *chim.* guanidine [gwa-] *f*; **~in** [-'ni:n] *n* ⟨~s⟩ *chim.* guanine [gwa-] *f*; **~o** [-'a:-] *m* ⟨~s⟩ *Vogeldünger* guano [gwa-] *m*.

Guarana [gu'a'ra:na] *f* ⟨~⟩ *bot.* guarana [gwa-] *m*.

Guardian [gu'ardi'a:n] *m* ⟨~s; ~e⟩ *égl. cath.* (Pater) **~** (père) gardien *m*.

Guasch [gu'a:ʃ] *f* ⟨~; ~en⟩ *peint. Werk* gouache *f*; **~ˌfarbe** *f* gouache *f*; **~maleˌrei** *f* (peinture *f* à la) gouache *f*.

Guatemaltek|e [gu'ate'mal'te:kə] *m* ⟨~n; ~n⟩ Guatémaltèque [gwa-] *m*; **2isch** *adj.* guatémaltèque.

Guayule [gu'a'ju:lə] *f* ⟨~; ~n⟩ *bot.* guayule [gwa-] *m*.

guck|en ['gʊkən] F *v/i.* ⟨h⟩ regarder, F zieuter, P viser (**nach, auf** qc.); **guck mal!** regarde!; **nicht ~!** ne regarde(z) pas!; **sich die Augen aus dem Kopf ~** écarquiller les yeux; ne pas avoir assez d'yeux pour regarder; **der Schalk guckt ihm aus den Augen** il a l'œil, le regard fripon, malin, espiègle; *fig.* **zu tief ins Glas ~** boire un coup, un verre de trop; **2indieˌluft** *m* Hans **~** personne *f* qui a toujours le nez en l'air; étourdi *m*; **2indieˌwelt** *m* ⟨~(s); ~(s)⟩ **a)** petit bonhomme; **b)** *péj.* blanc-bec *m*; **2kastenˌbühne** *f* scène moderne fermée par un rideau; **2loch** *n* trou *m* qui permet de regarder; *in e-r Tür etc.* judas *m*.

Guelfe [guˑˈɛlfə] *m* ⟨~n; ~n⟩ *hist.* guelfe *m.*

Guerilla [geˑˈrɪl(j)a] *f* ⟨~; ~s⟩ guérilla [-ija] *f* (*Krieg u. Truppe*); ~ˌ**kämpfer** *m* combattant *m* de la guérilla; ~ˌ**krieg** *m* guérilla *f.*

Gugelhupf [ˈguːgəlˌhupf] *m* ⟨~(e)s; ~e⟩ *cuis.* kouglof *od.* gougelhof *m*; ~ˌ**form** *f* moule *m* à kouglof.

Guilloch|e [gɪlˈjɔʃ, giˑˈjɔʃ] *f* ⟨~; ~n⟩ *Werkzeug* guilloche *f*; *Muster* guilloché *m*; guillochis *m*; 2**ieren** [-ˈʃiː-] *v/t.* ⟨*pas de ge-*, h⟩ guillocher.

Guillotin|e [gɪljoˑˈtiːnə, giˑjoˑ-] *f* ⟨~; ~n⟩ guillotine *f*; P veuve *f*; 2**ieren** [-ˈniː-] *v/t.* ⟨*pas de ge-*, h⟩ guillotiner.

Guine|awurm [giˑˈneːaˌvurm] *m zo.* filaire *f*, *m* de Médine; 2**isch** *adj.* guinéen, -nne.

Gulasch [ˈgulaʃ, ˈguˑlaʃ, ˈguːlaʃ] *n*, *m* ⟨~(e)s⟩ *cuis.* goulache *od.* goulasch *f*, *m*; ~**ka**ˌ**none** *f milit. plais.* (*Feldküche*) (cuisine) roulante *f*; ~ˌ**suppe** *f* soupe *f* à la goulache.

Gulden [ˈguldən] *m* ⟨~s; ~⟩ florin *m*; *holländischer auch* gulden [guldɛn] *m*; guilder *m.*

Gully [ˈguliˑ] *m*, *n* ⟨~s; ~s⟩ bouche *f* d'égout.

gültig [ˈgʏltɪç] *adj.* valable (*auch fig.*); *jur. auch* valide; *Geld* qui a cours; ~ **sein** *cf.* **gelten** 1.; **für** ~ **erklären** déclarer valable; *jur. auch* valider; 2**keit** *f* ⟨~⟩ validité *f*; ~ **haben** être valable; 2**keitsbe**ˌ**reich** *m* domaine *m* de validité; 2**keits**ˌ**dauer** *f* durée *f*, période *f* de validité; 2**keitser**ˌ**klärung** *f* déclaration *f* de validité; *jur. auch* validation *f.*

Gumma [ˈguma] *n* ⟨~s; ~ta *od.* Gummen⟩ *méd.* gomme *f*; nodule gommeux.

Gummi [ˈgumiˑ] *n*, *m* ⟨~s; ~(s)⟩ caoutchouc [-u] (vulcanisé); (*Bestandteil der* ~*harze*) gomme *f*; (*Radier*2) ⟨*nur m*⟩ gomme *f* (à effacer); (~*band*, ~*ring*) élastique *m*; **aus** ~ en caoutchouc; **mit** ~ **überziehen** caoutchouter; ~ˌ**abdruck** *m* empreinte *f* en caoutchouc; ~ˌ**absatz** *m* talon *m* en caoutchouc; ~ˌ**ader**ˌ**leitung** *f élect.* fil conducteur sous gaine de caoutchouc; ~**a'rabikum** *n* ⟨~s⟩ gomme *f* arabique; 2ˌ**artig** *adj.* qui ressemble au caoutchouc; de la nature du caoutchouc; caoutchouteux, -euse; gommeux, -euse; ~**ar**ˌ**tikel** *m* article *m* en caoutchouc; ~ˌ**ball** *m* balle *f*, *großer* ballon *m* de caoutchouc; ~**ba**ˌ**llon** *m méd.* poire *f* en caoutchouc; ~ˌ**band** *n* (ruban *m*) élastique *m*; ruban caoutchouté; ~ˌ**baum** *m bot.* **1.** *Zimmerpflanze* caoutchouc *m*; **2.** (*Eukalyptus*) eucalyptus [-ys] *m*; gommier *m*; **3.** (*Kautschukbaum*) hévéa *m*; ~**be**ˌ**lag** *m* revêtement *m* de caoutchouc; caoutchoutage *m*; ~**be**ˌ**reifung** *f* pneus *m/pl.* en caoutchouc; ~ˌ**binde** *f* bande *f* en caoutchouc; ~ˌ**bleikabel** *n* câble isolé au caoutchouc sous plomb; ~ˌ**boot** *n* canot *m* en caoutchouc; ~ˌ**dichtung** *f techn.* joint *m* en caoutchouc; ~ˌ**druck** *m impr.* (*Anilindruck*) procédé *m* d'impression à l'aniline; (*Offsetdruck*) procédé *m* d'impression offset.

gummier|en [guˈmiːrən] *v/t.* ⟨*pas de ge-*, h⟩ *Papier, text.* (en)gommer; 2**ung** *f* ⟨~; ~en⟩ gommage *m.*

Gummi|faden [ˈgumiˑˌfaːdən] *m* fil *m* de *od.* en caoutchouc; (fil *m*) élastique *m*; ~ˌ**fluß** *m* ⟨-sses⟩ *bot. Krankheit* gommose *f*; ~**ge**ˌ**schwulst** *f méd. cf.* Gumma; ~**ge**ˌ**webe** *n text.* tissu caoutchouté; ~ˌ**gurt** *m* courroie *f* en *od.* de caoutchouc; ~ˌ**gutt** *n* ⟨~s⟩ *bot.* gomme-gutte *f*; ~ˌ**hammer** *m* maillet *m* de *od.* en caoutchouc; ~ˌ**handschuh** *m* gant *m* en *od.* de caoutchouc; ~ˌ**harz** *n bot.* gomme-résine *f*; ~ˌ**höschen** *n* culotte *f* en *od.* de caoutchouc; ~ˌ**hülle** *f* revêtement *m*, enveloppe *f*, gaine *f* en *od.* de caoutchouc; ~**indus**ˌ**trie** *f* industrie *f* du caoutchouc; ~**iso**ˌ**lierung** *f Vorgang* isolement *m* au caoutchouc; *Ergebnis* isolant *m* en caoutchouc; ~ˌ**kabel** *n* câble *m* sous caoutchouc; ~ˌ**knüppel** *m* matraque *f* (en *od.* de caoutchouc); ~ˌ**lack** *m bot.*, *chim.* gomme-laque *f*; ~ˌ**linse** *f opt.* objectif *m* à focale variable; zoom [zum] *m*; ~ˌ**lösung** *f* dissolution *f* (de caoutchouc); ~ˌ**mantel** *m* imperméable caoutchouté, en caoutchouc; ~ˌ**matte** *f* tapis *m* en *od.* de caoutchouc; ~**para**ˌ**graph** *m fig.* paragraphe *m* élastique; ~ˌ**puffer** *m* amortisseur *m* en *od.* de caoutchouc; ~ˌ**puppe** *f* poupée *f* en caoutchouc; ~ˌ**reifen** *m* pneu(matique) *m*; ~ˌ**ring** *m auf Einmachgläsern, Flaschen etc.* caoutchouc *m*; *im Büro etc.* élastique *m*; *Wurfspiel* rond *m* en caoutchouc; ~ˌ**rohr** *n* tuyau *m* en *od.* de caoutchouc; ~ˌ**scheibe** *f* rondelle *f* en *od.* de caoutchouc; ~ˌ**schlauch** *m* tuyau *m* en *od.* de caoutchouc; ~ˌ**schuh** *m* chaussure *f* en caoutchouc; ~ˌ**schürze** *f* tablier *m* en caoutchouc; ~ˌ**schwamm** *m* éponge *f* en caoutchouc; ~ˌ**seil** *n* câble *m* élastique en caoutchouc; *aviat., gym.* sandow [-o] *m*; ~ˌ**sohle** *f* semelle *f* en *od.* de caoutchouc; ~ˌ**spritze** *f méd. cf.* Gummiballon; ~ˌ**stempel** *m* timbre *m*, cachet *m* en caoutchouc; ~ˌ**stiefel** *m* botte *f* en *od.* de caoutchouc; ~ˌ**stoff** *m cf.* ~gewebe; ~ˌ**stöpsel** *m* bouchon *m* en *od.* de caoutchouc; ~ˌ**stoßdämpfer** *m* amortisseur *m* en *od.* de caoutchouc; ~ˌ**strumpf** *m* bas *m* en *od.* de caoutchouc; bas *m* à varices; ~ˌ**tier** *n Spielzeug* animal *m* en caoutchouc; ~ˌ**überschuh** *m* (protège-chaussure *m* en *od.* de) caoutchouc *m*; ~ˌ**überzug** *m* revêtement *m*, enveloppe *f* en *od.* de caoutchouc; ~ˌ**unterlage** *f Bett* alaise *od.* alèze *f*; ~ˌ**walze** *f* rouleau *m* en caoutchouc; ~ˌ**waren** *f/pl. cf.* Gummiartikel; ~ˌ**wärmflasche** *f* bouillotte *f* en caoutchouc; ~ˌ**wulst** *m* bourrelet *m* en *od.* de caoutchouc; ~ˌ**zelle** *f* cellule caoutchoutée; cabanon *m*; ~ˌ**zug** *m cout.* (partie froncée par un) élastique *m.*

Gummose [guˈmoːzə] *f* ⟨~; ~n⟩ *cf.* Gummifluß.

Gundelrebe, Gundermann [ˈgundəlˌreːbə, ˈgundərˌman] *f* ⟨~⟩, *m* ⟨~(e)s⟩ *bot.* lierre *m* terrestre.

Gunnere [guˈneːrə] *f* ⟨~; ~n⟩ *bot.* gunnera *m.*

Günsel [ˈgʏnzəl] *m* ⟨~s; ~⟩ *bot. sc.* ajuga *f*; **kriechender** ~ bugle *f.*

Gunst [gunst] *f* ⟨~⟩ faveur(s) *f* (*pl.*); bonnes grâces; **die** ~ **des Augenblicks** le moment favorable; **durch die** ~ **des Augenblicks** parce que le moment était favorable, propice; **zu s-n** ~**en** en sa faveur; à son profit; **bei j-m in** ~ **stehen** être dans les bonnes grâces de qn.; F être dans les petits papiers de qn.; **sich um j-s** ~ **bemühen** briguer les faveurs de qn.; **j-s** ~ **erlangen, gewinnen** obtenir, gagner les faveurs, les bonnes grâces de qn.; s'attirer les bonnes grâces de qn.; **j-m e-e** ~ **erweisen, gewähren** faire, accorder une faveur, une grâce à qn.; ~**be**ˌ**zeigung** *f*, ~**er**ˌ**weis** *m* (marque *f* de) faveur *f.*

günst|ig [ˈgʏnstɪç] **1.** *adj.* favorable (für à); *Zeitpunkt, Wind, Wetter auch* propice; *Angebot, Preis etc.* avantageux, -euse; **e-e** ~**e Gelegenheit** une occasion favorable, propice; ~**es Vorzeichen** heureux présage; *comm.* **zu** ~**en Bedingungen** à des conditions avantageuses; *Haus* **in** ~**er Lage** bien située; **ein** ~**es Licht auf j-n, etw. werfen** montrer qn., qc. sous un jour favorable; **im** ~**sten Falle** en mettant les choses au mieux; dans le cas le plus favorable; **2.** *adv.* favorablement; d'une façon propice; **j-n, etw.** ~ **beurteilen** juger qn., qc. favorablement; *e-e Maßnahme etc.* ~ **aufnehmen** accueillir favorablement; **sich** ~ **auswirken** avoir des effets, conséquences favorables; **etw.** ~ **kaufen** acheter qc. à un prix avantageux; 2**ling** *m* ⟨~s; ~e⟩ favori *m*; 2**lings**ˌ**wirtschaft** *f péj.* favoritisme *m.*

Gurami [guˑˈraːmiˑ] *m* ⟨~s; ~s⟩ *zo.* gourami *m.*

Gurgel [ˈgurgəl] F *f* ⟨~; ~n⟩ gorge *f*; P sifflet *m*; kiki *m*; *Inneres* gosier *m*; P dalle *f*; **j-n bei der** ~ **packen** prendre, saisir qn. à la gorge; **j-m die** ~ **durchschneiden** couper la gorge, P le kiki, le sifflet à qn.; P **sein Geld durch die** ~ **jagen** boire son gain; *cf. auch* Kehle; 2**n** *v/i.* ⟨-(e)le, h⟩ se gargariser; *Wasser* gargouiller; ~ˌ**wasser** *n* ⟨~s; ~⟩ *phm.* gargarisme *m.*

Gurke [ˈgurkə] *f* ⟨~; ~n⟩ **1.** *bot.* concombre *m*; *kleine* cornichon *m*; **saure** ~ cornichon au vinaigre; **2.** P (*Nase*) P pif *m*; blair *m*; tarin *m*; ~**n**ˌ**baum** *m bot.* averrhoa *m*; ~**n**ˌ**beet** *n* planche *f* de concombres, de cornichons; ~**n**ˌ**kraut** *n bot.* (*Dill*) aneth [-ɛt] *m*; (*Borretsch*) bourrache officinale; ~**nsa**ˌ**lat** *m* salade *f* de concombres.

gurren [ˈgurən] *v/i.* ⟨h⟩ *cf.* girren.

Gurt [gurt] *m* ⟨~(e)s; ~e⟩ sangle *f*; (*Gürtel, Sicherheits*2) ceinture *f*; (*Riemen*) courroie *f*; *milit.* (*Patronen*2) bande *f* (de cartouches); ~ˌ**bogen** *m bât.* arc-doubleau *m.*

Gürtel [ˈgʏrtəl] *m* ⟨~s; ~⟩ ceinture *f* (*auch fig.*); *fig.* **sich den** ~ **enger schnallen** se mettre, se serrer la ceinture; ~ˌ**linie** *f* ceinture *f*; 2ˌ**los** *adj.* sans ceinture; ~ˌ**maus** *f zo.* chlamydophore [kla-] *m*; ~ˌ**ringen** *n Ringkampf* lutte *f* à la ceinture; ~ˌ**rose** *f méd.* zona *m*; ~ˌ**schlaufe** *f* passant *m* de ceinture; ~ˌ**schnalle** *f* boucle *f* de ceinture; ~ˌ**tier** *n zo.* tatou *m*; *sc.* dasype *m*; *pl.* ~e dasypodidés *m/pl.*

gürten [ˈgʏrtən] *v/t.* ⟨-ete, h⟩ *st.s.* ceindre; *cf. auch* umgürten.

Gurt|förderer [ˈgurtˌfœrdərər] *m cf.* Förderband; ~(**ge**ˌ)**sims** *n bât.* bandeau *m*, cordon *m* (d'étage); ~**ung** *f* ⟨~; ~en⟩ *bât.* membrure *f*; ~ˌ**zuführung** *f Maschinengewehr* alimentation *f* par bandes.

Gusche [ˈguʃə] *f* ⟨~; ~n⟩ F *cf.* Gosche.

Guß [gus] *m* ⟨-sses; Güsse⟩ **1.** *techn.* coulage *m*; coulée *f*; *métall. auch* fonte *f*; *fig.* **aus einem** ~ d'un seul jet; *cf. auch* ~eisen; **2.** (*Regen*2) ondée *f*; averse *f*; (*Wasser*2) douche *f*; **3.** *cuis.* (*Zucker*2) glace *f*; glaçage *m*; ~**as**ˌ**phalt** *m* mastic *m* d'asphalte; asphalte coulé; ~**be**ˌ**ton** *m* béton coulé; ~ˌ**blase** *f* soufflure *f*; bulle *f*; ~**block** *m* lingot *m*; ~**bruch** *m* fonte cassée; ~ˌ**eisen** *n* fonte *f*; **schmiedbares** ~ fonte malléable; ~**eisen**ˌ**platte** *f* plaque *f* en fonte; taque *f*; 2ˌ**eisern** *adj.* en fonte; ~ˌ**fehler** *m* défaut *m* de coulée; ~**form** *f* moule *m*;

~glas *n* verre coulé; **~naht** *f* bavure *f*; **~,putzen** *n* ébarbage *m*; **~rohr** *n* tuyau *m* en fonte; **~stahl** *m* acier *m* au creuset; acier fondu; **~stück** *n* pièce *f* de fonderie; **~,waren** *f/pl.* articles *m/pl.* de fonte.

gut [gu:t] **1.** *adj.* ⟨besser, best⟩ bon, bonne; *prädikativ* (~ *gelungen*, ~ *gemacht etc.*) bien; **~e zehn Minuten** dix bonnes minutes; **e-e ~e Weile** un bon moment; **die ℒen und die Bösen** les bons et les méchants; **~er Anzug** beau costume, complet; costume du dimanche; *dipl.* **~e Dienste** bons offices; **~e Erziehung** bonne éducation; **aus ~er Familie** de bonne famille; **~er Freund** bon ami; **~e Führung** bonne conduite; **~e Geschäfte** bonnes affaires; **im ~en Glauben** de bonne foi (*auch jur.*); en toute bonne foi; *relig.* **der ℒe Hirt(e)** le Bon Pasteur; **~e Kenntnisse** bonnes connaissances; **zu ~er Letzt** enfin; en définitive; **ein ~er Mensch** une bonne personne; **~e Nerven** nerfs solides; **e-e ~e Note** une bonne note; **die Note „~"** la mention «bien»; **~e Qualität** bonne qualité; **e-e ~e Seele** F une bonne pâte; **~e Sitten** bonnes mœurs (*auch jur.*); **die ~e Stube** *etwa* le salon; **ein ~(er) Teil** une bonne partie; **der ~e Ton** le bon ton; *relig.* **~e Werke** bonnes œuvres; **~es Wetter** beau temps; **die ~e alte Zeit** le bon vieux temps; **~en Morgen!**, **~en Tag!** bonjour (monsieur, madame, mademoiselle, mesdames et messieurs, F messieurs dames)!; **~en Abend!** bonsoir (monsieur, *etc.*)!; **~e Nacht!** bonne nuit (monsieur, *etc.*)!; **~e Besserung!** meilleure santé!; bon rétablissement!; **~e Reise!** bon voyage!; **der Schauspieler, Film** *etc.* **war ~** l'acteur, le film, *etc.* était bien; **der Kuchen war ~** le gâteau était bon; **zu j-m ~ sein** être bon, bonne pour qn.; F **j-m ~ sein** (*lieben*) aimer (bien) qn.; **seien Sie so ~ und ...** ayez la bonté de ...; soyez assez gentil de, aimable pour ...; veuillez ...; *iron.* **du bist (aber) ~!** tu es bien bon!; *iron.* **das ist ~!** c'est réussi!; *Mittel etc.* **für, zu, gegen etw. ~ sein** être bon pour, à, contre qc.; **für alles, zu allem ~ sein** être bon à tout; **für, zu nichts ~ sein** n'être bon, propre à rien; **wer weiß, wozu das ~ ist** qui sait, cela peut être utile *bzw.* à quoi cela peut bien servir; **so ~ sein wie j, etw.** *auch* valoir qn., qc.; **es ist ~, daß du gekommen bist** heureusement que tu es venu; *Lob* **~ (so)!** bien!; **(es ist) ~!** (*ich bin einverstanden etc.*) (c'est) bon!; (c'est) bien!; soit!; **(es ist schon) ~** (*es genügt*) c'est bon; ça suffit; F ça va; **lassen wir es ~ sein!** restons-en là!; c'est bon!; n'en parlons plus!; n'insistons pas!; **lassen wir es für dieses Mal ~ sein** *auch* passe pour cette fois; **(das ist) alles ~ und schön, aber ...** tout cela est bien beau, mais ...; **es wird schon ~ werden** cela s'arrangera; **ein ~er Schwimmer, Tänzer sein** être un bon nageur, danseur; **~er Dinge sein** être de bonne humeur; **~ zu Fuß sein** être (un) bon marcheur; **~ bei Kasse sein** être en fonds; **~e Miene zum bösen Spiel machen** faire contre mauvaise fortune bon cœur; **Ende ~, alles ~** *prov.* tout est bien qui finit bien *prov.*; *cf. auch die betreffenden Substantive u.* **Gute(s)**; **2.** *adv.* bien (*auch als Zensur*); **~ riechen** sentir bon; **~ schmecken** être bon; avoir un bon goût; **~ lesen, schwimmen, singen** bien lire, nager, chanter; **~ ankommen** *auch* arriver à bon port; **das fängt ja ~ an!** voilà qui, ça commence bien!; **~ aussehen** *gesundheitlich* avoir bonne mine; *schön* être bien de sa personne; *Sache* faire bien; **wie es Ihnen ~ dünkt** comme bon vous semble; **sich für etw. zu ~ dünken** trouver qc. indigne de soi; F **etw.**, **j-n ~ finden** trouver qc., qn. bien, *Speisen* bon; **es geht mir ~** je vais bien; je me porte bien; **es ~ haben** avoir la vie belle; ne pas être à plaindre; avoir de la chance; **es bei j-m ~ haben** être bien chez qn.; **du hast ~ lachen, reden** tu en parles à ton aise; **~ lernen** apprendre bien; **~ gemacht! bien!**; F **mach's ~!** bonne chance!; bon courage!; **das macht sich ~** cela fait bien; cela a de l'allure; **es ~ meinen (mit j-m)** être bien intentionné (envers qn.); vouloir du bien (à qn.); avoir de bonnes intentions (envers qn.); **~ gemeint sein** partir d'une bonne intention; **~ messen** faire bonne mesure; **nicht ~ auf j-n zu sprechen sein** en vouloir à qn.; avoir une dent contre qn.; **mit j-m ~ stehen** être bien, en bons termes avec qn.; **sich mit j-m ~ stellen** se mettre bien avec qn.; F **sich bei etw. ~ stehen** trouver son compte à qc.; **~ gestellt sein** avoir une bonne situation; *finanziell* vivre dans l'aisance; être aisé; **~ daran tun, zu ...** faire bien de ...; **es ~ getroffen haben** être bien tombé; **~ gewachsen sein** être bien fait de sa personne; **auf ~ deutsch** carrément; **das ist ~ möglich** c'est bien possible; **~ zehn Jahre** dix bonnes années; **vor ~ zehn Jahren** il y a, cela fait bien dix ans; **~ zwanzig Minuten** vingt bonnes minutes; **~ dreißig Prozent** plus de, au moins trente pour cent; **~ und gern** au moins; plus (de); **kurz und ~** bref; en un mot; enfin; **etw. so ~ wie möglich machen** faire qc. de son mieux, le mieux possible, aussi bien que possible; **so ~ wie (verlobt** *etc.*) pour ainsi dire, presque, pratiquement (fiancé, *etc.*); *cf. auch die betreffenden Verben.*

Gut [gu:t] *n* ⟨~(e)s; ⸚er⟩ **1.** *jur., écon., philos., relig.* bien *m*; **sein (ganzes) Hab und ~** tous ses biens; tout son avoir; **(un)bewegliches ~** bien (im-)mobilier; bien (im)meuble; **eingebrachtes ~** *e-s Ehegatten* apport *m*; **freie, wirtschaftliche Güter** biens libres, économiques; **lebenswichtige Güter** biens nécessaires à la vie; **zeitliche, irdische Güter** biens temporels, terrestres; **geistige Güter** biens spirituels; **das höchste ~** le souverain bien; **unrecht ~ gedeiht nicht** *prov.* bien mal acquis ne profite jamais *prov.*; **2.** *agr.* domaine *m*; propriété *f* agricole; ferme *f*; **3.** (*Transport*ℒ) marchandise(s) *f (pl.)*; **sperrige Güter** marchandises encombrantes; **4.** *mar.* (*Tauwerk*) **stehendes, laufendes ~** manœuvre dormante, courante; **~,achten** *n* ⟨~s; ~⟩ expertise *f*; **ärztliches ~** expertise médicale; **ein ~ einholen** demander une expertise; **ein ~ abgeben** faire une expertise; **~,achter** *m* ⟨~s; ~⟩ expert *m*; **ℒ,artig** *adj.* doux, douce, pas méchant de nature; *méd.* bénin, -igne; **~,artig-,keit** *f* ⟨~⟩ douceur *f* de la nature (de qn.); *méd.* bénignité *f*; **ℒ,aussehend** *adjt.* bien de sa personne; de belle apparence; beau, bel, belle; **ℒbe,setzt** *adjt. Zug, Saal etc.* bien rempli; assez plein; *Rolle* bien tenu; **ℒ,bringen** *v/t.* ⟨*irr., sép.*, -ge-, h⟩ *comm. cf.* **gutschreiben**; **ℒ'bürger,lich** *adj.* bourgeois; **~e Küche** cuisine bourgeoise.

Gutdünken ['gu:t,dʏŋkən] *n* ⟨~s⟩ **nach ~** à mon, ton, *etc.* idée, gré; comme bon me, te, *etc.* semble; à ma, ta, *etc.* guise; **er handelte nach (s-m) ~** il a fait, agi à son idée, comme bon lui a semblé; **ich überlasse es deinem ~** tu feras à ton idée, comme bon te semblera.

Güte ['gy:tə] *f* ⟨~⟩ **1.** *e-r Person* bonté *f*; **die ~ selber sein** être la bonté même; **s-e ~ kennt keine Grenzen** sa bonté ne connaît pas de limites; **haben Sie die ~, zu ...** ayez la bonté de ...; soyez assez gentil de, aimable pour ...; veuillez ...; F **ach du meine ~!** bonté du Ciel!; grand Dieu!; mon Dieu!; **in (aller) ~** en toute amitié; *cf. auch* **gütlich**; **e-n Vorschlag zur ~ machen** proposer un arrangement à l'amiable, un compromis; **mit ~ erreicht man mehr als durch Gewalt** on obtient davantage par la douceur que par la force; plus fait douceur que violence *prov.*; on prend plus de mouches avec du miel qu'avec du vinaigre *prov.*; **2.** *e-r Ware* qualité *f*; **erster ~** de première qualité; **~,klasse** *f comm.* catégorie *f* de qualité; **ℒ,mäßig** *adj. u. adv.* en ce qui concerne la qualité.

Gutenachtkuß [,gu:tə'naxt,kus] *m* baiser *m* pour dire bonne nuit.

Güter|abfertigung ['gy:tər,ʔapfɛrtigʊŋ] *f* (formalités *f/pl.* d')expédition *f* des marchandises; **~,austausch** *m écon.* échange *m* de biens économiques; **~,bahnhof** *m* gare *f* (de) marchandises; **~be,darf** *m écon.* besoin *m* en biens économiques; **~be,förderung** *f cf.* **Gütertransport**; **~er,zeugung** *f écon.* production *f* de biens économiques; **~'fernver,kehr** *m* trafic *m* marchandises à grande distance; **~ge,meinschaft** *f jur.* communauté *f* de biens.

guterhalten ['gu:tʔɛr,haltən] *adjt.* bien conservé; en bon état.

Güter|kraftverkehr ['gy:tər,kraftfɛr,ke:r] *m* trafic *m* marchandises routier; **~,markt** *m écon.* marché *m* de biens économiques; **~'nahver,kehr** *m* trafic *m* marchandises à petite, courte distance; **~,recht** *n jur.* droit *m* concernant les biens; **eheliches ~** droit concernant les biens matrimoniaux; **~,rechtsre,gister** *n jur.* registre matrimonial, du régime des biens; **~,schlächte'rei** *f* achat *m* de terrains en vue de leur morcellement; **~,schuppen** *m* 'hangar *m*, entrepôt *m* à marchandises; **~,stand** *m jur.* régime matrimonial; **~ta,rif** *m* tarif *m* marchandises; **~trans,port** *m* transport *m* de(s) marchandises; **~,trennung** *f jur.* séparation *f* de biens; **~,umschlag** *m* transbordement *m* des marchandises; **~ver,kehr** *m* trafic *m* marchandises; **~ver,sicherung** *f* assurance *f* marchandises; **~ver,teilung** *f écon.* distribution *f* de biens économiques; **~,wagen** *m* wagon *m* de marchandises; **geschlossener, offener ~** wagon de marchandises couvert, découvert; **~,zug** *m* train *m* de marchandises; **~,zuglokomo,tive** *f* locomotive *f* pour trains de marchandises.

Gute(s) ['gu:tə(s)] *n* ⟨→ A⟩ bien *m*; **etwas ~s** *Speise, Material* quelque chose de bon; *Handlung, Arbeit* quelque chose de bien; **nichts ~s** rien de bon *bzw.* de bien; **das ~ an der Sache ist** ... ce qu'il y a de bon, bien dans la chose c'est ...; *moralisch* **das ~** le bien; **~s und Böses** du bien et du mal; **jenseits von Gut und Böse** par-delà le bien et le mal; **~s mit Bösem vergelten** rendre le mal pour le bien; **(j-m) ~s tun** faire du bien (à qn.); *iron.* **des ~n zuviel tun** vouloir trop bien faire; **sein ~s haben** avoir du bon; **sich zum ~n wenden** tourner bien; prendre bonne tournure; **das läßt nichts ~s ahnen** cela ne présage rien de bon; cela ne dit rien qui vaille; **das führt zu nichts ~m** cela ne mène à rien de bien, de bon; **man hört nur ~s (von** ...) on ne dit que du bien (de ...); **j-m etw. im 2n sagen** dire qc. à qn. en toute amitié, gentiment; **im 2n auseinandergehen** se quitter bons amis; **alles ~!** *beim Abschied* bon voyage!; *zu e-r bevorstehenden Aufgabe* bonne chance!; bon courage!; *zum Geburtstag, Jahreswechsel* meilleurs vœux!; **j-m zum Geburtstag alles ~ wünschen** souhaiter un bon anniversaire à qn.; **weiterhin alles ~!** bonne continuation!; **um ein 2s (höher** *etc.*) beaucoup plus ('haut, *etc.*).

Güte|stelle ['gy:tə,ʃtɛlə] *f jur.* bureau *m* de conciliation; **~ter,min** *m jur.* jour fixé pour, date *f* de l'audience de conciliation; **~ver,fahren** *n jur.* procédure *f* de conciliation; **~ver,handlung** *f jur.* audience *f* de conciliation; **~ver,such** *m jur.* tentative *f* de conciliation; **~,vorschriften** *f/pl. comm.* règlement *m* concernant la qualité; **~,zeichen** *n comm.* label *m* de qualité.

gut|geartet ['gu:tgə,ʔa:rtət] *adjt.* bon, bonne de nature; d'un naturel bon; **~ge,baut** *adjt.* F *Frau* bien faite; *Mann* bien bâti; **~,gehend** *adjt. Geschäft* florissant; qui marche bien; **~ge,launt** *adj.* de bonne humeur; F bien luné; **~ge,meint** *adjt.* qui part d'une bonne intention; **~ge,pflegt** *adjt.* bien entretenu; **~ge,sinnt** *adj.* bien intentionné; **2ge,sinnte(r)** *f (m)* ⟨→ A⟩ personne bien intentionnée; **~ge,stellt** *adjt.* qui a une bonne situation; *finanziell* aisé; **~ge,wachsen** *adjt. cf.* ~gebaut; **2ge,wicht** *n* poids *m* supplémentaire; **~,gläubig 1.** *adj.* de bonne foi; **2.** *adv.* de bonne foi; en toute bonne foi; **2,gläubig,keit** *f* bonne foi; **~,haben I** *v/t.* ⟨*irr., sép.*, -ge-, h⟩ **ich habe bei ihm zehn Mark gut** il me doit dix marks; **du hast bei mir zehn Mark gut** je te dois dix marks; **II 2,haben** *n* ⟨~s; ~⟩ avoir *m* (en banque); **~,heißen** *v/t.* ⟨*irr., sép.*, -ge-, h⟩ approuver; **~,herzig** *adj.* bon, bonne; qui a bon cœur; **2,herzig,keit** *f* ⟨~⟩ bonté *f* (du cœur); bon cœur; bonhomie *f*.

gütig ['gy:tɪç] **1.** *adj.* bon, bonne; aimable; complaisant; **mit Ihrer ~en Erlaubnis** avec votre aimable permission; **Sie sind zu ~!** vous êtes trop bon, aimable!; **2.** *adv.* avec bonté, amabilité, complaisance; *st. s.* **Sie werden mich ~st entschuldigen** vous voudrez bien m'excuser.

gütlich ['gy:tlɪç] **1.** *adj.* (à l')amiable; **~e Einigung** arrangement (à l')amiable; **auf ~em Wege** à l'amiable; **2.** *adv.* **a) sich ~ einigen** s'arranger à l'amiable; **e-n Streit ~ beilegen** régler une querelle à l'amiable; **b) sich ~ tun** se régaler (an de).

gut|machen ['gu:t,maxən] *v/t.* ⟨*sép.*, -ge-, h⟩ *Fehler, Verschulden* réparer; *Versäumtes, Verlust* rattraper; regagner; se rattraper (*abs.*); **~,mütig** *adj.* bon, bonne; bon enfant; **er ist ~** il a bon caractère; c'est un bon garçon, une bonne nature, F une bonne pâte, une bonne poire; *fig. u.* F **ein ~es Schaf sein** se laisser manger la laine sur le dos; **2,mütig,keit** *f* ⟨~⟩ bonté *f*; bonhomie *f*; bon cœur; **grenzenlose ~** bonté sans bornes, sans limites; **~'nachbar,lich** *adj.* **~e Beziehungen** relations de bon voisinage; **~,sagen** *v/i.* ⟨*sép.*, -ge-, h⟩ se porter garant, répondre (für de).

Gutsbesitzer(in) ['gu:tsbə,zɪtsər(ɪn)] *m (f)* propriétaire *m, f* d'un domaine, d'une ferme.

Gutsche ['gʊtʃə] *f* ⟨~; ~n⟩ (*Hohlmeißel*) gouge *f*.

Gut|schein ['gu:tʃaɪn] *m comm.* bon *m*; **2,schreiben** *v/t.* ⟨*irr., sép.*, -ge-, h⟩ *comm.* **j-m e-n Betrag ~** créditer (le compte de) qn. d'une somme; porter une somme au crédit de qn.; **e-n Betrag e-m Konto ~** créditer un compte d'une somme; **~schrift** *f* inscription *f*, écriture *f* au crédit; **~schrift,anzeige** *f comm.* avis *m* de crédit.

Gutseite ['gu:t,zaɪtə] *f techn. e-s Kalibers* côté *m* entre.

Guts|haus ['gu:tshaus] *n* maison *f* d'habitation d'un domaine, d'une ferme; maison domaniale; **~herr** *m hist.* seigneur *m*; *cf. auch* Gutsbesitzer; **~,herrschaft** *f hist.* seigneurie *f*; **~hof** *m* ferme *f* (d'un domaine); **~in,spektor** *m etwa* chef *m*, administrateur *m* d'un domaine.

gut|situiert ['gu:tzi·tu·'i:rt] *adjt. cf.* gutgestellt; **~,sitzend** *adjt. Kleid etc.* seyant.

Guts|pächter ['gu:ts,pɛçtər] *m* preneur *m*, locataire *m* d'un domaine; **~sekre,tär** *m* secrétaire *m* d'un domaine; **~ver,walter** *m* administrateur *m*, intendant *m* d'un domaine; **~ver,waltung** *f* administration *f* d'un domaine.

Guttapercha [gʊta'pɛrça] *f* ⟨~⟩, *n* ⟨~(s)⟩ *bot., techn.* guttapercha [-ka] *f*.

guttun ['gu:ttu:n] *v/i.* ⟨*irr., sép.*, -ge-, h⟩ *Wärme, Arznei etc.* faire du bien; *fig.* **das tut ihm (ganz) gut** cela lui fait beaucoup de bien (*auch iron.*); **das tut nicht gut** il n'en sortira rien de bien.

guttural [gʊtu·'ra:l] *adj. phon.* guttural; **2(,laut)** *m* ⟨~s; ~e⟩ (*m*) gutturale *f*.

gut|unterrichtet ['gu:tʔʊntər,rɪçtət] *adjt.* bien informé; **aus ~en Kreisen** de milieux bien informés; **~,willig 1.** *adj.* (plein) de bonne volonté; **2.** *adv.* de bon gré; de bonne grâce; **etw. ~ herausgeben** rendre qc. de bon gré; **~ nachgeben** céder de bonne grâce; **2,willig,keit** *f* ⟨~⟩ bonne volonté.

Gymkhana [gʏm'ka:na] *n* ⟨~s⟩ *Sport* gymkhana [ʒimkana] *m*.

Gymnadenie [gʏmna'de:ni·ə] *f* ⟨~; ~n⟩ *bot.* gymnadenia *m*.

Gymnas|ialbildung [gʏmnazi·'a:l,bɪldʊŋ] *f* études *f/pl.* secondaires; **mit ~** qui a fait des études secondaires; **~i'al,lehrer** *m* professeur *m* de gymnase, de lycée, de collège; **~i'al,unterricht** *m* enseignement *m* secondaire; **~i'ast** *m* ⟨~en; ~en⟩ lycéen *m*; collégien *m*; F potache *m*; **~ium** [-'na:-] *n* ⟨~s; -ien⟩ *in Deutschland* gymnase *m*; *in Frankreich staatliches* lycée *m*; *städtisches* collège *m*; **humanistisches, altsprachliches ~** lycée, collège, gymnase classique; **neusprachliches, mathematisch-naturwissenschaftliches ~** lycée, collège, gymnase moderne (avec prédominance des langues vivantes *bzw.* des mathématiques et des sciences).

Gymnast|ik [gʏm'nastɪk] *f* ⟨~⟩ gymnastique *f* (rythmique); **~ik,lehrer (-in)** *m (f)* professeur *m*, moniteur, -trice *m, f* de gymnastique; **~ik,stunde** *f* leçon *f*, heure *f*, cours *m* de gymnastique; **2isch** *adj.* (de) gymnastique.

Gymnospermen [gʏmno·'spɛrmən] *pl. bot.* gymnospermes *f/pl.*

Gynäko|loge [gy·nɛko·'lo:gə] *m* ⟨~n; ~n⟩ *méd.* gynécologue *m*; gynécologiste *m*; **~lo'gie** *f* ⟨~⟩ *méd.* gynécologie *f*; **2'logisch** *adj. méd.* gynécologique.

Gyn|andrie [gy·nan'dri:] *f* ⟨~⟩ *biol.* gynandrie *f*; **~andromor'phismus** *m* ⟨~⟩ *biol.* gynandromorphisme *m*; **~ä'zeum** *n* ⟨~s; -'zeen⟩ *bot.* gynécée *m*.

Gyro|bus ['gy·ro·bus] *m* ⟨~ses; ~se⟩ gyrobus *m*; **~'skop** *n* ⟨~s; ~e⟩ *phys.* gyroscope *m*.

H

H, h [haː] *n* ⟨~; ~⟩ **1.** H, h [aʃ] *m*; **das H** l'h [*meist* lə aʃ]; *phon.* **aspiriertes, stummes h** h aspiré, muet; **2.** *mus.* si *m*.

ha [ha] *int.* 'ha!

Haager [ˈhaːgər] *adj.* ⟨*inv.*⟩ de la Haye [ɛ]; **~ Abkommen, Konventionen** Conventions de la Haye; **~ Schiedshof** Cour permanente d'arbitrage de la Haye.

Haar [haːr] *n* ⟨~(e)s; ~e⟩ (*Haupt*2) cheveu *m*; P tif(fe) *m*; crin *m*; (*Körper*2), *zo., bot., text., e-s Pinsels etc.* poil *m*; *e-s Geigenbogens* crin *m*; *coll.* **das ~** les cheveux; *volles, langes* la chevelure; *astr.* **~ der Berenike** chevelure de Bérénice; **falsche ~e** de faux cheveux; des cheveux postiches; un postiche; **blonde ~e, blondes ~ haben** avoir les cheveux blonds; **dünnes ~ haben** avoir le cheveu rare, clairsemé, peu fourni; **die ~e, das ~ lang, kurz tragen** avoir les cheveux longs, courts; **sich die ~e machen** se coiffer; **sich die ~e waschen, bleichen, färben** se laver, se décolorer, se teindre les cheveux; **sich die ~e schneiden lassen** se faire couper les cheveux; *fig.* **sich aufs ~ gleichen** se ressembler comme deux gouttes d'eau; **um ein ~ wäre er ums Leben gekommen, überfahren worden** il s'en est fallu d'un cheveu qu'il n'échappe à la mort, qu'il ne soit écrasé; un peu plus il perdait la vie, il était écrasé; **um ein ~ wäre es schiefgegangen** F il était moins une; **er ist um kein ~ besser** il ne vaut pas plus cher, mieux (que les autres); **mit Haut und ~ fressen** avaler tout entier, tout cru; **ein ~ in der Suppe finden** trouver à critiquer, à redire; **j-m kein ~ krümmen** ne pas toucher (à) un cheveu de qn.; **~e lassen** y laisser des plumes; **kein gutes ~ an j-m lassen** déchirer qn. à belles dents; dire pis que pendre de qn.; **es ist kein gutes ~ an ihm** c'est un vaurien fini; **~e auf den Zähnen haben** *von e-r Frau* être querelleuse, agressive; avoir bec et ongles; ne pas se laisser marcher sur les pieds; **sich in die ~e geraten** se prendre aux cheveux; **sich in den ~en liegen** être aux prises; **an den ~en herbeigezogen** tiré par les cheveux; **sich (vor Verzweiflung) die ~e raufen** s'arracher les cheveux (de désespoir); **die ~e stehen einem dabei zu Berge** cela (vous) fait dresser les cheveux sur la tête; **deshalb lasse ich mir keine grauen ~e wachsen** c'est là le moindre de mes soucis; je ne me fais pas de souci à ce sujet; F je ne me fais pas de cheveux pour ça.

Haar|ansatz [ˈhaːrˌʔanzats] *m* naissance *f* des cheveux; **~ˌausfall** *m* chute *f* des cheveux; *sc.* alopécie *f*; **~balg** *m anat.* follicule pileux; **~balgˌmilbe** *f zo.* démodex [-ks] *m*; **~balgˌmilbenˌausschlag** *m vét.* démodécie *f*; gale *f* démodécique; **~ˌballen** *m im Tiermagen* ægagropile *m*; bézoard *m*; **~band** *n* ruban *m* dans les cheveux; serre-tête *m*; **~ˌboden** *m anat.* cuir chevelu; **~ˌbüschel** *n* touffe *f* de cheveux *bzw.* de poils; **~ˌcreme** *f cf.* **~krem**; **2en** *v/i. u. v/réfl.* ⟨h⟩ *Tiere* perdre ses poils; **~entˌferner** *m* ⟨~s; ~⟩, **~entˌfernungsˌmittel** *n* (d)épilatoire *m*; **~esˌbreite** *f* **um ~** de peu, de justesse; **um ~ dem Tod entgehen** échapper de peu, de justesse à la mort; **~ˌfarbe** *f* couleur *f* des cheveux; **~färbeˌmittel** *n* teinture *f* pour les cheveux, capillaire; **~farn** *m bot.* capillaire *m*; *sc.* adiantum [-ɔm] *m*; **2fein** *adj.* fin comme un cheveu; *fig. Unterschied etc.* subtil; **~ˌfestiger** *m* ⟨~s; ~⟩ *cf.* **~fixativ**; **~filz** *m* feutre grossier en poils; *für Hüte* feutre *m* de chapellerie; **~fixaˌtiv** *n* fixatif *m* pour les cheveux; **~ˌflechte** *f* tresse *f* (de cheveux); **~foˌllikel** *n anat. cf.* **~balg**; **~ˌfülle** *f* abondance *f* des cheveux; chevelure (abondante); **~garn** *n text.* fil *m* de poil animal; **~garnˌteppich** *m* tapis *m*, moquette *f* en poil animal; **~geˌfäß** *n anat.* (vaisseau *m*) capillaire *m*; **2geˌnau 1.** *adj.* très, extrêmement exact, précis; **2.** *adv.* très exactement, précisément; avec une précision absolue; *cf. auch* **2klein**; **~ˌgurke** *f bot.* sicyos [sisjɔs] *m*; **~hut** *m* chapeau mou en feutre; **~hygroˌmeter** *n* hygromètre *m* à cheveu; **2ig** *adj.* **a)** poilu; velu; **b)** F (*schwierig*) difficile; (*heikel*) délicat; *pfort.* scabreux, -euse; **~ˌklammer** *f* pince *f* à cheveux; **~kleid** *n zo.* poil *m*; pelage *m*; **2klein** *adv.* (jusque) dans les moindres détails; par le menu; **alles ~ erzählen** raconter tout par le menu, jusque dans les moindres détails; **j-m etw. ~ erklären** *auch* mettre les points sur les i à qn.; **~ˌklemme** *f cf.* **~klammer**; **~ˌknoten** *m* chignon *m*; **~ˌkrankheit** *f* maladie *f* des cheveux; **~krem** *f, m* crème *f* capillaire; **~ˌkünstler** *m* artiste *m* capillaire (*auch plais.*); **~ling** *m* ⟨~s; ~e⟩ *zo.* **~e und Federlinge** mallophages *m/pl.*; **~ˌlocke** *f* boucle *f* (de cheveux); **2los** *adj.* sans cheveu(x) *bzw.* poil(s); *bot. auch* glabre; **~losigˌkeit** *f* ⟨~⟩ absence *f* de cheveux *bzw.* de poils; **~ˌmittel** *n* produit *m* capillaire; **~ˌmode** *f* mode *f* concernant la coiffure; **~ˌmörtel** *m bât.* mortier *m* à poils; **~ˌmücke** *f zo.* bibion *m*; *pl.* **~n** bibionidés *m/pl.*; **~ˌmuskel** *m anat.* muscle horripilateur, arrecteur; **~ˌnadel** *f* épingle *f* à cheveux; **~nadelˌkurve** *f* virage *m* en épingle à cheveux; **~netz** *n* résille *f*; filet *m*; **~öl** *n* huile *f* capillaire; **~paˌpille** *f* papille *f* (d'un poil, d'un cheveu); **~ˌpflege** *f* soins *m/pl.* des cheveux, de la chevelure; **~ˌpflegeˌmittel** *n* produit *m* pour soigner les cheveux; **~ˌpinsel** *m* pinceau fin (en poils); **~poˌmade** *f* pommade *f* pour les cheveux; **~pracht** *f* chevelure *f* magnifique; **~ˌpuder** *m* poudre *f* pour les cheveux; **~riß** *m techn.* fendille, fissure très fine; **~ˌröhrchen** *n phys.* tube *m* capillaire; **2scharf 1.** *adj. Bild* très net, nette; *Einstellung* très précis; **2.** *adv.* très nettement; avec une extrême netteté, précision; F **danebengehen** passer de justesse à côté; F **~ daneben!** raté, manqué de justesse!; **~ˌschleife** *f* nœud *m* (dans les cheveux); **~schmuck** *m* parure *f* pour *bzw.* dans les cheveux; **~schneidemaˌschine** *f* tondeuse *f* (électrique); **~ˌschneiden** *n* coupe *f* des cheveux; **~, bitte!** une coupe, S.V.P.!; **~schnitt** *m* coupe *f* de cheveux; **~schopf** *m* cheveux *m/pl.*; *wirrer* F tignasse *f*; **~schwund** *m cf.* **~ausfall**; **~ˌseite** *f des Leders* côté *m* poil, fleur (du cuir); **~sieb** *n* tamis de crin, très fin; sas *m*; **~ˌspalter** F *m* ⟨~s; ~⟩ coupeur *m* de cheveux en quatre; chinois *m*; **~spalteˈrei** F *f* ⟨~; ~en⟩ manie *f* de couper les cheveux en quatre; chinoiseries *f/pl.*; subtilités *f/pl.*; **das ist doch ~!** c'est couper les cheveux en quatre; ce sont des chinoiseries; c'est chercher la petite bête; **2ˌspalteˌrisch** *adj.* subtil, méticuleux, -euse à l'excès; chinois; **~ˌspange** *f* barrette *f*; **~ˌspitze** *f* extrémité *f* d'un cheveu *bzw.* poil; **~spray** *n od. m* laque *f*; **~stern** *m zo.* antédon *m*; **~ˌsträhne** *f* mèche *f* (de cheveux); **~strang** *m bot.* peucedanum [-ɔm] *m*; **2ˌsträubend** *adjt. fig.* monstrueux, -euse; inouï; absurde; **~ˌtolle** *f* toupet *m*; **~tracht** *f* coiffure *f*; **~ˌtrockner** *m* ⟨~s; ~⟩ séchoir *m* à cheveux; sèche-cheveux *m*; **~ˌwaschen** *n* lavage *m* de(s) cheveux; shampooing [ʃɑ̃pwɛ̃] *m*; **~waschˌkrem** *f, m*; **~waschˌmittel** *n* shampooing *m*; **~ˌwasser** *n* ⟨~s; ~⟩ lotion *f* capillaire; **~wild** *n ch.* gibier *m* à poil; **~wuchs** *m* (pousse *f* de) cheveux *m/pl.*; (présence *f* de) poils *m/pl.*; chevelure *f*; **e-n üppigen ~ haben** avoir une chevelure abondante; **~wuchsˌmittel** *n* produit *m* capillaire (pour la pousse des cheveux); **~ˌwurzel** *f anat.* racine *f* d'un *bzw.* des cheveu(x), poil(s); **bis zu den ~n erröten** rougir jusqu'à la racine des cheveux, jusqu'au blanc des yeux; **~ˌzange** *f* pince *f* à épiler; **~ˌzirkel** *m* compas *m* de précision; **~ˌzwiebel** *f anat.* bulbe pileux.

Habe ['hɑːbə] *f* ⟨~⟩ avoir *m*; **persönliche ~** effets (personnels); **(un)bewegliche ~** biens (im)mobiliers; biens (im)meubles; **Hab und Gut** *n* ⟨*gén.* **Hab und Gut(e)s**⟩ biens *m/pl.*; avoir *m*; **sein ganzes Hab und Gut verlieren** perdre tous ses biens, tout son avoir; **j-n um Hab und Gut bringen** ruiner qn.; déposséder qn. de ses biens.

Habeascorpusakte [ˌhɑːbeˑasˈkɔrpusˌˀaktə] *f* ⟨~⟩ *hist.* bill *m* d'habeas corpus.

haben ['hɑːbən] **I** *v/aux.* ⟨**hast, hat; hatte; hätte; gehabt; hab(e)!; h**⟩ avoir; *bei reflexiver Konstruktion* être; **II** *v/t. allg.* avoir; **a)** *in Redewendungen*: **e-e Mark hat hundert Pfennig** un mark vaut cent pfennigs; cent pfennigs font un mark; **e-e Stunde hat sechzig Minuten** il y a soixante minutes dans une heure; **wir ~ heute den 1. April, Montag** aujourd'hui nous sommes le 1er avril, lundi; **wir ~ März, Sommer** nous sommes en mars, en été; **hier, da hast du Geld** voici, voilà de l'argent; **~ Sie schönen Dank!** je vous remercie!; **was hast du (denn)?** qu'est-ce que tu as?; qu'as-tu donc?; *Nachricht* **woher ~ Sie das?** d'où tenez-vous cela?; **ich habe es aus guter Quelle** je le tiens de bonne source; *beim Diktieren* **~ Sie „kommen"?** avez-vous écrit, mis «kommen»?; F **da ~ wir's!** (*wir sind in der Patsche*) nous voilà propres!; nous voilà dans de beaux draps!; (*das war zu erwarten*) ça y est!; (*so ist es also*) nous y voilà!; **ich hab's** (*gefunden*) j'ai trouvé; je l'ai; **jetzt hab' ich ihn** (*erwischt*) je le tiens maintenant; **wir ~ den Dieb** nous tenons le voleur; F **die ~'s eben** (*Geld, Reichtum*) ils en ont (de ça); F **hat sich was!** il n'en est pas question!; F **(alles) wie gehabt!** c'est ce qu'on connaît déjà; *comm.* **zu ~ sein** être en vente; s'acheter; se vendre; **das ist nicht mehr zu ~** il n'y en a plus; on n'en trouve plus; *fig. Mädchen* **sie ist noch zu ~** elle est encore à marier; **~ wollen, daß ...** vouloir, désirer que ... (+ *subj.*); **er will es so ~** il le veut ainsi; **du hast es ja so ~ wollen** tu l'as voulu; **je mehr man hat, je mehr man will** *prov.* plus on a, plus on veut avoir *prov.*; l'appétit vient en mangeant *prov.*; **es eilig ~**, **Hunger ~** *etc. cf. die betreffenden Substantive u. Adjektive*; **b)** *mit* **zu** + *inf.*: **ich habe zu ...** j'ai à ..., je dois ..., il me faut ... (+ *inf.*); **ich habe zu tun** j'ai à faire; **etw. zu bedeuten ~** vouloir dire qc.; signifier qc.; **j-m etw. zu verdanken ~** devoir qc. à qn.; **das hat nichts zu sagen** cela ne veut rien dire; **das hat hier nichts zu suchen** cela n'a rien à faire ici; **c)** *mit Präpositionen*: **er hat etwas Überspanntes** *etc.* **an sich** il y a quelque chose d'excentrique, *etc.* en lui; **etwas, viel für sich ~** ne pas être (du tout) à dédaigner; avoir des avantages indéniables; *Argument etc.* être (très) plausible; **für etw. zu ~ sein** aimer qc.; **gegen j-n etwas ~** en vouloir à qn.; avoir une dent, quelque chose contre qn.; **gegen e-e Sache etwas ~** avoir qc. contre qc.; **hinter sich ~** *Arbeit, Examen* en avoir fini, terminé avec; *Operation* avoir subi; **es in sich ~** être très difficile; réserver des surprises; F **es mit j-m ~** avoir une liaison, des rapports avec qn.; **j-n über sich ~** avoir qn. au-dessus de soi; avoir qn. pour supérieur; **j-n unter sich ~** avoir qn. sous ses ordres, sous sa direction; **die Kasse unter sich ~** tenir la caisse; **viel, wenig von etw. ~** profiter bien, peu de qc.; tirer beaucoup, peu de profit de qc.; **nichts von etw. ~** ne pas profiter de qc.; ne tirer aucun profit de qc.; **er hat wenig vom Leben** il jouit peu de la vie; **was hat er nun von s-m Reichtum?** quel profit tire-t-il maintenant de sa richesse?; **das hat man nun von s-r Gutmütigkeit!** voilà ce que c'est que d'être bon!; *e-e Eigenschaft etc.* **von j-m ~** tenir de qn.; **er hat das von s-m Vater** il tient cela de son père; **j-n vor sich ~** avoir qn. devant soi; se trouver devant qn.; **etw. vor sich ~** être à la veille de qc.; *weiter entfernt* avoir qc. en perspective; **ich habe ein Examen, eine schwere Aufgabe vor mir** *auch* un examen, une tâche difficile m'attend; **er hat das Leben noch vor sich** il a encore la vie devant lui; **III** *v/imp.* F **es hat** (*es gibt*) il y a; F **damit hat sich's** avec ça c'est tout, c'est fini; **was hat es mit diesem Fall auf sich?** quelle est l'importance de ce cas?; **damit hat es nichts auf sich** c'est sans importance; cela n'a pas d'importance; cela ne tire pas à conséquence; **es hat den Anschein ...** on dirait, il semble ...; *cf. auch die betreffenden Substantive*; **IV** *v/réfl.* F **sich ~** faire des façons; **hab dich nicht so!** ne fais pas tant de façons, de manières!

Haben ['hɑːbən] *n* ⟨~s⟩ *comm.* avoir *m*; crédit *m*; **Soll und ~** doit et avoir; débit et crédit.

Habenichts ['hɑːbəˌnɪçts] *m* ⟨~(es); ~e⟩ pauvre diable *m*; va-nu-pieds *m*.

Haben|posten ['hɑːbənˌpɔstən] *m comm.* poste créditeur; **~ˌsaldo** *m* solde créditeur; **~ˌseite** *f* côté *m* avoir, crédit; **~ˌzinsen** *m/pl.* intérêts créditeurs.

Habgier ['hɑːpgiːr] *f* ⟨~⟩ cupidité *f*; rapacité *f*; **2ig** *adj.* cupide; rapace.

habhaft ['hɑːphaft] *adj.* **j-s, e-r Sache ~ werden (können)** (pouvoir) se saisir de, s'emparer de, mettre la main sur qn., qc.

Habicht ['hɑːbɪçt] *m* ⟨~(e)s; ~e⟩ *zo.* autour *m*; **~ˌschwamm** *m Pilz* hydne imbriqué; **~sˌkraut** *n bot.* épervière *f*; **gemeines ~** piloselle *f*; **orangerotes ~** épervière orangée; **~sˌnase** *f* nez en bec d'aigle, busqué.

Habilit|ation [habiˑlitatsiˈoːn] *f* ⟨~⟩ *in Deutschland etwa* (épreuves *f/pl.* d')admission *f* à l'enseignement supérieur; *in Frankreich* doctorat *m* (ès lettres, ès sciences); agrégation *f* (de droit, de médecine, de pharmacie); **~atiˈonsˌschrift** *f etwa* thèse(s) *f* (*pl.*) de doctorat; **2ieren** [-ˈtiː-] *v/réfl.* ⟨*pas de ge-*, **h**⟩ **sich ~** *etwa* se qualifier pour l'enseignement supérieur.

Habitus ['hɑːbiˑtus] *m* ⟨~⟩ aspect extérieur; attitude *f*; comportement *m*; façon *f* d'être; *méd.* habitus [-ys] *m*.

Habsburger ['hɑːpsˌburgər] *m* ⟨~s; ~⟩ *hist.* **die ~** les 'Habsbourg *m/pl.*

Habseligkeiten ['hɑːpˌzeːlɪçˌkaɪtən] *f/pl.* ce que l'on possède; affaires *f/pl.*; effets *m/pl.*

Hab|sucht ['hɑːpzuxt] *f* ⟨~⟩ *cf.* Habgier; **2ˌsüchtig** *adj. cf.* habgierig; **~ und Gut** *n* ⟨~(e)s⟩ *cf.* Habe.

Hachse ['haksə] *f* ⟨~; ~n⟩ *cuis.* jarret *m*; P **~n** (*Beine*) P quilles *f/pl.*; guibol(l)es *f/pl.*; gambettes *f/pl.*

Hack|bank ['hakbaŋk] *f* ⟨~; ¨~e⟩ *Metzgerei* étal *m*; **~bau** *m* ⟨~(e)s⟩ *agr.* culture *f* à la houe; **~beil** *n* couperet *m*; **~block** *m* billot *m*; **~ˌbraten** *m cuis.* rôti *m* de viande 'hachée; **~brett** *n* **1.** *cuis.* planche *f* à découper, à 'hacher; **2.** *mus.* tympanon *m*; **~e** *f* ⟨~; ~n⟩ **1.** *agr., jard.* 'houe *f* (à bras); (*Kreuz2*) pioche *f*; (*Garten2*) *auch* binette *f*; serfouette *f*; **2.** (*Ferse*) talon *m*; **die ~n zusammenschlagen** claquer les talons; *fig. u.* F **sich die ~n ablaufen** courir aux quatre coins de la ville; **2en I** *v/t.* ⟨**h**⟩ *cuis.* 'hacher; *jard., agr.* biner; 'houer; **Holz ~** casser du bois; **II** *v/i. Vogel* donner des coups de bec (**nach** à); **III ~en** *n* ⟨~s⟩ *agr., jard.* binage *m*; *sonst verbal*; **~fleisch** *n cuis.* viande 'hachée; *fig. u.* F **aus j-m ~ machen** 'hacher qn. menu; réduire qn. en chair à pâté; **~frucht** *f agr.* plante sarclée; **~klotz** *m zum Holzhacken* billot *m*; **~maˌschine** *f* **1.** (*Fleisch2*) 'hachoir *m*; **2.** *agr.* bineuse *f*; 'houe *f*; **~ˌmesser** *n* 'hachoir *m*.

Häcksel ['hɛksəl] *n, m* ⟨~s⟩ *agr.* paille 'hachée; foin 'haché; **~(ˌschneid)maˌschine** *f* 'hache-paille *m*.

Hader ['hɑːdər] *m* ⟨~s⟩ **1.** *st. s.* (*Streit*) querelle *f*; (*Zwietracht*) dissension *f*; discorde *f*; **2.** *Papierherstellung pl.* **~n** chiffons *m/pl.*; **2n** *v/i.* ⟨-(e)re, **h**⟩ **mit j-m ~** se quereller, se disputer avec qn.; **mit s-m Schicksal ~** s'en prendre à son destin.

Hafen ['hɑːfən] *m* ⟨~s; ¨~⟩ *mar.* port *m* (*auch fig.*); **e-n ~ anlaufen** toucher un port; faire escale dans un port; **aus dem ~ auslaufen** quitter le port; *fig.* **in den ~ der Ehe einlaufen** se marier; **~ˌamt** *n cf.* **~behörde(n)**; **~ˌanlagen** *f/pl.* installations *f/pl.* portuaires; **~ˌarbeiter** *m* docker [-ɛːr] *m*; **~ˌarbeiterˌstreik** *m* grève *f* des dockers; **~ˌbahn** *f* chemin *m* de fer d'un port; **~ˌbau** *m* construction *f* d'un port; **~ˌbecken** *n* bassin *m* portuaire, d'un port; **~beˌhörde(n)** *f* (*pl.*) autorités *f/pl.* du port; **~ˌdamm** *m* jetée *f*; **~ˌeinfahrt** *f* entrée *f* d'un port; *enge* goulet *m*; **~ˌfeuer** *n* phare *m* d'entrée d'un port; **~geˌbiet** *n* zone *f* portuaire; **~geˌbühren** *f/pl.*, **~ˌgeld** *n* taxe *f* portuaire, de port; **~ˌkneipe** *f* bistro(t) *m* d'un port; **~konˌzert** *n* concert retransmis depuis un port; **~ˌmeister** *m* capitaine *m* de port; *e-s Binnenhafens* garde-port *m*; **~ˌordnung** *f* règlement *m* portuaire, d'un port; **~ˌschleuse** *f* écluse *f* (à l'entrée) d'un port; **~ˌstadt** *f* ville *f* portuaire; **~überˌwachung** *f* contrôle *m* portuaire; **~überˌwachungsˌstelle** *f* service *m* de contrôle portuaire; **~ˌviertel** *n* quartier *m* du port.

Hafer ['hɑːfər] *m* ⟨~s⟩ *bot.* avoine *f*; *fig. u.* F **ihn sticht der ~** il est présomptueux; il veut faire le malin; ça lui monte à la tête; **~ˌanbau** *m* culture *f* de l'avoine; **~ˌfeld** *n* champ *m* d'avoine; **~ˌflocken** *f/pl.* flocons *m/pl.* d'avoine; **~(ˌflocken)ˌbrei** *m* bouillie *f* (de flocons) d'avoine; **~ˌgrütze** *f* gruau *m* d'avoine.

Haferlschuh ['hɑːfərlˌʃuː] *m etwa* chaussure basse de montagne; soulier tyrolien.

Hafer|mehl ['hɑːfərˌmeːl] *n* farine *f* d'avoine; **~ˌschleim** *m* crème *f* d'avoine; **~schleimˌsuppe** *f* soupe *f* à la crème d'avoine; **~ˌstroh** *n* paille *f* d'avoine; **~ˌwurzel** *f bot.* **1.** (*Bocksbart*) salsifis (blanc); *sc.* tragopogon *m*; **2.** (*Schwarzwurzel*) scorsonère *f*; *abus.* salsifis noir.

Haff [haf] *n* ⟨~(e)s; ~s *od.* ~e⟩ *géogr.* 'haff *m*.

Hafnium ['hɑːfniˑum] *n* ⟨~s⟩ *chim.* hafnium [-jɔm] *m*.

Haft [haft] *f* ⟨~⟩ détention *f*; emprisonnement *m*; **in ~** en état de déten-

tion; in ~ nehmen mettre en état de détention; in ~ halten détenir; aus der ~ entlassen relâcher; remettre en liberté; **~ˌanstalt** *f* maison *f* d'arrêt; **~ˌballen** *m zo.* pelote adhésive; ventouse *f*; **2bar** *adj. jur.* responsable; j-n ~ machen rendre, tenir qn. responsable (für de); **~barˌkeit** *f* ⟨~⟩ responsabilité *f*; **~barˌmachung** *f* ⟨~⟩ *verbal*; **~beˌfehl** *m* mandat *m* d'arrêt, de dépôt; ordonnance *f* de prise de corps; (e-n) ~ erlassen lancer, décerner un mandat d'arrêt, de dépôt; gegen j-n ~ erlassen *auch* placer qn. sous mandat d'arrêt; **~beˌschwerde** *f* appel *m* contre un mandat d'arrêt; **~ˌdauer** *f* durée *f* de la détention; **~ˌdolde** *f* ⟨~; ~n⟩ *bot.* caucalis [-is] *f*.
haften ['haftən] **I** *v/i.* ⟨-ete, h⟩ **1.** adhérer (an à); tenir (à); être attaché (à); *fig.* im Gedächtnis ~ être gravé dans la mémoire; **2.** *jur.* für j-n, etw. ~ être responsable de qn., de qc.; répondre, être garant de qn., de qc.; *comm.* mit s-r Einlage, s-m persönlichen Vermögen ~ être responsable, tenu (des dettes de la société) à concurrence de sa mise, de sa fortune personnelle; **II** 2 *n* ⟨~s⟩ *techn.* adhérence *f*; *an überkommenen Vorstellungen etc.* attachement *m* (à); **~ˌbleiben** *v/i.* ⟨*irr.*, *sép.*, -ge-, sein⟩ adhérer (an à); tenir (à); rester attaché (à); *fig.* im Gedächtnis ~ rester gravé, se graver dans la mémoire; **~d** *adjt.* **1.** *techn.* adhésif, -ive; **2.** *jur.* persönlich ~er Gesellschafter associé personnellement responsable.
Haft|entlassung ['haftˀɛntˌlasuŋ] *f* mise *f* en liberté; vorzeitige, vorläufige ~ mise en liberté anticipée, provisoire; j-s ~ anordnen ordonner la mise en liberté de qn.; **~entˌschädigung** *f* indemnisation *f* pour détention illégale; **~erˌleichterung** *f* adoucissement *m* de la détention; **2ˌfähig** *adj. Person* incarcérable; **~glas** *n opt.* verre *m* de contact.
Häftling ['hɛftlɪŋ] *m* ⟨~s; ~e⟩ détenu (-e) *m* (*f*); prisonnier, -ière *m*, *f*.
Haft|lokal ['haftloˑˌkaːl] *n* dépôt *m*; **~orˌgan** *n zo.*, *bot.* organe *m* d'adhérence.
Haftpflicht ['haftpflɪçt] *f* responsabilité *f* (civile); *cf. auch* Haftung; **~ˌdeckung** *f* garantie *f* en responsabilité civile; **~geˌsetz** *n* loi *f* sur la responsabilité civile; **2ig** *adj.* responsable; **~verˌsicherung** *f* assurance *f* (de) responsabilité civile.
Haft|prüfung ['haftˌpryːfuŋ] *f jur.* examen *m* de la validité de la détention; **~ˌschalen** *f/pl. opt.* verres *m/pl.* de contact; **~sitz** *m techn.* ajustement adhésif; **~ˌstrafe** *f jur.* détention *f*.
Haftung ['haftuŋ] *f* ⟨~⟩ *jur.* responsabilité *f* (für de); persönliche, gesamtschuldnerische, vertragliche, (un)beschränkte ~ responsabilité personnelle, solidaire, contractuelle, (il)limitée; Gesellschaft mit beschränkter ~ *cf.* Gesellschaft; die ~ ablehnen, übernehmen décliner, assumer la responsabilité; für … wird keine ~ übernommen nous déclinons toute responsabilité en cas de vol, de perte de …; **~sˌausschluß** *m* exclusion *f* de la responsabilité; non-responsabilité *f*; **~sbeˌschränkung** *f* limitation *f* de la responsabilité; **~sˌgrenze** *f* limite *f* de la responsabilité; **~sˌklage** *f* action *f* en responsabilité; **~sˌumfang** *m* étendue *f* de la responsabilité.
Haft|vermögen ['haftfɛrˌmøːgən] *n techn.* adhérence *f*; adhésivité *f*; **~ˌzeher** *m* ⟨~s; ~⟩ *zo.* gecko *m*; *pl.* geckonidés *m/pl.*
Hage|buche ['haːgəˌbuːxə] *f cf.* Hainbuche; **~ˌbutte** *f* ⟨~; ~n⟩ *bot.* fruit *m* de l'églantier; gratte-cul *m*; *sc.* cynor(r)hodon *m*; **~ˌdorn** *m* ⟨~(e)s; ~e⟩ *bot.* (*Weißdorn*) aubépine *f*.
Hagel ['haːgəl] *m* ⟨~s⟩ grêle *f*; *fig.* ein ~ von Schlägen, Schimpfworten *etc.* une grêle de coups, d'injures, *etc.*; **2ˌdicht** *adj. u. adv.* dru comme grêle; **~ˌkorn** *n* **1.** grêlon *m*; **2.** *méd.* chalazion [ka-] *m*; **2n** *v/imp.* ⟨-(e)le, h⟩ es hagelt il grêle; il tombe de la grêle; *fig.* es hagelte Schläge je, tu, *etc.* reçus une grêle de coups; les coups tombèrent dru comme grêle; **~ˌschaden** *m* dommage causé par la grêle; **~ˌschauer** *m* giboulée accompagnée de grêle; **~ˌschlag** *m* (chute *f* de) grêle *f*; durch ~ vernichtet, verwüstet werden être ravagé par la grêle; être grêlé; **~ˌschloße** *f* ⟨~; ~n⟩ *cf.* ~korn 1.; **~ˌschnur** *f biol. im Ei* chalaze [ka-] *f*; **~ˌschutzraˌnone** *f* canon *m* paragrêle; **~ˌschutzraˌkete** *f* fusée *f* paragrêle; **~verˌsicherung** *f* assurance *f* contre la grêle; **~ˌwetter** *n* orage accompagné de grêle; **~ˌwolke** *f* nuage chargé de grêle; **~ˌzucker** *m cuis.* (gros) sucre cristallisé.
hager ['haːgər] *adj.* (grand, -e et) sec, sèche; maigre; **2ˌkeit** *f* ⟨~⟩ maigreur *f*.
Hagestolz ['haːgəˌʃtɔlts] *m* ⟨~es; ~e⟩ vieux garçon.
Hagiograph [hagiˑoˑ'graːf] *m* ⟨~en; ~en⟩ *relig.* hagiographe *m*; *bibl.* die ~en les livres hagiographes; **~ie** [-'fiː] *f* ⟨~; -ien⟩ hagiographie *f*.
haha [ha'haː, ha'ha] *int.* 'ha, ha!
Häher ['hɛːər] *m* ⟨~s; ~⟩ *zo.* (*Eichel*2) geai *m*; (*Tannen*2) casse-noix *m*; geai *m* de montagne.
Hahn [haːn] *m* ⟨~(e)s; ~e⟩ **1.** *zo.* coq *m* (*auch Vogelmännchen u. auf e-m Kirchturm*); *fig.* j-m den roten ~ aufs Dach setzen mettre le feu à la maison de qn.; F es kräht kein ~ danach personne ne s'en soucie; kein ~ kräht nach ihm personne ne s'inquiète, ne se soucie de lui, de son sort; ~ im Korbe sein être le coq du village; **2.** *techn.* robinet *m*; *e-s Fasses auch* cannelle *f*; *e-r Schußwaffe* chien *m*; den ~ aufdrehen, zudrehen ouvrir, fermer le robinet.
Hähnchen ['hɛːnçən] *n* ⟨~s; ~⟩ petit coq; *cuis.* poulet *m*.
Hahnen|balken ['haːnənˌbalkən] *m bât.* (petit) faux entrait; **~ˌfeder** *f* plume *f* de coq; **~ˌfuß** *m bot.* renoncule *f*; scharfer ~ renoncule âcre; bouton *m* d'or; **~ˌfußgeˌwächse** *n/pl.* *sc.* renonculacées *f/pl.*; **~ˌkamm** *m* **1.** *zo.* crête *f* d'un coq; **2.** *bot.* célosie *f* (à crête); **~ˌkampf** *m* combat *m* de coqs; **~ˌschrei** *m* chant *m* du coq; mit dem ersten ~ dès le *od.* au chant du coq; dès potron-minet; **~ˌsporn** *m* ⟨~(e)s; ~e⟩ *bot.* plectranthus [-ys] *m*; **~ˌtritt** *m im Ei* germe *m* de l'œuf; *sc.* cicatricule *f*; disque germinatif; **~trittˌmuster** *n* pied-de-poule *m*.
Hahn|fassung ['haːnˌfasuŋ] *f élect.* douille *f* à interrupteur; **~ˌkegel** *m*, **~ˌküken** *n techn.* clé *od.* clef *f*, noix *f* de robinet.
Hahnrei ['haːnraɪ] *litt. m* ⟨~(e)s; ~e⟩ cocu *m*.
Hai(fisch) ['haɪ(fɪʃ)] *m* ⟨~(e)s; ~e⟩ (*m*) *zo.* requin *m*; *sc.* squale [skwal] *m*.
Hain [haɪn] *st. s.* *m* ⟨~(e)s; ~e⟩ groupe *m* d'arbres; bosquet *m*; bois *m*; **~ˌbuche** *f bot.* charme *m* (commun d'Europe).
Hairochen ['haɪˌrɔxən] *m/pl. zo. sc.* pristidés *m/pl.*
Hait|ianer(in) [haiˑtiˑ'aːnər(ɪn)] *m* ⟨~s; ~⟩ (*f*) ⟨~; ~nen⟩ 'Haïtien, -nne *m*, *f*; **2i'anisch**, **2isch** [ha'iː-] *adj.* 'haïtien, -nne.
Häk|chen ['hɛːkçən] *n* ⟨~s; ~⟩ petit crochet; *auf e-r Liste* crochet *m*; *cout.* petite agrafe; F (*Auslassungszeichen*) apostrophe *f*; *unter dem c* cédille *f*; früh krümmt sich, was ein ~ werden will *prov. cf.* krümmen II; **~elˌarbeit** *f*, **~e'lei** *f* ⟨~; ~en⟩ travail *m*, ouvrage *m* au crochet; **~elˌmuster** *n* point *m* de crochet; **2eln I** *v/t.* ⟨-(e)le, h⟩ faire, exécuter (qc.) au crochet; **II** *v/i.* faire du crochet; **~elˌnadel** *f* crochet *m*; **~elˌstich** *m* point *m* de crochet.
Haken ['haːkən] *m* ⟨~s; ~⟩ crochet *m* (*auch beim Boxen*); *techn. für Lasten* croc [kro] *m*; (*Kleider*2) patère *f*; portemanteau *m*; (*Angel*2) hameçon *m*; *cout.* agrafe *f*; ~ und Öse agrafe (et porte *f*); *Boxen* linker, rechter ~ crochet du gauche, du droit; *Hase u. fig.* (e-n) ~ schlagen changer brutalement de direction; faire un *bzw.* des crochet(s); an e-n ~ hängen accrocher; vom ~ nehmen décrocher; *fig. u.* F die Sache hat e-n ~ il y a un 'hic; il y a un revers à la médaille; **~ˌbein** *n anat.* os crochu; **~ˌblatt** *n charp.* enture *f* à trait de Jupiter; **2ˌförmig** **1.** *adj.* en forme de crochet; crochu; **2.** *adv.* ~ gebogen crochu; **~ˌkreuz** *n* croix gammée; svastika *m*; **~ˌleiter** *f* échelle *f* à crochets; **~ˌlilie** *f bot.* crinum [-ɔm] *m*; **~ˌnase** *f* nez crochu; **~ˌschloß** *n chem.* verrou *m*; **~ˌschlüssel** *m techn.* clé *od.* clef *f* à ergot; **~ˌschnabel** *m* bec crochu; **~ˌwürmer** *m/pl. zo.* **1.** (*Kratzer*) acanthocéphales *m/pl.*; **2.** *cf.* Grubenwurm; **~ˌzahn** *m* **1.** *e-r Säge* dent *f* à crochet; **2.** (*Fangzahn*) croc *m*.
hakig ['haːkɪç] *adj. cf.* hakenförmig.
Halali [hala'liː] *n* ⟨~s; ~(s)⟩ *ch.* hallali *m*; das ~ blasen sonner l'hallali.
halb [halp] **1.** *adj.* demi; la moitié de; ein ~es Liter un demi-litre; ein ~es Pfund une demi-livre; ein ~es Prozent un demi pour cent; e-e ~e Stunde une demi-heure; ein ~er Tag une demi-journée; ein ~er Zentimeter un demi-centimètre; ein ~es Hundert un demi-cent; ein ~es Dutzend une demi-douzaine; ein ~es Jahr six mois; ein ~es Brot, e-e ~e Flasche la moitié d'un pain, d'une bouteille; un demi-pain, une demi-bouteille; ~ Frankreich, die ~e Stadt, die ~e Summe, die ~e Wahrheit la moitié de la France, de la ville, de la somme, de la vérité; auf ~er Höhe à mi-'hauteur; *e-r Straße* à mi-côte; auf ~em Wege à mi-chemin; à moitié chemin; zum ~en Preis à moitié prix; Kinder zahlen den ~en Preis les enfants paient demi-place; es ist ~ vier (Uhr) il est trois heures et demie; ~ eins midi et demi; F es ist ~ il est la demie; es hat ~ geschlagen la demie vient de sonner; *mus.* ~e Note blanche *f*; ~e Pause demi-pause *f*; ~er Ton demi-ton *m*; *math.* drei 2e trois demis; *fig.* e-e ~e Ewigkeit une éternité; ~e Maßnahmen demi-mesures; nur ein ~er Mensch sein n'avoir plus de force(s); nur mit ~em Ohr zuhören n'écouter que d'une oreille; e-e ~e Portion une demi-portion; das ist nichts 2es und nichts Ganzes cela n'est ni fait ni à faire; **2.** *adv.* à moitié; à demi; etw. nur ~ glauben, ver-

stehen ne croire, ne comprendre qc. qu'à moitié; ~ **entschlossen sein, etw. zu tun** être à moitié décidé de faire qc.; **das ist ~ geschenkt** c'est à moitié donné; ~ **so fleißig, groß** *etc.* moitié moins appliqué, grand, *etc.*; ~ **soviel (wie)** moitié moins (que); la moitié (de); **nicht ~ soviel (wie)** pas la moitié (de); **nicht ~ so groß sein (wie)** ne pas avoir la moitié de la grandeur (de); **es ist ~ so schlimm,** F **wild** ce n'est pas si grave; il n'y a que demi-mal; *Mischung* ~ **und ~** moitié, moitié; ~ ..., ~ ... moitié ..., moitié ...; mi-..., mi-...; ~ **lachend, ~ ernst** moitié riant, moitié sérieux; mi-riant, mi-sérieux; ~ **mit Gewalt, ~ mit List** moitié par force, moitié par ruse; ~ **gar, ~ offen, ~ tot** *etc. cf.* halbgar, halboffen, halbtot *etc.*

Halb|affe ['halpˌʔafə] *m zo.* lémurien *m*; **2ˌamtlich** *adj.* semi-officiel, -lle; officieux, -euse; **~ˌärmel** *m* demi-manche *f*; **~autoˌmat** *m techn.* semi-automate *m*; **2autoˌmatisch** *adj.* semi-automatique; **~ballonˌreifen** *m Fahrrad* pneu *m* demi-ballon; **2beˌdeckt** *adjt.* à moitié couvert; **~ˌbildung** *f* pseudo-culture *f*; culture superficielle; demi-savoir *m*; **~blut** *n Pferd* demi-sang *m*; *Mensch* métis [-is] *m*; **~ˌbruder** *m* demi-frère *m*; ~ **väterlicherseits, mütterlicherseits** frère consanguin, utérin; **2ˌbürtig** *adj. väterlicherseits* consanguin; *mütterlicherseits* utérin; **~ˌdunkel** *n* demi-obscurité *f*; pénombre *f*; **2ˌdurchlässig** *adj.* semi-perméable; **~ˌedelˌstein** *m* pierre fine.

halber ['halbər] *prép.* ⟨*gén.*⟩ à *od.* pour cause de; **dringender Geschäfte ~** à *od.* pour cause d'affaires urgentes; en raison d'affaires urgentes; **der Umstände ~** à cause des circonstances; **der Ehre ~** pour des raisons d'honneur; **der Form ~** pour la forme; **der Ordnung ~** pour être en règle.

halb|erhaben ['halpʔɛrˌhaːbən] *adj. sculp.* en demi-relief; en demi-bosse; **~e Arbeit** demi-bosse *f*; **2erˌzeugnis** *n Industrie* demi-produit *m*; semi-produit *m*; **2ˌesel** *m zo.* **asiatischer ~** hémione *m*; **2fabriˌkat** *n cf.* 2erzeugnis; **~ˌfertig** *adj.* à moitié fini; **~fett** *adj. Kohle, Käse, impr.* demi-gras; **2fiˌnale** *n Sport* demi-finale *f*; **2fina'list** *m Sport* demi-finaliste *m*; **2flugˌball** *m Tennis* demi-volée *f*; **2ˌflügler** *m/pl. zo.* hémiptères *m/pl.*; **~gar** *adj. cuis.* à moitié cuit; **~geˌbildet** *adjt.* à moitié cultivé; **~geˌschlossen** *adjt.* mi-clos; à moitié fermé; **2geˌschoß** *n bât.* entresol *m*; mezzanine *f*; **2geˌschwister** *pl.* demi-frère(s) *m* (*pl.*) et demi-sœur(s) *f* (*pl.*); **wir sind ~** nous sommes demi-frère(s) et sœur(s); **2geˌviert** *n impr.* demi-cadratin *m*; **2gott** *m myth.* demi-dieu *m*; **2heit** *f* ⟨~; ~en⟩ demi-mesure *f*; imperfection *f*; insuffisance *f*; **sich nicht mit ~en abgeben** ne pas se contenter de demi-mesures; *bei Arbeit etc.* ne pas faire les choses à demi, à moitié; **2idiˌot** P *m* P moitié *f* d'idiot.

halbier|en [hal'biːrən] *v/t.* ⟨*pas de ge-*, h⟩ partager en deux (parties égales); *Geometrie auch* bissecter; **2ung** *f* ⟨~; ~en⟩ partage *m* en deux (parties égales); *Geometrie auch* bissection *f*; **2ungsˌebene** *f* plan bissecteur.

Halb|insel ['halpˌʔɪnzəl] *f* presqu'île *f*; *große* péninsule *f*; **die Iberische ~** la péninsule Ibérique; **~jahr** *n* semestre *m*; six mois *m/pl.*; **~'jahresbeˌricht** *m* rapport semestriel; **~'jahresbiˌlanz** *f* bilan semestriel; **~'jahresˌschrift** *f* publication, revue semestrielle; **~'jahresverˌsammlung** *f* assemblée semestrielle; **2ˌjährig** *adj. Dauer, Alter* de six mois; **2'jährlich 1.** *adj.* semestriel, -lle; qui a lieu tous les six mois; **2.** *adv.* tous les six mois; semestriellement; ~ **bezahlen, erscheinen** payer, paraître tous les six mois; **~ˌkettenˌfahrzeug** *n milit.* véhicule semi-chenillé; 'half-track [aftrak] *m*; **~kreis** *m* demi-cercle *m*; **2kreisˌförmig** *adj.* demi-circulaire; semi-circulaire; **~ˌkugel** *f* hémisphère *m*; **2kugelˌförmig** *adj.* hémisphérique; **2lang** *adj.* (de)mi-long, -gue; F **mach's ~!** n'exagère pas!; **2laut** *adj. u. adv.* à mi-voix; **~ˌleder** *n Buch* **in ~ gebunden** en demi-reliure peau; **~lederˌ(ein)band** *m* demi-reliure *f* peau; **2leer** *adj.* à moitié vide; **2ˌleinen I** *adj. text.* mi-lin; lin et coton; **II ~ˌleinen** *n text.* toile métisse; métis [-is] *m*; *Buch* **in ~ gebunden** en demi-reliure toile; **~leinenˌ(ein)band** *m* demi-reliure *f* toile; **~ˌleiter** *m élect.* semi-conducteur *m*; **~'linke(r)** *m* ⟨→ A⟩, **~'links** *m* ⟨~; ~⟩ *Sport* inter [-ɛːr] *m*, intérieur *m* gauche; **Halblinks spielen** jouer inter gauche; **~mantelgeˌschoß** *n milit.* projectile demi-chemisé; **2mast** *adv.* ~ **flaggen** mettre les pavillons, les drapeaux en berne; **die Fahnen wehen auf ~** les drapeaux sont en berne; **~ˌmesser** *m* ⟨~s; ~⟩ *math.* rayon *m*; **~meˌtall** *n chim.* élément *m* intermédiaire entre les métaux et les métalloïdes; **2miliˌtärisch** *adj.* paramilitaire; **2ˌmonatig** *adj.* de quinze jours; **2'monatˌlich 1.** *adj.* bimensuel, -lle; **2.** *adv.* deux fois par mois; tous les quinze jours; **~'monatsˌschrift** *f* publication, revue bimensuelle; **~mond** *m* **1.** *astr.* premier *bzw.* dernier quartier (de lune); **heute ist ~** la lune est aujourd'hui au premier *bzw.* dernier quartier; **2.** *fig. im Islam etc.* croissant *m*; **der Rote ~** le Croissant-Rouge; **2mondˌförmig** *adj.* en (forme de) croissant; **~muschelˌglas** *n opt.* ménisque *m*; **2nackt** *adj.* à moitié, à demi nu; **2ˌoffen** *adj.* à moitié ouvert; **~pacht** *f* métayage *m*; **2part** *adv.* **mit j-m ~ machen** se mettre de moitié avec qn.; partager avec qn.; **~pensiˌon** *f* demi-pension *f*; **~'rechte(r)** *m* ⟨→ A⟩, **~'rechts** *m* ⟨~; ~⟩ *Sport* inter [-ɛːr] *m*, intérieur *m* droit; **Halbrechts spielen** jouer inter droit; **2reif** *adj.* à moitié mûr (*auch fig.*); **~reliˌef** *n sculp.* demi-bosse *f*; **2roh** *adj.* à moitié cru; **2rund I** *adj.* semi-circulaire; semi-cylindrique; **II ~rund** *n e-s Theaters etc.* hémicycle *m*; **~rundˌfeile** *f techn.* demi-ronde *f*; **~ˌsäule** *f bât.* demi-colonne *f*; **~ˌschatten** *m* pénombre *f* (*auch peint.*); **~schlaf** *m* demi-sommeil *m*; **~schlag** *m Golf* demi-coup *m*; **~schluß** *m mus.* demi-cadence *f*; **~ˌschranke** *f* demi-barrière *f*; **~schuh** *m* chaussure basse; soulier bas; **~ˌschwergeˌwicht(ler)** *n* (*m*) *Sport* poids mi-lourd; **~ˌschwergewichtsˌklasse** *f* catégorie *f* (des) poids mi-lourds; **~ˌschwester** *f* demi-sœur *f*; ~ **väterlicherseits, mütterlicherseits** sœur consanguine, utérine; **~ˌseide** *f* étoffe *f* mi-soie; soie mélangée de coton; **2ˌseiden** *adj.* mi-soie; soie et coton; **~seitenˌblindheit** *f méd.* hémianopsie *f*; **2ˌseitig 1.** *adj. Anzeige etc.* sur une demi-page; *méd.* **~e Lähmung** paralysie *f* d'une moitié du corps; *sc.* hémiplégie *f*; **2.** *adv. méd.* ~ **gelähmt** paralysé d'un côté; *Straße* ~ **gesperrt** barrée d'un côté; **2souveˌrän** *adj.* demi-souverain; **~stahl** *m* acier *m* d'une teneur en carbone supérieure à 1,5 %; **~stamm** *m Obstbaum* demi-tige *f*; **~ˌstarke(r)** *m* ⟨→ A⟩ blouson-noir *m*; jeune voyou *m*; **2starr** *adj. Luftschiff* semi-rigide; **~ˌstiefel** *m* demi-botte *f*; bottillon *m*; bottine *f*; **~stoff** *m Papierherstellung* demi-pâte *f*; défilé *m*; **~strauch** *m bot.* sous-arbrisseau *m*; **2ˌstündig** *adj.* d'une demi-heure; **2'stündlich 1.** *adj.* qui a lieu toutes les demi-heures; **2.** *adv.* toutes les demi-heures; **~ˌstürmer** *m Sport* inter [-ɛːr] *m*; intérieur *m*; **~tag** *m* demi-journée *f*; **2ˌtägig 1.** *adj.* d'une demi-journée; **2.** *adv.* **j-n ~ beschäftigen** employer qn. à mi-temps, *unregelmäßig* à la demi-journée; **2tags** *adv. cf.* 2tägig 2.; **~tagsˌarbeit** *f cf.* ~tagsbeschäftigung; **2tagsbeˌschäftigt** *adjt.* employé à mi-temps; **~tagsbeˌschäftigte(r)** *f* (*m*) ⟨→ A⟩ employé(e) *m* (*f*) à mi-temps; **~tagsbeˌschäftigung** *f* emploi *m*, travail *m* à mi-temps; **~tagsˌhilfe** *f* aide *f* à mi-temps, *unregelmäßig* à la demi-journée; **~ton** *m mus.* demi-ton *m*; *peint.* pénombre *f*; demi-teinte *f* (*auch Graphik*); **2tot** *adj. u. adv.* à moitié, à demi mort; demi-mort; **~ˌtrauer** *f* demi-deuil *m*; **~tuch** *n text.* tissu *m* mi-laine mi-coton; **2verˌdaut** *adjt.* à moitié digéré (*auch fig.*); **2verˌfault** *adjt.* à moitié pourri; **~vers** *m métr.* hémistiche *m*; **~voˌkal** *m phon.* semi-voyelle *f*; **2voll** *adj.* à moitié plein; **2wach** *adj.* à moitié, à demi éveillé; **~ˌwahrheit** *f* demi-vérité *f*; **~ˌwaise** *f* orphelin(e) *m* (*f*) de père *bzw.* de mère; **~wattˌlampe** *f élect.* ampoule *f* demi-watt; **2wegs** *adv. fig.* passablement; à peu près; **~ˌwelle** *f phys.* demi-onde *f*; **~welt** *f* demi-monde *m*; **~weltˌdame** *f* demi-mondaine *f*; **~wertˌzeit** *f phys. atom.* période *f* (d'un radio-élément); **2wild** *adj.* à moitié, à demi sauvage; **~ˌwissen** *n* demi-savoir *m*; **~ˌwisser** *m* ⟨~s; ~⟩ demi-savant *m*; **2'wöchentlich 1.** *adj.* qui a lieu deux fois par semaine; bihebdomadaire; **2.** *adv.* deux fois par semaine; **~ˌwolle** *f* laine mélangée de coton; **2ˌwollen** *adj.* mi-laine; laine et coton; **~wollˌstoff** *m* tissu *m* mi-laine; **2ˌwüchsig** *adj.* adolescent; **~ˌwüchsige(r)** *f* (*m*) ⟨→ A⟩ adolescent(e) *m* (*f*); **~zeit** *f Sport* mi-temps *f*; **~zeiterˌgebnis** *n* résultat *m*, score *m* à la mi-temps; **~zeitˌpfiff** *m* coup *m* de sifflet de mi-temps; **~zeug** *n Industrie* demi-produits *m/pl.* (*auch Walzwerk*); *cf. auch* ~stoff.

Halde ['haldə] *f* ⟨~; ~n⟩ **1.** *mines* terri(l) *m*; 'halde *f*; *bei Schmelzhütten* crassier *m*; **2.** (*Bergabhang*) versant *m*; **~nbeˌstände** *m/pl.* tonnage *m* sur le carreau des mines; **~nˌvorrat** *m* stock *m* sur le carreau (de la mine).

half [half] *cf.* **helfen.**

Halfa ['halfa] *f* ⟨~⟩ *cf.* **Alfa.**

Hälfte ['hɛlftə] *f* ⟨~; ~n⟩ moitié *f*; **zur ~ voll, fertig** *etc.* à moitié plein, terminé, *etc.*; **die Bevölkerung besteht zur ~ aus ...** la moitié de la population se compose de ...; **zur ~ an etw. beteiligt sein** être de moitié dans qc.; **die Kosten (je) zur ~ tragen** supporter (chacun) la moitié des frais; **um die ~ (steigen, fallen** *etc.*) (augmenter, baisser, *etc.*) de moitié; **um**

die ~ teurer, billiger (de) moitié plus cher, meilleur marché; um die ~ mehr, zuviel la moitié de plus, de trop; moitié plus, trop; Kinder zahlen die ~ les enfants payent demi-place; *fig. u.* F meine bessere ~ ma (chère, tendre) moitié; *comm.* zweite ~ Mai seconde moitié de mai; seconde quinzaine de mai.

Halfter [ˈhalftər] *f* ⟨~; ~n⟩, *n*, *m* ⟨~s; ~⟩ licou *m*; licol *m*; ♀n *v/t.* ⟨-(e)re, h⟩ mettre le licou à; ~ˌriemen *m* courroie *f* de licou.

Halit [haˈliːt, -ˈlɪt] *m* ⟨~s⟩ *minéral.* halite *f*; sel *m* gemme.

Hall [hal] *m* ⟨~(e)s; ~e⟩ bruit *m*; son *m*; (*Wider*♀) écho *m*.

Halle [ˈhalə] *f* ⟨~; ~n⟩ (grande) salle; (*Empfangs*♀, *Bahnhofs*♀, *Schalter*♀, *Ausstellungs*♀ *etc.*) 'hall [ol] *m*; (*Sport*♀) *etwa* stade couvert; piste couverte; palais *m* des sports; (*Turn*♀) gymnase *m*; (*Tennis*♀) court couvert; (*Markt*♀) 'halle *f*; marché couvert; (*Werk*♀) atelier *m*; bâtiment *m*; 'hall *m*; salle *f*; (*Flugzeug*♀) 'hangar *m*.

Hall-Effekt [halˀɛˌfɛkt] *m* *élect.* phénomène *m* de Hall.

halleluja [haleˑˈluːja] **I** *int.* *relig.* alléluia; **II** ♀ *n* ⟨~s; ~s⟩ alléluia *m*.

hallen [ˈhalən] *v/i.* ⟨h⟩ résonner; faire écho; *pfort.* retentir.

Hallen|bad [ˈhalənˌbaːt] *n* piscine couverte; ~ˌbahn *f* *Sport* piste couverte; ~ˌbinder *m* *bât.* ferme *f* de grande portée; ~ˌhandball *m* 'handball [ɑ̃dbal] *m* en salle; ~ˌmeister *m* champion *m* sur piste couverte; ~ˌmeisterschaft *f* championnat *m* sur piste couverte, en salle, indoor [indɔːr]; ~saiˌson *f* saison *f* sur piste couverte; ~ˌsport *m* sport *m* sur piste couverte; ~ˌturnen *n* gymnastique *f* dans le gymnase; ~ˌwettkampf *m* compétition *f* sur piste couverte.

Hallig [ˈhalɪç] *f* ⟨~; ~en⟩ *géogr.* îlot bas sur la côte ouest du Schleswig-Holstein.

Hallimasch [ˈhaliˑˌmaʃ] *m* ⟨~es; ~e⟩ *Pilz* armillaire *m* de miel.

hallo [haˈloː, ˈhaloˑ] **I** *int.* 'hep!; 'hé!; *aus der Ferne* ohé!; *tél.* allô!; **II** ♀ *n* ⟨~s; ~s⟩ cris *m/pl.* (de joie); mit großem ~ à grands cris.

Hallotria [haˈloːtriˑa] (*n*)*pl.* *cf.* Allotria.

Hallstatt|kultur [ˈhalʃtatkulˌtuːr] *f* *Vorgeschichte* civilisation *f* 'hallstattienne; ~ˌzeit *f* époque *f* de Hallstatt.

Halluzination [haluˑtsiˑnatsiˑˈoːn] *f* ⟨~; ~en⟩ hallucination *f*.

Halm [halm] *m* ⟨~(e)s; ~e⟩ *bot.* tige *f* (des graminées); chaume *m*; *kleiner* brin *m*; (*Trink*♀) paille *f*; chalumeau *m*; die Ernte auf dem ~ kaufen, verkaufen acheter, vendre la récolte sur pied.

Halma [ˈhalma] *n* ⟨~s⟩ *Brettspiel* 'halma *m*; ~ˌbrett *n* échiquier *m* du halma; ~fiˌgur *f* pion *m* du halma.

Hälmchen [ˈhɛlmçən] *n* ⟨~s; ~⟩ brin *m*; ~ ziehen tirer à la courte paille.

Halm|fliegen [ˈhalmˌfliːgən] *f/pl.* *zo.* chloropidés *m/pl.*; ~frucht *f* céréale *f*; ~ˌknoten *m* *bot.* nœud *m* de la tige.

Halo [ˈhaːloˑ, ˈhaloˑ] *m* ⟨~(s); -ˈlonen⟩ *phys.* 'halo *m*.

Halo|gen [haloˑˈgeːn] *n* ⟨~s; ~e⟩ *chim.* halogène *m*; ~geˈnid *n* ⟨~(e)s; ~e⟩ *chim.* haloïde *m*; ~ˈphyt *m* ⟨~en; ~en⟩ *bot.* halophyte *f*.

Hals [hals] *m* ⟨~es; ~̈e⟩ cou *m*; *Inneres* gorge *f*; *e-s Pferdes* encolure *f*; *fig.* *e-r Flasche, e-s Knochens etc.* col *m*; *e-r Flasche auch* goulot *m*; *e-r Geige etc.* manche *m*; *techn.* *e-r Welle* collet *m*; *Fleisch* vom ~ dans le collier; *bei Hammel- u. Kalbfleisch auch* dans le collet; e-n entzündeten ~ haben avoir la gorge rouge; F es im ~ haben avoir mal à la gorge; etw. in den falschen ~ kriegen avaler qc. de travers; *fig.* prendre qc. de travers; *Wort etc.* im ~e steckenbleiben rester dans la gorge; e-n langen ~ machen allonger, tendre le cou; j-m um den ~ fallen sauter, se jeter au cou de qn.; *fig.* sich j-m an den ~ werfen se jeter à la tête de qn.; j-m den ~ umdrehen tordre le cou, P le kiki à qn.; sich den ~ brechen se casser, se rompre le cou; *fig.* das wird ihm den ~ brechen cela va lui casser les reins; *plais.* e-r Flasche den ~ brechen faire un sort à une bouteille; F j-n, etw. auf dem ~e haben avoir qn., qc. sur le dos, sur les bras; sich j-n, etw. auf den ~ laden se mettre qn., qc. sur les bras; j-m die Polizei *etc.* auf den ~ hetzen lâcher la police, *etc.* aux trousses de qn.; sich j-n, etw. vom ~e schaffen se débarrasser de qn., de qc.; *Sache auch* se défaire de qc.; F j-n, etw. vom ~ haben être débarrassé de qn., de qc.; F bleib mir damit vom ~! fais-moi grâce de ces choses-là!; laisse-moi en paix, F fiche-moi la paix avec ça!; es hängt mir zum ~e heraus j'en ai par-dessus la tête; j'en ai plein le dos; j'en ai assez, P marre, ma claque; bis an *od.* über den ~ in Schulden stecken être dans les dettes, endetté jusqu'au cou; avoir des dettes par-dessus la tête; aus vollem ~e lachen rire à gorge déployée, aux éclats; aus vollem ~e schreien crier à tue-tête, à pleine gorge; ~ über Kopf précipitamment; en toute 'hâte; à la hâte; er hat sich ~ über Kopf in sie verliebt il a eu le coup de foudre pour elle; F ~- und Beinbruch! bonne chance!; F merde puissance treize!

Hals|abschneider [ˈhalsˀapˌʃnaɪdər] *m* ⟨~s; ~⟩ *fig.* écorcheur *m*; ~ˌausschnitt *m* *cout.* encolure *f*; échancrure *f*; décolleté *m*; ~band *n* *des Hundes* collier *m*; ~ˌblutader *f* *anat.* *cf.* Drosselader; ♀ˌbrecherisch *adj.* périlleux, -euse; casse-cou; ~ˌeisen *n* *hist.* carcan *m*; ♀en *v/i.* ⟨-(es)t, h⟩ *beim Segeln* virer de bord lof pour lof; ~entˌzündung *f* *méd.* inflammation *f* de la gorge; angine *f*; ~geˌschmeide *n* collier *m*; ~ˌhautmuskel *m* *anat.* peaucier *m* du cou; ~ˌkette *f* collier *m*; *einfache für Medaillons etc.* chaîne *f*; ~ˌkrankheit *f* affection *f*, maladie *f* de la gorge; ~ˌkrause *f* *hist.* collerette *f*; (*Mühlsteinkragen*) fraise *f*; ~ˌlänge *f* longueur *f* du cou; *Pferderennen* um e-e ~ gewinnen gagner d'une encolure; ~ˌleiden *n* *cf.* ~krankheit; ~-, ˈNasen-u. ˈOhrenˌarzt *m* oto-rhino-laryngologiste *m*; ~ˌschlagader *f* *anat.* carotide *f*; ~ˌschmerzen *m/pl.* mal *m*, maux *m/pl.* de gorge; ~ haben avoir mal à la gorge; ~schmuck *m* collier *m*; ♀ˌstarrig **1.** *adj.* entêté; têtu (comme une mule, un mulet); opiniâtre; obstiné; **2.** *adv.* avec entêtement, opiniâtreté, obstination; ~ˌstarrigˌkeit *f* ⟨~⟩ entêtement *m*; opiniâtreté *f*; obstination *f*; ~stück *n* *Schlächterei* collier *m*; *bei Hammel- u. Kalbfleisch auch* collet *m*; ~tuch *n* foulard *m* (*auch der Pfadfinder etc.*); écharpe *f*; *für Frauen auch* fichu *m*; ~weh *n* *cf.* ~schmerzen; ~ˌweite *f* encolure *f*; ~ˌwirbel *m* *anat.* vertèbre cervicale.

halt [halt] **I** *int.* stop! (*auch auf Verkehrsschildern*); 'halte!; arrête(z)!; ~ mal! un moment!; (une) minute!; das Signal auf ♀ stellen mettre le signal en position d'arrêt; das Signal steht auf ♀ le signal est en position d'arrêt; **II** *adv.* F das ist ~ so ma foi *od.* eh bien, c'est comme ça; da kann man ~ nichts machen ma foi *od.* enfin, on ne peut rien (y) faire; dann bleib ~ zuhause alors *od.* eh bien, reste à la maison; **III** ♀ *m* ⟨~(e)s; ~e⟩ **1.** *äußerer* appui *m*; soutien *m*; keinen ~ haben *Person* n'avoir rien pour se tenir; *Gegenstand* ne pas tenir, être soutenu; e-n ~ suchen chercher une prise, qc. pour se tenir; sich (e-n) festen ~ verschaffen se procurer un point d'appui solide; *fig.* er hat an s-m Onkel e-n großen ~ son oncle lui est d'un grand appui; **2.** *innerer* soutien, appui (moral); ein Mensch ohne (inneren, moralischen) ~ un homme sans soutien, sans appui moral.

haltbar [ˈhaltbaːr] *adj.* *Material, Stoff, Kleidung etc.* solide; résistant; *Lebensmittel* qui se conserve (bien); *fig.* *These, Behauptung* soutenable; défendable; ~ sein *Kleidung auch* faire de l'usage; ~ machen *Lebensmittel* conserver; ♀ˌkeit *f* ⟨~⟩ *von Material* solidité *f*; résistance *f*; *sonst verbal*; ♀ˌmachung *f* ⟨~⟩ *von Lebensmitteln* conservation *f*.

Halte|feder [ˈhaltəˌfeːdər] *f* *techn.* ressort *m* de retenue, pour tenir (qc.); ~ˌlinie *f* *auf der Straße* ligne *f* d'arrêt, de stop.

halten [ˈhaltən] **I** *v/t.* ⟨hält, 2ᵉ *pers. pl.* haltet, hielt, gehalten, halt(e)!, h⟩ tenir; *Tiere, Fahrzeug* avoir; *Zeitschrift* être abonné à; *Rede, Ansprache* faire; prononcer; *Position* conserver; *Rekord* détenir; *Feier, Gottesdienst* célébrer; F faire; *Gebot* observer; **a)** *Redewendungen*: etw. in der Hand, gegen das Licht *etc.* ~ tenir qc. dans la main, à contre-jour, *etc.*; er wollte sich nicht ~ lassen il n'y avait pas moyen de le retenir; ich will Sie nicht länger ~ je ne veux pas vous retenir plus longtemps; was man versprochen hat, muß man auch ~ chose promise, chose due *prov.*; *These, Anklagepunkt etc.* sich nicht ~ lassen ne pas être soutenable, défendable; das Schreiben ist in e-m höflichen Ton gehalten la lettre est rédigée en termes polis; das Zimmer ist in Braun gehalten la couleur dominante de la pièce est brune; une harmonie de bruns règne dans la pièce; *Sport* e-n Elfmeter ~ arrêter un penalty; den Ball zu lange ~ garder, retenir le ballon trop longtemps; Gericht über j-n ~ juger qn.; den Mund ~ se taire; gute Nachbarschaft ~ entretenir de bonnes relations de voisinage; etw. in Ordnung ~ tenir qc. en ordre; j-n in Schach ~ tenir qn. en respect; gleichen Schritt mit j-m ~ marcher au même pas que qn.; e-e Vorlesung ~ faire une conférence; sein Versprechen ~ tenir sa promesse; sein Wort nicht ~ *auch* manquer à sa parole; Wache ~ monter la garde; etw. in gutem Zustand ~ maintenir qc. en bon état; sich schadlos ~ se dédommager, s'indemniser (für etw. de qc.); j-n streng ~ traiter qn. sévèrement; auf dem laufenden ~ tenir au courant, *comm.* à jour; *cf. auch die betreffenden Substantive u. Adjektive*; **b)** *mit*

Präpositionen: ~ **für** considérer, regarder comme; tenir pour; croire; juger; *fälschlich* prendre pour; **gehalten werden für** *auch* passer pour; **ich halte ihn für e-n bedeutenden Künstler** je le considère, regarde comme, tiens pour un grand artiste; **ich halte ihn für klug** je le crois, juge intelligent; **ich hielt ihn für e-n Ausländer** je le pris pour un étranger; **ich habe sie für Brüder gehalten** je les ai pris pour frères; F **für was** ~ **Sie mich eigentlich!** pour qui me prenez-vous!; **für wie alt** ~ **Sie mich?** quel âge me donnez-vous?; **man hält sie für höchstens dreißig** on lui donne tout au plus trente ans; **ich halte es für meine Pflicht, zu ...** je considère comme mon devoir de ..., je juge, crois de mon devoir de ... (+ *inf.*); **es für gut** ~, **zu ...** *bzw.* **daß ...** trouver, juger, croire bon de ... (+ *inf.*) *bzw.* que ... (+ *subj.*); **es für ratsam** ~, **zu ...** *bzw.* **daß ...** juger à propos de ... (+ *inf.*) *bzw.* que ... (+ *subj.*); **es mit j-m** ~ être, se mettre du côté de qn.; prendre le parti de qn.; **ich halte es damit so** je fais ainsi; ~ **Sie es damit, wie Sie wollen!** faites comme vous voudrez!; **II** *v/i.* **a)** *Festgemachtes, Seil, Farbe etc.* tenir; *zum Verbrauch Bestimmtes, Kleidung, Gerät, Freundschaft, Bündnis etc.* durer; *Kleidung* **lange** ~ *auch* faire de l'usage, un bon usage; **b)** *Fahrzeug od. mit Fahrzeug* s'arrêter; F stopper; *um zu rasten* faire 'halte; *Zustand* être arrêté; **der Zug hält schon zehn Minuten** le train est arrêté depuis dix minutes; **nicht öffnen, bevor der Zug hält!** ne pas ouvrir avant l'arrêt du train!; **c)** *mit Präpositionen*: **an sich** ~ se retenir; se contenir; *pfort.* se tenir à quatre; **auf sich** ~ prendre soin de sa personne; **auf etw.** ~ tenir à qc.; attacher de l'importance à qc.; **viel von j-m, große Stücke auf j-n** ~ avoir, tenir qn. en grande, 'haute estime; avoir une 'haute opinion de qn.; estimer beaucoup qn.; **ich halte wenig, nichts von ihm** je l'estime peu, ne l'estime pas; **viel von etw.** ~ penser beaucoup de bien de qc.; faire grand cas de qc.; **wenig von etw.** ~ ne pas penser grand-chose de qc.; faire peu de cas de qc.; **nichts von etw.** ~ ne penser aucun bien de qc.; **was** ~ **Sie davon?** qu'en pensez-vous?; **zu j-m** ~ être avec qn.; être du côté de qn.; **III** *v/réfl.* **sich** ~ se tenir (an à); *milit.* tenir; *Regierung etc.* se maintenir au pouvoir; *Preise, Kurse, Theaterstück etc.* se maintenir; *Lebensmittel* se conserver; se garder; **sich aufrecht** ~ se tenir droit; (*stehend*) se tenir debout; **sich gut, tapfer** ~ se comporter bien, courageusement; **sich bereit** ~ se tenir prêt; se maintenir disponible; **sich rechts, links** ~ tenir sa droite, sa gauche; *Bücher, Schlager etc.* **sich an der Spitze** ~ tenir la vedette; **sich vor Wut nicht mehr** ~ **können** ne plus se tenir de rage; **sich vor Lachen nicht mehr** ~ **können** ne plus pouvoir se retenir de rire; **sich an etw.** ~ s'en tenir à qc.; **ich weiß, woran ich mich zu** ~ **habe** je sais à quoi m'en tenir; **IV** *v/imp.* **es hält schwer, zu ...** il est difficile de ... (+ *inf.*); **es hielt ihn nicht lange in s-r Stellung** son emploi ne l'a pas retenu longtemps; **V** ♀ *n* ⟨~s⟩ *meist verbal*; *e-r Zeitung* abonnement *m* (à); *e-s Gebotes* observation *f*; *e-s Elfmeters* arrêt *m*; zum ~ **bringen** arrêter; ~ **verboten!** défense de s'arrêter!; **Versprechen und** ~ **ist zweierlei** promettre et tenir sont deux; *fig.* **da gab es kein** ~ **mehr** rien ne put l'arrêter *bzw.* les arrêter, le *bzw.* les retenir.

Halte|platz [ˈhaltəˌplats] *m für Taxis etc.* station *f*; ~ˌ**punkt** *m chem.* point *m* d'arrêt; ~**r** *m* ⟨~s; ~⟩ **1.** *e-s Fahrzeuges, Tieres* détenteur *m*; *jur. auch* gardien *m*; **2.** *techn.* support *m*; *für ein Werkzeug* porte-outil *m*; *für e-e Kerze* porte-bougie *m*; *für Handtücher* porte-serviette(s) *m*; *etc. mit* porte-...; *cf. auch* **Federhalter** *etc.*; ~ˌ**rung** *f* ⟨~; ~en⟩ *techn.* support *m*; point *m* d'attache; ~ˌ**seil** *n techn.* câble *m* de retenue; 'hauban *m*; ~**si**ˌ**gnal** *n chem.* signal *m* d'arrêt; *in Frankreich* carré *m*; **ein** ~ **überfahren** brûler un signal d'arrêt; ~ˌ**stelle** *f Bus, Straßenbahn* arrêt *m*; ~ˌ**stellung** *f Signal* position *f* d'arrêt; ~ˌ**tau** *n mar.* amarre *f*; ~**ver**ˌ**bot** *n* défense *f*, interdiction *f* de s'arrêter; *internationales Verkehrszeichen* stationnement interdit; ~ˌ**vorrichtung** *f techn.* dispositif *m* de support, de fixation, d'attache; ~ **für etw.** dispositif pour tenir qc.

halt|los [ˈhaltloːs] *adj. Person* sans volonté; sans caractère; sans consistance; mou, molle; ♀ˌ**losig**ˌ**keit** *f* ⟨~⟩ manque *m*, absence *f* de volonté, de caractère, de consistance; inconsistance morale; ~ˌ**machen** *v/i.* ⟨*sép.*, -ge-, h⟩ s'arrêter; *um zu rasten* faire (une) 'halte; *fig.* **vor nichts** ~ ne reculer devant rien; ♀**si**ˌ**gnal** *n cf.* Haltesignal.

Haltung [ˈhaltʊŋ] *f* ⟨~; ~en⟩ **1.** *allg.* attitude *f*; *körperliche auch* tenue *f*; *in Gesellschaft* maintien *m*; *vornehme, würdevolle* port *m*; *ungewöhnliche* posture *f*; **natürliche, steife** *etc.* ~ attitude naturelle, raide, *etc.*; maintien naturel, raide, *etc.*; **e-e aufrechte, gute, schlechte** ~ **haben** se tenir droit, bien, mal; **die aufrechte** ~ **des Menschen** la station verticale de l'homme; **e-e drohende** ~ **annehmen** prendre une attitude menaçante; ~ **bewahren** garder bonne contenance; *fig.* **feste, ablehnende, wohlwollende, respektvolle** ~ attitude ferme, de refus, bienveillante, respectueuse; **e-e** ~ **einnehmen** prendre une attitude; **s-e** ~ **ändern** changer d'attitude; **abwartende** ~ *cf.* **abwartend**; **starre** ~ immobilisme *m*; **2.** (*Strecke zwischen zwei Staustufen*) bief *m*; **3.** *von Tieren etwa* élevage *m* et entretien *m*; ~**s**ˌ**fehler** *m méd.* défaut *m* d'attitude; ~**s**ˌ**note** *f Sport* note *f* d'attitude, de tenue; ~**s**ˌ**schaden** *m* vice *m* d'attitude.

Haltzeichen [ˈhaltˌtsaɪçən] *n* signal *m* [d'arrêt.]

Halunke [haˈlʊŋkə] *m* ⟨~n; ~n⟩ canaille *f*; coquin *m*; escroc [-o] *m*; forban *m*; ~**n**ˌ**streich** *m* tour *m* de coquin, *etc.*; canaillerie *f*.

Hamamelis [hamaˈmeːlɪs] *f* ⟨~⟩ *bot.* hamamélis [-is] *m*; ~**ge**ˌ**wächse** *n/pl.* *sc.* hamamélidacées *f/pl.*

Hämat|in [hɛmaˈtiːn] *n* ⟨~s⟩ *Biochemie* hématine *f*; ~**it** [-ˈtiːt, -ˈtɪt] *m* ⟨~s; ~e⟩ *minéral.* hématite *f*; ~**oloˈgie** *f* ⟨~⟩ *biol.* hématologie *f*; ~**uˈrie** *f* ⟨~; -ien⟩ *méd.* hématurie *f*.

Hamburg|er(in) [ˈhamˌbʊrgər(ɪn)] **I** *m* ⟨~s; ~⟩ (*f*) ⟨~; ~nen⟩ habitant(e) *m* (*f*) de Hambourg; 'Hambourgeois(e) *m* (*f*); **II** ~**er** *adj.* ⟨*inv.*⟩ de Hambourg; ♀**isch** *adj.* 'hambourgeois.

Hämin [hɛˈmiːn] *n* ⟨~s; ~e⟩ *Biochemie* hémine *f*.

hämisch [ˈhɛːmɪʃ] **1.** *adj.* méchant; mauvais; **ein** ~**es Grinsen** un ricanement méchant, mauvais, sardonique; **2.** *adv.* méchamment; ~ **grinsen** ricaner méchamment.

Hamit|en [haˈmiːtən] *m/pl.* Chamites *od.* Khamites *m/pl.*; ♀**isch** *adj.* chamitique *od.* khamitique.

Hammel [ˈhaməl] *m* ⟨~s; ~⟩ *zo.* mouton *m*; *fig. u.* P **blöder** ~ P corniaud *m*; ~ˌ**bein** *n fig. u.* F **j-m die** ~**e langziehen** secouer les puces à qn.; ~ˌ**braten** *m* rôti *m* de mouton; ~ˌ**fleisch** *n* mouton *m*; ~ˌ**keule** *f* gigot *m* de mouton; ~**kote**ˌ**lett** *n* côtelette *f* de mouton; ~**ra**ˌ**gout** *n* ragoût *m* de mouton; ~ˌ**rippchen** *n* *cf.* ~kotelett; ~ˌ**rücken** *m* selle *f* de mouton; ~ˌ**schulter** *f* épaule *f* de mouton; ~ˌ**sprung** *m Parlament* scrutin *m* par division (par portes séparées).

Hammer [ˈhamər] *m* ⟨~s; ⸚⟩ marteau *m* (*auch techn., anat., Sport, Klavier etc.*); *Symbol* ~ **und Sichel** la faucille et le marteau; *fig.* **zwischen** ~ **und Amboß** *cf.* **Amboß**; **unter den** ~ **kommen** être vendu aux enchères; passer sous le marteau; ~ˌ**bahn** *f e-s Hammers* table *f* du marteau.

hämmerbar [ˈhɛmərˌbaːr] *adj. métall.* malléable; ♀ˌ**keit** *f* ⟨~⟩ malléabilité *f*.

Hammerbrecher [ˈhamərˌbrɛçər] *m* ⟨~s; ~⟩ *techn.* concasseur *m* à marteaux.

Hämmerchen [ˈhɛmərçən] *n* ⟨~s; ~⟩ martelet *m*; petit marteau.

Hammer|finne [ˈhamərˌfɪnə] *f* panne *f* du marteau; ~ˌ**fisch** *m cf.* ~hai; ~ˌ**griff** *m Sport* poignée *f* du marteau; ~ˌ**hai** *m zo.* marteau *m*; ~**kla**ˌ**vier** *n mus.* piano-forte *m*; ~ˌ**kopf** *m* tête *f* du marteau; ~ˌ**mühle** *f techn.* broyeur *m* à marteaux; ~ˌ**muschel** *f zo.* marteau *m*; *sc.* malleus [-eys] *m*.

hämmern [ˈhɛmərn] **I** *v/t.* ⟨-(e)re, h⟩ *métall.* marteler; **gehämmerte Arbeit** ouvrage martelé; **II** *v/i.* taper; donner des coups de marteau; *fig. Herz* battre (fort); **III** ♀ *n* ⟨~s⟩ *métall.* martelage *m*; *Geräusch* martèlement *m*.

Hammer|schlag [ˈhamərˌʃlaːk] *m* **1.** coup *m* de marteau; **2.** (*Abgang beim Schmieden*) battitures *f/pl.*; ~ˌ**schmied** *m* marteleur *m*; ~ˌ**schmiede** *f* martellerie *f*; ~ˌ**stiel** *m* manche *m* du marteau; ~ˌ**werfen** *n* ⟨~s⟩ *Sport* lancement *m* du marteau; ~ˌ**werfer** *m* ⟨~s; ~⟩ *Sport* lanceur *m* du marteau; ~ˌ**werk** *n* **1.** *cf.* ~schmiede; **2.** *e-s Klaviers* marteaux *m/pl.*

Hammond-Orgel [ˈhɛməndˌˀɔrgəl] *f mus.* orgue *m* 'Hammond.

Hämo|globin [hɛmoˑgloˑˈbiːn] *n* ⟨~s⟩ *Biochemie* hémoglobine *f*; ~ˈ**lyse** *f* ⟨~⟩ *méd.* hémolyse *f*; ~**phiˈlie** *f* ⟨~; -ien⟩ *méd.* hémophilie *f*; ~**rrhaˈgie** *f* ⟨~; -ien⟩ *méd.* hémorragie *f*; ~**rrhoiˈdal**ˌ**zäpfchen** *n méd.* suppositoire *m* contre les hémorroïdes; ~**rrhoˈiden** *f/pl. méd.* hémorroïdes *f/pl.*

Hampel|mann [ˈhampəlˌman] *m* ⟨~(e)s; ⸚er⟩ pantin *m* (*auch fig.*); ♀**n** *v/i.* ⟨-(e)le, h⟩ s'agiter; gigoter.

Hamster [ˈhamstər] *m* ⟨~s; ~⟩ *zo.* 'hamster [amstɛːr] *m*; ~**ei** [-ˈraɪ] *f* ⟨~⟩ stockage (illégal); accaparement *m*; ~**er** *m* ⟨~s; ~⟩ accapareur *m*; stockeur *m*; ♀**n** **I** *v/t.* ⟨-(e)re, h⟩ *etwa* stocker (illégalement); accaparer; faire des stocks, des réserves (de); **II** ~**n** *n* ⟨~s⟩ *cf.* ~**ei**.

Hand [hant] *f* ⟨~; ⸚e⟩ main *f*; **die flache** ~ le plat de la main; **die hohle** ~ le creux de la main; **die linke, rechte** ~ la main gauche, droite; *fig.* **j-s rechte** ~ sein être le bras droit de qn.; **linker, rechter** ~, **zur linken, rechten** ~ à gauche, à droite; *hist.* **Ehe zur linken** ~ mariage de la main gauche; mariage morganatique; *enf.* **die schöne** ~ la main droite; *adm.* **die öffentliche** ~ les pouvoirs publics; **Ausgabe letzter** ~ édition définitive; **aus erster, zweiter** ~ de première, de seconde main; **aus der (freien)** ~ **(zeichnen)** (dessiner) à main levée; **bei j-m in guten, schlechten Händen (sein)** (être) en bonnes, mauvaises mains auprès de *od.* chez qn.; **in französischer** *etc.* ~ **sein** être entre les *od.* aux mains des Français, *etc.*; **mit der** ~ avec *od.* à (l'aide de) la main; **mit der** ~ **schreiben** écrire à la main; **mit der linken** ~ **schreiben, nähen** écrire, coudre de la *od.* avec sa main gauche; **mit geübter** ~ d'une main experte, exercée; **mit bewaffneter** ~ à main armée; **mit starker** ~ fermement; avec fermeté; **mit vollen Händen ausgeben** *etc.* dépenser, *etc.* à pleines mains, à poignées; **mit leeren Händen dastehen** *etc.* rester là, *etc.* les mains vides; **etw. mit der** *od.* **von** ~ **bedienen, betätigen, betreiben** commander, actionner, manœuvrer qc. à la main; **von langer** ~ **(vorbereitet** *etc.***)** (préparé, *etc.*) de longue main; **von zarter** ~ par une main de femme; **an** ~ **von** à l'aide de; au moyen de; en s'appuyant sur; **unter der** ~ **(verkaufen** *etc.***)** (vendre, *etc.*) en sous-main, sous le manteau; **von** ~ **zu** ~ de main en main; *auf Briefen* **zu Händen von Herrn X** *etwa* pour *od.* à Monsieur X; *adm.* à l'attention de Monsieur X; **mit e-m Verbot, e-r Ausrede** *etc.* **rasch bei der** ~ **sein** faire vite à *od.* pour interdire qc., à *od.* pour trouver une excuse, *etc.*; **mit e-r Antwort rasch bei der** ~ **sein** avoir la repartie [re-] prompte, facile; **mit s-r Hände Arbeit** en travaillant de ses mains; par son travail; **mit beiden Händen gleich geschickt** ambidextre; **Hände hoch!** 'haut les mains!; **Hände weg!** ne touche(z) pas (**von** à)!; F pas touche!; P bas les pattes; ~ **aufs Herz!** dis-moi franchement!; *Fußball* ~! main!; **das war** ~ il y a eu main; *st. s.* **s-e** ~ **von j-m abziehen** retirer son aide, son appui, son soutien à qn.; **um j-s** ~ **anhalten** demander la main de qn. (**bei j-m** à qn.); **mit** ~ **anlegen** donner un coup de main; mettre la main à la pâte; **die letzte** ~ **(an etw.) anlegen** mettre la dernière main (à qc.); donner le dernier coup de lime (à qc.); **j-m in die Hände arbeiten** faire le jeu de qn.; ~ **in** ~ **arbeiten** travailler en se complétant; bien collaborer; **j-m die** ~ **(zur Versöhnung) bieten** tendre la main à qn. (pour se réconcilier); **mir sind die Hände gebunden** j'ai les mains liées; **e-e starke** ~ **brauchen** F avoir besoin de la poigne de qn.; **j-m die** ~ **drücken** serrer la main à qn.; donner une poignée de main à qn.; **j-m etw. in die** ~ **drücken** mettre qc. dans la main de qn.; **die** ~ **gegen j-n erheben** lever la main sur qn.; **in j-s Hände fallen** tomber entre *od.* dans les mains de qn.; **die Hände falten** joindre les mains; **j-n bei** *od.* **an der** ~ **fassen** prendre qn. par la main; **j-m aus der** ~ **fressen** manger dans la main de qn.; *fig.* faire tout ce que qn. veut; **j-m die** ~ **geben** donner, *zum Gruß* serrer la main à qn.; **j-m die** ~ **darauf geben** en donner sa parole (d'honneur) à qn.; **etw. aus der** ~ **geben** abandonner qc.; se dessaisir de qc.; F lâcher qc.; **j-m etw. an die** ~ **geben** donner qc. à qn. (pour l'aider à ...); **j-m an die** ~ **gehen** aider qn.; prêter la main à qn.; donner un coup de main à qn.; mettre la main à la pâte (*abs.*); ~ **in** ~ **gehen** aller, marcher la main dans la main; *fig.* se compléter; **durch viele Hände gehen** passer par beaucoup de mains; **die Arbeit geht ihr rasch, flott von der** ~ elle travaille vite (et bien); elle va vite à faire son travail; elle fait son travail avec une grande facilité; **mit Händen zu greifen sein** être évident; sauter aux yeux; **das ist mit Händen zu greifen** *auch* on peut le toucher du doigt; **e-e sichere, glückliche, geübte** ~ **haben** avoir la main sûre, heureuse, exercée; (**für etw.**) **e-e geübte** ~ **haben** *auch* avoir la main (rompue à qc.); **e-e geschickte** ~ **haben** être adroit de ses mains; **e-e lockere** ~ **haben** (*gern schlagen*) avoir la main leste; **freie** ~ **haben** avoir les mains libres; avoir le champ libre; avoir les coudées franches; avoir carte blanche; **kalte, schmutzige Hände haben** avoir les mains froides, sales; *fig.* **zwei linke Hände haben** être la maladresse en personne; **j-n an der** ~ **haben** avoir, connaître qn. qui peut vous, *etc.* aider; **j-n in der** ~ **haben** avoir qn. bien en main, sous sa dépendance; **etw. (fest) in der** ~ **haben** *fig.* avoir qc. (bien) en main; **e-e Arbeit unter den Händen haben** avoir un travail en train, *litt.* sur le métier; **etw. bei der, zur** ~ **haben** *Gegenstand, Mittel* avoir qc. sous la main; *Ausrede, Antwort* avoir qc. tout prêt; **bei e-r Sache die** ~ **im Spiele haben** être mêlé à qc.; avoir trempé dans qc.; ~ **und Fuß haben** tenir debout; être sensé; reposer sur des bases solides; **weder** ~ **noch Fuß haben** n'avoir ni queue ni tête; **alle Hände voll zu tun haben** avoir du travail par-dessus la tête; être surchargé, débordé de travail; **j-n bei** *od.* **an der** ~ **halten** tenir qn. par la main; **etw. in der** ~ **halten** tenir qc. à la main, *umschlossen* dans la main; **in gute, schlechte Hände kommen** tomber dans de bonnes, mauvaises mains; **in die Hände klatschen** taper, frapper dans ses mains; *vor Freude* battre des mains; **j-m freie** ~ **lassen** laisser les mains libres, le champ libre à qn.; donner carte blanche à qn.; **die Hände von etw. lassen** ne pas toucher à qc.; *fig.* ne pas se mêler de qc.; **von der** ~ **in den Mund leben** vivre au jour le jour; **von s-r Hände Arbeit leben** vivre du travail de ses mains; ~ **an sich legen** attenter à ses jours; **die** ~ **auf etw. legen** mettre la main sur qc. (*auch fig.*); **etw. aus der** ~ **legen** poser, laisser qc.; **dafür lege ich meine** ~ **ins Feuer** j'en mettrais ma main au feu; **die Hände in den Schoß legen** rester les bras croisés; se croiser les bras; **aus der** ~ **lesen** lire dans les lignes de la main (de qn.); **in j-s** ~ **liegen** être, reposer entre les mains de qn.; **(klar) auf der** ~ **liegen** être évident, manifeste, clair; *Fußball* ~ **machen** commettre une faute de main; **j-n bei der** ~ **nehmen** prendre qn. par la main; **etw. in die** ~ **nehmen** *fig.* prendre qc. en main; **j-m die** ~ **reichen** *zum Gruß, helfend* tendre la main à qn.; **j-m die** ~ **fürs Leben reichen** épouser qn.; *fig.* **sich die** ~ **reichen können** pouvoir se donner la main; être du même calibre; **die Hände ringen** se tordre les mains; **j-m etw. aus der** ~ **schlagen** faire tomber qc. des mains de qn.; **nicht die** ~ **vor den Augen sehen** n'y voir goutte; **j-m die** ~ **schütteln** donner une poignée de main (énergique) à qn.; **j-m etw. in die Hände spielen** faire parvenir qc. à qn.; livrer qc. à qn.; **j-n auf Händen tragen** *etwa* être aux petits soins pour qn.; dorloter qn.; **in andere Hände übergehen** changer de mains; passer en d'autres mains; **j-m etw. zu treuen Händen überlassen** donner qc. en garde à qn.; **in die** ~ **versprechen** promettre sur son honneur; **s-e Hände in Unschuld waschen** s'en laver les mains; **e-e** ~ **wäscht die andere** *prov.* une main lave l'autre *prov.*; **sich mit Händen und Füßen gegen etw. wehren** faire des pieds et des mains pour ne pas faire qc.; s'opposer à qc. de toutes ses forces; **etw. von der** ~ **weisen** repousser, rejeter qc.; **das ist nicht von der** ~ **zu weisen** c'est bien probable, possible; **mit beiden Händen zugreifen** saisir l'occasion; sauter sur l'occasion; **die Hände über dem Kopf zusammenschlagen** lever les bras au ciel; **wenn man ihm den kleinen Finger reicht, nimmt er gleich die ganze** ~ *cf.* Finger; **ein Spatz in der** ~ **ist besser als e-e Taube auf dem Dach** *prov.* mieux vaut tenir que courir *prov.*; un tiens vaut mieux que deux tu l'auras *prov.*

Hand|abblendschalter ['hant,ˀapblɛnt,ʃaltər] *m Auto* manette *f* feu de route — feu de croisement; manette *f* code-phare; ~**,amboß** *m techn.* enclume *f* à main; tas *m*; enclumeau *m*; ~**,antrieb** *m techn.* commande manuelle, à la main; **mit** ~ à commande manuelle; commandé à la main; ~**,arbeit** *f* **1.** travail manuel; *fertiges Werk* ouvrage fait à la main; **das ist** ~ c'est fait à la main; **etw. in** ~ **herstellen** faire qc. à la main; **2.** *weibliche* travail *m*, ouvrage *m* à l'aiguille; *als Schulfach* couture *f*; ~**,arbeiter(in)** *m (f)* travailleur, -euse manuel, -lle *m, f*; ~**arbeits,lehrerin** *f* professeur *m* de couture; ~**arbeits,unterricht** *m* enseignement *m* de la couture (et des travaux à l'aiguille); ~**auf,heben** *n* ⟨~s⟩ **durch** ~ **abstimmen** voter à mains levées; ~**auf,legung** *f* ⟨~⟩ *relig.* imposition *f* des mains; ~**,ausgabe** *f etwa* édition *f* en un volume moyen, de format commode.

Handball ['hantbal] *m* ⟨~(e)s⟩ **a)** *Sportart* 'handball [ɑ̃dbal] *m*; ~ **spielen** jouer au handball; **b)** ⟨*pl.* ⸚e⟩ *Ball* ballon *m* de handball; ~**en** *m/pl. anat.* éminences *f/pl.* thénar et hypothénar; ~**er** *m* ⟨~s; ~⟩ *cf.* ~spieler; ~**,mannschaft** *f* équipe *f* de handball; ~**,meister** *m* champion *m* de handball; ~**,meisterschaft** *f* championnat *m* de handball; ~**,platz** *m* terrain *m* de handball; ~**,spiel** *n* match *m* de handball; ~**,spieler(in)** *m (f)* joueur, -euse *m, f* de handball; 'handballeur, -euse *m, f*.

hand|bedient ['hantbə,diːnt] *adjt. techn.* commandé, actionné à la main, manuellement; 2**be,dienung** *f techn.*

commande manuelle, à la main; **2beil** *n* 'hachette *f*; **2ˌbesen** *m cf.* Handfeger; **2beˌtrieb** *m* actionnement *m* à la main; mit *od.* für ~ actionné à la main; **2beˌwegung** *f* geste *m* de la main; **2biblioˌthek** *f etwa* bibliothèque *f* de travail; **2ˌbohrer** *m techn.* vrille *f*; **2ˌbohrmaˌschine** *f* perceuse portative; elektrische ~ perceuse portative électrique; chignole *f*; **2ˌbrause** *f* douche *f* à main; **~breit I** *adj.* large comme la main; de la largeur de la main; **II 2breit** *f* ⟨~; ~⟩ largeur *f* de la main; **2ˌbremse** *f* frein *m* à main; **2ˌbremsˌhebel** *m* levier *m* de frein à main; **2buch** *n* manuel *m*; **2bücheˌrei** *f cf.* ~bibliothek.

Händchen ['hɛntçən] *n* ⟨~s; ~⟩ petite main; *enf.* menotte *f*.

Hand|deutung ['hantˌdɔʏtʊŋ] *f* chirologie [ki-] *f*; chirognomie [kirognɔmi] *f*; **~druck** *m impr. Vorgang u. Ergebnis* impression *f* à la main; **~ˌdusche** *f cf.* Handbrause.

Händedruck ['hɛndəˌdrʊk] *m* poignée *f* de main.

Handeinstellung ['hantˌʔaɪnʃtɛlʊŋ] *f techn.* réglage manuel, à la main.

Händeklatschen ['hɛndəˌklatʃən] *n verbal*; (*Beifallklatschen*) applaudissements *m/pl.*

Handel ['handəl] *m* ⟨~s⟩ **1.** commerce *m*, négoce *m* (*beide auch coll.*), trafic *m* (*auch unerlaubter*) (mit de); **lebhafter, schwunghafter** ~ commerce actif; **seßhafter** ~ commerce sédentaire; ~ **mit Rauschgiften** trafic de stupéfiants; ~ **und Gewerbe, Industrie** le commerce et l'industrie; **im** ~ **tätig sein** être dans le commerce; ~ **treiben** faire du commerce; commercer; *péj.* trafiquer; **im** ~ **sein, sich im** ~ **befinden** être, se trouver dans le commerce; **nicht (mehr) im** ~ *auch* 'hors commerce; **in den** ~ **bringen** introduire, lancer dans le commerce, sur le marché; commercialiser; **2.** (*Geschäft*) marché *m*; affaire *f* (*auch Angelegenheit*); **e-n** ~ **abschließen** conclure un marché; ~ **und Wandel** les affaires et le mode de vie; les activités (d'un pays, *etc.*).

Händel ['hɛndəl] *m/pl.* querelle *f*; chicane *f*; dispute *f*; **mit j-m** ~ **haben, bekommen** se quereller, se disputer avec qn.; **(mit j-m)** ~ **suchen** chercher querelle, chicane, F noise (à qn.); F chercher à qn. des poux dans la tête.

Handelfmeter ['hantʔɛlfˌmeːtər] *m Fußball* penalty dû à une faute de main.

handeln ['handəln] **I** *v/i.* ⟨-(e)le, h⟩ **1.** agir; **unüberlegt** ~ agir sans réfléchir; **schlecht, gut, als Freund an j-m** ~ agir mal, bien, en ami envers qn.; **auf eigene Gefahr** ~ agir à ses risques et périls [-l]; **in j-s Sinne** ~ agir selon les idées de qn.; **unter Zwang** ~ agir sous la contrainte; **ebenso** ~ agir de la même façon; en faire autant; faire de même; **immer nach s-m Kopf** ~ n'en faire qu'à sa tête; **es gilt jetzt zu** ~ *auch* maintenant il faut passer aux actes; **nicht reden,** ~! pas de discours, des actes!; **~de Person** personne qui agit; acteur *m*; **2.** *comm.* (*Handel treiben*) faire du commerce (*abs.*); (*feilschen*) marchander (**um etw.** qc.); **mit etw.** ~ faire le commerce de qc.; **um jeden Pfennig** ~ marchander sou à sou; **um den Preis** ~ discuter le prix; *Börse* **Effekten** ~ négocier, traiter des titres; **an der Börse gehandelt werden** se négocier, être négocié, être traité à la Bourse; *fig.* **er läßt mit sich** ~ on peut discuter avec lui; il est accommodant, coulant; **3.** *Buch etc.* ~ **von etw.** traiter de qc.; avoir qc. pour sujet; **II** *v/imp.* **4. es handelt sich um** ... il s'agit, est question de ...; **worum handelt es sich?** de quoi s'agit-il?; de quoi est-il question?; **es handelt sich darum, ob** ... il s'agit de savoir si ...; **es handelt sich darum** *od.* **um Folgendes** voici de quoi il s'agit, de quoi il est question; voici ce dont il s'agit; **darum handelt es sich nicht** ce n'est pas de cela qu'il s'agit, qu'il est question; **III 2** *n* ⟨~s⟩ **5.** action *f*; procédés *m/pl.*; **gemeinsames** ~ action commune; **zum** ~ **veranlassen** faire agir; **zum** ~ **entschlossen** décidé à agir; **6.** *comm.* marchandage *m*.

Handels|abkommen ['handəlsˌʔapkɔmən] *n* accord commercial; **Allgemeines Zoll- und** ~ (GATT) Accord général sur les tarifs douaniers et le commerce (G.A.T.T.); **~ˌabordnung** *f* délégation commerciale; **~aˌdreßˌbuch** *n* annuaire *m* du commerce; *in Frankreich auch* «Bottin» *m*; **~aˌgent** *m* agent commercial; **~agenˌtur** *f* agence commerciale; **~ˌangelegenheit** *f* affaire commerciale; **~ˌangestellte(r)** *f (m)* employé(e) *m (f)* de commerce; **~arˌtikel** *m* article *m* de commerce, de vente; **~attaˌché** *m dipl.* attaché commercial; **~ˌausdruck** *m* terme commercial; **~ˌaustausch** *m* échange commercial; **~ˌbank** *f* ⟨~; ~en⟩ banque commerciale, de commerce; **~beˌdingungen** *f/pl.* conditions *f/pl.* de commerce; **~beˌricht** *m* rapport commercial; **~beˌschränkungen** *f/pl.* restrictions *f/pl.* au commerce; **~beˌsprechungen** *f/pl.* négociations commerciales; **~beˌtrieb** *m* exploitation, entreprise commerciale; **~beˌzeichnung** *f* dénomination commerciale; **~beˌziehungen** *f/pl.* relations commerciales; **~biˌlanz** *f* **a)** *e-s Landes* balance *f* du commerce; **passive** *bzw.* **aktive** ~ balance (du commerce) déficitaire, en déficit *bzw.* excédentaire, en excédent; **b)** *e-s Geschäftes* bilan commercial; **~ˌblatt** *n* journal du commerce, commercial; **~ˌbrauch** *m* usage commercial; coutume *f* dans le commerce; **~ˌbücher** *n/pl. cf.* Geschäftsbücher; **~ˌdefizit** *n* déficit commercial; **~delegatiˌon** *f* délégation commerciale; **~ˌdünger** *m* engrais commerciaux; **2ˌeinig, 2ˌeins** *adj.* ~ **sein** être d'accord; ~ **werden** tomber, se mettre d'accord; **~erˌfahrung** *f* expérience commerciale; **~ˌfirma** *f* firme commerciale; maison *f* de commerce; **~ˌflagge** *f* pavillon *m* (des navires marchands); **~ˌflotte** *f* flotte marchande, de commerce; **~ˌfrau** *f jur.* (femme *f*) commerçante *f*; marchande publique; **~ˌfreiheit** *f* liberté *f* du commerce; **~ˌgärtner** *m* horticulteur *m*; **~genossenschaft** *f* coopérative commerciale; **~geograˌphie** *f* géographie *f* économique traitant du commerce; **~geˌricht** *n* tribunal *m* de commerce; **2geˌrichtlich** *adj.* d'un tribunal de commerce; **~geˌschäft** *n jur.* acte *m* de commerce; **einseitiges** ~ acte de commerce passé entre un commerçant et un non-commerçant; **~geˌsellschaft** *f* société commerciale, de commerce; **Offene** ~ (*abr.* OHG) société en nom collectif; **~geˌsetzbuch** *n* (*abr.* HGB) Code *m* de commerce; **~geˌsetzˌgebung** *f* législation commerciale; **~geˌwerbe** *n* activité, profession commerciale; **ein** ~ **betreiben** exercer une activité, une profession commerciale; **~geˌwinn** *m* bénéfice commercial; **~ˌhafen** *m* port *m* de commerce; **~ˌhaus** *n* maison *f* de commerce; **~ˌherr** *m hist.* négociant *m*; **~ˌhochschule** *f* école supérieure de commerce; **~ˌindex** *m* indice *m* du commerce; **~inteˌressen** *n/pl.* intérêts commerciaux; **~ˌkammer** *f* chambre *f* de commerce; **Internationale** ~ Chambre de commerce internationale (C.C.I.); **~ˌkauf** *m* achat commercial; **~ˌklasse** *f cf.* Güteklasse; **~kompaˌnie** *f hist.* compagnie commerciale; **~korresponˌdenz** *f* correspondance commerciale; **~kreˌdit** *m* crédit commercial; **~ˌkreise** *m/pl.* milieux commerciaux; **~ˌkrieg** *m* guerre *f* économique; **~ˌkrise** *f* crise commerciale, du commerce; **~ˌlehrer(in)** *m (f)* professeur *m* de l'enseignement commercial; **~ˌmacht** *f* puissance commerciale; **~ˌmakler** *m* courtier *m*; **~maˌrine** *f* marine marchande, de commerce; **~ˌmarke** *f* marque *f* de commerce; **2ˌmäßig** *adj.* relatif, -ive au commerce; commercial; **~ˌmesse** *f* foire commerciale; **~miˌnister** *m* ministre *m* du commerce; **~minisˌterium** *n* ministère *m* du commerce; **~missiˌon** *f* mission commerciale; **~ˌmittelˌpunkt** *m* centre commercial; **~monoˌpol** *n* monopole commercial; **~ˌname** *m* nom commercial; **~ˌniederlassung** *f* établissement commercial; comptoir *m*; **~organisatiˌon** *f* organisation commerciale; *in der DDR* (*abr.* HO) organisation commerciale d'État; **~ˌpartner** *m* partenaire commercial; **~ˌplatz** *m* marché *m*; ville commerçante; **~poliˌtik** *f* politique commerciale; **2poˌlitisch** *adj.* de la *od.* concernant la politique commerciale; politico-économique; **~priviˌleg** *n* privilège commercial; **~ˌrecht** *n* droit commercial; **2ˌrechtlich** *adj.* de droit commercial; **~reˌgister** *n* registre *m* du commerce; **ins** ~ **eintragen** inscrire, immatriculer au registre du commerce; **~ˌreisende(r)** *m* voyageur *m* de commerce; commis *m* voyageur; **~ˌrichter** *m* juge *m* du *od.* au tribunal de commerce; juge consulaire; **~ˌrisiko** *n* risque commercial; **~ˌsache** *f jur.* matière, affaire commerciale; **in ~n** en matière de commerce; **~ˌschiff** *n* navire marchand, de commerce; **~ˌschiffahrt** *f* navigation commerciale; **~ˌschranken** *f/pl.* entraves *f/pl.* au commerce; **~ˌschuld** *f* dette commerciale; **~ˌschule** *f* école commerciale, de commerce; **höhere** ~ *etwa* école commerciale du second degré; **~schulˌwesen** *n* enseignement commercial; **~ˌspanne** *f* marge commerciale; **~ˌsperre** *f* embargo *m*; **~ˌsprache** *f* langue commerciale, du commerce; **~ˌstadt** *f* ville commerçante, marchande; **~ˌstand** *m* commerce *m*; commerçants *m/pl.*; **~staˌtistik** *f* statistique commerciale; **~ˌteil** *m e-r Zeitung* rubrique commerciale; **2ˌüblich** *adj.* usuel, -lle, courant, d'usage (dans le commerce); **~er Rabatt** rabais usuel, *etc.*; **~es Format** format commercial; **~e Bezeichnung** dénomination commerciale.

Händel|sucht ['hɛndəlˌzʊxt] *f* ⟨~⟩ humeur querelleuse; **2ˌsüchtig** *adj.* querelleur, -euse; qui cherche la chicane; chicaneur, -euse.

Handels|unternehmen ['handəlsʔʊntərˌneːmən] *n* entreprise commerciale; **~verˌbindungen** *f/pl.* relations commerciales; **~verˌbot** *n* interdiction *f* de faire du commerce, de commercer; **~verˌkehr** *m* trafic commercial; échanges commerciaux; **~verˌmittler** *m* intermédiaire *m* dans le commerce; **~verˌtrag** *m* traité *m* de commerce; **~verˌtreter** *m* représentant *m* de commerce; **~verˌtretung** *f* représentation commerciale; *cf. auch* Handelsniederlassung; **~ˌvolk** *n* peuple commerçant; **~voˌlumen** *n* volume *m* des échanges commerciaux; **~ˌvorrecht** *n cf.* Handelsprivileg; **~ˌware** *f cf.* Handelsartikel; **~ˌweg** *m* voie commerciale; **~ˌwert** *m* valeur marchande, commerciale; **~ˌwesen** *n* commerce *m*; **~ˌzeichen** *n cf.* Handelsmarke; **~ˌzeitschrift** *f* revue commerciale; périodique commercial; **~ˌzeitung** *f* journal commercial, de commerce; **~ˌzentrum** *n* centre commercial; **~ˌzweig** *m* branche commerciale.

handeltreibend ['handəlˌtraɪbənt] *adjt.* commerçant; **2e(r)** *m* ⟨→ A⟩ commerçant *m*.

hände|ringend ['hɛndəˌrɪŋənt] *adjt. u. advt.* (en) se tordant les mains; **2ˌschütteln** *n* ⟨~s⟩ poignées *f/pl.* de main; *kräftiges, herzliches* shake-hand [ʃɛkɑ̃d] *m*; **2ˌwaschen** *n* ⟨~s⟩ *verbal*; **2ˌwaschung** *f* ⟨~⟩ *relig. cath.* lavabo *m*.

Hand|exemplar ['hantˀɛksɛmˌplaːr] *n* exemplaire *m* dont on se sert continuellement, qu'on a toujours sous la main; (*Autorenexemplar*) exemplaire *m* d'auteur; **~ˌfeger** *m* petit balai; balayette *f*; **~ˌfesseln** *f/pl. cf.* Handschellen; **2fest** *adj. Beweis etc.* solide; **ein ~er Kerl** un solide gaillard; **e-e ~e Lüge** un grossier mensonge; **~ˌfeuerˌlöscher** *m* extincteur *m* à main; **~ˌfeuerˌwaffe** *f* arme à feu individuelle, portative; **~ˌfläche** *f* surface *f* interne de la main; (*Handteller*) paume *f*; **2ˌförmig** *adj.* qui a la forme d'une main; en forme de main; *bot.* palmé; **~gaˌlopp** *m Pferdesport* canter [-ɛːr] *m*; **2geˌarbeitet** *adjt. cf.* 2gemacht; **~geˌbrauch** *m* **zum ~** pour l'usage ordinaire, journalier; **2geˌbunden** *adjt. Buch* relié à la main; **2geˌfertigt** *adjt. cf.* 2gemacht; **2geˌformt** *adjt.* moulé à la main; **2geˌknüpft** *adjt. Teppich* noué à la main; **~geld** *n* (*Draufgeld bei Vertragsabschluß*) arrhes *f/pl.*; *par ext.* prime *f* (d'engagement); **~geˌlenk** *n anat.* poignet *m*; *fig.* **etw. aus dem ~ machen** faire qc. sans peine, avec facilité; **2geˌmacht** *adjt.* fait (à la) main; **2geˌmein** *adj.* **~ werden** en venir aux mains; **~geˌmenge** *n* ⟨~s; ~⟩ mêlée *f*; **es kam zu e-m ~** ils en vinrent aux mains; **2geˌnäht** *adjt.* cousu (à la) main; **~geˌpäck** *n* bagages *m/pl.* à main; **~gepäckˌaufbewahrung** *f* consigne *f*; **2geˌrecht** *adj. cf.* handlich; **2geˌschmiedet** *adjt.* forgé à la main; **2geˌschöpft** *adjt. Papier* (fabriqué) à la main, à la cuve; **2geˌschrieben** *adjt.* écrit à la main; manuscrit; **2geˌstickt** *adjt.* brodé (à la) main; **2geˌstrickt** *adjt.* tricoté à la main; **2geˌwebt** *adjt.* tissé à la main; **~graˌnate** *f milit.* grenade *f* à main; **2ˌgreiflich 1.** *adj.* **a)** (*offensichtlich*) évident; manifeste; palpable; **b) ~ werden** passer aux voies de fait; **e-e ~e Auseinandersetzung** un différend au cours duquel on en vient aux mains; **2.** *adv.* **~ vor Augen führen** faire toucher du doigt (j-m à qn.); **~ˌgreiflichˌkeit** *f* ⟨~⟩ **a)** évidence *f*; **b)** ⟨*pl.* ~en⟩ voie *f* de fait; **es kam zu ~en** on en vint aux mains; plusieurs personnes passèrent aux voies de fait; **~griff** *m* **1.** geste (précis); **~e** *oft* manipulations *f/pl.*; manœuvres *f/pl.*; maniement *m*; **die notwendigen ~e zeigen, kennen** *etc.* montrer, connaître, *etc.* les manipulations nécessaires, les manœuvres nécessaires, le maniement; montrer, savoir, *etc.* comment il faut manœuvrer, manipuler; **die exakten ~e e-s Chirurgen** *etc.* la précision des gestes d'un chirurgien, *etc.*; **mit wenigen ~en (reparieren, montieren** *etc.*) (réparer, monter, *etc.*) en deux temps et trois mouvements; **2.** *an Geräten etc.* poignée *f*; (*Bedienungs2*) manette *f*; *cf. auch* Griff 4.; **2groß** *adj.* grand comme la main; **~ˌhabe** *f* ⟨~; ~n⟩ *fig.* **e-e ~ gegen j-n besitzen** avoir une raison d'agir envers *od.* contre qn.; avoir une preuve, une arme contre qn.; **das Gesetz bietet keine ~, gegen diese Auswüchse einzuschreiten** la loi ne donne pas la possibilité d'intervenir contre ces excès; **2ˌhaben** *v/t.* ⟨**handhabt, handhabte, gehandhabt, h**⟩ *Werkzeug, Gerät etc.* manier; manipuler; se servir de; *Regelung, Vorschrift etc.* appliquer; **leicht zu ~** facile à manipuler, à manier; **~ˌhabung** *f* ⟨~⟩ *e-s Gerätes etc.* maniement *m*; manipulation *f*; *e-r Regelung etc.* application *f*; **~harˌmonika** *f mus.* harmonica *m* à main; **~harˌpune** *f* 'harpon lancé à la main; **~ˌhebel** *m* levier *m*; *kleiner* manette *f*.

Handikap ['hɛndiˑˌkɛp] *n* ⟨~s; ~s⟩ *Sport u. fig.* 'handicap [ɑ̃dikap] *m*; **~per** *m* ⟨~s; ~⟩ *Sport* 'handicapeur *m*; **~ˌrennen** *n* 'handicap *m*.

Hand|karre(n) ['hantˌkarə(n)] *f* (*m*) charrette *f* à bras; **~ˌkoffer** *m* valise *f*; **~ˌkurbel** *f* manivelle *f*; **~kuß** *m* baisemain *m*; **~ˌlampe** *f* lampe portative; (*Ableuchtlampe*) baladeuse *f*; **~ˌlanger** *m* ⟨~s; ~⟩ manœuvre *m*; aide *m*; *e-s Maurers* aide-maçon *m*; *fig. u. péj.* homme *m* de main; **~langerˌdienste** *m/pl. fig.* **j-m ~ leisten** être l'homme de main de qn.; **~lauf** *m am Treppengeländer* main courante.

Händlein ['hɛntlaɪn] *n* ⟨~s; ~⟩ *cf.* Händchen.

Händler|(in) ['hɛndlər(ɪn)] *m* ⟨~s; ~⟩ (*f*) ⟨~; ~nen⟩ marchand(e) *m* (*f*); (*Kaufmann*) commerçant(e) *m* (*f*); **ambulanter ~** marchand ambulant, itinérant; **~raˌbatt** *m* rabais *m*, remise *f* accordé(e) aux marchands.

Hand|lesekunst ['hantˌleːzəˌkunst] *f cf.* ~liniendeutung; **2lich** *adj.* maniable; commode; pratique; *von kleineren Gegenständen auch* bien en main; (*leicht zu handhaben*) facile à manipuler, à manier; **ein ~es Format** un format maniable, commode, pratique, peu encombrant; **~lichˌkeit** *f* ⟨~⟩ maniabilité *f*; commodité *f* d'emploi; **~ˌlinien** *f/pl.* lignes *f/pl.* de la main; **~linienˌdeuter(in)** *m* ⟨~s; ~⟩ (*f*) ⟨~; ~nen⟩ chiromancien, -nne [ki-] *m, f*; **~linienˌdeutung** *f* chiromancie [ki-] *f*.

Handlung ['handluŋ] *f* ⟨~; ~en⟩ **1.** (*Tat*) acte *m*; **strafbare ~** acte punissable, répréhensible; **unerlaubte, betrügerische, feindselige ~** acte illicite, frauduleux, d'hostilité; **für s-e ~en verantwortlich sein** être responsable de ses actes; **2.** *e-s Romans, Theaterstücks etc.* action *f*; **die ~ spielt in ...** l'action se déroule, se passe à *bzw.* en, dans ...; **Ort der ~** lieu de l'action; **Einheit der ~** unité d'action; **3.** *comm.* boutique *f*; magasin *m*.

Handlungs|ablauf ['handluŋsˌˀaplauf] *m* déroulement *m* de l'action; **~beˌvollmächtigte(r)** *m comm. etwa* fondé *m* de pouvoir; mandataire commercial; **2ˌfähig** *adj. jur.* capable; **~ˌfähigkeit** *f jur.* capacité *f*; **~ˌfreiheit** *f* liberté *f* d'action, d'agir; **volle ~ haben** avoir toute liberté d'action; avoir les coudées franches; **j-m volle ~ gewähren** accorder toute liberté d'action à qn.; laisser toute latitude à qn.; **~geˌhilfe** *m cf.* (kaufmännischer) Angestellter; **2ˌreich** *adj. Geschichte etc.* riche en événements; **~ˌreisende(r)** *m cf.* Handelsreisender; **~verˌlauf** *m cf.* ~ablauf; **~ˌvollmacht** *f comm.* procuration commerciale (non inscrite dans le registre du commerce); **~ˌweise** *f* façon *f*, manière *f* d'agir; (*Vorgehen*) procédés *m/pl.*; **j-s ~ (miß)billigen** (dés)approuver la façon, la manière d'agir de qn.

Hand|pferd ['hantpfeːrt] *n* sous-verge *m*; **~ˌpflege** *f* manucure *f*; **~ˌpresse** *f impr.* presse *f* à bras; **~pressenˌdruck** *m impr.* impression *f* à la presse à bras; **~ˌpuppe** *f* marionnette *f* à gaine, mue à la main; **~rad** *n techn.* volant *m*; **~ˌramme** *f techn.* dame *f*; demoiselle *f*; 'hie *f*; **~ˌreichung** *f* ⟨~; ~en⟩ service *m*; aide *f*; **~ˌrücken** *m* dos *m*, revers *m* de la main; **~ˌsäge** *f* scie *f* à main; **~satz** *m impr.* composition manuelle, à la main; **~ˌschaltung** *f mot.* changement *m* de vitesse à la main; **~ˌschellen** *f/pl.* menottes *f/pl.*; **j-m ~n anlegen** passer les menottes à qn.; **~schlag** *m* **etw. durch ~ bekräftigen** confirmer qc. en topant dans la main de qn.; **j-n durch ~ verpflichten** engager qn. en lui topant dans la main; (*Händedruck*) poignée *f* de main; **~ˌschreiben** *n* lettre manuscrite, autographe; **~schrift** *f* **1.** (*Schriftzüge*) écriture *f*; **e-e schöne ~ haben** avoir une belle écriture; **e-e (un)leserliche ~** une écriture (il)lisible; **2.** (*hist. Schriftwerk*) manuscrit *m*; **~schriftenˌdeutung** *f* graphologie *f*; **~schriftenˌkunde** *f* paléographie *f*; codicologie *f*; **~schriftenˌsammlung** *f* collection *f* de manuscrits; **2ˌschriftlich 1.** *adj.* écrit à la main; manuscrit; **2.** *adv.* **etw. ~ hinzufügen** (r)ajouter qc. à la main.

Handschuh ['hantʃuː] *m* gant *m*; *mit freibleibenden Fingerspitzen* mitaine *f*; (*Faust2*) moufle *f*; **langer ~** gant long; **ein Paar ~e** une paire de gants; **(sich) ~e anziehen** mettre ses gants; se ganter; **(sich) die ~e ausziehen** ôter ses gants; se déganter; *fig.* **j-n mit seidenen ~en anfassen** prendre des gants avec qn.; **~faˌbrik** *f* fabrique *f* de gants; ganterie *f*; **~ˌfach** *n cf.* ~kasten; **~geˌschäft** *n* magasin *m* de gants; ganterie *f*; **~ˌgröße** *f* pointure *f* (de gants); **~ sieben haben** avoir du sept comme pointure; ganter du sept; **~indusˌtrie** *f* industrie *f* du gant; ganterie *f*; **~ˌkasten** *m* boîte *f* à gants; **~ˌleder** *n* peau *f* pour gants; **~ˌmacher(in)** *m* ⟨~s; ~⟩ (*f*) ⟨~; ~nen⟩ gantier, -ière *m, f*; **~ˌnummer** *f cf.* ~größe; **~ˌwirkmaˌschine** *f* métier *m* à tisser les gants.

Hand|schutz ['hantʃuts] *m* protège-main(s) *m*; **~ˌseife** *f* savon *m* pour les mains; **~ˌspiegel** *m* miroir *m* à main; **~spiel** *n* ⟨~(e)s⟩ *Fußball* (faute *f* de) main *f*; **~stand** *m gym.* arbre droit; **e-n ~ machen** faire l'arbre; **~ˌsteuerung** *f* commande manuelle, à la main; **~stickeˌrei** *f Vorgang u. Ergebnis* broderie *f* à la main; **~streich** *m milit.* coup *m* de main;

im ~ nehmen prendre par surprise; **~ˌtäschchen** *n* petit sac à main; pochette *f*; **~ˌtasche** *f* sac *m* à main; **~ˌteller** *m anat.* paume *f* (de la main); **~tuch** *n* serviette *f* de toilette; (*Küchen*2) essuie-main(s) *m*; *fig. u.* F **ein schmales ~** (*dünne Person*) une planche à pain; *Boxkampf* **das ~ werfen** jeter l'éponge; **~tuchˌhalter** *m* porte-serviette(s) *m*; **~tuchˌwerfen** *n* ⟨~s⟩ *Boxkampf* jet *m* de l'éponge; **~ˌumdrehen** *n* ⟨~s⟩ **im ~** en un tour de main; en un tournemain; F en cinq sec; **~verˌkauf** *m in Apotheken* vente *f* de produits délivrés sans ordonnance; **~verˌmittlung** *f tél.* système manuel; *Zentrale* central *m* téléphonique manuel; **~voll** *f* ⟨~; ~⟩ poignée *f*; **e-e ~ Leute** une poignée de gens; **~ˌwagen** *m* petite voiture; petit chariot; **2warm** *adj.* pas trop chaud; à une température supportable par la main; **~ˌwaschˌbecken** *n* petit lavabo; **~ˌweben** *n* tissage *m* à la main; **~ˌwebstuhl** *m* métier *m* à main; **~ˌweiche** *f* aiguille manœuvrée à pied d'œuvre.

Handwerk ['hantvɛrk] *n* métier *m* (*auch fig.*); *coll.* artisanat *m*; **ein ~ lernen, ausüben** apprendre, exercer un métier; **sein ~ verstehen** connaître son métier (*auch fig.*); *fig.* **j-m ins ~ pfuschen** s'immiscer dans le travail de qn.; **j-m das ~ legen** mettre fin, un terme aux activités de qn.; couper court aux menées de qn.; **~ hat goldenen Boden** *prov.* il n'est si petit métier qui ne nourrisse son maître *prov.*; **~er** *m selbständiger* artisan *m*; *sonst* ouvrier *m*; F **keine ~ kriegen** ne pas trouver d'ouvriers; **die ~ im Haus haben** avoir les ouvriers dans la maison; **~ergeˌnossenˌschaft** *f* coopérative artisanale; **~erˌstand** *m* ⟨~(e)s⟩ artisanat *m*; **~erverˌsicherung** *f* assurance artisanale; **2ˌlich 1.** *adj.* **a)** (*das Handwerk betreffend*) artisanal; **b) ~er Unterricht** cours *m/pl.* de travail manuel; **~e Fähigkeiten** aptitudes manuelles; **2.** *adv.* **e-e ~ gute Leistung** un travail de bon ouvrier.

Handwerks|beruf ['hantvɛrksbəˌruːf] *m* profession artisanale; **~beˌtrieb** *m* (petite) entreprise artisanale; **~geˌselle** *m* compagnon *m* artisan; **~ˌkammer** *f* chambre *f* des métiers; **~ˌlehrling** *m* apprenti *m* artisan; **2ˌmäßig** *adj. u. adv.* (fait) d'une façon artisanale, par des artisans; **~ˌmeister** *m* maître *m* artisan; **~ˌordnung** *f* Code *m* de l'artisanat; **~ˌrolle** *f* registre *m* des métiers; **~ˌzeug** *n* ⟨~(e)s; ~e⟩ outils *m/pl.*; outillage *m*; *fig.* outils *m/pl.* de travail; **~ˌzweig** *m* branche artisanale, de l'artisanat.

Hand|winde ['hantˌvɪndə] *f techn.* treuil *m* à bras, à manivelle; **~ˌwörterˌbuch** *n* dictionnaire *m* d'un format maniable, moyen, commode; **~ˌwurzel** *f anat.* carpe *m*; **~wurzelˌknochen** *m anat.* os *m* du carpe; **~ˌzeichen** *n* **1.** signe *m* de la main; *bei Abstimmung* **um ein ~ bitten** demander de lever la main; **2.** *von Analphabeten statt Unterschrift* croix *f*; (*verkürzte Unterschrift*) paraphe *m*; **etw. mit s-m ~ versehen** parapher qc.; **~ˌzeichnung** *f* dessin *m* à la main; **~ˌzettel** *m* papillon *m*.

hanebüchen ['hɑːnəˌbyːçən] F *adj.* inouï; incroyable.

Hanf [hanf] *m* ⟨~(e)s⟩ *bot.* chanvre *m*; **~(ˌan)bau** *m* culture *f* du chanvre; **~ˌfaser** *f* fibre *f* de chanvre; *coll.* filasse *f* (du chanvre); **~feld** *n* champ *m* de chanvre; chènevière *f*; **~garn** *n* fil *m* de chanvre; **~ˌhechelmaˌschine** *f* peigneuse *f* de chanvre; **~ˌleinen** *n* toile *f* de chanvre.

Hänfling ['hɛnflɪŋ] *m zo.* ⟨~s; ~e⟩ linotte *f*; linot *m*.

Hanf|öl ['hanfʔøːl] *n* huile *f* de chènevis; **~ˌsamen** *m* chènevis *m*; **~schnur** *f* ficelle *f* de chanvre; **~seil** *n* corde *f*, cordage *m* de chanvre; **~werg** *n* étoupe *f* de chanvre; **~ˌwürger** *m* ⟨~s; ~⟩ *bot.* orobanche rameuse.

Hang [haŋ] *m* ⟨~(e)s⟩ **1.** (*Neigung*) penchant *m* (**zu etw.** pour qc.); inclinaison *f* (pour qc.); propension *f* (à qc.); **e-n ~ zum Alkohol** *etc.* **haben** avoir un penchant pour l'alcool, *etc.*; **2.** ⟨*pl.* ~e⟩ (*Ab*2) pente *f*; talus *m*; **den ~ hinabrollen** rouler en bas de la pente; **3.** *Turnen* suspension *f*.

Hangar [haŋ'gɑːr] *m* ⟨~s; ~s⟩ *aviat.* 'hangar *m*.

Hangaufwind ['haŋˌʔaufvɪnt] *m Segelflug* courant *m* de pente; *sc.* ascendance orographique.

Hänge|backe ['hɛŋəˌbakə] *f* joue pendante; bajoue *f*; **~ˌbahn** *f techn.* chemin de fer, transporteur suspendu, aérien; monorail *m*; **~ˌbalken** *m bât.* poutre suspendue; **~ˌbank** *f* ⟨~; ~e⟩ *mines* recette *f*; **~ˌbauch** *m* ventre pendant; **~ˌboden** *m bât.* soupente *f*; **~ˌbrücke** *f* pont suspendu; **~ˌbrust** *f* poitrine pendante; **~geˌrüst** *n* échafaudage volant; **~isoˌlator** *m électr.* isolateur suspendu; **~ˌlager** *n techn.* palier *m* à chaise pendante; **~ˌlampe** *f* suspension *f*.

hangeln ['haŋəln] **I** *v/i.* ⟨-(e)le, h⟩ *gym.* progresser en suspension (manuelle); **II** 2 *n* ⟨~s⟩ progression *f* en suspension (manuelle).

Hängematte ['hɛŋəˌmatə] *f* 'hamac [-ak] *m*.

hängen ['hɛŋən] **I** *v/t.* ⟨**hängt, hängte, gehängt, h**⟩ suspendre; *mit Haken, Nagel, Klammer* accrocher (**an** à); *oft* mettre; *Verbrecher* pendre; *fig.* **sein Herz an etw. ~** s'attacher à qc.; **den Mantel nach dem Wind ~** tourner à tout vent; *e-e Tätigkeit etc.* **an den Nagel ~** abandonner; **etw. an die große Glocke ~** *cf.* **Glocke**; **die kleinen Diebe hängt man, die großen läßt man laufen** *prov. etwa* les petits pâtissent plus pour leurs fautes que les grands; **sich an j-n, etw. ~** s'accrocher à qn., à qc. (*auch bei Rennen*); s'agripper à qn., à qc.; **II** *v/i.* ⟨**hängt, hing, gehangen, h**⟩ pendre; *oft* être accroché, suspendu; *Mauer etc.* être penché, pencher (**nach** vers); **da hängt ein Hut** il y a un chapeau là (au porte-manteau, *etc.*); **voller Früchte** *etc.* **~** être couvert, chargé de fruits, *etc.*; **~ lassen** *Arme, Flügel etc.* laisser pendre; *Wäsche, Bild etc.* laisser (accroché, suspendu); **die Arme ~ lassen** *meist* être bras ballants; avoir, rester les bras ballants; *fig.* **den Kopf ~ lassen** être découragé, déprimé; **den Kopf nicht ~ lassen** *auch* faire contre mauvaise fortune bon cœur; *fig. u.* F *bei e-r schwierigen Sache* **~** être arrêté; ne pas pouvoir avancer; F (**dauernd**) **am Telefon ~** être pendu (continuellement) au téléphone; **an etw. ~** (*lieben*) aimer qc.; **an j-m, etw. ~** être attaché à qn., à qc.; *Schicksal etc.* **über j-m ~** être suspendu au-dessus de la tête de qn.; **an e-m Faden ~** ne tenir qu'à un fil; **an j-s Lippen ~** être suspendu aux lèvres de qn.; *cf. auch die betreffenden Substantive*; **III** 2 *n* ⟨~s⟩ *e-s Verbrechers* pendaison *f*; *sonst verbal*; *fig.* **mit ~ und Würgen** à grand-peine; **~ˌbleiben** *v/i.* ⟨*irr.*, *sép.*, **-ge-, sein**⟩ *konkret* rester accroché; *techn.* rester bloqué; *fig. in e-m Lokal etc.* prendre racine (dans un restaurant, *etc.*); *in der Schule* redoubler; *im Gedächtnis* rester; **es bleibt immer etwas ~** il en restera toujours qc.; **~d** *adjt.* (*herabhängend*) pendant; (*aufgehängt*) suspendu; *mot.* **~es Ventil** soupape commandée par le haut; *hist.* **die ~en Gärten von Babylon** les jardins suspendus de Babylone.

Hangende(s) ['haŋəndə(s)] *n* ⟨→ A⟩ *mines* **das ~** le toit.

hängenlassen ['hɛŋənˌlasən] *v/t.* ⟨*irr.*, *sép.*, *pas de ge-*, **h**⟩ *Hut etc.* (*vergessen*) laisser; oublier; *fig. u.* F *in e-r schwierigen Lage* **j-n ~** laisser qn. dans le pétrin; *cf. auch* **hängen II**.

Hänge|ohren ['hɛŋəˌʔoːrən] *n/pl.* oreilles pendantes; **~r** *m* ⟨~s; ~⟩ *cout.* robe *f*, manteau *m* ample; **~ˌsäule** *f bât. e-s Hängewerks* aiguille pendante; poinçon *m*; **~ˌschrank** *m* élément suspendu; étagère suspendue; **~ˌstab** *m e-r Hängebrücke* suspente *f*; **~ˌwerk(ˌbalken)** *n* (*m*) *bât.* ferme *f* à aiguille pendante, à poinçon; **~ˌzwickel** *m bât.* pendentif *m*.

Hang|kehre ['haŋˌkeːrə] *f gym.* demi-tour *m* en suspension; **~lage** *f e-s Grundstücks etwa* terrain *m* en pente; **~ˌsegeln** *n Segelflug* vol *m* près des pentes; **~start** *m Segelflug* décollage *m* à partir d'une pente; **~ˌwaage** *f gym.* suspension horizontale; **~wind** *m cf.* **Hangaufwind**.

Hanke(nbein) ['haŋkə(nˌbaɪn)] *f* ⟨~; ~n⟩ (*n*) *Pferd etc.* 'hanche *f*.

Hannover|aner(in) [hanoˑvəˈrɑːnər (-ɪn)] *m* ⟨~s; ~⟩ (*f*) ⟨~; ~nen⟩ habitant(e) *m* (*f*) de Hanovre; 'Hanovrien, -nne *m*, *f*; **2(i)sch** [-'noːfər(ɪ)ʃ] *adj.* de Hanovre; 'hanovrien, -nne.

Hans [hans] *m* **~ im Glück** *iron. etwa* Jean le veinard; **~ Guckindieluft** personne *f* qui a toujours le nez en l'air; étourdi *m*; F **ich will ~ heißen, wenn …** je veux être pendu si …; *poét.* **der blanke ~** *etwa* la mer en colère.

Hansa ['hanza] *f* ⟨~⟩ *cf.* **Hanse**.

Hänschen ['hɛnsçən] *n* **was ~ nicht lernt, lernt Hans nimmermehr** *prov.* ce que l'on n'apprend pas étant jeune, on ne l'apprendra jamais.

Hansdampf [hans'dampf] *m* (**ein**) **~ in allen Gassen sein** être partout à la fois; être un brasseur d'affaires.

Hanse ['hanzə] *f* ⟨~⟩ *hist.* **die ~** la Hanse; **~'at** *m* ⟨~en; ~en⟩ 'hanséate *m*; **2'atisch** *adj.* 'hanséatique.

Hänsel|ei [ˌhɛnzə'laɪ] *f* ⟨~; ~en⟩ taquinerie *f*; **2n** ['hɛn-] *v/t.* ⟨-(e)le, h⟩ taquiner; asticoter; F chiner.

Hansestadt ['hanzəˌʃtat] *f* ville *f* 'hanséatique.

hansisch ['hanzɪʃ] *adj.* 'hanséatique.

Hanswurst [hans'vʊrst, 'hans-] *m* ⟨~es; ~e *od.* F ~e⟩ *fig.* pitre *m*; clown [klun] *m*; *hist. Bühnengestalt* 'hanswurst *m*; **den ~ machen, spielen** faire le pitre, le clown, F le zouave; **~e'rei** *f* ⟨~; ~en⟩, **~i'ade** *f* ⟨~; ~n⟩ pitrerie *f*; clownerie [klun-] *f*; bouffonnerie *f*.

Hantel ['hantəl] *f* ⟨~; ~n⟩ *gym.* haltère *m*; **~ˌübung** *f* exercice *m* avec des haltères.

hantier|en [han'ti:rən] *v/i.* ⟨*pas de ge-*, h⟩ mit etw. ~ manier, manipuler qc.; s'occuper avec qc.; **2ung** *f* ⟨~; ~en⟩ manipulation *f* (mit etw. de qc.); maniement *m*; *par ext.* occupation *f*; activité *f*.
hapern ['ha:pərn] *v/imp.* ⟨-(e)re, h⟩ F es hapert mit etw. il y a qc. qui cloche, qui ne va *od.* marche pas dans qc.; im Französischen hapert es noch bei ihm cela ne va, marche pas encore bien pour lui en français.
haploid [haplo·'i:t] *adj. biol.* haploïde.
Häppchen ['hɛpçən] *n* ⟨~s; ~⟩ petite bouchée.
Happ|en ['hapən] *m* ⟨~s; ~⟩ bouchée *f*; *fig.* ein fetter ~ un bon morceau; **2ig** F *adj.* exagéré; *Preis auch* exorbitant.
Happy-End ['hɛpɪ'ɛnd] *n* ⟨~(s); ~s⟩ 'happy end [apiɛnd] *f*.
Harakiri [hara'ki:ri·] *n* ⟨~(s); ~s⟩ 'hara-kiri *m*; ~ machen se faire hara-kiri.
Härchen ['hɛ:rçən] *n* ⟨~s; ~⟩ petit cheveu *bzw.* poil.
Harem ['ha:rɛm] *m* ⟨~s; ~s⟩ 'harem [-ɛm] *m*.
Häre|sie [hɛre·'zi:] *f* ⟨~; -ien⟩ hérésie *f*; **~tiker** [-'re:-] *m* ⟨~s; ~⟩ hérétique *m*; **2tisch** [-'re:-] *adj.* hérétique.
Harfe ['harfə] *f* ⟨~; ~n⟩ *mus.* 'harpe *f*; ~ spielen jouer de la harpe.
Harfen|antenne ['harfən?an,tɛnə] *f rad.* antenne *f* en 'harpe; **~ist(in)** [-'nɪst(ɪn)] *m* ⟨~en; ~en⟩ (*f*) ⟨~; ~nen⟩ 'harpiste *m, f*; **~,klang** *m* son *m* de la harpe; **~,schnecke** *f zo.* 'harpe *f*; **~,spiel** *n* 'harpe *f*; *besser verbal*; **~,spieler(in)** *m (f)* joueur, -euse *m, f* de harpe.
Harke ['harkə] *f* ⟨~; ~n⟩ *jard.* râteau *m*; *fig. u.* F ich werde ihm zeigen, was eine ~ ist je vais lui montrer comment je m'appelle; **2n I** *v/t.* ⟨h⟩ *jard.* râtisser; **II ~n** *n* ⟨~s⟩ râtissage *m*.
Härlein ['hɛ:rlaɪn] *n* ⟨~s; ~⟩ *cf.* Härchen.
Harlekin ['harle·,ki:n] *m* ⟨~s; ~e⟩ **1.** arlequin *m*; **2.** *zo.* (*Stachelbeerspanner*) abraxas [-as] *m*; zérène mouchetée du groseillier; **~ade** [-'na:də] *f* ⟨~; ~n⟩ arlequinade *f*.
Harm [harm] *m* ⟨~(e)s⟩ *st. s.* affliction *f*; chagrin *m*; tourment *m*.
Harmalkraut [har'ma:l,kraut] *n bot.* péganum [-ɔm] *m*.
härmen ['hɛrmən] *v/réfl.* ⟨h⟩ *st. s.* sich ~ s'affliger, se chagriner, se tourmenter (de qc.).
Harmin [har'mi:n] *n* ⟨~s⟩ *phm.* harmine *f*.
harmlos ['harmlo:s] **1.** *adj. Lebewesen* inoffensif, -ive; *Miene, Vergnügen etc.* innocent; *Bemerkung, Vorfall etc.* anodin; *Verletzung, Unfall, Operation* sans gravité; *Krankheit* bénin, -igne; den **2en**, die **2e** spielen faire le bon apôtre, la sainte nitouche; faire l'innocent(e); **2.** *adv.* ~ aussehen *Lebewesen* avoir l'air inoffensif; *Sache* avoir l'air anodin; ~ dreinschauen regarder innocemment; *Krankheit, Operation* ~ verlaufen se dérouler d'une façon bénigne, sans gravité; **2ig,keit** *f* ⟨~⟩ caractère inoffensif, anodin; innocence *f*.
Harmon|ie [harmo·'ni:] *f* ⟨~; -ien⟩ harmonie *f* (*auch mus., philos., etc.*); *philos.* prästabilierte ~ harmonie préétablie; **~ie,lehre** *f mus.* (théorie *f* de l')harmonie *f*; science *f* harmonique; **~iemu,sik** *f mus.* musique *f* d'harmonie; **2ieren** *v/i.* ⟨*pas de ge-*, h⟩ *Personen* s'accorder, s'entendre (mit avec); *Farben etc.* s'accorder, s'harmoniser (mit avec); miteinander ~ s'accorder; s'entendre; s'harmoniser; **~ik** [-'mo:-] *f* ⟨~⟩ *cf.* ~ielehre; **~ika** [-'mo:-] *f* ⟨~; ~s *od.* -ken⟩ **1.** *mus.* (*Glas2, Mund2*) harmonica *m*; chemische ~ harmonica chimique; flamme chantante; *cf. auch* Ziehharmonika, Akkordeon *etc.*; **2.** *chem. etc.* soufflet *m*; **2isch** [-'mo:-] **1.** *adj.* harmonieux, -euse; *Harmonielehre u. math.* harmonique; *math.* ~es Mittel, ~e Reihe, ~e Strahlen, ~e Teilung moyenne, série, faisceau, division harmonique; *phys.* ~e Schwingung oscillation régulière; **2.** *adv.* harmonieusement; *math.* ~ teilen diviser harmoniquement; **2i'sieren** *v/t.* ⟨*pas de ge-*, h⟩ harmoniser; **~i'sierung** *f* ⟨~⟩ harmonisation *f*; **~isten** *m/pl. relig.* harmonistes *m/pl.*; **~ium** [-'mo:-] *n* ⟨~s; -ien⟩ *mus.* harmonium [-jɔm] *m*.
Harn [harn] *m* ⟨~(e)s⟩ urine *f*; ~ lassen uriner; **~,abfluß** *m méd.* unwillkürlicher ~ incontinence *f* d'urine; **~,absonderung** *f* sécrétion *f* d'urine; **~ana,lyse** *f* analyse *f* d'urine; **~,ausscheidung** *f* élimination *f* d'urine; *sc.* diurèse *f*; **~be,schwerden** *f/pl.* troubles *m/pl.* urinaires; *sc.* dysurie *f*; **~,blase** *f anat.* vessie *f*; **~blasenent,zündung** *f méd.* inflammation *f* de la vessie; *sc.* cystite *f*; **~drang** *m* besoin *m* d'uriner; **2en I** *v/i.* ⟨h⟩ uriner; **II ~en** *n* ⟨~s⟩ *cf.* Harnlassen; **~ent,leerung** *f* évacuation *f* de l'urine; **~glas** *n* urinal *m*; **~grieß** *m méd.* sable *m* et petits graviers (dans les voies urinaires); *meist als Krankheit* gravelle *f*.
Harnisch ['harnɪʃ] *m* ⟨~es; ~e⟩ **1.** *hist.* (*Brust2*) cuirasse *f*; (*Rüstung*) armure *f*; 'harnais *m*; **2.** *fig.* j-n in ~ bringen mettre qn. en colère; exaspérer qn.; faire sortir qn. de ses gonds; in ~ geraten s'emporter; se mettre en colère; entrer en fureur; **3.** *am Webstuhl* 'harnais *m*.
Harn|lassen ['harn,lasən] *n* ⟨~s⟩ émission *f* de l'urine; *sc.* miction *f*; **~,leiter** *m anat.* uretère *m*; **~or,gane** *n/pl.* organes *m/pl.* urinaires; **~,röhre** *f anat.* urètre *m*; **~röhrenka,tarrh** *m méd.* urétrite *f*; **~röhren,sonde** *f* sonde, bougie urétrale; **~röhrenver,engung** *f méd.* rétrécissement urétral; **~ruhr** *f méd.* **1.** (*vermehrte Harnausscheidung*) polyurie *f*; **2.** (*Wasser2*) diabète *m* insipide; **2,sauer** *adj. chim.* harnsaures Salz urate *m*; **~,säure** *f chim.* acide *m* urique; **~sedi,ment** *n* matière *f* sédimentaire de l'urine; **~stein** *m méd.* calcul *m* urinaire; **~stoff** *m chim.* urée *f*; **~stoff,harz** *n* résine *f* urée-formol; **2,treibend** *adjt.* diurétique; ~es Mittel diurétique *m*; **~unter,suchung** *f cf.* Harnanalyse; **~ver,giftung** *f méd.* urémie *f*; **~ver,haltung** *f* rétention *f* d'urine; *sc.* ischurie *f*; **~,wege** *m/pl. anat.* voies *f/pl.* urinaires; **~zwang** *m méd.* strangurie *f*.
Harpune [har'pu:nə] *f* ⟨~; ~n⟩ 'harpon *m*; **~nge,schütz** *n* canon *m* lance-harpon.
Harpunier [harpu·'ni:r] *m* ⟨~s; ~e⟩ 'harponneur *m*; **2en I** *v/t.* ⟨*pas de ge-*, h⟩ 'harponner; **II ~en** *n* ⟨~s⟩ 'harponnage *m*; **~er** *m* ⟨~s; ~⟩ *cf.* ~.
Harpyie [har'py:jə] *f* ⟨~; ~n⟩ **1.** *myth.* 'harpie *f*; **2.** *zo.* 'harpyie *f*.
harren ['harən] **I** *st. s. v/i.* ⟨h⟩ attendre (avec impatience *bzw.* espoir *bzw.* nostalgie) (j-s, auf j-n qn.); **II 2** *n* ⟨~s⟩ attente *f*.
Harsch [harʃ] *m* ⟨~es⟩ neige tôlée.
hart [hart] **1.** *adj.* ⟨⸗er, ⸗est⟩ dur (*auch fig.*); ~e Arbeit travail dur; ~e Aussprache prononciation rude, dure; ~e Behandlung dur traitement; ~er Bleistift crayon dur; ~es Dasein vie dure; *cuis.* ~es Ei œuf dur; *anat.* ~e Gehirnhaut dure-mère *f*; ~er Kampf dur combat; ~es Los, Schicksal sort cruel; ~e Maßnahmen des mesures sévères; ~e Notwendigkeit dure nécessité; *fig.* ~e Nuß problème dur à résoudre; tâche difficile à réaliser; *phot.* ~es Papier papier dur; ~er Schlag coup dur; *Sport* ~es Spiel jeu, match rude; ~e Strafe peine sévère; dure punition; *phys.* ~e Strahlen rayons durs; ~e Tatsachen de dures réalités; ~es Urteil jugement sévère; *écon.* ~e Währung devise forte; ~es Wasser eau dure; ~er Winter hiver rigoureux, dur; rude hiver; ~e Worte de dures paroles; ~e Zeiten des temps durs, difficiles; ~e Züge des traits durs; ~ sein gegen j-n *od.* zu j-m être dur pour qn.; *Boxer* ~ im Nehmen sein encaisser bien (les coups); ~ werden durcir; *Person* devenir dur, sévère; durch e-e ~e Schule gegangen sein être passé par une, avoir été à rude école; e-n ~en Stand haben être dans une position difficile; ~ wie Stahl dur comme l'airain, le fer; **2.** *adv.* **a)** durement; avec dureté; ~ aneinandergeraten se disputer violemment; j-n ~ anfahren rudoyer, brusquer qn.; j-n ~ anfassen, anpacken traiter qn. durement, avec dureté; se montrer dur avec qn.; *Stoff* sich ~ anfühlen être dur au toucher; *Arbeit etc.* j-n ~ ankommen coûter (beaucoup), sembler dur à qn.; es kommt mich ~ an, zu ... il m'en coûte beaucoup, cela me semble dur de ... (+ *inf.*); ~ arbeiten travailler dur (-ement); ~ bleiben rester inflexible; ein Ei ~ kochen faire durcir un œuf; ~ machen durcir; *von Unglück, Krankheit etc.* ~ mitgenommen, getroffen werden être durement, cruellement éprouvé; être durement touché; es geht ~ auf ~ on discute, se bat avec acharnement; wenn es ~ auf ~ geht au plus fort de la discussion, de la bataille; **b)** ~ an (*dicht an*) tout près de; ~ an der Grenze des Erlaubten tout près de la limite du permis, de ce qui est permis; ~ an etw. vorbeistreifen effleurer qc.; *mar.* ~ am Wind segeln naviguer au plus près du lis du vent; ~ Steuerbord! tribord toute!
härtbar ['hɛrtba:r] *adj. techn.* durcissable; *Metalle durch Abschrecken* trempant; (durch Wärme) ~e Kunststoffe matières plastiques thermodurcissables.
Hart|benzin ['hartbɛn,tsi:n] *n* essence solidifiée; **~blei** *n* plomb antimonié.
Härte ['hɛrtə] *f* ⟨~; ~n⟩ **a)** *von festen Stoffen, Wasser, Strahlen* dureté *f*; *von Metallen auch* trempe *f*; *fig. e-r Strafe, e-s Schicksals etc.* dureté *f*; *e-s Urteils, e-r Maßnahme meist* sévérité *f*; rigueur *f*; *e-s Kampfes, im Sport* rudesse *f*; **b)** ⟨*pas de pl.*⟩ *e-r Person* dureté *f* (gegenüber j-m envers qn.); (*Zähigkeit, Ausdauer*) endurance *f*; **c)** *jur. unbillige, unsoziale etwa* (grave) inégalité *f*; injustice *f*; iniquité *f*; ~n mit sich bringen

entraîner des injustices; **~ˌausgleich** *m* compensation *f* des inégalités, des injustices; **~ˌbad** *n techn.* bain *m* de trempe.

Hartebeest ['hartəˌbeːst] *n* ⟨~s; ~e(r)⟩ *zo.* caama *m.*

Härte|fall ['hɛrtəˌfal] *m etwa* cas *m* digne d'intérêt, digne d'être étudié; cas social; cas spécial; **~ˌgrad** *m* (degré *m* de) dureté *f*, *Stahl* trempe *f*; **Ձn I** *v/t.* ⟨-ete, h⟩ *techn. allg.* durcir; *Metall* tremper; **II ~n** *n* ⟨~s⟩ *von Fetten, Kunststoffen etc.* durcissement *m*; *von Metall* trempe *f*; trempage *m*; **~ˌofen** *m* four *m* à tremper, de trempe; **~paraˌgraph** *m jur.* paragraphe *m* atténuant les mesures susceptibles d'entraîner des injustices; **~ˌprüfer** *m* appareil *m* pour essais de dureté, de contrôle de dureté; **~ˌprüfung** *f* contrôle *m* de dureté; *durch Versuch* essai *m* de dureté; **~'rei** *f* ⟨~; ~en⟩ atelier *m* de trempe; **~ˌriß** *m* fissure due à la trempe; **~ˌskala** *f minéral.* échelle *f* de Mohs; **~ˌstufe** *f cf.* ~grad; **~ˌtiegel** *m* cuve *f* à tremper.

Hart|faser ['hartˌfaːzər] *f* fibre dure; **~faserˌplatte** *f* panneau dur; **Ձgeˌfroren** *adjt.* gelé; **Ձgeˌkocht** *adjt. Ei* dur; **~geld** *n* ⟨~(e)s⟩ pièces *f/pl.* de monnaie; **Ձgeˌsotten** *adjt. fig.* endurci; **ein ~er Bursche** un dur à cuire; **ein ~er Sünder** un pécheur endurci; **~glas** *n* verre trempé; **~ˌgummi** *n* caoutchouc durci; ébonite *f*; **~gummiˌplatte** *f* plaque *f* d'ébonite; **~guß** *m métall.* fonte (coulée) en coquille; **~gußˌwalze** *f* cylindre *m* en fonte dure; **Ձˌherzig 1.** *adj.* qui a le cœur dur *od.* sec; dur; *Verhalten* impitoyable; insensible; **~ sein** avoir le cœur dur; **2.** *adv.* avec dureté, sécheresse de cœur; **~ˌherzigˌkeit** *f* ⟨~⟩ dureté *f*, sécheresse *f* de cœur; **~heu** *n* ⟨~(e)s⟩ *bot.* millepertuis *m*; **~holz** *n* bois dur; **~holzˌdübel** *m* cheville *f* en bois dur; **~ˌkäse** *m* fromage *m* à pâte pressée; **~lot** *n techn.* soudure forte; brasure *f*; **Ձˌlöten I** *v/t.* ⟨-ete, *sép.*, -ge-, h⟩ braser; **II ~ˌlöten** *n* ⟨~s⟩ soudure forte; brasure *f*; **Ձˌmäulig** *adj. Pferd* dur de la bouche; qui a la bouche dure; **~meˌtall** *n techn.* alliage dur; **~meˌtallbeˌstückung** *f Werkzeugteil* plaquette *f* en alliage dur; **~meˌtalleˌgierung** *f* alliage dur; **~metallˌwerkzeug** *n* outil *m* en alliage dur; **Ձˌnäckig 1.** *adj.* opiniâtre; tenace; *péj.* entêté; (*eigensinnig*) obstiné; **~er Widerstand** résistance opiniâtre; **ein ~er Schnupfen** un rhume tenace; **e-e ~e Kälte** un froid persistant; **2.** *adv.* avec opiniâtreté, ténacité, obstination; *péj.* avec entêtement; **~ behaupten, daß ...** soutenir avec opiniâtreté, *etc.* que ...; F soutenir mordicus [-ys] que ...; **~ bei s-r Meinung bleiben** s'obstiner, s'entêter dans son opinion; **~ schweigen** garder un silence obstiné; *Kälte, Gerücht etc.* **sich ~ halten** persister; **~ˌnäckigˌkeit** *f* ⟨~⟩ opiniâtreté *f*; ténacité *f*; *péj.* entêtement *m*; (*Eigensinn*) obstination *f*; *e-r Krankheit* ténacité *f*; persistance *f*; **~paˌpier** *n* papier dur, bakélisé; **~ˌpappe** *f* carton dur, compact; **~ˌplatte** *f cf.* ~faserplatte; **~platz** *m Sport* terrain damé; **~porzeˌllan** *n* porcelaine dure; **~ˌriegel** *m bot.* **1.** (*Liguster*) troène *m*; **2.** (*Hornstrauch*) cornouiller *m*; **~ˌspiritus** *m* alcool solidifié.

Härtung ['hɛrtʊŋ] *f* ⟨~⟩ *cf.* Härten; **~sˌmittel** *n* agent durcissant; **~sverˌfahren** *n* procédé *m* de durcissement.

Hart|verchromung ['hartfɛrˌkroːmʊŋ] *f techn.* chromage dur; **~ˌweizen** *m bot.* blé dur; **~ˌwerden** *n* ⟨~s⟩ durcissement *m*; **~zerˌkleinerung** *f* concassage *m*, broyage *m* de matières dures.

Harz [haːrts] *n* ⟨~es; ~e⟩ résine *f*; **künstliche ~e** résines artificielles; **~ abzapfen** extraire de la résine (de); résiner (qc.); **Ձˌartig** *adj.* résiniforme; semblable à la résine, à de la résine; **~baum** *m* (arbre *m*) résineux *m*; **~ˌbildung** *f* formation *f* de résine; résinification *f*; **Ձen** *v/i.* ⟨h⟩ *Baum* perdre de la résine; **~er** *adj.* ⟨*inv.*⟩ **~ Käse** fromage du Harz; *zo.* **~ Roller** canari du Harz; **~geˌwinnung** *f* production *f* de résine; résinage *m*; **Ձˌhaltig** *adj.* résinifère; résineux, -euse; **Ձig** *adj.* résineux, -euse; **~öl** *n* huile *f* de résine; **Ձreich** *adj.* riche en résine; résineux, -euse; **~ˌsäure** *f chim.* acide *m* résinique; **~ˌseife** *f chim.* savon *m* de résine.

Hasard|eur [hazar'døːr] *m* ⟨~s; ~e⟩ (*Glücksspieler*) joueur *m*; *fig.* risque-tout *m*; **~ˌspiel** [-'zart-] *n* jeu *m* de hasard.

Haschee [ha'ʃeː] *n* ⟨~s; ~s⟩ *cuis.* 'hachis *m.*

haschen ['haʃən] **I** *v/t.* ⟨h⟩ attraper; saisir; **II** *v/i.* **nach etw. ~** chercher à attraper, à saisir qc.

Häschen ['hɛːsçən] *n* ⟨~s; ~⟩ (*kleiner Hase*) levraut *m.*

Häscher ['hɛʃər] *litt. m* ⟨~s; ~⟩ poursuivant *m*; *péj.* sbire *m.*

Haschisch ['haʃɪʃ, ha'ʃiːʃ] *n* ⟨~⟩ 'ha(s)chi(s)ch [aʃiʃ] *m.*

Hase ['haːzə] *m* ⟨~n; ~n⟩ *zo.* lièvre *m*; (*Stall*Ձ) lapin *m*; **e-n ~n schießen** tuer un lièvre; *cuis.* **falscher ~** *etwa* rôti *m* de viande 'hachée; *fig. u.* F **ein alter ~** un averti; un homme d'expérience; **da liegt der ~ im Pfeffer** voilà le hic; **wissen, wie der ~ läuft** connaître le truc; savoir comment cela marche; **mein Name ist ~ (, ich weiß von nichts)** je n'en sais rien; **viele Hunde sind des ~n Tod** *prov.* à la fin on est accablé par le nombre.

Hasel[1] ['haːzəl] *f* ⟨~; ~n⟩ *cf.* ~(nuß)strauch; **~**[2] *m* ⟨~s; ~⟩ *zo.* vandoise *f*; **~ˌgerte** *f cf.* ~rute; **~ˌhuhn** *n zo.* gelinotte *f*; poule *f* des noisetiers; **~ˌkätzchen** *n bot.* chaton *m* de noisetier; **~ˌmaus** *f zo.* muscardin *m*; croque-noisettes *m*; **~ˌnatter** *f zo.* coronelle *f*; couleuvre *f* lisse; **~ˌnuß** *f* noisette *f*; *par ext. cf.* ~(nuß)strauch; **~nußˌbohrer** *m zo.* balanin *m* des noisettes; **~nußˌkern** *m* noisette décortiquée; **~nußˌkuchen** *m* gâteau *m* aux noisettes; **~(nuß)ˌstrauch** *m bot.* noisetier *m*; coudrier *m*; **~ˌrute** *f* baguette *f* de coudrier; **~ˌwurz** *f* ⟨~⟩ *bot.* asaret *m.*

Hasen|braten ['haːzənˌbraːtən] *m* lièvre rôti; rôti *m* de lièvre; **~ˌfell** *n* peau *f* de lièvre; **~ˌfuß** *m fig.* poule mouillée; froussard *m*; poltron *m*; couard *m*; peureux *m*; **~ˌhacke** *f vét.* courbe *f*; **~ˌjagd** *f* chasse *f* au lièvre; **~ˌkeule** *f cuis.* cuisse *f* de lièvre; **~ˌklein** *n* ⟨~s⟩ *cf.* ~pfeffer; **~ˌlattich** *m bot.* prenanthes [-ɛs] *m* purpurea; **~ˌmäuse** *f/pl. zo.* lagostomidés *m/pl.*; chinchillidés *m/pl.*; **~ˌohr** *n* **1.** *bot.* buplèvre *m*; **2.** *Pilz* oreille-de-lièvre *f*; **~paˌnier** *n* **das ~ ergreifen** prendre la poudre d'escampette; se sauver à toutes jambes; déguerpir; décamper; **~pasˌtete** *f cuis.* pâté *m* de lièvre; **~ˌpest** *f méd.* tularémie *f*; **~ˌpfeffer** *m* civet *m* de lièvre; **Ձˌrein** *adj. fig. u.* F **nicht (ganz) ~** louche; **~ˌrücken** *m cuis.* râble *m* de lièvre; **~ˌscharte** *f méd.* bec-de-lièvre *m*; **~ˌschwanz** *m* ⟨~es⟩ *bot.* lagurus [-ys] *m.*

Häs|in ['hɛːzɪn] *f* ⟨~; ~nen⟩ femelle *f* du lièvre; 'hase *f*; (*Stall*Ձ) lapine *f*; **~lein** *n* ⟨~s; ~⟩ *cf.* Häschen; **~ling** *m* ⟨~s; ~e⟩ *cf.* Hasel[2].

Haspel ['haspəl] *f* ⟨~; ~n⟩, *m* ⟨~s; ~⟩ *für Garn etc.* dévidoir *m*; aspe *m*; (*Förderwinde*) treuil *m*; **Ձn I** *v/t.* ⟨-(e)le, h⟩ dévider; (*hochwinden*) guinder; **II ~n** *n* ⟨~s⟩ dévidage *m*; guindage *m.*

Haß [has] *m* ⟨-sses⟩ 'haine *f* (**gegen** de); **aus ~** par 'haine (**gegen** de); **tödlicher, eingewurzelter, wilder ~** 'haine mortelle, enracinée, farouche; **j-n mit s-m ~ verfolgen** poursuivre qn. de sa haine; **gegen j-n ~ hegen** nourrir de la haine contre qn.

hassen ['hasən] *v/t.* ⟨-ßt, h⟩ 'haïr; **zu ~ beginnen, ~ lernen** prendre (qn., qc.) en 'haine; **~ wie die Pest** 'haïr comme la peste; **~sˌwert** *adj.* 'haïssable; odieux, -euse.

haß|erfüllt ['has^ɛrˌfʏlt] **1.** *adjt.* rempli, plein de haine; 'haineux, -euse; **2.** *advt.* **j-n ~ anblicken** regarder qn. avec 'haine, 'haineusement; **~erˌregend** *adjt.* qui provoque la haine; **Ձgeˌfühle** *n/pl.* sentiments *m/pl.* de haine; **Ձgeˌsang** *m* chant *m* de haine; **Ձkamˌpagne** *f* campagne *f* de haine.

häßlich ['hɛslɪç] *adj.* laid; vilain; F moche; **sehr ~** *auch* 'hideux, -euse; **ein ~er Anblick** un spectacle laid; **ein ~es Gesicht** un visage laid, F moche; un vilain visage; **~ wie die Nacht** laid comme un pou, comme un singe, comme les sept péchés capitaux; **e-e ~e Tat** une vilaine action; **ein ~es Wort** un vilain mot; une vilaine parole; **es ist ~, zu lügen** c'est laid *od.* vilain de mentir; **~ aussehen** être laid; **~ machen** enlaidir; **~ werden** (s')enlaidir; **Ձˌkeit** *f* ⟨~⟩ laideur *f.*

Haßtirade ['hastiˑˌraːdə] *f* tirade haineuse.

hast [hast] *cf.* haben.

Hast [hast] *f* ⟨~⟩ 'hâte *f*; *des Lebens etc.* précipitation *f*; **in wilder ~** en toute 'hâte; précipitamment; **Ձen I** *v/i.* ⟨-ete, h, *doublé d'une indication de direction* **sein**⟩ se hâter; se presser; se dépêcher; **zum Ausgang, nach Hause ~** se hâter vers la sortie, de rentrer chez soi; **II ~en** *n* ⟨~s⟩ *cf.* ~; **Ձig 1.** *adj.* pressé; précipité; *Bewegung* brusque; **2.** *adv.* à la hâte; en (toute) 'hâte; précipitamment; **~ sprechen** parler avec précipitation; **~ essen** *auch* expédier son repas; **nicht so ~!** pas si vite!; **~igˌkeit** *f* ⟨~⟩ 'hâte *f*; précipitation *f*; *e-r Bewegung* brusquerie *f.*

hätscheln ['hɛtʃəln] *v/t.* ⟨-(e)le, h⟩ (*liebkosen*) caresser; cajoler; (*verzärteln*) dorloter; choyer.

hatschi [ha'tʃiː, 'hatʃiˑ] *int.* atchoum [atʃum]!

hatte ['hatə] *cf.* haben.

Hatz [hats] *f* ⟨~; ~en⟩ *ch.* chasse *f* à courre.

hatzi ['hatsiˑ, ha'tsiː] *cf.* hatschi.

Häubchen ['hɔʏpçən] *n* ⟨~s; ~⟩ petite coiffe; (*Kinder*Ձ) bonnet *m*; béguin *m.*

Haube ['haubə] *f* ⟨~; ~n⟩ **1.** coiffe *f* (*auch e-r Krankenschwester*); *einfache* bonnet *m*; *der kath. Schwestern* cornette *f*; *fig. Mädchen* **unter die ~**

bringen marier; F caser; **unter die ~ kommen** se marier; **2.** *gewisser Vögel* 'huppe *f*; 'houppe *f*; **3.** *für Falken* chaperon *m*; **4.** (*Netzmagen der Wiederkäuer*) bonnet *m*; **5.** *techn.* (*Motor*2) capot *m*; **6.** *bât.* (*geschweiftes Turmdach*) comble bombé; dôme *m*; (*Zwiebel*2) dôme bulbeux; **7.** *Friseur* (*Trocken*2) casque *m* de coiffeur; séchoir *m*; **8.** *e-r Granate* fausse ogive; **9.** *math. e-r Kugel* calotte *f*; **~nˌadler** *m zo.* aigle 'huppé; *sc.* spizaète *m*; **~nˌgeˌschoß** *n Artillerie* obus *m* à fausse ogive; **~nˌlerche** *f zo.* cochevis *m*; alouette 'huppée; **~nˌmeise** *f zo.* mésange 'huppée; **~nˌtaucher** *m zo.* grèbe 'huppé.

Haubitze [hauˈbɪtsə] *f* ⟨~; ~n⟩ *milit.* obusier *m*.

Hauch [haux] *m* ⟨~(e)s; ~e⟩ souffle *m* (*auch fig.*); *auf Glas, Früchten etc.* fine couche; *fig.* **ein ~ antiken Geistes** un souffle d'esprit antique; *Zartes, Duftiges* **ein ~ von ...** un soupçon de ...; **ein ~ von Rosenduft** un soupçon d'odeur de rose; **ein ~ Puder** un soupçon de poudre; **2ˈdünn 1.** *adj. Gewebe* arachnéen, -nne [-k-]; *Porzellan etc.* très fin; **2.** *adv.* **etw. ~ auftragen** appliquer une couche très fine de qc.; **2en** *v/t. u. v/i.* ⟨h⟩ souffler; *fig. Worte* susurrer; **in die Hände ~** souffler dans ses doigts; *phon.* **das H ~, gehaucht aussprechen** prononcer l'h aspiré; faire entendre l'aspiration du h; **2ˈfein** *adj. cf.* 2dünn; **~laut** *m phon.* son expiré; **mit ~ (aus)sprechen** aspirer; **2ˈzart** *adj.* très fin; *cf. auch* 2dünn.

Haudegen [ˈhauˌdeːgən] *m* ⟨~s; ~⟩ *fig.* **alter ~** vieux soudard; grognard *m*.

Haue [ˈhauə] *f* **1.** ⟨~⟩ F **~ kriegen** recevoir une correction, des coups, des 'horions, F des gnons, une volée de coups, une rossée, une raclée; **2.** ⟨~; ~n⟩ *cf.* **Hacke.**

hauen [ˈhauən] **I** *v/t.* ⟨**haut, haute** *od.* **hieb, gehauen,** h⟩ **1.** *mines* abattre; *techn. Feilen* tailler; *sculp.* **in Stein, Marmor ~** sculpter [skylte] dans la pierre, dans le marbre; *Stufen etc.* **in den Fels ~** tailler, creuser dans le roc; **die Axt in den Baumstamm ~** enfoncer, planter la hache dans le tronc d'arbre; **Löcher ins Eis ~** faire des trous dans la glace; **2.** ⟨*impf.* **haute**⟩ F (*schlagen*) battre; frapper; F taper; *stark* rosser; *brutal* cogner; **sich ~** se battre; **hau(t) ihn!** tape(z) dessus!; *fig.* **j-n übers Ohr ~** rouler, escroquer, estamper, F avoir qn.; **in dieselbe Kerbe ~** *cf.* **Kerbe**; P **sich ins Bett ~** P aller au pieu, schloff, panier; se pieuter; P **j-n in die Pfanne ~** battre qn. à plate couture; **II** *v/i.* **nach j-m ~** essayer de frapper qn., de donner des coups à qn.; *Raubtier* essayer de donner des coups de griffe à qn.; **III 2** *n* ⟨~s⟩ *mines* abattage *m*; *von Feilen* taille *f*; *sonst verbal.*

Hauer [ˈhauər] *m* ⟨~s; ~⟩ **1.** *mines* piqueur *m*; 'haveur *m*; **2.** *des Ebers* défense *f*; *pl. auch* broches *f/pl.*; **~ˌleistung** *f mines* rendement *m* d'un piqueur.

Häufchen [ˈhɔʏfçən] *n* ⟨~s; ~⟩ petit tas; *von Personen* poignée *f*; petit nombre; *fig.* **wie ein ~ Elend, Unglück** accablé, anéanti par le malheur; *enf.* **(s)ein ~ machen** faire (son) caca.

Haufe [ˈhaufə] *m* ⟨~ns; ~n⟩ *cf.* **Haufen.**

häufel|n [ˈhɔʏfəln] **I** *v/t.* ⟨-(e)le, h⟩ *jard., agr.* butter; **II 2n** *n* ⟨~s⟩ buttage *m*; **2ˌpflug** *m agr.* buttoir *m*; butteur *m*.

Haufen [ˈhaufən] *m* ⟨~s; ~⟩ **1.** tas *m*; *meist wirrer* amas *m*; *sehr großer* monceau *m*; (*Kot*2) crotte *f*; **auf e-n ~ werfen** jeter, mettre en tas; **auf e-m ~ liegen** être en tas; *Heu* **auf, in ~ setzen** mettre en tas; **(alles) auf einem ~** (tout) en un seul tas; *fig. u.* F **j-n über den ~ rennen, fahren** renverser, culbuter qn.; **j-n über den ~ schießen** abattre qn. (d'un coup de feu); *Pläne etc.* **über den ~ werfen** bouleverser; bousculer; F chambarder; chambouler; **2.** (*Menschen*2) tas *m* (de gens); foule *f*; (*Schar*) troupe *f*; bande *f*; **bewaffneter ~** bande armée; **ein ganzer ~ Kinder** *auch* une ribambelle d'enfants; **in hellen ~** en foule; en grand nombre; *fig.* **der große ~** la masse; le vulgaire; **3.** ⟨*pas de pl.*⟩ F (*viel*) **ein ~ ...** un *od.* des tas de ...; un monceau de ...; **ein ~ Schwierigkeiten** un *od.* des tas de difficultés; **ein ~ Geschenke** un tas, un monceau de cadeaux; **e-n ~ Bücher besitzen** posséder des tas de livres; **ein ~ Geld** beaucoup d'argent; **e-n ~ Geld kosten** *auch* coûter les yeux de la tête; **e-n ~ Geld verdienen** gagner beaucoup.

häufen [ˈhɔʏfən] **I** *v/t.* ⟨h⟩ accumuler; *jur. Ämter, Strafen etc.* cumuler; **zwei gehäufte Teelöffel** deux cuillerées à café bien pleines; *cf. auch* **auf-, anhäufen**; **II** *v/réfl.* **sich ~** s'entasser; s'amasser; s'amonceler; s'accumuler; *Fälle, Vorkommnisse* se multiplier.

Haufen|dorf [ˈhaufənˌdɔrf] *n* village *m* aux maisons groupées irrégulièrement; **~ˌschichtwolke** *f* strato-cumulus [-ys] *m*; **~ˌstern** *m astr.* étoile *f* fixe d'un amas d'étoiles; **2ˌweise** *adv.* par tas; par monceaux; *Menschen* en foule; en masse; par bandes; **~ˌwolke** *f* cumulus [-ys] *m*.

häufig [ˈhɔʏfɪç] **1.** *adj.* fréquent; **e-e ~e Erscheinung** un phénomène fréquent, courant; **2.** *adv.* souvent; fréquemment; **~ vorkommen** arriver souvent, fréquemment; *Wort in e-m Text etc.* être fréquent; **sehr ~ vorkommen** *auch* abonder; **~ ins Theater** *etc.* **gehen** aller souvent au théâtre, *etc.*; fréquenter les théâtres, *etc.*; **2ˌkeit** *f* ⟨~⟩ fréquence *f*; **2keitsˌkurve** *f* courbe *f* des fréquences; **2keitstaˌbelle** *f* tableau *m* des fréquences; **2keitsverˌteilung** *f* répartition *f* des fréquences; **2keitsˌwörterbuch** *n* dictionnaire *m* de fréquence(s).

Häuf|lein [ˈhɔʏflaɪn] *n* ⟨~s; ~⟩ *cf.* **Häufchen**; **~ung** *f* ⟨~⟩ accumulation *f*; *von Fällen, Vorkommnissen* multiplication *f*; *jur. von Ämtern, Strafen etc.* cumul *m*.

Haufwerk [ˈhaufvɛrk] *n* ⟨~(e)s⟩ *Steinbruch* pierres en tas, abattues.

Hau|hechel [ˈhauˌhɛçəl] *f* ⟨~⟩ *bot.* bugrane *f*; *sc.* ononis [-s] *m*; **dornige ~** bugrane épineuse; arrête-bœuf *m*; **~klotz** *m* billot *m*; **~ˌmesser** *n* (*Art Buschmesser*) machette *f*.

Haupt [haupt] *n* ⟨~(e)s; ¨er⟩ **1.** *st. s.* (*Kopf*) tête *f*; chef *m*; **erhobenen, gesenkten ~es** tête 'haute; tête basse; **entblößten ~es** tête nue; nu-tête; **ein greises ~** une tête chenue; **gekrönte Häupter** des têtes couronnées; **2.** *fig.* (*Führer*) chef *m*; **Reform an ~ und Gliedern** réforme totale; **~...** *in Zssgn. meist* principal; capital; essentiel, -lle; central; **~ˌachse** *f math.* axe principal; *e-r Ellipse* axe focal; grand axe; **~aktioˌnär** *m comm.* actionnaire principal; **~alˌtar** *m* maître-autel *m*; **~amt** *n* bureau central (*auch tél.*); **2ˌamtlich 1.** *adj. Tätigkeit* professionnel, -lle; *Person* qui exerce sa fonction à titre professionnel; **2.** *adv.* à titre professionnel; **~ tätig sein** exercer sa fonction à titre professionnel; **~ˌandrang** *m* plus grande affluence; **~ˌangeklagte(r)** *m* principal accusé; **~ˌanklageˌpunkt** *m jur.* principal chef d'accusation; **~ˌanliegen** *n* but principal; vœu le plus cher; **~ˌanschluß** *m tél.* ligne *f* d'abonné; raccordement principal; **~ˌanteil** *m* majeure partie; plus grosse part; plus grande part; **~ˌarbeit** *f* gros *m* de l'ouvrage; majeure partie du travail; **~ast** *m* maîtresse branche; **~attraktiˌon** *f* principale attraction; clou *m*; **~ˌaugenmerk** *n* **sein ~ auf etw. richten** faire principalement attention à qc.; **~ˌausgaben** *f/pl. comm.* principales dépenses; **~ˌausgang** *m* sortie principale; **~bahn** *f chem.* chemin de fer *m* d'intérêt général; **~ˌbahnhof** *m* (*abr.* Hbf.) gare principale, centrale; **~ˌbalken** *m bât.* maîtresse poutre; **~beˌdeutung** *f* sens principal; signification principale; premier sens; **~beˌdingung** *f* condition essentielle; **~beˌrichterˌstatter** *m* principal rapporteur; **~beˌruf** *m* profession (régulière, principale); métier (régulier, principal); **2beˌruflich 1.** *adj.* professionnel, -lle; **2.** *adv.* **e-e Tätigkeit ~ ausüben** exercer une activité en tant que profession, à titre professionnel; **~beˌschäftigung** *f* occupation, activité principale; **~beˌstandteil** *m* élément, composant, constituant principal; **~beˌtrieb** *m* **1.** *e-s Unternehmens* entreprise principale; maison *f* mère; **2.** *im Verkehr etc.* plus grande activité, animation; **~buch** *n comm.* grand-livre *m*; **~ˌbuchhalter** *m* chef *m* comptable; **~büˌro** *n* bureau principal, central; **~ˌdarsteller(in)** *m* (*f*) *Film, thé. etc.* interprète principal(e); *Film auch* vedette *f*; *thé. auch* protagoniste *m*; **~deck** *n mar.* pont principal; **~ˌeigenschaft** *f e-s Stoffs* propriété principale; *e-r Person* principale qualité; qualité essentielle; **~ˌeinfahrt** *f*, **~ˌeingang** *m* entrée principale; **~ˌeinkommen** *n* revenus principaux; **~ˌeinnahmeˌquelle** *f* source principale de revenus; **~entˌschädigung** *f* indemnisation, (*Geldsumme*) indemnité principale; **~ˌerbe, ~ˌerbin** *m, f* héritier, -ière principal(e) *m, f*; **~erˌfordernis** *n* condition principale; **~erˌzeugnis** *n* principal produit; **~esˌlänge** *f* **j-n um ~ überragen** dépasser qn. d'une tête; **~fach** *n Studium, Schule* matière principale; **Französisch als ~ studieren** avoir le français comme matière principale; **~ˌfehler** *m* principal défaut; (*Irrtum*) erreur principale; **~feind** *m* principal ennemi; **~feld** *n Radrennen* peloton *m*; **~ˌfeldwebel** *m milit. etwa* sergent-major *m*; maréchal *m* des logis-major; **~fiˌgur** *f e-s Dramas, Romans etc.* personnage principal (*auch fig.*); **~film** *m e-s Programms* grand film; film principal; **~ˌförderˌsohle** *f mines* étage principal d'extraction; **~ˌförderˌstrecke** *f mines* voie principale de roulage; **~ˌforderung** *f* principale revendication, exigence; *comm.* créance principale; **~ˌfrage** *f* question principale; **~geˌbäude** *n* bâtiment, édifice principal; corps *m* de logis; **~geˌdanke** *m* idée principale, maîtresse; **~geˌfreite(r)** *m milit.* caporal-chef *m*; brigadier-chef *m*; **~geˌricht** *n cuis.* plat de résistance, principal; **~geˌschäft** *n* **a)** *Gebäude* maison *f* mère; établissement principal, central; **b)** *Vorgang* affaires principales; **~geˌschäftsstelle** *f* bureau, secrétariat principal; agence principale; **~geˌschäftsstunden** *f/pl.*, **~geˌschäftszeit** *f* heures *f/pl.* de la plus grande affluence; **~geˌsichtspunkt** *m* point de vue principal; **~geˌwicht** *n* *fig.* **das ~ auf etw. legen** donner du poids, de l'importance principalement à qc.; **~geˌwinn** *m* *Lotterie* gros lot; **~ˌgläubiger** *m* principal créancier; **~gleis** *n* voie principale; **~grund** *m* raison principale; **~haar** *litt. n* cheveux *m/pl.*; chevelure *f*; **~hahn** *m* *techn.* robinet principal; **~ˌhandelsˌplatz** *m* grand marché; **~ˌhandlung** *f* *e-s Dramas etc.* action principale; **~heer** *n* *milit.* gros *m* de l'armée; **~ˌhindernis** *n* principal obstacle; **~ˌinhalt** *m* principal contenu (*auch fig.*); substance *f*; essentiel *m*; **~inteˌresse** *n* principal intérêt; **~ˌkabel** *n* *techn.* câble principal; **~ˌkampffeld** *n* *milit.* position principale de résistance; **~ˌkampflinie** *f* *milit.* (*abr.* HKL) ligne principale de résistance; **~ˌkasse** *f* caisse principale, centrale; **~ˌklage** *f* *jur.* demande principale; **~ˌkläger** *m* *jur.* demandeur principal; **~ˌkriegsverˌbrecher** *m* grand criminel de guerre; **~last** *f* charge principale (*auch fig.*); **~ˌlehrer** *m* *etwa* instituteur *m* titulaire; **~ˌleitung** *f* *Rohre* conduite principale; *élect.* ligne principale; **~ˌleute** *pl. cf.* Hauptmann.

Häuptling ['hɔʏptlɪŋ] *m* ⟨~s; ~e⟩ chef *m* de tribu.

Haupt|macher ['hauptˌmaxər] *m* ⟨~s; ~⟩ F *cf.* **~triebfeder**; **~macht** *f* principale puissance; *milit.* forces principales; gros *m* de l'armée; **~ˌmahlzeit** *f* repas principal; **~ˌmangel** *m* principal défaut; *jur.* vice *m* rédhibitoire; **~mann** *m* ⟨~(e)s; -leute⟩ *milit.* capitaine *m*; F pitaine *m*; capiston *m*; (*Räuber♀ etc.*) chef *m*; **~mannsˌrang** *m* grade *m* de capitaine; **~markt** *m* principal marché; **~ˌmasse** *f* gros *m*; **~ˌmerkmal** *n* caractère principal; **~ˌmieter** *m* locataire principal; **~moˌtiv** *n* principal mobile; *mus.* thème dominant; **~ˌnahrung** *f* nourriture principale; **~ˌnenner** *m* *math.* dénominateur commun; **~ˌniederlage** *f* *comm.* dépôt principal; **~ˌniederlassung** *f* établissement principal; **~orˌgan** *n* organe principal; **~ort** *m* chef-lieu *m*; **~perˌson** *f* personnage principal; **~porˌtal** *n* *bât.* portail central; grand portail; **~ˌpost(amt)** *f* (*n*) poste principale, centrale; grand-poste *f*; **~ˌprobe** *f* *thé.*, *mus.* dernière répétition avant la générale; **~punkt** *m* point principal, essentiel; **~quarˌtier** *n* *milit.* quartier général (Q.G.); **~ˌquelle** *f* source principale (*auch fig.*); **~ˌrädelsˌführer** *m* principal meneur; **~ˌredner** *m* principal orateur; **~ˌregel** *f* principale règle; **~ˌreiseˌzeit** *f* pleine saison des voyages, du tourisme; **~rohr** *n* *techn.* tuyau principal; **~ˌrolle** *f* *thé.*, *Film* premier rôle; rôle principal; **die ~ spielen** *Person* jouer le premier rôle, le rôle principal (*beide auch fig.*); *Geld etc.* jouer un rôle primordial; **~ˌsache** *f* ⟨~⟩ **1.** principal *m*; **in der ~** principalement; **das ist die ~** c'est le principal; **zur ~ kommen** en venir au fait; **2.** *jur.* fond *m*; **in der ~ entscheiden** statuer sur le fond; **zur ~ verhandeln** débattre sur le fond; **♀ˌsächlich 1.** *adj.* principal; capital; (*wesentlich*) essentiel, -lle; **2.** *adv.* principalement; avant tout; surtout; **~saiˌson** *f* pleine saison; **~satz** *m* **1.** *gr.* (proposition) principale *f*; **2.** *phys.* **erster** *etc.* **~ der Wärmelehre** premier, *etc.* principe de la thermodynamique; **~schacht** *m* *mines* puits principal; **~ˌschalter** *m* *élect.* commutateur, interrupteur principal; **~schiff** *n* *cf.* Mittelschiff; **~ˌschlagader** *f* *anat.* aorte *f*; **~schlußˌmotor** *m* *élect.* moteur *m* série; **~ˌschriftleiter** *m* rédacteur *m* en chef; **~schuld** *f* faute principale; **die ~ an etw. tragen** être le principal fautif *bzw.* la principale fautive de qc.; **~ˌschuldige(r)** *f* (*m*) principal(e) coupable, fautif (-ive) *m* (*f*); grand(e) coupable, fautif (-ive) *m* (*f*); **~ˌschuldner** *m* principal débiteur; **~ˌschwierigkeit** *f* principale difficulté; **~ˌsehensˌwürdigkeit** *f* principale curiosité; **~ˌsender** *m* *rad.* émetteur principal; **~ˌsicherung** *f* *élect.* coupe-circuit principal; **~siˌgnal** *n* *chem.* signal *m* d'arrêt; **~sitz** *m* siège principal, central; **~ˌsorge** *f* principal souci; **~spaß** *m* fameux divertissement, amusement; **~stadt** *f* capitale *f*; métropole *f*; **~ˌstädter(in)** *m* (*f*) habitant(e) *m* (*f*) de la capitale; **♀ˌstädtisch** *adj.* d'une *bzw.* de la capitale; métropolitain; **~ˌstärke** *f* F **das ist s-e ~** c'est son fort; **~ˌstollen** *m* *mines* galerie principale; **~ˌstraße** *f* grand-rue *f*; rue principale; *im Überlandverkehr* grand-route *f*; **~ˌstrecke** *f* *chem.* grande ligne; **~stromˌmotor** *m* *cf.* **~schlußmotor**; **~ˌstütze** *f* *fig.* principal soutien; **~ˌsünde** *f* *relig. cath.* **die sieben ~n** les sept péchés capitaux; **~ˌtäter(in)** *m* (*f*) auteur principal; **~ˌtätigkeit** *f* principale occupation, activité; **~teil** *m* (*wichtigster Teil*) partie principale; (*größter Teil*) majeure partie; **~ˌthema** *n* sujet principal; **~ton** *m* *phon.* accent principal, primaire; *fig.* **den ~ auf etw. legen** accentuer principalement qc.; **~tor** *n* porte principale; grande porte; grand-porte *f*; **~ˌträger** *m* *bât.* maîtresse poutre; **~ˌtreffer** *m* *Lotterie* gros lot; **~ˌtreppe** *f* escalier principal; grand escalier; **~triˌbüne** *f* tribune principale; **~ˌtriebfeder** *f* *fig.* cheville ouvrière; meneur *m*; principal agent; **~trumpf** *m* *fig.* **s-n ~ ausspielen** jouer son meilleur atout; **~- und 'Staatsaktiˌon** *f* *fig.* **e-e ~ aus etw. machen** faire tout un drame, une affaire d'État de qc.; **~ˌunterschied** *m* principale différence; différence capitale, essentielle; **~ˌursache** *f* principale cause; **~verˌbandsplatz** *m* *milit.* poste principal, central de secours; **~verˌfahren** *n* *jur.* procédure pénale ouverte sur plainte du parquet; **~verˌhandlung** *f* *jur.* débats *m/pl.*; **~verˌkehr** *m* majeure partie de la circulation; **~verˌkehrsader** *f* grande artère; **~verˌkehrsstraße** *f* rue *f* *bzw.* route *f* à grand trafic; **~verˌkehrsˌstunden** *f/pl.*, **~verˌkehrszeit** *f* heures *f/pl.* de pointe, d'affluence; **~verˌsammlung** *f* *e-r AG* assemblée générale; **~verˌtreter** *m* principal représentant; **~verˌwaltung** *f* administration centrale; **~ˌwelle** *f* *techn.* arbre principal; **~werk** *n* *e-s Dichters etc.* ouvrage principal; **~ˌwohnsitz** *m* domicile principal; **~wort** *n* ⟨~(e)s; ~er⟩ *gr.* substantif *m*; nom *m*; **♀ˌwörtlich 1.** *adj.* substantif, -ive; du substantif; **2.** *adv.* **~ gebraucht** pris substantivement; **~ˌwurzel** *f* *bot.* racine principale; **~ˌzähler** *m* *techn.* compteur principal; **~ˌzeuge, ~ˌzeugin** *m, f* principal témoin; **~ziel** *n* principal but; **~ˌzollamt** *n* bureau principal, central des douanes; **~zug** *m* **1.** *chem.* train régulier; **2.** trait essentiel, principal, dominant; **~zweck** *m* principal but.

hau ruck ['hau 'rʊk] *int.* oh! 'hisse!

Haus [haus] *n* ⟨~es; ~er⟩ **1.** maison *f*; **ein dreistöckiges ~** une maison de trois étages; **das Weiße ~** la Maison Blanche; **das ~ des Herrn** (*Kirche*) la maison du Seigneur; **öffentliches ~** (*Bordell*) maison close, de tolérance; **der Sohn, die Tochter des ~es** le fils, la fille de la maison; **die Dame, Frau des ~es** la maîtresse de maison; **~ und Hof** propriété *f*; **von ~ und Hof vertrieben werden** être chassé, expulsé de sa propriété; **~ an ~ wohnen** habiter, être porte à porte (mit j-m avec qn.); **von ~ zu ~** de porte en porte; **von ~ zu ~ gehen** *auch* faire du porte à porte; **herzliche Grüße von ~ zu ~** bien des choses de nous tous à tous les vôtres; *comm.* **frei ~** franco à domicile; **ins ~ liefern** livrer à domicile; **vom ~e abholen** prendre à domicile; **im ~e** dans *od.* à la maison; **im ~e s-r Eltern** chez ses parents; **nach ~e** à la maison; chez soi; **j-n nach ~e bringen** raccompagner, reconduire, ramener qn. chez lui; **j-n mit nach ~e nehmen** emmener qn. chez soi, à la maison; **kommen Sie gut nach ~e!** bon retour!; **nach ~e zurückkehren** rentrer à la maison, chez soi; **nach ~e schreiben** écrire à la maison, chez soi; **zu ~e** chez soi; à la maison (*meist im ~e des Sprechenden*); **bei uns zu ~e** chez nous; **zu ~e sein** être chez soi, à la maison; **zu ~e bleiben** rester à la maison, chez soi; **immer zu ~e sitzen,** F **hocken** être casanier, -ière; mener une vie casanière; **sich (wie) zu ~e fühlen** se sentir (comme) chez soi; **er ist bei uns wie zu ~e** il est pour ainsi dire de la famille; **tun Sie, als ob Sie zu ~e wären!** faites comme chez vous!; **ich bin für niemanden zu ~e** je n'y suis pour personne; **ist Herr X zu ~e?** Monsieur X est-il chez lui?; **niemanden zu ~e antreffen** ne trouver personne (chez qn.); trouver porte close; F se casser le nez; **ein Brief von zu ~e** une lettre de la maison, de chez soi; **von zu ~e weggehen** partir de la maison, de chez soi; **wo ist er zu ~e?** d'où vient-il, est-il (originaire), sort-il?; **in Berlin zu ~e sein** *Person* être de Berlin; *Sitte etc.* être originaire de, venir de Berlin; *fig.* **in etw. zu ~e sein** être versé dans, rompu à, ferré sur qc.; s'y connaître en qc.; connaître qc. à fond; **er ist in dieser Sprache zu ~e** *auch* cette langue lui est familière; **von ~ aus** d'origine; de naissance; *fig.* originairement; à l'origine; dans le fond; **außer ~ essen** dîner, déjeuner, manger en ville; **aus gutem ~e (sein)** (être) de bonne famille; **Herr im ~ sein** être (le) maître chez soi; **das ~ besorgen** tenir la maison; **ein großes ~ führen** mener grand train; **ein offenes, gastfreies ~ haben** tenir table ouverte; être hospitalier, -ière; **ein eigenes ~ haben** avoir sa propre maison; avoir pignon sur rue; **das ~ hüten** garder la maison; **j-n aus dem ~e jagen** chasser qn.; **j-m das ~ verbieten** fermer, refuser sa porte à qn.; *fig.* **mit der Tür ins ~ fallen** dire brutalement les choses; casser les vitres; **auf ihn kann man Häuser bauen** on peut absolument compter sur lui; **bleibe zu ~e und nähre dich redlich** *prov. etwa* pierre qui roule n'amasse pas mousse *prov.*;

2. *thé.* **volles, leeres ~** salle comble, vide; **ein volles ~ bringen** faire salle comble; **vor leerem ~e spielen** jouer devant une salle vide, devant des banquettes vides; **vor ausverkauftem ~e spielen** jouer à bureaux fermés, devant une salle comble; **3.** (*Parlament*) Assemblée *f*; Chambre *f*; **erregtes ~** Assemblée 'houleuse; **ich bitte das Hohe ~** je prie l'Assemblée; **das ~ ist nicht beschlußfähig** l'Assemblée n'atteint pas le quorum [korɔm]; **4.** *comm.* (*Unternehmen*) maison *f*; **das ~ X** la maison X; **5.** (*Fürstenfamilie*) maison *f*; **regierendes ~** maison régnante; **das ~ Bourbon** la maison de Bourbon; **6.** (*Schnecken2*) coquille *f*; *enf.* maison *f*; **7.** *Astrologie* maison *f*; **8.** F (*Person*) **fideles ~** rigolo *m*; gai luron; joyeux drille; **gelehrtes ~** puits *m* de science; encyclopédie vivante; **na, altes ~!** alors, (mon) vieux!; alors, vieille branche!

Hausa *cf.* Haussa.

Haus|altar ['haus'ʔalˌtaːr] *m* autel domestique, privé; **~ˌangestellte(r)** *f* (*m*) employé(e) *m* (*f*) de maison; **~ˌanschluß** *m für Gas, Wasser, tél. etc.* branchement *m* domestique, d'abonné; **~ˌanzug** *m* costume *m*, tenue *f* d'intérieur; **~apoˌtheke** *f* pharmacie (familiale); **~ˌarbeit** *f* **1.** *der Hausfrau* travaux *m/pl.* à la maison, domestiques, d'intérieur, du ménage; **2.** *écol.* devoir *m*; **~arbeitsˌtag** *m* congé payé d'un jour par mois pour salariées féminines ayant un ménage à tenir; **~aˌrrest** *m* résidence surveillée; **j-n unter ~ stellen** placer qn. en résidence surveillée; **unter ~ stehen** être en résidence surveillée; *Kind* **~ haben** être privé de sortie; **~arzt** *m* médecin *m* de famille; **~ˌaufgabe** *f écol.* devoir *m*; **~ˌaufsatz** *m* rédaction faite à la maison; **2ˌbacken** *adj. fig.* terre-à-terre; prosaïque; *Frau auch* pot-au-feu; F popote; **~ball** *m* bal *m* (chez soi, chez qn.); **~bar** *f* bar *m* de salon; **~bau** *m* construction *f* d'une maison; **~beˌdarf** *m* **für den ~** pour les besoins de la maison, du ménage; **~beˌsitzer(in)** *m* (*f*) propriétaire *m*, *f* (d'une maison); P proprio *m*, *f*; **~beˌsuch** *m e-s Arztes* visite *f*; **bei j-m e-n ~ machen** visiter qn.; **~beˌwohner(in)** *m* (*f*) habitant(e) *m* (*f*) de la maison; (*Mieter*) locataire *m*, *f*; **~biblioˌthek** *f* bibliothèque (particulière, chez soi); **~boot** *n* bateau *m* servant d'habitation; *in Ostasien* jonque *f*; sampan *m*; **~brand** (**-ˌkohle**) *m* (*f*) charbon *m* pour usage domestique; **~brandverˌsorgung** *f* approvisionnement *m* en charbon domestique.

Häuschen ['hɔʏsçən] *n* ⟨~s; ~⟩ petite maison; maisonnette *f*; (*Bretter2*) cabane *f*; F (*Abort*) petit coin, endroit; *fig. u.* F **j-n aus dem ~ bringen** mettre qn. dans tous ses états; faire perdre la tête à qn.; **aus dem ~ kommen, geraten** se mettre dans tous ses états; perdre la tête; (**ganz**) **aus dem ~ sein** être dans tous ses états; *vor Freude* ne pas se sentir de joie.

Haus|dach ['hausdax] *n* toit *m* (de la maison); **~ˌdame** *f* gouvernante *f*; (*Gesellschafterin*) dame *f* de compagnie; **~ˌdiener** *m* garçon *m* de service; homme *m* à tout faire; **~ˌdrache(n)** *m fig. u.* F mégère *f*; dragon *m*; **~durchˌsuchung** *f cf.* Haussuchung; **~ˌecke** *f* coin *m*, angle *m* de la maison; **~ˌeigentümer(in)** *m* (*f*) *cf.* Hausbesitzer (-in); **~ˌeinfahrt** *f* porte cochère; **~ˌeingang** *m* entrée *f* (de la maison); **~ˌeinrichtung** *f* installation *f* (d'une maison).

hausen ['hauzən] *v/i.* ⟨-(es)t, h⟩ **1.** habiter; vivre; F percher; nicher; **2. übel, schlimm ~** se comporter en sauvage(s), en barbare(s); saccager tout.

Hausen ['hauzən] *m* ⟨~s; ~⟩ *zo.* grand esturgeon russe; **~ˌblase** *f* colle *f* de poisson; ichtyocolle [ikt-] *f*.

Hausente ['hausˌʔɛntə] *f zo.* canard *m* domestique.

Häuser|block ['hɔʏzərˌblɔk] *m* pâté *m* de maisons; **~ˌgruppe** *f* groupe *m* de maisons; **~ˌkampf** *m milit.* combat *m* de rues; **~ˌmakler** *m* agent immobilier; courtier *m* en immeubles; **~ˌmeer** *n* mer *f*, océan *m* de maisons; **~ˌreihe** *f* rangée *f* de maisons; **~ˌviertel** *n* îlot *m* de maisons.

Haus|flagge ['hausˌflagə] *f mar.* pavillon *m* de l'armateur; **~flur** *m* vestibule *m*; entrée *f*; **~frau** *f* ménagère *f*; *als Berufsbezeichnung* mère *f* de famille; femme *f* au foyer; (*Frau des Hauses*) maîtresse *f* de maison; **e-e gute ~ sein** être une bonne ménagère; **Stütze der ~** aide-ménagère *f*; **~frauenˌart** *f cuis.* **nach ~** bonne femme; à la ménagère; **~frauenverˌein** *m* association *f* des femmes au foyer; **2ˌfraulich** *adj.* de (bonne) ménagère; ménager, -ère; **~freund** *m* ami *m* de la maison; **~ˌfriede(n)** *m jur.* inviolabilité *f* du domicile; **~friedensˌbruch** *m jur.* violation *f* de domicile; **~ˌgarten** *m* jardin *m* autour de la maison; **~geˌbrauch** *m* **für den ~** pour l'usage domestique (*auch fig.*); **~geˌhilfin** *f* aide-ménagère *f*; (*Dienstmädchen*) bonne *f*; *als Berufsbezeichnung* employée *f* de maison; **~geist** *m* génie *m* domestique, du foyer; **~geld** *n der Sozialversicherung* indemnité familiale; **~geˌmeinschaft** *f* (communauté *f* des) habitants *m/pl.* d'une maison; **~geˌnosse**, **~geˌnossin** *m*, *f* colocataire *m*, *f*; **~geˌsinde** *n* domestiques *m/pl.*; domesticité *f*; gens *m/pl. bzw. f/pl.* de maison; **~ˌglocke** *f* sonnette *f*; **~ˌgötter** *m/pl.* dieux *m/pl.* domestiques, du foyer; **~ˌgrille** *f zo. cf.* Heimchen.

Haushalt ['haushalt] *m* ⟨~(e)s; ~e⟩ **1.** *privater* intérieur *m*; foyer *m*; ménage *m*; maison *f*; famille *f*; **ein ~ mit fünf Personen** une famille de cinq personnes; **zum ~ gehörende Person** personne faisant partie de la maison, de la famille; **e-n eigenen ~ haben** avoir son propre intérieur, son propre foyer; **den ~ führen** tenir le ménage, l'intérieur; conduire, administrer la maison; **j-m den ~ führen** tenir le ménage de qn.; **doppelten ~ führen** avoir deux intérieurs, deux ménages; **e-n gemeinsamen ~ führen** avoir un intérieur, un foyer en commun; **im ~ mithelfen** aider dans la maison, dans le ménage; **den ~ versorgen** vaquer aux soins du ménage; s'occuper de son intérieur, de son ménage; **im ~ der Eltern leben** vivre chez ses parents, au foyer paternel; **2.** *öffentlicher* budget *m*; (**außer**)**ordentlicher ~** budget (extra)ordinaire; (**un**)**ausgeglichener ~** budget en (dés)équilibre; **den ~ ausgleichen** équilibrer, boucler le budget; **den ~ verabschieden** voter, adopter le budget; **der ~ beläuft sich auf ...** le budget se chiffre à ...; **2en** *v/i.* ⟨*irr., sép.*, -ge-, h⟩ économiser (**mit etw.** qc.); être économe (de).

Haushälter|in ['hausˌhɛltəˌrɪn] *f* ⟨~; ~nen⟩ gouvernante *f*; **2isch 1.** *adj.* économe; **2.** *adv.* avec économie; économiquement; **mit etw. ~ umgehen** économiser, épargner qc.

Haushalts|abfälle ['haushaltsˌʔapfɛlə] *m/pl.* ordures ménagères; **~arˌtikel** *m* article *m* de ménage; **~ˌausgaben** *f/pl.* dépenses ménagères, du ménage; **~ˌausschuß** *m Parlament* commission *f* du budget; **~beˌratungen** *f/pl.* délibérations *f/pl.* budgétaires; **~beˌschränkungen** *f/pl.* restrictions *f/pl.* budgétaires; **~beˌsteuerung** *f* imposition *f* par foyer, par ménage; **~ˌbuch** *n* carnet *m* de dépenses (ménagères); **~budget** [-bʏˌdʒeː] *n* budget *m* de la maison, du ménage; **~ˌfehlbeˌtrag** *m* déficit [-it] *m* budgétaire; **~ˌfragen** *f/pl.* questions *f/pl.*, problèmes *m/pl.* budgétaires; **~ˌführung** *f* administration *f*, conduite *f* de la maison; *finanzielle* gestion *f* budgétaire; **doppelte ~** entretien *m* de deux ménages; **~ˌgas** *n* gaz [-z] *m* (pour l'usage) domestique; (*Stadtgas*) gaz *m* de ville; **~ˌgegenstand** *m* ustensile *m* de ménage; **~ˌgeld** *n* argent *m* pour les dépenses du ménage; **~geˌmeinschaft** *f* communauté *f* d'intérieur, de ménage; **~geˌrät** *n* appareil ménager; **~geˌsetz** *n* loi *f* budgétaire; loi *f* de finances; **~ˌgleichgewicht** *n* équilibre *m* budgétaire; **~ˌhilfe** *f Person* femme *f* de ménage; aide-ménagère *f*; **~ˌjahr** *n* exercice *m*, année *f* budgétaire; **~kreˌdit** *m* crédit *m* budgétaire; **~ˌlage** *f* situation *f* budgétaire; **~ˌliste** *f Volkszählung* liste *f* à remplir par le chef de famille; **~ˌmittel** *n/pl.* fonds *m/pl.* budgétaires; **~ˌordnung** *f* règlement *m* budgétaire; **~ˌpflegerin** *f* aide familiale; **~ˌplan** *m* budget *m*; **e-n ~ aufstellen** dresser, établir un budget; **in den ~ aufnehmen** inscrire au budget; **~ˌrecht** *n* droit *m* budgétaire; **~ˌstrom** *m* courant *m* (pour l'usage) domestique; **~ˌtag** *m cf.* Hausarbeitstag; **~taˌrif** *m* tarif *m* domestique; **~verˌbrauch** *m* consommation *f* domestique; **~ˌvoranschlag** *m* prévisions *f/pl.* budgétaires; **~ˌvorlage** *f* projet *m* de budget; **~ˌvorstand** *m* chef *m* de famille; **~ˌwaage** *f* balance *f* de ménage; **~ˌwaren** *f/pl.* articles ménagers, de ménage; **~ˌwäsche** *f* linge *m* de maison.

Haushaltung ['hausˌhaltʊŋ] *f* ⟨~⟩ **1.** administration *f*, conduite *f* de la maison; économie *f* domestique; **2.** ⟨*pl.* ~en⟩ *cf.* Haushalt; **~sˌkosten** *pl. cf.* Haushaltsausgaben; **~sˌschule** *f cf.* Hauswirtschaftsschule; **~sˌvorstand** *m cf.* Haushaltsvorstand.

Haus-Haus-Beförderung ['haus-'hausbəˌfœrdərʊŋ] *f chem.* transport *m* porte à porte.

Haus|herr ['haushɛr] *m* maître *m* de (la) maison, de céans; (*Gastgeber*) hôte *m*; **~ˌherrin** *f* maîtresse *f* de maison; (*Gastgeberin*) hôtesse *f*; **2hoch 1.** *adj.* de la hauteur d'une maison; **haushohe Wellen** des vagues de la hauteur d'une maison; *fig. u.* F **haushohe Niederlage** énorme, immense défaite; **2.** *adv. fig. u.* F **j-m ~ überlegen sein** être de beaucoup supérieur à qn.; *Sport* **j-n ~ schlagen** écraser, enfoncer qn.; battre qn. à plate couture; **~ˌhofmeister** *m hist.* majordome *m*; maître *m* d'hôtel; **~huhn** *n zo.* poule *f* domestique; **~hund** *m zo.* chien *m* domestique.

hausier|en [hau'ziːrən] **I** *v/i.* ⟨*pas de ge-*, h⟩ **mit etw. ~** colporter qc. (*auch fig.*); **II 2en** *n* ⟨~s⟩ colportage *m*; **~ verboten!** colportage interdit!; **2er**

(**-in**) *m* ⟨~s; ~⟩ (*f*) ⟨~; ~nen⟩ colporteur, -euse *m, f*; 2**ˌhandel** *m* colportage *m*; vente *f* à domicile.

Hausˈindustrie [ˈhausˀɪndusˌtriː] *f cf.* Heimindustrie; ~**ˌinnere(s)** *n* intérieur *m* de la maison; ~**ˌjacke** *f*, ~**ˌjoppe** *f* veste *f* d'intérieur; ~**kaˌninchen** *n zo.* lapin *m* domestique; ~**kaˌpelle** *f relig.* chapelle particulière; ~**ˌkatze** *f zo.* chat *m* domestique; ~**kleid** *n* robe *f* d'intérieur; ~**ˌkleidung** *f* vêtements *m/pl.* d'intérieur; ~**knecht** *m cf.* Hausdiener; ~**konˌzert** *n* matinée, soirée musicale (chez qn.); ~**korrekˌtur** *f impr.* correction faite à l'imprimerie même; ~**ˌlehrer** *m* précepteur *m*; instituteur privé; ~**ˌlehrerin** *f* institutrice privée; préceptrice *f*.

Häus|lein [ˈhɔyslaɪn] *n* ⟨~s; ~⟩ *cf.* Häuschen; ~**ler** *m* ⟨~s; ~⟩ journalier *m* possédant une petite propriété; 2**lich 1.** *adj.* **a)** domestique; à la maison; ~**er Friede(n), Zwist** *etc.* paix, querelle, *etc.* domestique; *cf. auch* **Frieden**; ~**e Arbeiten** travaux domestiques, à la maison; ~**e Angelegenheiten** affaires privées; ~**es Glück** bonheur domestique, du foyer; **am** ~**en Herd** au foyer domestique; **b)** *Person* qui aime rester à la maison; ~ **sein** aimer rester à la maison; aimer son chez-soi; être un homme, une femme d'intérieur; **2.** *adv.* **sich** ~ **einrichten** se mettre dans ses meubles; se créer un intérieur agréable; *iron.* **sich** ~ **niederlassen** s'installer; ~**lichˌkeit** *f* ⟨~⟩ *e-r Person* goût *m*, amour *m* de son chez-soi, de son intérieur, de la vie de famille; **die** ~ **lieben, sich in s-r** ~ **wohlfühlen** aimer son chez-soi, son intérieur, la vie de famille; se plaire chez soi, dans son intérieur, en famille.

Haus|macher... [ˈhausˌmaxər] *cuis. in Zssgn.* maison; ~**macherˌart** *f cuis.* **nach** ~ maison; ~**macherˌwurst** *f* saucisson *m* maison; ~**macht** *f pol.* partisans *m/pl.* dans son pays, sa ville d'origine; ~**ˌmädchen** *n* fille *f* de service.

Hausmannit [hausmaˈniːt, -ˈnɪt] *m* ⟨~s⟩ *minéral.* haussmannite *f*.

Haus|mannskost [ˈhausmansˌkɔst] *f* cuisine *f* de chez soi; cuisine *f* maison; ~**ˌmantel** *m* manteau *m* d'intérieur; ~**ˌmarder** *m zo.* fouine *f*; ~**ˌmarke** *f* **1.** *comm.* marque *f* (de la) maison; **2.** (*Eigentumszeichen*) marque *f* du propriétaire; ~**maus** *f zo.* souris commune, domestique; ~**ˌmeier** *m* ⟨~s; ~⟩ *hist.* maire *m* du palais; ~**ˌmeister (-in)** *m* (*f*) concierge *m, f*; ~**ˌmiete** *f* loyer *m* (de la maison); ~**ˌmittel** *n* remède *m* de bonne femme; ~**muˌsik** *f* musique *f* en famille; ~**ˌmutter** *f* (bonne) mère de famille; ~**ˌmütterchen** *n* petite mère de famille; 2**ˌmütterˌlich 1.** *adj.* d'une bonne mère de famille; **2.** *adv.* en bonne mère de famille; ~**ˌnummer** *f* numéro *m* (de la maison); ~**ˌordnung** *f* règlement intérieur (de la maison); ~**persoˌnal** *n* personnel *m* (de la maison); gens *m/pl. bzw. f/pl.* de maison; ~**ˌpflege** *f* **1.** *e-s Kranken* soins *m/pl.* à la maison, chez soi; **2.** *Familienfürsorge* entretien *m* du ménage; ~**putz** *m* nettoyage *m* (de la maison); ~**rat** *m* ⟨~(e)s⟩ mobilier *m* et ustensiles *m/pl.* de ménage; ~**ratˌmesse** *f* salon *m* des arts ménagers; ~**ˌratte** *f zo.* rat noir; ~**ratverˌsicherung** *f* assurance mobilière; ~**recht** *n* droit *m* du maître de la maison.

Haussa [ˈhausa] *pl. Negervolk* Haoussas *m/pl.*

Haus|sammlung [ˈhausˌzamluŋ] *f* collecte *f*, quête *f* à domicile; ~**ˌschlachtung** *f* abattage *m* à domicile; ~**ˌschlüssel** *m* clef *od.* clé *f* de la maison; ~**ˌschneiderin** *f* couturière *f* à domicile; ~**schuh** *m* pantoufle *f*; chausson *m*; mule *f*; ~**ˌschwalbe** *f zo.* hirondelle *f* de fenêtre; ~**schwamm** *m bot.* mérule *m, f*.

Hausse [ˈhoːs(ə)] *f* ⟨~; ~n⟩ *écon.* 'hausse *f*; **auf** ~ **spekulieren** spéculer, jouer à la hausse; ~**spekuˌlant** *m* spéculateur *m* à la hausse; 'haussier *m*.

Haussier [hoˑsiˑˈeː] *m* ⟨~s; ~s⟩ 'haussier *m*.

Haus|sperling [ˈhausˌʃpɛrlɪŋ] *m zo.* moineau *m* domestique; ~**ˌspinne** *f zo.* araignée *f* domestique; *sc.* tégénaire *f*; ~**stand** *m* ⟨~(e)s⟩ foyer *m*; ménage *m*; **e-n (eigenen)** ~ **gründen** se marier et installer son intérieur; fonder un foyer; ~**ˌsuchung** *f* ⟨~; ~en⟩ *jur.* perquisition *f*; visite *f* domiciliaire; **(bei j-m) e-e** ~ **vornehmen** perquisitionner (chez qn.); ~**suchungsbeˌfehl** *m jur.* mandat *m* de perquisition; ~**ˌtaube** *f zo.* pigeon *m* domestique.

Haustein [ˈhauʃtaɪn] *m bât.* pierre *f* de taille.

Haus|telefon [ˈhausteˑleˑˌfoːn] *n* téléphone privé; ~**tier** *n* animal *m* domestique; ~**ˌtochter** *f* aide-ménagère *f* qui vit avec la famille; ~**tor** *n* porte cochère; ~**tür** *f* porte *f* de la maison; ~**tyˌrann** *m* F tyran *m* domestique; ~**- und ˈGrundbeˌsitzer** *m/pl.* propriétaires *m/pl.* de terrains et d'immeubles; ~**- und ˈGrundbeˌsitzerverˌein** *m* association *f* des propriétaires (de terrains et d'immeubles); ~**ˌvater** *m* père *m*, chef *m* de famille; ~**verˌwalter** *m* gérant *m* (d'immeubles); ~**verˌwaltung** *f* gérance *f*, gestion *f* d'un immeuble *bzw.* d'immeubles; ~**ˌwanzen** *f/pl. zo. sc.* cimicidés *m/pl.*; ~**wart** *m* ⟨~(e)s; ~e⟩ *cf.* Hausmeister; ~**werk** *n* ⟨~(e)s⟩ *in hauswirtschaftl. Schulen* enseignement ménager; ~**ˌwesen** *n* ⟨~s⟩ *cf.* Haushalt; ~**ˌwirt(in)** *m* (*f*) *cf.* Hausbesitzer(in).

Hauswirtschaft [ˈhausˌvɪrtʃaft] *f* ⟨~⟩ **1.** économie *f* domestique; *mit Heimgestaltung* arts ménagers; *Lehrfach* enseignement ménager; **2.** *écon.* **geschlossene** ~ économie familiale close; 2**ˌlich** *adj.* ménager, -ère; ~**sˌlehrerin** *f* professeur *m* d'enseignement ménager; ~**sˌleiterin** *f* intendante *f*; économe *f*; ~**sˌschau** *f* salon *m* des arts ménagers; ~**sˌschule** *f* école ménagère; ~**sˌunterricht** *m* enseignement ménager.

Haus|wurz [ˈhausvurts] *f* ⟨~⟩ *bot.* joubarbe *f*; ~**ˌzeichen** *n cf.* Hausmarke 2.; ~**zins** *m* loyer *m*.

Haut [haut] *f* ⟨~; ~e⟩ *anat.* peau *f* (*auch Milch*2 *etc.*); *e-r Zwiebel auch* pelure *f*; *e-s Schiffes* revêtement *m*; (*abgezogene Tier*2) *auch* dépouille *f*; **braune, feuchte, empfindliche, dicke, rissige** ~ peau brune, moite, sensible, épaisse, crevassée; **sich die** ~ **aufschürfen** s'érafler, *pfort.* s'écorcher la peau; *bei Sonnenbrand etc.* **die** ~ **schält sich (bei mir)** je pèle; **e-m Tier die** ~ **abziehen** dépouiller, dépiauter un animal; **naß bis auf die** ~ trempé jusqu'aux os; **mit** ~ **und Haar** tout entier, -ière; entièrement; **mit** ~ **und Haar verschlingen** avaler tout entier, tout cru; **nur noch** ~ **und Knochen sein** n'avoir plus que la peau et les os; être maigre comme un cent de clous; *fig.* **sich auf die faule** ~ **legen, auf der faulen** ~ **liegen** faire le paresseux, la paresseuse; paresser; fainéanter; F se la couler douce; **mit heiler** ~ **davonkommen** en sortir indemne, sain et sauf *bzw.* saine et sauve; s'en tirer; F **aus der** ~ **fahren** sortir de ses gonds; se mettre 'hors de soi; **es ist, um aus der** ~ **zu fahren** c'est à vous faire sortir de vos gonds; c'est à vous mettre 'hors de vous; **niemand kann aus s-r** ~ **heraus** chacun est tel qu'il est; chassez le naturel, il revient au galop *prov.*; **s-e (eigene)** ~ **retten** sauver sa peau; **ich möchte nicht in s-r** ~ **stecken** je ne voudrais pas être dans sa peau; **s-e** ~ **zu Markte tragen** risquer sa peau; **sich s-r** ~ **wehren** défendre sa peau; vendre cher sa peau; **sich in s-r** ~ **wohl fühlen** se trouver bien dans sa peau; **sich in s-r** ~ **nicht wohl fühlen** se sentir mal à l'aise; F **e-e ehrliche** ~ un brave homme; une brave femme; un brave type; un bon bougre, diable; ~**ˌabschürfung** *f* ⟨~; ~en⟩ écorchure *f*; égratignure *f*; *méd.* excoriation *f*; ~**arzt** *m* dermatologiste *od.* dermatologue *m*; ~**ˌatmung** *f biol.* respiration cutanée; ~**ˌausschlag** *m méd.* éruption cutanée; exanthème *m*; ~**ˌbläschen** *n méd.* papule *f*; vésicule *f*; ~**ˌblase** *f méd.* ampoule *f*.

Häutchen [ˈhɔytçən] *n* ⟨~s; ~⟩ pellicule *f*; *anat., bot. auch* membrane *f*; cuticule *f*.

Haut|creme [ˈhautkreːm, -krɛːm] *f* crème *f* pour la peau; ~**eˌffekt** *m élect.* effet *m* Kelvin, pelliculaire, de peau.

Häutekonservierung [ˈhɔytəkɔnzɛrˌviːruŋ] *f* conservation *f* des peaux brutes.

häuten [ˈhɔytən] *v/réfl.* ⟨-ete, h⟩ *zo.* **sich** ~ muer; faire peau neuve; se dépouiller.

haut|eng [ˈhautˀɛŋ] *adj. cout.* collant; 2**entˌzündung** *f méd.* inflammation *f* de la peau; *sc.* derm(at)ite *f*.

Hautevolee [(h)oːtvoˑˈleː] *f* ⟨~⟩ 'haute volée; F gratin *m*; P 'haute *f*.

Haut|falte [ˈhautˌfaltə] *f* pli cutané; ~**ˌfarbe** *f* couleur *f* de (la) peau; ~**ˌflügler** *m/pl. zo. sc.* hyménoptères *m/pl.*; ~**geˌschwulst** *f méd.* tumeur *f* de la peau; **gutartige** ~ tumeur bénigne de la peau; *sc.* dermatomyome *m*; ~**geˌwebe** *n bot.* épiderme *m*.

Hautgout [oˑˈguˑ] *m* ⟨~s⟩ (*Wildgeschmack*) goût *m* de faisandé; **mit** ~ faisandé; ~ **annehmen** se faisander.

Hautgrieß [ˈhautgriːs] *m méd.* milium [-jɔm] *m*.

häutig [ˈhɔytɪç] *adj. biol.* membraneux, -euse.

Haut|jucken [ˈhautˌjukən] *n* démangeaison(s) *f* (*pl.*); *sc.* prurit [-t] *m*; ~**ˌkrankheit** *f méd.* maladie *f* de (la) peau; *sc.* dermatose *f*; ~**krebs** *m méd.* cancer cutané, de la peau; ~**krem** *f, m cf.* Hautcreme; ~**ˌleiden** *n cf.* ~krankheit; ~**ˌleiste** *f* (*Papillarlinie*) ligne *f* papillaire; ~**ˌmuskel** *m anat.* peaucier *m*; ~**nerv** *m anat.* nerf cutané; ~**ˌoberfläche** *f* surface *f*, superficie *f* de la peau; ~**ˌpflege** *f* soins *m/pl.* de la peau; ~**ˌpflegeˌmittel** *n* produit *m* pour les soins de la peau; ~**pilz** *m* **1.** *méd.* champignon *m* de peau; *sc.* dermatophyte *m*; **2.** *bot. pl.* ~**e** *sc.* hyménomycètes *m/pl.*; ~**pilzˌkrankheit** *f méd. sc.* dermatomycose *f*; ~**ˌreizung** *f* irritation *f* de la peau; ~**ˌsalbe** *f* pommade *f*, onguent *m* pour la peau; ~**ˌschere** *f* ciseaux *m/pl.* à peau, à en-

vies; **~tuberku,lose** *f méd.* tuberculose cutanée, de la peau; *cf. auch* Hautwolf 2.; **~über,tragung** *f* transplantation *f*, greffe *f* de la peau.
Häutung ['hɔʏtʊŋ] *f* ⟨~; ~en⟩ *zo.* mue *f*.
Haut|unreinheit ['haut,ʔʊnraɪnhaɪt] *f* impureté *f* de la peau; **~ver,dickung** *f* ⟨~; ~en⟩ callosité *f*; **~ver,letzung** *f* blessure cutanée, de la peau; **~,wassersucht** *f méd.* anasarque *f*; **~,wirkung** *f cf.* Hauteffekt; **~wolf** *m* ⟨~(e)s⟩ *méd.* **1.** (*Wundsein*) intertrigo *m*; **2.** (*fressende Flechte*) lupus [lypys] vulgaire, tuberculeux.
Hauwerk ['hauvɛrk] *n cf.* Haufwerk.
Haüyn [hay'iːn] *m* ⟨~s⟩ *minéral.* 'haüyne [ayin] *f*.
Havanna(zigarre) [ha'vana(tsi',garə)] *f* ⟨~; ~s⟩ (*f*) 'havane *m*; cigare *m* de la Havane.
Havarie [hava'riː] *f* ⟨~; -ien⟩ *mar.* avarie *f*; **große** ~ avarie grosse, commune; **besondere** ~ avarie simple, particulière; ~ **erleiden** s'avarier; **~,klausel** *f* clause *f* d'avarie(s); **~kommi,ssar** *m* commissaire *m* d'avarie; **~,kosten** *pl.* avaries-frais *f/pl.*; **≈rt** *adjt.* avarié; endommagé.
Hawaii|aner(in) [havaɪ'jaːnər(ɪn)] *m* ⟨~s; ~⟩ (*f*) ⟨~; ~nen⟩ 'Hawaïen, -nne *m, f*; **~gi,tarre** [-'vaɪ-] *f* guitare hawaïenne; **≈sch** [-'vaɪ-] *adj.* 'hawaïen, -nne.
Haxe *cf.* Hachse.
H-Bombe ['haː,bɔmbə] *f* bombe *f* H, à hydrogène.
H-Dur ['haːduːr] *n* ⟨~⟩ *mus.* si *m* majeur.
he [heː] *int.* 'hé!; 'holà!
Headsche Zonen ['hɛdʃə 'tsoːnən] *f/pl. méd.* zones *f/pl.* de Head.
Heavisideschicht ['hɛvɪsaɪd,ʃɪçt] *f rad.* couche *f* d'Heaviside.
Hebamme ['heː,bamə, 'heːp,ʔamə] *f* ⟨~; ~n⟩ sage-femme *f*; **~n,lehranstalt** *f* école *f* de sages-femmes; maternité *f*.
Hebdrehwähler ['heːp'dreː,vɛːlər] *m* ⟨~s; ~⟩ *tél.* sélecteur *m* Strowger, à deux mouvements.
Hebe|baum ['heːbə,baum] *m* anspect *m*; chauche-branche *m*; **~,bock** *m* chèvre *f*; cabre *f*; **~,bühne** *f techn.* plate-forme élévatrice, d'élevage; *in Autoreparaturwerkstätten* pont élévateur; **~,daumen** *m techn.* came *f*; **~,eisen** *n* levier *m*; **~ge,rät** *n* appareil *m*, engin *m* de levage.
Hebel ['heːbəl] *m* ⟨~s; ~⟩ *techn., phys.* levier *m*; **einarmiger** ~ levier inter-résistant, inter-puissant; **zweiarmiger** ~ levier inter-appui; **e-n** ~ **ansetzen** engager un levier; *cf. auch* ansetzen 1.; *fig.* **alle** ~ **in Bewegung setzen** mettre tout en œuvre; remuer ciel et terre; faire des pieds et des mains; **am längeren** ~ **sitzen** être le plus fort (par ses relations, son influence, *etc.*); **~,arm** *m* bras *m* de levier; **~,(blech)schere** *f techn.* cisaille *f* à levier; **~ge,setz** *n phys.* loi *f* d'équilibre du levier; **~,kraft** *f* force *f* d'un levier; **~,presse** *f* presse *f* à levier; **~,schalter** *m élect.* interrupteur *m* à levier; **~,stanze** *f techn.* poinçonneuse *f* à levier; **~,steuerung** *f* commande *f* par levier; **~sys,tem** *n* système *m* de leviers; **~über,setzung(sver,hältnis)** *f* (*n*) rapport *m* de levier(s); **~,vorrichtung** *f* dispositif *m* de manœuvre à levier(s); **~,waage** *f* balance *f* à levier(s).
Hebe|magnet ['heːbəma,gneːt] *m techn.* aimant *m* de levage; **~ma,schine** *f techn.* élévateur *m*; élévatrice *f*; machine *f* élévatoire; **~,muskel** *m anat.* (muscle *m*) élévateur *m*.
heben ['heːbən] **I** *v/t.* ⟨hebt, hob, gehoben, h⟩ **1.** *Last* soulever; lever; *Brücke, Wasserspiegel etc.* (sur)élever; *gesunkenes Schiff* relever; *Arm etc.* lever; **die Hand zum Schwur** ~ lever la main pour prêter serment; *Tür* **aus den Angeln** ~ enlever, sortir de ses gonds; *Kind* **vom Stuhl** ~ descendre de sa chaise; **e-n Sack vom Wagen** ~ prendre un sac sur la voiture; **j-n in den Sattel** ~ mettre qn. en selle (*auch fig.*); **j-n aus dem Sattel** ~ désarçonner qn.; *fig.* renverser qn.; *fig.* **j-n, etw. in den Himmel** ~ porter qn., qc. aux nues; dire merveille de qn., de qc.; F **einen** ~ boire un coup; **gern einen** ~ aimer boire un coup, lever le coude, picoler; **2.** *fig. Niveau, Lebensstandard, Ansehen etc.* relever; *comm. Absatz etc.* augmenter; **die Stimmung** ~ faire monter l'ambiance; **den Fremdenverkehr** ~ encourager, stimuler, favoriser le tourisme; **II** *v/réfl.* **sich** ~ **3.** *Vorhang, Nebel etc.* se lever; *géol. Erdboden* se soulever; **sich** ~ **und senken** monter et descendre; **4. sich e-n Bruch** ~ attraper, se donner une 'hernie; **III** ≈ *n* ⟨~s⟩ *techn.* levage *m*; *cf. auch* Hebung.
Heber ['heːbər] *m* ⟨~s; ~⟩ (*Saug≈*) siphon *m*; (*Stech≈*) pipette *f*; **~baro,meter** *n* baromètre *m* à siphon.
Hebe|satz ['heːbə,zats] *m Steuerwesen* taux *m* de perception; **~,schiff** *n* (bateau *m*) releveur *m*; **~,vorrichtung** *f* dispositif *m* de levage; **~,werk** *n* (*Schiffs≈*) ascenseur *m* à bateaux; *cf. auch* ~vorrichtung; **~,winde** *f* cric [-k] *m*; **~,zeug** *n* ⟨~(e)s; ~e⟩ *cf.* Hebegerät.
Hebrä|er [he'brɛːər] *m* ⟨~s; ~⟩ Hébreu *m*; **~er,brief** *m bibl.* Épître *f* aux Hébreux; **≈isch** *adj.* hébraïque; *m auch* hébreu; **~e Schrift** écriture hébraïque; **~er Text** texte hébreu, hébraïque; **die ~e Sprache, das ≈e** la langue hébraïque; l'hébreu *m*.
Hebung ['heːbʊŋ] *f* ⟨~⟩ **1.** *e-r Last* levage *m*; *besser verbal*; *e-s Schiffes* relevage *m*; *géol.* soulèvement *m*; **2.** *fig. des Niveaus, Lebensstandards, Ansehens etc.* relèvement *m*; *comm. des Absatzes etc.* augmentation *f*; *des Fremdenverkehrs etc.* encouragement *m*; stimulation *f*; **3.** ⟨*pl.* ~en⟩ *métr.* temps fort; syllabe accentuée; **~sver,such** *m mar.* essai *m* de relevage.
Hechel ['hɛçəl] *f* ⟨~; ~n⟩ *Spinnerei* peigne *m*; séran(çoir) *m*; **~ma,schine** *f* peigneuse *f*; **≈n I** *v/t.* ⟨-(e)le, h⟩ peigner; sérancer; **II ~n** *n* ⟨~s⟩ peignage *m*; sérançage *m*.
Hecht [hɛçt] *m* ⟨~(e)s; ~e⟩ *zo.* brochet *m*; *kleiner, junger* brocheton *m*; *fig.* **der** ~ **im Karpfenteich (sein)** (être) le trouble-fête; **~barsch** *m zo.* sandre *m*; **≈grau** *adj.* gris-bleu (*inv.*); **~,rolle** *f gym.* saut *m* boulet; **~sprung** *m* **a)** *gym.* saut *m* de carpe; **b)** F *Schwimmen* plongeon *m* (la tête la première); *cf. auch* gehechtet.
Heck [hɛk] *n* ⟨~(e)s; ~e *od.* ~s⟩ arrière *m*; *mar. auch* poupe *f*; **~,anker** *m* ancre *f* à l'arrière, de croupiat; **~,antrieb** *m* propulsion *f* à l'arrière.
Hecke ['hɛkə] *f* ⟨~; ~n⟩ 'haie *f*; **~n,kirsche** *f bot.* chèvrefeuille *m* des buissons; **~n,rose** *f bot. Strauch* églantier *m*; *Blüte* églantine *f*; **~n,schere** *f jard.* cisailles *f/pl.* à tailler les 'haies; **~n,schütze** *m* franc-tireur *m*.
Heck|flagge ['hɛk,flagə] *f mar.* pavillon *m* de poupe; **~ge,schütz** *n mar.* pièce *f* de retraite; **≈,lastig** *adj.* trop chargé à l'arrière; **~licht** *n mar.* feu *m* arrière, de poupe; **~,motor** *m* moteur *m* à l'arrière.
heda ['heːda] *int.* 'hé! là-bas!; 'holà!
Hederich ['heːdə,rɪç] *m* ⟨~s; ~e⟩ *bot.* **1.** (*Ackerrettich*) ravenelle *f*; *sc.* raphanus [-ys] *m* raphanistrum [-əm]; **2.** (*Ackersenf*) moutarde *f* des champs.
Hedonis|mus [he'do'nɪsmʊs] *m* ⟨~⟩ *philos.* hédonisme *m*; **~t** *m* ⟨~en; ~en⟩ hédoniste *m*.
Hedschra ['hɛdʒra] *f* ⟨~⟩ *Islam* hégire *f*.
Heer [heːr] *n* ⟨~(e)s; ~e⟩ *milit.* armée *f* (de terre); **stehendes** ~ armée permanente; *fig.* **ein** ~ **von Journalisten** *etc.* une armée de journalistes, *etc.*; *myth.* **das Wilde** ~ la chasse sauvage; les djinns [dʒin] *m/pl.*; **~bann** *m hist.* ban *m*; **den** ~ **aufbieten** lever le ban et l'arrière-ban.
Heeres|akademie ['heːrəsʔakade',miː] *f etwa* école *f* d'état-major; **~be,darf** *m* besoins *m/pl.* de l'armée; **für den** ~ pour les besoins de l'armée; **~be,richt** *m hist.* communiqué *m* (de l'armée allemande); **~be,stände** *m/pl.* stocks *m/pl.* de l'armée; **aus amerikanischen ~n** provenant des surplus américains; **~,dienst** *m* service *m* dans l'armée; **~,dienst,vorschrift** *f* règlement *m* militaire; **~,fachschule** *f* école professionnelle à l'intérieur de l'armée; **~,führung** *f* commandement *m* de l'armée (de terre); **~ge,folge** *n* suite *f* (de l'armée); **~,gruppe** *f* groupe *m* d'armées; **~,leitung** *f in Deutschland bis 1935* direction centrale de l'armée de terre; **~liefe,rant** *m* fournisseur *m* de *od.* à l'armée; **~,lieferung** *f* livraison *f* à l'armée; **~,meister** *m milit. Sport* champion *m* de l'armée; **~offi,zier,schule** *f* école *f* de formation des officiers de l'armée de terre; **~perso,nalamt** *n* direction *f* du personnel de l'armée de terre; **~,säule** *f* colonne *f*; **~ver,bindungsoffi,zier** *m* officier *m* de liaison de l'armée (de terre); **~ver,waltung** *f* administration *f* de l'armée; **~,waffen,amt** *n* direction *f* des armements et du matériel de l'armée de terre.
Heer|führer ['heːr,fyːrər] *m* chef *m* d'une armée; général *m*; capitaine *m*; **~,lager** *n* camp *m*; *fig.* **e-m** ~ **gleichen** ressembler à un camp en révolution; **~schar** *f relig.* **die himmlischen ~en** l'armée *f*, la milice céleste; **der Herr der ~en** le Dieu des armées (célestes); **~schau** *f* revue *f*; **~,straße** *f hist.* route *f* militaire, stratégique; **~,wesen** *n* ⟨~s⟩ armée *f*; affaires *f/pl.* militaires.
Hefe ['heːfə] *f* ⟨~; ~n⟩ **1.** *Gärungserreger* levure *f*; *zum Backen meist* levure *f* de boulanger; **2.** (*Bodensatz in Bier, Wein*) lie *f*; *fig.* **die** ~ **des Volkes** la lie du peuple; **~,brot** *n* pain *m* à la levure de boulanger; **~ge,bäck** *n* petit gâteau en pâte levée, à la levure de boulanger; **~ge,schmack** *m* goût *m* de levure; **~(n),kuchen** *m* gâteau *m* en pâte levée, à la levure de boulanger; **~,pilz** *m* levure *f*; *pl.* ~e *sc.* saccharomyces [-k-sɛs] *m/pl.*; **~,stück** *n cuis.* **1.** (*Vorteig*) levain *m*; **2.** *cf.* ~gebäck; **~,teig** *m* pâte levée, à levain; **~,teilchen** *n cf.* ~gebäck; **~,wein** *m* vin *m* de lie.
Hefnerkerze ['heːfnər,kɛrtsə] *f* (*Lichtstärkenorm bis 1940*) bougie *f* Hefner.
Heft [hɛft] *n* ⟨~(e)s; ~e⟩ **1.** *e-s Messers, Werkzeuges* manche *m*; *fig.* **das** ~ **in der Hand haben** tenir les commandes, le gouvernail; mener la barque; F te-

nir la queue de la poêle; **2.** *zum Schreiben, Buchbinderei* cahier *m*; *kleines* carnet *m*; *e-r Zeitschrift* numéro *m*; (*Broschüre*) brochure *f*; (*Lieferung*) fascicule *m*; **~chen** *n* ⟨~s; ~⟩ petit cahier; carnet *m*; **~draht** *m Buchbinderei* fil *m* métallique pour coudre; **~ekorri,gieren** *n écol.* correction *f* des cahiers.

heften ['hɛftən] **I** *v/t.* ⟨-ete, h⟩ attacher, *mit Reißzwecken* fixer, *mit Heftklammern* agrafer (an à); *cout.* bâtir; faufiler; *Buchbinderei* coudre; *Buch* geheftet broché; *fig.* den Blick, die Augen auf j-n, etw. ~ fixer, attacher son regard, ses yeux sur qn., sur qc.; **II** *v/réfl.* sich an j-n ~ s'attacher à qn.; sich an j-s Fersen ~ *cf.* Ferse; **III** 2 *n* ⟨~s⟩ *cout.* faufilage *m*; *Buchbinderei* couture *f*.

Heft|er ['hɛftər] *m* ⟨~s; ~⟩ **1.** (*Heftapparat*) agrafeuse *f*; **2.** (*Schnell2*) classeur *m*; **~,faden** *m cout.* fil *m* à bâtir *m*; faufil *m*; *Buchbinderei* fil *m* à coudre.

heftig ['hɛftɪç] **1.** *adj.* violent; ~er Angriff violente attaque; ~es Gewitter violent orage; ~er Regen forte pluie; ~e Schmerzen de violentes douleurs; ~es Fieber violente fièvre; F fièvre de cheval; ~er Schnupfen gros rhume; F rhume carabiné; ~er Wortwechsel échange *m* de paroles vives; *Person* ~ werden s'emporter; **2.** *adv.* violemment; avec violence; fortement; ~ schimpfen rouspéter violemment, avec violence; j-n ~ ausschelten réprimander, tancer qn. fortement; ~ schmerzen faire violemment souffrir; es regnet ~ il pleut très fort, à verse; ~ weinen pleurer très fort, à chaudes larmes; **2,keit** *f* ⟨~⟩ violence *f*; *e-r Person* réaction violente; emportement *m*.

Heft|klammer ['hɛft,klamər] *f* agrafe *f*; **~,lade** *f Buchbinderei* cousoir *m*; **~ma,schine** *f Buchbinderei* couseuse *f*; *Büro* agrafeuse *f*; **~naht** *f cout.* couture bâtie; faufilure *f*; **~,pflaster** *n* sparadrap *m*; **~rand** *m* **a)** marge *f* pour agrafer; **b)** marge *f* de cahier; **~stich** *m cout.* point *m* de bâti; **~,zwecke** *f* punaise *f*.

Hege ['heːgə] *f* ⟨~⟩ *des Wildes* protection *f*; conservation *f*.

Hegelianer [heːgəli'ɑːnər] *m* ⟨~s; ~⟩ *philos.* hégélien *m*.

Hegemeister ['heːgə,maɪstər] *m etwa* (vieux) garde forestier.

Hegemonie [he·ge·mo·'niː] *f* ⟨~; -ien⟩ *pol.* hégémonie *f*.

hegen ['heːgən] *v/t.* ⟨h⟩ **1.** *Wild* protéger; conserver; prendre soin de; *Pflanzen* soigner; ~ und pflegen être aux petits soins (pour); **2.** *fig. allg.* nourrir; die Hoffnung ~, zu ... nourrir, caresser l'espoir de ...; e-n Gedanken, e-n Plan ~ nourrir, caresser, chérir une idée, un projet; Zweifel, e-n Verdacht ~ nourrir des doutes, des soupçons; Haß gegen j-n ~ nourrir de la haine contre qn.

Hehl [heːl] *n* kein(en) ~ aus etw. machen ne pas dissimuler, cacher qc.; ne pas faire mystère de qc.; er macht kein ~ daraus il ne s'en cache pas; il n'en fait pas mystère; **2en** *v/i.* ⟨h⟩ receler *od.* recéler; **~er(in)** *m* ⟨~s; ~⟩ (*f*) ⟨~; ~nen⟩ receleur, -euse *m, f*; der ~ ist so schlimm wie der Stehler *prov.* le receleur ne vaut pas mieux que le voleur *prov.*; **~e'rei** *f* ⟨~⟩ *jur.* recel *m*; recélé *m*; recèlement *m*.

hehr [heːr] *adj. st. s.* sublime; auguste; majestueux, -euse.

heia ['haɪa] **I** *adv. enf.* ~ machen faire dodo; **II** 2 *f* ⟨~⟩ *enf.* in die ~ gehen aller au dodo.

Heide[1] ['haɪdə] *m* ⟨~n; ~n⟩ *relig.* païen *m*; *bibl.* die ~n *auch* les Gentils; **~**[2] *f* ⟨~; ~n⟩ **1.** *géogr.* lande *f*; bruyère *f*; die Lüneburger ~ les Landes de Lüneburg; **2.** *bot. cf.* ~kraut; **~be,wohner(in)** *m* (*f*) habitant(e) *m* (*f*) de la lande; **~,blume** *f* fleur *f* qui pousse dans la lande; fleur *f* de bruyère; **~,boden** *m* terre *f* de bruyère; **~,grütze** *f cf.* Buchweizen; **~,honig** *m* miel *m* de bruyère; **~,kraut** *n bot.* bruyère *f*; **~,krautge,wächse** *n/pl. bot.* éricacées *f/pl.*; **~,landschaft** *f* paysage *m* de landes.

Heidelbeere ['haɪdəl,beːrə] *f bot.* airelle *f*; myrtille *f*; *Frucht* (baie *f* de) myrtille *f*.

Heidelberger|(in) ['haɪdəl,bɛrgər(ɪn)] **I** *m* ⟨~s; ~⟩ (*f*) ⟨~; ~nen⟩ habitant(e) *m* (*f*) de Heidelberg; **II** ~ *adj.* ⟨*inv.*⟩ de Heidelberg.

Heidelerche ['haɪdə,lɛrçə] *f zo.* lulu *m*.

Heiden|angst ['haɪdən'ʔaŋst] F *f* peur bleue; F frousse *f* terrible; e-e ~ haben avoir la frousse, P la trouille; **~a,postel** *m* der ~ (*Paulus*) l'apôtre des Gentils; **~'arbeit** F *f* travail *m* énorme; F boulot *m* monstre; **~'geld** *n* F argent fou; ein ~ kosten coûter un argent fou, les yeux de la tête; **~'lärm** F *m* vacarme, tapage infernal, épouvantable, F de tous les diables; F boucan *m* du diable; e-n ~ machen *auch* faire le diable à quatre; **2,mäßig** F **1.** *adj.* épouvantable; terrible; énorme; **2.** *adv.* épouvantablement; énormément; terriblement; F diablement; **~missi,on** *f égl.* mission *f*; **~'spaß** *m* F plaisir fou, inouï; immense joie *f*; **~spek'takel** *m cf.* ~lärm; **~,tum** *n* ⟨~(e)s⟩ *Glaube* paganisme *m*; *coll.* païens *m/pl.*; gentilité *f*.

Heide|röschen ['haɪdə,røːsçən] *n* ⟨~s; ~⟩, **~,röslein** *n* ⟨~s; ~⟩ *cf.* Heckenrose.

Heid|in ['haɪdɪn] *f* ⟨~; ~nen⟩ *relig.* païenne *f*; **2nisch** *adj.* païen, -nne (*auch péj.*).

Heidschnucke ['haɪt,ʃnʊkə] *f* ⟨~; ~n⟩ *zo.* mouton *m* des Landes de Lüneburg.

Heiduck [haɪ'dʊk] *m* ⟨~en; ~en⟩ *hist.* haïdouk [-k] *m*.

heikel ['haɪkəl] *adj.* ⟨-kl-⟩ **a)** *Sache* délicat; *in moralischer Hinsicht auch* scabreux, -euse; ein heikles Thema un sujet délicat, scabreux; **b)** *Person beim Essen* difficile.

heil [haɪl] **I** *adj. Person* indemne; sain et sauf, saine et sauve; *Sache* intact; entier, -ière; noch ~ sein être indemne *bzw.* intact; *verletztes Glied etc.* wieder ~ sein être guéri; mit ~er Haut davonkommen *cf.* Haut; **II** *int. etwa* vive N!; **III** 2 *n* ⟨~(e)s⟩ salut *m* (*auch relig.*); im Jahre des ~s ... en l'an de grâce ...; sein ~ in der Flucht suchen chercher son salut dans la fuite; zu s-m ~ pour son bien; heureusement pour lui; sein ~ versuchen tenter sa chance. [Sauveur *m*.]

Heiland ['haɪlant] *m* ⟨~s; ~e⟩ *relig.*

Heil|anstalt ['haɪl,ʔanʃtalt] *f* **1.** *cf.* Heilstätte; **2.** *für Geisteskranke cf.* Heil- und Pflegeanstalt; **~,anzeige** *f méd.* indication *f* thérapeutique; **~bad** *n* **1.** bain curatif, médicinal; **2.** *Ort* ville *f* d'eaux; station thermale; **2bar** *adj. méd.* guérissable; curable; *fig. Bruch etc.* réparable; **~bar,keit** *f* ⟨~⟩ curabilité *f*; **~be,handlung** *f* traitement thérapeutique, curatif; cure *f*; **2,bringend** *adjt.* qui apporte le salut; **~butt** *m* ⟨~(e)s; ~e⟩ *zo.* flétan *m*; 'holibut *m*; **2en I** *v/t.* ⟨h⟩ guérir (von de); *fig. Bruch etc.* réparer; als geheilt entlassen werden sortir guéri; *fig.* von s-m Wahn geheilt guéri de ses illusions; F ich bin geheilt (*das passiert mir nicht wieder*) j'en suis guéri; vorbeugen ist besser als ~ *prov.* mieux vaut prévenir que guérir *prov.*; **II** *v/i.* ⟨sein⟩ (se) guérir; **~,erde** *f méd.* terre médicamenteuse; **~er,folg** *m* réussite *f*, succès *m* thérapeutique; **~er,ziehung** *f cf.* Heilpädagogik; **~,faktor** *m* facteur curatif; **~,fieber** *n méd.* fièvre curative; **2'froh** F *adj.* très content, heureux, -euse; **~ge,hilfe** *m* auxiliaire *m* médical; **~ge,werbe** *n* métier *m* de guérisseur; **~gym,nastik** *f* gymnastique médicale; kinésithérapie *f*.

heilig ['haɪlɪç] **1.** *adj.* saint; *Sache meist* sacré (*nachgestellt*); *Scheu, Pflicht etc.* sacré; *st. s.* ~e Stille silence religieux; *st. s.* ~er Zorn juste colère; der ~e Paulus saint Paul; die ~e Elisabeth sainte Élisabeth; der 2e Abend, am 2en Abend la veille de Noël; das ~e Abendmahl la sainte cène; *hist.* die 2e Allianz la Sainte-Alliance; die 2e Dreifaltigkeit la Sainte-Trinité; die 2e Familie la Sainte Famille; der 2e Geist le Saint-Esprit; l'Esprit-Saint; das 2e Grab le Saint-Sépulcre; *égl. cath.* ~es Jahr jubilé *m*; année sainte; die 2e Jungfrau la (Sainte) Vierge; die 2en Drei Könige les Rois mages; die ~e Kommunion la sainte communion; *Islam* der 2e Krieg la guerre sainte; das 2e Land la Terre sainte; *égl. cath.* ~e Messe sainte messe; die 2e Nacht la nuit de Noël; *égl. cath.* das 2e Offizium le Saint-Office; der 2e Rock la Sainte Tunique; *hist.* das 2e Römische Reich Deutscher Nation le Saint Empire romain germanique; die 2e Schrift l'Écriture sainte; die 2e Stadt (*Jerusalem*) la Ville sainte; *in Palästina* die ~en Stätten les Lieux saints; der 2e Stuhl le Saint-Siège; der 2e Vater le Saint-Père; das ist meine ~e Pflicht c'est un devoir sacré pour moi; es ist mein ~er Ernst je suis tout ce qu'il y a de plus sérieux; ihm ist nichts ~ rien n'est sacré pour lui; il n'a ni foi ni loi; ich schwöre bei allem, was mir ~ ist je jure par tout ce qui m'est le plus sacré; etw. 2es qc. de sacré; mein 2stes ce que j'ai de plus sacré; **2.** *adv.* hoch und ~ schwören (, daß ...) jurer ses grands dieux (que ...); hoch und ~ versprechen promettre solennellement.

Heiligabend [,haɪlɪç'ʔɑːbənt] *m* veille *f* de Noël.

heiligen ['haɪlɪgən] *v/t.* ⟨h⟩ sanctifier; den Sonntag ~ sanctifier le dimanche; *Vaterunser* Dein Name werde geheiligt que votre nom soit sanctifié; *loc.* der Zweck heiligt die Mittel la fin justifie les moyens.

Heiligen|bild ['haɪlɪgən,bɪlt] *n* image sainte, d'un *bzw.* d'une saint(e); **~fi,gur** *f* figure *f*, *Statue* statue *f* d'un(e) saint(e); **~ka,lender** *m* calendrier *m* (des saints); **~,kult** *m* culte *m* des saints; **~,leben** *n*, **~le,gende** *f* légende *f* (d'un saint); **~,schein** *m* auréole *f* (*auch fig.*); nimbe *m*; mit e-m ~ umgeben auréoler (*auch fig.*); nimber; **~,schrein** *m* châsse *f*; **~ver,ehrung** *f* vénération *f* des saints.

Heilig|e(r) ['haɪlɪgə(r)] *f* (*m*) ⟨→ A⟩ saint(e) *m* (*f*); die ~n verehren vénérer les saints; das Leben e-s ~n führen mener une vie de saint; *Sekte* die ~n der letzten Tage les saints des derniers jours; *fig. u.* F ein sonderbarer, wunderlicher ~r un original; un homme bizarre; F un drôle de paroissien, de coco; 2ˌ**halten** *v/t.* ⟨*irr.*, *sép.*, -ge-, h⟩ *j-s Andenken etc.* tenir pour sacré; *Brauch, Sitte* observer religieusement; ~ˌ**haltung** *f* ⟨~⟩ *verbal*; ~ˌ**keit** *f* ⟨~⟩ sainteté *f*; *e-r Sache* caractère sacré; Seine ~ (*Papst*) Sa Sainteté; 2ˌ**machend** *adjt. relig. cath.* ~e Gnade grâce sanctifiante; 2ˌ**mäßig 1.** *adj.* de saint; **2.** *adv.* ~ leben vivre saintement, en saint; 2ˌ**sprechen** *v/t.* ⟨*irr.*, *sép.*, -ge-, h⟩ *égl. cath.* canoniser; ~ˌ**sprechung** *f* ⟨~; ~en⟩ canonisation *f*; ~ˌ**tum** *n* ⟨~(e)s; ~er⟩ sanctuaire *m*; ~**ung** *f* ⟨~⟩ sanctification *f*.

Heil|kraft ['haılkraft] *f* vertu curative, thérapeutique, médicinale; 2ˌ**kräftig 1.** *adj.* qui a des vertus curatives, thérapeutiques, médicinales; curatif, -ive; salutaire; **2.** *adv.* ~ wirken agir d'une façon salutaire, curative; ~ˌ**kräuter** *n/pl. bot.* herbes médicinales; simples *m/pl.*; ~ sammeln cueillir des simples, *etc.*; ~ˌ**kunde** *f* médecine *f*; art *m* de guérir; ~ˌ**kundige(r)** *m* ⟨→A⟩ personne versée dans la médecine; 2ˌ**kundlich** *adj.* médical; 2**los 1.** *adj. Situation etc.* irrémédiable; désespéré; *Verwirrung* inextricable; F (*gewaltig*) terrible; énorme; incroyable; F ein ~es Durcheinander une terrible, énorme confusion; un incroyable pêle-mêle; un tohu-bohu; une de ces confusions, *etc.*; **2.** *adv.* F terriblement; énormément; incroyablement; ~ verworren inextricable; terriblement, *etc.* confus; ~**magnetiˌseur** *m* ⟨~s; ~e⟩ magnétiseur *m*; ~**magneˌtismus** *m* magnétisme *m* thérapeutique; ~**meˌthode** *f* méthode curative; ~ˌ**mittel** *n* remède *m*; (*Arznei*) médicament *m*; ~**pädaˌgogik** *f etwa* pédagogie *f* thérapeutique; ~ˌ**pflanze** *f* plante médicinale; ~ˌ**praktiker** *m etwa* guérisseur *m*; ~ˌ**quelle** *f* source *f* d'eau minérale; *pl.* ~n *meist* eaux minérales; ~ˌ**salbe** *f* pommade *f*; onguent *m*; 2**sam** *adj.* salutaire (*auch fig.*); e-e ~e Lehre une leçon salutaire; ~**samˌkeit** *f* ⟨~⟩ caractère *m* salutaire; ~**sarˌmee** *f* Armée *f* du Salut; Angehörige(r) der ~ salutiste *f* (*m*); ~**sˌbotschaft** *f relig.* message *m* de salut; ~**schlaf** *m* sommeil curatif; ~**schlamm** *m* boue *f* thérapeutique; ~ˌ**serum** *n méd.* sérum [-ɔm] *m* thérapeutique; ~**sgeˌschichte** *f relig.* histoire sacrée; 2**sgeˌwiß** *adj. relig.* certain de son salut; ~**sˌlehre** *f relig. u. fig.* doctrine *f* de salut; ~**sˌordnung** *f relig.* ordre *m* du salut; ~ˌ**stätte** *f* maison *f* de santé; *für Lungenkranke auch* sanatorium [-jɔm] *m*; ~**sˌwahrheit** *f relig.* vérité *f* du salut; ~- **und 'Pflegeˌanstalt** *f* établissement *m*, asile *m* d'aliénés; hôpital *m* psychiatrique; ~**ung** *f* ⟨~; ~en⟩ guérison *f*; wunderbare ~ guérison miraculeuse; ~**ungsproˌzeß** *m* processus [-ys] *m* de guérison; ~**verˌfahren** *n* **1.** *Methode* procédé *m* thérapeutique; médication *f*; **2.** *Kur cf.* Heilbehandlung; ~**wert** *m* valeur thérapeutique, curative; ~ˌ**wirkung** *f* effet thérapeutique, curatif; ~**zweck** *m* zu ~en à des fins thérapeutiques, curatives.

heim [haım] **I** *adv.* à la maison; *cf. auch* heimgehen, heimdürfen *etc.*; **II** 2 *n* ⟨~(e)s; ~e⟩ **1.** chez-soi *bzw.* chez-moi, *etc. m*; intérieur *m*; 'home [o:m] *m*; foyer *m*; ein eigenes ~ haben avoir un chez-soi; ein gemütliches ~ haben avoir un chez-soi, un 'home douillet; sein ~ gestalten aménager son chez-soi, son intérieur; **2.** *für gesellige Zwecke* foyer *m*; (*Kinder*2, *Alters*2 *etc.*) maison *f*; foyer *m*; 2ˌ**abend** *m* soirée *f* au foyer (de jeunesse, *etc.*); 2ˌ**arbeit** *f Industrie* travail *m* à domicile; ~ machen faire du travail à domicile; travailler à domicile; 2ˌ**arbeiter (-in)** *m* (*f*) travailleur, -euse *m, f* à domicile.

Heimat ['haımaːt] *f* ⟨~⟩ pays *m*; *gleichzeitig Geburtsort auch* pays natal; patrie *f* (*auch von Pflanzen etc.*); lieu *m* d'origine; in meiner ~ dans mon pays; neue, zweite ~ nouvelle, deuxième patrie; s-e ~ verlassen quitter sa patrie, son pays; s'expatrier; j-n aus der ~ vertreiben expulser qn. de son pays; expatrier qn.; *milit.* in die ~ entlassen renvoyer dans ses *bzw.* leurs foyers; ~**aˌdresse** *f*, ~ˌ**anschrift** *f* adresse *f* du lieu d'origine; ~ˌ**bahnhof** *m chem.* gare *f* d'attache; ~**beˌrechtigung** *f cf.* ~recht; ~**beˌwegung** *f pol.* mouvement *m* d'autonomie régionale; ~ˌ**dichter** *m* poète *m* régionaliste, du terroir; ~ˌ**dichtung** *f* littérature *f*, poésie *f* régionaliste, du terroir; ~ˌ**dorf** *n* village natal, d'origine; ~ˌ**erde** *f* terre natale; sol natal; ~ˌ**film** *m* film régional sentimental; ~**geˌfühl** *n* sentiment *m* d'attachement à son pays; ~**geˌmeinde** *f* commune *f* d'origine; ~ˌ**hafen** *m mar.* port *m* d'attache; ~ˌ**kunde** *f* géographie locale, régionale; 2ˌ**kundlich** *adj.* de la géographie locale, régionale; ~ˌ**kunst** *f* art régional; ~ˌ**land** *n* pays natal, d'origine; patrie *f*; 2ˌ**lich 1.** *adj.* natal; de mon, *etc.* pays; die ~en Berge les montagnes natales, de mon, *etc.* pays; ~e Klänge des airs de mon, *etc.* pays; den ~en Boden betreten mettre pied sur, fouler le sol natal; **2.** *adv.* j-n ~ anmuten rappeler à qn. son pays; 2**los** *adj.* sans patrie; apatride; 'heimatlos; ~ˌ**lose(r)** *f* (*m*) ⟨→A⟩ sans-patrie *m*; (*Staatenlose*[*r*]) apatride *m, f*; ~ˌ**losigkeit** *f* ⟨~⟩ *jur.* (*Staatenlosigkeit*) apatridie *f*; 'heimatlosat *m*; ~**muˌseum** *n* musée local, régional; ~ˌ**ort** *m* lieu *m* d'origine; ~ˌ**recht** *n* **1.** (*Niederlassungsrecht*) droit *m* de domicile; *fig.* ~ erworben haben avoir droit de cité; **2.** (*Recht auf Heimat*) droit *m* d'avoir un pays et d'y revenir; **3.** *hist.* droit *m* de bourgeoisie; ~**roˌman** *m* roman régional, local; ~ˌ**schein** *m* certificat *m* de nationalité; ~ˌ**schuß** *m milit. u.* F blessure *f* permettant de regagner ses foyers; ~ˌ**schutz** *m* **1.** préservation *f* du caractère d'une région; **2.** *milit.* protection *f* du territoire national; ~ˌ**sendung** *f Rundfunk* émission régionale; ~ˌ**staat** *m* État *m* d'origine; ~ˌ**stadt** *f* ville d'origine, natale; patrie *f*; ~ˌ**urlaub** *m* congé *m*, *milit.* permission *f* pour rentrer chez soi; ~**verˌtriebene(r)** *f* (*m*) expulsé(e) *m* (*f*); expatrié(e) *m* (*f*); Bund der ~n und Entrechteten (*abr.* BHE) Union des personnes expulsées de leur pays et privées de leurs droits.

heim|begeben ['haımbəˌgeːbən] *v/réfl.* ⟨*irr.*, *sép.*, *pas de ge-*, h⟩ sich ~ se rendre chez soi; rentrer (à la maison, chez soi); ~**beˌgleiten** *v/t.* ⟨-ete, *sép.*, *pas de ge-*, h⟩, ~ˌ**bringen** *v/t.* ⟨*irr.*, *sép.*, -ge-, h⟩ raccompagner; accompagner, ramener, reconduire (qn.) chez lui; 2ˌ**bügler** *m* ⟨~s; ~⟩ machine *f* à repasser.

Heimchen ['haımçən] *n* ⟨~s; ~⟩ *zo.* grillon *m* domestique.

heim|dürfen ['haımˌdʏrfən] *v/i.* ⟨*irr.*, *sép.*, -ge-, h⟩ avoir la permission de, pouvoir, *verneint* ne pas devoir rentrer (chez soi); ~ˌ**eilen** *v/i.* ⟨*sép.*, -ge-, sein⟩ se hâter, se dépêcher de rentrer (chez soi); ~**eˌlig** *adj.* qui rappelle le chez-soi; intime; où l'on est, se sent bien; ~ˌ**fahren** *v/i.* ⟨*irr.*, *sép.*, -ge-, sein⟩ rentrer chez soi (en voiture, par le train, *etc.*); 2**fahrt** *f* (voyage *m* de) retour *m*; auf der ~ au retour; en rentrant; auf der ~ sein être sur le chemin du retour; 2**fall** *m* ⟨~(e)s⟩ *jur.* retour *m*; réversion *f*; ~ˌ**fallen** *v/i.* ⟨*irr.*, *sép.*, -ge-, sein⟩ *jur.* revenir, retourner (an à); 2**fall(s)ˌrecht** *n jur.* **1.** droit *m* de retour, de réversion; **2.** *bei Erbenlosigkeit* droit *m* de l'État sur les successions en déshérence; ~ˌ**finden** *v/i.* ⟨*irr.*, *sép.*, -ge-, h⟩ trouver le chemin pour rentrer, le chemin de la maison; ~ˌ**fliegen** *v/i.* ⟨*irr.*, *sép.*, -ge-, sein⟩ rentrer (par avion); ~ˌ**führen** *v/t.* ⟨*sép.*, -ge-, h⟩ reconduire, ramener (qn.) chez lui; *Kriegsgefangene etc.* rapatrier; *fig. Mädchen, Braut* épouser; prendre pour femme; 2ˌ**führung** *f von Kriegsgefangenen etc.* rapatriement *m*; 2**gang** *m st. s. u. fig.* décès *m*; trépas *m*; 2**geˌgangene(r)** *st. s.* *f* (*m*) ⟨→A⟩ défunt(e) *m* (*f*); trépassé(e) *m* (*f*); ~ˌ**gehen** *v/i.* ⟨*irr.*, *sép.*, -ge-, sein⟩ **1.** rentrer (chez soi, à la maison); retourner chez soi, à la maison; **2.** *fig. u. st. s.* (*sterben*) décéder; trépasser; 2**geˌstaltung** *f* aménagement *m* de son chez-soi; ~**geˌsucht** *adjt. cf.* heimsuchen; ~ˌ**holen** *v/t.* ⟨*sép.*, -ge-, h⟩ j-n ~ aller chercher qn. (pour le ramener chez lui, à la maison); 2**indusˌtrie** *f* industrie *f* à domicile; ~**isch 1.** *adj.* **a)** du pays; indigène; ~e Produkte des produits indigènes, du pays; die ~e Flora la flore indigène, du pays; **b)** *an e-m Ort* ~ sein *Pflanze, Tier* habiter (qc.); *Tier auch* vivre; *Krankheit* être endémique; *cf. auch* (zu) Haus(e sein); das in den Alpen ~e Edelweiß l'edelweiss qui pousse habituellement dans les Alpes, qui habite les Alpes; **2.** *adv.* j-n ~ anmuten rappeler à qn. son pays; avoir un air familier pour qn.; sich ~ fühlen se sentir chez soi; sich nicht ~ fühlen se sentir dépaysé; ~ werden s'acclimater; ~ machen acclimater; 2**kehr** *f* ⟨~⟩ retour *m* (chez soi, au pays); rentrée *f*; bei s-r ~ en rentrant; à son retour; à sa rentrée; ~ˌ**kehren** *v/i.* ⟨*sép.*, -ge-, sein⟩ rentrer; retourner chez soi, à la maison, au pays, dans son pays; 2ˌ**kehrer** *m* ⟨~s; ~⟩ ancien prisonnier de guerre; rapatrié *m*; 2**kehrergeˌsetz** *n* loi *f* concernant la réintégration des anciens prisonniers de guerre; 2**kehrerverˌband** *m* union *f* des anciens prisonniers de guerre; 2ˌ**kino** *n* cinéma *m* d'appartement; ~ˌ**kommen** *v/i.* ⟨*irr.*, *sép.*, -ge-, sein⟩ rentrer; revenir; ~ˌ**können** *v/i.* ⟨*irr.*, *sép.*, -ge-, h⟩ pouvoir rentrer (chez soi); 2**kunft** *f* ⟨~⟩ *cf.* 2kehr; ~ˌ**lassen** *v/t.* ⟨*irr.*, *sép.*, -ge-, h⟩ laisser rentrer (chez lui, *etc.*); 2ˌ**leiter(in)** *m* (*f*) directeur, -trice *m, f* d'une maison, d'un foyer; ~ˌ**leuchten** *v/i.* ⟨-ete, *sép.*, -ge-, h⟩ *fig. u.* F j-m ~ dire ses quatre vérités, son fait à qn.; donner son paquet à qn.

heimlich ['haımlıç] **1.** *adj.* secret, -ète; (~ *u. illegal*) clandestin; **2.** *adv.* en secret; secrètement; en cachette;

F en catimini; (~ *u. illegal*) clandestinement; subrepticement; (~ *u. schnell*) à la dérobée; furtivement; F ~, **still und leise** discrètement; F en douce; **sich ~ davonmachen** s'en aller sans tambour ni trompette; *cf. auch* **davonmachen**; ℒ**ˌkeit** *f* ⟨~; ~en⟩ caractère secret; clandestinité *f*; **in aller ~** tout secrètement; *pl.* ~**en** cachotteries *f/pl.*; ℒ**ˌtuer(in)** *m* ⟨~s; ~⟩ (*f*) ⟨~; ~nen⟩ cachottier, -ière *m, f*; ℒ**tueˈrei** *f* ⟨~⟩ cachotterie(s) *f* (*pl.*); ~**ˌtun** *v/i.* ⟨*irr., sép.*, -ge-, h⟩ faire des cachotteries.

heim|müssen [ˈhaɪmˌmʏsən] *v/i.* ⟨*irr., sép.*, -ge-, h⟩ devoir rentrer (chez soi); **ich muß heim** il faut que je rentre; ~**ˌnehmen** *v/t.* ⟨*irr., sép.*, -ge-, h⟩ emmener chez soi, à la maison; ℒ**ˌniederlage** *f Sport* défaite *f* sur son propre terrain; ℒ**proˌjektor** *m* projecteur *m* d'appartement; ℒ**ˌreise** *f* voyage *m* de retour; **auf der ~** au retour; en rentrant; **auf der ~ sein** être sur le chemin du retour; **die ~ antreten** rentrer (chez soi); s'en retourner; prendre le chemin du retour; ℒ**ˌsauna** *f* sauna portatif; ~**ˌschicken** *v/t.* ⟨*sép.*, -ge-, h⟩ renvoyer chez soi, *Soldaten* dans leurs foyers; ℒ**ˌschule** *f* internat *m*; ~**ˌsehnen** *v/réfl.* ⟨*sép.*, -ge-, h⟩ **sich ~** s'ennuyer de chez soi; regretter la maison; ~**ˌsenden** *v/t.* ⟨*irr., sép.*, -ge-, h⟩ *cf.* ~**schicken**; ℒ**sieg** *m Sport* victoire *f* sur son propre terrain; ℒ**spiel** *n Sport* match *m* sur son propre terrain; ℒ**ˌstätte** *f* **1.** foyer *m*; **e-e ~ bieten** offrir un foyer; **2.** *etwa* bien-fonds *m* à acquisition privilégiée pour familles aux capitaux insuffisants; ~**ˌsuchen** *v/t.* ⟨*sép.*, -ge-, h⟩ *Katastrophe, Seuche etc.* frapper; affliger; *Feinde, Banditen, Ungeziefer etc.* infester; *Geister* 'hanter; *plais. Verwandte etc.* envahir; dévaliser; *relig.* visiter; **heimgesucht werden** être frappé, affligé (par) *bzw.* être infesté (de); **e-e schwer heimgesuchte Stadt** une ville très éprouvée, presque entièrement sinistrée; ℒ**ˌsuchung** *f* ⟨~; ~en⟩ affliction *f*; épreuve *f*; *relig.* visitation *f*; *relig. cath.* **Mariä ~** la Visitation de la Vierge; ~**ˌtragen** *v/t.* ⟨*irr., sép.*, -ge-, h⟩ porter chez soi, à la maison; ~**ˌtreiben** *v/t.* ⟨*irr., sép.*, -ge-, h⟩ faire rentrer; ℒ**ˌtücke** *f* sournoiserie *f*; *pfort.* perfidie *f*; ~**ˌtückisch 1.** *adj.* sournois; *pfort.* perfide; **ein ~er Streich** une perfidie; **e-e ~e Krankheit** une maladie traîtresse, insidieuse; **2.** *adv.* sournoisement; perfidement; avec perfidie; traîtreusement; en traître; insidieusement; ~**wärts** *adv.* en direction de la maison, de chez soi; vers son pays; **~ ziehen** prendre le chemin de la maison; ℒ**weg** *m* chemin *m* du retour; **auf dem ~** sur le chemin du retour; en retournant à la maison, chez soi; en rentrant; **sich auf den ~ machen** prendre le chemin du retour; reprendre le chemin de la maison; ℒ**weh** *n* ⟨~(e)s⟩ mal *m* du pays; nostalgie *f* (nach de); **~ haben** avoir le mal du pays; **~ nach etw. haben** avoir la nostalgie de qc.; s'ennuyer de qc.; regretter qc.; ~**ˌwollen** *v/i.* ⟨*irr., sép.*, -ge-, h⟩ vouloir rentrer (chez soi, à la maison); ~**ˌzahlen** *v/t.* ⟨*sép.*, -ge-, h⟩ *fig. u.* F **es j-m ~** rendre la pareille à qn.; rendre à qn. la monnaie de sa pièce; **das werde ich ihm ~** *auch* il me le revaudra; il ne l'emportera pas au paradis; ~**ˌziehen** *v/i.* ⟨*irr., sép.*, -ge-, sein⟩ rentrer (chez soi, à la maison, dans son pays); ~**zu** *adv.* F *cf.* ~**wärts**.

Hein [haɪn] *m poét.* **Freund ~** la Mort.

Heinzelmännchen [ˈhaɪntsəlˌmɛnçən] *n/pl.* petits nains (qui font le travail des humains).

Heirat [ˈhaɪraːt] *f* ⟨~; ~en⟩ mariage *m*; **e-e ~ aus Liebe** un mariage d'amour; **e-e standesgemäße ~** un mariage de convenance; ℒ**en I** *v/t.* ⟨-ete, h⟩ épouser (qn.); se marier avec (qn.); **j-n aus Liebe, s-s Geldes wegen ~** épouser qn. par amour, pour son argent; **II** *v/i.* se marier; *Mann auch* prendre femme; **jung ~** se marier jeune; **unter s-m Stande ~** faire une mésalliance; se mésallier; **III** ~**en** *n* ⟨~s⟩ mariage *m*; *besser verbal*; **vom ~ sprechen** parler mariage.

Heirats|absicht [ˈhaɪraːtsˌʔapzɪçt] *f* intention matrimoniale; ~**en haben** avoir l'intention de se marier; ~**ˌalter** *n* âge *m* au mariage; (*Ehemündigkeit*) âge *m* nubile; ~**ˌantrag** *m* proposition *f* de mariage; demande *f* en mariage; **j-m e-n ~ machen** proposer le mariage à qn.; demander qn. en mariage; ~**ˌanzeige** *f* **1.** *als Ehewunsch* annonce matrimoniale, de mariage; **2.** (*Vermählungsanzeige*) faire-part *m* de mariage; ~**ˌbuch** *n Standesamt* registre *m* des mariages; ~**erˌlaubnis** *f* autorisation *f* de mariage; ℒ**ˌfähig** *adj.* en âge de se marier; nubile; mariable; *Mädchen auch* F bonne à marier; **im ~en Alter** en âge de se marier; ~**ˌfähigkeit** *f* nubilité *f*; ~**ˌgut** *n* dot [dɔt] *f*; ~**ˌhäufigˌkeit** *f* nuptialité [-ps-] *f*; ~**kandiˌdat** *m iron.* candidat *m* au mariage; ℒ**ˌlustig** *adj.* qui a envie de se marier; ~**ˌplan** *m* projet *m* de mariage; ~**reˌgister** *n cf.* ~**buch**; ~**ˌschwindel** *m* escroquerie *f* au mariage; ~**ˌschwindler** *m* escroc [-o] *m* au mariage; ~**ˌurkunde** *f* acte *m* de mariage; *als Abschrift* extrait *m*, bulletin *m* de mariage; ~**verˌmittler(in)** *m* (*f*) marieur, -euse *m, f*; *gewerbsmäßige(r)* courtier, -ière matrimonial(e) *m, f*; agent matrimonial; ~**verˌmittlung** *f* mise *f* en relations en vue mariage; *Büro* agence matrimoniale; ~**verˌsprechen** *n* promesse *f* de mariage; ~**ˌziffer** *f* taux *m* de nuptialité [-ps-].

heischen [ˈhaɪʃən] *v/t.* ⟨h⟩ *st. s.* (*fordern*) exiger; réclamer; revendiquer; demander.

heiser [ˈhaɪzər] *adj.* enroué (*auch fig.*); *Stimme, Schrei auch* rauque; *Stimme durch vieles Schreien* éraillé; **~ sein** être enroué; **~ werden** s'enrouer; **sich ~ schreien** s'enrouer à force de crier; s'érailler la voix à force de crier; s'égosiller; **mit ~er Stimme** d'une voix enrouée; **e-e ~e Stimme haben** avoir la voix enrouée *bzw.* éraillée; ℒ**keit** *f* ⟨~⟩ enrouement *m*; raucité *f*.

heiß [haɪs] *adj. u. adv.* (très) chaud; (*kochend ~*) bouillant; (*glühend ~*) brûlant; *Klima* torride; *Tier* en chaleur; *fig. Wunsch, Liebe etc.* ardent; *Kampf, Diskussion etc.* acharné; passionné; ~**es Bad** bain très chaud; *chim.* ~**e Chemie** radiochimie *f*; *pol.* ~**er Draht** *zwischen Washington und Moskau* téléphone *m* rouge; *fig.* ~**e Kämpfe** combats acharnés; **die ~en Länder** les pays chauds; ~**e Mittagssonne** soleil brûlant de midi; ~**e Stirn** *e-s Kranken* front brûlant; ~**es Wasser** eau (très) chaude; *cuis.* ~**e Würstchen** saucisses chaudes; *phys. atom.* ~**e Zelle** (*Strahlenschutzzelle*) cellule chaude; laboratoire *m* de haute activité; *géogr.* ~**e Zone** zone torride, intertropicale; **die Suppe ist ~** la soupe est (très) chaude; **die Suppe ist zu ~** la soupe est trop chaude; **es ist ~ heute** il fait chaud aujourd'hui; **mir ist ~** j'ai chaud; *fig. u.* F ~! (*nahe am gesuchten Gegenstand*) tu brûles!; ~**e Tränen vergießen** pleurer à chaudes larmes; **der Boden wurde ihm zu ~** il sentit que cela devenait malsain, dangereux pour lui; *techn. e-n Belag etc.* **~ aufbringen** appliquer à chaud; **~ machen** (faire) chauffer; *fig.* **j-m die Hölle ~ machen** faire prendre une suée à qn.; retourner qn. sur le gril; **was ich nicht weiß, macht mich nicht ~** *prov.* ce que j'ignore, me laisse froid; peu me chaut ce que j'ignore; F **es ging ~ her** F ça chauffait; P ça bardait; **etw. ~ ersehnen** désirer qc. ardemment; *cf. auch* **heißlaufen** *etc.*; ~**ˌblütig** *adj.* qui a le sang chaud; fougueux, -euse; **ein ~er Südländer** un méridional au sang chaud; ℒ**ˌblütigˌkeit** *f* ⟨~⟩ sang chaud; fougue *f*; ℒ**dampf** *m techn.* vapeur surchauffée; ℒ**dampfmaˌschine** *f* machine *f* à vapeur surchauffée.

heißen[1] [ˈhaɪsən] **I** *v/t.* ⟨-(es)t, heißt, hieß, geheißen, h⟩ *st. s.* **1.** (*nennen*) appeler; nommer; **j-n willkommen ~** souhaiter la bienvenue à qn.; **j-n e-n Lügner** *etc.* **~** traiter, qualifier qn. de menteur, *etc.*; appeler qn. menteur, *etc.*; **das heiße ich korrekt handeln** voilà ce que j'appelle agir correctement; **2.** (*befehlen*) **j-n etw. tun ~** enjoindre, ordonner, commander, dire à qn. de faire qc.; **j-n gehen ~** enjoindre, *etc.* à qn. de partir; **er hat mich gehen ~** il m'a enjoint, ordonné, dit de partir; **er hieß mich warten** *meist* il me dit d'attendre; **wer hat dich das geheißen?** qui t'a dit de faire cela?; **II** *v/i.* **3.** (*den Namen haben*) s'appeler; se nommer; porter le nom de; **ich heiße Peter** je m'appelle, me nomme Pierre; **wie ~ Sie?** comment vous appelez-vous?; quel est votre nom?; **wie heißt dieses Gebäude, diese Straße?** comment s'appelle cet édifice, cette rue?; **ich will Hans ~, wenn ...** *cf.* **Hans**; **4.** (*bedeuten*) signifier; vouloir dire; **soll das ~, daß ...?** est-ce que cela signifie, veut dire que ...?; **was soll das ~!** qu'est-ce que cela signifie, veut dire!; qu'est-ce à dire! F **das will (et)was ~** ce n'est pas peu de chose; c'est quelque chose; **das will nicht viel ~** cela ne signifie pas, ne veut pas dire grand-chose; **das will nichts ~** cela ne veut rien dire, ne signifie rien; cela n'a pas d'importance; **was heißt schon eine Million (, wenn ...)** qu'est-ce (que c'est) qu'un million (, quand ...); **das hieße alles vergessen** cela équivaudrait, reviendrait à tout oublier; ce serait tout oublier; **alles verstehen heißt alles verzeihen** *prov.* tout comprendre c'est tout pardonner *prov.*; **wie heißt das auf französisch?** comment dit-on cela en français?; comment (est-ce que) cela se dit en français?; **wie heißt „Haus" auf französisch?** comment dit-on «Haus» en français?; *erklärend, berichtigend* **das heißt** (*abr.* **d. h.**) c'est-à-dire (c.-à-d.); **ich komme morgen, d. h., wenn ich kann** je viendrai demain, c.-à-d. *od.* tout au moins *od.* du moins si je peux; **das heißt soviel wie ...** cela revient à dire que ...; autant dire que ...; **III** *v/imp.* **es**

heißt, ... on dit que ...; **so heißt es wenigstens** c'est du moins ce que l'on dit; **damit es nicht heiße,** ... pour *od.* afin que l'on ne dise pas que ...; pour *od.* afin qu'il ne soit pas dit que ...; **es hieß ausdrücklich,** ... il avait été dit expressément ...; **da heißt es mit Recht,** ... c'est le cas de dire que ...; **nun heißt es, die Zähne zusammenbeißen** c'est maintenant qu'il s'agit de serrer les dents; **da heißt es aufgepaßt** c'est là qu'il s'agit de, qu'il faut faire attention; **hier heißt es entweder-oder** c'est l'un ou l'autre; il n'y a point de milieu; **wie es in der Bibel heißt** comme il est écrit dans la Bible; **wie es bei Goethe heißt** comme on peut le lire dans Goethe; **es heißt an dieser Stelle** ... il est dit, nous lisons à cet endroit ...; **es heißt (richtig)** ... il faut dire (correctement) ...; **er weiß, was es heißt** ... il sait ce que c'est que de ...; **~²** *v/t.* ⟨-(es)t, h⟩ *mar.* 'hisser.

heiß|ersehnt ['haɪsˀɛrˌzeːnt] *adjt.* ardemment désiré; **~geˌliebt** *adjt.* passionnément, ardemment aimé; **2ˌhunger** *m* grande faim, faim dévorante, F fringale *f* (*alle auch fig.*) (nach de); *méd.* boulimie *f*; **~ˌhungrig** *adj.* qui a grand-faim, une faim dévorante; affamé (*auch fig.*); **~ˌlaufen I** *v/i.* ⟨*irr., sép.,* -ge-, sein⟩ *techn.* chauffer; **die Achse ist heißgelaufen** l'essieu a chauffé; **II 2ˌlaufen** *n* échauffement *m.*

Heißluft ['haɪsluft] *f* ⟨~⟩ air chaud; **~ˌbad** *n* bain *m* d'air chaud, d'air surchauffé; *Raum* étuve *f*; **~baˌllon** *m* ballon *m* à air chaud; montgolfière *f*; **~ˌdusche** *f cf.* ~trockner; **~ˌheizung** *f* chauffage *m* à air chaud; **~ˌmotor** *m* moteur *m* à air chaud; **~ˌraum** *m in Bädern* étuve *f*; **~ˌtrockner** *m* ⟨~s; ~⟩ séchoir *m* à air chaud; **~turˌbine** *f* turbine *f* à air chaud.

Heiß|mangel ['haɪsˌmaŋəl] *f* ⟨~; ~n⟩ calandre *f*; **~sporn** *m* ⟨~(e)s; ~e⟩ tête chaude; cerveau brûlé; **2ˌspornig** *adj.* qui a la tête chaude; **2umˌstritten** *adjt.* passionnément, ardemment disputé; **2verˌzinnen** *v/t.* ⟨*sép., pas de ge-,* h⟩ *techn.* étamer au trempé; **~verˌzinnung** *f* étamage *m* au trempé; **~'wasserbeˌreiter** *m* ⟨~s; ~⟩ *techn.* chauffe-eau *m*; **~'wasserˌspeicher** *m* chauffe-eau *m* à accumulation.

heiter ['haɪtər] **1.** *adj. Wetter* clair; beau, bel, belle; serein; *Person, Wesen etc.* (*lustig*) gai; enjoué; (*abgeklärt*) serein; *Szene, Zwischenfall, Geschichte etc.* amusant; *Wettervorhersage* **Fortbestand des ~en Wetters** *meist* continuation du beau temps; **~er Himmel** ciel serein, clair; *fig.* **wie ein Blitz aus ~em Himmel (kommen)** (éclater) comme un coup de tonnerre; **~e Ruhe** *e-r Person* calme serein; tranquillité sereine; **ein ~es Wesen haben** être d'une nature gaie, enjouée; **~e Stimmung** bonne humeur; *e-r Gruppe* ambiance gaie; **~es Spiel** jeu amusant; **~ werden** *Wetter* s'éclaircir; se rasséréner; *Person* se rasséréner; se dérider; *iron.* **das kann ja ~ werden!** ça va être drôle, si ça continue comme ça!; ça commence bien!; voilà un début qui promet!; **2.** *adv.* **j-n ~ stimmen** ragaillardir qn.; rendre qn. gai; *Fest* **~ verlaufen** se passer gaiement; **2ˌkeit** *f* ⟨~⟩ *innere, abgeklärte* sérénité *f*; *lustige* gaîté *od.* gaieté *f*; enjouement *m*; *pfort.* hilarité *f*; **ungetrübte ~** pleine, entière, complète sérénité; *im Parlament etc.* (*allgemeine*) **~** hilarité (générale); **zur allgemeinen ~** à l'hilarité générale; **~ erregen** déclencher l'hilarité; **2keitsˌausbruch** *m* accès *m* d'hilarité; **2keitserˌfolg** *m* **e-n ~ erzielen, ein ~ werden** déclencher l'hilarité générale.

Heiz|anlage ['haɪtsˌˀanlaːgə] *f cf.* ~ungsanlage; **~appaˌrat** *m cf.* ~gerät; **2bar** *adj.* qui peut être chauffé; avec chauffage; **~batteˌrie** *f e-r Röhre* batterie *f* de chauffage; **~eleˌment** *n* élément *m* de chauffage; **2en I** *v/t. u. v/i.* ⟨-(es)t, h⟩ chauffer; **e-n Raum ~** chauffer une pièce; **mit Kohle, Gas** *etc.* **~** (se) chauffer au charbon, au gaz, *etc.*; **der Ofen heizt gut** le poêle chauffe bien; **dieses Zimmer läßt sich gut ~, heizt sich gut** cette pièce se chauffe bien, facilement; cette pièce est facile à chauffer; **II ~en** *n* ⟨~s⟩ chauffage *m*; *techn., Industrie* chauffe *f*; **~er** *m* ⟨~s; ~⟩ chauffeur *m* (*auch chem.*); **~ˌfaden** *m e-r Röhre* filament *m*; **~ˌfläche** *f* surface *f* de chauffe; **~gas** *n* gaz [-z] *m* de chauffage; **~geˌrät** *n* appareil *m* de chauffage; radiateur *m*; **~ˌkeller** *m cf.* ~raum; **~ˌkessel** *m* chaudière *f*; **~ˌkissen** *n* coussin électrique, chauffant; **~ˌkörper** *m* **1.** *e-r Zentralheizung* radiateur *m*; **2.** *e-s Elektrowärmegerätes* corps *m* de chauffe; **~(körper)ˌrippe** *f* élément *m* d'un radiateur; **~körperverˌkleidung** *f* cache-radiateur *m*; **~kraft** *f cf.* ~wert; **~ˌkraftwerk** *n* centrale *f* thermique; **~ˌleiter** *m élect.* conducteur chauffant; **~materiˌal** *n* combustible(s) *m* (*pl.*); **~ˌofen** *m elektrischer* radiateur *m* électrique; *e-r Zentralheizung* chaudière *f*; calorifère *m*; **~öl** *n* fuel [fjul] *m*; fuel-oil [fyɛlwal] *m*; mazout [-t] *m*; **~ölˌtank** *m* réservoir *m* à mazout; **~raum** *m* chaufferie *f*; chambre *f* de chauffe; **~rohr** *n* tuyau *m* de chauffage; **~rohrˌkessel** *m techn.* (*Rauchrohrkessel*) chaudière *f* à tubes de fumée; **~ˌschlange** *f* serpentin chauffant; **~ˌsonne** *f* radiateur *m* parabolique; **~ˌspannung** *f e-r Röhre* tension *f* de chauffage; **~spiˌrale** *f* résistance chauffante (en spirale); **~strom** *m* courant *m* de chauffage (*auch e-r Röhre*); **~ung** *f* ⟨~; ~en⟩ chauffage *m*; **die ~ anstellen, abstellen** ouvrir, fermer le chauffage; **nach der ~ sehen** s'occuper du chauffage; **~ungsˌanlage** *f*, **~ungsˌeinrichtung** *f* installation *f* de chauffage; **~ungsˌkeller** *m cf.* ~raum; **~ungsˌkosten** *pl.* frais *m/pl.* de chauffage; **~ungsmonˌteur** *m* monteur *m* en chauffage; **~ungsˌrohr** *n* tuyau *m* de chauffage; **~ungsˌtechnik** *f* technique *f* du chauffage; **~ungsˌtechniker** *m* technicien *m* du chauffage; **~werk** *n* centrale *f* de chauffage; **~wert** *m* pouvoir *m* calorifique; **~ˌwiderstand** *m élect.* résistance *f* de chauffage.

Hekatombe [heˑka'tɔmbə] *f* ⟨~; ~n⟩ hécatombe *f.*

Hektar [hɛk'taːr, 'hɛk-] *n, m* ⟨~s; ~e *bzw.* 3 ~⟩ hectare *m.*

hektisch ['hɛktɪʃ] *adj. méd.* hectique; *fig. Eile, Bewegung etc.* fébrile; fiévreux, -euse; nerveux, -euse; **~e Betriebsamkeit** activité fiévreuse, fébrile.

Hekto|gramm [hɛktoˑ'gram] *n* hectogramme *m*; **~'graph** *m* ⟨~en; ~en⟩ machine *f* à polycopier; **~gra'phie** *f* ⟨~; -ien⟩ polycopie *f*; **2gra'phieren** *v/t.* ⟨*pas de ge-,* h⟩ polycopier; **~'liter** [*auch* 'hɛk-] *n, m* hectolitre *m*; **~'meter** *n, m* hectomètre *m*; **~'watt** *n* hectowatt [-wat] *m.*

Held [hɛlt] *m* ⟨~en; ~en⟩ 'héros *m* (*auch e-s Romans etc.*); *der Heldensagen auch* preux *m*; *in der DDR* **~ der Arbeit** 'héros du travail socialiste; *thé.* **jugendlicher ~** jeune premier; *fig.* **der ~ des Tages** le héros du jour; **kein ~ in etw. sein** ne pas être très fort, très calé en qc.; *iron. u.* F **du bist mir ein ~!** ah! tu es un brave!

Helden|brust ['hɛldənˌbrust] *f iron.* poitrine *f* de héros; **~ˌdichtung** *f* poésie *f* héroïque; **~ˌepos** *n* épopée *f*; *cf. auch* ~lied; **~geˌdicht** *n* poème *m* héroïque; *cf. auch* ~lied; **2ˌhaft 1.** *adj.* héroïque; **2.** *adv.* héroïquement; en 'héros; **~ˌlied** *n* poème *m*, chanson *f* héroïque; *im mittelalterl. Frankreich* chanson *f* de geste; **~ˌmut** *m* héroïsme *m*; **2ˌmütig** *adj. cf.* 2haft; **~ˌsage** *f* légende *f* héroïque; **~ˌtat** *f* action *f* héroïque, d'éclat; 'haut fait *m*; exploit *m*; prouesse *f* (*auch iron.*); **~teˌnor** *m mus.* fort ténor *m*; **~ˌtod** *m* mort *f* héroïque; **den ~ sterben** mourir au champ d'honneur; **~ˌtum** *n* ⟨~(e)s⟩ héroïsme *m.*

Held|in ['hɛldɪn] *f* ⟨~; ~nen⟩ héroïne *f*; **2isch** *adj.* héroïque.

Helenenkraut [heˑ'leːnənˌkraut] *n bot.* [aunée *f.*]

helfen ['hɛlfən] *v/i.* ⟨hilft, half, hülfe, geholfen, h⟩ aider, assister, *Notleidenden auch* secourir, *durch Mitarbeit auch* seconder (j-m qn.); *Mittel, Maßnahme meist* servir; **j-m bei der Arbeit ~** aider qn. dans son travail; **j-m auf die Beine ~** aider qn. à se relever; *nur fig.* remettre qn. à flot; **der Mutter im Haushalt ~** aider sa mère dans la maison; **j-m in den, aus dem Mantel ~** aider qn. à mettre, à ôter son manteau; **j-m auf die Sprünge ~** aider qn.; mettre qn. sur la voie; **j-m über die Straße ~** aider qn. à traverser la rue; **j-m aus e-r Verlegenheit,** F **aus der Patsche ~** tirer qn. d'embarras; F dépanner qn.; **j-m mit Geld, mit s-m Rat ~** aider qn. avec de l'argent, de ses conseils; **sich ~ lassen** se faire aider; **sich gegenseitig ~** s'entraider; **sich zu ~ wissen** savoir se débrouiller; être débrouillard; savoir s'y prendre; avoir plus d'une corde à son arc; **sich nicht mehr zu ~ wissen** ne plus savoir quoi *od.* que faire, comment en sortir, à quel saint se vouer; **wir wußten uns nicht anders zu ~** c'était le seul moyen de nous tirer d'embarras; **ich kann mir nicht ~, ich muß lachen** *etc.* je ne peux pas m'empêcher de rire, *etc.*; **ihm ist nicht zu ~** on ne peut rien pour lui; **hier ist nicht mehr zu ~** il n'y a plus rien à faire ici; *Mittel* **gegen Zahnschmerzen** *etc.* **~** être bon pour, efficace contre les maux de dents, *etc.*; **was hilft es, wenn man ihn bestraft?** à quoi bon le punir?; **das hilft nichts, nicht viel** cela ne sert à rien, ne sert pas à grand-chose; **damit ist mir nicht geholfen** cela ne me sert à rien; **was hilft das Klagen?** à quoi sert de se plaindre?; à quoi bon se plaindre?; inutile de se plaindre; **hier hilft kein Schreien** crier ne sert à rien; inutile de crier; rien ne sert de crier; **es hilft alles nichts (, er tut es trotzdem)** rien n'y fait (, il le fera quand même); **es hilft alles nichts (, wir müssen gehen)** il n'y a rien à faire (, il faut s'en aller); *drohend* **dir werde ich ~!** je vais t'aider!; attends que je t'aide!; tu veux que je t'aide!; **Gott helfe mir!**

Dieu me soit en aide!; **hilf dir selbst, so hilft dir Gott!** *prov.* aide-toi, le Ciel t'aidera! *prov.*; **wem nicht zu raten ist, dem ist auch nicht zu** ~ *prov.* à parti pris point de conseil *prov.*
Helfer|(in) ['hɛlfər(ɪn)] *m* ⟨~s; ~⟩ *(f)* ⟨~; ~nen⟩ aide *m, f*; auxiliaire *m, f*; assistant(e) *m (f)*; *des Roten Kreuzes etc.* secouriste *m, f*; **ehrenamtliche(r), freiwillige(r)** ~ aide bénévole; **Helfer in Steuersachen** conseiller fiscal; conseil fiscal; **~s,helfer(in)** *m (f)* complice *m, f*; acolyte *m*; compère *m*; homme *m* de main.
Helgoländ|er(in) ['hɛlgoˑ,lɛndər(ɪn)] **I** *m* ⟨~s; ~⟩ *(f)* ⟨~; ~nen⟩ habitant(e) *m (f)* de l'Helgoland; **II** **~er** *adj.* ⟨*inv.*⟩, **Ձisch** *adj.* de l' *od.* d'Helgoland.
Helikon ['heːliˑkɔn] *n* ⟨~s; ~s⟩ *mus.* hélicon *m.*
Helikopter [heˑliˑ'kɔptər] *m* ⟨~s; ~⟩ *(Hubschrauber)* hélicoptère *m.*
Helio|graphie [heˑliˑoˑgra'fiː] *f* ⟨~⟩ *impr.* héliographie *f*; **~gra'vüre** *f* ⟨~; ~n⟩ *impr.* héliogravure *f*; **~'meter** *n* ⟨~s; ~⟩ *astr.* héliomètre *m*; **~'skop** *n* ⟨~s; ~e⟩ *astr.* hélioscope *m*; **~'stat** *m* ⟨~en; ~en⟩ *astr.* héliostat *m*; **~thera'pie** *f méd.* héliothérapie *f*; **~'trop¹** *n* ⟨~s; ~e⟩ *bot.*, *Geodäsie* héliotrope *m*; **~'trop²** *m* ⟨~s; ~e⟩ *minéral.* héliotrope *m*; **~tro'pin** *n* ⟨~s⟩ *chim.* héliotropine *f*; **Ձ'tropisch** *adj. bot.* héliotrope; hélioscope; **~tro'pismus** *m* ⟨~⟩ *bot.* héliotropisme *m*; **Ձ'zentrisch** *adj. astr.* héliocentrique; **das ~e Weltbild** le système héliocentrique, de Copernic; **~'zoen** *n/pl. biol.* héliozoaires *m/pl.*
Helium ['heːliˑum] *n* ⟨~s⟩ *chim.* hélium [-jɔm] *m*; **~,kern** *m phys. atom.* noyau *m* d'hélium; hélion *m.*
hell [hɛl] **1.** *adj.* **a)** clair; *Haare, Bier, Tabak* blond; *(leuchtend ~)* lumineux, -euse; *Stern* brillant; **ein ~es Bier,** F **ein Ձes** une (bière) blonde; **ein ~es Blau** un bleu clair; **~e Farbe** couleur claire; **~e Stimme** voix claire; **~er Ton, Klang** son clair; **~es Zimmer** pièce claire; **~er Tag** jour clair; **es ist schon ~er Tag** il fait déjà grand jour; **bis in den ~en Tag hinein schlafen** faire la grasse matinée; **es ist ~** il fait clair; **es wird (schon) ~** il commence à faire jour, clair; **es wird wieder ~** le temps s'éclaircit; **im Sommer bleibt es lange ~** en été, il fait jour longtemps; **b)** *fig. von e-r Person* intelligent; **ein ~er Kopf** un esprit, un cerveau lucide, lumineux, intelligent; F **Mensch, sei ~!** *etwa* ouvre l'œil, mon ami!; pas de bêtises, mon gars!; **c)** *fig.* **in ~en Haufen, Scharen** en foule; en grand nombre; **in ~en Flammen stehen** être tout en flammes; **~e Begeisterung** enthousiasme le plus complet; **~e Freude** joie la plus complète; **s-e ~e Freude an etw. haben** être très content de voir qc.; éprouver un véritable plaisir à voir, à faire qc.; **in ~er Verzweiflung** tout affolé; **(das wäre) ~er Wahnsinn** (ce serait de la) pure folie, folie pure; **2.** *adv.* **~ leuchten** *Lampe etc.* éclairer bien; **~ brennen** *Feuer, Kerze* brûler avec une flamme claire; **~ glänzen** *Sterne etc.* jeter un, briller d'un vif éclat; **der Mond scheint ~** il fait un beau clair de lune; **~ klingen, tönen** rendre un son clair; **~auf** *adv.* **~ begeistert** sein être enthousiasmé au plus 'haut point; **~ lachen** éclater de rire; **~,äugig** *adj.* qui a les yeux clairs; **~blau** *adj.* bleu clair (*inv.*); **~blond** *adj.* blond pâle (*inv.*); blond clair (*inv.*); **~braun** *adj.* brun clair (*inv.*); **Ձ,dunkel** *n peint.* clair-obscur *m*; **Ձe** *f* ⟨~⟩ clarté *f*; luminosité *f*; *cf. auch* Helligkeit.
Hellebarde [,hɛlə'bardə] *f* ⟨~; ~n⟩ *hist. Waffe* 'hallebarde *f.*
Helleborus [hɛ'leːboˑrus] *m* ⟨~; -ri⟩ *bot.* (h)ellébore *m.*
Hellegat(t) ['hɛlə,gat] *n* ⟨~(e)s; ~s⟩ *mar.* soute *f.*
Hellen|e [hɛ'leːnə], **~in** *m* ⟨~n; ~n⟩, *f* ⟨~; ~nen⟩ Hellène *m, f*; **Ձisch** *adj.* hellène; hellénique; **Ձi'sieren** *v/t.* ⟨*pas de ge-*, h⟩ helléniser; **~i'sierung** *f* ⟨~⟩ hellénisation *f*; **~ismus** [-'nɪs-] *m* ⟨~⟩ hellénisme *m*; **~ist** [-'nɪst] *m* ⟨~en; ~en⟩ helléniste *m*; **Ձistisch** [-'nɪs-] *adj.* hellénistique.
Heller ['hɛlər] *m* ⟨~s; ~⟩ *hist. etwa* denier *m*; liard *m*; *fig.* **auf ~ und Pfennig (bezahlen)** (payer) jusqu'au dernier centime; (payer) ric-(à-)rac; (payer) rubis sur l'ongle; **keinen ~ wert sein** ne pas valoir un sou; **keinen roten ~ besitzen** n'avoir pas le sou, pas un liard, pas un sou vaillant; n'avoir ni sou ni maille; P n'avoir pas un rond.
hellerleuchtet ['hɛlˀɛr,lɔyçtət] *adjt.* très éclairé; illuminé.
Helle(s) ['hɛlə(s)] F *n* ⟨→ A⟩ verre *m* de bière (blonde); **Herr Ober, ein ~s (bitte)!** garçon! une blonde (S.V.P.)!
hell|euchtend ['hɛl,lɔyçtənt] *adjt.* lumineux, -euse; *Lampe* qui éclaire bien; **~,farbig** *adj.* d'une *od.* de couleur claire; d'un *od.* de ton clair; clair; **~gelb** *adj.* jaune clair (*inv.*); **~,glänzend** *adjt.* brillant d'un vif éclat; qui jette un vif éclat; **~grau** *adj.* gris clair (*inv.*); **~grün** *adj.* vert clair (*inv.*); **~,hörig** *adj. Gebäude, Wohnung* sonore; *fig.* **~ werden** dresser l'oreille; devenir attentif, -ive; commencer à avoir des soupçons; **das machte ihn ~** cela lui a fait dresser l'oreille; cela a éveillé son attention; cela lui a mis la puce à l'oreille; il a soupçonné qc.; **~(l)icht** *adj.* **am ~en Tage** en plein jour; **Ձig,keit** *f* ⟨~⟩ clarté *f*; *e-r Lichtquelle* luminosité *f (auch télév.)*; éclat *m (auch astr.)*; *astr.* **scheinbare ~** éclat apparent; **Ձigkeits,einstellung** *f télév.* réglage *m* de la luminosité; **Ձigkeits,grad** *m* degré *m* de clarté, de luminosité; **Ձigkeits,schwankung** *f* variation *f* de (la) luminosité.
Helling ['hɛlɪŋ] *f* ⟨~; ~en⟩, *m* ⟨~s; ~e⟩ *mar.* cale *f* de construction.
hell|klingend ['hɛl,klɪŋənt] *adjt.* qui rend un son clair; à la sonorité claire; **~rot** *adj.* rouge clair (*inv.*); *Wein* rosé; **~,sehen I** *v/i.* ⟨*nur inf.*⟩ **~ können** avoir le don de seconde, de double vue; F **du kannst wohl ~!** mais tu as le don de double, de seconde vue!; **II Ձ,sehen** *n* ⟨~s⟩ seconde, double vue; voyance *f*; **Ձ,seher(in)** *m* ⟨~s; ~⟩ *(f)* ⟨~; ~nen⟩ voyant(e) *m (f)*; **~,sehe,risch** *adj.* **~e Fähigkeiten** don *m* de double, de seconde vue; **~,sichtig** *adj. (klarsichtig)* clairvoyant; lucide; **~,tönend** *adjt. cf.* **~klingend**; **~wach** *adj.* tout à fait éveillé.
Helm [hɛlm] *m* ⟨~(e)s; ~e⟩ **1.** *(Schutz-Ձ)*, *milit. etc.* casque *m*; *hist.* 'heaume *m*; **2.** *bât. Turmdach* comble pyramidal; **3.** *e-r Axt etc.* manche *m*; **~,bohne** *f bot.* dolic *od.* dolique *m* d'Égypte; **~busch** *m milit.* panache *m*; *kleiner* plumet *m.*
Helminth|e [hɛl'mɪntə] *f* ⟨~; ~n⟩ *zo.* helminthe *m*; **~iasis** [-'tiː-] *f* ⟨~; -i'asen⟩ *méd.* helminthiase *f.*
Helm|kleinod ['hɛlm,klaɪnoːt] *n cf.* **~zier**; **~kraut** *n bot.* scutellaire *f*; **~schmuck** *m* ornement *m* d'un casque; cimier *m*; **~zier** *f Wappenkunde* cimier *m.*
Helot [heˑ'loːt] *m* ⟨~en; ~en⟩ *hist.* (h)ilote *m*; **~en,tum** *n* ⟨~(e)s⟩ ilotisme *m.*
Helvet|ier [hɛl'veːtsiˑər] *m/pl. hist.* Helvètes *m/pl.*; **Ձisch** *adj.* helvétique.
hem *cf.* hm.
Hemd [hɛmt] *n* ⟨~(e)s; ~en⟩ *allg.* chemise *f*; **~ mit kurzen Ärmeln** chemisette *f*; chemise à manches courtes; **weißes, buntes ~** chemise blanche, de couleur; **sein ~ anziehen, ausziehen** mettre *bzw.* ôter, enlever sa chemise; *fig.* **kein ~ auf dem Leibe haben** n'avoir même pas une chemise à se mettre; **s-e Gesinnung wie das ~ wechseln** changer d'opinion comme de chemise; **sein letztes ~ hergeben** donner jusqu'à sa dernière chemise; F **j-n bis aufs ~ ausziehen** mettre qn. sur la paille; dépouiller complètement qn.; **das ~ ist mir näher als der Rock** *prov.* charité bien ordonnée commence par soi-même *prov.*; **~,bluse** *f* chemisier *m*; **~brust** *f* plastron *m*; **~chen** *n* ⟨~s; ~⟩ petite chemise; **~enfa,brik** *f* fabrique *f* de chemises; chemiserie *f*; **~enfabri,kant** *m* chemisier *m*; **~enge,schäft** *n* chemiserie *f*; magasin *m* de chemises; **~en,knopf** *m* bouton *m* de chemise; **~en,matz** F *m* ⟨~es; ~e *od.* ~e⟩ petit enfant en chemise; **~en,stoff** *m* étoffe *f* pour chemises; **~,hose** *f* chemise-culotte *f*; **~,kragen** *m* col *m* (de chemise); *abknöpfbarer* faux col; **~s,ärmel** *m* **in ~n** en bras, en manches de chemise; **Ձs,ärmelig** *adj. u. adv.* en bras, en manches de chemise; *fig.* sans façon; sans raffinement; décontracté.
Hemi|edrie [heˑmiˑeˑ'driː] *f* ⟨~⟩ *von Kristallen* hémiédrie *f*; **~mor'phit** *m* ⟨~s⟩ *minéral.* calamine *f*; **~'ole** *f* ⟨~⟩ *mus.* hémiolion *m*; **~ple'gie** *f* ⟨~; -ien⟩ *méd.* hémiplégie *f*; **~'pteren** *pl. zo.* hémiptères *m/pl.*; **~'sphäre** *f* hémisphère *m*; **die nördliche, südliche ~** l'hémisphère nord, boréal *bzw.* sud, austral; **Ձ'sphärisch** *adj.* hémisphérique; **~'stichion** *n* ⟨~s; -ien⟩ *métr.* hémistiche *m.*
hemm|en ['hɛmən] *v/t.* ⟨h⟩ *Bewegung* ralentir; freiner; *pfort.* arrêter; bloquer; *Mechanik* enrayer *(auch fig.)*; *Entwicklung* retarder; ralentir; *pfort.* arrêter; *physisch, psych.* inhiber; **sich gehemmt fühlen** *vorübergehend* se sentir gêné, paralysé; *ständig* avoir des complexes; **~end** *adjt. Funktion, Bewegung etc.* inhibitif, -ive; inhibiteur, -trice; *advt.* **~ wirken** avoir un effet inhibitif; **Ձ,kette** *f Rad* chaîne *f* d'enrayage; **Ձklotz** *m* cale *f*; *fig.* entrave *f*; **Ձnis** *n* ⟨~ses; ~se⟩ obstacle *m*; entrave *f*; **Ձschuh** *m chem.* sabot *m* d'arrêt; **den ~ anlegen, vorlegen** mettre le sabot d'arrêt; **Ձ,stoffe** *m/pl. Biochemie* inhibiteurs *m/pl.*; **Ձung** *f* ⟨~⟩ **1.** *e-s Vorgangs* ralentissement *m*; freinage *m*; *pfort.* arrêt *m*; blocage *m*; *Mechanik* enrayage *m*; enrayement *od.* enraiement *m*; *physisch, psych.* inhibition *f*; **2.** ⟨*pl.* ~en⟩ *psych. etwa* complexe *m*; **~en haben** avoir des complexes; **keine ~en haben** ne pas avoir de complexes; ne pas se sentir gêné; être décontracté; **er kennt keine ~en** il est sans-gêne; **3.** *e-r Uhr* échappement *m*; **~ungs,los** *adj. u. adv.* déchaîné; sans frein; **~e Leidenschaft** passion déchaînée; **sich ~ e-m Laster hingeben** s'abandonner com-

plètement à un vice; **2ungsˌlosigkeit** *f* ⟨~⟩ abandon complet à qc.; manque *m* de retenue; *besser verbal*; **2ˌvorrichtung** *f techn.* dispositif *m* d'enrayage.

Hengst [hɛŋst] *m* ⟨~es; ~e⟩ *zo.* cheval entier; (*Zucht2*) étalon *m*; **~ˌfohlen** *n* poulain *m* (mâle).

Henkel ['hɛŋkəl] *m* ⟨~s; ~⟩ anse *f*; **...2ig** *adj.* à ... anse(s); **~ˌkorb** *m* panier *m* à anse(s); **~ˌkrug** *m* cruche *f* à anse(s); **~ˌtopf** *m* pot *m* à anse(s).

henk|en ['hɛŋkən] *v/t.* ⟨h⟩ pendre; **2er** *m* ⟨~s; ~⟩ bourreau *m*; *jur. auch* exécuteur *m* (des 'hautes œuvres, des arrêts criminels); *fig. u.* F **scher dich zum ~!** que le diable t'emporte!; va-t'en au diable!; **ich frage den ~ danach** je m'en moque; je m'en bats l'œil; *cf. auch* Teufel; **2ersˌknecht** *m* valet *m* du bourreau; *jur.* aide *m* de l'exécuteur; **2ersˌmahlzeit** *f* dernier repas d'un condamné (*auch fig.*).

Henna(strauch) ['hɛna(ˌʃtraux)] *f* ⟨~⟩ (*m*) *bot.* 'henné *m*.

Henne ['hɛnə] *f* ⟨~; ~n⟩ **1.** *zo.* poule *f* (*auch Vogelweibchen*); *junge* poulette *f*; **2.** *bot.* fette ~ *cf.* Fetthenne.

Hennegat(t) ['hɛnəˌgat] *n* ⟨~(e)s; ~s⟩ *mar.* (trou *m* de) jaumière *f*.

Henning ['hɛnɪŋ] *m* (*Hahn in der Tierfabel*) Chanteclair *m*.

Henotheismus [hɛnoˑteˑ'ɪsmus] *m* ⟨~⟩ *relig.* hénothéisme *m*.

Henry ['hɛnriˑ] *n* ⟨~; ~⟩ (*abr.* H) *phys.* henry *m*.

Heparin [heˑpa'riːn] *n* ⟨~s⟩ *biol.* héparine *f*.

Hepat|ika [heˑ'pɑːtiˑka] *f* ⟨~; -ken⟩ *bot.* hépatique *f*; *sc.* hepatica *m*; **2isch** *adj. méd.* hépatique; **~itis** [-'tiː-] *f* ⟨~; -i'tiden⟩ *méd.* hépatite *f*.

Hepta|chord [ˌhɛpta'kɔrt] *m, n* ⟨~(e)s; ~e⟩ *mus.* heptacorde *m*; **~'gon** *n* ⟨~s; ~e⟩ *math.* heptagone *m*; **2go'nal** *adj.* heptagonal; **~meter** [-'tɑː-] *m* ⟨~s; ~⟩ *métr.* heptamètre *m*; **~n** [-'tɑːn] *n* ⟨~s; ~e⟩ *chim.* heptane *m*; **~'teuch** *m* ⟨~s⟩ *bibl.* Heptateuque *m*.

Heptode [hɛp'toːdə] *f* ⟨~; ~n⟩ *élect.* heptode *f*.

her [heːr] *adv.*: *indique un mouvement de rapprochement vers la personne qui parle*; ~ **zu mir!** (viens *bzw.* venez) ici!; ~ **damit!** donne(z)-le(-moi)!; **nur ~ damit!** donne(z) toujours!; **Bier** *etc.* **~!** à boire!; **von ... ~** (du côté) de; **von Norden, Süden ~** du nord, du sud; **von außen ~** du dehors; **von oben, unten ~** d'en 'haut, d'en bas; **um mich ~** autour de moi; **von weit ~** de loin; **von früher ~** d'autrefois; **von alters ~** *cf.* **alters**; **ein Wort vom Lateinischen ~ erklären** expliquer un mot en partant du latin; **es ist (schon) lange ~** (, **daß** ...) il y a , cela fait (déjà) longtemps (que ...); **wie lange ist es ~, daß wir uns (nicht) gesehen haben?** combien y a-t-il de temps que nous (ne) nous sommes (pas) vus, F que l'on (ne) s'est (pas) vu?; depuis combien de temps ne s'est-on pas vu?; **das ist ein Jahr ~** cela fait un an; il y a un an; **wo ist er ~?** de quel(le) pays (région) est-il?; d'où est-il, vient-il, sort-il?; **wo hat er das ~?** où a-t-il pris, F pêché cela?; *von Gedanken etc.* où a-t-il lu, entendu cela?; d'où tient-il cela?; **hinter j-m ~ sein** être aux trousses de qn.; *fig. u.* F *hinter e-m Mädchen* courir après qn.; **hinter e-r Sache ~ sein** être à la poursuite de qc.; **hin und ~** *cf.* hin 3.; *fig.* **damit ist es nicht weit ~** il n'en est rien; **mit s-n Kenntnissen ist es nicht weit ~** ses connaissances ne vont pas loin, ne sont pas si étendues; ses connaissances sont loin de ce que l'on attendait; *cf. auch die betreffenden Verben.*

herab [hɛ'rap] *adv. cf. die betreffenden Verben*; **von oben ~** d'en 'haut; *fig.* **sie sah ihn von oben ~ an** elle le regarda du haut de sa grandeur, de haut, avec dédain; elle le toisa; **~...** *in Zssgn. cf. auch* herunter...; **~beˌgeben** *v/réfl.* ⟨*irr., sép., pas de ge-,* h⟩ **sich ~** descendre; **~beˌmühen** *st. s.* **I** *v/t.* ⟨*sép., pas de ge-,* h⟩ **j-n ~** prier qn. de descendre; faire descendre qn.; **II** *v/réfl.* **sich ~** se donner la peine de descendre; **~ˌbeugen** *v/réfl.* ⟨*sép.,* -ge-, h⟩ **sich ~** se pencher, se baisser (zu vers); **~ˌbiegen** *v/t.* ⟨*irr., sép.,* -ge-, h⟩ *Ast etc.* abaisser; **~ˌblicken** *v/i.* ⟨*sép.,* -ge-, h⟩ regarder vers le bas; **auf die Stadt** *etc.* **~** regarder la ville, *etc.* en bas; *fig.* **auf j-n ~** regarder qn. de haut; **verächtlich auf j-n ~** regarder qn. avec dédain; **~ˌdrücken** *v/t.* ⟨*sép.,* -ge-, h⟩ abaisser; *Preis* faire baisser; **~ˌeilen** *v/i.* ⟨*sép.,* -ge-, sein⟩ descendre précipitamment, en 'hâte; se hâter de descendre; **~ˌfahren I** *v/t.* ⟨*irr., sép.,* -ge-, h⟩ transporter en bas, *e-n Fluß* en aval; **II** *v/i.* ⟨sein⟩ descendre (en voiture, en bateau, *etc.*); **~ˌfallen** *v/i.* ⟨*irr., sép.,* -ge-, sein⟩ tomber par terre; **von etw. ~** tomber (du haut) de qc.; **~ˌfliegen** *v/i.* ⟨*irr., sép.,* -ge-, sein⟩ descendre; *fig. u.* F (*herabfallen*) tomber, F dégringoler (**die Treppe** dans l'escalier *od.* dans les escaliers); **~ˌfließen** *v/i.* ⟨*irr., sép.,* -ge-, sein⟩ couler, descendre (le long de qc.); **~ˌführen I** *v/t.* ⟨*sép.,* -ge-, h⟩ conduire, mener en bas; **II** *v/i. Weg* descendre; **~ˌgehen** *v/i.* ⟨*irr., sép.,* -ge-, sein⟩ descendre; **~ˌgleiten** *v/i.* ⟨*irr., sép.,* -ge-, sein⟩ glisser en bas (von de); glisser par terre (*abs.*); **~ˌhängen** *v/i.* ⟨*irr., sép.,* -ge-, h⟩ pendre; tomber; **~ˌhelfen** *v/i.* ⟨*irr., sép.,* -ge-, h⟩ **j-m von etw. ~** aider qn. à descendre de (sur) qc.; **~ˌholen** *v/t.* ⟨*sép.,* -ge-, h⟩ aller chercher (sur l'arbre, au grenier, *etc.*); **~ˌkollern** F *v/i.* ⟨-(e)re, *sép.,* -ge-, sein⟩ rouler en bas; dégringoler; **~ˌkommen** *v/i.* ⟨*irr., sép.,* -ge-, sein⟩ descendre; *fig. cf.* **heruntergekommen**; **~ˌlassen I** *v/t.* ⟨*irr., sép.,* -ge-, h⟩ faire descendre; *Vorhang, Zugbrücke etc.* baisser; **II** *v/réfl.* **sich ~** se laisser descendre; *fig.* **sich ~, etw. zu tun** s'abaisser à faire qc.; *auf e-e Bitte hin* condescendre à faire qc.; **~ˌlassend 1.** *adjt.* condescendant; dédaigneux, -euse; 'hautain; **2.** *advt.* avec condescendance, dédain, 'hauteur; **2ˌlassung** *f* ⟨~⟩ *fig.* condescendance *f*; dédain *m*; 'hauteur *f*; **j-n mit ~ behandeln** traiter qn. avec condescendance, *etc.*; **~ˌlaufen** *v/i.* ⟨*irr., sép.,* -ge-, sein⟩ descendre (précipitamment, en 'hâte); *Flüssigkeit meist* couler (le long de qc.); **~ˌmindern** *v/t.* ⟨-(e)re, *sép.,* -ge-, h⟩ *Wert etc.* diminuer; **2ˌmindeˌrung** *f* ⟨~; ~en⟩ diminution *f*; baisse *f*; **~ˌnehmen** *v/t.* ⟨*irr., sép.,* -ge-, h⟩ descendre (von du haut de); prendre (von en 'haut de); **~ˌreichen I** *v/t.* ⟨*sép.,* -ge-, h⟩ **j-m etw. ~** donner qc. à qn.; **II** *v/i.* descendre; **~ˌreißen** *v/t.* ⟨*irr., sép.,* -ge-, h⟩ arracher; enlever; **~ˌrennen** *v/i.* ⟨*irr., sép.,* -ge-, sein⟩ descendre précipitamment, en courant; **~ˌrieseln** *v/i.* ⟨-(e)le, *sép.,* -ge-, sein⟩ *pulverige Masse* tomber; *Flüssigkeit* couler; **~ˌrinnen** *v/i.* ⟨*irr., sép.,* -ge-, sein⟩ couler (an le long de); **~ˌrollen** (*v/t.* ⟨*sép.,* -ge-, h⟩ *u.*) *v/i.* ⟨sein⟩ (faire) rouler vers le bas; **~ˌrufen** *v/i.* ⟨*irr., sép.,* -ge-, h⟩ crier d'en 'haut; **~ˌschaffen** *v/t.* ⟨*sép.,* -ge-, h⟩ transporter en bas; descendre; **~ˌschießen I** *v/t.* ⟨*irr., sép.,* -ge-, h⟩ abattre (d'un coup de feu, *etc.*); **II** *v/i.* ⟨sein⟩ *Raubvögel* fondre, s'abattre (**auf** sur); *aviat.* piquer; **~ˌschrauben** *v/t.* ⟨*sép.,* -ge-, h⟩ *fig.* **s-e Ansprüche ~ müssen** devoir rabattre de ses prétentions; **~ˌschütteln** *v/t.* ⟨-(e)le, *sép.,* -ge-, h⟩ faire tomber (en secouant l'arbre); **~ˌschweben** *v/i.* ⟨*sép.,* -ge-, sein⟩ descendre; **~ˌschwimmen** *v/i.* ⟨*irr., sép.,* -ge-, sein⟩ descendre le courant; **~ˌsehen** *v/i.* ⟨*irr., sép.,* -ge-, h⟩ **von etw. ~** regarder du haut de qc.; **auf etw. ~** regarder qc. en bas; *fig.* **auf j-n ~** regarder qn. du haut de sa grandeur, de haut; **~ˌsenden** *v/t.* ⟨*irr., sép.,* -ge-, h⟩ *poét.* **die Sonne sendet ihre Strahlen auf uns herab** le soleil nous envoie ses rayons; **~ˌsetzen** *v/t.* ⟨-(es)t, *sép.,* -ge-, h⟩ baisser; diminuer; *fig. Ansprüche* rabattre de; *Ruf, Ansehen* discréditer; déprécier; **e-e Ware im Preis ~** baisser le prix d'une marchandise; **zu herabgesetztem Preis** à prix réduit; au rabais; **2ˌsetzung** *f* ⟨~; ~en⟩ *der Preise, Steuern, Gebühren etc.* abaissement *m*; diminution *f*; réduction *f*; *e-r Strafe* réduction *f*; diminution *f*; *fig. des Rufes, Ansehens* dépréciation *f*; **~ˌsinken** *v/i.* ⟨*irr., sép.,* -ge-, sein⟩ *fig.* tomber de plus en plus bas; **~ˌspringen** *v/i.* ⟨*irr., sép.,* -ge-, sein⟩ sauter (von de [sur] qc.); **~ˌsteigen** *v/i.* ⟨*irr., sép.,* -ge-, sein⟩ descendre (von de); **~ˌstoßen I** *v/t.* ⟨*irr., sép.,* -ge-, h⟩ pousser, faire tomber (**von** de *od.* du haut de); **II** *v/i.* ⟨sein⟩ *Raubvögel cf.* **~schießen II**; **~ˌströmen** *v/i.* ⟨*sép.,* -ge-, sein⟩ *Menschen* descendre en masse; *Wasser* descendre; **an etw. ~** couler abondamment le long de qc.; **~ˌstürzen I** *v/t.* (*u. v/réfl.*) ⟨-(es)t, *sép.,* -ge-, h⟩ (se) précipiter (von du haut de); **II** *v/i.* ⟨sein⟩ tomber (du haut de); *Lawine* descendre; F dégringoler; **~ˌtragen** *v/t.* ⟨*irr., sép.,* -ge-, h⟩ descendre; **~transforˌmieren** *v/t.* ⟨*sép., pas de ge-,* h⟩ *élect.* dévolter; abaisser la tension; **~ˌtropfen** *v/i.* ⟨*sép.,* -ge-, sein⟩ (dé)goutter (von de); F dégouliner (de); **~ˌwerfen** *v/t.* ⟨*irr., sép.,* -ge-, h⟩ jeter (en bas); **von etw. ~** jeter (du haut) de qc.; **~ˌwürdigen** *v/t.* ⟨*sép.,* -ge-, h⟩ déprécier; **2ˌwürdigung** *f* ⟨~; ~en⟩ dépréciation *f*; **~ˌziehen I** *v/t.* ⟨*irr., sép.,* -ge-, h⟩ tirer (von de [sur]); *fig.* entraîner (qn.) sur la mauvaise pente; **II** *v/i.* ⟨sein⟩ descendre.

Heraldi|k [he'raldɪk] *f* ⟨~⟩ (science *f*) héraldique *f*; blason *m*; **~ker** *m* ⟨~s; ~⟩ héraldiste *m*; armoriste *m*; **2sch** *adj.* héraldique.

heran [hɛ'ran], F **'ran** [ran] *adv. cf. die betreffenden Verben*; **nur ~!** approche(z), avance(z) donc!; **~ˌarbeiten** *v/réfl.* ⟨-ete, *sép.,* -ge-, h⟩ **sich ~** s'approcher avec difficulté (an de); **~ˌbilden** *v/t.* (*u. v/réfl.*) ⟨-ete, *sép.,* -ge-, h⟩ (se) former; **2ˌbildung** *f* ⟨~⟩ formation *f*; **~ˌbringen** *v/t.* ⟨*irr., sép.,* -ge-, h⟩ apporter (qc.); **näher ~** rapprocher (qc.); **~ˌdrängen** *v/i.* ⟨*sép.,* -ge-, sein⟩ *u. v/réfl.* ⟨h⟩ *Menge* s'approcher en se bousculant, en se pressant, en foule; **(sich) an j-n ~** se presser contre, autour de qn.; **(sich) an die Kasse ~** s'approcher de la caisse (en poussant les gens); **~ˌeilen** *v/i.*

⟨*sép.*, -ge-, sein⟩ accourir; **~ˌfahren** *v/i.* ⟨*irr., sép.*, -ge-, **sein**⟩ *näher* s'approcher (de); **rechts ~** serrer à droite; **~ˌfliegen** *v/i.* ⟨*irr., sép.*, -ge-, sein⟩ s'approcher (de); **~ˌführen** *v/t.* ⟨*sép.*, -ge-, h⟩ amener; *fig.* j-n an etw. ~ initier qn. à qc.; **~ˌgehen** *v/i.* ⟨*irr., sép.*, -ge-, sein⟩ s'approcher (an de); *fig. an e-e Aufgabe etc.* se mettre à faire qc.; **~ˌholen** *v/t.* ⟨*sép.*, -ge-, h⟩ aller chercher (*auch Arbeitskräfte*); *rad. Sender* capter; **~ˌkämpfen** *v/réfl.* ⟨*sép.*, -ge-, h⟩ sich ~ *Sport* essayer de rattraper (an j-n qn.); **~ˌkommen** *v/i.* ⟨*irr., sép.*, -ge-, sein⟩ s'approcher (an de); *an e-e Leistung cf.* ~reichen; nahe an etw., j-n ~ se rapprocher de qc., de qn.; j-n an sich ~ lassen laisser qn. approcher; an etw., j-n heranzukommen suchen essayer de s'approcher de qc., de qn.; *fig. u.* F *an Sachen* essayer d'avoir qc.; *an Personen* essayer d'entrer en rapports, en relations avec qn.; essayer d'approcher qn.; die Dinge an sich ~ lassen attendre les événements, le cours des événements; **~ˌmachen** *v/réfl.* ⟨*sép.*, -ge-, h⟩ sich an etw. ~ se mettre à faire qc.; F sich an j-n ~ essayer d'entrer en rapports avec qn.; **~ˌnahen** *v/i.* ⟨*sép.*, -ge-, sein⟩ s'approcher; beim ~ des Feindes à l'approche de l'ennemi; **~ˌpirschen** *v/réfl.* ⟨*sép.*, -ge-, h⟩ *cf.* ~schleichen; **~ˌreichen** *v/i.* ⟨*sép.*, -ge-, h⟩ *an e-n Gegenstand, e-e Zahl* atteindre (an qc.); *an e-e Person, Leistung* égaler (an qn., qc.); er reicht an ihn nicht heran il ne l'égale pas; *péj.* il ne lui arrive pas à la cheville; etw. reicht bei weitem nicht an etw. heran qc. est loin d'égaler qc.; **~ˌreifen** *v/i.* ⟨*sép.*, -ge-, sein⟩ *Personen* approcher de la maturité; *Sachen, Projekt, Plan* mûrir; zum Manne ~ *auch* atteindre l'âge d'homme; **~ˌrollen** *v/i.* ⟨*sép.*, -ge-, sein⟩ (s')approcher; rouler vers ...; **~ˌrücken I** *v/t.* ⟨*sép.*, -ge-, h⟩ *Stuhl etc.* approcher (an de); **II** *v/i.* ⟨sein⟩ (s')approcher (an de); er rückte näher an sie heran il se rapprocha d'elle; das Osterfest rückt heran on s'approche de Pâques; Pâques approche; **~ˌrufen** *v/t.* ⟨*irr., sép.*, -ge-, h⟩ appeler; *Taxi* 'héler; **~ˌschleichen** *v/i.* ⟨*irr., sép.*, -ge-, sein⟩ *u. v/réfl.* ⟨h⟩ (s')approcher à pas de loup (an de); **~ˌschwimmen** *v/i.* ⟨*irr., sép.*, -ge-, sein⟩ (s')approcher (à la nage); nager vers ...; **~ˌsprengen** *v/i.* ⟨*sép.*, -ge-, sein⟩ s'approcher, arriver au galop; **~ˌtreten** *v/i.* ⟨*irr., sép.*, -ge-, sein⟩ s'approcher (an de); *fig.* an j-n (mit e-r Bitte) ~ s'adresser à qn. (pour demander qc.); **~ˌwachsen** *v/i.* ⟨*irr., sép.*, -ge-, sein⟩ zu etw. ~ devenir qc.; die Kinder waren herangewachsen les enfants étaient devenus des adultes, des hommes; **~ˌwachsend** *adjt.* qui est en train de devenir adulte; die ~e Generation la jeune génération; *jur.* ~er mineur *m* de 18 à 21 ans; **~ˌwagen** *v/réfl.* ⟨*sép.*, -ge-, h⟩ sich ~ *an e-e Aufgabe etc.* oser (faire qc.); *an e-e Person, ein Tier* oser approcher (de); **~ˌwinken** *v/t.* ⟨*sép.*, -ge-, h⟩ j-n ~ faire signe à qn. d'approcher, de s'approcher; ein Taxi ~ faire signe à un taxi; **~ˌziehen I** *v/t.* ⟨*irr., sép.*, -ge-, h⟩ **a)** j-n ~ *zu sich* attirer qn. à soi; *zu Zahlungen* mettre qn. à contribution; *zu Steuerzahlungen etc.* assujettir qn. (à qc.); *zu e-r Arbeit* faire appel à qn. (pour faire qc.); *als Fachmann* appeler, consulter qn.; j-n zum Wehrdienst ~ appeler qn.; enrôler qn.; j-n zu körperlicher Arbeit ~ faire appel à qn. pour travailler manuellement; **b)** *Belege, Material etc.* se servir de; mettre à contribution; **II** *v/i.* ⟨sein⟩ s'approcher; **~ˌziehung** *f* ⟨~⟩ *zu Zahlungen* mise *f* à contribution; *zu Steuerzahlungen* assujettissement *m*; *e-s Fachmanns* consultation *f*; *sonst verbal.*

herauf [hɛˈrauf], F **'rauf** [rauf] *adv. cf. die betreffenden Verben*; hier, da ~! par ici!; par là!; von dort ~ de ce côté-là; von unten ~ d'en bas; *milit.* von unten ~ dienen sortir du rang; dieses (ewige) ~ und Herab ces montées et ces descentes; **~ˌarbeiten** *v/réfl.* ⟨-ete, *sép.*, -ge-, h⟩ sich ~ s'élever à la force du poignet (zu au rang de); **~beˌgeben** *v/réfl.* ⟨*irr., sép., pas de ge-*, h⟩ *st. s.* sich ~ monter; **~beˌmühen** *st. s.* **I** *v/t.* ⟨*sép., pas de ge-*, h⟩ j-n ~ prier qn. de monter; faire monter qn.; **II** *v/réfl.* sich ~ se donner la peine de monter; **~beˌschwören** *v/t.* ⟨*irr., sép., pas de ge-*, h⟩ *Erinnerungen, Vorstellungen* évoquer; *Krise, Gefahr* provoquer; causer; **~ˌbitten** *v/t.* ⟨*irr., sép.*, -ge-, h⟩ prier (qn.) de monter; **~ˌblicken** *v/i.* ⟨*sép.*, -ge-, h⟩ regarder (en 'haut); sie blicken zu uns herauf ils nous regardent; **~ˌbringen** *v/t.* ⟨*irr., sép.*, -ge-, h⟩ *Sachen* monter; j-n mit ~ faire monter qn. chez soi; **~ˌdringen** *v/i.* ⟨*irr., sép.*, -ge-, sein⟩ monter; der Lärm dringt bis zu uns herauf le bruit monte, arrive jusqu'à nous; **~ˌdürfen** *v/i.* ⟨*irr., sép.*, -ge-, h⟩ pouvoir, *verneint* ne pas devoir monter; avoir la permission de monter; **~ˌeilen** *v/i.* ⟨*sép.*, -ge-, sein⟩ monter en courant, précipitamment; die Treppe ~ *auch* monter l'escalier *od.* les escaliers quatre à quatre; **~ˌfahren** *v/t.* ⟨*irr., sép.*, -ge-, h⟩ *u. v/i.* ⟨sein⟩ monter; wir sind mit der Seilbahn heraufgefahren nous avons pris le téléphérique pour monter; nous sommes montés par le *od.* en téléphérique; den Fluß ~ remonter le fleuve; **~ˌführen** *v/t. u. v/i.* ⟨*sép.*, -ge-, h⟩ conduire (ici, à cet endroit); **~ˌgehen** *v/i.* ⟨*irr., sép.*, -ge-, sein⟩ monter; **~ˌhelfen** *v/i.* ⟨*irr., sép.*, -ge-, h⟩ j-m ~ aider qn. à monter; **~ˌholen** *v/t.* ⟨*sép.*, -ge-, h⟩ etw. ~ aller chercher qc. (aus dans); rapporter qc. (de); monter qc.; j-n ~ faire monter qn.; **~ˌklettern** *v/i.* ⟨-(e)re, *sép.*, -ge-, sein⟩ grimper (à l'échelle, sur la montagne, jusqu'ici); gravir (qc.); *Berg, Fassade auch* escalader (qc.); **~ˌkommen** *v/i.* ⟨*irr., sép.*, -ge-, sein⟩ monter; die Treppe ~ monter l'escalier *od.* les escaliers; **~ˌkönnen** F *v/i.* ⟨*irr., sép.*, -ge-, h⟩ pouvoir monter; **~ˌlaufen** *v/i.* ⟨*irr., sép.*, -ge-, sein⟩ monter (en courant); **~ˌrücken I** *v/t.* ⟨*sép.*, -ge-, h⟩ mettre plus 'haut; **II** *v/i.* ⟨sein⟩ monter; **~ˌschauen** *v/i.* ⟨*sép.*, -ge-, h⟩, **~ˌsehen** *v/i.* ⟨*irr., sép.*, -ge-, h⟩ *cf.* ~blicken; **~ˌsetzen** *v/t.* ⟨-(es)t, *sép.*, -ge-, h⟩ *Preis, Tarif* augmenter; majorer; **~ˌsetzung** *f* ⟨~⟩ augmentation *f*; majoration *f*; **~ˌsteigen** *v/i.* ⟨*irr., sép.*, -ge-, sein⟩ monter (auf sur); **~ˌtragen** *v/t.* ⟨*irr., sép.*, -ge-, h⟩ monter; **~transforˌmieren** *v/t.* ⟨*sép., pas de ge-*, h⟩ *élect.* survolter; élever la tension; **~ˌwagen** *v/réfl.* ⟨*sép.*, -ge-, h⟩ sich ~ oser monter; **~ˌziehen I** *v/t.* ⟨*irr., sép.*, -ge-, h⟩ monter; *Anker* remonter; *mar. Boot, Seil* 'haler; **II** *v/i.* ⟨sein⟩ **a)** *in e-e höhere Etage* monter; **b)** *Gewitter(wolken), Unheil etc.* approcher.

heraus [hɛˈraus], F **'raus** [raus] *adv. cf. die betreffenden Verben*; zum Fenster ~ par la fenêtre; nach vorn ~ wohnen être logé sur le devant; unten ~ par en bas; von innen ~ du dedans; de l'intérieur; aus e-m Gefühl des Mitleids ~ par pitié; aus der Überzeugung ~, daß ... convaincu que ...; er war noch nicht zur Stadt ~ il n'était pas encore sorti de la ville; Brust 'raus! bombez le torse!; F 'raus aus dem Bett, aus den Federn! (allez) debout!; lève-toi *bzw.* levez-vous!; der Zahn ist ~ la dent est enlevée; frei, offen ~ franchement; sans détours; nun ist es ~ maintenant c'est dit; ~ damit! donne(z)-le!; montre(z)-le!; ~ mit der Sprache! di(te)s-le!; parle(z) donc!; F das ist noch nicht ~ (*steht noch nicht fest*) ce n'est pas encore sûr; F das Gesetz ist ~ la loi est publiée; F das Buch ist noch nicht ~ le livre n'est pas encore paru, sorti; F fein ~ sein être sorti d'affaire; **~ˌangeln** *v/t.* ⟨-(e)le, *sép.*, -ge-, h⟩ F (sich) j-n aus e-r Gruppe ~ prendre, F pêcher qn. dans un groupe; **~ˌarbeiten I** *v/t.* ⟨-ete, *sép.*, -ge-, h⟩ *aus Stein, Holz* faire naître; *fig. Gedanken* faire ressortir; mettre en relief; **II** *v/réfl.* sich ~ se dégager avec effort; s'en sortir (*auch fig.*); **~beˌgeben** *v/réfl.* ⟨*irr., sép., pas de ge-*, h⟩ sich ~ sortir (de); **~ˌbeißen I** *v/t.* ⟨*irr., sép.*, -ge-, h⟩ enlever (un morceau de) avec les dents; **II** *v/réfl. cf.* ~arbeiten II; **~beˌkommen** *v/t.* ⟨*irr., sép., pas de ge-*, h⟩ **1.** *Nagel, Splitter etc.* arriver, parvenir à enlever, à faire sortir; **2.** *Geheimnis, Unbekanntes* découvrir; *Aufgabe* parvenir à résoudre; *Lösung* parvenir à trouver; *Sinn* (parvenir, arriver à) comprendre, saisir; aus j-m etw. herauszubekommen suchen essayer de savoir qc. de qn., d'arracher qc. à qn.; aus ihm ist nichts herauszubekommen on ne peut rien tirer de lui; ich versuchte herauszubekommen, wo er gestern war j'essayai de savoir où il était hier; wir haben ~, daß ... nous avons découvert que ...; *math.* was hast du ~? qu'as-tu trouvé?; quel est ton résultat?; **3.** *Geld* Sie bekommen zehn Mark heraus il vous revient dix marks; **~beˌmühen** *st. s.* **I** *v/t.* ⟨*sép., pas de ge-*, h⟩ j-n ~ prier qn. de sortir; faire sortir qn.; **II** *v/réfl.* sich ~ se donner la peine de sortir; **~ˌbilden** *v/réfl.* ⟨-ete, *sép.*, -ge-, h⟩ sich ~ se former; **~ˌbitten** *v/t.* ⟨*irr., sép.*, -ge-, h⟩ demander (à qn.), prier (qn.) de venir; **~ˌblicken** *v/i.* ⟨*sép.*, -ge-, h⟩ aus dem Fenster ~ regarder par la fenêtre; **~ˌbrechen I** *v/t.* ⟨*irr., sép.*, -ge-, h⟩ enlever; **II** *v/i.* ⟨sein⟩ se détacher; **~ˌbringen** *v/t.* ⟨*irr., sép.*, -ge-, h⟩ **1.** apporter; **2.** *Modell, Buch etc.* sortir; etw., j-n groß ~ mettre qc., qn. en vedette; **3.** *Wort* sortir; er brachte kein Wort heraus il ne put sortir un seul mot; *cf. auch* ~bekommen 2.; **~ˌdrängen I** *v/t.* ⟨*sép.*, -ge-, h⟩ pousser dehors; **II** *v/i.* ⟨sein⟩ *u. v/réfl.* sortir (de) en se pressant, se bousculant; **~ˌdringen** *v/i.* ⟨*irr., sép.*, -ge-, sein⟩ *Flüssigkeit, Rauch etc.* sortir (de); *Lärm etc.* venir (jusqu'à nous, *etc.*); **~ˌdrücken** *v/t.* ⟨*sép.*, -ge-, h⟩ faire sortir (de); **~ˌdürfen** *v/i.* ⟨*irr., sép.*, -ge-, h⟩ pouvoir, *verneint* ne pas devoir sortir; avoir la permission de sortir; **~ˌeilen** *v/i.* ⟨*sép.*, -ge-, sein⟩ sortir en 'hâte, en courant; **~ˌfahren** *v/i.* ⟨*irr., sép.*, -ge-, sein⟩ sortir (de); *fig. Wort, Bemerkung* échapper; das ist mir so herausgefahren cela m'a échappé; **~ˌfallen** *v/i.* ⟨*irr.*, *sép.*, -ge-, sein⟩ tomber (de, **aus dem Fenster** par la fenêtre); *fig. aus dem Rahmen* sortir de l'ordinaire; **~ˌfinden I** *v/t.* ⟨*irr.*, *sép.*, -ge-, h⟩ trouver; découvrir (*beide auch fig.*); **wie haben Sie das herausgefunden?** comment avez-vous trouvé, découvert cela?; **II** *v/i. u. v/réfl. aus e-m Raum* trouver la sortie; *fig.* en sortir; **~ˌfischen** F *v/t.* ⟨*sép.*, -ge-, h⟩ pêcher (aus dans); **sich das Beste ~** prendre le meilleur; **~ˌfliegen** *v/i.* ⟨*irr.*, *sép.*, -ge-, sein⟩ sortir (de); s'envoler; *fig. u.* F *cf.* **hinausfliegen**; **~ˌfließen** *v/i.* ⟨*irr.*, *sép.*, -ge-, sein⟩ couler, sortir (de); **2ˌforderer** *m* ⟨~s; ~⟩ provocateur *m*; *Sport* challenger [-ãʒœːr] *m*; **~ˌfordern** *v/t.* ⟨-(e)re, *sép.*, -ge-, h⟩ provoquer; défier; lancer un défi à; *Sport* challenger; **er hat mich dazu herausgefordert** il m'a provoqué, défié; **j-n zum Boxkampf ~** provoquer, défier qn. à la boxe; *Sport* challenger qn.; **j-n zum Duell ~** provoquer qn. en duel; **~ˌfordernd 1.** *adjt.* provocant; provocateur, -trice; de défi; **e-e ~e Haltung** une attitude provocante; **2.** *advt.* d'une façon provocante; **j-n ~ anblicken** regarder qn. d'un air provocant, provocateur, de défi; **2ˌfordeˌrung** *f* ⟨~; ~en⟩ défi *m* (*auch Sport*); provocation *f*; **die ~ annehmen** accepter, relever le défi; relever le gant; **~ˌfühlen** *v/t.* ⟨*sép.*, -ge-, h⟩ sentir; deviner; **~ˌführen I** *v/t.* ⟨*sép.*, -ge-, h⟩ faire sortir (de) (*auch aus e-r schwierigen Lage*); *Personen auch* aider à sortir (de); **II** *v/i. Weg etc.* conduire dehors; **2ˌgabe** *f* ⟨~⟩ **1.** *e-s Besitzes, e-r Person* restitution *f*; remise *f*; *jur.* **Klage auf ~** action en restitution; **2.** *e-r Zeitschrift etc.* publication *f*; *e-s Buches auch* édition *f*; **~ˌgeben** *v/t.* ⟨*irr.*, *sép.*, -ge-, h⟩ **1.** *Besitz, Gefangenen etc.* restituer; remettre; **2.** *Zeitschrift etc.* publier; *Buch, Text auch* éditer; **herausgegeben von** publié sous la direction de; **3.** *Geld* rendre (auf sur); **können Sie mir auf zwanzig Mark ~?** pouvez-vous me rendre la monnaie sur vingt marks?; **er konnte (beim Bezahlen) nicht ~** il ne pouvait pas rendre la monnaie; **2ˌgeber** *m* ⟨~s; ~⟩ *e-s Buches* éditeur *m*; *e-r Zeitschrift* directeur *m* de la publication; **~ˌgehen** *v/i.* ⟨*irr.*, *sép.*, -ge-, sein⟩ **1.** *aus e-m Raum* sortir (de); **2.** F *Fleck* partir; **der Nagel** *etc.* **geht nicht heraus** je n'arrive pas à faire sortir le clou, *etc.*; **3.** *fig.* **aus sich ~** se laisser aller à parler; se montrer, être communicatif, -ive; laisser parler son cœur; **nicht aus sich ~** être réservé, renfermé, peu communicatif, -ive; **~ˌgreifen** *v/t.* ⟨*irr.*, *sép.*, -ge-, h⟩ prendre (au hasard) (**aus** parmi); **e-n Fall (aus vielen anderen) ~** prendre un cas au hasard (parmi beaucoup d'autres); **~ˌgucken** *v/i.* ⟨*sép.*, -ge-, h⟩ F *Gegenstand* sortir, dépasser (aus de); **aus dem Fenster ~** regarder par la fenêtre; **~ˌhaben** F *v/t.* ⟨*irr.*, *sép.*, -ge-, h⟩ *Splitter, Nagel etc.* être arrivé à faire sortir; *Rätsel, Rechenaufgabe etc.* avoir trouvé; *Handlung* savoir comment s'y prendre (pour faire qc.); s'y connaître; *Aufgabe etc.* **ich hab's heraus** j'ai trouvé; **was hast du heraus?** qu'est-ce que tu as trouvé?; quel est ton résultat?; **den Bogen ~** F avoir trouvé le joint, le filon, la combine; **den Dreh ~** F avoir trouvé le truc; **~ˌhalten I** *v/t.* ⟨*irr.*, *sép.*, -ge-, h⟩ *Hand* tendre, *Gegenstand* tendre, tenir (**zum Fenster** par la fenêtre); *Radfahrer etc.* **den Arm, die Hand ~** faire signe avec son bras (que l'on tourne); **II** *v/réfl.* **sich aus etw. ~** ne pas se mêler de qc.; se tenir à l'écart de qc.; **halt dich da (he)raus!** ne t'en mêle pas!; **~ˌhängen I** *v/t.* ⟨*sép.*, -ge-, h⟩ *Schild etc.* suspendre; accrocher; **(die) Fahnen ~** pavoiser; **II** *v/i.* ⟨*irr.*, *sép.*, -ge-, h⟩ *aus e-m Fenster* pendre (par); *aus der Tasche* sortir (de); **ihm hängt die Zunge heraus** il tire la langue (*auch fig.*); *fig. u.* F **das hängt mir zum Halse heraus** *cf.* **Hals**; **~ˌhauen** *v/t.* ⟨*irr.*, *sép.*, -ge-, h⟩ enlever (à coups de ...); *milit.* dégager (de); *fig. u.* F tirer, sortir de; **~ˌheben I** *v/t.* ⟨*irr.*, *sép.*, -ge-, h⟩ (faire) sortir; *fig.* faire ressortir; mettre en relief; **II** *v/réfl.* **sich ~** se détacher; *Gegenstände auch* ressortir; **~ˌhelfen I** *v/i.* ⟨*irr.*, *sép.*, -ge-, h⟩ aider (qn.) à sortir (de qc.); *fig.* **j-m aus e-r Verlegenheit, Notlage ~** aider qn. à s'en tirer; tirer qn. d'embarras, d'une mauvaise passe; tendre la perche à qn.; **II** *v/réfl.* **sich ~** se tirer d'embarras; se débrouiller; **~ˌholen** *v/t.* ⟨*sép.*, -ge-, h⟩ **1.** *aus e-r Tasche etc.* sortir (de); *aus dem Bett* tirer (de); *aus e-m Haus etc.* aller chercher (dans); **2.** *fig. Antwort aus j-m* tirer (qc. de qn.); arracher (qc. à qn.); *Gewinn* tirer profit (aus de); *Sport* **e-n Vorsprung ~** réussir à avoir une avance; **das Letzte aus etw. ~** tirer le maximum de qc.; **~ˌjagen** *v/t.* ⟨*sép.*, -ge-, h⟩ chasser; **~ˌkehren** *v/t.* ⟨*sép.*, -ge-, h⟩ *fig.* montrer; faire voir; **s-e guten Seiten ~** montrer ses qualités, ses avantages; **die rauhe Seite ~** montrer sa rudesse; user de rudesse (envers qn.); **~ˌklauben** *v/t.* ⟨*sép.*, -ge-, h⟩ *cf.* **~suchen**; **~ˌklingeln** *v/t.* ⟨-(e)le, *sép.*, -ge-, h⟩ **j-n nachts ~** (sonner pour) faire sortir qn. du lit; **~ˌkommen** *v/i.* ⟨*irr.*, *sép.*, -ge-, sein⟩ **1.** *aus e-m Raum etc.* sortir (de); *Auto* **aus e-r Nebenstraße ~** déboucher d'une rue latérale; **2.** *math.* **es kommt x = 2 heraus** je *od.* on trouve x = 2; mon *od.* le résultat est x = 2; **was kommt (bei der Aufgabe) heraus?** quel est ton, *etc.* résultat?; que trouves-tu *bzw.* trouvez-vous?; *fig.* **auf dasselbe, eins ~** revenir au même; **dabei kommt nichts, nicht viel heraus** cela ne mène, ne sert à rien; cela ne mène, ne sert pas à grand-chose; **es wird nichts Gutes dabei ~** il n'en sortira rien de bon; **das kommt dabei heraus, wenn man lügt** *etc.* voilà ce qui arrive quand on ment, *etc.*; **3.** *Verborgenes* se savoir; **alles kommt (einmal) heraus** tout se sait (à la longue); **wenn es nur nicht herauskommt** pourvu que cela ne transpire pas, ne se sache pas; **4. aus dem Staunen nicht ~** ne pas revenir de son étonnement; **5.** *Neuerscheinung etc.* sortir; **~ˌkönnen** *v/i.* ⟨*irr.*, *sép.*, -ge-, h⟩ pouvoir sortir; *fig.* **niemand kann aus s-r Haut heraus** *cf.* **Haut**; **~ˌkriechen** *v/i.* ⟨*irr.*, *sép.*, -ge-, sein⟩ sortir (*Personen* en rampant); **~ˌkriegen** *v/t.* ⟨*sép.*, -ge-, h⟩ F *Aufgabe etc.* arriver à trouver; **ich kriege das nicht heraus** je n'arrive pas à trouver (la solution); *cf. auch* **~bekommen**; **~kristalliˌsieren** *v/réfl.* ⟨*sép.*, *pas de ge-*, h⟩ **sich ~** se cristalliser; **~ˌlangen** *v/t.* ⟨*sép.*, -ge-, h⟩ **etw. aus etw. ~** prendre qc. dans qc.; **~ˌlassen** *v/t.* ⟨*irr.*, *sép.*, -ge-, h⟩ faire *bzw.* laisser sortir; *Gefangene* relâcher; **die Luft ~** faire sortir l'air (de qc.); **~ˌlaufen** *v/i.* ⟨*irr.*, *sép.*, -ge-, sein⟩ *Personen* sortir (en courant); *Flüssigkeiten* sortir, couler (de); **~ˌlegen** *v/t.* ⟨*sép.*, -ge-, h⟩ *Akte, Hemd etc.* sortir; **~ˌlehnen** *v/réfl.* ⟨*sép.*, -ge-, h⟩ **sich ~** se pencher (zu par); **~ˌlesen** *v/t.* ⟨*irr.*, *sép.*, -ge-, h⟩ **1.** enlever; **2.** *aus e-m Text* deviner à la lecture de; **~ˌlocken** *v/t.* ⟨*sép.*, -ge-, h⟩ attirer; *Personen* faire sortir; *vom Wetter* inciter à sortir; *Geheimnis* arracher; *Geld* soutirer; **~ˌlösen I** *v/t.* ⟨-(es)t, *sép.*, -ge-, h⟩ enlever; *chim.* éliminer; **II** *v/réfl.* **sich ~** se détacher; **~ˌlügen** *v/réfl.* ⟨*irr.*, *sép.*, -ge-, h⟩ **sich ~** s'en tirer par, se tirer d'affaire par un *bzw.* des mensonge(s); **~ˌmachen** F **I** *v/t.* ⟨*sép.*, -ge-, h⟩ enlever; ôter; *Kartoffeln etc.* arracher; **II** *v/réfl.* **sich ~** devenir *Kind* grand et fort, *Tier, Pflanze* beau, belle, *junges Mädchen* une belle et grande jeune fille; **~ˌmüssen** *v/i.* ⟨*irr.*, *sép.*, -ge-, h⟩ **a)** *Person* **er muß heraus** il faut qu'il sorte; **b) der Zahn muß heraus** il faut enlever la dent; **c) es muß heraus (, was ich auf dem Herzen habe)** il faut que je (le) dise (ce que j'ai sur le cœur); **d)** F **ich muß mal 'raus** il faut que j'aille aux cabinets; **~ˌnehmen I** *v/t.* ⟨*irr.*, *sép.*, -ge-, h⟩ prendre (**aus** dans); retirer (de); *techn.* enlever, ôter (de); **Eier aus e-m Nest ~** prendre des œufs dans un nid; **II** *v/réfl. fig.* **sich etw. ~** se permettre de faire qc.; **sich Freiheiten ~** *cf.* **Freiheit**; **sich zuviel ~** se permettre un peu trop; *e-r Frau gegenüber* se permettre des privautés; **~ˌplatzen** *v/i.* ⟨-(es)t, *sép.*, -ge-, sein⟩ *vor Lachen* éclater de rire; *mit e-r Neuigkeit etc.* crier (la nouvelle, *etc.*); **~ˌpressen** *v/t.* ⟨-ßt, *sép.*, -ge-, h⟩ *Flüssigkeit* faire sortir (**aus** de); exprimer (de); *fig.* **aus j-m etw. ~** extorquer qc. à qn.; **~ˌpumpen** *v/t.* ⟨*sép.*, -ge-, h⟩ pomper (qc. de qc.); **~ˌputzen** *v/t.* (*u. v/réfl.*) ⟨-(es)t, *sép.*, -ge-, h⟩ (s')habiller coquettement; *péj.* (s')attifer; (s')affubler; (s')accoutrer; **~ˌquellen** *v/i.* ⟨*irr.*, *sép.*, -ge-, sein⟩ *Körperfett* dépasser, sortir (*auch Blut*) (de); *Wasser* sourdre (de); **~ˌragen** *v/i.* ⟨*sép.*, -ge-, h⟩ **aus etw. ~** dépasser (de) qc.; dominer qc. (*auch geistig*); *Gebäude auch* s'élever au-dessus de qc.; **~ˌreden I** *v/t.* ⟨-ete, *sép.*, -ge-, h⟩ *cf.* **~sagen**; **II** *v/réfl.* **sich ~** s'en tirer par de belles paroles; **~ˌreichen** *v/t.* ⟨*sép.*, -ge-, h⟩ passer (qc. par qc.); **~ˌreißen** *v/t.* ⟨*irr.*, *sép.*, -ge-, h⟩ arracher; enlever; *fig. u.* F **das hat ihn herausgerissen** cela l'a tiré d'affaire, d'embarras; **~reiten** *v/i.* ⟨*irr.*, *sép.*, -ge-, sein⟩ sortir à cheval (aus de); **~ˌrennen** *v/i.* ⟨*irr.*, *sép.*, -ge-, sein⟩ sortir en courant (aus de); **~ˌrollen I** *v/t.* ⟨*sép.*, -ge-, h⟩ sortir (aus de); **II** *v/i.* ⟨sein⟩ rouler dehors; *Fahrzeug* sortir (de); **~ˌrücken I** *v/t.* ⟨*sép.*, -ge-, h⟩ *Gegenstand, Geld etc.* donner; **wieder ~** redonner; rendre; **II** *v/i.* ⟨sein⟩ **mit etw. ~** donner qc.; sortir qc.; **mit der Sprache ~** parler; raconter; s'expliquer; (*gestehen*) avouer; **mit der Wahrheit ~** dire, avouer la vérité; **~ˌrufen** *v/t.* ⟨*irr.*, *sép.*, -ge-, h⟩ **j-n ~** appeler qn.; dire à qn. de venir, de sortir; *thé.* rappeler qn.; **etw. zum Fenster ~** crier qc. par la fenêtre; **~ˌrutschen** *v/i.* ⟨*sép.*, -ge-, sein⟩ sortir (de); F *Wort* échapper; **~ˌsagen** *v/t.* ⟨*sép.*, -ge-, h⟩ **etw. frei ~** dire franchement qc.; **~ˌschaffen** *v/t.* ⟨*sép.*, -ge-, h⟩ sortir (de); **~ˌschälen** *v/réfl.* ⟨*sép.*, -ge-, h⟩ **sich ~** *fig.* naître; se développer; **~ˌschallen** *v/i.* ⟨*sép.*, -ge-, h⟩ *Lärm etc.* parvenir, se faire entendre (jusqu'à qn.); *Echo* revenir;

être renvoyé par l'écho; **wie man in den Wald hineinruft, so schallt es heraus** *prov.* telle demande, telle réponse; **~ˌschauen** *v/i.* ⟨*sép.*, -ge-, h⟩ *cf.* **~sehen**; **~ˌscheren** *v/réfl.* ⟨*sép.*, -ge-, h⟩ F **scher dich heraus!** fiche le camp!; déguerpis!; **~ˌschicken** *v/t.* ⟨*sép.*, -ge-, h⟩ envoyer; *Schüler* mettre à la porte; **~ˌschieben** *v/t.* ⟨*irr.*, *sép.*, -ge-, h⟩ sortir (de); pousser dehors (*bzw.* 'hors de qc.); **~ˌschießen** *v/i.* ⟨*irr.*, *sép.*, -ge-, h⟩ **1.** zum **Fenster** *etc.* ~ tirer par la fenêtre, *etc.*; **2.** ⟨sein⟩ (*hervorschießen*) sortir précipitamment (aus de); s'élancer, se précipiter dehors (*bzw.* 'hors de qc.); *Flüssigkeit* jaillir (de); **~ˌschinden** *v/t.* ⟨*irr.*, *sép.*, -ge-, h⟩ F *cf.* **~schlagen** I 2.; **~ˌschlagen I** *v/t.* ⟨*irr.*, *sép.*, -ge-, h⟩ **1.** faire sortir; enlever; *aus der Hand* faire tomber (des mains); **2.** *fig.* *Vorteil, Gewinn* tirer (**aus** *od.* **bei etw.** de qc.); *Geld, Zeit* gagner; **möglichst viel bei etw.** ~ tirer de qc. le plus possible; **II** *v/i.* ⟨sein⟩ *Flammen* jaillir, sortir (de); **~ˌschleichen** *v/i.* ⟨*irr.*, *sép.*, -ge-, sein⟩ *u.* *v/réfl.* ⟨h⟩ se glisser dehors; sortir furtivement; **~ˌschleppen I** *v/t.* ⟨*sép.*, -ge-, h⟩ traîner dehors; **aus dem Haus** ~ sortir avec peine de la maison; **II** *v/réfl.* **sich** ~ sortir tant bien que mal, avec peine; **~ˌschleudern** *v/t.* ⟨-(e)re, *sép.*, -ge-, h⟩ projeter; éjecter; *Unfall* **aus dem Auto herausgeschleudert werden** être projeté 'hors de, être éjecté de la voiture; **~ˌschlüpfen** *v/i.* ⟨*sép.*, -ge-, sein⟩ sortir (de); *Bemerkung etc.* échapper; **~ˌschmeißen** *v/t.* ⟨*irr.*, *sép.*, -ge-, h⟩ *cf.* **~werfen**; **~ˌschneiden** *v/t.* ⟨*irr.*, *sép.*, -ge-, h⟩ couper, découper (**aus** dans, de); *Schlechtes* enlever; *chir.* exciser; **~ˌschöpfen** *v/t.* ⟨*sép.*, -ge-, h⟩ puiser (**aus** dans); **~ˌschrauben** *v/t.* ⟨*sép.*, -ge-, h⟩ dévisser; **~ˌschreiben** *v/t.* ⟨*irr.*, *sép.*, -ge-, h⟩ extraire (de); **~ˌschütteln** *v/t.* ⟨-(e)le, *sép.*, -ge-, h⟩ faire sortir (en secouant); **~ˌsehen** *v/i.* ⟨*irr.*, *sép.*, -ge-, h⟩ **aus dem Fenster** *etc.* ~ regarder par la fenêtre, *etc.*; **aus der Tasche** ~ sortir de la poche; **~ˌsetzen I** *v/t.* ⟨-(es)t, *sép.*, -ge-, h⟩ sortir; mettre dehors; **II** *v/réfl.* **sich** ~ *auf den Balkon etc.* s'asseoir dehors *bzw.* sur le balcon, *etc.*; **~ˌsprengen I** *v/t.* ⟨*sép.*, -ge-, h⟩ faire sauter; **II** *v/i.* ⟨sein⟩ *Reiter* sortir au galop; **~ˌspringen** *v/i.* ⟨*irr.*, *sép.*, -ge-, sein⟩ sauter (**aus** de, **aus dem Fenster** par la fenêtre); *fig. u.* F **dabei wird für uns nicht viel** ~ cela ne nous rapportera pas grand-chose; on n'y gagnera pas grand-chose; **~ˌspritzen** *v/i.* ⟨-(es)t, *sép.*, -ge-, sein⟩ jaillir; gicler; **~ˌsprudeln** *v/i.* ⟨-(e)le, *sép.*, -ge-, sein⟩ sortir à gros bouillons (**aus** de); **~ˌstecken** *v/t.* ⟨*sép.*, -ge-, h⟩ sortir; mettre dehors; **~ˌstehen** *v/i.* ⟨*irr.*, *sép.*, -ge-, h⟩ sortir (de); (*vorspringen*) faire saillie; **aus etw.** ~ dépasser de qc.; **~ˌstehlen** *v/réfl.* ⟨*irr.*, *sép.*, -ge-, h⟩ **sich** ~ sortir furtivement, s'esquiver (**aus** de); **~ˌsteigen** *v/i.* ⟨*irr.*, *sép.*, -ge-, sein⟩ sortir (**aus** de); **~ˌstellen I** *v/t.* ⟨*sép.*, -ge-, h⟩ **1.** sortir; mettre dehors; **2.** *fig.* **das müßte einmal deutlich herausgestellt werden** il faudrait le mettre clairement en évidence; **groß** ~ mettre en vedette; **II** *v/réfl.* **sich** ~ s'avérer; se révéler; apparaître; **es hat sich herausgestellt, daß ...** il est apparu que ...; il s'est avéré que ...; **das wird sich bald** ~ on le verra bientôt; **bei der Untersuchung hat sich s-e Unschuld herausgestellt** l'enquête a révélé son innocence; il s'est avéré lors de l'enquête qu'il est innocent; **die Sache stellte sich als Betrug heraus** il s'est avéré que l'affaire est une tromperie; la chose, l'affaire s'est avérée, révélée être une tromperie; **~ˌstrecken** *v/t.* ⟨*sép.*, -ge-, h⟩ tendre (à travers, par); **j-m die Zunge** ~ tirer la langue à qn.; **~ˌstreichen** *v/t.* ⟨*irr.*, *sép.*, -ge-, h⟩ **1.** *aus e-m Text* barrer (dans un texte); **2.** *Eigenschaften* faire valoir; souligner; **~ˌströmen** *v/i.* ⟨*sép.*, -ge-, sein⟩ *Luft* sortir (**aus** de); *Wasser* sortir à flots; *Menschen* sortir en masse, en foule; **~ˌstürmen** *v/i.* ⟨*sép.*, -ge-, sein⟩ sortir avec impétuosité; **~ˌstürzen** *v/i.* ⟨-(es)t, *sép.*, -ge-, sein⟩ **a)** (*herausfallen*) tomber (de, **aus dem Fenster** par la fenêtre); **b)** (*herauseilen*) *aus dem Haus etc.* sortir précipitamment (de); se précipiter dehors; **~ˌsuchen** *v/t.* ⟨*sép.*, -ge-, h⟩ chercher (**aus** dans, parmi, au milieu de); **~ˌtragen** *v/t.* ⟨*irr.*, *sép.*, -ge-, h⟩ sortir; **~ˌtreiben** *v/t.* ⟨*irr.*, *sép.*, -ge-, h⟩ chasser; *Vieh* faire sortir; faire quitter l'étable; **~ˌtreten** *v/i.* ⟨*irr.*, *sép.*, -ge-, sein⟩ sortir (*auch méd. vom Bruch*); *fig.* ressortir; **auf den Balkon** ~ sortir sur le balcon; *zu Repräsentationszwecken* apparaître sur le balcon; *Wild* **aus dem Wald** ~ débucher; **~ˌtropfen** *v/i.* ⟨*sép.*, -ge-, sein⟩ couler goutte à goutte (**aus** de); **~ˌtun** F *v/t.* ⟨*irr.*, *sép.*, -ge-, h⟩ sortir; (*herausrücken*) donner; **~ˌwachsen** *v/i.* ⟨*irr.*, *sép.*, -ge-, sein⟩ sortir (de); **er ist aus s-n Kleidern herausgewachsen** ses vêtements ne lui vont plus, sont devenus trop petits, trop courts; **~ˌwagen** *v/réfl.* ⟨*sép.*, -ge-, h⟩ **sich** ~ oser sortir; **~ˌwaschen** *v/t.* ⟨*irr.*, *sép.*, -ge-, h⟩ *Fleck, Schmutz* enlever avec de l'eau et du savon; **~ˌweichen** *v/i.* ⟨*irr.*, *sép.*, -ge-, sein⟩ *Luft* s'échapper; **~ˌwerfen** *v/t.* ⟨*irr.*, *sép.*, -ge-, h⟩ jeter dehors; *Person auch* mettre à la porte, dehors; **~ˌwinken** *v/t.* ⟨*sép.*, -ge-, h⟩ **j-n** ~ faire signe à qn. de sortir; **~ˌwirtschaften** *v/t.* ⟨-ete, *sép.*, -ge-, h⟩ *Gewinn* économiser (**aus** sur); **~ˌwollen** *v/i.* ⟨*irr.*, *sép.*, -ge-, h⟩ **1.** vouloir sortir; **2. mit der Sprache nicht (recht)** ~ hésiter à parler, à s'expliquer; tourner autour du pot; **~ˌzahlen** *v/t.* ⟨*sép.*, -ge-, h⟩ *Geld* rendre; restituer; **~ˌziehen I** *v/t.* ⟨*irr.*, *sép.*, -ge-, h⟩ *aus dem Wasser etc.* sortir (de); (re)tirer (de); *Schublade* tirer; *ganz* sortir; *Nagel etc.* arracher; enlever; *Zahn auch* extraire; *Truppenteil* retirer (de); **II** *v/i.* ⟨sein⟩ **aus der Stadt** ~ quitter la ville; **aufs Land** ~ s'installer, se retirer à la campagne.

herb [hɛrp] *adj.* *im Geschmack* âpre; *Wein* sec, sèche; *Enttäuschung* âpre; amer, -ère; *Schicksal* âpre; sévère; *Schönheit, Charakter, Wesen* austère; ~ **schmecken** avoir un goût âpre.

Herbarium [hɛrˈbaːriˑum] *n* ⟨~s; -ien⟩ herbier *m*.

Herbe [ˈhɛrbə] *f* ⟨~⟩ *cf.* **Herbheit**.

herbegeben [ˈheːrbəˌgeːbən] *v/réfl.* ⟨*irr.*, *sép.*, *pas de ge-*, h⟩ **sich** ~ se rendre ici; venir.

herbei [hɛrˈbaɪ] *adv.* *cf. die betreffenden Verben*; ~! venez!; approchez!; **~...** *in Zssgn. cf. auch* **her...** *u.* **heran...**; **~ˌdrängen** *v/i.* ⟨*sép.*, -ge-, sein⟩ *u.* *v/réfl.* ⟨h⟩ *Menge* s'approcher en se bousculant, en se pressant, en foule; **~ˌeilen** *v/i.* ⟨*sép.*, -ge-, sein⟩ accourir; **~ˌfahren** *v/t.* ⟨*irr.*, *sép.*, -ge-, h⟩ apporter, amener (en *od.* par camion, *etc.*); **~ˌfliegen** *v/i.* ⟨*irr.*, *sép.*, -ge-, sein⟩ s'approcher; **~ˌführen** *v/t.* ⟨*sép.*, -ge-, h⟩ *Person* amener; *fig.* *Ereignis, Niederlage etc.* occasionner; causer; provoquer; entraîner; *Begegnung* ménager; *Zusammenarbeit etc.* mettre en œuvre; **2ˌführung** *f* ⟨~⟩ *e-r Zusammenarbeit etc.* mise *f* en œuvre; *sonst verbal*; **~ˌholen** *v/t.* ⟨*sép.*, -ge-, h⟩ aller chercher; ~ **lassen** envoyer chercher; **~ˌkommen** *v/i.* ⟨*irr.*, *sép.*, -ge-, sein⟩ (s')approcher; venir; **~ˌlassen** *v/réfl.* ⟨*irr.*, *sép.*, -ge-, h⟩ *st. s.* **sich zu etw.** ~ consentir, condescendre à qc.; **~ˌlaufen** *v/i.* ⟨*irr.*, *sép.*, -ge-, sein⟩ accourir; **~ˌlocken** *v/t.* ⟨*sép.*, -ge-, h⟩ attirer; *durch angenehmen Geruch* allécher; **~ˌrufen** *v/t.* ⟨*irr.*, *sép.*, -ge-, h⟩ appeler; *Taxi* 'héler; **~ˌschaffen** *v/t.* ⟨*sép.*, -ge-, h⟩ *Gegenstände* apporter; *Beweismaterial, Unterlagen* procurer; fournir; **~ˌschleppen** *v/t.* ⟨*sép.*, -ge-, h⟩ apporter, amener à grand-peine; **~ˌsehnen** *v/t.* ⟨*sép.*, -ge-, h⟩ **etw.** ~ désirer l'approche de qc.; **j-n** ~ désirer voir qn., la venue de qn.; **~ˌströmen** *v/i.* ⟨*sép.*, -ge-, sein⟩ *Menschenmenge* affluer; arriver, accourir en foule, en masse; **~ˌstürzen** *v/i.* ⟨-(es)t, *sép.*, -ge-, sein⟩ accourir précipitamment; se précipiter (pour faire qc.); **~ˌtragen** *v/t.* ⟨*irr.*, *sép.*, -ge-, h⟩ apporter; amener; **~ˌtrommeln** *v/t.* ⟨-(e)le, *sép.*, -ge-, h⟩ *fig.* appeler; faire venir; **~ˌwünschen** *v/t.* ⟨*sép.*, -ge-, h⟩ **etw.** ~ souhaiter l'approche de qc.; **j-n** ~ souhaiter voir qn., la venue de qn.; **~ˌziehen** *v/t.* ⟨*irr.*, *sép.*, -ge-, h⟩ tirer à soi; *fig.* **etw. an den Haaren** ~ tirer qc. par les cheveux.

her|bekommen [ˈheːrbəˌkɔmən] *v/t.* ⟨*irr.*, *sép.*, *pas de ge-*, h⟩ se procurer; **wo soll ich e-n Ersatz(mann)** ~? où voulez-vous que je me procure un remplaçant?; où puis-je me procurer un remplaçant?; **~beˌmühen** *st. s.* **I** *v/t.* ⟨*sép.*, *pas de ge-*, h⟩ **j-n** ~ prier qn. de venir; faire venir qn.; **II** *v/réfl.* **sich** ~ prendre, se donner la peine de venir; **~beˌordern** *v/t.* ⟨-(e)re, *sép.*, *pas de ge-*, h⟩ **j-n** ~ ordonner à qn. de venir; donner l'ordre à qn. de venir; mander qn.

Herberg|e [ˈhɛrˌbɛrgə] *f* ⟨~; ~n⟩ (*Unterkunft*) gîte *m*; asile *m*; (*Wirtshaus*) auberge *f*; (*Jugend2*) auberge *f* de la jeunesse; **~sˌvater** *m* père *m* aubergiste.

her|bestellen [ˈheːrbəˌʃtɛlən] *v/t.* ⟨*sép.*, *pas de ge-*, h⟩ donner rendez-vous (à qn.); faire venir (qn.); **~ˌbeten** *v/t.* ⟨-ete, *sép.*, -ge-, h⟩ dire, *fig.* réciter machinalement.

Herbheit [ˈhɛrphaɪt] *f* ⟨~⟩ *des Geschmacks* âpreté *f*; *des Weins* caractère sec; *des Charakters, der Gesichtszüge etc.* austérité *f*.

her|bitten [ˈheːrˌbɪtən] *v/t.* ⟨*irr.*, *sép.*, -ge-, h⟩ **j-n** ~ prier qn. de venir; **~ˌblicken** *v/i.* ⟨*sép.*, -ge-, h⟩ regarder (zu **j-m** du côté de qn.); **~ˌbringen** *v/t.* ⟨*irr.*, *sép.*, -ge-, h⟩ apporter; amener (*auch Person*).

Herbst [hɛrpst] *m* ⟨~es; ~e⟩ automne [otɔn] *m*; **im** ~ en automne; à l'automne; **~ˌabend** *m* soir *m*, soirée *f* d'automne; **~ˌanfang** *m* commencement *m*, début *m* de l'automne; **~ˌblume** *f* fleur *f* d'automne; **2en** *v/imp.* ⟨-ete, h⟩ *poét.* **es herbstet** l'automne arrive, approche; **~ˌfärbung** *f* teintes d'automne, automnales; **~ˌferien** *pl.*

vacances *f/pl.* d'automne; **~kollekti̦on** *f Mode* collection *f* d'automne; **~laub** *n* feuilles *f/pl.* d'automne; **♀lich** *adj.* d'automne; automnal; **~ˌmeister** *m Fußball* champion *m* d'automne; **~ˌmesse** *f comm.* foire *f* d'automne; **~ˌmode** *f* mode *f* d'automne; **~ˌmonat** *m* mois *m* d'automne; **~ˌnebel** *m* brouillard *m* d'automne; **~tag** *m* jour *m*, journée *f* d'automne; **~-ˌTagundˈnachtˌgleiche** *f* ⟨~; ~n⟩ équinoxe *m* d'automne; **~ˌwetter** *n* temps *m* d'automne; **~zeitˌlose** *f* ⟨~; ~n⟩ *bot.* colchique *m* (d'automne).

Herd [heːrt] *m* ⟨~es; ~e⟩ **1.** (*Küchen♀*) fourneau *m*; *moderner* cuisinière *f*; kombinierter ~ cuisinière mixte; elektrischer ~ cuisinière électrique; *fig.* am häuslichen ~ au foyer domestique; eigener ~ ist Goldes wert *prov.* un foyer à soi vaut toutes les richesses; rien ne vaut son chez-soi; **2.** *fig. e-r Krankheit, e-s Erdbebens, Brandes etc.* foyer *m*.

Herd|buch [ˈheːrdbuːx] *n Tierzucht* livre *m* généalogique; *für Rindvieh, Schweine auch* 'herd-book *m*; *für Schafe, Ziegen auch* flock-book *m*; **~e** *f* ⟨~; ~n⟩ troupeau *m* (*auch fig.*); **~enˌgeist** *m* ⟨~es⟩ esprit *m* grégaire; **♀enˌmäßig** *adj.* grégaire; **~enˌmensch** *m* mouton *m* de Panurge; homme *m* aux instincts grégaires; **~enˌtier** *n* animal *m* grégaire, qui vit en troupeaux; **~enˌtrieb** *m* ⟨~(e)s⟩ instinct *m* grégaire; grégarisme *m*; **♀enˌweise** *adv.* par troupeaux.

Herd|feuer [ˈheːrtˌfɔʏər] *n* feu *m* (dans le fourneau, dans la cuisinière); **~infektiˌon** *f méd.* infection focale; **~ˌplatte** *f* plaque *f* de fourneau; **~reaktiˌon** *f méd.* réaction focale; **~ring** *m* rond *m* de fourneau.

hereditär [heˑreˑdiˑˈtɛːr] *adj. biol.* héréditaire.

hereilen [ˈheːrˌˀaɪlən] *v/i.* ⟨*sép.*, -ge-, sein⟩ accourir.

herein [hɛˈraɪn], F **'rein** [raɪn] *adv. cf. die betreffenden Verben*; ~! entrez!; hier ~! entrez (par) ici!; nur ~! entrez donc!; immer ~, meine Herrschaften! entrez, mesdames et messieurs!; Bauch 'rein! rentrez le ventre!; von draußen ~ du dehors; de l'extérieur; zum Fenster ~ par la fenêtre; 'rein oder 'raus! tu sors ou tu entres!; **~beˌgeben** *v/réfl.* ⟨*irr.*, *sép.*, *pas de ge-*, h⟩ sich ~ entrer; **~beˌkommen** *v/t.* ⟨*irr.*, *sép.*, *pas de ge-*, h⟩ **1.** arriver, parvenir à (faire) rentrer; *rad. Sender* recevoir; **2.** *comm. Ware etc.* recevoir; **~beˌmühen** *st. s.* **I** *v/t.* ⟨*sép.*, *pas de ge-*, h⟩ j-n ~ prier qn. d'entrer; faire entrer qn.; **II** *v/réfl.* sich ~ prendre, se donner la peine d'entrer; **~ˌbitten** *v/t.* ⟨*irr.*, *sép.*, -ge-, h⟩ j-n ~ prier qn. d'entrer; **~ˌblicken** *v/i.* ⟨*sép.*, -ge-, h⟩ ins Zimmer ~ regarder dans la pièce; zum Fenster ~ regarder par la fenêtre; **~ˌbrechen** *v/i.* ⟨*irr.*, *sép.*, -ge-, sein⟩ *Wassermassen etc.* faire irruption; *Unwetter, fig. Unheil* s'abattre (über sur); *Nacht* tomber; **~ˌbringen** *v/t.* ⟨*irr.*, *sép.*, -ge-, h⟩ apporter; *Person, Tier* mit ~ faire entrer; *cf. auch* ~bekommen 1.; **~ˌdrängen** *v/i.* ⟨*sép.*, -ge-, sein⟩ *u. v/réfl.* ⟨h⟩ *Menge* entrer en se bousculant, en se pressant, en foule; **~ˌdringen** *v/i.* ⟨*irr.*, *sép.*, -ge-, sein⟩ pénétrer; der Lärm dringt (zu uns) herein le bruit extérieur nous parvient; on entend le bruit extérieur; **~ˌdürfen** *v/i.* ⟨*irr.*, *sép.*, -ge-, h⟩ pouvoir, *verneint* ne pas devoir entrer; avoir la permission d'entrer; **~ˌeilen** *v/i.* ⟨*sép.*, -ge-, sein⟩ entrer en 'hâte, en courant; **~ˌfahren I** *v/t.* ⟨*irr.*, *sép.*, -ge-, h⟩ amener, *Dinge auch* rentrer (avec la voiture, *etc.*) (in dans); **II** *v/i.* ⟨sein⟩ entrer (en voiture, *etc.*); **~ˌfallen** *v/i.* ⟨*irr.*, *sép.*, -ge-, sein⟩ **1.** *durchs Fenster etc.* entrer; in etw. ~ *auch* tomber dans qc.; **2.** *fig. u.* F donner dans le panneau, donner dedans (*abs.*); se laisser prendre (auf Versprechungen *etc.* à des promesses, *etc.*); se faire avoir, se laisser rouler (auf j-n par qn.); mit j-m, etw. ~ se faire avoir avec qn., avec qc.; **~ˌfliegen** *v/i.* ⟨*irr.*, *sép.*, -ge-, sein⟩ **1.** entrer; **2.** F *cf.* ~fallen 2.; **~ˌflüchten** *v/réfl.* ⟨-ete, *sép.*, -ge-, h⟩ sich zu j-m ~ se réfugier chez qn.; **~ˌführen I** *v/t.* ⟨*sép.*, -ge-, h⟩ introduire; faire entrer; **II** *v/i. Weg etc.* conduire à l'intérieur; **~ˌgeben** *v/t.* ⟨*irr.*, *sép.*, -ge-, h⟩ donner; **♀ˌgeber** *m* ⟨~s; ~⟩ *Reportgeschäft* reporté *m*; **~ˌgehen** *v/i.* ⟨*irr.*, *sép.*, -ge-, sein⟩ **1.** (r)entrer; **2.** (*Platz finden*) trouver place (in dans); es gehen noch zwei Personen herein il y a encore de la place pour deux personnes; **~ˌhelfen** *v/i.* ⟨*irr.*, *sép.*, -ge-, h⟩ j-m ~ aider qn. à entrer; **~ˌholen** *v/t.* ⟨*sép.*, -ge-, h⟩ *Person* faire entrer; amener; aller chercher; *Sache* aller chercher; rentrer; *comm. Aufträge etc.* aller prendre (des commandes, *etc.*); **~ˌklettern** *v/i.* ⟨-(e)re, *sép.*, -ge-, sein⟩ entrer (après avoir grimpé, *etc.*); **~ˌkommen** *v/i.* ⟨*irr.*, *sép.*, -ge-, sein⟩ **1.** entrer; **2.** *comm. Waren* arriver; *Geld* rentrer; **~ˌkönnen** *v/i.* ⟨*irr.*, *sép.*, -ge-, h⟩ pouvoir entrer; **~ˌkriechen** *v/i.* ⟨*irr.*, *sép.*, -ge-, sein⟩ entrer (*Person* en rampant); **~ˌkriegen** *v/t.* ⟨*sép.*, -ge-, h⟩ F *cf.* ~bekommen; **~ˌlangen I** *v/t.* ⟨*sép.*, -ge-, h⟩ rentrer (qc.); **II** *v/i.* passer la main, le bras (par la fenêtre, *etc.*); in etw. ~ mettre la main dans qc.; **~ˌlassen** *v/t.* ⟨*irr.*, *sép.*, -ge-, h⟩ faire *bzw.* laisser entrer; **~ˌlaufen** *v/i.* ⟨*irr.*, *sép.*, -ge-, sein⟩ *Person* entrer (en courant); *Flüssigkeit* entrer; **~ˌlegen** *v/t.* ⟨*sép.*, -ge-, h⟩ **1.** mettre; poser; **2.** *fig. u.* F j-n ~ attraper, F avoir, posséder, blouser, *bei Geschäften etc. auch* rouler qn.; **~ˌlocken** *v/t.* ⟨*sép.*, -ge-, h⟩ attirer (in dans); **~ˌmüssen** *v/i.* ⟨*irr.*, *sép.*, -ge-, h⟩ **a)** *Person* er muß herein il faut qu'il entre; **b)** die Stühle müssen herein il faut rentrer les chaises; **~ˌnehmen** *v/t.* ⟨*irr.*, *sép.*, -ge-, h⟩ **1.** *Sache* rentrer; mit ~ *Sache* amener; *Tier, Person* faire entrer; **2.** *comm. Aufträge, Teilhaber etc.* prendre; **♀ˌnehmer** *m* ⟨~s; ~⟩ *Reportgeschäft* reporteur *m*; **~ˌnötigen** *v/t.* ⟨*sép.*, -ge-, h⟩ forcer (qn.) à entrer; **~ˌplatzen** *v/i.* ⟨*sép.*, -ge-, sein⟩ *in e-n Raum* entrer à l'improviste, sans crier gare; **~ˌpoltern** *v/i.* ⟨-(e)re, *sép.*, -ge-, sein⟩ entrer bruyamment; **~ˌragen** *v/i.* ⟨*sép.*, -ge-, sein *od.* h⟩ *Ast etc.* avancer, entrer (in dans); dépasser (*abs.*); *fig.* ⟨h⟩ *in e-e Epoche* se prolonger jusqu'à ...; **~ˌreden** *v/i.* ⟨-ete, *sép.*, -ge-, h⟩ in etw. ~ se mêler de qc.; **~ˌregnen** *v/imp.* ⟨-ete, *sép.*, -ge-, h⟩ es regnet ins Zimmer herein la pluie entre dans la pièce; il pleut dans la pièce; es regnet herein F il pleut dedans; **~ˌreichen I** *v/t.* ⟨*sép.*, -ge-, h⟩ passer (in dans, zum Fenster par la fenêtre); *Papiere* apporter; **II** *v/i. räumlich* entrer; *zeitlich* se prolonger jusqu'à ...; **~ˌreiten** *v/i.* ⟨*irr.*, *sép.*, -ge-, sein⟩ entrer à cheval; **~ˌrennen** *v/i.* ⟨*irr.*, *sép.*, -ge-, sein⟩ entrer en courant; **~ˌrollen I** *v/t.* ⟨*sép.*, -ge-, h⟩ rentrer (in dans); **II** *v/i.* ⟨sein⟩ *abs.* rentrer; ins Zimmer ~ rouler dans la pièce; **~ˌrufen** *v/t.* ⟨*irr.*, *sép.*, -ge-, h⟩ j-n ~ appeler qn. (in dans); dire à qn. de venir, d'entrer; etw. zum Fenster ~ crier qc. par la fenêtre; **~ˌschaffen** *v/t.* ⟨*sép.*, -ge-, h⟩ rentrer; **~ˌschauen** *v/i.* ⟨*sép.*, -ge-, h⟩ regarder (in dans); *fig.* bei j-m ~ passer voir qn.; **~ˌscheinen** *v/i.* ⟨*irr.*, *sép.*, -ge-, h⟩ *Sonne, Licht* pénétrer, entrer (in dans); **~ˌschicken** *v/t.* ⟨*sép.*, -ge-, h⟩ envoyer (in dans); **~ˌschieben** *v/t.* ⟨*irr.*, *sép.*, -ge-, h⟩ rentrer, pousser (in dans); **~ˌschießen** *v/i.* ⟨*irr.*, *sép.*, -ge-, h⟩ tirer (in dans); *fig.* ⟨sein⟩ *Wasser(massen)* faire irruption; **~ˌschleichen** *v/i.* ⟨*irr.*, *sép.*, -ge-, sein⟩ *u. v/réfl.* ⟨h⟩ se glisser, entrer furtivement (in dans); **~ˌschleppen I** *v/t.* ⟨*sép.*, -ge-, h⟩ rentrer avec peine; **II** *v/réfl.* sich ~ entrer tant bien que mal, avec peine; **~ˌschneien I** *v/imp.* ⟨*sép.*, -ge-, h⟩ es schneit (ins Zimmer) herein la neige entre (dans la pièce); il neige dans la pièce; **II** *v/i.* ⟨sein⟩ *fig. u.* F hereingeschneit kommen arriver inopinément; tomber du ciel; **~ˌsehen** *v/i.* ⟨*irr.*, *sép.*, -ge-, h⟩ regarder (ins Zimmer dans la pièce, zum Fenster par la fenêtre); die Nachbarn können ~ les voisins peuvent voir chez nous; **~ˌsetzen I** *v/t.* ⟨-(es)t, *sép.*, -ge-, h⟩ rentrer; **II** *v/réfl.* sich ~ s'asseoir à l'intérieur; **~spaˌzieren** *v/i.* ⟨*sép.*, *pas de ge-*, sein⟩ (r)entrer; **~ˌsteigen** *v/i.* ⟨*irr.*, *sép.*, -ge-, sein⟩ entrer (zum Fenster par la fenêtre); **~ˌstellen** *v/t.* ⟨*sép.*, -ge-, h⟩ rentrer; **~ˌstoßen** *v/t.* ⟨*irr.*, *sép.*, -ge-, h⟩ pousser (in dans); **~ˌströmen** *v/i.* ⟨*sép.*, -ge-, sein⟩ *Luft, Gas* entrer; pénétrer; *Wasser* entrer à flots; *Menschen* entrer en masse, en foule; affluer; **~ˌstürmen** *v/i.* ⟨*sép.*, -ge-, sein⟩ entrer en coup de vent, avec impétuosité; **~ˌstürzen** *v/i.* ⟨-(es)t, *sép.*, -ge-, sein⟩ *Person* entrer précipitamment, en coup de vent; faire irruption (*auch von Wassermassen*); *Sache* tomber (in dans); **~ˌtragen** *v/t.* ⟨*irr.*, *sép.*, -ge-, h⟩ rentrer, apporter (in dans); **~ˌtreten** *v/i.* ⟨*irr.*, *sép.*, -ge-, sein⟩ entrer; **~ˌwerfen** *v/t.* ⟨*irr.*, *sép.*, -ge-, h⟩ jeter, lancer (in dans); **~ˌwinken** *v/t.* ⟨*sép.*, -ge-, h⟩ j-n ~ faire signe à qn. d'entrer; **~ˌwollen** *v/i.* ⟨*irr.*, *sép.*, -ge-, h⟩ vouloir entrer; **~ˌziehen I** *v/t.* ⟨*irr.*, *sép.*, -ge-, h⟩ *Sache* tirer (in dans); *Person* faire (r)entrer (de force); *fig. cf.* hineinziehen; **II** *v/i.* ⟨sein⟩ **1.** *Geruch etc.* entrer; **2.** (vom Land) in die Stadt ~ (quitter la campagne pour) s'installer à la *od.* en ville; **III** *v/imp.* es zieht herein l'air, le vent passe, entre; il fait des courants d'air.

her|fahren [ˈheːrˌfaːrən] **I** *v/t.* ⟨*irr.*, *sép.*, -ge-, h⟩ amener, apporter, *Personen* amener (en voiture, en camion, *etc.*); **II** *v/i.* ⟨sein⟩ venir (en voiture, *etc.*); vor j-m ~ précéder qn.; aller, rouler devant qn.; hinter j-m ~ suivre qn.; neben j-m ~ être, aller, rouler à côté, à la hauteur de qn.; **♀fahrt** *f verbal mit* venir; (*Rückfahrt*) retour *m*; auf der ~ en venant (ici); **~ˌfallen** *v/i.* ⟨*irr.*, *sép.*, -ge-, sein⟩ über j-n, etw. ~ se jeter, se ruer, fondre sur qn., sur qc.; assaillir qn.; *prügelnd* tomber sur qn. à bras raccourcis; *mit Vorwürfen,*

Fragen etc. accabler qn. de reproches; assaillir qn. de questions; **~ˌfinden** *v/i.* ⟨*irr.*, *sép.*, -ge-, h⟩ trouver (qn., qc., le chemin de qc.); wie hast du hergefunden? comment as-tu fait pour nous trouver?; **~ˌfliegen** *v/i.* ⟨*irr.*, *sép.*, -ge-, sein⟩ **1.** *Vogel* s'approcher; arriver; **2.** *im Flugzeug* venir (en avion); **~ˌfließen** *v/i.* ⟨*irr.*, *sép.*, -ge-, sein⟩ neben etw. ~ couler le long de qc.; **~ˌführen** *v/t.* ⟨*sép.*, -ge-, h⟩ amener; welcher glückliche Zufall führt Sie her? quel bon vent vous amène?; **2gang** *m* ⟨~(e)s⟩ déroulement *m*, succession *f* des faits; den ~ erzählen raconter comment la chose s'est passée; raconter le déroulement, la succession des faits; **~ˌgeben I** *v/t.* ⟨*irr.*, *sép.*, -ge-, h⟩ donner; (wieder) ~ redonner; rendre; sein Letztes ~ donner jusqu'à sa dernière chemise; (*alles aufbieten*) donner le maximum; faire tout ce que l'on peut; s-n Namen zu etw. ~ prêter, donner son nom à qc.; **II** *v/réfl.* sich zu etw. ~ se prêter à qc.; consentir à faire qc.; **~geˌbracht** *adjt.* traditionnel, -lle; établi; en *od.* d'usage; am 2en festhalten tenir à la tradition, à la coutume, à l'usage établi; **~ˌgehen I** *v/i.* ⟨*irr.*, *sép.*, -ge-, sein⟩ vor j-m ~ précéder qn.; marcher devant qn.; (dicht) hinter j-m ~ suivre qn. (de près); marcher derrière qn.; im Gänsemarsch hintereinander ~ aller, marcher à la queue leu leu; neben j-m ~ marcher à côté, à la hauteur de qn.; nebeneinander ~ aller, marcher l'un à côté de l'autre, côte à côte; aller, marcher de front (*auch fig. Verhandlungen etc.*); **II** *v/imp.* es geht hoch her la joie bat son plein, est à son comble; es geht heiß her F ça chauffe; ça barde; bei dem Kampf ging es heiß her *auch* la bataille fut chaude; *beim Überholen etc.* das ging knapp her c'était juste; F dann ging es über ihn her alors on passa à lui; alors on se jeta sur lui; **~geˌhören** *v/i.* ⟨*sép.*, *p. p.* hergehört, h⟩ être à sa place; *zum Thema* faire partie du sujet, de la question; **~geˌhörig** *adj.* pertinent; relatif, -ive à la chose, à la question; **~geˌlaufen** F *adjt.* venu on ne sait d'où; ~er Kerl type venu on ne sait d'où; **~ˌhaben** *v/t.* ⟨*irr.*, *sép.*, -ge-, h⟩ *cf.* her; **~ˌhalten I** *v/t.* ⟨*irr.*, *sép.*, -ge-, h⟩ *Hand etc.* tendre; halte den Teller her! tends ton assiette!; **II** *v/i. fig. u.* F (für etw., j-n) ~ müssen devoir payer (pour qc., pour qn.); faire les frais (de qc.); être mis à contribution; être la tête de Turc; **~ˌholen** *v/t.* ⟨*sép.*, -ge-, h⟩ aller chercher (qn., qc.); *fig.* etw. weit ~ aller chercher qc. bien loin; ein weit hergeholter Vergleich une comparaison que l'on est allé chercher bien loin; **~ˌhören** *v/i.* ⟨*sép.*, -ge-, h⟩ écouter; alle (ein)mal ~! écoutez tous!

Hering ['heːrɪŋ] *m* ⟨~s; ~e⟩ **1.** *zo.* 'hareng [arɑ̃] *m*; *cuis.* grüner, gesalzener, marinierter ~ 'hareng frais, salé, mariné; geräucherter ~ 'hareng saur, fumé; *fig.* wie die ~e zusammengedrängt sein, stehen être serrés comme des 'harengs, comme des sardines; **2.** *fig. u.* F (*schmächtige Person*) 'hareng saur; **3.** (*Zeltpflock*) piquet *m* de tente; **~sˌboot** *n* 'harenguier *m*; drifter *m*; *kleines* trinquart *m*; **~sˌfang** *m cf.* ~sfischerei; **~s-ˌfangzeit** *f* 'harengaison *f*; **~sfiˌlet** *n cuis.* filet *m* de hareng; **~sˌfischer** *m* pêcheur *m* de hareng; 'harenguier *m*; **~sfischeˌrei** *f* pêche *f* au *od.* du hareng; 'harengaison *f*; **~sˌkönig** *m zo.* dorée *f*; poule *f* de mer; poisson *m* de saint Pierre; **~sˌlogger** *m* ⟨~s; ~⟩ *cf.* ~sboot; **~sˌmilch** *f* laitance *f*, laite *f* de hareng; **~sˌnetz** *n* 'harenguière *f*; 'harengade *f*; **~sräucheˌrei** *f* ⟨~; ~en⟩ saurisserie *f*; **~sˌrogen** *m* œufs *m/pl.* de hareng; **~ssaˌlat** *m cuis.* salade *f* de hareng; **~sˌschwarm** *m* banc *m* de harengs; **~sˌtonne** *f* caque *f*; **~sˌzug** *m cf.* ~sschwarm.

her|jagen ['heːrˌjaːgən] **I** *v/t.* ⟨*sép.*, -ge-, h⟩ j-n vor sich ~ chasser qn. devant soi; **II** *v/i.* ⟨sein⟩ hinter j-m, etw. ~ courir à toute allure derrière qn., qc.; **~ˌkommen I** *v/i.* ⟨*irr.*, *sép.*, -ge-, sein⟩ venir (ici); komm(t) her! viens *bzw.* venez (ici)! von weit ~ venir de loin; wo kommst du her? d'où viens-tu?; wo kommt dieses Wort her? d'où vient ce mot?; wo kommt die Ware, der Fleck *etc.* her? *auch* d'où provient cette marchandise, cette tache, *etc.*?; **II 2ˌkommen** *n* ⟨~s⟩ tradition *f*; usage (établi); dem ~ entsprechend selon la tradition, l'usage; **~ˌkömmlich** *adj.* traditionnel, -lle; établi; en *od.* d'usage; **~ˌkömmlicher-'weise** *adv.* traditionnellement; **~-ˌkönnen** *v/i.* ⟨*irr.*, *sép.*, -ge-, h⟩ pouvoir venir, (s')approcher; **~ˌkriegen** *v/t.* ⟨*sép.*, -ge-, h⟩ F *cf.* herbekommen.

Herkules ['hɛrku·lɛs] *m* ⟨~⟩ **1.** *astr.* Hercule *m*; **2.** ⟨*pl.* ~se⟩ *fig.* hercule *m*; **~ˌarbeit** *f* travail, ouvrage herculéen; **~ˌkäfer** *m zo.* hercule *m*; **~ˌsäulen** *f/pl. géogr.* colonnes *f/pl.* d'Hercule.

herkulisch [hɛr'kuːlɪʃ] *adj.* herculéen, -nne.

Herkunft ['heːrkʊnft] *f* ⟨~⟩ **a)** *e-r Sache* provenance *f* (*auch comm.*); origine *f*; ausländischer ~ de provenance, d'origine étrangère; **b)** *e-r Person* origine *f*; extraction *f*; von zweifelhafter ~ d'origine douteuse; von niederer ~ de basse extraction; **~sˌangabe** *f comm.* indication *f* d'origine, de provenance; **~sbeˌzeichnung** *f comm.* appellation *f*, désignation *f* d'origine; **~sgaranˌtie** *f comm.* garantie *f* d'origine, de provenance; **~sˌland** *n* pays *m* d'origine, *comm. auch* de provenance; **~sˌort** *m* lieu *m* d'origine; **~sˌzeichen** *n comm.* marque *f* d'origine, de provenance.

her|langen ['heːrˌlaŋən] **I** *v/t.* ⟨*sép.*, -ge-, h⟩ *Gegenstand* prendre; F attraper; (*herreichen*) passer; **II** *v/i.* approcher la main; **~ˌlassen** *v/t.* ⟨*irr.*, *sép.*, -ge-, h⟩ laisser venir, approcher; **~ˌlaufen** *v/i.* ⟨*irr.*, *sép.*, -ge-, sein⟩ venir; accourir; vor j-m ~ courir devant qn.; hinter j-m ~ courir derrière, après qn.; neben j-m ~ courir à côté, à la hauteur de qn.; **~ˌlegen** *v/t.* ⟨*sép.*, -ge-, h⟩ mettre, poser (ici); **~ˌleiern** *v/t.* ⟨-(e)re, *sép.*, -ge-, h⟩ *Gedicht etc.* débiter, réciter d'une façon monotone; **~ˌleiten I** *v/t.* ⟨-ete, *sép.*, -ge-, h⟩ **1.** amener; **2.** *fig. Recht etc.* tirer, faire découler (de); *ling. Wort* dériver (de); *logisch* déduire (de); **II** *v/réfl.* sich ~ *ling.* dériver, provenir, découler, être tiré, *Recht etc.* découler, provenir (von, aus de); **2ˌleitung** *f* ⟨~⟩ *ling.* dérivation *f*; *Logik* déduction *f*; *sonst verbal*; **~ˌlocken** *v/t.* ⟨*sép.*, -ge-, h⟩ attirer; *durch angenehmen Geruch* allécher; **~ˌmachen** *v/réfl.* ⟨*sép.*, -ge-, h⟩ F sich über etw. ~ se jeter sur qc.

Hermaphrod|it [hɛrmafro·'diːt] *m* ⟨~en; ~en⟩ *myth. u. biol.* hermaphrodite *m*; **2itisch** *adj. biol.* hermaphrodite; **~(it)ismus** [-'dɪs-, -di·'tɪs-] *m* ⟨~⟩ *biol.* hermaphrodisme *m*.

Herme ['hɛrmə] *f* ⟨~; ~n⟩ (*Büstensäule*) colonne *f* hermétique.

Hermelin [ˌhɛrmə'liːn] *n* ⟨~s; ~e⟩ *zo.* hermine *f*; **~(ˌpelz)** *m* ⟨~s; ~e⟩ (*m*) hermine *f*.

Hermeneuti|k [hɛrme·'nɔʏtɪk] *f* ⟨~⟩ herméneutique *f*; **2sch** *adj.* herméneutique.

hermetisch [hɛr'meːtɪʃ] **1.** *adj.* hermétique; **2.** *adv.* ~ verschlossen fermé hermétiquement.

her|murmeln ['heːrˌmʊrməln] *v/t.* ⟨-(e)le, *sép.*, -ge-, h⟩ marmotter; **~ˌmüssen** *v/i.* ⟨*irr.*, *sép.*, -ge-, h⟩ es muß sofort ein Arzt her il nous faut tout de suite un médecin; das Buch muß her il me faut ce livre; das Buch muß wieder her il faut me rendre mon livre; der Schlüssel muß wieder her il faut retrouver la clef.

hernach [hɛr'naːx] *adv.* après (coup); ensuite; (*später*) plus tard.

hernehmen ['heːrˌneːmən] *v/t.* ⟨*irr.*, *sép.*, -ge-, h⟩ **1.** *Sache* prendre; wo soll ich das Geld ~? où est-ce que je prendrais l'argent?; wo nimmt er das Recht dazu her? où prend-il le droit de faire cela?; **2.** *fig. u.* F *Person* (*drillen*) entraîner sévèrement.

Hernie ['hɛrni·ə] *f* ⟨~; ~n⟩ *méd.*, *bot.* 'hernie *f*.

hernieder [hɛr'niːdər] *adv. st. s. cf.* herab... *u.* nieder...

hernötigen ['heːrˌnøːtɪgən] *v/t.* ⟨*sép.*, -ge-, h⟩ forcer (qn.) à venir.

Hero|e [he·'roːə] *m* ⟨~n; ~n⟩ 'héros *m*; **~enˌkult** *m* culte *m* des 'héros; **~in** *f* ⟨~; ~nen⟩ héroïne *f*.

Heroin [he·ro'iːn] *n* ⟨~s⟩ *phm.* héroïne *f*; diamorphine *f*.

hero|isch [he·'roːɪʃ] *adj.* (*u. adv.*) héroïque(ment); ~-komisch héroï-comique; **~i'sieren** *v/t.* ⟨*pas de ge-*, h⟩ héroïser; **2i'sierung** *f* ⟨~; ~en⟩ héroïsation *f*; **2'ismus** *m* ⟨~⟩ héroïsme *m*.

Heronsball ['heːrɔnsˌbal] *m phys.* fontaine *f* de Héron.

Heros ['heːrɔs] *m* ⟨~; -'roen⟩ 'héros *m*.

Herr [hɛr] *m* ⟨*gén.* ~n, *dat.* ~n, *acc.* ~n; *pl.* ~en⟩ **1.** monsieur *m* (*pl.* messieurs); ~ X monsieur X (*abr.* M. X); die ~en ... messieurs ... (*abr.* MM.); der ~ Direktor, Präsident *etc.* monsieur le directeur, le président, *etc.*; Ihr ~ Vater monsieur votre père; *Anrede* ~ N monsieur (N); ~ Direktor, Präsident, Professor *etc.* monsieur le directeur, le président, le professeur, *etc.*; ~ Doktor docteur (*meist bei Ärzten*); ~ Hauptmann, Oberst *etc.* mon capitaine, mon colonel, *etc.*; meine ~(e)n messieurs; meine Damen und ~(e)n mesdames et messieurs; mesdames, (mesdemoiselles,) messieurs; *in Briefen* sehr geehrter ~ X! Monsieur,; *vertraulicher* Cher Monsieur,; sehr geehrter ~ Direktor! Monsieur le Directeur,; *comm.* sehr geehrte ~en! Messieurs,; *Briefadresse* ~n X Monsieur X; *Sport* 200 m ~en 200 m messieurs; *Toilette* ~en hommes; messieurs; ein besserer ~ un homme, un monsieur bien; ein älterer ~ un homme d'un certain âge; ein junger ~ un jeune homme; der ~ mit den grauen Schläfen l'homme, le monsieur aux tempes grisonnantes; *iron.* ein sauberer ~ un beau monsieur; möblierter ~ célibataire *m* qui vit en meublé; *plais.* die ~en der Schöpfung les hommes; kennen Sie den ~n? connaissez-vous monsieur, cet homme, ce monsieur?; was wünscht der ~? que désire monsieur?; *Frage des Kellners* monsieur prend?; ein ~ wünscht Sie zu sprechen un monsieur désire vous parler; *jur.* ~ X anerkennt, daß ... le sieur X reconnaît que ...; *als Tanzpartner* jeder ~ mit s-r Dame chaque cavalier avec sa cavalière; alter ~ *Sport* vétéran *m*; *Studentenverbindung* ancien *m*; **2.** (*Gebieter*) maître *m* (*auch e-s Tieres*); *hist. adliger* seigneur *m*; der ~ des Hauses le maître de la maison; ~ im Hause sein être (le) maître chez soi; sein eigener ~ sein être son propre maître; sein ~ und Gebieter son seigneur et maître; s-n ~n und Meister finden trouver son maître (in j-m en qn.); aus aller ~en Ländern de tous les coins, des quatre coins du monde; de tous les pays; F mein alter ~ mon père; F mon paternel; die neuen ~en les nouveaux maîtres; ein hoher ~ un 'haut personnage; une 'haute personnalité; wie die großen ~en leben vivre en grand seigneur; den großen ~n spielen faire le, jouer au grand seigneur; ~ über etw., j-n sein être maître de qc., de qn.; ~ über sich sein être maître de soi; ~ der Lage sein être maître de la situation; ~ s-r Entschlüsse, Gefühle *etc.* sein être maître de ses décisions, de ses sentiments, *etc.*; e-r Sache, j-s ~ werden se rendre maître de qc., de qn.; venir à bout de qc., de qn.; maîtriser qc., qn.; der Schwierigkeiten ~ werden se rendre maître, venir à bout des difficultés; maîtriser les difficultés; die Polizei konnte ihrer nicht mehr ~ werden la police ne put plus s'en rendre maître, en venir à bout, les maîtriser; *bibl.* niemand kann zwei ~en dienen nul ne peut servir deux maîtres; wie der ~, so's Gescherr *prov.* tel maître, tel valet *prov.*; **3.** *relig.* der ~ (*Gott*) le Seigneur; *Anruf* ~! Seigneur!; unser ~ Jesus Christus notre Seigneur Jésus-Christ; das Haus des ~n (*Kirche*) la maison du Seigneur; der Tag des ~n (*Sonntag*) le jour du Seigneur; im ~n entschlafen s'endormir dans le Seigneur; der ~ über Leben und Tod celui qui décide de la vie et de la mort; F ~ des Himmels! juste Ciel!; Seigneur!; F ein großer Jäger *etc.* vor dem ~n un grand chasseur, *etc.* devant l'Éternel; den Seinen gibt's der ~ im Schlaf *prov.* les biens viennent en dormant à ceux que Dieu aime.

Herrchen ['hɛrçən] *n* ⟨~s; ~⟩ F *e-s Hundes* maître *m*.

her|reichen ['heːrˌraɪçən] **I** *v/t.* ⟨*sép.*, -ge-, h⟩ passer; **II** *v/i.* atteindre jusqu'ici; ꝰ**reise** *f verbal mit* venir; (*Rückreise*) retour *m*; auf der ~ en venant ici; ~ˌ**reisen** *v/i.* ⟨-(es)t, *sép.*, -ge-, sein⟩ venir ici.

Herren|abend ['hɛrənˌʔaːbənt] *m* soirée *f* entre hommes; réunion *f* d'hommes; ~ˌ**anzug** *m* complet *m* (d'homme); ~**arˌtikel** *m/pl.* articles masculins, pour hommes; ~**beˌgleitung** *f* in ~ en compagnie d'un homme; ~**beˌkanntschaft** *f* ~en haben connaître, fréquenter des hommes; ~**beˌkleidung** *f cf.* ~kleidung, ~konfektion; ~**beˌsuch** *m* visite masculine, d'un homme, d'un monsieur *bzw.* d'hommes, de messieurs; ~ˌ**doppel** (-ˌ**spiel**) *n Tennis* double *m* messieurs; ~ˌ**einzel**(ˌ**spiel**) *n Tennis* simple *m* messieurs; ~ˌ**fahrrad** *n* bicyclette *f*, vélo *m* d'homme; ~**friˌseur** *m* coiffeur *m* pour hommes; ~**geˌsellschaft** *f* société masculine, d'hommes; in ~ en compagnie d'hommes; ~ˌ**handschuh** *m* gant *m* d'homme; ~ˌ**haus** *n* **1.** (*Haus e-s Gutsbesitzers*) manoir *m*; maison seigneuriale; gentilhommière *f*; **2.** *hist. Parlament* chambre *f* des seigneurs; ~ˌ**hemd** *n* chemise *f* d'homme; ~ˌ**hut** *m* chapeau *m* d'homme; ~ˌ**kleidung** *f* vêtements d'hommes, masculins; ~**konfektiˌon** *f* confection masculine, pour hommes; ~ˌ**leben** *n* vie *f* de grand seigneur; ein ~ führen mener une vie de grand seigneur; vivre en grand seigneur; ꝰ**los** *adj.* abandonné; sans maître; *jur.* ~e Sache épave *f*; ~ˌ**mannschaft** *f Sport* équipe masculine; ~ˌ**mantel** *m* manteau *m* d'homme; ~ˌ**meisterschaft** *f Sport* championnat masculin; ~ˌ**mensch** *m* maître *m*; ~ˌ**mode** *f* mode masculine; ~**moˌral** *f* morale *f* des maîtres; ~ˌ**oberbeˌkleidung** *f cf.* ~kleidung; ~**parˌtie** *f* partie *f* de campagne entre hommes; ~ˌ**rad** *n cf.* ~fahrrad; ~ˌ**reiter** *m* gentleman-rider *m*; ~**saˌlon** *m Friseur* salon *m* de coiffure pour hommes, pour messieurs; ~ˌ**schal** *m* écharpe *f* d'homme; ~ˌ**schicht** *f hist.* classe gouvernante; maîtres *m/pl.*; ~ˌ**schirm** *m* parapluie *m* d'homme; ~ˌ**schlafanzug** *m* pyjama *m* d'homme; ~ˌ**schneider** *m* tailleur *m* pour hommes; ~ˌ**schnitt** *m Damenfrisur* coiffure *f* à la garçonne; ~ˌ**schuhe** *m/pl.* chaussures *f/pl.* d'homme; ~ˌ**sitz** *m* **1.** manoir *m*; *cf. auch* ~haus 1.; **2.** *Reitsport* im ~ à l'écuyère; ~ˌ**socke** *f* chaussette *f* d'homme; *kurze* mi-chaussette *f* d'homme; soquette *f* d'homme; ~ˌ**tiere** *n/pl. biol.* primates *m/pl.*; ~**toiˌlette** *f* toilettes *f/pl.*, W.C. [vese] *m/pl.* pour hommes; ~ˌ**unterˌwäsche** *f* sous-vêtements masculins; ~ˌ**zimmer** *n etwa* bureau-fumoir *m*.

Herrgott ['hɛrgɔt] *m* ⟨~(e)s⟩ Dieu *m*; (le) Seigneur; vor s-m ~ devant Dieu; F ~ (nochmal)! bon Dieu!; nom de Dieu!; dem ~ den Tag stehlen paresser toute la sainte journée; ~sˌ**frühe** *f* in aller ~ de grand matin; ~sˌ**schnitzer** *m* sculpteur [-lt-] *m* de crucifix [-fi].

herrichten ['heːrˌrɪçtən] *v/t.* ⟨-ete, *sép.*, -ge-, h⟩ **1.** *Sachen vor der Abreise etc.* préparer; **2.** *Wohnung, Garten, Fahrzeug etc.* arranger; *gründlicher, umfassender* aménager; etw. ~ lassen faire arranger, aménager qc.

Herr|in ['hɛrɪn] *f* ⟨~; ~nen⟩ maîtresse *f*; dame *f*; ꝰ**isch 1.** *adj. Charakter etc.* autoritaire; impérieux, -euse; in ~em Ton *auch* d'un ton cassant; **2.** *adv.* ~ auftreten se conduire en maître.

herrje(mine) [hɛr'jeː(miˑneˑ)] *int.* mon Dieu!; bonté divine!; grand Dieu!

herrlich ['hɛrlɪç] **1.** *adj.* magnifique; splendide; F épatant; e-e ~e Aussicht, Gegend une vue, région magnifique, splendide; ein ~es Essen un excellent déjeuner *bzw.* dîner; es war einfach ~! c'était tout simplement magnifique, splendide, épatant!; **2.** *adv.* magnifiquement; d'une façon magnifique, splendide, épatante; ~ und in Freuden leben avoir la vie belle; *iron.* du siehst ja ~ aus! tu es réussi!; te voilà propre!; ꝰ**keit** *f* ⟨~⟩ splendeur *f*; magnificence *f*; gloire *f*; die ~ Gottes la gloire de Dieu; F die (ganze) ~ le miracle; la merveille; F die ~ hatte bald ein Ende le miracle eut bientôt pris fin; la merveille eut bientôt cessé d'exister.

Herrschaft ['hɛrʃaft] *f* ⟨~⟩ **1.** domination *f* (über sur, de); *fig. meist* empire *m*; règne *m* (*auch e-s Fürsten*); *im Staate* pouvoir *m*; *hist. e-s Grundherrn* seigneurie *f*; unumschränkte ~ domination absolue; die ~ der Vernunft, der Mode *etc.* l'empire, le règne de la raison, de la mode, *etc.*; die ~ des Volkes la souveraineté du peuple; die ~ ausüben exercer la domination (über sur); s-e ~ ausdehnen étendre sa domination; unter j-s ~ kommen, leben tomber, vivre sous la domination de qn.; die ~ über sein Fahrzeug verlieren perdre le contrôle de son véhicule; **2.** ⟨*pl.* ~en⟩ (*hochgestellte Personen*) hohe ~en personnes *f/pl.* illustres, de haut rang; die ~en sind nicht zu Hause monsieur et madame sont sortis; *Anrede* meine ~en! mesdames et messieurs!; F messieurs dames!; *Schule iron.* aber meine ~en! voyons messieurs *bzw.* mesdemoiselles!; darf ich die ~en bitten, mir zu folgen je vous prie, mesdames, messieurs, de bien vouloir me suivre; si ces messieurs et dames veulent bien me suivre?; ꝰ**lich** *adj. hist. Schloß etc.* seigneurial; *fig. Wohnung etc.* somptueux, -euse; luxueux, -euse; ~sˌ**anspruch** *m* prétention *f* à la domination; ~**sbeˌreich** *m* territoire dominé; sphère *f* de domination.

herrschen ['hɛrʃən] *v/i.* ⟨h⟩ **1.** *pol.* être le(s) maître(s); avoir le pouvoir; dominer; *Fürsten* régner (über sur); **2.** *fig. meist* régner; es herrscht Ordnung, Frieden, Schweigen, eisige Kälte *etc.* l'ordre, la paix, le silence, un froid glacial, *etc.* règne; es herrscht Wohnungsnot il y a, il existe une pénurie de logements; es herrscht dichter Nebel *etc.* il y a un brouillard épais, *etc.*; es herrscht die Ansicht on pense généralement; ~**d** *adjt.* **a)** die ~en Klassen les classes dirigeantes; die ~e Dynastie la dynastie régnante; **b)** *fig.* die augenblicklich ~e Stimmung l'atmosphère qui règne en ce moment, actuellement; der ~e Geschmack le goût du jour; die ~en Vorurteile les préjugés généralement répandus; die ~e Wohnungsnot le manque actuel de logements; die ~e Grippeepidemie l'épidémie de grippe actuelle; unter den ~en Verhältnissen dans la situation actuelle, présente; bei der ~en Kälte par le froid qu'il fait.

Herrscher|(in) ['hɛrʃər(ɪn)] *m* ⟨~s; ~⟩ (*f*) ⟨~; ~nen⟩ souverain(e) *m* (*f*); monarque *m*; *fig.* maître *m*; ~**geˌschlecht** *n cf.* ~haus; ~**geˌwalt** *f* autorité souveraine; ~ˌ**haus** *n* dynastie *f*; ~ˌ**paar** *n* couple princier *bzw.* royal; (couple *m* de) souverains *m/pl.*; ~ˌ**willkür** *f* despotisme *m*.

Herrsch|sucht ['hɛrʃzuxt] *f* besoin *m* de domination; goût *m* de l'autorité; esprit *m* autoritaire; ꝰ**süchtig** *adj.* autoritaire; despotique; qui aime dominer; avide de dominer; er ist ~ *auch* c'est un despote.

her|rücken ['heːrˌrʏkən] **I** *v/t.* ⟨*sép.*, -ge-, h⟩ (r)approcher; **II** *v/i.* ⟨sein⟩ (s')approcher; ~ˌ**rufen** *v/t.* ⟨*irr.*, *sép.*, -ge-, h⟩ j-n ~ appeler qn.; etw. hinter j-m ~ crier qc. à qn.; ~ˌ**rühren** *v/i.* ⟨*sép.*, -ge-, h⟩ von etw. ~ (pro)venir de qc.; ~ˌ**sagen** *v/t.* ⟨*sép.*, -ge-, h⟩ dire; réciter; *gedankenlos* débiter;

etw. aus dem Kopf, Gedächtnis ~ dire qc. de mémoire; etw. wie am Schnürchen ~ können savoir qc. sur le bout des doigts; ~ˌ**schaffen** *v/t.* ⟨*sép.*, -ge-, h⟩ apporter; amener; F *Person* amener; ~ˌ**schauen** *v/i.* ⟨*sép.*, -ge-, h⟩ *cf.* ~sehen; ~ˌ**schicken** *v/t.* ⟨*sép.*, -ge-, h⟩ envoyer (ici); ~ˌ**schleichen** *v/i.* ⟨*irr.*, *sép.*, -ge-, sein⟩ *u.* *v/réfl.* ⟨h⟩ s'approcher furtivement, à pas de loup; hinter j-m ~ suivre qn. à pas de loup; ~ˌ**schleppen I** *v/t.* ⟨*sép.*, -ge-, h⟩ apporter, amener avec peine; traîner jusqu'ici; etw. hinter sich ~ traîner qc.; **II** *v/réfl.* sich ~ se traîner jusqu'ici; ~ˌ**schreiten** *v/i.* ⟨*irr.*, *sép.*, -ge-, sein⟩ *st. s.* vor, hinter j-m ~ précéder, suivre qn.; ~ˌ**schwimmen** *v/i.* ⟨*irr.*, *sép.*, -ge-, sein⟩ venir, nager (zu j-m vers qn.); neben, vor, hinter j-m ~ nager à côté de, devant, derrière qn.; ~ˌ**sehen** *v/i.* ⟨*irr.*, *sép.*, -ge-, h⟩ regarder; ~ˌ**sehnen** *v/réfl.* ⟨*sép.*, -ge-, h⟩ sich ~ désirer venir (ici); ~**sein** *v/i.* ⟨*irr.*, *sép.*, -ge-, sein⟩ *cf.* her; ~ˌ**senden** *v/t.* ⟨*irr.*, *sép.*, -ge-, h⟩ *cf.* ~schicken; ~ˌ**setzen I** *v/t.* ⟨-(es)t, *sép.*, -ge-, h⟩ *Gegenstand* mettre, placer (ici); **II** *v/réfl.* sich ~ s'asseoir (zu j-m à côté de, avec qn.); ~ˌ**stammen** *v/i.* ⟨*sép.*, -ge-, h⟩ wo stammt er her? de quel(le) pays (région) est-il?; d'où est-il, vient-il, sort-il?; wo stammt dieses Zitat *etc.* her? d'où vient cette citation, *etc.*?; ~**stellˌbar** *adj.* qui peut être fabriqué, fait, produit; ~ˌ**stellen** *v/t.* ⟨*sép.* -ge-, h⟩ **1.** *auf den Tisch etc.* mettre, poser (ici); **2.** *Industrie* fabriquer; faire; produire; **3.** *Verbindung, Gleichgewicht etc.* établir; ♀ˌ**steller** *m* ⟨~s; ~⟩ *comm.* fabricant *m*; (*Produzent*) producteur *m*; ♀ˌ**stellerˌfirma** *f* maison, firme productrice.

Herstellung ['heːrˌʃtɛlʊŋ] *f* ⟨~⟩ **1.** *Industrie* fabrication *f*; production *f*; **2.** *e-r Funkverbindung, wirtschaftlicher Beziehungen etc.* établissement *m*; ~**sˌfehler** *m* vice *m*, défaut *m* de fabrication; ~**sˌgang** *m* ⟨~(e)s⟩ processus [-ys] *m* de fabrication; ~**sˌkosten** *pl.* frais *m/pl.* de fabrication; coût *m* de la fabrication; ~**sˌland** *n* pays producteur, qui fabrique qc.; ~**sliˌzenz** *f* licence *f* de fabrication; ~**smonoˌpol** *n* monopole *m* de fabrication, de production; ~**sˌpreis** *m* prix *m* de revient à la fabrication; prix *m* de fabrication; ~**sproˌgramm** *n* programme *m* de fabrication; ~**sˌsektor** *m* secteur *m* de production; ~**sverˌfahren** *n* procédé *m* de fabrication.

her|stürzen ['heːrˌʃtʏrtsən] *v/i.* ⟨-(es)t, *sép.*, -ge-, sein⟩ über j-n, etw. ~ se jeter sur qn., sur qc.; ~ˌ**tragen** *v/t.* ⟨*irr.*, *sép.*, -ge-, h⟩ apporter; etw. vor j-m ~ précéder qn. en portant qc.; etw. hinter j-m ~ suivre qn. en portant qc.; etw. neben j-m ~ marcher à côté de qn. en portant qc.; ~ˌ**treiben** *v/t.* ⟨*irr.*, *sép.*, -ge-, h⟩ pousser vers moi, nous, *etc.*; etw. vor sich ~ pousser, chasser qc. devant soi.

Hertz [hɛrts] *n* ⟨~; ~⟩ (*abr.* Hz) *phys.* 'hertz *m* (*abr.* Hz); *rad.* ~sche Wellen ondes 'hertziennes.

herüber [hɛ'ryːbər], F **'rüber** ['ryːbər] *adv. cf. die betreffenden Verben*; hinüber und ~ *cf.* hinüber(...); ~ˌ**blicken** *v/i.* ⟨*sép.*, -ge-, h⟩ regarder (qn., qc.) (über par-dessus); ~ˌ**bringen** *v/t.* ⟨*irr.*, *sép.*, -ge-, h⟩ *Sachen* apporter; j-n, etw. über den Fluß ~ faire passer le fleuve à qn., à qc.; j-n über die Straße ~ faire traverser la rue à qn.; ~ˌ**eilen** *v/i.* ⟨*sép.*, -ge-, sein⟩ venir (vers qn.), *über die Straße etc.* traverser (qc.) en courant; ~ˌ**geben** *v/t.* ⟨*irr.*, *sép.*, -ge-, h⟩ passer; donner; ~ˌ**heben** *v/t.* ⟨*irr.*, *sép.*, -ge-, h⟩ *Sachen* passer, *Personen* faire passer (de ce côté-ci) (über par-dessus); ~ˌ**helfen** *v/i.* ⟨*irr.*, *sép.*, -ge-, h⟩ j-m ~ aider qn. à passer, à traverser (qc.); ~ˌ**klettern** *v/i.* ⟨-(e)re, *sép.*, -ge-, sein⟩ über etw. ~ (réussir à) passer (par-dessus) qc.; ~ˌ**kommen** *v/i.* ⟨*irr.*, *sép.*, -ge-, sein⟩ venir; über etw. ~ passer (par-dessus) qc.; *über e-n Fluß, e-e Straße etc. auch* traverser qc.; er ist über die Mauer herübergekommen il a passé *bzw.* il a réussi à passer le mur; F kommt doch zum Kaffee herüber! venez donc prendre le café avec nous; ~ˌ**können** F *v/i.* ⟨*irr.*, *sép.*, -ge-, h⟩ pouvoir passer (über par-dessus); ~ˌ**lassen** *v/t.* ⟨*irr.*, *sép.*, -ge-, h⟩ laisser *bzw.* faire passer (zu à, chez); ~ˌ**ragen** *v/i.* ⟨*sép.*, -ge-, h⟩ passer (in dans); ~ˌ**reichen I** *v/t.* ⟨*sép.*, -ge-, h⟩ passer (über par-dessus); **II** *v/i.* s'étendre jusqu'à ...; ~ˌ**rennen** *v/i.* ⟨*irr.*, *sép.*, -ge-, sein⟩ passer, *über e-e Straße etc. auch* traverser (qc.) en courant; ~ˌ**schaffen** *v/t.* ⟨*sép.*, -ge-, h⟩ transporter, amener de ce côté-ci, ici; ~ˌ**schallen** *v/i.* ⟨*sép.*, -ge-, h⟩ (par-)venir (jusqu'à nous, *etc.*); ~ˌ**schießen** *v/i.* ⟨*irr.*, *sép.*, -ge-, h⟩ tirer de ce côté-ci; ~ˌ**setzen** *v/réfl.* ⟨-(es)t, *sép.*, -ge-, h⟩ sich ~ venir s'asseoir ici, de ce côté-ci.

herübersetz|en ['hɛːrʔyːbərˌzɛtsən] *v/t.* ⟨-(es)t, *sép.* (er übersetzt her), *pas de ge-*, h⟩ traduire dans sa langue maternelle; ♀**ung** *f* ⟨~; ~en⟩ traduction *f* dans sa langue maternelle; *in der Schule etc.* version *f*.

herüber|steigen [hɛ'ryːbərˌʃtaɪgən] *v/i.* ⟨*irr.*, *sép.*, -ge-, sein⟩ über etw. ~ passer par-dessus qc.; *mit e-m Schritt* enjamber qc.; ~ˌ**tragen** *v/t.* ⟨*irr.*, *sép.*, -ge-, h⟩ apporter; transporter ici; ~**transporˌtieren** *v/t.* ⟨*sép.*, *pas de ge-*, h⟩ transporter ici; ~ˌ**werfen** *v/t.* ⟨*irr.*, *sép.*, -ge-, h⟩ (re)jeter de ce côté-ci; ~ˌ**wollen** *v/i.* ⟨*irr.*, *sép.*, -ge-, h⟩ vouloir passer (über par-dessus); vouloir traverser (qc.); ~ˌ**ziehen I** *v/t.* ⟨*irr.*, *sép.*, -ge-, h⟩ tirer de ce côté-ci; **II** *v/i.* ⟨sein⟩ **a)** venir; **b)** *in e-e neue Wohnung* s'installer ici.

herum [hɛ'rʊm], F **'rum** [rʊm] *adv.* **1.** *räumlich* um ... ~ autour de; um den Tisch ~ autour de la table; rund, rings ~ tout autour; die Reihe ~ chacun à son tour; l'un après l'autre; die Gegend um Paris ~ les environs, les alentours de Paris; la région autour de Paris; hier ~! par ici!; dort ~! par là!; links ~! (tournez) à gauche!; um die Ecke ~ au coin de la rue, de la maison, *etc.*; (immer) um j-n ~ sein être (toujours) avec qn.; **2. a)** *zeitlich* autour de; aux alentours de; vers; um Weihnachten ~ autour de, *etc.* Noël; um drei Uhr ~ aux alentours de, vers trois heures; **b)** *bei Zahlenangaben* autour de; environ; à peu près; um zehn Mark ~ autour de, *etc.* dix marks; um die tausend ~ autour de, *etc.* mille; **3.** F (*vorbei*) fini; passé; die schönen Tage sind ~ les beaux jours sont passés; bevor die Ferien ~ sind avant que les vacances finissent; ~ˌ**albern** F *v/i.* ⟨-(e)re, *sép.*, -ge-, h⟩ dire des niaiseries; ~ˌ**balgen** *v/réfl.* ⟨*sép.*, -ge-, h⟩ sich ~ *Kinder* se battre; ~ˌ**basteln** *v/i.* ⟨-(e)le, *sép.*, -ge-, h⟩ an etw. ~ bricoler à qc.; ~**beˌkommen** *v/t.* ⟨*irr.*, *sép.*, *pas de ge-*, h⟩ F j-n ~ faire changer qn. d'avis; ~ˌ**biegen I** *v/t.* ⟨*irr.*, *sép.*, -ge-, h⟩ plier; *Eisen, Draht etc.* (re)courber; **II** *v/i.* ⟨sein⟩ um die Ecke ~ tourner le coin de la rue, de la maison; ~ˌ**binden** *v/t.* ⟨*irr.*, *sép.*, -ge-, h⟩ mettre (qc.) autour (de); ~ˌ**blättern** *v/i.* ⟨-(e)re, *sép.*, -ge-, h⟩ in e-m Buch ~ feuilleter un livre; ~ˌ**bummeln** F *v/i.* ⟨-(e)le, *sép.*, -ge-, sein⟩ flâner; F se balader; *péj.* traîner les rues; battre le pavé; *bei der Arbeit* ⟨h⟩ traînasser; ~ˌ**doktern** F *v/i.* ⟨-(e)re, *sép.*, -ge-, h⟩ *an e-r Wunde etc.* soigner (qc.) soi-même; *an e-m Aufsatz etc.* essayer de faire (qc.); ~ˌ**drehen I** *v/t.* ⟨*sép.*, -ge-, h⟩ tourner; *Verkehrtliegendes* retourner; *Tür* den Schlüssel zweimal ~ fermer à double tour; *fig. u.* F j-m die Worte im Munde ~ dénaturer le sens des paroles de qn.; **II** *v/i.* F an etw. ~ toucher à qc.; tourner qc.; **III** *v/réfl.* sich ~ se retourner (zu j-m vers qn.); faire volte-face; sich im Kreis ~ tourner en rond; *Kinder* faire la ronde; ~ˌ**drücken** *v/réfl.* ⟨*sép.*, -ge-, h⟩ F sich ~ **a)** *um e-e Aufgabe etc.* esquiver (qc.); se dérober (à qc.); **b)** *an e-m Ort* traîner (dans qc.); sich in Lokalen ~ traîner (dans) les cafés; ~ˌ**drucksen** *v/i.* ⟨-(es)t, *sép.*, -ge-, h⟩ F an etw. ~ hésiter à dire qc.; ~ˌ**fahren I** *v/t.* ⟨*irr.*, *sép.*, -ge-, h⟩ j-n ~ promener qn. en voiture, *etc.*; **II** *v/i.* ⟨sein⟩ **1.** *um ein Hindernis* contourner qc.; *ganz herum* faire le tour (de qc.); um die Straßenecke ~ tourner le coin de la rue; **2.** *ziellos* circuler; in e-m Land, e-r Stadt ~ circuler en voiture, *etc.* dans un pays, dans une ville; *fig. u.* F mit den Händen in der Luft ~ gesticuler; **3.** *Person vor Schreck etc.* se retourner brusquement; erschrocken ~ se retourner terrifié; ~ˌ**fassen** *v/i.* ⟨-ßt, *sép.*, -ge-, h⟩ um etw. ~ **a)** *ganz herum* faire le tour de qc. avec les bras, avec les mains; **b)** *halb herum* passer le bras, la main derrière qc.; um j-s Taille ~ entourer la taille de qn. de son bras; ~ˌ**fingern** *v/i.* ⟨-(e)re, *sép.*, -ge-, h⟩ F an etw. ~ tripoter qc.; ~ˌ**flattern** *v/i.* ⟨-(e)re, *sép.*, -ge-, sein⟩ voltiger; ~ˌ**fliegen** *v/i.* ⟨*irr.*, *sép.*, -ge-, sein⟩ **1. a)** *um ein Hindernis* contourner qc.; *Flugzeug, Satellit etc.* um etw. (ganz) ~ voler autour de qc.; faire le tour de qc.; **b)** *ziellos* voler; **2.** *fig. u.* F *Gegenstände* traîner; ~ˌ**fließen** *v/i.* ⟨*irr.*, *sép.*, -ge-, sein⟩ contourner (um etw. qc.); ~ˌ**fragen** *v/i.* ⟨*sép.*, -ge-, h⟩ überall (in der Stadt) ~ demander un peu partout, de tous côtés (dans la ville); ~ˌ**fuchteln** *v/i.* ⟨-(e)le, *sép.*, -ge-, h⟩ F *mit e-m Gegenstand* agiter qc.; jouer avec qc. (vor j-s Nase sous le nez de qn.); manipuler qc.; mit den Händen in der Luft ~ gesticuler; ~ˌ**führen I** *v/t.* ⟨*sép.*, -ge-, h⟩ **1.** j-n ~ **a)** *um ein Hindernis* faire contourner qc. à qn.; *ganz herum* faire faire le tour (de qc.) à qn.; **b)** *in e-m Museum, e-r Stadt* guider qn. (à travers qc.); faire faire le tour (de qc.) à qn.; *fig.* j-n an der Nase ~ *cf.* Nase; **2.** e-e Straße um e-e Stadt ~ faire contourner une ville par une route; **II** *v/i.* *Weg etc.* um etw. ~ contourner qc.; *ganz herum* faire le tour de qc.; ~ˌ**fuhrwerken** *v/i.* ⟨*sép.*, -ge-, h⟩ F s'affairer (avec qc., dans qc.); ~ˌ**fummeln** *v/i.* ⟨-(e)le, *sép.*, -ge-, h⟩ F an etw. ~ tripoter qc.; ~ˌ**geben** *v/t.* ⟨*irr.*, *sép.*, -ge-, h⟩ *cf.* ~reichen I; ~ˌ**gehen** *v/i.* ⟨*irr.*, *sép.*,

-ge-, sein⟩ **1.** *um ein Hindernis* contourner qc.; *um e-e Statue etc.* faire le tour (de qc.); F *Straße, Seil etc.* **um etw. ~** faire le tour de qc.; entourer qc.; **um etw. nicht ganz ~** ne pas faire tout à fait le tour de qc.; n'être pas assez long; **hinten, vorne ~** passer par derrière, par devant; **2.** *ziellos* marcher, se promener (in e-r Stadt *etc.* dans une ville, *etc.*); **3.** *Gegenstand* **~ lassen** faire circuler; **4.** *Gerücht etc.* courir; *Problem, Melodie* **das geht mir im Kopf herum** cela me trotte dans la tête; **5.** F *Zeit etc.* passer; **~ˌgeistern** *v/i.* ⟨-(e)re, *sép.*, -ge-, sein⟩ *fig.* se promener; apparaître par-ci par-là; **~ˌgondeln** *v/i.* ⟨-(e)le, *sép.*, -ge-, sein⟩ F *cf.* **~reisen**; **~ˌgreifen** *v/i.* ⟨*irr.*, *sép.*, -ge-, h⟩ *cf.* **~fassen**; **~ˌhacken** *v/i.* ⟨*sép.*, -ge-, h⟩ *fig.* **auf j-m ~** attaquer, critiquer qn. constamment, sans cesse; **alle hacken auf ihm herum** il sert de tête de Turc à tous; **~ˌhängen** *v/i.* ⟨*irr.*, *sép.*, -ge-, h⟩ être pendu un peu partout; **~hanˌtieren** *v/i.* ⟨*sép.*, *pas de ge-*, h⟩ s'affairer, travailler (an à); s'occuper (an de); manipuler, manier (**mit etw.** qc.); **~ˌhauen** *v/réfl.* ⟨*irr.*, *sép.*, -ge-, h⟩ *cf.* **~schlagen**; **~ˌhorchen** *v/i.* ⟨*sép.*, -ge-, h⟩ (**überall**) **~** écouter (partout); se renseigner; **~ˌirren** *v/i.* ⟨*sép.*, -ge-, sein⟩ errer (**in der Stadt** dans la ville); **~ˌjagen** F **I** *v/t.* ⟨*sép.*, -ge-, h⟩ **j-n ~** faire courir qn. (dans qc.); *e-n Verfolgten* pourchasser qn.; **II** *v/i.* ⟨sein⟩ courir; **~ˌknobeln** *v/i.* ⟨-(e)le, *sép.*, -ge-, h⟩ F **an etw. ~** se creuser la tête pour trouver qc.; **~kommanˌdieren** *v/t.* ⟨*sép.*, *pas de ge-*, h⟩ mener (qn.) à la baguette; *abs.* mener tout le monde à la baguette; **~ˌkommen** *v/i.* ⟨*irr.*, *sép.*, -ge-, sein⟩ **1.** *um e-e Ecke* tourner (le coin de la rue); **2.** *in e-m Land* circuler; *in der Welt* voyager; courir le monde; **er kommt viel herum** il circule, voyage beaucoup; **weit, viel (in der Welt) herumgekommen sein** avoir beaucoup voyagé, F beaucoup roulé sa bosse; **3.** *fig. um e-e Strafe, Aufgabe* réussir à éviter qc.; F passer au travers (de qc.); **um den Militärdienst ~** réussir à, pouvoir éviter le service militaire; **wir werden nicht darum ~, etw. zu tun** on ne peut pas faire autrement que de faire qc.; **4.** *fig. u.* F *mit dem Geld* réussir à s'en tirer (avec qc.); **wir sind diesen Monat (mit unserem Geld) nicht herumgekommen** nous n'avons pas réussi ce mois-ci à joindre les deux bouts; **~ˌkrabbeln** *v/i.* ⟨-(e)le, *sép.*, -ge-, sein⟩ *Kleinkinder* marcher à quatre pattes; *Ameisen etc.* **an etw. ~** être sur qc.; **Ameisen krabbeln an etw. herum** il y a plein de fourmis sur qc.; **~ˌkramen** *v/i.* ⟨*sép.*, -ge-, h⟩ **in etw. ~** (far)fouiller dans qc.; **~ˌkriechen** *v/i.* ⟨*irr.*, *sép.*, -ge-, sein⟩ ramper (auf sur); **~ˌkriegen** *v/t.* ⟨*sép.*, -ge-, h⟩ F **1.** *Zeit* passer; tuer; **2.** *cf.* **~bekommen**; **~ˌlangen** *v/i.* ⟨*sép.*, -ge-, h⟩ *cf.* **~fassen**, **~reichen II**; **~ˌlatschen** *v/i.* ⟨*sép.*, -ge-, sein⟩ P *cf.* **~gehen**; **~ˌlaufen** *v/i.* ⟨*irr.*, *sép.*, -ge-, sein⟩ *ziellos* se promener; *in der Stadt auch* flâner; *mit e-m Ziel* courir (les magasins pour trouver qc.); *Tiere, Gefangene etc.* **frei ~** être en liberté; **barfuß, im Bademantel, schlecht gekleidet** *etc.* **~** se promener nu-pieds, en peignoir, mal vêtu, *etc.*; **da läuft soviel Gesindel herum** il y a tellement d'individus louches qui rôdent là; **~ˌlegen** *v/t.* ⟨*sép.*, -ge-, h⟩ **1.** *Hebel* mettre à la position inverse; baisser; *mar.* **das Steuer ~** donner un coup de barre; **2. etw. um etw. ~** mettre qc. autour de qc.; **~ˌliegen** *v/i.* ⟨*irr.*, *sép.*, -ge-, h⟩ **1. um etw. ~** se trouver autour de qc.; **die um die Stadt ~den Dörfer** les villages à l'entour de la ville; **2.** *Gegenstände* traîner; *Papier auch* être éparpillé, dispersé; **etw. ~ lassen** laisser traîner qc.; **~ˌlungern** *v/i.* ⟨-(e)re, *sép.*, -ge-, h⟩ F *Gesindel etc.* traîner; **~ˌmeckern** *v/i.* ⟨-(e)re, *sép.*, -ge-, h⟩ F **an etw. ~** critiquer qc.; trouver à redire à qc.; **~ˌnörgeln** *v/i.* ⟨-(e)le, *sép.*, -ge-, h⟩ trouver à redire (à qc.); critiquer (qc., qn.); **~ˌpfuschen** *v/i.* ⟨*sép.*, -ge-, h⟩ F **an etw. ~** mal soigner, mal réparer, mal faire, *etc.* qc.; **~ˌplagen** *v/réfl.* ⟨*sép.*, -ge-, h⟩ F **sich mit etw. ~** se donner bien du mal, de la peine avec qc.; **~ˌraten** *v/i.* ⟨*irr.*, *sép.*, -ge-, h⟩ **an etw. ~** chercher à deviner qc.; **~ˌreden** *v/i.* ⟨-ete, *sép.*, -ge-, h⟩ **um etw. ~** faire, prendre, chercher des détours (*abs.*); tourner autour du pot (*abs.*); **~ˌreichen I** *v/t.* ⟨*sép.*, -ge-, h⟩ faire passer, circuler; **II** *v/i.* *Band etc.* **um etw. nicht ~** n'être pas assez long (*abs.*); ne pas faire le tour de qc.; **~ˌreisen** *v/i.* ⟨-(es)t, *sép.*, -ge-, sein⟩ *ziellos* voyager; **in e-m Land ~** voyager dans un pays; *ausführlicher* parcourir un pays; **in der Welt ~** courir le monde; **~ˌreißen** *v/t.* ⟨*irr.*, *sép.*, -ge-, h⟩ *Steuer etc.* donner un brusque coup *Auto* de volant, *mar.* de barre, *etc.*; *Pferd* faire changer brusquement de direction; **~ˌreiten** *v/i.* ⟨*irr.*, *sép.*, -ge-, sein⟩ **1.** *ziellos* se promener à cheval; **um etw. ~** contourner qc. à cheval; *ganz* faire le tour de qc. à cheval; **2.** *fig. u.* F (**immer**) **auf etw. ~** insister sur qc.; *auf Prinzipien* être à cheval sur qc.; **~ˌrennen** *v/i.* ⟨*irr.*, *sép.*, -ge-, sein⟩ *ziellos* courir; **um etw. ~** *ganz* courir autour de qc.; *um die Ecke* tourner (le coin de la rue) en courant; F **in der ganzen Stadt ~, um etw. zu bekommen** courir toute la ville, tous les magasins pour trouver qc.; **~ˌschicken** *v/t.* ⟨*sép.*, -ge-, h⟩ *Sache* faire circuler; *Person* faire faire le tour (de qc. à qn.); envoyer (un peu partout); **~ˌschlagen** *v/réfl.* ⟨*irr.*, *sép.*, -ge-, h⟩ F **sich mit j-m, etw. ~** se batailler, se battre avec qn., avec qc. (*auch fig.*); **~ˌschleichen** *v/i.* ⟨*irr.*, *sép.*, -ge-, sein⟩ rôder (autour de); *nach e-r Krankheit etc.* se traîner; **~ˌschlendern** F *v/i.* ⟨-(e)re, *sép.*, -ge-, sein⟩ flâner; déambuler; **~ˌschleppen** *v/t.* ⟨*sép.*, -ge-, h⟩ F **etw. mit sich ~** traîner qc. avec soi; F trimbaler qc.; *fig. Krankheit* traîner qc.; **~ˌschließen** *v/i.* ⟨*irr.*, *sép.*, -ge-, h⟩ **zweimal ~** fermer à double tour; **~ˌschlingen I** *v/t.* ⟨*irr.*, *sép.*, -ge-, h⟩ mettre (qc.) autour (de qc.); **II** *v/réfl.* **sich um etw. ~** s'enrouler autour de qc.; **~ˌschneiden** *v/i.* ⟨*irr.*, *sép.*, -ge-, h⟩ mal couper, *an Bäumen* mal tailler (an qc.); **~ˌschnüffeln** F *v/i.* ⟨-(e)le, *sép.*, -ge-, h⟩ fureter; **überall ~** fourrer son nez, fureter partout; **~ˌschweifen** *v/i.* ⟨*sép.*, -ge-, sein⟩ *fig. Gedanken etc.* errer; vagabonder; **~ˌschwenken I** *v/t.* ⟨*sép.*, -ge-, h⟩ faire tourner; **II** *v/i.* ⟨sein⟩ *milit.* faire une conversion; **~ˌschwirren** *v/i.* ⟨*sép.*, -ge-, sein⟩ voler (en faisant un bruit d'ailes); *Insekten* bourdonner; **~ˌsetzen I** *v/t.* ⟨-(es)t, *sép.*, -ge-, h⟩ mettre, disposer (qc.) autour (de qc.); **II** *v/réfl.* **sich um etw. ~** s'asseoir autour de qc.; **~ˌsitzen** *v/i.* ⟨*irr.*, *sép.*, -ge-, h⟩ **a) um etw. ~** être assis autour de qc.; **b)** (**untätig**) **~** être, rester assis sans rien faire; être désœuvré; **den ganzen Nachmittag zu Hause ~** rester assis chez soi tout l'après-midi sans rien faire; **~spaˌzieren** F *v/i.* ⟨*sép.*, *pas de ge-*, sein⟩ se promener; F se balader; **~ˌspielen** *v/i.* ⟨*sép.*, -ge-, h⟩ F **mit, an etw. ~** jouer avec qc.; **~spioˌnieren** *v/i.* ⟨*sép.*, *pas de ge-*, h⟩ espionner (partout); **~ˌsprechen** *v/réfl.* ⟨*irr.*, *sép.*, -ge-, h⟩ **sich ~** se savoir; s'ébruiter; **es hat sich herumgesprochen, daß ...** on a su que ...; le bruit s'est répandu que ...; **~ˌspringen** *v/i.* ⟨*irr.*, *sép.*, -ge-, sein⟩ sauter; cabrioler; **~ˌstehen** *v/i.* ⟨*irr.*, *sép.*, -ge-, h⟩ **a) um etw., j-n ~** faire le cercle autour de qc., autour de qn.; **b)** (**untätig**) **~** rester là sans rien faire; battre le pavé; *Sachen* traîner; **~ˌstöbern** *v/i.* ⟨-(e)re, *sép.*, -ge-, h⟩ F **in etw. ~** (far)fouiller dans qc.; **~ˌstochern** *v/i.* ⟨-(e)re, *sép.*, -ge-, h⟩ F *im Feuer* tisonner (qc.); **in den Zähnen ~** se curer les dents; **~ˌstreichen** *v/i.* ⟨*irr.*, *sép.*, -ge-, sein⟩, **~ˌstreifen** *v/i.* ⟨*sép.*, -ge-, sein⟩ rôder (**um** autour de); **~ˌstreiten** *v/réfl.* ⟨*irr.*, *sép.*, -ge-, h⟩ **sich mit j-m ~** se disputer avec qn.; **~ˌstreunen** *v/i.* ⟨*sép.*, -ge-, sein⟩ *Hunde etc.* vagabonder; **~ˌstrolchen** *v/i.* ⟨*sép.*, -ge-, sein⟩ traîner; vagabonder; **~ˌsuchen** *v/i.* ⟨*sép.*, -ge-, h⟩ chercher partout; **~ˌtanzen** *v/i.* ⟨*sép.*, -ge-, sein⟩ **a) um etw. ~** danser autour de qc.; **b)** *fig. u.* F **j-m auf der Nase ~** faire avec qn. ce que l'on veut; **~ˌtasten** *v/i.* ⟨-ete, *sép.*, -ge-, h⟩ tâtonner; **~ˌtoben** *v/i.* ⟨*sép.*, -ge-, h *od.* sein⟩, **~ˌtollen** *v/i.* ⟨*sép.*, -ge-, h *od.* sein⟩ *Kinder* faire le(s) petit(s) fou(s); **~ˌtragen** *v/t.* ⟨*irr.*, *sép.*, -ge-, h⟩ porter (**mit sich** avec soi); **~ˌtrampeln** *v/i.* ⟨-(e)le, *sép.*, -ge-, h⟩ piétiner (**auf** qc.); **~ˌtreiben** *v/réfl.* ⟨*irr.*, *sép.*, -ge-, h⟩ **sich ~** traîner; vagabonder; *péj.* **sich mit j-m ~** traîner avec qn.; **sich in Kneipen ~** courir, traîner les cafés; ♀**ˌtreiber(in)** *m* ⟨~s; ~⟩ (*f*) ⟨~; ~nen⟩ traîneur, -euse *m, f*; vadrouilleur, -euse *m, f*; **~ˌtreten** *v/i.* ⟨*irr.*, *sép.*, -ge-, h⟩ **auf etw. ~** piétiner qc.; **~ˌtrödeln** *v/i.* ⟨-(e)le, *sép.*, -ge-, h⟩ perdre son temps; F lanterner; lambiner; **~ˌtummeln** *v/réfl.* ⟨-(e)le, *sép.*, -ge-, h⟩ **sich ~** prendre ses ébats; *Tiere auch* folâtrer; **~ˌwälzen** *v/réfl.* ⟨-(es)t, *sép.*, -ge-, h⟩ **sich ~** *Kranker etc.* se tourner et se retourner; *péj.* se vautrer (*auch Schweine*); **~ˌwandern** *v/i.* ⟨-(e)re, *sép.*, -ge-, sein⟩ se promener; **~ˌwaten** *v/i.* ⟨-ete, *sép.*, -ge-, sein⟩ patauger (in dans); **~ˌwerfen I** *v/t.* ⟨*irr.*, *sép.*, -ge-, h⟩ jeter; *mar.* **das Steuer ~** donner un coup de barre brusque; **II** *v/réfl.* **sich ~** se retourner brusquement; **~ˌwickeln** *v/t.* ⟨-(e)le, *sép.*, -ge-, h⟩ enrouler, *nachlässig* entortiller (qc.) autour (de qc.); **~ˌwirbeln** *v/i.* ⟨-(e)le, *sép.*, -ge-, sein⟩ tournoyer; tourbillonner; **~ˌwirtschaften** *v/i.* ⟨-ete, *sép.*, -ge-, h⟩ s'affairer; s'occuper; **~ˌwühlen** *v/i.* ⟨*sép.*, -ge-, h⟩ **in etw. ~** fouiller dans qc. (*auch fig.*); *in e-r Schublade auch* tout retourner (dans un tiroir); **~ˌwursteln** *v/i.* ⟨-(e)le, *sép.*, -ge-, h⟩ F **an etw. ~** s'affairer à qc. tant bien que mal; **~ˌzanken** *v/i. u. v/réfl.* ⟨*sép.*, -ge-, h⟩ se disputer; *Kinder auch* se chamailler; **~ˌzerren** *v/i.* ⟨*sép.*, -ge-, h⟩ **an etw. ~** tirailler qc.; **~ˌziehen I** *v/i.* ⟨*irr.*, *sép.*, -ge-, sein⟩ *Zigeuner etc.* errer;

II *v/réfl.* ⟨h⟩ sich ~ *Graben, Mauer etc.* faire le tour (um de); entourer (um qc.); **~ˌziehend** *adjt. Zigeuner etc.* nomade; *Händler* ambulant; *péj.* vagabond.

herunter [hɛ'runtər], F **'runter** ['runtər] *adv. cf. die betreffenden Verben*; ~ (da)! descends *bzw.* descendez (de là)!; hier ~! (descendez) par ici!; ~ mit ...! à bas ...!; das ist von oben ~ befohlen worden c'est un ordre venu d'en 'haut; F mit den Nerven ~ sein être à bout de nerfs; **~...** *in Zssgn cf. auch* herab...; **~ˌbeten** *v/t.* ⟨-ete, *sép.*, -ge-, h⟩ *Rosenkranz etc.* dire; réciter; **~ˌblicken** *v/i.* ⟨*sép.*, -ge-, h⟩ *cf.* herabblicken; **~ˌbrennen** *v/i.* ⟨*irr.*, *sép.*, -ge-, sein⟩ *Feuer* ~ lassen laisser presque s'éteindre; das Feuer ist (schon) ganz heruntergebrannt le feu est (déjà) presque éteint; le feu est bien bas; **~ˌbringen** *v/t.* ⟨*irr.*, *sép.*, -ge-, h⟩ descendre; apporter en bas; **~ˌdrükken** *v/t.* ⟨*sép.*, -ge-, h⟩ *Taste etc.* appuyer sur; *Türklinke* baisser; *Preise, Fieber* faire baisser; **~ˌfahren** *v/t.* ⟨*irr.*, *sép.*, -ge-, h⟩ *u. v/i.* ⟨sein⟩ descendre (en voiture, *etc.*); **~ˌfallen** *v/i.* ⟨*irr.*, *sép.*, -ge-, sein⟩ tomber (par terre); vom Tisch, von der Leiter ~ tomber (du haut) de la table, de l'échelle; die Treppe (von oben) ~ tomber du haut de l'escalier *od.* du haut des escaliers jusqu'en bas; senkrecht ~ tomber perpendiculairement; **~ˌfliegen** *v/i.* ⟨*irr.*, *sép.*, -ge-, sein⟩ **1.** *Vogel* descendre; **2.** F *cf.* ~fallen; **~ˌgehen** *v/i.* ⟨*irr.*, *sép.*, -ge-, sein⟩ descendre (*auch aviat.*); *Preise, Temperatur, Fieber* baisser; **~geˌkommen** *adjt. fig.* tombé bien bas; *wirtschaftlich* ruiné; **~ˌgießen** *v/t.* ⟨*irr.*, *sép.*, -ge-, h⟩ verser, jeter (von du haut de); F *Getränk* s'envoyer (qc.); **~ˌhandeln** *v/t.* ⟨-(e)le, *sép.*, -ge-, h⟩ *abs.* marchander; den Preis ~ faire baisser le prix (de qc.); **~ˌhängen** *v/i.* ⟨*irr.*, *sép.*, -ge-, h⟩ pendre; tomber; **~ˌhauen** *v/t.* ⟨*irr.*, *sép.*, -ge-, h⟩ F j-m e-e ~ donner une gifle, un soufflet à qn.; souffleter, gifler qn.; **~ˌhelfen** *v/i.* ⟨*irr.*, *sép.*, -ge-, h⟩ j-m von etw. ~ aider qn. à descendre de qc.; **~ˌholen** *v/t.* ⟨*sép.*, -ge-, h⟩ descendre (*auch ch.*, *aviat.*); **~ˌklappen** *v/t.* ⟨*sép.*, -ge-, h⟩ rabattre; **~ˌkommen** *v/i.* ⟨*irr.*, *sép.*, -ge-, sein⟩ descendre; *fig. cf.* ~gekommen; **~ˌkönnen** *v/i.* ⟨*irr.*, *sép.*, -ge-, h⟩ pouvoir descendre; **~ˌkriegen** *v/t.* ⟨*sép.*, -ge-, h⟩ F arriver à *Speise* avaler, *Fieber* faire baisser, *Gegenstand* faire descendre; **~ˌlassen** *v/t.* ⟨*irr.*, *sép.*, -ge-, h⟩ *Jalousien etc.* baisser; faire descendre (*auch Gegenstände*); *Person, Tier* laisser descendre; **~ˌleiern** *v/t.* ⟨-(e)re, *sép.*, -ge-, h⟩ *Gedicht etc.* débiter, réciter, dire à toute vitesse, d'une façon monotone; **~ˌmachen** *v/t.* ⟨*sép.*, -ge-, h⟩ F **1.** *cf.* ~lassen, ~klappen, ~nehmen; **2.** *fig. Buch etc.* dénigrer; déchirer à belles dents; éreinter; j-n ~ *cf.* ~putzen; **~ˌnehmen** *v/t.* ⟨*irr.*, *sép.*, -ge-, h⟩ descendre; *vom Tisch etc.* enlever (de); *vom Teller* prendre (dans); *Schüler von der Schule* retirer (de); **~ˌpurzeln** F *v/i.* ⟨-(e)le, *sép.*, -ge-, sein⟩ dégringoler; **~ˌputzen** *v/t.* ⟨-(es)t, *sép.*, -ge-, h⟩ F j-n ~ chapitrer, morigéner qn.; **~ˌrasseln** *v/t.* ⟨-ßle *od.* -ssele, *sép.*, -ge-, h⟩ F *Gedicht etc.* débiter, réciter, dire à toute vitesse; **~ˌreißen** *v/t.* ⟨*irr.*, *sép.*, -ge-, h⟩ **1.** arracher; retirer; enlever; faire tomber; **2.** *fig. u.* F (*scharf kritisieren*) déchirer à belles dents; éreinter; **~ˌrieseln** *v/i.* ⟨-(e)le, *sép.*, -ge-, sein⟩ tomber; **~ˌrutschen** *v/i.* ⟨*sép.*, -ge-, sein⟩ glisser jusqu'en bas (de qc.); *Hose* descendre; *fig. u.* F er kann mir den Buckel ~ *cf.* Buckel 2.; **~ˌschalten** *v/i.* ⟨-ete, *sép.*, -ge-, h⟩ *Auto* rétrograder; auf den zweiten Gang ~ rétrograder en seconde; **~ˌschauen** *v/i.* ⟨*sép.*, -ge-, h⟩ *cf.* herabblicken; **~ˌschießen I** *v/t.* ⟨*irr.*, *sép.*, -ge-, h⟩ descendre; abattre; **II** *v/i.* ⟨sein⟩ *Vogel* fondre; *aviat.* piquer; **~ˌschlagen** *v/t.* ⟨*irr.*, *sép.*, -ge-, h⟩ abattre; *Kragen* baisser; rabattre; **~ˌschlucken** *v/t.* ⟨*sép.*, -ge-, h⟩ avaler; *fig. Ärger etc.* ravaler; **~ˌschmeißen** *v/t.* ⟨*irr.*, *sép.*, -ge-, h⟩ *cf.* ~werfen; **~ˌschrauben** *v/t.* ⟨*sép.*, -ge-, h⟩ *Docht etc.* baisser; *fig. Ansprüche etc.* rabattre de; **~ˌsehen** *v/i.* ⟨*irr.*, *sép.*, -ge-, h⟩ *cf.* herabsehen; **~ˌsetzen** *v/t.* ⟨-(es)t, *sép.*, -ge-, h⟩ *cf.* herabsetzen; **~ˌspielen** *v/t.* ⟨*sép.*, -ge-, h⟩ F *Musikstück* jouer d'une traite; **~ˌsteigen** *v/i.* ⟨*irr.*, *sép.*, -ge-, sein⟩ descendre (von de); **~ˌstürzen** *v/i.* ⟨-(es)t, *sép.*, -ge-, sein⟩ tomber (von [du haut] de); **~ˌtragen** *v/t.* ⟨*irr.*, *sép.*, -ge-, h⟩ descendre; **~ˌtropfen** *v/i.* ⟨*sép.*, -ge-, sein⟩ (dé)goutter (von de); F dégouliner (de); **~ˌwerfen** *v/t.* ⟨*irr.*, *sép.*, -ge-, h⟩ jeter (par terre) (von de); **~ˌwirtschaften** *v/t.* ⟨-ete, *sép.*, -ge-, h⟩ *Betrieb* couler; ruiner; **~ˌziehen I** *v/t.* ⟨*irr.*, *sép.*, -ge-, h⟩ tirer (vers le bas); *Hose, Zugfenster* baisser; **II** *v/i.* ⟨sein⟩ descendre (e-e Etage tiefer d'un étage).

hervor [hɛr'foːr] *adv. cf. die betreffenden Verben*; **~ˌblicken** *v/i.* ⟨*sép.*, -ge-, h⟩ *Gegenstände* dépasser; *Mond, Sonne* apparaître (hinter derrière); *Person* er blickt hinter dem Baum hervor il est derrière l'arbre et montre le bout de son nez; ich sehe, wie er hinter etw. hervorblickt je le vois passer sa tête derrière qc.; etw. blickt unter dem Bett hervor qc. dépasse de dessous le lit; etw. blickt hinter j-m hervor qc. dépasse de derrière qn.; **~ˌbrechen** *v/i.* ⟨*irr.*, *sép.*, -ge-, sein⟩ sortir brusquement, impétueusement (aus de); **~ˌbringen** *v/t.* ⟨*irr.*, *sép.*, -ge-, h⟩ **a)** *Produkt* produire; *Nation* e-n großen Schriftsteller *etc.* ~ engendrer un grand écrivain, *etc.*; **b)** *Laut* produire; émettre; *cf. auch* herausbringen; **2ˌbringung** *f* ⟨~⟩ *von Produkten* production *f*; *sonst verbal*; **~ˌdrängen** *v/i.* ⟨*sép.*, -ge-, sein⟩ *u. v/réfl.* ⟨h⟩ *neue Kräfte etc.* se frayer un chemin; percer; **~ˌdringen** *v/i.* ⟨*irr.*, *sép.*, -ge-, sein⟩ sortir (*Menschen* en masse, en foule) (aus de); *Geräusch* venir (aus de); **~ˌgehen** *v/i.* ⟨*irr.*, *sép.*, -ge-, sein⟩ sortir (aus de); *als Folge* résulter, s'ensuivre (de); berühmte Schriftsteller sind aus dieser Schule hervorgegangen de célèbres écrivains sont sortis de cette école; aus etw. als Sieger ~ sortir vainqueur de qc.; daraus geht hervor, daß ... il en résulte, il s'ensuit que ...; *jur. auch* il appert que ...; **~ˌgucken** *v/i.* ⟨*sép.*, -ge-, h⟩ F *Unterrock etc.* dépasser; *cf. auch* ~blicken; **~ˌheben** *v/t.* ⟨*irr.*, *sép.*, -ge-, h⟩ faire ressortir; mettre en évidence, en relief; souligner; *Kleidung, Farbe* rehausser; souligner; **2ˌhebung** *f* ⟨~⟩ mise *f* en évidence, en relief *od. verbal*; **~ˌholen** *v/t.* ⟨*sép.*, -ge-, h⟩ sortir (aus de); *mit Betonung des Holens* aller chercher; **~ˌkehren** *v/t.* ⟨*sép.*, -ge-, h⟩ *Eigenschaften etc.* montrer; faire voir; **~ˌkommen** *v/i.* ⟨*irr.*, *sép.*, -ge-, sein⟩ *aus e-m Versteck* sortir (de); *Sonne, Mond* apparaître; se montrer; *Pflanzen, Zähne etc.* sortir; percer; **~ˌkriechen** *v/i.* ⟨*irr.*, *sép.*, -ge-, sein⟩ sortir (*Personen* en rampant) (unter de dessous); **~ˌlocken** *v/t.* ⟨*sép.*, -ge-, h⟩ *Tier* inciter à sortir; attirer; **~ˌquellen** *v/i.* ⟨*irr.*, *sép.*, -ge-, sein⟩ sortir; *pfort.* jaillir; *Augen* ressortir; **~ˌragen** *v/i.* ⟨*sép.*, -ge-, h⟩ *aus dem Wasser etc.* émerger, sortir (de); *aus e-r Menge* dépasser (qc.); *bât.* faire saillie; (s')avancer; *fig. Leistung etc.* aus etw. ~ être supérieur à qc.; surpasser qc.; **~ˌragend 1.** *adjt. fig.* excellent; remarquable; extraordinaire; supérieur; e-e ~e Leistung une performance remarquable, extraordinaire, excellente; ein ~er Spieler un remarquable, excellent joueur; ~e Qualität qualité supérieure; er ist an dem Erfolg in ~em Maße beteiligt le succès est dû en grande partie à ses efforts; 2es leisten faire des choses extraordinaires, remarquables; **2.** *advt.* ~ spielen *etc.* jouer, *etc.* d'une façon extraordinaire, remarquable, excellente; **~ˌrufen** *v/t.* ⟨*irr.*, *sép.*, -ge-, h⟩ appeler; *Schauspieler* rappeler; *fig. Bewunderung, Gelächter, Unruhe, Ärger etc.* faire naître; provoquer; susciter; *Eindruck* donner; **~ˌschauen** *v/i.* ⟨*sép.*, -ge-, h⟩ *cf.* ~blicken; **~ˌschießen** *v/i.* ⟨*irr.*, *sép.*, -ge-, h⟩ tirer (hinter de derrière); *fig.* ⟨sein⟩ sortir comme une flèche (aus de); *Wasser* jaillir; **~ˌschleichen** *v/i.* ⟨*irr.*, *sép.*, -ge-, sein⟩ sortir furtivement (aus de); **~ˌsehen** *v/i.* ⟨*irr.*, *sép.*, -ge-, h⟩ *cf.* ~blicken; **~ˌsprießen** *v/i.* ⟨*irr.*, *sép.*, -ge-, sein⟩ pousser; **~ˌspringen** *v/i.* ⟨*irr.*, *sép.*, -ge-, sein⟩ *bât.* faire saillie; *Person* hinter etw. ~ s'élancer, sauter de derrière qc.; *fig. cf.* ~stechen; **~ˌspringend** *adjt.* saillant; **~ˌspritzen** *v/i.* ⟨-(es)t, *sép.*, -ge-, sein⟩ gicler, jaillir (aus de); **~ˌsprudeln** *v/i.* ⟨-(e)le, *sép.*, -ge-, sein⟩ sortir à gros bouillons (aus de); **~ˌstechen** *v/i.* ⟨*irr.*, *sép.*, -ge-, h⟩ se faire remarquer; sauter aux yeux; **~ˌstechend** *adjt.* qui saute aux yeux; que l'on remarque; frappant; dominant; **~ˌstehen** *v/i.* ⟨*irr.*, *sép.*, -ge-, h⟩ *bât.* faire saillie; (s')avancer; *Augen etc.* être saillant; **~ˌstehend** *adjt. Zähne* qui s'avancent; *Backenknochen, Augen* saillant; *bât.* qui fait saillie; **~ˌstürzen** *v/i.* ⟨-(es)t, *sép.*, -ge-, sein⟩ sortir brusquement (aus de); se précipiter (aus 'hors de); **~ˌsuchen** *v/t.* ⟨*sép.*, -ge-, h⟩ chercher (aus au milieu de, parmi, dans le tas de, dans); **~ˌtreten** *v/i.* ⟨*irr.*, *sép.*, -ge-, sein⟩ sortir (hinter etw. de derrière qc.); *bât.* faire saillie; (s')avancer; *Augen etc.* être saillant; *Mond etc.* apparaître (derrière qc.); *fig.* ressortir; *Person* se distinguer; *Linien, Umrisse etc.* se dessiner; **~ˌtretend** *adjt.* saillant; *fig. cf.* ~stechend; **~ˌtun** *v/réfl.* ⟨*irr.*, *sép.*, -ge-, h⟩ sich ~ se distinguer; se faire remarquer; se signaler; sich bei etw. besonders ~ se distinguer, *etc.* particulièrement lors de qc.; **~ˌwagen** *v/réfl.* ⟨*sép.*, -ge-, h⟩ sich ~ oser sortir (de qc.); se risquer dehors; **~ˌzaubern** *v/t.* ⟨-(e)re, *sép.*, -ge-, h⟩ faire apparaître comme par enchantement; **~ˌziehen** *v/t.* ⟨*irr.*, *sép.*, -ge-, h⟩ tirer (aus de, unter de dessous).

her|wagen ['heːrˌvaːgən] *v/réfl.* ⟨*sép.*, -ge-, h⟩ sich ~ oser venir; er wagt sich nicht mehr her il n'ose plus (re)venir; **~ˌwälzen I** *v/t.* ⟨-(es)t, *sép.*,

-ge-, h⟩ etw. vor sich ~ rouler, pousser qc. devant soi; **II** *v/réfl.* F *Menschen* (*-menge*) sich ~ arriver, s'approcher (en masse, en foule); affluer; **~wärts** *adv.* en venant ici; pour venir; vers nous; **2weg** *m verbal mit* venir; (*Rückweg*) retour *m*; auf dem ~ en venant (ici); **~ˌweisen** *v/t.* ⟨*irr.*, *sép.*, -ge-, h⟩ **a)** montrer le chemin (zu à); **b)** j-n ~ envoyer qn. (zu à); **~ˌwinken** *v/t.* ⟨*sép.*, -ge-, h⟩ *Person* faire signe à (qn.) de venir, d'approcher; *Taxi* 'héler; faire signe à (qc.).

Herz [hɛrts] *n* ⟨*gén.* ~ens, *dat.* ~en; *pl.* ~en⟩ *allg.* cœur *m* (*auch des Salats, als Kosewort etc.*); *chir.* **künstliches ~** cœur artificiel; *bot.* **Tränendes ~** cœur-de-Jeannette *m*; cœur-de-Marie *m*; *sc.* dicentra *m* spectabilis; *égl. cath.* **~ Jesu** Sacré-Cœur *m*; *Kartenspiel* **~ ist Trumpf** atout cœur; **mitten ins ~ treffen** toucher en plein cœur; *fig.* (*tief kränken*) toucher profondément; **das ~ klopft mir bis zum Halse** mon cœur bat à tout rompre; **ein gutes ~ haben** a) *physisch* avoir un cœur solide; avoir le cœur bon; b) *fig.* avoir bon cœur; **ein weiches ~ haben** être sensible; avoir le cœur sensible; **ein ~ von Stein** un cœur de pierre; **kein ~ (im Leibe) haben** n'avoir pas de cœur; manquer de cœur; **das ~ auf dem rechten Fleck haben** avoir bon cœur; **das ~ auf der Zunge haben** se confier facilement; **im Grunde s-s ~ens** au fond de son cœur; **aus tiefstem ~en** du fond du cœur; du plus profond de mon, son, *etc.* cœur; **von ~en gern!** de bon, de grand cœur!; **von ganzem ~en (danken** *etc.***)** (remercier, *etc.*) de tout mon, son, *etc.* cœur; **das kommt von ~en** c'est de bon cœur; **mit ganzem ~en bei der Sache sein** mettre tout son cœur à l'ouvrage; aimer qc.; **etw. leichten ~ens tun** faire qc. d'un cœur léger; **schweren ~ens etw. tun** faire qc. le cœur gros; **das ist etw. nach meinem ~en** voilà ce que j'aime; **j-n an sein ~ drücken** presser qn. sur, serrer qn. contre son cœur; **komm an mein ~!** viens sur mon cœur!; **das schnürt mir das ~ zusammen** cela me serre le cœur; **das ~ blutet ihm** le cœur lui saigne; **das gab mir e-n Stich ins ~** j'en fus navré; cela me fendit le cœur; **die ~en höher schlagen lassen** enthousiasmer (qn.); mettre les cœurs en fête; **das ~ lacht ihm im Leibe** il a, se sent le cœur en fête; **alle ~en gewinnen** gagner tous les cœurs; **das liegt mir am ~en** cela me tient à cœur; j'ai cela à cœur; **j-m etw. ans ~ legen** demander à qn. de prendre grand soin de qc.; confier qc. à qn.; **etw. auf dem ~en haben** avoir qc. sur le cœur; **sagen, was man auf dem ~en hat** dire ce que l'on a sur le cœur; **sagen, wie es e-m ums ~ ist** parler de ses ennuis, de ses peines; **du weißt nicht, wie es mir ums ~ ist** tu ne connais pas mes ennuis, mes peines; **es ist ihm schwer ums ~** il a le cœur gros; **j-m (gegenüber) sein ~ ausschütten** s'épancher auprès de qn.; **s-m ~en Luft machen** dire ce que l'on a sur le cœur; soulager son cœur; **aus s-m ~en keine Mördergrube machen** parler franchement, à cœur ouvert; ne pas faire mystère de qc.; **j-m das ~ schwer machen** faire de la peine à qn.; **das zerreißt mir das ~** cela me crève, déchire, fend le cœur; **dieser Verlust brach ihm das ~** cette perte lui a brisé le cœur; **an gebrochenem ~en sterben** mourir de chagrin; **sein ~ an j-n verlieren** tomber amoureux de qn.; **sein ~ an etw. hängen** s'attacher à qc.; **etw. ist mir ans ~ gewachsen** je suis attaché de tout mon cœur à qc.; **j-n in sein ~ geschlossen haben** porter qn. dans son cœur; **j-m zu ~en gehen** toucher qn.; aller droit au cœur de qn.; **sich etw. zu ~en nehmen** prendre qc. à cœur; **j-n, etw. auf ~ und Nieren prüfen** examiner qn., qc. sur toutes les coutures; **sich ein ~ fassen** prendre son courage à deux mains; **das ~ zu etw. haben** avoir le courage, le cœur de faire qc.; **etw. nicht übers ~ bringen** ne pas avoir le cœur, le courage de faire qc.; F **das ~ sinkt ihm in die Hose** il perd courage; **s-m ~en e-n Stoß geben** ne pas se montrer si dur (et faire qc.); **ein ~ und e-e Seele sein** ne faire qu'un; être comme les deux doigts de la main; **mir fällt ein Stein vom ~en** cela m'ôte un poids de sur le cœur; *poét.* **ein Kind unter dem ~en tragen** porter un enfant dans son sein; **haben Sie doch ein ~!** ayez pitié!; **die Dame s-s ~ens** la dame de ses pensées; **alles was das ~ begehrt** tout ce que l'on désire, souhaite; **Hand aufs ~!** dis-moi franchement!; *bibl.* **wes das ~ voll ist, des geht der Mund über** c'est du trop-plein du cœur que la bouche parle.

herzählen [ˈheːrˌtsɛːlən] *v/t.* ⟨*sép.*, -ge-, h⟩ énumérer.

herz|allerliebst [ˈhɛrtsˀalərˈliːpst] *adj. cf.* allerliebst; **2allerˈliebste(r)** *f* (*m*) ⟨→ A⟩ bien-aimé(e) *m* (*f*); **2anˌfall** *m* crise *f* cardiaque; **2ˈas** *n Spielkarte* as *m* de cœur; **2ˌasthma** *n méd.* asthme [asm] *m* cardiaque.

herzaubern [ˈheːrˌtsaubərn] *v/t.* ⟨-(e)re, *sép.*, -ge-, h⟩ faire apparaître d'un coup de baguette magique.

herz|beklemmend [ˈhɛrtsbəˌklɛmənt] *adjt. fig.* qui serre le cœur; **2beˌklemmung** *f* ⟨~; ~en⟩ *méd.* oppression *f* de cœur; **2beˌschwerden** *f/pl.* troubles *m/pl.* cardiaques; **2ˌbeutel** *m anat.* péricarde *m*; **2beutelentˌzündung** *f méd.* péricardite *f*; **2beutelˌwassersucht** *f méd.* hydropéricarde *m*; **~beˌwegend** *adjt.* émouvant; touchant; **2blatt** *n* **1.** *bot.* parnassie *f*; parnassia *m*; **2.** *e-r Pflanze* feuille centrale; **3.** *fig.* (*Liebling*) cœur *m*; chéri(e) *m* (*f*); **2ˈbube** *m Spielkarte* valet *m* de cœur; **2chen** *n* ⟨~s; ~⟩ *fig. u.* F **mein ~** mon cœur; mon chéri *bzw.* ma chérie; *von e-m Kind auch* mon mignon *bzw.* ma mignonne; **2chirurˌgie** *f* chirurgie *f* cardiaque; **2ˈdame** *f Spielkarte* dame *f* de cœur.

herzeigen [ˈheːrˌtsaɪgən] *v/t.* ⟨*sép.*, -ge-, h⟩ montrer.

Herze|leid [ˈhɛrtsəˌlaɪt] *n poét.* crève-cœur *m*; affliction *f*; **2n** *v/t.* ⟨-(es)t, h⟩ *poét.* caresser; embrasser; **~n(s)ˌbrecher** *m* ⟨~s; ~⟩ bourreau *m* des cœurs.

Herzens|angelegenheit [ˈhɛrtsənsˌˀangəleːgənˌhaɪt] *f* affaire *f* de cœur; **~ˌangst** *f st. s.* angoisse *f*; détresse *f*; **~ˌbildung** *f* noblesse *f* de cœur; **~erˌgießung** *f* ⟨~; ~en⟩ *st. s.* épanchement *m* de cœur; **~ˌfreude** *f st. s.* grande joie; joie *f* extrême; **2ˌgut** *adj.* très bon, bonne; qui a un cœur d'or; **~ˌgüte** *f* bonté *f* de cœur; **~ˌlust** *f* **nach ~** autant que l'on désire; **nach ~ essen** *auch* manger tout son soûl; **nach ~ singen** *auch* chanter tout son soûl, à cœur joie; **~ˌsache** *f cf.* ~angelegenheit; **~ˌwunsch** *m* plus grand, plus cher désir; **das ist sein ~** c'est son plus grand, plus cher désir.

herzer|freuend [ˈhɛrtsˀɛrˌfrɔʏənt] *adjt. st. s.* qui réjouit le cœur; **~ˌfrischend** *adjt. cf.* ~quickend; **~ˌgreifend** *adjt. st. s.* poignant; émouvant; touchant; **~ˌhebend** *adjt. st. s.* sublime; **~ˌquickend** *adjt.* délectable; délicieux, -euse; **~ˌschütternd** *adjt. st. s.* bouleversant.

Herz|erweiterung [ˈhɛrtsˀɛrˌvaɪtəruŋ] *f méd.* dilatation *f* des cavités du cœur; *sc.* cardiectasie *f*; **~ˌfehler** *m* vice *m*, défaut *m*, *erworbener auch* lésion *f* du cœur, cardiaque; **e-n ~ haben** *auch* avoir un souffle au cœur; **2ˌförmig** *adj.* en forme de cœur; *bot., zo.* cordiforme; **~ˌgegend** *f* région *f* du cœur; **~geˌräusch** *n méd.* souffle *m* cardiaque; **~geˌspann** *n bot.* agripaume *f*; *sc.* leonurus [-ys] *m*; **~ˌgrube** *f cf.* Magengrube; **2haft** **1.** *adj.* **a)** *Speise* savoureux, -euse; **etw. 2es essen** manger qc. de savoureux; **b)** (*beherzt*) 'hardi; courageux, -euse; **2.** *adv.* **~ zulangen** se servir copieusement (de qc.); **~ˌhaftigˌkeit** *f* ⟨~⟩ (*Beherztheit*) courage *m*; 'hardiesse *f*; *sonst verbal*; **~hyperˈtroˌphie** *f cf.* Herzvergrößerung.

herziehen [ˈheːrˌtsiːən] **I** *v/t.* ⟨*irr.*, *sép.*, -ge-, h⟩ **etw. hinter sich ~** tirer qc. derrière soi; **II** *v/i.* **1.** ⟨sein⟩ (venir) s'installer (ici); **2.** *fig. u.* F **über j-n ~** casser du sucre sur le dos de qn.

herzig [ˈhɛrtsɪç] *adj.* mignon, -nne; un amour de …; gentil, -lle.

Herz|infarkt [ˈhɛrtsˀɪnˌfarkt] *m méd.* infarctus [-ys] *m* du myocarde; **~ˌinnenˌhaut** *f anat.* endocarde *m*; **~insuffiziˌenz** *f* ⟨~⟩ *cf.* Herzschwäche; **~-ˈJesu-Verˌehrung** *f égl. cath.* vénération *f*, culte *m* du Sacré-Cœur (de Jésus); **~ˌkammer** *f anat.* ventricule *m*; **~kammerˌflimmern** *n méd.* fibrillation *f* ventriculaire; **~katheteriˌsierung** *f* ⟨~⟩ *méd.* cathétérisme *m* cardiaque; **~ˌkirsche** *f bot. bunte* bigarreau *m* (gros-cœuret); **~ˌklappe** *f anat.* valvule *f* (du cœur); **~klappenentˌzündung** *f méd.* endocardite *f*; **~ˌklopfen** *n méd.* palpitations *f/pl.*; battements *m/pl.* de cœur; **mit ~** le cœur battant; **ich habe ~** mon cœur bat; **~knacks** *m* F **e-n ~ haben** avoir une maladie de cœur, un souffle au cœur; **~ˈkönig** *m Spielkarte* roi *m* de cœur; **~krampf** *m méd.* angine *f* de poitrine; **2krank** *adj.* qui a une maladie de cœur; qui souffre d'une affection cardiaque; cardiaque; **~ sein** avoir le cœur malade; être malade du cœur; **~ˌkranke(r)** *f* (*m*) cardiaque *m, f*; **~ˌkrankheit** *f* affection *f*, maladie *f* du cœur, cardiaque; *sc.* cardiopathie *f*; **~ˌkranzgeˌfäße** *n/pl. anat.* vaisseaux *m/pl.* coronaires; **~ˌlähmung** *f méd.* paralysie *f* du cœur; **~ˌleiden** *n cf.* ~krankheit.

herzlich [ˈhɛrtslɪç] **1.** *adj.* cordial; *inniger* affectueux, -euse; **ein (sehr) ~es Verhältnis zu j-m haben** avoir des relations cordiales avec qn.; **es herrscht bei uns ein ~er Ton** on emploie chez nous un ton cordial; **~e Grüße** a) *mündlich* le bonjour (an j-n à qn.); b) *am Briefschluß in der Familie* bons baisers (an à); je t'embrasse (*abs.*); *an e-n Freund u. s-e Familie* sincères amitiés (an à); *an die Gattin des Adressaten vornehmer* mes compliments à votre femme; **~sten Dank!** merci de tout cœur, un grand merci (für pour)!; **mein ~(st)es Bei-**

leid mes condoléances les plus sincères; j-m e-n ~en Empfang bereiten recevoir qn. cordialement; faire un accueil cordial à qn.; **2.** *adv.* cordialement; F (*sehr*) très; ~ gern avec (le plus) grand plaisir; très, bien volontiers; es tut mir ~ leid je suis désolé; je regrette beaucoup; Sie sind ~ eingeladen vous êtes cordialement invité; ~ willkommen soyez le *bzw.* la bienvenu(e); j-m ~ danken remercier qn. beaucoup, de tout cœur; ~ lachen rire de bon cœur; bien rire; ~st *am Briefschluß* (mes *od.* sincères) amitiés; (bien) cordialement; F ~ wenig très, bien peu; F es geht ihm ~ schlecht il va très mal; **2ˌkeit** *f* ⟨~⟩ cordialité *f.*

herz|los ['hɛrtsloːs] *adj.* sans cœur; insensible; dur; ein ~er Mensch un sans-cœur; **2ˌlosigˌkeit** *f* ⟨~⟩ manque *m* de cœur; insensibilité *f*; dureté *f*; **2-'Lungen-Maˌschine** *f chir.* cœur-poumon artificiel; **2maˌssage** *f méd.* massage *m* du cœur; **2ˌmittel** *n phm.* cardiaque *m*; **2ˌmuscheln** *f/pl. zo.* cardiidés *m/pl.*; **2ˌmuskel** *m anat.* myocarde *m*; **2muskelentˌzündung** *f méd.* myocardite *f*; **2muskelerˌkrankung** *f méd.* affection *f* du myocarde; *chronische* myocardie *f*; **2ˌnerven** *m/pl.* nerfs *m/pl.* cardiaques.

Herzog ['hɛrtsoːk] *m* ⟨~(e)s; ~e *od.* ⁼e⟩ duc *m*; **~in** *f* ⟨~; ~nen⟩ duchesse *f*; **2ˌlich** *adj.* ducal; de duc; **~sˌtitel** *m* titre *m* de duc; **~ˌtum** *n* ⟨~(e)s; ⁼er⟩ duché *m.*

Herz|ohr ['hɛrtsˀoːr] *n anat.* auricule *f*; **~operatiˌon** *f* opération *f* du cœur; **~ˌpause** *f physiol.* grand silence du cœur; **~riß** *m*, **~rupˌtur** *f* ⟨~; ~en⟩ *chir.* rupture *f* du cœur; **~schlag** *m* **1.** *cf.* Herzklopfen *u.* ~töne; **2.** *als Todesursache* crise *f* cardiaque; an ~ sterben mourir d'une crise cardiaque; **~ˌschwäche** *f méd.* insuffisance *f* cardiaque; **~speziaˌlist** *m* cardiologue *m*; **~ˌspitze** *f anat.* pointe *f* du cœur; **2ˌstärkend** *adjt. phm.* ~es Mittel cardiaque *m*; **~stück** *n e-r Weiche* pointe *f* de cœur; *fig.* cœur *m*; **~ˌtätigkeit** *f* fonctionnement *m* du cœur; fonction *f* cardiaque; Aufhören der ~ arrêt du fonctionnement du cœur; **~ˌtöne** *m/pl.* bruits *m/pl.* du cœur; **~trieb** *m e-r Pflanze* pousse centrale.

herzu|eilen [heːr'tsuːˌˀaɪlən] *v/i.* ⟨*sép.*, -ge-, sein⟩ accourir; **~ˌkommen** *v/i.* ⟨*irr.*, *sép.*, -ge-, sein⟩ arriver.

Herz|verfettung ['hɛrtsfɛrˌfɛtuŋ] *f méd.* dégénérescence graisseuse du cœur; **~verˌgrößerung** *f méd.* hypertrophie *f* du cœur; **~ˌvorhof** *m*, **~ˌvorkammer** *f anat.* oreillette *f.*

herzynisch [hɛr'tsyːnɪʃ] *adj. géol.* hercynien, -nne; *géogr. hist.* 2er Wald forêt Hercynienne.

Herz|zehn [hɛrts'tseːn] *f Spielkarte* dix *m* de cœur; **2zerˌreißend** ['hɛrts-] *adjt. u. advt.* qui déchire le cœur; ~ weinen, schreien pleurer, crier à vous déchirer le cœur.

Hesperiden [hɛspe'riːdən] *pl. myth.* Hespérides *f/pl.*; **~ˌäpfel** *m/pl.* pommes *f/pl.* d'or des Hespérides; **~ˌgarten** *m* jardin *m* des Hespérides.

Hess|e ['hɛsə], **~in** *m* ⟨~n; ~n⟩, *f* ⟨~; ~nen⟩ habitant(e) *m* (*f*) de la Hesse; 'Hessois(e) *m* (*f*); **2isch** *adj.* de (la) Hesse; 'hessois.

Hetäre [he'tɛːrə] *f* ⟨~; ~n⟩ *hist.* hétaïre *f.*

Hetero|chromatin [heteroˈkroːmaˈtiːn] *n* ⟨~s⟩ *biol.* hétérochromatine *f*; **2'dox** *adj.* hétérodoxe; **2'gen** *adj.* hétérogène; **~geni'tät** *f* ⟨~⟩ hétérogénéité *f*; **~go'nie** *f* ⟨~⟩ *biol.* hétérogonie *f*; **2'morph** *adj.* hétéromorphe; **2'nom** *adj.* hétéronome; **~no'mie** *f* ⟨~; -ien⟩ hétéronomie *f*; **2'phon** *adj.* hétérophone; **2po'lar** *adj.* hétéropolaire; **~'pteren** *pl. zo.* hétéroptères *m/pl.*; **2'zyklisch** *adj. chim.* hétérocyclique.

Hethit|er [he'tiːtər] *m/pl. hist.* Hittites *m/pl.*; **2isch** *adj.* hittite; die ~e Sprache l'hittite *m.*

Hetz|artikel ['hɛtsˀarˌtiːkəl] *m* article incendiaire, 'haineux; **~blatt** *n* journal *m* incendiaire; **~e** *f* ⟨~; ~n⟩ **1.** ⟨*pas de pl.*⟩ (*Eile*) course (continuelle); *bei der Arbeit etc.* 'hâte *f*; **2.** *ch. cf.* ~jagd; **3.** *gegen j-n, etw.* propos incendiaires, 'haineux (contre); **2en I** *v/t.* ⟨-(es)t, h⟩ *ch.* courre; *fig. Personen* faire courir; ein Tier zu Tode ~ forcer un animal; die Hunde auf j-n, auf ein Tier ~ lâcher les chiens sur qn., sur un animal; *ch.* laisser courre les chiens sur un animal; ich lasse mich nicht ~ personne ne me fera aller plus vite; **II** *v/i.* **1.** gegen j-n ~ tenir des propos incendiaires contre qn.; **2.** (*eilen*) ⟨sein⟩ courir; *bei der Arbeit etc.* ⟨h⟩ se hâter; **~er(in)** *m* ⟨~s; ~⟩ (*f*) ⟨~; ~nen⟩ personne *f* qui tient des propos incendiaires; agitateur, -trice *m, f*; excitateur, -trice *m, f*; provocateur, -trice *m, f*; **~e'rei** *f* ⟨~⟩ **1.** (*Eile*) course (continuelle); *bei der Arbeit etc.* 'hâte *f*; **2.** ⟨*pl.* ~en⟩ *gegen j-n, etw.* propos incendiaires, 'haineux (contre); **2eˌrisch** *adj.* incendiaire; agitateur, -trice; excitateur, -trice; provocateur, -trice; **~hund** *m ch.* chien courant; **~jagd** *f ch.* chasse *f* à courre; **~kamˌpagne** *f* campagne *f* de haine; **~propaˌganda** *f* propagande de haine, agressive; **~ˌrede** *f* discours incendiaire, 'haineux; **~schrift** *f* brochure *f* incendiaire.

Heu [hɔʏ] *n* ⟨~(e)s⟩ foin *m*; ~ machen faire les foins; faner; ~ wenden retourner les foins; faner; *fig. u.* F Geld wie ~ haben *cf.* Geld; **~ˌasthma** *n méd.* asthme [asm] *m* des foins; **~baum** *m agr.* arbre *m* pour serrer le foin sur la voiture; **~ˌboden** *m* grenier *m* à foin; fenil *m*; **~ˌbündel** *n* botte *f* de foin.

Heuchel|ei [ˌhɔʏçə'laɪ] *f* ⟨~; ~en⟩ hypocrisie *f*; tartuferie *f*; **2n** ['hɔʏ-] *v/t.* ⟨-(e)le, h⟩ feindre; affecter; simuler; *abs.* faire l'hypocrite, le tartufe.

Heuchere [hɔʏ'çeːrə] *f* ⟨~; ~n⟩ *bot.* heuchera *m.*

Heuchler|(in) ['hɔʏçlər(ɪn)] *m* ⟨~s; ~⟩ (*f*) ⟨~; ~nen⟩ hypocrite *m, f*; tartufe *m*; **2isch 1.** *adj.* hypocrite; e-e ~e Miene une mine, un air hypocrite; **2.** *adv.* avec hypocrisie; hypocritement; en hypocrite.

heuen ['hɔʏən] **I** *v/i.* ⟨h⟩ faner; **II** 2 *n* ⟨~s⟩ fanage *m*; fenaison *f.*

heuer ['hɔʏər] *adv.* cette année.

Heuer[1] ['hɔʏər] *m* ⟨~s; ~⟩ faneur *m*; **~**[2] *f* ⟨~; ~n⟩ *mar.* paie *f* de marin; **2n** *v/t.* ⟨-(e)re, h⟩ *cf.* anheuern I.

Heuernte ['hɔʏˌˀɛrntə] *f* fenaison *f*; récolte *f* des foins.

Heuervertrag ['hɔʏərfɛrˌtraːk] *m mar.* contrat *m* d'engagement d'un marin.

Heu|fieber ['hɔʏˌfiːbər] *n méd.* fièvre *f* des foins; **~ˌgabel** *f* fourche *f* (à faner, à foin); **~ˌhaufen** *m* tas *m* de foin.

Heul|boje ['hɔʏlˌboːjə] *f mar.* bouée *f* à sifflet; **2en I** *v/i.* ⟨h⟩ **1.** *Sirene, Sturm etc.* 'hurler; **2.** F (*weinen*) pleurer; pleurnicher; *pfort.* 'hurler; ~ wie ein Schloßhund pleurer comme un veau; das ~de Elend *cf.* Elend; *fig.* mit den Wölfen ~ 'hurler avec les loups; **II ~en** *n* ⟨~s⟩ **1.** *e-r Sirene etc.* 'hurlement *m*; **2.** F (*Weinen*) pleurs *m/pl.*; pleurnicheries *f/pl.*; es ist zum ~ c'est à pleurer; *bibl.* ~ und Zähneklappern des pleurs et des grincements de dents; **~e'rei** *f* ⟨~⟩ F pleurnicheries *f/pl.*; **~ˌsuse** *f* ⟨~; ~n⟩ F pleurnicheuse *f*; **~ton** *m* 'hurlement *m.*

Heu|machen ['hɔʏˌmaxən] *n* ⟨~s⟩ fanage *m*; fenaison *f*; **~mahd** *f*, **~ˌmähen** *n* fenaison *f*; fauchaison *f*; **~pferd** *n zo.* sauterelle *f*; großes grünes ~ grande sauterelle verte; **~ˌrechen** *m* râteau *m* à faucher; fauchet *m*; (*Pferderechen*) râteau *m* faneur.

heurig ['hɔʏrɪç] *adj.* de cette année; ~er Wein vin de l'année, nouveau.

Heurist|ik [hɔʏ'rɪstɪk] *f* ⟨~⟩ (h)euristique *f*; **2isch** *adj.* (h)euristique.

Heu|schnupfen ['hɔʏˌʃnʊpfən] *m méd.* rhume *m* des foins; **~ˌschober** *m* meule *f* de foin; **~ˌschrecke** *f* ⟨~; ~n⟩ *zo.* sauterelle *f*; **~schreckenˌkrebs** *m zo.* squille *f*; mante *f* de mer; **~schrekkenˌschwarm** *m* nuée *f* de sauterelles; **~ˌspeicher** *m* silo *m* à foin.

heut|e ['hɔʏtə] **I** *adv.* aujourd'hui; bis ~ jusqu'(à) aujourd'hui; ~ morgen, früh ce matin; ~ mittag (aujourd'hui) à midi; ce midi; ~ nachmittag cet après-midi; ~ abend ce soir; ~ nacht cette nuit; bis ~ abend! à ce soir!; noch ~ aujourd'hui (+ *fut.*); (*noch immer*) encore aujourd'hui; ~ in acht Tagen (d')aujourd'hui en 'huit; ~ vor vierzehn Tagen il y a aujourd'hui quinze jours; von ~ an, ab ~ à partir d'aujourd'hui; ich weiß das erst seit ~ je n'ai appris cela qu'aujourd'hui; ich kenne ihn nicht erst seit ~ ce n'est pas d'aujourd'hui que je le connais; *fig.* von ~ auf morgen du jour au lendemain; die Frau von ~ la femme d'aujourd'hui; ~ mir, morgen dir *prov.* chacun son tour; **II 2e** *n* ⟨~⟩ das ~ le présent; **~ig** *adj.* d'aujourd'hui; (*gegenwärtig*) actuel, -lle; der ~e Tag, Abend *etc.* cette journée, ce soir, *etc.*; bis auf den ~en Tag jusqu'(à) aujourd'hui; mit der ~en Post au courrier d'aujourd'hui; die ~en Verhältnisse les conditions actuelles; der ~e Stand der Forschung l'état actuel des recherches scientifiques; **~zuˌtage** *adv.* aujourd'hui; de nos jours; actuellement.

Heu|wagen ['hɔʏˌvaːgən] *m* chariot *m* à foin *bzw.* de foin; **~ˌwender** *m* ⟨~s; ~⟩ faneuse *f.*

Hexa|chloräthan [hɛksakloˈrɛ'taːn] *n* ⟨~s⟩ *chim.* hexachloréthane *m*; **~'chord** *m, n* ⟨~(e)s; ~e⟩ *mus.* hexacorde *m*; **~'eder** *n* ⟨~s; ~⟩ *math.* hexaèdre *m*; **2'edrisch** *adj. Prisma etc.* hexaèdre; *Form* hexaédrique; **~'gon** *n* ⟨~s; ~e⟩ *math.* hexagone *m*; **2go'nal** *adj.* hexagonal; **~'gramm** *n* ⟨~s; ~e⟩ polygone étoilé à six pointes; **~meter** [hɛ'ksaːmeːtər] *m* ⟨~s; ~⟩ *métr.* hexamètre *m*; **~methy'lendiaˌmin** *n* ⟨~s⟩ *chim.* hexaméthylènediamine *f*; **2'metrisch** *adj.* hexamètre.

Hexe ['hɛksə] *f* ⟨~; ~n⟩ sorcière *f*; *péj.* alte ~ vieille sorcière; *plais.* e-e kleine ~ une petite garce, peste; **2n** *v/i.* ⟨-(es)t, h⟩ être sorcier, -ière; faire de la sorcellerie; F ich kann doch nicht ~! mais il faudrait être sorcier!; das geht wie gehext cela va avec une rapidité prodigieuse; **~nˌfahrt** *f* chevauchée *f* des sorcières pour aller au sabbat; **~nˌjagd** *f* chasse *f* aux sorcières;

~nˌkessel *m fig.* chaudron *m* de sorcières; **~nˌkraut** *n bot.* circée *f*; **~nˌmeister** *m* sorcier *m*; **~nproˌzeß** *m* procès *m* contre les sorcières; **~nˌring** *m von Pilzen* rond *m* de sorcière; **~nˌsabbat** *m* sabbat *m* (des sorcières); **~nˌschuß** *m méd.* tour *m* de reins; *sc.* lumbago [lõ-] *m*; **~nˌstich** *m cout.* point *m* de chausson; **~nˌtanz** *m* danse *f* des sorcières; ronde *f* du sabbat; **~nverˌfolgung** *f* chasse *f* aux sorcières; **~nˌwahn** *m* croyance *f* aux sorcières; **~nˌwerk** *n cf.* **~rei**; **~'rei** *f* ⟨~; ~en⟩ sorcellerie *f*; F **das ist doch keine ~** ça n'est pas sorcier; **das muß mit ~ zugehen** il y a de la sorcellerie là-dessous; **Geschwindigkeit ist keine ~** *cf.* **Geschwindigkeit**.

Hexode [hɛ'ksoːdə] *f* ⟨~; ~n⟩ *élect.* hexode *f*.

Hexogen [hɛkso·'geːn] *n* ⟨~s⟩ *Sprengstoff* cyclonite *f*; hexogène *m*.

hi [hiː] *int.* 'hi!

Hiatus [hi·'ɑːtus] *m* ⟨~; ~⟩ *ling.* 'hiatus [-ys] *m*.

Hibiskus [hi·'bɪskus] *m* ⟨~; -ken⟩ *bot.* hibiscus [-ys] *m*.

Hickory ['hɪko·ri·] *m* ⟨~s; ~s⟩ *bot.* 'hickory *m*; **~ˌholz** *n* (bois *m* de) hickory *m*.

hie [hiː] *adv. cf.* **hier**.

hieb [hiːp] *cf.* **hauen**.

Hieb [hiːp] *m* ⟨~es; ~e⟩ **a)** coup *m* (*auch esc.*); *techn.* (*Feilen*≗) taille *f*; **mit e-m ~** d'un (seul) coup; **auf den ersten ~** du premier coup; **j-m e-n ~ versetzen** donner, porter un coup à qn.; **der ~ saß** le coup a porté; *fig.* **der ~ gilt mir** c'est une pierre dans mon jardin; **b)** F **~e bekommen** recevoir une correction, P une dégelée, une raclée; **es setzt ~e** ça va barder; ≗**- und 'stichfest** *adj. fig.* invulnérable; *Beweis, Argument etc.* solide; à toute épreuve; **~- und 'Stoßˌwaffen** *f/pl.* armes *f/pl.* d'estoc et de taille; **~ˌwaffe** *f* arme tranchante, de taille; **~ˌwunde** *f* blessure due à une arme tranchante.

hielt [hiːlt] *cf.* **halten**.

hienieden ['hiːˈniːdən, ˌhiːˈniːdən, 'hiːˌniːdən] *adv. poét.* ici-bas; en ce bas monde.

hier [hiːr] *adv.* ici; *oft* là; *in bezug auf Ferner- od. Zurückliegendes* là; *Namensaufruf* **~!** présent!; **~ (nimm)!** tiens!; prends!; *auf Briefen* **~** en ville (*abr.* E.V.); **ich bin nicht von ~** je ne suis pas d'ici; **~ hinauf, hinüber** *etc.* (*auf diesem Wege*) par ici; par là; **~ drinnen, draußen, oben, unten** là-dedans; là-dehors; là-haut *od.* là en 'haut; là en bas; *wenn man selber an der Stelle ist* ici; **von ~ aus** d'ici; **von ~ an** à partir d'ici; *zeitlich* à partir de là; **~ und da** par-ci, par-là (*auch zeitlich*); çà et là; ici et là; **dies Buch ~** ce livre-ci; le livre que voici; F **der, die, das ~** celui-ci, celle-ci, ceci; **~ ist, sind** voici; voilà; **~ hast du fünf Mark** voilà, voici cinq marks; **~ bin ich!** me voici!; me voilà!; **~ bin ich, und ~ bleibe ich** j'y suis, j'y reste; **~ ist ein anderes (Buch** *etc.***)** en voici, en voilà un autre; **~ ruht** ici repose; ci-gît; **ist ~ ...?** est-ce que c'est ici ...?; *tél.* **~ ist, spricht X** c'est Monsieur X qui vous parle, (qui est) à l'appareil; *Rundfunk, télév.* **~ ist Köln** ici Cologne; **komme ich ~ zum Theater?** je cherche le théâtre, est-ce que je suis dans la bonne direction?; **~ ist nicht zu scherzen** ce n'est pas le moment de plaisanter; **~ hast du recht** là tu as raison; **~ täuschen Sie sich** là vous vous trompez; F **es steht mir bis ~** j'en ai jusque-là; **~an** ['hiːˈran, hiːˈran, 'hiːran] *adv.* **1.** *räumlich* à cela; à ceci; F après; **2.** *fig.* **~ habe ich ihn erkannt** je l'ai reconnu à cela; **hast du ~ gedacht?** y as-tu pensé?; as-tu pensé à cela?; **er wird sich ~ erinnern** il s'en souviendra; **~ siehst du, daß ...** ceci, cela te montre que ...; tu vois par là que ...

Hier|archie [hi·e·rar'çiː] *f* ⟨~; -ien⟩ 'hiérarchie [-ʃ-] *f*; ≗**archisch** [-'rar-] *adj.* (*u. adv.*) 'hiérarchique(ment); ≗**atisch** [-'rɑː-] *adj.* hiératique; **~e Schrift** écriture hiératique.

hier|auf ['hiːˈrauf, hiːˈrauf, 'hiːrauf] *adv.* **1.** *räumlich* là-dessus; sur cela; **2.** *zeitlich* sur ce; là-dessus; après cela; après quoi; **3.** *fig.* **~ kann ich nicht antworten** à cela je ne peux (pas) répondre; **~aus** ['hiːˈraus, hiːˈraus, 'hiːraus] *adv.* de cela; de là; de ceci; **~ folgt ...** il en résulte que ...; il résulte de ceci, de cela que ...; **~ ist nicht ersichtlich, ob ...** là on ne peut pas voir si ...; **~beˌhalten** ['hiːr-] *v/t.* ⟨*irr., sép., pas de ge-,* h⟩ garder (ici); **~bei** ['hiːrˈbaɪ, hiːrˈbaɪ, 'hiːrbaɪ] *adv.* à ce sujet; (*bei dieser Gelegenheit*) à cette occasion; (*solange er dies tat*) en faisant, en disant cela; en même temps; **~ ist zu berücksichtigen, daß ...** à ce sujet, il faut tenir compte de ...; **~ˌbleiben** ['hiːr-] *v/i.* ⟨*irr., sép.,* -ge-, **sein**⟩ rester ici; **hiergeblieben!** reste(z) ici *od.* là!; **~durch** ['hiːrˈdurç, hiːrˈdurç, 'hiːrdurç] *adv.* **1.** *räumlich* par ici; **2.** *ursächlich* par là; par ceci; **~für** ['hiːrˈfyːr, hiːrˈfyːr, 'hiːrfyːr] *adv.* pour cela; pour ceci; **~gegen** ['hiːrˈgeːgən, ˌhiːrˈgeːgən, 'hiːrˌgegən] *adv.* contre cela; contre ceci.

hierher ['hiːrˈheːr, hiːrˈheːr, 'hiːrheːr] *adv. zum Sprechenden* ici; (*nach dieser Seite etc.*) par ici; de ce côté-ci; **~!** ici!; **bis ~** jusqu'ici; jusque-là (*beide auch zeitlich*); **bis ~ und nicht weiter** jusque-là et pas plus; **~geˌhören** *v/i.* ⟨*sép., p.p.* **hierhergehört**, h⟩ *Gegenstand* être à sa place ici; *zum Thema* **das gehört nicht hierher** cela n'a rien à faire ici; cela est 'hors de propos ici; ce n'est pas de saison; **~geˌhörig** *adj. cf.* **hergehörig**; **~ˌkommen** *v/i.* ⟨*irr., sép.,* -ge-, **sein**⟩ venir ici; **~ˌlaufen** *v/i.* ⟨*irr., sép.,* -ge-, **sein**⟩ venir ici (en courant); **~ˌpassen** *v/i.* ⟨-ßt, *sép.,* -ge-, h⟩ être à sa place ici.

hierherum ['hiːrhɛˈrum, ˌhiːrhɛˈrum, 'hiːrhɛˌrum] *adv.* par ici; **~ muß es liegen** c'est par ici, à peu près ici que cela doit se trouver.

hierherziehen ['hiːrˈheːrˌtsiːən, hiːrˈheːr-, 'hiːrˌheːr-] *v/i.* ⟨*irr., sép.,* -ge-, **sein**⟩ (venir) s'installer ici.

hierhin ['hiːrˈhɪn, hiːrˈhɪn, 'hiːrhɪn] *adv.* ici; **~ und dorthin** çà et là; **bald ~, bald dorthin** tantôt ici, tantôt là; **~ˌsetzen I** *v/t.* ⟨-(es)t, *sép.,* -ge-, h⟩ mettre ici, là; **II** *v/réfl.* **sich ~** s'asseoir ici, là.

hier|in ['hiːˈrɪn, hiːˈrɪn, 'hiːrɪn] *adv.* **1.** *räumlich* là-dedans; dans cela, ceci; **2.** *fig.* en cela; **~ hat er recht** en cela il a raison; **~ˌlassen** ['hiːr-] *v/t.* ⟨*irr., sép.,* -ge-, h⟩ laisser ici; **~mit** ['hiːrˈmɪt, hiːrˈmɪt, 'hiːrmɪt] *adv.* **1.** avec cela; avec ceci; **~ bin ich einverstanden** je suis d'accord avec cela; **2.** *comm.* par la présente; **~ teile ich Ihnen mit, daß ...** par la présente je vous fais savoir que ...; *adm.* **~ wird bescheinigt, daß ...** je certifie que ...; **3.** *fig.* **~ erkläre ich (die Ausstellung für eröffnet** *etc.***)** je déclare (l'exposition ouverte, *etc.*); **~ erklärte er ...** par ces mots, par ce geste, par cet acte il déclara ...; **~ ist der Fall erledigt** de cette façon, maintenant, avec cela le cas est réglé; **~nach** ['hiːrˈnɑːx, hiːrˈnɑːx, 'hiːrnɑːx] *adv.* **1.** *zeitlich* après cela; après ceci; après quoi; là-dessus; **2.** (*demgemäß*) d'après cela; (*demzufolge*) par conséquent; en conséquence.

Hiero|glyphe [hi·e·ro·'glyːfə] *f* ⟨~; ~n⟩ hiéroglyphe *m*; **~'glyphenˌschrift** *f* écriture *f* hiéroglyphique; ≗**'glyphisch** *adj.* hiéroglyphique; **~man'tie** *f* ⟨~⟩ hiéromancie *f*.

hier|orts ['hiːrˈʔɔrts, hiːrˈʔɔrts, 'hiːrʔɔrts] *adv. adm.* ici; dans la ville; **~sein** ['hiːr-] **I** *v/i.* ⟨*irr., sép.,* -ge-, **sein**⟩ être ici, là, présent; **II** ≗**sein** ['hiːr-] *n* ⟨~s⟩ présence *f*; séjour *m* ici; **mein ~** mon séjour ici; **seit meinem ~** depuis que je suis ici; **~über** ['hiːˈryːbər, ˌhiːˈryːbər, 'hiːˌryːbər] *adv.* **1.** *räumlich* là-dessus; par-dessus; *ohne Kontakt* au-dessus; **2.** *fig.* là-dessus; à ce sujet; **Näheres ~** des précisions là-dessus, à ce sujet; **~ ist nichts bekannt** de cela, on ne *od.* on n'en sait rien; **~ schlief er ein** là-dessus il s'endormit; **~ ärgere ich mich** cela me met en colère; **~um** ['hiːˈrum, hiːˈrum, 'hiːrum] *adv.* **1.** *räumlich* autour de cela; (*hierherum*) par ici; **2.** *fig.* **~ handelt es sich jetzt nicht** il ne s'agit pas de cela pour l'instant; **darf ich Sie ~ bitten?** puis-je vous demander cela *bzw.* de faire cela?; **~unter** ['hiːˈruntər, ˌhiːˈruntər, 'hiːˌruntər] *adv.* **1.** *räumlich* là-dessous; dessous; **2.** *unter e-r Menge* parmi eux; **3.** *fig.* **was verstehen Sie ~?** qu'entendez-vous par cela, par là?; **~von** ['hiːrˈfɔn, hiːrˈfɔn, 'hiːrfɔn] *adv.* de cela; de ceci; *unbetont* en; **~ weiß ich nichts** de cela, je n'en *od.* je ne sais rien; je ne *od.* je n'en sais rien de cela; **genug ~!** assez sur ce chapitre!; **~vor** ['hiːrˈfoːr, hiːrˈfoːr, 'hiːrfoːr] *adv.* **1.** *räumlich* devant cela, ceci; **2.** *fig.* de cela; en; **~ habe ich keine Angst** je n'ai aucune crainte de cela; **der Himmel bewahre uns ~!** le ciel nous en préserve!; **~zu** ['hiːrˈtsuː, hiːrˈtsuː, 'hiːrtsuː] *adv.* pour cela; à cela; à cet effet; à ce sujet; **~ brauche ich e-n Hammer** pour cela il me faut un marteau; **~ ist das Mittel gut** pour cela, à cet effet ce moyen *bzw.* ce produit est bon; **~ kommt noch ...** ajoutez à cela ...; **~ möchte ich bemerken** à ce sujet je voudrais faire la remarque suivante; **~zuˌlande** ['hiːrtsu-] *adv.* ici; dans ce pays; **~zwischen** ['hiːrˈtsvɪʃən, ˌhiːrˈtsvɪʃən, 'hiːrˌtsvɪʃən] *adv.* entre les deux; ici au milieu.

hiesig ['hiːzɪç] *adj.* d'ici; de l'endroit.

hieß [hiːs] *cf.* **heißen**.

hieven ['hiːfən] *v/t.* ⟨h⟩ *mar.* 'hisser.

Hifthorn ['hɪfthɔrn] *n ch. hist.* cor *m* de chasse.

hihi [hi'hiː] *int.* 'hi, 'hi, 'hi!

hilf [hɪlf] *cf.* **helfen**.

Hilfe ['hɪlfə] *f* ⟨~; ~n⟩ aide *f* (*auch Person m, f*); secours *m*; assistance *f*; **(zu) ~!** au secours!; à moi!; à l'aide!; *Reitsport* **~n** aides *f/pl.*; *bei Unglücksfällen etc.* **Erste ~** premiers soins; **gegenseitige ~** entraide *f*; aide mutuelle; **materielle ~** aide matérielle; **finanzielle ~** aide financière; secours financier; **technische ~** aide, assistance technique; **ärztliche ~** secours médical; aide médicale; **staatliche ~** aide, assistance, secours de l'État; **mit ~ von** *Sache* à l'aide de; au moyen de; *Person* avec l'aide de; **mit ~ e-r Leiter** à l'aide, au moyen d'une échelle; **mit ~ s-s Freundes** avec l'aide de son ami; **mit Gottes ~** avec l'aide de Dieu; grâce à Dieu; **ohne fremde ~** sans l'aide de personne, d'autrui; tout seul; **(j-n) um ~ bitten, (bei j-m) ~ suchen** demander le secours, l'aide, l'assistance (de qn.); demander du secours, de l'aide, de l'assistance (à qn.); **(j-m) ~ bringen** porter secours, assistance (à qn.); **~ holen** aller chercher de l'aide, du secours; **(j-m) ~ leisten** prêter assistance (à qn.); secourir (qn.); porter secours (à qn.); **j-m zu ~ kommen** venir en aide à qn., au secours de qn., à la rescousse de qn.; **j-m zu ~ eilen** accourir, voler au secours de qn.; **etw. zu ~ nehmen** s'aider de qc.; **j-n zu ~ rufen** appeler qn. à son secours, à son aide; **sich j-n zu ~ nehmen** s'adjoindre qn.; **um ~ rufen, schreien** appeler, crier au secours; **sie war uns e-e sehr wertvolle ~** elle nous était d'une aide précieuse, d'un secours précieux; **s-e ~ war mir wertvoll** *auch* son concours m'a été précieux; **2ˌbringend** *adjt.* qui porte secours; qui vient en aide; **2ˌflehend** *adjt.* implorant du secours, de l'aide; **~ˌleistung** *f* aide *f*; secours *m*; assistance *f*; prestation *f* d'assistance; *méd. auch* soins *m/pl.*; *besser verbal*; **zur ~ verpflichtet sein** être obligé de prêter assistance, de porter secours; *jur.* **unterlassene ~** non-assistance *f* à personne en danger; **~ˌruf** *m* appel *m* au secours; **~ˌstellung** *f gym.* aide *f*; **j-m ~ geben** aider qn.; **2ˌsuchend** *adjt. u. advt.* demandant, réclamant du secours, de l'aide.

hilf|los ['hɪlfloːs] **1.** *adj.* sans défense; désarmé; incapable de se tirer d'affaire, de se débrouiller; *Kranker, Greis* impotent; **ein ~es kleines Kind** un petit enfant sans défense; **e-n ~en Eindruck machen** donner l'impression d'être désarmé, sans défense, *etc.*; **2.** *adv.* **der Situation ~ gegenüberstehen** se trouver désarmé, sans défense en face de la situation; **2ˌlosigˌkeit** *f* ⟨~⟩ incapacité *f* de se tirer d'affaire, de se débrouiller; *od. verbal*; **in e-m Zustand völliger ~** dans un état d'abandon complet; **~reich 1.** *adj.* secourable; **e-e ~e Hand** une main secourable; **2.** *adv.* **j-m ~ zur Seite stehen** tendre à qn. une main secourable.

Hilfs|aktion ['hɪlfsˀaktsiˑoːn] *f* secours *m/pl.* (**für** pour, à); **e-e ~ einleiten** organiser des secours; **~ˌangebot** *n* offre *f* d'aide; **~ˌangestellte(r)** *f (m)* (employé[e] *m [f]*) auxiliaire *m, f*; **~ˌarbeiter** *m* manœuvre *m*; **2beˌdürftig** *adj.* qui a besoin d'aide, d'être aidé, d'être secouru; **~e Personen** *auch* des personnes dans le besoin; **~beˌdürftigkeit** *f* besoin *m*; *pfort.* indigence *f*; gêne *f*; dénuement *m*; **2beˌreit** *adj.* serviable; **~beˌreitschaft** *f* serviabilité *f*; **~buch** *n comm.* journal *m* auxiliaire; **~dienst** *m* service *m* d'assistance, de secours; **~ˌfallschirm** *m aviat.* parachute extracteur; **~fonds** *m* fonds *m* de secours; **~ˌgelder** *n/pl.* secours *m/pl.* (en argent); subsides *m/pl.*; **~heer** *n milit.* armée *f* auxiliaire; **~ˌkellner** *m* extra *m*; **~komiˌtee** *n* comité *m* de secours; **~kraft** *f Person* aide *m, f*; auxiliaire *m, f*; *pl.* **Hilfskräfte** *cf. auch* **~personal**; **~ˌkreuzer** *m mar. milit.* croiseur *m* auxiliaire; **~ˌlehrer(in)** *m (f) Volksschule* instituteur, -trice suppléant(e); *höhere Schule* professeur adjoint; **~ˌlinie** *f Geometrie* ligne *f* subsidiaire; *mus.* ligne *f* supplémentaire; **~maˌschine** *f mar.* machine *f* auxiliaire; *pl.* **~n** auxiliaires *m/pl.*; **~ˌmaßnahme** *f* mesure *f* d'aide; secours *m*; **~ˌmittel** *n* moyen *m* (+ *adj.*); instrument *m* de travail, *etc.*; (*Hilfsquelle*) ressource *f*; (*Ausweg*) expédient *m*; **technische ~** des moyens techniques; **e-e Übersetzung ohne ~ machen** faire une traduction sans l'aide d'un *bzw.* de dictionnaire(s); **~ˌmotor** *m* moteur *m* auxiliaire; **Fahrrad mit ~** bicyclette *f* à moteur auxiliaire; cyclomoteur *m*; **~organisatiˌon** *f* organisation *f* d'aide, de secours; **~persoˌnal** *n* personnel *m* auxiliaire; **~poliˌzist** *m* agent *m* de police auxiliaire; contractuel *m*; **~ˌprediger** *m* vicaire *m*; pasteur adjoint; **~proˌgramm** *n* programme *m* d'aide; **~ˌquelle** *f* ressource *f*; **~schiff** *n mar. milit.* bâtiment *m* auxiliaire; **~ˌschule** *f* classe *f* de perfectionnement; **~schulˌlehrer(in)** *m (f)* instituteur, -trice *m, f* de classe de perfectionnement; **~ˌschwester** *f* aide-infirmière *f*; infirmière *f* auxiliaire; **~ˌtruppen** *f/pl.* troupes *f/pl.* auxiliaires; **~ˌverb(um)** *n gr.* (verbe *m*) auxiliaire *m*; **~werk** *n* **1.** *karitatives* œuvre *f* de bienfaisance, d'assistance; *égl.* œuvres *f/pl.*; **das ~ der Evangelischen Kirche** *etwa* les œuvres de l'Église protestante; **2.** *Technisches* **~** *etwa* service *m* technique de secours; **~ˌwissenschaft** *f* science *f* accessoire; **~ˌzeitwort** *n cf.* **~verb(um)**; **~zug** *m chem.* train *m* de secours.

hilft [hɪlft] *cf.* **helfen**.

Hilus ['hiːlus] *m* ⟨~; -li⟩ *anat.* 'hile *m*.

Himbeer|e ['hɪmˌbeːrə] *f* ⟨~; ~n⟩ *bot. Frucht* framboise *f*; *Strauch* framboisier *m*; **~ˌeis** *n* glace *f* à la framboise; **~ˌgeist** *m* ⟨~(e)s⟩ eau de vie *f* de framboise(s); **~marmeˌlade** *f* confiture *f* de framboise(s); **~ˌsaft** *m* jus *m* de framboise(s); **~ˌsirup** *m* sirop [-o] *m* de framboise(s); **~ˌstrauch** *m bot.* framboisier *m*; **~ˌzunge** *f méd.* langue framboisée.

Himmel ['hɪməl] *m* ⟨~s; ~⟩ *allg.* ciel *m* (*pl.* cieux, *Malerei* ciels); **am ~** dans le ciel; *relig.* **im ~** au ciel; **bedeckter, blauer ~** ciel couvert, bleu; **unter freiem ~** en plein air; **zwischen ~ und Erde** entre ciel et terre; *cuis.* **~ und Erde** plat *m* de purée de pommes et pommes de terre; *Hüpfspiel der Kinder* **~ und Hölle** marelle *f*; **ein Geschenk, e-e Strafe des ~s** un don, une punition du ciel; *relig.* **Vater unser, der du bist im ~** Notre père qui êtes aux cieux; **dein Wille geschehe wie im ~ also auch auf Erden** que votre volonté soit faite sur la terre comme au ciel; **aufgefahren in den ~** est monté aux cieux; **in den ~ kommen** aller au ciel; **gebe es der ~!** que le ciel me, nous l'accorde!; **der ~ bewahre uns davor!** le ciel nous en préserve!; **der ~ mag wissen ...** Dieu sait ...; **um ~s willen!** pour l'amour du ciel, de Dieu!; au nom du ciel!; F **Gott im ~!** Dieu du ciel!; F **ach, du lieber ~!** bonté du ciel!; mon Dieu!; F **~, Donnerwetter!** P bon Dieu!; V **~, Arsch und Zwirn!** P sacré nom de Dieu, d'un chien!; *fig.* **der ~ auf Erden** le paradis sur terre; **j-n, etw. in den ~ heben** porter qn., qc. aux nues; dire merveille de qn., de qc.; chanter les louanges de qn.; ne faire que des louanges de qn., de qc.; **im siebten ~ sein** être au septième ciel; être aux anges; **der ~ hängt für ihn voller Geigen** il voit la vie en rose; il voit tout en rose; **j-m die Sterne vom ~ holen** décrocher la lune pour qn.; **~ und Hölle in Bewegung setzen** remuer ciel et terre; mettre tout en œuvre; **das Blaue vom ~ lügen** mentir comme un arracheur de dents; **die Engel im ~ singen hören** (*heftige Schmerzen empfinden*) voir trente-six chandelles; **wie ein Blitz aus heiterem ~ (kommen)** (éclater) comme un coup de tonnerre; **das schreit zum ~** c'est révoltant; **es ist noch kein Meister vom ~ gefallen** *prov. etwa* il y a un commencement à tout.

himmel|angst ['hɪməl'ˀaŋst] *adv.* F **mir ist ~** j'ai une peur bleue, une peur du diable, une de ces frousses; **2ˌbett** *n* lit *m* à baldaquin; **~ˌblau** *adj.* bleu ciel (*inv.*); azur(é); **2ˌfahrt** *f* ⟨~⟩ *relig.* **(Christi) ~** ascension *f* de Jésus-Christ; *als Fest* l'Ascension *f*; *relig. cath.* **Mariä ~** l'Assomption *f*; **2ˌfahrtskoˌmmando** *n* F *milit.* commando *m* où l'on risque de se faire casser la figure; mission *f* suicide; **2fahrtsˌnase** *f* F nez *m* en pied de marmite; nez *m* en trompette; **2fahrtsˌtag** *m* (jour *m* de) l'Ascension *f*; **am ~** à l'Ascension; le jour de l'Ascension; **~'hoch** *adv.* **~ jauchzend (, zu Tode betrübt)** *etwa* (tantôt) transporté d'allégresse (, tantôt complètement déprimé); **sich ~ auftürmen** s'élever, monter jusqu'au ciel; **2ˌreich** *n relig.* royaume *m* des cieux; *fig.* **des Menschen Wille ist sein ~** *etwa* l'homme n'est heureux que lorsqu'il peut agir à sa guise.

Himmels|achse ['hɪməlsˌˀaksə] *f astr.* axe *m* du monde; **~äˌquator** *m astr.* équateur [-kwa-] *m* céleste; **~beˌschreibung** *f* uranographie *f*; description *f* du ciel; **~ˌbrot** *n relig.* pain *m* céleste; manne *f*.

himmelschreiend ['hɪməlˌʃraɪənt] *adj.* révoltant; **ein ~es Unrecht** une injustice révoltante.

Himmels|erscheinung ['hɪməlsˀɛrˌʃaɪnuŋ] *f* phénomène *m* céleste; **~ˌgegend** *f cf.* **~richtung**; **~geˌwölbe** *n* voûte *f* céleste; **~ˌkönigin** *f relig. cath.* reine *f* du ciel; **~ˌkörper** *m astr.* corps *m* céleste; **~ˌkugel** *f astr.* sphère *f* céleste; **~ˌkunde** *f* astronomie *f*; **~ˌleiter** *f bot.* valériane grecque; *sc.* polemonium *m* cœruleum; **~meˌchanik** *f astr.* mécanique *f* céleste; **~ˌpol** *m astr.* pôle *m* céleste; **~reˌklame** *f* publicité, réclame aérienne; **~ˌrichtung** *f astr., géogr.* point cardinal; *fig.* **aus allen ~en** de toutes les directions; de partout; **~ˌschlüssel(chen)** *m (n) bot.* primevère *f*; **~ˌschreiber** *m* ⟨~s; ~⟩ *Werbeflugzeug* avion *m* de publicité aérienne; **~ˌstrich** *m* région *f*; ciel *m*; **~ˌtor** *n* porte *f* du ciel; **~ˌwagen** *m astr.* Grande Ourse; **~ˌzelt** *n poét.* firmament *m*.

himmel|wärts ['hɪməlˌvɛrts] *adv.* vers le ciel; **~'weit 1.** *adj. fig.* **ein ~er Unterschied** une différence énorme; **2.** *adv.* **ich bin ~ davon entfernt, zu ...** je suis bien loin de ...

himmlisch ['hɪmlɪʃ] *adj.* **a)** *relig.* céleste; **der ~e Vater** le Père céleste; **die ~en Heerscharen** l'armée, la milice céleste; *myth.* **die 2en** les dieux; **b)** *fig. u.* F divin; sublime; **es war ~** c'était divin.

hin [hɪn] *adv.*: *indique un mouvement d'éloignement à partir de la personne qui parle*; **1.** *mit prép.*: nach Norden *etc.* ~ vers le nord, *etc.*; nach oben, unten ~ vers le haut, le bas; *fig.* nach außen ~ vu de l'extérieur, du dehors; d'apparence; am Ufer ~ le long de la rive; bis zur Mauer ~ jusqu'au mur; über die ganze Welt ~ verstreut dispersé dans le monde entier; sich über das ganze Land ~ erstrecken s'étendre sur tout le pays; vor sich ~ devant soi; *cf. auch* hinlachen, hinmurmeln *etc.*; *fig.* auf s-e Bitte, Einladung, Anordnung ~ sur (*od.* à la suite de) sa demande, son invitation, son ordre; auf die Gefahr ~ zu verlieren *etc.* au risque de perdre, *etc.*; **2.** *mit adv.*: ~ und wieder de temps en temps; de temps à autre; quelquefois; parfois; par-ci, par-là (*auch räumlich*); ~ und zurück aller et retour; zweimal Köln ~ und zurück deux aller et retour Cologne; **3.** *mit* her: **a)** zehn Kilometer ~, zehn Kilometer her dix kilomètres aller, dix kilomètres retour; dix kilomètres pour (y) aller, dix kilomètres pour (en) revenir; *fig.* Gesetz ~, Gesetz her peu importe la loi; wir rechneten ~, wir rechneten her nous avons calculé de toutes les façons possibles; **b)** ~ und her *ohne bestimmtes Ziel od. Ergebnis* dans un sens et dans l'autre; de côté et d'autre; d'un côté et de l'autre; *cf. auch die nachstehenden Verben*; ~ und her gehen, fahren aller et venir; passer et repasser; *in e-m begrenzten Raum* aller de long en large; ~ und her laufen, rennen passer et repasser (en courant); ~ und her schwimmen nager de long en large; auf s-m Stuhl ~ und her rutschen remuer sur sa chaise; etw. ~ und her bewegen faire aller et venir qc.; *schwingend* balancer qc.; *heftiger* agiter qc.; sich ~ und her bewegen *Maschinenteil etc.* aller et venir; *Baum im Wind etc.* se balancer; *heftig* s'agiter; etw. ~ und her schwingen balancer qc.; ~ und her schwingen, pendeln se balancer; osciller; etw. ~ und her schütteln ballotter qc.; ~ und her geschüttelt werden être ballotté; ~ und her reißen, zerren tirailler (*auch fig.*); von widerstreitenden Gefühlen *etc.* ~ und her gerissen werden être ballotté, tiraillé entre des sentiments contraires, *etc.*; *Schiff* von den Wellen ~ und her geworfen werden être ballotté par les vagues; ~ und her schwanken *Schiff, Baum etc.* se balancer; *Person* chanceler; ~ und her überlegen réfléchir (à qc.) longtemps, longuement; penser et repenser; considérer et reconsidérer; *abs.* retourner la question sous tous ses aspects, sur toutes ses faces; ~ und her reden discuter sans fin; ~ und her raten faire mille suppositions; se perdre en conjectures; das langt, reicht nicht ~ und nicht her on peut s'y prendre de toutes les façons: ce n'est pas assez; **c)** ~ und her *im Sinne von* ~ *u. zurück cf.* hin- und her...; **d)** das 2 und Her le va-et-vient; *e-r Menschenmenge auch* les allées et venues *f/pl.*; dieses ständige, ewige 2 und Her ce va-et-vient perpétuel, continuel, éternel; *fig.* nach langem 2 und Her après bien des discussions, des réflexions; après de long(ue)s palabres; **4.** F **a)** *Sache* fichu; P foutu; die Uhr, Glühbirne *etc.* ist ~ la montre, l'ampoule, *etc.* est fichue; das ganze Geld ist ~ tout l'argent est fichu; alles ist ~ tout est fichu; dann ist unsere Ruhe ~ alors c'en est fini de notre repos; **b)** *Person* sie ist ganz ~ (*hingerissen*) elle est emballée, tout à fait ravie; (*erschöpft*) elle est claquée; **5.** F (*hingehen*) wo ist er ~? où est-il allé?; du darfst (nicht) ~ tu peux (ne dois pas) y aller; tu (n')as (pas) la permission, le droit d'y aller; da mußt du unbedingt ~ il faut absolument que tu y ailles; il te faut absolument y aller; ich kann, will nicht ~ je ne peux pas, ne veux pas y aller; nicht wissen, wo man ~ soll ne pas savoir où aller; *cf. auch die betreffenden Verben.*

hinab [hɪˈnap] *adv. cf.* hinunter(...).

hinan [hɪˈnan] *adv. cf.* hinauf(...).

hinarbeiten [ˈhɪnˌʔarbaɪtən] *v/i.* ⟨-ete, *sép.*, -ge-, h⟩ auf etw. ~ travailler à qc., en vue de qc.

hinauf [hɪˈnauf], F **'rauf** [rauf] *adv. cf. die betreffenden Verben*; ~! monte(z)!; dort ~! par là!; monte(z) là!; den ganzen Abhang ~ sur tout le, tout le long du versant; ~ haben wir drei Stunden gebraucht en montant, pour monter, à la montée nous avons mis trois heures; den Fluß ~ ... en remontant la rivière ...; weiter ~ plus 'haut; bis zum Gipfel ~ jusqu'au sommet; **~ˌarbeiten** *v/réfl.* ⟨-ete, *sép.*, -ge-, h⟩ sich ~ *e-n Berg etc.* gravir péniblement; *fig.* réussir, parvenir à force de travail (zu à devenir); s'élever à la force du poignet (zu au rang de); **~beˌfördern** *v/t.* ⟨-(e)re, *sép.*, *pas de ge-*, h⟩ monter; **~beˌgeben** *v/réfl.* ⟨*irr.*, *sép.*, *pas de ge-*, h⟩ sich ~ monter; se rendre en 'haut; **~beˌgleiten** *v/t.* ⟨-ete, *sép.*, *pas de ge-*, h⟩ j-n ~ accompagner qn. jusqu'en 'haut; **~beˌmühen** *st. s.* **I** *v/t.* ⟨*sép.*, *pas de ge-*, h⟩ j-n ~ prier qn. de monter; **II** *v/réfl.* sich ~ prendre, se donner la peine de monter; **~ˌblicken** *v/i.* ⟨*sép.*, -ge-, h⟩ *cf.* ~schauen; **~ˌbringen** *v/t.* ⟨*irr.*, *sép.*, -ge-, h⟩ monter (qc.); j-n ~ *cf.* ~begleiten *u.* ~führen; **~ˌeilen** *v/i.* ⟨*sép.*, -ge-, sein⟩ monter en courant, en 'hâte; **~ˌfahren** *v/t.* ⟨*irr.*, *sép.*, -ge-, h⟩ *u. v/i.* ⟨sein⟩ monter; den Fluß ~ remonter la rivière; beim 2 en montant; à la montée; **~ˌfallen** *v/i.* ⟨*irr.*, *sép.*, -ge-, sein⟩ *fig. u.* F die Treppe ~ perdre sa fonction pour en retrouver aussitôt une meilleure; **~ˌführen** *v/t. u. v/i.* ⟨*sép.*, -ge-, h⟩ conduire, mener (jusqu')en 'haut; **~ˌgehen** *v/i.* ⟨*irr.*, *sép.*, -ge-, sein⟩ monter (*auch fig. Preis, Temperatur etc.*); aller en 'haut; **~ˌheben** *v/t.* ⟨*irr.*, *sép.*, -ge-, h⟩ mettre dessus; auf etw. ~ mettre sur qc.; **~ˌhelfen** *v/i.* ⟨*irr.*, *sép.*, -ge-, h⟩ j-m ~ aider qn. à monter; **~ˌklettern** *v/i.* ⟨-(e)re, *sép.*, -ge-, sein⟩ grimper (etw., auf etw. sur qc.; an der Wand le long du mur; an der Kletterstange à la perche) (*auch fig. Preis, Temperatur etc.*); escalader qc.; **~ˌkommen** *v/i.* ⟨*irr.*, *sép.*, -ge-, sein⟩ **a)** monter; **b)** *mit Mühe* arriver en 'haut; arriver à monter, à grimper (jusqu'en 'haut); **~ˌlangen** *v/i.* ⟨*sép.*, -ge-, h⟩ étendre le bras (vers); ~ können (pouvoir) atteindre (auf, bis zu qc.); ich kann nicht auf den Schrank ~ je n'atteins pas le haut de l'armoire; **~ˌlassen** *v/t.* ⟨*irr.*, *sép.*, -ge-, h⟩ faire *bzw.* laisser monter; **~ˌlaufen** *v/i.* ⟨*irr.*, *sép.*, -ge-, sein⟩ monter (en courant); **~ˌlegen** *v/t.* ⟨*sép.*, -ge-, h⟩ mettre dessus, là-haut; etw. auf etw. ~ mettre qc. sur (le haut de) qc., **~ˌreichen I** *v/t.* ⟨*sép.*, -ge-, h⟩ tendre; passer; **II** *v/i.* atteindre (bis zu qc.); **~ˌreiten** *v/i.* ⟨*irr.*, *sép.*, -ge-, sein⟩ monter à cheval; **~ˌrücken I** *v/t.* ⟨*sép.*, -ge-, h⟩ mettre plus 'haut; **II** *v/i.* ⟨sein⟩ monter; **~ˌschaffen** *v/t.* ⟨*sép.*, -ge-, h⟩ monter; **~ˌschauen** *v/i.* ⟨*sép.*, -ge-, h⟩ regarder vers le haut; regarder en 'haut; zu j-m ~ regarder qn. en 'haut; lever les yeux vers qn.; *fig.* vénérer qn.; regarder qn. avec respect et admiration; **~ˌschikken** *v/t.* ⟨*sép.*, -ge-, h⟩ envoyer en 'haut; faire monter; **~ˌschnellen** *v/i.* ⟨*sép.*, -ge-, sein⟩ *Preise etc.* monter en flèche; **~ˌschrauben** *v/t.* ⟨*sép.*, -ge-, h⟩ *fig.* faire monter; *cf. auch* hochschrauben; **~ˌschwingen** *v/réfl.* ⟨*irr.*, *sép.*, -ge-, h⟩ sich (auf etw.) ~ s'élancer (sur qc.); **~ˌsehen** *v/i.* ⟨*irr.*, *sép.*, -ge-, h⟩ *cf.* ~schauen; **~ˌsetzen** *v/t.* ⟨-(es)t, *sép.*, -ge-, h⟩ **1.** mettre dessus, là-haut; auf etw. ~ mettre sur (le haut de) qc.; **2.** *fig. Preise, Miete etc.* augmenter; majorer; **~ˌspringen** *v/i.* ⟨*irr.*, *sép.*, -ge-, sein⟩ sauter dessus; auf etw. ~ sauter sur qc.; **~ˌsteigen** *v/i.* ⟨*irr.*, *sép.*, -ge-, sein⟩ monter (auf sur); *mit Mühe* gravir qc.; die Treppe ~ monter l'escalier *od.* les escaliers; beim 2 en montant; à la montée; **~ˌstellen** *v/t.* ⟨*sép.*, -ge-, h⟩ mettre dessus, là-haut; etw. auf etw. ~ mettre qc. sur (le haut de) qc.; **~ˌtragen** *v/t.* ⟨*irr.*, *sép.*, -ge-, h⟩ monter; **~transforˌmieren** *v/t.* ⟨*sép.*, *pas de ge-*, h⟩ *élect.* survolter (auf à); **~ˌtreiben** *v/t.* ⟨*irr.*, *sép.*, -ge-, h⟩ *Preise etc.* faire monter; **~ˌwagen** *v/réfl.* ⟨*sép.*, -ge-, h⟩ sich ~ oser monter; **~ˌwerfen** *v/t.* ⟨*irr.*, *sép.*, -ge-, h⟩ jeter, lancer (en 'haut); j-m etw. ~ jeter, lancer qc. à qn.; **~ˌziehen I** *v/t.* ⟨*irr.*, *sép.*, -ge-, h⟩ monter; *Rolladen etc.* remonter; *Last* 'hisser; guinder; **II** *v/i.* ⟨sein⟩ monter (*auch in e-e höhere Etage*); **III** *v/réfl.* sich den Berg *etc.* ~ *Wald etc.* gagner le haut de la montagne, *etc.*; *Straße etc.* grimper jusqu'en 'haut de la montagne, *etc.*

hinaus [hɪˈnaus], F **'raus** [raus] *adv.* **1.** *räumlich* ~! sors *bzw.* sortez (d'ici)!; dehors!; 'hors d'ici!; prends *bzw.* prenez la porte!; passe(z) à la porte!; ~ mit ihm! qu'il sorte!; F flanquez-le dehors, à la porte!; ~ mit den Ruhestörern! à la porte, dehors, 'hors d'ici les tapageurs!; 'rein oder 'raus! tu sors ou tu entres!; hier ~! par ici!; par là!; sors *bzw.* sortez ici!; oben ~ par en 'haut; zum Fenster ~ par la fenêtre; auf das offene Meer ~ vers la pleine mer; nach vorn (hinten) ~ (wohnen) (être logé) sur le devant, sur la rue (sur la cour, sur le derrière); **2.** *zeitlich u. fig.* auf Monate *etc.* ~ pour des mois, *etc.*; pour de longs mois, *etc.*; über den ersten Mai ~ au-delà du premier mai; über das Grab ~ au-delà de la mort; darüber ~ au-delà; *fig.* de plus; en outre; über die Fünfzig ~ sein avoir dépassé la cinquantaine; über dieses Alter bin ich ~ j'ai dépassé l'âge, cet âge-là; über die Anfänge ~ sein n'être plus un débutant; über etw. (längst) ~ sein ne plus s'arrêter à qc., être au-dessus de qc., avoir pris son parti de qc. (depuis longtemps); über solche Kleinigkeiten ist er ~ il ne s'arrête plus à, il est au-dessus de telles bagatelles; **3.** F (*hinausgehen*) er ist ~ il est sorti; er war noch nicht zur Stadt ~ il n'était pas encore sorti de la ville; wo soll das ~? comment cela finira-t-il?; *cf. auch die betreffenden Verben.*

hinaus|befördern [hɪ'nausbəˌfœrdərn] *v/t.* ⟨-(e)re, *sép.*, *pas de ge-*, h⟩ F j-n ~ faire sortir qn.; **~beˌgeben** *v/réfl.* ⟨*irr.*, *sép.*, *pas de ge-*, h⟩ **sich ~** sortir; **~beˌgleiten** *v/t.* ⟨-ete, *sép.*, *pas de ge-*, h⟩ j-n ~ (r)accompagner, reconduire qn. (jusqu'à ...); **~beˌmühen** *st. s.* **I** *v/t.* ⟨*sép.*, *pas de ge-*, h⟩ j-n ~ prier qn. de sortir; **II** *v/réfl.* **sich ~** prendre, se donner la peine de sortir; **~ˌbeugen** *v/réfl.* ⟨*sép.*, -ge-, h⟩ **sich ~** se pencher au dehors; **sich zum Fenster ~** se pencher à la fenêtre; **~ˌblicken** *v/i.* ⟨*sép.*, -ge-, h⟩ *cf.* ~schauen; **~ˌbringen** *v/t.* ⟨*irr.*, *sép.*, -ge-, h⟩ **a)** *Sache* sortir; mettre dehors; *zu j-m* apporter (dehors); **b)** *Person* (r)accompagner (jusqu'à ...); *cf. auch* ~führen; **~ˌdrängen I** *v/t.* ⟨*sép.*, -ge-, h⟩ pousser dehors; **II** *v/i.* ⟨sein⟩ *u. v/réfl.* sortir en se pressant, se bousculant; se presser, se bousculer pour sortir; **~ˌdringen** *v/i.* ⟨*irr.*, *sép.*, -ge-, sein⟩ *Geräusch etc.* sortir; **~ˌdürfen** *v/i.* ⟨*irr.*, *sép.*, -ge-, h⟩ pouvoir, *verneint* ne pas devoir sortir; avoir la permission, le droit de sortir; **~ˌeilen** *v/i.* ⟨*sép.*, -ge-, sein⟩ sortir en courant, en 'hâte; **~ˌekeln** *v/t.* ⟨-(e)le, *sép.*, -ge-, h⟩ F j-n ~ dégoûter qn. de son travail, *etc.* jusqu'à ce qu'il s'en aille; écœurer qn. (jusqu'à ce qu'il parte); **~ˌfahren I** *v/t.* ⟨*irr.*, *sép.*, -ge-, h⟩ sortir, *weiter weg* emmener (en voiture); **II** *v/i.* ⟨sein⟩ sortir (aus de); *Schiff auch* prendre la mer; **aufs Land ~** aller à la campagne; **über etw. ~** dépasser qc.; **~ˌfallen** *v/i.* ⟨*irr.*, *sép.*, -ge-, sein⟩ tomber dehors; **aus etw., aus dem Fenster ~** tomber de qc., par la fenêtre; **~ˌfeuern** *v/t.* ⟨-(e)re, *sép.*, -ge-, h⟩ F *cf.* ~schmeißen; **~ˌfinden** *v/i. u. v/réfl.* ⟨*irr.*, *sép.*, -ge-, h⟩ trouver la sortie; *fig.* en sortir; **~ˌfliegen** *v/i.* ⟨*irr.*, *sép.*, -ge-, sein⟩ **1.** *Vogel etc.* sortir; s'envoler; **2.** *fig. u.* F être mis, F flanqué, fichu, P foutu à la porte; **~ˌführen I** *v/t.* ⟨*sép.*, -ge-, h⟩ j-n ~ conduire qn. dehors, jusqu'à la porte, *etc.*; *cf. auch* ~begleiten; **II** *v/i.* *Weg* conduire dehors; **~ˌgehen** *v/i.* ⟨*irr.*, *sép.*, -ge-, sein⟩ **1.** *Person* sortir; aller dehors; *Waren etc.* **in alle Welt ~** aller dans le monde entier; **2.** *Fenster, Tür etc.* **auf den Hof** *etc.* ~ donner sur la cour, *etc.*; **nach Norden, Süden ~** être exposé au nord *bzw.* au midi, au soleil; **3. über etw. ~** dépasser qc.; **über s-e Befugnisse ~** *auch* outrepasser ses droits, ses pouvoirs; **~geˌleiten** *v/t.* ⟨-ete, *sép.*, *p.p.* hinausgeleitet, h⟩ *cf.* ~begleiten; **~ˌgreifen** *v/i.* ⟨*irr.*, *sép.*, -ge-, h⟩ *fig.* **über etw. ~** dépasser qc.; **~ˌhalten** *v/t.* ⟨*irr.*, *sép.*, -ge-, h⟩ *cf.* heraushalten; **~ˌhängen** *v/t.* ⟨*sép.*, -ge-, h⟩ *u. v/i.* ⟨*irr.*, *sép.*, -ge-, h⟩ *cf.* heraushängen; **~ˌhelfen** *v/i.* ⟨*irr.*, *sép.*, -ge-, h⟩ j-m ~ aider qn. à sortir, à descendre; **~ˌjagen** *v/t.* ⟨*sép.*, -ge-, h⟩ chasser; **~ˌkommen** *v/i.* ⟨*irr.*, *sép.*, -ge-, sein⟩ **a)** venir; arriver; **b)** *mit Mühe* arriver à, parvenir à, pouvoir sortir; **~komplimenˌtieren** *v/t.* ⟨*sép.*, *pas de ge-*, h⟩ j-n ~ éconduire qn. poliment; **~ˌkönnen** F *v/i.* ⟨*irr.*, *sép.*, -ge-, h⟩ pouvoir sortir; **~ˌkriechen** *v/i.* ⟨*irr.*, *sép.*, -ge-, sein⟩ sortir (*Person* en rampant); **~ˌlassen** *v/t.* ⟨*irr.*, *sép.*, -ge-, h⟩ laisser *bzw.* faire sortir; **~ˌlaufen** *v/i.* ⟨*irr.*, *sép.*, -ge-, sein⟩ **1.** *Person* sortir (en courant); **2.** *fig.* **auf etw. ~** aboutir à qc.; **es läuft auf dasselbe, auf eins hinaus** cela revient au même; **das läuft darauf hinaus, daß ...** cela revient à dire que ...; **~ˌlegen** *v/t.* ⟨*sép.*, -ge-, h⟩ mettre dehors; **~ˌlehnen** *v/réfl.* ⟨*sép.*, -ge-, h⟩ **sich ~** se pencher au dehors; **sich zum Fenster ~** se pencher à la fenêtre; *chem.* **nicht ~!** ne pas se pencher au dehors!; **~ˌmüssen** *v/i.* ⟨*irr.*, *sép.*, -ge-, h⟩ devoir sortir; **ich muß hinaus** il faut que je sorte; je dois sortir; F *auf die Toilette* il faut que j'aille aux cabinets, F au petit coin; **~ˌpfeffern** *v/t.* ⟨-(e)re, *sép.*, -ge-, h⟩ F *cf.* ~schmeißen; **~ˌragen** *v/i.* ⟨*sép.*, -ge-, h⟩ **über j-n, etw. ~** dépasser qn., qc.; dominer qn., qc. (*auch geistig*); *Gebäude auch* s'élever au-dessus de qc.; **~ˌreichen I** *v/t.* ⟨*sép.*, -ge-, h⟩ passer (qc. par qc.); **II** *v/i.* **über etw. ~** dépasser qc.; **~ˌrücken** *v/t.* ⟨*sép.*, -ge-, h⟩ *cf.* ~schieben; **~ˌschaffen** *v/t.* ⟨*sép.*, -ge-, h⟩ sortir; **~ˌschauen** *v/i.* ⟨*sép.*, -ge-, h⟩ regarder dehors; **zum Fenster ~** regarder par la fenêtre; **~ˌscheren** *v/réfl.* ⟨*sép.*, -ge-, h⟩ F **scher dich hinaus!** fiche le camp!; déguerpis!; **~ˌschicken** *v/t.* ⟨*sép.*, -ge-, h⟩ j-n ~ *um etw. zu tun* envoyer qn. (faire qc.); *um ihn loszuwerden* faire sortir qn.; **~ˌschieben** *v/t.* ⟨*irr.*, *sép.*, -ge-, h⟩ **1.** *aus e-m Raum* sortir (de); pousser dehors; **2.** *zeitlich* reporter; remettre (à plus tard); différer; retarder; **~ˌschießen** *v/i.* ⟨*irr.*, *sép.*, -ge-, h⟩ **1.** tirer (**zum Fenster** par la fenêtre); **über das Ziel ~** tirer trop long; *fig.* aller trop loin; dépasser son objectif; **2.** ⟨sein⟩ *fig. Person* sortir précipitamment; **~ˌschleichen** *v/i.* ⟨*irr.*, *sép.*, -ge-, sein⟩ *u. v/réfl.* ⟨h⟩ se glisser dehors; sortir furtivement; **~ˌschleppen I** *v/t.* ⟨*sép.*, -ge-, h⟩ traîner dehors; sortir avec peine (de); **II** *v/réfl.* **sich ~** sortir tant bien que mal, avec peine; se traîner au dehors; **~ˌschleudern** *v/t.* ⟨-(e)re, *sép.*, -ge-, h⟩ *cf.* herausschleudern; **~ˌschmeißen** *v/t.* ⟨*irr.*, *sép.*, -ge-, h⟩ F **1.** *Gegenstand* jeter, F balancer (dehors); **2.** *fig.* j-n ~ F flanquer, fiche(r), P foutre qn. dehors, à la porte; balancer qn. (dehors); vider qn.; *cf. auch* ~werfen; **~ˌsehen** *v/i.* ⟨*irr.*, *sép.*, -ge-, h⟩ *cf.* ~schauen; **~ˌsetzen I** *v/t.* ⟨-(es)t, *sép.*, -ge-, h⟩ *Gegenstand*, F *Person* mettre dehors; **II** *v/réfl.* **sich ~** s'asseoir dehors; **sich auf den Balkon ~** s'asseoir sur le balcon; **~ˌstehen** *v/i.* ⟨*irr.*, *sép.*, -ge-, h⟩ *cf.* herausstehen; **~ˌstehlen** *v/réfl.* ⟨*irr.*, *sép.*, -ge-, h⟩ **sich ~** sortir furtivement; s'esquiver; **~ˌstellen** *v/t.* ⟨*sép.*, -ge-, h⟩ **1.** *Gegenstand* mettre dehors; **2.** *Sport* **e-n Spieler ~** expulser un joueur; **~ˌstoßen** *v/t.* ⟨*irr.*, *sép.*, -ge-, h⟩ pousser dehors; faire sortir en poussant; **~ˌströmen** *v/i.* ⟨*sép.*, -ge-, sein⟩ *Menschen* sortir en masse, en foule; *Wasser* sortir à flots; **~ˌstürmen** *v/i.* ⟨*sép.*, -ge-, sein⟩ sortir avec impétuosité; **~ˌstürzen I** *v/i.* ⟨-(es)t, *sép.*, -ge-, sein⟩ **1.** *cf.* ~fallen; **2.** *fig.* sortir précipitamment (de); se précipiter dehors; **II** *v/réfl.* ⟨h⟩ **sich ~** se jeter de qc., dans le vide, *etc.*; **sich zum Fenster ~** se jeter par la fenêtre; **~ˌtragen** *v/t.* ⟨*irr.*, *sép.*, -ge-, h⟩ sortir; **~ˌtreiben** *v/t.* ⟨*irr.*, *sép.*, -ge-, h⟩ chasser (aus de); *Vieh auf die Weide* mener (à); **~ˌtreten** *v/i.* ⟨*irr.*, *sép.*, -ge-, sein⟩ sortir; **~ˌtun** F *v/t.* ⟨*irr.*, *sép.*, -ge-, h⟩ mettre dehors; **~ˌwachsen** *v/i.* ⟨*irr.*, *sép.*, -ge-, sein⟩ dépasser (**über** qc.); *fig.* **über j-n ~** surpasser qn.; **über sich selbst ~** se surpasser; **~ˌwagen** *v/réfl.* ⟨*sép.*, -ge-, h⟩ **sich ~** oser sortir; **~ˌweisen** *v/t.* ⟨*irr.*, *sép.*, -ge-, h⟩ j-n ~ éconduire qn.; montrer la porte à qn.; **~ˌwerfen** *v/t.* ⟨*irr.*, *sép.*, -ge-, h⟩ **1.** *Gegenstand* jeter (dehors); **etw. zum Fenster ~** jeter qc. par la fenêtre; *fig.* **sein Geld zum Fenster ~** jeter l'argent par les fenêtres; **2.** *fig.* j-n ~ mettre, F flanquer qn. dehors, à la porte; **j-n aus der Schule ~** renvoyer qn. (de l'école); **wenn man ihn vorn hinauswirft, kommt er hinten wieder herein** chassez-le par la porte, il reviendra par la fenêtre; **~ˌwollen** *v/i.* ⟨*irr.*, *sép.*, -ge-, h⟩ **1.** vouloir sortir; **2.** *fig.* **auf etw. ~** vouloir en venir à qc.; **worauf will er hinaus?** où veut-il en venir?; **ich sehe, merke schon, worauf Sie ~** je sais où vous voulez en venir; je vous vois venir; **hoch ~** avoir de grandes prétentions, de hautes visées, des vues ambitieuses; **zu hoch ~** viser trop 'haut; **~ˌziehen I** *v/t.* ⟨*irr.*, *sép.*, -ge-, h⟩ **1.** sortir; tirer; **2.** *zeitlich* faire traîner en longueur; **II** *v/i.* ⟨sein⟩ **3.** sortir (aus de); **zur Stadt ~** sortir de la ville; **in die Natur ~** aller dans la nature; **4.** *Wohnungswechsel* **aufs Land ~** s'installer, se retirer à la campagne; **III** *v/réfl.* **sich ~** traîner en longueur; **~ˌzögern** *v/t.* ⟨-(e)re, *sép.*, -ge-, h⟩ retarder.

hin|befördern ['hɪnbəˌfœrdərn] *v/t.* ⟨-(e)re, *sép.*, *pas de ge-*, h⟩ (y) transporter; **wie sollen wir es ~?** comment devons-nous y transporter cela?; comment devons-nous le transporter là-bas?; **2beˌförderung** *f* transport *m*; **~beˌgeben** *v/réfl.* ⟨*irr.*, *sép.*, *pas de ge-*, h⟩ **sich ~** s'y rendre; **sich zu j-m ~** se rendre chez qn.; **~beˌgleiten** *v/t.* ⟨-ete, *sép.*, *pas de ge-*, h⟩ (y) accompagner; **~beˌmühen I** *v/t.* ⟨*sép.*, *pas de ge-*, h⟩ j-n ~ prier qn. d'y aller; **II** *v/réfl.* **sich ~** se donner la peine d'y aller; **~beˌstellen** *v/t.* ⟨*sép.*, *pas de ge-*, h⟩ j-n ~ prier qn. de venir, mander qn. (zu à, chez); **2blick** *m* **im ~ auf** en considération de; en considérant; eu égard à; en vue de; en tenant compte de; **~ˌblicken** *v/i.* ⟨*sép.*, -ge-, h⟩ regarder; **vor sich ~** regarder devant soi; **~ˌbringen** *v/t.* ⟨*irr.*, *sép.*, -ge-, h⟩ **1.** *Person* (y) conduire; **ich bringe Sie hin** je vous y conduirai *bzw.* je vous y conduis; **wo soll ich Sie ~?** où dois-je vous conduire?; **j-n zu j-m ~** conduire qn. chez qn.; **2.** *Sache* **ich kann es ~** je peux le porter là-bas (*besser* à la poste, *etc.*); **wo soll ich das ~?** où dois-je porter cela?; **etw. (zu) j-m ~** (ap)porter qc. à *bzw.* chez qn.; **3.** *Zeit* passer (**mit etw.** à faire qc.); **sein Leben kümmerlich ~** vivre petitement; vivoter; **~ˌbrummen** *v/t. u. v/i.* ⟨*sép.*, -ge-, h⟩ *cf.* hinmurmeln; **~ˌbrüten** *v/i.* ⟨-ete, *sép.*, -ge-, h⟩ **vor sich ~** être plongé dans une morne apathie; **~ˌdehnen** *v/réfl.* ⟨*sép.*, -ge-, h⟩ **sich (endlos) ~** s'étendre (à perte de vue); **~ˌdenken I** *v/i.* ⟨*irr.*, *sép.*, -ge-, h⟩ **wo denkst du hin!** tu n'y penses pas!; où as-tu la tête!; **II** *v/réfl.* **sich an e-n Ort ~** se transporter en un lieu par la pensée.

hinder|lich ['hɪndərˌlɪç] *adj.* gênant; embarrassant; **j-m, e-r Sache ~ sein** gêner qn., qc.; faire obstacle à qn., à qc.; entraver qc.; **~n** *v/t.* ⟨-(e)re, h⟩ **1.** (*unmöglich machen*) empêcher; **j-n an etw. ~, j-n (daran) ~, etw. zu tun** empêcher qn. de faire qc.; **2.** (*im Wege sein*) gêner; déranger; **j-n bei der Arbeit ~** gêner, déranger qn. dans son travail; **meine Verletzung hindert mich beim Schreiben** ma blessure me gêne pour écrire; **2nis** *n* ⟨~ses; ~se⟩ obstacle *m*; empêchement *m* (*auch jur.*); entrave *f*; *unvermutetes* contretemps *m*; gesetzliches ~ empêchement légal; allen ~sen zum Trotz en dépit de tous les obstacles, contretemps; contre vent et marée; auf ~se stoßen rencontrer des obstacles, des empêchements, des entraves, des traverses; se heurter à des obstacles, *etc.*; j-m ~se in den Weg legen mettre obstacle, des obstacles aux projets de qn.; mettre des bâtons dans les roues à qn.; ein ~ beseitigen lever, écarter un obstacle; ein ~ nehmen franchir un obstacle; ein ~ überwinden franchir, surmonter un obstacle; **2nis,bahn** *f* piste *f* d'obstacles; **2nis,lauf** *m Leichtathletik, 3000 m* steeple-chase [stipltʃez] *m*; **2nis,läufer** *m* coureur *m* de steeple-chase; **2nis,rennen** *n Pferdesport* course *f* d'obstacles; **2ungs,grund** *m* (cause *f*, motif *m* d')empêchement *m*; das ist kein ~ ce n'est pas un empêchement.

hindeuten ['hɪn,dɔʏtən] *v/i.* ⟨-ete, *sép.*, -ge-, h⟩ auf etw. ~ montrer qc. du doigt; *fig.* annoncer, indiquer, montrer qc.; donner à penser (que ...); das deutet auf e-n frühen Winter hin cela annonce un hiver précoce.

Hindi ['hɪndiˑ] *n* ⟨~⟩ *Sprache* 'hindi [indi] *m*.

hindrängen ['hɪn,drɛŋən] *v/i.* ⟨*sép.*, -ge-, sein⟩ *u. v/réfl.* ⟨h⟩ s'y bousculer; s'y presser; sich zu j-m, etw. ~ se presser, se pousser, se bousculer vers qn., vers qc.

Hindu ['hɪnduˑ] *m* ⟨~(s); ~s⟩ Hindou *m*; **~'ismus** *m* ⟨~⟩ *relig.* hindouisme *m*.

hindurch [hɪn'dʊrç] *adv.* **1.** *räumlich* durch etw. ~ à travers qc.; en passant par qc.; en traversant qc.; *durch ein Hindernis* au travers de qc.; durch den Wald ~ à travers le bois; en passant par, en traversant le bois; hier ~ (en passant) par ici, par là; ganz ~ de part en part; **2.** *zeitlich* durant; pendant; das ganze Jahr ~ (pendant, durant) toute l'année; l'année durant; *bei verneintem Satz* de toute l'année; Jahre ~ des années durant, entières; pendant des années; die ganze Nacht ~ (pendant, durant) toute la nuit; la nuit durant; *bei verneintem Satz* de toute la nuit; die ganze Nacht ~ habe ich kein Auge zugetan je n'ai pas fermé l'œil de toute la nuit; sein ganzes Leben ~ durant, pendant toute sa vie; sa vie durant; *bei verneintem Satz* de toute sa vie; **~,fahren** *v/i.* ⟨*irr.*, *sép.*, -ge-, sein⟩ durch etw. ~ traverser qc.; passer par qc.; mitten ~ passer en plein milieu, au beau milieu (durch etw. de qc.); **~,führen** *v/i.* ⟨*sép.*, -ge-, h⟩ *Weg etc.* passer à travers (durch qc.); **~,gehen** *v/i.* ⟨*irr.*, *sép.*, -ge-, sein⟩ durch etw. ~ traverser qc.; passer par qc.; der Schuß ging durch die Lunge hindurch la balle a traversé le poumon; **~,sehen** *v/i.* ⟨*irr.*, *sép.*, -ge-, h⟩ voir à travers (durch qc.).

hindürfen ['hɪn,dʏrfən] *v/i.* ⟨*irr.*, *sép.*, -ge-, h⟩ *cf.* hin 5.

Hindustani [hɪndʊs'tɑːniˑ] *n* ⟨~⟩ *Sprache* hindoustani *m*.

hineilen ['hɪn,ˀaɪlən] *v/i.* ⟨*sép.*, -ge-, sein⟩ y courir; y voler; zu j-m ~ courir vers *bzw.* chez qn.

hinein [hɪ'naɪn], F **'rein** [raɪn] *adv.* **1.** *räumlich cf. die betreffenden Verben*; nur ~! entre(z) donc!; hier ~! ; entre(z) (par) ici, là!; rechts ~! à droite!; entre(z) par la porte de droite!; ~ ins Vergnügen! allons-y gaiement!; in etw. ~ dans qc.; tief in etw. ~ profondément dans qc.; bien avant dans qc.; mitten ~ au beau milieu, en plein milieu (in etw. de qc.); mitten ins Herz ~ en plein cœur; bis in etw. ~ jusqu'au cœur de qc.; jusqu'au plus profond de qc.; **2.** *zeitlich* bis in den Mai ~ jusqu'en mai; jusqu'au mois de mai; bis in die Nacht ~ jusqu'à la nuit tombée; bis tief in die Nacht ~ jusqu'à une heure avancée de la nuit; jusque tard dans la nuit; bien avant dans la nuit; bis in den hellen Tag ~ schlafen faire la grasse matinée.

hinein|arbeiten [hɪ'naɪn,ˀarbaɪtən] *v/t.* ⟨-ete, *sép.*, -ge-, h⟩ faire entrer; incorporer (in dans); **~be,geben** *v/réfl.* ⟨*irr.*, *sép.*, *pas de ge-*, h⟩ sich ~ entrer (in dans); **~,beißen** *v/i.* ⟨*irr.*, *sép.*, -ge-, h⟩ mordre dedans; in etw. ~ mordre dans qc.; tüchtig ~ mordre à belles dents; **~be,kommen** F *v/t.* ⟨*irr.*, *sép.*, *pas de ge-*, h⟩ parvenir à, arriver à faire entrer (in dans); **~be,mühen** *st. s.* **I** *v/t.* ⟨*sép.*, *pas de ge-*, h⟩ j-n ~ prier qn. d'entrer; faire entrer qn.; **II** *v/réfl.* sich ~ prendre, se donner la peine d'entrer; **~,blicken** *v/i.* ⟨*sép.*, -ge-, h⟩ *cf.* ~schauen; **~,bringen** *v/t.* ⟨*irr.*, *sép.*, -ge-, h⟩ apporter; *Person, Tier* mit ~ faire entrer; *cf. auch* ~bekommen; **~,denken** *v/réfl.* ⟨*irr.*, *sép.*, -ge-, h⟩ sich in j-n, in j-s Lage ~ se mettre à la place, dans la peau de qn.; s'identifier avec qn.; **~,deuten** *v/t.* ⟨-ete, *sép.*, -ge-, h⟩ *cf.* ~interpretieren; **~,drängen I** *v/t.* ⟨*sép.*, -ge-, h⟩ pousser dedans; in etw. ~ pousser dans qc.; **II** *v/i.* ⟨sein⟩ *u. v/réfl.* se pousser, se presser, se bousculer pour entrer (in dans); s'engouffrer (in dans); **~,drücken** *v/t.* ⟨*sép.*, -ge-, h⟩ faire entrer; **~,dürfen** *v/i.* ⟨*irr.*, *sép.*, -ge-, h⟩ pouvoir, *verneint* ne pas devoir entrer; avoir la permission, le droit d'entrer; **~,eilen** *v/i.* ⟨*sép.*, -ge-, sein⟩ entrer en 'hâte, en courant; **~,fahren I** *v/t.* ⟨*irr.*, *sép.*, -ge-, h⟩ rentrer (in dans); **II** *v/i.* ⟨sein⟩ entrer (in dans); *in e-e Straße etc.* s'engager (dans); enfiler (qc.); *in ein anderes Fahrzeug* rentrer dans qc. *bzw.* dedans; **~,fallen** *v/i.* ⟨*irr.*, *sép.*, -ge-, sein⟩ **1.** tomber (dedans); in etw. ~ tomber dans qc.; **2.** *cf.* hereinfallen 2.; **~,finden** *v/réfl.* ⟨*irr.*, *sép.*, -ge-, h⟩ *fig.* sich in etw. ~ se faire à, se familiariser avec, s'habituer à, s'accoutumer à qc.; **~,fliegen** *v/i.* ⟨*irr.*, *sép.*, -ge-, sein⟩ **1.** entrer (in dans); **2.** *fig. u.* F *cf.* hereinfallen 2.; **~,flüchten** *v/i.* ⟨-ete, *sép.*, -ge-, sein⟩ *u. v/réfl.* ⟨h⟩ se réfugier (in dans; *abs.* dedans); s'y réfugier; **~,fressen** *v/t.* ⟨*irr.*, *sép.*, -ge-, h⟩ *Zorn, Ärger* in sich ~ ravaler; **~,führen I** *v/t.* ⟨*sép.*, -ge-, h⟩ conduire; introduire; faire entrer; wer hat euch hineingeführt? qui vous y a conduits?; j-n in etw. ~ conduire qn. dans qc.; **II** *v/i. Weg etc.* in etw. ~ conduire, mener dans qc.; dieser Weg führt direkt hinein ce chemin y conduit, y mène directement *od.* conduit, mène directement dedans; **~ge,heimnissen** *v/t.* ⟨-ßt, *sép.*, *p.p.* hineingeheimnißt, h⟩ etw. *bzw.* zuviel in etw. ~ voir dans qc. des *bzw.* trop de mystères qui n'y sont pas; **~,gehen** *v/i.* ⟨*irr.*, *sép.*, -ge-, sein⟩ **1.** *Person* entrer (in dans); (*wieder* ~) rentrer; *in e-n Gang, e-e Straße* s'engager (dans); enfiler (qc.); er ist hier hineingegangen il est entré par là *bzw.* il s'est engagé là; **2.** *Nagel etc.* entrer; s'enfoncer; pénétrer; **3.** *fig.* (*Platz finden*) tenir; aller (dedans); in den Saal gehen zweihundert Personen hinein deux cents personnes tiennent dans la salle; la salle peut contenir deux cents personnes; wieviel Personen gehen da hinein? combien de personnes y tiennent-elles?; combien de personnes tiennent là-dedans?; in den Topf gehen zwei Liter hinein le pot peut contenir deux litres; es geht nichts mehr hinein F rien ne va plus dedans; **~ge,raten** *v/i.* ⟨*irr.*, *sép.*, *p.p.* hineingeraten, sein⟩ in etw. ~ tomber, arriver, se trouver pris, F atterrir dans qc.; wie bist du da ~? comment es-tu tombé là-dedans?; **~,gießen** *v/t.* ⟨*irr.*, *sép.*, -ge-, h⟩ verser dedans; in etw. ~ verser dans qc.; **~,helfen** *v/i.* ⟨*irr.*, *sép.*, -ge-, h⟩ j-m ~ aider qn. à entrer, *in den Mantel* à enfiler son manteau; **~interpre,tieren** *v/t.* ⟨*sép.*, *pas de ge-*, h⟩ etw. in e-n Text ~ voir dans un texte des choses qui n'y sont pas; e-n Sinn ~ donner un sens qui n'y est pas; **~,jagen** *v/t.* ⟨*sép.*, -ge-, h⟩ faire entrer; **~,klettern** *v/i.* ⟨-(e)re, *sép.*, -ge-, sein⟩ grimper (dedans); in etw. ~ grimper dans qc.; **~,knien** *v/réfl.* ⟨*sép.*, -ge-, h, *cf.* knien⟩ *fig.* sich (in e-e Arbeit) ~ s'atteler à un travail; se plonger dans un travail; **~,kommen** *v/i.* ⟨*irr.*, *sép.*, -ge-, sein⟩ **a)** parvenir, arriver à entrer; wie kommt man da hinein? comment fait-on pour y entrer?; **b)** venir; rentrer; ich komme gleich hinein je viens, rentre tout de suite; **~,können** F *v/i.* ⟨*irr.*, *sép.*, -ge-, h⟩ pouvoir (r)entrer; **~,kriechen** *v/i.* ⟨*irr.*, *sép.*, -ge-, sein⟩ entrer (*Person* en rampant); **~,kriegen** *v/t.* ⟨*sép.*, -ge-, h⟩ F *cf.* ~bekommen; **~,langen** *v/i.* ⟨*sép.*, -ge-, h⟩ mettre la main dedans; in etw. ~ mettre la main dans qc.; F lang (ein)mal hinein! (*in e-e Tüte, um etw. zu nehmen*) prends-en!; **~,lassen** *v/t.* ⟨*irr.*, *sép.*, -ge-, h⟩ laisser *bzw.* faire entrer; **~,laufen** *v/i.* ⟨*irr.*, *sép.*, -ge-, sein⟩ **a)** *Person* entrer (en courant) (in dans); in ein Auto ~ rentrer dans une voiture; **b)** *Flüssigkeit* couler dedans; in etw. ~ couler dans qc.; **~,leben I** *v/i.* ⟨*sép.*, -ge-, h⟩ in den Tag ~ vivre au jour le jour; **II** *v/réfl.* sich in etw. ~ *cf.* ~finden; **~,legen** *v/t.* ⟨*sép.*, -ge-, h⟩ **1.** mettre dedans; in etw. ~ mettre dans qc.; e-n Sinn ~ donner une interprétation; **2.** *fig. u.* F *cf.* hereinlegen 2.; **~,lesen** *v/t.* ⟨*irr.*, *sép.* -ge-, h⟩ *cf.* ~interpretieren; **~manö,vrieren** *v/réfl.* ⟨*sép.*, *pas de ge-*, h⟩ sich in e-e schwierige Lage ~ se mettre dans une situation difficile; **~,mischen** *v/réfl.* ⟨*sép.*, -ge-, h⟩ F sich in etw. ~ se mêler de qc.; **~,müssen** F *v/i.* ⟨*irr.*, *sép.*, -ge-, h⟩ devoir (r)entrer; **~,nehmen** *v/t.* ⟨*irr.*, *sép.*, -ge-, h⟩ *Sache* rentrer; *Person, Tier* mit ~ faire entrer; **~,platzen** *v/i.* ⟨-(es)t, *sép.*, -ge-, sein⟩ entrer à l'improviste, sans crier gare (in dans); **~,pressen** *v/t.* ⟨-ßt, *sép.*, -ge-, h⟩ faire entrer de force (in dans); **~,ragen** *v/i.* ⟨*sép.*, -ge-, h⟩ *cf.* hereinragen; **~,reden I** *v/i.* ⟨-ete, *sép.*, -ge-, h⟩ ins Blaue, in den Tag ~ parler à tort et à travers; *fig.* in etw. ~ se mêler de qc.; j-m in s-e Angelegenheiten ~ se mêler des affaires de qn.; **II** *v/réfl.* sich in Zorn ~ s'échauffer en parlant; **~,reichen** *v/t.* ⟨*sép.*, -ge-, h⟩ passer (in dans, zum Fenster par la fenêtre); **~,reißen** *v/t.* ⟨*irr.*, *sép.*, -ge-, h⟩ *fig.* j-n in etw. ~ engager, entraîner qn. dans qc.; *cf. auch* ~reiten; **~,reiten I** *v/t.* ⟨*irr.*, *sép.*, -ge-, h⟩ *fig. u.* F j-n (schön) ~ mettre qn. dans de beaux draps, dans un drôle de pétrin, joliment dedans; **II** *v/i.* ⟨sein⟩ entrer à cheval; **~ˌrennen** *v/i.* ⟨*irr.*, *sép.*, -ge-, sein⟩ entrer en courant; **~ˌriechen** *v/i.* ⟨*irr.*, *sép.*, -ge-, h⟩ *fig. u.* F in etw. ~ goûter à qc.; **~ˌrufen** *v/t. u. v/i.* ⟨*irr.*, *sép.*, -ge-, h⟩ crier (qc.) (in dans); wie man in den Wald hineinruft, so schallt es heraus *cf.* herausschallen; **~ˌschaffen** *v/t.* ⟨*sép.*, -ge-, h⟩ rentrer; **~ˌschauen** *v/i.* ⟨*sép.*, -ge-, h⟩ regarder (dedans); in etw. ~ regarder dans qc.; durch etw. ~ regarder par qc.; **~ˌschicken** *v/t.* ⟨*sép.*, -ge-, h⟩ envoyer (in dans); **~ˌschieben** *v/t.* ⟨*irr.*, *sép.*, -ge-, h⟩ pousser, *in die Tasche etc.* mettre dedans; etw. in etw. ~ pousser *bzw.* mettre qc. dans qc.; **~ˌschießen** *v/i.* ⟨*irr.*, *sép.*, -ge-, h⟩ **1.** in etw., in die Menge ~ tirer dans qc., dans la foule; **2.** ⟨sein⟩ *Wasser(massen)* entrer avec force (dans); **~ˌschleichen** *v/i.* ⟨*irr.*, *sép.*, -ge-, sein⟩ *u. v/réfl.* ⟨h⟩ se glisser dedans; entrer furtivement (in dans); in etw. ~ se glisser dans qc.; **~ˌschleppen I** *v/t.* ⟨*sép.*, -ge-, h⟩ rentrer avec peine; traîner (jusque dans la maison, *etc.*); **II** *v/réfl.* sich ~ entrer tant bien que mal, avec peine; se traîner (jusque dans la maison, *etc.*); **~ˌschlittern** *v/i.* ⟨-(e)re, *sép.*, -ge-, sein⟩ F in etw. ~ glisser dans qc.; **~ˌschlüpfen** *v/i.* ⟨*sép.*, -ge-, sein⟩ se glisser dedans; in etw. ~ se glisser dans qc.; *in ein Kleidungsstück* enfiler qc.; **~ˌschreiben** *v/t.* ⟨*irr.*, *sép.*, -ge-, h⟩ in etw. ~ écrire, inscrire dans qc.; **~ˌsehen** *v/i.* ⟨*irr.*, *sép.*, -ge-, h⟩ in etw. ~ regarder dans qc.; man kann bei den Nachbarn ~ on peut voir chez les voisins; **~ˌsenken** *v/t.* ⟨*sép.*, -ge-, h⟩ enfoncer (in dans); **~ˌsetzen I** *v/t.* ⟨-(es)t, *sép.*, -ge-, h⟩ mettre dedans; rentrer (in dans); in etw. ~ mettre dans qc.; **II** *v/réfl.* sich ~ s'asseoir dedans, *ins Hausinnere* à l'intérieur; sich in etw. ~ s'asseoir dans qc.; **~ˌsinken** *v/i.* ⟨*irr.*, *sép.*, -ge-, sein⟩ s'enfoncer (in dans); **~ˌstechen I** *v/t.* ⟨*irr.*, *sép.*, -ge-, h⟩ enfoncer (in dans); **II** *v/i.* piquer (in dans); **~ˌstecken** *v/t.* ⟨*sép.*, -ge-, h⟩ **1.** mettre, F fourrer, *weit, tief* enfoncer dedans; in etw. ~ mettre, fourrer, enfoncer dans qc.; *fig. u.* F s-e Nase in etw., in alles ~ fourrer son nez dans qc., partout; **2.** *comm.* Geld, Kapital (in etw.) ~ engager, mettre, placer de l'argent, des capitaux dedans (*bzw.* dans qc.); **~ˌstehlen** *v/réfl.* ⟨*irr.*, *sép.*, -ge-, h⟩ sich ~ se glisser, s'insinuer dedans; sich in etw. ~ se glisser, s'insinuer dans qc.; **~ˌsteigen** *v/i.* ⟨*irr.*, *sép.*, -ge-, sein⟩ entrer (in dans, zum Fenster par la fenêtre); **~ˌsteigern** *v/réfl.* ⟨-(e)re, *sép.*, -ge-, h⟩ sich in s-n Zorn *etc.* ~ s'abandonner, se laisser aller à la colère, *etc.*; **~ˌstopfen** *v/t.* ⟨*sép.*, -ge-, h⟩ fourrer dedans; in etw. ~ fourrer dans qc.; **~ˌstoßen I** *v/t.* ⟨*irr.*, *sép.*, -ge-, h⟩ pousser, *Messer etc.* planter dedans; in etw. ~ pousser *bzw.* planter dans qc.; **II** *v/i.* ⟨sein⟩ *milit.* pénétrer, prendre pied (in dans); **~ˌströmen** *v/i.* ⟨*sép.*, -ge-, sein⟩ *Luft* entrer, *Wasser* entrer à flots, *Menschen* entrer en masse, en foule (in dans); *Wasser, Menschen auch* s'engouffrer; **~ˌstürzen I** *v/i.* ⟨-(es)t, *sép.*, -ge-, sein⟩ **1.** tomber dedans; *Wassermassen* faire irruption; in etw. ~ tomber *bzw.* faire irruption dans qc.; **2.** *fig. Person* entrer précipitamment (in dans); **II** *v/réfl.* ⟨h⟩ sich ~ se jeter, se précipiter dans qc. *bzw.* dedans; s'y jeter, précipiter; sich blindlings ~ s'y jeter à corps perdu; **~ˌtragen** *v/t.* ⟨*irr.*, *sép.*, -ge-, h⟩ rentrer; in etw. ~ porter jusque dans qc.; rentrer dans qc.; **~ˌtreiben** *v/t.* ⟨*irr.*, *sép.*, -ge-, h⟩ *Vieh etc.* faire entrer (in dans); *Keil etc.* enfoncer, chasser (in dans); **~ˌtreten** *v/i.* ⟨*irr.*, *sép.*, -ge-, sein⟩ *in e-n Raum* entrer (dans); mettre le pied dans qc. (*abs.* dedans); *in e-n Kothaufen etc.* marcher, mettre le pied dans qc. (*abs.* dedans); in e-n Reißnagel, in ein Gartenbeet ~ marcher sur une punaise, sur une plate-bande; **~ˌtun** F *v/t.* ⟨*irr.*, *sép.*, -ge-, h⟩ mettre (dedans); in etw. ~ mettre dans qc.; e-n Blick ~ jeter un coup d'œil (in dans; *abs.* dedans); **~verˌsetzen** *v/réfl.* ⟨-(es)t, *sép.*, *pas de ge-*, h⟩ sich in e-e Rolle ~ s'identifier, se confondre avec un rôle; sich in j-n, in j-s Lage ~ *cf.* ~denken; **~ˌwachsen** *v/i.* ⟨*irr.*, *sép.*, -ge-, sein⟩ in etw. ~ pousser dans qc.; er wird in den Mantel ~ il va grandir et le manteau lui ira; *fig. in e-e Aufgabe etc. cf.* ~finden; **~ˌwagen** *v/réfl.* ⟨*sép.*, -ge-, h⟩ sich ~ oser entrer; se risquer à l'intérieur; **~ˌwerfen** *v/t.* ⟨*irr.*, *sép.*, -ge-, h⟩ jeter dedans; in etw. ~ jeter dans qc.; e-n Blick ~ jeter un coup d'œil (in dans; *abs.* dedans); **~ˌwollen** *v/i.* ⟨*irr.*, *sép.*, -ge-, h⟩ vouloir (r)entrer; *fig.* das will mir nicht in den Kopf hinein je ne comprends pas cela; je n'arrive pas à réaliser cela, à m'en rendre compte; **~ˌziehen I** *v/t.* ⟨*irr.*, *sép.*, -ge-, h⟩ *Sache* tirer (in dans); *Person* faire (r)entrer (de force) (in dans); *fig.* in e-e Sache hineingezogen werden être engagé, impliqué dans une affaire; être mêlé à une affaire; **II** *v/i.* ⟨sein⟩ **1.** entrer; **2.** *Wohnungswechsel* in die Stadt ~ s'installer à la *od.* en ville; **~ˌzwängen I** *v/t.* ⟨*sép.*, -ge-, h⟩ faire entrer de force; **II** *v/réfl.* sich ~ entrer de force.

hin|fahren [ˈhɪnˌfaːrən] **I** *v/t.* ⟨*irr.*, *sép.*, -ge-, h⟩ *Person* (y) conduire (en voiture, *etc.*); *Lasten* transporter, emmener, charrier là-bas (*od.* à un endroit, chez qn.); ich werde Sie ~ je vous y conduirai; wo soll ich Sie ~? où dois-je vous conduire?; **II** *v/i.* ⟨sein⟩ **a)** (y) aller (en voiture, *etc.*); wo fährt der Zug hin? où va ce train?; ich würde gerne (ein)mal ~ je voudrais bien y aller; an der Küste *etc.* ~ longer la côte, *etc.*; hin- und herfahren *od.* zurückfahren aller et revenir (en voiture, *etc.*); *mehrmals* faire la navette (entre X et Y); **b)** *st. s.* (*wegfahren*) s'en aller; partir; da fährt er hin le voilà qui part, qui s'en va; *poét.* fahr hin ...! adieu ...!; **c)** *fig.* mit der Hand *etc.* über etw. ~ passer la main, *etc.* sur qc.; **2fahrt** *f* aller *m*; auf der ~ (ging alles gut) à l'aller (tout alla bien, pour le mieux); Hin- und Rückfahrt (kosten) l'aller et retour (coûte); **~ˌfallen** *v/i.* ⟨*irr.*, *sép.*, -ge-, sein⟩ tomber (*Gegenstände* par terre); *Person auch* F ramasser une bûche; der Länge nach, lang ~ tomber de tout son long; mit dem Fahrrad ~ tomber de bicyclette; **~ˌfällig** *adj.* **1.** (*ungültig, überholt*) annulé; nul, -lle; *jur. auch* caduc, -uque; das macht die Angelegenheit ~ cela annule l'affaire; damit wird dieser Punkt ~ de ce fait ce point va s'annuler, va devenir nul; **2.** *st. s. Person cf.* gebrechlich; **2ˌfälligˌkeit** *f* ⟨~⟩ **1.** *jur.* caducité *f*; *sonst verbal*; **2.** *von Personen cf.* Gebrechlichkeit; die ~ alles Irdischen la fragilité de toutes les choses terrestres; **~ˌfinden** *v/i.* ⟨*irr.*, *sép.*, -ge-, h⟩ savoir y aller; trouver son chemin; du wirst nicht allein ~ tu ne sauras pas y aller tout seul; tu ne vas pas trouver ton chemin; **~ˌfläzen** *v/réfl.* ⟨-(es)t, *sép.*, -ge-, h⟩, **~ˌflegeln** *v/réfl.* ⟨-(e)le, *sép.*, -ge-, h⟩ F sich ~ se prélasser, se vautrer (sur, dans qc.); **~ˌfliegen** *v/i.* ⟨*irr.*, *sép.*, -ge-, sein⟩ **1.** wir fliegen mit dem Flugzeug hin nous prenons l'avion pour y aller; wo fliegen die Vögel hin? où vont les oiseaux?; **2.** F *cf.* ~fallen; **~ˌfliehen** *v/i.* ⟨*irr.*, *sép.*, -ge-, sein⟩ *st. s. Zeit etc.* s'enfuir; **~ˌfließen** *v/i.* ⟨*irr.*, *sép.*, -ge-, sein⟩ wo fließt das Wasser hin? où va cette eau?; wo fließt der Fluß hin? *auch* où se jette ce fleuve?; **2flug** *m aviat.* (vol *m*) aller *m*; auf dem ~ à l'aller; Hin- und Rückflug (kosten) l'aller et retour (coûte); **~ˈfort** *adv. st. s. cf.* fortan; **2fracht** *f comm.* fret *m* d'aller; **~ˌführen I** *v/t.* ⟨*sép.*, -ge-, h⟩ (y) conduire; können Sie mich ~? pouvez-vous m'y conduire?; wo darf ich Sie ~? où puis-je vous conduire?; **II** *v/i. Weg etc.* (y) mener, conduire; wo führt der Weg hin? où mène, conduit ce chemin?; der Weg führt direkt hin ce chemin y conduit, y mène directement; *fig.* wo soll das ~? où cela va-t-il nous mener, conduire?; wo soll das ~, wenn ...? *auch* où allons-nous si ...?

hing [hɪŋ] *cf.* hängen.

Hin|gabe [ˈhɪnˌgaːbə] *f* ⟨~⟩ *fig. e-r Person gegenüber* dévouement *m*; mit ~ etw. tun faire qc. avec passion, passionnément; j-n mit ~ pflegen soigner qn. avec dévouement; mit ~ Geige spielen jouer du violon avec passion; **~gang** *m* ⟨~(e)s⟩ *fig. u. st. s.* trépas *m*; décès *m*; **2ˌgeben I** *v/t.* ⟨*irr.*, *sép.*, -ge-, h⟩ donner; ich würde alles ~ je donnerais, sacrifierais tout; sein Leben für etw. ~ donner sa vie pour qc.; **II** *v/réfl.* sich ~ s'adonner (à); *e-r Aufgabe, Arbeit etc. auch* se consacrer (à); *geschlechtlich* se donner (à); sich e-r Sache mit Leib und Seele ~ se donner corps et âme à qc.; er gab sich dem Genuß der Musik hin il s'adonna, s'abandonna au plaisir de la musique; sich der Hoffnung ~, daß ... espérer que ...; gib dich nicht der Täuschung hin, daß ... ne t'imagine pas que ...; **~ˌgebung** *f* ⟨~⟩ *cf.* ~gabe; **2ˌgebungsˌvoll** *adj. u. adv.* avec passion; passionnément; *Personen gegenüber* avec (un grand) dévouement; **2ˈgegen** *adv.* par contre; au contraire; en revanche; **2geˌgossen** *adjt.* wie ~ daliegen être étendu dans une pose pleine d'abandon; **2geˌhaucht** *adjt.* wie ~ vaporeux, -euse; léger, -ère; **2ˌgehen** *v/i.* ⟨*irr.*, *sép.*, -ge-, sein⟩ **1.** aller, se rendre (zu à, vers, *in j-s Haus* chez); da gehe ich nicht hin je n'y vais pas; wo gehst du hin? où vas-tu?; F wo geht es hier hin? où va-t-on par là?; F wo geht der Weg hin? où mène, conduit ce chemin?; hin- und zurückgehen aller et revenir; vor sich ~ aller droit devant soi, à l'aventure, au hasard; **2.** *st. s.* (*weggehen*) s'en aller; **3.** *fig.* etw. ~ lassen passer sur qc.; das mag diesmal noch ~ (cela) passe pour cette fois; leicht(fertig) über etw. ~ passer, glisser sur qc.; **2geˌhören** *v/i.* ⟨*sép.*, *p. p.* hingehört, h⟩ être à sa place; wo gehört das hin? où faut-il mettre cela?; da gehört das hin il faut le mettre là; voilà sa place; das gehört da nicht hin ce n'est pas à sa place ici; leg es dahin, wo es hingehört remets-le à sa place; *fig.* nicht wissen, wo man hingehört ne pas savoir où aller; ne pas avoir de chez-soi; **2geˌlangen** *v/i.* ⟨*sép.*, *p. p.* hingelangt, sein⟩ accéder (à); wie gelangt man hin? comment s'y rend-on, y accède-t-on?; **2geˌraten** *v/i.* ⟨*irr.*, *sép.*, *p. p.* hingeraten, sein⟩ wo ist das ~? où est-ce que c'est passé?; ich weiß nicht, wo es ~ ist je ne sais pas où c'est passé; wo sind wir denn hier ~? mais où est-ce que l'on a atterri?; **~geˌrichtete(r)** *f* (*m*) ⟨→ A⟩ supplicié(e) *m* (*f*); **2geˌrissen** *adjt.* *cf.* hinreißen; **2geˌzogen** *advt.* sich zu j-m ~ fühlen se sentir attiré par qn.; sentir de l'inclination pour qn.; **2ˌgießen** *v/t.* ⟨*irr.*, *sép.*, -ge-, h⟩ verser; **2ˌgleiten** *v/i.* ⟨*irr.*, *sép.*, -ge-, sein⟩ über etw. ~ glisser sur qc.; **2ˌgucken** *v/i.* ⟨*sép.*, -ge-, h⟩ *cf.* hinsehen; **2ˌhalten** *v/t.* ⟨*irr.*, *sép.*, -ge-, h⟩ **1.** *Hand* tendre, *Sachen auch* présenter (qc. à qn.); *fig.* den Kopf ~ müssen devoir pâtir (für pour); **2.** *zeitlich* j-n ~ faire prendre patience à qn.; F lanterner qn.; etw. ~ retarder qc.; faire traîner qc.; j-n mit Versprechungen ~ payer qn. de promesses; **2ˌhaltend** *adjt.* retardateur, -trice; *milit.* ~er Widerstand action retardatrice; **~ˌhaltung** *f fig.* *verbal*; **2ˌhängen** *v/t.* ⟨*sép.*, -ge-, h⟩ *Mantel, Bild etc.* suspendre; accrocher; **2ˌhauen** F **I** *v/t.* ⟨*irr.*, *sép.*, -ge-, h⟩ *Arbeit* F bâcler; torcher; bousiller; P saloper; **II** *v/i.* F coller; gazer; P être au poil; das haut hin ça colle, gaze; c'est au poil; **III** *v/réfl.* sich ~ s'étendre; s'allonger; (*schlafen gehen*) P aller au plumard; aller se pieuter; **2ˌhorchen** *v/i.* ⟨*sép.*, -ge-, h⟩ écouter; dresser l'oreille; **2ˌhören** *v/i.* ⟨*sép.*, -ge-, h⟩ écouter; nur mit e-m Ohr ~ n'écouter que d'une oreille.

Hinke|bein ['hɪŋkəˌbaɪn] *n*, **~ˌfuß** *m* F bancal *m*; **2n I** *v/i.* ⟨h⟩ boiter; clopiner; claudiquer; clocher (*auch fig.*); leicht ~ boitiller; avoir une légère claudication; *fig.* der Vergleich hinkt cette comparaison cloche; **II ~n** *n* ⟨~s⟩ claudication *f*; clochement *m*; **2nd 1.** *adjt.* boiteux, -euse (*auch métr.*); claudicant; F éclopé; *fig.* qui cloche; **2.** *advt.* en boitant; F clopin-clopant; **~nde(r)** *f* (*m*) ⟨→ A⟩ boiteux, -euse *m, f*.

hin|knien ['hɪnˌkniːən, -kniːn] *v/i.* ⟨*sép.*, -ge-, sein, *cf.* knien⟩ *u.* *v/réfl.* ⟨h⟩ s'agenouiller; se mettre à genoux; **~ˌkommen** *v/i.* ⟨*irr.*, *sép.*, -ge-, sein⟩ venir (zu à, chez); *Gegenstände* passer; wie kommt man hin? comment peut-on y aller?; wie ist das da hingekommen? comment cela a-t-il fait pour arriver là?; wo ist meine Brille hingekommen? où sont passées, que sont devenues mes lunettes?; F wo kommt das hin? (*gehört das hin*) où faut-il mettre cela?; *fig.* ich komme nirgends hin je ne vais nulle part; je ne sors pas; wo kämen wir hin, wenn ...? qu'allons-nous devenir si ...?; que deviendrions-nous si ...?; **~ˌkönnen** *v/i.* ⟨*irr.*, *sép.*, -ge-, h⟩ pouvoir (y) aller; dort können wir nicht mehr hin nous ne pouvons plus y aller; **~ˌkriechen** *v/i.* ⟨*irr.*, *sép.*, -ge-, sein⟩ (y) ramper; **~ˌkriegen** *v/t.* ⟨*sép.* -ge-, h⟩ F y arriver; faire; das werden wir schon ~ on va y arriver; das hast du prima hingekriegt! tu y es arrivé, tu l'as fait à merveille!; **~ˌkritzeln** *v/t.* ⟨-(e)le, *sép.*, -ge-, h⟩ etw. (schnell) ~ griffonner qc.; **~ˌlachen** *v/i.* ⟨*sép.*, -ge-, h⟩ vor sich ~ rire tout seul; **~ˌlangen** *v/i.* ⟨*sép.*, -ge-, h⟩ *cf.* ~reichen II; **~ˌlänglich 1.** *adj.* suffisant; **2.** *adv.* suffisamment; ~ bekannt sein être suffisamment connu; *Wechsel* ~ gedeckt sein avoir une couverture suffisante; **~ˌlassen** *v/t.* ⟨*irr.*, *sép.*, -ge-, h⟩ (y) laisser aller; da lasse ich dich nicht hin je ne t'y laisse pas aller; **~ˌlaufen** *v/i.* ⟨*irr.*, *sép.*, -ge-, sein⟩ aller, courir (zu à, vers, *in j-s Haus* chez); ich lief hin j'y allai, courus; *Straße etc.* an, längs etw. ~ longer qc.; **~ˌleben** *v/i.* ⟨*sép.*, -ge-, h⟩ vivre au jour le jour; sorglos ~ vivre sans souci; **~ˌlegen I** *v/t.* ⟨*sép.*, -ge-, h⟩ poser; mettre; etw. irgendwo ~ mettre, poser qc. quelque part; leg es hin, wo es hingehört remets-le à sa place; den Federhalter ~ poser le porte-plume; *Kartenspiel* die Karten ~ abattre ses cartes, son jeu; *fig. u.* F e-e gute Rede *etc.* ~ faire la démonstration d'un bon discours, *etc.*; **II** *v/réfl.* sich ~ s'allonger; s'étendre; *ins Bett* se coucher; *Kranker auch* s'aliter; *milit.* ~! couchez-vous!; plaquez-vous!; ich lege mich e-e Stunde hin je m'allonge, m'étends une heure; *fig. u.* F da legst du dich lang hin! ça t'en bouche un coin!; **~ˌleiten** *v/t.* ⟨-ete, *sép.*, -ge-, h⟩, **~ˌlenken** *v/t.* ⟨*sép.*, -ge-, h⟩ diriger, conduire (vers, sur); *fig.* das Gespräch auf etw. ~ amener la conversation sur qc.; *cf. auch* lenken; **~ˌlümmeln** *v/réfl.* ⟨-(e)le, *sép.*, -ge-, h⟩ F sich ~ se coucher, se vautrer (sur); **~ˌmachen** *v/i.* ⟨*sép.*, -ge-, h⟩ F da hat ein Hund hingemacht un chien a fait là; überall ~ faire partout; **2marsch** *m* aller *m*; **~marˌschieren** *v/i.* ⟨*sép.*, *pas de ge-*, sein⟩ (y) aller; marcher (sur); **~ˌmetzeln** *v/t.* ⟨-(e)le, *sép.*, -ge-, h⟩, **~ˌmorden** *v/t.* ⟨-ete, *sép.*, -ge-, h⟩ massacrer; assassiner; égorger; **~ˌmurmeln** *v/t. u. v/i.* ⟨-(e)le, *sép.*, -ge-, h⟩ etw. vor sich ~ dire qc. dans sa barbe; vor sich ~ parler dans sa barbe; **~ˌmüssen** *v/i.* ⟨*irr.*, *sép.*, -ge-, h⟩ devoir y aller; ich muß unbedingt (dort) hin il faut que j'y aille absolument; je dois absolument y aller; **~ˌnehmen** *v/t.* ⟨*irr.*, *sép.*, -ge-, h⟩ **1.** *Gegenstand* prendre; accepter; **2.** j-n, etw. mit ~ emmener qn., qc.; **3.** *fig.* accepter; supporter; tolérer; etw. geduldig, ruhig ~ accepter qc. avec, prendre qc. en patience; etw. als selbstverständlich ~ accepter qc. comme allant de soi, comme naturel; das brauchst du nicht hinzunehmen tu n'as pas besoin de tolérer, de supporter cela; **~ˌopfern** *v/t.* (*u. v/réfl.*) ⟨-(e)re, *sép.*, -ge-, h⟩ (se) sacrifier; **~ˌpassen** *v/i.* ⟨-ßt, *sép.*, -ge-, h⟩ être à sa place; convenir; das paßt hier nicht hin *Bild etc.* cela ne fait pas bien ici; *Wort etc.* cela n'est pas à sa place, ne convient pas ici; **~ˌpfeifen** *v/t. u. v/i.* ⟨*irr.*, *sép.*, -ge-, h⟩ (ein Lied) vor sich ~ siffloter (un air); **~ˌpflanzen I** *v/t.* ⟨-(es)t, *sép.*, -ge-, h⟩ planter (dort là); **II** *v/réfl.* F sich ~ (*hinstellen*) se planter (là); (*hinsetzen*) s'installer (là); **~ˌpfuschen** *v/t.* ⟨*sép.*, -ge-, h⟩ F *cf.* hinhauen I; **~ˌplappern** *v/t. u .v/i.* ⟨-(e)re, *sép.*, -ge-, h⟩ F vor sich ~ babiller, jacasser (*abs.*); raconter (qc.); **~ˌpurzeln** *v/i.* ⟨-(e)le, *sép.*, -ge-, sein⟩ F *cf.* hinfallen; **~ˌraffen** *v/t.* ⟨*sép.*, -ge-, h⟩ *st. s.* *Menschenleben* enlever; emporter; **~ˌreden** *v/i.* ⟨-ete, *sép.*, -ge-, h⟩ vor sich ~ parler tout seul, à son bonnet; **~ˌreichen I** *v/t.* ⟨*sép.*, -ge-, h⟩ j-m etw. ~ *Gegenstand* passer, *Hand* tendre qc. à qn.; **II** *v/i.* *fig.* suffire; être suffisant; das reicht nicht hin cela ne suffit pas; **~ˌreichend 1.** *adjt.* suffisant; **2.** *advt.* suffisamment; ~ versorgt sein avoir suffisamment pour vivre; **2ˌreise** *f* aller *m*; auf der ~ à l'aller; en y allant; Hin- und Rückreise (kosten) l'aller et retour (coûte); **~ˌreisen** *v/i.* ⟨-(es)t, *sép.*, -ge-, sein⟩ aller; se rendre; wir reisen heute hin nous y allons, nous nous y rendons aujourd'hui; **~ˌreißen** *v/t.* ⟨*irr.*, *sép.*, -ge-, h⟩ *fig.* von etw. hingerissen sein être enthousiasmé, ravi, F emballé par qc.; von j-m hingerissen sein être emballé par qn.; sich von etw. ~ lassen se laisser enthousiasmer par qc.; être transporté par qc.; das Publikum zu Beifallsstürmen ~ arracher des applaudissements aux spectateurs; hingerissen vor Begeisterung *etc.* transporté d'enthousiasme, *etc.*; sich zu e-r Bemerkung *etc.* ~ lassen se laisser aller, entraîner à faire une remarque, *etc.*; **~ˌreißend 1.** *adjt.* qui transporte; ravissant; enthousiasmant; *Rhythmus, Musik auch* entraînant; von ~er Schönheit d'une beauté ravissante, qui vous transporte, qui vous enthousiasme; **2.** *advt.* à ravir; d'une façon qui vous transporte, qui vous enthousiasme; ~ singen, spielen chanter, jouer à ravir; *thé. auch* brûler les planches; das war ~ schön c'était beau à ravir; **~ˌreiten** *v/i.* ⟨*irr.*, *sép.*, -ge-, sein⟩ (y) aller, se *bzw.* s'y rendre (à cheval); wo reiten wir hin? où allons-nous?; wir sind gestern hingeritten nous y sommes allés hier à cheval; **~ˌrichten** *v/t.* ⟨-ete, *sép.*, -ge-, h⟩ j-n ~ exécuter qn.; mettre qn. à mort; *auf dem elektrischen Stuhl* électrocuter qn.; **2ˌrichtung** *f* ⟨~; ~en⟩ exécution *f* (capitale); *auf dem elektr. Stuhl* électrocution *f*; **2ˌrichtungsbeˌfehl** *m* ordre *m* d'exécution, de mise à mort; **2ritt** *m* aller *m*; **~ˌrollen** (*v/t.* ⟨*sép.*, -ge-, h⟩ *u.*) *v/i.* ⟨sein⟩ (faire) rouler (jusque-là); wo ist das Geldstück hingerollt? où la pièce a-t-elle roulé?; **~ˌrücken** *v/t.* ⟨*sép.*, -ge-, h⟩ *u. v/i.* ⟨sein⟩ den Schrank da ~ pousser l'armoire là; langsam zu j-m ~ s'approcher lentement de qn.; **~ˌrudern** *v/i.* ⟨-(e)re, *sép.*, -ge-, sein⟩ ramer (jusque-là); **~ˌsagen** *v/t.* ⟨*sép.*, -ge-, h⟩ etw. nur so ~ dire qc. sans réfléchir, en l'air; etw. vor sich ~ dire qc. dans sa barbe; **~ˌschaffen** *v/t.* ⟨*sép.*, -ge-, h⟩ (y) transporter; wo haben sie es hingeschafft? où l'ont-ils transporté?; wir werden es da ~ nous y transporterons cela; nous transporterons cela là-bas; **~ˌschauen** *v/i.* ⟨*sép.*, -ge-, h⟩ *cf.* ~sehen; **~ˌscheiden** *st. s.* **I** *v/i.* ⟨*irr.*, *sép.*, -ge-, sein⟩ passer de vie à trépas; décéder; trépasser; **II 2ˌscheiden** *n* décès *m*; trépas *m*; **~ˌschicken** *v/t.* ⟨*sép.*, -ge-, h⟩ envoyer (zu à, chez); wir werden e-n Vertreter ~ on va y envoyer un délégué; **~ˌschielen** *v/i.* ⟨*sép.*, -ge-, h⟩ regarder du coin de l'œil, guigner (zu qn.); **~ˌschlachten** *v/t.* ⟨-ete, *sép.*, -ge-, h⟩ *Menschen* massacrer; **~ˌschlagen** *v/i.* ⟨*irr.*, *sép.*, -ge-, sein⟩

tomber (comme une masse); s'abattre; *fig. u.* F *cf.* hinlegen II; **~ˌschlängeln** *v/réfl.* ⟨-(e)le, *sép.*, -ge-, h⟩ *Weg etc.* **sich ~** serpenter (an sur, le long de); **~ˌschleichen** *v/i.* ⟨*irr.*, *sép.*, -ge-, sein⟩ *u. v/réfl.* ⟨h⟩ se glisser (zu vers, an le long de); *Zeit* ne pas passer vite; **~ˌschlendern** *v/i.* ⟨-(e)re, *sép.*, -ge-, sein⟩ aller sans se presser (zu à, chez); **~ˌschleppen I** *v/t.* ⟨*sép.*, -ge-, h⟩ *Lasten, Person* (y) porter avec peine; (y) traîner; **II** *v/réfl.* **sich ~** se traîner (zu vers) (*auch fig. Verhandlungen etc.*); **~ˌschludern** *v/t.* ⟨-(e)re, *sép.*, -ge-, h⟩ F *cf.* hinhauen I; **~ˌschmeißen** *v/t.* ⟨*irr.*, *sép.*, -ge-, h⟩ F *cf.* hinwerfen; **~ˌschmelzen** *v/i.* ⟨*irr.*, *sép.*, -ge-, sein⟩ *st. s.* fondre; *fig. Person* sentir son cœur se fondre; **~ˌschmieren** *v/t.* ⟨*sép.*, -ge-, h⟩ F *schreibend* griffonner; gribouiller (*auch malend*); **~ˌschreiben** *v/t.* ⟨*irr.*, *sép.*, -ge-, h⟩ écrire; **etw. rasch, flüchtig ~** jeter qc. *od.* quelques mots sur le papier; F **da schreiben wir (ein)mal hin** on va lui, leur, *etc.* écrire; **~ˌschütten** *v/t.* ⟨-ete, *sép.*, -ge-, h⟩ verser; **~ˌschwimmen** *v/i.* ⟨*irr.*, *sép.*, -ge-, sein⟩ nager jusque-là; **wo schwimmst du hin?** où vas-tu?; **~ˌschwinden** *v/i.* ⟨*irr.*, *sép.*, -ge-, sein⟩ *poét.* s'évanouir; disparaître; *Zeit etc.* passer rapidement; **~ˌsehen** *v/i.* ⟨*irr.*, *sép.*, -ge-, h⟩ regarder (zu j-m qn.); **genau ~** regarder de près; **ohne hinzusehen** les yeux fermés; **~ˌsenden** *v/t.* ⟨*irr.*, *sép.*, -ge-, h⟩ *cf.* **~schicken**; **~sein** *v/i.* ⟨*irr.*, *sép.*,-ge-, sein⟩ *cf.* hin 4.; **~ˌsetzen I** *v/t.* ⟨-(es)t, *sép.*, -ge-, h⟩ *Sache* mettre; poser; *Person* asseoir; *Tischordnung* F **wo setzen wir ihn hin?** où va-t-on le placer, F l'asseoir?; **II** *v/réfl.* **sich ~** s'asseoir; **sich hinten, vorn ~** s'asseoir derrière, devant.

Hinsicht ['hɪnzɪçt] *f* ⟨~; ~en⟩ **in dieser ~** à cet égard; sous ce rapport; sur ce point; **in jeder ~** à tous égards; à tout point de vue; **in gewisser ~** dans un certain sens; d'un certain point de vue; à certains égards; **in e-r ~ (haben Sie recht)** en un sens (vous avez raison); **in anderer ~** d'un autre point de vue; **in politischer ~** du, au point de vue politique; **das ist in keiner ~ gut** *etc.* c'est mauvais, *etc.* à tout point de vue; **in ~ auf** compte tenu de; **in ~ auf die bevorstehenden Wahlen** compte tenu du vote à venir; *cf. auch* **2lich**; **2lich** *prép.* ⟨*gén.*⟩ en ce qui concerne; pour ce qui est de; au point de vue de; sous le rapport de; quant à; **~ des Klimas, der Bezahlung** en ce qui concerne, *etc.* le climat, la rémunération.

hin|siechen ['hɪnˌziːçən] *v/i.* ⟨*sép.*, -ge-, sein⟩ *st. s.* s'éteindre; **~ˌsingen** *v/t. u. v/i.* ⟨*irr.*, *sép.*, -ge-, h⟩ **(ein Lied) vor sich ~** chantonner; **~ˌsinken** *v/i.* ⟨*irr.*, *sép.*, -ge-, sein⟩ *poét.* s'affaisser; **tot ~** tomber mort; **ohnmächtig ~** s'évanouir; **2spiel** *n Sport* match-aller *m*; F aller *m*; **~ˌsprechen** *v/t. u. v/i.* ⟨*irr.*, *sép.*, -ge-, h⟩ **vor sich ~** parler tout seul, à son bonnet; **etw. vor sich ~** dire qc. dans sa barbe; **~ˌspringen** *v/i.* ⟨*irr.*, *sép.*, -ge-, sein⟩ F **spring (ein)mal (schnell) hin** fais-y un saut; **~ˌstecken** *v/t.* ⟨*sép.*, -ge-, h⟩ F fourrer (qc. quelque part); **~ˌstellen I** *v/t.* ⟨*sép.*, -ge-, h⟩ **a)** mettre; poser; **stell die Vase so hin, daß ...** mets, pose le vase de telle façon que ...; **wo soll ich es ~?** où dois-je poser, mettre cela?; **b)** (*abstellen*) poser; **ich muß den Koffer (ein)mal ~** il faut que je pose la valise; **c)** F **ich stelle dir das Mittagessen (fertig) hin** je te prépare tout pour midi; **d)** *fig.* **etw., j-n als etw. ~** proposer qc., qn. comme qc.; donner qc., qn. en qc.; *fälschlich* présenter qc., qn. comme qc.; faire passer qc., qn. pour qc.; **j-n, etw. als Vorbild ~** proposer qn., qc. comme modèle, en exemple; donner qn., qc. en exemple; **die Sache wurde als Erfolg hingestellt** l'affaire a été présentée comme un succès; **etw. so ~, als ob ...** présenter qc. comme si ...; **e)** F *Gebäude* faire construire; **II** *v/réfl.* **sich ~** se mettre; F se planter; *wartend* se poster; **sich hinten ~** se mettre derrière; *fig.* **sich als etw. ~** se poser en qc.; se faire passer pour qc.; se donner pour qc.; **~ˌsterben** *v/i.* ⟨*irr.*, *sép.*, -ge-, sein⟩ *st. s.* (se) mourir; **~ˌstreben** *v/i.* ⟨*sép.*, -ge-, h⟩ tendre, viser (zu à); *gehend* ⟨sein⟩ se diriger (vers); **~ˌstrecken I** *v/t.* ⟨*sép.*, -ge-, h⟩ *Hand* tendre; **j-n ~** étendre qn. par terre; **II** *v/réfl.* **sich ~** s'étendre, s'allonger (auf sur); **~ˌstreichen** *v/i.* ⟨*irr.*, *sép.*, -ge-, h *bzw. fliegend* sein⟩ **über etw. ~** passer sur qc.; **~ˌstreuen** *v/t.* ⟨*sép.*, -ge-, h⟩ répandre; **den Vögeln Futter ~** mettre, répandre des graines pour les oiseaux; **~ˌströmen** *v/i.* ⟨*sép.*, -ge-, sein⟩ *Menschen* (y) aller (en masse, en foule); **wo strömt die Menschenmenge hin?** où vont tous ces gens?; **sieh, wie die Menschen da ~** regarde tous ces gens qui y vont; **~ˌstürzen** *v/i.* ⟨-(es)t, *sép.*, -ge-, sein⟩ **1.** *cf.* hinfallen; **2.** (*eilen*) se précipiter (zu vers); **die Nachbarn stürzen alle hin** les voisins s'y précipitent tous; **~ˌsudeln** *v/t.* ⟨-(e)le, *sép.*, -ge-, h⟩ F *cf.* **hinschmieren.**

hintan|setzen [hɪnt'ʔanˌzɛtsən] *v/t.* ⟨-(es)t, *sép.*, -ge-, h⟩ *Arbeit etc.* faire passer au second plan, en dernier; (*vernachlässigen*) ne guère tenir compte de; négliger; **er setzt s-e persönlichen Wünsche hintan** il fait passer ses désirs personnels au second plan; **2ˌsetzung** *f* ⟨~⟩ (*Vernachlässigung*) négligence *f*; *od. verbal*; **unter ~** von en faisant passer (qc.) au second plan, en dernier; en négligeant; **~ˌstehen** *v/i.* ⟨*irr.*, *sép.*, -ge-, h⟩ **~ müssen** devoir passer après le reste, après les autres; **~ˌstellen** *v/t.* ⟨*sép.*, -ge-, h⟩ *cf.* **~setzen.**

hintasten ['hɪnˌtastən] *v/réfl.* ⟨-ete, *sép.*, -ge-, h⟩ **sich ~** (y) aller à tâtons.

hinten ['hɪntən] *adv.* à l'arrière; derrière; *in e-r Reihe* en arrière; (*im Hintergrund*) au fond; (*am Ende*) à la fin; à la queue; (*da~*) là-bas; **nach ~ hinaus wohnen** demeurer sur le derrière, sur la cour, *etc.*; **ein nach ~ gelegenes Zimmer** une pièce sur le derrière, sur la cour, *etc.*; **nach ~ gehen** *in den hinteren Raum* aller dans la pièce de derrière; *im Zug* aller en queue; **von ~** par, de derrière; **der Wind weht von ~** le vent souffle de derrière; **von ~ angreifen** attaquer par derrière; **~ im Saal, Auto** au fond de la salle, de la voiture; **~ auf dem Schiff** à l'arrière du navire; **~ im Zug** en queue du train; **~ im Buch** à la fin du livre; **~ in der Kehle** dans le fond de la gorge; dans l'arrière-gorge; **weit ~ in ...** au fin fond de ...; *in e-r Reihe* à la queue de ...; **von weit ~** de très loin; du fin fond de ...; **~ stehen** se trouver, être *in e-m Raum* au fond, *in e-r Reihe* à la fin *od.* à la queue; *im Kino etc.* **~ sitzen** être assis au fond, à l'arrière, derrière; **von ~ gesehen** vu de derrière, de dos; **(von) ~ anfangen** commencer par la fin; **sich ~ anstellen** se mettre à, faire la queue; **~ anstellen!** à la queue (comme tout le monde)!; **~ einsteigen** monter derrière, à l'arrière; **sich ~ anschließen** fermer la marche; **~ anfügen** ajouter à la fin; *auf Papier etc.* **~ drauf (schreiben** *etc.*) (écrire, *etc.*) au dos; **~ bleiben** rester en arrière, à l'arrière, derrière; *Pferd* **(nach) ~ ausschlagen** ruer; regimber; **~ aufsitzen** monter en croupe; *Fahrrad* **setz dich ~ drauf** monte derrière, à l'arrière; *fig.* **Herr Professor ~, Herr Professor vorn** Monsieur le Professeur par-ci, Monsieur le Professeur par-là; **~heˌrum** *adv.* par derrière; *fig. u.* F en sous-main; **~ gehen** aller par derrière; **etw. ~ besorgen, kaufen, bekommen** se procurer, acheter, avoir qc. en sous-main; **ich habe ~ erfahren, daß ...** j'ai appris d'une façon détournée que ...; **~'nach** *adv.* après; **~'nachˌhinken** *v/i.* ⟨*sép.*, -ge-, sein⟩ *fig.* **er hinkt immer hintennach** il traîne toujours après les autres; **~'überˌfallen** *v/i.* ⟨*irr.*, *sép.*, -ge-, sein⟩ tomber à la renverse.

hinter ['hɪntər] *prép.* ⟨*dat. bzw. acc.*⟩ derrière; *Folge* après; **die Tür ~ sich zumachen** fermer la porte derrière soi; **~ meinem Rücken** derrière mon dos (*auch fig.*); *fig. auch* à mon insu; **~ den Kulissen** *thé.* dans les coulisses; *fig.* dans la coulisse; **gleich ~ Köln** tout de suite après Cologne; **die erste Station ~ München** la première station après Munich; **e-r ~ dem anderen** l'un derrière l'autre; à la file indienne; à la queue leu leu; **~ sich blicken** regarder derrière soi; **~ j-m, etw. stehen, stecken** être derrière qn., qc. (*auch fig.*); *cf. auch* **dahinterstecken**; **das hätte ich ~ der Sache, ~ ihm nicht vermutet** je n'aurais jamais cru, supposé cela de cette affaire, de lui; **~ j-m herrufen, hergehen** *etc. cf.* **herrufen** *etc.*; **etw. ~ sich bringen** venir à bout de qc.; **etw. ~ sich haben** *Arbeit etc.* en avoir fini, terminé avec qc.; *Operation etc.* avoir subi qc.; **j-n ~ sich haben** avoir qn. derrière soi; **das liegt ~ uns** c'est fini, terminé; **das Schlimmste haben wir ~ uns** le plus dur, le plus difficile est fait, passé; **j-n, etw. ~ sich (zurück)lassen** laisser qn., qc. derrière soi; *fig.* distancer qn., qc.; F **sich ~ etw. machen, setzen** s'attaquer à qc.; se mettre à (faire) qc.; F **sich ~ etw. klemmen** s'atteler à qc.; prendre l'affaire, *etc.* en main; F **~ etw. kommen** découvrir qc.; s'apercevoir de qc.; (*verstehen*) comprendre, saisir qc.; **~ j-s Schliche kommen** découvrir le pot aux roses; éventer la mèche; **j-n ~ Schloß und Riegel bringen** mettre qn. sous les verrous; **j-n ~s Licht führen** duper, mystifier, tromper qn.; *cf. auch die betreffenden Verben u. Substantive.*

Hinter|achse ['hɪntərˌʔaksə] *f* essieu *m* arrière; *Auto* pont *m* arrière; **~ˌansicht** *f* vue *f* de derrière; **~ˌbacke** *f anat.* fesse *f*; **~ˌbänkler** *m* ⟨~s; ~⟩ *Parlament* député des derniers rangs, peu important; **~ˌbein** *n* patte *f*, jambe *f* de derrière; **sich auf die ~e stellen** se dresser sur les pattes de derrière; *fig.* se cabrer; regimber; ruer dans les brancards; **2'blieben** *adjt.* survivant;

qui reste; ~'**bliebene(r)** *f* (*m*) ⟨→ A⟩ (conjoint *m*) survivant *m*; die trauernden ~n la famille (du défunt); ~'**bliebenenˌfürsorge** *f* assistance, aide sociale aux survivants; ~'**bliebenenˌrente** *f* pension *f* de réversion, de survivants; ~'**bliebenenverˌsicherung** *f* assurance *f* survivants; ~'**bliebenenverˌsorgung** *f* prestation *f* d'assistance aux survivants; 2'**bringen** *v/t.* ⟨*irr., insép., pas de ge-*, h⟩ j-m etw. ~ rapporter qc. à qn.; ~'**bringer(in)** *m* ⟨~s; ~⟩ (*f*) ⟨~; ~nen⟩ rapporteur, -euse *m, f*; *besser verbal*; ~'**bringung** *f* ⟨~⟩ fait *m* de rapporter qc.; *besser verbal*; ~ˌ**deck** *n mar.* pont *m* arrière; ~ˌ**drehbank** *f techn.* tour *m* à détalonner; 2'**drehen** *v/t.* ⟨*insép., pas de ge-*, h⟩ *techn.* détalonner; 2'**drein(...)** *adv. cf.* hinterher(...); 2**e** *adj.* ⟨*attributiv*⟩ arrière; postérieur; dernier, -ière; der ~ Teil la partie arrière, postérieure; *anat.* die ~n Gliedmaßen les membres postérieurs; die ~n Bänke les derniers bancs; les bancs du fond; das ~ Zimmer la pièce de derrière; la dernière pièce; F das ~ Stück, Ende le dernier morceau, bout; ~**e(r)** *m* ⟨→ A⟩ F *cf.* Hintern.

hintereinander [ˌhɪntərʔaɪˈnandər] *adv.* **1.** *räumlich* l'un(e) derrière l'autre *bzw.* les un(e)s derrière les autres; dicht ~ serré, juste l'un derrière l'autre; ~ gehen, fahren aller l'un derrière l'autre; sich ~ stellen se mettre l'un derrière l'autre; *techn.* ~ angeordnet mis en série; **2.** *zeitlich* l'un(e) après l'autre; coup sur coup; kurz ~ à de courts intervalles; (kurz) ~ folgen *etc.* se suivre; se succéder; viermal ~ quatre fois de suite, consécutives, d'affilée; drei Tage ~ trois jours de suite, consécutifs, d'affilée; mehrere Gläser ~ trinken boire plusieurs verres coup sur coup, d'affilée, de suite, l'un après l'autre; ~ˌ**schalten** *v/t.* ⟨-ete, *sép.*, -ge-, h⟩ *élect.* monter en série; 2ˌ**schaltung** *f élect.* montage *m* en série.

Hinter|eingang [ˈhɪntərˌʔaɪŋgaŋ] *m* entrée *f*, porte *f* de derrière; ~ˌ**flügel** *m e-s Gebäudes* aile *f* de derrière; ~ˌ**front** *f e-s Gebäudes* derrière *m*; ~ˌ**fuß** *m* pied *m*, patte *f* de derrière; ~'**gangene(r)** *f* (*m*) ⟨→ A⟩ dupe *f*; personne trompée; ~**geˌbäude** *n cf.* ~haus; ~**geˌdanke** *m* arrière-pensée *f*; ohne ~n sans arrière-pensées; 2'**gehen** *v/t.* ⟨*irr., insép., pas de ge-*, h⟩ j-n ~ abuser, tromper, duper qn.; ~'**gehung** *f* ⟨~; ~en⟩ tromperie *f*; duperie *f*; ~**geˌlände** *n milit.* arrière *m*; ~**geˌstell** *n e-s Wagens* arrière-train *m*; 2ˌ**gießen** F *v/t.* ⟨*irr., sép.*, -ge-, h⟩ avaler; ~'**glasmaleˌrei** *f* peinture *f* sur verre; ~ˌ**grund** *m* fond *m* (*auch peint., thé.*); *Perspektive* arrière-plan *m*; auf blauem ~ sur fond bleu; im ~ sehen Sie à l'arrière-plan vous voyez; *fig.* sich im ~ halten, im ~ bleiben rester dans l'ombre; in den ~ drängen reléguer au second plan, à l'arrière-plan; in den ~ treten *Sache* passer au second plan; *Person* jouer un rôle effacé; ~ˌ**gründe** *m/pl.* raisons secrètes; dessous *m/pl.* (d'une affaire); politische ~ des dessous politiques; 2ˌ**gründig** *adj. fig.* obscur; complexe; énigmatique; profond; ~ˌ**hachse** *f cuis.* jarret *m* de derrière; ~ˌ**halt** *m* ⟨~(e)s; ~e⟩ embuscade *f*; guet-apens *m* (*inv.*); im ~ liegen être, se tenir en embuscade; in e-n ~ locken, geraten attirer, tomber dans une embuscade; e-n ~ legen dresser, tendre une embuscade; j-n aus dem ~ überfallen attendre qn. en embuscade et sauter dessus, l'assaillir; 2ˌ**hältig** *adj.* sournois; dissimulé; insidieux, -euse; ~ˌ**hältigˌkeit** *f* ⟨~⟩ sournoiserie *f*; ~ˌ**hand** *f* **1.** *des Pferdes* arrière-main *f*; **2.** *Kartenspiel* in der ~ sitzen, sein jouer le dernier; ~ˌ**haupt** *n anat.* occiput [-yt] *m*; ~**hauptsˌbein** *n anat.* os occipital; ~ˌ**haus** *n* maison *f* de derrière; bâtiment *m* sur la cour; arrière-bâtiment *m*.

hinterher [ˌhɪntərˈheːr, ˈhɪntərˌheːr] *adv.* **1.** *zeitlich* après; ~ sind wir ins Kino gegangen après nous sommes allés au cinéma; ~ hat man gut reden après (coup) on a beau dire; ~ ist man enttäuscht après coup on est déçu; **2.** *räumlich* derrière (*auch Rangfolge*); après; *cf. die betreffenden Verben*; **3.** *fig. u.* F ~ sein *cf.* her; ~ˌ**bringen** *v/t.* ⟨*irr., sép.*, -ge-, h⟩ j-m etw. ~ suivre qn. avec qc.; ~ˌ**fahren** *v/i.* ⟨*irr., sép.*, -ge-, sein⟩ suivre (qn., qc.) (en voiture, *etc.*); ~ˌ**gehen** *v/i.* ⟨*irr., sép.*, -ge-, sein⟩ suivre (qn., qc.); ~ˌ**hinken** *v/i.* ⟨*sép.*, -ge-, sein⟩ in der Entwicklung ~ suivre de loin au point de vue du développement; ~ˌ**kommen** *v/i.* ⟨*irr., sép.*, -ge-, sein⟩ **a)** suivre (qn., qc.); **b)** *Rangfolge* venir tout de suite après, derrière; ~ˌ**laufen** *v/i.* ⟨*irr., sép.*, -ge-, sein⟩, ~ˌ**rennen** *v/i.* ⟨*irr., sép.*, -ge-, sein⟩ courir après, derrière; suivre (qn., qc.) en courant; ~ˌ**schwimmen** *v/i.* ⟨*irr., sép.*, -ge-, sein⟩ nager derrière (qn., qc.); ~ˌ**sein** *v/i.* ⟨*irr., sép.*, -ge-, sein⟩ *fig. u.* F *cf.* her; ~ˌ**tragen** *v/t.* ⟨*irr., sép.*, -ge-, h⟩ j-m etw. ~ suivre qn. en portant qc.; ~ˌ**trotten** F *v/i.* ⟨-ete, *sép.*, -ge-, sein⟩ traîner derrière (qn.).

Hinter|hof [ˈhɪntərˌhoːf] *m* arrière-cour *f*; ~ˌ**indien** *n géogr.* (l')Indochine *f*; 2ˌ**indisch** *adj.* indochinois; ~ˌ**kappe** *f am Schuh* contrefort *m*; ~ˌ**keule** *f cuis.* cuisse *f*; *vom Hammel, Lamm* gigot *m*; *vom Reh* cuissot *m*; *vom Kalb* cuisseau *m*; ~ˌ**kiemer** *m/pl. zo.* opisthobranches *m/pl.*; ~ˌ**kopf** *m anat.* occiput [-yt] *m*; ~ˌ**lader** *m* ⟨~s; ~⟩ *Waffentechnik* arme *f* se chargeant par la culasse; ~ˌ**land** *n* ⟨~(e)s⟩ arrière-pays *m*; hinterland [intɛrland] *m*; 2'**lassen** *v/t.* ⟨*irr., insép., pas de ge-*, h⟩ laisser; j-m e-e Nachricht, ein Vermögen ~ laisser un message *od.* un mot, une fortune à qn.; ein Testament ~ laisser un testament; *jur.* etw. testamentarisch ~ léguer qc. (par testament); ~'**lassenˌschaft** *f* ⟨~; ~en⟩ héritage *m*; succession *f*; ~'**lassung** *f* ⟨~⟩ *verbal*; unter ~ von en laissant (qc.); 2ˌ**lastig** *adj. mar.* trop chargé à l'arrière; ~ˌ**lauf** *m ch.* patte *f* de derrière; 2'**legen** *v/t.* ⟨*insép., pas de ge-*, h⟩ *Wertpapiere, Geld* déposer; mettre en dépôt; consigner; etw. als Pfand ~ laisser qc. en gage; déposer qc. en nantissement; hinterlegter Betrag somme déposée; dépôt *m*; ~'**leger** *m* ⟨~s; ~⟩ *comm.* déposant *m*; ~'**legung** *f* ⟨~⟩ dépôt *m*; consignation *f*; *e-s Pfandes* nantissement *m*; gegen ~ von moyennant le dépôt de; 2'**legungsˌfähig** *adj.* ~e Wertpapiere valeurs déposables; ~'**legungsˌgelder** *n/pl.* sommes déposées; dépôts *m/pl.*; ~'**legungsˌschein** *m* certificat *m*, bon *m* de dépôt; ~'**legungsˌstelle** *f* bureau *m* de dépôt; *in Frankreich* caisse *f* des dépôts et consignations; ~ˌ**leib** *m zo.* abdomen [-ɛn] *m*; ~ˌ**list** *f* perfidie *f*; fourberie *f*; 2ˌ**listig** **1.** *adj.* perfide; fourbe; artificieux, -euse; ~er Mensch homme perfide, *etc.*; **2.** *adv.* perfidement; avec perfidie, fourberie; ~ handeln agir avec perfidie, fourberie; ~ in e-e Falle locken attirer perfidement dans un piège.

hinterm [ˈhɪntərm] *prép.* + *art. cf.* hinter.

Hintermann [ˈhɪntərˌman] *m* ⟨~(e)s; ~er⟩ celui qui est derrière qn.; *Schule, milit.* voisin *m* de derrière; *comm.* endosseur subséquent; *fig.* instigateur *m*; ~**schaft** *f Sport* arrières *m/pl.*; défense *f*.

Hintern [ˈhɪntərn] F *m* ⟨~s; ~⟩ derrière *m*; postérieur *m*; j-m den ~ vollhauen donner une fessée à qn.; fesser qn.; j-n in den ~ treten botter le derrière, les fesses de qn.; donner un coup de pied dans le derrière de qn.; *fig.* j-m in den ~ kriechen lécher les bottes de qn.; faire de la lèche à qn.

Hinter|pforte [ˈhɪntərˌpfɔrtə] *f cf.* Hintertür; ~ˌ**pfote** *f* patte *f* de derrière; ~ˌ**pommern** *n géogr.* (la) Poméranie orientale; ~ˌ**rad** *n* roue *f* arrière, de derrière; ~**radˌachse** *f cf.* Hinterachse; ~**radˌantrieb** *m* roues motrices arrière; ~**radˌbremse** *f* frein *m* arrière; ~**radˌfederung** *f* suspension *f* arrière; ~**radˌgabel** *f* fourche *f* arrière; ~**radˌnabe** *f* moyeu *m* de roue arrière; ~**radˌreifen** *m* pneu *m* arrière; 2ˌ**rücks** *adv.* par derrière; traîtreusement; j-n ~ überfallen assaillir qn. par derrière; j-n ~ ermorden assassiner qn. par derrière.

hinters [ˈhɪntərs] *prép.* + *art. cf.* hinter.

Hinter|schiff [ˈhɪntərˌʃɪf] *n mar.* arrière *m*; 2ˌ**schlingen** *v/t.* ⟨*irr., sép.*, -ge, h⟩ F *cf.* hinunterschlingen; ~ˌ**seite** *f* derrière *m*; *cf. auch* Rückseite; ~ˌ**sitz** *m* siège *m* arrière; fond *m*; 2**ste** *adj.* (*sup. von* hintere) dernier, -ière; am ~n Ende tout au bout; tout à la fin; in der ~n Reihe au dernier rang; ~ˌ**steven** *m mar.* étambot *m*; ~ˌ**stube** *f cf.* ~zimmer; ~ˌ**teil** *n* partie postérieure; F (*Gesäß*) postérieur *m*; derrière *m*; fessier *m*; *péj. bes. von Frauen* croupe *f*; arrière-train *m* (*auch von Tieren*); ~ˌ**treffen** *n fig.* ins ~ kommen, geraten être mis à l'écart; être distancé, éclipsé; 2'**treiben** *v/t.* ⟨*irr., insép., pas de ge-*, h⟩ *Pläne etc.* contrecarrer; déjouer; faire échouer; ~'**treibung** *f* ⟨~⟩ *verbal*; ~ˌ**treppe** *f* escalier(s) *m*(*pl.*) de service; ~ˌ**treppenroˌman** *m* roman *m* de quatre sous; ~ˌ**tür** *f* porte *f* de derrière; ~ˌ**türchen** *n* petite porte de derrière; *fig.* sich ein ~ offenhalten se ménager une porte de sortie; ~ˌ**wäldler** *m* ⟨~s; ~⟩ *fig. u.* F rustaud *m*; rustre *m*; ~ˌ**wand** *f* derrière *m*; fond *m*; *bât.* mur *m* de derrière; 2'**ziehen** *v/t.* ⟨*irr., insép., pas de ge-*, h⟩ détourner; soustraire; Steuern ~ frauder le fisc; ~'**ziehung** *f* ⟨~; ~en⟩ détournement *m*; soustraction *f*; *von Steuern* fraude *f*; ~ˌ**zimmer** *n* pièce *f* de derrière.

hin|tragen [ˈhɪnˌtraːgən] *v/t.* ⟨*irr., sép.*, -ge-, h⟩ (y) porter; etw. zu j-m ~ porter qc. à, chez qn.; ~ˌ**träumen** *v/i.* ⟨*sép.*, -ge-, h⟩ vor sich ~ s'abandonner à la rêverie; ~ˌ**treiben I** *v/t.* ⟨*irr., sép.*, -ge-, h⟩ *Herde etc.* (y) mener, pousser; **II** *v/i.* ⟨sein⟩ *auf dem Wasser* flotter; ~ˌ**treten** *v/i.* ⟨*irr., sép.*, -ge-, sein⟩ vor j-n ~ se présenter devant qn.; man weiß nicht, wo man ~ soll on ne sait où poser, mettre le pied; ~**tun** *v/t.* ⟨*irr., sép.*, -ge-, h⟩ (y) mettre; F wo soll ich das ~? où dois-je mettre cela?

hinüber [hɪˈnyːbər] *adv.* **1.** F **'rüber** [ˈryːbər] *cf. die betreffenden Verben*;

über … ~ par-dessus; ~- und herüberwerfen *etc.* jeter et rejeter, *etc.*; **2.** F ~ sein **a)** *Gegenstände, Geräte, Lebensmittel etc.* être fichu; **b)** *Person* être mort; **~ˌblicken** *v/i.* ⟨*sép.*, -ge-, h⟩ *über e-n Fluß etc.* regarder, voir de l'autre côté (du fleuve, *etc.*); zu j-m, etw. ~ regarder qn., qc.; über etw., j-n ~ regarder par-dessus qc., qn.; **~ˌbringen** *v/t.* ⟨*irr., sép.*, -ge-, h⟩ *Gegenstände* porter (zu j-m à, chez qn.) (über die Straße de l'autre côté de la rue); j-n, etw. über den Fluß ~ faire passer le fleuve à qn., à qc.; das Boot wird Sie ~ le bateau va vous conduire, mener, transporter de l'autre côté; j-n über die Straße ~ faire traverser la rue à qn.; *math.* etw. auf die andere Seite (e-r Gleichung) ~ faire passer qc. dans l'autre membre (de l'égalité); **~ˌeilen** *v/i.* ⟨*sép.*, -ge-, sein⟩ *über e-e Straße etc.* traverser (qc.) en courant; F *ins Nachbarhaus etc.* courir (chez qn.); **~ˌfahren I** *v/t.* ⟨*irr., sép.*, -ge-, h⟩ j-n, etw. über den Fluß ~ transporter, faire passer qn., qc. de l'autre côté du fleuve; faire passer le fleuve à qn., à qc.; **II** *v/i.* ⟨sein⟩ aller (zu, nach à); *über e-n Fluß, e-e Brücke etc.* traverser (qc.); **~ˌführen I** *v/t.* ⟨*sép.*, -ge-, h⟩ *Person* faire traverser (j-n qn., j-n über etw. qc. à qn.); conduire, mener (qn.) de l'autre côté; **II** *v/i.* *Straße etc.* mener, conduire de l'autre côté (de); **~ˌgehen** *v/i.* ⟨*irr., sép.*, -ge-, sein⟩ *über e-e Straße, Brücke etc.* traverser (qc.); F *zum Nachbarhaus etc.* aller (chez qn.); auf die andere Seite ~ aller de l'autre côté; hinüber- und herübergehen traverser et retraverser; **~ˌgreifen** *v/i.* ⟨*irr., sép.*, -ge-, h⟩ passer la main de l'autre côté (de); in etw. ~ passer la main dans qc.; **~ˌgucken** *v/i.* ⟨*sép.*, -ge-, h⟩ F *cf.* ~blicken; **~ˌheben** *v/t.* ⟨*irr., sép.*, -ge-, h⟩ faire passer (auf die andere Seite de l'autre côté, über par-dessus); **~ˌhelfen** *v/i.* ⟨*irr., sép.*, -ge-, h⟩ j-m über etw. ~ aider qn. à traverser qc.; *über e-e Mauer etc.* aider qn. à passer par-dessus qc.; **~ˌklettern** *v/i.* ⟨-(e)re, *sép.*, -ge-, sein⟩ über etw. ~ (réussir à) passer par-dessus qc.; **~ˌkommen** *v/i.* ⟨*irr., sép.*, -ge-, sein⟩ passer de l'autre côté; ich weiß nicht, wie ich (da) ~ soll je ne sais pas comment passer de l'autre côté, comment traverser cela; zu j-m ~ venir chez qn.; **~ˌkönnen** *v/i.* ⟨*irr., sép.*, -ge-, h⟩ pouvoir passer de l'autre côté; über etw. nicht ~ ne pas pouvoir passer par-dessus qc.; über die Grenze können wir nicht mehr hinüber nous ne pouvons plus passer, traverser la frontière; **~ˌlassen** *v/t.* ⟨*irr., sép.*, -ge-, h⟩ laisser *bzw.* faire passer de l'autre côté; nach Frankreich *etc.* ~ laisser passer en France, *etc.*; **~ˌlaufen** *v/i.* ⟨*irr., sép.*, -ge-, sein⟩ aller, courir, passer de l'autre côté; *über e-e Straße etc.* traverser en courant (über qc.); *zum Nachbarn etc.* aller en courant, courir (zu chez); **~ˌmüssen** *v/i.* ⟨*irr., sép.*, -ge-, h⟩ F ich muß hinüber il faut que *über e-e Brücke, e-n Fluß* je traverse, *zum Nachbarn* j'aille chez, *auf die andere Seite e-r Grenze etc.* je passe de l'autre côté; ich muß nach X hinüber il faut que je passe à X; **~ˌnehmen** *v/t.* ⟨*irr., sép.*, -ge-, h⟩ etw. mit ~ *über e-e Grenze etc.* passer qc. (de l'autre côté); **~ˌragen** *v/i.* ⟨*sép.*, -ge-, h⟩ (dé)passer (in dans); **~ˌreichen I** *v/t.* ⟨*sép.*, -ge-, h⟩ j-m etw. ~ passer qc. à qn. (über die Mauer, den Tisch *etc.* par-dessus le mur, la table, *etc.*); **II** *v/i.* s'étendre (bis jusqu'à); **~ˌrennen** *v/i.* ⟨*irr., sép.*, -ge-, sein⟩ courir, passer en courant de l'autre côté; *über e-e Straße etc.* traverser en courant (über qc.); F zum Bäcker *etc.* ~ courir chez le boulanger, *etc.*; hinüber- und herüberrennen passer et repasser (en courant); **~ˌschaffen** *v/t.* ⟨*sép.*, -ge-, h⟩ transporter de l'autre côté (du fleuve, de la rue, *etc.*); **~ˌschauen** *v/i.* ⟨*sép.*, -ge-, h⟩ *cf.* ~blicken; **~ˌschießen** *v/i.* ⟨*irr., sép.*, -ge-, h⟩ tirer de l'autre côté; über etw. ~ tirer par-dessus qc., de l'autre côté de qc.; **~ˌschwimmen** *v/i.* ⟨*irr., sép.*, -ge-, sein⟩ *über e-n Fluß* traverser (qc.) à la nage; zur Insel, zum anderen Ufer ~ nager jusqu'à l'île, jusqu'à l'autre rive; **~ˌsehen** *v/i.* ⟨*irr., sép.*, -ge-, h⟩ *cf.* ~blicken; **~ˌsein** *v/i.* ⟨*irr., sép.*, -ge-, sein⟩ F *cf.* ~ 2.; **~ˌsetzen I** *v/t.* ⟨-(es)t, *sép.*, -ge-, h⟩ mettre de l'autre côté, *auf e-n anderen Tisch* sur l'autre table, *in ein anderes Zimmer* dans l'autre pièce; **II** *v/réfl.* sich ~ s'asseoir de l'autre côté; *zu j-m* s'asseoir à côté (de qn.); *in ein anderes Zimmer* s'asseoir dans l'autre pièce, à côté.

hinübersetz|en ['hɪnˀyːbərˌzɛtsən] *v/t.* ⟨-(es)t, *sép.* (er übersetzt hin), *pas de ge-*, h⟩ traduire dans une langue étrangère; **≈ung** *f* traduction *f* dans une langue étrangère; *als Aufgabe* thème *m*.

hinüber|spielen [hɪ'nyːbərˌʃpiːlən] *v/i.* ⟨*sép.*, -ge-, h⟩ *Farben* ins Rote *etc.* ~ tirer sur le rouge, *etc.*; **~ˌspringen** *v/i.* ⟨*irr., sép.*, -ge-, sein⟩ sauter de l'autre côté; franchir (qc.) d'un bond; über e-n Graben, e-e Mauer ~ sauter par-dessus un fossé, un mur; F schnell zum Bäcker ~ courir vite chez le boulanger; **~ˌsteigen** *v/i.* ⟨*irr., sép.*, -ge-, sein⟩ über etw. ~ passer par-dessus qc.; *mit e-m Schritt* enjamber qc.; **~ˌtragen** *v/t.* ⟨*irr., sép.*, -ge-, h⟩ (trans)porter de l'autre côté; etw. zu j-m ~ (trans)porter qc. chez qn.; **~transporˌtieren** *v/t.* ⟨*sép., pas de ge-*, h⟩ *cf.* ~tragen; **~ˌwechseln** *v/i.* ⟨-(e)le, *sép.*, -ge-, sein⟩ *fig.* changer de; passer; zu e-r anderen Gruppe, Partei ~ changer de groupe, de parti; passer dans un autre groupe, parti; **~ˌwerfen** *v/t.* ⟨*irr., sép.*, -ge-, h⟩ jeter de l'autre côté; etw. über etw. ~ jeter qc. par-dessus qc.; hinüber- und herüberwerfen jeter et rejeter; **~ˌwollen** *v/i.* ⟨*irr., sép.*, -ge-, h⟩ vouloir passer de l'autre côté; *über e-n Fluß, e-e Straße, Brücke etc. auch* vouloir traverser (qc.); über die Mauer ~ vouloir passer par-dessus le mur; **~ˌziehen I** *v/t.* ⟨*irr., sép.*, -ge-, h⟩ tirer de l'autre côté; **II** *v/i.* ⟨sein⟩ **a)** passer (de l'autre côté, zu, nach à); **b)** *in e-e andere Wohnung* s'installer de l'autre côté, vis-à-vis, dans une autre ville, *etc.*; **III** *v/réfl.* sich ~ s'étendre (bis nach jusqu'à).

Hin und Her ['hɪnˀʊnt'heːr] *n* ⟨~⟩ *cf.* hin 3. d.

Hinundher|bewegung [ˌhɪnˀʊnt'heːrbəˌveːgʊŋ] *f* (mouvement *m* de) va-et-vient *m*; mouvement alternatif; **~ˌbiegeverˌsuch** *m techn.* essai *m* de pliage alternatif.

hin- und her|fahren [ˌhɪnˀʊnt'heːrˌfaːrən] *v/i.* ⟨*irr., sép.*, -ge-, sein⟩ aller et revenir (mit dem Zug, Schiff, Autobus par le train, par bateau, en autocar); *mehrmals* faire la navette; täglich zwischen X und Y ~ faire la navette chaque jour entre X et Y; durch das ≈ verliere ich viel Zeit je perds beaucoup de temps à faire la navette; **≈ˌfahrt** *f cf.* Hin- und Rückfahrt; **~ˌgehen** *v/i.* ⟨*irr., sép.*, -ge-, sein⟩ aller et revenir; *ziellos cf.* hin 3.

Hinundhergehen [ˌhɪnˀʊnt'heːrˌgeːən] *n* ⟨~s⟩ va-et-vient *m*; *cf. auch* hin 3.

hin- und her|laufen [ˌhɪnˀʊnt'heːrˌlaufən] *v/i.* ⟨*irr., sép.*, -ge-, sein⟩ aller et revenir (en courant); *ziellos cf.* hin 3.; **~ˌpendeln** *v/i.* ⟨-(e)le, *sép.*, -ge-, sein⟩ *zwischen zwei Orten* faire la navette (entre); *cf. auch* hin 3.; **~ˌwerfen** *v/t.* ⟨*irr., sép.*, -ge-, h⟩ *Ball etc.* lancer et relancer; *cf. auch* hin 3.

Hin- und Rück|fahrt [ˌhɪnˀʊnt'rʏkfaːrt] *f* aller et retour *m* (mit dem Schiff *etc.* par bateau, *etc.*); **~ˌflug** *m* aller et retour *m* (par avion); **~ˌfracht** *f comm.* fret *m* d'aller et retour; **~ˌreise** *f cf.* ~fahrt; **~ˌspiel** *n Sport* match *m* aller et retour; **~ˌweg** *m* aller et retour *m*.

hinunter [hɪ'nʊntər], F **'runter** ['rʊntər] *adv. cf. die betreffenden Verben*; 'runter (da)! descends *bzw.* descendez (de là)!; dort ~! (descends *bzw.* descendez) par là!; (den Fluß) ~ ging die Fahrt sehr schnell en descendant (le fleuve) le voyage a été très rapide; weiter ~ plus bas; bis ins Tal ~ jusque dans la vallée; **~beˌgeben** *v/réfl.* ⟨*irr., sép., pas de ge-*, h⟩ sich ~ descendre; se rendre en bas; **~beˌgleiten** *v/t.* ⟨-ete, *sép., pas de ge-*, h⟩ j-n ~ (r)accompagner qn. jusqu'en bas; **~ˌbeugen** *v/réfl.* ⟨*sép.*, -ge-, h⟩ sich (zu j-m) ~ se pencher (vers qn.); **~ˌblicken** *v/i.* ⟨*sép.*, -ge-, h⟩ *cf.* ~schauen; **~ˌbringen** *v/t.* ⟨*irr., sép.*, -ge-, h⟩ descendre (qc.); j-n ~ *cf.* ~begleiten *u.* ~führen; **~ˌeilen** *v/i.* ⟨*sép.*, -ge-, sein⟩ descendre en courant, en 'hâte; dévaler; **~ˌfahren** *v/t.* ⟨*irr., sép.*, -ge-, h⟩ *u. v/i.* ⟨sein⟩ descendre; beim ≈ à la descente; en descendant; **~ˌfallen** *v/i.* ⟨*irr., sép.*, -ge-, sein⟩ tomber; paß auf, daß du nicht hinunterfällst! fais attention de ne pas tomber!; die Treppe ~ tomber en bas de l'escalier *od.* en bas des escaliers; **~ˌfliegen** *v/i.* ⟨*irr., sép.*, -ge-, sein⟩ **1.** *Flugzeug etc.* descendre; **2.** F *cf.* ~fallen; **~ˌfließen** *v/i.* ⟨*irr., sép.*, -ge-, sein⟩ couler (le long d'un versant, *etc.*); dévaler (la pente, *etc.*); **~ˌführen** *v/t. u. v/i.* ⟨*sép.*, -ge-, h⟩ conduire, mener (jusqu')en bas; **~ˌgehen** *v/i.* ⟨*irr., sép.*, -ge-, sein⟩ descendre; die Treppe *etc.* ~ descendre l'escalier *od.* les escaliers, *etc.*; **~ˌgießen** *v/t.* ⟨*irr., sép.*, -ge-, h⟩ **1.** verser (en bas, von du haut de); **2.** F *Getränk* avaler; **~ˌgleiten** *v/i.* ⟨*irr., sép.*, -ge-, sein⟩ *cf.* ~rutschen; **~ˌhelfen** *v/i.* ⟨*irr., sép.*, -ge-, h⟩ j-m ~ aider qn. à descendre (von de); **~ˌkippen** *v/t.* ⟨*sép.*, -ge-, h⟩ F *Getränk* P lamper; **~ˌklettern** *v/i.* ⟨-(e)re, *sép.*, -ge-, sein⟩ descendre; **~ˌkollern** *v/i.* ⟨-(e)re, *sép.*, -ge-, sein⟩ F débouler; **~ˌkommen** *v/i.* ⟨*irr., sép.*, -ge-, sein⟩ descendre; *mit Mühe* parvenir à, arriver à, pouvoir descendre; **~ˌkugeln** *v/i.* ⟨-(e)le, *sép.*, -ge-, sein⟩ F *cf.* ~kollern; **~ˌlassen** *v/t.* ⟨*irr., sép.*, -ge-, h⟩ faire *bzw.* laisser descendre; **~ˌlaufen** *v/i.* ⟨*irr., sép.*, -ge-, sein⟩ descendre (en courant); *schnell* dévaler; *Flüssigkeit* couler (an le long de); dévaler (an qc.); **~ˌpurzeln** *v/i.* ⟨-(e)le, *sép.*, -ge-, sein⟩ F dégringoler; **~ˌreichen I** *v/t.* ⟨*sép.*, -ge-, h⟩ passer (qc. à qn.); **II** *v/i.* *Seil etc.* aller jusqu'en bas; atteindre le fond; **~ˌrennen** *v/i.* ⟨*irr.*, *sép.*, -ge-, sein⟩ descendre en courant; dévaler; **~ˌrollen** *v/i.* ⟨*sép.*, -ge-, sein⟩ rouler (de haut) en bas; **den Hang ~** rouler en bas de la pente; **~ˌrufen** *v/t. u. v/i.* ⟨*irr.*, *sép.*, -ge-, h⟩ crier (qc. à qn.); etw. zu j-m ~ crier qc. à qn. (qui est) en bas; **~ˌrutschen** *v/i.* ⟨*sép.*, -ge-, sein⟩ glisser (jusqu'en bas); den Hang ~ glisser le long de la pente; **~ˌschauen** *v/i.* ⟨*sép.*, -ge-, h⟩ regarder vers le bas; regarder en bas; **auf etw. ~** regarder qc. en bas; **~ˌschicken** *v/t.* ⟨*sép.*, -ge-, h⟩ envoyer; faire descendre; **~ˌschlängeln** *v/réfl.* ⟨-(e)le, *sép.*, -ge-, h⟩ sich ~ descendre en serpentant; **~ˌschlingen** *v/t.* ⟨*irr.*, *sép.*, -ge-, h⟩ F *Essen* avaler; *gierig* engouffrer; engloutir; ingurgiter; **~ˌschlucken** *v/t.* ⟨*sép.*, -ge-, h⟩ avaler; **~ˌsehen** *v/i.* ⟨*irr.*, *sép.*, -ge-, h⟩ *cf.* ~schauen; **~ˌspringen** *v/i.* ⟨*irr.*, *sép.*, -ge-, sein⟩ sauter en bas; descendre d'un bond; **von etw. ~** sauter du haut de qc.; **~ˌspucken** F *v/i.* ⟨*sép.*, -ge-, h⟩ cracher (in dans, auf sur); **~ˌspülen** *v/t.* ⟨*sép.*, -ge-, h⟩ faire descendre; *fig. u.* F *Ärger etc.* noyer; **~ˌsteigen** *v/i.* ⟨*irr.*, *sép.*, -ge-, sein⟩ descendre; den Berg ~ descendre de la montagne; **beim ♀** en descendant; à la descente; **~ˌstoßen** *v/t.* ⟨*irr.*, *sép.*, -ge-, h⟩ faire tomber (d'un coup de coude, *etc.*; von du haut de); **~ˌstürzen I** *v/t.* ⟨-(es)t, *sép.*, -ge-, h⟩ **1.** précipiter; lancer (en bas) (von du haut de); in etw. ~ précipiter, lancer dans qc.; **2.** *fig. u.* F *Getränk* avaler; **ein Glas Bier ~** vider d'un trait, avaler un verre de bière; **II** *v/i.* ⟨sein⟩ **a)** tomber (von du haut de); **b)** *fig.* descendre précipitamment; **III** *v/réfl.* **sich ~** se précipiter, se jeter en bas, dans le vide (von du haut de, in dans); **~ˌtragen** *v/t.* ⟨*irr.*, *sép.*, -ge-, h⟩ descendre; **~ˌwagen** *v/réfl.* ⟨*sép.*, -ge-, h⟩ **sich ~** oser descendre; **~ˌwerfen** *v/t.* ⟨*irr.*, *sép.*, -ge-, h⟩ jeter, lancer (en bas); *unabsichtlich* faire tomber; **e-n Stein vom Turm ~** jeter, lancer une pierre du haut de la tour; **~ˌziehen I** *v/t.* ⟨*irr.*, *sép.*, -ge-, h⟩ tirer (vers le bas); **II** *v/i.* ⟨sein⟩ descendre (*auch in eine tiefere Etage*); **III** *v/réfl.* **sich ~** descendre, s'étendre (**bis** jusqu'à).

hin|wagen [ˈhɪnˌvaːgən] *v/réfl.* ⟨*sép.*, -ge-, h⟩ **sich ~** oser (y) aller; **~ˌwandern** *v/i.* ⟨-(e)re, *sép.*, -ge-, sein⟩ (y) aller; **♀weg** [-veːk] *m* aller *m*; **auf dem ~** à l'aller; en y allant.

hinweg [hɪnˈvɛk] *adv. cf. die betreffenden Verben*; **~** (mit dir, mit euch)! va-t'en *bzw.* allez-vous-en!; *fig.* **über unsere Köpfe ~** sans s'occuper de nous; *fig.* **über etw. ~ sein** *über Sorgen, Enttäuschungen etc.* avoir surmonté qc.; *cf. auch* **hinaus 2.**; **~ˌbringen** *v/t.* ⟨*irr.*, *sép.*, -ge-, h⟩ *fig. cf.* ~helfen; **~ˌfegen** *v/t.* ⟨*sép.*, -ge-, h⟩ *fig. u. litt.* rayer; **~ˌgehen** *v/i.* ⟨*irr.*, *sép.*, -ge-, sein⟩ *fig.* **über etw. ~** passer sur qc.; ne pas s'arrêter à qc.; **darüber können wir ~** nous pouvons passer là-dessus; **über e-n Einwand ~** passer outre à, ne pas s'arrêter à une objection; **~ˌgleiten** *v/i.* ⟨*irr.*, *sép.*, -ge-, sein⟩ **über etw. ~** glisser sur qc. (*auch fig.*); **~ˌhelfen** *v/i.* ⟨*irr.*, *sép.*, -ge-, h⟩ aider (qn.) à surmonter, à passer (qc.); **j-m über e-e Schwierigkeit ~** aider qn. à surmonter une difficulté; **j-m über e-n Verlust ~** consoler qn. d'une perte; **j-m über e-e schwere Zeit ~** aider qn. à passer une époque difficile, des heures difficiles; **~ˌkommen** *v/i.* ⟨*irr.*, *sép.*, -ge-, sein⟩ *über Enttäuschungen* surmonter (**über** qc.); *über e-n Verlust* (arriver, parvenir à) se consoler (**über** de); **ich komme darüber nicht hinweg** je n'arrive pas à m'en consoler; **~ˌlaufen** *v/i.* ⟨*irr.*, *sép.*, -ge-, sein⟩ **über etw. ~** passer sur qc.; **~ˌraffen** *v/t.* ⟨*sép.*, -ge-, h⟩ *st. s. Menschenleben* emporter; enlever; **~ˌreden** *v/i.* ⟨-ete, *sép.*, -ge-, h⟩ *fig.* **über die Köpfe ~** parler dans le vide; **~ˌschreiten** *v/i.* ⟨*irr.*, *sép.*, -ge-, sein⟩ *litt.* **über etw. ~** passer par-dessus qc.; **~ˌsehen** *v/i.* ⟨*irr.*, *sép.*, -ge-, h⟩ *fig.* **über etw. ~** fermer les yeux sur qc.; passer sur qc.; **man muß darüber ~** il faut fermer les yeux, passer là-dessus; **~ˌsein** *v/i.* ⟨*irr.*, *sép.*, -ge-, sein⟩ *cf.* ~; **~ˌsetzen I** *v/i.* ⟨-(es)t, *sép.*, -ge-, sein *od.* h⟩ **über ein Hindernis ~** sauter par-dessus un obstacle; **II** *v/réfl.* ⟨h⟩ *fig.* **sich über etw. ~** passer outre à qc.; ne pas tenir compte, F se moquer de qc.; **darüber können wir uns nicht ohne weiteres ~** il ne faut pas passer outre à cela; il faut en tenir compte; **~ˌspringen** *v/i.* ⟨*irr.*, *sép.*, -ge-, sein⟩ **über etw. ~** sauter par-dessus qc.; *mit e-m Schritt* enjamber qc.; **~ˌtäuschen** *v/t.* ⟨*sép.*, -ge-, h⟩ **ich versuche, ihn darüber hinwegzutäuschen, daß (ich nichts weiß)** j'essaie de lui faire croire que (je sais qc.); **das täuscht uns nicht darüber hinweg, daß ...** on voit bien que ...; **~ˌtrösten I** *v/t.* ⟨-ete, *sép.*, -ge-, h⟩ **j-n über etw. ~** consoler qn. de qc.; **II** *v/réfl.* **sich über etw. ~** se consoler de qc.

Hinweis [ˈhɪnvaɪs] *m* ⟨~es; ~e⟩ indication *f*; renseignement *m* (**auf** au sujet de); (*Verweis*) renvoi *m* (**auf** à); **j-m e-n ~ geben** donner un renseignement, une indication à qn.; **für jeden ~ dankbar sein** être reconnaissant pour toute indication, tout renseignement; *adm.* **unter ~ auf** en se référant à; en renvoyant à; **e-n ~ machen auf** faire un renvoi à; renvoyer à; **♀en I** *v/t.* ⟨*irr.*, *sép.*, -ge-, h⟩ **j-n auf etw. ~** faire observer, faire remarquer qc. à qn.; signaler, indiquer qc. à qn.; **ich weise Sie darauf hin, daß ...** je vous fais remarquer, je vous signale que ...; **II** *v/i.* **auf etw. ~** indiquer, signaler qc.; **auf die Gefahr, die Folgen ~** indiquer, signaler les dangers, les conséquences; faire observer, faire remarquer qu'il y a du danger, des conséquences; **ich weise darauf hin, daß ...** je fais remarquer que ...; **♀end** *adjt. gr.* démonstratif, -ive; **~es Fürwort** pronom démonstratif; *adjektivisch gebrauchtes* adjectif démonstratif; **~ˌschild** *n* panneau indicateur; plaque indicatrice; **~ˌtafel** *f* tableau indicateur.

hin|welken [ˈhɪnˌvɛlkən] *v/i.* ⟨*sép.*, -ge-, sein⟩ *st. s.* se faner; se flétrir (*beide auch fig.*); **~ˌwenden** *v/réfl.* ⟨*irr.*, *sép.*, -ge-, h⟩ **nicht wissen, wo man sich ~ soll** ne pas savoir où aller, quelle direction prendre; *an j-n* ne pas savoir à qui s'adresser; **~ˌwerfen I** *v/t.* ⟨*irr.*, *sép.*, -ge-, h⟩ **1.** jeter (par terre); **den Tieren Futter ~** jeter de la nourriture aux animaux; **wo soll ich das ~?** où dois-je jeter cela; *fig.* **j-m den Fehdehandschuh ~** jeter le gant à qn.; **2.** *Zeichnung etc.* esquisser; *Wörter* jeter; *Bemerkung* lancer; **e-e leicht hingeworfene Bemerkung** une remarque jetée à la légère; **3.** F *Arbeit etc.* envoyer promener (qc.); **den ganzen Kram, Krempel ~** *cf.* **Kram**; **II** *v/réfl.* **sich ~** se jeter par terre; **~ˈwieder(um)** *st. s. adv.* en revanche; par contre; **~ˌwirken** *v/i.* ⟨*sép.*, -ge-, h⟩ **auf etw. ~** tendre, viser à qc.; **~ˌwollen** *v/i.* ⟨*irr.*, *sép.*, -ge-, h⟩ vouloir (y) aller; **wo willst du hin?** où veux-tu aller?

Hinz [hɪnts] *m fig.* **~ und Kunz** Pierre, [et Paul.]

hin|zählen [ˈhɪnˌtsɛːlən] *v/t.* ⟨*sép.*, -ge-, h⟩ **ich zähle ihm das Geld hin** je compte devant lui l'argent qui lui est dû; **~ˌzeigen** *v/i.* ⟨*sép.*, -ge-, h⟩ montrer (**auf** qc.); **~ˌziehen I** *v/t.* ⟨*irr.*, *sép.*, -ge-, h⟩ **1.** *zeitlich* (faire) traîner en longueur; **er versuchte, die Verhandlungen hinzuziehen** il essaya de faire traîner les négociations en longueur; **2.** *fig.* **es zieht mich zu ihm hin, ich fühle mich zu ihm hingezogen** je me sens attiré vers lui; je sens une inclination pour lui; **II** *v/i.* ⟨sein⟩ **a)** *relig.* **ziehet hin in Frieden!** allez en paix!; **b)** *in e-e Stadt etc.* s'y installer; **III** *v/réfl.* **sich ~ a)** *zeitlich* traîner en longueur; **die Verhandlungen ziehen sich hin** les négociations traînent en longueur; **etw. zieht sich über mehrere Wochen hin** qc. s'étend sur plusieurs semaines; **b)** *räumlich* s'étendre (**bis nach** jusqu'à); **~ˌzielen** *v/i.* ⟨*sép.*, -ge-, h⟩ **auf etw. ~** viser, tendre à qc.; **~ˌzögern** *v/t.* ⟨-(e)re, *sép.*, -ge-, h⟩ *cf.* hinauszögern.

hinzu|bekommen [hɪnˈtsuːbəˌkɔmən] *v/t.* ⟨*irr.*, *sép.*, *pas de ge-*, h⟩ *beim Einkauf* avoir, recevoir par-dessus le marché, en plus; **das habe ich ~** on m'a donné cela, j'ai eu cela par-dessus le marché, en plus; **~ˌdenken** *v/t.* ⟨*irr.*, *sép.*, -ge-, h⟩ ajouter par la pensée; **~ˌdrängen** *v/i.* ⟨*sép.*, -ge-, sein⟩ *u.* *v/réfl.* ⟨h⟩ s'approcher en se bousculant; **~ˌeilen** *v/i.* ⟨*sép.*, -ge-, sein⟩ accourir; y courir; **~ˌfügen** *v/t.* ⟨*sép.*, -ge-, h⟩ ajouter (**zu** à); **das Beispiel können wir noch ~** nous pouvons encore ajouter cet exemple; **ich möchte noch ~, daß ...** je voudrais encore ajouter que ...; **♀ˌfügung** *f* ⟨~; ~en⟩ adjonction *f*; addition *f*; *od. verbal*; **~geˌhören** *v/i.* ⟨*sép.*, *p.p.* hinzugehört, h⟩ en faire partie; **das gehört noch hinzu** cela en fait encore partie; cela va ensemble; **~geˌsellen** *v/réfl.* ⟨*sép.*, *p.p.* hinzugesellt, h⟩ **sich ~** se joindre, s'associer (**zu** à); **~ˌgießen** *v/t.* ⟨*irr.*, *sép.*, -ge-, h⟩ ajouter; verser; **~ˌkommen** *v/i.* ⟨*irr.*, *sép.*, -ge-, sein⟩ **a)** *Person* s'y ajouter; s'y joindre; *überraschend* survenir; **es kamen noch zehn Personen hinzu** dix personnes s'ajoutèrent, se joignirent encore à nous, à eux, *etc.*; **ich kam gerade hinzu, als ...** je survins au moment où ...; **b)** *Sachen* (venir) s'y ajouter; **es kam noch e-e Lungenentzündung hinzu** une pneumonie vint encore s'ajouter à cela; **es kommt noch hinzu, daß ...** ajoutez (à cela) que ...; **~ˌlegen** *v/t.* ⟨*sép.*, -ge-, h⟩ ajouter; mettre en plus; **~ˌnehmen** *v/t.* ⟨*irr.*, *sép.*, -ge-, h⟩ prendre en plus; **~ˌrechnen** *v/t.* ⟨-ete, *sép.*, -ge-, h⟩ ajouter au compte; compter en plus; **~ˌschreiben** *v/t.* ⟨*irr.*, *sép.*, -ge-, h⟩ ajouter; **~ˌsetzen** *v/t.* ⟨-(es)t, *sép.*, -ge-, h⟩ ajouter; **~ˌtreten** *v/i.* ⟨*irr.*, *sép.*, -ge-, sein⟩ *cf.* ~kommen; **~ˌtun** *v/t.* ⟨*irr.*, *sép.*, -ge-, h⟩ ajouter; **~ˌwählen** *v/t.* ⟨*sép.*, -ge-, h⟩ coopter; désigner par cooptation; **~ˌzählen** *v/t.* ⟨*sép.*, -ge-, h⟩ ajouter; **~ˌziehen** *v/t.* ⟨*irr.*, *sép.*, -ge-, h⟩ *Arzt, Fachmann etc.* faire appel à; faire venir; **♀ˌziehung** *f* ⟨~⟩ *verbal.*

Hiobsbot|e ['hiːɔpsˌboːtə] *m* ⟨~n; ~n⟩ messager *m* de malheur; **~schaft** *f* nouvelle désastreuse, fatale.
Hipparion [hɪ'paːriˑɔn] *n* ⟨~s; -ien⟩ *zo.* hipparion *m.*
Hippe ['hɪpə] *f* ⟨~; ~n⟩ *jard. etc.* serpette *f*; *des Todes* faux *f.*
hipp, hipp, hurra [hɪphɪphʊ'raː] *int. Sport* hip, hip, hip, hourra(h)!
Hippo|drom [hɪpoˑ'droːm] *n, m* ⟨~s; ~e⟩ hippodrome *m*; **~'gryph** *m* ⟨~s *od.* ~en; ~e(n)⟩ *myth., poét.* hippogriffe *m*; **2'kratisch** *adj.* hippocratique; *méd.* ~es Gesicht face hippocratique; **~kra'tismus** *m* ⟨~⟩ *méd.* hippocratisme *m*; **~'potamus** *m* ⟨~; ~⟩ *zo.* hippopotame *m.*
Hippursäure [hɪ'puːrˌzɔʏrə] *f chim.* acide *m* hippurique.
Hirn [hɪrn] *n* ⟨~(e)s; ~e⟩ *als Substanz* cervelle *f* (*auch cuis. u. fig.*); *als Organ* cerveau *m*; *anat.* encéphale *m*; **~...** *in Zssgn. cf. auch* Gehirn...; **~anhangˌdrüse** *f anat.* hypophyse *f*; **~geˌspinst** *n* ⟨~(e)s; ~e⟩ chimère *f*; élucubration *f*; e-m ~ nachhängen caresser une chimère; **~holz** *n* bois *m* debout, de bout; **~ˌkammer** *f anat.* ventricule *m* du cerveau; **~ˌkasten** F *m* crâne *m*; cervelle *f*; **2los** F *adj.* sans cervelle; écervelé; étourdi; **~ˌrinde** *f anat.* cortex cérébral; écorce cérébrale; **~ˌschale** *f anat.* boîte crânienne; crâne *m*; **~ˌsuppe** *f cuis.* potage *m* à la cervelle; **2verˌbrannt** F *adjt.* complètement, tout à fait fou, folle; e-e ~e Idee une idée de fou; **~verˌletzte(r)** *m* blessé crânien.
Hirsch [hɪrʃ] *m* ⟨~es; ~e⟩ *zo.* cerf [sɛːr] *m*; *pl.* ~e *sc.* cervidés *m/pl.*; röhrender ~ cerf qui brame; **~antiˌlope** *f zo.* cervicapre *m*; **~art** *f* espèce *f* de cerf; **~brunst** *f* **1.** rut [-t] *m* (des cerfs); **2.** *cf.* ~trüffel; **~ˌeber** *m zo.* babiroussa *m*; **~ˌfährte** *f* traces *f/pl.*, foulées *f/pl.* du cerf; **~ˌfänger** *m* ⟨~s; ~⟩ couteau *m* de chasse; **2geˌrecht** *adj. ch.* conforme aux règles de la chasse au cerf; **~geˌweih** *n* bois *m/pl.* de *bzw.* du cerf; ramure *f* (de cerf); **~hals** *m bei Pferden* encolure de cerf, renversée; **~hornˌsalz** *n chim., cuis.* carbonate *m* d'ammonium [-jɔm]; sel volatil d'Angleterre; **~hund** *m zo.* Schottischer ~ deerhound [dirawnd] *m*; **~jagd** *f* chasse *f* au cerf; **~ˌkäfer** *m zo.* cerf-volant *m*; *sc.* lucane *m*; **~kalb** *n* faon [fɑ̃] *m*; **~ˌkeule** *f* cuissot *m* de cerf; **~kuh** *f* biche *f*; **~ˌleder** *n* cuir *m* de cerf; *vom Damhirsch* daim *m*; **2ˌledern** *adj.* en cuir de cerf; en daim; **~ˌsprungsche 'Krankheit** *f méd.* maladie *f* de Hirschsprung; mégacôlon congénital; **~ˌtrüffel** *f Pilz* élaphomyces [-ɛs] *m*; **~ˌziemer** *m* ⟨~s; ~⟩ cimier *m* de cerf; **~ˌzunge** *f bot.* scolopendre *f*; langue-de-cerf *f.*
Hirse ['hɪrzə] *f* ⟨~⟩ *bot.* mil [-l] *m*; millet [-jɛ] *m*; **~ˌbrei** *m* bouillie *f* de millet; **~ˌkorn** *n* grain *m* de mil(let); **2kornˌartig** *adj. méd.* miliaire.
Hirt|(in) ['hɪrt(ɪn)] *m* ⟨~en; ~en⟩ (*f*) ⟨~; ~nen⟩ berger, -ère *m, f*; *poét. auch* pâtre *m*; *fig. u. relig.* pasteur *m*; **der Gute ~(e)** le Bon Pasteur; **~enˌamt** *n égl.* fonction pastorale, de pasteur; **~enˌbrief** *m égl. cath.* lettre pastorale; mandement *m*; **~enˌdichtung** *f* poésie pastorale, bucolique; **~enˌflöte** *f* pipeau *m*; chalumeau *m*; **~engeˌdicht** *n* poème pastoral, bucolique; **~enˌhund** *m zo.* Ungarischer ~ chien *m* de berger hongrois; **~enˌjunge** *m* jeune berger *m*; **~enˌknabe** *m poét.* jeune pâtre *m*; pastoureau *m*; **~enˌleben** *n* vie pastorale, des bergers; **~enˌlied** *n* chanson de berger, pastorale; **~enroˌman** *m* roman pastoral; **~enˌspiel** *n* pastorale *f*; **~enˌstab** *m* **1.** 'houlette *f*; **2.** *e-s Bischofs* crosse *f*; **~enˌtäschel(ˌkraut)** *n* ⟨~s; ~⟩ (*n*) *bot.* bourse-à-pasteur *f*; **~enˌvolk** *n* peuple *m* pasteur.
Hirudin [hiˑruˑ'diːn] *n* ⟨~s⟩ *phm.* hirudine *f.*
His [hɪs] *n* ⟨~⟩ *mus.* si *m* dièse.
hissen ['hɪsən] *v/t.* ⟨-ßt, h⟩ *Fahne, Segel* 'hisser.
Hist|amin [hɪsta'miːn] *n* ⟨~s⟩ *Biochemie* histamine *f*; **~i'din** *n* ⟨~s⟩ *Biochemie* histidine *f.*
Histo|chemie [hɪstoˑçeˑ'miː] *f* histochimie *f*; **~ge'nese** *f* ⟨~⟩ histogénèse *f*; **~'loge** *m* ⟨~n; ~n⟩ histologiste *m*; **~lo'gie** *f* ⟨~⟩ histologie *f*; **2'logisch** *adj.* histologique; **~ne** [-'toːnə] *pl. Biochemie* histon(in)es *f/pl.*
Histörchen [hɪs'tøːrçən] F *n* ⟨~s; ~⟩ historiette *f*; anecdote [-gd-] *f.*
Histor|ie [hɪs'toːriˑə] *f* ⟨~; ~n⟩ histoire *f*; **~ienˌbild** *n* tableau *m* historique; **~ienmaleˌrei** *f* peinture *f* historique; **~iker(in)** *m* ⟨~s; ~⟩ (*f*) ⟨~; ~nen⟩ historien, -nne *m, f*; **~io'graph** *m* ⟨~en; ~en⟩ historiographe *m*; **2isch** *adj.* (*u. adv.*) historique(ment); ~e Gestalt personnage historique; ~es Ereignis événement historique; ~er Roman roman historique; *gr.* ~es Präsens présent de narration, historique; *philos.* ~er Materialismus matérialisme historique; *écon., jur.* ~e Schule école historique; **2isch-'kritisch** *adj.* historique et critique; **~ismus** [-'rɪs-] *m* ⟨~⟩ *philos.* historisme *m.*
Hitler... ['hɪtlər] *hist. in Zssgn.* hitlérien, -nne; *par ex.* ~jugend jeunesses hitlériennes.
Hitz|bläschen ['hɪtsˌblɛːsçən] *n/pl. méd.* boutons *m/pl.* de chaleur; **~drahtinstruˌment** *n élect.* instrument *m* de mesure à fil thermique.
Hitze ['hɪtsə] *f* ⟨~⟩ chaleur *f* (*auch fig. u. zo.*); **große, starke ~** grande, grosse, forte chaleur; **drückende, tropische ~** chaleur accablante, tropicale; **glühende, sengende ~** chaleur torride; **es herrscht große ~** il fait très chaud; **man kommt vor ~ um** on meurt de chaleur; **bei dieser ~** par cette chaleur; *cuis.* **bei schwacher ~ kochen** cuire à feu doux; mijoter; *fig.* **in ~ geraten** s'échauffer; F s'emballer; **in der ~ des Gefechts** dans le feu de l'action, du combat; **2beˌständig** *adj.* résistant à la chaleur; **~beˌständigkeit** *f* résistance *f* à la chaleur; **2emˌpfindlich** *adj.* sensible à la chaleur; **~emˌpfindlichkeit** *f* sensibilité *f* à la chaleur; **~ˌferien** *pl.* vacances *f/pl.* de canicule; **2ˌfrei** *adj.* ~ **haben** avoir congé à cause de la chaleur; **~ˌgrad** *m* degré *m* de chaleur; **~ˌwallung** *f méd.* bouffée *f* de chaleur; **~ˌwelle** *f* vague *f* de chaleur.
hitz|ig ['hɪtsɪç] *adj. Person, Charakter* fougueux, -euse; bouillant; ardent; impétueux, -euse; (*jähzornig*) irascible; emporté; *Debatte etc.* échauffé; violent; *Tier* en chaleur; **nicht so ~!** tout doux!; doucement!; ne t'emballe pas!; **2kopf** *m* tête chaude, brûlée; cerveau brûlé; **~ˌköpfig** *adj. cf.* ~ig; **2schlag** *m méd.* coup *m* de chaleur.
hm [hm] *int.* **1.** *zweifelnd, nachdenklich* 'hem!; **2.** *sich räuspernd* ~, ~! 'hem, 'hem!; **3.** *fragend* 'hein [ɛ̃]?
h-Moll ['haːmɔl] *n* ⟨~⟩ *mus.* si *m* mineur; **~-ˌMesse** *f* messe *f* en si mineur.
Hoazin [hoˑa'tsiːn] *m* ⟨~s; ~s⟩ *Vogel* 'hoa(t)zin *m.*
hob [hoːp] *cf.* heben.
Hobby ['hɔbiˑ] *n* ⟨~s; ~s⟩ 'hobby *m*; violon *m* d'Ingres; passe-temps *m*; dada *m.*
Hobel ['hoːbəl] *m* ⟨~s; ~⟩ rabot *m*; **~ˌbank** *f* ⟨~; ~̈e⟩ établi *m* (de menuisier); **~ˌeisen** *n* fer *m* de rabot; **~ˌkasten** *m* fût *m* de rabot; **~maˌschine** *f* raboteuse *f*; machine *f* à raboter; **~ˌmeißel** *m* outil [-i] *m* à raboter, de rabotage; **2n I** *v/t. u. v/i.* ⟨-(e)le, h⟩ raboter; **wo gehobelt wird, fallen Späne** *prov.* on ne fait pas d'omelette sans casser des œufs *prov.*; **II ~n** *n* ⟨~s⟩ rabotage *m*; **~ˌspäne** *m/pl.* copeaux *m/pl.*
Hobler ['hoːblər] *m* ⟨~s; ~⟩ *Arbeiter* raboteur *m*; *cf. auch* Hobelmaschine.
hoch [hoːx] **1.** *adj.* ⟨hoh-; höher, höchst⟩ 'haut; élevé; *fig. auch* grand; gros, -sse; fort; **mit hohen Absätzen** à talons 'hauts; **hoher Adel** 'haute noblesse; **(ein) hohes Alter (erreichen)** (atteindre un) grand âge; **(noch) im hohen Alter** (encore) très âgé; **hohes Amt** 'haute fonction; **in hohem Ansehen stehen** jouir d'une grande, 'haute considération; être tenu en grande estime; *Sport* **hoher Ball** balle 'haute; **hoher Beamter** 'haut fonctionnaire; **die Hohe Behörde** *der Montanunion* la Haute Autorité; **hoher Betrag** grosse somme; **hoher Berg** 'haute montagne; *méd.* **hoher Blutdruck** hypertension *f*; **in hoher Blüte (stehen)** (être) très florissant; *écon.* (être) très prospère; *mus.* **das hohe C** le do$_6$ [do sis]; **nach hohen Dingen trachten** aspirer à de grandes choses; *techn.* **hohe Drehzahl** nombre élevé de tours; **(es ist mir e-e) hohe Ehre** (c'est un) grand honneur (pour moi); **hoher Feiertag, Festtag** grande fête; grand jour de fête; **hohes Fieber** forte fièvre; **hoher Gast** hôte illustre; **von hoher Geburt** de haute naissance, extraction; **hoher Gehalt an ...** 'haute teneur en ...; **hohe Geldstrafe** forte amende; *Anrede* **hohes Gericht!** Messieurs de la Cour!; **mit hoher Geschwindigkeit** à grande vitesse; **hohe Gesinnung** sentiments élevés; **hoher Gewinn** gros gain; **in hohem Grade** *cf.* Grad 1.; *Parlament* **das Hohe Haus** *cf.* Haus 3.; *ch.* **hohe Jagd** chasse au grand gibier; *fig.* **auf die hohe Kante legen** mettre de côté; **Hoher Kommissar** 'Haut-commissaire *m*; **hohe Kosten** grands, gros frais; frais élevés; **hoher Kurs** cours élevé; **hohes Lob (spenden)** (faire) grand éloge; (faire, dispenser de) grands éloges; **hoher Lohn** salaire élevé; 'haut salaire; **in hohem Maße** dans une large mesure; **e-e hohe Meinung von j-m haben** avoir une 'haute opinion de qn.; **hohe Miete** loyer élevé; *Sport* **hohe Niederlage** grande, grosse défaite; **hohes Niveau** 'haut niveau; niveau élevé; **im hohen Norden** au *od.* dans le Grand Nord; **hoher Offizier** officier de haut rang; **hoher Posten** 'haut poste; poste élevé; **hoher Preis** prix élevé; 'haut prix; **von hohem Rang** de haut rang; *hist.* **der Hohe Rat** *der Juden* le (grand) sanhédrin; *fig.* **sich aufs hohe Roß setzen** prendre, se donner de grands airs; devenir orgueilleux, -euse; **hohe Schuhe** des chaussures montantes; *Reitsport* **Hohe Schule** 'haute école; **auf hoher See** en 'haute mer; en

pleine mer; au large; **hoher Seegang** 'houle *f*; mer 'houleuse; grosse mer; **bei hohem Seegang** par mer 'houleuse; par grosse mer; **es herrscht hoher Seegang** la mer est 'houleuse; il y a de la houle; *Sport* **hoher Sieg** grande, grosse victoire; **hohe Stirn** front 'haut; **hohe Strafe** lourde peine; **hohe Temperatur** 'haute température; température élevée; *fig. u.* F **hohes Tier** F grosse légume; grand manitou; huile *f*; **hoher Ton** son élevé, aigu; **von hohem Wuchs** de haute taille, stature; de grande taille; **hoher Würdenträger** 'haut dignitaire; **hohe Zahl** nombre élevé; **hohe Ziele (haben)** (avoir) de hautes visées; **hohe Zinsen** de gros intérêts; **zwei Meter ~ sein** avoir deux mètres de haut; être 'haut de deux mètres; **ein zwei Meter hoher Zaun** une clôture de deux mètres de haut(eur); une clôture 'haute de deux mètres; **das Haus ist vier Stockwerke ~** la maison a quatre étages; **der Schnee liegt zwanzig Zentimeter ~** il y a vingt centimètres de neige; **das Wasser steht e-n Meter ~** il y a un mètre d'eau; **wie ~ ist der Montblanc?** quelle est la hauteur du mont Blanc?; **wie ~ ist die Summe?** à combien se monte la somme?; *fig.* **das ist mir zu ~** cela me dépasse; c'est au-dessus de ma portée; *cf. auch* **höher** *u.* **höchst**; **2.** *adv.* **a) ~ oben** tout en 'haut (auf de); **~ über ...** très 'haut au-dessus de ...; **drei Treppen ~ (wohnen)** (habiter) au troisième (étage); F **fünf Mann ~ (ankommen)** (arriver) au nombre de cinq, à cinq; **~ zu Roß** à cheval; monté, perché sur son cheval; *relig.* **vom Himmel ~** du haut des cieux; **Hände ~!** 'haut les mains!; *fig.* **Kopf ~!** du courage!; *gym.* **Arme ~!** bras verticaux!; **j-m etw. ~ anrechnen** être reconnaissant de qc. envers qn.; savoir beaucoup de gré à qn. de qc.; **sich ~ auftürmen** s'entasser à une grande 'hauteur; **zu ~ bemessen** fixer, calculer trop 'haut; **~ einschätzen** apprécier 'hautement, grandement; **~ emporragen** s'élever très 'haut; **den Preis zu ~ finden** trouver le prix trop élevé, trop 'haut; **~ fliegen** voler 'haut, à 'haute altitude; *cf. auch* **hochfliegen**; **wie ~ möchten Sie gehen?** combien, quel maximum voulez-vous mettre?; **das ist zu ~ gegriffen** c'est trop; **~ gewinnen, verlieren** *Glücksspiel* gagner, perdre gros; *Sport* remporter une grosse, grande victoire, défaite; **die Preise ~ halten** maintenir les prix élevés; *cf. auch* **hochhalten**; **es geht ~ her** *cf.* **hergehen**; **(zu) ~ hinauswollen** *cf.* **hinauswollen**; *Erste Hilfe* **den Kopf ~ lagern** surélever la tête; **~ liegen** *Ort* être situé en altitude; **der Schnee liegt ~** il y a beaucoup de neige; **zu ~ schätzen** donner un chiffre trop 'haut, élevé *bzw.* une valeur trop 'haute, élevée; **wie ~ schätzen Sie das?** à combien évaluez-vous, estimez-vous cela?; **zu ~ singen** chanter trop 'haut; **ich kann nicht so ~ singen** je ne peux pas chanter si 'haut; **(zu) ~ sitzen** être (*Personen* assis) trop 'haut; **~ spielen** jouer gros; *Instrument* **zu ~ spielen** jouer trop 'haut; *Wasser, Kurse* **~ stehen** être 'haut; *fig.* **~ über j-m, etw. stehen** être bien supérieur à qn., à qc.; **(bei j-m) ~ im Kurs stehen** avoir du crédit (auprès de qn.); **den Kopf ~ tragen** porter la tête 'haute; F **die Nase ~ tragen** faire le fier; se croire; prendre des airs 'hautains; **~ und heilig schwören, versprechen** *cf.* **heilig**; **~ verehren** vénérer 'hautement, grandement; **~ erstaunt, befriedigt (sein)** (être) grandement étonné, satisfait; **~ erfreut (sein)** (être) fort enchanté; **er war darüber ~ erfreut** cela lui a fait un immense plaisir; *cf. auch* **hochbegabt, hochmodern** *etc.*; **b)** *math.* puissance; **zwei ~ fünf** (2^5) deux puissance cinq; **zwei ~ zwei** (2^2) *meist* deux au carré; **zwei ~ drei** (2^3) *meist* deux au cube.

Hoch [hoːx] *n* ⟨~s; ~s⟩ **1.** *Meteorologie* anticyclone *m*; **2.** (*Hochruf*) vivat *m*; **ein ~ auf j-n ausbringen** pousser des vivats en l'honneur de qn.; **ein dreifaches ~ für ...** trois vivats pour ...

hoch|achtbar ['hoːx'ˀaxtbaːr] *adj.* fort, très estimable; **~ˌachten** *v/t.* ⟨-ete, *sép.*, -ge-, h⟩ avoir beaucoup de considération pour; tenir, avoir en 'haute, en grande estime; estimer, respecter beaucoup; **2ˌachtung** *f* grande, 'haute, profonde estime **(vor** pour); 'haute considération (pour); profond(s) respect(s) (pour); **j-m ~ zollen, erweisen** *cf.* **~achten**; *einschränkend* **bei aller ~ (vor)** avec toute la considération due à ...; avec tout le respect dû à ...; *am Briefschluß* **mit vorzüglicher ~** veuillez agréer *od.* je vous prie de bien vouloir agréer, Monsieur *bzw.* Madame, l'expression de ma haute considération *od.* de mes profonds respects; **~ˌachtungsˌvoll** *adv. am Briefschluß* veuillez agréer, Monsieur *bzw.* Madame, l'expression de mes sentiments distingués; **2ˌadel** *m* 'haute noblesse; **~aktu'ell** *adj.* d'une brûlante actualité; **2ˌalpen** *pl.* 'hautes Alpes; **2alˌtar** *m égl. cath.* maître-autel *m*; **2amt** *n égl. cath.* grand-messe *f*; **~'angesehen** *adjt.* très, fort estimé; fort considéré; **~'anständig** F *adj.* fort, très honnête, loyal; F tout ce qu'il y a de plus honnête, convenable; **2anˌtenne** *f rad.* antenne aérienne, extérieure; **~ˌarbeiten** *v/réfl.* ⟨-ete, *sép.*, -ge-, h⟩ **sich ~** réussir, parvenir à force de travail (zu à devenir); s'élever à la force du poignet (zu au rang de); **2ˌätzung** *f impr.* gravure *f* en relief; **~'aufgeˌschossen** *adjt.* élancé; **2bahn** *f chem.* métro(politain) aérien; **2ball** *m Tennis* lob [lɔb] *m*; **2bau** *m bât.* bâtiment *m*; construction *f* au-dessus du sol; **Hoch- und Tiefbau** *etwa* bâtiment et travaux publics; **2bauingeniˌeur** *m* ingénieur *m* (des travaux) du bâtiment; **2bauˌtechniker** *m* technicien *m* du bâtiment; **2bauunterˌnehmen** *n* entreprise *f* du bâtiment; **~be'ansprucht** *adjt. techn.* soumis à de grands efforts; **~be'deutsam** *adj.* de la plus 'haute importance; très, fort important; **~be'gabt** *adjt.* extrêmement doué; **~be'glückend** *litt. adjt.* qui rend très heureux, -euse; qui comble; **~be'glückt** *adjt.* très heureux, -euse; comblé; **2beˌhälter** *m Wasserversorgung* réservoir *m* d'eau (sur terrain) élevé; **~ˌbeinig** *adj.* 'haut sur jambes; *Tiere* 'haut sur pattes; **~be'jahrt** *adj. cf.* **~betagt**; **~be'rühmt** *adj.* très célèbre; illustre; **~beˌsteuert** *adjt.* très imposé; **~be'tagt** *adj.* très vieux, vieil, vieille; très âgé; *poét.* chargé d'ans; **2beˌtrieb** *m* activité *f* intense; **es herrscht ~** il règne une grande, intense activité; il y a beaucoup d'activité; **~be'zahlt** *adjt.* très, fort bien payé; **2blatt** *n bot.* bractée *f*; **2ˌblüte** *f fig.* apogée *m*; **~ˌbocken** *v/t.* ⟨*sép.*, -ge-, h⟩ *Auto etc.* soulever; **~ˌbringen** *v/t.* ⟨*irr.*, *sép.*, -ge-, h⟩ *in e-e höhere Etage etc.* monter; *fig.*, *wirtschaftlich etc.* relever; faire monter à un niveau élevé; **wieder ~** *auch* remettre à flot; renflouer; **2ˌbunker** *m Luftschutz* abri *m* en surface (en béton); **2burg** *f fig.*, *pol.* citadelle *f*; fief *m*; **2burˌgund** *n géogr.* (la) haute Bourgogne; **2ˌdekker** *m* ⟨~s; ~⟩ *aviat.* avion *m* à aile 'haute; **~deutsch 1.** *adj.* 'haut allemand; *ling.* **~e Lautverschiebung** mutation 'haute allemande; **auf ~** en 'haut allemand; **im 2en** en 'haut allemand; **sein 2** son 'haut allemand; **2.** *adv.* **~ sprechen** parler 'haut allemand; **~do'tiert** *adjt.* bien rémunéré.

Hochdruck ['hoːxdrʊk] *m* **1.** *techn.*, *Meteorologie* 'haute pression (*abr.* H.P.); **2.** *impr.* impression *f* en relief; **3.** *fig.* **mit ~ arbeiten** travailler d'arrache-pied, avec acharnement; **~(ˌdampf)maˌschine** *f* machine *f* à vapeur à 'haute pression; **~ˌdichtung** *f techn.* joint *m* pour pressions élevées.

hochdrücken ['hoːxˌdrʏkən] *v/t.* ⟨*sép.*, -ge-, h⟩ pousser vers le haut.

Hochdruck|gebiet ['hoːxdrʊkgəˌbiːt] *n Meteorologie* anticyclone *m*; zone *f* de haute pression; **~ˌkrankheit** *f méd.* hypertension essentielle; **~ˌleitung** *f* conduite *f* à 'haute pression; **~maˌschine** *f impr.* machine *f* pour l'impression en relief; **~ˌreifen** *m* pneu *m* à 'haute pression; **~verˌfahren** *n impr.* procédé *m* de l'impression en relief; **~ˌzelle** *f Meteorologie* cellule anticyclonale.

Hoch|ebene ['hoːxˌˀeːbənə] *f géogr.* ('haut) plateau; **die Oberdeutsche ~** le plateau bavarois; **2ele'gant 1.** *adj.* fort, très élégant; **2.** *adv.* fort élégamment; **2em'pfindlich** *adj. Meßinstrumente etc.* très sensible; **2ent'wickelt** *adjt.* pleinement développé; (très) poussé; **2ent'zückt**, **2er'freut** *adjt.* très, fort ravi, enchanté (über de); comblé; **2er'staunt** *adjt.* très, grandement étonné; **2explo'siv** *adj.* très explosif, -ive; **2ˌfahren** *v/i.* ⟨*irr.*, *sép.*, -ge-, sein⟩ *mit dem Aufzug etc.* monter (avec l'ascenseur, en ascenseur, *etc.*); *fig. erschrocken* se dresser en sursaut; *aufbrausend* s'emporter; monter sur ses grands chevaux; **aus dem Schlaf ~** se réveiller, s'éveiller en sursaut; **2ˌfahrend** *adjt. fig.* arrogant; 'hautain; **2'fein** *adj.* très fin; superfin; select; extra; **~fiˌnanz** *f* 'haute finance; **~ˌfläche** *f cf.* **~ebene**; **2ˌfliegen** *v/i.* ⟨*irr.*, *sép.*, -ge-, sein⟩ *Flugzeug etc.* monter; *bei Explosionen etc.* être projeté en l'air; **2ˌfliegend** *adjt. fig.* ambitieux, -euse; qui vise 'haut; *Pläne auch* vaste; **~flut** *f* **1.** (*höchster Flutstand*) marée 'haute; **2.** *fig.* grand afflux [-y]; grande invasion; **~form** *f Sport u. fig.* pleine forme; **in ~ sein** être en pleine forme; **~forˌmat** *n* format *m* à la française; **2freˌquent** *adj. élect.* de haute fréquence; **~er Wechselstrom** courant alternatif de haute fréquence.

Hochfrequenz ['hoːxfreˌkvɛnts] *f élect.* 'haute fréquence (*abr.* H.F.); **~appaˌrat** *m*, **~geˌrät** *n* appareil *m* à 'haute fréquence; **~ˌhärtung** *f* trempe *f* par courant 'haute fréquence; **~ˌkamera** *f phot.* caméra *f* à prise de vue au ralenti; **~maˌschine** *f* générateur *m*, génératrice *f* de haute fréquence; **~ˌstrom** *m* courant *m* (de) haute fréquence; ~ˌ**technik** *f* technique *f* de la haute fréquence; ~**telephoˌnie** *f* téléphonie *f* par fréquences porteuses; ~**verˌstärker** *m élect.* amplificateur *m* (à) 'haute fréquence.

Hoch|frisur ['ho:xfriˑˌzu:r] *f* coiffure *f* en 'hauteur, aux cheveux relevés; ~**gaˌrage** *f* parking superposé; 2**ge'achtet** *adjt.* très, fort estimé; 2**ge'bildet** *adjt.* très, fort cultivé; ~**geˌbirge** *n* 'haute montagne; ~**gebirgsˌausrüstung** *f* équipement *m* de haute montagne; ~**gebirgsˌpflanze** *f* plante *f* de la haute montagne; ~**gebirgsˌtour** *f* course *f*, excursion *f* en 'haute montagne; ~**gebirgsˌwelt** *f* (monde *m* de la) haute montagne; 2**ge'ehrt** *adjt.* très honoré; ~**geˌfühl** *n* délice *m*; 2**ˌgehen I** *v/i.* ⟨*irr.*, *sép.*, -ge-, sein⟩ **1.** *Vorhang* se lever; *Mine* sauter; *Preise* monter; être en 'hausse; F *die Treppe etc.* monter; **die See geht hoch** la mer est 'houleuse, agitée; ~**de See** mer 'houleuse, agitée; **2.** *fig. u.* F (*wütend werden*) s'emporter; se mettre en colère; monter sur ses grands chevaux; **gleich, leicht** ~ s'emporter, *etc.* facilement; F être soupe au lait; avoir la tête près du bonnet; **II** ~ˌ**gehen** *n des Vorhangs* lever *m*; *der Preise* 'hausse *f*; 2**'geistig** *adj.* fort abstrait; 2**geˌkämmt** *adjt.* relevé; 2**geˌlegen** *adjt. Gelände etc.* élevé (en altitude); *Ort* situé sur une hauteur; 'haut perché; 2**ge'lehrt** *adjt.* très savant; érudit; *oft iron.* docte; 2**ge'lobt** *adjt. relig.* béni; 2**geˌmut** *st. s. adj. cf.* 2**gesinnt**; ~**geˌnuß** *m* délice *m*; régal *m*; délectation *f*; ~**geˌricht** *n hist.* gibet *m*; ~**geˌsang** *m relig.* hymne *f*; 2**geˌschätzt** *adjt.* fort, très estimé, considéré; 2**geˌschlossen** *adjt. Kleid* montant; 2**geˌschürzt** *adjt.* troussé court; retroussé; 2**geˌsinnt** *adj.* aux sentiments élevés; noble; 2**geˌspannt** *adjt. Dampf, Gas* à *od.* sous 'haute pression; *élect.* à 'haute tension; *fig.* ~**e Erwartungen** de grandes espérances; de grands espoirs; 2**geˌsteckt** *adjt. Haar* relevé; *fig.* ~**e Ziele** de hautes visées; 2**geˌstellt** *adjt. Zahl, Buchstabe* placé, écrit en 'haut et à droite; *fig.* 'haut placé; de haut rang; **e-e** ~**e Persönlichkeit** un personnage 'haut placé; 2**geˌstimmt** *adjt.* de meilleure humeur; exalté; enthousiaste; 2**geˌstochen** F *adjt.* prétentieux, -euse; *Ausdrucksweise etc. auch* ampoulé; 2**geˌwachsen** *adjt.* de haute taille, stature; de grande taille; 2**geˌzüchtet** *adjt. Tierrasse etc.* sélectionné; F *Motor* poussé; ~**glanz** *m* brillant *m*; poli *m*; **auf** ~ **polieren** *Schuhe etc.* faire briller, étinceler; 2**'glänzend** *adjt.* fort, très brillant; 2**glanzpo'liert** *adjt. Möbel* verni; 2**ˌgradig 1.** *adj.* à un 'haut degré; fort; intense; **2.** *adv.* à un 'haut degré; ~ˌ**gradigˌkeit** *f* ⟨~⟩ intensité *f*; 'haut degré; ~ˌ**halte** *f* ⟨~⟩ *gym.* position *f* bras levés, verticaux; 2**ˌhalten** *v/t.* ⟨*irr.*, *sép.*, -ge-, h⟩ **1.** lever; *im Augenblick* tenir levé; **er hält den Arm hoch** il a *od.* tient le bras levé; **2.** *fig. j-s Andenken etc.* tenir en 'haute, en grande estime; estimer beaucoup; ~**haus** *n* building [bildiŋ] *m*; 2**ˌheben I** *v/t.* ⟨*irr.*, *sép.*, -ge-, h⟩ *Last* soulever; *Kleid etc.* relever; *Hand, Arm* lever; **II** ~ˌ**heben** *n e-r Last* levage *m*; *gym. der Arme etc.* élévation *f*; *Abstimmung* **durch** ~ **der Hände** à main levée; 2**'heilig** *adj.* très saint; *fig. u. iron.* sacro-saint; 2**'herrschaftlich** *adj. fig. Wohnung etc.* somptueux, -euse; luxueux, -euse; 2**ˌherzig** *adj.* magnanime; généreux, -euse; ~ˌ**herzigˌkeit** *f* ⟨~⟩ magnanimité *f*; générosité *f*; 2**industriali'siert** *adjt.* très, fortement, 'hautement industrialisé; 2**intere'ssant** F *adj.* fort, énormément intéressant; 2**ˌjagen** *v/t.* ⟨*sép.*, -ge-, h⟩ *Schlafende etc.* faire lever; F *Motor* pousser; F emballer; 2**ˌkämmen** *v/t.* ⟨*sép.*, -ge-, h⟩ *Haar* relever; 2**kant** *adv.* de chant; ~ **stellen** mettre, poser de *od.* sur chant; ~**kapitaˌlismus** *m* capitalisme industriel et libéral du XIXe siècle; ~ˌ**kirche** *f England* 'Haute Église; 2**klappˌbar** *adj.* que l'on peut relever; 2**klappen** *v/t.* ⟨*sép.*, -ge-, h⟩ relever; 2**ˌklettern** *v/i.* ⟨-(e)re, *sép.*, -ge-, sein⟩ grimper (an e-m Seil à une corde, an e-r Wand le long d'un mur); 2**ˌklingend** *adjt. Name, Titel etc.* ronflant; 2**ˌkommen** *v/i.* ⟨*irr.*, *sép.*, -ge-, sein⟩ **1.** *in e-e höhere Etage, Milch etc.* monter; *aus dem Magen* revenir; **2.** *mit Mühe* arriver à se lever *bzw.* à monter; **3.** *fig. wirtschaftlich etc.* prospérer; réussir; faire son chemin; **wieder** ~ se relever; *Kranker* se remettre; se rétablir; **wenn es hochkommt** tout au plus; au maximum; en mettant les choses au mieux; ~**kommiˌssar** *m* 'Haut-commissaire *m*; ~**konjunkˌtur** *f* 'haute conjoncture; conjoncture très expansive, très favorable; boom [bum] *m*; *par ext.* période *f* de grande prospérité; 2**konzen'triert** *adjt.* très concentré; 2**ˌkrempeln** *v/t.* ⟨-(e)le, *sép.*, -ge-, h⟩ *Ärmel etc.* retrousser; relever; ~**kulˌtur** *f* civilisation *f* très développée; ~**land** *n géogr.* 'hauts plateaux; 'hautes terres; *schottisches* 'Highlands *m/pl.*; ~ˌ**länder** *m* ⟨~s; ~⟩ *Schotte* 'highlander *m*; 2**ˌleben** *v/i.* ⟨*sép.*, -ge-, h⟩ **j-n** ~ **lassen** pousser des vivats en l'honneur de qn.; porter un toast à (la santé de) qn.; boire à la santé de qn.; **er lebe hoch!, hoch soll er leben!** vive X!; ~ˌ**leistungs...** *in Zssgn. techn.* à 'haut, grand rendement; à grande puissance; ~**leistungsmaˌschine** *f* machine *f* à 'haut *od.* grand rendement, à grande puissance; ~**leistungsreˌaktor** *m phys. atom.* réacteur *m* à grande puissance, à 'haut *od.* grand rendement; ~**ˌmeister** *m e-s Ritterordens* grand maître; ~ˌ**mittelˌalter** *n* 'haut moyen âge; 2**mo'dern** *adj.* F ultra-moderne; 2**molekuˌlar** *adj. chim.* macromoléculaire; ~**moor** *n* marais *m*, tourbière *f* (de montagne); *in den Ardennen* fagne *f*; ~**mut** *m* orgueil *m*; 'hauteur *f*; morgue *f*; superbe *f*; ~ **kommt vor dem Fall** *prov.* l'orgueil précède la chute; 2**ˌmütig 1.** *adj.* orgueilleux, -euse; 'hautain; plein de morgue, de superbe; **ein** ~**er Blick** un regard 'hautain, plein d'orgueil, de morgue, de superbe; **ein** ~**er Kerl** *auch* un orgueilleux; **2.** *adv.* d'une façon orgueilleuse, *etc.*; 2**ˌnäsig** F *adj.* qui se donne des airs de hauteur; qui prend des airs 'hautains; présomptueux, -euse; *cf. auch* 2**mütig**; ~**er Kerl** F pète-sec *m*; ~**es Frauenzimmer** pimbêche *f*; ~ˌ**näsigˌkeit** *f* ⟨~⟩ présomption *f*; *cf. auch* ~**mut**; ~ˌ**nebel** *m etwa* couche nuageuse homogène et basse; 2**ˌnehmen** *v/t.* ⟨*irr.*, *sép.*, -ge-, h⟩ **1.** relever; **2.** *fig.* (*hänseln*) taquiner; se moquer de.

Hochofen ['ho:xˌʔo:fən] *m techn.* 'haut fourneau; ~ˌ**anlage** *f* installation *f* de hauts fourneaux; ~ˌ**aufzug** *m* monte-charge *m* de haut fourneau; ~**beˌgichtung** *f* ⟨~⟩ chargement *m* du haut fourneau; ~ˌ**koks** *m* coke *m* à 'haut fourneau; ~ˌ**schlacke** *f* laitier *m* de haut fourneau; ~**zeˌment** *m* ciment *m* de haut fourneau.

hoch|päppeln ['ho:xˌpɛpəln] *v/t.* ⟨-(e)le, *sép.*, -ge-, h⟩ F *Kind, Kranken* donner la becquée à (qn. pour le retaper); 2**parˌterre** *n* rez-de-chaussée surélevé; 2**paß** *m tél.*, *rad.* filtre *m* passe-'haut; 2**plaˌteau** *n cf.* **Hochebene**; ~**po'etisch** *adj. meist iron.* fort poétique; ~**po'litisch** *adj.* 'hautement politique; ~**poly'mer** *adj. chim.* polymère à un 'haut degré; ~ˌ**preisen** *v/t.* ⟨*irr.*, *sép.*, -ge-, h⟩ célébrer; exalter; ~**proˌzentig** *adj.* de haute teneur; (très) concentré; à un 'haut pourcentage de ...; ~**er Schnaps** eau-de-vie *f* à un 'haut degré d'alcool; ~ˌ**pumpen** *v/t.* ⟨*sép.*, -ge-, h⟩ pomper; ~**qualifi'ziert** *adjt.* 'hautement qualifié; 2**rad** *n hist. Fahrrad* bicycle *m*; ~**radioak'tiv** *adj.* très, 'hautement, fortement radioactif, -ive; de grande, haute radioactivité; ~ˌ**raffen** *v/t.* ⟨*sép.*, -ge-, h⟩ *Kleid* relever; retrousser; ~ˌ**ragen** *v/i.* ⟨*sép.*, -ge-, h⟩ s'élever; se dresser; ~ˌ**ragend** *adjt.* très élevé; se dressant vers le ciel; ~ˌ**randig** *adj.* à 'haut bord; ~ˌ**ranken** *v/réfl.* ⟨*sép.*, -ge-, h⟩ **sich** ~ grimper; ~ˌ**rappeln** *v/réfl.* ⟨-(e)le, *sép.*, -ge-, h⟩ F **sich (wieder)** ~ *Kranker* se rétablir; se remettre; F se retaper; remonter la pente; ~ˌ**reißen** *v/t.* ⟨*irr.*, *sép.*, -ge-, h⟩ *Arme, Gewicht* lever brusquement; *Flugzeug* redresser brusquement; 2**reˌlief** *n Kunst* 'haut-relief *m*; 2**renaiˌssance** *f* Renaissance mûrie, dans son plein épanouissement; 2**ˌrippe** *f cuis.* entrecôte *f*; ~**'rot** *adj.* (*karminrot*) carmin; *dunkler* vermeil, -lle; *Gesicht* rubicond; **sie wurde** ~ **im Gesicht** elle est devenue écarlate, F rouge comme une tomate; 2**ruf** *m* ⟨~(e)s; ~e⟩ vivat *m*; *pl.* ~**e** *e-r Menge auch* acclamations *f/pl.*; ovation *f*; **mit** ~**en empfangen** accueillir par des vivats; ~ˌ**rutschen** *v/i.* ⟨*sép.*, -ge-, sein⟩ remonter; 2**saiˌson** *f* pleine saison; in, **während der** ~ en pleine saison; en plein milieu de la saison; **es ist** ~ la saison bat son plein; ~ˌ**schätzen** *v/t.* ⟨-(es)t, *sép.*, -ge-, h⟩ tenir, avoir en 'haute, grande estime; avoir beaucoup d'estime pour; estimer beaucoup; 2**ˌschätzung** *f* 'haute estime; ~ˌ**schieben** *v/t.* ⟨*irr.*, *sép.*, -ge-, h⟩ remonter; ~ˌ**schießen** *v/t.* ⟨*irr.*, *sép.*, -ge-, h⟩ F *Satelliten etc.* lancer; *Fußball* **den Ball** ~ shooter [ʃu-] en 'hauteur; ~ˌ**schlagen** *v/t.* ⟨*irr.*, *sép.*, -ge-, h⟩ *Kragen etc.* relever; ~**ˌschmelzend** *adjt. techn.* à point de fusion élevé; ~ˌ**schnellen** *v/i.* ⟨*sép.*, -ge-, sein⟩ faire un bond; *fig. Preise* monter en flèche; **das** 2 **der Preise** la montée en flèche des prix; 2**schrank** *m* armoire *f* de rangement avec élément supérieur; ~ˌ**schrauben I** *v/t.* ⟨*sép.*, -ge-, h⟩ faire monter (*auch fig. Preise etc.*); **II** *v/réfl.* **sich** ~ *Flugzeug* monter en spirales; 2**schulbeˌhörden** *f/pl.* services administratifs de l'université, *etc.*; 2**schulˌbildung** *f* formation supérieure, universitaire; 2**schuldiˌplom** *n* diplôme *m* de l'enseignement supérieur, d'études supérieures; 2**ˌschule** *f* établissement *m* d'enseignement supérieur; (*Universität*) université *f*; (*Fach*2) grande école;

in Eigennamen école supérieure; Technische ~ (*abr.* TH) établissement *m*, école *f* d'enseignement supérieur technique; Pädagogische ~ *etwa* école normale; ℒˌschüler(in) *m* (*f*) étudiant(e) *m* (*f*); ℒschulˌlehrer(in) *m* (*f*) professeur *m* de l'enseignement supérieur; professeur *m* de faculté; universitaire *m*; ℒschulreˌform *f* réforme *f* de l'enseignement supérieur; ℒschulˌreife *f* niveau *m* du baccalauréat; ℒschulˌstudium *n* études supérieures, universitaires; ℒschulˌwesen *n* enseignement supérieur; ~'schwanger *adj.* en état de grossesse avancée; prête à accoucher.

Hochsee ['hoːxzeː] *f* 'haute mer; large *m*; ~ˌfischer *m* pêcheur de haute mer, 'hauturier; ~fischeˌrei *f* pêche *f* en 'haute mer, au large; grande pêche; kleine ~ pêche 'hauturière; ~ˌflotte *f* flotte *f* de haute mer; ~ˌschlepper *m* remorqueur *m* de haute mer.

hoch|siedend ['hoːxˌziːdənt] *adjt.* à point d'ébullition élevé; ℒsitz *m ch.* affût perché; ℒˌsommer *m* plein été; im ~ au cœur, au plus fort de l'été; en plein été; ~ˌsommerˌlich **1.** *adj.* de plein été; **2.** *adv.* es ist ~ warm il fait chaud comme en plein été.

Hochspannung ['hoːxˌʃpanuŋ] *f* **1.** *élect.* 'haute tension; **2.** *fig.* grande tension; es herrscht ~ *auch* il y a de l'électricité dans l'air; ~sˌanlage *f* installation *f* à 'haute tension; ~sˌanzeiger *m* indicateur *m* de haute tension; ~sappaˌrat *m* appareil *m* à 'haute tension; ~sisoˌlator *m* isolateur *m* à 'haute tension; ~sˌkabel *n* câble *m* à 'haute tension; ~sˌleitung *f* ligne *f* à 'haute tension; ~sˌmast *m* pylône *m*; ~sˌnetz *n* réseau *m* à 'haute tension; ~sˌstrom *m* courant *m* à 'haute tension.

hoch|spielen ['hoːxˌʃpiːlən] *v/t.* ⟨*sép.*, -ge-, h⟩ mettre en relief; accentuer; ℒˌsprache *f* langue écrite, commune, académique; ~ˌsprachlich *adj.* de la langue écrite, commune, académique; ~ˌspringen *v/i.* ⟨*irr.*, *sép.*, -ge-, sein⟩ *Sport* sauter en 'hauteur; *sonst* sauter, bondir (vor Freude de joie); ℒˌspringer(in) *m* ⟨~s; ~⟩ (*f*) ⟨~; ~nen⟩ *Sport* sauteur, -euse *m,f* en 'hauteur; ℒsprung *m Sport* saut *m* en 'hauteur; ℒsprungˌständer *m* poteau *m* de saut.

höchst [høːçst] (*sup. von* hoch) **1.** *adj.* le plus 'haut; le plus élevé; *fig. auch* le plus grand; souverain; suprême; *techn., phys., comm., adm.* maximum [-əm] (*f u. pl. auch* maxima); maximal; der ~e Berg la plus 'haute montagne; la montagne la plus élevée; auf ~er Ebene *cf.* Ebene; im ~en Fall(e) *cf.* höchstens; *fig. u.* F das ist das ~e der Gefühle c'est la limite; der ~e Genuß la plus grande jouissance; das ~e Gericht la cour suprême; das ~e Glück le plus grand bonheur; le comble du bonheur; im ~en Grade, Maße au plus 'haut point, degré; extrêmement; au dernier degré; das ~e Gut le souverain bien; die ~e Konzentration la plus grande concentration; in der ~en Not *moralisch* au plus fort de la détresse; *materiell* dans le plus grand besoin; die ~en Preise les plus 'hauts prix; les prix les plus élevés; les prix maximum, maxima, maximaux; der ~e Punkt le point le plus élevé; le point culminant; an ~er Stelle en 'haut lieu; die ~e Stufe der Vollendung le plus 'haut degré de (la) perfection; die ~e Temperatur la plus 'haute température; la température la plus élevée; la température maximum, maximale, maxima; in ~en Tönen von j-m, etw. reden faire grand éloge, de très grands éloges de qn., de qc.; *Motor* auf ~en Touren (laufen) (marcher) à plein régime, F à pleins gaz; mit ~er Verachtung avec le plus grand mépris; avec un souverain mépris; in ~er Verzweiflung au comble du désespoir; das ~e Wesen l'Être suprême; von ~er Wichtigkeit de la plus 'haute importance; d'une importance capitale; es ist ~e Zeit il est grand temps; nach dem ℒen streben viser aux choses les plus 'hautes; das ℒe, was ich tun kann, ist ... tout ce que je peux faire, c'est ...; aufs ~e *cf.* ~ 2. *u.* im ~en Grade, Maße; *Zorn etc.* aufs ~e steigen atteindre son plus 'haut degré, son paroxysme; **2.** *adv.* extrêmement; excessivement; F on ne peut plus ...; ... comme tout; *cf. auch* im ~en Grade, Maße; ~ erregt extrêmement, excessivement, F on ne peut plus excité; excité comme tout; das war ~ unnötig c'était on ne peut plus inutile, tout à fait inutile; ~ lächerlich *auch* du dernier ridicule; ~ überrascht *auch* au comble de la surprise; ℒˌalter *n* âge *m* maximum.

Hoch|stamm ['hoːxʃtam] *m Obstbaum* 'haute tige; ℒˌstämmig *adj. jard.* à 'haute tige; ~stand *m ch.* affût perché; ~stape'lei *f* ⟨~; ~en⟩ escroquerie *f*; imposture *f*; ~ˌstapler *m* ⟨~s; ~⟩ escroc [-o] *m*; imposteur *m*; chevalier *m* d'industrie.

Höchst|arbeitszeit ['høːçstˌˀarbaɪtsˌtsaɪt] *f* durée maximum, maxima(le) du travail; ~beˌanspruchung *f techn.* effort *m* maximum; ~beˌdarf *m* besoin *m* maximum; ~beˌlastung *f* charge *f* limite, maximum; ℒbeˌsteuert *adjt.* le plus imposé; ~beˌtrag *m* montant *m*, somme *f* maximum; plafond *m*; bis zu e-m ~ von ... jusqu'à concurrence de ...; ~ˌbietende(r) *m* ⟨→ A⟩ le plus offrant; ~ˌdauer *f* durée maximum, maxima(le); ~diviˌdende *f* dividende *m* maximum; ~ˌdosis *f* dose maximum, maxima(le).

hoch|stecken ['hoːxˌʃtɛkən] *v/t.* ⟨*sép.*, -ge-, h⟩ relever; *fig.* s-e Ziele ~ avoir de hautes visées; ~ˌstehend *adjt. fig.* d'un 'haut niveau; kulturell ~ d'un 'haut niveau culturel; ~ˌsteigen *v/i.* ⟨*irr.*, *sép.*, -ge-, sein⟩ monter; s'élever.

höchsteigen ['høːçst'ˀaɪgən] *adj.* in ~er Person en propre personne; ~ˌhändig *adv.* de sa propre main.

hoch|stellen ['hoːxˌʃtɛlən] *v/t.* ⟨*sép.*, -ge-, h⟩ mettre, placer en 'hauteur; *cf. auch* hochgestellt; ~ˌstemmen *v/t.* ⟨*sép.*, -ge-, h⟩ soulever.

höchst|ens ['høːçstəns] *adv.* tout au plus; au maximum; ℒerˌtrag *m* rendement *m* maximum; ℒfall *m* im ~ *cf.* ~ens; ℒform *f Sport* er war in ~ il avait une forme splendide; *cf. auch* Hochform; ℒfreˌquenz *f élect.* ultra-haute fréquence (*abr.* U.H.F.); ℒfrequenzˌtechnik *f* technique *f* de l'ultra-haute fréquence; ℒgeˌbot *n* la plus forte enchère; offre *f* maximum; ℒgeˌhalt[1] *n* salaire, traitement maximum, maximal; ℒgeˌhalt[2] *m* teneur maximum, maxima(le); ℒgeˌschwindigkeit *f* vitesse maximum, maxima(le); plafond *m*; vitesse *f* limite; zulässige ~ vitesse maximum, limite autorisée; mit ~ fahren rouler à la vitesse maximum; plafonner; ℒgeˌwicht *n* poids *m* maximum; ℒˌgrenze *f* plafond *m*; maximum *m*; die ~ überschreiten crever, dépasser le plafond; ~ der Versicherungspflicht plafond de l'assujettissement (à l'assurance).

Hochstimmung ['hoːxˌʃtɪmuŋ] *f* très bonne humeur; atmosphère, ambiance extrêmement gaie; in ~ sein être de très bonne humeur, extrêmement gai.

Höchst|kontingent ['høːçstkɔntɪŋˌgɛnt] *n* contingent *m* maximum; ~kurs *m comm.* cours *m* maximum; ~ˌladegeˌwicht *n* limite *f* de charge; ~last *f* charge maximum, maxima(le); ~ˌleistung *f Sport* meilleure performance (*auch fig.*); record *m*; *e-r Fabrik etc.* rendement *m* maximum; *e-s Motors* puissance *f* maximum; *e-r Versicherung etc.* prestation *f* maximum; ~lohn *m* salaire *m* maximum; ~maß *n* maximum *m*; ein ~ an Sicherheit, Genauigkeit *etc.* un maximum de sécurité, de précision, *etc.*; ℒˌmöglich *adj.* le plus 'haut *bzw.* le plus grand ... possible; maximum; ℒper'sönlich *adv.* en personne; F en chair et en os; ~preis *m* prix *m* maximum, limite, plafond; *amtlich* den ~ von etw. festsetzen taxer qc.; Festsetzung von ~en taxation *f*.

Hoch|straße ['hoːxˌʃtraːsə] *f in Städten* route surélevée; *im Gebirge* route *f* des crêtes; ℒˌstrebend *adjt. Land etc.* en plein développement; *Personen* qui cherche, aspire à monter, à arriver; qui a de l'ambition; ~ˌstrecke *f Gewichtheben* zur ~ bringen élever jusqu'à l'extension complète des bras; ℒˌstreifen *v/t.* ⟨*sép.*, -ge-, h⟩ *Ärmel etc.* retrousser; relever.

höchstrichterlich ['høːçstˌrɪçtərˌlɪç] *adj.* ~e Entscheidung *cf.* Entscheidung.

Hochstrom(kohle)bogen ['hoːxʃtroːm(ˌkoːlə)ˌboːgən] *m élect.* arc *m* électrique à 'haute intensité de courant.

Höchst|satz ['høːçstzats] *m* taux *m* maximum; ~ˌspanne *f comm.* marge *f* limite; ~ˌspannung *f élect.* très 'haute tension; tension *f* de plus de 200 000 volts; ~stand *m* niveau *m* maximum; *der Sonne* 'hauteur maximum, maxima(le); ~ˌstrafe *f* peine maximum, maxima(le); ~taˌrif *m* tarif *m* maximum, limite; ~ˌvakuum *n* vide très poussé; ~verˌkaufspreis *m* prix *m* maximum, limite de vente; ~verˌsicherungsˌsumme *f* montant *m* maximum de l'assurance; ℒwahrˌscheinlich *adj.* (*u. adv.*) très probable(ment); très vraisemblable(ment); ~wert *m* valeur maximum, maxima(-le); ~zahl *f* chiffre, nombre maximum, maximal; ℒˌzulässig *adj.* maximum autorisé; ~e Geschwindigkeit vitesse maximum autorisée; ~e Personenzahl nombre maximum autorisé de personnes.

Hoch|tal ['hoːxtaːl] *n* 'haute vallée; ℒˌtönend *adjt. fig. Worte, Rede* pompeux, -euse; emphatique; ronflant; grandiloquent; ~tonˌlautsprecher *m* 'haut-parleur *m* pour fréquences élevées, pour les aigus; ~tour *f* **1.** *cf.* Hochgebirgstour; **2.** *Motor, Maschine* auf ~en laufen tourner à plein régime (*auch fig.*); ℒˌtourig *adj. techn.* à grande vitesse de régime; ℒˌtrabend *adjt. Wesen etc.* pompeux, -euse; emphatique; snob; *Stil* ampoulé; *cf. auch* ~tönend; ℒ'tragend *adjt. Tier* prête à mettre bas; ℒˌtreiben *v/t.* ⟨*irr.*, *sép.*, -ge-, h⟩ *Preise etc.* faire monter; ~- und 'Tiefbau *m cf.* Hochbau; ~ˌvakuum *n techn.* vide poussé; ~vakuumˌröhre *f* lampe *f*, tube *m* à vide poussé;

~vakuum|technik *f* technique *f* du vide poussé; **2ver'dient** *adjt.* de grand mérite; très méritant; **ein um etw. ~er Mann** un homme qui a bien mérité de qc.; **2ver'ehrt** *adjt.* très honoré; **unser ~er Präsident** notre très honoré président; **~ver|rat** *m* 'haute trahison; **~ver|räter** *m* **ein ~** sein être coupable de haute trahison; **2ver|räte|risch** *adj.* qui porte atteinte à la sûreté intérieure de l'État; **2ver|zinslich** *adj. comm.* produisant de gros intérêts, des intérêts élevés; **~wald** *m* ('haute) futaie.

Hochwasser ['ho:x|vasər] *n* **1.** *e-s Flusses* crue *f*; (*Überschwemmung*) inondation *f*; **bei ~** en période de crue, d'inondation; **~ führen** être en crue; **2.** (*höchster Flutstand*) marée 'haute; **~|damm** *m* digue *f*; **~ge|fahr** *f* danger *m* de crue, d'inondation; **~kata|strophe** *f* inondation *f* catastrophique; **~|marke** *f* marque *f* indiquant la hauteur de la (plus grande) crue; **~|schaden** *m* dégâts causés par l'inondation; **~|stand** *m* niveau *m* de la crue.

hoch|werfen ['ho:x|vɛrfən] *v/t.* ⟨*irr.*, *sép.*, -ge-, h⟩ jeter en 'haut, en l'air; *Arme* lever brusquement; *zur Entscheidung* **e-e Münze ~** jouer à pile ou face; **~|wertig** *adj.* de haute, grande valeur; de qualité supérieure; *Erz etc.* de haute teneur; riche (*auch von Nahrungsmitteln*); **~'wichtig** *adj.* d'une 'haute, grande importance; **2|wiese** *f* prairie 'haute; **2wild** *n ch.* grand gibier; **~will'kommen** *adj.* (qui est) le très bienvenu; **~|winden I** *v/t.* ⟨*irr.*, *sép.*, -ge-, h⟩ guinder; 'hisser; monter; **II** *v/réfl.* **sich ~** grimper; **~'wirksam** *adj.* très efficace; **~|wuchten** *v/t.* ⟨-ete, *sép.*, -ge-, h⟩ 'hisser; **2|würden** *Anrede* mon Père; monsieur le Curé, l'Abbé; **~|würdig** *adj. relig.* révérend; **der ~e Pater X** le révérend père X; **~st** révérendissime; **2zahl** *f math.* exposant *m.*

Hochzeit ['hɔxtsaıt] *f* **1.** mariage *m*; noce(s) *f* (*pl.*); **silberne, goldene, diamantene, eiserne ~** noces d'argent, d'or, de diamant, de platine; **~ haben** se marier; **zu e-r ~ eingeladen sein** être invité à un mariage, à une noce; **2.** *impr.* doublon *m*; **2|lich** *adj.* de mariage; de noce.

Hochzeits|brauch ['hɔxtsaıts|braux] *m* coutume *f* lors du mariage; **~|essen** *n* repas *m* de noces; **~|feier** *f* célébration *f* du mariage; noce *f*; **~|feierlichkeiten** *f/pl.* festivités *f/pl.*, fêtes *f/pl.* du mariage; **~|flug** *m zo.* vol nuptial; **~|gast** *m* invité *m* (au mariage, à la noce); **~ge|dicht** *n* poème nuptial; épithalame *m*; **~ge|schenk** *n* cadeau *m* de mariage; **~ge|sellschaft** *f* noce *f*; **~|kleid** *n* **1.** robe *f* de mariage; (*Brautkleid*) robe *f* de mariée; **2.** *zo.* robe nuptiale; **~|kuchen** *m* gâteau *m* de mariage; **~|mahl** *n* repas *m*, festin *m* de noces; **~|marsch** *m mus.* marche nuptiale; **~|nacht** *f* nuit *f* de noces; **~|reise** *f* voyage *m* de noces; **~|tag** *m* anniversaire *m* du mariage; (*Tag der Hochzeit*) jour *m* du mariage, de la noce; **~ter|min** *m* date *f* du mariage; **~|vorbe|reitungen** *f/pl.* préparatifs *m/pl.* de mariage; **~|zug** *m* cortège de mariage, nuptial.

hoch|ziehen ['ho:x|tsi:ən] *v/t.* ⟨*irr.*, *sép.*, -ge-, h⟩ *Last* monter; 'hisser (*auch Fahne etc.*); *Jalousie* remonter; *Vorhang, Zugbrücke* lever; *Hosen etc.* remonter; relever; F *Schnupfen* renifler (*abs.*); *Segelflugzeug* faire monter; *aviat.* **der Pilot zieht (die Maschine) hoch** le pilote redresse l'avion; **2zucht** *f* élevage *m* de premier ordre.

Hocke ['hɔkə] *f* ⟨~; ~n⟩ **1.** *Sport* position accroupie; (*Hocksprung*) saut groupé; **in die ~ gehen** s'accroupir; **e-e ~ über etw. machen** faire un saut groupé par-dessus qc.; **2.** *agr.* moyette *f*; **2n I** *v/i.* ⟨h⟩ être, se tenir accroupi; *fig. u.* F (*sitzen*) être assis; *ängstlich in e-r Ecke etc. auch* être blotti; **die ganze Zeit zu Hause ~** rester tout le temps à la maison; **immer in der Stube, zu Hause ~** *auch* être casanier, -ière, pantouflard; **am Schreibtisch ~** être, rester (tout le temps) assis à son bureau; **II** *v/réfl.* **sich ~** s'accroupir; *fig. u.* F (*sich setzen*) s'asseoir; *ängstlich auch* se blottir; **~r** *m* ⟨~s; ~⟩ tabouret *m*; escabeau *m.*

Höcker ['hœkər] *m* ⟨~s; ~⟩ *des Kamels etc.*, *anat.*, *im Gelände* bosse *f*; **2ig** *adj.* **1.** (*uneben*) plein de bosses; bosselé; **2.** (*bucklig*) bossu; **~|schwan** *m zo.* cygne muet, tuberculé.

Hockey ['hɔki·] *n* ⟨~s⟩ *Sport* 'hockey [-ɛ] *m*; **~ spielen** jouer au 'hockey; **~|ball** *m* balle *f* de hockey; **~|klub** *m* club [klœb] *m* de hockey; **~|platz** *m* terrain *m* de hockey; **~|schläger** *m* crosse *f*; **~|spiel** *n* match *m* de hockey; **~|spieler(in)** *m* (*f*) joueur, -euse *m, f* de hockey; 'hockeyeur, -euse *m, f*; **~|stock** *m cf.* **~schläger.**

Hockstellung ['hɔk|ʃtɛluŋ] *f* **in ~** en position accroupie; à croupetons.

Hode ['ho:də] *m* ⟨~n; ~n⟩, *f* ⟨~; ~n⟩, **~n** *m* ⟨~s; ~⟩ *anat.* testicule *m*; **~n|bruch** *m méd.* 'hernie scrotale; **~n-ent|zündung** *f méd.* orchite [-k-] *f*; **~nge|schwulst** *f méd.* sarcocèle *m, f*; **~n|sack** *m anat.* scrotum [-ɔm] *m*; F bourses *f/pl.*; **~n|wasser|sucht** *f méd.* hydrocèle *f.*

Hodgkinsche Krankheit ['hɔdʒ|kınʃə 'kraŋkhaıt] *f méd.* maladie *f* de Hodgkin.

Hof [ho:f] *m* ⟨~(e)s; ⸚e⟩ **1.** *e-s Hauses* cour *f*; *e-s Klosters, Gefängnisses auch* préau *m*; **auf dem ~ spielen** jouer dans la cour; **dieses Fenster geht auf den ~** cette fenêtre donne sur la cour; **Haus und ~** *cf.* **Haus 1.**; **2.** (*Bauern2*) ferme *f*; *in Südfrankreich* mas *m*; **3.** (*Fürsten2*) cour *f*; **bei, am ~e** à la cour; *fig.* **e-r Frau den ~ machen** faire la cour à, courtiser une femme; **4.** *des Mondes, der Sonne* 'halo *m*; **der Mond hat e-n ~** la lune a un 'halo, a un cerne; **~amt** *n* charge *f* à la cour; **~ball** *m* bal *m* à la cour; **~be|amte(r)** *m* officier *m* de la cour; **~be|sitzer(in)** *m* (*f*) propriétaire *m, f* d'une ferme; fermier, -ière *m, f*; **~|dame** *f* dame *f* d'honneur; **~dienst** *m* service *m* à la cour.

Höfe|ordnung ['hø:fə|ʔɔrdnuŋ] *f jur.* règlement *m* des biens de famille paysans; **~|recht** *n jur.* droit *m* des biens de famille paysans.

Hof|etikette ['ho:fʔe·ti·|kɛtə] *f* étiquette *f* (à la cour); **2|fähig** *adj.* admis, présentable à la cour.

Hof|fart ['hɔfart] *litt. f* ⟨~⟩ orgueil *m*; superbe *f*; morgue *f*; **2|färtig** *adj.* orgueilleux, -euse; plein de superbe, de morgue.

hoffen ['hɔfən] **I** *v/t. u. v/i.* ⟨h⟩ espérer; **auf etw. ~** espérer qc.; **~ wir das Beste!** ayons bon espoir!; **auf ein Wunder ~** espérer un miracle; **auf bessere Zeiten ~** espérer en des temps meilleurs; **ich hoffe, daß es euch gut geht** j'espère que vous allez bien, que vous vous portez bien; **~ wir, daß es dir gelingt** espérons que tu réussiras, vas réussir; **ich will nicht ~, daß ...** j'espère bien que ... (+ ne); **ich hoffe nicht!** j'espère que non!; **II 2** *n* ⟨~s⟩ *cf.* **Hoffnung**; **~t|lich** *adv.* j'espère, espérons que ...; **~ kommt er bald** j'espère qu'il va bientôt arriver, venir; *Antwort* **~!** espérons-le!; je l'espère!; **~ nicht !** espérons, j'espère que non!

Hoffest ['ho:ffɛst] *n* fête *f* à la cour.

Hoffmannstropfen ['hɔfmans|trɔpfən] *m/pl. phm.* liqueur *f* d'Hoffmann; éther alcoolisé.

Hoffnung ['hɔfnuŋ] *f* ⟨~; ~en⟩ espoir *m*; espérance *f*; **~ auf etw.** espoir de qc., en qc., de ... (+ *inf.*); **trügerische ~** espoir trompeur; **begründete ~** espoir bien fondé; **falsche ~en** fausses espérances; faux espoirs; **~ haben** avoir de l'espoir; **die ~ haben, zu ...** avoir l'espoir de ...; **~en erwecken** éveiller, faire naître l'espoir (**in j-m** en qn.); **die ~ verlieren, aufgeben, begraben** perdre, abandonner l'espoir; **jede ~ verlieren, daß ...** perdre tout espoir que ...; **keine ~ mehr haben** n'avoir plus aucun espoir (de, que); ne plus avoir d'espoir (*abs.*); **die ~ nicht aufgeben** ne pas perdre, abandonner l'espoir (de, que); **wieder ~ schöpfen** reprendre espoir; **ich bin in meinen ~en enttäuscht worden** mes espoirs, espérances ont été déçu(e)s; je suis désappointé; **sich ~ machen** espérer; **j-m ~en machen** faire espérer qc. à qn.; donner l'espoir à qn. (de, que); **j-m die ~ nehmen** enlever tout espoir à qn. (de ...); ôter l'espérance à qn. (de ...); **j-s ~en zerstören** détruire, briser, anéantir l'espoir, les espérances de qn.; **sich an die ~ klammern, zu** *od.* **daß ...** s'accrocher à l'espoir de ... *od.* que ...; **s-e ~ auf etw., j-n setzen** mettre son espoir, ses espérances dans *od.* en qc., qn.; **darauf hatte er s-e ganze ~ gesetzt** il y avait mis tous ses espoirs; **das ist meine einzige, letzte ~** c'est mon seul, dernier espoir; **er ist die ganze ~ der Familie** il est tout l'espoir de la famille; **zu den schönsten ~en berechtigen** donner de grands espoirs, de grandes espérances; **berechtigte ~en haben, zu** *od.* **daß ...** avoir le bon espoir de ... *od.* que ...; **es besteht ~, daß er überlebt** nous espérons qu'il survivra, va survivre; **es besteht noch ~** il y a encore de l'espoir; **ich hege die ~, daß ...** j'espère que ...; je nourris, caresse l'espoir que ...; **in der ~ leben, daß** *od.* **zu ...** vivre dans, avec l'espoir que ... *od.* de ...; *Briefschluß* **in der ~ ...** dans l'espoir (de *od.* que ...); *géogr.* **das Kap der Guten ~** le Cap de Bonne-Espérance; *fig. Frau* **guter ~ sein** avoir des espérances; **2s|los 1.** *adj.* sans espoir; désespéré; **die Lage ist ernst, aber nicht ~** la situation est sérieuse mais pas désespérée, pas sans espoir; F **ein ~er Fall** un cas désespéré; **es ist ~, zu ...** il n'y a aucun espoir de ...; **2.** *adv.* sans espoir; **er hat sich ~ verrannt** il est irrémédiablement dans l'impasse; **er ist ~ verliebt** il est éperdument amoureux; **~s|losigkeit** *f* ⟨~⟩ *adjektivisch*; **die ~ s-r Lage** sa situation désespérée; **~s|schimmer** *m* lueur *f* d'espoir, d'espérance; **~s|strahl** *m poét.* rayon *m* d'espoir; **2s|voll** *adj.* qui donne beaucoup d'espoir, de grandes espérances; qui promet beaucoup; **ein ~er junger Mann** un jeune homme qui donne beaucoup d'espoir; **ein ~er Anfang** *auch* un début prometteur, plein de promesses.

Hof|fräulein ['ho:f,frɔylaın] *n* fille *f*, demoiselle *f* d'honneur à la cour; **~ge,richt** *n hist.* königliches, fürstliches ~ cour *f* du roi, du prince; **~ge,sinde** *n* domestiques *m/pl.* (de la ferme); **2,halten** *v/i.* ⟨*irr., sép.*, -ge-, h⟩ résider; séjourner; **~,haltung** *f* cour *f*; *od. verbal*; **~hund** *m* chien *m* de garde; *großer auch* mâtin *m*; **2ieren** [-'fi:-] *v/t. u. v/i.* ⟨*pas de ge-*, h⟩ j-n *od.* j-m ~ flatter qn.; faire sa cour à qn.; **~in,trige** *f* intrigue *f* de cour.

höfisch ['hø:fıʃ] *adj.* courtois; die **~e Dichtung** la littérature courtoise; **das ~e Epos, der ~e Roman** le roman courtois; **die ~e Lyrik** la poésie courtoise; **die ~e Kultur** la culture courtoise.

Hof|kanzlei ['ho:fkants,laı] *f hist.* chancellerie *f* aulique; **~ka,plan** *m* chapelain *m* du roi, *etc.*; **~klatsch** *m* ragots *m/pl.* de la cour; **~,kreise** *m/pl.* cour *f*; in **~n** à la cour; dans l'entourage du roi, *etc.*; **~,leben** *n* vie *f* à la cour; **~,leute** *pl.* gens *m/pl. bzw. f/pl.* de (la) cour.

höflich ['hø:flıç] **1.** *adj.* poli; courtois; civil; **ein ~er Mensch** un homme poli, courtois; **~ sein** être poli, courtois; **2.** *adv.* poliment; courtoisement; *comm.* **wir bitten Sie ~, zu ...** nous vous prions poliment de ...; **wir machen Sie ~(st) darauf aufmerksam, daß ...** nous vous faisons poliment remarquer que ...; **2,keit** *f* ⟨~; ~en⟩ politesse *f*; courtoisie *f*; civilité *f*; **aus ~** par politesse, *etc.*; **Austausch von ~en** échange de politesses, de civilités; **er hat mir e-e ~ erwiesen** il m'a fait une politesse; *fig.* **da schweigt des Sängers ~** *etwa* dans ce cas, le tact impose la discrétion; **2keitsbe,such** *m* visite *f* de politesse, de courtoisie; **2keitsbe,zeigung** *f* ⟨~; ~en⟩ (marque *f* de) politesse *f*; **2keits,formel** *f* formule *f* de politesse; **2keits,geste** *f* geste *m* de politesse.

Hoflieferant ['ho:fli·fə,rant] *m* fournisseur *m* de la cour.

Höfling ['hø:flıŋ] *m* ⟨~s; ~e⟩ courtisan *m*; homme *m* de cour.

Hof|marschall ['ho:fmar,ʃal] *m hist.* maréchal *m* du palais; **~,meister** *m hist.* **a)** intendant *m* de la cour; **b)** *im 18. Jh.* (*Hauslehrer*) précepteur *m*; gouverneur *m*; **c)** *e-s Bauernhofes* intendant *m*, administrateur *m* d'une ferme; **~narr** *m hist.* bouffon *m* (de la cour); fou *m* du roi; **~,prediger** *m* prédicateur *m* de la cour, du roi; **~rat** *m* ⟨~(e)s⟩ *hist.* **1.** *Behörde* conseil *m* aulique; **2.** ⟨*pl.* ~̈e⟩ *Titel* conseiller *m* de la cour; **~raum** *m* cour *f* (d'une maison); **~,schauspieler(in)** *m* (*f*) comédien, -nne *m, f* du roi, *etc.*; **~,schranze** *m, f péj.* (vil) courtisan; **~,seite** *f e-s Gebäudes* côté *m* cour; **~staat** *m* maison *f* du roi; cour *f*; **~tag** *m hist.* jour *m* d'audience du roi, *etc.*; **~the,ater** *n* théâtre *m* du roi, de la cour; **~tor** *n* porte *f* de la cour; grand-porte *f*; **~tracht** *f* costume *m* de cour; **~,trauer** *f* deuil *m* de la cour; *fig. u.* F **~ haben** avoir des ongles sales, noirs; **~tür** *f* porte *f* donnant sur la cour; **~,übergabe** *f* transmission *f* de la propriété d'une ferme.

hohe ['ho:ə] *cf.* hoch.

Höhe ['hø:ə] *f* ⟨~; ~n⟩ **1.** *Ausdehnung, Lage* 'hauteur *f*; *über dem Meeresspiegel, aviat.* altitude *f*; **die ~ der Mauer, des Gebäudes** la hauteur du mur, du bâtiment; **die schwindelnde ~ der Berge** la hauteur vertigineuse des montagnes; *bât.* **lichte ~** 'hauteur de l'ouverture; *aviat.* (an) **~ gewinnen** prendre de la hauteur, de l'altitude; **in tausend Meter ~** à une altitude, 'hauteur de mille mètres; **e-e ~ haben von** avoir une 'hauteur de; **die ~ des Turmes beträgt hundert Meter** la hauteur de la tour est de cent mètres; **auf der ~ liegen** être sur la hauteur; être en 'haut (de); **auf gleicher ~ (von, mit)** à la même 'hauteur (que); **auf halber ~** à mi-hauteur; *e-r Straße* à mi-côte; **von der ~ des Kirchturms** du haut du clocher; **in die ~ sehen, werfen** regarder, jeter en l'air, en 'haut; **in die ~ heben** (sou)lever; *cf. auch* **hochheben**; **in die ~ ragen** s'élever, se dresser, s'élancer (vers le ciel); *Pflanzen* **in die ~ schießen** monter (en graine); **in die ~ steigen** monter, s'élever (dans les airs); *Preise* **in die ~ treiben** faire monter; **in die ~ ziehen** *etc. cf.* **hochziehen** *etc.*; *bibl.* **Ehre sei Gott in der ~!** gloire à Dieu au plus 'haut des cieux!; **2.** (*Landerhebung*) 'hauteur *f*; **die größten ~n der Erde** les plus 'hautes montagnes de la terre; *milit.* **~ 304** cote *f* 304; **die Truppen besetzten einige ~n** les troupes ont occupé quelques 'hauteurs; **3.** *géogr.* altitude *f*; **absolute, relative ~** altitude absolue, relative; **4.** *Geometrie, astr., mus.* 'hauteur *f*; *rad.* **~n und Bässe** aigu et grave; **5.** *mar.* **auf der ~ von** à la hauteur de; **6.** *e-r Summe etc.* montant *m*; somme *f*; *e-r Zahl* nombre *m*; **die ~ der Ausgaben** *etc.* le montant des dépenses, *etc.*; *Betrag* **in ~ von** se montant à; **ein Beitrag in ~ von fünfhundert Mark** une contribution *bzw.* somme de *od.* se montant à cinq cents marks; *Betrag* **bis zu e-r ~ von** jusqu'à concurrence de; **die ~ der Strafe festsetzen** fixer la peine (auf à); **7.** *fig.* (*Gipfel*) sommet *m*; faîte *m*; **auf der ~ s-s Ruhms** au faîte, au sommet, à l'apogée de sa gloire; **auf der ~ s-s Schaffens** au sommet, au faîte de sa carrière; **auf der ~ der Zeit sein** être à la page; **die ~n und Tiefen (des Lebens)** les 'hauts et les bas (de la vie); **ich bin heute nicht ganz auf der ~** aujourd'hui, je ne me sens pas tout à fait bien, en forme; F **das ist (doch) die ~!** c'est le comble!

Hoheit ['ho:haıt] *f* ⟨~⟩ **1.** *pol.* souveraineté *f*; **staatliche ~** souveraineté nationale; **2.** ⟨*pl.* ~en⟩ *Titel* altesse *f*; **königliche, kaiserliche ~** altesse royale, impériale; **Ihre ~** Son Altesse (*abr.* S.A.); **2,lich** *adj.* de souveraineté; régalien, -nne; **~s,abzeichen** *n* insigne *m* de souveraineté, d'une nation; **~s,akt** *m* acte *m* de souveraineté; **~s,anspruch** *m* prétention *f* de souveraineté; **~sbe,fugnis** *f* compétence territoriale; **~sge,biet** *n* territoire sur lequel s'exerce la souveraineté; territoire national; **auf deutschem ~** sur le *od.* en territoire allemand; **~sge,wässer** *n/pl.* eaux territoriales; **~s,grenze** *f* limite *f* de souveraineté, du territoire, des eaux territoriales, *etc.*; **~s,rechte** *n/pl.* droits *m/pl.* de souveraineté; **~sver,letzung** *f* violation *f* de la souveraineté; **2s,voll 1.** *adj.* majestueux, -euse; **2.** *adv.* avec majesté; majestueusement; **~s,zeichen** *n* emblème *m*, insigne *m* de (la) souveraineté, d'une nation.

Hohelied [,ho:ə'li:t] *n* ⟨Hohenlied(e)s⟩ *bibl.* **das ~ (Salomonis)** le Cantique des cantiques.

Höhen|angabe ['hø:ən,ʔanga:bə] *f auf e-m Meßtischblatt* cote *f*; *allg.* indication *f* d'altitude, de hauteur; **~,atmungsge,rät** *n* inhalateur *m* d'oxygène; **~be,stimmung** *f cf.* **~messung**; **~diffe,renz** *f cf.* **~unterschied**; **~,flosse** *f aviat.* stabilisateur *m*; plan fixe horizontal; **~,flug** *m aviat.* vol *m* à 'haute altitude; *fig.* **der Gedanken** élévation *f*; **~ge,winn** *m aviat.* gain *m* d'altitude, de hauteur; **~,klima** *n* climat *m* des régions élevées, en altitude; **~,krankheit** *f* ⟨~⟩ *méd.* mal *m* d'altitude, des montagnes; **~,kreis** *m astr.* cercle *m* de hauteur; **~,kurort** *m* station *f* d'altitude; **~,lage** *f* altitude *f*; **~,leitwerk** *n aviat.* empennage horizontal, de profondeur; **~,linie** *f* courbe *f* de niveau; isohypse *f*; **~,luft** *f* air *m* en altitude; **~,marke** *f Vermessung* repère *m* de nivellement; **~,maß** *n* mesure *f* de l'altitude, de la hauteur; **~,messer** *m* ⟨~s; ~⟩ altimètre *m*; *géogr.* hypsomètre *m*; **barometrischer, elektrischer, akustischer ~** altimètre barométrique, électromagnétique, sonique; **~,messung** *f* mesure *f* de l'altitude, de la hauteur; altimétrie *f*; *géogr.* hypsométrie *f*; *im Gelände* nivellement *m*; **trigonometrische ~** nivellement géodésique; **~para,llele** *f astr.* parallèle *m* de hauteur; **~re,kord** *m* record *m* d'altitude; **~,richtung** *f Artillerie* pointage *m* en 'hauteur; **~,rücken** *m* croupe *f* de montagne; **~,ruder** *n aviat.* gouvernail *m*, gouvernes *f/pl.* de profondeur; **~,sonne** *f Gerät* soleil artificiel; lampe *f* à rayons ultraviolets; **Behandlung mit ~** traitement aux rayons ultraviolets; **~,steuer** *n cf.* **~ruder**; **~,steuerung** *f aviat.* commande *f* de profondeur; **~,strahlung** *f* rayons *m/pl.* cosmiques; **~,straße** *f* route *f* sur les 'hauteurs; **~,unterschied** *m* différence *f* de niveau; dénivellement *m*; **~ver,lust** *m aviat.* perte *f* d'altitude; **~,wander,weg** *m* chemin *m* sur les 'hauteurs; **~,weltre,kord** *m* record mondial d'altitude; **~,wetter,karte** *f* carte *f* météorologique d'altitude; **~,zahl** *f* cote *f* (de niveau, d'altitude); **~,zug** *m* chaîne *f* de collines, de montagnes.

Hohepriester [,ho:ə'pri:stər] *m* ⟨Hohenpriesters⟩ *der Juden* grand prêtre; **2,lich** *adj.* de grand prêtre.

Höhepunkt ['hø:ə,puŋkt] *m* point culminant; *des Ruhms etc.* faîte *m*; apogée *m*; *des Lebens* le plus beau moment; *e-r Epoche* apogée *m*; *e-s Festes* point culminant; *e-r Krankheit* moment crucial; crise *f*; *e-r Krise* paroxysme *m*; **s-n ~ erreichen** atteindre son point culminant, son apogée, son paroxysme; *fig. auch* culminer; **als die Krise ihren ~ erreicht hatte** au plus fort de la crise; **auf dem ~ s-r Macht sein** être à l'apogée, au faîte de son pouvoir.

höher ['hø:ər] (*comp. von* hoch) **1.** *adj.* plus 'haut, plus élevé (als que); supérieur (als à); majeur; **fünf Meter ~ sein als** avoir cinq mètres de plus que; **das Wasser steht, ist heute e-n Meter ~ als gestern** le niveau de l'eau s'est élevé, l'eau est montée d'un mètre depuis hier; *comm.* **ein ~es Angebot machen** faire une (sur)enchère; surenchérir; **~e Ansprüche stellen** exiger plus; **~er Beamter** *etwa* fonctionnaire d'un service supérieur; **~e Beamtenlaufbahn** *etwa* carrière de fonctionnaire d'un service supérieur; **auf ~en Befehl** par ordre supérieur; **~e Bildung** formation supérieure; F **~er Blödsinn** *cf.* Blödsinn; **~es Dienstalter** plus d'années de service; **auf ~er**

Ebene sur un plan plus élevé; à un niveau supérieur; *comm.* ~es Gebot surenchère *f*; ~e Gewalt cas de force majeure; ~e Instanz instance supérieure; ~e Landbauschule *etwa* école d'agriculture du second degré; ~e Mathematik mathématiques supérieures; etw. auf ein ~es Niveau bringen élever le niveau de qc.; ~er Offizier officier supérieur; ~en Ortes en 'haut lieu; *fig.* in ~en Regionen schweben planer dans de hautes régions; ~e Schule école secondaire; die ~e Schule besuchen aller à l'école secondaire; er ist in die ~e Schule gekommen il est entré dans le secondaire; ~e Schulbildung formation secondaire; in e-m ~en Sinne dans un sens plus relevé; ~e Temperatur température plus élevée, supérieure; *égl.* ~e Weihen ordres majeurs; ~es Wesen être supérieur; **2.** *adv.* plus 'haut; immer ~ de plus en plus 'haut; ~ achten estimer plus; ~ bewerten mieux noter, coter; ~ hängen (sus-)pendre, accrocher plus 'haut; *fig.* den Brotkorb ~ hängen *cf.* Brotkorb; ~ hinauswollen avoir de grandes prétentions, de hautes visées, des vues ambitieuses; F ~ können pouvoir sauter, s'élever, *etc.* plus 'haut; ~ legen, stellen, setzen mettre plus 'haut; ~ liegen *Ort* être situé plus 'haut; F etw. ~ machen *Damm, Mauer etc.* surélever; *Fahrradsattel* remonter; relever; *Reckstange etc.* faire monter; 'hausser; die Herzen ~ schlagen lassen *cf.* Herz; ~ steigen monter plus 'haut; (immer) ~ werden devenir de plus en plus 'haut, grand; augmenter; **2beˌwertung** *f verbal cf.* ~ 2.; **2ˌeinstufung** *f* reclassement *m*; **~ˌliegend** *adjt.* situé plus 'haut; **2verˌsicherung** *f* assurance plus élevée; régime *m* complémentaire.

hohl [hoːl] *adj. u. adv.* creux, -euse; ~er Baum, Körper arbre, corps creux; *fig.* ~es Gerede paroles creuses; die ~e Hand le creux de la main; ~er Klang son creux; *fig. u.* F ~er Kopf tête creuse, sans cervelle; *mar.* ~e See mer creuse; 'houle *f*; mit ~er Stimme d'une voix creuse, caverneuse; ~e Wangen joues creuses, caves; ~er Zahn dent creuse; *fig. u.* F das reicht kaum für e-n ~en Zahn il y en a à peine pour une dent creuse; ~ geschliffen meulé concave, en creux; ~ klingen sonner creux; *mar.* die See geht ~ la mer est 'houleuse, creuse; **2ˌachse** *f techn.* essieu creux; **2ˌader** *f cf.* Hohlvene; **2ˌbeitel** *m techn.* gouge *f*; **2blockˌstein** *m* parpaing [-pɛ̃] creux; **2blockˌziegel** *m* brique creuse; **2ˌbohrer** *m techn.* mèche creuse; foret creux.

Höhle ['høːlə] *f* ⟨~; ~n⟩ **1.** *géol.* caverne *f*; grotte *f* (*auch Tropfstein2*); *wilder Tiere auch* antre *m*; tanière *f*; *fig.* sich in die ~ des Löwen begeben, wagen se hasarder dans l'antre du lion; **2.** *péj.* (*Haus*) bouge *m*; trou *m*; tanière *f*; **3.** *cf.* Stirn-, Fensterhöhle *etc.*

Hohleisen ['hoːlˌ'aɪzən] *n techn.* gouge *f*.

höhlen ['høːlən] *v/t.* ⟨h⟩ creuser; steter Tropfen höhlt den Stein *prov.* la goutte creuse la pierre; petit à petit l'oiseau fait son nid *prov.*; **2ˌbär** *m zo.* ours *m* des cavernes; **2beˌwohner** *m* habitant *m* des cavernes; troglodyte *m*; **2ˌbild** *n* peinture *f*, gravure *f* rupestre *od.* des cavernes; **2ˌeingang** *m* entrée *f*, bouche *f* de la caverne; **2ˌfauna** *f* faune *f* des cavernes; **2ˌflora** *f* flore *f* des cavernes; **2ˌforscher** *m* spéléologue *m*; **2ˌforschung** *f* spéléologie *f*; **2ˌkult** *m* culte *m* dans une grotte, dans une caverne; **2maleˌrei** *f* peinture *f* rupestre, des cavernes; **2ˌmensch** *m* homme *m* des cavernes; **2ˌtempel** *m* temple *m* rupestre; **2ˌtier** *n zo.* cavernicole *m*; **2ˌwohnung** *f* habitation *f* dans le roc; abri *m* troglodytique.

Hohl|fuß ['hoːlfuːs] *m Orthopädie* pied creux essentiel; **~geˌfäß** *n* vase *m*; **2geˌschliffen** *adjt.* meulé en creux; meulé concave; **~geˌschoß** *n Artillerie* projectile *m* à charge creuse; **~geˌwinde** *n techn.* filet *m* femelle; **~glas** *n* verrerie *f* en bouteilles; gobeleterie *f*; **~heit** *f* ⟨~⟩ *fig.* vide *m*; nullité *f*; **~ˌkehle** *f bât.* moulure concave, creuse; gorge *f*; **~kopf** *m fig. u.* F tête creuse, sans cervelle; **2ˌköpfig** *adj. fig. u.* F qui a la tête creuse; qui est sans cervelle; **~ˌkörper** *m* corps creux; **~kreuz** *n méd.* lordose *f*; **~ˌladung** *f milit.* charge creuse; **~ˌleiter** *m Hochfrequenz* guide *m* d'ondes; **~maß** *n* mesure *f* de capacité; **~ˌmeißel** *m techn.* gouge *f*; **~ˌnadel** *f méd.* aiguille creuse; **~naht** *f cout.* jours *m/pl.*; **~ˌpfennig** *m hist.* pfennig *m* bractéate; **~raum** *m* espace vide, creux; cavité *f*; vide *m*; creux *m*; **~raumˌstrahlung** *f phys.* émission *f* d'un corps noir; **~saum** *m cout.* ourlet *m* à jours; **~ˌschleifen** *n*, **~schliff** *m* rectification *f* concave, en creux; **~ˌschlüssel** *m* clef *od.* clé forée; **~ˌspiegel** *m opt.* miroir *m* concave; **~stein** *m* parpaing [-pɛ̃] creux; brique creuse; **~ˌtaube** *f zo.* pigeon colombin; **~ˌtiere** *n/pl. zo.* cœlentérés [se-] *m/pl.*

Höhlung ['høːlʊŋ] *f* ⟨~; ~en⟩ creux *m*; cavité *f*.

Hohl|vene ['hoːlˌveːnə] *f anat.* veine *f* cave; **2ˌwangig** *adj.* qui a des, aux joues creuses; **~weg** *m* chemin creux; **~ˌwelle** *f techn.* arbre creux; **~zahn** *m bot.* galéopsis [-is] *m*; gemeiner ~ chanvre *m* sauvage; ortie *f* rouge; **~ˌziegel** *m* brique creuse; *Dachziegel* tuile creuse; **~ˌzirkel** *m* compas *m* d'épaisseur, de calibre, sphérique; **~zyˌlinder** *m* cylindre creux.

Hohn [hoːn] *m* ⟨~(e)s⟩ dérision *f*; moquerie dédaigneuse; (*Verachtung*) mépris *m*; dédain (insultant); (*Spott*) raillerie *f*; es ist der reinste ~, zu ... c'est une pure dérision que de ...

höhnen ['høːnən] **I** *v/t.* ⟨h⟩ *cf.* verhöhnen; **II** *v/i.* ... höhnte er dit-il d'un ton plein de dérision, d'un ton sarcastique.

Hohngelächter ['hoːngəˌlɛçtər] *n* rire méprisant, sarcastique, insultant.

höhnisch ['høːnɪʃ] **1.** *adj.* méprisant; plein de dérision, de mépris, de dédain; railleur, -euse; moqueur, -euse; ~es Grinsen ricanement méprisant; **2.** *adv.* ~ lachen *cf.* hohnlachen.

hohn|lächeln ['hoːnˌlɛçəln] *v/i.* ⟨-(e)le, *sép. od. insép.*, -ge-, h⟩ sourire dédaigneusement, avec dédain, avec mépris, avec dérision; **~ˌlachen I** *v/i.* ⟨*sép. od. insép.*, -ge-, h⟩ ricaner, rire avec mépris, avec dédain (über de); **II 2ˌlachen** *n* rire *m* de dérision, de mépris; **~ˌsprechen** *v/i.* ⟨*irr.*, *sép.*, -ge-, h⟩ être une insulte à; se moquer de; der Vernunft ~ être une insulte à la raison; das spricht jeder Gerechtigkeit hohn c'est une insulte à la justice; c'est se moquer de la justice.

hoho [ho'hoː] *int.* 'ho! 'ho!; oh! oh!; *erstaunt auch* oh là, là!

Höker ['høːkər] *m* ⟨~s; ~⟩ *etwa* marchand forain; marchand *m* des quatre saisons.

Hokkohühner ['hɔkoˑˌhyːnər] *n/pl. zo.* cracidés *m/pl.*

Hokuspokus [ˌhoːkʊs'poːkʊs] *m* ⟨~⟩ tour *m* de passe-passe; ~ machen faire des tours de passe-passe.

HO-Laden [haː'oːˌlaːdən] *m in der DDR* boutique *f*, magasin *m* de l'organisation commerciale d'État.

hold [hɔlt] *adj. poét.* **1.** j-m ~ sein *Person* accorder ses faveurs à qn.; das Glück ist ihm ~ la fortune lui est favorable, lui est propice, lui sourit; **2.** (*lieblich*) gracieux, -euse.

Holder ['hɔldər] *m* ⟨~s; ~⟩ *cf.* Holunder.

Holdinggesellschaft ['hoːldɪŋgəˌzɛlʃaft] *f comm.* 'holding [-diŋ] *m*.

holdselig ['hɔltˌzeːlɪç] *adj. poét.* gracieux, -euse; plein de grâce.

holen ['hoːlən] *v/t.* ⟨h⟩ (*hingehen u. herbringen*) aller chercher; F aller prendre; (*ab~*) venir chercher; F venir prendre; j-n ~ aller chercher qn.; etw., j-n ~ lassen envoyer chercher qc., qn.; du kannst dir das Buch heute nachmittag ~ tu peux venir chercher ce livre cet après-midi; Kohlen aus dem Keller ~ aller chercher du charbon à la cave; Milch, Brot ~ aller chercher du lait, du pain; zur Bank gehen und Geld ~ aller chercher de l'argent à la banque; etw. aus der Tasche *etc.* ~ sortir qc. de sa poche, de son sac, *etc.*; Erz *etc.* aus der Erde ~ extraire du minerai, *etc.*; (sich) bei j-m Rat ~ demander conseil à qn.; prendre conseil de qn.; Luft ~ respirer; *nach e-r Anstrengung* reprendre haleine; F sich e-e Erkältung ~ prendre un refroidissement; prendre froid; F sich e-n Schnupfen ~ attraper un rhume; F bei ihm ist nichts zu ~ on n'aura, ne trouvera rien chez lui; F dabei ist nichts zu ~ il n'y a rien à (y) gagner; P hol's der Teufel! au diable!; P der Teufel soll ihn ~! que le diable l'emporte!

holla ['hɔla] *int.* 'holà!; 'hé!

Holland ['hɔlant] *n fig.* (nun ist) ~ in Not nous voilà en danger, dans une périlleuse situation.

Holländ|er ['hɔˌlɛndər] **I** *m* ⟨~s; ~⟩ **1.** 'Hollandais *m*; der Fliegende ~ *myth.* le Hollandais volant; *Oper* le Vaisseau fantôme; *cf. auch* Niederländer; **2.** *Papierherstellung* pile raffineuse, 'hollandaise; **3.** *Kinderfahrzeug* cyclorameur *m*; **II ~er** *adj.* ⟨*inv.*⟩ 'hollandais; de Hollande; ~ Käse 'hollande *m*; fromage *m* de Hollande; **~eˌrin** *f* ⟨~; ~nen⟩ 'Hollandaise *f*; **2ern** *v/t.* ⟨-(e)re, h⟩ *impr.* relier à la hollandaise; **2isch** *adj.* 'hollandais; de Hollande; ~er Gulden (*abr.* hfl.) florin (FL) *m*; gulden [guldɛn] *m*; ~e Kunst art 'hollandais; die ~e Sprache, das 2e la langue 'hollandaise; le hollandais; *cuis.* ~e Soße, Tunke sauce blanche; *hist.* 2er Krieg guerre *f* de Hollande; *cf. auch* niederländisch.

Holle ['hɔlə] *f myth.* Frau ~ la fée Holle; Frau ~ schüttelt die Betten (*es schneit*) il neige (, la fée Holle secoue son édredon).

Hölle ['hœlə] *f* ⟨~; ~n⟩ *relig. u. fig.* enfer *m*; *relig.* niedergefahren, abgestiegen zur ~ descendu aux enfers; in die ~ kommen aller en enfer; *fig.* Himmel und ~ in Bewegung setzen *cf.* Himmel; j-m die ~ heiß machen *cf.* heiß 2.; j-m das Leben zur ~ machen rendre la vie impossible à qn.; faire mener à qn. une vie d'enfer; die ~ auf Erden haben c'est l'enfer sur la terre (pour qn.); vivre un calvaire; faire son purgatoire en ce monde; Ausgeburt der ~ suppôt *m* de Satan; das ist die ~ c'est un enfer; F da war die ~ los c'était un enfer là; der Weg zur ~ ist mit guten Vorsätzen gepflastert *prov.* l'enfer est pavé de bonnes intentions *prov.*

Höllen|angst ['hœlən'ʔaŋst] *f* F e-e ~ haben avoir une peur terrible, bleue; F avoir la frousse, une peur du diable; **~ˌbraten** *m* F *von Kindern* diablotin *m*; **~ˌbrut** *f* engeance infernale; **~ˌfahrt** *f peint.* ~ Christi descente *f* aux enfers, aux limbes; **~ˌfeuer** *n* feu *m* d'enfer; **~ˌfürst** *m relig.* prince *m* des enfers, des démons, des ténèbres; **~ˌhund** *m myth.* Cerbère *m*; **~'lärm** F *m* bruit *m* d'enfer; vacarme, tapage infernal, F de tous les diables; P boucan *m* du diable; e-n ~ machen *auch* faire le diable à quatre, P un barouf du diable, un raffut du diable; **~maˌschine** *f* machine infernale; **~ˌqual** *f* supplice, martyre infernal; tourments *m/pl.* de l'enfer; ~en ausstehen souffrir comme un damné [dane]; souffrir mille morts; être à la torture; **~ˌrachen** *m*, **~ˌschlund** *m* bouches *f/pl.* de l'enfer; **~spek'takel** *m cf.* ~lärm; **~ˌstein** *m phm.* pierre infernale; nitrate *m* d'argent (fondu); **~'tempo** *n* F mit e-m ~ fahren aller à un train d'enfer.

Hollerithmaschine ['hɔləˌrɪtmaˌʃiːnə, hɔlə'rɪt-] *f* (*Lochkartenmaschine*) machine *f* (comptable) à cartes perforées.

höllisch ['hœlɪʃ] **1.** *adj.* infernal; d'enfer; diabolique; ~er Lärm, ~e Angst *etc. cf.* Höllenlärm, Höllenangst *etc.*; **2.** *adv.* diablement; F man muß dabei ~ aufpassen il faut y faire diablement attention; F ~ schwer diablement difficile.

Holm [hɔlm] *m* ⟨~(e)s; ~e⟩ **1.** *e-r Axt, e-s Ruders* manche *m*; **2.** *bât.* chapeau *m*; traverse *f*; **3.** *e-r Leiter* montant *m*; **4.** *aviat.* longeron *m*; **5.** *am Barren* barre *f*; **6.** *milit. e-r Lafette* flèche *f*; **7.** (*Fluß-, Küsteninsel*) île *f*; îlot *m*; **8.** (*Schiffswerft*) chantier naval.

Holmium ['hɔlmiˑum] *n* ⟨~s⟩ *chim.* holmium [-jɔm] *m*.

Holo|edrie [hoˑloˑeˑ'driː] *f* ⟨~⟩ *Kristallkunde* holoédrie *f*; **2'graphisch** *adj.* olographe.

holp|(e)rig ['hɔlp(ə)rɪç] **1.** *adj. Weg* raboteux, -euse; cahoteux, -euse; inégal; *Straßenpflaster* inégal; *Verse* rude; *Stil* rocailleux, -euse; 'heurté; raboteux, -euse; **2.** *adv.* etw. ~ vorlesen, vortragen lire, réciter qc. d'une façon 'heurtée, en trébuchant sur les mots; **~ern** *v/i.* ⟨-(e)re, sein⟩ *Wagen* cahoter; *Person* ~ (und stolpern) trébucher.

Holschuld ['hoːlʃʊlt] *f comm.* dette *f* quérable.

Holstein|er(in) ['hɔlˌʃtaɪnər(ɪn)] **I** *m* ⟨~s; ~⟩ (*f*) ⟨~; ~nen⟩ **1.** habitant(e) *m* (*f*) du Holstein; **2.** *nur m Pferderasse* cheval *m* du Holstein; **II ~er** *adj.* ⟨*inv.*⟩, **2isch** *adj.* du Holstein.

holterdiepolter ['hɔltərdiˑ'pɔltər] *adv.* précipitamment (et avec bruit).

holüber [ˌhoːl'ʔyːbər] *adv. Fähre* ohé! passeur!

Holunder [hoˑ'lʊndər] *m* ⟨~s; ~⟩ *bot.* sureau *m*; schwarzer, roter ~ sureau noir, rouge; blauer, spanischer ~ lilas *m*; *sc.* syringa *m* (vulgaris); **~ˌbaum** *m cf.* ~; **~ˌbeere** *f* baie *f* de sureau; **~ˌstrauch** *m cf.* ~; **~ˌtee** *m* infusion *f* de sureau.

Holz [hɔlts] *n* ⟨~es; ~er⟩ bois *m* (*auch Gehölz*); ein Stückchen ~ un morceau de bois; grünes, trockenes ~ bois vert, sec; aus ~ de, en bois; ~ hacken fendre, casser du bois; ~ sägen scier du bois; *fig. u.* F (*schnarchen*) ronfler; ~ flößen flotter des bois; *Bäume* ins ~ schießen pousser trop de bois; *fig.* aus dem gleichen ~ geschnitzt sein être de la même trempe; être tout pareil; aus weichem ~ geschnitzt sein être du bois dont on fait les flûtes; wie ein Stück ~ dasitzen être comme une statue; nicht aus ~ sein ne pas être de bois; *Kegeln* viel ~ werfen abattre du bois; **~ˌabfälle** *m/pl.* déchets *m/pl.* de bois; bois *m* de rebut; **~ˌapfel** *m bot.* pomme *f* sauvage; **~ˌarbeiter** *m* bûcheron *m*; **~art** *f* espèce *f*, sorte *f* de bois; essence *f*; **2ˌartig** *adj.* qui ressemble au bois; de la nature du bois; **~ˌasche** *f* cendre(s) *f* (*pl.*) de bois; **~axt** *f* cognée *f*, 'hache *f* de bûcheron; **~ˌbalken** *m* poutre *f* de, en bois; **~balkenˌdecke** *f* plafond *m* aux poutres apparentes; **~bank** *f* ⟨~; ~e⟩ banc *m* de, en bois; *chem.* banquette *f* en bois; **~bau** *m* ⟨~(e)s; ~ten⟩ construction *f* en bois; **~beˌarbeitung** *f* travail *m* du bois; **~beˌdarf** *m* besoins *m/pl.* en bois; **~bein** *n* jambe *f* de bois; **~beˌstand** *m* réserve *f* de bois; *e-s Gebietes* terrain boisé; boisement *m*; **~ˌbiene** *f zo.* abeille perce-bois, charpentière; *sc.* xylocope *f*; **~ˌbildhauer** *m* sculpteur [-ylt-] *m* sur bois; **~ˌbildhaueˌrei** *f* sculpture [-ylt-] *f* sur bois; **~ˌbirne** *f bot.* poire *f* sauvage; **~ˌbläser** *m/pl. mus.* bois *m/pl.*; **~ˌblasinstruˌment** *n mus.* instrument *m* à vent en bois; *pl.* ~e bois *m/pl.*; **~block** *m* bloc *m* de bois; **~bock** *m* **1.** *zo.* tique *f*; *sc.* ixode *od.* ixodes [-ɛs] *m*; **2.** *Gerät* chevalet *m*; **~ˌboden** *m cf.* Holzfußboden; **~ˌbohrer** *m* **1.** *techn.* foret *m* (à bois, de charpentier); *großer* tarière *f*; **2.** *pl. zo.* xylophages *m/pl.*; **~ˌbottich** *m* cuve *f* (en bois); **~brandmaleˌrei** *f* pyrogravure *f* sur bois; **~brandˌtechnik** *f* technique *f* de la pyrogravure sur bois; **~ˌbrücke** *f* pont *m* de, en bois; **~ˌbündel** *n* fagot *m*; *Anmachholz* ligot *m*.

Hölzchen ['hœltsçən] *n* ⟨~s; ~⟩ petit bout de bois; *fig.* vom ~ aufs Stöckchen kommen se perdre dans les détails.

Holz|dach ['hɔltsdax] *n* toit *m* en, de bois; **~destillatiˌon** *f* distillation *f* du bois; **~ˌdiebstahl** *m* vol *m* de bois; **~ˌdübel** *m techn.* cheville *f* de bois; **2en** *v/i.* ⟨-(es)t, h⟩ F *Sport* jouer rudement, brutalement; **~e'rei** *f* ⟨~⟩ F *Sport* jeu rude, brutal.

hölzern ['hœltsərn] *adj.* de, en bois; *fig. Mensch* raide; gauche.

Holz|essig ['hɔltsˌʔɛsɪç] *m chim.* vinaigre *m* de bois; **~ˌfachschule** *f etwa* école *f* technique du bois; **~ˌfachwerk** *n bât.* pan *m* de bois; colombage *m*; **~ˌfällen** *n* abattage *m* du bois; **~ˌfäller** *m* ⟨~s; ~⟩ bûcheron *m*; **~ˌfaser** *f* fibre ligneuse, de bois; **~faserˌplatte** *f* panneau *m*, plaque *f* de fibres de bois; **~ˌfäule** *f* pourriture *f* du bois; **~ˌfeile** *f* lime *f*, râpe *f* à bois; **~ˌfeuerung** *f* chauffage *m* au bois; **~ˌflößen** *n* flottage *m* du bois; **2frei** *adj.* ~es Papier papier d'une assez bonne qualité; papier sans fibres de bois apparentes; **~ˌfüllung** *f* panneau *m* de bois; **~ˌfußboden** *m* plancher *m* en bois; **~gas** *n* **1.** *Industrie* gaz *m* de bois; **2.** *mot.* gaz *m* à l'air, de gazogène; **~gasgeneˌrator** *m* gazogène *m* à bois; **~geist** *m* ⟨~(e)s⟩ *chim.* alcool *m* méthylique; esprit-de-bois *m*; **~geˌrüst** *n* échafaudage *m* en bois; **~geˌwächse** *n/pl.* plantes ligneuses; **~ˌhacken** *n verbal*; beim ~ en cassant, fendant du bois; **~ˌhammer** *m* maillet *m*; **~hammermeˌthode** *plais.* *f* méthode grossière, rude, manquant de doigté; **~ˌhandel** *m* commerce *m* du bois; **~ˌhändler** *m* marchand *m* de, négociant *m* en bois; **~ˌhauer** *m cf.* ~fäller; **~ˌhaufen** *m* tas *m* de bois; **~haus** *n* maison *f* de, en bois; **2ig** *adj.* ligneux, -euse; *Gemüse* filandreux, -euse; **~imprägˌnierung** *f* imprégnation *f* du bois; **~indusˌtrie** *f* industrie *f* du bois; **~keil** *m* cale *f*, coin *m* en bois; **~ˌkiste** *f* caisse *f* en bois; **~kitt** *m* futée *f*; **~klotz** *m* bloc *m* de bois; (*Hackklotz*) billot *m*; *fig.* lourdaud *m*; **~ˌkohle** *f* charbon *m* de bois; **~konserˌvierung** *f* conservation *f* du bois; **~konstruktiˌon** *f* construction *f* en bois; **~kopf** *m* **1.** *e-r Puppe etc.* tête *f* de, en bois; **2.** *fig. u.* F nigaud *m*; bûche *f*; **~ˌkrähe** *f zo.* pic [-k] noir; **~kreuz** *n* croix *f* de, en bois; **~ˌlager** *n* chantier *m* de bois; **~ˌlatte** *f* latte *f* de bois; **~laus** *f zo.* psoque *m*; *pl.* Holzläuse psocidés *m/pl.*; **~ˌleiste** *f* baguette *f* de bois; **~mark** *n* moelle [mwal] *f* du bois; **~ˌmaserung** *f* veines *f/pl.* du bois; madrure *f*; **~mast** *m* poteau *m* en bois; **~mehl** *n* farine *f* de bois; *von Holzwürmern* vermoulure *f*; **~ˌnutzung** *f* utilisation *f* du bois; **~öl** *n* huile *f* de Toung; **~panˌtine** *f*, **~panˌtoffel** *m* sabot *m*; **~ˌpappe** *f* carton-bois *m*; **~pfahl** *m* poteau *m* de, en bois; **~ˌpflaster** *n* pavé *m*, pavage *m* en bois; **~pflock** *m* piquet *m* (en, de bois); **~ˌplastik** *f* sculpture [-ylt-] *f* en bois; **~ˌplatte** *f* plaque *f* de, en bois; **~ˌrahmen** *m* cadre *m*, châssis *m* en bois; **~ˌrechen** *m agr.* râteau *m* en bois; **~ˌrutsche** *f im Gebirge* glissoir(e) *m* (*f*); **~ˌschale** *f* coupe *f* en bois; **~scheit** *n* bûche *f*; *kleines* billette *f*; **~ˌschleifen** *n techn.* défibrage *m*; **~schleifmaˌschine** *f* défibreur *m*; **~schliff** *m* pâte *f* de bois; **~schneideˌkunst** *f* (art *m* de la) gravure *f* sur bois; xylographie *f*; **~ˌschneider** *m* graveur *m* sur bois; **~schnitt** *m* gravure *f* sur bois; **~ˌschnitzer** *m* sculpteur [-ylt-] *m* sur bois; **~schnitzeˌrei** *f* sculpture [-ylt-] *f* sur bois; **~ˌschraube** *f* vis *f* à bois, *aus Holz* de, en bois; **~schuh** *m* sabot *m*; **~schuhˌtanz** *m* sabotière *f*; **~ˌschuppen** *m* bûcher *m*; **~schwamm** *m bot. cf.* Hausschwamm; **~ˌschwelle** *f* seuil *m* de, en bois; *chem.* traverse *f* en bois; **~ˌspäne** *m/pl.* copeaux *m/pl.* (de bois); **~spanˌplatte** *f* panneau *m* de copeaux; **~ˌsplitter** *m* éclat *m* de bois; *am Holz* picot *m*; *in der Haut* écharde *f*; **~ˌstäbchen** *n* baguette *f* (de bois); *eckiges* bûchette *f*; **~ˌstapel** *m* pile *f* de bois; **~stich** *m cf.* ~schnitt; **~stift** *m Schuhmacher* cheville *f* de cordonnier en bois; **~stock** *m für Holzschnitte* planche *f* (à graver); **~stoff** *m cf.* ~schliff; **~stoß** *m* pile *f* de bois; **~ˌtäfelung** *f* lambris *m*; boiserie *f*; lambrissage *m*; **~ˌtaube** *f zo.* große ~ pigeon *m* colombin; kleine ~ ramier *m*; **~tee** *m phm.* tisane *f* de bois; **~teer** *m* goudron *m* de bois; **~teil** *n*, *m* pièce *f* de bois; **~ˌteller** *m* assiette *f* de, en bois; **2verˌarbeitend** *adjt.* travaillant le bois; **~e Industrie** industrie de transformation du bois; **~verˌbindung** *f* assemblage *m* en bois, des pièces de bois; **~verˌbrauch** *m* consommation *f* de bois; **~verˌgasung** *f* gazéification *f* du bois; **~verˌkleidung** *f* revêtement *m* en bois; boiserie *f*; **~verˌschalung** *f* coffrage *m* en bois; **~verˌtäfelung** *f* boiserie *f*; lambrissage *m*; **~verˌzuckerung** *f* ⟨~⟩ saccharification [saka-] *f* du bois; **~ˌvorrat** *m* provision *f* de bois; **~wand** *f* cloison *f* de bois; **~ˌwaren** *f/pl.* articles *m/pl.* en bois; **~weg** *m* chemin forestier pour le transport du bois; *fig. u.* F **auf dem ~ sein** faire fausse route; se tromper; faire erreur; **~ˌwespe** *f zo.* sirex [-ks] *m*; **~ˌwolle** *f* fibre *f* de bois; **~ˌwürmer** *m/pl.* F *zo.* vers *m/pl.* du bois; perce-bois *m* (*pl.*) (*inv.*); **~zeˌment** *m* ciment *m* de bois; **~ˌzucker** *m* xylose *m*; sucre *m* de bois.

homerisch [hoˈmeːrɪʃ] *adj.* homérique; *fig.* **(in ein) ~es Gelächter (ausbrechen)** (partir d'un) rire homérique.

Homespun [ˈhoːmspan] *m, n* ⟨~s; ~s⟩ *text.* homespun [omspœn] *m*.

Homil|etik [hoˑmiˑˈleːtɪk] *f* ⟨~⟩ *relig.* homilétique *f*; **2etisch** *adj.* homilétique; **~ie** *f* ⟨~; -ien⟩ homélie *f*.

Hominiden [hoˑmiˑˈniːdən] *pl. Anthropologie* hominidés *m/pl.*

homo|dont [hoˑmoˑˈdɔnt] *adj. zo.* homodonte; **~ˈgen** *adj.* homogène; *math.* **~e Funktion** fonction homogène; **2genisatiˈon** *f* ⟨~⟩ *cf.* **2genisierung**; **~geniˈsieren** *v/t.* ⟨*pas de ge-*, h⟩ homogénéiser; **2geniˈsiermaˌschine** *f* homogénéisateur *m*; **2geniˈsierung** *f* ⟨~⟩ homogénéisation *f*; **2geniˈtät** *f* ⟨~⟩ homogénéité *f*; **~ˈlog** *adj.* homologue; *biol.* **~e Organe** organes homologues; *chim.* **~e Verbindungen** composés homologues; **~ˈnym I** *adj.* homonyme; **II 2ˈnym** *n* ⟨~s; ~e⟩ *gr.* homonyme *m*.

Homöopath [hoˑmøˑoˑˈpaːt] *m* ⟨~en; ~en⟩ homéopathe *m*; **~ie** [-ˈtiː] *f* ⟨~⟩ homéopathie *f*; **2isch 1.** *adj.* homéopathique; homéopathe; **~er Arzt** médecin homéopathe; **~e Mittel** médicaments homéopathiques; **2.** *adv.* **~ behandeln** traiter par l'homéopathie.

homo|phon [hoˑmoˑˈfoːn] *adj.* homophone; **2phoˈnie** *f* ⟨~⟩ *mus.* homophonie *f*; **2sexualiˈtät** *f* homosexualité *f*; **~sexuˈell** *adj.* homosexuel, -lle; **2sexuˈelle(r)** *f* (*m*) ⟨→A⟩ homosexuel, -lle *m, f*; **~zyˈgot** *adj. biol.* homozygote; **2zygoˈtie** *f* ⟨~⟩ *biol.* homozygotie *f*.

Homunkulus [hoˈmʊŋkuˑlʊs] *m* ⟨~; -lusse *od.* -li⟩ homuncule *od.* homoncule *m*.

Honanseide [ˈhoːnanˌzaɪdə] *f text.* soie *f* de Ho-nan.

Hondtsches Verteilungsverfahren [ˈhɔntʃəs fɛrˈtaɪlʊŋsfɛrˌfaːrən] *n Wahlen* système *m* de Hondt.

Honduran|er(in) [hɔnduˑˈraːnər(ɪn)] *m* ⟨~s; ~⟩ (*f*) ⟨~; ~nen⟩ 'Hondurien, -nne *m, f*; **2isch** *adj.* 'hondurien, -nne; du Honduras [-as].

honen [ˈhoːnən] **I** *v/t.* ⟨h⟩ *techn.* finir par honing; **II 2** *n* ⟨~s⟩ honing *m*.

Honig [ˈhoːnɪç] *m* ⟨~s⟩ miel *m*; **ein Glas ~** un pot de miel; **mit ~ bestreichen** tartiner avec du miel; **mit ~ gesüßt** sucré avec du miel; *Bienen* **~ sammeln** amasser du miel; *bibl.* **das Land, wo Milch und ~ fließt** une contrée où ruissellent lait et miel; *fig. u.* F **j-m ~ ums Maul schmieren** passer de la pommade à qn.; faire du plat à qn.; flagorner qn.; **~ˌameise** *f zo.* fourmi *f* de miel; *sc.* myrmécocyste *m*; **~ˌanzeiger** *m* ⟨~s; ~⟩ *zo.* indicateur *m*; **2ˌartig** *adj.* de la nature du miel; qui rappelle le miel; mielleux, -euse; **~ˌbiene** *f zo.* abeille *f* (mellifique); **~ˌbrot** *n* (*Scheibe Brot mit Honig*) tartine *f* de miel; **~ˌbrötchen** *n* petit pain tartiné avec du miel; **~ˌdachs** *m zo.* ratel *m*; *sc.* mellivora *m*; **~ˌdrüse** *f bot.* nectaire *m*; **~erˌtrag** *m* récolte *f* de, rendement *m* en miel; **~ˌfalke** *m zo.* milan *m*; **2ˌfarben** *adj.* couleur (de) miel; **~ˌfresser** *m/pl. zo.* méliphagidés *m/pl.*; **2ˌgelb** *adj.* jaune comme le miel; **~ˌgras** *n bot.* 'houlque *f*; *sc.* holcus [-ys] *m*; **wolliges ~** 'houlque laineuse; **~ˌklee** *m bot.* mélilot *od.* melilotus *m*; **gelber ~** lotier (corniculé); **~ˌkuchen** *m cuis.* pain *m* d'épice; **~ˌmotte** *f zo.* gallérie *f* de la cire; **~ˌpalme** *f bot.* jubea (spectabilis) *m*; **~ˌpilz** *m cf.* **Hallimasch**; **~ˌsänger** *m zo.* nectarinie *f*; **~ˌschleuder** *f* extracteur *m*; **~ˌstein** *m minéral.* mellite *m*; **2ˌsüß** *adj.* sucré, doux, douce comme le miel; *fig. Worte etc.* mielleux, -euse; *poét.* melliflue; **~ˌtau** *m pflanzlicher* miellée *f*; rosée mielleuse; **~ˌtopf** *m* pot *m* de miel, *leer* à miel; **~ˌwabe** *f* rayon *m* (de miel); **~ˌwabenˌspule** *f élect.* bobine *f* en nid d'abeilles; **~ˌzelle** *f* alvéole *m*; cellule *f*.

Honneurs [(h)ɔˈnøːrs] *pl.* **die ~ machen** accueillir les invités, *etc.*; faire les honneurs de la maison.

Honor|ar [honoˑˈraːr] *n* ⟨~s; ~e⟩ honoraires *m/pl.*; **sein ~ beziehen** toucher ses honoraires; **das ~ festsetzen** fixer les honoraires; **~arˌforderung** *f* honoraires demandés; **~arproˌfessor** *m* professeur *m* honoraire; **~atiˈoren** [-tsiˑˈoː-] *pl.* notables *m/pl.*; notabilités *f/pl.*; **2ieren** [-ˈriː-] *v/t.* ⟨*pas de ge-*, h⟩ **1.** verser des honoraires (pour qc.); rétribuer (qc.); *fig.* récompenser (**etw. mit etw.** qc. par qc.); **e-e Tätigkeit mit hundert Mark ~** verser des honoraires de cent marks pour un travail; **die Arbeit wird gut honoriert** le travail est bien rétribué; **2.** *comm. Wechsel* honorer; **~ierung** [-ˈriː-] *f* ⟨~⟩ **1.** versement *m* des honoraires; rétribution *f*; *fig.* récompense *f*; **2.** *comm.* acceptation *f*; **2ig** [-ˈnoː-] *adj.* honorable; honnête.

Hopfen [ˈhɔpfən] **I** *m* ⟨~s; ~⟩ *bot.* 'houblon *m*; *fig. u.* F **bei ihm ist ~ und Malz verloren** c'est peine perdue que de vouloir le corriger; il est incorrigible; on ne peut pas faire grand-chose de lui; F on ne peut pas en faire grand-chose; **II 2** *v/t.* ⟨h⟩ **das Bier ~** 'houblonner la bière; **~ˌ(an)bau** *m* culture *f* du houblon; **~ˌbuche** *f bot.* ostrya *m*; **~ˌdarre** *f* touraille *f* (pour 'houblon); **~ˌdolde** *f* strobile *m*, cône *m* de houblon; **~ˌfeld** *n* 'houblonnière *f*; **~ˌmehl** *n* lupuline *f*; **~ˌreben** *f/pl.* sarments *m/pl.* du houblon; **~ˌstange** *f* perche *f* à 'houblon; *fig. u.* F (grande) perche; échalas *m*; grande bringue; **~ˌwolle** *f* fibre *f* du houblon.

hopp [hɔp] *int.* 'hop!; F **das geht ~, ~** ça va 'hop là 'hop; **~eln** *v/i.* ⟨-(e)le, sein⟩ *Kaninchen* sauter; bondir; **~la** *int.* 'hop là!; *beim Stolpern* 'holà!; F **mach mal ein bißchen ~!** presse-toi un peu!; F allez 'hop que ça saute!

Hops [hɔps] F **I** *m* ⟨~es; ~e⟩ saut *m*; gambade *f*; **II 2** *adv.* **~ gehen** a) (*verlorengehen*) se perdre; b) (*sterben*) mourir; P claboter; calencher; clamser; c) (*kaputtgehen*) se casser; **~ sein** être perdu *bzw.* mort *bzw.* fichu.

hopsa(sa) [ˈhɔpsa(sa)] *int.* 'hop là!

hops|en [ˈhɔpsən] F *v/i.* ⟨-(es)t, sein⟩ sautiller (*auch beim Tanzen*); sauter; gambader; **2er** F *m* ⟨~s; ~⟩ saut *m*; gambade *f*.

Hora [ˈhoːra] *f* ⟨~; -ren⟩ *cf.* **Horen.**

Hörapparat [ˈhøːrˀapaˌraːt] *m* appareil *m* de correction auditive.

Horatier [hoˑˈraːtsiˑər] *m/pl. hist.* **die ~** les Horaces.

horazisch [hoˑˈraːtsɪʃ] *adj.* d'Horace.

hör|bar [ˈhøːrbaːr] *adj.* que l'on peut entendre; audible; perceptible; **kaum ~** presque inaudible; **~er Unterschied** différence audible, perceptible; **2barˌkeit** *f* ⟨~⟩ audibilité *f*; perceptibilité *f*; **2barkeitsˌgrenze** *f* seuil *m* d'audibilité; **2beˌreich** *m* zone *f* d'audibilité; **2beˌricht** *m Rundfunk* radioreportage *m*; **2bild** *n Rundfunk* image *f* sonore; **2ˌbrille** *f* lunettes *f/pl.* acoustiques.

horch|en [ˈhɔrçən] *v/i.* ⟨h⟩ écouter; prêter l'oreille; **an der Tür, Wand ~** écouter à la porte, au mur; **horch!** écoute!; **2er(in)** *m* ⟨~s; ~⟩ (*f*) ⟨~; ~nen⟩ celui, celle qui écoute aux portes; **der ~ an der Wand hört s-e eigene Schand** *prov. etwa* celui qui écoute aux portes risque d'entendre parler de ses défauts; **2eˈrei** *f* ⟨~⟩ manie *f* d'écouter (aux portes); **2geˌrät** *n aviat.* appareil *m* de repérage par le son; *mar.* hydrophone *m*; **2ˌposten** *m milit.* poste *m* d'écoute.

Horde [ˈhɔrdə] *f* ⟨~; ~n⟩ **1.** (*Schar*) 'horde *f*; bande *f*; **wilde ~n** 'hordes sauvages; **2.** *Obstlagerung* claie *f*; **2nˌweise** *adv.* en, par 'hordes, bandes.

Horen [ˈhoːrən] *f/pl. égl. cath.* heures *f/pl.*

hören [ˈhøːrən] **I** *v/t. u. v/i.* ⟨h⟩ entendre; (*zu~*) écouter; **ein Geräusch ~** entendre un bruit; **ich höre gerne Musik** j'aime écouter de la musique; **Radio ~** écouter la radio; **hast du die Rede von X gehört?** as-tu écouté, entendu le discours de X?; **die Messe ~** entendre la messe; **e-e Vorlesung ~** suivre un cours; **bei Prof. B. Geschichte ~** suivre les cours d'histoire du professeur B.; **man kann hier Lissabon ~** ici, on peut écouter, avoir Radio Lisbonne; **etw. mit eigenen Ohren ~** entendre qc. de ses propres oreilles; **ich habe diesen Ausdruck nie gehört** je n'ai jamais entendu cette expression; **ich höre nicht das Geringste** je n'entends absolument rien; **wenn man ihn hört ...** à l'entendre (parler) ...; **man hört ihn selten (sprechen** *etc.*) on l'entend rarement (parler, *etc.*); **er hört sich gern reden** il aime s'écouter (parler); il s'écoute parler; **als er s-n Namen hörte ...** en entendant (prononcer) son nom ...; lorsqu'il entendit (prononcer) son nom ...; **ich habe ihn sagen ~ ...** je l'ai entendu dire que ...; **ich habe es von ihm selbst gehört** il me l'a dit lui-même; je le tiens de lui-même; je l'ai appris par lui-même; **die Zeugen ~** écouter, entendre les témoins; **man muß beide Parteien ~** il faut écouter, entendre les deux parties; **er hört dich nicht** il ne t'entend pas; **schlecht, schwer ~** entendre mal; être dur d'oreille; avoir l'oreille dure; **gut ~** avoir l'oreille, l'ouïe fine; **auf dem linken Ohr schlecht ~** entendre mal de l'oreille gauche; **ich will nichts mehr davon ~** je ne veux plus en entendre parler; **ich habe davon gehört** j'en ai entendu parler; **ich habe gehört, daß ...** j'ai entendu dire que ...; on m'a dit que ...; **ich habe gehört, wie er die Treppe hinunterfiel** je l'ai entendu tomber dans les escaliers; **wie ich höre** ... à ce qu'on dit ...; il paraît que ...; **nicht ~ wollen** (*ungehorsam sein*) ne pas vouloir écouter, obéir; **auf j-n ~** écouter qn.; *pfort.* obéir à qn.; **auf j-s Rat ~** écouter, suivre les conseils de qn.; **auf den Namen N ~** répondre au nom de N; **von j-m ~** avoir des nouvelles de qn.; **wir haben lange nichts von ihm gehört** nous n'avons pas eu depuis longtemps de ses nouvelles; cela fait longtemps qu'il ne nous a pas donné signe de vie; **man hörte nie wieder etwas von ihm** on n'a plus jamais eu de ses nouvelles; F **laß bald von dir ~** donne-nous bientôt de tes nouvelles; F **das ist das Neueste, was ich höre** voilà la première nouvelle; *iron.* **ich höre (ja) schöne Dinge von dir** on en raconte de belles sur ton compte; **diese Argumente lassen sich ~** ces arguments sont plausibles, acceptables; **das läßt sich ~** voilà qui s'appelle parler; c'est acceptable; très bien!; **das läßt sich schon eher ~** j'aime mieux cela; c'est déjà mieux; **laß ~!** raconte!; **hörst du!** entends-tu!; F **hör mal!** dis donc!; **hör doch mal!** écoute!; F **~ Sie mal (, ich will Ihnen mal etwas sagen)!** dites donc *od.* écoutez donc (, j'ai quelque chose à vous dire)!; F **der kriegt was zu ~!** il va en entendre!; **Sie werden von mir ~!** vous aurez de mes nouvelles!; *vorwurfsvoll* **na hör mal!** voyons!; **hört, hört!** tiens! tiens!; *fig.* **das Gras wachsen ~** *cf.* **Gras**; *bibl.* **wer Ohren hat zu ~, der höre!** que celui qui a des oreilles entende!; **wer nicht ~ will, muß fühlen** *cf.* **fühlen**; **II 2** *n* ⟨~s⟩ audition *f*; **beim ~ dieser Worte** en entendant ces paroles; **es vergeht ihm ~ und Sehen** il ne sait plus où il est; il est abasourdi, hébété; **2ˌsagen** *n* **etw. nur vom ~ kennen, wissen** ne connaître, savoir qc. que par ouï-dire; **j-n nur vom ~ kennen** avoir entendu parler de qn.; **~sˌwert** *adj.* qui mérite d'être entendu, écouté.

Hörer ['hø:rər] *m* ⟨~s; ~⟩ **1.** *Rundfunk, Vorlesung etc.* auditeur *m*; **2.** *tél.* écouteur *m*; récepteur *m*; combiné *m*; **den ~ abnehmen, auflegen** décrocher, (r)accrocher l'écouteur, *etc.*; **~ˌbriefe** *m/pl. Rundfunk* courrier *m* des auditeurs; **~ˌgabel** *f tél.* fourche *f* du téléphone; **~in** *f* ⟨~; ~nen⟩ auditrice *f*; **verehrte ~nen und Hörer!** chers auditeurs!; **~ˌschaft** *f* ⟨~⟩ *Rundfunk etc.* auditeurs *m/pl.*; *e-r Vorlesung etc.* auditoire *m*; **~ˌwünsche** *m/pl. Rundfunk* souhaits *m/pl.*, désirs *m/pl.* des auditeurs.

Hör|fähigkeit ['hø:rˌfɛ:ıçkaıt] *f* faculté auditive; **~ˌfehler** *m* **a)** erreur *f* de compréhension; **b)** *méd.* défaut *m* de l'ouïe; **~ˌfolge** *f Rundfunk* série *f* radiophonique; **~funk** *m* radio *f*; **~geˌrät** *n cf.* **Hörapparat.**

hörig ['hø:rıç] *adj. hist.* serf [-f], serve; *fig.* sujet, -tte; esclave; **er ist ihr ~** il est son esclave; **2e(r)** *f (m)* ⟨→ A⟩ *hist.* serf [-f], serve *m,f*; **2ˌkeit** *f* ⟨~⟩ *hist.* servage *m*; *fig.* sujétion *f*; esclavage *m*; **2keitsverˌhältnis** *n hist.* servage *m*.

Horizont [ho·ri·'tsɔnt] *m* ⟨~(e)s; ~e⟩ horizon *m*; **scheinbarer ~** horizon apparent, visible; **wahrer, geozentrischer ~** horizon géocentrique, astronomique; *aviat.* **künstlicher ~** horizon artificiel; **geologischer ~** horizon géologique; **am ~** à l'horizon; *fig.* **der geistige ~** l'horizon intellectuel; **s-n ~ erweitern** élargir son horizon; **e-n engen ~ haben** être étroit d'esprit; être borné; **das geht über s-n ~** cela le dépasse; c'est au-dessus de sa portée.

horizontal [ho·ri·tsɔn'tɑ:l] *adj.* (*u. adv.*) horizontal(ement); **2ˌablenkung** *f télév.* déviation horizontale; **2beˌwegung** *f* mouvement horizontal; **2ˌbohrmaˌschine** *f techn.* perceuse horizontale; **2e** *f* ⟨~; ~n *od.* → A⟩ (ligne *f*) horizontale *f*; *astr.* ligne *f* d'horizon; **2ˌebene** *f* plan horizontal; **2ˌfräsmaˌschine** *f techn.* fraiseuse horizontale; **2kompoˌnente** *f phys.* composante horizontale; **2paraˌllaxe** *f astr.* parallaxe horizontale; **2ˌschnitt** *m* section, coupe horizontale.

Hormon [hɔr'mo:n] *n* ⟨~s; ~e⟩ hormone *f*; **2al** [-'nɑ:l] *adj.* hormonal; **2ˌartig** *adj.* **~e Wirkung** effet comparable à celui d'une hormone; **~beˌhandlung** *f* traitement hormonal; **~ˌdrüse** *f* glande *f* endocrine, à sécrétion interne; **~präpaˌrate** *n/pl.* préparations hormonales; **~ˌtätigkeit** *f* activité hormonale.

Horn [hɔrn] *n* ⟨~(e)s; ⸚er⟩ **1.** corne *f* (*auch par ext. für alles spitz Vorspringende, géogr., der Mondsichel, des Ambosses etc.*); **mit den Hörnern stoßen** donner des coups de cornes (à); **ein Tier,** *fig.* **den Stier bei den Hörnern fassen, packen** prendre, saisir un animal, *fig.* prendre le taureau par les cornes; *fig.* **sich die Hörner abstoßen** jeter sa gourme; **s-m Ehemann Hörner aufsetzen** faire porter des cornes à son mari; faire son mari cocu; **2.** ⟨*pl.* ~e⟩ *chim., anat.* corne *f*; **3.** *path.* corne (cutanée); **4.** *altes Trinkgefäß* corne *f* (à boire); **5.** *mus.* cor *m*; *hist. auch* corne *f*; *Warngerät* corne *f*; (*Hupe*) avertisseur *m*; klaxon *m*; (*Jagd-, Wald2*) cor *m* de chasse; **ins ~ stoßen** sonner du cor; *fig.* **(immer) in das gleiche ~ stoßen, tuten, blasen** être (toujours) du même avis; **~ˌamboß** *m techn.* bigorne *f*; **~baum** *m cf.* **Hainbuche**; **~ˌberger** *adj.* ⟨*inv.*⟩ *fig.* **ausgehen wie das ~ Schießen** n'aboutir à rien; finir en queue de poisson; n'avoir aucun résultat; **~blatt** *n bot.* ceratophyllum [-ɔm] *m*; **~ˌblende** *f* ⟨~⟩ *minéral.* 'hornblende [-blɛ̃d] *f*; amphibole *f*; **die gemeine ~** la hornblende commune; **~blendeˌfels** *m minéral.* amphibolite *f*; **~ˌbrille** *f* lunettes *f/pl.* d'écaille.

Hörn|chen ['hœrnçən] *n* ⟨~s; ~⟩ **1.** petite corne; **2.** *Gebäck* croissant *m*; **3.** *zo. cf.* **Eichhörnchen** *etc.*; **2en I** *v/i.* ⟨h⟩ *ch. Hirsch* jeter sa tête; **II** *adj. cf.* **2ern**; **~erˌblitzableiter** *m* parafoudre *m* à cornes; **~erˌklang** *m* son *m* du *od.* des cor(s); **2ern** *adj.* de, en corne; corné; **~erˌschall** *m cf.* **~erklang**; **~erˌschalter** *m élect.* interrupteur *m* à cornes; **~erˌschlitten** *m* traîneau *m* à cornes.

Hörnerv ['hø:rnɛrf] *m anat.* nerf auditif.

Horn|erz ['hɔrnˀe:rts] *n cf.* **Hornsilber**; **~faˌsan** *m zo.* tragopan *m*; **~fels** *m minéral.* cornubianite *f*; **~frosch** *m zo.* cératophrys [-is] *m*; **~haut** *f* **a)** *allg.* callosité *f*; (*Schwiele*) durillon *m*; **b)** *des Auges* cornée *f*; **~hautentˌzündung** *f méd.* inflammation *f* de la cornée; *sc.* kératite *f*; **~hautgeˌschwür** *n méd.* ulcère cornéen; **~hautˌkegel** *m méd.* kératocône *m*; **~hautüberˌtragung** *f chir.* greffe cornéenne; *sc.* kératoplastie *f*; **~hecht** *m zo.* orphie *f*; **2ig** *adj. cf.* **hörnern.**

Hornisse ['hɔrnısə, hɔr'nısə] *f* ⟨~; ~n⟩ *zo.* frelon *m*; **~nˌnest** *n* nid *m* de frelons; **~nˌschwärmer** *m Schmetterling* trochilium [-kiljɔm] *m*; **~nˌstich** *m* piqûre *f* de frelon.

Hornist [hɔr'nıst] *m* ⟨~en; ~en⟩ *mus.* corniste *m*; cornettiste *m*.

Horn|kamm ['hɔrnkam] *m* peigne *m* de, en corne; **~klee** *m bot.* lotier *m*; **gemeiner ~** lotier corniculé; **~kluft** *f vét.* seime *f*; **~knopf** *m* bouton *m* en, de corne; **~koˌralle** *f zo.* gorgonia *f*; **~kraut** *n bot.* céraiste *m*; **~ˌkümmel** *m bot.* delphinium [-jɔm] *m*; dauphinelle *f*; **~mohn** *m bot.* glaucium [-jɔm] *m*; **~ˌochse** *m fig. u.* F buse *f*; (espèce *f* d')andouille *f*; **ich ~!** qu'est-ce que je suis bête, nouille!; **~ˌrabe** *m zo.* calao *m*; **~siˌgnal** *n* sonnerie *f* de cor; signal *m* de corne; **~ˌsilber** *n minéral.* cérargyrite *f*; cérargyre *m*; argent corné; **~ˌspalte** *f cf.* **~kluft**; **~ˌspitze** *f* pointe *f* d'une corne; **~stoß** *m* **1.** coup *m* de corne; **2.** *cf.* **~signal**; **~strauch** *m bot.* cornouiller *m*; **roter, gelber ~** cornouiller sanguin, mâle; **~ˌtiere** *n/pl. zo.* cavicornes *m/pl.*; **~vieh** *n* **a)** *zo.* bêtes *f/pl.* à cornes; *sc.* bovidés *m/pl.*; **b)** *fig. cf.* **~ochse**; **~ˌviper** *f zo.* vipère *f* à cornes; *sc.* céraste *m*; **~ˌvögel** *m/pl. zo.* calaos *m/pl.*; *sc.* bucérotidés *m/pl.*

Horologion [ho·ro·'lo:gi·ɔn] *n* ⟨~s⟩ *relig.* horologe *m*.

Hörorgan ['hø:rˀɔrˌgɑ:n] *n* (organe *m*) [de l')ouïe *f*.]

Horoskop [ho·ro·'sko:p, -rɔs'ko:p] *n* ⟨~s; ~e⟩ horoscope *m*; **j-m das ~ stellen** faire, dresser, tirer l'horoscope de qn.

horrend [hɔ'rɛnt] F *adj.* énorme; **~e Preise** prix exorbitants, énormes; **~er Blödsinn** énorme sottise.

Hörrohr ['hø:rro:r] *n* cornet *m* acoustique; *méd. cf.* **Stethoskop.**

Horror ['hɔrɔr] *m* ⟨~s⟩ horreur *f*; **~ vacui** horreur du vide; F **e-n ~ vor etw. haben** avoir horreur de qc.; avoir la chair de poule devant qc.

Hör|saal ['hø:rzɑ:l] *m Universität* salle *f* (de conférences, de cours); amphithéâtre *m*; **~ˌschwelle** *f* ⟨~⟩ seuil *m* d'audibilité.

Horsd'œuvre [ɔr'dœ:vr] *n* ⟨~s; ~s⟩ *cuis.* 'hors d'œuvre *m*.

Hörspiel ['hø:rʃpi:l] *n Rundfunk* pièce *f* radiophonique; **~ˌautor** *m* auteur *m* de pièces radiophoniques.

Horst [hɔrst] *m* ⟨~es; ~e⟩ **1.** (*Raubvogelnest*) aire *f*; **2.** (*Flieger2*) base aérienne; **3.** *géol.* 'horst *m*.

Hörstärke ['hø:rˌʃtɛrkə] *f* puissance *f* d'audition.

horsten ['hɔrstən] *v/i.* ⟨-ete, h⟩ *Raubvögel* faire son aire; airer.

Hort [hɔrt] *m* ⟨~(e)s; ~e⟩ **1.** *poét.* (*Schatz*) trésor *m*; **der ~ der Nibelungen** le trésor des Nibelungen; **2.** *poét.* (*sicherer Ort*) refuge *m*; asile *m*; abri *m*; **3.** (*Kinder2*) garderie *f* (d'enfants); **2en I** *v/t.* ⟨-ete, h⟩ *Waren* stocker; *Geld* thésauriser; **II ~en** *n* ⟨~s⟩ *cf.* **Hortung.**

Hortensie [hɔr'tɛnzi·ə] *f* ⟨~; ~n⟩ *bot.* hortensia *m*.

Hortung ['hɔrtuŋ] *f* ⟨~; ~en⟩ *von Waren* stockage *m*; *von Geld* thésaurisation *f*.

ho ruck [ho:'ruk] *int. cf.* **hau ruck.**

Hör|vermögen ['hø:rfɛrˌmø:gən] *n* capacité auditive; **~ˌweite** *f* ⟨~⟩ portée *f* de la voix; **in ~** à portée de la voix; **außer ~** 'hors de portée de la voix; **er ist schon außer ~** il ne peut plus nous entendre; **~ˌzentrum** *n im Gehirn* centre auditif.

Höschen ['hø:sçən] *n* ⟨~s; ~⟩ (*kleine Hose*) petite culotte; (*Schlüpfer*) slip *m*; cache-sexe *m*; *fig. e-r Biene etwa* pelotes *f/pl.* de pollen [-ɛn].

Hose ['ho:zə] *f* ⟨~; ~n⟩ *kurze* culotte *f* (*auch allg. u. fig.*); (*kurze Sommer*2) short [ʃɔrt] *m*; *lange* pantalon *m*; P grimpant *m*; froc [-k] *m*; falzar *m*; culbutant *m*; **enge, hautenge, weite ~** pantalon étroit, collant, large; **in die ~ schlüpfen** enfiler son pantalon; F **(sich) in die ~(n) machen** faire dans sa culotte; *fig.* **sich auf die ~n setzen** travailler intensivement, dur; F piocher; bûcher; **j-m die ~n strammziehen** donner une fessée à qn.; *Frau* **die ~n anhaben** porter la culotte; F **das Herz sinkt ihm in die ~** *cf.* **Herz**; F **die ~ voll haben** avoir fait dans sa culotte; *fig.* (*Angst haben*) P avoir la trouille, la frousse, les jetons, les foies, la pétoche; trembler dans sa culotte; V avoir la chiasse; **das ist Jacke wie ~** *cf.* **Jacke**.

Hosen|aufschlag ['ho:zən,ˀaufʃla:k] *m* revers *m* de pantalon; **~band,orden** *m England* ordre *m* de la Jarretière; **~,bein** *n* jambe *f* de pantalon; **~,boden** *m* fond *m* de pantalon, de culotte; **den ~ durchsitzen** user ses fonds de culotte; *fig. u.* F **j-m den ~ versohlen** donner une fessée à qn.; **~,boje** *f mar.* bouée-culotte *f*; **~,bügel** *m* cintre *m* pour pantalon; **~,bund** *m* ceinture *f* de pantalon, de culotte; **~,futter** *n* doublure *f* de pantalon; **~,klammer** *f für Radfahrer* pince *f* (de pantalon); **~,klappe** *f* pont *m* de culotte; **~,knopf** *m* bouton *m* de culotte; **~,latz** *m* braguette *f*; **~,matz** F *m* ⟨~es; ~e *od.* ~̈e⟩ bambin *m*; marmot *m*; **~,naht** *f* couture *f* de pantalon; *milit.* **die Hände an der ~** les bras allongés le long du corps; **~,rock** *m* jupe-culotte *f*; **~,rolle** *f thé.* travesti *m*; **~,scheißer** P *m* ⟨~s; ~⟩ P foireux, -euse *m,f*; **~,schlitz** *m cf.* **~latz**; **~,steg** *m* sous-pied *m*; **~,stoff** *m* tissu *m*, étoffe *f* pour pantalons, culottes; **~,tasche** *f* poche *f* (de pantalon, de culotte); P profonde *f*; **~,träger** *m/pl.* bretelles *f/pl.*

hosianna [ho'zi·'ana] **I** *int. bibl.* hosanna; **II** 2 *n* ⟨~s; ~s⟩ hosanna *m*.

Hospit|al [hɔspi·'ta:l] *n* ⟨~s; ~e *od.* -täler⟩ *für Kranke* hôpital *m*; *für Hilfsbedürftige* hospice *m*; asile *m*; **~a'liter** *m/pl. relig. Orden* hospitaliers *m/pl.*; **~a'lismus** *m* ⟨~⟩ *méd.* hospitalisme *m*; **~ant(in)** *m* ⟨~en; ~en⟩ (*f*) ⟨~; ~nen⟩ (*Praktikant an Schulen etc.*) stagiaire *m,f*; (*Gasthörer an Hochschulen*) auditeur *m* libre; 2**ieren** *v/i.* ⟨*pas de ge-*, h⟩ (**bei j-m**) ~ assister au cours, au travail de qn.; (*ein Praktikum machen*) faire un stage (chez qn.).

Hospiz [hɔs'pi:ts] *n* ⟨~es; ~e⟩ hospice *m*.

Hostie ['hɔsti·ə] *f* ⟨~; ~n⟩ *relig.* hostie *f*; **~n,teller** *m* patène *f*.

Hotel [ho·'tɛl] *n* ⟨~s; ~s⟩ hôtel *m* (de bonne qualité, de bon confort); **~ garni** hôtel garni, meublé; hôtel (sans restaurant); **~,angestellte(r)** *f* (*m*) employé(e) *m* (*f*) d'hôtel; **~be,sitzer (-in)** *m* (*f*) propriétaire *m,f* d'hôtel; hôtelier, -ière *m,f*; **~be,trieb** *m* établissement hôtelier; hôtellerie *f*; **~,boy** *m* ⟨~s; ~s⟩ chasseur *m*; groom [-um] *m*; **~detek,tiv** *m* détective *m* d'hôtel *bzw.* de l'hôtel; **~,dieb** *m* rat *m* d'hôtel; **~,diener** *m* garçon *m* d'hôtel; **~,fach** *n* hôtellerie *f*; **~,fachschule** *f* école d'hôtellerie, hôtelière; **~,fach-,wörterbuch** *n* dictionnaire *m* de l'hôtellerie; **~,führer** *m Buch* guide *m* des hôtels; **~,gast** *m* client *m*, pensionnaire *m*, hôte *m* d'un hôtel; **~ge,werbe** *n* industrie hôtelière; hôtellerie *f*; **~,halle** *f* 'hall [o:l] *m* de l'hôtel; **~i'er** [-i·'e:] *m* ⟨~s; ~s⟩ hôtelier *m*; **~,küche** *f* cuisine *f* de l'hôtel *bzw.* d'hôtel; **~le'rie** *f* ⟨~⟩ hôtellerie *f*; **~,page** *m cf.* **~boy**; **~porti,er** *m* portier *m* d'hôtel *bzw.* de l'hôtel; **~- und 'Gaststättenge,werbe** *n cf.* **~gewerbe**; **~- und 'Zimmer-,nachweis** *m* bureau *m* de réservation de chambres d'hôtel; **~ver,zeichnis** *n* liste *f* des hôtels; **~,zimmer** *n* chambre *f* d'hôtel.

hott [hɔt] *int. Zugtiere* (*rechts!*) 'hu-hau!; 'hue!; *fig.* **der e-e will hü, der andere ~** l'un tire à hue et l'autre à dia; **~e'hü** *enf.* **I** *int.* 'hue!; **II** 2**e'hü** *n* ⟨~s; ~s⟩ (*Pferdchen*) *enf.* dada *m*.

Hottentott|e [,hɔtən'tɔtə], **~in** *m* ⟨~n; ~n⟩, *f* ⟨~; ~nen⟩ Hottentot(e) *m* (*f*); 2**isch** *adj.* hottentot.

Hotto(pferdchen) ['hɔto:(,pfe:rtçən)] *n* ⟨~s; ~s⟩ (*n*) *enf.* dada *m*.

Hourdis|platte [u·r'di:,platə] *f*, **~,stein** *m bât.* 'hourdis *m*.

hu [hu:] *int. Angst, Schrecken* 'hou!

hü [hy:] *int. Zugtiere* (*vorwärts!*) 'hue!; (*links!*) dia!; *cf. auch* **hott**.

Hub [hu:p] *m* ⟨~(e)s; ~̈e⟩ *techn.* **1.** *e-s Kolbens* course *f*; **2.** (*Hebebewegung*) élévation *f*.

hub(b)elig ['hubə,liç] *adj.* F *Straßenpflaster etc.* qui a des creux et des bosses; *cf. auch* **holperig**.

Hubbrücke ['hu:p,brykə] *f* pont levant.

hüben ['hy:bən] *adv.* **~ und drüben** des deux côtés; de ce côté-ci et de l'autre; en deçà et au-delà; **~ wie drüben** de ce côté-ci comme de l'autre.

Hubertus|jagd [hu·'bɛrtus,ja:kt] *f* chasse *f* à la Saint-Hubert; **~,tag** *m* **der ~** la Saint-Hubert.

Hub|geschwindigkeit ['hu:pgə,ʃvindiçkait] *f* vitesse *f* d'élévation; **~,höhe** *f* 'hauteur *f* d'élévation; **~,karre(n)** *f* (*m*) chariot élévateur; **~(,kolben),pumpe** *f* pompe *f* à piston; **~,länge** *f e-s Kolbens* longueur *f* de course; **~ma,gnet** *m cf.* **Hebemagnet**; **~raum** *m mot.* cylindrée *f*.

hübsch [hypʃ] **1.** *adj.* joli; **ein ~es Mädchen** une jolie fille; **ein ~es Geschenk** un joli cadeau; F **e-e ~e Summe** une jolie somme; *iron.* **da habt ihr (ja) was** 2**es angerichtet!** eh bien! vous en avez fait du joli!; **2.** *adv.* joliment; **~ angezogen** joliment habillé; F **sei ~ artig!** sois bien sage!; **geh ~ nach Hause!** va gentiment à la maison!; F **das werde ich ~ bleibenlassen** je m'en garderai bien; 2**heit** *f* ⟨~⟩ joliesse *f*.

Hub|schraube ['hu:p,ʃraubə] *f aviat.* rotor *m*; **~,schrauber** *m* ⟨~s; ~⟩ hélicoptère *m*; **mit dem ~ befördern** transporter par hélicoptère; **mit dem ~ befördert** *auch* héliporté; **Beförderung mit dem ~** transport par hélicoptère; héliportage *m*; **~schrauber-,einsatz** *m* opération héliportée; **~schrauber,landeplatz** *m* héliport *m*; héligare *f*; **~seil** *n* câble *m* de levage; **~,stapler** *m* ⟨~s; ~⟩, **~,wagen** *m cf.* **Hubkarre(n)**; **~werk** *n* dispositif *m* de levage; **~,zähler** *m* compteur *m* de courses.

huch [hux] *int. Schrecken* 'hou!

Hucke ['hukə] *f* ⟨~; ~n⟩ F **j-m die ~ voll lügen** mentir à qn. comme un arracheur de dents; 2**,pack** *adv.* **j-n ~ tragen** porter qn. à califourchon sur son dos; **~packver,kehr** *m* système *m* rail-route.

Hudel|ei [,hu:də'lai] *f* ⟨~; ~en⟩ F bâclage *m*; bousillage *m*; 2**n** ['hu:-] *v/i.* ⟨-(e)le, h⟩ F bâcler; bousiller.

Huf [hu:f] *m* ⟨~(e)s; ~e⟩ sabot *m*; *bei Einhufern auch* corne *f*; **~be,schlag** *m* ⟨~(e)s⟩ ferrure *f*; **~,eisen** *n* fer *m* (à cheval); **~eisen,bogen** *m bât.* arc *m* en fer à cheval; 2**eisen,förmig** *adj.* en (forme de) fer à cheval; **~eisenma,gnet** *m* aimant *m* en fer à cheval; **~eisen,niere** *f méd.* rein *m* en fer à cheval; **~,lattich** *m bot.* tussilage *m*; pas-d'âne *m*; **~,nagel** *m* clou *m* à ferrer; **~schlag** *m* (bruit *m* du) pas *m* d'un cheval; **~schmied** *m* maréchal-ferrant *m*; **~,schmiede** *f* maréchalerie *f*.

Hüft|bein ['hyftbain] *n anat.* os *m* iliaque; **~,blutader** *f anat.* veine *f* iliaque; **~e** *f* ⟨~; ~n⟩ 'hanche *f*; **schmale, breite ~n** 'hanches étroites, larges; **sich in den ~n wiegen**, F **mit den ~n wackeln** se déhancher; **sich die ~ verrenken** se démettre, se luxer la hanche; **die Hände in die ~n gestemmt** les mains sur les *od.* aux 'hanches; **bis an die ~n** à mi-corps; jusqu'à la taille; **~,gegend** *f anat.* région *f* des 'hanches; **~ge,lenk** *n anat.* articulation *f* de la hanche, *sc.* coxo-fémorale; **~gelenkent,zündung** *f méd.* arthrite *f* de la hanche; *sc.* coxarthrose *f*; **~gelenktuberku,lose** *f méd.* coxalgie *f*; **~ge,lenkver,renkung** *f cf.* **Hüftverrenkung**; **~,gürtel** *m*, **~,halter** *m* ⟨~s; ~⟩ gaine *f*.

Huftiere ['hu:f,ti:rə] *n/pl. zo.* ongulés *m/pl.*

Hüft|knochen ['hyft,knɔxən] *m cf.* **Hüftbein**; 2**lahm** *adj. vét.* déhanché; **~,leiden** *n* mal *m* chronique à la hanche; **~nerv** *m anat.* nerf *m* sciatique; **großer ~** grand sciatique; **~,schlagader** *f anat.* artère *f* iliaque; **~schwung** *m Ringen* tour *m* de hanche en souplesse; **~stütz** *m* ⟨~es⟩ *gym.* position *f* mains sur les *od.* aux 'hanches; **~,umfang** *m cf.* **~weite**; **~ver,renkung** *f* luxation *f* de la hanche; **~weh** *n* (*Ischias*) sciatique *f*; **~,weite** *f* tour *m* de hanches.

Hügel ['hy:gəl] *m* ⟨~s; ~⟩ colline *f*; coteau *m*; *kleiner* butte *f*; tertre *m*, monticule *m* (*beide auch künstlich*); **~,grab** *n* tumulus [-ys] *m*; 2**ig** *adj.* vallonné; couvert de collines; montueux, -euse; mamelonné; accidenté; **~,kette** *f* (chaîne *f*, suite *f* de) collines *f/pl.*; coteaux *m/pl.*; **~,land** *n* pays de collines, vallonné, montueux.

Hugenott|e [hu·gə'nɔtə], **~in** *m* ⟨~n; ~n⟩, *f* ⟨~; ~nen⟩ 'huguenot(e) *m* (*f*); 2**isch** *adj.* 'huguenot.

hüglig *cf.* **hügelig**.

Huhn [hu:n] *n* ⟨~(e)s; ~̈er⟩ *zo.* poule *f*; *junges* poulet *m*; (*junge Henne*) poulette *f*; *gemästetes* poularde *f*; poulet *m* de grain; *cuis.* **gebratenes ~** poulet rôti; **gekochtes ~** poule au pot; **Hühner halten** avoir *bzw.* élever des poules; **mit den Hühnern ins Bett, schlafen gehen** se coucher avec les poules; *fig. u.* F **dummes ~** dinde *f*; oie *f*; **verrücktes ~** fou-fou *m*; follette *f*; fofolle *f*; **da lachen ja die Hühner** c'est tout simplement risible; **Hühner, die viel gackern, legen wenig Eier** *prov.* les grands diseurs ne sont pas les grands faiseurs *prov.*; **ein blindes ~ findet auch einmal ein Korn** *prov.* un imbécile fait parfois des trouvailles.

Hühnchen ['hy:nçən] *n* ⟨~s; ~⟩ poulet *m*; poulette *f*; *fig.* **mit j-m ein ~ zu rupfen haben** avoir un compte à régler avec qn.; avoir maille à partir avec qn.

Hühner|auge ['hy:nərˌʔaugə] *n méd.* cor *m*; œil-de-perdrix *m*; *fig.* j-m auf die ~n treten blesser, offenser, offusquer qn.; **~ˌaugenˌmesser** *n* coupe-cors *m*; **~ˌaugenˌmittel** *n* coricide *m*; **~ˌaugenˌpflaster** *n* emplâtre *m* contre les cors; **~ˌauslauf** *m* cour *f* des poules; **~ˌbrühe** *f cuis.* bouillon *m* de poule; **~ˌbrust** *f méd.* thorax [-ks] *m* en carène; poitrine *f* de poulet; **~ˌei** *n* œuf *m* de poule; **~ˌfarm** *f* (grand) élevage de poules; **~frikaˌssee** *n cuis.* fricassée *f* de poule; **~ˌfutter** *n* nourriture *f* des poules; **~ˌhabicht** *m zo.* autour *m* (des palombes); **~ˌhaltung** *f* ⟨~⟩ *verbal*; *cf. auch* ~zucht; **~ˌhaus** *n* poulailler *m*; **~ˌhof** *m* basse-cour *f*; **~ˌhund** *m zo.* chien *m* d'arrêt; **~ˌklein** *n cuis.* abat(t)is *m/pl.* de poule; **~ˌleiter** *f* échelle *f* de poulailler; **~ˌmist** *m* fiente *f* de poule; **~ˌpest** *f vét.* peste *f* aviaire; **~ˌrasse** *f* race *f* de poules; **~ˌschenkel** *m cuis.* cuisse *f* de poule(t); **~ˌstall** *m* poulailler *m*; **~ˌstange** *f* perchoir *m*; juchoir *m*; **~ˌsuppe** *f* (soupe *f* à base de) bouillon *m* de poule; **~ˌvögel** *m/pl. zo.* gallinacés *m/pl.*; galliformes *m/pl.*; **~ˌzucht** *f* élevage *m* de poules; **~ˌzüchter** *m* éleveur *m* de poules.

huhu ['huhu:, hu'hu:] *int. Zuruf* 'hou! hou!; *cf. auch* **hu**.

Hui [hʊi] im ~, in e-m ~ en un clin d'œil.

Huld [hʊlt] *f* ⟨~⟩ *poét.* bonnes grâces; faveur *f*; in j-s ~ stehen être en faveur auprès de qn.; être dans les bonnes grâces de qn.; **2igen** *v/i.* ⟨h⟩ **1.** rendre hommage à; sich ~ lassen recevoir les hommages (de); **2.** *fig. u. st. s. e-r Ansicht, Lehre* professer (qc.); se déclarer en faveur de; être partisan de; *dem Sport etc.* s'adonner à; e-r Mode ~ se mettre à une mode; **~iˌgung** *f* ⟨~; ~en⟩ hommage *m* (*auch hist.*); j-m s-e ~ darbringen rendre hommage à qn.; **2reich, 2voll** *poét.* **1.** *adj.* gracieux, -euse; **2.** *adv.* gracieusement.

Hulk [hʊlk] *f* ⟨~; ~e(n)⟩ *mar. milit.* ponton *m*.

Hülle ['hʏlə] *f* ⟨~; ~n⟩ **1.** enveloppe *f*; *über Möbeln, Kleidung* 'housse *f*; (*Buch2*) couvre-livre *m*; liseuse *f*; (*Schirm2 etc.*) *auch* gaine *f*; *e-s Atoms* nuage *m* d'électrons; **2.** *bot.* involucre *m*; **3.** *fig.* sterbliche ~ dépouille mortelle; in ~ und Fülle *cf.* Fülle; **2n** *v/t.* (*u. v/réfl.*) ⟨h⟩ (sich) in etw. ~ (s')envelopper dans qc.; *fig.* sich in Schweigen ~ s'enfermer dans le silence; garder le silence; in Wolken *etc.* gehüllt enveloppé de nuages, *etc.*; in Dunkel gehüllt plongé dans l'obscurité; **2nˌlos** *adj.* (*nackt*) sans voile.

Hülse ['hʏlzə] *f* ⟨~; ~n⟩ **1.** *bot.* cosse *f*; gousse *f*; **2.** *e-r Patrone, Granate, techn.* douille *f*; *techn. auch* fourreau *m*; **~nˌfrüchte** *f/pl. bot. Früchte* légumes secs; *Pflanzen* légumineuses *f/pl.*; **~nˌschlüssel** *m techn.* clef *od.* clé *f* à douille; **~nˌwurm** *m zo., méd.* échinocoque [eki-] *m*.

human [hu'ma:n] **1.** *adj.* humain; **2.** *adv.* j-n ~ behandeln traiter qn. humainement, avec humanité; **~i'sieren** *v/t.* ⟨*pas de ge-*, h⟩ humaniser; **2ismus** [-'nɪs-] *m* ⟨~⟩ humanisme *m*; **2ist** [-'nɪst] *m* ⟨~en; ~en⟩ humaniste *m*; **~istisch** [-'nɪs-] **1.** *adj.* humaniste; classique; ~es Gymnasium lycée classique; **2.** *adv.* ~ gebildet qui a fait ses humanités; **~i'tär** *adj.* humanitaire; aus ~en Gründen pour des raisons humanitaires; **2i'tät** *f* ⟨~⟩ humanité *f*; **2i'tätsduseˌlei** F *f* ⟨~⟩ humanitarisme sentimental; **2i'tätsverˌbrechen** *n* crime *m* contre l'humanité.

Humbug ['hʊmbʊk] *m* ⟨~s⟩ charlatanerie *f*; bluff [-œf] *m*; mensonges *m/pl.*; blagues *f/pl.*

Humerale [hu·me·'ra:lə] *n* ⟨~s; -lien *od.* -lia⟩ *égl. cath.* amict [-i] *m*.

Humi|fikation [hu·mi·fi·katsi·'o:n] *f* ⟨~⟩ *biol.* humification *f*; **~nˌsäure** [-'mi:n-] *f chim.* acide *m* humique.

Hummel ['hʊməl] *f* ⟨~; ~n⟩ *zo.* bourdon *m*; **~ˌfliegen** *f/pl. zo. sc.* bombylidés *m/pl.*

Hummer ['hʊmər] *m* ⟨~s; ~⟩ *zo.* 'homard *m*; amerikanischer ~ 'homard d'Amérique; **~ˌgabel** *f* fourchette *f* à 'homard; **~saˌlat** *m* salade *f* de homard; **~ˌschere** *f* pince *f* de homard; **~ˌsuppe** *f* bisque *f* de homard.

Humor [hu·'mo:r] *m* ⟨~s⟩ humour *m*; ~ haben avoir (le sens) de l'humour; mit ~ geht alles besser avec de l'humour tout va mieux; **~alpatholoˌgie** [-'ra:l-] *f méd. hist.* humorisme *m*; **~eske** [-'rɛs-] *f* ⟨~; ~n⟩ conte *m*, récit *m* humoristique; *mus.* humoresque *f*; **2ig** *adj. cf.* 2voll; **~ist** [-'rɪst] *m* ⟨~en; ~en⟩ humoriste *m*; **2istisch** [-'rɪs-] *adj.* humoristique; **2los** *adj.* sans humour; qui manque d'humour; **~losigˌkeit** *f* ⟨~⟩ manque *m* d'humour; **2ˌvoll** *adj.* plein d'humour; humoristique.

humos [hu·'mo:s] *adj. Boden* humeux, -euse.

humpeln ['hʊmpəln] *v/i.* ⟨-(e)le, h, *doublé d'une indication de direction* sein⟩ boiter; aller, entrer, *etc.* en boitant; F aller clopin-clopant; *cf. auch* hinken.

Humpen ['hʊmpən] *m* ⟨~s; ~⟩ 'hanap [-p] *m*.

Humus ['hu:mʊs] *m* ⟨~⟩ humus [-ys] *m*; terre végétale; **~ˌbildung** *f* formation *f* d'humus; humification *f*; **~ˌboden** *m*, **~ˌerde** *f cf.* ~; **2ˌreich** *adj.* riche en humus; humifère; humique; **~ˌschicht** *f* couche *f* d'humus.

Hund [hʊnt] *m* ⟨~(e)s; ~e⟩ **1.** *zo.* chien *m*; *sc.* ~e canidés *m/pl.*; junger ~ jeune chien; chiot *m*; bissiger ~ chien méchant; Vorsicht! bissiger ~!, Warnung vor dem ~e! attention au chien!; chien méchant!; ~e sind an der Leine zu führen les chiens doivent être tenus en laisse; prière de tenir les chiens en laisse; *fig.* wie ~ und Katze leben vivre comme chien et chat; bekannt sein wie ein bunter ~ être connu comme le loup blanc; mit allen ~en gehetzt sein être rusé, retors, madré; avoir plus d'un tour dans son sac; F da liegt der ~ begraben voilà le hic; F vor die ~e gehen (*zugrunde gehen*) P crever; être foutu; F auf den ~ gekommen sein *wirtschaftlich* être ruiné, dans une misère noire; P être dans la purée, dans la dèche; *gesundheitlich* être sur les dents, à bout de forces, à plat; *plais.* s'être acheté un chien; j-n auf den ~ bringen ruiner qn.; ruiner la santé de qn.; damit kann man keinen ~ hinter dem Ofen hervorlocken cela n'intéresse, n'attire personne; es ist ein Wetter, daß man keinen ~ vor die Tür jagen möchte il fait un temps à ne pas mettre un chien dehors; ~e, die (viel) bellen, beißen nicht *prov.* chien qui aboie ne mord pas *prov.*; viele ~e sind des Hasen Tod *prov. cf.* Hase; den Letzten beißen die ~e *prov.* malheur au dernier; **2.** *zo.* fliegender ~ kalong *m*; **3.** *fig. u. péj.* **a)** (*Person*) ein blöder, dummer ~ un imbécile; P un corniaud; ein falscher ~ un faux jeton; ein feiger ~ un lâche; ein gemeiner ~ P une vache; *Islam* ungläubiger ~ chien d'incroyant; **b)** (*Sache*) ein dicker ~ un gros morceau; une grosse faute, *etc.*; **4.** *mines* berline *f*; chien *m*; **5.** *astr.* Großer, Kleiner ~ Grand, Petit Chien.

Hündchen ['hʏntçən], F **Hundchen** *n* ⟨~s; ~⟩ petit chien; *zärtlich* chien-chien *m* (*auch iron.*); toutou *m*.

Hunde|art ['hʊndəˌʔa:rt] *f* espèce *f* de chiens; **~ˌausstellung** *f* exposition canine, de chiens; **~ˌbandwurm** *m zo.* ténia *m* échinocoque [ek-] du chien; **~ˌbiß** *m* morsure *f* de chien; **~ˌbürste** *f* brosse *f* à chien; **~ˌdreck** *m* crotte *f* de chien; **~dreˌssur** *f* dressage *m* de chiens; **2'elend** *adj. u. adv.* F mir ist ~, ich fühle mich ~ je suis malade comme une bête; je me sens très mal; **~ˌfriedhof** *m* cimetière *m* des chiens; **~ˌfutter** *n* nourriture *f*, pâtée *f* pour chiens; **~geˌbell** *n* aboiement(s) *m* (*pl.*) de chien(s); **~geˌkläff** *n* jappement(s) *m* (*pl.*) de chien(s); **~ˌhalsband** *n* collier *m* de chien; **~ˌhütte** *f* niche *f* à chien; **2'kalt** *adj.* F es ist ~ il fait un froid de canard; **~'kälte** *f* F froid *m* de canard, de chien, de loup; **~ˌkamm** *m* peigne *m* à chien; **~ˌkoppel** *f* meute *f*; **~ˌkorb** *m* corbeille *f* de chien; **~ˌkrankheit** *f* maladie *f* du chien; **~ˌkuchen** *m* pain *m* de chien; **~ˌleben** *n* F vie *f* de chien; was für ein ~! quelle vie de chien!; quelle chienne de vie!; ein ~ führen mener une vie de chien; **~ˌleine** *f* laisse *f*; **~ˌmarke** *f* plaque *f* d'identité du chien; *Steuermarke* plaque fiscale; **2ˌmäßig** F *adj.* de chien; misérable; très mauvais; **2'müde** F *adj.* 'harassé; éreinté; F claqué; vanné; ~ sein *auch* tomber de fatigue; **~ˌnapf** *m* écuelle *f* (du chien); **~ˌnase** *f* truffe *f*; nez *m* du chien; **~ˌpfote** *f* patte *f* du chien; **~ˌrasse** *f* race *f* de chiens.

hundert ['hʊndərt] **I** *adj. num. c.* cent; etwa, rund, an die ~ une centaine (de); mehrere, ein paar ~ Mark, Menschen plusieurs, quelques centaines de marks, de personnes; ich wette ~ gegen eins (, daß ...) je parie cent contre un, je vous le donne en cent (que ...); man kann ~ gegen eins wetten, daß ... *oft* il y a gros à parier que ...; *hist.* die 2 Tage les Cent-Jours; **II** 2 *n* ⟨~s; ~e⟩ cent *m*; centaine *f*; vier vom ~ (*abr.* v.H.) quatre pour cent; ~e von ... des centaines de ...; ~e und aber ~e des centaines et des centaines; viele ~(e) Menschen *etc.* des centaines de personnes, *etc.*; zu ~en par centaines; unter ~en nicht einer pas un seul parmi *od.* sur des centaines; ein halbes ~ un demi-cent; une cinquantaine; das zweite ~ la deuxième centaine; das ~ vollmachen faire le cent, la centaine; es geht in die ~e cela se chiffre à des centaines; nach ~en rechnen compter par centaines; **III** 2 *f* ⟨~; ~en⟩ nombre *m* cent; die ~ in Ziffern schreiben écrire (le nombre) cent en chiffres; **~'eins** *adj. num. c.* cent un; **2er** *m* ⟨~s; ~⟩ **1.** *math. Stellenwert* centaine *f*; die ~ les centaines; **2.** F *Geldschein* billet *m* de cent; **~er'lei** *adj.* ⟨*inv.*⟩ de cent espèces (différentes); *fig. u.* F *auch* de mille espèces; ~ **Dinge** trente-six choses; **~'erste** *adj. num. o.* cent (et) unième; **~ˌfach 1.** *adj.* centuple; **die ~e Anzahl** le nombre centuple; **die ~e Menge, Größe, der ~e Wert** *etc.* le centuple; la quantité, la grandeur, la valeur, *etc.* centuple; *Abbildung* **in ~er Vergrößerung** agrandi, grossi cent fois; **2.** *adv.* au centuple; *Mikroskop etc.* ~ **vergrößern** agrandir, grossir cent fois, au centuple; **2ˌfache(s)** *n* ⟨→A⟩ centuple *m*; **(sich) um das ~ vermehren, um das ~ steigen** centupler; **~ˌfältig** *adj. cf.* ~fach; **2'frankenˌnote** *f* billet *m* de cent francs; **2ˌfünfund'siebziger** *m* ⟨~s; ~⟩ F (*Homosexueller*) P tante *f*; tapette *f*; **~'fünfzigproˌzentig** *adj. fig. u.* F à plus de cent pour cent; **~ˌgradig** *adj.* centigrade; **2'jahrˌfeier** *f* (fête *f* du) centenaire *m*; **~ˌjährig** *adj.* (âgé) de cent ans; centenaire; séculaire; **e-e ~e Eiche** un chêne séculaire; **~es Jubiläum** centenaire *m*; **2er Kalender** *etwa* almanach [-a] *m* séculaire; *hist.* **der 2e Krieg** la guerre de Cent Ans; **2ˌjährige(r)** *f (m)* ⟨→A⟩ centenaire *m, f*; **2kilo'meterˌtempo** *n* **im ~** à cent kilomètres à l'heure; **~ˌköpfig** *adj. Menschenmenge* de cent personnes; **~ˌmal** *adv.* cent fois; ~ **(dasselbe) sagen** répéter cent fois la même chose; ~ **soviel** cent fois plus; **~ˌmalig** *adj.* cent fois répété; **2'markschein** *m* billet *m* de cent marks; **2'meterˌlauf** *m* course *f* de cent mètres; **~ˌpfündig** *adj.* de cent livres; **~proˌzentig** *adj. u. adv.* à cent pour cent; **~e Sicherheit** sécurité à cent pour cent; F **ein ~er Anhänger** un partisan à cent pour cent; F **das stimmt ~** c'est vrai à cent pour cent; c'est absolument vrai; **2ˌsatz** *m* pourcentage *m*; **2ˌschaft** *f* ⟨~; ~en⟩ unité *f*, groupe *m* de cent ...; centaine *f* (de ...); **e-e ~ der Polizei** une unité, un groupe de cent policiers; **~st** *adj. num. o.* centième *m*; **der ~e Teil** la centième partie; **zum ~en Male** pour la centième fois; *fig.* **vom 2en ins Tausendste kommen** se perdre dans les détails; **der, die, das 2e** le, la centième; **~stel I** *adj. num.* drei ~ **Millimeter** trois centièmes de millimètre; **II 2stel** *n* ⟨~s; ~⟩ centième *m*; **2stelseˌkunde** *f Maß* centième *m* de seconde; **~stens** *adv.* centièmement; **~'tausend I** *adj. num. c.* cent mille; **II 2'tausend** *n* cent mille *m*; centaine *f* de mille; **~e von ...** des centaines de milliers de ...; **das erste ~** les premiers cent mille; *Einwohnerzahl etc.* **das zweite ~ erreichen** atteindre les deux cent mille; **~ˌteilig** *adj. Skala etc.* centésimal.

Hunde|schlitten ['hʊndəˌʃlɪtən] *m* traîneau *m* à chiens; **~ˌschnauze** *f* museau *m* du chien; **~ˌsperre** *f* défense *f* de laisser courir librement les chiens; **~ˌsteuer** *f* taxe *f* sur les chiens; **~ˌwache** *f mar.* quart *m* de minuit à quatre heures; **~ˌwetter** *n* F temps *m* de chien; **~ˌzucht** *f* élevage *m* de chiens; **~ˌzwinger** *m* chenil *m*.

Hünd|in ['hʏndɪn] *f* ⟨~; ~nen⟩ *zo.* chienne *f*; **2isch** *adj. fig. Ergebenheit etc.* qui ressemble à celui, à celle d'un chien; servile; rampant; *Angst* servile; lâche; **~lein** *n* ⟨~s; ~⟩ *cf.* Hündchen.

Hunds|fott ['hʊntsfɔt] P *m* ⟨~(e)s; ~e *od.* ~̈er⟩ canaille *f*; individu *m* ignoble; P salaud *m*; **2ge'mein** F *adj.* ignoble; abject [-kt]; infâme; F dégoûtant; **~ge'meinheit** F *f* infamie *f*; vilenie *f*; **das ist e-e ~** c'est une infamie, une vilenie; c'est ignoble, *etc.*; F c'est une vacherie sans pareille; **2mise'rabel** F *adj.* ⟨-bl-⟩ très, fort mauvais; *cf. auch* **hundeelend**; **2'müde** *adj.* F *cf.* **hundemüde**; **~ˌrose** F *f* rose *f* sauvage, de chien; **~ˌtage** *m/pl.* canicule *f*; jours *m/pl.* caniculaires, de canicule; **mitten in den ~n** en pleine canicule; **~tagsˌhitze** *f* chaleur *f* caniculaire; **~ˌveilchen** F *n* violette *f* inodore; **~zahn** *m bot. Grasgattung* chiendent *m*; *sc.* cynodon *m*; **~ˌzecke** *f* ⟨~; ~n⟩ *zo. cf.* Holzbock; **~ˌzunge** *f bot.* langue-de-chien *f*; *sc.* cynoglossum *m*.

Hüne ['hyːnə] *m* ⟨~n; ~n⟩ géant *m*; **~ngeˌstalt** *f* taille *f* gigantesque; *Person cf.* ~; **~nˌgrab** *n* tombe *f* mégalithique; **2nˌhaft** *adj.* gigantesque.

Hunger ['hʊŋər] *m* ⟨~s⟩ faim *f* (*auch fig.*, nach de); (*Hungersnot*) famine *f*; **(keinen) ~ haben** (ne pas) avoir faim; **großen ~ haben** avoir grand-faim, très faim; **~ haben wie ein Wolf** avoir une faim de loup; F avoir la dent; **~ bekommen** (commencer à) avoir faim; **~ leiden** souffrir de la faim; **vor ~,** *st. s.* **~s sterben** mourir de faim, d'inanition; **s-n ~ stillen** apaiser, assouvir, calmer sa faim; **vom ~ bedrohte Gebiete** des territoires menacés par la famine; **der ~ sieht ihm aus den Augen** il a un air, une mine famélique; F **guten ~!** bon appétit!; **~ ist der beste Koch** *prov.* quand on a faim on mange de tout; **~beˌruf** *m* métier *m* qui ne nourrit pas son homme; **~bloˌckade** *f* blocus [-ys] *m* visant la famine; **~ˌblume** *f bot.* drave *f*; **~ˌbrunnen** *m géol.* source intermittente; **~ˌdasein** *n* vie *f* d'affamé; **~geˌbiet** *n* région *f* de famine; **~geˌfühl** *n* sensation *f* de faim; **~geˌstalt** *f* être *m* famélique; F squelette ambulant; **2ig** *adj. cf.* hungrig; **~ˌjahr** *n* année *f* de famine, de disette; **~ˌkrankheit** *f* maladie causée par la faim; **~ˌkünstler** *m* jeûneur *m*; **~ˌkur** *f méd.* diète absolue; **2ˌleidend** *adjt.* souffrant de la faim; **~ˌleider** *m* ⟨~s; ~⟩ meurt-de-faim *m*; crève-la-faim *m*; **~leideˌrei** F *f* ⟨~⟩ misère *f*; vie *f* où l'on meurt de faim; **~ˌlohn** *m* salaire *m* de famine, de misère; **2n I** *v/i.* ⟨-(e)re, h⟩ (*Hunger leiden*) ne pas manger à sa faim; souffrir de la faim; (*ohne Nahrung bleiben*) rester sans manger; *freiwillig* jeûner; se mettre, être à la diète; **j-n ~ lassen** donner peu *bzw.* rien à manger à qn.; *fig.* **nach etw. ~** avoir faim, soif de qc.; *pfort.* être affamé de qc.; **II** *v/imp. st. s.* **mich hungert** j'ai faim; **~öˌdem** *n méd.* œdème [edɛm] dû à la faim; **~ratiˌon** *f* ration *f* de famine; **~sˌnot** *f* famine *f*; disette *f*; **es herrscht ~** la famine, la disette règne; **es droht e-e ~** la famine, la disette menace; **~ˌstreik** *m* grève *f* de la faim; **in den ~ treten** faire la grève de la faim; **~ˌtod** *m* mort *f* par inanition; **~ˌtuch** *n fig.* **am ~ nagen** ne pas manger à sa faim; souffrir de la faim; **~ˌturm** *m hist.* cachot *m*; oubliette *f*; **~ˌtyphus** *m méd.* typhus [-ys] *m* exanthématique; **~ˌzustand** *m* état *m* de jeûne.

hungrig ['hʊŋrɪç] *adj.* qui a faim; *pfort.* affamé; **ich bin ~** j'ai faim; **e-m ~en Magen ist schlecht predigen** *prov.* ventre affamé n'a pas d'oreilles *prov.*; *relig.* **die 2en speisen** nourrir ceux qui ont faim.

Hunn|e ['hʊnə] *m* ⟨~n; ~n⟩ 'Hun *m*; **~enˌkönig** *m* roi *m* des 'Huns; **2isch** *adj.* des 'Huns; 'hunnique.

Hupe ['huːpə] *f* ⟨~; ~n⟩ klaxon [-ɔn] *m*; avertisseur *m*; **2n I** *v/i.* ⟨h⟩ klaxonner; corner; donner un coup de klaxon; **II ~n** *n* ⟨~s⟩ klaxonnement *m*; **~nˌknopf** *m* bouton *m* de l'avertisseur.

hüpf|en ['hʏpfən] **I** *v/i.* ⟨sein⟩ sauter; *leichtfüßig* sautiller; **auf e-m Bein ~** sauter à cloche-pied; **vor Freude ~** sauter de joie; *fig. Herz* bondir, sauter (de joie); *Spiel* **Steine über das Wasser ~ lassen** faire des ricochets; F **das ist gehupft wie gesprungen** cela revient au même; c'est bonnet blanc et blanc bonnet; autant vaut être mordu d'un chien que d'une chienne; **II 2en** *n* ⟨~s⟩ sautillement *m*; **2spiel** *n der Kinder* marelle *f*.

Hup|konzert ['huːpkɔnˌtsɛrt] *n* concert *m* de klaxons, d'avertisseurs; **~siˌgnal** *n* coup *m* de klaxon; **ein ~ geben** donner un coup de klaxon; klaxonner; **~verˌbot** *n* interdiction *f* de klaxonner; **~ˌzeichen** *n cf.* ~signal.

Hürde ['hʏrdə] *f* ⟨~; ~n⟩ **1.** *Sport* 'haie *f*; **e-e ~ nehmen** franchir, sauter une 'haie; **2.** (*Obst2*) claie *f*; *kleine* clayon *m*; **3.** *e-s Pferches* claie *f*; **~nˌlauf** *m Leichtathletik* course *f* de haies; **~nˌläufer(in)** *m (f)* coureur, -euse *m, f* de haies; **~nˌrennen** *n Pferdesport* course *f* de haies.

Hure ['huːrə] *péj. f* ⟨~; ~n⟩ F grue *f*; catin *f*; P putain *f*; poufiasse *f*; **2n** *v/i.* ⟨h⟩ forniquer; F paillarder; **~nˌgasse** *f* rue *f* des prostituées, des grues; **~nˌviertel** *n* quartier *m* des prostituées, des grues; **~'rei** *f* ⟨~⟩ fornication *f* (*auch bibl.*); F paillardise *f*.

Huri ['huːriˑ] *f* ⟨~; ~s⟩ *Islam* 'houri *f*.

Huronen [huˑ'roːnən] *m/pl. Indianerstamm* 'Hurons *m/pl.*

hurra [hʊ'raː] **I** *int.* 'hourra!; **~ rufen, schreien** pousser des 'hourras; crier 'hourra; **II 2** *n* ⟨~s; ~s⟩ 'hourra *m*; **j-n mit lautem ~ empfangen** accueillir qn. par des 'hourras; F **im ~ etw. tun** faire qc. à la va-vite; **2patriˌot** *m* patriotard *m*; chauvin *m*; **~patriˌotisch** *adj.* de patriotard; chauvin; **2patrioˌtismus** *m* patriotisme cocardier, exubérant, outrancier; chauvinisme *m*; **2ˌrufe** *m/pl.* 'hourras *m/pl.*

Hurrikan ['hʊriˑkan] *m* ⟨~s; ~e⟩ 'hurricane *m*.

hurtig ['hʊrtɪç] *adj.* (*u. adv.*) (*schnell*) rapide(ment); prompt(ement); (*flink u. gewandt*) leste(ment); preste(ment); alerte(ment); **2ˌkeit** *f* ⟨~⟩ rapidité *f*; promptitude *f*; prestesse *f*.

Husar [huˑ'zaːr] *m* ⟨~en; ~en⟩ *hist. milit.* 'hussard *m*; **~enˌstück(chen)** *n fig.* exploit audacieux.

husch ['hʊʃ] *int.* **und ~ war sie weg** et hop! la voilà partie; **~, ~, ins Körbchen!** vite! vite! au lit!; **~en** *v/i.* ⟨sein⟩ se glisser rapidement (dans la pièce, *etc.*); **durch, über etw. ~** traverser rapidement qc.

Hussiten [huˑ'siːtən, -'sɪ-] *m/pl. hist.* 'hussites *m/pl.*

hüst [hʏst] *int. cf.* hü.

hüsteln ['hʏstəln] **I** *v/i.* ⟨-(e)le, h⟩ toussoter; tousser légèrement; **II 2** *n* ⟨~s⟩ toussotement *m*.

husten ['huːstən] **I** *v/t.* ⟨-ete, h⟩ **Blut ~** cracher du *bzw.* le sang; *fig. u.* F **ich werde dir was ~** tu peux toujours courir; tu peux toujours te fouiller; tu peux attendre longtemps; **II** *v/i.* tousser; *fig. u.* F **auf etw. ~** se moquer, F se fiche(r), P se foutre de qc. comme de l'an quarante, comme de sa première chemise, du tiers comme du quart; **III** 2 *m* ⟨∼s⟩ toux *f*; **trockener** ∼ toux sèche; (**den**) ∼ **haben** tousser; 2ˌ**anfall** *m* quinte *f*, accès *m* de toux; 2**bon**ˌ**bon** *m*, *n* bonbon *m* contre, pour la toux; 2ˌ**mittel** *n* remède *m* contre la toux; *sc.* remède *m* béchique; 2**re**ˌ**flex** *m* réflexe *m* de tousser; *sc.* réflexe *m* tussigène; 2ˌ**reiz** *m* envie *f* de tousser; 2ˌ**saft** *m* sirop *m* (contre, pour la toux); ∼ˌ**stillend** *adjt.* qui calme la toux; *sc.* béchique; 2ˌ**tropfen** *m/pl.* gouttes *f/pl.* contre la toux.

Hut[1] [huːt] *f* ⟨∼⟩ **auf der** ∼ **sein** être, se tenir sur ses gardes (**vor j-m** devant qn.); F se tenir, se garder à carreau; **vor j-m, etw. auf der** ∼ **sein** *auch* prendre garde à qn., à qc.; **bei j-m in guter** ∼ **sein** être sous la bonne garde de qn.; *cf. auch* **Obhut**; ∼[2] *m* ⟨∼(e)s; ∻e⟩ chapeau *m* (*auch fig., techn., Pilz*2); **e-n** ∼ **tragen** porter un chapeau; **ohne** ∼ **gehen** aller nu-tête, tête nue, sans chapeau; **den** ∼ **aufsetzen** mettre son chapeau; **den** ∼ **abnehmen** enlever, ôter son chapeau; **den** ∼ **aufbehalten** garder son chapeau (sur sa tête); **den** ∼ **in die Stirn drücken** enfoncer son chapeau; **den** ∼ **aufs Ohr setzen** mettre le chapeau sur l'oreille; *zum Gruß* (**vor j-m**) **den** ∼ **abnehmen, ziehen** se découvrir (devant qn.); saluer (qn.) d'un coup de chapeau; donner un coup de chapeau (*abs.*); *fig.* ∼ **ab!** chapeau bas!; ∼ **ab vor e-r solchen Leistung!** chapeau bas, je tire mon chapeau devant une telle performance; **unter e-n** ∼ **bringen** concilier; mettre d'accord; F **da geht e-m der** ∼ **hoch!** c'est trop fort!; cela dépasse les bornes, les limites!; ∼ˌ**ablage** *f* porte-chapeaux *m*; ∼**band** *n* ruban *m* de chapeau; ∼**be**ˌ**satz** *m* garniture *f* de chapeau; ∼ˌ**bürste** *f* brosse *f* à chapeau.

Hütchen [ˈhyːtçən] *n* ⟨∼s; ∼⟩ petit chapeau; (*Damen*2) F bibi *m*.

Hüte|junge [ˈhyːtəˌjuŋə] *m* gardeur *m*; 2**n I** *v/t.* ⟨-ete, h⟩ garder; **Schafe** ∼ garder les moutons; **das Haus** ∼ garder la maison; *fig.* **das Bett** ∼ **müssen** devoir garder le lit; *iron. bei unerwünschter Vertraulichkeit* **wo haben wir denn zusammen Schweine gehütet?** est-ce que nous avons déjà gardé les cochons ensemble?; F **lieber e-n Sack Flöhe** ∼ **als ein solches Kind!** j'aimerais mieux en avoir une armée plutôt qu'un comme celui-là!; **II** *v/réfl.* **sich vor j-m, etw.** ∼ se garder de, prendre garde à qn., qc.; se méfier de qn., de qc.; **sich** ∼, **etw. zu tun** se garder de faire qc.; F **ich werde mich** ∼! je m'en garderai bien!; **er soll sich** ∼ (, **das nochmal zu sagen** *etc.*)! qu'il s'en garde bien (de redire cela, *etc.*)!; ∼**r(in)** *m* ⟨∼s; ∼⟩ (*f*) ⟨∼; ∼nen⟩ gardien, -nne *m, f*; (*Vieh*2) gardeur, -euse *m, f*; ∼ **der Ordnung** (*Polizist*) gardien *m* de l'ordre.

Hut|fabrik [ˈhuːtfaˌbriːk] *f* usine *f* de chapeaux; ∼ˌ**feder** *f* plume *f* de chapeau; ∼**filz** *m* feutre *m* pour *od.* à chapeaux; ∼**form** *f* **1.** forme *f* de chapeau; **2.** *techn.* forme *f* à chapeaux; conformateur *m*; ∼ˌ**futter** *n* doublure *f* de chapeau; ∼**ge**ˌ**schäft** *n* chapellerie *f*; boutique *f* de chapeaux; ∼ˌ**krempe** *f* bord *m*, passe *f* de chapeau; ∼ˌ**macher(in)** *m* ⟨∼s; ∼⟩ (*f*) ⟨∼; ∼nen⟩ chapelier, -ière *m, f*; ∼ˌ**nadel** *f* épingle *f* à chapeau; ∼**pilz** *m bot.* champignon *m* à chapeau; ∼**rand** *m* bord *m* du chapeau; ∼ˌ**schachtel** *f* carton *m* à chapeau(x); ∼ˌ**schlangen** *f/pl. zo.* najas *m/pl.*; ∼ˌ**schleife** *f* nœud *m* de chapeau; cocarde *f*; ∼**schmuck** *m* garniture *f* de chapeau; ∼**schnur** *f fig. u.* F **das geht (doch) über die** ∼! c'est trop fort!; cela dépasse les bornes, les limites!; ∼ˌ**ständer** *m* porte-chapeaux *m*; *im Schaufenster* support *m* à chapeaux; champignon *m*; ∼ˌ**stumpen** *m* fond *m* de chapeau; calotte *f*.

Hütte [ˈhʏtə] *f* ⟨∼; ∼n⟩ **1.** cabane *f*; ʻhutte *f*; *kleine, elende* cabanon *m*; cahute *f*; *der Eingeborenen* case *f*; *péj.* (*Haus*) bicoque *f*; cabane *f*; **Onkel Toms** ∼ la Case de l'oncle Tom; *bibl.* **hier laßt uns** ∼**n bauen** faisons-y des tentes; **2.** *in den Alpen* refuge *m* (de haute montagne); **3.** *métall.* usine *f* métallurgique; forge *f*; (*Eisen*2) usine *f* sidérurgique; (*Glas*2) verrerie *f*; (*Ziegel*2) tuilerie *f*; briqueterie *f*; **4.** *mar.* dunette *f*.

Hütten|arbeiter [ˈhʏtənˌʔarbaɪtər] *m* ouvrier *m* métallurgiste; F métallo *m*; ∼**be**ˌ**sitzer** *m* propriétaire *m* d'usine métallurgique; ∼**be**ˌ**trieb** *m* entreprise *f*, exploitation *f* métallurgique; ∼**er**ˌ**zeugnis** *n* produit *m* métallurgique; ∼**indus**ˌ**trie** *f* industrie *f* métallurgique; ∼**ingeni**ˌ**eur** *m* ingénieur *m* métallurgiste; ∼ˌ**jagd** *f ch.* chasse *f* à la hutte; ∼ˌ**koks** *m* coke *m* métallurgique; ∼ˌ**kunde** *f* métallurgie *f*; ∼ˌ**schule** *f* école *f* formant des spécialistes métallurgistes; ∼ˌ**stein** *m bât.* parpaing [-pɛ̃] *m* de laitier; ∼ˌ**wart** *m* ⟨∼(e)s; ∼e⟩ *e-r Alpenhütte* gardien *m* du refuge; ∼ˌ**werk** *n cf.* **Hütte 3.**; ∼ˌ**wesen** *n* métallurgie *f*; ∼**ze**ˌ**ment** *m* ciment *m* métallurgique.

Hutverzierung [ˈhuːtfɛrˌtsiːruŋ] *f* garniture *f* de chapeau.

hutz(e)lig [ˈhʊts(ə)lɪç] F *adj.* ratatiné.

Huygenssches Prinzip [ˈhɔygənsʃəs prɪnˈtsiːp] *n phys.* principe *m* de Huygens.

Hyaden [hyˈaːdən] *pl. myth., astr.* Hyades *f/pl.*

hyal|in [hyaˈliːn] *adj.* hyalin; 2**it** [-ˈliːt, -ˈlɪt] *m* ⟨∼s; ∼e⟩ *minéral.* hyalite *f*; 2**u'ron**ˌ**säure** *f Biochemie* acide *m* hyaluronique.

Hyäne [hyˈɛːnə] *f* ⟨∼; ∼n⟩ *zo.* hyène *f* (*auch fig.*).

Hyazinth [hyaˈtsɪnt] *m* ⟨∼(e)s; ∼e⟩ *minéral.* hyacinthe *f*; ∼**e** *f* ⟨∼; ∼n⟩ *bot.* jacinthe *f*; **Orientalische** ∼ jacinthe d'Orient.

Hybrid|e [hyˈbriːdə] *m* ⟨∼n; ∼n⟩, *f* ⟨∼; ∼n⟩ *biol.* hybride *m*; 2(**isch**) *adj. biol.* hybride.

Hybris [ˈhyːbrɪs, ˈhyˑbrɪs] *f* ⟨∼⟩ démesure *f*; orgueil *m*.

Hydantoin [hydantoˈiːn] *n* ⟨∼s⟩ *chim.* hydantoïne *f*.

Hydra [ˈhyːdra] *f* ⟨∼⟩ *myth., astr., zo.* ⟨*pl.* -dren⟩ hydre *f*.

Hydrant [hyˈdrant] *m* ⟨∼en; ∼en⟩ bouche *f* d'incendie.

Hydrarg|illit [hydrargɪˈliːt, -ˈlɪt] *m* ⟨∼s⟩ *minéral.* hydrargillite *f*; ∼**yrum** [-ˈdrar-] *n* ⟨∼s⟩ *chim.* hydrargyre *m*; mercure *m*.

Hydrat [hyˈdraːt] *n* ⟨∼(e)s; ∼e⟩ *chim.* hydrate *m*; ∼**ati'on** *f* ⟨∼⟩ *chim.* hydratation *f*.

Hydrauli|k [hyˈdraulɪk] *f* ⟨∼⟩ hydraulique *f*; 2**sch** *adj.* hydraulique; ∼**e Bremse** frein hydraulique; ∼**er Mörtel** mortier hydraulique; ∼**e Presse** presse hydraulique; ∼**er Widder** bélier hydraulique.

Hydraz|id [hydraˈtsiːt] *n* ⟨∼s⟩ *chim.* hydrazide *f*; ∼**in** *n* ⟨∼s⟩ hydrazine *f*; ∼**oben'zol** *n* hydrazobenzène [-bɛ̃-] *m*; ∼**on** *n* ⟨∼s⟩ hydrazone *f*.

Hydrid [hyˈdriːt] *n* ⟨∼s; ∼e⟩ *chim.* hydrure *m*.

hydrier|en [hyˈdriːrən] **I** *v/t.* ⟨*pas de ge-*, h⟩ *chim., techn.* hydrogéner; **II** 2**en** *n* ⟨∼s⟩, 2**ung** *f* ⟨∼⟩ hydrogénation *f*; 2**ver**ˌ**fahren** *n* procédé *m* d'hydrogénation.

Hydro|biologie [hydrobiologiː] *f* hydrobiologie *f*; ∼**chi'non** *n* ⟨∼s⟩ *chim.* hydroquinone *f*; ∼**dy'namik** *f* hydrodynamique *f*; 2**dy'namisch** *adj.* hydrodynamique; 2**e'lektrisch** *adj.* hydro-électrique; ∼**'gen(ium)** *n* ⟨∼s⟩ *chim.* hydrogène *m*; ∼**gra'phie** *f* ⟨∼⟩ hydrographie *f*; 2**'graphisch** *adj.* hydrographique; ∼**e Karte** carte hydrographique; ∼**'lase** *f* ⟨∼; ∼n⟩ *Biochemie* hydrolase *f*; ∼**lo'gie** *f* ⟨∼⟩ hydrologie *f*; 2**'logisch** *adj.* hydrologique; ∼**'lyse** *f* ⟨∼; ∼n⟩ *chim.* hydrolyse *f*; ∼**'meter** *n* ⟨∼s; ∼⟩ hydromètre *m*; ∼**ps(ie)** [ˈhyːdrɔps, -drɔˈpsiː] *m* ⟨∼⟩ (*f*) ⟨∼⟩ *méd.* hydropisie *f*; ∼**'sphäre** *f* hydrosphère *f*; ∼**'statik** *f* ⟨∼⟩ hydrostatique *f*; 2**'statisch** *adj.* hydrostatique; ∼**e Waage** balance hydrostatique; ∼**sul'fit** *n chim.* hydrosulfite *m*; 2**thera'peutisch** *adj. méd.* hydrothérapique; ∼**thera'pie** *f méd.* hydrothérapie *f*; hydrothérapeutique *f*; 2**ther'mal** *adj. géol.* hydrothermal; ∼**ti'meter** *n* ⟨∼s; ∼⟩ *Meßgerät* hydrotimètre *m*; ∼**'xyd** *n* ⟨∼(e)s; ∼e⟩ *chim.* hydroxyde *m*; ∼**xyla'min** *n* ⟨∼s⟩ *chim.* hydroxylamine *f*; ∼**'xyl**ˌ**gruppe** *f chim.* (groupement *m*) hydroxyle *m*; ∼**zellu'lose** *f chim.* hydrocellulose *f*; ∼**'zoen** *pl. zo.* hydrozoaires *m/pl.*

Hygien|e [hygiˈeːnə] *f* ⟨∼⟩ *méd.* hygiène *f*; **aus Gründen der** ∼ par mesure d'hygiène; ∼**iker** *m* ⟨∼s; ∼⟩ hygiéniste *m*; 2**isch** *adj.* (*u. adv.*) hygiénique(ment).

Hygro|m [hyˈgroːm] *n* ⟨∼s; ∼e⟩ *méd.* hygroma *m*; ∼**'meter** *n* ⟨∼s; ∼⟩ hygromètre *m*; ∼**'skop** *n* ⟨∼s; ∼e⟩ *Meteorologie* hygroscope *m*; 2**'skopisch** *adj. chim.* hygroscopique.

Hylozoismus [hylotsoˈɪsmus] *m* ⟨∼⟩ *philos.* hylozoïsme *m*.

Hymen [ˈhyːmən] *n* ⟨∼s; ∼⟩ *anat.* hymen [-ɛn] *m*.

Hymn|e [ˈhʏmnə] *f* ⟨∼; ∼n⟩ hymne *m* (*relig. auch f*); 2**isch** *adj.* hymnique; ∼**us** *m* ⟨∼; -nen⟩ *cf.* ∼**e**.

Hyoszyamin [hyɔstsyaˈmiːn] *n* ⟨∼s⟩ *phm.* hyosciamine *f*.

Hyperämie [hypɛrʔɛˈmiː] *f méd.* ⟨∼⟩ hyper(h)émie *f*.

Hyperb|el [hyˈpɛrbəl] *f* ⟨∼; ∼n⟩ *math., rhét.* hyperbole *f*; 2**el**ˌ**förmig** *adj.* hyperbolique; ∼**elfunkti**ˌ**on** *f math.* fonction *f* hyperbolique; 2**olisch** [-ˈboː-] *adj. Stil etc.* hyperbolique; ∼**olo'id** *n* ⟨∼(e)s; ∼e⟩ *math.* hyperboloïde *m*; **einschaliges, zweischaliges** ∼ hyperboloïde à une, à deux nappes.

Hyper|feinstruktur [ˌhyːpɛrˈfaɪnʃtrukˌtuːr] *f phys. atom.* structure hyperfine; 2**kom'plex** *adj. math.* ∼**e Zahlen** nombres hypercomplexes; 2**ko'rrekt** *adj.* hypercorrect [-kt]; 2**mo'dern** *adj.* ultra-moderne; ∼**on** [-ˈroːn] *n* ⟨∼s; ∼en⟩ *phys. atom.* hypéron *m*; 2**sensibili'sieren** *v/t.* ⟨*pas de ge-*, h⟩ *phot.* hypersensibiliser; ∼**'sthen** *m* ⟨∼s⟩ *minéral.* hypersthène *m*; ∼**to'nie** *f* ⟨∼; -ien⟩ *méd.* hypertension *f*; ∼**tro'phie** *f* ⟨∼⟩ *méd.* hypertrophie *f*.

Hyphe [ˈhyːfə] *f* ⟨∼; ∼n⟩ (*Pilzfaden*) hyphe *f*.

Hypno|se [hyp'noːzə] *f* ⟨~; ~n⟩ hypnose *f*; **2tisch** *adj.* hypnotique; **~tiˈseur** *m* ⟨~s; ~e⟩ hypnotiseur *m*; **2tiˈsieren** *v/t.* ⟨*pas de ge-*, h⟩ hypnotiser; **~ˈtismus** *m* ⟨~⟩ hypnotisme *m*.

Hypo|chlorit [hy·po·klo·'riːt, -'rɪt] *n chim.* hypochlorite [-klo-] *m*; **~ˈchonder** *m* ⟨~s; ~⟩ hypocondriaque *m*; hypocondre *m*; **~chonˈdrie** *f* ⟨~⟩ hypocondrie *f*; **2ˈchondrisch** *adj.* hypocondriaque; **~ˈgastrium** *n* ⟨~s; -ien⟩ *anat.* hypogastre *m*; **2ˈgyn(isch)** *adj. bot.* hypogyne; **~ˈidˌkegelˌräder** *n/pl. techn.* engrenage *m* hypoïde; **~ˈkaustum** *n* ⟨~s; -sten⟩ *hist.* hypocauste *m*; **~ˈphyse** *f* ⟨~; ~n⟩ *bot., anat.* hypophyse *f*; **~ˈstase** *f* ⟨~; ~n⟩ *philos., ling.* hypostase *f*; **2staˈsieren** *v/t.* ⟨*pas de ge-*, h⟩ *philos.* hypostasier; **~ˈtaxe** *f* ⟨~; ~n⟩ *gr.* hypotaxe *f*; **~teˈnuse** *f* ⟨~; ~n⟩ *math.* hypoténuse *f*.

Hypothek [hy·po·'teːk] *f* ⟨~; ~en⟩ hypothèque *f* (*auch fig., pol.*); **erste, zweite ~** hypothèque de premier, de second rang; première, seconde hypothèque; **die erste ~ haben** être premier en hypothèque; **e-e ~ bestellen, aufnehmen, abtragen** constituer, prendre, amortir une hypothèque; **mit e-r ~ belasten** hypothéquer; grever d'une hypothèque (*beide auch fig.*); **e-e ~ eintragen, löschen** inscrire, purger une hypothèque; **Eintragung, Löschung e-r ~** inscription *f*, purge *f* d'une hypothèque; **2arisch** [-'kaːr-] **1.** *adj.* hypothécaire; **gegen ~e Sicherheit** sur hypothèque; **2.** *adv.* **~ sichern** garantir par une hypothèque; hypothéquer; **~ belastet** hypothéqué; grevé d'une hypothèque *bzw.* d'hypothèques; **~arkreˌdit** [-'kaːr-] *m* crédit *m* hypothécaire.

Hypotheken|anlage [hy·po·'teːkən-ˌʔanlaːgə] *f* placement *m* hypothécaire; **~ˌanleihe** *f* emprunt *m* hypothécaire, sur hypothèque(s); **~ˌaufwertung** *f* revalorisation *f* des hypothèques; **~ˌbank** *f* ⟨~; ~en⟩ banque *f* de prêts hypothécaires; banque foncière, de crédit foncier; *in Frankreich* Crédit foncier; **~beˌlastung** *f* charge *f* hypothécaire; **~beˌstellung** *f* constitution *f* d'une hypothèque; **~ˌbrief** *m in Deutschland* lettre *f* hypothécaire; **~ˌdarlehen** *n* prêt *m* hypothécaire, sur hypothèque(s); **~ˌeintragung** *f* inscription *f* d'une hypothèque; **~ˌforderung** *f* créance *f* hypothécaire; **2ˌfrei** *adj.* libre, franc, franche d'hypothèques; **~geˌschäft** *n* opérations *f/pl.* hypothécaires; **~ˌgläubiger** *m* créancier *m* hypothécaire; **~kreˌdit** *m* crédit *m* hypothécaire; **~ˌlöschung** *f* purge *f* d'une hypothèque; **~ˌpfandbrief** *m* lettre *f* de gage, obligation *f* hypothécaire; **~ˌrecht** *n* droit *m* hypothécaire; **~reˌgister** *n* registre *m* des hypothèques; **~ˌschuld** *f* dette *f* hypothécaire; **~ˌschuldner** *m* débiteur *m* hypothécaire; **~ˌzinsen** *m/pl.* intérêts *m/pl.* hypothécaires.

Hypo|thermie [hy·po·tɛr'miː] *f* ⟨~⟩ *méd.* hypothermie *f*; **~ˈthese** *f* ⟨~; ~n⟩ hypothèse *f*; **2ˈthetisch** *adj.* (*u. adv.*) hypothétique(ment); **~toˈnie** *f* ⟨~; -ien⟩ *méd.* hypotension *f*; **~xanˈthin** *n* ⟨~s⟩ *chim.* hypoxanthine *f*; **~ˈzentrum** *n Erdbeben* hypocentre *m*; **~zykloˈide** *f* ⟨~; ~n⟩ *math.* hypocycloïde *f*.

Hypso|metrie [hypso·me·'triː] *f* ⟨~⟩ *géogr.* hypsométrie *f*; **~(thermo)ˈmeter** *n* ⟨~s; ~⟩ *Meßinstrument* hypsomètre *m*.

Hysteres|e [hyste·'reːzə] *f* ⟨~⟩ *phys., techn.* hystérèse *f*; hystérésis [-zis] *f*; **~eˌschleife** *f* cycle *m* d'hystérésis; **~is** [-'teː-] *f* ⟨~⟩ *cf.* ~e.

Hyster|ie [hyste·'riː] *f* ⟨~; -ien⟩ *méd. u. fig.* hystérie *f*; **~iker(in)** [-'teː-] *m* ⟨~s; ~⟩ (*f*) ⟨~; ~nen⟩ hystérique *m, f*; **2isch** [-'teː-] *adj.* hystérique; **~er Anfall** crise d'hystérie; **ein ~es Lachen** un rire hystérique.

I

I, i [iː] *n* ⟨~; ~⟩ I, i *m*; **das I** l'i [lə i, li]; **den Punkt auf das i setzen** mettre le point sur l'i; *fig.* **das sitzt wie das Tüpfelchen auf dem i** ça va très exactement; **(vollendet) bis auf das Tüpfelchen auf dem i** (parfait,) rien ne manque; (impeccable) jusque dans les moindres détails; **da fehlt nur noch das Tüpfelchen auf dem i** il y manque seulement un petit quelque chose (pour être parfait).

i [iː] *int. Abscheu* pouah!; ah!; ~ **bewahre!**, ~ **wo!** mais non!; pensez-vous!; pas du tout!; jamais de la vie!

iah ['iː'ɑː, i'ɑː] *int.* 'hi-han; **der Esel macht** ~ l'âne fait 'hi-han; **~en** *v/i.* ⟨*pas de ge-*, h⟩ *Esel* braire.

Iambus *cf.* Jambus.

Iatro|chemie [iˑatroˑçeˑ'miː] *f hist.* iatrochimie *f*; **~me'chanik** *f hist.* iatromécanisme *m*; iatromécanique *f*.

Iber|er [iˑ'beːrər] *m* ⟨~s; ~⟩ Ibère *m*; **2isch** *adj.* ibérique; *bes. die alte Sprache betreffend* ibère; **die 2e Halbinsel** la péninsule Ibérique; **~oa|merika** *n* l'Amérique Latine; **2oameri|kanisch** *adj.* de l'Amérique Latine.

Ibis ['iːbɪs] *m* ⟨~ses; ~se⟩ *zo.* ibis [-is] *m*; **der heilige** ~ l'ibis sacré.

ich [ɪç] **I** *pr/pers.* je *bzw.* j'; *betont* moi; **sie und** ~ elle et moi; ~ **habe es getan** c'est moi qui l'ai fait; ~ **bin es!** c'est moi!; **hier bin** ~! me voici!; (me) voilà!; ~, **der** ~ **geglaubt habe** ... moi qui ai cru, qui croyais ...; **wenn** ~ **nicht gewesen wäre** ... sans moi ...; ~ **an Ihrer Stelle** moi à votre place; si j'étais de vous; ~ **Narr, Esel!** fou *bzw.* folle que je suis!; pauvre imbécile que je suis!; ~ **Armer!** pauvre de moi!; **II 2** *n* ⟨~(s); ~(s)⟩ moi *m*; **mein zweites** ~ mon autre moi-même; **das liebe** ~ **(in den Vordergrund stellen)** (placer) sa propre, sa petite personne (au premier plan); **ein Teil meines** ~ une partie de mon être; **mein ganzes** ~ mon être tout entier; **2be|wußtsein** *n* conscience *f* du *od.* de son moi; **~be|zogen** *adjt.* égocentrique; **2be|zogenheit** *f* ⟨~⟩ égocentrisme *m*; **2form** *f* **in der** ~ **(schreiben)** (écrire) à la première personne; **2laut** *m phon. im Deutschen* prononciation *f* du «ch» après les voyelles «e» et «i» et après umlaut.

Ichneumon [ɪç'nɔʏmɔn] *m, n* ⟨~s; ~e *od.* ~s⟩ *zo.* ichneumon [ik-] *m*.

Ich|-Roman ['ɪçroˑ,maːn] *m* roman écrit à la première personne; **~sucht** *f* égoïsme *m*; **2|süchtig** *adj.* égoïste.

Ichthyo|l [ɪçtyˑ'oːl] *n* ⟨~s⟩ *phm.* ichtyol (-ammonium) [ik-] *m*; **~'loge** *m* ⟨~n; ~n⟩ ichtyologiste [ik-] *m*; ichtyologue [ik-] *m*; **~lo'gie** *f* ⟨~⟩ ichtyologie [ik-] *f*; **~'saurier** *m* ⟨~s; ~⟩, **~'saurus** *m* ⟨~; -rier⟩ *zo.* ichtyosaure [ik-] *m*; **~se, ~sis** [-tyˑ'oːzə, -tyˑ'oːzɪs] *f* ⟨~; **-osen**⟩ *méd.* ichtyose [ik-] *f*; **~to'xin** *n* ichtyotoxine [ik-] *f*.

ideal [iˑdeˑ'ɑːl] **I 1.** *adj.* idéal; **ein ~er Partner** un partenaire idéal; **e-e ~e Lösung** une solution idéale; **2.** *adv.* ~ **gelegen sein** être situé d'une façon idéale; **II 2** *n* ⟨~s; ~e⟩ idéal *m*; **noch ~e haben** avoir encore un idéal; **s-n ~en nachstreben** chercher à réaliser, s'efforcer d'atteindre son idéal; **er ist das ~ e-s Redners** *etc.* c'est l'orateur, *etc.* par excellence; c'est l'orateur, *etc.* idéal; **~i'sieren** *v/t.* ⟨*pas de ge-*, h⟩ idéaliser; **2i'sierung** *f* ⟨~; ~en⟩ idéalisation *f*; **2ismus** [-'lɪs-] *m* ⟨~⟩ idéalisme *m*; **2ist(in)** [-'lɪst(ɪn)] *m* ⟨~en; ~en⟩ *(f)* ⟨~; ~nen⟩ idéaliste *m, f*; **~istisch** [-'lɪs-] *adj.* idéaliste; **2i'tät** *f* ⟨~⟩ idéalité *f*; **2konku|rrenz** *f jur.* cumul, concours idéal d'infractions; **2|typus** *m* type idéal; **2|wert** *m* valeur idéale.

Ideation [iˑdeˑatsiˑ'oːn] *f* ⟨~; ~en⟩ *philos.* idéation *f*.

Idee [iˑ'deː] *f* ⟨~; ~n⟩ **1.** idée *f*; **e-e gute** ~ une bonne idée; **e-e fixe** ~ une idée fixe; **e-e ~ haben** avoir une idée; **wer hat dich auf diese ~ gebracht?** qui t'a donné cette idée?; **er kam auf die** ~ ... il lui vint à l'idée ...; il lui vint l'idée ...; il eut l'idée ...; **wie kommst du auf die** ~ ...? comment as-tu pu avoir l'idée ...?; **was für e-e** ~! quelle idée!; **2.** ⟨*pas de pl.*⟩ *(Absicht)* intention *f*; idée *f*; **ich hatte die ~, hier Rosen zu pflanzen** j'ai eu l'intention, l'idée de planter ici des roses; **3.** ⟨*pas de pl.*⟩ F *(Kleinigkeit)* rien *m*; soupçon *m*; **e-e ~ Zucker, dunkler** un rien, un soupçon de sucre, plus sombre.

ideell [iˑdeˑ'ɛl] *adj.* idéal.

ideen|arm [iˑ'deːən,ʔarm] *adj.* pauvre en idées; **2assoziati|on** *f* association *f* d'idées; **2|drama** *n* drame *m*, théâtre *m* d'idées; **2|flucht** *f path.* fuite *f* des idées; **2ge|halt** *m* contenu *m* d'idées; idées contenues dans qc.; **2ge|schichte** *f* histoire *f* des idées; **2|lehre** *f* idéologie *f*; **~|reich** *adj.* riche en idées; **2|reichtum** *m* abondance *f* d'idées; **2ver|bindung** *f cf.* 2assoziation; **2|welt** *f* monde *m* des idées.

idem ['iːdɛm] *adv.* (*abr.* id.) idem [-ɛm] (*abr.* id.).

Iden ['iːdən] *pl.* **die** ~ **des März** les ides *f/pl.* de mars.

Identi|fikation [iˑdɛntiˑfiˑkatsiˑ'oːn] *f* ⟨~; ~en⟩ *cf.* ~fizierung; **2fi'zierbar** *adj.* identifiable; **2fi'zieren** *v/t.* ⟨*pas de ge-*, h⟩ identifier; **~fi'zierung** *f* ⟨~; ~en⟩ identification *f*; **2sch** [-'dɛn-] *adj.* identique (mit à); **~'tät** *f* ⟨~⟩ identité *f*; **die ~ e-r Person feststellen** établir l'identité d'un individu; **~'täts|nachweis** *m Zoll* preuve *f* d'identité; **~'tätsphiloso|phie** *f* philosophie *f* de l'identité; **~'tätsprin|zip** *n* principe *m* d'identité; **~'tätssys|tem** *n* système *m* d'identité.

Ideo|gramm [iˑdeˑoˑ'gram] *n* ⟨~s; ~e⟩ *ling.* idéogramme *m*; **~gra'phie** *f* ⟨~⟩ idéographie *f*; **2'graphisch** *adj.* idéographique; **~'loge** *m* ⟨~n; ~n⟩ idéologue *m*; idéologiste *m*; **~lo'gie** *f* ⟨~; -ien⟩ idéologie *f*; **2'logisch** *adj.* idéologique.

Idio|m [iˑdiˑ'oːm] *n* ⟨~s; ~e⟩ idiome *m*; **2'matisch** *adj.* idiomatique; **~e Redewendungen** locutions, tournures idiomatiques; **2'morph** *adj. Kristalle* idiomorphe; **~'plasma** *n biol.* idioplasme *m*; **~synkra'sie** *f* ⟨~; -ien⟩ *physiol. u. fig.* idiosyncrasie *f*.

Idiot|(in) [iˑdiˑ'oːt(ɪn)] *m* ⟨~en; ~en⟩ *(f)* ⟨~; ~nen⟩ idiot(e) *m (f)*; F **so ein** ~! quel idiot!; **2en|sicher** F *adj.* dont la manipulation ne présente aucun danger; d'une simplicité enfantine; **~ie** [-'tiː] *f* ⟨~; -ien⟩ idiotie [-si] *f*; **2isch** *adj.* idiot; **~es Lachen** rire idiot; **ein ~er Gedanke** une pensée idiote; **~ismus** [-'tɪs-] *m* ⟨~⟩ **1.** ⟨*pl.* **-men**⟩ *ling.* idiotisme *m*; **2.** idiotie [-si] *f*.

Idol [iˑ'doːl] *n* ⟨~s; ~e⟩ idole *f*; **~a'trie** *f* ⟨~; -ien⟩ idolâtrie *f*.

Idyll|(e) [iˑ'dʏl(ə)] *n* ⟨~s; ~e⟩ *(f)* ⟨~; ~n⟩ **1.** *Gedicht* idylle *f*; **2.** *fig.* tableau *m* idyllique; **2isch 1.** *adj.* idyllique; **2.** *adv.* ~ **gelegen** situé dans un paysage idyllique.

I-förmig ['iː,fœrmɪç] *adj. Stahl etc.* en forme de double T.

Igel ['iːgəl] *m* ⟨~s; ~⟩ *zo.* 'hérisson *m*; **~|fisch** *m zo.* diodon *m*; **~|kaktus** *m bot.* échinocactus [ek-ys] *m*; **~|kolben** *m bot. Schilf* sparganium [-jɔm] *m*; sparganier *m*; **~|stellung** *f milit.* défense *f* en 'hérisson.

Iglu ['iːgluˑ, 'ɪgluˑ] *m, n* ⟨~s; ~s⟩ *(Schneehütte)* igloo [iglu] *m*.

Ignitron ['ɪgniˑtroːn, -'troːn] *n* ⟨~s; ~e⟩ *élect.* ignitron [igni-] *m*.

Ignor|ant [ɪgnoˑ'rant] *m* ⟨~en; ~en⟩ ignorant *m*; **~anz** *f* ⟨~⟩ ignorance *f*; **2ieren** *v/t.* ⟨*pas de ge-*, h⟩ **j-n** ~ ignorer qn.; **etw.** ~ ne pas tenir compte de qc.; ignorer qc.; **~ierung** *f* ⟨~⟩ *verbal.*

ihm [iːm] *pr/pers.* (*dat. von* **er, es**) lui; *nach Verben, die im Frz. den acc. regieren* le; *als Antwort* à lui; **ich gebe** ~ **das Buch** je lui donne le livre; **sie warf es** ~ **vor die Füße** elle le jeta à ses pieds; **ich habe es von** ~ c'est lui qui me l'a donné; *Nachricht* je le tiens de lui; **ich glaube (es)** ~ je le crois; **ich folge** ~ je le suis.

ihn [iːn] *pr/pers.* (*acc. von* **er**) le, *vor Vokal u. „stummem h"* l'; *nach prép.*, *unverbunden, als Antwort* lui; **ich sehe ~** je le vois; **er kämpft für, gegen ~** il lutte pour, contre lui.

ihnen ['iːnən] *pr/pers.* **1.** (*dat. pl. von* **er, sie, es**) leur; *nach prép.* eux *bzw.* elles; *unverbunden, als Antwort* à eux *bzw.* à elles; **ich gebe ~ das Geld** je leur donne l'argent; **er war bei ~** il était chez eux *bzw.* elles; **2.** ≈ (*dat. von* Sie) vous; *unverbunden, als Antwort* à vous; **ich danke** ≈! je vous remercie!

ihr [iːr] **I** *pr/pers.* **1.** (*dat. von* **sie**) lui; *nach prép.* elle; *unverbunden, als Antwort* à elle; **ich habe es ~ gesagt** je le lui ai dit; **er hat es von ~** il le tient d'elle; **2.** (*pl. von* **du**) vous; *in der Anrede mit folgendem subst.* vous autres; **was wollt ~?** que voulez-vous?; ≈ **Spanier** vous autres Espagnols; **II** *pr/poss.* **3.** *adjektivisch* **a)** son *bzw.* sa *bzw.* ses; *bei mehreren Besitzern* leur(s); **~e Tante** sa *bzw.* leur tante; **~e Kinder** ses *bzw.* leurs enfants; *betont* **~ Bruder** son frère à elle *bzw.* à eux *bzw.* à elles; **meine und ~e Schwester** ma sœur et la sienne *bzw.* la leur; **meine Eltern haben ~ Haus** (**~e Häuser**) **verkauft** mes parents ont vendu leur(s) maison(s); **b)** *in der Anrede* ≈ votre *bzw.* vos; **haben Sie** ≈ **Geld bekommen?** avez-vous reçu, touché votre argent?; ≈**e Kinder** vos enfants; ≈ **Herr Vater** Monsieur votre père; **c)** ≈**e Majestät** Sa Majesté; **4.** *substantivisch* der, die, das ≈(ig)e **a)** le sien, la sienne; *bei mehreren Besitzern* le *bzw.* la leur; **b)** *in der Anrede* le *bzw.* la vôtre; **tun Sie das** ≈(**ig**)**e** faites le vôtre; *Briefschluß* **ganz der** ≈**e** tout à vous; cordialement vôtre; **~er I** *pr/pers.* **1.** (*gén. von* **sie**) d'elle; *pl.* d'eux *bzw.* d'elles; **man hat sich ~ bemächtigt** on s'est emparé d'elle *bzw.* d'eux *bzw.* d'elles; **es waren ~ sechs** ils *bzw.* elles étaient six; **2.** ≈ (*gén. von* Sie) de vous; **II** *pr/poss.* **3.** de son *bzw.* de sa *bzw.* de ses; *bei mehreren Besitzern* de leur(s); **e-r ~ Freunde** un de ses *bzw.* de leurs amis; **4.** *in der Anrede* ≈ de votre *bzw.* de vos; **~er,seits** *adv.* de sa *bzw.* de leur part; de son *bzw.* de leur côté; *in der Anrede* ≈ de votre part, côté; **es besteht kein Einwand ~** il n'y a aucune objection de sa *bzw.* de leur part.

ihresgleichen ['iːrəs'glaɪçən] *pr.* sa pareille *bzw.* son pareil *bzw.* ses pareil(le)s; *pl.* leur(s) pareille(s) *bzw.* leur(s) pareil(s); *in der Anrede* ≈ votre pareil(le) *bzw.* vos pareil(le)s; **sie hat nicht ~** elle n'a pas sa pareille, son pareil, son égale; **sie verkehrt nur mit ~** elle ne fréquente que ses semblables, ses pareil(le)s.

ihret|halben ['iːrət'halbən], **~'wegen, (um) ~'willen** *adv.* à cause d'elle *bzw.* d'eux *bzw.* d'elles; pour elle *bzw.* eux *bzw.* elles; *in der Anrede* ≈ à cause de, pour vous; **er hat es** ≈ **getan** il l'a fait à cause de, pour vous.

ihrige ['iːrɪgə] *cf.* **ihr II 4.**

Ikon|e [i'koːnə] *f* ⟨~; ~n⟩ *relig.* icône *f*; **~enmale,rei** *f* peinture *f* des icônes; **~o'graph** *m* ⟨~en; ~en⟩ iconographe *m*; **~ogra'phie** *f* ⟨~⟩ iconographie *f*; **~o'klasmus** *m* ⟨~; -men⟩ iconoclasme *m*; **~o'klast** *m* ⟨~en; ~en⟩ iconoclaste *m*; **~ola'trie** *f* ⟨~⟩ iconolâtrie *f*; **~olo'gie** *f* ⟨~⟩ iconologie *f*; **~o'skop** *n* ⟨~s; ~e⟩ *télév.* iconoscope *m*; **~o'stas(e)** *m* ⟨~; ~e⟩ (*f*) ⟨~; ~n⟩ *égl.* iconostase *f*.

Ikosaeder [i·ko·za'eːdər] *n* ⟨~s; ~⟩ *math.* icosaèdre *m*.

Ikterus ['ɪkte·rʊs] *m* ⟨~⟩ *méd. cf.* **Gelbsucht.**

Iktus ['ɪktʊs] *m* ⟨~; ~ *od.* -ten⟩ *métr., méd.* ictus [-ys] *m*.

Ileus ['iːle·ʊs] *m* ⟨~; **Ileen**⟩ *anat.* occlusion intestinale; iléus [-ys] *m*.

Ilex ['iːlɛks] *m, f* ⟨~⟩ *bot.* 'houx [u] *m*.

Ilias ['iːli·as] *f* ⟨~⟩ Iliade *f*.

illegal ['ɪle·,gaːl, -'gaːl] *adj.* (*u. adv.*) illégal(ement); ≈**ität** [-'tɛːt, 'ɪ-] *f* ⟨~⟩ illégalité *f*.

illegitim ['ɪle·gi·,tiːm, -'tiːm] *adj.* (*u. adv.*) illégitime(ment); ≈**ität** [-'tɛːt, 'ɪ-] *f* ⟨~⟩ illégitimité *f*.

illiquid ['ɪli·,kviːt, -'kviːt] *adj. comm.* non liquide; ≈**ität** [-'tɛːt, 'ɪ-] *f* ⟨~⟩ *comm.* manque *m* de liquidité.

illoyal ['ɪlo·a,jaːl, -'jaːl] *adj.* déloyal; (*gesetzwidrig*) illégal; ≈**ität** [-'tɛːt, 'ɪ-] *f* ⟨~⟩ déloyauté *f*; (*Gesetzwidrigkeit*) illégalité *f*.

Illumin|aten [ɪlu·mi·'naːtən] *m/pl. hist.* illuminés *m/pl.*; **~aten,orden** *m hist.* ordre *m* des illuminés; **~ati'on** *f* ⟨~; ~en⟩ illumination *f*; **~ator** *m* ⟨~s; -'toren⟩ *peint.* enlumineur *m*; ≈**ieren** *v/t.* ⟨*pas de ge-*, **h**⟩ illuminer; *peint.* enluminer; **~ierung** *f* ⟨~; ~en⟩ illumination *f*; *peint.* enluminure *f*.

Illus|ion [ɪlu·zi·'oːn] *f* ⟨~; ~en⟩ illusion *f* (*auch peint.*); **sich ~en machen** se faire des illusions; s'illusionner; entretenir des illusions; **mach dir keine ~en!** ne te fais pas d'illusions!; **j-m s-e ~en nehmen, rauben, zerstören** désillusionner qn.; faire perdre, enlever ses illusions à qn.; ≈**io'när** *adj.* illusoire; **~io'nismus** *m* ⟨~⟩ doctrine *f* qui dit que le monde extérieur n'est qu'illusion; **~io'nist** *m* ⟨~en; ~en⟩ rêveur *m*; utopiste *m*; (*Zauberkünstler*) illusionniste *m*; ≈**orisch** [-'zoː-] *adj.* illusoire; **etw. ~ machen** rendre qc. illusoire.

illuster [ɪ'lʊstər] *adj.* ⟨-tr-⟩ illustre; **e-e illustre Gesellschaft** une société illustre.

Illustr|ation [ɪlustratsi·'oːn] *f* ⟨~; ~en⟩ illustration *f*; **zur ~** pour illustrer; **~ator** [-'traː-] *m* ⟨~s; -'toren⟩ illustrateur *m*; ≈**ieren** [-'triː-] *v/t.* ⟨*pas de ge-*, **h**⟩ illustrer (*auch fig.*); **~ierte** [-'triːr-] *f* ⟨→**A**⟩ revue *f*; illustré *m*; magazine *m*.

Illyr|er [ɪ'lyːrər] *m* ⟨~s; ~⟩ Illyrien *m*; ≈**isch** *adj.* illyrien, -nne; **~ismus** [-'rɪs-] *m* ⟨~⟩ *hist.* illyrisme *m*.

Ilse ['ɪlzə] *f* ⟨~; ~n⟩ *zo. cf.* **Alse.**

Iltis ['ɪltɪs] *m* ⟨~ses; ~se⟩ *zo.* putois *m*.

im [ɪm] *prép.* + *art. cf.* **in.**

imagin|är [i·magi·'nɛːr] *adj.* imaginaire; *math.* **~e Zahl** nombre, quantité imaginaire; ≈**ati'on** *f* ⟨~⟩ imagination *f*.

Imago [i·'maːgo·] *f* ⟨~; -gines⟩ *zo.* [imago *f*.]

Imam [i·'maːm] *m* ⟨~s; ~s⟩ iman *od.* imam *m*.

Imbezillität [ɪmbe·tsɪli·'tɛːt] *f* ⟨~⟩ [*path.* imbécillité *f*.]

Imbibition [ɪmbi·bi·tsi·'oːn] *f* ⟨~⟩ *phys.* imbibition *f*.

Imbiß ['ɪmbɪs] *m* ⟨-sses; -sse⟩ casse-croûte *m* (*auch als Aufschrift*); *vornehmer, in Gesellschaft etc.* lunch [lœntʃ, lœ̃ːʃ] *m*; collation *f*; **e-n kleinen ~ einnehmen** faire un lunch, une collation; prendre une collation; luncher; **~,halle** *f*, **~,stube** *f* snack-bar *m*; *auf Bahnhöfen* buvette *f*. [*m, f*.]

Imid [i·'miːt] *n* ⟨~s; ~e⟩ *chim.* imide

Imin [i·'miːn] *n* ⟨~s; ~e⟩ *chim.* imine *f*.

Imit|ation [i·mi·tatsi·'oːn] *f* ⟨~; ~en⟩ imitation *f* (*auch mus.*); simili *m*; **~ator** [-'taː-] *m* ⟨~s; -'toren⟩ imitateur *m*; ≈**ieren** [-'tiː-] *v/t.* ⟨*pas de ge-*, **h**⟩ imiter; ≈**iert** [-'tiːrt] *adjt.* imité; de l'imitation.

Imker ['ɪmkər] *m* ⟨~s; ~⟩ apiculteur *m*; **~ei** [-'raɪ] *f* ⟨~⟩ apiculture *f*.

immanen|t [ɪma'nɛnt] *adj.* immanent; ≈**z** *f* ⟨~⟩ immanence *f*; ≈**zphiloso,phie** *f* philosophie *f* de l'immanence.

Immateri|algüterrecht [ɪmate·ri·'aːl-,gyːtər,rɛçt] *n jur. etwa* droit *m* concernant la propriété littéraire, artistique, industrielle; **~a'lismus** *m* ⟨~⟩ *philos.* immatérialisme *m*; ≈**'ell** *adj.* immatériel, -lle.

Immatrikul|ation [ɪmatri·ku·latsi·'oːn] *f* ⟨~; ~en⟩ inscription *f* à l'université; **~ati'ons,urkunde** *f* certificat *m* d'inscription à l'université; ≈**ieren** [-'liː-] *v/t.* ⟨*pas de ge-*, **h**⟩ **sich ~ lassen** se faire inscrire à l'université; se faire immatriculer.

Imme ['ɪmə] *f* ⟨~; ~n⟩ *cf.* **Biene.**

immens [ɪ'mɛns] *adj.* immense; énorme; colossal; **ein ~es Vermögen** une fortune immense, *etc.*

immer ['ɪmər] *adv.* toujours; *vor comp. meist* de plus en plus; **für, auf ~** pour toujours; *st. s.* à jamais; **~ noch** toujours; encore; **noch ~ nicht** toujours pas; **wie ~** comme toujours; comme de coutume; **~ wenn** ... toutes les fois que ...; (à) chaque fois que ...; **~ mal wieder** de temps en temps; **~ wieder** tout le temps; à plusieurs reprises; **ich habe es ihm verboten, aber er tut es ~ wieder** je le lui ai défendu, interdit, mais il recommence tout le temps; **~ wieder versuchen, etw. zu tun** essayer tout le temps *bzw.* à plusieurs reprises de faire qc.; **ich habe dir ~ wieder gesagt, daß** ... je te l'ai dit et redit de ...; **ich lese das ~ wieder gern** je relis cela toujours avec le même plaisir; **so macht er es ~** il fait toujours comme cela; **~ geradeaus** toujours tout droit; **~ besser** de mieux en mieux; **~ besser werden** s'améliorer; **~ größer** de plus en plus grand, 'haut; **~ größer werden** devenir, être de plus en plus grand, 'haut; grandir; s'agrandir de plus en plus; grossir; **~ mehr** de plus en plus; **~ weniger** de moins en moins; **~ weniger werden** diminuer; **~ schlechter, schlimmer** de plus en plus mauvais, mal; de pire en pire; **~ schlimmer werden** *Gebrechen, Situation* empirer; **~ hübscher werden** embellir de jour en jour; F **das wird ja ~ schöner** c'est de mieux en mieux; **~ vier** (*je vier*) par quatre; *Briefschluß* **~ Dein X** à toi pour toujours X; F **~ her damit!** donne *bzw.* donnez toujours!; **wer, was, wann, wo es auch ~ sein mag** qui, quoi, à quel moment, où que ce soit; **was er auch ~ sagen mag** quoi qu'il dise; **wo er sich auch ~ befinden mag** où *od.* en quelque endroit qu'il soit, qu'il se trouve; **was er auch ~ für Gründe haben mag** quelles que soient ses raisons; **wie die Geschichte** *etc.* **auch ~ ausgehen mag** quelle que soit la fin de l'histoire, *etc.*; **wie schön, gut es auch ~ sein mag** (aus)si beau, bien *bzw.* bon que cela puisse être; *cf. auch* **auch 5.**; **~,dar** *adv. poét.* toujours; à jamais; **~,fort** *adv.* continuellement; constamment; toujours; sans arrêt, cesse, discontinuer, désemparer; **~,grün I** *adj. bot.* à feuilles persistantes; **II** ≈**,grün** *n* ⟨~s; ~e⟩ *bot.* pervenche *f*; **~'hin** *adv.* après tout; toujours est-il que; tout compte fait; toutefois; **~ hat er Geld** après tout, il a de l'argent; **~ muß man berücksichtigen, daß** ... après tout, *etc.* on doit considérer que ...; **meine ~ klare Frage** ma question pourtant précise; **das ist ~ etwas** c'est toujours ça de gagné, de pris; *einräumend* ~! (er hat es geschafft) tout de même! (il a réussi).

Immersion [ɪmɛrzi·ˈoːn] *f* ⟨~; ~en⟩ *astr., opt.* immersion *f*; **~sobjek,tiv** *n* objectif *m* à immersion.

immer|während [ˈɪmər,vɛːrənt] *adj.* perpétuel, -lle; éternel, -lle; **~er Kalender** calendrier perpétuel; **~ˈzu** *adv.* toujours; constamment; continuellement; **stört doch nicht ~!** ne nous dérangez pas toujours comme ça!; **es klingelt ~** ça n'arrête pas de sonner.

Immigr|ant(in) [ɪmi·ˈgrant(ɪn)] *m* ⟨~en; ~en⟩ *(f)* ⟨~; ~nen⟩ immigrant(e) *m (f)*; immigré(e) *m (f)*; **~atiˈon** *f* ⟨~; ~en⟩ immigration *f*; **2ieren** [-ˈgriː-] *v/i.* ⟨*pas de ge-,* **sein**⟩ immigrer.

imminent [ɪmi·ˈnɛnt] *adj. méd.* imminent.

Immission [ɪmɪsi·ˈoːn] *f* ⟨~; ~en⟩ *jur.* trouble *m* de voisinage.

Immobiliar|klage [ɪmo·bi·li·ˈaːr,klaːgə] *f jur.* action immobilière; **~kre,dit** *m* crédit immobilier; **~,pfändung** *f* saisie immobilière; **~ver,mögen** *n* capital immobilier; biens immobiliers; **~ver,sicherung** *f* assurance immobilière.

Immobilien [ɪmo·ˈbiːli·ən] *pl.* immeubles *m/pl.*; biens immeubles, immobiliers; **~bü,ro** *n* agence immobilière; **~ge,schäft** *n* opérations immobilières; **~ge,sellschaft** *f* société immobilière; **~,handel** *m* commerce immobilier; **~,händler** *m*, **~,makler** *m* agent immobilier; **~,markt** *m* marché immobilier; **~ver,walter** *m* gérant *m* d'immeubles; **~ver,waltung** *f* gérance *f* d'immeubles.

immobilisieren [ɪmo·bi·li·ˈziːrən] *v/t.* ⟨*pas de ge-,* **h**⟩ *Kapital* immobiliser.

immoral|isch [ˈɪmo·,raːlɪʃ, -ˈraː-] *adj.* immoral; **2ismus** [-ˈlɪs-] *m* ⟨~⟩ immoralisme *m*; **2ist** [-ˈlɪst] *m* ⟨~en; ~en⟩ immoraliste *m*; **2iˈtät** *f* ⟨~⟩ immoralité *f*.

Immortelle [ɪmɔrˈtɛlə] *f* ⟨~; ~n⟩ *bot.* immortelle *f*.

immun [ɪˈmuːn] *adj.* **gegen etw. ~ sein** être immunisé contre qc.; **gegen etw. ~ machen** immuniser contre qc.; **~iˈsieren** *v/t.* ⟨*pas de ge-,* **h**⟩ immuniser; **2iˈsierung** *f* ⟨~⟩ immunisation *f*; **2iˈtät** *f* ⟨~⟩ immunité *f*; **parlamentarische, diplomatische ~** immunité parlementaire, diplomatique; **Aufhebung der parlamentarischen ~** levée de l'immunité parlementaire.

Impedanz [ɪmpe·ˈdants] *f* ⟨~; ~en⟩ *élect.* impédance *f*.

Imperativ [ˈɪmpe·ra,tiːf, -ˈtiːf] *m* ⟨~s; ~e⟩ *gr.* (mode) impératif *m*; *philos.* **kategorischer ~** impératif catégorique; **2isch** [-ˈtiː-] **1.** *adj.* impératif, -ive; **2.** *adv.* impérativement.

Imperator [ɪmpe·ˈraːtɔr] *m* ⟨~s; -ˈtoren⟩ *hist.* imperator *m*; **2isch** [-ˈtoː-] *adj.* impérieux, -euse.

Imperfekt [ˈɪmpɛr,fɛkt, -ˈfɛkt] *n* ⟨~s; ~e⟩ *gr.* imparfait *m*.

Imperi|alismus [ɪmpe·ri·aˈlɪsmʊs] *m* ⟨~⟩ impérialisme *m*; **~aˈlist** *m* ⟨~en; ~en⟩ impérialiste *m*; **2aˈlistisch** *adj.* impérialiste; **~um** [-ˈpeː-] *n* ⟨~s; -ien⟩ empire *m*.

impertinen|t [ɪmpɛrti·ˈnɛnt] *adj.* impertinent; insolent; **2z** *f* ⟨~; ~en⟩ impertinence *f*; insolence *f*.

Impetigo [ɪmpe·ˈtiːgo·] *f* ⟨~⟩ *méd.* impétigo *m*.

Impf|arzt [ˈɪmpfʔaːrtst] *m* (médecin) vaccinateur *m*; **2en** *v/t.* ⟨**h**⟩ vacciner (qn.) (gegen contre); inoculer un vaccin de qc. (à qn.); **wieder ~** revacciner; faire une injection de rappel; **sich ~ lassen** se faire vacciner; **~,gegner(in)** *m (f)* personne *f* qui est contre la vaccination; **~ling** *m* ⟨~s; ~e⟩ sujet *m* à vacciner *bzw.* tout nouvellement vacciné; **~lo,kal** *n* local *m* de vaccination, où l'on vaccine; **2,pflichtig** *adj.* obligé de se faire vacciner; **~,schäden** *m/pl.* complications *f/pl.* après la vaccination; **~schein** *m* certificat *m* de vaccination; **~,stelle** *f* endroit *m* où l'on a été vacciné; **~stoff** *m* vaccin *m*; **~ung** *f* ⟨~; ~en⟩ **1.** *méd.* vaccination *f*; **zweite, dritte ~** première, deuxième injection de rappel; **2.** *agr.* introduction *f* de bactéries dans le sol; **~,vorschriften** *f/pl.* prescriptions *f/pl.* sur la vaccination; **~zwang** *m* vaccination *f* obligatoire.

Implantation [ɪmplantatsi·ˈoːn] *f* ⟨~; ~en⟩ *chir.* implantation *f*.

impliz|ieren [ɪmpli·ˈtsiːrən] *v/t.* ⟨*pas de ge-,* **h**⟩ impliquer; **~ite** [-ˈpliː-] *adv.* implicitement.

Imponderabilien [ɪmpɔnde·raˈbiːli·ən] *pl.* impondérables *m/pl.*

imponieren [ɪmpo·ˈniːrən] *v/i.* ⟨*pas de ge-,* **h**⟩ **j-m ~** en imposer à qn.; **das imponiert mir nicht** cela ne m'en impose pas.

Import [ɪmˈpɔrt] *m* ⟨~(e)s; ~e⟩ *comm.* importation *f*; **~ar,tikel** *m* article *m* d'importation; (*importierter Artikel*) article importé; **~be,darf** *m* besoins *m/pl.* en importations; **der ~ an Getreide** les besoins en céréales importées; **~be,schränkung** *f*, **~,drosselung** *f* restriction *f* des importations; **~en** *f/pl.* cigares importés (de la Havane); **~eur** [-ˈtøːr] *m* ⟨~s; ~e⟩ importateur *m*; **~-ˈExport** [ˈɪm-] *m* import-export *m*; **~,firma** *f* firme *f*, maison *f* d'importation; **~,handel** *m* (commerce *m* d')importation *f*; **~,händler** *m* importateur *m*; **2ieren** [-ˈtiː-] **I** *v/t.* ⟨*pas de ge-,* **h**⟩ importer; **II ~ieren** [-ˈtiː-] *n* ⟨~s⟩ importation *f*; **~kontin,gent** *n* contingent *m* d'importation; **~kre,dit** *m* crédit *m* à l'importation; **~,kürzung** *f* réduction *f* des importations; **~,land** *n* pays importateur; **~li,zenz** *f* licence *f* d'importation; **~mono,pol** *n* monopole *m* des importations; **~,preis** *m* prix *m* à l'importation; **~,überschuß** *m* excédent *m* d'importation; **~,ware** *f* marchandise *f* d'importation; (*eingeführte Ware*) marchandise importée; *pl.* **~n** *auch* importations *f/pl.*

imposant [ɪmpo·ˈzant] *adj.* imposant; impressionnant; **ein ~es Schauspiel** un spectacle imposant; **e-e ~e Leistung** une performance impressionnante.

impoten|t [ˈɪmpo·,tɛnt, -ˈtɛnt] *adj.* *physiol.* impuissant; **2z** *f* ⟨~; ~en⟩ impuissance *f*.

imprägnier|en [ɪmprɛˈgniːrən] *v/t.* ⟨*pas de ge-,* **h**⟩ *Stoff* imperméabiliser; *Holz* imprégner (mit de); **2ung** *f* ⟨~; ~en⟩ *von Stoff* imperméabilisation *f*; *von Holz* imprégnation *f*.

Impresario [ɪmpre·ˈzaːri·o·] *m* ⟨~s; ~s *od.* -ri⟩ *thé.* imprésario *m*.

Impressionis|mus [ɪmprɛsi·o·ˈnɪsmʊs] *m* ⟨~⟩ impressionnisme *m*; **~t** *m* ⟨~en; ~en⟩ impressionniste *m*; **2tisch** *adj.* impressionniste.

Impressum [ɪmˈprɛsʊm] *n* ⟨~s; -ssen⟩ *impr.* mention *f* des responsables de l'édition et du contenu du journal, du livre, *etc.*

Imprimatur [ɪmpri·ˈmaːtʊr] *n* ⟨~s⟩ **a)** *impr.* bon à tirer *m*; **b)** *égl.* imprimatur [-yːr] *m*.

Impromptu [ɛ̃ːprõːˈtyː] *n* ⟨~s; ~s⟩ *mus.* impromptu *m*.

Improperien [ɪmpro·ˈpeːri·ən] *pl. égl. cath.* impropères *m/pl.*

Improvis|ation [ɪmpro·vi·zatsi·ˈoːn] *f* ⟨~; ~en⟩ improvisation *f*; **~ator** [-ˈzaː-] *m* ⟨~s; -ˈtoren⟩ improvisateur *m*; **2ieren** [-ˈziː-] *v/t. u. v/i.* ⟨*pas de ge-,* **h**⟩ improviser; **improvisiert** *auch* impromptu.

Impuls [ɪmˈpʊls] *m* ⟨~es; ~e⟩ *phys.* impulsion *f* (*auch fig.*); **~,breite** *f*, **~,dauer** *f* durée *f* d'impulsion; **~gene,rator** *m élect.* générateur *m*, émetteur *m* d'impulsions; **2iv** [-ˈziːf] **1.** *adj.* impulsif, -ive; **2.** *adv.* **~ handeln** agir impulsivement, d'une façon impulsive; **~modulati,on** *f rad.* modulation *f* par impulsion; **~mo,ment** *n phys.* moment *m* d'impulsion; **~,regelung** *f* réglage *m* par impulsion.

imstande [ɪmˈʃtandə] *adj.* ⟨*prädikativ*⟩ **~ sein, etw. zu tun** être capable, en état, à même, en mesure de faire qc.; **nicht ~ sein, etw. zu tun** *auch* être incapable de faire qc.; **er ist nicht einmal ~, zu ...** il n'est même pas capable de ...; *iron. u.* F **er ist ~ und ...** il est bien capable de ...

in [ɪn] *prép.* ⟨*dat. bzw. acc.*⟩ *cf. auch die betreffenden Substantive etc.*; **1.** *räumlich* à; (*innerhalb*) dans; en (*auch bei weibl. Ländernamen, Provinzen, Erdteilen*); *bei Straßennamen unübersetzt*; **~ Rom** *etc.* à Rome, *etc.*; **~ Le Mans, Le Havre** *etc.* au Mans, au Havre, *etc.*; **~ Paris spazierengehen** se promener dans Paris; **~ Dänemark, Portugal** *etc.* au Danemark, Portugal, *etc.*; **~ Indien** dans l'Inde; en Inde; *hist. auch* aux Indes; **~ Deutschland, Italien** *etc.* en Allemagne, Italie, *etc.*; **~ der, die Provence** *etc.* en Provence, *etc.*; **~ der, die Pfalz** au Palatinat; **~ Europa, Amerika** *etc.* en Europe, Amérique, *etc.*; **~ ganz Europa** *etc.* dans toute l'Europe, *etc.*; **~ Zentralafrika** en Afrique centrale; dans l'Afrique centrale; **im Orient** en Orient; **im, ~s Ausland** à l'étranger; **im Norden, Süden** *etc.* au nord, sud, *etc.*; **~ der Mitte** au milieu; **~ der Stadt, Kirche, Schule** *etc.* à *bzw.* dans la ville, l'église, l'école, *etc.*; **~ der Schule haben wir gelernt ...** à l'école, en classe, nous avons appris ...; **~ unserer Schule hängt ein Bild von Dürer** il y a un tableau de Dürer dans notre école; **~ die Schule gehen** aller à l'école, en classe; **wir waren heute morgen ~ der Stadt** nous sommes allés en ville ce matin; **~ die Stadt fahren** aller en, à la ville; **~ der Stadt wohnen** habiter (dans) la ville, en ville; **~ der Stadt essen** déjeuner, dîner en ville; **~ der Stadt Einkäufe machen** faire des emplettes en ville, dans la ville; **~ der Beethovenstraße wohnen** habiter rue Beethoven; **wir waren gestern abend im Theater** nous sommes allés hier soir au théâtre; **~ der Comédie Française** à la Comédie Française; **im Gefängnis, Exil** en prison, exil; **~ die, der Hölle** en enfer; **im, ~ den Himmel** au ciel; **~s Auto steigen** monter en voiture, dans la voiture; **der Reichste ~ der Gegend** le plus riche de la contrée; **der Beste ~ der Klasse** le meilleur de la classe; **~ mein(em) Zimmer** dans ma chambre; **~ der**

ganzen Welt dans le monde entier; ~ meiner Bibliothek dans ma bibliothèque; ~ der Bibel dans la Bible; ~ der Astronomie, Geographie *etc.* en astronomie, géographie, *etc.*; im Deutschen, Französischen *etc.* en allemand, français, *etc.*; er ist gut ~ Mathematik il est bon, fort en math(s); e-e Zigarette im Mund haben avoir une cigarette à la bouche; e-n Bonbon im Mund haben avoir un bonbon dans la bouche; den Hut ~ der Hand haben avoir son chapeau à la main; e-n Maikäfer ~ der Hand haben avoir un 'hanneton dans sa main; ~ der Tasche dans la poche *bzw.* dans le sac; ich habe keinen Pfennig ~ der Tasche je n'ai pas un sou en poche; je suis sans le sou; ein Wort ~ Klammern setzen mettre un mot entre parenthèses; breit ~ den Schultern large d'épaules; breit ~ den Hüften aux 'hanches larges; zwei Meter ~ der Breite deux mètres de large(ur); **2.** *zeitlich* en; dans; à; pendant; *od. unübersetzt*; ~ drei Tagen, Minuten dans trois jours, minutes; etw. ~ drei Tagen, Stunden fertigstellen faire, terminer qc. en trois jours, heures; heute ~ acht Tagen (d')aujourd'hui en 'huit; ~ einigen, vierzehn Tagen wiederkommen revenir dans quelques, quinze jours; ~ diesem Jahr cette année; im nächsten, letzten Jahr *etc.* l'année, *etc.* prochaine, dernière; es geht ~s zweite Jahr, daß ... il y a bientôt deux ans que ...; ~ weniger als zwei Stunden en moins de deux heures; ~ kurzer Zeit en peu de temps; ~ Kürze sous peu; im Jahre 1939 en 1939; im Jahre drei, zweitausend en l'an trois, deux mille; im Februar, März *etc.* en février, mars, *etc.*; im August 1914 en août 1914; au mois d'août 1914; im Herbst, Sommer, Winter en automne, été, hiver; im Frühling au printemps; ~ der Nacht dans la nuit; (pendant) la nuit; mitten ~ der Nacht au milieu de la nuit; ~ aller Frühe de grand matin; de très bonne heure; im Mittelalter au Moyen Âge; im Altertum dans l'Antiquité; ~ der Neuzeit aux temps modernes; à l'époque moderne; im 20. Jahrhundert au XXe siècle; ~ Friedenszeiten en temps de paix; im (Dreißigjährigen) Krieg pendant la guerre (de Trente Ans); ~ den Ferien pendant les vacances; ~ den Ferien fahren wir an die See nous passerons nos vacances à la mer; ~ meinem ganzen Leben de toute ma vie; ~ diesem Augenblick à ce moment; à cet instant; (*währenddessen*) en ce moment; ~ diesen Tagen ces jours-ci; ~ jener Zeit en ce temps-là (*auch bibl.*); ~ letzter Zeit ces derniers temps; zweihundert Mark ~ der Woche verdienen gagner deux cents marks par semaine; im Alter von à l'âge de; im Verlauf von au cours de; **3.** *Art u. Weise* en; à; de; ~ bar en espèces; en (argent) liquide; comptant; ~ Eile à toute vitesse; en 'hâte; pressé; im Kreise en rond; en cercle; *cf. auch* Kreis 1.; im großen und ganzen dans l'ensemble; en général; im Auftrage (von) par ordre (de); *Drama* ~ drei Akten en trois actes; *mus.* ~ G-Dur en sol majeur; ~ Öl gemalt peint à l'huile; im Kopf ausrechnen calculer de tête, mentalement; etw. ~ e-m Zug leeren vider qc. d'un trait; ~ strengem Ton d'un ton sévère; ~ gutem Glauben de bonne foi; en toute bonne foi; ~ Sorge sein être inquiet, -ète; se faire des soucis; ~ Leder gebunden relié en peau; ~ Stein gehauen taillé dans la pierre; im Geiste en esprit; en pensée; par la pensée; ~ dieser Farbe de, dans cette teinte; im Singular, Infinitiv *etc.* au singulier, à l'infinitif, *etc.*; im übertragenen Sinn au sens figuré; ~ lapidarem Stil (schreiben) en (*bzw.* écrire dans un) style lapidaire; im Chor *cf.* Chor; ~ Tränen gebadet baigné de larmes; ~ meinen Augen à mes yeux; **4.** *äußere Umstände* ~ Geschäften (unterwegs sein) (être en voyage) pour affaires; ~ Behandlung sein être en traitement (chez qn.); *Buch* ~ Vorbereitung en préparation; im Schatten à l'ombre; zwei Stunden im Regen stehen rester deux heures sous la pluie; ~ e-r dunklen Nacht par une nuit sombre; im Glück wie im Unglück dans le bonheur comme dans le malheur; ~ Frieden leben vivre en paix; im Wohlstand leben vivre dans l'opulence; ~ Sexta sein être en sixième; ~ e-r großen Firma beschäftigt sein être employé dans une grande maison, entreprise; **5.** *bei Personen* ~ j-m e-n guten Mitarbeiter haben avoir en qn. un bon collaborateur; **6.** *mit pr/rel.* dans; das Buch, ~ dem ich lese le livre dans lequel je lis *od.* que je lis; das Haus, ~ dem ich wohne la maison dans laquelle j'habite *od.* où j'habite.

in absentia [ɪn apˈzɛntsiˑa] *loc. adv. jur.* en l'absence de ...

in abstracto [ɪn apˈstraktoˑ] *loc. adv.* in abstracto.

inadäquat [ˈɪnʔadɛˌkvaːt, ˈɪnʔatʔɛˌkvaːt, -ˈkvaːt] *adj.* non adéquat [-kwa]; inadéquat [-kwa].

inaktiv [ˈɪnʔakˌtiːf, -ˈtiːf] *adj.* inactif, -ive; *Offizier* en non-activité; **≈ität** [-ˈtɛːt, ˈɪn-] *f* ⟨~⟩ inactivité *f*; non-activité *f*.

inakzeptabel [ˈɪnʔaktsɛpˌtaːbəl, -ˈtaːbəl] *adj.* ⟨-bl-⟩ inacceptable.

Inan|griffnahme [ɪnˈʔangrɪfˌnaːmə] *f* ⟨~⟩ mise *f* en route; *od. verbal cf.* Angriff; **~spruchˌnahme** *f* ⟨~⟩ *verbal cf.* Anspruch; wir wollen die ~ s-r Hilfe vermeiden nous voulons éviter de lui demander son aide; infolge der starken ~ des Materials parce que l'on a trop demandé au, exigé du matériel.

inartikuliert [ˈɪnʔartiˑkuˑˌliːrt, -ˈliːrt] *adj.* inarticulé.

Inaugenscheinnahme [ɪnˈʔaʊgənʃaɪnˌnaːmə] *f* ⟨~⟩ inspection *f*.

Inaugur|aldissertation [ɪnʔaʊguˑˈraːldɪsɛrtatsiˑˌoːn] *f* thèse *f* (de doctorat); **~atiˈon** *f* ⟨~; ~en⟩ investiture *f*; **≈ieren** [-ˈriː-] *v/t.* ⟨*pas de ge-*, h⟩ (*einsetzen*) investir; (*einweihen*) inaugurer.

Inaussichtstellung [ɪnˈʔaʊszɪçtˌʃtɛlʊŋ] *f* ⟨~⟩ *verbal*; die ~ der Bezahlung, e-r Belohnung le paiement, une récompense que l'on fait entrevoir.

Inbegriff [ˈɪnbəˌgrɪf] *m* ⟨~(e)s⟩ incarnation *f*; der ~ der Reinheit, Schönheit *etc.* l'incarnation de la pureté, de la beauté, *etc.*; **≈en** *adj. u. adv.* (y) compris; Bedienung ~ service compris; in dem Preis ist alles ~ tout est compris, inclus dans le prix.

Inbe|sitznahme [ˌɪnbəˈzɪtsˌnaːmə] *f* ⟨~⟩ prise *f* de possession; **~ˈtrachtˌziehung** *f* ⟨~⟩ prise *f* en considération; **~ˈtriebˌnahme** *f* ⟨~⟩, **~ˈtriebˌsetzung** *f* ⟨~⟩ mise *f* en service; *mines, e-s landwirtschaftl. Betriebes auch* mise *f* en exploitation.

Inbild [ˈɪnbɪlt] *n* ⟨~(e)s⟩ *cf.* Inbegriff.

In|brunst [ˈɪnbrʊnst] *f* ⟨~⟩ ferveur *f*; ardeur *f*; **≈ˌbrünstig 1.** *adj.* fervent; ardent; **2.** *adv.* avec ferveur, ardeur.

inchoativ [ˈɪnkoˑaˌtiːf, -ˈtiːf] **I** *adj. gr.* ~e Verben verbes inchoatifs [-ko-]; **II ≈(um)** [ˈɪnkoˑaˌtiːf, -ˈtiːf, -ˈtiːvʊm] *n* ⟨~s; ~e⟩ (*n*) ⟨~s; -va⟩ *gr.* (verbe *m*) inchoatif *m*.

in concreto [ɪn kɔnˈkreːtoˑ] *loc. adv.* concrètement.

Indanthrenfarbstoffe [ɪndanˈtreːnˌfarpʃtɔfə] *m/pl.* indanthrènes *m/pl.*

Indazin [ɪndaˈtsiːn] *n* ⟨~s⟩ *chim.* indazine *f*.

Indefinitpronomen [ˌɪndeˑfiˑˈniːtproˑˌnoːmən, ˈɪn-] *n gr.* pronom, *adjektivisch gebrauchtes* adjectif indéfini.

indeklinabel [ˌɪndeˑkliˑˈnaːbəl, ˈɪn-] *adj.* ⟨-bl-⟩ *gr.* indéclinable.

indem [ɪnˈdeːm] **I** *conj.* **a)** *Gleichzeitigkeit* pendant que; tandis que; *bei gleichem Subjekt* en + *p. pr.*; ~ er dies sagte, zog er sich zurück (tout) en disant cela, il se retira; ~ ich dies schreibe, regnet es draußen pendant, tandis que j'écris cela, il pleut dehors; **b)** (*dadurch, daß*) en + *p. pr.*; man erreicht das, ~ man ... on atteint cela en faisant ...; **II** *adv. cf.* indes(sen).

Indemnität [ˌɪndɛmniˑˈtɛːt] *f* ⟨~⟩ **a)** immunité *f* des parlementaires à raison de l'expression de leur pensée; **b)** approbation ultérieure par le parlement d'un acte gouvernemental contraire à la constitution. [*m.*]

Inden [ɪnˈdeːn] *n* ⟨~s; ~e⟩ *chim.* indène

In-den-|April-Schicken [ˌɪndenˈʔaˈprɪlˌʃɪkən] *n* ⟨~s⟩ *verbal cf.* April; **~ˈTag-hiˌnein-ˌLeben** *n* ⟨~s⟩ vie *f* au jour le jour; **~ˈWind-ˌSchlagen** *n* ⟨~s⟩ *verbal cf.* Wind.

Independenten [ɪndeˑpɛnˈdɛntən] *m/pl. relig. hist.* Indépendants *m/pl.*

Inder(in) [ˈɪndər(ɪn)] *m* ⟨~s; ~⟩ (*f*) ⟨~; ~nen⟩ Indien, -nne *m, f*; habitant(e) *m* (*f*) de l'Inde; *abus.* Hindou(e) *m* (*f*).

indes(sen) [ɪnˈdɛs(ən)] **I** *adv. zeitlich* pendant ce temps; sur ces entrefaites; *einschränkend* pourtant; néanmoins; cependant; ~ war es Herbst geworden sur ces entrefaites l'automne était arrivé; ~ war mein Freund eingetreten pendant ce temps, sur ces entrefaites mon ami était entré; man muß ~ zugeben, daß ... il faut pourtant, néanmoins, cependant admettre que ...; er schlägt ~ vor ... il propose pourtant, néanmoins, cependant ...; **II** *conj. cf.* während, indem.

indetermin|iert [ˌɪndeˑtɛrmiˑˈniːrt, ˈɪn-] *adj.* indéterminé; **≈ismus** [-ˈnɪs-] *m* ⟨~⟩ *philos., phys.* indéterminisme *m*.

Index [ˈɪndɛks] *m* ⟨~(es); ~e *od.* -dizes⟩ **1.** *math., Statistik* indice *m*; **2.** (*Verzeichnis*) index [-ks] *m*; *égl. cath.* ein Buch auf den ~ setzen mettre un livre à l'index; auf dem ~ stehen être à l'index; **3.** *Anthropologie* indice *m*; **~ˌbindung** *f écon.* indexation *f*; **≈geˌbunden** *adjt.* indexé; **~ˌklausel** *f* clause *f* d'indexation; **~ˌlohn** *m* salaire indexé; **~verˌsicherung** *f* assurance indexée; **~ˌwährung** *f* monnaie indexée; **~ˌzahl** *f*, **~ˌziffer** *f* indice *m*; chiffre indexé.

Indian|er(in) [ɪndiˑˈaːnər(ɪn)] *m* ⟨~s; ~⟩ (*f*) ⟨~; ~nen⟩ Indien, -nne *m, f* (d'Amérique); Amérindien, -nne *m, f*; **~ergeˌschichte** *f* histoire *f* d'Indiens; **~erˌhäuptling** *m* chef indien; **~er-**

reservati͵on *f* réserve d'Indiens, indienne; **~er͵sprache** *f* langue *f* des Indiens d'Amérique; **~er͵stamm** *m* tribu *f* d'Indiens; **2isch** *adj.* indien, -nne; amérindien, -nne; **~ist** [-ˈnɪst] *m* ⟨~en; ~en⟩ savant *m* qui étudie la langue et la civilisation des Indiens d'Amérique.

Indienststellung [ɪnˈdiːnst͵ʃtɛlʊŋ] *f* ⟨~; ~en⟩ mise *f* en service, *e-r Person* en fonction.

indifferen|t [ˈɪndɪfeˑ͵rɛnt, -ˈrɛnt] *adj.* indifférent (gegen à) (*auch chim.*); *phys.* ~es Gleichgewicht équilibre indifférent; **2ˈtismus** *m* ⟨~⟩ indifférentisme *m*; **2z** *f* ⟨~; ~en⟩ indifférence *f*; **2z͵punkt** *m phys.* point indifférent; **2z͵zone** *f Magnet* zone indifférente.

Indigenat [indiˑgeˑˈnaːt] *n* ⟨~(e)s; ~e⟩ *hist.* indigénat *m*.

Indigestion [͵ɪndiˑgɛstiˑˈoːn, ˈɪn-] *f* ⟨~; ~en⟩ *méd.* indigestion *f*.

indign|iert [ɪndɪˈgniːrt] *adjt.* indigné; über j-s Verhalten ~ sein être indigné du comportement de qn.; **2iˈtät** *f* ⟨~⟩ *jur.* indignité *f*.

Indigo [ˈɪndiˑgoˑ] *m, n* ⟨~s; ~s⟩ *Farbstoff* indigo *m*; **2͵blau I** *adj.* bleu indigo; **II ~͵blau** *n* bleu *m* (d')indigo; **~ˈtin** *n* ⟨~s⟩ *chim.* indigotine *f*.

Indikan [ɪndiˑˈkaːn] *n* ⟨~s⟩ *chim.* indican *m*.

Indikat|ion [ɪndiˑkatsiˑˈoːn] *f* ⟨~; ~en⟩ *méd.* indication *f*; **~iv** [ˈɪn-, -ˈtiːf] *m* ⟨~s; ~e⟩ *gr.* (mode *m*) indicatif *m*; im ~ stehen être à l'indicatif; **2ivisch** [-ˈtiː-] *adj. u. adv. gr.* à l'indicatif; **~or** [-ˈkaː-] *m* ⟨~s; -ˈtoren⟩ **1.** *techn.* indicateur *m*; **2.** *chim.* indicateur coloré; **~ordia͵gramm** [-ˈkaː-] *n e-r Maschine* diagramme *m* d'indicateur; **~or͵glimmlampe** [-ˈkaː-] *f rad.* indicateur visuel d'accord; **~rix** [-ˈkaː-] *f* ⟨~⟩ *math.* indicatrice *f*.

Indiktion [ɪndɪktsiˑˈoːn] *f* ⟨~; ~en⟩ *hist.* indiction *f*.

Indio [ˈɪndiˑoˑ] *m* ⟨~s; ~s⟩ *cf.* Indianer.

indirekt [ˈɪndiˑ͵rɛkt, -ˈrɛkt] **1.** *adj.* indirect; ~e Steuern impôts indirects; *gr.* ~e Rede discours, style indirect; *gr.* ~er Fragesatz proposition interrogative indirecte; interrogation indirecte; *rad.* ~e Widerstandsheizung chauffage indirect; *Abstammung* in ~er Linie en ligne indirecte; ~e Beleuchtung éclairage indirect; **2.** *adv.* indirectement; ~ beeinflussen influencer indirectement; er trägt ~ die Schuld daran indirectement, c'est sa faute; j-n ~ wählen élire qn. par le suffrage indirect, par le suffrage à deux degrés.

indisch [ˈɪndɪʃ] *adj.* indien, -nne; de l'Inde; *abus.* hindou; *hist. auch* des Indes; *géogr.* 2er Ozean océan Indien; *bot.* ~es Korn sorgho *od.* sorgum [-əm] *m*; *cuis.* ~e Vogelnester nids *m/pl.* d'hirondelles.

indis|kret [ˈɪndɪs͵kreːt, -ˈkreːt] **1.** *adj.* indiscret, -ète; **2.** *adv.* indiscrètement; **2kretion** [-tsiˑˈoːn, ˈɪn-] *f* ⟨~; ~en⟩ indiscrétion *f*; e-e ~ begehen commettre une indiscrétion; **~kutabel** [ˈɪn-, -ˈtaː-] *adj.* ⟨-bl-⟩ inadmissible; **~poniert** [ˈɪn-, -ˈniːrt] *adjt. st. s.* indisposé; **~zipliniert** [ˈɪn-, -ˈniːrt] *adjt.* indiscipliné.

Indium [ˈɪndiˑʊm] *n* ⟨~s⟩ *chim.* indium [-jəm] *m*.

Individu|alanspruch [ɪndiˑviˑduˑˈaːl-͵ʔanʃprʊx] *m jur.* droit individuel; **~ˈalbe͵griff** *m* notion individuelle; **~ˈalent͵scheidung** *f jur.* décision individuelle; **~ˈal͵ethik** *f* éthique individuelle; **~ˈal͵haftung** *f* responsabilité individuelle; **2aliˈsieren** *v/t.* ⟨*pas de ge-*, h⟩ individualiser; **~aliˈsierung** *f* ⟨~; ~en⟩ individualisation *f*; **~aˈlismus** *m* ⟨~⟩ individualisme *m*; **~aˈlist (-in)** *m* ⟨~en; ~en⟩ (*f*) ⟨~; ~nen⟩ individualiste *m, f*; **2aˈlistisch** *adj.* individualiste; **~aliˈtät** *f* ⟨~; ~en⟩ individualité *f*; **~ˈalpsycholo͵gie** *f* psychologie individuelle; **~ˈal͵recht** *n* droit individuel, de l'individu; **~ˈalver͵sicherung** *f* assurance individuelle; **~atiˈon** *f* ⟨~⟩ *philos.* individuation *f*; **2ˈell 1.** *adj.* individuel, -lle; ~e Behandlung verlangen demander un traitement individuel; vom 2en zum Kollektiv de l'individuel au collectif; **2.** *adv.* individuellement; das ist ~ verschieden c'est individuellement différent; **~um** [-ˈviː-] *n* ⟨~s; -duen⟩ individu *m*; F ein zweifelhaftes ~ un individu douteux, louche.

Indiz [ɪnˈdiːts] *n* ⟨~es; ~ien⟩ *jur.* indice *m*; **~ienbe͵weis** *m jur.* preuve *f* par indices; **2iert** [-ˈtsiːrt] *adjt.* **a)** (*angezeigt*) indiqué; **b)** *égl. cath.* mis à l'index.

indo|chinesisch [ˈɪndoˑçiˑ͵neːzɪʃ] *adj.* indochinois; **2euro͵päer** *m* Indo-Européen, -nne *m, f*; **~euro͵päisch** *adj.* indo-européen, -nne; **2ger͵mane** *m* Indo-Européen, -nne *m, f*; Indo-Germanique *m, f*; **~ger͵manisch** *adj.* indo-européen, -nne; indo-germanique.

Indol [ɪnˈdoːl] *n* ⟨~s⟩ *chim.* indol(e) *m*.

indolen|t [ˈɪndoˑ͵lɛnt, -ˈlɛnt] *adj.* indolent; **2z** *f* ⟨~; ~en⟩ indolence *f*.

Indo|loge [ɪndoˑˈloːgə] *m* ⟨~n; ~n⟩ indianiste *m*; **~loˈgie** *f* ⟨~⟩ indianisme *m*; **~ˈnesier(in)** *m* ⟨~s; ~⟩ (*f*) ⟨~; ~nen⟩ Indonésien, -nne *m, f*; **2ˈnesisch** *adj.* indonésien, -nne.

indoss|abel [ɪndɔˈsaːbəl] *adj.* ⟨-bl-⟩ *comm.* indossable Papiere valeurs transmissibles par voie d'endossement; **2aˈment** *n* ⟨~s; ~e⟩ endos(sement) *m*; **2ant** *m* ⟨~en; ~en⟩ endosseur *m*; **2at(ar)** [-ˈsaːt, -saˈtaːr] *m* ⟨~en; ~en⟩ (*m*) ⟨~s; ~e⟩ endossataire *m*; **~ierbar** *adj. cf.* ~abel; **~ieren** *v/t.* ⟨*pas de ge-*, h⟩ endosser; **2ierung** *f* ⟨~; ~en⟩ *cf.* 2ament; **2o** [-ˈdɔsoˑ] *n* ⟨~s; ~s *od.* -dossi⟩ endos *m*.

Indoxyl [ɪndɔˈksyːl] *n* ⟨~s; ~e⟩ *Biochemie* indoxyle *m*.

Indri [ˈɪndriˑ] *m* ⟨~s; ~s⟩ *zo.* indri *m*.

Indukt|anz [ɪndʊkˈtants] *f* ⟨~⟩ *phys.* inductance *f*; **~iˈon** *f* ⟨~; ~en⟩ *élect., phys., philos.* induction *f*; **~iˈonsappa͵rat** *m cf.* ~or; **~iˈonsbe͵weis** *m philos.* preuve *f* par induction; **~iˈons͵feld** *n phys.* champ inducteur; **~iˈons͵fluß** *m élect.* flux *m* d'induction, magnétique; **2iˈons͵frei** *adj.* sans induction; **~iˈons͵funke** *m* étincelle *f* d'induction; **~iˈons͵heizung** *f* chauffage *m* à induction; **~iˈonskoeffizi͵ent** *m élect.* coefficient *m* d'induction; **~iˈonsma͵schine** *f élect.* machine *f* d'induction; **~iˈons͵motor** *m* moteur *m* à induction; **~iˈons͵ofen** *m métall.* four *m* à induction; **~iˈons͵spule** *f* bobine inductrice *bzw.* d'induction; **~iˈons͵strom** *m* courant induit *bzw.* inducteur; **~iˈonsver͵mögen** *n* capacité inductrice; puissance *f* d'induction; pouvoir inducteur; **~iˈons͵waage** *f* balance *f* d'induction; **2iv** [-ˈtiːf, ˈɪn-] *adj.* inductif, -ive; ~e Methode méthode inductive; ~er Widerstand impédance inductive; **~iviˈtät** *f* ⟨~⟩ inductivité *f*; **~or** [-ˈdʊk-] *m* ⟨~s; -ˈtoren⟩ *élect.* inducteur *m*.

Induline [ɪnduˑˈliːnə] *pl. chim.* indulines *f/pl.*

Indult [ɪnˈdʊlt] *m, n* ⟨~(e)s; ~e⟩ *relig. cath.* indult [-ylt] *m*.

industrialis|ieren [ɪndustriˑaliˑˈziːrən] *v/t.* ⟨*pas de ge-*, h⟩ industrialiser; **2ierung** *f* ⟨~; ~en⟩ industrialisation *f*; **2ierungs͵grad** *m* degré *m* d'industrialisation; **2ierungspro͵gramm** *n* programme *m* d'industrialisation; **2mus** [-ˈlɪs-] *m* ⟨~⟩ industrialisme *m*.

Industrie [ɪndʊsˈtriː] *f* ⟨~; -ien⟩ industrie *f*; chemische, eisenschaffende, verarbeitende ~ industrie chimique, sidérurgique, de transformation *od.* transformatrice; holzverarbeitende ~ industrie de transformation du bois; **~͵abwässer** *n/pl.* eaux industrielles usées; **~͵aktien** *f/pl. comm.* actions industrielles; **~͵anlagen** *f/pl.* installations industrielles; usines *f/pl.*; **~͵arbeiter(in)** *m* (*f*) ouvrier, -ière *m, f* de l'industrie; **~͵ausstellung** *f* exposition industrielle; **~͵bahn** *f chem.* chemin de fer industriel; voie industrielle; **~͵bank** *f* ⟨~; ~en⟩ banque industrielle; **~͵bauten** *m/pl.* constructions industrielles; **~be͵trieb** *m* exploitation, entreprise industrielle; **~be͵zirk** *m cf.* ~gebiet; **~er͵zeugnisse** *n/pl.* produits industriels; **~͵firma** *f* entreprise industrielle; **~͵form** *f* forme *f* de produits industriels d'usage courant; **~͵forschung** *f* recherche industrielle; **~͵führer** *m cf.* ~kapitän; **~ge͵biet** *n* région industrielle; **~ge͵lände** *n* terrain industriel; **~ge͵sellschaft** *f* société, compagnie industrielle; **~ge͵werkschaft** *f* (*abr.* IG) ~ Metall, Bergbau fédération syndicale de la métallurgie, des mines; **~kapi͵tal** *n* capital industriel; **~kapi͵tän** *m* capitaine *m*, chef *m* d'industrie; gros industriel; **~kar͵tell** *n* cartel industriel; **~kon͵zern** *m* konzern [kɔntsɛrn] industriel; **~kre͵dit** *m* crédit industriel; **~kre͵dit͵bank** *f* banque *f* de crédit industriel; **~͵krise** *f* crise industrielle; **~͵land** *n* pays industriel; **~͵landschaft** *f* paysage industriel.

industriell [ɪndustriˑˈɛl] *adj.* industriel, -lle; ~e Entwicklung développement industriel; ~e Revolution révolution industrielle; **2e(r)** *m* ⟨→ A⟩ industriel *m*.

Industrie|macht [ɪndʊsˈtriː͵maxt] *f* puissance industrielle; **~ma͵gnat** *m cf.* Industriekapitän; **~͵meister** *m* contremaître *m*; **~͵messe** *f* foire industrielle; **~͵norm** *f* norme industrielle; **~obligati͵onen** *f/pl.* obligations industrielles; **~͵ofen** *m* four industriel; **~pa͵piere** *n/pl. comm.* valeurs industrielles; **~potenti͵al** *n* potentiel industriel; **~pro͵dukt** *n* produit industriel; **~produkti͵on** *f* production industrielle; **~͵staat** *m* État industriel, industrialisé; **~͵stadt** *f* ville industrielle; **~- und ˈHandels͵kammer** *f* ⟨~; ~n⟩ Chambre *f* de commerce et d'industrie; **~unter͵nehmen** *n* entreprise industrielle; **~ver͵band** *m* association industrielle; **~͵viertel** *n* quartier industriel; **~͵werbung** *f* publicité industrielle; **~͵werk** *n* usine *f*; établissement industriel; **~͵wertpa͵piere** *n/pl. cf.* ~papiere; **~͵wirtschaft** *f* économie industrielle; **~͵zeitalter** *n* époque industrielle; **~͵zentrum** *n* centre industriel; **~͵zweig** *m* branche industrielle, de l'industrie.

induzieren [ɪnduˑˈtsiːrən] **I** *v/t.* ⟨*pas de ge-*, h⟩ *élect., phys., philos.* induire; **II 2** *n* ⟨~s⟩ induction *f*.

in effigie [ɪn ɛˈfiːgiˑeˑ] *loc. adv.* en, par effigie.

ineinander [ˌɪnˀaɪˈnandər] *adv.* l'un(e) dans l'autre *bzw.* les un(e)s dans les autres; *Personen* ~ **aufgehen** vivre l'un pour l'autre; ~ **übergehen** se confondre; ~ **verschlungen sein** être en(tre)lacés; ~ˌ**fassen** *v/i.* ⟨-ßt, *sép.*, -ge-, h⟩ *cf.* ~greifen; ~ˌ**flechten** *v/t.* ⟨*irr.*, *sép.*, -ge-, h⟩ entrelacer; ~ˌ**fließen** *v/i.* ⟨*irr.*, *sép.*, -ge-, sein⟩ se confondre; *Flüssigkeiten, Farben* se mélanger; ~ˌ**fügen** *v/t.* ⟨*sép.*, -ge-, h⟩ emboîter; assembler; *Rohre auch* aboucher; ~ˌ**greifen I** *v/i.* ⟨*irr.*, *sép.*, -ge-, h⟩ *Zahnräder etc.* s'engrener; *Falze, Nuten* s'emboîter; *fig.* s'enchaîner; **II** 2ˌ**greifen** *n* ⟨~s⟩ *von Zahnrädern* engrenage *m*; *von Falzen, Nuten* emboîtage *m*; *fig.* enchaînement *m*; **das** ~ **der Ereignisse** l'enchaînement des événements; ~ˌ**mengen** *v/t.* ⟨*sép.*, -ge-, h⟩ mêler; mélanger; ~ˌ**passen** *v/t.* ⟨-ßt, *sép.*, -ge-, h⟩ *cf.* ~fügen; ~ˌ**schieben I** *v/t.* ⟨*irr.*, *sép.*, -ge-, h⟩ faire entrer l'un dans l'autre; emboîter; *mit Gewalt* télescoper; **II** *v/réfl.* **sich** ~ s'emboîter; *mit Gewalt* se télescoper; **bei dem Unfall haben sich die Wagen ineinandergeschoben** dans l'accident les voitures se sont télescopées; ~ˌ**stecken** *v/t.* ⟨*sép.*, -ge-, h⟩ emboîter; assembler.

Inempfangnahme [ˌɪnˀɛmˈpfaŋˌnaːmə] *f* ⟨~⟩ réception *f*.

Inertialsystem [iˑnɛrtsiˑˈaːlzʏsˌteːm] *n phys.* système *m* d'inertie [-si].

inexakt [ˈɪnˀɛkˌsakt, -ˈsakt] *adj.* inexact.

Inexistenz [ˈɪnˀɛksɪsˌtɛnts, -ˈtɛnts] *f* ⟨~⟩ inexistence *f*.

infam [ɪnˈfaːm] *adj.* infâme; 2**ie** [-ˈmiː] *f* ⟨~; -ien⟩ infamie *f*.

Infant(in) [ɪnˈfant(ɪn)] *m* ⟨~en; ~en⟩ (*f*) ⟨~; ~nen⟩ infant(e) *m* (*f*).

Infanter|ie [ˌɪnfantəˈriː, ˈɪn-] *f* ⟨~; -ien⟩ *milit.* infanterie *f*; ~**ieˌangriff** *m* attaque *f* d'infanterie; ~**iebataiˌllon** *n* bataillon *m* d'infanterie; ~**iedivisiˌon** *f* division *f* d'infanterie; ~**ieˌführer** *m* commandant *m* d'infanterie divisionnaire; ~**iegeˌschütz** *n* mortier *m*, canon *m* d'infanterie; ~**ieregiˌment** *n* régiment *m* d'infanterie; ~**ieˌschule** *f* école *f* d'application d'infanterie; ~**ieˌstützpunkt** *m* base *f* d'infanterie; ~**ist** *m* ⟨~en; ~en⟩ fantassin *m*.

infantil [ɪnfanˈtiːl] *adj.* infantile (*auch fig.*); 2**ismus** [-ˈlɪs-] *m* ⟨~⟩ infantilisme *m*.

Infarkt [ɪnˈfarkt] *m* ⟨~(e)s; ~e⟩ *méd.* infarctus [-ys] *m*.

Infekt|ion [ɪnfɛktsiˑˈoːn] *f* ⟨~; ~en⟩ *méd.* infection *f*; (*Ansteckung*) contagion *f*; **direkte, indirekte** ~ contagion directe, indirecte; **psychische** ~ contagion mentale; ~**i'onsgeˌfahr** *f* danger *m* d'infection; (*Ansteckungsgefahr*) danger *m* de contagion; ~**i'onsˌherd** *m* foyer *m* d'infection; ~**i'onsˌkrankheit** *f* maladie infectieuse; (*ansteckende Krankheit*) *auch* maladie contagieuse; 2**i'ös** *adj.* infectieux, -euse.

Inferiorität [ɪnfeˑriˑoˑriˑˈtɛːt] *f* ⟨~⟩ infériorité *f*.

infernal(isch) [ɪnfɛrˈnaːl(ɪʃ)] *adj.* infernal.

Infiltr|at [ɪnfɪlˈtraːt] *n* ⟨~(e)s; ~e⟩ *méd.* infiltrat *m*; ~**ati'on** *f* ⟨~; ~en⟩ *méd.* infiltration *f* (*auch fig., pol.*); ~**ati'onsanästheˌsie** *f méd.* infiltration *f* anesthésique; 2**ieren** [-ˈtriː-] (*v/t.* ⟨*pas de ge-*, h⟩ *u.*) *v/i.* ⟨sein⟩ (faire) s'infiltrer (dans).

infinit [ˈɪnfiˑˌniːt, -ˈniːt] *adj. gr.* ~**e Verbformen** modes impersonnels du verbe; ~**esi'mal** *adj. math.* infinitésimal; 2**esi'malˌrechnung** *f math.* calcul infinitésimal; 2**iv** [ˈɪn-] *m* ⟨~s; ~e⟩ *gr.* (mode *m*) infinitif *m*; 2**ivˌendung** [ˈɪn-] *f* terminaison *f*, désinence *f* de l'infinitif; ~**ivisch** [ˈɪn-, -ˈtiː-] **1.** *adj.* infinitif, -ive; **2.** *adv.* à l'infinitif; 2**ivˌsatz** [ˈɪn-] *m* proposition infinitive.

Infix [ɪnˈfɪks] *n* ⟨~es; ~e⟩ *ling.* infixe *m*.

infizier|en [ɪnfiˑˈtsiːrən] **I** *v/t.* ⟨*pas de ge-*, h⟩ *méd.* infecter; contaminer; **II** *v/réfl.* **sich** ~ s'infecter; 2**ung** *f* ⟨~; ~en⟩ infection *f*; contamination *f*; (*Ansteckung*) contagion *f*.

Inflat|ion [ɪnflatsiˑˈoːn] *f* ⟨~; ~en⟩ *écon.* inflation *f*; **schleichende** ~ inflation larvée; 2**io'när**, 2**io'nistisch** *adj.* inflationniste; ~**i'onserˌscheinung** *f* phénomène *m* inflationniste; ~**i'onsgeˌfahr** *f* danger *m* d'inflation; ~**i'onsˌkrise** *f* crise *f* inflationniste; ~**i'onsperiˌode** *f* période *f* inflationniste; ~**i'onspoliˌtik** *f* politique *f* inflationniste; ~**i'onstenˌdenz** *f* tendance *f* inflationniste; ~**i'onsˌzeit** *f* époque *f* inflationniste; 2**orisch** [-ˈtoː-] *adj.* inflationniste.

Influenz [ɪnfluˑˈɛnts] *f phys.* ⟨~; ~en⟩ influence *f*; ~**maˌschine** *f phys.* machine *f* à influence.

infolge [ɪnˈfɔlgə] *prép.* ⟨*gén.*⟩ par suite de; en conséquence de; à la suite de; parce que ... (+ *Verbalkonstruktion*); ~ **s-r Erkrankung** par suite de sa maladie; ~ **des schlechten Wetters** par suite, à la suite, en conséquence du mauvais temps; parce qu'il (a) fait mauvais temps; ~'**dessen** *adv.* par conséquent; en conséquence; à la suite de quoi; par suite.

Inform|ation [ɪnfɔrmatsiˑˈoːn] *f* ⟨~; ~en⟩ information *f*, renseignement *m* (**über** sur); **zu Ihrer** ~ pour votre information; ~**en einholen** s'informer; se renseigner; ~**ati'onsbüˌro** *n* agence *f*, bureau *m* d'information, de renseignement; ~**ati'onsmiˌnister** *m in Frankreich* ministre *m* de l'Information; ~**ati'onsˌrecht** *n* droit *m* d'information; ~**ati'onsˌreise** *f* voyage *m* d'information; ~**ati'onsˌsitzung** *f* séance *f*, conférence *f* d'information; ~**ati'onstheoˌrie** *f* théorie *f* de l'information; 2**a'tiv**, 2**a'torisch** *adj.* qui informe, renseigne; d'information; 2**ieren** [-ˈmiː-] **I** *v/t.* ⟨*pas de ge-*, h⟩ informer (**über** de, sur); renseigner (**über** sur); **II** *v/réfl.* **sich** ~ s'informer (**über** de, sur); se renseigner (**über** sur); 2**iert** [-ˈmiːrt] *adjt.* informé; renseigné.

Infragestellung [ɪnˈfraːgəˌʃtɛlʊŋ] *f* ⟨~⟩ (re)mise *f* en question.

infra|rot [ˈɪnfraˌroːt] *adj.* infrarouge *od.* infra-rouge; 2**rot-ˌHeizung** *f* chauffage *m* par, à (l')infrarouge; 2**rot-ˌStrahler** *m* radiateur *m* infrarouge; 2**rot-ˌStrahlung** *f* radiation *f* infrarouge; 2**rot-ˌTrocknung** *f* séchage *m* à infrarouge; 2ˌ**schall** *m Akustik* infra-son *m*; 2**strukˌtur** *f* infrastructure *f*. [infule *f*.]

Inful [ˈɪnfʊl] *f* ⟨~; ~n⟩ *hist., égl.*

Infus|ion [ɪnfuˑziˑˈoːn] *f* ⟨~; ~en⟩ infusion *f*; ~**i'onsˌtierchen** *n/pl.*, ~**orien** [-ˈzoː-] *n/pl. zo.* infusoires *m/pl.*

Ingangsetzung [ɪnˈgaŋˌzɛtsʊŋ] *f* ⟨~⟩ mise *f* en marche, en train, en route.

Ingenieur [ɪnʒeˑniˑˈøːr] *m* ⟨~s; ~e⟩ ingénieur *m*; **beratender** ~ ingénieur-conseil *m*; **leitender** ~ ingénieur en chef; ~**beˌruf** *m* profession *f* d'ingénieur; ~**büˌro** *n* bureau *m* d'ingénieurs; ~ˌ**schule** *f* école *f* d'ingénieurs.

Ingenium [ɪnˈgeːniˑʊm] *n* ⟨~s; -ien⟩ génie *m*.

Ingredienzien [ɪngreˑdiˑˈɛntsiˑən] *n/pl.* ingrédients *m/pl.*

Ingrimm [ˈɪngrɪm] *m* ⟨~(e)s⟩ fureur, rage contenue.

Ingwer [ˈɪŋvər] *m* ⟨~s⟩ *bot.* gingembre *m*; ~ˌ**bier** *n* bière *f* de gingembre; ~**geˌwächse** *n/pl.* zingibéracées *f/pl.*

Inhaber|(in) [ˈɪnˌhaːbər(ɪn)] *m* ⟨~s; ~⟩ (*f*) ⟨~; ~nen⟩ *e-s Gasthauses, e-s Geschäftes etc.* propriétaire *m, f*; *e-r Wohnung, e-s Hauses* occupant(e) *m* (*f*); *e-s Amtes, Titels, Passes, Kontos etc.* titulaire *m, f*; *comm. e-s Wechsels, Schecks, von Wertpapieren etc.* porteur *m*; détenteur, -trice *m, f* (*auch e-s Rekords*); *comm.* **auf den** ~ **ausstellen** émettre au porteur; **auf den** ~ **zahlbar** payable au porteur; **auf den** ~ **lauten** être au porteur; ~ **e-r Planstelle** titulaire d'un poste; ~ **der elterlichen Gewalt** détenteur de la puissance paternelle; ~ˌ**aktie** *f* action *f* au porteur; ~**paˌpier** *n* titre *m* au porteur; ~ˌ**scheck** *m* chèque *m* au porteur; ~ˌ**schuldverˌschreibung** *f* obligation *f* au porteur.

Inhaft|haltung [ɪnˈhaftˌhaltʊŋ] *f* ⟨~⟩ détention *f*; 2**ieren** [-ˈtiː-] *v/t.* ⟨*pas de ge-*, h⟩ mettre en état de détention; emprisonner; ~**ierte(r)** [-ˈtiːr-] *f* (*m*) ⟨→ A⟩ détenu(e) *m* (*f*); ~**ierung** [-ˈtiː-] *f* ⟨~; ~en⟩ mise *f* en état de détention; emprisonnement *m*.

Inhal|ation [ɪnhalatsiˑˈoːn] *f* ⟨~; ~en⟩ *méd.* inhalation [in-] *f*; ~**ati'onsappaˌrat** *m* inhalateur (médical); ~**a'torium** *n* ⟨~s; -ien⟩ inhalatorium [-jɔm] *m*; 2**ieren** [-ˈliː-] *v/t.* ⟨*pas de ge-*, h⟩ *méd.* faire des inhalations (*abs. od.* de ...); (*einatmen*) inhaler; ~**ierung** [-ˈliː-] *f* ⟨~; ~en⟩ inhalation *f*.

Inhalt [ˈɪnhalt] *m* ⟨~(e)s; ~e⟩ **1.** *e-s Gefäßes etc.* contenu *m*; **2.** (*Gehalt*) contenu *m*; *Gegensatz zu Form auch* fond *m*; (*Wortlaut*) *auch* teneur *f*; **den** ~ **e-s Gesprächs, e-s Buches wiedergeben** rendre le contenu d'une conversation, d'un livre; **ich spreche nicht vom** ~**, sondern von der Form** je ne parle pas du fond *od.* du contenu, mais de la forme; ~ **und Form e-s Gedichts** le fond *od.* le contenu et la forme d'une poésie; **der** ~ **e-r Urkunde** le contenu, la teneur d'un document; **der Brief hatte folgenden** ~ le contenu de la lettre était le suivant; *Schriftstück* **folgenden** ~**s** disant que ...; disant ceci ...; de la teneur suivante ...; **gleichen** ~**s** de la même teneur; **3.** *Geometrie e-r Fläche* surface *f*; superficie *f*; aire *f*; *e-s Körpers* volume *m*; capacité *f*; **4.** *e-s Begriffs* contenu *m*; 2ˌ**lich** *adj. u. adv.* quant au contenu, au fond; en ce qui concerne le contenu, le fond; **formal gut, aber** ~ **schlecht** bon quant à la forme, mais mauvais quant au fond, au contenu; ~ **abweichen** différer quant à la teneur, au contenu; ~**sˌangabe** *f e-r Erzählung etc.* résumé *m*; sommaire *m*; *cf. auch* ~serklärung; **e-e** ~ **von etw. machen** faire un résumé de qc.; résumer qc.; 2**sˌarm** *adj.* pauvre quant au fond, contenu; pauvre en ce qui concerne le fond, le contenu; ~**sbeˌrechnung** *f* détermination *f e-r Fläche* de la surface, *e-s Körpers* du volume, de la capacité; ~**serˌklärung** *f e-r Warensendung* déclaration *f* du contenu; 2**sˌleer**, 2**sˌlos** *adj.* sans fond; creux, -euse; ~ **sein** n'avoir aucun fond; être sans fond; 2**sˌreich** *adj.* riche en ce qui concerne le fond; ≈sˌ**schwer** *adj.* profond; qui a du fond; ~sˌ**übersicht** *f*, ~**sverˌzeichnis** *n* table *f* des matières; ~sˌ**wert** *m e-r Sendung* valeur *f* du contenu.

inhären|t [ɪnhɛˈrɛnt] *adj.* inhérent [in-]; ≈**z** *f* ⟨~⟩ inhérence *f* (*auch philos.*).

Inhibitoren [ɪnhiˑbiˑˈtoːrən] *m/pl. chim.* inhibiteurs [in-] *m/pl.*

inhomogen [ˈɪnhoˑmoˑˌgeːn, -ˈgeːn] *adj. phys.* non-homogène.

inhuman [ˈɪnhuˑˌmaːn, -ˈmaːn] *adj.* inhumain; ≈**ität** [-ˈtɛːt, ˈɪn-] *f* ⟨~⟩ inhumanité *f*.

Inia [ˈiːniˑa] *f* ⟨~; -ien⟩ *zo.* inie *od.* inia *m.*

Initial [iˑniˑtsiˑˈaːl] *n* ⟨~s; ~e⟩ *cf.* ~e; ~ˌ**abkürzung** *f* sigle *m*; ~ˌ**buchstabe** *m*, ~**e** *f* ⟨~; ~n⟩ (lettre *f*) initiale *f*; ~ˌ**sprengstoff** *m* explosif *m* d'amorçage; ~ˌ**zellen** *f/pl. bot.* (cellules) initiales *f/pl.*; ~ˌ**zündung** *f* amorçage *m.*

Initi|ation [iˑniˑtsiˑatsiˑˈoːn] *f* ⟨~; ~en⟩ initiation *f*; ~**aˈtivˌantrag** *m Parlament* proposition *f* de loi; initiative *f* parlementaire; ~**aˈtive** *f* ⟨~; ~n⟩ initiative *f*; **die** ~ **ergreifen** prendre l'initiative; **aus eigener** ~ **handeln** agir de sa propre initiative; ~**aˈtivˌrecht** *n* droit *m* d'initiative parlementaire; ~**ˈator** *m* ⟨~s; -ˈtoren⟩ promoteur *m*; ≈**ˈieren** *v/t.* ⟨*pas de ge-*, **h**⟩ initier.

Injekt|ion [ɪnjɛktsiˑˈoːn] *f* ⟨~; ~en⟩ *méd.* injection *f*; **e-e** ~ **machen** faire une injection; ~**iˈonsˌspritze** *f* seringue injectrice, à injections; ~**or** [-ˈjɛk-] *m* ⟨~s; -ˈtoren⟩ *techn.* injecteur *m.*

injizieren [ɪnjiˑˈtsiːrən] *v/t.* ⟨*pas de ge-*, **h**⟩ injecter.

Injurie [ɪnˈjuːriˑə] *f* ⟨~; ~n⟩ injure *f*.

Inka [ˈɪŋka] *m* ⟨~(s); ~(s)⟩ Inca *m*; ~ˌ**reich** *n* Empire *m* inca.

Inkarnat [ɪnkarˈnaːt] *n* ⟨~(e)s⟩ *peint.* incarnat *m*; ~**iˈon** *f* ⟨~; ~en⟩ *relig. u. fig.* incarnation *f*.

Inkasso [ɪnˈkasoˑ] *n* ⟨~s; ~s⟩ *comm.* encaissement *m*; recouvrement *m*; **zum** ~ pour encaissement; ~ˌ**auftrag** *m* mandat *m*, ordre *m* d'encaissement, de recouvrement; ~**beˌauftragte(r)** *m* encaisseur *m*; ~**büˌro** *n* bureau *m* d'encaissement; ~**geˌbühr** *f* droits *m/pl.* d'encaissement; commission *f* d'encaissement; ~**geˌschäft** *n* opérations *f/pl.* d'encaissement, de recouvrement; ~**provisiˌon** *f* commission *f* d'encaissement; ~ˌ**scheck** *m* chèque *m* à l'encaissement; ~ˌ**spesen** *pl.* frais *m/pl.* d'encaissement; ~ˌ**vollmacht** *f* procuration *f* pour encaisser de l'argent; ~ˌ**wechsel** *m* effet *m* à l'encaissement, à recouvrir.

Inkaufnahme [ɪnˈkaufˌnaːmə] *f* ⟨~⟩ accommodation *f*; *besser verbal.*

Inklination [ɪnkliˑnatsiˑˈoːn] *f* ⟨~; ~en⟩ *astr.*, *phys.* inclinaison *f*; ~**s**ˌ**nadel** *f* aiguille *f* d'inclinaison.

inklusive [ɪnkluˑˈziːveˑ] *adv. u. prép.* ⟨*gén.*⟩ y compris; inclusivement; ~ (**der**) **Verpackung** y compris l'emballage; emballage compris.

inkognito [ɪnˈkɔgniˑtoˑ] **I** *adv.* incognito; ~ **reisen** voyager incognito; **II** ≈ *n* ⟨~s; ~s⟩ incognito *m*; **das** ~ **wahren** garder l'incognito.

inkohären|t [ɪnkoˑhɛˈrɛnt] *adj.* incohérent (*auch opt.*); ≈**z** *f* ⟨~; ~en⟩ incohérence *f*.

Inkohlung [ˈɪnˌkoːlʊŋ] *f* ⟨~⟩ carbonisation (naturelle).

inkommensurabel [ɪnkɔmənzuˑˈraːbəl] *adj.* ⟨-bl-⟩ incommensurable; *math.* **inkommensurable Größen** grandeurs incommensurables.

inkompatib|el [ɪnkɔmpaˈtiːbəl] *adj.* ⟨-bl-⟩ incompatible; ≈**iliˈtät** *f* ⟨~⟩ *jur.*, *pol.* incompatibilité *f*.

inkompeten|t [ˈɪnkɔmpeˑˌtɛnt, -ˈtɛnt] *adj.* incompétent; ≈**z** *f* ⟨~; ~en⟩ incompétence *f*.

inkompressibel [ɪnkɔmprɛˈsiːbəl] *adj.* ⟨-bl-⟩ *phys.* incompressible.

inkongruen|t [ˈɪnkɔngruˑˌɛnt, -ˈɛnt] *adj. Geometrie* non-coïncident; ≈**z** *f* ⟨~; ~en⟩ *Geometrie* non-coïncidence *f*.

inkonsequen|t [ˈɪnkɔnzeˑˌkvɛnt, -ˈkvɛnt] **1.** *adj.* inconséquent; **2.** *adv.* inconséquemment; ≈**z** *f* ⟨~; ~en⟩ inconséquence *f*.

inkon|sistent [ˈɪnkɔnzɪsˌtɛnt, -ˈtɛnt] *adj.* inconsistant; ~**stant** [ˈɪn-, -ˈstant] *adj.* inconstant; ≈**tinenz** [ˈɪn-, -ˈnɛnts] *f* ⟨~; ~en⟩ *path.* incontinence *f*.

Inkorpor|ation [ɪnkɔrpoˑratsiˑˈoːn] *f* ⟨~; ~en⟩ incorporation *f*; ≈**ieren** [-ˈriː-] *v/t.* ⟨*pas de ge-*, **h**⟩ incorporer.

inkorrekt [ˈɪnkɔˌrɛkt, -ˈrɛkt] *adj.* (*u. adv.*) incorrect(ement); ≈ˌ**heit** *f* ⟨~; ~en⟩ incorrection *f*.

Inkraft|bleiben [ɪnˈkraftˌblaɪbən] *n* ⟨~s⟩ maintien *m* en vigueur; ~ˌ**setzung** *f* ⟨~⟩ mise *f* en vigueur; ~ˌ**treten** *n* ⟨~s⟩ entrée *f* en vigueur; **am Tag des** ~**s** le jour d'entrée en vigueur.

Inkreis [ˈɪnkraɪs] *m* ⟨~es; ~e⟩ *math.* cercle inscrit.

Inkrement [ɪnkreˑˈmɛnt] *n* ⟨~(e)s; ~e⟩ *math.* accroissement *m* arbitraire.

Inkret [ɪnˈkreːt] *n* ⟨~(e)s; ~e⟩ *biol. cf.* Hormon; ~**iˈon** *f* ⟨~; ~en⟩ sécrétion endocrine, interne; ≈**orisch** [-ˈtoː-] *adj.* concernant la sécrétion endocrine, interne.

inkriminieren [ɪnkriˑmiˑˈniːrən] *v/t.* ⟨*pas de ge-*, **h**⟩ accuser (d'un crime).

Inkrustation [ɪnkrʊstatsiˑˈoːn] *f* ⟨~; ~en⟩ *géol.*, *bât.* incrustation *f*.

Inkubation [ɪnkuˑbatsiˑˈoːn] *f* ⟨~; ~en⟩ *méd.*, *biol.* incubation *f*; ~**s**ˌ**zeit** *f* période *f* d'incubation.

Inkubus [ˈɪnkuˑbʊs] *m* ⟨~; -ˈkuben⟩ *myth.* incube *m.*

inkulant [ˈɪnkuˑˌlant, -ˈlant] *adj. im Geschäftsverkehr* non coulant (en affaires).

Inkunabel [ɪnkuˑˈnaːbəl] *f* ⟨~; ~n⟩ *impr.* incunable *m.*

Inland [ˈɪnlant] *n* ⟨~(e)s⟩ intérieur *m* (du pays); **im** ~ à l'intérieur (du pays); **im** ~ **hergestellt** fabriqué dans le pays; (**gültig**) **im In- und Ausland** (valable) dans le pays *od.* à l'intérieur du pays et à l'étranger; ~ˌ**eis** *n géol.* glacier continental; inlandsis [inlɑ̃dsis] *m.*

Inländ|er(in) [ˈɪnˌlɛndər(ɪn)] *m* ⟨~s; ~⟩ (*f*) ⟨~; ~nen⟩ habitant(e) *m* (*f*) du pays; indigène *m*, *f*; *pl. auch* nationaux *m/pl.*; ≈**isch** *adj.* du pays; intérieur; indigène; national; ~**e Erzeugnisse** produits indigènes, du pays; ~**e Hölzer** bois du pays; *cf. auch* **Inlands...**

Inlands|absatz [ˈɪnlantsˌˀapzats] *m* débouchés *m/pl.* sur le marché intérieur; ~ˌ**anlagen** *f/pl. comm.* investissements *m/pl.* à l'intérieur; ~ˌ**anleihe** *f* emprunt intérieur, national; ~ˌ**auftrag** *m* commande *f* du pays; ~**beˌdarf** *m* besoins du pays, intérieurs; ~**beˌlieferung** *f* livraison *f* du marché intérieur; ~ˌ**dienst** *m* service *m* à l'intérieur du pays, dans le pays; ~**erˌzeugnis** *n* produit *m* indigène, du pays; ~**erˌzeugung** *f* production du pays, nationale, indigène; ~**geˌbühr** *f* taxe interne, intérieure; ~ˌ**handel** *m* commerce intérieur; ~ˌ**kurs** *m* cours intérieur, dans le pays; ~ˌ**lieferung** *f* livraison *f* pour le pays, pour l'intérieur; ~ˌ**markt** *m* marché intérieur, national; ~ˌ**nachfrage** *f* demande intérieure, du marché intérieur; ~**paˌket** *n* colis postal du service intérieur, à destination de l'intérieur du pays; ~ˌ**porto** *n* port *m* en régime intérieur; ~ˌ**post** *f* poste intérieure; ~ˌ**postanˌweisung** *f* mandat-poste destiné à l'intérieur; ~ˌ**preis** *m* prix intérieur, à l'intérieur, sur le marché intérieur; ~ˌ**schuld** *f* dette intérieure; ~**taˌrif** *m* tarif intérieur; ~**teleˌgramm** *n* télégramme *m* à destination de l'intérieur; ~**verˌbrauch** *m* consommation intérieure, du pays, nationale; ~**verˌkaufspreis** *m* prix *m* de vente à l'intérieur, sur le marché intérieur; ~**verˌkehr** *m* trafic intérieur; ~**verˌsorgung** *f* approvisionnement *m* (du marché) intérieur; ~ˌ**ware** *f* marchandise indigène, du pays, nationale; ~ˌ**wechsel** *m* effet *m* sur l'intérieur; ~ˌ**wert** *m* valeur *f* à l'intérieur du pays; ~ˌ**zahlung** *f* paiement intérieur.

Inlaut [ˈɪnlaʊt] *m* ⟨~(e)s; ~e⟩ *phon.* (lettre *f*) médiale *f*; ≈**end** *adjt. phon.* à l'intérieur du mot.

Inlett [ˈɪnlɛt] *n* ⟨~(e)s; ~e⟩ *text.* [coutil *m.*]

inliegend [ˈɪnˌliːgənt] *adjt. u. advt.* ci-joint; ci-inclus; sous ce pli.

in medias res [ɪn ˈmeːdiˑas reːs] *loc. adv.* en plein sujet; au milieu de l'action; in medias res.

inmitten [ɪnˈmɪtən] *prép.* ⟨*gén.*⟩ au milieu de; ~ **des Sees** au milieu du lac; ~ **dieser Leute** au milieu de ces gens; ~ **dieser Ereignisse** au (beau) milieu de ces événements.

in natura [ɪn naˈtuːra] *loc. adv.* **a)** (*leibhaftig*) en réalité; **b)** (*nicht in Geld*) en nature.

inne|haben [ˈɪnəˌhaːbən] *v/t.* ⟨*irr.*, *sép.*, -**ge**-, **h**⟩ *Stellung*, *Amt* occuper; *Rekord* détenir; ~ˌ**halten** *v/i.* ⟨*irr.*, *sép.*, -**ge**-, **h**⟩ s'arrêter; **mitten im Satz** ~ s'arrêter au milieu de la phrase; **mit der Arbeit** ~ s'arrêter dans son travail.

innen [ˈɪnən] *adv.* dedans; à l'intérieur; ~ **und außen** à l'intérieur et à l'extérieur; dedans et dehors; **nach** ~ en dedans; **von** ~ (**heraus**) du dedans; de l'intérieur; **die Tür ist von** ~ **abgeschlossen** la porte est fermée à clef de l'intérieur; **nach** ~ **aufgehen** s'ouvrir vers l'intérieur, vers le dedans; ~ **emailliert** émaillé à l'intérieur, intérieurement, en dedans; ≈... *in Zssgn. meist* intérieur; ≈ˌ**abmessung** *f* dimension intérieure; *Handlung* mesurage intérieur, de l'intérieur; ≈ˌ**ansicht** *f* intérieur *m*; vue intérieure; ≈**anˌtenne** *f* antenne intérieure; ≈**archiˌtekt** *m* architecte *m* décorateur; ensemblier *m*; ≈**architekˌtur** *f* décoration intérieure; ≈ˌ**aufnahme** *f phot.*, *Film* intérieur *m*; **die** ~**n drehen** tourner les intérieurs; ≈ˌ**ausstattung** *f* aménagement intérieur; installation intérieure; ≈ˌ**backenˌbremse** *f* frein *m* à mâchoires intérieures; ≈ˌ**bahn** *f Sport* piste intérieure; ≈**beˌleuchtung** *f* éclairage intérieur; ≈**dekoraˌteur** *m* décorateur *m* d'intérieurs; ≈**dekoratiˌon** *f* décoration intérieure; ≈ˌ**dienst** *m* service intérieur, interne; **im** ~ **tätig sein** travailler dans le service intérieur de la poste, *etc.*; ≈ˌ**druck** *m techn.* pression intérieure, interne, à l'intérieur; ≈ˌ**durchmesser** *m* diamètre intérieur; *e-s Zylinders* alésage *m*; ≈ˌ**einrichtung** *f cf.* ≈**ausstattung**; ≈ˌ**fläche** *f* surface intérieure; ≈**geˌwinde** *n techn.* filet femelle, de pièce femelle; ~ **schneiden** tarauder; ≈ˌ**hof** *m* cour intérieure; ≈ˌ**kante** *f* rebord intérieur; ≈ˌ**leben** *n* vie intérieure (*auch philos.*); sentiments *m/pl.*; âme *f*; ≈ˌ**messung** *f* mesurage *m* de l'intérieur; ≈**miˌnister** *m* ministre *m* de l'Intérieur; ≈**minisˌterium** *n* ministère *m* de l'Intérieur; ≈**poliˌtik** *f* politique intérieure; **~poˌlitisch** *adj.* de politique intérieure; concernant la politique intérieure; ≈ˌ**raum** *m* intérieur *m*; ≈ˌ**seite** *f* côté intérieur; paroi *f* interne; face interne, intérieure; ≈ˌ**spannung** *f techn.* tension interne, intérieure; ≈ˌ**stadt** *f* centre *m*, intérieur *m* de la ville; ≈ˌ**sturm** *m Sport* inters *m/pl.* et avant-centre *m*; ≈ˌ**tasche** *f* poche intérieure; ≈ˌ**taster** *m Zirkel* compas *m* d'épaisseur; maître-à-danser *m*; ≈**temperaˌtur** *f* température intérieure, à l'intérieur; ≈ˌ**wand** *f* paroi intérieure, interne; ≈ˌ**welt** *f* monde intérieur; ≈ˌ**widerstand** *m élect.* résistance interne; ≈ˌ**winkel** *m math.* angle *m* interne.

inner ['ɪnər] *adj.* ⟨*attributiv*⟩ intérieur; interne; **~e Angelegenheiten** affaires intérieures; **~er Durchmesser** diamètre intérieur; **~e Entwicklung** développement intérieur; **~er Frieden** paix intérieure; **~e Gründe** causes internes; **~er Halt** soutien, appui moral; **~e Kolonisation** colonisation intérieure; **~e Krankheiten** maladies internes; **Facharzt für ~e Krankheiten** spécialiste pour les maladies internes; *milit.* **~e Linie** ligne intérieure; **~e Medizin** pathologie interne; **≈e Mission** mission intérieure; **≈e Mongolei** Mongolie-Intérieure; **~er Monolog** monologue intérieur; **~e Organe** organes internes, intérieurs; **~e Sekretion** sécrétion interne, endocrine; **~e Stimme** voix intérieure; **die ~en Verhältnisse in e-m Staat** la situation intérieure, interne d'un État; **~e Verletzungen** blessures internes; *élect.* **~er Widerstand** résistance interne; ≈ˌ**asien** *n géogr.* l'Asie centrale; **~beˌtrieblich** *adj.* interne; au sein de l'entreprise; **~e Angelegenheiten** affaires internes (d'une entreprise); **~ˌdeutsch** *adj.* ne concernant que les Allemands; de, à l'intérieur de l'Allemagne; **~er Handel** commerce intérieur allemand; **~e Angelegenheiten** affaires internes de l'Allemagne; ≈**e(s)** *n* ⟨→ A⟩ intérieur *m*; centre *m*; *fig.* for intérieur; dedans *m*; sein *m*; **im Innern (des Landes** *etc.*) à l'intérieur (du pays, *etc.*); **im Innern der Erde** à l'intérieur, au sein, au centre de la terre; **in meinem Innern** dans mon for intérieur; au-dedans de moi; **Ministerium des Innern** ministère de l'Intérieur.

Innereien [ˌɪnə'raɪən] *f/pl.* tripes *f/pl.*; abats *m/pl.*

inner|europäisch ['ɪnərˀɔʏroˑˌpɛːɪʃ] *adj.* intereuropéen, -nne; **~ˌhalb** *prép.* ⟨*gén.*⟩ *u. adv.* **1.** *örtlich* à l'intérieur (de); (au-de)dans (de); **~ des Hauses** à l'intérieur, au-dedans de la maison; **~ der Stadt** à l'intérieur de la ville; **~ des Messegeländes** *auch* dans l'enceinte de la foire; **~ von Paris** dans Paris; à l'intérieur de Paris; **2.** *zeitlich* en; **~ kurzer Zeit** en peu de temps; **~ e-s Jahres (stand das Haus)** en (moins d')un an (la maison fut construite, terminée); **~ von fünf Minuten (war alles aufgegessen)** en (moins de) cinq minutes (tout a été mangé); **~ von drei Tagen (mußt du das Geld zurückzahlen)** avant trois jours (tu dois rendre cet argent); **~ˌlich 1.** *adj.* intérieur; interne (*auch méd.*); *cf. auch* **inner**; **2.** *adv.* intérieurement; *fig.* dans son for intérieur; *phm.* **~ anzuwenden** pour l'usage interne; **~ habe ich gelacht** j'ai ri intérieurement; **~ war er nicht davon überzeugt** en son for intérieur, intérieurement, il n'en était pas convaincu; ≈**lichˌkeit** *f* ⟨~⟩ *etwa* profondeur *f* d'âme; *cf. auch* **Innigkeit**; **~poˌlitisch** *adj. cf.* **innenpolitisch**; **~st** *adj.* le plus profond; intime; **im ~en Winkel s-s Herzens** au plus profond de son cœur; **s-e ~en Gedanken** ses pensées intimes, les plus cachées; **meiner ~en Überzeugung nach** selon ma conviction intime; **~ˌstaatlich** *adj.* interne; du pays; national; **die ~en Verhältnisse** la situation interne du pays, de l'État; **die ~en Stellen** les instances internes, du pays, nationales; ≈**ste(s)** *n* ⟨→ A⟩ partie la plus interne, profonde; âme *f*; cœur *m*; **im ~n des Landes** au cœur du pays; **das ~ der Erde** les entrailles de la terre; **j-n bis ins ~ treffen** piquer qn. au vif; toucher qn. au plus profond de lui-même; **sein ~s bloßlegen** montrer son âme; **in s-m ~n** dans son for intérieur; au fond de lui.

Innervation [ɪnɛrvatsiˑ'oːn] *f* ⟨~⟩ *biol., physiol.* innervation *f*.

inne|sein ['ɪnəˌzaɪn] *v/i.* ⟨*irr., sép.,* **-ge-, sein**⟩ se rendre compte de; **~ˌwerden** *v/i.* ⟨*irr., sép.,* **-ge-, sein**⟩ **e-r Sache** se rendre compte de qc.; s'apercevoir de qc.; **er ist sich s-s schlechten Verhaltens innegeworden** il s'est rendu compte de, il a pris conscience de son mauvais comportement; **~ˌwohnen** *v/i.* ⟨*sép.,* **-ge-, h**⟩ **e-r Sache ~** être inhérent, immanent à qc.; **die dem Menschen ~den Kräfte** les forces inhérentes, immanentes à l'homme.

innig ['ɪnɪç] **1.** *adj.* intime (*auch chim.*); cordial; tendre; ardent; **~e Freundschaft** amitié sincère, profonde; **j-m s-n ~sten Dank sagen** remercier qn. de tout son cœur, cordialement; **mein ~ster Wunsch** mon plus cher, plus ardent désir; **ein ~es Verhältnis zu j-m haben** être très lié avec qn.; **2.** *adv.* intimement; cordialement; tendrement; **sich ~ lieben** s'aimer tendrement; **~ verbunden sein** être intimement lié; ≈ˌ**keit** *f* ⟨~⟩ chaleur *f*; cordialité *f*; tendresse *f*.

in nuce [ɪn 'nuːtseˑ] *loc. adv.* d'une façon concentrée, condensée.

Innung ['ɪnʊŋ] *f* ⟨~; ~en⟩ corporation *f*; corps *m* de métier; *fig. u.* F **du blamierst die ganze ~** tu nous rends tous ridicules; **~sˌausschuß** *m* comité corporatif; **~sˌfachschule** *f* école *f* technique d'une corporation; **~sˌkrankenˌkasse** *f* caisse *f* maladie d'une corporation; **~sˌobermeister** *m* chef *m* d'une corporation; **~sverˌband** *m* association corporative; **~sverˌsammlung** *f* assemblée *f* d'une corporation; **~sˌwesen** *n* corporatisme *m*.

inoffensiv ['ɪnˀɔfɛnˌziːf, -'ziːf] *adj.* inoffensif, -ive.

inoffiziell ['ɪnˀofiˑtsiˑˌɛl, -tsiˑ'ɛl] **1.** *adj.* officieux, -euse; non officiel, -lle; **2.** *adv.* officieusement.

inoperabel ['ɪnˀopeˑˌraːbəl, -'raː-] *adj.* ⟨**-bl-**⟩ inopérable.

inopportun ['ɪnˀɔpɔrˌtuːn, -'tuːn] *adj.* inopportun.

Inos|insäure [iˑnoˑ'ziːnˌzɔʏrə] *f chim.* acide *m* inosique; **~it** *n* ⟨~s⟩ *Biochemie* inosite *f*; inositol *m*.

inoxydieren [ɪnˀɔksyˑ'diːrən] *v/t.* ⟨*pas de ge-,* **h**⟩ *techn.* rendre inoxydable.

in petto [ɪn 'pɛtoˑ] *loc. adv.* **etw. ~ haben** avoir qc. en réserve.

in puncto [ɪn 'pʊŋktoˑ] *loc. prép.* ⟨+ *subst. ohne art.*⟩ en ce qui concerne; quant à; **~ Kleidung** en ce qui concerne l'habillement; quant à l'habillement; F question habillement.

inqui|rieren [ɪnkviˑ'riːrən] *v/t.* ⟨*pas de ge-,* **h**⟩ *jur.* **j-n ~** interroger qn.; faire subir un interrogatoire à qn.; ≈**siti'on** *f* ⟨~; ~en⟩ *hist.* Inquisition *f*; ≈**siti'onsgeˌricht** *n* tribunal *m* de l'Inquisition; ≈'**sitor** *m* ⟨~s; -'**toren**⟩ *hist.* inquisiteur *m*.

Inrechnungstellung [ɪn'rɛçnʊŋˌʃtɛlʊŋ] *f* ⟨~⟩ mise *f* sur le, en compte.

ins [ɪns] *prép.* + *art. cf.* **in.**

Insass|e ['ɪnzasə] *m* ⟨~n; ~n⟩, **~in** *f* ⟨~; ~nen⟩ *e-s Autos* occupant(e) *m* (*f*); *e-s Zuges* voyageur, -euse *m, f*; *e-s Flugzeuges etc.* passager, -ère *m, f*; *e-s Heims, e-s Gefängnisses* pensionnaire *m, f*.

insbesond(e)re [ˌɪnsbə'zɔnd(ə)rə] *adv.* en particulier; spécialement; surtout.

Inschrift ['ɪnʃrɪft] *f* ⟨~; ~en⟩ *allg.* inscription *f*; *an Gebäuden auch* épigraphe *f*; *auf Grabsteinen auch* épitaphe *f*; *auf Münzen auch* légende *f*; **~enˌkunde** *f* épigraphie *f*; science *f* épigraphique.

inseitig ['ɪnˌzaɪtɪç] *adj. u. adv.* du côté intérieur; à l'intérieur.

Insekt [ɪn'zɛkt] *n* ⟨~(e)s; ~en⟩ *zo.* insecte *m*; **staatenbildende ~en** insectes sociaux; **~enbeˌkämpfung** *f* lutte *f* contre les insectes; ≈**enˌfressend** *adjt.* insectivore; *bot.* **~e Pflanzen** plantes insectivores, carnivores; **~enˌfresser** *m/pl. zo.* insectivores *m/pl.*; **~enˌgift** *n* insecticide *m*; **~enˌkunde** *f*, **~enˌlehre** *f* entomologie *f*; **~enˌpulver** *n* poudre *f* insecticide; **~enˌstich** *m* piqûre *f* d'insecte; **~enverˌtilgungsˌmittel** *n* insecticide *m*; **~o'loge** *m* ⟨~n; ~n⟩ entomologiste *m*.

Insel ['ɪnzəl] *f* ⟨~; ~n⟩ **1.** *géogr.* île *f*; *kleine* îlot *m* (*auch fig. Sprach≈ etc.*); (*Verkehrs≈*) îlot directionnel; refuge *m*; **die ~ Malta** l'île de Malte; **die Britischen ~n** les îles Britanniques; **2.** *anat.* **Langerhanssche ~n** îlots *m/pl.* de Langerhans; **~ˌberg** *m géol.* inselberg *m*; **~beˌwohner(in)** *m* (*f*) insulaire *m, f*; habitant(e) *m* (*f*) d'une île; **~ˌgruppe** *f* groupe *m* d'îles; archipel *m*; **~ˌkette** *f* arc *m*, guirlande *f* insulaire; **~ˌland** *n* pays *m* insulaire; **~ˌmeer** *n* archipel *m*; vaste ensemble *m* d'îles; ≈ˌ**reich I** *adj.* riche en îles, en îlots; **II ~ˌreich** *n* royaume *m* insulaire; **~ˌstaat** *m* État *m* insulaire; **~ˌvolk** *n* peuple *m* insulaire; **~ˌwelt** *f* monde *m* insulaire.

Inseparables [ɛ̃seˑpa'raːbl] *pl. zo.* inséparables *m/pl., f/pl.*

Inser|at [ɪnzeˑ'raːt] *n* ⟨~(e)s; ~e⟩ annonce *f*; **ein ~ in die Zeitung setzen** mettre, faire passer, faire insérer une annonce dans le journal; **~atenˌteil** *m e-r Zeitung* (partie réservée aux) petites annonces; **~ent** *m* ⟨~en; ~en⟩ annonceur *m*; ≈**ieren I** *v/t. u. v/i.* ⟨*pas de ge-,* **h**⟩ faire insérer, faire passer, mettre une annonce (pour vendre, *etc.* qc.); **II ~ieren** *n* ⟨~s⟩ insertion *f* d'une annonce; **~ti'on** *f* ⟨~; ~en⟩ *anat., e-r Anzeige* insertion *f*.

insge|heim [ˌɪnsgə'haɪm] *adv. cf.* **heimlich 2.**; **~'samt** *adv.* en tout; au total; **er erhielt ~ hundert Zuschriften** il a reçu en tout, au total cent réponses; **~ betragen die Kosten, ~ belaufen sich die Kosten auf ...** les frais se montent en tout, au total à ...

Insichgekehrtheit ['ɪnzɪçgəˌkeːrthaɪt] *f* ⟨~⟩ état *m* de qn. plongé dans ses réflexions; caractère pensif, songeur.
In-sich-Geschäft [ɪn'zɪçgəˌʃɛft] *n* ⟨~(e)s; ~e⟩ *comm.* opération *f* au cours de laquelle la même personne est à la fois partie et partie adverse en agissant avec des qualités différentes; opération passée avec soi-même.
Insignien [ɪn'zɪgniˑən, -'ziːg-] *pl.* insignes *m/pl.*
Inslebentreten [ɪns'leːbənˌtreːtən] *n* ⟨~s⟩ entrée *f* dans la vie d'adulte.
insofern ['ɪnzoˑ'fɛrn, ɪn'zoːfɛrn] **I** *adv.* sur ce point; ~ **hat er recht** sur ce point il a raison; ~ **kann ich ihn verstehen** sur ce point je le comprends; **II** *conj.* **a)** ~, **als** ... dans la mesure où ...; pour autant que ...; **er hat** ~ **unrecht, als** ... il a tort dans la mesure où ..., pour autant que ...; **b)** (*falls*) ~ **er nichts dagegen hat** s'il n'a pas d'objection; à moins qu'il ait une objection.
Insolation [ɪnzoˑlatsiˑ'oːn] *f* ⟨~; ~en⟩ insolation *f.*
insolven|t ['ɪnzoˑlˌvɛnt, -'vɛnt] *adj. comm., jur.* insolvable; **2z** *f* ⟨~; ~en⟩ insolvabilité *f.*
insonderheit [ɪn'zɔndərˌhaɪt] *adv. st. s. cf.* **insbesondere.**
insoweit ['ɪnzoˑ'vaɪt, ɪn'zoːvaɪt] *adv. u. conj. cf.* **insofern.**
in spe [ɪn 'speː] *adj.* ⟨*inv., nachgestellt*⟩ futur.
Inspekt|eur [ɪnspɛk'tøːr] *m* ⟨~s; ~e⟩ *milit.* inspecteur *m*; **~i'on** *f* ⟨~; ~en⟩ inspection *f* (*auch Behörde*); *techn.* révision *f*; **das Auto muß zur** ~ la voiture doit être révisée; **~i'onsˌfahrt** *f*, **~i'onsˌreise** *f* tournée *f*, voyage *m* d'inspection; **~or** [-'spɛk-] *m* ⟨~s; -'toren⟩ **1.** *Beamter etwa* fonctionnaire moyen, des cadres moyens; inspecteur *m*; **2.** *in landwirtschaftl. Betrieben etwa* chef *m*; administrateur *m.*
Inspir|ation [ɪnspiˑratsiˑ'oːn] *f* ⟨~; ~en⟩ inspiration *f*; **2ieren** [-'riː-] *v/t.* (*u. v/réfl.*) ⟨*pas de ge-*, h⟩ (s')inspirer (zu à, an de).
Inspiz|ient [ɪnspiˑtsiˑ'ɛnt] *m* ⟨~en; ~en⟩ *thé. etc.* chef *m* de plateau; **2ieren** [-'tsiː-] *v/t.* ⟨*pas de ge-*, h⟩ inspecter; **~ierung** [-'tsiː-] *f* ⟨~; ~en⟩ inspection *f.*
Install|ateur [ɪnstala'tøːr] *m* ⟨~s; ~e⟩ *allg.* installateur *m*; (*Klempner*) plombier *m*; **~ati'on** *f* ⟨~; ~en⟩ *techn.*, *in ein Amt* installation *f*; **2ieren** [-'liː-] *v/t.* ⟨*pas de ge-*, h⟩ installer; **~ierung** [-'liː-] *f* ⟨~⟩ installation *f.*
instand [ɪn'ʃtant] *adv.* ~ **halten** maintenir en bon état, en état de marche; entretenir; ~ **setzen** remettre en bon état, à neuf; réparer; **j-n** ~ **setzen, etw. zu tun** donner à qn. la possibilité de faire qc.; permettre à qn. de faire qc.; **2ˌhaltung** *f* ⟨~⟩ maintien *m* en bon état, en état de marche; entretien *m*; **2haltungsˌkosten** *pl.* frais *m/pl.* d'entretien.
inständig ['ɪnˌʃtɛndɪç] **1.** *adj.* instant; pressant; **auf sein** ~**es Bitten hin** sur ses instances; **2.** *adv.* instamment; avec insistance; **j-n** ~ **bitten, etw. zu tun** prier qn. instamment de faire qc.; **2ˌkeit** *f* ⟨~⟩ insistance *f.*
Instandsetzung [ɪn'ʃtantˌzɛtsʊŋ] *f* ⟨~; ~en⟩ remise *f* en (bon) état, à neuf; réparation *f*; réfection *f*; restauration *f*; **~sˌarbeiten** *f/pl.* travaux *m/pl.* de réparation, de remise en état, de réfection; **~sˌkosten** *pl.* frais *m/pl.* de remise en état, de réparation, de réfection.
Instanz [ɪn'stants] *f* ⟨~; ~en⟩ *jur.* instance *f*; ressort *m*; **zuständige** ~ service qualifié, compétent; *jur.* instance compétente; **in erster** ~ **(zuständig sein)** (être compétent pour juger) en première instance, en premier ressort; **in höherer** ~ en instance supérieure; **Urteil in letzter** ~ jugement en dernier ressort; **in letzter** ~ **entscheiden, ein Urteil fällen** juger en dernier ressort; **~enˌweg** *m jur., adm.* voie 'hiérarchique; **auf dem** ~ par la voie 'hiérarchique; **den** ~ **durchlaufen** passer par la voie 'hiérarchique.
Instinkt [ɪn'stɪŋkt] *m* ⟨~(e)s; ~e⟩ instinct [-ɛ̃] *m*; **aus** ~ instinctivement; d'instinct; **2iv** [-'tiːf], **2ˌmäßig 1.** *adj.* instinctif, -ive; **2.** *adv.* instinctivement; d'instinct; par instinct.
Institut [ɪnstiˑ'tuːt] *n* ⟨~(e)s; ~e⟩ institut *m* (für de); (*Lehranstalt*) *auch* école *f*; ~ **für internationales Recht** Institut de droit international; **~i'on** *f* ⟨~; ~en⟩ institution *f*; *jur.* **~en** Institutes *f/pl.*; **2io'nell** *adj.* institutionnel, -lle.
instru|ieren [ɪnstruˑ'iːrən] *v/t.* (*u. v/réfl.*) ⟨*pas de ge-*, h⟩ (s')instruire, (s')informer (über de); **2k'teur** *m* ⟨~s; ~e⟩ instructeur *m*; **2kti'on** *f* ⟨~; ~en⟩ instruction *f*; *milit.* (*formelle Anweisung*) consigne *f*; **~en erhalten** recevoir des instructions; **2kti'onsˌstunde** *f* leçon *f* d'instruction; *milit. auch* théorie *f*; **~k'tiv** *adj.* instructif, -ive.
Instrument [ɪnstruˑ'mɛnt] *n* ⟨~(e)s; ~e⟩ **1.** *mus.* instrument *m* (de musique); **ein** ~ **spielen** jouer d'un instrument; **2.** (*Gerät, Werkzeug*) instrument *m*; **2al** [-'taːl] **I** *adj. mus., techn.* instrumental; **II ~al** [-'taːl] *m* ⟨~s; ~e⟩ *gr.* instrumental *m*; **~albeˌgleitung** [-'taːl-] *f mus.* accompagnement d'instruments, instrumental; **~a'lismus** *m* ⟨~⟩ *philos.* instrumentalisme *m*; **~almuˌsik** [-'taːl-] *f* musique instrumentale; **~ati'on** *f* ⟨~; ~en⟩ *cf.* **~ierung**; **~ati'onsˌlehre** *f* théorie *f* de l'orchestration, de l'instrumentation; **~enˌbau** *m* fabrication *f* d'instruments de musique; **~enˌbauer** *m* ⟨~s; ~⟩ *cf.* **~enmacher**; **~enˌbrett** *n techn.* tableau *m* de bord; **~enˌmacher** *m* ⟨~s; ~⟩ *mus.* fabricant *m*, facteur *m* d'instruments de musique; **~enˌschrank** *m für Ärzte* armoire *f* aux instruments; **2ieren** [-'tiː-] *v/t.* ⟨*pas de ge-*, h⟩ *mus.* orchestrer; instrumenter; **~ierung** [-'tiː-] *f* ⟨~; ~en⟩ *mus.* orchestration *f*; *bis zur Zeit Bachs* instrumentation *f.*
Insubordination [ˌɪnzʊpˀɔrdiˑnatsiˑ'oːn, 'ɪn-] *f* ⟨~; ~en⟩ insubordination *f.*
insuffizien|t ['ɪnzʊfiˑtsiˑˌɛnt, -'ɛnt] *adj.* insuffisant; **2z** *f* ⟨~; ~en⟩ *méd., comm.* insuffisance *f.*
Insul|aner [ɪnzuˑ'laːnər] *m* ⟨~s; ~⟩ insulaire *m*; **2ar** *adj.* insulaire; **~in** *n* ⟨~s⟩ *Biochemie, phm.* insuline *f*; **~inˌschock** *m méd.* choc *m* d'insuline, insulinique.
Insult [ɪn'zʊlt] *m* ⟨~(e)s; ~e⟩ **1.** *méd.* attaque *f*; **2.** (*Beleidigung*) insulte *f.*
inszenier|en [ɪnstseˑ'niːrən] *v/t.* ⟨*pas de ge-*, h⟩ *thé.* mettre en scène; *fig.* arranger; mettre sur pied; orchestrer; **2ung** *f* ⟨~; ~en⟩ *thé.* mise *f* en scène; *Film* réalisation *f*; *fig.* mise *f* sur pied; *od. verbal.*
Intaglio [ɪn'taljoˑ] *n* ⟨~s; -ien⟩ intaille *f.*
intakt [ɪn'takt] *adj.* intact; *Maschine etc.* **noch** ~ **sein** être encore en état de marche; marcher encore.
Intarsia [ɪn'tarziˑa] *f* ⟨~; -ien⟩ marqueterie *f.*
inte|ger ['ɪnteˑgər] *adj.* ⟨-gr-⟩ intègre; **~'gral I** *adj.* intégral; **II 2'gral** *n* ⟨~s; ~e⟩ *math.* intégrale *f*; **2'gralˌrechnung** *f* calcul intégral; **2grati'on** *f* ⟨~; ~en⟩ intégration *f* (*auch écon., pol., physiol., math.*); **die europäische** ~ l'intégration de l'Europe, européenne; **2grati'onspoliˌtik** *f* politique *f* d'intégration; **2'grator** *m* ⟨~s; -'toren⟩ *cf.* **2griergerät**; **2'grierˌanlage** *f* intégrateur différentiel; **~'grierˌbar** *adj.* intégrable; **~'grieren** *v/t.* ⟨*pas de ge-*, h⟩ intégrer; **~'grierend** *adjt.* intégrant; **~er Bestandteil** partie intégrante; **2'grierˌgeˌrät** *n math.* intégrateur *m*; **2gri'tät** *f* ⟨~⟩ intégrité *f.*
Integument [ɪnteˑguˑ'mɛnt] *n* ⟨~s; ~e⟩ *anat., bot.* tégument *m.*
Intell|ekt [ɪntɛ'lɛkt] *m* ⟨~(e)s⟩ intellect *m*; **~ektua'lismus** *m* ⟨~⟩ *philos.* intellectualisme *m*; **2ektu'ell 1.** *adj.* intellectuel, -lle; **2.** *adv.* intellectuellement; **~ektu'elle(r)** *f* (*m*) ⟨→ A⟩ intellectuel, -lle *m, f*; **2i'gent 1.** *adj.* intelligent; **2.** *adv.* intelligemment; *iron. u.* F **das hast du (ja) sehr** ~ **gemacht!** ça c'est très intelligent de ta part!; **~i'genz** *f* ⟨~⟩ **1.** intelligence *f*; **2.** (*geistig führende Schicht*) intellectuels *m/pl.*; intelligentsia *f*; **~i'genzˌbestie** F *f* cérébral(e) *m* (*f*); F cerveau *m*; *écol.* bête *f* à concours; **~i'genzˌblatt** *n hist.* feuille *f* d'annonces; **~i'genzˌprüfung** *f cf.* **~igenztest**; **~i'genzquotiˌent** *m* quotient [ko-] *m* d'intelligence; **~i'genzˌschicht** *f* intelligentsia *f*; **~i'genzˌtest** *m* test *m* d'intelligence; **2i'gibel** *adj.* ⟨-bl-⟩ *philos.* intelligible.
Intendant [ɪntɛn'dant] *m* ⟨~en; ~en⟩ **1.** *thé.* directeur *m*; *Rundfunk* directeur *m* général; **2.** *milit.* intendant *m.*
Intensi|tät [ɪntɛnziˑ'tɛːt] *f* ⟨~⟩ intensité *f*; **2v** [-'ziːf] **1.** *adj.* intensif, -ive; intense; **~es Blau** bleu intense; *agr.* **~e Bewirtschaftung** culture intensive; **~e Wirtschaft** économie intensive, poussée; **2.** *adv.* intensivement; intensément; ~ **arbeiten** travailler intensivement; ~ **nachdenken** réfléchir intensément; **sich** ~ **mit etw. beschäftigen** s'occuper intensivement, intensément avec *od.* de qc.; **2'vieren** *v/t.* ⟨*pas de ge-*, h⟩ intensifier; rendre intensif, -ive, plus intense; **~'vierung** *f* ⟨~; ~en⟩ intensification *f*; **~vum** [-'ziː-] *n* ⟨~s; -ve *od.* -va⟩ *gr.* (verbe *m*) intensif *m.*
Intention [ɪntɛntsiˑ'oːn] *f* ⟨~; ~en⟩ intention *f*; **2al** [-'naːl] *adj.* intentionnel, -lle; **~ali'tät** *f* ⟨~⟩ *psych.* intentionalité *f.*
inter|alliiert ['ɪntɛrˀaliˑˌiːrt, -'iːrt] *adj.* interallié; **2depen'denz** *f* ⟨~⟩ *pol., écon.* interdépendance *f*; **2'dikt** *n* ⟨~(e)s; ~e⟩ *jur., égl.* interdit *m*; **mit dem** ~ **belegen** jeter l'interdit sur.
interessant [ɪnteˑrɛ'sant] **1.** *adj.* intéressant (*auch comm.*); **sich** ~ **machen** se rendre intéressant; faire l'intéressant; **2.** *adv.* d'une manière, façon intéressante.
Interess|e [ɪnteˑ'rɛsə] *n* ⟨~s; ~n⟩ intérêt *m*; **aus** ~ par intérêt; **mit** ~ avec intérêt; **öffentliche, private** ~**n** intérêts publics, privés; **mangelndes** ~ manque d'intérêt; **berechtigtes** ~ intérêt légitime; **gemeinsame** ~**n haben** avoir des intérêts communs; **an, für etw.** ~ **haben** s'intéresser à qc.; **was für, welche** ~**n haben Sie?** à quoi vous intéressez-vous?; **er hat kein** ~ **dafür** il ne s'y intéresse pas; ~ **an etw. nehmen** porter de l'intérêt à qc.; prendre intérêt à qc.; *Sache* ~ **finden** intéres-

ser (bei j-m qn.); j-s ∼n **vertreten, wahrnehmen** représenter, défendre *od.* sauvegarder les intérêts de qn.; **die Wahrnehmung der** ∼n la sauvegarde, la défense des intérêts; **es liegt in deinem** ∼ c'est dans ton intérêt; **das geschah in deinem** ∼, **das haben wir in deinem** ∼ **gemacht** cela s'est fait dans ton intérêt; on l'a fait dans ton intérêt; **es liegt in deinem** ∼, **zu** ... il est de ton intérêt de ...; c'est dans ton intérêt de ...; *comm.* ∼ **wurde vor allem für** ... **gezeigt** on s'intéressa particulièrement à ...; **≈e‚los** *adj. u. adv.* sans intérêt; indifférent; ∼ **dabeisitzen** rester là indifférent; **∼e‚losigkeit** *f* ⟨∼⟩ manque *m* d'intérêt; indifférence *f*; **∼enge‚biet** *n* domaine auquel on s'intéresse; **bitte geben Sie Ihre** ∼**e an S.V.P.**, indiquez-nous les domaines auxquels vous vous intéressez; **∼enge‚meinschaft** *f* communauté *f* d'intérêts; **∼en‚gruppe** *f* groupement *m* d'intérêts; **∼enkollisi‚on** *f*, **∼enkon‚flikt** *m* conflit *m* d'intérêts; **∼en‚sphäre** *f* sphère *f* d'influence, d'intérêts; **∼ent** [-'sɛnt] *m* ⟨∼en; ∼en⟩ personne *f* qui s'intéresse à qc.; amateur *m*; intéressé *m*; **e-n** ∼**en für etw. finden** trouver qn. qui s'intéresse à qc.; trouver un amateur pour qc.; **∼enten‚kreis** [-'sɛn-] *m* groupe *m* de gens intéressés, d'intéressés (à qc.); **∼enver‚einigung** *f coll.* groupement *m* d'intérêts; *Vorgang* association *f* des intérêts; **∼enver‚treter** *m* représentant *m* des intérêts, des intéressés; **∼enver‚tretung** *f* représentation *f* des intérêts; **≈ieren** [-'siː-] **I** *v/t.* ⟨*pas de ge-*, h⟩ intéresser; **j-n für etw.**, **j-n** ∼ intéresser qn. à qc., à qn.; **das interessiert mich** cela m'intéresse; **es interessiert mich, ob** ... je voudrais bien savoir si ...; je suis curieux de savoir si ...; **das interessiert mich nicht!** cela ne m'intéresse pas!; **II** *v/réfl.* **sich für etw., j-n** ∼ s'intéresser à qc., à qn.; **sich nicht mehr für etw.** ∼ *auch* cesser de prendre intérêt à qc.; se désintéresser de qc.; **≈iert** [-'siːrt] *adjt. u. advt.* **ein** ∼**er Mensch** un homme qui s'intéresse à tout, à beaucoup de choses, vivement à qc.; **an etw.** ∼ **sein** s'intéresser à qc.; être intéressé à qc.; ∼ **zuschauen** regarder avec intérêt, très intéressé.

Interfer|enz [‚ɪntɛrfe·'rɛnts] *f* ⟨∼; ∼en⟩ *phys., opt.* interférence *f*; **∼enz‚farben** *f/pl.* couleurs interférentielles; **∼enz‚filter** *m, n* filtre interférentiel; **∼enz‚streifen** *m* frange *f* d'interférence; **≈ierend** *adjt.* qui interfère; **∼o'meter** *n* ⟨∼s; ∼⟩ interféromètre *m*.

inter|fraktionell [‚ɪntɛrfraktsi·o·'nɛl] *adj. pol.* entre les groupes parlementaires; **∼ga'laktisch** *adj. astr.* ∼**e Materie** matière intergalactique; **∼glazi'al** *adj. géol.* interglaciaire.

Interieur [ɛ̃te·ri·'øːr] *n* ⟨∼s; ∼e *od.* ∼s⟩ *peint.* intérieur *m*.

Interim ['ɪnte·rɪm] *n* ⟨∼s; ∼s⟩ intérim *m*; **≈istisch** [-'mɪs-] **1.** *adj.* intérimaire; provisoire; **2.** *adv.* par intérim; **∼s‚ausschuß** *m* comité *m*, commission *f* intérimaire; **∼sdivi‚dende** *f* dividende *m* provisoire; acompte *m* sur les dividendes; **∼skabi‚nett** *n* cabinet *m* provisoire, intérimaire; **∼skonfe‚renz** *f* conférence *f* intérimaire; **∼s‚konto** *n* compte *m* d'attente, provisoire, intérimaire; **∼sre‚gierung** *f* gouvernement *m* provisoire, intérimaire; **∼s‚schein** *m* certificat *m* provisoire; **∼sver‚sammlung** *f* assemblée *f* intérimaire, provisoire.

Inter|jektion [ɪntɛrjɛktsi·'oːn] *f* ⟨∼; ∼en⟩ *gr.* interjection *f*; **∼konfessiona'lismus** *m* ⟨∼⟩ interconfessionnalisme *m*; **≈konfessio'nell** *adj.* interconfessionnel, -lle; **≈kontinen'tal** *adj.* intercontinental; **∼kontinen'talra‚kete** *f* fusée intercontinentale; **≈kos'tal** *adj. anat.* intercostal; **≈ku'rrent** *adj.* ∼**e Krankheit** maladie intercurrente.

interlinear [‚ɪntɛrli·ne·'ɑːr] *adj. ling.* interlinéaire; **≈‚glosse** *f* glose *f* interlinéaire; **≈über‚setzung** *f* traduction *f* interlinéaire; **≈versi‚on** *f* version *f* interlinéaire.

Inter|lockmaschine ['ɪntɛrlɔkma‚ʃiːnə] *f text.* machine *f* pour la fabrication de l'interlock; **∼lock‚ware** *f* interlock *m*; **∼'ludium** *n* ⟨∼s; -ien⟩ *mus.* interlude *m*; **∼maxi'llar‚knochen** *m anat.* intermaxillaire *m*; os incisif; **≈medi'är** *adj.* intermédiaire; **∼'mezzo** *n* ⟨∼s; ∼s *od.* -zzi⟩ intermède *m* (*auch fig.*); *mus. auch* intermezzo *m*; **≈mi't-tierend** *adjt.* intermittent.

intern [ɪn'tɛrn] *adj.* interne; ∼**e Angelegenheiten** affaires internes; **≈at** [-'nɑːt] *n* ⟨∼(e)s; ∼e⟩ internat *m*.

international [‚ɪnternatsi·o·'nɑːl] *adj.* international; **≈es Arbeitsamt (IAA)** Bureau international du travail (B.I.T.); **≈e Arbeitsorganisation (IAO)** Organisation internationale du travail (O.I.T.); **≈e Atomenergiebehörde (IAEA)** Commission internationale de l'énergie atomique; **≈e Bank für Wiederaufbau und Entwicklung (IBRD)** Banque internationale pour la reconstruction et le développement; **≈er Bund Freier Gewerkschaften (IBFG)** Confédération internationale des syndicats libres (C.I.S.L.); **≈e Flüchtlingsorganisation (IRO)** Organisation internationale pour les réfugiés (O.I.R.); **≈er Gerichtshof** Cour internationale de justice (C.I.J.); *bis 1946* **Ständiger ≈er Gerichtshof** Cour permanente de justice internationale; **≈e Handelskammer (IHK)** Chambre de commerce internationale; **≈es Komitee vom Roten Kreuz (IKRK)** Comité international de la Croix-Rouge (C.I.C.R.); ∼**e Konventionen** conventions internationales; **≈er Luftverkehrsverband** Association du transport aérien international; **≈es Olympisches Komitee (IOK)** Comité international olympique; ∼**e Organisationen** organisations internationales; **≈es Presseinstitut (IPI)** Institut international de la presse (I.I.P.); ∼**es Recht** droit international; **Ständiger ≈er Schiedsgerichtshof** Cour permanente d'arbitrage; **≈es Übereinkommen über den Eisenbahnfrachtverkehr (IÜG)** Convention internationale concernant le transport des marchandises par chemin de fer (C.I.M.); **≈er Währungsfonds** Fonds monétaire international (F.M.I.); **≈e** *f* ⟨∼; ∼n⟩ *pol.* Internationale *f*; **∼i'sieren** *v/t.* ⟨*pas de ge-*, h⟩ internationaliser; **≈i'sierung** *f* ⟨∼⟩ internationalisation *f*; **≈ismus** [-'lɪs-] *m* ⟨∼⟩ internationalisme *m*; **≈i'tät** *f* ⟨∼⟩ internationalité *f*.

Intern|atsschüler [ɪntɛr'nɑːts‚ʃyːlər] *m*, **∼e(r)** [-'tɛrnə(r)] *f (m)* ⟨→ A⟩ élève *m, f* d'internat; interne *m, f*; **≈ieren** *v/t.* ⟨*pas de ge-*, h⟩ interner; **∼ierte(r)** *f (m)* ⟨→ A⟩ interné(e) *m (f)* (politique); **∼ierung** *f* ⟨∼; ∼en⟩ internement *m*; **∼ierungs‚lager** *n* camp *m* d'internement; **∼ist** *m* ⟨∼en; ∼en⟩ *méd.* (médecin *m*) spécialiste *m* des maladies internes.

Inter|nodium [‚ɪntɛr'noːdi·um] *n* ⟨∼s; -ien⟩ *bot.* espace internodal; **∼'nuntius** *m* ⟨∼; -ien⟩ internonce *m*; **≈oze'anisch** *adj.* interocéanique; **≈parlamen'tarisch** *adj.* interparlementaire; **≈e Union (IPU)** Union Interparlementaire.

Interpell|ant [‚ɪntɛrpɛ'lant] *m* ⟨∼en; ∼en⟩ interpellateur *m*; **∼ati'on** *f* ⟨∼; ∼en⟩ interpellation *f*; **∼ati'ons‚recht** *n* droit *m* d'interpellation; **≈ieren** *v/i.* ⟨*pas de ge-*, h⟩ interpeller.

inter|planetarisch [‚ɪntɛrplane·'tɑːrɪʃ] *adj.* interplanétaire; **≈polati'on** *f* ⟨∼; ∼en⟩ interpolation *f*; **∼po'lieren** *v/t.* ⟨*pas de ge-*, h⟩ interpoler.

Interpret [‚ɪntɛr'preːt] *m* ⟨∼en; ∼en⟩ interprète *m*; **∼ati'on** *f* ⟨∼; ∼en⟩ interprétation *f*; explication *f*; **∼ati'ons‚übungen** *f/pl.* explications *f/pl.*, commentaires *m/pl.* de textes; **≈ieren** [-'tiː-] *v/t.* ⟨*pas de ge-*, h⟩ interpréter; *in der Schule etc.* expliquer; commenter.

interpunkt|ieren [‚ɪntɛrpuŋk'tiːrən] *v/t.* ⟨*pas de ge-*, h⟩ ponctuer; *abs. auch* mettre la ponctuation; **≈i'on** *f* ⟨∼⟩ ponctuation *f*; **≈i'ons‚zeichen** *n* signe *m* de ponctuation.

Interregnum [‚ɪntɛr'rɛgnum, -'reːg-] *n* ⟨∼s; -gnen *od.* -gna⟩ interrègne *m*.

interrogativ [ɪntɛro·ga'tiːf] *adj.* interrogatif, -ive; **≈pro‚nomen** *n gr.* pronom, *adjektivisches* adjectif interrogatif; **≈‚satz** *m* proposition interrogative.

Inter|sexualität [‚ɪntɛrzɛksu·ali·'tɛːt] *f* ⟨∼⟩ *biol.* intersexualité *f*; **≈ste'llar** *adj. astr.* interstellaire; ∼**e Materie** matière interstellaire; **≈territori'al** *adj.* entre les territoires; **∼'trigo** *f* ⟨∼; ∼s⟩ *méd.* intertrigo *m*; **∼'vall** *n* ⟨∼s; ∼e⟩ intervalle *m* (*auch mus.*).

Interven|ient [‚ɪntɛrve·ni·'ɛnt] *m* ⟨∼en; ∼en⟩ *jur.* intervenant *m*; partie intervenante; **≈ieren** [-'niː-] *v/i.* ⟨*pas de ge-*, h⟩ intervenir; **∼ti'on** *f* ⟨∼; ∼en⟩ intervention *f*; **bewaffnete** ∼ intervention armée; **∼ti'ons‚klage** *f jur.* action *f* en intervention; **∼ti'ons‚maßnahme** *f* mesure *f* d'intervention; **∼ti'onspoli‚tik** *f* politique *f* interventionniste, d'intervention; **∼ti'ons‚recht** *n* droit *m* d'intervention.

Interview [‚ɪntɛr'vjuː, 'ɪn-] *n* ⟨∼s; ∼s⟩ interview [-vju] *f*; **ein** ∼ **geben** donner, accorder une interview; **≈en** *v/t.* ⟨*pas de ge-*, h⟩ **j-n** ∼ interviewer [-vjuve] qn.; **∼er** *m* ⟨∼s; ∼⟩ interviewer [-vjuvœːr] *m*.

interzellular [‚ɪntɛrtsɛlu·'lɑːr] *adj.* intercellulaire; **≈‚räume** *m/pl. bot.* espaces *m/pl.* intercellulaires; **≈sub‚stanz** *f zo.* substance *f* intercellulaire.

Interzonen|grenze [‚ɪntɛr'tsoːnən‚grɛntsə] *f cf.* Zonengrenze; **∼‚handel** *m* commerce *m* interzone (entre l'Allemagne de l'Ouest et l'Allemagne de l'Est); **∼‚paß** *m* passeport *m* interzone; **∼ver‚kehr** *m* trafic *m* interzone; **∼‚zug** *m* train *m* interzone.

intesta|bel [ɪntɛs'tɑːbəl] *adj.* ⟨-bl-⟩ *jur.* intestable; **≈t‚erbe** *m jur.* héritier *m* ab intestat; **≈t‚erbfolge** *f jur.* succession *f* ab intestat.

Inthronis|ation [ɪntro·ni·zatsi·'oːn] *f* ⟨∼; ∼en⟩ intronisation *f*; **≈ieren** [-'ziː-] *v/t.* ⟨*pas de ge-*, h⟩ introniser.

intim [ɪn'tiːm] **1.** *adj.* intime; ∼**e Beziehungen** relations intimes; **mit j-m (sehr)** ∼ **sein** être un (ami) intime de qn.; **2.** *adv.* intimement; **≈a** ['ɪn-] *f* ⟨∼⟩ **1.** *méd.* intima *f*; **2.** (*vertraute Freundin*) intime *f*; **≈i'tät** *f* ⟨∼; ∼en⟩ intimité *f*; **≈‚sphäre** *f* intimité *f*; **≈us** ['ɪn-] *m* ⟨∼; -mi⟩ intime *m*.

intoleran|t ['ɪntoˑleˑˌrant, -'rant] *adj.* intolérant; **≈z** *f* ⟨~; ~en⟩ intolérance *f.*
Inton|ation [ɪntoˑnatsiˑ'oːn] *f* ⟨~; ~en⟩ *égl. cath., mus., phon.* intonation *f;* **≈ieren** [-'niː-] *v/t.* ⟨*pas de ge-*, h⟩ entonner.
Intoxikation [ɪntɔksiˑkatsiˑ'oːn] *f* ⟨~; ~en⟩ *méd.* intoxication *f.*
intra|kardial [ɪntrakardiˑ'ɑːl] *adj. méd.* intracardiaque; **~moleku'lar** *adj. phys.* intramoléculaire; **~musku'lär** *adj. anat.* intramusculaire.
intransigen|t [ɪntranziˑ'gɛnt] *adj.* intransigeant; **≈z** *f* ⟨~⟩ intransigeance *f.*
intransitiv ['ɪntranziˑˌtiːf, -'tiːf] **1.** *adj. gr.* intransitif, -ive; **~e Verben** verbes intransitifs; **2.** *adv.* intransitivement; **≈um** *n* ⟨~s; -va⟩ *gr.* intransitif *m.*
intra|okular [ɪntraˀoˑkuˑ'lɑːr] *adj. anat.* intra-oculaire; **~ve'nös** *adj.* intraveineux, -euse; **~zellu'lar** *adj. anat.* intracellulaire.
intrig|ant [ɪntriˑ'gant] **I** *adj.* intrigant; **II ≈ant(in)** *m* ⟨~en; ~en⟩ (*f*) ⟨~; ~nen⟩ intrigant(e) *m* (*f*); **≈e** [-'triː-] *f* ⟨~; ~n⟩ intrigue *f;* **~n spinnen** intriguer; **≈en|stück** [-'triː-] *n thé.* comédie *f* d'intrigue; **~ieren** *v/i.* ⟨*pas de ge-*, h⟩ intriguer.
Intro|duktion [ɪntroˑdʊktsiˑ'oːn] *f* ⟨~; ~en⟩ *mus.* introduction *f;* **~itus** [-'troː-] *m* ⟨~; ~⟩ *égl. cath.* introït *m.*
introrS [ɪn'trɔrs] *adj. bot.* introrse.
Intro|spektion [ɪntroˑspɛktsiˑ'oːn] *f* ⟨~; ~en⟩ *psych.* introspection *f;* **~versi'on** *f* ⟨~; ~en⟩ *psych.* introversion *f;* **≈ver'tiert** *adjt.* introverti.
Intrusion [ɪntruˑziˑ'oːn] *f* ⟨~; ~en⟩ *géol.* intrusion *f.*
Intubation [ɪntuˑbatsiˑ'oːn] *f* ⟨~; ~en⟩ *méd.* intubation *f.*
Intuit|ion [ɪntuˑiˑtsiˑ'oːn] *f* ⟨~; ~en⟩ intuition *f;* **~io'nismus** *m* ⟨~⟩ *philos., math.* intuition(n)isme *m;* **≈iv** [-'tiːf] **1.** *adj.* intuitif, -ive; **2.** *adv.* intuitivement.
intus ['ɪntʊs] *adv.* F **etw. ~ haben a)** (*begriffen haben*) P avoir pigé qc.; (*im Gedächtnis haben*) savoir, retenir qc.; **b)** (*verzehrt haben*) avoir avalé qc.; avoir bu *bzw.* mangé qc.
Inulin [iˑnuˑ'liːn] *n* ⟨~s⟩ *chim.* inuline *f.*
Inumlaufsetzen [ɪn'ˀʊmlaufˌzɛtsən] *n* ⟨~s⟩ mise *f* en circulation.
Inundationsgebiet [ɪnˀʊndatsi'oːnsgəˌbiːt] *n* région *f* d'inondation, périodiquement inondée.
Invagination [ɪnvagiˑnatsiˑ'oːn] *f* ⟨~⟩ *biol., méd.* invagination *f.*
invalid|(e) [ɪnva'liːt, -də] *adj.* invalide; **≈e** *m* ⟨~n; ~n⟩ invalide *m;* **≈en|haus** *n,* **≈en|heim** *n* établissement *m* pour les invalides; **≈en|rente** *f* pension *f* d'invalidité; **~ beziehen** toucher une pension d'invalidité; **≈enver|sicherung** *f* assurance *f* invalidité; **≈i'tät** *f* ⟨~⟩ invalidité *f.*
Invar ['ɪnvar] *n* ⟨~s⟩ *métall.* invar *m.*
invaria|bel [ˌɪnvariˑ'ɑːbəl] *adj.* ⟨-bl-⟩ invariable; **≈nte** [-'antə] *f* ⟨~; ~n⟩ *math.* invariant *m.*
Invasion [ɪnvaziˑ'oːn] *f* ⟨~; ~en⟩ invasion *f.*
Invektive [ɪnvɛk'tiːvə] *f* ⟨~; ~n⟩ invective *f.*
Inventar [ɪnvɛn'tɑːr] *n* ⟨~s; ~e⟩ *als Verzeichnis* inventaire *m;* (*Einrichtungsgegenstände*) mobilier *m; e-s landwirtschaftl. Betriebes* cheptel *m;* **lebendes, totes ~** cheptel vif, mort; **das ~ aufnehmen** faire, dresser, établir, confectionner l'inventaire; **~|aufnahme** *f* établissement *m*, confection *f* d'un inventaire; inventaire *m;* **~|buch** *n* livre *m* des inventaires; **~|erbe** *m jur.* héritier *m* bénéficiaire; **~|gegenstand** *m* objet d'inventaire, inventorié; **~isati'on** *f* ⟨~; ~en⟩ inventaire *m;* **≈i'sieren** *v/t.* ⟨*pas de ge-*, h⟩ inventorier; dresser, faire, établir l'inventaire (de); **~|liste** *f* inventaire *m;* **~|recht** *n jur.* bénéfice *m* d'inventaire; **~|stück** *n* article, objet inventorié; pièce *f* d'inventaire; **~ver|zeichnis** *n* inventaire *m.*
Inventur [ɪnvɛn'tuːr] *f* ⟨~; ~en⟩ *comm.* inventaire *m;* **~ machen** faire l'inventaire, son inventaire; **~(|aus)ver|kauf** *m* vente *f*, soldes *f/pl.* après inventaire; **~|kosten** *pl.* frais *m/pl.* d'inventaire.
invers [ɪn'vɛrs] *adj.* inverse; *math.* **~e Funktion** fonction inverse; **≈i'on** *f* ⟨~; ~en⟩ *ling., chim., math., Meteorologie, anat., path.* inversion *f.*
Invert|ase [ɪnvɛr'tɑːzə] *f* ⟨~⟩ *Biochemie* invertase *f;* sucrase *f;* **~e'braten** *pl. zo.* invertébrés *m/pl.;* **≈iert** *adjt.* inverti; **~in** *n* ⟨~s⟩ *Ferment* invertine *f;* **~zucker** [-'vɛrt-] *m* sucre inverti.
investier|en [ɪnvɛs'tiːrən] *v/t.* ⟨*pas de ge-*, h⟩ investir; engager; placer; **Kapital in e-m Unternehmen ~** investir, placer des capitaux dans une entreprise; **≈ung** *f* ⟨~; ~en⟩ investissement *m;* placement *m;* **≈ungsge|sellschaft** *f* société *f* d'investissement; **≈ungs|vorhaben** *n* projet *m* d'investissement.
Investition [ɪnvɛstiˑtsiˑ'oːn] *f* ⟨~; ~en⟩ investissement *m;* **öffentliche, private, soziale ~en** investissements publics, privés, sociaux; **laufende ~en** investissements en cours; **ausländische ~en** investissements étrangers; **~s|anleihe** *f* emprunt *m* d'investissement; **~s|aufwendungen** *f/pl.,* **~s|ausgaben** *f/pl.* dépenses *f/pl.* d'investissement; **~s|bank** *f* banque *f* d'investissement; **Europäische ~** Banque européenne d'investissement; **~sbe|darf** *m* besoins *m/pl.* en investissements; **~sbe|mühungen** *f/pl.* efforts *m/pl.* d'investissement; **~s|boom** *m* boom [bum] *m* des investissements; **~sfinan|zierung** *f* financement *m* des investissements; **~s|fonds** *m* fonds *m* d'investissement; **~sge|sellschaft** *f* société *f* d'investissement; **~s|güter** *n/pl.* produits *m/pl.*, biens *m/pl.* d'investissement; **~s|haushalt** *m* budget *m* d'investissement; **~s|hilfe** *f* aide *f* aux investissements; **~s|kosten** *pl.* frais *m/pl.* d'investissement; **~skre|dit** *m* crédit *m* d'investissement; **~s|lenkung** *f* orientation *f*, direction *f* des investissements; **~s|mittel** *n/pl.* fonds *m/pl.* d'investissement; **~s|neigung** *f* propension *f* à investir; **~s|plan** *m* plan *m* d'investissement(s); **~s|planung** *f* planification *f* des investissements; **~spoli|tik** *f* politique *f* d'investissement; **~spro|gramm** *n* programme *m* d'investissements; **~spro|jekt** *n* projet *m* d'investissement; **~s|quote** *f* quota [ko-] *m* des investissements; **~s|stand** *m* niveau *m* des investissements, d'investissement; **~s|vorhaben** *n cf.* **~sprojekt.**
Investitur [ɪnvɛstiˑ'tuːr] *f* ⟨~; ~en⟩ investiture *f;* **~|streit** *m hist.* querelle *f* des investitures.
Investmentgesellschaft [ɪn'vɛstməntgəˌzɛlʃaft] *f comm.* société *f* d'investissement.
Invokation [ɪnvoˑkatsiˑ'oːn] *f* ⟨~; ~en⟩ *relig.* invocation *f.*
Involution [ɪnvoˑluˑtsiˑ'oːn] *f* ⟨~; ~en⟩ *méd., math.* involution *f.*
inwendig ['ɪnˌvɛndɪç] **1.** *adj.* intérieur; **2.** *adv.* intérieurement; à l'intérieur; au-dedans; en dedans; **etw. in- und auswendig kennen** *cf.* **auswendig.**
inwie|fern [ɪnviː'fɛrn], **~'weit I** *adv. fragend* dans quelle mesure?; **II** *conj.* jusqu'à quel point; dans quelle mesure; **~ wir damit das Richtige getroffen haben, ...** jusqu'à quel point *od.* dans quelle mesure nous sommes tombés juste ...
Inzahlungnahme [ɪn'tsɑːlʊŋˌnɑːmə] *f* ⟨~⟩ *comm.* reprise *f;* **die ~ des alten Autos** la reprise de l'ancienne voiture.
Inzest [ɪn'tsɛst] *m* ⟨~es; ~e⟩ inceste *m.*
Inzis|ion [ɪntsiˑziˑ'oːn] *f* ⟨~; ~en⟩ *méd.* incision *f;* **~iv|zahn** [-'ziːf-] *m anat.* incisive *f.*
Inzucht ['ɪntsʊxt] *f* ⟨~⟩ consanguinité *f;* union consanguine; **~ treiben** pratiquer la consanguinité.
inzwischen [ɪn'tsvɪʃən] *adv.* entre-temps; dans l'intervalle; pendant ce temps(-là); sur ces entrefaites; **wir haben ~ Erkundigungen eingezogen** entre-temps, dans l'intervalle, pendant ce temps-là, nous avons pris des renseignements, des informations; **~ bin ich e-s Besseren belehrt worden** dans l'intervalle, entre-temps, on m'a ouvert les yeux, on m'a détrompé.
Ion [iˑ'oːn, 'iːɔn, 'iɔn] *n* ⟨~s; I'onen⟩ *phys.* ion *m;* **~en|austausch** *m* échange *m* d'ions; **~en|austauscher** *m* échangeur *m* d'ions; **~enbe|schleuniger** *m* ⟨~s; ~⟩ accélérateur *m* d'ions; **~enbe|schleunigung** *f* accélération *f* d'ions; **~en|bündel** *n cf.* **~enstrahl;** **~enkonzentrati|on** *f* concentration *f* ionique, en ions; **~en|quelle** *f* source *f* d'ions, ionique; **~en|strahl** *m* faisceau *m* ionique; **~en|strom** *m* courant *m* ionique.
Ionier [iˑ'oːniˑər] *m/pl.* Ioniens *m/pl.*
Ionisation [iˑoˑniˑzatsiˑ'oːn] *f* ⟨~⟩ *phys. atom.* ionisation *f;* **~sener|gie** *f* énergie *f* d'ionisation; **~s|kammer** *f* chambre *f* d'ionisation; **~s|spannung** *f* potentiel *m* d'ionisation; **~s|strom** *m* courant *m* d'ionisation; **~sver|mögen** *n* pouvoir ionisant.
ionisch [iˑ'oːnɪʃ] *adj.* ionien, -nne; *das alte Ionien betreffend* ionique; **≈e Inseln** îles Ioniennes; **≈es Meer** mer Ionienne; **die ~e Sprache, das ≈e** l'ionien *m;* *métr.* **~er Vers** vers ionique; **~er Versfuß** (pied) ionique *m;* *bât.* **~e Säulenordnung** ordre ionique.
ionisier|en [iˑoˑniˑ'ziːrən] *v/t.* ⟨*pas de ge-*, h⟩ *phys.* ioniser; **≈ung** *f* ⟨~⟩ ionisation *f.*
Ionium [iˑ'oːniˑʊm] *n* ⟨~s⟩ *chim.* ionium [-jɔm] *m.*
Iono|phorese [iˑoˑnoˑfoˑ'reːzə] *f* ⟨~⟩ *méd.* ionophorèse *f;* **~'sphäre** *f* ⟨~⟩ ionosphère *f;* **~'sphären|forschung** *f* exploration *f* de l'ionosphère.
Iota *cf.* **Jota.**
Ipekakuanha [iˑpeˑkakuˑ'anja] *f* ⟨~⟩ *bot.* ipécacuana *od.* ipecacuanha *m;* ipéca *m.*
Ipomoea [iˑpoˑ'møːa] *f* ⟨~⟩ *bot.* ipomæa *m.*
I-Punkt ['iːpʊŋkt] *m* ⟨~(e)s; ~e⟩ point *m* sur l'i [lə i, li].
Irak|er(in) [iˑ'rɑːkər(ɪn)] *m* ⟨~s; ~⟩ (*f*) ⟨~; ~nen⟩ Irakien, -nne *od.* Iraquien, -nne *m, f;* **≈isch** *adj.* irakien, -nne *od.* iraquien, -nne; de l'Irak *od.* Iraq
Iran|(i)er(in) [iˑ'rɑːn(iˑ)ər(ɪn)] *m* ⟨~s; ~⟩ (*f*) ⟨~; ~nen⟩ Iranien, -nne *m, f;* **≈isch** *adj.* iranien, -nne; de l'Iran; **~e Sprachen** langues iraniennes; **~ist** [-'nɪst] *m* ⟨~en; ~en⟩ iranisant *m.*
Irbis ['ɪrbɪs] *m* ⟨~ses; ~se⟩ *zo.* irbis *m.*

ird|en [ˈɪrdən] *adj.* de *od.* en terre cuite; **~es Geschirr** vaisselle en terre cuite; **~isch** *adj.* terrestre; de ce monde; d'ici-bas; **alles 2e** (toutes) les choses terrestres, de ce monde, d'ici-bas.

Ire [ˈiːrə] *m* ⟨~n; ~n⟩ Irlandais *m.*

irgend [ˈɪrgənt] *adv.* **wenn du ~ kannst**... si cela t'est possible...; si tu as la moindre possibilité...; pour peu qu'il te soit possible...; **wenn es ~ geht** (, **bringe ich**...) si cela m'est possible (j'apporterai...); **~ so e-e Art Verwalter** une sorte d'administrateur; F **~ so ein Dummkopf** *etc.* une espèce d'imbécile, *etc.*; **~ etwas** quelque chose; *unverbunden* n'importe quoi; **wir müssen ~ etwas tun** il faut faire quelque chose; **habt ihr ~ etwas gesehen?** avez-vous vu quelque chose?; (**was können wir ihm schenken?** —) **2 etwas** (que pouvons-nous lui offrir? —) N'importe quoi; **~ jemand** quelqu'un; *unverbunden* n'importe qui; **kennst du ~ jemanden, der**...? connais-tu quelqu'un qui...?; **~ jemand hat gesagt**... quelqu'un a dit...; (**wen sollen wir euch hinüberschicken?** —) **2 jemanden** (qui devons-nous vous envoyer? —) N'importe qui; **~'ein** *pr/ind.* **~ Buch** *etc.* n'importe quel livre, *etc.*; un livre, *etc.* quelconque; **auf ~e Art** d'une façon quelconque; de n'importe quelle façon; **ohne ~ Hilfsmittel** sans aucun dictionnaire, *etc.*; **~ anderer** quelqu'un d'autre; **zu ~er Zeit** à n'importe quel moment; F **~ Esel** *etc.* **hat behauptet**... une espèce de cornichon, *etc.* a dit...; **unter ~em Vorwand** sous un prétexte quelconque; **~'einer** *pr/ind.* quelqu'un; une personne quelconque; *unverbunden* n'importe qui; n'importe lequel; **~ wird sich schon finden** on trouvera bien quelqu'un; **~ von den Jungen** *etc.* n'importe lequel des garçons, *etc.*; **~ein'mal** *adv.* un jour; une fois; **wenn er ~ kommen sollte** si jamais il vient; s'il vient un jour; **~ wirst du schon gewinnen** un jour, tu gagneras bien; **~'wann** *adv.* un jour; *unverbunden* n'importe quand; à n'importe quel moment; **~ werden wir uns wiedersehen** un jour, on se reverra; **wenn du ~ in X vorbeikommst**... si tu passes un jour par X...; **~ hat es in der Geschichte e-n Krieg gegeben**... à un moment quelconque de l'histoire il y eut une guerre...; **~'was** *pr/ind.* F *cf.* **~** (**etwas**); **~'welche** *pr/ind.* (*pl. von* **irgendein**) quelconques; *bei verneintem Sinn* aucuns; **ohne ~ Kosten** sans aucuns frais; **wenn ~ Komplikationen auftreten sollten** s'il y avait des complications quelconques; **~'wer** *pr/ind.* quelqu'un; **~ wird sich schon dafür interessieren** quelqu'un va bien s'y intéresser; *cf. auch* **~** (**jemand**); **~'wie** *adv.* n'importe comment; de n'importe quelle façon; d'une manière quelconque; **~ wird es schon gehen** n'importe comment, cela ira; cela ira d'une façon ou d'une autre; F **ich habe mich ~ gefreut** *etc.* cela m'a en quelque sorte fait plaisir, *etc.*; **~'wo** *adv.* quelque part; *unverbunden* n'importe où; dans un endroit quelconque; **ich habe ihn ~ schon einmal gesehen** je l'ai déjà vu quelque part; **er wohnt ~ im Norden der Stadt** il habite quelque part au nord de la ville; **oder sonst ~** ou n'importe où, dans un endroit quelconque, ailleurs; **~wo'her** *adv.* (de) quelque part; **~ kenne ich ihn** je l'ai déjà vu quelque part; **~ habe ich gehört**... j'ai déjà entendu dire quelque part...; **~wo'hin** *adv.* quelque part; **~, wo es warm ist** quelque part, dans un endroit quelconque où il fait chaud; **~wo'ran** *adv.* **das ist ~ gescheitert** cela a échoué à cause de qc., pour une raison quelconque; **~ wird sie schon Freude haben** il doit bien y avoir quelque chose qui lui fera plaisir.

Iridektomie [iˑriˑdɛktoˑˈmiː] *f* ⟨~; -ien⟩ *méd.* iridectomie *f.*

Iridium [iˑˈriːdiˑʊm] *n* ⟨~s⟩ *chim.* iridium [-jɔm] *m.*

Irin [ˈiːrɪn] *f* ⟨~; ~nen⟩ Irlandaise *f.*

Iris [ˈiːrɪs] *f* ⟨~; ~⟩ *anat.*, *bot.* iris [-is] *m*; **~ˌblende** *f opt.* diaphragme-iris *m.*

irisch [ˈiːrɪʃ] *adj.* irlandais; d'Irlande; **die ~e Sprache, das 2e** l'irlandais *m*; le gaélique d'Irlande; **2e See** mer d'Irlande; *zo.* **~er Setter** setter irlandais; **~-römisches Bad** bain turc.

Iris|druck [ˈiːrɪsˌdrʊk] *m impr.* irisation *f*; **~ˌglas** *n* verre irisé.

Irish-Stew [ˈaɪ(ə)rɪʃ stjuː] *n* ⟨~(s)⟩ *cuis.* irish-stew [ajriʃ stju] *m.*

iri|sieren [iˑriˑˈziːrən] **I** *v/i.* ⟨*pas de ge-*, h⟩ s'iriser; **II 2'sieren** *n* ⟨~s⟩ irisation *f*; **2tis** [-ˈriː-] *f* ⟨~⟩ *méd.* iritis [-is] *f.*

Irländ|er [ˈɪrˌlɛndər] *m* ⟨~s; ~⟩ *cf.* Ire; **2isch** *adj. cf.* irisch.

Irmin|säule [ˈɪrmɪnˌzɔʏlə] *f*, **~ˌsul** *f* ⟨~⟩ *german. Heiligtum* Irminsul *m.*

Irokesen [iˑroˑˈkeːzən] *m/pl.* Iroquois *m/pl.*

Iron|ie [iˑroˑˈniː] *f* ⟨~; -ien⟩ ironie *f*; **~iker** [-ˈroː-] *m* ⟨~s; ~⟩ ironiste *m*; **2isch** [-ˈroː-] **1.** *adj.* ironique; **~ werden** faire de l'ironie; **2.** *adv.* ironiquement; d'une façon ironique; **2i'sieren** *v/t.* ⟨*pas de ge-*, h⟩ ironiser; faire de l'ironie à propos de.

irr *cf.* irre.

Irradiation [ɪradiˑatsiˑˈoːn] *f* ⟨~; ~en⟩ *méd.* irradiation *f.*

irration|al [ˈɪratsiˑoˑˌnaːl, -ˈnaːl] **1.** *adj.* irrationnel, -lle; *math.* **~e Zahl** nombre irrationnel; **2.** *adv.* irrationnellement; **2a'lismus** *m* ⟨~⟩ *philos.* irrationalisme *m*; **~ell** [-ˈnɛl, ˈɪ-] *adj. cf.* **~al.**

irre [ˈɪrə] **I** *adj.* fou, fol, folle; aliéné; dément; **~ Gedanken** pensées de fou; **~ sein** être fou *bzw.* folle, *méd. auch* (un) aliéné, (un) dément; *fig.* an **j-m, etw. ~ werden** ne plus comprendre qn., qc.; être déconcerté par qn., par qc.; **II 2** *f* ⟨~⟩ **in die ~ führen** égarer, fourvoyer (qn.); **III 2(r)** *f* (*m*) ⟨→ A⟩ aliéné(e) *m* (*f*); fou, folle *m*, *f*; dément(e) *m* (*f*); F **ein armer ~r** un pauvre fou.

irreal [ˈɪreˑˌaːl, -ˈaːl] **I** *adj.* irréel, -lle; **II 2** *m* ⟨~s; ~e⟩ *gr.* (mode) irréel *m*; **2i'tät** *f* ⟨~; ~en⟩ irréalité *f.*

Irredent|ismus [ɪreˑdɛnˈtɪsmʊs] *m* ⟨~⟩ *pol.* irrédentisme *m*; **~ist** *m* ⟨~en; ~en⟩ irrédentiste *m*; **2istisch** *adj.* irrédentiste.

irre|führen [ˈɪrəˌfyːrən] *v/t.* ⟨*sép.*, -ge-, h⟩ induire en erreur; tromper; abuser; **sich durch etw. ~ lassen** se laisser induire en erreur par qc.; se laisser prendre à qc.; **2ˌführung** *f* ⟨~⟩ *verbal*; **~ˌgehen** *v/i.* ⟨*irr.*, *sép.*, -ge-, sein⟩ *cf.* irren.

irregul|är [ˈɪreˑguˑˌlɛːr, -ˈlɛːr] *adj.* irrégulier, -ière; **2arität** [-ˈtɛːt, ˈɪ-] *f* ⟨~; ~en⟩ irrégularité *f.*

irreleiten [ˈɪrəˌlaɪtən] *v/t.* ⟨-ete, *sép.*, -ge-, h⟩ tromper; abuser; induire en erreur; **der Dieb hat die Polizei irregeleitet** le voleur a trompé, abusé la police; **ein irregeleitetes Kind** un dévoyé.

irrelevant [ˈɪreˑleˑˌvant, -ˈvant] *adj.* insignifiant; sans importance.

irreligi|ös [ˈɪreˑliˑgiˑˌøːs, -ˈøːs] *adj.* irréligieux, -euse; **2osität** [-ˈtɛːt, ˈɪ-] *f* ⟨~⟩ irréligiosité *f.*

irremachen [ˈɪrəˌmaxən] *v/t.* ⟨*sép.*, -ge-, h⟩ déconcerter; dérouter; désorienter; **sein Verhalten hat mich irregemacht** son comportement m'a déconcerté, désorienté; **er läßt sich nicht ~** il ne se laisse pas déconcerter, dérouter.

irren [ˈɪrən] **I** *v/i.* ⟨h⟩ **1.** ⟨sein⟩ errer; **er irrt durch die Stadt** il erre à travers la ville; **2.** *geistig* se tromper; faire erreur; faire fausse route; se fourvoyer; **du irrst** tu te trompes; tu fais erreur, fausse route; tu te fourvoies; **es irrt der Mensch, solang' er strebt** tant qu'il agit l'homme est sujet à faillir; **~ ist menschlich** *prov.* l'erreur est humaine; **II** *v/réfl.* **sich ~** se tromper; faire erreur, fausse route; **sich im Datum, in der Straße ~** se tromper de date, de rue; **sich in j-m ~** se tromper sur le compte de qn.; **wenn ich mich nicht irre** si je ne me trompe, m'abuse; si j'ai bonne mémoire; sauf erreur de ma part; F **da irrst du dich gewaltig!** là, tu te trompes drôlement!; là, tu te fourres le doigt dans l'œil!; **2ˌanstalt** *f* établissement *m*, asile *m* d'aliénés; hôpital *m* psychiatrique [-k]; **2ˌarzt** *m* aliéniste *m*; **2ˌfürsorge** *f* assistance *f* aux aliénés; **2ˌhaus** *n* asile *m*, maison *f* d'aliénés; *fig. u.* F **es geht hier zu wie in e-m ~** on se croit chez les fous ici.

irreparabel [ˈɪreˑpaˌraːbəl, -ˈraː-] *adj.* ⟨-bl-⟩ irréparable.

irre|reden [ˈɪrəˌreːdən] *v/i.* ⟨-ete, *sép.*, -ge-, h⟩ divaguer; déraisonner; battre la campagne; **2ˌsein** *n* ⟨~s⟩ **manisch-depressives ~** folie dépressive et maniaque; **jugendliches ~** démence précoce.

irreversib|el [ˈɪreˑvɛrˌziːbəl, -ˈziː-] *adj.* ⟨-bl-⟩ *phys.* irréversible; **2ilität** [-ˈtɛːt, ˈɪ-] *f* ⟨~⟩ irréversibilité *f.*

Irrewerden [ˈɪrəˌveːrdən] *n* ⟨~s⟩ *verbal.*

Irr|fahrt [ˈɪrfaːrt] *f* odyssée *f*; **die ~en des Odysseus** les aventures d'Ulysse; **~ˌgarten** *m* labyrinthe *m*; dédale *m*; **~ˌglaube(n)** *m* croyance erronée; hétérodoxie *f*; hérésie *f*; **2ˌgläubig** *adj.* qui a une croyance erronée; hétérodoxe; hérétique; **~ˌgläubige(r)** *f* (*m*) ⟨→ A⟩ hétérodoxe *m*, *f*; hérétique *m*, *f*; **2ig** *adj.* erroné; **e-e ~e Ansicht** une opinion erronée.

Irrigat|ion [ɪriˑgatsiˑˈoːn] *f* ⟨~; ~en⟩ *méd.* irrigation *f*; **~or** [-ˈgaː-] *m* ⟨~s; -ˈtoren⟩ *méd.* irrigateur *m.*

irrigerweise [ˈɪrɪgərˌvaɪzə] *adv. cf.* **irrtümlich 2.**

irrit|abel [ɪriˑˈtaːbəl] *adj.* ⟨-bl-⟩ irritable; **2abili'tät** *f* ⟨~⟩ irritabilité *f*; **~ieren** [-ˈtiː-] *v/t.* ⟨*pas de ge-*, h⟩ (*erzürnen*) irriter; (*verwirren*) déranger; déconcerter; troubler.

Irr|läufer [ˈɪrˌlɔʏfər] *m Post* envoi égaré; **~ˌlehre** *f* doctrine erronée, hétérodoxe; hérésie *f*; **~licht** *n* feu follet; **2sein I** *v/i.* ⟨*irr.*, *sép.*, -ge-, sein⟩ *cf.* irre; **II ~sein** *n cf.* Irresein; **~sinn** *m* ⟨~(e)s⟩ folie *f*; *méd. auch* aliénation mentale; démence *f*; F **das ist ja ~!** c'est de la folie!; **2ˌsinnig 1.** *adj.* (de) fou, folle; *méd. auch* aliéné; dément; *fig. u.* F terrible; **ein ~er Gedanke** une idée de fou; F **~er Durst** soif terrible; **2.** *adv.* follement; F **~ komisch** follement drôle; F **~ viel zu tun haben** avoir un travail fou;

~ˌ**sinnige(r)** *f* (*m*) ⟨→ A⟩ fou, folle *m, f*; *méd. auch* aliéné(e) *m* (*f*); F **wie ein ~r arbeiten** travailler comme un fou; **~tum** *m* ⟨~(e)s; ~̈er⟩ erreur *f*; **ein gewaltiger ~** une erreur capitale; **im ~ sein** être dans l'erreur; se tromper; **e-n ~ begehen** faire, commettre une erreur; F faire une gaffe; **s-n ~ einsehen** reconnaître son erreur; revenir de son erreur; **j-n über s-n ~ aufklären** détromper, désabuser qn.; tirer qn. d'erreur; **von einigen Irrtümern abgesehen** à part quelques erreurs; *comm.* **~ vorbehalten** sauf erreur ou omission; *jur.* **~ in der Person** erreur sur la personne; ᘔˌ**tümlich 1.** *adj.* erroné; **2.** *adv.* par erreur; (*aus Versehen*) par méprise; **j-n ~ für j-n halten** prendre qn. par méprise, par erreur pour qn.; ᘔˌ**tümlicherˌweise** *adv. cf.* ᘔtümlich 2.; **~ung** *f* ⟨~; ~en⟩ erreur *f*; **~weg** *m fig.* fausse voie; **~wisch** *m* ⟨~(e)s; ~e⟩ **1.** *cf.* ~licht; **2.** *fig.* farfadet *m*.

isabellfarben [iˑza'bɛlˌfarbən] *adj.* isabelle (*inv.*).

Isan|emone [iˑzaneˑ'moːnə] *f* ⟨~; ~n⟩ *Meteorologie* isanémone *f*; **~o'male** *f* ⟨~; ~n⟩ *Meteorologie* isanomale *f*.

Isatin [iˑza'tiːn] *n* ⟨~s⟩ *chim.* isatine *f*.

Ischias ['ɪʃiˑas, 'ɪsçiˑas] *f*, F *n od. m* ⟨~⟩ *méd.* sciatique *f*; **~ˌnerv** *m* nerf *m* sciatique.

Isegrim ['iːzəˌgrɪm] *m* ⟨~s⟩ *Tierfabel* Isengrin *od.* Ysengrin *m*.

Islam ['ɪslam, -'laːm] *m* ⟨~s⟩ *relig.* islamisme *m*; islam [-am] *m*; ᘔ**isch** [-'laː-] *adj.* islamique; **~e Kultur, Kunst** civilisation, art islamique; **~it** [-'miːt] *m* ⟨~en; ~en⟩ islamite *m*; ᘔ**itisch** [-'miː-] *adj. cf.* ᘔisch.

Isländ|er(in) ['iːsˌlɛndər(ɪn)] *m* ⟨~s; ~⟩ (*f*) ⟨~; ~nen⟩ Islandais(e) *m* (*f*); ᘔ**isch** *adj.* islandais; d'Islande; **die ~e Sprache, das** ᘔ**e** l'islandais *m*; *bot.* ᘔ**es Moos** lichen [-kɛn] *m* d'Islande; *sc.* cetraria *m*.

Ismus ['ɪsmʊs] *m* ⟨~; -men⟩ terme *m*, mouvement *m* en -isme.

Iso|bare [iˑzoˑ'baːrə] *f* ⟨~; ~n⟩ *Meteorologie* isobare *f*; **~bu'tan** *n* ⟨~s⟩ *chim.* isobutane *m*; **~buty'len** *n* ⟨~s⟩ *chim.* isobut(yl)ène *m*; **~chi'mene** *f* ⟨~; ~n⟩ *Meteorologie* isochimène *f*; ᘔ**chro'matisch** *adj. opt.* isochromatique; ᘔ**'chron** *adj. phys.* isochrone; **~'chrone** *f* ⟨~; ~n⟩ isochrone *f*; **~chro'nismus** *m* ⟨~⟩ isochronisme *m*; ᘔ**dy'nam** *adj. Nahrungsstoffe* isodyname; **~dy'name** *f* ⟨~; ~n⟩ *géogr.* isodynamique *f*; ᘔ**e'lektrisch** *adj.* isoélectrique; **~ga'mie** *f* ⟨~⟩ *biol.* isogamie *f*; **~geo'therme** *f* ⟨~; ~n⟩ *Meteorologie* ligne *f* isogéotherme; **~'gon** *n* ⟨~s; ~e⟩ *math.* polygone régulier; ᘔ**go'nal** *adj. math.* isogonal; **~'gone** *f* ⟨~; ~n⟩ *géogr.* isogone *f*; **~'hypse** *f* ⟨~; ~n⟩ *géogr.* isohypse *f*; **~'kline** *f* ⟨~; ~n⟩ *géogr.* ligne *f* isocline.

Isolat|ion [iˑzoˑlatsiˑ'oːn] *f* ⟨~; ~en⟩ isolement *m* (*auch élect.*); (*Wärme-, Schall*ᘔ) isolation *f*; *pol.* „**splendid isolation**" ['splendɪd aɪsə'leɪʃən] splendide isolement; **~io'nismus** *m* ⟨~⟩ *pol.* isolationnisme *m*; **~io'nist** *m* ⟨~en; ~en⟩ isolationniste *m*; ᘔ**io'nistisch** *adj.* isolationniste; **~i'onsˌfehler** *m* défaut *m* d'isolement; **~i'onsˌmesser** *m* ⟨~s; ~⟩ *élect.* mégohmmètre *m*; **~i'onsˌprüfer** *m* indicateur *m* d'isolement; **~i'onsˌwiderstand** *m* résistance *f* d'isolement; **~or** [-'laː-] *m* ⟨~s; -'toren⟩ isolateur *m*; **~orenˌhals** [-'toː-] *m* gorge *f* de l'isolateur; **~orenˌstütze** [-'toː-] *f* support *m* d'isolateur.

Isolier|band [iˑzoˑ'liːrˌbant] *n* ruban isolant; chatterton [-ən] *m*; ᘔ**en I** *v/t.* ⟨*pas de ge-*, h⟩ isoler; **II ~en** *n* ⟨~s⟩ *cf.* ~ung; ᘔ**end** *adjt.* isolant; *ling.* **~e Sprachen** langues isolantes; **~ˌfähigkeit** *f* pouvoir isolant, d'isolement; **~ˌglocke** *f* isolateur *m* à cloche; cloche isolante; **~ˌhaft** *f jur. cf.* Einzelhaft; **~ˌhülle** *f* enveloppe, gaine isolante; **~ˌknopf** *m* bouton isolant; **~ˌlack** *m* vernis isolant; **~ˌmasse** *f* isolant *m*; matière isolante; **~paˌpier** *n* papier isolant; **~ˌplatte** *f* plaque isolante; **~ˌrohr** *n* tube isolant; **~ˌscheibe** *f* disque isolant; **~ˌschemel** *m* tabouret isolant; **~ˌschicht** *f* couche isolante; **~statiˌon** *f méd.* service *m*, pavillon *m* d'isolement; **~ˌstoff** *m* isolant *m*; matière isolante; ᘔ**t** *adjt.* isolé (*auch fig.*); **~tˌheit** *f* ⟨~⟩ isolement *m*; **~ung** *f* ⟨~; ~en⟩ isolement *m* (*auch fig. von Kranken etc. u. élect.*); (*Schall-, Wärme*ᘔ) isolation *f*; **~verˌmögen** *n* pouvoir isolant; **~ˌzange** *f* pince isolante; **~ˌzelle** *f jur. cf.* Einzelzelle.

iso|mer [iˑzoˑ'meːr] *adj.* isomère; ᘔ**me'rie** *f* ⟨~⟩ *chim., phys. atom.* isomérie *f*; **~'metrisch** *adj.* isométrique; **~'morph** *adj.* isomorphe; ᘔ**mor'phie** *f* ⟨~⟩, ᘔ**mor'phismus** *m* ⟨~⟩ *chim., minéral.* isomorphisme *m*; ᘔ**'nephe** *f* ⟨~; ~n⟩ *Meteorologie* isonèphe *f*; ᘔ**ni'trile** *pl. chim.* isonitriles *m/pl.*; **~peri'metrisch** *adj.* isopérimètre; ᘔ**'poden** *m/pl. zo.* isopodes *m/pl.*; ᘔ**'pren** *n* ⟨~s⟩ *chim.* isoprène *m*; ᘔ**sta'sie** *f* ⟨~⟩ *géol.* isostasie *f*; **~'statisch** *adj.* isostatique; ᘔ**'therme** *f* ⟨~; ~n⟩ *Meteorologie* isotherme *f*; **~'tonisch** *adj.* isotonique.

Isotop [iˑzoˑ'toːp] *n* ⟨~s; ~e⟩ *chim.* isotope *m*; **radioaktives ~** isotope radio-actif; radio-isotope *m*; **~engeˌmisch** *n* mélange *m* d'isotopes; **~enindiˌkator** *m* indicateur *m* isotopique; **~enˌschleuse** *f* séparateur *m* d'isotopes; **~enˌtrennung** *f* séparation *f* d'isotopes; **~ie** [-'piː] *f* ⟨~⟩ isotopie *f*.

iso|trop [iˑzoˑ'troːp] *adj. phys.* isotrope; ᘔ**ty'pie** *f* ⟨~⟩ *Kristallkunde* isotypie *f*.

Israeli [ɪsra'eːliˑ] *m* ⟨~s; ~s⟩ Israélien, -nne *m, f*; ᘔ**sch** *adj.* israélien, -nne; **~t** [-'liːt] *m* ⟨~en; ~en⟩ Israélite *m*; ᘔ**tisch** [-'liː-] *adj.* israélite.

iß, issest, ißt [ɪs, 'ɪsəst, ɪst] *cf.* **essen**.

Ist-|Ausgaben ['ɪstˌʔaʊsgaːbən] *f/pl. comm.* dépenses effectives, réelles; **~Beˌstand** *m* ⟨~(e)s; ~̈e⟩ quantité réelle; stock réel; *von Menschen* effectif (réel); **~ˌEinnahme** *f* ⟨~; ~n⟩ recette réelle, effective.

isth|misch ['ɪstmɪʃ] *adj.* isthmique [ism-]; ᘔ**mus** *m* ⟨~; -men⟩ isthme [ism] *m*.

Ist-|Prämie ['ɪstˌprɛːmiˑə] *f* ⟨~; ~n⟩ *comm.* prime effective; **~ˌStärke** *f* ⟨~; ~n⟩ *milit.* effectif réel.

italianisieren [iˑtaliˑaniˑ'ziːrən] *v/t.* ⟨*pas de ge-*, h⟩ italianiser.

Italien|er(in) [iˑtaliˑ'eːnər(ɪn)] *m* ⟨~s; ~⟩ (*f*) ⟨~; ~nen⟩ Italien, -nne *m, f*; ᘔ**isch** *adj.* italien, -nne; *pol. in Zssgn.* italo- (*par ex.* ~-*jugoslawisch* italo-yougoslave); *cuis.* **~er Salat** salade composée de petits morceaux de viande, de hareng, de légumes et de mayonnaise; **die ~e Sprache, das** ᘔ**e** la langue italienne; l'italien *m*; ᘔ**i'sieren** *v/t.* ⟨*pas de ge-*, h⟩ italianiser; **~ˌreise** [-'taː-] *f* voyage *m* en Italie.

Itali|ker [iˑ'taːliˑkər] *m/pl. hist.* Italiques *od.* Italiotes *m/pl.*; ᘔ**sch** *adj.* italique; **~e Sprachen** langues italiques.

iterativ [iˑteˑra'tiːf] **I** *adj.* itératif, -ive; **II** ᘔ *n* ⟨~s; ~e⟩ *gr.* verbe itératif.

Itinerar [iˑtiˑneˑ'raːr] *n* ⟨~s; ~e⟩ (lever *m* d')itinéraire *m*.

I-Tüpfelchen ['iːˌtʏpfəlçən] *n* ⟨~s; ~⟩ point *m* sur l'i [lə i, li]; **bis aufs ~ genau sein** être méticuleux, -euse, *pfort.* tatillon, -nne.

Iwan ['iːvaːn] F *m* ⟨~(s)⟩ Russe *m*.

i wo ['iː 'voː] *int. cf.* i.

J

J, j [jɔt] *n* ⟨~; ~⟩ J, j [ʒi] *m*.

ja [jaː] **I** *adv. u. conj.* **1.** *als Antwort* oui; **~, ~!** oui, oui!; **~ gewiß!, ~ freilich!** mais certainement!; bien sûr!; **~ doch!** (**Ich erinnere mich** *etc.*) mais oui!, mais si! (Je m'en souviens, *etc.*); **aber ~!** mais oui!; **o ~!** oh oui!; **~ sagen** *zustimmend* dire oui; *hypothetisch* dire que oui; **zu allem ~ (und amen) sagen** dire tout le temps oui; consentir à tout; dire amen à tout; **nicht ~ und nicht nein sagen** ne dire ni oui ni non; donner une réponse de Normand; **ich glaube ~** je crois (bien) que oui *od.* F qu'oui; **wenn ~** si oui; **du kommst mit, ~?** tu viens, oui?; **2.** *feststellend* **das ist ~ furchtbar, herrlich, ganz leicht** *etc.* mais c'est terrible, magnifique, très facile, *etc.*; **es ist ~ alles nicht so schlimm** mais ce n'est pas si grave, tout ça; **er ist ~ mein Freund** mais, il est mon ami; **da ist, kommt er ~!** mais le voilà!; **das ist ~ e-e schöne Geschichte!** en voilà une histoire!; **du weißt ~** tu sais bien; **ich sagte es dir ~** je te le disais bien; **Ihnen kann ich es ~ sagen** je peux bien vous le dire à vous; **3.** *verstärkend* **~ sogar** et même; voire (même); **es ist schön, ~ sehr schön** c'est beau, et même très beau; **Hunderte, ~ Tausende** des centaines, même des milliers; des centaines, que dis-je, des milliers; **tu das ~ nicht!** ne fais surtout pas cela!; garde-toi bien de le faire!; **glaube ~ nicht, daß ...!** ne crois surtout pas que ...!; **sei ~ vorsichtig!** sois surtout prudent!; **4.** *einleitend, interjektionsartig* **~, da fällt mir noch ein ...** ah oui, il me vient encore à l'idée que ...; mais j'y pense ...; **~, wenn man wüßte** oui, si on savait; **~, weißt du denn nicht, daß ...** mais tu ne sais donc pas que ...; **~, wer kommt denn da!** tiens, qui est-ce qui arrive là!; **~ zum Donnerwetter!** mais sapristi!; **~ Menschenskind!** mais (nom d'un chien)!; **na ~!** eh bien!; allons!; tant pis!; **ach ~!** mais oui!; ah oui!; ma foi, oui!; **II 2** *n* ⟨~(s)⟩ oui *m*; **das ~** le oui; **mit e-m lauten ~** par un oui bien proféré; **mit ~ (be)antworten** répondre (par) oui (à); **mit ~ stimmen** voter oui.

Jabo ['jaːboː] *m* ⟨~s; ~s⟩ *Kurzwort für* **Jagdbomber**.

Jabot [ʒa'boː] *n* ⟨~s; ~s⟩ *cout.* jabot *m*.

Jacht [jaxt] *f* ⟨~; ~en⟩ *mar.* yacht [jak, jot] *m*; **~klub** *m* club [klœb] *m* de yachting; **~sport** *m* yachting [jotiŋ, jakiŋ] *m*.

Jäckchen ['jɛkçən] *n* ⟨~s; ~⟩ (petite) veste; (*Baby*2) brassière *f*.

Jacke ['jakə] *f* ⟨~; ~n⟩ veste *f*; (*Herren*2) *auch* veston *m*; *sportliche* blouson *m*; (*Uniform*2) vareuse *f*; *fig. u.* F **j-m die ~ vollhauen** flanquer une rossée, une raclée, une dégelée à qn.; rosser qn.; **das ist ~ wie Hose** cela revient au même; F c'est kif-kif; **das ist e-e alte ~** c'est du réchauffé; **~nˌkleid** *n* tailleur *m*; **~nˌtasche** *f* poche *f* de la veste; **in der ~** dans la poche de ma, ta, *etc.* veste.

Jackett [ʒa'kɛt] *n* ⟨~s; ~e *od.* ~s⟩ *cf.* **Jacke.**

Jackstag ['dʒɛkʃtaːk] *n* ⟨~(e)s; ~e(n)⟩ *mar.* chemin *m* de fer.

Jacquard|(gewebe) [ʒa'kaːr(gəˌveːbə)] *n* ⟨~⟩ (*n*) *text.* (tissu *m*) jacquard *m*; **~maˌschine** *f* métier *m* Jacquard; jacquard *m*.

Jade ['jaːdə] *m* ⟨~⟩ *minéral.* jade *m*; **2ˌgrün** *adj.* vert jade; **~'it** *m* ⟨~s; ~e⟩ *minéral.* jadéite *f*.

Jagd [jaːkt] *f* ⟨~; ~en⟩ chasse *f* (**auf** de, à) (*auch coll.*, **~revier**, **~recht**); **hohe, niedere ~** chasse au grand, au menu gibier; grande, petite vénerie; **auf die ~ gehen** aller à la chasse; **~ machen auf** faire, donner la chasse à; pourchasser (*beide auch fig.*); **~ auf Verbrecher** chasse aux malfaiteurs; *fig.* **die ~ nach Erfolg, Reichtum, nach dem Glück** la poursuite du succès, de la richesse, du bonheur; *myth.* **die Wilde ~** la chasse sauvage, infernale; **~ˌanzug** *m* costume *m*, habit *m* de chasse; **~ˌaufseher** *m* garde-chasse *m*; **~ˌausdruck** *m* terme *m* de chasse, de vénerie; **~ˌausrüstung** *f* équipement *m* pour la chasse; **2bar** *adj.* que l'on peut chasser; **2beˌrechtigt** *adjt.* qui a le droit de chasse(r); **~beˌrechtigung** *f* droit *m* de chasse(r); **~ˌbeute** *f* gibier abattu; (tableau *m* de) chasse *f*; **~bezirk** *m* district *m* de chasse; **~ˌbomber** *m milit.* chasseur *m* bombardier; **~brauch** *m* coutume *f* à la chasse, de chasseurs; **~ˌeinsitzer** *m milit.* chasseur *m* monoplace; **~ˌfalke** *m zo.* faucon dressé à la chasse; **~ˌflieger** *m milit.* **1.** pilote *m* de chasse; chasseur *m*; **2.** avion *m* de chasse; chasseur *m*; *coll. auch* chasse *f*; **~fliegeˌrei** *f milit.* aviation *f* de chasse; **~ˌflugzeug** *n cf.* **~flieger 2.**; **~ˌfrevel** *m cf.* **~vergehen**; **~geˌbiet** *n* territoire *m* de chasse; **~geˌnossenschaft** *f* société *f* de chasse; **~geˌräte** *n/pl.* attirail *m*, engins *m/pl.* de chasse; **2geˌrecht** *adj.* conforme aux règles de la chasse, de la vénerie; **~geˌrechtigkeit** *f cf.* **~berechtigung**; **~geˌschichte** *f* histoire *f* de chasse; **~geˌschwader** *n milit.* escadre *f* de chasse; **~geˌsellschaft** *f* chasse *f*; **~geˌsetz** *n* loi *f* sur la chasse; **~ˌgründe** *m/pl. cf.* **~gebiet**, **~revier**; *fig.* **in die ewigen ~ eingehen** (*sterben*) gagner le pays des chasses heureuses; **~horn** *n* cor *m* de chasse; **~hund** *m* **1.** *zo.* chien *m* de chasse; **2.** *astr. pl.* **~e** Chiens *m/pl.* de chasse; **~ˌhündin** *f* chienne *f* de chasse; *zur Zucht* lice *f*; **~ˌhüter** *m cf.* **~aufseher**; **~ˌhütte** *f* pavillon *m* de chasse; **~ˌmesser** *n* couteau *m* de chasse; **~munitiˌon** *f* munition *f* de chasse; **~netz** *n* filet *m*; rets [rɛ] *m*; *für Hasen etc.* panneau *m*; **~pacht** *f* location *f* de chasse; chasse louée; **~ˌpächter** *m* locataire *m* de chasse; **~parˌtie** *f* partie *f* de chasse; **~paˌtrone** *f* cartouche *f* de chasse; **~poliˌzei** *f* police *f* de la chasse; **~recht** *n* **1.** *cf.* **~berechtigung**; **2.** droit rural concernant la chasse; **~ˌrennen** *n Pferdesport* steeple-chase [stipltʃez] *m*; **~reserˌvat** *n* réserve *f* de chasse; **~reˌvier** *n* (terrain *m* de) chasse *f*; chasse gardée; **~saiˌson** *f* saison *f* de la chasse; **Beginn der ~** ouverture de la chasse; **~schein** *m* permis *m* de chasse; **~schloß** *n*, **~ˌschlößchen** *n* pavillon *m* de chasse; **~schutz** *m* **1.** *ch.* protection *f* du gibier; **2.** *milit.* escorte *f* de chasseurs; **~siˌgnal** *n* signal *m* de la chasse; **~spieß** *m* épieu *m*; **~ˌspringen** *n cf.* **~rennen**; **~ˌstaffel** *f milit.* escadron *m* de chasse; **~ˌstiefel** *m/pl.* bottes *f/pl.* de chasse; **~ˌtasche** *f* gibecière *f*; carnassière *f*; carnier *m*; **~ˌunfall** *m* accident *m* de chasse; **~verˌband** *m* **1.** *milit.* formation *f* de chasseurs; **2.** *ch.* fédération *f* de chasseurs; **~verˌgehen** *n* délit *m* de chasse; (*Wilderei*) braconnage *m*; **~ˌwaffe** *f* arme *f* de chasse; **~ˌwesen** *n* (tout ce qui concerne la) chasse; **~ˌzauber** *m bei Naturvölkern* magie *f* des chasseurs indigènes; **~zeit** *f cf.* **~saison**; **~zeug** *n cf.* **~geräte**.

jagen ['jaːgən] **I** *v/t.* ⟨h⟩ **1.** *ch.* chasser; **Hasen ~** chasser le lièvre; **2.** *fig.* (**weg~**) chasser; (*verfolgen*) poursuivre; pourchasser; **j-n aus dem Hause, aus dem Lande** *etc.* **~** chasser qn. de la maison, du pays, *etc.*; **die Fliegen von etw. ~** chasser les mouches de sur qc.; F **j-n zum Teufel ~** envoyer qn. au diable; P envoyer paître qn.; **j-n in die Flucht ~** faire fuir qn.; **die Polizei jagte den Verbrecher** la police poursuivait, pourchassait le criminel; *Ereignisse, Nachrichten* **sich, einander ~** se succéder, se suivre sans interruption; F **ein Witz jagte den anderen** les bons mots se succédaient, se suivaient sans interruption; **sich e-e Kugel durch den Kopf ~** se brûler la cervelle; F **sein Vermögen durch die Kehle ~** boire sa fortune; *Sport* F **den Ball, das Leder ins Netz ~** envoyer la balle, le ballon dans le but, dans le(s) filet(s); **II** *v/i.* **3.** *ch.* chasser; aller à la chasse; **4.** ⟨**sein**⟩ *fig.* aller, courir à toute vitesse;

F foncer; nach Glück, Erfolg ~ ⟨h⟩ courir après, poursuivre le bonheur, le succès; **III** ♀ *n* ⟨~s⟩ **5.** chasse *f*; ~ verboten! chasse interdite!; **6.** ⟨*pl.* ~⟩ *Forstwirtschaft* section *f* de forêt.

Jäger ['jɛːgər] *m* ⟨~s; ~⟩ *ch.*, *milit.*, *aviat.* chasseur *m*; *Flugzeug auch* avion *m* de chasse; *Kulturstufe* ~ und Sammler chasseurs et cueilleurs; **~ˌart** *f cuis.* nach ~ chasseur; **~ˌbursche** *m* jeune chasseur *m*; **~diviˌsiˌon** *f milit.* division *f* de chasseurs; **~ei** [-'raɪ] *f* ⟨~; ~en⟩ chasse *f*; *coll.* chasseurs *m/pl.*; **~in** *f* ⟨~; ~nen⟩ chasseuse *f*; *poét.* chasseresse *f*; **~laˌtein** *n* histoires *f/pl.*, gasconnades *f/pl.* de chasseurs; **~ˌrecht** *n* part *f* du chasseur; **~sˌmann** *m* ⟨~(e)s; -leute⟩ chasseur *m*; **~ˌsprache** *f* langage *m*, jargon *m*, argot *m* des chasseurs.

Jaguar ['jaːguˑaːr] *m* ⟨~s; ~e⟩ *zo.* jaguar [-gwaːr] *m*.

jäh [jɛː] **1.** *adj.* **a)** (*plötzlich*) subit; soudain; brusque; ein ~er Ruck une secousse brusque; ein ~er Tod une mort subite, soudaine; **b)** (*steil, senkrecht*) abrupt; raide; escarpé; à pic; ein ~er Abgrund un précipice abrupt, *etc.*; **2.** *adv.* subitement; soudain(ement); brusquement; *Gelände* ~ abstürzen tomber à pic; **~lings** *adv. cf.* ~ 2.

Jahr [jaːr] *n* ⟨~es; ~e⟩ an *m*; *im Hinblick auf Dauer od. Inhalt* année *f*; das bürgerliche, astronomische, siderische, tropische, anomalistische ~ l'année civile, astronomique, sidérale, tropique, anomalistique; ein gutes, schlechtes ~ une bonne, mauvaise année; ein fruchtbares, feuchtes, trockenes ~ une année féconde, humide, sèche; die schönsten ~e les plus belles années; die ersten ~e les premières années; j-m ein gutes neues ~ wünschen souhaiter la, une bonne année à qn.; ein halbes ~ six mois; dreiviertel ~ neuf mois; anderthalb ~e dix-huit mois; un an et demi; hundert ~e cent ans; Hunderte von ~en des centaines d'années; zehn ~e Krieg dix années, ans de guerre; ein Junge von zehn ~en un garçon de dix ans; zwanzig ~e alt sein avoir vingt ans; être âgé de vingt ans; volle achtzig ~e alt sein avoir quatre-vingts ans révolus; im dreißigsten ~e stehen être dans sa trentième année; er ist bald sechzig ~e alt il aura bientôt soixante ans; il approche de la soixantaine; er ist fünfzig ~e alt geworden il a atteint la cinquantaine; das ~ 1945 l'année 1945; im ~e 1948 en 1948; im August des ~es 1914 au mois d'août de l'année 1914; en août 1914; das ~ 1000 l'an 1000; im ~e 800 en (l'an) 800; im ~e des Heils ... en l'an de grâce ...; in den dreißiger ~en dans les années trente; zu Anfang der dreißiger ~e au début des années trente; in diesem ~, dieses ~ cette année; (bis zum 31. Dezember) dieses ~es (*abr.* d.J.) (jusqu'au 31 décembre) de cette année; im laufenden ~ dans l'année en cours, courante; im Laufe des ~es, der ~e au cours de l'année, des années; im letzten, vergangenen, vorigen ~, letztes, vergangenes, voriges ~ l'année dernière, passée; l'an dernier, passé; im nächsten ~, nächstes ~ l'année prochaine; l'an prochain; wieviel verdienen Sie im ~, pro ~? combien gagnez-vous dans l'année, par an?; einmal im ~ une fois par an, l'an; in e-m ~ sind wir fertig dans un an *od.* d'ici un an on aura terminé; in e-m ~ haben wir drei Reisen gemacht en un an nous avons fait trois voyages; (heute) vor e-m ~ il y a un an (aujourd'hui); noch vor wenigen ~en il y a peu d'années encore; vor ~en il y a des années; drei ~e vorher trois ans, années auparavant; seit drei ~en depuis trois ans; seit ~en depuis des années; seit langen ~en depuis de longues années; depuis bien des années; nach Ablauf von zehn ~en au bout de dix ans; noch nach ~en encore après des années; einige ~e später quelques années plus tard; fünf ~e lang pendant, durant cinq années, ans; das ganze ~ hindurch (pendant) toute l'année; tout au long de l'année; das ganze ~ in Frankreich verbringen passer toute l'année en France; jedes ~ chaque année; tous les ans; alle zwei ~e tous les deux ans; un an sur deux; seit ~ und Tag depuis bien longtemps; noch nach ~ und Tag encore longtemps après; von ~ zu ~ d'année en année; d'une année à l'autre; ~ für ~ tous les ans; chaque année; année après année; mit den ~en avec les années, le temps, l'âge; das wird sich mit den ~en verlieren cela disparaîtra avec l'âge; in s-n ~en à son âge; in jüngeren ~en dans ses jeunes années; in (den) mittleren ~en entre deux âges; in den besten ~en sein être dans la force de l'âge; bei ~en sein avoir un âge avancé; zu drei ~en Gefängnis verurteilt werden être condamné à trois ans, années de prison; ein ~ beim Militär gewesen sein avoir fait un an de service militaire; ein ~ Garantie garantie d'un an; un an de garantie; *bibl.* die sieben fetten und die sieben mageren ~e les sept années d'abondance et les sept années de famine.

jahr|aus [jaːr'ˀaʊs] *adv.* ~, jahrein tous les ans; chaque année; année après année; bon an mal an; **♀buch** ['jaːr-] *n statistisches etc.* annuaire *m*.

Jährchen ['jɛːrçən] *n* ⟨~s; ~⟩ F petite année.

jahrelang ['jaːrəˌlaŋ] **1.** *adj.* (qui dure) des années; ~e Erfahrung, Zusammenarbeit *etc.* des années d'expérience, de collaboration, *etc.*; **2.** *adv.* pendant, durant *bzw.* depuis des années; ich habe ihn ~ nicht mehr gesehen je ne l'ai pas vu depuis des années.

jähren ['jɛːrən] *v/réfl.* ⟨h⟩ heute jährt sich der Tag, an dem ..., heute jährt es sich, daß ... il y a *od.* voilà aujourd'hui un an que ...; sein Todestag jährt sich zum zweiten Mal c'est le deuxième anniversaire de sa mort; il y a *od.* voilà deux ans qu'il est mort.

Jahres|abonnement ['jaːrəsˀabɔn(ə)ˌmɑ̃ː, -ˌmaŋ] *n* abonnement annuel, d'un an; **~ˌabrechnung** *f* compte *m* de fin d'année; **~ˌabschluß** *m comm.* clôture *f* de l'exercice; bilan *m* de fin d'année; **~ˌanfang** *m* commencement *m*, début *m* de l'année; **~ˌausgaben** *f/pl.* dépenses annuelles; **~ˌausgleich** *m Steuer* péréquation [-kwa-] annuelle; **~ˌausklang** *m cf.* ~ende; **~ˌbeitrag** *m* cotisation annuelle; **~beˌricht** *m* compte rendu, rapport annuel; **~biˌlanz** *f* bilan annuel; **~ˌdurchschnitt** *m* moyenne annuelle; im ~ en moyenne dans l'année; **~ˌeinkommen** *n* revenu(s) annuel(s); **~ˌeinnahme** *f* recette annuelle; **~ˌeinschlag** *m Forstwesen* coupe annuelle; **~ˌende** *n* fin *f* d'année, de l'année; **~erˌtrag** *m* rendement annuel; **~ˌfrist** *f* délai *m* d'un an; binnen, innerhalb ~ dans le délai d'un an; avant un an; d'ici un an; nach ~ au bout d'un an; **~geˌdächtnis** *n égl. cath.* messe *f* (d')anniversaire; obit [-t] *m*; **~geˌhalt** *n* salaire, *für Beamte* traitement annuel; **~geˌwinn** *m* bénéfice annuel; **~ˌhälfte** *f* moitié *f* de l'année; **~ˌhauptverˌsammlung** *f* assemblée générale annuelle; **~ˌkarte** *f* carte annuelle; **~konˌgreß** *m* congrès annuel; **~kontinˌgent** *n* contingent annuel; **~ˌlauf** *m* cours *m* de l'année; **~ˌlohn** *m* salaire annuel; **~ˌpensum** *n* tâche annuelle; travail, programme annuel; **~ˌplan** *m* plan annuel; **~ˌprämie** *f* prime annuelle; **~produktiˌon** *f* production annuelle; **~ˌrate** *f* annuité *f*; **~ˌrente** *f* rente annuelle; **~ˌring** *m im Holz* cerne *m*; couche annuelle; anneau, cercle annuel; **~ˌsatz** *m* taux annuel; **~ˌschluß** *m* fin *f* d'année, de l'année; **~ˌschlußˌfeier** *f* fête *f*, réunion *f* de fin d'année; **~ˌtag** *m* (jour *m*) anniversaire *m*; **~ˌumsatz** *m comm.* chiffre d'affaires annuel; **~ˌurlaub** *m* congé annuel; **~verˌbrauch** *m* consommation annuelle; **~verˌdienst** *m* salaire annuel; **~verˌsammlung** *f* assemblée annuelle; **~ˌwechsel** *m* changement *m* d'année; mit den besten Wünschen zum ~! avec mes meilleurs vœux pour le nouvel an, pour la nouvelle année!; **~ˌwende** *f* fin *f* d'année; *cf. auch* ~wechsel; **~ˌzahl** *f* année *f*; date *f*; *auf Münzen auch* millésime *m*; **~ˌzahlung** *f* annuité *f*; **~ˌzeit** *f* saison *f*; der ~ angemessen approprié à la saison; **♀ˌzeitlich** *adj.* saisonnier, -ière; ~e Temperaturen températures saisonnières; **~ˌziel** *n* but *m* de l'année; **~ˌzins** *m* intérêts annuels.

Jahr|fünft [jaːr'fʏnft] *n* ⟨~(e)s; ~e⟩ (période *f* de) cinq ans *m/pl.*; lustre *m*; **~gang** ['jaːr-] *m* ⟨~(e)s; ~̈e⟩ *allg.* année *f*; *milit.* classe *f*; *von Hochschulabsolventen* promotion *f*; *des Weines, e-r Zeitschrift etc.* année *f*; *von Weinen auch* millésime *m*; ein geburtenschwacher ~ une année à faible natalité; Angehörige des ~s 1940 personnes nées en 1940; *milit.* ~ 1940, 1941 *etc.* classe 60, 61, *etc.* („*classe*" *bezieht sich auf das Jahr der Wehrdienstpflicht*); schwacher ~ classe creuse.

Jahrhundert [jaːr'hʊndərt] *n* ⟨~s; ~e⟩ siècle *m*; das 20. ~ le XXe siècle; im 17. und 18. ~ aux XVIIe et XVIIIe siècles; au XVIIe et au XVIIIe siècle; **♀eˌalt** *adj.* séculaire; **♀eˌlang** **1.** *adj.* (qui dure) des siècles; séculaire; **2.** *adv.* pendant des siècles; des siècles durant; depuis des siècles; **~ˌfeier** *f* (fête *f* du) centenaire *m*; **~ˌwein** *m* vin *m* d'une très grande année; **~ˌwende** *f* fin *f* de siècle; um die ~ autour de 1900.

...jährig [...jɛːrɪç] *in Zssgn. par ex.* fünfjährig *Alter* de cinq ans; qui a cinq ans; *Dauer* de cinq années.

jähr|lich ['jɛːrlɪç] **1.** *adj.* annuel, -lle; **2.** *adv.* par an; annuellement; l'an; tous les ans; zweimal ~ deux fois par an; zu 4 % ~ verzinsbar au taux de 4 % par an *od.* l'an; ~ bezahlen payer par an, annuellement; **♀ling** *m* ⟨~s; ~e⟩ animal *m* d'un an.

Jahr|markt ['jaːrmarkt] *m* foire *f*; **~marktsˌbude** *f* stand [stɑ̃d] *m*, baraque *f* de foire; baraque foraine; **~marktsˌhändler(in)** *m* (*f*) marchand (-e) *m* (*f*) forain(e), de foire; **~'tausend** *n* ⟨~s; ~e⟩ millénaire *m*; **~'tausendˌfeier** *f* (fête *f* du) millénaire *m*; **~'zehnt** *n* ⟨~(e)s; ~e⟩ dizaine *f* d'années; période de dix ans, décennale;

décennie *f*; décade *f*; ein ~s-s Lebens une dizaine d'années de sa vie; das erste ~ unseres Jahrhunderts la première décennie, décade de notre siècle; ≈'zehnte͵lang 1. *adj.* (qui dure) des dizaines d'années; ~e Forschungsarbeit des dizaines d'années de recherches; 2. *adv.* pendant *bzw.* depuis des dizaines d'années.

Jähzorn ['jɛːtsɔrn] *m* ⟨~(e)s⟩ colère subite; violent accès de colère; *als Eigenschaft* disposition *f* aux colères subites; irascibilité *f*; humeur *f* colérique; ≈ig *adj.* prompt à s'emporter; colérique; coléreux, -euse; irascible; ~ sein *auch* être sujet, -tte à des colères subites.

Jak [jak] *m* ⟨~s; ~s⟩ *zo.* ya(c)k *m*.

Jakarandaholz [jaka'randa͵hɔlts] *n* (bois *m* de) jacaranda *m*; palissandre *m*.

Jako ['jako·] *m* ⟨~s; ~s⟩ *zo.* jaco(t) *m*; jacquot *m*; perroquet gris.

Jakob ['jaːkɔp] *m* F das ist auch nicht der wahre ~ ce n'est pas non plus ce qu'il me, te, *etc.* faut, convient; ce n'est pas non plus de mon, ton, *etc.* goût; ~i [-'koː-] *n* ⟨~⟩ *relig.* (la) Saint-Jacques; (zu, an) ~ à la Saint-Jacques; ~iner [-'biː-] *m/pl. hist.* Jacobins *m/pl.*; ~iner͵klub [-'biː-] *m hist.* Club *m* des Jacobins; ~iner͵mütze [-'biː-] *f hist.* bonnet phrygien; bonnet rouge; ~inerpar͵tei [-'biː-] *f hist.* parti jacobin; ~iner͵tum [-'biː-] *n* ⟨~(e)s⟩ jacobinisme *m*; ~i͵tag [-'koː-] *m relig. cf.* ~i; ~iten [-'biː-] *m/pl. christl. Sekte, hist. England* jacobites *m/pl.*; ~s͵kraut *n bot.* jacobée *f*; herbe *f*, fleur *f* de Saint-Jacques; ~s͵leiter *f* 1. *bibl.* échelle *f* de Jacob [-b]; 2. *mar.* échelle *f* de tangon; 3. *bot. cf.* Himmelsleiter; ~s͵muschel *f zo.* coquille *f* Saint-Jacques; ~s͵stab *m* 1. *astr.* a) *Winkelmeßgerät* astrolabe *m*; b) *Sternbild* bâton *m* de Jacob [-b]; 2. *bot. cf.* ~skraut; ~s͵tag *m cf.* ~i; ~us͵brief [-'koː-] *m bibl.* épître *f* de saint Jacques.

Jakuten [ja'kuːtən] *m/pl. Volksstamm* Yakoutes *od.* Iakoutes *m/pl.*

Jalape [ja'lapə] *f* ⟨~; ~n⟩ *bot.* jalap [-p] *m*.

Jalousie [ʒalu·'ziː] *f* ⟨~; -ien⟩ jalousie *f* (*auch techn.*).

Jalta-Konferenz ['jaltakɔnfe·͵rɛnts] *f pol.* conférence *f* de Yalta.

Jamaika|ner(in) [jamaɪ'kaːnər(ɪn)] *m* ⟨~s; ~⟩ (*f*) ⟨~; ~nen⟩ Jamaïquain(e) *m* (*f*); ~-͵Rum [-'maɪ-] *m* rhum [rɔm] *m* de la Jamaïque.

Jamb|e ['jambə] *f* ⟨~; ~n⟩ *métr. cf.* ~us; ≈isch *adj.* ïambique; iambique; ~us *m* ⟨~; -ben⟩ *métr.* ïambe *od.* iambe *m*.

Jammer ['jamər] *m* ⟨~s⟩ (*Elend*) misère *f*; détresse *f*; (*Wehklagen*) lamentations *f/pl.*; plaintes *f/pl.*; ein Bild des ~s un tableau de désolation; une image de la détresse; es ist ein ~ cela fait pitié; c'est une pitié de voir cela; es ist ein ~, daß ... c'est une pitié de voir ...; es ist ein ~ um sie c'est une pitié de la voir; ~ge͵schrei *n* lamentations *f/pl.*; ~ge͵stalt *f* figure *f* pitoyable; ~͵lappen *m* F nouille *f*; chiffe *f*; mollasson *m*; moule *f*; ~͵leben *n* vie *f* de misère; existence *f* misérable.

jämmer|lich ['jɛmər͵lɪç] 1. *adj.* lamentable; pitoyable; 2. *adv.* ~ weinen pleurer lamentablement; ~ schreien crier lamentablement, pitoyablement; ~ aussehen avoir l'air lamentable; mir ist ~ zumute je me sens dans un état lamentable, pitoyable; ≈lich͵keit *f* ⟨~⟩ caractère *m*, état *m* lamentable; ≈͵ling *m* ⟨~s; ~e⟩ *cf.* Jammerlappen.

jammer|n ['jamərn] I *v/t.* ⟨-(e)re, h⟩ j-n ~ faire pitié à qn.; inspirer de la pitié à qn.; er jammert mich il me fait pitié; il m'inspire de la pitié; es jammert einen, zu ... cela fait pitié de ...; II *v/i.* se lamenter (über, um sur); gémir (sur); se plaindre (de); III ≈n *n* ⟨~s⟩ lamentations *f/pl.*; plaintes *f/pl.*; ~'schade *adj.* es ist ~ c'est vraiment, très dommage (um pour); c'est grand-pitié (pour); ≈͵tal *n relig. u. fig.* vallée *f* de misère; ~͵voll *adj.* ein ~er Anblick un spectacle lamentable; *cf. auch* jämmerlich.

Jamswurzel ['jams͵vurtsəl] *f bot.* igname *f*; *sc.* dioscorea *m*; *Knolle auch* yam [jam] *m*; ~ge͵wächse *n/pl.* dioscoréacées *f/pl.*

Janitscharen [jani·'tʃaːrən] *m/pl. hist.* janissaires *m/pl.*; ~mu͵sik *f* musique turque.

Janker ['jaŋkər] *m* ⟨~s; ~⟩ veste bavaroise.

Jansenis|mus [janze·'nɪsmus] *m* ⟨~⟩ *relig.* jansénisme *m*; ~t *m* ⟨~en; ~en⟩ janséniste *m*; ≈tisch *adj.* janséniste.

Januar ['janu·aːr] *m* ⟨~(s); ~e⟩ (mois *m* de) janvier *m*; im ~ en janvier; au mois de janvier.

Janus|kopf ['jaːnus͵kɔpf] *m* tête *f* de Janus [-ys]; ~͵tempel *m hist.* temple *m* de Janus.

Japan|er(in) [ja'paːnər(ɪn)] *m* ⟨~s; ~⟩ (*f*) ⟨~; ~nen⟩ Japonais(e) *m* (*f*); ≈isch *adj.* japonais; du Japon; nippon, -(n)ne; die ~e Sprache, das ≈e la langue japonaise, le japonais; ~er Garten jardin japonais; ~es Porzellan porcelaine *f* du Japon; japon *m*; das ≈e Meer la mer du Japon; die ≈e Inlandsee la mer intérieure du Japon; *bot.* ≈e Quitte cognassier *m* du Japon; chænomeles [kenomelɛs] *m*; ~͵lack ['jaː-] *m* laque *f* du Japon; ~o'loge *m* ⟨~n; ~n⟩ japonisant *m*; japoniste *m*; ~pa͵pier ['jaː-] *n* (papier *m*) japon *m*; ~͵seide ['jaː-] *f* soie *f* du Japon.

japhetitisch [jafe·'tiːtɪʃ] *adj. ling.* ~e Theorie théorie *f* japhétique; ~e Sprachen langues *f/pl.* japhétiques.

Japs [japs] *m* ⟨~en *od.* ~es; ~en *od.* ~e⟩ *plais. u.* F (*Japaner*) Jap [ʒap] *m*.

japsen ['japsən] F *v/i.* ⟨-(es)t, h⟩ 'haleter; être 'hors d'haleine, à bout de souffle.

Jargon [ʒar'gõː, -'gɔŋ] *m* ⟨~s; ~s⟩ jargon *m*.

Jasager ['jaː͵zaːgər] *m* ⟨~s; ~⟩ homme *m* qui dit toujours oui, qui dit oui à tout, qui opine du bonnet.

Jasm|in [jas'miːn] *m* ⟨~s; ~e⟩ *bot. echter* jasmin *m*; *falscher* ~ seringa *m*; *sc.* philadelphus [-ys] *m*; ~in͵öl *n* essence *f* de jasmin; ~on [-'moːn] *n* ⟨~s⟩ *chim.* jasmone *f*.

Jaspis ['jaspɪs] *m* ⟨~ *od.* ~ses; ~se⟩ *minéral.* jaspe *m*; ≈͵artig *adj.* jaspé.

Jastimme ['jaː͵ʃtɪmə] *f bei Wahlen* voix *f* pour; oui *m*.

Jatagan [jata'gaːn] *m* ⟨~s; ~e⟩ *Türkensäbel* yatagan *m*.

jät|en ['jɛːtən] I *v/t. u. v/i.* ⟨-ete, h⟩ sarcler; désherber; *Unkraut* ~ arracher, enlever les mauvaises herbes; sarcler; II ≈en *n* ⟨~s⟩ sarclage *m*; désherbage *m*; ≈͵hacke *f* sarcloir *m*; sarclette *f*.

Jauche ['jauxə] *f* ⟨~; ~n⟩ 1. *agr.* purin *m*; 2. *méd.* ichor [ik-] *m*; sanie *f*; ≈n *v/t.* ⟨h⟩ fumer (au purin); ~(n)͵faß *n* tonneau *m* à purin; ~(n)͵grube *f* fosse *f* à purin; ~(n)͵pumpe *f* pompe *f* à purin; ~(n)͵wagen *m* tonne *f*, voiture *f* à purin.

jauchig ['jauxɪç] *adj. méd.* ichoreux, -euse [ik-]; sanieux, -euse.

jauchz|en ['jauxtsən] I *v/i.* ⟨-(es)t, h⟩ pousser des cris de joie, d'allégresse; exulter; II ≈en *n* ⟨~s⟩ cris *m/pl.* de joie, d'allégresse; ≈er *m* ⟨~s; ~⟩ cri *m* de joie, d'allégresse.

jaulen ['jaulən] I *v/i.* ⟨h⟩ glapir (*auch fig.*); II ≈ *n* ⟨~s⟩ glapissement(s) *m* (*pl.*).

Javan|er(in) [ja'vaːnər(ɪn)] *m* ⟨~s; ~⟩ (*f*) ⟨~; ~nen⟩ Javanais(e) *m* (*f*); ≈isch *adj.* javanais.

jawohl [ja'voːl], F **jawoll** [-'vɔl] *adv.* oui!; bien!; certainement!; parfaitement!

Jawort ['jaːvɔrt] *n* ⟨~(e)s; ~e⟩ consentement *m* au mariage; sein ~ geben dire oui; consentir à épouser qn.

Jazz [dʒɛs, jats] *m* ⟨~⟩ *mus.* jazz [dʒaːz] *m*; ~ spielen faire du jazz; ~͵band ['dʒɛsbɛnt] *f* ⟨~; ~s⟩ jazz-band [dʒaːzbɑ̃ːd] *m*; ~ka͵pelle *f* orchestre *m* de jazz; ~͵keller *m* cave *f* de jazz; ~mu͵sik *f* musique *f* de jazz; ~trom͵pete *f mus.* trompette *f* de jazz.

je [jeː] I *adv. u. conj.* 1. (*jemals*) jamais; haben Sie ~ so etwas gehört, gesehen? avez-vous jamais entendu, vu une chose pareille?; ohne ihn ~ gesehen zu haben sans l'avoir jamais vu; sollte er ~ kommen si jamais il venait; 2. (*immer*) seit (eh und) ~ depuis toujours; 3. *vor Zahlen* ~ zwei und zwei deux à deux; deux par deux; deux à la fois; sie erhielten ~ fünf Mark chacun d'eux *bzw.* chacune d'elles reçut cinq marks; diese Gegenstände kosten ~ e-e Mark chacun de ces objets, chaque objet coûte un mark; ~ zur Hälfte chacun(e) la moitié; ~ dreimal chacun(e) trois fois; für ~ zehn Wörter les dix mots; pour chaque dizaine de mots; in Schachteln zu ~ zwanzig Stück par paquets de vingt; 4. (*pro*) ~ Person, Monat *etc.* par personne, mois, *etc.*; 5. *vor* nach: selon; suivant; ~ nachdem selon que; suivant que; *abs.* c'est selon; ça dépend; ~ nach den Umständen, dem Wetter *etc.* selon *od.* suivant les circonstances, le temps, *etc.*; ~ nach Verdienst, Laune *etc.* selon *od.* suivant ses mérites, son humeur, *etc.*; ~ nachdem er fleißig oder faul ist selon qu'il se montrera travailleur ou paresseux; 6. *mit comp.* ~ ..., desto *od.* um so ... plus ..., plus ...; ~ älter man wird, desto *od.* um so bescheidener wird man plus on devient vieux, plus on devient modeste; ~ mehr, desto besser plus il y en a, mieux ça vaut; ~ billiger, desto besser meilleur marché ce sera, mieux ça vaudra; ~ eher, desto besser le plus tôt sera le mieux; ~ weniger ..., desto weniger ... moins ..., moins ...; ~ mehr man hat, ~ mehr man will *prov.* plus on a, plus on veut avoir *prov.*; II *int.* ach ~!, o ~! mon Dieu!; ~ nun! eh bien!; que voulez-vous!

jedenfalls ['jeːdən͵fals] *adv.* en tout cas; de toute façon; ~ weiß ich jetzt, woran ich mit ihm bin *auch* toujours est-il que je sais où j'en suis avec lui.

jeder ['jeːdər] *pr/ind.* (*f* jede, *n* jedes) 1. *adjektivisch* (~ *einzelne, aus e-r Menge*) chaque; (~ *ohne Ausnahme, überhaupt*) tout; *nach* „sans" *u. im Vergleich* aucun; nul, -lle; jedes einzelne Buch chaque livre en particulier; jedes beliebige Buch n'importe quel livre; jedes Wort war zu verstehen on a compris chaque mot; jedes Haus (hier) hat e-n Garten chaque maison (ici) a un jardin; jedes Haus hat ein Dach toute maison a un toit; auf jeden Fall en tout cas; de toute façon; in ~ Hinsicht à tous égards; à tous points de vue; auf jede Art und Weise de *od.* par toutes les façons; de n'importe quelle façon; fern ~ Zivilisation loin de toute civilisation; bei ~ Gelegenheit à chaque occasion; en toute occasion; jede Gelegenheit benutzen, um Französisch zu sprechen profiter de chaque occasion pour parler français; jeden Augenblick à tout moment; à chaque moment, instant; er muß jeden Augenblick kommen il doit arriver d'un moment à l'autre; zu ~ Stunde à toute heure; jeden Tag, mit jedem Tag chaque jour; tous les jours; wir erwarten jeden Tag s-e Rückkehr nous attendons son retour d'un jour à l'autre; jeden Abend chaque soir; tous les soirs; jeden Ersten tous les premiers du mois; à chaque premier du mois; ~ zweite Tag un jour sur deux; jeden zweiten Tag tous les deux jours; jedes dritte Haus une maison sur trois; ohne jeden Kommentar, Zweifel *etc.* sans aucun commentaire, doute, *etc.*; ohne jeden Zweifel *auch* sans nul doute; ~ andere tout autre; mehr als ~ andere plus que tout autre; plus qu'aucun autre; plus que nul autre; dieses Bild ist schöner als jedes andere ce tableau est plus beau qu'aucun autre *od.* que tout autre *od.* que nul autre; jedes Ding hat zwei Seiten *prov.* toute médaille a son revers *prov.*; ~ Tag hat s-e Sorgen *prov.* à chaque jour suffit sa peine *prov.*; **2.** *substantivisch* chacun(e); (*überhaupt* ~) tout le monde; *nach „sans"* aucun(e); ~ einzelne chacun en particulier; ~ beliebige n'importe qui; ~, der celui qui; tous ceux qui; quiconque; toute personne qui; ~ von uns chacun de nous; jedes dieser Bücher kostet achtzehn Mark chacun de ces livres, chaque livre coûte dix-huit marks; ~ spricht davon tout le monde en parle; das weiß (ein) ~ tout le monde le sait; das kann jedem passieren cela peut arriver à tout le monde; ~ hat s-e Fehler tout le monde a des défauts; alles und jedes absolument tout; tout sans exception; jedem das Seine *prov.* à chacun son dû *prov.*; ~ nach s-m Geschmack à chacun son goût; ~ ist sich selbst der Nächste *prov.* charité bien ordonnée commence par soi-même *prov.*; ~ für sich und Gott für uns alle *prov.* chacun pour soi et Dieu pour tous *prov.*

jeder|lei ['je:dər'laɪ] *adj.* ⟨*inv.*⟩ de toutes sortes; auf ~ Weise de toutes sortes de façons; **~,mann** *pr/ind.* tout le monde; das ist nicht ~s Sache ce n'est pas du goût de tout le monde; **~'zeit** *adv.* à tout moment; à toute heure; tout le temps.

jedesmal ['je:dəs'ma:l] **I** *adv.* chaque fois; toutes les fois; **II** *conj.* ~ wenn ... chaque fois, toutes les fois que ...; **~ig** *adj. cf.* jeweilig.

jedoch [je'dɔx] *conj.* pourtant; cependant; toutefois; ich bin ~ gern bereit, ... je suis pourtant, *etc.* prêt à ...; er ~ wollte nicht lui pourtant, *etc.* ne voulait pas; pourtant, *etc.*, il ne voulait pas.

jedweder ['je:t've:dər] *pr/ind. st. s. cf.* jeder.

Jeep [dʒi:p] *m* ⟨~s; ~s⟩ *Autotyp* jeep [dʒip] *f.*

jeglicher ['je:k,lɪçər] *pr/ind. cf.* jeder.

jeher ['je:he:r, 'je:'he:r] *adv.* von ~ de tout temps; depuis toujours.

Jehova [je·'ho:va] *m relig.* Zeugen ~s Témoins *m/pl.* de Jéhovah.

Jelängerjelieber [je'lɛŋərje'li:bər] *n* ⟨~s; ~⟩ *bot.* (*Geißblatt*) chèvrefeuille *m.*

jemals ['je:ma:ls] *adv.* jamais; *cf. auch* je 1.

jemand ['je:mant] **I** *pr/ind.* ⟨*gén.* ~(e)s, *dat.* ~(em), *acc.* ~(en)⟩ quelqu'un; *bei verneintem Sinn* personne; es kommt ~ quelqu'un vient; F il vient quelqu'un; das hat mir ~ gesagt quelqu'un me l'a dit; ist ~ hier? y a-t-il quelqu'un?; da ist ~ il y a quelqu'un; es ist ~ bei ihm il y a quelqu'un chez *bzw.* avec lui; spricht hier ~ Deutsch? y a-t-il quelqu'un qui parle allemand?; irgend ~ quelqu'un; une personne quelconque; *unverbunden* n'importe qui; *cf. auch* irgend; ~ anderes, sonst ~ quelqu'un d'autre; sonst noch ~? encore quelqu'un?; ~ Fremdes, Hohes *etc.* quelqu'un d'étranger, de haut placé, *etc.*; ohne ~en zu grüßen sans saluer personne; ohne ~en beleidigen zu wollen sans vouloir offenser personne; es ist nie ~ bei ihm il n'y a jamais personne chez lui; weder er noch sonst ~ ni lui ni personne (d'autre); ich bezweifle, daß ihn ~ überzeugen kann je doute que personne, F quelqu'un puisse le convaincre; **II** ♀ *m* ⟨~(s)⟩ ein gewisser ~ une certaine personne; telle personne; F un quidam [kidam].

Jemenit|e [je·me·'ni:tə], **~in** *m* ⟨~n; ~n⟩, *f* ⟨~; ~nen⟩ Yéménite *m, f*; Yéminite *m, f*; **♀isch** *adj.* du Yémen [-ɛn]; yéménite; yéminite.

jemine ['je:mi·ne·] *int.* mon Dieu!; Seigneur!

Jen|aer(in) ['je:naər(ɪn)] **I** *m* ⟨~s; ~⟩ (*f*) ⟨~; ~nen⟩ habitant(e) *m* (*f*) d'Iéna; **II ~aer** *adj.* ⟨*inv.*⟩ d'Iéna; ~ Glas verre *m* à feu; **~enser** [-'nɛn-] *m* ⟨~s; ~⟩ *cf.* ~aer.

jener ['je:nər] *pr/d.* (*f* jene, *n* jenes, *pl.* jene) **1.** *adjektivisch* ce ...-là (*vor Vokal u. stummem „h"* cet ...-là) *bzw.* cette ...-là, *pl.* ces ...-là; es war ~ Mann c'était cet homme-là; an jenem Tage ce jour-là; in, zu ~ Stunde à cette heure-là; in ~ Zeit en ce temps-là (*auch bibl.*); jene Leute ces gens-là; jene vielen Leute ce grand nombre de gens; tous ces gens-là; **2.** *substantivisch* celui-là *bzw.* celle-là, *pl.* ceux-là *bzw.* celles-là; jenes cela; cette chose-là *bzw.* ces choses-là; nicht dieses Buch, sondern jenes pas ce livre-ci, mais celui-là; bald dieser, bald ~ tantôt celui-ci, tantôt celui-là; von diesem und jenem sprechen parler de choses et d'autres.

jenseit|ig ['je:n,zaɪtɪç, 'jɛn-] *adj.* de l'autre côté; du côté opposé; (qui est) au-delà; das ~e Ufer la rive opposée; **~s I** *adv.* de l'autre côté; **II** *prép.* ⟨*gén.*⟩ au-delà de; de l'autre côté de; par-delà; ~ des Rheins *auch* outre-Rhin; ~ des Kanals *auch* outre-Manche; ~ des Atlantiks *auch* outre-Atlantique; **III ♀s** *n* ⟨~⟩ das ~ l'au-delà *m*; l'autre monde *m*; im ~ dans l'au-delà; dans l'autre monde; ein besseres ~ un autre monde meilleur; F ins ~ befördern expédier dans l'autre monde; **♀s,glaube(n)** *m* croyance *f* à l'au-delà.

Jeremi|ade [je·re·mi·'a:də] *f* ⟨~; ~n⟩ jérémiade *f*; **~a(s)** [-'mi:a(s)] *m bibl.* die Klagelieder Jeremiä les lamentations de Jérémie.

Jerezwein ['çe:rɛs,vaɪn] *m* xérès [kerɛs] *m*; jerez *m.*

Jerichorose ['je:rɪço·,ro:zə] *f bot.* rose *f* de Jéricho [-ko].

Jersey ['dʒə:rzɪ] *m* ⟨~; ~s⟩ *text.* jersey [ʒɛrzɛ] *m.*

jesses ['jɛsəs] *int.* mon Dieu!; Seigneur!; doux Jésus!

Jesuit [je·zu·'i:t] *m* ⟨~en; ~en⟩ jésuite *m*; **~engene,ral** *m* général *m* des jésuites; **~enge,setz** *n hist.* loi *f* contre les jésuites; **~en,orden** *m* ordre *m* des jésuites; **~en,pater** *m* père *m* jésuite; **~en,schule** *f* collège *m* de jésuites; **~enthe,ater** *n hist.* théâtre *m* des jésuites; **~en,tum** *n* ⟨~(e)s⟩ jésuitisme *m*; **♀isch** *adj.* jésuite; jésuitique (*beide auch péj.*).

Jesus ['je:zus] *m* Jésus [-y] *m*; ~ Christus ⟨Jesu Christi⟩ Jésus-Christ [-i]; der Herr ~ notre Seigneur Jésus-Christ; das Leben Jesu la vie de Jésus; *égl. cath.* die Gesellschaft Jesu (*abr.* SJ) la Compagnie, la Société de Jésus; *bibl.* das Buch ~ Sirach l'Ecclésiastique *m*; **~,kind(lein)** *n* enfant *m* Jésus; F petit Jésus.

Jeton [ʒə'tõ:] *m* ⟨~s; ~s⟩ jeton *m.*

Jetstream ['dʒɛtstri:m] *m* ⟨~s⟩ *Meteorologie* jet-stream [dʒɛtstrim] *m.*

Jett [dʒɛt] *m, n* ⟨~(e)s⟩ *minéral.* jais *m.*

jetzig ['jɛtsɪç] *adj.* actuel, -lle; présent; d'aujourd'hui; d'à présent; de maintenant; die ~e Generation la génération actuelle, présente, d'aujourd'hui; in der ~en Zeit à l'heure actuelle; par le temps qui court.

jetzt [jɛtst] *adv.* maintenant; à présent; *von Vergangenem bei lebhafter Erzählung* alors; F et voilà que; ~, wo ... maintenant que ...; ~ oder nie! maintenant ou jamais!; ~ oder nie galt es zu handeln *auch* c'était le moment ou jamais d'agir; eben ~ à l'instant (même); gleich ~ tout de suite; noch ~ encore maintenant; schon ~, ~ schon d'ores et déjà; ~ schon? déjà?; wir wissen ~ schon, daß ... nous savons d'ores et déjà que ...; er geht ~ schon schlafen il va déjà se coucher; erst ~, ~ erst ... ce n'est que maintenant, qu'à présent que ...; maintenant seulement ...; er ist ~ erst angekommen il vient seulement d'arriver; bis ~ jusqu'à maintenant; jusqu'à présent; jusqu'ici; für ~ pour le moment, l'instant; von ~ an, ab à partir de maintenant; dès maintenant; à partir de ce moment; dorénavant; désormais; wie die Dinge ~ stehen au point où en sont les choses; ~ ist es passiert! ça y est (, c'est arrivé)!; **♀wert** *m* valeur actuelle; **♀zeit** *f* (temps *m*) présent *m*; temps actuel.

jeweil|ig ['je:,vaɪlɪç] *adj.* **a)** *zeitlich* du moment; de l'époque; de chaque fois; die ~e Post le courrier de chaque fois; der ~e Präsident le président de l'époque, du moment; die ~e Witterung les conditions météorologiques du moment; den ~en Umständen entsprechend selon les circonstances du moment; der ~e Etappensieger le vainqueur de chaque étape; **b)** (*auf jedes der in Frage stehenden Dinge bezogen*) respectif, -ive; die ausländischen Studenten reisten in ihre ~en Länder zurück les étudiants étrangers retournèrent dans leurs pays respectifs; die ~en Rechte der Erben les droits respectifs des héritiers; **~s** *adv.* (à) chaque fois; er schickte ~ hundert Mark il a envoyé (à) chaque fois cent marks; zwei Pausen von ~ zehn Minuten deux pauses de dix minutes chacune.

jiddisch ['jɪdɪʃ] *adj.* judéo-allemand;

die ~e Sprache, das 2e le yiddish; le judéo-allemand; la langue judéo-allemande.

Jiu-Jitsu ['dʒiːuˑ'dʒɪtsuˑ] *n* ⟨~(s)⟩ jiu-jitsu *od.* ju-jitsu *m*; ~ˌ**griff** *m* prise *f* de jiu-jitsu.

Job [dʒɔb] *m* ⟨~s; ~s⟩ F job [dʒɔb] *m*; emploi *m*; ~**ber** ['dʒɔbər, 'jɔbər] *m* ⟨~s; ~⟩ *Börse, péj.* boursicoteur *m*.

Joch [jɔx] *n* ⟨~(e)s; ~e⟩ **1.** *agr., fig.* joug [ʒu] *m*; *fig.* unter j-s ~ (sein, leben) (être, vivre) sous le joug de qn.; unters ~ bringen mettre sous le joug; das ~ abschütteln, abwerfen secouer le joug; *hist.* das Kaudinische ~ (*fig.* passer sous) les fourches Caudines; **2.** *bibl.* zwei ~ Ochsen deux paires de bœufs; **3.** (*Gebirgs*2) col *m*; **4.** *e-s Transformators, Magnets etc.* culasse *f*; **5.** (*Brücken*2) palée *f*; **6.** (*Schultertrage*) palanche *f*; **7.** *bot.* couple *m* de folioles; ~**bein** *n anat.* os [ɔs] *m* malaire, de la pommette; *sc.* zygoma *m*; ~ˌ**brücke** *f* pont *m* sur pilotis; ~ˌ**fortsatz** *m anat.* apophyse *f* zygomatique.

Jockei ['dʒɔkeˑ, 'dʒɔkiˑ, 'dʒɔkaɪ, 'jɔkaɪ] *m* ⟨~s; ~s⟩ *Reitsport* jockey [ʒɔkɛ] *m*.

Jod [joːt] *n* ⟨~(e)s⟩ *chim.* iode *m*; ~**at** [-'daːt] *n* ⟨~(e)s; ~e⟩ *chim.* iodate *m*; ~ˌ**dämpfe** *m/pl.* vapeurs *f/pl.* d'iode.

jodeln ['joːdəln] *v/t. u. v/i.* ⟨-(e)le, h⟩ jodler [jo-]; iodler; yodler; iouler.

jod|haltig ['joːtˌhaltɪç] *adj.* iodé; iodifère; 2**id** [-'diːt] *n* ⟨~(e)s; ~e⟩ *chim.* iodure *m*; ~**ieren** [-'diː-] *v/t.* ⟨*pas de ge-*, h⟩ ioder; 2**ismus** [-'dɪs-] *m* ⟨~⟩ *méd.* iodurisme *m*; iodisme *m*; 2**it** [-'dɪt, -diːt] *n* ⟨~s; ~e⟩ *minéral.* iodite *f*; 2ˌ**kali(um)** *n* iodure *m* de potassium [-jɔm].

Jodler ['joːdlər] *m* ⟨~s; ~⟩ **1.** *Gesang* tyrolienne *f*; **2.** *Person* jodleur *m*; ~**in** *f* ⟨~; ~nen⟩ jodleuse *f*.

Jod|lösung ['joːtˌløːzuŋ] *f* iode *m* en solution; ~ˌ**mangel** *m* manque *m* d'iode; ~**o'form** *n* ⟨~s⟩ *chim., phm.* iodoforme *m*; ~**o'form**ˌ**gaze** *f phm.* gaze iodoformée; ~**ol** [-'doːl] *n* ⟨~s⟩ *phm.* iodol *m*; ~**ome'trie** *f* ⟨~⟩ *chim.* iodométrie *f*; ~**präpa**ˌ**rat** *n* préparation *f*, médicament *m* à base d'iode; ~ˌ**säure** *f chim.* acide *m* iodique; ~ˌ**silber** *n chim., phot.* iodure *m* d'argent; ~**tink**ˌ**tur** *f phm.* teinture *f* d'iode; ~**ver**ˌ**bindung** *f chim.* combinaison *f* de l'iode; ~**ver**ˌ**giftung** *f méd.* intoxication (causée) par l'iode; *cf. auch* Jodismus; ~ˌ**wasserstoff** *m chim.* acide *m* iodhydrique; ~**zahl** *f chim.* indice *m* d'iode.

Joga ['joːga] *m* ⟨~(s)⟩ yoga *m*.

Joghurt ['joːgurt] *m, n* ⟨~s⟩ ya(h)ourt *od.* yog(h)ourt *m*.

Jogi ['joːgiˑ] *m* ⟨~s; ~s⟩ yogi [-gi] *m*.

Johannes|brief [joˑ'hanəsˌbriːf] *m bibl.* épître *f* de saint Jean; ~**evan**ˌ**gelium** *n* évangile *m* selon saint Jean; ~**passi**ˌ**on** *f bibl., mus.* passion *f* de saint Jean.

Johannis [joˑ'hanɪs] *n* ⟨~⟩ *relig. cf.* ~tag; ~ˌ**beere** *f bot.* Rote, Weiße ~ groseille rouge, blanche; Schwarze ~ cassis [-is] *m*; *Strauch* groseillier *m bzw.* cassissier *m*; ~ˌ**beerli**ˌ**kör** *m* liqueur *f* de groseilles; *aus schwarzen Beeren* cassis [-is] *m*; ~ˌ**beermarme**ˌ**lade** *f* confiture *f* de groseilles *bzw.* de cassis; ~**beer**ˌ**saft** *m* jus *m* de groseilles *bzw.* de cassis; ~**beer**ˌ**strauch** *m bot.* groseillier *m*; Schwarzer ~ cassissier *m*; ~**beer**ˌ**wein** *m* vin *m* de groseilles *bzw.* de cassis; ~ˌ**blut** *n zo.* cochenille *f* de Pologne; ~ˌ**brot** *n bot.* caroube *f*; carouge *f*; ~**brot**ˌ**baum** *m bot.* caroubier *m*; ~ˌ**fest** *n* (fête *f* de) la Saint-Jean; ~ˌ**feuer** *n* feu *m* de la Saint-Jean; ~ˌ**kraut** *n bot.* millepertuis (commun); herbe *f* de la Saint-Jean; ~ˌ**nacht** *f* nuit *f* de la Saint-Jean; ~ˌ**tag** *m* der ~ la Saint-Jean; am ~ à la Saint-Jean; ~ˌ**trieb** *m bot.* rejet tardif; pousse tardive; *fig.* amour tardif.

Johanniter [joˑha'niːtər] *m* ⟨~s; ~⟩ chevalier hospitalier de Saint-Jean de Jérusalem; ~ˌ**orden** *m* ordre *m* de Saint-Jean de Jérusalem (*auch Preußischer* ~); ordre *m* de Malte; ~ˌ**schwester** *f* sœur hospitalière de l'ordre de Saint-Jean.

johlen ['joːlən] **I** *v/i.* ⟨h⟩ 'hurler; crier à tue-tête; **II** 2 *n* ⟨~s⟩ 'hurlement(s) *m* (*pl.*); 'huées *f/pl.*

Jo-Jo [joˑ'joː, 'joː'joː] *n* ⟨~s; ~s⟩ *Spiel* yo-yo *m*.

Joker ['joːkər, 'dʒoː-] *m* ⟨~s; ~⟩ *Spielkarte* joker [ʒɔkɛːr] *m*.

Jokus ['joːkus] F *m* ⟨~; ~se⟩ plaisanterie *f*; F blague *f*. [youyou *m*.]

Jolle ['jɔlə] *f* ⟨~; ~n⟩ *mar.* yole *f*;

Jongl|eur [ʒõː'gløːr] *m* ⟨~s; ~e⟩ jongleur *m*; 2**ieren** **I** *v/t. u. v/i.* ⟨*pas de ge-*, h⟩ jongler (mit avec); **II** ~**ieren** *n* ⟨~s⟩ jonglage *m*.

Joppe ['jɔpə] *f* ⟨~; ~n⟩ veste *f* (d'intérieur).

Jordan|ier(in) [jɔr'daːniˑər(ɪn)] *m* ⟨~s; ~⟩ (*f*) ⟨~; ~nen⟩ Jordanien, -nne *m, f*; 2**isch** *adj.* jordanien, -nne.

Josephinismus [joˑzeˑfiˑ'nɪsmus] *m* ⟨~⟩ *hist.* joséphisme *m*.

Jot [jɔt] *n* ⟨~; ~⟩ *Buchstabe* j [ʒi] *m*; lettre *f* j; *phon., im phönik. u. hebräischen Alphabet* yod [jɔd] *m*; ~**a** ['joːta] *n* ⟨~(s); ~s⟩ *griech. Buchstabe* iota *m*; *fig.* kein ~ pas un iota; (um) kein ~ nachgeben ne pas céder d'un pouce; ne pas démordre d'un iota; ~**a'zismus** *m* ⟨~⟩ *ling.* iotacisme *m*.

Joule [dʒaul] *n* ⟨~(s); ~⟩ *phys.* joule [ʒul] *m* (*abr.* J); ~**sches Gesetz** *n phys.* loi *f* de Joule.

Journal [ʒur'naːl] *n* ⟨~s; ~e⟩ **1.** *comm.* livre-journal *m*; journal *m*; **2.** (*Zeitschrift, Zeitung*) journal *m*; ~**ismus** [-'lɪs-] *m* ⟨~⟩ journalisme *m*; ~**ist(in)** [-'lɪst(ɪn)] *m* ⟨~en; ~en⟩ (*f*) ⟨~; ~nen⟩ journaliste *m, f*; ~**isten**ˌ**stil** [-'lɪs-] *m* style *m* journalistique; ~**istenver**ˌ**band** [-'lɪs-] *m* association *f* des journalistes; ~**istik** [-'lɪs-] *f* ⟨~⟩ journalisme *m*; *par ext.* presse *f*; 2**istisch** [-'lɪs-] *adj.* journalistique; ~ˌ**nummer** *f comm.* numéro *m* du journal.

jovial [joˑviˑ'aːl] *adj.* (*leutselig*) affable; aimable; (*strahlend, heiter*) jovial; 2**i'tät** *f* ⟨~⟩ affabilité *f*; amabilité *f*; (*Heiterkeit*) jovialité *f*.

Jubel ['juːbəl] *m* ⟨~s⟩ allégresse *f*; exultation *f*; jubilation *f*; allgemeinen ~ auslösen déclencher, provoquer l'allégresse générale; ~ˌ**jahr** *n relig.* jubilé *m*; *égl. cath. auch* année *f* jubilaire; *fig.* alle ~e einmal très rarement; 2**n** *v/i.* ⟨-(e)le, h⟩ pousser des cris d'allégresse, de joie; exulter; e-e ~de Menschenmenge une foule en liesse; ~ˌ**paar** *n* couple *m* qui fête un anniversaire important; *bei goldener Hochzeit* couple *m* jubilaire; ~ˌ**ruf** *m* cri *m* d'allégresse, de jubilation.

Jubil|ar(in) [juˑbiˑ'laːr(ɪn)] *m* ⟨~s; ~e⟩ (*f*) ⟨~; ~nen⟩ celui, celle qui fête un anniversaire important, un jubilé, *etc.*; ~**äum** [-'lɛːum] *n* ⟨~s; -äen⟩ anniversaire *m*; fünfundzwanzigjähriges ~ vingt-cinquième anniversaire (de service, de fondation, *etc.*); fünfzigjähriges ~ cinquantenaire *m*; jubilé *m*; hundertjähriges ~ centenaire *m*; *bei e-r Firma etc.* sein fünfundzwanzigjähriges ~ feiern fêter (l'anniversaire de) ses vingt-cinq années de maison, de service; ~**äums**ˌ**ausgabe** *f* édition *f* du cinquantenaire, du jubilé, du centenaire, *etc.*; ~**äums**ˌ**feier** *f* fête *f*, réunion *f*, cérémonie *f* d'anniversaire *bzw.* du cinquantenaire, *etc.*; ~**äumsge**ˌ**schenk** *n* cadeau reçu lors des quarante ans de maison, lors du cinquantenaire, *etc.*; 2**ieren** *v/i.* ⟨*pas de ge-*, h⟩ *cf.* jubeln.

juchhe [jux'heː] *int.* 'hourra!; youpi!

Juchten ['juxtən] **I** *m, n* ⟨~s⟩ cuir *m* de Russie; **II** 2 *adj.* de, en cuir de Russie; ~ˌ**leder** *n cf.* ~ I.

Juck|ausschlag ['jukˌʔausʃlaːk] *m méd.* prurigo *m*; 2**en** **I** *v/i. u. v/imp.* ⟨h⟩ démanger; F gratter; es juckt mich cela me démange, F me gratte (an, auf à, sur); *fig.* es juckt mir in den Fingern *od.* es juckt mich, etw. zu tun j'ai envie de faire qc.; es juckt mir in den Fingern, ihm e-e 'runterzuhauen la main me démange; F dich juckt wohl das Fell? tu as envie de recevoir une raclée, une dégelée?; **II** ~**en** *n* ⟨~s⟩ démangeaison(s) *f* (*pl.*); *path.* prurit *m*; heftiges ~ vives démangeaisons; 2**end** *adjt.* qui cause des démangeaisons; qui démange; prurigineux, -euse; ~**reiz** *m* démangeaison *f*; ~ hervorrufen causer des démangeaisons.

Judaismus [juˑda'ɪsmus] *m* ⟨~⟩ judaïsme *m*.

Judas|baum ['juːdasˌbaum] *m bot.* gainier *m*; arbre *m* de Judée; ~ˌ**brief** *m bibl.* épître *f* de saint Jude; ~ˌ**kuß** *m* baiser *m* de Judas; ~ˌ**lohn** *m* prix *m* de la trahison.

Jude ['juːdə] *m* ⟨~n; ~n⟩ Juif *m*; der Ewige ~ le Juif errant; ~**n**ˌ**christen** *m/pl. hist.* judéo-chrétiens *m/pl.*; 2**n**ˌ**feindlich** *adj.* antisémite; ~**n**ˌ**frage** *f* question juive; ~**n**ˌ**gegner** *m* antisémite *m*; ~**n**ˌ**haß** *m* 'haine *f* envers les Juifs; ~**n**ˌ**hetze** *f* propagande *f* antisémite; ~**n**ˌ**tum** *n* ⟨~(e)s⟩ judaïsme *m*; *coll.* Juifs *m/pl.*; ~**nver**ˌ**folgung** *f* persécution *f* des Juifs; ~**n**ˌ**viertel** *n* quartier juif; ghetto *m*.

Judika ['juːdiˑka] *égl. cath.* dimanche *m* de la Passion; ~'**tur** *f* ⟨~; ~en⟩ jurisprudence *f*.

Jüd|in ['jyːdɪn] *f* ⟨~; ~nen⟩ Juive *f*; 2**isch** *adj.* juif, -ive; *hist., relig.* judaïque; *in Zssgn.* judéo-...

Judizium [juˑ'diːtsiˑum] *n* ⟨~s; -ien⟩ jugement *m*.

Judo ['juːdoˑ] *n* ⟨~(s)⟩ *Sport* judo *m*.

Jugend ['juːgənt] *f* ⟨~⟩ jeunesse *f*; in meiner ~ dans ma jeunesse; au temps de ma jeunesse; dans mon jeune âge; von ~ an, auf dès mon, ton, *etc.* enfance, jeune âge; dès ma, ta, *etc.* jeunesse; frühe ~ première jeunesse; in frühester ~ *auch* dans sa prime jeunesse; zweite ~ seconde jeunesse; regain *m* de jeunesse; die ~ von heute la jeunesse d'aujourd'hui; die deutsche ~ la jeunesse allemande; die studentische ~ la jeunesse estudiantine; *jur.* straffällige, verwahrloste ~ enfance délinquante, moralement abandonnée; ~ hat keine Tugend *prov.* il faut que jeunesse se passe *prov.*; ~ˌ**alter** *n* adolescence *f*; jeunesse *f*; ~ˌ**amt** *n* service *m* d'aide sociale à l'enfance; ~ˌ**arbeit** *f* **1.** travail *m* des enfants mineurs; **2.** *cf.* ~pflege; ~**a**ˌ**rrest** *m* détention spéciale pour délinquants mineurs; ~ˌ**austausch** *m* échange *m* de jeunes; ~**be**ˌ**wegung** *f* mouvement *m* de jeunesse; ~ˌ**blüte** *f* fleur *f* de l'âge; ~ˌ**buch** *n* livre *m* pour la jeunesse; **~büche͵rei** *f* bibliothèque *f* pour la jeunesse; **~͵bund** *m* association *f* de la jeunesse; *in Eigennamen* jeunesse(s) *f* (*pl.*) ...; **~͵dorf** *n* village *m* d'enfants; **~er͵innerungen** *f/pl.* souvenirs *m/pl.* de jeunesse; **~er͵ziehung** *f* éducation *f* de la jeunesse; **~͵film** *m* film *m* pour la jeunesse; **2frei** *adj. Film* permis, autorisé aux mineurs; **~͵freund(in)** *m* (*f*) ami(e) *m* (*f*) d'enfance; **~͵frische** *f* fraîcheur *f* de la jeunesse, juvénile; verdeur *f*; **~͵führer (-in)** *m* (*f*) chef *m* d'un groupe de jeunes; **~͵funk** *m* émission *f* pour les jeunes; **~͵fürsorge** *f* aide sociale à l'enfance; **2ge͵eignet** *adjt.* bon, -nne pour la jeunesse; **2ge͵fährdend** *adjt.* qui représente un danger moral pour la jeunesse; **~ge͵fährte, ~ge͵fährtin** *m, f* camarade *m, f* d'enfance; **~ge͵richt** *n* tribunal *m* pour enfants; **~͵gruppe** *f* groupe *m* de jeunes; **~͵heim** *n* foyer *m*, maison *f* de jeunes; **~͵herberge** *f* auberge *f* de (la) jeunesse; **~͵herbergs͵ausweis** *m* carte *f* d'hébergement; **~͵irresein** *n méd.* démence *f* précoce; **~͵jahre** *n/pl.* années *f/pl.* d'enfance; jeunesse *f*; **~͵kraft** *f* vigueur *f* de la jeunesse; **~kriminali͵tät** *f* délinquance *f* juvénile; **~͵lager** *n* camp *m* de jeunesse; **~͵leiter(in)** *m* (*f*) moniteur, -trice *m, f* de la jeunesse; **2lich 1.** *adj.* jeune; de (la) jeunesse; juvénile; **ein ~es Aussehen** un air, une apparence de jeunesse; **ein ~es Kleid** une robe jeune; **~e Anmut, Frische** grâce, fraîcheur juvénile; **~er Eifer, Schwung** zèle, élan juvénile, de la jeunesse; **~er Verbrecher** délinquant juvénile; *thé.* **~er Held, Liebhaber** jeune premier *m*; **~e Liebhaberin** jeune première; **2.** *adv.* **~ aussehen** avoir l'air jeune; faire jeune; **sich ~ kleiden** s'habiller jeune; **~͵liche(r)** *f* (*m*) ⟨→ A⟩ adolescent(e) *m* (*f*); *jur.* mineur *m* de 14 à 18 ans; *pl. meist* jeunes *m/pl.*; **~n ist der Zutritt verboten** interdit aux (mineurs de) moins de dix-huit ans; **~lich͵keit** *f* ⟨~⟩ jeunesse *f*; **~͵liebe** *f* amour *m* de jeunesse, d'adolescence; **~͵mannschaft** *f* équipe *f* de jeunes; **~organisati͵on** *f* organisation *f* de la jeunesse; **~͵pflege** *f* œuvres *f/pl.* pour la jeunesse; **~͵pfleger(in)** *m* (*f*) éducateur, -trice *m, f*, moniteur, -trice *m, f* de la jeunesse; **~pro͵bleme** *n/pl.* problèmes *m/pl.* de *bzw.* de la jeunesse; **~psycholo͵gie** *f* psychologie *f* de la jeunesse; **~͵richter** *m* juge *m* pour enfants; **~͵schriften** *f/pl.* publications *f/pl.* pour la jeunesse; **~͵schriftsteller** *m* écrivain *m* pour la jeunesse; **~͵schutz** *m* protection *f* de l'enfance et de l'adolescence en danger; **~͵schutzge͵setz** *n* loi *f* sur la protection de l'enfance et de l'adolescence en danger; **~͵stil** *m* style *m* 1900; **~͵strafanstalt** *f* maison *f* d'éducation corrective; **~͵strafe** *f* condamnation pénale pour mineurs; **~͵strafrecht** *n* droit pénal spécial des délinquants mineurs; **~͵streich** *m* fredaine *f* de jeunesse; *cf. auch* ~torheit; **~͵sünde** *f* péché *m* de jeunesse; **~͵torheit** *f* folie *f* de jeunesse; **~͵traum** *m* rêve *m* de *bzw.* de la jeunesse; **~͵treffen** *n* rencontre *f* de jeunes; **~ver͵band** *m* union *f* de la jeunesse; *cf. auch* ~bund; **~ver͵bot** *n* interdiction *f* aux moins de dix-huit ans; **~ver͵fehlung** *f* écart *m* de jeunesse; **~͵weihe** *f etwa* introduction solennelle (des adolescents sortant de l'école primaire) dans le monde des adultes; **~͵werk** *n* **1.** *e-s Dichters etc.* œuvre *f* de jeunesse; **2. Deutsch-Französisches ~** Office Franco-Allemand pour la Jeunesse; **~͵wohlfahrts͵pflege** *f cf.* ~fürsorge *u.* ~pflege; **~͵zeit** *f* (années *f/pl.* de) jeunesse *f*; jeune âge *m*; **~͵zeitschrift** *f* magazine *m*, périodique *m*, revue *f* pour la jeunesse.

Jugoslaw|e [juˑgoˑˈslaːvə, -gɔsˈlaː-], **~in** *m* ⟨~n; ~n⟩, *f* ⟨~; ~nen⟩ Yougoslave *m, f*; **2isch** *adj.* yougoslave.

Jujube [juˑˈjuːbə] *f* ⟨~; ~n⟩ *bot.* jujubier *m*; *Frucht* jujube *m*.

Julfest [ˈjuːlfɛst] *n hist.* fête *f* nordique aux alentours du solstice d'hiver.

Juli [ˈjuːliˑ] *m* ⟨~(s); ~s⟩ (mois *m* de) juillet *m*; **im ~** en juillet; au mois de juillet; **2ˈanisch** *adj.* julien, -nne; **der 2e Kalender** le calendrier julien; **~enne** [ʒyˑˈljɛn] *f* ⟨~⟩ *cuis.* julienne *f*; **~er** *m/pl. hist.* **die ~** la gens [ʒɛ̃s] Julia; **~͵käfer** *m zo.* anomala *m* aenea; **~monar͵chie** *f hist.* monarchie *f* de Juillet; **~revoluti͵on** *f hist.* Journées *f/pl.* de Juillet; les trois Glorieuses; Révolution *f* de Juillet; **2sch** *adj. géogr.* **die 2en Alpen** les Alpes Juliennes; *hist.* **das ~-claudische Kaiserhaus** la dynastie julio-claudienne.

Jumper [ˈdʒampər, ˈdʒɛm-] *m* ⟨~s; ~⟩ *cout.* pull-over [pulɔvœːr, pylɔvɛːr] *m*.

jung [juŋ] *adj.* ⟨~̈er, ~̈st⟩ jeune; *comm.* **~e Aktien** nouvelles actions; **er hat noch ~e Beine** il a encore de bonnes jambes; *Literatur* **2es Deutschland** Jeune-Allemagne *f*; **die ~e Ehefrau** la jeune épouse; la jeune femme mariée; **die ~en Eheleute** les jeunes, nouveaux mariés; **~e Erbsen** petits pois; **in ~en Jahren** dans son jeune âge; **die ~en Leute** les jeunes gens; **ein ~es Mädchen** une jeune fille; une jeune personne; **ein ~er Mann** un jeune homme (*pl.* jeunes gens); **der ~e Tag** le jour naissant; **2e Union** jeunesse chrétienne-démocrate; **ein ~es Unternehmen** une entreprise jeune; **~er Wein** du vin jeune, nouveau; **die 2en** les jeunes *m/pl.*; **~ und alt** jeunes et vieux; tout le monde; **von ~ an, auf** dès son jeune âge; dès son enfance; F **reichlich, ein bißchen ~ sein** être jeunet, -tte; être jeunot; **~er Hecht, Hund** *etc. cf.* **Hecht, Hund** *etc.*; **~ aussehen** avoir l'air jeune; faire jeune; **~ bleiben** rester jeune; **sich ~ fühlen** se sentir jeune; **~ heiraten** se marier jeune; **~ verheiratet sein** être nouvellement marié; **(wieder) ~ machen, werden** rajeunir; **~ gefreit hat noch nie gereut** *prov. cf.* freien; **~ gewohnt, alt getan** *prov. cf.* gewohnt; *cf. auch* jünger *u.* jüngst; **2͵arbeiter** *m* jeune travailleur *m*; **2͵brunnen** *m* fontaine *f* de Jouvence.

Junge[1] [ˈjuŋə] *m* ⟨~n; ~n, F *auch* ~ns *od.* Jungs⟩ garçon *m*; F gamin *m*; gosse *m*; mioche *m*; *Kartenspiel* valet *m*; F **alter ~!** mon vieux!; mon pote!; vieille branche!; *mar.* **blaue Jungs** cols-bleus *m/pl.*; gars *m/pl.* de la marine; **dummer ~** nigaud *m*; **grüner ~** blanc-bec *m*; **kleiner ~** petit garçon; F **schwerer ~** criminel invétéré; mauvais garçon; **ungezogener ~** polisson *m*; F **~, ~!** bigre!; mes amis!; **~(s)**[2] *n* ⟨→ A⟩ *e-s Tieres* petit *m*; **~ werfen** mettre bas (des petits); F faire des petits; **~ haben** avoir des petits; **2n** *v/i.* ⟨h⟩ mettre bas; **2n͵haft** *adj.* gamin; **~n͵haftigkeit** *f* ⟨~⟩ caractère gamin; **~n͵streich** *m* polissonnerie *f*.

jünger [ˈjyŋər] **I** *adj.* (*comp. von* jung) **1. mein ~er Bruder** mon (frère) cadet; **meine ~e Schwester** ma (sœur) cadette; **meine Schwester ist ein Jahr ~ als ich** ma sœur a un an de moins que moi; ma sœur est d'un an plus jeune que moi; ma sœur est ma cadette d'un an; **ein ~er Herr** un monsieur assez jeune; **~en Datums** de date plus récente; **sie sieht ~ aus, als sie ist** elle paraît, fait plus jeune qu'elle n'est; elle ne paraît, fait pas son âge; **2.** *bei Eigennamen* **der 2e** le Jeune; **Hans Holbein der 2e** Hans Holbein le Jeune; **Jakobus der 2e** saint Jacques le Mineur; **II 2** *m* ⟨~s; ~⟩ *relig. u. fig.* disciple *m*.

Jungfer [ˈjuŋfər] *f* ⟨~; ~n⟩ **1. alte ~** vieille fille; vieille demoiselle; **e-e alte ~ bleiben** rester vieille fille; **2.** (*Handramme*) dame *f*; ʻhie *f*; **3.** *mar.* cap [-p] *m* de mouton; **~n͵fahrt** *f* voyage inaugural; premier voyage; **~n͵häutchen** *n* ⟨~s; ~⟩ *anat.* hymen [-ɛn] *m*; **~n͵kranz** *m* couronne virginale; **~n͵rebe** *f bot.* vigne *f* vierge; **~n͵rede** *f* premier discours; **~n͵reise** *f cf.* ~nfahrt; **~n͵schaft** *f* ⟨~⟩, **~n͵tum** *n* ⟨~(e)s⟩ virginité *f*; **~n͵wein** *m cf.* ~nrebe; **~n͵zeugung** *f biol., bot.* parthénogénèse *f*.

Jung|frau [ˈjuŋfrau] *f* **1.** vierge *f*; pucelle *f* (*auch iron.*); *relig.* **die Heilige ~** la (Sainte) Vierge; **die ~ Maria** la Vierge Marie; *hist.* **die ~ von Orléans** la Pucelle (d'Orléans); **2.** *astr.* Vierge *f*; **2͵fräulich** *adj.* virginal; *fig. auch* vierge; **~͵fräulich͵keit** *f* ⟨~⟩ virginité *f*.

Junggesell|e [ˈjuŋgə͵zɛlə] *m* vieux garçon; célibataire *m*; **eingefleischter ~** célibataire endurci; **~en͵bude** F *f* P piaule *f* de vieux garçon; **~en͵leben** *n* vie *f* de garçon, de célibataire; **~en͵tum** *n* ⟨~(e)s⟩ célibat *m*; **~en͵wohnung** *f* garçonnière *f*; **~in** *f* ⟨~; ~nen⟩ célibataire *f*; garçonne *f* (*auch péj.*).

Jung|hegelianer [ˈjuŋheːgəliˑ͵ɑːnər] *m/pl. philos.* jeunes hégéliens *m/pl.*; **~͵lehrer(in)** *m* (*f*) instituteur, -trice *m, f* débutant(e); jeune instituteur, -trice *m, f*; **~libe͵rale** *m/pl.* ⟨→A⟩ jeunesse libérale.

Jüngling [ˈjyŋlɪŋ] *m* ⟨~s; ~e⟩ adolescent *m*; *iron.* jouvenceau *m*; **~s͵alter** *n* adolescence *f*.

Jung|mann [ˈjuŋman] *m* ⟨~(e)s; ~̈er *u. Sport* ~en⟩ jeune homme *m*; **~paläo͵lithikum** *n géol.* paléolithique *m* inférieur; **~sein** *n* ⟨~s⟩ jeunesse *f*; **~sozia͵listen** *m/pl.* jeunesse *f* socialiste.

jüngst [jyŋst] **1.** *adj.* (*sup. von* jung) **a)** *Lebensalter* le *bzw.* la plus jeune; **unser 2er** notre petit dernier; **sie ist nicht mehr die 2e** elle n'est plus de la première jeunesse; **b)** (*letzt*) dernier, -ière; le *bzw.* la plus récent(e); **die ~en Ereignisse** les derniers, récents événements; **nach den ~en Berichten** d'après les derniers rapports, les rapports les plus récents; **in der ~en Zeit** ces derniers temps; **Ihr ~es Schreiben** votre dernière lettre; *relig.* **das 2e Gericht** le jugement dernier; **der 2e Tag** la fin du monde; **2.** *adv.* (*neulich*) tout dernièrement, récemment.

Jungsteinzeit [ˈjuŋ͵ʃtaɪntsaɪt] *f géol.* néolithique *m*.

Jüngst|enrecht [ˈjyŋstən͵rɛçt] *n cf.* Juniorat; **2ver͵gangen** *adjt. cf.* jüngst b).

Jung|tier [ˈjuŋtiːr] *n* jeune bête *f*; jeune *m*; **~͵türken** *m/pl. hist. u. fig.* jeunes-turcs *m/pl.*; **2ver͵heiratet, 2ver͵mählt** *adjt.* nouvellement marié; **~ver͵heiratete, ~ver͵mählte** *pl.* ⟨→A⟩ nouveaux mariés; **~vieh** *n* jeune bétail *m*.

Juni ['ju:ni·] *m* ⟨~(s); ~s⟩ (mois *m* de) juin *m*; im ~ en juin; au mois de juin; **~ˌkäfer** *m zo.* 'hanneton *m* de la Saint-Jean, de juin.

junior ['ju:ni·ɔr] **I** *adj. comm.* fils; *Firma* Müller jun. Müller fils; **II** ♀ *m* ⟨~s; -'oren⟩ **1.** *comm.* fils *m* du patron; *plais.* fils *m* de la maison; **2.** *Sport* junior *m*; **♀at** [-'ra:t] *n* ⟨~(e)s⟩ *jur.* droit *m* du plus jeune; **♀ˌchef** *m comm.* fils *m* du patron; **♀enˌklasse** [-'o:-] *f Sport* catégorie *f* junior; **♀enˌmannschaft** [-'o:-] *f* équipe *f* de juniors; **♀enˌmeister** [-'o:-] *m* champion *m* des juniors; **♀enˌmeisterschaft** [-'o:-] *f* championnat *m* des juniors; **♀enˌrennen** [-'o:-] *n* course *f* de juniors.

Junker ['juŋkər] *m* ⟨~s; ~⟩ 'hobereau *m* (*auch péj.*); *preußischer auch* junker [junkœ:r] *m*; **~ˌherrschaft** *f* domination *f* des 'hobereaux; **~ˌtum** *n* ⟨~(e)s⟩ mœurs *f/pl.*, régime *m* des 'hobereaux; *coll.* 'hobereaux *m/pl.*

Junktim ['juŋktɪm] *n* ⟨~s⟩ *pol.* groupement *m* de projets de loi, *etc.*; **~sˌvorlage** *f* projet *m* de lois groupées.

junonisch [ju·'no:nɪʃ] *adj.* junonien, -nne.

Junta ['xunta, 'junta] *f* ⟨~; -ten⟩ *pol.* junte [ʒœ̃t] *f*.

Jupiter ['ju:pi·tɛr, -tər] *m* ⟨~s⟩ *myth.*, *astr.* Jupiter [-ɛ:r] *m*; **~ˌlampe** *f Film* sunlight [sœnlajt] *m*; **~ˌmond** *m astr.* satellite *m* de Jupiter.

Jura[1] ['ju:ra] *n/pl. Jur.* droit *m*; ~ studieren faire son droit; étudier le droit; faire des études de droit; ~[2] *m* ⟨~s⟩ **1.** *géol.* jurassique *m*; **weißer, brauner, schwarzer** ~ jurassique supérieur, moyen, inférieur; Jura blanc, brun, noir; **2.** *géogr.* Jura *m*; **der Schwäbische, Fränkische** ~ le Jura souabe, franconien; **der (Französisch-)Schweizer(ische)** ~ le Jura franco-suisse; **~formatiˌon** *f géol.* formation *f* jurassique; **~ˌkalk** *m* calcaire *m* jurassique; **~stuˌdent(in)** *m* (*f*) étudiant(e) *m* (*f*) en droit; **~ˌstudium** *n* études *f/pl.* de droit.

Juris|diktion [ju·rɪsdɪktsi·'o:n] *f* ⟨~⟩ juridiction *f*; **~pru'denz** *f* ⟨~⟩ droit *m*; **~t** [-'rɪst] *m* ⟨~en; ~en⟩ juriste *m*; homme *m* de loi; légiste *m*; jurisconsulte *m*; *Student* étudiant *m* en droit; **~tenˌrecht** [-'rɪs-] *n* droit jurisprudentiel; **~tenˌsprache** [-'rɪs-] *f* langage *m* du palais; **~te'rei** F *f* ⟨~⟩ jurisprudence *f*; **♀tisch** [-'rɪs-] *adj.* juridique; de droit; **~e Fakultät** faculté *f* de droit; **~e Person** personne morale, juridique, civile.

Jurte ['jurtə] *f* ⟨~; ~n⟩ (*asiat. Nomadenhütte*) yourte *f*.

Jury [ʒy·'ri:, 'ʒy:ri·] *f* ⟨~; ~s⟩ jury *m*.

Jus[1] [ju:s] *n* ⟨~; **Jura**⟩ *jur.* droit *m*; jus [ʒys] *m*; ~[2] [ʒy:] *f*, *n* ⟨~⟩ *cuis.* jus [ʒy] *m* (de viande).

just [just] *adv.* juste(ment); précisément.

justier|en [jus'ti:rən] **I** *v/t.* ⟨*pas de ge-*, *h*⟩ *Werkstück* ajuster (*auch im Münzwesen*); *impr.* justifier; *Meßgerät etc.* régler; mettre au point; **II ♀en** *n* ⟨~s⟩ *cf.* **♀ung**; **♀er** *m* ⟨~s; ~⟩ *techn.* ajusteur *m*; *impr.* justificateur *m*; **♀ˌfeile** *f* lime *f* à ajuster, à justifier; **♀ˌschraube** *f* vis [-s] *f*, écrou *m* de réglage, de mise au point; **♀ung** *f* ⟨~; ~en⟩ *techn.* ajustage *m*; *impr.* justification *f*; *e-s Meßgerätes etc.* réglage *m*; mise *f* au point; **♀ˌwaage** *f Münzwesen* ajustoir *m*.

Justiti|ar [justi·tsi·'a:r] *m* ⟨~s; ~e⟩ conseiller *m* juridique; **~um** [-'ti:tsi·um] *n* ⟨~s; -ien⟩ cessation *f* de l'exercice de la justice.

Justiz [jus'ti:ts] *f* ⟨~⟩ justice *f*; **~ˌausbildung** *f* formation *f* des magistrats; **~beˌamte(r)** *m* fonctionnaire *m*, officier *m* de justice; *höherer auch* magistrat *m* (judiciaire); **~beˌhörden** *f/pl.* autorités *f/pl.* judiciaires; **~geˌbäude** *n* palais *m* de justice; **~ˌhoheit** *f* pouvoir juridictionnel; **~inˌspektor** *m* fonctionnaire administratif des services judiciaires; **~ˌirrtum** *m* erreur *f* judiciaire; **~miˌnister** *m* ministre *m* de la Justice; *in Frankreich auch* Garde *m* des Sceaux; **~minisˌterium** *n* ministère *m* de la Justice; **~ˌmord** *m* condamnation *f* (à mort) d'un innocent; **~paˌlast** *m* palais *m* de justice; **~verˌwaltung** *f* administration *f* judiciaire; **~ˌwesen** *n* justice *f*.

Jute ['ju:tə] *f* ⟨~⟩ *text.* jute *m*; **~ˌfaser** *f* fibre *f* de jute; **~ˌleinwand** *f* toile *f* de jute.

Jüten ['jy:tən] *m/pl. Volksstamm* Jutes *m/pl.*

Jute|sack ['ju:təˌzak] *m* sac *m* de jute; **~spinneˌrei** *f* filature *f* de *bzw.* du jute.

Jütländ|er(in) ['jy:tˌlɛndər(ɪn)] *m* ⟨~s; ~⟩ (*f*) ⟨~; ~nen⟩ Jutlandais(e) *m* (*f*); **♀isch** *adj.* jutlandais.

Juvenilwasser [ju·ve·'ni:lˌvasər] *n géol.* eau *f* juvénile.

Juwel [ju·'ve:l] *n* ⟨~s; ~en, *fig.* ~e⟩ joyau *m*; bijou *m* (*beide auch fig.*); (*Edelstein*) pierre précieuse; *fig. von e-r Person* perle *f*; *pl.* **~en** *auch* joaillerie *f*; (*Edelsteine*) *auch* pierreries *f/pl.*; **~enˌarbeit** *f* (ouvrage *m* de) joaillerie *f*, bijouterie *f*; **♀enbeˌsetzt** *adjt.* orné de pierres précieuses; **~enˌdiebstahl** *m* vol *m* de bijoux, de pierres précieuses; **~enˌhalsband** *n* collier *m* de pierres précieuses; **~enˌhandel** *m* commerce *m* de pierres précieuses; joaillerie *f*; bijouterie *f*; **~enˌhändler(in)** *m* (*f*) joaillier, -ière *m*, *f*; bijoutier, -ière *m*, *f*; **~enˌkästchen** *n* coffret *m* à bijoux; écrin *m*; baguier *m*.

Juwelier [ju·və'li:r] *m* ⟨~s; ~e⟩ bijoutier *m*; joaillier *m*; **~geˌschäft** *n* bijouterie *f*; (magasin *m* de) joaillerie *f*; **~ˌkunst** *f* (art *m* de la) joaillerie *f*; **~ˌwaren** *f/pl.* (articles *m/pl.* de) bijouterie *f*, joaillerie *f*.

Jux [juks] F *m* ⟨~es; ~e⟩ plaisanterie *f*; farce *f*; F blague *f*; galéjade *f*; rigolade *f*; **aus** ~ par plaisanterie; pour blaguer, rigoler; **sich e-n** ~ **machen** faire une bonne plaisanterie, farce, blague; se payer une rigolade.

K

K, k [kɑː] *n* ⟨~; ~⟩ K, k *m.*

Kaaba [ˈkɑːaba] *f* ⟨~⟩ *Islam* Kaaba *f.*

Kabale [kaˈbɑːlə] *f* ⟨~; ~n⟩ *Schiller* ~ **und Liebe** Intrigue et Amour.

Kabarett [kabaˈrɛt] *n* ⟨~s; ~e⟩ (cabaret *m* de) chansonniers *m/pl.*; cabaret *m* artistique; **~ist(in)** [-ˈtɪst(ɪn)] *m* ⟨~en; ~en⟩ (*f*) ⟨~; ~nen⟩ chansonnier, -ière *m, f.*

Kabbal|a [ˈkabala] *f* ⟨~⟩ *jüd. Mystik* cabale *f*; **~ist** [-ˈlɪst] *m* ⟨~en; ~en⟩ cabaliste *m*; **2istisch** [-ˈlɪs-] *adj.* cabalistique.

Kabbel|ei [ˌkabəˈlaɪ] F *f* ⟨~; ~en⟩ querelle(s) *f* (*pl.*); F chamaillerie(s) *f* (*pl.*); **2n** [ˈka-] *v/i. u. v/réfl.* ⟨-(e)le, h⟩ F (*sich zanken*) se quereller; F se chamailler; *mar.* **die See kabbelt** la mer moutonne; **~ung** [ˈka-] *f* ⟨~⟩ *mar.* moutonnement *m.*

Kabel [ˈkɑːbəl] *n* ⟨~s; ~⟩ *élect., techn.* câble *m*; **mehradriges ~** câble à conducteurs, à âmes multiples; **armiertes, bewehrtes ~** câble armé; **~ mit Bleimantel** câble sous plomb; **ein ~ verlegen** poser un câble; **~ˌader** *f* (fil *m*) conducteur *m*; **~ˌauftrag** *m comm.* ordre *m* télégraphique, par câble; **~beˌwehrung** *f* armature *f* d'un câble; **~ˌdampfer** *m* câblier *m*; **~ˌgat(t)** *n mar.* soute *f* à câbles, à filin; **~ˌgramm** *n* ⟨~s; ~e⟩ câble *m*; câblogramme *m.*

Kabeljau [ˈkɑːbəlˌjaʊ] *m* ⟨~s; ~e *od.* ~s⟩ *zo.* cabillau(d) *m*; *abus.* morue fraîche.

Kabel|kanal [ˈkɑːbəlkaˌnɑːl] *m* caniveau *m* pour câbles; **~ˌlänge** *f* **1.** longueur *f* d'un câble; **2.** *mar. Längenmaß* encablure *f*; **~ˌleger** *m* ⟨~s; ~⟩ *mar.* câblier *m*; **~ˌmantel** *m* armure *f* d'un câble; **~ˌmuffe** *f* manchon *m* de câble; **2n** *v/t. u. v/i.* ⟨-(e)le, h⟩ câbler; **~ˌnachricht** *f* câble *m*; **~ˌrolle** *f* bobine *f* (pour câble); **~ˌschacht** *m* chambre *f*, boîte *f* de raccordement de lignes souterraines; **~ˌschuh** *m* cosse *f* (de câble); **~ˌseele** *f* âme *f* d'un câble; **~teleˌgramm** *n cf.* Kabelgramm; **~ˌtrommel** *f* tambour *m* de câble; **~überˌweisung** *f comm.* virement *m* télégraphique, par câble; **~verˌbindungsˌkasten** *m* boîte *f* de jonction; **~verˌlegung** *f* pose *f* d'un câble, de câbles; **~ˌwerk** *n* câblerie *f.*

Kabine [kaˈbiːnə] *f* ⟨~; ~n⟩ *allg.* cabine *f*; *aviat. auch* carlingue *f*; habitacle *m*; **~nˌkoffer** *m* malle-cabine *f*; **~nˌroller** *m* scooter [-ɛːr] caréné à trois roues.

Kabinett [kaˑbiˑˈnɛt] *n* ⟨~s; ~e⟩ *allg.* cabinet *m*; **~ˌkäfer** *m zo.* anthrène *m*; **~sbeˌschluß** *m* décision *f* du cabinet; **~sˌbildung** *f* formation *f* d'un cabinet; **~sˌchef** *m* chef *m* de cabinet; **~ˌsitzung** *f* séance *f* du cabinet; **~sˌkrise** *f* crise *f* au sein du cabinet; crise ministérielle; **~sˌliste** *f* liste *f* des membres du cabinet; **~sˌmitglied** *n* membre *m* du cabinet; **~ˌstück** *n* pièce rare, précieuse; **~sˌumbildung** *f* remaniement *m* du cabinet.

Kabrio|lett [kabriˑoˑˈlɛt] *n* ⟨~s; ~e⟩ voiture *f* décapotable; cabriolet *m*; **~-Limouˈsine** *f* conduite intérieure transformable.

Kabuff [kaˈbʊf] *n* ⟨~s; ~s⟩ F cagibi *m.*

Kabyl|e [kaˈbyːlə], **~in** *m* ⟨~n; ~n⟩, *f* ⟨~; ~nen⟩ Kabyle *m, f*; **2isch** *adj.* kabyle; de Kabylie.

kachektisch [kaˈxɛktɪʃ] *adj. méd.* cachectique.

Kachel [ˈkaxəl] *f* ⟨~; ~n⟩ carreau *m* (de faïence); **mit ~n auslegen** carreler; **2n** *v/t.* ⟨-(e)le-, h⟩ carreler; **~ˌofen** *m* poêle [pwɑl] *m* de faïence.

Kachexie [kaxɛˈksiː] *f* ⟨~; -ien⟩ *méd.* cachexie *f.*

Kacke [ˈkakə] P *f* ⟨~⟩ F crotte *f*; V merde *f*; **2n** P *v/t. u. v/i.* ⟨h⟩ F faire caca (*abs.*); V chier.

Kadaver [kaˈdɑːvər] *m* ⟨~s; ~⟩ cadavre *m* (d'animal); **~geˌhorsam** *m* obéissance aveugle, passive; **~in** [-ˈriːn] *n* ⟨~s⟩ *Biochemie* cadavérine *f*; **~verˌwertung** *f* utilisation *f* des cadavres d'animaux.

Kadenz [kaˈdɛnts] *f* ⟨~; ~en⟩ *mus.* cadence *f*; **2ieren** [-ˈtsiː-] *v/i.* ⟨*pas de ge-*, h⟩ *mus.* jouer une cadence.

Kader [ˈkɑːdər] *m* (*pl.*) ⟨~s; ~⟩ *milit., pol. etc.* cadre(s) *m* (*pl.*); **~parˌtie** *f Billard* partie *f* au cadre.

Kadett [kaˈdɛt] *m* ⟨~en; ~en⟩ **1.** *milit., mar.* cadet *m*; **2.** F gars *m*; type *m*; **~enˌanstalt** *f* école *f* de cadets; **~enˌkorps** *n* corps *m* de cadets; **~enˌschule** *f cf.* ~enanstalt.

Kadi [ˈkɑːdiˑ] *m* ⟨~s; ~s⟩ *Islam* cadi *m*; F juge *m*; F **j-n vor den ~ schleppen** traîner qn. devant le juge.

kadmieren [katˈmiːrən] **I** *v/t.* ⟨*pas de ge-*, h⟩ *techn.* cadmier; **II** 2 *n* ⟨~s⟩ cadmiage *m.*

Kadmium [ˈkatmiˑʊm] *n* ⟨~s⟩ *chim.* cadmium [-jɔm] *m*; **~ˌgelb** *n* jaune *m* de cadmium; **~leˌgierung** *f* alliage *m* au cadmium; **~oˌxyd** *n* oxyde *m* de cadmium; **~ˌstab** *m phys. atom.* barre *f* de cadmium; **~sulˌfat** *n* sulfate *m* de cadmium; **~sulˌfid** *n* sulfure *m* de cadmium.

kaduzieren [kaduˑˈtsiːrən] *v/t.* ⟨*pas de ge-*, h⟩ *comm.* déclarer nul, -lle.

Käfer [ˈkɛːfər] *m* ⟨~s; ~⟩ **1.** *zo.* F bête *f*; bestiole *f*; insecte *m*; *großer auch* scarabée *m*; *sc.* coléoptère *m*; **2.** F (*junges Mädchen*) **ein netter, reizender ~** une belle fille; un beau brin de fille; **~ˌart** *f zo.* espèce *f* de coléoptères; **~ˌkunde** *f* science *f* des coléoptères; **~ˌsammlung** *f* collection *f* de coléoptères; **~ˌschnecken** *f/pl. zo.* chitonidés [ki-] *m/pl.*

Kaff [kaf] *n* ⟨~s; ~e *od.* ~s⟩ *péj. u.* F (*Dorf*) trou *m*; patelin *m*; P bled [-ɛd] *m.*

Kaffee [ˈkafeˑ, kaˈfeː] *m* ⟨~s⟩ café *m*; **e-e Tasse ~** une tasse de café; **schwarzer ~** café noir; *im Café auch* café nature; F noir *m*; **gefilterter ~** café filtre; **~ mit Milch, Sahne** café au lait; (café) crème *m*; **koffeinfreier ~** café décaféiné; **gemahlener, ungemahlener, gerösteter, ungerösteter ~** café moulu, (torréfié) en grains, torréfié, vert; **den ~ rösten** torréfier, griller le café; **den ~ mahlen** moudre le café; **~ kochen, machen** faire du café; **~ trinken** boire du café; prendre du, le, son café; **j-n zum ~ einladen** inviter qn. à prendre le café; **~ˌanbau** *m* ⟨~(e)s⟩ culture *f* du café; **~ˌart** *f* espèce *f* de café; **~ˌbar** *f* café-bar *m*; **~ˌbaum** *m* caféier *m*; **~beˌreitung** *f* préparation *f* du café; **~ˌbohne** *f* grain *m* de café; **2ˌbraun** *adj.* (couleur) café; **~brenneˌrei** *f cf.* ~rösterei; **~ˌbüchse** *f* boîte *f* à café; **~ˌdecke** *f* nappe *f* pour prendre le café; **~-Erˌsatz** *m* succédané *m*, ersatz *m* de café; **~ˌfilter** *m* filtre *m* à café; **~geˌbäck** *n* petits gâteaux pour prendre avec le café; **~geˌdeck** *n* couvert *m* à café; **~geˌschirr** *n* tasses *f/pl.*, soucoupes *f/pl.* à café, cafetière *f*, *etc.*; **~ˌhaus** *n* café *m*; **~hausbeˌsitzer** *m* cafetier *m*; **~ˌkanne** *f* cafetière *f*; **~ˌklatsch** F *m* (commérages *m/pl.*, bavardages *m/pl.* lors d'une) réunion *f* de dames prenant le café; thé *m* à papotages; **~ˌkränzchen** *n cf.* ~klatsch; **~ˌlöffel** *m* cuiller *od.* cuillère *f* à café; **~maˌschine** *f* cafetière *f*; *große* percolateur *m*; **~ˌmühle** *f* moulin *m* à café; **~ˌpause** *f* pause *f* café; **~ˌpflanzung** *f*, **~planˌtage** *f* plantation *f* de café; **~ˌröster** *m* torréfacteur *m*, brûloir *m* (à café); **~rösteˌrei** *f* établissement *m* de torréfaction; **~ˌsatz** *m* marc [-r] *m* de café; **~serˌvice** *n* service *m* à café; **~ˌsieb** *n* passoire *f* à café; **~ˌsorte** *f* sorte *f* de café; **~ˌsteuer** *f* impôt *m* sur le café; **~ˌstrauch** *m cf.* ~baum; **~ˌtante** *f* F **e-e ~ sein** aimer le café à la folie; F être une marchande de café; **~ˌtasse** *f* tasse *f* à café; **~ˌtrinken** *n verbal*; **~ˌwärmer** *m* couvre-cafetière *m*; cosy *m*; **~ˌwasser** *n* eau *f* pour le café.

Kaffer [ˈkafər] *m* **1.** ⟨~n; ~n⟩ Cafre *m*; **2.** ⟨~s *od.* ~n; ~n⟩ *Schimpfwort* imbécile *m*; rustre *m*; **~nˌbüffel** *m zo. sc.* bubalus [-ys] *m* caffer [-ɛːr].

Käfig [ˈkɛːfɪç] *m* ⟨~s; ~e⟩ cage *f*; **~ˌanker** *m*, **~ˌläufer** *m Elektromotor* rotor *m* à cage d'écureuil.

Kaftan ['kaftan] *m* ⟨~s; ~e⟩ caf(e)tan *m*.

kahl [ka:l] *adj. Kopf* chauve; F pelé; *Baum, Landschaft, Wand etc.* nu; dénudé; ~ **werden** *Mensch* devenir chauve; *Baum* perdre ses feuilles; *litt.* se dépouiller (de ses feuilles); se dénuder; **Karl der** 2**e** Charles le Chauve; 2**ˌfläche** *f* terrain dénudé, déboisé; 2**fraß** *m* ravages, dégâts (causés aux cultures par des insectes); ~**ˌfressen** *v/t.* ⟨*irr., sép.*, -ge-, h⟩ dévorer toutes les plantes, toutes les feuilles (de); ravager; dénuder; ~**geˌschoren** *adjt.* qui a la tête rasée; qui a les cheveux coupés ras; 2**heit** *f* ⟨~⟩ *des Kopfes* calvitie [-si] *f*; *e-s Baumes, e-r Landschaft etc.* nudité *f*; 2**hieb** *m cf.* 2schlag; 2**kopf** *m* tête *f* chauve; *Person* chauve *m*; F pelé *m*; ~**ˌköpfig** *adj.* chauve; 2**ˌköpfigˌkeit** *f* ⟨~⟩ calvitie [-si] *f*; 2**schlag** *m Forstwirtschaft* coupe *f* à blanc estoc [-k]; 2**wild** *n ch.* gibier *m* sans bois.

Kahmhaut ['ka:mhaut] *f auf alkoholischen Getränken* fleurs *f/pl.*

Kahn [ka:n] *m* ⟨~(e)s; ⸚e⟩ **1.** barque *f*; (*Last*2) péniche *f*; chaland *m*; ~ **fahren** aller, se promener en barque; faire un tour en barque; faire du canotage; canoter; **2.** *fig. u.* P **a)** (*Bett*) P pieu *m*; plumard *m*; pucier *m*; **b)** (*Arrestlokal*) P violon *m*; (*Gefängnis*) P tôle *f*; bloc *m*; **c)** *pl.* Kähne (*große Schuhe*) P péniches *f/pl.*; ~**bein** *n anat.* scaphoïde *m*; ~**ˌfahren** *n* canotage *m*; ~**ˌfahrer** *m* promeneur *m* en barque; ~**fahrt** *f*, ~**parˌtie** *f* promenade *f*, tour *m* en barque; ~**ˌschnabel** *m zo.* bec-en-cuiller *m*; savacou *m*.

Kai [kaı] *m* ⟨~s; ~s⟩ *mar.* quai *m*; **am ~ liegen** être à quai; ~**ˌanlagen** *f/pl.* quais *m/pl.*; ~**geˌbühr** *f*, ~**geld** *n* droit *m* de quai.

Kaiman ['kaıman] *m* ⟨~s; ~e⟩ *zo.* caïman *m*.

Kaimauer ['kaıˌmauər] *f* mur *m* de *bzw.* du quai.

Kainit [kaı'ni:t, -'nıt] *m minéral.* kaïnite *f*.

Kainszeichen ['ka:ınsˌtsaıçən] *n* signe *m* de Caïn.

Kairoer ['kaıro·ər] *adj.* ⟨*inv.*⟩ du Caire.

Kaiser ['kaızər] *m* ⟨~s; ~⟩ empereur *m*; *hist.* **Deutscher ~** empereur d'Allemagne; kaiser [kɛzɛ:r] *m*; ~ **der Franzosen** empereur des Français; *fig.* **sich um des ~s Bart streiten** se disputer, se quereller pour des riens, pour des bagatelles, pour des vétilles; *bibl.* **gebet dem ~, was des ~s ist** rendez à César ce qui est à César; **wo nichts ist, hat der ~ sein Recht verloren** *prov.* où il n'y a rien, l'empereur perd ses droits; ~**ˌadler** *m zo.* aigle impérial; ~**ˌgruft** *f* sépulture impériale, des empereurs; ~**ˌhaus** *n* maison impériale; ~**in** *f* ⟨~; ~nen⟩ impératrice *f*; ~**ˌkrone** *f* **1.** couronne impériale; **2.** *bot.* fritillaire impériale; 2**ˌlich** *adj.* impérial; ~**ˌling** *m* ⟨~s; ~e⟩ *Pilz* oronge (vraie); amanite *f* des Césars; ~**ˌmantel** *m zo.* tabac *m* d'Espagne; *sc.* argynnis *m* paphia; ~**ˌreich** *n* empire *m*; ~**ˌschnitt** *m chir.* (opération *f*) césarienne *f*; ~**ˌtitel** *m* titre *m* d'empereur; ~**ˌtum** *n* ⟨~(e)s⟩ empire *m*; ~**ˌwahl** *f* élection *f* de l'empereur; ~**ˌwürde** *f* dignité impériale.

Kaiwurm ['kaıvurm] *m zo.* larve *f* de l'anthonome du pommier.

Kajak ['ka:jak] *m, n* ⟨~s; ~s⟩ *mar.* kayak *od.* kayac *m*; ~**ˌeiner** *m* kayak *m* à un pagayeur; ~**ˌvierer** *m* kayak *m* à quatre pagayeurs; ~**ˌzweier** *m* kayak *m* à deux pagayeurs.

Kajanbohne [ka'janˌbo:nə] *f bot.* cajanus [-ys] *m*.

Kajeput|baum [kajə'putˌbaum] *m bot.* cajeput(ier) *m*; ~**ˌöl** *n* essence *f* de cajeput [-yt].

Kajüte [ka'jy:tə] *f* ⟨~; ~n⟩ *mar.* cabine(s) *f* (*pl.*).

Kakadu ['kakadu·] *m* ⟨~s; ~s⟩ *zo.* cacatoès [-ɛs] *m*; cacatois *m*.

Kakao [ka'ka:o·, ka'kau] *m* ⟨~s⟩ *Frucht, Pulver, Getränk* cacao *m*; *Getränk auch* chocolat *m*; *fig. u.* F **j-n durch den ~ ziehen** dire du mal de qn.; P débiner qn.; F casser du sucre sur le dos de qn.; tourner qn. en ridicule; ~**ˌanbau** *m* ⟨~(e)s⟩ culture *f* du cacaoyer; ~**ˌbaum** *m bot.* cacaoyer *m*; cacaotier *m*; ~**ˌbohne** *f* fève *f* de cacao; ~**ˌbutter** *f* beurre *m* de cacao; ~**ˌpflanzung** *f*, ~**planˌtage** *f* plantation *f* de cacaoyers; cacaoyère *f*; cacaotière *f*; ~**ˌpulver** *n* cacao *m* en poudre; ~**ˌschote** *f* cabosse *f* de cacaoyer.

kakeln ['ka:kəln] *v/i.* ⟨-(e)le, h⟩ F (*schwatzen*) caqueter.

Kakemono [kake·'mo:no·] *n* ⟨~s; ~s⟩ *peint.* kakémono *m*.

Kakerlak ['ka:kərlak] *m* ⟨~s *od.* ~en; ~en⟩ **1.** *zo.* blatte *f*; cafard *m*; cancrelat *m*; kakerlak *m*; **2.** *fig.* albinos [-os] *m*.

Kaki... *cf.* Khaki...

Kakodyl [kako·'dy:l] *n* ⟨~s⟩ *chim.* cacodyle *m*; ~**ˌsäure** *f* acide *m* cacodylique; ~**verˌbindungen** *f/pl.* composés *m/pl.* cacodyliques.

Kakophon|ie [kako·fo·'ni:] *f* ⟨~; -ien⟩ cacophonie *f*; 2**isch** [-'fo:-] *adj.* cacophonique.

Kakt|een [kak'te:ən] *f/pl. od. m/pl. bot.* cact(ac)ées *f/pl.*; ~**us** ['kak-] *m* ⟨~; -'teen⟩ *bot.* cactus [-ys] *m*; cactier *m*; *fig. u.* P **e-n ~ pflanzen** poser, planter une sentinelle; ~**usˌfeige** ['kak-] *f bot.* figue *f* de Barbarie; ~**usgeˌwächse** ['kak-] *n/pl. bot.* cact(ac)ées *f/pl.*

Kala-Azar ['kalaˀa'tsar] *f* ⟨~⟩ *méd.* kala-azar *m*.

Kalabarbohne [kala'ba:rˌbo:nə] *f bot.* fève *f* de Calabar.

Kalabr|ese [kala'bre:zə] *m* ⟨~n; ~n⟩ *cf.* ~ier; ~**eser** *m* ⟨~s; ~⟩ *Hut* chapeau *m* à large bord, calabrais; ~**ier(in)** [-'la:-] *m* ⟨~s; ~⟩ (*f*) ⟨~; ~nen⟩ Calabrais(e) *m* (*f*); 2**isch** [-'la:-] *adj.* calabrais; de (la) Calabre.

Kalamität [kalami·'tɛ:t] *f* ⟨~; ~en⟩ catastrophe *f*; ennuis *m/pl.*; embarras *m*; **das ist e-e (wahre) ~** c'est une catastrophe, un désastre; **sich in e-r ~ befinden** être dans l'embarras.

Kalamiten [kala'mi:tən] *pl. bot.* calamites *f/pl.*

Kalander [ka'landər] *m* ⟨~s; ~⟩ *techn.* calandre *f*; ~**ˌlerche** *f zo.* calandre *f*; 2**n I** *v/t.* ⟨-(e)re, *pas de ge-*, h⟩ *techn.* calandrer; **II ~n** *n* ⟨~s⟩ calandrage *m*.

Kalauer ['ka:lauər] *m* ⟨~s; ~⟩ calembour *m*; ~ **machen** faire des calembours; 2**n** *v/i.* ⟨-(e)re, h⟩ *cf.* ~ (machen).

Kalb [kalp] *n* ⟨~(e)s; ⸚er⟩ *zo.* veau *m* (*auch fig.*); (*Hirsch*2 *etc.*) faon [fɑ̃] *m*; *bibl. u. fig.* **das Goldene ~** le veau d'or.

Kälbchen ['kɛlpçən] *n* ⟨~s; ~⟩ petit veau.

Kalbe ['kalbə] *f* ⟨~; ~n⟩ *zo.* génisse *f*; 2**n I** *v/i.* ⟨h⟩ vêler; **II ~n** *n* ⟨~s⟩ **1.** *e-r Kuh* vêlement *m*; vêlage *m*; **beim ~** en vêlant; lors du vêlement; **2.** *géol.* vêlage *m*; ~**'rei** *f* ⟨~; ~en⟩ F folâtrerie *f*; 2**ˌrig** *adj.* folâtre.

Kälberlähme ['kɛlbərˌlɛ:mə] *f vét.* arthrite *f* du veau.

kalbern ['kalbərn] F *v/i.* ⟨-(e)re, h⟩ folâtrer; faire le petit fou, la petite folle.

Kälber|ruhr ['kɛlbərˌru:r] *f vét.* dysenterie *f* du veau; ~**ˌzähne** *m/pl.* F (*Graupen*) orge *bzw.* blé mondé.

Kalb|fell ['kalpfɛl] *n* peau *f* de veau; ~**fleisch** *n* veau *m*; ~**ˌleder** *n* (cuir *m* de) veau *m*; 2**ˌledern** *adj.* en (cuir de) veau; ~**sˌbraten** *m* rôti *m* de veau; veau rôti; **gespickter ~** fricandeau *m*; ~**sˌbregen** *m cf.* ~shirn; ~**sˌbries (-chen)** *n cf.* ~smilch; ~**sˌbrühe** *f* bouillon *m* de veau; ~**sbrust** *f* poitrine *f* de veau; ~**sfiˌlet** *n* filet *m* de veau; ~**sfrikaˌssee** *n* fricassée *f* de veau; ~**sfuß** *m* pied *m* de veau; ~**sgeˌkröse** *n* fraise *f* de veau; ~**sˌhachse** *f*, ~**sˌhaxe** *f* jarret *m* de veau; ~**shirn** *n* cervelle *f* de veau; ~**sˌkeule** *f* cuisseau *m* (de veau); ~**skopf** *m* tête *f* de veau; ~**skoteˌlett** *n* côte(lette) *f* de veau; ~**sˌleber** *f* foie *m* de veau; ~**sˌlunge** *f* mou *m* de veau; ~**smarkˌschnitten** *f/pl.* amourettes *f/pl.*; ~**smedaiˌllon** *n* médaillon *m* de veau; ~**smilch** *f* ris *m* de veau; ~**sˌniere** *f* rognon *m* de veau; ~**sˌnierenˌbraten** *m* rognonnade *f*; ~**snuß** *f* noix *f* de veau; ~**sraˌgout** *n* ragoût *m* de veau; ~**sˌrippe** *f cuis.* côte *f* de veau; ~**sˌrippenˌstück** *n* carré *m* de veau; ~**srouˌlade** *f* paupiette *f* de veau; ~**sˌschlegel** *m cf.* ~skeule; ~**sˌschnitzel** *n* escalope *f* de veau.

Kaldaunen [kal'daunən] *f/pl.* tripes *f/pl.*

Kalebasse [kale·'basə] *f* ⟨~; ~n⟩ *Gefäß* calebasse *f*; ~**nˌbaum** *m bot.* calebassier *m*.

kaledonisch [kale·'do:nıʃ] *adj. géol.* 2**es Gebirge** plissement calédonien; calédonides *f/pl.*; chaîne calédonienne; *géogr.* **der** 2**e Kanal** le canal Calédonien.

Kaleidoskop [kalaıdo·'sko:p] *n* ⟨~s; ~e⟩ kaléidoscope *m*.

Kalendarium [kalɛn'da:ri·um] *n* ⟨~s; -ien⟩ calendrier *m*.

Kalend|en [ka'lɛndən] *pl. hist.* calendes *f/pl.*; ~**er** *m* ⟨~s; ~⟩ calendrier *m*; (*Volks-, Bauern*2) almanach [-a] *m*; (*Taschen*2) agenda [-ɛ̃-] *m*; **Gregorianischer, Julianischer, mohammedanischer ~** calendrier grégorien, julien, musulman; **immerwährender ~** calendrier perpétuel; *fig.* **e-n Tag im ~ rot anstreichen** marquer un jour d'une pierre blanche; faire une croix à la cheminée; ~**erˌjahr** *n* année civile, solaire; ~**erˌmonat** *m* mois civil, solaire; ~**erreˌform** *f* réforme *f* du calendrier; ~**erˌtag** *m* jour civil, solaire.

Kalesche [ka'lɛʃə] *f* ⟨~; ~n⟩ calèche *f*.

Kalfakt|er [kal'faktər] *m* ⟨~s; ~⟩, ~**or** *m* ⟨~s; -'toren⟩ homme *m*, garçon *m* à tout faire; *im Gefängnis etwa* homme *m* de corvée.

Kalfat|eisen [kal'fa:tˌˀaızən] *n* fer *m* de calfat; ~**erer** *m* ⟨~s; ~⟩ calfat *m*; 2**ern I** *v/t.* ⟨-(e)re, *pas de ge-*, h⟩ *mar.* calfater; **II ~ern** *n* ⟨~s⟩, ~**eˌrung** *f* ⟨~⟩ *mar.* calfatage *m*; ~**ˌhammer** *m* maillet *m* à calfat.

Kali ['ka:li·] *n* ⟨~s; ~s⟩ *chim.* potasse *f*; ~**aˌlaun** *m* alun *m* (de potasse).

Kaliber [ka'li:bər] *n* ⟨~s; ~⟩ calibre *m* (*auch fig.*); *Walzwerk* cannelure *f*; *fig. auch* acabit [-i] *m*; F **der ist vom gleichen ~** celui-là est du même acabit, calibre; ~**ˌbohrer** *m* alésoir *m* (à calibre); ~**ˌeinstellung** *f Walzwerk* réglage *m* des cylindres calibrés, cannelés.

Kalibergwerk ['ka:li·ˌbɛrkvɛrk] *n* mine *f* de potasse.

Kalib|ermaß [ka'li:bərˌma:s] *n* calibre *m*; ~erˌwalze *f* cylindre calibré, cannelé; 2rieren [-'bri:-] *v/t.* ⟨*pas de ge-*, h⟩ calibrer; ~rierung [-'bri:-] *f* ⟨~⟩ calibrage *m*; ...2rig *adj. in Zssgn.* de, d'un calibre ...; *par ex.* klein~ de petit calibre.

Kalidünger ['ka:li·ˌdʏŋər] *m* engrais *m* potassique.

Kalif [ka'li:f] *m* ⟨~en; ~en⟩ *hist.* calife *m*; ~at [-'fa:t] *n* ⟨~(e)s; ~e⟩, ~enˌtum *n* ⟨~s⟩, ~enˌwürde *f* califat *m*.

Kaliforn|ier(in) [kali·'fɔrni·ər(ın)] *m* ⟨~s; ~⟩ (*f*) ⟨~; ~nen⟩ Californien, -nne *m, f*; 2isch *adj.* californien, -nne; ~ium *n* ⟨~s⟩ *chim.* californium [-jɔm] *m*.

kalihaltig ['ka:li·ˌhaltıç] *adj.* potassé; potassique.

Kaliko ['kali·ko·] *m* ⟨~s; ~s⟩ *text.* calicot *m*.

Kali|lager ['ka:li·ˌla:gər] *n* gisement *m* de potasse; ~ˌlauge *f* potasse *f* caustique; hydroxyde *m* de potassium; ~salˌpeter *m* nitrate *m* de potassium; ~ˌsalz *n* sel *m* potassique, de potassium; dreibasisches ~ sel tripotassique; ~ˌseife *f* savon *m* à base de potasse.

Kalium ['ka:li·um] *n* ⟨~s⟩ *chim.* potassium [-jɔm] *m*; ~azeˌtat *n* acétate *m* de potassium; ~bichroˌmat *n* bichromate *m* de potassium; ~bikarboˌnat *n* bicarbonate *m* de potassium; ~broˌmid *n* bromure *m* de potassium; ~chloˌrat *n* chlorate *m* de potassium; ~chloˌrid *n* chlorure *m* de potassium; ~chroˌmat *n* chromate *m* de potassium; ~ferrizyaˌnid *n* ferricyanure *m* de potassium; ~ferrozyaˌnid *n* ferrocyanure *m* de potassium; ~hydroˌxyd *n* hydroxyde *m* de potassium; ~joˌdid *n* iodure *m* de potassium; ~karboˌnat *n* carbonate *m* de potassium; ~mangaˌnat *n* manganate *m* de potassium; ~niˌtrat *n* nitrate *m* de potassium; ~oˌxyd *n* oxyde *m* de potassium, potassique; ~permangaˌnat *n* permanganate *m* de potassium; ~siliˌkat *n* silicate *m* de potassium; ~sulˌfat *n* sulfate *m* de potassium; ~sulˌfid *n* sulfure *m* de potassium.

Kali|wasserglas ['ka:li·ˌvasərˌgla:s] *n* *chim. cf.* Kaliumsilikat; ~ˌwerk *n* exploitation *f* de potasse.

Kalixtiner [kalıks'ti:nər] *m/pl. hist.* calixtins *m/pl.*

Kalk [kalk] *m* ⟨~(e)s; ~e⟩ chaux *f*; (~*stein*) calcaire *m*; *chim.*, *méd.* calcium [-sjɔm] *m*; gebrannter ~ chaux vive; gelöschter ~ chaux éteinte, hydratée; fetter, magerer ~ chaux grasse, maigre; kohlensaurer ~ carbonate *m* de calcium; ~ brennen cuire de la pierre à chaux; mit ~ düngen chauler; ~ˌablagerungen *f/pl.* dépôts *m/pl.* calcaires; ~ˌalgen *f/pl. bot.* lithothamniums [-jɔm] *m/pl.*; ~ˌalpen *pl. géogr.* Alpes *f/pl.* calcaires; ~ˌanstrich *m* enduit *m* de chaux; 2arm *adj.* pauvre en calcaire *bzw.* en chaux; 2ˌartig *adj.* qui ressemble à la chaux *bzw.* au calcaire; ~ˌbildung *f* formation *f* de calcaire; ~ˌboden *m* sol *m*, terre *f* calcaire; ~ˌbrennen *n* cuisson *f* de la pierre à chaux; ~ˌbrenner *m* chaufournier *m*; chaulier *m*; ~brenneˌrei *f* chaufournerie *f*; ~bruch *m cf.* ~steinbruch; ~ˌdüngung *f agr.* chaulage *m*; 2en *v/t.* ⟨h⟩ *bât.* passer à la chaux; enduire de chaux; *agr.* chauler; ~ˌerde *f* terre *f*, sol *m* calcaire; ~ˌfelsen *m* roche *f*, rocher *m* calcaire; ~ˌgeißler *m/pl. cf.* ~algen; 2ˌhaltig *adj.* calcaire; ~ˌhütte *f cf.* ~brennerei; ~hyˌdrat *n* chaux hydratée, éteinte; hydroxyde *m* de calcium; 2ig *adj.* calcaire; *chim.* calcique; ~es Salz sel calcique; ~kitt *m* mastic [-k] *m* au carbonate de calcium; ~licht *n* lumière *f* oxhydrique, de Drummond; ~ˌmangel *m méd.* manque *m* de calcium; ~ˌmergel *m minéral.* marne *f* calcaire; ~milch *f* lait *m* de chaux; ~ˌmörtel *m* mortier *m* à la chaux; ~ˌofen *m* four *m* à chaux; chaufour *m*; ~ˌpflanzen *f/pl. bot.* plantes *f/pl.* calcaires; ~präpaˌrat *n phm.* médicament *m* au calcium; 2reich *adj.* riche en calcaire *bzw.* en chaux; ~salˌpeter *m* nitrate *m* de calcium; ~salz *n* sel *m* de calcium; ~sand *m* sable *m* calcaire; ~ˌsandstein *m* grès *m* calcaire; ~ˌsinter *m* concrétion *f* calcaire; ~spat *m* calcite *f*; (*Doppelspat*) spath [-t] *m* calcaire, d'Islande; ~stein *m* calcaire *m*; pierre *f* à chaux; ~ˌsteinbruch *m* carrière *f* de calcaire, de pierres à chaux; ~ˌstickstoff *m* cyanamide *m, f* calcique; chaux azotée; ~ˌstreuer *m* ⟨~s; ~⟩, ~ˌstreumaˌschine *f agr.* épandeur *m* de chaux; ~tuff *m minéral.* tuf [tyf] *m* calcaire.

Kalk|ül [kal'ky:l] *m* ⟨~s; ~e⟩ *math. u. fig.* calcul [-yl] *m*; ~ulati'on *f* ⟨~; ~en⟩ *comm.* calcul(s) *m* (*pl.*) (du coût de qc., des frais, du prix, *etc.*); ~ulati'onsˌbasis *f* base *f* des calculs; ~ulati'onsˌfehler *m* erreur *f* dans les calculs; ~ulati'onsˌgrundlage *f cf.* ~ulationsbasis; ~u'lator *m* ⟨~s; -'toren⟩ *comm.* calculateur *m*; 2ula'torisch *adj.* de calcul(s); 2u'lieren *v/t. u. v/i.* ⟨*pas de ge-*, h⟩ *comm. u. fig.* calculer; schlecht ~ mal calculer; mal faire ses calculs; ~u'lierung *f* ⟨~⟩ calcul *m*.

Kalk|wasser ['kalkˌvasər] *n* eau *f* de chaux; ~werk *n* usine *f* à chaux.

Kalla ['kala] *f* ⟨~; ~s⟩ *bot.* calla *f*.

Kallus ['kalus] *m* ⟨~; ~se⟩ **1.** *méd.* cal osseux; **2.** *bot.* cal *m*.

Kalmar ['kalmar] *m* ⟨~s; ~e⟩ *zo.* calmar *m*.

Kalme ['kalmə] *f* ⟨~; ~n⟩ *Meteorologie* calme *m*; ~nˌgürtel *m*, ~nˌzone *f géogr.* zone *f* des calmes.

Kalmuck [kal'muk] *m* ⟨~(e)s; ~e⟩ *text.* kalmouk [-uk] *m*.

Kalmück|en [kal'mʏkən] *m/pl. Volksstamm* Kalmouks [-uk] *m/pl.*; Oïrates *m/pl.*; Mongols occidentaux; 2isch *adj.* kalmouk [-uk].

Kalmus ['kalmus] *m* ⟨~; ~se⟩ *bot.* acorus [-ys] *od.* acore *m*; jonc [ʒɔ̃] odorant.

Kalong ['kalɔŋ] *m* ⟨~s; ~s⟩ *zo.* roussette *f*; kalong *m*.

Kalor|ie [kalo·'ri:] *f* ⟨~; -ien⟩ *phys.* calorie *f*; ~ienbeˌdarf *m* besoin *m* en, de calories; ~ienˌmenge *f* quantité *f* de calories, calorique; ~ienverˌbrauch *m* consommation *f* de calories; ~i'fer *m* ⟨~s; ~s *od.* ~en⟩ calorifère *m*; ~i'meter *n* ⟨~s; ~⟩ calorimètre *m*; ~ime'trie *f* ⟨~⟩ calorimétrie *f*; 2i'metrisch *adj.* calorimétrique; 2isch [-'lo:-] *adj.* calorifique; *physiol.* calorique; 2i'sieren *v/t.* ⟨*pas de ge-*, h⟩ *techn.* caloriser; ~i'sierung *f* ⟨~⟩ calorisation *f*. [te *f*.]

Kalotte [ka'lɔtə] *f* ⟨~; ~n⟩ *allg.* calot-

Kalpak [kal'pak, 'kal-] *m* ⟨~s; ~s⟩ *Mütze* colback *od.* kalpack *m*.

kalt [kalt] **1.** *adj.* ⟨~̈er, ~̈est⟩ froid (*auch fig.*); *sexuell auch* frigide; ~es Büfett buffet froid; ~e Ente *Getränk cf.* Ente 3.; *ch.* ~e Fährte trace éventée; *fig. u.* F das ist ~er Kaffee c'est du réchauffé; ~er Krieg guerre froide; ~e Küche mets, repas froids; ~es Licht lumière froide; *cuis.* ~e Platte plats froids (de charcuterie, de sandwichs, *etc.*); ~er Prunk, ~e Pracht faste sévère; ~er Schauer frisson *m*; ~er Schweiß sueur froide; die Suppe ist ~ la soupe est froide; *Speisen etc.* ~ werden se refroidir; es ist ~ (draußen) il fait froid (dehors); es wird ~ il commence à faire froid; es ist grimmig ~ il fait un froid de canard, de loup; il fait terriblement froid; mir ist ~ j'ai froid; mir wird ~ je commence à avoir froid; ~e Füße haben avoir froid aux pieds; *fig.* j-m die ~e Schulter zeigen se montrer froid envers qn.; **2.** *adv.* froidement; *Wetter etc.* ~ bleiben rester froid; (sich) ~ duschen se doucher à l'eau froide; prendre une douche froide; ~ essen manger froid; ~ rauchen fumer une pipe éteinte, un cigare éteint, *etc.*; *Getränke* ~ servieren servir froid; ~ stellen mettre au frais; *fig.* es überläuft mich ~ (, wenn) cela me donne le frisson, la chair de poule (quand); cela me fait froid dans le dos (quand); *cf. auch die Komposita*; 2ˌaushärtung *f métall.* trempe *f* à froid; ~beˌarbeiten *v/t.* ⟨-ete, *sép.*, *pas de ge-*, h⟩ *techn.* travailler à froid; 2beˌarbeitung *f* travail *m* à froid; 2biegemaˌschine *f* appareil *m* à cintrer, à plier à froid; ~ˌbiegen **I** *v/t.* ⟨*irr.*, *sép.*, -ge-, h⟩ cintrer, courber, plier à froid; **II** 2ˌbiegen *n* cintrage *m*, pliage *m*, courbage *m* à froid; ~ˌbleiben *v/i.* ⟨*irr.*, *sép.*, -ge-, sein⟩ *fig.* rester impassible, calme, en possession de soi-même; 2blut *n zo.* cheval *m* de gros trait; 2ˌblüter *m/pl. zo.* animaux *m/pl.* à sang froid; ~ˌblütig **1.** *adj. fig.* qui a du sang-froid; qui conserve sa tête; **2.** *adv.* froidement; avec sang-froid; er hat ihn ~ umgebracht il l'a abattu froidement; 2ˌblütigˌkeit *f* ⟨~⟩ sang-froid *m*; ~ˌbrüchig *adj. techn.* cassant à froid.

Kälte ['kɛltə] *f* ⟨~⟩ froid *m*; (*Gefühls*2) froideur *f*; *sexuelle* frigidité *f*; künstliche ~ froid artificiel, industriel; schneidende ~ froid piquant; die ~ dauert an, ist gebrochen le froid continue, cesse; wir haben zwanzig Grad ~ il fait moins vingt (degrés); die ~ der vergangenen Nacht le froid de la nuit passée; vor ~ zittern trembler de froid; sich an die ~ gewöhnen s'habituer au froid; die ~ der Luft, des Wassers la température froide de l'air, de l'eau; j-n mit ~ empfangen, behandeln recevoir, traiter qn. avec froideur; battre froid à qn.; s-e ~ stößt ab und beleidigt sa froideur repousse et blesse; 2beˌständig *adj.* résistant au froid; ~beˌständigˌkeit *f* résistance *f* au froid; ~ˌeinbruch *m* arrivée subite du froid; vague *f* de froid; 2emˌpfindlich *adj.* sensible au froid; *Person auch* frileux, -euse; ~emˌpfindlichˌkeit *f* sensibilité *f* au froid; 2erˌzeugend *adjt.* frigorifique; ~erˌzeugung *f* production *f* de, du froid; réfrigération *f*; ~ˌflüssigkeit *f techn.* fluide *m* frigorifique; ~geˌfühl *n* sensation *f* de froid; ~geˌmisch *n* mélange *m* frigorifique; ~ˌgrad *m* degré *m* de froid; ~indusˌtrie *f* industrie *f* frigorifique, du froid; ~ˌleistung *f* capacité *f*, pouvoir *m* frigorifique; ~maˌschine *f* machine *f* frigorifique; ~ˌmischung *f* mélange *m* frigorifique; ~ˌpol *m géogr.* pôle *m* du froid; ~ˌrückfall *m* retour *m* du froid; ~ˌschutzmittel *n* antigel *m*; ~ˌsturz *m* refroidissement subit; ~ˌ**technik** *f* technique *f* frigorifique, du froid; ~ˌ**techniker** *m* frigoriste *m*; ~ˌ**welle** *f* vague *f* de froid.

kalt|formen [ˈkaltˌfɔrmən] *v/t.* ⟨*sép.*, -ge-, h⟩ *techn.* façonner à froid; 2ˌ**formgebung** *f*, 2ˌ**formung** *f* façonnage *m* à froid; 2**front** *f Meteorologie* front froid; ~ˌ**hämmerbar** *adj.* malléable à froid; ~ˌ**hämmern I** *v/t.* ⟨-(e)re, *sép.*, -ge-, h⟩ écrouir; marteler à froid; **II** 2ˌ**hämmern** *n* écrouissage *m*; martelage *m* à froid; 2**haus** *n jard.* serre froide; 2**hausˌpflanze** *f* plante *f* de serre froide; ~ˌ**herzig 1.** *adj.* insensible; qui n'a pas de cœur; **2.** *adv.* ~ zuschauen (, wie j etw. tut) regarder, insensible (, qn. faire qc.); 2ˌ**herzigˌkeit** *f* ⟨~⟩ insensibilité *f*; manque *m* de cœur; ~ˈ**lächelnd** *adjt.* (*u. advt.*) cynique(ment); etw. ~ tun faire qc. cyniquement; 2ˌ**lagerung** *f* mise *f* au frais; ~ˌ**lassen** *v/t.* ⟨*irr.*, *sép.*, -ge-, h⟩ F das läßt mich kalt cela ne me touche pas, ne me fait ni chaud ni froid, me laisse froid; 2**leim** *m* colle *f* à froid, pour collage à froid; 2ˌ**leiter** *m élect.* conducteur *m* à grande conductibilité dans le froid; 2**luft** *f* air froid; 2**luftˌfront** *f* front froid; ~ˌ**machen** *v/t.* ⟨*sép.*, -ge-, h⟩ P j-n ~ P refroidir, liquider, descendre qn.; 2**mamˌsell** *f* personne *f* dans un restaurant qui prépare les plats froids, les sandwichs, *etc.*; dame *f*, serveuse *f* du buffet; 2ˌ**meißel** *m* ciseau *m* à froid; 2ˌ**miete** *f* loyer *m* sans charges; 2**nadelraˌdierung** *f peint.* gravure *f* à la pointe sèche; *Ergebnis auch* pointe-sèche *f*; ~ˌ**nieten** *v/t.* ⟨-ete, *sép.*, -ge-, h⟩ river à froid; ~ˌ**prägen** *v/t.* ⟨*sép.*, -ge-, h⟩ estamper à froid; 2ˌ**prägung** *f* estampage *m* à froid; 2ˌ**presse** *f* presse *f* à froid; ~ˌ**pressen I** *v/t.* ⟨-ßt, *sép.*, -ge-, h⟩ travailler à la presse à froid; estamper, emboutir à froid; **II** 2ˌ**pressen** *n* travail *m* à la presse à froid; estampage *m*, emboutissage *m* à froid; 2ˌ**recken** *n techn.* traitement *m*, façonnage *m* à froid; ~ˌ**richten I** *v/t.* ⟨-ete, *sép.*, -ge-, h⟩ dresser à froid; **II** 2ˌ**richten** *n* dressage *m* à froid; 2ˌ**säge** *f* scie *f* pour travaux à froid; 2ˌ**schale** *f cuis.* soupe froide aux fruits, *etc.*; ~ˌ**schmiedbar** *adj.* malléable à froid; ~ˌ**schmieden I** *v/t.* ⟨-ete, *sép.*, -ge-, h⟩ écrouir; **II** 2ˌ**schmieden** *n* écrouissage *m*; ~ˌ**schnäuzig** F **1.** *adj.* insensible; froid; **2.** *adv.* froidement; 2ˌ**schnäuzigˌkeit** *f* ⟨~⟩ insensibilité *f*; froideur *f*; 2**start** *m mot.* départ *m* à froid; ~ˌ**stellen** *v/t.* ⟨*sép.*, -ge-, h⟩ F j-n ~ dégommer, débarquer qn.; *hohe Beamte etc.* limoger qn.; 2**verˌarbeitung** *f* traitement *m* à froid; 2**verˌfestigung** *f* augmentation *f* de la dureté par écrouissage, par façonnage à froid; ~**verˌformen** *v/t.* ⟨*sép.*, *pas de ge-*, h⟩ écrouir; façonner, traiter à froid; 2**verˌformung** *f* écrouissage *m*; façonnage *m*, transformation *f* à froid; 2ˌ**walze** *f* cylindre *m* pour laminoirs à froid; ~ˌ**walzen I** *v/t.* ⟨-(es)t, *sép.*, -ge-, h⟩ laminer à froid; **II** 2ˌ**walzen** *n* laminage *m* à froid; 2ˌ**walzwerk** *n* laminoir *m* à froid; 2ˈ**wasserbeˌhandlung** *f méd.* traitement *m* hydrothérapique à froid; 2ˈ**wasserkur** *f* cure *f* hydrothérapique à froid; 2ˌ**welle** *f Friseur* permanente *f* à froid; 2ˌ**werden** *n* refroidissement *m*; ~ˌ**ziehen I** *v/t.* ⟨*irr.*, *sép.*, -ge-, h⟩ *techn.* étirer à froid; **II** 2ˌ**ziehen** *n* étirage *m* à froid.

Kalvarienberg [kalˈvɑːriˑənˌbɛrk] *m bibl.* Calvaire *m*; *als Wallfahrtsstätte* calvaire *m*.

Kalvill(e) [kalˈvɪl(ə)] *m* ⟨~s; ~en⟩ (*f*) ⟨~; ~n⟩ *bot.* calville *f*.

kalvin|isch [kalˈviːnɪʃ] *adj.* das 2e Bekenntnis la confession calviniste; 2**ismus** [-ˈnɪs-] *m* ⟨~⟩ calvinisme *m*; 2**ist** [-ˈnɪst] *m* ⟨~en; ~en⟩ calviniste *m*; ~**istisch** [-ˈnɪs-] *adj.* calviniste; de Calvin.

Kalzeolarie [kaltseˑoˑˈlɑːriˑə] *f* ⟨~; ~n⟩ *bot.* calcéolaire *f*.

Kalzin|ation [kaltsiˑnatsiˑˈoːn] *f* ⟨~⟩ *chim.* calcination *f*; 2**ieren** [-ˈniː-] *v/t.* ⟨*pas de ge-*, h⟩ calciner; ~**ierˌofen** [-ˈniːr-] *m* four *m* à calciner; ~**ierung** [-ˈniː-] *f* ⟨~⟩ calcination *f*.

Kalzit [kalˈtsiːt, -ˈtsɪt] *m* ⟨~s; ~e⟩ *minéral.* calcite *f*.

Kalzium [ˈkaltsiˑum] *n* ⟨~s⟩ *chim.* calcium [-jɔm] *m*; ~**bikarboˌnat** *n* carbonate *m* acide de calcium; bicarbonate *m* de calcium; ~**chloˌrid** *n* chlorure *m* de calcium; 2ˌ**haltig** *adj.* contenant, qui contient du calcium; ~**hydroˌxyd** *n* hydroxyde *m* de calcium; chaux éteinte, hydratée; ~**hypochloˌrit** *n* hypochlorite *m* de calcium; ~**karˌbid** *n* carbure *m* de calcium; ~**karboˌnat** *n* carbonate *m* de calcium; ~**niˌtrat** *n* nitrate *m* de calcium; ~**oˌxyd** *n* oxyde *m* de calcium; chaux vive; ~**phosˌphat** *n* phosphate *m* de calcium; ~**sulˌfat** *n* sulfate *m* de calcium; ~**sulˌfid** *n* sulfure *m* de calcium.

kam [kɑːm] *cf.* kommen.

Kamarilla [kamaˈrɪlja, -ˈrɪla] *f* ⟨~; -llen⟩ *pol.* camarilla [-ja] *f*.

Kambium [ˈkambiˑum] *n* ⟨~s; -ien⟩ *bot.* cambium [-jɔm] *m*.

Kambodschan|er(in) [kamboˑˈdʒɑːnər(ɪn)] *m* ⟨~s; ~⟩ (*f*) ⟨~; ~nen⟩ Cambodgien, -nne *m, f*; 2**isch** *adj.* cambodgien, -nne.

Kambri|um [ˈkambriˑum] *n* ⟨~s⟩ *géol.* cambrien *m*; 2**sch** *adj.* cambrien, -nne.

Kambüse *cf.* Kombüse.

käme [ˈkɛːmə] *cf.* kommen.

Kamee [kaˈmeː(ə)] *f* ⟨~; ~n⟩ camée *m*; ~**nˌschneider** *m* graveur *m* de camées.

Kamel [kaˈmeːl] *n* ⟨~(e)s; ~e⟩ **1.** *zo.* chameau *m*; *weibliches* chamelle *f*; *junges* petit *m* du chameau; chamelon *m*; chamelet *m*; **einhöckeriges** ~ chameau à une bosse; dromadaire *m*; **zweihöckeriges** ~ chameau à deux bosses; *pl.* ~e *sc.* camélidés *m/pl.*; **2.** *fig. u.* F (*Dummkopf*) nigaud(e) *m* (*f*); bête *f*; F bêta, -asse *m, f*; ballot *m*; ~ˌ**fleisch** *n* chair *f*, viande *f* de chameau.

Kämelgarn [ˈkɛːməlˌgarn] *n text.* mohair *m*.

Kamel|haar [kaˈmeːlˌhɑːr] *n* poil *m* de chameau; ~**haarˌdecke** *f* couverture *f* en poil de chameau; ~**haarˌmantel** *m* manteau *m* en poil de chameau; ~**halsˌfliegen** *f/pl. zo.* raphidiidés *m/pl.*

Kamelie [kaˈmeːliˑə] *f* ⟨~; ~n⟩ *bot.* camélia *m*; camellia *m*.

Kamelle [kaˈmɛlə] *f* ⟨~; ~n⟩ F das sind olle ~n c'est du réchauffé, du rabâchage.

Kamelmilch [kaˈmeːlˌmɪlç] *f* lait *m* de chamelle.

Kamelott [kaməˈlɔt] *m* ⟨~s; ~e⟩ *text.* camelot *m*.

Kamel|stute [kaˈmeːlˌʃtuːtə] *f* chamelle *f*; ~ˌ**treiber** *m* chamelier *m*.

Kamera [ˈkameˑra, ˈkɑː-] *f* ⟨~; ~s⟩ *Film, télév.* caméra *f*; (*Photoapparat*) appareil *m* photographique; die ~ auf j-n richten braquer la caméra *bzw.* l'appareil photographique sur qn.

Kamerad [kaməˈrɑːt] *m* ⟨~en; ~en⟩ camarade *m*; compagnon *m*; F copain *m*; P pote *m*; ~**enˌdiebstahl** *m* vol *m* entre camarades; ~**in** *f* ⟨~; ~nen⟩ camarade *f*; compagne *f*; F copine *f*; ~**schaft** *f* ⟨~⟩ camaraderie *f*; 2**schaftlich 1.** *adj.* de camarade; **2.** *adv.* en camarade; en bon(s) camarade(s); ~**schaftlichˌkeit** *f* ⟨~⟩ (bonne) camaraderie; ~**schaftsˌgeist** *m* esprit *m* de camaraderie.

Kamera|führung [ˈkameˑraˌfyːrʊŋ] *f* façon *f* de diriger, de manœuvrer la caméra; ~ˌ**kran** *m* grue *f*.

Kameralwissenschaft [kameˑˈrɑːlˌvɪsənʃaft] *f* caméralistique *f*; science camérale.

Kameramann [ˈkameˑraˌman] *m* ⟨~(e)s; ~er *od.* -leute⟩ cameraman [-man] *m* (*pl.* cameramen); opérateur *m*.

Kamerun|er(in) [kaməˈruːnər(ɪn)] *m* ⟨~s; ~⟩ (*f*) ⟨~; ~nen⟩ habitant(e) *m* (*f*) du Cameroun [-un]; 2**isch** *adj.* du Cameroun.

Kamille [kaˈmɪlə] *f* ⟨~; ~n⟩ *bot.* camomille *f*; **echte** ~ petite camomille; camomille sauvage; **römische** ~ camomille romaine, odorante; **stinkende** ~ camomille puante; maroute *f*; ~**nˌblüte** *f* fleur *f* de camomille; ~**nˌöl** *n* essence *f* de camomille; ~**nˌtee** *m phm.* (infusion *f* de) camomille *f*.

Kamillianer [kamɪliˑˈɑːnər] *m/pl. égl. cath.* camilliens *m/pl.*

Kamin [kaˈmiːn] *m* ⟨~s; ~e⟩ cheminée *f* (*auch in den Bergen*); **offener** ~ cheminée *f*; *litt.* âtre *m*; am ~ au coin du feu; *fig. u.* F etw. in den ~ schreiben faire son deuil de qc.; ~ˌ**aufsatz** *m cf.* ~sims; ~ˌ**bank** *f* chenet *m*; ~ˌ**bau** *m* ⟨~(e)s⟩ construction *f* de cheminées; ~ˌ**brand** *m* feu *m*, incendie *m* de cheminée; ~ˌ**fegen** *n* ramonage *m*; ~ˌ**feger** *m* ⟨~s; ~⟩ ramoneur *m*; ~ˌ**feuer** *n* feu *m* dans la cheminée; ~ˌ**formstein** *m* boisseau *m*; ~ˌ**kehrer** *m* ⟨~s; ~⟩ *cf.* ~feger; ~ˌ**mantel** *m* chambranle *m* de cheminée; ~ˌ**sims** *m, n* tablette *f* de cheminée.

Kamisol [kamiˑˈzoːl] *n* ⟨~s; ~e⟩ *hist.* camisole *f*.

Kamm [kam] *m* ⟨~(e)s; ~e⟩ **1.** (*Haar*2) peigne *m*; **feiner, enger** ~ peigne fin; **grober, weiter** ~ démêloir *m*; *fig.* **alles über e-n** ~ **scheren** ne pas faire de différence; mettre tout dans le même sac; **2.** *zo. des Hahns etc.* crête *f*; *des Pferdes etwa* nuque *f*; *bei Schlachtvieh* collier *m*; *bei Hammel u. Kalb auch* collet *m*; *fig.* **ihm schwillt der** ~ a) (*er wird zornig*) il se dresse, il monte sur ses ergots; b) (*er wird hochmütig*) il devient fier, arrogant; **3.** (*Gebirgs*2) crête *f*; arête *f*; **4.** (*Wellen*2) crête *f*; **5.** *text.* peigne *m*; ~(ˌ**m**)**acher** *m* ⟨~s; ~⟩ fabricant *m* de peignes; peignier *m*; peigneran *m*.

Kämm|aschine [ˈkɛmmaˌʃiːnə] *f text.* peigneuse *f*; ~**chen** *n* ⟨~s; ~⟩ petit peigne; 2**en I** *v/t.* ⟨h⟩ **1.** *Haare* peigner; *flüchtig* donner un coup de peigne (à qn.); **2.** *text.* peigner; **II** *v/réfl.* **sich** ~ se peigner; se donner un coup de peigne; **III** ~**en** *n* ⟨~s⟩ *text.* peignage *m*; *sonst verbal.*

Kammer [ˈkamər] *f* ⟨~; ~n⟩ **1.** petite pièce; (*Dach*2) mansarde *f*; **2.** *jur., pol., berufsständische, techn.* chambre *f*; *pol.* **Erste, Zweite** ~ Chambre 'haute, basse; **3.** *e-r Schleuse* sas [sɑ] *m*; **4.** *milit.* magasin *m* d'habillement; **5.** *anat.* ventricule *m*.

Kämmerchen [ˈkɛmərˌçən] *n* ⟨~s; ~⟩ petite pièce, mansarde.

Kammerdiener [ˈkamərˌdiːnər] *m* valet *m* de chambre.

Kämmer|ei [ˌkɛmə'raɪ] *f* ⟨~; ~en⟩ **1.** *adm.* administration *f* des finances municipales; **2.** *text.* (usine *f* de) peignage *m*; **~er** ['kɛ-] *m* ⟨~s; ~⟩ **1.** *cf.* Kammerherr; **2.** (*Stadt*2) administrateur *m* des finances municipales; trésorier municipal; **3.** *égl. cath.* camérier *m*.

Kammer|frau ['kamərˌfraʊ] *f* femme *f* de chambre; caméristе *f*; **~geˌricht** *n* **a)** *hist.* cour *f* suprême; **b)** *in Berlin etwa* cour *f* d'appel; **~ˌherr** *m* chambellan *m*; **~ˌjäger** *m* destructeur *m* de vermine, de parasites; **~kanˌtate** *f mus.* cantate *f* de chambre; **~ˌkätzchen** *n* F *cf.* Kammerzofe; **~konˌzert** *n* concert *m* de chambre.

Kämmerlein ['kɛmərˌlaɪn] *n* ⟨~s; ~⟩ *cf.* Kämmerchen.

Kammer|linge ['kamərˌlɪŋə] *m/pl. zo.* foraminifères *m/pl.*; **~muˌsik** *f* musique *f* de chambre; **~orˌchester** *n* orchestre [-k-] *m* de chambre; **~präsiˌdent** *m* président *m* de la Chambre; **~ˌsänger** *m* titre *m* de distinction d'un chanteur d'opéra; «kammersänger» *m*; **~ˌschleuse** *f mar.* écluse *f* à sas; **~ˌspiele** *n/pl.* petit théâtre; **~ˌton** *m mus.* la *m* normal; diapason *m*; **~ˌunteroffiˌzier** *m milit.* sergent *m* qui s'occupe du magasin d'habillement; **~ˌzofe** *f* femme *f* de chambre; chambrière *f*; caméristе *f*; *thé.* soubrette *f*; suivante *f*.

Kamm|garn ['kamgarn] *n text.* laine peignée; *par ext.* fil peigné; **~garnspinneˌrei** *f* filature *f* de laine peignée; **~garnˌstoff** *m* tissu *m* en laine peignée; peigné *m*; **~gras** *n bot.* cynosure *f*; gemeines ~ crételle *f* des prés.

Kämmlinge ['kɛmˌlɪŋə] *m/pl. text.* blousse *f*.

Kamm|linie ['kamˌliːniᵊə] *f* ligne *f* de crête; **~(m)olch** *m zo.* triton *m* à crête; **~(ˌm)uschel** *f zo.* peigne *m*; *sc.* pecten [-ɛn] *m*; **~zug** *m text.* (ruban continu) peigné *m*.

Kampagne [kam'panjə] *f* ⟨~; ~n⟩ *fig.* (*Feldzug, Hauptbetriebszeit*) campagne *f*.

Kampanile [kampa'niːlə] *m* ⟨~; ~⟩ campanile *m*.

Kämpe ['kɛmpə] *m* ⟨~n; ~n⟩ *poét.* champion *m*; jouteur *m*; F ein wackerer ~ un rude jouteur.

Kampescheholz [kam'pɛʃəˌhɔlts] *n* campêche *m*; bois *m* de Campêche.

Kampf [kampf] *m* ⟨~(e)s; ~̈e⟩ combat *m* (*auch Sport*); *fig. meist* lutte *f*; schwere Kämpfe de durs, rudes combats; erbitterte, blutige, wechselvolle Kämpfe des combats acharnés, sanglants, mouvants; ~ Mann gegen Mann corps à corps *m*; ~ auf Leben und Tod combat, lutte à mort; combat à outrance; ~ bis aufs Messer lutte sans merci; innerer ~ lutte intérieure; combat intérieur; der ~ ums Dasein la lutte pour la vie, pour l'existence; der ~ der Meinungen le conflit d'opinions; ein ungleicher ~ un combat inégal; le pot de terre contre le pot de fer; den ~ ansagen défier (qn.); *fig.* déclarer la guerre à; sich zum ~ stellen faire face à l'ennemi; accepter le combat; j-n zum ~ stellen forcer qn. à combattre, à se battre; contraindre qn. à la lutte; acculer qn. à la bataille; den ~ eröffnen engager le combat; den ~ einstellen cesser le combat, la lutte; den ~ bestehen soutenir le combat, la lutte avec succès; den ~ gewinnen, verlieren gagner, perdre le combat; der ~ tobt le combat fait rage; F war das ein ~ (bis ...)! quel mal on a eu (pour ... + *inf.*)!; quel mal il a fallu se donner (pour ... + *inf.*); **~ˌabbruch** *m* arrêt *m* du combat; **~ˌabschnitt** *m* phase *f* du combat; *räumlich* secteur *m* de combat; **~ˌansage** *f* défi *m*; **~ˌanzug** *m milit.* tenue *f* de combat; **~art** *f* genre *m* de combat; **~bahn** *f* (*Stadion*) stade *m*; (*Arena*) arène *f*; **2beˌgierig** *adj.* désireux, -euse de combattre; **2beˌreit** *adj.* prêt à combattre, au combat; **~ˌeinheit** *f milit.* unité *f* tactique.

kämpfen ['kɛmpfən] **I** *v/t.* ⟨h⟩ *st. s.* e-n schweren Kampf ~ livrer, soutenir un rude, dur combat; den letzten Kampf ~ livrer le dernier combat; **II** *v/i.* combattre (gegen j-n qn., contre qn.); se battre (mit avec); *fig.* lutter (gegen contre, für, um pour); bis zum letzten Atemzug ~ lutter jusqu'à son dernier souffle; miteinander ~ se (com)battre; mit sich ~ lutter avec soi-même; mit dem Tode ~ lutter contre la mort; mit großen Schwierigkeiten zu ~ haben avoir à se battre avec, avoir à lutter contre de grandes difficultés; mit ehrlichen Mitteln ~ lutter, combattre avec des moyens honnêtes; man muß ~ on doit, il faut se battre; um s-e Existenz ~ lutter pour son existence; für e-e Idee, Lehre ~ lutter pour une idée, une doctrine; militer; **III** *v/réfl.* sich durch den Dschungel *etc.* ~ traverser la jungle, *etc.* avec beaucoup de mal; **IV** 2 *n* ⟨~s⟩ combat *m*; lutte *f*; **~d** *adjt.* combattant; *milit.* ~e Truppe troupes, unités combattantes, en ligne; **2de(r)** *f* (*m*) ⟨→ A⟩ combattant(e) *m* (*f*).

kampfentschlossen ['kampfˀɛntˌʃlɔsən] *adjt.* décidé à combattre, au combat.

Kampfer ['kampfər] *m* ⟨~s⟩ *chim., phm.* camphre *m*.

Kämpfer ['kɛmpfər] *m* ⟨~s; ~⟩ **1.** combattant *m*; *fig.* champion *m* (für de); militant *m*; **2.** *bât. e-s Gewölbes* sommier *m*; *e-s Fensters* traverse *f* (de fenêtre); **3.** *cf.* Kampfhuhn.

Kampferbaum ['kampfərˌbaʊm] *m bot.* camphrier *m*.

kampferfahr|en ['kampfˀɛrˌfaːrən] *adjt.* qui a l'expérience du combat; aguerri; **2ung** *f* expérience *f* du combat.

Kampfer|geist ['kampfərˌgaɪst] *m cf.* Kampferspiritus; **2ˌhaltig** *adj.* camphré.

Kämpfer|in ['kɛmpfəˌrɪn] *f* ⟨~; ~nen⟩ combattante *f*; *fig.* championne *f*; militante *f*; **2isch** *adj.* combatif, -ive (*auch fig.*); batailleur, -euse; *fig.* militant.

Kampferöl ['kampfərˌˀøːl] *n chim.* huile *f* du camphrier; *phm.* huile camphrée.

kampferprobt ['kampfˀɛrˌproːpt] *adjt. cf.* kampferfahren.

Kampfer|säure ['kampfərˌzɔʏrə] *f chim.* acide *m* camphorique; **~ˌspiritus** *m* alcool camphré.

kampf|fähig ['kampfˌfɛːɪç] *adj.* capable de, apte à, en état de combattre, se battre; **2ˌfähigˌkeit** *f* capacité *f* de, aptitude *f* à se combattre, se battre; **2fisch** *m zo.* combattant *m*; **2ˌflieger** *m* pilote *m* de combat; **2ˌflugzeug** *n* avion *m* de combat; **2ˌführung** *f* conduite *f* du combat; tactique *f*; **2gas** *n* gaz *m* de combat; **2geˌbiet** *n* zone *f* de combat, d'opérations militaires; **2geist** *m* esprit combatif; **2geˌrät** *n milit.* engin *m*; **2geˌricht** *n Sport* jury *m*; **2geˌschwader** *n* escadre *f* de combat; **~geˌwohnt** *adjt.* aguerri; **2geˌwühl** *n* mêlée *f*; **2ˌgruppe** *f milit.* groupement *m* tactique; **2hahn** *m* coq *m* de combat; *fig.* combattant(e) *m* (*f*); F bagarreur, -euse *m, f*; sich wie zwei Kampfhähne anblicken se regarder en chiens de faïence; **2ˌhandlung** *f milit.* action *f* militaire; **2huhn** *n zo.* combattant *m*; **2kraft** *f* force combative; potentiel combatif; combativité *f*; **2lärm** *m* bruit *m* du combat; **2ˌläufer** *m zo.* combattant *m*; **2ˌlinie** *f milit.* ligne *f* de résistance; **~los** *adj. u. adv.* sans combat(tre); sans coup férir; **2lust** *f* ardeur *f* au combat; humeur belliqueuse; combativité *f*; **~ˌlustig** *adj.* combatif, -ive; belliqueux, -euse; batailleur, -euse; *litt.* pugnace; **2ˌmaßnahme** *f* mesure *f* de lutte; **2ˌmittel** *n* moyen *m*, engin *m* de combat; **2moˌral** *f* moral *m* au combat; **~ˌmüde** *adj.* las, -sse de combattre; **2ˌpause** *f* interruption *f* du *od.* des combat(s); **2platz** *m* lieu *m*, théâtre *m* du combat; *fig.* lice *f*; arène *f*; **2preis** *m* **1.** prix *m* (du combat); **2.** *comm.* prix compétitif; **2ˌrichter** *m Sport* arbitre *m*; juge *m*; **2stand** *m milit.* poste *m* de combat; **2stil** *m* style *m* de combat; **2ˌstoffe** *m/pl. milit.* gaz *m/pl.* de combat; **2ˌtätigkeit** *f milit.* activité combative; **2ˌtruppen** *f/pl. milit.* troupes *f/pl.* pour le combat; **~ˌunfähig** *adj.* inapte au combat; incapable de combattre, de se battre; 'hors de combat; ~ machen mettre 'hors de combat; **2ˌunfähigˌkeit** *f* inaptitude *f* à, incapacité *f* de combattre, se battre; **2verˌband** *m milit.* groupement *m*, formation *f* de combat; **2ˌwagen** *m milit.* char *m* de combat; **2wert** *m* valeur combative; **2ˌwille** *m* volonté *f* de combattre, de se battre; **2zoll** *m écon.* droits *m/pl.* (de douane) de rétorsion; **2ˌzone** *f milit.* zone *f* de combat.

kampieren [kam'piːrən] *v/i.* ⟨*pas de ge-*, h⟩ camper.

Kamsin [kam'ziːn] *m* ⟨~s; ~s⟩ *Wüstenwind* chamsin [kamsin] *m*.

Kamtschadalen [kamtʃa'daːlən] *m/pl. Volksstamm* Kamtchadales [kam-] *m/pl.*

Kanaanit|er [kanaa'niːtər] *m/pl.* C(h)ananéens *m/pl.*; **2isch** *adj.* c(h)ananéen, -nne.

Kanadabalsam ['kanadaˌbalzaːm] *m opt.* baume *m* du, de Canada.

Kanad|ier [ka'naːdiᵊər] *m* ⟨~s; ~⟩ **1.** Canadien *m*; **2.** *Sport* (canoë *m*) canadien *m*; **~ierˌachter** *m* canadien *m* à 'huit places; **~ierˌeiner** *m* canadien *m* monoplace; **~ieˌrin** *f* ⟨~; ~nen⟩ Canadienne *f*; **~ierˌzweier** *m* canadien *m* biplace; **2isch** *adj.* canadien, -nne; du Canada; *géogr.* die 2en Seen les Grands Lacs; *bot.* 2es Berufkraut érigéron *m* du Canada.

Kanaille [ka'naljə] *f* ⟨~; ~n⟩ canaille *f*.

Kanake [ka'naːkə] *m* ⟨~n; ~n⟩ (*Südseeinsulaner*) Canaque *m*.

Kanal [ka'naːl] *m* ⟨~s; -äle⟩ **1.** canal *m* (*auch anat., télév., fig.*); P den ~ voll haben a) (*e-r Sache überdrüssig sein*) P en avoir marre; en avoir plein le dos; b) (*betrunken sein*) P être plein comme une bourrique; **2.** (*Abwasser*2) égout *m*; **3.** *géogr.* der ~ la Manche; **~ˌbau** *m* ⟨~(e)s; ~ten⟩ construction *f* d'un canal; **~ˌbeitrag** *m* taxe *f* de déversement à l'égout; **~ˌböschung** *f* berge *f*, talus [-y] *m* du canal; **~ˌbrücke** *f* pont *m* canal; **~ˌdampfer** *m* vapeur *m* de la Manche; **~ˌdeckel** *m* plaque *f* d'égout; **~ˌfracht** *f comm.* prix *m* de transport, fret *m* par canal; **~ˌgase** *n/pl.* gaz *m/pl.* d'égout; **~geˌbühren** *f/pl.* **1.** *cf.* ~beitrag; **2.** *mar.* droits *m/pl.* de canal; ~ˌ**inseln** *f/pl. géogr.* îles Anglo-Normandes; ~**isati'on** *f* ⟨~⟩ **1.** (*Stadtentwässerung*) égouts *m/pl.*; *mit Hausanschlüssen* tout-à-l'égout *m*; **das Haus ist an die ~ angeschlossen** la maison a le tout-à-l'égout; **2.** *cf.* ~**isierung**; ~**(isati'ons)ˌanschluß** *m* raccordement *m* du tout-à-l'égout; ~**(isati'ons)ˌarbeiten** *f/pl.* travaux *m/pl.* d'établissement des égouts; ~**(isati'ons)ˌöffnung** *f* bouche *f*, regard *m* d'égout; ~**(isati'ons)ˌreiniger** *m* ⟨~s; ~⟩ égoutier *m*; ~**(isati'ons)ˌrohr** *n* tuyau *m* d'égout; 2**i'sierbar** *adj.* canalisable; 2**i'sieren** *v/t.* ⟨*pas de ge-*, h⟩ *Fluß* canaliser (*auch fig. Menschenmengen*); *Stadt etc.* établir les égouts (de, dans); ~**i'sierung** *f* ⟨~⟩ *e-s Flusses* canalisation *f*; *e-r Stadt etc.* établissement *m* des égouts; ~ˌ**küste** *f géogr.* côte *f* de la Manche; ~ˌ**schacht** *m* puits *m* d'accès aux égouts; ~ˌ**schalter** *m télév.* sélecteur *m* de canaux; ~ˌ**sohle** *f* fond *m*, cuvette *f* du canal; ~ˌ**strahlen** *m/pl. phys.* rayons canaux, positifs; ~**überˌquerung** *f* traversée *f* de la Manche; ~ˌ**waage** *f* niveau *m* d'eau; ~ˌ**zone** *f* zone *f* du canal.

Kanapee ['kanape·] *n* ⟨~s; ~s⟩ canapé *m*.

Kanari|baum [ka'nɑːri·ˌbaum] *m bot.* canarium [-jɔm] *m*; 2**enˌgelb** *adj.* jaune serin; ~**enˌvogel** *m zo.* serin (canari) *m*; canari *m*; 2**sch** *adj.* canarien, -nne; *géogr.* **die** 2**en Inseln** les (îles) Canaries *f/pl.*

Kandare [kan'dɑːrə] *f* ⟨~; ~n⟩ mors *m*; *fig.* **j-n an die ~ nehmen** serrer la bride à qn.

Kandelaber [kande·'lɑːbər] *m* ⟨~s; ~⟩ candélabre *m*.

Kandid|at(in) [kandi·'dɑːt(ɪn)] *m* ⟨~en; ~en⟩ (*f*) ⟨~; ~nen⟩ candidat(e) *m* (*f*); **j-n als Kandidaten aufstellen** présenter qn. comme candidat; ~**atenˌliste** *f* liste *f* de(s) candidats; ~**a'tur** *f* ⟨~; ~en⟩ candidature *f*; **j-s ~ unterstützen** appuyer la candidature de qn.; 2**ieren** *v/i.* ⟨*pas de ge-*, h⟩ se porter candidat (à, pour); poser sa candidature; faire acte de candidature.

kand|ieren [kan'diːrən] *v/t.* ⟨*pas de ge-*, h⟩ enrober de sucre glace; glacer; confire; ~**iert** *adjt.* ~**e Früchte** fruits confits; ~**e Kastanien** marrons glacés; 2**is(ˌzucker)** ['kan-] *m* ⟨~⟩ (*m*) sucre candi.

Kanephore [kane·'foːrə] *f* ⟨~; ~n⟩ *Baukunst* canéphore *f*.

Kanevas ['kanəvas] *m text.* ⟨~ *od.* ~ses; ~ *od.* ~se⟩ canevas *m*.

Känguruh ['kɛŋgu·ru·] *n zo.* ⟨~s; ~s⟩ kangourou *od.* kanguroo *m*; ~ˌ**ratte** *f zo.* kangourou-rat *m*; ~ˌ**schwanzˌsuppe** *f cuis.* potage *m* queue de kangourou.

Kanin [ka'niːn] *n* ⟨~s; ~e⟩ peau *f* de lapin.

Kaninchen [ka'niːnçən] *n* ⟨~s; ~⟩ *zo.* lapin *m*; *weibliches* lapine *f*; *junges auch* lapereau *m*; *wildes* (lapin *m* de) garenne *m*; ~ˌ**bau** *m* ⟨~(e)s; ~e⟩ terrier *m* de lapin; ~ˌ**fell** *n* peau *f* de lapin; ~ˌ**fleisch** *n* (viande *f* de) lapin *m*; ~**frikaˌssee** *n cuis.* fricassée *f* de lapin; *mit Weißwein zubereitet* gibelotte *f*; ~**geˌhege** *n* garenne *f*; ~ˌ**pfeffer** *m cuis.* civet *m* de lapin; ~ˌ**rasse** *f* race *f* de lapins; ~ˌ**stall** *m* clapier *m*; ~ˌ**zucht** *f* élevage *m* de lapins; *sc.* cuniculture *od.* cuniculiculture *f*; ~ˌ**züchter** *m* éleveur *m* de lapins.

Kanister [ka'nɪstər] *m* ⟨~s; ~⟩ bidon *m*; jerrycan [ʒerikan] *m*.

Kanker ['kaŋkər] *m* ⟨~s; ~⟩ *zo.* faucheux *m*; faucheur *m*; *pl. sc.* opilions *m/pl.*

kann [kan] *cf.* **können**.

Kanna ['kana] *f* ⟨~; ~s⟩ *bot.* canna *m*.

Kann-Bestimmung ['kanbəˌʃtɪmʊŋ] *f jur.* disposition facultative.

Kännchen ['kɛnçən] *n* ⟨~s; ~⟩ petit pot, broc [-o]; *cf. auch* **Kanne**.

Kanne ['kanə] *f* ⟨~; ~n⟩ pot *m*; broc [-o] *m*; (*Milch*2) pot *m*, boîte *f* à lait; *große* bidon *m* de lait; (*Gieß*2) arrosoir *m*.

kannelier|en [kanə'liːrən] *v/t.* ⟨*pas de ge-*, h⟩ canneler; 2**ung** *f* ⟨~⟩ cannelure *f*.

Kännelkohle ['kɛnəlˌkoːlə] *f* cannel-coal [kanlkol] *m*.

Kannel|ur [kanə'luːr] *f* ⟨~; ~en⟩, ~**üre** [-'lyːrə] *f* ⟨~; ~n⟩ cannelure *f*.

Kannen|pflanze ['kanənˌpflantsə] *f bot.* népenthès [nepɛ̃tɛs] *m*; 2ˌ**weise** *adv.* un pot, *etc.* après l'autre; par pots, *etc.*

Kannibal|e [kani·'bɑːlə] *m* ⟨~n; ~n⟩ cannibale *m*; 2**isch** **1.** *adj.* de cannibale(s); **2.** *adv.* en cannibale(s); ~**ismus** [-'lɪs-] *m* ⟨~⟩ cannibalisme *m*.

kannst [kanst] *cf.* **können**.

kannte ['kantə] *cf.* **kennen**.

Kann-Vorschrift ['kanˌfoːrʃrɪft] *f jur.* prescription facultative.

Kanon ['kɑːnɔn] *m* ⟨~s; ~s⟩ *mus.*, *égl. cath.*, *Kunst*, (*Richtschnur*) canon *m*.

Kanonade [kano·'nɑːdə] *f* ⟨~; ~n⟩ *milit.* canonnade *f*.

Kanon|e [ka'noːnə] *f* ⟨~; ~n⟩ **1.** *milit.* canon *m*; *fig.* **mit ~n auf Spatzen schießen** brûler, tirer sa poudre aux moineaux; **2.** *fig. im Sport etc.* as [ɑːs] *m*; crack *m*; **3.** F **das ist unter aller ~** c'est au-dessous de tout; ~**enˌboot** *n mar.* canonnière *f*; ~**enˌdonner** *m* bruit *m*, grondement *m* du canon; canonnade *f*; ~**enˌfutter** *n fig.* chair *f* à canon; ~**engießeˌrei** *f* fonderie *f* de canons; ~**enˌkugel** *f* boulet *m* de canon; ~**enˌofen** *m* poêle *m* cylindrique en fonte; ~**enˌrohr** *n* tube *m* du canon; bouche *f* à feu; *int.* **heiliges ~!** sacré nom d'un chien!; ~**enˌschlag** *m* pétard *m*; ~**enˌschuß** *m* coup *m* de canon; ~**ier** [-'niːr] *m* ⟨~s; ~e⟩ canonnier *m*.

Kanoni|kat [kano·ni·'kɑːt] *n* ⟨~(e)s; ~e⟩ *égl. cath.* canonicat *m*; ~**ker** [-'noː-] *m* ⟨~s; ~⟩, ~**kus** [-'noː-] *m* ⟨~; -ker⟩ *égl. cath.* chanoine *m*; ~**sati'on** *f* ⟨~; ~en⟩ *égl. cath.* canonisation *f*; 2**sch** [-'noː-] *adj.* canonique; (*e-m Kanon gemäß*) *auch* canonial; *égl. cath.* ~**es Recht** droit canonique, canon; ~**e Bücher** livres canoniques; 2'**sieren** *v/t.* ⟨*pas de ge-*, h⟩ *égl. cath.* canoniser; ~'**sierung** *f* ⟨~⟩ *cf.* ~**sation**; ~**sse** [-'nɪ-] *f* ⟨~; ~n⟩, ~**ssin** [-'nɪ-] *f* ⟨~; ~nen⟩ chanoinesse *f*; ~**st** [-'nɪst] *m* ⟨~en; ~en⟩ canoniste *m*.

Kanope [ka'noːpə] *f* ⟨~; ~n⟩ (*ägypt. Totenurne*) canope *m*.

Kanossagang [ka'nɔsaˌgaŋ] *m verbal mit* aller à Canossa.

Känozoi|kum [kɛno·'tsoːi·kʊm] *n* ⟨~s⟩ *géol.* cénozoïque *m*; 2**sch** *adj.* cénozoïque.

Kantabile [kan'tɑːbi·le·] *n* ⟨~; ~⟩ *mus.* cantabile [-le] *m*.

Kantabr|er [kan'tɑːbrər] *m/pl. hist.* Cantabres *m/pl.*; 2**isch** *adj.* cantabrique; *géogr.* 2**es Gebirge** monts *m/pl.* Cantabriques.

Kantate[1] [kan'tɑːtə] *f* ⟨~; ~n⟩ *mus.* cantate *f*; ~[2] **der Sonntag ~** le quatrième dimanche après Pâques.

Kante ['kantə] *f* ⟨~; ~n⟩ arête *f*; *oft* bord *m*; angle *m*; *techn. bei Holz, Stein auch* carne *f*; (*Schi*2) carre *f*; (*Web*2) lisière *f*; *cout.* (re)bord *m*; **scharfe ~** arête vive, aiguë; *fig. u.* F **etw. auf die hohe ~ legen** mettre qc. de côté; 2**n** *v/t.* ⟨-ete, h⟩ **1.** (*rechtwinklig behauen*) *Holz* équarrir; *Stein* tailler (à arête vive); **2.** (*auf die Kante stellen*) mettre sur l'arête; ~**n** *m* ⟨~s; ~⟩ *des Brotes* croûton *m*; trognon *m*; entame *f*.

Kanter ['kantər, 'kɛntər] *m* ⟨~s; ~⟩ *Pferdesport* canter [-ɛːr] *m*; 2**n** *v/i.* ⟨-(e)re, h⟩ effectuer un canter.

Kanthaken ['kantˌhɑːkən] *m techn.* renard *m*; *fig. u.* F **j-n beim ~ kriegen** saisir qn. au collet.

Kantharid|en [kanta'riːdən] *pl. zo.* cantharides *f/pl.*; ~**in** [-'diːn] *n* ⟨~s⟩ *phm.* cantharidine *f*.

Kantholz ['kanthɔlts] *n* bois équarri.

Kantianer [kanti·'ɑːnər] *m* ⟨~s; ~⟩ *philos.* disciple *m* de Kant; kantiste *m*; kantien *m*.

kantig ['kantɪç] *adj.* à arête(s) vive(s); *Gesicht* anguleux, -euse.

Kantilene [kanti·'leːnə] *f* ⟨~; ~n⟩ *mus.* cantilène *f*.

Kantille [kan'tɪlə] *f* ⟨~; ~n⟩ (*Draht für Stickereien*) cannetille *f*.

Kantine [kan'tiːnə] *f* ⟨~; ~n⟩ cantine *f*; ~**nˌessen** *n* manger *m* de cantine; ~**nˌwirt(in)** *m* (*f*) cantinier, -ière *m, f*.

kantisch ['kantɪʃ] *adj. philos.* kantien, -nne; de Kant; **die** 2**e Philosophie** *auch* le kantisme.

Kanton [kan'toːn] *m* ⟨~s; ~e⟩ *in der Schweiz, in Frankreich* canton *m*; 2**al** [-'nɑːl] *adj.* cantonal; ~**alˌwahlen** [-'nɑːl-] *f/pl.* élections cantonales; ~**ist** [-'nɪst] *m* ⟨~en; ~en⟩ F **unsicherer ~** gaillard peu sûr; personne en qui on ne peut avoir confiance; ~**sreˌgierung** *f* gouvernement cantonal.

Kantor ['kantər] *m* ⟨~s; -'toren⟩ *in Deutschland* cantor *m*.

Kanu ['kɑːnu·, ka'nuː] *n* ⟨~s; ~s⟩ canoë *m*; ~ **fahren** faire du canoë; ~ˌ**fahren** *n verbal*; ~ˌ**fahrer** *m* canoéiste *m*.

Kanüle [ka'nyːlə] *f* ⟨~; ~n⟩ canule *f* (*auch chir.*).

Kanu|sport ['kɑːnu·ˌʃpɔrt] *m* canoéisme *m*; sport *m* du canoë; ~**te** [-'nuː-] *m* ⟨~n; ~n⟩ canoéiste *m*.

Kanzel ['kantsəl] *f* ⟨~; ~n⟩ **1.** *égl.* chaire *f*; **die ~ besteigen** monter en chaire; **von der ~ herab** du haut de la chaire; **von der ~ herab verkünden** annoncer en chaire; **2.** *aviat.* (*Piloten*2) cockpit [kɔkpit] *m*; (*Kampfstand*) tourelle *f*; **3.** *ch.* affût perché; ~**beˌredsamkeit** *f* éloquence *f* de la chaire; ~ˌ**brüstung** *f* appui *m* de la chaire; ~ˌ**dach** *n* abat-voix *m*.

Kanzelle [kan'tsɛlə] *f* ⟨~; ~n⟩ *Orgel* [gravure *f*.]

Kanzel|mißbrauch ['kantsəlˌmɪsbraux] *m* abus *m* du droit de prédication; ~ˌ**redner** *m* prédicateur *m*; ~ˌ**ton** *m* ton *m* de prêcheur.

Kanzlei [kants'laɪ] *f* ⟨~; ~en⟩ *e-s Regierungschefs, dipl., hist.* chancellerie *f*; *e-s Gerichts* greffe *m*; *e-s Anwalts* étude *f*; *sonst* bureau *m*; secrétariat *m*; ~ˌ**angestellte(r)** *m* employé *m*, commis *m* aux écritures, d'une chancellerie, *etc.*; ~**beˌamte(r)** *m* fonctionnaire *m* d'une chancellerie, *etc.*; *hist.* officier *m* de chancellerie; clerc [-r] *m*; ~ˌ**diener** *m* garçon *m*, huissier *m* de chancellerie, *etc.*; ~**paˌpier** *n etwa* papier *m* ministre; ~ˌ**sprache** *f* langage *m* des chancelleries; ~ˌ**stil** *m* style *m* de chancellerie; ~ˌ**vorsteher** *m* ⟨~s; ~⟩ chef *m* de la chancellerie, *etc.*

Kanzler ['kantslər] *m* ⟨~s; ~⟩ chancelier *m* (*auch dipl.*); *hist.* **der eiserne ~**

le chancelier de fer; **~ˌamt** *n* **1.** fonctions *f/pl.* de chancelier; **2.** chancellerie *f*; **~ˌschaft** *f* ⟨~⟩ cancellariat *m*; **~ˌwahl** *f* élection *f* d'un chancelier; **~ˌwürde** *f* dignité *f* de chancelier.

Kanzlist [kants'lɪst] *m* ⟨~en; ~en⟩ *cf.* Kanzleibeamter.

Kanzone [kan'tso:nə] *f* ⟨~; ~n⟩ *métr., mus.* canzone *f*; **~tte** [-'nɛtə] *f* ⟨~; ~n⟩ canzonette *f*.

Kaolin [kaoˑ'li:n] *n, m* ⟨~s; ~e⟩ *minéral.* kaolin *m*; **~it** [-'ni:t, -'nɪt] *m* ⟨~(e)s; ~e⟩ *minéral.* kaolinite *f*.

Kap [kap] *n* ⟨~s; ~s⟩ *géogr.* cap [-p] *m*.

Kapaun [ka'paʊn] *m* ⟨~s; ~e⟩ *zo.* chapon *m*; **2(i'sier)en I** *v/t.* ⟨*pas de ge-*, h⟩ chaponner; **II ~(i'sier)en** *n* ⟨~s⟩ chaponnage *m*.

Kapazi|tät [kapatsiˑ'tɛ:t] *f* ⟨~; ~en⟩ **1.** capacité *f* (*auch élect.*); **2.** *fig.* (*hervorragender Könner*) personne *f* supérieurement capable; capacité *f*; F as [ɑ:s] *m*; **~'tätsˌauslastung** *f* utilisation intégrale de la capacité; **~'tätsˌausnutzung** *f* utilisation *f* de la capacité; **~'tätsˌgrenze** *f* limite *f* de capacité; **~'tätsˌschwund** *m e-s Akkus* perte *f* de capacité; **2'tiv** *adj. élect.* capacitif, -ive.

Kapee [ka'pe:] F **schwer von ~ sein** avoir la comprenette difficile(tte).

Kapell|e [ka'pɛlə] *f* ⟨~; ~n⟩ **1.** *égl.* chapelle *f*; **2.** *mus. allg.* orchestre [-k-] *m*; (*Blechmusik2*) *u. milit.* fanfare *f*; clique *f*; *milit. auch* musique *f*; (*Blas2*) harmonie *f*; **3.** (*Tiegel für Metalluntersuchungen*) coupelle *f*; **~enˌkranz** *m bât.* absidioles *f/pl.*; **~ˌmeister** *m* chef *m* d'orchestre; *milit. etc.* chef *m* de la musique, de la fanfare, *etc.*

Kaper[1] ['kɑ:pər] *f* ⟨~; ~n⟩ *Gewürz* câpre *f*; **~**[2] *m* ⟨~s; ~⟩ *hist.* corsaire *m*; **~ˌbrief** *m hist.* lettre *f* de marque; commission *f*; **~ei** [-'raɪ] *f* ⟨~⟩ *hist.* course *f*; **auf ~ ausgehen** faire la course; **2n** *v/t.* ⟨-(e)re, h⟩ *hist.* prendre en course; *fig.* j-n, etw. **~** mettre la main sur qn., sur qc.; F mettre, jeter le grappin sur qn., sur qc.; **~nˌstrauch** *m bot.* câprier *m*; **~nˌtunke** *f cuis.* sauce *f* aux câpres; **~ˌschiff** *n hist.* corsaire *m*; navire armé en course; **~ung** *f* ⟨~; ~en⟩ prise *f*.

Kapetinger ['kapeˑˌtɪŋər] *m/pl. hist.* Capétiens [-sjɛ̃] *m/pl.*

Kapholländisch ['kapˌhɔlɛndɪʃ] *n* ⟨→ A⟩ *cf.* Afrikaans.

kapieren [ka'pi:rən] F *v/t.* ⟨*pas de ge-*, h⟩ saisir; comprendre; P piger.

kapillar [kapɪ'lɑ:r] *adj.* capillaire [-l-]; **2aszensiˌon** *f* ⟨~⟩ *phys.* ascension *f* capillaire; **2depressiˌon** *f phys.* dépression *f* capillaire; **2e** *f* ⟨~; ~n⟩ **a)** (*Haarröhrchen*) tube *m* capillaire; **b)** *cf.* 2gefäß; **2geˌfäß** *n anat.* (vaisseau *m*) capillaire *m*; **2i'tät** *f* ⟨~⟩ *phys.* capillarité [-l-] *f*; **2mikroskoˌpie** *f* ⟨~⟩ *physiol.* capillaroscopie *f*.

Kapital [kapiˑ'tɑ:l] **I** *n* ⟨~s; ~ien *od.* ~e⟩ *einzelnes, bestimmtes* capital *m* (*auch coll. u. fig.*); *als unbestimmte Geldsummen* capitaux *m/pl.*; fonds *m/pl.*; **~ und Zinsen** capital et intérêts; **arbeitendes ~** capitaux productifs; **ausländisches ~** capitaux étrangers; **brachliegendes, totes ~** capitaux inemployés, oisifs, improductifs; **eingebrachtes ~** capital apporté; **eingezahltes ~** capital versé; **flüssiges ~** capitaux liquides; **stehendes ~** capitaux fixes; **überschüssiges ~** capitaux excédentaires; **umlaufendes ~** capitaux circulants; **verfügbares ~** capitaux disponibles; **~ anlegen, investieren** placer, investir des capitaux; **das nötige ~ aufbringen** réunir les capitaux nécessaires; **zum ~ schlagen** joindre au capital; *fig.* **aus etw. ~ schlagen** exploiter qc. à son avantage; tirer profit, parti de qc.; **II 2** *adj.* capital; **ein ~er Fehler** une faute capitale, fondamentale; *ch.* **ein ~er Hirsch** un superbe cerf.

Kapitäl [kapiˑ'tɛ:l] *n* ⟨~s; ~e⟩ *cf.* Kapitell.

Kapital|abfindung [kapiˑ'tɑ:lˌapfɪndʊŋ] *f* capital *m* forfaitaire; indemnisation *f* en capital; **~ˌabwanderung** *f* émigration *f* de capitaux; **~ˌabzug** *m* retrait *m* de capitaux; **~amortiˌsierung** *f* amortissement *m* d'un capital; **~ˌanlage** *f* placement *m*, investissement *m* de capitaux; **sichere, vorteilhafte ~** placement sûr, avantageux de capitaux; **~ˌanlagegeˌsellschaft** *f* société *f* d'investissement, de placement; **~ˌansammlung** *f* accumulation *f* de capitaux; **~ˌanteil** *m* part *f* du capital; **2ˌarm** *adj.* pauvre en capitaux; **~ˌaufbringung** *f* mobilisation *f*, réunion *f* de capitaux; **~ˌaufnahme** *f* emprunt *m* de capitaux; **~ˌaufstockung** *f* augmentation *f* d'un capital; **~ˌaufwand** *m* dépenses *f/pl.* de capital; **~ˌausfuhr** *f* exportation *f* de capitaux; **~ˌausfuhrˌland** *n* pays exportateur de capitaux; **~ˌausschüttung** *f* distribution *f* de capitaux; **~ˌausstattung** *f* dotation *f* d'un capital; **~ˌausweitung** *f* expansion *f* du capital; **~ˌband** *n Buchbinderei* tranchefile *f*; **~beˌdarf** *m* besoins *m/pl.* de capitaux; **~beˌschaffung** *f* recherche *f*, obtention *f* de capitaux; **~beˌsitz** *m* propriété *f* en capitaux; **~beˌteiligung** *f* participation *f* au *bzw.* en capital; **~beˌwegung(en)** *f* (*pl.*) mouvements *m/pl.* de capitaux; **~ˌbildung** *f* formation *f*, constitution *f* de capital, de capitaux; **~ˌbindung** *f* immobilisation *f* de capitaux; **~ˌbuchstabe** *m impr.* capitale *f*.

Kapitälchen [kapiˑ'tɛ:lçən] *n* ⟨~s; ~⟩ *impr.* petite capitale.

Kapital|einbuße [kapiˑ'tɑ:lˌʔaɪnbu:sə] *f* perte *f* de capitaux; **~ˌeinfuhr** *f* importation *f* de capitaux; **~ˌeinfuhrˌland** *n* pays importateur de capitaux; **~ˌeinkünfte** *f/pl.* revenus *m/pl.* du capital *bzw.* des capitaux; **~ˌeinlage** *f* apport *m* de capitaux; mise *f* de fonds; **~ˌeinzahlung** *f* versement *m* de capital; **~entˌwertung** *f* dépréciation *f* du capital; **~erˌhöhung** *f* augmentation *f* du capital; **~erˌtrag** *m* revenu *m* des capitaux; **~ertragˌsteuer** *f* impôt *m* sur le revenu des capitaux; **~ˌfehlleitung** *f* fausse orientation de capitaux; **~ˌflucht** *f* fuite *f* de capitaux; **~ˌforderung** *f* créance *f* en capital; **~ˌgeber** *m* bailleur *m* de fonds; apporteur *m* de capitaux; **~geˌsellschaft** *f* société *f* de capitaux; **~geˌwinn** *m* gain *m* en capital; **~ˌgüter** *n/pl.* biens capitaux; capital *m* technique; **~heˌrabsetzung** *f* réduction *f* du capital; **~ˌhilfe** *f* aide *f* en capital, en capitaux; **~ien** *n/pl.* capitaux *m/pl.*; *cf. auch* Kapital; **~investitiˌon** *f* investissement *m* de capitaux; **~isati'on** *f* ⟨~; ~en⟩ capitalisation *f*; **2i'sierbar** *adj.* capitalisable; **2i'sieren** *v/t.* ⟨*pas de ge-*, h⟩ capitaliser; **~i'sierung** *f* ⟨~⟩ capitalisation *f*; **~i'sierungsˌanleihe** *f* emprunt *m* de capitalisation; **~i'sierungsgeˌsellschaft** *f* société *f* de capitalisation; **~i'sierungsˌsatz** *m* taux *m* de capitalisation; **~i'sierungsverˌtrag** *m* contrat *m* de capitalisation; **~ismus** [-'lɪs-] *m* ⟨~⟩ capitalisme *m*; **~ist** [-'lɪst] *m* ⟨~en; ~en⟩ capitaliste *m*; **2istisch** [-'lɪs-] *adj.* capitaliste; **das ~e System** le système capitaliste; **~ˌknappheit** *f* manque *m*, insuffisance *f* de capitaux; **~ˌkonto** *n* compte *m* capital; **~konzentratiˌon** *f* concentration *f* de capitaux; **2ˌkräftig** *adj.* riche en capitaux; **~ˌlenkung** *f* orientation *f* des capitaux; **~ˌmangel** *m* manque *m* de capitaux; **~ˌmarkt** *m* marché des capitaux, financier; **den ~ in Anspruch nehmen** recourir au, faire appel au marché des capitaux; **~ˌnachfrage** *f* demande *f* de capitaux; **~ˌnot** *f* pénurie *f* de capitaux; **~ˌquelle** *f* source *f* de capitaux; **~ˌquote** *f* quote-part *f* du capital; **~renˌdite** *f* coefficient *m* de rendement du capital; **~ˌrückfluß** *m*, **~ˌrückwanderung** *f* rapatriement *m* de capitaux; **~ˌrückzahlung** *f* remboursement *m* du capital; **~ˌschrift** *f impr.* écriture capitale; **~ˌsteuer** *f* impôt *m* sur le capital; **~ˌtilgung** *f* amortissement *m* du capital; **~transˌfer** *m* transfert *m* de capitaux; **~ˌüberfluß** *m* pléthore *f* de capitaux; **~überˌtragung** *f* transfert *m* de capitaux; **~ˌumlauf** *m* circulation *f* de capitaux; **~ˌumschichtung** *f* regroupement *m* de capitaux; **~verˌbrechen** *n jur.* crime capital; crime *m* qui mérite la peine capitale; **~verˌflechtung** *f* interdépendance *f* des capitaux; **~verˌgeudung** *f* dilapidation *f* de capitaux; **~verˌheimlichung** *f* dissimulation *f* de capitaux; **~verˌkehr** *m* circulation *f* de(s) capitaux; **~verkehrˌsteuer** *f* impôt *m* sur les transferts, sur la circulation de capitaux; **~verˌknappung** *f* raréfaction *f* des capitaux; appauvrissement *m* en capitaux; **~verˌlust** *m* perte *f* de capitaux; **~verˌmögen** *n* capital *m*; capitaux *m/pl.*; **~verˌnichtung** *f* destruction *f* de capitaux; **~verˌringerung** *f* réduction *f* du capital; **~verˌsicherung** *f* assurance *f* à capital différé; **~verˌwaltungsgeˌsellschaft** *f* société *f* de gestion de capitaux; **~ˌwert** *m* valeur *f* en capital; **~ˌwertˌzuwachs** *m* accroissement *m* de la valeur du capital; **~ˌzahlung** *f* versement *m* en capital; **~ˌzins** *m* intérêts *m/pl.* d'un capital; **~ˌzufluß** *m* afflux *m* de capitaux; **~zuˌsammenˌlegung** *f* fusion *f*, réunion *f*, groupement *m* de capitaux.

Kapitän [kapiˑ'tɛ:n] *m* ⟨~s; ~e⟩ capitaine *m* (*auch Sport*); *mar. milit.* commandant *m*; (*Flug2*) commandant *m* de bord; **~ zur See** capitaine de vaisseau; **~ˌleutnant** *m mar. milit.* lieutenant *m* de vaisseau; **~skaˌjüte** *f* cabine *f* du capitaine, du commandant; **~spaˌtent** *n* brevet *m* de capitaine.

Kapitel [ka'pɪtəl] *n* ⟨~s; ~⟩ **1.** *e-s Buches* chapitre *m*; **~ XII, zwölftes ~** chapitre XII; douzième chapitre; *fig.* **das ist ein ~ für sich** c'est une autre histoire; **2.** *égl.* chapitre *m* (*auch Ort*); **2ˌfest** *adj.* F **in etw. ~ sein** être versé dans qc.; F être calé, ferré en qc.

Kapitell [kapiˑ'tɛl] *n* ⟨~s; ~e⟩ *bât.* chapiteau *m*.

Kapitel|saal [ka'pɪtəlˌzɑ:l] *m égl.* salle *f* du chapitre, capitulaire; **~ˌüberschrift** *f* titre *m* de chapitre; **2ˌweise** *adv.* chapitre par chapitre; un chapitre après l'autre.

kapitolinisch [kapiˑtoˑ'li:nɪʃ] *adj.* du Capitole; capitolin; **die ~en Gänse** les oies du Capitole; **der 2e Hügel** le Capitole; le mont Capitolin.

Kapitul|ar [kapiˑtuˑ'lɑ:r] *m* ⟨~s; ~e⟩ *égl.* chanoine *m*; **~arien** *pl. hist.* capitulaires *m/pl.*; **~ati'on** *f* ⟨~; ~en⟩ *milit.* capitulation *f*; **bedingungslose**

~ capitulation sans conditions; 2**ieren** [-'liː-] *v/i.* ⟨*pas de ge-*, h⟩ *milit.* capituler (vor devant).

Kaplan [ka'plaːn] *m* ⟨~s; -pläne⟩ *égl. cath. etwa* abbé *m*; *hist.* chapelain *m*; **~turˌbine** ['ka-] *f techn.* turbine *f* Kaplan.

Kapodaster [kapoˑ'dastər] *m* ⟨~s; ~⟩ *mus.* capodastre *m*; capotasto *m.*

Kapok ['kapɔk] *m* ⟨~s⟩ *Faser* kapok *od.* capoc *m*; **~ˌbaum** *m bot.* kapokier *m*; bombax *m.*

kapores [ka'poːrəs] *adj.* F *cf.* kaputt 1.

Kapotthütchen [ka'pɔtˌhyːtçən] *n* capote *f.*

Kappadoz|ier(in) [kapa'doːtsiˑər(ɪn)] *m* ⟨~s; ~⟩ *(f)* ⟨~; ~nen⟩ Cappadocien, -nne *m, f*; 2**isch** *adj.* cappadocien, -nne.

Käppchen ['kɛpçən] *n* ⟨~s; ~⟩ calotte *f.*

Kappe ['kapə] *f* ⟨~; ~n⟩ **1.** (*Mütze*) bonnet *m* (*auch Narren*2); (*Priester-, Mönchs*2) calotte *f*; *fig. u.* F **etw. auf s-e ~ nehmen** prendre qc. sur soi, sous son bonnet; **2.** *am Schuh vorne* bout dur; *hinten* contrefort *m*; **3.** *bât. beim Kreuzgratgewölbe* portion *f* de voûte; **4.** *mines* (*waagerechte Verschalung*) flandre *f*; rallonge *f*; **5.** *techn.* (*Rad*2) *etc.* chape *f*; 2**n** *v/t.* ⟨h⟩ (*abschneiden*) couper (*auch Tau*); **~nˌmuskel** *m anat.* muscle *m* trapèze.

Käppi ['kɛpiˑ] *n* ⟨~s; ~s⟩ *milit. Mütze* képi *m.*

Kappnaht ['kapnaːt] *f cout.* couture rabattue.

Kapprovinz ['kapproˑˌvɪnts] *f géogr.* province *f* du Cap.

Kappung ['kapʊŋ] *f* ⟨~⟩ (*Abschneiden*) *verbal.*

Kapriccio [ka'prɪtʃoˑ] *n* ⟨~s; ~s⟩ *mus.* caprice *m*; capriccio *m.*

Kapri|fikation [kapriˑfiˑkatsiˑ'oːn] *f* ⟨~⟩ *Feigenanbau* caprification *f*; **~folia'zeen** *pl. bot.* caprifoliacées *f/pl.*

Kaprinsäure [ka'priːnˌzɔʏrə] *f chim.* acide *m* caprique.

Kapri|ole [kapriˑ'oːlə] *f* ⟨~; ~n⟩ cabriole *f* (*auch Reitsport*); **~n machen** faire des cabrioles; 2**zi'ös** *adj.* capricieux, -euse.

Kapr|olaktam [kaproˑlak'taːm] *n* ⟨~s⟩ *chim.* caprolactame *m*; **~onˌsäure** [-'proːn-] *f chim.* acide *m* caproïque; **~ylˌsäure** [-'pryːl-] *f chim.* acide *m* caprylique.

Kapsel ['kapsəl] *f* ⟨~; ~n⟩ *allg.* capsule *f*; 2**ˌförmig** *adj.* en forme de capsule; *bot., anat.* capsulaire; **...**2**ig** [-ˌkap-] *adj. in Zssgn.* à ... capsule(s).

Kaptal(band) [kap'taːl(ˌbant)] *n* ⟨~s; ~e⟩ *(n)* ⟨~(e)s; ~er⟩ *cf.* Kapitalband.

Kaptaube ['kapˌtaʊbə] *f zo.* pigeon *m* du Cap; pétrel-damier *m.*

kaputt [ka'pʊt] *adj.* F **1.** (*entzwei*) fichu; P foutu; kapout [-ut]; **2.** (*erschöpft*) épuisé; exténué; F pompé; rendu; à plat; **~ˌgehen** *v/i.* ⟨*irr., sép.*, -ge-, sein⟩ F **1.** *Sachen* être fichu, P foutu; **das geht alles schnell ~** tout cela est rapidement fichu, foutu; **2.** *Tiere* crever; **~ˌhauen** F *v/t.* ⟨*irr., sép.*, -ge-, h⟩ *cf.* ~schlagen; **~ˌlachen** *v/réfl.* ⟨*sép.*, -ge-, h⟩ F **sich ~** se tordre de rire; mourir, crever de rire; **~ˌmachen** *v/t.* ⟨*sép.*, -ge-, h⟩ F **1.** *Sachen* démolir; briser; casser; **2.** *fig.* **das macht e-n (ganz) kaputt** cela me, te, *etc.* tue; **~ˌschlagen** F *v/t.* ⟨*irr., sép.*, -ge-, h⟩ casser; briser.

Kapuze [ka'puːtsə] *f* ⟨~; ~n⟩ capuchon *m*; (*Mönchs*2) *auch* capuce *m.*

Kapuziner [kapuˑ'tsiːnər] *m* ⟨~s; ~⟩ *relig.* capucin *m*; **~ˌaffe** *m zo.* capucin *m*; saï *m*; *pl.* **~n** *sc.* cébidés *m/pl.*; **~ˌkresse** *f bot.* capucine *f*; *sc.* tropæolum *m*; **~ˌkutte** *f* froc [-ɔk] *m* de capucin; **~ˌmönch** *m* capucin *m*; **~ˌorden** *m* ordre *m* des capucins; **~ˌpredigt** *f* sermon *m* de capucin; *péj.* capucinade *f.*

Kapwein ['kapvaɪn] *m* vin *m* du Cap.

Karabiner [kara'biːnər] *m* ⟨~s; ~⟩ carabine *f*; mousqueton *m*; **~ˌhaken** *m* (porte-)mousqueton *m.*

Karacho [ka'raxoˑ] *n* ⟨~⟩ F **mit ~** à toute vitesse, allure.

Karaffe [ka'rafə] *f* ⟨~; ~n⟩ carafe *f*; *kleine* carafon *m.*

Karaibe [kara'iːbə] *m* ⟨~n; ~n⟩ *cf.* Karibe; **~nˌfisch** *m zo.* piranha *m*; piraya *m*; cariba *m.*

Karakulschaf [kara'kʊlˌʃaːf] *n zo.* agneau *m*, mouton *m* karakul *od.* caracul [-yl].

Karambol|age [karamboˑ'laːʒə] *f* ⟨~; ~n⟩ **1.** *Billard* carambolage *m*; **2.** F (*Zusammenstoß*) collision *f*; *mehrerer Fahrzeuge* carambolage *m*; **wir hatten e-e ~** nous avons eu une collision; **~e** [-'boː-] *f* ⟨~; ~n⟩ *Billard* carambole *f*; 2**ieren** *v/i.* ⟨*pas de ge-*, h⟩ **1.** *Billard* caramboler; **2.** F (*zusammenstoßen*) entrer en collision (avec); se heurter (avec).

Karamel [kara'mɛl] *m* ⟨~s⟩ caramel *m*; **~ˌbier** *n* bière caramélisée; **~bonˌbon** *m, n*, **~le** *f* ⟨~; ~n⟩ caramel *m*; **~ˌzucker** *m* sucre caramélisé.

Kar|at [ka'raːt] *n* ⟨~(e)s; ~e *bzw.* **24** ~⟩ carat *m*; **...**2**ätig** [-ˌrɛː-] *adj. in Zssgn.* à ... carats; *par ex.* **achtzehnkarätiges Gold** or à dix-huit carats.

Karausche [ka'raʊʃə] *f* ⟨~; ~n⟩ *zo.* carassin *m.*

Karavelle [kara'vɛlə] *f* ⟨~; ~n⟩ *hist. mar.* caravelle *f.*

Karawan|e [kara'vaːnə] *f* ⟨~; ~n⟩ caravane *f*; **~enˌführer** *m* guide *m* de caravane; caravanier *m*; **~enˌhandel** *m* commerce *m* des caravanes; **~enˌstraße** *f* route *f* de caravanes; **~se'rei** *f* ⟨~; ~en⟩ caravansérail *m.*

Karbaminsäure [karba'miːnˌzɔʏrə] *f chim.* acide *m* carbamique.

Karbatsche [kar'baːtʃə] *f* ⟨~; ~n⟩ cravache *f.*

Karb|azol [karba'tsoːl] *n* ⟨~s⟩ *chim.* carbazole *m*; **~id** [-'biːt, -'bɪt] *n* ⟨~(e)s; ~e⟩ *chim.* carbure *m*; *im engeren Sinne* (*Kalzium*2) carbure *m* de calcium; **~idˌlampe** [-'biːt-] *f* lampe *f* à acétylène, à carbure; **~i'nol** *n* ⟨~s; ~e⟩ *chim.* carbinol *m*; alcool *m* méthylique; **~ol** [-'boːl] *n* ⟨~s⟩ *chim.* phénol *m*; **~oli'neum** [-'neːʊm] *n* ⟨~s⟩ *chim.* carbonyle *m*; **~olˌsäure** [-'boːl-] *f chim.* acide *m* phénique; phénol *m*; **~on** [-'boːn] *n* ⟨~s⟩ *géol.* carbonifère *m*; **~o'nat** *n* ⟨~(e)s; ~e⟩ *chim.* carbonate *m*; 2**oni'sieren I** *v/t.* ⟨*pas de ge-*, h⟩ **1.** *Wolle* opérer le carbonisage de; **2.** *Getränke* gazéifier; **II ~oni'sieren** *n* ⟨~s⟩ **1.** *der Wolle* carbonisage *m*; **2.** *Industrie* (*Verkohlung*) carbonisation *f*; **3.** *von Getränken* gazéification *f*; **~onˌsäure** [-'boːn-] *f chim.* carboxyle *m*; acide *m* carboxylique; **~o'nyl** *n* ⟨~s⟩ *chim.* carbonyle *m*; **~o'rund(um)** *n* ⟨~(e)s⟩ *(n)* ⟨~s⟩ carborundum [-ɔ̃dɔm] *m*; **~o'xyl** *n* ⟨~s; ~e⟩ *chim.* carboxyle *m*; **~oxy'lase** *f* ⟨~; ~n⟩ *biol.* carboxylase *f.*

Karbunkel [kar'bʊŋkəl] *m* ⟨~s; ~⟩ *méd.* anthrax [ɑ̃traks] *m.*

karburieren [karbuˑ'riːrən] *v/t.* ⟨*pas de ge-*, h⟩ *chim., techn.* carburer.

Kardamom [karda'moːm] *m, n* ⟨~s; ~e⟩ *Gewürz* cardamome *f*; **~ˌöl** *n* essence *f* de cardamome.

Kardan|antrieb [kar'daːnˌʔantriːp] *m techn.* transmission *f* à la Cardan; **~geˌlenk** *n* joint *m* de Cardan; articulation *f* à la Cardan; cardan *m*; **~geˌtriebe** *n cf.* ~antrieb; 2**isch** *adj.* **~e Aufhängung** suspension *f* à la Cardan; *math.* **~e Formel** formule *f* de Cardan; **~ˌwelle** *f* arbre *m* de Cardan.

Kardätsche [kar'dɛːtʃə] *f* ⟨~; ~n⟩ **1.** (*Pferdebürste*) brosse *f* de pansage; **2.** *Weberei* carde *f*; 2**n** *v/t.* ⟨*pas de ge-*, h⟩ **1.** *Pferd* brosser; **2.** *Wolle* carder.

Karde ['kardə] *f* ⟨~; ~n⟩ **1.** *bot.* cardère *f*; chardon *m* à foulon; *sc.* dipsacus [-ys] *m*; **2.** *text.* carde *f*; 2**n** *v/t.* ⟨-ete, h⟩ *Wolle* carder; **~nˌdistel** *f cf.* ~ 1.; **~ngeˌwächse** *n/pl. bot.* dipsa(ca)cées *f/pl.*

Kardi|akum [kar'diːakʊm] *n* ⟨~s; -ka⟩ *phm.* cardiaque *m*; **~al'gie** *f* ⟨~; -ien⟩ *méd.* cardialgie *f.*

Kardinal [kardiˑ'naːl] *m* ⟨~s; -äle⟩ **1.** *égl.* cardinal *m*; **2.** *zo.* cardinal *m*; **roter ~** cardinal rouge; **~ˌbischof** *m* cardinal-évêque *m*; **~deˌkan** *m* cardinal *m* doyen; **~diaˌkon** *m* cardinal-diacre *m*; **~ˌfehler** *m* faute principale; défaut principal; **~ˌpriester** *m* cardinal-prêtre *m*; **~proˌblem** *n* problème *m* d'une importance extrême; **~ˌpunkt** *m cf.* Hauptpunkt; **~sˌhut** *m* chapeau *m* de cardinal; **~skoˌllegium** *n* collège *m* des cardinaux; Sacré Collège; **~skongregatiˌonen** *f/pl.* congrégations romaines; **~'staatssekreˌtär** *m* secrétaire *m* d'État de Sa Sainteté; **~sˌwürde** *f* cardinalat *m*; dignité *f* de cardinal; **~ˌtugend** *f* vertu cardinale; **~viˌkar** *m* cardinal-vicaire *m*; **~ˌzahl** *f math.* nombre cardinal.

Kardio|gramm [kardiˑoˑ'gram] *n* ⟨~s; ~e⟩ *méd.* cardiogramme *m*; **~'graph** *m* ⟨~en; ~en⟩ cardiographe *m*; **~'ide** *f* ⟨~; ~n⟩ *math.* cardioïde *f*; **~lo'gie** *f* ⟨~⟩ cardiologie *f*; **~'spasmus** *m* ⟨~; -men⟩ *méd.* cardiospasme *m.*

Karel|ier(in) [ka'reːliˑər(ɪn)] *m* ⟨~s; ~⟩ *(f)* ⟨~; ~nen⟩ Carélien, -nne *m, f*; 2**isch** *adj.* carélien, -nne; de (la) Carélie; *géogr.* 2**e Landenge** isthme [ism] *m* de Carélie.

Karenz|frist [ka'rɛntsˌfrɪst] *f*, **~ˌzeit** *f* délai *m* de carence.

Karett|e [ka'rɛtə] *f* ⟨~; ~n⟩, **~ˌschildkröte** *f zo.* caret *m*; tortue *f* à écaille.

Karfreitag [kaːr'fraɪtaːk] *m relig.* vendredi saint.

Karfunkel [kar'fʊŋkəl] *m* ⟨~s; ~⟩ **1.** *minéral.* escarboucle *f*; **2.** F *cf.* Karbunkel.

karg [kark] **1.** *adj.* maigre; *Boden* pauvre; aride; stérile; **~es Mahl** repas maigre, chiche, frugal; **~en Lohn zahlen** donner un maigre salaire; **mit etw. ~ sein** *cf.* ~en; **2.** *adv.* **~ bemessen sein** être compté avec parcimonie; *cf. auch* kärglich; **~en** *v/i.* ⟨h⟩ **mit etw. ~** être parcimonieux, -euse, F chiche de qc.; **mit Worten ~** être avare de paroles; 2**heit** *f* ⟨~⟩ pauvreté *f*; maigreur *f*; *e-r Mahlzeit auch* frugalité *f*; *des Bodens* pauvreté *f*; aridité *f*; stérilité *f.*

kärglich ['kɛrklɪç] **1.** *adj.* maigre; pauvre; F chiche; **ein ~es Häuflein** un maigre tas (de); *cf. auch* **karg**; **2.** *adv.* pauvrement; avec maigreur; *bei Personen* chichement; parcimonieusement; **die Natur hat ihn ~ bedacht** la nature a été avare de ses dons envers lui; 2**keit** *f cf.* Kargheit.

Kargo ['kargoˑ] *m* ⟨~s; ~s⟩ *comm.* cargaison *f*; **~verˌsicherung** *f* assurance *f* de la cargaison.

Karib|e [ka'riːbə] *m* ⟨~n; ~n⟩ Caraïbe

m; 2**isch** *adj.* caraïbe; *géogr.* **das** 2**e Meer** la mer des Caraïbes, Caraïbe.
kariert [ka'ri:rt] **1.** *adjt. Papier, Heft* quadrillé; *Stoff* à carreaux; *Schottenmuster* écossais; **blau-weiß** ~ à (petits, grands) carreaux bleu(s) et blanc(s); **2.** *advt.* F **guck nicht so** ~! ne regarde pas d'un air si bête!
Karies ['ka:ri·ɛs] *f* ⟨~⟩ *méd.* carie *f*; **mit** ~ **anstecken** carier.
Karik|atur [kari·ka'tu:r] *f* ⟨~; ~en⟩ caricature *f*; ~**en zeichnen** caricaturer; faire des caricatures; ~**a'turen,zeichner(in)** *m* (*f*), ~**atu'rist(in)** *m* ⟨~en; ~en⟩ (*f*) ⟨~; ~nen⟩ caricaturiste *m, f*; 2**atu'ristisch** *adj.* caricatural; 2**ieren** [-'ki:-] *v/t.* ⟨*pas de ge-*, h⟩ caricaturer; faire une caricature de.
kariös [kari·'ø:s] *adj. méd.* carié; ~**e Zähne** dents cariées.
Karita|s ['ka:ri·tas] *f* ⟨~⟩ Caritas *f* (organisme *m* charitable de l'Église catholique en Allemagne); 2'**tiv** *adj.* charitable.
Karkasse [kar'kasə] *f* ⟨~; ~n⟩ *von Geflügel, techn. etc.* carcasse *f*.
Karlist [kar'lɪst] *m* ⟨~en; ~en⟩ *in Spanien* carliste *m*.
Karls|bader ['karls,ba:dər] *adj.* ⟨*inv.*⟩ de Carlsbad; ~ **Salz** sel *m* de Carlsbad; ~,**sage** *f* légende *f* de Charlemagne.
Karma(n) ['karma(n)] *n* ⟨~s⟩ *relig.* karma(n) *m*.
Karmelit|(in) [karme·'li:t(ɪn)] *m* ⟨~en; ~en⟩ (*f*) ⟨~; ~nen⟩, ~**er(in)** *m* ⟨~s; ~⟩ (*f*) ⟨~; ~nen⟩ *relig.* carme *m*; carmélite *f*; ~**er,kloster** *n* couvent *m* des carmes; carmel *m*; ~**er,orden** *m* ordre *m* des carmes.
Karm|(es)in [kar'mi:n, -me·'zi:n] *n* ⟨~s⟩ *Farbstoff* carmin *m*; cramoisi *m*; 2**(e's)in,rot** *adj.* carmin (*inv.*); cramoisi; **etw.** ~ **färben** carminer qc.; ~**in,säure** *f* acide *m* carminique.
Karn|allit [karna'li:t, -'lɪt] *m* ⟨~s⟩ *minéral.* carnallite *f*; ~**auba,wachs** [-'naʊ-] *n* carnauba *m*; ~**e'ol** *m* ⟨~s; ~e⟩ *minéral.* cornaline *f*.
Karneval ['karnə,val] *m* ⟨~s; ~e *od.* ~s⟩ carnaval *m*; ~**ist** [-'lɪst] *m* ⟨~en; ~en⟩ participant *m* au carnaval; 2**istisch** [-'lɪs-] *adj.* carnavalesque; ~**s-ge,sellschaft** *f* société *f*, réunion *f*, association *f* carnavalesque; ~**s,orden** *m* décoration *f* carnavalesque; ~**sprinz (-essin)** [-,prɪnts, -prɪn,tsɛ-] *m* (*f*) prince, princesse *m, f* du carnaval; ~**s-,tage** *m/pl.* jours *m/pl.* du, de carnaval; jours *m/pl.* gras; ~**s,zug** *m* cortège *m* du carnaval.
Karnickel [kar'nɪkəl] *n* ⟨~s; ~⟩ *cf.* Kaninchen.
Karnies [kar'ni:s] *n* ⟨~es; ~e⟩ *bât. steigendes* doucine *f*; *fallendes* talon *m*.
karnisch ['karnɪʃ] *adj. géogr.* 2**e Alpen** Alpes *f/pl.* Carniques.
karnivor [karni·'vo:r] *adj. zo., bot.* carnivore; 2**en** *m/pl. zo., bot.* carnivores *m/pl.*
Kärntner|(in) ['kɛrntnər(ɪn)] *m* ⟨~s; ~⟩ (*f*) ⟨~; ~nen⟩ habitant(e) *m* (*f*) de la Carinthie; Carinthien, -nne *m, f*; 2**isch** *adj.* de la Carinthie.
Karo ['ka:ro·] *n* ⟨~s; ~s⟩ carreau *m* (*auch Spielkartenfarbe*); ~'**acht** *f* 'huit *m* de carreau; ~-'**As** *n* as [a:s] *m* de carreau; ~'**bube** *m* valet *m* de carreau; ~'**dame** *f* dame *f* de carreau; ~'**könig** *m* roi *m* de carreau.
Karoling|er ['ka:ro·,lɪŋər] *m* (*pl.*) *hist.* Carolingien(s) *m* (*pl.*); ~**er,zeit** *f* époque carolingienne; 2**isch** *adj.* carolingien, -nne; ~**e Kunst** art carolingien.
Kaross|e [ka'rɔsə] *f* ⟨~; ~n⟩ carrosse *m*; ~**e'rie** *f* ⟨~; -ien⟩ carrosserie *f*; **mit e-r** ~ **versehen** carrosser; ~**e'rie,bau** *m* ⟨~(e)s⟩ construction *f*, fabrication *f* de carrosserie(s); ~**e'rie,blech** *n* tôle *f* pour carrosserie(s); ~**e'rie,hersteller** *m* carrossier *m*; ~**e'rie- und 'Fahrzeug,bauer** *m* ⟨~s; ~⟩ constructeur *m* de carrosseries et d'automobiles; 2**ieren** [-'si:-] *v/t.* ⟨*pas de ge-*, h⟩ carrosser.
Karot|in [karo·'ti:n] *n* ⟨~s⟩ *Biochemie* carotène *m*; ~**ino'ide** *pl. bot.* caroténoïdes *m/pl.*; ~**te** [-'rɔtə] *f* ⟨~; ~n⟩ *bot.* carotte *f*.
karpatisch [kar'pa:tɪʃ] *adj. géogr.* des Carpates.
Karpell(um) [kar'pɛl(ʊm)] *n* ⟨~s; -pelle *od.* -pella⟩ *bot.* carpelle *m*.
Karpfen ['karpfən] *m* ⟨~s; ~⟩ *zo.* carpe *f*; *junger auch* carpeau *m*; *cuis.* ~ **blau** carpe au bleu; ~,**brut** *f* alevin *m* de carpes; ~,**rücken** *m vét.* dos *m* de carpe, de mulet; ~,**teich** *m* étang *m* de carpes; carpier *m*; carpière *f*; *fig.* **der Hecht im** ~ *cf.* Hecht; ~,**zucht** *f* carpiculture *f*.
Karrag(h)een [kara'ge:n] *n* ⟨~(s)⟩ *bot.* carragheen [-gẽ] *m*.
Karre ['karə] *f* ⟨~; ~n⟩ **1.** charrette *f*; carriole *f*; (*Gepäck*2) chariot *m*; (*Schub*2) brouette *f*; *fig. u.* F **die** ~ **aus dem Dreck ziehen** remettre les choses en ordre; sortir, tirer qc. d'un mauvais pas; **die** ~, **den Karren einfach laufen lassen** laisser aller les choses; **2.** F (*altes Fahrzeug*) clou *m*; (*Fahrrad*) *auch* bécane *f*; (*Auto*) *auch* tacot *m*; bagnole *f*; **die alte** ~ le vieux clou.
Karree [ka're:] *n* ⟨~s; ~s⟩ carré *m* (*auch hist. milit.*).
karren ['karən] **I** *v/t.* ⟨h⟩ charrier; charroyer; *mit e-r Schubkarre* brouetter; **II** 2 *m* ⟨~s; ~⟩ *cf.* Karre; **III** 2 *pl.*, 2,**felder** *n/pl. géol.* lapiés *m/pl.*
Karriere [kari·'ɛ:rə] *f* ⟨~; ~n⟩ **1.** carrière *f*; ~ **machen** faire une belle, brillante carrière; **2.** *Pferdesport* galop *m* de course.
Karriole [kari·'o:lə] *f* ⟨~; ~n⟩ *Wagen* carriole *f*; 2**n** *v/i.* ⟨*pas de ge-*, **sein**⟩ F (*fahren*) aller en voiture, *etc.*
Karsamstag [ka:r'zamsta:k] *m relig.* samedi saint.
Karst [karst] *m* ⟨~es⟩ **1.** *géol.* karst *m*; *géogr.* Karst *m*; **2.** ⟨*pl.* ~e⟩ (*Hacke*) 'houe *f*; ~**er,scheinungen** *f/pl. géol.* modelé *m* karstique; phénomènes *m/pl.* karstiques.
Kartätsche [kar'tɛ:tʃə] *f* ⟨~; ~n⟩ **1.** *hist. milit.* boîte *f* à mitraille; **2.** *bât.* taloche *f*.
Kartause [kar'taʊzə] *f* ⟨~; ~n⟩ chartreuse *f*.
Kartäuser [kar'tɔʏzər] *m* ⟨~s; ~⟩ **1.** chartreux *m*; **2.** *cf.* ~likör; ~,**kloster** *n* couvent *m* de chartreux; chartreuse *f*; ~**li,kör** *m* chartreuse *f*; ~,**mönch** *m* chartreux *m*; ~,**orden** *m* ordre *m* des chartreux.
Kärtchen ['kɛrtçən] *n* ⟨~s; ~⟩ petite carte.
Karte ['kartə] *f* ⟨~; ~n⟩ *allg.* carte *f*; (*Speise*2) *auch* menu *m*; (*Eintritts-, Fahr*2) billet *m*; ticket *m*; (*Wochen*2) carte *f* hebdomadaire; *Besuch* **s-e** ~ **abgeben** déposer, laisser sa carte (de visite); *Annonce* **statt** ~**n** cet avis, cette annonce tient lieu de faire part; *Landkarte* **e-e** ~ **aufziehen** entoiler une carte; *Restaurant* **die** ~ **studieren** consulter le menu, la carte; **nach der** ~ **essen** déjeuner, dîner à la carte; ~**n spielen** jouer aux cartes; **gute, schlechte** ~**n haben** avoir du jeu *od.* un beau jeu, n'avoir pas de jeu; **aufgenommene** ~**n** rentrée *f*; **abgelegte** ~**n** écart *m*; **gezinkte** ~**n** cartes biseautées; **die** ~**n mischen** battre, mêler, mélanger les cartes; **die** ~**n verteilen** distribuer les cartes; **e-e** ~ **ablegen** écarter une carte; **e-e** ~ **abwerfen** se défausser d'une carte; **s-e** ~**n aufdecken** *cf.* aufdecken 2.; **j-m in die** ~**n gucken, sehen** regarder, voir le jeu, les cartes de qn.; *fig.* **sich nicht in die** ~**n gucken lassen** cacher son jeu; **mit offenen** ~**n spielen** jouer cartes sur table; **alles auf e-e** ~ **setzen** jouer son va-tout; mettre tous ses œufs dans le même panier; risquer le tout pour le tout; **j-m die** ~**n legen** tirer, faire les cartes à qn.
Kartei [kar'taɪ] *f* ⟨~; ~en⟩ fichier *m*; ~,**karte** *f* fiche *f*; ~,**kasten** *m* fichier *m*; boîte *f* à fiches; ~,**reiter** *m* cavalier *m* (à fiches); ~,**schrank** *m* fichier *m*.
Kartell [kar'tɛl] *n* ⟨~s; ~e⟩ *écon., pol.* cartel *m*; ~,**abrede** *f* convention *f* de cartel; ~**be,hörde(n)** *f* (*pl.*) autorités *f/pl.* qui réglementent les cartels; ~-,**bildung** *f* cartellisation *f*; formation *f* de cartels; ~**ge,setz** *n* loi *f* sur les cartels, sur les ententes; ~**ge,setz,gebung** *f* législation *f* antitrust, sur les cartels, sur les ententes; 2**ieren** [-'li:-] *v/t.* ⟨*pas de ge-*, h⟩ réunir, grouper en cartel; ~**ierung** [-'li:-] *f* ⟨~; ~en⟩ cartellisation *f*; ~**ver,bot** *n* interdiction *f* des cartels; ~**ver,botsge,setz** *n* loi *f* contre les cartels; ~**ver,einbarung** *f* convention *f* de cartel; ~**ver,trag** *m* contrat *m* de cartel.
Karten|ausgabe(stelle) ['kartən,ʔaʊsga:bə(,ʃtɛlə)] *f* bureau *m* de distribution de billets, de tickets, *für Lebensmittelkarten* de cartes d'alimentation; ~**auto,mat** *m* distributeur *m* automatique de billets, de cartes postales; ~,**blatt** *n e-r Spielkarte etc.* carte *f*; *e-r Landkarte* feuille *f*; ~,**brief** *m* carte-lettre *f*; ~,**geben** *n Kartenspiel* donne *f* (des cartes); ~,**haus** *n* **1.** *mar.* chambre *f* des cartes; **2.** *aus Spielkarten* château *m* de cartes; *fig.* **zusammenstürzen wie ein** ~ s'écrouler comme un château de cartes; ~,**hersteller** *m* fabricant *m* de cartes; *von Spielkarten auch* cartier *m*; ~,**kunststück** *n* tour *m* de cartes; ~,**legen** *n* cartomancie *f*; ~,**legerin** *f* ⟨~; ~nen⟩ tireuse *f* de cartes; cartomancienne *f*; ~,**lesen** *n* lecture *f* de cartes; ~,**messung** *f* mesurage *m* de distances, de surfaces sur des cartes; ~,**mischen** *n verbal*; ~,**netzent-,wurf** *m*, ~**projekti,on** *f* projection *f* de cartes; ~,**reiter** *m cf.* Karteireiter; ~,**schalter** *m* guichet *m* (de billets); ~,**skizze** *f* croquis *m* de carte; ~,**spiel** *n* jeu *m* de cartes; *Einzelspiel* partie *f* de cartes; ~,**spieler(in)** *m* (*f*) joueur, -euse *m, f* de cartes; ~,**ständer** *m* support *m* (pour cartes de géographie); ~,**stecher** *m* ⟨~s; ~⟩ graveur *m* de cartes (à jouer); ~,**tasche** *f* porte-cartes *m*; ~**ver,kauf** *m* vente *f* de billets; **der** ~ **beginnt um 18 Uhr, am Mittwoch** la vente des billets commence à 18 heures, commencera mercredi; ~,**zeichen** *n e-r Landkarte* signe conventionnel de la carte; ~,**zeichner** *m* (dessinateur-)cartographe *m*; ~,**zimmer** *n* salle *f* des cartes.
Kartes|ianer [kartə·zi·'a:nər] *m* ⟨~s; ~⟩ cartésien *m*; 2**i'anisch** *adj.* cartésien, -nne; de Descartes; ~**ia'nismus** *m* ⟨~⟩ *philos.* cartésianisme *m*; 2**isch** [-'te:-] *adj. cf.* 2ianisch.
Karthag|er(in) [kar'ta:gər(ɪn)] *m* ⟨~s; ~⟩ (*f*) ⟨~; ~nen⟩ Carthaginois(e) *m* (*f*); 2**isch** *adj.* carthaginois.

Karthamin [kartaˈmiːn] *n* ⟨~s⟩ *Farbstoff* carthamine *f*.

kartieren [karˈtiːrən] *v/t*. ⟨*pas de ge-*, h⟩ dresser une carte topographique (de qc.).

Kartoffel [karˈtɔfəl] *f* ⟨~; ~n⟩ **1.** *bot*. pomme *f* de terre; F patate *f*; (*Pell2n*) pommes de terre en robe de chambre; (*Brat2n*) pommes de terre sautées; (*Salz2n*) pommes de terre à l'anglaise, nature; **~n schälen** éplucher, peler des pommes de terre; **~n ausmachen** arracher des pommes de terre; F **die dümmsten Bauern haben die größten ~n** *prov*. aux innocents les mains pleines *prov*.; **2.** *fig*. *u*. F **a)** *cf*. **~nase**; **b)** *in den Strümpfen* F patate *f*; **~ˌabbau** *m* ⟨~(e)s⟩ *agr*. dégénérescence *f* de la pomme de terre; **~ˌacker** *m cf*. **~feld**; **~ˌ(an)bau** *m* ⟨~(e)s⟩ culture *f* de la pomme de terre; **~boˌvist** *m bot*. scléroderme *m*; **~ˌbranntwein** *m* eau-de--vie *f* de pommes de terre; **~ˌbrei** *m* purée *f* de pommes de terre; pommes de terre *f/pl*. en purée; **~ˌdämpfer** *m agr*. étuveur *m* pour pommes de terre; **~ˌernte** *f* récolte *f* de pommes de terre; **~ˌerntemaˌschine** *f* arracheuse *f* (mécanique) de pommes de terre; **~ˌfäule** *f* pourriture *f* de la pomme de terre; **~ˌfeld** *n* champ *m* de pommes de terre; **~ˌfeuer** *n* feu *m* de fanes de pommes de terre; **~ˌhacke** *f* 'houe *f* (pour arracher les pommes de terre); **~ˌkäfer** *m zo*. doryphore *m*; bête *f* du Colorado; **~ˌklöße** *m/pl*. *cuis*. boulettes *f/pl*. de pommes de terre; **~ˌknolle** *f* tubercule *m* de pomme de terre; **~ˌkrankheit** *f agr*. maladie *f* de la pomme de terre; **~ˌkraut** *n* fanes *f/pl*. de pommes de terre; **~ˌkrebs** *m agr*. maladie verruqueuse de la pomme de terre; **~ˌlegemaˌschine** *f* planteuse *f* (mécanique) de pommes de terre; **~ˌmehl** *n* fécule *f* de pomme de terre; **~ˌmiete** *f agr*. silo-fosse *m* pour pommes de terre; **~ˌmus** *n cf*. **~brei**; **~ˌnase** *f* F nez *m* en patate; **~ˌpresse** *f* presse-purée *m* (*inv*.); **~ˌpuffer** *m* (*pl*.) *cuis*. crêpe(s) *f* (*pl*.) de pommes de terre; **~püˌree** *n cf*. **~brei**; **~ˌquetsche** *f cf*. **~presse**; **~ˌroder** *m* ⟨~s; ~⟩ *cf*. **~erntemaschine**; **~saˌlat** *m cuis*. salade *f* de pommes de terre; **~ˌschalen** *f/pl*. pelures *f/pl*. de pommes de terre; **~ˌschälmaˌschine** *f* machine *f* à éplucher les pommes de terre; **~ˌschnaps** *m cf*. **~branntwein**; **~ˌstampfer** *m* pilon *m* presse-purée; **~ˌstärke** *f* fécule *f*, amidon *m* de pomme de terre; **~ˌsuppe** *f cuis*. soupe *f* aux pommes de terre.

Kartoˌgramm [kartoˑˈgram] *n* ⟨~s; ~e⟩ cartogramme *m*; **~ˈgraph** *m* ⟨~en; ~en⟩ cartographe *m*; **~graˈphie** *f* ⟨~⟩ cartographie *f*; **2ˈgraphisch** *adj*. cartographique; **~manˈtie** *f* ⟨~⟩ cartomancie *f*.

Karton [karˈtõː, -ˈtɔŋ, -ˈtoːn] *m* ⟨~s; ~s⟩ carton *m* (*auch peint*., *impr*.); **~age** [-ˈnaːʒə] *f* ⟨~; ~n⟩ cartonnage *m*; **~(agen)faˌbrik** [-(ˈnaːʒən)-] *f* cartonnerie *f*; **~(agen)fabriˌkant** [-(ˈnaːʒən)-] *m* fabricant *m* de carton; cartonnier *m*; **2ieren** [-ˈniː-] **I** *v/t*. ⟨*pas de ge-*, h⟩ *impr*. cartonner; **II ~ieren** [-ˈniː-] *n* ⟨~s⟩ *impr*. cartonnage *m*; **2iert** [-ˈniːrt] *adj*. *impr*. cartonné.

Kartothek [kartoˑˈteːk] *f* ⟨~; ~en⟩ fichier *m*.

Kartusche [karˈtʊʃə] *f* ⟨~; ~n⟩ **1.** *bât*. cartouche *m*; **2.** *milit*. gargousse *f*.

Karunkel [kaˈrʊŋkəl] *f* ⟨~; ~n⟩ *anat*. caroncule *f*.

Karussell [karʊˈsɛl] *n* ⟨~s; ~e *od*. ~s⟩ manège *m* (de chevaux de bois, de bicyclettes, d'autos, *etc*.); **~ fahren** faire un tour de manège.

Karwoche [ˈkaːrˌvɔxə] *f relig*. semaine sainte.

Karyatide [karyˑaˈtiːdə] *f* ⟨~; ~n⟩ *bât*. caryatide *od*. cariatide *f*.

Karyokinese [karyˑoˑkiˑˈneːzə] *f* ⟨~; ~n⟩ *biol*. caryocinèse *od*. karyokinèse *f*; mitose *f*.

Karzinom [kartsiˑˈnoːm] *n* ⟨~s; ~e⟩ *méd*. carcinome *m*.

Kasack [ˈkaːzak] *m* ⟨~s; ~s⟩ casaque *f*.

Kaschelott [kaʃəˈlɔt] *m* ⟨~s; ~e⟩ *zo*. cachalot *m*.

Kaschemme [kaˈʃɛmə] *f* ⟨~; ~n⟩ *péj*. *u*. F (*Kneipe*) bouge *m*; cabaret *m* borgne; caboulot *m*.

kaschieren [kaˈʃiːrən] *v/t*. ⟨*pas de ge-*, h⟩ **1.** (*verbergen*) cacher; dissimuler; masquer; **2.** *Pappe* recouvrir, habiller de papier de couleur.

Kaschmir [ˈkaʃmɪr, -miːr, -ˈmiːr] *m* ⟨~s; ~e⟩ *text*. cachemire *m*; **~ˌschal** *m* (châle *m* en) cachemire *m*; *par ext*. écharpe *f* en (imitation) cachemire; **~ˌwolle** *f* laine *f* de cachemire; **~ˌziege** *f zo*. chèvre *f* du Cachemire.

Kaschub|e [kaˈʃuːbə] *m* ⟨~n; ~n⟩ Kachoube *m*; **2isch** *adj*. des Kachoubes.

Käse [ˈkɛːzə] *m* ⟨~s; ~⟩ fromage *m*; **Schweizer ~** fromage de Gruyère; gruyère *m*; **Holländer ~** fromage de Hollande; 'hollande *m*; **großer, runder Laib ~** meule *f* de fromage; **der ~ ist durch** le fromage est fait; *fig*. *u*. F **das ist ~** ce sont des bêtises; **~ reden, machen** dire, faire des bêtises; **2ˌartig** *adj*. qui ressemble au fromage; **~ˌauflauf** *m cuis*. soufflé *m* au fromage; **~beˌreitung** *f* préparation *f* du fromage; **~ˌblatt** *n* F (*kleine Zeitung*) feuille *f* de chou; **2ˈbleich** F *adj*. pâle; blême; blanc, -che comme un linge; **~ˌbrot** *n* tartine *f* de fromage; **~ˌbrötchen** *n* petit pain au fromage; **~faˌbrik** *f* fabrique *f* de fromage; fromagerie *f*; **~ˌfliege** *f zo*. piophile *f*; **~ˌform** *f* moule *m* à fromage; **~geˌbäck** *n* petits gâteaux au fromage; **~geˌschäft** *n* fromagerie *f*; **~ˌglocke** *f* cloche *f* à fromage; **~ˌhandel** *m* commerce *m* des fromages; **~ˌhändler** *m* marchand *m* (en gros) de fromage(s); fromager *m*; **~ˌhersteller** *m* fromager *m*; **~ˌherstellung** *f* fabrication *f* du fromage.

Kasein [kazeˑˈiːn] *n* ⟨~s⟩ *chim*. caséine *f*; **~ˌbildung** *f* caséification *f*.

Käseindustrie [ˈkɛːzəˀɪndʊsˌtriː] *f* industrie fromagère.

Kasein|farbe [kazeˑˈiːnˌfarbə] *f* peinture *f* à la caséine; **~ˌleim** *m* colle *f* à base de caséine; **~maleˌrei** *f* peinture *f* à la caséine.

Käsekuchen [ˈkɛːzəˌkuːxən] *m* gâteau *m* au fromage blanc.

Kasel [ˈkaːzəl] *f* ⟨~; ~n⟩ (*Meßgewand*) chasuble *f*.

Käse|made [ˈkɛːzəˌmaːdə] *f zo*. ver *m* du fromage; *abus*. asticot *m*; **~ˌmagen** *m* caillette *f*.

Kasematte [kazəˈmatə] *f* ⟨~; ~n⟩ *milit*. casemate *f*.

Käse|messer [ˈkɛːzəˌmɛsər] *n* couteau *m* à fromage; **~ˌmilbe** *f zo*. mite *f* du fromage; *sc*. tyroglyphe *m*; **2n** *v/i*. ⟨-(es)t, h⟩ (*Käse bereiten*) faire du fromage; **~ˌplatte** *f cuis*. plateau *m* de fromages; **~ˌpresse** *f* presse *f* à fromage; **~ˈrei** *f* ⟨~; ~en⟩ fromagerie *f*; **~ˌrinde** *f* croûte *f* du fromage.

Kasern|e [kaˈzɛrnə] *f* ⟨~; ~n⟩ caserne *f*; **in ~n legen** caserner; **in der ~ liegen** être caserné; **~enˌhof** *m* cour *f* de (la) caserne; **~enhofˌblüte** *f* calembour *m* de caserne; **~enhofˌton** *m* ton *m* de commandement; **2ieren** [-ˈniː-] *v/t*. ⟨*pas de ge-*, h⟩ caserner; **~ierung** [-ˈniː-] *f* ⟨~⟩ casernement *m*.

Käse|stange [ˈkɛːzəˌʃtaŋə] *f* bâtonnet *m* au fromage; **~ˌstoff** *m cf*. **Kasein**; **~ˌstulle** *f cf*. **Käsebrot**; **~ˌteller** *m* assiette *f* de fromages.

käsig [ˈkɛːzɪç] *adj*. semblable au fromage; *fig*. *u*. F (*blaß*) pâle; blême.

Kasino [kaˈziːnoˑ] *n* ⟨~s; ~s⟩ **1.** (*Offiziers2*) mess [mɛs] *m*; **2.** (*Spiel2*) *etc*. casino *m*.

Kaskade [kasˈkaːdə] *f* ⟨~; ~n⟩ cascade *f* (*auch Zirkus*, *élect*.); **2nˌartig**, **2nˌförmig** *adj*. *u*. *adv*. en cascade; **~nˌschaltung** *f élect*. montage *m*, association *f* en cascade; **~nˌumformer** *m élect*. convertisseur *m* en cascade.

Kaskoversicherung [ˈkaskoˑfɛrˌzɪçərʊŋ] *f* assurance *f* tous risques.

Kasperle [ˈkaspərlə] *n*, *m* ⟨~s; ~⟩ guignol *m*; **~theˌater** *n* guignol *m*; **ins ~ gehen** aller au guignol.

Kaspisch [ˈkaspɪʃ] *adj*. *géogr*. **~es Meer** mer Caspienne.

Kassa [ˈkasa] *f* ⟨~⟩ *comm*. *cf*. **Kasse**; **~geˌschäft** *n* opération *f* au comptant.

Kassandraruf [kaˈsandraˌruːf] *m* prophétie [-si] *f*, prédiction *f* de Cassandre.

Kassation [kasatsiˑˈoːn] *f* ⟨~; ~en⟩ *jur*. cassation *f* (*auch hist*., *mus*.); *cf*. *auch* **Revision**; **~sˌhof** *m* Cour *f* de cassation.

Kassave [kaˈsaːvə] *f* ⟨~; ~n⟩ *bot*. manioc [-jɔk] *m*.

Kassazahlung [ˈkasaˌtsaːlʊŋ] *f cf*. **Barzahlung**.

Kasse [ˈkasə] *f* ⟨~; ~n⟩ caisse *f* (*auch Kino2*, *Kranken2*); *thé*. *auch* bureau *m* de location; **an der ~** à la caisse; **die ~ führen, unter sich haben** tenir la caisse; **(die) ~ machen** faire sa caisse, *privat* ses comptes; **e-n Griff in die ~ tun** se servir dans la caisse; subtiliser, prendre de l'argent dans la caisse; **mit der ~ durchbrennen, durchgehen** filer, partir avec la caisse; lever le pied; **gemeinsame ~ machen** faire bourse commune; **getrennte ~ machen** faire bourse à part; payer chacun sa part; **(gut) bei ~ sein** être en fonds; **nicht, schlecht bei ~ sein** ne pas être en fonds; avoir la bourse plate; être à court d'argent; **gegen ~ (verkaufen)** (vendre) au comptant.

Kassel [ˈkasəl] F **ab nach ~!** F file(z) *bzw*. filons!; décampe(z) *bzw*. décampons!; fiche(z) *bzw*. fichons le camp!; P barre-toi *bzw*. barrez-vous *bzw*. barrons--nous!; **~er(in) I** *m* ⟨~s; ~⟩ (*f*) ⟨~; ~nen⟩ habitant(e) *m* (*f*) de Kassel; **II ~er** *adj*. ⟨*inv*.⟩ de Kassel; *cuis*. **~ Rippe(n)speer** côtelette de porc salée et fumée.

Kassen|abschluß [ˈkasənˌˀapʃlʊs] *m* arrêté *m*, balance *f* de caisse; **~ machen** *auch* faire sa caisse, ses comptes; **~ˌanweisung** *f* bon *m* de caisse; **~ˌarzt** *m in Deutschland* médecin *m* de caisse; *in Frankreich* médecin conventionné; **~ˌausgänge** *m/pl*. sorties *f/pl*. de caisse; **~beˌamte(r)** *m* caissier *m*; **~beˌleg** *m* pièce *f* de caisse; **~beˌricht** *m* compte rendu de la caisse; **~beˌstand** *m* encaisse *f*; avoir *m*, solde *m* en caisse; **~ˌbote** *m* coursier *m* de la caisse; *zum Kassieren* encaisseur *m*; garçon *m* de recettes; **~ˌbuch** *n* livre *m* de caisse; **~ˌdefizit** *n* déficit *m* de caisse; **~ˌeingänge** *m/pl*. rentrées *f/pl*. de caisse; **~erˌfolg** *m* film *m*, pièce *f* à succès; **ein ~ sein** *auch* remplir les caisses; **~ˌfehlbeˌtrag** *m cf.* ~defizit; **~ˌführer(in)** *m (f)* caissier, -ière *m, f*; **~ˌführung** *f* gestion *f*, tenue *f* de caisse; **~geˌschäft** *n* opération *f* au comptant; **~ˌkonto** *n* compte *m* de caisse; **~ˌlage** *f* situation *f* de la caisse; **~patiˌent** *m* patient, client affilié obligatoirement à une caisse; **~ˌprüfung** *f* vérification *f* de caisse; **~ˌraum** *m* caisse *f*; **~revisiˌon** *f cf.* ~prüfung; **~reˌvisor** *m* vérificateur *m* de la caisse; **~ˌschalter** *m* guichet *m* de la caisse; **~ˌscheck** *m cf.* Barscheck; **~ˌschlager** *m cf.* ~erfolg; **~ˌschluß** *m* fermeture *f*, clôture *f* de caisse; **~ˌschlüssel** *m* clef *od.* clé *f* de la caisse; **~ˌschrank** *m* coffre-fort *m*; **~ˌstand** *m* état *m* de la caisse; **~ˌstunden** *f/pl.* heures *f/pl.* d'ouverture de la caisse; **~ˌsturz** *m* contrôle *m*, vérification *f* de caisse; ~ machen faire l'état de sa caisse; *par ext.* faire ses comptes; **~ˌüberschuß** *m* excédent *m* de caisse; **~ˌumsatz** *m* mouvement *m* de caisse; **~verˌwalter** *m* trésorier *m*; **~ˌvorschuß** *m* avance *f* de caisse; **~ˌwart** *m* ⟨~(e)s; ~e⟩ *e-s Vereins* trésorier *m*; **~ˌwesen** *n comm.* trésorerie *f*; *Krankenkasse* caisses *f/pl.*; **~ˌzettel** *m* bordereau *m*, *einfacher* ticket *m* de caisse; **~ˌzwang** *m* obligation *f* d'adhérer à une caisse de maladie.

Kasserolle [kasəˈrɔlə] *f* ⟨~; ~n⟩ casserole *f*.

Kassette [kaˈsɛtə] *f* ⟨~; ~n⟩ **1.** cassette *f*; **2.** *bât. e-r Kassettendecke* caisson *m*; **3.** *phot.* châssis *m*; **~nˌdecke** *f bât.* plafond *m* à caissons.

Kassia [ˈkasiˑa] *f* ⟨~; -ien⟩ *cf.* Kassie.

Kassiber [kaˈsiːbər] *m* ⟨~s; ~⟩ message clandestin (d'un prisonnier *bzw.* à un prisonnier).

Kassie [ˈkasiˑə] *f* ⟨~; ~n⟩ *bot.* casse *f*; cassier *m*; canéficier *m*; **~nˌmark** *n phm.* pulpe *f* de casse; **~nˌrinde** *f* cannelle *f* de Chine.

Kassier [kaˈsiːr] *m* ⟨~s; ~e⟩ *cf.* ~er; **2en** *v/t.* ⟨*pas de ge-*, h⟩ **1.** *Geld etc.* encaisser; **2.** *jur. Urteil* casser; *Urkunde etc.* annuler; invalider; **~er (-in)** *m* ⟨~s; ~⟩ *(f)* ⟨~; ~nen⟩ caissier, -ière *m, f*; *(Einkassierer)* encaisseur *m*.

Kassinische Kurve [kaˈsiːnɪʃə ˈkurvə] *f math.* cassinoïde *f*; ellipse *f* de Cassini.

Kassiopei|a [kasiˑoˑˈpaɪa] *f* ⟨~⟩ *astr.* Cassiopée *f*; **~um** *n* ⟨~s⟩ *chim.* lutétium [-sjɔm] *od.* lutécium *m*; cassiopé(i)um *m*.

Kassit|en [kaˈsiːtən] *m/pl. hist. Volk* Kassites *m/pl.*; **~eˈrit** *m* ⟨~s⟩ *minéral.* cassitérite *f*.

Kastagnette [kastanˈjɛtə] *f* ⟨~; ~n⟩ *mus.* castagnette *f*.

Kastanie [kasˈtɑːniˑə] *f* ⟨~; ~n⟩ **1. a)** *(Roß2) Frucht* marron *m* (d'Inde); *Baum* marronnier *m* (d'Inde); **die ~n blühen** les marronniers fleurissent, sont en fleurs; **b)** *(Edel2, echte ~) Frucht* châtaigne *f*; *cuis.* marron *m*; *Baum* châtaignier *m*; **eßbare ~** châtaigne *f*; *cuis.* **geröstete ~n** marrons grillés, chauds; **kandierte ~n** marrons glacés; *fig.* **für j-n die ~n aus dem Feuer holen** tirer les marrons du feu pour qn.; **2.** *des Pferdes etc.* châtaigne *f*; **~naˌllee** *f* avenue bordée de marronniers; **~nˌbaum** *m bot. cf.* Kastanie; **~nˌblatt** *n* feuille *f* de marronnier *bzw.* de châtaignier; **2nˌbraun** *adj.* marron (*inv.*); *Haare* châtain; **~e Haare** cheveux châtains; chevelure châtain(e); **~e Farbe** châtain *m*; **~nˌholz** *n* bois *m* de châtaignier *bzw.* de marronnier; **~nverˌkäufer(in)** *m (f)* marchand(e) *m (f)* de châtaignes *bzw.* de marrons chauds; **~nˌwald** *m* bois *m*, forêt *f* de châtaigniers, de marronniers; *kleiner* châtaigneraie *f*.

Kästchen [ˈkɛstçən] *n* ⟨~s; ~⟩ coffret *m*; *für einzelnes Schmuckstück* écrin *m*; *auf Formularen etc.* case *f*.

Kaste [ˈkastə] *f* ⟨~; ~n⟩ caste *f*.

kastei|en [kasˈtaɪən] *v/réfl.* ⟨*pas de ge-*, h⟩ **sich ~** se mortifier; **2ung** *f* ⟨~; ~en⟩ mortification *f*.

Kastell [kasˈtɛl] *n* ⟨~s; ~e⟩ fort romain; place fortifiée romaine; **~an** [-ˈlɑːn] *m* ⟨~s; ~e⟩ concierge *m*, garde *m* d'un château.

Kasten [ˈkastən] *m* ⟨~s; ⸗⟩ **1.** *allg.* boîte *f*; *größerer* coffre *m*; caisse *f* *(auch e-s Wagens)*; *e-s Hobels* fût *m*; *e-s Schlosses* coffre *m*; palâtre *m*; palastre *m*; *(Sand2)* bac *m* à sable; *(Setz2)* casse *f*; *(Brief2)* boîte *f* aux lettres; *(Truhe)* bahut *m*; coffre *m*; *(Schrank)* armoire *f*; **ein ~ Bier** une caisse de bière; **e-n Brief in den ~ stecken, werfen** mettre une lettre à la boîte aux lettres; **2.** *gym.* plinth [-int] *m*; **3.** *fig. u.* F *(Fußballtor)* but *m*; *(Gefängnis)* P bloc *m*; tôle *f*; *(Arrestlokal)* P violon *m*; **alter ~** *(Schiff)* F vieux rafiot; *(Haus)* F vieille baraque, bicoque; *(Bus etc.)* F vieux machin; **etwas auf dem ~ haben** être capable, doué; **~ˌbrot** *n* pain cuit dans un moule rectangulaire; *Weißbrot* pain *m* de mie; **~ˌdeckel** *m* couvercle *m* de boîte, de coffre, *etc.*; **~ˌdrachen** *m* cerf-volant *m* cellulaire; **~ˌfalle** *f* piège *m* à récipient; **~ˌform** *f cuis.* moule *m* à cake [kek]; **~ˌgeist** *m* esprit *m* de caste; **~ˌherrschaft** *f* domination *f* d'une caste; **~ˌkippwagen** *m* wagonnet *m* à caisse basculante; **~ˌkuchen** *m cuis.* gâteau *m* en forme de cake [kek]; **~ˌmöbel** *pl.* meubles *m/pl.* de rangement; **~ˌordnung** *f* régime *m* des castes; **~ˌschloß** *n* serrure *f* à coffre, à palâtre, à palastre; **~ˌwagen** *m* camion(nette) fermé(e); fourgon *m*; **~ˌwesen** *n cf.* ~ordnung.

Kastil|ier(in) [kasˈtiːliˑər(ɪn)] *m* ⟨~s; ~⟩ *(f)* ⟨~; ~nen⟩ Castillan(e) [-j-] *m (f)*; **2isch** *adj.* castillan; **die ~e Sprache, das 2e** la langue castillane; le castillan.

Kastor [ˈkastər] *m* ⟨~s⟩ *astr.* Castor *m*.

Kastr|at [kasˈtrɑːt] *m* ⟨~en; ~en⟩ castrat *m*; **~atiˈon** *f* ⟨~; ~en⟩ castration *f*; **~atiˈonskomˌplex** *m psych.* complexe *m* de castration; **2ieren** [-ˈtriː-] *v/t.* ⟨*pas de ge-*, h⟩ châtrer; castrer; **~ierung** [-ˈtriː-] *f* ⟨~; ~en⟩ castration *f*.

Kasuar [kazuˑˈɑːr] *m* ⟨~s; ~e⟩ *zo.* casoar *m*; **~ina** [-ˈriː-] *f* ⟨~; -nen⟩, **~ine** [-ˈriː-] *f* ⟨~; ~n⟩ *bot.* casuarina *m*.

Kasuist [kazuˑˈɪst] *m* ⟨~en; ~en⟩ casuiste *m*; **~ik** *f* ⟨~⟩ casuistique *f*; **2isch** *adj.* de casuiste.

Kasus [ˈkɑːzus] *m* ⟨~; ~⟩ *gr.* cas *m*; **~ˌbildung** *f* formation *f* des cas; **~ˌendung** *f* terminaison *f*, désinence *f* qui marque le cas; **~ˌregeln** *f/pl.* règles *f/pl.* des cas.

Kata|bolismus [katabo·ˈlɪsmus] *m* ⟨~⟩ *physiol.* catabolisme *m*; **~ˈchrese** *f* ⟨~; ~n⟩ *rhét.* catachrèse [-k-] *f*; **~ˈfalk** *m* ⟨~s; ~e⟩ catafalque *m*; **~ˈkaustik** *f* ⟨~⟩ *opt.* catacaustique *f*; **~ˈklasˌstruktur** *f géol.* texture *f* cataclastique; **~ˈklysmus** *m* ⟨~; -men⟩ *géol.* cataclysme *m*; **~ˈkomben** *f/pl.* catacombes *f/pl.*

Katalan|e [kataˈlɑːnə], **~in** *m* ⟨~n; ~n⟩, *f* ⟨~; ~nen⟩ Catalan(e) *m (f)*; **2isch** *adj.* catalan; **die ~e Sprache, das 2e** la langue catalane; le catalan.

Kata|lase [kataˈlɑːzə] *f* ⟨~; ~n⟩ *Enzym* catalase *f*; **~ˈlaunische ˈFelder** *n/pl. hist.* champs Catalauniques, Catalauniens; **2ˈlektisch** *adj. métr.* catalectique; **~leˈpsie** *f* ⟨~; -ien⟩ *méd.* catalepsie *f*; **2ˈleptisch** *adj.* cataleptique.

Katalog [kataˈloːk] *m* ⟨~(e)s; ~e⟩ catalogue *m*; **2iˈsieren** *v/t.* ⟨*pas de ge-*, h⟩ cataloguer; **~iˈsierung** *f* ⟨~⟩ catalogage *m*; **~ˌpreis** *m* prix *m* de catalogue.

katalonisch [kataˈloːnɪʃ] *adj. cf.* kata-[lanisch.]

Katalp|a [kaˈtalpa] *f* ⟨~; -pen⟩, **~e** *f* ⟨~; ~n⟩ *bot.* catalpa *m*.

Kataly|sator [katalyˑˈzɑːtər] *m* ⟨~s; -ˈtoren⟩ *chim.* catalyseur *m*; **~se** [-ˈlyː-] *f* ⟨~; ~n⟩ catalyse *f*; **2ˈsieren** *v/t.* ⟨*pas de ge-*, h⟩ catalyser; **2tisch** [-ˈlyː-] *adj.* catalytique; **~tofen** [-ˈlyːt-] *m* poêle *m* à catalyse.

Kata|phorese [katafoˑˈreːzə] *f* ⟨~; ~n⟩ *phys.* cataphorèse *f*; **~ˈplasma** *n* ⟨~s; -men⟩ *phm.* cataplasme *m*; **2ˈplektisch** *adj. méd.* cataplectique; **~pleˈxie** *f* ⟨~; -ien⟩ *méd.* cataplexie *f*.

Katapult [kataˈpult] *m, n* ⟨~(e)s; ~e⟩ catapulte *f*; **2ieren** [-ˈtiː-] **I** *v/t.* ⟨*pas de ge-*, h⟩ catapulter; **II ~ieren** [-ˈtiː-] *n* ⟨~s⟩ catapultage *m*; **~ˌstart** *m aviat.* (décollage *m* par) catapultage *m*.

Katarakt[1] [kataˈrakt] *m* ⟨~(e)s; ~e⟩ *e-s Flusses* cataracte *f*; **~**[2] *f* ⟨~; ~e⟩ *méd.* cataracte *f* lenticulaire.

Katarrh [kaˈtar] *m* ⟨~s; ~e⟩ *méd.* catarrhe *m*; *(Schnupfen)* rhume *m*; **2alisch** [-ˈrɑː-] *adj.* catarrhal.

Katast|er [kaˈtastər] *m* ⟨~s; ~⟩ cadastre *m*; **~erˌamt** *n* service *m* du cadastre; **~erˌauszug** *m* extrait cadastral; **~erˌkarte** *f* plan cadastral; **2rieren** [-ˈtriː-] **I** *v/t.* ⟨*pas de ge-*, h⟩ cadastrer; **II ~rieren** [-ˈtriː-] *n* ⟨~s⟩ cadastrage *m*.

katastrophal [katastroˑˈfɑːl] *adj.* catastrophique (*auch* F).

Katastrophe [kataˈstroːfə] *f* ⟨~; ~n⟩ catastrophe *f*; *in der Tragödie meist* dénouement *m*; **2nˌartig** *adj.* (*u. adv.*) semblable à une catastrophe; catastrophique(ment); **~ngeˌbiet** *n* région touchée par une catastrophe; région sinistrée; **~nˌschutz** *m* protection *f* contre les catastrophes.

Katatonie [katatoˑˈniː] *f* ⟨~; -ien⟩ *méd.* catatonie *f*.

Kate [ˈkɑːtə] *f* ⟨~; ~n⟩ chaumière *f*.

Katech|ese [katɛˈçeːzə] *f* ⟨~; ~n⟩ *relig.* catéchèse [-ʃ-] *f*; catéchisme [-ʃ-] *m*; **~et** *m* ⟨~en; ~en⟩ catéchiste [-ʃ-] *m*; **~etin** *f* ⟨~; ~nen⟩ dame *f* catéchiste; **~ismus** *m* ⟨~; -men⟩ (livre *m* de) catéchisme *m*; **~ist** *m* ⟨~en; ~en⟩ catéchiste *m* (indigène).

Katechu [ˈkatɛçuˑ] *n* ⟨~s; ~s⟩ *bot., chim.* cachou *m*.

Katechumene [katɛçuˑˈmeːnə] *m* ⟨~n; ~n⟩ *relig.* catéchumène [-k-] *m* (*auch prot.*).

Kategor|ie [kateˑgoˑˈriː] *f* ⟨~; -ien⟩ catégorie *f* (*auch philos.*); **2isch** [-ˈgoː-] *adj.* (*u. adv.*) catégorique(ment); **ein ~es Nein** un non, un refus catégorique; *philos.* **~er Imperativ** impératif catégorique.

Kater [ˈkɑːtər] *m* ⟨~s; ~⟩ **1.** *zo.* matou *m*; chat *m* (mâle); *fig.* **verliebt sein wie ein ~** être éperdument amoureux, -euse; **der Gestiefelte ~** le Chat botté; **2.** *fig. u.* F **e-n ~ haben** avoir mal aux cheveux; avoir la gueule de bois; **~ˌbummel** *m* F flânerie *f*, balade *f* le lendemain d'une cuite; **~ˌfrühstück** *n* petit déjeuner indiqué quand on a la gueule de bois; **~ˌstimmung** *f* mauvaise humeur quand on a mal aux cheveux.

katexochen [kat'ʔɛksɔ'xeːn] *adv.* par excellence.

Katgut ['katgʊt] *n* ⟨~s⟩ *chir.* catgut [katgyt] *m.*

Katharer ['katarər, 'kɑː-] *m/pl. hist.* cathares *m/pl.*

Katharsis ['katarzɪs, 'kɑː-, -'tar-] *f* ⟨~⟩ *philos.* catharsis [-sis] *f.*

Katheder [ka'teːdər] *n, m* ⟨~s; ~⟩ chaire *f*; ~ˌ**blüte** *f* calembour *m* involontaire d'un professeur; ~ˌ**weisheit** *f* sagesse *f* théorique.

Kathedral|e [kate·'drɑːlə] *f* ⟨~; ~n⟩ cathédrale *f*; ~ˌ**glas** *n* verre *m* cathédrale.

Kathet|e [ka'teːtə] *f* ⟨~; ~n⟩ *math.* côté *m* de l'angle droit; ~**er** *m* ⟨~s; ~⟩ *méd.* cathéter [-ɛːr] *m*; 2**eri'sieren** *v/t.* ⟨*pas de ge-*, h⟩ *méd.* cathétériser; ~**e·ri'sierung** *f* ⟨~; ~en⟩ *méd.* cathétérisme *m*; ~**o'meter** *n* ⟨~s; ~⟩ *Meßgerät* cathétomètre *m.*

Kathode [ka'toːdə] *f* ⟨~; ~n⟩ *élect.* cathode *f*; ~**nstrahl**ˌ**bündel** *n* faisceau *m* cathodique; ~**n**ˌ**strahlen** *m/pl.* rayons *m/pl.* cathodiques; ~**nstrahl-oszillo**ˌ**graph** *m* oscillographe *m* cathodique; ~**nstrahl**ˌ**röhre** *f* tube *m* cathodique; ~**nzer**ˌ**stäubung** *f* pulvérisation *f* cathodique.

Katholi|k(in) [kato·'liːk(ɪn)] *m* ⟨~en; ~en⟩ (*f*) ⟨~; ~nen⟩ catholique *m, f*; ~**ken**ˌ**tag** *m* congrès *m* des catholiques; 2**sch** [-'toː-] *adj.* catholique; **die** ~**e Kirche** l'Église catholique; **die** 2**e Aktion** l'Action catholique; ~**er Pfarrer** curé *m*; **gut** ~ **sein** être bon, -nne catholique; être catholique pratiquant; *bibl.* 2**e Briefe** épîtres catholiques; ~**'zismus** *m* ⟨~⟩ catholicisme *m*; ~**zi'tät** *f* ⟨~⟩ catholicité *f.*

Kation ['kati·oːn, -i·ən] *n* ⟨~s; -'onen⟩ *chim.* cation *m.*

Katjang ['katjaŋ] *m* ⟨~s; ~s⟩ *bot.* cajanus [-ys] *m.*

Kätner ['kɛːtnər] *m* ⟨~s; ~⟩ habitant *m* d'une chaumière; *par ext.* petit paysan.

Katode *cf.* Kathode.

katonisch [ka'toːnɪʃ] *adj.* de Caton; ~**e Strenge** sévérité semblable à celle de Caton.

Katoptri|k [ka'tɔptrɪk] *f* ⟨~⟩ *opt.* catoptrique *f*; 2**sch** *adj.* catoptrique.

Kattun [ka'tuːn] *m* ⟨~s; ~e⟩ *text.* toile *f* de coton; cotonnade *f*; *bedruckter* indienne *f*; ~ˌ**druck(e**ˌ**rei)** *m* (*f*) (usine *f* d')impression *f* d'indienne; indiennage *m*; ~ˌ**kleid** *n* robe *f* d'indienne.

katz|balgen ['katsˌbalgən] *v/réfl.* ⟨h⟩ F **sich** ~ se bagarrer; se battre; se colleter; 2**balge'rei** *f* bagarre *f*; bataille *f*; 2**bucke'lei** *f* ⟨~⟩ courbettes *f/pl.*; ~ˌ**buckeln** *v/i.* ⟨-(e)le, h⟩ faire des courbettes (vor devant).

Kätzchen ['kɛtsçən] *n* ⟨~s; ~⟩ **1.** *zo.* petit(e) chat(te) *m* (*f*); chaton *m* (*beide auch Kosewörter*); **2.** *bot. e-r Weide etc.* chaton *m*; ~ˌ**träger** *m/pl. bot.* amentacées [-ɛ̃-] *f/pl.*

Katze ['katsə] *f* ⟨~; ~n⟩ **1.** *zo. allg.* chat *m*; *weibliche* chatte *f*; *pl.* ~**n** *sc.* félins *m/pl.*; félidés *m/pl.*; **die** ~ **miaut, schnurrt, macht e-n Buckel, hat ein zähes Leben** le chat miaule, ronronne, fait le gros dos, a la vie dure; **ein Wurf junger** ~**n** une portée de chatons; **schwarze, getigerte** ~ chat noir, tigré; *fig.* **falsch wie e-e** ~ faux, fausse comme un jeton; F **die** ~ **im Sack kaufen** acheter chat en poche; acheter les yeux fermés; **die** ~ **aus dem Sack lassen** montrer ses vrais desseins; divulguer le secret; ~ **und Maus mit j-m spielen** jouer avec qn. comme le chat avec la souris; **wie Hund und** ~ **leben** *cf.* **Hund**; **wie die** ~ **um den heißen Brei herumgehen** tourner autour du pot; F **das ist für die Katz'** c'est en pure perte, pour rien, en vain; **bei Nacht sind alle** ~**n grau** *prov.* la nuit tous les chats sont gris *prov.*; **die** ~ **läßt das Mausen nicht** *prov.* qui a bu boira *prov.*; chassez le naturel, il revient au galop *prov.*; qui naît poule aime à gratter *prov.*; **wenn die** ~ **nicht im Hause ist, tanzen die Mäuse auf dem Tisch** *prov.* quand le chat n'est pas là *od.* le chat parti, les souris dansent *prov.*; **2.** (*Lederpeitsche*) **neunschwänzige** ~ chat *m* à neuf queues; **3.** *techn.* (*Lauf*2) chariot *m.*

Katzen|arten ['katsənˌʔartən] *f/pl.* espèces félines; 2ˌ**artig 1.** *adj.* de chat; *sc.* félin; **2.** *adv.* à la manière des chats; comme un chat; ~ˌ**auge** *n* **1.** œil *m* de chat; **2.** *Mensch* ~**n haben** avoir des yeux de chat; **3.** *minéral.* œil-de-chat *m*; **4.** (*Rückstrahler*) catadioptre *m*; cataphote *m*; ~ˌ**ausstellung** *f* exposition féline; ~ˌ**bär** *m zo.* petit panda; ~ˌ**buckel** *m* dos *m* de chat; **e-n** ~ **machen** faire le gros dos; *fig. cf.* katzbuckeln; ~ˌ**fell** *n* peau *f*, fourrure *f* de chat; 2'**freundlich** *adj.* mielleux, -euse; ~ **sein** *auch* faire patte de velours; ~ˌ**gold** *n minéral.* mica *m* jaune; ~ˌ**hai** *m zo.* roussette *f*; chat *m* de mer; ~ˌ**jammer** *m* F mal *m* aux cheveux; gueule *f* de bois; ~ **haben** avoir mal aux cheveux, la gueule de bois; se sentir vaseux, -euse; *moralisch* éprouver un malaise moral; ~ˌ**kratz**ˌ**krankheit** *f méd.* maladie *f* des griffes du chat; *sc.* lymphoréticulose bénigne d'inoculation; ~**mu**ˌ**sik** *f fig. u.* F charivari *m*; ~ˌ**mutter** *f* mère *f* chatte; ~ˌ**pfötchen** *n bot.* pied-de-chat *m*; *sc.* antennaria *f* dioica; ~ˌ**pfote** *f* patte *f* de chat; ~ˌ**silber** *n minéral.* mica blanc; argent *m* de chat; ~ˌ**sprung** *m* F **es ist nur ein** ~ **(von hier)** c'est à deux pas d'ici; ~ˌ**tisch** F *m* petite table (où mangent les enfants); ~ˌ**wäsche** *f* F ~ **machen** se laver le bout du nez; ~ˌ**zunge** *f Schokolade* langue-de-chat *f* en chocolat.

Katz|fahrwerk ['katsˌfɑːrvɛrk] *n techn.* mécanisme *m* de roulement du chariot; ~**-und-'Mausspiel** *n* jeu *m* du chat et de la souris.

Kau|apparat ['kauʔapaˌrɑːt] *m* appareil masticateur; ~**be**ˌ**wegung** *f* mouvement *m* de mastication.

kauderwelsch ['kaudərˌvɛlʃ] **I** *adv.* ~ **sprechen** *cf.* ~**en**; **II** 2 *n* ⟨~s *od.* ~⟩ charabia *m*; baragouin *m*; ~**en** *v/i.* ⟨h⟩ baragouiner; parler charabia.

kaudinisch [kau'diːnɪʃ] *adj. géogr.* **die** 2**en Pässe** les Fourches Caudines; *hist. u. fig.* **das** 2**e Joch** *cf.* **Joch 1.**

Kaue ['kauə] *f* ⟨~; ~n⟩ *mines* (*Wasch*2) bains-douches *m/pl.*

kauen ['kauən] **I** *v/t. u. v/i.* ⟨h⟩ mâcher; mastiquer; *langsam* mâchonner; **an den Nägeln** ~ ronger ses ongles; se ronger les ongles; **Tabak** ~ chiquer; *fig.* **an etw. zu** ~ **haben** se casser les dents sur qc.; **II** 2 *n* ⟨~s⟩ mastication *f.*

kauern ['kauərn] *v/i. u. v/réfl.* ⟨-(e)re, h⟩ s'accroupir; *um sich zu verstecken* se blottir; se tapir; *Zustand* être accroupi, blotti, tapi; ~**de Stellung** position accroupie.

Kauf [kauf] *m* ⟨~(e)s; ≈e⟩ **a)** achat *m*; **der** ~ **e-s Hauses** *etc.* l'achat d'une maison, *etc.*; **etw. zum** ~ **anbieten** mettre qc. en vente; **e-n** ~ **abschließen** conclure un marché; **b)** *als Rechtsgeschäft* vente *f*; ~ **auf Abruf** vente *f* à livraisons échelonnées, sur appel; ~ **auf Probe** vente à l'essai; ~ **nach Probe, nach Muster** vente sur échantillon, sur modèle; ~ **auf Kredit** *allg.* vente, *vom Käufer aus gesehen* achat à crédit; *fig.* **etw. (mit) in** ~ **nehmen** s'accommoder de qc.; se résigner à qc.; prendre son parti de qc.; ~ˌ**abschluß** *m* conclusion *f* d'un marché; ~ˌ**angebot** *n* offre *f* d'achat; ~ˌ**auftrag** *m* ordre *m* d'achat; ~**be**ˌ**dingungen** *f/pl.* conditions *f/pl.* d'achat.

kaufen ['kaufən] *v/t. u. v/i.* ⟨h⟩ acheter (**von j-m** à qn., **bei j-m** chez qn.); **bei j-m** ~ *auch* se fournir chez qn.; **wieder etw.** ~ *auch* racheter qc.; **gegen bar** ~ acheter (au) comptant; **auf Raten, Teilzahlung,** F **Stottern** ~ acheter à tempérament; **auf Borg, Kredit,** F **Pump** ~ acheter à crédit; **im kleinen, großen** ~ acheter au détail, en gros; **billig, teuer** ~ acheter bon marché, cher; **aus erster Hand** ~ acheter de première main; **in Bausch und Bogen** ~ acheter en bloc; **für eigene, fremde Rechnung** ~ acheter pour son compte, pour le compte d'autrui; **auf feste Rechnung** ~ acheter à compte ferme; **etw. für zehn Mark** ~ acheter qc. dix marks; (*im Wert von zehn Mark*) acheter qc. pour dix marks; **ich habe mir e-n Hut gekauft** j'ai acheté un chapeau; je me suis acheté un chapeau; *fig.* **Zeugen** *etc.* ~ acheter des témoins, *etc.*; *beim Spiel* **Karten** ~ piocher; F **den werde ich mir** ~**!** il me le paiera!

Käufer|(in) ['kɔʏfər(ɪn)] *m* ⟨~s; ~⟩ (*f*) ⟨~; ~nen⟩ acheteur, -euse *m, f*; *bei Grundstücken etc.* acquéreur *m*; preneur, -euse *m, f*; **als** ~ **auftreten** être acheteur, *etc.*; **e-n** ~ **finden** trouver acheteur, *etc.*; ~ˌ**andrang** *m* affluence *f* d'acheteurs; ~ˌ**land** *n* pays acheteur; ~ˌ**schicht** *f* couche *f* d'acheteurs; ~ˌ**streik** *m* grève *f* des achats, des acheteurs.

Kauf|frau ['kauffrau] *f* commerçante *f*; marchande *f*; ~ˌ**gegenstand** *m cf.* Kaufobjekt; ~**ge**ˌ**schäft** *n* opération *f* de vente; ~**ge**ˌ**such** *n* demande *f* d'achat; ~**haus** *n* grand magasin; ~**inte**ˌ**resse** *n* propension *f* à l'achat; ~**kon**ˌ**trakt** *m cf.* Kaufvertrag; ~**kraft** *f* pouvoir *m* d'achat; ~**kraft**ˌ**lenkung** *f* orientation *f* du pouvoir d'achat; ~**kraftpari**ˌ**tät** *f* parité *f* des pouvoirs d'achat; ~**kraft**ˌ**schwund** *m* diminution *f* du pouvoir d'achat; ~**kraft**ˌ**überhang** *m* excédent *m* de pouvoir d'achat; ~ˌ**laden** *m Spielzeug* épicerie *f*; ~ˌ**leute** *pl.* commerçants *m/pl.*

käuflich ['kɔʏflɪç] **1.** *adj.* **a)** achetable; ~**e Liebe** prostitution *f*; **b)** *Amt, fig. Person* vénal; **2.** *adv.* ~ **erwerben** faire l'acquisition de; acheter; acquérir par voie d'achat, moyennant paiement; ~ **überlassen** vendre; 2ˌ**keit** *f* ⟨~⟩ *fig.* vénalité *f.*

Kauf|lust ['kauflust] *f* envie *f*, désir *m* d'acheter; (*Nachfrage*) demande *f*; 2ˌ**lustig** *adj.* qui a envie d'acheter; ~ˌ**lustige(r)** *f* (*m*) ⟨→ A⟩ acheteur, -euse *m, f*; amateur *m*; ~**mann** *m* ⟨~(e)s; -leute⟩ commerçant *m*; (*Händler*) marchand *m*; (*Großhändler*) négociant *m*; (*Kolonialwarenhändler*) épicier *m*; (*kaufmännischer Angestellter*) employé de commerce, commercial; 2ˌ**männisch 1.** *adj.* commercial; ~**er Angestellter** employé de commerce, commercial; ~**er Direktor** directeur commercial; ~**er Geschäftsbetrieb**

entreprise commerciale; ~e **Interessen** intérêts commerciaux; ~e **Kenntnisse** connaissances commerciales; ~e **Sprache** langage commercial; **2.** *adv.* ~ **ausgebildet** qui a reçu une formation commerciale; ~**mannsbe,ruf** *m* profession *f* de commerçant; ~**manns,deutsch** *n* ⟨→A⟩ allemand commercial; ~**manns,lehrling** *m* apprenti *m* commerçant; ~**manns,stand** *m* commerçants *m/pl.*; commerce *m*; ~**mo,tiv** *n* motif *m* d'achat; ~**ob,jekt** *n* objet acheté, à acheter, à vendre; ~**preis** *m*, ~**,summe** *f* prix *m* d'achat, de vente; ~**ver,trag** *m* contrat *m* de vente; ~**,welle** *f* vague *f* d'achats; ~**zwang** *m* obligation *f* d'acheter; **kein** ~ entrée libre.

Kau|geräusch ['kaugə,rɔʏʃ] *n* bruit *m* de mastication; ~**,gummi** *m* ⟨~s; ~(s)⟩ chewing-gum [ʃuiŋgəm] *m*.

Kaukas|ier(in) [kau'kɑːziˑər(ɪn)] *m* ⟨~s; ~⟩ *(f)* ⟨~; ~nen⟩ Caucasien, -nne *m, f*; **Ꞩisch** *adj.* caucasien, -nne; ~**e Sprachen** langues caucasiennes; ~**us,völker** ['kau-] *n/pl.* peuples *m/pl.* du Caucase.

Kaul|barsch ['kaulbarʃ] *m zo.* grémille *f*; perche goujonnière; ~**kopf** *m zo. Fisch* têtard *m*; ~**,quappe** *f* ⟨~; ~n⟩ *zo.* têtard *m*.

kaum [kaum] **I** *adv.* à peine; ne ... guère; **es ist ~ zu glauben, glaublich** c'est à peine croyable; ce n'est guère croyable; on a (de la) peine à croire que ...; ~ **hörbar** à peine audible, perceptible; **e-e Besserung ist ~ zu erwarten** une amélioration est à peine envisageable; on n'a guère à s'attendre à une amélioration; **es besteht ~ Hoffnung** on n'a guère d'espoir; on a à peine d'espoir; **es wird ihnen ~ gelingen** ils n'y réussiront guère; ~, **daß er den Mund aufmachte** il a à peine ouvert la bouche; c'est à peine s'il a ouvert la bouche; **er ist ~ sechs Jahre (alt)** il a à peine six ans; **er hat ~ angefangen** il a à peine commencé; **er hat ~ etwas gegessen** il a à peine mangé; il n'a guère mangé; **man sieht ~ etwas** a) *vor Dunkelheit* on n'y voit guère; on voit à peine; b) *von e-m verbesserten Schaden* on le *bzw.* la voit à peine; on ne le *bzw.* la voit guère; **man trifft dort ~ jemanden** on n'y rencontre guère de gens; on n'y rencontre presque personne; *als Antwort* **wohl ~, ich glaube ~** je ne pense guère; **II** *conj.* à peine; ~ **hatte er es gesagt, als ...** à peine eut-il dit cela que ...

Kau|magen ['kau,mɑːgən] *m der Insekten* gésier *m*; ~**,muskel** *m anat. zur Bewegung des Unterkiefers* masséter [-ɛːr] *m*; *par ext. meist pl.* ~**n** muscles masticateurs.

Kauri ['kauriˑ] *f* ⟨~; ~s⟩, *m* ⟨~s; ~s⟩ *zo.* cauri(s) *m*; ~**,fichte** *f bot. sc.* dammara *m* australis.

kausal [kau'zɑːl] *adj.* causal; *gr.* ~**e Konjunktion** conjonction causale, de cause; **Ꞩge,setz** *n philos.* loi *f* de causalité.

Kausalgie [kauzal'giː] *f* ⟨~⟩ *méd.* causalgie *f*.

Kausalität [kauzaliˑ'tɛːt] *f* ⟨~⟩ causalité *f*; ~**sge,setz** *n cf.* **Kausalgesetz**; ~**sprin,zip** *n philos.* principe *m* de causalité.

Kausal|nexus [kau'zɑːl,nɛksus] *m cf.* ~**zusammenhang**; ~**prin,zip** *n cf.* **Kausalitätsprinzip**; ~**,satz** *m gr.* (proposition *f*) causale *f*; proposition circonstancielle de cause; ~**zu,sammenhang** *m* relation *f* de cause à effet; lien causal.

Kausativum [kauza'tiːvum] *n* ⟨~s; -ve *od.* -va⟩ *gr.* (verbe *m*) causatif *m*.

Kausche ['kauʃə] *f* ⟨~; ~n⟩ *mar., techn.* cosse *f*.

Kausti|k ['kaustɪk] *f* ⟨~⟩ **1.** *opt.* caustique *f*; **2.** *cf.* **Kauterisation**; ~**kum** *n* ⟨~s; -ka⟩ *chim.* caustique *m*; **Ꞩsch** *adj.* caustique; *chim.* ~**es Soda** soude *f* caustique.

Kautabak ['kau,tabak] *m* tabac [-a] *m* à chiquer; *im Mund* chique *f*.

Kautel [kau'teːl] *f* ⟨~; ~en⟩ (*Vorsichtsmaßregel*) précaution *f*; (*Vorbehalt*) réserve *f*.

Kauteri|sation [kauteˑriˑzatsiˑ'oːn] *f* ⟨~; ~en⟩ *méd.* cautérisation *f*; **Ꞩ'sieren** *v/t.* ⟨*pas de ge-*, h⟩ *méd.* cautériser; ~**um** [-'teː-] *n* ⟨~s; -ien⟩ *méd.* cautère *m*.

Kaution [kautsiˑ'oːn] *f* ⟨~; ~en⟩ caution *f*; cautionnement *m*; **e-e ~ stellen** déposer, verser, fournir une caution, un cautionnement; **gegen ~ freilassen** (re)mettre en liberté, relâcher sous caution; **Ꞩs,fähig** *adj.* capable de verser une caution, un cautionnement; ~**s,summe** *f* caution *f*; cautionnement *m*; ~**sver,sicherung** *f* assurance *f* de cautionnement.

Kautsch [kautʃ] *f* ⟨~; ~s *od.* ~en⟩ *cf.* **Couch**.

Kautschuk ['kautʃuk] *m* ⟨~s; ~e⟩ caoutchouc [-u] (non vulcanisé); **synthetischer ~** caoutchouc synthétique; **mit ~ überziehen** caoutchouter; ~... *in Zssgn. cf. auch* **Gummi...**; ~**,baum** *m bot.* 'hévéa *m* (brasiliensis); ~**ge,halt** *m* teneur *f* en caoutchouc; ~**ge,winnung** *f* obtention *f* du caoutchouc; ~**,milch** *f* latex [-ks] *m*; ~**para,graph** *m fig.* paragraphe *m* élastique; ~**,pflanze** *f* plante *f* à caoutchouc; ~**,pflaster** *n* pansement adhésif caoutchouté; ~**,waren** *f/pl.* articles *m/pl.* en caoutchouc.

Kauwerkzeuge ['kau,vɛrktsɔʏgə] *n/pl.* organes masticateurs, de la mastication.

Kauz [kauts] *m* ⟨~es; ¨e⟩ **1.** *zo.* (*Wald*Ꞩ) chat-huant *m*; 'hulotte *f*; (*Stein*Ꞩ) chevêche *f*; **2.** *fig.* original *m*; **ein sonderbarer, komischer ~** F un drôle de citoyen, de zèbre, de pistolet.

Käuzchen ['kɔʏtsçən] *n* ⟨~s; ~⟩ *zo.* chevêche *f*.

Kavalier [kava'liːr] *m* ⟨~s; ~e⟩ (*Begleiter e-r Dame*) cavalier *m*; (*ritterlicher Mann*) galant homme; ~ **sein** être galant homme; **Ꞩ,mäßig** *adj.* (*u. adv.*) de *od.* en galant homme; ~**sde,likt** *n* peccadille [-ij] *f*.

Kavalkade [kaval'kɑːdə] *f* ⟨~; ~n⟩ cavalcade *f*.

Kavaller|ie [kavalə'riː] *f* ⟨~; -ien⟩ *milit.* cavalerie *f*; **schwere ~** grosse cavalerie; **leichte ~** cavalerie légère; ~**ieregi,ment** *n* régiment *m* de cavalerie; ~**ist** *m* ⟨~en; ~en⟩ cavalier *m*.

Kavatine [kava'tiːnə] *f* ⟨~; ~n⟩ *mus.* cavatine *f*.

Kavern|e [ka'vɛrnə] *f* ⟨~; ~n⟩ *méd.* caverne *f*; **Ꞩös** [-'nøːs] *adj. méd., géol.* caverneux, -euse.

Kaviar ['kɑːviˑar] *m* ⟨~s; ~e⟩ *cuis.* caviar *m*; ~**,schnittchen** *n* sandwich *m*, canapé *m* au caviar.

Kavitation [kaviˑtatsiˑ'oːn] *f* ⟨~⟩ *phys., techn.* cavitation *f*.

Kawa ['kɑːva] *f* ⟨~⟩ *Getränk* kawa *od.* kava *f*.

Kawi(sprache) ['kɑːviˑ(,ʃprɑːxə)] *n* ⟨~(s)⟩ *(f)* kawi *m*.

Kazike [ka'tsiːkə] *m* ⟨~n; ~n⟩ cacique *m*.

Kea ['keːa] *m* ⟨~s; ~(s)⟩ *zo.* kea *m*.

Kebse ['keːpsə] *f* ⟨~; ~n⟩ concubine *f*.

keck [kɛk] **1.** *adj.* 'hardi; effronté; insolent; **2.** *adv.* 'hardiment; avec 'hardiesse; avec effronterie; insolemment; avec insolence; effrontément; **Ꞩheit** ⟨~; ~en⟩ *f* 'hardiesse *f*; effronterie *f*; insolence *f*.

Keder ['keːdər] *m* ⟨~s; ~⟩ *am Schuh* couche-point *m*; trépointe *f*.

Keep-smiling ['kiːp'smaɪlɪŋ] *n* ⟨~⟩ sourire éternel sur les lèvres, accroché aux lèvres.

Kefir ['keːfɪr] *m* ⟨~s⟩ *Getränk* képhyr *od.* kéfir *m*; ~**,knollen** *f/pl.* grains *m/pl.* de képhyr.

Kegel ['keːgəl] *m* ⟨~s; ~⟩ **1.** *beim Kegelspiel* quille [-ij] *f*; ~ **schieben, spielen** jouer aux quilles; **die ~ umwerfen** abattre les quilles; **die ~ aufsetzen, aufstellen** redresser les quilles; quiller; **2.** *math., techn.* cône *m* (*auch Bergform etc.*); **3.** *impr.* corps *m*; **4. mit Kind und ~** F avec toute la smala(h); avec armes et bagages; ~**,achse** *f math.* axe *m* du cône; ~**,bahn** *f* piste *f* de quilles, *automatische* de bowling [buliŋ]; ~**,brecher** *m techn.* concasseur *m* à cônes; ~**,bruder** *m* copain *m* au jeu de quilles; ~**,dach** *n bât.* toit *m* conique; ~**,form** *f* forme *f* conique; *techn.* conicité *f*; **Ꞩ,förmig** *adj.* conique; ~**ge,triebe** *n techn.* engrenage *m* conique; ~**,junge** *m* garçon chargé de redresser les quilles; quilleur *m*; ~**,klub** *m* club *m* de joueurs de quilles; ~**,kugel** *f* boule *f* (du jeu de quilles); ~**,kupplung** *f techn.* embrayage *m* à cône; ~**,lehre** *f* calibre *m* conique; ~**,mantel** *m math.* surface *f* conique; aire latérale du cône; **Ꞩn I** *v/i.* ⟨-(e)le, h⟩ jouer aux quilles; **II** ~**n** *n* ⟨~s⟩ jeu *m* de quilles; ~**par,tie** *f* partie *f* de quilles; ~**projekti,on** *f* projection *f* conique; ~**,rad** *n techn.* pignon *m* conique; roue dentée conique; ~**rad,paar** *n* couple *m*, engrenage *m* conique; ~**rad,schleifma,schine** *f* machine *f* à rectifier les engrenages coniques; ~**,rollen,lager** *n techn.* roulement *m* à rouleaux coniques; ~**,schieben** *n cf.* ~**spiel**; ~**,schnecke** *f zo.* cône *m*; *pl.* ~**n** *sc.* conidés *m/pl.*; ~**,schnitt** *m math.* (section *f*) conique *f*; ~**,spiel** *n* jeu *m* de quilles; *mit zehn Kegeln* bowling [buliŋ] *m*; ~**,spieler (-in)** *m (f) cf.* **Kegler(in)**; ~**,sport** *m cf.* ~**spiel**; ~**,stift** *m techn.* goupille *f* conique; ~**,stumpf** *m math.* tronc *m* de cône; cône tronqué; **Ꞩstumpf,förmig** *adj.* tronconique; ~**ven,til** *n techn.* soupape *f* conique.

Kegler|(in) ['keːglər(ɪn)] *m* ⟨~s; ~⟩ *(f)* ⟨~; ~nen⟩ joueur, -euse *m, f* de quilles; **gute(r)** ~**(in)** abatteur, -euse *m, f* de quilles; ~**,bund** *m* fédération *f* des quilleurs.

Kehl|balken ['keːl,balkən] *m bât.* faux entrait; ~**,bohle** *f bât.* noulet *m*; ~**,deckel** *m anat.* épiglotte *f*; ~**e** *f* ⟨~; ~n⟩ **1.** gorge *f*; *innere auch* gosier *m*; **j-m an die ~ springen** sauter à la gorge de qn.; **j-n an der ~ packen** prendre qn. à la gorge; *fig.* **j-m die ~ zuschnüren** serrer la gorge à qn.; *fig.* **j-m das Messer an die ~ setzen** mettre, tenir le couteau sous, sur la gorge de qn.; **ihm sitzt das Messer an der ~** il a le couteau sous, sur la gorge; **e-e trockene ~ haben** avoir la gorge sèche, le gosier sec; **e-e ausgepichte ~ haben** avoir le gosier pavé, blindé; ne pas sucer de la glace; **die ~ anfeuchten**, P **schmieren** s'humecter le gosier; P se rincer la dalle; **sein Vermögen, s-n Lohn durch die ~ jagen**

boire sa fortune, son gain; **etw. in die falsche ~ bekommen** avaler qc. de travers; *fig.* prendre qc. de travers; **aus voller ~ singen, schreien** chanter, crier à pleine gorge, à plein gosier; **aus voller ~ lachen** rire à gorge déployée; **2.** *bât.* (*Hohl*2) gorge *f*; (*Dach*2) noue *f*; 2**en** *v/t.* ⟨h⟩ *cf.* **auskehlen**; **~ˌhobel** *m* gorget *m*.

Kehlkopf ['keːlkɔpf] *m anat.* larynx [-ɛ̃ks] *m*; **~ˌdeckel** *m anat.* épiglotte *f*; **~entˌzündung** *f* inflammation *f* du larynx; **~kaˌtarrh** *m* laryngite *f*; **~ˌkrebs** *m* cancer [-ɛːr] *m* du larynx; **~mikroˌphon** *n* laryngophone *m*; **~ˌschnitt** *m chir.* laryngotomie *f*; **~ˌspiegel** *m* laryngoscope *m*; miroir laryngien; **~tuberkuˌlose** *f* laryngite tuberculeuse; phtisie laryngée; **~verˌschlußˌlaut** *m phon.* coup *m* de glotte.

Kehl|laut ['keːllaut] *m phon.* laryngale *f*; **~ˌriemen** *m Zaum* sous-gorge *f*; **~ˌsparren** *m bât.* arêtier *m* de noue; **~ˌziegel** *m bât.* tuile *f* de noue.

Kehr|aus ['keːrˀaus] *m* ⟨~⟩ *bei e-r Festlichkeit etc.* dernière danse; fin *f*; **den ~ machen** finir la fête; **den ~ spielen** jouer la dernière danse, la danse finale; **~ˌbesen** *m* balai *m*; **~blech** *n* pelle *f* (à ordures); **~e** *f* ⟨~; ~n⟩ **1.** (*Wegbiegung*) tournant *m*; virage *m*; **2.** *gym.* saut latéral dorsal; 2**en I** *v/t.* ⟨h⟩ **1.** (*fegen*) balayer; **den Schornstein ~** ramoner la cheminée; **jeder kehre vor s-r (eigenen) Tür!** *prov.* que chacun se mêle *od.* s'occupe de ses propres affaires; **2.** (*wenden*) tourner; **j-m den Rücken ~** tourner le dos à qn.; **das Oberste zu unterst ~** mettre tout sens dessus dessous; **(rechtsum) kehrt!** demi-tour (à droite)!; *cf. auch* **wenden**; **II** *v/réfl. st. s.* **sich nicht an etw. ~** ne faire nul cas de qc.; ne pas tenir compte de qc.; ne pas faire attention à qc.; *fig.* **in sich gekehrt** pensif, -ive; songeur, -euse; plongé dans ses réflexions; **~icht** *m, n* ⟨~(e)s⟩ *auf der Straße* ordures *f/pl.*; détritus [-ys] *m/pl.*; saletés *f/pl.*; *e-s Zimmers* poussière *f*; balayures *f/pl.*; **~ichtˌhaufen** *m* tas *m* d'ordures, de détritus, de saletés; *in e-m Zimmer* tas *m* de poussière, de balayures; **~maˌschine** *f* balayeuse *f*; **~reim** *m* refrain *m*; **~ˌschaufel** *f cf.* **~blech**; **~ˌseite** *f* revers *m*; *e-r Münze auch* côté *m* pile; (*Rückseite*) envers *m*; *fig.* **die ~ der Medaille** le revers de la médaille; **alles hat s-e ~** toute médaille a son revers *prov.*; 2**tˌmachen** *v/i.* ⟨*sép.*, -ge-, h⟩ faire demi-tour, volte-face (*auch milit.*); **~wert** *m math.* nombre *m* inverse.

keif|en ['kaɪfən] **I** *v/i.* ⟨h⟩ criailler; F glapir; **e-e ~de Frau** une femme criarde; une criailleuse; **II** 2**en** *n* ⟨~s⟩ criailleries *f/pl.*; glapissement(s) *m* (*pl.*); 2**e'rei** *f* ⟨~⟩ *cf.* 2**en**.

Keil [kaɪl] *m* ⟨~(e)s; ~e⟩ **1.** *zum Spalten* coin *m*; *zum Unterlegen* cale *f*; **e-n ~ ins Holz treiben** enfoncer un coin dans le bois; *fig.* **e-n ~ dazwischentreiben** empêcher, contrecarrer (un projet); mettre des bâtons dans les roues; **auf e-n groben Klotz gehört ein grober ~** *cf.* **Klotz 1.**; **2.** *Maschinenbau* clavette *f*; **3.** *cout.* soufflet *m*; quille *f*; **~ˌabsatz** *m* semelle compensée; **~bein** *n anat.* **1.** *am Schädel* (os *m*) sphénoïde *m*; **2.** *am Fuß* (os *m*) cunéiforme *m*; **~beinˌflügel** *m anat.* aile *f* du sphénoïde; **~beinˌhöhlen** *f/pl. anat.* sinus [-ys] *m/pl.* sphénoïdaux; **~e** *f* ⟨~⟩ F (*Prügel*) F raclée *f*; volée *f*; **~ kriegen** recevoir une raclée, une volée; 2**en I** *v/t.* ⟨h⟩ **1.** (*mit e-m Keil spalten*) enfoncer un coin (dans); **2.** F (*werben*) racoler; **II** *v/réfl.* F **sich ~** se battre; **~er** *m* ⟨~s; ~⟩ *zo.* sanglier *m* (mâle); **~e'rei** F *f* ⟨~; ~en⟩ bagarre *f*; rixe *f*; 2**ˌförmig** *adj. u. adv.* en (forme de) coin; *anat., bot., Schrift* cunéiforme; **~ˌhaue** *f mines* pic [-k] *m*; **~ˌhose** *f* (pantalon *m*) fuseau *m*; **~ˌkissen** *n etwa* traversin *m* (de coupe triangulaire); **~ˌrahmen** *m Malleinwand* châssis *m* (à coins); **~ˌriemen** *m techn.* courroie trapézoïdale; **~schrift** *f* écriture *f* cunéiforme; **~schwanzˌsittiche** *m/pl. zo.* conures *m/pl.*

Keim [kaɪm] *m* ⟨~(e)s; ~e⟩ germe *m* (*auch phys.*); **~e treiben** germer; *fig.* **im ~e vorhanden sein** se trouver, être en germe (dans qc.); se trouver à l'état embryonnaire (dans qc.); **den ~ e-r Krankheit** *etc.* **in sich tragen** porter en soi le germe d'une maladie, *etc.*; **etw. im ~ ersticken** étouffer qc. dans l'œuf; **~ˌbildung** *f* formation *f* de germes; **~ˌbläschen** *n biol.* vésicule germinative; **~ˌblase** *f zo.* blastule *od.* blastula *f*; **~blatt** *n* **1.** *bot.* cotylédon *m*; **2.** *anat.* feuillet *m* embryonnaire; **äußeres ~** feuillet embryonnaire externe; *sc.* ectoderme *m*; **inneres ~** feuillet embryonnaire interne; *sc.* endoderme *m*; **mittleres ~** mésoderme *m*; **~ˌdrüse** *f* glande sexuelle, génitale; gonade *f*; 2**en I** *v/i.* ⟨h⟩ germer (*auch Kartoffeln*); *fig. auch* naître; **~ lassen** faire germer; **II ~en** *n* ⟨~s⟩ germination *f*; 2**ˌfähig** *adj. bot.* qui peut germer; qui a un pouvoir germinatif; **~ˌfähigkeit** *f* pouvoir germinatif; faculté germinative; **~fleck** *m biol.* tache germinative; 2**frei** *adj. Nahrungsmittel* stérilisé; *phm., chim.* aseptique; *Milch, Butter auch* pasteurisé; **~ machen** *Nahrungsmittel* stériliser; *phm.* aseptiser; *Milch, Butter auch* pasteuriser; **~freiˌmachung** *f* ⟨~⟩ *von Nahrungsmitteln* stérilisation *f*; *phm.* aseptisation *f*; *der Milch auch* pasteurisation *f*; **~haut** *f* blastoderme *m*; **~ˌkasten** *m für Malz* germoir *m*; **~ling** *m* ⟨~s; ~e⟩ embryon *m*; **~ˌpflanze** *f* plante *f* en germination; **~ˌplasma** *n* plasma germinatif; **~ˌschädigung** *f* dommages causés aux germes; **~ˌscheibe** *f biol.* cicatricule *f*; disque germinatif; 2**ˌtötend** *adjt.* stérilisant; antiseptique; germicide; microbicide; **~e Mittel** antiseptiques *m/pl.*; **~ˌträger** *m méd.* porteur *m* de germes; **~ung** *f* ⟨~⟩ *bot.* germination *f*; **oberirdische, unterirdische ~** germination épigée, hypogée; **~ungsˌreife** *f bot.* maturité *f* de germination; **~zeit** *f* époque *f* de la germination; **~ˌzelle** *f biol.* gamète *m*; *fig.* foyer *m*; source *f*.

kein [kaɪn] *pr/ind.* (*adjektivisch f* **~e**, *pl.* **~e**; *substantivisch m* **~er**, *f* **~e**, *n* **~[e]s**, *pl.* **~e**) **1.** *unbetont* ne ... pas de; *pfort.* ne ... point de; *ohne Verbum* pas, point de; *bei „sein“* pas un(e) *bzw.* des; **ich habe ~ Geld bei mir** je n'ai pas d'argent sur moi; **hast du ~ Taschentuch?** n'as-tu pas de mouchoir?; **bitte, ~en Wein!** pas de vin, s'il vous plaît; **~ Gedanke!** pas question!; certainement pas!; **ich habe ~e Zeit** je n'ai pas le temps; **ich habe ~e Eile** je ne suis pas pressé; **ich habe ~e Ahnung, wo er ist** je n'ai aucune idée où il est; j'ignore tout à fait où il est; **ich werde ~ Wort davon verraten** je n'en soufflerai mot; **ich habe ~en Hunger** je n'ai pas faim; **das ist ~ Schmetterling** ce n'est pas un papillon; **du bist ~ Kind mehr** tu n'es plus un enfant; **es ist ~ schönes Haus** ce n'est pas une belle maison; **es ist noch ~e fünf Minuten her** il n'y a (même) pas cinq minutes; **das sind ~e Deutschen** ce ne sont pas des Allemands; **~ anderer als X** nul autre que X; X lui-même, en personne; **ich habe ~en** *als Antwort* je n'en ai pas; **2.** *betont* aucun(e) ... ne; *pfort.* nul, -lle ... ne; personne ... ne; pas un(e) ... ne; **~ Mensch** personne, nul ne ...; **es gefällt mir ~er (von beiden)** aucun (des deux) ne me plaît; ni l'un ni l'autre ne me plaisent; **~e** *auf Fragebogen* néant; **~ Bewohner ist getötet worden** aucun habitant n'a été tué; **unter ~er Bedingung** à, sous aucune condition; à aucun prix; **in ~em Fall** en aucun cas; **in ~er Weise** en aucune façon; d'aucune façon; **ich kenne ~en s-r Freunde** je ne connais aucun de ses amis; **es war ~e von ihnen** ce n'était aucune d'elles *bzw.* d'entre elles; **~er weiß es** personne ne le sait; **~er kümmert sich um uns** personne ne s'occupe de nous; **es verging ~ Tag ...** pas un jour ne se passa ...; il ne se passa pas un jour ...; **~ englisches Buch in s-r Bibliothek!** pas un seul, aucun livre anglais dans sa bibliothèque!; **das Stück hat gar ~en Erfolg gehabt** la pièce n'a eu aucun succès; **er hat gar, durchaus ~ Vertrauen** il n'a aucune confiance, pas la moindre confiance; **~er'lei** *adj.* ⟨*inv.*⟩ ne ... aucun; aucun ... ne; **ich habe ~ Anspruch darauf** je n'ai aucun droit à cela; **er hat ~ Fortschritte gemacht** il n'a fait aucun progrès; **~er'seits** *adv.* d'aucune part; d'aucun côté; **~es'falls** *adv.* en aucun cas; nullement; pas, point du tout; aucunement; **ich habe mich ~ geirrt** je ne me suis nullement trompé; **ich werde ~ nachgeben** je ne céderai en aucun cas; **~es'wegs** *adv.* en, d'aucune façon; nullement (*auch unverbunden*); **damit bin ich ~ einverstanden** je ne suis absolument pas d'accord avec cela; **~mal** *adv.* pas une (seule) fois; **ich habe ~ gewonnen** je n'ai pas gagné une seule fois; **einmal ist ~** *cf.* **einmal**.

Keks [keːks] *m, n* ⟨~es *od.* ~; ~e *od.* ~⟩ biscuit *m*; gâteau sec; **~ˌbüchse** *f* boîte *f* à biscuits; **~faˌbrik** *f* biscuiterie *f*.

Kelch [kɛlç] *m* ⟨~(e)s; ~e⟩ *bot., égl. cath.* (*Meß*2) calice *m*; *égl. cath.* (*Speise*2) ciboire *m*; *égl. prot.* (*Abendmahls*2) coupe *f*; (*Sekt*2) coupe *f* à champagne; *fig.* **den ~ bis zur Neige leeren** boire le calice jusqu'à la lie; **~blatt** *n bot.* sépale *m*; 2**ˌförmig** *adj.* en forme de calice, de coupe; *bot.* caliciforme; **~glas** *n* (verre *m* en forme de) coupe *f*; **~kapiˌtell** *n bât.* chapiteau *m* en forme de calice.

Kelle ['kɛlə] *f* ⟨~; ~n⟩ **1.** (*Schöpf*2) louche *f*; **2.** *bât.* truelle *f*; **3.** *Dachziegel* tuile plate.

Keller ['kɛlər] *m* ⟨~s; ~⟩ cave *f*; *kleiner* caveau *m*; (*Wein*2) cellier *m*; chai *m*; *Kartenspiel* F **im ~ sein** avoir des points en moins; **~ˌassel** *f zo.* cloporte *m*; **~ˌbar** *f* cave *f*; **~ˌdecke** *f* plafond *m* de la cave; **~ei** [-'raɪ] *f* ⟨~; ~en⟩ caves *f/pl.*; **~ˌeingang** *m* entrée *f* de la cave; **~ˌfalte** *f cout.* pli creux; **~ˌfenster** *n* soupirail *m* (*pl.* soupiraux); **~geˌschoß** *n* sous-sol *m*; **~geˌwölbe** *n* voûte *f* de la cave; **~ˌloch** *n* soupirail *m* (*pl.* soupiraux); **~loˌkal** *n* cave *f*; **~ˌluft** *f* air *m* de la cave; **~ˌmeister** *m* caviste *m*; maître *m* de chai; **~ˌschlüssel** *m* clef *od.* clé *f* de la cave; ~ˌ**treppe** *f* escalier *m* de la cave; ~ˌ**tür** *f* porte *f* de la cave; ~ˌ**wand** *f* mur *m* de la cave; ~ˌ**wechsel** *m comm.* traite *f* en l'air; lettre de change fictive; ~ˌ**wohnung** *f* habitation *f* en sous-sol; **e-e ~ haben** habiter au sous-sol.

Kellner ['kɛlnər] *m* ⟨~s; ~⟩ garçon *m* (de café, de restaurant); serveur *m*; ~**in** *f* ⟨~; ~nen⟩ serveuse *f* (de café, de restaurant); **~ gesucht** on demande une serveuse.

Kelten ['kɛltən] *m/pl.* Celtes *m/pl.*

Kelter ['kɛltər] *f* ⟨~; ~n⟩ pressoir *m*; ~**ei** [-'raɪ] *f* ⟨~; ~en⟩ pressoir *m*; 2**n** I *v/t.* ⟨-(e)re, h⟩ pressurer; presser; passer au pressoir; fouler; **II ~n** *n* ⟨~s⟩ pressurage *m*.

Kelt|iberer [kɛlti·'beːrər] *m/pl.* Celtibères *m/pl.*; 2**i'berisch** *adj.* celtibérien, -nne; 2**isch** ['kɛl-] *adj.* celtique; celte; des Celtes; **die ~e Sprache, das 2e** le celtique; le celte; la langue celtique.

Kelvin|grad ['kɛlvɪnˌgraːt] *m phys.* degré *m* Kelvin; ~ˌ**skala** *f phys.* échelle *f* thermométrique de Kelvin.

Kemenate [ke·me·'naːtə] *f* ⟨~; ~n⟩ *hist.* salle chauffée *bzw.* appartement *m* des femmes (dans un château fort).

Kenn|buchstabe ['kɛnˌbuːxʃtaːbə] *m* lettre d'identification, distinctive; 2**en** I *v/t.* ⟨kennt, kannte, kennte, gekannt, h⟩ connaître; **j-n dem Namen nach, vom Sehen ~** connaître qn. de nom, de vue; **etw. in- und auswendig ~** connaître qc. comme sa poche; **s-n Goethe ~** connaître les œuvres de Gœthe; posséder Gœthe; **ich kenne s-e geheimsten Pläne** je connais, je suis au courant de ses projets les plus secrets; **keine Angst ~** ne pas connaître la peur; **ihre Freude kannte keine Grenzen** sa joie ne connaissait pas de bornes; F **s-e Leute, s-e Pappenheimer ~** connaître son monde, ses gens, ses bonshommes; F **den Rummel ~** connaître la musique; **II** *v/réfl.* **sich ~** se connaître; **wir ~ uns schon (lange)** nous nous connaissons déjà (depuis longtemps); **sich vor Zorn nicht mehr ~** ne plus se connaître de colère; 2**enˌlernen I** *v/t.* ⟨*sép.*, -ge-, h⟩ **j-n ~** faire la connaissance de qn.; faire, lier connaissance avec qn.; **ich habe ihn bei B. kennengelernt** j'ai fait sa connaissance chez B.; **es freut mich, Sie kennengelernt zu haben** (je suis) enchanté d'avoir fait votre connaissance; **wenn Sie ihn einmal kennengelernt haben** ... une fois que vous le connaîtrez ...; *drohend* **du sollst mich noch ~!** tu vas apprendre à me connaître!; tu apprendras qui je suis!; tu verras de quel bois je me chauffe!; **II** *v/réfl.* **sich ~** faire connaissance; se connaître; **wir haben uns voriges Jahr kennengelernt** nous nous sommes connus, nous avons fait connaissance l'année dernière; **III ~enˌlernen** *n verbal*; **bei näherem ~ gewinnen** gagner à être mieux connu; ~**er(in)** *m* ⟨~s; ~⟩ (*f*) ⟨~; ~nen⟩ connaisseur, -euse *m, f* (von en); **die ~ werden wissen, daß** ... les connaisseurs sauront que ...; **den ~ spielen** faire le connaisseur; ~**erˌblick** *m* regard *m*, coup d'œil *m* du connaisseur; **mit ~** en connaisseur; ~**erˌmiene** *f* airs *m/pl.* de connaisseur; ~**erˌschaft** *f* ⟨~⟩ connaissances *f/pl.*; **s-e ~ unter Beweis stellen** prouver ses connaissances; ~ˌ**farbe** *f* couleur distinctive; teinte *f* d'identification.

Kenning ['kɛnɪŋ] *f* ⟨~; ~ar⟩ *altnord. Dichtung* kenning [-niŋ] *m*.

Kenn|karte ['kɛnˌkartə] *f* carte *f* d'identité; ~ˌ**linie** *f e-r Elektronenröhre etc.* caractéristique *f*; ~**meloˌdie** *f e-r Radiosendung* indicatif *m*.

kenntlich ['kɛntlɪç] *adj.* reconnaissable; facile à reconnaître; **etw. ~ machen** marquer qc.; rendre qc. reconnaissable; **sich ~ machen** se faire reconnaître; 2ˌ**machung** *f* ⟨~⟩ marquage *m*; *od. verbal.*

Kenntnis ['kɛntnɪs] *f* ⟨~; ~se⟩ **1.** connaissance *f*; **gründliche, technische ~se** connaissances solides, techniques; **umfassende ~se** connaissances étendues; vastes connaissances; savoir étendu; **~se in etw. haben** avoir des connaissances en qc.; **(verlangt werden) gute ~se im Englischen** de bonnes connaissances en anglais (nécessaires); une bonne connaissance de l'anglais (nécessaire); **einige ~se im Italienischen haben** avoir quelques notions d'italien; connaître un peu l'italien; **2.** ⟨*pas de pl.*⟩ **~ von etw. haben** avoir connaissance de qc.; être informé de qc.; **etw. zur ~ nehmen, von etw. ~ nehmen** prendre connaissance, note, acte de qc.; **er hat zur ~ genommen, daß** ... il a pris note, connaissance du fait que ...; **j-n von etw. in ~ setzen** porter qc. à la connaissance de qn.; informer qn. de qc.; mettre qn. au courant de qc.; **das entzieht sich meiner ~** je n'en ai pas connaissance; je l'ignore; cela échappe à ma connaissance; **es ist uns zur ~ gelangt, daß** ... nous avons appris que ...; il est parvenu à notre connaissance que ...; il a été porté à notre connaissance que ...; nous avons été informés de ...; ~ˌ**nahme** *f* ⟨~⟩ *verbal*; **mit der Bitte um ~** (avec) prière de prendre connaissance; **zu Ihrer ~** pour votre information; pour vous informer; 2ˌ**reich** *adj.* qui possède de vastes, de grandes connaissances (en); qui a des connaissances étendues (en); instruit; savant; F calé.

Kennummer ['kɛnˌnʊmər] *f cf.* Kennziffer.

Kenn|ung ['kɛnʊŋ] *f* ⟨~; ~en⟩ **1.** *mar., aviat.* signalisation *f*; **2.** *vét.* marque *f*; ~**wort** *n* ⟨~(e)s; ~er⟩ *für Eingeweihte* mot *m* de passe; *bei Rundfunk- u. Zeitungseinsendungen nicht übersetzt*; ~**zahl** *f cf.* ~ziffer; ~ˌ**zeichen** *n* **1.** marque distinctive; signe particulier, distinctif; caractéristique *f*; *Paß* **unveränderliche ~** signes particuliers; **2. amtliches, polizeiliches ~** numéro *m* d'immatriculation; 2ˌ**zeichnen** *v/t.* ⟨-ete, h⟩ marquer; indiquer; *beschreibend* caractériser; **der Weg ist gut gekennzeichnet** le chemin est bien indiqué, marqué; 2ˌ**zeichnend** *adjt.* typique; marquant; caractéristique; *cf. auch* **bezeichnend**; ~ˌ**zeichnung** *f* ⟨~⟩ marquage *m*; *besser verbal*; ~ˌ**ziffer** *f* numéro d'identification, distinctif; *e-s Logarithmus* caractéristique *f*.

Kenotaph [ke·no·'taːf] *m* ⟨~s; ~e⟩ cénotaphe *m*.

Kentaur [kɛn'taur] *cf.* Zentaur.

kentern ['kɛntərn] *v/i.* ⟨-(e)re, sein⟩ *Schiff* chavirer.

Kentumsprachen ['kɛntʊmˌʃpraːxən] *f/pl. ling.* langues *f/pl.* centum.

Keplersch ['kɛplərʃ] *adj.* **~e Gesetze** lois *f/pl.* de Kepler.

Kerabau [ke·ra'bau] *m* ⟨~s; ~s⟩ *zo.* [kérabau *m*.]

Keram|ik [ke·'raːmɪk] *f* ⟨~; ~en⟩ céramique *f*; ~**iker(in)** *m* ⟨~s; ~⟩ (*f*) ⟨~; ~nen⟩ céramiste *m, f*; ~**ikˌwaren** *f/pl.* céramique *f*; poterie *f*; 2**isch** *adj.* céramique; **die ~e Industrie** l'industrie de la céramique.

Kerat|in [ke·ra'tiːn] *n* ⟨~s; ~e⟩ *Biochemie* kératine *f*; ~**itis** *f* ⟨~; -i'tiden⟩ *méd.* kératite *f*; ~**om** *n* ⟨~s; ~e⟩ *méd.* kératodermie *f*; ~**o'skop** *n* ⟨~s; ~e⟩ kératoscope *m*.

Kerbe ['kɛrbə] *f* ⟨~; ~n⟩ entaille *f*; (en)coche *f*; *techn. zum Einrasten* cran *m*; **e-e ~ ins Holz schneiden** faire une entaille, une (en)coche dans le bois; *fig.* **in dieselbe ~ hauen** poursuivre le même but.

Kerbel ['kɛrbəl] *m* ⟨~s⟩ *bot.* cerfeuil *m*; *sc.* anthriscus [-ys] *m*; ~ˌ**suppe** *f cuis.* potage *m*, soupe *f* au cerfeuil.

kerb|en ['kɛrbən] *v/t.* ⟨h⟩ entailler; (en)cocher; faire une (en)coche, une entaille à; 2**holz** *n fig.* **etw. auf dem ~ haben** avoir commis un méfait, une mauvaise action, un mauvais coup; s'être rendu coupable de qc.; 2**schlagverˌsuch** *m techn.* essai *m* au choc sur l'entaille; 2**schnitt** *m* travail *m* sur bois par entailles; 2**stift** *m techn.* goupille à encoches, cannelée; 2**tier** *n zo.* insecte *m*; 2**ung** *f* ⟨~⟩ entaillage *m*; 2ˌ**zähigkeit** *f Stahl* résilience *f*.

Kerker ['kɛrkər] *m* ⟨~s; ~⟩ cachot *m*; geôle *f*; **im ~ sitzen** être au cachot; **zu ~ verurteilt werden** être condamné au cachot; ~ˌ**meister** *m* geôlier *m*; ~ˌ**strafe** *f* peine *f* du cachot.

Kerl [kɛrl] *m* ⟨~s; ~e *od. péj. u.* F ~s⟩ F type *m*; gars [gɑ] *m*; bougre *m*; gaillard *m*; individu *m*; **anständiger ~** type, gars bien; **armer ~** pauvre type, diable, bougre; **blöder ~** (type) idiot, crétin; **fabelhafter, prima, großartiger ~** type épatant; **feiner ~** chic type; **gemeiner, schlechter ~** sale type; P salaud *m*; salopard *m*; saligaud *m*; **geriebener, gerissener, raffinierter ~** roublard *m*; combinard *m*; malin *m*; **grober ~** malotru *m*; rustre *m*; **gut(mütig)er ~** brave homme, type, garçon; bon bougre, diable; **kleiner ~** petit gosse, bonhomme; petit *m*; **langer ~** grand type, diable; **ein lieber ~** un gentil garçon *bzw.* une gentille fille; **lustiger ~** joyeux luron; loustic *m*; **netter ~** chic type; gentil garçon; **verrückter ~** fou-fou *m*; tête folle; toqué *m*; ~**chen** *n* ⟨~s; ~⟩ petit bonhomme, gosse.

Kermes|beere ['kɛrməsˌbeːrə] *f bot.* phytolacca *m*; ~ˌ**eiche** *f bot.* chêne *m* kermès [-ɛs]; ~**geˌwächse** *n/pl. bot.* phytolaccacées *f/pl.*; ~ˌ**schildlaus** *f zo.* kermès [-ɛs] *m*.

Kern [kɛrn] *m* ⟨~(e)s; ~e⟩ **1.** *von Steinobst* noyau *m*; *von Kernobst* pépin *m* (*auch von Melonen etc.*); *von Nüssen* amande *f*; *von Holz* cœur *m*; *fig.* cœur *m*; vif *m*; noyau *m*; **der ~ der Sache** le cœur de l'affaire; le fin fond de la chose; **zum ~ der Sache kommen** entrer dans le vif du sujet; en venir au cœur de l'affaire; **das ist der ~ des Problems** c'est le cœur du problème; **in ihm steckt ein guter ~** il a un bon fond; **unter der rauhen Schale steckt ein weicher ~** sous une écorce rude se cache un bon cœur; son apparence rude dissimule un cœur d'or; **das war also des Pudels ~!** c'était donc cela!; c'était donc le fin mot de l'affaire; c'était donc ce qu'il y avait là-dessous; **2.** *phys. atom.* noyau *m*; **streuender ~** noyau de diffusion; **3.** *Gießerei* noyau *m*; **4.** *biol.* noyau *m*; nucléus [-ys] *m*; ~ˌ**antrieb** *m phys.*

atom. propulsion *f* nucléaire; **~ˌaufbau** *m phys. atom.* structure *f* nucléaire, du noyau; **~ˌausschneider** *m* ⟨~s; ~⟩ *für Äpfel* vide-pomme *m* (*inv.*); **~ˌbeißer** *m* ⟨~s; ~⟩ *zo.* gros-bec (commun); casse-noyaux *m*; **~beˌschuß** *m phys. atom.* bombardement *m* nucléaire; **~ˌbrennstoff** *m* combustible *m* nucléaire, atomique; **~cheˌmie** *f* chimie *f* nucléaire; **~emulsiˌon** *f* émulsion *f* nucléaire; **~enerˌgie** *f* énergie *f* nucléaire; **~energieˌtechnik** *f* technique *f* de l'énergie nucléaire; **~explosiˌon** *f* explosion *f* nucléaire; **~fach** *n école* matière principale; discipline *f* de base; **~ˌforschung** *f* recherche *f* nucléaire; **~forschungsˌzentrum** *n* centre *m* de recherches nucléaires; **~ˌfrage** *f* question principale, essentielle; **~frucht** *f* fruit *m* à pépins; **~fusiˌon** *f cf.* ~verschmelzung; **~geˌbiet** *n* centre *m*; foyer *m*; **~geˌhäuse** *n* trognon *m*; **~geˌschoß** *n* projectile *m* nucléaire, atomique; **2geˈsund** *adj.* ~ **sein** se porter comme un charme; être plein de santé; respirer la santé; **~holz** *n* bois parfait; duramen [-mɛn] *m*; *abus.* bois *m* de cœur; **2ig** *adj.* **1.** *Obst* à pépins; **2.** *fig.* fort; vigoureux, -euse; solide; énergique; **~induktiˌon** *f phys.* induction *f* nucléaire; **~indusˌtrie** *f* industrie *f* nucléaire; **~isomeˌrie** *f* isomérie *f* nucléaire; **~ˌkettenreaktiˌon** *f* réaction *f* nucléaire en chaîne; **~konˌstante** *f* constante *f* nucléaire; **~ˌkräfte** *f/pl.* forces *f/pl.* nucléaires; **~ˌkraftwerk** *n* centrale *f* nucléaire, atomique; **~ˌladung** *f* charge *f* du noyau; **~ladungsˌzahl** *f* numéro *m*, nombre *m* atomique; **~ˌleder** *n* cuir *m* de choix; **2los** *adj.* sans pépins; **~ˌmacher** *m* ⟨~s; ~⟩ *Gießerei* noyauteur *m*; **~ˌmasse** *f* masse *f* du noyau; **~materiˌalien** *n/pl.* matériaux *m/pl.* nucléaires; **~moˌdell** *n* modèle *m* nucléaire; **~obst** *n* fruits *m/pl.* à pépins; **~ˌphotoeˌffekt** *m* effet *m* photonucléaire; **~phyˌsik** *f* physique *f* nucléaire; **2physiˌkalisch** *adj.* de physique nucléaire; **~ˌphysiker** *m* physicien *m* nucléaire; atomiste *m*; **~ˌpilze** *m/pl. bot.* pyrénomycètes *m/pl.*; **~punkt** *m* point essentiel, principal; **~reaktiˌon** *f* réaction *f* nucléaire; **~reˌaktor** *m* réacteur *m* nucléaire; pile *f* atomique; **~ˌschatten** *m* ombre absolue; **~ˌseife** *f* savon *m* de Marseille; **~ˌspaltung** *f* fission *f* nucléaire; **~spruch** *m* sentence *f*; vérité *f*; **~ˌstrahlung** *f* radiation *f* nucléaire; **~ˌstreuung** *f* diffusion *f* nucléaire; **~strukˌtur** *f* structure *f* du noyau; **~stück** *n* partie essentielle; cœur *m*; **~ˌtechnik** *f* technique *f* nucléaire; **~ˌteilchen** *n* particule *f* nucléaire; nucléon *m*; **~ˌteilung** *f biol.* division *f* du noyau; **~theoˌrie** *f* théorie *f* nucléaire; **~ˌtruppen** *f/pl. milit.* troupes *f/pl.* d'élite; **~ˌumwandlung** *f* transmutation *f* nucléaire; **~verˌschmelzung** *f* fusion *f* nucléaire; **~voˌlumen** *n* volume *m* du noyau; **~ˌwaffe** *f* arme *f* nucléaire; *cf. auch* **Atomwaffe**; **~zerˌfall** *m* désintégration *f* nucléaire; **~zerˌsplitterung** *f* spallation *f*.

Kerosin [keˑroˑˈziːn] *n* ⟨~s⟩ *chim.* kérosène *m*.

Kerreffekt [ˈkɛrˀɛˌfɛkt] *m phys.* effet *m* Kerr.

Kerrie [ˈkɛriˑə] *f* ⟨~; ~n⟩ *bot.* kerria *m*; kerrie *f*.

Kerrzelle [ˈkɛrˌtsɛlə] *f élect.* cellule *f* de Kerr.

Kerygma [ˈkeːrʏgma] *n* ⟨~s⟩ *Theologie* kérygme *m*; **2tisch** [-ˈgmaː-] *adj.* kérygmatique.

Kerze [ˈkɛrtsə] *f* ⟨~; ~n⟩ **1.** bougie *f*; chandelle *f*; *in der Kirche* cierge *m*; **2.** *gym.* chandelle *f*; **3.** *Fußball* chandelle *f*; **4.** *phys.* candéla *f* (*abr.* cd); bougie nouvelle; **5.** *Auto* bougie *f*; **~nbeˌleuchtung** *f cf.* ~nlicht; **2ngeˈrade** *adj. u. adv.* tout droit; **sich ~ halten** se tenir droit comme un i, comme un cierge; **~nˌgießer** *m* fondeur *m* de bougies, de cierges; ciergier *m*; chandelier *m*; **~nˌgießmaˌschine** *f* machine *f* à fondre les bougies; **~nˌhalter** *m* bougeoir *m*; **~nˌlicht** *n* éclairage *m* aux bougies, aux chandelles; lumière *f* de bougie(s); **bei ~ essen** dîner aux chandelles; **bei ~ schreiben** écrire à la (lumière d'une) bougie; **~nˌnußbaum** *m bot.* bancoulier *m* des Moluques; aleurite *m*, *f* (moluccana); **~nˌschein** *m*, **~nˌschimmer** *m* lueur *f* de bougie(s); **~nˌstummel** *m* bout *m* de chandelle; **~nˌweihe** *f égl.* bénédiction *f* des cierges.

Kescher [ˈkɛʃər] *m* ⟨~s; ~⟩ (*Fangnetz*) truble *od.* trouble *f*.

keß [kɛs] *adj.* ⟨-ss-; kesser, kessest⟩ **ein kesses Mädchen** une fille qui a de l'allure, du chic, de la classe, du chien; une fille moderne.

Kessel [ˈkɛsəl] *m* ⟨~s; ~⟩ **1.** (*Wasser-, Kaffee2*) bouilloire *f*; *großer, auf dem Lande* chaudron *m*; (*Wasch2*) lessiveuse *f*; (*Einmach2*) stérilisateur *m*; **e-n ~ mit Wasser aufsetzen** mettre une bouilloire sur le feu; mettre de l'eau à bouillir; **e-n ~ Wäsche waschen** faire une lessive; **2.** *techn.* (*Dampf2*) chaudière *f*; **3.** *großer, für Flüssigkeiten* citerne *f*; **4.** *géogr.* vallée fermée, encaissée, en cuvette, en entonnoir; cirque *m*; **die Stadt liegt (wie) in e-m ~** la ville est située (comme) dans une cuvette; **5.** *ch. e-s Fuchs-, Dachsbaues* mère *f*; *e-r Treibjagd* centre *m* (d'une battue); **~ˌanlage** *f* installation *f* de chaudière(s); **~ˌbau** *m* ⟨~(e)s⟩ construction *f* de chaudière(s); **~beˌkohlung** *f* alimentation *f* de chaudière(s) (en charbon); **~ˌblech** *n* tôle forte pour chaudières; **~ˌboden** *m* fond *m* de chaudière; **~ˌdecke** *f* ciel *m* de chaudière; **~ˌdruck** *m* pression *f* de, dans la chaudière; **~explosiˌon** *f* explosion *f* d'une chaudière; **~faˌbrik** *f* usine *f*, fabrique *f* de chaudières; **~ˌfeuerung** *f* **a)** chauffage *m* d'une chaudière; **b)** foyer *m* d'une chaudière; **~ˌflicker** *m* ⟨~s; ~⟩ rétameur *m*; **2ˌförmig** *adj.* en forme de chaudron, bassin, cirque, *etc. cf.* **Kessel**; **~ˌhaken** *m am Kamin* crémaillère *f*; **~ˌhaus** *n* chaufferie *f*; **~ˌjagd** *f cf.* ~treiben; **~ˌpauke** *f mus.* timbale *f*; **~ˌraum** *m* chaufferie *f*; salle *f* des chaudières; **~ˌschlacht** *f milit.* bataille *f* d'encerclement; **~ˌschmied** *m* chaudronnier *m*; **~ˌschmiede** *f* chaudronnerie *f*; **~ˌstein** *m* tartre *m*; **den ~ von etw. entfernen** détartrer qc.; **~steinˌablagerung** *f* entartrage *od.* entartrement *m*; **~steinˌlösemittel** *n* détartrant *m*; **~ˌtreiben** *n ch.* battue *f* au chaudron; *fig.* poursuite acharnée (**gegen** contre); **~verˌkleidung** *f* enveloppe *f* de chaudière; **~ˌvoll** *m* ⟨~; ~⟩ bouilloire *f*; *Wäsche* lessive *f*; *in der Industrie* chaudière *f*; *auf dem Lande* chaudronnée *f*; **~ˌwagen** *m chem.* wagon-citerne *m*; *Auto* camion-citerne *m*.

Ket|ene [keˑˈteːnə] *pl. chim.* cétènes *m/pl.*; **~on** *n* ⟨~s; ~e⟩ *chim.* cétone *f*; **~o(n)ˌsäure** [-ˈtoːn-, ˈkeːtoˑ-] *f* acide *m* cétonique.

Ketsch [kɛtʃ] *f* ⟨~; ~en⟩ *mar.* ketch *m*.

Kett|chen [ˈkɛtçən] *n* ⟨~s; ~⟩ chaînette *f*; **~e** *f* ⟨~; ~n⟩ **1.** chaîne *f* (*auch géogr., Weberei, techn., Vermessungskunde, fig.*); (*Posten2*) cordon *m*; **e-e ~ bilden** faire la chaîne; **e-n Hund an die ~ legen** attacher un chien; mettre un chien à la chaîne; **von der ~ losmachen** détacher; **die ~ von Ereignissen** la suite, l'enchaînement, la chaîne des événements; **2.** *Schmuck* collier *m*; *einfache, aus Metall für Medaillons etc.* chaîne *f*; **3.** (*Fessel*) fers *m/pl.*; chaîne(s) *f* (*pl.*); **j-n in ~n legen** mettre qn. aux fers, à la chaîne; enchaîner qn.; *fig.* **s-e ~n zerbrechen** rompre, briser ses chaînes; **4.** *ch.* (*Schar*) compagnie *f*; **5.** *aviat.* formation *f*, patrouille *f* de trois avions volant en triangle; **~elmaˌschine** *f* remmailleuse *f*; **2eln** *v/t.* ⟨-(e)le, h⟩ *Wirkerei* remmailler; **2en** *v/t.* ⟨-ete, h⟩ **j-n an sich ~** s'attacher qn.; **~enˌantrieb** *m* transmission *f* à, par chaîne; **~enˌbahn** *f Industrie* convoyeur *m*, transporteur *m* à chaîne; **~enˌbecherˌwerk** *n* chaîne *f* à godets; **~enˌbolzen** *m* axe *m* de chaînon; **~enˌbrief** *m* lettre *f* qui fait boule de neige; **~enˌbruch** *m math.* fraction continue; **~enˌfahrzeug** *n* véhicule *m* à chenille; **2enˌförmig** *adj.* en forme de chaîne; *chim.* en chaîne; **~enˌführung** *f* guidage *m* de chaîne; **~engeˌbirge** *n* chaîne *f* de montagnes; **~engeˌrassel** *n* bruit *m*, cliquetis *m* de chaînes; **~enˌglied** *n techn.* chaînon *m*; maille *f*; maillon *m*; **~enˌhandel** *m comm.* commerce *m* par intermédiaires, par filière; **~enˌhemd** *n hist.* cotte *f*, chemise *f* de mailles; **~enˌhund** *m* chien *m* de garde; **~enkaruˌssell** *n* manège *m* à sièges suspendus par des chaînes; **~enˌläden** *m/pl. comm.* chaîne *f* volontaire; **~enˌlinie** *f math.* chaînette *f*; **~enˌpanzer** *m hist.* cotte *f*, chemise *f* de mailles; **~enˌrad** *n* roue dentée; pignon *m*; **~enˌrauchen** *n verbal*; **~ ist schädlich** il est mauvais de fumer sans arrêt, de fumer une cigarette après l'autre; **~enˌraucher** *m* fumeur acharné; grand fumeur; **~enreaktiˌon** *f phys., chim.* réaction *f* en chaîne; **~enˌrechnung** *f*, **~enˌregel** *f math.* conjointe *f*; **~enˌreim** *m métr.* rime enchaînée; **~enˌrost** *m* grille *f* mécanique; **~enˌsäge** *f* scie *f* à chaîne; **~enˌsatz** *m math.* conjointe *f*; **~enˌschaltung** *f Fahrrad* dérailleur *m*; **~enˌschluß** *m Logik* sorite *m*; **~enˌschutz** *m Fahrrad* carter [-ɛːr] *m*; **~enˌspanner** *m Fahrrad* tendeur *m* de chaîne; **~enˌstich** *m cout.* point *m* de chaînette; **~enˌware** *f Wirkware* bonneterie *f* indémaillable; articles *m/pl.* chaîne; **~enˌzug** *m techn.* palan *m* à chaîne; **~ˌfaden** *m*, **~garn** *n* fil *m* de chaîne; **~lein** *n* ⟨~s; ~⟩ *cf.* ~chen.

Ketzer [ˈkɛtsər] *m* ⟨~s; ~⟩ *relig. u. fig.* hérétique *m*; **~ei** [-ˈraɪ] *f* ⟨~; ~en⟩ hérésie *f*; **~geˌricht** *n hist.* (tribunal *m* de l')Inquisition *f*; *in Spanien* tribunal *m* du Saint-Office; **2isch** *adj.* hérétique; **~verˌbrennung** *f hist.* autodafé *m*; **~verˌfolgung** *f* persécution *f* des hérétiques.

keuch|en [ˈkɔʏçən] **I** *v/i.* **a)** ⟨h⟩ 'haleter (*auch fig.*); *méd.* anhéler; *vét.* corner; **er keuchte vor Anstrengung** l'effort le faisait haleter, le rendait haletant, pantelant; **~d ankommen** arriver haletant, pantelant; **b)** ⟨sein⟩ **der Zug keuchte den Berg hinauf** le train haletait pour gravir la montagne;

II ≈**en** *n* ⟨~s⟩ respiration 'haletante; *méd.* anhélation *f*; *vét.* cornage *m*; ≈ˌ**husten** *m méd.* coqueluche *f*.

Keule ['kɔʏlə] *f* ⟨~; ~n⟩ **1.** massue *f*; **2.** *gym.* massue *f*; mil *m*; **3.** *cuis. vom Hasen, Huhn etc.* cuisse *f*; *vom Kalb* cuisseau *m*; *vom Rind* culotte *f*; *vom Hammel* gigot *m*; *vom Hochwild* cuissot *m*; **~nˌärmel** *m cout.* manche *f* à gigot; **~nˌblattwespe** *f zo.* cimbex [-ɛks] *m*; ≈**nˌförmig** *adj.* en (forme de) massue; *bot., zo. auch* claviforme; **~nˌpilz** *m bot.* clavaire *f*; **~nˌschlag** *m* coup *m* de massue (*auch fig.*); **~nˌschwingen** *n gym.* gymnastique *f* rythmique avec deux massues.

Keuper ['kɔʏpər] *m* ⟨~s⟩ *géol.* keuper *m*; étage *m* des marnes irisées.

keusch [kɔʏʃ] **1.** *adj.* chaste; pudique; **2.** *adv.* chastement; pudiquement; ≈**baum** *m cf.* ≈lammstrauch; ≈**heit** *f* ⟨~⟩ chasteté *f*; pudicité *f*; ≈**heitsgeˌlübde** *n* vœu *m* de chasteté; ≈**heitsˌgürtel** *m* ceinture *f* de chasteté; ≈**lammˌstrauch** *m bot.* gattilier *m* agneau-chaste; *sc.* (vitex *m*) agnus-castus [-ys] *m* (*inv.*).

Khaki[1] ['kɑːkiˑ] *n* ⟨~⟩ *Farbe* kaki *m*; **~**[2] *m* ⟨~⟩ *Stoff* étoffe *f* kaki; ≈ˌ**farben** *adj.* kaki (*inv.*); **~uniˌform** *f* uniforme *m* kaki.

Khan [kɑːn, xɑːn] *m* ⟨~s; ~e⟩ *Herrschertitel* khan [kɑ̃] *m*; **~at** [-'nɑːt] *n* ⟨~(e)s; ~e⟩ khanat *m*.

Kibbuz [kɪ'buːts] *m* ⟨~; ~im⟩ *in Israel* kibboutz *od.* kibbouts *m* (*pl.* kibboutzim *od.* kibboutsim).

Kibitka [kiˑ'bɪtka] *f* ⟨~; ~s⟩ *Zelt* kibitka *f*.

Kicher|erbse ['kɪçərˌʔɛrpsə] *f bot.* pois *m* chiche; cicérole *f*; ≈**n I** *v/i.* ⟨-(e)re, h⟩ ricaner; **II ~n** *n* ⟨~s⟩ ricanement *m*; rires étouffés.

kick|en ['kɪkən] *v/t. u. v/i.* ⟨h⟩ F taper dans le ballon; ≈ˌ**starter** *m Motorrad* kick-starter [-ɛːr] *m*.

Kid [kɪt] *n* ⟨~s⟩ kid *m*.

kidnapp|en ['kɪdˌnɛpən] *v/t.* ⟨h⟩ kidnapper; ≈**er** *m* ⟨~s; ~⟩ kidnapper [-œːr] *m*.

Kiebitz ['kiːbɪts] *m* ⟨~es; ~e⟩ *zo.* vanneau *m*; **~ˌei** *n* œuf *m* de vanneau; ≈**en** *v/i.* ⟨-(es)t, h⟩ F *beim Kartenspiel etc.* faire galerie (autour de joueurs de cartes, *etc.*); **~ˌnest** *n* nid *m* de vanneau.

Kiefer[1] ['kiːfər] *m* ⟨~s; ~⟩ *anat.* mâchoire *f*; *sc.* maxillaire *m*; **~**[2] *f* ⟨~; ~n⟩ *bot.* pin *m*; **gemeine ~** pin sylvestre; **~ˌhöhle** *f anat.* sinus [-ys] *m* maxillaire; **~höhlenentˌzündung** *f méd.* inflammation *f* des sinus maxillaires; **~ˌklemme** *f méd.* trisme *m*; **~ˌknochen** *m anat.* os *m* maxillaire; **~nˌeule** *f zo.* noctuelle *f* du pin; **~nˌholz** *n* bois *m* de pin; **~nˌnadel** *f* aiguille *f* de pin; **~nˌschwärmer** *m zo.* sphinx *m* du pin; *sc.* hyloicus [-ys] *m* pinastri; **~nˌspanner** *m zo.* fidonie *f* du pin; **~nˌspinner** *m zo.* bombyx *m* du pin; **~nˌwald** *m* forêt *f* de pins; pinède *f*; pinière *f*; **~nˌzapfen** *m* cône *m*, pomme *f* de pin; **~orthopäˌdie** *f* orthodontie *f*; orthopédie dento-faciale.

kiek|en ['kiːkən] *v/i.* ⟨h⟩ F *cf.* gucken; ≈**er** *m* ⟨~s; ~⟩ F **j-n auf dem ~ haben** avoir qn. à l'œil; ≈**indieˌwelt** *m* ⟨~s; ~s⟩ *cf.* **Guckindiewelt**.

Kiel [kiːl] *m* ⟨~(e)s; ~e⟩ **1.** *mar.* (*Grundbalken*) quille *f*; *par ext.* (*Rumpf im Wasser*) carène *f*; **2.** *e-r Feder* tuyau *m* de plume; *angespitzt* bec *m* de plume; **3.** *e-r Schmetterlingsblüte* carène *f*; **~ˌbogen** *m bât.* arc *m* en accolade.

Kieler|(in) ['kiːlər(ɪn)] **I** *m* ⟨~s; ~⟩ (*f*) ⟨~; ~nen⟩ habitant(e) *m* (*f*) de Kiel; **II ~** *adj.* ⟨*inv.*⟩ de Kiel.

Kiel|flügel ['kiːlˌflyːgəl] *m mus.* clavecin *m*; **~ˌfüßer** *m/pl. zo.* hétéropodes *m/pl.*; **~gang** *m mar.* virure *f* de galbord; ≈ˌ**holen I** *v/t.* ⟨h⟩ **1.** *mar.* mettre, abattre en carène; **2.** *hist. Strafe* faire subir la peine de la grande cale; **II ~ˌholen** *n* ⟨~s⟩ **1.** *mar.* abattage *m* en carène; **2.** *hist.* peine *f* de la grande cale; **~jacht** *f mar.* yacht [jot, jak] *m* à quille; **~ˌlegung** *f* mise *f* en chantier; **~ˌlinie** *f* ligne *f* de file; **in ~ fahren** naviguer en ligne de file; ≈'**oben** *adv.* la quille en l'air; **~ liegen** avoir la quille en l'air; **~raum** *m* (fond *m* de) cale *f*; **~ˌschnecken** *f/pl. cf.* ~füßer; **~schwein** *n mar.* carlingue *f*; contre-quille *f*; **~ˌwasser** *n* sillage [-j-] *m*; *fig.* **in j-s ~ schwimmen** marcher dans le sillage de qn.

Kiemen ['kiːmən] *f/pl. biol.* branchies *f/pl.*; **~ˌatmung** *f* respiration branchiale; **~ˌblättchen** *n* lamelle branchiale; **~ˌbogen** *m* arc branchial; **~ˌdeckel** *m* opercule *m*; **~ˌfüßer** *m/pl. zo.* branchiopodes [-kjə-] *m/pl.*; **~ˌöffnung** *f* ouïe *f*; **~ˌspalte** *f* fente branchiale.

Kien [kiːn] *m* ⟨~(e)s⟩ *cf.* ~holz; **~ˌapfel** *m* pomme *f* de pin; **~holz** *n* bois *m* de pin; bois résineux, gras; **~span** *m* bâton résineux; torche *f* de (sa)pin.

Kiepe ['kiːpə] *f* ⟨~; ~n⟩ (*Tragkorb*) 'hotte *f*.

Kies [kiːs] *m* ⟨~es; ~e⟩ **1.** gravier(s) *m* (*pl.*); *grober* cailloux (roulés); **2.** *minéral.* pyrite *f*; **3.** ⟨*pas de pl.*⟩ *fig. u.* P (*Geld*) P galette *f*; fric *m*; pognon *m*; grisbi *m*; pèze *m*; **~bank** *f* ⟨~; ≈e⟩ banc *m* de gravier(s), de cailloux; **~ˌboden** *m* sol, terrain caillouteux.

Kiesel ['kiːzəl] *m* ⟨~s; ~⟩ galet *m*; caillou roulé; **~ˌalgen** *f/pl. bot.* diatomées *f/pl.*; **~ˌerde** *f* silice *f*; **~ˌgur** *f* ⟨~⟩ kieselguhr [kizɛlguːr] *f*, *m*; ≈ˌ**haltig** *adj.* siliceux, -euse; ≈ˌ**sauer** *adj.* **kieselsaures Salz** silicate *m*; **kieselsaures Natrium, Kalium** silicate de sodium, de potassium; **kieselsaurer Kalk** silicate de calcium; **~ˌsäure** *f* acide *m* silicique; **aktive ~** gel *m* de silice; **~säureanhyˌdrid** *n* anhydride *m* silicique; silice *f*; **~ˌschiefer** *m minéral.* lydienne *f*; lydite *f*; **~ˌsinter** *m minéral.* geysérite *f*; **~skeˌlett** *n zo. der Radiolarien* squelette siliceux; **~ˌstein** *m cf.* ~; **~ˌzinkerz** *n minéral.* hémimorphite *f*.

Kieserit [kiˑze'riːt, -'rɪt] *m* ⟨~s; ~e⟩ *minéral.* kiesérite *f*.

Kies|grube ['kiːsˌgruːbə] *f* carrière *f* de gravier(s); gravière *f*; **~schicht** *f* couche *f* de gravier(s); **~weg** *m* chemin recouvert de gravier(s).

kikeriki [kikəri'kiː] **I** *int.* cocorico!; **II** ≈ *n* ⟨~s; ~s⟩ cocorico *m*; **III** ≈ *m* ⟨~s; ~s⟩ *enf.* (*Hahn*) coq *m*.

killekille ['kɪlə'kɪlə] *int. u. adv.* guili, guili!; **~ machen** faire guili, guili.

kill|en ['kɪlən] **I** F *v/t.* ⟨h⟩ tuer; P descendre; **II** *v/i. mar. Segel* faseyer; ≈**er** F *m* ⟨~s; ~⟩ tueur *m*.

Kilo|(gramm) ['kiːloˑ, -'gram] *n* ⟨~s; ~(s) *bzw.* 20 ~⟩ (*n*) kilo(gramme) *m* (*abr.* kg); **~('gramm)kaloˌrie** *f* kilocalorie *f* (*abr.* kcal); **~'hertz** *n* kilohertz *m* (*abr.* kHz).

Kilometer [kiˑloˑ'meːtər] *m* ⟨~s; ~⟩ kilomètre *m* (*abr.* km); **Entfernung in ~n** distance en kilomètres; distance kilométrique; F **~ fressen** avaler, dévorer, bouffer des kilomètres; **~ˌfresser** *m* F bouffeur *m*, avaleur *m* de kilomètres; **~ˌgeld** *n* indemnité *f* kilométrique; ≈ˌ**lang** *adj.* long, -gue de plusieurs kilomètres; sur des kilomètres; **~ˌstand** *m* nombre *m* de kilomètres, kilométrage *m* au compteur; **~ˌstein** *m* borne *f* kilométrique; **~taˌrif** *m* tarif *m* kilométrique, au kilomètre; ≈ˌ**weit** *adv.* à des kilomètres; **~ˌzahl** *f* nombre *m* de kilomètres; **~ˌzähler** *m* compteur *m* kilométrique.

Kilo|pond [kiˑloˑ'pɔnt] *n* (*abr.* **kp**) kilogramme-poids *m* (*abr.* kgp); kilogramme-force *m* (*abr.* kgf); **~'tonne** *f* kilotonne *f* (*abr.* kt); **~'volt** *n* kilovolt *m* (*abr.* kV); **~'voltamˌpere** *n* kilovoltampère *m* (*abr.* kVA); **~'watt** *n* kilowatt [-wat] *m* (*abr.* kW); **~'wattˌstunde** *f* kilowattheure *f* (*abr.* kWh).

Kimbern ['kɪmbərn] *pl. hist.* Cimbres *m/pl.*

Kimm [kɪm] *f* ⟨~⟩ *mar.* **1.** (*Horizontlinie*) ligne *f* d'horizon; **2.** (*Übergang zwischen Schiffsboden u. -wand*) bouchain *m*; **~e** *f* ⟨~; ~n⟩ **1.** (*Kerbe*) entaille *f*; **2.** *bei Handfeuerwaffen* cran *m* de mire; **~ˌtiefe** *f Nautik* dépression *f* de l'horizon; **~ung** *f* ⟨~⟩ *mar.* **1.** (*Luftspiegelung*) mirage *m*; **2.** *cf.* ~ 1.

Kimono [kiˑ'moːnoˑ, 'kiːmoˑnoˑ, 'kɪm-] *m* ⟨~s; ~s⟩ *cout.* kimono *m*; **~ˌärmel** *m cout.* manche *f* kimono.

Kinästhe|sie [kiˑnɛsteˑ'ziː] *f* ⟨~⟩ *physiol.* kinesthésie *f*; ≈**tisch** [-'teː-] *adj.* kinesthésique; **~er Sinn** sens kinesthésique.

Kind [kɪnt] *n* ⟨~(e)s; ~er⟩ enfant *m*, *f*; F gosse *m*, *f*; môme *m*, *f*; mioche *m*, *f*; **kleines ~** bébé *m*; enfant en bas âge; F bambin *m*; **artiges ~** enfant sage; **unartiges ~** enfant désobéissant, mal élevé; **schreckliches, fürchterliches ~** enfant terrible, insupportable; **verwöhntes, verzogenes ~** enfant gâté; **schwer erziehbares ~** enfant difficile; *in e-r Familie* **das älteste ~** l'aîné *m*; **das jüngste ~** le plus jeune (des enfants); le benjamin [bɛ̃-]; **neugeborenes ~** nouveau-né *m*; **eheliches ~** enfant légitime; **uneheliches ~** enfant illégitime, naturel; **angenommenes ~** enfant adoptif, -ive; **~ aus erster Ehe** enfant du premier lit; **unmündiges ~** enfant mineur; **von der Fürsorge betreutes ~** enfant assisté; **verwahrlostes ~** enfant socialement inadapté; **reicher, vornehmer Leute ~ sein** être un fils, une fille de famille; **ein ~ erwarten** attendre un enfant, un bébé; **ein ~ bekommen,** F **kriegen** *cf.* **bekommen 2.**; **ein ~ zur Welt bringen** mettre un enfant au monde; **e-m ~ das Leben schenken** donner le jour, la vie à un enfant; **ein ~ wickeln** emmaillotter, langer un bébé; **ein ~ entwöhnen** sevrer un bébé; **ein ~ aussetzen, unterschieben** abandonner, substituer un enfant; **ein ~ adoptieren** adopter un enfant; **j-n an ~es Statt annehmen** adopter qn.; **kein ~ mehr sein** ne plus être un enfant; **von ~ auf** dès l'enfance; F **ein Haufen ~er,** P **ein Stall voll ~er** F une ribambelle, P une tapée, une tripotée d'enfants; *relig.* **Tag der Unschuldigen ~er** fête *f* des saints Innocents; **~er Gottes** enfants de Dieu; *fig.* **ein ~ s-r Zeit sein** être de son époque; **da sieht man, wes Geistes ~ er ist** on voit là quel genre d'esprit c'est, d'où il tient ses idées; **sich bei j-m lieb ~ machen** s'insinuer dans les bonnes grâces de qn.; s'attirer les grâces de qn.; **lieb ~ bei j-m sein** être le chouchou *bzw.* la chouchoute, le *bzw.* la préféré(e), le *bzw.* la favori(te) de qn.; **das ~ beim (rechten) Namen**

nennen appeler les choses par leur nom; appeler un chat un chat (et Rollet un fripon); **das ~ mit dem Bade ausschütten** jeter le bon avec le mauvais; F **wir werden das ~ schon schaukeln** on va s'en occuper; on va arranger, P goupiller l'affaire; F **wie sag' ich's meinem ~e?** comment vais-je faire pour (le) lui dire?; **mit ~ und Kegel** *cf.* **Kegel 4.**; **unschuldig wie ein neugeborenes ~** innocent comme l'enfant qui vient de naître; **sich wie ein ~ anstellen** faire l'enfant; **sich freuen wie ein ~** se réjouir comme un enfant; **das weiß doch jedes ~** tout le monde le sait; c'est élémentaire; *loc.* **aus ~ern werden Leute** les enfants grandissent; **gebranntes ~ scheut das Feuer** *prov.* chat échaudé craint l'eau froide *prov.*; **~er und Narren sagen die Wahrheit** *prov.* la vérité sort de la bouche des enfants *prov.*; **kleine ~er kleine Sorgen, große ~er große Sorgen** *prov.* petits enfants petits soucis, grands enfants grands soucis *prov.*; **~bett** *n* couches *f/pl.*; **im ~ liegen** être en couches; **~bettˌfieber** *n méd.* fièvre puerpérale; **~chen** *n* ⟨~s; ~ *od.* Kinderchen⟩ petit enfant; bébé *m*; F marmot *m*; bambin *m*.

Kinder|arbeit ['kɪndərˌˀarbaɪt] *f* travail *m* des enfants; **~ˌart** *f* manière *f*, façon *f* d'enfants; **~ˌarzt** *m* pédiatre *m*; médecin *m* pour enfants; **~ˌärztin** *f* pédiatre *m*; doctoresse *f* pour enfants; **~ˌaugen** *n/pl.* yeux *m/pl.* d'enfant; **~ˌausweis** *m* carte *f* d'identité d'enfant; **~ˌbeihilfe** *f cf.* **~zuschlag**; **~beˌsteck** *n* couvert *m* d'enfant; **~ˌbett** *n* lit *m* d'enfant; **~beˌwahranstalt** *f meist iron.* garderie *f* d'enfants; **~ˌbrei** *m* bouillie *f* de bébé; **~ˌbuch** *n* livre *m* pour enfants, d'enfant; **~chen** F *pl. von* Kindchen; **~ˌchor** *m* chorale *f* d'enfants; **~ˌdorf** *n* village *m* d'enfants; **~ei** [-'raɪ] *f* ⟨~; ~en⟩ enfantillage *m*; **hör auf mit solchen ~en!** cesse de tels enfantillages!; **~erˌmäßigung** *f* réduction *f* pour enfants; *bei Steuern etc.* réduction pour charges de famille; **~erˌziehung** *f* éducation *f* des enfants; **~ˌfahrkarte** *f* billet *m* pour enfants; demi-place *f*; **~ˌfahrrad** *n* bicyclette *f*, F vélo *m* d'enfant; **≈ˌfeindlich** *adj.* hostile aux enfants; **~ˌfest** *n* fête enfantine; **~ˌfrage** *f* question *f* des enfants; **~ˌfrau** *f*, **~ˌfräulein** *n* bonne *f* d'enfants; **~ˌfreund(in)** *m* (*f*) ami(e) *m* (*f*) des enfants; **ein ~ sein** *meist* aimer les enfants; **~ˌfunk** *m* émission enfantine; **~ˌfürsorge** *f* aide sociale à l'enfance; **~ˌgarten** *m* jardin *m* d'enfants; *in Frankreich e-r staatlichen Schule angegliederter* école maternelle; classe enfantine; **~ˌgärtnerin** *f* jardinière *f* d'enfants; institutrice *f* d'école maternelle; **~ˌgeld** *n* allocations familiales; **~geˌschichten** *f/pl.* histoires *f/pl.*, contes *m/pl.* pour enfants; **~geˌschrei** *n* cris *m/pl.* d'enfants; *von Säuglingen auch* vagissements *m/pl.* de nouveau-né(s); **~ˌglaube** *m* croyance *f* d'enfant; **~ˌgottesdienst** *m prot.* culte *m*, *cath.* messe *f* pour les enfants; **~ˌhäubchen** *n* bonnet *m* d'enfant; béguin *m*; **~ˌheilkunde** *f* pédiatrie *f*; **~ˌheim** *n* 'home [om] *m*, maison *f*, foyer *m* d'enfants; **~ˌhemd** *n* chemise *f* d'enfant; **~ˌhort** *m* garderie *f* d'enfants; **~ˌjahre** *n/pl.* (années *f/pl.* d')enfance *f*; **~ˌklapper** *f* 'hochet *m*; **~ˌkleidchen** *n* robe *f* d'enfant; **~ˌkleidung** *f* vêtements *m/pl.* pour enfants; **~ˌklinik** *f* hôpital *m*, clinique *f* pour enfants; **~konfektiˌon** *f* confection *f*, prêt-à-porter *m* pour enfants; **~ˌkrankheit** *f* maladie infantile; *fig. pl.* **~en** défauts primitifs, initiaux, de début; **~ˌkrippe** *f* crêche *f*; pouponnière *f*; **~ˌlachen** *n* rire(s) *m* (*pl.*) d'enfant(s); *von Säuglingen* risette *f*; **~ˌlähmung** *f* **(spinale) ~** poliomyélite *f*; F polio *f*; *früher* paralysie infantile; **~ˌland** *n* royaume *m* des enfants; **~ˌlandverˌschickung** *f* envoi *m* des enfants à la campagne; **~ˌlärm** *m* bruit causé par les enfants; **≈ˈleicht** *adj.* enfantin; **das ist ~** c'est enfantin; c'est d'une simplicité enfantine; c'est simple comme bonjour; c'est un jeu d'enfant; **≈ˌlieb** *adj.* qui aime les enfants; **~ˌliebe** *f zu den Kindern* amour *m* pour les enfants; *zu den Eltern* amour filial; **~ˌlied** *n* chanson pour enfants, enfantine; **≈ˌlos** *adj.* sans enfants; **~es Ehepaar** ménage *m* sans enfants; **~ˌlosigkeit** *f* absence *f* d'enfants; **~ˌmädchen** *n* bonne *f* d'enfants; **~ˌmärchen** *n* conte *m* pour enfants, de fées; **~ˌmehl** *n* farine lactée; **~ˌmord** *m* infanticide *m*; *bibl.* **der bethlehemitische ~** le massacre des Innocents; **~ˌmörder(in)** *m* (*f*) infanticide *m, f*; **~ˌmund** *m fig.* mot *m* d'enfant; **~ˌnahrung** *f* nourriture *f* pour enfants; **~ˌnarr** *m*, **~ˌnärrin** *f* celui, celle qui aime les enfants à la folie; **~ˌpflege** *f* puériculture *f*; **~ˌpflegerin** *f* puéricultrice *f*; nurse [nœrs] *f*; **~psycholoˌgie** *f* psychologie de l'enfant, enfantine; **~ˌpuder** *m* talc *m*, poudre *f* pour bébés; **~ˌrad** *n cf.* **~fahrrad**; **≈ˌreich** *adj.* qui a beaucoup d'enfants; **e-e ~e Familie** une famille nombreuse; **~ˌreichtum** *m* grand nombre d'enfants; **~ˌschar** *f* troupe *f*, bande *f* d'enfants; **~ˌschreck** *m* croque-mitaine *m*; **~ˌschrifttum** *n* littérature enfantine; **~ˌschuh** *m* chaussure *f*, soulier *m* d'enfant; *fig.* **die ~e ausgezogen, ausgetreten haben** être sorti de l'enfance; **noch in den ~en stecken** être encore à ses débuts, à l'état embryonnaire; **~ˌschule** *f* école enfantine; *cf. auch* **~garten**; **~ˌschürze** *f* tablier *m* d'enfant; **~ˌschutz** *m* protection *f* de l'enfance; **~ˌschwarm** *m* marmaille *f*; ribambelle *f* d'enfants; **~ˌschwester** *f* nurse [nœrs] *f*; puéricultrice *f*; **~ˌsegen** *m* grand nombre d'enfants; *cf. auch* **~schwarm**; **~ˌspiel** *n* jeu *m* d'enfant; *fig.* **das ist ein ~** c'est un jeu d'enfant; *cf. auch* **≈leicht**; **~ˌspielplatz** *m* parc *m* à jeux pour enfants; emplacement réservé aux enfants pour jouer; **~ˌspielzeug** *n* jouet *m* d'enfant; F joujou *m*; **~ˌspott** *m* risée *f* des enfants; **~ˌsprache** *f* langage enfantin, des enfants; **~ˌsterblichkeit** *f* mortalité infantile; **~ˌstimme** *f* voix d'enfant, enfantine; **~ˌstreich** *m* tour joué par des enfants; **~ˌstube** *f fig.* **e-e gute, schlechte ~ haben** être bien, mal élevé; avoir reçu une bonne, mauvaise éducation; **~ˌstuhl** *m*, **~ˌstühlchen** *n* ⟨~s; ~⟩ chaise *f* d'enfant; **~ˌstunde** *f rad., télév.* émission enfantine; **~ˌtagesˌheim** *n cf.* **~hort**; **~ˌtisch** *m* table *f* d'enfant; **~ˌwagen** *m* voiture *f* d'enfant; landau *m*; **~ˌzahl** *f* nombre *m* d'enfants; **~ˌzeichnung** *f* dessin *m* d'enfant; **~ˌzeit** *f* enfance *f*; **~ˌzimmer** *n* chambre *f* d'enfant(s); **~ˌzulage** *f*, **~ˌzuschlag** *m* allocations familiales.

Kindes|alter ['kɪndəsˌˀaltər] *n* enfance *f*; **im ~** en bas âge; **~ˌannahme** *f* adoption *f* d'enfant; **~ˌaussetzung** *f* abandon *m*, *jur. auch* exposition *f* d'enfant; **~ˌbeine** *n/pl.* **von ~n an** dès ma, ta, *etc.* plus tendre enfance; dès mon, ton, *etc.* plus jeune âge; **~entˌführer(in)** *m* (*f*) ravisseur, -euse *m, f* d'enfant; **~entˌführung** *f* enlèvement *m* d'enfant; **~ˌkind** *n* Kinder und **~er** enfants et petits-enfants; **~ˌliebe** *f* amour filial; piété filiale; **~mißˌhandlung** *f* mauvais traitement infligé à un enfant; **~ˌmord** *m* infanticide *m*; **~ˌmörder(-in)** *m* (*f*) infanticide *m, f*; **~ˌpflicht** *f* devoir filial; **~ˌraub** *m* rapt [-pt] *m*, enlèvement *m* d'enfant; **erpresserischer ~** rapt d'enfant avec chantage; **~ˌtötung** *f* infanticide *m*; **~unterˌschiebung** *f* supposition *f* d'enfant; (*Vertauschung*) substitution *f* d'enfant; **~verˌwechs(e)lung** *f* confusion *f* d'enfants.

Kind|heit ['kɪnthaɪt] *f* ⟨~⟩ enfance *f*; **von ~ an** dès l'enfance; **von frühester ~ an** dès ma, ta, *etc.* plus tendre enfance; dès mon, ton, *etc.* plus jeune âge; **≈isch 1.** *adj.* puéril; naïf, -ïve; enfantin; *im Alter* gâteux, -euse; F gaga; **e-e ~e Frage** une question puérile, naïve; **~es Zeug** puérilités *f/pl.*; **~es Wesen** *auch* puérilité *f*; **~ sein** faire l'enfant; **sei nicht ~!** ne fais pas l'enfant!; **(wieder) ~ werden** retomber en enfance; **2.** *adv.* **sich ~ verhalten** se conduire d'une façon puérile; faire l'enfant; **das kommt mir ~ vor** cela me paraît puéril; **es erscheint Ihnen vielleicht ~, aber ich ...** *auch* vous me trouvez peut-être gosse, mais ...; **~lein** *n* ⟨~s; ~⟩ *cf.* Kindchen; **≈lich** *adj.* d'(un) enfant; de l'enfant; enfantin; *im Verhältnis zu den Eltern* filial; **~er Gehorsam** obéissance filiale *bzw.* de l'enfant; **~es Vertrauen** confiance d'enfant; **~es Gemüt** âme enfantine, d'enfant; **~lichˌkeit** *f* ⟨~⟩ innocence *f*; candeur *f*; ingénuité *f*; **~sbeˌwegung** *f* mouvement *m* de l'enfant, du fœtus; **~schaft** *f* ⟨~⟩ filiation *f*; **~skopf** *m fig. u.* F niais *m*; nigaud *m*; **sei kein ~!** ne fais pas le niais, le nigaud!; **~sˌlage** *f* présentation *f* de l'enfant, du fœtus; **~smord** *m cf.* Kindesmord; **~sˌmutter** *f jur.* fille-mère *f*; **~spech** *n physiol.* méconium [-jɔm] *m*; **~ˌtaufe** *f* baptême [bat-] *m*.

Kine|matik [kiˑneˈmɑːtɪk] *f* ⟨~⟩ *phys.* cinématique *f*; **≈ˈmatisch** *adj.* cinématique; **~matoˈgraph** *m* ⟨~en; ~en⟩ (*erster Filmapparat*) cinématographe *m*; **~matograˈphie** *f* ⟨~⟩ cinématographie *f*; **≈matoˈgraphisch** *adj.* cinématographique; **≈tisch** [-ˈneː-] *adj.* cinétique; **~e Energie** énergie cinétique; **~e Gastheorie** théorie cinétique des gaz.

Kink [kɪŋk] *f* ⟨~; ~en⟩ *mar.* coque *f* (dans un cordage).

Kinkerlitzchen ['kɪŋkərˌlɪtsçən] *n/pl.* (*albernes Zeug*) niaiseries *f/pl.*; (*Nichtigkeiten*) futilités *f/pl.*; (*Ziererei*) façons *f/pl.*; manières *f/pl.*; **sich ~ kaufen** s'acheter des bêtises, des futilités.

Kinn [kɪn] *n* ⟨~(e)s; ~e⟩ *anat.* menton *m*; **ein breites, spitzes, vorspringendes, fliehendes ~ haben** avoir le menton carré, pointu, saillant, fuyant; **~ˌbacke(n)** *f* ⟨~; ~n⟩ (*m*) ⟨~s; ~⟩ mâchoire *f*; F mandibule *f*; **~band** *n* mentonnière *f*; **~bart** *m* barbiche *f*; F bouc *m*; **~ˌgrübchen** *n* fossette *f* au menton; **~ˌhaken** *m Boxen* crochet *m* à la mâchoire; uppercut [ypɛrkyt] *m*; **~ˌkette** *f am Zaum* gourmette *f*; **~ˌlade** *f cf.* **~backe(n)**; **~ˌspitze** *f* pointe *f* du menton.

Kino ['kiːnoˑ] *n* ⟨~s; ~s⟩ cinéma *m*; P ciné *m*; **ins ~ gehen** aller au cinéma; **~beˌsuch** *m* fréquentation *f* des cinémas; *einzelner verbal mit* aller au cinéma; ⁓**beˌsucher(in)** *m* (*f*) spectateur, -trice *m, f*; personne *f* qui va au cinéma; ⁓**ˌgänger(in)** *m* ⟨⁓s; ⁓⟩ (*f*) ⟨⁓; ⁓nen⟩ habitué(e) *m* (*f*) du cinéma; ⁓**ˌheld** *m* 'héros *m* de cinéma; ⁓**ˌkarte** *f* billet *m* de cinéma; ⁓**ˌkasse** *f* caisse *f* de cinéma; ⁓**ˌleinwand** *f* écran *m* de cinéma; ⁓**plaˌkat** *n* affiche *f* de cinéma; ⁓**proˌgramm** *n* programme *m* de cinéma; ⁓**ˌraum** *m* salle *f* de cinéma; ⁓**reˌklame** *f* **1.** *im Kino* publicité *f* au cinéma; **2.** *für Kinos od. Filme* publicité *f*, réclame *f* des cinémas; ⁓**ˌsaal** *m cf.* ⁓raum; ⁓**ˌvorstellung** *f* séance *f* de cinéma; représentation *f* cinématographique; ⁓**ˌwerbung** *f* publicité *f* au cinéma.

Kintopp ['kiːntɔp] *m, n* ⟨⁓s; ⁓s *od.* ⁓̈e⟩ F ciné *m*.

Kiosk [ki'ɔsk] *m* ⟨⁓(e)s; ⁓e⟩ kiosque *m*.

Kipp|achse ['kɪpˌʔaksə] *f* axe autour duquel bascule qc.; ⁓**ˌanlage** *f* installation *f* de basculeurs, de culbuteurs; 2**bar** *adj.* basculant; ⁓**ˌbühne** *f* plate-forme basculante; ⁓**e** *f* ⟨⁓; ⁓n⟩ **1.** auf der ⁓ stehen être près, sur le point de basculer; *fig.* branler dans le manche; être incertain; der Schüler steht auf der ⁓ l'élève n'est pas sûr de passer dans la classe supérieure; **2.** *gym.* bascule *f*; **3.** F (*Zigarettenstummel*) mégot *m*; 2**(e|)lig** F *adj.* branlant; 2**en I** *v/t.* ⟨h⟩ **1.** faire basculer; culbuter; **2.** *fig. u.* F e-n ⁓ boire un coup; P se rincer la dalle; **II** *v/i.* ⟨sein⟩ basculer; **III** ⁓**en** *n* ⟨⁓s⟩ basculement *m*; ⁓**er** *m* ⟨⁓s; ⁓⟩ **1.** *LKW* camion *m* à benne basculante; **2.** *cf.* ⁓vorrichtung; ⁓**erˌaufbau** *m LKW* benne basculante; ⁓**ˌfenster** *n* fenêtre *f* à soufflet; (*Schwingflügel*) fenêtre basculante; (*Oberlicht*) imposte *f*; vasistas [-as] *m*; ⁓**ˌhebel** *m* levier basculant *bzw.* levier *m* de commande du basculement; ⁓**ˌlader** *m* ⟨⁓s; ⁓⟩ *cf.* ⁓er**1.**; ⁓**ˌlore** *f cf.* ⁓wagen; ⁓**ˌmulde** *f* benne basculante; ⁓**pflug** *m agr.* charrue-balance *f*; charrue-bascule *f*; ⁓**ˌregel** *f Geodäsie* alidade *f* à lunette; ⁓**ˌschalter** *m élect.* interrupteur *m* à bascule; ⁓**scher Appa'rat** *m chim.* appareil *m* de Kipp; ⁓**ˌschwingungen** *f/pl. phys.* oscillations *f/pl.* de relaxation; ⁓**ˌständer** *m am Motorrad etc.* béquille *f*; ⁓**ˌvorrichtung** *f* basculeur *m*; culbuteur *m*; ⁓**ˌwagen** *m* wagonnet *m* à benne basculante.

Kirbe ['kɪrbə] *f* ⟨⁓; ⁓n⟩ *cf.* Kirmes.

Kirche ['kɪrçə] *f* ⟨⁓; ⁓n⟩ **a)** *als Gebäude* église *f*; *prot. in Frankreich meist* temple *m*; e-e gotische ⁓ une église gothique; *fig.* die ⁓ im Dorf lassen garder tout son bon sens; ne pas exagérer; **b)** *als Institution* Église *f*; die katholische, evangelische ⁓ l'Église catholique, protestante; (un)sichtbare ⁓ Église (in)visible; streitende, leidende, triumphierende ⁓ Église militante, souffrante, triomphante; Trennung von ⁓ und Staat séparation de l'Église et de l'État; **c)** ⟨*pas de pl.*⟩ (*Gottesdienst*) service divin; *cath. auch* office *m*; *cath. meist* messe *f*; *prot. meist* culte *m*; die ⁓ ist aus le service est terminé, fini; *cath.* la messe est terminée, finie; l'office est terminé, fini; nach der ⁓ après le service; *cath.* après la messe, l'office; in die ⁓ gehen aller à l'église, *cath. auch* à la messe; *regelmäßig auch* fréquenter l'église; *péj.* dauernd in die ⁓ rennen être tout le temps fourré à l'église; être une grenouille de bénitier; ⁓ halten *cath.* célébrer l'office divin; dire la messe; *prot.* faire le prêche; *fig.* sicher wie das Amen in der ⁓ *cf.* Amen.

Kirchen|älteste(r) ['kɪrçənˌʔɛltəstə(r)] *m* ⟨→ A⟩ ancien *m* d'une paroisse; ⁓**ˌamt** *n* fonction *f* ecclésiastique; ⁓**ˌaustritt** *m* retrait *m* de l'Église; ⁓**ˌbank** *f* ⟨⁓; ⁓̈e⟩ banc *m* d'église; ⁓**ˌbann** *m* excommunication *f*; ⁓**ˌbau** *m* ⟨⁓(e)s; ⁓ten⟩ construction *f* d'églises *bzw.* d'une église; *Gebäude* église *f*; ⁓**beˌhörde(n)** *f* (*pl.*) autorités *f/pl.* ecclésiastiques; ⁓**beˌsuch** *m* fréquentation *f* de l'église; ⁓**beˌsucher(in)** *m* (*f*) *cf.* Kirchgänger(in); ⁓**ˌblatt** *n cf.* ⁓zeitung; ⁓**ˌbuch** *n* registre paroissial; ⁓**ˌchor** *m* chorale paroissiale; ⁓**ˌdiebstahl** *m* vol commis dans une église; ⁓**ˌdiener** *m* suisse *m*; (*Küster*) bedeau *m*; sacristain *m*; ⁓**faˌbrik** *f cf.* ⁓stiftungsvermögen; ⁓**ˌfahne** *f* bannière *f* d'église; 2**ˌfeindlich** *adj.* hostile à l'Église; anticlérical; ⁓**ˌfenster** *n* vitrail *m* (*pl.* vitraux); ⁓**ˌfest** *n* fête religieuse, de l'Église; ⁓**ˌfürst** *m* prince *m* de l'Église; ⁓**geˌbet** *n in der Messe* oraison *f*; ⁓**geˌbot** *n* commandement *m* de l'Église; ⁓**geˌmeinde** *f* paroisse *f*; ⁓**geˌräte** *n/pl.* objets sacrés, du culte; ⁓**geˌsang** *m* chant religieux; ⁓**geˌschichte** *f* histoire *f* de l'Église; ⁓**geˌsetz** *n* loi *f* de l'Église; ⁓**geˌstühl** *n* chaises *f/pl.* d'église; ⁓**geˌwalt** *f* pouvoir *m* ecclésiastique; ⁓**ˌglocke** *f* cloche *f* (d'une église); ⁓**ˌgut** *n* biens *m/pl.* ecclésiastiques, de l'Église; ⁓**ˌhoheit** *f des Staates* droits *m/pl.* de l'État vis-à-vis des Églises; ⁓**ˌjahr** *n* année *f* ecclésiastique; ⁓**ˌkampf** *m cf.* ⁓verfolgung; ⁓**kanˌtate** *f mus.* cantate *f* d'église; ⁓**koˌllekte** *f* quête *f*; ⁓**konˌzert** *n* concert spirituel; ⁓**ˌlehrer** *m* docteur *m* de l'Église; ⁓**ˌleitung** *f* direction *f* de l'Église; ⁓**ˌlicht** *n iron.* kein ⁓ sein ne pas être une lumière; ⁓**ˌlied** *n* cantique *m*; ⁓**ˌmaus** *f fig.* arm wie e-e ⁓ pauvre comme Job; pauvre comme un rat d'église; ⁓**muˌsik** *f* musique sacrée, religieuse; ⁓**ˌordnung** *f* règlements *m/pl.* de l'Église; ⁓**paˌtron(in)** *m* (*f*) patron(ne) *m* (*f*) d'une église; ⁓**poliˌtik** *f* politique *f* vis-à-vis de l'Église; 2**poˌlitisch** *adj.* relatif, -ive à la politique vis-à-vis de l'Église; ⁓**proˌvinz** *f* province *f* ecclésiastique; ⁓**ˌrat** *m* **1.** *Titel etwa* conseiller *m* ecclésiastique; **2.** *cf.* ⁓vorstand; ⁓**ˌraub** *m* vol *m* d'objets religieux; *im Kirchenrecht* sacrilège réel; ⁓**ˌrecht** *n* droit *m* ecclésiastique; *égl. cath. auch* droit *m* canon(ique); 2**ˌrechtlich** *adj.* relatif, -ive au droit ecclésiastique; canonique; ⁓**regiˌment** *n hist.* direction *f* de l'Église par le souverain; ⁓**ˌschänder** *m* profanateur *m* d'église; sacrilège *m*; ⁓**ˌschändung** *f* profanation *f* d'une église; sacrilège *m*; ⁓**ˌschatz** *m égl. cath.* trésor *m* de l'Église; ⁓**ˌschiff** *n* nef [-f] *f*; ⁓**ˌslawisch** *n* ⟨→ A⟩ slavon *m*; ⁓**ˌspaltung** *f* schisme [ʃ-] *m*; ⁓**ˌstaat** *m hist.* États de l'Église, pontificaux; ⁓**ˌsteuer** *f* impôt destiné à l'Église; *in Frankreich etwa* denier *m* du culte, du clergé; ⁓**ˌstiftungsverˌmögen** *n* fabrique *f*; ⁓**ˌstrafe** *f* punition *f* ecclésiastique; ⁓**ˌstuhl** *m* chaise *f* d'église; ⁓**ˌtag** *m* Deutscher Evangelischer ⁓ congrès *m* de l'Église évangélique allemande; ⁓**ˌton(art)** *m* (*f*) *mus.* mode *m*, ton *m* ecclésiastique; ⁓**ˌtür** *f* porte *f* d'église; ⁓**ˌuhr** *f* horloge *f* de l'église; ⁓**ˌvater** *m* Père *m* de l'Église; ⁓**verˌfassung** *f* organisation *f*, constitution *f* de l'Église; ⁓**verˌfolgung** *f* persécution *f* de l'Église; ⁓**verˌmögen** *n cf.* ⁓gut; ⁓**verˌtrag** *m* traité *m* entre l'État et une Église protestante; ⁓**ˌvorstand** *m* conseil administratif d'une paroisse; *cath. auch* conseil curial; conseil *m* de fabrique; ⁓**ˌvorsteher** *m* ⟨⁓s; ⁓⟩ membre *m*, président *m* du conseil administratif de la paroisse; *cath.* conseiller curial; fabricien *m*; *hist.* marguillier *m*; ⁓**ˌzeitung** *f* journal religieux; ⁓**ˌzucht** *f* discipline *f* ecclésiastique.

Kirch|gang ['kɪrçgaŋ] *m verbal mit* aller à l'église; ⁓**ˌgänger(in)** *m* ⟨⁓s; ⁓⟩ (*f*) ⟨⁓; ⁓nen⟩ personne *f* qui va à l'église; fidèle *m, f*; pratiquant(e) *m* (*f*); ⁓**geld** *n* impôt supplémentaire destiné à l'Église; *in Frankreich etwa* denier *m* du culte; ⁓**hof** *m* cimetière *m*; ⁓**ˌhoffsche 'Regeln** *f/pl. élect.* lois *f/pl.* de Kirchhoff; ⁓**lein** *n* ⟨⁓s; ⁓⟩ petite église; chapelle *f*; 2**lich 1.** *adj.* de l'Église; ecclésiastique; ⁓e Angelegenheiten affaires ecclésiastiques; ⁓er Feiertag fête de l'Église, religieuse; ⁓e Gerichtsbarkeit juridiction ecclésiastique; ⁓e Hochschule faculté, université ecclésiastique; ⁓e Trauung mariage religieux; bénédiction nuptiale; **2.** *adv.* ⁓ gebotener Feiertag fête d'obligation; ⁓ gesinnt attaché à l'Église; sich ⁓ trauen lassen se marier à l'église, religieusement; ⁓**spiel** *n*, ⁓**ˌsprengel** *m* paroisse *f*; *cath. auch* cure *f*; ⁓**turm** *m* clocher *m*; ⁓**turmpoliˌtik** *f* politique *f* de clocher; ⁓**turmpoˌlitiker** *m* politicien *m* de clocher; ⁓**turmˌspitze** *f* pointe *f* de clocher; flèche *f*; ⁓**ˌweih** *f* ⟨⁓; ⁓en⟩ **a)** (*Einweihung e-r Kirche*) consécration *f* d'une église; **b)** *als alljährliches Fest cf.* Kirmes.

Kirgis|e [kɪr'giːzə] *m* ⟨⁓n; ⁓n⟩ Kirghiz [-z] *m*; 2**isch** *adj.* kirghize *od.* kirghise.

Kirmes ['kɪrməs] *f* ⟨⁓; ⁓sen⟩ kermesse *f*; *in Nordfrankreich auch* ducasse *f*; *par ext.* fête foraine; ⁓**ˌbude** *f* baraque foraine; ⁓**ˌkuchen** *m* gâteau *m* de kermesse; ⁓**ˌlärm** *m* bruit *m* de kermesse; ⁓**ˌtanz** *m* danse *f* de kermesse.

kirre ['kɪrə] *adv.* F j-n ⁓ machen rendre qn. docile; faire plier qn.; amadouer qn.

Kirsch [kɪrʃ] *m* ⟨⁓es; ⁓⟩ *Schnaps* kirsch *m*; ⁓**baum** *m bot.* cerisier *m*; ⁓**baumˌholz** *n* bois *m* de cerisier; ⁓**ˌblüte** *f* fleur *f* de cerisier; *als Jahreszeit* floraison *f* des cerisiers; das Land der ⁓ le pays des cerisiers en fleurs; ⁓**e** *f* ⟨⁓; ⁓n⟩ *Frucht* cerise *f*; *Baum* cerisier *m*; die ⁓n blühen les cerisiers fleurissent; *fig.* mit ihm ist nicht gut ⁓n essen il n'est pas commode; c'est un mauvais coucheur; ⁓**en...** *in Zssgn. cf.* ⁓...; ⁓**enˌzeit** *f* saison *f* des cerises; ⁓**ˌ(frucht)fliege** *f zo.* mouche *f* des cerises; *sc.* rhagoletis [-s] *m* cerasi; ⁓**kern** *m* noyau *m* de cerise; *dessen Inneres* amande *f* de cerise; ⁓**ˌkuchen** *m* gâteau *m*, tarte *f* aux cerises; ⁓**liˌkör** *m* liqueur *f* de cerises; ⁓**ˌlorbeer** *m bot.* laurier-cerise *m*; ⁓**ˌmade** *f* ver *m* des cerises; ⁓**ˌpfannkuchen** *m* crêpe *f* aux cerises; 2**rot** *adj.* (rouge) cerise (*inv.*); ⁓**saft** *m* jus [ʒy] *m* de cerises; ⁓**ˌsirup** *m* sirop *m* de cerises; ⁓**stein** *m cf.* ⁓kern; ⁓**stiel** *m* queue *f* de cerise; ⁓**ˌsuppe** *f* soupe *f* aux cerises; ⁓**ˌtorte** *f* tarte *f*, gâteau *m* aux cerises; ⁓**ˌwasser** *n* ⟨⁓s; ⁓⟩ *cf.* ⁓.

Kissen ['kɪsən] *n* ⟨⁓s; ⁓⟩ coussin *m*; (*Kopf*2) oreiller *m*; ⁓**beˌzug** *m cf.* ⁓überzug; ⁓**ˌfüllung** *f* garniture intérieure d'un coussin *bzw.* d'un oreiller;

~ₗüberzug *m* enveloppe *f*, 'housse *f* de coussin; taie *f* d'oreiller.
Kist|chen ['kɪstçən] *n* ⟨~s; ~⟩ petite caisse; caissette *f*; **~e** *f* ⟨~; ~n⟩ **1.** caisse *f*; (*Zigarren2*) boîte *f*; **in ~n packen** mettre en caisses; **e-e ~ zunageln** clouer une caisse; **2.** *fig. u.* F (*Auto*) F bagnole *f*; *péj.* tacot *m*; (*Flugzeug*) F coucou *m*; zinc [-g] *m*; **~enₗbrecher** *m cf.* ~enöffner; **~enₗbrett** *n* planche(tte) *f* pour *bzw.* de caisses; volige *f*; latte *f*; **~enₗdeckel** *m* couvercle *m* de caisse; **~enfaₗbrik** *f* fabrique *f* de caisses; **~enₗholz** *n* bois *m* à faire des caisses; **~enₗöffner** *m* ouvre-caisses *m*; **2enₗweise** *adj. u. adv.* par caisses.
Kisuaheli [kiˑzuˑa'heːliˑ] *n* ⟨~(s)⟩ *Sprache* souahéli *m*.
Kithara ['kiːtara] *f* ⟨~; -'tharen⟩ *mus.* cithare *f*.
Kitsch [kɪtʃ] *m* ⟨~es⟩ prétendu art; produit *m* de mauvais goût; *Echtes vortäuschend* toc [tɔk] *m*; (*Auffälliges*) tape-à-l'œil *m*; **2ig** *adj.* de mauvais goût; qui se veut artistique; sentimental; tape-à-l'œil; **~roₗman** *m sentimentaler* roman *m* à l'eau de rose.
Kitt [kɪt] *m* ⟨~(e)s; ~e⟩ mastic [-k] *m*; *fig.* ciment *m*; lien *m*.
Kittchen ['kɪtçən] *n* ⟨~s; ~⟩ F bloc *m*; tôle *f*; **ins ~ kommen, wandern** être coffré; être fourré, envoyé en tôle, au bloc, en cabane.
Kittel ['kɪtəl] *m* ⟨~s; ~⟩ (*Arbeits2*) blouse *f*; (*Bauern2*) *auch* sarrau *m*; **~ₗschürze** *f* blouse *f*; tablier *m*.
kitt|en ['kɪtən] **I** *v/t.* ⟨-ete, h⟩ mastiquer; *fig.* cimenter; **II 2en** *n* ⟨~s⟩ masticage *m*; **2ₗmesser** *n* couteau *m* à mastic.
Kitz(e) ['kɪts(ə)] *n* ⟨~es; ~e⟩ (*f*) ⟨~; ~n⟩ *e-r Ziege* chevreau *m*; chevrette *f*; *e-s Rehs* faon [fɑ̃] *m*.
Kitz|el ['kɪtsəl] *m* ⟨~s⟩ chatouillement *m*; F chatouille *f*; (*Sinnen2*) volupté *f*; *fig.* **der ~ der Gefahr** *etc.* l'attrait du danger, *etc.*; **2(eₗ)lig** *adj.* chatouilleux, -euse (*auch fig. von Personen*); *fig. Frage, Angelegenheit* délicat; **2eln I** *v/t. u. v/i.* ⟨-(e)le, h⟩ chatouiller; *fig. den Gaumen etc.* flatter; **II ~eln** *n* ⟨~s⟩ chatouillement(s) *m* (*pl.*); F chatouille(s) *f* (*pl.*); **~ler** *m* ⟨~s; ~⟩ *anat.* clitoris [-s] *m*.
Kiwi ['kiːviˑ] *m* ⟨~s; ~s⟩ *zo.* kiwi [-wi] *m*.
Klabautermann [kla'bautərₗman] *m* ⟨~(e)s; ~er⟩ *mar.* goguelin *m*.
klack(s) [klak(s)] *int.* flac!; vlan!; clac!
Kladde ['kladə] *f* ⟨~; ~n⟩ (*erste Niederschrift*) brouillon *m*; (*Geschäftsbuch*) main courante; brouillard *m*; brouillon *m*; (*Heft*) cahier épais; **etw. in ~ schreiben** écrire qc. au brouillon.
kladderadatsch [kladəra'daːtʃ, -'datʃ] **I** *int.* patatras!; **II 2** *m* ⟨~es; ~e⟩ *fig. u.* F (*Zusammenbruch*) débâcle *f*; faillite *f*; effondrement *m*.
klaffen ['klafən] *v/i.* ⟨h⟩ être béant; **e-e ~de Wunde** une plaie béante; **hier klafft ein Widerspruch** voici une contradiction flagrante; **in der Wand klafft ein Riß** il y a une fente béante dans le mur; **dazwischen klafft ein gewaltiger Unterschied** entre les deux il y a une différence énorme.
kläff|en ['klɛfən] **I** *v/i.* ⟨h⟩ glapir; *Hund auch* japper; **II 2en** *n* ⟨~s⟩ glapissement(s) *m* (*pl.*); *e-s Hundes auch* jappement(s) *m* (*pl.*); **2er** *m* ⟨~s; ~⟩ *péj.* roquet *m*; chien *m* qui aboie sans cesse.
Klaffmuschel ['klafₗmuʃəl] *f zo.* mye *f*.
Klafter ['klaftər] *f* ⟨~; ~n *bzw.* 5 ~⟩, *m, n* ⟨~s; ~⟩ **1.** *altes Raummaß für Holz etwa* corde *f* (de bois); **2.** *altes Längenmaß* brasse *f*; **~ₗholz** *n* bois *m* de chauffage (empilé); **2n** *v/t.* ⟨-(e)re, h⟩ *Holz* empiler.
Klag|antrag ['klaːkₗˀantraːk] *m jur.* demande *f* en justice; **den ~ abweisen** rejeter la demande en justice; débouter des fins de la demande; **2bar** *adj. jur.* qui donne lieu à une plainte; qui fait l'objet d'une demande en justice; **gegen j-n ~ werden** porter plainte en justice contre qn.; **~e** *f* ⟨~; ~n⟩ plainte *f*; *jur. auch* action *f*; demande *f* en justice; *fig. pl.* ~n *auch* lamentations *f/pl.*; doléances *f/pl.*; jérémiades *f/pl.*; **in ~n ausbrechen** se répandre en lamentations; **~ führen über** se plaindre de; *jur.* **dingliche ~** action réelle; **gerichtliche ~** action en justice, judiciaire; **öffentliche, persönliche ~** action publique, personnelle; **die ~ abweisen** repousser, rejeter la demande (en justice); **e-e ~ einbringen, ~ erheben** déposer une plainte; intenter, introduire une action; introduire une instance; **die ~ zurücknehmen, zurückziehen** retirer la plainte; se désister; se rétracter; **~ auf Herausgabe, Rückgabe** action en restitution; **~ auf Räumung** demande d'expulsion; **~ auf Schadenersatz** action en dommages et intérêts; **~eₗabweisung** *f* rejet *m* de la demande; débouté *m*; **~eₗantrag** *m cf.* ~antrag; **~ebeₗantwortung** *f* mémoire *m* en défense; **~ebeₗfugnis** *f* compétence *f* pour ester en justice; qualité *f* pour agir en justice; **2ebeₗrechtigt** *adjt.* **~ sein** être en droit, avoir le droit d'agir en justice; **~e-erₗhebung** *f cf.* Klagerhebung; **~e-erₗweiterung** *f* demande additionnelle; **~eₗfrist** *f* délai *m* pour intenter une action; **~egeₗschrei** *n* lamentations *f/pl.*; **~eₗgrund** *m cf.* Klaggrund; **~eₗhäufung** *f* jonction *f* de causes, d'instances, de demandes; **~eₗlied** *n* complainte *f*; *fig.* **ein ~ anstimmen** se lamenter; se répandre en lamentations, en jérémiades; *bibl.* **~er Jeremiä** lamentations *f/pl.* de Jérémie; **~e-ₗmauer** *f bibl.* mur *m* des lamentations; **2en I** *v/t.* ⟨h⟩ **j-m etw. ~** se plaindre de qc. à qn.; **j-m sein Leid ~** confier, conter sa douleur, son chagrin, sa peine à qn.; **II** *v/i.* **1.** se plaindre (über de); se lamenter; **wir haben keinen Grund zu ~** nous n'avons aucune raison de nous plaindre; **sie klagt über Kopfschmerzen** elle se plaint de maux de tête; **über mich sollen Sie nie zu ~ haben** vous n'aurez jamais à vous plaindre de moi; **laut ~** se lamenter, se plaindre à voix 'haute; pousser des lamentations; **2.** *jur.* porter plainte en justice (**gegen** contre, **wegen** pour); assigner (**gegen j-n** qn.); agir en justice; former une demande en justice; **auf Schadenersatz ~** former une demande en dommages et intérêts; **III ~en** *n* ⟨~s⟩ plaintes *f/pl.*; lamentations *f/pl.*; *od. verbal*; **2end** *adjt.* **1.** plaintif, -ive; dolent; **ein ~er Ton** un ton plaintif; **2.** *jur.* plaignant; demandeur, -eresse; **der ~e Teil** la partie plaignante, requérante; le demandeur; **~enₗhäufung** *f cf.* ~ehäufung; **~eparₗtei** *f* partie plaignante, requérante, demanderesse; **~e-ₗpunkt** *m* chef *m* d'accusation; motif *m* de plainte.
Kläger(in) ['klɛːgər(ɪn)] *m* ⟨~s; ~⟩ (*f*) ⟨~; ~nen⟩ plaignant(e) *m* (*f*); *im Zivilprozeß* demandeur, -eresse *m, f*; requérant(e) *m* (*f*); **sich zum ~ aufwerfen** se porter partie contre; **wo kein ~ ist, ist auch kein Richter** *prov.* à défaut de plaignant point de juge; point de juge sans plaignant.
Klag|erecht ['klaːgəₗrɛçt] *n* droit *m* d'ester, d'agir en justice; **~erₗhebung** *f* introduction *f* d'une action, d'instance.
klägerisch ['klɛːgəₗrɪʃ] *adj.* du plaignant; **~er Anwalt** avocat *m* du plaignant; **~e Partei** partie plaignante.
Klage|rücknahme ['klaːgəₗrʏknaːmə] *f* désistement *m* d'instance; **~ₗruf** *m* cri plaintif; plainte *f*; **~ₗschrift** *f jur.* mémoire *m*; demande, requête (introductive d'instance); **~ₗton** *m* ton plaintif; **~verₗzicht** *m cf.* ~rücknahme; **~ₗweg** *m* **auf dem ~, im ~** par voie d'action; **~ₗweib** *n* pleureuse *f*.
Klaggrund ['klaːkgrʊnt] *m* grief [grief] *m*; motif *m* de l'action, de la demande, de la plainte.
kläglich ['klɛːklɪç] **1.** *adj.* lamentable; pitoyable; minable; miteux, -euse; déplorable; **ein ~er Anblick** un spectacle lamentable, pitoyable; **ein ~es Geschrei** des cris lamentables; **e-e ~e Rolle spielen** faire triste figure; jouer un rôle lamentable; F **ein ~er Rest** de pauvres restes; **2.** *adv.* lamentablement; déplorablement; pitoyablement; minablement; **er hat ~ versagt** il a échoué lamentablement; **2ₗkeit** *f* ⟨~⟩ misère *f*; état *m*, caractère *m* lamentable, pitoyable; *besser adjektivisch*.
Klamauk [kla'mauk] *m* ⟨~s⟩ F (*Lärm*) F chahut *m*; boucan *m*; potin *m*; chambard *m*; **~ machen** faire du chahut, du boucan, *etc.*
klamm [klam] **I** *adj.* **a)** *Wäsche* froid et humide; **b)** *Finger* engourdi; gourd; **c)** F **~ sein** (*wenig Geld haben*) ne pas être en fonds; être à court d'argent; **II 2** *f* ⟨~; ~en⟩ *géogr.* gorge *f*.
Klammer ['klamər] *f* ⟨~; ~n⟩ **1.** (*Wäsche2*) pince *f* à linge; (*Haar2*) pince *f* (à cheveux); (*Wund2*) agrafe *f* (de chirurgie); (*Hosen2*) pince *f* (de pantalon); (*Heft2*) agrafe *f*; (*Büro2*) trombone *m*; attache *f* de bureau; (*Bau2*) agrafe *f*; clameaux *m/pl.*; **2.** *impr.*, *math.* **runde** parenthèse *f*; **eckige ~** crochet *m*; **zusammenfassende, geschwungene ~** accolade *f*; **(etw.) in ~n (setzen)** (mettre qc.) entre parenthèses; **~ auf, ~ zu** (ouvrez une) parenthèse, fermez la parenthèse; **~ₗaffe** *m zo.* atèle *m*; **~ₗausdruck** *m math.* expression *f* entre parenthèses; **~ₗbeutel** *m* sac *m* à pinces à linge; *fig. u.* F **mit dem ~ gepudert sein** (*nicht ganz bei Verstand sein*) être tombé sur la tête; avoir une araignée dans le plafond; **2n I** *v/t.* ⟨-(e)re, h⟩ agrafer; *Wunde* fermer au moyen d'agrafes; *cf. auch* **anklammern**; **II** *v/i. Boxen* s'étreindre; faire du corps à corps; **III** *v/réfl.* **sich an j-n ~** se cramponner, se raccrocher à qn.; **sich an e-e Hoffnung ~** s'accrocher, se cramponner à un espoir; **IV ~n** *n* ⟨~s⟩ *Boxen* corps à corps *m*; clinch [klɛ̃ʃ] *m*.
Klamotten [kla'mɔtən] *f/pl.* F (*Kleider*) P frusques *f/pl.*; nippes *f/pl.*; fringues *f/pl.*; **alte ~** vieilles frusques, *etc.*
Klampe ['klampə] *f* ⟨~; ~n⟩ *mar.* taquet *m*.
Klampfe ['klampfə] *f* ⟨~; ~n⟩ *mus.* guitare *f*.
Klan [klaːn] *m* ⟨~s; ~e *od.* ~s⟩ clan *m*.
klang [klaŋ] *cf.* **klingen**.
Klang [klaŋ] *m* ⟨~(e)s; ~e⟩ son *m*; *e-s Radios etc.* tonalité *f*; **beim ~ der Glocken** au son des cloches; **e-n gu-**

ten ~ haben rendre un bon son; *Radio* avoir une bonne tonalité; *fig.* être réputé; avoir (une) bonne réputation; **ich habe ihn am ~ s-r Stimme erkannt** je l'ai reconnu au son de sa voix; **mit Sang und ~** tambour battant; **~ana‚lyse** *f phys.* analyse *f* du son; **~‚blende** *f cf.* ~farbe(n)regler; **~‚farbe** *f e-r Stimme, e-s Instruments* timbre *m*; *e-s Radios* tonalité *f*; **~farbe(n)‚regelung** *f* réglage *m* de la tonalité; **~farbe(n)‚regler** *m* dispositif *m* de réglage de la tonalité; **~fi‚gur** *f phys.* figure *f* acoustique; **~‚fülle** *f* sonorité *f*; **≈lich** *adj. u. adv.* au point de vue (du) son *bzw.* (de la) tonalité; **das Instrument ist ~ schlecht** le son de l'instrument est mauvais; l'instrument rend un son mauvais; **≈los** *adj.* sourd; sans résonance; **sang- und ~** sans tambour ni trompette; sans faire grand bruit (autour de qc.); sans tapage; **~‚regler** *m cf.* ~farbe(n)regler; **~‚reinheit** *f* pureté *f*, netteté *f* du son, de la tonalité; **~‚treue** *f* fidélité *f* du son; **≈voll** *adj.* sonore; *Titel, Name* qui sonne bien; **~‚wirkung** *f* effet *m* sonore, du son.

Klapp|bett ['klapbɛt] *n* lit pliant; **~‚boden** *m* fond *m* à charnière, mobile; **~‚brücke** *f* pont basculant; **~‚deckel** *m* couvercle *m* à charnière; **~e** *f* ⟨~; ~n⟩ **1.** *techn.* clapet *m*; *bot.* valve *f*; *anat., biol.* valvule *f*; *mus.* clef *f*; *am Briefkasten* volet *m*; clapet *m*; *e-s Briefumschlages* rabat *m*; (*Hosen≈*) pont *m*; (*Fliegen≈*) tue-mouches *m*; tapette *f*; (*Taschen≈*) rabat *m* de poche; *fig.* **zwei Fliegen mit e-r ~ schlagen** *cf.* Fliege 1.; **2.** F (*Bett*) *cf.* Falle 3.; **3.** F (*Mund*) P gueule *f*; **halt die ~!** F ferme ta boîte, P ta gueule!; P ferme-la!; P boucle-la!; **e-e große ~ haben** a) (*großsprecherisch reden*) P avoir une grande gueule; être fort en gueule; b) (*viel u. laut reden*) F avoir une de ces tapettes; être un vrai moulin à paroles; **≈en I** *v/t.* ⟨h⟩ **etw. nach oben ~** relever qc.; **etw. nach unten ~** rabattre qc.; **etw. zur Seite ~** rabattre qc. sur le côté; **II** F *v/i.* aller, marcher bien; F coller; **bis jetzt hat alles geklappt** jusqu'ici tout a bien marché; **das klappt wie am Schnürchen, prima** ça va comme sur des roulettes; ça colle parfaitement bien; **es wird schon ~** ça ira; ça va marcher; **wenn es klappt** ... si ça marche ...; si ça colle ...; **III ~en** *n* ⟨~s⟩ F **zum ~ kommen** *cf.* ~en II; **≈en‚förmig** *adj.* en forme de clapet, *etc. cf.* ~e; *bot. auch* valviforme; **~en‚schrank** *m tél.* tableau commutateur à clapets; **~en‚text** *m* texte *m* du rabat (de la jaquette d'un livre); **~enven‚til** *n* clapet *m*; **~enver‚schluß** *m* fermeture *f* à clapet, *etc. cf.* ~e.

Klapper ['klapər] *f* ⟨~; ~n⟩ *für Kinder* 'hochet *m*; *als Lärminstrument* crécelle *f* (*auch égl. cath.*); **≈'dürr** *adj.* maigre comme un clou, comme un squelette; sec, sèche comme un 'hareng; **~ sein** *auch* n'avoir que la peau et les os; **~ge‚stell** *n fig. u.* F squelette ambulant; **≈ig** *adj. Tisch etc.* branlant; F bringuebalant; *fig.* (*gebrechlich*) branlant; **~‚kasten** *m* F (*altes Fahrzeug*) vieux clou; *Auto auch* tacot *m*; **≈n I** *v/i.* ⟨-(e)re, h⟩ *Schutzblech, Schreibmaschine, Klapperschlange* faire du bruit; *Storch* craqueter; *Mühle* faire tic-tac; *Verse* être saccadé, trop rigide; *Absätze* claquer; **mit den Zähnen ~** claquer des dents; **mit Schüsseln und Tellern ~** entrechoquer la vaisselle; **II ~n** *n* ⟨~s⟩ *des Schutzblechs, der Schreibmaschine, von Geschirr etc.* bruit *m*; *von Schreibmaschinen auch* mitraillade *f*; *des Storches* craquètement *m*; *der Mühle* tic-tac *m*; *der Zähne, Absätze* claquement *m*; **~‚nuß** *f bot.* staphylier *od.* staphylea *m*; **~‚schlange** *f zo.* serpent *m* à sonnettes (*auch fig. u. péj.*); *sc.* crotale *m*; **~‚schote** *f bot.* crotalaria *m*; **~‚storch** F *m* cigogne *f*; **der ~ hat das Kind gebracht** la cigogne a apporté le bébé; *in Frankreich* on a trouvé le bébé *von e-m Jungen* dans un chou, *von e-m Mädchen* dans une rose; **~‚topf** *m bot.* crête-de-coq *f*; *sc.* rhinanthe *od.* rhinanthus [-ys] *m*.

Klapp|fenster ['klap‚fɛnstər] *n* fenêtre *f* à rabat; **~horn** *n mus.* cornet *m* à pistons; **~‚kamera** *f phot.* appareil *m* de photo pliant, à soufflet; folding [-iŋ] *m*; **~‚messer** *n* couteau pliant; **≈rig** *adj. cf.* klapperig; **~sitz** *m* siège *m* rabattable; (*Notsitz*) strapontin *m*; **~stuhl** *m* chaise pliante; *ohne Lehne* pliant *m*; **~tisch** *m* table pliante; **~ver‚deck** *n e-s Autos* capote *f*; **~zy‚linder** *m* chapeau *m* claque.

Klaps [klaps] *m* ⟨~es; ~e⟩ **1.** (*leichter Schlag*) tape *f*; claque *f*; **j-m e-n ~ geben** donner une tape, une claque à qn.; **2.** *fig. u.* F **e-n ~ haben** être cinglé, toqué, timbré; avoir une araignée dans le plafond; **~‚mühle** F *f* maison *f* de fous.

klar [klɑːr] **1.** *adj.* clair; *Glas auch* transparent; (*deutlich*) net, -tte; (*offenbar*) évident; *Schiff* (*bereit*) paré; *Schnaps* blanc, -che; **~e Absichten** intentions claires; **~e Angaben machen** donner des indications claires; **e-e ~e Antwort** une réponse claire; **e-n ~en Blick haben** être clairvoyant, lucide; voir clair; **~e Gedanken** idées claires; **~e Sicht** vue claire; **ein ~er Unterschied** une différence nette; **e-n ~en Verstand haben** avoir l'esprit clair; **~es Wasser** eau claire; **~es Wetter** temps clair; **nicht ganz ~ im Kopf sein** n'avoir pas toute sa tête; F **das ist ~ wie dicke Tinte, wie Kloßbrühe** c'est clair comme le jour, comme de l'eau de roche; cela tombe sous le sens; cela saute aux yeux; **das ist mir ~** je le sais bien; je le comprends bien; **das ist mir nicht ~** cela ne m'est pas clair; je ne sais pas bien; je ne comprends pas très bien; **es ist ja ~, daß** ... il est clair, évident que ...; **sich über etw. ~** *od.* **im ~en sein** se rendre (bien) compte de qc.; *Wetter etc.* **~ werden** s'éclaircir; devenir clair; F **(na) ~!** bien sûr!; *mar.* **~ Schiff, ~ zum Gefecht!** (navire) paré pour le combat!; F **ein ≈er** un verre d'eau-de-vie blanche; **2.** *adv.* clairement; nettement; **etw. ~ und deutlich zum Ausdruck bringen** exprimer, déclarer, dire qc. clairement; **sich ~ ausdrücken** s'exprimer clairement; **~ zutage treten** ressortir clairement; **~ denken** avoir les idées claires.

Klär|anlage ['klɛːr‚ˀanlɑːgə] *f* station *f* d'épuration, de clarification; installation *f* de décantation; **~‚becken** *n* bassin *m* de décantation.

klar|blickend ['klɑːr‚blıkənt] *adjt.* clairvoyant; **~‚denkend** *adjt.* qui a les idées claires.

klären ['klɛːrən] **I** *v/t.* ⟨h⟩ **1.** *Unklarheiten* éclaircir; élucider; clarifier; *Sport* dégager; **2.** *Flüssigkeiten* épurer; décanter; clarifier; **II** *v/réfl.* **3. sich ~** s'éclaircir; *Unklarheiten* **das wird sich schon ~** cela s'éclaircira; **III ≈** *n* ⟨~s⟩ **4.** *von Unklarheiten* éclaircissement *m*; élucidation *f*; **5.** *von Flüssigkeiten* épuration *f*; clarification *f*; décantation *f*.

Klarett [kla'rɛt] *m* ⟨~s; ~s *od.* ~e⟩ *Wein* clairet *m*.

Klär|filter ['klɛːr‚fıltər] *m* filtre *m* de clarification, d'épuration; **~gas** *n* gaz *m* de décantation; **~ge‚fäß** *n* cuve *f*, récipient *m* d'épuration, de décantation, de clarification.

klar|gehen ['klɑːr‚geːən] F *v/i.* ⟨*irr., sép.*, **-ge-, sein**⟩ se passer, aller bien; **≈glas** *n* verre clair, transparent; **≈heit** *f* ⟨~⟩ clarté *f*; *fig. auch* netteté *f*; évidence *f*; **in etw. ~ bringen** éclaircir, élucider qc.; **versuchen, sich über etw. ~ zu verschaffen** essayer de voir clair dans qc.; **ich habe mir über etw. ~ verschafft** je suis arrivé à voir clair dans qc.; je me suis informé au sujet de qc.; **über etw. ~ gewinnen** obtenir des éclaircissements au sujet de qc.; **~ieren** [-'riː-] *v/t.* ⟨*pas de ge-*, h⟩ *mar.* **ein Schiff ~** accomplir les formalités de douane et de police pour un navire; **≈ierung** [-'riː-] *f* ⟨~⟩ *mar.* accomplissement *m* des formalités de douane et de police.

Klarinett|e [klari'nɛtə] *f* ⟨~; ~n⟩ *mus.* clarinette *f*; **~ist** [-'tıst] *m* ⟨~en; ~en⟩ clarinettiste *m*; joueur *m* de clarinette.

Klariss|enorden [kla'rısən‚ˀɔrdən] *m relig.* ordre *m* des Clarisses, de sainte Claire; **~in** *f* ⟨~; ~nen⟩ *relig.* clarisse *f*.

klar|kommen ['klɑːr‚kɔmən] *v/i.* ⟨*irr., sép.*, **-ge-, sein**⟩ F **ich komme da nicht klar** je ne comprends pas cela; je m'y perds; je ne m'en sors pas; **~‚legen** *v/t.* ⟨*sép.*, **-ge-, h**⟩ **j-m etw. ~** expliquer, faire comprendre qc. à qn.; *abs.* mettre, tirer qc. au clair; **≈‚legung** *f* ⟨~⟩ éclaircissement *m*; *od. verbal mit* éclaircir; **~‚machen** *v/t.* ⟨*sép.*, **-ge-, h**⟩ **1. j-m etw. ~** expliquer, faire comprendre qc. à qn.; **ich versuchte, ihm klarzumachen, daß** ... j'essayais de lui expliquer, de lui faire comprendre que ...; **sich etw. ~** se rendre compte de qc.; **2.** *mar.* apprêter, parer un bateau; **~ zum Gefecht!** branle-bas de combat!

Klärmittel ['klɛːr‚mıtəl] *n* clarifiant *m*.

Klarscheibe ['klɑːr‚ʃaıbə] *f e-r Gasmaske etc.* disque *m* antibuée.

Klärschlamm ['klɛːrʃlam] *m* boues *f/pl.* d'épuration, de décantation.

klar|sehen ['klɑːr‚zeːən] *v/i.* ⟨*irr., sép.*, **-ge-, h**⟩ voir clair; **≈sicht** *f fig.* clairvoyance *f*; lucidité *f*; **~‚sichtig** *adj.* clairvoyant; lucide; **≈‚sichtig‚keit** *f* ⟨~⟩ *cf.* ≈sicht; **≈sicht‚scheibe** *f* plaque *f* antibuée; **~‚stellen** *v/t.* ⟨*sép.*, **-ge-, h**⟩ *Mißverständnisse etc.* tirer au clair; éclaircir; **wir müssen ~, wer die Schuld trägt** nous devons tirer au clair à qui est la faute; **≈‚stellung** *f* ⟨~; ~en⟩ éclaircissement *m*; *od. verbal mit* éclaircir; **≈text** *m* texte déchiffré *bzw.* non chiffré.

Klärung ['klɛːruŋ] *f* ⟨~⟩ **1.** *von Unklarheiten* éclaircissement *m*; élucidation *f*; **2.** *von Flüssigkeiten* épuration *f*; clarification *f*; décantation *f*.

klar|werden ['klɑːr‚verdən] *v/réfl.* ⟨*irr., sép.*, **-ge-, sein**⟩ **sich über etw. ~** commencer à se rendre compte de qc., à comprendre qc.; **sich über s-e Fehler ~** commencer à se rendre compte de ses fautes, à comprendre que l'on a fait des fautes; **≈werk** *n text.* fond clair.

Klasse ['klasə] *f* ⟨~; ~n⟩ *chem., Schule, Logik, math., ling., biol., Soziologie, Wertgruppe* classe *f*; (*Güte≈*) qualité *f*;

gr. groupe *m*; (*Deklinations*2) déclinaison *f*; *Sport, Führerschein* catégorie *f*; *Lotterie* tranche *f*; **Fahrkarte erster, zweiter ~** billet de première, de seconde (classe); **e-e ~ überspringen** sauter une classe; **e-e ~ wiederholen** redoubler (une classe); **in die nächste ~ versetzt werden** passer dans la classe supérieure; **in der ersten, zweiten ~ sein** *in der Volksschule* être au cours préparatoire, au cours élémentaire première année; *in der Oberschule* être en sixième, en cinquième; **die unteren, oberen ~n** les petites, grandes classes; **die ganze ~ begann zu lachen** toute la classe se mit à rire; **in der ~ bleiben** rester dans la classe; **etw. in ~n einteilen** classer, classifier qc.; *Soziologie* **die oberen, unteren, mittleren ~n** les classes supérieures, inférieures, moyennes; **die arbeitende ~** la classe ouvrière; **die herrschende ~** la classe dirigeante; **die besitzenden ~n** les classes possédantes; *Gemüse etc.* **~ A, B** qualité A, B; **erster ~** de première qualité; **ein Künstler erster ~** un artiste de première classe; F **das ist ~!** c'est formidable!; c'est bath!; c'est sensass!; c'est chouette!

Klassen|älteste(r) ['klasənˌʔɛltəstə(r)] *f(m)* ⟨→ A⟩ (élève *m, f*) le *bzw.* la plus âgé(e) de la classe; **~ˌarbeit** *f* composition *f*; **~beˌgriff** *m* notion *f* de classe; **~beˌwußtsein** *n* conscience *f* d'appartenir à une classe définie; **~ˌbuch** *n* journal *m* de classe; **~ˌeinteilung** *f* classement *m*; classification *f*; **~ˌerste(r)** *f(m)* ⟨→ A⟩ premier, -ière *m, f* de la classe; **~ˌgeist** *m* esprit *m* de classe; *in der Schule* esprit *m* de la classe; **~geˌsellschaft** *f* société divisée en classes; **~ˌhaß** *m* 'haine *f* de classes; **~jusˌtiz** *f* justice *f* qui favorise une certaine classe; **~kameˌrad(in)** *m (f)* camarade *m, f* de classe; **~ˌkampf** *m* lutte *f* des classes; **~ˌlehrer(in)** *m (f)* professeur *m* de classe; **2ˌlos** *adj.* sans classes; **~e Gesellschaft** société sans classes; **~lotteˌrie** *f* loterie *f* par classes; **~ˌschrank** *m* armoire *f* de classe; **~ˌspiegel** *m* plan *m* de la classe; **~ˌsprachen** *f/pl. ling.* langues *f/pl.* à classes nominales; **~ˌsprecher(in)** *m (f)* chef *m*, responsable *m, f* de classe; **~ˌstärke** *f* effectif *m* d'une classe; **~ˌsteuer** *f* imposition *f* par classes sociales; **~ˌunterschiede** *m/pl.* distinction *f* des classes; différences *f/pl.* entre les classes; **~ˌziel** *n* **er hat das ~ nicht erreicht** il n'a pas réussi à passer (dans la classe supérieure); **~ˌzimmer** *n* (salle *f* de) classe *f*.

klass|ieren [kla'siːrən] *v/t.* ⟨*pas de ge-*, h⟩ classer; **2ifikati'on** *f* ⟨~; ~en⟩ *cf.* **2ifizierung**; **~ifi'zieren** *v/t.* ⟨*pas de ge-*, h⟩ class(ifi)er; **2ifi'zierung** *f* ⟨~⟩ classification *f*; classement *m*.

Klassi|k ['klasɪk] *f* ⟨~⟩ classicisme *m*; période *f* classique; **~ und Romantik** le classicisme et le romantisme; **die französische ~** le classicisme français; **~ker** *m* ⟨~s; ~⟩ (auteur *m*) classique *m*; **die griechischen ~** les classiques grecs; **~kerˌausgabe** *f* édition *f* d'œuvres classiques; **2sch** *adj.* classique; **das ~e Altertum** l'Antiquité classique; **~'zismus** *m* ⟨~⟩ néo-classicisme *m*; *bes.* architecture *f* néo-classique; *péj.* pseudo-classicisme *m*; **2'zistisch** *adj.* (de style) néo-classique.

klastisch ['klastɪʃ] *adj. géol.* clastique; **~es Gestein** roche *f* clastique.

klatsch [klatʃ] **I** *int.* flac!; **klitsch, ~!** flic, flac!; **II 2** *m* ⟨~es⟩ F (*Geschwätz*) commérage(s) *m (pl.)*; racontar(s) *m (pl.)*; cancans *m/pl.*; ragot(s) *m (pl.)*; potins *m/pl.*; **~ und Tratsch** ragots et potins; **dem ~ der Leute Gehör schenken** prêter l'oreille aux commérages, *etc.* des gens; **2ˌbase** *f* F commère *f*; concierge *f*; cancanière *f*; potinière *f*; pipelette *f*; **2e** *f* ⟨~; ~n⟩ (*Fliegen*2) tapette *f*; tue-mouches *m*; **~en I** *v/t.* ⟨h⟩ **1. j-m Beifall ~** applaudir qn.; **stürmisch Beifall ~** applaudir à tout rompre, à tout casser; **2. e-n nassen Lappen** *etc.* **an die Wand ~** faire claquer une serpillière mouillée, *etc.* contre le mur; **3.** F (*verraten*) rapporter; **II** *v/i.* **4.** battre; fouetter; *Segel im Wind etc.* claquer; **der Regen klatscht gegen die Fensterscheiben** la pluie bat contre les vitres, fouette les vitres; **die Wellen ~ gegen die Ufermauer** les vagues fouettent le quai; **die Eier klatschten zu Boden** les œufs s'écrasèrent au sol; **5. in die Hände ~** battre, claquer des mains; **6.** F (*schwätzen*) faire des commérages, des ragots, des cancans; cancaner; potiner; **III 2en** *n* ⟨~s⟩ **7.** (*Beifall*2) applaudissements *m/pl.*; **8.** F (*Schwätzen*) *cf.* 2; **9.** F (*Verraten*) *verbal*; **10.** *der Wellen etc.* fouettement *m*; claquement *m*; **2e'rei** *f* ⟨~; ~en⟩ **1.** *thé.* applaudissements *m/pl.*; **2.** F *cf.* 2; **2geˌschichte** *f cf.* 2; **~haft** *adj.* cancanier, -ière; potinier, -ière; ragoteur, -euse; commère (*nur f*); **2haftigˌkeit** *f* ⟨~⟩ besoin *m* de cancaner, de potiner; **2maul** *n* F concierge *m, f*; cancanier, -ière *m, f*; commère *f*; **2mohn** *m bot.* coquelicot *m*; **~'naß** *adj.* trempé comme une soupe; trempé, mouillé jusqu'aux os; **2ˌrose** *f cf.* 2mohn; **2sucht** *f* manie *f* de commérer, de cancaner, *etc.*; **~ˌsüchtig** *adj.* qui a la manie de commérer, cancaner, *etc.*; **2weib** *n cf.* 2base.

Klaub|arbeit ['klaupˌʔarbaɪt] *f mines* triage *m*; épierrage *m*; scheidage [ʃɛ-, ʃaj-] *m*; **2en** *v/t.* ⟨h⟩ (*mühsam aussondern*) trier (*auch mines*); *fig.* **Worte ~** chicaner, pinailler, ergoter sur le sens des mots; couper les cheveux en quatre; **~e'rei** *f* ⟨~⟩ (*mühsames Heraussuchen*) triage *m*; *cf. auch* ~arbeit.

Klaue ['klauə] *f* ⟨~; ~n⟩ **1.** *zo. der Paarhufer* onglon *m*; *par ext.* (*Kralle*) griffe *f*; *der Raubvögel* serre *f*; **mit den ~n packen** saisir avec les griffes; *fig.* **in j-s ~n geraten** tomber dans *od.* sous les griffes, dans les pattes de qn.; **in s-n ~n haben** tenir dans ses griffes, en son pouvoir; **j-n in s-e ~n bekommen** s'emparer de qn.; faire tomber qn. dans ses griffes; **2.** P (*Handschrift*) écriture *f*; **seine ~ kann niemand lesen** personne ne peut lire son écriture, ses pattes de mouche; **e-e furchtbare ~ haben** avoir une écriture épouvantable; **2n I** *v/t.* ⟨h⟩ F (*stehlen*) faucher; piquer; chiper; barboter; **II ~n** *n* ⟨~s⟩ *verbal*; **~nˌfett** *n* huile *f* de pied de bœuf, de mouton, *etc.*; **~nˌkupplung** *f techn.* embrayage *m* à griffes; **~nˌseuche** *f vét.* **Maul- und ~** fièvre aphteuse; cocotte *f*.

Klause ['klauzə] *f* ⟨~; ~n⟩ **1.** *relig. in e-m Kloster* cellule *f*; (*Einsiedelei*) ermitage *m* (*auch fig.*); **2.** *géogr.* cluse *f*; défilé *m*.

Klausel ['klauzəl] *f* ⟨~; ~n⟩ **1.** *jur.* clause *f*; **2.** *mus.* clausule *f*.

Klausner ['klausnər] *m* ⟨~s; ~⟩ ermite *m*; solitaire *m*.

Klausur [klau'zuːr] *f* ⟨~; ~en⟩ **1.** *relig.* clôture *f* (*Verbot u. Raum*); **2.** (*Prüfungsarbeit*) épreuve écrite d'examen (universitaire); **e-e ~ schreiben** passer l'écrit d'un examen (universitaire); **~ˌarbeit** *f cf.* ~ 2.

Klavi|atur [klaviˑa'tuːr] *f* ⟨~; ~en⟩ clavier *m*; touches *f/pl.*; **~'chord** *n* ⟨~(e)s; ~e⟩ *mus.* clavicorde *m*.

Klavier [kla'viːr] *n* ⟨~s; ~e⟩ *mus.* piano *m*; **~ spielen** jouer du piano; **~ˌauszug** *m* partition *f* pour piano; **~ˌbauer** *m* ⟨~s; ~⟩ facteur *m*, fabricant *m* de pianos; **~beˌgleitung** *f* accompagnement *m* de piano; **~ˌhocker** *m* tabouret *m* de piano; **~konˌzert** *n* concerto *m* pour piano; *Solokonzert* récital *m* de piano; **~ˌlehrer(in)** *m (f)* professeur *m* de piano; **~muˌsik** *f* piano *m*; **~ˌsaite** *f* corde *f* de piano; **~ˌschemel** *m cf.* ~hocker; **~soˌnate** *f* sonate *f* pour piano; **~ˌspielen** *n verbal*; **~ˌspieler(in)** *m (f)* pianiste *m, f*; **~ˌstimmer** *m* ⟨~s; ~⟩ accordeur *m* de pianos; **~ˌstück** *n* morceau *m* de piano; **~ˌstunde** *f* leçon *f* de piano; **~virtuˌose** *m* pianiste *m* virtuose; virtuose *m* du piano; **~ˌvortrag** *m* récital *m* de piano.

Klavizimbel [klaviˑ'tsɪmbəl] *n* ⟨~s; ~⟩ *mus.* clavecin *m*.

Kleb|eband ['kleːbəˌbant] *n* ruban adhésif; **~eˌbindung** *f impr.* reliure *f* arraphique; **~eˌecke** *f phot.* coin gommé; **~eˌfolie** *f* feuille gommée, collante; **~eˌkraft** *f von Leim* pouvoir agglutinant; **~eˌmittel** *n cf.* ~stoff; **2en I** *v/t.* ⟨h⟩ **1.** coller; **e-e Marke auf e-n Brief ~** coller un timbre sur une lettre; **ein Plakat an e-e Mauer ~** coller une affiche sur un mur; **das kann man ~** on peut le (re)coller; **2.** F (*Beitragsmarken für Altersversicherung*) cotiser (*abs.*); **ich klebe schon seit sechs Jahren** je cotise déjà depuis six ans à l'assurance vieillesse; **3.** F **j-m e-e ~** en coller, en flanquer une à qn.; **II** *v/i.* coller; **~ bleiben** rester collé; *cf. auch* 2enbleiben; **fest, gut ~** coller bien; *fig.* **an s-m Posten ~** s'accrocher à son poste; **am Buchstaben ~** s'en tenir à la lettre; **an s-n Händen klebt Blut** le sang colle à ses mains; ses mains sont poisseuses de sang; *fig.* il a du sang sur les mains; **die Kleider klebten ihm am Körper** ses vêtements lui collaient au corps; **III ~en** *n* ⟨~s⟩ *von Papier etc.* collage *m*; *sonst verbal*; **2enˌbleiben** *v/i.* ⟨*irr., sép.*, -ge-, sein⟩ **1.** F (*in der Schule sitzenbleiben*) devoir redoubler; **2.** *cf.* hängenbleiben; **~epaˌpier** *n* papier collant; **~eˌpresse** *f Film* colleuse *f*; **~er** *m* ⟨~s; ~⟩ **1.** *bot., chim.* gluten [-ɛn] *m*; colle végétale; **2.** (*Leim*) colle *f*; **~erˌbrot** *n* pain *m* de gluten; **~eˌstreifen** *m cf.* ~streifen; **~eˌzettel** *m* étiquette gommée; **~ˌmittel** *n cf.* ~stoff; **2rig** *adj.* collant; poisseux, -euse; **~e Finger** doigts poisseux, collants; **e-e ~e Masse** une masse collante; **~stoff** *m* colle *f*; **natürlicher, synthetischer ~** colle naturelle, synthétique; **~streifen** *m* papier collant.

Klecker|ei [ˌklɛkə'raɪ] *f* ⟨~; ~en⟩ *verbal*; **~fritze** ['klɛ-] *m* ⟨~n; ~n⟩, **~ˌliese** ['klɛ-] *f* ⟨~; ~n⟩ F petit(e) sale; petit(e) cochon(ne); **2n** ['klɛ-] *v/i.* ⟨-(e)re, h⟩ faire des taches (sur); se salir; salir (qc.); (*tropfenweise zu Boden fallen*) goutter; **2ˌweise** ['klɛ-] F *adv.* petit à petit; peu à peu; par petites quantités.

Klecks [klɛks] *m* ⟨~es; ~e⟩ tache *f*; (*Tinten*2) *auch* pâté *m*; **2en** *v/i.* ⟨-(es)t, h⟩ faire des taches, des pâtés; *Schreib-*

feder cracher; ~er *m* ⟨~s; ~⟩ 1. *cf.* ~; 2. F (*Schmierer*) barbouilleur *m*; ~'rei *f* ⟨~; ~en⟩ barbouillage *m*; (*schlechtes Bild*) croûte *f*.

Klee [kle:] *m* ⟨~s⟩ *bot.* trèfle *m*; ewiger, blauer, spanischer, türkischer ~ luzerne *f*; weißer ~ trèfle blanc; vierblättriger ~ trèfle à quatre feuilles; *fig.* j-n über den grünen ~ loben *cf.* grün; ~ˌanbau *m* ⟨~(e)s⟩ culture *f* du trèfle; ~ˌarten *f/pl.* espèces *f/pl.*, sortes *f/pl.* de trèfle; ~blatt *n* 1. feuille *f* de trèfle; vierblättriges ~ trèfle à quatre feuilles; 2. *fig.* trio *m*; ein unzertrennliches ~ un trio inséparable; *iron.* ein sauberes ~! un joli, beau trio!; ~blattˌbogen *m bât.* trèfle *m*; ~-ˌErnte *f* récolte *f* du trèfle; ~ˌfalter *m zo.* coliade *f*; colias [-as] *m*; ~farn *m bot.* marsilia *od.* marsilée *f*; ~feld *n* champ *m* de trèfle; tréflière *f*; ~salz *n chim.* oxalate *m* monopotassique; sel *m* d'oseille; ~ˌseide *f bot.* cuscute *f* (du trèfle); ~ˌteufel *m bot.* orobanche *f* (minor); ~tod *m bot.* 1. rhizoctone *m*; 2. *cf.* ~teufel.

Klei [klaɪ] *m* ⟨~(e)s⟩ terre grasse, argileuse.

Kleiber ['klaɪbər] *m* ⟨~s; ~⟩ *zo.* sittelle *f*.

Kleid [klaɪt] *n* ⟨~(e)s; ~er⟩ 1. robe *f*; das neue ~ steht ihr gut sa nouvelle robe lui va bien; 2. *meist pl.* ~er habits *m/pl.*; vêtements *m/pl.*; alte, abgelegte ~er vieux habits; vêtements usagés; in s-n ~ern schlafen dormir tout habillé; ~er machen Leute *prov.* la belle plume fait le bel oiseau *prov.*; ~chen *n* ⟨~s; ~⟩ petite robe; 2en I *v/t.* ⟨-ete, h⟩ 1. habiller; vêtir; s-e Kinder ernähren und ~ nourrir et vêtir *od.* habiller ses enfants; gut gekleidet sein être bien habillé, vêtu, mis; vorteilhaft gekleidet sein être habillé à son avantage; schwarz gekleidet sein être vêtu, habillé de *od.* en noir; 2. aller à; seoir à; habiller; dieser Anzug kleidet dich gut ce costume te va bien, te sied bien, t'habille bien; 3. *fig.* etw. in Worte ~ trouver les mots pour exprimer qc.; exprimer qc. (par des mots, par des paroles); II *v/réfl.* sich ~ s'habiller; se vêtir; sich geschmackvoll, elegant ~ s'habiller avec goût, avec élégance; sich sonntäglich ~ s'endimancher; mettre ses habits du dimanche.

Kleider|ablage ['klaɪdərˌʔaplɑ:gə] *f* vestiaire *m*; ~ˌbad *n Reinigung* bain *m* chimique pour le nettoyage des vêtements; ~ˌbügel *m* cintre *m*; portemanteau *m*; ~ˌbürste *f* brosse *f* à habits; ~geˌschäft *n* magasin *m* de vêtements; ~ˌhaken *m* patère *f*; portemanteau *m*; ~hakenˌbrett *n* portemanteau *m*; ~ˌhülle *f* 'housse *f* protège-vêtements; ~ˌkammer *f* penderie *f*; ~ˌladen *m cf.* ~geschäft; ~ˌlaus *f zo.* pou *m* de corps; ~ˌmotte *f zo. sc.* teigne *f* des vêtements; F mite *f*; ~ˌnetz *n cf.* ~schutz; ~ˌpuppe *f* mannequin *m*; ~ˌsack *m* sac *m* porte-vêtements; ~-ˌschrank *m* 1. armoire *f* à vêtements, à habits; (armoire-)penderie *f*; 2. *fig. u.* F armoire *f* à glace; ~ˌschutz *m am Fahrrad* filet *m* (garde-jupe); ~-ˌschwimmen *n* nage *f* tout habillé; ~ˌständer *m* portemanteau *m*; ~-ˌstange *f* tringle *f* à vêtements; ~ˌstoff *m* étoffe *f*, tissu *m* pour robes, pour vêtements.

kleid|sam ['klaɪtzɑ:m] *adj.* seyant; qui va, habille bien; qui sied; 2samˌkeit *f* ⟨~⟩ *verbal*; 2ung *f* ⟨~; ~en⟩ vêtements *m/pl.*; habits *m/pl.*; habillement *m*; *e-r Frau auch* toilette *f*; warme, leichte ~ vêtements, habits chauds, légers; habillement chaud, léger; auf ~ nicht viel Wert legen ne pas attacher beaucoup d'importance à l'habillement, aux vêtements, aux habits, à la toilette; 2ungsˌstück *n* vêtement *m*; *pl.* ~e *cf.* 2ung; alte ~e vieux habits, vêtements.

Kleie ['klaɪə] *f* ⟨~; ~n⟩ son *m*; *grobe* bran *m*; ~nˌbrot *n* pain *m* de son; ~n-ˌmehl *n* recoupe *f*.

klein [klaɪn] I 1. *adj.* petit; (~ *und zierlich*) menu; sehr ~ *Summe etc. auch* minime; *Raum auch* exigu, -guë; winzig ~ minuscule; verschwindend ~ infime; *math.* unendlich ~ infiniment petit; infinitésimal; F ~, aber oho petit mais bien, mais comme ça; *astr.* der 2e Bär, Wagen la Petite Ourse; ~es Besitztum petite propriété; ~er Betrag petite somme; somme modique; mein ~er Bruder mon petit frère; ~er Buchstabe (lettre *f*) minuscule *f*; das ~e Einmaleins la table de multiplication de 1 à 10; *hist.* 2e Entente Petite-Entente *f*; *mar.* ~e Fahrt *cf.* Fahrt 1.; *anat.* der ~e Finger le petit doigt; l'auriculaire *m*; F ~e Fische *cf.* Fisch; ~er Geist petit esprit; ~er Geschäftsmann petit commerçant; von ~er Gestalt de petite taille; in ~en Gruppen en petits groupes; ein ~es Helles un bock de bière blonde; ein ~er Junge un petit garçon; un garçonnet; ein ~es Kind *cf.* Kind; im ~en Kreise dans l'intimité; *fig.* ~e Leute petites gens; (*Kinder*) petit monde; ein ~es Mädchen une petite fille; une fillette; ein ~er Mann un homme petit, de petite taille; *fig.* der ~e Mann l'homme de la rue; le petit; les petits; ~e Münzen menue monnaie; e-e ~e Schwäche für etw. haben avoir un petit faible pour qc.; die ~en Sparer les petits épargnants; *mus.* ~e Terz tierce mineure; e-e ~e Überraschung une petite surprise; ein ~er Unterschied une petite différence (*auch iron.*); in ~en Verhältnissen leben vivre petitement; aus ~en Verhältnissen stammen être d'origine modeste; être d'humble origine; in ~er Zahl peu nombreux; *anat.* die ~e Zehe le petit doigt de pied; le petit orteil; 2 Erna *etc.* la petite Erna, *etc.*; der 2e *allg.* le petit; *hist.* Pippin der 2e Pépin le Bref; die 2e la petite; das 2e (*Kind*) le petit; le bébé; *Sache* ce qui est petit; F etwas 2es erwarten attendre un bébé; etwas 2es quelque chose de petit; *st. s.* über ein ~es sous peu; um ein ~es (d')un petit peu; im 2en dans les petites choses; im 2en wie im Großen dans les petites choses comme dans les grandes; *comm.* im ~en (verkaufen) (vendre) au détail; e-e Welt im ~en un monde en miniature; groß und ~ petits et grands; *loc.* ~e Ursachen, große Wirkungen petites causes grands effets; *loc.* die Großen fressen die 2en les gros poissons mangent les petits *prov.*; mit 2em fängt man an, mit Großem hört man auf *prov.* qui vole un œuf vole un bœuf *prov.*; *cf. auch* kleiner *u.* kleinst; 2. *adv.* von ~ auf dès l'enfance; ein ~ wenig un petit peu; ~ anfangen débuter modestement, petitement; ~ beigeben baisser pavillon; battre en retraite; baisser le ton; ~ bleiben rester petit; etw. kurz und ~ schlagen réduire qc. en miettes; mettre qc. en pièces, en morceaux; er schreibt ~ il écrit petit; *Rechtschreibung* ~ schreiben écrire avec une minuscule; ~ geschrieben werden prendre une minuscule; *fig.* ne venir qu'au second rang; ne pas avoir d'importance; sich neben j-m ~ vorkommen se sentir petit auprès de qn.; ~ gewachsen de petite taille; ~ werden rapetisser; diminuer; *fig.* ~ (und häßlich) werden *cf.* ~ (beigeben) *u.* kleinlaut (werden); *cf. auch* kleinkriegen, kleinschneiden *etc.*; II 2 *n* ⟨~s⟩ *cuis.* abat(t)is *m/pl.*

Klein|aktionär ['klaɪnˀaktsi·o·ˌnɛ:r] *m* petit actionnaire; ~ˌanzeige *f* petite annonce; ~ˌarbeit *f* travail de détail, méticuleux; in mühevoller ~ en travaillant avec peine les moindres détails; 2asi'atisch *adj.* de l'Asie Mineure; ~'asien *n géogr.* (l')Asie Mineure; ~ˌauto *n cf.* Kleinwagen; ~-bahn *f* petit chemin de fer; chemin de fer *m* d'intérêt local; ~ˌbären *m/pl. zo. sc.* procyonidés *m/pl.*; ~ˌbauer *m* petit fermier; ~beˌsitz *m* petite propriété; ~beˌtrieb *m* petite entreprise, exploitation (*auch agr.*); ~bildˌfilm *m phot.* pellicule *f* petit format; ~bildˌkamera *f* appareil *m* photographique petit format; ~ˌbuchstabe *m* (lettre *f*) minuscule *f*; ~ˌbühne *f* petit théâtre; petite troupe (de théâtre); ~ˌbürger(in) *m* (*f*) petit(e) bourgeois(e) *m* (*f*); 2ˌbürgerˌlich *adj.* de la petite bourgeoisie; ~ˌbürgerˌtum *n* petite bourgeoisie; ~bus *m* petit (auto)car; ~emˌpfänger *m rad.* petit poste (récepteur) de radio.

kleiner ['klaɪnər] *adj.* (*comp. von* klein) a) plus petit; (*geringer*) moindre; er ist um e-n Kopf ~ als ich il a une tête de moins que moi; il est plus petit que moi d'une tête; das ~e Übel le moindre mal; ~ machen, werden rapetisser; diminuer; b) (*ziemlich klein*) assez, relativement petit; pas trop grand; ~e Schäden dommages relativement, assez petits; ~e Vergehen délits assez, relativement petits; 2-ˌwerden *n* ⟨~s⟩ diminution *f*; rapetissement *m*.

Klein|fahrzeug ['klaɪnˌfɑ:rtsɔʏk] *n* petit véhicule; ~faˌmilie *f* famille *f* parents-enfants; ~ˌflugzeug *n* petit avion; avion *m* de faible puissance; ~forˌmat *n* petit format; ~ˌgarten *m* jardin ouvrier; ~gartenkoloˌnie *f* (ensemble *m* de) jardins ouvriers; ~-ˌgärtner *m* jardinier amateur; locataire *m* de jardin ouvrier; ~geld *n* ⟨~(e)s⟩ monnaie *f*; *iron. u.* F das nötige ~ haben avoir l'argent nécessaire; ~geˌwerbe *n* petite industrie; petits métiers; 2ˌgläubig *adj.* de peu de foi; ~ˌgläubigˌkeit *f* manque *m* de foi; ~golf *n Sport* golf *m* miniature; 2-ˌhacken *v/t.* 'hacher menu; Holz ~ casser du petit bois; ~ˌhandel *m* commerce *m* de détail; *coll.* petits commerçants; ~handelsˌpreis *m* prix *m* de (vente au) détail; ~ˌhändler(in) *m* (*f*) petit(e) commerçant(e) *m* (*f*); détaillant *m*; ~heit *f* ⟨~⟩ petitesse *f* (*auch fig.*); ~hirn *n anat.* cervelet *m*; ~holz *n* petit, menu bois; *aviat.*, F ~ machen faire de la casse; P aus j-m ~ machen 'hacher qn. comme chair à pâté.

Kleinigkeit ['klaɪnɪçˌkaɪt] *f* ⟨~; ~en⟩ (*bedeutungslose Sache*) (petit) rien; bagatelle *f*; futilité *f*; vétille *f*; (*ein wenig*) un petit quelque chose; (*Leichtigkeit*) bagatelle *f*; peu *m* de chose; rien *m*; sich mit ~en abgeben, sich um ~en kümmern s'occuper de petits riens, de bagatelles, de futilités, de vétilles; pinailler; tatillonner; sich an

~en stoßen se laisser arrêter par des riens, des bagatelles, des futilités; **sich wegen ~en aufregen** s'énerver pour peu de chose, pour des riens; **sich jede ~ zu Herzen nehmen** prendre à cœur chaque bagatelle, chaque rien, la moindre chose; **e-e ~ essen, schenken** *etc.* manger, offrir, *etc.* un petit quelque chose; **das ist e-e ~ für ihn** c'est une bagatelle, peu de chose, un rien pour lui; **es ist keine ~, zu ...** ce n'est pas rien, peu de chose de ...; *iron.* **es kostet die ~ von e-r Million** cela coûte la bagatelle d'un million; **~sˌkrämer(in)** *m (f)* tatillon, -nne *m, f*; pinailleur, -euse *m, f*; **ein ~ sein** *auch* être tatillon, -nne; chercher la petite bête; **~skrämeˌrei** *f* ⟨~⟩ manie *f* de tatillonner, de pinailler.

Klein|kaliberbüchse ['klaɪnkaliːbər-ˌbʏksə] *f* fusil [-i] *m* de petit calibre; **~kaliberˌschießen** *n* tir *m* à petit calibre; **≈kaˌlibrig** *adj.* de petit calibre; **≈kaˌriert** *adjt.* à petits carreaux; **~kind** *n* petit enfant; **~kinderˌfürsorge** *f* aide sociale aux petits enfants; **~ˌklima** *n* microclimat *m*; **≈ˌkörnig** *adj.* à petits grains; **~ˌkraftrad** *n* cyclomoteur *m*; **~kram** F *m* petites choses; broutilles *f/pl.*; babioles *f/pl.*; **~krieg** *m* guérilla [-ija] *f*; *fig.* (*ständige Reibereien*) petite guerre; **≈ˌkriegen** *v/t.* ⟨*sép.*, -ge-, h⟩ F j-n ~ faire plier, céder qn.; faire rendre les armes à qn.; venir à bout de qn.; **er ist nicht kleinzukriegen** pas moyen d'en venir à bout; **etw. ~** venir à bout de qc.; **~kunstˌbühne** *f cf.* Kabarett; **~ˌlandwirt** *m* petit cultivateur; **~ˌlastwagen** *m* petit camion; camionnette *f*; **≈laut** *adj. u. adv.* penaud; décontenancé; interdit; embarrassé; **~ werden** baisser le ton; perdre (de) son aplomb; (*zurückstecken*) en rabattre; mettre de l'eau dans son vin; **j-n ~ machen** rabattre le caquet à qn.; **~ antworten** *etc.* répondre, *etc.* d'une petite voix, d'un ton penaud; **≈lich 1.** *adj.* mesquin; étroit d'esprit; borné; pointilleux, -euse; **sei nicht so ~!** ne sois pas si mesquin!; **ich bin in solchen Sachen nicht ~** je ne suis pas mesquin en ce qui concerne ces choses-là; **in s-n Ansichten ~ sein** avoir les idées étroites; **2.** *adv.* d'une façon mesquine; avec mesquinerie, étroitesse d'esprit; petitement; **~ handeln** agir petitement, *etc.*; **~lichˌkeit** *f* ⟨~⟩ mesquinerie *f*; étroitesse *f* d'esprit; **~ˌlieferˌwagen** *m* camionnette *f*; fourgonnette *f*; **≈ˌmachen I** *v/t.* ⟨*sép.*, -ge-, h⟩ *Holz etc.* casser; *große Geldscheine* faire la monnaie (de); **II** *v/réfl.* **sich ~** se faire tout petit (*auch fig.*); **~ˌmöbel** *pl.* petits meubles; **~ˌmotor** *m* petit moteur; moteur *m* de faible puissance, de petite cylindrée; **~mut** *m* pusillanimité [-ila-] *f*; **≈ˌmütig** *adj.* pusillanime [-ila-]; **~ˌmütigˌkeit** *f* ⟨~⟩ *cf.* **~mut**; **~od** [-noːt] *n* ⟨~(e)s; **~e** *od.* **-'nodien**⟩ joyau *m* (*auch fig.*); bijou *m*; **~okˌtav** *n Buchformat* format *m* 18,5 cm de haut; **~ˌpflaster** *n* petit pavé; **~ˌrentner(in)** *m (f)* petit(e) rentier, -ière *m, f*; **~schlag** *m Steinbruch* pierres concassées; pierraille *f*; **~ˌschmetterlinge** *m/pl. zo.* papillons *m/pl.* de petite taille; *sc.* microlépidoptères *m/pl.*; **≈ˌschneiden** *v/t.* ⟨*irr.*, *sép.*, -ge-, h⟩ couper en petits, en menus morceaux; *cuis.*, *Futter* 'hacher; **~ˌschreibung** *f* emploi *m* des minuscules; *od. verbal*; **~ˌsiedlung** *f* cité ouvrière aux petites maisons assez espacées avec jardins et petits élevages; **~ˌsparer** *m* (*pl.*) petit(s) épargnant(s); **~specht** *m zo.* épeichette *f*.

kleinst [klaɪnst] *adj.* (*sup. von* **klein**) le plus petit; (*geringst*) le moindre; **der ~e Junge ist drei Jahre alt** le plus petit garçon a trois ans; **der ~e Wind** le moindre, le plus petit vent; **bis ins ~e** jusque dans les moindres détails.

Klein|staat ['klaɪnʃtaːt] *m* petit État; **~staate'rei** *f* ⟨~⟩ particularisme *m* (des petits États); **≈ˌstaatlich** *adj.* de petit État; **~stadt** *f* petite ville; ville *f* de province; **~ˌstädter(in)** *m (f)* habitant(e) *m (f)* d'une petite ville; provincial(e) *m (f)*; **≈ˌstädtisch** *adj.* de petite ville; provincial; **e-n ~en Eindruck machen** faire province, petite ville.

Kleinst|betrag ['klaɪnstbəˌtraːk] *m* somme *f* minuscule, infime; **~bildˌkamera** *f phot.* appareil *m* photographique très petit format.

kleinstellen ['klaɪnˌʃtɛlən] *v/t.* ⟨*sép.*, -ge-, h⟩ *Gas etc.* baisser.

Kleinst|kind ['klaɪnstkɪnt] *n* bébé *m*; **~ˌmotor** *m* micromoteur *m*.

kleinstückig ['klaɪnˌʃtʏkɪç] *adj.* en petits morceaux.

Kleinstwohnung ['klaɪnstˌvoːnuŋ] *f* très petit logement; logement *m* minuscule.

Klein|tier ['klaɪntiːr] *n* petit animal domestique; *pl.* **~e** *auch* volaille *f* et lapins *m/pl.*; **~tierˌzucht** *f* petit élevage; **~tierˌzüchter** *m* petit éleveur; **~transˌport** *m* petit transport; **~transˌporter** *m* ⟨~s; ~⟩ *cf.* Kleinlastwagen; **~verˌbraucher** *m* petit consommateur; **~verˌdiener** *m* gagne-petit *m* (*inv.*); **~verˌkauf** *m comm.* vente *f* au détail; **~verkaufsˌpreis** *m* prix *m* de vente au détail; **~verˌteiler** *m comm.* détaillant *m*; **~vieh** *n* petit, menu bétail; **~ˌwagen** *m* petite cylindrée (jusqu'à 1000 cm^3); **~wild** *n ch.* menu gibier; **~ˌwohnung** *f* petit logement, appartement.

Kleister ['klaɪstər] *m* ⟨~s; ~⟩ colle *f* d'amidon, de pâte; **~ˌälchen** *n* ⟨~s; ~⟩ *zo.* anguillule [-lyl] *f* de la colle de pâte; **~ˌbürste** *f* brosse *f* à colle; **≈n** *v/t. u. v/i.* ⟨-(e)re, h⟩ coller; **~ˌpinsel** *m* pinceau *m* à colle; **~ˌtopf** *m* pot *m* de colle (d'amidon).

kleistogam [klaɪstoˑ'gaːm] *adj. bot.* cléistogame.

Klematis [kleˑ'maːtɪs, 'kleːmatɪs] *f* ⟨~; ~⟩ *bot.* clématite *f*.

Klementine [kleˑmɛn'tiːnə] *f* ⟨~; ~n⟩ *bot.* clémentine *f*.

Klemm|backe ['klɛmˌbakə] *f techn.* mâchoire *f*; mors *m*; mordache *f*; **~e** *f* ⟨~; ~n⟩ **1.** (*Klemmwerkzeug*) pince *f*; *für elektr. Drähte* serre-fils [-il] *m*; **2.** *élect.* (*Pol*) borne *f*; **3.** *fig. u.* F **in der ~ sein** être dans l'embarras, dans une mauvaise passe (*auch finanziell*), en mauvaise posture; être coincé; être pris entre deux feux; **j-m aus der ~ helfen** tirer qn. d'embarras; tirer à qn. une épine du pied; **≈en I** *v/t.* ⟨h⟩ serrer; coincer; **die Mappe unter den Arm ~** mettre sa serviette sous le bras; **die Mappe unter den Arm geklemmt** sa serviette serrée, coincée sous le bras; **II** *v/i.* se coincer; rester coincé; **III** *v/réfl.* **1. sich ~** se pincer; **2.** *fig. u.* F **sich hinter etw. ~** s'atteler à qc.; prendre l'affaire, *etc.* en main; **sich hinter j-n ~** travailler qn. (pour obtenir qc. par son intervention); **~enˌbrett** *n élect.* planchette *f*, tablette *f* à bornes; **~enˌspannung** *f élect.* tension *f* aux bornes; **~ˌfeder** *f* ressort *m* de serrage; **~ˌhefter** *m* classeur *m*, chemise *f* à pince; **~ˌplatte** *f* plaque *f* de serrage; **~ring** *m* bague *f* de serrage; **~ˌschelle** *f* collier *m* de serrage; **~ˌschraube** *f* **1.** vis [-s] *f* de serrage; **2.** *élect.* borne *f* à vis; **~ˌvorrichtung** *f* dispositif *m* de serrage.

Klempner ['klɛmpnər] *m* ⟨~s; ~⟩ plombier *m*; plombier-zingueur *m*; **~ˌarbeit(en)** *f* (*pl.*) plomberie *f*; **~geˌschäft** *n* **a)** entreprise *f* de plomberie; **b)** boutique *f* de plombier; **~ˌhandwerk** *n* métier *m* de plombier; plomberie *f*; **~ˌladen** *m* **1.** *cf.* **~geschäft**; **2.** *fig. u.* F (*viele Orden auf der Brust*) batterie *f* de cuisine; ferblanterie *f*; **~ˌmeister** *m* maître *m* plombier; **~ˌwerkstatt** *f* atelier *m* de plombier.

Klepper ['klɛpər] *m* ⟨~s; ~⟩ (*dürres Pferd*) 'haridelle *f*; *péj.* (*Pferd*) rosse *f*; canasson *m*; **~ˌmantel** *m* imperméable *m* en caoutchouc.

Kleptoman|e [klɛptoˑ'maːnə] *m* ⟨~n; ~n⟩, *f* ⟨~n; ~n⟩ kleptomane *od.* cleptomane *m, f*; **~ie** [-'niː] *f* ⟨~⟩ kleptomanie *od.* cleptomanie *f*; **~in** *f* ⟨~; ~nen⟩ *cf.* **~e**; **≈isch** *adj.* atteint de kleptomanie; kleptomane.

kler|ikal [kleˑriˑ'kaːl] *adj.* clérical; **≈i'kale(r)** *m* ⟨→ A⟩ *pol.* clérical *m*; *péj. u.* F calot(t)in *m*; **≈ika'lismus** *m* ⟨~⟩ *pol.* cléricalisme *m*; **≈iker** ['kleː-] *m* ⟨~s; ~⟩ ecclésiastique *m*; **≈us** ['kleː-] *m* ⟨~⟩ clergé *m*.

Klette ['klɛtə] *f* ⟨~; ~n⟩ **1.** *bot.* bardane *f*; teigne *f*; glouteron *m*; grat(t)eron *m*; **2.** *fig. von e-r Person* crampon *m*; pot *m* de colle; **kleben, haften wie e-e ~, sich wie e-e ~ an j-n hängen** être crampon, collant (comme la glu), un pot de colle; ne pas lâcher qn.; ne pas quitter qn. d'une semelle; **wie ~n aneinanderhängen** être inséparables; être comme cul et chemise; **~nwurzelˌöl** *n* huile *f* de racine de bardane.

Kletterei [ˌklɛtə'raɪ] *f* ⟨~; ~en⟩ escalade(s) *f* (*pl.*).

Kletter|er ['klɛtərər] *m* ⟨~s; ~⟩ celui qui fait de l'escalade; alpiniste *m*; **~ˌfisch** *m zo.* perche grimpeuse; *sc.* anabas [-s] *m*; **~geˌrät(e)** *n* (*pl.*) *gym.* engin(s) *m* (*pl.*) pour le grimper; **~ˌhammer** *m Bergsteigen* marteau *m* d'escalade; **~ˌmast** *m mit Preisen an der Spitze* mât *m* de cocagne; **~ˌmaxe** *m* ⟨~⟩ F *cf.* **Fassadenkletterer**; **≈n I** *v/i.* ⟨-(e)re, sein⟩ grimper (**auf** sur; **an** à); *geschickt* escalader (**auf etw.** qc.); *mühsam* gravir (**auf etw.** qc.); **er ist zwei Stunden geklettert** il a grimpé pendant deux heures; *Pflanze, fig. Preise* **in die Höhe ~** grimper; **II ~n** *n* ⟨~s⟩ escalade *f*; *gym.* grimper *m*; **≈nd** *adjt. zo.* grimpeur, -euse; *bot.* grimpant; **~parˌtie** *f* course *f* en montagne avec escalade; **~ˌpflanze** *f bot.* plante grimpante; **~ˌrose** *f bot.* rosier grimpant; **~ˌschuh** *m Bergsteigen* chaussure *f* d'escalade; **~ˌseil** *n gym.* corde *f* (lisse); *Bergsteigen* corde *f* d'alpinisme; **~ˌstange** *f gym.* perche *f*; **~ˌstrauch** *m bot.* plante grimpante; **~ˌtau** *n cf.* **~seil**; **~tromˌpete** *f bot.* campsis [-s] *f*; **~ˌübung** *f* exercice *m* de grimper, d'escalade; **~ˌweste** *f* veste *f* d'escalade.

Klettfrucht ['klɛtfrʊxt] *f bot.* graine *f* qui s'accroche à la fourrure des animaux.

klick [klɪk] *int.* clic [-k]!; clic-clac!; **~en** *v/i.* ⟨h⟩ faire clic; **≈er** *m* ⟨~s; ~⟩ F (*Murmel*) bille *f*.

Klient|(in) [kliˑ'ɛnt(ɪn)] *m* ⟨~en; ~en⟩ *(f)* ⟨~; ~nen⟩ client(e) *m (f)*; **~el** [-'teːl] *f* ⟨~; ~en⟩ clientèle *f*.

Kliesche [ˈkliːʃə] *f* ⟨~; ~n⟩ *zo. Schollenart* limande *f*.

Kliff [klɪf] *n* ⟨~(e)s; ~e⟩ falaise *f*.

Klima [ˈkliːma] *n* ⟨~s; ~s *od.* -ˈmate⟩ climat *m* (*auch fig.*); **gemäßigtes, mildes, rauhes** ~ climat tempéré, doux, rigoureux; **kontinentales, ozeanisches, maritimes, tropisches** ~ climat continental, océanique, maritime, tropical; ~ˌ**änderung** *f* changement *m* de climat; ~ˌ**anlage** *f* (installation *f* de) climatisation *f*, conditionnement *m* d'air; climatiseur *m*; **mit** ~ climatisé; avec *od.* à air conditionné; ~**eleˌment** *n* élément *m* climatique; ~ˌ**kammer** *f techn.* chambre *f* de climatisation; 2**k**ˈ**terisch** *adj. méd.* de la ménopause; ~**kˈterium** *n* ⟨~s⟩ *méd.* ménopause *f*; ~ˌ**kunde** *f cf.* ~tologie; ~ˌ**kurort** *m* station *f* climatique; ~ˌ**schwankung** *f* variation *f* de climat; oscillation *f* climatique; 2**tisch** [-ˈmaː-] **1.** *adj.* climatique; **die** ~**en Verhältnisse** les conditions climatiques; **2.** *adv.* ~ **günstige Lage** situation favorable du point de vue climat, en ce qui concerne le climat; 2**tiˈsieren** *v/t.* ⟨*pas de ge-*, h⟩ climatiser; conditionner l'air (de); ~**tiˈsierung** *f* ⟨~⟩ climatisation *f*; conditionnement *m* d'air; ~**toloˈgie** *f* ⟨~; -ien⟩ climatologie *f*; ~**totheraˈpie** *f* climatothérapie *f*; ~ˌ**wechsel** *m* changement *m* de climat, d'air; ~**x** *f* ⟨~; ~e⟩ *rhét.* climax [-ks] *m*; gradation ascendante; ~ˌ**zone** *f* zone *f* climatique.

Klimbim [klɪmˈbɪm] *m* ⟨~s⟩ F tralala *m*; **wozu der ganze** ~? à quoi bon tout ce tralala?

Klimm|e [ˈklɪmə] *f* ⟨~; ~n⟩ *bot.* cissus [-ys] *m*; 2**en** *v/i.* ⟨**klimmt, klimmte** *od.* **klomm, geklimmt** *od.* **geklommen,** sein⟩ se hisser; grimper; ~**zug** *m gym.* traction *f* (à la barre fixe); **Klimmzüge machen** faire des tractions.

Klimper|ei [ˌklɪmpəˈraɪ] *f* ⟨~; ~en⟩ F pianotage *m*; ~ˌ**kasten** [ˈklɪm-] *m péj. u.* F (*Klavier*) (mauvais) piano; 2**n** [ˈklɪm-] *v/i.* ⟨-(e)re, h⟩ **1. mit etw.** ~ faire sonner, tinter qc.; **2.** *péj.*, F *auf dem Klavier* pianoter; *auf der Gitarre* racler.

kling [klɪŋ] *int.* ding [diŋ]!

Klinge [ˈklɪŋə] *f* ⟨~; ~n⟩ lame *f*; *par ext.* (*Degen*) épée *f*; (**mit j-m**) **die** ~**n kreuzen** croiser le fer (avec qn.) (*auch fig.*); **e-e gute** ~ **schlagen** *beim Fechten* être une fine lame; *fig. in e-r Diskussion etc.* parler avec succès; *beim Essen* avoir un joli coup de fourchette; *fig.* **e-e scharfe** ~ **führen** savoir bien se défendre; *hist. milit.* **über die** ~ **springen lassen** passer au fil de l'épée.

Klingel [ˈklɪŋəl] *f* ⟨~; ~n⟩ sonnette *f*; (*Fahrrad*2) *auch* timbre *m*; **elektrische** ~ sonnette électrique; sonnerie électrique; ~ˌ**anlage** *f* sonnerie *f*; ~ˌ**beutel** *m in der Kirche* bourse *f* à sonnette; ~ˌ**draht** *m* fil *m* de sonnerie; 2**ing** [-ˈlɪŋ] *int. cf.* **klingling**; ~ˌ**knopf** *m* bouton *m* de sonnette; ~ˌ**leitung** *f* ligne *f* de sonnette, de sonnerie; 2**n I** *v/i.* ⟨-(e)le, h⟩ sonner (j-m qn., **bei j-m** chez qn.); **das Telefon klingelt** le téléphone sonne; **j-n aus dem Schlaf** ~ faire sortir qn. du lit (en sonnant); **II** *v/imp.* **es klingelt** on sonne; **es hat geklingelt** on a sonné; on vient de sonner; **III** ~**n** *n* ⟨~s⟩ sonnerie *f*; ~**transforˌmator** *m élect.* transformateur *m* de sonnerie; ~ˌ**zeichen** *n* coup *m* de sonnette; ~ˌ**zug** *m* cordon *m* de sonnette.

kling|en [ˈklɪŋən] *v/i.* ⟨**klingt, klang, geklungen,** h⟩ **1.** *Glocken* sonner; *Metall, Glas etc.* résonner; **die Gläser** ~ les verres s'entrechoquent; **mir** ~ **die Ohren** mes oreilles sonnent; **2.** *fig.* **dieser Vorname klingt gut** ce prénom sonne bien (à l'oreille); **es klingt mir noch in den Ohren** je l'entends encore; **das klingt seltsam** cela paraît étrange; **das klingt schon besser** c'est déjà mieux; **das klingt wie ein Märchen** cela ressemble à un conte de fées; ~**end** *adjt.* **in** ~**er Münze bezahlen** payer en espèces sonnantes et trébuchantes; **mit** ~**em Spiel** musique en tête; tambour battant; **schön** ~**e Worte** mots qui sonnent bien; *métr.* ~**er Reim** rime féminine; ~ˈ**ling** *int.* drelin! drelin!; 2**stein** *m minéral.* phonolite *f*, *m*.

Klini|k [ˈkliːnɪk] *f* ⟨~; ~en⟩ **1.** hôpital *m*; *private* clinique *f*; **2.** ⟨*pas de pl.*⟩ (*Unterricht am Krankenbett*) clinique *f*; ~**ker** *m* ⟨~s; ~⟩ **1.** *Arzt* clinicien *m* à l'hôpital; **2.** *Student* étudiant *m* en formation clinique; 2**sch** *adj.* clinique; ~**e Ausbildung** formation clinique; **die** ~**en Semester** les semestres cliniques.

Klinke [ˈklɪŋkə] *f* ⟨~; ~n⟩ **1.** (*Tür*2) béquille *f*; *in Frankreich oft* bouton *m*; **auf die** ~ **drücken** appuyer sur la béquille; tourner le bouton; **2.** *techn.* (*Sperrvorrichtung*) cliquet *m*; **3.** *tél.* jack [dʒak] *m*; ~**nˌfeld** *n tél.* panneau *m* de jacks.

Klinker [ˈklɪŋkər] *m* ⟨~s; ~⟩ *bât.* clinker [kliŋkɛːr] *m*; ~ˌ**bau** *m* ⟨~(e)s; ~ten⟩ *bât.* construction *f* en clinker; ~ˌ**boot** *n mar.* bateau *m* à clins; 2**geˌbaut** *adjt. mar.* à clins.

Klino|chlor [kliˑnoˑˈkloːr] *n* ⟨~s⟩ *minéral.* clinochlore [-k-] *m*; ~ˈ**meter** *n* ⟨~s; ~⟩ clinomètre *m*; 2ˈ**rhombisch** *adj. Kristall* clinorhombique; ~ˈ**stat** *m* ⟨~(e)s *od.* ~en; ~e(n)⟩ *für Pflanzenversuche* clinostat *m*.

klipp [klɪp] **I** *int.* ~, **klapp!** *Mühle* tic tac!; **II** *adv.* ~ **und klar** très clairement; **III** 2 *m* ⟨~s; ~s⟩ (*Einhänger am Füllfederhalter*) attache *f*; (*Klemme, Klammer*) pince *f*; *cf. auch* **Klips**; 2**e** *f* ⟨~; ~n⟩ écueil [ekœj] *m* (*auch fig.*); brisant *m*; 2(**en**ˌ)**fisch** *m* **1.** *cuis.* morue salée; **2.** *zo.* (*Seewolf*) anarrhique *m* loup; ~**enˌreich** *adj.* semé, plein d'écueils; 2**er** *m* ⟨~s; ~⟩ *mar., aviat.* clipper [-œːr] *m*; 2ˌ**schliefer** *m* ⟨~s; ~⟩ *zo.* daman *m*; *pl. sc.* hyracoïdes *m/pl.*; 2ˌ**springer** *m zo.* oréotrague sauteur; klipspringer *m*.

Klips [klɪps] *m* ⟨~es; ~e⟩ clip [-p] *m*.

klirr|en [ˈklɪrən] **I** *v/i.* ⟨h⟩ *Ketten, Waffen* cliqueter; *Fensterscheiben* vibrer; trembler; *Geschirr, Gläser* s'entrechoquer; *fig.* ~**de Kälte,** ~**der Frost** froid de canard; **II** 2**en** *n* ⟨~s⟩ *von Ketten, Waffen* cliquetis *m*; *von Fensterscheiben* vibrement *m*; tremblement *m*; *von Geschirr, Gläsern* choc *m*; 2ˌ**faktor** *m Nachrichtentechnik* coefficient *m* de distorsion.

Klisch|ee [klɪˈʃeː, kliˑˈʃeː] *n* ⟨~s; ~s⟩ *impr.* cliché *m* (*auch fig.*); ~**ee**ˌ**vorstellung** *f* cliché *m*; ~**ier**ˌ**anstalt** *f* clicherie *f*; 2**ieren I** *v/t.* ⟨*pas de ge-*, h⟩ clicher; **II** ~**ieren** *n* ⟨~s⟩ clichage *m*.

Klistier [klɪsˈtiːr] *n* ⟨~s; ~e⟩ *méd.* lavement *m*; *hist. u. plais.* clystère *m*; **j-m ein** ~ **machen, geben** administrer un lavement à qn.; ~ˌ**spritze** *f* poire *f* à lavements.

Klitoris [ˈkliːtoˑrɪs] *f* ⟨~; ~ *od.* -ˈtorides⟩ *anat.* clitoris [-s] *m*.

klitsch [klɪtʃ] *int.* flac!; ~, **klatsch!** flic, flac!; 2**e** *f* ⟨~; ~n⟩ F (*ärmliches Landgut*) petit, pauvre domaine; (*kleiner Betrieb*) P boîte *f*; ~(**e**)ˈ**naß** *adj.* F trempé jusqu'aux os, comme une soupe; ~**ig** *adj. Gebäck* pâteux, -euse.

klitzeklein [ˈklɪtsəˈklaɪn] F *adj.* tout petit; F riquiqui.

Klivie [ˈkliːviˑə] *f* ⟨~; ~n⟩ *bot.* clivie *f*; clivia *m*.

Klo [kloː] F *n* ⟨~s; ~s⟩ cabinets *m/pl.*; F petit coin; waters [watɛːr] *m/pl.*

Kloake [kloˑˈaːkə] *f* ⟨~; ~n⟩ cloaque *m* (*auch zo.*); ~**n**ˌ**tiere** *n/pl. zo.* monotrèmes *m/pl.*

Klob|en [ˈkloːbən] *m* ⟨~s; ~⟩ **1.** (*Tür*2 *etc.*) gond *m*; **2.** (*Holz*2) bûche *f*; **3.** *cf.* **Feilkloben**; 2**ig** *adj. Gegenstand* massif, -ive; grossier, -ière; *fig. Person* (*schwerfällig*) lourdaud; pataud; balourd; (*grob*) grossier, -ière; rustre.

klomm [klɔm] *cf.* **klimmen**.

Klon [kloːn] *m* ⟨~s; ~e⟩ *biol.* clone *m*.

klönen [ˈkløːnən] F *v/i.* ⟨h⟩ bavarder; causer.

klon|isch [ˈkloːnɪʃ] *adj. méd.* clonique; 2**us** *m* ⟨~; ~se⟩ *méd.* clonus [-ys] *m*.

klopf|en [ˈklɔpfən] **I** *v/t.* ⟨h⟩ *Teppich etc.* battre; *Fleisch* taper; **Steine** ~ casser des pierres; **e-n Nagel in die Wand** ~ enfoncer un clou dans le mur; F **Karten kloppen** taper la carte; **Skat kloppen** jouer au skat; **II** *v/i. an die Tür etc.* frapper, taper, *stärker* cogner (à); *Herz, Puls* battre; *Motor* cogner; **leicht auf etw.** ~ tapoter qc.; **j-m auf die Finger** ~ donner à qn. sur les doigts; *fig.* faire la leçon à qn.; **j-m auf die Schulter** ~ taper sur l'épaule de qn.; donner à qn. une tape sur l'épaule; *fig.* **auf den Busch** ~ tâter, sonder le terrain, prendre la température (auprès de qn.); **mit** ~**dem Herzen** le cœur battant; **III** *v/imp.* **es klopft** on frappe; **es hat geklopft** on a frappé; on vient de frapper; **IV** 2**en** *n* ⟨~s⟩ *physiol.* battement *m*; *der Teppiche etc.* battage *m*; *des Motors* cliquetis *m*; cognement *m*; *sonst verbal*; 2**er** *m* ⟨~s; ~⟩ (*Teppich*2) tapette *f*; (*Tür*2) 'heurtoir *m*; marteau *m* (de porte); ~**fest** *adj. Kraftstoff* antidétonant; 2ˌ**festigˌkeit** *f von Kraftstoff* pouvoir antidétonant; valeur antidétonante; 2**geist** *m* esprit frappeur; 2ˌ**käfer** *m zo.* horloge *f* de la mort; *sc.* xestobium [-bjɔm] *m*; 2ˌ**peitsche** *f* martinet *m*; 2ˌ**zeichen** *n verbal*; ~ **geben** donner signe de vie en frappant, en tapant; ~ **hören** entendre frapper, taper.

Klöpp|el [ˈklœpəl] *m* ⟨~s; ~⟩ **1.** *e-r Klingel* marteau *m*; *e-r Glocke* battant *m*; **2.** (*Werkzeug zum Klopfen*) batte *f*; (*Holzhammer*) maillet *m*; **3.** *text.* fuseau *m* (à dentelle); ~**elˌarbeit** *f*, ~**eˈlei** *f* ⟨~⟩ travail *m* aux fuseaux; ~**el**ˌ**kissen** *n* carreau *m*; ~**elmaˌschine** *f* métier *m* à faire de la dentelle aux fuseaux; 2**eln I** *v/t. u. v/i.* ⟨-(e)le, h⟩ *Spitzen* faire de la dentelle aux fuseaux; **II** ~**eln** *n* ⟨~s⟩ *cf.* ~**elarbeit**; ~**el**ˌ**spitze** *f* dentelle *f* aux fuseaux; ~**le**ˌ**rin** *f* ⟨~; ~nen⟩ dentellière *f*.

kloppen [ˈklɔpən] *v/t.* ⟨h⟩ F *cf.* **klopfen**.

Klops [klɔps] *m* ⟨~es; ~e⟩ *cuis.* boulette *f*.

Klosett [kloˑˈzɛt] *n* ⟨~s; ~e *od.* ~s⟩ cabinets *m/pl.*; W.-C. [vese] *m/pl.*; ~ˌ**becken** *n* cuvette *f* de W.-C., de cabinets; ~ˌ**brille** *f* lunette *f* de W.-C.; ~ˌ**bürste** *f* balai *m* de cabinets, de W.-C.; ~ˌ**deckel** *m* couvercle *m* de W.-C.; ~ˌ**fenster** *n* fenêtre *f* de cabinets, de W.-C.; ~**paˌpier** *n* papier *m* hygiénique, de cabinets.

Kloß [kloːs] *m* ⟨~es; ~̈e⟩ *cuis.* boulette *f*; *fig.* **e-n** ~ **im Hals haben** avoir la gorge serrée; **~ˌbrühe** *f* jus *m*, bouillon *m* de boulettes; F **das ist klar wie ~** *cf.* **klar 1.**

Klößchen ['kløːsçən] *n* ⟨~s; ~⟩ *cuis.* petite boulette.

Kloster ['kloːstər] *n* ⟨~s; ≈⟩ monastère *m*; couvent *m* (*besonders der Bettelorden*); **ins ~ gehen** entrer au couvent, dans les ordres; *Frau auch* prendre le voile; *Mann auch* prendre l'habit; **im ~ erzogen werden** être élevé dans un couvent; **j-n in ein ~ stecken** cloîtrer qn.; **~biblioˌthek** *f* bibliothèque *f* du monastère, du couvent; **~ˌbruder** *m* frère lai, convers; **~ˌfrau** *f cf.* **Klosterschwester**; **~ˌgarten** *m* jardin *m* du monastère, du couvent; **~geˌlübde** *n/pl.* vœux *m/pl.* monastiques; **~geˌnossenschaft** *f* communauté *f* monastique; **~geˌwölbe** *n bât.* voûte *f* en arc de cloître; **~ˌhof** *m* cour *f* du couvent, du monastère; **~ˌkirche** *f* église du monastère, du couvent, abbatiale [-sjal], conventuelle; **~ˌleben** *n* vie monastique, monacale.

klösterlich ['kløːstərˌlɪç] *adj.* monastique (*auch fig.*); monacal (*auch fig.*); du monastère; du couvent; conventuel, -lle; **~e Stille** silence monacal, monastique.

Kloster|pforte ['kloːstərˌpfɔrtə] *f* porte *f* du couvent, du monastère; **~ˌregel** *f* règle monastique, conventuelle; **~ˌschule** *f hist.* école *f* du monastère; **~ˌschwester** *f* religieuse *f*; **~ˌstand** *m* état monastique, monacal; **~ˌzelle** *f* cellule *f* (de monastère, de couvent); **~ˌzucht** *f* discipline *f* monastique.

Klotz [klɔts] *m* ⟨~es; ≈e⟩ **1.** bloc *m* de bois; bille *f*; (*Hack*2) billot *m*; *fig.* **e-n ~ am Bein haben** traîner son boulet; **auf e-n groben ~ gehört ein grober Keil** *prov.* il faut se montrer grossier avec celui qui est grossier; **2.** *fig.* (*schwerfällige Person*) lourdaud *m*; pataud *m*; balourd *m*; **grober ~** rustre *m*; ours mal léché; butor *m*.

Klötzchen ['klœtsçən] *n* ⟨~s; ~⟩ morceau *m*, cube *m*, cale *f* (de bois); (*Bau*2) cube *m*.

klotzig ['klɔtsɪç] **1.** *adj. cf.* **klobig**; **2.** F *adv.* énormément; F drôlement.

Klub [klʊp] *m* ⟨~s; ~s⟩ club [klœb] *m*; **~ˌabend** *m* soirée *f* au club; **~garniˌtur** *f* fauteuil(s) *m* (*pl.*) et divan *m*; **~haus** *n* club *m*; **~kameˌrad** *m* camarade *m* de club; **~loˌkal** *n* (salle *f* de) club *m*; **~ˌmitglied** *n* membre *m* d'un club; **~ˌsessel** *m* fauteuil *m* club; **~ˌwesen** *n* clubs *m/pl.*; **~ˌwettkämpfe** *m/pl.* matchs *m/pl.* interclubs *bzw.* entre les membres d'un club.

Kluft [klʊft] *f* **1.** ⟨~; ≈e⟩ fente *f*; crevasse *f*; faille *f*; *fig.* cassure *f*; faille *f*; **2.** ⟨~; ~en⟩ F (*Kleidung*) P frusques *f/pl.*; fringues *f/pl.*

klüftig ['klʏftɪç] *adj.* fissuré; crevassé.

klug [kluːk] ⟨≈er, ≈st⟩ **1.** *adj.* intelligent (*auch iron.*); *im Leben* sage; avisé; (*gescheit*) judicieux, -euse; **ein ~es Kind** un enfant intelligent; **ein ~er Rat** un avis judicieux; un conseil intelligent; **~e Zurückhaltung** réserve sage, sensée; **er ist der Klügste** c'est le plus intelligent; **das war ~ von dir** c'était intelligent, sage de ta part; ce n'était pas bête de ta part; **das war taktisch ~** c'était une bonne tactique; **ich bin so ~ wie zuvor** je n'en suis pas plus avancé; je suis Gros-Jean comme devant; **klüger sein wollen als die anderen** se vouloir plus intelligent, plus savant que les autres; **er wird nie ~ werden** il n'apprendra jamais rien; il ne s'assagira jamais; **aus ihm werde ich nicht ~** je ne comprends pas ce qu'il veut; je ne comprends rien à lui; **ich kann daraus nicht ~ werden** je n'y comprends rien; j'y perds mon latin; **es wäre das klügste, zu ...** le plus sage *od.* intelligent serait de ... (+ *inf.*); **der ~e Mann baut vor** *prov. etwa* prudence est mère de sûreté *prov.*; **durch Schaden wird man ~** *prov.* on s'instruit à ses dépens; dommage rend sage; **das Ei will klüger sein als die Henne** *cf.* **Ei**; **der Klügere gibt nach** *prov.* c'est le plus sage qui cède; **2.** *adv.* intelligemment; d'une façon intelligente; avec sagesse; sagement; **~ reden, sprechen** dire des choses intelligentes; *cf. auch* **klugreden**; **sich ~ verhalten** se conduire avec sagesse, avec intelligence.

Klügel|ei [ˌklyːgə'laɪ] *f* ⟨~; ~en⟩ subtilité *f*; argutie [-si] *f*; 2**n** ['klyː-] *v/i.* ⟨-(e)le, h⟩ se perdre en subtilités (sur qc.); subtiliser (sur qc.).

klug|erweise ['kluːgərˌvaɪzə] *adv.* sagement; **~ auf etw. verzichten** renoncer sagement à qc.; **~ etw. gemacht haben** avoir bien fait, avoir été sage, avoir eu raison de faire qc.; 2**heit** *f* ⟨~⟩ intelligence *f*; *im Leben meist* sagesse *f*.

Klügler ['klyːglər] *m* ⟨~s; ~⟩ personne *f* qui se perd en subtilités, qui subtilise.

klug|reden ['kluːkˌreːdən] *v/i.* ⟨-ete, *sép.*, -ge-, h⟩ se vouloir plus intelligent, plus savant que les autres; **er redet immer so klug** il parle toujours si bien; 2ˌ**redner** *m*, P 2ˌ**scheißer** *m* ⟨~s; ~⟩ personne *f* qui se veut plus intelligente, plus savante que les autres; **dieser ~!** cette espèce de pédant!

Klümpchen ['klʏmpçən] *n* ⟨~s; ~⟩ *in Flüssigkeiten* grumeau *m*; (*Blut*2) caillot *m*.

Klump|en ['klʊmpən] **I** *m* ⟨~s; ~⟩ morceau *m*; *im Pudding etc.* grumeau *m*; **ein ~ Butter, Erde** une motte de beurre, de terre; **ein ~ Kandiszucker** un gros morceau de sucre candi; **ein ~ Gold** une pépite; F **etw. in ~ hauen** mettre qc. en pièces; **II** 2**en** *v/i. u. v/réfl.* ⟨h⟩ *Pudding etc.* faire des grumeaux; se grumeler; 2**enˌweise** *adv.* par morceaux, mottes, *etc.*; **~fuß** *m méd.* pied-bot *m*; 2ˌ**füßig** *adj.* au(x) pied(s)-bot(s); 2**ig** *adj.* qui contient des grumeaux; grumeleux, -euse; **~e Erde** terre agglutinée en mottes; **~es Mehl** farine grumeleuse; **~er Puderzucker** sucre glace contenant des grumeaux; **die Suppe wird ~** il se forme des grumeaux dans la soupe.

Klüngel ['klʏŋəl] *m* ⟨~s; ~⟩ *péj.* clique *f*; bande *f*; coterie *f*.

Kluniazens|er [kluˑniˑa'tsɛnzər] *m* ⟨~s; ~⟩ *relig.* cluniste *m*; 2**isch** *adj.* clunisien, -nne.

Klunker ['klʊŋkər] F *f* ⟨~; ~n⟩, *m* ⟨~s; ~⟩ *an Kissen, Gardinen* gland *m*.

Kluppe ['klʊpə] *f* ⟨~; ~n⟩ *techn.* (*Schneid*2) filière *f*; (*Meß*2) pied *m* à coulisse.

Klüse ['klyːzə] *f* ⟨~; ~n⟩ *mar.* écubier *m*.

Klüver ['klyːvər] *m* ⟨~s; ~⟩ *mar.* foc [-k] *m*; **~ˌbaum** *m mar.* (mât *m* de) beaupré *m*; bout-dehors *m* de foc.

Klystron ['klʏstrɔn] *n* ⟨~s; -'trone⟩ *rad.* klystron *m*.

knabbern ['knabərn] **I** *v/t. u. v/i.* ⟨-(e)re, h⟩ grignoter; **an etw. ~** grignoter qc.; **II** 2 *n* ⟨~s⟩ grignotement *m*; **das ist zum ~** c'est pour grignoter.

Knabe ['knaːbə] *st. s. m* ⟨~n; ~n⟩ (jeune) garçon *m*; *bei Kleidung* garçonnet *m*; *iron. u.* F **alter ~!** mon vieux!; **~nbeˌkleidung** *f* vêtements *m/pl.* pour garçonnets; **~nˌchor** *m* chorale *f* de (jeunes) garçons; **~nˌfahrrad** *n* bicyclette *f* de garçon; 2**nˌhaft** *adj.* **e-e ~e Gestalt** une silhouette, un corps d'adolescent; **~nˌkraut** *n bot.* orchis [-kis] *m*; **kleines ~** orchis morio *od.* bouffon; **geflecktes ~** orchis maculata; **~nkrautgeˌwächse** *n/pl. bot.* orchidacées [-ki-] *f/pl.*; **~nˌliebe** *f* pédérastie *f*.

Knäblein ['knɛːplaɪn] *n* ⟨~s; ~⟩ *poét.* (petit) enfant.

knack [knak] *int.* crac [-k]!; clac [-k]!

Knäckebrot ['knɛkəˌbroːt] *n etwa* pain complet croquant (en tranches).

knack|en ['knakən] **I** *v/t.* ⟨h⟩ **1.** *Nuß* casser; *fig.* **j-m e-e harte Nuß zu ~ geben** donner un problème dur à résoudre, une tâche difficile à réaliser à qn.; donner du fil à retordre, du cassement de tête à qn. (avec qc.); **2.** F *Geldschrank* forcer; percer; défoncer; **II** *v/i.* craquer; *in den Ohren* claquer; **mit den Fingern ~** faire craquer ses doigts; *tél.* **es knackt im Hörer** on entend un déclic dans l'appareil; **III** 2**en** *n* ⟨~s⟩ *e-r Nuß verbal*; *e-s Geldschrankes* percement *m*; forcement *m*; *der Glieder, Äste etc.* craquement *m*; *im Telephon* déclic *m*; *fig.* **da habt ihr etw. zum ~** vous avez là du fil à retordre; 2**er** *m* ⟨~s; ~⟩ F **ein alter ~** un vieux barbon; 2**geˌräusch** *n* craquement *m*; *tél.* déclic [-ik] *m*; bruit *m*; 2**laut** *m phon.* coup *m* de glotte; 2ˌ**mandel** *f cf.* **Krachmandel**; **~s I** *int.* crac [-k]!; **II** 2**s** *m* ⟨~es; ~e⟩ fêlure *f*; *Geschirr etc.* **e-n ~ haben** être fêlé; F **e-n ~ weghaben** *gesundheitlich* avoir attrapé qc.; avoir attrapé mal; F **e-n ~ haben** *geistig* être toqué; avoir le cerveau fêlé; F **sich e-n ~ holen** *gesundheitlich* attraper mal; 2**wurst** *f cuis. etwa* saucisse *f* de Francfort.

Knäkente ['knɛːkˌʔɛntə] *f zo.* sarcelle *f* d'été.

Knall [knal] *m* ⟨~(e)s; ~e⟩ **1.** *beim Platzen e-s Reifens, bei der Explosion e-r Bombe* éclatement *m* (d'un pneu, d'une bombe); *bei der Explosion e-s Sprengkörpers, e-s Kessels* explosion *f*; *bei e-r explosionsartigen Verbrennung von Gasen etc.* déflagration *f*; *e-s Schusses* détonation *f*; *e-r Peitsche, e-r zuknallenden Tür* claquement *m*; *bei e-m Zusammenstoß* choc *m*; F boum *m*; *aviat. beim Durchbrechen der Schallmauer* bang [bɑ̃g] *m*; **2. ~ und Fall** brusquement; tout à coup; subitement; tout d'un coup; sur-le-champ; sans autre forme de procès; **j-n ~ und Fall entlassen** congédier qn. sur-le-champ; **3.** F **e-n ~ haben** être cinglé, toqué, marteau; **~bonˌbon** *m*, *n* bonbon fulminant, à pétard; **~eˌffekt** *m* effet inattendu; gros effet; 2**en I** *v/t.* ⟨h⟩ **1.** *Fußball* **den Ball ins Tor ~** envoyer le ballon dans le but; **2.** F **j-m e-e ~** en flanquer une à qn.; **3. die Tür ~** claquer la porte; **II** *v/i.* éclater (avec bruit); péter (*auch bei Fehlzündung, Knallkörpern*); détoner; *Tür* claquer; **mit dem Gewehr ~** tirer un *bzw.* des coup(s) de fusil; **dreimal in die Luft ~** tirer trois fois en l'air; **mit der Peitsche ~** faire claquer le fouet; **den Pfropfen ~ lassen** faire sauter le bouchon; **es knallte zweimal** il y eut deux détonations; F **das knallt ganz schön** ça pète rudement bien; **III ~en** *n* ⟨~s⟩ *e-r Peitsche, Tür* claquement *m*; *e-s Schusses* détonation *f*; **~ˌerbse** *f* pois fulminant; bombe algérienne; **~e'rei** F *f* ⟨~; ~en⟩ pétarade *f*; tiraillerie *f*; **~frosch** *m* crapaud *m*; **~gas** *n chim.* gaz tonnant; **~gasgeˌbläse** *n* chalumeau *m* oxhydrique; **2'gelb** F *adj.* d'un jaune éclatant; **~gold** *n chim.* or fulminant; aurate *m* d'ammonium; **2ig** *adj. Farben* éclatant; *péj.* criard; **~ˌkapsel** *f chem.* pétard *m* (de signaux de chemin de fer); **~ˌkörper** *m* pétard *m*; **~ˌpulver** *n* poudre fulminante; **~ˌquecksilber** *n chim.* fulminate *m* mercurique, de mercure; **2'rot** F *adj.* d'un rouge éclatant; **2ˌsauer** *adj. chim.* **knallsaure Salze** fulminates *m/pl.*; **~ˌsäure** *f chim.* acide *m* fulminique; **~ˌsilber** *n chim.* fulminate *m* d'argent; argent fulminant.

knapp [knap] *adj. u. adv.* **1.** *Lebensmittel, Geld etc.* rare; *Zeit* limité; **Brot** *etc.* **ist ~** le pain, *etc.* est rare; *Vorräte etc.* **~ werden** se faire rare; devenir rare; **die Zeit ist ~ (bemessen)** le temps est limité, compté; *cf. auch* **bemessen II**; F **~ bei Kasse sein** être à court d'argent; ne pas être en fonds; avoir la bourse plate; **2.** (*wenig*) juste; *Stil* concis; **~e Sätze** phrases concises; **mit ~en Worten** succinctement; en peu de mots; **ein Meter Stoff für e-n Rock ist zu ~** un mètre de tissu est trop juste pour une jupe; **~ hinter der Linie** juste derrière la ligne; **3.** (*eng*) trop juste, étroit, serré; **die Hose sitzt ~** le pantalon est trop juste, étroit, serré; **4.** (*gerade noch zureichend*) tout juste; de justesse; **die ~e Mehrheit** la faible majorité; **mit ~er Not** de justesse; **mit ~er Not davonkommen** l'échapper belle, de justesse; *Material etc.* **~ bemessen sein** être calculé *od.* mesuré très juste; (**das Spiel**) **~ gewinnen, verlieren** gagner, perdre la partie de justesse, de peu; **~ aneinander vorbeifahren** se raser; **sein ~es Auskommen haben** avoir tout juste de quoi vivre.

Knappe ['knapə] *m* ⟨~n; ~n⟩ **1.** *hist.* écuyer *m*; **2.** *mines* mineur *m*.

knapp|halten ['knapˌhaltən] *v/t.* ⟨*irr., sép.*, -ge-, h⟩ ne pas donner beaucoup d'argent, *etc.* à; user de parcimonie envers (qn.); **er wurde zu Hause sehr knappgehalten** chez lui il n'a pas été gâté; **2heit** *f* ⟨~⟩ *der Vorräte, des Geldes, der Zeit* manque *m*; *von Lebensmitteln etc. auch* rareté *f*; pénurie *f*; *des Stils* concision *f*; *e-s Kleides* justesse *f*; *od. adjektivisch.*

Knappschaft ['knapʃaft] *f* ⟨~; ~en⟩ *mines etwa* corporation *f* des mineurs; **~sˌkasse** *f* caisse *f* de secours des mineurs; **~sverˌein** *m cf.* ~; **~sverˌsicherung** *f* assurances sociales des mineurs.

knapsen ['knapsən] *v/i.* ⟨-(es)t, h⟩ F (*sparen*) économiser (**mit** sur); *cf. auch* **knausern**.

Knarre ['knarə] *f* ⟨~; ~n⟩ **1.** (*Klapper*) crécelle *f*; **2.** *techn.* (*Bohr2*) cliquet *m*; **3.** F (*Gewehr*) P flingue *m*; flingot *m*; **2n I** *v/i.* ⟨h⟩ *Tür, Bett, Äste* grincer; *Diele* craquer; **II ~n** *n* ⟨~s⟩ grincement *m*; *der Diele* craquement *m*; *e-r Knarre* bruit *m* de crécelle.

Knast [knast] *m* **1.** ⟨~(e)s; ~e⟩ *cf.* **Knorren**; **2.** ⟨*pas de pl.*⟩ P (*Gefängnis*) P tôle *f*; bloc *m*; **~ schieben** être en tôle, au bloc, en cabane; **~er** *m* ⟨~s; ~⟩ *péj. u.* F (*Tabak*) mauvais tabac; caporal *m*.

knatschen ['kna:tʃən] *v/i.* ⟨h⟩ F *Kinder* geindre; se lamenter.

knattern ['knatərn] **I** *v/i.* ⟨-(e)re, h⟩ *Motorrad* pétarader; *Maschinengewehr* crépiter; **II 2** *n* ⟨~s⟩ pétarade *f*; *e-s Maschinengewehrs* crépitement *m*.

Knäuel ['knɔʏəl] *m, n* ⟨~s; ~⟩ **1.** pelote *f*; *kleiner* peloton *m*; **ein ~ Wolle** une pelote de laine; **auf ein, zu e-m ~ wickeln** mettre en pelote; pelotonner; **2.** *fig.* (*Durcheinander*) enchevêtrement *m*; mêlée *f*; **~ˌgras** *n bot.* dactyle *m*.

Knauf [knauf] *m* ⟨~(e)s; ¨e⟩ **1.** *e-s Schwertes* pommeau *m*; *e-s Stockes* pomme *f*; *e-r Tür* bouton *m*; **2.** *cf.* **Kapitell**.

Knauser ['knauzər] F *m* ⟨~s; ~⟩ radin *m*; pingre *m*; grippe-sou *m*; harpagon *m*; **~ei** [-'raɪ] *f* ⟨~; ~en⟩ lésine(rie) *f*; pingrerie *f*; *im Kleinen auch* économie *f* de bouts de chandelle; **2ig** *adj.* radin; pingre; rapiat; **2n** *v/i.* ⟨-(e)re, h⟩ être radin, pingre; compter ses sous; lésiner (**mit** sur).

Knautie ['knautsiˑə] *f* ⟨~; ~n⟩ *bot.* knautia *m*.

knautsch|en ['knautʃən] *v/i.* ⟨h⟩ *cf.* **knittern**; **~ig** *adj. cf.* **knitterig**; **2koˌmmode** F *f* accordéon *m*.

Knebel ['kne:bəl] *m* ⟨~s; ~⟩ **1.** bâillon *m*; **2.** *e-r Säge* garrot *m*; **~ˌbart** *m* moustache *f* en croc [-o]; **2n** *v/t.* ⟨-(e)le, h⟩ **j-n ~** bâillonner qn. (*auch fig.*); **~ung** *f* ⟨~⟩ bâillonnement *m*; *besser verbal.*

Knecht [knɛçt] *m* ⟨~(e)s; ~e⟩ valet *m*; *agr. auch* garçon *m* de ferme; *bibl.* serviteur *m*; **~ Ruprecht** le Père Fouettard; **2en** *v/t.* ⟨-ete, h⟩ asservir; assujettir; **2isch 1.** *adj.* servile; bas, -sse; **~e Gesinnung** âme servile; servilité *f*; **2.** *adv.* servilement; **~schaft** *f* ⟨~⟩ servitude *f*; esclavage *m*; **~sgeˌstalt** *f bibl.* **und nahm ~ an** prenant condition d'esclave; **~ung** *f* ⟨~⟩ asservissement *m*; assujettissement *m*.

Kneif [knaɪf] *m* ⟨~(e)s; ~e⟩ (*Schustermesser*) tranchet *m*; (*Gärtnermesser*) serpe *f*; *kleiner* serpette *f*; **2en I** *v/t.* ⟨**kneift, kniff, gekniffen,** h⟩ pincer; **j-n in den Arm ~** pincer le bras de qn.; **II** *v/i.* F (*sich drücken*) reculer; se dérober; P se dégonfler; **III ~en** *n* ⟨~s⟩ **1.** pincement *m*; *besser verbal*; **2.** F (*Drücken*) reculade *f*; dérobade *f*; **~er** *m* ⟨~s; ~⟩ pince-nez *m*; binocle *m*; lorgnon *m*; **~ˌzange** *f techn.* tenaille(s) *f* (*pl.*).

Kneipe ['knaɪpə] *f* ⟨~; ~n⟩ **1.** F (*Wirtschaft*) bistro(t) *m*; **2.** *e-r Studentenverbindung* beuverie *f*; **2n** *v/i.* ⟨h⟩ F pinter; picoler; **~'rei** *f* ⟨~; ~en⟩ beuverie *f*.

Kneippkur ['knaɪpku:r] *f* cure *f* hydrothérapique Kneipp.

knet|bar ['kne:tba:r] *adj.* pétrissable; **~en I** *v/t.* ⟨-ete, h⟩ *Teig etc.* pétrir; malaxer (*beide auch méd.*); **II 2en** *n* ⟨~s⟩ *von Teig etc.* pétrissage *m* (*auch méd.*); pétrissement *m*; malaxage *m*; **2ˌgummi** *n, m* pâte *f* à modeler; **2maˌschine** *f Bäckerei* pétrin *m* mécanique; **2ˌmasse** *f* pâte *f* à modeler; **2ˌmulde** *f* pétrin *m*.

Knick [knɪk] *m* ⟨~(e)s; ~e⟩ pli *m*; pliure *f*; *in Metall* coude *m*; *leichter* coup *m*; **e-n ~ machen** faire un coude; **darin ist ein leichter ~** *in Blech* cela a reçu un petit coup; *in Papier* il y a la marque d'un pli; **2en I** *v/t.* ⟨h⟩ **1.** *Papier etc.* plier; *Zweige* briser; **2.** *fig.* **er ist ganz geknickt** il est tout effondré, atterré; **II** *v/i.* ⟨**sein**⟩ plier; se casser; *techn.* flamber; **III ~en** *n* ⟨~s⟩ *von Papier etc.* pliage *m*; *von Zweigen verbal*; *techn. cf.* **Knickung**; **~er** *m* ⟨~s; ~⟩ **1.** *ch.* couteau (de chasse) pliant; **2.** F *cf.* **Knauser**; **~erbocker** ['knɪkərˌbɔkər, 'nɪkəˌbɔkə] *pl.* pantalon *m*, culotte *f* de golf; knickerbockers [nikərbɔkœrs] *m/pl.*; **~e'rei** *f* ⟨~⟩ F *cf.* **Knauserei**; **2eˌrig** *adj.* F *cf.* **knauserig**; **2ern** *v/i.* ⟨-(e)re, h⟩ F *cf.* **knausern**; **~ˌfestigˌkeit** *f techn.* résistance *f* au flambage; **~ˌflügel** *m aviat.* aile *f* en dièdre.

Knicks [knɪks] *m* ⟨~es; ~e⟩ révérence *f*; **e-n ~ machen** faire la *od.* une révérence; **2en** *v/i.* ⟨-(es)t, h⟩ *cf.* (**e-n**) **~** (**machen**).

Knickung ['knɪkuŋ] *f* ⟨~⟩ *techn.* flambage *m*.

Knie [kni:] *n* ⟨~s; ~ [kni:ə]⟩ **1.** *anat.* genou *m*; **auf den ~n liegen** être à genoux; **bis an, über die ~ im Schlamm stecken** être dans la boue jusqu'aux genoux, jusqu'à mi-jambes; **j-n auf ~n bitten** supplier qn. à genoux; **in die ~ sinken** tomber à genoux; **in die ~ gehen, weich in den ~n werden** sentir ses genoux fléchir (sous soi); *relig. cath.* **das ~ beugen** faire une génuflexion; *fig.* **etw. übers ~ brechen** expédier, précipiter, brusquer qc.; F **j-n übers ~ legen** donner une fessée à qn.; **2.** *e-s Flusses, Rohres etc.* coude *m*; **~ˌaufschwung** *m gym. etwa* rétablissement *m* à l'aide du genou; **~ˌbeuge** *f* **1.** *gym.* flexion *f* de genoux; **2.** *relig. cath.* génuflexion *f*; **~ˌbeule** *f in der Hose* genou *m*; **~fall** *m* **e-n ~ tun** se mettre à genoux; tomber à genoux; **2ˌfällig** *adj. u. adv.* à genoux; **j-n ~ bitten** prier qn. à genoux; **2frei** *adj. Rock* laissant voir le(s) genou(x); s'arrêtant au-dessus des genoux; **~geˌlenk** *n anat.* articulation *f* du genou; **~ˌhebel** *m techn.* levier coudé, à genouillère; **~hebelˌpresse** *f* presse *f* à levier coudé; **2hoch** *adj. u. adv.* jusqu'aux genoux; à la hauteur des genoux; **der Schnee liegt ~** la neige monte, arrive jusqu'aux genoux, à la hauteur des genoux; **~holz** *n bot.* arbres nains; **~ˌhose** *f* culotte serrée au genou; knickers *m/pl.*; **~ˌkehle** *f anat.* jarret *m*; creux *m* du genou; *sc.* creux poplité; **2lang** *adj. Kleidungsstück* descendant jusqu'aux genoux; **2ln** F *v/i.* ⟨h⟩ faire du genou (**à** qn.); **2n** [kni:n, 'kni:ən] **I** *v/i.* ⟨**kniet, kniete, gekniet,** h⟩ *Zustand* être à genoux; **II** *v/réfl.* **sich ~** (**hin~**) s'agenouiller; se mettre à genoux; **III ~n** *n* ⟨~s⟩ position *f* à genoux; *od. verbal*; **beim ~** à genoux; **2nd** *adjt. u. advt.* agenouillé; à genoux; **~ˌriemen** *m Schuhmacher* tire-pied *m*; **~rohr** *n* coude *m*; tuyau coudé; genou *m*.

Knies [kni:s] F *m* ⟨~⟩ dispute *f*; querelle *f*; **mit j-m ~ haben** être brouillé avec qn.; être en froid avec qn.

Knie|scheibe ['kni:ˌʃaɪbə] *f anat.* rotule *f*; **~ˌschützer** *m* ⟨~s; ~⟩ genouillère *f*; **~sehnenreˌflex** *m* réflexe rotulien; **~strumpf** *m* demi-bas *m*; chaussette (montante); **~stück** *n* **1.** *techn.* genou *m*; coude *m*; raccord coudé; **2.** *peint.* portrait *m* représentant une personne jusqu'aux genoux; **2tief** *adj. u. adv.* jusqu'aux genoux; **~ˌwelle** *f gym. etwa* moulinet *m* autour de la barre fixe (la barre se trouvant au creux d'un genou).

kniff [knɪf] *cf.* **kneifen**.

Kniff [knɪf] *m* ⟨~(e)s; ~e⟩ **1.** *fig.* truc [-yk] *m*; artifice *m*; **~e anwenden** user d'artifices; **dabei ist ein ~** il y a là un truc; **allerlei ~e kennen** connaître toutes sortes de trucs; **den ~ heraushaben** connaître le truc; **2.** *im Stoff etc.* pli *m*; *auf der Haut* marque *f* d'un pincement; pinçon *m*; **~e'lei** *f* ⟨~; ~en⟩ difficulté subtile; finesse *f*; subtilité *f*;

2(eˌ)lig *adj.* plein de difficultés subtiles; délicat; épineux, -euse; **e-e ~e Arbeit** un travail délicat; **e-e ~e Frage** une question délicate, épineuse; **~(e)ligˌkeit** *f* ⟨~; ~en⟩ difficulté subtile; subtilité *f*.

Knilch [knɪlç] *m* ⟨~s; ~e⟩ F *cf.* **Kerl.**

Kniphofie [kniˑpˈhoːfiˑə] *f* ⟨~; ~n⟩ *bot.* kniphofia *m*.

knips [knɪps] *int.* clic [-ik]!; **~en I** *v/t.* ⟨-(es)t, h⟩ **1.** *Fahrkarte* poinçonner; **2.** F *phot.* photographier; prendre en photo; *abs.* prendre une *bzw.* des photo(s); **II** *v/i.* **3. mit den Fingern ~** claquer des doigts; **III 2en** *n* ⟨~s⟩ **4.** *e-r Fahrkarte* poinçonnage *m*; **5.** *phot.* **beim ~** en photographiant; en prenant la photo; **2er** *m* ⟨~s; ~⟩ F *élect.* bouton *m* (électrique); **2ˌzange** *f* pince *f* (à poinçonner).

Knirps [knɪrps] *m* ⟨~es; ~e⟩ **1.** F mioche *m*; marmot *m*; gosse *m*; môme *m*; **2.** *Schirm* parapluie *m* télescopique.

knirschen [ˈknɪrʃən] **I** *v/i.* ⟨h⟩ *Schnee, Sand* crisser; **mit den Zähnen ~** grincer des dents; **II 2** *n* ⟨~s⟩ crissement *m*; *der Zähne* grincement *m*.

knistern [ˈknɪstərn] **I** *v/i.* ⟨-(e)re, h⟩ *Feuer* pétiller; *Seide* froufrouter; *chim.* crépiter; **II 2** *n* ⟨~s⟩ *des Feuers* pétillement *m*; *der Seide* frou-frou *m*; *chim.* décrépitation *f*.

Knittelverse [ˈknɪtəlˌfɛrzə] *m/pl.* *métr.* vers *m/pl.* à quatre temps forts rimant deux à deux.

knitter|arm [ˈknɪtərˌˀarm] *adj.* *Stoff* peu froissable; **2ˌfalte** *f* froissure *f*; **~n in s-m Rock haben** avoir sa jupe froissée, pleine de plis; **~ˌfest, ~ˌfrei** *adj.* *Stoff* infroissable; **~ig** *adj.* froissé; chiffonné; fripé; **~n I** *v/i.* ⟨-(e)re, h⟩ se froisser; se chiffonner; se friper; **II 2n** *n* ⟨~s⟩ froissement *m*; chiffonnement *m*; *besser verbal.*

Knobel|becher [ˈknoːbəlˌbɛçər] *m* **1.** cornet *m* à dés; **2.** *fig. u.* F (*Militärstiefel*) botte *f* (de soldat allemand); **2n** *v/i.* ⟨-(e)le, h⟩ **1.** jouer aux dés; **2.** F (*überlegen*) cogiter.

Knoblauch [ˈknoːplaux, ˈknoːblaux, ˈknɔplaux, ˈknɔblaux] *m* ⟨~(e)s⟩ *bot.* ail [aj] *m* (*pl.* aulx *od.* ails); **mit ~ würzen** ailler; **~ˌöl** *n* essence *f* d'ail; **~ˌpilz** *m* *bot.* marasme *m*; **~ˌrauke** *f* ⟨~; ~n⟩ *bot.* alliaire *od.* alliaria *f*; **~ˌwurst** *f* saucisson *m* à l'ail; **~ˌzehe** *f* gousse *f* d'ail; **~ˌzwiebel** *f* tête *f*, bulbe *m* d'ail.

Knöchel [ˈknœçəl] *m* ⟨~s; ~⟩ *anat.* *am Fuß* cheville *f*; *sc.* malléole *f*; *am Finger* jointure *f*, nœud *m* du doigt; **~ˌbruch** *m* fracture *f* malléolaire; **~chen** *n* ⟨~s; ~⟩ osselet *m*.

Knochen [ˈknɔxən] *m* ⟨~s; ~⟩ **1.** *anat.* os [ɔs, *pl.* o] *m*; **platte, lange ~** os plats, longs; *Fleisch* **ohne ~** sans os; désossé; *fig. u.* F **nur noch Haut und ~ sein** *cf.* **Haut**; **Blei in den ~ haben** avoir des membres de plomb; **die Nachricht ist ihm in die ~ gefahren** la nouvelle lui a coupé bras et jambes; **bis auf die ~** complètement; tout à fait; **sich bis auf die ~ blamieren** se ridiculiser pour le restant de ses jours; se rendre parfaitement ridicule; **die ~ zusammenreißen** faire un suprême effort; **mir tun die ~ weh** j'ai les membres rompus; **sich die ~ brechen** se rompre les os; **2.** F **alter ~!** mon vieux!; vieille branche!; **~ˌasche** *f* cendre *f* d'os; (*weißgebrannte Knochen*) os calcinés; **~atroˌphie** *f* *méd.* atrophie *f* des os; **~ˌauswuchs** *m* excroissance osseuse; exostose *f*; **~ˌbank** *f* ⟨~; ~en⟩ banque *f* d'os; **~ˌbau** *m* ⟨~(e)s⟩ ossature *f*; charpente (osseuse); **~ˌbildung** *f* ossification *f*; formation *f* des os; *beim Embryo* ostéogénie *f*; **~ˌbrand** *m* *méd.* nécrose osseuse; **~ˌbrekzie** *f* ⟨~; ~n⟩ *géol.* bone-bed *m*; **~ˌbruch** *m* fracture *f*; **~ˌbrüchigkeit** *f* *méd.* ostéopsathyrose *f*; **~entˌzündung** *f* inflammation *f* de l'os; ostéite *f*; **~ˌerde** *f* *cf.* **~asche**; **~erˌweichung** *f* ramollissement *m* de l'os; ostéomalacie *f*; **~ˌfett** *n* graisse *f* d'os; **~ˌfische** *m/pl.* *zo.* téléostéens *m/pl.*; **~ˌfortsatz** *m* apophyse *f*; **~ˌfraß** *m* ⟨~es⟩ *méd.* carie *f* des os; **~ˌfuge** *f* synostose *f*; **~geˌrüst** *n* charpente osseuse; squelette *m*; **~geˌschwulst** *f* tumeur osseuse; ostéome *m*; **~geˌwebe** *n* tissu osseux; **2ˈhart** F *adj.* dur comme du bois; **~ˌhaut** *f* *anat.* périoste *m*; **~hautentˌzündung** *f* *méd.* périostite *f*; **~ˌknorpel** *m* cartilage osseux; **~ˌkohle** *f* noir animal; **~ˌkörperchen** *n* ⟨~s; ~⟩ *cf.* **~zelle**; **~ˌlehre** *f* ostéologie *f*; **~ˌleim** *m* gélatine *f*; ostéocolle *f*; **~ˌmark** *n* moelle [mwal] osseuse, des os; **~markentˌzündung** *f* *méd.* inflammation *f* de la moelle osseuse; ostéomyélite *f*; **~ˌmehl** *n* poudre *f* d'os; **~ˌnaht** *f* suture *f*; **~ˌnarbe** *f* cal osseux; **~ˌöl** *n* huile *f* d'os; **~operatiˌon** *f* opération *f* d'un os; **~ˌsäge** *f* *chir.* scie *f* à os; **~ˌschaft** *m* diaphyse *f*; corps *m* des os longs; **~ˌschwund** *m* *cf.* **~atrophie**; **~ˌsplitter** *m* éclat *m* d'os; esquille *f*; **~ˌstück** *n* fragment *m* d'os; **~subˌstanz** *f* *anat.* substance osseuse; osséine *f*; **2ˈtrokken** F *adj.* très sec, sèche; **~tuberkuˌlose** *f* *méd.* tuberculose osseuse; **~verˌletzung** *f* lésion osseuse; **~ˌzelle** *f* cellule osseuse; (*knochenbildende Zelle*) ostéoblaste *m*.

knöchern [ˈknœçərn] *adj.* en os; d'os; osseux, -euse.

knochig [ˈknɔxɪç] *adj.* osseux, -euse; (*grob2*) ossu; *Körperbau, Gesicht auch* anguleux, -euse; *Fleisch* plein d'os; **~e Hand** main osseuse.

knockout [nɔkˈˀaʊt] **I** *adj. u. adv.* (*abr.* **k.o.**) knock-out (*abr.* K.-O.); **j-n ~ schlagen** mettre qn. knock-out; **II 2** *m* ⟨~(s); ~s⟩ (*abr.* **K.o.**), **2ˌschlag** *m* *Boxen* knock-out *m* (*abr.* K.-O.); **2ˌsieg** *m* victoire *f* par knock-out, par K.-O.

Knödel [ˈknøːdəl] *m* ⟨~s; ~⟩ *cuis.* boulette *f*.

Knöllchen [ˈknœlçən] *n* ⟨~s; ~⟩ *bot.* petit tubercule; **~bakˌterien** *f/pl.* bactéries *f/pl.* de tubercule.

Knoll|e(n) [knɔlə(n)] *f* ⟨~; ~n⟩ (*m*) ⟨~s; ~⟩ *bot.* tubercule *m*; (*Zwiebel*) bulbe *m*; oignon *m*; **2enˌartig** *adj.* qui ressemble à un tubercule; tubéroïde; **~enˌbildung** *f* *bot.* formation *f* de tubercule(s); **~enˌblätterˌpilz** *m* *bot.* amanite *f*; **grüner ~** amanite phalloïde; **~enˌfäule** *f* pourriture *f* de tubercules; **2enˌförmig** *adj.* en forme de tubercule, de bulbe; tuberculiforme; **~enˌfrucht** *f* tubercule *m*; **~engeˌwächs** *n* *bot.* plante *f* à tubercules; **2enˌtragend** *adjt.* *bot.* tuberculifère; tubérifère; **~enˌwurzel** *f* racine tubéreuse; **~enˌzwiebel** *f* bulbe tubéreux; **2ig** *adj.* *bot.* tubéreux, -euse; tuberculeux, -euse; *Nase* en patate.

Knopf [knɔpf] *m* ⟨~(e)s; ~e⟩ **1.** bouton *m*; **~ mit Stoffüberzug** bouton recouvert de tissu; **e-n ~ annähen** coudre un bouton; **der ~ ist ab(gegangen)** le bouton est parti, a sauté, manque; **es sich an den Knöpfen abzählen (, ob ...)** *etwa* jouer à pile ou face (pour savoir si ...); **2.** *techn.* bouton *m*; poussoir *m*; bouton-poussoir *m*; **auf den ~ drücken** appuyer sur le bouton; presser le bouton; **3.** *e-r Turmspitze etc.* pomme *f*; *am Florett* mouche *f*; bouton *m*; *der Stecknadel* tête *f*; *an Schubladen* bouton *m*; *cf. auch* **Knauf**; **4.** *fig. u.* F *cf.* **Kerl.**

knöpf|en [ˈknœpfən] *v/t.* ⟨h⟩ boutonner; **vorne, hinten zu ~** qui se boutonne devant, derrière; **2er** *m* ⟨~s; ~⟩ *Gerät* tire-bouton *m*.

Knopf|fabrik [ˈknɔpffaˌbriːk, -ˌbrɪk] *f* fabrique *f* de boutons; boutonnerie *f*; **~fabriˌkant** *m* fabricant *m* de boutons; boutonnier *m*; **~kraut** *n* *bot.* (*Franzosenkraut*) galinsoga *m*; **~loch** *n* boutonnière *f*; **blindes ~** boutonnière fermée; fausse boutonnière; **sich e-e Blume ins ~ stecken** se mettre une fleur à la boutonnière; **~lochˌschere** *f* ciseaux *m/pl.* à boutonnières; **~lochˌstich** *m* *cout.* point *m* de boutonnière; **~ˌreihe** *f* rangée *f* de boutons; **~ˌspießer** *m* ⟨~s; ~⟩ *zo.* 'hère *m*.

knorke [ˈknɔrkə] F *adj.* F épatant; P au poil.

Knorpel [ˈknɔrpəl] *m* ⟨~s; ~⟩ *anat.* cartilage *m*; (*Brust2*) *beim Kalb etc.* tendron *m*; **~ˌfische** *m/pl.* *zo.* chondrichthyens [kõdriktjɛ̃] *m/pl.*; **~geˌschwulst** *f* *méd.* chondrome [k-] *m*; **~ˌhaut** *f* périchondre [-kõdr] *m*; **2ig** *adj.* cartilagineux, -euse; **~ˌzelle** *f* *anat.* cellule cartilagineuse.

Knorr|en [ˈknɔrən] *m* ⟨~s; ~⟩ (*Auswuchs an Bäumen*) loupe *f*; broussin *m*; (*knorriges Stück Holz*) morceau de bois noueux; tronc, bâton noueux; (*Baumstumpf*) souche *f*; **2ig** *adj.* noueux, -euse; raboteux, -euse; *fig.* rude.

Knosp|e [ˈknɔspə] *f* ⟨~; ~n⟩ *bot.* *allg.* bourgeon *m* (*auch zo.*); bouton *m*; *bot.* *sc.* gemme [ʒɛm] *f*; (*Blüten2*) bourgeon *m*, bouton *m* à fleurs *od.* à fruits; (*Blatt2*) bourgeon *m* à feuilles, à bois; **~n treiben** bourgeonner; pousser des bourgeons, des boutons; boutonner; *fig. u.* F **wenn die ~ aufgeht** ... quand il *od.* elle sera grand(e) ...; **2en I** *v/i.* ⟨h⟩ *cf.* **~(n treiben)**; **II ~en** *n* ⟨~s⟩ bourgeonnement *m* (*auch biol.*); *von Blüten auch* boutonnement *m*; *sc.* gemmation [ʒɛm-] *f*; **2enˌförmig** *adj.* en forme de bourgeon, de bouton; **2enˌhaft** *adj. cf.* **2ig**; **~enˌstand** *m* *bot.* gemmation *f*; **2enˌtragend** *adjt.* qui porte des bourgeons; *sc.* gemmifère [ʒɛm-]; **2ig** *adj.* qui ressemble à un bourgeon, à un bouton; comme un bourgeon, un bouton; en forme de bourgeon, de bouton; chargé de, plein de bourgeons, boutons; **~ung** *f* ⟨~⟩ *biol.* bourgeonnement *m*.

Knötchen [ˈknøːtçən] *n* ⟨~s; ~⟩ petit nœud; nodule *m*; *bei Hautkrankheiten* papule *f*; **~ˌausschlag** *m* *méd.* lichen [-kɛn] *m* plan; **~ˌstich** *m* *cout.* point *m* de nœud.

Knoten [ˈknoːtən] *m* ⟨~s; ~⟩ **I 1.** nœud *m* (*auch bot., astr., phys., fig.*); **e-n ~ machen** faire un nœud (**ins Taschentuch** à son mouchoir); **e-n ~ aufmachen** défaire un nœud; *fig.* **der gordische ~** *cf.* **gordisch**; *Drama* **den ~ schürzen** nouer l'intrigue, l'action; **die Lösung des ~s** le dénouement; **2.** *mar.* nœud *m*; **zwanzig ~ machen** filer vingt nœuds; **3.** *Haartracht* chignon *m*; **4.** *méd.* nodosité *f*; (*Anschwellung*) tubérosité *f*; (*Nerven-, Gefäß2*) ganglion *m*; (*Gicht2*) tophus [-ys] *m*; *bei Aussatz* nodule *m*; **II 2** *v/t.* ⟨-ete, h⟩ (*zusammen~*) nouer; *abs.* faire un nœud; **~ˌbahnhof** *m* gare *f* de jonction; **~ˌbildung** *f* *méd.* formation *f* de nodosités, *etc. cf.* ~ 4.; ℒ,**förmig** *adj. méd.* qui a la forme de nodosité, *etc. cf.* ~ 4.; **~,punkt** *m chem. etc.* nœud *m* ferroviaire, de communication; *Topographie, opt.* point nodal; **~,stock** *m* bâton noueux.

Knöterich [ˈknøːtəˌrɪç] *m* ⟨~(e)s; ~e⟩ *bot.* renouée *f*; *sc.* polygonum [-ɔm] *m*; **~ge,wächse** *n/pl. bot.* polygonacées *f/pl.*

knotig [ˈknoːtɪç] *adj.* noueux, -euse; noduleux, -euse (*beide auch bot.*); plein de nœuds; *méd.* qui présente des nodosités, des tophus; ganglionné; **~e Finger** doigts noueux.

Knuff [knʊf] *m* ⟨~(e)s; ¨~e⟩ F (*Stoß*) petit coup; bourrade *f*; **j-m (heimlich) e-n ~ geben** *cf.* ℒen; **ℒen** *v/t.* ⟨h⟩ **j-n ~** donner un petit coup, une bourrade à qn.

Knülch [knʏlç] *m* ⟨~s; ~e⟩ F *cf.* Kerl.

knülle [ˈknʏlə] *adj.* F (*betrunken*) P rond; paf (*inv.*); **~n I** *v/t.* ⟨h⟩ **etw. in den Koffer** *etc.* **~** mettre qc. en tampon, en chiffon dans la valise, *etc.*; **II** *v/i. Stoff* se chiffonner; se froisser; **ℒr** *m* ⟨~s; ~⟩ F (*Schlager*) article *m*, film *m*, livre *m*, *etc.* à succès.

Knüpf|arbeit [ˈknʏpfˌˀarbaɪt] *f* dentelle *f* à point(s) noué(s); filet *m*; macramé *m*; **ℒen I** *v/t.* ⟨h⟩ nouer (*auch Weberei*), attacher (an à); *Verbindungen* nouer; contracter; **an Wien ~ sich für mich die schönsten Erinnerungen** Vienne est associée, liée à mes meilleurs souvenirs; **die Bande enger, fester ~** resserrer les liens; **Bedingungen an etw. ~** mettre, rattacher des conditions à qc.; **daran ~ sich keinerlei Bedingungen** aucune condition n'y est mise, rattachée; **geknüpfter Teppich** tapis noué, à point(s) noué(s); **II ~en** *n* ⟨~s⟩ *text.* nouage *m*.

Knüppel [ˈknʏpəl] *m* ⟨~s; ~⟩ **1.** gourdin *m*; trique *f*; *der Polizei* matraque *f*; (*Rundholz*) rondin *m*; *fig.* **j-m e-n ~ zwischen die Beine werfen** mettre des bâtons dans les roues de qn.; **2.** *aviat.* (*Steuer*ℒ) manche *m* à balai; **3.** *métall.* billette *f*; **~ˈausdem,sack** *m* ⟨~⟩ *Märchen* «bâton sors de ton sac»; **~,bohrma,schine** *f techn.* machine *f* à forer les billettes; foreuse *f* pour billettes; **~,brücke** *f* pont *m* de rondins; **~,damm** *m* chemin *m*, chaussée *f* fait(e) de rondins; ℒ,**dick** *adj.* de l'épaisseur d'un gourdin, d'un rondin; *fig. u.* F **ich habe es ~** j'en ai plein le dos; j'en ai marre; j'en ai par-dessus la tête; **~,holz** *n* rondins *m/pl.*; **~,schaltung** *f Auto* levier *m* de changement de vitesse au plancher; **~,steuerung** *f aviat.* commande *f* par manche à balai; **~,walzwerk** *n* laminoir *m* à billettes; **~,weg** *m cf.* ~damm.

knurr|en [ˈknʊrən] **I** *v/i.* ⟨h⟩ **1.** *Hund* gronder; **2.** *Magen* gargouiller; **mir knurrt der Magen** j'ai l'estomac qui gargouille; **3.** *Person* bougonner; ronchonner; grogner; **II ℒen** *n* ⟨~s⟩ *e-s Hundes* grondement *m*; *des Magens* gargouillement *m*; borborygme *m*; *e-r Person* bougonnement *m*; ronchonnement *m*; grognement *m*; **ℒhahn** *m zo. Fisch* grondin *m*; *sc.* trigle *m*; *pl.* **Knurrhähne** *sc.* triglidés *m/pl.*; **~ig** *adj. Person* grognon; ronchon; bougon.

Knusper|häuschen [ˈknʊspərˌhɔʏsçən] *n* ⟨~s; ~⟩ maisonnette *f* de pain d'épice; **ℒig** *adj.* croustillant; *fig. u.* F *Mädchen* à croquer; **ℒn** *v/t. u. v/i.* ⟨-(e)re, h⟩ *cf.* **knabbern.**

Knust [knuːst] *m* ⟨~es; ~e *od.* ¨~e⟩ *cf.* Kanten.

Knute [ˈknuːtə] *f* ⟨~; ~n⟩ knout [knut] *m*; *fig.* **j-n unter s-r ~ haben** tenir, avoir qn. sous sa domination; **ℒn** *v/t.* ⟨-ete, h⟩ **j-n ~** tenir qn. sous sa domination, sous son joug.

knutsch|en [ˈknuːtʃən] **I** *v/t.* ⟨h⟩ P (*küssen*) embrasser avec fougue; *sinnlich* P sucer la pomme à; *abs.* F se fricasser le museau; *sinnlich* P se sucer la pomme; **ein ~des Pärchen** F un couple en train de se bécoter, de se fricasser le museau, P de se sucer la pomme; **II ℒen** *n* ⟨~s⟩, **ℒeˈrei** *f* ⟨~; ~en⟩ F fricassée *f* de museaux; P suçage *m* de pomme; **das Fest artete in e-e Knutscherei aus** la fête dégénéra en un suçage de pomme général; **ℒfleck** P *m* suçon *m*.

Knüttel [ˈknʏtəl] *m* ⟨~s; ~⟩ *cf.* Knüppel; **~,verse** *m/pl. cf.* Knittelverse.

k. o. [kaːˈˀoː] **I** *adj. u. adv.* (*abr. für* knockout) K.-O.; **j-n ~ schlagen** mettre qn. K.-O.; F **ich bin (ganz) ~** je suis (complètement) K.-O.; **II K. o.** *m* ⟨~(s); ~s⟩ K.-O. *m*; **technischer ~** K.-O. technique.

Koadjutor [koˑatˈjuːtɔr] *m* ⟨~s; -ˈtoren⟩ *égl. cath.* coadjuteur *m*.

Koagul|at [koˑaguˑˈlaːt] *n* ⟨~(e)s; ~e⟩ *Biochemie* coagulum [-ɔm] *m*; **~atiˈon** *f* ⟨~⟩ *chim.* coagulation *f*; **ℒieren** *v/i.* ⟨*pas de ge-*, h⟩ coaguler.

Koala [koˑˈaːla] *m* ⟨~s; ~s⟩ *zo.* koala *m*.

koal|ieren [koˑaˈliːrən] *v/i.* ⟨*pas de ge-*, h⟩, **~iˈsieren** *v/i.* ⟨*pas de ge-*, h⟩ se coaliser; **ℒitiˈon** *f* ⟨~; ~en⟩ coalition *f*; **e-e ~ bilden** former une coalition; **mit j-m e-e ~ eingehen, bilden** former une coalition, se coaliser avec qn.; **ℒitiˈons,freiheit** *f* liberté *f* de coalition; **ℒitiˈons,krieg** *m* guerre *f* de coalition; *Franz. Revolution* coalition *f*; *hist.* **der erste, zweite ~** la première, la deuxième coalition; **ℒitiˈonspar,tei** *f* parti *m* de coalition; **ℒitiˈons,partner** *m* partenaire *m* de coalition; **ℒitiˈons,recht** *n* droit *m* de coalition; **ℒitiˈonsre,gierung** *f* gouvernement *m* de coalition.

koaxial [koˑaksiˑˈaːl] *adj.* coaxial; ℒ,**leitung** *f élect.* câble coaxial.

Kobalt [ˈkoːbalt] *n* ⟨~(e)s⟩ *chim.* cobalt [-alt] *m* (*auch Farbe*); **~aˈmmin,salze** *n/pl.* cobaltiammines *f/pl.*; **~,blau** *n* bleu *m* de cobalt; **~,blüte** *f minéral.* érythrine *f*; cobalt arséniaté; cobaltocre *m*; **~,bombe** *f* bombe *f* au cobalt; **~chlo,rid** *n* chlorure *m* de cobalt; **~,glanz** *m minéral.* cobaltine *f*; **~,glas** *n* smalt [-alt] *m*; ℒ,**haltig** *adj. chim.* cobaltifère; **~izyanˈkalium** *n* cobalticyanure *m*; **~,kies** *m* linnéite *f*; **~le,gierung** *f* alliage *m* de cobalt; **~o,xyd** *n* oxyde *m* de cobalt; **~ver,bindung** *f* composé *m* du cobalt.

Koben [ˈkoːbən] *m* ⟨~s; ~⟩ (*Schweine*ℒ) étable *f* à cochons; porcherie *f*.

Kobold [ˈkoːbɔlt] *m* ⟨~(e)s; ~e⟩ kobold *m*; lutin *m*; **~,maki** *m* ⟨~s; ~s⟩ *zo.* tarsier *m*; (*Gespensttier*) tarsier *m* spectre; *pl.* **~s** *sc.* tarsiidés *m/pl.*

Kobolz [koˑˈbɔlts] *m* F **(e-n) ~ schießen** *cf.* Purzelbaum.

Kobra [ˈkoːbra] *f* ⟨~; ~s⟩ *zo.* cobra *m*; naja *m*.

Koch [kɔx] *m* ⟨~(e)s; ¨~e⟩ cuisinier *m*; **viele Köche verderben den Brei** *prov.* trop de cuisiniers gâtent la sauce; **Hunger ist der beste ~** *cf.* Hunger; **~,apfel** *m* pomme *f* à cuire; **~buch** *n* livre *m* de cuisine; **ℒecht** *adj. cf.* **kochfest.**

Köchelverzeichnis [ˈkœçəlfɛrˌtsaɪçnɪs] *n mus.* catalogue *m* Köchel.

koch|en [ˈkɔxən] **I** *v/t.* ⟨h⟩ *Flüssigkeiten* faire bouillir; *Speisen* (faire) cuire; **Eier ~** faire cuire des œufs; **Kaffee ~** faire du café; **Essen ~** faire, préparer le repas; **etw. mit Milch ~** faire cuire qc. avec du lait; **Wäsche ~** faire bouillir du linge; **Baumwollsachen kann man ~** on peut faire bouillir le coton; **was kochst du heute?** que fais-tu à manger aujourd'hui?; **ein gekochtes Ei** un œuf cuit; **gekochter Schinken** du jambon cuit; **es wird überall (nur) mit Wasser gekocht** *prov.* les gens sont partout les mêmes; c'est partout pareil; ailleurs ce n'est pas mieux; **es wird alles nicht so heiß gegessen, wie es gekocht wird** *prov.* au début les choses apparaissent pires qu'elles ne sont; tout s'arrange avec le temps; **II** *v/i.* **1.** *Flüssigkeiten* bouillir (*auch fig.*); *Speisen* cuire; **das Wasser, die Wäsche kocht** l'eau, le linge bout; *fig.* **er kochte vor Wut** il bouillait de rage; **das Blut kocht ihm in den Adern** le sang lui bout dans les veines; **2.** *Personen* faire la cuisine; cuisiner; **~ können** savoir cuisiner; savoir faire la cuisine; **sie kocht gut** elle fait bien la cuisine; elle cuisine bien; **heute muß er ~** aujourd'hui c'est à lui de faire la cuisine; **III ℒen** *n* ⟨~s⟩ **3.** *von Speisen* cuisson *f*; (*Sieden*) ébullition *f*; **beim ~** *von Wasser, Wäsche* en bouillant; *von Speisen* en cuisant; **etw. zum ~ bringen** faire bouillir qc.; porter qc. à ébullition; **4.** (*Kochkunst*) *verbal*; **beim ~** en faisant la cuisine; **(das) ~ lernen** apprendre à faire la cuisine; **~end, ~end,heiß** *adj.* bouillant; **~es Wasser** de l'eau bouillante; **ℒer** *m* ⟨~s; ~⟩ réchaud *m*; **elektrischer ~** réchaud électrique.

Köcher [ˈkœçər] *m* ⟨~s; ~⟩ carquois *m*.

Kocherei [ˌkɔxəˈraɪ] *f* ⟨~⟩ *verbal mit* faire la cuisine.

Köcherfliegen [ˈkœçərˌfliːgən] *f/pl. zo.* trichoptères [-k-] *m/pl.*; phryganéidés *m/pl.*

koch|fertig [ˈkɔxˌfɛrtɪç] *adj.* prêt à cuire; **~fest** *adj. Wäsche* qui peut bouillir; **ℒge,legenheit** *f* possibilité *f* de faire la cuisine, de cuisiner; possibilité *f* cuisine; **ℒge,schirr** *n* gamelle *f*; **ℒherd** *m cf.* **Küchenherd.**

Kochie [ˈkɔxiˑə] *f* ⟨~; ~n⟩ *bot.* kochia *m*.

Köchin [ˈkœçɪn] *f* ⟨~; ~nen⟩ cuisinière *f*.

Koch|käse [ˈkɔxˌkɛːzə] *m* fromage fondu simple; **~,kessel** *m cf.* Kessel; **~,kiste** *f* marmite norvégienne; **~kunst** *f* art *m* culinaire; cuisine *f*; **~,künstler** *m* cordon bleu; **~,kurs(us)** *m* cours *m* de cuisine; **~,löffel** *m* cuiller *f* en bois; **~,nische** *f* (re)coin *m* cuisine; **~,platte** *f e-s Herdes* plaque *f* (électrique); *einzelne* réchaud *m* (électrique); **~re,zept** *n* recette *f* de cuisine; **~salz** *n* sel *m* de cuisine; gros sel; **~salz,lösung** *f* solution *f* de sel de cuisine; **~topf** *m* marmite *f*; cocotte *f*; *mit Stiel* casserole *f*; **~ für Elektroherde** marmite, casserole pour cuisinière électrique; **~,wäsche** *f* linge *m* supportant l'ébullition; **~zeit** *f* temps *m* de cuisson.

Koda [ˈkoːda] *f* ⟨~; ~s⟩ **1.** *mus.* coda *f*; **2.** *bot.* paspalum [-ɔm] *m*.

kodderig [ˈkɔdəˌrɪç] *adj.* F **a)** (*frech*) **e-e ~e Schnauze haben** être insolent, impertinent, un malappris; **b)** (*übel*) **mir ist ganz ~** je me sens tout chose.

Kode [ˈkoːdə] *m* ⟨~s; ~s⟩ code *m*.

Kodein [koˑdeˑˈiːn] *n* ⟨~s⟩ *chim., phm.* codéine *f*.

Köder [ˈkøːdər] *m* ⟨~s; ~⟩ amorce *f*;

appât *m*; *künstlicher* leurre *m*; mit e-m ~ **versehen** amorcer; ᒿ**n** *v/t.* ⟨-(e)re, h⟩ appâter (*auch fig.*); *fig. auch* attirer; allécher.

Kod|ex ['ko:dɛks] *m* ⟨~(es); ~e *od.* -dizes⟩ **1.** (*alte Handschrift*) manuscrit ancien; codex [-ɛks] *m*; **2.** *jur.* code *m*; (*Ehren*ᒿ) code *m* de l'honneur; **~ifikaˌti'on** *f* ⟨~⟩ *jur.* codification *f*; ᒿ**ifi'zieren** *v/t.* ⟨*pas de ge-*, h⟩ codifier; **~ifi'zierung** *f* ⟨~⟩ codification *f*; **~i'zill** *n* ⟨~s; ~e⟩ *jur.* codicille [-sil] *m*.

Ko|edukation [koˑeˑduˑkatsiˑ'o:n] *f* ⟨~⟩ éducation *f* mixte; coéducation *f*; **~effizi'ent** *m* ⟨~en; ~en⟩ *math.* coefficient *m*; ᒿ**er'zibel** *adj.* ⟨-bl-⟩ *Gase* coercible; **~erzi'tivˌkraft** *f phys.* puissance coercitive; **~exis'tenz** *f* coexistence *f*; **friedliche ~** coexistence pacifique; ᒿ**exis'tieren** *v/i.* ⟨*pas de ge-*, h⟩ coexister.

Koffein [kɔfeˑ'i:n] *n* ⟨~s⟩ caféine *f*; ᒿ**ˌfrei** *adj.* décaféiné; ᒿ**ˌhaltig** *adj.* qui contient de la caféine.

Koffer ['kɔfər] *m* ⟨~s; ~⟩ (*Hand*ᒿ) valise *f*; (*großer Reise*ᒿ) malle *f*; **s-e ~ packen** faire ses valises, ses malles; **~appaˌrat** *m cf.* Koffergerät.

Köfferchen ['kœfərçən] *n* ⟨~s; ~⟩ petite valise; mallette *f*.

Koffer|deckel ['kɔfərˌdɛkəl] *m* couvercle *m* de valise, de malle; **~ˌfisch** *m zo.* coffre *m*; **~geˌrät** *n* poste portatif (de radio, de télévision); **~grammoˌphon** *n* phonographe portatif; **~ˌradio** *n* radio portative; récepteur portatif; **~ˌraum** *m beim Auto* coffre *m*.

Kog *cf.* Koog.

Kognak ['kɔnjak] *m* ⟨~s; ~s⟩ cognac [-ak] *m*; **~ˌbohne** *f etwa* chocolat *m* au cognac.

Kognat [kɔ'gnɑ:t] *m* ⟨~en; ~en⟩ cognat [-gna] *m*.

Kohabitation [koˑhabiˑtatsiˑ'o:n] *f* ⟨~⟩ acte sexuel; coït [-it] *m*.

kohä|rent [koˑhɛ'rɛnt] *adj.* cohérent (*auch opt.*); ᒿ**'renz** *f* ⟨~⟩ cohérence *f*; ᒿ**rer** [-'hɛ:-] *m* ⟨~s; ~⟩ *phys.* cohéreur *m*; **~'rieren** *v/i.* ⟨*pas de ge-*, h⟩ être cohérent; ᒿ**si'on** *f* ⟨~⟩ *phys.* cohésion *f*; ᒿ**si'onsˌkraft** *f* force *f* de cohésion; **~'siv** *adj.* cohésif, -ive.

Kohl [ko:l] *m* ⟨~(e)s; ~e⟩ **1.** *bot.* chou *m*; *fig.* **das macht den ~ nicht fett** cela ne m', t', *etc.* avance pas beaucoup; F cela me, te, *etc.* fait une belle jambe; **2.** ⟨*pas de pl.*⟩ *fig. u.* F bêtises *f/pl.*; inepties [-si] *f/pl.*; âneries *f/pl.*; sottises *f/pl.*; **red keinen ~** ne dis pas de bêtises, *etc.*; **das ist aufgewärmter ~** c'est du réchauffé; **~ˌarten** *f/pl.* sortes *f/pl.*, espèces *f/pl.* de choux; **~ˌblatt** *n* feuille *f* de chou; **~ˌdampf** *m* ⟨~(e)s⟩ F **~ haben** F avoir la dent; avoir l'estomac dans les talons; P **~ schieben** n'avoir rien à manger; F se serrer la ceinture.

Kohle ['ko:lə] *f* ⟨~; ~n⟩ **1.** *minéral.* charbon *m*; (*Stein*ᒿ) 'houille *f*; (*Braun*ᒿ) lignite *m*; **magere, trockene, halbfette, fette ~** 'houille maigre, sèche, demi-grasse, grasse; **glühende ~n** charbons ardents; *fig.* **weiße ~** (*Wasserkraft*) 'houille blanche; *mar.* **~n einnehmen** faire du charbon; *bibl.* **feurige ~n auf j-s Haupt sammeln** accumuler des charbons ardents sur la tête de qn.; *fig.* **(wie) auf glühenden ~n sitzen** être sur des charbons ardents; **2.** *peint.* fusain *m*; charbon *m* (à dessiner); **mit ~ zeichnen** dessiner au fusain, au charbon; charbonner; **3.** *phm.* charbon *m*; **~ˌbadeˌofen** *m* chauffe-bain *m* à charbon; **~ˌbanse** *f* ⟨~; ~n⟩ *chem.* réservoir *m* à charbon; **~ˌbürste** *f élect.* balai *m* en charbon; **~ˌfilter** *m* filtre *m* à charbon; ᒿ**ˌführend** *adjt.* carbonifère; **~hyˌdrate** *n/pl. chim.* hydrates *m/pl.* de carbone; *Biochemie* glucides *m/pl.*; **~hyˌdrierung** *f* hydrogénation *f* du charbon; **~mikroˌphon** *n* microphone *m* à charbon.

kohlen ['ko:lən] *v/i.* ⟨h⟩ **1.** *mar.* faire du charbon; **2.** (*ohne Flamme brennen*) charbonner; **3.** *fig. u.* F (*lügen*) raconter une *bzw.* des blague(s); **das hast du gekohlt** tu (m')as raconté une *bzw.* des blague(s).

Kohlen|abbau ['ko:lənˌˀapbau] *m* exploitation *f* du charbon, de la houille; **~ˌabsatz** *m* écoulement *m* du charbon; **~ˌabsatzˌmarkt** *m* débouché *m* du charbon; **~ˌader** *f* veine *f* de charbon; **~ˌaufbereitung** *f* préparation *f* (mécanique) du charbon; **~ˌauto** *n* camion *m* de charbon; **~ˌbecken** *n* **1.** *géol.* bassin 'houiller; **2.** (*offener Wärmofen*) brasero *m*; **~ˌbergbau** *m* exploitation *f* de la houille, du charbon; **~ˌbergwerk** *n* mine *f* de charbon; 'houillère *f*; charbonnage *m*; **~ˌbrenner** *m* ⟨~s; ~⟩ *cf.* Köhler; **~ˌbunker** *m mar.* soute *f* à charbon; **~ˌdampfer** *m mar.* charbonnier *m*; **~'dioˌxyd** *n chim.* gaz *m*, anhydride *m* carbonique; **~disˌtrikt** *m* région 'houillère; district 'houiller; **~ˌdunst** *m cf.* **~oxyd**; **~ˌeimer** *m* seau *m* à charbon; **~eisenˌstein** *m minéral.* black-band *m*; **~elekˌtrode** *f* électrode *f* de charbon, de carbone; **~ˌfaden** *m* filament *m* de carbone; **~ˌfadenˌlampe** *f* lampe *f* à filament de carbone; **~ˌfeuer** *n* feu *m* de charbon; **~ˌfeuerung** *f* chauffage *m* au charbon; **~ˌflöz** *n* couche *f* de charbon, de houille; **~ˌförderˌanlage** *f* installation *f* d'extraction du charbon, de la houille; **~ˌförderung** *f* extraction *f* du charbon, de la houille; *par ext.* production 'houillère, de charbon, de houille; **~formatiˌon** *f géol.* formation 'houillère, carbonifère; **~ˌgas** *n cf.* **~oxyd**; **~geˌbiet** *n* région 'houillère; bassin 'houiller; **~ˌglut** *f* braise(s) *f* (*pl.*); **~ˌgrube** *f cf.* **~bergwerk**; **~ˌgrus** *m* menu *m*, fines *f/pl.* de houille, de charbon; ᒿ**ˌhaltig** *adj. cf.* kohleführend; **~ˌhandel** *m* commerce *m* du charbon; **~ˌhändler** *m* marchand *m* de charbon; charbonnier *m*; **~ˌhandlung** *f* commerce *m* de charbon; **~ˌheizung** *f cf.* **~feuerung**; **~ˌherd** *m* fourneau *m* à charbon; **~ˌhobel** *m mines* rabot *m*; **~hyˌdrate** *n/pl. cf.* Kohlehydrate; **~indusˌtrie** *f* industrie 'houillère, du charbon; **~ˌkasten** *m* bac *m*, caisse *f* à charbon; **~ˌkeller** *m* cave *f* à charbon; **~ˌknappheit** *f* pénurie *f*, manque *m* de charbon; **~körnermikroˌphon** *n cf.* Kohlemikrophon; **~ˌkrise** *f* crise du charbon, charbonnière; **~ˌlager** *n* **a)** entrepôt *m* de charbon, de houille; **b)** *mines* gisement *m* de charbon; **~ˌlagerˌplatz** *m* parc *m* à charbon; **~ˌlunge** *f méd.* anthracose *f*; **~ˌmangel** *m* manque *m* de charbon; **~ˌmann** F *m* ⟨~(e)s; ~̈er⟩ charbonnier *m*; **~ˌmarkt** *m* marché *m* du charbon; **~ˌmeiler** *m* meule *f* de charbonnier; **~'monoˌxyd** *n cf.* **~oxyd**; **~ˌofen** *m* poêle *m* à charbon; (*Küchenofen*) fourneau *m* à charbon; **~oˌxyd** *n chim.* oxyde *m* de carbone; **~oxydverˌgiftung** *f* intoxication *f* par oxyde de carbone; **~produktiˌon** *f* production 'houillère, charbonnière, du charbon; **~reˌvier** *n* région 'houillère; district 'houiller; **~ˌrutsche** *f* goulet *m*, goulotte *f* à charbon; **~ˌsack** *m* sac *m* à *bzw.* de charbon; ᒿ**ˌsauer** *adj. chim.* carbonaté; *bei Salzen* carbonate *m* de ...; **kohlensaurer Kalk** carbonate de calcium; **kohlensaures Natron** carbonate de soude; **kohlensaures Salz** carbonate *m*; **~ˌsäure** *f* **1.** *chim.* acide *m* carbonique; **2.** *Industrie* gaz *m*, anhydride *m* carbonique; **~säureˌbad** *n méd.* bain carbogazeux; **~säureˌschnee** *m* neige *f* carbonique; carboglace *f*; glace sèche; **~ˌschaufel** *f* pelle *f* à charbon; **~ˌschicht** *f* couche *f* de charbon, de houille; **~ˌschiefer** *m minéral.* schiste 'houiller; **~ˌschiff** *n mar.* charbonnier *m*; **~ˌschippe** *f cf.* **~schaufel**; **~ˌschütter** *m* ⟨~s; ~⟩ seau *m* à charbon; **~statiˌon** *f mar.* escale *f* (pour faire du charbon); **~ˌstaub** *m* poussier *m*; poussière *f* de charbon; charbon pulvérisé; **~staubexplosiˌon** *f* coup *m* de poussier; **~staubˌfeuerung** *f* chauffage *m* au poussier, au charbon pulvérisé; **~staubˌmotor** *m* moteur *m* à charbon pulvérisé; **~ˌstift** *m cf.* Kohlestift; **~ˌstoff** *m chim.* carbone *m*; ᒿ**stoffˌarm** *adj.* pauvre en carbone; **~stoffaˌtom** *n* atome *m* de carbone; **~stoffgeˌhalt** *m* teneur *f* en carbone; ᒿ**stoffˌhaltig** *adj.* carburé; carboné; **~stoffverˌbindung** *f* composé *m*, combinaison *f* du carbone; *mit einzelnen Elementen* carbure *m*; **~ˌteer** *m* (*Stein*ᒿ) goudron *m* de houille; **~transˌport** *m* transport *m* de charbon; **~ˌtrimmer** *m* ⟨~s; ~⟩ *mar.* soutier *m*; **~ˌübernahme** *f mar.* ravitaillement *m* en charbon; *od. verbal mit* faire du charbon; **~verˌbrauch** *m* consommation *f* de charbon; **~verˌsorgung** *f* approvisionnement *m* en charbon; **~ˌvorkommen** *n* gisement *m* de charbon, de houille; **~ˌvorrat** *m* provision *f* de charbon; *e-s Landes etc.* réserves *f/pl.* de charbon; **~ˌwagen** *m chem.* wagon *m* à *bzw.* de charbon; (*Tender*) *auch* tender [-ɛ:r] *m*; *Auto* camion *m* à *bzw.* de charbon; (*Förderwagen*) berline *f*, benne *f* à charbon; **~'wasserstoff** *m chim.* hydrocarbure *m*; carbure *m* d'hydrogène; **gesättigter, ungesättigter ~** hydrocarbure saturé, non saturé; ᒿ**'wasserstoffˌhaltig** *adj.* carburant; **~ˌzeche** *f cf.* **~bergwerk**; **~ˌzug** *m chem.* train *m* de charbon, de houille.

Kohle|papier ['ko:ləpaˌpi:r] *n* papier *m* carbone; **~präpaˌrat** *n phm.* préparation *f* de charbon.

Köhler ['kø:lər] *m* ⟨~s; ~⟩ charbonnier *m*; **~ˌglaube** *m* foi *f* du charbonnier.

Kohle|stift ['ko:ləˌʃtɪft] *m zum Zeichnen* fusain *m*; charbon *m* (à dessiner); *élect. e-r Bogenlampe* (crayon *m* de) charbon *m*; **~verˌflüssigung** *f cf.* Kohlehydrierung; **~ˌzeichnung** *f* fusain *m*; (dessin *m* au) charbon *m*.

Kohl|fliege ['ko:lˌfli:gə] *f zo.* anthomyie *f* (brassicae); **~ˌhernie** *f* ⟨~⟩ *agr.* 'hernie *f*; **~ˌkopf** *m* chou *m*; **~ˌmade** *f zo.* larve *f* de l'anthomyie (brassicae); **~ˌmeise** *f zo.* mésange charbonnière; **~ˌpalme** *f bot.* euterpe *m*; **~ˌrabe** *m cf.* Kolkrabe; ᒿ**'raben'schwarz** *adj.* noir comme du jais; noir comme du charbon; **~'rabi** *m* ⟨~(s); ~(s)⟩ *bot.* **1.** chou-rave *m* (*pl.* choux-raves); **2.** *cf.* **~rübe**; **~ˌraupe** *f zo.* chenille *f* du chou; **~ˌröschen** *n* ⟨~s; ~⟩ *bot.* nigritelle *f*; nigritella *m*; **~rouˌlade(n)** *f* (*pl.*) *cuis.* viande 'hachée roulée dans des feuilles de chou; **~ˌrübe** *f bot.* chou-navet *m*; **~rübenˌblattwespe** *f zo.* athalie *f*; **~(ˌgallen)ˌrüßler** *m* ⟨~s; ~⟩ *zo.* ceuthorhynque *m*; **~ˌschnake** *f* *zo.* tipule *f* (oleracea); **2'schwarz** *adj. cf.* 2rabenschwarz; **~strunk** *m* trognon *m* de chou; **~ˌsuppe** *f* soupe *f* aux choux; **~ˌwanzen** *f/pl. zo.* eurydèmes *m/pl.*; **~ˌweißling** *m* ⟨~s; ~e⟩ *zo.* papillon *m* du chou; piéride *f*.

Kohorte [koˑ'hɔrtə] *f* ⟨~; ~n⟩ *hist.* cohorte *f*.

Koine [kɔʏ'neː] *f* ⟨~⟩ *antikes Griechisch* koinê *od.* koinè *f*.

koinzid|ent [koˑıntsiˑ'dɛnt] *adj.* coïncident; **2enz** *f* ⟨~⟩ coïncidence *f*; **2enzmeˌthode** *f math.* méthode *f* des coïncidences; **~ieren** *v/i.* ⟨*pas de ge-*, h⟩ coïncider.

Koitus ['koːiˑtʊs] *m* ⟨~; ~⟩ coït [-it] *m*.

Koje ['koːjə] *f* ⟨~; ~n⟩ **1.** *mar.* cabine *f*; (*Schlafstelle*) couchette *f*; *fig. u.* F in die ~ gehen P aller au pieu; **2.** (*abgetrennter Raum*) cabine *f*.

Kojote [koˑ'joːtə] *m* ⟨~n; ~n⟩ *zo.* coyote *m*.

Koka ['koːka] *f* ⟨~; ~⟩ *bot.* coca *m*; cocaïer *m*; **~'in** *n* ⟨~s⟩ cocaïne *f*; P coco *f*; **~i'nismus** *m* ⟨~⟩ cocaïnisme *m*; **~'inˌsucht** *f* cocaïnomanie *f*; **2'inˌsüchtig** *adj.* cocaïnomane; **~'inˌsüchtige(r)** *f* (*m*) ⟨→ A⟩ cocaïnomane *m, f*.

Kokarde [koˑ'kardə] *f* ⟨~; ~n⟩ *an Uniformen* cocarde *f*; **~nˌblume** *f bot.* gaillardia *od.* gaillarde *f*.

kokeln ['koːkəln] F *v/i.* ⟨-(e)le, h⟩ jouer avec du feu.

kok|en ['koːkən] *v/t.* ⟨h⟩ faire, fabriquer du coke; **2e'rei** *f* ⟨~; ~en⟩ cokerie *f*; **2e'reiˌgas** *n* gaz *m* de cokerie.

kokett [koˑ'kɛt] *adj.* coquet, -tte; **2e** *f* ⟨~; ~n⟩ coquette *f*; **2e'rie** *f* ⟨~; -ien⟩ coquetterie *f*; **~ieren** [-'tiː-] **I** *v/i.* ⟨*pas de ge-*, h⟩ faire la coquette, le coquet; mit j-m ~ faire du charme à qn.; mit etw. ~ caresser le désir de (+ *inf.*); **II 2ieren** [-'tiː-] *n* ⟨~s⟩ coquetteries *f/pl.*

Kokille [koˑ'kılə] *f* ⟨~; ~n⟩ *Gießerei* coquille *f*; lingotière *f*; auf ~n gießen couler en coquilles; **~nˌguß** *m* coulée *f* en coquilles.

Kokk|e ['kɔkə] *f* ⟨~; ~n⟩, **~us** *m* ⟨~; Kokken⟩ *Bakterie* coccus [-ys] *m*.

Kokon [koˑ'kõː, -'kɔŋ] *m* ⟨~s; ~s⟩ cocon *m*; **~ˌfaser** *f* fil *m* de cocon.

Kokos|butter ['koːkɔsˌbutər] *f* beurre *m* de coco; **~ˌfaser** *f* fibre *f* de coco; coir *m*; **~ˌfett** *n* graisse *f*, huile *f* de coco; cocose *f*; **~ˌflocken** *f/pl.* flocons *m/pl.* de coco; **~ˌmatte** *f* natte *f*, paillasson *m* en (fibre de) coco; **~ˌmilch** *f* lait *m* de coco; **~ˌnuß** *f* noix *f* de coco; coco *m*; **~ˌöl** *n* huile *f* de coco; **~ˌpalme** *f bot.* cocotier *m*; **~ˌteppich** *m* tapis *m* (en fibre) de coco.

Kokotte [koˑ'kɔtə] *f* ⟨~; ~n⟩ cocotte *f*; **~nˌwesen** *n* cocot(t)erie *f*.

Koks [koːks] *m* ⟨~es; ~e⟩ coke *m*; ~ brechen broyer, concasser du coke; *techn.* ~ ausdrücken défourner le coke; **~ˌabfall** *m* déchets *m/pl.* de coke; **~ˌasche** *f* cendre *f* de coke; **~ˌaufbeˌreitung** *f* préparation *f* du coke; **~ˌaufbereitungsˌanlage** *f* installation *f* de préparation du coke; **~ˌausdrückmaˌschine** *f* défourneuse *f*; machine *f* à défourner le coke; **~beˌreitung** *f* cokéfaction *f*; **~ˌbrechanlage** *f* installation *f* de broyage, de concassage du coke; **~ˌbrecher** *m* ⟨~s; ~⟩ broyeur *m*, concasseur *m* de coke; **~ˌfeuerung** *f* chauffage *m* au coke; **~gas** *n* gaz *m* de four à coke; gaz *m* de distillation de la houille; **~geˌwinnung** *f* **a)** cokéfaction *f*; **b)** production *f* de coke; **~grus** *m* menu *m*, fines *f/pl.* de coke; **~ˌherstellung** *f* production *f* de coke; **~ˌlöschung** *f* extinction *f* du coke; **~ˌofen** *m* four *m* à coke; **~siebeˌrei** *f* ⟨~; ~en⟩ triage *m* du coke; **~staub** *m* poussière *f* de coke; **~ˌwagen** *m* coke-car *m*.

Kokzid|ien [kɔk'tsiːdiˑən] *pl. biol.* coccidies [-ks-] *f/pl.*; **~i'ose** *f* ⟨~; ~n⟩ *vét.* coccidiose [-ks-] *f*.

Kola ['koːla] **1.** *f* ⟨~⟩ *bot.* cola *od.* kola *m*; **2.** *pl. von* Kolon; **~ˌnuß** *f* noix *f* de cola; **~ˌstrauch** *m bot.* kolatier *m*.

Kolben ['kɔlbən] *m* ⟨~s; ~⟩ **1.** *techn.* piston *m*; **2.** *chim.* cornue *f*; alambic [-k] *m*; ballon *m*; **3.** *Werkzeugschaft* poignée *f* (*auch vom Lötkolben*); queue *f*; **4.** *am Gewehr etc.* crosse *f*; **5.** *bot. Blütenstand* spadice *m*; panicule *f*; (*Mais2*) épi *m* (de maïs); **6.** *ch.* (*unfertiges Geweih*) bois *m* de velours; **~ˌblüter** *m/pl. bot.* spadiciflores *f/pl.*; **~ˌbolzen** *m* boulon *m*, tourillon *m* de piston; **~ˌdampfmaˌschine** *f* machine *f* à vapeur à piston; **~ˌdichtung** *f* garniture *f* de piston; **~ˌdruck** *m* pression *f* de piston; **2ˌförmig** *adj. bot.* en forme de spadice; paniculiforme; *mit ~em Blütenstand* spadicé; spadiciflore; **~ˌführung** *f* guidage *m* de piston; **~geˌschwindigkeit** *f* vitesse *f* de piston; **~ˌhals** *m e-s Destillierkolbens* goulot *m*; **~ˌhub** *m* course *f* de piston; **~komˌpressor** *m* compresseur *m* à piston; **~ˌkörper** *m* corps *m* de piston; **~ˌmotor** *m* moteur *m* à piston; **~ˌpalme** *f bot.* carludovica *m*; *pl.* ~n *sc.* cyclanthacées *f/pl.*; **~ˌpumpe** *f* pompe *f* à piston; **~ˌring** *m* segment *m* de piston; **~ˌschieber** *m* tiroir *m* piston, cylindrique; **~ˌschlag** *m mit e-m Gewehr* coup *m* de crosse; **~ˌstange** *f bei Dampfmaschinen etc.* tige *f* de piston; **~ˌwasserˌkäfer** *m zo.* hydrophile *m*.

Kolchizin [kɔlçiˑ'tsiːn] *n* ⟨~s⟩ *Alkaloid* colchicine *f*.

Kolchose [kɔl'çoːzə] *f* ⟨~; ~n⟩ kolkhoze(e) *m*; **~nˌbauer** *m* kolkhozien *m*.

Koleopteren [koˑleˑoˑ'pteːrən] *pl. zo.* coléoptères *m/pl.*

Kolibakterien ['koːliˑbakˌteːriˑən] *pl. biol.* colibacilles *m/pl.*

Kolibri ['koːliˑbriˑ] *m* ⟨~s; ~s⟩ *zo.* colibri *m*; oiseau-mouche *m*.

Kolik ['koːlık, koˑ'liːk] *f* ⟨~; ~en⟩ *méd., vét.* colique *f*.

Kolitis [koˑ'liːtıs] *f* ⟨~; -'tiden⟩ *méd.* colite *f*.

Kolk [kɔlk] *m* ⟨~(e)s; ~e⟩ (*Wasserloch*) grand creux, grand trou rempli d'eau; **~ˌrabe** *m zo.* grand corbeau.

Kollabor|ateur [kɔlaboˑra'tøːr] *m* ⟨~s; ~e⟩ *pol.* collaborateur *m*; *in Frankreich auch* collaborationniste *m*; **~ati'on** *f* ⟨~⟩ collaboration *f*; **2ieren** [-'riː-] *v/i.* ⟨*pas de ge-*, h⟩ collaborer.

Kollagen [kɔla'geːn] *n* ⟨~s; ~e⟩ *Biochemie* collagène *m*.

Kollaps [kɔ'laps, 'kɔ-] *m* ⟨~es; ~e⟩ *méd.* collapsus [-ys] *m*.

kollateral [kɔlateˑ'rɑːl] *adj.* collatéral.

Kollation [kɔlatsiˑ'oːn] *f* ⟨~⟩ *e-s Textes, e-s kirchl. Amtes,* (*Imbiß*) collation *f*; **2ieren** [-'niː-] *v/t.* ⟨*pas de ge-*, h⟩ *Texte* collationner.

Kolleg [kɔ'leːk] *n* ⟨~s; ~s *od.* ~ien⟩ **1.** cours *m* (à l'université); ein ~ hören suivre un cours (à l'université); **2.** *der Jesuiten* collège *m*; **~e** *m* ⟨~n; ~n⟩ collègue *m*; (*Fach2*) confrère *m*; mein ~ wird Sie weiterbedienen mon collègue va continuer à vous servir; *Ober* ~ kommt gleich mon collègue vient tout de suite; **~enˌschaft** *f* ⟨~⟩ collègues *m/pl.*; confrères *m/pl.*; **~ˌgelder** *n/pl. Universität* frais *m/pl.* de cours; droits *m/pl.* universitaires; **~ˌheft** *n* classeur *m* (d'étudiant); cahier *m* de cours; **2i'al 1.** *adj.* de collègue; de confrère; confraternel; mit ~en Grüßen avec mes sentiments confraternels; ein ~es Verhältnis de bons rapports entre collègues; ~ sein se montrer affable (envers); das war nicht sehr ~ (von ihm) il ne s'est pas montré bon camarade; il n'a pas fait preuve de bonne camaraderie; **2.** *adv.* en collègue; en confrère; ~ handeln agir en bon collègue; **~i'algeˌricht** *n jur.* tribunal collégial; **~iali'tät** *f* ⟨~⟩ bons rapports entre collègues; confraternité *f*; *e-r Person* affabilité *f*; **~i'alsysˌtem** *n* collégialité *f*; **~i'atkaˌpitel** *n égl. cath.* chapitre collégial; **~i'atˌkirche** *f* collégiale *f*; **~in** *f* ⟨~; ~nen⟩ collègue *f*; **~ium** *n* ⟨~s; -ien⟩ corps *m*; *meist hist.* collège *m*; (*Lehrer2*) enseignants *m/pl.*, professeurs *m/pl.* (d'une école); (*Ärzte2*) (ensemble *m* des) médecins *m/pl.* (d'un hôpital, *etc.*); (*Kardinals2*) Sacré Collège; collège *m* des cardinaux; **~ˌmappe** *f*, **~ˌtasche** *f* porte-documents *m*.

Kollekt|e [kɔ'lɛktə] *f* ⟨~; ~n⟩ *égl.* (*Geldsammlung*) quête *f*; **~i'on** *f* ⟨~; ~en⟩ *von Waren* collection *f*.

kollekt|iv [kɔlɛk'tiːf] **I** *adj.* collectif, -ive; ~e Sicherheit sécurité collective; **II 2iv** *n* ⟨~s; ~e⟩ collectivité *f*; *Wahrscheinlichkeitsrechnung* collectif *m*; **2ivbeˌgriff** *m gr.* (terme *m*) collectif *m*; **2ivbeˌtrieb** *m* exploitation collective, par une collectivité; **2ivbeˌwußtsein** *n* conscience collective; **2ivdeˌlikt** *n jur.* délit collectif; **2ivˌeigentum** *n* propriété collective; **2ivgaranˌtie** *f* garantie collective; **2ivgeˌsellschaft** *f in der Schweiz* société *f* en nom collectif; **2ivˌhaftung** *f* responsabilité collective; **~i'vieren** *v/t.* ⟨*pas de ge-*, h⟩ collectiviser; **2i'vierung** *f* ⟨~⟩ collectivisation *f*; die ~ der Landwirtschaft la collectivisation des terres agricoles; **2i'vismus** *m* ⟨~⟩ collectivisme *m*; **2i'vist** *m* ⟨~en; ~en⟩ collectiviste *m*; **~i'vistisch** *adj.* collectiviste; **2ivˌkonto** *n* compte collectif; **2ivˌnote** *f dipl.* note collective; **2ivproˌkura** *f* procuration collective; **2ivˌschritt** *m* démarche collective; **2ivˌschuld** *f* responsabilité, faute collective; **2ivˌstrafe** *f* punition, peine collective; **2ivsuˌffix** *n gr.* suffixe collectif; **2ivum** *n* ⟨~s; -va *od.* -ven⟩ *gr.* (nom *m*) collectif *m*; **2ivverˌsicherung** *f* assurance collective, de groupe; **2ivverˌtrag** *m* contrat collectif; **2ivˌvollmacht** *f cf.* 2ivprokura; **2ivˌwirtschaft** *f* **a)** collectivisme *m*; **b)** *cf.* 2ivbetrieb; **2or** [-'lɛk-] *m* ⟨~s; -'toren⟩ *élect.* collecteur *m*.

Kollenchym [kɔlɛn'çyːm] *n* ⟨~s; ~e⟩ *bot.* collenchyme [-ɑ̃ʃim] *m*.

Koller ['kɔlər] *m* ⟨~s; ~⟩ **1.** *vét.* vertigo *m*; **2.** *fig. u.* F crise *f* de rage; e-n ~ kriegen se mettre dans une rage folle; piquer une crise de rage; **~ˌgang** *m techn.* broyeur *m* à meules verticales; **2n I** *v/t.* ⟨-(e)re, h⟩ faire rouler, dégringoler; **II** *v/i.* **1.** ⟨sein⟩ rouler (hinunter le long de); dégringoler (la pente, *etc.*); vom Tisch ~ dégringoler de la table; **2.** *Truthahn, Birkhahn etc.* glouglouter.

Kolli ['kɔliˑ] *n/pl. comm.* colis *m/pl.*

kollidieren [kɔliˑ'diːrən] *v/i.* ⟨*pas de ge-*, h *od.* sein⟩ entrer en collision (mit avec); *zeitlich* tomber en même temps (que qc.); coïncider.

Kollier [kɔliˑ'eː] *n* ⟨~s; ~s⟩ *Schmuck* collier *m*.

Kollimat|ion [kɔliˑmatsiˑˈoːn] *f* ⟨~⟩ *opt.* collimation *f*; **~iˈonsˌfehler** *m* erreur *f* de collimation; **~or** [-ˈmaːr-] *m* ⟨~s; -ˈtoren⟩ *opt.* collimateur *m.*

Kollision [kɔliˑziˑˈoːn] *f* ⟨~; ~en⟩ collision *f*; *fig. auch* conflit *m*; ~ **der Gesetze** conflit des lois.

Kollo [ˈkɔloˑ] *n* ⟨~s; ~s *od.* Kolli⟩ *comm.* colis *m.*

Kollo|dium [kɔˈloːdiˑum] *n* ⟨~s⟩ *chim.* collodion *m*; ≈**ˈid I** *adj. cf.* ≈**idal**; **II ~ˈid** *n* ⟨~(e)s; ~e⟩ colloïde *m*; ≈**iˈdal** *adj.* colloïdal; **~ˈidcheˌmie** *f* chimie relative aux colloïdes; **~ˈidˌteilchen** *n* ⟨~s; ~⟩ particule colloïdale; micelle *f.*

Kolloquium [kɔˈloːkviˑum] *n* ⟨~s; -ien⟩ colloque *m.*

Kollusion [kɔluˑziˑˈoːn] *f* ⟨~; ~en⟩ *jur.* collusion *f.*

Köln|er(in) [ˈkœlnər(ın)] **I** *m* ⟨~s; ~⟩ *(f)* ⟨~; ~nen⟩ habitant(e) *m (f)* de Cologne; **II ~er** *adj.* ⟨*inv.*⟩ de Cologne; **der ~ Dom** la cathédrale de Cologne; *géogr.* **die ~ Bucht** le bassin de Cologne; ≈**isch** *adj.* de Cologne; ≈ **Wasser** eau *f* de Cologne.

Kolo|bom [koˑloˑˈboːm] *n* ⟨~s; ~e⟩ *méd.* colobome *m*; **~ˈkasie** *f* ⟨~; ~n⟩ *bot.* taro *m*; *sc.* colocasia *m.*

Kolombowurzel [koˑˈlɔmboˑˌvurtsəl] *f bot., phm.* (racine *f* du) colombo *m*; *Pflanze* chasmanthera [k-] *m.*

Kolon [ˈkoːlɔn] *n* ⟨~s; ~s *od.* Kola⟩ **1.** *anat.* côlon *m*; **2.** *cf.* **Doppelpunkt**; **~at** [-ˈnaːt] *n* ⟨~(e)s; ~e⟩ *hist.* colonat *m*; **~e** [-ˈloː-] *m* ⟨~n; ~n⟩ *hist.* colon *m*; **~el** [-ˈnɛl] *f* ⟨~⟩ *impr.* mignonne *f.*

kolonial [koˑloˑniˑˈaːl] *adj.* colonial; ≈**arˌmee** *f* armée coloniale; ≈**beˌsitz** *m* possession(s) coloniale(s); ≈**geˌbiet** *n* territoire colonial; ≈**geˌsellschaft** *f hist.* compagnie coloniale; ≈**ˌherrschaft** *f* domination coloniale; ≈**ismus** [-ˈlıs-] *m* ⟨~⟩ colonialisme *m*; ≈**ist** [-ˈlıst] *m* ⟨~en; ~en⟩ colonialiste *m*; **~istisch** [-ˈlıs-] *adj.* colonialiste; ≈**ˌmacht** *f* puissance coloniale; ≈**poliˌtik** *f* politique coloniale; ≈**ˌreich** *n* empire colonial; ≈**ˌstil** *m* style colonial; ≈**ˌwaren** *f/pl.* épicerie *f*; *aus überseeischen Ländern* denrées coloniales; ≈**warengeˌschäft** *n* épicerie *f*; ≈**warenˌhändler(in)** *m (f)* épicier, -ière *m, f.*

Kolon|ie [koˑloˑˈniː] *f* ⟨~; -ien⟩ colonie *f* (*auch biol.*); **~isatiˈon** *f* ⟨~⟩ *cf.* **~isierung**; **~iˈsator** *m* ⟨~s; -ˈtoren⟩ colonisateur *m*; ≈**iˈsierbar** *adj.* colonisable; ≈**iˈsieren** *v/t.* ⟨*pas de ge-*, h⟩ coloniser; **~iˈsierung** *f* ⟨~⟩ colonisation *f*; **~ist** *m* ⟨~en; ~en⟩ colon *m.*

Kolonnade [koˑlɔˈnaːdə] *f* ⟨~; ~n⟩ *bât.* colonnade *f.*

Kolonne [koˑˈlɔnə] *f* ⟨~; ~n⟩ colonne *f* (*auch impr., Zahlenreihe u. Destillier*≈); (*Arbeits*≈) équipe *f*; groupe *m*; *pol.* **Fünfte ~** cinquième colonne; **~nappaˌrat** *m Destilliergerät* appareil *m* de distillation à colonne(s); **~nˌführer** *m e-r Arbeitskolonne* chef *m* d'équipe; ≈**nˌweise** *adv.* par colonnes.

Kolo|phonium [koˑloˑˈfoːniˑum] *n* ⟨~s⟩ colophane *f*; **~ˈquinte** *f* ⟨~; ~n⟩ *bot.* coloquinte *f*; **~ˈradoˌkäfer** *m cf.* **Kartoffelkäfer.**

Koloratur [koˑloˑraˈtuːr] *f* ⟨~; ~en⟩ *mus.* vocalise *f*; *sc.* coloratur *f*; F, *plais.* roulade *f*; ~ **singen** vocaliser; **~ˌarie** *f* air *m* à grandes vocalises; **~ˌsängerin** *f* (cantatrice *f*) coloratur *f.*

kolor|ieren [koˑloˑˈriːrən] **I** *v/t.* ⟨*pas de ge-*, h⟩ colorier; **II** ≈**ieren** *n* ⟨~s⟩, ≈**ierung** *f* ⟨~⟩ coloriage *m*; ≈**iˈmeter** *n* ⟨~s; ~⟩ colorimètre *m*; ≈**imeˈtrie** *f* ⟨~⟩ colorimétrie *f*; **~iˈmetrisch** *adj.* colorimétrique; ≈**ist** *m* ⟨~en; ~en⟩ coloriste *m*; ≈**it** *n* ⟨~(e)s; ~e⟩ *peint., mus.* coloris *m* (*auch fig.*).

Koloß [koˑˈlɔs] *m* ⟨-sses; -sse⟩ colosse *m*; **der ~ von Rhodos** le colosse de Rhodes; *fig.* **ein ~ auf tönernen Füßen** un colosse aux pieds d'argile.

koloss|al [koˑlɔˈsaːl] *adj.* colossal; F *auch* monstre; bœuf; F **ein ~er Erfolg** un succès colossal, bœuf, monstre; ≈**alˌbau** *m* ⟨~(e)s; ~ten⟩ construction colossale; ≈**alˌstatue** *f* statue colossale; ≈**erˌbrief** [-ˈlɔ-] *m bibl.* Épître *f* aux Colossiens; ≈**eum** [-ˈseːum] *n* ⟨~s⟩ **das ~** le Colisée.

Kolostrum [koˑˈlɔstrum] *n* ⟨~s⟩ *physiol.* colostrum [-ɔm] *m.*

Kolport|age [kɔlpɔrˈtaːʒə] *f* ⟨~; ~n⟩ **1.** *comm.* colportage *m*; **2.** *fig.* littérature *f* sans valeur; **~ageroˌman** *m* roman *m* de quatre sous; **~eur** *m* ⟨~s; ~e⟩ colporteur *m* (*auch fig.*); ≈**ieren** *v/t.* ⟨*pas de ge-*, h⟩ colporter (*auch fig.*).

Kolposkopie [kɔlpoˑskoˑˈpiː] *f* ⟨~⟩ *méd.* colposcopie *f.*

Kolter [ˈkɔltər] *n* ⟨~s; ~⟩ *am Pflug* coutre *m* (de charrue).

Kolumb|arium [koˑlumˈbaːriˑum] *n* ⟨~s; -ien⟩ columbarium [kolõbarjɔm] *m*; **~iˈaner(in)** *m* ⟨~s; ~⟩ *(f)* ⟨~; ~nen⟩ Colombien, -nne *m, f*; ≈**iˈanisch** *adj.* colombien, -nne.

Kolumn|e [koˑˈlumnə] *f* ⟨~; ~n⟩ (*Säule, Druck-, Zahlen*≈) colonne *f*; (*Druckseite*) page *f*; **~enˌtitel** *m impr.* titre courant; **~ist** [-ˈnıst] *m* ⟨~en; ~en⟩ journaliste *m* qui tient une certaine colonne.

Kolur [koˑˈluːr] *m* ⟨~en; ~en⟩ *astr.* colure *m.*

Koma[1] [ˈkoːma] *n* ⟨~s; ~s *od.* ~ta⟩ *méd.* coma *m*; **~**[2] *f* ⟨~⟩ **1.** *opt.* coma *f*; **2.** *astr. e-s Kometen* chevelure *f.*

Komantschen [koˑˈmantʃən] *pl. Indianerstamm* Comanches *m/pl.*

Kombi [ˈkɔmbiˑ] *m* ⟨~(s); ~s⟩ *Autotyp* (voiture *f*) commerciale *f*; **~ˈnat** *n* ⟨~(e)s; ~e⟩ *Industrie* combinat *m*; **~natiˈon** *f* ⟨~; ~en⟩ combinaison *f* (*auch Piloten*≈, *Monteur*≈, *math., Zusammenspiel im Sport*); (*sportlicher Herrenanzug*) ensemble *m*; *Schisport* **die alpine, nordische ~** le combiné alpin, nordique; **~natiˈonsˌgabe** *f* sagacité *f*; perspicacité *f*; **~natiˈonsˌknopf** *m Orgel* bouton *m* de combinaison; **~natiˈonsˌschloß** *n* cadenas *m* à combinaisons; **~natiˈonsˌsprung** *m Schwimmsport* plongeon combiné; **~natiˈonsˌsprunglauf** *m Schi* saut *m* du combiné nordique; **~natiˈonsˌton** *m phys.* son *m* de combinaison; **~natiˈonsˌzange** *f cf.* **~zange**; **~naˈtorik** *f* ⟨~⟩ *math.* analyse *f* combinatoire; ≈**naˈtorisch** *adj.* combinatoire; ≈**ˈnieren** *v/t.* ⟨*pas de ge-*, h⟩ combiner; *fig. von e-m Detektiv etc.* conjecturer; déduire; ≈**ˈniert** *adjt.* combiné; **~er Herd** cuisinière mixte; **~ˌwagen** *m* voiture commerciale; **~ˌzange** *f* pince universelle.

Kombüse [kɔmˈbyːzə] *f* ⟨~; ~n⟩ *mar.* cuisine *f* de bord, d'un navire.

Komet [koˑˈmeːt] *m* ⟨~en; ~en⟩ *astr.* comète *f*; ≈**enˌartig** *adj. u. adv.* semblable à une comète; comme une comète; *fig.* **ein ~er Aufstieg** une ascension fulgurante; **~enˌbahn** *f* orbite *f* cométaire; **~enˌkern** *m* noyau *m* de comète; **~enˌschweif** *m* queue *f* de comète.

Komfort [kɔmˈfoːr, -ˈfɔrt] *m* ⟨~s *od. bei deutscher Ausspr.* ~(e)s⟩ confort *m*; **mit allem ~** avec tout le confort; ≈**abel** [-ˈtaː-] *adj.* ⟨-bl-⟩ confortable; **~ˌwohnung** *f* logement *m*, appartement *m* grand, tout confort.

Komik [ˈkoːmık] *f* ⟨~⟩ comique *m*; **unfreiwillige ~** comique involontaire; **~er** *m* ⟨~s; ~⟩ comique *m.*

Komin|form [koˑmınˈfɔrm] *n* ⟨~(s)⟩ Kominform *m*; **~ˈtern** *f* ⟨~⟩ Komintern *m.*

komisch [ˈkoːmıʃ] **1.** *adj.* **a)** (*lustig*) comique; **~e Szene, Situation** scène, situation comique; **~e Oper** opéra-comique *m*; **b)** (*seltsam, sonderbar*) drôle; étrange; bizarre; **ein ~er Einfall** une drôle d'idée; **ein ~er Kauz** *cf.* **Kauz 2.**; **darin ist er ~** il est drôle pour ça; **2.** *adv.* d'une drôle de façon; **~ gucken** regarder d'une drôle de façon; **~erˈweise** *adv.* **~ sagt man ...** ce qui est drôle c'est qu'on dit ...

Komitee [koˑmiˑˈteː] *n* ⟨~s; ~s⟩ comité *m.*

Komitien [koˑˈmiːtsiˑən] *pl. hist.* comices *m/pl.*

Komma [ˈkɔma] *n* ⟨~s; ~s *od.* ~ta⟩ **1.** *gr., math.* virgule *f*; **ein ~ machen, setzen** mettre une virgule; **drei ~ fünf (3,5)** trois virgule cinq; **null ~ vier, fünf (0,45)** zéro virgule quarante-cinq; quarante-cinq centièmes; **dreißig ~ zwei Grad** trente degrés et deux dixièmes; F **in null ~ nix** en cinq sec; **2.** *mus.* comma *m*; **~baˌzillus** *m méd.* bacille [-il] *m* virgule; **~ˌlaus** *f zo.* cochenille [-ij] *f* virgule.

Kommand|ant [kɔmanˈdant] *m* ⟨~en; ~en⟩ *milit.* commandant *m* (de place); **~anˈtur** *f* ⟨~; ~en⟩ bureau *m* du commandant, de la place; **~eur** *m* ⟨~s; ~e⟩ **1.** *milit.* commandant *m*; chef *m*; **2.** *e-s Ordens* commandeur *m*; ≈**ieren** *v/t. u. v/i.* ⟨*pas de ge-*, h⟩ commander; ≈**der General** général commandant un corps d'armée; **~ite** *f* ⟨~; ~n⟩ *comm.* **a)** (*Zweigniederlassung*) succursale *f*; filiale *f*; **b)** *cf.* **~itgesellschaft**; **~itˌeinlagen** *f/pl.* capital *m* de commandite; **~itgeˌsellschaft** *f* (*abr.* KG) *comm.* société *f* en commandite; **~ auf Aktien** (*abr.* KGaA) société en commandite par actions; **~iˈtist** *m* ⟨~en; ~en⟩ *comm.* commanditaire *m.*

Kommando [kɔˈmandoˑ] *n* ⟨~s; ~s⟩ **1.** (*Befehlswort, -gewalt*) commandement *m*; **ein ~ geben** donner un commandement; **das ~ führen** avoir le commandement (über de); **das ~ übergeben, übernehmen, niederlegen** passer, prendre, quitter le commandement; **wie auf ~** comme sur commandement; **2.** (*Abteilung mit Sonderauftrag*) commando *m*; **~ˌbrücke** *f mar.* passerelle *f* de manœuvre, de commandement; **~ˌflagge** *f milit.* fanion *m*, marque *f* de commandement; **~geˌrät** *n* appareil *m* indiquant la position du gouvernail, des portes d'une écluse, *etc.*; *der Flak* appareil *m* de conduite de tir; **~geˌwalt** *f* commandement *m*; **~ˌsache** *f milit.* **geheime ~** affaire de commandement secrète; **~ˌstand** *m mar. milit.* poste *m* de commandement; **~ˌstelle** *f* poste *m* de commandement; **~ˌton** *m* ton *m* de commandement; **~ˌturm** *m mar. milit.* blockhaus [blɔkoːs] *m*; **~zenˌtrale** *f* poste central de commandement.

Kommaschildlaus [ˈkɔmaˌʃıltlaus] *f cf.* **Kommalaus.**

kommen [ˈkɔmən] **I** *v/i.* ⟨kommt, kam, gekommen, sein⟩ **a)** *allg.* venir; (*an*~) arriver; P s'amener; rappliquer; **aus e-m Haus** *etc.* ~ sortir d'une maison, *etc.*; **in e-n Laden** *etc.* ~ entrer dans une boutique; durch e-e Stadt etc. ~ passer par, traverser une ville, etc.; nach Köln, zum Bäcker etc. ~ aller à Cologne, chez le boulanger, etc.; zufällig passer par Cologne, chez le boulanger, etc.; wie komme ich über die Straße? comment vais-je traverser (la rue)?; vom Zahnarzt etc. ~ (re)venir de chez le dentiste; ich komme von Herrn X, um Ihnen zu sagen, daß ... je viens de la part de Monsieur X (pour) vous dire que ...; an e-n Fluß etc. ~ arriver à une rivière, etc.; mit der Bahn, dem Wagen ~ venir, arriver par le train, en voiture; denselben Weg ~ venir par le même chemin; komm hierher! viens ici!; F arrive ici!; woher kommst du? d'où viens-tu?; da kommt er ja! le voilà!; ich komme ja schon! je viens!; me voilà!; j'arrive!; ich komme bestimmt je viens, je viendrai sans faute; ~ und etw. tun od. ~, um etw. zu tun venir faire qc.; er kam und setzte sich neben uns il vint s'asseoir près de nous; eigens ~, um ... venir exprès pour ...; geritten, gelaufen ~ venir, arriver à cheval, en courant; angebraust, angefahren etc. ~ cf. anbrausen, anfahren etc.; es ~ sehen prévoir qc.; voir venir qc.; wie komme ich zum Bahnhof? quel est le chemin de la gare?; die Schneeglöckchen ~ schon les perce-neige commencent à pousser, pointent déjà; die Nachrichten ~ um sieben les nouvelles sont à sept heures; il y aura les nouvelles à sept heures; zuerst kommt ein Fluß, dann eine Bahnlinie on arrive d'abord à un fleuve, puis à une ligne de chemin de fer; die Vase kommt auf diesen Tisch le vase se met sur cette table; der soll mir nur ~! qu'il vienne s'y frotter!; F komm, gib her! allez, donne!; loc. spät kommt ihr, doch ihr kommt vous venez tard, mais vous venez tout de même; kommt Zeit, kommt Rat prov. la nuit porte conseil prov.; wer zuerst kommt, mahlt zuerst prov. les premiers venus sont les mieux servis prov.; wer nicht kommt zur rechten Zeit, muß essen, was übrigbleibt prov. celui qui n'arrive pas à temps a ce qui reste; b) ~ lassen faire venir; e-n Handwerker ~ lassen faire venir un ouvrier; zehn Zentner Kohle ~ lassen faire venir dix sacs de charbon; auf j-n nichts ~ lassen prendre fait et cause pour qn.; ne pas tolérer que l'on dise du mal de qn.; es (nicht) so weit od. dahin ~ lassen (ne pas) laisser les choses en arriver à ce point; (ne pas) laisser les choses en venir là; F so lasse ich mir nicht ~! je ne me laisserai pas traiter comme ça!; j-n nicht zu Wort ~ lassen ne pas laisser parler qn.; c) unpersönlich: es werden zwanzig Personen ~ il viendra vingt personnes; il y aura vingt personnes; vingt personnes viendront; es kommt ein Gewitter un orage arrive, se prépare; es kam zu e-m Handgemenge, zu Tätlichkeiten ils en vinrent aux mains; es kam zu e-r Schießerei il y eut, il se produisit une fusillade; wie es gerade kommt comme cela vient; fig. suivant les cas, les circonstances; wie es auch, was auch ~ mag quoi qu'il arrive; wie kommt es, daß ...? comment se fait-il que ... (+ subj.)?; daher kommt es, daß ... de là vient que ...; es wird noch so weit od. dahin ~, daß wir ... on en viendra à ... (+ inf.); on en arrivera encore au point où ...; iron. es ist weit mit ihm gekommen il est tombé bien bas; es mußte so ~ les choses devaient en venir là; komme, was wolle! advienne que pourra!; erstens kommt es anders und zweitens als man denkt l'homme propose, Dieu dispose prov.; d) mit Präpositionen: an j-n ~ (j-m zufallen) revenir à qn.; Person auf etw. ~ (den Einfall haben) trouver qc.; avoir l'idée de qc.; s'apercevoir de qc.; auf die Idee, den Gedanken ~ avoir l'idée (de); auf diese Lösung wäre ich nicht gekommen je n'aurais pas eu l'idée de cette solution; je n'aurais pas trouvé cette solution; wie ~ Sie darauf? qu'est-ce qui vous a donné cette idée?; ich komme nicht auf s-n Namen je ne retrouve pas son nom; als Anteil auf j-n ~ revenir à qn.; auf jeden von uns ~ hundert Mark il nous revient cent marks chacun; bei Kosten auf fünfzig Mark ~ revenir, se monter, s'élever à cinquante marks; das kommt auf die Rechnung, auf die Liste on mettra cela sur la facture, sur la liste; aus Berlin ~ (stammen) être (originaire) de Berlin; aus guter Familie ~ être de bonne famille; hinter etw. ~ découvrir qc.; s'apercevoir de qc.; (verstehen) comprendre, saisir qc.; Unheil etc. über j-n ~ s'abattre sur qn.; frapper qn.; um etw. ~ (etw. verlieren) perdre qc.; um Hab und Gut ~ perdre tous ses biens; ums Leben ~ perdre la vie; von etw. ~ (herrühren) venir de qc.; provenir de qc.; das kommt von s-r Faulheit cela (pro)vient de sa paresse; das kommt davon! voilà ce que c'est!; das kommt davon, wenn man sich nicht warm genug anzieht! voilà ce qui arrive quand on ne se couvre pas assez!; zu etw. ~ (die Zeit für etw. finden) trouver le temps de faire qc.; ich komme nicht zum Schreiben je ne trouve pas le temps d'écrire; ich bin noch nicht dazu gekommen je n'en ai pas encore trouvé, eu le temps; zu nichts ~ ne pas arriver à faire quoi que ce soit; er ist zu Reichtum gekommen il a fait fortune; ich muß unbedingt zu Geld ~ il faut absolument que j'arrive à trouver de l'argent; wir müssen sehen, daß wir zu etw. ~ il nous faut essayer d'arriver à qc.; wie komme ich zu dieser Ehre? d'où me vient cet honneur?; wie komme ich dazu? ce n'est pas mon affaire; qu'ai-je à voir dans cette affaire?; F qu'est-ce que je viens faire là-dedans?; en quel honneur?; (wieder) zu sich ~ revenir à soi; reprendre connaissance, ses esprits; e) mit zu + inf.: auf etw. zu sprechen ~ en venir à parler de qc.; neben j-n zu sitzen ~ se trouver placé à côté de qn.; f) mit Adverbien u. Substantiven: er wird bald ~ il va bientôt arriver; il ne va pas tarder à arriver; F j-m grob ~ traiter qn. avec rudesse; rudoyer qn.; F wenn Sie mir so ~ ... si vous le prenez sur ce ton-là ...; F so darfst du mir nicht ~! ces façons-là ne me conviennent pas!; ce n'est pas ainsi qu'on agit avec moi!; zu kurz ~ ne pas avoir son compte, sa part (de qc.); gerade recht ~ arriver, venir au bon moment; F tomber à pic; das kommt mir gerade recht auch cela m'arrange (parfaitement); wie gerufen ~ cf. gerufen; wie weit sind wir das letzte Mal gekommen? où en sommes-nous restés la dernière fois?; wie weit bist du mit deiner Arbeit gekommen? où en es-tu de ton travail?; mit etw. (nicht) weit ~ (ne pas) aller loin avec qc.; mit dieser Summe komme ich nicht weit avec cette somme je n'irai pas loin; zu spät ~ arriver, venir trop tard; j-n teuer zu stehen ~ coûter cher à qn.; das kam für ihn unerwartet il ne s'y attendait pas; zustande ~ se réaliser; das kam ihm zugute c'était un avantage pour lui; das Beste kommt noch vous n'avez pas vu bzw. entendu le meilleur; le mieux c'est que ...; zu e-m Entschluß ~ arriver à une décision; nicht vom Fleck ~ ne pas avancer; ins Gefängnis ~ aller, être mis en prison; nach Hause ~ rentrer chez soi, à la maison; ~ Sie gut nach Hause! bon retour!; nie aus dem Hause ~ ne jamais sortir; wieder zu Kräften ~ reprendre des forces; in die Lehre ~ entrer en apprentissage; viel unter die Leute ~ voir beaucoup de monde; etw. kommt ans Licht, an den Tag qc. se sait; aus der Mode ~ passer de mode; zur Sache ~ en venir au fait; auf die höhere Schule ~ entrer, aller au lycée; an j-s Stelle ~ prendre la place de qn.; auf die Welt ~ venir au monde; ans Ziel ~ atteindre son but; cf. auch die betreffenden Substantive u. Adjektive; II 2 n ⟨~s⟩ venue f; (Ankunft) arrivée f; das ~ und Gehen les allées et venues; (Hin und Her) le va-et-vient; ~d adjt. qui vient; à venir; futur; prochain; die ~en Ereignisse les événements à venir; die ~e Generation la génération à venir, future; ~e Woche la semaine qui vient, prochaine; die ~en Monate les mois à venir, qui viennent; in ~en Zeiten dans les temps futurs, à venir; fig. der ~e Mann l'homme qui monte; die nach uns 2en ceux qui viendront après nous; das 2e ce qui va arriver, venir.

Kommende [kɔ'mɛndə] f ⟨~; ~n⟩ hist. égl. commende f.

Kommensalismus [kɔmɛnza'lɪsmʊs] m ⟨~⟩ biol. commensalisme m.

kommensurab|el [kɔmɛnzu'ra:bəl] adj. ⟨-bl-⟩ math. commensurable; 2ili'tät f ⟨~⟩ commensurabilité f.

Komment [kɔ'mã:, -'maŋ] m ⟨~s; ~s⟩ us m/pl. et coutumes f/pl. des étudiants appartenant à une corporation.

Komment|ar [kɔmɛn'ta:r] m ⟨~s; ~e⟩ commentaire m; ~ überflüssig, ohne ~! sans commentaire!; ~ator(in) [-'ta:tər, -ta'to:rɪn] m ⟨~s; -'toren⟩ (f) ⟨~; ~nen⟩ commentateur, -trice m, f; 2ieren v/t. ⟨pas de ge-, h⟩ commenter.

Kommers [kɔ'mɛrs] m ⟨~es; ~e⟩ réunion f, F beuverie f d'une corporation d'étudiants; ~buch n recueil m de chansons d'étudiants.

kommerz|ialisieren [kɔmɛrtsiali'zi:rən] v/t. ⟨pas de ge-, h⟩ commercialiser; 2iali'sierung f ⟨~⟩ commercialisation f; ~i'ell adj. commercial; 2ienrat [-'mɛr-] m ⟨~(e)s; ~e⟩ Titel bis 1919 etwa conseiller m de commerce.

Kommiliton|e [kɔmili'to:nə], ~in m ⟨~n; ~n⟩, f ⟨~; ~nen⟩ camarade m, f (d'études); condisciple m.

Kommiß [kɔ'mɪs] F m ⟨-sses⟩ armée f; (Wehrdienst) service m militaire; F régiment m; beim ~ à l'armée; au service militaire; F au régiment; beim ~ bleiben rester dans l'armée; se rengager; F rempiler.

Kommissar [kɔmɪ'sa:r] m ⟨~s; ~e⟩ commissaire m; ~i'at n ⟨~(e)s; ~e⟩ commissariat m; 2isch adj. (auftragsweise) par un commissaire; (vorübergehend) provisoire; intérimaire; ~e Verwaltung administration par un commissaire; ~er Bürgermeister maire provisoire, intérimaire; *jur.* ~e Vernehmung (e-s Zeugen) audition (d'un témoin) en commission rogatoire.

Kommiß|brot [kɔ'mɪsˌbroːt] *n milit.* pain *m* de munition; F boule *f*; ~ˌ**hengst** *m* F rempilé *m*.

Kommission [kɔmɪsi'oːn] *f* ⟨~; ~en⟩ *allg.* commission *f*; e-e ~ einsetzen constituer une commission; etw. an e-e ~ verweisen renvoyer qc. à une commission; *comm.* in ~ nehmen prendre en consignation, en dépôt; ~**är** [-'nɛːr] *m* ⟨~s; ~e⟩ *comm.* commissionnaire *m*; ~sˌ**buchhandel** *m* librairie *f* intermédiaire entre l'édition et la librairie de détail; ~**sgeˌschäft** *n* commission *f*; *als Unternehmen* maison *f* de commission; im ~ tätig sein faire la commission; ~sˌ**lager** *n* dépôt *m* de marchandises à la commission, en consignation; ~sˌ**mitglied** *n* membre *m* d'une commission; ~**s-verˌkauf** *m* vente *f* à la commission, pour le compte d'un tiers; ~**sverˌlag** *m* édition *f* pour le compte de l'auteur; ~sˌ**ware** *f* marchandise *f* à la commission, en consignation.

Kommißstiefel [kɔ'mɪsˌʃtiːfəl] *m* brodequin *m*, botte *f* militaire.

Kommitt|ent [kɔmɪ'tɛnt] *m* ⟨~en; ~en⟩ *comm.* commettant *m*; 2**ieren** *v/t.* ⟨*pas de ge-*, h⟩ commissionner.

Kommode [kɔ'moːdə] *f* ⟨~; ~n⟩ commode *f*.

Kommodore [kɔmo'doːrə] *m* ⟨~s; ~n *od.* ~s⟩ *mar.* commodore *m*; *aviat.* commandant *m* d'escadre.

kommun [kɔ'muːn] *adj.* commun.

kommunal [kɔmu'nɑːl] *adj.* communal; municipal; auf ~er Ebene sur le plan communal; ~er Spitzenverband syndicat intercommunal; association intercommunale; 2... *in Zssgn. cf. auch* Gemeinde...; 2ˌ**anleihe** *f* emprunt communal, municipal; 2ˌ**bank** *f* ⟨~; ~en⟩ banque communale, municipale; 2**beˌamte(r)**, 2**beˌamtin** *m, f* fonctionnaire *m, f* communal(e), municipal(e); 2**beˌhörde** *f* service communal, municipal; *pl.* ~n *auch* autorités communales, municipales; ~**i'sieren** *v/t.* ⟨*pas de ge-*, h⟩ communaliser; municipaliser; 2**i'sierung** *f* ⟨~⟩ communalisation *f*; 2**obligatiˌon** *f* obligation communale; 2**poliˌtik** *f* politique communale; ~**poˌlitisch** *adj.* de (la) politique communale; 2ˌ**steuer** *f* impôt communal, municipal; 2**ver-ˌwaltung** *f* administration communale, municipale; 2ˌ**wahlen** *f/pl.* élections communales, municipales; 2-ˌ**wissenschaft** *f* science administrative communale.

Kommun|e [kɔ'muːnə] *f* ⟨~; ~n⟩ commune *f*; *hist.* die (Pariser) ~ la Commune; ~**i'kant(in)** *m* ⟨~en; ~en⟩ (*f*) ⟨~; ~nen⟩ *égl. cath.* communiant(e) *m* (*f*); ~**ikati'on** *f* ⟨~⟩ communication *f*; ~**ikati'onsˌmittel** *n/pl.* moyens *m/pl.* de communication; ~**i'on** *f* ⟨~⟩ *égl. cath.* communion *f*; zur ~ gehen (aller) communier; die ~ empfangen communier; recevoir la communion; die ~ spenden, austeilen donner, distribuer la communion; zur ersten heiligen ~ gehen faire sa première communion; ~**i'onˌbank** *f* ⟨~; ~e⟩ table *f* de communion; ~**i'onˌkelch** *m égl. cath.* ciboire *m*; ~**i'onˌkind** *n* premier, -ière communiant(e) *m* (*f*); ~**i'qué** [-myni'keː] *n* ⟨~s; ~s⟩ communiqué *m*; ~**ismus** [-'nɪs-] *m* ⟨~⟩ communisme *m*; ~**ist(in)** [-'nɪst(ɪn)] *m* ⟨~en; ~en⟩ (*f*) ⟨~; ~nen⟩ communiste *m,f*; 2**isten-ˌfeindlich** [-'nɪs-] *adj.* anticommuniste; 2**istisch** [-'nɪs-] *adj.* communiste; ~e Partei parti communiste; das 2e Manifest le Manifeste du parti communiste; 2**i'zieren** *v/i.* ⟨*pas de ge-*, h⟩ **1.** *égl. cath.* communier; **2.** *phys.* communiquer; ~de Röhren vases communicants.

Kommut|ation [kɔmutatsi'oːn] *f* ⟨~; ~en⟩ *math.* commutation *f*; 2**a'tiv** *adj.* commutatif, -ive; ~**ator** [-'tɑː-] *m* ⟨~s; -'toren⟩ *élect.* collecteur *m*.

Komödi|ant(in) [komødi'ant(ɪn)] *m* ⟨~en; ~en⟩ (*f*) ⟨~; ~nen⟩ *meist fig.* comédien, -nne *m, f*; *péj.* cabotin(e) *m* (*f*) (*auch fig.*); histrion *m*; ~**'anten-ˌblut** *n fig.* sang *m* de comédien; 2**'an-tenˌhaft 1.** *adj.* de comédien, -nne; **2.** *adv.* en comédien, -nne; ~**'anten-ˌtum** *n* ⟨~(e)s⟩ comédie *f*; F cabotinage *m*; 2**'antisch** *adj. u. adv. cf.* 2antenhaft; ~**e** [-'møːdiə] *f* ⟨~; ~n⟩ comédie *f* (*auch fig.*); *fig.* ~ spielen jouer la comédie; ~**enˌdichter** [-'møː-] *m* auteur *m* de comédies.

Kompagnon [kɔmpan'jõː, -'jɔŋ] *m* ⟨~s; ~s⟩ *comm.* associé *m*.

kompakt [kɔm'pakt] *adj.* compact [-kt]; 2**heit** *f* ⟨~⟩ compacité *f*.

Kompanie [kɔmpa'niː] *f* ⟨~; -ien⟩ *milit., comm.* compagnie *f*; ~ˌ**chef** *m*, ~ˌ**führer** *m* commandant *m* de (la) compagnie; 2ˌ**weise** *adv.* par compagnies.

Komparat|ion [kɔmparatsi'oːn] *f* ⟨~⟩ *gr.* comparaison *f*; ~**ist** [-'tɪst] *m* ⟨~en; ~en⟩ comparatiste *m*; ~**iv** ['kɔm-, -'tiːf] *m* ⟨~s; ~e⟩ *gr.* comparatif *m*; ~**or** [-'rɑː-] *m* ⟨~s; -'toren⟩ *Meßgerät* comparateur *m*.

Komparse [kɔm'parzə] *m* ⟨~n; ~n⟩ *Film, thé.* figurant *m*; *thé. auch* comparse *m*; ~**'rie** *f* ⟨~⟩ figuration *f*.

Kompaß ['kɔmpas] *m* ⟨-sses; -sse⟩ boussole *f*; *mar. auch* compas [-a, -ɑ] *m*; ~ˌ**häuschen** *n mar.* habitacle *m* (de compas); ~ˌ**nadel** *f* aiguille *f* de la boussole; aiguille aimantée; ~ˌ**rose** *f* cadran *m* de la boussole; rose *f* des vents.

Kompatibilität [kɔmpatibili'tɛːt] *f* ⟨~⟩ compatibilité *f*.

Kompendium [kɔm'pɛndium] *n* ⟨~s; -ien⟩ (*Handbuch*) manuel *m*; (*Sammelwerk*) somme *f*; (*Abriß*) abrégé *m*.

Kompens|ation [kɔmpɛnzatsi'oːn] *f* ⟨~; ~en⟩ compensation *f*; ~**ati'ons-ˌabkommen** *n* accord *m* de compensation; ~**ati'onsgeˌschäft** *n* opération *f* de compensation; ~**ati'onsˌkurs** *m* cours *m* de compensation; ~**ati'ons-ˌpendel** *n* pendule compensateur; ~**ator** [-'zɑː-] *m* ⟨~s; -'toren⟩ *opt., techn.* compensateur *m*; 2**ieren** [-'ziː-] *v/t.* ⟨*pas de ge-*, h⟩ compenser; ~**ierung** [-'ziː-] *f* ⟨~⟩ *cf.* ~ation.

kompeten|t [kɔmpe'tɛnt] *adj.* compétent; in dieser Sache bin ich nicht ~ je ne suis pas compétent en la matière; 2**z** *f* ⟨~; ~en⟩ compétence *f*; attributions *f/pl.*; s-e ~ überschreiten outrepasser ses attributions, ses droits; in j-s ~ fallen être de la compétence de qn.; rentrer dans les attributions de qn.; relever de qn.; die ~ der Sachverständigen bestreiten contester la compétence des experts; 2**zˌabgrenzung** *f* délimitation *f* des attributions; 2**zkonˌflikt** *m zwischen Gericht u. Verwaltung* conflit *m* d'attribution; 2**zˌstreit(igˌkeit)** *m* (*f*) conflit *m* de compétence; 2**züber-ˌschreitung** *f* excès *m* de pouvoir; *od. verbal cf.* 2z.

Kompi|lation [kɔmpilatsi'oːn] *f* ⟨~; ~en⟩ compilation *f* (*auch péj.*); ~**'lator** *m* ⟨~s; -'toren⟩ compilateur *m*; 2**'lieren** *v/t.* ⟨*pas de ge-*, h⟩ compiler.

Komplement [kɔmple'mɛnt] *n* ⟨~(e)s; ~e⟩ complément *m*; 2**är** [-'tɛːr] **I** *adj.* complémentaire; **II** ~**är** [-'tɛːr] *m* ⟨~s; ~e⟩ *comm.* commandité *m*; ~**ärfarbe** [-'tɛːr-] *f* couleur *f* complémentaire; ~**ari'tät** *f* ⟨~⟩ *phys.* complémentarité *f*; 2**ieren** [-'tiː-] *v/t.* ⟨*pas de ge-*, h⟩ compléter; ~ˌ**winkel** *m math.* angle *m* complémentaire.

Komplet[1] [kõː'pleː] *n* ⟨~(s); ~s⟩ *cout.* ensemble *m*.

Komplet[2] [kɔm'pleːt] *f* ⟨~; ~e⟩ *égl. cath.* complies *f/pl.*

komplett [kɔm'plɛt] **1.** *adj.* complet, -ète; wir sind ~ nous sommes au complet; **2.** *adv.* complètement; ~**ieren** [-'tiː-] *v/t.* ⟨*pas de ge-*, h⟩ compléter; 2**ierung** [-'tiː-] *f* ⟨~⟩ complétement *m*.

komplex [kɔm'plɛks] **I** *adj.* complexe; *math.* ~e Zahlen nombres complexes; **II** 2 *m* ⟨~es; ~e⟩ **1.** (*Häuser*2, *Fragen*2 *etc.*) ensemble *m*; (*Industrie*2) complexe *m*; **2.** *psych.* complexe *m*; ~e haben avoir des complexes; F être complexé; 2**i'on** *f* ⟨~⟩ *méd.* complexion *f*; 2ˌ**salz** *n chim.* sel *m* complexe; 2**verˌbindung** *f chim.* (composé *m*) complexe *m*.

Kompli|ce [kɔm'pliːtsə, -'pliːsə] *m* ⟨~n; ~n⟩ complice *m*; ~**kati'on** *f* ⟨~; ~en⟩ complication *f* (*auch méd.*); ~**'ment** *n* ⟨~(e)s; ~e⟩ compliment *m*; j-m ~e, ein ~ machen faire des compliments, un compliment à qn.; billige ~e machen faire du plat; mein ~! mes compliments!; bitte keine ~e! laissons là les compliments!; trêve de compliments!; ~**'menteˌmacher** *m* ⟨~s; ~⟩ faiseur *m* de compliments; complimenteur *m*; ~**ze** *cf.* ~ce; 2-**'zieren** *v/t.* (*u. v/réfl.*) ⟨*pas de ge-*, h⟩ (se) compliquer; die Dinge unnötig ~ compliquer inutilement les choses; 2**'ziert** *adjt.* compliqué; *méd.* ~er Knochenbruch fracture ouverte; ~**'ziertheit** *f* ⟨~⟩ complexité *f*.

Komplott [kɔm'plɔt] *n* ⟨~(e)s; ~e⟩ complot *m*; ein ~ machen, schmieden, anzetteln tramer, ourdir un complot; 2**ieren** [-'tiː-] *v/i.* ⟨*pas de ge-*, h⟩ comploter.

Kompo|nente [kɔmpo'nɛntə] *f* ⟨~; ~n⟩ (*Bestandteil*) composant *m*; *phys. von Kräften* composante *f*; 2**'nieren** *v/t. u. v/i.* ⟨*pas de ge-*, h⟩ composer; ~**'nist(in)** *m* ⟨~en; ~en⟩ (*f*) ⟨~; ~nen⟩ *mus.* compositeur, -trice *m, f*; ~**'siten** *f/pl. bot. cf.* Korbblüt(l)er; ~**siti'on** *f* ⟨~; ~en⟩ composition *f* (*auch mus. u. peint.*); ~**siti'onsˌform** *f mus.* forme musicale; ~**siti'ons-ˌlehre** *f mus.* étude *f* de la composition; ~**'sitkapiˌtell** *n bât.* chapiteau *m* composite; ~**situm** [-'poː-] *n* ⟨~s; -ta *od.* -'siten⟩ *gr.* mot composé.

Kompost [kɔm'pɔst] *m* ⟨~es; ~e⟩ *agr.* compost [-st] *m*; mit ~ düngen composter; ~ˌ**haufen** *m* tas *m* de compost; 2**ieren** [-'tiː-] *v/t.* ⟨*pas de ge-*, h⟩ composter.

Kompott [kɔm'pɔt] *n* ⟨~(e)s; ~e⟩ *cuis.* compote *f*; ~ˌ**schale** *f*, ~ˌ**schüssel** *f* compotier *m*.

kompreß [kɔm'prɛs] *adj.* ⟨-ss-⟩ *impr.* en plein; non interligné.

Kompress|e [kɔm'prɛsə] *f* ⟨~; ~n⟩ *méd.* compresse *f*; 2**ibel** [-'siː-] *adj.* ⟨-bl-⟩ compressible; ~**ibili'tät** *f* ⟨~⟩ compressibilité *f*; ~**i'on** *f* ⟨~⟩ compression *f*; **~i'ons,kühlschrank** *m* réfrigérateur *m* à compression; **~i'ons,takt** *m mot.* temps *m* de compression; **~i'onsver,band** *m méd.* bandage *m* de compression; **~i'onsver,minderung** *f* diminution *f* de la compression; décompression *f*; **~i'ons,wärme** *f phys.* chaleur dégagée à la compression; **~or** *m* ⟨~s; -'ssoren⟩ *techn.* compresseur *m*; **~or-,motor** *m* moteur *m* à suralimentation.

komprimier|en [kɔmpri·'miːrən] *v/t.* ⟨*pas de ge-*, h⟩ comprimer; **~t** *adjt.* comprimé.

Kompromiß [kɔmpro·'mɪs] *m*, *n* ⟨-sses; -sse⟩ compromis *m*; **ein(en) ~ schließen** établir, faire un compromis; transiger (avec qn. sur qc.); **2be,reit** *adj.* prêt à (établir) un compromis; **~be,reitschaft** *f* esprit *m* de compromis; **~ler** *m* ⟨~s; ~⟩ *péj.* personne *f* qui accepte trop facilement les compromis; personne trop conciliante; **2,los** **1.** *adj.* intransigeant; inflexible; **2.** *adv.* avec intransigeance, inflexibilité; **~,lösung** *f* solution *f* de compromis; **~ver,such** *m* essai *m*, tentative *f* de compromis.

kompromittier|en [kɔmpro·mɪ'tiːrən] *v/t.* (*u. v/réfl.*) ⟨*pas de ge-*, h⟩ (se) compromettre; **2ung** *f* ⟨~⟩ compromission *f*.

Komptabilität [kɔmptabi·li·'tɛːt] *f* ⟨~⟩ comptabilité *f*.

Komsomol [kɔmzo·'mɔl] *m* ⟨~(s)⟩ *in der UdSSR* Komsomol *m*; **~ze** *m* ⟨~n; ~n⟩ membre *m* du Komsomol.

Komte|ß [kõː'tɛs, kɔm'tɛs] *f* ⟨~; -ssen⟩, **~sse** *f* ⟨~; ~n⟩ comtesse (non mariée).

Komtur [kɔm'tuːr] *m* ⟨~s; ~e⟩ *e-s Ordens* commandeur *m*; **~ei** [-'raɪ] *f* ⟨~; ~en⟩ commanderie *f*.

Konch|a ['kɔnça] *f* ⟨~; ~s *od.* -chen⟩ *bât.* abside *f* semi-circulaire; conque *f*; **2i'form** *adj.* conchiforme [-ki-]; **~o'ide** *f* ⟨~; ~n⟩ *math.* conchoïde [-koid] *f*; **~ylie** [-'çyːli·ə] *f* ⟨~; ~n⟩ coquille *f*; coquillage *m*; **~yliolo'gie** *f* ⟨~⟩ conchyliologie [-ki-] *f*.

Kondemnation [kɔndɛmnatsi·'oːn] *f* ⟨~⟩ *Seerecht* **a)** décision *f* déclarant un navire de bonne prise; **b)** décision *f* de la vente d'un navire qui n'est plus digne de réparations.

Kondens|at [kɔndɛn'zaːt] *n* ⟨~(e)s; ~e⟩ condensat *m*; condensation(s) *f* (*pl.*); **~ati'on** *f* ⟨~⟩ *phys.*, *chim.* condensation *f*; **~ati'ons,harz** *n chim.* résine synthétique obtenue par polycondensation; **~ati'ons,kern** *m Meteorologie* noyau *m* de condensation; **~ati'onsma,schine** *f* machine *f* à vapeur à condensation; **~ati'ons-,punkt** *m* point *m* de condensation; **~ati'onstempera,tur** *f* température *f* de condensation; **~ati'ons,wärme** *f* chaleur *f* de condensation; **~ator** *m* ⟨~s; -'toren⟩ *élect.* condensateur *m*; *e-r Dampfkraftanlage* condenseur *m*; **~atormikro,phon** *n* microphone *m* électrostatique, à condensateur; **2ier-,bar** *adj.* condensable; **2ieren** *v/t.* ⟨*pas de ge-*, h⟩ condenser; **2iert** *adjt.* condensé; **~e Milch** lait condensé, concentré; **~ierung** *f* ⟨~⟩ condensation *f*; **~,milch** [-'dɛns-] *f* lait condensé, concentré; **~or** [-'dɛn-] *m* ⟨~s; -'soren⟩ *opt.* condenseur *m*; **~,streifen** [-'dɛns-] *m aviat.* traînée *f* de condensation; **~,topf** [-'dɛns-] *m techn.* purgeur *m*; **~,wasser** [-'dɛns-] *n* eau *f* de condensation.

Kondition [kɔndi·tsi·'oːn] *f* ⟨~⟩ condition *f* (*auch Sport*); **2al** [-'naːl] **I** *adj.* conditionnel, -lle; **II** **~al** [-'naːl] *m* ⟨~s; ~e⟩ *gr.* (mode *m*) conditionnel *m*; **~al,satz** [-'naːl-] *m gr.* (proposition *f*) conditionnelle *f*; **~ier,anlage** [-'niːr-] *f* installation *f* de conditionnement; **2ieren** [-'niː-] *v/t.* ⟨*pas de ge-*, h⟩ *techn.* conditionner; **2iert** [-'niːrt] *adjt.* conditionné; **~ierung** [-'niː-] *f* ⟨~⟩ *text.*, *agr.* conditionnement *m*; **~s,gut** *n comm.* marchandise *f* à condition; **~s,steigerung** *f Sport* amélioration *f* de la condition; **~s,training** *n Sport* entraînement *m* pour se mettre en condition, en forme.

Konditor [kɔn'diːtɔr] *m* ⟨~s; -'toren⟩ pâtissier *m*; (*Zuckerwarenhersteller*) confiseur *m*; **~ei** [-'raɪ] *f* ⟨~; ~en⟩ pâtisserie (fine); **~,waren** *f/pl.* pâtisserie *f*.

Kondol|enz [kɔndo·'lɛnts] *f* ⟨~; ~en⟩ condoléances *f/pl.*; **~enzbe,such** *m* visite *f* de condoléances; **~enz,brief** *m* lettre *f* de condoléances; **~enz,karte** *f* carte *f* de condoléances; **2ieren** *v/i.* ⟨*pas de ge-*, h⟩ présenter, faire ses condoléances (j-m à qn.).

Kondom [kɔn'doːm] *n* ⟨~s; ~s *od.* ~e⟩ condom [-ɔm] *m*; préservatif *m*.

Kondo|minat [kɔndo·mi·'naːt] *n* ⟨~(e)s; ~e⟩, **~'minium** *n* ⟨~s; -ien⟩ condominium [-jɔm] *m*.

Kondor ['kɔndɔr] *m* ⟨~s; ~e⟩ *zo.* condor *m*.

Kondottiere [kɔndɔti·'eːrə] *m* ⟨~s; -ri⟩ *hist.* condottiere *m*.

Kondukt [kɔn'dʊkt] *m* ⟨~(e)s; ~e⟩ cortège *m*, convoi *m* (funèbre); **~anz** [-'tants] *f* ⟨~⟩ *élect.* conductance *f*; **~ome'trie** *f* ⟨~⟩ conductimétrie *f*; **~or** *m* ⟨~s; -'toren⟩ *élect.* conducteur *m*.

Kondurango [kɔndu·'raŋgo·] *f* ⟨~; ~s⟩ *bot.* condurango *m*; **~,rinde** *f* écorce *f* du condurango.

Kondylom [kɔndy·'loːm] *n* ⟨~s; ~e⟩ *path.* condylome *m*.

Konfekt [kɔn'fɛkt] *n* ⟨~(e)s; ~e⟩ confiserie *f*; sucreries *f/pl.*; (*Pralinen*) crottes *f/pl.* en chocolat; chocolats *m/pl.*; **~,büchse** *f*, **~,dose** *f* bonbonnière *f*.

Konfektion [kɔnfɛktsi·'oːn] *f* ⟨~⟩ confection *f*; **~är** [-'nɛːr] *m* ⟨~s; ~e⟩ confectionneur *m*; **~euse** [-'nøːzə] *f* ⟨~; ~n⟩ confectionneuse *f*; **2ieren** [-'niː-] *v/t.* ⟨*pas de ge-*, h⟩ confectionner; **~s,abteilung** *f* rayon *m* de la confection, du prêt-à-porter; **~s,anzug** *m* costume *m* de confection, de prêt-à--porter; **~sar,tikel** *m/pl.* articles *m/pl.* de confection; **~sge,schäft** *n* magasin *m* de confection, de prêt-à-porter; **~s,größe** *f* taille *f* mannequin, en confection; **~s,kleid** *n* robe *f* de confection, de prêt-à-porter; **~s,kleidung** *f* prêt-à-porter *m*; vêtements confectionnés, de confection.

Konfektschachtel [kɔn'fɛkt,ʃaxtəl] *f* boîte *f* de confiseries, de chocolats.

Konferenz [kɔnfe·'rɛnts] *f* ⟨~; ~en⟩ conférence *f*; **~ auf höchster Ebene** conférence à l'échelon le plus élevé; **~be,schluß** *m* décision *f* de (la) conférence; **~,dolmetscher** *m* interprète *m* de conférence; **~,raum** *m cf.* **~zimmer**; **~repor,tage** *f rad.* reportage *m* multiplex; **~,schaltung** *f techn.* branchement *m* multiplex; **~,sendung** *f rad.*, *télév.* émission *f* multiplex; **~-,teilnehmer** *m* participant *m* à une conférence; **~,tisch** *m* table *f* de conférence; **~,zimmer** *n* salle *f* de conférence.

konferieren [kɔnfe·'riːrən] *v/i.* ⟨*pas de ge-*, h⟩ conférer (mit j-m **über** etw. avec qn. au sujet de qc.).

Konfession [kɔnfɛsi·'oːn] *f* ⟨~; ~en⟩ religion *f*; confession *f*; *hist.* **Augsburgische ~** Confession d'Augsbourg; **Menschen verschiedener ~en** des gens de confessions, de religions diverses; **welcher ~ gehören Sie an?** quelle est votre religion?; **~a'lismus** *m* ⟨~⟩ confessionnalisme *m*; **2ell** [-'nɛl] *adj.* confessionnel, -lle; **2s,los** *adj.* qui n'appartient à aucune religion; sans religion; **~s,losigkeit** *f* ⟨~⟩ *verbal*; **~s,schule** *f* école confessionnelle; **~s,wechsel** *m* changement *m* de religion.

Konfetti [kɔn'fɛti·] *n* ⟨~s⟩ *od. pl.* confetti *m/pl.*; **~,schlacht** *f* bataille *f* de confetti.

Konfirm|and(in) [kɔnfɪr'mant, -'mandɪn] *m* ⟨~en; ~en⟩ (*f*) ⟨~; ~nen⟩ *égl. prot.* confirmand(e) *m* (*f*); *während des Unterrichts* catéchumène [-ky-] *m*, *f*; **~anden,unterricht** *m* instruction religieuse des confirmands, des catéchumènes; **in den ~ gehen** aller au catéchisme, à l'instruction religieuse; **~ati'on** *f* ⟨~; ~en⟩ *égl. prot.* confirmation *f*; F **ich habe Sonntag ~** je fais ma confirmation dimanche; **~ati'onsge,schenk** *n* cadeau *m* de confirmation; **~ati'ons,schein** *m* certificat *m* de confirmation; **~a-ti'ons,spruch** *m* citation *f* de la Bible donnée comme règle de conduite lors de la confirmation; **2ieren** *v/t.* ⟨*pas de ge-*, h⟩ confirmer; donner la confirmation (à); **ich werde Ostern konfirmiert** je vais recevoir la confirmation, faire ma confirmation, être confirmé à Pâques.

Konfis|kation [kɔnfɪskatsi·'oːn] *f* ⟨~; ~en⟩ *cf.* **~zierung**; **2'zieren** *v/t.* ⟨*pas de ge-*, h⟩ confisquer; **~'zierung** *f* ⟨~; ~en⟩ confiscation *f*.

Konfitüre [kɔnfi·'tyːrə] *f* ⟨~; ~n⟩ (*Fruchtmarmelade*) confiture *f*.

Konflikt [kɔn'flɪkt] *m* ⟨~(e)s; ~e⟩ conflit *m*; **mit j-m, etw. in ~ geraten** entrer en conflit avec qn., avec qc.; **~,herd** *m* foyer *m* de conflit(s); **~,stoff** *m* sujet *m* de conflit(s).

Konföder|ation [kɔnfø·de·ratsi·'oːn] *f* ⟨~; ~en⟩ confédération *f*; **2ieren** [-'riː-] *v/réfl.* ⟨*pas de ge-*, h⟩ **sich ~** se confédérer; **~ierte(r)** [-'riːr-] *f* (*m*) ⟨→ A⟩ confédéré(e) *m* (*f*).

konform [kɔn'fɔrm] **1.** *adj.* conforme (mit à); **2.** *adv.* conformément; **mit j-m ~ gehen** être d'accord avec qn.; **X geht mit Y darin ~, daß ...** X et Y sont d'accord sur le fait que ...; X est d'accord avec Y en ce qui concerne ...; **2ismus** [-'mɪs-] *m* ⟨~⟩ conformisme *m*; **2ist** [-'mɪst] *m* ⟨~en; ~en⟩ conformiste *m*; **~istisch** [-'mɪs-] *adj.* conformiste; **2i'tät** *f* ⟨~⟩ conformité *f*.

Konfront|ation [kɔnfrɔntatsi·'oːn] *f* ⟨~; ~en⟩ confrontation *f*; **2ieren** [-'tiː-] *v/t.* ⟨*pas de ge-*, h⟩ confronter (mit avec); **~ierung** [-'tiː-] *f* ⟨~⟩ confrontation *f*.

konfus [kɔn'fuːs] *adj.* embrouillé; confus; **ich bin ganz ~** j'ai l'esprit confus; mes idées sont confuses, embrouillées; je ne sais plus où donner de la tête; **2i'on** *f* ⟨~; ~en⟩ **1.** (*Verwirrung*) confusion *f*; situation embrouillée; **2.** *jur.* confusion *f*.

konfuzianisch [kɔnfu·tsi·'aːnɪʃ] *adj.* de Confucius [-fysjys]; confucianiste; confucéen, -nne.

kongenial [kɔnge·ni·'aːl] *adj.* proche du génie (de qn.); d'un génie égal (à); **2i'tät** *f* ⟨~⟩ égalité *f* de génie.

kongenital [kɔngeˑniˑˈtɑːl] *adj.* congénital.

Kongestion [kɔngɛstiˑˈoːn] *f* ⟨~⟩ *méd.* congestion *f.*

Konglomerat [kɔngloˑmeˑˈrɑːt] *n* ⟨~(e)s; ~e⟩ *géol.* conglomérat *m*; *fig.* agglomération *f.*

Kongo|farbstoffe [ˈkɔŋgoˑˌfarpʃtɔfə] *m/pl.* colorants *m/pl.* Congo; **~ˈlese, ~ˈlesin** *m* ⟨~n; ~n⟩, *f* ⟨~; ~nen⟩ Congolais(e) *m* (*f*); **2ˈlesisch** *adj.* congolais; **~ˌrot** *n* rouge *m* Congo.

Kongregation [kɔngreˑgatsiˑˈoːn] *f* ⟨~; ~en⟩ *égl. cath.* congrégation *f*; **~aˈlisten** *pl. in England* congrégationalistes *m/pl.*; **~ist** [-ˈnɪst] *m* ⟨~en; ~en⟩ congréganiste *m.*

Kongreß [kɔnˈgrɛs] *m* ⟨-sses; -sse⟩ congrès *m* (*auch in USA*); *hist.* **Wiener ~** congrès de Vienne; **e-n ~ eröffnen** ouvrir un congrès; **e-n ~ einberufen** convoquer un congrès; **~ˌhalle** *f* salle *f* de congrès; **~ˌmitglied** *n cf.* ~teilnehmer; **~ˌstadt** *f* ville *f* de congrès; **~ˌteilnehmer(in)** *m* (*f*) congressiste *m, f.*

kongru|ent [kɔngruˑˈɛnt] *adj. math.* coïncident; **2ˈenz** *f* ⟨~⟩ *math.* coïncidence *f*; *gr.* accord *m*; **2ˈenzˌsatz** *m math.* théorème *m* de coïncidence; **~ˈieren** *v/i.* ⟨*pas de ge-*, h⟩ *math.* coïncider (*auch fig.*); *gr.* s'accorder.

Koni|dien [koˑˈniːdiˑən] *pl. bot.* conidies *f/pl.*; **~ˈferen** *f/pl. bot.* conifères *m/pl.*; **~feˈrin** *n* ⟨~s⟩ *chim.* coniférine *f.*

König [ˈkøːnɪç] *m* ⟨~s; ~e⟩ roi *m* (*auch Spielkarte, beim Schach, Kegeln*); **j-n zum ~ machen, krönen, wählen** faire, couronner, élire qn. roi; **~ von Gottes Gnaden** roi par la grâce de Dieu; **der ~ von Griechenland** *etc.* le roi de Grèce, *etc.*; **im Namen des ~s** au nom du roi; *hist.* de par le roi; *hist.* **des ~s Rock** l'uniforme *m*; *poét.* **der ~ der Wüste, der Tiere** (*Löwe*) le roi des animaux; **der ~ der Lüfte** (*Adler*) le roi des oiseaux; *bibl.* **der ~ der ~e** le Roi des rois; *relig.* **die Heiligen Drei ~e** les Rois mages; **das Fest der Heiligen Drei ~e** la fête, le jour des Rois; l'Épiphanie *f*; *bibl.* **die Bücher der ~e** les livres des Rois; **unter Blinden ist der Einäugige ~** *cf.* Blinde(r); **~in** *f* ⟨~; ~nen⟩ reine *f* (*auch der Bienen*); *beim Schachspiel auch* dame *f*; *poét.* **die ~ meiner Gedanken, meines Herzens** la dame de mes pensées, de mon cœur; *relig.* **die ~ des Himmels** la reine du Ciel; *bot.* **~ der Nacht** cierge *m*; *sc.* cereus grandiflorus; **~inˈmutter** *f* reine *f* mère; **~inpasˌtete** *f cuis.* bouchée *f* à la reine; **~inˈwitwe** *f* reine veuve, douairière; **2ˌlich 1.** *adj.* royal; de, du roi; **von ~em Blute, aus ~em Geblüt** de sang royal; **das ~e Spiel** (*Schach*) les échecs *m/pl.*; **2e Hoheit** altesse royale; **2.** *adv.* royalement; comme un *bzw.* des roi(s); **sich ~ amüsieren** s'amuser comme un *bzw.* des roi(s); **j-n ~ bewirten** traiter qn. royalement, comme un roi; **~ˌliche(r)** *m* ⟨→ A⟩ royaliste *m*; **~ˌreich** *n* royaume *m*; *fig.* **nicht für ein ~** pas pour un empire; **~sˌadler** *m zo. cf.* Kaiseradler; **2sˌblau I** *adj.* bleu roi (*inv.*); **II ~sˌblau** *n* bleu *m* (de) roi; **~sˌboten** *m/pl. hist.* missi dominici *m/pl.*; **~sfaˌmilie** *f* famille royale; **~sˌfarn** *m bot.* osmonde royale; fougère fleurie; **~sˌfisch** *m zo.* lampris [-is] *m*; **~sˌhaus** *n* maison royale; **~sˌhof** *m* cour *f* du roi; **~sˌkerze** *f bot.* molène *f*; *sc.* verbascum *m*; **~sˌkind** *n* enfant du roi, royal; **~sˌkrone** *f* couronne royale; **~sˌkuchen** *m cuis. etwa* cake [kɛk] *m*; **~sˌmord** *m*, **~sˌmörder** *m* régicide *m*; **~sˌschießen** *n etwa* concours *m* de tir; **~sˌschlange** *f zo.* boa constricteur, constrictor; **~sˌschloß** *n* château royal; **~sˌschuß** *m* meilleur coup (au concours de tir); **~sˌsohn** *m* fils *m* du roi; **~sˌtiger** *m zo.* tigre royal; **~sˌtitel** *m* titre *m* de roi; **2sˌtreu** *adj.* royaliste; **~sˌtreue** *f* royalisme *m*; **~sˌtreue(r)** *m* ⟨→ A⟩ royaliste *m*; **~sˌwahl** *f* élection *f* du roi; **~sˌwasser** *n chim.* eau régale; **~sˌwürde** *f* dignité de roi, royale; royauté *f*; **~ˌtum** *n* ⟨~(e)s⟩ royauté *f.*

Koni|in [koˑniˑˈiːn] *n* ⟨~s⟩ *Alkaloid* cicutine *f*; **~ˈmeter** *n* ⟨~s; ~⟩ conimètre *m.*

konisch [ˈkoːnɪʃ] *adj.* conique; en forme de cône; conoïde.

Konjektur [kɔnjɛkˈtuːr] *f* ⟨~; ~en⟩ *e-s Textes* amélioration conjecturale (d'un texte).

Konjug|ation [kɔnjuˑgatsiˑˈoːn] *f* ⟨~; ~en⟩ *gr., biol.* conjugaison *f*; **~atiˈonstaˌbelle** *f gr.* tableau *m* de conjugaison; **2ierbar** [-ˈgiːr-] *adj.* conjugable; **2ieren** [-ˈgiː-] *v/t.* ⟨*pas de ge-*, h⟩ conjuguer; **konjugiert werden** se conjuguer; *math.* **konjugierte Durchmesser** diamètres conjugués.

Konjunktion [kɔnjuŋktsiˑˈoːn] *f* ⟨~; ~en⟩ *gr., astr.* conjonction *f.*

Konjunktiv [ˈkɔnjuŋkˌtiːf, -ˈtiːf] *m* ⟨~s; ~e⟩ *gr.* (mode *m*) subjonctif *m*; **2isch** *adj. u. adv.* au subjonctif; avec le subjonctif; **~ˌsatz** *m* phrase *f*, proposition *f* au subjonctif.

Konjunktur [kɔnjuŋkˈtuːr] *f* ⟨~; ~en⟩ *écon.* conjoncture *f* (économique); activité *f* économique, des marchés, des affaires; **steigende, sinkende ~** conjoncture ascendante, descendante; **überhitzte ~** trop forte activité économique; mouvement trop accéléré des affaires; **die ~ bremsen, eindämmen** freiner, endiguer l'essor de la conjoncture; **die ~ (aus)nutzen** profiter de la haute conjoncture, de l'essor économique; **Wiederanziehen der ~** reprise *f* de l'activité économique; **~ˌablauf** *m* évolution *f* de la conjoncture; **~ˌabschwächung** *f* fléchissement *m*, recul *m* de l'activité économique; **~ˌänderung** *f* changement *m* de la situation économique; **~ˌanstieg** *m* conjoncture ascendante; accroissement *m* de l'activité économique; reprise conjoncturelle; **~ˌaufschwung** *m* essor *m* économique, de la conjoncture; boom [bum] *m*; **2beˌdingt** *adj.* conditionné, déterminé par les fluctuations de la conjoncture; **~beˌlebung** *f* reprise *f*, relance *f*, redressement *m* de l'activité économique; **~beˌricht** *m* rapport *m* sur la situation économique, sur la conjoncture; **2ell** [-ˈrɛl] *adj.* de la conjoncture; conjoncturel, -lle; **2emˌpfindlich** *adj.* sensible aux fluctuations économiques, de la conjoncture; **~emˌpfindlichkeit** *f* sensibilité *f* aux fluctuations économiques, aux fluctuations de la conjoncture; **~entˌwicklung** *f* évolution *f* de la conjoncture, économique; **~ˌfestigkeit** *f* stabilité *f* de la conjoncture; **~ˌforschung** *f* analyse *f* de l'activité économique, des marchés; études conjoncturelles; **~ˌkrise** *f* crise conjoncturelle, de l'activité économique; **~ˌlage** *f* situation *f* de l'économie; conjoncture *f*; **~ˌlenkung** *f* orientation *f* de la conjoncture; **~poliˌtik** *f* politique *f* (de conjoncture) économique; **2poˌlitisch** *adj. u. adv.* du point de vue de la politique économique; **~e Erwägungen** considérations (politiques) sur la conjoncture; **~e Maßnahmen** mesures pour agir sur l'activité économique, pour influencer la conjoncture; mesures de politique économique; **~proˌgnose** *f* prévisions conjoncturelles; **~ˌritter** F *m* opportuniste *m*; **~ˌrückgang** *m* récession *f* économique; recul *m* de l'activité économique; **~ˌschwankung** *f* fluctuation *f* de la conjoncture, des marchés; **~ˌstockung** *f* stagnation *f* de l'activité économique; **~tenˌdenzen** *f/pl.* tendances *f/pl.* de la conjoncture; **~theoˌrie** *f* théorie *f* de l'évolution économique; **~ˌtief** *n* dépression *f* économique; **~überˌhitzung** *f* emballement *m* de l'activité économique; rythme trop accéléré des affaires; surchauffe conjoncturelle; **~ˌumschwung** *m* renversement *m*, retournement *m* de la conjoncture; **~verˌbesserung** *f* amélioration *f* de la conjoncture; **~verˌlauf** *m* évolution *f*, rythme *m* de l'activité économique, des affaires, de la conjoncture; **~voˌraussagen** *f/pl. cf.* ~prognose; **~zuˌsammenbruch** *m* effondrement *m* économique; **~ˌzyklus** *m* cycle économique, conjoncturel.

konkav [kɔnˈkɑːf] *adj.* concave; **2ˌlinse** *f* lentille *f* concave; **2ˌspiegel** *m* miroir *m* concave.

Konklave [kɔnˈklɑːvə] *n* ⟨~s; ~n⟩ *égl. cath.* conclave *m.*

Konklusion [kɔnkluˑziˑˈoːn] *f* ⟨~; ~en⟩ *Logik* conclusion *f.*

Konkord|anz [kɔnkɔrˈdants] *f* ⟨~; ~en⟩ **1.** concordance *f* (*auch der Bibel, géol.*); **2.** *impr.* 48 points *m/pl.* typographiques; **~at** *n* ⟨~(e)s; ~e⟩ *égl. cath.* concordat *m*; **~ienˌbuch** [-ˈkɔr-] *n égl. prot.* Livre *m* de concorde; **~ienˌformel** [-ˈkɔr-] *f égl. prot.* formule *f* de concorde.

konkret [kɔnˈkreːt] **1.** *adj.* concret, -ète; **ein ~er Fall** un cas concret; **im ~en Fall** le cas échéant; **e-e ~e Frage** une question concrète; **ein ~er Vorschlag** une proposition pratique, concrète; **~e Formen annehmen** prendre forme; se concrétiser; **2.** *adv.* concrètement; de façon concrète; **2iˈon** *f* ⟨~; ~en⟩ *géol.* concrétion *f*; **~iˈsieren** *v/t.* ⟨*pas de ge-*, h⟩ concrétiser; *par ext.* (*näher ausführen*) préciser; **2um** *n* ⟨~s; -ta⟩ *gr.* terme, mot concret.

Konkubin|at [kɔnkuˑbiˑˈnɑːt] *n* ⟨~(e)s; ~e⟩ concubinage *m*; **~e** [-ˈbiː-] *f* ⟨~; ~n⟩ concubine *f.*

Konkurr|ent(in) [kɔnkuˈrɛnt(ɪn)] *m* ⟨~en; ~en⟩ (*f*) ⟨~; ~nen⟩ concurrent(e) *m* (*f*); compétiteur, -trice *m, f*; **~enz** *f* ⟨~; ~en⟩ **1.** concurrence *f*; **die ausländische ~** la concurrence étrangère; **außer ~** 'hors-concours; **starke ~ haben** avoir une forte, grosse concurrence; **j-m ~ machen** faire concurrence à qn.; concurrencer qn.; **einander, sich ~ machen** se faire concurrence; **mit j-m in ~ treten** entrer en concurrence avec qn.; **2.** (*Konkurrent*) **das ist unsere ~** c'est notre concurrent; **bei der ~ ist es billiger** autre part c'est meilleur marché; **sonst gehe ich zur ~** sinon je vais ailleurs, chez un autre; **3.** *jur.* **~ von Verbrechen** cumul *m*, concours *m* d'infractions; **~enzbeˌtrieb** *m* entreprise concurrente; **2enzˌfähig** *adj.* compétitif, -ive; capable de soutenir la concurrence; **~enz-**

ˌfähigkeit *f* aptitude *f* à soutenir la concurrence; capacité concurrentielle; **~enzˌfirma** *f*, **~enzgeˌschäft** *n* firme, maison concurrente; **~enzindusˌtrie** *f* industrie concurrente; **~enzˌkampf** *m* concurrence *f*; compétition *f*; **~enzˌklausel** *f* clause *f* de non-concurrence; **~enzˌland** *n* pays concurrent; **2enzˌlos** *adj.* défiant toute concurrence; **~enzˌpreis** *m* prix compétitif; **~enzunterˌnehmen** *n* entreprise concurrente; **~enzverˌbot** *n* interdiction *f* de concurrence; **~enzˌwirtschaft** *f* régime *m* de concurrence; **2ieren** *v/i.* ⟨*pas de ge-*, **h**⟩ mit j-m ~ concurrencer qn.; faire concurrence à qn.; **damit können wir nicht ~** nous ne pouvons pas y faire concurrence; nous ne pouvons pas soutenir la concurrence; **~de Gesetzgebung** *etwa* concurrence de lois (dans un État fédéral).

Konkurs [kɔn'kʊrs] *m* ⟨~es; ~e⟩ *comm.* faillite *f*; **betrügerischer ~** *cf.* Bankrott; **in ~ gehen, geraten, ~ machen** faire faillite; **den ~ anmelden** se déclarer en faillite; déposer son bilan; **~ˌantrag** *m* demande *f* de mise en faillite, de déclaration de faillite; **~ˌantragsˌpflicht** *f* obligation *f* de demander la déclaration de faillite; **~beˌendigung** *f* clôture *f* de faillite; **~diviˌdende** *f* dividendes distribués aux créanciers du failli; **~ˌeinstellung** *f* suspension *f* de faillite; **~erˌklärung** *f* déclaration *f* de faillite; **~erˌöffnung** *f* ouverture *f* de la faillite; **~erˌöffnungsbeˌschluß** *m* jugement déclaratif de faillite; **~ˌforderung** *f* créance *f* de faillite; **~geˌricht** *n* tribunal *m* de la faillite; **~ˌgläubiger** *m* créancier *m* de la faillite, du failli; **~ˌmasse** *f* actif *m* de la faillite; **~ˌordnung** *f* réglementation *f* des faillites; **~ˌschuldner** *m* failli *m*; **~taˌbelle** *f* état *m*, liste *f* des créances (d'une faillite); **~verˌfahren** *n* procédure *f* de faillite; **~verˌmögen** *n* biens *m/pl.* du failli; **~verˌwalter** *m* syndic *m* (d'une faillite).

könn|en ['kœnən] **I** *v/aux. de mode* ⟨kann, kannst, kann; konnte; könnte; gekonnt; h⟩ **a)** (*vermögen*) pouvoir; **das kann ich machen** je peux le faire; **das hätte ich tun ~** j'aurais pu le faire; **ich kann heute nicht** je ne peux pas aujourd'hui; **ich kann nicht mehr!** je n'en peux plus!; **ich kann nicht anders** je ne peux pas faire autrement; **er kann etwas** il est capable; **er kann nichts** il est incapable, nul; **so gut ich kann** de mon mieux; **man kann nicht an alles denken** on ne peut (pas) penser à tout; **ich kann Ihnen nicht sagen, wie ich mich freue** je ne peux pas vous dire à quel point je me réjouis; **~ Sie mir sagen, wie ich zum Bahnhof komme?** pourriez-vous *od.* pouvez-vous m'indiquer le chemin de la gare?; **ich kann es Ihnen nicht sagen** je ne peux, pourrais, saurais (pas) vous le dire; **das kann man wohl sagen!** ça, on peut le dire!; **man kann nie wissen** on ne sait jamais; **er lief, was er konnte** il courut tant qu'il put; **man konnte noch so laut rufen ...** on avait beau crier ...; **man konnte es ihm noch so oft sagen ...** on avait beau lui dire ...; P **du kannst mich mal!** F tu peux (toujours) courir, y aller!; **b)** (*beherrschen*) savoir; **nähen, tanzen** *etc.* ~ savoir coudre, danser, *etc.*; **er kann Englisch** il sait l'anglais; **etw. auswendig ~** savoir qc. par cœur; **kannst du jetzt deine Aufgabe?** sais-tu ta leçon maintenant?; **das muß man ~** il faut savoir le faire; **c)** (*dürfen*) **jetzt kannst du kommen** maintenant tu peux venir; **d)** (*möglich sein*) **er kann den Brief verloren haben** il peut avoir perdu la lettre; il se peut qu'il ait perdu la lettre; **das kann vergessen worden sein** cela a pu être oublié; il se peut qu'on l'ait oublié; **es kann sein, daß ...** il se peut que ...; **das kann nicht sein** cela ne se peut pas; **ich kann mich auch täuschen** il se peut que je me trompe aussi; je peux aussi me tromper; **er kann jeden Augenblick kommen** il peut venir d'un moment à l'autre, à tout instant, à tout moment; **du könntest recht haben** il se pourrait que tu aies raison; **e)** (*für etw.* ~) **ich kann nichts dafür** je n'y peux rien; ce n'est pas ma faute; je n'y suis pour rien; **wer kann dafür?** à qui la faute?; **er kann nichts dafür, daß ...** ce n'est pas sa faute si ...; il n'y peut rien si ...; **II 2en** *n* ⟨~s⟩ savoir(-faire) *m*; capacités *f/pl.*; **e-e Probe s-s ~s geben** donner un échantillon de ce que l'on sait faire, de son savoir-faire, de ses capacités, de ses connaissances, *von e-m Virtuosen etc.* de son talent; **2er** *m* ⟨~s; ~⟩ personne *f* très capable; F as [ɑːs] *m*.

Konnex [kɔ'nɛks] *m* ⟨~es; ~e⟩ relation *f*; connexion *f*; **engen ~ mit j-m haben** avoir des relations étroites avec qn.; **~i'on** *f* ⟨~; ~en⟩ relation *f*; (**einflußreiche**) **~en haben** avoir des relations influentes.

Konnivenz [kɔni·'vɛnts] *f* ⟨~; ~en⟩ connivence *f*.

Konnossement [kɔnɔsə'mɛnt] *n* ⟨~(e)s; ~e⟩ *comm. mar.* connaissement *m*.

Konoid [ko·no·'iːt] *n* ⟨~(e)s; ~e⟩ *math.* conoïde *m*.

Konrektor ['kɔnrɛktɔr] *m* ⟨~s; -'toren⟩ directeur adjoint, sous-directeur *m* (d'une école primaire).

Konsekr|ation [kɔnze·kratsi·'oːn] *f* ⟨~; ~en⟩ *égl. cath.* consécration *f*; **2ieren** [-'kriː-] *v/t.* ⟨*pas de ge-*, **h**⟩ consacrer.

konsekutiv ['kɔnze·ku·ˌtiːf, -'tiːf] *adj.* *gr.* consécutif, -ive; **2ˌdolmetschen** *n* interprétation consécutive; **2ˌsatz** *m* *gr.* (proposition) consécutive *f*; **2übersetzung** *f* traduction consécutive.

konsequen|t [kɔnze·'kvɛnt] **1.** *adj.* logique; conséquent; **~ sein** être logique, conséquent; **sein ~es Handeln** la manière conséquente dont il agit; **~ bleiben** rester logique, conséquent; **2.** *adv.* **~ handeln** agir avec esprit de suite, avec logique, conséquemment, d'une manière conséquente; **2z** *f* ⟨~; ~en⟩ (*Folgerichtigkeit*) logique *f*; *e-r Person auch* esprit *m* de suite; (*Folge*) conséquence *f*; **die ~en tragen** subir les conséquences; **die ~ aus etw. ziehen** agir en conséquence; **mit äußerster ~** avec une parfaite logique.

Konservat|ismus [kɔnzɛrva'tɪsmʊs] *m* ⟨~⟩ conservatisme *m*; **2iv** *adj.* conservateur, -trice; **~ive(r)** *f* (*m*) ⟨→ A⟩ conservateur, -trice *m, f*; **~i'vismus** *m* ⟨~⟩ *cf.* **~ismus**; **~or** [-'vaː-] *m* ⟨~s; -'toren⟩ *von Kunstdenkmälern* conservateur *m*; **~orium** *n* ⟨~s; -ien⟩ Conservatoire *m* (**für Musik** de musique).

Konserv|e [kɔn'zɛrvə] *f* ⟨~; ~n⟩ conserve *f*; **~enˌbüchse** *f*, **~enˌdose** *f* boîte *f* de conserve; **~enfaˌbrik** *f* fabrique *f* de conserves; conserverie *f*; **~enindusˌtrie** *f* industrie *f* des conserves; **~enverˌgiftung** *f* empoisonnement dû à des conserves; **2ieren** [-'viː-] *v/t.* ⟨*pas de ge-*, **h**⟩ conserver; **~ierung** [-'viː-] *f* ⟨~⟩ conservation *f*; **~ierungsˌmittel** [-'viː-] *n* produit de conservation, conservateur.

Konsign|ant [kɔnzɪ'gnant] *m* ⟨~en; ~en⟩ *comm.* consignateur *m*; **~a'tar** *m*, **~a'tär** *m* ⟨~s; ~e⟩ consignataire *m*; **~ati'on** *f* ⟨~; ~en⟩ consignation *f*; **~ati'onsgeˌschäft** *n* (opération *f* de) consignation *f*; **~ati'onsˌgut** *n* *cf.* **~ationsware**; **~ati'onsˌlager** *n* (dépôt *m* de) consignation *f*; **~ati'onsˌware** *f* marchandise(s) *f* (*pl.*) en consignation; **2ieren** *v/t.* ⟨*pas de ge-*, **h**⟩ consigner.

konsisten|t [kɔnzɪs'tɛnt] *adj.* consistant; **2z** *f* ⟨~⟩ consistance *f*.

Konsistor|ialrat [kɔnzɪsto·ri·'aːlˌraːt] *m* ⟨~(e)s; ⸗e⟩ *égl. prot.* conseiller *m* du consistoire; **~ium** [-'toː-] *n* ⟨~s; -ien⟩ *égl.* consistoire *m*.

Konsol|e [kɔn'zoːlə] *f* ⟨~; ~n⟩ console *f* (*auch bât.*); **~idati'on** *f* ⟨~⟩ *cf.* **~idierung**; **2i'dieren** *v/t.* ⟨*pas de ge-*, **h**⟩ *comm.* consolider; **konsolidierte Anleihe** emprunt consolidé; **konsolidierte Schuld** dette consolidée; **konsolidierte Bilanz** bilan général d'un groupement; **~i'dierung** *f* ⟨~⟩ consolidation *f*; **~i'dierungsˌanleihe** *f* emprunt *m* de consolidation; **~s** *pl.* *comm.* consolidés *m/pl.*; fundings [fœn-] *m/pl.*

Konsonan|t [kɔnzo·'nant] *m* ⟨~en; ~en⟩ *gr.* consonne *f*; **~tenˌgruppe** *f* groupe *m* de consonnes; **~tenˌhäufung** *f* accumulation *f* de consonnes; **~tenˌschwund** *m* disparition *f*, chute *f* de consonne(s); **~tenverˌbindung** *f* combinaison *f* de consonnes; **2tisch** *adj.* consonantique; **~z** *f* ⟨~; ~en⟩ *mus.* consonance *f*.

Konsort|en [kɔn'zɔrtən] *m/pl.* *péj.* consorts *m/pl.*; **X und ~ X** et consorts; **~i'algeˌschäft** [-tsi·'aːl-] *n* opération *f* en consortium, en participation; **~ium** [-tsi·ʊm] *n* ⟨~s; -ien⟩ *comm.* consortium [-sjɔm] *m*.

Konspir|ation [kɔnspi·ratsi·'oːn] *f* ⟨~; ~en⟩ conspiration *f*; **2ieren** [-'riː-] *v/i.* ⟨*pas de ge-*, **h**⟩ conspirer (**gegen** contre).

konstant [kɔn'stant] **1.** *adj.* constant; **e-e ~e Größe** une quantité, une grandeur constante; **mit ~er Bosheit** sans vouloir en démordre; **~ bleiben** rester constant; **~ halten** garder constant; **2.** *adv.* **~ behaupten, leugnen** soutenir, nier constamment, avec persistance; **2e** *f* ⟨~; ~n⟩ constante *f*; **physikalische ~n** constantes physiques.

konstantin|isch [kɔnstan'tiːnɪʃ] *adj.* de Constantin le Grand; constantinien, -nne; *hist.* **2e Schenkung** donation de Constantin; **2op(e)ler** [-'noːp-] *m*, **2opoli'taner** *m* ⟨~s; ~⟩ habitant *m* de Constantinople; Constantinopolitain *m*; **~opoli'tanisch** *adj.* constantinopolitain.

Konstanz [kɔn'stants] *f* ⟨~⟩ constance *f*.

konstatier|en [kɔnsta'tiːrən] *v/t.* ⟨*pas de ge-*, **h**⟩ constater; **2ung** *f* ⟨~⟩ constatation *f*.

Konstellation [kɔnstɛlatsi·'oːn] *f* ⟨~; ~en⟩ *astr.* position *f*; *fig.* situation *f*; conjoncture *f*.

konsterniert [kɔnstɛr'niːrt] *adjt.* interdit; stupéfait; déconcerté.

konstitu|ieren [kɔnsti·tu·'iːren] *v/t.* (*u. v/réfl.*) ⟨*pas de ge-*, **h**⟩ (se) constituer; **~'ierend** *adjt.* constituant; **~e Versammlung** assemblée constituante; 2'**ierung** *f* ⟨~⟩ constitution *f*; 2**ti'on** *f* ⟨~; ~en⟩ *allg.* constitution *f*; 2**tiona'lismus** *m* ⟨~⟩ système constitutionnel; constitutionnalisme *m*; ~**tio'nell** *adj.* constitutionnel, -lle (*auch méd.*); ~**e Monarchie** monarchie constitutionnelle; 2**ti'onsˌtypen** *m/pl. méd.* types *m/pl.* de constitution; ~'**tiv** *adj.* constitutif, -ive.

konstru|ieren [kɔnstruˑ'iːrən] **I** *v/t.* ⟨*pas de ge-*, h⟩ construire (*auch math., gr.*); *fig.* inventer; **der Fall ist konstruiert** le cas est inventé; **II** 2'**ieren** *n* ⟨~s⟩ construction *f*; 2**k'teur** *m* ⟨~s; ~e⟩ constructeur *m*; 2**kti'on** *f* ⟨~; ~en⟩ *gr., math., techn.* construction *f*; F **e-e dolle** ~ un drôle de système; 2**kti'onsbüˌro** *n* bureau *m* d'études; 2**kti'onseleˌment** *n* élément *m* de construction; 2**kti'onsˌfehler** *m* défaut *m*, vice *m* de construction; 2**kti'onsˌglied** *n cf.* 2ktionselement; 2**kti'onsˌplan** *m* plan *m* de construction; 2**kti'onsprinˌzip** *n* principe *m* de construction; 2**kti'onsˌteil** *n, m cf.* 2ktionselement; 2**kti'onsˌzeichnung** *f* plan *m* de construction; ~**k'tiv** *adj.* constructif, -ive; **ein** ~**er Vorschlag** une proposition constructive; 2**kti'vismus** *m* ⟨~⟩ *Kunstrichtung* constructivisme *m*.

Konsul ['kɔnzul] *m* ⟨~s; ~n⟩ consul *m*.

Konsul|aragent [kɔnzuˑ'laːrˀaˌgɛnt] *m* agent *m* consulaire; ~**arbeˌamte(r)** *m* officier *m* consulaire; ~**arbeˌzirk** *m* circonscription *f* consulaire; ~**argeˌrichtsbarˌkeit** *f* juridiction *f* consulaire; 2**arisch** *adj.* consulaire; ~**e Vertretung** représentation *f* consulaire; ~**es Korps** corps *m* consulaire; ~**at** *n* ⟨~(e)s; ~e⟩ consulat *m*; ~**atsbeˌricht** *m* rapport *m* consulaire; ~**atsbeˌscheinigung** *f* certificat *m* consulaire; ~**atsbeˌstimmungen** *f/pl.* règlements *m/pl.* consulaires; ~**atsˌdienst** *m* service *m* consulaire; ~**atsfakˌtur** *f*, ~**atsˌrechnung** *f* facture *f* consulaire.

Konsult|ation [kɔnzultatsiˑ'oːn] *f* ⟨~; ~en⟩ consultation *f*; 2**a'tiv** *adj.* consultatif, -ive; ~**a'tivˌpakt** *m pol.* pacte consultatif; 2**ieren** [-'tiː-] *v/t.* ⟨*pas de ge-*, h⟩ consulter.

Konsulwürde ['kɔnzulˌvʏrdə] *f* dignité *f* consulaire; consulat *m*.

Konsum [kɔn'zuːm] *m* ⟨~s⟩ **1.** (*Verbrauch*) consommation *f*; **den** ~ **steigern** augmenter la consommation; **2.** ['kɔn-] F (~*geschäft*) COOP [kɔp] *f*; coopérative *f* (de consommation); F **zum** ~ **gehen** aller à la COOP; ~**arˌtikel** *m* article *m* de consommation; ~**ent(in)** [-'mɛnt(ɪn)] *m* ⟨~en; ~en⟩ (*f*) ⟨~; ~nen⟩ consommateur, -trice *m, f*; ~**finanˌzierung** *f* crédit *m* à la consommation; ~**geˌnossenschaft** *f* coopérative *f* de consommation; ~**ˌgüter** *n/pl.* biens *m/pl.* de consommation; 2**ieren** [-'miː-] *v/t.* ⟨*pas de ge-*, h⟩ consommer; ~**ierung** [-'miː-] *f* ⟨~⟩ consommation *f*; ~**ˌkraft** *f* capacité *f* de consommation; ~**ˌladen** *m* coopérative *f* (de consommation); succursale *f* de coopérative; *abr.* COOP [kɔp] *f*; ~**ˌsteigerung** *f* augmentation *f* de la consommation; ~**ti'bilien** *pl. cf.* ~güter; ~**ti'on** *f* ⟨~⟩ *cf.* ~ 1.; ~**verˌein** *m cf.* ~genossenschaft; ~**ˌware** *f cf.* ~artikel.

kontagiös [kɔntagiˑ'øːs] *adj. méd.* contagieux, -euse.

Kontakt [kɔn'takt] *m* ⟨~(e)s; ~e⟩ contact [-kt] *m*; *élect. auch* plot *m*; *fig. auch* relation *f*; rapport *m*; *élect.* **den** ~ **herstellen, unterbrechen** établir, couper le contact; *fig.* **mit j-m** ~ **aufnehmen** entrer en, se mettre en, prendre contact avec qn.; **mit j-m** ~ **haben, in** ~ **stehen** être en contact, en rapport, en relation avec qn.; **keinen** ~ **mit s-n Nachbarn haben** n'avoir aucun contact avec ses voisins; **mit j-m** ~ **pflegen** cultiver des rapports, entretenir des relations avec qn.; **den** ~ **verlieren** perdre le contact; ~**ˌabzug** *m phot.* épreuve *f* par contact; 2**ˌarm** *adj.* qui a peu de contact avec le monde extérieur; ~**ˌaufnahme** *f* prise *f* de contact; ~**ˌfeder** *f élect.* ressort *m* de connexion; ~**ˌfehler** *m* défaut *m* de contact; ~**ˌfläche** *f* surface *f* de contact; 2**ˌfreudig** *adj.* qui entre facilement en contact avec les gens, avec qn.; liant; ~**geˌspräch** *n* conversation *f* pour entrer en contact; ~**ˌgifte** *n/pl.* insecticides *m/pl.* par contact; ~**ˌglas** *n opt.* verre *m* de contact; ~**ˌhebel** *m* levier *m* de contact; ~**infektiˌon** *f méd.* contagion directe; ~**ˌknopf** *m* bouton *m* de contact; 2**ˌlos** *adj.* qui n'a pas de contact avec le monde extérieur; ~**metamorˌphose** *f géol.* métamorphisme *m* de contact; ~**ˌpflege** *f* entretien *m* de contacts, de rapports; ~**ˌpunkt** *m* point *m* de contact; ~**ˌstelle** *f techn.* contact *m*; *pol.* bureau *m*, centre *m* de contact; ~**ˌstück** *n* pièce *f* de contact.

Kontamination [kɔntamiˑnatsiˑ'oːn] *f* ⟨~; ~en⟩ contamination *f*.

Kontemplat|ion [kɔntɛmplatsiˑ'oːn] *f* ⟨~; ~en⟩ contemplation *f*; 2**iv** [-'tiːf] *adj.* contemplatif, -ive.

Konten ['kɔntən] *n/pl. cf.* Konto; ~**ˌplan** *m écon.* plan *m* comptable.

Konter|admiral ['kɔntərˀatmiˑˌraːl] *m mar.* vice-amiral *m*; ~**ˌbande** *f* ⟨~⟩ contrebande *f*; ~'**fei** *n* ⟨~s; ~e⟩ *st. s., iron.* portrait *m*; ~**geˌwicht** *n* contrepoids *m*; 2**n** *v/t.* ⟨-(e)re, h⟩ *Boxen* parer; riposter (à) (*auch fig.*); ~**revolutiˌon** *f* contre-révolution *f*; ~**ˌschlag** *m Boxen* contre *m*; ~**ˌtanz** *m* contredanse *f*.

Kontext [kɔn'tɛkst] *m* ⟨~es; ~e⟩ contexte *m*.

Kontinent ['kɔntiˑˌnɛnt, -'nɛnt] *m* ⟨~(e)s; ~e⟩ continent *m*.

kontinental [kɔntiˑnɛn'taːl] *adj.* continental; 2**ˌklima** *n* climat continental; 2**ˌmacht** *f hist.* puissance continentale; 2**ˌsockel** *m géogr.* plateau continental; 2**ˌsperre** *f hist.* Blocus [-ys] continental.

Kontingent [kɔntɪŋ'gɛnt] *n* ⟨~(e)s; ~e⟩ *comm., milit.* contingent *m* (an en, de); ~**e festsetzen** fixer, déterminer des contingents; 2**ieren** [-'tiː-] *v/t.* ⟨*pas de ge-*, h⟩ contingenter; fixer un, des contingent(s); ~**ierung** [-'tiː-] *f* ⟨~⟩ contingentement *m*; ~**ierungssysˌtem** [-'tiː-] *n* système *m* de contingentement; ~**(s)ˌzuweisung** *f* affectation *f* d'un, de contingent(s).

kontinu|ierlich [kɔntiˑnuˑ'iːrlɪç] **1.** *adj.* continu; ~**e Entwicklung** évolution continue; *math.* ~**er Bruch** fraction continue; **2.** *adv.* d'une façon continue; ~ **fortschreiten** avancer d'une façon continue; 2**i'tät** *f* ⟨~⟩ continuité *f*; 2**um** [-'tiː-] *n* ⟨~s; -nua⟩ continuum [-nyɔm] *m*.

Konto ['kɔntoˑ] *n* ⟨~s; -ten⟩ *comm.* compte *m*; **laufendes** ~ compte courant; **gesperrtes** ~ compte bloqué; **überzogenes** ~ compte à découvert, désapprovisionné; **e-e Summe von e-m** ~ **abheben** retirer une somme d'un compte; prélever une somme sur un compte; **ein** ~ **ausgleichen** solder, régler un compte; **ein** ~ **errichten, eröffnen** ouvrir un compte; **ein** ~ **bei der Bank haben** avoir un compte en banque; **auf s-m** ~ **haben** avoir à son compte; **sein** ~ **überziehen** mettre son compte à découvert; **e-e Summe e-m** ~ **gutschreiben** créditer un compte d'une somme; *fig.* **das geht auf dein** ~ c'est ta faute; ~**ˌabrechnung** *f* règlement *m* de compte; ~**ˌabschluß** *m* arrêté *m* de compte; ~**ˌauszug** *m* extrait *m*, relevé *m* de compte; ~**ˌbuch** *n* livre *m* de comptes; ~**erˌöffnung** *f* ouverture *f* d'un compte; ~**ˌgegenbuch** *n* contrepartie *f*; ~**ˌguthaben** *n* avoir *m* (en compte); ~**ˌinhaber** *m* titulaire *m* d'un compte; ~**ko'rrent** *n* ⟨~(e)s; ~e⟩ compte courant; ~**ko'rrentˌauszug** *m* extrait *m* de compte courant; ~**ko'rrentgeˌschäft** *n* opération *f* en compte courant; ~**ko'rrentkreˌdit** *m* crédit *m* à découvert, en compte courant; ~**ko'rrentverˌkehr** *m* opérations *f/pl.* en compte courant; ~**ˌnummer** *f* numéro *m* de compte.

Kontor [kɔn'toːr] *n* ⟨~s; ~e⟩ bureau *m*; *fig. u.* F **das war für ihn ein Schlag ins** ~ ce fut un coup dur, un sale coup pour lui; ~**ist(in)** [-'rɪst(ɪn)] *m* ⟨~en; ~en⟩ (*f*) ⟨~; ~nen⟩ employé(e) *m* (*f*) de bureau.

Kontorsion [kɔntɔrziˑ'oːn] *f* ⟨~; ~en⟩ contorsion *f*.

Konto|stand ['kɔntoˑˌʃtant] *m* montant *m*, solde *m* de compte; ~**überˌziehung** *f* découvert *m* (de compte) (von de).

kontra ['kɔntra] **I** *prép.* ⟨*acc.*⟩ contre; **II** 2 *n* ⟨~s; ~s⟩ contre *m* (*auch Kartenspiel*); (**das**) **Pro und** (**das**) ~ le pour et le contre; **j-m** ~ **geben** *Kartenspiel* contrer qn.; *fig.* riposter vertement à qn.; répondre à qn. à sa façon; *Kartenspiel* **ich sage** ~ je contre; 2**ˌbaß** *m mus.* contrebasse *f*; 2**baˌssist** *m* contrebassiste *m*; 2**ˌbuch** *n comm.* contrepartie *f*; 2**dikti'on** *f* ⟨~; ~en⟩ contradiction *f*; ~**dik'torisch** *adj.* (*u. adv.*) contradictoire (-ment); *jur.* ~**es Verfahren** procédure contradictoire; ~**es Urteil** jugement contradictoire; 2**faˌgott** *n mus.* contrebasson *m*; 2**fak'tur** *f* ⟨~; ~en⟩ *mus.* nouveau texte adapté à un air déjà existant; 2'**hent** *m* ⟨~en; ~en⟩ *e-s Vertrages* contractant *m*; (*Gegner*) adversaire *m*; ~'**hieren** *v/t.* ⟨*pas de ge-*, h⟩ **1.** *gr.* (*zusammenziehen*) contracter; **2.** (*vereinbaren*) contracter; **3.** *studentisch* provoquer (qn.) en duel; 2'**hierungsˌzwang** *m* obligation *f* de contracter.

Kontrakt [kɔn'trakt] *m* ⟨~(e)s; ~e⟩ contrat *m*; **mit j-m e-n** ~ **schließen** passer un contrat avec qn.; *cf. auch* **Vertrag...**; ~**ˌbruch** *m* rupture *f*, violation *f* d'un contrat; 2**ˌbrüchig** *adj.* qui rompt, viole un contrat; ~ **werden** rompre, violer un contrat; 2**geˌmäß** *adv.* conformément au, selon le contrat; ~**i'on** *f* ⟨~; ~en⟩ contraction *f*; 2**lich 1.** *adj.* contractuel, -lle; ~**e Bindung** engagement contractuel; ~**e Verpflichtung** obligation contractuelle; **2.** *adv.* par contrat; contractuellement; ~ **gebunden sein** être lié, engagé par contrat; ~**ur** [-'tuːr] *f* ⟨~; ~en⟩ *méd.* contracture *f*; 2**ˌwidrig** *adj. u. adv.* contraire(ment) au contrat; en violation du contrat.

Kontra|post [kɔntra'pɔst] *m* ⟨~(e)s;

~e⟩ *Plastik* contrapposto *m*; **~ˌpunkt** *m mus.* contrepoint *m*; doppelter ~ contrepoint double; **2'punktisch** *adj.* contrapuntique *od.* contrapontique; **~ˌspiel** *n Kartenspiel* partie contrée.
konträr [kɔn'trɛːr] *adj.* contraire.
Kontrast [kɔn'trast] *m* ⟨~es; ~e⟩ contraste *m*; e-n ~ **bilden** zu contraster avec; faire contraste avec; former un contraste avec; **~ˌfarbe** *f* couleur *f* complémentaire; **2ieren** [-'tiː-] *v/i.* ⟨*pas de ge-*, **h**⟩ contraster (mit avec); faire, former contraste (avec); **2ierend** [-'tiː-] *adjt.* contrasté; contrastant; de contraste; **~ˌmittel** *n méd.* substance *f* de contraste; **2ˌreich** *adj.* riche en contrastes; contrasté; **~ˌwirkung** *f* effet *m* de contraste.
Kontrasubjekt ['kɔntrazupˌjɛkt] *n mus.* contre-sujet *m.*
Kontribution [kɔntriˑbuˑtsiˑ'oːn] *f* ⟨~; ~en⟩ *milit.* (*Kriegs2*) contribution *f* (de guerre).
Kontrition [kɔntriˑtsiˑ'oːn] *f* ⟨~⟩ *relig.* contrition *f.*
Kontroll|abschnitt [kɔn'trɔlˌʔapʃnɪt] *m* coupon *m* de contrôle; **~ˌ(l)ampe** *f* lampe *f* témoin; **~ˌanlage** *f* installation *f* de contrôle; **~appaˌrat** *m* appareil *m* de contrôle; **~ˌausschuß** *m* comité *m*, commission *f* de contrôle; **~beˌamte(r)** *m cf.* ~eur; **~beˌreich** *m* zone *f*, région *f*, sphère *f* de contrôle, contrôlée; **~ˌbrand** *m Gestützeichen* marque *f* d'identification, de contrôle; **~e** *f* ⟨~; ~n⟩ contrôle *m*; **scharfe, strenge** ~ contrôle sévère; **die** ~ **verschärfen** renforcer le contrôle; **etw. unter** ~ **haben** (*beherrschen*) être maître de qc.; contrôler qc.; (*unter Aufsicht haben*) surveiller qc.; (*kontrollieren*) exercer un contrôle sur qc.; **etw. unter** ~ **bringen** se rendre maître de qc.; maîtriser qc.; **der Aufstand konnte unter** ~ **gebracht werden** la révolte a pu être maîtrisée; **die** ~ **über etw. verlieren** perdre le contrôle de qc.; **der** ~ **unterliegen** être soumis à un contrôle; **etw. e-r** ~ **unterziehen** soumettre qc. à un contrôle; **(die)** ~ **über etw. ausüben** exercer un contrôle sur qc.; **etw. der** ~ **entziehen** soustraire qc. à un contrôle; **~er** *m* ⟨~s; ~⟩ *an Elektrofahrzeugen* controller [-œːr] *m*; manipulateur *m*; **~eur** [-'løːr] *m* ⟨~s; ~e⟩ contrôleur *m*; **~ˌgang** *m* ronde *f*; **~geˌrät** *n* appareil *m*, instrument *m* de contrôle; **2ierbar** [-'liːr-] *adj.* contrôlable; **2ieren** [-'liː-] *v/t.* ⟨*pas de ge-*, **h**⟩ contrôler; **die Fahrkarten** ~ contrôler les billets, les tickets; *par ext.* **ein Gebiet** ~ (*beherrschen*) contrôler une région; **~instruˌment** *n cf.* ~gerät; **~ˌkarte** *f für Arbeiter* carte *f* de pointage; *techn.* carte *f* de contrôle; **~ˌkasse** *f cf.* Registrierkasse; **~kommissiˌon** *f* commission *f* de contrôle; **~ˌmaßnahme** *f* mesure *f* de contrôle; **~ˌmuster** *n* échantillon *m* de contrôle; **~ˌnummer** *f* numéro *m* de contrôle; **~orˌgan** *n* organe *m* de contrôle; **~ˌpunkt** *m* poste *m*, point *m* de contrôle; **~ˌrat** *m* ⟨~(e)s⟩ *hist.* **der Alliierte** ~ le Conseil de Contrôle Allié; **~ˌrecht** *n* droit *m* de contrôle; **~ˌstab** *m phys. atom.* barre *f* de contrôle; **~ˌstelle** *f* poste *m*, centre *m*, station *f* de contrôle; **~ˌstempel** *m* cachet *m*, marque *f* de contrôle; **~ˌturm** *m aviat.* tour *f* de contrôle; **~ˌuhr** *f* (*Arbeitszeit2*) enregistreur *m* de temps; (*Wächter2*) contrôleur *m* de ronde; **~verˌmerk** *m* mention *f* de contrôle; **~ˌzettel** *m* fiche *f* de contrôle.
Kontroverse [kɔntroˑ'vɛrzə] *f* ⟨~; ~n⟩ controverse *f.*
Kontur [kɔn'tuːr] *f* ⟨~; ~en⟩ contour *m*; **die ~en nachzeichnen** dessiner les contours; **die ~en zeichnen sich ab** les contours se dessinent.
Kontusion [kɔntuˑziˑ'oːn] *f* ⟨~; ~en⟩ *méd.* contusion *f.*
Konus ['koːnʊs] *m* ⟨~; ~se⟩ *techn.* cône *m.*
Konvektion [kɔnvɛktsiˑ'oːn] *f* ⟨~⟩ *phys.* convection *f.*
Konvenienz [kɔnveˑniˑ'ɛnts] *f* ⟨~; ~en⟩ convenance *f.*
Konvent [kɔn'vɛnt] *m* ⟨~(e)s; ~e⟩ **1.** (*Zus.kunft*) assemblée *f*; **2.** (*Kloster*) couvent *m*; **3.** *hist.* (*National2*) la Convention (nationale); **~ikel** [-'tiː-] *n* ⟨~s; ~⟩ conventicule *m*; **~i'on** *f* ⟨~; ~en⟩ convention *f* (*auch pol.*); **die Genfer** ~ la Convention de Genève; **~io'nalˌstrafe** *f jur.* peine, amende conventionnelle; dédit *m*; **~io'naltaˌrif** *m comm.* tarif conventionnel; **2io'nell 1.** *adj.* conventionnel, -lle; ~**e Waffen** armes classiques; **2.** *adv.* d'une façon conventionnelle; **~u'ale** *m* ⟨~n; ~n⟩ *relig.* (religieux *m*) conventuel *m.*
konverg|ent [kɔnvɛr'gɛnt] *adj.* convergent; *math.* ~**e Folge** série convergente; **2enz** *f* ⟨~; ~en⟩ *math., biol.* convergence *f*; **~ieren** *v/i.* ⟨*pas de ge-*, **h**⟩ *math.* converger.
Konversation [kɔnvɛrzatsiˑ'oːn] *f* ⟨~; ~en⟩ conversation *f*; ~ **machen** faire de la conversation; **~sˌlexikon** *n* dictionnaire *m* encyclopédique; encyclopédie *f*; *fig. u.* F **ein wandelndes** ~ **sein** être un dictionnaire vivant, une encyclopédie vivante, un puits de science; **~sˌstück** *n thé.* pièce *f* de salon.
Konver|sion [kɔnvɛrziˑ'oːn] *f* ⟨~; ~en⟩ *relig., comm.* conversion *f*; **~ter** [-'vɛr-] *m* ⟨~s; ~⟩ **1.** *métall.* convertisseur *m*; **2.** *phys. atom.* pile régénératrice; **~tibili'tät** *f* ⟨~⟩ *cf.* ~tierbarkeit; **2'tierbar** *adj. écon.* convertible; **frei** ~ librement convertible; **~'tierbarˌkeit** *f* ⟨~⟩ *écon.* convertibilité *f*; **2'tieren I** *v/t.* ⟨*pas de ge-*, **h**⟩ convertir; **II** *v/i. relig.* se convertir; **~'tierung** *f* ⟨~⟩ *comm.* conversion *f*; **~'tit(in)** *m* ⟨~en; ~en⟩ (*f*) ⟨~; ~nen⟩ converti(e) *m* (*f*).
konvex [kɔn'vɛks] *adj.* convexe; **2i'tät** *f* ⟨~⟩ convexité *f*; **2ˌlinse** *f opt.* lentille *f* convexe; **2ˌspiegel** *m* miroir *m* convexe.
Konvikt [kɔn'vɪkt] *n* ⟨~(e)s; ~e⟩ *égl.* petit séminaire; **~u'ale** *m* ⟨~n; ~n⟩ séminariste *m.*
Konvoi ['kɔnvɔʏ, -'vɔʏ] *m* ⟨~s; ~s⟩ convoi *m.*
Konvolut [kɔnvoˑ'luːt] *n* ⟨~(e)s; ~e⟩ (*Bündel von Schriftstücken*) liasse *f*; **~e** *f* ⟨~; ~n⟩ *bât.* volute *f.*
Konvuls|ion [kɔnvʊlziˑ'oːn] *f* ⟨~; ~en⟩ *méd.* convulsion *f*; **2iv(isch)** [-'ziːf, -'ziːvɪʃ] *adj.* convulsif, -ive.
konzedieren [kɔntseˑ'diːrən] *v/t.* ⟨*pas de ge-*, **h**⟩ concéder.
Konzentr|at [kɔntsɛn'traːt] *n* ⟨~(e)s; ~e⟩ (produit *m*) concentré *m*; **~ati'on** *f* ⟨~⟩ *allg.* concentration *f*; **~ati'onsˌfähigkeit** *f psych.* capacité *f* de concentration; **~ati'onsˌlager** *n* (*abr.* **KZ**) camp *m* de concentration; **2ieren** *v/t.* (*u. v/réfl.*) ⟨*pas de ge-*, **h**⟩ (se) concentrer (**auf** sur); **2iert 1.** *adjt.* concentré; *chim.* ~**e Lösung** solution concentrée; **2.** *advt.* avec concentration; d'une façon concentrée; **~ierung** *f* ⟨~⟩ concentration *f*; **2isch** [-'tsɛn-] *adj.* (*u. adv.*) concentrique (-ment); *milit.* ~**er Angriff** attaque concentrique.
Konzept [kɔn'tsɛpt] *n* ⟨~(e)s; ~e⟩ **1.** brouillon *m*; **ins** ~ **schreiben** écrire au brouillon; écrire le brouillon (de); **2.** *fig.* **aus dem** ~ **kommen** perdre le fil (de son discours); s'embrouiller; se troubler; **j-n aus dem** ~ **bringen** faire perdre le fil à qn.; embrouiller, troubler qn.; **j-m das** ~ **verderben** gâcher les projets, les intentions de qn.; **das paßt ihm nicht ins** ~ cela ne rentre pas dans ses intentions, projets; cela ne fait pas son affaire; **~ˌheft** *n* cahier *m* de brouillon; **~i'on** *f* ⟨~; ~en⟩ conception *f*; **~ismus** [-'tɪs-] *m* ⟨~⟩ *span. Lit.* conceptisme *m*; **~paˌpier** *n* papier *m* (pour le) brouillon; **~ua'lismus** *m* ⟨~⟩ *philos.* conceptualisme *m.*
Konzern [kɔn'tsɛrn] *m* ⟨~s; ~e⟩ *écon.* konzern [kɔntsɛrn] *m*; **~ˌbildung** *f* formation *f* de konzerns.
Konzert [kɔn'tsɛrt] *n* ⟨~(e)s; ~e⟩ *mus. als Veranstaltung* concert *m*; *e-s Solisten* récital *m*; *als Musikstück* concerto *m*; **im** ~ au concert; **ins** ~ **gehen** aller au concert, à un récital; **ein** ~ **geben, veranstalten** donner, organiser un concert *bzw.* un récital; ~ **für Klavier und Orchester** concerto pour piano et orchestre; **die Brandenburgischen** ~**e** les Concertos brandebourgeois; *fig.* **das** ~ **der Mächte** le concert des puissances; **~agenˌtur** *f* agence *f* de concerts; **2ant** [-'tant] *adj. mus.* concertant; **~beˌsucher(in)** *m* (*f*) personne *f* qui va au concert; auditeur, -trice *m, f*; *pl. auch* public *m*; assistance *f*; *regelmäßige(r)* habitué(e) *m* (*f*) des concerts; **~ˌflügel** *m* piano *m* de concert; **~geˌsellschaft** *f* association *f* de concert; **2ieren** [-'tiː-] *v/i.* ⟨*pas de ge-*, **h**⟩ *mus.* donner un concert, *als Solist* un récital; **~ˌkarte** *f* billet *m* de concert; **~ˌmeister** *m* konzertmeister *m*; violon *m* solo éventuellement appelé à diriger l'orchestre; **~proˌgramm** *n* programme *m* de concert; **~ˌsaal** *m* salle *f* de concert; **~ˌsänger(in)** *m* (*f*) chanteur, cantatrice *m, f* de concert; **~ˌstück** *n* concertstück *m*; **~ˌzeichner** *m Börse* spéculateur *m* à la souscription.
Konzession [kɔntsɛsiˑ'oːn] *f* ⟨~; ~en⟩ concession *f* (*auch adm.*); *adm. für Alkoholausschank* licence *f*; **j-m ~en machen** faire des concessions à qn.; **e-e** ~ **erteilen** délivrer une concession *bzw.* une licence (à); **~är** [-'nɛːr] *m* ⟨~s; ~e⟩ concessionnaire *m*; **2ieren** [-'niː-] *v/t.* ⟨*pas de ge-*, **h**⟩ autoriser par concession *bzw.* par licence; **2iert** [-'niːrt] *adjt.* qui possède une concession *bzw.* une licence; **~ierung** [-'niː-] *f* ⟨~⟩ mise *f* sous le régime de la concession; **~sentˌzug** *m* retrait *m* de la concession *bzw.* de la licence; **~sˌinhaber** *m* concessionnaire *m*; titulaire *m* de la concession *bzw.* de la licence; **2sˌpflichtig** *adj.* soumis au régime de la concession *bzw.* de la licence.
konzessiv [kɔntsɛ'siːf] *adj. gr.* concessif, -ive; **2ˌsatz** *m gr.* proposition concessive.
Konzil [kɔn'tsiːl] *n* ⟨~s; ~e *od.* ~ien⟩ concile *m*; **ökumenisches** ~ concile œcuménique; **2i'ant** *adj.* conciliant; **~i'anz** *f* ⟨~⟩ esprit conciliant; **~sˌvater** *m* père *m* conciliaire, du concile.

konzipieren [kɔntsiˈpiːrən] *v/t.* ⟨*pas de ge-*, h⟩ concevoir (*auch physiol.*); jeter, établir les bases de; faire le brouillon de; ébaucher.

konzis [kɔnˈtsiːs] *adj.* concis.

Koog [koːk] *m* ⟨~(e)s; Köge⟩ terrain conquis sur la mer; polder [pɔldɛːr] *m*.

Kooper|ation [koˑoˑpeˑratsiˈoːn] *f* ⟨~⟩ coopération *f*; **2aˈtiv** *adj.* coopératif, -ive; **2ieren** [-ˈriː-] *v/i.* ⟨*pas de ge-*, h⟩ coopérer.

Koopt|ation [koˑɔptatsiˑˈoːn] *f* ⟨~; ~en⟩ cooptation *f*; **2ieren** [-ˈtiː-] *v/t.* ⟨*pas de ge-*, h⟩ coopter.

Koordin|ate [koˑɔrdiˑˈnaːtə] *f* ⟨~; ~n⟩ *math.* coordonnée *f*; **~aten,achsen** *f/pl.* axes *m/pl.* de coordonnées; **~atensys,tem** *n* système *m* de coordonnées; **~atiˈon** *f* ⟨~⟩ coordination *f*; **~atiˈons,zahl** *f chim.* indice *m* de coordination; coordinence *f*; **~atoˈgraph** *m* ⟨~en; ~en⟩ (*Kartiergerät*) coordinatographe *m*; **2ieren** *v/t.* ⟨*pas de ge-*, h⟩ coordonner; *gr.* **~des Bindewort** conjonction de coordination; **~ierung** *f* ⟨~⟩ coordination *f*; **~ierungs,ausschuß** *m* comité *m*, commission *f* de coordination; **~ierungs,maßnahme** *f* mesure *f* de coordination.

Kopaiva|balsam [koˑpaˈiːva,balzam] *m phm.* (baume *m* de) copahu *m*; **~,baum** *m bot.* copayer *od.* copaïer *m*.

Kopal [koˑˈpaːl] *m* ⟨~s; ~e⟩ *Harzart* copal *m*; **~,fichte** *f bot.* dammara *m*; agathis [-is] *m*; **~,firnis** *m*, **~,lack** *m* vernis *m* de copal.

Kopeke [koˑˈpeːkə] *f* ⟨~; ~n⟩ *Münze* kopeck *m*.

Kopenhagener|(in) [,koˑpənˈhaːgənər(ın)] **I** *m* ⟨~s; ~⟩ (*f*) ⟨~; ~nen⟩ habitant(e) *m* (*f*) de Copenhague; **II** ~ *adj.* ⟨*inv.*⟩ de Copenhague.

Kopepoden [koˑpeˑˈpoːdən] *pl. zo.* copépodes *m/pl*.

Köper(bindung) [ˈkøːpər(,bındʊŋ)] *m* ⟨~s; ~⟩ (*f*) *text.* sergé *m*.

kopernikanisch [koˑpɛrniˑˈkaːnıʃ] *adj.* copernicien, -nne; **das ~e Weltsystem** le système de Copernic [-ik].

Koepescheibe [ˈkøːpə,ʃaıbə] *f mines* poulie *f* Koepe.

Kopf [kɔpf] *m* ⟨~(e)s; ⸗e⟩ **1.** *anat.* tête *f*; *e-s Wildschweins, Hechtes als Jagdtrophäe* 'hure *f*; **~ an ~** coude à coude (*auch bei Rennen*); serrés les uns contre les autres; **mit dem ~ nach unten** la tête en bas; *fig.* **über j-s ~ hinweg** sans s'occuper de qn.; **von ~ bis Fuß** de la tête aux pieds; de pied en cap [-p]; **Hals über ~** *cf.* **Hals**; **bis über den ~ (in Arbeit, Schulden stecken)** (avoir du travail, des dettes) par-dessus la tête; **aus dem ~ (hersagen)** (réciter) de mémoire; **mit klarem ~** à tête reposée; **~ hoch!** du courage!; **~ weg!** attention à ta *bzw.* votre tête!; **s-n ~ aufsetzen, auf s-m ~ bestehen** s'entêter; **den ~ oben behalten** conserver la tête sur les épaules; **e-n roten ~ bekommen** rougir; F piquer un fard; **mir brummt der ~** j'ai la tête qui bourdonne; **mir dreht sich alles im ~** la tête me tourne; j'ai la tête qui tourne; **s-n ~ durchsetzen** parvenir à ses fins; **nicht auf den ~ gefallen sein** ne pas être tombé sur la tête; **sich an den ~ fassen** se prendre la tête à deux mains; **nur nach s-m ~ handeln** n'en faire qu'à sa tête; **das geht mir nicht aus dem ~** cela ne me sort pas de la tête; **das will mir nicht in den ~ (gehen)** je ne comprends pas cela; je n'arrive pas à réaliser cela, à m'en rendre compte; **sich etw. durch den ~ gehen lassen** réfléchir à *od.* sur qc.; repenser à qc.; **s-n eigenen ~ haben** avoir ses idées à soi; être têtu; avoir la tête dure; **e-n schweren ~ haben** avoir la tête lourde; **etw. im ~ haben** avoir qc. en tête; **den ~ hängen lassen** être découragé, déprimé; *cf. auch* **hängen**; **das geht mir im ~ herum** cela me trotte dans la tête (*auch Melodie*); cela me turlupine; **den ~ hinhalten müssen** devoir pâtir (für pour); **sich blutige Köpfe holen** être repoussé(s), ensanglanté(s); **den ~ kosten** coûter la vie; **ich kriege das nicht in den ~** cela ne veut pas rentrer dans ma tête; **j-n (um) e-n ~ kürzer machen** couper, trancher la tête à qn.; **mit dem ~ nicken** faire oui de la tête; 'hocher la tête en signe d'approbation; **im ~ rechnen** calculer de tête, mentalement; *Gedanke* **durch den ~ schießen** venir à, traverser l'esprit; **sich etw. aus dem ~ schlagen** s'ôter qc. de la tête, de l'esprit; **ich bin wie vor den ~ geschlagen** les bras m'en tombent; j'en suis tout abasourdi, interdit; **den ~ schütteln** *mißbilligend* 'hocher, secouer la tête (en signe de désapprobation); *verneinend* faire non de la tête; refuser, dire non en 'hochant la tête; **um e-n ~ größer sein als j** avoir la tête de plus que qn.; dépasser qn. d'une tête; **nicht (ganz) richtig im ~ sein** avoir l'esprit dérangé; avoir la tête fêlée; ne plus avoir sa tête à soi; **sich etw. in den ~ setzen** se mettre qc. en tête; se fourrer qc. dans la tête; **j-m etw. in den ~ setzen** mettre qc. dans la tête de qn.; **auf dem ~ stehen** avoir la tête en bas (*auch von e-m Bild*); **ich weiß nicht, wo mir der ~ steht** je ne sais pas où donner de la tête; **mir steht nicht der ~ danach** je n'ai pas l'esprit à faire cela; **in den ~ steigen** monter à la tête; **zu ~(e) steigend** capiteux, -euse; **etw. auf den ~ stellen** mettre qc. la tête en bas; **die Tatsachen auf den ~ stellen** dénaturer les faits; **alles auf den ~ stellen** mettre tout sens dessus dessous; *fig.* mettre de l'ambiance; **und wenn du dich auf den ~ stellst** quoi que tu fasses; **mit dem ~ gegen etw. stoßen, rennen** donner de la tête contre qc.; **sich den ~ stoßen** se cogner la tête (an contre); **j-n vor den ~ stoßen** stupéfier, renverser, choquer, offenser qn.; **j-m den ~ verdrehen** tourner la tête à qn.; **den ~ verlieren** perdre la tête, F la boussole; **gleich den ~ verlieren** *auch* se noyer dans un verre d'eau; **sich den ~ mit etw. vollstopfen** se bourrer le crâne de qc.; **j-m über den ~ wachsen** prendre le dessus (*abs.*); surpasser qn.; **die Schwierigkeiten wachsen mir über den ~** je suis noyé dans, submergé par les difficultés; **j-m den ~ waschen** laver la tête à qn.; *fig.* passer un savon à qn.; **mir tut der ~ weh** j'ai mal à la tête; **j-m etw. an den ~ werfen** jeter qc. à la tête de qn. (*auch fig.*); **s-n ~ wetten (, daß ...)** donner, mettre sa tête à couper (que ...); **sich den ~ zerbrechen** se casser, se creuser la tête; se mettre l'esprit à la torture; **j-m den ~ zurechtsetzen** ramener qn. à la raison; **j-m etw. auf den ~ zusagen** accuser qn. de qc. sans qu'il puisse le nier; dire sans détours à qn. que l'on sait qc.; **die Hände über dem ~ zusammenschlagen** lever les bras au ciel; **die Köpfe zusammenstecken** comploter; **sich die Augen aus dem ~ sehen** ne pas avoir assez d'yeux pour regarder; écarquiller les yeux; **ein Brett vor dem ~ haben** en tenir une couche; être bouché (à l'émeri); **es geht um ~ und Kragen** il y va de sa vie; **~ und Kragen riskieren** risquer sa vie; **sich e-e Kugel in den ~ schießen, durch den ~ jagen** se brûler la cervelle; **den Nagel auf den ~ treffen** mettre le doigt dessus; tomber juste; **e-n Preis auf j-s ~ setzen** mettre la tête de qn. à prix; *fig.* **den ~ in den Sand stecken** adopter la politique de l'autruche; **den ~ aus der Schlinge ziehen** se tirer d'affaire; s'en tirer; **~ oder Schrift?** pile ou face?; *fig.* **mit dem ~ durch die Wand wollen, gegen die Wand rennen** vouloir l'impossible; **soviel Köpfe, soviel Meinungen** *prov.* autant de têtes, autant d'avis *prov.*; **was man nicht im ~ hat, muß man in den Beinen haben** *prov.* quand on n'a pas de tête, il faut avoir des jambes *prov.*; **2.** *fig.* (*Person*) esprit *m*; personne *f*; **ein fähiger ~** une personne, un homme capable; **ein kluger ~** une personne intelligente; une tête bien faite; **ein heller ~** un esprit, un cerveau lucide, lumineux; **die berühmtesten Köpfe des Jahrhunderts** les esprits les plus célèbres du siècle; **führender ~** chef de file; **pro ~** par personne; par tête (F de pipe); **auf den ~ der Bevölkerung entfallen dabei zehn Mark** cela fait dix marks par habitant; **3.** *e-s Briefbogens, e-r Zeitung etc.* en-tête *m* (*inv.*); *e-s Nagels, e-r Schraube, e-r Nadel* tête *f*; *e-r Schiene* champignon *m*; *e-r Pfeife auch* fourneau *m*; *e-r Note* panse *f*; (*Kohl2*) chou *m*; (*Salat2*) salade *f*; *Salat etc.* **Köpfe bilden** pommer; **~-an-ˈKopf-,Rennen** *n* ⟨~s; ~⟩ *Sport* course *f* coude à coude (*auch fig.*); **~,arbeit** *f* travail intellectuel; **~,arbeiter** *m* travailleur intellectuel; **~,bahnhof** *m chem.* gare *f* de tête de ligne, de rebroussement, en cul-de-sac; **~ball** *m Fußball* (jeu *m* de) tête *f*; **~ball,tor** *n Fußball* but (marqué) de la tête; **~band** *n* serre-tête *m*; **~baum** *m* (arbre taillé en) têtard *m*; **~be,deckung** *f* coiffure *f*; *plais. u.* F couvre-chef *m*; **~bein** *n anat.* grand os (du carpe); **~be,trag** *m* montant *m* par tête; **~,briefbogen** *m* papier *m*, feuille *f* à en-tête; **~,bruststück** *n zo.* céphalothorax *m*.

Köpfchen [ˈkœpfçən] *n* ⟨~s; ~⟩ **1.** petite tête; **2.** *bot.* capitule *m*; **3.** *fig. u.* F **~ haben** être intelligent, ingénieux, -euse; **~,schimmel** *m bot.* mucor *m*.

Kopfdüngung [ˈkɔpf,dʏŋʊŋ] *f agr.* épandage *m* de l'engrais entre les lignes plantées.

köpfen [ˈkœpfən] **I** *v/t.* ⟨h⟩ **1.** décapiter; couper, trancher la tête (à); *mit dem Fallbeil* guillotiner; *Baum etc.* étêter; écimer; **2.** *Sport* (den Ball) **~** envoyer le ballon de la tête; jouer de la tête; **den Ball ins Tor ~** marquer (un but) de la tête; **II 2** *n* ⟨~s⟩ *als Todesstrafe* décapitation *f*; guillotinement *m*; *der Bäume* étêtage *od.* étêtement *m*; *sonst verbal*.

Kopf|ende [ˈkɔpf,ˀɛndə] *n* tête *f*; *des Bettes* tête *f* du lit; chevet *m*; **~,füßer** *m/pl. zo.* céphalopodes *m/pl.*; **~griff** *m Ringen* prise *f*, tour *m* de tête; *Rettungsschwimmen* prise *f* de la tête; **~grind** *m méd.* teigne *f* du cuir chevelu; **~,grippe** *f méd.* grippe localisée dans le cerveau, encéphalitique; **~haar** *n coll.* cheveux *m/pl.*; chevelure *f*; **~,haltung** *f* port *m* de (la) tête;

2ˌ**hängerisch** *adj.* déprimé; découragé; pessimiste; triste; **~haut** *f anat.* peau *f* du crâne; *behaarte* cuir chevelu; **~hieb** *m esc.* coup *m* à la tête; **~holz** *n* bois *m* de têtard; *der Korbweide* osier *m*; **~ˌhörer** *m* écouteurs *m/pl.*; casque *m* (téléphonique); **~hörerˌbügel** *m* serre-tête *m*.

...köpfig [...ˌkœpfıç] *adj. in Zssgn.* ein zweiköpfiges Kalb un veau à deux têtes; e-e tausendköpfige Menschenmenge une foule de mille personnes; ein fünfköpfiger Ausschuß un comité, une commission de cinq membres; *cf. auch* dickköpfig *etc.*

Kopf|jagd ['kɔpfjɑːkt] *f* chasse *f* aux têtes; **~ˌjäger** *m* chasseur *m* de têtes; **~ˌkissen** *n* oreiller *m*; **~kissenbeˌzug** *m* taie *f* d'oreiller; **~klee** *m bot.* (*Rotklee*) trèfle *m* rouge, des prés; **~kohl** *m bot.* chou pommé, cabus [-y]; **~ˌlage** *f e-s Embryos* présentation *f* de la tête; **~ˌlänge** *f Rennsport* tête *f*; um e-e ~ d'une tête; 2ˌ**lastig** *adj. Fahrzeug* trop chargé à l'avant; **~laus** *f zo.* pou *m* de tête; **~ˌlehne** *f* appui(e)-tête *m*; **~ˌleiste** *f impr.* vignette *f* en tête (d'une page); 2**los 1.** *adj. fig.* (*unüberlegt*) irréfléchi; étourdi; écervelé; sans cervelle; (*verwirrt*) affolé; ~e Flucht fuite irréfléchie, affolée; **2.** *adv.* ~ handeln agir sans réflexion, avec étourderie; ~ hin und her rennen courir çà et là d'un air affolé; j-n ~ machen faire perdre la tête à qn.; ~ werden s'affoler; **~ˌlosigˌkeit** *f* ⟨~⟩ étourderie *f*; affolement *m*; **~ˌnicken** *n* ⟨~s⟩ 'hochement *m* de tête (*zustimmend* en signe d'approbation); **~ˌnicker** *m anat.* (muscle *m*) sterno-cléido-mastoïdien *m*; **~ˌnote** *f zu e-m Artikel etc.* chapeau *m*; **~ˌpolster** *n* appui(e)-tête rembourré; **~preis** *m* prix *m* par tête; **~putz** *m cf.* ~schmuck; **~ˌquote** *f* quote-part individuelle, par tête; 2ˌ**rechnen I** *v/i.* ⟨*nur inf.*⟩ gut ~ können savoir bien calculer de tête; **II ~ˌrechnen** *n* ⟨~s⟩ calcul mental; gut im ~ sein *in der Schule* être bon, fort en calcul mental; **~ˌrollen** *n gym.* rotation *f* de la tête; **~ˌrose** *f méd.* érysipèle *m* du cuir chevelu; **~saˌlat** *m bot.* laitue pommée; **~ˌscheibe** *f milit.* cible-silhouette *f*; 2**scheu** *adj. Pferd* ombrageux, -euse; *fig.* effarouché; j-n ~ machen effaroucher qn.; ~ werden s'effaroucher; **~schmerz** *m* mal *m*, maux *m/pl.* de tête; *oft* migraine *f*; *sc.* céphalée *f*; céphalalgie *f*; ~en haben avoir mal à la tête; *wiederholt* avoir des maux de tête; **~schmuck** *m* parure *f* de la tête; **~ˌschraube** *f techn.* vis [-s] *f* à tête; **~ˌschuppen** *f/pl. méd.* pellicules *f/pl.*; **~schuß** *m* balle *f* dans la tête; **~ˌschütteln** *n* ⟨~s⟩ 'hochement *m* de tête (*mißbilligend* en signe de désapprobation, *verneinend* en signe de dénégation); ~ erregen faire 'hocher la tête; 2ˌ**schüttelnd** *advt.* en 'hochant, en secouant la tête; **~ˌschwarte** *f anat.* cuir chevelu; **~ˌseite** *f e-r Münze* côté *m* face; **~sprung** *m Schwimmsport* plongeon *m*; e-n ~ machen faire un plongeon; piquer une tête; **~stand** *m* ⟨~(e)s⟩ *gym.* poirier *m*; e-n ~ machen faire le poirier; *aviat.* capoter; **~ˌstärke** *f* effectif *m*; 2ˌ**stehen** *v/i.* ⟨*irr., sép.*, -ge-, h⟩ *Zustand* avoir la tête en bas; *Vorgang* capoter; *fig.* être déchaîné; ganz Paris stand kopf tout Paris était déchaîné; **~steinˌpflaster** *n* pavé inégal; gros pavés inégaux; **~ˌsteuer** *f* impôt *m* par tête; *hist.* capitation *f*; **~ˌstimme** *f mus.* voix *f* de tête; fausset *m*; **~stoß** *m Fußball* (coup *m* de) tête *f*; *Billard* massé *m*; **~stück** *n techn.* tête *f*; *e-s Fisches* moitié *f* qui touche la tête; **~ˌstütze** *f* appui(e)-tête *m*; **~tuch** *n* foulard *m*; *einfaches* fichu *m* de tête; fanchon *f*; 2'**über** *adv.* la tête la première, en avant; ~ stürzen *auch* piquer une tête; **~verˌband** *m méd.* bandage *m* de la tête; **~verˌletzung** *f* blessure *f* à la tête; e-e ~ haben être blessé à la tête; **~ˌwäsche** *f* **1.** *cf.* ~waschen; **2.** *fig.* semonce *f*; **~ˌwaschen** *n* shampooing [ʃɑ̃pwɛ̃] *m*; **~weh** *n cf.* ~schmerz; **~ˌweide** *f bot.* saule (coupé en) têtard; **~ˌweite** *f* tour *m* de tête; **~ˌwunde** *f* plaie *f* à la tête; **~zahl** *f* nombre *m* de personnes; **~zerˌbrechen** *n* ⟨~s⟩ cassement *m* de tête; F tintouin *m*; j-m (viel) ~ machen donner (bien) du cassement de tête, F du tintouin à qn.; sich über etw. kein ~ machen ne pas se casser la tête pour qc.; ohne viel ~ sans trop se casser la tête; **~ˌzünder** *m milit.* fusée *f* d'ogive.

Kopialbuch [ko·pi·'ɑːlˌbuːx] *n* cartulaire *m*.

Kopie [ko·'piː] *f* ⟨~; -ien⟩ *allg.* copie *f*; *phot. auch* épreuve (positive); *fig.* imitation *f*.

Kopier|anstalt [ko·'piːrˌʔanʃtalt] *f* atelier *m* de reproduction, de tirage, de copie; **~appaˌrat** *m phot.* appareil *m* à tirer des épreuves positives; **~ˌbuch** *n comm.* livre *m* de copie de lettres; 2**en I** *v/t.* ⟨*pas de ge-*, h⟩ copier; faire une *bzw.* des copie(s) (de); *phot. auch* tirer (une *bzw.* des épreuve[s] de); *fig.* j-n ~ copier qn.; **II ~en** *n* ⟨~s⟩ copie *f*; reproduction *f*; *phot. auch* tirage *m*; **~maˌschine** *f* machine *f* à copier, à reproduire; **~paˌpier** *n phot.* papier *m* sensible, photographique; **~ˌpresse** *f* presse *f* à copier; **~ˌrädchen** *n cout.* roulette *f* de couturière; **~ˌrahmen** *m* châssis *m* de copie; **~ˌstift** *m* crayon *m* à copier; crayon-encre *m*; **~ˌtinte** *f* encre *f* à copier.

Kopilot ['koːpi·ˌloːt] *m* ⟨~en; ~en⟩ *aviat.* copilote *m*.

kopiös [ko·pi·'øːs] *adj. méd.* copieux, -euse; abondant.

Kopist [ko·'pıst] *m* ⟨~en; ~en⟩ copiste *m*.

Koppel[1] ['kɔpəl] *f* ⟨~; ~n⟩ **1.** (*zusammengebundene Tiere*) chiens, chevaux couplés; *ch.* (*Hunde*2) meute *f* (à la couple); **2.** (*eingezäunte Weide*) pâture *f*; pâturage *m*; **~**[2] *n* ⟨~s; ~⟩ *milit.* ceinturon *m*; das ~ umschnallen, zuschnallen mettre, boucler son ceinturon; 2**n** *v/t.* ⟨-(e)le, h⟩ *techn., élect.* coupler; *fig.* jumeler; associer; *phot.* gekoppelter Entfernungsmesser télémètre couplé; **~ˌschloß** *n* boucle *f* de ceinturon; **~ung** *f* ⟨~⟩ *techn., élect.* couplage *m*; *fig.* jumelage *m*; association *f*; *élect.* induktive, kapazitive, feste, lose ~ couplage électromagnétique, électrostatique, serré, lâche; **~ungsgeˌschäft** *n comm.* opération jumelée; **~ˌweide** *f cf.* ~[1] 2.

koppen ['kɔpən] *v/i.* ⟨h⟩ *Pferd* tiquer.

Kopplung ['kɔpluŋ] *f cf.* Koppelung.

Kopra ['koːpra] *f* ⟨~⟩ copra(h) *m*.

Kopro|lith [ko·pro·'liːt] *m* ⟨~s; ~e⟩ *Paläontologie* coprolithe *m*; **~'phage** *m* ⟨~n; ~n⟩ *zo.* coprophage *m*.

Kopt|e ['kɔptə] *m* ⟨~n; ~n⟩ Copte *m*; 2**isch** *adj.* copte; ~e Kunst art copte; die ~e Sprache, das 2e le copte.

Kopul|a ['koːpu·la] *f* ⟨~; ~s *od.* -lae⟩ *gr.* copule *f*; **~ati'on** *f* ⟨~; ~en⟩ **1.** *biol.* copulation *f*; **2.** *Veredelungsart etwa* greffe *f* à l'anglaise; 2**a'tiv** *adj.* copulatif, -ive; 2**ieren** [-'liː-] *v/t.* ⟨*pas de ge-*, h⟩ *biol.* copuler.

Koralle [ko·'ralə] *f* ⟨~; ~n⟩ corail *m* (*pl.* coraux); ~n fischen pêcher le corail; 2**n** *adj.* de, en corail; **~nˌalge** *f bot.* coralline *f*; 2**nˌartig** *adj.* semblable au corail; coralloïde; **~nˌbank** *f* ⟨~; ~e⟩ banc *m* corallifère, de corail; **~nˌbaum** *m bot.* **1.** (indischer) ~ adénanthère *f*; **2.** érythrine *f* corail; corallodendron *m*; **~nˌbau(ten)** *m* (*pl.*) formation(s) corallienne(s); **~nˌerbse** *f* pois *m* corail; **~nˌfischer** *m* pêcheur *m* de corail; corailleur *m*; **~nfischeˌrei** *f* pêche *f* du, au corail; **~nˌhalskette** *f* collier *m* de corail; **~nˌholz** *n* bois *m* corail; **~nˌinsel** *f* île corallienne; atoll *m*; **~nˌkalk** *m* calcaire corallien; **~nˌmoos** *n bot.* nertera *m* depressa; **~nˌnatter** *f zo.* serpent *m* corail; **~nˌpilz** *m bot.* clavaire *f*; **~nˌriff** *n* récif corallien, de corail; 2**nˌrot** *adj.* (de) corail (*inv.*); **~nskeˌlett** *n* squelette *m* de corail; **~nˌstock** *m* colonie *f* de coraux; **~nˌtiere** *n/pl. zo.* coralliaires *m/pl.*; anthozoaires *m/pl.*; **~nˌwurz(el)** *f* ⟨~⟩ (*f*) *bot. Orchidee* coralliorhiza *f*.

Koran [ko·'rɑːn, 'koːran] *m* ⟨~s; ~e⟩ Coran *m*.

Korb [kɔrp] *m* ⟨~(e)s; ~e⟩ **1.** corbeille *f* (*oft kunstvoll*); (*Henkel*2) panier *m* (*auch allg. u. beim Korbball*); (*Trag*2) 'hotte *f*; (*Ballon*2) nacelle *f*; (*Förder*2) cage *f* d'extraction; (*Bienen*2) ruche *f*; *e-s Degens* coquille *f*; ein ~ Äpfel, Kirschen *etc.* un panier de pommes, de cerises, *etc.*; ein ~ für Früchte, Brot *etc.* une corbeille à fruits, à pain, *etc.*; **2.** *fig.* refus *m*; j-m e-n ~ geben éconduire qn. (*auch bei Heiratsantrag*); e-n ~ bekommen, F kriegen, sich e-n ~ holen essuyer un refus; être éconduit; **3.** *fig.* Hahn im ~ sein *cf.* Hahn; **~ball** *m* ⟨~(e)s⟩ *Spiel* basket-ball [baskɛtbol] *m*; F basket *m*; ~ spielen jouer au basket(-ball); **~ballˌspiel** *n cf.* ~ball; **~ballˌspieler (-in)** *m* (*f*) basketteur, -euse *m, f*; **~ˌblüt(l)er** *m/pl. bot.* compos(ac)ées *f/pl.*; **~ˌbogen** *m bât.* arc *m* en anse de panier.

Körbchen ['kœrpçən] *n* ⟨~s; ~⟩ **1.** petite corbeille; petit panier; **2.** *bot.* capitule *m*; **3.** *der Biene* corbeille *f*; **4.** *fig. u.* F ins ~ gehen aller au lit, *enf.* au dodo.

Korb|flasche ['kɔrpˌflaʃə] *f* bouteille clissée; *große, zum Transport* dame-jeanne *f*; bonbonne *f*; tourie *f*; **~ˌflechter** *m* ⟨~s; ~⟩ *cf.* ~macher; **~flechteˌrei** *f* ⟨~; ~en⟩ vannerie *f*; **~geˌflecht** *n* (ouvrage *m* de) vannerie *f*; *um e-e Flasche* clisse *f*; **~ˌhenkel** *m* anse *f* du panier; **~ˌmacher** *m* ⟨~s; ~⟩ vannier *m*; **~ˌmöbel** *n/pl.* meubles *m/pl.* en rotin, *aus Weidengeflecht* en osier; **~ˌsessel** *m* fauteuil *m* en rotin, en osier; **~ˌwagen** *m* voiture *f* d'enfant en rotin, en osier; **~ˌwaren** *f/pl.* (articles *m/pl.* de) vannerie *f*; **~ˌweide** *f bot. sc.* saule *m* des vanniers; *allg. Flechtwerk liefernde* osier *m*; 2ˌ**weise** *adv.* par paniers.

Kord [kɔrt] *m* ⟨~(e)s; ~e⟩ *text.* tissu côtelé, à côtes; **~el** *f* ⟨~; ~n⟩ cordon *m*; cordelette *f*; cordelière *f*; 2**i'al** *adj.* cordial; 2**ieren** [-'diː-] **I** *v/t.* ⟨*pas de ge-*, h⟩ *techn.* molet(t)er; **II ~ieren** [-'diː-] *n* ⟨~s⟩ molet(t)age *m*; **~ie'rit** [-di·'riːt, -'rıt] *m* ⟨~s⟩ *minéral.* cordiérite *f*; **~iermaˌschine** [-'diːr-] *f* machine *f* à molet(t)age; **~it** [-'diːt, -'dıt] *m* ⟨~s⟩ *Schießpulver* cordite *f*; **~on**

[-'dõː, -'doːn] *m* ⟨~s; ~s⟩ *allg.* cordon *m*; **~o'nettˌseide** *f text.* cordonnet *m*; **~on'nierˌstich** *m cout.* point *m* de bourdon; **~samt** *m text.* velours côtelé; cordelet *m*; **~samtˌhose** *f* pantalon *m* en velours côtelé.

Kore ['koːrə] *f* ⟨~; ~n⟩ *sculp.* coré *f.*

Korea|krieg [ko·'reːaˌkriːk] *m* guerre *f* de Corée; **~ner(in)** [-'ɑː-] *m* ⟨~s; ~⟩ *(f)* ⟨~; ~nen⟩ Coréen, -nne *m, f*; **2nisch** [-'ɑː-] *adj.* coréen, -nne; de (la) Corée; **~ˌstraße** *f géogr.* détroit *m* de Corée.

kören ['køːrən] *v/t.* ⟨h⟩ sélectionner (des mâles reproducteurs).

Koriander [ko·ri·'andər] *m* ⟨~s; ~⟩ *bot.* coriandre *f*; **~ˌöl** *n* huile *f* de coriandre.

Korinth|e [ko·'rɪntə] *f* ⟨~; ~n⟩ *cuis.* raisin *m* de Corinthe; **~er(in)** *m* ⟨~s; ~⟩ *(f)* ⟨~; ~nen⟩ Corinthien, -nne *m, f*; **~erˌbrief** *m bibl.* Épître *f* aux Corinthiens; **2isch** *adj.* corinthien, -nne; ~e Säulenordnung ordre corinthien; ~es Kapitell chapiteau corinthien.

Kork [kɔrk] *m* ⟨~(e)s; ~e⟩ **1.** *Material* liège *m*; **aus ~** en *od.* de liège; **2.** *cf.* ~en; **2ˌartig** *adj.* qui ressemble à du liège; liégeux, -euse; *sc.* subéreux, -euse; **~ˌboje** *f* bouée *f* en liège; **~ˌeiche** *f bot.* chêne-liège *m*; **~en** *m* ⟨~s; ~⟩ *(Flaschen2)* bouchon *m* (de liège); **nach (dem) ~ schmecken** avoir un goût de bouchon; **~enˌzieher** *m* ⟨~s; ~⟩ tire-bouchon *m*; **~enzieherˌhosen** *f/pl. plais.* pantalon *m* en tire-bouchon; **~enzieherˌlocke** *f plais.* boucle *f* en tire-bouchon; **~erˌsatz** *m* ersatz *m*, succédané *m* de liège; **~ˌgürtel** *m* ceinture *f* de liège; **~ˌmundstück** *n e-r Zigarette* bout *m* de liège; **~ˌpfropfen** *m* bouchon *m* de liège; **~ˌplatte** *f* plaque *f* en liège; **~schrot** *m, n* débris *m/pl.* de liège; **~ˌsohle** *f* semelle compensée en liège; *als Einlegesohle* semelle *f* de liège.

Kormophyten [kɔrmo·'fyːtən] *m/pl. bot.* cormophytes *m/pl.*

Kormoran [kɔrmo·'rɑːn] *m* ⟨~s; ~e⟩ *zo.* cormoran *m.*

Kormus ['kɔrmʊs] *m* ⟨~⟩ *bot.* cormus [-ys] *m*; **~ˌpflanzen** *f/pl. cf.* Kormophyten.

Korn[1] [kɔrn] *n* ⟨~(e)s; ~er⟩ **1.** ⟨*pl.* Kornarten⟩ *(Getreide)* céréales *f/pl.*; *je nach Land (Weizen)* blé *m*; *(Roggen)* seigle *m*; *gedroschenes* grain(s) *m (pl.)*; **~ anbauen** cultiver du blé *bzw.* du seigle; cultiver des céréales; **das ~ steht gut** les blés sont beaux; **das ~ ernten** moissonner; **das ~ in Silos lagern** ensiler le grain, les céréales; *fig.* **die Flinte ins ~ werfen** *cf.* Flinte; **2.** *(einzelnes Getreide2)* grain *m*; **die Hühner picken die Körner auf** les poules picorent le(s) grain(s); **3.** *(Samen2)* graine *f*; **4.** *(Sand2, Salz2 etc.)* grain *m*; Körner *von Metall etc. oft* grenaille *f*; **5.** ⟨*pas de pl.*⟩ *phot., impr. etc.* grain *m*; *Papier* **feines ~** grain fin; **grobes ~** gros grain; **6.** ⟨*pas de pl.*⟩ *Visierteil an Handfeuerwaffen* guidon *m*; **gestrichenes ~ nehmen** prendre le guidon affleurant; *fig.* **j-n, etw. aufs ~ nehmen** prendre qn., qc. pour cible; avoir qn., qc. à l'œil; **7.** *Münzwesen* **Schrot und ~** *cf.* Schrot 3.; **~**[2] *m* ⟨~(e)s; ~⟩ F *cf.* Kornbranntwein; **~...** *in Zssgn. cf. auch* Getreide...; **~ˌacker** *m cf.* Kornfeld; **~ˌähre** *f* épi *m.*

Kornak ['kɔrnak] *m* ⟨~s; ~s⟩ cornac [-k] *m.*

Korn|anbau ['kɔrnˌʔanbaʊ] *m* ⟨~(e)s⟩ culture *f* de céréales *bzw.* de blé, de seigle; **~ˌarten** *f/pl.* sortes *f/pl.* de céréales; **~ˌblume** *f bot.* bleuet *m*; **2blumenˌblau** *adj.* **a)** bleu comme le bleuet; **b)** *fig. u.* F complètement ivre; **~ˌboden** *m cf.* Kornspeicher; **~ˌbörse** *f comm.* bourse *f* des grains; **~brand** *m cf.* Kornfäule; **~ˌbranntwein** *m* eau-de-vie *f* de grain.

Körnchen ['kœrnçən] *n* ⟨~s; ~⟩ petit grain; granule *m*; *fig.* **ein ~ Wahrheit** un brin de vérité.

Kornea ['kɔrne·a] *f* ⟨~⟩ *anat.* cornée *f.*

Kornelkirsche [kɔr'neːlˌkɪrʃə] *f bot. Pflanze* cornouiller *m* mâle; *Frucht* cornouille *f.*

körnen ['kœrnən] **I** *v/t.* ⟨h⟩ *techn.* **1.** *(zu Körnern zerkleinern)* grenailler; granuler; **2.** *(körnig machen, anrauhen)* grener; *Leder* grainer; **3.** *mit e-m Körner* pointer; **II 2** *n* ⟨~s⟩ **4.** *(Zerkleinerung)* granulation *f*; grenaillement *m*; **5.** *(Körnigmachen)* grenage *m*; *von Leder* grainage *m*; **6.** *mit e-m Körner* pointage *m.*

Korner ['kɔrnər] *m* ⟨~s; ~⟩ *comm.* corner [-ɛːr] *m*; ring [riŋ] *m.*

Körner ['kœrnər] *m* ⟨~s; ~⟩ *techn.* pointeau *m*; **2ˌfressend** *adjt. zo.* granivore; **~ˌfutter** *n* grain(s) *m (pl.)*; **~ˌkrankheit** *f méd.* conjonctivite granuleuse; trachome [-kom] *m.*

Kornernte ['kɔrnˌʔɛrntə] *f* moisson *f*; récolte *f* des grains.

Kornett[1] [kɔr'nɛt] *n* ⟨~(e)s; ~e *od.* ~s⟩ *mus.* cornet *m*; **~**[2] *m* ⟨~(e)s; ~e *od.* ~s⟩ *hist. milit.* cornette *m.*

Korn|fäule ['kɔrnˌfɔylə] *f* carie *f* du blé; **~feld** *n* champ *m* de céréales, de blé, de seigle; **~ˌgröße** *f techn.* grosseur *f* du grain; **~halm** *m* tige *f* de blé, de seigle; **~ˌhandel** *m* commerce *m* des grains, des céréales; **~ˌhändler** *m* marchand *m*, négociant *m* en grains, en céréales; **~haus** *n* entrepôt *m* de grains, de céréa es.

körnig ['kœrnɪç] *adj.* granuleux, -euse; grenu; granulé; granulaire.

Korn|jahr ['kɔrnjɑːr] *n* **ein gutes, schlechtes ~** une bonne, mauvaise année pour les céréales *bzw.* le blé, le seigle; **~ˌkäfer** *m zo.* charançon *m*, calandre *f* du blé; **~ˌkammer** *f fig. von e-r Landschaft* grenier *m* (à blé); **~land** *n* pays *m* à blé; **~markt** *m hist. in e-r Stadt* marché *m* aux grains; **~maß** *n* mesure *f* à grains; **~ˌmotte** *f zo.* teigne *f* des grains; **~ˌrade** *f* ⟨~; ~n⟩ *bot.* nielle *f* des blés; *sc.* agrostemma *f*; **2reich** *adj.* riche en céréales; *Ähre* bien fourni; grenu; **~ˌschnaps** *m cf.* Kornbranntwein; **~ˌspeicher** *m* grenier *m* (à grain); silo *m* à céréales.

Körnung ['kœrnʊŋ] *f* ⟨~; ~en⟩ *techn.* granulation *f*; grosseur *f* des grains; **~sˌskala** *f* échelle *f* de granulation, de grosseur des grains.

Kornwurm ['kɔrnvʊrm] *m zo.* **1.** (schwarzer) ~ *cf.* Kornkäfer; **2.** (weißer) ~ *cf.* Kornmotte.

Koroll|arium [ko·rɔ'lɑːri·ʊm] *n* ⟨~s; -ien⟩ *philos.* corollaire *m*; **~e** [-'rɔ-] *f* ⟨~; ~n⟩ *bot.* corolle *f.*

Korona [ko·'roːna] *f* ⟨~; -nen⟩ **1.** *der Sonne* couronne *f* solaire; **2.** *Gasentladung* effet *m* de couronne; effet *m* corona; **3.** F bande *f*; **~rarˌterie** [-'nɑːr-] *f anat.* artère *f* coronaire; **~rgeˌfäße** [-'nɑːr-] *n/pl. anat.* vaisseaux *m/pl.* coronaires.

Körper ['kœrpər] *m* ⟨~s; ~⟩ *anat., phys., Algebra* corps *m* (*auch fig. und vom Wein*); *Geometrie* solide *m*; **der menschliche ~** le corps humain; **am ganzen ~ zittern** trembler de tous ses membres, de tout son corps; *Geometrie* **regelmäßiger ~** solide régulier; *phys.* **fester, flüssiger, gasförmiger ~** corps solide, liquide, gazeux; **~ˌbau** *m* ⟨~(e)s⟩ conformation *f* du corps; constitution *f*; stature *f*; **gedrungener, kräftiger ~** stature trapue, vigoureuse; **~beˌherrschung** *f* maîtrise *f* du corps; **2beˌhindert** *adjt.* 'handicapé, diminué physiquement; **~beˌhinderte(r)** *f (m)* ⟨→ A⟩ 'handicapé(e) *m (f)*, diminué(e) *m (f)* physique; **~beˌschaffenheit** *f* constitution *f*; **~beˌwegung** *f* mouvement *m* du corps; **~chen** *n* ⟨~s; ~⟩ *sc.* corpuscule *m*; **~erˌtüchtigung** *f*, **~erˌziehung** *f* éducation corporelle, physique; **~ˌflüssigkeit** *f* liquide *m* du corps; humeur *f*; **~ˌfülle** *f* embonpoint *m*; corpulence *f*; **~geˌruch** *m* odeur corporelle; **~geˌwicht** *n* poids *m* (du corps); **~ˌgröße** *f* taille *f*; **~ˌhaar** *n* poil *m*; **~ˌhaken** *m Boxen* crochet *m* au corps; **~ˌhaltung** *f* attitude *f* du corps; maintien *m*; tenue *f*; port *m*; **~hygiˌene** *f* hygiène corporelle; **~konstitutiˌon** *f* constitution *f* du corps; **~ˌkraft** *f* force physique, corporelle; **~ˌkreislauf** *m anat. des Blutes* grande circulation; **~kulˌtur** *f* culture *f* physique; **~ˌlänge** *f beim Rennen* **um e-e ~** d'une longueur; **2ˌlich 1.** *adj.* corporel, -lle (*auch philos.*); *den menschlichen Körper betreffend meist* physique; *méd.* somatique; ~e Betätigung activité corporelle, physique; ~es Gebrechen infirmité physique; ~e Gesundheit santé du corps; ~es Wesen être corporel; ~es Wohl(befinden) bien-être corporel; ~e Züchtigung châtiment corporel; **2.** *adv.* corporellement; physiquement; **~ gesund** en bonne santé physique; **2ˌlos** *adj.* sans corps; incorporel, -lle; **~ˌmaße** *n/pl. cout.* mesures *f/pl.*; *méd.* mensurations *f/pl.*; **~ˌoberfläche** *f* surface *f* du corps; **~ˌöffnung** *f* orifice *m* du corps; **~ˌpflege** *f* soins corporels, du corps; **~proportiˌonen** *f/pl.* proportions corporelles, du corps; **~ˌpuder** *m* talc [-k] *m*; **~ˌschaden** *m* dommage corporel; **~ˌschaft** *f* ⟨~; ~en⟩ corps *m*; organisme *m*; personne morale; **gesetzgebende ~** corps législatif; **beratende ~** organisme consultatif; **~ des öffentlichen Rechts, öffentlich-rechtliche ~** personne morale de droit public; **2ˌschaftlich** *adj.* corporatif, -ive; **~schaft(s)ˌsteuer** *f* impôt *m* sur les bénéfices des sociétés, des personnes morales; **~ˌschulung** *f* entraînement *m* du corps; **~ˌschwäche** *f* faiblesse *f* physique; **~ˌstellung** *f* position *f* du corps; **~ˌteil** *m* partie *f* du corps; *plais.* **ein gewisser ~** une certaine partie du corps; **~temperaˌtur** *f* température *f* du corps; **~ˌtreffer** *m Boxen* coup *m* au corps; **~verˌletzung** *f* **1.** *méd.* blessure corporelle; **2.** *jur.* coups et blessures *m/pl.*; **vorsätzliche, fahrlässige ~** coups et blessures volontaires, involontaires; **~ mit tödlichem Ausgang** coups et blessures ayant entraîné la mort sans intention de la donner; **~verˌunstaltung** *f Völkerkunde* déformation *f* (du corps); **~ˌwärme** *f* chaleur *f* du corps.

Korporal [kɔrpo·'rɑːl] *m* ⟨~s; ~e *od.* -äle⟩ *milit. im Ausland* caporal *m*; **~e** *n* ⟨~s; -lien⟩ *égl. cath.* corporal *m*; **~ˌschaft** *f* ⟨~; ~en⟩ *milit.* escouade *f.*

Korpor|ation [kɔrpo·ratsi·'oːn] *f* ⟨~;

~en⟩ 1. *jur. cf.* Körperschaft; 2. *studentische etwa* corporation *f* (d'étudiants); 2a'tiv *adj.* corporatif, -ive; 2iert [-'riːrt] *adjt. Student* qui fait partie d'une corporation.

Korps [koːr] *n* ⟨~; ~⟩ 1. *milit.* corps *m*; 2. das diplomatische ~ le corps diplomatique; ~geist *m* esprit *m* de corps; ~stuˌdent *m* étudiant *m* membre d'un «Corps».

korpulen|t [kɔrpu·'lɛnt] *adj.* corpulent; qui a de l'embonpoint; 2z *f* ⟨~⟩ corpulence *f*; embonpoint *m*; zur ~ neigen avoir tendance à l'embonpoint.

Korpus¹ ['kɔrpus] *m* ⟨~; ~se⟩ F (*Körper*) corps *m*; ~² *f* ⟨~⟩ *impr.* corps *m* de dix points; ~³ *n* ⟨~⟩ *jur.* ~ delikti corps *m* du délit; ~ juris corpus juris *m*; ~kel [-'pus-] *n* ⟨~s; ~n⟩ *phys.* corpuscule *m*; ~ku'larˌstrahlen *m/pl.* rayons *m/pl.* corpusculaires.

Korrasion [kɔrazi·'oːn] *f* ⟨~; ~en⟩ *géol.* corrasion *f*.

Korrefer|at [kɔre·fe·'raːt, 'kɔ-] *n* ⟨~(e)s; ~e⟩ compte rendu *m* du second rapporteur; ~ent *m* ⟨~en; ~en⟩ second rapporteur; co-rapporteur *m*.

korrekt [kɔ'rɛkt] *adj.* (*u. adv.*) correct(ement); 2ˌheit *f* ⟨~⟩ correction *f*; 2iv [-'tiːf] *n* ⟨~s; ~e⟩ correctif *m*; 2or *m* ⟨~s; -'toren⟩ *impr.* correcteur *m*.

Korrektur [kɔrɛk'tuːr] *f* ⟨~; ~en⟩ 1. correction *f*; 2. *impr. Vorgang* correction *f* (des épreuves); (*Abzug, Fahne*) épreuve *f*; placard *m*; ~(en) lesen corriger les épreuves, les placards; erste, dritte, letzte ~ épreuve en première, en tierce, en bon à tirer; ~ˌabzug *m*, ~ˌbogen *m*, ~ˌfahne *f* épreuve *f*; placard *m*; ~ˌlesen *n* correction *f* des épreuves, des placards; ~ˌvorschriften *f/pl.* règles *f/pl.* de correction; ~ˌzeichen *n* signe *m* de correction.

Korrelat [kɔre·'laːt] *n* ⟨~(e)s; ~e⟩ corrélatif *m*; ~i'on *f* ⟨~; ~en⟩ corrélation *f*; ~i'onsˌrechnung *f* calcul *m* des corrélations; 2iv [-'tiːf] *adj.* corrélatif, -ive.

korrepet|ieren [kɔre·pe·'tiːrən] *v/i.* ⟨*pas de ge-*, h⟩ faire répéter au piano les chanteurs d'opéra; 2itor *m* ⟨~s; -'toren⟩ musicien *m* qui fait répéter au piano les chanteurs d'opéra.

Korrespond|ent(in) [kɔrɛspɔn'dɛnt (-ɪn)] *m* ⟨~en; ~en⟩ (*f*) ⟨~; ~nen⟩ 1. *in e-r Firma* correspondancier, -ière *m, f*; 2. (*Geschäftsfreund*) correspondant(e) *m* (*f*); 3. *e-r Zeitung etc.* correspondant(e) *m* (*f*); ~enz *f* ⟨~; ~en⟩ correspondance *f*; (mit j-m) e-e ~ unterhalten correspondre (avec qn.); entretenir une correspondance (avec qn.); die ~ führen faire la correspondance; s-e ~ erledigen faire sa correspondance, son courrier; ~enzbüˌro *n* agence *f* de presse; 2ieren *v/i.* ⟨*pas de ge-*, h⟩ 1. correspondre (mit j-m avec qn.); ~des Mitglied correspondant *m*; 2. (*entsprechen*) correspondre (à qc.).

Korridor ['kɔri·doːr] *m* ⟨~s; ~e⟩ corridor *m*; couloir *m* (*beide auch fig.*); *hist.* der Polnische ~ le corridor, le couloir de Dantzig.

Korrig|enda [kɔri·'gɛnda] *pl.* fautes *f/pl.* (d'impression); *Verzeichnis* errata *m*; ~ens ['kɔ-] *n* ⟨~; -'gentia *od.* -'gentien *od.* -'genzien⟩ *phm.* correctif *m*; 2ieren I *v/t.* ⟨*pas de ge-*, h⟩ corriger; II *v/réfl.* sich ~ se corriger; se reprendre; III ~ieren *n* ⟨~s⟩ correction *f*.

korro|dieren [kɔro·'diːrən] *v/t.* ⟨*pas de ge-*, h⟩ *chim.* corroder; 2si'on *f* ⟨~; ~en⟩ *chim.* corrosion *f*; ~si'onsbeˌständig *adj.* résistant à la corrosion; 2si'onsˌmittel *n*, 2si'onspräpaˌrat *n* corrodant *m*; (agent *m*) corrosif *m*; 2si'onsˌschutz(mittel) *m* (*n*) anticorrosif *m*; ~si'onsverˌhütend *adjt. u. advt.* qui empêche la corrosion; ~ wirken agir comme anticorrosif; empêcher la corrosion; ~'siv *adj.* corrosif, -ive.

korr|umpieren [kɔrum'piːrən] *v/t.* ⟨*pas de ge-*, h⟩ corrompre; ~upt [-'rupt] *adj.* corrompu; 2upti'on *f* ⟨~; ~en⟩ corruption *f*; 2upti'onsˌfall *m* cas *m* de corruption.

Kors|age [kɔr'zaːʒə] *f* ⟨~; ~n⟩ *cout.* bustier *m*; ~ak ['kɔr-] *m* ⟨~s; ~s⟩ *zo.* corsac [-k] *m*; ~ar *m* ⟨~en; ~en⟩ corsaire *m* (*auch Schiff*); ~e ['kɔr-] *m* ⟨~n; ~n⟩ Corse *m*; ~e'lett *n* ⟨~(e)s; ~e⟩ *cout.* petit corset; ~ett *n* ⟨~(e)s; ~s *od.* ~e⟩ corset *m*; ~ettˌstange *f* baleine *f* de corset; ~in ['kɔr-] *f* ⟨~; ~nen⟩ Corse *f*; 2isch ['kɔr-] *adj.* corse; de la Corse; ~o ['kɔr-] *m* ⟨~s; ~s⟩ 1. (*Blumen*2) corso fleuri; 2. *Straße* corso *m*; cours *m*; 3. *Pferderennen* course *f* de chevaux non montés.

Kort|ex ['kɔrtɛks] *m* ⟨~(es); ~e⟩ *sc.* (*Rinde*) cortex [-ks] *m*; 2i'kal *adj.* cortical.

Korund [ko·'runt] *m* ⟨~(e)s; ~e⟩ *minéral.* corindon *m*; roter, blauer ~ corindon rouge, bleu.

Körung ['køːruŋ] *f* ⟨~; ~en⟩ *der Bullen u. Eber* sélection *f* (des mâles reproducteurs).

Korvette [kɔr'vɛtə] *f* ⟨~; ~n⟩ *mar.* corvette *f*; ~nkapiˌtän *m* capitaine *m* de corvette.

Kory|bant [ko·ry·'bant] *m* ⟨~en; ~en⟩ *Antike* corybante *m*; 2'bantisch *adj.* de corybante; *fig.* en extase; ~dalis [-'ryː-] *f* ⟨~; ~⟩ *bot.* corydallis *m*; ~'phäe *m* ⟨~n; ~n⟩, *f* ⟨~; ~n⟩ F as [ɑːs] *m*; crack [-ak] *m*; génie *m*.

Körzeit ['køːrtsaɪt] *f* époque *f* de la sélection des mâles reproducteurs.

Kosak [ko·'zak] *m* ⟨~en; ~en⟩ Cosaque *m*.

Koschenille [kɔʃə'nɪljə] *f* ⟨~; ~n⟩ 1. *zo.* cochenille *f*; *pl.* ~n *sc.* coccidés *m/pl.*; echte ~ cochenille du nopal; polnische ~ cochenille de Pologne; *sc.* porphyrophore *m*; 2. *Farbstoff* carmin *m*; ~ˌlaus *f cf.* ~ 1.

koscher ['koːʃər] *adj.* cawcher, -ère; casher, -ère.

K.-o.-Schlag [kaː'ʔoːˌʃlaːk] *m Boxsport* K.-O. *m*; knockout *m*.

Kose|form ['koːzəˌfɔrm] *f* diminutif *m*; Klausi ist die ~ von Klaus Klausi est le diminutif de Klaus; ~kans [-ˌze·-] *m* ⟨~; ~⟩ *math.* cosécante *f*; 2n I *v/t.* ⟨-(es)t, h⟩ caresser; cajoler; câliner; II *v/i.* mit j-m ~ caresser qn.; faire le câlin avec qn.; F faire des mamours à qn.; III ~n *n* ⟨~s⟩ caresses *f/pl.*; câlineries *f/pl.*; cajoleries *f/pl.*; ~ˌname *m* petit nom; diminutif *m*; ~ˌwort *n* ⟨~(e)s; ~er⟩ mot *m* tendre; terme *m* d'affection.

Kosinus ['koːzi·nus] *m* ⟨~; ~⟩ *math.* cosinus [-ys] *m*.

Kosmeti|k [kɔs'meːtɪk] *f* ⟨~⟩ soins *m/pl.* de beauté; cosmétologie *f*; chirurgische ~ chirurgie esthétique; ~keˌrin *f* ⟨~; ~nen⟩ esthéticienne *f*; ~ksaˌlon *m* institut *m* de beauté; ~kum *n* ⟨~s; -ka⟩ produit *m* de beauté; cosmétique *m*; 2sch *adj.* cosmétique; ~es Mittel *cf.* ~kum; ~e Chirurgie chirurgie esthétique; ~e Industrie industrie des cosmétiques.

kosmisch ['kɔsmɪʃ] *adj.* cosmique; ~e Ultrastrahlung, Höhenstrahlung, Strahlen rayons cosmiques; ~er Staub poussières cosmiques.

Kosmo|biologie [kɔsmo·bi·o·lo·'giː] *f* cosmobiologie *f*; ~go'nie *f* ⟨~; -ien⟩ cosmogonie *f*; 2'gonisch *adj.* cosmogonique; ~gra'phie *f* ⟨~; -ien⟩ cosmographie *f*; 2'graphisch *adj.* cosmographique; ~lo'gie *f* ⟨~; -ien⟩ cosmologie *f*; 2'logisch *adj.* cosmologique; ~'naut(in) *m* ⟨~en; ~en⟩ (*f*) ⟨~; ~nen⟩ cosmonaute *m, f*; ~po'lit *m* ⟨~en; ~en⟩ cosmopolite *m*; 2po'litisch *adj.* cosmopolite; ~poli'tismus *m* ⟨~⟩ cosmopolitisme *m*; ~s ['kɔs-] *m* ⟨~⟩ cosmos [-ɔs, -os] *m*; ~tron ['kɔs-, -'troːn] *n* ⟨~s; ~e⟩ *phys.* cosmotron *m*.

Kost [kɔst] *f* ⟨~⟩ nourriture *f*; chère *f*; aliments *m/pl.*; leichte ~ aliments légers; *fig.* das ist leichte ~ c'est facile à digérer; kräftige ~ nourriture substantielle; nahrhafte ~ aliments nourrissants; nourriture riche; magere, schmale ~ aliments maigres; F maigre chère, pitance; reichliche ~ nourriture abondante; deutsche ~ cuisine allemande; freie ~ haben être nourri gratuitement; (freie) ~ und Logis, Wohnung haben être logé et nourri; in ~ geben, nehmen, sein mettre, prendre, être en pension.

kostbar ['kɔstbaːr] *adj.* précieux, -euse; de prix; de valeur; rare; ~er Schmuck bijoux précieux, de valeur; 2ˌkeit *f* ⟨~; ~en⟩ grande valeur; rareté *f*; *Gegenstand* objet précieux, de (grande) valeur; dieses Buch ist e-e ~ ce livre a une grande valeur; dies (hier) ist e-e ~ voici une rareté, quelque chose qui a une grande valeur; musikalische ~en trésors de la musique.

kosten¹ ['kɔstən] I *v/t.* ⟨-ete, h⟩ (*probieren*) goûter; *um die Qualität zu bestimmen auch* déguster; ~ Sie (ein-) mal! goûtez un peu!; ~ Sie mal diese Soße! goûtez-moi cette sauce!; II *v/i.* von etw. ~ goûter à, de qc.; III 2 *n* ⟨~s⟩ gustation *f*; *besser verbal*; *von Delikatessen* dégustation *f*.

kosten² ['kɔstən] I *v/i.* ⟨-ete, h⟩ coûter; viel ~ coûter cher; wenig ~ ne pas coûter cher; être bon marché; wieviel, was kostet das? combien cela coûte-t-il?; F combien ça coûte?; das hat ihn viel gekostet cela lui a coûté cher, beaucoup d'argent; *fig.* cela lui a beaucoup coûté; es kostete ihn viel Überwindung ... cela lui a beaucoup coûté de ...; il lui en a coûté de ...; viel Mühe ~ donner beaucoup de peine; demander bien de la peine; das lasse ich mir etwas ~ je suis prêt à y mettre le prix; II 2 *pl.* frais *m/pl.*; coût *m*; (*Ausgaben*) dépenses *f/pl.*; *jur.* dépens *m/pl.*; laufende ~ dépenses courantes; fixe ~ charges fixes; die ~ des Prozesses les dépens du procès; zusätzliche ~ frais supplémentaires; auf ~ von aux frais de; à la charge de; *fig.* aux dépens de; auf ~ des Staates aux frais de l'État; *fig.* auf ~ anderer aux dépens d'autrui; das geht auf ~ der Gesundheit c'est aux dépens de la santé; mit ~ verbunden sein entraîner des frais, des dépenses; ne pas aller sans frais; zuzüglich der ~ plus [-s] les frais; das geht auf meine ~ c'est moi qui paye; zur Deckung der ~ pour couvrir les frais, les dépenses; die ~ für etw. tragen faire, supporter les frais de qc.; **die ~ ersetzen, vergüten** rembourser les frais, les dépenses (à); **e-n Teil der ~ übernehmen** prendre une partie des frais à sa charge; intervenir dans les frais; **~ verursachen** occasionner, faire des frais; **keine ~ scheuen** ne pas regarder à la dépense; *fig.* **auf s-e ~ kommen** trouver son compte (bei j-m auprès de, chez qn.; **bei etw.** à qc.); **2ˌanschlag** *m* devis *m*; **e-n ~ aufstellen** établir un devis; **2ˌaufstellung** *f* état *m*, relevé *m* des frais; **2ˌaufwand** *m* frais *m/pl.*; **unter großem ~** à grands frais; **2ˌbeitrag** *m* participation *f* aux frais; **2beˌrechnung** *f* calcul *m* des frais; **2ˌdeckung** *f* couverture *f* des frais; **2erˌhöhung** *f* augmentation *f* des frais, des dépenses; **2erˌsparnis** *f* économie *f* (de frais); **2erˌstattung** *f* remboursement *m*, restitution *f* des frais; **2ˌfestsetzung** *f* taxation *f* des frais; *cf. auch* **2aufstellung**; **2ˌfrage** *f* question *f* de prix, de frais; **~ˌfrei** *adj.* sans frais; exempt de frais; franco; *cf. auch* **~los**; **2ˌfreiheit** *f* exemption *f* de frais; **2ˌhöhe** *f* montant *m* des frais; **die ~ beläuft sich auf ...** les frais s'élèvent à ...; **~ˌlos** *adj. u. adv.* gratuit(ement); à titre gratuit; à titre gracieux; **~ˌpflichtig** *adj.* **etw. ist für j-n ~** qn. est tenu de payer les frais de qc.; **2ˌpreis** *m* prix coûtant, de revient; **unter dem ~ verkaufen** vendre à perte; **zum ~** au prix coûtant; **2ˌpunkt** *m* coût *m*; prix *m*; **~?** quel prix?; **2ˌrechnung** *f* calcul *m* des frais; **2ˌsenkung** *f* diminution *f* des frais; **~ˌsparend** *adjt.* qui épargne des dépenses; qui fait faire des économies; **2ˌstelle** *f* centre *m* d'imputation des charges; section *f* de frais; **2ˌteilung** *f* partage *m* des frais, des dépenses; **2ˌübernahme** *f* prise *f* en charge des frais; **2ˌüberschlag** *m* évaluation *f*, aperçu *m* des frais, des dépenses; **2ˌunterschied** *m* différence *f* entre les frais; **2verˌringerung** *f* réduction *f* des frais; **2verˌzeichnis** *n* état *m*, compte *m* des frais; **2ˌvoranschlag** *m* devis *m*; **e-n ~ machen** établir un devis; **2ˌvorschuß** *m* avance *f* (des frais); **2ˌzahlung** *f* paiement *m* des frais, des dépenses.

Kost|gänger [ˈkɔstˌgɛŋər] *m* ⟨~s; ~⟩ pensionnaire *m*; **~geld** *n* pension *f*; *Börse* report *m*; **~ bezahlen** payer une pension; **~geˌschäft** *n comm.* opération *f* de report.

köstlich [ˈkœstlɪç] **1.** *adj.* délicieux, -euse; savoureux, -euse; exquis; **ein ~er Film** *etc.* un film, *etc.* savoureux; **es war e-e ~e Zeit** ce fut une époque merveilleuse; **ein ~es Essen** un repas délicieux, exquis; **2.** *adv.* **sich ~ amüsieren** s'amuser (merveilleusement) bien, F drôlement bien; **das schmeckt ~** c'est délicieux; **2ˌkeit** *f* ⟨~; ~en⟩ caractère délicieux, savoureux; *Sache* délice *m*; chose savoureuse.

Kost|maß [ˈkɔstmaːs] *n* besoin quotidien en calories; ration *f* alimentaire; **~ˌprobe** *f* **1. ich habe dir e-e ~ mitgebracht** je t'en ai apporté un morceau, un petit bout, un petit peu (pour y goûter); **2.** *fig. s-s Könnens etc.* échantillon *m*; **2ˌspielig** *adj.* coûteux, -euse; cher, chère; dispendieux, -euse; **~ˌspieligˌkeit** *f* ⟨~⟩ coût, prix élevé.

Kostüm [kɔsˈtyːm] *n* ⟨~s; ~e⟩ *cout.* tailleur *m*; costume *m* (*auch thé.*); (*Verkleidung*) déguisement *m*; travesti *m*; costume *m*; **~ˌball** *m* bal costumé, travesti; **~ˌbildner** *m* ⟨~s; ~⟩ *thé.* costumier *m*; dessinateur *m* de costumes (de théâtre); **~ˌfest** *n cf.* **~ball**; **2ieren** [-ˈmiː-] *v/t.* (*u. v/réfl.*) ⟨*pas de ge-*, h⟩ (se) costumer; (*verkleiden*) *auch* (se) déguiser; (se) travestir; **~ierung** [-ˈmiː-] *f* ⟨~; ~en⟩ travestissement *m*; déguisement *m*; **~ˌprobe** *f thé.* répétition *f* en costume; **~verˌleiher** *m* costumier *m*.

Kostverächter [ˈkɔstfɛrˌʔɛçtər] *m* **kein ~ sein** apprécier la bonne chère; ne pas dédaigner les bons plats.

Kot [koːt] *m* ⟨~(e)s⟩ **1.** excréments *m/pl.*; matières fécales; fèces *f/pl.*; étron *m*; (*Mist*) fiente *f*; *von Tieren auch* crotte *f*; **2.** (*Straßenschmutz*) boue *f*.

Kotangens [ˈkoːtaŋgɛns] *m* ⟨~; ~⟩ *math.* cotangente *f*.

Kotau [koˑˈtau] *m* ⟨~s; ~s⟩ *fig.* **vor j-m ~ machen** faire de grands salamalecs devant *od.* à qn.

Kotbrechen [ˈkoːtˌbrɛçən] *n méd.* vomissement *m* de matières stercorales.

Kote [ˈkoːtə] *f* ⟨~; ~n⟩ (*Geländepunkt*) cote *f*.

Köte [ˈkøːtə] *f* ⟨~; ~n⟩ *bei Pferd u. Rind* boulet *m*.

Kotelett [koˑtəˈlɛt, koˑˈtlɛt] *n* ⟨~(e)s; ~s *od.* ~e⟩ *cuis.* côtelette *f*; côte *f*; **~en** *pl.* (*Backenbart*) favoris *m/pl.*; *kurze* pattes *f/pl.* de lapin.

Kötengelenk [ˈkøːtəngəˌlɛŋk] *n cf.* Köte.

Kotentleerung [ˈkoːtʔɛntˌleːrʊŋ] *f méd.* défécation *f*.

Köter [ˈkøːtər] *m* ⟨~s; ~⟩ *péj.* (*Hund*) F cabot *m*; P clebs [-ps] *m*; P clébard *m*; *kleiner* roquet *m*.

Kot|erbrechen [ˈkoːtʔɛrˌbrɛçən] *n cf.* Kotbrechen; **~ˌfistel** *f méd.* fistule stercorale, stercoraire; **~ˌflügel** *m Auto* aile *f*; garde-boue *m*; **~ˌhaufen** *m* tas *m* de crotte(s).

Kothurn [koˑˈturn] *m* ⟨~s; ~e⟩ *hist. thé.* cothurne *m*.

kotier|en [koˑˈtiːrən] *v/t.* ⟨*pas de ge-*, h⟩ *comm.* coter; **2ung** *f* ⟨~⟩ *comm.* cotation *f*.

kotig [ˈkoːtɪç] *adj.* crotté; *méd.* fécal; stercoral.

Kotillon [ˈkɔtɪlˌjõː, kɔtiˑˈjõː, ˈkɔtɪlˌjɔŋ] *m* ⟨~s; ~s⟩ *Tanzspiel* cotillon *m*.

Kotinga [koˑˈtɪŋga] *f* ⟨~; ~s⟩ *zo.* cotinga *m*.

Kotkäfer [ˈkoːtˌkɛːfər] *m/pl. zo.* copris *m/pl.*

Kotschinchinahuhn [kɔtʃɪnˈçiːnaˌhuːn] *n zo.* poule cochinchinoise.

Kotze [ˈkɔtsə] V *f* ⟨~⟩ vomi *m*; V dégueulis *m*; **2n** V **I** *v/i.* P dégobiller; dégueuler; **wie ein Reiher ~** dégueuler tripes et boyaux; **II ~n** *n* ⟨~s⟩ P dégobillage *m*; dégueulement *m*; P **es ist zum ~!** (*es ist zum Verzweifeln, ich habe es satt*) P merde alors!; *bei moralischer Entrüstung* P c'est dégueulasse!

Kötzer [ˈkœtsər] *m* ⟨~s; ~⟩ *Spinnerei* bobine *f* de fil; fusée *f*.

kotzerig [ˈkɔtsəˌrɪç] *adj.* P **mir ist ~** j'ai envie de vomir, P de dégobiller.

Krabbe [ˈkrabə] *f* ⟨~; ~n⟩ **1.** *zo.* crabe *m*; (*Garnele*) crevette *f*; *pl.* **~n** *sc.* brachyures *od.* brachyoures [-k-] *m/pl.*; **2.** *fig. u.* F (*Kind*) bambine *f*; **e-e süße ~** (*nettes Mädchen*) une mignonne personne.

krabbeln [ˈkrabəln] **I** *v/t.* ⟨-(e)le, h⟩ (*kitzeln*) chatouiller; F gratter; **es krabbelt mich (am Rücken)** ça me chatouille, me gratte (dans le dos); **II** *v/i.* ⟨sein⟩ *Kinder* marcher, aller à quatre pattes; *Käfer etc. unübersetzt*; **da krabbelt ein Mistkäfer, e-e Ameise** il y a là un bousier, une fourmi; **in die Höhe ~** grimper, monter (sur, le long de); **es kribbelt und krabbelt** ⟨h⟩ ça grouille; **III 2** *n* ⟨~s⟩ **1.** (*Kitzeln*) chatouillement *m*; **2.** *von Kindern* marche *f* à quatre pattes; *von Käfern etc. verbal.*

Krabben|fang [ˈkrabənˌfaŋ] *m* pêche *f* aux crabes *bzw.* aux crevettes; **~ˌtaucher** *m zo.* mergule *m*.

krach [krax] **I** *int.* **~ (bum)!** patatras!; **II 2** *m* ⟨~(e)s; ~e *od.* ~s *od.* F ~̈e⟩ **1.** (*Lärm*) bruit *m*; *von Personen auch* F tapage *m*; chahut *m*; raffut *m*; *von Maschinen, Personen auch* vacarme *m*; F boucan *m*; *plötzlicher, starker* fracas *m*; **mit e-m lauten ~** avec fracas; **der ~ auf der Straße** le bruit, le vacarme de la rue; **~ machen** faire du bruit, du boucan, *etc.*; **macht nicht solchen ~!** ne faites pas un tel chahut, tant de bruit!; *fig. u.* F **mit Ach und ~** *cf.* Ach; **2.** *fig.* (*Streit*) **mit j-m ~ haben** être en brouille, être brouillé avec qn.; **mit j-m ~ anfangen** se brouiller avec qn.; **das gibt ~** F il va y avoir du grabuge; cela va faire du pétard; **wir wollen jeden ~ vermeiden** nous voulons éviter toute dispute, toute querelle; **~ schlagen** faire un esclandre; **3.** *comm.* krach [-k] *m*; débâcle financière; **~en I** *v/i.* ⟨h⟩ faire du bruit; *Schuß* claquer; *Eis, Balken etc.* ⟨sein⟩ craquer; **er schlug die Tür zu, daß es krachte** il claqua la porte avec fracas; **plötzlich krachte ein Schuß** on entendit soudain un coup de feu; soudain un coup de feu claqua; *fig. u.* F **..., daß es nur so kracht ...** avec rage; **II 2en** *n* ⟨~s⟩ bruit *m*; fracas *m*; *od. verbal*; **~end** *advt.* avec fracas; **das Gerüst ist ~ zusammengestürzt** l'échafaudage s'est effondré avec fracas; **~ˌledern** F *adj.* de, en peau *od.* cuir; **2ˌmandel** *f* amande *f* à coque tendre.

krächzen [ˈkrɛçtsən] **I** *v/i.* ⟨-(es)t, h⟩ *Raben* croasser; *Person* parler d'une voix rauque; **II 2** *n* ⟨~s⟩ *der Raben* croassement *m*; *sonst verbal*; **~d** *adjt.* **mit ~er Stimme** d'une voix rauque.

krack|en [ˈkrakən] **I** *v/t.* ⟨h⟩ *chim.* craquer; **II 2en** *n* ⟨~s⟩, **2verˌfahren** *n* cracking [-kiŋ] *m*; craquage *m*.

Krad [kraːt] *n* ⟨~(e)s; ~̈er⟩ (*abr. für* Kraftrad) moto(cyclette) *f*; **~ˌfahrer** *m* motocycliste *m*; **~ˌmelder** *m milit.* agent *m* de transmission motocycliste.

kraft [kraft] **I** *prép.* ⟨*gén.*⟩ en vertu de; par; **~ s-s Amtes** en vertu de sa charge, de ses fonctions; **~ des Gesetzes** en vertu de la loi; **~ s-s großen Wissens** grâce à son immense savoir; **II 2** *f* ⟨~; ~̈e⟩ **1.** force *f*; vigueur *f*; effort *m*; énergie *f*; puissance *f*; capacité *f*; faculté *f*; **physische ~** force physique; **s-e geistige ~** sa vigueur, ses facultés intellectuelle(s); **die Kräfte der Natur** les forces de la nature; *fig.* **treibende ~** moteur *m*; *von e-r Person auch* animateur, -trice *m, f*; instigateur, -trice *m, f*; âme *f*; *fig.* **die gutgesinnten Kräfte** *e-s Landes etc.* les bonnes volontés; **mit aller ~** de toutes mes, tes, *etc.* forces; **aus eigener ~** par mes, tes, *etc.* propres moyens; **nach besten Kräften** de mon, ton, *etc.* mieux; **mit letzter ~** par un dernier effort; avec ce qui lui restait de forces; **mit frischen Kräften** avec de nouvelles forces; **mit vereinten Kräften** tous ensemble; *adm.* **rückwirkende ~ haben** avoir un effet rétroactif; **s-e**

Kräfte vereinigen réunir ses forces; **Kräfte sammeln** rassembler ses forces; **alle Kräfte aufbieten, anspannen** déployer toutes ses forces; faire tous ses efforts; **ohne ~ und Saft** fade et plat; sans saveur ni vigueur; **wieder zu Kräften kommen** retrouver, recouvrer ses forces; reprendre des forces; **am Ende s-r ~ sein, mit s-n Kräften am Ende sein** être au bout de ses forces; **s-e Kräfte lassen nach, verlassen ihn** ses forces diminuent, l'abandonnent; **das geht über meine Kräfte** cela dépasse mes forces; c'est au-dessus de mes forces; **was in meinen Kräften steht** ce qui est en mon pouvoir; **in ~ treten, sein, bleiben** entrer, être, rester en vigueur; **etw. in ~ setzen** mettre qc. en vigueur; **außer ~ setzen** déclarer sans effet; **ein Gesetz außer ~ setzen** abroger, annuler une loi; **außer ~ treten** cesser d'être en vigueur; **2.** (*Arbeits2*) **e-e tüchtige, wertvolle, erstklassige ~** un élément, un collaborateur, un aide *bzw.* une collaboratrice, une aide capable, de valeur, de premier ordre; **2ˌanlage** *f* centrale *f* de force motrice; **2ˌanstrengung** *f* (grand) effort; **2arm** *m phys.* bras *m* de la force motrice; **2ˌaufwand** *m* dépense *f*, déploiement *m* de forces; efforts *m/pl.*; **2ˌausdruck** *m* gros mot; **2ˌbrühe** *f cuis.* consommé *m*; bouillon *m*.

Kräfteausgleich ['krɛftəˌʔausglaɪç] *m* équilibre *m* des forces.

Krafteinheit ['kraftˌʔaɪnhaɪt] *f phys.* unité *f* de puissance.

Kräfte|paar ['krɛftəˌpa:r] *n Mechanik* couple *m*; **~parallelo͵gramm** *n* parallélogramme *m* des forces; **~polyˌgon** *n* polygone *m* des forces.

kraft|erfüllt ['kraftʔɛrˌfylt] *adjt.* vigoureux, -euse; plein de vigueur; **2erˌsparnis** *f* économie *f* d'énergie, d'effort.

Kräfte|verfall ['krɛftəfɛrˌfal] *m* affaiblissement *m*; (*Siechtum*) marasme *m*; **~verˌgeudung** *f* gaspillage *m* de forces, d'énergie; **~verˌhältnis** *n* proportion *f* des forces; **~verˌschleiß** *m* usure *f* des forces; **~verˌteilung** *f* répartition *f* des forces; **~zerˌlegung** *f* décomposition *f* des forces; **~zerˌsplitterung** *f* éparpillement *m* des forces, d'énergie.

Kraftfahr|er ['kraftˌfa:rər] *m* chauffeur *m*; conducteur *m* (d'un véhicule automobile); (*Fern2*) routier *m*; (*Autofahrer*) automobiliste *m*; **~ˌlinie** *f Personenverkehr* ligne *f* d'autocar; **~ˌsport** *m* sport *m* automobile; automobilisme *m*; **~ˌtruppen** *f/pl. milit.* troupes motorisées; formations *f/pl.* du train automobile; **~verˌsicherung** *f* assurance *f* automobile.

Kraftfahrzeug ['kraftˌfa:rtsɔʏk] *n* ⟨~(e)s; ~e⟩ véhicule *m* automobile; **~beˌstand** *m e-s Landes etc.* parc *m* automobile; **~ˌbrief** *m* document établi lors de la mise en circulation d'un véhicule et qui suit ses propriétaires successifs; **~eˌlektriker** *m* électricien *m* de véhicules automobiles; **~ˌhalter** *m* propriétaire *m* d'un véhicule automobile; **~ˌhändler** *m* négociant *m* en (véhicules) automobiles; **~ˌhandwerker** *m* mécanicien *m* de véhicules automobiles; **~indusˌtrie** *f* industrie *f* automobile; **~ˌkennzeichen** *n* numéro *m* d'immatriculation (d'un véhicule automobile); **~meˌchaniker** *m cf.* **~handwerker**; **~ˌschein** *m* carte grise; **~ˌsteuer** *f* impôt *m* sur les véhicules automobiles; **ich habe die ~ noch nicht bezahlt** je n'ai pas encore payé l'impôt pour ma voiture *bzw.* mon camion *bzw.* ma moto, *etc.*; **~verˌsicherung** *f cf.* **Kraftfahrversicherung**; **~ˌzubehör** *n* accessoires *m/pl.* d'automobiles et motocyclettes.

Kraft|feld ['kraftfɛlt] *n phys.* champ *m* de force; **~ˌfülle** *f* (pleine) vigueur; **~ˌfutter** *n agr.* aliments concentrés; **~geˌfühl** *n* sensation *f* de force.

kräftig ['krɛftɪç] **1.** *adj. Person* vigoureux, -euse; **ein ~es Kind** un enfant vigoureux; **~e Nahrung** nourriture substantielle; **e-e ~e Mahlzeit** un repas solide; **ein ~er Farbton** une teinte vive; **ein ~er Schluck** une grande gorgée; **2.** *adv.* vigoureusement; *Körper* **~ gebaut sein** être vigoureux, robuste; F **j-m ~ Bescheid sagen** dire ses quatre vérités à qn.; dire carrément son fait à qn.; **j-n ~ verhauen** rosser qn. de belle façon; administrer une bonne raclée à qn.; *beim Essen* **~ zulangen** se servir largement; **~en I** *v/t.* ⟨h⟩ fortifier; donner des forces (à); tonifier; **Fleischbrühe kräftigt** le bouillon de viande est fortifiant; **das kräftigt die Muskeln** cela fortifie, tonifie les muscles; **II** *v/réfl.* **sich ~** se fortifier; s'affermir; **er hat sich im letzten Jahr sehr gekräftigt** il s'est beaucoup fortifié l'année dernière; **~end** *adjt.* fortifiant; revigorant; tonique; *phm.* **~es Mittel** *cf.* **2ungsmittel**; **2ˌkeit** *f* ⟨~⟩ vigueur *f*; force *f*; **2ung** *f* ⟨~⟩ *verbal*; **zur ~ des Herzens** pour fortifier le cœur; **2ungsˌmittel** *n phm.* fortifiant *m*; tonique *m*; cordial *m*.

Kraft|leitung ['kraftˌlaɪtuŋ] *f élect.* ligne *f* de transport de force; **~ˌlinie** *f phys.* ligne *f* de force; **2los** *adj.* **1.** sans force; faible; affaibli; **saft- und ~** fade et plat; sans saveur ni vigueur; **2.** *jur.* nul, -lle; invalide; **für ~ erklären** invalider; déclarer nul; **~losˌerˌklärung** *f jur.* invalidation *f*; déclaration *f* de nullité; **~ˌlosigˌkeit** *f* ⟨~⟩ manque *m* de force; faiblesse *f*; *jur.* nullité *f*; **~maˌschine** *f* machine motrice; moteur *m*; **~ˌmeier** F *m* ⟨~s; ~⟩ celui qui vante sa force; **~meieˌrei** F *f* ⟨~⟩ fait *m*, manie *f* de vanter sa force; **~mensch** *m* athlète *m*; hercule *m*; **~ˌmesser** *m* ⟨~s; ~⟩ dynamomètre *m*; **~ˌnahrung** *f* nourriture substantielle; **~ˌomnibus** *m* (auto)car *m*; **~pflug** *m* charrue *f* à traction mécanique; **~post(verˌkehr)** *f* (*m*) service *m* des autocars postaux; **~ˌprobe** *f* épreuve *f* de force; **man sollte es nicht auf e-e ~ ankommen lassen** il ne faudrait pas en venir à une épreuve de force; **~rad** *n* moto(cyclette) *f*; **~reˌserven** *f/pl.* réserves *f/pl.* de puissance, *von Personen* de forces; **~stoff** *m* carburant *m*; combustible *m*; (*Benzin*) essence *f*; **~stoffˌanzeiger** *m* ⟨~s; ~⟩ indicateur *m* de carburant, d'essence; **~stoffbeˌhälter** *m* réservoir *m* de carburant, d'essence; **~stoffgeˌmisch** *n* mélange *m* d'essence, de carburant; **~stoff-'Luft-Geˌmisch** *n* mélange *m* d'air et de carburant; **~stoffˌmesser** *m* ⟨~s; ~⟩ *cf.* **~stoffanzeiger**; **~stoffverˌbrauch** *m* consommation *f* de carburant, de combustible, d'essence; **~stoffˌzufuhr** *f* arrivée *f* de carburant, d'essence; **2ˌstrotzend** *adjt.* plein de vigueur; vigoureux, -euse; **~ˌüberschuß** *m* surplus *m* d'énergie; **~überˌtragung** *f* transmission *f* d'énergie, de force motrice; **~ˌübung** *f gym.* exercice *m* de force; **~verˌkehr** *m* circulation *f* automobile; **~verˌschwendung** *f* gaspillage *m* de force(s), d'énergie; **~verˌstärker** *m élect.* amplificateur *m* de puissance; **2voll 1.** *adj.* vigoureux, -euse (*auch Stil*); énergique; plein de force; **2.** *adv.* vigoureusement; énergiquement; **~ˌwagen** *m* (véhicule *m*) automobile *f*; **~wagenˌanhänger** *m* remorque *f*; **~wagenˌbau** *m* ⟨~(e)s⟩ construction *f* automobile; **~wagenerˌzeugung** *f* production *f* automobile; **~wagengeˌtriebe** *n* boîte *f* de vitesses d'automobile; **~wagenˌpark** *m* parc *m* automobile; **~werk** *n* centrale *f* électrique; (*Kern2*) centrale *f* atomique; (*Wasser2*) centrale *f* hydro-électrique; **~wort** *n* ⟨~(e)s; ~e *od.* ~er⟩ *cf.* **Kraftausdruck**.

Krägelchen ['krɛ:gəlçən] *n* ⟨~s; ~⟩ petit col.

Kragen ['kra:gən] *m* ⟨~s; ~⟩ col *m*; (*Mühlstein2*) fraise *f*; (*Halskrause*) collerette *f*; **steifer, gestärkter ~** col dur, empesé; **abknöpfbarer ~** faux col; **j-n beim ~ packen** saisir qn. au collet; *fig.* **es geht ihm an den ~** ça va aller mal pour lui; **es geht um Kopf und ~** *cf.* **Kopf**; F **da platzte ihm der ~** là il n'y tint plus; alors il éclata; **~ˌechse** *f zo.* chlamydosaure [kla-] *m*; **~ˌknopf** *m* bouton *m* de faux col; **~ˌnummer** *f cf.* **~weite**; **~ˌspiegel** *m an Uniformen* écusson *m*; **~ˌstäbchen** *n* baleine *f* de col; **~ˌweite** *f* encolure *f*; *fig. u.* F **das ist meine ~** c'est mon type, mon genre.

Kragstein ['kra:kʃtaɪn] *m bât.* console *f*; corbeau *m*.

Kräh|e ['krɛ:ə] *f* ⟨~; ~n⟩ *zo.* corneille *f*; **e-e ~ hackt der anderen kein Auge aus** *prov.* les loups ne se mangent pas entre eux *prov.*; **2en I** *v/i.* ⟨h⟩ *Hahn* chanter; coqueriquer; *fig.* **der kleine Kerl krähte vor Vergnügen** le petit poussait des cris de joie; *fig. u.* F **danach kräht kein Hahn (mehr)** personne, nul ne s'en soucie (plus); **II ~en** *n* ⟨~s⟩ chant *m* (du coq); **~enˌauge** *n bot.* strychnos [striknɔs] *m*; **~enˌbeere** *f bot.* empetrum [-ɔm] *m*; **~enbeerengeˌwächse** *n/pl. bot.* empétracées *f/pl.*; **~enˌfüße** *m/pl.* F **1.** *in den Augenwinkeln* pattes-d'oie *f/pl.*; **2.** (*schlechte Schrift*) pattes *f/pl.* de mouche; **~enindiˌaner** *m/pl.* Crows *m/pl.*; Gens *m/pl.* des Corbeaux; **~enˌjagd** *f* chasse *f* aux corneilles; **~enˌnest** *n* **1.** nid *m* de corneille; **2.** *mar.* nid *m* de pie; **~ˌwinkel** *Ortsname fig. u.* F trou *m* (de province); **~ˌwinkler** *m* ⟨~s; ~⟩ celui qui arrive de sa campagne, de sa province.

Krakauer|(in) ['kra:ˌkauər(ɪn)] **I** *m* ⟨~s; ~⟩ (*f*) ⟨~; ~nen⟩ habitant(e) *m* (*f*) de Cracovie; **II ~** *adj.* ⟨*inv.*⟩ de Cracovie.

Krake ['kra:kə] *m* ⟨~n; ~n⟩ *zo.* pieuvre *f*; poulpe *m*; *sc.* octopus [-ys] *m*; **gemeiner ~** poulpe commun; *pl.* **~n** *sc.* octopodes *m/pl.*

Krakeel [kra'ke:l] *m* ⟨~s; ~e⟩ F *cf.* **Krach**; **2en** F *v/i.* ⟨*pas de* ge-, h⟩ faire du bruit, F du tapage, du chahut; **~er** F *m* ⟨~s; ~⟩ celui qui fait du bruit, du tapage, du chahut; chahuteur *m*; **~e'rei** F *f* ⟨~⟩ F tapage *m*; chahut *m*; potin *m*; boucan *m*.

Krakel|ei [ˌkra:kə'laɪ] F *f* ⟨~; ~en⟩ griffonnage *m*; **2ig** ['kra:-] F *adj.* griffonné; **~e Schrift** écriture tremblée; **2n** ['kra:-] F *v/i.* ⟨-(e)le, h⟩ griffonner.

Krakowiak [kra'kovi·ak] *m* ⟨~s; ~s⟩ *Tanz* cracovienne *f*.

Kral [kra:l] *m* ⟨~s; ~e⟩ kraal *m*.

Kralle ['kralə] *f* ⟨~; ~n⟩ griffe *f* (*auch péj. für Fingernagel*); *der Raubvögel* serre *f*; **die ~n zeigen** montrer les griffes (à); **die ~n einziehen** rentrer ses griffes; faire patte de velours (*auch fig.*); *poét.* **in den ~n des Todes** *etc.* dans les griffes de la mort, *etc.*; **2n I** *v/t.* ⟨h⟩ **1.** (*mit den Krallen packen*) saisir avec les griffes; **2.** (*kratzen*) griffer; **II** *v/réfl.* **sich an j-n, etw. ~** s'agripper à qn., à qc.; **~nˌaffen** *m/pl. zo.* 'hapalidés *m/pl.*; **2nˌförmig** *adj.* en forme de griffe.

Kram ['kraːm] *m* ⟨~(e)s⟩ F **1.** (*Habseligkeiten*) **s-n ~ zusammenpacken** F ramasser son fourbi, son bataclan; réunir ses affaires, F son fourbi; **den ganzen (alten) ~ wegschmeißen** F jeter tout le bric-à-brac, les vieilleries, le fourbi, les vieux trucs; **2.** (*Arbeit etc.*) **das paßt nicht in meinen ~** cela ne rentre pas dans mes projets, dans mes intentions; cela ne fait pas mon affaire; **den ganzen ~ hinschmeißen, hinwerfen** F envoyer promener tout ça; plaquer tout; ficher tout en l'air; **mach doch deinen ~ alleine!** F fais ton boulot tout seul!

Krambambuli [kram'bambuˑliˑ] *m* ⟨~(s); ~(s)⟩ **1.** eau *f* de vie de Dantzig; **2.** boisson composée de rhum, d'arac(k) et de sucre.

kramen ['kraːmən] **I** *v/i.* ⟨h⟩ **in etw. ~** fouiller dans qc.; *fig.* **in s-n Erinnerungen ~** fouiller dans ses souvenirs; **II 2** *n* ⟨~s⟩ *verbal.*

Krämer ['krɛːmər] *m* ⟨~s; ~⟩ (petit) épicier; **zum ~ gehen** aller à l'épicerie, chez l'épicier; **~ˌgeist** *m péj.* esprit mesquin, d'épicier, mercantile; **~ˌseele** *f péj.* âme mesquine; esprit *m* mercantile.

Kramladen ['kraːmˌlaːdən] *m péj.* épicerie *f* de village; petite épicerie.

Krammetsvogel ['kramətsˌfoːgəl] *m zo.* (grive *f*) litorne *f*; **großer ~** grive *f* de gui; draine *f*.

Krampe ['krampə] *f* ⟨~; ~n⟩, **~n** *m* ⟨~s; ~⟩ cavalier *m*; crampon *m*.

Krampf [krampf] *m* ⟨~(e)s; ~e⟩ **1.** *méd.* crampe *f*; spasme *m*; **e-n ~ im Bein haben** avoir une crampe à la jambe; **er bekam e-n ~** il fut pris d'une crampe; **2.** ⟨*pas de pl.*⟩ F (*Unsinn*) bêtise(s) *f (pl.)*; P foutaise *f*; connerie *f*; **das ist doch (alles) ~!** c'est de la foutaise!; **~ˌader** *f méd.* varice *f*; **~aderˌbildung** *f* formation *f* de varices; **~aderˌbruch** *m méd.* varicocèle *m, f*; **2ˌartig** *adj.* spasmodique; comme une *bzw.* des crampe(s); **2en** *v/t.* (*u. v/réfl.*) ⟨h⟩ (se) crisper; **2haft 1.** *adj. méd.* spasmodique; convulsif, -ive; *fig.* **ein ~es Lachen** un rire convulsif; **~e Anstrengungen machen** *cf.* **(sich) ~ (bemühen)**; **2.** *adv. méd.* spasmodiquement; convulsivement; *fig.* avec acharnement; désespérément; comme un fou; comme un perdu; **sich ~ bemühen** se donner un mal fou; faire des efforts désespérés, acharnés; **sich ~ an etw. klammern** s'accrocher convulsivement, comme un perdu à qc.; **~ suchen** chercher désespérément; **2ˌlösend, 2ˌstillend** *adjt. phm.* antispasmodique; **~es Mittel** antispasmodique *m*.

Kran [kraːn] *m* ⟨~(e)s; ~e⟩ **1.** *techn.* grue *f*; **2.** F (*Wasserhahn*) robinet *m*; (*Zapfhahn*) *auch* chantepleure *f*; **~ˌausleger** *m* flèche *f*, bras *m*, volée *f* de grue; **~bahn** *f* voie *f* de grue; **~ˌbrücke** *f* pont *m* de grue; **~ˌfahrwerk** *n* mécanisme *m* de translation de grue; **~ˌführer** *m* conducteur *m* de grue; grutier *m*.

kräng|en ['krɛŋən] *v/i.* ⟨h⟩ *mar.* donner de la gîte, de la bande; **2ung** *f* ⟨~⟩ *mar.* gîte *f*; bande *f*.

Kranich ['kraːnɪç] *m* ⟨~s; ~e⟩ *zo.* grue *f*; (*Jungfern2*) demoiselle *f* de Numidie; **eigentlicher ~** grue cendrée.

Kranio|logie [kraniˑoˑloˑ'giː] *f* ⟨~⟩ craniologie *f*; **~me'trie** *f* ⟨~⟩ craniométrie *f*.

krank [kraŋk] *adj. u. adv.* ⟨~er, ~st⟩ **1.** malade; **~ sein** être malade; **~ vor Eifersucht, vor Ärger** malade de jalousie, de dépit; **er ist ~ vor Heimweh** le mal du pays l'a rendu malade; **~ werden** tomber malade; **~ (im Bett) liegen** être alité; **sich ~ fühlen** se sentir mal; ne pas se sentir bien; se sentir malade; **~ aussehen** avoir l'air malade; **sich ~ melden** se faire porter malade; *Arzt* **j-n ~ schreiben** faire arrêter qn. de travailler; **sich ~ schreiben lassen** se faire arrêter de travailler; **sich ~ stellen** faire semblant d'être malade; faire le malade; **das macht mich ~** cela me rend malade; *fig.* **sich ~ lachen** rire à en être malade; se pâmer, se tordre de rire; **2.** *ch.* blessé.

kränkeln ['krɛŋkəln] *v/i.* ⟨-(e)le, h⟩ être maladif, -ive; être de santé délicate.

kranken ['kraŋkən] *v/i.* ⟨h⟩ *fig.* **an etw. ~** pécher par qc.; souffrir de qc.

kränken ['krɛŋkən] **I** *v/t.* ⟨h⟩ blesser; froisser; vexer; offenser; **j-n in s-r Ehre ~** blesser qn. dans son honneur; **gekränkt sein, sich gekränkt fühlen** être, se sentir blessé, froissé, vexé, offensé; se froisser; se vexer; **mit gekränkter Miene** d'un air blessé, *etc.*; **II** *v/imp.* **es kränkt mich, daß ...** cela me blesse, *etc.* que ...; **III** *v/réfl.* **sich ~** s'affliger, s'affecter **(über** de); **sich zu Tode ~** mourir de chagrin.

Kranken|abteilung ['kraŋkənˀapˌtaɪluŋ] *f* infirmerie *f*; **~ˌanstalt** *f* hôpital *m*; infirmerie *f*; **~ˌauto** *n* ambulance *f*; **~beˌhandlung** *f* traitement *m* des malades *bzw.* en cas de maladie; **~beˌricht** *m* feuille *f* d'observation; bulletin *m* de santé; **~beˌsuch** *m* visite *f* à un malade; *e-s Arztes* visite *f*; **~ˌbett** *n* lit *m* de malade; **vom ~ aus** de son lit de malade; **der Arzt am ~** le médecin au chevet du malade; **auf dem ~ liegen** être alité; **ans ~ gefesselt** cloué au lit; **vom ~ aufstehen** quitter la chambre; **erst kurz vom ~ aufgestanden sein** relever de maladie.

kränkend ['krɛŋkənt] *adjt.* blessant; froissant; vexant; offensant; qui blesse, froisse, vexe, offense.

Kranken|geld ['kraŋkənˌgɛlt] *n* indemnité(s) *f (pl.)* de maladie (de l'assurance maladie); indemnité journalière; prestations *f/pl.* en espèces; **~geˌschichte** *f* histoire *f* de la maladie; (*Krankheitsvorgeschichte*) anamnèse *f*; **~gymˌnastik** *f* gymnastique médicale; **~gymˌnastin** *f* ⟨~; ~nen⟩ monitrice *f* de gymnastique médicale; **~ˌhaus** *n* hôpital *m*; **j-n in ein ~ einliefern, bringen, j-n in e-m ~ unterbringen, aufnehmen** hospitaliser qn.; **j-n in ein ~ einweisen** faire hospitaliser qn.; **im ~ liegen** être à l'hôpital; être hospitalisé; **aus dem ~ entlassen werden** sortir de l'hôpital; **Einlieferung, Einweisung in ein ~, Unterbringung, Aufnahme in e-m ~** hospitalisation *f*; **~hausˌaufenthalt** *m* séjour *m* à l'hôpital; hospitalisation *f*; **~hausbeˌhandlung** *f* traitement à l'hôpital, hospitalier; **~hausˌfürsorge** *f* assistance médico-sociale; **~hausˌkost** *f* nourriture *f* de l'hôpital; **~hausˌkosten** frais *m/pl.* de séjour à l'hôpita d'hospitalisation; **~hausˌunterbrin gung** *f* hospitalisation *f*; **~ˌhilfe** *f* aid *f* (de l'assurance maladie) en cas de maladie; **~ˌkasse** *f* caisse *f* (de) maladie; **~ˌkost** *f* alimentation *f* d'un malade; (*Diät*) régime *m*; **~ˌlager** *n cf.* Krankenbett; **~ˌliste** *f* liste *f* des malades; **~ˌpflege** *f* soins infirmiers; **die ~ (er)lernen** apprendre à soigner les malades; **~ˌpfleger(in)** *m (f)* infirmier, -ière *m, f*; **~reˌvier** *n milit.* infirmerie *f*; **~ˌsaal** *m* salle *f* d'hôpital; **~ˌschein** *m in Deutschland* certificat délivré par la caisse de maladie permettant à l'assuré de se faire soigner par un médecin agréé auprès de ladite caisse; *in Frankreich etwa* feuille *f* de maladie; **~ˌschwester** *f* infirmière *f*; **~ˌstand** *m* taux *m* de malades; **~statiˌon** *f e-s Heims etc.* infirmerie *f*; **~ˌstuhl** *m* chaise *f* de malade; **~ˌtrage** *f* brancard *m*; civière *f*; **~ˌträger** *m milit.* brancardier *m*; **~transˌport** *m* transport *m* d'un malade *bzw.* de malades; **~verˌsicherung** *f* assurance *f* maladie; **~ˌwagen** *m* ambulance *f*; **~ˌwärter(-in)** *m (f)* garde-malade *m, f*; **~ˌzimmer** *n* chambre *f* de malade *bzw.* d'hôpital.

Krank|e(r) ['kraŋkə(r)] *f (m)* ⟨→ A⟩ malade *m, f*; **2ˌfeiern** F *v/i.* ⟨-(e)re, *sép.*, -ge-, h⟩ se faire passer pour malade; **2haft** *adj.* maladif, -ive; morbide; **~e Neugier** curiosité maladive, morbide; **ein ~es Verlangen nach etw. haben** avoir un désir maladif de qc.; **~haftigˌkeit** *f* ⟨~⟩ état maladif; morbidité *f*.

Krankheit ['kraŋkhaɪt] *f* ⟨~; ~en⟩ maladie *f*; affection *f*; **ansteckende, leichte, schwere, innere ~** maladie contagieuse, bénigne, grave, interne; **sich e-e ~ zuziehen** contracter une maladie; **von e-r ~ genesen** guérir d'une maladie; **e-e ~ übertragen** communiquer, transmettre une maladie (**auf** à); **e-e ~ feststellen** diagnostiquer une maladie; **~sˌanlage** *f* disposition *f* à une maladie; *sc.* diathèse *f*; **~sbeˌricht** *m cf.* Krankenbericht; **~sbeˌscheinigung** *f* certificat *m* de maladie; **~sbeˌschreibung** *f* description *f* d'une maladie; *sc.* nosographie *f*; **~sˌbild** *n* tableau *m*, aspect *m* de la maladie; **2serˌregend** *adjt.* pathogène; **~serˌreger** *m* agent *m* pathogène; **~serˌscheinung** *f* symptôme *m* d'une maladie; **~sˌfall** *m* **im ~** en cas de maladie; **~sgeˌschichte** *f cf.* Krankengeschichte; **2sˌhalber** *adv.* pour cause de maladie; **~sˌherd** *m* foyer *m* de (la) maladie; **~sˌkeim** *m* germe *m* pathogène; **~sˌstoff** *m* matière *f* pathogène; **~sympˌtom** *n* symptôme *m* d'une maladie; **~sˌträger** *m* porteur *m* de maladie; **~süberˌtragung** *f* transmission *f* d'une maladie; **~sˌurlaub** *m* congé *m* de maladie; **~sverˌlauf** *m* déroulement *m*, cours *m* de la maladie; **~sˌzeichen** *n* signe *m* de maladie.

kränklich ['krɛŋklɪç] *adj.* maladif, -ive; F patraque; **~ aussehen** avoir l'air maladif; **2ˌkeit** *f* ⟨~⟩ état maladif.

krankschießen ['kraŋkˌʃiːsən] *v/t.* ⟨*irr., sép.*, -ge-, h⟩ *ch.* blesser.

Kränkung ['krɛŋkuŋ] *f* ⟨~; ~en⟩ offense *f*; vexation *f*; affront *m*; **j-m e-e ~ zufügen** *cf.* kränken; **e-e ~ erleiden** subir une offense, *etc.*

Kran|träger ['kraːnˌtrɛːgər] *m cf.* Kranbrücke; **~ˌwagen** *m* camion-

…; *chem.* wagon-grue *m*; (*Ab-…wagen*) dépanneuse *f*.
… [krants] *m* ⟨~es; ≈e⟩ couronne *f* (*…h techn. u. fig.*); *als Grabschmuck* couronne mortuaire; **e-n ~ …erlegen** déposer une couronne; **~ winden** tresser une couronne; **…dern** *f/pl. anat. cf.* **Kranzgefäße**; **…r,terie** [-ri·ə] *f anat.* artère *f* co…naire; **~,binder(in)** *m* ⟨~s; ~⟩ (*f*) ⟨~; ~nen⟩ personne *f* qui fait des …ouronnes mortuaires, en sapin; **~binde,rei** *f* ⟨~; ~en⟩ atelier *m* où l'on fait des couronnes mortuaires, en sapin.
Kränzchen ['krɛntsçən] *n* ⟨~s; ~⟩ **1.** petite couronne; **2.** *fig.* (*Damen2 etc.*) (petit) cercle (de dames).
kranz|förmig ['krants,fœrmɪç] *adj.* en (forme de) couronne; **2ge,fäße** *n/pl. anat.* vaisseaux *m/pl.* coronaires; **~ge,schmückt** *adjt.* orné d'une couronne, de couronnes; **2ge,sims** *n bât.* corniche *f*; **2,niederlegung** *f verbal mit* déposer une couronne; **2,spende** *f* don *m* de couronne(s).
Krapfen ['krapfən] *m* ⟨~s; ~⟩ *Gebäck* krapfen [-ɛn] *m*; *etwa* beignet *m*.
Krapp [krap] *m* ⟨~(e)s⟩ garance *f* (*Pflanze u. Farbstoff*); **~rot** *n* alizarine *f*; garance *f*.
Krarupleitung ['kra:rup,laɪtuŋ] *f tél.* ligne krarupisée.
Krasis ['kra:zɪs] *f* ⟨~; Krasen⟩ *ling.* crase *f*.
Kraspedoten [kraspe·'do:tən] *f/pl. zo.* méduses *f/pl.* craspédotes.
kraß [kras] **1.** *adj.* ⟨-ss-⟩ **krasser Unterschied** grosse différence; différence marquante, prononcée; **krasser Gegensatz** vif contraste; **in krassem Widerspruch zu etw. stehen** être en vive contradiction avec qc.; **krasses Unrecht** grave injustice; **krasser Fall** cas grave, marquant, frappant; **das ist etwas ~** c'est un peu fort; **2.** *adv.* **sich ~ ausdrücken** s'exprimer crûment; **2heit** *f* ⟨~; ~en⟩ grosseur *f*; gravité *f*; caractère marquant, prononcé.
Krater[1] ['kra:tər] *m* ⟨~s; ~⟩ *géol.* cratère *m*; **~**[2] [kra'tɛ:r] *m* ⟨~s; ~e⟩ (*antiker Mischkrug*) cratère *m*; **~,bildung** *f* formation *f* de cratères, d'un cratère; **2,förmig** *adj.* en forme de cratère; **~,landschaft** *f* paysage *m* volcanique, lunaire; **~,see** *m* lac *m* de cratère.
kratikulieren [krati·ku·'li:rən] *v/t.* ⟨*pas de ge-*, h⟩ *techn. Zeichnen* craticuler.
Kratz|band ['kratsbant] *n mines* transporteur *m* à raclettes; racloir *m*; **~,bürste** *f* **1.** brosse dure, à gratter; **2.** *fig. u.* F personne *f* revêche; **2,bürstig** *adj. Person* revêche; **~,bürstig,keit** *f* ⟨~⟩ air *m*, caractère *m* revêche; **~,distel** *f bot.* chardon *m* des champs; **~e** *f* ⟨~; ~n⟩ **1.** (*Kratzwerkzeug*) raclette *f*; racloir *m*; grattoir *m*; **2.** *text.* carde *f*.
Krätze ['krɛtsə] *f* ⟨~⟩ **1.** *méd.* gale *f* (*auch Räude u. Pflanzenkrankheit*); **2.** *techn.* (*Metallschlacke*) crasse *f*.
Kratz|eisen ['krats,ˀaɪzən] *n* **1.** (*Schuhabkratzer*) décrottoir *m*; **2.** *techn.* raclette *f*; racloir *m*; grattoir *m*; racle *f*; ripe *f*; **2en I** *v/t.* ⟨-(es)t, h⟩ gratter; racler; *mit Krallen od. Fingernägeln* griffer; **die Farbe von der Tür ~** gratter la peinture de la porte; **II** *v/i.* gratter; **der Hund kratzt an der Tür** le chien gratte à la porte; **die Feder kratzt** la plume gratte; *saurer Wein etc.* **im Hals(e) ~** gratter, racler la gorge; **ein ~des Geräusch** un bruit de grattement; **III** *v/réfl.* **sich ~** se gratter; **sich am Kopf ~** se gratter la tête; **sich hinter dem Ohr ~** se gratter l'oreille; **wen's juckt, der kratze sich** *prov.* qui se sent galeux se gratte *prov.*; **IV ~en** *n* ⟨~s⟩ grattement *m*; grattage *m*; raclage *m*; **durch ~** en grattant; en raclant; **~er** *m* ⟨~s; ~⟩ **1.** *auf der Haut* égratignure *f*; griffe *f*; *an Möbeln, am Auto* rayure *f*; éraflure *f*; **2.** *techn. cf.* **Kratze 1.**; **3.** *pl. zo.* acanthocéphales *m/pl.*
Krätzer ['krɛtsər] *m* ⟨~s; ~⟩ F (*saurer Wein*) piquette *f*; (*schlechter Wein*) F vinasse *f*.
kratz|fest ['kratsfɛst] *adj. Lack etc.* résistant aux éraflures; **2fuß** *iron. m* (profonde) révérence; F salamalec [-ɛk] *m*; **Kratzfüße machen** faire des révérences, F des salamalecs; **2ge,räusch** *n* bruit *m* de grattement; *rad., tél.* (bruit *m* de) friture *f*.
krätz|ig ['krɛtsɪç] *adj. méd.* galeux, -euse; *sc.* scabieux, -euse; **2,milbe** *f zo.* sarcopte *m*; *des Menschen* acarus [-ys] *m*; *pl.* **~n** *sc.* sarcoptidés *m/pl.*
Kratz|putz ['kratsputs] *m bât.* sgraffite *m*; **~spur** *f* rayure *f*; éraflure *f*; **~,wunde** *f* égratignure *f*; griffe *f*.
Kraul [kraul] *n* ⟨~(s)⟩ *Schwimmstil* crawl [krol] *m*; *bei Wettkämpfen* **hundert Meter ~** cent mètres nage libre; **2en I** *v/t.* ⟨h⟩ gratter doucement; **II** *v/i. Schwimmsport* nager le crawl; **III ~en** *n* ⟨~s⟩, **~,schwimmen** *n* crawl *m*; **~,schwimmer(in)** *m* (*f*) nageur, -euse *m, f* de crawl; **~,staffel** *f* relais *m* nage libre; **~stil** *m* style crawlé.
kraus [kraus] *adj. Haar* crépu (*bes. von Negern*); (*leicht ~, gelockt*) frisé; *Blattform etc.* frisé; *Gewebe* froncé; **die Stirn ~ ziehen** froncer les sourcils; *fig. u.* F **~e Vorstellungen** des idées bizarres; **~,blättrig** *adj.* à feuilles frisées; **2e** *f* ⟨~; ~n⟩ *cf.* **Halskrause**.
Kräusel|falte ['krɔʏzəl,faltə] *f cout.* fronce *f*; **~,krankheit** *f der Kartoffel* frisolée *f*; *der Erdbeere* frisée *f*; *des Pfirsichs* cloque *f* du pêcher; **2n I** *v/t.* ⟨-(e)le, h⟩ *Haar* friser; *Stoff durch Kräuselfalten* froncer; *kreppartig* crêper; *blasenartig* cloquer; **gekräuselt** *Haar, Faser, Blatt* frisé; *Stoff* froncé *bzw.* crêpé *bzw.* cloqué; **die vom Wind gekräuselte Oberfläche des Sees** la surface du lac ridée par la brise; **II** *v/réfl.* **sich ~** *Haar, Faser* friser; *Blatt, Gewebe* se cloquer; *Stoff auch* (se) froncer; *Wasserfläche* se rider; onduler; *Haare* **sich leicht ~** frisotter; **III ~n** *n* ⟨~s⟩ *der Haare* frisage *m*; *von Stoff* crêpage *m*; cloquage *m*; *in Kräuselfalten* fronçage *m*; **~ung** *f* ⟨~; ~en⟩ ondulation *f*; *von Kraushaar* crêpure *f*; *von Blättern auch* aspect frisé, crispé, cloqué; *von Stoff auch* aspect cloqué, crêpé; *e-r Wasserfläche auch* rides *f/pl.*; *cf. auch* **~n**.
Kraus|haar ['kraushaːr] *n* cheveux crépus, *leichtes* frisés; **2,haarig** *adj.* qui a les cheveux crépus *bzw.* frisés; **~kohl** *m bot.* chou frisé; **~kopf** *m* **1.** tête crépue; frisé *m*; **2.** *techn.* fraise *f* conique à bois.
Kraut [kraut] *n* ⟨~(e)s; ≈er⟩ **1.** herbe *f*; plante herbacée; *pl.* **Kräuter** herbes *f/pl.*; (*Küchenkräuter*) fines herbes; (*Heilkräuter*) herbes, plantes médicinales; simples *m/pl.*; **Kräuter sammeln** herboriser; *fig. u.* F **dagegen ist kein ~ gewachsen** il n'y a pas de remède à cela; **2.** ⟨*pas de pl.*⟩ *von Kartoffeln etc.* fanes *f/pl.*; **ins ~ schießen** pousser tout en feuilles; *fig. von Unsitten etc.* se propager rapidement; envahir tout; se généraliser; *fig.* **wie ~ und Rüben durcheinanderliegen** être en désordre; **3.** ⟨*pas de pl.*⟩ *cf.* **Kohl 1.**; **2,artig** *adj. bot.* herbacé.
Kräuter ['krɔʏtər] *pl. von* **Kraut 1.**; **~,bad** *n* bain *m* aux herbes; **~,buch** *n* livre *m* d'herbes, de plantes médicinales; **~,essig** *m* vinaigre *m* aux fines herbes; **~,käse** *m* fromage *m* aux fines herbes; **~,kunde** *f* science *f* des herbes médicinales; **~li,kör** *m* liqueur *f* aux herbes; **~,sammler(in)** *m* (*f*) herborisateur, -trice *m, f*; **~,sammlung** *f* herbier *m*; **~,tee** *m* tisane *f*; infusion *f*.
Kraut|hobel ['kraut,ho:bəl] *m* râpe *f* à chou; **2ig** *adj. bot.* herbacé; **~,junker** F *m* 'hobereau *m*; gentilhomme campagnard; **~kopf** *m* chou *m*; **~sa,lat** *m* salade *f* de chou.
Krawall [kra'val] *m* ⟨~s; ~e⟩ **1.** échauffourée *f*; bagarre *f*; **2.** F *cf.* **Krach**; **~,macher** *m* ⟨~s; ~⟩ émeutier *m*.
Krawatte [kra'vatə] *f* ⟨~; ~n⟩ cravate *f*; **~n,händler** *m* marchand *m* de cravates; **~n,nadel** *f* épingle *f* de cravate.
kraweelgebaut [kra've:lgə,baut] *adjt. mar.* à franc-bord.
kraxeln ['kraksəln] *v/i.* ⟨-(e)le, sein⟩ F *cf.* **klettern**.
Krea|tin [kre·a'ti:n] *n* ⟨~s⟩ *Biochemie* créatine *f*; **~ti'nin** *n* ⟨~s⟩ *Biochemie* créatinine *f*; **~ti'on** *f* ⟨~; ~en⟩ *Mode* création *f*; **~'tur** *f* ⟨~; ~en⟩ créature *f* (*auch péj.*); **e-e üble ~** une mauvaise créature; *st. s.* **alle ~** toutes les créatures; tous les êtres; **2'türlich** *adj.* de la créature; propre à la créature; **~e Angst** peur propre à la créature.
Krebs [kre:ps] *m* ⟨~(e)s; ~e⟩ **1.** *zo.* (*Fluß2*) écrevisse *f*; *par ext.* (*Krebstier*) crustacé *m*; **2.** *méd.* cancer [-ɛ:r] *m* (*auch vét. u. bot.*); (*Baum2*) chancre *m*; **3.** *astr.* Cancer [-ɛ:r] *m*; **2,artig** *adj.* cancéreux, -euse; *ohne Krebs zu sein* cancériforme; **~be,kämpfung** *f* lutte *f* contre le cancer; **~,bildung** *f* formation *f*, apparition *f* d'un cancer; cancérisation *f*; **2en** *v/i.* ⟨-(es)t, sein⟩ *fig. u.* F ne pas avancer; travailler sans avancer; **~er,krankung** *f* affection cancéreuse; **2er,regend** *adjt.* cancérigène; **~er,reger** *m* agent *m* provoquant le cancer; **~fang** *m* pêche *f* aux écrevisses; **2,fördernd** *adjt.* qui favorise le cancer; **~,forscher** *m* cancérologue *m*; **~,forschung** *f* cancérologie *f*; recherches *f/pl.* sur le cancer; **~gang** *m* marche *f* à reculons; *fig.* **den ~ gehen** rétrograder; progresser à reculons; **~ge,schwulst** *f* tumeur cancéreuse; **~ge,schwür** *n* ulcère cancéreux; **2ig** *adj.* cancéreux, -euse; **~ werden** devenir cancéreux; **~,kanon** *m mus.* canon *m* rétrograde, à écrevisse; **2krank** *adj.* cancéreux, -euse; **~,kranke(r)** *f* (*m*) cancéreux, -euse *m, f*; **~,leiden** *n* cancer *m*; **2'rot** *adj.* rouge comme une écrevisse; **~,schaden** *m fig.* plaie *f*; gangrène *f*; **~,schere** *f* pince *f* d'écrevisse; **~,suppe** *f cuis.* bisque *f* d'écrevisses; **~,tiere** *n/pl. zo.* crustacés *m/pl.*; **~,übel** *n cf.* **~schaden**; **~ver,dacht** *m* **es besteht ~** on peut supposer qu'il s'agit d'un cancer; **2ver,dächtig** *adj.* suspect de cancer; **~,zelle** *f* cellule cancéreuse.
Kredenz [kre·'dɛnts] *f* ⟨~; ~en⟩ crédence *f* (*auch égl. cath.*); **2en** *v/t.* ⟨-(es)t, *pas de ge-*, h⟩ *st. s.* verser; offrir.

Kredit[1] ['kre:dɪt] *n* ⟨~s; ~s⟩ crédit *m*; avoir *m*; im ~ stehen figurer au crédit.

Kredit[2] [kre·'di:t] *m* ⟨~(e)s; ~e⟩ crédit *m* (*auch fig.*); **kurzfristiger, langfristiger** ~ crédit à court, à long terme; **billiger** ~ crédit à faible intérêt, à taux réduit; **eingefrorener** ~ crédit bloqué, gelé; **(un)widerruflicher** ~ crédit (ir)révocable; **gewerblicher** ~ crédit industriel; ~ **aus öffentlichen Mitteln** crédit public; **auf** ~ à crédit; ~ **geben** faire crédit; **e-n** ~ **bewilligen, gewähren, einräumen** consentir, accorder, octroyer, allouer un crédit; **e-n** ~ **aufnehmen, in Anspruch nehmen** avoir recours à un crédit; recourir à un crédit; **ein nicht in Anspruch genommener** ~ un crédit non utilisé; **e-n** ~ **eröffnen** ouvrir un crédit; **e-n** ~ **überschreiten, überziehen** dépasser un crédit; **e-n** ~ **kürzen** amputer un crédit; **e-n** ~ **kündigen** retirer un crédit; **e-n** ~ **streichen** annuler un crédit; *fig.* ~ **haben, genießen** avoir du crédit (**bei j-m** auprès de qn.); **s-n** ~ **verloren haben** avoir perdu son crédit; **~ˌab-kommen** *n* accord *m* de crédit; **~ab-ˌteilung** *f* service *m* des crédits; **~ˌan-spannung** *f* tension *f* du crédit; **~ˌan-stalt** *f* établissement *m* de crédit; **~ˌantrag** *m* demande *f* de crédit; **~ˌaufnahme** *f* emprunt *m*; **~ˌauftrag** *m* ordre *m* de crédit; **~ˌausdehnung** *f*, **~ˌausweitung** *f* expansion *f* du crédit; **~ˌbank** *f* ⟨~; ~en⟩ banque *f* de crédit; **~beˌschränkung** *f* restriction *f* du crédit; **~ˌbrief** *m* lettre *f* de crédit; accréditif *m*; **~büˌro** *n* bureau *m* de crédit; **~ˌeinbuße** *f* perte *f* de crédit; **~emˌpfänger** *m* bénéficiaire *m* du crédit; **~entˌziehung** *f* retrait *m* de crédit; **~erˌleichterungen** *f/pl.* facilités *f/pl.* de crédit; **~erˌöffnung** *f* ouverture *f* de crédit; **~ˌfähigkeit** *f cf.* ~**würdigkeit**; **~ˌfrist** *f* durée *f* du crédit; **~ˌgeber** *m* ⟨~s; ~⟩ prêteur *m*; bailleur *m* de fonds; **~geˌfährdung** *f jur.* atteinte *f* au crédit; **~geˌnossenschaft** *f* coopérative *f* de crédit; **~geˌschäft** *n* opération *f* de crédit; **~geˌwährung** *f* octroi *m* d'un crédit; **~ˌgrenze** *f* limite *f* de crédit; **~ˌhilfe** *f* aide financière (par voie de crédit); **~ˌhöchstgrenze** *f* plafond *m* de crédit; **2ieren** [-'ti:-] *v/t.* ⟨*pas de ge-*, h⟩ créditer; **j-m e-n Betrag** ~, **j-n für e-n Betrag** ~ créditer qn. d'une somme; porter une somme au crédit de qn.; **~ierung** [-'ti:-] *f* ⟨~⟩ *verbal*; **~inˌanspruchˌnahme** *f* recours *m* au crédit; **~instiˌtut** *n cf.* ~**anstalt**; **~iv** [-'ti:f] *n* ⟨~s; ~e⟩ *cf.* ~**brief** *u.* **Beglaubigungsschreiben**; **~ˌkauf** *m* vente *f bzw.* achat *m* à crédit; **~ˌknappheit** *f* pénurie *f* de crédit; **~ˌlenkung** *f* orientation *f* du crédit; **~ˌlockerung** *f* desserrement *m* du crédit; **~ˌmarkt** *m* marché *m* du crédit; **~ˌmißbrauch** *m* mauvais usage du crédit; **~ˌmittel** *n/pl.* fonds empruntés, de crédit; **~ˌnachfrage** *f* demande *f* de crédit; **~ˌnehmer** *m* ⟨~s; ~⟩ emprunteur *m*; **~or** ['kre:-] *m* ⟨~s; -'toren⟩ (*Gläubiger*) créancier *m*; créditeur *m*; **~orenˌkonto** [-'to:-] *n* compte créditeur; **~paˌpier** *n* titre *m* de crédit; **~poliˌtik** *f* politique *f* de crédit; **~ˌposten** ['kre:-] *m* poste créditeur; **~ˌsaldo** ['kre:-] *m* solde créditeur; **~ˌschöpfung** *f* création *f* de crédit; **~ˌsperre** *f* blocage *m* du crédit; **~überˌwachung** *f* surveillance *f* du crédit; **~verˌein** *m cf.* ~**genossenschaft**; **~verˌknappung** *f* resserrement *m* du crédit; **~verˌsicherung** *f* assurance *f* crédit; assurance *f* contre les risques d'un crédit; **~voˌlumen** *n* volume *m* du crédit; **~ˌwesen** *n* crédit *m*; **~ˌwirtschaft** *f* régime *m* des crédits; **2ˌwürdig** *adj.* digne de crédit; à qui l'on peut faire crédit; solvable; bien coté; solide; **~ˌwürdigˌkeit** *f* (bonne) cote *f*; solvabilité *f*; *od. verbal*; **~ˌzusage** *f* promesse *f* de crédit.

Kredo ['kre:do·] *n* ⟨~s; ~s⟩ *relig. cath.* Credo *m*; *fig.* credo *m*.

kregel ['kre:gəl] *adj.* ⟨-gl-⟩ F (*munter*) éveillé; alerte.

Kreide ['kraɪdə] *f* ⟨~; ~n⟩ *géol.*, (*Tafel-, Schneider2*) craie *f*; *für Kreidezeichnungen* crayon *m*; (~*zeit*) crétacé *m*; **bunte** ~ craie de couleur; **mit** ~ **zeichnen** dessiner au crayon *bzw.* à la craie; *fig.* **bei j-m in der** ~ **stehen** être en dette avec qn.; devoir de l'argent à qn.; F avoir une ardoise chez qn.; **mit hundert Mark in der** ~ **stehen** devoir cent marks; **tief in der** ~ **stehen, sitzen** avoir beaucoup de dettes; *abs.* être criblé de dettes; **2ˌartig** *adj.* crayeux, -euse; *sc.* crétacé; **~ˌbildung** *f* formation *f* de la craie; **2'blaß, 2'bleich** F *adj.* blanc, -che comme un linge; **~ˌboden** *m* sol crayeux; **~ˌfels(en)** *m* falaise *f* de craie; **~formatiˌon** *f géol.* formation crétacée; **2ˌhaltig** *adj.* crayeux, -euse; **~maˌnier** *f Kupferstich* manière *f* de crayon; **2n** *v/t.* ⟨-ete, h⟩ *Billardqueue* mettre du blanc (à une queue de billard); **~ˌstift** *m peint.* crayon *m*; **~ˌstrich** *m* trait *m* de craie; **2'weiß** *adj. cf.* **2blaß**; **~ˌzeichnung** *f* dessin *m* au crayon *bzw.* à la craie; **~ˌzeit** *f géol.* crétacé *m*; période crétacée.

kreidig ['kraɪdɪç] *adj.* crayeux, -euse.

kreier|en [kre·'i:rən] *v/t.* ⟨*pas de ge-*, h⟩ *Mode, thé.* créer; **2ung** *f* ⟨~⟩ création *f*.

Kreis [kraɪs] *m* ⟨~es; ~e⟩ **1.** cercle *m* (*auch math. u. fig.*); rond *m*; *élect.* circuit *m*; *von Dichtern, Künstlern auch* cénacle *m*; **der ~ s-r Tätigkeit, s-r Pflichten** *etc.* le domaine de son activité, de ses devoirs, *etc.*; **der ~ s-r Anhänger, Bewunderer** *etc.* le cercle de ses partisans, de ses admirateurs, *etc.*; **im ~(e) der Familie, s-r Freunde, s-r Kollegen** dans le cercle de la famille, de ses amis, de ses collègues; **im kleinen ~(e)** dans l'intimité; **im engsten ~e** dans la plus stricte intimité; **im ~e der Seinen** parmi les siens; **parlamentarische, unterrichtete** *etc.* **~e** milieux parlementaires, informés, *etc.*; **in kaufmännischen, politischen** *etc.* **~en** dans les milieux commerciaux, politiques, *etc.*; **in gebildeten ~en verkehren** fréquenter les milieux cultivés; **in s-n ~en** dans son milieu; **weite ~e der Bevölkerung** beaucoup de gens; une grande partie de la population; **die Quadratur des ~es** la quadrature [kwa-] du cercle; *math.* **e-n ~ beschreiben** tracer un cercle; **~e malen, zeichnen** dessiner des cercles, des ronds; *Vogel, Flugzeug* **~e ziehen** décrire des cercles; *fig.* **die Affäre zieht immer weitere ~e** l'affaire prend des proportions; **e-n ~ bilden** former un cercle; **e-n ~ um j-n bilden, schließen, sich im ~ um j-n herumstellen** faire (un) cercle autour de qn.; *fig.* **den ~ schließen** fermer le cercle, le circuit; **sich im ~(e) setzen** s'asseoir en rond; **im ~ herumgehen, herumrennen** tourner en rond; **sich im ~e drehen, bewegen** tourner en rond (*auch fig.*); tournoyer; **mir dreht sich alles im ~e** j'ai la tête qui tourne; **2.** *adm. in Deutschland* cercle *m*; «kreis» *m*; *in Frankreich etwa* arrondissement *m*; canton *m*; **~ˌabschnitt** *m math.* segment *m* de cercle; **~amt** *n adm.* service administratif du cercle, du «kreis»; **~arzt** *m cf.* **Amtsarzt**; **~ˌausschnitt** *m math.* secteur *m* de cercle, circulaire; **~bahn** *f astr.* orbite *f*; **e-n Satelliten auf e-e ~ um die Erde schicken, bringen** mettre un satellite sur orbite autour de la terre; **auf e-e ~ bringen** *auch* satelliser; **~beˌhörde(n)** *f* (*pl.*) *adm.* autorités *f/pl.* du cercle, du «kreis»; **~beˌwegung** *f* mouvement *m* circulaire, de rotation, rotatoire, giratoire; **~ˌbogen** *m math.* arc *m* de cercle.

kreischen ['kraɪʃən] **I** *v/i.* ⟨h⟩ *Kinder etc.* pousser des cris perçants; crier à écorcher les oreilles; *Papagei etc.* criailler; *Säge, Reifen etc.* crier; grincer; **mit ~der Stimme** d'une voix perçante, criarde, qui écorche les oreilles; **II 2** *n* ⟨~s⟩ cris perçants; criaillement *m*; criaillerie *f*; *e-r Säge etc.* grincement *m*.

Kreis|durchmesser ['kraɪsˌdurçmɛsər] *m math.* diamètre *m* du cercle; **~ˌeinteilung** *f math.* division *f* du cercle.

Kreisel ['kraɪzəl] *m* ⟨~s; ~⟩ *Kinderspielzeug* toupie *f*; *phys.* gyrostat *m*; (*Gyroskop*) gyroscope *m*; **~beˌwegung** *f* mouvement *m* gyroscopique; **~ˌbrecher** *m* ⟨~s; ~⟩ *techn.* concasseur *m* giratoire; **~ˌkompaß** *m* compas *m* gyroscopique; gyrocompas *m*; **~ˌpumpe** *f techn.* pompe *f* centrifuge; **~verˌdichter** *m* ⟨~s; ~⟩ *techn.* turbocompresseur *m*; **~ˌwipper** *m* ⟨~s; ~⟩ *mines* culbuteur, basculeur rotatif.

kreisen ['kraɪzən] **I** *v/t.* ⟨-(es)t, h⟩ *gym.* **die Arme ~** décrire des cercles avec les bras; **II** *v/i.* ⟨sein⟩ *Gestirn, Satellit etc.* tourner (**um** autour de); *Raubvogel, Flugzeug* décrire des cercles; *Flugzeug auch* tourner; *Flasche, Becher* circuler à la ronde; **die Flasche ~ lassen** faire circuler la bouteille à la ronde; *Blut* **in den Adern ~** circuler dans les veines; *fig.* **um etw.** ~ *Diskussion etc.* graviter autour de qc.; *Gedanken* revenir sans cesse à qc.; **III 2** *n* ⟨~s⟩ *verbal bzw. cf.* **Kreisbewegung.**

Kreis|fläche ['kraɪsˌflɛçə] *f math.* surface *f*, aire *f*, superficie *f* du cercle; **~form** *f* forme *f* circulaire; **in ~** en forme de cercle; **2ˌförmig** *adj.* circulaire; rond; **2frei** *adj. adm. in Deutschland* **~e Stadt** ville constituant par elle-même un cercle, un «kreis»; **~freˌquenz** *f phys.* pulsation *f*; **~geˌricht** *n cf.* **Amtsgericht**; **~ˌhandwerkerˌschaft** *f* ⟨~; ~en⟩ groupement *m* de corporations d'artisans d'un cercle, d'un «kreis»; **~ˌinhalt** *m cf.* ~**fläche**; **~ˌkegel** *m Geometrie* cône *m* à base circulaire; **gerader, schiefer ~** cône droit, oblique à base circulaire; **~lauf** *m écon., techn.* circuit *m*; *in der Natur, des Wassers etc.* cycle *m*; (*Blut2*) circulation (sanguine); *anat.* **großer, kleiner ~** grande, petite circulation; **~laufˌstörungen** *f/pl. méd.* troubles *m/pl.* de la circulation, circulatoires; **~ˌlinie** *f* ligne *f* circulaire; *math.* circonférence *f*; **~ˌmittelpunkt** *m* centre *m* du cercle; **~ˌnute** *f techn.* rainure *f* circulaire; **~ring** *m math.* couronne *f* (circulaire); **2rund** *adj.* rond; en forme de cercle; **~ˌsäge** *f* **1.** *techn.* scie *f* circulaire; **2.** F (*Stroh-*

hut) canotier *m*; **~segˌment** *n cf.* Kreisabschnitt; **~ˌsektor** *m cf.* Kreisausschnitt.

kreiß|en ['kraɪsən] *v/i.* ⟨-(es)t, h⟩ *st. s.* être en mal d'enfant, en gésine; *loc.* **Berge ~ und gebären e-e Maus** la montagne a accouché d'une souris; **2saal** *m méd.* salle *f* de travail (dans une maternité).

Kreis|stadt ['kraɪsʃtat] *f* chef-lieu *m* de cercle, de «kreis»; **~tag** *m* conseil *m*, assemblée *f* de cercle, de «kreis»; **~ˌumfang** *m math.* circonférence *f*; **~verˌkehr** *m* sens *m* giratoire.

Krem [kreːm] *f* ⟨~; ~s⟩, F *auch m* ⟨~s; ~s⟩ *allg.* crème *f*.

Krematorium [kreˑmaˈtoːriˑʊm] *n* ⟨~s; -ien⟩ crématorium [-jɔm] *m*; four *m* d'incinération, crématoire.

kremfarben ['kreːmˌfarbən] *adj.* (couleur) crème.

Kreml ['kreːməl, 'krɛməl] *m* ⟨~s⟩ **der ~** le Kremlin.

Kremp|e ['krɛmpə] *f* ⟨~; ~n⟩ *e-s Hutes* bord *m*; rebord *m*; **mit breiter, schmaler ~** à large bord, à bord étroit; **~el¹** *m* ⟨~s⟩ F fourbi *m*; bataclan *m*; bric-à-brac *m*; **weg mit dem ganzen ~!** enlève tout ce fourbi, *etc.*!; *cf. auch* **Kram**; **~el²** *f* ⟨~; ~n⟩ *text.* carde *f*; **2eln I** *v/t. u. v/i.* ⟨-(e)le, h⟩ *text.* carder; **II ~eln** *n* ⟨~s⟩ *text.* cardage *m*; **~ling** *m* ⟨~s; ~e⟩ *Pilz* paxille *m* (à bord enroulé).

Kremser ['krɛmzər] **I** *m* ⟨~s; ~⟩ *hist.* char *m* à bancs; tapissière *f*; **II ~** *adj.* ⟨*inv.*⟩ **~ Weiß** blanc *m* de Krems; *cf. auch* **Bleiweiß**.

Kremtorte ['kreːmˌtɔrtə] *f cuis.* moka *m*.

Kreol|e [kreˑ'oːlə], **~in** *m* ⟨~n; ~n⟩, *f* ⟨~; ~nen⟩ Créole *m,f*; **2isch** *adj.* créole; **~e Sprachen** (langues *f/pl.*) créoles *m/pl*.

Kreoso|l [kreˑoˑ'zoːl] *n* ⟨~s; ~e⟩ *chim.* créosol *m*; **~t** *n* ⟨~(e)s; ~e⟩ *chim.* créosote *f*; **mit ~ behandeln** créosoter; **~tbeˌhandlung** *f* créosotage *m*.

Krepeline [krɛ'pliːn] *f* ⟨~; ~s⟩ *text.* crêpeline *f*.

krepieren [kreˑ'piːrən] **I** *v/i.* ⟨*pas de ge-*, **sein**⟩ **1.** *Geschoß* éclater; exploser; faire explosion; **2.** F *Tier*, P *Mensch* crever; **II 2** *n* ⟨~s⟩ *e-s Geschosses* éclatement *m*; explosion *f*; *sonst verbal*.

Krepitation [kreˑpiˑtatsiˑ'oːn] *f* ⟨~; ~en⟩ crépitation *f* (*auch méd.*).

Krepon [kreˑ'põː, -'pɔŋ] *m* ⟨~s; ~s⟩ *text.* crépon *m*.

Krepp [krɛp] *m* ⟨~s; ~s *od.* ~e⟩ *text.* crêpe *m*; **~(p)aˌpier** *n* papier crépon, crêpé; **2ˌartig** *adj.* semblable au crêpe; **2en** *v/t.* ⟨h⟩ *text.*, *Papier* crêper; donner le crêpe (à); **~flor** *m* crêpe *m*; **~ˌseide** *f* crêpe *m* de soie, de Chine; **~ˌsohle** *f* semelle *f* de crêpe.

Krescendo [krɛ'ʃɛndoˑ] *n* ⟨~s; ~s *od.* -di⟩ *mus.* crescendo [kreʃɛndo] *m*.

Kresol [kreˑ'zoːl] *n* ⟨~s; ~e⟩ *chim.* crésol *m*.

Kresse ['krɛsə] *f* ⟨~; ~n⟩ *bot.* cresson *m*; (**Garten2**) cresson alénois; (**Brunnen2**) cresson *m* (de fontaine).

Kreszenz [krɛs'tsɛnts] *f* ⟨~; ~en⟩ *e-s Weines* cru *m*.

Kreter(in) ['kreːtər(ɪn)] *m* ⟨~s; ~⟩ (*f*) ⟨~; ~nen⟩ Crétois(e) *m* (*f*).

Krethi und Plethi ['kretiˑ ʊnt 'pleːtiˑ] *pl.*, F *m od. n* toutes sortes de gens; n'importe qui; Pierre et Paul.

Kretin [kreˑ'tɛ̃ː, -'tɛŋ] *m* ⟨~s; ~s⟩ *méd.* crétin *m*; **~ismus** [-tiˑ'nɪs-] *m* ⟨~⟩ *méd.* crétinisme *m*.

kretisch ['kreːtɪʃ] *adj.* crétois; de Crète; **~-mykenische Kultur** civilisation égéenne.

Kretonne [kreˑ'tɔn] *f*, *m* ⟨~; ~s⟩ *text.* cretonne *f*.

kreucht [krɔʏçt] *poét.* **was da ~ und fleugt** tout ce qui rampe, tout ce qui vole.

Kreuz [krɔʏts] **I** *n* ⟨~es; ~e⟩ **1.** croix *f* (*auch fig.*); **griechisches, lateinisches, lothringisches ~** croix grecque, latine, de Lorraine; **das Rote ~** la Croix-Rouge; **das Eiserne ~** la Croix de fer; **das ~ der Ehrenlegion** (la croix de) la Légion d'honneur; F le ruban rouge; *astr.* **das ~ des Südens** la Croix du Sud; **ans ~ schlagen** mettre en croix; crucifier; *relig.* **das ~ machen** faire le signe de (la) croix; *fig.* **das ~ vor etw. machen** se signer devant qc.; **drei ~e hinter j-m machen** être content d'être débarrassé de qn.; **sein ~ tragen, auf sich nehmen** porter sa croix; **es ist ein ~ mit ihm** il donne bien des difficultés, du tourment; c'est la croix et la bannière avec lui; **zu ~e kriechen** courber l'échine; se soumettre (bassement); faire amende honorable; *hist.* **das ~ nehmen** prendre la croix; partir en croisade; **über ~** en croix; **über ~ legen** *etc.* mettre en croix; disposer en forme de croix; **etw. mit e-m ~ bezeichnen** marquer qc. d'une croix; *als Unterschrift* **drei ~e machen** faire trois croix; **2.** ⟨*pas de pl.*⟩ *anat.* reins *m/pl.*; *beim Pferd* croupe *f*; **sich das ~ brechen** se casser les reins; **sich das ~ verrenken** se donner un tour de reins; **aufs ~ fallen** tomber à la renverse; **3.** *Kartenspiel* trèfle *m*; **~ ist Trumpf** atout trèfle; **~ spielen** jouer trèfle; **4.** *mus.* dièse *m*; **mit e-m ~ versehen** diéser; **5.** *mar.* *e-s Ankers* diamant *m*; **II 2** *adv.* **~ und quer** en tous sens; dans tous les sens; en zigzag; **~ und quer durch etw. fahren** parcourir qc. dans tous les sens; sillonner qc.; **~ˌabnahme** *f relig.* descente *f* de croix; **~'as** *n Spielkarte* as [-s] *m* de trèfle; **~ˌauffindung** *f relig. cath.* Invention *f* de la sainte Croix; **~band** *n* **1.** *anat.* ligament croisé; **2.** *Bauschlosserei* penture *f* en T; **3.** *um e-e Drucksache* bande *f*; **unter ~** sous bande; **~bandˌsendung** *f* envoi *m* sous bande; **~bein** *n anat.* sacrum [-ɔm] *m*; **~beinˌflügel** *m/pl. anat.* ailerons *m/pl.* du sacrum; **~beinˌwirbel** *m/pl. anat.* vertèbres sacrées; **~ˌblume** *f* **1.** *bot.* polygala *m*; **2.** *bât.* fleuron *m*; **~blumengeˌwächse** *n/pl. bot.* polygal(ac)ées *f/pl.*; **~ˌblüt(l)er** *m/pl. bot.* crucifères *f/pl.*; cruciféracées *f/pl.*; **~'bombenele'ment** *int.* F *Fluch* tonnerre de tonnerre!; sacré nom d'un chien!; **~'bube** *m Spielkarte* valet *m* de trèfle; **~chen** *n* ⟨~s; ~⟩ petite croix; **~'dame** *f Spielkarte* dame *f* de trèfle; **~'donnerwetter** *int. cf.* **~bombenelement**; **~dorn** *m* ⟨~(e)s; ~e⟩ *bot.* nerprun *m*; *sc.* rhamnus [-ys] *m*; **~dorngeˌwächse** *n/pl. bot. sc.* rhamnacées *f/pl.*; **~dornˌsirup** *m phm.* sirop *m* de nerprun.

kreuzen ['krɔʏtsən] **I** *v/t.* ⟨-(es)t, h⟩ croiser (*auch biol.*); **die Arme auf der Brust ~** croiser les bras sur la poitrine; **die Klingen ~** croiser le fer; **e-e Straße ~** croiser une rue; **j-s Weg ~** croiser le chemin de qn.; se trouver sur le chemin de qn.; **e-e Rasse mit e-r anderen ~** croiser une race avec une autre; **II** *v/i.* ⟨**sein**⟩ *mar.* croiser; *Segelschiff* **(gegen den Wind) ~** louvoyer; **III** *v/réfl.* **sich ~** *allg.* se croiser; **IV 2** *n* ⟨~s⟩ croisement *m* (*auch biol.*); *mar.* *gegen den Wind* louvoiement *m*.

Kreuz|er ['krɔʏtsər] *m* ⟨~s; ~⟩ **1.** *mar. milit.* croiseur *m*; **leichter, schwerer ~** croiseur léger, lourd; **2.** *hist.* *Münze* kreu(t)zer *m*; **~erˌhöhung** *f relig.* Exaltation *f* de la sainte Croix; **~esˌopfer** *n relig.* sacrifice *m* de la croix; **~esˌtod** *m relig.* mort *f* sur la croix; **~esˌzeichen** *n cf.* **~zeichen**; **~ˌfahrer** *m hist.* croisé *m*; **~fahrt** *f* **1.** *mar.* croisière *f*; **2.** *cf.* **~zug**; **~ˌfeuer** *n fig.* feu croisé; **im ~ der Fragen** sous le feu croisé des questions; **2fi'del** *adj.* F gai comme un pinson; **ein ~er Bursche** un gai luron; **~form** *f* forme *f* de croix; **in ~** en forme de croix; **2ˌförmig** *adj. u. adv.* en (forme de) croix; *bot.* cruciforme; **~gang** *m e-s Klosters* cloître *m*; **~ˌgegend** *f anat.* région sacrée, *par ext.* lombaire, des reins; **~geˌlenk** *n techn. cf.* **Kardangelenk**; **~(grat)geˌwölbe** *n bât.* voûte *f* d'arêtes; **~ˌhacke** *f* pioche *f*; **~ˌherren** *m/pl. égl. cath.* chanoines *m/pl.* de la Sainte-Croix; **2igen** *v/t.* ⟨h⟩ crucifier; **~iˌgung** *f* ⟨~; ~en⟩ crucifixion *f*; crucifiement *m*; mise *f* en croix (*alle auch als Darstellung*); *als Hinrichtungsart auch* supplice *m* de la croix; **~'könig** *m Spielkarte* roi *m* de trèfle; **~kopf** *m techn.* crosse *f* (de tige de piston); **~kraut** *n bot.* séneçon *m*; **2lahm** **1.** *adj.* F éreinté; claqué; rendu; fourbu; **2.** *adv.* **sich ~ arbeiten, schuften** s'éreinter; **j-n ~ schlagen** casser les reins à qn.; **~mast** *m mar.* mât *m* d'artimon; dernier mât à gréement carré; **~ˌmeißel** *m techn.* bédane *m*; **~ˌotter** *f zo.* (vipère *f*) péliade *f*; **~ˌrippe** *f bât.* croisée *f* d'ogives; **~rippengeˌwölbe** *n bât.* voûte *f* sur croisée d'ogives; **~ˌritter** *m hist.* **1.** croisé *m*; **2.** (*Deutschordensritter*) chevalier *m* teutonique; **2ˌsaitig** *adj.* *Klavier* à cordes croisées; **~ˌscheibe** *f Vermessungskunde* équerre *f* optique; **~ˌschmerzen** *m/pl.* mal *m* de reins; douleurs *f/pl.* dans les reins; douleurs *f/pl.* lombaires; **~ haben** avoir mal aux reins; **~ˌschnabel** *m zo.* bec-croisé *m*; **~schnitt** *m chir.* incision *f* cruciforme; **~see** *f mar.* mer gaufrée; **~ˌspinne** *f zo.* épeire *f* diadème; **~stab** *m cf.* **Jakobsstab** 1.a); **~stich** *m cout.* point *m* de croix; **~stichstickeˌrei** *f* broderie *f* au point de croix; **~und'querfahrt** *f verbal cf.* **kreuz (und quer)**; **~ung** *f* ⟨~; ~en⟩ *allg.* croisement *m*; *von Verkehrswegen auch* carrefour *m*; *biol. als Ergebnis auch* métis [-s] *m*; **höhengleiche, planfreie ~** croisement à niveau, à différents niveaux; **über e-e ~ fahren** passer, traverser un croisement; **2'unglücklich** F *adj.* malheureux, -euse comme les pierres; **~ungsˌpunkt** *m*, **~ungsˌstelle** *f* croisement *m*; intersection *f*; **~ungsˌweiche** *f chem.* traversée-jonction *f*; appareil anglais; bifurcation anglaise; **~verˌband** *m* **1.** *méd.* bandage croisé; **2.** *bât.* appareil *m* en boutisses et panneresses; **~verˌbindung** *f Holzverbindung* assemblage *m* en croix; **~verˌhör** *n jur.* interrogatoire *m* d'un témoin par les deux parties; **j-n ins ~ nehmen** soumettre qn. à un interrogatoire par les deux parties; *fig.* soumettre qn. à un feu roulant, croisé de questions; **~weg** *m* **1.** croisée *f* des chemins; carrefour *m*; **2.** *relig. cath.* chemin *m* de croix; **~wegstatiˌon** *f relig. cath.* station *f* du chemin de croix; **~weh** *n cf.* **~schmerzen**; **2ˌweise** *adv.* **a)** en (forme de) croix; en se croisant; **b)** *fig. u.* F **er kann mich (mal)** ~! F je lui dis merde!; qu'il me foute la paix!; **~wortˌrätsel** *n* mots croisés; ~ **lösen, machen** faire des mots croisés; **~'zehn** *f Spielkarte* dix *m* de trèfle; **~ˌzeichen** *n relig.* signe *m* de (la) croix; **das ~ machen** faire le signe de (la) croix; **~zug** *m hist., fig.* croisade *f*.

kribbel|ig ['krıbəˌlıç] *adj.* F (*gereizt, nervös*) ~ **sein** être énervé; ~ **werden** s'énerver; 2ˌ**krankheit** *f* ⟨~⟩ *cf.* Kriebelkrankheit; **~n** *v/i. u. v/imp.* ⟨-(e)le, h⟩ **1.** (*jucken*) picoter; **es kribbelt mir in der Nase** j'ai des picotements dans le nez; j'ai le nez qui me chatouille; **es kribbelt mir in den Füßen** j'ai des fourmillements dans les pieds; *fig.* **es kribbelt mir in den Fingern, es zu tun** j'ai envie de le faire; **2.** (*wimmeln*) fourmiller; grouiller; **es kribbelt und krabbelt** ça grouille; **III** 2**n** *n* ⟨~s⟩ **1.** picotement *m*; chatouillement *m*; **2.** (*Wimmeln*) grouillement *m*; fourmillement *m*.

Krickel|ei [ˌkrıkə'laı] *f* ⟨~; ~en⟩ *cf.* Kritzelei; 2**n** *v/t.* ⟨-(e)le, h⟩ *cf.* kritzeln.

Krickente ['krıkˌˀɛntə] *f zo.* sarcelle *f* d'hiver.

Kricket ['krıkət] *n* ⟨~s⟩ *Sport* cricket [-kɛt] *m*; **~ˌball** *m* balle *f* de cricket; **~ˌmannschaft** *f* équipe *f* de cricket; **~ˌschlagholz** *n* batte *f* de cricket; **~ˌspieler(in)** *m* (*f*) joueur, -euse *m, f* de cricket.

Kriebel|krankheit['kri:bəlˌkraŋkhaıt] *f* ⟨~⟩ *méd.* ergotisme convulsif; raphanie *f*; **~ˌmücke** *f zo.* simulie *f*.

Kriech|e(npflaume) ['kri:çə(nˌpflaumə)] *f* ⟨~; ~n⟩ *bot. Frucht* prune *f* damas; *Baum* prunier *m* damas; *sc.* prunus *m* insititia; 2**en I** *v/i.* ⟨**kriecht, kroch, gekrochen, sein**⟩ **1.** ramper; F (*langsam fahren*) avancer comme une *od.* des tortue(s); traîner; **durch etw.** ~ *Person* ramper à travers qc.; traverser qc. en rampant; *Tiere* traverser qc.; **in etw.** ~ *Person* se glisser dans qc.; *Tiere* entrer dans qc.; **aus etw.** ~ *Person* sortir en rampant de qc.; se glisser 'hors de qc.; *Tiere* sortir de qc.; **auf allen vieren** ~ ramper; **wie e-e Schnecke** ~ avancer comme une tortue, à la vitesse d'une tortue; *fig.* **vor j-m** ~ ramper, être à plat ventre devant qn.; faire de la lèche à qn.; lécher les pieds, les bottes de qn.; **zu Kreuze** ~ *cf.* Kreuz 1.; **2.** *techn.* subir le fluage; **II ~en** *n* ⟨~s⟩ *von Tieren* reptation *f*; rampement *m*; *von Personen verbal*; *techn.* fluage *m*; **~er** *m* ⟨~s; ~⟩ lèche-bottes *m*; adulateur *m*; flagorneur *m*; **ein ~ sein** *auch* ramper, être à plat ventre devant qn.; *cf. auch* (**vor j-m**) 2**en**; **~e'rei** *f* ⟨~; ~en⟩ basse flatterie; lèche *f*; flagornerie *f*; 2**eˌrisch** *adj.* servile; adulateur, -trice; obséquieux, -euse; **~spur** *f Autobahn* voie réservée aux poids lourds; **~strom** *m élect.* courant *m* de fuite, de perte superficielle; **~ˌtiere** *n/pl. zo.* reptiles *m/pl.*

Krieg [kri:k] *m* ⟨~(e)s; ~e⟩ guerre *f*; **kalter** ~ guerre froide; **totaler** ~ guerre totale; **im ~ gewesen sein** avoir fait la guerre; avoir été à la guerre; **im ~ gefallen sein** être mort à la guerre; être tombé au champ d'honneur; **während des ~es, im ~(e)** pendant la guerre; **mitten im ~(e)** en pleine guerre; en plein milieu de la guerre; ~ **bis aufs Messer** guerre à outrance; ~ **führen** faire la guerre (**gegen** à); **e-m Land den ~ erklären** déclarer la guerre à un pays; **in e-n ~ hineinziehen** entraîner dans une guerre; **in den ~ ziehen** partir à la, s'en aller en guerre; **e-n ~ anfangen, vom Zaun brechen** commencer, déclencher une guerre; **der ~ bricht aus** la guerre éclate; **ein Land mit ~ überziehen** porter la guerre dans un pays; **es ist eben ~**! c'est la guerre!

kriegen ['kri:gən] F **I** *v/t.* ⟨h⟩ (*bekommen*) avoir; recevoir; *Geld auch* toucher; *Flüchtende, Krankheit* attraper; **wir werden sie schon** ~ on les aura; on les attrapera; **Geld, Briefe** ~ recevoir de l'argent, des lettres; **wir ~ unser Geld am Ersten** nous touchons notre argent le premier du mois; **ich habe viele Geschenke gekriegt** j'ai eu beaucoup de cadeaux; **davon kriegst du nichts** tu n'en auras pas; **Schläge** ~ recevoir des coups; **Hunger** ~ commencer à avoir faim; **auf etw. Appetit** ~ avoir envie de qc.; **e-n Schnupfen** ~ attraper un rhume; être en train de s'enrhumer; **da kriegte ich es mit der Angst** alors ça me fit peur; alors je commençai à avoir peur; **er kriegt es mit mir zu tun** il aura affaire à moi; **das werden wir schon** ~! on va y arriver!; nous allons arranger cela!; **etw. satt** ~ finir par en avoir assez de qc.; *cf. auch* **bekommen I; II** *v/réfl.* **sich** ~ *von Liebespaaren* se marier; être réunis; **am Ende ~ sie sich dann** cela finit par un mariage; **III** 2 *n* ⟨~s⟩ (*Fangspiel*) ~ **spielen** jouer à chat.

Krieg|er ['kri:gər] *m* ⟨~s; ~⟩ guerrier *m*; *hist. auch* homme *m* de guerre; **~erˌdenkmal** *n* monument *m* aux morts; 2**eˌrisch** *adj.* belliqueux, -euse; guerrier, -ière; **~e Haltung** attitude belliqueuse; **~erverˌein** *m* association *f* d'anciens combattants; **~erˌwaise** *f cf.* Kriegswaise; **~erˌwitwe** *f* veuve *f* de guerre; 2ˌ**führend** *adjt.* belligérant; **die ~en Mächte** les puissances belligérantes, en guerre; **die** 2**en** les belligérants *m/pl.*; **~ˌführung** *f* manière *f* de faire la guerre; (*Leitung*) conduite *f* de la guerre.

Kriegs|ächtung ['kri:ksˌˀɛçtuŋ] *f* proscription *f* de la guerre; **~akadeˌmie** *f hist.* école militaire supérieure; **~ˌanleihe** *f* emprunt *m* de guerre; **~arˌtikel** *m/pl. hist.* devoirs *m/pl.* du soldat; **~ˌausbruch** *m* commencement *m* de la guerre; **~ˌausrüstung** *f* équipement *m* de guerre; **~ˌauszeichnung** *f* décoration *f* militaire, de guerre; **~beˌdarf** *m* besoins *m/pl.* en matériel de guerre; 2**beˌdingt** *adjt.* conditionné par, lié à la guerre; qui est la conséquence de la guerre; 2**beˌdroht** *adjt.* menacé par la guerre; **~beˌginn** *m* commencement *m* de la guerre; **~beil** *n* 'hache *f* de guerre; *fig.* **das ~ begraben** enterrer la hache de guerre; quitter le sentier de la guerre; **das ~ wieder ausgraben** déterrer la hache de guerre; **~beˌmalung** *f* **ein Indianer in voller** ~ un guerrier indien le visage peint pour le combat; *fig. u.* F *von e-r Frau* **in voller** ~ un vrai pot de peinture; 2**beˌreit** *adj.* prêt à entrer en guerre; **~beˌreitschaft** *f* **in ~ sein** être prêt à entrer en guerre; **~beˌrichterˌstatter** *m* correspondant *m* de guerre, aux armées; 2**beˌschädigt** *adjt.* mutilé de guerre; ~ **sein** être (un) mutilé, (un) invalide de guerre; **~beˌschädigtenˌfürsorge** *f* assistance *f* aux mutilés, aux invalides de guerre; **~beˌschädigte(r)** *m* ⟨→ A⟩ mutilé *m* de guerre; (*Schwer*2) grand mutilé, invalide *m* de guerre; **~ˌbeute** *f* butin *m* de guerre; **~ˌblinde(r)** *m* aveugle *m* de guerre; **~ˌbräuche** *m/pl.* coutumes *f/pl.* de la guerre; **~ˌbrücke** *f* pont *m* militaire; **~ˌdichtung** *f* littérature née de la guerre; **~dienst** *m* service *m* militaire; **~(e) leisten** servir à l'armée; **~dienstverˌweigerer** *m* ⟨**~s**; ~⟩ objecteur *m* de conscience; **~dienstverˌweigerung** *f* objection *f* de conscience; **~ˌdrohung** *f* menace *f* de guerre; **~ˌeintritt** *m* entrée *f* en guerre; **~ˌeinwirkung** *f* **durch** ~ par l'action de la guerre; **~ˌende** *n* fin *f* de la guerre; **~entˌschädigung** *f* indemnité(s) *f*(*pl.*) de guerre; **~erˌeignisse** *n/pl.* événements *m/pl.* de la guerre; **~erˌfahrung** *f* expérience *f* de la guerre; **~erˌklärung** *f* déclaration *f* de guerre (**an** à); **~fall** *m* **im** ~ en cas de guerre; **~finanˌzierung** *f* financement *m* de la guerre; **~ˌflagge** *f* flamme *f*, pavillon *m* de guerre; **~ˌflotte** *f mar.* flotte *f* de combat, de guerre; **~ˌflugzeug** *n* avion *m* de l'armée de l'air; **~ˌfolgeˌlasten** *f/pl.* charges consécutives à la guerre; **~ˌfolgen** *f/pl.* conséquences *f/pl.*, séquelles *f/pl.* de la guerre; **~formatiˌon** *f* formation *f* de guerre; **~ˌfreiwillige(r)** *m* engagé *m* volontaire; **~fuß** *m* **mit j-m auf (dem)** ~ **stehen** être sur le pied de guerre avec qn.; **~geˌbiet** *n cf.* ~schauplatz; **~geˌfahr** *f* danger *m* de guerre; **~geˌfangenenˌaustausch** *m* échange *m* de prisonniers de guerre; **~geˌfangenenˌlager** *n* camp *m* de prisonniers de guerre; **~geˌfangenenˌrückführung** *f* rapatriement *m* des prisonniers de guerre; **~geˌfangene(r)** *m* prisonnier *m* de guerre; **~geˌfangenschaft** *f* captivité *f*; **in ~ sein** être prisonnier de guerre; être en captivité; **in ~ geraten** être fait prisonnier (de guerre); **aus der ~ entlassen werden** être libéré; **~ˌgegner** *m* pacifiste *m*; **~geˌricht** *n* conseil *m* de guerre; **j-n vor ein ~ stellen** traduire, faire passer qn. en conseil de guerre; **~geˌrüchte** *n/pl.* ~ **laufen um** le bruit court qu'il va y avoir la guerre; **~geˌschädigte(r)** *m* ⟨→ A⟩ sinistré *m* de guerre; **~geˌschichte** *f* histoire *f* militaire, de la guerre; 2**geˌschichtlich 1.** *adj.* qui se rapporte à l'histoire militaire, à l'histoire de la guerre; **2.** *adv.* du point de vue de l'histoire militaire, de la guerre; **~geˌschrei** *n von Wilden* cris *m/pl.* de guerre; **~geˌwinnler** *m* ⟨~s; ~⟩ profiteur *m* de guerre; **~gott** *m* dieu *m* de la guerre; **~ˌgräber** *n/pl.* tombes *f/pl.* de soldats, militaires; **~gräberˌfürsorge** *f* œuvre *f* des cimetières militaires; **~ˌgreuel** *m/pl.* atrocités *f/pl.* de la guerre; **~grund** *m* casus [-ys] *m* belli; **~ˌhafen** *m* port *m* de guerre, militaire; **~ˌhandlung** *f* acte *m*, fait *m*, opération *f* de guerre; **~ˌhandwerk** *n* métier *m* des armes; **~heer** *n* armée *f* en temps de guerre; **~herr** *m* **Oberster** ~ chef *m* des armées; **~ˌhetze** *f* bellicisme *m*; **~ˌhetzer** *m* belliciste *m*; fauteur *m* de guerre; **~hinterˌbliebene(n)** *pl.* ⟨→ A⟩ veuves et orphelins *m/pl.* de guerre; **~hinterˌbliebenenˌfürsorge** *f cf.* ~opferversorgung; **~hund** *m* chien employé à la guerre; **~indusˌtrie** *f* industrie *f* de guerre; **~jahr** *n* année *f* de guerre; **~kameˌrad** *m* camarade *m* de guerre; compagnon *m* d'armes; **~kind** *n* enfant né(e) pendant la guerre; **~ˌkosten** *pl.* coût *m* de la guerre; **~kostenentˌschädigung** *f* indemnité(s) *f*(*pl.*) de guerre; **~kunst** *f* art *m* militaire, de la guerre; **~ˌlage** *f* situation *f* de la guerre; **~ˌlasten** *f/pl.* charges *f/pl.* de guerre; ~laza̦rett *n* hôpital *m* d'évacuation; ~lied *n* chant guerrier; chanson guerrière; ~liefe̦rant *m* fournisseur *m* aux armées; ~̦lieferung *f* fourniture(s) *f(pl.)* de guerre; ~list *f* ruse *f* de guerre; stratagème *m* (*beide auch fig.*); ~litera̦tur *f* littérature écrite pendant la guerre, née de la guerre; ~macht *f* puissance *f* en guerre; nation belligérante; ~ma̦rine *f* marine *f* de guerre; ~materi̦al *n* matériel *m* de guerre; ~mi̦nister *m* ministre *m* de la Guerre; (*Verteidigungsminister*) ministre *m* de la Défense nationale; *heute in Frankreich* ministre *m* des Armées; ~miniște̦rium *n* ministère *m* de la Guerre; (*Verteidigungsministerium*) ministère *m* de la Défense nationale; *heute in Frankreich* ministère *m* des Armées; 2̦müde *adj.* las, -sse de la guerre; ~̦opfer *n* victime *f* de guerre; ~opferver̦sorgung *f* assistance *f* aux victimes de guerre; assistance *f* aux mutilés de guerre et aux familles des militaires morts à la guerre; ~pfad *m* sentier *m* de la guerre; ~plan *m* plan *m* de guerre, pour la conduite générale de la guerre; ~potenti̦al *n* potentiel *m* de guerre; ~rat *m* ⟨~(e)s⟩ conseil *m* de guerre; ~ halten tenir (un) conseil de guerre; ~recht *n* lois *f/pl.*, droit *m* de la guerre; ~̦risiko *n* risque(s) *m(pl.)* de guerre; ~ruf *m* cri *m* de guerre; ~̦rüstung *f* armement *m*; ~̦schäden *m/pl.* dommages *m/pl.* de guerre; ~schadener̦satz *m* réparation *f* des dommages de guerre; ~schaden̦rente *f* pension *f* pour les dommages de guerre; ~̦schauplatz *m* théâtre *m* des opérations (militaires), des hostilités; ~schiff *n* bâtiment *m*, navire *m* de guerre; ~schluß *m cf.* ~ende; ~schuld *f* responsabilité *f* de la guerre; ~̦schulden *f/pl.* dettes *f/pl.* de guerre; ~schuld̦frage *f* question *f* de la responsabilité de la guerre; ~̦schule *f cf.* Offiziersschule; ~spiel *n* exercice *m* sur la carte; ~stand *m* ⟨~(e)s⟩, ~̦stärke *f* effectif *m* de guerre; ~̦steuer *f* impôt *m* de guerre; ~̦tagebuch *n milit.* journal *m* de marche; *Literatur* journal *m*, carnet *m* de guerre; ~tanz *m von Eingeborenen* danse guerrière; ~tat *f* exploit *m* militaire; fait *m* d'armes, de guerre; ~̦teilnehmer *m* combattant *m*; *Land* belligérant *m*; ~̦trauung *f* mariage contracté en temps de guerre; ~̦treiber *m* ⟨~s; ~⟩ *cf.* ~hetzer; 2̦untauglich *adj.* inapte au service militaire; ~ver̦brechen *n* crime *m* de guerre; ~ver̦brecher *m* criminel *m* de guerre; ~ver̦letzung *f* blessure *f* de guerre; ~ver̦luste *m/pl.* pertes *f/pl.* lors de la guerre; ~ver̦sehrte(r) *m* ⟨→ A⟩ *cf.* ~beschädigte(r); ~ver̦sicherung *f* assurance *f* contre les dommages de guerre; 2ver̦wendungșfähig *adj.* (*abr.* k.v.) apte au service armé; ~̦vorbereitungen *f/pl.* préparatifs *m/pl.* de guerre; ~̦waise *f* orphelin(e) *m (f)* de guerre; *in Frankreich* pupille *m, f* de la Nation; ~̦wesen *n* guerre *f*; *adm.* département *m* de la guerre; 2̦wichtig *adj.* nécessaire pour la conduite de la guerre; *Betrieb* indispensable en temps de guerre; ~e Güter marchandises, biens nécessaires pour la conduite de la guerre; ~̦wirren *pl.* chaos [kao] *m*, désordres *m/pl.* de la guerre; ~̦wirtschaft *f* économie *f* (du temps) de guerre; ~̦wissenschaft *f* science *f* militaire; ~zeit *f* temps *m* de guerre; in ~en en temps de guerre; ~ziel *n* but *m* de la guerre; ~̦zustand *m* état *m* de guerre; sich im ~ befinden être en guerre; ~̦zwecke *m/pl.* für ~ pour la guerre; à des fins militaires.

Kriekente ['kri:kˌˀɛntə] *f cf.* Krickente.

Krimi ['kri:mi·] *m* ⟨~(s); ~(s)⟩ F *cf.* ~nalroman, ~nalfilm; 2'nal *adj. jur.* criminel, -lle; ~'nalab̦teilung *f* bureau *m* qui s'occupe de la criminalité, de la délinquance; ~'nalanthropolo̦gie *f* anthropologie criminelle; ~'nalbe̦amte(r) *m* fonctionnaire *m*, agent *m* de la police judiciaire; ~'nal̦film *m* film policier; ~'nalge̦schichte *f cf.* ~nalroman; ~na'list *m* ⟨~en; ~en⟩ criminaliste *m*; ~na'listik *f* ⟨~⟩ criminalistique *f*; 2na'listisch *adj.* criminalistique; ~nali'tät *f* ⟨~⟩ criminalité *f*; délinquance *f*; ~'nalkommi̦ssar *m* commissaire *m* de la police judiciaire; ~'nalpoli̦tik *f* politique relative au crime; ~'nalpoli̦zei *f* (*abr.* Kripo) police *f* judiciaire (*abr.* P.J.); ~'nalpsycholo̦gie *f* psychologie criminelle; ~'nalro̦man *m* roman policier; ~'nalsoziolo̦gie *f* sociologie criminelle; ~'nalsta̦tistik *f* statistique *f* de la criminalité, de la délinquance; ~'nal̦stück *n thé.* pièce policière; ~'nal̦taktik *f* tactique *f* criminalistique; ~'nal̦technik *f* technique *f* criminalistique; 2'nell *adj.* criminel, -lle; ~'nelle(r) *m* ⟨→ A⟩ criminel *m*; ~nolo'gie *f* ⟨~⟩ criminologie *f*.

Krim|krieg ['krɪmkri:k] *m hist.* guerre *f* de Crimée; ~mer *m* ⟨~s; ~⟩ *Wollgewebe* tissu *m* de laine imitant le breitschwanz; ~sekt *m* (vin *m*) mousseux *m*, champagne *m* de Crimée; ~skrams *m* ⟨~(es)⟩ F *cf.* Kram, Krempel; ~ta(r)̦taren *m/pl. Volksstamm* Ta(r)tar(e)s *m/pl.* de la Crimée.

Kringel ['krɪŋəl] *m* ⟨~s; ~⟩ **1.** petit rond, cercle; **2.** *Gebäck etc.* rond *m*, anneau *m* de chocolat, de pâtisserie; 2n **I** *v/réfl.* ⟨-(e)le, h⟩ sich ~ *Haare etc.* boucler; frisotter; F sich ~ vor Lachen se tordre de rire; **II** ~n *n* ⟨~s⟩ *der Haare etc. verbal*; *fig. u.* F es ist zum ~! c'est tordant!

Krino|iden [kri·no·'i:dən] *pl. zo.* crinoïdes *m/pl.*; ~'line *f* ⟨~; ~n⟩ *hist. cout.* crinoline *f*.

Kripo ['kri:po·] *f* ⟨~⟩ F P.J. [peʒi] *f*.

Krippe ['krɪpə] *f* ⟨~; ~n⟩ **1.** (*Futter*2) mangeoire *f*; *relig.* crèche *f*; **2.** (*Weihnachts*2) crèche *f* (de Noël); **3.** *cf.* Kinderkrippe; ~nfi̦gur *f* personnage *m* de la crèche; santon *m*; ~n̦setzer *m Pferd* cheval tiqueur; ~n̦spiel *n* jeu *m* de la Nativité.

Kris [kri:s] *m* ⟨~es; ~e⟩ (*malaiischer Dolch*) criss *od.* kriss *od.* crid *m*.

Kris|e ['kri:zə] *f* ⟨~; ~n⟩, ~is *f* ⟨~; -sen⟩ *allg.* crise *f*; e-e ~ durchmachen, hervorrufen, überwinden traverser *od.* subir, déclencher, surmonter une crise; 2eln *v/imp.* ⟨-(e)le, h⟩ es kriselt une crise se prépare, menace; 2en̦anfällig, 2enem̦pfindlich *adj.* sensible aux crises; 2en̦fest *adj.* à l'abri de la crise, de crises; ~en̦jahr *n* année *f* de crise; ~en̦zeit *f* temps *m*, période *f* de crise.

krispeln ['krɪspəln] *v/t.* ⟨-(e)le, h⟩ *Gerberei* crisper.

Kristall[1] [krɪs'tal] *m* ⟨~s; ~e⟩ *minéral., phys., chim.* cristal *m* (*pl.* cristaux); ~e bilden cristalliser; ~[2] *n* ⟨~s⟩ *Glas* cristal *m*; *meist pl.* cristaux *m/pl.*; 2̦ähnlich, 2̦artig *adj.* semblable à un cristal; *sc.* cristalloïde; ~̦bildung *f* cristallisation *f*; ~de̦tektor *m rad.* détecteur *m* à galène; 2en *adj.* de, en cristal; ~̦(l)euchter *m* lustre *m* de, en cristal; 2̦förmig *adj.* en forme de, qui a la forme d'un cristal; cristalloïde; ~̦glas *n* verre *m* de cristal; *coll.* cristaux *m/pl.*; 2in(isch) [-'li:n(ɪʃ)] *adj.* cristallin; ~isati'on *f* ⟨~; ~en⟩ cristallisation *f*; 2i'sierbar *adj.* cristallisable; ~i'sierbar̦keit *f* ⟨~⟩ cristallisabilité *f*; 2i'sieren *v/i.* ⟨*pas de ge-*, h⟩ cristalliser; ~i'sierung *f* ⟨~; ~en⟩ cristallisation *f*; ~it [-'li:t, -'lɪt] *m* ⟨~s; ~e⟩ *minéral.* cristallite *f*; 2̦klar *adj.* clair comme du cristal; limpide; transparent; *Stimme, Ton* cristallin; ~ogra'phie *f* ⟨~⟩ cristallographie *f*; 2o'graphisch *adj.* cristallographique; ~ome'trie *f* ⟨~⟩ cristallométrie *f*; ~̦optik *f* optique cristalline; ~̦sachen *f/pl.* cristaux *m/pl.*; ~̦schale *f* coupe *f* de cristal; ~schleife̦rei *f* ⟨~; ~en⟩ cristallerie *f*; ~struk̦tur *f* structure *f* du cristal, des cristaux; ~syștem *n* système cristallin; ~̦(l)üster *m cf.* ~(l)euchter; ~vio̦lett *n Farbstoff* violet cristallisé, de Paris; ~̦waren *f/pl.* cristaux *m/pl.*; ~̦wasser *n chim.* eau *f* de cristallisation; ~̦zucker *m* sucre cristallisé.

Kristiania [krɪsti·'a:ni·a] *m* ⟨~s; ~s⟩ *Ski* christiania *m*.

Kriterium [kri·'te:ri·ʊm] *n* ⟨~s; -ien⟩ critère *m*; *Radsport* critérium [-jɔm] *m*.

Kritik [kri·'ti:k, -'tɪk] *f* ⟨~; ~en⟩ critique *f*; strenge, bissige ~ critique sévère, mordante; über jede ~ erhaben défiant toute critique; *philos.* die ~ der reinen Vernunft la critique de la raison pure; F unter aller ~ au-dessous de tout; der Film, das Theaterstück hat e-e gute ~ la critique du film, de la pièce (de théâtre) est bonne; die ~ schreiben, lesen faire, lire la critique (de); an etw. ~ üben faire la critique de qc.; critiquer qc.; sich der ~ aussetzen *cf.* aussetzen III; Anlaß zur ~ geben donner prise, prêter à la critique; die ~ ist sich darüber einig, daß ... la critique est d'accord pour dire que ...; ~aster [-'kas-] *m* ⟨~s; ~⟩ *cf.* Kritteler; ~er(in) ['kri:-] *m* ⟨~s; ~⟩ (*f*) ⟨~; ~nen⟩ critique *m*; 2̦los **1.** *adj.* qui manque d'esprit critique; **2.** *adv.* sans critiquer; etw. ~ hinnehmen accepter qc. sans critiquer; ~̦losig̦keit *f* ⟨~⟩ manque *m* d'esprit critique.

kritisch ['kri:tɪʃ] **1.** *adj.* critique; das ~e Alter l'âge critique (*auch e-r Frau*); der ~e Apparat l'appareil critique; ein ~er Kopf, Geist un esprit critique; die Lage ist ~ la situation est critique; der ~e Punkt le point critique; die ~en Tage les jours critiques; ~e Temperatur température critique; ~ sein montrer de l'esprit critique; être critique; faire preuve d'esprit critique; **2.** *adv.* j-s Äußerungen ~ gegenüberstehen se montrer critique en face des déclarations de qn.; etw. ~ betrachten considérer qc. d'un œil critique.

kriti|sieren [kri·ti·'zi:rən] **I** *v/t.* ⟨*pas de ge-*, h⟩ critiquer; faire la critique de; ein Theaterstück ~ faire la critique d'une pièce de théâtre; er hat immer etw. zu ~ il trouve toujours qc. à redire, à critiquer; **II** 2'sieren *n* ⟨~s⟩ critique *f*; 2'zismus *m* ⟨~⟩ *philos.* criticisme *m*.

Krittel|ei [ˌkrɪtə'laɪ] F *f* ⟨~; ~en⟩ critique *f* trop subtile; ergotage *m*; ergoterie *f*; ~er ['krɪ-] *m* ⟨~s; ~⟩ critiqueur *m*; critique pointilleux, pinailleur, ergoteur; 2ig ['krɪ-] *adj.* pointilleux, -euse; pinailleur, -euse; 2n ['krɪ-] *v/i.*

⟨-(e)le, h⟩ F trouver à redire à tout; chercher la petite bête; ergoter.

Kritzel|ei [ˌkrɪtsəˈlaɪ] F *f* ⟨~; ~en⟩ griffonnage *m*; **Ջig** [ˈkrɪt-] F *adj.* griffonné; **s-e ~e Handschrift** sa petite écriture fine; ses pattes de mouche; **Ջn** [ˈkrɪt-] F **I** *v/t. u. v/i.* ⟨-(e)le, h⟩ griffonner; **etw. in sein Heft ~** griffonner qc. dans son cahier; **II ~n** [ˈkrɪt-] *n* ⟨~s⟩ *cf.* **~ei.**

Kroat|e [kroˑˈɑːtə], **~in** *m* ⟨~n; ~n⟩, *f* ⟨~; ~nen⟩ Croate *m, f*; **Ջisch** *adj.* croate.

kroch [krɔx] *cf.* kriechen.

Krock|et [ˈkrɔkət, krɔˈkɛt] *n* ⟨~s⟩ *Spiel* croquet [-ɛ] *m*; **~etˌhammer** *m* maillet *m* (de croquet); **~etˌkugel** *f* boule *f* (de croquet); **~etˌspieler** *m* joueur *m* de croquet; **Ջieren** [-ˈkiː-] *v/t. u. v/i.* ⟨*pas de ge-*, h⟩ croquer.

Krok|ant [kroˑˈkant] *m* ⟨~s⟩ *cuis.* nougatine *f*; **~ette** *f* ⟨~; ~n⟩ *cuis.* croquette *f*; **~i** *n* ⟨~s; ~s⟩ (*Skizze*) croquis *m*; **Ջieren** *v/t.* croquer.

Krokodil [kroˑkoˑˈdiːl] *n* ⟨~s; ~e⟩ *zo.* crocodile *m*; *pl.* **~e** *sc.* crocodilidés *m/pl.*; **~ˌhaut** *f* peau *f* de crocodile; **~ˌleder** *n* cuir *m*, peau *f* de crocodile; **aus ~** en crocodile; **~sˌtränen** *f/pl. fig. u.* F larmes *f/pl.* de crocodile; **~ˌwächter** *m zo.* pluvian *m*.

Krokus [ˈkroːkus] *m* ⟨~; ~ *od.* -sse⟩ *bot.* crocus [-ys] *m*; safran *m*.

Kromlech [ˈkrɔmlɛk, ˈkrɔmlɛç, ˈkroːmlɛk, ˈkroːmlɛç] *m* ⟨~; ~e *od.* ~s⟩ *Vorgeschichte* cromlech [-k] *m*.

Kron|bein [ˈkroːnbaɪn] *n bei Huftieren* avant-dernière phalange (du doigt); **~e** *f* ⟨~; ~n⟩ **1.** couronne *f* (*auch BrautՋ, Herrscherhaus*); **sich die ~ aufsetzen** prendre la couronne; **die Rechte der ~** les droits de la couronne; *fig.* **der Mensch ist die ~ der Schöpfung** l'homme est le couronnement de la création; *fig. u.* F **e-r Sache die ~ aufsetzen** mettre le comble à qc.; **das setzt allem die ~ auf** c'est le comble, le bouquet; **2.** *am Zahn, techn., e-s Edelsteins* couronne *f*; *der Wellen* crête *f*; **3.** (*BaumՋ*) cime *f*; **4.** (*BlumenՋ*) corolle *f*; **5.** *des Hirschgeweihs* couronnure *f*; **6.** *bei Huftieren* couronne *f*; **7.** *Währung* couronne *f*; **8.** *astr.* **Nördliche, Südliche ~** Couronne boréale, australe; **9.** *fig. u.* F (*Kopf*) **e-n in der ~ haben** être éméché; avoir un petit verre dans le nez; **was ist dir in die ~ gefahren?** quelle mouche t'a piqué?

krönen [ˈkrøːnən] *v/t.* ⟨h⟩ couronner (*auch fig.*); **j-n zum König, Kaiser ~** couronner, *kirchlich* sacrer qn. roi, empereur; **der Turm krönt die Stadtmauer** la tour couronne le mur d'enceinte de la ville; **von Erfolg gekrönt** couronné de succès; *poét.* **ein gekröntes Haupt** une tête couronnée.

Kron|enbein [ˈkroːnənˌbaɪn] *n cf.* Kronbein; **~enˌbohrer** *m techn.* trépan *m*, fleuret *m* à couronne; **~enˌhirsch** *m zo.* cerf couronné, à couronnure, à empaumure; **~enˌkorken** *m e-r Flasche* capsule *f*; **~enˌmutter** *f* ⟨~; ~n⟩ *techn.* écrou *m* à entailles, à créneaux; **~enˌorden** *m hist.* ordre *m* de la Couronne; **~ˌerbe** *m* héritier *m* de la couronne; **~glas** *n opt.* crown (-glass) [krawn] *m*; **~gut** *n hist.* domaine royal, de la couronne; **~ide** [-ˈniː-] *m* ⟨~n; ~n⟩ *myth.* Tarn [dzøs] *m*; **~juˌwelen** *n/pl.* joyaux *m/pl.* de la couronne; **~koloˌnie** *f* colonie *f* de la Couronne; **~land** *n hist.* pays *m* de la couronne; **~ˌleuchter** *m* lustre *m*; **~prinz** *m* prince héritier, royal; *hist. in Deutschland auch* kronprinz *m*; *hist. in Frankreich auch* dauphin *m*; **~prinˌzessin** *f* femme *f* du prince héritier; *hist. in Deutschland auch* femme *f* du kronprinz; *hist. in Frankreich auch* dauphine *f*; **~rat** *m* ⟨~(e)s⟩ conseil *m* de la couronne; **~schatz** *m* trésor *m* de la couronne; **~ˌschnepfe** *f zo.* grand courlis; courlis cendré.

Krönung [ˈkrøːnuŋ] *f* ⟨~; ~en⟩ couronnement *m* (*auch fig.*); *kirchliche* sacre *m*; **~sˌfeierlichkeiten** *f/pl.* (cérémonies *f/pl.* du) couronnement *m*, sacre *m*; **~sinˌsignien** *pl.* insignes *m/pl.* de la royauté; **~sˌmantel** *m* manteau *m* du couronnement, du sacre; **~sˌmarsch** *m mus.* marche composée pour le couronnement d'un prince, *etc.*; **~sˌsaal** *m* salle *f* du couronnement; **~sˌstadt** *f* ville *f* du couronnement, du sacre; **~sˌtag** *m* jour *m* du couronnement, du sacre.

Kron|vasall [ˈkroːnvaˌzal] *m hist.* vassal *m* du roi; **~werk** *n e-r Festung* couronne *f*; **~ˌwicke** *f bot.* coronilla *od.* coronille *f*; **~ˌzeuge** *m jur.* témoin principal.

Kropf [krɔpf] *m* ⟨~(e)s; ≈e⟩ **1.** *bei Vögeln* jabot *m*; **2.** *méd.* goitre *m*; **Ջˌartig** *adj. méd.* goitreux, -euse.

kröpf|en [ˈkrœpfən] **I** *v/t.* ⟨h⟩ *techn., bât.* couder; **gekröpfte Welle** arbre coudé; **II Ջen** *n* ⟨~s⟩ *techn.* coudage *m*; **Ջer** *m* ⟨~s; ~⟩ *zo.* boulant *m*.

kropf|ig [ˈkrɔpfɪç] *adj.* **a)** *méd.* goitreux, -euse; **b)** *bot.* rabougri; **Ջˌtaube** *f cf.* **Kröpfer.**

Kröpfung [ˈkrœpfuŋ] *f* ⟨~; ~en⟩ *techn. e-r Welle* coude *m*.

Kroppzeug [ˈkrɔptsɔʏk] *n* ⟨~(e)s⟩ F marmaille *f*.

kroß [krɔs] *adj.* ⟨-ss-⟩ F *cf.* **knusprig.**

Krösus [ˈkrøːzus] *m* ⟨~; ~se⟩ F **ein ~ sein** être riche comme Crésus [-ys].

Kröte [ˈkrøːtə] *f* ⟨~; ~n⟩ **1.** *zo.* crapaud *m*; **2.** *fig. u.* F **e-e kleine, freche ~** une petite effrontée; **3.** *fig. u.* F **die paar ~n** (*bißchen Geld*) ces quelques sous, P picaillons, radis; **~nˌechse** *f zo.* phrynosome *m*; crapaud cornu; **~nˌfrösche** *m/pl. zo.* pélobatidés *m/pl.*; **~nˌtest** *m méd.* test *m* du crapaud.

Kro|ton [ˈkroːtən] *m* ⟨~s; ~e⟩ *bot.* croton *m*; **~tonˌöl** *n phm.* huile *f* de croton; **~ˈzin** *n* ⟨~s⟩ *chim.* crocine *f*.

Krucke [ˈkrukə] *f* ⟨~; ~n⟩ *der Gemse* corne *f*.

Krücke [ˈkrʏkə] *f* ⟨~; ~n⟩ béquille *f*; **an ~n gehen** marcher avec des béquilles.

Kruckenkreuz [ˈkrukənˌkrɔʏts] *n* croix potencée.

Krückstock [ˈkrʏkʃtɔk] *m* canne *f* à bec-de-corbin.

Krug [kruːk] *m* ⟨~(e)s; ≈e⟩ **1.** cruche *f*; *kleiner* cruchon *m*; pichet *m*; (*großer TonՋ*) jarre *f*; (*BierՋ*) chope *f*; **der ~ geht solange zum Brunnen, bis er bricht** *prov.* tant va la cruche à l'eau qu'à la fin elle se casse *prov.*; **2.** F (*Schenke*) café *m*.

Krullfarn [ˈkrulfarn] *m bot.* adiantum [-ɔm] *m*; cheveu *m* de Vénus.

Krüllschnitt [ˈkrʏlʃnɪt] *m Tabak* tabac demi-fin.

Krümchen [ˈkryːmçən] *n* ⟨~s; ~⟩ miette *f*; *fig.* brin *m*.

Krume [ˈkruːmə] *f* ⟨~; ~n⟩ **1.** (*AckerՋ*) terre *f* arable; **2.** (*BrotՋ*) mie *f* de pain.

Krümel [ˈkryːməl] *m* ⟨~s; ~⟩ miette *f*; **Ջig** *adj.* qui s'émiette; (*bröckelig*) friable; **Ջn I** *v/t.* ⟨-(e)le, h⟩ mettre des miettes (sur, dans); (*zer~*) émietter; **II** *v/i.* s'émietter; **III ~n** *n* ⟨~s⟩ émiettement *m*; *besser verbal*; **~ˌschaufel** *f* ramasse-miettes *m*.

krumm [krum] **1.** *adj.* ⟨~er *od.* ≈er, ~st *od.* ≈st⟩ qui n'est pas droit; (*gebogen*) courbé (*auch vom Alter*); courbe; voûté (*bes. in den Schultern*); (*verbogen*) tordu; de travers; *anat. Wirbelsäule* dévié; **er hat ~e Beine** ses jambes ne sont pas droites, sont torses, arquées; **e-e ~e Haltung haben** se tenir mal, courbé, voûté; **~e Hörner** cornes recourbées; **~e Linie, Fläche** ligne, surface courbe; **~er Nagel** clou tordu; **~e Nase** nez tordu, de travers, recourbé; **~er Rücken** dos courbé, voûté; **e-n ~en Rücken machen** courber le dos; **das ist (doch) ~** (mais) ce n'est pas droit; **deswegen mache ich keinen Finger ~** *cf.* **krümmen I**; *fig.* **~e Wege gehen** suivre des voies tortueuses; **auf e-e ~e Tour** d'une façon louche; par un chemin détourné; *fig. u.* F **~e Finger machen** (*stehlen*) avoir les mains crochues; P **~er Hund!** P espèce de salaud!; **2.** *adv.* **etw. ~ biegen** courber qc.; tordre qc.; **sich ~ halten** se tenir courbé, voûté; **~ gehen** marcher courbé, voûté; **~ sitzen** être assis le dos voûté; **~ gewachsen sein** *Baum etc.* avoir poussé de travers; F **sich schief und ~ lachen** se tordre, se pâmer de rire; F **j-n ~ und lahm schlagen** réduire qn. en miettes; casser la figure à qn.; **~ˌbeinig** *adj.* **~ sein** ne pas avoir les jambes droites; avoir des jambes torses, arquées; **Ջdarm** *m anat.* iléon *m*.

krümm|en [ˈkrʏmən] **I** *v/t.* ⟨h⟩ courber; *fig.* **deswegen werde ich keinen Finger ~** ce n'est pas cela qui me fera remuer le petit doigt; **j-m kein Haar ~** *cf.* **Haar**; **II** *v/réfl.* **sich ~** se tordre; se (re)courber; se contourner; se déjeter; *Holz auch* gauchir; **sich vor Schmerzen ~** se tordre de douleur; **sich vor Lachen ~** se tordre de rire; **früh krümmt sich, was ein Häkchen werden will** *prov.* les dispositions naturelles se montrent de bonne heure; **auch der Wurm krümmt sich, wenn er getreten wird** *prov.* il n'y a point de si petit ver qui ne se recoquille quand on marche dessus; **III Ջen** *n* ⟨~s⟩ (re-)courbement *m*; tortillement *m*; contournement *m*; gauchissement *m*; **Ջer** *m* ⟨~s; ~⟩ **1.** *techn.* coude *m*; **2.** *agr.* ('herse) canadienne *f*.

Krumm|hals [ˈkrumhals] *m bot.* lycopsis [-is] *m* arvensis; **~holz**(**ˌkiefer**) *n* (*f*) *bot.* pin nain; **~horn** *n mus.* cromorne *m* (*auch der Orgel*); **Ջˌlegen** F *v/réfl.* ⟨*sép.*, -ge-, h⟩, **Ջˌliegen** F *v/i.* ⟨*irr., sép.*, -ge-, h⟩ s'imposer des privations; se priver (de); **Ջˌlinig** *adj. math.* curviligne; **Ջˌnasig** *adj.* au nez tordu, de travers, recourbé; **Ջˌnehmen** *v/t.* ⟨*irr., sép.*, -ge-, h⟩ F **j-m etw. ~** prendre qc. de travers; se formaliser de qc.; **nimm es mir nicht krumm** ne le prends pas de travers; **~stab** *m égl.* crosse *f*.

Krümmung [ˈkrʏmuŋ] *f* ⟨~; ~en⟩ *Geometrie* courbure *f*; incurvation *f*; *e-s Weges, Flusses* coude *m*; courbe *f*; *méd.* **~ des Rückgrates** déviation *f* de la colonne vertébrale; *sc.* scoliose *f*; **~sˌkreis** *m* cercle *m* de courbure; **~sˌlinie** *f* ligne *f* de courbure; **~sˌmittelpunkt** *m* centre *m* de courbure; **~sˌradius** *m* rayon *m* de courbure.

krumpel|ig [ˈkrumpəˌlɪç] *adj.* F *cf.* **knitterig**; **~n** *v/t. u. v/i.* ⟨-(e)le, h⟩ *cf.* **(zer)knittern.**

Krümper(system) [ˈkrʏmpər(zʏsˌteːm)] *m* ⟨~s; ~⟩ (*n*) *hist. milit.* krümper *m* (*auch Krümperpferd*).

krumpf|echt ['krumpfˀɛçt] *adj. Gewebe* ~ **machen** rendre irrétrécissable; **~en** *v/i.* ⟨sein⟩ *Gewebe* rétrécir; rentrer.

Krupp [krup] *m* ⟨~s⟩ *méd.* croup [-p] *m*; **falscher** ~ faux croup; laryngite striduleuse; **~e** *f* ⟨~; ~n⟩ *des Pferdes* croupe *f*.

Krüppel ['krʏpəl] *m* ⟨~s; ~⟩ estropié *m*; *ohne Beine* cul-de-jatte *m*; **j-n zum ~ machen** estropier qn.; *fig. u.* F **j-n zum ~ schlagen** casser la figure à qn.; réduire qn. en miettes; **2ˌhaft** *adj.* estropié.

kruppös [kru'pøːs] *adj. méd.* croupeux, -euse.

Krustazeen [krusta'tseːən] *f/pl. zo.* crustacés *m/pl.*

Krust|e ['krustə] *f* ⟨~; ~n⟩ croûte *f* (*auch méd.*); **~enˌbildung** *f* formation *f* d'une croûte; **~enˌechse** *f zo.* héloderme *m*; **~enˌtiere** *n/pl. cf.* Krustazeen; **2ig** *adj.* couvert d'une croûte, de croûtes.

Kruzi|feren [kru·tsi·'feːrən] *f/pl. bot.* crucifères *f/pl.*; cruciféracées *f/pl.*; **~fix** [-'fɪks, 'kruː-] *n* ⟨~es; ~e⟩ *relig.* crucifix [-i] *m*.

Kryo|hydrate [kry·o·hy·'drɑːtə] *pl. chim.* cryohydrates *m/pl.*; **~'lith** *m* ⟨~s; ~e⟩ *minéral.* cryolit(h)e *f*; **~'phor** *m* ⟨~s; ~en⟩ *phys.* cryophore *m*; **~skopie** *f* ⟨~⟩ *phys.* cryoscopie *f*.

Krypt|a ['krʏpta] *f* ⟨~; -ten⟩ *égl.* crypte *f*; **~o'gamen** *f/pl. bot.* cryptogames *f/pl.*; **2ogen(etisch)** [-'geːn, -ge·'neːtɪʃ] *adj. méd.* cryptogénétique; **~o'gramm** *n* ⟨~s; ~e⟩ cryptogramme *m*; **~o'merie** *f* ⟨~; ~n⟩ *bot.* cryptomeria *m*; **~on** ['krʏp-, -'toːn] *n* ⟨~s⟩ *chim.* krypton *m*; **~or'chismus** *m* ⟨~; -men⟩ *méd.* cryptorchidie [-kidi] *f*.

Kuba|ner(in) [ku·'bɑːnər(ɪn)] *m* ⟨~s; ~⟩ (*f*) ⟨~; ~nen⟩ Cubain(e) *m* (*f*); **2nisch** *adj.* cubain; de Cuba; **~'tur** *f* ⟨~⟩ *math.* cubature *f*; **~ˌzucker** ['kuː-] *m* sucre *m* de Cuba.

Kübel ['kyːbəl] *m* ⟨~s; ~⟩ baquet *m*; cuveau *m*; (*Förder2*), *e-r Lore etc.* benne *f*; (*Blumen2*) caisse *f*; *fig.* **es regnet wie mit ~n** il pleut à seaux.

kubier|en [ku·'biːrən] *v/t.* ⟨*pas de ge-*, h⟩ *math.* cuber; **2ung** *f* ⟨~; ~en⟩ cubage *m*.

Kubik|dezimeter [ku·'biːkde·tsi·ˌmeːtər] *m*, *n* (*abr.* **dm³**, **cdm**) décimètre *m* cube (*abr.* dm³); **~ˌinhalt** *m* volume *m*; **~kiloˌmeter** *m* (*abr.* **km³**, **cbkm**) kilomètre *m* cube (*abr.* km³); **~ˌmeter** *m*, *n* (*abr.* **m³**, **cbm**) mètre *m* cube (*abr.* m³); *Holzmaß* stère *m*; **~milliˌmeter** *m*, *n* (*abr.* **mm³**, **cmm**) millimètre *m* cube (*abr.* mm³); **~ˌwurzel** *f* racine *f* cubique; **die ~ ziehen aus** extraire la racine cubique de; **~ˌzahl** *f* cube *m* (d'un nombre); **~zentiˌmeter** *m*, *n* (*abr.* **cm³**, **ccm**) centimètre *m* cube (*abr.* cm³).

kub|isch ['kuːbɪʃ] *adj. math.* cubique; **2ismus** [-'bɪs-] *m* ⟨~⟩ *peint.* cubisme *m*; **2ist** [-'bɪst] *m* ⟨~en; ~en⟩ cubiste *m*; **~istisch** [-'bɪs-] *adj.* cubiste; **~i'tal** *adj. méd.* cubital; **2us** *m* ⟨~; ~ *od.* -ben⟩ *math.* cube *m*.

Küche ['kʏçə] *f* ⟨~; ~n⟩ cuisine *f* (*auch Kochkunst*); **kalte ~** mets, repas froids; **gutbürgerliche, französische ~** cuisine bourgeoise, française; F **die ~ machen** nettoyer, ranger la cuisine; **(e-e) gute ~ führen** faire de la bonne cuisine; bien cuisiner; **dort führt man e-e gute ~** on y mange bien; on y fait bonne chère; **geben, was ~ und Keller bieten** mettre les petits plats dans les grands; servir les meilleurs plats et les meilleurs crus; *fig. u.* F **in des Teufels ~ kommen** se mettre dans une mauvaise situation, dans de mauvais draps; **j-n in des Teufels ~ bringen** mettre qn. dans une mauvaise situation, dans de mauvais draps.

Kuchen ['kuːxən] *m* ⟨~s; ~⟩ gâteau *m*; tarte *f*; **~ backen** faire un *bzw.* des gâteau(x); **ein Stück(chen) ~** un morceau de gâteau; *im Geschäft* une part de gâteau; F **ja, ~!** des clous!; ceinture!; *bei Ablehnung* zut [zyt]!

Küchen|abfälle ['kʏçənˌˀapfɛlə] *m/pl.* ordures ménagères; **~ˌausdruck** *m* terme *m* de cuisine.

Kuchenbäcker ['kuːxənˌbɛkər] *m* pâtissier *m*.

Küchenbenutzung ['kʏçənbəˌnutsuŋ] *f* **mit ~** avec droit *m* de se servir, avec usage *m* de la cuisine.

Kuchenblech ['kuːxənˌblɛç] *n* tôle *f* (à pâtisserie).

Küchen|bulle ['kʏçənˌbulə] *m* P *milit.* cuistot *m*; **~ˌchef** *m* chef *m* de cuisine; **~ˌdienst** *m* corvée *f* de cuisine (*auch im Ferienlager etc.*); **~ˌeinrichtung** *f* équipement *m* de cuisine; **~ˌfee** *plais.* *f* cordon-bleu *m*.

Kuchen|form ['kuːxənˌfɔrm] *f* moule *m* à gâteau; **~ˌgabel** *f* fourchette *f* à gâteau.

Küchen|garten ['kʏçənˌgartən] *m cf.* Gemüsegarten; **~geˌräte** *n/pl.* ustensiles de cuisine, ménagers; **~geˌschirr** *n* vaisselle *f* ordinaire; **~ˌhandtuch** *n* essuie-mains *m*; (*Geschirrtuch*) torchon *m*; **~ˌherd** *m* fourneau *m* de cuisine; cuisinière *f*; *elektrischer* cuisinière électrique; **~ˌhilfe** *f* aide-cuisinière *f*; **~ˌjunge** *m* marmiton *m*; **~ˌkräuter** *n/pl.* fines herbes; **~laˌtein** *n* latin *m* de cuisine; **~ˌlöffel** *m* cuiller *f* (en bois); **~ˌmädchen** *n* aide-cuisinière *f*; **~maˌschine** *f* robot (ménager); **~ˌmeister** *m cf.* Küchenchef *u.* Koch; *fig.* **bei uns ist Schmalhans ~** on ne mange pas gras chez nous; **~ˌmesser** *n* couteau *m* de cuisine; **~ˌmöbel** *n/pl.* meubles *m/pl.* de cuisine; **~persoˌnal** *n* personnel *m* de la cuisine.

Kuchen|platte ['kuːxənˌplatə] *f* plat *m*, assiette *f* à *bzw.* de gâteaux; **~ˌrad** *n*, **~ˌrädchen** *n* coupe-pâte *m* à roulette.

Küchen|rezept ['kʏçənre·ˌtsɛpt] *n* recette *f* de cuisine; **~ˌschabe** *f zo. cf.* Kakerlak 1.; **~ˌschelle** *f* ⟨~; ~n⟩ *bot.* pulsatille *f*; **~ˌschrank** *m* buffet *m* de cuisine; **~ˌschürze** *f* tablier *m* de cuisine; **~ˌstuhl** *m* chaise *f* de cuisine.

Kuchen|teig ['kuːxənˌtaɪk] *m* pâte *f* (à gâteau); **~ˌteller** *m* assiette *f* à *bzw.* de gâteaux.

Küchen|tisch ['kʏçənˌtɪʃ] *m* table *f* de cuisine; **~ˌuhr** *f* pendule *f*, horloge *f* de cuisine; **~ˌwaage** *f* balance *f* de cuisine.

Kuchenzange ['kuːxənˌtsaŋə] *f* pince *f* à gâteau(x).

Küchenzettel ['kʏçənˌtsɛtəl] *m* menu *m* (pour la semaine).

Küchlein ['kyːçlaɪn] *n* ⟨~s; ~⟩ **1.** *cf.* Küken; **2.** *cuis.* petit gâteau.

Kuckuck ['kukuk] **I** *m* ⟨~s; ~e⟩ **1.** *zo.* coucou *m*; *sc.* **gemeiner ~** coucou gris; *pl.* **~e** *sc.* cuculidés *m/pl.*; **der ~ ruft** le coucou chante; on entend le coucou; **2.** F (*Teufel*) **zum ~ (noch mal)!** sapristi!; nom d'une pipe!; zut [zyt] (alors)!; flûte!; **hol's der ~!** que le diable l'emporte!; **geh zum ~!**, **scher dich zum ~!** va-t'en au diable, à tous les diables!; **(das) weiß der ~!** qui diable peut le savoir!; **3.** *fig. u.* F (*Siegel des Gerichtsvollziehers*) scellés *m/pl.* (de l'huissier de justice); **II** 2 *int.* coucou!; **~sˌei** *n* œuf *m* de coucou; *fig.* cadeau douteux, désagréable, embarrassant; **j-m ein ~ ins Nest legen** faire un cadeau douteux, *etc.* à qn.; **~sˌlichtnelke** *f bot.* fleur *f* de coucou; *sc.* lychnis [liknis] *m* flos-cuculi; **~sˌruf** *m* chant *m*, cri *m* du coucou; **~sˌuhr** *f* coucou *m*.

Kuddelmuddel ['kudəlˌmudəl] F *m*, *n* ⟨~s⟩ fouillis *m*; pêle-mêle *m*; embrouillamini *m*.

Kudu ['kuːdu·] *m* ⟨~s; ~s⟩ *zo.* coudou *m*.

Kufe ['kuːfə] *f* ⟨~; ~n⟩ *e-s Schlittens, aviat.* patin *m*; *e-s Schlittschuhs* lame *f*.

Küfer ['kyːfər] *m* ⟨~s; ~⟩ *cf.* Böttcher; **~ei** [-'raɪ] *f* ⟨~; ~en⟩ *cf.* Böttcherei.

kufisch ['kuːfɪʃ] *adj.* **~e Schrift** (écriture *f*) coufique *m*.

Kugel ['kuːgəl] *f* ⟨~; ~n⟩ **1.** boule *f*; *techn. e-s ~lagers, ~schreibers etc.* bille *f*; *math.* sphère *f*; **der Rauminhalt e-r ~** le volume d'une sphère; **die Erde ist e-e ~** la terre est une boule, une sphère; *fig. u.* F **e-e ruhige ~ schieben** se la couler douce; **2.** *beim ~stoßen* poids *m*; **die ~ stoßen** lancer le poids; **3.** (*Gewehr2, Pistolen2*) balle *f*; P pruneau *m*; (*Kanonen2*) boulet *m*; **von e-r ~ getroffen werden** être atteint par une balle; **4.** *anat. e-s Knochens* tête *f*; **~ˌabschnitt** *m math.* segment *m* sphérique (à une base); **~ˌausschnitt** *m math.* secteur *m* sphérique; **~ˌbaum** *m* arbre taillé en boule; **~ˌblitz** *m* boule *f* de feu; **~ˌblume** *f bot.* globulaire *f*; **~blumengeˌwächse** *n/pl. bot. sc.* globulariacées *f/pl.*

Kügelchen ['kyːgəlçən] *n* ⟨~s; ~⟩ petite boule; *aus Papier, Brot* boulette *f*.

Kugel|dicke ['kuːgəlˌdɪkə] *f* calibre *m* (de la boule); **~ˌdistel** *f bot.* boulette *f*; *sc.* échinops [eki-] *m*; **~ˌdreieck** *n math.* triangle *m* sphérique; **~ˌdruckprobe** *f techn.* essai *m* de pression à bille; **~ˌdurchmesser** *m math.* diamètre *m* de la sphère; **~ˌfang** *m* pare-balles *m*; *als Erdwall* butte *f* de tir; **2ˌfest** *adj. cf.* 2sicher; **~ˌfläche** *f cf.* ~oberfläche; **~ˌform** *f* forme *f* sphérique; sphéricité *f*; **2ˌförmig** *adj.* (de forme) sphérique; en forme de boule; globulaire; **~ˌfräser** *m techn.* fraise *f* sphérique; **~geˌlenk** *n* **1.** *anat.* énarthrose *f*; **2.** *techn.* (joint *m* à) genou *m*, rotule *f*; **~geˌstalt** *f cf.* ~form; **~ˌhaube** *f math.* calotte *f* sphérique; **2ig** *adj. cf.* 2förmig; **~ˌinhalt** *m math.* volume *m* de la sphère; **~ˌkappe** *f math. cf.* ~haube; **~ˌlager** *n techn.* roulement *m* à billes; **~ˌlampe** *f*, **~ˌleuchte** *f* globe *m*; **~ˌmittelpunkt** *m math.* centre *m* de la sphère; **~ˌmühle** *f techn.* broyeur *m* à boulets; **2n I** *v/i.* ⟨-(e)le, sein⟩ rouler comme une boule; **II** *v/réfl.* ⟨h⟩ *fig. u.* F **sich vor Lachen ~** se tordre de rire; rire comme un bossu; P se gondoler; **III ~n** *n* ⟨~s⟩ *fig. u.* F **das ist zum ~** c'est à se tordre de rire; c'est tordant, P gondolant, bidonnant; **~ˌoberfläche** *f math.* surface *f* de la sphère; **~ˌradius** *m math.* rayon *m* de la sphère; **~ˌregen** *m milit.* grêle *f* de balles; **2ˌrund** *adj.* rond comme une boule; tout rond; *von e-r Person auch* F boulot, -tte; **~ˌschicht** *f math.* segment *m* sphérique à deux bases; **~ˌschnitt** *m math.* section *f* sphérique; **~ˌschrei-**

ber *m* ⟨~**s**; ~⟩ stylo *m* à bille; stylo-bille *m*; ~ mit Druckmine stylo à bille rentrante; ~**schreiberˌmine** *f* cartouche *f* de stylo à bille; ~**segˌment** *n math. cf.* Kugelabschnitt; ~ˌ**sehne** *f math.* corde *f* de la sphère; ~ˌ**sektor** *m math. cf.* Kugelausschnitt; 2ˌ**sicher** *adj.* à l'épreuve des balles; antiballes; ~**spitzˌfeder** *f* plume *f* à boule; ~ˌ**stoßen** *n* ⟨~**s**⟩ *Sport* lancement *m*, lancer *m* du poids; ~ˌ**stoßer(in)** *m* ⟨~**s**; ~⟩ *(f)* ⟨~; ~**nen**⟩ lanceur, -euse *m, f* de poids; ~ˌ**zone** *f math.* zone *f* sphérique; ~ˌ**zweieck** *n math.* fuseau *m* sphérique.

Kuh [kuː] *f* ⟨~; ~̈**e**⟩ **1.** *zo.* vache *f*; junge ~ (*Färse*) génisse *f*; **2.** *fig. u.* P dumme ~ imbécile *f*; grande bête; bêtasse *f*; **alte** ~ vieille imbécile; ~**antiˌlope** *f zo.* bubale *m*; ~**dreck** *m* bouse *f* de vache; ~ˌ**euter** *n* pis *m* de vache; *cuis.* tétine *f*; ~ˌ**fladen** *m cf.* ~dreck; ~**fuß** *m techn. cf.* Geißfuß 1.; ~ˌ**glocke** *f* cloche *f* de vache; sonnaille *f*; clarine *f*; ~ˌ**handel** *m fig.* maquignonnage *m*; marchandage *m*; ~**haut** *f fig. u.* F **das geht auf keine** ~! c'est inouï, incroyable!; ~**hirt(in)** *m (f)* vacher, -ère *m, f*; ~**kalb** *n* veau *m* femelle.

kühl [kyːl] **1.** *adj.* frais, fraîche; *fig. meist* froid; ~ **werden** se rafraîchir; **es ist ziemlich** ~ *auch* il fait frisquet; **ein** ~**er Morgen** un matin frais; *fig.* **ein** ~**er Empfang** un accueil froid; **e-n** ~**en Kopf bewahren** garder la tête froide, la tête sur les épaules; ne pas s'emballer; *poét.* ~ **bis ans Herz hinan** plein de froideur; F **aus e-m** ~**en Grunde** pour une raison quelconque; **im** 2**en** au frais; **2.** *adv.* **etw.** ~ **aufbewahren, lagern** conserver, garder, tenir qc. au frais; *fig.* **j-n** ~ **empfangen, etw.** ~ **aufnehmen** recevoir qn., qc. froidement, avec froideur, fraîchement, avec fraîcheur; faire un accueil froid à qn., à qc.; 2ˌ**anlage** *f* installation *f* frigorifique, de réfrigération; 2**appaˌrat** *m* appareil *m* de réfrigération, frigorifique; 2**e** *f* ⟨~⟩ **1.** fraîcheur *f*; *fig. auch* froideur *f*; **in der** ~ au frais; **2.** *mar. cf.* 2te; ~**en I** *v/t.* ⟨**h**⟩ *techn. e-n Motor etc.* refroidir; *Lebensmittel* réfrigérer; *Sekt* frapper; (*ab*~) rafraîchir; *fig.* **sein Mütchen an j-m** ~ (faire) passer sa colère sur qn.; **II** 2**en** *n* ⟨~**s**⟩ *cf.* 2ung; 2**er** *m* ⟨~**s**; ~⟩ **1.** *techn.* refroidisseur *m*; *e-s Verbrennungsmotors* radiateur *m*; *chim. e-r Destillieranlage* réfrigérant *m*; **2.** (*Sekt*2) seau *m* à glace, à rafraîchir; 2**erfiˌgur** *f* mascotte *f* sur le capot; 2**erˌhaube** *f* (*Motorhaube*) capot *m*; 2**erverˌschluß** *m* bouchon *m* de radiateur; 2ˌ**fläche** *f* surface réfrigérante; 2ˌ**flüssigkeit** *f* liquide de refroidissement, réfrigérant; 2**geˌbläse** *n* ventilateur *m* de refroidissement; 2**gut** *n* marchandises *f/pl.* à réfrigérer; 2**haus** *n* entrepôt *m* frigorifique; 2ˌ**kette** *f comm.* chaîne *f* frigorifique; 2**luft** *f* air *m* de refroidissement; 2ˌ**mantel** *m* chemise, enveloppe réfrigérante; 2**maˌschine** *f* machine *f* frigorifique; 2ˌ**mittel** *n* fluide *m* frigorigène; 2ˌ**ofen** *m Glasindustrie* four *m* à recuire; 2**raum** *m* chambre froide, frigorifique; 2ˌ**rippe** *f* ailette *f* de refroidissement, de réfrigération; 2**schiff** *n* **1.** *mar.* navire *m* frigorifique; **2.** *Brauerei* (bac-)refroidissoir *m*; 2ˌ**schlange** *f* serpentin *m* de refroidissement, de réfrigération; 2**schrank** *m* réfrigérateur *m*; armoire *f* frigorifique; F frigo *m*; *abus.* frigidaire *m*; 2**te** *f* ⟨~; ~**n**⟩ *mar.* brise *f*; 2ˌ**truhe** *f* congélateur *m*; 2**turm** *m techn.* réfrigérant *m* atmosphérique; 2**ung** *f* ⟨~⟩ *techn. e-s Motors etc.* refroidissement *m*; *von Lebensmitteln* réfrigération *f*; 2ˌ**vorrichtung** *f* dispositif *m* de refroidissement; refroidisseur *m*; réfrigérant *m*; 2ˌ**wagen** *m chem.* wagon *m* frigorifique, isotherme; 2ˌ**wasser** *n* eau *f* de refroidissement, *e-s Motors auch* du radiateur; 2ˌ**wirkung** *f* effet refroidissant, réfrigérant.

Kuh|magd ['kuːmɑːkt] *f* vachère *f*; ~**milch** *f* lait *m* de vache; ~**mist** *m* fumier *m* de vache.

kühn [kyːn] **1.** *adj.* 'hardi; *pfort.* audacieux, -euse; (*verwegen*) téméraire; (*unerschrocken*) intrépide; ~**e Pläne** projets 'hardis; **ein** ~**er Entschluß** une décision 'hardie; **das übertrifft meine** ~**sten Träume** cela dépasse mes rêves les plus beaux; *hist.* **Philipp der** 2**e** Philippe le Hardi; **Karl der** 2**e** Charles le Téméraire; **2.** *adv.* 'hardiment; audacieusement; avec 'hardiesse, *etc.*; ~ **behaupten** soutenir avec 'hardiesse; 2**heit** *f* ⟨~; ~**en**⟩ 'hardiesse *f*; audace *f*; témérité *f*; intrépidité *f*.

Kuh|pocken ['kuːˌpɔkən] *f/pl. méd.* vaccine *f*; ~ˌ**reigen** *m*, ~ˌ**reihen** *m* ⟨~**s**; ~⟩ *mus.* ranz [rɑ̃s, rɑ̃] *m* des vaches; ~**stall** *m* étable *f* (à vaches); 2**warm** *adj.* ~**e Milch** lait fraîchement trait.

kujonieren [kuˑjoˑ'niːrən] *v/t.* ⟨*pas de ge-*, **h**⟩ F empoisonner; embêter; P emmerder.

Küken ['kyːkən] *n* ⟨~**s**; ~⟩ **1.** *zo.* poussin *m*; **2.** *fig. von Mädchen* petite innocente; niaise *f*; enfant *f*; **3.** *techn. e-s Hahns* clé *od.* clef *f*; noix *f*.

Kulak [kuˑ'lak] *m* ⟨~**en**; ~**en**⟩ *hist. Rußland* koulak *m*.

kulan|t [kuˑ'lant] *adj.* arrangeant; souple, coulant en affaires; 2**z** *f* ⟨~⟩ souplesse *f* en affaires.

Kuli ['kuːliˑ] *m* ⟨~**s**; ~**s**⟩ coolie [kuli] *m* (*auch fig.*).

Kulierware [kuˑ'liːrˌvɑːrə] *f Wirkware* bonneterie cueillie; articles *m/pl.* à cueillage.

kulinarisch [kuˑliˑ'nɑːrɪʃ] *adj.* culinaire; ~**e Genüsse** produits de l'art culinaire; mets culinaires.

Kulisse [kuˑ'lɪsə] *f* ⟨~; ~**n**⟩ **1.** *thé.* (panneau *m* de) décors *m/pl.*; *Raum* coulisse(s) *f (pl.)*; *fig.* **hinter den** ~**n** dans la coulisse; **hinter die** ~**n schauen** regarder dans la coulisse; **2.** *techn.* coulisse *f*; **3.** *Börse* coulisse *f*; marché *m* en banque; ~**nˌschieber** *m thé.* machiniste *m*.

Kuller|augen ['kulərˌ'augən] F *n/pl.* grands yeux vifs; 2**n** *v/i.* ⟨-(e)re, sein⟩ *cf.* kollern.

Kulm [kulm] *n* ⟨~(e)**s**; ~**e**⟩ *géol.* culm *m*; ~**inati'on** *f* ⟨~; ~**en**⟩ *astr.* culmination *f* (*auch fig.*); ~**inati'onsˌpunkt** *m astr.* point culminant (*auch fig.*); 2**i'nieren** *v/i.* ⟨*pas de ge-*, **h**⟩ culminer.

Kult [kult] *m* ⟨~(e)**s**; ~**e**⟩ culte *m*; mit **etw.**, **j-m e-n** ~ **treiben** rendre un culte à qc., à qn.; idolâtrer qc., qn.; ~**geˌrät** *n* objet *m* du culte; 2**isch** *adj.* du culte; cultuel, -lle; ~**i'vator** *m* ⟨~**s**; -'**toren**⟩ *agr. Gerät* cultivateur *m*; 2**i'vierbar** *adj.* cultivable; 2**i'vieren** *v/t.* ⟨*pas de ge-*, **h**⟩ *allg.* cultiver; 2**i'viert** *adjt.* cultivé; (*gepflegt*) soigné; ~**i'vierung** *f* ⟨~⟩ *verbal*; *cf. auch* Kultur 2.; ~ˌ**stätte** *f* lieu *m* de culte.

Kultur [kul'tuːr] *f* ⟨~; ~**en**⟩ **1.** *e-s Volkes, e-r Gesellschaft* civilisation *f*; *selten* culture *f*; (*persönliche Bildung, verfeinerte Lebensweise*) culture *f*; **die griechische, ägyptische, chinesische** *etc.* ~ la civilisation grecque, égyptienne, chinoise, *etc.*; **die** ~ **des Abendlandes** la civilisation occidentale; **ein Mensch ohne** ~ un homme dépourvu de culture, inculte; **2.** *agr., Forstwirtschaft, biol. von Bakterien etc.* culture *f* (*auch Ergebnis, Anlage*); ~ˌ**abkommen** *n* accord culturel; ~**abˌteilung** *f* département culturel; ~ˌ**amt** *n* **1.** *agr. etwa* (service *m* du) génie rural; **2.** *e-r Stadt etc.* bureau, service culturel; ~ˌ**arbeit** *f* œuvre civilisatrice; ~**attaˌché** *m dipl.* attaché culturel; ~ˌ**austausch** *m* échange(s) culturel(s); ~**autonoˌmie** *f* autonomie culturelle; ~**(bau)ˌtechnik** *f agr.* technique culturale; ~ˌ**beilage** *f e-r Zeitung* supplément culturel; ~**beˌreich** *m* domaine culturel; ~ˌ**beutel** F *m* trousse *f* de toilette; ~ˌ**boden** *m agr.* terres cultivées *bzw.* cultivables; *cf. auch* ~land 1.; ~ˌ**bringer** *m* ⟨~**s**; ~⟩ civilisateur *m*; ~ˌ**bund** *m* union culturelle; 2**ell** [-'rɛl] **1.** *adj.* culturel, -lle; ~**e Angelegenheiten** affaires culturelles; ~**es Leben** vie culturelle; ~**e Veranstaltung** manifestation culturelle; **für** ~**e Zwecke** à des fins culturelles; **2.** *adv.* du point de vue culturel; ~ **hochstehend** d'un 'haut niveau culturel; ~ˌ**erbe** *n* héritage, patrimoine culturel; 2ˌ**feindlich** *adj.* ennemi de, hostile à la civilisation; ~ˌ**film** *m* (film *m*) documentaire *m*; ~ˌ**fonds** *m* fonds culturel; 2ˌ**fördernd** *adjt.* civilisateur, -trice; qui favorise la civilisation; ~**geograˌphie** *f* géographie relative à la civilisation; ~**geˌschichte** *f* histoire *f* de la civilisation *bzw.* des civilisations; 2**geˌschichtlich** *adj.* qui se rapporte à, du point de vue de l'histoire de la civilisation; ~ˌ**gut** *n* bien culturel; 2**hiˌstorisch** *adj. cf.* 2geschichtlich; ~ˌ**hoheit** *f* souveraineté culturelle; ~ˌ**kampf** *m hist.* «Kulturkampf» *m*; ~**konventiˌon** *f* convention culturelle; ~ˌ**kreis** *m* **1.** *Völkerkunde* (unité *f* de) civilisation *f*; **2.** cercle culturel; ~ˌ**krise** *f* crise *f* de la civilisation; ~**kriˌtik** *f* critique *f* de la culture, de la civilisation; ~ˌ**land** *n* **1.** pays civilisé; **deutsches** ~ terres *f/pl.* de civilisation allemande; **2.** *agr. cf.* ~boden; ~ˌ**landschaft** *f* paysage dû à la main de l'homme, cultivé; 2ˌ**los** *adj.* inculte; ~ˌ**losigˌkeit** *f* ⟨~⟩ absence *f* de culture; ~ˌ**mensch** *m* homme civilisé; ~ˌ**mittelpunkt** *m cf.* ~zentrum; ~**pessiˌmismus** *m* pessimisme *m* à l'égard de la civilisation; ~ˌ**pflanze** *f bot.* plante cultivée; ~**philoˌsoph** *m* philosophe *m* de la culture, de la civilisation; ~**poliˌtik** *f* politique culturelle; 2**poˌlitisch** *adj.* relatif, -ive à la politique culturelle; ~ˌ**raum** *m* aire *f* de civilisation; ~ˌ**schaffende(r)** *m* ⟨→ A⟩ créateur culturel; ~ˌ**schande** *f* 'honte *f* pour la civilisation; ~ˌ**staat** *m* État civilisé; ~ˌ**stätte** *f* lieu culturel; ~ˌ**steppe** *f* steppe due à la main de l'homme; ~ˌ**stufe** *f* degré *m* de civilisation; ~ˌ**träger** *m* représentant *m* de la culture, de la civilisation; ~**verˌfall** *m* décadence *f* (de la civilisation); ~ˌ**volk** *n* peuple civilisé; ~ˌ**zentrum** *n* centre culturel.

Kultus ['kultus] *m* ⟨~; Kulte⟩ culte *m*; ~ˌ**freiheit** *f* liberté *f* du culte; ~**geˌmeinde** *f* communauté, association cultuelle; ~**miˌnister** *m in Deutschland* ministre *m* des affaires culturelles;

in Frankreich ministre *m* de l'Éducation nationale; **~minisˌterium** *n in Deutschland* ministère *m* des affaires culturelles; *in Frankreich* ministère *m* de l'Éducation nationale.

Kum|anen [kuˑ'maːnən] *m/pl. Volksstamm* Co(u)mans *m/pl.*; **~a'rin** *n* ⟨~s⟩ *chim.* coumarine *f*; **~a'rinˌsäure** *f* acide *m* coumarique; **~a'ron** *n* ⟨~s⟩ *chim.* coumarone *f*; **~a'ronˌharze** *n/pl.* résines artificielles à base de coumarone; **~inˌöl** *n chim.* essence *f* de cumin.

Kümmel ['kʏməl] *m* ⟨~s; ~⟩ **1.** *Pflanze und Früchte allg.* cumin *m*; (*Feld*≈, *sc. Carum carvi*) carvi *m*; cumin *m* de montagne, des prés; (*römischer* ~, *sc. Cuminum cyminum*) cumin *m*; (*Schwarz*≈, *sc. Nigella sativa*) nigelle cultivée, romaine; cumin noir; **2.** *Branntwein* kummel *m*; **~ˌbranntwein** *m cf.* ~ **2.**; **~ˌbrot** *n* pain *m* au cumin; **~ˌkäse** *m* fromage *m* au cumin; **≈n** *v/t. u. v/i.* ⟨-(e)le, h⟩ F (e-n) ~ picoler; **~ˌöl** *n* essence *f* de carvi; **~ˌschnaps** *m cf.* ~ **2.**

Kummer ['kʊmər] *m* ⟨~s⟩ chagrin *m*; souci(s) *m* (*pl.*); *pfort.* peine *f*; affliction *f*; **j-m ~ machen, bereiten** faire, donner, causer du chagrin, des soucis à qn.; chagriner qn.; **~ haben** avoir, ressentir du chagrin; **mit j-m ~ haben** avoir des soucis avec qn.; **sich ~ machen** se faire du mauvais sang, de la bile, des soucis; se chagriner (wegen à propos de); **vor ~ sterben** mourir de chagrin.

kümmer|lich ['kʏmərˌlɪç] **1.** *adj.* pauvre; misérable; maigre; chiche; **ein ~es Dasein** une existence pauvre, misérable; **ein ~es Ergebnis** un maigre résultat; **das ist aber ~** c'est maigre; **2.** *adv.* pauvrement; misérablement; chichement; **~ leben, sein Leben fristen** vivre pauvrement, *etc.*; mener une existence misérable; **≈lichˌkeit** *f* ⟨~⟩ caractère *m* misérable; misère *f*; pauvreté *f*; **~n I** *v/t.* ⟨-(e)re, h⟩ **das kümmert mich nicht** je ne m'en soucie pas; **das kümmert mich wenig** je m'en soucie peu; je ne m'en soucie guère; **was kümmert ihn das?** est-ce que cela le regarde?; en quoi cela le regarde?; de quoi se mêle-t-il?; **was kümmert mich das?** qu'est-ce que cela peut me faire?; **II** *v/i.* (*nicht gedeihen*) ne pas profiter; **III** *v/réfl.* **sich um j-n, etw. ~** s'occuper de qn., de qc.; se soucier de qn., de qc.; **sich überhaupt nicht,** F **e-n Dreck um etw., j-n ~** se soucier de qc., de qn. comme de l'an quarante, comme de sa première chemise; **er kümmert sich um Dinge, die ihn nichts angehen** il s'occupe de choses qui ne le regardent pas; **~ Sie sich um Ihre (eigenen) Angelegenheiten!** occupez-vous de vos affaires, F de vos oignons!; mêlez-vous, occupez-vous de ce qui vous regarde!; **sich um ungelegte Eier ~** *cf.* **Ei**; **≈ˌnis** *f* ⟨~; ~se⟩ *cf.* **Kummer**.

kummervoll ['kʊmərˌfoːl] *adj.* chagrin; plein de chagrin; soucieux, -euse.

Kum(me)t ['kʊm(ə)t] *n* ⟨~s; ~e⟩ collier *m* (de cheval).

Kump|an [kʊm'paːn] *m* ⟨~s; ~e⟩ compagnon *m*; copain *m*; **~el** ['kʊm-] *m* ⟨~s; ~ *od.* F ~s⟩ **1.** *mines* mineur *m*; F gueule noire; **2.** F (*Kamerad*) camarade *m*; F copain *m*; P pote *m*.

kümpel|n ['kʏmpəln] **I** *v/t.* ⟨-(e)le, h⟩ *techn.* emboutir; *cf. auch* **bördeln**; **II ≈n** *n* ⟨~s⟩ emboutissage *m*; **≈ˌpresse** *f* presse *f* à emboutir.

Kumul|ation [kuˑmuˑlatsiˑ'oːn] *f* ⟨~⟩ *cf.* **~ierung**; **≈a'tiv** *adj.* cumulatif, -ive; **≈ieren** [-'liː-] *v/t.* ⟨*pas de ge-*, h⟩ cumuler; **~ierung** [-'liː-] *f* ⟨~; ~en⟩ *von Ämtern, Strafen etc. in e-r Person* cumul *m*; (*Anhäufung*) accumulation *f*; **~o'nimbus** *m Wolkenform* cumulo--nimbus [-ys] *m*; **~us(ˌwolke)** ['kuː-] *m* ⟨~; **-li**⟩ (*f*) cumulus [-ys] *m*.

Kumyß ['kuːmʏs, kuˑ'mʏs] *m* ⟨~⟩ *Getränk* koumis *od.* koumys [-is] *m*.

kund [kʊnt] *adj. cf.* **kundgeben** *etc.*

kündbar ['kʏntbaːr] *adj. Vertrag* résiliable; qui peut être dénoncé; *Stellung, Wohnung* soumis au congédiement; **in ~er Stellung** qui peut recevoir *bzw.* donner son congé; **≈ˌkeit** *f* ⟨~⟩ *verbal.*

Kund|e¹ ['kʊndə] *m* ⟨~n; ~n⟩ **1.** *comm.* client *m*; **ein guter ~** un bon client; **~ sein** être client; **~n werben** attirer les clients, la clientèle; **neue ~n gewinnen** faire de nouveaux clients; **das ist Dienst am ~n** nous sommes *bzw.* ils sont au service du client; **2.** *fig. u.* F **ein schlauer ~** un rusé compère; **ein übler ~** un sale type; **~²** *f* ⟨~; ~n⟩ (*Nachricht*) nouvelle *f*; (*Kenntnis*) connaissance *f*; **~ von etw. haben** avoir connaissance de qc.; **j-m von etw. ~ geben** donner des nouvelles à qn. de qc.; informer qn. de qc.; **~enbeˌratung** *f* orientation *f* des clients; **~enbeˌsuch** *m* **~e machen** visiter les clients; **~enˌdienst** *m* service *m* après vente; service-entretien *m*; **~enˌfang** *m péj.* racolage commercial; chasse *f* au client; **~enkreˌdit** *m* crédit *m* à la *od.* de consommation; **~enˌkreis** *m* clientèle *f*; **~enˌstamm** *m* clientèle fixe, habituelle; **~enˌwerbung** *f* prospection *f* de clients; publicité *f*; réclame *f*; **~enˌzahl** *f* nombre *m* de clients; **~enˌzeitung** *f* journal destiné aux clients; **≈ˌgeben** *st. s. v/t.* ⟨*irr., sép.*, -ge-, h⟩ faire connaître; manifester; révéler; **s-e Absicht ~** faire connaître, *etc.* son intention; **~ˌgebung** *f* ⟨~; ~en⟩ *Veranstaltung* manifestation *f*; réunion *f*; **~gebungsˌteilnehmer(in)** *m* (*f*) participant(e) *m* (*f*) à une manifestation, à une réunion; manifestant(e) *m* (*f*); **≈ig** *adj. st. s.* **e-r Sache ~ sein** connaître qc.; **des Lesens und Schreibens ~** qui sait lire et écrire; *cf. auch* **orts~, rechts~** *etc.*

kündig|en ['kʏndɪgən] **I** *v/t.* ⟨h⟩ *Vertrag, Abkommen etc.* résilier; dénoncer; **s-e Stellung, Wohnung ~** donner son congé à son patron *bzw.* à son propriétaire; *abs.* **der Angestellte, der Mieter hat gekündigt** l'employé, le locataire a donné son congé (**zum 31. Dezember** pour le 31 décembre); *fig.* **j-m die Freundschaft ~** retirer son amitié à qn.; rompre avec qn.; **II** *v/i. Arbeitgeber, Vermieter* **j-m ~** donner congé à qn. (**zum Vierteljahresende** pour la fin du trimestre); *e-m Arbeitnehmer* F *auch* donner ses 'huit jours à qn.; **ihm wurde gekündigt,** F **er wurde gekündigt** on lui a donné congé; il a reçu son congé, son préavis; **fristgerecht ~** donner congé dans les délais; **≈ung** *f* ⟨~; ~en⟩ *e-s Vertrages* résiliation *f*; dénonciation *f*; *im Arbeits-, Mietrecht, bei Geldern* préavis *m* (*abs.*); *im Mietrecht auch* congé *m*; congédiement *m*; **ordentliche ~** préavis régulier; **fristlose ~** licenciement sans préavis; **≈ungsˌfrist** *f Arbeits-, Mietrecht* délai *m* de préavis (*auch bei Geldern*), de congé; délai-congé *m*; *bei Verträgen* délai *m* de dénonciation, de résiliation; **mit sechswöchiger ~** avec un délai de préavis de six semaines; **≈ungsˌgeld** *n Bankwesen* dépôts *m/pl.* à préavis; **≈ungsˌgrund** *m* motif *m* du congé, du préavis; **≈ungsˌrecht** *n* droit *m* de donner congé; **≈ungsˌschreiben** *n* lettre *f* de congé, de préavis; **≈ungsˌschutz** *m* protection *f* contre le licenciement *bzw.* congé(diement) injustifié; **≈ungsterˌmin** *m* date *f* limite, échéance *f* du préavis, du congé, *bei Verträgen* de la dénonciation, de la résiliation.

Kund|in ['kʊndɪn] *f* ⟨~; ~nen⟩ cliente *f*; **≈ˌmachen** *st. s. v/t.* ⟨*sép.*, -ge-, h⟩ porter (qc.) à la connaissance (de qn.); faire savoir, connaître (qc. à qn.); annoncer; rendre public, -ique; **~schaft** *f* ⟨~⟩ clientèle *f*; pratique *f*; **~ˌschafter** *m* ⟨~s; ~⟩ éclaireur *m*; espion *m*; **≈tun** *v/t.* ⟨*irr., sép.*, -ge-, h⟩ *cf.* **≈machen**; **≈ˌwerden** *st. s. v/i.* ⟨*irr., sép.*, -ge-, sein⟩ se savoir.

künftig ['kʏnftɪç] **1.** *adj.* futur; à venir; **in ~en Zeiten** dans les temps futurs, à venir; **~en Jahres** l'année à venir, prochaine; **2.** *adv.* à l'avenir; dorénavant; désormais; **~hin** ['kʏnftɪç'hɪn, -ˌhɪn] *adv. cf.* ~ **2.**

Kunigundenkraut [kuˑniˑ'gʊndənˌkraʊt] *n bot.* herbe *f* de sainte Cunégonde; *sc.* eupatorium [-jɔm] *m*.

Kunkel ['kʊŋkəl] *f* ⟨~; ~n⟩ (*Spinnrocken*) quenouille *f*.

Kunst [kʊnst] *f* ⟨~; ≈e⟩ art *m*; **byzantinische, moderne, abstrakte ~** art byzantin, moderne, abstrait; **die bildenden Künste, die bildende ~** les arts plastiques; *oft* les beaux-arts; **die schönen Künste** les beaux-arts; **die (sieben) freien Künste** les (sept) arts libéraux; **angewandte ~** arts appliqués; *fig.* **Schwarze ~** a) magie *f*; b) imprimerie *f*; **ärztliche ~** art médical; **die ~ der Selbstverteidigung, zu gefallen** *etc.* l'art de se défendre, de plaire, *etc.*; **e-e brotlose ~** un métier qui ne nourrit pas son homme; une profession peu lucrative; **das ist vollendete ~** c'est de l'art consommé; **das ist keine ~** ce n'est pas difficile; ce n'est pas sorcier; **mit s-r ~ am Ende sein** être au bout de son latin; **nach allen Regeln der ~** selon toutes les règles de l'art; **~akadeˌmie** *f* académie *f* des beaux-arts; *in Frankreich* école (supérieure) des beaux-arts; F Beaux-Arts *m/pl.*; **~auktiˌon** *f* vente *f* aux enchères d'objets d'art; **~ˌausstellung** *f* exposition *f* d'œuvres d'art; **~baˌnause** F *m* ignorant *m* en matière d'art; **~ˌbau(ten)** *m* (*pl.*) *techn.* ouvrage(s) *m* (*pl.*) d'art; **≈beˌgeistert** *adjt.* enthousiasmé pour l'art; **~beˌgeisterung** *f* enthousiasme *m* pour l'art; **~ˌbernstein** *m* ambroïne *f*; **~beˌtrachtung** *f* considération *f* d'œuvres d'art; **~blatt** *n* gravure *f* d'art; **~ˌblume** *f* fleur artificielle; **~darm** *m* peau *f* (de saucisson) artificielle; **~ˌdenkmal** *n* monument (classé); **~ˌdrechsler** *m* tabletier *m*; **~drechslerˌarbeit** *f* ouvrage *m* de tabletterie; *pl.* **~en** *auch* tabletterie *f*; **~drechsleˌrei** *f* tabletterie *f*; **~druckpaˌpier** *n* papier couché; **~ˌdünger** *m* engrais *m* chimique; **~eis** *n* glace artificielle; **~eisˌbahn** *f* patinoire *f*.

Künstel|ei [ˌkʏnstə'laɪ] *f* ⟨~; ~en⟩ affectation *f*; afféterie *f*; maniérisme *m*; **≈n** ['kʏn-] *v/t.* ⟨-(e)le, h⟩ *cf.* **gekünstelt**.

Kunst|enthusiasmus ['kʊnstˀɛntuˑziˑˌasmʊs] *m* enthousiasme *m* pour l'art; **~erˌzeugnis** *n* **1.** *künstliches* produit artificiel; **2.** *künstlerisches* produit *m* de l'art; **~erˌziehung** *f* éducation *f* artistique; *Schulfach* dessin *m*; **~exˌperte** *m* expert *m* en matière d'art; **~ˌfahren** *n* cyclisme *m* acrobatique; **~ˌfahrer(in)** *m (f)* acrobate *m, f* sur cycle; **~ˌfälschung** *f* falsification *f* d'objets d'art; *Ergebnis* faux *m* (en matière d'art); **~ˌfaser** *f* fibre *f* synthétique; **~ˌfehler** *m méd.* faute professionnelle (médicale); **2ˌfertig** *adj.* habile; adroit; **~ˌfertigˌkeit** *f* habileté *f*; adresse *f*; **~ˌflieger (-in)** *m (f)* pilote *m* d'acrobatie aérienne; **~flug** *m* acrobatie [-si] aérienne; voltige *f*; **~flugfiˌgur** *f* figure *f* d'acrobatie aérienne; **~ˌförderer** *m* protecteur *m* des arts; mécène *m*; **~form** *f* forme *f* artistique; **~ˌfreund(in)** *m (f)* amateur *m* d'art; **~galeˌrie** *f* galerie *f* d'art; **~ˌgärtner** *m* horticulteur *m*; **~ˌgegenstand** *m* objet *m* d'art; **~geˌnuß** *m* jouissance *f*, plaisir *m* artistique, de l'art; **2geˌrecht** *adj. u. adv.* conforme aux, conformément aux, selon les règles de l'art; **~geˌschichte** *f* histoire *f* de l'art; **2geˌschichtlich** *adj.* d'histoire de l'art; **~geˌwerbe** *n* arts décoratifs, appliqués, industriels; **~geˌwerbemuˌseum** *n* musée *m* des arts décoratifs; **~geˌwerbeˌschule** *f* école *f* des arts décoratifs; **~geˌwerbler(in)** *m* ⟨~s; ~⟩ *(f)* ⟨~; ~nen⟩ artiste *m, f* des arts décoratifs; **2geˌwerblich** *adj.* des arts décoratifs; **~glas** *n* verre travaillé avec art; **~glied** *n* prothèse *f*; **~griff** *m* artifice *m*; procédé *m*; truc *m*; *pl.* ~e *auch* ficelles *f/pl.* (du métier); **~ˌhalle** *f cf.* ~galerie *u.* Kunstmuseum; **~ˌhandel** *m* commerce *m* d'objets d'art; **~ˌhändler(in)** *m (f)* marchand(e) *m (f)* d'objets d'art; **~ˌhandlung** *f* magasin *m* d'objets d'art; **~ˌhandwerk** *n* métier(s) *m (pl.)* d'art; arts manuels; art artisanal; **~ˌhandwerker** *m* artisan *m* d'art; **~harz** *n* résine artificielle, synthétique; **~harzˌpreßstoff** *m* résine artificielle moulée sous pression; **~hisˌtoriker** *m* historien *m* de l'art; **~ˌhochschule** *f cf.* Kunstakademie; **~ˌhonig** *m* miel artificiel; **~horn** *n* corne artificielle, synthétique; **~kaˌlender** *m* calendrier *m* d'art; **~ˌkautschuk** *m* caoutchouc [-u] *m* synthétique; **~ˌkenner** *m* connaisseur *m* en matière d'art; **~kriˌtik** *f* critique *f* d'art; **~ˌkritiker** *m* critique *m* d'art; salonnier *m*; **~lauf** *m cf.* Eiskunstlauf; **~laufˌschlittschuh** *m* patin *m* de figures; **~ˌleder** *n* cuir artificiel.

Künstler|(in) ['kʏnstlər(ɪn)] *m* ⟨~s; ~⟩ *(f)* ⟨~; ~nen⟩ artiste *m, f*; **~ˌblut** *n* sang *m* d'artiste; **~ˌfest** *n* fête *f* des artistes; **~ˌhand** *f* von ~ de la main d'un artiste; **2isch 1.** *adj.* artistique; ~e Begabung dons artistiques; ~e Darbietung, Vollendung, Leitung manifestation, perfection, direction artistique; ~es Schaffen, ~er Wert travail, valeur artistique; **2.** *adv.* artistiquement; du point de vue artistique; ~ begabt doué artistiquement; ~ **hervorragend, vollendet** excellent, parfait du point de vue artistique; artistiquement excellent, parfait; ~ **wertvoll sein** avoir une valeur artistique; **etw.** ~ **gestalten** donner une forme artistique à qc.; **~koloˌnie** *f* colonie *f* d'artistes; **~ˌkreise** *m/pl.* milieux *m/pl.* d'artistes; **~ˌlaune** *f* caprice *m* d'artiste; **~ˌleben** *n* vie *f* d'artiste; **~loˌkal** *n* café *m* d'artistes, littéraire; **~ˌmähne** *f plais. u.* F crinière *f* d'artiste; **~ˌname** *m* nom *m* de guerre; pseudonyme *m*; **~ˌtum** *n* ⟨~(e)s⟩ génie *m* artistique; **~ˌwelt** *f* monde *m* des artistes; **~ˌwerkstatt** *f* atelier *m* d'artiste.

künstlich ['kʏnstlɪç] **1.** *adj.* artificiel, -lle; ~es **Aroma** parfum, arôme artificiel; ~e **Atmung** respiration artificielle; ~e **Befruchtung** *cf.* Befruchtung; ~e **Ernährung** alimentation artificielle; ~es **Gebiß** dentier *m*; ~es **Herz** cœur artificiel; ~es **Lachen** rire forcé, artificiel; ~e **Niere** rein artificiel; ~es **Tageslicht** lumière du jour artificielle; **2.** *adv.* artificiellement; **etw.** ~ **herstellen** fabriquer qc. artificiellement; F **sich** ~ **aufregen** s'énerver (inutilement); **2ˌkeit** *f* ⟨~⟩ caractère artificiel.

Kunst|licht ['kunstlɪçt] *n* lumière artificielle; **~lichtˌaufnahme** *f* prise *f* de vue à la lumière artificielle; **~ˌliebhaber(in)** *m (f)* amateur *m* d'art; **~lied** *n mus.* lied *m* artistique; **2los** *adj.* dépourvu d'art; simple; **~ˌmaler(in)** *m (f)* artiste *m, f* peintre; **~ˌmappe** *f* portefeuille *m* à gravures; **~ˌmärchen** *n* conte créé artificiellement; **~ˌmarmor** *m* marbre artificiel; **2ˌmäßig** *adj. u. adv. cf.* kunstgerecht; **~ˌmittel** *n* **1.** *künstlerisches* moyen *m* artistique; **2.** *künstliches* moyen artificiel; **~muˌseum** *n* musée *m* d'art; **~ˌpause** *f* silence expressif (*auch iron.*); er machte e-e ~ ... silence ...; **~ˌpflege** *f* culture *f*, pratique *f* des arts; **~photoˌgraph** *m* photographe *m* d'art; **~ˌphoto(graˌphie)** *n(f)* photo(graphie) *f* d'art, artistique; **~ˌpostkarte** *f* carte postale d'art; **~proˌdukt** *n cf.* Kunsterzeugnis; **~ˌprosa** *f* prose *f* d'art; **2reich** *adj. cf.* 2voll; **~ˌreiten** *n* équitation *f* acrobatique; voltige *f*; **~ˌreiter(in)** *m (f)* écuyer, -ère *m, f*; **~ˌrichter** *m* juge *m* en matière d'art; **~ˌrichtung** *f* tendance *f* de l'art; **~ˌsachverˌständige(r)** *m cf.* Kunstexperte; **~ˌsammlung** *f* collection *f* d'objets d'art; **~ˌschätze** *m/pl.* trésors *m/pl.* d'art; **~ˌschlosser** *m*, **~schmied** *m* ferronnier *m* (d'art); **~schmiedeˌarbeit** *f* ouvrage *m* de ferronnerie; *pl.* ~en *auch* ferronnerie *f*; **~schmiedeˌhandwerk** *n* ferronnerie *f* (d'art); **~ˌschöpfung** *f* création *f* artistique; **~ˌschreiner** *m cf.* ~tischler; **~ˌschule** *f* école *f* d'art; **~ˌschütze** *m* artiste *m* de tir; **~schwamm** *m* éponge artificielle; **~ˌseide** *f* rayonne *f*; soie artificielle; **2ˌseiden** *adj.* en rayonne; en *od.* de soie artificielle; **~sinn** *m* sens *m*, goût *m* artistique; **~ˌspringen** *n Schwimmsport* plongeons *m/pl.* de tremplin; **~ˌspringer(in)** *m (f)* plongeur, -euse *m, f* au tremplin; **~stein** *m* pierre artificielle; **~stoff** *m* matière *f* plastique; plastique *m*; **aus** ~ en (matière) plastique; **~stoffcheˌmie** *f* chimie *f* des matières plastiques; **~stoffˌhülle** *f* enveloppe *f* en matière plastique; **~stoffindusˌtrie** *f* industrie *f* des matières plastiques; **2ˌstopfen I** *v/t. u. v/i.* ⟨*les formes séparées des temps simples ne s'emploient pas*, -ge-, h⟩ stopper; **etw.** ~ **lassen** faire stopper qc.; **II ~ˌstopfen** *n* ⟨~s⟩ stoppage *m*; **~ˌstopferin** *f* ⟨~; ~nen⟩ stoppeuse *f*; **~stück** *n* (*Leistungs*2) tour *m* de force; (*Geschicklichkeits*2) tour *m* d'adresse; *e-s Zauberkünstlers* tour *m* de prestidigitation, de passe-passe; *mit Karten* tour *m* de cartes; **das** ~ **fertigbringen, zweimal zu gewinnen** réaliser, réussir le tour de force de gagner deux fois; **das ist kein** ~ ce n'est pas difficile; **~stuˌdent** *m* étudiant *m* des beaux-arts; **~ˌtischler** *m* ébéniste *m*; **~tischlerˌarbeit** *f* ouvrage *m* d'ébénisterie; *pl.* ~en *auch* ébénisterie *f*; **~tischleˌrei** *f* ébénisterie *f*; **~ˌturnen** *n* gymnastique *f* artistique; **~ˌturner(in)** *m (f)* gymnaste *m, f* artistique; **~verˌlag** *m* (maison *f* d')édition *f* d'art; **~verˌleger** *m* éditeur *m* d'œuvres d'art; **~verˌstand** *m* compréhension *f* artistique, de l'art; *cf. auch* ~sinn; **2verˌständig** *adj.* qui s'y entend en matière d'art; **2voll 1.** *adj.* fait avec (beaucoup d')art; **2.** *adv.* avec art; artistement; **etw.** ~ **schmücken** décorer qc. avec art, artistement; **~werk** *n* œuvre *f* d'art; **~wert** *m* valeur *f* artistique; **2ˌwidrig** *adj.* contraire aux règles de l'art; **~ˌwissenschaft** *f* science *f* de l'art; **~wort** *n* ⟨~(e)s; ~er⟩ mot formé artificiellement; **~ˌzeitschrift** *f* périodique *m* d'art; **~zweig** *m* branche *f* de l'art.

kunterbunt ['kuntərˌbunt] **1.** *adj.* (tout) bariolé; **2.** *adv.* pêle-mêle.

Küpe ['ky:pə] *f* ⟨~; ~n⟩ cuve *f* (de teinturier).

Kupee *cf.* Coupé.

Kupell|e [ku'pɛlə] *f* ⟨~; ~n⟩ *techn. cf.* Kapelle 3.; **2ieren** [-'li:-] *v/t.* ⟨*pas de ge-*, h⟩ coupeller.

Küpenfarbstoff ['ky:pənˌfarpʃtɔf] *m* colorant *m* de cuve.

Kupfer ['kupfər] *n* ⟨~s⟩ **1.** *métall.* cuivre *m*; reines ~ cuivre rouge, pur; aus ~ de, en cuivre; etw. in ~ stechen graver qc. sur cuivre; **2.** ⟨*pl.* ~⟩ (~*stich*) gravure *f* sur cuivre; taille-douce *f*; **~ˌarbeit** *f* ouvrage *m* en cuivre; **2ˌartig** *adj.* semblable, qui ressemble au cuivre; cuivreux, -euse; **~azeˌtat** *n chim.* acétate *m* cuivrique; verdet cristallisé; **~beˌdachung** *f* couverture *f*, toiture *f* en cuivre; **~ˌbergwerk** *n* mine *f* de cuivre; **~ˌblau** *n* cuivre *m* bleu; **~ˌblech** *n* feuille *f* de cuivre; cuivre laminé; **~chloˌrid** *n chim.* chlorure *m* cuivrique; **~chloˌrür** *n* ⟨~s⟩ *chim.* chlorure cuivreux; **~ˌdach** *n cf.* ~bedachung; **~ˌdraht** *m* fil *m* de cuivre; **~ˌdruck** *m* ⟨~(e)s; ~e⟩ impression *f* en taille-douce; **~druckˌpresse** *f* presse *f* à taille-douce; **~elekˌtrode** *f* électrode *f* de cuivre; **~ˌerz** *n* minerai *m* de cuivre; **2ˌfarben** *adj.* cuivré; *poét.* de cuivre; **~ˌförderung** *f* extraction *f* du cuivre; **~geˌhalt** *m* teneur *f* en cuivre; **~ˌgeld** *n* ⟨~(e)s⟩ monnaie *f* de cuivre; **~geˌrät** *n*, **~geˌschirr** *n* cuivres *m/pl.*; ustensiles *m/pl.* de cuivre; **~geˌwinnung** *f* production *f*, extraction *f* du cuivre; **~ˌglanz** *m* ⟨~es⟩ *minéral.* chalcosine [kal-] *f*; chalcosite [kal-] *f*; **2ˌhaltig** *adj.* qui contient du cuivre; cuprifère; cuivreux, -euse; **~ˌhütte** *f* usine *f* où l'on extrait le cuivre du minerai; cuivrerie *f*; **~hydroˌxyd** *n chim.* hydroxyde *m* de cuivre; **2ig** *adj. cf.* 2n, 2haltig, 2artig; **~ˌindig** *m* ⟨~s⟩ *minéral.* covelline *od.* covellite *f*; **~karboˌnat** *n chim.* carbonate *m* de cuivre; **~ˌkessel** *m* chaudron *m* de, en cuivre; **~ˌkies** *m minéral.* chalcopyrite [kal-] *f*; pyrite cuivreuse; **~laˌsur** *f minéral.* azurite *f*; **~leˌgierung** *f* alliage *m* de cuivre; **~ˌmünze** *f* pièce *f* de cuivre; **2n** *adj.* de, en cuivre; **~niˌtrat** *n chim.* nitrate *m* de cuivre; **~oˌxyd** *n chim.* oxyde *m* cuivrique; **~oxyˌdul** *n* ⟨~(e)s⟩ *chim.* oxyde cuivreux; **~ˌplatte** *f* plaque *f* de cuivre; *e-s Kupferstichs* (planche *f* de) cuivre *m*; ~ˌ**rohr** *n* tuyau *m*, tube *m* de cuivre; ~ˌ**rose** *f méd.* couperose *f*; 2ˌ**rot** *adj.* cuivré; ~ˌ**salze** *n/pl. chim.* sels *m/pl.* de cuivre; ~ˌ**schmied** *m* chaudronnier *m*; ~**schmiedeˌkunst** *f* chaudronnerie *f*; ~ˌ**spat** *m minéral.* malachite [-kit] *f*; ~ˌ**stecher** *m* ⟨~s; ~⟩ graveur *m* sur cuivre; chalcographe [kal-] *m*; *fig. u.* F **alter Freund und** ~! mon vieux pote!; ~**stecherˌkunst** *f* gravure *f* sur cuivre; chalcographie [kal-] *f*; ~ˌ**stich** *m* gravure *f* sur cuivre; taille-douce *f*; *im engeren Sinn* gravure *f* au burin; (*Radierung*) eau-forte *f*; (*Kaltnadelradierung*) pointe-sèche *f*; ~**stichkabiˌnett** *n* cabinet *m* d'estampes; ~**sulˌfat** *n chim.* sulfate *m* de cuivre; ~**sulˌfid** *n chim.* sulfure cuivreux; ~ˌ**überzug** *m* couche *f* de cuivre; ~**verˌbindung** *f* composé *m* du cuivre; ~**verˌgiftung** *f méd.* intoxication due au cuivre; ~**verˌhüttung** *f* traitement *m* du minerai de cuivre; ~**vitriˌol** *n cf.* ~**sulfat**; ~ˌ**waren** *f/pl.* cuivres *m/pl.*; articles *m/pl.* en cuivre; ~ˌ**zeit** *f* âge *m* du cuivre.

kupier|en [kuˈpiːrən] *v/t.* ⟨*pas de ge-*, h⟩ **1.** *Hunde-, Pferdeschwanz* écourter; **2.** *méd.* juguler; enrayer; ~**t** *adjt. Hund* écourté; à la queue (et aux oreilles) coupée(s).

Kupolofen [kuˈpoːlˌʔoːfən] *m métall.* cubilot *m*.

Kupon [kuˈpõː, -ˈpɔŋ] *m* ⟨~s; ~s⟩ *comm.* coupon *m*; **e-n** ~ **abtrennen** détacher un coupon.

Kuppe [ˈkʊpə] *f* ⟨~; ~n⟩ **1.** (*Finger*2 *etc.*) bout *m*; **2.** (*Berg*2) sommet (arrondi).

Kuppel [ˈkʊpəl] *f* ⟨~; ~n⟩ *bât.* coupole *f*; *ihr äußerer Teil* dôme *m*; 2ˌ**artig** *adj.* semblable à, comme un dôme, une coupole; ~ˌ**bau** *m* ⟨~(e)s; ~ten⟩ bâtiment *m* à dôme, à coupole; ~ˌ**dach** *n* dôme *m*; toit *m* en (forme de) coupole; ~**ei** [-ˈlaɪ] *f* ⟨~; ~en⟩ *jur.* proxénétisme *m*; ~ **betreiben** faire l'entremetteur, -euse, le (métier de) proxénète; exercer le proxénétisme; ~**geˌwölbe** *n cf.* ~; ~ˌ**grab** *n hist.* tombe *f* à coupole; 2**n** *v/t. u. v/i.* ⟨-(e)le, h⟩ **1.** *techn.* (ac)coupler; *Anhänger etc.* atteler; *Kraftfahrzeug* (*ein*~) embrayer; (*aus*~) débrayer; **2.** *cf.* ~**ei** (**betreiben**); ~**proˌdukte** *n/pl.* produits conjoints; ~ˌ**stange** *f techn.* bielle *f* d'accouplement.

Kuppengebirge [ˈkʊpəngəˌbɪrgə] *n* montagnes *f/pl.*, massif *m* aux sommets arrondis.

Kuppler|(in) [ˈkʊplər(ɪn)] *m* ⟨~s; ~⟩ (*f*) ⟨~; ~nen⟩ entremetteur, -euse *m*, *f*; *jur.* proxénète *m*, *f*; 2**isch** *adj.* d'entremetteur, -euse; de proxénète.

Kupplung [ˈkʊplʊŋ] *f* ⟨~; ~en⟩ *techn.*, *élect.* accouplement *m*; couplage *od.* couplement *m*; *von Anhängern etc.* attelage *m* (*auch chem.*); (*Kraftfahrzeug*2) embrayage *m*; **starre, elastische** ~ accouplement rigide, élastique; **automatische** ~ embrayage automatique; (**auf**) **die** ~ **treten**, *beim Motorrad* **die** ~ **ziehen** débrayer; **die** ~ **kommen lassen** embrayer; ~**sbeˌlag** *m* garniture *f* d'embrayage; ~**sˌbolzen** *m* cheville *f* d'accouplement, de couplage; ~**sˌfeder** *f Auto* ressort *m* d'embrayage; ~**sˌflansch** *m* bride *f* d'accouplement; ~**sˌhebel** *m beim Motorrad* poignée *f* d'embrayage; ~**sˌklaue** *f* griffe *f* d'accouplement; ~**smaˌgnet** *m Auto* électro-aimant *m* d'embrayage; ~**speˌdal** *n Auto* pédale *f* d'embrayage; ~**sˌscheibe** *f Auto* disque *m* d'embrayage, *techn.* d'accouplement; ~**sˌstück** *n techn.* pièce *f* d'accouplement; ~**sˌwelle** *f Auto* arbre *m* d'embrayage.

Kupr|isalz [ˈkuːpriˑˌzalts] *n chim.* sel *m* cuprique; ~**oˌsalz** *n chim.* sel cuivreux.

Kur [kuːr] *f* ⟨~; ~en⟩ *méd.* cure *f*; **e-e** ~ **machen** faire, suivre une cure; **zur** ~ **fahren** aller faire une cure (à); aller prendre les eaux (à); *fig.* **j-n in die** ~ **nehmen** se charger, s'occuper de qn.

Kür [kyːr] *f* ⟨~; ~en⟩ *gym.* exercices *m/pl.* libres; *Eiskunstlauf etc.* figures *f/pl.* libres.

Kurare [kuˑˈrɑːrə] *n* ⟨~(s)⟩ *Pfeilgift* curare *m*.

Kürassier [kyˑraˈsiːr] *m* ⟨~s; ~e⟩ *hist. milit.* cuirassier *m*.

Kurat|el [kuˑraˈteːl] *f* ⟨~; ~en⟩ curatelle *f*; **j-n unter** ~ **stellen** mettre qn. en, placer qn. sous curatelle, tutelle; ~**or** [-ˈrɑː-] *m* ⟨~s; -ˈtoren⟩ curateur *m*; ~**orium** *n* ⟨~s; -ien⟩ conseil *m* d'administration, de gestion; comité *m*; curatorium [-jɔm] *m*.

Kur|aufenthalt [ˈkuːrˌʔaufɛnthalt] *m* séjour *m* dans une ville d'eaux, dans une station thermale, climatique; ~**bad** *n* station thermale; ville *f* d'eaux.

Kurbel [ˈkʊrbəl] *f* ⟨~; ~n⟩ manivelle *f*; ~ˌ**antrieb** *m* commande *f* par bielle-manivelle; ~ˌ**arm** *m* bras *m* de manivelle; ~**geˌtriebe** *n* mécanisme *m* à bielle-manivelle; ~ˌ**griff** *m* poignée *f* de manivelle; 2**n** *v/i.* ⟨-(e)le, h⟩ tourner la manivelle; ~ˌ**stange** *f* bielle *f*; ~ˌ**welle** *f* vilebrequin *m*; arbre-manivelle *m*; arbre *m* vilebrequin; ~ˌ**zapfen** *m* maneton *m*; bouton *m* de manivelle.

Kurbette [kʊrˈbɛtə] *f* ⟨~; ~n⟩ *Reitsport* courbette *f*.

Kürbis [ˈkʏrbɪs] *m* ⟨~ses; ~se⟩ **1.** *bot.* **a)** courge *f*; *sc.* cucurbita *m*; (*Riesen*2) potiron *m*; *sc.* cucurbita maxima; **gemeiner** ~ citrouille *f*; *sc.* cucurbita pepo; **b)** (*Flaschen*2) calebasse *f*; gourde *f*; *sc.* lagenaria *m*; **2.** *fig. u.* F (*Kopf*) citron *m*; cafetière *f*; ~ˌ**flasche** *f* calebasse *f*; gourde *f*; ~**geˌwächse** *n/pl. bot.* cucurbitacées *f/pl.*; ~ˌ**kern** *m* graine *f* de potiron; ~ˌ**suppe** *f* soupe *f* au potiron.

Kurd|e [ˈkʊrdə] *m* ⟨~n; ~n⟩ Kurde *m*; 2**isch** *adj.* kurde.

kür|en [ˈkyːrən] *v/t.* ⟨**kürt, kürte** *od.* **kor, gekürt** *od.* **gekoren**, h⟩ *st. s. cf.* **wählen**; 2**ette** [-ˈrɛtə] *f* ⟨~; ~n⟩ *chir.* curette *f*.

Kur|fürst [ˈkuːrfʏrst] *m hist.* prince électeur; Électeur *m*; **der Große** ~ le Grand Électeur; ~(**fürstenˌ**)**hut** *m* toque *f* du prince électeur; ~**fürstenˌtum** *n* électorat *m*; ~ˌ**fürstin** *f* femme *f* d'un prince électeur; 2ˌ**fürstlich** *adj.* du prince électeur; électoral; ~**gast** *m* curiste *m*; ~**haus** *n* kurhaus *m*; établissement thermal; ~**heim** *n* établissement *m* de cure; ~**hoˌtel** *n* hôtel *m* d'une station thermale, climatique.

Kurie [ˈkuːriˑə] *f* ⟨~; ~n⟩ *hist.*, *égl. cath.* curie *f*; *égl.* **Römische** ~ curie romaine; ~**nkardiˌnal** *m égl. cath.* cardinal *m* de curie.

Kurier [kuˑˈriːr] *m* ⟨~s; ~e⟩ courrier *m*; 2**en** *v/t.* ⟨*pas de ge-*, h⟩ **j-n von etw.** ~ guérir qn. de qc.; *fig.* **davon bin ich** (**gründlich**) **kuriert** j'en suis guéri.

kurios [kuˑriˑˈoːs] *adj.* curieux, -euse; drôle; singulier, -ière; bizarre; **ein** ~**er Mensch** un homme singulier, bizarre; un curieux homme; une curieuse personne; **ein** ~**er Einfall** une idée curieuse, bizarre; une drôle d'idée; **das** 2**e ist, daß** ... le curieux de la chose c'est que ...; 2**iˈtät** *f* ⟨~; ~en⟩ chose curieuse, bizarre, singulière; curiosité *f*; **das ist e-e** ~ c'est curieux, drôle, bizarre, singulier; **der** ~ **halber** par curiosité; 2**iˈtätenˌhändler** *m* marchand *m* de curiosités; 2**um** *n* ⟨~s; -sa⟩ curiosité *f*.

kur|isch [ˈkuːrɪʃ] *adj. géogr.* **das** 2**e Haff** le Kurisches Haff; **die** 2**e Nehrung** le Kurische Nehrung; 2**kaˌpelle** *f* orchestre *m* d'une station thermale, climatique, d'une ville d'eaux; 2**konˌzert** *n* concert *m* (dans une station thermale) pour les curistes; 2ˌ**kosten** *pl.* frais *m/pl.* de cure.

Kur|kuma [ˈkʊrkuˑma] *f* ⟨~; -ˈkumen⟩ *cf.* ~**kume**; ~**kumaˌgelb** *n cf.* ~**kumin**; ~ˈ**kume** *f* ⟨~; ~n⟩ *bot.* curcuma *m*; ~**kuˈmin** *n* ⟨~s⟩ curcumine *f*.

Kürlauf [ˈkyːrlauf] *m Eis-*, *Rollschuhlaufen* figures *f/pl.* libres.

Kur|mark [ˈkuːrmark] *f hist.* Marche *f* de Brandebourg; ~**ort** *m* station thermale, climatique; ville *f* d'eaux; ~ˌ**packung** *f* boîte-cure *f*; ~**park** *m* parc *m* d'une ville d'eaux, d'une station thermale, climatique; ~**pfalz** *f* ⟨~⟩ *hist.* Palatinat électoral; ~ˌ**pfuscher** *m péj.* charlatan *m*; ~**pfuscheˈrei** *f péj.* charlatanerie *f*; charlatanisme *m*; ~**prinz** *m hist.* prince électoral; ~**promeˌnade** *f* promenade *f* d'une station thermale, climatique, d'une ville d'eaux.

Kurs [kʊrs] *m* ⟨~es; ~e⟩ **1.** *mar.* route *f*; *aviat. meist* cap [-p] *m* (*auch fig.*); *fig.* orientation *f*; ~ **nehmen auf** faire route pour, vers; mettre le cap sur; **den** ~ **halten** maintenir sa route, son cap; **den** ~ **ändern** changer de route, de cap; *pol.* **der neue** ~ la nouvelle orientation; **2.** *cf.* **Kursus**; **3.** *Börse* cours *m*; *von Geld auch* circulation *f*; **zum** ~ **von** au cours de; **unter dem** ~ au-dessous du cours, du change; **amtlicher, amtlich notierter** ~ cours officiel; **derzeitiger, gegenwärtiger** ~ cours actuel; **anziehende, fallende, variable** ~**e** cours en ʻhausse, en baisse, variables; **das Fallen, Sinken der** ~**e** le fléchissement, le recul des cours; **den** ~ **beeinflussen** agir sur le cours; **die** ~**e in die Höhe treiben** faire monter les cours; **auf die** ~**e drücken** faire baisser les cours; **den** ~ **stützen** soutenir le cours; *Geld* **außer** ~ **setzen** retirer de la circulation; mettre ʻhors cours; **außer** ~ **gesetztes Geld** monnaie qui n'a plus cours.

Kursaal [ˈkuːrzɑːl] *m* kursaal *m*; casino *m*.

Kurs|abbröckelung [ˈkʊrsˌʔapbrœkəlʊŋ] *f* effritement *m* des cours; ~ˌ**abschlag** *m comm.* déport *m*; ~ˌ**abweichung** *f mar.* déviation *f* de la route, *aviat. meist* du cap; ~ˌ**änderung** *f* **1.** *mar.* changement *m* de route, *aviat. meist* de cap (*auch fig.*); **2.** *comm.* changement *m*, variation *f* du *od.* des cours; **3.** *fig.* changement *m* d'orientation; ~ˌ**angabe** *f comm.* indication *f* des cours; ~ˌ**angleichung** *f* ajustement *m* des cours; ~ˌ**anstieg** *m* ʻhausse *f* des cours; ~**beˌginn** *m Unterricht* début *m*, commencement *m* des cours; ~**beˌricht** *m cf.* Kurszettel; ~ˌ**besserung** *f* amélioration *f* des cours; ~**beˌwegung** *f* mouvement *m* des cours; ~**blatt** *n cf.* Kurszettel; ~**buch** *n chem.* indicateur *m* des chemins de fer.

Kürschner [ˈkʏrʃnər] *m* ⟨~s; ~⟩ fourreur *m*; ~**ei** [-ˈraɪ] *f* ⟨~; ~en⟩ (métier *m*, commerce *m* de la) fourrure; *Werkstatt* atelier *m* de fourreur; ~ˌ**laden** *m* boutique *f* de fourreur.

Kurs|differenz ['kʊrsdɪfəˌrɛnts] *f* disparité *f* des cours; différence *f* de cours, de change; **~druck** *m* pression *f* sur les cours; **~ˌeinbruch** *m* effondrement *m*, chute *f* des cours; **~ˌeinbuße** *f cf.* ~verlust; **~entˌwicklung** *f* mouvement *m*, tendance *f* des cours; **2ˌfähig** *adj. comm.* cotable; **~ˌfestigung** *f* consolidation *f* des cours; **~ˌfestsetzung** *f* cotation *f*; fixation *f* du, des cours; **~ˌfeststellung** *f* ohne amtliche ~ sans cote; **~geˌwinn** *m* bénéfice *m* sur le cours, sur le change; **2ieren** [-'ziː-] **I** *v/i.* ⟨*pas de ge-*, h⟩ *Geld* circuler; être en circulation; *Gerücht* courir; **II ~ieren** [-'ziː-] *n* ⟨~s⟩ *des Geldes* circulation *f*; *e-s Gerüchtes verbal*; **2iv** [-'ziːf] **1.** *adj. impr.* italique; **2.** *adv. impr.* en italique; en caractères italiques; **~ivˌschrift** [-'ziːf-] *f* italique *m*; caractères *m/pl.* italiques; **~ˌleiter** *m* directeur *m* du *od.* de cours; **~ˌmakler** *m* agent *m* de change; **~noˌtierung** *f* cotation *f*; **2orisch** [-'zoː-] **1.** *adj.* cursif, -ive; **~e Lektüre** lecture cursive; **2.** *adv.* etw. ~ **durchsehen** voir rapidement qc.; **~pariˌtät** *f* parité *f* des cours; **~ˌpflege** *f*, **~reguˌlierung** *f* soutien *m*, stabilisation *f* des cours; **~ˌrisiko** *n* risque *m* de perte sur les cours; **~ˌrückgang** *m* recul *m*, fléchissement *m* des cours; **~ˌschwankung** *f* fluctuation *f* des cours; **~ˌsicherung** *f* garantie *f* de change; **~stabiliˌsierung** *f* stabilisation *f* des cours; **~stand** *m* niveau *m* des cours; **~ˌsteigerung** *f* 'hausse *f*, montée *f* des cours; **~sturz** *m* chute *f*, effondrement *m* des cours; **~ˌstützung** *f* soutien *m* des cours; **~ˌteilnehmer(in)** *m* (*f*) élève *m*, *f* du cours; participant(e) *m* (*f*) à un, à des cours; **~treibe'rei** *f* ⟨~; ~en⟩ *comm.* 'hausse artificielle des cours; **~us** *m* ⟨~; Kurse⟩ cours *m* (*pl.*); **e-n ~ mitmachen, an e-m ~ teilnehmen** suivre un, des cours; **e-n ~ abhalten** faire un, des cours; **~verˌlust** *m* perte *f* sur le(s) cours, au change; **~verlustverˌsicherung** *f* assurance *f* sur les pertes au change; **~ˌwagen** *m chem.* voiture directe; **~ˌwechsel** *m pol.* changement *m* d'orientation; nouvelle orientation; **~wert** *m* valeur *f* au cours du jour; cours coté; cours *m* du change; **~ˌzettel** *m* cote *f*.

Kurtaxe ['kuːrˌtaksə] *f* taxe *f* de séjour.

Kurtisane [kʊrti'zaːnə] *f* ⟨~; ~n⟩ *hist.* courtisane *f*.

Kürübung ['kyːrˌʔyːbʊŋ] *f gym.* exercices *m/pl.* libres; *Eis-, Rollschuhlaufen* figures *f/pl.* libres.

kurulisch [ku'ruːlɪʃ] *adj. hist.* **~er Stuhl** chaise curule.

Kurve ['kʊrvə, -fə] *f* ⟨~; ~n⟩ **1.** *math., méd. etc.* courbe *f* (*auch fig.*); *pl.* F **~n** *e-r Frau* courbes *f/pl.*; *math.* **ebene ~** courbe plane; **ballistische ~** trajectoire *f*; **die ansteigende ~ der Verbrechen** la courbe ascendante des crimes; **2.** *e-r Straße* virage *m*; tournant *m*; **scharfe, gefährliche, überhöhte ~** virage brusque, dangereux, relevé; **in der ~** dans le virage; **die ~ nehmen, in die ~ gehen** prendre le virage; **die ~ schneiden** couper le virage; **sich in die ~ legen** se pencher, s'incliner en prenant le virage; **die ~ nicht kriegen** ne pas arriver à prendre le virage; manquer le virage; *fig. u.* F ne pas arriver à faire qc.; **2n** *v/i.* ⟨sein⟩ F **durch etw. ~** sillonner qc.; parcourir (en voiture) qc.; **~nˌast** *m math.* branche *f* d'une courbe; **2nˌförmig** *adj.* curviligne; sinueux, -euse; **~ngeˌtriebe** *n techn.* commande *f* à cames; **~nˌhobelmaˌschine** *f techn.* machine *f* à raboter les surfaces courbes; raboteuse *f* pour surfaces courbes; **~nˌlage** *f e-s Fahrzeuges* tenue *f* (d'une voiture) dans les virages; **~nlineˌal** *n* pistolet *m* (à dessin); **~nˌmesser** *m* ⟨~s; ~⟩ curvimètre *m*; **2nˌreich** *adj. Straße* avec de, aux nombreux virages; P *Frau* aux belles courbes; aux formes provocantes; *Verkehrsschild* **~e Strecke**! virages!; **~nˌscheibe** *f techn.* came *f*; **~nˌtechnik** *f* technique *f* du virage.

Kur|verein ['kuːrfɛrˌʔaɪn] *m hist.* **der ~ zu Rhens** la convention de Rhens; **~vi'meter** [kʊrvi'-] *n* ⟨~s; ~⟩ *cf.* **Kurvenmesser**; **~ˌwürde** *f hist.* électorat *m*; dignité électorale, d'électeur.

kurz [kʊrts] **1.** *adj.* ⟨**~er**, **~est**⟩ court; bref, -ève (*bes. zeitlich*); *von e-r Person* petit; *Person* **~ und dick** petit et gros; **e-n ~en Anlauf nehmen** prendre un court élan; **~e Ansprache** courte, brève allocution; **mit ~en Ärmeln** à manches courtes; **e-n ~en Atem haben** avoir le souffle court; **~er Befehl** ordre bref; **~e Beine** jambes courtes; **~er Bleistift** petit crayon; **~er Brief** lettre courte, brève; **von ~er Dauer** de courte durée; **die Freude war ~** la joie fut de courte durée; **~e Frist** bref délai; **ein ~es Gedächtnis haben** avoir la mémoire courte; **e-e ~e Hose** une culotte courte; un short [ʃɔrt]; **e-e ~e Inhaltsangabe** un résumé; un sommaire; **~es Leben** vie brève, courte; *fig.* **~en Prozeß machen** faire peu de façons (**mit** j-m avec qn.); en finir rapidement (**mit etw.** avec qc.); expédier qc.; mener qc. rondement; ne pas y aller par quatre chemins (et ...); mener l'affaire, les choses rondement (et ...); **~e Sätze** phrases courtes; **auf ~e Sicht** à court terme; **~e Silbe, ~er Vokal** syllabe, voyelle brève; *rad.* **~e Wellen** ondes courtes; **mit ~en Worten** en peu de mots; **~e Zeit** peu de temps; **in ~er Zeit** en peu de temps; (*bald*) bientôt; dans peu de temps; **in ~en Zügen** en peu de mots; brièvement; en quelques traits; **seit ~em** depuis peu; **vor ~er Zeit, vor ~em** il y a peu de temps, quelques jours; récemment; il n'y a pas longtemps; **bis vor ~em** jusqu'à une date récente; il y a encore peu de temps; *hist.* **Pippin der 2e** Pépin le Bref; F **2er** *cf.* **Kurzschluß**; F **der 2e** (*Kleine*) le petit; **2.** *adv.* brièvement; **~ vorher** peu de temps avant; **~ darauf** peu après; **es ist ~ vor drei (Uhr)** il va bientôt être trois heures; il est près de trois heures; **es ist ~ nach fünf (Uhr)** il est cinq heures passées; **~ bevor er** ... peu de temps avant qu'il ...; **~ vor dem Ziel** peu avant le but; **~ vor dem Bankrott stehen** être près de, sur le point de faire faillite; **~ hinter Paris** un peu après Paris; **über ~ oder lang** tôt ou tard; un jour ou l'autre; **~ und bündig** tout net; sans détours; brièvement; **~ (und gut)** bref; en un mot; enfin; **j-n ~ abfertigen** expédier qn.; **e-n Hund ~ anbinden** attacher un chien très court; *fig.* **~ angebunden sein** être peu aimable; se montrer brusque; **das hat nur ~ gedauert** cela n'a pas duré longtemps; **sich ~ entschließen** se décider promptement, brusquement; ne pas être long, -gue, être prompt à se décider; **~ entschlossen kaufte er** ... vite décidé, sans réfléchir longuement il acheta ...; **etw. ~ erläutern** expliquer qc. brièvement; **sich ~ fassen** être bref, -ève; s'expliquer en peu de mots; **fasse dich ~!** sois bref!; **~ bei j-m hereinschauen, hereinkommen, vorbeikommen** entrer, passer chez qn. dire un petit bonjour; **bei etw. zu ~ kommen** ne pas avoir sa part, son compte de qc.; **um es ~ zu machen** pour abréger; **mach's ~!** fais vite!; sois bref!; *milit.* **zu ~ schießen** tirer trop court; **etw. ~ und klein schlagen** réduire qc. en miettes; mettre qc. en pièces, en morceaux; **~ schneiden** couper court; **etw. ~ zusammenfassen** résumer qc. (brièvement); *cf. auch* **kürzer, kürzest**; **2ˌanlauf** *m e-s Motors* démarrage *m* rapide; **2ˌarbeit** *f* travail *m* à temps réduit; chômage partiel; **~ einführen** instaurer un régime de travail à temps réduit; **~ machen** *cf.* **~arbeiten**; **~ˌarbeiten** *v/i.* ⟨-ete, *sép.*, -ge-, h⟩ être au chômage partiel; **2ˌarbeiter** *m* chômeur partiel; salarié *m* au chômage partiel; demi-chômeur *m*; **~ˌärmelig** *adj.* à manches courtes; **~ˌarmig** *adj.* aux bras courts; qui a les bras courts; **~ˌatmig** *adj.* qui a le souffle court; *méd.* dyspnéique; **2ˌatmigˌkeit** *f* ⟨~⟩ *méd.* dyspnée *f*; **2ˌausbildung** *f* formation accélérée; **~ˌbeinig** *adj.* qui a les jambes courtes; aux jambes courtes; **2beˌricht** *m* bref compte rendu.

Kürze ['kʏrtsə] *f* ⟨~⟩ brièveté *f*; **in ~** sous peu; **in aller ~** en peu de mots; **der ~ halber** pour abréger; pour faire plus vite; pour prendre moins de place; *loc.* **in der ~ liegt die Würze** les plaisanteries les plus courtes sont les meilleures; **~l** *n* ⟨~s; ~⟩ *Stenographie* abréviation *f*; **2n I** *v/t.* ⟨-(es)t, h⟩ *Text, Programm* raccourcir, amputer (um de); *Kleider* raccourcir (um de); *Ausgaben, Löhne etc.* réduire, diminuer (um de); *Löhne auch* rogner; *Kredit auch* amputer; *math.* simplifier; **gekürzte Ausgabe, Fassung** édition, version abrégée; **II ~n** *n* ⟨~s⟩ *cf.* **Kürzung**; **2r** *adj. u. adv.* (*comp. von* **kurz**) plus court; **den ~en Weg einschlagen** prendre un raccourci; **in ~er Zeit** dans un temps plus court; en moins de temps; **etw. ~ machen** *cf.* **2n**; **j-n e-n Kopf ~ machen** *cf.* **Kopf 1.**; **~ werden** (se) raccourcir; **die Tage werden ~** les jours raccourcissent; **der Rock ist (beim Waschen) ~ geworden** la jupe a raccourci (au lavage); **der Abstand wird ~** la distance diminue, se raccourcit; *fig.* **den ~en ziehen** ne pas s'en tirer à son avantage.

kurzerhand ['kʊrtsər'hant, -ˌhant] *adv.* sans autre forme de procès; sans hésiter.

kürzest ['kʏrtsəst] *adj.* (*sup. von* **kurz**) le plus court; **den ~en Weg nehmen** prendre au plus court; **in ~er Zeit** dans les plus brefs délais; le plus vite possible.

Kurz|fassung ['kʊrtsˌfasʊŋ] *f* version abrégée; **~film** *m* (film *m* de) court métrage; **~ˌflügler** *m/pl. zo.* staphylinidés *m/pl.*; **~form** *f* abréviation *f*; *e-s Namens* diminutif *m*; *cf. auch* **~fassung**; **2ˌfristig** *adj. u. adv.* à court terme; *Wechsel* à courte échéance; **~er Kredit** crédit à court terme; **e-e Sportveranstaltung ~ absagen** décommander une manifestation sportive peu de temps avant; **~ lieferbar** livrable dans un bref, court délai; **2geˌfaßt** *adjt.* **~e Grammatik** précis *m* de grammaire; **~geˌschichte** *f* conte *m* (du genre «short story»); nouvelle *f*; **2geˌschoren** *adjt.* tondu à ras; **~er Rasen** gazon tondu; **~geˌwinde** *n techn.* filet court; **2ˌhaarig** *adj. Tier* à poils ras; **2ˌhalten** *v/t.* ⟨*irr., sép.*,

-ge-, h⟩ *fig.* j-n ~ tenir qn. serré (pour l'argent); **~ˌköpfigˌkeit** *f* ⟨~⟩ *Anthropologie* brachycéphalie [-ki-] *f*; **~kreˌdit** *m comm.* crédit *m* à court terme; **2ˌlebig** *adj.* éphémère; **~ˌlebigˌkeit** *f* ⟨~⟩ caractère *m* éphémère; **~ˌlehrgang** *m* cours accéléré.

kürzlich [ˈkyrtslıç] *adv.* récemment; dernièrement; **erst ~** tout récemment, dernièrement; **ich habe ~ erfahren, daß ...** j'ai appris récemment que ...

Kurz|nachrichten [ˈkurtsˌnɑːxrıçtən] *f/pl. rad.* flash *m*; **~ˌname** *m* diminutif *m*; **2ˌschließen** *v/t.* ⟨*irr., sép.*, -ge-, h⟩ *élect.* mettre en court-circuit; court-circuiter; **~ˌschließer** *m* ⟨~s; ~⟩ *élect.* dispositif *m* de mise en court-circuit; **~schluß** *m élect.* court-circuit *m*; **~schlußˌhandlung** *f fig.* action irréfléchie; **e-e ~ begehen** agir sur un coup de tête; **~schlußkonˌtakt** *m élect.* contact *m* de court-circuit; **~schlußˌläufer** *m élect.* rotor *m* en court-circuit, à cage d'écureuil; **~schluß(ˌläufer)ˌmotor** *m* moteur *m* en court-circuit; moteur *m* asynchrone; **~schlußˌspannung** *f élect.* tension *f* de court-circuit; **~schlußˌstrom** *m* courant *m* de court-circuit; **~schrift** *f* sténographie *f*; **2ˌsichtig** *adj. méd.* myope; *fig.* qui a la vue courte; **~ sein** *fig. auch* ne pas voir plus loin que le bout de son nez; **~ˌsichtige(r)** *f (m)* ⟨→ A⟩ *méd.* myope *m, f*; *fig.* celui, celle qui a la vue courte; **~ˌsichtigˌkeit** *f* ⟨~⟩ *méd.* myopie *f*; *fig. verbal*; **infolge s-r ~** *fig.* parce qu'il ne voit pas plus loin que le bout de son nez; **2ˌstengelig** *adj. bot.* à tige courte; **2ˌstielig** *adj. Geräte* à manche court; *bot.* à queue courte; **~ˌstrecke** *f Sport* petite, courte distance; **~streckenˌfahrer** *m* coureur *m* cycliste de vitesse sur petites distances; **~strekkenˌlauf** *m* sprint [-int] *m*; course *f* de vitesse sur une courte, petite distance; **~streckenˌläufer(in)** *m (f)* sprinter *m*; coureur, -euse *m, f* de vitesse sur petites distances; **~streckenraˌkete** *f milit.* fusée *f* à faible portée; **~ˌstreckler** *m* ⟨~s; ~⟩ *cf.* **~streckenläufer**; **~ˌstunde** *f Schule* cours *m* de quarante-cinq minutes; **2ˌtreten** *v/i.* ⟨*irr., sép.*, -ge-, h⟩ **1.** *milit.* raccourcir le pas; **2.** *fig. u.* F (*sich einschränken*) réduire ses dépenses; *in bezug auf s-e Kräfte* se ménager; ménager ses forces; **2ˈum** *adv.* bref; enfin; en un mot.

Kürzung [ˈkyrtsuŋ] *f* ⟨~; ~en⟩ *e-s Textes, Programms* raccourcissement *m*; amputation *f*; *von Kleidern* raccourcissement *m*; *der Ausgaben, des Budgets* réduction *f*; diminution *f*; *e-s Kredits auch* amputation *f*; *math.* simplification *f*.

Kurz|waren [ˈkurtsˌvɑːrən] *f/pl.* (articles *m/pl.* de) mercerie *f*; **~warengeˌschäft** *n* mercerie *f*; **~warenˌhändler(in)** *m (f)* mercier, -ière *m, f*; **~warenˌhandlung** *f cf.* **~warengeschäft**; **2ˈweg** [-ˈvɛk] *adv.* sans détours; tout court; de but en blanc; F tout de go; **~weil** *f* ⟨~⟩ divertissement *m*; amusement *m*; passe-temps *m*; **zur ~** pour notre, *etc.* divertissement, amusement; **2ˌweilig** *adj.* divertissant; plaisant; amusant; **~ˌwelle** *f rad., méd.* onde courte; *rad.* **auf ~** sur ondes courtes; **~wellenbeˌhandlung** *f méd.* traitement *m* par ondes courtes; **~wellenbeˌreich** *m* gammes *f/pl.* des ondes courtes; **~wellenemˌpfang** *m* réception *f* des ondes courtes; **~wellenemˌpfänger** *m* récepteur *m* à ondes courtes; **~wellenˌsender** *m* émetteur *m* à ondes courtes; **~wellentheraˌpie** *f méd.* thérapie *f* par ondes courtes; **~wort** *n* ⟨~(e)s; ~er⟩ abréviation *f*; **~ˌzeile** *f métr.* vers *m* à quatre syllabes accentuées; **~zeitˌmesser** *m* ⟨~s; ~⟩ chronomicromètre *m*.

kusch [kuʃ] *int. zum Hund* coucher!; **~eln** *v/réfl.* ⟨-(e)le, h⟩ **sich ~** se blottir (contre qn., dans qc.); **~en** *v/i. u. v/réfl.* ⟨h⟩ *Hund* se coucher; **kusch dich!** coucher!; va coucher!; *fig. u.* F taistoi!; ne souffle mot!

Kusine [kuˈziːnə] *f* ⟨~; ~n⟩ (*Base*) cousine *f*.

Kuß [kus] *m* ⟨-sses; Küsse⟩ baiser *m*; F bise *f*; bécot *m*; **j-m e-n ~ geben** donner un baiser à qn.; embrasser qn.; *Briefschluß* **viele Küsse** bons baisers; je vous, t'embrasse.

Küßchen [ˈkysçən] *n* ⟨~s; ~⟩ petit baiser; F bécot *m*; bise *f*; **j-m ein ~ geben** donner un petit baiser, un bécot, une bise à qn.

kußecht [ˈkusˀɛçt] *adj. Lippenstift* indélébile; tenace; qui tient.

küsse|n [ˈkysən] **I** *v/t.* ⟨-ßt, h⟩ embrasser; *bei Angabe des Körperteils, der Sache st. s. auch* baiser; **j-n ~** embrasser qn.; **die Erde, das Kruzifix ~** baiser la terre, le crucifix; **j-n auf den Mund, die Wange ~** embrasser, *st. s.* baiser qn. sur la bouche, sur la joue; **j-m die Hand ~** baiser la main de qn.; **II** *v/réfl.* **sich ~** s'embrasser; **III 2n** *n* ⟨~s⟩ *verbal*; **beim ~** en (s')embrassant; **2ˈrei** *f* ⟨~; ~en⟩ embrassements *m/pl.*; embrassades *f/pl.*

Kuß|hand [ˈkushant] *f* **j-m e-e ~ zuwerfen** envoyer un baiser de la main à qn.; *fig.* **(etw.) mit ~ (tun)** (faire qc.) avec le plus grand plaisir; **~ˌhändchen** *n cf.* **~hand**.

Küste [ˈkystə] *f* ⟨~; ~n⟩ côte *f*; littoral *m*; rivage *m*; **die bretonische ~** la côte bretonne; les côtes de Bretagne; **an der ~ entlangfahren, entlangsegeln** longer la côte en voiture *bzw.* en bateau, à la voile; **auf die ~ zuhalten** faire route sur, se diriger vers la côte; **etw. wird an die ~ getrieben** qc. est rejeté sur le rivage, sur la côte; **~nartilleˌrie** *f milit.* artillerie côtière, de côte; **~nbatteˌrie** *f milit.* batterie côtière; **~nbeˌfestigung** *f milit.* fortifications *f/pl.* des côtes; **~nbeˌfeuerung** *f* balisage *m* des, de la côte(s); **~nbeˌwohner(in)** *m (f)* habitant(e) *m (f)* de la côte; **~nˌdampfer** *m mar.* caboteur *m*; **~nˌfahrt** *f cf.* **~nschifffahrt**; **~nˌfahrzeug** *n cf.* **~nschiff**; **~nfischeˌrei** *f* pêche côtière; **~nˌfluß** *m* fleuve côtier; **~nˌfunkstelle** *f* poste *m* radio(télégraphique) côtier; station *f* radio(télégraphique) côtière; **~ngeˌbiet** *n* zone côtière; littoral *m*; **~ngeˌbirge** *n* montagnes littorales; **~ngeˌwässer** *n/pl.* eaux territoriales; **~nˌschiff** *n* caboteur *m*; côtier *m*; **~nˌschiffahrt** *f* cabotage *m*; navigation côtière; **große, kleine ~** grand, petit cabotage; **internationale ~** cabotage international; **~ betreiben** faire le cabotage; **~nˌstadt** *f* ville côtière, du littoral; **~nˌstrich** *m* littoral *m*; bande côtière; **~nverˌsetzung** *f etwa* régularisation *f* des côtes; **~nverˌteidigung** *f* défense côtière, des côtes; **~nˌwach(t)schiff** *n* garde-côte(s) *m*; **~nˌzone** *f cf.* **~ngebiet**.

Küster [ˈkystər] *m* ⟨~s; ~⟩ *égl.* sacristain *m*; bedeau *m*.

Kustos [ˈkustɔs] *m* ⟨~; -ˈtoden⟩ **1.** *e-r Bibliothek, e-r Sammlung* conservateur *m*; **2.** *hist. impr.* réclame *f*.

Kusu [ˈkuːzuˑ] *m* ⟨~s; ~s⟩ *zo.* trichosure [-ko-] *m*.

Kutsch|bock [ˈkutʃbɔk] *m* siège *m* du cocher; **~e** *f* ⟨~; ~n⟩ *geschlossene* carrosse *m*; *offene* calèche *f* (*auch Hochzeits2*); fiacre *m*; (*Post2*) diligence *f*; *hist.* coche *m*; **~enˌschlag** *m* porte *f*, portière *f* de carrosse, de calèche, *etc.*; **~er** *m* ⟨~s; ~⟩ cocher *m*; **2ieren** [-ˈʃiː-] **I** *v/t.* ⟨*pas de ge-*, h⟩ conduire un carrosse, une calèche, *etc.*; **II** *v/i.* ⟨sein⟩ F (*fahren*) aller (en voiture, *etc.*).

Kutte [ˈkutə] *f* ⟨~; ~n⟩ froc [-k] *m*; **~ln** *f/pl. cf.* **Kaldaunen**; **~r** *m* ⟨~s; ~⟩ *mar.* cotre *m*; cutter [kœtœːr] *m*; (*Fisch2*) chalutier *m*.

Küvelage [kyˑvəˈlɑːʒə] *f* ⟨~; ~n⟩ *mines* cuvelage *m*.

Kuvert [kuˑˈvɛrt, -ˈvɛːr] *n* ⟨~s; ~s⟩ (*Briefumschlag*) enveloppe *f*; **2ieren** [-ˈtiː-] *v/t.* ⟨*pas de ge-*, h⟩ mettre dans une, sous enveloppe; **~üre** [-ˈtyːrə] *f* ⟨~; ~n⟩ *cuis.* couverture *f*.

Kux [kuks] *m* ⟨~es; ~e⟩ *mines* action *f* d'une société minière.

Kybernetik [kyˑbɛrˈneːtık] *f* ⟨~⟩ cybernétique *f*.

Kyma [ˈkyːma] *n* ⟨~s; ~s⟩ *bât.* cimaise *od.* cymaise *f*; **~tion** [kyˑˈmatiˑɔn] *n* ⟨~s; ~s *od.* -ien⟩ *cf.* ~.

Kymr|en [ˈkymrən] *m/pl.* Gallois *m/pl.*; **2isch** *adj.* kymrique; gallois; **die ~e Sprache, das 2e** le cymraeg; le gallois.

Kyn|iker [ˈkyːniˑkər] *m* ⟨~s; ~⟩ *philos.* cynique *m*; **~oloˈgie** *f* ⟨~⟩ science *f* de l'élevage, du dressage et des maladies du chien.

Kyphose [kyˑˈfoːzə] *f* ⟨~; ~n⟩ *méd.* cyphose *f*.

Kyrieeleison [kyːriˑeˑˀeˑˈlaızən] *n* ⟨~s; ~s⟩ *relig.* Kyrie [kirie] *m* (eleison).

kyrillisch [kyˑˈrılıʃ] *adj.* cyrillique; cyrillien, -nne; **die ~e Schrift** l'écriture *f* cyrillique.

L

L, l [ɛl] *n* ⟨~; ~⟩ *Buchstabe* L, l *f od. m.*

Lab [la:p] *n* ⟨~(e)s; ~e⟩ présure *f.*

Laban ['la:ban] *m* F *fig.* **ein langer ~** F un escogriffe; un (grand) flandrin; une grande perche; un échalas; une asperge.

labb(e)rig ['lab(ə,)rɪç] F *adj.* douceâtre; fade.

Labe ['la:bə] *f* ⟨~⟩ *poét. cf.* **Labsal**; **2n** *poét.* **I** *v/t.* ⟨h⟩ (*erquicken*) rafraîchir; **II** *v/réfl.* **sich an etw. ~** se rafraîchir (en buvant, en mangeant qc.); *fig.* (*weiden*) se délecter à *od.* de qc.; savourer qc.

Labetrunk ['la:bə,truŋk] *m* breuvage *m* qui ranime, désaltère, rafraîchit; breuvage délicieux, délectable.

Labferment ['la:pfɛr,mɛnt] *n physiol.* labferment *m.*

labial [labi·'a:l] **I** *adj.* labial; **II 2** *m* ⟨~s; ~e⟩, **2,laut** *m phon.* (consonne *f*) labiale *f.*

Labiaten [labi·'a:tən] *f/pl. bot.* labiées *f/pl.*

labil [la'bi:l] *adj. phys.* instable; *méd., Gesundheitszustand auch* fragile; variable; chancelant; *Charakter* inconstant; **2i'tät** *f* ⟨~⟩ *phys.* instabilité *f*; *méd. auch* fragilité *f.*

labiodental [labi·o·dɛn'ta:l] **I** *adj. phon.* labiodental; **II 2** *m* labiodental *m.*

Lab|kraut ['la:pkraut] *n bot.* gaillet *m*; **echtes, gelbes ~** gaillet jaune; caille-lait *m*; **~,magen** *m anat.* caillette *f.*

Labor [la'bo:r] *n* ⟨~s; ~s *od.* ~e⟩ *Kurzwort* F labo *m*; *cf. auch* **Laboratorium**; **~ant(in)** [-'rant(ɪn)] *m* ⟨~en; ~en⟩ (*f*) ⟨~; ~nen⟩ chimiste *m, f*; préparateur, -trice *m, f*; garçon *m* de laboratoire; laborantine *f*; **~a'torium** *n* ⟨~s; -ien⟩ laboratoire *m*; *e-r Apotheke auch* officine *f*; *phys. atom.* **heißes ~** laboratoire chaud; **2ieren** [-'ri:-] *v/i.* ⟨*pas de ge-*, h⟩ **an etw. ~** travailler à qc.; F **an e-r Krankheit ~** être travaillé par une maladie.

Labrador(stein) [labra'do:r(,ʃtaɪn)] *m* ⟨~s; ~e⟩ (*m*) *minéral.* labrador *m.*

Lab|sal ['la:pza:l] *n* ⟨~(e)s; ~e⟩ **1.** (*Erquickung*) rafraîchissement *m*; délectation *f*; **2.** *fig.* (*Trost*) consolation *f*; réconfort *m*; baume *m*; **3.** *cf.* **Labetrunk**; **~ung** *f* ⟨~; ~en⟩ *cf.* **~sal 1.**

Labyrinth [laby·'rɪnt] *n* ⟨~(e)s; ~e⟩ labyrinthe *m*; dédale *m* (*beide auch fig.*); **2isch** *adj.* labyrinthique; dédaléen, -nne.

Lachanfall ['lax,ʔanfal] *m* accès *m* de (fou) rire.

Lache¹ ['laxə] *f* ⟨~; ~n⟩ F (*Gelächter*) (façon *f* de) rire *m.*

Lache² ['laxə] *f* ⟨~; ~n⟩ (*Pfütze*) flaque *f* (d'eau).

lächeln ['lɛçəln] **I** *v/i.* ⟨-(e)le, h⟩ sourire (**über etw.** de qc., **zu etw.** à qc.); **über etw. ~** *auch* se moquer un peu de qc.; **ungläubig ~** sourire d'un air incrédule; **verächtlich ~** sourire de mépris; **freundlich ~** F avoir la bouche en cœur; **kindlich ~** F faire risette; **gezwungen ~** avoir un sourire contraint, gêné; **verstohlen ~** rire sous cape; **II 2** *n* ⟨~s⟩ sourire(s) *m* (*pl.*); ... **mit e-m feinen ~** ... en esquissant un sourire; **nur ein gezwungenes ~ abgewinnen** ne faire rire que du bout des lèvres.

lach|en ['laxən] **I** *v/t.* ⟨h⟩ **Tränen ~** rire aux larmes; **er hat nichts zu ~** pour lui la vie est dure, difficile; il n'est pas couché sur des roses; **da ist nichts zu ~** il n'y a pas là de quoi rire; **II** *v/i.* rire (**über** de); P rigoler; **über etw. ~** *auch* se moquer de qc.; **aus vollem Herzen ~** rire de bon cœur; **aus vollem Halse ~** rire à plein gosier, à pleine gorge, à gorge déployée; rire aux éclats; **schallend ~** éclater, pouffer de rire; F s'esclaffer; **gezwungen ~** rire du bout des lèvres; rire à contrecœur; avoir un rire contraint; F rire jaune; **ohne Grund ~** rire aux anges; **albern, höhnisch ~** ricaner; **daß ich nicht lache!** cela me fait rire!; vous me faites rire!; **ich lache nur darüber** je ne fais qu'en rire; **du hast gut ~** tu en ris à ton aise; **j-m ins Gesicht ~** rire au nez de qn.; **sich ins Fäustchen ~** rire sous cape, dans sa barbe du malheur d'autrui; **sich krank, halb tot, kaputt, schief, e-n Ast, krumm u. schief ~** se pâmer, mourir de rire; F rire comme un bossu, un fou, un dératé; P se marrer; **das Herz lacht ihm im Leibe** il se sent le cœur en fête; **wer zuletzt lacht, lacht am besten** *prov.* rira bien qui rira le dernier *prov.*; **III 2en** *n* ⟨~s⟩ rire *m*; *vereinzeltes* ris *m*; P rigolade *f*; **dummes, höhnisches ~** ricanement *m*; **das ist zum ~** c'est à faire rire; vous me faites rire; **zum ~ bringen** faire rire; **in lautes ~ ausbrechen** éclater, pouffer de rire; **sich vor ~ nicht halten können** se pâmer de rire; F **sich den Bauch halten vor ~** se tenir les côtes de rire; **sich vor ~ biegen** se tordre de rire; **vor ~ platzen** pouffer de rire; **sich das ~ verbeißen** étouffer un rire; **sich das ~ nicht verbeißen können** ne pouvoir s'empêcher de rire; **zum ~ aufgelegt** rieur, -euse; qui aime à rire; disposé à rire; **~end** *adjt.* riant; gai; rieur, -euse; joyeux, -euse; **~e Erben** héritiers joyeux; **der ~e Dritte** le troisième larron; **2er** *m/pl.* **die ~ auf s-r Seite haben** avoir les rieurs de son côté.

lächerlich ['lɛçər,lɪç] **1.** *adj.* ridicule; *par ext.* risible; **das ist ~!** (*unsinnig*) c'est absurde!; **es ist mir nicht ~ zumute** je n'ai pas envie de rire; je ne suis pas d'humeur à rire; **sich ~ machen** se rendre ridicule; tomber dans le ridicule; se couvrir de ridicule; prêter à rire; **er wird sich ~ machen** il se fera moquer de lui; **j-n ~ machen** tourner qn. en ridicule; ridiculiser qn.; rendre qn. ridicule; **2.** *adv.* **~** (*sehr*) **billig** ridiculement bon marché; **2e(s)** *n* ⟨→ A⟩ ridicule *m*; **ins ~ ziehen** tourner en ridicule; **vom Erhabenen zum ~n ist nur ein Schritt** *prov.* du sublime au ridicule il n'y a qu'un pas *prov.*; **2,keit** *f* ⟨~; ~en⟩ ridicule *m*; grotesque *m*; (*Kleinigkeit*) bagatelle *f*; **der ~ preisgeben** tourner en ridicule; ridiculiser.

Lach|gas ['laxga:s] *n chim.* gaz hilarant; *sc.* protoxyde *m* d'azote; **2haft** *adj.* (*nicht ernst zu nehmen*) ridicule; risible; **~kabi,nett** *n* cabinet *m* fantastique, du rire; **~krampf** *m méd.* rire convulsif; **~lust** *f* ⟨~⟩ envie *f* de rire; **die ~ erregen** *auch* donner la comédie; **~,möwe** *f zo.* mouette rieuse.

Lachs [laks] *m* ⟨~es; ~e⟩ *zo.* saumon *m.*

Lachsalve ['lax,zalvə] *f* hilarité *f*; éclat *m* de rire.

lachs|artig ['laks,ʔartɪç] *adj.* saumoné; **2fang** *m* pêche *f* du saumon; **~,farben** *adj.* (rouge) saumon; **2fo,relle** *f zo.* truite saumonée; **~rot** *adj. cf.* **~farben**; **2,schinken** *m* filet *m* de porc fumé.

Lachtaube ['lax,taubə] *f zo.* tourterelle rieuse, à collier, de Barbarie.

Lack [lak] *m* ⟨~(e)s; ~e⟩ **1.** *farblos* vernis *m*; *farbig* laque *m, f*; peinture *f*; *Auto* F émail *m*; F *fig.* **fertig ist der ~!** F l'affaire est liquidée!; le problème est résolu!; **2.** *kurz für* **Siegellack**; **~,affe** F *m* F gommeux *m*; **~,arbeit** *f* ouvrage verni; laque *m*; **2,artig** *adj.* laqueux, -euse; **2en** *v/t.* ⟨h⟩ *cf.* **lackieren**; **~,farbe** *f* laque *f*; peinture *f* au vernis; peinture laquée; peinture-émail *f*; émail *m*; **~,firnis** *m* vernis *m*; laque *m.*

lackier|en [la'ki:rən] **I** *v/t.* ⟨*pas de ge-*, h⟩ **1.** *techn.* laquer; vernir; vernisser; **2.** *fig.* F **j-n ~** (*hineinlegen*) duper, mystifier qn.; F rouler, posséder qn.; *cf. auch* **Licht 2.** (**j-n hinters ~ führen**); **II 2en** *n* ⟨~s⟩ *techn.* vernissure *f*; vernissage *m* (au four); *e-s Autos* laquage *m*; **2er** *m* ⟨~s; ~⟩ vernisseur *m*; (*Auto2*) peintre *m* au pistolet; **2e'rei** *f* ⟨~; ~en⟩ atelier *m* de peinture, de laquage (au pistolet); **2te(r)** *m* ⟨→ A⟩ F **der ~ sein** F être chocolat, refait; **2ung** *f* ⟨~; ~en⟩ **1.** *cf.* **~en II**; **2.** enduit *m*, couche *f* de vernis; laquage *m*; **2-,werkstatt** *f cf.* **2erei.**

Lack|leder ['lak,le:dər] *n* (cuir *m*) verni *m*; **2ˌmeiern** F *v/t.* ⟨-(e)re, h⟩ *cf.* lackieren I,2.

Lackmus ['lakmʊs] *n* ⟨~⟩ tournesol *m*; **~paˌpier** *n chim.* papier *m* de tournesol.

Lack|schicht ['lakʃɪçt] *f cf.* Lackierung 2.; **~ˌschuhe** *m/pl.* chaussures vernies; F vernis *m/pl.*; **~ˌwaren** *f/pl.* laques *m/pl.*

Lade ['lɑːdə] *f* ⟨~; ~n⟩ (*Truhe*) coffre *m*; caisse *f*; bahut *m*; **~aggreˌgat** *n techn.* groupe *m* de charge; chargeur *m*; **~ˌbaum** *m auf e-m Schiff* mât *m*, corne *f* de charge; *auf dem Kai* mât *m* de charge; derrick *m*; **~ˌbühne** *f* perron *m*, plate-forme *f*, quai *m*, estrade *f* de chargement; **~ˌfähigkeit** *f* ⟨~⟩ *cf.* ~kapazität; **~ˌfläche** *f* surface *f* de chargement; **~geˌbühr** *f* droits *m/pl.* de chargement; **~geˌschwindigkeit** *f milit.* rapidité *f* de tir, de chargement; **~geˌwicht** *n e-s Wagens etc.* (*Höchstgewicht*) charge *f* limite; **~ˌgleis** *n chem.* voie *f* de chargement; **~ˌhemmung** *f milit.* enrayage *m*; **~kanoˌnier** *m milit.* chargeur *m*; **~kapaziˌtät** *f e-s Schiffes, Lastwagens etc.* capacité *f* de chargement; charge *f* utile; *élect.* capacité *f* (de charge); **~ˌkosten** *pl.* frais *m/pl.* de chargement; **~ˌkran** *m* grue *f* de chargement; **~ˌlinie** *f mar.* ligne *f* de flottaison en charge; **~ˌluke** *f aviat.* portes *f/pl.* des soutes à fret; *mar.* écoutille *f*; **~ˌmarke** *f mar. cf.* ~linie; **~ˌmast** *m cf.* ~baum; **~ˌmeister** *m* chef chargeur, du chargement, de manutention.

laden[1] ['lɑːdən] **I** *v/t.* ⟨lädt (*2e pers. pl.* ladet), lud, geladen, lad(e)!, h⟩ **1.** *milit.*, *élect.* charger; **blind, scharf ~** charger à blanc, à balle; **2.** *Wagen, Schiff* (*befrachten*) charger; *Waren etc.* (*ver~*) charger (**auf** sur); *auf ein Schiff* embarquer; **3.** *fig.* **j-s Haß auf sich ~** s'attirer la haine de qn.; **e-e Schuld auf sich ~** se rendre coupable d'une faute; commettre une faute; **die Verantwortung auf sich ~** assumer, endosser la responsabilité; **sich etw., j-n auf den Hals ~** se mettre qc., qn. sur les bras; F **auf j-n geladen** (*wütend*) **sein** en vouloir à qn.; être furieux, -euse contre qn.; F avoir une dent contre qn.; F **er hat schwer, schief geladen** F il a un bon coup dans le nez, dans l'aile; il a un verre dans le nez; **II 2** *n* ⟨~s⟩ *e-s Wagens, Schiffes, e-r Waffe* chargement *m*; *élect.* charge *f*.

laden[2] ['lɑːdən] **I** *v/t.* ⟨lädt *od.* ladet, lud, geladen, lad(e)!, h⟩ **1.** (*einladen*) inviter; convier; **j-n zu Tisch ~** inviter, prier qn. à dîner; **j-n in sein Haus ~** inviter qn. chez soi; **Vorstellung vor geladenen Gästen** représentation pour invités, sur invitation; **2.** *jur.* **vor Gericht ~** citer, convoquer en justice; **II 2** *n* ⟨~s⟩ *cf.* Ladung.

Laden ['lɑːdən] *m* ⟨~s; ⸚⟩ **1.** boutique *f*; *größerer* magasin *m*; **fahrbarer ~** camion-bazar *m*; **e-n ~ haben** tenir boutique; **2.** *fig.* F **den ~ schließen** F fermer boutique; F **wir werden den ~ schon schmeißen** nous arrangerons ça; nous allons nous débrouiller; **3.** (*Fenster2*) volet *m*; contrevent *m*; **~beˌsitzer(in)** *m* (*f*) propriétaire *m, f*, patron, -nne *m, f* d'un magasin; **~beˌstände** *m/pl.* marchandises *f/pl.* en magasin; **~ˌdieb** *m* voleur *m* à l'étalage; **~ˌdiebstahl** *m* vol *m* à l'étalage; **~ˌeinrichtung** *f* mobilier *m*, installation *f* de magasin; **~ˌfront** *f* rangée *f* de boutiques; **~ˌhüter** F *m* F rossignol *m*; **~ˌinhaber(in)** *m* (*f*) *cf.* ~besitzer(in); **~ˌkasse** *f* petite caisse; **~ˌmädchen** *n* demoiselle *f*, employée *f* de magasin; vendeuse *f*; **~ˌmiete** *f* loyer *m* de magasin; **~ˌpreis** *m* prix *m* de vente; **~ˌschild** *n* enseigne *f*; **~ˌschluß** *m*, **~ˌschlußzeit** *f* (heure *f* de) fermeture *f*, clôture *f* des magasins; **~ˌschwengel** F *péj. m* P calicot *m*; **~ˌstraße** *f* rue commerçante; **~ˌtisch** *m* comptoir *m*.

Lade|platz ['lɑːdəˌplats] *m mar.* embarcadère *m*; débarcadère *m*; quai *m* d'embarquement, de débarquement; **~ˌrampe** *f* rampe *f* de chargement; quai découvert; **~ˌraum** *m* **1.** *mar.* cale *f*; **2.** *mar. cf.* Ladekapazität; **3.** *e-s Geschützes cf.* Ladungsraum; **~ˌschein** *m mar.* certificat *m* de chargement; connaissement *m*; **~statiˌon** *f*, **~ˌstelle** *f élect.* station *f* de charge; **~ˌstreifen** *m milit.* chargeur *m*; **~ˌvorrichtung** *f milit.* mécanisme *m* de chargement; **~ˌwiderstand** *m élect.* résistance *f* de charge; **~ˌzeit** *f mar.* (e)starie *f*; *élect.* durée *f* de charge.

lädieren [lɛ'diːrən] *v/t.* ⟨*pas de ge-*, h⟩ endommager; *Lack, Politur etc. auch* abîmer; *Haut* blesser légèrement; égratigner; érafler; écorcher.

Ladung ['lɑːdʊŋ] *f* ⟨~; ~en⟩ **1.** (*zu befördernde Güter*) charge *f*; (*Wagen2*) charretée *f*; *e-s Schiffes* cargaison *f*; chargement *m*; fret *m*; **~ (ein)nehmen** faire son chargement; **die ~ verstauen** arrimer le chargement; **ohne ~ fahren** naviguer sans fret, sur son lest; **2.** *e-r Feuerwaffe, élect.* charge *f*; **geballte ~** charge massive, concentrée; **3.** *jur.* (*Vor2*) citation *f*; assignation *f*; **~sintereˌssenten** *m/pl. mar.* intéressés *m/pl.* dans une cargaison; **~sˌraum** *m e-s Geschützes* chambre *f*; **~sverˌzeichnis** *n* liste *f* des marchandises d'un chargement; *mar.* manifeste *m*.

Lafett|e [la'fɛtə] *f* ⟨~; ~n⟩ *milit.* affût *m*; **e-e Kanone auf die ~ bringen** monter une pièce sur son affût; mettre une pièce en batterie; **2ieren** [-'tiː-] *v/t.* ⟨*pas de ge-*, h⟩ *milit. cf.* ~e.

Laffe ['lafə] *m* ⟨~n; ~n⟩ F (*Geck*) (jeune) fat *m*; dandy *m*; gandin *m*; F gommeux *m*; freluquet *m*.

lag [lɑːk] *cf.* liegen.

Lage ['lɑːgə] *f* ⟨~; ~n⟩ **1.** *räumliches Verhältnis* situation *f*; position *f*; assiette *f*; emplacement *m*; *e-s Gebäudes nach Wind u. Sonne* exposition *f*; orientation *f*; *in Hinsicht auf die Umgebung* site *m*; **2.** *fig.* (*Umstände, augenblickliche Verhältnisse*) situation *f*; position *f*; état *m*; circonstances *f/pl.*; conditions *f/pl.*; conjoncture *f*; *péj.* posture *f*; **bedrängte ~** *oft* gêne *f*; *pfort.* détresse *f*; **in e-r kritischen ~ sein** F n'être pas à la noce; **in bedrängter ~ sein** être dans une situation difficile, dans la gêne; *litt.* être aux abois; **in mißlicher ~ sein** être en mauvaise posture, position, dans une mauvaise situation, passe; F être dans ses petits souliers, dans le pétrin, dans de mauvais, de sales draps; **j-n aus e-r schlimmen ~ retten** F tirer à qn. une épine du pied; **sie sind alle beide in derselben (schlimmen) ~** F tous deux sont logés à la même enseigne; **versetzen Sie sich in meine ~** mettez-vous à ma place; **in der ~ sein, zu …** (+ *inf.*) être en état, à même, en mesure de … (+ *inf.*); **j-n in die ~ versetzen, zu …** (+ *inf.*) mettre qn. à même de … (+ *inf.*); **bei der augenblicklichen ~** dans la conjoncture présente; **so ist die ~ der Dinge** les choses en sont là; tel est l'état des choses; **je nach ~ der Dinge** suivant les circonstances; **die wirtschaftliche, rechtliche ~** la situation économique, légale; **3.** *esc.* garde *f*; **4.** *mus.* **die hohen ~n** les notes élevées; **5.** (*Schicht*) assise *f*; couche *f*; lit *m*; *géol.* strate *f*; **6.** *impr.* cahier *m*; **7.** *mar.* bordée *f*; *Artillerie* salve *f*; **8.** F **~** (*Runde*) **Bier** tournée *f* de bière; **e-e neue ~ stiften, spendieren** F remettre ça; **~beˌricht** *m* rapport *m* sur la situation; **~beˌstimmung** *f* détermination *f* de la position; *aviat.* orientation *f*; **~beˌurteilung** *f* analyse *f* de la situation.

lagenweise ['lɑːgənˌvaɪzə] *adj. u. adv.* par couches; par lits; *impr.* **ein Buch ~ zusammenlegen** assembler les cahiers d'un livre.

Lageplan ['lɑːgəˌplɑːn] *m* plan *m* (de l'assiette); plan topographique; topographie *f*; F topo *m*.

Lager ['lɑːgər] *n* ⟨~s; ~⟩ **1.** (*Bett*) couche *f*; lit *m*; (*Schlafstätte*) gîte *m*; **2.** *ch. e-s Wildes* (*Ruheplatz*) reposée *f*; retraite *f*; *des Hasen* gîte *m*; forme *f*; fort *m*; *des Wildschweins* bauge *f*; *wilder Tiere* repaire *m*; tanière *f*; **3.** *milit.* (*Feld2*) camp *m*; campement *m*; **4.** *für Flüchtlinge, Jugendliche etc.* camp *m* (*auch fig.*); *fig. péj.* clan *m*; **das gegnerische ~** le camp adverse, opposé; **in zwei ~ gespalten** partagé en deux camps, *péj.* clans; **5.** *zum Auflegen von Weinfässern, Holz* chantier *m*; **6.** ⟨*pl. auch* ⸚⟩ (*Waren2*) magasin *m*; dépôt *m*; entrepôt *m*; *am Hafen* dock *m*; (*Vorrat*) stock *m*; réserve *f*; provisions *f/pl.*; fonds *m*; **auf ~ haben, halten, nehmen** avoir, tenir, prendre en magasin; **ein wohl assortiertes ~ haben** être bien assorti; **ein ~ wieder auffüllen, ergänzen** réapprovisionner, compléter un stock; **ein großes ~ von Weinen haben** avoir de grandes provisions de vin; **7.** *géol.* couche *f*; lit *m*; gisement *m*; banc *m*; *sc.* gîte *m*; **8.** *techn.* coussinet *m*; palier *m*; **~ˌauffüllung** *f* renouvellement *m* des stocks; **~ˌaufseher** *m* garde-magasin *m*; **~ˌaufstockung** *f cf.* ~auffüllung; **~ˌausgänge** *m/pl.* sorties *f/pl.* de stocks; **~beˌstand** *m* marchandises *f/pl.* en stock, en magasin; stock *m*; **den ~ aufnehmen** faire, dresser, établir l'inventaire (des marchandises en stock); **~beˌstandsˌaufnahme** *f* inventaire *m* des stocks; **~ˌbier** *n* bière *f* de garde; **~ˌbuch** *n comm.* livre *m* de magasin; **~ˌbuchführung** *f comm.* comptabilité *f* matières; **~ˌbuchse** *f techn.* coussinet *m*; **~ˌfaß** *n* foudre *m*; **~ˌfeuer** *n* feu *m* de camp(ement), de bivouac; **~ˌfläche** *f comm.* surface *f*, superficie *f* de magasin; **~geˌbühr** *f*, **~ˌgeld** *n* droit *m* de magasinage, d'emmagasinage; (frais *m/pl.* de) magasinage *m*; frais *m/pl.* de stockage; **~geˌnossenschaft** *f* coopérative *f* d'emmagasinage; **~ˌhalter** *m* magasinier *m*; **~ˌhaltung** *f* stockage *m*; magasinage *m*; entreposage *m*; **~ˌhaus** *n* entrepôt *m*; dépôt *m*; magasin *m*; *am Hafen* dock *m*; **~ˌhof** *m* dock *m*; entrepôt *m*; **~ist** [-'rɪst] *m* ⟨~en; ~en⟩ *cf.* ~halter; **~ˌleben** *n* vie *f* des camps; **~ˌleiter** *m* chef *m* de camp; **~meˌtall** *n* régule *m*; **~ˌmiete** *f* (frais *m/pl.* de) magasinage *m*.

lagern ['lɑːgərn] **I** *v/t.* ⟨-(e)re, h⟩ (*hinlegen*) coucher; étendre (par terre); **der Kopf des Kranken soll hoch, niedrig gelagert werden** la tête du malade doit être tenue surélevée, baissée; *comm.*, *Waren* emmagasiner; stocker;

entreposer; *Wein* mettre en chantier; *Holz* mettre en *od.* sur chantier; empiler; *techn.* monter; loger; **II** *v/i.* (*ruhen*) reposer; être couché, étendu; *comm.*, *Waren* être en magasin; *Wein, Holz* être sur *od.* en chantier; *techn.* être logé, monté; *fig.*, *Wolken* recouvrir (über *acc.*); *ch.*, *Tiere* gîter; *milit.* camper; bivouaquer; *fig.* **dieser Fall ist anders gelagert** ce cas se présente autrement; *géol.* **schichtförmig gelagert** stratifié; **III** *v/réfl.* **sich ~** se coucher; reposer; *ch.* se gîter; *agr.*, *Getreide* (*sich umlegen*) verser; **IV 2** *n* ⟨~s⟩ couchage *m*; *comm.* (em)magasinage *m*; stockage *m*; *von Holz, Wein* mise *f* en *od.* sur chantier; *techn.* montage *m*; logement *m*.

Lager|obst ['lɑːgerˌʔoːpst] *n* fruits *m/pl.* de garde; **~ˌort** *m cf.* **~platz**; **~ˌpfanne** *f techn.* crapaudine *f*; coussinet *m*; **~ˌpflanzen** *f/pl. bot.* thallophytes *f/pl.*; **~ˌplatz** *m* (*Rastplatz*) gîte *m*; lieu *m* de repos; *milit.* assiette *f*, emplacement *m* d'un camp; lieu *m* de campement; *für Waren* lieu *m* de stockage; *für Holz* chantier *m*; **~ˌraum** *m cf.* Lager 6.; **~ˌschale** *f techn.* coussinet *m*; **~ˌschein** *m* warrant *m*; bulletin *m* de dépôt; **~ˌschuppen** *m* 'hangar *m*; **~ˌspeicher** *m cf.* **~haus**; **~ˌstatt** *f* lit *m*; couche *f*; gîte *m*; lieu *m* de repos; **~ˌstätte** *f cf.* **~statt**; *minéral.*, *géol.* gisement *m*; dépôt *m*; **~ˌträger** *m techn.* chaise *f* (de palier); **~ˌumschlag** *m comm.* rotation *f* des stocks; **~ung** *f* ⟨~⟩ **1.** *comm.* (*Einlagern*) (em)magasinage *m*; stockage *m*; **~ im Freien** empilage à l'air libre; **2.** *géol.* stratification *f*; **~ungsˌkosten** *pl.* frais *m/pl.* de stockage; **~verˌwalter** *m cf.* **~halter**; **~verˌzeichnis** *n* inventaire *m* (des marchandises en stock); **~ˌvorrat** *m* stock *m*; **~ˌwache** *f milit.* garde *f* du camp; **~ˌzapfen** *m techn.* tourillon *m*; **~ˌzeit** *f comm.* (durée *f* de) magasinage *m*.

Lagune [la'guːnə] *f* ⟨~; ~n⟩ lagune *f*; **~nˌstadt** *f* (*Venedig*) ville *f* des lagunes; Venise *f*.

lahm [lɑːm] *adj.* **1.** *méd.* (*gelähmt*) perclus; paralysé; **ein ~es Bein haben** avoir une jambe paralysée; être perclus d'une jambe; **2.** (*hinkend*) boiteux, -euse; **~ gehen** boiter; clocher; **3.** *fig.* paralysé; (*kraftlos*) sans force; faible; (*schleppend*) languissant; *comm.*, *Geschäftsgang* **~ sein** ne pas marcher; aller, marcher mal; F battre de l'aile; **~er Witz** plaisanterie ennuyeuse; **~e Entschuldigung** mauvaise excuse; **~ in der Arbeit** mou, molle, lent au travail; **~en I** *v/i.* ⟨h⟩ être boiteux, -euse; boiter; traîner la jambe; clopiner; clocher; F aller clopin-clopant; **II 2en** *n* ⟨~s⟩ *cf.* **Lahmheit**.

lähmen ['lɛːmən] *v/t.* ⟨h⟩ **1.** *méd.* paralyser; frapper de paralysie; rendre perclus; **auf e-r Seite gelähmt** *sc.* hémiplégique; **an den Beinen gelähmt** paralysé, perclus des jambes; **2.** *fig.* paralyser; (*erstarren lassen*) glacer (*par ex.* les esprits); **vor Schreck wie gelähmt** comme paralysé, perclus de terreur; **~d** *adjt.* paralysant.

Lahm|e(r) ['lɑːmə(r)] *f* (*m*) ⟨→ A⟩ paralytique *m, f*; perclus, -e *m, f*; boiteux, -euse *m, f*; **~heit** *f* ⟨~⟩ *méd. sc.* claudication *f*; *vét.* boiterie *f*; *fig.* manque *m* d'énergie, de vigueur, de force; **2ˌlegen I** *v/t.* ⟨*sép.*, -ge-, h⟩ *fig.* paralyser; *milit.* neutraliser; mettre 'hors de combat; **II ~ˌlegen** *n* ⟨~s⟩, **~ˌlegung** *f* ⟨~⟩ paralysie *f*; *milit.* neutralisation *f*; mise *f* 'hors de combat.

Lähmung ['lɛːmuŋ] *f* ⟨~; ~en⟩ *méd.* paralysie *f*; perclusion *f*; **einseitige ~** *sc.* hémiplégie *f*; **~ der unteren Körperhälfte** *sc.* paraplégie *f*; *fig. cf.* lahmlegen II; **~serˌscheinungen** *f/pl.* signes *m/pl.* avant-coureurs de la paralysie.

Laib [laɪp] *m* ⟨~(e)s; ~e⟩ **~ Brot** miche *f* de pain; **~ Käse** meule *f* de fromage.

Laich [laɪç] *m* ⟨~(e)s; ~e⟩ frai *m*; **~e** *f cf.* **~zeit**; **2en I** *v/i.* ⟨h⟩ frayer; **II ~en** *n* ⟨~s⟩ frai *m*; *der Heringe* relouage *m*; **~kraut** *n* ⟨~(e)s⟩ *bot.* potamot *m*; **~platz** *m* frayère *f*; **~zeit** *f* (saison *f*, époque *f* du) frai *m*; *der Lachse* montaison *f*; *der Heringe* relouage *m*.

Laie ['laɪə] *m* ⟨~n; ~n⟩ **1.** *relig.* laïque *od.* laïc *m*; séculier *m*; **2.** *fig.* (*Uneingeweihter*) profane *m*; (*Neuling*) novice *m*; amateur *m*; ignorant *m*; **ein blutiger ~** un parfait profane; F **da staunt der ~, der Fachmann wundert sich** F cela ébahit non seulement le profane, mais aussi l'homme de métier; **~nˌbruder** *m relig.* frère lai, convers; **2nˌhaft 1.** *adj.* de profane; de novice; d'amateur; **2.** *adv.* en profane; en novice; en amateur; **~nˌpriester** *m relig.* prêtre séculier; **~nˌrichter** *m jur.* (*Geschworener*) juré *m*; (*Beisitzer*) assesseur *m*; **~nˌschwester** *f relig.* sœur converse; **~nˌspiel** *n* pièce jouée par des amateurs; **~nspielˌgruppe** *f* groupe théâtral amateur; **~nˌsprache** *f* langue *f* des profanes; **~nverˌstand** *m* jugement *m*, entendement *m* de profane.

Laizismus [laiˑ'tsɪsmus] *m* ⟨~; -men⟩ laïcisme *m*.

Lakai [la'kaɪ] *m* ⟨~en; ~en⟩ *hist.* laquais *m*; valet *m* de pied; *fig.* laquais *m*; valet *m*; **2enˌhaft** *fig.* **1.** *adj.* de laquais; servile; **2.** *adv.* en (vrai) laquais; servilement; **~enˌseele** *f* âme *f* servile, de laquais.

Lake ['lɑːkə] *f* ⟨~; ~n⟩ saumure *f*.

Laken ['lɑːkən] *n* ⟨~s; ~⟩ (*Bett2*) drap *m* de lit; (*Tuch*) drap *m*; toile *f*.

Lakkolith [lakoˑ'liːt, -'lɪt] *m* ⟨~s *od.* ~en; ~e(n)⟩ *géol.* laccolit(h)e *m, f*.

lakon|isch [la'koːnɪʃ] *adj.* laconique; **2ismus** [-'nɪs-] *m* ⟨~; -men⟩ laconisme *m*.

Lakritz|e [la'krɪtsə] *f* ⟨~; ~n⟩ **1.** *bot.* réglisse *f*; **2.** *im Handel* bâton *m* de réglisse; **~enˌsaft** *m* jus *m* de réglisse; **~(en)ˌstange** *f cf.* **Lakritze** 2.

Lak|tam [lak'tɑːm] *n* ⟨~s; ~e⟩ *chim.* lactame *m*; **~'tase** *f* ⟨~; ~n⟩ *chim.*, *biol.* lactase *f*.

Laktation [laktatsiˑ'oːn] *f* ⟨~⟩ *physiol.* lactation *f*.

Laktose [lak'toːzə] *f* ⟨~⟩ *chim.* lactose *m*.

Laktoskop [laktoˑ'skoːp, -təs'koːp] *n* ⟨~s; ~e⟩ lactoscope *m*.

Laktosurie [laktoˑzuˑ'riː] *f* ⟨~; -ien⟩ *méd.* lactosurie *f*.

lala [la'la] **so ~** (*einigermaßen*) F comme ci, comme ça; couci-couça.

lallen ['lalən] **I** *v/t. u. v/i.* ⟨h⟩ bégayer; balbutier [-sje]; **II 2** *n* ⟨~s⟩ bégaiement *m*; balbutiement [-si-] *m*.

Lama[1] ['lɑːma] *n* ⟨~s; ~s⟩ *zo.* lama *m*.

Lama[2] ['lɑːma] *m* ⟨~(s); ~s⟩ *relig.* lama *m*; **~'ismus** *m* ⟨~⟩ *relig.* lamaïsme *m*; **~'ist** *m* ⟨~en; ~en⟩ *relig.* lamaïste *m*.

Lamantin [laman'tiːn] *m* ⟨~s; ~e⟩ *zo.* lamantin *od.* lamentin *m*.

Lamarckismus [lamar'kɪsmus] *m* ⟨~⟩ lamarckisme *m*.

Lamawolle ['lɑːmaˌvɔlə] *f* poil *m* de lama.

Lamé [la'meː] *m* ⟨~s⟩ lamé *m*.

Lamelle [la'mɛlə] *f* ⟨~; ~n⟩ *élect.*, *techn.* lame *f*; lamelle *f* (*auch bot.*); **2nˌförmig** *adj.* en lamelle; lamellé; lamellaire.

lament|ieren [lamɛn'tiːrən] F **I** *v/i.* ⟨*pas de ge-*, h⟩ se lamenter; gémir; **II 2ieren** *n* ⟨~s⟩, **2o** [-'mɛn-] F *n* ⟨~s; ~s⟩ lamentations *f/pl.*; F jérémiade *f*.

Lametta [la'mɛta] *n* ⟨~s⟩ **1.** *Christbaumschmuck* lamelles *f/pl.* d'argent, d'or; **2.** F *iron.* (*Orden*) F ferblanterie *f*; buffleterie *f*; P quincaillerie *f*.

Lamm [lam] *n* ⟨~(e)s; ⸚er⟩ **1.** *zo.* agneau *m*; agnelle *f*; **2.** *relig.* **das ~ Gottes** l'Agneau; l'Agneau de Dieu; **3.** *fig.* F **sanft, geduldig wie ein ~** doux, douce comme un agneau; **~ˌbraten** *m cuis.* rôti *m* d'agneau.

Lämmchen ['lɛmçən] *n* ⟨~s; ~⟩ agnelet *m*; petit agneau.

lammen ['lamən] **I** *v/i.* ⟨h⟩ agneler; **II 2** *n* ⟨~s⟩ agnelage *od.* agnèlement *m*.

Lämmer|hüpfen ['lɛmərˌhʏpfən] F *iron.* *n* sauterie *f*; petite soirée dansante; **~ˌwolke** *f* cirro-cumulus *m*.

Lamm|fell ['lamfɛl] *n* peau *f*, toison *f* d'agneau; **~fleisch** *n* (viande *f* d')agneau *m*; **2'fromm** F *adj.* doux, douce comme un agneau; **~ˌkeule** *f* gigot *m* d'agneau.

Lämpchen ['lɛmpçən] *n* ⟨~s; ~⟩ petite lampe; *fig.* **freut euch des Lebens, solang noch das ~ glüht ...** ... tant que vous êtes encore en vie.

Lampe[1] ['lampə] *f* ⟨~; ~n⟩ lampe *f*; **bei der ~** à la (lueur, lumière de la) lampe; F *fig.* **e-n auf die ~ gießen** F s'humecter le gosier; **~**[2] *m* F **Meister ~** (*Hase*) lièvre *m*; **~nˌfieber** *n thé.* F trac *m*; **~nˌglocke** *f* globe *m* (de lampe); **~nˌlicht** *n* ⟨~(e)s⟩ **bei ~ arbeiten** travailler à la lumière, à la lampe; **~nˌputzer** *m cf.* **~nwärter**; **~nˌschein** *m*, **~nˌschimmer** *m cf.* **~nlicht**; **~nˌschirm** *m* abat-jour *m*; **~nˌwärter** *m chem., etc.* lampiste *m*; **~nzyˌlinder** *m* verre *m* de lampe.

Lampion [lɑ̃piˑ'õː, lampiˑ'ɔŋ, lampiˑ'oːn] *m od. n* ⟨~s; ~s⟩ lanterne vénitienne; lampion *m*.

Lamprete [lam'preːtə] *f* ⟨~; ~n⟩ *zo.* lamproie *f*.

lancieren [lɑ̃'siːrən, laŋ-] *v/t.* ⟨*pas de ge-*, h⟩ lancer (*auch fig.*).

Land [lant] *n* ⟨~(e)s⟩ **1.** *im Gegensatz zum Meer* terre *f*; **festes ~** terre ferme; F plancher des vaches; **zu ~e u. zu Wasser, zu Wasser u. zu ~e** par terre et par eau; sur terre et sur mer; **an ~ kommen** *Schiff* toucher terre; *Passagiere* venir à terre; **an ~ setzen** mettre à terre; débarquer; **an ~ gehen** débarquer; descendre à terre; *Matrosen* (*Landgang haben*) aller à terre; **~ (in Sicht)!** (la) terre!; *fig.* **~ sehen** (*dem Ziele nahe sein*) avoir le but en vue; voir la fin (de qc.); se rapprocher, (s')approcher du but, de la fin; **2.** (*Boden*) terre *f*; sol *m*; **das ~ bebauen, urbar machen** cultiver, défricher la terre; **angeschwemmtes ~** alluvion *f*; **unbebautes ~** terre inculte; **3.** *einzelnes Grundstück* terre *f*; champ *m*; terrain *m*; **ein Stück ~** un lopin, une pièce de terre; **4. flaches, ebenes, plattes ~** pays plat; pays de plaines; plaine *f*; campagne *f*; **5.** *im Gegensatz zur Stadt* campagne *f*; P cambrousse *f*; *litt.* **auf dem ~e** aux champs; **auf dem ~e wohnen** demeurer à, habiter (à) la campagne; **über ~ gehen** faire un tour dans les environs, à la campagne; **aufs ~ ziehen** aller à la campagne; F aller planter ses choux; **vom ~e stammen** être originaire de la campagne; *péj.* être bien de son village; F *iron.* **Unschuld, Einfalt vom ~e** (*Bauernmädchen*) paysanne *f*; F péquenote *f*; **6.** ⟨*pl.* ~̈er, *poét.* ~e⟩ *polit. begrenztes Land* pays *m*; *polit. in der Bundesrepublik* land *m* (*pl.* länder); *fig.* **~ der Träume** pays des rêves; *bibl.* **das Heilige ~** la Terre sainte; **das Gelobte ~, das ~ der Verheißung** la Terre promise; **außer ~es sein** être 'hors du pays; être à l'étranger; **außer ~es gehen** quitter le pays; partir pour, à l'étranger; émigrer; aller en exil; **~ u. Leute kennen** connaître les choses et les gens; avoir vu du pays; **j-n des ~es verweisen** exiler, bannir qn.; expulser qn. du pays; *fig.* **viele Jahre gingen ins ~** bien des années s'écoulèrent; **das ganze ~ trauert** tout le pays est en deuil; **aus aller Herren Ländern** de tous les pays du monde; de tous les coins de la terre; **bleibe im ~e u. nähre dich redlich** *prov.* où la chèvre est attachée il faut qu'elle broute *prov.*; **andere Länder, andere Sitten** *prov.* autre pays, autres mœurs; **ᴤ'ab** *adv. cf.* landauf; **~ˌabtretung** *f* cession *f* de terrain; **~ˌadel** *m* noblesse campagnarde; aristocratie terrienne, provinciale; **~ˌarbeit** *f* culture *f*; travaux *m/pl.* agricoles, des champs; **~ˌarbeiter(in)** *m* (*f*) travailleur, -euse *m, f* des champs; ouvrier, -ère *m, f* agricole; **~arzt** *m* médecin *m* de campagne.

Landauer ['landaʊər] *m* ⟨~s; ~⟩ *Gefährt* landau *m*.

landauf [lant'ʔaʊf] *adv.* **~, landab** en parcourant le pays de long en large.

Land|aufenthalt ['lantˌʔaʊfɛnthalt] *m* séjour *m* à la campagne; **~ˌaufteilung** *f* distribution *f* des terres; **ᴤ'aus** *adv.* **~, landein** partout; F dans tous les coins et recoins; *mit e-m Vb. der Bewegung* dans tous les sens; **~beˌsitz** *m* propriété foncière, territoriale; bien-fonds *m*; **~beˌsitzer(in)** *m* (*f*) propriétaire *m, f* d'une terre *od.* de terres; propriétaire foncier, -ère; **~beˌvölkerung** *f*, **~beˌwohner** *m/pl.* population rurale; habitants *m/pl.* de la campagne; campagnards *m/pl.*; **~beˌzirk** *m* district rural; *adm.* canton rural; **~ˌbriefträger** *m* facteur rural; **~brot** *n* pain *m* de ménage, de campagne; **~ˌbutter** *f* beurre *m* de ferme.

Lande|bahn ['landəˌbaːn] *f aviat.*, *auf e-m Flugzeugträger* piste *f* d'atterrissage; **~ˌdeck** *n aviat.* pont *m* d'atterrissage; F plage *f*.

Landedelmann ['lantˌʔeːdəlman] *m hist.* gentilhomme campagnard.

Lande|erlaubnis ['landəʔɛrˌlaʊpnɪs] *f aviat.* permission *f* d'atterrir; **~ˌfunkfeuer** *n aviat.* radiophare *m* (directionnel) d'atterrissage; **~geˌschwindigkeit** *f aviat.* vitesse *f* à l'atterrissage *od.* d'atterrissage.

Land|eigentümer(in) ['lantˌʔaɪgəntyːmər(ɪn)] *m* (*f*) *cf.* **Landbesitzer(in)**; **ᴤ'einwärts** *adv.* vers l'intérieur du pays, des terres.

Landeklappe ['landəˌklapə] *f aviat.* volet *m*.

landen ['landən] **I** *v/t.* ⟨-ete, h⟩ *milit.*, *Truppen* mettre ... à terre; débarquer; *Boxen* **e-n Kinnhaken bei s-m Gegner ~** décocher un crochet au menton, à la mâchoire de son adversaire; **II** *v/i.* ⟨sein⟩ *mar.* (*anlegen*) toucher terre; aborder; accoster; *aviat.* atterrir; (*aufsetzen*) se poser; F *fig.* (*ankommen*) arriver; **auf freiem Feld ~** atterrir en rase campagne; **auf dem Mond ~** atterrir sur la lune; *néol.* alunir; *fig.* F **bei j-m nicht ~ können** a) ne pas être à la hauteur de qn.; b) ne pas avoir de chance, de crédit, d'autorité auprès de qn.; F **auf den Füßen, dem Boden ~** F retomber sur ses pieds; se retrouver par terre; F **im Gefängnis, in e-r Kneipe ~** F échouer en prison, dans un bistrot; *Sport* F **auf dem dritten Platz ~** F échouer à la troisième place; F **... schließlich landete er bei der Theologie** F ... finalement il échoua dans la théologie; **III ᴤ** *n* ⟨~s⟩ *mar.* (*Anlegen*) accostage *m*; *von Truppen* mise *f* à terre; débarquement *m*; *aviat.* atterrissage *m*; **~ auf dem Mond** atterrissage sur la lune; *néol.* alunissage *m*.

Landenge ['lantˌʔɛŋə] *f géogr.* isthme [ism] *m*.

Lande|piste ['landəˌpɪstə] *f aviat. cf.* Landebahn; **~ˌplatz** *m aviat.* terrain *m* d'atterrissage.

Länder ['lɛndər] *pl. von* Land; **~eien** [-'raɪən] *f/pl.* fonds *m/pl.* de terre; propriétés rurales; biens ruraux; domaines *m/pl.*; **~ˌelf** F *f Fußball* F onze *m* du land; **~ˌkampf** *m Sport* compétition internationale; *Fußball etc.* match international; **~ˌkunde** *f* ⟨~⟩ géographie *f*; **~ˌmannschaft** *f Sport* équipe nationale; team national; **~ˌmittel** *n/pl. Bundesrep.* moyens financiers des länder; **~ˌname** *n* nom *m* de pays; **ˌ~spiel** *n Fußball* match international.

Landerziehungsheim ['lantʔɛrˌtsiːʊŋsˌhaɪm] *n* collège *m*, internat *m* sis à la campagne.

Landes|amt ['landəsˌʔamt] *n Bundesrep.* **statistisches ~** office *m* statistique du land; **~ˌangeˌhörige(r)** *f* (*m*) ressortissant, -e *m, f*; **die Landesangehörigen** les ressortissants; les nationaux; **~ˌangeˌhörigkeit** *f* nationalité *f*; **~ˌarbeitsamt** *n Bundesrep. etwa* office *m* de placement du land; **~ˌaufnahme** *f* géodésie *f*; **~beˌhörde** *f Bundesrep.* autorité *f* du land; **~ˌbischof** *m égl. prot. etwa* évêque *m* de l'église régionale; **~ˌbrauch** *m* coutume *f*, mœurs *f/pl.*, usages *m/pl.* du pays; **~ˌebene** *f* **auf ~** à l'échelon, au niveau du land; **ᴤˌeigen** *adj. Bundesrep.* du land; **~erˌzeugnisse** *n/pl.* produits *m/pl.* du pays; **~ˌfarben** *f/pl.* couleurs nationales; **~ˌflagge** *f* drapeau national; **~ˌfürst(in)** *m* (*f*) *hist.* prince (princesse) régnant(e); souverain(e) *m* (*f*); **~geˌsetz** *n Bundesrep.* loi *f* du land; **~ˌgrenze** *f* frontière nationale, du pays; *Bundesrep. auch* frontière *f* du land, d'un land; **~ˌhauptstadt** *f* capitale *f*; *Bundesrep.* capitale *f* du land; **~ˌhoheit** *f* ⟨~⟩ souveraineté *f*; **~ˌinnere(s)** *n* intérieur *m* du pays; **~ˌkenner** *m* connaisseur *m* du pays; **~ˌkind** *n* sujet *m*; *litt.* enfant *m* du pays; **~ˌkirche** *f égl. prot. etwa* église régionale; **ᴤˌkundig** *adj.* connaissant tout le pays; **~ˌmutter** *f* ⟨~; ~̈⟩ impératrice, reine, *etc.* régnante; souveraine *f*; **~ˌobrigkeit** *f* autorité *f* suprême; **~ˌplanung** *f* aménagement *m*, équipement *m* du pays; **~proˌdukte** *n/pl. cf.* **~erzeugnisse**; **~reˌgierung** *f* gouvernement *m* (du pays), *Bundesrep.* du land; **~ˌsitte** *f* *cf.* **~brauch**; **~ˌsprache** *f* langue nationale, du pays.

Lande|steg ['landəˌʃteːk] *m* passerelle *f*; **~ˌstelle** *f* lieu *m*, endroit *m* de débarquement, d'embarquement; *cf. auch* **Landungsbrücke**.

Landes|tracht ['landəsˌtraxt] *f* costume *m* régional, local, national; **~ˌtrauer** *f* deuil national; **ᴤˌüblich** *adj.* usité, en usage, d'usage dans le pays; **~ˌvater** *m* prince, monarque, *etc.* régnant; souverain *m*; **~verˌband** *m e-r Partei der Bundesrep.* fédération *f*, section *f* de land; **~verˌmessung** *f* géodésie *f*; **~verˌrat** *m* (crime *m* de) trahison *f*; **~verˌräter(in)** *m* (*f*) traître *m*, traîtresse *f* à son pays; **ᴤverˌräterisch** *adj.* traître, traîtresse à sa patrie; **~verˌteidigung** *f* défense nationale, du territoire; **~verˌweisung** *f* bannissement *m*; proscription *f*; *e-s Landfremden* expulsion *f*; **ᴤverˌwiesen** *adj.* exilé; banni; proscrit; *für e-n Landfremden* expulsé; **~verˌwiesene(r)** *f* (*m*) ⟨→ A⟩ exilé(e) *m* (*f*); banni(e) *m* (*f*); *bei e-m Landfremden* expulsé(e) *m* (*f*); **~ˌwährung** *f* unité *f* monétaire du pays; **in ~** en monnaie nationale, du pays; **~ˌwappen** *n* armoiries nationales; **~zenˌtralbank** *f* ⟨~; ~en⟩ *Bundesrep. etwa* banque centrale d'un land.

Lande|verbot ['landəfɛrˌboːt] *n aviat.* interdiction *f* d'atterrissage; **~verˌfahren** *n aviat.* procédé *m* d'atterrissage; **~ˌzeichen** *n aviat.* signal *m* d'atterrissage; **~ˌzone** *f aviat.* zone *f* d'atterrissage; *milit.* zone *f* de débarquement.

Land|flucht ['lantfluxt] *f* ⟨~⟩ désertion *f* des campagnes; exode rural; **ᴤˌflüchtig** *adj.* fugitif, -ive; réfugié; **~ werden** s'expatrier; **~fracht** *f comm.* (prix *m* de) transport *m* par terre; roulage *m*; **~frau** *f* paysanne *f*; cultivatrice *f*; fermière *f*; **ᴤfremd** *adj.* étranger, -ère au pays, à la contrée, *etc.*; **~ˌfriede(n)** *m* paix publique; **~friedensˌbruch** *m* troubles *m/pl.* (apportés à la paix publique); émeute *f*; **~funk** *m rad.* radio(diffusion) *f*, émission *f* agricole; **~gang** *m* ⟨~(e)s⟩ *mar. Matrosen* **~ erhalten** avoir permission de descendre à terre; **~ˌgeistliche(r)** *m égl. cath.* curé *m*, *prot.* pasteur *m* de campagne, de village; **~geˌmeinde** *f* commune rurale; **~geˌricht** *n* tribunal *m* de grande instance; **~geˌrichtspräsiˌdent** *m* président *m* du tribunal de grande instance; **~geˌwinnung** *f* conquête *f* des terrains sur la mer; **~graf** *m hist.* landgrave *m*; **~ˌgräfin** *f hist.* landgrav(in)e *f*; **~gut** *n* terre *f*; bien, domaine rural; propriété rurale; **sich auf sein ~ zurückziehen** se retirer sur ses terres; **~haus** *n* maison *f* de campagne; villa *f*; **~ˌhäuschen** *n* petite maison de campagne; cottage *m*; chalet *m*; **~heer** *n* armée *f* de terre; **~ˌinnere(s)** *n* intérieur *m* du pays; **~ˌjäger** *m hist.* gendarme *m* à pied; **~ˌjugend** *f* jeunesse *f* des campagnes, rurale; **~ˌjunker** *m cf.* Landedelmann; **~ˌkarte** *f* carte *f* (géographique); **~kind** *n* enfant *m* de la campagne; petit(e) campagnard(e); **~kreis** *m* district, arrondissement, canton rural; **~ˌkundschaft** *f* clientèle rurale; **ᴤˌläufig** *adj.* qui est d'usage dans le pays; en usage dans le pays; généralement reçu, admis; courant; **~e Redensart** locution courante; **nach ~en Begriffen** d'après les conceptions régnant dans le pays;

~ˌleben *n* vie *f* de *od.* à la campagne; vie champêtre, rustique, rurale, au grand air.

Ländler ['lɛntlər] *m* ⟨~s; ~⟩ valse lente; tyrolienne *f.*

Landleute ['lantˌlɔʏtə] *pl.* **1.** gens *m/pl.* de la campagne; villageois *m/pl.*; campagnards *m/pl.*; *cf. auch* **Landbevölkerung**; **2.** *pl. von* **Landmann.**

ländlich ['lɛntlɪç] *adj.* champêtre; de la campagne; *Sitten auch* rural; (*dörflich*) villageois; (*einfach, bäurisch*) rustique; agreste; paysan, -nne; campagnard.

Land|luft ['lantluft] *f* air *m* de la campagne; grand air; **~ˌmädchen** *n* fille *f* de la campagne; jeune campagnarde, villageoise; **~mann** *m* ⟨~(e)s; -leute⟩ paysan *m*; cultivateur *m*; agriculteur *m*; fermier *m*; **~maˌschinen** *f/pl.* matériel *m* aratoire; machines *f/pl.* agricoles; **~ˌmarke** *f mar.* amers *m/pl.*; **~ˌmesser** *m* ⟨~s; ~⟩ géodésien *m*; géomètre *m*; **~ˌmessung** *f* géodésie *f*; **~parˌtie** *f* partie *f* de campagne; excursion *f* à la campagne; **~ˌpfarre** *f égl.* cure *f* de campagne, de village; **~ˌpfarrer** *m cf.* **Landgeistlicher**; **~ˌplage** *f* calamité publique; fléau *m*; **~pomeˌranze** F *péj. f* campagnarde *f*; villageoise *f*; **~post** *f* poste rurale; **~ˌpostbote** *m cf.* **Landbriefträger**; **~rat** *m* ⟨~(e)s; ~e⟩ *etwa* sous-préfet *m*; **~ratsˌamt** *n etwa* sous-préfecture *f*; **~ˌratte** F *f mar.* F terrien *m*; **~recht** *n hist.* code civil; **~ˌregen** *m* petite pluie; pluie fine, générale, persistante, de longue durée; F crachin *m*; **~ˌreise** *f* voyage *m* par terre; **~ˌrücken** *m géogr.* 'hauteurs *f/pl.*; 'hauts *m/pl.*

Landschaft ['lantʃaft] *f* ⟨~; ~en⟩ paysage *m*; contrée *f*; région *f*; site *m*; **2ˌlich** *adv.* ~ sehr schöne Gegend contrée pittoresque; **~sˌaufnahme** *f phot.* (prise *f* de) paysage *m*; **~sˌbild** *n* panorama *m*; *peint.* paysage *m*; **~sˌgarten** *m* jardin anglais; **~sˌgärtner** *m* architecte *m* paysagiste; **~sgärtneˌrei** *f* architecture *f* des jardins; **~sˌmaler** *m* (peintre *m*) paysagiste *m*; **~smaleˌrei** *f* (peinture *f* de) paysage *m*; **~sˌschutz** *m* protection *f* des sites, des paysages.

Land|schinken ['lantˌʃɪŋkən] *m* jambon fumé (à la ferme), de campagne; **~ˌschule** *f* école rurale, de village, à la campagne; **~schulˌheim** *n cf.* **Landerziehungsheim**; **~schulˌlehrer** *m* instituteur rural, de village; **~schulˌwesen** *n* enseignement rural; **~see** *m* lac intérieur; **~ˌseite** *f* côté *m* de la terre; **~ser** *m* ⟨~s; ~⟩ F *milit.* (simple) soldat *m*; F troupier *m*; P troufion *m*; griveton *m*; pioupiou *m*; *im 1. Weltkrieg* F poilu *m*; **~sitz** *m cf.* **Landhaus**; *hist.* manoir *m*; gentilhommière *f.*

Lands|knecht ['lantsknɛçt] *m hist.* lansquenet *m*; **~ˌleute** *pl. von* **~mann**; **~mann, ~ˌmännin** *m* ⟨~(e)s; -leute⟩, *f* ⟨~; ~nen⟩ compatriote *m, f*; **was ist er für ein ~?** de quel pays est-il?; **was für ein ~ sind Sie?** quelle est votre nationalité?; **wir sind Landsleute** nous sommes du même pays, de la même région; **~mannˌschaft** *f Bundesrep.* organisation *f* des expulsés, des réfugiés allemands (des territoires annexés).

Land|spitze ['lantˌʃpɪtsə] *f* pointe *f* de terre; (*Vorgebirge*) cap *m*; **~stadt** *f* ville *f* de province, située dans une région agricole; **~ˌstände** *m/pl. hist.* états provinciaux; **~ˌstraße** *f* grand-route *f*; route nationale, départementale; F **immer auf der ~ liegen** être toujours en route, par monts et par vaux, par voie et par chemin; **~straßenˌschreck** *m* F (*rücksichtsloser Autofahrer*) F chauffard *m*; **~ˌstrecke** *f cf.* **~strich**; **~ˌstreicher (-in)** *m* ⟨~s; ~⟩ (*f*) ⟨~; ~nen⟩ vagabond, -e *m, f*; chemineau *m*; F galvaudeux *m*; P trimardeur *m*; **~streicheˌrei** *f* ⟨~⟩ vagabondage *m*; **~ˌstreitkräfte** *f/pl. milit.* forces *f/pl.* terrestres, de terre; *cf. auch* **Landheer**; **~strich** *m* étendue *f* de pays; contrée *f*; région *f*; **~sturm** *m hist.* landsturm *m*; *in Frankreich entsprechend* réserve *f* de l'armée territoriale; **~sturmˌmann** *m* ⟨~(e)s; ~er⟩ *hist.* homme *m* du landsturm; **~tag** *m hist.* Landtag *m*; *in Bundesrep.* parlement *m* d'un land; **~tagsˌabgeordnete(r)** *m* député *m hist.* du *od.* au Landtag, *in Bundesrep.* d'un parlement de land.

Landung ['landuŋ] *f* ⟨~; ~en⟩ *cf.* **landen III**; **~sˌboot** *n milit.* canot *m* de débarquement; **~sˌbrücke** *f mar.* débarcadère *m*; embarcadère *m*; appontement *m*; *schwimmende* ponton *m*; **~sˌkorps** *n milit.* corps *m* expéditionnaire, de débarquement; **~sˌplatz** *m mar.* lieu *m*, endroit *m* de débarquement; **~sˌsteg** *m cf.* **Landesteg**; **~sˌstelle** *f cf.* **~splatz**; **~sˌtruppen** *f/pl. milit.* troupes *f/pl.* de débarquement; **~sverˌsuch** *m milit.* tentative *f* de débarquement, *aviat.* d'atterrissage.

Land|urlaub ['lantˌʔuːrlaup] *m mar.* permission *f* de (descendre à) terre; **~verˌkehr** *m* trafic *m* terrestre; **~verˌmessung** *f* arpentage *m*; **~vogt** *m hist. etwa* bailli *m*; **~volk** *n cf.* **Landbevölkerung**; **2wärts** *adv.* vers la terre; **~weg** *m* **1.** chemin vicinal; **2.** voie *f* de terre, terrestre; **auf dem ~e** par (voie de) terre; **~wehr** *f hist.* landwehr *f*; *in Frankreich entsprechend cf.* **Landsturm**; **~wein** *m* vin *m* du pays, du cru, du terroir; petit vin; F pic(c)olo *m*; **~wind** *m* vent *m* de terre; **~wirt** *m cf.* **Landmann**; **~ˌwirtschaft** *f* **1.** agriculture *f*; économie rurale; **2.** (*~gut*) exploitation *f* agricole; **2ˌwirtschaftlich** *adj.* d'économie rurale; agronomique; (*den Feldbau betreffend*) agricole; **~e Erzeugnisse** produits agricoles; **~e Genossenschaft** coopérative agricole; **~er Betrieb** exploitation agricole; **2e Hochschule** *etwa* école supérieure d'agriculture; **~wirtschaftsˌausstellung** *f* exposition *f* agricole; **~wirtschaftsinstiˌtut** *n* institut *m* agronomique; **~wirtschaftsˌjahr** *n* année *f* agricole; **~wirtschaftsˌkammer** *f* chambre *f* d'agriculture; **~wirtschaftsˌlehre** *f* agronomie *f*; **~wirtschaftsˌlehrer** *m* professeur *m* d'une école d'agriculture; **~wirtschaftsˌmesse** *f* foire *f* agricole; **~wirtschaftsmiˌnister** *m* ministre *m* de l'agriculture; **~wirtschaftsminisˌterium** *n* ministère *m* de l'agriculture; **~wirtschaftsˌschule** *f* école *f* d'agriculture; **~wirtschaftsˌwissenschaft** *f* agronomie *f*; **~ˌzunge** *f* langue *f* de terre; presqu'île *f.*

lang [laŋ] **1.** *adj.* ⟨~er, ~st⟩ **a)** long, longue; long, longue de; d'une longueur de; grand; **zwanzig Meter ~** long de vingt mètres; vingt mètres de long; **drei Meter ~ u. vier Meter hoch sein** avoir trois mètres de long(ueur) sur quatre de haut(eur); **e-n Finger ~** de la longueur d'un doigt; **gleich ~ sein** être de (la) même longueur; avoir la même longueur; **so breit wie ~** aussi long que large; **~e Beine** grandes jambes; *rad.* **die ~en Wellen** les grandes ondes; **länger machen** allonger; *cout.* rallonger; *durch Ansetzen auch* mettre une (r)allonge; **länger werden** s'allonger; F **was ist der ~en Rede kurzer Sinn?** quel est, en peu de mots, le sens de ce long discours, de tout ce discours?; **etw. von ~er Hand vorbereiten** préparer qc. de longue main; **von ~er Hand vorbereitet** *auch* préparé de longue date; *fig.* **~ u. breit** (*ausführlich*) longuement; en détail; de façon détaillée; tout au long; **sich des ~en u. breiten über etw. auslassen** raconter qc. tout au long, en long et en large, F de long en large; s'étendre longuement sur qc.; **ein ~es u. breites schreiben** écrire de façon détaillée; **~er Laban** *cf.* **Laban**; F *fig.* **~e Finger machen** avoir les doigts crochus; F *fig.* **e-n ~en Arm haben** avoir le bras long; **etw. auf die ~e Bank schieben** remettre qc. à plus tard; différer qc.; F **ein ~es Gesicht machen** être désappointé; avoir une mine désappointée; F faire une longue mine, la grimace; **e-n ~en Hals machen** allonger le cou; F **mit ~er Nase abziehen** s'en aller tout penaud, l'oreille basse, P la queue entre les jambes; F **j-m e-e ~e Nase machen** faire un pied de nez à qn.; F **~e Zähne machen** (*etw. nicht essen mögen*) manger qc. du bout des dents; bouder un mets; F **er hat e-e ~e Leitung** F il a la comprenette difficile; **b)** *zeitlich* **vor ~en Jahren** il y a bien longtemps, bien des années; **nach ~en Jahren** après bien des années; bien des années après, plus tard; **seit ~er Zeit, seit ~en Jahren** depuis longtemps; il y a longtemps; F il y a belle lurette; **auf ~e Zeit** pour longtemps; **den lieben, ~en Tag** F toute la sainte journée; **ihm wird die Zeit ~** il trouve le temps long; le temps lui dure; il s'ennuie; **Politik auf ~e Sicht** politique à longue portée; **Wechsel auf ~e Sicht** traite à longue échéance; **längere Zeit** quelque temps; un temps assez long; **seit längerer Zeit** depuis quelque temps, un certain temps; *von Tagen* **länger werden** augmenter (de longueur); devenir plus long; (s')allonger; rallonger; **... so sind Sie die längste Zeit hiergewesen** ... vous ne resterez pas plus longtemps ici; ... votre temps ici sera fini; ... vous serez congédié, renvoyé; **2.** *adv.* longuement; durant; pendant; **ein Jahr ~** pendant, durant une année; (pendant) une année entière; *litt.* une année durant; **den ganzen Tag ~** tout le long de la journée; **sein Leben ~** toute sa vie; sa vie durant; sa vie entière; **einige Zeit ~** pendant quelque temps; **über kurz od. ~** tôt ou tard; **~ anhaltender Regen** pluie de longue durée, persistante; **er schlug ~ hin** il tomba de tout son long; *cf. auch* **Länge 1.**; **~ˌärmelig** *adj.* **ein ~es Kleid** une robe à longues manches; **~ˌatmig** *adj. Geschichte* (*weitschweifig*) plein de digressions; *Rede auch* prolixe; verbeux, -euse; diffus; **e-e ~e Rede** *auch* F *fig. péj.* du délayage; **~ˌbeinig** *adj.* qui a les jambes longues; F qui est 'haut sur pattes.

lange ['laŋə] *adv.* ⟨**länger, am längsten**⟩ longtemps; longuement; **wie ~ wollen Sie bleiben?** combien de temps pensez-vous séjourner, rester?; **wie ~ sind Sie schon hier?** depuis quand êtes-vous ici?; **er hat mir ~**

nicht geschrieben il ne m'a pas écrit de(puis) longtemps; il a été longtemps sans m'écrire; **ich habe ihn ~ nicht gesehen** il y a longtemps que je ne l'ai vu; **er bleibt ~ aus** il tarde à rentrer; **er wird ~ ausbleiben** il restera longtemps parti; **bleib nicht ~ aus!** ne sois pas long à rentrer!; ne sois pas longtemps parti!; ne tarde pas à rentrer!; **wir blieben ~ auf** nous veillâmes assez tard; **er braucht ~, um zu ...** (+ *inf.*) il est long, lent à ... (+ *inf.*); il lui faut longtemps, bien du temps pour ... (+ *inf.*); **das hat nicht ~ gedauert** *auch* cela n'a guère duré; **es wird nicht ~ dauern** cela ne durera pas longtemps; F ce ne sera pas long; **schon ~** depuis longtemps; **es ist schon ~ her, daß ...** il y a beau temps, (bien) longtemps, F belle lurette que ...; **das ist schon ~ her** il y a beau temps, bien longtemps de cela; **wir kennen uns noch nicht ~** nous ne nous connaissons que depuis peu; **wie ~ lernen Sie schon Französisch?** combien de temps y a-t-il que vous apprenez le français?; depuis quand, combien de temps apprenez-vous le français?; **er wird es nicht mehr ~ machen** il n'ira plus loin; il ne vivra plus longtemps; **wie ~ soll ich denn warten?** jusqu'à quand voulez-vous que j'attende? **warten Sie schon ~?** y a-t-il longtemps que vous attendez?; **da können Sie ~ warten, ehe ...** vous pouvez, pourrez attendre longtemps avant que ... (+ *subj.*); F **da kannst du ~ warten!** F *fig.* tu peux toujours te fouiller!; **so ~ als, wie ...** tant que ...; aussi longtemps que ...; **auf ~ (Zeit) hinaus** pour bien longtemps; **noch ~ nicht** pas de sitôt (*mit* ne *beim Vb.*); pas avant longtemps; **er ist noch ~ nicht fertig** *mit e-r Arbeit* il n'est pas près de finir; il est loin d'avoir terminé; *zum Ausgehen* il est loin d'être prêt; **~ bevor ...** longtemps, bien avant que ... (+ *subj.*); **nicht ~ darauf** peu (de temps) après; **nicht erst ~ fragen** ne pas poser trop de questions; aller droit au but; F **das ist für uns ~ gut** (*gut genug*) c'est bien bon pour nous; c'est assez bon pour nous; *zeitlich* **länger** plus longtemps; assez longtemps; **tausend Jahre u. länger** mille ans et plus; **ein Tag länger** un jour de plus; **je länger, je lieber** le plus longtemps sera le mieux; **werden Sie länger hierbleiben?** resterez-vous ici quelque temps?; **es ist schon länger her, daß ...** il y a un certain temps que ...; **es ist länger als e-n Monat her** il y a plus d'un mois; **ich kann es nicht länger mehr verschweigen** je ne peux plus taire la chose; **wenn er es noch länger so treibt ...** s'il continue de la sorte ...; **ich habe nicht länger Zeit** je n'ai pas le temps d'attendre davantage; je ne puis m'arrêter plus longtemps; (*ich kann nicht länger bleiben*) je ne peux rester plus longtemps; *zeitlich* **längst** depuis longtemps; il y a longtemps; **ich habe es schon längst bemerkt** je m'en suis aperçu depuis longtemps; il y a longtemps que je m'en suis aperçu; **das dauert am längsten** c'est ce qui dure, coûte, exige le plus de temps; *fig.* **es hat am längsten gedauert** F ça ne durera plus longtemps; **er ist ~, längst nicht so klug wie ...** il est loin d'être aussi intelligent que ...; **~, längst nicht so schön** beaucoup moins beau, belle; **er ist noch ~, längst kein Künstler** il est loin d'être un artiste; il n'est de loin pas un artiste; **was ~ währt, wird endlich gut** *prov.* tout vient à point à qui sait attendre *prov.*

Länge ['lɛŋə] *f* ⟨~; ~n⟩ **1.** longueur *f*; long *m*; **der Garten hat zwanzig Meter in der ~** le jardin a vingt mètres de long(ueur); **der ~ nach spalten** fendre en longueur, dans le sens de la longueur, en long, *sc.* longitudinalement; **der ~ nach hinfallen** tomber de tout son long, de son 'haut, de toute sa hauteur; *cf. auch* **lang 2.** (**er schlug ~ hin**); **2.** (*Körpergröße*) taille *f*; grandeur *f*; 'haute stature; **3.** *Sport* **mit e-r (halben) ~ Vorsprung siegen** vaincre d'une (demi-)longueur; **4.** *fig.* (*Dauer*) durée *f*; **in die ~ ziehen** (faire) traîner en longueur; **sich in die ~ ziehen** traîner en longueur; *Roman, Theaterstück etc.* **~n haben** renfermer des longueurs; **5.** *géogr.* longitude *f*; **bei 10° östlicher ~** à dix degrés de longitude est; **6.** *métr. e-r Silbe* longueur *f*; (*lange Silbe*) (syllabe *f*) longue *f*; **2ˌlang** *adv.* F **~ hinfallen** *cf.* **Länge 1.**

langen ['laŋən] F **I** *v/t.* ⟨h⟩ (*darreichen*) (faire) passer; présenter; tendre; *fig.* **er langte ihm e-e** (*Ohrfeige*) il lui flanqua une gifle, P une torche, un emplâtre, une torgn(i)ole; **sich j-n ~** prendre qn. à part pour le réprimander, admonester, sermonner, tancer, morigéner, F pour lui passer un savon; **II** *v/i.* **1.** (*ausreichen*) *ohne genaue Zeitangabe* aller (loin); *mit genauer Angabe der Zeit od. des Zwecks* aller (jusque); suffire (pour qc., pour une durée); **damit wird er nicht weit ~** avec cela il n'ira pas loin; **das langt für zwei Wochen** cela suffit pour deux semaines; **nicht mit dem Geld ~** F ne pas joindre les deux bouts; *fig.* **jetzt langt es mir aber!** j'en ai assez maintenant!; **2.** (*hinreichen*) atteindre à; **ich kann nicht so weit ~** je ne peux pas y atteindre; **3. nach etw. ~** (*greifen*), **sich etw. ~** (*nehmen*) prendre, saisir, F attraper qc.; *fig.* **in die Tasche ~** (*bezahlen*) mettre la main à la poche.

längen ['lɛŋən] *v/t.* ⟨h⟩ allonger; étirer; **2ˌeinheit** *f* unité *f* de longueur; **2ˌgrad** *m géogr.* degré *m* de longitude; **2ˌkreis** *m géogr.* méridien *m*; **2ˌmaß** *n* mesure *f* de longueur; *sc.* mesure *f* linéaire; **2ˌmessung** *f* mesure *f* des longueurs.

langentbehrt ['laŋ?ɛntˌbeːrt] *adjt.* dont on est privé depuis longtemps.

Längenunterschied ['lɛŋənˌ?ʊntərʃiːt] *m* différence *f* de longueur.

länger ['lɛŋər] *comp. cf.* **lang, lange.**

langersehnt ['laŋ?ɛrˌzeːnt] *adjt.* (qu'on a) longuement désiré.

Langett|e [laŋ'gɛtə] *f* ⟨~; ~n⟩ feston *m*; **~enˌstich** *m* point *m* de feston; **2ieren** [-'tiːrən] *v/t.* ⟨*pas de ge-*, h⟩ festonner.

Lang(e)weile ['laŋ(ə)ˌvaɪlə] *f* ⟨*gén.* **der Lang(e)weile** *od.* **Langenweile**⟩ ennui *m*; **~ haben** s'ennuyer; **j-m die ~ vertreiben** désennuyer qn.; faire passer le temps à qn.; **sich die ~ vertreiben** se désennuyer; tromper son ennui; **aus Lange(r)weile** par ennui; **vor Lange(r)weile umkommen, vergehen** mourir d'ennui; F sécher sur pied.

lang|faserig ['laŋˌfaːzərɪç] *adj.* à longues fibres; **2ˌfinger** *m* F (*Dieb*) voleur *m*; escamoteur *m*; personne *f* qui a les doigts crochus; F chapardeur *m*; **~ˌfingerig** *adj.* à doigts effilés; **2fräsmaˌschine** *f techn.* fraiseuse-raboteuse *f*; **~ˌfristig** *adj. u. adv.* à long terme; à longue échéance; **sein Geld ~ anlegen** placer son argent à long terme; **~geˌschwänzt** *adj. zo.* à longue queue; **~geˌstreckt 1.** *adjt.* allongé; long; **2.** *advt.* étendu de tout son long; **~geˌstreift** *adj.* à rayures longitudinales; **~geˌzogen** *adjt. Ton* prolongé; soutenu; de longue durée; **2haar...** *in Zssgn.* à long poil; à poil long; **2haarˌdackel** *m* basset *m* à poil long; **~ˌhaarig** *adj.* qui a les cheveux longs; à *od.* aux cheveux longs; *Tiere* à long poil; **2ˌhobel** *m* varlope *f*; **2holz** *n coll.* troncs *m/pl.* d'arbre; bois *m* en grume; **2holzˌwagen** *m* fardier *m*; **~ˌjährig** *adj.* qui existe depuis des années; **~e Erfahrung** longue expérience; **~er Freund** vieil ami; **~e Freundschaft** amitié de vieille, de longue date; amitié vieille de plusieurs, de longues années; **~ˌköpfig** *adj. sc.* dolichocéphale; **2ˌköpfigˌkeit** *f* ⟨~⟩ *sc.* dolichocéphalie *f*; **2lauf** *m Schisport* (course *f*, épreuve *f* de) fond *m*; **2ˌläufer** *m Schisport* skieur *m* de fond; **~ˌlebig** *adj.* qui vit longtemps; de longue vie; *sc.* macrobe; macrobien, -nne; macrobite; *phys. atom.* à longue période; **2ˌlebigˌkeit** *f* ⟨~⟩ longévité *f*; *sc.* macrobie *f*.

länglich ['lɛŋlɪç] *adj.* oblong, -longue; de forme allongée.

Lang|mut ['laŋmuːt] *f* ⟨~⟩ longanimité *f*; patience *f*; **er stellte ihre ~ auf die Probe** il a mis sa patience à l'épreuve; **2ˌmütig** *adj.* qui a de la longanimité; patient; **~ˌmütigˌkeit** *f* ⟨~⟩ *cf.* **~mut**; **2ˌnasig** *adj.* à *od.* au nez long; qui a le nez long.

Langobard|en [laŋgo'bardən] *m/pl.* Lombards *m/pl.*; **2isch** *adj.* lombard; **das 2e, die ~e Sprache** le lombard; la langue lombarde.

Lang|ohr ['laŋ?oːr] *n* F (*Esel*) âne *m*; F bourrique *f*; baudet *m*; **Meister ~** maître Aliboron; **2ˌohrig** *adj.* à *od.* aux longues oreilles; oreillard; qui a les oreilles longues; **~rohrgeˌschütz** *n milit.* canon long.

längs [lɛŋs] *prép.* ⟨*gén. od. dat.*⟩ le long de; **~ dem Flusse** *od.* **des Flusses** le long de la rivière, du fleuve; *cf. auch* **entlang**; **2ˌachse** *f* axe longitudinal.

langsam ['laŋzaːm] **1.** *adj. von Personen u. Sachen* lent; *nur von Personen* long, longue; *nur von Sachen* petit (*par ex.* allure, train, trot); **der Kellner ist so ~ in der Bedienung** le garçon est bien long (à nous servir); **~er werden** (se) ralentir; **2.** *adv.* lentement; avec lenteur; doucement; petit à petit; **~ aber sicher** lentement mais sûrement; **immer ~!** doucement!; mollement!; F piano!; tout doux!; P mollo(t)!; **~ arbeiten** travailler lentement, posément, doucement, sans se presser; traîner à la besogne; F être lambin; lambiner; travailler mollement, P mollo(t); **~ fahren** *auch* F rouler à la papa; **~ fahren!** au pas!; **~er fahren** ralentir; réduire la vitesse; **~ gehen** aller lentement; **~er gehen** a) ralentir sa marche; b) *als j* marcher moins vite (que qn.); **~er machen** a) ralentir; b) *als j* agir plus lentement (que qn.); *comm., Waren* **~ abgehen** être d'un débit, d'une vente difficile; se vendre difficilement; **wer ~ geht, kommt auch zum Ziel** *prov.* petit train va loin *prov.*; **2erˌwerden** *n* ralentissement *m*; **2ˌkeit** *f* ⟨~⟩ lenteur *f*; longueur *f*.

Längsbalken [ˈlɛŋsˌbalkən] *m bât.* longrine *f.*

lang|schäd(e)lig [ˈlaŋˌʃɛːd(ə)lɪç] *adj. sc.* dolichocéphale; **2ˌschäfter** *m/pl.* bottes *f/pl.* (à hautes tiges); **2schiff** *n bât.* grande nef; **2ˌschläfer(in)** *m (f)* celui, celle qui fait la grasse matinée; F grand(e) dormeur (dormeuse); **~ˌschnäb(e)lig** *adj.*, **2ˌschnäbler** *m* ⟨~s; ~⟩ *zo. sc.* longirostre *adj. u. subst. m*; **~ˌschwänzig** *adj.*, **2schwanz...** *in Zssgn. zo.* à longue queue; *sc.* macroure; **2ˌschwelle** *f chem.* longrine *f.*

längs|gestreift [ˈlɛŋsgəˌʃtraɪft] *adj.* rayé dans le sens de la longueur; à raies, rayures longitudinales; **2ˌlinie** *f* ligne longitudinale; **2ˌrichtung** *f* sens *m* de la longueur, longitudinal.

Langspielplatte [ˈlaŋʃpiːlˌplatə] *f* disque *m* à microsillon; (disque *m*) microsillon *m*; **auf ~ aufnehmen** graver, enregistrer sur microsillon.

Längs|schnitt [ˈlɛŋsʃnɪt] *m* section, coupe longitudinale; **~ˌseite** *f* grand côté; **2seits** *adv. mar.* le long du bord; **~ kommen** accoster; aborder (à); **~ˌstreifen** *m* raie longitudinale.

längst [lɛŋst] *adv. cf.* **lange**; **~ens** *adv.* au plus tard.

langstielig [ˈlaŋˌʃtiːlɪç] *adj.* **1.** *bot.* à longue tige, queue; *sc.* longicaule; **2.** F *fig. cf.* **langweilig**; **2ˌkeit** F *fig. f* ⟨~⟩ caractère ennuyeux.

Längsträger [ˈlɛŋsˌtrɛːgər] *m techn.* longeron *m.*

Langstrecken|bomber [ˈlaŋʃtrɛkənˌbɔmbər] *m aviat.* bombardier *m* à grand, long rayon d'action; **~ˌflug** *m aviat.* vol *m* à longue distance; **~ˌflugzeug** *n aviat.* avion *m* de grand raid, à grand, long rayon d'action; (avion *m*) long-courrier *m*; **~ˌlauf** *m Sport* (course *f* de) fond *m*; **~ˌläufer** *m Sport* coureur *m* de fond; **~raˌkete** *f milit.* fusée *f* à longue portée; **~reˌkord** *m Sport* record *m* de fond.

Languste [laŋˈgʊstə] *f* ⟨~; ~n⟩ *zo.* langouste *f.*

Lang|weile [ˈlaŋˌvaɪlə] *f* ⟨~⟩ *cf.* **Lang(e)weile**; **2ˌweilen I** *v/t.* ⟨h⟩ **j-n ~** ennuyer, importuner, fatiguer qn.; *pfort.* excéder, lasser qn.; F embêter, raser qn.; **II** *v/réfl.* **sich ~** s'ennuyer; se faire vieux, vieille; F s'embêter; se raser; **sich zu Tode ~** s'ennuyer à mourir, à la mort; mourir, crever d'ennui; **2ˌweilig** *adj.* ennuyeux, -euse; ennuyant; fatigant; fastidieux, -euse; F embêtant; rasant; *nur von Personen* pesant; **äußerst, höchst ~ sein** *auch* être ennuyeux, -euse comme la pluie; **ach, wie ~!** F quelle barbe!; **hier ist es ~** ici on s'ennuie; **~er Kerl**, F **Peter** *im Wesen* F raseur *m*; vieux rasoir; scie *f*; *in der Arbeit* F moule *f*; **~ˌwelle** *f rad.* grande onde; *techn.* onde longue; **~wellenbeˌreich** *m rad.* zone *f*, gamme *f* des grandes ondes; **~wellenemˌpfänger** *m rad.* appareil récepteur à *od.* de grandes ondes; **~wellenˌsender** *m rad.* (poste) émetteur *m* à grandes ondes; **2ˌwierig** *adj.* qui dure (depuis) longtemps; long, longue; de longue durée, haleine; *Arbeit auch* pénible; de patience; **~e Verhandlungen** négociations laborieuses; **~ˌwierigˌkeit** *f* ⟨~⟩ longue durée; longueur *f.*

Lanolin [lanoˑˈliːn] *n* ⟨~s⟩ *chim.* lanoline *f.*

Lanthan [lanˈtaːn] *n* ⟨~s⟩ *chim.* lanthane *m*; **~iden** [-ˈniː-] *pl. chim.* lanthanides *m/pl.*; **~it** [-ˈniːt, -ˈnɪt] *m* ⟨~s; ~e⟩ *minéral.* lanthanite *f.*

Lanze [ˈlantsə] *f* ⟨~; ~n⟩ lance *f*; *fig.* **e-e ~ für j-n brechen** rompre une lance pour qn.; se faire le champion de qn.; **~nˌfähnchen** *n*, **~nˌfähnlein** *n* flamme *f*, fanion *m* de la lance; **2nˌförmig** *adj.* en forme de lance; *bot., zo. sc.* lancéolé; **~nˌreiter** *m hist.* lancier *m*; **~nˌschaft** *m* bois *m* de lance; ʻhampe *f* de la lance; **~nˌspitze** *f* fer *m* de lance; **~nˌstechen** *n hist.* joute *f*; tournoi *m*; **~nˌstich** *m*, **~nˌstoß** *m* coup *m* de lance.

Lanzett|e [lanˈtsɛtə] *f* ⟨~; ~n⟩ *chir.* lancette *f*; *chir. vét.* flamme *f*; **~ˌfisch(chen)** *m (n) zo. sc.* amphioxus *m*; **2ˌförmig** *adj.* lancéolé.

laotisch [laˈoːtɪʃ] *adj.* laotien, -nne; du Laos.

lapidar [lapiˑˈdaːr] *adj.* lapidaire; **2ium** *n* ⟨~s; -ien⟩ lapidaire *m*; **2ˌstil** *m* style *m* lapidaire.

Lapilli [laˈpɪliˑ] *pl. géol.* lapilli *m/pl.*

Lapislazuli [ˈlaːpɪsˈlaːtsuˑliˑ] *m* ⟨~⟩ *minéral. cf.* **Lasurstein**.

Lappalie [laˈpaːliˑə] *f* ⟨~; ~n⟩ bagatelle *f*; vétille *f*; futilité *f*; F babiole *f*; *pfort.* (un) rien.

Lappe [ˈlapə] *m* ⟨~n; ~n⟩ Lapon *m.*

Lapp|en [ˈlapən] *m* ⟨~s; ~⟩ **1.** (*Wisch2*) chiffon *m*; lambeau *m*; torchon *m*; F *fig.* **j-m durch die ~ gehen** (*entwischen*) filer des mains de qn.; brûler la politesse à qn.; F *fig.* **das ist mir durch die ~ gegangen** F cela m'est passé sous le nez; **2.** *anat., bot.* lobe *m*; **2ig** *adj. bot., anat. sc.* lobé; *fig.* (*schlaff*) lâche; flasque; *Stoff* fatigué.

Lappi|n [ˈlapɪn] *f* ⟨~; ~nen⟩ Lapone *f*; **2sch** *adj.* lapon.

läppisch [ˈlɛpɪʃ] F *adj.* niais; sot, -tte; inepte; fade; puéril; **~es Zeug** fadaises *f/pl.*; inepties [-si] *f/pl.*; niaiseries *f/pl.*; sornettes *f/pl.*

Lapp|länder(in) [ˈlapˌlɛndər(ɪn)] *m* ⟨~s; ~⟩ *(f)* ⟨~; ~nen⟩ *cf.* **Lappe, Lappin**; **2ˌländisch** *adj.* lapon.

Lapsus [ˈlapsʊs] *m* ⟨~; ~⟩ lapsus [-s] *m.*

Lärche [ˈlɛrçə] *f* ⟨~; ~n⟩ *bot.* mélèze *m*; *sc.* larix *m*; **~nˌholz** *n* mélèze *m.*

larifari [lariˑˈfaːriˑ] **I** *int.* F chansons que tout cela!; **II 2** *n* ⟨~s; ~s⟩ absurdité(s) *f (pl.)*; billevesées *f/pl.*; *cf. auch* **läppisch(es Zeug)**.

Lärm [lɛrm] *m* ⟨~s⟩ *allg.* bruit *m*; (*Gepolter, Getöse*) *von Maschinen, Fahrzeugen etc. verursacht* vacarme *m*; fracas *m*; *von Menschen verursacht* tapage *m*; chahut *m*; vacarme *m*; tumulte *m*; F tintamarre *m*; *fig.* **viel ~ um nichts** beaucoup de bruit pour rien; **~ machen** faire du bruit, du vacarme, du tapage, F du potin, du boucan, du raffût; chahuter; F faire du tam-tam; **~ schlagen** (*alarmieren*) donner l'alerte, l'alarme; **ohrenbetäubender ~** vacarme assourdissant; F bruit, vacarme à crever le tympan; **~beˌkämpfung** *f* lutte *f*, campagne *f* contre le bruit; **2en I** *v/i.* ⟨h⟩ faire du bruit, du vacarme, du tapage, *etc.* (*cf.* Lärm); **II ~en** *n* ⟨~s⟩ *verbal*; **2end** *adjt.* bruyant; turbulent; tapageur, -euse; tumultueux, -euse; fracassant; F tintamarresque; **~e Menge** cohue *f*; **~es Wesen** turbulence *f*; **~ˌmacher** F *m* ⟨~s; ~⟩ tapageur *m*; **~schutz** *m* protection *f*, dispositions *f/pl.*, mesures *f/pl.* contre le bruit.

Lärvchen [ˈlɛrfçən] *n* ⟨~s; ~⟩ F *iron. od. péj.* (*Gesicht*) **ein hübsches ~ haben** F avoir un joli petit minois, une jolie petite frimousse.

Larve [ˈlarfə] *f* ⟨~; ~n⟩ **1.** *zo.* larve *f*; **2.** (*Maske*) masque *m*; **3.** F *iron. od. péj. cf.* **Lärvchen**.

Laryn|gitis [larʏŋˈgiːtɪs] *f* ⟨~; -ˈtiden⟩ *méd.* laryngite *f*; **~goˈloge** *m* ⟨~n; ~n⟩ *méd.* laryngologiste *od.* laryngologue *m*; **~goloˈgie** *f* ⟨~⟩ *méd.* laryngologie *f*; **~goˈskop** *n* ⟨~s; ~e⟩ *méd.* laryngoscope *m.*

Larynx [ˈlaːrʏŋks] *m* ⟨~; -ˈryngen⟩ *anat.* larynx *m.*

las [laːs] *cf.* **lesen**.

lasch [laʃ] F *adj. cf.* **schlaff**.

Lasche [ˈlaʃə] *f* ⟨~; ~n⟩ *chem., techn.* éclisse *f*; *charp., techn.* couvre-joint *m*; éclisse *f*; *cout.* patte *f*; languette *f*; *an Schnürschuhen* (*Zunge*) languette *f*; *hinten* tirant *m*; **~nˌbolzen** *m chem.* boulon *m* d'éclisse.

Laschheit [ˈlaʃhaɪt] F *f* ⟨~⟩ *cf.* **Schlaffheit**.

lasier|en [laˈziːrən] *v/t.* ⟨*pas de ge-*, h⟩ glacer; vernisser; **2ung** *f* ⟨~⟩ *cf.* **Lasur**.

Läsion [lɛziˑˈoːn] *f* ⟨~; ~en⟩ *jur., méd.* lésion *f.*

lassen [ˈlasən] **I** *v/aux. de mode* ⟨**läßt, ließ, gelassen, lasse** *od.* **laß!**, h⟩ **1.** (*zulassen*) laisser; (*nicht hindern*) ne pas empêcher de ... (+ *inf. od.* que ... ne + *subj.*); ne pas s'opposer à ce que ... (+ *subj.*); tolérer, admettre, accepter, souffrir que ... (+ *subj.*); permettre de ... (+ *inf. od.* que ... + *subj.*); **j-n etw. tun ~** laisser faire qc. à qn.; **ich lasse ihn reden** je le laisse parler; **~ Sie mich nur machen** laissez-moi faire, je m'en charge; **laß ihn kommen!** qu'il vienne!; **laß einmal hören!** voyons!; **etw. sehen ~** faire voir qc.; montrer qc.; **j-n etw. merken ~** laisser entendre qc. à qn.; **nicht mit sich spaßen ~** ne pas entendre raillerie; **vermuten ~** donner à penser, à croire; **die Lampe brennen ~** laisser la lampe allumée; **auf der Erde liegen ~** laisser par terre; ne pas ramasser; **alles stehen u. liegen ~** laisser tout là; F laisser tout en plan; laisser tout tomber; P plaquer tout; F **hundert Mark springen ~** (*ausgeben*) dépenser cent marks; **ahnen ~** laisser entrevoir, supposer; **2.** (*veranlassen*) faire; *wenn ein Gang damit verbunden ist* envoyer; **ich habe ihn dieses Kapitel lesen ~** je lui ai fait lire ce chapitre; **ich lasse mir e-n Mantel machen** je fais faire, j'ai commandé un manteau; **j-n etw. tun ~** faire faire qc. à qn.; **den Arzt holen ~** envoyer chercher le médecin; **j-n etw. wissen ~** faire connaître qc. à qn.; informer qn. de qc.; **er läßt fragen, ob ...** il fait demander si ...; **er läßt fragen, wie es Ihnen geht** il demande comment vous allez; il demande de vos nouvelles; **ich lasse ihn grüßen** faites-lui mes compliments; je lui fais mes compliments; saluez-le de ma part; **ich lasse ihm e-e glückliche Reise wünschen** je lui souhaite un bon voyage; **3.** *zur Bildung der 1. Person des pl. des imp.* **laß, laßt uns gehen!** partons!; **~ wir den Autor sprechen** donnons la parole à l'auteur; **II** *v/t.* **4.** (*überlassen*) laisser; céder; concéder; accorder; abandonner; **j-m etw. ~** laisser, céder, abandonner qc. à qn.; **j-m den Vortritt ~** céder le pas à qn.; *Waren* **billiger ~** laisser, céder à meilleur marché; (*zubilligen*) **sie ist bescheiden, das muß man ihr ~** elle est modeste, c'est une justice à lui rendre; **...,** on ne saurait en disconvenir; (*geben*) **j-m Muße, Zeit ~** laisser, donner, accorder du temps à qn.; ~ **Sie mir Zeit zu** ... (+ *acc.*; um ... zu + *inf.*) donnez-moi, laissez-moi, *etc.* le temps de ... (+ *inf.*); **5.** (*unterlassen*) ne pas faire; renoncer à; s'abstenir de; se passer de; ~ **Sie das (sein)**! *wenn der andere bei der Handlung ist* finissez!; laissez cela!; assez!; *wenn der andere erst die Absicht hat, etw. zu tun* gardez-vous de le faire!; *drohend* ne vous amusez pas à ça!; ne touchez pas à ça!; (*mischen Sie sich nicht ein*) ne vous en occupez pas!; F bas les pattes!; **das Rauchen** ~ renoncer à, s'abstenir de fumer; **laß das Weinen**! cesse de pleurer!; ~ **wir das**! (*reden wir nicht mehr darüber*) brisons là!; laissons cela!; passons!; n'en parlons plus!; **frei sein zu tun od. zu** ~, **was man will** être libre de faire ce qu'on veut; **tun, was man nicht** ~ **kann** faire ce dont on ne peut se défendre; **die Katze läßt das Mausen nicht** *prov.* chassez le naturel, il revient au galop *prov.*; *cf. auch* **bleibenlassen**; **6. laß ihn erst so alt sein wie du** ... attends qu'il ait ton âge ...; **7.** (*verlieren*) quitter; **sein Leben für das Vaterland** ~ donner sa vie, se sacrifier pour son pays; *fig.* **Haare bei etw.** ~ F *fig.* y laisser des plumes; **etw. nicht aus den Augen** ~ garder qc. à vue; ne pas quitter des yeux qc.; **8.** *Schiff* **vom Stapel** ~ lancer; **9. Wasser** ~ uriner; **10.** (*unterbringen*) *von Sachen* placer; *von Personen* loger; **nicht wissen, wo man die Koffer, die Gäste alle** ~ **soll** ne savoir où placer les malles, où loger son monde; **11.** (*belassen*) ~ **wir es beim Alten**! laissons les choses comme par le passé!; **j-n in s-m Amt** ~ laisser, maintenir qn. dans son emploi; **j-n im unklaren über etw.** ~ laisser ignorer qc. à qn.; laisser qn. dans l'ignorance de qc.; **j-n in dem Wahn, Glauben** ~, **daß** ... laisser qn. dans la croyance que ...; laisser qn. croire (faussement) que ...; **keinen guten Faden, kein gutes Haar an j-m** ~ dire pis que pendre de qn.; **e-e Seite leer** ~ laisser une page en blanc; **die Tür offen** ~ laisser la porte ouverte; **etw. unbesprochen** ~ passer sur qc.; **e-r Sache freien Lauf** ~ laisser libre cours à qc.; **den Dingen ihren Lauf** ~ laisser les choses suivre leur cours; *fig.* **die Kirche im Dorf** ~ ne pas exagérer; **j-m völlig freie Hand** ~ laisser le champ (les mains) libre(s) à qn.; laisser libre jeu à qn.; laisser qn. libre de ses mouvements; donner carte blanche à qn.; **12.** ~ **Sie mich damit in Ruhe**! laissez-moi tranquille avec ça!; ne m'en parlez pas!; **j-n aus dem Spiel** ~ laissez qn. de côté; ne pas mêler qn. à qc.; **13.** (*zurücklassen*) abandonner; **j-n weit hinter sich** ~ (*übertreffen*) laisser qn. loin derrière soi; surclasser qn.; **alles hinter sich** ~ abandonner, F plaquer tout; **er läßt viel Geld in der Kneipe** il laisse beaucoup d'argent au bistrot; **14. j-n im Stich** ~ abandonner, P plaquer, laisser choir, tomber qn.; **15. j-n von sich** ~ (*gehen*~) congédier qn.; se séparer de qn.; **niemand zu sich** ~ ne recevoir personne; n'être là pour personne; consigner sa porte; **j-n ins Haus** ~ laisser entrer qn.; **III** *v/i.* **16. von etw.** ~ (*ablassen*) *cf.* ~ II, 5.; **er läßt nicht von s-r Meinung** il s'entête, s'obstine dans son opinion; F il ne démord pas de son opinion; **ich kann nicht von ihm** ~ je ne puis me séparer de lui; **er läßt nicht von ihr** il ne la quitte pas; **17. zur Ader** ~ faire une saignée; **IV** *v/réfl.* *Metall* **läßt sich dehnen** ... est très ductile; **dieser Stoff läßt sich gut waschen** cette étoffe se lave bien, est facile à laver; **das läßt sich nicht beschreiben** cela ne peut pas être décrit, est indescriptible, indicible; cela défie toute description; **da läßt sich nichts machen** on n'y peut rien faire; il n'y a rien à faire; il n'y a pas de remède à cela; **wie sich denken läßt** comme on peut bien le penser; **das läßt sich nicht anders erwarten** on ne peut s'attendre à autre chose; **das läßt sich hören**! voilà quelque chose de sensé!; voilà une bonne parole!; **es läßt sich nicht leugnen, daß** ... on ne peut nier que ... (ne) ... (+*subj.*); **diese Zigarren** ~ **sich rauchen** ces cigarres se laissent fumer, sont passables, acceptables; **dieser Wein läßt sich trinken** ce vin se laisse boire, est buvable, F potable; **darüber ließe sich reden** on pourrait s'entendre, discuter là-dessus; **das läßt sich besser sagen als tun** cela est plus aisé à dire qu'à faire; **darüber ließe sich viel sagen** il y aurait bien des choses à dire là-dessus; **es sich wohl sein** ~ se mettre, en prendre à son aise; prendre ses aises; **sich nichts abgehen** ~ ne se priver de rien; **ich lasse mich das nicht anfechten** cela me touche peu; **sich etw. einfallen** ~ s'aviser de qc.; **ich werde mir das gesagt sein** ~ je me le tiendrai pour dit; **ich habe mir sagen** ~ ... j'ai appris ...; on m'a dit ...; je me suis laissé dire ...; ~ **Sie sich erzählen** ... permettez-moi, il faut que je vous raconte ...; ~ **Sie sich Zeit**! prenez votre temps!; **das hätte ich mir nicht träumen** ~ jamais je ne me serais imaginé pareille chose; je ne m'y attendais pas; cela me dépasse; cela (dé)passe mon imagination; **sich keine Mühe verdrießen** ~ ne se rebuter de rien; ne reculer devant aucune difficulté; **sich etw. gefallen** ~ agréer qc.; consentir à qc.; *e-n Vorwurf* accepter, admettre, reconnaître le bien-fondé de qc.; **sich nicht gefallen** ~, **daß** ... ne pas permettre, souffrir que ... (+ *subj.*); **sich gefallen** ~, **daß** ... trouver bon que ... (+ *subj.*); **das lasse ich mir gefallen**! à la bonne heure!; **das kann man sich noch allenfalls gefallen** ~! passe (encore) pour cela!; **das Bauen ließe man sich noch gefallen, aber** ... passe encore de bâtir mais ...; **sich vor Freude nicht zu** ~ **wissen** ne pas se sentir de joie; **sich auf die Knie fallen** ~ tomber à genoux; **sich sehen** ~ se montrer; se produire; **sich vor j-m sehen** ~ se présenter devant qn.; **es sich etw. kosten** ~ ne reculer devant aucune dépense; **sich erwischen** ~ se laisser prendre, F pincer; **sich etw. nicht anmerken** ~ ne pas laisser voir qc.; ne pas trahir qc.; **sich die Arbeit sauer werden** ~ se donner de la peine, du mal, un mal de chien pour ce travail-là; **V** ⁓ *n* ⟨~s⟩ **sein Tun u.** ~ ses faits et gestes *m/pl.*; sa conduite; ses agissements *m/pl.*

lässig ['lɛsɪç] *adj.* (*nachlässig*) négligent; sans soin; (*sorglos*) insouciant; nonchalant; qui en prend à son aise; (*gleichgültig*) indifférent; *Haltung* désinvolte; ⁓ˌ**keit** *f* ⟨~⟩ (*Nachlässigkeit*) négligence *f*; (*Sorglosigkeit*) insouciance *f*; nonchalance *f*; (*Gleichgültigkeit*) indifférence *f*; laisser-aller *m*; P je-m'en-fichisme *m*; je-m'en-foutisme *m*; *in der Haltung* désinvolture *f*.

läßlich ['lɛslɪç] *adj. relig. cath.* véniel, -lle.

Lasso ['lasoˑ] *m od. n* ⟨~s; ~s⟩ lasso *m*.

Last [last] *f* ⟨~; ~en⟩ **1.** charge *f*; fardeau *m*; faix *m*; *fig.* poids *m*; **des Tages** ~ **u. Hitze** le poids du jour et de la chaleur; **j-m zur** ~ **fallen** importuner, incommoder qn.; être à charge à qn.; **der Öffentlichkeit zur** ~ **fallen** être à la charge publique; **j-m etw. zur** ~ **legen** accuser qn. de qc.; attribuer, imputer, reprocher qc. à qn.; *comm.* **etw. zu j-s** ~**en buchen** porter qc. au débit de qn.; **zu** ~**en des Versicherten** à la charge de l'assuré; **2.** *mar.* *e-s Schiffes* cargaison *f*; fret *m*; **3.** *mar.* *Maßeinheit* last(e) *m*; **4.** ~**en** *pl.* (*Abgaben*) impôts *m/pl.*; charges publiques; ~ˌ**auto** *n* camion *m* (automobile); poids lourd; ⁓**en** *v/i.* ⟨-ete, h⟩ peser; **auf etw. schwer** ~ peser d'un grand poids sur qc.; **diese Schuld lastet auf mir** cette dette me pèse; **auf dem Unternehmen** ~ **schwere Schulden** la firme est grevée de lourdes dettes; **auf dem Hause** ~ **große Hypotheken** la maison est fortement hypothéquée; **der Kummer lastet auf ihm** il est accablé de chagrin, abattu par le chagrin; *st. s.* **Gottes Hand lastet schwer auf diesem Volk** la main de Dieu s'est appesantie sur ce peuple; ~**en**ˌ**aufzug** *m* (appareil) élévateur *m*; monte-charge(s) *m*; ~**en**ˌ**ausgleich** *m* péréquation *f*, répartition *f* des charges; ⁓**en**ˌ**frei** *adj.* exempt de charges; ~**en**ˌ**segler** *m aviat.* planeur-cargo *m*; ~**en**ˌ**senkung** *f* réduction *f*, diminution *f* des charges.

Laster[1] ['lastər] *n* ⟨~s; ~⟩ vice *m*; *Untugend jeglicher Art* passion *f*; **e-m** ~ **frönen** être l'esclave d'un vice; **Müßiggang ist aller** ~ **Anfang** *prov.* *cf.* **Müßiggang**; F **langes** ~ *cf.* **Laban**.

Laster[2] ['lastər] *m* ⟨~s; ~⟩ F *cf.* **Lastauto**.

Lästerer ['lɛstərər] *m* ⟨~s; ~⟩ médisant *m*; diffamateur *m*; calomniateur *m*; dénigreur *m*; clabaudeur *m*; (*Gottes*⁓) blasphémateur *m*.

laster|haft ['lastərˌhaft] *adj.* vicieux, -euse; (*verderbt*) dépravé; (*unsittlich*) immoral; (*liederlich*) déréglé; **ein** ~**es Leben führen** mener une vie dépravée, débauchée; ⁓ˌ**haftigkeit** *f* ⟨~⟩ dépravation *f*; immoralité *f*; dérèglement *m*, relâchement *m* (des mœurs); corruption *f* des mœurs; ⁓**höhle** *f* sentine *f* du vice.

Lästerin ['lɛstəˌrɪn] *f* ⟨~; ~nen⟩ médisante *f*; diffamatrice *f*; dénigreuse *f*; clabaudeuse *f*; (*Gottes*⁓) blasphématrice *f*.

Lasterleben ['lastərˌleːbən] *n* ⟨~s⟩ vie dépravée, déréglée, dissolue; débauche *f*.

läster|lich ['lɛstərˌlɪç] *adj.* médisant; diffamatoire; diffamant; calomnieux, -euse; injurieux, -euse; (*gottes*~) blasphématoire; (*gottlos*) impie; (*schändlich*) odieux, -euse; infâme; ⁓ˌ**maul** F *n* mauvaise, méchante langue; langue *f* de vipère; médisant, -e *m, f*; diffamateur, -trice *m, f*; F *fig.* vipère *f*; *cf. auch* **Lästerer, Lästerin**; ~**n I** *v/t. u. v/i.* ⟨-(e)re, h⟩ **über j-n** ~ médire de, dénigrer, diffamer, calomnier, outrager, F débiner qn.; **den Namen Gottes** ~, **wider Gott** ~, **Gott** ~ blasphémer, jurer (le nom de) Dieu; **II** ⁓**n** *n* ⟨~s⟩ *cf.* ⁓**ung**; ⁓ˌ**rede** *f* propos calomnieux, outrageants, injurieux, diffamatoires; **&,sucht** *f* ⟨~⟩ manie *f* de médire, de dénigrer, *etc.*; médisance *f*; **&ung** *f* ⟨~; ~en⟩ médisance *f*; dénigrement *m*; clabauderie *f*; diffamation *f*; calomnie *f*; outrage *m*; (*Gottes&*) blasphème *m*; **&,zunge** *f* *cf.* &maul.

Last|fahrzeug ['last,fa:rtsɔʏk] *n*, **~,fuhrwerk** *n* camion *m*; **~hebema,gnet** *m* électro-aimant *m* de levage.

lästig ['lɛstɪç] *adj.* importun; à charge; (*unbequem*) incommode; (*hinderlich*) gênant; fâcheux, -euse; (*ermüdend, störend*) fatigant; *pfort.* encombrant; assommant; (*langweilig*) ennuyeux, -euse; **~er Ausländer** (étranger *m*) indésirable *m*; **~er Kerl** F casse-pieds *m*; **j-m ~ werden, fallen** importuner, incommoder, ennuyer, gêner qn.

Lastigkeit ['lastɪç,kaɪt] *f* ⟨~⟩ *mar.* tonnage net.

Last|kahn ['lastka:n] *m* chaland *m*; péniche *f*; **~,kraftwagen** *m* (*abr.* Lkw, LKW) *cf.* Lastauto; **~kraft,wagen,anhänger** *m* remorque *f*; **~pferd** *n* cheval *m* de somme; **~schrift** *f* *comm.* note *f* de débit; poste débiteur; **~tier** *n* bête *f* de somme; **~,wagen** *m* *cf.* Lastauto; **~wagen,fahrer** *m* chauffeur *m*, conducteur *m* de poids lourd; camionneur *m*; routier *m*; **~zug** *m* train routier; camion *m* à remorque.

Lasur [la'zu:r] *f* ⟨~; ~en⟩ *peint.* glacis *m*; **~,farbe** *f* *peint.* couleur transparente; **~,stein** *m* *minéral.* lapis(-lazuli) *m*; lazulite *m*; pierre *f* d'azur.

lasziv [las'tsi:f] *adj.* lascif, -ive; **&i'tät** *f* ⟨~; ~en⟩ lascivité *f*.

Latein [la'taɪn] *n* ⟨~s⟩ latin *m*; langue latine; *fig.* F **mit s-m ~ zu Ende sein** être au bout de son latin, de son rouleau; **~a,merika** *n* l'Amérique latine; **&ameri,kanisch** *adj.* latino-américain; **~er** *m* ⟨~s; ~⟩ latiniste *m*; **&isch** *adj.* latin; **~e Buchstaben, ~e Schrift** (caractères) romains *m/pl.*; **die ~e Sprache, das &e** *cf.* Latein; **~,schrift** *f* *impr. cf.* Antiqua; **~,schule** *f* *hist. etwa* collège *m*; **~,segel** *n* *mar.* voile latine.

laten|t [la'tɛnt] *adj.* latent; *phys.* **~e Wärme** chaleur latente; **&z** *f* ⟨~⟩ latence *f*.

lateral [late·'ra:l] *adj.* latéral.

Laterit [late·'ri:t, -'rɪt] *m* ⟨~s; ~e⟩ *géol.* latérite *f*.

Laterna magica [la'tɛrna 'ma:gi·ka] *f* ⟨~ ~; -nae -cae⟩ lanterne *f* magique, de projection.

Laterne [la'tɛrnə] *f* ⟨~; ~n⟩ lanterne *f*; (*Straßen&*) *für Gas, elektrische* réverbère *m*; lampadaire *m*; *mar.* (*Schiffs&*) fanal *m*; F *fig.* **etw. mit der ~ suchen** chercher qc. à la loupe; **~n,anzünder** *m* *früher* allumeur *m* de réverbères; **~n,pfahl** *m* (poteau *m* de) réverbère *m*, lampadaire *m*.

Latex ['la:tɛks] *m* ⟨~⟩ *bot.* latex *m*.

Latifundien [lati·'fundi·ən] *n/pl.* grandes propriétés foncières, rurales.

Latin|er [la'ti:nər] *m/pl.* Latins *m/pl.*; **&i'sieren** *v/t.* ⟨*pas de ge-*, h⟩ latiniser; **~i'sierung** *f* ⟨~⟩ latinisation *f*; **~is·mus** [-'nɪs-] *m* ⟨~; -men⟩ latinisme *m*; **~ist** [-'nɪst] *m* ⟨~en; ~en⟩ latiniste *m*; **~i'tät** *f* ⟨~⟩ latinité *f*.

Latrine [la'tri:nə] *f* ⟨~; ~n⟩ latrines *f/pl.*; feuillées *f/pl.*; **~nge,rücht** F *n* F canard *m*; bobard *m*; **~npa,role** F *f* *cf.* ~ngerücht.

Latsch [la:tʃ] *m* ⟨~es; ~e⟩ **1.** F **langer ~** *cf.* Laban; **2.** *cf.* Latsche².

Latsche¹ ['latʃə] *f* ⟨~; ~n⟩ *bot.* pin nain; (*Laub&*) aulne *m* (vert).

Latsch|e² ['la:tʃə] *f* ⟨~; ~n⟩, **~en** *m* ⟨~s; ~⟩ F (*ausgetretener Schuh*) savate *f*; (*Hausschuh, Pantoffel*) pantoufle *f*; chausson *m*; mule *f*; babouche *f*; **&en** F **I** *v/i.* ⟨**sein**⟩ (*marschieren, spazieren*) marcher; (*nachlässig gehen*) traîner la jambe, F la patte; **II** *v/t.* ⟨h⟩ **j-m e-e ~** donner une gifle, F une claque, une calotte, une taloche, P une torgn(i)ole à qn.; **&ig** F *adj.* qui traîne la jambe, F la patte; à la démarche traînante; **e-n ~en Gang haben** avoir la démarche traînante.

Latte ['latə] *f* ⟨~; ~n⟩ *charp.* latte *f*; *beim Hochsprung, am Fußballtor* barre *f*; *aviat.* F (*Propeller*) hélice *f*; F *fig.* **lange ~** *cf.* Laban; F *fig.* **e-e lange ~ Schulden** une liste, quantité, F un tas de dettes (à régler); **~n,holz** *n* bois *m* à lattes; **~n,kiste** *f* caisse *f* à claire-voie; cageot *m*; **~n,rost** *m* caillebotis *m*; plancher *m* mobile à claire-voie, en lattes; **~nver,schlag** *m* **1.** *auf e-m Hausboden etc.* cagibi *m*, réduit *m* à claire-voie, à cloisons lattées, en lattage, en lattis; **2.** *cf.* ~nwerk; **~n,werk** *n* *charp.* lattis *m*; lattage *m*; **~n,zaun** *m* clôture *f* en lattes, en lattis, en lattage, à claire-voie.

Lattich ['latɪç] *m* ⟨~(e)s; ~e⟩ *bot.* laitue *f*.

Latz [lats] *m* ⟨~es; ≈e⟩ **1.** *e-r Schürze* (*Brust&*) bavette *f*; **2.** *für Kinder* bavoir *m*; bavette *f*; **3.** (*Hosen&*) pont *m* (de pantalon).

Lätzchen ['lɛtsçən] *n* ⟨~s; ~⟩ *cf.* Latz 2.

lau [laʊ] *adj.* tiède; attiédi (*beide auch fig.*); *fig.* sans flamme; indifférent; *Luft, Wetter* doux, douce; **ein ~er Wind** un vent tiède, doux; un zéphir.

Laub [laʊp] *n* ⟨~(e)s⟩ **1.** feuillage *m*; feuilles *f/pl.*; frondaison *f*; **dürres ~** feuilles sèches, mortes; fanes *f/pl.*; **frisches ~** feuillage vert; verdure *f*; **2.** *Farbe im deutschen Kartenspiel* pique *m*; **~,bäume** *m/pl. bot.* (arbres *m/pl.*) feuillus *m/pl.*; arbres *m/pl.* à feuilles; **~dach** *poét.* *n* dôme *m*, voûte *f* de verdure; ramée *f*; *poét.* dais *m* de feuillage.

Laube ['laʊbə] *f* ⟨~; ~n⟩ **1.** (*Gartenhäuschen*) cabane *f*, maisonnette *f* de jardin; *gewölbte, aus grünen Zweigen* tonnelle *f*; **2.** *bât.* arcades *f/pl.*; **3.** *fig.* F **fertig ist die ~!** (*das wäre geschafft*) c'est fini!; F tout est liquidé!; **~n,gang** *m* **1.** allée couverte, arcades *f/pl.* de feuillage, de verdure; pergola *f*; charmille *f*; **2.** *cf.* Laube 2.; **~nkolo,nie** *f* jardins ouvriers.

Laub|fall ['laʊpfal] *m* ⟨~(e)s⟩ chute *f* des feuilles; défeuillaison *f*; **~frosch** *m* *zo.* grenouille verte; rainette *f*; **~ge,hölze, ~,hölzer** *n/pl.* arbres *m/pl.*, arbrisseaux *m/pl.* et arbustes *m/pl.* feuillus, à feuilles; **~hütten,fest** *n* *der Juden* fête *f* des tabernacles; **~,moose** *n/pl. bot.* mousses *f/pl.* frondifères; **~,säge** *f* scie *f* à découper, à chantourner; **~säge,arbeiten** *f/pl.* (travaux *m/pl.* de) découpage *m*, chantournage *m*; *als Resultat* travaux *m/pl.* en bois découpé; **~säge,holz** *n* bois *m* à découper; **~,sänger** *m* *zo.* pouillot *m*; **&,tragend** *adjt. bot.* frondifère; **~wald** *m* bois *m*, forêt *f* d'essences feuillues; bois feuillu; **~werk** *n* feuillage *m*; frondaison *f*; *bât.* rinceaux *m/pl.*

Lauch [laux] *m* ⟨~(e)s; ~e⟩ *bot.* ail *m*; *im engeren Sinne Gemüse* poireau *m*; **&,artig** *adj. bot.* alliacé; **&grün** *adj.* por(r)acé.

Laudanum ['laudanum] *n* ⟨~s⟩ *phm.* laudanum [-ɔm] *m*.

Lauer ['laʊər] *f* ⟨~⟩ **auf der ~ sein, liegen** être, se tenir aux aguets; être aux écoutes; avoir l'œil au guet; **sich auf die ~ legen** se mettre aux aguets; **&n I** *v/i.* ⟨-(e)re, h⟩ **auf etw. ~** attendre qc. avec impatience; *hinterhältig* guetter, épier qc.; **auf j-n ~** se tenir à l'affût de, guetter qn.; **II ~n** *n* ⟨~s⟩ attente *f*; guet *m*; espionnage *m*; surveillance *f* en cachette, discrète.

Lauf [laʊf] *m* ⟨~(e)s; ≈e⟩ **1.** (*Laufen*) course *f* (*auch Sport*); **der ~ der Sonne** la course, la marche du soleil; **im vollen ~** en pleine course; **100-Meter-~** course de cent mètres (plat); **2.** ⟨*pas de pl.*⟩ *fig.* (*Fortgang*) cours *m*; courant *m*; marche *f*; train *m*; **im ~e der Hauptverhandlung** au cours du débat principal; **im ~e des Geschäftsjahres** au cours de l'exercice; **im ~e der Zeit** avec le temps; à la longue; **der ~ der Dinge** le cours des choses; **den Dingen ihren ~ lassen** laisser aller les choses; laisser les choses suivre leur cours; **das ist der ~ der Welt** c'est le train du monde; ainsi va le monde; **s-n Leidenschaften freien ~ lassen** donner libre cours à ses passions; **s-m Schmerz freien ~ lassen** exhaler sa douleur; se répandre en plaintes; **~ der Geschäfte** courant des affaires; **im ~e des Monats** dans le courant du mois; **3.** (*Fluß&*) cours *m*; **4.** *e-s Gewehrs* canon *m*; **5.** *der Jagdtiere u. Hunde* (*Bein*) jambe *f*; pied *m*; patte *f*; **6.** *mus.* (*schnelle Tonfolge*) roulade *f*; **~,achse** *f* essieu porteur; **~bahn** *f* (*Berufsweg*) carrière *f*; **e-e ~ einschlagen** choisir, suivre, embrasser une carrière; **mit s-r, s-e ~ beginnen** F faire ses premières armes; **~brett** *n* *cf.* Laufplanke; **~,brücke** *f* passerelle *f*; **~,bursche** *m* garçon *m* de courses, de magasin.

lauf|en ['laʊfən] **I** *v/t.* ⟨läuft, lief, gelaufen, lauf(e)!, sein⟩ courir; faire; aller; **er ist vier Kilometer in e-r Stunde gelaufen** il a fait, couvert quatre kilomètres en une heure; **das Pferd läuft e-n guten Trab** le cheval va (à un) bon trot; **Gefahr ~, zu …** (+ *inf.*) courir le risque, le danger, risquer de … (+ *inf.*); **Schlittschuh ~** patiner; **Schi ~** faire du ski; **Spießruten ~** *hist.* passer sous les verges; *fig.* passer sous les regards de; *fig.* **Sturm ~ gegen etw.** se rebeller, se dresser contre qc.; **II** *v/i.* **1.** (*rennen*) courir; (*gehen*) aller (à pied); **hin u. her ~** courir çà et là; **wie verrückt ~** F courir comme un dératé, un perdu, un fou; P avoir le feu au cul; **Hals über Kopf ~,** F **~ wie ein Bürstenbinder** courir à toutes jambes; prendre ses jambes à son cou; **um die Wette ~** disputer une course; courir à qui mieux mieux; **j-m in den Weg ~** se mettre sur le chemin de qn.; *durch Zufall* (*j-m begegnen*) se trouver sur le chemin de qn.; rencontrer qn.; **j-m in die Arme ~** tomber sur qn.; **in sein Verderben ~** courir à sa perte; *e-e Sache* **unter j-s Namen ~** marcher, être sous le nom de qn.; **das Kind lernt ~** l'enfant apprend à marcher; **in jeden Film, in die Wirtshäuser ~** courir les cinémas, les cabarets; **alle Welt läuft in dieses Stück** tout le monde se presse, accourt aux représentations de cette pièce; *fig.* **auf Hochtouren ~** battre son plein; F **die Sache läuft wie am Schnürchen** F l'affaire marche comme sur des roulettes; **ein Schauer lief mir über den Rücken** un frisson me passa dans le dos; **es lief mir dabei kalt über den Rücken** cela m'a fait froid dans le dos;

j'en ai eu un frisson; **die Zinsen ~ ab ersten Januar** les intérêts courent à partir du premier janvier; **der Wechsel läuft noch zwei Monate** la traite ne sera échue, ne viendra à échéance que dans deux mois; **ins Geld ~** être coûteux, -euse, onéreux, -euse, dispendieux, -euse; **es läuft das Gerücht, daß ...** le bruit court que ...; **lassen Sie ihn ~** a) faites-le courir; b) (*lassen Sie ihn gehen*) laissez-le partir; **2.** *mar.* **ein Schiff vom Stapel ~ lassen** lancer un navire; **auf Grund ~** échouer; **auf e-e Mine ~** 'heurter une mine; **3.** *abs. Züge* aller; rouler; circuler; **4.** *Rad* tourner; *Maschinen, Motor* fonctionner; F aller; marcher; **der Motor läuft auf Hochtouren** le moteur tourne à un régime élevé; **den Motor langsamer ~ lassen** mettre le moteur au ralenti; **5.** *Film* (*gezeigt werden*) passer; **der Film läuft schon** (*die Vorstellung hat bereits begonnen*) le film passe déjà; la projection du film a déjà commencé; **6.** (*fließen*) couler; **Tränen liefen ihm über die Wangen** des larmes roulaient sur ses joues; **mir läuft die Nase** mon nez coule; *cf. auch* Nase 1.; **die Kerze läuft** (*tropft*) la chandelle coule; **das Faß läuft** ce tonneau fuit, coule, a une fuite; **das Wasser ~ lassen** laisser couler l'eau; **das Wasser läuft mir in die Schuhe** mes souliers prennent l'eau; **7.** (*ver~*) se diriger; prendre la direction de; **mit etw. parallel ~** être parallèle à qc.; **8.** *Zeit* (*vergehen*) passer; s'écouler; **III** *v/imp.* **es läuft sich hier gut** ⟨h⟩ on marche sans peine ici; **IV** *v/réfl.* ⟨h⟩ **sich müde ~** se fatiguer à force de marcher; **sich die Füße wund gelaufen haben** avoir les pieds meurtris à force de marcher; *fig.* F **sich die Füße wund ~** *um etw. zu bekommen* se démener, faire des pieds et des mains (pour qc. *od.* pour obtenir qc.); **V 2en** *n* ⟨~s⟩ (*Rennen*) course *f*; (*Gehen*) marche *f*; **ich bin des ~s müde** je suis las, -sse de marcher, courir; **~end 1.** *adjt.* courant; **~e Ausgaben** dépenses courantes; **die ~en Geschäfte** les affaires courantes; **im ~en Monat** dans le mois en cours; dans le courant, au cours du mois; dans le mois courant; *comm.* **~er Kredit** crédit ouvert; **~es Meter** mètre courant; **~e Nummer** numéro d'ordre, de série; **~e** (*unerledigte*) **Anträge** demandes en instance; **~e Arbeiten** travaux en cours; **~er** (*gültiger*) **Vertrag** contrat en vigueur; **am ~en Band** (*unaufhörlich*) sans arrêt; sans interruption; **auf dem ~en sein** a) (*Bescheid wissen*) être au courant, F à la page; b) *in den Rechnungsbüchern* être à jour; **aufs ~e bringen** mettre à jour; **auf dem ~en halten** tenir au courant (de qc.); **2.** *advt.* (*regelmäßig*) régulièrement; constamment; en permanence; **~enˌlassen** *v/t.* ⟨*irr., sép., pas de ge-,* h⟩ *e-n Verhafteten* relâcher; libérer; mettre en liberté; *jur.* relaxer; F *fig.* **j-n ~** (*aufgeben*) ne pas se mettre en peine pour qn.; F laisser tomber, P choir qn.

Läufer [ˈlɔʏfər] *m* ⟨~s; ~⟩ **1.** *Sport* coureur *m*; *Fußball* demi *m*; **2.** *Schachspiel* fou *m*; **3.** (*schmaler Teppich*) passage *m*; (*Tisch2*) chemin *m* de table; (*Treppen2*) tapis *m* d'escalier; **4.** *mus. cf.* Lauf 6.; **5.** *techn.* curseur *m*; *élect.* induit *m*; rotor *m*.

Lauferei [ˌlaufəˈrai] F *f* ⟨~; ~en⟩ **viel ~ mit etw. haben** devoir faire bien des pas, des courses, F devoir galoper beaucoup pour une affaire; **j-m viel ~ machen** donner bien à courir à qn.; **j-m ganz unnütze ~ verursachen** faire courir qn. pour rien.

Läufer|in [ˈlɔʏfəˌrɪn] *f* ⟨~; ~nen⟩ *Sport* coureuse *f*; **~ˌreihe** *f Fußball* demis *m/pl*.

Lauf|feuer [ˈlaufˌfɔʏər] *n fig.* **die Nachricht verbreitete sich wie ein ~** la nouvelle se répandit comme une traînée de poudre; **~gang** *m mar.* coursive *f*; **~geˌwicht** *n* poids-curseur *m*; poids *m* mobile; **~gewichtsˌwaage** *f* balance romaine; **~ˌgitter** *n für Kinder* (baby-)parc *m*; parc pliant, à bébé; F pouponnière *f*; **~ˌgraben** *m milit.* boyau *m*.

läufig [ˈlɔʏfɪç] *adj. Hündin* **~ sein** être en chaleur; **2ˌkeit** *f* ⟨~⟩ rut *m*.

Lauf|junge [ˈlaufˌjʊŋə] *m cf.* Laufbursche; **~ˌkäfer** *m/pl. zo.* carabidés *od.* carabiques *m/pl.*; **~ˌkatze** *f techn.* palan *m*, chariot *m*, treuil *m* roulant; **~kran** *m* grue roulante; pont roulant; **~ˌkunde** *m comm.* client *m* de passage; **~ˌkundschaft** *f comm.* clientèle *f* de passage; **~ˌmädchen** *n* trottin *m*; arpette *f*; **~ˌmasche** *f* maille sautée, filée, qui file, rompue, coulée; **~maschenreparaˌtur** *f* remaillage *m*; **~paß** *m* **j-m den ~ geben** donner à qn. son congé; renvoyer qn.; F envoyer qn. promener, se faire pendre ailleurs; **~ˌplanke** *f* planche *f*; *mar.* traversine *f*; **~rad** *n e-r Turbine* roue *f* à aubes; *bei Lokomotiven* roue porteuse; **~ˌschiene** *f* glissière *f*; **~schritt** *m* pas *m* (de) gymnastique, de course; **~stall** *m*, **~ˌställchen** *n cf.* Laufgitter; **~steg** *m* passerelle *f*; *mar. auch* passavant *m*; **~stil** *m Sport* style *m* (de course); **~zeit** *f Sport* temps chronométré, du parcours; *e-r Uhr* durée *f* de marche; *bei e-m Bearbeitungsprozeß* temps *m* d'usinage; *comm.* délai *m* de circulation; *e-s Wechsels auch* longueur *f*; *e-s Vertrages* durée *f* de validité; *von Postsendungen* délai *m* de transport, *von Telegrammen* de transmission; *phys.* temps *m* de parcours, de transit, de propagation; *e-s Films* durée *f* de projection; *der Hunde* rut *m*; **~zeitˌröhre** *f phys.* tube *m* à modulation de vitesse; **~ˌzettel** *m* note *f*, fiche *f* de marche à suivre.

Lauge [ˈlaugə] *f* ⟨~; ~n⟩ *techn., chim., für die Wäsche* lessive *f*; **2nˌartig** *adj.* alcalin; **~nˌbad** *n méd.* bain alcalin, à lessive; lessive *f*; **~nˌsalz** *n chim.* potasse *f*.

Lauheit [ˈlauhait] *f* ⟨~⟩ tiédeur *f* (*auch fig.*); *fig.* indifférence *f*.

Laun|e [ˈlaunə] *f* ⟨~; ~n⟩ (*Stimmung*) humeur *f*; (*Vergnügtheit*) enjouement *m*; (*Einfall, Grille*) caprice *m*; fantaisie *f*; lubie *f*; **guter, schlechter ~ sein, gute, schlechte ~ haben** être de bonne, mauvaise humeur; avoir une bonne, mauvaise lune; F être bien, mal luné; **schlechter ~ sein** *auch* être chagrin; avoir de l'humeur; P être en rogne, de mauvais poil; **heitere ~** humeur enjouée; **ich bin nicht in ~ zu schreiben** je ne suis pas en humeur d'écrire; je ne suis pas d'humeur à écrire; **bei ~** en verve; de bonne humeur; **da er eben bei ~ war** comme il paraissait de bonne humeur; **aus ~** par fantaisie; **~ des Schicksals** caprice de la destinée; **~n haben** avoir des humeurs, des caprices, des lubies; être lunatique; avoir ses lunes; **2enˌhaft** *adj.* capricieux, -euse; bizarre; (*wetterwendisch*) changeant; inconstant; instable; peu stable; lunatique; versatile; **~enˌhaftigˌkeit** *f* ⟨~⟩ humeur capricieuse, changeante, *etc.*; caprices *m/pl.*; bizarrerie(s) *f* (*pl.*); **2ig** *adj.* d'une humeur enjouée; plein de gaîté; d'un caractère gai; (*witzig*) plein de saillies; spirituel, -lle; amusant; divertissant; comique; drôle; **2isch** *adj.* (*mürrisch*) de mauvaise humeur; F mal luné; (*wetterwendisch*) *cf.* 2enhaft.

Laus [laus] *f* ⟨~; ¨e⟩ *zo.* pou *m*; P toto *m*; *fig.* F **ihm ist e-e ~ über die Leber gelaufen** il est de mauvaise humeur; F il est mal luné, de mauvais poil; **j-m Läuse in den Pelz setzen** donner du fil à retordre à qn.; **~ˌbube** F *m* gamin *m*; polisson *m*; fripon *m*; (petit) effronté *m*, galopin *m*; espiègle *m*; **~bubenˌstreich** *m* espièglerie *f*; (mauvais) tour *m*; farce *f*; niche *f*.

lausch|en [ˈlauʃən] **I** *v/i.* ⟨h⟩ **1.** *j-s Worten etc.* (*zuhören*) écouter attentivement; prêter l'oreille (à); **2.** (*horchen*) être aux écoutes, aux aguets; espionner; **an der Tür ~** écouter derrière la porte, à la porte; **II 2en** *n* ⟨~s⟩ *verbal*; **2er** *m* ⟨~s; ~⟩ **1.** *auch* **2eˌrin** *f* ⟨~; ~nen⟩ celui, celle qui écoute aux portes; *pfort.* espion, -nne *m, f*; **2.** *pl. ch.* (*Ohren*) oreilles *f/pl.*; **~ig** *adj.* retiré; intime; discret, -ète; **~es Plätzchen** charmant petit coin; coin retiré et discret.

Lause|bengel [ˈlauzəˌbɛŋəl] F *m* (mauvais) garnement *m*, drôle *m*; vaurien *m*; petit voyou; **~ˌharke** *f* F *iron.* (*Kamm*) peigne *m*; **~ˌjunge** F *m cf.* ~bengel; **2ˈkalt** F *adj. cf.* lausig (kalt).

Läusekamm [ˈlɔʏzəˌkam] *m* peigne fin.

Lausekerl [ˈlauzəˌkɛrl] F *m cf.* Lausebengel.

Läusekraut [ˈlɔʏzəˌkraut] *n* ⟨~(e)s⟩ *bot.* herbe *f* aux poux; *sc.* pédiculaire *f*.

Lauselümmel [ˈlauzəˌlʏməl] F *m cf.* Lausebengel.

laus|en [ˈlauzən] *v/t.* (*u. v/réfl.*) ⟨-(es)t, h⟩ (s')épouiller; **j-n ~** *auch* chercher les poux à qn.; *fig.* F **ich denke, mich laust der Affe** *cf.* Affe; **2eˌnest** F *n* sale trou *m*; sale patelin *m*; **2eˌpack** F *n* crapule(s) *f* (*pl.*); canaille *f*; vermine *f*; plèbe *f*; populace *f*; tourbe *f*; **~ig** F **1.** *adj.* (*schäbig*) pouilleux, -euse; misérable; gueux, -euse; (*sehr viel*) **das kostet ein ~es Geld** cela coûte les yeux de la tête; **2.** *adv.* très; **es ist ~ kalt** il fait très froid; F il fait un froid de canard, de loup, de chien; **er hat e-e ~ lange Leitung** F il est bête à manger du foin, bête comme ses pieds, *fig.* bouché à l'émeri.

laut[1] [laut] **1.** *adj. von der Stimme* 'haut; (*vernehmlich*) perceptible; *Geräusch* bruyant; *mus.* fort; **sehr ~** fortissimo; **ein ~er Mensch** un homme bruyant; **mit ~er Stimme** à 'haute voix; à voix 'haute; en élevant la voix; **e-e ~e Stimme haben** avoir le verbe 'haut, un parler fort; **~es Gelächter** éclats de rire; **mit ~em Geschrei** à grands cris; **in ~e Klagen ausbrechen** se répandre en plaintes; **ein ~es Geschrei erheben** pousser des cris; *fig.* (*protestieren*) jeter les 'hauts cris; *fig.* **~** (*bekannt*) **werden** devenir public, publique; tomber dans la rumeur publique; transpirer; s'ébruiter; se divulguer; *fig.* **Stimmen werden ~** des voix s'élèvent; **2.** *adv.* fort; 'haut; à voix 'haute; à 'haute voix; bruyamment; **~ sprechen** *gelegentlich* parler 'haut, à 'haute voix; *immer cf.* **e-e ~e Stimme haben**; **sprechen Sie ~er!** parlez plus 'haut!; **~ singen** chanter 'haut, fort; **~ aufschreien** pousser un (des) cri(s); **~**

lachen rire aux éclats; **er schrie, so ~ er konnte** il criait à tue-tête.

laut[2] [laut] *prép.* ‹*gén. od. dat. od. nom.*› conformément à; d'après; selon; suivant; aux termes de; en vertu de.

Laut [laut] *m* ‹~(e)s; ~e› son *m*; *phon.* phonème *m*; **keinen ~ von sich geben** ne pas souffler mot; *ch.* **~ geben** donner de la voix; **~ˌangleichung** *f phon.* assimilation *f* de sons; **~ˌbildung** *f phon.* articulation *f*; **~bildungsˌlehre** *f* phonétique *f*.

Laute ['lautə] *f* ‹~; ~n› *mus.* luth [-t] *m*; **die ~ schlagen** jouer du luth.

lauten ['lautən] *v/i.* ‹-ete, h› **die Antwort lautet günstig** la réponse est favorable; **die Antwort lautet mit e-m Wort** la réponse tient en un seul mot; **wie lautet der Brief?** que dit la lettre?; **der Brief lautet folgendermaßen** voici les termes mêmes de la lettre; **wie lautet das dritte Gebot?** que prescrit le troisième commandement?; **das Gesetz lautet so: ...** la loi s'exprime ainsi: ...; *jur.* **das Urteil lautet auf drei Jahre Gefängnis** il a été condamné à, le tribunal a prononcé une peine de trois ans de prison; **der Vertrag lautet also: ...** voici la teneur du contrat: ...; **wie lauteten s-e Worte?** en quels termes s'est-il exprimé?; *comm.* **auf den Inhaber ~d** au porteur; **auf den Namen ~d** nominatif, -ive; **auf meinen Namen ~der Führerschein** permis de conduire à mon nom.

läuten ['lɔytən] *v/t., v/i., v/imp.* ‹-ete, h› sonner; **die Glocke** *od.* **es läutet** la cloche sonne; on sonne; **j-n zu Grabe ~** sonner pour l'enterrement de qn.; **zur Messe ~** sonner la messe; **es läutet zur Messe** on sonne la messe; **das Totenglöckchen ~** sonner le glas; **mit allen Glocken ~** carillonner; sonner à toute volée; *fig.* **ich habe ~ hören, daß ...** j'ai entendu dire que ...; **ich habe davon ~ hören** j'en ai entendu parler; F j'ai eu vent de la chose.

Lautenspieler(in) ['lautənˌʃpiːlər(ɪn)] *m (f)* joueur, -euse *m, f* de luth; luthiste *m, f*.

lauter[1] ['lautər] *comp. von* laut[1].

lauter[2] ['lautər] *adj. Metalle (rein)* pur; sans mélange; sans alliage; *Wein (ungetrübt)* clair; limpide; *fig. (ohne Falsch)* sincère; intègre; loyal; sans détour; **~e Absichten** intentions sincères; **das ist die ~e Wahrheit** c'est la pure vérité; c'est la vérité toute pure.

lauter[3] ['lautər] *adv. (nichts als, nur)* ne ... que; rien que; tout; **das sind ~ Lügen** ce ne sont que des mensonges; purs mensonges!; **das ist ~ dummes Zeug** cela ne tient pas debout; **aus ~ Gold** tout en or.

Lauterkeit ['lautərˌkait] *f* ‹~› pureté *f*; *des Weins* clarté *f*; limpidité *f*; *fig.* sincérité *f*; intégrité *f*; loyauté *f*.

läuter|n ['lɔytərn] **I** *v/t.* (*u. v/réfl.*) ‹-(e)re, h› **1.** (se) purifier; (s')épurer; (se) dépurer; *Glas, Metalle* affiner; *Zucker, Petroleum* raffiner; *Flüssigkeit* dépurer; clarifier; décanter; éclaircir; filtrer; *durch Destillieren* rectifier; **2.** *fig.* (se) purifier; (s')épurer; (se) corriger; **aus diesen Prüfungen ging er geläutert hervor** ces épreuves l'ont rendu meilleur; **II ℒn** *n* ‹~s›, **ℒung** *f* ‹~›, **ℒungsproˌzeß** *m* purification *f*; épuration *f*; dépuration *f*; *von Glas, Metallen* affinage *od.* affinement *m*; *von Zucker, Petroleum* raffinage *m*; *von e-r Flüssigkeit* clarification *f*; décantage *m*; décantation *f*; rectification *f*; *fig.* correction *f*; épurement *m*.

Läut(e)werk ['lɔyt(əˌ)vɛrk] *n* sonnerie *f* (électrique); cloche *f* électrique.

Laut|gesetz ['lautgəˌzɛts] *n* loi *f* phonétique; **ℒgeˌtreu** *adj.* (de) haute fidélité.

lauthals ['lauthals] *adv.* à tue-tête.

lautier|en [lau'tiːrən] **I** *v/t. u. v/i.* ‹*pas de ge-*, h› syllaber; **II ℒen** *n* ‹~s› syllabation *f*; **ℒmeˌthode** *f* méthode *f* phonétique, de syllabation.

Laut|lehre ['lautˌleːrə] *f* phonétique *f*; **ℒlich** *adj.* phonétique; **ℒlos 1.** *adj.* silencieux, -euse; **~e Stille** silence profond, religieux; **2.** *adv.* silencieusement; sans bruit; en silence; *pfort.* dans un profond silence; dans un silence religieux; **~ˌlosigˌkeit** *f* ‹~› silence *m* (absolu, profond); **ℒˌmalend** *adjt.* onomatopéique; **~maleˌrei** *f sc.* onomatopée *f*; **~schrift** *f* transcription *f*, écriture *f* phonétique; **~ˌsprecher** *m* 'haut-parleur *m*; diffuseur *m*; **~sprecherˌanlage** *f* installation *f* de haut-parleurs, de diffuseurs; **~sprecherˌanschluß** *m am Radio* connexion *f*, raccord *m* pour 'haut-parleur; **~sprechermemˌbran** *f* diaphragme *m*, membrane *f* de haut-parleur; **~sprecherˌtrichter** *m* pavillon *m* de haut-parleur; **~sprecherüberˌtragung** *f* transmission *f*, diffusion *f* par 'haut-parleur; **~sprecherˌwagen** *m* voiture *f* à 'haut parleur; **~sprecherˌwerbung** *f* publicité *f* par 'haut-parleur; **~ˌstärke** *f* intensité *f*, volume *m* sonore; force *f*, intensité *f*, puissance *f* du son; *der Stimme* puissance vocale; **~stärkeˌpegel** *m* niveau *m* de l'intensité sonore; **~stärkeˌregelung** *f* réglage *m* du volume (sonore), de la puissance sonore; **~stärkeˌregler** *m* régulateur *m* du volume (sonore); **~stärkeˌschwankungen** *f/pl.* fluctuations *f/pl.*, variations *f/pl.* d'intensité (sonore); *rad.* fading *m*; **~stärkeˌumfang** *m* gamme *f* du volume sonore; **~sysˌtem** *n e-r Sprache* système *m* phonétique; **~verˌschiebung** *f phon.* mutation *f* consonantique; **~verˌstärker** *m beim Radio* amplificateur *m* (acoustique); **~verˌstärkung** *f* amplification *f* du son; **~verˌzerrung** *f* distorsion *f* (du son); **~ˌwandel** *m*, **~ˌwechsel** *m* changement *m* de son; **~ˌzeichen** *n phon.* signe *m* phonétique.

lauwarm ['lauvarm] *adj. cf.* lau.

Lava ['lɑːva] *f* ‹~; -ven› lave *f*; **ℒˌähnlich, ℒˌartig** *adj.* lavique; **~ˌdecke** *f* nappe *f* de lave; **~ˌglut** *f* lave ardente, brûlante; **~ˌstrom** *m* torrent *m*, coulée *f* de lave.

Lavendel [la'vɛndəl] *m* ‹~s; ~› *bot.* lavande *f*; **~ˌfeld** *n* lavandière *f*; **~ˌöl** *n* huile *f*, essence *f* de lavande; **~ˌwasser** *n* eau *f* de lavande.

lavieren [la'viːrən] **I** *v/i.* ‹*pas de ge-*, h› *mar.* louvoyer (*auch fig.*); *fig.* biaiser; F nager entre deux eaux; **II ℒ** *n* ‹~s› *mar.* louvoyage *m*; *fig.* louvoiement *m*.

Lawine [la'viːnə] *f* ‹~; ~n› avalanche *f* (de neige); **ℒnˌartig** *adj. u. adv.* en avalanche; comme une avalanche (*auch fig.*); *fig.* **~ zunehmen, anwachsen** faire boule de neige; **~ngeˌfahr** *f* danger *m* d'avalanche.

lax [laks] *adj.* lâche; *Stil* flasque; **~e Moral** morale aisée, facile, relâchée; **ℒa'tiv** *n* ‹~s; ~e› *cf.* **Abführmittel**; **ℒheit** *f* ‹~› relâchement *m*; *des Stils* flaccidité *f*; **~ der Sitten** mœurs relâchées; **~ieren** [-'ksiː-] *v/t.* ‹*pas de ge-*, h› *méd.* purger.

Lazarett [latsa'rɛt] *n* ‹~(e)s; ~e› *milit.* hôpital *m* militaire; infirmerie *f*; *argot milit.* hostau *od.* hostô *m*; **fliegendes ~** ambulance *f*; **~geˌhilfe** *m* infirmier *m* (militaire); **~ˌschiff** *n* navire-hôpital *m*; **~ˌzug** *m* train *m* sanitaire.

Lebe|dame ['leːbəˌdɑːmə] *f* demi-mondaine *f*; F poule *f*; cocotte *f*; P bambocharde *od.* bambocheuse *f*; **~ˌmann** *m* ‹~(e)s; ~er› viveur *m*; fêtard *m*; P bambochard *od.* bambocheur *m*.

leben ['leːbən] **I** *v/t.* ‹h› **sein Leben noch einmal ~** revivre sa vie; **II** *v/i.* **1.** vivre; être en vie; être vivant; exister; subsister; **er wird nicht mehr lange ~** il n'en a plus pour longtemps (à vivre); F il n'ira pas loin; **(genug) zu ~ haben** avoir de quoi vivre; **er hat nichts zu ~** il n'a pas de quoi vivre; **gut ~** faire bonne chère; **flott, auf großem Fuße, in Saus und Braus, herrlich und in Freuden ~** mener (un) grand train; mener la vie à grandes guides; vivre sur un grand pied; mener joyeuse vie; **zu ~ verstehen** savoir vivre; avoir du savoir-vivre; **jedermann will ~** il faut que tout le monde vive; **noch ~** être encore de ce monde; **solange ich lebe ...** le temps *od.* tant que je vivrai ...; *Ehegatten* **nicht glücklich miteinander ~** ne pas faire bon ménage; **gut, schlecht zusammen ~** vivre en bonne, mauvaise intelligence; **mit ihm ist gut ~** (*auskommen*) il est d'un commerce facile; **sie ~ wie Hund und Katze** ils s'accordent comme chien et chat; **er lebt mit ihr** elle est sa maîtresse; ils habitent ensemble; ils vivent en concubinage; **kümmerlich ~** subsister péniblement; vivoter; vivre pauvrement; F végéter; **früher in besseren Verhältnissen gelebt haben** *auch* avoir mangé son pain blanc; **von s-r Hände Arbeit ~** vivre de son travail, de ses mains; **auf Kosten anderer ~** vivre aux dépens, F aux crochets des autres; **von der Luft u. von der Liebe ~** vivre d'amour et d'eau fraîche, de rien, de l'air du temps; **von der Hand in den Mund ~** vivre au jour le jour; **zurückgezogen ~** vivre retiré; mener une vie fort retirée; **~ u. ~ lassen** il faut vivre et laisser vivre; **~ Sie wohl!** adieu!; portez-vous bien!; **es lebe der König!** vive le roi!; **wie gelebt, so gestorben** *prov.* mourir comme on a vécu; **2.** (*wohnen*) **er lebt in Paris** il vit à, est à, il habite Paris; **wie lange ~ Sie schon in Frankreich?** depuis quand, combien de temps vivez-vous, séjournez-vous déjà en France?; **im Ausland ~** vivre à l'étranger; **3.** (*fortbestehen*) **s-e Dichtungen werden ewig ~** ses poèmes sont impérissables; **sein Gedächtnis lebt im Herzen des Volkes** sa mémoire est gravée pour toujours dans le cœur du peuple; **4. nur für j-n, etw. ~** ne vivre que pour qn., qc.; **er lebt nur dafür** c'est sa raison de vivre; **ich lebe in der Hoffnung, zu ...** (+ *inf.*) je vis dans l'espoir de ... (*meist* + *inf.*); je me nourris de l'espoir de ... (*meist* + *inf.*); **5.** (*Leben zeigen*) être animé; exister; s'agiter; se mouvoir; F **so (et)was lebt nicht noch einmal!** cela ne s'est jamais vu!; **so wahr ich lebe!** aussi vrai que j'existe!; **alles, was auf der Erde lebt und webt** tout ce qui se meut, qui a vie et mouvement sur la terre; tous les êtres animés de la terre; *bibl.* **in ihm ~, weben u. sind**

wir tout notre être repose en lui; **III** *v/réfl. u. v/imp.* **6. hier lebt es sich** gut il fait bon vivre ici; **IV** 2 *n* ⟨~s; ~⟩ **7.** vie *f*; **das ewige, zukünftige ~** la vie éternelle, future; l'autre monde; **das tägliche ~** la vie, l'existence quotidienne; **im täglichen ~** dans la vie courante, quotidienne, de tous les jours; **in Paris ist das ~ teuer** la vie est chère, il fait cher vivre à Paris; **sein ~ einsetzen, wagen** risquer sa vie; **sein ~ teuer verkaufen** vendre chèrement sa vie, F sa peau; **sein ~ lassen** donner sa vie (für j-n pour qn.); **das nackte ~ retten** ne sauver rien que la vie, F sa peau; **sein ~ verkürzen** abréger ses jours, sa vie, son existence; **sich das ~ nehmen** se tuer; se suicider; *litt.* mettre fin à ses jours; **j-m das ~ retten, j-n am ~ erhalten** sauver la vie à qn.; **j-m das ~ schenken** a) (*gebären*) donner la vie, le jour à qn.; b) (*begnadigen*) gracier qn.; faire grâce (de la vie), *milit.* faire quartier à qn.; **j-m das ~ schwer machen** rendre la vie dure à qn.; **sich das ~ unnötig schwer machen** se compliquer la vie pour rien; chercher midi à quatorze heures; **des** *od.* **s-s ~s nicht mehr froh werden** ne plus jouir de l'existence; n'avoir plus de joie à vivre; **ein gutes ~ führen** bien vivre; faire bonne chère; **ein flottes ~ führen** *cf.* **leben II,1.**; **ein bequemes ~ führen** vivre confortablement; *iron.* prendre ses aises; F se la couler douce; **ein liederliches, ausschweifendes ~ führen** *cf.* **liederlich 2.**; **das ist kein ~, wenn ...** ce n'est pas vivre que de ... (+ *inf.*); **sein ~ fristen** vivoter; F végéter; **am ~ sein** être en vie; vivre; exister; **keiner blieb am ~** aucun n'échappa à la mort; personne n'en réchappa; **auf Tod u. ~** à la vie et à la mort; *Kampf* **auf ~ u. Tod** à outrance; à mort; d'extermination; **aus dem ~ scheiden** quitter la vie; **sich durchs ~ schlagen** faire son chemin dans la vie; **sich kümmerlich durchs ~ schlagen** manger de la vache enragée; **er spielt für sein ~ gern** il aime le jeu par-dessus tout, à la folie; **das habe ich in meinem ~ nicht gesehen** je n'ai vu cela de ma vie; **etw. ins ~ rufen** donner naissance à, créer, fonder qc.; mettre qc. sur pied; **ins ~ zurückrufen** rappeler, ramener à la vie; **wieder ins ~ rufen** faire renaître; **mit s-m ~ spielen** jouer avec sa vie; **mit dem ~ davonkommen** avoir la vie sauve; survivre; **etw. mit s-m ~ büßen** expier qc. par sa mort; **mit meinem ~ könnte ich mich dafür verbürgen** je le signerais de mon sang; **j-m nach dem ~ trachten** attenter aux jours de qn.; **Recht über ~ u. Tod** droit de vie et de mort; **es geht um ~ u. Tod** il y va de la vie; **ums ~ kommen, sein ~ verlieren** perdre, y laisser la vie; périr; **zeit meines ~s, mein ganzes ~ hindurch** durant ma vie; ma vie durant; de ma vie; **zwischen ~ u. Tod schweben** être entre la vie et la mort; **zu neuem ~ erwecken** faire revivre; ressusciter; **zu neuem ~ erwachen** renaître; ressusciter; **8.** (*Lebenskraft*) vie *f*; vigueur *f*; (*Lebhaftigkeit*) vivacité *f*; F entrain *m*; (*Geschäftigkeit*) mouvement *m*; animation *f*; **voller ~** plein de vigueur, de vie, de vivacité, d'entrain; **da ist ~ drin** c'est plein d'entrain, de verve; **welch ein ~!** quelle animation!; que de mouvement!; **~ in die Gesellschaft bringen** animer l'assistance; faire le boute-en-train; **es ist kein ~ in den Geschäften** les affaires languissent; **neues ~ bekommen** se ranimer; **ein zähes ~ haben** avoir la vie dure; **9.** (*Lebensbeschreibung*) vie *f*; biographie *f*; **10.** (*die Wirklichkeit*) nature *f*; vie *f*; **nach dem ~ zeichnen** dessiner d'après nature; **dem ~ entnehmen, aus dem ~ schöpfen** prendre sur le vif; **11.** (*lebendes Wesen*) être vivant; créature *f* (vivante); **~d** *adjt.* vivant; *von Sachen* vif, vive; **die wild ~en Tiere** les animaux vivant en liberté; *auf dem Schlachthof* **~e Schweine** porcs vivants, sur pied; **ein hier ~er Freund** un ami qui habite cette ville; **die ~en Sprachen** les langues vivantes; **~e Bilder** tableaux vivants; **ich habe kein ~es Wesen getroffen** je n'ai trouvé âme qui vive; **~er Zaun** 'haie vive; **~es Inventar** cheptel vif, vivant; **2de(r)** *f* (*m*) ⟨→ A⟩ vivant, -e *m, f*; *jur.* vif, vive *m, f*; *jur.* **Schenkung unter ~n** donation entre vifs; **~dgeˌbärend** *adjt. sc.* vivipare; **2dgeˌwicht** *n Schlachthof* poids vif.

lebendig [le'bɛndɪç] *adj. u. adv.* (*lebend*) vivant; vif, vive; (*lebhaft*) *auch* plein de vie, de vivacité; **bei ~em Leibe begraben, verbrannt werden** être enterré, brûlé vif; **j-n tot od. ~ ausliefern** livrer qn. mort ou vif; *bibl.* **der Buchstabe tötet, aber der Geist macht ~** la lettre tue, et l'esprit vivifie; **es wird schon ~ auf der Straße** il y a déjà du monde dans la rue; déjà la rue s'anime; **~er Vortrag** *e-s Gedichts* façon vivante de déclamer, de dire des vers; diction vivante, pleine de vie; **2e(r)** *f* (*m*) ⟨→ A⟩ *cf.* **Lebende(r)**; **2ˌkeit** *f* ⟨~⟩ vivacité *f*; entrain *m*; *nur e-s Menschen* pétulance *f*; *iron.* vif-argent *m*; **~ˌmachend** *adjt. relig.* **~e Gnade** grâce vivifiante.

Lebens|abend ['le:bəns,ˀɑ:bənt] *m poét.* soir *m*, déclin *m* de la vie; **~ˌabriß** *m* biographie *f* sommaire (de qn.); esquisse *f* biographique; **~ˌabschnitt** *m* période *f* de vie; **~ˌader** *f* artère vitale; **~ˌalter** *n* âge *m*; **die ~** les saisons de la vie; **~ˌangst** *f* peur *f* de vivre; **~ˌanschauung** *f*, **~ˌansicht** *f* conception *f* de la vie, de l'existence; **~ˌarbeit** *f cf.* **~werk**; **~ˌart** *f* **a)** manière *f* de vivre; (genre *m*, train *m* de) vie *f*; **b)** (*Benehmen*) usage *m* (du monde); savoir-vivre *m*; (bonnes) manières *f/pl.*; **~ haben** avoir du savoir-vivre, de bonnes manières; **keine ~ haben** n'avoir pas de savoir-vivre; manquer d'usage; (*unhöflich sein*) être un mufle; **~ˌauffassung** *f cf.* **~anschauung**; **~ˌaufgabe** *f* tâche *f* de toute une vie; **sich etw. zur ~ machen** se consacrer tout entier, -ère à qc.; **~ˌäußerung** *f biol.* manifestation vitale; **~ˌbahn** *f* vie *f*; **~ˌbaum** *m bot.* thuya *m*; **~beˌdarf** *m* subsistance *f*; **~beˌdingungen** *f/pl.* conditions *f/pl.* de vie; habitat *m*; **~beˌdürfnisse** *n/pl.* besoins *m/pl.* (vitaux); **2beˌjahend** *adjt.* optimiste; **~beˌschreibung** *f* biographie *f*; *pl.* **~en** vies *f/pl.*; **~ˌbild** *n* portrait *m* (biographique); **~ˌdauer** *f* durée *f* (de la vie); *phys. e-s Elements* durée *f* de vie; **lange ~** longévité *f*; **~eliˌxier** *n* élixir *m* de longue vie; **~ˌende** *n* ⟨~s⟩ terme *m* de la vie, de l'existence; **bis an mein ~** jusqu'à ma mort, mon dernier jour, soupir; **~erˌfahrung** *f* expérience *f* de la vie, du monde; **~erˌinnerungen** *f/pl.* mémoires *f/pl.*; **~erˌwartung** *f* probabilités *f/pl.*, espérance *f* de vie; *Statistik* longévité *f*; **2ˌfähig** *adj.* viable; **~ˌfähigkeit** *f* ⟨~⟩ viabilité *f*; **~ˌform** *f* forme *f* de vie; mode *m* d'existence; **~ˌfrage** *f* question vitale; question *f* de vie et de mort; **2ˌfremd** *adj.* qui ne connaît rien de la vie; **~ˌfreude** *f* joie *f* de vivre; **~n** *pl.* plaisirs que nous offre la vie; **2ˌfroh** *adj.* content, heureux, -euse de vivre, d'être au monde; plein de joie de vivre; gai; gaillard; **~ˌführung** *f* manière *f* de vivre; conduite *f*; vie *f*; **~funktiˌon** *f* fonction vitale; **~geˌfahr** *f* danger mortel, de mort; **unter ~** au péril de ma (sa, *etc.*) vie; **2geˌfährlich** *adj.* très dangereux, -euse; mortel, -lle; **~e Krankheit** grave maladie; maladie mortelle; **~geˌfährte, ~geˌfährtin** *m, f* compagnon, compagne *m, f*; époux, épouse *m, f*; **~geˌfühl** *n* (*Daseinsfreude*) joie *f* de vivre; **~ˌgeister** *m/pl.* **j-s ~ wecken** faire reprendre ses esprits à qn.; F ravigoter qn.; **~geˌmeinschaft** *f* communauté *f* de vie; **~geˌnuß** *m* jouissances *f/pl.*; joies *f/pl.* de l'existence; **~geˌschichte** *f cf.* **~beschreibung**; **2geˌtreu** *adj.* pris sur le vif; **~geˌwohnheit** *f* mode *m* de vie; façon *f* de vivre; habitudes *f/pl.*; **~en der Tiere** mœurs des animaux; **2ˌgroß** *adj.* (de) grandeur nature(lle); **~ˌgröße** *f* grandeur nature(lle); **~ˌhaltung** *f cf.* **~haltungskosten**; **~ˌhaltungsˌindex** *m* indice *m* du coût de la vie; **~ˌhaltungsˌkosten** *pl.* coût *m* de la vie; **~ˌhunger** *m* soif *f* de vivre; **~inteˌressen** *n/pl.* intérêts vitaux; **~ˌjahr** *n* année *f*; *im od.* **in s-m dreißigsten ~** à l'âge de trente ans; dans sa trentième année; dans la trentième année de sa vie.

Lebens|kampf ['le:bəns,kampf] *m* lutte *f* pour la vie, l'existence; **~ˌklugheit** *f* expérience *f* de la vie; sagesse *f* pratique; esprit avisé; **~ˌkosten** *pl.* coût *m* de la vie; **hohe ~** chèreté de la vie; **~ˌkraft** *f* force vitale; vigueur *f*; **2ˌkräftig** *adj.* vivace; *par ext.* vigoureux, -euse; **~ˌkunde** *f* biologie *f*; **~ˌkünstler** *m* personne *f* qui s'entend à vivre, à organiser son existence; **~ˌlage** *f* situation *f* (de la vie); **2ˌlänglich** *adj.* à perpétuité; à vie; perpétuel, -lle; *von Renten etc.* viager, -ère; **er ist ~ angestellt** il est engagé à vie; **zu ~er Zwangsarbeit verurteilen** condamner aux travaux forcés à perpétuité; **~er Nießbrauch** usufruit *m* (à vie); **~ˌlauf** *m* vie *f*; *schriftlicher* curriculum vitae *m*; **~ˌlicht** *n* ⟨~(e)s⟩ *poét.* flambeau *m* de la vie; **j-m das ~ ausblasen** ôter la vie à qn.; F couper le sifflet à qn.; **~ˌlinie** *f Chiromantie* ligne *f* de vie; **~ˌlust** *f* ⟨~⟩ attachement *m* à la vie; désir *m*, joie *f* de vivre; *par ext.* gaieté *f*; **2ˌlustig** *adj.* qui est attaché à la vie; qui aime à vivre; heureux, -euse de vivre; *par ext.* joyeux, -euse; gai; gaillard; pétulant; **~ˌmitte** *f poét.* midi *m* de la vie; **~ˌmittel** *n/pl.* aliments *m/pl.*; nourriture *f*; vivres *m/pl.*; victuailles *f/pl.*; denrées *f/pl.* (de consommation); comestibles *m/pl.*; *milit.* subsistances *f/pl.*; **mit ~n versehen** approvisionner; **~mittelgeˌschäft** *n* épicerie *f*; magasin *m* d'alimentation; **~mittelgeˌsetz** *n* loi *f* sur les denrées alimentaires; **~mittelˌhandel** *m* commerce *m* de produits alimentaires, de l'alimentation; *im engeren Sinne* commerce *m* de comestibles; épicerie *f*; **~mittelˌhändler** *m* commerçant *m* de l'alimentation; *im engeren Sinne* épicier *m*; **~mittelindusˌtrie** *f* industrie *f* des produits alimentaires; **~mittelˌkarte** *f* carte *f* d'alimentation; **~mittelˌkartenˌabschnitt** *m* ticket *m* (de carte) d'alimentation; **~mittel-**

ˌ**knappheit** *f* disette *f*, rareté *f*, pénurie *f* de(s) vivres; **~mittelratioˌnierung** *f* rationnement *m* (des vivres); **~mittelverˌsorgung** *f* ravitaillement *m*; approvisionnement *m*; **~mittelverˌteilung** *f* distribution *f* de vivres; **~mittelˌvorräte** *m/pl.* stocks *m/pl.* de vivres; **~mittelˌzuteilung** *f* ration *f* de vivres; **2ˌmüde** *adj.* las, -sse de vivre; fatigué de l'existence; *pfort.* dégoûté de la vie; **~ˌmut** *m* courage *m* de vivre; **keinen ~ mehr haben** être las, -sse de vivre; n'avoir plus de courage de vivre; **2ˌnah** *adj.* proche de la vie; près de la réalité; **~ˌnerv** *m* nerf vital; **~niˌveau** *n cf.* **~standard**; **2-ˌnotwendig** *adj.* nécessaire, indispensable à l'existence, à la vie; vital; **~-ˌnotwendigste(s)** *n* ⟨→ A⟩ minimum vital; **~ˌodem** *m* souffle *m* de vie; **~ˌpfad** *m cf.* **~weg**; **~proˌzeß** *m* fonctions vitales; **~ˌquelle** *f* source *f* de la vie; **~ˌraum** *m* espace vital; **~ˌregel** *f* règle *f* de conduite; maxime *f*; **~ˌrente** *f* rente viagère; **~ˌretter(in)** *m (f)* sauveteur *m*; *fig.*, F *u. oft iron.* sauveur *m*; **~ˌschifflein** ⟨~s; ~⟩ *poét.* **sein ~ steuern** conduire sa barque; **~ˌstandard** *m* standard *m*, niveau *m* de vie; **~ˌstellung** *f* (*lebenslängliche Berufsstellung*) position *f*, situation *f* pour la vie, à vie, définitivement établie; **~ˌstil** *m* style *m*, genre *m* de vie; façon *f* de vivre; **~ˌtrieb** *m* instinct vital; **~ˌüberdruß** *m* dégoût *m* de la vie; **2ˌüberdrüssig** *adj. cf.* **2müde**; **~ˌunterhalt** *m* subsistance *f*; entretien *m*; vie *f*; **s-n ~ verdienen** gagner sa vie; **~verˌhältnisse** *n/pl.* conditions *f/pl.* de vie; **~verˌsicherung** *f* assurance-vie *f*; assurance *f* sur la vie; **~verˌsicherungsgeˌsellschaft** *f* (compagnie *f* d')assurance *f* sur la vie; **2ˌvoll** *adj.* plein de vie; très vivant; **2ˌwahr** *adj.* vrai; pris sur le vif; **~ˌwandel** *m* vie *f*; conduite *f*; mœurs *f/pl.*; **schlechter ~** déportements *m/pl.*; mauvaises mœurs; **e-n frommen ~ führen** vivre saintement; **~ˌweg** *m* chemin *m* de la vie; carrière *f*; **~ˌweise** *f* **a)** *cf.* **~art a)**; **b)** (*Gewohnheiten*) habitudes *f/pl.*; mœurs *f/pl.*; **sitzende ~** vie sédentaire; **~ˌweisheit** *f* philosophie *f*; sagesse *f* pratique; **~ˌwerk** *n* œuvre *f* (de sa, *etc.* vie); **2ˌwert** *adj.* digne d'être vécu; **2ˌwichtig** *adj.* vital; de première nécessité; d'intérêt vital; d'importance vitale; **~ˌwille** *m* volonté *f* de vivre; **~ˌzeichen** *n* **kein ~ von sich geben** sembler mort; ne pas donner signe de vie; *fig. auch* ne pas donner de ses nouvelles; **~ˌzeit** *f* durée *f* de la vie; **auf ~** pour (toute) la vie; *Gefangenschaft* à perpétuité; *Berufung, Amt* à vie; *von Renten etc.* viager, -ère; **Mitglied auf ~** membre perpétuel, à vie; **~ˌziel** *n* **a)** (*Ende*) terme *m* de l'existence; **b)** but *m* de la vie, de l'existence; **~ˌzweck** *m cf.* **~ziel b)**.

Leber ['le:bər] *f* ⟨~; ~n⟩ foie *m* (*auch cuis.*); *fig.* **frei, frisch von der ~ weg reden** parler franchement, à cœur ouvert, sans détour; dire nettement sa façon de penser; avoir son franc-parler; dire les choses sans prendre de gants; F dire ce qu'on a sur le cœur; ne pas mâcher les mots; ne pas envoyer dire (à qn.); **ihm ist e-e Laus über die ~ gelaufen** *cf.* **Laus**; **~-ˌblümchen** *n*, **~ˌblume** *f bot.* (anémone *f*) hépatique *f*; **~entˌzündung** *f méd.* inflammation *f* du foie; *sc.* hépatite *f*; **~ˌfleck** *m* tache *f* hépatique; **~ˌhaken** *m Boxsport* crochet *m* (porté) au foie; **~ˌkies** *m minéral.* pyrite *f* hépatique; sulfure *m* de fer magnétique; pyrrhotine *f*; **~ˌkloß** *m cuis.* boulette *f* de foie; **2ˌkrank** *adj.* malade du foie; **~ˌkrankheit** *f* maladie *f* du foie; troubles *m/pl.* hépatiques; *sc.* hépatalgie *f*; **~ˌkrebs** *m méd.* cancer *m* du foie; **~ˌlappen** *m/pl. anat.* lobes *m/pl.* du foie; **~ˌleiden** *n cf.* **~krankheit**; **2ˌleidend** *adjt. cf.* **2krank**; **~ˌmoose** *n/pl. bot.* hépatiques *f/pl.*; **~pasˌtete** *f cuis.* pâté *m* de foie (gras); **~ˌschrumpfung** *f méd.* cirrhose *f*; **~ˌschwellung** *f méd.* hypertrophie *f*, engorgement *m* du foie; **~ˌtran** *m* huile *f* de foie de morue; **~ˌwurst** *f* saucisson *m* de pâté de foie; pâté *m* de foie (en saucisson); *fig.* F **die gekränkte ~ spielen** se sentir offensé; **~ziˌrrhose** *f méd. cf.* **~schrumpfung**.

Lebe|welt ['le:bəˌvɛlt] *f* viveurs *m/pl.*; F bambochards *od.* bambocheurs *m/pl.*; fêtards *m/pl.*; **~ˌwesen** *n* être vivant; *biol.* organisme *m*; **~'wohl** *n* ⟨~(e)s; ~e *u.* ~s⟩ adieu *m*; **j-m ~ sagen** dire adieu à qn.; **j-m das letzte ~ sagen** faire ses derniers adieux à qn.

lebhaft ['le:phaft] **1.** *adj.* vif, vive; plein de vie, de vivacité; vivant; animé (*auch Straße, Streit*); (*munter*) éveillé; *pfort.* fringant; pétulant; *Verkehr* intense; *comm.* actif, -ive; *milit.* **~es Feuer** feu nourri; vive fusillade; **~e Straße** rue passante, très fréquentée; **~e Erinnerungen** souvenirs vivaces; **in ~en Farben** de *od.* à couleurs vives; **~ werden** s'animer; **der Streit wird ~** la dispute s'échauffe; *comm.* **e-e ~e Nachfrage** une forte demande; **die Nachfrage nach Kaffee war sehr ~** les demandes de café ont été fort actives; **die Nachfrage wurde ~er** les demandes se sont ranimées; **2.** *adv.* avec vivacité, animation; vivement; de façon vivante; **sich etw. ~ vorstellen** se représenter qc. comme si on le voyait, de façon vivante; *jede Neuerung etc.* **~ begrüßen** accueillir, saluer avec joie; **2igˌkeit** *f* ⟨~⟩ vivacité *f*; entrain *m*; animation *f*; *comm.* activité *f*.

Leb|kuchen ['le:pˌku:xən] *m* pain *m* d'épice; **2los** *adj.* sans vie; inanimé; *pfort.* mort; **~ˌlosigˌkeit** *f* ⟨~⟩ absence *f* de vie; **~tag** *m* F **das habe ich mein ~ nicht gesehen** je n'ai pas vu cela de ma vie; **~zeit** *f* **zu s-n ~en** de son vivant; **zu ~en meines Vaters** du vivant de mon père; **zu unser(e)n ~en** de nos jours.

lechzen ['lɛçtsən] **I** *v/i.* ⟨-(es)t, h⟩ *Menschen u. Tiere* **nach Wasser ~** mourir de soif; *von e-r Pflanze* être avide d'eau; *fig.* **nach etw. ~** (*verlangen*) être avide de qc.; soupirer après qc.; brûler de faire qc.; **nach Blut ~** être altéré de sang; **II 2** *n* ⟨~s⟩ avidité *f*; *sonst verbal.*

Leck [lɛk] **I** *n* ⟨~(e)s; ~e⟩ *in Fässern etc.* fuite *f*; *mar.* voie *f* d'eau; **das ~ suchen** chercher, dépister, détecter la fuite; **ein ~ bekommen** faire eau; **ein ~ verstopfen** aveugler une voie d'eau; **II 2** *adj.* **das Faß ist ~** le tonneau coule, a une fuite; *mar.* **das Schiff ist ~** le navire fait eau; **~age** [-'ka:ʒə] *f* ⟨~; ~n⟩ *comm.* coulage *m*; fuite *f*.

lecken[1] ['lɛkən] **I** *v/i.* ⟨h⟩ (*undicht sein*) *Faß etc.* avoir une fuite; couler; fuir; suinter; (*tropfen*) dégoutter; *Schiff* faire eau; **II 2** *n* ⟨~s⟩ fuite *f*; coulage *m*; suintement *m*.

lecken[2] ['lɛkən] **I** *v/t.*, *v/i.* (*v/réfl.*) ⟨h⟩ (se) lécher; *fig.* **die Flammen ~ bereits am Dach** les flammes lèchent déjà le toit; F *fig.* **sich die Finger nach etw. ~** F se lécher les doigts de qc.; F **wie geleckt** très propre; propret, -tte; F **sie sieht immer wie geleckt aus** elle est toujours tirée à quatre épingles; **II 2** *n* ⟨~s⟩ lèchement *od.* léchage *m*; *besser verbal.*

lecker ['lɛkər] *adj.* (*wohlschmeckend*) délicat; exquis; délicieux, -euse; ragoûtant; affriolant; appétissant; **2ˌbissen** *m* gourmandise *f*; friandise *f*; morceau *m* de choix, délicat, *etc.*; F nanan *m*; **2ei** [-'raɪ] *f* ⟨~; ~en⟩ **a)** *cf.* **2bissen**; **b)** **~en** *pl.* (*Süßigkeiten*) sucreries *f/pl.*; douceurs *f/pl.*; chatteries *f/pl.*; friandises *f/pl.*; **c)** F (*Gelecke*) lèchement *od.* léchage *m* (continuel); **2ˌmaul** *n*, **2ˌmäulchen** *n* ⟨~s; ~⟩ (*Feinschmecker*) gourmet *m*; gourmand *m*; friand *m*; F lécheur, -euse *m*, *f*; bec fin; (*Süßschnabel*) qui est friand, gourmand de sucreries.

Leck|suchgerät ['lɛkˌzu:xgəˌrɛ:t] *n Vakuumtechnik* (appareil *m*) détecteur *m* de fuites; **~ˌsuchröhre** *f* tube détecteur (de fuites); **~ˌsuchsonde** *f* sonde *f* (détectrice de fuites).

Leder ['le:dər] *n* ⟨~s; ~⟩ **1.** cuir *m*; *weiches, für Handschuhe etc.* peau *f*; **in ~ gebunden** relié (en) cuir; **2.** F (*Fußball*) ballon *m*; **3. vom ~ ziehen** (*angreifen*) dégainer; tirer l'épée; *iron.* mettre flamberge au vent (*auch fig.*); F **j-m das ~ gerben** (*verprügeln*) corriger, battre qn.; tanner la peau, le cuir à qn.; F rosser qn.; **~ˌabfälle** *m/pl.* rognures *f/pl.*; déchets *m/pl.* de cuir; enlevure *f*; **~ˌabsatz** *m* talon *m* en cuir; **~ˌband** *m* reliure *f* (en) cuir, (en) veau, (en) peau; **~beˌreitung** *f* corroierie *f*; corroyage *m*; **~ˌeinband** *m cf.* **~band**; **~ˌfarbe** *f* **a)** ton *m*, couleur *f* (de) cuir; **b)** colorant *m* pour teindre le cuir; **2ˌfarben** *adj.* ton, couleur (de) cuir; **~ˌfett** *n* graisse *f* pour cuir(s); **~ˌflicken** *m cord.* pièce *f* de cuir; **~futteˌral** *n* fourreau *m*, gaine *f* de cuir; **~gaˌmasche** *f* guêtre *f* en cuir; **~ˌhandel** *m* commerce *m* des cuirs; peausserie *f*; **~ˌhandschuh** *m* gant *m* de peau; **~ˌhaut** *f anat.* derme *m*; *des menschlichen Auges* sclérotique *f*; **~ˌhose** *f* culotte *f* en peau; **~imitaˌtiˌon** *f* imitation-cuir *f*; simili-cuir *m*; **~ˌjacke** *f* blouson *m*, veste *f*, vareuse *f* en cuir; **~ˌkappe** *f für Motorradfahrer* serre-tête *m* en peau; **~ˌkoffer** *m* valise *f* en cuir; **~ˌlappen** *m* peau *f* de chamois; **~ˌmantel** *m* manteau *m* de cuir; **~ˌmappe** *f* serviette *f* en cuir; **2n** *adj.* de *od.* en cuir; *von Handschuhen etc.* de *od.* en peau; *fig.* (*zäh*) dur comme (du) cuir; coriace; (*trocken, langweilig*) ennuyeux, -euse; **~ˌpappe** *f* carton-cuir *m*; **~ˌpolster** *n* coussin *m* (recouvert) de cuir; **~ˌriemen** *m* courroie *f*, *langer, schmaler* lanière *f* (de cuir); **~ˌrücken** *m e-s Buches* (reliure *f* à) dos *m* basane; **~ˌschlaufe** *f* passant *m* (de cuir); **~ˌschuh** *m* chaussure *f* de cuir; **~ˌschurz** *m* tablier *m* de cuir; **~ˌsessel** *m* fauteuil *m* de cuir; **~ˌsohle** *f* semelle *f* de cuir; **~ˌwaren** *f/pl.* articles *m/pl.* de cuir; cuirs *m/pl.*; peausserie *f*; **~warengeˌschäft** *n* maroquinerie *f*; **~ˌzeug** *n milit.* buffleterie *f*; **~ˌzurichter** *m* corroyeur *m*; peaussier *m*; tanneur *m*; **~ˌzurichtung** *f cf.* **~bereitung**.

ledig ['le:dıç] *adj.* célibataire; F libre; **~ bleiben** rester célibataire; *nur von Frauen* rester (vieille) fille, F demoiselle; F coiffer sainte Catherine; *nur von Männern* rester (vieux) garçon; **sie ist noch ~** elle est encore fille; elle n'est pas encore mariée; **der ~e Stand**

le célibat; *fig.* e-r Pflicht, Aufgabe ~ sein être dégagé, quitte, affranchi, *pfort.* délivré, débarrassé d'une obligation, d'une tâche; **2enˌheim** *n* foyer *m* pour célibataires; **2enˌsteuer** *f hist.* impôt *m* sur les célibataires; **2e(r)** *f (m)* ⟨→A⟩ célibataire *m,f*; **~ˌlich** *adv.* (*nur, nichts als*) purement; uniquement; purement et simplement; **es ist ~ s-e Schuld** c'est purement sa faute.

Lee [le:] *f* ⟨~⟩ *mar.* côté abrité du, sous le vent; dessous *m* du vent.

leer [le:r] *adj.* **1.** vide; (*geleert*) vidé; (*geräumt*) évacué; dégarni; (*unbesetzt*) inoccupé; libre; vacant; *Blatt, Seite* (*unbeschrieben*) (en) blanc; vierge; **e-n ~en Magen haben** avoir l'estomac vide, le ventre creux; **~er Saal, Keller** salle, cave vide, dégarnie; **~er Raum** vide *m*; **man sieht nichts als die ~en Wände** il n'y a que les quatre murs; *thé.* **vor ~em Haus spielen** jouer pour *od.* devant les banquettes; *fig.* **das Nest ist ~** le nid est vide; F les oiseaux se sont envolés, ont déniché; **mit ~en Händen zurückkommen** revenir les mains vides; F revenir bredouille; *advt.* **~ ausgehen** ne rien obtenir, *fig. iron.* décrocher; **~ stehen** être vacant, non occupé, libre, vide; **der Wagen kehrte ~ zurück** la voiture retourna à vide; *Maschinen* **~ laufen** marcher, tourner à vide; **~ machen** vider; **2.** *fig.* (*bedeutungslos*) insignifiant; creux, -euse; vide de sens; (*eitel*) vain; (*unbegründet*) sans fondement; **~e Ausreden** pures échappatoires; **~es Geschwätz, Gerede** verbiage *m*; vain bavardage; contes en l'air; F du blablabla; **~e Worte** rien que des paroles; paroles en l'air; F du vent; **~e Drohungen** vaines menaces; **~e Versprechungen** vaines promesses; promesses creuses; F eau bénite de cour; *fig.* **~es Stroh dreschen** a) prodiguer des paroles inutiles; parler inutilement; *pfort.* radoter; rabâcher; b) prendre une peine inutile; faire un travail inutile; **2e** *f* ⟨~⟩ vide *m*; **die innere ~** le vide de l'âme; **~en I** *v/t.* ⟨h⟩ vider; *Grube etc.* vidanger; faire la vidange; *Vakuumtechnik auch* évacuer; faire le vide; *Eimer* (*ausschütten*) déverser; **die Schüsseln ~** faire les plats nets; F liquider les plats; **den Briefkasten ~** faire la levée (de la boîte aux lettres); **der Briefkasten wird täglich fünfmal geleert** il y a cinq levées par jour; *fig.* **den Becher bis zur Neige ~** (*das Leid ganz auskosten*) boire le calice jusqu'à la lie; **II** *v/réfl.* **sich ~** se vider; *Saal auch* se dégarnir; *Faß* être en vidange; **III 2en** *n* ⟨~s⟩ vidage *m*; *e-r Grube etc.* vidange *f*; *Vakuumtechnik auch* évacuation *f*; *des Briefkastens* levée *f*; **2e(s)** *n* ⟨→A⟩ vide *m*; **ein Schlag ins ~** un coup dans le vide; **ins ~ starren** regarder fixement dans le vide; **2fahrt** *f* trajet *m* à vide; *e-r Lokomotive* locomotive *f* 'haut le pied; **2geˌwicht** *n* poids *m* à vide; tare *f*; **2gut** *n* emballage *m*; **2lauf** *m e-r Maschine* marche *f* à vide; *fig.* efforts *m/pl.* inutiles; *e-s Getriebes* point mort; **im ~ (hinunter)fahren** descendre moteur débrayé; **2laufˌdüse** *f Vergaser* gicleur *m* de ralenti; **~ˌlaufen** *v/i.* ⟨*irr., sép.,* -ge-, sein⟩ *Gefäß* se vider; être en vidange; **2laufˌscheibe** *f techn.* poulie folle; **2laufˌspannung** *f élect.* tension *f* (de marche) à vide; **2laufˌstrom** *m élect.* courant *m* à vide; **2laufˌzeit** *f techn.* fonctionnement *m* à vide; temps perdu, improductif; **~ˌstehend** *adjt. Zimmer, Betten* libre; vide; vacant; **2takt** *m Explosionsmotor* temps *m* non-moteur; **2ˌtaste** *f Schreibmaschine* barre *f* d'espacement; **2ung** *f* ⟨~; ~en⟩ *cf.* ~en III; **2ungsˌzeit** *f Briefkasten* heure *f* de la levée; **2verˌkauf** *m comm.* vente *f* à découvert; **2ˌwohnung** *f* appartement non meublé; **2ˌzimmer** *n* chambre non meublée; **2zug** *m* train *m* (circulant à) vide.

Lee|segel ['le:ˌze:gəl] *n mar.* bonnette *f*; **~ˌseite** *f mar. cf.* Lee; **2wärts** *adv.* sous le vent.

Lefze ['lɛftsə] *f* ⟨~; ~n⟩ babine *f*.

legal [le·'gɑ:l] *adj.* légal; **~i'sieren** *v/t.* ⟨*pas de ge-*, h⟩ légaliser; **2i'sierung** *f* ⟨~; ~en⟩ légalisation *f*; **2i'tät** *f* ⟨~⟩ légalité *f*.

Legat[1] [le·'gɑ:t] *m* ⟨~en; ~en⟩ *hist., égl. cath.* légat *m*; **~**[2] *n* ⟨~(e)s; ~e⟩ legs [lɛ(g)] *m*; **~ar** [-'tɑ:r] *m* ⟨~s; ~e⟩ *jur.* légataire *m*; **~i'on** *f* ⟨~; ~en⟩ légation *f*; **~i'onsˌrat** *m* ⟨~(e)s; ~̈e⟩ conseiller *m* de légation; **~i'onssekreˌtär** *m* secrétaire *m* de légation.

Leg(e)henne ['le:kˌhɛnə, 'le:gə-] *f* (poule *f*) pondeuse *f*.

legen ['le:gən] **I** *v/t.* ⟨h⟩ mettre; poser; placer; *Leitung, Rohre, Fußboden, Minen etc.* poser; *Kartoffeln* planter; *Bohnen* semer; *vit., Senkreiser* coucher ... en terre; *Wäsche* plier; *Eier* pondre; **frisch gelegtes Ei** œuf frais pondu; **Gas, Wasser, elektr. Licht ~** faire l'installation de, poser, installer le gaz, l'eau, l'électricité; **den Grund, das Fundament zu etw. ~** poser, jeter les fondements de qc.; **den Grundstein zu etw. ~** poser la première pierre de qc.; **auf die Erde ~** mettre à terre; déposer; *Kind* **ins Bett ~** coucher; mettre au lit (*aber*: dans le lit de ... *par ex.* son père); **auf Eis ~** mettre sur la glace; *fig.* laisser en sommeil; **beiseite ~** mettre de côté; **Karten ~** tirer les cartes; **e-e Patience ~** faire une patience, réussite; **Rechnung ~** rendre compte de; **matt ~** paralyser; **in Ketten ~** mettre aux fers; charger de fers; *Hund* **an die Kette ~** enchaîner; mettre à la chaîne; **jedes Wort auf die Goldwaage ~** peser ses paroles, ses mots; peser les paroles, mots de qn.; *Geld* **auf die hohe Kante ~** faire des économies; **Geld auf Zinsen ~** mettre, placer de l'argent à intérêt; **Schlingen ~** poser, tendre des collets; **ein Schloß vor die Tür ~** mettre un cadenas à la porte; **e-e Steuer auf etw. ~** imposer qc.; frapper qc. d'un impôt; **Zoll auf e-e Ware ~** frapper une marchandise de droits de douane; **zu den Akten ~** verser au dossier; **j-m Einquartierung ins Haus ~** loger des soldats chez qn.; **Feuer an ein Haus ~** mettre le feu à, incendier une maison; **in Asche ~** réduire en cendres; *Ringen* **s-n Gegner auf die Matte ~** tomber son adversaire (au tapis); **etw. an s-n Ort, an den richtigen Platz ~** remettre qc. à sa place; **etw. zum übrigen ~** ajouter qc. au reste; **etw. aus der Hand ~** quitter, déposer, laisser, abandonner, lâcher qc.; **der Reihe nach ~** ranger par ordre; **ein Pflaster auf e-e Wunde ~** appliquer un emplâtre sur une plaie; **j-m den Kopf vor die Füße ~** décapiter qn.; trancher la tête à qn.; **Nachdruck auf etw. ~** mettre l'accent sur, appuyer, insister sur qc.; **Gewicht, großen Wert auf etw. ~** tenir à qc.; attacher, mettre une grande importance à qc.; **wenig Wert auf etw. ~** faire peu de cas de qc.; **die Hände in den Schoß ~** tenir les bras croisés; **die Hand auf etw. ~** mettre la main sur, saisir qc.; **die Hand ans Werk ~** mettre la main à l'ouvrage, à la besogne; se mettre à l'œuvre; **die letzte Hand an etw. ~** mettre la dernière main à qc.; **Hand an sich ~** se suicider; se tuer; **Hand an j-n ~** tuer qn.; attenter aux jours de qn.; **die Entscheidung in j-s Hand ~** remettre la décision entre les mains de qn.; **j-m etw. in den Mund ~** prêter, faire tenir un propos à qn.; faire dire qc. à qn.; attribuer qc. à qn.; (*es ihm eingeben*) suggérer qc. à qn.; **j-m etw. ans Herz ~** bien recommander qc. à qn.; **j-m etw. zur Last ~** *cf.* **Last 1.**; **j-m Hindernisse in den Weg ~** entraver les projets, plans de qn.; contrecarrer qn.; susciter des obstacles à qn.; F mettre des bâtons dans les roues à qn.; *fig.* **j-m das Handwerk ~** mettre fin, un terme aux menées, agissements de qn.; **II** *v/réfl.* **sich ~** se mettre; se coucher; s'étendre; *Getreide* verser; *Wind* s'abattre; tomber; s'apaiser; se calmer; diminuer; *Zorn, Aufregung etc.* se calmer; s'apaiser; tomber; **sich ins** *od.* **zu Bett, sich schlafen ~** se coucher; **sich aufs Bett ~** s'allonger, s'étendre sur son lit; **sich ~ müssen** devoir s'aliter; **sich ins Gras ~** se coucher sur l'herbe; F **sich aufs Ohr ~** faire un petit somme; F **sich ins Zeug ~** se donner de la peine; s'y mettre énergiquement; s'évertuer; s'appliquer; **sich ins Mittel ~** s'interposer; intervenir; **sich auf die Lauer ~** *cf.* **Lauer**; **der Qualm legt sich mir auf die Brust** la fumée m'étouffe; je suffoque; **das legt sich mir schwer auf die Seele** ça m'oppresse; **sich aufs Bitten ~** avoir recours, recourir à la prière; **sich auf die faule Haut, auf die Bärenhaut ~** paresser; fainéanter; F tirer, battre sa flemme; avoir la flemme; *Schiff* **sich auf die Seite ~** donner de la bande; **sich vor Anker ~** se mettre à l'ancre; s'ancrer; mouiller; **III 2** *n* ⟨~s⟩ *von Leitungen, Rohren, Minen* pose *f*; *von Gas, Licht* installation *f*; *seltener* posage *m*; *von Eiern* ponte *f*; *von Senkreisern* couchage *m*.

legendär [le·gɛn'dɛ:r] *adj. cf.* **legenhaft.**

Legende [le·'gɛndə] *f* ⟨~; ~n⟩ *von Heiligen* légende *f* (*auch*: *Bildunterschrift, Zeichenerklärung*); **~nˌbuch** *n* recueil *m* de légendes; légendaire *m*; **2nˌhaft** *adj.* légendaire; **~nˌsammlung** *f cf.* **~nbuch**; **~nˌschreiber** *m* légendaire *m*.

leger [le·'ʒɛ:r] *adj. u. adv. cf.* **ungezwungen; zwanglos; lässig.**

Lege|röhre ['le:gəˌrø:rə] *f gewisser Insekten* tarière *f*; **~ˌzeit** *f der Vögel* saison *f* de la ponte.

Legföhre ['le:kˌfø:rə] *f bot. cf.* **Latsche**[1].

legier|en [le·'gi:rən] **I** *v/t.* ⟨*pas de ge-*, h⟩ **1.** *Metalle* allier; **2.** *cuis.* lier; **II 2en** *n* ⟨~s⟩ *von Metallen* alliage *m*; **2ung** *f* ⟨~; ~en⟩ alliage *m*; titre *m*; composition *f*.

Legion [le·gi·'o:n] *f* ⟨~; ~en⟩ légion *f* (*auch fig. für Masse, Menge*); **~är** [-'nɛ:r] *m* ⟨~s; ~e⟩ légionnaire *m*.

legisla|tiv [le·gɪsla'ti:f] *adj.* législatif, -ive; **2'tive** *f* ⟨~; ~n⟩ pouvoir législatif; **~'torisch** *adj. cf.* **~tiv**; **2'tur** *f* ⟨~; ~en⟩, **2'turperiˌode** *f* législature *f*.

legitim [le·gi·'ti:m] *adj.* légitime; **2ati'on** *f* ⟨~; ~en⟩ légitimation *f*; **2ati'onspaˌpier** *n* pièce justificative; **~ieren** [-'mi:-] **I** *v/t.* ⟨*pas de ge-*, h⟩ légitimer; **II** *v/réfl.* **sich ~** se légitimer; justifier de sa personne; prouver son identité; produire des pièces d'identité; 2**ierung** [-ˈmiː-] *f* ⟨~; ~en⟩ *cf.* 2ation; 2**ist** [-ˈmɪst] *m* ⟨~en; ~en⟩ légitimiste *m*; ~**istisch** [-ˈmɪs-] *adj.* légitimiste; 2**iˈtät** *f* ⟨~⟩ légitimité *f*.

Leguan [leˑguˑˈɑːn] *m* ⟨~s; ~e⟩ *zo.* iguane *m*.

Legung [ˈleːgʊŋ] *f* ⟨~; ~en⟩ *cf.* legen III.

Lehen [ˈleːən] *n* ⟨~s; ~⟩ *féod.* fief *m*; **als ~ besitzen, zu ~ haben** tenir … en fief; **j-m etw. zu ~ geben** donner qc. en fief à qn.; ~**s…** *in Zssgn. cf.* Lehns…

Lehm [leːm] *m* ⟨~(e)s; ~e⟩ (terre *f*) glaise *f*; *bât.* torchis *m*; 2ˌ**artig** *adj.* glaiseux, -euse; ~ˌ**boden** *m* sol glaiseux; *als Fußboden* terre battue; ~**(form**ˌ**)guß** *m* fonte moulée dans l'argile; ~ˌ**grube** *f* glaisière *f*; 2ˌ**haltig** *adj.* glaiseux, -euse; ~ˌ**hütte** *f* cabane *f* en torchis; 2**ig** *adj. cf.* 2haltig; ~**wand** *f* mur *m* (en) torchis.

Lehne [ˈleːnə] *f* ⟨~; ~n⟩ **1.** *e-r Bank, e-s Stuhls* dos *m*; dossier *m*; (*Seiten*2) accotoir *m*; **2.** (*Berghang*) pente *f* (douce); penchant *m*; versant *m*; 2**n I** *v/t.* ⟨h⟩ appuyer, adosser (an *od.* gegen etw. à, contre qc.); **II** *v/i. u. v/réfl.* **an etw. ~, sich an etw. ~** s'appuyer, s'adosser contre *od.* à qc.; **sich mit dem Ell(en)bogen auf den Tisch ~** s'accouder sur la table; **sich aus dem Fenster ~** se pencher à la fenêtre.

Lehns|dienst [ˈleːnsdiːnst] *m féod.* service *m* de vassal, d'homme lige; ~**eid** *m féod.* hommage *m*; **den ~ leisten** rendre foi et hommage.

Lehnsessel [ˈleːnˌzɛsəl] *m* fauteuil *m*.

Lehns|gut [ˈleːnsguːt] *n féod.* fief *m*; ~**herr** *m féod.* suzerain *m*; 2ˌ**herrlich** *adj. féod.* suzerain; ~ˌ**herrlich**ˌ**keit** *f féod.* suzeraineté *f*; ~**mann** *m* ⟨~(e)s; ⸗er *od.* -leute⟩ *féod.* vassal *m*; homme *m* lige; feudataire *m*; ~**pflicht** *f féod.* vasselage *m*; vassalité *f*; ~**recht** *n féod.* droit féodal; *subjektives* droit *m* d'investiture; ~ˌ**träger** *m cf.* ~mann; ~ˌ**treue** *f féod.* fidélité *f* au suzerain.

Lehnstuhl [ˈleːnʃtuːl] *m cf.* Lehnsessel.

Lehns|verhältnis [ˈleːnsfɛrˌhɛltnɪs] *n féod.* vasselage *m*; vassalité *f*; ~ˌ**wesen** *n* ⟨~s⟩ *féod.* régime féodal; féodalité *f*.

Lehnwort [ˈleːnvɔrt] *n* ⟨~(e)s; ⸗er⟩ *gr.* mot *m* d'emprunt.

Lehr|amt [ˈleːrˀamt] *n* poste *m*, fonction *f* d'instituteur, -trice; **höheres ~** charge *f* de professeur; professorat *m*; ~**amtskandi**ˌ**dat(in)** *m* (*f*) aspirant *m* (à la fonction, à un poste d')instituteur; aspirante *f* (à la fonction, à un poste d')institutrice; *höh. Lehramt* aspirant, -e *m, f* au professorat; ~ˌ**anstalt** *f* établissement *m* d'instruction publique; école *f*; **höhere ~** lycée *m*; collège *m*; ~ˌ**auftrag** *m* **e-n ~ haben** être chargé de cours; ~**batai**ˌ**llon** *n milit.* peloton *m* (d'instruction); ~**be**ˌ**auftragte(r)** *m* chargé *m* de cours; ~**be**ˌ**fähigung** *f* qualification *f*, compétence *f* pour enseigner; ~**be**ˌ**rechtigung** *f* licence *f*; ~**be**ˌ**ruf** *m* **a)** profession *f* d'enseignant; enseignement *m*; **b)** profession *f* exigeant un apprentissage; ~**be**ˌ**trieb** *m an der Universität* cours *m/pl.*; *agr.* ferme-école *f*; ~**brief** *m cf.* ~zeugnis; ~**buch** *n* manuel *m*; cours *m*; traité *m*; (*Abriß*) précis *m*; abrégé *m*; **~ für Physik** manuel, traité, *etc.* de physique; ~**e** *f* ⟨~; ~n⟩ **1.** (*Lehrmeinung, Anschauung*) doctrine *f*; **die christliche ~** la doctrine chrétienne; **2.** (*Belehrung*) enseignement *m*; leçon *f*; *e-r Fabel* (*Lehrsatz*) morale *f*; **lassen Sie sich das e-e ~ sein!** que cela vous serve de leçon, d'enseignement!; faites-en votre profit!; **gute ~n geben** donner de bonnes leçons, de bons préceptes, de bons conseils; **das ist mir e-e heilsame ~ gewesen** cela a été pour moi une bonne leçon; **das soll mir e-e ~ sein** cela me servira d'avertissement, de leçon; **3.** (*Lehrzeit*) apprentissage *m*; **in die ~ geben** mettre en apprentissage; **in die ~ gehen** faire son apprentissage; **in der ~ sein** être en apprentissage; **aus der ~ kommen** sortir d'apprentissage; *allg.* **in guter ~ sein** être à bonne école; **bei ihm kannst du noch in die ~ gehen** chez lui tu peux encore aller à l'école; **4.** *techn.* (*Kaliber*) calibre *m*; jauge *f*; gabarit *m*; (~**dorn**) tampon *m*; 2**en I** *v/t.* ⟨h⟩ enseigner; professer; **j-n etw. ~** apprendre qc. à qn.; instruire qn. dans qc.; **j-n lesen ~** apprendre, montrer à lire à qn.; **j-n singen ~** enseigner le chant à qn.; **die Erfahrung lehrt, daß …** l'expérience nous apprend que …; **die Zukunft wird es ~** qui vivra verra; **II** ~**en** *n* ⟨~s⟩ enseignement *m*; instruction *f*; ~**er(in)** *m* ⟨~s; ~⟩ (*f*) ⟨~; ~nen⟩ instituteur, -trice *m, f*; F maître, -esse *m, f* (d'école); *e-r höheren Schule* professeur *m*; **~ der französischen Sprache** professeur de français; *coll.* **die ~** le corps enseignant; ~**er**ˌ**austausch** *m* échange *m* d'instituteurs, de professeurs; ~**erbe**ˌ**ruf** *m* profession *f* d'enseignant, d'instituteur, -trice, de professeur; ~**er**ˌ**bildung** *f* formation *f* d'enseignants; ~**er**ˌ**bildungs**ˌ**anstalt** *f* école normale primaire *od.* d'instituteurs, -trices; ~**erko**ˌ**llegium** *n* corps *m* des instituteurs, des professeurs (d'une école); ~**erkonfe**ˌ**renz** *f* conseil *m*, réunion *f* des instituteurs, des professeurs; ~**er**ˌ**mangel** *m* pénurie *f* d'instituteurs, de professeurs; ~**er**ˌ**prüfung** *f* examen *m* d'instituteur, -trice, de professeur; ~**er**ˌ**schaft** *f* ⟨~⟩ *coll.* corps enseignant; ~**ersemi**ˌ**nar** *n cf.* ~erbildungsanstalt; ~**er**ˌ**stand** *m* ⟨~(e)s⟩ *cf.* ~erschaft; ~**er**ˌ**stelle** *f* place *f*, poste *m*, emploi *m* d'instituteur, -trice, de professeur.

Lehr|fabel [ˈleːrˌfaːbəl] *f sc.* apologue *m*; ~**fach** *n* **a)** *cf.* ~amt; **b)** matière *f*; discipline *f*; ~**film** *m* (film *m*) documentaire *m*; film éducatif; ~ˌ**freiheit** *f* ⟨~⟩ liberté *f* d'enseignement; ~**gang** *m* cours *m*; ~**gangs**ˌ**teilnehmer** *m* participant *m* à un cours; ~**ge**ˌ**bäude** *fig. n* système *m*; ~**ge**ˌ**dicht** *n* poème *m* didactique; ~**geld** *n* (frais *m/pl.* d')apprentissage *m*; *fig.* **~ zahlen** payer son apprentissage; apprendre qc. à ses dépens; *iron.* **du kannst dir dein ~ wiedergeben lassen** tu peux recommencer ton, retourner en apprentissage; 2**haft** *adj.* didactique; ~**herr(in)** *m* (*f*) maître, -esse *m, f*; patron, -nne *m, f*; ~ˌ**jahre** *n/pl.* (années *f/pl.* d')apprentissage *m*; ~ˌ**junge** *m cf.* ~ling; ~ˌ**körper** *m e-r Volksschule* (corps *m* des) instituteurs *m/pl.*; *e-r höheren Schule* corps professoral, des professeurs; professeurs *m/pl.*; *e-r Hochschule* corps enseignant; ~**kraft** *f cf.* ~er(in); **tüchtige, ausgezeichnete Lehrkräfte** pédagogues, enseignants distingués; ~**ling** *m* ⟨~s; ~e⟩ apprenti *m*; **weiblicher ~** apprentie *f*; *für beide Geschlechter* F arpète *od.* arpette *f*; *fig.* novice *m*; ~**lings**ˌ**ausbildung** *f* formation *f* des apprentis; **das Recht zur ~** le droit de former des apprentis; ~**lings**ˌ**(wohn)heim** *n* foyer *m* pour apprentis; ~ˌ**mädchen** *n* apprentie *f*; F arpète *od.* arpette *f*; ~ˌ**meister(in)** *m* (*f*) *cf.* ~herr(in); *fig.* **das Leiden ist ein strenger ~** la souffrance est une rude école; ~**me**ˌ**thode** *f* méthode *f* d'enseignement; ~ˌ**mittel** *n/pl.* matériel *m* scolaire, d'enseignement; (*Schulbücher etc.*) fournitures *f/pl.* scolaires; ~**perso**ˌ**nal** *n* personnel enseignant; ~**plan** *m* plan *m* d'études; programme *m* des études; ~ˌ**probe** *f etwa* leçon *f* test; 2**reich** *adj.* instructif, -ive; suggestif, -ive; ~**saal** *m für Physik etc.* salle *f* de cours; ~**satz** *m* thèse *f*; *math.* proposition *f*; théorème *m*; *relig.* dogme *m*; ~**schau** *f* exposition éducative; ~**spruch** *m* sentence *f*; maxime *f*; aphorisme *m*; ~ˌ**stelle** *f* place *f* d'apprentissage; ~**stoff** *m* matière *f* d'enseignement; ~ˌ**stufe** *f* degré *m* d'enseignement; ~**stuhl** *m* chaire *f* (de professeur); **~ für Chemie** chaire de chimie; ~ˌ**tätigkeit** *f* enseignement *m*; professorat *m*; ~**ver**ˌ**hältnis** *n* apprentissage *m*; ~**ver**ˌ**trag** *m* contrat *m* d'apprentissage; ~ˌ**werkstatt** *f* atelier *m* d'apprentissage; atelier-école *m*; ~**zeit** *f* (temps *m* d')apprentissage *m*; *fig.* **s-e ~ in etw. durchmachen** faire l'apprentissage de qc.; ~ˌ**zeugnis** *n* certificat *m* d'apprentissage.

Leib [laɪp] *m* ⟨~(e)s; ~er⟩ (*Körper*) corps *m*; (*Bauch, Unterleib*) ventre *m*; (*Taille*) taille *f*; *litt.* **gesegneten ~es sein** être enceinte; **schlanker ~** taille svelte; **j-n um den ~ fassen** prendre qn. par la taille; **mitten um den ~** à bras-le-corps; F **e-n gewaltigen Schritt am ~e haben** faire de grandes enjambées; **keine Ehre im ~e haben** ne pas avoir le sentiment de l'honneur; F ne pas avoir de cœur au ventre; **etw. am eigenen ~e erfahren, spüren** apprendre à ses dépens; être payé pour le savoir; **am ganzen ~e zittern** trembler de tous ses membres, comme une feuille; **kein Hemd auf dem ~e haben** n'avoir pas de chemise à se mettre sur le dos; **nichts auf dem ~e haben** n'avoir rien sur le corps; **j-m, e-r Sache zu ~e gehen** attaquer qn., qc.; **~ u. Leben einsetzen** risquer sa vie; **bei lebendigem ~e verbrennen** brûler vif, vive; **kein Herz im ~e haben** ne pas avoir de cœur; manquer de cœur; **er hat den Teufel im ~e** il a le diable au corps; **die Rolle ist ihm (wie) auf den ~ geschrieben** le rôle a été comme écrit, fait pour lui; c'est pour lui un rôle sur mesure; le rôle est créé exprès pour lui; **mit ~ u. Seele** corps et âme; de toute son âme; de tout son cœur; **j-m mit ~ u. Seele ergeben sein** être dévoué corps et âme à qn.; *péj.* être l'âme damnée de qn.; **sich j-n vom ~e halten** tenir qn. à distance (respectueuse); éviter tout contact avec qn.; ne pas laisser approcher qn.; **er hält sich alle Unannehmlichkeiten vom ~e** il se soustrait à tous les désagréments; il se tient à l'abri de tous les ennuis; **bleib mir damit vom ~e!** laisse-moi tranquille, en paix avec cette affaire!; **drei Schritt vom ~e!** n'approchez pas!; en arrière!; *bibl.* **Mann u. Frau sind ein ~** mari et femme ne font qu'un; **nichts im ~e haben** avoir le ventre creux; n'avoir rien mangé; **e-n harten ~ haben** être constipé; F **s-n ~ pflegen** soigner sa (petite) personne; **~arzt** *m* médecin particulier, personnel, attitré; **~ˌbinde** *f* ceinture *f* de flanelle; sous-ventrière *f*; **~chen** *n* ⟨~s; ~⟩ corsage *m*; *von Kindern* corselet *m*; **≈ˌeigen** *adj. féod.* serf, -ve; **~ˌeigene(r)** *f* (*m*) ⟨→ A⟩ serf, -ve *m, f*; **~ˌeigenˌschaft** *f* ⟨~⟩ servage *m*; servitude *f*; **≈en** *v/i.* **das ist er, wie er leibt u. lebt** c'est lui trait pour trait; F il lui ressemble comme deux gouttes d'eau; P c'est lui tout craché.

Leibes|beschaffenheit [ˈlaɪbəsbəˌʃafənhaɪt] *f* constitution *f*; complexion *f*; tempérament *m*; **~ˌerbe** *m* héritier naturel; **~erˌziehung** *f* éducation *f* physique; **~ˌfrucht** *f* embryon *m*; fœtus *m*; **~ˌfülle** *f* corpulence *f*; embonpoint *m*; **~ˌkraft** *f* force *f* physique; vigueur *f*; **aus Leibeskräften** de toutes mes (tes, *etc.*) forces; **aus Leibeskräften schreien** crier à tue-tête; **~ˌstrafe** *f* peine *f*, châtiment *m* corporel(le), afflictif (-ive); **~ˌübungen** *f/pl.* exercices *m/pl.* du corps, physiques; culture *f* physique; (*Turnübungen*) exercices *m/pl.* gymnastiques; gymnastique *f*; **~ˌumfang** *m cf.* **~fülle**; **~visitatiˌon** *f* fouille *f*; Beamtin für **~** fouilleuse *f*.

Leib|garde [ˈlaɪpˌgardə] *f* garde *f* du corps; **~garˌdist** *m* garde *m* du corps; **~geˌricht** *n* plat *m* de prédilection; mets favori, préféré; **≈ˈhaftig** *adj.* (*zu Fleisch geworden*) incarné; (*selbst*) lui- (elle-)même; en personne; **er ist das ~e Ebenbild s-s Vaters** c'est tout le portrait de son père; **ich sehe ihn ~ vor mir** je le vois (devant moi) en personne, en chair et en os; **er ist ein ~er Teufel** c'est le diable en personne, incarné; **der ≈e** le diable; **das ist sie ~** c'est elle-même; **≈lich** *adj.* **1.** corporel, -lle; du corps; **~es Wohl** bien-être matériel; **~e Schönheit** beauté physique, du corps; **~e Genüsse, Freuden** jouissances, joies matérielles, physiques; **2.** (*wirklich in bezug auf Blutsverwandtschaft*) propre; *jur.* germain; **sein ~er Sohn** son propre fils; **~e Brüder** frères germains; **~regiˌment** *n* régiment *m* du roi, de la reine, *etc.*; **~ˌrente** *f* rente viagère; **~ˌriemen** *m* F *fig.* **den ~ enger schnallen** se serrer la ceinture; F se la serrer; se mettre la tringle; P bouffer des briques; **~ˌschmerzen** *m/pl.* **~ haben** avoir mal au ventre; **~ˌschneiden** *n* tranchées *f/pl.*; colique très aiguë; **~ung** *f* ⟨~; ~en⟩ *bât.* intrados *m*; *e-s Fensters* ébrasement *m*; embrasure *f*; **~ˌwache** *f cf.* **~garde**; **~ˌwächter** *m cf.* **~gardist**; **~ˌwäsche** *f* linge *m* (de corps); **~weh** *n cf.* **~schmerzen**.

Leiche [ˈlaɪçə] *f* ⟨~; ~n⟩ **1.** cadavre *m*; *fig.* **über ~n gehen** être sans scrupules; passer sur des cadavres; F **nur über meine ~!** seulement sur mon cadavre!; **wie e-e wandelnde ~ aussehen** ressembler à un cadavre ambulant; **2.** *impr.* (*ausgelassene Buchstaben od. Wörter*) bourdon *m*; **~nˌausgrabung** *f* exhumation *f*; **~nbeˌgängnis** *n* funérailles *f/pl.*; obsèques *f/pl.*; pompes *f/pl.* funèbres; inhumation *f*; **~nbeˌschauer** *m* médecin *m* légiste; **~nˌbitterˌmiene** *f* F **e-e ~ machen** faire une figure, une mine, avoir un air d'enterrement; **≈nˈblaß** *adj.* pâle comme un mort; blême; livide; blanc, blanche comme un linge, un linceul; **~nˌblässe** *f* pâleur mortelle, cadavérique; lividité *f*; **~nˌfeier(lichkeit)** *f cf.* **~nbegängnis**; **~nfleddeˌrei** *f* ⟨~; ~en⟩ détroussement *m* de cadavres; violation *f* de sépulture; **~nˌfledderer** *m* ⟨~s; ~⟩ détrousseur *m* de cadavres; profanateur *m* de tombeaux; **~nˌfrau** *f* femme *f* qui habille les morts; **~ngeˌfolge** *n cf.* **~nzug**; **~ngeˌruch** *m* odeur cadavéreuse, de cadavre; **~nˌgift** *n sc.* virus *m* cadavérique; **≈nˌhaft** *adj.* de cadavre; cadavéreux, -euse; **~nˌhalle** *f* dépôt *m* mortuaire; dépositoire *m*; **~nˌöffnung** *f* autopsie *f*; dissection *f* (anatomique); **~nˌpredigt** *f cf.* **~nrede**; **~nˌraub** *m* rapt [rapt] *m* de cadavre; **~nˌrede** *f* oraison *f* funèbre; **~nˌschänder** *m* viol(at)eur *m* de cadavres; **~nˌschändung** *f* viol *m* de cadavres; **~nˌschau** *f allg.* constatation *f* de décès; *e-s Unbekannten* identification *f* d'un cadavre; *e-s durch gewaltsamen Tod Verstorbenen* examen *m* médico-légal; **~nˌschauhaus** *n* morgue *f*; **~nˌschmaus** *m* repas *m* d'enterrement; **~nˌstarre** *f* rigidité *f* cadavérique; **~nˌträger** *m* porteur *m* (de cercueil); F croque-mort *m*; **~nˌtuch** *n* linceul *m*; suaire *m*; **~nverˌbrennung** *f* crémation *f*; incinération *f* (des morts); **~nˌwagen** *m* char *m* funèbre; corbillard *m*; **~nˌzug** *m* convoi *m*, cortège *m* funèbre; deuil *m*.

Leichnam [ˈlaɪçnaːm] *m* ⟨~(e)s; ~e⟩ cadavre *m*; F *fig.* **s-n ~ pflegen** avoir soin de sa peau; F **ein lebender ~** un cadavre ambulant.

leicht [laɪçt] **1.** *adj.* **a)** (*von geringem Gewicht*) léger, -ère; de peu de poids; F qui ne pèse pas; **zu ~ sein** ne pas faire le poids; ne pas avoir le poids voulu, *von Münzen* la valeur voulue; **~ wie e-e Feder** léger, -ère comme une plume; (qui ne pèse) pas plus lourd qu'une plume; **~e Artillerie** artillerie légère; *fig.* **~er Schlaf** sommeil léger; **~er Tod** belle mort; **~e Fesseln** liens fragiles; **~er Gang** pas léger; démarche, allure légère; **~en Fußes** d'un pied léger; d'un pas alerte; **e-e ~e Hand haben** avoir la main légère, douce; **b)** (*unbedeutend, geringfügig*) léger, -ère; peu grave; **~er Fehler** faute légère; peccadille *f*; *als Gebrechen, Mangel* petit défaut; **~en Argwohn hegen** douter un peu; avoir quelques soupçons; **~er Tadel** léger blâme; (*ungefährlich*) **~e Verwundung** légère blessure; **~e Krankheit** maladie sans gravité, peu grave; **~es Unwohlsein** indisposition anodine; légère indisposition; **~es Fieber** un peu de fièvre; **c)** (*bekömmlich*) **~e Speisen** mets, aliments légers, digestibles, faciles à digérer, F digestes; **d)** (*unbeschwert*) **~en Herzens** d'un cœur léger, soulagé; **mir ist's ~ ums Herz** je me sens le cœur léger, soulagé; **e)** (*von geringem Wert*) **~er Boden** sol léger; terre légère, meuble; **~er Wein** vin léger; petit vin; (*nicht beschwerend*) **~e Musik** musique légère, récréative; musiquette *f*; **f)** (*leichtsinnig*) **etw. auf die ~e Schulter, Achsel nehmen** prendre qc. à la légère; faire bon marché de qc.; F **~er Bruder** compagnon volage, frivole, écervelé; jeune étourdi; esprit évaporé; F tête de linotte; cervelle d'oiseau; étourneau *m*; **~es Mädchen** femme légère, volage; **g)** (*keine Schwierigkeiten bietend, geringe Mühe verursachend*) facile; aisé; **~ zu übersetzen, zu verstehen** facile à traduire, à comprendre; **es war keine ~e Sache, ihn zu überzeugen** ce n'était pas chose facile de le convaincre; **mit dem werde ich ~es Spiel haben** j'aurai aisément raison de lui; je viendrai aisément à bout de lui; j'aurai beau jeu, la tâche facile avec lui; F je le posséderai; je l'aurai facilement; **es ist ganz ~** cela va tout seul; F ce n'est pas plus malin que ça; **das ist ihm ein ~es** cela ne lui coûte guère; ce n'est qu'un jeu pour lui; **~en Kaufes davonkommen** s'en tirer à bon compte; *comm.* **~en Absatz finden** être facile à vendre; être d'un écoulement facile; **2.** *adv.* légèrement; facilement; aisément; rapidement; bien; **nicht ~** difficilement; **~ gekleidet** vêtu légèrement; **~er machen** alléger; soulager (*beide auch fig.*); *nur fig.* faciliter; **es j-m ~ machen** donner beau jeu à qn.; **sich's ~ machen** se rendre la besogne facile; en prendre à son aise; se faire la partie belle; **es ~ haben** l'avoir belle; **mit ihm ist ~ auszukommen** il est aisé de vivre avec lui; il est aisé à vivre; il est d'un commerce facile; (*schnell*) **~ begreifen** comprendre rapidement; avoir la compréhension rapide, facile; **die Hand rutscht ihm ~ aus** (*er schlägt schnell zu*) il a la main leste; **das ist ~ gesagt** cela est facile à dire; c'est vite, bientôt dit; **das ist ~er gesagt als getan**, F **das ist ~ gesagt, doch schwer getan** c'est plus aisé à dire qu'à faire; **~ vergessen** oublier facilement, aisément, rapidement, sans peine; **er wird ~ böse** il se fâche facilement, rapidement; **das kommt so ~ nicht wieder** ça ne se reproduit pas tous les jours; **wie ~ ist ein Unglück geschehen** un malheur est vite arrivé; **es kann ~ anders kommen** il se peut bien que les choses tournent autrement; cela peut bien tourner autrement; **~ verderblich** périssable; **~ löslich** facilement soluble; (*geringfügig*) **~ ändern** modifier légèrement, un peu; **~ säuerlich** légèrement acidulé; **~ berühren** toucher superficiellement, légèrement, à peine; effleurer; (*gut*) **es ist ~ möglich, daß er nicht kommt** il est fort possible qu'il ne vienne pas; **das könnte ~ sein** cela se pourrait bien; **es könnte ~ sein, daß** ... il pourrait bien se faire que ...; **Sie können sich ~ denken, daß** ... vous pouvez bien vous imaginer que ...; **≈athˌlet(in)** *m* (*f*) athlète *m, f*; **≈athˌletik** *f* athlétisme *m*; **~athˌletisch** *adj.* athlétique; **≈bauˌplatte** *f* plaque *f* d'aggloméré; plaque *f* en fibres de bois; plaque isolante en matériau léger; **≈bau(-ˌweise)** *m* ⟨~(e)s⟩ (*f*) construction légère; **~beˌdeckt** *adjt.* légèrement couvert; **~beˌkleidet** *adjt.* vêtu légèrement, à la légère; légèrement vêtu; **~beˌschädigt** *adjt.* légèrement endommagé; **~beˌschwingt** *adj.* léger, -ère comme un oiseau; **~er Schritt** pas léger; **≈beˌton** *m* béton léger; **~beˌwaffnet** *adjt.* armé à la légère, légèrement; légèrement armé; **~beˌweglich** *adj.* (très) mobile; **~ˌblütig** *fig. adj.* d'humeur enjouée; **~entˌzündlich** *adj.* (facilement) inflammable.

Leichter [ˈlaɪçtər] *m* ⟨~s; ~⟩ *mar.* allège *f*; **~ˌlohn** *m* frais *m/pl.* d'allège; **≈n** *v/t.* ⟨-(e)re, h⟩ *mar.* alléger.

Leichte(s) [ˈlaɪçtə(s)] *n* ⟨→ A⟩ **er ißt gern etw. ~s** il aime manger des plats légers.

leicht|fallen [ˈlaɪçtˌfalən] *v/i.* ⟨*irr., sép.*, -ge-, **sein**⟩ **es fällt ihm alles**

leicht il réussit sans peine; il a de la facilité; **es fällt ihm leicht, zu ...** (+ *inf.*) il n'a pas de peine à ... (+ *inf.*); das fällt ihm leicht cela ne lui coûte guère; **~faßlich** *adj.* aisé, facile à comprendre; **~fertig 1.** *adj.* (*unüberlegt*) irréfléchi; inconsidéré; (*leichtsinnig*) étourdi; écervelé; évaporé; léger, -ère; frivole; (*oberflächlich*) superficiel, -lle; **~er Streich** mauvaise plaisanterie; mauvais, sale tour; **~es Wesen** légèreté *f*; frivolité *f*; manières trop libres; **2.** *adv.* **etw. ~ tun** faire qc. étourdiment; **etw. ~ behandeln** traiter qc. à la légère; **sich ~ in e-e Erörterung einlassen** F *fig.* s'embarquer à la légère dans une discussion; **2fertig,keit** *f* <~> étourderie *f*; légèreté *f* (d'esprit *od.* de caractère); esprit léger; frivolité *f*; **~flüchtig** *adj. chim.* très volatil; **~flüssig** *adj. chim.* aisé à fondre; très fusible; **2fuß** F *fig. m* étourdi *m*; étourneau *m*; *cf. auch* leicht 1.f); **~füßig** *adj.* au pied léger; agile; alerte; **2ge,wicht** *n*, **2ge,wichtler** *m* <~s; ~> *Sport* poids léger; **2gewichts,klasse** *f* catégorie *f* des poids légers; **~gläubig** *adj.* crédule; naïf, -ïve; F gobeur, -euse; **~ sein** F *fig.* gober, avaler tout; boire tout comme du petit lait; **er ist ~** F c'est un gobeur, gogo; **2gläubige(r)** *f* (*m*) personne crédule, naïve; F gobeur, -euse *m, f*; gogo *m*; gobe-mouche(s) *m*; pigeon *m*; **2gläubig,keit** *f* crédulité *f*; naïveté *f*; **2gut** *n mar.* marchandises légères, de faible poids; **~'hin** *adv.* à la légère; sans réfléchir; **2ig,keit** *f* <~> légèreté *f*; *fig.* facilité *f*; (*Behendigkeit*) agilité *f*; aisance *f*; souplesse *f*; **mit ~** aisément; en se jouant; 'haut la main; **~lebig** *adj.* qui prend la vie du bon côté; qui s'arrange de tout; qui est sans souci; insouciant; F qui ne se fait pas de bile, de mousse; qui ne s'en fait pas; **2lebig,keit** *f* <~> insouciance *f*; **~löslich** *adj. chim.* facilement soluble; **2ma,trose** *m* novice *m*; **2me,tall** *n* métal, alliage léger; **2metall,bau** *m* construction *f* en métal léger; **2mo,torrad** *n* motocyclette légère; petite motocyclette; *abus.* für Motorroller über 125 cm^3 scooter *m*; **~nehmen** *v/t.* <*irr., sép.*, -ge-, h> prendre (qc.) à la légère; **nehmen Sie es leicht!** ne vous en faites pas!; **2öl** *n* huile légère; **2sinn** *m* <~(e)s> **1.** *cf.* 2fertigkeit; **2.** (*Unvorsichtigkeit*) témérité *f*; imprudence *f*; insouciance *f*; **~sinnig** *adj.* **1.** *cf.* ~fertig; **2.** (*unvorsichtig*) téméraire; imprudent; insouciant; *advt.* **~ handeln** agir à la légère; **~sinniger'weise** *adv.* témérairement; imprudemment; d'une manière insouciante; avec insouciance; à la légère; par légèreté; **~ver,daulich** *adj.* digestible; facile à digérer; léger, -ère; F digeste; **~ver,derblich** *adj.* périssable; **2ver,letzte(r)** *f* (*m*) blessé léger; blessée légère; **~ver,ständlich** *adj.* facile à comprendre; **~ver,wundet** *adjt.* légèrement blessé; *milit. auch* éclopé; **2ver,wundete(r)** *m* blessé léger; *milit. auch* éclopé *m*.

leid [laɪt] **I** *adj. u. adv.* <*inv.*> **ich bin es ~, das immer wieder zu sagen** je suis las, -sse de (devoir) toujours répéter la même chose; **es tut mir ~, daß ...** *od.* **zu ...** (+ *inf.*) je suis fâché, peiné, je regrette, *pfort.* je suis désolé que ... (+ *subj.*) *od.* de ce que ... (+ *ind. od. subj.*) *od.* de ... (+ *inf.*); **das tut mir ~** a) j'en suis (bien) fâché, peiné; b) (*ich kann es nicht ändern*) tant pis; **es tut mir um Ihretwillen ~** j'en suis fâché pour vous; **das tut mir sehr, unendlich ~** j'en suis infiniment désolé, navré; *iron.* **Sie tun mir ~, mein Lieber** je vous plains, vous me faites pitié, mon cher; **es ist mir ~ um ihn** je le plains; **es ist mir noch nicht ~ geworden** je n'en suis pas encore à le regretter; **er tut sich selber ~** il se prend en pitié; **etw. ~ werden** se lasser de qc.; **II 2** *n* <~(e)s> mal *m*; (*Unrecht*) tort *m*; (*Unglück*) malheurs *m/pl.*; (*Kummer*) chagrin(s) *m* (*pl.*); peines *f/pl.*; (*Schmerz*) douleur *f*; **j-m ein ~ antun** faire du mal, tort à qn.; **sich ein ~ antun** se tuer; se suicider; attenter à ses jours; **j-m sein ~ klagen** conter, confier ses chagrins, ses peines, ses malheurs à qn.; F pleurer dans le gilet de qn.; **~ tragen** être plongé dans la tristesse; être dans l'affliction; être affligé; passer par des épreuves; **um j-n ~ tragen** porter le deuil de qn.; pleurer (la mort de) qn.; **Blumen für Freud u. ~** fleurs pour les fêtes et les deuils; **in Freud u. ~** dans les bons et les mauvais jours; **Freud u. ~ teilen** partager ses joies et ses peines (avec qn.); **auf ~ folgt Freud** *prov.* après la pluie le beau temps *prov.*; **geteiltes ~ ist halbes ~** *prov.* un chagrin partagé est plus facile à supporter.

Leideform ['laɪdə,fɔrm] *f gr.* forme, voix passive; passif *m*.

leiden ['laɪdən] **I** *v/t.* <leidet, litt, gelitten, h> **1.** (*ertragen*) souffrir; subir; éprouver; supporter; endurer; essuyer; **der Kranke hat viel zu ~** le malade a beaucoup à souffrir, à supporter, à endurer; *fig.* **Schiffbruch ~** faire naufrage; **Durst, Hunger ~** souffrir de la soif, de la faim; être altéré, affamé; **Not ~** être dans la misère, le besoin; **Unrecht ~** être victime d'une injustice; souffrir l'injustice; **Schaden ~** subir, éprouver des dommages; être endommagé; **2.** (*zulassen*) souffrir; permettre; admettre; supporter; tolérer; **die Sache leidet keinen Aufschub** l'affaire ne souffre point de retard, de délai; **das wird hier nicht gelitten** c'est défendu ici; **das leide ich nicht** je ne souffre, tolère, n'admets pas cela; **3.** (*gern haben*) aimer; **j-n, etw. ~ können** aimer assez qn., qc.; **ich kann ihn gut ~** sa personne me plaît; il m'est très sympathique; il ne me déplaît pas; **er ist gut zu ~** c'est un homme charmant; **wohl gelitten sein** être bien vu; être dans les bonnes grâces (de qn.); **j-n nicht ~ können** détester qn.; ne pouvoir supporter, voir qn.; **ich kann ihn nicht ~** *auch* F il est ma bête noire; **j-n nicht mehr ~ können** prendre qn. en aversion, F en grippe; **II** *v/i.* **an e-r Krankheit ~** souffrir, être atteint d'une, être sujet, -tte à une maladie; **an der Gicht ~** souffrir de, être atteint de, avoir la goutte; **an Schwindel ~** être sujet, -tte au vertige; **woran ~ Sie?** de quoi souffrez-vous?; **s-e Gesundheit wird darunter ~** sa santé en pâtira, en souffrira; **lerne ~ ohne zu klagen!** apprends à souffrir sans te plaindre!; **er leidet darunter** il en souffre; il en est peiné; **der Unschuldige muß oft für den Schuldigen ~** les bons payent souvent pour les méchants, les mauvais; **III** *v/imp. st. s.* **es litt ihn nicht länger im Zimmer** il lui était impossible de rester plus longtemps dans la chambre; **IV 2** *n* <~s; ~> (*Schmerzen, Qual*) souffrance *f*; douleur *f*; peines *f/pl.*; tribulations *f/pl.*; misères *f/pl.*; (*Krankheit*) mal *m*; *méd.* affection *f*; **~ Christi** passion de Jésus-Christ; **~d** *adjt.* souffrant; souffreteux, -euse; **die 2en** les souffrants.

Leidener ['laɪdənər] *adj.* <*inv.*> *élect.* **~ Flasche** bouteille de Leyde.

Leidenschaft ['laɪdən,ʃaft] *f* <~; ~en> passion *f*; *heftige* fureur *f*; acharnement *m*; **in ~ geraten** se passionner; **nur s-r ~ gehorchen** n'écouter que sa passion; **sich von s-r ~ fortreißen lassen** se laisser aller à sa passion, emporter par sa passion; **Spielen ist s-e ~** il a la passion du jeu; **2lich 1.** *adj.* passionné; (*feurig*) fougueux, -euse; (*glühend*) ardent; brûlant; fervent; **~ werden** se passionner; **2.** *adv.* passionnément; ardemment; avec passion, ferveur; *pfort.* avec fureur; **j-n ~ lieben** aimer qn. passionnément, à la folie; **sich ~ in j-n verlieben** se prendre de passion pour qn.; **~lich,keit** *f* <~> ferveur *f*; ardeur *f*; chaleur *f*; feu *m*; flamme *f*; (*Heftigkeit*) fougue *f*; violence *f*; *pfort.* fureur *f*; **2s,los** *adj.* dégagé, dénué, exempt de passion; sans passion (*auch adv.*); (*gleichmütig*) placide; calme; impassible; **~s,losigkeit** *f* <~> absence *f* de passion; placidité *f*; impassibilité *f*.

Leidens|gefährte ['laɪdənsgə,fɛːrtə] *m*, **~ge,fährtin** *f*, **~ge,nosse** *m*, **~ge,nossin** *f* compagnon *m*, compagne *f* d'infortune; **~n sein** F être logé à la même enseigne; **~ge,schichte** *f relig.* Passion *f*; F *fig.* **er hat mir s-e ganze ~ erzählt** il m'a raconté toutes ses misères, peines, tous ses malheurs; **~kelch** *m* calice *m* d'amertume; **~weg** *m relig.* chemin *m* de la croix; *par ext.* Passion *f*; *fig.* calvaire *m*.

leider ['laɪdər] *adv.* malheureusement; **~!** 'hélas!; **~ Gottes!** à mon grand regret!; **die Sache ist ~ nur zu wahr** l'affaire n'est malheureusement que trop vraie; **~ muß ich Sie verlassen** c'est à regret que je vous quitte; je suis au regret de (devoir) vous quitter; à regret, je dois vous quitter; je regrette de (devoir) vous quitter.

leidgeprüft ['laɪtgə,pryːft] *adjt.* éprouvé (par la souffrance, le chagrin, *etc.*).

leidig ['laɪdɪç] *adj.* fâcheux, -euse; déplaisant; désagréable; vilain; (*verwünscht*) maudit; sacré; satané; **das ~e Geld** ce maudit, satané argent; **der ~e Geiz** la malheureuse passion de l'avarice.

leidlich ['laɪtlɪç] **1.** *adj.* supportable; passable; **sie hat e-e ganz ~e Stimme** elle a une voix passable; *Arbeit etc.* **~ sein** passer encore; **2.** *adv.* F pas trop mal; **ich verstehe Sie ~** je vous comprends un peu; *wie geht es?* **so ~** tout doucement; F comme ci, comme ça; couci-couça; cahin-caha; tout doux.

Leid|tragende(r) ['laɪt,traːgəndə(r)] *f* (*m*) <→ A> celui, celle qui est en deuil; **die ~n** la famille du défunt; *fig.* **der ~ bei etw. sein** faire les frais de qc.; être la victime dans qc.; **2voll** *adj.* plein de douleur; douloureux, -euse; **~wesen** *n* <~s> **zu meinem (großen) ~** à mon (grand) regret; **zum großen ~ s-r Freunde** à la grande désolation, affliction de ses amis.

Leier ['laɪər] *f* <~; ~n> *mus.* lyre *f*; (*Dreh2*) vielle *f*; *astr.* Lyre *f*; *fig.* **es ist immer die alte ~** (*dasselbe*) c'est toujours la même chanson, rengaine, ritournelle, antienne, le même refrain, F la même musique; **~kasten** *m* orgue *f* de Barbarie; **~kasten,mann** *m* <~(e)s; ~er> joueur *m* d'orgue de Barbarie; **2n** *v/t. u. v/i.* <-(e)re, h> (*herunter~*) débiter d'une voix monotone; psalmodier; ~ˌ**schwanz** *m zo.* oiseau-lyre *m*; ménure-lyre *m*; *sc.* ménure *m*.

Leih|amt ['laɪʔamt] *n*, ~ˌ**anstalt** *f cf.* ~**haus**; ~**biblioˌthek** *f*, ~**bücheˌrei** *f* bibliothèque *f* de prêt; prêt *m* de livres; ~**e** *f* ⟨~; ~n⟩ *jur.* prêt *m* à usage; **2en I** *v/t.* ⟨leiht, lieh, geliehen, h⟩ **1.** (*verleihen*) prêter; *gegen Entgelt* louer; auf Pfänder ~ prêter sur gage; auf Zinsen ~ prêter à intérêt; j-m, e-r Sache s-n Namen ~ prêter son nom à qn., qc.; **2.** (*entleihen*) emprunter; *gegen Entgelt* louer; etw. von j-m ~ emprunter qc. à qn.; **3.** *fig.* j-m sein Ohr ~ prêter l'oreille à qn.; ~ Sie mir für e-n Augenblick Ihre Aufmerksamkeit accordez-moi un moment d'attention, un instant votre attention; **II** ~**en** *n* ⟨~s⟩ prêt *m*; emprunt *m*; *gegen Entgelt* location *f*; ~ˌ**gabe** *f* prêt *m*; ~**geˌbühr** *f bei e-r Leihbibliothek* droits *m/pl.* (de prêts); (*Mietgebühr*) taux *m*, prix *m* de louage; ~**geˌschäft** *n comm.* affaire *f* de prêts; ~**haus** *n* crédit municipal; mont-de--piété *m*; P clou *m*; ma tante; nach dem ~ tragen mettre en gage; P mettre au clou; meine Uhr ist im ~ j'ai mis ma montre en gage; P ma montre est chez ma tante, au clou, *etc.*; ~-'**Pacht-Geˌsetz** *n hist.* loi *f* de prêt--bail; ~**schein** *m* bulletin *m*, certificat *m* de prêt; récépissé *m*, bon *m* de location; ~**verˌkehr** *m e-r Bibliothek* service *m* de prêt(s) de livres; ~**verˌtrag** *m* contrat *m* de louage, de location; ~ˌ**wagen** *m* voiture *f* de louage; **2-ˌweise** *adv.* à titre de, en prêt; *gegen Entgelt* (*mietweise*) en location.

Leim [laɪm] *m* ⟨~(e)s; ~e⟩ colle *f* (forte); (*Vogel2*) glu *f*; aus dem ~ gehen se décoller; se démancher; se délabrer; se disloquer (*auch fig.*); F *fig.* auf den ~ gehen tomber, donner dans le piège, F dans le panneau; se laisser duper, berner, engluer; prendre, mordre à l'hameçon; P couper dedans; se laisser empaumer; F *fig.* j-n auf den ~ führen *cf.* (j-n) **2en I**; **2en I** *v/t.* ⟨h⟩ coller; enduire de colle; *Papierfabrikation*, *Buchrücken* encoller; *Vögel* engluer; *fig.* j-n ~ attraper, duper, berner qn.; P empaumer, rouler, posséder, avoir, couillonner qn.; **II** ~**en** *n* ⟨~s⟩ collage *m*; ~ˌ**farbe** *f* (couleur *f* en) détrempe *f*; ~**kitt** *m techn.* mastic *m* de colle; futée *f*; ~**kraut** *n* ⟨~(e)s⟩ *bot.* silène *m*; ~**ring** *m arb.*, *jard.* ceinture-piège *f*; bande *f* fixe--insectes; ~ˌ**rute** *f meist pl.* gluau(x) *m* (*pl.*); pipeau(x) *m* (*pl.*); mit ~n fangen prendre à la glu; engluer; ~ˌ**sieden** *n* fabrication *f* de (la) colle; ~ˌ**sieder** *m* ⟨~s; ~⟩ fabricant *m* de colle; ~**stoff** *m chim.* gluten [-ɛn] *m*; ~**topf** *m* pot *m* à *od.* de colle; ~ˌ**wasser** *n techn.* eau *f* de colle.

Lein [laɪn] *m* ⟨~(e)s; ~e⟩ *bot. Pflanze* lin *m*; *Samen* linette *f*.

Leine ['laɪnə] *f* ⟨~; ~n⟩ corde *f*; (*Meßschnur*) cordeau *m*; (*Zügel*) guide *f*; *für Hunde* laisse *f*; *mar.* (*dünnes Tau*) ligne *f*; *Hund* an der ~ führen, an die ~ nehmen mener, tenir en laisse; *fig.* j-n an der ~ haben tenir qn. en laisse; F *fig.* ~ ziehen (*ausreißen*) F ficher, P foutre le camp.

Leinen ['laɪnən] **I** *n* ⟨~s; ~⟩ lin *m*; toile *f*; rein ~ pur fil; grobes ~ grosse toile; *Buch* in ~ gebunden relié (en) toile; **II 2** *adj.* de lin; de fil; de toile; ~ˌ**band**[1] *m* ⟨~(e)s; ¨~e⟩ reliure *f* (en) toile; ~ˌ**band**[2] *n* ⟨~(e)s; ¨~er⟩ ruban *m* de fil; ~**daˌmast** *m* linge damassé; damas *m*; ~**fabrikatiˌon** *f* toilerie *f*; ~ˌ**garn** *n* fil *m* (de lin); ~ˌ**handel** *m* toilerie *f*; ~ˌ**händler** *m* toilier *m*; ~**indusˌtrie** *f* industrie linière, toilière; ~**paˌpier** *n* papier toilé; ~ˌ**schuh** *m mit Bastsohle* espadrille *f*; ~ˌ**tuch** *n* drap *m*; ~ˌ**ware** *f* toilerie *f*; ~ˌ**zeug** *n* toile *f*.

Lein|eweber ['laɪnəˌveːbər] *m cf.* ~**weber**; ~ˌ**firnis** *m* vernis gras; ~**kraut** *n* ⟨~(e)s⟩ *bot.* linaire *f*; ~ˌ**kuchen** *m agr.* tourteau *m*; ~**öl** *n* huile *f* de lin; ~**pfad** *m mar.* chemin de halage; ~**saat** *f*, ~ˌ**samen** *m agr.* graine *f* de lin; linette *f*; ~**tuch** *n* ⟨~(e)s; ¨~er⟩ toile *f*; (*Bett~*) drap *m* de lit; ~**wand** *f* ⟨~⟩ **1.** (*Gewebe*) toile *f* (*auch peint.*); auf ~ ziehen entoiler; **2.** *Kino* écran *m*; auf die ~ bringen mettre, porter à l'écran; über die ~ gehen passer à l'écran; être mis, projeté à l'écran; ~**wandˌhandel** *m* toilerie *f*; lingerie *f*; ~ˌ**weber** *m* toilier *m*; tisserand *m* en toile; ~**webeˌrei** *f* toilerie *f*.

Leipziger ['laɪptsɪgər] *adj.* ⟨*inv.*⟩ *cuis.* ~ Allerlei macédoine *f* (de légumes).

leise ['laɪzə] **1.** *adj.* (*kaum hörbar*) bas, -sse; (*leicht*) doux, douce; léger, -ère; délicat; mit ~r Stimme à voix basse; tout bas; e-n ~n Schlaf haben avoir le sommeil léger; ~ Berührung toucher délicat; ~ Musik musique douce; ~s Geräusch léger bruit; auf ~n Sohlen, mit ~n Schritten à pas feutrés; à pas de loup; ~r Zweifel léger doute; nicht die ~ste Ahnung von etw. haben ne pas avoir la moindre idée de qc.; bei der ~sten Gefahr au moindre danger; **2.** *adv.* sans bruit; tout bas; à voix basse; doucement; discrètement; ~ sprechen parler bas; ~r sprechen parler plus bas; baisser la voix; die Tür ~ öffnen ouvrir la porte discrètement, tout doucement; ~ auftreten, gehen marcher doucement, silencieusement; aller, marcher à pas feutrés, à pas de loup; ~ berühren toucher légèrement; effleurer; *rad.* ~r stellen baisser; ~! doucement!; nicht im ~sten pas le moins du monde; **2-ˌtreter** F *m* ⟨~s; ~⟩ dissimulé *m*; sournois *m*; **2treteˌrei** F *f* ⟨~⟩ sournoiserie *f*.

Leiste ['laɪstə] *f* ⟨~; ~n⟩ **1.** *bât.*, *Tischlerei etc.* li(s)teau *m*; listel *m*; tringle *f*; baguette *f*; moulure *f*; **2.** *bei Geweben* (*Sal2*) lisière *f*; **3.** *anat.* aine *f*.

leisten ['laɪstən] **I** *v/t.* ⟨-ete, h⟩ **1.** (*bieten, gewähren*) faire; für j-n Bürgschaft ~ se porter garant, caution pour qn.; cautionner qn.; Abbitte ~ faire ses *od.* des excuses; s'excuser; e-n Eid ~ prêter serment; e-n Meineid ~ se parjurer; e-m Befehl Folge ~ obéir à, exécuter un ordre; e-r Einladung Folge ~ donner suite à, accepter une invitation; j-m Gesellschaft ~ tenir compagnie à qn.; j-m e-n Dienst ~ rendre service à qn.; j-m Beistand, Hilfe ~ prêter aide, assistance, la main à qn.; *in Not* prêter main-forte à qn.; porter secours à, secourir qn.; auf etw. Verzicht ~ renoncer à qc.; j-m Widerstand ~ résister à qn.; faire, opposer de la résistance à qn.; e-e Zahlung ~ effectuer, opérer un payement; e-n Vorschuß ~ verser une avance; e-n Beitrag ~ cotiser; Gewähr ~ fournir des garanties; garantir; e-r Sache Vorschub ~ favoriser qc.; j-m Vorschub ~ aider qn.; **2.** (*vollbringen*) faire; accomplir; (*schaffen, liefern*) produire; rendre; viel ~ faire, produire beaucoup; bien travailler; diese Maschine leistet doppelte Arbeit cette machine fournit double travail; er wird nie etw. Ordentliches ~ il ne fera jamais rien de bon, de bien, qui vaille; Tüchtiges in Latein ~ F être fort en latin; **II** *v/réfl.* sich etw. ~ (*gönnen*) se payer, s'offrir qc.; sich etw. ~ können être à la portée de qn.; dieses Vergnügen kann sich jeder ~ ce plaisir est à la portée de tout le monde, de toutes les bourses; ich kann mir so etw. nicht ~ (*erlauben*) je ne puis me le permettre; da haben sie sich wieder etw. geleistet! F ils en ont encore fait de belles!

Leisten ['laɪstən] *m* ⟨~s; ~⟩ *cord.* forme *f*; embauchoir *m*; auf *od.* über den ~ schlagen mettre, monter sur la forme; *fig.* alles über einen ~ schlagen mettre tout sur le même pied, *péj.* dans le même sac; sie sind über einen ~ geschlagen ils sont coulés dans le même moule; ils sont du même calibre; ils sont taillés sur le même modèle; *péj.* ce sont gens de la même engeance, du même acabit; Schuster, bleib bei deinem ~! *prov.* chacun son métier (, les vaches seront bien gardées) *prov.*; ~ˌ**bruch** *m méd.* 'hernie inguinale; ~ˌ**gegend** *f* ⟨~⟩ *anat.* région inguinale; ~ˌ**werk** *n bât.* moulures *f/pl.*

Leistung ['laɪstʊŋ] *f* ⟨~; ~en⟩ **1.** (*das Geleistete*) performance *f*; exploit *m* (*beide auch Sport*); travail *m* (exécuté, accompli); (*Resultat*) résultat *m*; höchste ~ record *m*; e-e erstaunliche ~ une performance étonnante; das war e-e ~! c'était une belle performance!; s-e ~ ist nicht allzu schlecht il ne rend pas trop mal; **2.** (*wirtschaftlicher Erfolg, Ertrag*) *e-s Unternehmens, Arbeiters, e-r Maschine* rendement *m*; production *f*; (*Ausstoß*) débit *m*; *e-r Arbeitsmaschine auch* performance *f*; travail *m*; *e-r Kraftmaschine* puissance *f*; *élect. auch* wattage *m*; énergie *f* électrique; *rad.* puissance *f*; *e-s Kraftwagens* puissance *f*; performance *f*; abgegebene ~ puissance disponible; aufgenommene ~ puissance absorbée; zugeführte ~ puissance appliquée, d'entrée; ausgestrahlte ~ puissance de rayonnement; nach ~ bezahlen payer à *od.* suivant la production, au *od.* suivant le rendement; **3.** *comm.*, *jur.* (*Zahlung*) prestation *f*; *e-r Versicherung auch* indemnisation *f*; *e-s Versicherten* prime *f*; ~ in Naturalien prestation, paiement en nature; wiederkehrende ~en prestations périodiques; keine ~ ohne Gegenleistung donnant, donnant *loc. prov.*; point *od.* pas d'argent, point *od.* pas de Suisse *prov.*; ~**sˌabfall** *m* diminution *f* de puissance; ~**sˌabgabe** *f élect.* puissance *f* de sortie; ~**s-ˌangaben** *f/pl.* indications *f/pl.*, données *f/pl.* sur le rendement; ~**sˌanreiz** *m* encouragement *m*, stimulation *f* à la production; ~**sˌaufnahme** *f élect.* puissance absorbée; ~**sˌausgleich** *m comm.* péréquation *f* des prestations; ~**sbeˌdarf** *m élect.* puissance motrice nécessaire; force requise; ~**sbeˌrechnung** *f* calcul *m*, supputation *f* de rendement; ~**sˌeinheit** *f phys.* unité *f* de puissance; **2sˌfähig** *adj. von e-r Person* efficace; *néol. in dieser Anwendung* efficient; productif, -ive; capable de haut rendement; *von e-r Kraftmaschine* puissant; à grande puissance; *von e-r Arbeitsmaschine auch* productif, -ive; à 'haut rendement; *comm.* finanziell ~ capable de remplir ses engagements; ~**sˌfähigkeit** *f* ⟨~⟩ *allg.* force, capacité productive; capacité *f* de production, de rendement;

productivité *f*; rendement *m*; efficience *f*; *e-r Kraftmaschine* puissance *f*; *e-r Arbeitsmaschine auch* efficacité *f*; performance *f*; *méd.* capacité fonctionnelle; **praktische** ~ puissance effective; **theoretische** ~ potentiel *m*; puissance nominale, théorique; **steuerliche** ~ capacité fiscale; **~s,faktor** *m* facteur *m* de puissance; **~s,grenze** *f* ⟨~⟩ limite *f* de puissance; **~s,kurve** *f* courbe *f* de puissance; **~s,lohn** *m* salaire *m* à la production, au rendement; **~s,maximum** *n* puissance maxima; **~s,messer** *m* ⟨~s; ~⟩ *élect.* wattmètre *m*; **~s,norm** *f* norme *f* de production, de rendement; **~s,pflicht** *f jur., comm.* obligation *f* de fournir la prestation; **&s,pflichtig** *adj. jur., comm.* obligé à la prestation; **~s,prämie** *f* prime *f* de rendement; **~s,prüfung** *f für Maschinen* contrôle *m* de rendement; *für Fahrzeuge* épreuve *f* d'endurance; **~s,regler** *m* régulateur *m* de puissance; **~s,rückgang** *m* ralentissement *m* de l'activité; **~s,schalter** *m élect.* disjoncteur *m*; **~s,schau** *f agr.* concours-foire *m*; concours *m* de bétail; *der Industrie etwa* foire-exposition *f*; **~s,schild** *n* plaque *f* signalétique; **~s,sport** *m* (sport *m* de) compétition *f*; **~s,stand** *m* niveau *m* de productivité; **~s,steigerung** *f e-s Arbeiters, Unternehmens* accroissement *m* du rendement; *e-r Maschine auch* augmentation *f* de puissance; **~s,stufe** *f* étage *m* de puissance; **~sver,brauch** *m élect.* consommation *f* (de puissance); **~s-ver,lust** *m* perte *f* d'efficacité, de puissance, d'énergie; **~sver,mögen** *n cf.* ~sfähigkeit; **~sver,stärker** *m élect.* amplificateur *m* de puissance; **~sver,zug** *m comm., jur.* retard *m* dans la fourniture de la prestation; **~s,wettbewerb** *m* concours *m*; **~s,zulage** *f* prime *f* de rendement.

Leit|artikel ['laɪtˀar,tiːkəl] *m* article *m* de fond, de tête; leader *m*; éditorial *m*; **~ar,tikel,schreiber** *m*, **~ar,tikler** *m* ⟨~s; ~⟩ éditorialiste *m*; **~bild** *n* modèle *m*.

leiten ['laɪtən] **I** *v/t.* ⟨-ete, h⟩ (*führen*) conduire (*auch phys.*); *Wasser* amener; *Amt, Unternehmen, Geschäft* diriger; gérer; administrer; *Schule* diriger; *Orchester* diriger; conduire; *Versammlung, Verhandlung* présider; *Staatsgeschäfte* régir; administrer; *die Volksmassen* mener; *von e-m Gedanken, Grundsatz, e-r Idee etc.* guider; **etw.** ~ *auch* être à la tête de qc.; *Brief* **an die zuständige Instanz** ~ transmettre à l'autorité compétente; **auf den rechten Weg** ~ mettre dans le bon chemin, sur la bonne voie; **die Aussprache** ~ diriger les débats; **II** *v/réfl.* **sich** ~ **lassen** *von e-r Person* prendre (qn.) pour guide; suivre (qn.); *von e-r Idee, e-m Gedanken etc.* se laisser guider, déterminer, influencer; **III** & *n* ⟨~s⟩ *cf.* **Leitung**; **~d** *adjt.* conducteur, -trice (*auch phys.*); dirigeant; directeur, -trice; *phys.* **nicht** ~ non-conducteur, -trice; diélectrique; isolant; ~ **machen** rendre conducteur, -trice; **~er Gedanke** idée directrice, générale; **~e Kreise** dirigeants *m/pl.*; milieux, cercles dirigeants; sphères dirigeantes; cadres *m/pl.*; **~es Komitee** comité directeur; **~e Stellung** position dirigeante; **~er Angestellter** F cadre *m*; **~er Arzt** médecin-chef *m*; **~er Ingenieur** ingénieur *m* en chef; **er bedarf noch der ~en Hand** il a encore besoin d'une main qui le guide.

Leiter¹ ['laɪtər] *m* ⟨~s; ~⟩ **1.** *e-s Unternehmens, e-r Abteilung* chef *m*; directeur *m*; *e-r Filiale* gérant *m*; administrateur *m*; *e-s Orchesters* chef *m* d'orchestre; *e-r Versammlung* président *m*; *e-r Schule* directeur *m*; **kaufmännischer** ~ directeur commercial (**technischer** technique, **verantwortlicher** responsable); **2.** *phys.* conducteur *m*; **guter, schlechter** ~ bon, mauvais conducteur.

Leiter² ['laɪtər] *f* ⟨~; ~n⟩ échelle *f* (*auch fig.*); *e-s Leiterwagens* ridelle *f*; **e-e** ~ **anlegen** mettre, poser une échelle; **auf e-e** ~ **steigen** escalader une échelle; **mit ~n ersteigen** monter, escalader avec des échelles; **mechanische** ~ *der Feuerwehr* échelle mécanique; **~baum** *m* montant *m* d'une échelle.

Leiterin ['laɪtə,rɪn] *f* ⟨~; ~nen⟩ directrice *f* (*auch e-r Schule*); chef *m*; *e-r Filiale* administratrice *f*.

Leiter|sprosse ['laɪtər,ʃprɔsə] *f* échelon *m*; **~,wagen** *m* chariot *m* à ridelles.

Leit|faden ['laɪt,faːdən] *m* (*Lehrbuch*) guide *m*; précis *m*; manuel *m* (de); éléments *m/pl.* (de); méthode *f*; **&,fähig** *adj. élect., phys.* conducteur, -trice; **~,fähigkeit** *f* ⟨~⟩ *élect.* conductivité *f*; conductibilité *f* (*auch phys.*); **~fo,ssil** *n* fossile *m* caractéristique; **~fre,quenz** *f* fréquence *f* pilote; **~ge,danke** *m* idée directrice, dominante, déterminante, générale; **~,hammel** *m e-r Schafherde* bélier conducteur (d'un troupeau); sonnailler *m*; F *fig.* chef *m* de groupe, *péj.* de bande; **~hund** *m ch.* limier *m*; **~,kabel** *n* câble *m* de guidage; **~,karte** *f Kartei* carte *f* de division; fiche directrice; fiche-guide *f*; **~,linie** *f auf Straßen* bande *f*, ligne *f* de démarcation; *fig. cf.* **~schnur**; **Straße mit ~n** route matérialisée; **~mo,tiv** *n mus.* motif *m*, thème *m* caractéristique, dominant; leitmotiv *m*; **~,planke** *f an Straßen* glissière *f* de sécurité; **~rad** *n bei Fahrzeugen* roue directrice; *bei Turbinen* couronne *f* fixe; stator *m*; distributeur *m*; **~satz** *m* principe *m* (directeur); directive *f*; **~,schiene** *f techn., chem.* contre-rail *m*; **~schnur** *fig. f* ligne *f* de conduite; **~,spindel** *f techn.* vis-mère *f*; **~spruch** *m* principe *m*; maxime *f*; précepte *m*; devise *f*; **~,stange** *f der Straßenbahn* perche *f*; **~stati,on** *f tél.* station *f* radio de contrôle d'un groupe; **~stern** *m* étoile conductrice; *fig.* guide *m*; **~strahl** *m rad., aviat.* axe balisé, d'atterrissage; faisceau directeur; **~strahl,sender** *m rad., aviat.* radiophare directif, d'atterrissage.

Leitung ['laɪtʊŋ] *f* ⟨~; ~en⟩ **1.** *e-s Betriebes* direction *f*; conduite *f*; *e-r Filiale* (*Verwaltung*) gestion *f*; administration *f*; *e-r sportlichen Veranstaltung* organisation *f*; *e-r Versammlung* (*Vorsitz*) présidence *f*; *e-r Veranstaltung, als Einrichtung* comité directeur; *Orchester* **unter der** ~ **von** sous la conduite, direction, baguette de; **die** ~ **von etw. haben** être à la tête de qc.; **die** ~ **in die Hand nehmen** prendre la direction, *litt.* les rênes; **j-m die** ~ **anvertrauen** donner la haute main à qn.; **2.** ⟨*pas de pl.*⟩ *phys.* conduction *f*; **3.** *für Wasser, Gas* conduit *m*; conduite *f*; (*~snetz*) canalisation *f*; **verstopfte** ~ conduit(e) bouché(e); **4.** *élect., tél.* ligne *f* (électrique, téléphonique); *élect.* conduite *f*; (*Kabel*) câble *m*; (*Stromkreis*) circuit *m*; *unter der Erde* (*~snetz*) canalisation *f*; **abzweigende** ~ ligne bifurquée; **ankommende** ~ circuit d'arrivée; **ausgehende** ~ circuit de départ; **freie** ~ *tél.* ligne disponible; **oberirdische, unterirdische** ~ ligne aérienne, souterraine; **tote** ~ ligne neutre; **gestörte** ~ ligne en dérangement; **durchgehende** ~ ligne de transit; **abgeschirmte** ~ ligne blindée; ~ **außer Betrieb** ligne 'hors circuit, 'hors d'usage; **direkte** ~ fil direct; **betriebsfähige** ~ circuit en état de service; **~en legen** poser, monter, installer des lignes; *tél.* **es ist j in der** ~ il y a qn. sur la *od.* en ligne; **die** ~ **ist besetzt** la ligne est occupée; **sich in die** ~ **einschalten** s'insérer dans le circuit; **aus der** ~ **gehen** se retirer, sortir du circuit; **in der** ~ **bleiben** rester dans le circuit, en ligne; F *fig.* **e-e lange** ~ **haben** être long à comprendre; avoir l'esprit lent; avoir la compréhension lente, difficile; F avoir la comprenette difficile; **~s,abzweigung** *f* embranchement *m* de ligne; **~s,anlage** *f élect.* canalisation *f* électrique; **~s,anschluß** *m élect.* connexion *f* de circuit; **~s,bau** *m* ⟨~(e)s⟩ construction *f* de lignes; **~s,bündel** *n* faisceau *m* de jonctions; **~s,draht** *m tél., élect.* fil *m* (téléphonique, électrique); ligne *f*; **~s,hahn** *m* robinet *m* (de la conduite); **~s,kabel** *n Auto* câble, fil conducteur; **~ska,nal** *m élect.* caniveau *m*; **~s,mast** *m* poteau *m* électrique; pylône *m* (de ligne); **~s,netz** *n für Gas, Wasser, élect.* canalisation *f*; *élect.* réseau *m*; secteur *m*; *tél.* réseau *m* de lignes; **~s,rohr** *n*, **~s,röhre** *f* conduit *m*; conduite *f*; **~s,schnur** *f* câble *m*; fil *m* souple; cordon *m* électrique, de branchement, de raccordement; **~sver,legung** *f* pose *f* des conduites, de la canalisation, des lignes, des fils, des câbles; **~sver,mögen** *n cf.* Leitfähigkeit; **~s,wasser** *n* ⟨~s; ≈⟩ eau *f* de la conduite, F du robinet; **~s,widerstand** *m élect.* résistance *f* de ligne.

Leit|weg ['laɪtveːk] *m Post* voie *f* d'acheminement; **~werk** *n aviat.* gouvernes *f/pl.*; empennages *m/pl.*; **doppeltes** ~ double empennage; **~wert** *m phys., élect.* conductance *f*; **~zahl** *f phot.* nombre-guide *m*.

Lektion [lɛktsiˈoːn] *f* ⟨~; ~en⟩ **1.** (*Lehrstunde*) leçon *f*; **2.** *fig.* (*Zurechtweisung*) j-m **e-e** ~ **erteilen** faire la leçon à qn.

Lektor(in) ['lɛktər, (-'toːrɪn)] *m* ⟨~s; -'toren⟩ (*f*) ⟨~; ~nen⟩ *e-s Verlages, an e-r Universität* lecteur, -trice *m, f*.

Lektüre [lɛk'tyːrə] *f* ⟨~; ~n⟩ lecture *f* (*auch Lesestoff*); **bei der ersten** ~ *e-s Buches etc.* à première lecture, vue; **kursorische** ~ lecture expliquée; lecture avec explication de texte.

Lende ['lɛndə] *f* ⟨~; ~n⟩ *anat.* ~n *pl.* reins *m/pl.*; *sc.* lombes *m/pl.*; *par ext.* (*Hüfte*) 'hanche *f*; **~n,braten** *m Fleischerei cf.* ~nstück; **~n,gegend** *f* ⟨~⟩ *anat.* région *f* lombaire; ceinture *f*; reins *m/pl.*; **&n,lahm** *adj.* éreinté; brisé; rompu; *fig.* faible; qui manque d'énergie, de nerf; sans énergie; **~e Beweisführung** argumentation faible, boiteuse; **~n,muskel** *m anat.* muscle *m* lombaire; **~n,schmerz** *m* douleur *f* lombaire; mal *m* de reins; lumbago *od.* lombago *m*; **~n,schnitte** *f cuis.* tournedos *m*; **~n,schurz** *m* pagne *m*; **~n,stück** *n Fleischerei* filet *m*; *vom Ochsen* aloyau *m*; cimier *m*; *vom Kalb* longe *f*; **~n,wirbel** *m anat.* vertèbre *f* lombaire.

Lenk|achse ['lɛŋk,ˀaksə] *f chem.* essieu *m* mobile; **~ba,llon** *m aviat.* (ballon *m*) dirigeable *m*; **&bar** *adj.*

aviat. dirigeable; **~barˌkeit** *f* ⟨~⟩ *aviat.* dirigeabilité *f*; **2en I** *v/t.* ⟨h⟩ *Auto* conduire; *Rennwagen, Flugzeug* piloter; *Menschen* (*leiten*) conduire; guider; diriger; mener; *Staat* (*regieren*) diriger (*auch Schlacht*); gouverner; **gelenkte Wirtschaft** économie dirigée; **s-e Schritte ~ nach** diriger, tourner ses pas vers; **die Blicke, Aufmerksamkeit auf sich ~** attirer les regards, l'attention sur soi; **den Verdacht auf j-n ~** attirer, diriger les soupçons sur qn.; **j-s Aufmerksamkeit auf etw. ~** appeler, diriger, attirer l'attention de qn. sur qc.; **das Gespräch auf etw. ~** amener, diriger, dévier, faire tomber la conversation sur qc.; **zum Guten ~** tourner au bien; faire bien tourner; **Gott lenkt die Schicksale der Menschen** Dieu dispose des destinées des hommes; **der Mensch denkt, Gott lenkt** *prov.* l'homme propose et Dieu dispose *prov.*; **II** *v/réfl.* **sich ~ lassen** se laisser conduire, guider, *etc.*; être traitable, docile; **III ~en** *n* ⟨~s⟩ *cf.* ~ung 1.; **~er** *m* ⟨~s; ~⟩ *e-s Staates* (*Herrscher*) chef *m*; dirigeant *m*; *am Fahrrad* guidon *m*; **~geˌtriebe** *n Auto* mécanisme *m* de direction; **~rad** *n Auto* volant *m* (de direction); **~ˌradius** *m Auto* rayon *m* de braquage; **~radˌschaltung** *f Auto* changement *m* de vitesse au volant; **~ˌrolle** *f techn.* poulie *f* de guidage; galet-guide *m*; galet *m* de guidage; *Auto* galet *m* de direction; **2sam** *adj.* facile à conduire; (*folgsam*) docile; traitable; **~ˌsäule** *f Auto* colonne *f* de direction; **~ˌschnecke** *f Auto* vis *f* sans fin de direction; **~seil** *n beim Aufziehen v. Lasten* verboquet *m*; **~ˌspindel** *f Auto* arbre *m* de direction; **~ˌstange** *f techn.* barre *f* d'accouplement, de guidage; bielle *f*; *am Fahr-, Motorrad* guidon *m*; **~stangenˌgriff** *m* poignée *f*; **~stockˌhebel** *m Auto* bielle pendante; **~ung** *f* ⟨~; ~en⟩ **1.** (*das Lenken*) direction *f*; *e-s Autos* conduite *f*; *e-s Rennwagens* pilotage *m* (*auch e-s Flugzeugs*); *e-s Staates* gouvernement *m*; *e-r Schlacht* conduite *f*; **2.** *bei Fahrzeugen* (organes *m/pl.* de) direction *f*; **~ungsˌanschlag** *m Auto* butée *f* de braquage; **~ungsˌausschuß** *m dipl.* comité directeur; **~ungsˌstelle** *f* service *m*, centre *m* de direction; **~ˌwelle** *f Auto* arbre *m* de direction; **~ˌwinkel** *m Auto* angle *m* de braquage.

Lenz [lɛnts] *poét. m* ⟨~es; ~e⟩ printemps *m*; *litt.*, *poét.* renouveau *m*; *fig.* **~ des Lebens** printemps de la vie; jeunesse *f*; **zwanzig ~e** (*Jahre*) **zählen** avoir vingt ans, *litt.* printemps.

lenz|en ['lɛntsən] **I** *v/t.* ⟨-(es)t, h⟩ *mar.* (*Wasser pumpen*) épuiser; (af)franchir; **II** *v/i. mar.* (*vor dem Sturm laufen*) courir vent derrière; avoir le vent arrière, en poupe; **2ˌpumpe** *f mar.* pompe *f* de cale.

Leopard [leˑoˑ'part] *m* ⟨~en; ~en⟩ *zo.* léopard *m*; **~enˌfell** *n* peau *f* de léopard.

Lepr|a ['leːpra] *f* ⟨~⟩ *méd.* lèpre *f*; **~aˌkranke(r)** *f* (*m*) lépreux, -euse *m*, *f*; **Krankenhaus für ~** léproserie *f*; **~om** [-'proːm] *n* ⟨~s; ~e⟩ *méd.* léprome *m*; **2os, 2ös** [-'proːs, -'prøːs] *adj.* lépreux, -euse; **~o'sorium** *n* ⟨~s; -ien⟩ léproserie *f*.

Lerche ['lɛrçə] *f* ⟨~; ~n⟩ *zo.* alouette *f*; **~nˌsporn** *m* ⟨~(e)s; ~e⟩ *bot.* corydalis *m*.

lern|bar ['lɛrnbaːr] *adj.* qui s'apprend; qu'on peut apprendre; **2beˌgier(de)** *f* avidité *f* d'apprendre; **~beˌgierig** *adj.* désireux, -euse, *pfort.* avide d'apprendre; **2ˌeifer** *m* zèle *m* pour, application *f* à l'étude; **~ˌeifrig** *adj.* studieux, -euse; **~en I** *v/t. u. v/i.* ⟨h⟩ apprendre; étudier; *abs.* s'instruire; (*in der Lehre sein*) être en apprentissage; **etw. auswendig ~** apprendre qc. par cœur; **lesen ~** apprendre à lire; **Französisch ~** apprendre le français; **lerne was, so kannst du was** apprends et tu sauras; **er hat etwas Tüchtiges gelernt** il a fait de bonnes études; **etw. von j-m gelernt haben** *auch* tenir qc. de qn.; **bei e-m Lehrer ~** apprendre avec un professeur; *thé.* **e-e Rolle ~** apprendre, étudier un rôle; **Klavier spielen ~** apprendre à jouer du piano; étudier le piano; **aus etw. ~** (*e-e Lehre ziehen*) faire son profit de qc.; tirer un enseignement, une leçon de qc.; **daraus ~ wir, daß** ... cela nous apprend que ...; **er lernt leicht** il apprend facilement; **das Gedicht lernt sich leicht** ce poème s'apprend facilement, est facile à apprendre; **gelernt** qualifié; de profession; **gelernter Schuhmacher** cordonnier de profession; **II 2en** *n* ⟨~s⟩ étude *f*; *e-s Handwerkers* apprentissage *m*; *oft verbal*: **das ~ wird ihm schwer** il apprend avec difficulté; **2zeit** *f* **1.** heures *f/pl.* d'études; **2.** *cf.* Lehrzeit.

Les|art ['leːsˀart] *f* leçon *f*; version *f*; **andere ~** variante *f*; **2bar** *adj.* (*leserlich*) lisible; (*zu entziffern*) déchiffrable; *Buch* passable; agréable à lire; **~barˌkeit** *f* ⟨~⟩ lisibilité *f*.

Les|bierin ['lɛsbiˑəˌrɪn] *f* ⟨~; ~nen⟩ lesbienne *f*; **2bisch** *adj.* lesbien, -nne.

Lese ['leːzə] *f* ⟨~; ~n⟩ (*Weinlese*) vendange *f*; **~ˌabend** *m* soirée *f* de lecture, littéraire; **~ˌbrille** *f* lunettes *f/pl.* pour lire; **~ˌbuch** *n für Schulanfänger* abécédaire *m*; *für höhere Klassen* livre *m* de lecture; *für Sprachunterricht* (recueil *m* de) morceaux choisis; *cf. auch* **Anthologie, Chrestomathie**; **~ˌfrüchte** *f/pl.* fruits *m/pl.* de lecture; connaissances acquises par la lecture; **~ˌhalle** *f* 'hall *m*, salon *m*, salle *f* de lecture; **2ˌhungrig** *adj.* avide de lecture; **~ˌlust** *f* ⟨~⟩ envie *f* de lire.

lesen ['leːzən] **I** *v/t.* ⟨liest, las, gelesen, h⟩ **1.** lire; F bouquiner; (*entziffern*) déchiffrer; (*deuten*) interpréter; expliquer; *Universität* (*Vorlesung halten*) faire un cours (de); **~ Sie nur weiter!** continuez à lire!; F allez toujours!; **er hat viel gelesen** il a beaucoup de lecture; **genau ~** lire de près; **flüchtig ~** parcourir; *e-n Brief* **zu ~ geben** montrer; donner en lecture; **Vergil mit s-n Schülern ~** interpréter Virgile avec ses élèves; **über Plato ~** expliquer Platon; **er liest (über) Geschichte des 19. Jhs.** il fait un cours d'histoire du XIXᵉ siècle; **Korrektur(en) ~** revoir, corriger des épreuves; *relig.* **die Messe ~** dire, célébrer la messe; officier; *fig.* **in den Sternen, in j-s Blicken ~** lire dans les astres, les yeux, le regard de qn.; **j-s Gedanken ~** lire dans la pensée de qn.; **aus der Hand ~** lire dans les lignes de la main; **zwischen den Zeilen ~** lire entre les lignes; F *fig.* **j-m die Leviten ~** chapitrer, sermonner, morigéner qn.; faire la morale à qn.; F dire ses quatre vérités à qn.; **2.** (*sammeln*) **Ähren ~** glaner; **Reisig ~** ramasser du bois mort; **Trauben ~** vendanger; **3.** *Erbsen* (*verlesen*) trier; **II** *v/réfl.* **4. sich in den Schlaf ~** lire pour s'endormir; **das liest sich wie ein Roman** cela se lit comme un roman; on croit lire un roman; on dirait un roman; **das Buch läßt sich ~** ce livre n'est pas mal écrit; **sich leicht ~ lassen** être facile à lire; être d'une lecture agréable, facile; **III 2** *n* ⟨~s⟩ **5.** lecture *f*; (*Entziffern*) déchiffrement *m*; *der Messe* célébration *f*; **beim ~ Ihres Namens** en lisant votre nom; **nach einmaligem ~** après simple lecture; **6.** *von Reisig* ramassage *m*; *von Trauben* vendange *f*; **7.** *von Erbsen* triage *m*; **~sˌwert** *adj.* qui mérite d'être lu; qu'il vaut la peine de lire; qui vaut d'être lu; digne d'être lu.

Lese|probe ['leːzəˌproːbə] *f e-s Buches* spécimen [-ɛn] *m* de texte; échantillon *m* de lecture; extraits *m/pl.* pour la publicité; *thé.* lecture *f*; **~ˌpult** *n* pupitre *m*; *in der Kirche* lutrin *m*; **~r(-in)** *m* ⟨~s; ~⟩ (*f*) ⟨~; ~nen⟩ lecteur, -trice *m, f*; *coll.* **die ~** *cf.* ~rwelt; **~ˌratte** F *f* liseur, -euse *m, f*; F rat *m* de bibliothèque; **~rˌbriefe** *m/pl. als Zeitungsrubrik* courrier *m* des lecteurs; **~'rei** *f* ⟨~⟩ F **a)** rage *f* de lire; manie *f* de la lecture; **b)** lecture *f* à tort et à travers; **~rˌkreis** *m e-r Zeitung etc. cf.* ~rschaft; **2rˌlich 1.** *adj.* lisible; **2.** *adv.* lisiblement; **~rlichˌkeit** *f* ⟨~⟩ lisibilité *f*; **~rˌschaft** *f* ⟨~⟩ (cercle *m* de) lecteurs *m/pl.*; public *m*; **~rˌstamm** *m* **e-n festen ~ haben** avoir une clientèle de lecteurs; **~rˌstimmen** *f/pl. als Zeitungsrubrik cf.* ~rbriefe; **~rˌwelt** *f* public *m* (de lecteurs); **~rˌzuschrift** *f* lettre *f* de lecteur (d'un journal); **~ˌsaal** *m cf.* ~halle; **~ˌstoff** *m* lecture *f*; **~ˌwut** *f cf.* ~rei a); **~ˌzeichen** *n* liseuse *f*; signet *m*; **~ˌzimmer** *n* salle *f*, cabinet *m* de lecture; **~ˌzirkel** *m* **a)** *für den Bezieher* abonnement *m* de prêt de revues et périodiques; **b)** *für den Verleiher* service *m* de prêt de revues et périodiques.

Lesung ['leːzʊŋ] *f* ⟨~; ~en⟩ lecture *f*; *Gesetzesentwurf* **zur ersten ~ kommen** venir en première lecture; **in erster ~ angenommen** voté en première lecture.

letal [leˑ'taːl] *adj.* mortel, -lle.

Letharg|ie [leˑtar'giː] *f* ⟨~⟩ *méd.* léthargie *f* (*auch fig.*); **2isch** [-'tar-] *adj. méd.* léthargique.

Lett|e ['lɛtə] *m* ⟨~n; ~n⟩, **~in** *f* ⟨~; ~nen⟩ Letton, -nne *m, f*.

Letten ['lɛtən] *m* ⟨~s; ~⟩ *géol.* glaise *f*; terre glaise; argile *f*.

Letter ['lɛtər] *f* ⟨~; ~n⟩ lettre *f*; *impr.* type *m*; caractère *m* (d'imprimerie); **bewegliche ~** caractère mobile; **~nˌgut** *n cf.* ~nmetall; **~nˌkasten** *m impr.* casse *f*; **~nmeˌtall** *n* plomb *m* (à caractères).

lettisch ['lɛtɪʃ] *adj.* letton, -nne; **die ~e Sprache, das 2e** la langue lettonne; le letton.

Lettner ['lɛtnər] *m* ⟨~s; ~⟩ *bât. e-r Kirche* jubé *m*.

letzt [lɛtst] **I** *adj.* ⟨*attributiv*⟩ dernier, -ère; (*endgültig*) définitif, -ive; *st. s. u. poét.* suprême; (*vorig*) passé; **j-m die ~e Ehre erweisen** rendre à qn. les derniers honneurs; *milit.* **~er Mann** *e-r Kolonne*, *mar.* **~es Schiff** *im Geleitzug* serre-file *m*; *relig.* **2e Ölung** extrême-onction *f*; **~er Versuch** dernière tentative; suprême effort; **2er Wille** dernières volontés; testament *m*; **das ~e Wort haben** avoir le dernier mot; **in den ~en Zügen liegen** être à toute extrémité, à l'agonie; **das ~e Stündlein** la dernière heure; **die ~e Hand an etw. legen** mettre la dernière main à qc.; **~en Endes** en fin de, au bout du compte; à la fin; finalement; *Mode* ~er Schrei dernier cri; bis auf den ~en Pfennig bezahlen payer rubis sur ongle; in ~er Zeit ces temps derniers; in den ~en Jahren ces dernières années; ~en Sonntag dimanche dernier, passé; ~e Fassung rédaction définitive; als ~es Mittel en désespoir de cause; *in Aufzählungen* zum ~ en dernier lieu; ultimo; zum dritten u. ~en Male pour la troisième et dernière fois; F es ist mit ihm Matthäi am ~en il est à la dernière extrémité; F auf dem ~en Loch pfeifen *cf.* Loch 1.; ~erer, der ~ere le dernier des deux; ce dernier; bis auf den ~en Mann kämpfen lutter, combattre jusqu'au dernier; bis auf den ~en Platz gefüllt plein jusqu'à la dernière place, sans une place (de) libre; archicomble; F plein à craquer; bondé; der, die 2e le dernier, la dernière; das 2e la dernière chose; la fin; (*das Äußerste*) la dernière extrémité; der 2e des Monats le dernier jour du mois; er war der ~e, der kam il a été le dernier à venir; er ist der ~e, dem ich mich anvertrauen würde c'est le dernier à qui je me confierais; bis zum 2en F jusqu'à la gauche; bis ins ~e prüfen examiner de très près, jusqu'au moindre détail; das 2e daransetzen déployer tous ses efforts; faire l'impossible; sein 2es hergeben F donner sa chemise; (*alles aufbieten*) *cf.* das 2e daransetzen; das wäre mein 2es ce serait mon dernier moyen, ma ressource extrême, mon pis aller; den ~en beißen die Hunde *prov. etwa* malheur au dernier; II 2 zu guter ~ enfin; pour terminer; en définitive; en dernier ressort; en dernier lieu; finalement; en fin de, au bout du compte; en dernière analyse; F à la fin des fins; *fig.* etw. bis zu guter ~ aufsparen réserver qc. pour la bonne bouche; ~en|mal *adv.* zum ~ pour la dernière fois; ~ens *adv.* 1. *cf.* ~hin; 2. *in Aufzählungen* en dernier lieu; ~er|wähnt, ~ge|nannt *adjt.* mentionné, cité en dernier lieu; der 2e le dernier nommé, mentionné, cité; ~'hin *adv.* dernièrement; (*neulich*) récemment; l'autre jour; ~|jährig *adj.* de l'année dernière; ~lich *adv.* au bout du, en fin de compte; ~|willig *adj.* testamentaire; ~e Verfügung disposition testamentaire; *advt.* ~ über etw. verfügen prendre des dispositions testamentaires au sujet de qc.

Leu [lɔʏ] *st. s. u. poét. m* ⟨~en; ~en⟩ lion *m*.

Leucht|boje ['lɔʏçt|boːjə] *f mar.* bouée lumineuse; ~|bombe *f milit.* bombe lumineuse, éclairante; ~draht *m élect.* filament *m* de lampe à incandescence; ~e *f* ⟨~; ~n⟩ lampe *f*; corps lumineux; *poét.* flambeau *m*; *fig. der Wissenschaft* (*berühmter Fachmann*) coryphée *m*; F *fig.* er ist keine große ~ F ce n'est pas une grande lumière; 2en I *v/i.* ⟨-ete, h⟩ luire; donner de la lumière; être lumineux, -euse; éclairer; (*glänzen*) reluire; briller; resplendir; (*strahlen*) rayonner; *pfort.* éclater; (*funkeln*) étinceler; *vom Meer* brasiller; j-m ~ éclairer qn.; mit der Taschenlampe ~ éclairer à *od.* avec la lampe de poche; j-m ins Gesicht ~ éclairer le visage de qn.; *fig.* die Freude leuchtet ihm aus den Augen il rayonne de joie; *fig.* sein Licht ~ lassen montrer son savoir; faire étalage de son savoir; se mettre en valeur; II ~en *n* ⟨~s⟩ éclat *m*; rayonnement *m*; (*Funkeln*) étincellement *m*; *des Meeres* brasillement *m*; 2end *adjt.* lumineux, -euse (*auch fig.*); *Farben* vif, vive; éclatant (*auch fig.*); ein ~es Beispiel un exemple éclatant, frappant; ~er *m* ⟨~s; ~⟩ chandelier *m*; bougeoir *m*; *großer, mehrarmiger* flambeau *m*; candélabre *m*; ~er|arm *m* branche *f* de chandelier; ~erman|schette *f*, ~er|tülle *f* bobèche *f*; ~|faden *m cf.* ~draht; ~|fallschirm *m milit.* fusée éclairante à parachute; ~|farbe *f* couleur phosphorescente; ~|feuer *n mar.* phare *m* (*auch aviat.*); fanal *m*; feu *m* (de signalisation) (*auch aviat.*); ~gas *n* gaz *m* d'éclairage; ~ge|schoß *n milit.* projectile éclairant; ~gra|nate *f milit.* obus éclairant; ~|käfer *m zo.* coléoptère luisant; lampyre *m*; vers luisant; luciole *m*; ~|körper *m* lampe *f*; corps lumineux; ~kraft *f* ⟨~⟩ pouvoir éclairant; intensité lumineuse; ~|kugel *f milit.* balle traçante; ~|massen *f/pl. phys.* substances luminescentes; ~muniti|on *f milit.* munitions éclairantes; ~pa|trone *f* cartouche lumineuse, éclairante; ~pe|troleum [-leˑum] *n* pétrole lampant; *sc.* kérosène *m*; ~pis|tole *f milit.* pistolet signaleur, lance-fusées; ~ra|kete *f milit.* fusée éclairante; ~re|klame *f* réclame, publicité lumineuse; ~|röhre *f* tube luminescent, à décharge (lumineuse), au néon; ~schirm *m* écran luminescent, fluorescent; ~schrift *f* inscription lumineuse; *bewegliche, mit Tagesnachrichten* journal lumineux; ~si|gnal *n milit.* signal lumineux; ~|skala *f* échelle lumineuse; ~spur *f* trace lumineuse; ~spurge|schoß *n milit.* balle traçante; ~stoff *m* substance luminescente; ~stoff|lampe *f* tube fluorescent; ~|tonne *f cf.* ~boje; ~turm *m mar.* phare *m*; ~turm|wächter *m mar.* gardien *m* de phare; ~uhr *f* montre *f* à cadran lumineux; ~|ziffer *f* chiffre lumineux; ~ziffer|blatt *n* cadran lumineux.

leugn|en ['lɔʏgnən] I *v/t.* ⟨-ete, h⟩ nier; dénier; (*bestreiten*) disconvenir (etw. de qc.; daß ... que [ne] ... + *subj.*); contester; ein Verbrechen ~ nier, dénier un crime; die Existenz Gottes ~ nier l'existence de Dieu; ich leugne nicht, daß er es getan hat je ne nie pas qu'il l'ait fait; es ist nicht zu ~, es läßt sich nicht ~, daß ... on ne saurait nier que ... (+ *subj.*); il est de fait, il est incontestable que ... (+ *ind.*); ~ Sie, daß dem so ist? niez-vous qu'il en soit ainsi?; II 2en *n* ⟨~s⟩ dénégation *f*; contestation *f*; 2er(in) *m* ⟨~s; ~⟩ (*f*) ⟨~; ~nen⟩ celui, celle qui nie; négateur *m*; 2ung *f* ⟨~⟩ *cf.* ~en II.

Leuk|ämie [lɔʏkɛ'miː] *f* ⟨~; -ien⟩ *méd.* leucémie *f*; ~o'plast *n* ⟨~(e)s; ~e⟩ sparadrap *m*; ~o'zyten *pl. méd.* leucocytes *m/pl.*

Leumund ['lɔʏmʊnt] *m* ⟨~(e)s⟩ réputation *f*; e-n guten, schlechten ~ haben avoir une bonne, mauvaise réputation; ~s|zeuge *m* témoin *m* de moralité; ~s|zeugnis *n* certificat *m* de bonne vie et mœurs.

Leute ['lɔʏtə] *pl.* gens *m/pl. bzw. f/pl.* monde *m*; *coll.* (*Menge Personen*) public *m*; foule *f*; alle ~ tous les gens; die jungen ~ les jeunes gens; die kleinen ~ les petites gens; le petit, menu peuple; F (*die Kinder*) le petit monde; anständige ~ honnêtes gens; gens de bien; rechtschaffene ~ braves gens; ~ von Rang u. Stand gens de qualité; gewisse ~ certaines personnes; fremde ~ étrangers *m/pl.* (à une localité, à la maison, *etc.*); die armen ~ (*nicht reichen*) les gens pauvres; les pauvres; le pauvre monde; (*bemitleidenswerten*) les pauvres gens; die alten ~ sind argwöhnisch les vieilles gens sont soupçonneux; *Partei etc.* unsere ~ nos gens; les nôtres; *von e-m Offizier gesagt* meine ~ mes hommes; s-e ~ (*Angestellten*) ses gens; (*Dienstboten*) ses domestiques; (*Angehörigen*) sa famille; les siens; s-e ~ kennen se connaître en gens; (*s-e Angestellten, Untergebenen etc.*) connaître ses gens, son monde; die ~ sagen es on le dit; was werden die ~ dazu sagen? qu'en dira-t-on?; qu'en diront les gens?; unter die ~ gehen voir du monde; gar nicht unter die ~ gehen ne voir personne; unter die ~ bringen vulgariser; diffuser; propager; es sind ~ bei ihm il y a du monde chez lui; aus Kindern werden ~ *prov.* les enfants deviennent grands, des hommes; Kleider machen ~ *prov. cf.* Kleid; ~|schinder *m* exploiteur *m*; vampire *m*.

Leutnant ['lɔʏtnant] *m* ⟨~s; ~s *od.* ~e⟩ *milit.* sous-lieutenant *m*; *mar.* ~ zur See enseigne *m* de vaisseau de deuxième classe.

leutselig ['lɔʏt|zeːlɪç] *adj.* affable; bienveillant; accueillant; liant; gentil, -lle; 2|keit *f* ⟨~⟩ affabilité *f*; bienveillance *f*; gentillesse *f*.

Levantin|er [leˑvan'tiːnər] *m/pl.* Levantins *m/pl.*; 2isch *adj.* levantin.

Levit [leˑ'viːt] *m* ⟨~en; ~en⟩ *bibl.* lévite *m*; F *fig.* j-m die ~en lesen *cf.* lesen I, 1.; 2isch *adj.* lévitique; de lévite.

Levkoje [lɛf'koːjə] *f* ⟨~; ~n⟩ *bot.* giroflée *f*; matthiole *f*; violier *m*.

lexi|kalisch [lɛksiˑ'kaːlɪʃ] *adj.* lexical; 2ko'graph *m* ⟨~en; ~en⟩ lexicographe *m*; 2kogra'phie *f* ⟨~⟩ lexicographie *f*; ~ko'graphisch *adj.* lexicographique; 2kon ['lɛk-] *n* ⟨~s; -ka⟩ dictionnaire *m*; *weniger umfassend* lexique *m*; (*Konversations*2) encyclopédie *f*; F *fig.* ein wandelndes ~ un dictionnaire vivant.

Lezithin [leˑtsiˑ'tiːn] *n* ⟨~s⟩ *chim.* lécithine *f*.

Liane [liˑ'aːnə] *f* ⟨~; ~n⟩ *bot.* liane *f*.

Lias ['liːas] *m* ⟨~⟩, *f* ⟨~⟩ *géol.* lias [-s] *m*; ~boden *m* terrain *m* liassique; ~formati|on *f* formation *f* liassique.

Libanes|e [liˑba'neːzə] *m* ⟨~n; ~n⟩, ~in *f* ⟨~; ~nen⟩ Libanais, -e *m, f*; 2isch *adj.* libanais.

Libelle [liˑ'bɛlə] *f* ⟨~; ~n⟩ *zo.* demoiselle *f*; *sc.* libellule *f*; *techn.* niveau *m* à bulle d'air.

liberal [liˑbeˑ'raːl] *adj.* libéral; ~i'sieren *v/t.* ⟨*pas de ge-*, h⟩ libéraliser; 2ismus [-'lɪs-] *m* ⟨~⟩ libéralisme *m*; ~istisch [-'lɪs-] *adj.* libéral; 2i'tät *f* ⟨~⟩ libéralité *f*; munificence *f*.

Liber|ier(in) [liˑ'beːriˑər(ɪn)] *m* ⟨~s; ~⟩ (*f*) ⟨~; ~nen⟩ Libérien, -nne *m, f*; 2i'anisch *adj.* libérien, -nne.

libidinös [liˑbiˑdiˑ'nøːs] *adj.* libidineux, -euse.

Libido [liˑ'biːdoˑ] *f* ⟨~⟩ libido *f*.

Librett|ist [liˑbrɛ'tɪst] *m* ⟨~en; ~en⟩ *mus.* librettiste *m*; ~o [-'brɛ-] *n* ⟨~s; ~s *od.* -tti⟩ *mus.* libretto *m*; livret *m*.

Liby|er(in) ['liːbyˑər(ɪn)] *m* ⟨~s; ~⟩ (*f*) ⟨~; ~nen⟩ Libyen, -nne *m, f*; 2sch *adj.* libyque; 2e Wüste désert de Libye.

licht [lɪçt] *adj.* 1. lumineux, -euse; *von Farben* clair; es wird ~ il commence à faire jour; es ist heller, ~er Tag il fait grand jour; ~e **Augenblicke** *e-s Geisteskranken* moments lucides; **2.** (*dünn*) ~**es Haar** chevelure éclaircie; cheveux clairsemés, épars; **3.** *techn.* ~**er Durchmesser,** ~**e Weite** *e-s Rohres* diamètre intérieur; lumière *f*; section *f*; ouverture *f*; orifice *m*; *bât.* ~**e Höhe** 'hauteur de l'ouverture; ~**e Weite** ouverture *f*; écartement *m*; passage libre.

Licht [lɪçt] *n* ⟨~(e)s; ~er⟩ **1.** lumière *f* (*auch fig.*); (*Helle*) clarté *f*; (*Tages*2, *Beleuchtung*) jour *m*; *peint.* ~**er** *pl.* clairs *m/pl.*; jours *m/pl.*; **elektrisches** ~ lumière, éclairage électrique; **künstliches** ~ lumière artificielle; **gedämpftes, mildes** ~ lumière tamisée, douce; *égl. cath.* **das Ewige** ~ *cf.* **ewig**; *bibl.* **die Kinder des** ~**s** les enfants de lumière; **beim** ~ **des Mondes** au clair de (la) lune; à la clarté de la lune; ~ **machen, das** ~ **anmachen, anknipsen** allumer (la lumière); donner, faire de la lumière; **das** ~ **ausmachen, ausdrehen, ausknipsen** éteindre la lumière; **das** ~ **ist an, aus** la lumière est allumée, éteinte; **das** ~ **fällt von oben herein** le jour vient d'en haut; **das Zimmer hat nicht genug** ~ cette chambre n'a pas assez de jour; **ans** ~ **treten** se mettre, aller au jour; s'approcher du jour; **gegen das** ~, **in falschem** ~ à contre-jour; **j-m im** ~ **stehen** empêcher qn. de voir; masquer, boucher la vue, la lumière, le jour à qn.; *fig.* contrarier les vues, les desseins de qn.; **gehen Sie mir aus dem** ~! ôtez-vous de mon jour!; **bei** ~ **arbeiten** travailler à la lumière, à la lampe; **das** ~ **der Welt erblicken** voir le jour; naître; *peint.* **auf e-m Gemälde die** ~**er aufsetzen** mettre des jours, des clairs à, éclairer un tableau; *mar., aviat.* ~**er führen** porter des feux; **wo** ~ **ist, da ist auch Schatten** *prov.* toute médaille a son revers *prov.*; **2.** *fig.* **mir geht ein** ~ **auf** voilà un trait de lumière; **mir ist ein** ~ **aufgegangen** F je commence à y voir clair; ~ **in etw. bringen** jeter une lumière, du jour sur, éclairer qc.; tirer qc. au clair; porter la lumière dans qc.; **das** ~ **scheuen** redouter la lumière; fuir le jour; **ein günstiges** ~ **auf j-n werfen** montrer, faire paraître qn. sous un jour favorable; montrer qn. sous un beau jour; **sich in e-m neuen** ~ **zeigen** se montrer sous un nouveau jour; **ans** ~ **bringen** mettre au (grand) jour; divulguer; publier; dévoiler; **ans** ~ **kommen** se faire jour; venir au jour; se découvrir; se dévoiler; **ans** ~ **ziehen** faire paraître au grand jour; **j-n hinters** ~ **führen** donner le change à qn.; mystifier qn.; *cf. auch* **leimen I**; **sich hinters** ~ **führen lassen** prendre le change; se laisser duper; *cf. auch* **(auf den) Leim (gehen)**; **etw. ins rechte** ~ **rücken, setzen, stellen** faire voir qc. sous son vrai jour; **Sie stehen sich selbst im** ~ vous vous desservez vous-même; **etw. in e-m falschen** ~ **darstellen** présenter qc. sous un faux jour; **sich im wahren** ~ **zeigen** se montrer sous son vrai jour; **das wirft ein schlechtes** ~ **auf Sie** cela jette le discrédit sur vous; cela vous discrédite; **s-e Kenntnisse ins rechte** ~ **rücken** se faire valoir; **bei** ~ **besehen** en y regardant de près; en examinant l'affaire de près; (*wenn ich es mir recht überlege*) à tout prendre; **3.** (*Talg*2) chandelle *f*; (*Stearin*2, *Wachs*2) bougie *f*; cierge *m*; *fig.* **j-m ein** ~ **aufstecken** faire voir clair à qn.; ouvrir les yeux à qn.; dessiller les yeux de qn.; éclairer qn. sur qc.; *bibl.* **sein** ~ **nicht unter den Scheffel stellen** ne pas mettre la lumière sous le boisseau; F *fig.* **er ist kein großes** ~ *cf.* **Leuchte**.

Licht|anlage ['lɪçtˌʔanlɑːgə] *f élect.* installation *f* d'éclairage; 2**arm** *adj.* peu éclairé; ~**bad** *n méd.* bain *m* de lumière; ~**beˌhandlung** *f méd.* héliothérapie *f*; photothérapie *f*; 2**beˌständig** *adj.* résistant à la lumière (solaire); ~ˌ**beugung** *f phys.* diffraction *f*; ~**bild** *n phot.* photo(graphie) *f*; *an die Wand geworfenes* projection lumineuse; ~**bilderˌsammlung** *f* photothèque *f*; ~**bilderˌvortrag** *m* conférence *f* avec projection (lumineuse); 2**blau** *adj.* bleu clair; ~**blick** *fig. m* lueur *f* d'espoir; perspective réjouissante; éclaircie *f*; ~ˌ**bogen** *m techn.* arc *m* électrique, voltaïque; ~**bogenˌschweißung** *f techn.* soudure *f* à l'arc; 2**braun** *adj.* brun clair; 2ˌ**brechend** *adjt. phys.* réfractant; réfringent; dioptrique; ~ˌ**brechung** *f phys.* réfraction *f*; ~**brechungs-verˌmögen** *n phys.* réfringence *f*; pouvoir réfringent; ~ˌ**bündel** *n* faisceau lumineux; ~**druck** *m* ⟨~(e)s; ~e⟩ *impr.* héliotypie *f*; phototypie *f*; 2-ˌ**durchlässig** *adj.* translucide; diaphane; (*durchsichtig*) transparent; ~ˌ**durchlässigkeit** *f* diaphanéité *f*; 2**echt** *adj. Stoffarben* grand teint; solide à la lumière; *cf. auch* 2**beständig**; ~**eˌffekt** *m* effet lumineux; ~ˌ**einfall** *m* incidence *f* (de la lumière); ~ˌ**einheit** *f phys.* unité *f* d'intensité lumineuse; ~ˌ**einwirkung** *f* action *f* de la lumière; 2**eˌlektrisch** *adj. phys.* photo-électrique; *phys.* ~**er Effekt** effet photo-électrique; ~**e Zelle** *cf.* **Photozelle**; 2**emˌpfindlich** *adj. phot.* photosensible; sensible à la lumière; ~ **machen** sensibiliser; ~**emˌpfindlichkeit** *f phot.* sensibilité *f* à la lumière; photosensibilité *f*.

lichten ['lɪçtən] **I** *v/t.* ⟨-ete, h⟩ **1.** *Wald* éclaircir; *fig. auch* décimer; **die Reihen** ~ éclaircir les rangs; **2.** *mar.* **den Anker** ~ lever l'ancre; **II** *v/réfl.* **3. sich** ~ s'éclaircir (*auch fig.*); **III** 2 *n* ⟨~s⟩ **4.** *des Waldes* éclaircissement *m*; *fig. auch* décimation *f*; **5.** *mar. des Ankers* levée *f*.

Lichter[1] ['lɪçtər] *m* ⟨~s; ~⟩ *mar. cf.* **Leichter**; ~[2] *pl. von* **Licht**; *ch.* (*Augen*) yeux *m/pl.*; ~ˌ**führung** *f mar., aviat.* feux *m/pl.* réglementaires, de navigation; ~ˌ**glanz** *m von Kerzen* éclat *m* des bougies, *von elektr. Licht* des lumières; 2'**loh** *adv.* ~ **brennen** être tout en feu; flamber clair; ~ˌ**meer** *n* océan *m* de lumières; 2**n** *v/t.* ⟨-(e)re, h⟩ *cf.* **leichtern**.

Licht|erscheinung ['lɪçtʔɛrˌʃaɪnʊŋ] *f* phénomène lumineux; ~ˌ**filter** *m phot.* écran, filtre coloré; ~**fleck** *m phys.* spot *m*; tache lumineuse; 2**geˌschützt** *adjt.* à l'abri de la lumière; ~**geˌschwindigkeit** *f* vitesse *f* de la lumière; vitesse-lumière *f*; **mit** ~ à la vitesse-lumière; ~**hof** *m* cour vitrée; *phot.* 'halo *m*; 2**hofˌfrei** *adj. phot.* anti-halo (*inv.*); ~ˌ**hupe** *f Auto* avertisseur lumineux; ~ˌ**hütchen** *n* éteignoir *m*; ~**jahr** *n* année *f* (de) lumière; ~ˌ**kegel** *m phys.* cône *m*, pinceau *m* de lumière; faisceau lumineux; ~**kreis** *m* cercle lumineux; ~ˌ**leitung** *f élect.* ligne *f*, réseau *m*, fil *m* lumière, d'éclairage; secteur *m*; *unterirdisch* canalisation *f* (électrique); 2**los** *adj.* obscur; sombre; ténébreux, -euse; sans lumière; ~**maˌschine** *f* dynamo *f*; ~**mast** *m* lampadaire *m*; pylône *m*; ~**meß** *relig. cath.* **Mariä** ~ la Chandeleur; ~ˌ**messer** *m* ⟨~s; ~⟩ *phys. cf.* **Photometer**; ~ˌ**messung** *f phys. cf.* **Photometrie**; ~ˌ**nelke** *f bot.* lychnide *f*; lychnis *m*; ~ˌ**pause** *f* copie *f*, épreuve *f* héliographique; (photo-) calque *m*; F bleu *m*; ~**pausgeˌrät** *n* tireuse *f* (de calques); ~**pauspaˌpier** *n* papier *m* héliographique (pour calque); papier-calque *m*; calque *m*; ~**pausverˌfahren** *n* héliographie *f*; ~**punkt** *m* point lumineux; *télév.* spot *m*; tache lumineuse; ~**putzˌschere** *f* mouchettes *f/pl.*; ~ˌ**quelle** *f* source *f* de lumière, lumineuse; ~**reˌflex** *m* reflet *m*; ~**reˌklame** *f cf.* **Leuchtreklame**; ~**schacht** *m* cour intérieure; ~ˌ**schalter** *m élect.* commutateur *m*; interrupteur *m* (électrique); ~**schein** *m* lueur *f*; 2**scheu** *adj.* qui craint, fuit la lumière, le jour; *méd. sc.* photophobe; ~**e Insekten** insectes lucifuges; ~ˌ**schimmer** lueur *f*; ~**schirm** *m* écran *m*; 2**schwach** *adj.* à faible luminosité; ~ˌ**seite** *f* côté éclairé; *fig.* jour *m* favorable; beau côté; ~**siˌgnal** *n* signal lumineux, optique; ~ˌ**spiele** *n/pl.*, ~**spielˌbühne** *f*, ~**spielˌhaus** *n* ~**spieltheˌater** *n* cinéma *m*; ~ˌ**stärke** *f allg.* puissance, intensité lumineuse; *opt.* luminosité *f*; *phys.* brillance *f*; luminance *f*; ~**strahl** *m phys.* rayon lumineux, *allg.* de lumière; *fig.* trait *m* de lumière; ~ˌ**streifen** *m* filet *m*, traînée *f* de lumière; ~ˌ**streuung** *f phys.* dispersion *f*; ~**strom** *m phys.* flux lumineux; ~**stumpf** *m* bout *m*, reste *m* de chandelle; ~ˌ**technik** *f* éclairagisme *m*; ~ˌ**techniker** *m* éclairagiste *m*; 2-ˌ**undurchˌlässig** *adj.* opaque.

Lichtung ['lɪçtʊŋ] *f* ⟨~; ~en⟩ **1.** *im Wald* clairière *f*; éclaircie *f*; **2.** (*das Lichten*) *cf.* **lichten III**.

Licht|verbrauch ['lɪçtfɛrˌbraux] *m élect.* consommation *f* (de courant) lumière; ~**verˌhältnisse** *n/pl.* **ungünstige** ~ conditions d'éclairage défavorables; ~**verˌstärker** *m phys.* laser [lazɛːr] *m*; 2**voll** *adj. fig.* lucide; ~**weg** *m phys.* trajet *m* des rayons, du faisceau lumineux; ~ˌ**welle** *f phys.* onde lumineuse; ~ˌ**werbung** *f cf.* **Leuchtreklame**; ~**zerˌlegung** *f phys.* décomposition *f* de la lumière; analyse spectrale.

Lid [liːt] *n* ⟨~(e)s; ~er⟩ paupière *f*.

Liderung ['liːdəˌrʊŋ] *f* ⟨~; ~en⟩ *techn.* garniture *f*.

lieb [liːp] **I** *adj.* **1.** (*teuer*) cher, chère; (*zärtlich geliebt*) chéri; (*angenehm, willkommen*) agréable; (*freundlich*) (bien) aimable; gentil, -lle; *pfort.* charmant; **mein** ~**er Freund!** mon cher ami!; *iron.* mon vieux!; **das** ~**e Brot** le pain quotidien; **die** ~**e Sonne** le bon soleil; **das** ~**e Geld** le satané, sacré, maudit argent; **der** ~**e Gott** le bon Dieu; **(du)** ~**er Gott!** ah! mon Dieu!; **du** ~**er Himmel!** bonté divine, du ciel!; **das weiß der** ~**e Himmel** Dieu le sait!; **ach, du** ~**e Güte!** bonté du ciel!; **den** ~**en langen Tag** toute la sainte journée; **um des** ~**en Friedens willen** pour avoir la paix; **s-e** ~**e Not haben** avoir, se donner bien du mal; **meine** ~**e Mutter pflegte zu sagen** ma bonne mère disait toujours; **Unsere** 2**e Frau** la Sainte Vierge; Notre-Dame; *im Brief* 2**er Herr X!** F Cher Monsieur (X); **ein** ~**er Junge** un gentil garçon; **wie** ~ **sie ist!** qu'elle est gentille!; **das Kind ist sehr** ~ (*artig*) cet enfant est bien gentil; *fig.*

sich ~ **Kind machen bei** j-m se mettre dans les bonnes grâces de qn.; **wie ~ von Ihnen!** que c'est aimable, gentil de votre part!; **seien Sie so ~ u. geben Sie mir das Buch** voudriez-vous avoir l'amabilité de me passer le livre; **es ist sehr ~ von Ihnen, daß Sie gekommen sind** c'est bien aimable à vous d'être venu; **es ist mir ~, daß ...** je suis bien aise que ... (+ *subj.*); **es ist mir nicht ~, daß ...** je n'aime pas que ... (+ *subj.*); **es wäre mir ~, wenn ...** j'aimerais que ... (+ *subj.*); **wenn Ihnen Ihr Leben ~ ist ...** si vous tenez à la vie ...; **s-e Arbeit ist ihm ~ geworden** il a pris goût, plaisir à son travail; **dieses Haus ist mir ~ geworden** je me suis attaché, affectionné à, pris d'affection pour cette maison; **diese Gegend ist mir ~** cette contrée m'est chère; **er erhielt mehr, als ihm ~ war** il a obtenu plus qu'il ne souhaitait; **2.** *comp.* **~er** *advt.* plus volontiers; (*eher*) plutôt; mieux; de préférence; **je länger, je ~er** plus cela durera, mieux cela vaudra; **~er haben, mögen, sehen, wollen** aimer mieux; préférer; **ich esse ~er Brot** je préfère du pain; **ich trinke ~er Wein als Bier** j'aime mieux le vin que la bière; je préfère le vin à la bière; **~er sterben als leiden** plutôt mourir que souffrir; **~er gleich weggehen** autant vaut partir sur-le-champ; **ich sähe es ~er, wenn ...** je préférerais, j'aimerais mieux que ... (+ *subj.*); **das ist mir ~er** j'aime mieux cela; **bleiben wir ~er hier!** restons plutôt ici!; **nichts, ich wüßte nicht, was ich ~er täte!** je ne demande pas mieux!; je ne sais rien de plus agréable!; **3.** *sup.* **liebst** qui est le plus cher, la plus chère; qu(e l)'on aime le mieux; qu(e l)'on préfère; favori, -ite; **am ~sten** de préférence; **meine ~ste Beschäftigung** ma plus chère occupation; mon occupation favorite, de prédilection; **das habe ich am ~sten** c'est ce que j'aime le mieux, le plus; c'est ce que je préfère à tout; **am ~sten möchte ich gar nicht hingehen** autant vaudrait ne pas y aller du tout; **das ~ste wäre mir, zu ...** (+ *inf.*) je préférerais ... (+ *inf.*); **II 2** *poét. n* ⟨~s⟩ chéri, -e *m, f*; bien-aimé, -e *m, f*; **~ˌäugeln** *v/i.* ⟨-(e)le, *insép.*, ge-, h⟩ **mit etw. ~** convoiter secrètement qc.; F *fig.* lorgner qc.; **mit e-r Reise ~** caresser l'idée de faire un voyage; **~beˌhalten** *v/t.* ⟨*irr.*, *sép.*, *pas de ge-*, h⟩ **j-n ~** continuer d'aimer qn.; garder de l'amour, de l'amitié, de l'affection à *od.* pour qn.; **behalten Sie mich lieb** conservez-moi votre affection; **2chen** *n* ⟨~s; ~⟩ bien-aimée *f*; amoureuse *f*.

Liebe ['liːbə] *f* ⟨~⟩ **1.** amour *m* (*pl. oft f*); (*Zuneigung*) affection *f*; **heftige ~** amour passionné; passion *f*; **abgöttische ~** idolâtrie *f*; **sinnliche ~** amour sensuel; **zärtliche ~** tendresse *f*; **kindliche ~** amour (piété) filial(e); **christliche ~** charité (chrétienne); **~ zu j-m, zu etw.** amour pour qn., de qc.; **~ zum Nächsten, zu den Menschen** amour du, pour son prochain; **~ zum Vaterland** amour de la patrie; **aus ~ zu s-r Mutter** pour (l'amour de) sa mère; **in ~** affectueusement; **~ auf den ersten Blick** le coup de foudre; F **sie ist e-e alte ~ von mir** F c'est une ancienne bonne amie de moi; **mit ~ erreicht man mehr als mit Gewalt** plus fait douceur que violence; on ne prend pas les mouches avec du vinaigre; on prend plus de mouches avec du miel qu'avec du vinaigre *alle prov.*; **~ macht erfinderisch** l'amour rend inventif, -ive, *litt.* fait venir l'esprit aux filles; **~ ist blind** *prov.* l'amour est aveugle, voit tout en beau; **alte ~ rostet nicht** *prov.* on revient toujours à ses premières amours *prov.*; **Glück im Spiel, Unglück in der ~** *prov.* heureux au jeu, malheureux en amour, F en ménage; **Lust u. ~ zum Ding, macht Müh u. Arbeit gering** *prov.* la besogne qui plaît est déjà à moitié faite; **2.** (*Gefälligkeit*) **tun Sie mir die ~** faites-moi l'amitié, le plaisir; **e-e ~ ist der andern wert** un service en vaut un autre; **2beˌdürftig** *adj.* qui a besoin d'amour, de tendresse; **~-ˌdiener** *péj. m* vil complaisant; courtisan *m*; flagorneur, -euse *m, f*; flatteur, -euse *m, f*; adulateur, -trice *m, f*; **~dieneˌrei** *f* ⟨~⟩ basse, plate, vile complaisance; empressement *m* servile; **2ˌdienerisch** *adj.* lâchement, servilement complaisant; courtisan; flagorneur, -euse; flatteur, -euse; adulateur, -trice; **2ˌleer** *adj.* sans amour; **~'lei** *f* ⟨~; ~en⟩ petite intrigue amoureuse; passade *f*; caprice *m*; flirt [flœrt] *m*; F amourette *f*; P béguin *m*; **2ln** *v/i.* ⟨-(e)le, h⟩ flirter; avoir un flirt, F une amourette.

lieben ['liːbən] **I** *v/t.* ⟨h⟩ aimer; (*Zuneigung, Vorliebe haben*) affectionner; avoir de l'affection pour; **j-n zärtlich ~** chérir qn.; aimer tendrement qn.; être plein d'amour, de tendresse pour qn.; **j-n heiß ~** brûler d'amour pour qn.; F aimer qn. à la folie; **j-n abgöttisch ~** adorer, *péj.* idolâtrer qn.; **II** *v/réfl.* **sich** (*sich selbst od. einander*) **~** s'aimer; *zärtlich* se chérir; **sie ~ sich, einander** ils s'aiment; **sich innig u. beständig ~** filer le parfait amour; **was sich liebt, das neckt sich** *prov.* les petites querelles, les bisbilles entretiennent l'amour; **III 2** *n* ⟨~s⟩ *cf.* Liebe 1.; **~d 1.** *adjt.* aimant; affectueux, -euse; **ein ~es Paar** un couple (d')amoureux, d'amants; **die 2en** les amants; les amoureux; **2.** *advt.* **ich möchte ~ gern ...** j'aimerais ...; **~s-ˌwert** *adj.* digne d'être aimé; **~s-ˌwürdig** *adj.* aimable; affable; gentil, -lle; F chic; **das ist sehr ~ von Ihnen** c'est très aimable à vous; **zu j-m ~ sein** être aimable avec qn.; **~sˌwürdiger'weise** *adv.* par amabilité; aimablement; **2sˌwürdigˌkeit** *f* ⟨~; ~en⟩ amabilité *f*; gentillesse *f*; affabilité *f*; **bestrickende ~** amabilité prenante; *iron.* **sich ~en an den Kopf werfen** *iron.* se dire, se jeter des amabilités, des propos aigres-doux à la tête.

lieber ['liːbər] *comp. cf.* lieb 2.

Liebe(r) ['liːbə(r)] *f* (*m*) ⟨→ A⟩ **mein ~r!** mon cher!; **meine ~!** ma chère!; **meine ~n** ceux que j'aime; les miens; ma famille; *als Anrede, je nach den Personen* mes chers frères (et sœurs), *etc.*; **zum Andenken an unsere ~n** en souvenir des nôtres.

Liebe(s) ['liːbə(s)] *n* ⟨→ A⟩ **er hat mir viel ~s erwiesen** il m'a fait mille amabilités; **nicht wissen, was man j-m (alles) ~s antun soll** être aux petits soins pour qn.

Liebes|abenteuer ['liːbəsˌʔɑːbəntɔʏər] *n* affaire, aventure galante, amoureuse; *flüchtiges* passade *f*; F amourette *f*; *cf. auch* Liebelei; **~aˌffäre** *f* *cf.* **~abenteuer**; **~ˌangelegenˌheit** *f* affaire *f* d'amour, de cœur; **~ˌbande** *n/pl.* tendres liens *m/pl.*; **~beˌdürfnis** *n* besoin *m* d'amour, de tendresse; **~beˌweis** *m* preuve *f* d'amour; **~ˌbrief** *m* lettre *f* d'amour; billet doux; F poulet *m*; **~ˌdienst** *m* obligeance *f*; complaisance *f*; service *m* d'ami; bons offices; *aus Mildtätigkeit* œuvre *f* de charité; **~erˌklärung** *f* déclaration *f* (d'amour); **e-e ~ machen** déclarer sa flamme; **~erˌlebnis** *n cf.* **~abenteuer**; **~ˌgaben** *f/pl.* dons *m/pl.* (charitables), *im Krieg, an Soldaten* (patriotiques); **~geˌdicht** *n* poème *m* d'amour; **~geˌschichte** *f* histoire amoureuse, d'amour; roman *m* d'amour; **~geˌständnis** *n* tendre aveu *m*; *cf. auch* **~erklärung**; **~ˌglück** *n* bonheur *m* d'aimer; **~ˌgott** *m myth.* Amour *m*; Cupidon *m*; **~ˌgöttin** *f myth.* déesse *f* de l'amour; Vénus *f*; **~ˌheirat** *f* mariage *m* d'amour, d'inclination; **2ˌkrank** *adj.* malade d'amour; **~ˌkummer** *m* dépit amoureux; chagrin *m* d'amour; **~ˌkünste** *f/pl.* art *m* d'aimer; **~ˌleben** *n* ⟨~s⟩ vie amoureuse; **~ˌlied** *n* chanson *f* d'amour; **~ˌlust** *f* plaisir *m* d'aimer; **~ˌmahl** *n der ersten Christen u. allg.* agape *f* (fraternelle); **~ˌmühe** *f* **verlorene ~** peine perdue; coups d'épée dans l'eau; **~ˌpaar** *n* couple *m* (d')amoureux; **~ˌpärchen** *n* F *iron.* tourtereaux *m/pl.*; **~ˌpfand** *n* gage *m* d'amour; **~ˌqual** *f* tourment *m* de l'amour; **~ˌrausch** *m* ivresse amoureuse; **~roˌman** *m* roman *m* d'amour; **~ˌsache** *f* affaire galante; galanterie *f*; intrigue amoureuse; F amourette *f*; **~ˌschmerz** *m cf.* **~kummer**; **~ˌschwur** *m* serment *m* d'amour; **~ˌspiel** *n* jeu amoureux, sensuel, érotique, de l'amour; **~ˌsprache** *f* langage *m* de l'amour; langage amoureux; **~ˌszene** *f thé.* scène *f* d'amour; **2ˌtoll** *adj.* fou, folle d'amour; **~ˌtrank** *m* philtre *m* d'amour; aphrodisiaque *m*; **~verˌhältnis** *n* liaison *f* (amoureuse); F amourette *f*; **~ˌwerk** *n* œuvre *f* de charité, de miséricorde; œuvre pie; **~ˌwonne** *f* délices *f/pl.* de l'amour; volupté *f*; **~ˌzauber** *m* magie amoureuse.

liebevoll ['liːbəˌfɔl] *adj.* aimant; tendre; affectueux, -euse.

Liebfrauenkirche [ˌliːp'frauənˌkɪrçə] *f* (*église f*) Notre-Dame.

lieb|gewinnen ['liːpgəˌvɪnən] *v/t.* ⟨*irr.*, *sép.*, liebgewonnen, h⟩ **j-n ~** prendre qn. en affection; se prendre d'amitié, d'affection pour qn.; prendre goût à qn.; **einander ~** s'attacher l'un à l'autre; **~geˌworden** *adjt.* **e-e ~e Gewohnheit** une chère, bonne vieille habitude; **~ˌhaben** *v/t.* ⟨*irr.*, *sép.*, -ge-, h⟩ **j-n, etw. ~** aimer, affectionner qn., qc.; avoir qn., qc. en affection; **2ˌhaber** *m* ⟨~s; ~⟩ **1.** *e-r Frau* (*Verehrer*) amoureux *m*; *litt.* céladon *m*; F petit ami *m*; flirt [flœrt] *m*; chéri *m*; (*Anbeter*) soupirant *m*; (*Geliebter*) amant *m*; *litt.* bien-aimé *m*; F ami *m*; bon ami *m*; *péj.* galant *m*; *der von e-r Frau unterhalten wird* gigolo *m*; **2.** *thé.* **jugendlicher ~** jeune premier; **3.** (*Amateur*) dilettante *m*; amateur *m* (*auch von Kunstgegenständen etc.*); **2habe'rei** *f* ⟨~; ~en⟩ caprice *m*; passion favorite; goût, intérêt particulier, curiosité marquée (pour qc.); F violon *m* d'Ingres; *péj.* dada *m*; marotte *f*; **aus ~** en amateur, dilettante; par dilettantisme; pour s'amuser; **2ˌhaberin** *f* ⟨~; ~nen⟩ **1.** *thé.* **jugendliche ~** jeune première; **2.** (*Amateurin*) dilettante *f*; amateur *m* (*auch von Kunstgegenständen etc.*); **2haberˌrolle** *f thé.* rôle *m* d'amoureux; **2haberˌpreis** *m* prix *m* d'amateur; **2haber-**

theˌater *n* théâtre *m* (d')amateur(s); **≈haberˌwert** *m* **nur** ~ **besitzen** n'avoir de valeur que pour un amateur; **~ˌkosen** [*auch* -ˈkoː-] *v/t.* ⟨-(es)t, *insép.*, geˈliebkost *bzw.* liebˈkost, h⟩ caresser; flatter (avec la main); câliner; F cajoler; faire des mamours (à); **≈ˌkosung** [*auch* -ˈkoː-] *f* ⟨~; ~en⟩ caresse *f*; câlinerie *f*; F mamour *m*; cajolerie *f*; P chatouille *f*.

lieblich [ˈliːplɪç] *adj. von Menschen, Gesicht etc.* qui a de la grâce; mignon, -nne; gracieux, -euse; *von Getränken, Düften, vom Geschmack* (*angenehm*) agréable; (*köstlich*) délicieux, -euse; suave; délectable; (*appetitlich*) appétissant; ragoûtant; *von Gegenden* charmant; riant; F *iron.* **das ist ja** ~! *iron.* une charmante, belle affaire!; **≈ˌkeit** *f* ⟨~⟩ grâces *f/pl.*; joliesse *f*; suavité *f*; caractère charmant (d'un paysage).

Liebling [ˈliːplɪŋ] *m* ⟨~s; ~e⟩ favori *m*; favorite *f*; préféré, -e *m, f*; enfant gâté; F coqueluche *f*; *als Kosename* F mignon, -nne *m, f*; **er ist der** ~ **aller Damen** il est la coqueluche, le chéri des dames; **mein** ~! *zu e-m Mann gesagt* mon chéri, F chou, lapin, bijou, (petit) poulet, trésor; *zu e-r Frau gesagt* ma chérie, mignonne, F chatte; mon (petit) rat, chou, trésor, loulou; ma cocotte, poule, poupoule, poulette, poupée, crotte; **~s...** *in Zssgn.* favori, -ite; préféré; de prédilection; **~sˌausdruck** *m* expression favorite, *etc.*; **~beˌschäftigung** *f* occupation favorite, *etc.*; **~sˌbuch** *n* livre *m* de chevet; **~sgeˌricht** *n*, **~sˌspeise** *f* mets, plat favori, préféré; régal *m*.

lieb|los [ˈliːploːs] *adj.* sans amour; qui a le cœur sec; insensible; froid; dur; peu charitable; sans humanité; *advt.* **er sprach** ~ **von ihr** il a parlé d'elle sans cœur, amour, avec froideur; **≈losigˌkeit** *f* ⟨~⟩ manque *m* de charité, d'humanité; sécheresse *f*, froideur *f*, dureté *f* de cœur; insensibilité *f*; **~reich** *adj.* tendre; aimant; affectueux, -euse; (*freundlich*) affable; (*mild*) doux, douce; **≈reiz** *m* ⟨~es⟩ charme(s) *m* (*pl.*); attraits *m/pl.*; (*Anmut*) grâces *f/pl.*; **~ˌreizend** *adj.* charmant; plein de grâces; attrayant; plaisant; captivant.

Liebschaft [ˈliːpʃaft] *f* ⟨~; ~en⟩ liaison *f* (amoureuse); relations *f/pl.* (intimes); flirt [flœrt] *m*; *flüchtige* passade *f*; F amourette *f*; *cf. auch* **Liebelei**; **~en** *pl.* amours *f/pl.*; affaires *f/pl.* de cœur; F amourettes *f/pl.*

liebst [liːpst] *sup. cf.* **lieb 3.**; **≈e(r)** *f* (*m*) ⟨→ A⟩ *cf.* **Geliebte(r)**; *als Anrede cf.* **Liebe(r), Liebling**; **≈e(s)** *n* ⟨→ A⟩ ce qu'on a de plus cher; *cf. auch* **lieb 3.**

Lied [liːt] *n* ⟨~(e)s; ~er⟩ chanson *f*; chant *m*; poème *m* lyrique; P goualante *f*; *Vertonung e-s Gedichts* chant *m*; romance *f*; *als deutsche Kunstform* lied *m* (*pl.* les lieder, lieds); (*Kirchen≈*) chant *m* d'église; cantique *m*; *bibl.* **das** ~ **der** ~**er** le Cantique des cantiques; **~er ohne Worte** romances sans paroles; **das** ~ **von der Glocke** le Chant de la Cloche; *fig.* **das ist das Ende vom** ~ voilà la fin, l'issue de l'affaire, le fin mot de l'histoire; **das ist immer dasselbe** ~ c'est toujours la même chanson, litanie, rengaine, antienne, le même refrain; **davon weiß ich ein** ~ **zu singen** j'en sais qc.; j'en parle à bon escient, en connaissance de cause; je suis (bien) payé pour le savoir; je suis passé par là; je puis en dire long à ce sujet; **wes Brot ich ess', des** ~ **ich sing'** *prov.* je suis du parti, je chante les louanges de celui qui me fait vivre, me nourrit; **~chen** *n* ⟨~s; ~⟩ chansonnette *f*; couplet *m*; **~erˌabend** *m* récital *m* de chant; **~erˌbuch** *n* recueil *m* de chansons; chansonnier *m*; **~erˌdichter** *m* poète *m* lyrique; *für die heitere Gattung* parolier *m*; chansonnier *m* (*trägt sie auch selbst vor*).

Lieder|jan [ˈliːdərˌjaːn] F *m* ⟨~(e)s; ~e⟩ personne désordonnée, négligente; **≈ˌlich** *adj.* **1.** (*unordentlich*) désordonné; (*nachlässig*) négligent; **~e Arbeit** mauvais ouvrage; F travail bâclé; *fig.* bousillage *m*; **~ angezogen sein** être débraillé, négligé; **2.** *Leben*(*swandel*) (*ausschweifend*) libertin; dissolu; déréglé; désordonné; dévergondé; licencieux, -euse; débauché; **~es Frauenzimmer** femme galante, perdue, de mauvaise vie, de mœurs légères; dévergondée *f*; dissolue *f*; débauchée *f*; **~er Kerl** libertin *m*; viveur *m*; dissolu *m*; débauché *m*; F noceur *m*; fêtard *m*; **ein ~es Leben führen** mener joyeuse vie, une vie déréglée, désordonnée, de débauche, P de patachon; faire la noce, la bombe, la bamboche, la bringue, la ribouldingue; bambocher; **~lichˌkeit** *f* ⟨~⟩ **1.** (*Unordnung*) désordre *m*; F pagaye (pagaïe, pagaille) *f*; (*Nachlässigkeit*) négligence *f*; **2.** (*ausschweifendes Leben*) libertinage *m*; dérèglement *m*; légèreté *f* des mœurs; dévergondage *m*; débauche *f*; licence *f*.

Lieder|sammlung [ˈliːdərˌzamlʊŋ] *f cf.* **Liederbuch**; **~ˌzyklus** *m* cycle *m* de romances, de lieder (lieds).

lief [liːf] *cf.* **laufen**.

Liefer|abkommen [ˈliːfərˌʔapkɔmən] *n* accord *m* de livraison; **~ˌangebot** *n* offre *f* de livraison.

Lieferant(in) [liˑfəˈrant(ɪn)] *m* ⟨~en; ~en⟩ (*f*) ⟨~; ~nen⟩ fournisseur, -euse *m, f*; livreur, -euse *m, f*.

Liefer|anweisung [ˈliːfərˌʔanvaɪzʊŋ] *f*, **~ˌauftrag** *m* ordre *m* de livraison, de livrer; **~ˌauto** *n* voiture *f* de livraison; livreuse *f*; camionnette *f*; fourgonnette *f*; **≈ˌbar** *adj.* livrable; à livrer; **sofort** ~ disponible; en magasin; à livrer immédiatement; immédiatement livrable; ~ **in weiß, blau ...** se fait en blanc, bleu ...; **~barˌkeit** *f* ⟨~⟩ disponibilité *f*; **~beˌdingungen** *f/pl.* conditions *f/pl.*, modalités *f/pl.* de livraison; **~ˌbuch** *n* livre *m*, registre *m* de livraison, des expéditions; **~er** *m* ⟨~s; ~⟩ *cf.* **Lieferant**; **~ˌfirma** *f* fournisseur *m*; **~ˌfrist** *f* délai *m* de livraison; **die** ~ **einhalten, überschreiten** respecter, dépasser le délai de livraison; **~garanˌtie** *f* garantie *f* de livraison; **~ˌklausel** *f* clause *f* de livraison; **~ˌkosten** *pl.* frais *m/pl.* de livraison; **~ˌland** *n* pays fournisseur; **~ˌmenge** *f* quantité livrée, à livrer; **~ˌmöglichkeit** *f* possibilité *f* de livraison; **≈n I** *v/t.* ⟨-(e)re, h⟩ fournir; livrer; **ins Haus** ~ livrer à domicile; **frei Haus** ~ livrer franco domicile; **j-m etw.** ~ fournir qc. à qn. *od.* qn. de qc.; **er liefert uns schlechte Ware, Arbeit** il nous sert mal; **e-n Beweis** ~ fournir, produire une preuve; **e-e Schlacht** ~ livrer bataille; F **j-n ans Messer** ~ livrer, dénoncer qn.; F **das wird ihn vollends** ~ cela l'achèvera; F **er ist geliefert** il est perdu; c'en est fait de lui; **II ~n** *n* ⟨~s⟩ *cf.* **Lieferung 1.**; **~ˌort** *m* lieu *m* de livraison; **~ˌpflicht** *f* obligation *f* de livrer; **~ˌpreis** *m* prix *m* à la livraison; **~ˌrückstand** *m* arriéré *m* de livraison; **~ˌschein** *m* certificat *m*, bon *m*, bulletin *m*, bordereau *m* de livraison; **~ˌschwierigkeiten** *f/pl.* difficultés *f/pl.* de livraison; **~ˌsoll** *n* contingent *m* à livrer; **~ˌtag** *m* jour *m* de livraison; **~terˌmin** *m* date *f* de livraison.

Lieferung [ˈliːfəˌrʊŋ] *f* ⟨~; ~en⟩ **1.** (*das Liefern*) livraison *f*; fourniture *f*; **sofortige, prompte** ~ livraison immédiate; prompte livraison; ~ **auf Abruf** livraison sur appel; **zahlbar bei** ~ payable à la livraison; ~ **frei Haus** livraison franco domicile; ~ **gegen Barzahlung** livraison contre payement, au comptant; ~ **gegen Nachnahme** livraison contre remboursement; **nach erfolgter** ~ après livraison; *Börse* **auf** ~ **verkaufen** vendre à terme; **Geschäft, Kauf auf feste** ~ opération, marché, achat à terme ferme; **2.** (*das Gelieferte*) livraison *f*; (*Sendung*) envoi *m*; **e-e** ~ **in Empfang nehmen** prendre livraison; **die Annahme e-r** ~ **verweigern** refuser de prendre livraison; **3.** *Buchhandel* (*Teil e-s Buches*) livraison *f*; fascicule *m*; **das Werk erscheint in ~en** l'ouvrage paraît par livraisons; **~sˌannahme** *f* réception *f* de livraison, de la marchandise livrée; **~sˌanzeige** *f* avis *m* de livraison; **~sˌauftrag, ~sbeˌdingungen, ~sˌfrist, ~sgaranˌtie** *cf.* **Liefer...**; **~sgeˌschäft** *n* opération *f*, marché *m* à terme; **~sˌkauf** *m* achat *m* à terme; **~sˌkosten, ~sˌmöglichkeit, ~sˌort, ~sˌpflicht, ~sˌpreis** *cf.* **Liefer...**; **~sˌsperre** *f* boycottage *m*; **~sˌtag, ~sterˌmin** *cf.* **Liefer...**; **~sverˌkauf** *m* vente *f* à terme; **~sˌwerk** *n* *Buchhandel* ouvrage publié par livraisons, fascicules.

Liefer|verpflichtung [ˈliːfərfərˌpflɪçtʊŋ] *f* obligation *f* de livraison; **~verˌsprechen** *n* promesse *f* de livraison; **~verˌtrag** *m* contrat *m* de livraison, de fourniture; **langfristiger** ~ contrat de livraison à long terme; **~verˌzug** *m* retard *m* dans la livraison; **~ˌwagen** *m cf.* **Lieferauto**; **~ˌzeit** *f cf.* **Lieferfrist**; **~ˌzettel** *m cf.* **Lieferschein**; **~ˌzusage** *f cf.* **~versprechen**.

Liege [ˈliːgə] *f* ⟨~; ~n⟩ divan *m*; fauteuil *m* de relaxation; **~ˌgeld** *n mar.* surestarie *f*; **~ˌhafen** *m mar.* port *m* de relâche, d'hivernement; **~ˌhalle** *f* aérium [-jɔm] *m*; **~ˌkur** *f* cure *f* de repos.

liegen [ˈliːgən] **I** *v/i.* ⟨liegt, lag, gelegen, h *od. südd.* sein⟩ *von Menschen* être couché, étendu, allongé; reposer; *von Sachen* reposer; être placé, situé (*auch Ort*); *Menschen u. Sachen* (*sich befinden*) se trouver; être; gésir; **das Buch liegt hier** voilà le livre; **hier liegt es** le voici; **es** ~ **viele Bücher auf dem Tisch** il y a beaucoup de livres (étalés) sur la table; **die Stadt liegt nördlich von Berlin** la ville est située au nord de Berlin; **es liegt Schnee** il y a de la neige; **es** ~ **30 cm Schnee** il y a une couche de 30 cm de neige; **lang ausgestreckt** ~ être allongé de tout son long; **schlecht** ~ être mal couché; **begraben** ~ reposer; **der Rasen liegt voller Laub** la pelouse est jonchée de feuilles; les feuilles jonchent la pelouse; **das liegt mir fern** cela est loin de ma pensée; **es liegt mir fern, zu ...** (+ *inf.*) je suis loin de ... (+ *inf.*); **zu gelegener Zeit** au bon moment; au temps opportun; **das kommt mir nicht gelegen** cela tombe mal pour moi, me gêne; **das Gute liegt so nah** le bien est si aisé à faire; **wie die Dinge** ~ dans ces, dans de telles conditions; dans ces circonstances; dans cet état de choses; wie die Dinge nun einmal ~ au point où en sont les choses, où nous en sommes; *Säugling* an der Brust ~ être au sein; er liegt an der Grippe krank la grippe l'a alité; *Stadt* am Fluß ~ être sur le fleuve; *fig.* das liegt mir am Herzen cela me tient à cœur; es liegt mir am Herzen, zu ... (+ *inf.*) j'ai fort à cœur de ... (+ *inf.*); mir liegt etw. an dieser Sache j'y attache de l'importance; je tiens à cette affaire; mir liegt daran, daß ... *od.* zu ... (+ *inf.*) il m'importe que ... (+ *subj.*) *od.* de ... (+ *inf.*); was liegt Ihnen daran? que vous importe?; daran ist mir nicht gelegen cela ne m'importe guère; je n'y attache pas d'importance; daran ist viel gelegen c'est très important; beaucoup de choses en dépendent; es liegt mir daran, Sie zu überzeugen je tiens à vous convaincre; an mir soll es nicht ~ ce ne sera pas ma faute (si ...); daran soll es nicht ~! qu'à cela ne tienne!; an wem liegt das? à qui la faute?; woran liegt es? à quoi cela tient-il?; soviel an mir liegt ... pour autant que cela dépend(e) de moi ...; autant qu'il dépend de moi ...; der Wein liegt auf Flaschen le vin est en bouteilles; es liegt auf der Hand, daß ... il est évident que ...; auf e-m Haufen ~ être entassé; das Haus liegt auf e-m Hügel la maison est située sur une colline; die ganze Last liegt auf mir, auf meinen Schultern c'est moi qui porte toute la charge; c'est sur moi que retombe tout le poids; der Ton liegt auf der letzten Silbe l'accent est sur la dernière syllabe; auf den Tod krank ~ être très gravement malade; der Wagen liegt gut auf der Straße la voiture a une bonne tenue de route; *fig.* das Geld liegt auf der Straße il n'y a qu'à se baisser pour ramasser l'argent; das liegt mir schwer auf dem Herzen, auf der Seele cela me serre le cœur; cela me pèse sur le cœur; das Wort liegt mir auf der Zunge j'ai le mot sur le bout de la langue; das liegt nicht auf meinem Wege cela n'est pas sur mon chemin; das liegt außer dem Bereich der Möglichkeiten cela n'est pas possible; c'est 'hors du domaine des possibilités; das Buch liegt bei den übrigen ce livre se trouve avec les autres; die Schuld liegt nicht bei mir la faute ne m'incombe pas; ce n'est pas ma faute; die Entscheidung liegt bei ihm la décision dépend de lui; c'est à lui de décider; der Gewinn liegt bei zwei Millionen le gain s'élève à environ deux millions; gegen, gen Süden ~ être exposé au sud, au midi; er liegt im Krankenhaus il est à l'hôpital; das Essen liegt mir im Magen le repas m'est resté sur l'estomac, me charge encore l'estomac; F *fig.* das liegt mir im Magen c'est mon cauchemar; das liegt nicht in Ihrem Interesse c'est incompatible avec, c'est contre vos intérêts; in Schutt u. Asche ~ être réduit en cendres; im *od.* zu Bett ~ être couché; *als Kranker* garder le lit; être alité; es liegt mir wie Blei in den Gliedern j'ai comme du plomb dans les membres; j'ai les membres comme du plomb, brisés; F je me sens tout courbatu(ré), cassé, rompu; *fig.* hier liegt der Hase im Pfeffer *fig.* c'est là que gît le lièvre; voilà la difficulté, le nœud de l'affaire, le hic; das liegt in der Familie c'est inné dans la famille; im Hinterhalt ~ se tenir en embuscade; die Wahrheit liegt in der Mitte la vérité tient le, est dans le milieu, est entre les deux; im tiefsten Schlaf ~ être plongé dans un profond sommeil; im Sterben ~ être à l'agonie, à l'article de la mort; das liegt in meiner Macht cela dépend de moi; das liegt nicht in meiner Macht ce n'est pas en mon pouvoir; es liegt nicht in meiner Macht, zu ... (+ *inf.*) il n'est pas en mon pouvoir, il ne dépend pas de moi de ... (+ *inf.*); das liegt nun einmal in der Natur des Menschen cela tient à la nature de l'homme; c'est inné dans *od.* chez l'homme; *fig.* j-m in den Ohren ~ rompre les oreilles à qn.; das lag nicht in meiner Absicht cela n'entrait point dans, ce n'était pas mon intention; das liegt mir im Sinn cela me préoccupe; je ne cesse d'y penser; cela ne me quitte pas l'esprit, F me turlupine; in Scheidung ~ être en instance de divorce; mit j-m im Streit ~ être en différend avec qn.; avoir des démêlés avec qn.; hierin liegt ein tiefer Sinn cela a un sens profond; der Unterschied liegt darin, daß ... la différence consiste, réside dans ce que ...; *milit.* im Felde ~ être en campagne; in Garnison ~ être en garnison; es liegt e-e Besatzung in der Stadt il y a une garnison dans la ville; mit dem Bauch auf der Erde ~ être couché ventre contre terre; nach Osten ~ être exposé à l'est; das Zimmer liegt nach dem Hof zu la chambre donne sur la cour; dicht neben etw. ~ toucher qc.; être attenant, contigu à qc.; *fig.* unter der Erde ~ être dans la tombe; zwei Kilometer von der Stadt entfernt ~ être à deux kilomètres de la ville; *milit.* vor e-r Stadt ~ camper devant une ville; assiéger une ville; *mar.* vor Anker ~ être sur ses amarres; être à l'ancre; zu j-s Füßen, j-m zu Füßen ~ être aux pieds de qn.; offen zutage ~ être évident; die Ursache liegt anderswo cela tient à autre chose; il faut chercher la cause ailleurs; nichts liegt mir ferner als die Meinung, ... loin de moi l'idée ...; der Stoff liegt 80 cm breit l'étoffe a 80 cm de large; II *v/réfl.* ⟨h⟩ sich wund ~ s'écorcher à force d'être couché; III 𝔏 *n* ⟨~s⟩ position horizontale; *meist verbal*: das ~ wird ihm beschwerlich il est las d'être couché; le lit le fatigue; ~ˌbleiben *v/i.* ⟨*irr.*, *sép.*, -ge-, sein⟩ rester couché (par terre, au lit); *nach e-m Fall* ne pas se relever; *Arbeit* (*nicht fortgesetzt werden*) être arrêté, interrompu; *Waren* (*nicht abgehen*) ne pas se vendre; *Brief* (*nicht abgeholt werden*) rester en souffrance; unterwegs ~ rester en chemin; *Auto* rester en panne; dieses Dorf bleibt links liegen ce village est à notre gauche; die Arbeit bleibt liegen le travail ne se fait pas, reste en suspens, en souffrance; liegengebliebener Zug train en détresse; ~d *adjt.* qui se trouve ...; étant; *von Häusern auch* sis(e); situé; *mot.* ~er Zylinder cylindre horizontal; tief in den Höhlen ~e Augen yeux enfoncés dans les orbites; im Hafen ~e Schiffe navires mouillés dans le port; ~ˌlassen *v/t.* ⟨*irr.*, *sép.*, *pas de ge-*, h⟩ etw. ~ laisser qc. (dans un endroit); (*vergessen*) oublier (d'emporter) qc.; (*aufgeben*) laisser qc. (là), de côté; *pfort.* abandonner qc.; links ~ *cf.* links; 𝔏ˌschaften *f/pl.* immeubles *m/pl.*; biens-fonds *m/pl.*; biens immobiliers; 𝔏ˌschaftsverˌkauf *m* vente immobilière.

Liege|platz ['liːgəˌplats] *m im Liegewagen* couchette *f*; *mar.* mouillage *m*; ~ˌstatt *f* ⟨~; ¨en⟩ lit *m*; *st. s.* couche *f*; ~ˌstuhl *m* chaise longue (pliante); fauteuil *m* de relaxation; *auf e-m Schiff* transatlantique *m*; ~ˌstütz *m* ⟨~es; ~e⟩ *gym.* appui *m* avant; ~ˌtage *m/pl.* jours *m/pl.* de repos; *mar.* jours *m/pl.* de planche; (e)starie *f*; ~teˌrrasse *f* terrasse *f*; solarium [-jɔm] *m*; ~ˌwagen *m chem.* wagon-couchettes *m*; voiture-couchettes *f*; ~ˌwiese *f* pelouse *f*; ~ˌzeit *f mar. cf.* ~tage.

lieh [liː] *cf.* leihen.

lies! [liːs] *cf.* lesen.

Liese ['liːzə] *f* ⟨~; ~n⟩ dumme ~ petite sotte.

ließ [liːs] *cf.* lassen.

Lift [lɪft] *m* ⟨~(e)s; ~e *od.* ~s⟩ ascenseur *m*; ~boy *m* liftier *m*; garçon *m* d'ascenseur.

Liga ['liːga] *f* ⟨~; -gen⟩ ligue *f*; ~ für Menschenrechte Ligue des droits de l'homme et du citoyen.

Ligament(um) [liˑga'mɛnt(ʊm)] *n* ⟨~s; ~e⟩ (*n*) ⟨~s; -ta⟩ *anat.* ligament *m*.

Ligatur [liˑga'tuːr] *f* ⟨~; ~en⟩ *mus.* liaison *f*; *chir.*, *impr.* ligature *f*.

Ligni|n [lɪ'gniːn] *n* ⟨~s; ~e⟩ lignine *f*; ~t *m* ⟨~s; ~e⟩ lignite *m*.

Ligroin [liˑgroˑ'iːn] *n* ⟨~s⟩ *chim.* ligroïne *f*.

Ligur|er [liˑ'guːrər, 'liː-] *m/pl. hist.* Ligures *m/pl.*; 𝔏isch *adj.* ligurien, -nne.

Liguster [liˑ'gʊstər] *m* ⟨~s; ~⟩ *bot.* troène *m*; ~ˌschwärmer *m zo.* sphinx *m* du troène.

liier|en [liˑ'iːrən] *v/t.*, *v/réfl.* ⟨*pas de ge-*, h⟩ (se) lier; sich mit j-m ~ s'associer avec qn.; er ist mit ihr liiert il est lié avec elle; die Liierten les personnes liées; 𝔏ung *f* ⟨~⟩ liaison *f*.

Likör [liˑ'køːr] *m* ⟨~s; ~e⟩ liqueur *f*; ein Glas ~ F un petit verre (de liqueur); ~faˌbrik *f* fabrique *f* de liqueurs; ~fabriˌkant *m* liquoriste *m*; ~ˌglas *n* verre *m* à liqueur; ~serˌvice *n* service *m* à liqueurs.

Liktor ['lɪktər] *m* ⟨~s; -'toren⟩ *hist.* licteur *m*; ~enˌbündel [-'toː-] *n* faisceaux *m/pl.* (de licteur).

lila ['liːla] I *adj.* ⟨*inv.*⟩ lilas; II 𝔏 *n* ⟨~s⟩ lilas *m*; ~ˌfarben, ~ˌfarbig *adj.* lilas.

Lilie ['liːliˑə] *f* ⟨~; ~n⟩ *bot.* lis [-s] *m*; *Heraldik* die drei ~n les fleurs de lis; mit ~n verzieren fleurdeliser; ~ngeˌwächse *n/pl. bot.* liliacées *f/pl.*; 𝔏nˌweiß *adj.* blanc, blanche comme un lis; de la blancheur du lis.

Liliput|aner(in) [liˑliˑpuˑ'taːnər(ɪn)] *m* ⟨~s; ~⟩ (*f*) ⟨~; ~nen⟩ (*Zwerg*) Lilliputien, -nne *m,f*; ~ˌbahn ['liː-] *f* decauville *m*; chemin *m* de fer miniature, lilliputien, à voie étroite.

Limbus ['lɪmbʊs] *m* ⟨~; -bi⟩ *techn.*, *bot.* limbe *m*.

Limit ['lɪmɪt] *n* ⟨~(e)s⟩ *comm.* limite *f*; 𝔏ieren [-'tiː-] *v/t.* ⟨*pas de ge-*, h⟩ limiter.

Lim|nimeter [lɪmniˑ'meːtər] *n* ⟨~s; ~⟩ limnimètre *od.* limnomètre *m*; ~no'graph *m* ⟨~en; ~en⟩ limnigraphe *m*.

Limonade [liˑmoˑ'naːdə] *f* ⟨~; ~n⟩ limonade *f*; ~nˌpulver *n* limonade sèche; ~nverˌkäufer *m* limonadier *m*.

Limone [liˑ'moːnə] *f* ⟨~; ~n⟩ *bot.* limon *m*.

Limonit [liˑmoˑ'niːt, -'nɪt] *m* ⟨~s; ~e⟩ *minéral.* limonite *f*.

Limousine [liˑmuˑ'ziːnə] *f* ⟨~; ~n⟩ berline *f*; conduite intérieure.

lind [lɪnt] *adj.* doux, douce; F ~es Lüftchen souffle d'air; zéphyr *m*.

Linde ['lɪndə] *f* ⟨~; ~n⟩ *bot.* tilleul

[-jœl] *m*; ~**na,llee** *f* allée *f* de tilleuls; chemin planté de tilleuls; ~**n,bast** *m* tille *f*; ~**n,baum** *m cf.* Linde; ~**n,blüte** *f* fleur *f* de tilleul; ~**nblüten,tee** *m* infusion *f* de tilleul; ~**n,holz** *n* (bois *m* de) tilleul *m*; ~**n,schwärmer** *m zo.* sphinx *m* du tilleul.

linder|n ['lɪndərn] *v/t.* ⟨-(e)re, h⟩ *Schmerzen* adoucir; calmer; apaiser; atténuer; soulager; alléger; *bes. abs.* lénifier; *nur vorübergehend* pallier; *Strenge, Zorn etc.* adoucir; tempérer; modérer; atténuer; *Not, Armut* soulager; alléger; ~**nd** *adjt. méd.* calmant; lénifiant; lénitif, -ive; sédatif, -ive; ~**es Mittel** *cf.* ℒungsmittel; ℒ**ung** *f* ⟨~⟩ adoucissement *m*; atténuation *f*; soulagement *m*; allégement *m*; modération *f*; apaisement *m*; **das Mittel schuf** ~ le remède a soulagé; ℒ**ungs-,mittel** *n méd.* calmant *m*; lénitif *m*; sédatif *m*; palliatif *m*.

Lindwurm ['lɪntvʊrm] *m* dragon *m*.

Linea|l [li·ne·'a:l] *n* ⟨~s; ~e⟩ règle *f*; ℒ**r** *adj.* linéaire; ~**r,zeichnung** *f* dessin *m* linéaire.

Lingu|al(laut) [lɪŋgu·'a:l(,laʊt)] *m* ⟨~s; ~e⟩ *(m) phon.* linguale *f*; ~'**ist** *m* ⟨~en; ~en⟩ linguiste *m*; ~'**istik** *f* ⟨~⟩ linguistique *f*; ℒ'**istisch** *adj.* linguistique.

Linie ['li:ni·ə] *f* ⟨~; ~n⟩ **1.** ligne *f* (*auch mar., aviat., milit., fig.*); *auf e-r Straße mit Leitlinien* **die fortlaufende, kontinuierliche** ~ la ligne continue; **die gestrichelte, unterbrochene** ~ la ligne discontinue; *Mode* **die schlanke** ~ la ligne, taille svelte; **die schlanke** ~ **bewahren, verlieren** garder, perdre sa ligne; ~**n ziehen** tirer, tracer des lignes; **auf gleicher** ~ **mit** au niveau de; de niveau avec; *fig.* **auf gleicher** ~ **stehen** se valoir; *fig.* **auf der ganzen** ~ sur toute la ligne; sur tous les points; **welcher Dampfer verkehrt auf dieser** ~? quel bateau, vapeur dessert cette ligne?; **in gerader** ~ en ligne droite; *fig.* **in erster** ~ en premier lieu; *milit.* **in vorderster** ~ en première ligne; **in** ~ **zu drei Gliedern antreten** se rassembler en ligne sur trois rangs; ~ **halten** rester en ligne; *beim Schreiben auch* suivre la ligne; *milit.* maintenir l'alignement; **2.** (*Familienzweig*) ligne *f*; lignée *f*; branche *f*; **absteigende, aufsteigende** ~ ligne descendante, ascendante; **in direkter** ~ en ligne directe; **3.** (*Äquator*) ligne *f* (équatoriale); équateur *m*; **4.** *hist. milit.* (*Linientruppe*) ligne *f*; **bei der** ~ **dienen** servir dans la ligne; ~**n,blatt** *n* transparent *m*; ~**n,führung** *f* tracé *m*; ~**n-,netz** *n* réseau *m*; ~**npa,pier** *n* papier réglé; ~**n,richter** *m Fußball* juge *m* de touche; ~**n,schiff** *n hist.* vaisseau *m* de ligne; ~**n,schiffahrt** *f* trafic *m* sur lignes régulières; ~**n,spektrum** *n phys.* spectre *m* de raies, discontinu; ~**nsys,tem** *n mus.* portée *f*; ~**n,taufe** *f mar.* baptême *m* de la ligne; ℒ**n-,treu** *adj.* fidèle à la ligne (du parti); ~**n,truppen** *f/pl. hist. milit.* (troupes *f/pl.* de) ligne *f*.

lin(i)ier|en [li·'ni:rən, -ni·'i:-] *v/t.* ⟨*pas de ge-*, h⟩ régler; ligner; ℒ**ung** *f* ⟨~; ~en⟩ réglage *m*; réglure *f*.

link [lɪŋk] *adj.* ⟨*attributiv*⟩ gauche; ~**e Hand** (main) gauche *f*; ~**er Hand** à gauche; ~**e Seite** (côté) gauche *f*; *e-s Stoffes, Strumpfes etc.* envers *m*; *e-s Reitpferdes* côté du montoir; **auf der** ~**en Seite** à gauche; du côté gauche; **das** ~**e Rheinufer** la rive gauche du Rhin; *fig.* **mit dem** ~**en Bein, Fuß zuerst aufstehen** se lever du pied gauche, du mauvais pied; *hist.* **sich e-e Frau zur** ~**en Hand antrauen lassen** épouser une femme de la main gauche; ℒ**e** *f* ⟨→ A⟩ gauche *f*; main *f* gauche; *pol.* **die** ~ le parti de gauche; la gauche; **zur** ~**n** à gauche; **zu meiner** ~**n** à ma gauche; ~**isch 1.** *adj.* gauche; maladroit; F empoté; ~**er Mensch** gros lourd; lourdaud *m*; ~**es Wesen** gaucherie *f*; maladresse *f*; **2.** *adv.* gauchement; avec gaucherie.

links [lɪŋks] *adv.* à (main) gauche; *von Stoffen* à l'envers; ~ **von** ... à la gauche de ...; ~ **von ihm** à sa gauche; **von** ~ **nach rechts** de gauche à droite; *milit.* **die Augen** — ~! à gauche — alignement!; ~ **schreiben** écrire de la main gauche; ~ **fahren** rouler à gauche; prendre la gauche; tenir sa gauche; **sich** ~ **halten** tenir sa gauche; ~ **abbiegen** tourner, obliquer à gauche; ~ **überholen** doubler à gauche; *pol.* ~ **stehen** être de gauche; appartenir à un parti de gauche; **e-n Ort** ~ **liegenlassen** laisser un endroit à gauche, à sa gauche; *fig.* **j-n** ~ **liegenlassen** tourner le dos à qn.; F laisser tomber, choir qn.; *fig.* **weder** ~ **noch rechts sehen** aller, filer, suivre son droit chemin; ℒ'**außen(,stürmer)** *m* ⟨~; ~⟩ *(m) Fußball* ailier *m* gauche; ℒ**block** *m* ⟨~(e)s; ~e⟩ *pol. in den zwanziger Jahren in Frankreich* bloc *m*, cartel *m* des gauches; *später etwa* front *m* populaire; ℒ**drall** *m techn.* torsion *f* à gauche; *pol.* tendance *f*, orientation *f* à gauche; ℒ**er** *m* ⟨~s; ~⟩ F *cf.* ℒhänder; ~**,gängig** *adj. Schraube etc.* fileté à gauche; ~**ge,richtet** *adjt. pol.* orienté à gauche, vers la gauche; ℒ**ge,winde** *n bei Schrauben etc.* pas *m* à gauche; ℒ-**,händer(in)** *m* ⟨~s; ~⟩ *(f)* ⟨~; ~nen⟩ gaucher, -ère *m, f*; ~ **sein** être gaucher, -ère; ~**,händig 1.** *adj.* gaucher, -ère; **2.** *adv.* de la main gauche; ~**he,rum** *adv.* à gauche; ℒ**,kurve** *f* virage *m* à gauche; ℒ**par,tei** *f pol.* (parti *m* de) gauche *f*; ℒ**radi,kale(r)** *m pol.* radical *m* de gauche; extrême *m* gauche; ~**-,rheinisch** *adj.* de la rive gauche du Rhin; ~**,seitig** *adj.* du côté gauche; ℒ**,steuerung** *f* direction *f*, conduite *f*, volant *m* à gauche; ~'**um** *adv.* ~! à gauche — gauche!; ~ — **kehrt**! demi-tour — à gauche!; ~ — **marsch**! à gauche — marche!; ℒ**ver,kehr** *m* circulation *f* à gauche.

Linnen ['lɪnən] *n* ⟨~s; ~⟩ *cf.* Leinen.

Linol|eum [li·'no:le·ʊm] *n* ⟨~s⟩ linoléum [-ɔm] *m*; ~**,schnitt** *m* gravure *f* sur linoléum; F lino *m*.

Linotype ['laɪno·,taɪp] *f* ⟨~; ~s⟩ *impr.* linotype [lino-] *f*; ~**-,Setzer** *m* linotypiste *m*; F lino *m*.

Linse ['lɪnzə] *f* ⟨~; ~n⟩ *bot., opt.* lentille *f*; *des Auges* cristallin *m*; ℒ**n-,ähnlich**, ℒ**n,artig**, ℒ**n,förmig** *adj.* lenticulaire; ~**nge,richt** *n* plat *m* de lentilles (*auch fig.*); ~**n,star** *m méd.* cataracte *f* lenticulaire; ~**n,suppe** *f cuis.* soupe *f* aux lentilles; ~**n,weite** *f opt.* ouverture *f* de (la) lentille.

Lippe ['lɪpə] *f* ⟨~; ~n⟩ lèvre *f*; F babine *f*; **schmale, zusammengekniffene** ~**n** lèvres fines, minces, pincées; **dicke, wulstige** ~**n** lèvres épaisses, charnues; grosses lèvres; **dicke, wulstige** ~**n haben** *auch* être lippu; **sich auf die** ~**n beißen** se mordre les lèvres; **nicht ein Wort über die** ~**n bringen** rester bouche close, cousue; **das soll nicht über meine** ~**n kommen** cela ne sortira pas de ma bouche; je n'en soufflerai mot; *fig.* **an j-s** ~**n hängen** être suspendu aux lèvres de qn.; **von den** ~**n ablesen** lire sur les lèvres; *fig.* **e-e** ~ **riskieren** lâcher une impertinence; ~**nbe,kenntnis** *n* aveu *m* du bout des lèvres; ~**n,blütler** *m/pl. bot.* labiées *f/pl.*; ~**n,laut** *m phon.* son labial; labiale *f*; ~**n,stift** *m* bâton *m* de rouge à lèvres.

liquid [li·'kvi:t] *adj.* liquide; disponible; ℒ**ati'on** *f* ⟨~; ~en⟩ liquidation *f*; *e-s Arztes* (*Rechnung*) note *f* d'honoraires; ℒ**ati'ons...** *in Zssgn.* ... de liquidation; ℒ**ati'onster,min** *m* jour, terme fixé pour la liquidation; ℒ**ati'onsver-,fahren** *n* procédure *f* de liquidation; ℒ**ati'onsver,gleich** *m* liquidation *f* judiciaire; ℒ**ator** [-'da:-] *m* ⟨~s; -'toren⟩ *jur.* liquidateur *m*.

Liquiden [li·'kvi:dən] *f/pl. phon.* (consonnes *f/pl.*) liquides *f/pl*.

liquidi|eren [li·kvi·'di:rən] **I** *v/t.* ⟨*pas de ge-*, h⟩ *comm., fig., pol.* liquider; **II** ℒ**eren** *n* ⟨~s⟩, ℒ**erung** *f* ⟨~; ~en⟩ *comm., fig., pol.* liquidation *f*; ℒ'**tät** *f* ⟨~⟩ liquidité(s) *f (pl.)*; aisance *f* de (la) trésorerie; disponibilités *f/pl.*; fonds *m/pl.* de roulement.

Lira ['li:ra] *f* ⟨~; -re⟩ (*abr.* L.) lire *f*.

Lispel|laut ['lɪspəl,laʊt] *m* son zézayé; ℒ**n I** *v/i.* ⟨-(e)le, h⟩ zézayer; F zozoter; **II** ~**n** *n* ⟨~s⟩ zézaiement *m*; F zozotement *m*.

List [lɪst] *f* ⟨~; ~en⟩ ruse *f*; astuce *f*; artifice *m*; (*Kriegs*ℒ) stratagème *m*; ~ **geht über Gewalt** mieux vaut employer la ruse que la force; **e-e** ~ **anwenden, zu e-r** ~ **greifen** recourir à une ruse; user, se servir de ruses.

Liste ['lɪstə] *f* ⟨~; ~n⟩ liste *f*; nomenclature *f*; catalogue *m*; (*Aufstellung*) relevé *m*; tableau *m*; état *m*; (*Steuer*ℒ) rôle *m*; **auf e-r** ~ **erscheinen, stehen** figurer sur une liste; **e-e** ~ **aufstellen, anfertigen** dresser, établir, arrêter une liste; **auf die schwarze** ~ **setzen** mettre à l'index, sur la liste noire; ℒ**n-,mäßig** *adv.* ~ **erfassen** recenser par liste; ~**n,preis** *m comm.* prix *m* de catalogue.

listenreich ['lɪstən,raɪç] *adj.* plein de ruses, d'astuces, d'artifices; *cf. auch* **listig**.

Listenwahl ['lɪstən,va:l] *f pol.* (élection *f* au) scrutin *m* de liste.

listig ['lɪstɪç] *adj.* rusé; fin; astucieux, -euse; artificieux, -euse; cauteleux, -euse; roué; F matois; finaud; P *péj.* roublard; ~**er'weise** *adv.* par ruse; astucieusement; artificieusement; ℒ-**,keit** *f* ⟨~⟩ ruse *f*; astuce *f*; cautèle *f*; rouerie *f*; F matoiserie *f*; finauderie *f*; P *péj.* roublardise *f*.

Litanei [li·ta'naɪ] *f* ⟨~; ~en⟩ **1.** *égl.* litanies *f/pl.*; **2.** F *fig.* litanie *f*; kyrielle *f*; **lange** ~ longue litanie, kyrielle.

Litau|er(in) ['li:taʊər(ɪn), 'lɪtaʊ-] *m* ⟨~s; ~⟩ *(f)* ⟨~; ~nen⟩ Lituanien, -nne *m, f*; ℒ**isch** *adj.* lituanien, -nne; **die** ~**e Sprache, das** ℒ**e** le lituanien; la langue lituanienne.

Liter ['li:tər, 'lɪtər] *n*, F *m* ⟨~s; ~⟩ (*abr.* l) litre *m*; **ein** ~ (**Wein**) P un kile, kilo, litron (de vin).

Literar|historiker [lɪtə'ra:rhɪs,to:rɪkər] *m* historien *m* d'une *od.* de la littérature; ℒ**isch** *adj.* littéraire; ~ **gebildeter Mensch** personne lettrée, qui a des lettres; lettré *m*.

Litera|t [lɪtə'ra:t] *m* ⟨~en; ~en⟩ homme *m* (*pl.* gens) de lettres; littérateur *m*; écrivain *m*; *péj.* plumitif *m*; valet *m* de (la) plume; écrivain *m* à gages; ~'**tur** *f* ⟨~; ~en⟩ littérature *f*; **schöne** ~ belles-lettres *f/pl.*; **einschlägige** ~ bibliographie *f*; ~'**tur,angaben** *f/pl.* documentation *f*; bibliographie *f*; littérature *f*; ~'**tur,beilage** *f e-r Zei-*

tung supplément *m* littéraire; **~'tur|ˌblatt** *n* revue *f*, feuille *f*, journal *m*, périodique *m*, organe *m* littéraire; **~'turgeˌschichte** *f* histoire *f* littéraire, de la littérature; **~'turkriˌtik** *f* critique *f* littéraire; **~'turˌkritiker** *m* critique *m* littéraire; **~'turˌnachweis** *m* bibliographie *f*; **~'turˌpreis** *m* prix *m* littéraire, de littérature; **~'turˌsprache** *f* langue *f* littéraire; **~'turverˌzeichnis** *n cf.* ~turnachweis; **~'turˌwissenschaft** *f* lettres *f/pl.*; **~'turˌzeitung** *f cf.* ~turblatt.

Liter|maß ['liːtərˌmɑːs, 'lɪ-] *n* litre *m*; **2ˌweise** *adv.* par litres; au litre.

Litfaßsäule ['lɪtfasˌzɔʏlə] *f* colonne *f* d'affichage, d'affiches; colonne *f* Morris.

Lithium ['liːti·ʊm] *n* ⟨~s⟩ *chim.* lithium [-jɔm] *m*.

Lithograph [li·to·'grɑːf] *m* ⟨~en; ~en⟩ lithographe *m*; **~ie** [-'fiː] *f* ⟨~; -ien⟩ lithographie *f*; **2ieren** [-'fiː-] *v/t.* ⟨*pas de ge-*, h⟩ lithographier; **2isch** *adj.* lithographique; **~e Anstalt** lithographie *f*.

litt [lɪt] *cf.* leiden.

Liturg [li·'tʊrk] *m* ⟨~en; ~en⟩ *relig.* liturgiste *m*; **~ie** [-'giː] *f* ⟨~; -ien⟩ liturgie *f*; **2isch** *adj.* liturgique.

Litze ['lɪtsə] *f* ⟨~; ~n⟩ (*Kordel*) cordon *m*; (*Tresse*) galon *m*; passement *m*; (*Borte*) liséré *m*; passepoil *m*; soutache *f*; *élect.* câble *m* (torsadé); toron *m*; **~nˌdraht** *m élect.* brin *m* de câble; **~nˌschnur** *f élect.* fil *m*, cordon *m* souple.

Live-Sendung ['laɪfˌzɛndʊŋ] *f rad.* émission *f* en direct.

Livländ|er(in) ['liːfˌlɛndər(ɪn)] *m* ⟨~s; ~⟩ (*f*) ⟨~; ~nen⟩ Livonien, -nne; **2isch** *adj.* de la Livonie; livonien, -nne.

Livr|ee [li·'vreː] *f* ⟨~; -een⟩ livrée *f*; **2iert** *adj.* en livrée.

Lizentiat [li·tsɛntsi·'ɑːt] *m* ⟨~en; ~en⟩ licencié *m*.

Lizenz [li·'tsɛnts] *f* ⟨~; ~en⟩ licence *f*; **~ˌabgabe** *f* taxe *f* de licence; **~ˌantrag** *m* demande *f* de licence; **~ˌausgabe** *f* édition publiée sous licence, avec l'autorisation de ...; **~geˌbühr** *f* droit *m* de licence; **~ˌinhaber** *m* possesseur *m* d'une licence; concessionnaire *m*; **~ˌnehmer** *m* preneur *m* de licence; **~ˌträger** *m cf.* ~inhaber; **~verˌtrag** *m* contrat *m* de licence.

Lob [loːp] *n* ⟨~(e)s⟩ louange *f*; éloge *m*; **einstimmiges ~** concert de louanges; louanges unanimes; **j-m ein ~ erteilen** louer qn.; **des ~es voll sein** être plein d'éloges; F en avoir plein la bouche; **über alles ~ erhaben sein** être au-dessus de tout éloge; **~ gebührt Herrn X für ...** louons, félicitons M. X de ...; **~ spenden** décerner des éloges; **mit dem ~ nicht zurückhalten** ne pas marchander ses éloges; **~ ernten** recevoir des éloges; **~ verdient haben** être digne de louange, d'éloges; **zu j-s ~** à la louange de qn.; **das ~ Gottes singen** chanter les louanges du Seigneur.

Lobelie [lo·'beːli·ə] *f* ⟨~; ~n⟩ *bot.* lobélia *m*; lobélie *f*.

lob|en ['loːbən] **I** *v/t.* (*u. v/réfl.*) ⟨h⟩ (se) louer; faire l'éloge de; (*billigen*) approuver; **j-n überschwenglich, übertrieben,** F **über den grünen Klee ~** ne pas tarir d'éloges à l'adresse de qn.; P faire mousser qn.; **j-n für etw. ~** louer qn. de qc.; **da lobe ich mir ...** parlez-moi de ...; **jeder Krämer lobt s-e Ware** *prov.* chacun prêche pour son saint, sa chapelle *prov.*; **gute Ware lobt sich selbst** *prov.* à bon vin point d'enseigne *prov.*; **man soll den Tag nicht vor dem Abend ~** *cf.* **Abend**; **das Werk lobt den Meister** à l'œuvre on connaît l'artisan, l'ouvrier *prov.*; **II 2en** *n* ⟨~s⟩ louange *f*; **~end** *adjt.* élogieux, -euse; **mit ~en Worten** en termes élogieux; **~ensˌwert** *adj.* digne d'éloge; louable; méritoire; **2eserˌhebung** *f* (grande) louange *f*; (grands) éloges *m/pl.*; **2geˌsang** *m* chant *m* de louanges; *égl.* cantique *m*, hymne *f* (à la gloire de); **2hude'lei** *péj.* *f* ⟨~; ~en⟩ adulation *f*; encens *m*; flagornerie *f*; flatterie *f*; **~ˌhudeln** *péj.* *v/i.* ⟨-(e)le, h⟩ aduler; encenser; flagorner; flatter; louanger; **2ˌhudler** *péj.* *m* ⟨~s; ~⟩ adulateur, -trice *m, f*; flagorneur, -euse *m, f*; flatteur, -euse *m, f*; louangeur, -euse *m, f*; F encenseur, -euse *m, f*.

löblich ['løːplɪç] *adj. cf.* **lobenswert**; **2ˌkeit** *f* ⟨~⟩ mérite *m*; ce qui est louable, méritoire.

Lob|lied ['loːpliːt] *n cf.* **Lobgesang**; *fig.* **ein ~ auf etw., j-n singen, anstimmen** chanter, entonner les louanges de qc., qn.; **2ˌpreisen** *v/t.* ⟨-(es)t, **lobpreist** *od.* **lobpries, gelobpreist** *od.* **lobgepriesen, zu lobpreisen, lobpreise!**, h⟩ glorifier; **lobpreiset den Herrn!** glorifiez le Seigneur!; *cf. auch* **2singen**; **~ˌpreisung** *f* ⟨~; ~en⟩ louanges *f/pl.*; chant *m* de louanges; *pfort.* glorification *f*; **~ˌrede** *f* éloge *m*; *st. s.* panégyrique *m*; **~ˌredner** *m* panégyriste *m*; **2ˌsingen** *v/i.* ⟨**lobsingt, lobsang, lobgesungen, zu lobsingen, lobsinge!**, h⟩ **j-m ~** chanter les louanges de qn.; **~spruch** *m* éloge *m*.

Loch [lɔx] *n* ⟨~(e)s; ⸗er⟩ **1.** trou *m*; trouée *f*; (*Öffnung*) ouverture *f*; *im Käse, Hammerkopf* œil *m*; **ein ~ bohren** percer un trou (**in die Wand** dans le mur); **sich ein ~ in den Kopf schlagen** se faire un trou à la tête; **Löcher im Strumpf haben** avoir des bas (chaussettes) à trou(s), percé(e)s; **sich ein ~ ins Kleid reißen** faire un trou, un accroc à la robe; *fig.* **j-m ein ~ in den Bauch fragen** accabler, cribler qn. de questions; **j-m zeigen, wo der Zimmermann das ~ gelassen hat** (*j-n rausschmeißen*) mettre, F flanquer qn. dehors, à la porte; F faire passer qn. par où, montrer à qn. l'endroit où le maçon n'a pas mis de briques; **ein ~ mit dem anderen zustopfen** boucher un trou en ouvrant un autre; F **auf** *od.* **aus dem letzten ~ pfeifen** être aux abois, à la dernière extrémité, à bout; ne battre plus que d'une aile; **trinken,** P **saufen wie ein ~** F boire comme un trou, une éponge, un pompier; boire à tire-larigot; **2.** (*Tierbau*) trou *m*; terrier *m*; **3.** F (*elende Behausung*) chenil *m*; taudis *m*; galetas *m*; bouge *m*; **4.** ⟨*pas de pl.*⟩ F (*Gefängnis*) prison *f*; P cabane *f*; trou *m*; taule (tôle) *f*; **ins ~ stecken** mettre en taule; F coffrer; **~ˌbohrer** *m techn.* perçoir *m*; perçoire *f*; **~ˌeisen** *n techn.* emporte-pièce *m*; poinçon *m*; **2en I** *v/t.* ⟨h⟩ *techn.* poinçonner (*auch Fahrkarte*); perforer; percer; trouer; **II ~en** *n* ⟨~s⟩ poinçonnage *od.* poinçonnement *m*; perforage *m*; perforation *f*; perçage *m*; **~er** *m* ⟨~s; ~⟩ **1.** *für Akten* perforateur *m*; *für Lochkarten* perforatrice *f*; perforeuse *f*; **2.** *Arbeiter* poinçonneur *m*; **~eˌrin** *f* ⟨~; ~nen⟩ poinçonneuse *f*.

löcherig ['lœçəˌrɪç] *adj.* plein de trous; troué; (*porös*) poreux, -euse.

Loch|karte ['lɔxˌkartə] *f* carte, fiche perforée; **~kartenmaˌschine** *f* machine *f* (de comptabilité) à cartes perforées; **~ˌlehre** *f techn.* gabarit *m* de perçage; **~maˌschine** *f techn. cf.* ~stanze; **~ˌplatte** *f cf.* ~lehre; **~ˌpresse** *f techn.* poinçonneuse *f*; **~ˌstanze** *f techn.* poinçonneuse *f*; **~stein** *m bât. cf.* ~ziegel; **~ˌstempel** *m* poinçon *m*; **~stickeˌrei** *f* broderie anglaise; ouvrage *m* à jour; **~ˌstreifen** *m* bande perforée; **~ung** *f* ⟨~; ~en⟩ *als Handlung cf.* lochen II; *als Resultat* trou *m*; perforation *f*; **~ˌzange** *f für Fahrscheine* pince *f* (à poinçonner); *techn.* pince *f* emporte-pièces; **~ˌziegel** *m bât.* brique perforée; **~ˌzirkel** *m* compas *m* d'intérieur; F maître *m* de danse.

Locke ['lɔkə] *f* ⟨~; ~n⟩ boucle *f*; **~n drehen** friser; **in ~n legen** boucler; friser.

locken¹ ['lɔkən] *v/t. u. v/réfl.* ⟨h⟩ **(sich) ~** boucler; faire des boucles; friser.

locken² ['lɔkən] **I** *v/t.* ⟨h⟩ **1.** *ch. durch Lockspeise* allécher; appâter; affriander; amorcer; *Vögel durch Nachahmung ihrer Stimme* piper; **die Henne lockt ihre Küken** la poule appelle ses poussins; **2.** *fig.* attirer; séduire; leurrer; **j-n mit falschen Versprechungen ~** attirer, séduire, leurrer qn. par de fausses promesses; **das schöne Wetter lockt mich ins Freie** le beau temps m'attire au grand air, m'engage à prendre l'air; F *fig.* **damit kannst du keinen Hund vom Ofen ~** F ça ne prend pas; **j-m das Geld aus der Tasche ~** soutirer de l'argent à qn.; F carotter qn.; **II 2** *n* ⟨~s⟩ allèchement *m*; *fig.* séduction *f*.

löcken ['lœkən] *v/i.* ⟨h⟩ *bibl.* **wider den Stachel ~** regimber; se rebeller; se rebiffer.

lockend ['lɔkənt] *adjt.* (*ver~*) attrayant; attirant; séduisant.

Locken|kopf ['lɔkənˌkɔpf] *m* tête frisée, bouclée; **~ˌwickel** *m* bigoudi *m*; *meist aus Papier* papillote *f*.

locker ['lɔkər] *adj.* **1.** lâche; relâché; *Seil* (*nicht gespannt*) lâche; mou, molle; peu, mal tendu; (*locker gedreht*) mal tordu; *Schraube* desserré; *Griff, Stuhlbein etc.* (*wackelnd*) branlant; *impr., Schriftsatz* aéré; *Brot* léger; bien levé; peu compact; *Gewebe* lâche; peu serré; **~er Boden** terre meuble; **~er Schnee** neige molle; **~es Gewölk** nuages non compacts; *gym.* **ganz ~** sans aucune raideur; **~ sein** (*wackeln*) branler (*auch Zahn*); *Hufeisen* locher; **~ werden** *cf.* **~n II**; **~ machen** *cf.* **~n I**; *Seil etc.* **~ lassen** relâcher; *Schraube* **~ sitzen** ne pas être serré, bloqué; *fig.* **e-e ~e Hand haben** avoir la main leste; *fig.* **das Geld sitzt ihm ~** l'argent lui file entre les doigts; **2.** *fig. Sitten* peu sévère; léger, -ère; dissolu; libertin; *Leben* relâché; déréglé; dissolu; libertin; **ein ~es Leben führen** avoir des mœurs légères; mener joyeuse vie; vivre dans la dissipation, la débauche; F **~er Vogel, Zeisig** évaporé *m*; personne (de mœurs) légère(s), dissolue(s); débauché, -e *m, f*; **~ˌlassen** *v/i.* ⟨*irr., sép.*, -ge-, h⟩ F *fig.* **er läßt nicht locker** il n'en démord pas; il ne cède, plie pas; **~ˌmachen** F *v/t.* ⟨*sép.*, -ge-, h⟩ *Geld* F lâcher; **~n I** *v/t.* ⟨-(e)re, h⟩ *Griff, Zügel, Seil, Knoten* lâcher un peu; *Seil auch* détendre; *Schraube, Knoten* desserrer; *Boden* ameublir; *steife Glieder* assouplir; dégourdir; détendre; *strenge Maßnahmen, Verbot* atténuer; adoucir; **II** *v/réfl.* **sich ~** *Griff, Seil* se relâcher (*auch Disziplin*); *Seil auch* se détendre; *Schraube, Geschnürtes* se desserrer; *Geleimtes* se détacher; se décoller; **III** 2**n** *n* ⟨~s⟩, 2**ung** *f* ⟨~; ~en⟩ relâchement *m*; *e-r Schraube, e-s Knotens* desserrage *m*; *von strengen Maßnahmen* atténuation *f*; adoucissement *m*; *von steifen Gliedern* assouplissement *m*; dégourdissement *m*; détente *f*; 2**ungs,übung** *f gym.* exercice *m* d'assouplissement.

lockig ['lɔkɪç] *adj.* bouclé; frisé.

Lock|mittel ['lɔk,mɪtəl] *n* appât *m*; leurre *m*; attrait *m*; amorce *f* (*alle auch fig.*); **~,pfeife** *f ch.* appeau *m*; pipeau *m*; **~ruf** *m* appel *m*; **~,speise** *f cf.* ~mittel; **~,spitzel** *m* agent provocateur; F mouche *f*; mouchard *m*; **~ung** *f* ⟨~; ~en⟩ séduction *f*; (*Versuchung*) tentation *f*; (*Reiz*) attrait *m*; attirance *f*; **~,vogel** *m ch.* appeau *m*; appelant *m*; moquette *f*; *im Käfig* chanterelle *f*.

Lockwelle ['lɔk,vɛlə] *f* permanente *f*; (ondulation *f*) indéfrisable *f*.

Loden ['lo:dən] *m* ⟨~s; ~⟩ loden [-ɛn] *m*; **~,mantel** *m* manteau *m* en loden; **~,stoff** *m cf.* Loden.

lodern ['lo:dərn] **I** *v/i.* ⟨-(e)re, h⟩ *Flammen* monter; s'élever; s'agiter; *Feuer u. fig.* brûler; lancer des flammes; flamber; flamboyer; *nur fig.* étinceler; **II** 2 *n* ⟨~s⟩ flamboiement *m*; *fig.* feu *m*; ardeur *m*; **~d** *adjt.* flamboyant; ardent.

Löffel ['lœfəl] *m* ⟨~s; ~⟩ **1.** cuiller [-ɛ:r] *f*; cuillère *f*; F *fig.* **j-n über den ~ barbieren** *od.* **balbieren** duper, tromper, abuser, F rouler, estamper qn.; F *fig.* **tun, als ob man die Weisheit mit ~n gefressen hätte** croire avoir la science infuse; **2.** *des Hasen*, F *des Menschen* (*Ohr*) oreille *f*; F *fig.* **die ~ aufsperren** tendre l'oreille; P ouvrir ses esgourdes; **3.** *am Bagger* godet *m*; **~,bagger** *m* pelle *f* mécanique; pelleteuse *f*; **~bis,kuit** *n cuis.* biscuit *m* à la cuillère; F boudoir *m*; **~,bohrer** *m mines* mèche anglaise; tarière *f*, mèche *f* à cuiller; **~,ente** *f zo.* souchet *m*; spatule *f*; 2**,förmig** *adj.* en forme de cuiller; *bot.* cochléariforme; **~,gans** *f cf.* ~ente; **~,kraut** *n bot., sc.* cochléaria *m*; 2**n** *v/t.* ⟨-(e)le, h⟩ manger à la cuiller; **~,reiher** *m cf.* Löffler; **~,stiel** *m* manche *m* de cuiller; **~,voll** *m* ⟨~; ~⟩ cuillerée *f*; 2**,weise** *adv.* par cuillerées.

Löffler ['lœflər] *m* ⟨~s; ~⟩ *zo.* spatule *f*.

log [lo:k] *cf.* lügen.

Log [lɔk] *n* ⟨~s; ~e⟩ *mar.* loch [lɔk] *m*.

Logarith|mentafel [lo·ga'rɪtmən,ta:fəl] *f math.* table *f* des logarithmes; 2**misch** *adj.* logarithmique; **~mus** *m* ⟨~; -men⟩ logarithme *m*.

Logbuch ['lɔkbu:x] *n mar.* journal *m* de bord; livre *m* de loch.

Loge ['lo:ʒə] *f* ⟨~; ~n⟩ *Freimaurerei, thé.* loge *f*; **~nbi,llett** [-bɪl,jɛt] *n thé.* (billet *m* de) loge *f*; **~n,bruder** *m Freimaurerei* frère *m*; franc-maçon *m*; F frère *m* Trois-points; **~n,meister** *m Freimaurerei* vénérable *m*; **~n,schließerin** *f thé.* ouvreuse *f* (de loges).

logg|en ['lɔgən] *v/i.* ⟨h⟩ *mar.* jeter le loch; 2**er** *m* ⟨~s; ~⟩ *mar.* drifter *m*.

Loggia ['lɔdʒa] *f* ⟨~; -ien⟩ loggia *f*.

Logier|besuch [lo·'ʒi:rbə,zu:x] *m* invité(s) *m* (*pl.*) qui loge(nt); **~ haben** loger du monde (chez soi); 2**en** *v/i.* ⟨*pas de ge-*, **h**⟩ loger; **~,gast** *m* voyageur *m*; locataire *m* de passage, pour la nuit; **~,haus** *n* hôtel garni.

Logik ['lo:gɪk] *f* ⟨~⟩ logique *f*; **~er** *m* ⟨~s; ~⟩ logicien *m*.

Logis [lo·'ʒi:] *n* ⟨~; ~⟩ **1.** logement *m*; F (*kleine Wohnung*) logis *m*; **2.** *mar.* poste *m* d'équipage.

logi|sch ['lo:gɪʃ] *adj.* logique; *advt.* **nicht ~ denken können** ne pas avoir d'esprit de suite; F **das ist doch ~** (*klar, selbstverständlich*) F c'est logique; **~scher'weise** *adv.* logiquement; 2**stik** [-'gɪs-] *f* ⟨~⟩ *philos., milit.* logistique *f*.

Logleine ['lɔk,laɪnə] *f mar.* ligne *f* de loch.

Lohbeize ['lo:,baɪtsə] *f* jusée *f*.

Lohe[1] ['lo:ə] *f* ⟨~; ~n⟩ (*Gerber*2) tan *m*.

Lohe[2] ['lo:ə] *f* ⟨~; ~n⟩ flamme(s) *f* (*pl.*) (*auch fig.*); foyer ardent; *pfort.* embrasement *m*.

lohen[1] ['lo:ən] **I** *v/t.* ⟨h⟩ tanner; **II** 2 *n* ⟨~s⟩ tannage *m*.

lohen[2] ['lo:ən] *v/i.* ⟨h⟩ flamboyer; flamber.

Loh|farbe ['lo:,farbə] *f* couleur *f* de tan; tanné *m*; 2**,farben** *adj.* tanné; 2**gar** *adj.* tanné; **~,gerber** *m* tanneur *m*; **~gerbe,rei** *f* tannerie *f*; **~,grube** *f* fosse *f* à tan; **~,mühle** *f* moulin *m* à (piler le) tan.

Lohn [lo:n] *m* ⟨~(e)s; ~e⟩ **1.** (*Arbeits*2) salaire *m*; paye *od.* paie *f*; rémunération *f*; rétribution *f*; *der Hausangestellten* gages *m/pl.*; **angemessener ~** juste salaire; salaire équitable; **niedriger ~** bas salaire; **gleitender ~** salaire mobile; **auszuzahlender ~** salaire dû; **tatsächlich gezahlter ~** salaire effectif; **gleiche Arbeit, gleicher ~** à travail égal, salaire égal; **e-n ~ beziehen** toucher un salaire; **vom ~ einbehalten** retenir sur le salaire; **den ~ kürzen** diminuer, réduire le salaire; *bibl.* **ein Arbeiter ist s-s ~es wert** *cf.* **Arbeiter**; **wie die Arbeit, so der ~** *prov. cf.* Arbeit 1.; **2.** ⟨*pas de pl.*⟩ (*Belohnung*) récompense *f*; **zum ~** pour récompense; **zum ~ für** en récompense de; **er hat schlechten ~ empfangen** il a été mal récompensé; **s-n verdienten ~ empfangen** recevoir sa récompense; **Undank ist der Welt ~** *prov.* le monde est ingrat, (vous) paye d'ingratitude; **~,abbau** *m* réduction *f* des salaires; **~,abkommen** *n* accord *m* sur les salaires; convention *f* de salaires; **~,abrechnung** *f* **die ~ machen** établir la feuille de paye; **~,abschlag** *m* acompte *m* sur le salaire; **~,abzüge** *m/pl.* retenues *f/pl.* sur le salaire; **~,angleichung** *f* rajustement *m* des salaires; **~,anspruch** *m* **a)** droit *m* au salaire; **b)** revendication *f* de salaire; **~,anstieg** *m* 'hausse *f*, montée *f* des salaires; **~,anteil** *m* part *f* de salaire; **~,arbeit** *f* travail salarié; salariat *m*; **~,arbeiter(in)** *m* (*f*) (ouvrier *m*, ouvrière *f*) salarié(e) *m* (*f*); **~,aufbesserung** *f* amélioration *f* de salaire; **~,auftrieb** *m* tendance *f* à la hausse des salaires; **~,aufwand** *m* dépense *f* en salaires; **~,ausfall** *m* perte *f* de salaire; **~ausfallent,schädigung** *f* indemnité *f* pour perte de salaire; **~,ausgaben** *f/pl.* frais *m/pl.* de main-d'œuvre; charges salariales; **~,ausgleich** *m* compensation *f* (de salaire); **bei vollem ~** à salaire égal; **~,auszahlung** *f* paye *od.* paie *f*; **~be,scheinigung** *f* attestation *f* de salaire; **~be,wegung** *f* mouvement *m* des salaires; **~,bildung** *f* formation *f* des salaires; **~buch** *n* livre *m* de paye; **~,buchhalter** *m* payeur-comptable *m*; **~,buchhaltung** *f* comptabilité *f* des salaires; **~bü,ro** *n* bureau *m* de paye; **~,diener** *m* valet *m* d'extra, qui fait des extras; **~,durchschnitt** *m* moyenne *f* des salaires; **~,einbuße** *f cf.* ~ausfall; **~,einheit** *f* unité *f* des salaires; **~,einkommen** *n* revenu salarial, des salaires; **Summe der ~** masse salariale; **~em,pfänger** *m* salarié, -e *m, f*; **die Lohn- u. Gehaltsempfänger** le salariat.

lohnen ['lo:nən] **I** *v/t.* ⟨h⟩ **1. j-m etw. ~** récompenser, payer qn. de qc. (**mit, durch etw.** par qc.); **er hat es mir schlecht gelohnt** il m'en a mal récompensé; **Gott lohn' es dir!** Dieu te le rende!; **es j-m mit Undank ~** payer qn. d'ingratitude; **2. das Ergebnis lohnt die Mühe, Arbeit nicht** le résultat obtenu ne vaut pas la peine; **es lohnt die Mühe, Arbeit** cela vaut la peine; **II** *v/réfl.* **sich ~** (*einbringlich sein*) être profitable, rentable, rémunérateur, -trice, lucratif, -ive, avantageux, -euse, de bon rapport, payant; (*der Mühe wert sein*) valoir la peine; **das lohnt sich** cela (en) vaut la peine; c'est une chance à courir; F ça vaut (bien) le coup; **das lohnt sich nicht** cela n'en vaut pas la peine; F le jeu n'en vaut pas la chandelle; **lohnt es sich wirklich, zu ...** (+ *inf.*)? est-ce bien la peine de ... (+ *inf.*)?; *comm.* **es lohnt sich** F c'est une (bonne) affaire, une aubaine.

löhnen ['lø:nən] **I** *v/t.* ⟨h⟩ faire la paye; payer le salaire, *Hausangestellte* les gages (à); *milit.* payer, distribuer la solde (à); **II** 2 *n* ⟨~s⟩ *cf.* Löhnung 1.

lohn|end ['lo:nənt] *adjt.* profitable; rentable; rémunérateur, -trice; lucratif, -ive; avantageux, -euse; de bon rapport; payant; qui paye (bien); bien payé; 2**ent,wicklung** *f* évolution *f* des salaires; 2**er,höhung** *f* augmentation *f* de salaire, de traitement, de gages; 2**e,tat** *m* prévisions *f/pl.* de salaires; 2**,festsetzung** *f* fixation *f*, détermination *f* du salaire; 2**,forderung** *f* **a)** (*Forderung auf Lohnerhöhung*) revendication *f* (en matière) de salaire; **~en durchsetzen** faire aboutir des revendications de salaire; **b)** (*Lohnanspruch*) créance *f* de salaire; 2**,fortzahlung** *f* **~ im Krankheitsfall** maintien *m* du payement du salaire en cas de maladie; 2**garan,tie** *f* **tarifliche ~** garantie tarifaire des salaires; 2**ge,fälle** *n* différence *f*, écart *m* des salaires; 2**ge,füge** *n* structure *f* du salaire; 2**ge,setz** *n* **ehernes ~** loi d'airain des salaires; 2**ge,staltung** *f* structuration *f* des salaires; 2**,gleichheit** *f* égalité *f*, parité *f* de salaires; 2**,gruppe** *f* catégorie *f* de salaires; 2**he,rabsetzung** *f* diminution *f*, réduction *f*, abaissement *m* des salaires; 2**,höhe** *f* niveau *m* du salaire, des salaires; 2**,index** *m* indice *m* des salaires; **~inten,siv** *adj.* à forte valeur-travail; 2**kampf** *m* lutte *f* pour l'augmentation des salaires; 2**,kellner** *m* extra *m*; 2**,klage** *f* action *f* en payement du salaire; 2**,klasse** *f cf.* 2gruppe; 2**kommissi,on** *f* commission *f* de contrôle des salaires; 2**kon,flikt** *m* conflit *m* de salaire; 2**,konto** *n* compte *m* salaires; 2**,kosten** *pl.* coût salarial, de la main-d'œuvre; charges salariales; 2**kostenver,teilung** *f* répartition *f* des coûts de la main-d'œuvre; 2**,kurve** *f Statistik* courbe *f* des salaires; 2**,kürzung** *f cf.* 2herabsetzung; 2**,liste** *f* feuille *f* de paye; bordereau *m* de salaire(s); 2**,minimum** *n* salaire minimum; 2**,nachzahlung** *f* rappel *m* de salaire; 2**ni,veau** *n cf.* 2höhe; 2**pari,tät** *f* parité *f* des salaires; 2**,pfän-**

dung *f jur.* saisie-arrêt *f* sur le salaire; **2poliˌtik** *f* politique *f* des salaires; **2-'Preis-Spiˌrale** *f* course *f* des salaires et des prix; **2ˌrechnung** *f* calcul *m* des salaires; **2ˌrückstufung** *f* rétrogradation *f* de salaire; **2satz** *m* taux *m*, tarif *m* de(s) salaire(s); **2schuld** *f* créance *f* de salaire; **2ˌschuldner** *m* débiteur *m* du salaire; **2ˌsenkung** *f* baisse *f* de(s) salaire(s); *cf. auch* 2herabsetzung; **2ˌskala** *f* gleitende ~ échelle mobile des salaires; **2ˌspanne** *f* éventail *m* des salaires; **2stabiliˌsierung** *f* stabilisation *f* des salaires; **2ˌstaffelung** *f* hiérarchie *f*, échelonnement *m*, barème *m* des salaires; **2stand** *m cf.* 2höhe; **2staˌtistik** *f* statistique *f* des salaires; **2ˌsteuer** *f* impôt *m* sur les salaires; **2steuerˌabzug** *m* retenue *f* de l'impôt sur les salaires; **2steuerbeˌscheinigung** *f* attestation *f* du payement de l'impôt sur les salaires; **2steuerˌkarte** *f in Deutschland etwa* carte *f* (d'immatriculation) d'impôt sur les salaires; **2steuerˌrückverˌgütung** *f* ristourne *f* d'impôt sur les salaires; **2steuertaˌbelle** *f* barème *m* de l'impôt sur les salaires; **2stopp** *m* blocage *m* des salaires; **2ˌstreifen** *m* bulletin *m*, bordereau *m* de paye; **2-streit** *m cf.* 2konflikt; **2strukˌtur** *f* structure *f* du salaire; **2ˌstufe** *f* échelon *m* de salaire; **2ˌsumme** *f* total *m* des salaires; masse salariale; **2summenˌsteuer** *f* taxe *f* sur le total des salaires payés; **2taˌbelle** *f* barème *m* des salaires; **2taˌrif** *m* tarif salarial; **2ˌtüte** *f* sachet *m* de paye; **2überˌbietung** *f* surenchère *f* des salaires; **2- und Ge'haltsˌsumme** *f* masse salariale.

Löhnung ['lø:nuŋ] *f* ⟨~; ~en⟩ **1.** *als Handlung* payement *m* des salaires, des gages; paye *od.* paie *f*; **2.** *milit.* (*Sold*) solde *f*; *für Unteroffiziere u. Mannschaften* prêt *m*; *für Offiziere* paye *od.* paie *f*; **~sˌtag** *m* jour *m* de paye.

Lohn|unterschiede ['lo:nˌˀuntərʃi:də] *m/pl.* disparité *f* des salaires; **~verˌeinbarung** *f* accord *m*, convention *f* de salaires; **~verˌhandlungen** *f/pl.* négociations *f/pl.* sur les tarifs de salaires, pour une convention de salaires; **~voˌlumen** *n* volume *m* des salaires; **~voˌrauszahlung** *f* payement anticipé du salaire; **~ˌvorschuß** *m* avance *f* sur le salaire; **~ˌzahlung** *f cf.* Löhnung 1.; **~ˌzettel** *m* bulletin *m* de paye; **~ˌzulage** *f* complément *m* de salaire; **~ˌzuschlag** *m* supplément *m*, complément *m* de salaire; prime *f*.

Lok [lɔk] *f* ⟨~; ~s⟩ *Kurzform von* Lokomotive.

lokal [lo·'kɑ:l] **I** *adj.* local; **II** 2 *n* ⟨~(e)s; ~e⟩ (*Örtlichkeit*) local *m*; (*Gaststätte*) établissement *m*; restaurant *m*; café *m*; **vornehmes ~** établissement distingué, renommé; F endroit chic; **billiges ~** gargote *f*; **von ~ zu ~ ziehen** F faire la tournée des grands-ducs; **2anästheˌsie** *f méd.* anesthésie locale; **2ˌanzeiger** *m* feuille locale; journal, courrier local; **2ˌbahn** *f chem.* chemin *m* de fer d'intérêt local, économique, vicinal; **2beˌhörde** *f* autorités locales; **2ˌblatt** *n cf.* 2anzeiger; **2e(s)** *n* ⟨→ A⟩ *in e-r Zeitung* chronique locale; **2ˌfarbe** *f peint., fig.* couleur locale; **2ˌfragen** *f/pl.* questions locales; **2isati'onstheoˌrie** *f psych.* théorie *f* des localisations cérébrales; *sc.* phrénologie *f*; **~i'sierbar** *adj.* localisable; **~i'sieren I** *v/t.* ⟨*pas de ge-*, h⟩ localiser; **II 2i'sieren** *n* ⟨~s⟩, **2i'sierung** *f* ⟨~; ~en⟩ localisation *f*; **2i'tät** *f* localité *f*; (*Raum*) local *m*; **die ~en** *e-s Hauses* les êtres *od.* aîtres *m/pl.*; **2ˌkenntnis** *f* connaissance *f* des lieux, des êtres *od.* aîtres; **~se besitzen** connaître la localité; **~se sammeln** faire la connaissance, s'informer des lieux; reconnaître les lieux; **2koloˌrit** *n cf.* 2farbe; **2ˌmiete** *f* loyer *m*, location *f* (d'un local, d'une salle, *etc.*); **2ˌnachrichten** *f/pl. cf.* 2e(s); **2patrioˌtismus** *m* patriotisme *m* de clocher; particularisme *m*; **2redakˌteur** *m* correspondant local; chroniqueur *m*; F échotier *m*; **2ˌteil** *m e-r Zeitung cf.* 2e(s); **2terˌmin** *m jur.* descente *f* de justice (sur les lieux); **2verˌhältnisse** *n/pl.* circonstances locales, particulières à un lieu; **2verˌkehr** *m cf.* Ortsverkehr; **2ˌzeitung** *f cf.* 2anzeiger; **2ˌzug** *m* train *m* d'intérêt local, de banlieue, de ceinture; F ceinture *f*; tacot *m*; tortillard *m*.

Lokativ ['lo:kaˌti:f] *m* ⟨~s; ~e⟩ *gr.* (cas *m*) locatif *m*.

Lokführer ['lɔkˌfy:rər] *m cf.* Lokomotivführer.

Loko|geschäft ['lo:ko·gəˌʃɛft] *n comm.* marché *m* au comptant; **~mo'bile** *f* ⟨~; ~n⟩ *techn.* locomobile *f*; **~mo'tive** *f* ⟨~; ~n⟩ *chem.* locomotive *f*; **auf der ~** sur la, à bord de la locomotive; **~mo'tivˌführer** *m chem.* mécanicien *m*; **~mo'tivˌschuppen** *m chem.* dépôt *m* (de locomotives); rotonde *f*; **~-ˌpreis** *m comm.* prix (fait) sur place; **~ˌware** *f comm.* marchandise *f* disponible (sur place).

Lokus ['lo:kus] F *m* ⟨~; ~ *od.* ~se⟩ cabinets *m/pl.* (d'aisances); W.-C. *m*; toilettes *f/pl.*; F petit coin.

Lolch [lɔlç] *m* ⟨~(e)s; ~e⟩ *bot.* ivraie *f*; *sc.* lolium [-jɔm] *m*; lolie *f*.

Lombard ['lɔmbart, -'bart] *m od. n* ⟨~(e)s; ~e⟩ *comm.* prêt *m* sur gages, sur titres; avance *f* sur titres; **~ˌanleihe** *f* emprunt *m* sur titres; nantissement *m*; **~ˌbank** *f* ⟨~; ~en⟩ banque *f* de prêt sur gages; **~ˌdarlehen** *n cf.* Lombardgeschäft.

Lombarden [lɔm'bardən] *m/pl.* Lombards *m/pl.*

lombard|fähig ['lɔmbartˌfɛ:ıç, -'bart-] *adj.* pouvant être mis, donné, accepté en gage; **2geˌschäft** *n* prêt *m* sur gages; prêt *m*, avance *f* sur titres.

lombardier|en [lɔmbar'di:rən] *v/t.* ⟨*pas de ge-*, h⟩ prêter sur gages; faire des avances sur titres; **2ung** *f* ⟨~; ~en⟩ remise *f*, dépôt *m* d'un bien meuble en gage, en garantie.

lombardisch [lɔm'bardıʃ] *adj.* lombard.

Lombard|kredit ['lɔmbartkre·ˌdi:t, -'bart-] *m* crédit *m*, avance *f* sur gage; prêt *m* sur titres; **~ˌsatz** *m*, **~ˌzinsfuß** *m* taux *m* (d'intérêt) des avances sur titres, sur gages.

Londoner ['lɔnˌdɔnər] **I** *m* ⟨~s; ~⟩ Londonien *m*; **II** *adj.* ⟨*inv.*⟩ londonien, -nne; de Londres; **~in** *f* ⟨~; ~nen⟩ Londonienne *f*.

Long|e ['lõ:ʒə] *f* ⟨~; ~n⟩ *Reitkunst* longe *f*; **2ieren** [-'ʒi:-] *v/t.* ⟨*pas de ge-*, h⟩ mener par, conduire à la longe.

Longi|metrie [lɔŋgi·me·'tri:] *f* ⟨~⟩ longimétrie *f*; **2tudi'nal** *adj.* longitudinal; **~tudi'nalˌschwingung** *f phys.* oscillation, vibration longitudinale.

Looping ['lu:pıŋ] *m* ⟨~s; ~s⟩ *aviat.* looping *m*; boucle *f*.

Lorbeer ['lɔrbe:r] *m* ⟨~s; ~en⟩ *bot.* laurier *m*; *fig.* **~en ernten** cueillir, moissonner des lauriers; F *fig.* **sich auf s-n ~en ausruhen** se reposer, s'endormir sur ses lauriers; **~ˌbaum** *m cf.* Lorbeer; **2beˌkränzt** *adjt.* ceint de lauriers; lauré; **~ˌblatt** *n* feuille *f* de laurier; *cuis.* Lorbeerblätter *pl.* laurier-sauce *m*; **~geˌwächse** *n/pl. bot.* lauracées *f/pl.*; laurinées *f/pl.*; **~ˌkranz** *m* couronne *f* de laurier; **~ˌöl** *n* huile *f* de laurier.

Lord [lɔrt] *m* ⟨~s; ~s⟩ lord *m*; **~-'Kanzler** *m in England* lord *m* chancelier; **~-'Mayor** [-'me:ər] *m* ⟨~s; ~s⟩ *in England* lord *m* maire; **~schaft** *f* ⟨~⟩ seigneurie *f* (*auch als Anrede*); **~-'Siegelbeˌwahrer** *m in England* lord *m* du sceau privé.

Lore ['lo:rə] *f* ⟨~; ~n⟩ (*Güterwagen*) wagon plat; lorry *m*; truc *od.* truck *m*; (*Feldbahnwagen*) wagonnet *m*.

Lorgn|ette [lɔrn'jɛtə] *f* ⟨~; ~n⟩ face-à-main *m*; binocle *m*; **~on** [-'jõ:, -'jɔŋ] *n* ⟨~s; ~s⟩ lorgnon *m*; monocle *m*.

Lori ['lo:ri·] *m* ⟨~s; ~s⟩ *zo. Papagei* lori(us) *m*; *Halbaffe* loris *m*.

Lorokonto ['lo:ro·ˌkɔnto·] *n comm.* compte *m* de client bancaire.

Los [lo:s] *n* ⟨~es; ~e⟩ **1.** sort *m*; **etw. durchs ~ entscheiden** décider qc. par le sort; *bibl.* **das ~ über etw. werfen** tirer qc. au sort; **das ~ über etw. entscheiden lassen** s'en remettre de qc. au sort; *fig.* **das ~ ist gefallen** la décision est prise; le sort en est jeté; **2.** (*Lotterie*2) billet *m* de loterie; (*Gewinn*) lot *m*; **das große ~ ziehen, gewinnen** gagner le gros lot (*auch fig.*); **3.** (*Geschick*) lot *m*; sort *m*; destinée *f*; destin *m*; **trauriges ~** triste sort; **ein schweres ~ haben** avoir un sort affreux, un dur destin, une dure destinée; **4.** (*Warenposten*) lot *m*; **5.** (*Parzelle*) lot *m*; parcelle *f*; part *f*.

los [lo:s] *adj.* ⟨*prädikativ*⟩ *u. adv.* **1.** (*ab*) détaché; (*locker*) qui ne tient pas *od.* plus; disloqué; délabré; *Brett* décloué; **der Hund ist von der Kette ~** le chien est déchaîné, n'est pas enchaîné, à la chaîne; **die Kette ist ~** la chaîne s'est détachée; *mar.* **der Anker ist ~** l'ancre laboure; *fig.* **der Teufel ist ~** le diable est déchaîné; **2. etw. ~ sein, e-r Sache ~ u. ledig sein** être débarrassé, quitte de qc.; **j-n, etw. nicht ~ werden (können)** ne pouvoir se débarrasser de qn., qc.; **mein Geld bin ich ~** j'en suis pour mon argent, mes frais; **3. es ist etw. ~** il se passe qc. (d'important); **als ob nichts ~ wäre** comme si de rien n'était; **was ist ~?** qu'est-ce qu'il y a?; qu'est-ce donc?; qu'est-ce qui se passe?; F **da ist was ~!** F il y a du sport!; **was ist denn mit dir ~?** F qu'est-ce qui te prend?; quelle mouche t'a piqué?; **ich merke schon, was ~ ist** je vous vois venir; **hier ist doch irgend etw. ~** quelque chose se passe ici; ici il y a quelque chose qui cloche; F **etw. ~ haben** savoir qc. à fond; s'y connaître en qc.; être fort en qc.; F être ferré, calé sur qc.; **es ist nicht viel ~ mit ihm** a) (*er kann nicht viel*) il ne sait pas grand-chose; F ce n'est pas un as, un aigle; b) (*man kann nicht viel mit ihm anfangen*) avec lui, on ne peut pas faire, entreprendre grand-chose; **4.** *int.* **~!** (*ab*) allons!; allez!; partons!; partez!; F démarrons!; démarrez!; fichons le camp!; fichez le camp!; **~! das ist nicht schwer** ce n'est pas difficile; vas-y! (allons-[allez-]y!); **~, ~!** (*schnell, schnell*) vite, vite!; **auf die Plätze! fertig! ~!** à vos marques! prêts! partez!; **~ˌballern** F *v/i.* ⟨-(e)re, *sép.*, -ge-, h⟩ F se mettre à tirailler, à pétarader, *argot milit.* à péter.

lösbar ['lø:sba:r] *adj. math.* (ré)soluble.

los|bekommen ['lo:sbə,kɔmən] *v/t.* ⟨*irr.*, *sép.*, *pas de ge-*, h⟩ parvenir à détacher; **~,binden I** *v/t.* ⟨*irr.*, *sép.*, -ge-, h⟩ délier; détacher; **II** ♀,**binden** *n* déliement *m*; *besser verbal*; **~,brechen I** *v/t.* ⟨*irr.*, *sép.*, -ge-, h⟩ détacher (en rompant); rompre; *Angenageltes* déclouer; **II** *v/i.* ⟨sein⟩ se détacher; se rompre; *Gewitter* éclater; se déclencher; *Sturm* se déchaîner; faire rage; **III** ♀,**brechen** *n* détachement *m*; rupture *f*; *von Angenageltem* déclouage *m*; *des Gewitters* éclatement *m*; déclenchement *m*; *des Sturmes* déchaînement *m*; **~,bringen** *v/t.* ⟨*irr.*, *sép.*, -ge-, h⟩ *cf.* **~bekommen.**

Lösch|anlage ['lœʃ,ʔanla:gə] *f für Kalk, Koks* installation *f* d'extinction; **~,arbeit** *f* extinction *f* du feu; **~blatt** *n* (feuille *f* de) papier *m* buvard; F buvard *m*; **~,bombe** *f* bombe, grenade extinctrice; **~boot** *n* bateau-pompe *m*; **~,eimer** *m* seau *m* à incendie.

löschen¹ ['lœʃən] **I** *v/t.* ⟨h⟩ **1.** *Licht, Feuer* éteindre; étouffer; *Kalk* éteindre; *fig. Durst* apaiser; étancher; *von e-m Löschpapier* boire (l'encre); **den Staub ~** abattre la poussière; **s-n Durst ~** *auch* se désaltérer; **2.** *Geschriebenes, Gemaltes* effacer; (*streichen*) rayer; biffer; barrer; *in ein Register, e-e Liste Eingetragenes* radier; annuler; *comm., Posten in den Büchern* rayer; *Schuldforderung* amortir; *Hypothek* purger; *Bandaufnahme* effacer; **II** ♀ *n* ⟨~s⟩ **3.** *von Feuer, Licht* extinction *f* (*auch von Kalk*); étouffement *m*; *des Durstes* étanchement *m*; apaisement *m*; **4.** *von Geschriebenem, e-r Bandaufnahme* effacement *m*; *e-r Eintragung in e-m Register* radiation *f*; annulation *f*; *e-r Schuldforderung* amortissement *m*; *e-r Hypothek* purge *f*.

löschen² ['lœʃən] **I** *v/t.* ⟨h⟩ *mar. Ladung* débarquer; débarder; décharger (un navire); **II** ♀ *n* ⟨~s⟩ *der Ladung* débarquement *m*; débardage *m*; déchargement *m* (d'un navire).

Lösch|er ['lœʃər] *m* ⟨~s; ~⟩ (*Tinten*♀) tampon-buvard *m*; **~geld** *n mar.* frais *m/pl.* de déchargement; **~ge,räte** *n/pl.* pompes *f/pl.* à incendie; matériel *m* d'incendie, des sapeurs-pompiers; (appareils *m/pl.*) extincteurs *m/pl.*; **~,hafen** *m mar.* port *m* de débarquement; **~horn** *n*, **~,hütchen** *n* éteignoir *m*; **~kalk** *m* chaux éteinte; **~kopf** *m Tonbandgerät* tête *f* d'effacement; **~,mannschaft** *f* (corps *m* des) sapeurs-pompiers *m/pl.*; **~pa,pier** *n* papier *m* buvard; F buvard *m*; **~platz** *m mar.* débarcadère *m*; **~sand** *m* sable *m* (pour étouffer le feu); **~schaum** *m* mousse extinctrice; **~teich** *m* étang *m*; réserve *f* d'eau pour incendie; **~trupp** *m*, **~,truppe** *f cf.* **~mannschaft**; **~ung** *f* ⟨~; ~en⟩ *cf.* löschen¹ II, löschen² II; **~ungs,kosten** *pl. jur.* frais *m/pl.* de radiation; **~ungsver,fahren** *n jur.* procédure *f* de radiation; **~ungsver,merk** *m jur.* mention *f* de radiation; **~,wasser** *n* eau *f* (pour éteindre le feu); **~zeit** *f mar.* délai *m* pour le déchargement; **~zug** *m* autopompes *f/pl.*

los|donnern ['lo:s,dɔnərn] *v/i.* ⟨-(e)re, *sép.*, -ge-, sein⟩ partir comme un coup de tonnerre; *fig. im Zorn* ⟨h⟩ exploser; faire explosion; éclater; **~,drehen** *v/t.* ⟨*sép.*, -ge-, h⟩ détacher en tordant; *Schraube* dévisser.

lose ['lo:zə] *adj.* **1.** (*locker*) *cf.* **locker 1.**; *advt.* **~ befestigt** légèrement attaché; **~ binden** nouer sans serrer; **2.** (*beweglich, einzeln*) mobile; volant; *comm. von Waren* en vrac; non emballé; (*einzeln*) au détail; **~ Blätter** feuilles mobiles, volantes; **~s Haar** cheveux flottants; **3.** *fig.* (*leichtfertig*) **~r Streich** tour malicieux; mauvais coup; **ein ~s Mädchen** une gaillarde; **~ Reden** propos lestes, gaillards, grivois, gaulois; **e-n ~n Mund,** P **ein ~s Maul haben** avoir une mauvaise, méchante langue; ♀'**blatt,ausgabe** *f von Gesetzen etc.* édition *f* à feuilles mobiles; ♀'**blattbuch** *n* livre *m* à feuilles mobiles; ♀'**blatt,buchführung** *f comm.* comptabilité *f* à feuilles mobiles.

Lösegeld ['lø:zə,gɛlt] *n hist.* rançon *f*; **j-m ein ~ auferlegen** rançonner qn.

loseisen ['lo:s,ʔaɪzən] *v/t.* (*u. v/réfl.*) ⟨-(es)t, *sép.*, -ge-, h⟩ F *fig.* ([*sich*] *freimachen*) (se) dégager; (se) détacher; F (se) décoller; (se) décrocher.

Lösemittel ['lø:zə,mɪtəl] *n méd.* (remède *m*) expectorant *m*.

losen ['lo:zən] **I** *v/i.* ⟨-(es)t, h⟩ tirer au sort, un numéro; **II** ♀ *n* ⟨~s⟩ tirage *m* (au sort).

lösen ['lø:zən] **I** *v/t.* ⟨-(es)t, h⟩ **1.** (*los~, trennen*) détacher; séparer; enlever; *Genageltes* déclouer; *Geleimtes* décoller; **das Fleisch (des Huhnes) von den Knochen ~** désosser le poulet; **2.** *Geschnürtes* (*aufmachen*) délier; dénouer; défaire; *thé. im Drama* **den Knoten ~** dénouer l'intrigue; **3.** (*lokkern*) desserrer (*auch fig. Bande*); *Griff auch* relâcher; *Bremse* débloquer; desserrer; *fig.* **j-m die Zunge ~** délier la langue à qn.; faire parler qn.; **4.** *e-e Verbindlichkeit, e-n Vertrag* annuler; résilier; *Verlobung* se défiancer; rompre, annuler ses fiançailles; *Ehe* annuler; rompre; casser; *von e-m Eid, e-m Gelübde etc.* délier, dégager (de); *relig.* **die Macht zu binden u. zu ~** le pouvoir de lier et de délier; le pouvoir des clefs; **5.** *chim.* (*auf~*) faire fondre; dissoudre; *méd.* résoudre (*auch Aufgabe, Widerspruch*); **dieses Mittel löst den Schleim** ce remède résout les glaires; *math.* **e-e Aufgabe ~** résoudre, *néol.* solutionner un, trouver la solution d'un problème; **ein Rätsel ~** deviner, déchiffrer, trouver une énigme; **6.** *Fahrkarte, Billet* prendre; **7.** *Glieder* (*entspannen*) détendre; *fig.* **gelöste Stimmung** atmosphère détendue; **8. Geld aus e-m Verkauf ~** gagner, faire, retirer de l'argent d'une vente; **II** *v/réfl.* **sich ~ 9.** (*sich los~, trennen*) se détacher; se séparer; *Geschnürtes* se délier; se dénouer; se défaire; *Geleimtes* se décoller; *Genageltes* se déclouer; **10.** (*sich lockern*) se desserrer (*auch Bremse, fig.*); *Rad-, Rennsport* décoller; *fig. Bande* se relâcher; **11.** *chim.* se dissoudre; fondre; **III** ♀ *n* ⟨~s⟩ **12.** (*Los*♀) séparation *f*; enlèvement *m*; *von Genageltem* déclouage *m*; *von Geleimtem* décollage *od.* décollement *m*; **das ~ des Fleisches von den Knochen** le désossement *m*; **13.** *von Geschnürtem* déliement *m*; *fig.* dénouement *od.* dénoûment *m*; **14.** (*Lockern*) desserrage *m* (*fig. auch* desserrement *m*); *des Griffs auch* relâchement *m*; *der Bremse* déblocage *m*; desserrage *m*; **15.** *e-s Vertrages etc.* annulation *f* (*auch der Ehe*); résiliation *f*; *der Verlobung* rupture *f*; *von e-m Eid, Gelübde* déliement *m*; **16.** *chim.* (*Auf*♀) fonte *f*; dissolution *f*; *math., méd.* résolution *f*; **17.** *der Glieder* détente *f*.

los|fahren ['lo:s,fa:rən] *v/i.* ⟨*irr.*, *sép.*, -ge-, sein⟩ (*abfahren*) partir (en voiture, train, *etc.*); *nur von Fahrzeugen* démarrer; *fig. zornig* **auf j-n ~** (*j-n verprügeln*) fondre sur qn.; *cf. auch* **~hauen II**; (*j-n anschnauzen*) se déchaîner contre qn.; brusquer qn.; **~,feuern** *v/t.* ⟨-(e)re, *sép.*, -ge-, h⟩ décharger (une arme); faire partir; lâcher (la décharge); *abs.* faire feu; **auf j-n ~** faire feu sur qn.; **~,geben** *poét. v/t.* ⟨*irr.*, *sép.*, -ge-, h⟩ *Gefangene* relâcher; élargir; libérer; (re)mettre en liberté; rendre à la liberté; **~,gehen I** *v/i.* ⟨*irr.*, *sép.*, -ge-, sein⟩ **1.** (*abgehen*) *cf.* lösen II, 9.; **2.** *Gewehr, Schuß* partir; **nicht ~** rater; **3. gerade auf sein Ziel ~** aller droit au, à son but; **frisch auf etw. ~** se mettre à qc. avec enthousiasme, ardeur, entrain; s'y mettre; **auf j-n ~** aller droit sur qn.; charger qn.; attaquer qn.; *cf. auch* **~hauen II**; **aufeinander ~** se ruer l'un sur l'autre; en venir aux mains; **4.** F (*anfangen*) commencer; être mis en train; F démarrer; *Streit, Krieg etc.* éclater; se déclencher; **5.** (*weggehen*) partir; s'en aller; F démarrer; **II** ♀**,gehen** *n* départ *m*; F démarrage *m*; **~ge,löst** *adjt.* **~ von** séparé, détaché de; **~,gondeln** *v/i.* ⟨-(e)le, *sép.*, -ge-, sein⟩ F *cf.* **~fahren, ~gehen 5.**; **~,haken I** *v/t.* ⟨*sép.*, -ge-, h⟩ décrocher; **II** ♀**,haken** *n* ⟨~s⟩ décrochage *od.* décrochement *m*; **~,hauen I** *v/t.* ⟨*irr.*, *sép.*, -ge-, h⟩ couper; détacher; **II** *v/i.* F **auf j-n ~** tomber sur qn. à bras raccourcis; fondre, se jeter, se ruer, s'élancer, se précipiter sur qn.; F foncer sur qn.; ♀**kauf** *m hist. von Gefangenen* rachat *m*; **~,kaufen** *v/t. u. v/réfl.* ⟨*sép.*, -ge-, h⟩ *hist.* se rédimer (**von** de); (se) dégager, (se) libérer moyennant de l'argent; *vom Kriegsdienst auch* payer un remplaçant; *Sklaven* (se) racheter; *Gefangene auch* payer la rançon de; **~,ketten** *v/t.* ⟨-ete, *sép.*, -ge-, h⟩ détacher, libérer de la chaîne; déchaîner; **~,klammern** *v/t.* ⟨-(e)re, *sép.*, -ge-, h⟩ dégrafer; **~,kommen I** *v/i.* ⟨*irr.*, *sép.*, -ge-, sein⟩ **1.** F (*wegkommen*) partir; s'en aller; se dégager; F (se) décrocher; (se) décoller; *aviat. vom Boden, Wasser* décoller; **2.** (*frei werden*) parvenir à se dégager, s'affranchir, se délivrer de; **ich komme nicht davon** (*dem Gedanken*) **los** je ne peux pas m'en débarrasser, délivrer; **II** ♀**,kommen** *n* F décrochage *m*; *aviat.* décollage *m*; **~,koppeln** *v/t.* ⟨-(e)le, *sép.*, -ge-, h⟩ *Hunde* dé(sac)coupler; **~,kriegen** F *v/t.* ⟨*sép.*, -ge-, h⟩ *cf.* losbekommen; (*freikriegen*) libérer, dégager (**von** de); **~,kuppeln I** *v/t.* ⟨-(e)le, *sép.*, -ge-, h⟩ *chem.* détacher; désaccoupler; dételer; décrocher; séparer; **II** ♀**,kuppeln** *n* ⟨~s⟩ *chem.* désaccouplement *m*; dételage *m*; décrochage *m*; séparation *f*; **~,lassen** *v/t.* ⟨*irr.*, *sép.*, -ge-, h⟩ **1.** laisser échapper; lâcher; *Hund von der Leine* lâcher; détacher; *abs.* **lassen Sie los!** lâchez tout!; **nicht ~!** ne lâchez pas!; tenez ferme, bon!; n'en démordez pas!; **2.** *e-n Gefangenen cf.* **~geben**; F *e-n Brief* envoyer; *e-e Schmähschrift etc.* décocher (**gegen j-n** contre qn.); **~,legen** *v/i.* ⟨*sép.*, -ge-, h⟩ F (*beginnen*) commencer (**mit etw.** à faire qc.); F démarrer (qc.); **leg los!** commence donc!; F démarre!; vas-y!

löslich ['lø:slɪç] *adj. chim.* qui se dissout; qui peut être dissous; (dis)soluble (**in** dans); **nicht ~** non soluble; insoluble; ♀**,keit** *f* ⟨~⟩ (dis)solubilité *f*; ♀**keits,faktor** *m*, ♀**keitskoeffizi,ent**

m chim. coefficient *m* de solubilité.

los|lösen ['loːsˌløːzən] **I** *v/t.* ⟨-(es)t, *sép.*, -ge-, h⟩ *cf.* lösen I, 1.; **II** *v/réfl.* **sich ~** *cf.* lösen II, 9.; **2ˌlösung** *f cf.* lösen III, 12.; **~ˌmachen I** *v/t.* (*u. v/réfl.*) ⟨*sép.*, -ge-, h⟩ (se) défaire; (se) détacher; *mar. Segel* déferler; larguer; lâcher; *fig.* **sich ~** (*frei machen*) *von e-r Verpflichtung* se dégager, se libérer, se délivrer, s'affranchir, s'exempter, *jur.* se rédimer de; *von e-r Vormundschaft* s'émanciper de; *mar.* **die Taue ~** détacher les amarres; dé(sa)marrer; **II 2ˌmachen** *n mar. der Segel* largage *m*; déferlement *od.* déferlage *m*; *der Taue* dé(sa)marrage *m*; **~marˌschieren** *v/i.* ⟨*sép.*, *pas de ge-*, sein⟩ **a)** se mettre en marche (nach sur); **b)** marcher directement (auf sur); **~ˌplatzen** *v/i.* ⟨-(es)t, *sép.*, -ge-, sein⟩, **~ˌprusten** *v/i.* ⟨-ete, *sép.*, -ge-, h⟩ F (*in Lachen ausbrechen*) éclater, F pouffer de rire; **~ˌrasen** F *v/i.* ⟨-(es)t, *sép.*, -ge-, sein⟩ partir, filer en vitesse, à toute vitesse, F à fond de train; **~ˌreißen I** *v/t. u. v/réfl.* ⟨*irr.*, *sép.*, -ge-, h⟩ (s')arracher de; *fig.* se détacher de; s'arracher à; **II 2ˌreißen** *n* arrachement *m*; **~ˌrennen** *v/i.* ⟨*irr.*, *sép.*, -ge-, sein⟩ *cf.* **~rasen.**

Löß [løːs] *m* ⟨~es; ~e⟩ *géol.* lœss *m.*

los|sagen ['loːsˌzaːgən] *v/réfl.* ⟨*sép.*, -ge-, h⟩ **sich vom Glauben s-r Väter ~** répudier la croyance de ses pères; **sich von j-m ~** se détacher, se désolidariser de qn.; répudier qn.; répudier toute attache avec qn.; **2ˌsagung** *f* ⟨~; ~en⟩ détachement *m*; répudiation *f.*

Lößboden ['løːsˌboːdən] *m géol. cf.* Löß.

los|schießen ['loːsˌʃiːsən] *v/i.* ⟨*irr.*, *sép.*, -ge-, sein⟩ F **auf j-n ~** (*losstürzen*) s'élancer vers, se précipiter au-devant de *od.* vers qn.; F *fig.* **na, schieß mal los!** ⟨h⟩ (*erzähle*) raconte, parle, commence donc!; F vas-y!; démarre!; **~ˌschlagen I** *v/t.* ⟨*irr.*, *sép.*, -ge-, h⟩ *Brett* détacher, enlever, arracher, abattre (à coups de hache, *etc.*); *comm. Waren* vendre à vil prix; brader; **II** *v/i. milit.* commencer l'attaque; **auf j-n** *cf.* loshauen II; **blind auf j-n ~** frapper qn., P cogner (sur), taper sur qn. comme un sourd; **gleich ~** frapper sans crier gare; **III 2ˌschlagen** *n comm.* vente *f* à vil prix; *sonst verbal*; **~ˌschnallen I** *v/t.* (*u. v/réfl.*) ⟨*sép.*, -ge-, h⟩ (se) déboucler; **II 2ˌschnallen** *n néol.* débouclement *m*; **~ˌschnüren** *v/t.* ⟨*sép.*, -ge-, h⟩ détacher (en enlevant les cordes); **~ˌschrauben I** *v/t.* ⟨*sép.*, -ge-, h⟩ dévisser; déboulonner; **II 2ˌschrauben** *n* dévissement *od.* dévissage *m*; déboulonnage *m*; **~ˌsprechen** *v/t.* ⟨*irr.*, *sép.*, -ge-, h⟩ *égl. cath.* absoudre; **von Sünden ~** *auch* remettre, pardonner des péchés; **2ˌsprechung** *f* ⟨~⟩ *égl. cath.* absolution *f*; **~ von Sünden** *auch* rémission, remise, pardon des péchés; **~ˌsprengen I** *v/t.* ⟨*sép.*, -ge-, h⟩ faire sauter; dynamiter; **II 2ˌsprengen** *n* dynamitage *m*; **~ˌspringen** *v/i.* ⟨*irr.*, *sép.*, -ge-, sein⟩ sauter; se détacher (en sautant); **~ˌsteuern** F *v/i.* ⟨-(e)re, *sép.*, -ge-, sein⟩ *mar.* mettre le cap (auf sur); faire route (vers); cingler (vers); *fig.* **auf j-n ~** se diriger vers qn.; *im Gespräch* **aufs Ziel ~** aller droit au but; **~ˌstürzen** *v/i.* ⟨-(es)t, *sép.*, -ge-, sein⟩ **1. auf j-n ~** *cf.* **~schießen**; **2.** F (*davonrennen*) *cf.* losrasen; **~ˌtrennen** *v/t.* (*u. v/réfl.*) ⟨*sép.*, -ge-, h⟩ (se) détacher; (se) défaire; (se) séparer; *Genähtes* (se) découdre; **2ˌtrennung** *f* séparation *f.*

Losung[1] ['loːzuŋ] *f* ⟨~; ~en⟩ *milit.* (*Erkennungswort*) mot *m* de ralliement, d'ordre, de passe; *allg.* (*Motto*) devise *f.*

Losung[2] ['loːzuŋ] *f* ⟨~⟩ *ch.* fiente *f*; fumées *f/pl.*

Lösung ['løːzuŋ] *f* ⟨~; ~en⟩ **1.** *chim.* solution *f*; **gesättigte ~** solution saturée; **2.** *math.*, *fig.*, *e-s Rätsels* solution *f*; **die ~ des Rätsels** *auch* le mot de l'énigme (*auch fig.*: **des Rätsels ~**); le fin mot; *fig.* **das wäre die beste ~** ce serait la meilleure solution; **3.** (*das Lösen*) *cf.* lösen III; **~sˌmittel** *n chim.* (dis)solvant *m.*

Losungswort ['loːzuŋsˌvɔrt] *n* ⟨~(e)s; ~e⟩ *cf.* Losung[1].

Los|verkauf ['loːsfɛrˌkauf] *m* **der ~ ist bei ...** les billets (de loterie) sont en vente chez ...; **~verˌkäufer(in)** *m* (*f*) vendeur, -euse *m, f* de billets de loterie.

los|weichen ['loːsˌvaiçən] **I** *v/t.* ⟨*sép.*, -ge-, h⟩ détacher (en laissant tremper); **II** *v/i.* ⟨sein⟩ se détremper; **~ˌwerden** *v/t.* ⟨*irr.*, *sép.*, -ge-, sein⟩ se débarrasser, *durch Verkauf* se défaire de; **sein Geld ~** en être pour son argent, ses frais; **bei diesem Wetter wird man den Schnupfen nicht los** par ce temps, on ne sort pas des rhumes de cerveau; **j-n nicht ~ können** ne pouvoir se débarrasser, F se dépêtrer, P se décramponner de qn.; **~ˌzerren** *v/t.* ⟨*sép.*, -ge-, h⟩ détacher (en tiraillant); **~ˌziehen I** *v/t.* ⟨*irr.*, *sép.*, -ge-, h⟩ détacher (en tirant); **II** *v/i.* **1. gegen j-n ~** se déchaîner contre qn.; F jeter la pierre à qn.; **2.** ⟨sein⟩ F (*weggehen*) *cf.* losgehen I, 5.

Lot [loːt] *n* ⟨~(e)s; ~e⟩ **1.** *bât.* fil *m* à plomb; *mar.* sonde *f*; *math.* (ligne *f*) verticale *f*; perpendiculaire *f*; **das ~ fällen** abaisser la perpendiculaire; *fig.* **e-e Sache wieder ins ~ bringen** remettre une affaire d'aplomb, en ordre; **nicht im ~** pas *od.* non d'aplomb (*auch fig.*); **2.** (*Lötmetall*) soudure *f*; *zum Hartlöten* brasure *f.*

Löt|apparat ['løːtˀapaˌraːt] *m techn.* appareil *m* de soudage, à souder, à braser; **2bar** *adj.* soudable; **~blei** *n cf.* Lot 2.; **~ˌbrenner** *m techn. cf.* Schweißbrenner; **2en I** *v/t.* ⟨-ete, h⟩ souder; (*hart~*) braser; **II ~en** *n* ⟨~s⟩ soudure *f*; soudage *m*; (*Hart2*) brasure *f*; brasage *m.*

loten ['loːtən] **I** *v/t.* ⟨-ete, h⟩ **1.** *bât.* prendre l'aplomb de; plomber; passer au fil à plomb; **2.** *mar.* sonder; **II 2** *n* ⟨~s⟩ **3.** *bât.* prise *f* de l'aplomb; **4.** *mar.* sondage *m.*

Löt|fett ['løːtfɛt] *n techn.* pâte *f* à souder; fondant *m*; **~ˌflamme** *f techn.* flamme *f* de lampe à souder, de chalumeau; **~ˌfuge** *f techn. cf.* Lötstelle.

Lothring|er(in) ['loːˌtriŋər(in)] *m* ⟨~s; ~⟩ (*f*) ⟨~; ~nen⟩ Lorrain, -e *m, f*; **2isch** *adj.* de la Lorraine; lorrain.

Löt|kolben ['løːtˌkɔlbən] *m techn.* fer *m* à souder; **~ˌlampe** *f techn.* lampe *f* à souder; **~meˌtall** *n cf.* Lot 2.; **~naht** *f techn. cf.* Lötstelle; **~ˌofen** *m techn.* four *m*, réchaud *m* (à souder).

Lotos ['loːtɔs] *m* ⟨~; ~⟩ *bot.* lotus *m*; **~ˌblume** *f bot.* (fleur *f* de) lotus *m*; **~ˌsäulenkapiˌtell** *n bât.* chapiteau *m* lotiforme, en fleur de lotus.

lotrecht ['loːtrɛçt] **1.** *adj.* vertical; perpendiculaire; **2.** *adv.* à plomb; à l'aplomb; d'aplomb; à la verticale, perpendiculaire; verticalement; perpendiculairement; *bât.* **nicht ~ stehen** porter à faux; *aviat.* **fast ~ starten** monter en chandelle; **2ˌstarter** *m aviat.* avion *m*, appareil *m* à décollage vertical.

Lötrohr ['løːtroːr] *n techn.* chalumeau *m*; **~ˌdüse** *f*, **~ˌspitze** *f* bec *m* de chalumeau.

Lotse ['loːtsə] *m* ⟨~n; ~n⟩ *mar.* pilote *m*; (pilote) lamaneur *m*; **2n I** *v/t.* ⟨-(es)t, h⟩ *mar.* piloter (*auch fig.*); **II ~n** *n* ⟨~s⟩ pilotage *m*; lamanage *m*; **~nˌboot** *n mar.* bateau-pilote *m*; chaloupe-pilote *f*; **~nˌdienst** *m mar.* pilotage *m*; lamanage *m*; **~nˌfisch** *m zo.* pilote *m*; **~nˌgeld** *n mar.* (droit *m*, frais *m/pl.* de) lamanage *m*, pilotage *m*; **~nstatiˌon** *f mar.* poste *m* de lamaneurs; station *f* de pilotage.

Lötstelle ['løːtˌʃtɛlə] *f techn.* soudure *f*; brasure *f.*

Lotter|bube ['lɔtərˌbuːbə] F *m* (*liederlicher Mensch*) homme désordonné, négligent; *fig.* (*liederlich lebender Mensch*) dissolu *m*; débauché *m*; libertin *m*; **~ei** [-'rai] F *f* ⟨~⟩ (*Liederlichkeit*) désordre *m*; (*Nachlässigkeit*) négligence *f*; (*liederliches Leben*) *cf.* Lotterleben.

Lotterie [lɔtə'riː] *f* ⟨~; -ien⟩ loterie *f*; **in der ~ spielen** jouer à la loterie; **~ˌanleihe** *f* emprunt *m* à lots; **~ˌeinsatz** *m* enjeu *m* à la loterie; **~geˌwinn** *m* lot *m*; gain *m* à la loterie; **~ˌlos** *n* billet *m* de loterie; numéro *m*; (*Teillos*) lot *m*; **~ˌspiel** *n* loterie *f*; *fig. auch* entreprise 'hasardeuse, risquée; **~verˌtrag** *m* contrat *m* de loterie.

lotter|ig ['lɔtəˌriç] F *adj.* (*nachlässig*) négligent; *in der Kleidung* débraillé; (*liederlich*) désordonné; *fig.* bohème; relâché; dissolu; **2ˌleben** *n* F **ein ~ führen** mener une vie oisive et déréglée, dissolue, de bohème; **2ˌwirtschaft** *f* ⟨~⟩ ménage *m* de bohème; incurie *f*; mauvaise administration; F pétaudière *f*; pagaïe *od.* pagaille *f.*

Lotto ['lɔto·] *n* ⟨~s; ~s⟩ **1.** *in Deutschland* (*Zahlen2*) *etwa* loterie *f*; **2.** *Gesellschaftsspiel* loto *m*; **~ spielen** jouer au loto; **~ˌspiel** *n cf.* Lotto 2.

Lotung ['loːtuŋ] *f* ⟨~; ~en⟩ *cf.* loten II.

Löt|ung ['løːtuŋ] *f* ⟨~; ~en⟩ *cf.* löten II; **~ˌwasser** *n techn.* eau *f* à souder; **~zinn** *n* étain *m* (à souder).

Louis ['luːi·] *m* ⟨~; ~⟩ P (*Zuhälter*) P Jules *m*; homme *m*; maquereau *m*; mac *m*; mec *m*; titi *m.*

Löwe ['løːvə] *m* ⟨~n; ~n⟩ *zo.* lion *m* (*auch fig.*); *astr.* Lion *m*; **junger ~** lionceau *m*; *fig.* **wie ein ~ kämpfen** se battre comme un lion; F *fig.* **sich in die Höhle des ~n begeben** F se jeter dans la gueule du loup; **~n...** *in Zssgn.* léonin; **~nˌanteil** F *m* part *f* du lion; **~nˌbändiger(in)** *m* ⟨~s; ~⟩ (*f*) ⟨~; ~nen⟩ dompteur, -euse *m, f* de lions; **~nˌgrube** *f* fosse *f* aux lions; **~nˌjagd** *f* chasse *f* au(x) lion(s); **~nˌjäger** *m* chasseur *m* de lions; **~nˌmähne** *f* crinière *f*; F *fig. auch* tignasse *f*; **~nˌmaul** *n* ⟨~(e)s⟩ *bot.* gueule-de-loup *f*; muflier *m* des jardins; **~nˌmut** *m* mit **~ kämpfen** *cf.* Löwe; **2nˌstark** *adj.* fort comme un lion; **~nˌzahn** *m* ⟨~(e)s⟩ *bot.* pissenlit *m*; dent-de-lion *f*; *sc.* taraxacum *m*; **~nˌzwinger** *m* cage *f* aux lions.

Löwin ['løːvin] *f* ⟨~; ~nen⟩ *zo.* lionne *f.*

loyal [lo·a'jaːl] *adj.* loyal; *pol.* loyaliste; **2ist** [-'list] *m* ⟨~en; ~en⟩ *pol.*, *hist.* loyaliste *m*; **2i'tät** *f* ⟨~⟩ loyauté *f*; *pol.* loyalisme *m.*

lübisch ['lyːbiʃ] *adj.* de Lubeck; lubeckois.

Luchs [luks] *m* ⟨~es; ~e⟩ *zo.* lynx *m*;

loup-cervier *m*; *fig.* rusé compère; *fig.* **Augen wie ein ~ haben** avoir des yeux de lynx; **aufpassen wie ein ~** faire bien attention; être très attentif, -ive; **~ˌauge** *n fig.* **~n haben** *cf.* Luchs; **2ˌäugig** *adj.* à *od.* aux yeux de lynx; à *od.* aux yeux perçants; **2en** F *v/i.* ⟨-(es)t, h⟩ épier; guetter; être aux aguets.

Lücke ['lʏkə] *f* ⟨~; ~n⟩ lacune *f*; vide *m* (*beide auch fig.*); *in der Zahnreihe, e-r Mauer, milit.* brèche *f*; *in e-r Hecke* trou *m*; trouée *f*; passage *m*; *milit. in die feindlichen Reihen* **~n reißen** faire des vides, une trouée, des brèches; **e-e ~ ausfüllen** combler une lacune; boucher un trou; **auf ~ stehen** être disposé, agencé en chicane; **sein Wissen hat große ~n** ses connaissances présentent, renferment de graves lacunes; **sein Tod hat e-e große ~ hinterlassen** sa mort a laissé un grand vide; **~nˌbüßer** F *m* F bouche-trou *m*; **2nˌhaft** *adj.* qui a des vides, des lacunes; plein de lacunes; (*unvollständig*) défectueux, -euse; incomplet, -ète; **~nˌhaftigkeit** *f* ⟨~⟩ lacunes *f/pl.*; défectuosité *f*; **2nˌlos** *adj.* sans lacunes, vides; (*vollständig*) complet, -ète.

lud [luːt] *cf.* laden.

Luder ['luːdər] *n* ⟨~s; ~⟩ **1.** *ch.* (*Köder*) appât *m*; amorce *f*; **2.** P *Schimpfwort* P salaud *m*; saligaud *m*; crapule *f*; chameau *m*; animal *m*; charogne *f*; *für e-e Frau auch* garce *f*; salope *f*; **schlaues ~** roublard *m*; **armes ~** pauvre diable, -sse, bougre, -sse; **dummes ~** niais, -e *m,f*; imbécile *m,f*; **ein selten dämliches ~** un(e) niais(e), imbécile de la plus belle eau; **falsches ~** P faux jeton; **faules ~** flemmard, -e *od.* flémard, -e *m, f*; **~ˌleben** *n* F *cf.* Lotterleben.

Lues ['luːɛs] *f* ⟨~⟩ *méd.* syphilis *f*.

Luffa ['lʊfa] *f* ⟨~; ~s⟩ *bot.* luffa (loofa, loofah, loofash, loufa) *m*; **~ˌschwamm** *m* éponge végétale.

Luft [lʊft] *f* ⟨~; ⸚e⟩ air *m*; atmosphère *f*; (*Atem*) souffle *m*; haleine *f*; respiration *f*; **gute, frische ~** bon air; air frais; **schlechte, verbrauchte ~** air corrompu, méphitique, empesté, vicié, pestilentiel; **abgestandene, stickige ~** air confiné, enfermé; **in frischer ~** en plein air; au grand air; **(frische) ~ schöpfen,** F **schnappen** prendre l'air, le frais; **~ holen** respirer; **langsam u. tief ~ holen** respirer lentement et à fond; **keine ~ bekommen** avoir la respiration coupée, gênée; étouffer; manquer d'air; n'avoir pas de souffle; **wieder ~ bekommen** commencer à respirer; reprendre haleine; **nach ~ schnappen** chercher à, faire effort pour respirer; *méd.* **~ schlucken** faire de l'aérophagie; **etw. der ~ aussetzen, an die ~ hängen, stellen** exposer, mettre qc. à l'air; aérer qc.; **vor ~ schützen, abschließen** tenir à l'abri de l'air; **die ~ verpesten** corrompre, empester l'atmosphère, l'air; **aus der ~ versorgen** ravitailler par air, par avion; **in die ~ sprengen** faire sauter; dynamiter; **in die ~ fliegen** sauter; **hoch in der ~,** *poét.* **in den Lüften schweben** planer 'haut dans les airs; **in die ~ gucken** regarder en l'air; **in e-n Reifen ~ einpumpen** gonfler un pneu; **aus dem Reifen die ~ herauslassen** dégonfler le pneu; **der Reifen hat keine ~ mehr** le pneu s'est dégonflé; *fig.* **von der ~ leben** vivre de l'air du temps; **von ~ u. Liebe leben** vivre d'amour et d'eau fraîche; **das ist aus der ~ gegriffen** (*haltlos*) cela est dénué de tout fondement; (*erfunden*) cela est inventé de toutes pièces; c'est pure invention; c'est controuvé; ce sont des contes en l'air; **in die ~ reden** parler pour rien; **das hängt in der ~** cela n'a aucun fondement solide; **das hängt alles noch in der ~** l'affaire est encore en suspens; **das liegt in der ~** c'est dans l'air; **~** (*Raum*) **machen** faire de la place; *von Gefühlen* **sich ~ machen** se faire jour; se manifester; **s-n Gefühlen, s-m Herzen, sich ~ machen** soulager, épancher son cœur; F vider son sac; **s-m Zorn ~ machen** décharger sa bile; F **die ~ ist rein** il n'y a rien à craindre; il n'y a pas de danger; rien à l'horizon!; F on peut y aller; F **es herrscht dicke ~** il y aura du grabuge; il y a de l'orage dans l'air; P ça va barder; **es liegt etw. in der ~** il y a qc. dans l'air, qc. qui se prépare; F **er ist ~ für mich** il n'existe pas pour moi; F **er geht immer gleich in die ~** F il a la tête près du bonnet; il est soupe au lait; F **j-n an die (frische) ~ setzen** mettre, F flanquer qn. à la porte; F **halt die ~ an!** (*sei still*) F ferme-la, boucle-la (= ta gueule)!; P ferme ta gueule!

'**Luft...** *in Zssgn. oft* aérien, -nne; **~ˌabschluß** *m* **unter ~** à l'abri de l'air; **~ˌabwehr** *f milit.* défense *f* contre avions (*abr.* D.C.A.), antiaérienne; **~ˌabzug** *m* **1.** *als Vorgang* évacuation *f*, sortie *f*, échappement *m* d(e l)'air; **2.** *als Vorrichtung* évent *m*; **~ˌangriff** *m milit.* raid [rɛd] *m* (aérien); attaque aérienne; **~ˌaufklärung** *f milit.* reconnaissance aérienne; **~ˌaufnahme** *f phot.* (prise *f* de) vue aérienne; photo (-graphie) aérienne; vue prise d'avion; **~ˌaustritt** *m cf.* **~abzug 1.**; **~bad** *n* bain *m* d'air; **~baˌllon** *m für Kinder* ballon *m*; *aviat.* ballon *m* (aérostatique); aérostat *m*; *cf. auch* Ballon, Fesselballon, Freiballon; **lenkbarer ~** (aérostat) dirigeable *m*; **~ˌbasis** *f milit.* base aérienne; **~beˌhälter** *m techn.* réservoir *m* d'air; **~beˌreifung** *f* (bandages *m/pl.*) pneumatiques *m/pl.*; F pneus *m/pl.*; **~bild** *n cf.* **~aufnahme**; **~ˌblase** *f* bulle *f* d'air; *im Guß* soufflure *f*; **~ˌbrücke** *f* pont aérien.

Lüftchen ['lʏftçən] *n* ⟨~s; ~⟩ souffle *m* d'air, de vent; vent léger; **es weht kein ~** il n'y a pas un souffle d'air, de vent.

luft|dicht ['lʊftdɪçt] *adj. u. adv.* hermétique(ment); étanche, imperméable à l'air; **2ˌdichte** *f phys.* densité *f* atmosphérique, de l'air; masse *f* spécifique de l'air; **2druck** *m* ⟨~(e)s⟩ *phys.* pression *f* atmosphérique; *nach e-r Explosion* souffle *m*; **2druckˌmesser** *m* ⟨~s; ~⟩ *cf.* Barometer, Manometer; **~ˌdurchlässig** *adj.* perméable à l'air; poreux, -euse; **2ˌdurchlässigkeit** *f* perméabilité *f* à l'air; porosité *f*; **2ˌdüse** *f im Vergaser* buse *f*, diffuseur *m* d'air; **2ˌeintritt** *m* entrée *f* d'air; **2elektriziˌtät** *f phys.* électricité *f* atmosphérique; **~emˌpfindlich** *adj.* sensible à l'air.

lüft|en ['lʏftən] **I** *v/t.* ⟨-ete, h⟩ *Zimmer* renouveler l'air (de); ventiler; *Kleider, Betten* aérer (*auch Zimmer*); éventer (*auch Geheimnis*); *Hut* soulever; lever un peu; **ein Geheimnis ~** éventer, dévoiler un secret; **II 2en** *n* ⟨~s⟩ *von Betten, Zimmern, Kleidern* aération *f*; *nur von Zimmern* aérage *m*; renouvellement *m* de l'air; ventilation *f*; *e-s Geheimnisses* dévoilement *m*; **2er** *m* ⟨~s; ~⟩ ventilateur *m*.

Luft|erhitzer ['lʊftʔɛrˌhɪtsər] *m* ⟨~s; ~⟩ *techn.* réchauffeur *m* d'air; **~erˌneuerung** *f* renouvellement *m* de l'air; ventilation *f*; **~fahrt** *f* ⟨~⟩ *aviat.* aviation *f*; navigation aérienne; aéronautique *f*; **~fahrtˌausstellung** *f* exposition *f* aéronautique; *in Paris* salon *m* de l'aviation; **~fahrtgeˌsellschaft** *f aviat.* compagnie aérienne, de transports aériens; **~fahrtindusˌtrie** *f* industrie *f* aéronautique; **~fahrtmiˌnister** *m* ministre *m* de l'Air; **~fahrtminisˌterium** *n* ministère *m* de l'Air; **~fahrtverˌsicherung** *f* assurance *f* contre les risques de la navigation aérienne; **~fahrtˌwesen** *n* ⟨~s⟩ *cf.* ~fahrt; **~ˌfahrzeug** *n* aéronef *m*; (*Flugzeug*) avion *m*; **~ˌfeuchtigkeit** *f phys.* humidité *f* de l'air, atmosphérique; hygrométricité *f* (de l'air); **~feuchtigkeitsˌgrad** *m* degré *m* d'humidité atmosphérique, de l'air; **~feuchtigkeitsˌmesser** *m* ⟨~s; ~⟩ *phys.* hygromètre *m*; **~ˌfilter** *m techn.* filtre *m* à *od.* d'air; **~ˌflotte** *f milit.* flotte aérienne; **~fracht** *f* fret aérien; **2geˌfüllt** *adjt.* rempli d'air; **~geist** *m* sylphe *m*; sylphide *f*; **2geˌkühlt** *adjt.* refroidi à *od.* par air; à refroidissement à *od.* par air; **~geˌschwader** *n aviat. milit.* escadre aérienne; **2geˌtrocknet** *adjt. Ziegel* séché à l'air; **~geˌwehr** *n* fusil *m*, carabine *f* à air comprimé; **~hauch** *m* souffle *m*; **~ˌheizung** *f* chauffage *m* à air chaud; **~ˌherrschaft** *f milit.* maîtrise *f*, suprématie [-si] *f* de l'air, aérienne; **~ˌhoheit** *f* souveraineté *f* sur l'espace aérien; **~ˌhülle** *f phys.* atmosphère *f*.

luftig ['lʊftɪç] *adj. Raum* exposé à l'air; bien aéré; *Kleidung* (*leicht*) léger, -ère; *fig.* (*flatterhaft*) volage.

Luftikus ['lʊftiˑˌkʊs] F *com. m* ⟨~; ~se⟩ évaporé *m*.

Luft|kampf ['lʊftkampf] *m milit.* combat aérien; **~kaˌnal** *m* canal *m*, conduit *m* d'air; évent *m*; **~ˌkissen** *n* coussin *m* pneumatique; *e-s Luftkissenfahrzeugs* coussin *m* d'air; **~kissenˌfahrzeug** *n* aéro-glisseur *m*; **~ˌklappe** *f* clapet *m* d'air; *cf. auch* Lüftungsklappe; *Auto* volet *m* d'air; évent *m*; *Heizung* volet *m* d'aération; **~ˌkoffer** *m* valise légère (pour voyages par avion); **~komˌpressor** *m techn.* compresseur *m* d'air; **~ˌkorridor** *m aviat.* couloir aérien; **~ˌkrankheit** *f* mal *m* de l'air, de l'altitude, des aviateurs; **~krieg** *m milit.* guerre aérienne; **~ˌkühlung** *f* ⟨~⟩ *techn.* refroidissement *m* à *od.* par air; **~kur** *f* cure *f* d'air; **~ˌkurort** *m* station *f* climatique; **~landeˌtruppen** *f/pl. milit.* troupes aéroportées, *durch Hubschrauber* héliportées; **~ˌlandung** *f milit.* débarquement aérien; largage *m* de troupes aéroportées, héliportées, de parachutistes, F de paras; **2leer** *adj.* vide d'air; évacué; **~er Raum** vide *m*; *fig.* **Politik im ~en Raum** politique irréelle, inactuelle; **~ˌlinie** *f* ligne aérienne, droite; **Entfernung in der ~** distance en ligne droite, à vol d'oiseau; **~loch** *n bât.* soupirail *m*; *techn.* évent *m*; *aviat.* poche *f* d'air; trou *m* d'air; **~ˌmangel** *m* manque *m* d'air; **~maˌnöver** *n milit.* manœuvres aériennes; **~ˌmassen** *f/pl. Meteorologie* masses *f/pl.* d'air; **~maˌtratze** *f* matelas *m* pneumatique; **~ˌmenge** *f* quantité *f* d'air; **~ˌmine** *f milit.* mine aérienne; **~offenˌsive** *f milit.* offensive aérienne; **~ˌpolster** *n techn.* matelas *m* d'air; **~post** *f* poste aérienne; **mit, per, durch ~** par avion; **~postˌbrief** *m* lettre *f* par avion; **~postˌdienst** *m* service aéropostal; service postal aérien; **~postˌlinie** *f* ligne postale aérienne; **~postˌnetz** *n* réseau postal aérien; **~postverˌbindung** *f* liaison postale aérienne; **~postverˌkehr** *m* trafic postal aérien; **~postˌzuschlag** *m* surtaxe aérienne; **~ˌpumpe** *f für Reifen* pompe *f* à air, à pneumatiques, d'auto, à bicyclette, *etc.*; *mit Motor u. Kompressor* gonfleur *m*; (*Vakuumpumpe*) pompe *f* à vide; **~raum** *m aviat.* espace aérien; den ~ verletzen violer l'espace aérien; Verletzung des ~s atteinte à la souveraineté sur, violation de l'espace aérien; **~ˌreifen** *m Auto, Fahrrad* pneumatique *m*; F pneu *m*; **~ˌreiniger** *m* ⟨~s; ~⟩ désodorisant *m*; ozonateur *od.* ozoniseur *m*; épurateur *m* d'air; **~ˌreinigung** *f* désinfection *f*, épuration *f*, purification *f* de l'air; **~reˌklame** *f* réclame aérienne; **~ˌröhre** *f anat.* trachée-artère *f*; **~röhrenentˌzündung** *f méd.* trachéite *f*; **~röhrenˌschnitt** *m chir.* trachéotomie *f*; **~sack** *m aviat.* ballonnet *m*; **~ˌsäule** *f phys.* colonne *f* d'air; **~schacht** *m mines* puits *m* d'aérage, d'aération; *bât.* conduite *f*, voie *f* d'air; canal *m* de ventilation; *in Tunnels* regard *m*; **~ˌschaukel** *f* balançoire *f*; **~schicht** *f phys.* couche *f* d'air; **~schiff** *n aviat.* aérostat *m*; *lenkbares* dirigeable *m*; Zeppelin *m*; **~ˌschiffahrt** *f aviat.* navigation aérienne; aérostation *f*; aéronautique *f*; **~schiffˌbau** *m* aérostation *f*; **~ˌschiffer** *m* aérostier *m*; aéronaute *m*; **~schlacht** *f milit.* bataille aérienne; **~ˌschlange** *f* (*Papierschlange*) serpentin *m*; **~schlauch** *m Auto, Fahrrad etc.* chambre *f* à air; **~ˌschleuse** *f techn.* sas [sɑ(s)] *m*; **~schlitz** *m auf der Motorhaube* auvent *m*; **~ˌschlösser** *n/pl.* ~ bauen bâtir des châteaux en Espagne; faire, nourrir, échafauder des projets chimériques; **~ˌschlucken** *n méd.* aérophagie *f*; **~ˌschraube** *f aviat.* hélice *f*; **~schutz** *m* défense passive; protection civile; **~schutzˌbunker** *m*, **~schutzˌkeller** *m*, **~schutzˌraum** *m* abri antiaérien; cave-abri *f*; **~schutzˌübung** *f* exercice *m* de défense passive; **~(schutz)ˌwarndienst** *m* service *m* d'alerte aérienne, aux avions; **~ˌsicherung** *f milit.* couverture aérienne; **~sieg** *m milit.* victoire aérienne; **~sog** *m* remous *m* d'air; **~ˌsperre** *f aviat.* barrage aérien; *Verbot* interdiction *f* de survol; **~ˌspiegelung** *f phys.* mirage *m*; **~sport** *m aviat.* aviation sportive; **~sprung** *m* cabriole *f*; galipette *f*; gambade *f*; *Ballett* entrechat *m*; **~ˌstörungen** *f/pl. Meteorologie* perturbations *f/pl.* atmosphériques; **~strateˌgie** *f milit.* stratégie aérienne; **~ˌstreitkräfte** *f/pl.*, **~ˌstreitmacht** *f milit.* forces aériennes; **~strom** *m*, **~ˌströmung** *f phys.* courant *m* (atmosphérique); **polare** ~ courant polaire; **~ˌstrudel** *m phys.* tourbillon *m* d'air; **~ˌstützpunkt** *m milit. cf.* Luftbasis; **~ˌtanken** *n* ⟨~s⟩ *aviat.* ravitaillement *m* en vol; **~ˌtaxe** *f aviat.* avion-taxi *m*; **~torˌpedo** *m milit.* torpille *f* (aérienne); **~transˌport** *m* transport aérien; **~ˌtüchtigkeit** *f aviat.* tenue *f*, qualités *f/pl.* de vol (d'un avion); navigabilité aérienne; **~ˌüberfall** *m cf.* Luftangriff; **~überˌlegenheit** *f* suprématie [-si] aérienne; **~überˌwachung** *f aviat.* surveillance aérienne, de l'espace aérien.

Lüftung [ˈlʏftʊŋ] *f* ⟨~; ~en⟩ *cf.* **lüften II**; **~sˌanlage** *f* installation *f* d'aérage, d'aération; **~sˌklappe** *f* clapet *m* de ventilation, d'aération, d'aérage; *cf. auch* Luftklappe; **~sˌschacht** *m cf.* Luftschacht.

Luft|veränderung [ˈlʊftfɛrˌˀɛndərʊŋ] *f* changement *m* d'air; **~verˌbrauch** *m* consommation *f* d'air; **~verˌdrängung** *f* déplacement *m* d'air; **2verˌdünnt** *adjt.* à air raréfié; à basse pression; **~verˌdünnung** *f techn.* raréfaction *f*, dépression *f* d'air; **~verˌflüssigung** *f techn.* liquéfaction *f* de l'air; **~verˌkehr** *m aviat.* trafic, service aérien; **ziviler** ~ aviation civile; **~verˌkehrsgeˌsellschaft** *f cf.* Luftfahrtgesellschaft; **~verˌkehrsˌlinie** *f aviat.* ligne (de navigation) aérienne; **~verˌseuchung** *f* contamination *f*, pollution *f*, corruption *f* de l'air; **~verˌteidigung** *f* défense aérienne; **~verˌunreinigung** *f cf.* ~verseuchung; **~ˌwaffe** *f* ⟨~⟩ *milit.* force aérienne; armée *f* de l'air; **feindliche** ~ aviation ennemie; **~waffenˌschule** *f milit.* école *f* de la force aérienne; **~ˌwechsel** *m cf.* ~veränderung; **~weg** *m* auf dem ~e par voie aérienne; par la voie des airs; **~ˌwege** *m/pl. méd.* voies respiratoires, aériennes; **~ˌwerbung** *f cf.* Luftreklame; **~ˌwiderstand** *m phys.* résistance *f* de l'air; **~ˌwirbel** *m phys.* tourbillon *m*, remous *m* d'air; **~ˌwurzel** *f bot.* racine aérienne; **~ˌziegel** *m* brique crue; **~ˌzufuhr** *f* ⟨~⟩ alimentation *f*, amenée *f*, admission *f* d'air; **~zug** *m* courant *m* d'air; **~ˌzutritt** *m* entrée *f* d'air; **~ˌzwischenfall** *m* incident aérien.

Lug [lu:k] *m* ⟨~(e)s⟩ ~ u. Trug tromperie *f*; imposture *f*; purs mensonges.

Lüge [ˈly:gə] *f* ⟨~; ~n⟩ mensonge *m*; **kleine** ~ menterie *f*; **plumpe** ~ mensonge grossier; **j-n e-r ~ bezichtigen, zeihen, j-n ~n strafen** accuser qn. d'avoir menti; convaincre qn. de mensonge; donner, infliger un démenti à qn.; démentir qn.; **~n haben kurze Beine** *prov.* le mensonge ne conduit pas loin *prov.*

lügen [ˈly:gən] **I** *v/t. u. v/i.* ⟨lügt, log, gelogen, h⟩ mentir; F conter des histoires, des fables; (*erdichten*) inventer; F **er lügt wie gedruckt, daß sich die Balken biegen, das Blaue vom Himmel herunter** il ment comme un arracheur de dents; **das hat er gelogen** il en a menti; F **j-m die Hucke voll ~** en faire accroire à qn.; **wer einmal lügt, dem glaubt man nicht, und wenn er auch die Wahrheit spricht** *prov.* le menteur n'est jamais cru, même quand il dit la vérité *prov.*; **II 2** *n* ⟨~s⟩ mensonge(s) *m* (*pl.*); **2geˌwebe** *n* tissu *m* de mensonges; **~ˌhaft** *adj. von Personen* menteur, -euse; imposteur; *von Sachen* mensonger, -ère; (*erdichtet*) controuvé; inventé (de toutes pièces); **2ˌhaftigkeit** *f* ⟨~⟩ habitude *f*, goût *m* du, penchant *m* au mensonge; *von Sachen* caractère mensonger; fausseté *f*; **2ˌmärchen** *n cf.* Lüge; **2ˌmaul** *n* F *cf.* Lügner(in); **2ˌmeldung** *f* nouvelle mensongère; fausse nouvelle; *in e-r Zeitung* F bobard *m*; canard *m*; **2ˌnetz** *n cf.* 2gewebe.

Luginsland [ˈlu:kˀɪnsˌlant] *m* ⟨~; ~⟩ beffroi *m*; échauguette *f*.

Lügner|(in) [ˈly:gnər(ɪn)] *m* ⟨~s; ~⟩ (*f*) ⟨~; ~nen⟩ menteur, -euse *m, f*; *par ext.* imposteur *m*; **dreister** ~ fieffé menteur; **2isch** *adj. cf.* lügenhaft.

Luk [lu:k] *n* ⟨~(e)s; ~e⟩ *mar. cf.* ~e; **~e** *f* ⟨~; ~n⟩ lucarne *f*; *mar.* 'hublot *m*; écoutille *f*.

lukrativ [lu·kraˈti:f] *adj.* lucratif, -ive.

lukullisch [lu·ˈkʊlɪʃ] *adj.* somptueux, -euse; fastueux, -euse; raffiné; (*üppig*) plantureux, -euse.

Lulatsch [ˈlu:latʃ, -la:tʃ] *m* ⟨~(e)s; ~e⟩ F langer ~ *cf.* Laban.

lullen [ˈlʊlən] *v/t.* ⟨h⟩ F **ein Kind in den Schlaf** ~ endormir un enfant en fredonnant.

Lum|bago [lʊmˈbɑ:go] *f* ⟨~⟩ *méd.* lumbago *m*; **~ˈbalanästheˌsie** *f méd.* anesthésie *f* lombaire; **~ˈbalpunktiˌon** *f méd.* ponction *f* lombaire.

Lumberjack [ˈlambərˌdʒɛk] *m* ⟨~s; ~s⟩ veste-blouson *f*.

Lumen [ˈlu:mən] *n* ⟨~s; ~ *od.* -mina⟩ *opt.* lumen [-mɛn] *m*.

Lumineszenz [lu·mi·nɛsˈtsɛnts] *f* ⟨~; ~en⟩ *phys.* luminescence *f*.

Lumme [ˈlʊmə] *f* ⟨~; ~n⟩ *zo.* guillemot *m*.

Lümmel [ˈlʏməl] *m* ⟨~s; ~⟩ rustre *m*; manant *m*; mufle *m*; mal appris, élevé, F embouché; goujat *m*; paltoquet *m*; **~ei** [-ˈlaɪ] *f* ⟨~; ~en⟩ grossièreté *f*; muflerie *f*; F goujaterie *f*; conduite *f* de rustre, manant, *etc.*; **2ˌhaft** *adj.* grossier, -ère; malpoli; rustre; comme un mufle, rustre, *etc.*; **~ˌhaftigkeit** *f* ⟨~⟩ *cf.* ~ei; **2n** *v/réfl.* ⟨-(e)le, h⟩ F **sich ~** se mal tenir (à table, dans le monde, *etc.*); manquer de tenue; **sich mit den Ellenbogen auf den Tisch ~** mettre ses coudes, s'accouder sur la table.

Lump [lʊmp] *m* ⟨~en; ~en⟩ coquin *m*; F gredin *m*; salaud *m*; canaille *f*; crapule *f*; fripouille *f*; F **du kleiner ~**, du petit fripon; mauvais drôle.

Lumpazius [lʊmˈpɑ:tsi·ʊs] *m* ⟨~s; ~se⟩ F *iron. cf.* Lump.

Lumpazivagabundus [lʊmˌpɑ:tsi·vaga'bʊndʊs] F *m* ⟨~; ~se *od.* -di⟩ vagabond *m*.

Lumpen [ˈlʊmpən] *m* ⟨~s; ~⟩ (*Lappen*) lambeau *m*; chiffon *m*; loque *f*; *pl.* (*zerlumpte Kleider*) 'haillons *m/pl.*; guenilles *f/pl.*; **in ~ gekleidet** vêtu, couvert de haillons; en 'haillons; en guenilles; déguenillé; dépenaillé; ~ **sammeln** chiffonner; faire le chiffonnier.

lumpen [ˈlʊmpən] *v/réfl.* **sich nicht ~ lassen** ne pas se faire tirer l'oreille; n'être pas chiche, F chien; faire les choses comme il faut; bien faire les choses.

Lumpen|geld [ˈlʊmpənˌgɛlt] *n* (*erbärmliche Summe*) **für ein ~** à vil prix; pour une somme misérable, ridicule; F pour quelques sous, rien, un morceau de pain, une misère; **~geˌsindel** *n* canaille *f*; fripouilles *f/pl.*; racaille *f*; crapule *f*; **~ˌhändler** *m* chiffonnier *m* (en gros); **~ˌkerl** *m cf.* Lump; **~ˌpack** *n cf.* ~gesindel; **~paˌpier** *n Papierherstellung* papier *m* de chiffons; **~proletariˌat** *n néol.* sous-prolétariat *m*; **~ˌsammler(in)** *m* (*f*) chiffonnier, -ère *m, f*; F chevalier *m* du crochet; F *com.* (*letzte Fahrgelegenheit in der Nacht*) F balai *m*; **~verˌarbeitung** *f* récupération *f* de chiffons; **~ˌvolk** *n cf.* ~gesindel.

Lump|erei [ˌlʊmpəˈraɪ] *f* ⟨~; ~en⟩ **1.** (*Gemeinheit*) vilenie *f*; scélératesse *f*; canaillerie *f*; fripouillerie *f*; F rosserie *f*; P saloperie *f*; vacherie *f*; crasse *f*; tour *m* de cochon; saleté *f*; **2.** (*Kleinigkeit*) bagatelle *f*; vétille *f*; affaire *f* de rien; misère *f*; **2ig** [ˈlʊm-] *adj.* (*erbärmlich*) misérable; (*niederträchtig*) vil; abject; sordide; **um ein paar ~e Pfennige** pour quelques sous.

Lunch [lantʃ, lanʃ] *m* ⟨~(es); ~e(s)⟩ lunch *m*; **2en** *v/i.* ⟨h⟩ luncher.

Lunge [ˈlʊŋə] *f* ⟨~; ~n⟩ *anat.* poumon *m* (*oft pl.*); *Fleischerei* mou *m* (de veau, *etc.*); *méd.* **eiserne ~** poumon d'acier; **durch die ~ rauchen** avaler la fumée; **s-e ~ ist angegriffen** il a un poumon atteint; F **er hat es auf der ~** (*er ist lungenkrank*) *cf.* **lungenkrank**; *fig.* **aus voller ~ schreien, singen** crier, chanter à pleins poumons; chanter à gorge déployée; F *fig.* **sich die ~ aus dem Halse, Leibe schreien** F s'époumoner à (force de) crier.

'Lungen... *in Zssgn. oft* pulmonaire; **~ˌbläschen** *n anat.* vésicule *f* pulmonaire; **~ˌblutung** *f méd.* hémorragie *f* pulmonaire; **~emboˌlie** *f méd.* embolie *f* pulmonaire; **~emphyˌsem** *n méd.* emphysème *m* pulmonaire; **~entˌzündung** *f méd.* fluxion *f* de poitrine; *sc.* pneumonie *f*; **~ˌfische** *m/pl. zo.* dipneustes *m/pl.*; **~ˌflügel** *m anat.* poumon *m*; **~ˌfürsorge** *f* assistance *f* sociale pour tuberculeux; **~haˌschee** *n cuis.* 'hachis *m* de mou (de veau, *etc.*); **~ˌheilstätte** *f* sanatorium [-jɔm] antituberculeux; **2ˌkrank** *adj.* **er ist ~** il est poitrinaire, tuberculeux, phtisique; **~ˌkranke(r)** *f* (*m*) poitrinaire *m, f*; tuberculeux, -euse *m, f*; phtisique *m, f*; **~ˌkraut** *n bot.* pulmonaire *f*; **~ˌkrebs** *m méd.* cancer *m* du poumon; **~ˌlappen** *m anat.* lobe *m* du poumon; **2ˌleidend** *adjt. cf.* **2krank**; **~ˌschlagader** *f anat.* artère *f* pulmonaire; **~ˌschnekken** *f/pl. zo.* pulmonés *m/pl.*; **~ˌschwindsucht** *f méd.* tuberculose *f* pulmonaire; phtisie *f*; **2ˌschwindsüchtig** *adj. cf.* **2krank**; **~ˌspitze** *f anat.* sommet *m* du poumon; **~tuberkuˌlose** *f méd. cf.* **~schwindsucht**; **~ˌzug** *m* Raucher **e-n ~ machen** *cf.* **Lunge.**

lungern ['lʊŋərn] F *v/i.* ⟨-(e)re, h *u.* sein⟩ fainéanter; flâner.

Lunker ['lʊŋkər] *m* ⟨~s; ~⟩ *métall.* retassure *f*.

Lunte ['lʊntə] *f* ⟨~; ~n⟩ **1.** *hist.* mèche *f* (pour mise à feu); *fig.* F **~ riechen** éventer la mèche; **2.** *ch.* (*Schwanz des Fuchses*) queue *f*.

Lupe ['luːpə] *f* ⟨~; ~n⟩ *opt.* loupe *f*; **mit der ~ betrachten** regarder à la loupe; F *fig.* **etw. unter die ~ nehmen** voir l'affaire, la chose, *etc.* de près; F examiner qc. sur toutes les coutures.

Lupine [luˑ'piːnə] *f* ⟨~; ~n⟩ *bot.* lupin *m*.

Luppe ['lʊpə] *f* ⟨~; ~n⟩ *métall.* loupe *f*.

Lupus ['luːpʊs] *m* ⟨~; ~ *od.* ~se⟩ *méd. sc.* lupus *m*.

Lurch [lʊrç] *m* ⟨~(e)s; ~e⟩ *zo. sc.* batracien *m*.

Lust [lʊst] *f* **1.** ⟨~⟩ (*Neigung*) envie *f*; goût *m*; **ich bekomme ~, zu ...** (+ *inf.*) l'envie me prend de ... (+ *inf.*); **~ haben, zu ...** (+ *inf.*) avoir envie de ..., être tenté de ... (+ *inf.*); **ich habe keine ~ dazu** je n'en ai pas envie; cela n'est pas de mon goût; cela ne me dit rien; **er hat zu nichts ~** rien ne le tente; il n'a goût à rien; **wenn Sie ~ dazu haben** si le cœur vous en dit; **ganz wie Sie ~ haben** tout comme vous voudrez; à votre gré, guise, fantaisie; **er zeigte wenig ~, zu ...** (+ *inf.*) il ne montrait, n'avait guère envie de ... (+ *inf.*); **j-m ~ zu etw. machen** faire, donner envie à qn. de qc.; mettre qn. en goût de qc.; **j-m die ~ zu etw. nehmen** ôter, faire passer l'envie de qc. à qn.; **die ~ wird ihm vergangen sein** l'envie lui aura passé; il en aura perdu l'envie; **die ~ zu etw. verlieren** perdre toute envie de faire qc.; se dégoûter de qc.; **2.** ⟨~⟩ (*Freude*) plaisir *m*; agrément *m*; joie *f*; *pfort.* (*Genuß*) jouissance *f*; délectation *f*; délice(s) *m* (*f/pl.*); **s-e ~ an etw. haben** prendre, avoir son plaisir à faire qc.; trouver son plaisir à qc.; **er arbeitet, daß es e-e ~ ist** c'est un plaisir de le voir travailler; **es ist e-e wahre ~, diesen Garten zu sehen** c'est un plaisir de voir ce jardin; **~ der Sinne** plaisir des sens; **mit ~ u. Liebe arbeiten** avoir le cœur à l'ouvrage; travailler avec (un véritable) plaisir; **3.** ⟨~; ⸚e⟩ (*sinnliche Begierde*) convoitise *f*; désir charnel; *bibl.* **böse, fleischliche Lüste** concupiscence *f*; désirs charnels, de la chair; **s-n Lüsten frönen** être l'esclave de ses passions; **~barˌkeit** *f* ⟨~; ~en⟩ divertissement *m*; réjouissance *f*; fête *f*; **öffentliche ~en** réjouissances publiques; **~barkeitsˌsteuer** *f cf.* **Vergnügungssteuer**; **~emˌpfindung** *f* sensation *f* de plaisir.

Lüster ['lʏstər] *m* ⟨~s; ~⟩ (*Kronleuchter*), *bei Ton, Porzellan* (*Glasur*) lustre *m*; *Stoff* lustrine *f*.

lüstern ['lʏstərn] *adj.* (*gierig*) convoiteur, -euse; plein de convoitise; (*geil*) concupiscent; lascif, -ive; lubrique; luxurieux, -euse; libidineux, -euse; **2ˌheit** *f* ⟨~⟩ convoitise *f* de la chair; concupiscence *f*; lascivité *f*; lubricité *f*.

Lustgefühl ['lʊstgəˌfyːl] *n* sentiment *m* de plaisir.

lustig ['lʊstɪç] **1.** *adj. von Personen u. Sachen* gai; joyeux, -euse; amusant; plaisant; réjouissant; divertissant; drôle; comique; guilleret, -tte; F folichon, -nne; rigolo; *nur von Personen* de belle, joyeuse humeur; plein d'entrain; enjoué; jovial; **~e Erzählungen** contes drolatiques; F **~er Patron** bon vivant; gai, joyeux compère, luron; gaillard jovial; boute-en-train *m*; F type amusant, rigolo; drôle de loustic; **sich e-n ~en Tag machen** s'offrir une bonne journée; **~ sein** être gai; s'amuser; **~ werden** s'égayer; *iron.* **das kann ja ~ werden** ça peut devenir amusant, F rigolo; **nun ~** (*flink*) **an die Arbeit!** allons, vite à l'ouvrage!; **2.** *adv.* gaiement; joyeusement; jovialement; avec gaieté (gaîté), enjouement, amusement, *etc.*; **es geht ~ zu** on s'amuse bien; **sich über j-n, etw. ~ machen** se railler, se moquer, se rire, F se gausser, P se foutre de qn., qc.; *nur über Personen* rire aux dépens de qn.; F mettre qn. en boîte; se payer la tête de qn.; *nur über Sachen* F faire des gorges chaudes de qc.; **alles macht sich über ihn ~** il est la risée de tout le monde; **2ˌkeit** *f* ⟨~⟩ gaieté *od.* gaîté *f*; réjouissance *f*; humeur joyeuse; jovialité *f*; enjouement *m*.

Lüstling ['lʏstlɪŋ] *m* ⟨~s; ~e⟩ débauché *m*; voluptueux *m*; *fig.* satyre *m*.

lust|los ['lʊstloːs] *adj.* sans envie, entrain; peu animé; languissant; *Börse, fig.* lourd; terne; inactif, -ive; languissant; **2ˌlosigˌkeit** *f* ⟨~⟩ manque *m* d'entrain; *Börse, fig.* langueur *f*; **2molch** *m* F *cf.* **Lüstling**; **2mord** *m* meurtre *m* avec viol; crime *m* (de) sadique; **2ˌmörder** *m* sadique *m*; **2schloß** *n* château *m* de plaisance; **2spiel** *n thé.* comédie *f*; **2spielˌdichter** *m* auteur *m* de comédies, comique; **~ˌwandeln** *v/i.* ⟨-(e)le, sein⟩ se promener; déambuler; se balader; P se baguenauder.

Lutein [luˑte'iːn] *n* ⟨~s⟩ *chim., biol.* lutéine *f*.

Luther|aner(in) [lʊtə'rɑːnər(ɪn)] *m* ⟨~s; ~⟩ (*f*) ⟨~; ~nen⟩ luthérien, -nne *m, f*; **2isch** ['lʊ-, -'teː-] *adj.* luthérien, -nne; **~ˌtum** ['lʊ-] *n* ⟨~(e)s⟩ luthéranisme *m*.

lutsch|en ['lʊtʃən] F **I** *v/i.* ⟨h⟩ sucer; F suçoter; **II 2en** *n* ⟨~s⟩ sucement *m*; **2er** F *m* ⟨~s; ~⟩ sucette *f*.

Luv [luːf] *f* ⟨~⟩ *mar. cf.* **~seite**; **2en** *v/i.* ⟨h⟩ *mar.* aller au lof; lofer; **~ˌseite** *f* côté *m* du vent; lof *m*; **2wärts** *adv.* au vent.

Lux [lʊks] *n* ⟨~; ~⟩ *phys.* lux [lyks] *m*.

Luxemburg|er(in) ['lʊksəmˌbʊrgər(-ɪn)] *m* ⟨~s; ~⟩ (*f*) ⟨~; ~nen⟩ Luxembourgeois, -e *m, f*; **2isch** *adj.* luxembourgeois.

luxuriös [lʊksuˑriˑ'øːs] *adj.* luxueux, -euse; somptueux, -euse; fastueux, -euse.

Luxus ['lʊksʊs] *m* ⟨~⟩ luxe *m*; somptuosité *f*; **~ treiben** vivre d'une façon luxueuse, somptueuse, fastueuse; mener la vie à grandes guides; vivre sur un grand pied; **ich kann mir diesen ~ nicht leisten** je ne puis *od.* peux m'offrir ce luxe; **~arˌtikel** *m* article *m* de luxe; **~ˌausführung** *f comm.* modèle *m* de luxe; **~ˌausgabe** *f* dépense *f* somptuaire; *e-s Buches* édition *f* de luxe; **~ˌdampfer** *m mar.* vapeur *m* de luxe; **~ˌgüter** *n/pl. comm.* articles *m/pl.* de luxe; **~hoˌtel** *n* hôtel *m* de luxe; **~kaˌbine** *f mar.* cabine *f* de luxe; **~ˌsteuer** *f* taxe *f* de luxe; **~ˌware** *f comm. cf.* **~artikel, ~güter**; **~ˌzug** *m chem.* train *m* de luxe.

Luzerne [luˑ'tsɛrnə] *f* ⟨~; ~n⟩ *bot.* luzerne *f*.

lymphatisch [lʏm'fɑːtɪʃ] *adj. physiol.* lymphatique; **~e Beschaffenheit** lymphatisme *m*.

Lymph|bahn ['lʏmfbɑːn] *f* voie *f* lymphatique; **~ˌdrüse** *f abus. cf.* **~knoten**; **~e** *f* ⟨~; ~n⟩ **1.** *physiol.* lymphe *f*; **2.** *méd.* (*Impfstoff*) vaccin *m*; **~geˌfäß** *n* vaisseau *m* lymphatique; **~ˌknoten** *m* ganglion *m* lymphatique; **~o'zyten** *pl. physiol.* lymphocytes *m/pl.*

lynch|en ['lʏnçən, 'lɪnçən, 'lɪntʃən] *v/t.* ⟨h⟩ lyncher [lɛ̃ʃe]; **2jusˌtiz** *f* justice *f* sommaire; lynchage *m*.

Lyra ['lyːra] *f* ⟨~; -ren⟩ *mus.* lyre *f*; *astr.* Lyre *f*.

Lyr|ik ['lyːrɪk] *f* ⟨~⟩ poésie *f* lyrique; lyrique *m*; lyrisme *m*; **~iker** *m* ⟨~s; ~⟩ (poète *m*) lyrique *m*; **2isch 1.** *adj.* lyrique; **2.** *adv.* lyriquement; sur le mode lyrique.

Lysol [lyˑ'zoːl] *n* ⟨~s⟩ *chim.* lysol *m*.

Lyzeum [lyˑ'tseːʊm] *n* ⟨~s; -een⟩ lycée *m* (de jeunes filles).

M

M, m [ɛm] *n* ⟨~; ~⟩ *Buchstabe* M, m *m u. f.*

M *abr. cf.* Mark[3]; F **das kostet drei ~** ça coûte trois marks.

Mäand|er [mɛ'andər] *m* ⟨~s; ~⟩ *e-s Flusses meist pl.* méandres *m/pl.*; **≗risch** *adj.* sinueux, -euse.

Maar [maːr] *n* ⟨~(e)s; ~e⟩ *géol.* cratère *m* d'un volcan éteint; *sc.* maar *m.*

Maat [maːt] *m* ⟨~(e)s; ~e(n)⟩ *mar. in der franz. Marine* second-maître *m* de 2ème classe; *in der belgischen Marine* quartier-maître *m.*

Mach [max] *n* ⟨~s; ~⟩ *phys., aviat.* Mach [mak] *m.*

Mach|art ['maxʔart] *f cout.* façon *f*; coupe *f*; genre *m*; **~e** *f* ⟨~⟩ **1.** *cout.* F (*Anfertigung*) façon *f*; **in der ~ haben, sein** avoir, être en main; **etw. in die ~ nehmen** se mettre à qc.; F *fig.* **j-n in die ~ nehmen** (*schelten*) sermonner qn.; (*zu erziehen suchen*) apprendre à qn. à vivre; en montrer à qn. une de sa façon; **2.** F (*Vortäuschung, Schein*) apparence trompeuse; affectation *f*; feinte *f*; F frime *f*; **das ist doch alles nur ~** tout ça n'est que façade, théâtre, illusion, décor, qu'une feinte, F qu'un trompe-l'œil, que de la frime.

Mache-Einheit ['maxəʔ,ainhait] *f phys.* unité *f* de Mache.

machen ['maxən] **I** *v/t.* ⟨h⟩ **1.** (*tun*) faire; F fabriquer; fourgonner; trafiquer; **was macht er?** a) (*was treibt er*) que fait-il dans la vie?; b) (*wie geht es ihm*) comment va-t-il?; comment se porte-t-il?; **was machst du da?** F qu'est-ce que tu fabriques, trafiques, fourgonnes là?; **~ wir!** (F **m. w.!**) ce sera fait!; entendu!; d'accord!; P d'acc.!; **was wirst du damit ~?** qu'en feras-tu?; **das macht** (*schadet*) **nichts!** qu'à cela ne tienne!; cela n'a aucune importance!; cela ne fait rien!; il n'y a pas de quoi!; *als Antwort auf e-e Entschuldigung* F (il n'y a) pas de mal!; **das macht ihm nichts** cela ne lui importe guère; cela ne lui fait rien; *herausfordernd* u. **was macht das schon?** et après?; qu'importe?; **was ist da zu ~?** que faire (à cela)?; **nichts zu ~** rien à faire; **da ist nichts zu ~** il n'y a rien à faire; **dagegen ist nichts zu ~** on ne peut rien y faire; **wie haben Sie es gemacht, daß ...?** comment avez-vous fait, comment vous y êtes-vous pris pour ...?; **es so ~, daß ...** faire en sorte que ... (+ *subj.*); **das macht man so** voilà comment cela se fait; **so etw. macht man nicht** cela ne se fait pas; **so macht er es immer, er macht's nun einmal nicht anders** il n'en fait jamais d'autres; **etw. noch einmal ~** refaire qc.; **2.** *mit adj. od. adv.* faire; rendre; **etw. geltend ~** faire valoir qc.; **gesund ~** guérir; rétablir; rendre la santé (à); **j-n glauben ~** faire accroire à qn.; **glücklich ~** rendre heureux, -euse; **etw. nur halb ~** ne faire une chose qu'à moitié; **jung ~** rajeunir; **j-m etw. klar, begreiflich,** F **plausibel ~** faire comprendre qc. à qn.; **Holz klein ~** fendre du bois; **es kurz ~** être bref; abréger; faire vite; aller droit au but; F ne pas y aller par quatre chemins; **das macht mich lachen** cela me fait rire; **er wird es nicht mehr lange ~** (*er wird bald sterben*) il n'a plus longtemps à vivre; il n'ira plus loin; **das Leben leicht ~** rendre la vie facile; **sich das Leben leicht ~** prendre la vie du bon côté; **j-m etw. möglich ~** rendre qc. possible à qn.; donner à qn. les moyens de faire qc.; **es allen recht ~ wollen** ménager la chèvre et le chou; **niemand kann es ihm recht ~** personne ne saurait le contenter; **von sich reden ~** faire parler de soi; **reine ~** nettoyer; **etw. rückgängig ~** rendre nul, annuler qc.; **er hat es nicht schlecht gemacht** il ne s'y est pas mal pris; **schnell ~** se hâter; se presser; se dépêcher; **j-n unschädlich ~** mettre qn. 'hors d'état de nuire; **j-n verantwortlich ~ für** rendre qn. responsable de; *fig.* **j-n verrückt ~** rendre qn. fou, folle; **etw. zunichte ~** anéantir, ruiner qc.; **was** (*wieviel*) **macht das?** combien cela fait-il?; combien cela?; ça fait combien?; **das macht zusammen drei Mark** le tout fait trois marks; *4800 Mark im Jahr,* **das macht 400 Mark pro Monat ...** soit 400 marks par mois; **2 mal 2 macht 4** 2 fois 2 font 4; **3.** *mit subst.* faire; **den Anfang ~** commencer; *fig.* ouvrir le feu; **den Anfang mit etw. ~** commencer par qc.; **j-m Angst ~** donner, causer de l'inquiétude, faire peur à qn.; **j-m angst u. bange ~** inspirer de la terreur à qn.; **e-n Anschlag auf j-n ~** attenter à la vie de qn.; **Anstalten, Miene ~, zu ...** (+ *inf.*) vouloir faire qc.; se disposer, s'apprêter, se préparer à faire qc.; **Appetit ~** donner de l'appétit; **e-n Ausflug ~** faire une excursion; **sich keinen Begriff davon ~** ne pas se faire une idée de cela; F **j-m Beine ~** faire courir qn.; presser qn.; **mit j-m Bekanntschaft ~** faire la connaissance de qn.; **e-n Bericht ~** faire un rapport; **das Bett ~** faire, arranger le lit; **sich viel Bewegung ~** se donner beaucoup de mouvement; **böses Blut ~** irriter les esprits; F **s-n Doktor ~** passer son doctorat; **Durst ~** donner soif; **j-m Ehre ~** faire honneur à qn.; **das machte keinen Eindruck auf ihn** cela n'a produit aucun effet sur lui; **e-r Sache ein Ende ~** mettre fin, un terme à qc.; **s-m Leben ein Ende ~** mettre fin à ses jours; **Ernst ~** ne plus plaisanter; agir pour de bon; **ein Examen ~** faire, passer, subir un examen; **nicht viel Federlesens ~** ne pas prendre de gants; **e-n Fehler ~** commettre une faute, F une bévue, une blague; faire une boulette; **ein Fest ~** organiser une fête; **Feuer ~** faire du feu; **Frieden ~** faire la paix; **j-m den Garaus ~** achever qn.; **das macht e-m allerlei Gedanken** cela fait réfléchir; **sich allerlei Gedanken ~** se mettre mille choses en tête; se tourmenter; se faire des idées, du souci; se casser la tête; se mettre martel en tête; **Geschäfte ~** faire des affaires; **j-m ein Geschenk ~** faire un cadeau à qn.; **ein lautes Geschrei ~** (*protestieren*) jeter, pousser les 'hauts cris; **j-m (sich) das Haar ~** coiffer qn. (se coiffer); **j-m graue Haare ~** donner bien des soucis, *fig.* du fil à retordre, F des cheveux gris à qn.; **Heu ~** faire la fenaison; **Hochzeit ~** se marier; **Kaffee ~** faire du café; F **e-r Frau ein Kind ~** F faire un enfant à une femme; **ein Komma ~** mettre une virgule; **Licht ~** faire de, allumer la lumière; **j-m Lust zu etw. ~** donner à qn. l'envie de faire qc.; **es macht mir viel Mühe, zu ...** (+ *inf.*) j'ai bien de la peine à ... (+ *inf.*); **j-m Mut ~** encourager qn.; donner du courage à qn.; **sich e-n Namen ~** se faire un nom; devenir célèbre; **j-m viel Not, viele Sorgen, viel zu schaffen ~** donner bien du mal, beaucoup de peine, de tracas, de souci, *fig.* de fil à retordre, F de tintouin à qn.; **den Nikolaus, Weihnachtsmann ~** tenir le rôle du Père Noël; **kurzen Prozeß ~** ne pas y aller par quatre chemins; **die Rechnung ~** faire le compte (*auch fig.*), la facture, *im Restaurant* la note, l'addition; **j-m Schande ~** faire 'honte à qn.; **mit etw. Schluß ~** en finir avec qc.; **Schulden ~** contracter des dettes; **j-m Sorgen ~** causer des soucis à qn.; mettre qn. en souci; **sich Sorgen ~** se faire des soucis (**um, wegen** au sujet de); s'inquiéter (de); F s'en faire; **~ Sie sich keine Sorgen!** F ne vous en faites pas!; **Spaß ~** plaisanter; **sich e-n guten Tag ~** paresser; F se la couler douce; **ein Vermögen ~** faire fortune; **e-n Versuch ~** faire une expérience; **j-m Vorwürfe ~** faire des reproches à qn.; **das Zimmer ~** faire la chambre; **4.** *mit prép.* **etw. zur Bedingung ~** fixer qc. comme condition; **etw. zu Geld ~** faire argent de qc.; vendre, réaliser qc.; **j-n zu etw. ~** faire qc. de qn.; **zum Bettler ~** réduire à la mendicité; F mettre sur la paille; **j-n zu s-m Freund ~** faire de qn. son ami; **zum**

Gefangenen ~ faire prisonnier; j-n zum General ~ faire qn. général; zum Sklaven ~ rendre esclave; j-n zum Spott, Gelächter ~ exposer qn. à la risée de tous; **II** *v/i.* **5.** faire; Sie ~ sehr lange! que vous êtes long!; j-n ~ (*gewähren*) lassen laisser faire qn.; laß mich nur ~ je m'en charge; das macht, daß ... cela fait que ...; c'est la raison pour laquelle ...; F mach's gut! bonne chance!; ~ Sie, daß ... faites en sorte que ... (+ *subj.*); ~ Sie, daß Sie fortkommen, wegkommen! allez-vous-en!; F filez!; qu'on ne vous voie plus!; *comm.* F er macht in Küchengeräten il est, fait dans les appareils ménagers; F in Literatur ~ faire dans la littérature; F *iron.* in Patriotismus ~ poser au patriote; **III** *v/réfl.* **6.** sich ~ se faire; se rendre; (*fortschreiten*) aller; marcher; das läßt sich ~ c'est possible; da läßt sich nichts ~ on ne peut rien y faire, y changer; il n'y a aucun remède; das macht sich von selbst cela va, marche (ira, marchera) tout seul; *von e-m Kranken* sich wieder ~ se remettre; aller mieux; der Junge macht sich in der Schule ce garçon progresse à l'école; sich etw. ~ lassen se faire faire qc.; **7.** *mit adj. od. adv.* sich beliebt ~ se faire bien voir; s'attirer des sympathies; *beim Volk* se rendre populaire; sich unbeliebt ~ se faire détester; *beim Volk* se rendre impopulaire; sich fertig ~ s'apprêter; se préparer; sich gut ~ faire un bon effet; faire une bonne impression; das macht (*fügt*) sich gut ça s'arrange bien; dieser Hut macht sich gut ce chapeau fait bien, bel effet; sich krank ~ se rendre malade; sich nützlich ~ se rendre utile; sich zu schaffen ~ s'affairer; sich unkenntlich ~ se rendre méconnaissable; **8.** *mit prép.* sich an j-n ~ s'adresser à qn.; sich an etw. ~ se mettre à qc.; entreprendre, attaquer, entamer qc.; sich auf den Weg, F auf die Beine ~ se mettre en route; sich nichts aus j-m ~ ne pas faire grand cas de qn.; n'avoir que faire de qn.; sich nicht viel aus etw. ~ ne pas attacher d'importance à qc.; ich mache mir gar nichts daraus je ne m'en soucie guère; cela me laisse froid, ne me touche guère; peu m'en chaut; F je m'en moque comme de l'an quarante; mach dir nichts daraus! ne t'en fais pas!; sich e-e Ehre aus etw. ~ se faire honneur de qc.; sich ein Vergnügen aus etw. ~ se faire un plaisir de qc.; ich mache mir ein Vergnügen daraus c'est un plaisir pour moi; F sich aus dem Staube ~ décamper; F filer; sich daran ~ s'y mettre; sich daran ~, zu ... (+ *inf.*) se mettre en devoir de ... (+ *inf.*); sich zum Herrn e-r Stadt ~ se rendre maître d'une ville; sich etw. zur Regel ~ se faire une règle de qc.; **9.** *p. p.* ein gemachter Mann un homme arrivé; das ist wie für Sie gemacht on dirait que c'est fait exprès pour vous; **IV** 2 *n* ⟨~s⟩ *cout.* (*Anfertigung*) façon *f*; 2ˌ**schaften** *f/pl.* (*Ränke*) machinations *f/pl.*; intrigues *f/pl.*; manigances *f/pl.*; cabales *f/pl.*; geheime ~ sourdes menées; P micmac *m.*

Macherlohn ['maxərˌloːn] *m cout.* main-d'œuvre *f*; façon *f.*

Machiavellis|mus [makiˈavɛ'lɪsmʊs] *m* ⟨~⟩ machiavélisme [-kja-] *m*; 2**tisch** *adj.* machiavélique [-kja-].

Machsche ['maxʃə] *adj.* ⟨*attributiv*⟩ ~ Welle, Zahl onde, nombre de Mach [mak]; ~r Konus, Winkel cône, angle de Mach; ~s Kriterium, Prinzip critère, principe de Mach.

Macht [maxt] *f* ⟨~; ⸗e⟩ puissance *f* (*auch Staat*); pouvoir *m*; *gesetzmäßige* autorité *f*; *geistige* ascendant *m*; (*Herrschaft*) empire *m*; (*Voll*2) faculté *f*; (*Kraft*) force *f*; europäische Mächte puissances européennes; kriegführende Mächte puissances belligérantes; *milit.* bewaffnete ~ force armée; dunkle Mächte puissances occultes; geistliche ~ pouvoir spirituel; weltliche ~ pouvoir temporel; pouvoir, bras séculier; die himmlischen Mächte les puissances célestes; ~ über Leben u. Tod droit de vie et de mort; die ~ der Gewohnheit la force de l'habitude; die ~ des Stärkeren la loi du plus fort; ~ geht vor Recht *prov.* la force prime le droit *prov.*; an der ~ sein être au pouvoir; an die ~ gelangen, kommen arriver, parvenir au pouvoir; die ~ übernehmen prendre le pouvoir; die ~ ergreifen s'emparer du pouvoir; die gesamte ~ war in s-r Hand il avait le pouvoir absolu, tout le pouvoir; toute l'autorité était entre ses mains; große ~ haben F faire la pluie et le beau temps; über j-n ~ haben avoir de l'ascendant, de l'autorité, F avoir barre sur qn.; ~ haben, zu ... (+ *inf.*) avoir le pouvoir de ... (+ *inf.*); es steht nicht mehr in s-r ~, zu ... (+ *inf.*) il n'a plus le pouvoir de, il n'est plus en mesure, en état de, il ne peut plus ... (+ *inf.*); sie tut alles, was in ihrer ~ steht elle fait tout son possible; aus eigener ~ de ma (ta, sa, *etc.*) propre autorité; de mon (ton, son, *etc.*) propre chef; mit aller ~ de toute ma (ta, sa, *etc.*) force; ~ˌ**ablösung** *f* changement *m* de direction; ~ˌ**anhäufung** *f* concentration *f* de pouvoirs; ~ˌ**anspruch** *m* Machtansprüche erheben réclamer le pouvoir; ~**beˌfugnis** *f* pouvoir *m*; autorité *f*; richterliche ~ pouvoir discrétionnaire; Überschreitung der ~se excès de pouvoir; ~**beˌreich** *m* pouvoir *m*; ressort *m*; compétence *f*; sphère *f* (d'influence); ~**block** *m* ⟨~(e)s; ⸗e *od.* ~s⟩ bloc *m* de puissances; ~**erˌgreifung** *f* prise *f* du, accession *f* au pouvoir; ~ˌ**frage** *f* question *f* de puissance; ~ˌ**fülle** *f* plénitude *f* de la puissance; ~**gier** *f* avidité *f* du pouvoir; ~ˌ**haber** *m* ⟨~s; ~⟩ homme *m* au pouvoir; dirigeant *m*; maître souverain; 2ˌ**habeˌrisch** *adj.* despotique; tyrannique; autoritaire; ~ˌ**hunger** *m cf.* ~gier; 2ˌ**hungrig** *adj.* avide de pouvoir.

mächtig ['mɛçtɪç] **1.** *adj.* puissant; (*bedeutend*) considérable; (*sehr groß*) grand; gros, -sse; large; (*gewaltig*) énorme; colossal; *mines, géol.* (*dick*) large; épais, -sse; ~e Freunde amis influents, puissants; e-r Sprache ~ sein posséder une langue; s-r Sinne ~ sein avoir tout son bon sens; s-r nicht ~ sein ne pas se dominer, se maîtriser, être maître de soi-même; F ~en Dusel haben avoir une veine, chance énorme; F ~en Bammel haben avoir grand-peur, une peur terrible, P une frousse, trouille terrible; **2.** *adv.* F (*sehr*) puissamment; extrêmement; considérablement; énormément; ~ reich puissamment, considérablement riche; er konnte ~ schreien il pouvait crier très fort; 2**e(r)** *m* ⟨→ A⟩ homme puissant; die Mächtigen les puissants; 2ˌ**keit** *f* ⟨~⟩ *géol.*, *e-r Lagerstätte* puissance *f*; richesse *f*; *e-r Schicht* largeur *f*; épaisseur *f.*

Macht|kampf ['maxtkampf] *m* lutte *f* pour le pouvoir; 2**los** *adj.* impuissant; faible; sans autorité; dagegen ist man ~ on ne peut rien y faire; ~ˌ**losigˌkeit** *f* ⟨~⟩ impuissance *f*; faiblesse *f*; manque *m* d'autorité; ~ˌ**mittel** *n* er verfügt über viele ~ il dispose de beaucoup de pouvoir, d'autorité; ~**poliˌtik** *f* politique *f* de force; ~ˌ**probe** *f* épreuve *f* de force; ~**spruch** *m* décision *f* autoritaire, arbitraire, souveraine; ~ˌ**stellung** *f e-s Staates* puissance *f*; position *f* de force; ~ˌ**streben** *n* aspirations *f/pl.* à la puissance; ~ˌ**übernahme** *f cf.* Machtergreifung; ~**verˌteilung** *f* répartition *f* des pouvoirs; 2**voll** *adj.* puissant; imposant; ~**vollˌkommenheit** *f* omnipotence *f*; pouvoir absolu, discrétionnaire; aus eigener ~ de son propre chef; de sa propre autorité; ~**wort** *n* ⟨~(e)s; ~e⟩ parole *f* énergique; ein ~ sprechen faire acte d'autorité; parler d'un ton péremptoire, ne souffrant pas de réplique; ~**zuˌsammenballung** *f* concentration *f* de pouvoir; ~ˌ**zuwachs** *m* accroissement *m*, augmentation *f* de pouvoir; renforcement *m* de *od.* du pouvoir.

Machwerk ['maxvɛrk] *n* méchant ouvrage; ouvrage *m* sans valeur, fabriqué de toutes pièces; (*Pfuscherei*) F *fig.* bousillage *m.*

Machzahl ['maxtsaːl] *f phys.* nombre *m* de Mach [mak].

Madagass|e [mada'gasə] *m* ⟨~n; ~n⟩, ~**in** *f* ⟨~; ~nen⟩ Malgache *m, f*; 2**isch** *adj.* malgache.

Madam [ma'dam] F *f* ⟨~; ~s *od.* ~en⟩ **1.** (*Gnädige, Hausherrin*) maîtresse *f*; patronne *f*; **2.** *com.* (*rundliche, behäbige Frau*) F grosse mémère.

Mädchen ['mɛːtçən] *n* ⟨~s; ~⟩ **1.** fille *f*; kleines ~ petite fille; fillette *f*; F gamine *f*; gosse *f*; junges ~ jeune fille; demoiselle *f*; F jeunesse *f*; tendron *m*; ein hübsches (junges) ~ une belle (jeune) fille; une pin-up; F une belle gosse, poule; un beau brin de fille; P une belle pépée; blutjunges ~ toute jeune fille; F jeune tendron *m*; P poulet *m* de grain; **2.** F (*Liebste*) sein ~ son (sa petite, bonne) amie; sa bien-aimée; son amoureuse; **3.** (*Dienst*2) bonne *f*; servante *f*; domestique *f*; *fig.* ~ für alles bonne à tout faire; F bon(n)iche *f*; ~ˌ**bildung** *f*, ~**erˌziehung** *f* éducation *f* des (jeunes) filles; 2ˌ**haft 1.** *adj.* de jeune fille; de petite fille; **2.** *adv.* en, comme une jeune fille; ~ˌ**haftigkeit** *f* ⟨~⟩ nature *f*, qualité *f*, caractère *m* de jeune fille; ~ˌ**handel** *m* traite *f* des blanches; ~ˌ**heim** *n* foyer *m* de jeunes filles; ~ˌ**name** *m Vorname* nom *m* de fille; *von verheirateten Frauen* nom *m* de (jeune) fille, de demoiselle; ~**pensioˌnat** *n* pensionnat *m*, institution *f* de jeunes filles; ~ˌ**raub** *m* enlèvement *m* (d'une fille); rapt *m*; ~ˌ**räuber** *m* ravisseur *m* (de jeunes filles); ~ˌ**schule** *f* école *f* de (jeunes) filles; ~ˌ**zimmer** *n* **1.** chambre *f* de jeune fille; **2.** *des Dienstmädchens* chambre *f* de bonne.

Made ['maːdə] *f* ⟨~; ~n⟩ *zo.* asticot *m*; ver *m*; (*Motten*2) mite *f*; larve *f*; *fig.* wie die ~ im Speck leben F vivre comme un coq en pâte.

Madegass|e [madə'gasə], ~**in** *m* ⟨~n; ~n⟩, *f* ⟨~; ~nen⟩ *cf.* Madagasse; 2**isch** *adj. cf.* madagassisch.

Made(i)ra [ma'deːra] *m* ⟨~(s)⟩, **~ˌwein** *m* vin *m* de Madère; madère *m*.
Mädel ['mɛːdəl] *n* ⟨~s; ~ *od.* F ~s⟩ *cf.* Mädchen 1.; **ein fesches** ~ F un beau brin de fille; **~chen** *n* ⟨~s; ~⟩ *cf.* (kleines) Mädchen 1.
Madenwurm ['maːdənˌvʊrm] *m zo.* ascaride *m*; ascaris *m*; ver intestinal.
Madera ... *cf.* Made(i)ra ...
madig ['maːdɪç] *adj.* plein, rempli de vers; *von Obst* véreux, -euse; F habité; F *fig.* j-n ~ machen dénigrer qn.; F éreinter qn.; F *fig.* j-m etw. ~ machen (*verleiden*) dégoûter qn. de qc.
Madjar [ma'djaːr] *m* ⟨~en; ~en⟩, **~in** *f* ⟨~; ~nen⟩ Magyar, -e [maʒjaːr] *m, f*; **Ƨisch** *adj.* magyar.
Madonn|a [ma'dɔna] *f* ⟨~; -nnen⟩ Vierge *f*; *auf Bildern, als Statue* madone *f*; **die Sixtinische** ~ La Vierge de saint Sixte; **~enˌbild** *n* (image *f* de la) madone *f*; **Ƨenˌhaft** *adj. u. adv.* qui ressemble à, comme une madone; **ein ~es Lächeln** un sourire virginal.
Madrider [ma'drɪdər] **I** *m* ⟨~s; ~⟩ Madrilène *m*; **II** ~ *adj.* ⟨*inv.*⟩ de Madrid; madrilène; **~in** *f* ⟨~; ~nen⟩ Madrilène *f*.
Madrigal [madri'gaːl] *n* ⟨~s; ~e⟩ *Poesie, mus.* madrigal *m* (*pl.* madrigaux).
Mäeutik [mɛ'ʔɔytɪk] *f* ⟨~⟩ *philos.* maïeutique [-jø-] *f*.
Maf(f)ia ['mafiˑa] *f* ⟨~; ~s⟩ maf(f)ia *f*.
mag [maːk] *cf.* mögen.
Magazin [maga'tsiːn] *n* ⟨~s; ~e⟩ **1.** (*Lager*) magasin *m*; dépôt *m*; **2.** *Zeitschrift* magazine *m*; **3.** *milit. e-r Waffe* magasin *m*; **~verˌwalter** *m cf.* Lagerhalter.
Magd [maːkt] *f* ⟨~; ~̈e⟩ servante *f* (*auch bibl.*); bonne *f*; domestique *f*; *bibl.* vierge *f*; *égl. cath.* **die reine ~, die ~ Gottes** la Vierge.
Mägdlein ['mɛːktlaɪn] *n* ⟨~s; ~⟩ *poét. cf.* (kleines) Mädchen 1.
Magen ['maːgən] *m* ⟨~s; ~̈ *od.* ~⟩ estomac [-a] *m*; *mitunter auch* ventre *m*; **schwer, wie Blei im ~ liegen** peser sur, charger l'estomac; **sich den ~ verderben,** F **verrenken** se donner une indigestion; se gâter, se déranger, F se détraquer l'estomac; **e-n guten ~ haben** avoir bon estomac; digérer facilement; **e-n vollen ~ haben** avoir l'estomac plein; **e-n leeren ~ haben** avoir l'estomac creux, vide, F dans les talons; F **mir knurrt der ~** j'ai grand-faim; F mon estomac crie famine; F **sich den ~ vollschlagen** (se) goinfrer; F s'empiffrer; P bâfrer; **s-e Augen sind größer als sein ~** il a les yeux plus grands que le ventre; **etw. auf nüchternen ~ nehmen** prendre qc. à jeun; **sich auf den ~ schlagen** se porter sur l'estomac; F *fig.* **der Kerl liegt mir im ~** cet homme est mon cauchemar, F ma bête noire; F je ne peux digérer, P blairer cet homme; **e-m leeren ~ ist schlecht predigen** *prov.* ventre affamé n'a pas d'oreilles *prov.*; **~ˌausgang** *m anat.* pylore *m*; **~ˌausheberung** *f méd. cf.* ~spülung; **~beˌschwerden** *f/pl.* indigestion *f*; troubles *m/pl.*, dérangement *m*, malaise *m*, pesanteur *f* d'estomac; embarras *m* gastrique; ~ **haben** avoir l'estomac dérangé, F détraqué; **~ˌbitter** *m* ⟨~s; ~⟩ liqueur *f* stomachique; amer *m*; digestif *m*; **~ˌblutung** *f méd.* gastrorragie *f*; **~-'Darm-Kaˌnal** *m anat.* appareil digestif; **~-'Darm-Kaˌtarrh** *m méd.* gastro-entérite *f*; **~ˌdrücken** *n méd.* pesanteur *f* d'estomac; **~durchˌleuchtung** *f méd.* radioscopie *f* de l'estomac; **~ˌeingang** *m anat. cf.* ~mund; **~entˌzündung** *f méd.* inflammation *f* d'estomac; *sc.* gastrite *f*; **~erˌweiterung** *f méd.* dilatation *f* d'estomac; *sc.* gastrectasie *f*; **~ˌgegend** *f anat. sc.* région *f* épigastrique; épigastre *m*; **~geˌschwür** *n méd.* ulcère *m* d'estomac; **~ˌgrube** *f anat.* creux *m* épigastrique; **~ˌhaken** *m Boxen* coup *m*, crochet *m* à l'estomac; **~ˌinhalt** *m* contenu stomacal; **~ˌknurren** *n méd. sc.* borborygme *m*; **~ˌkrampf** *m méd.* crampe *f* (nerveuse) d'estomac; *sc.* gastrospasme *m*; **Ƨˌkrank** *adj.* qui souffre de l'estomac; ~ **sein** avoir l'estomac malade; **~ˌkrankheit** *f* maladie *f* de l'estomac; **~ˌkrebs** *m méd.* cancer *m* de l'estomac; **~ˌleiden** *n* affection *f*, maux *m/pl.* d'estomac; *sc.* gastrite *f*; **~ˌmund** *m anat.* cardia *m*; **~ˌpförtner** *m anat.* pylore *m*; **~ˌsaft** *m physiol.* suc *m* gastrique; **~ˌsäure** *f* acide *m* chlorhydrique; **~ˌschleimhautentˌzündung** *f méd.* gastrite *f*; **~ˌschmerzen** *m/pl.* maux *m/pl.* d'estomac; douleurs *f/pl.* gastriques, d'estomac; *sc.* gastralgie *f*; **~ˌschrumpfung** *f* rétrécissement *m* d'estomac; **~ˌsenkung** *f méd.* descente *f* d'estomac; ptose *od.* ptôse *f* de l'estomac; *sc.* gastroptose *f*; **~ˌspiegelung** *f méd.* gastroscopie *f*; **~ˌspülung** *f méd.* lavage *m* d'estomac; **Ƨˌstärkend** *adjt.* stomachique; cordial; digestif, -ive; tonique (*alle auch m* ~es Mittel); **~ˌtropfen** *m/pl.* élixir *m* stomachique; digestif *m*; **~verˌstimmung** *f* embarras *m* gastrique; **~ˌwand** *f anat.* paroi stomacale.
mager ['maːgər] *adj.* maigre (*auch fig.*); (*dünn*) fluet, -tte; (*dürr*) sec, sèche; décharné; grêle; *Kost* maigre; frugal; *mines* stérile; pauvre; **etw.** ~ maigr(el)et, -tte; F maigrichon, -nne; maigriot, -tte; ~ **machen** faire maigrir; rendre maigre; amaigrir; F fondre; **~(er) werden** maigrir; **~er Boden** sol aride, maigre, stérile; **~e Kost** maigre pitance, chère; **~es Fleisch** maigre *m*; **~e Ergebnisse** piètres, pauvres résultats; *bibl.* **die sieben fetten u. die sieben ~en Jahre** les sept vaches grasses et les sept vaches maigres; **ein ~er Vergleich ist besser als ein fetter Prozeß** *prov.* un mauvais arrangement vaut mieux qu'un bon procès *prov.*; **Ƨˌkäse** *m* fromage *m* maigre; **Ƨˌkeit** *f* ⟨~⟩ maigreur *f*; *des Bodens auch* aridité *f*; *fig.* pauvreté *f*; **Ƨˌkohle** *f* charbon *m* maigre; **Ƨˌmilch** *f* lait *m* maigre, écrémé.
Mag|ie [ma'giː] *f* ⟨~⟩ magie *f*; **~ier** ['maːgiˑər] *m* ⟨~s; ~⟩ **1.** (*persischer Priester*) mage *m*; **2.** (*Zauberer*) magicien *m*; **~iker** ['maː-] *m* ⟨~s; ~⟩ *cf.* ~ier 2.; **Ƨisch** ['maː-] *adj.* magique; *rad.* **~es Auge** œil magique; *phys. atom.* **~e Zahlen** nombres magiques.
Magistrat [magɪs'traːt] *m* ⟨~(e)s; ~e⟩ municipalité *f*; autorités municipales; **~sbeˌamte(r)** *m* fonctionnaire municipal; **~sbeˌschluß** *m* décision *f* de la municipalité, des autorités municipales.
Magma ['magma] *n* ⟨~s; -men⟩ *géol.* magma *m*.
Magnat [ma'gnaːt] *m* ⟨~en; ~en⟩ magnat [maɲa] *m*; (*Großindustrieller*) *auch* capitaine *m* d'industrie.
Magnesi|a [ma'gneːziˑa] *f* ⟨~⟩ *chim.* magnésie *f*; oxyde *m* de magnésium; **~t** [-'zɪt] *m* ⟨~s; ~e⟩ *minéral.* magnésite *f*; **~um** *n* ⟨~s⟩ *chim.* magnésium [-jɔm] *m*; **~umˌblitz** *m*, **~umˌblitzlicht** *n phot.* éclair *m* de magnésium; **~umˌdraht** *m* fil *m* de magnésium; **Ƨumˌhaltig** *adj.* magnésien, -nne; magnésifère; **~umˌpulver** *n* poudre *f* de magnésium.
Magnet [ma'gneːt] *m* ⟨~(e)s *od.* ~en; ~e(n)⟩ aimant *m* (*auch fig.*); *mot.* magnéto *f*; **~ˌanker** *m élect.* armature *f* d'un aimant; **~appaˌrat** *m mot.* magnéto *f*; **~ˌband** *n cf.* Tonband; **~bandgeˌrät** *n cf.* Tonbandgerät; **~bandˌspeicher** *m tél.* enregistreur *m* à bande magnétique; **~ˌbremse** *f mot.* frein *m* magnétique; **~ˌeisen** *n* fer *m* magnétique; **~eisenˌerz** *n*, **~eisenˌstein** *m minéral.* aimant naturel; magnétite *f*; **Ƨeˌlektrisch** *adj.* magnéto-électrique; **~ˌfeld** *n* champ *m* magnétique; **~feldˌröhre** *f cf.* Magnetron; **~inˌduktor** *m techn.* magnéto *f* d'appel; **Ƨisch** *adj.* magnétique (*auch fig.*); ~ **machen** aimanter; magnétiser; ~ **werden** s'aimanter; **~e Störungen, Stürme, Gewitter** perturbations magnétiques.
Magneti|seur [magneˑtiˑ'zøːr] *m* ⟨~s; ~e⟩ magnétiseur *m*; hypnotiseur *m*; **Ƨ'sierbar** *adj.* aimantable; magnétisable; **~'sierbarˌkeit** *f* ⟨~⟩ *néol.* aimantabilité *f*; **Ƨ'sieren** *v/t.* ⟨*pas de ge-*, h⟩ aimanter; magnétiser (*auch Personen*); **~'sierung** *f* ⟨~⟩ aimantation *f*; magnétisation *f* (*auch von Personen*).
Magnet|ismus [magneˑ'tɪsmʊs] *m* ⟨~⟩ magnétisme *m*; **~it** *m cf.* Magneteisenstein.
Magnet|kupplung [ma'gneːtˌkʊplʊŋ] *f Auto* accouplement *m*, embrayage *m* magnétique; **~ˌlocher** *m Lochkartenverfahren* perforatrice *f* à relais; **~ˌnadel** *f* aiguille aimantée.
Magneto|graph [magneˑtoˑ'graːf] *m* ⟨~en; ~en⟩ magnétographe *m*; **~hydrody'namik** *f phys.* magnétohydrodynamique *f*; **~'meter** *n* ⟨~s; ~⟩ *phys.* magnétomètre *m*.
Magneton [magneˑ'toːn] *n* ⟨~s; ~s⟩ *phys. atom.* magnéton *m*.
Magneto|path [magneˑtoˑ'paːt] *m* ⟨~en; ~en⟩ *cf.* Magnetiseur; **~'phon** *n* ⟨~s; ~e⟩ *cf.* Tonbandgerät; **~'phonˌband** *n cf.* Tonband; **~strikti'on** *f* ⟨~; ~en⟩ *phys.* magnétostriction *f*.
Magnetpol [ma'gneːtˌpoːl] *m* pôle *m* d'aimant; *der Erde* pôle *m* magnétique (terrestre).
Magnetron [magneˑ'troːn] *n* ⟨~s; ~e⟩ *phys.* magnétron *m*.
Magnet|scheider [ma'gneːtˌʃaɪdər] *m* ⟨~s; ~⟩ *phys.* séparateur *m* magnétique; **~ˌschienenˌbremse** *f chem.* frein *m* électro-magnétique sur rails; **~ˌspule** *f techn.* bobine *f* d'électro-aimant; **~ˌstahl** *m* acier *m* pour aimant; **~ˌstreufeld** *n* champ *m* de dispersion magnétique; **~ˌwerkstoffe** *m/pl.* matériau *m* magnétique; **~ˌwicklung** *f mot.* enroulement *m* de magnéto; **~ˌzündanlage** *f*, **~ˌzünder** *m mot.* magnéto *f*; **~ˌzündung** *f mot.* allumage *m* par magnéto.
Magnifikat [ma'gniːfiˑkat] *n* ⟨~s; ~s⟩ *égl. cath., mus.* magnificat *m*.
Magnifizenz [magniˑfiˑ'tsɛnts] *f* ⟨~; ~en⟩ Eure ~ Votre Magnificence.
Magnolie [ma'gnoːliˑə] *f* ⟨~; ~n⟩ *bot.* magnolier *m*; magnolia *m*; laurier tulipier.
magst [maːkst] *cf.* mögen.
Magyar [ma'djaːr] *m cf.* Madjar.
mäh [mɛː] *Geblök der Schafe* bée!
Mahagoni [maha'goːniˑ] *n* ⟨~s⟩ (bois *m* d')acajou *m*; **~ˌbaum** *m bot.* acajou *m*; **~ˌholz** *n cf.* Mahagoni.

Maharadscha [maha'raːdʒa] *m* ⟨~s; ~s⟩ mahara(d)jah [-dʒa] *m*.
~Mähbinder ['mɛːˌbɪndər] *m agr.* moissonneuse-lieuse *f*.
Mahd [maːt] *f* ⟨~; ~en⟩ *agr.* **1.** (*Mähen*) coupe *f*; fauche *f*; fauchage *m*; fauchaison *f*; **2.** (*Heuernte*) fauche *f*; fauchaison *f*; fenaison *f*.
Mähdrescher ['mɛːˌdrɛʃər] *m agr.* faucheuse-batteuse *f*; moissonneuse-batteuse *f*.
mähen¹ ['mɛːən] **I** *v/t.* ⟨h⟩ *agr. Gras* faucher; *Getreide auch* moissonner; **II** 2 *n* ⟨~s⟩ *von Gras cf.* **Mahd 1.**; *von Getreide auch* moisson *f*; moissonnage *m*.
mähen² ['mɛːən] **I** *v/i.* ⟨h⟩ *Schafe* bêler; **II** 2 *n* ⟨~s⟩ bêlement *m*.
Mäher(in) ['mɛːər(ɪn)] *m* ⟨~s; ~⟩ (*f*) ⟨~; ~nen⟩ (*Gras*2) faucheur, -euse *m*, *f*; (*Getreide*2) moissonneur, -euse *m*, *f*; **Tagewerk e-s ~s** fauchée *f*.
Mahl [maːl] *n* ⟨~(e)s; ~er *od.* ~e⟩ repas *m*; *feierliches* festin *m*; banquet *m*; **ein üppiges ~** un repas copieux; **ein königliches ~** un festin royal; **ein lukullisches ~ veranstalten** F tuer le veau gras.
mahl|en ['maːlən] **I** *v/t.* ⟨*p.p.* **gemahlen**, h⟩ moudre; (*zerquetschen*) écraser; broyer; *zu Pulver* pulvériser; triturer; **Hanfsamen ~** écraser le chènevis; **Korn ~** moudre du blé; **grob ~** moudre gros; concasser; **fein ~** moudre fin; **gemahlener Kaffee** café moulu; **wer zuerst kommt, mahlt zuerst** *prov.* les premiers arrivés sont les premiers servis *prov.*; **II** *v/i. Räder im Sand* patiner; **III** 2**en** *n* ⟨~s⟩ mouture *f*; écrasement *m*; broyage *od.* broiement *m*; *zu Pulver* pulvérisation *f*; trituration *f*; *grobes* concassage *m*; *der Räder im Sand* patinage *m*; 2**gang** *m* tournant *m* (de moulin); 2**geld** *n* mouture *f*; 2**gut** *n* blé *m* à moudre; (*das Gemahlene*) blé moulu; mouture *f*; 2**stein** *m* meule *f*; 2ˌ**trommel** *f* tambour *m* de broyage; 2**werk** *n* rouage *m* (d'un moulin).
Mahlzeit ['maːltsaɪt] *f* repas *m*; **reichliche ~** repas copieux; F gueuleton *m*; **e-e gute ~ einnehmen** faire un bon repas, F un (bon) gueuleton; gueuletonner; **drei ~en täglich** trois repas par jour; (**ich wünsche Ihnen e-e gesegnete**) **~!** *etwa* bon appétit!; grand bien vous fasse!; F *iron.* **na, prost ~!** F on est refait, dedans, roulé!
Mähmaschine ['mɛːmaˌʃiːnə] *f agr. für Gras* faucheuse *f*; *für Getreide* moissonneuse *f*; *jard.* (*Rasen*2) tondeuse *f*.
Mahnbrief ['maːnbriːf] *m allg.* (lettre *f* d')exhortation *f*; *comm.* (lettre *f* de) réclamation *f*, rappel *m*; sommation *f* (de paiement); mise *f* en demeure; (lettre *f* d')avertissement *m*; *égl. cath.* (lettre *f*) monitoire *m*.
Mähne ['mɛːnə] *f* ⟨~; ~n⟩ crinière *f* (*auch fig. u. iron.*).
mahn|en ['maːnən] **I** *v/t.* ⟨h⟩ *allg.* exhorter (zu etw. à qc.; etw. zu tun à faire qc.); sommer (de faire qc.); **j-n an etw. ~** rappeler qc. à qn.; faire souvenir de qc. à qn.; avertir qn. de qc.; *comm.* **j-n wegen etw. ~** mettre qn. en demeure de faire qc.; réclamer qc. à qn.; **j-n wegen e-r Schuld ~** rappeler une dette à qn.; réclamer le payement d'une dette à qn.; *pfort.* sommer qn. de payer une dette; **II** 2**en** *n* ⟨~s⟩ *cf.* 2**ung**; 2**er(in)** *m* ⟨~s; ~⟩ (*f*) ⟨~; ~nen⟩ personne *f* qui exhorte, avertit, *wegen Geld* qui réclame (le payement d'une dette); **lästiger ~** créancier importun; F aboyeur *m*; 2**ge**ˌ**bühr** *f* frais *m/pl.* de sommation; 2**mal** *n* ⟨~(e)s; ~e⟩ monument *m* (à la mémoire de ..., expiatoire); 2**ruf** *m* exhortation *f*; (parole *f* d')avertissement *m*; 2ˌ**schreiben** *n cf.* **Mahnbrief**; 2**ung** *f* ⟨~; ~en⟩ *allg.* exhortation *f*; avertissement *m*; *comm.* réclamation *f*; *energische* sommation *f*; *jur.* mise *f* en demeure; **gebührenfreie ~** sommation sans frais; **gebührenpflichtige ~** sommation avec frais; avertissement taxé; **gerichtliche ~** sommation par voie d'huissier; **j-m e-e ~ zugehen lassen** faire, adresser une sommation à qn.; mettre qn. en demeure; 2**ver**ˌ**fahren** *n jur.* procédure *f* d'avertissement, de mise en demeure, de sommation; 2**wort** *n* ⟨~(e)s; ~e⟩ *cf.* 2**ruf**; 2ˌ**zettel** *m* avertissement *m*; sommation *f*.
Mahr [maːr] *m* ⟨~(e)s; ~e⟩ fantôme *m* causant des cauchemars.
Mähre¹ ['mɛːrə] *f* ⟨~; ~n⟩ (*alte Stute*) vieille jument; *par ext.* (*elendes Pferd*) mauvais cheval; F rosse *f*; 'haridelle *f*; rossinante *f*.
Mähr|e² ['mɛːrə] *m* ⟨~n; ~n⟩, **~in** *f* ⟨~; ~nen⟩ Morave *m*, *f*; 2**isch** *adj.* morave; *relig.* 2**e Brüder** frères moraves.
Mai [maɪ] *m* ⟨~(e)s *od.* ~; ~e⟩ (mois *m* de) mai *m*; *fig.*, *des Lebens* printemps *m* (de la vie); **im ~** en mai; au mois de mai; **der Erste ~** le Premier mai; **~ kühl u. naß füllt dem Bauer Scheuer u. Faß** *prov. etwa* pluie en mai, bonne récolte en août; mai frais et venteux fait l'an plantureux; **~baum** *m* (arbre *m* de) mai *m*; **~**ˌ**blume** *f cf.* **Maiglöckchen**; **~**ˌ**bowle** *f* vin aromatisé (avec l'aspérule odorante).
Maid [maɪt] *iron.* *f* ⟨~; ~en⟩ jeune fille *f*; jouvencelle *f*.
Mai|e ['maɪə] *f* ⟨~; ~n⟩ rameau vert; **~en**ˌ**baum** *m*, **~en**ˌ**blume** *f*, **~en**ˌ**nacht** *f cf.* **Mai...**; **~**ˌ**feier** *f* fête *f* du Premier mai; **~**ˌ**glöckchen** *n bot.* muguet *m*; **~**ˌ**käfer** *m zo.* 'hanneton *m*; **~kraut** *n bot.* (*Waldmeister*) aspérule odorante.
Mailänd|er ['maɪˌlɛndər] **I** *m* ⟨~s; ~⟩ Milanais *m*; **II ~er** *adj.* ⟨*inv.*⟩ de Milan; milanais; **~e**ˌ**rin** *f* ⟨~; ~nen⟩ Milanaise *f*; 2**isch** *adj. cf.* **~er II.**
Mai|lüftchen ['maɪˌlʏftçən] *n* brise légère printanière; **~nacht** *f* nuit *f* de mai.
Mainz|er ['maɪntsər] **I** *m* ⟨~s; ~⟩ Mayençais *m*; **II ~er** *adj.* ⟨*inv.*⟩ de Mayence; **~e**ˌ**rin** *f* ⟨~; ~nen⟩ Mayençaise *f*; 2**isch** *adj. cf.* **~er II.**
Mais [maɪs] *m* ⟨~es; ~e⟩ *agr.* maïs *m*; **~brot** *n* pain *m* de maïs.
Maisch [maɪʃ] *m* ⟨~es; ~e⟩ *Bierbrauerei cf.* **~**ˌ**bottich** *m* cuve-matière *f*; **~e** *f* ⟨~; ~n⟩ trempe *f*; moût *m*; 2**en** *v/t.* ⟨h⟩ mettre en trempe.
Mais|flocken ['maɪsˌflɔkən] *f/pl.* flocons *m/pl.* de maïs; 2**gelb** *adj.* jaune maïs; **~**ˌ**kolben** *m* épi *m* de maïs; **~mehl** *n* farine *f* de maïs; **~**ˌ**stärke** *f* amidon *m* de maïs.
Mai|trank ['maɪtraŋk] *m cf.* **Maibowle**; **~wuchs** *m bot.* pousse *f*.
Majestät [majɛs'tɛːt] *f* ⟨~⟩ **1.** *allg.* (*Erhabenheit*) majesté *f*; **2.** ⟨*pl.* ~en⟩ *als Titel* majesté *f*; *als Anrede für den König od. Kaiser* Sire, *für die Königin, Kaiserin* Madame; **Seine ~ der Kaiser** Sa Majesté (*abr.* S.M.) l'empereur; 2**isch** *adj.* majestueux, -euse; imposant; **~sbe**ˌ**leidigung** *f*, **~sver**ˌ**brechen** *n* crime *m* de lèse-majesté.
Majolika [ma'joːliˑka] *f* ⟨~; -ken *od.* ~s⟩ majolique *f*.
Majonäse [majoˑ'nɛːzə] *f* ⟨~; ~n⟩ *cf.* **Mayonnaise**.
Major [ma'joːr] *m* ⟨~s; ~e⟩ *milit. bei der Infanterie* commandant *m* (*auch der Luftwaffe*); chef *m* de bataillon; *bei der Kavallerie u. Artillerie* chef *m* d'escadron; *in nichtfranz. Armeen auch* major *m*.
Majoran [majoˑ'raːn, 'maːjoˑran] *m* ⟨~s; ~e⟩ *bot.* marjolaine *f*.
Majorat [majoˑ'raːt] *n* ⟨~(e)s; ~e⟩ *jur.* droit *m* de primogéniture, d'aînesse; majorat *m*; **~s**ˌ**erbe** *m* héritier *m* du majorat; **~s**ˌ**gut** *n* majorat *m*; **~s**ˌ**herr** *m* majorataire *m*; aîné *m* de la famille.
Majordomus ['maːjɔr'doːmus] *m* ⟨~; ~⟩ *hist.* maire *m* du palais; *par ext.* majordome *m*.
majorenn [majoˑ'rɛn] *adj.* majeur; 2**i'tät** *f* ⟨~⟩ majorité *f*.
majori|sieren [majoˑriˑ'ziːrən] *v/t.* ⟨*pas de ge-*, h⟩ l'emporter à la majorité (sur); 2**'tät** *f* ⟨~⟩ majorité *f*; 2**'tätsbe**ˌ**schluß** *m* décision *f* majoritaire, à *od.* de la majorité; 2**'täts**ˌ**wahl** *f* scrutin *m* majoritaire.
Majorsrang [ma'joːrsˌraŋ] *m milit.* grade *m* de commandant, de chef de bataillon, *etc.* (*cf.* **Major**).
Majuskel [ma'jʊskəl] *f* ⟨~; ~n⟩ (lettre *f*) majuscule *f*; *impr.* capitale *f*.
makaber [ma'kaːbər] *adj.* ⟨-br-⟩ macabre.
Makadam|(decke) [maka'dam(ˌdɛkə)] *m od. n* ⟨~s; ~e⟩ (*f*) macadam *m*; 2**i'sieren I** *v/t.* ⟨*pas de ge-*, h⟩ macadamiser; *abus.* asphalter; **II ~i'sieren** *n* ⟨~s⟩ macadamisage *m*; macadamisation *f*; *abus.* asphaltage *m*.
Makak ['maːkak, -'kak, -'kaːk] *m* ⟨~s *od.* -'kaken; -'kaken⟩ *zo.* macaque *m*.
Makedonier [makeˑ'doːniˑər] *m* ⟨~s; ~⟩ *cf.* **Mazedonier**.
Makel ['maːkəl] *m* ⟨~s; ~⟩ *fig.* (*Schandfleck*) tache *f*; tare *f*; opprobre *m*; *pfort.* souillure *f*; **ohne ~** *cf.* **makellos**.
Mäk|elei [ˌmɛːkə'laɪ] F *f* ⟨~; ~en⟩ critique mesquine; manie *f* de trouver à redire à tout; 2**(e**ˌ**)lig** ['mɛː-] F *adj.* qui critique tout; *im Essen etc.* difficile.
makellos ['maːkəlˌloːs] *adj.* (*rein*) immaculé; sans tache, tare, défaut; pur; (*tadellos*) impeccable; 2**igkeit** *f* ⟨~⟩ caractère immaculé; pureté absolue.
makeln ['maːkəln] *v/i.* ⟨-(e)le, h⟩ faire le courtier, le courtage.
mäkeln ['mɛːkəln] **I** *v/i.* ⟨-(e)le, h⟩ F **an etw. ~** critiquer mesquinement qc.; P *abs.* renauder; **er mäkelt immer** P *néol.* il est toujours en train de criticailler; **an allem ~** trouver à redire à tout; **II** 2 *n* ⟨~s⟩ *cf.* **Mäkelei**.
Make-up [meːk'ˀap] *n* ⟨~s⟩ maquillage *m*.
Maki ['maːkiˑ] *m* ⟨~s; ~s⟩ *zo.* maki *m*; *sc.* lémur *od.* lemur *m*.
Makkaroni [maka'roːniˑ] *pl.* macaroni(s) *m(pl.)*; 2**sch** *adj. Dichtung* macaronique.
Makler ['maːklər] *m* ⟨~s; ~⟩ courtier *m*; *an der Börse* agent *m* de change; coulissier *m*; **vereidigter ~** courtier assermenté; agent *m* de change.
Mäkler ['mɛːklər] F *m* ⟨~s; ~⟩ critiqueur *m*; censeur *m*; gloseur *m*; P *néol.* criticailleur *m*; renaudeur *m*.
Makler|bank ['maːklərˌbaŋk] *f* ⟨~⟩ *in der Börse* corbeille *f*; **~**ˌ**firma** *f* firme *f*, maison *f* de courtage; **~ge**ˌ**bühr** *f* courtage *m*; **~ge**ˌ**schäft** *n* courtage *m*; **~provisi**ˌ**on** *f* commission *f* de courtier; **~**ˌ**raum** *m*, **~**ˌ**schranke** *f cf.* **~bank**.
mäklig ['mɛːklɪç] *cf.* **mäkelig**.

Mako ['makoˑ] *f* ⟨~; ~s⟩, *m*, *n* ⟨~(s); ~s⟩ coton égyptien.
Makrele [ma'kreːlə] *f* ⟨~; ~n⟩ *zo.* maquereau *m*; *sc.* scombre *m*.
Makro|biotik [makroˑbiˑ'oːtɪk] *f* ⟨~⟩ macrobiotique *f*; **~chei'rie** *f* ⟨~⟩ macrochirie [-ki-] *f*; **2ke'phal** *adj. cf.* makrozephal; **~kepha'lie** *f* ⟨~⟩ *cf.* Makrozephalie; **~'kosmos** *m*, **~'kosmus** *m* ⟨~⟩ macrocosme *m*.
Makrone [ma'kroːnə] *f* ⟨~; ~n⟩ *Gebäck* macaron *m*.
makro|skopisch [makroˑ'skoːpɪʃ, makrɔs'koː-] *adj.* macroscopique; **2'spore** *f bot.* macrospore *f*; **~ze'phal** *adj.* macrocéphale; **2zepha'lie** *f* ⟨~⟩ macrocéphalie *f*.
Makul|atur [makuˑla'tuːr] *f* ⟨~; ~en⟩ *impr.* papier *m* de rebut; maculature *f*; F *fig.* ~ **reden** raconter, dire des bêtises, des âneries; **~a'tur,bogen** *m impr.* feuille *f* de rebut, gâtée; **2ieren** [-'liː-] *v/t.* ⟨*pas de ge-*, **h**⟩ *impr.* (*einstampfen*) mettre au pilon.
Mal[1] [maːl] *n* ⟨~(e)s; ~e *od.* ~er⟩ **1.** (*Fleck*) tache *f*; signe *m*; marque *f*; stigmate *m*; **blaues** ~ ecchymose [eki-] *f*; F bleu *m*; **2.** (*Zeichen*) signe *m*; marque *f*; *Sport* terme *m*; but *m*; *par ext.* (*Pfahl*) poteau *m*.
Mal[2] [maːl] **I** *n* ⟨~(e)s; ~e⟩ fois *f*; **das erste** ~ (*auch* **erste2**) la première fois; **zum ersten** ~ pour la première fois; **zum letzten** ~ (*auch* **letzten2**) pour la dernière fois; **zu wiederholten ~en** à plusieurs, à maintes reprises; **mit e-m ~(e)** (*auch* **ein[em]2**) (*plötzlich*) tout à coup; (*ohne Unterbrechung*) d'un seul trait; en *od.* d'une seule fois; tout d'un coup; **dieses** ~ (*auch* **dies2**) cette fois; F pour le coup; **für dieses** ~ pour cette fois; **einige ~e** plusieurs fois; **ein anderes** ~ (*auch* **ander2**) une autre fois; **manches liebe** ~, **manch liebes** ~, **manches** ~ (*auch* **manch2**) mainte(s) fois; quelquefois; parfois; F des fois et des fois; **nächstes, das nächste** ~ la prochaine fois; **voriges, das vorige** ~ la dernière fois; la fois précédente; **II 2** *adv.* **1.** *zur Multiplikation* **zwei** ~ **fünf ist zehn** deux fois cinq font dix; **im Format fünf** ~ **neun** dans le format cinq sur neuf; **2.** F (*einmal*) **das ist nun** ~ **nicht anders** que voulez-vous? c'est comme ça; **denken Sie** ~ ... pensez donc ...; **sie ist nicht** ~ **hübsch** elle n'est pas même jolie; **Augenblick** ~! voyons! voyons!; **trinken Sie** ~! F buvez un coup!; *cf. auch* einmal.
Malachit [mala'xiːt, -'xɪt] *m* ⟨~s; ~e⟩ *minéral.* malachite [-k-] *f*; **2,grün** *adj.* vert malachite.
Malaga ['malaga, 'maː-] *m* ⟨~s; ~s⟩, **~,wein** *m* vin *m* de Malaga; malaga *m*.
Malai|e [ma'laɪə] *m* ⟨~n; ~n⟩, **~in** *f* ⟨~; ~nen⟩ Malais, -e *m*, *f*; **2isch** *adj.* malais; **die ~e Sprache, das 2e** la langue malaise; le malais.
Malaria [ma'laːriˑa] *f* ⟨~⟩ *méd.* malaria *f*; paludisme *m*; **~,anfall** *m méd.* accès *m*, crise *f* de paludisme; **2,krank** *adj.* paludéen, -nne; **~,mücke** *f zo.* anophèle *m*.
mal|en ['maːlən] **I** *v/t.* ⟨**h**⟩ peindre; **j-n** ~ faire le portrait de qn.; **j-n in Lebensgröße** ~ peindre qn. grandeur nature(lle); *fig. iron.* **Buchstaben** ~ dessiner les lettres; *fig.* **den Teufel an die Wand** ~ tenter le diable; défier, provoquer le diable, le démon; **wie gemalt** très beau, belle; magnifique; F beau, belle comme une image; *fig.* **alles schwarz** ~ (dé)peindre tout en noir; **in Öl** ~ peindre à l'huile; **in Pastell** ~ peindre au pastel; **in, mit Wasserfarben** ~ peindre à, faire de l'aquarelle; **nach der Natur** ~ peindre d'après nature; **II** *v/réfl.* **sich** (*selbst*) ~ se peindre; **sich ~ lassen** se faire peindre; faire faire son portrait; *fig.* **auf seinem Antlitz malt sich Entsetzen** la terreur se reflète, se dépeint sur son visage; **III 2en** *n* ⟨~s⟩ peinture *f*; **zum ~ schön** à peindre; **das ist zum** ~ c'est à peindre; **2er** *m* ⟨~s; ~⟩ *Künstler u. Anstreicher* peintre *m*; *im Gegensatz zum Anstreicher* artiste *m* peintre; **schlechter** ~ F rapin *m*; **2erakade,mie** *f* académie *f* de peinture; **2erateli,er** *n* atelier *m*, studio *m* de peintre; **2e'rei** *f* ⟨~; ~en⟩ (*Malen*) peinture *f*; (*Malkunst*) art *m* de peindre; **abstrakte, moderne** ~ peinture abstraite, moderne; **2e,rin** *f* ⟨~; ~nen⟩ femme *f* peintre; **~e,risch** *adj.* pittoresque; **2er,lehrling** *m e-s Anstreichers* apprenti *m* peintre; F rapin *m*; **2er,leim** *m* maroufle *f*; **2er,meister** *m* peintre *m*; **2er,pinsel** *m e-s Anstreichers* (*Quast*) brosse *f* (à peindre); **2er-Ra'dierer** *m* peintre-graveur *m*; **2er,schule** *f* **flandrische** ~ école flamande; **2er,werkstatt** *f Handwerksbetrieb* atelier *m* de peinture; **2er,farben** *f/pl.* couleurs *f/pl.*; **2ge,rät** *n* matériel *m* de peinture.
Malheur [ma'løːr] F *n* ⟨~s; ~e *od.* ~s⟩ malheur *m*; accident *m*.
malign|e [ma'lɪgnə] *adj. méd.* malin, maligne; **~r Tumor** tumeur maligne; **2i'tät** *f* ⟨~⟩ *méd.* malignité *f*.
maliziös [maliˑtsiˑ'øːs] *adj.* malicieux, -euse.
Mal|kasten ['maːl,kastən] *m* boîte *f* de couleurs; **~kunst** *f cf.* Malerei.
Mall [mal] *n* ⟨~(e)s; ~e⟩ *mar.* gabarit *m*; **2en** *v/i.* ⟨**h**⟩ *mar.*, *Wind* jouer; **~ung** *f* ⟨~⟩ *mar.* jeu *m* (du vent).
malnehmen ['maːl,neːmən] **I** *v/t.* ⟨*irr.*, *sép.*, **-ge-**, **h**⟩ *math.* multiplier; **II 2** *n* multiplication *f*.
Mal|schule ['maːl,ʃuːlə] *f* école *f* de peinture; **~stock** *m* appui-main *m*.
Maltafieber ['malta,fiːbər] *n méd.* brucellose *f*; fièvre ondulante, méditerranéenne, de Malte.
Maltechnik ['maːl,tɛçnɪk] *f* manière *f* de peindre; procédé *m* de peinture; facture *f*; touche *f*; brosse *f*.
Maltes|er [mal'teːzər] **I** *m* ⟨~s; ~⟩ Maltais *m*; **II ~er** *adj.* ⟨*inv.*⟩ *cf.* **2isch**; **~e,rin** *f* ⟨~; ~nen⟩ Maltaise *f*; **~er,kreuz** *n* croix *f* de Malte (*auch techn.*); **~er,orden** *m* ordre *m* de Malte; **~er,ritter** *m* chevalier *m* de Malte; **2isch** *adj.* de Malte; maltais.
Malthus|ianismus [maltuˑziˑa'nɪsmʊs] *m* ⟨~⟩ malthusianisme *m*; **2isch** [-'tuː-] *adj.* malthusien, -nne.
Maltose [mal'toːzə] *f* ⟨~⟩ *chim. cf.* Malzzucker.
malträtier|en [maltrɛ'tiːrən] *v/t.* ⟨*pas de ge-*, **h**⟩ maltraiter; **2ung** *f* ⟨~; ~en⟩ *verbal.*
Malvasier(wein) [malva'ziːr(,vaɪn)] *m* ⟨~s⟩ (*m*) malvoisie *f*.
Malve ['malvə] *f* ⟨~; ~n⟩ *bot.* mauve *f*; **2n,farbig** *adj.* mauve; **~nge,wächse** *n/pl. bot.* malvacées *f/pl.*
Malweise ['maːl,vaɪzə] *f cf.* Maltechnik.
Malz [malts] *n* ⟨~es⟩ malt *m*; F *fig.* **an** *od.* **bei dem ist Hopfen u.** ~ **verloren** c'est peine perdue que de vouloir le corriger; il est incorrigible; on ne peut pas faire grand-chose de lui; F on ne peut pas en faire grand-chose; **~be,reitung** *f Brauerei* maltage *m*; **~bier** *n* bière *f* de malt; **~bon,bon** *m* bonbon *m* à l'extrait de malt; **~,darre** *f Brauerei* touraille *f*.
Malzeichen ['maːl,tsaɪçən] *n math.* signe *m* de multiplication.
malzen ['maltsən] **I** *v/i.* ⟨-(es)t, **h**⟩ malter; **II 2** *n* ⟨~s⟩ maltage *m*.
Mälzer ['mɛltsər] *m* ⟨~s; ~⟩ *Brauerei* malteur *m*; **~ei** [-'raɪ] *f* ⟨~⟩ **1.** *cf.* mälzen II; **2.** ⟨*pl.* ~en⟩ *Fabrik* malterie *f*.
Malz|extrakt ['malts?ɛks,trakt] *m* extrait *m* de malt; **~ka,ffee** *m* (café *m* de) malt *m*; **~schrot** *m od. n* malt égrugé; **~,tenne** *f* germoir *m*; **~,zucker** *m* maltose *m*.
Mama [ma'maː, 'mama] *f* ⟨~; ~s⟩ *enf.* maman *f*.
Mameluck [mamə'lʊk] *m* ⟨~en; ~en⟩ mamel(o)uk *m*.
Mamma ['mama] *f* ⟨~; ~s⟩ *cf.* Mama.
Mammon ['mamɔn] *m* ⟨~s⟩ Mammon *m*; *bibl.* veau *m* d'or; **dem** ~ **dienen** adorer le veau d'or; **~s,diener** *m* adorateur *m* du veau d'or; homme attaché aux biens de ce monde; **~s,dienst** *m* culte *m* du veau d'or, des richesses.
Mammut ['mamʊt, -muːt] *n* ⟨~s; ~e *od.* ~s⟩ *zo.* mammouth [-t] *m*; **~,baum** *m bot.* sequoia [sekoja] *m*; **~unter,nehmen** *n* entreprise *f* monstre, gigantesque.
Mamsell [mam'zɛl] F *f* ⟨~; ~en *od.* ~s⟩ mademoiselle *f*; F mam'selle *f*; **kalte** ~ *etwa* dame, serveuse de *od.* du buffet.
man [man] **I** *pr/ind.* ⟨*dat.* einem, *acc.* einen⟩ on (*nach* si, ou, où, et, que *oft* l'on); **wenn** ~ **will** si l'on veut; ~ **muß es glauben** il faut le croire; ~ **sagt** on dit; **wenn** ~ **ihn hört, sollte** ~ **glauben** ... à l'entendre, on croirait ...; **wie soll** ~ **wissen** ... et le moyen de savoir ...; comment savoir ...; *bei Vorschriften* ~ **nehme** ... prendre ...; **II** *advt.* F (*nur*) ~ **zu!** F vas-y!; allons-y!; attaquons!; à l'ouvrage!; P au boulot!; au turbin!; ~ **sachte!** doucement!; **denn** ~ **los!** allons!; partons!
Mänade [mɛ'naːdə] *f* ⟨~; ~n⟩ *myth.* ménade *f*; bacchante [-k-] *f*.
manag|en ['mɛnɪdʒən] *v/t.* ⟨**h**⟩ F (*zustande bringen*) arranger; **2er** *m* ⟨~s; ~⟩ manager [manadʒɛr, -dʒər] *m*; **2er,krankheit** *f etwa* névrose due au surmenage.
manch [manç] *pr/ind. alleinstehend od. attributiv gebraucht* **~er** *m*, **~e** *f*, **~es** *n attributiv* maint, -e; plus d'un, -e; *alleinstehend* tel, -lle; il en est qui; **~e** *pl. attributiv* maints, maintes; nombre de; beaucoup de; bien des; *alleinstehend* plusieurs; ~ **e-r** maint homme; mainte personne; **~es** mainte(s) chose(s); **~es Mal,** ~ **liebes Mal, ~es liebe Mal** F mainte(s et maintes) fois; bien des fois; **wie ~es Mal!** combien de fois!; que de fois!; **so ~en Seufzer** que de soupirs; **so ~es Buch** tant de livres; **so ~es Jahr** pendant tant d'années; **ich habe Ihnen gar ~es zu erzählen** j'ai tant de, bien des choses à vous raconter; **man sagt so ~es** il se dit bien des choses; **~er glaubt, ~e glauben** beaucoup de personnes croient; **~er erntet, wo er nicht gesät hat** beaucoup moissonnent ce qu'ils n'ont pas semé; **~en'orts** *adv.* en divers endroits, lieux, pays, *etc.*; **~er'lei** *adj.* ⟨*inv.*⟩ divers; différent; *substantivisch* toutes sortes de choses; ~ **Mängel** divers défauts; **auf** ~ **Art** de différentes manières; **~er'orts** *adv. cf.* ~enorts.
Manchester|(samt) [man'ʃɛstər (-,zamt)] *m* ⟨~s⟩ (*m*) velours *m* de coton, *gerippter* côtelé, à côtes; **~,tum** ['mɛntʃɛstər-] *n* ⟨~(e)s⟩ *pol.* libre-échang(ism)e *m*.

manchmal ['mançmaːl] *adv.* quelquefois; parfois; mainte(s) fois; plus d'une fois; F des fois.
Mandant(in) [man'dant(ɪn)] *m* ⟨~en; ~en⟩ *(f)* ⟨~; ~nen⟩ mandant, -e *m, f*; commettant, -e *m, f*; *jur.* constituant, -e *m, f*; délégant, -e *m, f*; *e-s Rechtsanwalts* client, -e *m, f.*
Mandarin [manda'riːn] *m* ⟨~s; ~e⟩ mandarin *m.*
Mandarine [manda'riːnə] *f* ⟨~; ~n⟩ *bot.* mandarine *f*; **~nˌbaum** *m bot.* mandarinier *m.*
Mandarinenwürde [manda'riːnənˌvʏrdə] *f* mandarinat *m.*
Mandat [man'daːt] *n* ⟨~(e)s; ~e⟩ *jur., pol., im Parlament* mandat *m*; ~ **als Abgeordneter** mandat de député; **~ar** [-'taːr] *m* ⟨~s; ~e⟩ mandataire *m*; **~arˌstaat** [-'taːr-] *m* État *m* mandataire; **~sgeˌbiet** *n pol.* (territoire *m* sous) mandat *m*; **~sˌmacht** *f* puissance *f* mandataire.
Mandel[1] ['mandəl] *f* ⟨~; ~n⟩ **1.** *bot.* (*~kern*) amande *f*; **süße, bittere ~n** amandes douces, amères; **gebrannte ~** amande grillée; praline *f*; **2.** *anat.* **~n** *pl.* amygdales *f/pl.*; **die ~n herausnehmen** enlever les, faire l'ablation des amygdales.
Mandel[2] ['mandəl] *f* ⟨~; ~(n)⟩ **e-e ~ Eier** une quinzaine d'œufs.
Mandel|baum ['mandəlˌbaum] *m bot.* amandier *m*; **~ˌblüte** *f bot.* fleur *f* d'amandier; **~entˌzündung** *f méd.* angine *f* tonsillaire; amygdalite *f*; **2ˌförmig** *adj.* qui a la forme d'une amande; en amande; *sc.* amygdaloïde; **~ˌkern** *m cf.* Mandel[1] 1.; **~ˌkleie** *f* son *m* d'amandes; **~ˌmilch** *f* lait *m* d'amandes; orgeat *m*; **~ˌöl** *n* huile *f* d'amandes; **~ˌseife** *f* savon (parfumé) aux amandes; *sc.* savon amygdalin; **~ˌstein** *m minéral.* roche *f* amygdaloïde.
Mandoline [mando·'liːnə] *f* ⟨~; ~n⟩ *mus.* mandoline *f*; **~nˌspieler(in)** *m(f)* mandoliniste *m, f.*
Mandorla ['mandɔrla] *f* ⟨~; -len⟩ mandorle *f.*
Mandragor|a [man'draːgo·ra] *f* ⟨~; -'goren⟩, **~e** [mandra'goːrə] *f* ⟨~; ~n⟩ *bot.* mandragore *f.*
Mandrill [man'drɪl] *m* ⟨~s; ~e⟩ *zo.* mandrill [-j, -l] *m.*
Mandschu ['mandʒu·, 'mantʃu·] *m* ⟨~(s); ~⟩ Mandchou *m*; **2risch** [-'dʒuː-, -'tʃuː-] *adj.* mandchou.
Manege [ma'neːʒə] *f* ⟨~; ~n⟩ manège *m*; arène *f*; piste *f.*
Manen ['maːnən] *pl.* mânes *m/pl.*
Mangan [maŋ'gaːn] *n* ⟨~s⟩ *minéral.* manganèse *m*; **~...** *in Zssgn. oft* mangano-; manganoso-; **~ˌblende** *f minéral.* manganèse sulfuré; **~ˌerz** *n minéral.* minerai *m* de manganèse; **~ˌglanz** *m cf.* ~blende; **2ˌhaltig** *adj.* manganésifère; manganésien, -nne; **~oˌxyd** *n chim.* oxyde *m* manganique, de manganèse; **2ˌsauer** *adj. chim.* **mangansaures Salz** manganate *m*; **~ˌsäure** *f chim.* acide *m* manganique; **~ˌstahl** *m* acier *m* au manganèse; **~verˌbindung** *f chim.* combinaison *f* de manganèse.
Mangel[1] ['maŋəl] *f* ⟨~; ~n⟩ (*Wäsche2*) calandre *f.*
Mangel[2] ['maŋəl] *m* ⟨~s; ⸚⟩ **1.** (*Fehlen*) absence *f*; défaut *m*; manque *m*; insuffisance *f*; carence *f* (*alle* **an etw.** de qc.); *bes. an Lebensmitteln* rareté *f*; disette *f*; privation *f* (*alle* **an etw.** de qc.); **großer ~ an ...** pénurie *f* de ...; **~ an Arbeitskräften** pénurie de main-d'œuvre; **aus ~ an Gelegenheit** faute d'occasion; (par) manque d'occasion; l'occasion ne s'(en) étant pas présentée; *jur.* **aus ~ an Beweisen** par manque, en l'absence de preuves; **daran ist kein ~** il y en a assez; ce n'est pas ce qui manque, qui fait défaut; **an etw. ~ haben, leiden** manquer de qc.; **am Notwendigen ~ leiden** manquer du nécessaire; **~ an Selbstvertrauen** défiance de soi; manque de confiance en soi; **2.** *abs.* (*~ am Notwendigen*) besoin *m*; disette *f*; *pfort.* pénurie *f*; indigence *f*; **gänzlicher ~** dénuement *od.* dénûment *m*; **~ leiden** être dans l'indigence; **er leidet bitteren ~** il est dans une affreuse misère; **auf der e-n Seite übermäßiger Reichtum, auf der anderen ~** d'un côté l'opulence, de l'autre le dénuement, le besoin, l'indigence; **3.** *meist pl. e-s Menschen* (*Fehler*) défaut *m*; *e-r Sache auch* vice *m*; imperfection *f*; défectuosité *f*; **e-n ~ aufweisen, mit e-m ~ behaftet sein** présenter un vice, un défaut.
Mängelanzeige ['mɛŋəlˌˀantsaɪgə] *f comm.* notification *f* d'un vice, défaut, d'une défectuosité.
Mangel|beruf ['maŋəlbəˌruːf] *m* profession non encombrée; **~erˌscheinung** *f méd.* phénomène *m*, symptôme *m* de carence; **2ˌhaft** *adj.* défectueux, -euse; (*unvollkommen*) imparfait; (*ungenügend*) insuffisant; déficient; (*unvollständig*) incomplet, -ète; qui a des lacunes; (*mit Fehlern behaftet*) vicieux, -euse; entaché d'un vice; *Zensur* médiocre; **~e Ernährung** carence alimentaire; **~ˌhaftigkeit** *f* ⟨~⟩ défectuosité *f*; imperfection *f*; déficience *f*; vice *m* (*par ex.* d'un système); médiocrité *f.*
Mängelhaftung ['mɛŋəlˌhaftuŋ] *f comm.* responsabilité *f* des vices, des défauts de fabrication, de la marchandise.
Mangelholz ['maŋəlˌhɔlts] *n* rouleau *m* de calandre.
Mangel|krankheit ['maŋəlˌkraŋkhaɪt] *f méd.* maladie *f* par carence; avitaminose *f*; **~ˌlage** *f* pénurie *f.*
mangeln[1] ['maŋəln] *v/t.* ⟨-(e)le, h⟩ *Wäsche* calandrer.
mangeln[2] ['maŋəln] *v/i. u. v/imp.* ⟨-(e)le, h⟩ manquer; faire défaut; être dépourvu de (*par ex.* de courage, d'argent, *etc.*); être démuni de (*par ex.* d'argent); **es mangelt an Geld** l'argent manque; on manque d'argent; **es mangelt mir an nichts** je ne manque de rien; rien ne me manque, ne me fait défaut; **~d** *adjt.* **wegen ~er Nachfrage** la demande faisant défaut; **~e Begründung** défaut de motif; **~e Sorgfalt** négligence *f*; **~e Einsicht** manque de jugement.
Mängelrüge ['mɛŋəlˌryːgə] *f comm.* réclamation *f* (pour vice ou défaut de fabrication).
mangel|s ['maŋəls] *prép.* ⟨*gén.*⟩ à défaut de; faute de; en l'absence de; **~ dessen ...** sans quoi ...; faute de quoi ...; à défaut de quoi ...; **2ˌware** *f* marchandise *f* rare.
Mango ['maŋgo·] *f* ⟨~; -'gonen⟩ *bot.* mangue *f*; **~ˌbaum** *m bot.* manguier *m*; **~ˌfrucht** *f* mangue *f.*
Mangold ['maŋgɔlt] *m* ⟨~(e)s; ~e⟩ *bot.* bette poirée, à carde.
Manichä|er [manɪ'çɛːər] *m/pl. relig.* manichéens *m/pl.*; **2isch** *adj.* manichéen, -nne; **~ismus** [-çɛ'ɪsmus] *m* ⟨~⟩ manichéisme *m.*
Manie [ma'niː] *f* ⟨~; -ien⟩ manie *f*; *cf. auch* Sucht.
Manier [ma'niːr] *f* ⟨~; ~en⟩ **1.** ⟨*pas de pl.*⟩ (*Art u. Weise*) manière *f*; procédé *m*; façon *f*; *in der Kunst auch* style *m*; **2.** *meist pl.* (*Benehmen*) manières *f/pl.*; façons *f/pl.*; **gute ~en** bonnes manières; savoir-vivre *m*; **schlechte ~en** mauvaises manières; **plumpe, grobe ~en** façons grossières; **das ist keine ~** ce n'est pas une façon d'agir; F ce ne sont pas des manières; **was ist das für e-e ~?** en voilà des façons!; **keine ~en haben** manquer d'usage; **j-m ~en beibringen** dégourdir qn.; **2iert** [-'riːrt] *adj.* maniéré; affecté; qui fait des embarras; afféité; **~iertheit** [-'riːrt-] *f* ⟨~; ~en⟩ maniérisme *m*; affectation *f*; afféterie *f*; **~ismus** [-'rɪsmus] *m* ⟨~⟩ maniérisme *m*; **2lich** *adj.* qui a de bonnes manières, du savoir-vivre; qui se tient bien; civil; poli; **benimm dich hübsch ~!** sois bien gentil!; **~lichˌkeit** *f* ⟨~⟩ bonnes manières; manières polies; civilité *f*; politesse *f.*
Manifest [mani·'fɛst] *n* ⟨~es; ~e⟩ *allg.* (*öffentliche Erklärung*), *mar.* (*Ladungsverzeichnis*) manifeste *m*; **~ati'on** *f* ⟨~; ~en⟩ manifestation *f*; **2ieren** [-'tiː-] *v/t.* ⟨*pas de ge-*, **h**⟩ manifester.
Manikür|e [mani·'kyːrə] *f* ⟨~⟩ **1.** (*Handpflege*) soins *m/pl.* des mains et des ongles; **2.** ⟨*pl.* ~n⟩ (*Handpflegerin*) manucure *f*; **2en** *v/t., v/i.* ⟨*pas de ge-*, **h**⟩ soigner les mains (de); **sich ~ lassen** se faire soigner les mains; **~ˌkasten** *m* trousse *f* de manucure.
Manila|hanf [ma'niːlaˌhanf] *m* chanvre *m* de Manille; **~(ziˌgarre)** *f* ⟨~; ~s⟩ *(f)* manille *m.*
Maniok [mani·'ɔk] *m* ⟨~s; ~s⟩ *bot.* manioc *m.*
Manipel [ma'niːpəl] *f* ⟨~; ~n⟩ *égl. cath.* manipule *m.*
Manipul|ation [mani·pu·latsi·'oːn] *f* ⟨~; ~en⟩ **1.** (*Handhabung*) manipulation *f*; **2. ~en** *pl. cf.* Machenschaften; **2ieren** [-'liː-] *v/t.* ⟨*pas de ge-*, **h**⟩ manipuler.
manisch ['maːnɪʃ] *adj. méd.* maniaque; **~-depressiv** maniaque-dépressif, -ive.
Manko ['maŋko·] *n* ⟨~s; ~s⟩ manque *m*; lacune *f*; déficit *m*; F trou *m.*
Mann [man] *m* ⟨~(e)s; ⸚er⟩ **1.** *allg.* homme *m* (*auch milit.*); *als Zählgröße* ⟨*pl.* ~⟩ tête *f*; personne *f*; **alter ~** homme âgé; vieillard *m*; vieux *m*; **junger ~** jeune homme (*pl.* jeunes gens); **~ von Welt, von Geschmack** homme du monde, de goût; **hervorragender ~** homme de qualité; **~ des öffentlichen Lebens** homme public; **~ der Tat** homme d'action; **ein ~ des Todes** un homme perdu, mort; **Politik des starken ~es** régime à poigne; *als wohlwollende Anrede* **guter ~!** mon brave!; *bibl.* **~ Gottes** homme de Dieu; F **~ Gottes! was haben Sie da gemacht!** mon Dieu!, grand Dieu!, bonté divine!, ciel! qu'est-ce que vous avez fait là!; **der schwarze, böse, wilde ~** le croque-mitaine; **schwarzer ~ spielen** jouer au loup; F **den wilden ~ markieren, spielen** (*toben*) être en rage, dans une rage folle; se déchaîner; se démener, s'agiter comme un diable dans un bénitier; **der ~, der ...** celui qui ...; **der (rechte) ~ dazu sein** être l'homme qu'il faut; **er ist nicht der ~ dazu** il n'est pas l'homme qu'il faut; **er ist der ~, den ich brauche** il est mon homme; voilà mon homme!; **s-n ~ finden, an den rechten ~ kommen** trouver à qui parler; trouver l'homme qu'il faut; **an den unrechten ~ kommen** se tromper d'adresse; **ein ganzer ~ sein** être (vraiment) un homme; être un vrai homme; **~s genug sein, etw. zu tun** être homme à faire qc.; être assez fort pour faire qc.; **sich als ~**

zeigen se montrer homme; montrer qu'on est un homme; agir, se conduire en homme; agir virilement; **s-n ~ stehen** payer de sa personne; se montrer à la hauteur de sa tâche, de la situation; bien remplir son office; **bald ein gemachter ~ sein** avoir le pied à l'étrier; **s-e Ware an den ~ bringen** trouver (un) acheteur pour, placer sa marchandise; **wenn Not am ~ ist ...** au besoin, en cas d'urgence, le cas échéant ...; **die Kosten betragen auf den, pro ~ zwei Mark** les frais s'élèvent à deux marks par tête; **bis auf den letzten ~** jusqu'au dernier; **~ für ~** l'un après l'autre; un par un; **~ gegen ~ kämpfen** combattre corps à corps; **drei ~ stellen** fournir trois hommes; *mar.* **alle ~ an Deck!** tout le monde sur le pont!; **~ über Bord!** un homme à la mer!; **mit ~ u. Maus untergehen** périr corps et biens; F **er läßt den lieben Gott e-n guten ~ sein** il laisse aller les choses (comme il plaît au bon Dieu); **ein ~, ein Wort** *prov.* un homme d'honneur n'a qu'une parole; chose dite, chose faite *beide prov.*; **selbst ist der ~** *prov.* ne compte que sur toi; fais tes affaires toi-même; F **man zu, ~!** F mon vieux, P mon pote, dépêche-toi!; *Abort* **Männer** hommes; **2.** (*Ehemann*) mari *m*; époux *m*; **~ u. Frau** (*Eheleute*) mari et femme; **j-n zum ~ nehmen** prendre qn. pour mari; **e-n ~ bekommen** trouver un mari; F trouver (un) épouseur; **keinen ~ bekommen** F coiffer sainte Catherine; **s-e Tochter an den ~ bringen** (parvenir à) marier sa fille; F trouver (un) épouseur à sa fille; **3.** ⟨*pas de pl.*⟩ *coll.* (*Mensch*) **der gemeine, einfache ~** l'homme du peuple; le peuple; le vulgaire; F le populo; **der ~ auf der Straße** l'homme de la rue; F *iron.* monsieur Tout-le-monde; **4.** (*Spieler*) **uns fehlt der dritte ~** il nous manque un troisième joueur; **5.** ⟨*pl.* ~en⟩ *féod.* **~en** *pl.* hommes de guerre; vassaux *m/pl.*

Manna ['mana] *n* ⟨~(s)⟩ *od. f* ⟨~⟩ manne *f*.

mannbar ['manba:r] *adj.* en âge de se marier; *von Mädchen* nubile; *von Jungen* pubère; **⁀keit** *f* ⟨~⟩ âge *m* nubile; nubilité *f*; puberté *f*.

Männchen ['mɛnçən] *n* ⟨~s; ~⟩ **1.** petit homme; (petit) bonhomme; bout *m* d'homme; *par ext.* nain *m*; **ein verhutzeltes ~** un petit vieux tout ratatiné; **2.** (*männliches Tier*) mâle *m*; **3.** *von Hunden, Hasen* **~ machen** se dresser sur ses pattes de derrière; faire le beau; *milit., com.* se mettre au garde-à-vous.

Mannen ['manən] **I** *m/pl. cf.* Mann 5.; **II** ⁀ *v/i.* ⟨h⟩ *mar.* faire la chaîne.

Mannequin [,manə'kɛ̃:, 'manə,kɛŋ] *n* ⟨~s; ~s⟩ mannequin *m*.

Männer|chor ['mɛnər,ko:r] *m* chœur *m* d'hommes; **~,feindin** *f* femme *f* qui fuit, déteste les hommes, le sexe masculin; *sc.* androphobe *f*; **⁀,feindlich** *adj. sc.* androphobe; androphobique; **~ge,sangver,ein** *m* orphéon *m*, (société) chorale *f* d'hommes; **Mitglied e-s ~s** orphéoniste *m*; **~,stimme** *f* voix *f* d'homme, mâle; **~,treu** *f* ⟨~; ~⟩ *bot.* véronique *f*.

Mannes|alter ['manəs,ˀaltər] *n* âge *m* adulte, viril; virilité *f*; force *f* de l'âge; **ins ~ kommen** toucher à l'âge viril; **im besten ~ stehen** être à *od.* dans la pleine force, la fleur de l'âge; **~,art** *f* **nach ~** comme il convient entre hommes; virilement; **~,kraft** *f* force virile; **~,stamm** *m* ligne masculine; **~,stärke** *f cf.* ~kraft; **~,stolz** *m* mâle fierté *f*; **~,wort** *n* parole *f* d'honnête homme; **~,würde** *f* dignité *f* d'homme; **~,zucht** *f* discipline *f* (militaire).

mann|haft ['manhaft] **1.** *adj.* viril; mâle; (*entschlossen*) résolu; (*tatkräftig*) énergique; (*mutig*) vaillant; brave; digne d'un homme; F crâne; **2.** *adv.* virilement; résolument; énergiquement; vaillamment; bravement; en homme; F crânement; **⁀haftig,keit** *f* ⟨~⟩ virilité *f*; qualités viriles; énergie *f*; courage *m*; **⁀heit** *f* ⟨~⟩ masculinité *f*; (*Zeugungsfähigkeit*) virilité *f*; qualité virile.

mannig|fach ['manıç,fax], **~,faltig 1.** *adj.* varié; multiple; divers; diversifié; **2.** *adv.* diversement; de différentes manières; **⁀,faltigkeit** *f* ⟨~⟩ variété *f*; diversité *f*.

Mannit [ma'ni:t, -'nıt] *m* ⟨~s; ~e⟩ *chim.* mannite *f*.

Männ|lein ['mɛnlaın] *n* ⟨~s; ~⟩ *cf.* Männchen 1.; F **~ und Weiblein** hommes et femmes; **⁀lich** *adj.* **1.** mâle; masculin; *auch fig.* viril; *bot.* **~e Blüten** fleurs mâles; **mit ~en Blüten** *sc.* masculiflore; **~es Geschlecht** *gr.* genre masculin; *vom Menschen* sexe masculin; *gr.* **~er Artikel** article masculin; *métr.* **~er Reim** rime masculine; **~e Kleidung** habits d'homme; **2.** (*zum Manne geworden*) viril; **3.** *cf.* mannhaft; **~lich,keit** *f* ⟨~⟩ **1.** masculinité *f*; **2.** virilité *f*; **3.** *cf.* Mannhaftigkeit.

Mann|loch ['manlɔx] *n techn. beim Dampfkessel* trou *m* d'homme; **~s-bild** F *n* homme *m*; *péj.* bonhomme *m*.

Mannschaft ['manʃaft] *f* ⟨~; ~en⟩ **1.** *allg.* hommes *m/pl.* (commandés pour un service quelconque); **2.** *milit.* hommes *m/pl.* (de troupe); troupe *f*; soldats *m/pl.*; F troupiers *m/pl.*; **Offiziere u. ~en** officiers et soldats; **vor versammelter ~** en présence de la troupe rassemblée; **3.** *mar.* équipage *m*; **4.** *Sport* équipe *f*; team *m*; **e-r ~ angehören** faire partie d'une équipe; **~s,aufstellung** *f Sport* composition *f* de l'équipe; **~s,fahrer** *m Radsport* équipier *m*; **~s,führer** *m Sport cf.* ~skapitän; **~s,geist** *m* ⟨~es⟩ *Sport* esprit *m* d'équipe; **~s,kampf** *m Sport* épreuve *f* par équipes; **~skapi,tän** *m Sport* capitaine *m* (de l'équipe); **~s,kost** *f milit.* ordinaire *m*; **~s,raum** *m milit.* chambrée *f*; **~s,rennen** *n Radsport* course *f* par équipes; **~s,spiel** *n Sport* jeu *m* d'équipe; **~s,sport** *m* sport *m* d'équipe; **~s,stube** *f milit. cf.* ~sraum; **~s,unterkunft** *f milit.* cantonnement *m* pour les hommes, la troupe; **~s,wettbewerb** *m Sport cf.* ~skampf.

manns|dick ['mansdık] *adj.* de la grosseur d'un homme; **~hoch** *adj.* de la hauteur, taille d'un homme; **⁀,höhe** *f* **in ~** à 'hauteur d'homme; **⁀,leute** F *pl.* hommes *m/pl.*; bonshommes *m/pl.*; **⁀per,son** F *f* (bon)homme *m*; **~toll** *adj.* folle des hommes, de son corps; *sc.* andromane; nymphomane; **⁀toll,heit** *f* folie amoureuse; *sc.* andromanie *f*; nymphomanie *f*.

Mannweib ['manvaıp] *n* femme hommasse; virago *f*; *fig.* amazone *f*.

Manometer [mano'me:tər] *n* ⟨~s; ~⟩ *techn.* manomètre *m*.

Manöver [ma'nø:vər] *n* ⟨~s; ~⟩ *milit., mar., fig.* manœuvre *f*; **~,gast** *m* spectateur *m*; **~ge,lände** *n* terrain *m* de manœuvre; **~,leitung** *f* direction supérieure des manœuvres; **~muni-ti,on** *f* munitions *f/pl.* à blanc.

manövrier|en [manø'vri:rən] **I** *v/t. u. v/i.* ⟨*pas de ge-*, h⟩ *milit., mar., fig.* manœuvrer; faire des manœuvres; **II** **⁀en** *n* ⟨~s⟩ manœuvres *f/pl.*; **~,fähig** *adj. mar.* manœuvrable; **⁀,fähigkeit** *f* ⟨~⟩ manœuvrabilité *f*; **~'unfähig** *adj.* non manœuvrable.

Mansarde [man'zardə] *f* ⟨~; ~n⟩ mansarde *f*; **~n,dach** *n bât.* toit *m* en mansarde; **~n,fenster** *n* mansarde *f*; lucarne *f*; **~n,wohnung** *f* logement mansardé; **~n,zimmer** *n* mansarde *f*.

Mansch [manʃ] F *m* ⟨~es⟩ **1.** (*Matsch, Schlamm*) boue *f*; gadoue *f*; gâchis *m*; neige fondue; **2.** *péj. für Suppe, Essen* ratatouille *f*; rata *m*; mixture *f*; **⁀en** *v/i.* ⟨h⟩ F *Kinder* **im Dreck ~** s'amuser avec de, F tripoter la boue; **~e'rei** *f* ⟨~; ~en⟩ F tripotage *m* (de la boue); *sonst verbal.*

Manchester ... *cf.* **Manchester ...**

Manschette [man'ʃɛtə] *f* ⟨~; ~n⟩ **1.** *am Hemd* manchette *f*; **2.** *für Blumentopf* cache-pot *m*; **3.** *techn.* manchon *m*; collier *m* de serrage; *zum Abdichten* (anneau-)joint *m*; garniture *f*; **4. ~n** *pl.* F (*Handschellen*) menottes *f/pl.*; **5.** F *fig.* **~n haben** avoir le trac, F la frousse, P la trouille, la pétoche; **~n,knopf** *m* bouton *m* de manchette.

Mantel ['mantəl] *m* ⟨~s; ⸚⟩ **1.** manteau *m*; *milit. des Infanteristen* capote *f*; *fig.* (*Deck⁀*) manteau *m*; voile *m*; **mit dem ~ der Liebe zudecken** couvrir du voile de l'indulgence; *fig.* **den, s-n ~ nach dem Winde drehen, hängen** s'accommoder aux circonstances; F voir d'où vient le vent; tourner à tout vent; tourner comme une girouette; (re)tourner sa veste; tourner casaque; changer son fusil d'épaule; manger à tous les râteliers; **2.** *math., e-s Zylinders* surface *f* convexe latérale; **3.** *techn. e-s Maschinenteils* chape *f*; chemise *f*; revêtement *m*; enveloppe *f*; *e-s Kabels* gaine *f*; *e-s Auto-, Radreifens* bandage *m* (pneumatique); enveloppe *f*; pneu *m*; *e-s Geschosses* chemise *f*; enveloppe *f*; **4.** *e-r Aktie* titre *m*; souche *f*; manteau *m*.

Mäntelchen ['mɛntəlçən] *n* ⟨~s; ~⟩ mantelet *m*; *fig.* **e-r Sache ein ~ umhängen** pallier, déguiser, enrober, F camoufler qc.

Mantel|elektrode ['mantəlˀe'lɛk,tro:də] *f élect.* électrode enveloppée, à chemise; **~,futter** *n cout.* doublure *f*; **~ge,schoß** *n milit.* projectile *m* à chemise, enveloppe métallique; **~ge,setz** *n* loi-cadre *f*; **~,gurt** *m cout.* martingale *f* (de manteau); **~,kleid** *n* robe-manteau *f*; **~,kragen** *m* col *m* de manteau; **~,krähe** *f zo.* corneille mantelée; **~,linie** *f math.* génératrice *f*; **~,note** *f pol.* note *f* d'envoi; **~,rohr** *n milit.* canon *m* à jaquette; **~ta,rif** *m* tarif général, collectif; **~ta,rifver-,trag** *m* convention générale, collective, collective-cadre; **~,tasche** *f* poche *f* de manteau; **~,tiere** *n/pl. zo.* tuniciers *m/pl.*

Mantille [man'tılјə, -'tılə] *f* ⟨~; ~n⟩ mantille *f*.

Mantisse [man'tısə] *f* ⟨~; ~n⟩ *math.* mantisse *f*.

Manual [manu'a:l] *n* ⟨~s; ~e⟩ *mus., e-r Orgel* clavier *m*.

manuell [manu'ɛl] *adj.* manuel, -lle.

Manufaktur [manufak'tu:r] *f* ⟨~; ~en⟩ manufacture *f*; **~,waren** *f/pl.* **1.** (produits *m/pl.*) textiles *m/pl.*; tissus *m/pl.*; **2.** *par ext.* produits manufacturés.

Manuskript [manu'skrıpt, manus-

'krıpt] *n* ⟨~(e)s; ~e⟩ (*abr.* **Ms., Mskr.**) manuscrit *m*; *impr.* copie *f*.

Mappe ['mapə] *f* ⟨~; ~n⟩ (*Aktentasche*) serviette *f*; (*Schul*2) cartable *m*; sac *m* (d'écolier); *für Zeichnungen* carton *m*; *für Schriftstücke* (*Sammel*2) dossier *m*; chemise *f*.

Mär [mɛːr] F *iron. f* ⟨~; ~en⟩ **1.** (*Kunde*) nouvelle *f*; **2.** (*überlieferte Erzählung*) fable *f*; conte *m*.

Marabu ['mɑːrabuˑ] *m* ⟨~s; ~s⟩ *zo.* marabout *m*.

Maraschino [maras'kiːnoˑ] *m* ⟨~s; ~s⟩ marasquin *m*.

Marasmus [ma'rasmʊs] *m* ⟨~⟩ *méd.* marasme *m*.

Marathon|lauf ['mɑːratɔnˌlauf, 'mara-] *m Sport* marathon *m*; **~ˌläufer** *m* coureur *m* de marathon; marathonien *m*.

Märchen ['mɛːrçən] *n* ⟨~s; ~⟩ conte *m*; histoire *f*; légende *f* (*beide auch fig.*); *fig.* fable *f*; F blague *f*; **die ~ aus Tausendundeiner Nacht** les (Contes des) Mille et une Nuits; **~ˌbuch** *n* livre *m*, recueil *m* de contes; **~erˌzähler(in)** *m* (*f*) conteur, -euse *m, f*; **2ˌhaft** *adj.* qui ressemble à un conte; que l'on dirait tiré d'un conte de fée; (*wunderbar*) fabuleux, -euse; féerique; **~ˌland** *n cf.* **~welt**; **~ˌprinz** *m* prince *m* charmant; **~ˌspiel** *n* féerie *f*; **~ˌwelt** *f* monde fabuleux, féerique.

Marder ['mardər] *m* ⟨~s; ~⟩ *zo.* mart(r)e *f*; **mit ~ gefüttert** fourré de martre; **~ˌfalle** *f ch.* traquenard *m*; **~ˌfell** *n*, **~ˌpelz** *m cf.* **Marder**.

Märe ['mɛːrə] *f* ⟨~; ~n⟩ *cf.* **Mär**.

Margarine [marga'riːnə] *f* ⟨~⟩ margarine *f*.

Marge ['marʒə] *f* ⟨~; ~n⟩ *comm.* marge *f*.

Margerite [margə'riːtə] *f* ⟨~; ~n⟩ *bot.* marguerite *f*; **~nˌstrauß** *m* bouquet *m* de marguerites.

Marginalie [margiˑ'nɑːliˑə] *f* ⟨~; ~n⟩ *cf.* **Randbemerkung**.

Mariage [mariˑ'ɑːʒə] *f* ⟨~; ~n⟩ *im Kartenspiel* mariage *m*.

Marien|bild [ma'riːənˌbılt] *n cf.* **Madonnenbild**; **~ˌdichtung** *f* poésie *f* à la gloire de la Vierge Marie; **~ˌdienst** *m égl. cath.* office *m*, culte *m* marial; adoration *f* de la Vierge; marianisme *m*; **~ˌdogma** *n égl. cath.* dogme marial; **~ˌfäden** *m/pl. cf.* **Altweibersommer**; **~ˌfeste** *n/pl.* fêtes mariales, de la Vierge, de Notre-Dame; **~ˌglas** *n minéral.* mica *m*; **~ˌjahr** *n* année mariale; **~ˌkäfer** *m zo.* coccinelle *f*; F bête *f* à bon Dieu; **~ˌkirche** *f* église *f* Sainte-Marie, Notre-Dame; **~ˌkult** *m* culte marial; marianisme *m*; *cf. auch* **~dienst**; **~verˌehrung** *f cf.* **~dienst**.

Marinade [mariˑ'nɑːdə] *f* ⟨~; ~n⟩ *cuis.* marinade *f*.

Marine [ma'riːnə] *f* ⟨~; ~n⟩ marine *f*; forces navales; puissance navale; **bei der ~ dienen** servir dans la marine; **~akadeˌmie** *f* école supérieure de marine; **~artilleˌrie** *f* artillerie *f* de marine; **~attaˌché** *m* attaché naval; **2ˌblau** *adj.* bleu marine; **~ˌflieger** *m* pilote *m* de l'aéronavale, de l'aéronautique navale; **~ˌflugzeug** *n* avion *m* de (*od.* affecté à) la marine; **~infanteˌrie** *f* infanterie *f* de marine; **~infanteˌrist** *m* fusilier marin; **~ingeniˌeur** *m* mécanicien *m* (de la marine militaire); **~ˌluftstreitˌkräfte** *f/pl.* forces aéronavales; **~ˌmaler** *m* peintre *m* de marines; **~miˌnister** *m* ministre *m* de la Marine; **~minisˌterium** *n* Ministère *m* de la Marine; **~offiˌzier** *m* officier *m* de marine; **~r** F *m* ⟨~s; ~⟩ marinier *m*; matelot *m*; **~solˌdat** *m* soldat *m* de l'infanterie de marine; *cf. auch* **~infanterist**; **~ˌschule** *f* école navale; **~ˌstützpunkt** *m* base navale.

marinieren [mariˑ'niːrən] **I** *v/t.* ⟨*pas de ge-*, h⟩ *cuis.* mariner; **II** 2 *n* ⟨~s⟩ marinage *m*.

Marionette [mariˑoˑ'nɛtə] *f* ⟨~; ~n⟩ fantoche *m*; marionnette *f* (*beide auch fig.*); **~nreˌgierung** *f* gouvernement *m* de marionnettes; **~nˌspieler(in)** *m* (*f*) montreur *m* de marionnettes; marionnettiste *m, f*; **~ntheˌater** *n* (théâtre *m* de) marionnettes *f/pl*.

maritim [mariˑ'tiːm] *adj.* maritime.

Mark[1] [mark] *n* ⟨~(e)s⟩ **1.** *bei Menschen, Pflanzen u. Tieren* moelle *f* (*auch fig.*); substance *f* médullaire; *von Früchten* pulpe *f*; **2.** *fig.* **das geht e-m durch ~ u. Bein**, F **Pfennig** cela vous pénètre jusqu'à la moelle des os, aux moelles; **ins ~ treffen** toucher, piquer au vif; **j-m das ~ aus den Knochen saugen** (*j-n ausbeuten*) exploiter qn. d'une façon éhontée; ronger qn. jusqu'aux os; tondre la laine sur le dos de qn.; **~ in den Knochen haben** avoir du sang dans les veines; **ohne ~** sans force; faible.

Mark[2] [mark] *f* ⟨~; ~en⟩ (*Grenzland*) pays *m* limitrophe; marche *f*; *Rugby* touche *f*; **~ Brandenburg** Marche de Brandebourg.

Mark[3] [mark] *f* ⟨~; ~⟩ *Münzeinheit* mark *m*; **Deutsche ~** (*abr.* **DM**) mark allemand; **für jede angefangene hundert ~** par tranche de cent marks.

markant [mar'kant] *adj.* marquant.

Markasit [marka'ziːt, -'zıt] *m* ⟨~s; ~e⟩ *minéral.* marcas(s)ite *f*; pyrite blanche.

Marke ['markə] *f* ⟨~; ~n⟩ **1.** marque *f*; repère *m*; (*Brief*2) timbre(-poste) *m*; (*Spiel*2) jeton *m*; (*Essens*2, *Lebensmittel*2) ticket *m*; jeton *m*; (*Steuer*2) timbre *m*; (*Warenzeichen*) marque *f* de fabrique; **eingetragene ~** marque déposée; **2.** *comm.* (*Qualität*) sorte *f*; *von Wein* **die besten ~n** les meilleurs crus; **3.** *Sport* jalon *m*; **4.** F **das ist e-e ~!** F c'est un (drôle de) type, un (drôle de) numéro, un (drôle de) phénomène, un drôle de pistolet!; **~narˌtikel** *m comm.* article *m* de marque; **~nˌeintragung** *f* enregistrement *m* d'une marque; **~nerˌzeugnis** *n comm.* produit *m* de marque; **2nˌfrei** *adj. Lebensmittel* libre; sans ticket (*auch adv.*); **~nˌsammler** *m cf.* **Briefmarkensammler**; **~nˌschutz** *m* protection *f* des marques de fabrique; **~nˌware** *f comm.* marchandise *f* de marque; **etw. als ~ kennzeichnen** apposer une marque sur une marchandise.

Märker ['mɛrkər] *f/pl.* F *plais. cf.* **Mark**[3].

markerschütternd ['markˀɛrˌʃʏtərnt] *adjt.* qui va jusqu'aux moelles; **~er Schrei** cri déchirant.

Marketender|(in) [markə'tɛndər(ın)] *m* ⟨~s; ~⟩ (*f*) ⟨~; ~nen⟩ vivandier, -ière *m, f*; **~ˌware** *f* articles vendus aux soldats par le (la) vivandier (-ière).

Mark|graf ['markgrɑːf] *m*, **~ˌgräfin** *f* margrave *m, f*; **2ˌgräflich** *adj.* de margrave; **~ˌgrafenˌtum** *n* ⟨~(e)s⟩, **~grafˌschaft** *f* margraviat *m*.

markier|en [mar'kiːrən] **I** *v/t.* ⟨*pas de ge-*, h⟩ **1.** *Wege etc.* marquer; *Spielfeld* jalonner; tracer; *auf e-r Karte* repérer; **2.** (*andeuten*) esquisser; ébaucher; **3.** F (*vortäuschen*) faire semblant de (+ *inf.*); simuler; feindre; *milit.*, *im Manöver* **den Feind ~** figurer l'ennemi; **II 2en** *n* ⟨~s⟩ marquage *m*; simulation *f*; feinte *f*; **2ung** *f* ⟨~; ~en⟩ marquage *m*; jalonnement *m*; repérage *m*; (*das Kennzeichen*) marque *f*; repère *m*; **2ungsˌfähnchen** *n* fanion *m* de jalonnement; **2ungsˌlinie** *f Sport* marquage *m*; tracé *m*.

markig ['markıç] *adj. fig.* (*kräftig*) plein de sève, de force; énergique; vigoureux, -euse.

märkisch ['mɛrkıʃ] *adj.* de la Marche.

Markise [mar'kiːzə] *f* ⟨~; ~n⟩ marquise *f*; store *m*.

Mark|klößchen ['markˌkløːsçən] *n cuis.* boulette *f* de moelle; **~ˌknochen** *m Fleischerei* os *m* à moelle.

Mark|scheide ['markˌʃaıdə] *f mines* borne *f* d'une mine; **~ˌscheider** *m* ⟨~s; ~⟩ *mines* géomètre souterrain; **~ˌscheidung** *f mines* mesurage *m* d'une mine; **~stein** *m* borne *f*; *fig. auch* date *f* historique; événement marquant; **ein ~ in der Geschichte sein** faire époque, date dans l'histoire.

Markstück ['markʃtʏk] *n* (pièce *f* de un) mark *m*.

Markt [markt] *m* ⟨~(e)s; ⁓e⟩ **1.** (*Wochen*2) marché *m*; (*Jahr*2, *Vieh*2) foire *f*; **auf den ~ bringen** (ap)porter au marché; *Vieh* **auf den ~ treiben** (a)mener au marché; **heute ist ~ in ...** aujourd'hui, il y a marché à ..., le marché se tient à ...; **auf den ~ gehen** aller au marché; *fig.* **s-e Haut zu ~e tragen** risquer sa vie, F sa peau; **2.** (*~platz*) place *f* (publique); place *f* du marché; marché *m*; **3.** (*Handel, Geldverkehr*) marché *m*; (*Absatzgebiet*) débouché *m*; **heimischer ~** marché intérieur, national; **überseeischer ~** marché d'outre-mer; **der Gemeinsame ~** le Marché commun; **schwarzer ~** marché noir; **lebhafter, lustloser, flauer, zurückhaltender ~** marché animé, peu animé, inactif, hésitant; **ein Erzeugnis auf den ~ bringen** lancer un produit; mettre un produit sur le marché; **auf den ~ kommen** être mis sur le marché, en vente; **den ~ für etw. erschließen** ouvrir le marché à qc.; **vom ~ verdrängen** refouler du marché; **auf den ~ werfen** jeter sur le marché; **den ~ überschwemmen** inonder le marché; **den ~ beherrschen** dominer le marché; **den ~ beliefern, beschicken** approvisionner le marché; **Aufnahmefähigkeit des ~es** capacité d'absorption du marché; **Sättigung des ~es** saturation du marché; **~anaˌlyse** *f* analyse *f* du (*od.* des) marché(s); **~ˌangebot** *n* offre *f* sur le marché; **~ˌanteil** *m* participation *f* au marché; **~ˌausweitung** *f* expansion *f* du marché; **~beˌdingungen** *f/pl.* conditions *f/pl.* du (*od.* régnant sur le) marché; **~beˌdürfnisse** *n/pl.* nécessités *f/pl.*, besoins *m/pl.* du, demande *f* sur le marché; **~beˌeinflussung** *f* influence *f* du *od.* sur le marché; **2beˌherrschend** *adjt.* **~es Unternehmen** entreprise dominant le marché, ayant une position-clé sur le marché, possédant la maîtrise du marché; **~beˌherrschung** *f* domination *f* du marché; **~beˌlebung** *f* animation *f* du marché; **~beˌlieferung** *f* approvisionnement *m* du marché; **~beˌobachtung** *f* étude *f* du marché; **~beˌricht** *m* cours *m* du marché, des 'halles; cote *f*; mercuriale *f*; **~beˌschickung** *f cf.* **~belieferung**; **2en** *v/i.* ⟨-ete, h⟩ **um etw. ~** marchander qc.; ~ˌ**enge** *f* étroitesse *f* du marché; ~**entˌwicklung** *f* évolution *f* du marché; ~**erˌschließung** *f* ouverture *f* du *od.* d'un marché; 2ˌ**fähig** *adj.* vendable; négociable; marchand; ~ˌ**flecken** *m* bourg *m*; kleiner ~ bourgade *f*; ~ˌ**forscher** *m* prospecteur *m* (de marchés); ~ˌ**forschung** *f* prospection *f*; étude *f* des marchés; ~**frau** *f* marchande *f*; *in den* ~*hallen* femme *f* de la halle; F *péj.* poissarde *f*; 2ˌ**gängig** *adj.* ~er Preis prix courant, du marché; ~ˌ**gängigkeit** *f e-r Ware* facilité *f* d'écoulement; qualité marchande; ~**geˌfüge** *n* structure *f* du marché; 2**geˌrecht** *adj.* ~e Erzeugnisse produits appropriés au marché; ~ˌ**halle** *f* marché couvert; 'halle *f*; ~ˌ**handel** *m* commerce *m* sur le marché; ~ˌ**helfer** *m* porteur *m*; commissionnaire *m*; coltineur *m*; *in den Pariser* ~*hallen* fort *m* de la Halle; ~**korb** *m* panier *m*; ~ˌ**lage** *f* situation *f*, condition *f* du marché; ~ˌ**nachfrage** *f* demande *f* du *od.* sur le marché; ~**noˌtierung** *f* cotation *f* sur le marché; ~ˌ**ordnung** *f* organisation *f* des marchés; ~**ort** *m* marché *m*; ~**platz** *m cf.* Markt 2.; ~**preis** *m* prix courant, coté; cours *m* du marché; zu ~en aux prix du marché; e-n ~ haben être coté sur le marché; ~**recht** *n* droit *m* de tenir marché; ~ˌ**schreier** *m* vendeur *m* à la criée; crieur *m*; *péj.* aboyeur *m*; charlatan *m*; camelot *m*; bonimenteur *m*; 2ˌ**schreieˌrisch** *adj.* charlatanesque; tapageur, -euse; ~e Reklame réclame tapageuse; boniments *m/pl.*; F barat(t)in *m*; ~ˌ**schwankungen** *f/pl.* fluctuations *f/pl.* du marché; ~**stand** *m* échoppe *f*; ~ˌ**stellung** *f* position *f* sur le marché; ~ˌ**störungen** *f/pl.* perturbations *f/pl.* du marché; ~**strukˌtur** *f cf.* ~gefüge; ~ˌ**studie** *f* étude *f* du marché; ~**tag** *m* jour *m* de marché; ~ˌ**tasche** *f* sac *m* à provisions; ~**überˌfüllung** *f* encombrement *m*, engorgement *m*, embouteillage *m*, surabondance *f* du marché; ~**überˌsättigung** *f* sursaturation *f* du marché; ~**verˌflechtung** *f* interpénétration *f* des marchés; ~**verˌhalten** *n* comportement *m* sur le marché; ~**verˌhältnisse** *n/pl.* situation *f* du *od.* sur le marché; *cf. auch* ~bedingungen; ~**verˌkehr** *m* marchés *m/pl.*; ~**verˌsorgung** *f cf.* ~belieferung; ~**weib** *n cf.* ~frau; ~**wert** *m* valeur *f* du marché, négociable, marchande; prix courant; ~**ˌwirtschaft** *f* freie ~ (économie de) libre concurrence *f*; ~ˌ**zugang** *m* accès *m* au marché.

Marmelade [marməˈlɑːdə] *f* ⟨~; ~n⟩ marmelade *f*; confiture *f*; ~**nˌdose** *f* confiturier *m*; pot *m* à confiture; ~**nfaˌbrik** *f* confiturerie *f*; ~**nfabriˌkant** *m* confiturier *m*; ~**nˌglas** *n cf.* ~ndose.

Marmor [ˈmarmər] *m* ⟨~s; ~e⟩ marbre *m*; ~ˌ**ader** *f* veine *f* de marbre; 2ˌ**artig** *adj.* de la nature du marbre; marmoréen, -nne; ~ˌ**bild** *n cf.* ~statue; ~ˌ**block** *m* ⟨~(e)s; ≈e⟩ bloc *m* de marbre; ~ˌ**bruch** *m* marbrière *f*; carrière *f* de marbre; Arbeiter im ~ marbrier *m*; 2**ieren** [-ˈriː-] **I** *v/t.* ⟨*pas de ge-*, h⟩ marbrer; **II** ~**ieren** [-ˈriː-] *n* ⟨~s⟩, ~**ierung** [-ˈriː-] *f* ⟨~⟩ marbrure *f*; 2**n** *adj.* de *od.* en marbre; *fig. auch* marmoréen, -nne; ~**paˌpier** *n* papier marbré; ~ˌ**platte** *f* plaque *f* de marbre; ~ˌ**plattenbeˌlag** *m* placage *m* en marbre; ~ˌ**säule** *f* colonne *f* de marbre; ~ˌ**statue** *f* statue *f* de *od.* en marbre; marbre *m*; ~ˌ**stein** *m cf.* Marmor; ~ˌ**tafel** *f* table *f* de marbre; marbre *m*; ~ˌ**werk** *n* marbrerie *f*.

marod|e [maˈroːdə] F *adj.* épuisé; 'harassé; P crevé; *Sport* F pompé; *cf. auch* abgekämpft, abgespannt; 2**eur** [-ˈdøːr] *m* ⟨~s; ~e⟩ maraudeur *m*; ~**ieren** [-ˈdiː-] **I** *v/i.* ⟨*pas de ge-*, h⟩ marauder; **II** 2**ieren** [-ˈdiː-] *n* ⟨~s⟩ maraudage *m*.

Marokkan|er [marɔˈkɑːnər] *m* ⟨~s; ~⟩, ~**eˌrin** *f* ⟨~; ~nen⟩ Marocain, -e *m, f*; 2**isch** *adj.* marocain.

Marone [maˈroːnə] *f* ⟨~; ~n⟩ *bot.* châtaigne *f*; marron *m*; ~**nˌpilz** *m bot.* bolet *m* fauve.

Maroquin [maroˑˈkɛ̃ː] *m* ⟨~s⟩ maroquin *m*.

Marotte [maˈrɔtə] *f* ⟨~; ~n⟩ marotte *f*; caprice *m*; F dada *m*.

Mars[1] [mars] *m* ⟨~; ~e⟩ *mar.* 'hune *f*.

Mars[2] [mars] *m* ⟨~⟩ *astr.* Mars *m*; ~**beˌwohner** *m/pl.* Martiens *m/pl.*

Marsch[1] [marʃ] *f* ⟨~; ~en⟩ terre basse et fertile (conquise sur la mer).

Marsch[2] [marʃ] **I** *m* ⟨~es; ≈e⟩ marche *f* (*auch mus.*); auf dem ~ sein être en marche; (sich) in ~ setzen (se) mettre en marche; e-n ~ zurücklegen faire une marche; *mus.* e-n ~ spielen jouer une marche; *fig.* j-m den ~ blasen (*ausschelten*) tancer vertement qn.; *cf. auch* abkanzeln; **II** 2! *int. milit.* vorwärts — ~! en avant — marche!; F ~ hinaus! 'hors d'ici!; an die Arbeit, ~! et maintenant, au travail, F au boulot!

Marschall|(in) [ˈmarʃal(ɪn)] *m* ⟨~s; -schälle⟩ (*f*) ⟨~; ~nen⟩ maréchal, -e *m, f*; ~**(s)ˌstab** *m* bâton *m* de maréchal; ~**(s)ˌwürde** *f* ⟨~⟩ maréchalat *m*.

Marsch|ausrüstung [ˈmarʃˌˀausrʏstuŋ] *f* équipement *m* pour la marche; tenue *f* de route; ~**beˌfehl** *m* ordre *m* de marche; 2**beˌreit** *adj.* prêt à la marche, à partir; *milit. auch* prêt à, capable d'entrer en campagne; ~**beˌreitschaft** *f verbal*; ~**beˌwegung** *f e-r Truppe* mouvement *m*; déplacement *m*.

Marsch|bewohner [ˈmarʃbəˌvoːnər] *m/pl.* habitants *m/pl.* d'une région fertile gagnée sur la mer; ~ˌ**boden** *m* sol fertile gagné sur la mer.

marsch|fähig [ˈmarʃˌfɛːɪç] *adj.* apte à la marche; 2ˌ**fähigˌkeit** *f* ⟨~⟩ aptitude *f* à la marche; ~ˌ**fertig** *adj. cf.* marschbereit; 2**geˌpäck** *n* bagages *m/pl.* de route; 2**geˌschwindigkeit** *f cf.* Marschtempo; 2ˌ**gliederung** *f* formation *f*, dispositif *m* de marche; ~**ieren** [-ˈʃiː-] *v/i.* ⟨*pas de ge-*, sein⟩ marcher; *milit.* ins Feld ~ partir en campagne; ~de Kolonne colonne en marche; 2**koˌlonne** *f* colonne *f*, groupe *m* de marche.

Marsch|land [ˈmarʃlant] *n* ⟨~(e)s; ≈er⟩ *cf.* Marsch[1]; ~ˌ**länder** *m/pl. cf.* Marschbewohner.

Marsch|leistung [ˈmarʃˌlaɪstuŋ] *f* étape fournie; performance *f* (pédestre); ~**lied** *n* chanson *f* de route, de marche; 2ˌ**mäßig** *adj.* en tenue de route, de campagne; ~**muˌsik** *f* musique *f* militaire; marches *f/pl.*; ~ˌ**ordnung** *f* ordre *m* de marche; ~ˌ**pause** *f* 'halte *f*; ~ˌ**richtung** *f* direction *f* (de marche); ~ˌ**route** *f* itinéraire *m*; tracé *m* de route; *milit.* feuille *f* de route; ~ˌ**tempo** *n* allure *f*, cadence *f*, vitesse *f* (de marche); ~**verˌpflegung** *f* approvisionnement *m*, vivres *m/pl.* de route; ~**ziel** *n* objectif *m* de marche.

Marseiller(in) [marˈsɛːjər(ɪn), -ˈsɛjər (-ɪn)] *m* ⟨~s; ~⟩ (*f*) ⟨~; ~nen⟩ Marseillais, -e *m, f*.

Mars|rahe [ˈmarsˌrɑːə] *f mar.* vergue *f* de hune; ~ˌ**segel** *n mar.* 'hunier *m*; ~ˌ**stenge** *f mar.* mât *m* de hune.

Marstall [ˈmarʃtal] *m* ⟨~(e)s; -ställe⟩ écurie *f* (d'un prince).

Marter [ˈmartər] *f* ⟨~; ~n⟩ tourment *m*; *pfort.* supplice *m*; torture *f*; martyre *m* (*alle auch fig.*); 2**n I** *v/t.* ⟨-(e)re, h⟩ tourmenter; *pfort.* torturer; martyriser; supplicier (*alle auch fig.*); j-n langsam zu Tode ~ faire mourir qn. à petit feu; **II** *v/réfl. fig.* sich ~ se tourmenter; se torturer; se martyriser; **III** ~**n** *n* ⟨~s⟩ *cf.* Marter; ~**ˌpfahl** *m* poteau *m* de torture(s); ~ˌ**tod** *m* mort *f* de martyr; martyre *m*; den ~ erleiden souffrir le martyre; mourir en martyr; être martyrisé; ~ˌ**werkzeug** *n* instruments *m/pl.*, appareils *m/pl.* de torture, de supplice.

martialisch [martsiˑˈɑːlɪʃ] *adj.* martial.

Martini [marˈtiːniˑ] *n* ⟨~⟩ *cf.* Martinsfest.

Martins|fest [ˈmartiːnsˌfɛst] *n relig.* la Saint-Martin; ~ˌ**gans** *f* oie *f* de la Saint-Martin; ~ˌ**tag** *m cf.* ~fest.

Märtyrer|(in) [ˈmɛrtyˑrər(ɪn)] *m* ⟨~s; ~⟩ (*f*) ⟨~; ~nen⟩ martyr, -e *m, f*; als ~ sterben mourir en martyr; ~ˌ**akte** *f égl. cath.* martyrologe *m*; ~**geˌschichte** *f* histoire *f* des martyrs; ~ˌ**krone** *f* auréole *f* des martyrs; couronne *f* du martyre; ~ˌ**tod** *m* martyre *m*; ~ˌ**tum** *n* ⟨~(e)s⟩ martyre *m*; ~**verˌzeichnis** *n cf.* ~akte.

Martyrium [marˈtyːriˑʊm] *n* ⟨~s; -ien⟩ martyre *m*.

Marx|ismus [marˈksɪsmʊs] *m* ⟨~⟩ marxisme *m*; ~**ist(in)** *m* ⟨~en; ~en⟩ (*f*) ⟨~; ~nen⟩ marxiste *m, f*; 2**istisch** *adj.* marxiste.

März [mɛrts] *m* ⟨~(es); ~e⟩ (mois *m* de) mars *m*; ~**(enˌ)bier** *n* bière *f* de mars; ~**geˌfallene(n)** *m/pl.* ⟨→ A⟩ *hist.* victimes *f/pl.* des journées de mars (1848).

Marzipan [martsiˑˈpɑːn, ˈmar-] *n* ⟨~s; ~e⟩ pâte *f* d'amandes.

Masche [ˈmaʃə] *f* ⟨~; ~n⟩ **1.** maille *f*; e-e ~ fallen lassen laisser tomber, échapper une maille; e-e ~ wieder aufnehmen reprendre, relever, monter une maille; das Aufnehmen der ~n remaillage *m*; **2.** F (*Trick*) combine *f*; filou *m*; s-e neueste ~ son nouveau dada; sa nouvelle marotte; das ist die ~ c'est l'occasion rêvée, une occasion formidable; F c'est une affaire, une aubaine; das wäre die ~ F ce serait le coup; ~**nˌdraht** *m* grillage *m*; treillis *m* métallique; treillage *m*; 2**nˌfest** *adj.* indémaillable; ~**nˌreihe** *f* rangée *f* de mailles; 2**nˌweise** *adv.* maille à maille; ~**nˌweite** *f* largeur *f* de maille; ~**nˌzahl** *f* nombre *m* de mailles.

Maschine [maˈʃiːnə] *f* ⟨~; ~n⟩ **1.** machine *f*; das Zeitalter der ~ l'âge, l'époque de la machine; **2.** F (*Motor*) moteur *m*; F machine *f*; (*Lokomotive, Motorrad, Näh-, Schreibmaschine*) machine *f*; (*Flugzeug*) appareil *m*; ein mit der ~ geschriebener Brief une lettre écrite à la machine, dactylographiée; **3.** F (*dicke Frau*) femme rondelette; P rondouillarde *f*; grosse rontonton; 2**ll** [-ˈnɛl] *adj. u. adv.* mécanique(ment); *fig.* machinal(ement); de(s) machine(s); à la machine; ~e Einrichtung machinerie *f*; ~ hergestellt fait à la machine; ~**nˌanlage** *f* installation *f* mécanique; équipement *m* moteur; ~**nˌantrieb** *m* mit ~ entraîné, actionné mécaniquement; à moteur; ~**nˌarbeit** *f* ouvrage *m*, travail *m* à la machine; **~n,bau** *m* ⟨~(e)s⟩ construction *f* mécanique; **~n,bauer** *m* ⟨~s; ~⟩ constructeur mécanicien, de machines; **~nbau-indus,trie** *f* industrie *f* mécanique; **~nbauingeni,eur** *m* ingénieur mécanicien; **~nbau,schule** *f* école *f* d'ingénieurs mécaniciens; **~nde,fekt** *m* avarie *f* de machine; **~n,drusch** *m agr.* battage *m* à la machine; **~nele-,ment** *n* élément *m* de machine; **~n-fa,brik** *f* atelier *m* de constructions mécaniques; **~n,garn** *n* fil *m* mécanique; **~nge,dröhn** *n* vacarme *m* des machines; **2nge,strickt** *adjt.* tricoté à la machine; **~nge,wehr** *n milit.* mitrailleuse *f*; **~ngewehrab,teilung** *f milit.* détachement *m*, groupe *m*, section *f* de mitrailleurs; **~ngewehr-be,schuß** *m*, **~ngewehr,feuer** *n milit.* rafale *f*, tir *m* de mitrailleuse; **unter ~ nehmen** mitrailler; prendre sous le feu d'une mitrailleuse; **~n-gewehr,nest** *n milit.* nid *m* de mitrailleuse(s); **~ngewehr,schütze** *m milit.* mitrailleur *m*; **~ngewehr,stand** *m* poste *m* de mitrailleuse; **~ngewehr-,stellung** *f* emplacement *m* de mitrailleuse; **~n,halle** *f*, **~n,haus** *n* salle *f* des machines; **~nindus,trie** *f* industrie *f* mécanique, des machines; **~n,kunde** *f* ⟨~⟩ mécanique *f*; **~n,lärm** *m cf.* ~ngedröhn; **2n,mäßig** *adj.* mécanique; **~n,meister** *m* chef mécanicien; mécanicien *m* d'entretien; *thé.* (chef *m*) machiniste *m*; *impr.* (conducteur *m*) rotativiste *m*; F roto *m*; **~n-,näherin** *f* mécanicienne *f*; couseuse *f* à la machine; **~n,öl** *n* huile *f* à machine; **~n,park** *m* parc *m* de machines; **~npis,tole** *f milit.* mitraillette *f*; pistolet mitrailleur; **~n,raum** *m*, **~n,saal** *m* salle *f* des machines; **~n,satz** *m impr.* composition *f* mécanique; *techn.* groupe *m* de machines; **~n,schaden** *m cf.* ~ndefekt; **~n,schlosser** *m* mécanicien *m*; **~(n),schreiben** *n* dactylographie *f*; **~n,schreiber(in)** *m (f)* dactylographe *m, f*; **~n,schrift** *f* dactylographie *f*; **in ~** dactylographié; **2n,schriftlich** *adj.* dactylographique; **~ vervielfältigen** dactylographier; **~n,setzer** *m impr.* opérateur *m* (linotypiste); linotypiste *m*; F lino *m*; **~n-,teile** *n/pl.* organes *m/pl.*, pièces *f/pl.* d'une machine; **~ntele,graph** *m mar.* chadburn *m*; **~n-Trak'toren-Stati,on** *f* station *f* de machines et tracteurs; **~n,waffen** *f/pl.* armes *f/pl.* automatiques; **~n,wärter** *m* mécanicien *m* d'entretien; **~n,werkstatt** *f* atelier *m* de constructions mécaniques; **~n-,wesen** *n* ⟨~s⟩ machines *f/pl.*; machinisme *m*; **~n,zeitalter** *n* âge *m*, ère *f* de la machine; **~'rie** *f* ⟨~; -ien⟩ machinerie *f*; mécanique *f*; **2,schreiben** I *v/i.* ⟨schreibt Maschine, schrieb Maschine, maschinegeschrieben, h⟩ écrire, F taper à la machine; II **~-,schreiben** *n cf.* ~(n)schreiben.

Maschinist [maʃi·'nɪst] *m* ⟨~en; ~en⟩ *cf.* Maschinenmeister.

Maser[1] ['mɑːzər] *m Elektronik* maser [-ɛːr] *m*.

Maser[2] ['mɑːzər] *f* ⟨~; ~n⟩ 1. madrure *f*; veines *f/pl.*, nervures *f/pl.* de bois; 2. (~*holz*) bois madré, veiné; **~,holz** *n cf.* Maser 2.; **2ig** *adj.* veiné; madré; **2n** *v/t.* ⟨*nur p. p.* gemasert⟩ *cf.* 2ig.

Masern ['mɑːzərn] *f/pl. méd.* rougeole *f*; **die ~ haben** être atteint de la rougeole; **an ~ erkrankt** rougeoleux, -euse.

Maserung ['mɑːzə,rʊŋ] *f* ⟨~⟩ madrure *f*.

Mask|e ['maskə] *f* ⟨~; ~n⟩ 1. masque *m* (*auch verkleidete Person, fig., esc., méd. bei der Narkose*); *nur über den Augen* (*Halb2*) loup *m*; **die ~ abnehmen, die ~ fallenlassen** se démasquer; ôter, lever le masque; **ohne ~** à visage découvert; sans masque; **j-m die ~ abreißen** arracher le masque à qn. (*auch fig.*); démasquer qn.; 2. *von Schauspielern* maquillage *m*; grimage *m*; 3. *phot., impr.* cache *m*; **~en,ball** *m* bal masqué, travesti, costumé; mascarade *f*; **~en,bildner(in)** *m* ⟨~s; ~⟩ *(f)* ⟨~; ~nen⟩ *thé.* maquilleur, -euse *m, f*; **~en,fest** *n cf.* ~enball; **~en,freiheit** *f* privilège *m* du masque; **~enkos,tüm** *n* costume *m*; travestissement *m*; travesti *m*; déguisement *m*; **~en,zug** *m*, **~e'rade** *f* ⟨~; ~n⟩ mascarade *f*; **2ieren** [-'kiː-] *v/t. u. v/réfl.* ⟨*pas de ge-*, h⟩ (se) masquer (*auch: verdecken*); se maquiller (*auch fig.*); *par ext.* (*verkleiden*) (se) déguiser (**als** en); **~ierung** [-'kiː-] *f* ⟨~; ~en⟩ (*Verkleidung*) déguisement *m*; travestissement *m*.

Maskott|chen [mas'kɔtçən] *n* ⟨~s; ~⟩, **~e** *f* ⟨~; ~n⟩ mascotte *f*; fétiche *m*; porte-bonheur *m*.

maskulin [masku·'liːn] *adj.* masculin; **2,form** *f gr.* forme masculine; **2um** *n* ⟨~s; -na⟩ *gr.* masculin *m*.

Masochis|mus [mazɔ'xɪsmʊs] *m* ⟨~⟩ masochisme *m*; **~t** *m* ⟨~en; ~en⟩ masochiste *m*; **2tisch** *adj.* masochiste.

maß [mɑːs] *cf.* messen.

Maß[1] [mɑːs] *n* ⟨~es; ~e⟩ *als ~einheit* mesure *f*; (*Verhältnis*) proportions *f/pl.*; (*Aus2*) dimension *f*; *fig.* (*Grenzen*) bornes *f/pl.*; limite(s) *f (pl.)*; *fig.* (*Mäßigung*) modération *f*; *techn.* (*Eich2*) jauge *f*; calibre *m*; **~ nehmen** prendre les mesures (**bei j-m** de qn.); **nach ~ (arbeiten)** (faire) sur mesure(s); **~e u. Gewichte** poids et mesures; **das ~ meiner Leiden** l'étendue de ma misère; **ein hohes ~ an Vollkommenheit erreichen** atteindre un 'haut degré de perfection; **e-m Wunsch in weitgehendem ~e Rechnung tragen** tenir largement, amplement compte d'un désir; **in stärkerem ~e** dans une plus forte proportion; **in höchstem ~e** au plus 'haut point, degré; **in begrenztem, beschränktem ~e** dans une mesure restreinte; **in hohem ~e** à un 'haut degré; dans une large mesure; **in reichem ~e** largement; abondamment; à profusion; **in vollem ~e** pleinement; **in zunehmendem ~e** de plus en plus; **in dem ~e wie ...** à mesure que ...; dans la mesure où ...; au fur et à mesure que ...; **in dem ~e, daß ...** au point de ... (+ *inf. od.* que + *subj.*); **ohne ~ u. Ziel** outre mesure; à l'excès; **über alle, über die ~en** (*maßlos*) à outrance; excessivement; au delà de toute mesure; outre, sans mesure; à l'excès; (*sehr*) sans réserve; très; extrêmement; excessivement; **alles mit ~en** n'abusez pas; pas d'excès; pas de zèle; avec mesure; modérément; avec modération; rien de trop; **das richtige ~ haben** avoir la mesure, la dimension, la proportion convenable; **das rechte ~ halten** garder la mesure; se modérer; **auf das rechte ~ zurückführen** ramener à de justes limites; **das ~ überschreiten, übersteigen, über das ~ hinausgehen** (dé)passer les bornes, la mesure; **das übersteigt das gewohnte ~** cela sort des proportions habituelles; **das übersteigt alles ~** cela passe toute mesure; **weder ~ noch Ziel kennen** n'avoir ni règle ni mesure; être extrême en tout; ne pas connaître de bornes; aller toujours aux extrêmes; n'avoir pas, manquer de mesure; poursuivre, faire qc. à outrance; **jedes ~ verlieren** perdre toute mesure; **das ~ ist voll!** la mesure est comble!; **mit zweierlei ~ messen** avoir deux poids et deux mesures; **~**[2] *f* ⟨~; ~(e) *bzw.* 2 ~⟩ e-e ~ Bier *etwa* une chope, F un pot de bière; **~ab,teilung** *f e-s Konfektionsbetriebes* rayon *m* d'habillement sur mesure.

Massage [ma'sɑːʒə] *f* ⟨~; ~n⟩ massage *m*; **~be,handlung** *f méd.* massothérapie *f*.

Massak|er [ma'sɑːkər] *n* ⟨~s; ~⟩ massacre *m*; *cf. auch* Metzelei; **2rieren** [-'kriː-] I *v/t.* ⟨*pas de ge-*, h⟩ massacrer; II **~rieren** [-'kriː-] *n* ⟨~s⟩ *cf.* ~er.

Maß|analyse ['mɑːsˀana,lyːzə] *f chim.* analyse *f* volumétrique; titrage *m*; **~-,anzug** *m* costume *m*, complet *m* (fait) sur mesure(s); **~,arbeit** *f* travail *m* (fait) sur mesure(s).

Masse ['masə] *f* ⟨~; ~n⟩ 1. (*formloser Stoff*) masse *f*; (*Guß2*) coulée *f*; **e-e glühende ~** une masse, matière en fusion; **e-e klebrige ~** une pâte gluante; **e-e undefinierbare ~** une substance indéfinissable; 2. (*Menge*) masse *f*; quantité *f*; *comm.* **die ~ muß es bringen** il faut se rattraper sur la quantité; F **er hat e-e ~ Geld** il a beaucoup d'argent; F il a une quantité d'argent; P il est plein aux as; il est bien argenté; il a des picaillons; **sie liefen in ~n herbei** ils accoururent en foule, en masse, en grand nombre; 3. (*Volksmenge*) masse *f*; foule *f*; **er buhlt um die Gunst der ~n** il cherche à capter la faveur des masses, des foules; **die breite ~ versteht davon nichts** le gros public n'y comprend rien; 4. *phys.* masse *f*; matière *f*; substance *f*; *élect.* masse *f*; terre *f*; 5. (*Konkurs2*) masse *f* de la faillite; **~,forderung** *f beim Konkurs* créance *f* de la masse; **~,gläubiger** *m* créancier *m* de la masse.

Maßeinheit ['mɑːs,ˀaɪnhaɪt] *f* unité *f* de mesure; **als ~ nehmen** prendre pour *od.* comme unité.

Massel ['masəl] *f* ⟨~; ~n⟩ *techn.* saumon *m*; gueuse *f*.

Maßen ['mɑːsən] *f/pl. cf.* Maß.

Massen|absatz ['masən,ˀapzats] *m comm.* vente *f* en grandes quantités, en série; gros débouché; débouché massif; **~,abwurf** *m milit. von Bomben* largage général; **~,angriff** *m milit.* attaque concentrée; attaque *f* en force, massive; **~,anziehung** *f phys.* gravitation *f*; **~ar,tikel** *m comm.* article *m* de série; **~,aufgebot** *n milit.* levée *f* en masse; **~,auflage** *f impr.* gros tirage; **~,aussperrung** *f* lock-out [-awt] *m*; **~be,einflussung** *f* influence (exercée) sur les masses; **~be,wegung** *f* mouvement *m* de masse; **~demonstrati,on** *f* démonstration *f*, manifestation *f* de masse; **~,einsatz** *m* emploi *m* en masse; **~ent,lassung** *f* congédiement, licenciement collectif, massif; **~er-,hebung** *f* levée *f* en masse; **~er,zeugung** *f*, **~fabrikati,on** *f* production *f*, fabrication *f* en grande(s) série(s); **~,flucht** *f* exode massif; **~,grab** *n* fosse commune; **~,güter** *n/pl.* marchandises *f/pl.* en vrac, de gros tonnage; **2,haft** *adj.* en masse(s) (*auch adv.*); énorme; **~,herstellung** *f cf.* ~erzeugung; **~,hinrichtung** *f* exécution massive; exécutions *f/pl.* en masse; **~in,stinkt** *m* instinct *m* grégaire; grégarisme *m*; **~kon,sum** *m* consommation *f* en masse, massive; **~,kundgebung** *f cf.* ~demonstration; **~,medien**

pl. moyens *m/pl.* de diffusion; **~ˌmord** *m* massacre *m*; *pfort.* hécatombe *f*; **~organisatiˌon** *f* organisation *f* de masse; **~produktiˌon** *f cf.* ~herstellung; **~psycholoˌgie** *f* psychologie *f* des foules; **~psyˌchose** *f* psychose *f*, démence collective; **~quar'tier** *n* foyer *m*, centre *m* d'hébergement; **~-ˌspeisung** *f* distribution *f* de repas (gratuits); soupe *f*, cuisine *f* populaire; **~spektroˌgraph** *m phys.* spectrographe *m* de masse; **~spektroˌmeter** *n phys.* spectromètre *m* de masse; **~-spektrosˌkop** *n phys.* spectroscope *m* de masse; **~ˌsterben** *n* mortalité élevée; mort *f* en masse; **~ˌstreik** *m* grève *f* en masse, générale; **~suggestiˌon** *f* psychose collective; **~ˌträgheit** *f phys.* inertie [-si] *f*; **~transˌport** *m* transport collectif, en commun; **~verˌbrauch** *m cf.* ~konsum; **~verˌhaftungen** *f/pl.* arrestations massives, en masse; **~ver-ˌnichtung** *f* destruction massive; **~-verˌnichtungsˌmittel** *n* moyen *m* de destruction, d'extermination massive; **~verˌnichtungsˌwaffen** *f/pl.* armes *f/pl.* de destruction massive; **~ver-ˌsammlung** *f* rassemblement *m* de masse, populaire; assemblée *f* populaire; meeting *m*; **~verˌtrieb** *m cf.* ~absatz; **~verˌwalter** *m beim Konkurs* syndic *m* de la faillite; **~ˌwahn** *m* chimères collectives; *pfort.* folie, démence collective; psychose *f*; **~ˌwanderung** *f* migration massive; **~ˌware** *f* marchandise fabriquée en série; **♀-ˌweise** *adv.* massivement; en masse(s); en foule; **~ˌzahl** *f phys.* nombre *m* de masse, massique; **~ˌzeitalter** *n* âge *m*, ère *f* des masses.

Masse|schuld ['masəˌʃʊlt] *f comm.* dette *f* de la masse; **~ˌschuldner** *m comm.* débiteur *m* de la masse.

Mass|eur [ma'sø:r] *m* ⟨~s; ~e⟩, **~euse** *f* ⟨~; ~n⟩ masseur, -euse *m, f.*

Masseverlust ['masəfɛrˌlʊst] *m phys.* déperdition *f* de masse.

Maß|gabe ['ma:sˌga:bə] *f* ⟨~⟩ nach ~ ... (+ *gén.*) en raison, en proportion de ...; dans la mesure de ...; suivant ...; selon ...; conformément à ...; au fur et à mesure de ...; **♀ˌgebend, ♀ˌgeblich** *adj.* qui sert de règle, de norme; déterminant; décisif, -ive; valable; compétent; ~e Leute gens compétents; in ~en Kreisen dans les milieux compétents; ~ sein faire autorité; faire loi; prévaloir; das kann für uns nicht ~ sein cela ne saurait faire autorité pour nous; ich erfahre von ~er Seite j'apprends de source autorisée; wir betrachten folgende Faktoren als ~ les facteurs suivants nous paraissent déterminants; **♀geˌrecht** *adj.* qui a les mesures, les dimensions prescrites; exact; **♀ˌhalten I** *v/i.* ⟨*irr.*, *sép.*, -ge-, h⟩ garder la, avoir de la mesure; se modérer; ne pas dépasser la mesure; faire qc. avec mesure, modération; éviter les excès; im Essen ~ manger avec modération; er kann nicht ~ il ne peut garder la juste mesure; il ne connaît pas de mesure; **II ~ˌhalten** *n cf.* Mäßigkeit; **♀ˌhaltig** *adj. cf.* ♀gerecht; **~ˌhaltigkeit** *f* ⟨~⟩ *techn.* exactitude *f* des mesures, dimensions prescrites.

massier|en [ma'si:rən] **I** *v/t.* ⟨*pas de ge-*, h⟩ **1.** *méd.* masser; **2.** *milit.*, *Truppen* masser; concentrer; **II ♀en** *n* ⟨~s⟩ *cf.* Massage; **♀ung** *f* ⟨~; ~en⟩ *von Truppen* concentration *f.*

massig ['masɪç] **1.** *adj.* volumineux, -euse; massif, -ive; compact; **2.** *adv.* F (*viel*) en masse(s); er hat ~ Geld *cf.* Masse 2.

mäßig ['mɛ:sɪç] *adj.* modéré; mesuré; *im Essen* frugal; *im Essen u. Trinken*, *Genuß* sobre; tempérant; *Appetit etc.* (*die Mitte haltend*) moyen, -nne; *Preis* modique; modéré; modeste; (*mittel~*) médiocre; schwache bis ~e Winde vents faibles à modérés; **~en I** *v/t.* ⟨h⟩ modérer; (*mildern*) tempérer; *Ansprüche* (*in Grenzen halten*) *auch* contenir; borner; mettre une sourdine à; diminuer; rabattre (de); *Tempo* ralentir; *Ausdrucksweise* adoucir; gemäßigte Zone zone tempérée; **II** *v/réfl.* sich ~ *cf.* maßhalten; **♀ˌkeit** *f* ⟨~⟩ modération *f*; *im Essen* frugalité *f*; *im Genuß, Essen u. Trinken* sobriété *f*; tempérance *f*; *der Preise* modicité *f*; (*Mittel♀*) médiocrité *f*; **♀ung** *f* ⟨~⟩ *des Tempos* ralentissement *m*; *der Ausdrucksweise* adoucissement *m*; *cf. auch* ♀keit.

massiv [ma'si:f] **I** *adj.* massif, -ive; solide; *techn.* monobloc (*inv.*); *fig.* (*grob, roh*) lourd; lourdaud; grossier, -ère; ~ gebaut construit en dur; F ~ werden devenir grossier; se laisser aller à des injures, à des grossièretés; **II ♀** *n* ⟨~s; ~e⟩ *géol.* massif *m*; **♀ˌbau** *m* ⟨~(e)s; ~ten⟩ *bât.* construction *f* en dur, massive; **♀ˌgold** *n* or massif.

Maß|krug ['ma:skru:k] *m* chope *f*; F pot *m* (de bière); **~ˌlieb(chen)** *n* ⟨~(e)s; ~e⟩ (*n*) *bot.* pâquerette *f*; **♀los** *adj. u. adv.* sans *od.* outre mesure; sans bornes, limites; illimité; démesuré (-ment); immodéré(ment); extrême (-ment); excessif (excessivement); er macht ~e Ansprüche ses prétentions dépassent toute mesure; in ~er Wut dans un accès de colère; *pfort.* au paroxysme de la colère; er ist ~ eitel il est d'une vanité sans bornes, limites; er ist ~ erregt il est complètement, absolument 'hors de lui; er ist in s-n Reden ~ il parle sans la moindre retenue; **~ˌlosigkeit** *f* ⟨~; ~en⟩ démesure *f*; absence *f* de mesure, de modération, de retenue; excès *m*; caractère excessif, immodéré; immodération *f*; **~ˌnahme** *f* ⟨~; ~n⟩ mesure *f*; disposition *f*; bevölkerungspolitische ~n mesures démographiques; geeignete ~n mesures appropriées; halbe ~n demi-mesures *f/pl.*; ~n treffen, ergreifen prendre des mesures, dispositions; einschneidende ~n ergreifen trancher dans le vif; von e-r ~ betroffen sein être visé par une mesure; ~n zur Verhütung von Betriebsunfällen mesures préventives contre les accidents de travail; **~ˌregel** *f cf.* ~nahme; **♀ˌregeln** *v/t.* ⟨-(e)le, *insép.*, ge-, h⟩ rappeler à l'ordre; prendre des mesures (contre); infliger une punition (à); sévir (contre); **~ˌreg(e)lung** *f* rappel *m* à l'ordre; mesures *f/pl.*; punition *f*; **~ˌschneider(in)** *m* (*f*) tailleur *m*, couturière *f* travaillant sur mesure(s); **~ˌschuhe** *m/pl.* chaussures *f/pl.* sur mesure; **~stab** *m* règle divisée; *auf Karten* échelle *f* (*auch fig.*); *fig.* mesure *f*; im ~ 1 : 100 000 à l'échelle de 1/100 000; in verkleinertem ~ à échelle réduite; en réduction; *fig.* in großem ~e sur une grande échelle; e-n ~ abgeben für ... constituer une mesure pour ...; e-n ~ an etw. legen appliquer une norme, un critère à qc.; e-n anderen ~ anlegen mesurer, calibrer à une autre échelle, à un autre étalon; **♀-stab(s)geˌrecht, ♀stab(s)geˌtreu** *adj. u. adv.* à l'échelle; **♀voll** *adj.* modéré; plein de modération; mesuré; plein de mesure; qui reste dans la (juste) mesure; **~zahl** *f* cote *f.*

Mast[1] [mast] *m* ⟨~es; ~e *od.* ~en⟩ **1.** *mar.* mât *m*; die ~en la mâture; **2.** (*Leitungs♀*) mât *m*; poteau *m*; *großer* pylône *m*; e-n ~ aufrichten dresser, planter un mât, poteau, pylône; e-n ~ verankern 'haubaner un poteau, mât, pylône.

Mast[2] [mast] *f* ⟨~; ~en⟩ *agr.* **1.** engraissement *od.* engraissage *m*; *von Geflügel auch* gavage *m*; **2.** (*~futter*) engrais *m.*

Mast|baum ['mastbaʊm] *m mar. cf.* Mast[1] 1.; **~darm** *m anat.* rectum [-ɔm] *m*; **~darmentˌzündung** *f méd.* rectite *f*; **~darmˌfistel** *f méd.* fistule rectale; **~darmˌkrebs** *m méd.* cancer *m* du rectum.

mästen ['mɛstən] **I** *v/t.* ⟨-ete, h⟩ engraisser; *Geflügel auch* gaver; **II ♀** *n* ⟨~s⟩ *cf.* Mast[2] 1.

Mast|futter ['mastˌfʊtər] *n cf.* Mast[2] 2.; **~gans** *f* oie engraissée, gavée; **~huhn** *n* poularde *f*; poulet *m* de grain.

Mastix ['mastɪks] *m* ⟨~(es)⟩ mastic *m* (résineux).

Mast|korb ['mastkɔrp] *m mar.* 'hune *f*; **~kur** *f* cure *f* d'engraissement; **~-ˌochse** *m* bœuf engraissé; **~schwein** *n* cochon gras, engraissé, qu'on engraisse; **~ˌspitze** *f* pointe *f* du poteau, du pylône, *mar.* du mât.

Mästung ['mɛstʊŋ] *f* ⟨~⟩ *cf.* Mast[2] 1.

Mastur|bation [masturbatsi·'o:n] *f* ⟨~; ~en⟩ masturbation *f*; **♀'bieren** *v/i.* ⟨*pas de ge-*, h⟩ masturber.

Mast|vieh ['mastfi:] *n* **a)** bétail *m* à l'engrais; **b)** bétail engraissé; **~werk** *n mar.* mâture *f.*

Masurka [ma'zʊrka] *f* ⟨~; ~s⟩ *cf.* Mazurka.

Masut [ma'zu:t] *n* ⟨~(e)s⟩ mazout *m.*

Matador [mata'do:r] *m* ⟨~s; ~e⟩ matador *m.*

Match [mɛtʃ] *m od. n* ⟨~es; ~e⟩ match [matʃ] *m.*

Mater ['ma:tər] *f* ⟨~; ~n⟩ *impr.* matrice *f*; flan *m.*

Material [mate·ri·'a:l] *n* ⟨~s; ~ien⟩ (*Stoff, Werkstoff*) matériaux *m/pl.*; matière *f* (première); tout ce qu'il faut, le nécessaire pour ...; (*Werkzeug*) équipement *m*; outillage *m*; (*Ausrüstung*) matériel *m* (*auch Kriegs♀*); (*Unterlagen*) matériel *m*; documentation *f* (*auch Beweis♀*); *chem.* rollendes ~ matériel roulant; parc *m*; *mar.* schwimmendes ~ matériel flottant; *techn.* feuerfestes ~ matière réfractaire; *phys. atom.* spaltbares ~ matière fissile; **~ˌabnahme** *f* réception *f* du matériel; **~ˌanforderung** *f* demande *f* de matériel; **~ˌaufwand** *m* dépenses *f/pl.* en matières et fournitures; **~ˌausnützung** *f* utilisation *f* des matériaux; **~beˌdarf** *m* besoin *m* de matière, de matériel; **~beˌschädigung** *f* dégât causé au matériel; **~entˌnahme** *f* prélèvement *m* de matière, de matériel; **~entˌnahmeˌschein** *m* récépissé *m* de prélèvement de matières, de matériel; fiche *f* de sortie de stock; **~er-ˌmüdung** *f* fatigue *f*, usure *f* du matériel; **~erˌsparnis** *f* économie *f* des matériaux; **~ˌfehler** *m* défaut *m*; défectuosité *f*; **~ˌfestigkeit** *f* résistance *f* de matériaux; **~ien** *n/pl.* matériaux *m/pl.*

Materialis|ation [mate·ri·ali·zatsi·'o:n] *f* ⟨~; ~en⟩ *Okkultismus* matérialisation *f*; **♀ieren** [-'zi:-] *v/t.* ⟨*pas de ge-*, h⟩ matérialiser; **~mus** [-'lɪs-] *m* ⟨~⟩ *philos.* matérialisme *m*; dialektischer, historischer ~ matérialisme dialectique, historique; **~t** [-ˈlɪst] *m* ⟨~en; ~en⟩ matérialiste *m*; **2tisch** [-ˈlɪs-] *adj.* matérialiste.

Material|knappheit [mateˑriˑˈɑːl-ˌknaphaɪt] *f* pénurie *f* de matières, de matériel, de matériaux; **~ˌkosten** *pl.* frais *m/pl.* de matériel; **~ˌlager** *n* dépôt *m* de matériel; **~ˌnachschub** *m* approvisionnement *m* en matériel, matières, matériaux; **~ˌprobe** *f* prélèvement *m* de matière; **~ˌprüfung** *f* essai *m*, contrôle *m*, examen *m* des matériaux; **~ˌschaden** *m* dégât matériel; **~ˌschlacht** *f milit.* bataille *f* de matériel; **~ˌschuppen** *m* remise *f*, ʻhangar *m* à matériaux; **~ˌschwierigkeiten** *f/pl.* difficultés *f/pl.* à se procurer des matériaux; **~überˌprüfung** *f* contrôle *m* des matériaux; **~verˌbrauch** *m* consommation *f* des matériaux; **~verˌlust** *m* perte *f* de matière; déchet *m*; **~verˌsorgung** *f cf.* ~nachschub.

Materie [maˈteːriˑə] *f* ⟨~; ~n⟩ **1.** (*Stoff*) matière *f*; substance *f*; **Geist u.** ~ l'esprit et la matière; **2.** (*Gegenstand e-r Untersuchung*) matière *f*; sujet *m*; objet *m*; **das ist e-e schwierige** ~ c'est une matière difficile (à traiter); **2ll** [-ˈɛl] **1.** *adj.* matériel, -lle; *philos.* **~e Ursache** cause matérielle; **~e Güter** biens matériels; **das 2e** le matériel; **2.** *adv.* matériellement.

Mathemati|k [mateˑmaˈtiːk] *f* ⟨~⟩ mathématiques *f/pl.*; **reine, angewandte, höhere** ~ mathématiques pures, appliquées, transcendantes; **~ker (-in)** [-ˈmɑː-] *m* ⟨~s; ~⟩ (*f*) ⟨~; ~nen⟩ mathématicien, -nne *m, f*; **2sch** [-ˈmɑː-] **1.** *adj.* mathématique; **die ~en Wissenschaften** les sciences exactes; **2.** *adv.* ~ **beweisen** prouver mathématiquement, F par a plus b.

Matinee [matiˑˈneː, ˈma-] *f* ⟨~; -een⟩ séance théâtrale, musicale ou littéraire ayant lieu dans la matinée.

Matjeshering [ˈmatjəsˌheːrɪŋ] *m zo.* ʻhareng *m* vierge.

Matratze [maˈtratsə] *f* ⟨~; ~n⟩ (*Sprungfeder2*) sommier *m*; (*Auflage2*) matelas *m*; **~nˌschoner** *m* protège--matelas *m*.

Mätresse [mɛˈtrɛsə] *f* ⟨~; ~n⟩ maîtresse *f*; femme entretenue; **~nˌwirtschaft** *f* gouvernement *m*, influence *f* des maîtresses.

Matriarchat [matriˑarˈçɑːt] *n* ⟨~(e)s; ~e⟩ matriarcat *m*.

Matrikel [maˈtriːkəl] *f* ⟨~; ~n⟩ matricule *f*; rôle *m*; registre *m*; **in die ~ eintragen** immatriculer.

Matrize [maˈtriːtsə] *f* ⟨~; ~n⟩ **1.** *impr. cf.* **Mater**; **2.** *für die Schreibmaschine* stencil [stɛnsil] *m*; **auf ~ schreiben** écrire sur, F taper un stencil.

Matrone [maˈtroːnə] *f* ⟨~; ~n⟩ matrone *f*; **2nˌhaft** *adj.* comme une, en matrone (*auch adv.*); (*ehrwürdig*) vénérable.

Matrose [maˈtroːzə] *m* ⟨~n; ~n⟩ matelot *m*; marin *m*; *mar. milit.* soldat *m* de l'infanterie de marine; F col-bleu *m*; **~nˌanzug** *m* costume marin; **~nˌbluse** *f* marinière *f*; vareuse *f*; **~nˌkneipe** *f* boîte *f* à matelots; taverne *f*; **~nˌkragen** *m* col marin; **~nˌmütze** *f* béret marin; **~nˌtanz** *m* matelote *f*.

matsch [matʃ] F *adj.* épuisé; ʻharassé; F à plat; rendu; *Sport* pompé; P crevé.

Matsch [matʃ] F *m* ⟨~es⟩ (*Brei*) bouillie *f*; F marmelade *f*; (*Dreck*) gâchis *m*; boue *f*; gadoue *f*; **2ig** *adj.* F (*breiig*) en bouillie; (*schlammig*) bourbeux, -euse; boueux, -euse; *Früchte* blet, -tte; coti.

matt [mat] *adj.* **1.** *Schachspiel* mat; **j-n ~ setzen** faire qn. mat; **Schach u. ~** échec et mat; **das 2** le mat; **2.** *von Personen* (*schwach, erschöpft*) faible; languissant; épuisé; abattu; brisé; **~ sein** *auch* languir; **3.** *von Sachen* qui manque de vigueur, de force, d'énergie; faible; mou (mol), molle; (*glanzlos*) mat; (*trübe*) terne; dépoli; *Farben* mat; pâle; *Stimme* languissant; éteint; *Licht* atténué; tamisé; *Augen* battu; éteint; *Blick* mourant; languissant; *Börse* lourd; inactif, -ive; languissant; sans animation; **~es Glas** verre dépoli; **~es Gold** or mat; **~blau I** *adj.* bleu mourant; **II 2blau** *n* bleu mourant; **2blech** *n* tôle mate, non polie.

Matte[1] [ˈmatə] *f* ⟨~; ~n⟩ (*Gebirgswiese*) alpage *m*; pacage *m*; pâturage *m*; prairie *f*; herbage *m*.

Matte[2] [ˈmatə] *f* ⟨~; ~n⟩ (*Flechtwerk*) natte *f*; *aus Stroh* paillasson *m*; *Sport* tapis *m*.

matt|gelb [ˈmatgɛlp] **I** *adj.* jaune pâle; **II 2gelb** *n* jaune *m* pâle; **~geˌschliffen** *adjt.* dépoli; **2glanz** *m* éclat *m* terne; **2glas** *n* verre mat, dépoli; **2gold** *n* or mat; **~ˌgolden** *adj.* en or mat.

Matthäus [maˈtɛːʊs] *m* F **mit ihm ist's Matthäi am letzten** c'en est fait de lui; il est perdu, F fichu, P foutu; **~evanˌgelium** *n bibl.* Évangile *m* selon saint Matthieu; **~passiˌon** *f mus.* **die ~** la Passion selon saint Matthieu.

Matt|heit [ˈmathaɪt] *f* ⟨~⟩ (*Glanzlosigkeit*) matité *f*; ton, coloris mat; *des Blickes* langueur *f*; *von Glas etc.* dépoli *m*; *fig.* allures languissantes; caractère languissant; faiblesse *f*; mollesse *f*; **2ieren** [-ˈtiː-] *v/t.* ⟨*pas de ge-*, h⟩ dépolir; mater; matir; **~igˌkeit** *f* ⟨~⟩ (*Schwäche*) faiblesse *f*; fatigue *f*; langueur *f*; lassitude *f*; (*Erschöpfung*) épuisement *m*; abattement *m*; **~ˌscheibe** *f phot.* verre dépoli; F *fig.* **~ haben** F avoir la comprenette difficile; **~ˌsetzen** *n Schachspiel* échec *m* et mat; **~verˌgoldung** *f* dorure *f* terne.

Matz [mats] *m* ⟨~es; ~e *od.* ⸗e⟩ F **kleiner ~** petit bonhomme.

Mätzchen [ˈmɛtsçən] *n* ⟨~s; ~⟩ F **~ machen** a) minauder; faire des minauderies; b) *cf.* **Unfug (treiben)**.

Matze [ˈmatsə] *f* ⟨~; ~n⟩, **~n** *m* ⟨~s; ~⟩ pain *m* azyme, sans levain.

mau [maʊ] *adj.* F **mir ist ~** je me sens mal en point, mal à l'aise, F mal fichu; je ne me sens pas dans mon assiette; F **das ist ~** F c'est moche; *cf. auch* **mies**.

Mauer [ˈmaʊər] *f* ⟨~; ~n⟩ mur *m*; *zum Schutz u. coll.* muraille *f*; **die Chinesische ~** la Grande Muraille; **~ˌabsatz** *m bât.* recoupement *m*; retraite *f*; *fortif.* redan *m*; **~ˌanschlag** *m* affichage *m*; affiche *f*; **~ˌarbeit** *f cf.* Maurerarbeit; **~ˌblümchen** F *n* femme *f*, jeune fille *f* qui fait tapisserie; **~ˌbrecher** *m milit.* bélier *m*; **~ˌdicke** *f* épaisseur *f* d'un mur; **~ˌfalke** *m zo.* crécerelle *f*; **~ˌgrund** *m bât.* massif *m*; **~ˌhaken** *m Alpinismus* piton *m*; **~ˌklammer** *f bât.* ancre *f*; **~ˌkranz** *m*, **~ˌkrone** *f* couronne murale; **~ˌläufer** *m zo.* grimpereau *m* des murailles; **2n I** *v/t.* ⟨-(e)re, h⟩ *bât.* maçonner; *mit Bruchsteinen* limousiner; **II ~n** *n* ⟨~s⟩ maçonnage *m*; limousinage *m*; **~ˌöffnung** *f bât. für Fenster etc.* baie *f*; **~ˌpfeffer** *m bot.* poivre *m* de la muraille; orpin *m* âcre; **~ˌpflanzen** *f/pl. bot.* pariétaires *f/pl.*; **~ˌritze** *f* lézarde *f*; fente *f*; **~ˌschwalbe** *f*, **~ˌsegler** *m zo.* (grand) martinet *m*; **~ˌspalt** *m cf.* ~ritze; **~ˌspeise** *f bât.* mortier *m*; **~ˌstein** *m bât.* moellon *m*; pierre taillée, de taille; *abus.* brique *f*; **~verˌbände** *m/pl. bât.* appareils *m/pl.*; assemblages *m/pl.*; **~verˌkleidung** *f bât.* revêtement *m* en maçonnerie; **~ˌvorsprung** *m bât.* encorbellement *m*; saillie *f*; rebord *m* (d'un mur); **~ˌwerk** *n bât.* (ouvrage *m* de) maçonnerie *f*; maçonnage *m*; murs *m/pl.*; murage *m*; **~ˌziegel** *m bât.* brique *f*; **~ˌzinne** *f fortif.* créneau *m*.

Mauke [ˈmaʊkə] *f* ⟨~⟩ *vét.* malandre *f*.

Maul [maʊl] *n* ⟨~(e)s; ⸗er⟩ *der Tiere* gueule *f*; *par ext.* (*Schnauze*) museau *m*; mufle *m*; *der Pferde* bouche *f*; P *von Personen* P gueule *f*; bec *m*; margoulette *f*; *techn. e-r Zange etc.* mors *m*; **j-m übers ~ fahren** couper la parole à qn.; rudoyer, rabrouer qn.; **ein böses, loses ~ haben** avoir une mauvaise langue, une langue de vipère; P **das ~ halten** P fermer sa gueule, son bec; la boucler; P **halt's ~!** (ferme) ta boîte, ta gueule!; ferme-la!; F **j-m das ~ stopfen** réduire qn. au silence; rabrouer qn.; fermer la bouche à qn.; F rembarrer qn.; rabattre le caquet de qn.; clouer le bec à qn.; couper le sifflet à qn.; river son clou à qn.; F **ein schiefes ~ ziehen** faire la moue, la lippe, la tête, la bouche en cul de poule; bouder; F **j-m Honig ums ~ schmieren, j-m ums ~ gehen** flagorner qn.; **er wartet, daß ihm gebratene Tauben ins ~ fliegen** F il attend que les alouettes lui tombent toutes rôties dans le bec; *Redensarten, die hier nicht stehen cf.* **Mund**; **~ˌaffe** *m* F **~n feilhalten** badauder; bayer aux corneilles; faire le badaud; musarder; muser; **~beerˌbaum** *m bot.* mûrier *m*; **~ˌbeere** *f bot.* mûre *f*; **2en I** F *v/i.* ⟨h⟩ grogner; (*schmollen*) bouder; faire la moue; (*schimpfen*) F rouspéter; râler; rouscailler; ronchonner; renâcler; renauder; **II ~en** *n* ⟨~s⟩ rouspétance *f*; ronchonnement *m*; **~ˌesel(in)** *m* (*f*) *zo.* mulet *m*, mule *f*; **2faul** F *adj.* peu loquace; qui n'ouvre pas le bec; qui ne desserre pas les dents; **~ˌfäule** *f vét. sc.* aphtes *m/pl.*; **~held** F *m* fanfaron *m*; faux brave; braillard *m*; pourfendeur *m*; gueulard *m*; ʻhâbleur *m*; vantard *m*; faiseur *m* de grands mots; rodomont *m*; tartarin *m*; bravache *m*; P fort *m* en gueule; **~korb** *m* muselière *f*; *e-m Hund etc.* **e-n ~ anlegen** mettre une muselière (à); museler (un chien, *etc.*) (*beide auch fig.*); **~ˌschelle** F *f* soufflet *m*; gifle *f*; F mornifle *f*; calotte *f*; claque *f*; taloche *f*; torche *f*; torgn(i)ole *f*; **j-m e-e ~ geben** souffleter, gifler, F calotter, talocher qn.; **~ˌsperre** *f méd. sc.* trisme *m*; **~tier** *n zo. cf.* ~esel(in); **~tierˌpfad** *m* sentier *m*, chemin *m* de mulet, muletier; **~tierˌtreiber** *m* muletier *m*; **~ˌtrommel** *f mus.* guimbarde *f*; **~ u. ˈKlauenˌseuche** *f vét. sc.* fièvre aphteuse; cocotte *f*; **~wurf** *m zo.* taupe *f*; **~wurfsˌfalle** *f* taupière *f*; **~wurfsˌgrille** *f zo.* taupe-grillon *m*; courtilière *f*; **~wurfsˌhaufen** *m*, **~wurfsˌhügel** *m* taupinée *od.* taupinière *f*.

Maure [ˈmaʊrə] *m* ⟨~n; ~n⟩ Maure *od.* More *m*.

Maurer [ˈmaʊrər] *m* ⟨~s; ~⟩ maçon *m*; **~ˌarbeit** *f bât.* maçonnage *m*; maçonnerie *f*; **~geˌselle** *m* compagnon *m*, ouvrier *m* maçon; **~ˌhandwerk** *n* métier *m* de maçon; **~ˌkelle** *f* truelle *f*; **~ˌlehrling** *m* apprenti *m* maçon; **~ˌmeister** *m* maçon *m*;

~ₗ**pinsel** *m* brosse *f*; ~**poₗlier** *m* contremaître *m*; chef *m* de travaux, de chantier; ~ₗ**zunft** *f* corporation *f* des maçons.

Maur|in ['maurɪn] *f* ⟨~; ~nen⟩ Mauresque *od.* Moresque *f*; ²**isch** *adj.* maure; mauresque; more; moresque.

Maus [maus] *f* ⟨~; ⸚e⟩ *zo.*, *anat.* souris *f*; *fig.* **mit Mann u.** ~ **untergehen** *cf.* Mann 1.; *fig.* **Katze u.** ~ **spielen** jouer comme le chat avec la souris; F **weiße Mäuse** police routière, de la route; *auf Motorrad* F motards *m/pl.*; *fig.* F **da beißt keine** ~ **e-n Faden ab** il n'y a rien à changer à l'affaire; l'affaire est ainsi; **wenn die Katze aus dem Haus ist, tanzen die Mäuse** *prov.* quand le chat n'est pas là, les souris dansent; le chat parti, les souris dansent *prov.*; **mit Speck fängt man Mäuse** *prov. cf.* **Speck.**

mauscheln ['mauʃəln] **I** *v/i.* ⟨-(e)le, h⟩ parler yiddis(c)h; *fig.* bredouiller; **II** ² *n* ⟨~s⟩ yiddis(c)h *m*; *fig.* bredouillement *m.*

Mäuschen ['mɔʏsçən] *n* ⟨~s; ~⟩ **1.** petite souris; souriceau *m*; *fig.* **da hätte ich** ~ **sein wollen** j'aurais bien voulu être une petite souris; j'aurais bien voulu être caché dans un trou de souris; **2.** F **mein** ~! F mon petit rat, raton!; ²'**still** *adj.* très tranquille; F silencieux, -euse à entendre voler une mouche; **es ist** ~ on entendrait trotter une souris, voler une mouche; **sich** ~ **verhalten** se tenir coi, coite; F ne (pas) piper mot; ne pas dire (un) mot.

Mäuse|bussard ['mɔʏzəₗbusart] *m zo.* busard *m*; ~ₗ**dreck** *m* crotte *f* de souris; ~ₗ**falle** (*od.* '**Mauseₗfalle**) *f* souricière *f*; ~ₗ**fraß** *m* mangeure *f* de souris; ~ₗ**gift** *n* mort-aux-rats *f*; ~ₗ**loch** (*od.* '**Mauseₗloch**) *n* trou *m* de souris.

mausen ['mauzən] **I** *v/t.* ⟨-(es)t, h⟩ F (*stehlen*) F escamoter; chiper; chaparder; faucher; soulever; faire (aux pattes); carotter; barboter; chauffer; acheter à la foire d'empoigne; P chouraver; **II** *v/i. von Katzen* prendre, attraper des souris; **III** ² *n* ⟨~s⟩ F (*Stehlen*) *cf.* **Mauserei**; *sonst verbal*; **die Katze läßt das** ~ **nicht** *prov.* chassez le naturel, il revient au galop; qui a bu boira *beide prov.*

Mäuseplage ['mɔʏzəₗplaːgə] *f* pullulement *m* des souris; envahissement *m* par les souris.

Mauser ['mauzər] *f* ⟨~⟩ mue *f*; **in der** ~ **sein** être en mue; muer.

Mauserei [ₗmauzə'raɪ] F *f* ⟨~; ~en⟩ vols *m/pl.*; escamotage *m*; F volerie *f*; barbotage *m*; chapardage *m.*

Mäuserich ['mɔʏzəₗrɪç] *m* ⟨~s; ~e⟩ souris *f* mâle.

mausern ['mauzərn] **I** *v/réfl.* ⟨-(e)re, h⟩ **sich** ~ muer; être en mue; se déplumer; F *fig.* faire peau neuve; **II** ² *n* ⟨~s⟩ *cf.* **Mauser.**

mausetot ['mauzə'toːt] F *adj.* bien mort; raide mort; ~ **schlagen** assommer.

maus|farben ['mausₗfarbən], ~**grau** *adj.* gris souris.

mausig ['mauzɪç] *adj.* F **sich** ~ **machen** faire l'important, le malin; monter sur ses grands chevaux; P faire le mariole; (*frech werden*) faire l'insolent.

Mausoleum [mauzo'leːum] *n* ⟨~s; -een⟩ mausolée *m.*

Maut [maut] *f* ⟨~; ~en⟩ *in Österreich* péage *m.*

mauzen ['mautsən] *v/i.* ⟨-(es)t, h⟩ F *cf.* **miauen.**

maximal [maksi'maːl] *adj.* maximal; maximum [-əm], maxima; ²... *in Zssgn.* maximal; maximum, maxima; *cf. auch* Höchst...; ²**geₗschwindigkeit** *f* vitesse maxima; vitesse *f* limite; limite *f* de vitesse; ²**geₗwicht** *n* poids maximum; poids *m* limite.

Maxim|e [ma'ksiːmə] *f* ⟨~; ~n⟩ maxime *f*; ~**um** ['ma-] *n* ⟨~s; -ma⟩ maximum [-əm] *m*; ~**umthermoₗmeter** ['ma-] *n* thermomètre *m* à maxima.

Mayonnaise [majo'nɛːzə] *f* ⟨~; ~n⟩ mayonnaise *f.*

Mazedon|ier(in) [matse'doːniər(ɪn)] *m* ⟨~s; ~⟩ (*f*) ⟨~; ~nen⟩ Macédonien, -nne *m, f*; ²**isch** *adj.* macédonien, -nne.

Mäzen [mɛ'tseːn] *m* ⟨~s; ~e⟩ mécène *m*; ~**atenₗtum** [-'nɑː-] *n* ⟨~(e)s⟩ mécénat *m*; protection *f.*

Mazurka [ma'zurka] *f* ⟨~; ~s⟩ mazurka *f.*

Mechani|k [me'çaːnɪk] *f* ⟨~; ~en⟩ mécanique *f*; ~**ker** *m* ⟨~s; ~⟩ mécanicien *m*; F mécano *m*; ²**sch 1.** *adj.* mécanique; *fig.* machinal; **2.** *adv. fig.* machinalement; ²'**sieren** *v/t.* ⟨*pas de ge-*, h⟩ mécaniser; ~'**sierung** *f* ⟨~⟩ mécanisation *f*; ~ **der Landwirtschaft** mécanisation agricole; ~**smus** [-'nɪs-] *m* ⟨~; -men⟩ mécanisme *m*; *e-r Uhr* mouvement *m*; ²**stisch** [-'nɪs-] *adj.* *philos.* mécaniste; ~**e Weltanschauung** conception mécaniste du monde.

Mecker|er ['mɛkərər] F *m* ⟨~s; ~⟩, ~ₗ**fritze** F *m* ⟨~n; ~n⟩ (*Nörgler*) F rouspéteur *m*; grincheux *m*; râleur *m*; bougon *m*; renâcleur *m*; renaudeur *m*; ronchonneur *m*; **ein** ~ **sein** F chercher la petite bête; ²**n I** *v/i.* ⟨-(e)re, h⟩ **1.** *Ziege* bêler; **2.** *fig.* (*mit meckernder Stimme sprechen*) chevroter; parler d'une voix chevrotante; **3.** F (*nörgeln*) F rouspéter; renauder; grincher; grogner; grognonner; bougonner; rouscailler; ronchonner; râler; renâcler (über sur); **II** ~**n** *n* ⟨~s⟩ **4.** *der Ziege* bêlement *m*; **5.** *fig.* chevrotement *m*; **6.** F *fig.* (*Nörgeln*) F rouspétance *f*; grognonnerie *f*; grognement *m*; ronchonnement *m*; ~ₗ**stimme** F *f* voix chevrotante.

Meckifrisur ['mɛkifriₗzuːr] F *f* cheveux *m/pl.* en brosse.

Mecklenburg|er(in) ['meːklənₗburgər(ɪn)] *m* ⟨~s; ~⟩ (*f*) ⟨~; ~nen⟩ Mecklembourgeois, -e *m, f*; ²**isch** *adj.* mecklembourgeois; du Mecklembourg.

Medaille [me'daljə] *f* ⟨~; ~n⟩ médaille *f*; *fig.* **die Kehrseite der** ~ le revers de la médaille; **j-n mit e-r** ~ **auszeichnen** médailler qn.; **e-e** ~ **gewinnen** obtenir, remporter une médaille.

Medaillon [medal'jõː, -'jɔŋ] *n* ⟨~s; ~s⟩ médaillon *m.*

Meder ['meːdər] *m/pl.* Mèdes *m/pl.*

media|l [medi'ɑːl] *adj. psych. néol.* médiumnique [-jəmnik]; ~**e Begabung** *néol.* médiumnisme *m*; médiumnité *f*; ~**n** *adj.* médian.

Mediante [medi'antə] *f* ⟨~; ~n⟩ *mus.* médiante *f.*

mediceisch [medi'tseːɪʃ] *adj.* médicéen, -nne; ~**es Zeitalter** siècle des Médicis.

Medien ['meːdiən] *pl. von* **Medium.**

Medi|kament [medika'mɛnt] *n* ⟨~(e)s; ~e⟩ médicament *m*; remède *m*; **erstattungsfähige** ~**e** médicaments homologués; ²**kamen'tös** *adj.* médicamenteux, -euse; ~'**kaster** F *m* ⟨~s; ~⟩ charlatan *m*; médicastre *m*; F *péj.* morticole *m*; ~**kus** ['meː-] F *m* ⟨~; Medizi⟩ médecin *m*; P toubib *m.*

Medio ['meːdio] *comm.* ~ *od.* ² **Mai** mi-mai; ~**liquidatiₗon** *f comm.* liquidation *f* de quinzaine.

medisch ['meːdɪʃ] *adj.* mède; médique.

Meditation [meditatsi'oːn] *f* ⟨~; ~en⟩ méditation *f.*

mediterran [meditɛ'rɑːn] *adj.* méditerranéen, -nne.

meditieren [medi'tiːrən] **I** *v/i.* ⟨*pas de ge-*, h⟩ méditer; **II** ² *n* ⟨~s⟩ *cf.* **Meditation.**

Medium ['meːdium] *n* ⟨~s; -ien⟩ médium [-jəm] *m*; *gr.* voix moyenne; *phys.* milieu *m*; matière *f*; ~**ismus** [-'mɪs-] *m* ⟨~⟩, ²**istisch** [-'mɪs-] *adj.* *cf.* **medial.**

Medizin [medi'tsiːn] *f* ⟨~; ~en⟩ **1.** (*Heilkunde*) médecine *f*; ~ **studieren** étudier la médecine; F faire sa médecine; **2.** *cf.* **Arznei, Medikament;** ~ₗ**ball** *m* medicine-ball [medisinboːl] *m*; ~**er(in)** *m* ⟨~s; ~⟩ (*f*) ⟨~; ~nen⟩ **1.** (*Arzt*) médecin *m*; (*Ärztin*) femme *f* médecin; **2.** (~*student*[*in*]) étudiant, -e *m, f* en médecine; F carabin *m*; ~ₗ**flasche** *f* fiole *f*; ²**isch** *adj.* de médecine; (*ärztlich*) médical; (*arzneilich*) médicinal; ²**e Akademie,** ~**e Fakultät** académie, faculté de médecine; ~**e Klinik** clinique médicale; ~**e Weine** vins médicinaux; ~ₗ**mann** *m* ⟨~(e)s; ⸚er⟩ sorcier *m*; guérisseur *m*; ~**stuₗdent(in)** *m* (*f*) *cf.* ~**er(in) 2.**; ~ₗ**studium** *n* études *f/pl.* de médecine.

Meduse [me'duːzə] *f* ⟨~; ~n⟩ *zo.* méduse *f*; ~**nₗhaupt** *n* ⟨~(e)s⟩ tête *f* de Méduse.

Meer [meːr] *n* ⟨~(e)s; ~e⟩ mer *f*; océan *m*; **das offene, freie** ~ le large; la pleine, la haute mer; **übers** ~ **fahren** traverser la mer; **aufs offene** ~ **hinausfahren** gagner, prendre le large; **am** ~ au bord de la mer; *fig.* **ein** ~ **von** ... une mer de ...; *fig.* **wie Sand am** ~ (*unzählig*) comme grains de sable à la mer; ~**aal** *m zo.* anguille *f* de mer; congre *m*; ~ₗ**barben** *f/pl. zo. sc.* mullidés *m/pl.*; ²**blau** *adj.* bleu de mer; ~ₗ**busen** *m* golfe *m*; ~ₗ**enge** *f* détroit *m*; canal *m.*

Meeres|arm ['meːrəsₗˀarm] *m* bras *m* de mer; ~ₗ**boden** *m* fond marin, de la mer; ~ₗ**brandung** *f* brisement *m* de la mer; brisant *m*; ressac *m*; ~ₗ**flut** *f* flots marins; ~ₗ**freiheit** *f* ⟨~⟩ liberté *f* des mers; ~ₗ**gottheit** *f* divinité marine, de la mer; ~ₗ**grund** *m cf.* ~**boden**; ~ₗ**höhe** *f* in ~ au niveau de la mer; ~ₗ**kunde** *f* ⟨~⟩ océanographie *f*; ~ₗ**küste** *f* côte *f*; ~ₗ**spiegel** *m* surface *f*, niveau *m* de la mer; **über, unter dem** ~ au-dessus, au-dessous du niveau de la mer; ~ₗ**stille** *f* ⟨~⟩ *mar.* calme *m*; bonace *f*; ~ₗ**strand** *m* plage *f*; ~ₗ**strömung** *f mar.* courant *m*; ~ₗ**ufer** *n* bord *m*, rivage *m* de la mer; côte *f.*

Meer|frau ['meːrfrau] *f cf.* ~**jungfrau**; ~**gott** *m* dieu marin, de la mer; ~ₗ**göttin** *f* déesse marine, de la mer; ²**grün I** *adj.* vert de mer; glauque; **II** ~**grün** *n* vert *m* glauque, de mer; ~ₗ**jungfrau** *f* sirène *f*; néréide *f*; naïade *f*; ~ₗ**katze** *f zo.* guenon *f*; ~ₗ**leuchten** *n* phosphorescence *f* de la mer; ~ₗ**rettich** *m bot.* raifort *m* (sauvage); ~**salz** *n* sel marin; ~**schaum** *m* ⟨~(e)s⟩ *minéral.* écume *f* de mer; *sc.* magnésite *f*; ~**schaumₗpfeife** *f* pipe *f* d'écume (de mer); ~ₗ**schwalbe** *f zo.* hirondelle *f* de mer; goélette *f*; ~**schwein** *n zo.* marsouin *m*; ~ₗ**schweinchen** *n* ⟨~s; ~⟩ *zo.* cochon *m* d'Inde; cobaye [-baj] *m*; ²**umₗschlungen**

adjt. poét. étreint par les flots; **~ˌungeheuer** *n* monstre marin; **~ˌwasser** *n* ⟨~s⟩ eau *f* de mer; eau salée; **~wasserbeˌhandlung** *f méd.* traitement *m* à l'eau de mer; **~weib** *n cf.* ~jungfrau.

Meeting ['miːtɪŋ] *n* ⟨~s; ~s⟩ assemblée *f*; réunion *f*; meeting [-iŋ] *m*.

Mega... [meˑga...] *in Zssgn.* méga...; **~'hertz** *n* mégahertz *m*; **~'lith** *m* ⟨~s; ~e⟩ mégalithe *m*; **~'lithˌgrab** *n* tombe *f* mégalithique; **2'lithisch** *adj.* mégalithique; **~'phon** *n* ⟨~s; ~e⟩ mégaphone *m*; porte-voix *m*.

Megäre [meˑ'gɛːrə] *f* ⟨~; ~n⟩ *fig.* mégère *f*.

megarisch [meˑ'gaːrɪʃ] *adj. philos.* ~e Schule école *f* mégarique.

Mega|tonne ['meˑgaˌtɔnə] *f phys. atom.* mégatonne *f*; **~'volt** *n élect.* mégavolt *m*; **~'watt** *n élect.* mégawatt *m*.

Mehl [meːl] *n* ⟨~(e)s; ~e⟩ **1.** farine *f*; **das feinste ~** la fleur de farine; **mit ~ bestreuen** enfariner; (sau)poudrer de farine; **2.** *par ext.* (*pulverförmiger Stoff*) poudre *f*; substance pulvérisée; **2ˌartig** *adj.* farinacé; **~ˌbeere** *f bot.* alise *f*; **~ˌbeutel** *m cf.* ~sieb; **~brei** *m* bouillie *f* de farine; **2ˌhaltig** *adj.* farineux, -euse; **~ˌ(groß)händler** *m* minotier *m*; **~ˌhandel** *m* minoterie *f*; **2ig** *adj.* farineux, -euse; farinacé; **~ˌkäfer** *m zo. sc.* ténébrion *m*; **~ˌkleister** *m* colle *f* de farine, d'amidon; **~kloß** *m cuis.* boulette *f* de farine; **~sack** *m* sac *m* à farine; **~ˌschwalbe** *f zo.* hirondelle *f* de fenêtre; **~ˌschwitze** *f cuis.* roux *m*; **~sieb** *n* tamis *m* (à farine); *Müllerei* blutoir *od.* bluteau *m*; **~ˌspeise** *f cuis.* entremets *m*; plat sucré; **~staub** *m* poussière *f* de farine; **~ˌsuppe** *f cuis.* soupe *f* à la farine; **~tau** *m Pflanzenkrankheit* blanc *m*; mildiou *m*; faux oïdium; **~wurm** *m zo.* ver *m* de farine.

mehr [meːr] **I** *adv.* plus; *vor subst.* plus de (als que); *ohne folgendes „als"* davantage; plus; *vor e-r Zahl ohne Vergleich* plus de; **~ als zwanzig Mark** plus de vingt marks; *bei e-m Verbum mit Vergleich* plus que; **vier Augen sehen ~ als zwei** quatre yeux voient plus que deux; **~ u. ~, immer ~** de plus en plus; **~ als ich sagen kann** plus que je ne puis dire; **~ als nötig** plus qu'il ne faut; tant et plus; **um so ~** d'autant plus; à plus forte raison; **um so ~ als** d'autant plus que; **ja, noch ~ ...** bien plus ...; **... was noch ~ ist ...** qui plus est; **nicht ~** ne ... plus; **nicht ~ u. nicht weniger** ni plus ni moins; **nichts ~** (*beim Verb mit* ne) plus rien; **die e-n ~, die andern weniger** qui plus qui moins; **~ oder weniger** plus ou moins; **solche ... brauchen wir noch ~** il nous en faudrait encore beaucoup de pareils ...; **es gibt deren ~ als zuviel** il n'y en a que trop; **und ~ als das** et au delà; et plus encore; **je ~ man ihm gibt, desto ~ verlangt er** plus on lui en donne, plus il en demande; **(dies ist) ein Grund ~, zu ...** (+ *inf.*) raison de plus pour ... (+ *inf.*); **hast du noch ~ Kinder?** as-tu d'autres enfants?; **wenn du fünf Mark ~ gibst ...** si tu donnes cinq marks de plus; **niemand, keiner ~?** plus personne?; **keine Tränen ~!** plus de larmes!; **das ist nicht ~ als meine Pflicht u. Schuldigkeit** ce n'est que mon devoir; **er lebt nicht ~** il n'est plus; **~ kann man nicht verlangen** on ne peut exiger davantage; F **das schmeckt nach ~** cela a un goût de revenez-y; *er hat viel Geld, sein Bruder* **hat noch ~ ...** en a davantage; **e-r immer noch ~ als der andere** F à qui mieux mieux; **das ist nicht ~ als recht u. billig** ce n'est que juste; **etw. ~** qc. de plus; un peu plus; **er will noch ~** il en veut encore, plus, davantage; **... u. andere ~ ...** et ainsi de suite; **... u. anderes ~** et autres choses encore; **u. dergleichen ~** et autres choses semblables; **deren ~** (quantité, nombre) d'autres; **kein Wort ~ (davon)!** plus un mot, une parole (à ce sujet)!; **~ wert sein als ...** valoir mieux que ...; **II 2** *n* ⟨~(s)⟩ plus *m*; (*Zuwachs*) augmentation *f*; (*Überschuß*) surplus *m*; excédent *m*; **2ˌarbeit** *f* surcroît *m* de travail; travail *m* supplémentaire; **~ leisten** F faire du rabiot; **2ˌaufwand** *m* surcroît *m* de dépenses; **2ˌausgaben** *f/pl.* excédent *m*, surcroît *m*, supplément *m* de dépenses; dépenses *f/pl.* excédentaires; **~ˌbändig** *adj.* en plusieurs volumes; **~ˌbasisch** *adj. chim.* polybasique; **2beˌdarf** *m* besoins *m/pl.* supplémentaires; **2beˌlastung** *f* surcharge *f*; charge *f* supplémentaire; **2beˌtrag** *m* excédent *m*; surplus *m*; plus-value *f*; **2ˌbietende(r)** *m*, **2ˌbieter** *m* enchérisseur *m*; plus offrant *m*; **~ˌdeutig** *adj.* qui peut être interprété différemment, de diverses, de plusieurs manières; ambigu, -uë; *péj.* équivoque; **2ˌdeutigkeit** *f* ⟨~⟩ ambiguïté *f*; *péj.* équivoque *m*; **~dimensioˌnal** *adj.* à plusieurs dimensions; **2ˌeinkommen** *n* surplus *m*, excédent *m* de revenu; **2ˌeinnahme** *f* excédent *m* de recettes; **~en I** *v/t.* (*u. v/réfl.*) ⟨h⟩ (se) multiplier; augmenter; (s')accroître; **II 2en** *n* ⟨~⟩ multiplication *f*; augmentation *f*; accroissement *m*; **~ere** *pr/ind.* plusieurs; plus d'un(e); (*verschiedene*) divers; différents; **~eres** *pr/ind.* diverses choses; **~er'lei** *adj.* ⟨*inv.*⟩ de plusieurs, de diverses espèces, sortes; **2erˌlös** *m*, **2erˌtrag** *m* surplus *m*, excédent *m* de bénéfices, de recettes; **~fach 1.** *adj.* multiple; **in ~er Hinsicht** sous plusieurs rapports; **2.** *adv.* à différentes reprises; de façon réitérée, répétée; **~ erwähnt** cité, mentionné à diverses reprises, en divers endroits; **2fachbeˌsteuerung** *f* imposition cumulative, multiple; **2ˌfache(s)** *n* ⟨→ A⟩ multiple *m*; **2fachˌkabel** *n élect.* câble *m* à plusieurs conducteurs; **2fachkondenˌsator** *m élect.* condensateur *m* (à prises) multiple(s); **2fachˌschalter** *m élect.* commutateur *m* multiple; **2fachˌschaltung** *f élect.* commutation *f* multiple; **2fachˌstecker** *m élect.* fiche *f* multiple; **2fachverˌsicherung** *f* assurance cumulative; **2fa'milienˌhaus** *n* maison *f* à plusieurs familles; **2farbenˌdruck** *m* ⟨~(e)s; ~e⟩ impression *f* polychrome; polychromie *f*; **~ˌfarbig** *adj.* polychrome; **2ˌforderung** *f* demande *f*, exigence *f* supplémentaire; **2fracht** *f* surtaxe *f*; **~ˌgängig** *adj.* ~e Schraube vis à pas multiple; ~es Gewinde pas multiple; **2geˌbot** *n* (sur)enchère *f*; **2geˌwicht** *n* excédent *m* de poids; surcharge *f*; surpoids *m*; **2geˌwinn** *m* bénéfice *m* supplémentaire; excédent *m* de bénéfice; **~ˌgleisig** *adj.* à plusieurs voies.

Mehrheit ['meːrhaɪt] *f* ⟨~; ~en⟩ pluralité *f*; *bei Abstimmungen* majorité *f*; **mit einfacher, großer, knapper ~** à la simple, grande, grosse majorité; à une maigre, faible majorité; **die erforderliche ~** la majorité requise; **sich der ~ anschließen** rallier, rejoindre la majorité; **~s...** *in Zssgn. meist* majoritaire; **~sbeˌschluß** *m* décision *f* majoritaire, à la majorité (des voix); **durch ~** à la majorité (des voix); **~sparˌtei** *f* parti *m* majoritaire; **~sreˌgierung** *f* gouvernement *m* majoritaire, de la majorité; **~sˌwahlrecht** *n* scrutin *m* majoritaire.

mehr|jährig ['meːrˌjɛːrɪç] *adj.* de plusieurs années; **2ˌkosten** *pl.* frais *m/pl.* supplémentaires; excédent *m* de(s) frais; **2ladegeˌwehr** *n*, **2ˌlader** *m* ⟨~s; ~⟩ *milit.* fusil *m* à répétition; **2ˌleistung** *f in der Arbeit* augmentation *f* du rendement; rendement *m* supplémentaire; *comm.* prestation *f* supplémentaire; **~ˌmalig** *adj.* fait, répété, arrivé plusieurs fois; réitéré; répété; (*häufig*) fréquent; **~mals** *adv.* plusieurs fois; à plusieurs reprises; fréquemment; **~moˌtorig** *adj.* à plusieurs moteurs; polymoteur; multimoteur; **2par'teiensysˌtem** *n pol.* système *m* à plusieurs partis; **2phasen...** *in Zssgn.* polyphasé; **2phasenˌstrom** *m élect.* courant (alternatif) polyphasé; **~ˌphasig** *adj. élect.* polyphasé; **~ˌpolig** *adj. élect.* multipolaire; **2ˌporto** *n* port *m* supplémentaire; surtaxe *f*; **2preis** *m* prix *m* supplémentaire; **~ˌreihig** *adj.* à plusieurs rangs, rangées; **~ˌschichtig** *adj.* à plusieurs couches; **~ˌseitig** *adj.* multilatéral; *Brief, Schriftstück* à plusieurs pages; **~ˌsilbig** *adj.* à *od.* de plusieurs syllabes; polysyllabe; polysyllabique; **2ˌsitzer** *m* ⟨~s; ~⟩ *aviat.* multiplace *m*; **~ˌsitzig** *adj.* multiplace; **~ˌsprachig** *adj.* polyglotte; **~ˌstellig** *adj. Zahl* à plusieurs chiffres; **2stimmˌaktie** *f Börse* action *f* à vote plural; **2stimmenˌwahlrecht** *n* vote plural; **~ˌstimmig** *adj. mus.* à plusieurs voix; polyphonique; **~ˌstöckig** *adj.* à plusieurs étages; **2'stufenraˌkete** *f milit.* fusée *f* à plusieurs étages; fusée-gigogne *f*; **~ˌstufig** *adj. cf.* ~stöckig; **~ˌstündig** *adj.* de plusieurs heures; **~ˌtägig** *adj.* de plusieurs jours; **~ˌteilig** *adj.* en plusieurs parties; **2ˌumsatz** *m comm.* excédent *m* de vente, de chiffre d'affaires; **2ung** *f* ⟨~⟩ *cf.* mehren II; **2verˌbrauch** *m* consommation *f* supplémentaire; augmentation *f*, dépassement *m* de consommation; **~ˌwegig** *adj. élect., Hahn* à plusieurs voies; **2ˌwert** *m* ⟨~(e)s⟩ plus-value *f*; *Steuerwesen* valeur ajoutée; **2wertˌerˌzeugung** *f* production *f* de la plus-value; **~ˌwertig** *adj. chim.* polyvalent; **2wertˌsteuer** *f* taxe *f* à la valeur ajoutée (*abr.* T.V.A.); **2wertˌtheoˌrie** *f* théorie *f* de la plus-value; **2zahl** *f* la plupart; majeure partie; *gr.* pluriel *m*; **2ˌzahlung** *f* paiement *m* supplémentaire; **~zellig** *adj. biol.* pluricellulaire; polycellulaire; **2zweck...** *in Zssgn.* à usages multiples.

meiden ['maɪdən] **I** *v/t.* ⟨**meidet, mied, gemieden,** h⟩ éviter; fuir; **er meidet unsere Gesellschaft** il fuit, évite notre société; **II** *v/réfl.* **sich** (*einander*) **~** s'éviter; se fuir; **III 2** *n* ⟨~s⟩ *verbal.*

Meile ['maɪlə] *f* ⟨~; ~n⟩ *früher in Deutschland* mille *m*; *in Frankreich* lieue *f*; **englische ~** mille anglais, terrestre d'Angleterre; **~nˌstein** *m* pierre *f*, borne *f*, colonne *f* milliaire; **2nˌweit** *adj. u. adv.* à plusieurs lieues de distance; F *fig.* **~ davon entfernt sein, zu ...** (+ *inf.*) être à cent lieues de ... (+ *inf.*).

Meiler ['maɪlər] *m* ⟨~s; ~⟩ meule *f*; *auch kurz für* Atommeiler; **~ˌkohle** *f cf.* Holzkohle.

mein [maɪn] **I** *pr/pers.* (*gén. von* ich) *poét.* **gedenke ~(er)** souviens-toi de moi; **vergiß ~ nicht** ne m'oublie pas; **II** *pr/poss.* **1.** *adjektivisch* (*f u. pl.* **~e**) mon, ma; *pl.* mes; **~ Buch** mon livre; **~ u. euer Buch** mon livre et le vôtre; **haben Sie ~en Brief erhalten?** avez-vous reçu ma lettre?; **haben Sie ~en Brief erhalten, den ich Ihnen gestern geschrieben habe?** avez-vous reçu la lettre que je vous ai écrite hier?; **~e vielen Freunde** mes nombreux amis; **~ Fuß tut mir weh** j'ai mal au pied; **~e Damen u. Herren** mesdames, messieurs; **die Ehre ist ganz auf ~er Seite** c'est beaucoup d'honneur pour moi; **dieser ~ Sohn** mon fils que voici; **~es Wissens** à ma connaissance; à ce que je sais; **~es Erachtens** (*abr.* **m. E.**), **~er Ansicht nach** (*abr.* **m. A. n.**) à mon avis; selon moi; **ich für ~en Teil ...** moi, pour ma part, de mon côté ...; **das ist ~ Buch** c'est mon livre à moi; **2.** *substantivisch* **~er, ~e, ~es** *bzw.* **der, die, das ~(ig)e** le mien, la mienne; **die ≈(ig)en** les miens; ma famille; **das ≈ige** mon bien; **ich werde das ≈ige tun** je ferai mon possible; **III ≈** *n* **das ~ u. Dein** le tien et le mien.

Meineid ['maɪnʔaɪt] *m jur.* parjure *m*; **e-n ~ leisten** faire un parjure; se parjurer; **zum ~ verleiten** inciter à faire un parjure, un faux serment; suborner; **≈ig** *adj.* parjure; **~ werden** devenir parjure; se parjurer; **~ige(r)** *f* (*m*) ⟨→ A⟩ parjure *m, f*.

meinen ['maɪnən] *v/t.* ⟨h⟩ **1.** être d'avis; (*glauben*) croire; s'imaginer; (*denken*) penser; **was meinst du dazu?** quel est ton avis?; qu'en dis-tu?; qu'en penses-tu?; **das will ich ~** je le crois bien; **das sollte ich doch ~** je le croirais; „**ja**", **meinte er,** „**wenn ...**" «oui, dit-il, si ...»; **man sollte ~, ...** on dirait que ...; on croirait que ...; **ich meine nur so** ce n'est qu'une supposition; **~ Sie das ernst?** parlez-vous sérieusement?; F sans blague?; **er meint, daß es besser wäre, zu ...** (+ *inf.*) il pense qu'il serait préférable de ... (+ *inf.*); **wie meinen Sie?** vous disiez, monsieur (madame, *etc.*)?; *weniger höflich* comment?; plaît-il?; **2.** (*als Ziel im Auge haben*) entendre; vouloir dire; **damit sind Sie gemeint** cela s'adresse à vous; **ist es so gemeint?** est-ce là votre dessein?; est-ce ainsi que vous l'entendez?; **so ist's nicht gemeint** ce n'est pas (là) ce que je veux dire; ce n'est pas là ma pensée; **was ~ Sie damit?** que voulez-vous dire par là?; qu'entendez-vous par là?; **wie ~ Sie das?** comment l'entendez-vous?; **wie du meinst** comme tu veux; **ich meine damit ...** je veux dire par cela ...; **3.** (*gesinnt sein*) **es gut mit j-m ~** vouloir du bien à qn.; **er meint es gut mit Ihnen** il vous veut du bien; **es ist gut gemeint** l'intention est bonne; c'est avec bonne intention; **es war nicht böse gemeint** c'était sans mauvaise intention; **es redlich ~** y aller franchement; parler sincèrement, à cœur ouvert; F **die Sonne meint es gut** le soleil a beaucoup de force, brûle, darde, F tape dur.

meiner ['maɪnər] *cf.* mein I, II, 2.; **~'seits** *adv.* de ma part; de mon côté; *par ext.* F à mon tour; **~ besteht kein Einwand** de ma part, il n'y a pas d'objection; personnellement, je ne m'y oppose pas; *als Kompliment* **ganz ~** tout le plaisir est pour moi.

meines|gleichen ['maɪnəs'glaɪçən] *pr.* ⟨*inv.*⟩ mon égal; *pl.* mes égaux *m/pl.*; mon, ma, mes semblable(s); mon pareil, ma pareille; mes pareil(le)s; mes pairs *m/pl.*; **~'teils** *adv.* pour ma part.

meinet|halben ['maɪnət'halbən], **~'wegen** *adv.* à cause de moi; pour (l'amour de) moi; quant à moi; pour ce qui est de moi; **er hat es ~ getan** il l'a fait pour, par égard pour moi; **sie hatten ~ Unannehmlichkeiten** ils ont eu des difficultés à cause de moi; **~ kannst du es tun** quant à moi, pour ce qui est de moi, tu peux le faire; **meinetwegen!** soit!; je veux bien!; d'accord!; **also gut, meinetwegen zehn Mark** F marchons, ça va pour dix marks; **~'willen** *adv.* **um ~** pour (l'amour de) moi; à cause de moi.

meinige ['maɪnɪgə] *cf.* mein II, 2.

Meinung ['maɪnʊŋ] *f* ⟨~; ~en⟩ opinion *f*; avis *m*; sentiment *m*; point *m* de vue; **die öffentliche ~** l'opinion publique; **vorgefaßte ~** préjugé *m*; prévention *f*; *pl.* opinions toutes faites; **mit vorgefaßter ~** de parti pris; **meiner ~ nach** à mon avis; selon moi; à ce que je pense; **nach meiner unmaßgeblichen ~** à mon humble opinion; **ich bin der ~** c'est mon avis; **ich bin der ~, daß ...** je suis d'avis que ...; mon sentiment est que ...; **das ist meine ~** voilà ma façon de voir, de penser, mon avis; **er ging fort, in der ~, alles gesagt zu haben** il partit croyant avoir tout dit, dans la croyance d'avoir tout dit; **sich e-e ~ bilden** se faire une opinion; **j-s ~ sein** être de l'avis de qn.; F être du même bord que qn.; **mit j-m e-r ~ sein** être du même avis que qn.; **j-s ~ teilen** partager l'opinion de qn.; **j-s ~ beipflichten** se ranger à l'avis de qn.; abonder dans le sens de qn., dans le même sens que qn.; **s-e ~ sagen, äußern** émettre, exprimer, manifester son opinion; opiner; **für s-e ~ eintreten** avoir le courage de ses opinions; **s-e ~ ändern** changer d'avis, d'opinion; **j-n von s-r ~ abbringen** faire changer qn. d'avis; **verschiedener ~ sein** différer d'avis, d'opinion; **anderer ~ sein** être d'un autre avis; **entgegengesetzter ~ sein** être d'un avis contraire, opposé; **darüber kann man verschiedener ~ sein** c'est affaire d'opinion; **die ~en sind geteilt** les opinions sont partagées; **sich e-r ~ anschließen** se rallier à, adopter, épouser une opinion; **auf e-r ~ bestehen** persister dans une opinion; **mit s-r ~ zurückhalten** garder son opinion pour soi; **er steht allein mit s-r ~** il est seul de son avis; **ich werde niemand um s-e ~ fragen** je ne prendrai l'avis de personne; **jeder soll s-e ~ frei äußern können** chacun doit pouvoir exprimer librement ses idées; **entgegen e-r weitverbreiteten ~** contrairement à ce que pensent beaucoup; **ich glaube, die ~ aller zu vertreten, wenn ich sage, daß ...** je crois être l'interprète du sentiment général, en disant que ...; **ich habe mit meiner ~ nicht hinterm Berg gehalten** je n'ai pas mâché mes mots; **j-m s-e ~, gehörig die ~ sagen** dire à qn. son fait, sa façon de penser, F ses quatre vérités; F rembarrer qn.; **es herrscht nur eine ~ über ihn** l'opinion sur son compte est unanime; tout le monde est d'accord à son sujet; **e-e gute, schlechte ~ haben von etw.** avoir bonne, mauvaise opinion de qc.; **e-e hohe ~ von sich haben** avoir une 'haute opinion de soi; être infatué de sa personne; F se gober; se croire sorti de la cuisse de Jupiter; **e-e zu gute ~ von etw. haben** trop présumer de qc.; surestimer qc.; **~sˌäußerung** *f* manifestation *f*, expression *f* d'une opinion; **freie ~** liberté *f* d'opinion; **~sˌaustausch** *m* échange *m* d'opinions, de vues; **~sbeˌfragung** *f*, **~sˌforschung** *f* gallup *m*; sondage *m* d'opinion; **~sˌforschungsinstiˌtut** *n* institut *m* de sondage de l'opinion publique; **~sˌfreiheit** *f* ⟨~⟩ liberté *f* d'opinion; **~sˌkauf** *m Börse* achat spéculatif, de spéculation; **~sˌstreit** *m* différend *m*; dispute *f*; **~sverˌschiedenheit** *f* ⟨~; ~en⟩ divergence *f* d'opinions; désaccord *m*; dissentiments *m/pl.*

Meiran ['maɪrɑːn] *m* ⟨~s; ~e⟩ *cf.* Majoran.

Meise ['maɪzə] *f* ⟨~; ~n⟩ *zo.* mésange *f*.

Meißel ['maɪsəl] *m* ⟨~s; ~⟩ *techn.* ciseau *m*; burin *m*; **≈n** *v/t.* ⟨-(e)le, h⟩ ciseler; travailler au ciseau, au burin.

Meiß(e)ner ['maɪs(ə)nər] *adj.* ⟨*inv.*⟩ **~ Porzellan** saxe *m*; **ein ~ Service** un service de saxe; un saxe.

meist [maɪst] **I** *adj.* la plupart de; *bei Abstrakten auch* le plus de; le (la) plus grand(e); **die ~en Schüler** la plupart des élèves; **er hat das ~e Geld** c'est lui qui a le plus d'argent; **die ~e Zeit verbrachte er mit ...** il a passé, consacré la plupart du temps à ...; **die ~en** la plupart; le plus grand nombre; la majorité; **das ~e** le plus; la plus grande partie; **II** *adv.* **1. am ~en** le plus; **was mir am ~en auffiel ...** ce qui m'a frappé le plus ...; **2. ~** (**~ens**, *in den* **~en** *Fällen*) la plupart du temps; F les trois quarts du temps; *pfort.* le plus souvent; (*gewöhnlich*) d'ordinaire; pour l'ordinaire; de coutume; à l'accoutumée; **~beˌgünstigt** *adjt.* le (la) plus favorisé(e); **≈beˌgünstigung** *f* régime préférentiel, le plus favorisé; **≈beˌgünstigungsˌklausel** *f* clause *f* de la nation la plus favorisée; **~ˌbietend** *advt.* **~ verkaufen** mettre à l'enchère; vendre au plus offrant; **≈ˌbietende(r)** *m* le plus offrant; dernier enchérisseur; **~ens, ~enˌteils** *adv. cf.* meist II 2.

Meister ['maɪstər] *m* ⟨~s; ~⟩ *im Handwerk* maître *m*; F patron *m*; *in der Fabrik* chef *m* d'équipe; *Sport* champion *m*; F as *m*; crack [krak] *m*; *Freimaurerei* **~ vom Stuhl** vénérable *m* (maître); **~ werden** se faire recevoir maître; **er ist ~ geworden** il est passé maître; *allg.* **er ist ein ~ s-s Fachs** il est maître en son art; **ein großer ~ im Schachspiel sein** être très fort au jeu d'échec, aux échecs; **ein ~ auf dem Klavier** un (pianiste) virtuose; **s-n ~ finden** trouver son maître, à qui parler; **es ist noch kein ~ vom Himmel gefallen** *prov.* on ne devient pas maître du jour au lendemain; on ne naît pas maître *beide prov.*; **am Werke erkennt man den ~** *prov.* à l'œuvre on reconnaît l'artisan *prov.*; **Übung macht den ~** *prov.* c'est en forgeant qu'on devient forgeron *prov.*; **~ˌbrief** *m* diplôme *m* de maître; brevet *m* de maîtrise; **~ˌfahrer** *m Automobilsport* champion *m* automobiliste; F as *m* au volant; **~geˌsang** *m* ⟨~(e)s⟩ poésie *f* des maîtres-chanteurs; **≈ˌhaft 1.** *adj.* (de main) de maître; en maître; magistral; supérieur; *pfort.* achevé; **2.** *adv.* à la perfection; supérieurement; avec art; avec un art, d'un art consommé; **~ˌhand** *f* main *f* de maître; **~in** *f* ⟨~; ~nen⟩ maîtresse *f*; F patronne *f*; *Sport* championne *f*; **~ˌleistung** *f Sport* performance *f* de champion; **≈ˌlich** *adj. u. adv. cf.* ≈haft; **≈n** *v/t.* ⟨-(e)re, h⟩ etw. ~ se rendre maître de qc.; maîtriser qc.; être à la hauteur de qc.; venir à bout de qc.; *Schwierigkeiten auch* vaincre qc.; surmonter qc.; **~ˌprüfung** *f* examen *m* de maîtrise; **~ˌsänger** *m cf.* ~singer; **~ˌschaft** *f* ⟨~; ~en⟩ maîtrise *f*; perfection *f*; supériorité *f*; *Sport* championnat *m*; **~schaftsˌspiel** *n Sport* match *m* de championnat; **~schaftsˌtitel** *m Sport* titre *m* de champion; **~ˌschuß** *m* coup *m* de maître; **~ˌschütze** *m* champion *m* de tir; **~ˌsinger** *m* ⟨~s; ~⟩ maître-chanteur *m*; *oft* meistersaenger *m*; **~ˌstreich** *m* coup *m* de maître; **~ˌstück** *n*, **~ˌwerk** *n fig.* chef-d'œuvre *m*; œuvre *f* de maître; **~ˌwürde** *f* maîtrise *f*.

Meist|gebot ['maɪstgəˌboːt] *n* dernière enchère; **≈geˌkauft** *adjt.* le (la) plus acheté(e); **≈geˌlesen** *adjt.* le (la) plus lu(e).

Melancho|lie [meˑlaŋkoˑ'liː] *f* ⟨~; -ien⟩ mélancolie *f*; **~liker(in)** [-'koː-] *m* ⟨~s; ~⟩ (*f*) ⟨~; ~nen⟩ mélancolique *m, f*; **≈lisch** [-'koː-] *adj.* mélancolique.

Melasse [meˑ'lasə] *f* ⟨~; ~n⟩ mélasse *f*.

Melde ['mɛldə] *f* ⟨~; ~n⟩ *bot.* arroche *f*; belle-dame *f* (des jardins); *sc.* atriplex *m*.

Melde|amt ['mɛldəˌˀamt] *n cf.* Einwohnermeldeamt; **~ˌfahrer** *m milit.* estafette *f*; **~ˌfrist** *f* délai *m* de déclaration, *zur Einschreibung* d'inscription; **~ˌgänger** *m* ⟨~s; ~⟩ *milit.* agent *m* de liaison; estafette *f*; **~ˌhund** *m milit.* chien-estafette *m*; chien messager, porte-dépêches; **~ˌliste** *f Sport* liste *f* des inscriptions, des engagements; **≈n I** *v/t.* ⟨-ete, h⟩ j-m etw. ~ annoncer, apprendre qc. à qn.; avertir, aviser, informer qn. de qc.; donner avis à qn. de qc.; *schriftlich* écrire, mander qc. à qn.; *förmlich* notifier qc. à qn.; *amtlich* rapporter qc. à qn.; faire un rapport sur qc. à qn.; signaler qc. à qn.; rendre compte de qc. à qn.; *milit.* faire rapport de qc. à qn.; j-n ~ (*anzeigen*) dénoncer qn.; signaler qn. (bei à); *in Zeitung, Rundfunk* aus Berlin wird gemeldet ... on mande, annonce de Berlin ...; an höchster Stelle ~ informer en 'haut lieu; e-n Besucher ~ annoncer un visiteur; F du hast hier nichts zu ~ (*sagen*) tu n'as rien à dire dans cette affaire; **II** *v/réfl.* sich ~ s'annoncer (*auch fig., Alter, Winter etc.*); annoncer sa présence; *für etw.* se faire inscrire; *milit.* se présenter (bei s-m Vorgesetzten chez son supérieur); *tél.* répondre à l'appel; *in der Schule* lever la main; demander à répondre; sich krank ~ se faire porter malade; sich bei der Polizei ~ se présenter à la police; sich zum Wort ~ demander la parole; sich auf ein Inserat ~ répondre à une annonce; sich ~ lassen se faire annoncer; sich beim Portier ~ s'adresser au concierge; *milit.* sich (als) zurück(gekehrt) ~ se faire porter rentrant; annoncer sa rentrée, son retour; *milit.* sich zur Stelle ~ se porter présent; être présent à l'appel; sich zu *od.* für etw. ~ se présenter, F s'annoncer pour qc. *od.* pour faire qc.; sich für e-e Stelle ~ se présenter pour une place; se mettre sur les rangs pour, solliciter un emploi; sich zu e-m Examen ~ se faire inscrire pour un examen; sich freiwillig zum Militär ~ se présenter volontairement pour le service militaire; s'engager (dans l'armée); **III ~n** *n* ⟨~s⟩ *cf.* Meldung; **~ˌpflicht** *f* déclaration *f* obligatoire (d'arrivée, de maladies contagieuses, *etc.*); *milit.* obligation *f* de se présenter, *polizeiliche* de déclarer son lieu de résidence; **≈ˌpflichtig** *adj.* soumis à déclaration; **~r** *m* ⟨~s; ~⟩ *cf.* ~fahrer, ~gänger; **~ˌreiter** *m* estafette *f*; **~ˌschein** *m* polizeilicher ~ fiche *f* de déclaration à la police; **~ˌschluß** *m* clôture *f* des déclarations, *Sport* des inscriptions, des engagements; **~ˌstelle** *f* place *f*, endroit *m*, bureau *m* où l'on doit se présenter; **~ˌzettel** *m für Hotelgäste* fiche *f* de voyageurs, d'arrivées.

Meldung ['mɛlduŋ] *f* ⟨~; ~en⟩ annonce *f*; rapport *m* (*auch milit.*); compte rendu (d'événements); *in e-r Zeitung* information *f*; nouvelle *f* (*auch rad.*); message *m* (*auch milit., tél.*); *Sport* inscription *f* (*auch allg. zur Teilnahme an etw.*); engagement *m*; *Zeitungsrubrik* Letzte ~en Dernière Heure; F la D.H.; ~ machen, erstatten rendre compte (über etw. de qc.); faire (un) rapport (de qc.) (*auch milit.*); rapporter (qc.); *Sport* s-e ~ zurückziehen déclarer forfait.

melieren [meˑ'liːrən] *v/t.* ⟨*pas de ge-*, h⟩ mélanger; mêler; meliertes Haar cheveux poivre et sel, grisonnants.

Melinit [meˑliˑ'niːt, -'nɪt] *m* ⟨~s⟩ *chim.* mélinite *f*.

Melior|ation [meˑliˑoˑratsiˑ'oːn] *f* ⟨~⟩ *agr.* amélioration *f* (foncière); amendement *m* (du sol); **≈ieren** [-'riː-] *v/t.* ⟨*pas de ge-*, h⟩ améliorer, amender (le sol); **~ierung** [-'riː-] *f* ⟨~⟩ *cf.* ~ation.

Melisse [meˑ'lɪsə] *f* ⟨~; ~n⟩ *bot.* mélisse *f*; **~nˌgeist** *m* ⟨~es⟩ eau *f* de mélisse.

Melk|eimer ['mɛlkˌˀaɪmər] *m* seau *m* à traire; **≈en I** *v/t.* ⟨melkt, melkte *od.* molk, gemolken *od.* gemelkt, h⟩ die Kühe ~ traire les vaches; frisch gemolkene Milch lait tout frais; F *fig.* j-n ~ exploiter, pressurer qn.; soutirer de l'argent à qn.; F *fig.* ~de Kuh F vache à lait; **II ~en** *n* ⟨~s⟩ traite *f*; **~er** *m* ⟨~s; ~⟩ trayeur *m*; **~e'rei** *f* ⟨~⟩ **1.** *cf.* ≈en II; **2.** (*Milchwirtschaft*) laiterie *f*; vacherie *f*; **~eˌrin** *f* ⟨~; ~nen⟩ trayeuse *f*; **~maˌschine** *f* trayeuse *f*; **~ˌschemel** *m* tabouret *m*; escabeau *m*.

Melo|die [meˑloˑ'diː] *f* ⟨~; -ien⟩ *mus.* air *m*; mélodie *f*; **≈di'ös, ≈disch** [-'loː-] *adj.* (*klangvoll*) mélodieux, -euse; (*e-e Melodie enthaltend*) mélodique; **~'drama** *n* mélodrame *m*; **≈dra'matisch** *adj.* mélodramatique.

Melone [meˑ'loːnə] *f* ⟨~; ~n⟩ *bot.* melon *m* (*auch Hut*); **~nˌbaum** *m bot.* papayer *m*.

Membran(e) [mɛm'braːn(ə)] *f* ⟨~; ~en⟩ (*f*) ⟨~; ~n⟩ *anat.* membrane *f*; *tél., rad. auch* diaphragme *m*.

Memme ['mɛmə] F *f* ⟨~; ~n⟩ F poltron, -nne *m, f*; couard, -e *m, f*; P capon, -nne *m, f*; poule mouillée; froussard *m*; trouillard *m*; e-e ~ sein F avoir du sang de navet; **≈nˌhaft** *adj.* lâche; F couard; poltron, -nne; P capon, -nne.

Memoiren [meˑmoˑ'aːrən] *pl.* mémoires *m/pl.*; **~ˌschreiber(in)** *m* (*f*) mémorialiste *m, f*.

Memor|abilien [meˑmoˑra'biːliˑən] *pl.* mémoires *m/pl.*; **~andum** [-'ran-] *n* ⟨~s; -den *od.* -da⟩ mémoire *m*; mémorial *m*; mémorandum [-ɔm] *m*; **≈ieren** [-'riː-] *v/t.* ⟨*pas de ge-*, h⟩ apprendre par cœur.

Menage [meˑ'naːʒə] *f* ⟨~; ~n⟩ **1.** porte-manger *m*; porte-aliments *m*; **2.** (*Gewürzständer*) huilier *m*; **~'rie** *f* ⟨~; -ien⟩ ménagerie *f*.

Mendel ['mɛndəl] *bot.* **~sche Gesetze** lois de Mendel; **~ismus** [-'lɪs-] *m* ⟨~⟩ *bot.* mendélisme *m*.

Menetekel [meˑneˑ'teːkəl] *n* ⟨~s; ~⟩ avertissement *m* fatidique.

Menge ['mɛŋə] *f* ⟨~; ~n⟩ **1.** *allg.* quantité *f*; grand nombre; (*Haufen*) masse *f*; foule *f*; F tas *m*; (*Vielheit*) multitude *f*; *math.* ensemble *m*; e-e ~ ... quantité de ...; e-e ganze ~ ... F pas mal de ...; dieses Jahr gibt es e-e ~ Äpfel cette année il y a des pommes en quantité; das kostet e-e ~ Geld cela coûte beaucoup, F un tas d'argent; e-e ~ Leute, Fragen F un tas de gens, de questions; er verlor e-e ~ Blut il a perdu beaucoup de sang, du sang à flots; e-e vielfache ~ dessen, was ... une multitude de ce que ...; in ~n en quantité; en masse; en foule; sie haben Nahrungsmittel in großer ~ ils ont des vivres en abondance; F die schwere ~, in rauhen ~n en quantité; en masse; *cf. auch* Masse 2.; **2.** (*Volks≈*) foule *f*; multitude *f*; der Beifall der ~ l'applaudissement du public, de la multitude, de la foule; er konnte in der ~ kaum vorwärtskommen la cohue l'empêchait d'avancer; *cf. auch* Masse 3.; **≈n I** *v/t.* ⟨h⟩ mêler; *Zusammenpassendes* mélanger; **II** *v/réfl. fig.* sich in etw. ~ se mêler de qc.; s'immiscer dans qc.; **III ~n** *n* ⟨~s⟩ mélange *m*; *bes. phm.* mixtion *f*; **~nˌabsatz** *m comm.* vente *f* par quantités; **~nbeˌschränkung** *f* restriction quantitative; **~nˌeinheit** *f* unité *f* de quantité; **~nˌlehre** *f* ⟨~⟩ *math.* théorie *f* des ensembles; **≈nˌmäßig** *adj.* quantitatif, -ive; **~nraˌbatt** *m* rabais *m* de quantité.

Meng|futter ['mɛŋˌfutər] *n agr.* dragée *f*; **~korn** *n agr.* (blé *m*) méteil *m*.

Menhir ['mɛnhɪr] *m* ⟨~s; ~e⟩ menhir [meniːr] *m*.

Meningitis [meˑnɪŋ'giːtɪs] *f* ⟨~; -i'tiden⟩ *méd.* méningite *f*.

Meniskus [meˑ'nɪskus] *m* ⟨~; -ken⟩ *anat., phys.* ménisque *m*.

Mennige ['mɛnɪgə] *f* ⟨~⟩ minium [-jɔm] *m*.

Mennonit [mɛnoˑ'niːt] *m* ⟨~en; ~en⟩ mennonite *od.* mennoniste *m*.

Menopause [meˑnoˑ'pauzə] *f* ⟨~; ~n⟩ *physiol.* ménopause *f*.

Menor|rhagie [meˑnoˑra'giː] *f* ⟨~; -ien⟩ *méd.* ménorr(h)agie *f*; **~rhoe** *od.* **~rhöe** [-'røː] *f* ⟨~; ~n⟩ *physiol.* ménorrhée *f*.

Mensa ['mɛnza] *f* ⟨~; ~s *od.* -sen⟩ *für Studenten etwa* cantine estudiantine; restaurant *m* pour étudiants.

Mensch[1] [mɛnʃ] *m* ⟨~en; ~en⟩ *als Gattung* homme *m*; *einzelner auch* individu *m*; être *m* (humain); créature *f* (humaine); personne *f*; *bewundernd od. verächtlich* F type *m*; die ~en les hommes; les humains; le monde; e-e Menge ~en quantité de gens, de monde; ein guter, anständiger ~ un brave homme; un homme de bien; ein feiner ~ F un chic type; ein seltsamer ~ un drôle d'homme; un original; ein gutmütiger ~ une bonne pâte d'homme; alle ~en tout le monde; jeder ~ chacun; tout le monde; kein ~ personne (*mit* ne *beim Verbum*); kein ~ würde es wagen ... personne n'oserait ...; es war kein ~ zu sehen on ne voyait personne, âme qui vive; il n'y avait pas âme qui vive, pas un chat; *bibl.* des ~en Sohn le Fils de l'homme; F *in der Anrede* ~! mon vieux!; mon cher!; **er ist auch nur ein** ~ c'est un homme comme nous; **so sind die ~en nun einmal** les hommes sont ainsi faits; **unter ~en kommen** voir du monde; **ein neuer ~ werden** faire peau neuve; **der ~ denkt, Gott lenkt** *prov. cf.* lenken I; ~² *n* ⟨~es; ~er⟩ *péj.* (*Weibsbild*) créature *f*; garce *f*; chameau *m*.

Menschen|affen [ˈmɛnʃənˌʔafən] *m/pl. zo.* singes *m/pl.* anthropomorphes; anthropoïdes *m/pl.*; 2ˌ**ähnlich** *adj.* qui ressemble à l'homme; *sc.* anthropoïde; anthropomorphe; ~ˌ**alter** *n* âge *m* d'homme; génération *f*; **seit e-m ~** depuis une génération; ~ˌ**andrang** *m*, ~ˌ**ansammlung** *f* grand concours de peuple; ~ˌ**art** *f* **das ist ~** les hommes sont ainsi faits; ~ˌ**blut** *n* sang humain; ~ˌ**feind(in)** *m* (*f*) misanthrope *m, f*; 2ˌ**feindlich 1.** *adj.* misanthrope; misanthropique; **2.** *adv.* en misanthrope; ~ˌ**feindlichkeit** *f* misanthropie *f*; ~ˌ**fleisch** *n* chair humaine; 2ˌ**fressend** *adjt. sc.* anthropophage; *pfort.* cannibale; ~ˌ**fresser** *m sc.* anthropophage *m*; *pfort.* cannibale *m*; *im Märchen, fig.* ogre *m*; ~**fresseˌrei** *f sc.* anthropophagie *f*; *pfort.* cannibalisme *m*; ~ˌ**freund(in)** *m* (*f*) philanthrope *m*; altruiste *m, f*; 2ˌ**freundlich 1.** *adj.* philanthrope; philanthropique; humain; sociable; **2.** *adv.* en philanthrope; ~ˌ**freundlichkeit** *f* philanthropie *f*; philanthropisme *m*; altruisme *m*; humanité *f*; sociabilité *f*; ~ˌ**führung** *f* conduite *f* des hommes; art *m* de conduire, diriger les hommes; ~**geˌdenken** *n* **seit ~** de mémoire d'homme; de temps immémorial; ~**geˌdränge** *n cf.* ~gewühl; ~**geˌrippe** *n* squelette humain; ~**geˌschlecht** *n* ⟨~(e)s⟩ genre humain; espèce, race humaine; race *f* d'homme; ~**geˌstalt** *f* forme humaine; figure *f* d'homme; **in ~** sous la forme humaine; *relig.* **Christus hat ~ angenommen** s'est revêtu de notre humanité; ~**geˌwühl** *n* presse *f*; cohue *f*; *fig.* torrent humain; ~ˌ**haar** *n* poil *m*; (*Kopfhaar*) chevelure *f*; cheveux *m/pl.*; ~ˌ**hand** *f* **von ~ gemacht** fait par l'homme; ~ˌ**handel** *m* traite *f* des esclaves; ~ˌ**haß** *m cf.* ~feindlichkeit; ~ˌ**hasser(in)** *m* ⟨~s; ~⟩ (*f*) ⟨~; ~nen⟩ *cf.* ~feind(in); ~ˌ**herz** *n* cœur humain; ~ˌ**jagd** *f* chasse *f* à l'homme; ~ˌ**jäger** *m* chasseur *m* d'hommes; ~ˌ**kenner(in)** *m* (*f*) celui (celle) qui connaît les hommes, qui s'y connaît en hommes; ~ˌ**kenntnis** *f* ⟨~⟩ connaissance *f* des hommes; **er hat, besitzt ~** il juge bien les hommes; il connaît le cœur humain; ~ˌ**kind** *n* être humain; **armes ~** pauvre type, diable(sse), bougre(sse); ~ˌ**kraft** *f* force humaine, de l'homme; ~ˌ**kunde** *f* ⟨~⟩ anthropologie *f*; ~ˌ**leben** *n* vie humaine; existence *f* (humaine); vie *f* d'homme; vie *f* de l'homme, d'un homme; *pl.* **~ vies** *f/pl.*; **~ schonen** épargner le sang; **~ kosten** faire des victimes; entraîner mort d'hommes; **es hat keine ~ gekostet** il n'y a pas eu de morts, de victimes; **es hat viele ~ gekostet** cela a coûté beaucoup de vies (humaines), *milit.* de monde; 2ˌ**leer** *adj.* dépeuplé; désert; où l'on ne voit âme qui vive; ~ˌ**liebe** *f* amour *m* des hommes, de l'humanité; philanthropie *f*; philanthropisme *m*; altruisme *m*; ~ˌ**los** *n* destinée humaine; ~ˌ**masse** *f cf.* ~menge; ~**materiˌal** *n* matériel humain; ~ˌ**mauer** *f* mur *m* de poitrines; ~ˌ**menge** *f* foule *f* d'hommes; foule *f* (de gens); multitude *f*; masse *f*; 2ˈ**möglich** *adj.* humainement possible; **ich werde alles ~e tun** je ferai tout mon possible; ~ˌ**opfer** *n* **a)** victime *f*; **b)** *als Handlung* sacrifice humain; ~**potentiˌal** *n* potentiel humain; ~ˌ**rassen** *f/pl.* races humaines; ~ˌ**raub** *m* rapt *m*; ~ˌ**rechte** *n/pl.* droits *m/pl.* de l'homme; ~ˌ**satzung** *f* institution humaine; 2ˌ**scheu** *adj.* timide; (*ungesellig*) insociable; F *fig.* sauvage; farouche; ~ˌ**scheu** *f* timidité *f*; insociabilité *f*; F *fig.* sauvagerie *f*; ~ˌ**schinder** *m* écorcheur *m*; exploiteur *m*; vautour *m*; ~**schindeˌrei** *f* exploitation odieuse, éhontée; ~ˌ**schlag** *m* espèce *f*, race *f* d'hommes; population *f*; peuple *m*; **das ist ein ganz anderer ~** c'est une tout autre race, F pâte d'hommes; ~ˌ**seele** *f* âme humaine; **es war keine ~ da** il n'y avait pas âme qui vive; F il n'y avait pas un chat; ~**s-ˌkind** F *int.* mon vieux!; ~ˌ**sohn** *m bibl.* Fils *m* de l'homme; ~ˌ**stimme** *f* voix humaine; ~ˌ**strom** *m* flot humain; affluence *f*; *cf. auch* ~menge; 2ˌ**unwürdig** *adj.* indigne de l'homme, d'un être humain; ~**verˌächter** *m* contempteur *m* (de l'humanité); ~**verˌstand** *m* **der gesunde ~** le bon sens; le sens commun; ~ˌ**volk** *n* hommes *m/pl.*; race humaine; ~ˌ**werk** *n* ouvrage *m* d'homme; œuvre *f* des hommes; ~ˌ**würde** *f* dignité humaine, d'homme; 2ˌ**würdig** *adj.* humain; digne d'un homme.

Mensch|heit [ˈmɛnʃhaɪt] *f* ⟨~⟩ humanité *f*; genre humain; race humaine; F *cf.* Menschenmenge; 2**lich** *adj.* humain; F *fig.* (*erträglich*) passable; **~ machen** (**~er werden**) (s')humaniser; **das übersteigt die ~en Begriffe** cela passe l'entendement humain; **nach ~er Voraussicht, nach ~em Ermessen** humainement parlant; **das 2e** les choses humaines; ce qui est humain; ce qui relève de la faiblesse humaine; **sollte mir etw. 2es zustoßen** ... si qc. devait m'arriver ...; **nichts 2es an sich haben** n'avoir rien d'humain; **das ist alles ~** chacun a ses faiblesses; **Irren ist ~** *prov.* l'erreur est humaine *prov.*; ~**lichˌkeit** *f* ⟨~⟩ humanité *f*; **Verbrechen gegen die ~** crime contre l'humanité; ~ˌ**werdung** *f* ⟨~⟩ *relig.* incarnation *f*.

Menstru|ation [mɛnstruˑatsiˑˈoːn] *f* ⟨~; ~en⟩ *méd.* règles *f/pl.*; *sc.* menstrues *f/pl.*; 2ˈ**ieren** *v/i.* ⟨*pas de ge-*, h⟩ avoir ses règles.

Mensur [mɛnˈzuːr] *f* ⟨~; ~en⟩ *esc.* mesure *f*; distance *f*; *der Studenten* mensur *f*; *mus.* étalon *m* (des tuyaux d'orgue); **auf die ~ gehen** aller se battre (en duel); aller sur le terrain.

Mentalität [mɛntaliˑˈtɛːt] *f* ⟨~; ~en⟩ mentalité *f*.

Menthol [mɛnˈtoːl] *n* ⟨~s⟩ menthol *m*.

Mentor [ˈmɛntɔr] *m* ⟨~s; -ˈtoren⟩ mentor *m*; guide *m*.

Menü [meˑˈnyː] *n* ⟨~s; ~s⟩ menu *m*; **das ~ zusammenstellen** dresser le menu.

Menuett [meˑnuˑˈɛt] *n* ⟨~(e)s; ~e⟩ menuet *m*.

mephistophelisch [meˑfɪstoˑˈfeːlɪʃ] *adj.* de Méphistophélès; méphistophélique.

Mergel [ˈmɛrgəl] *m* ⟨~s; ~⟩ *géol.* marne *f*; **mit ~ düngen** marner; 2ˌ**artig** *adj.* marneux, -euse; ~ˌ**boden** *m* sol marneux; ~ˌ**düngung** *f agr.* marnage *m*; ~ˌ**grube** *f* marnière *f*; 2**ig** *adj. cf.* 2artig.

merglig [ˈmɛrglɪç] *adj. cf.* mergelartig.

Meri|dian [meˑriˑdiˑˈaːn] *m* ⟨~s; ~e⟩ *astr., géogr.* méridien *m*; 2**dioˈnal** *adj.* méridional.

Merino [meˑˈriːnoˑ] *m* ⟨~s; ~s⟩ *zo., Stoffart* mérinos *m*; ~ˌ**schaf** *n zo.* mérinos *m*; ~ˌ**wolle** *f* laine *f* mérinos.

merkantil [mɛrkanˈtiːl] *adj.* mercantile; 2**ismus** [-ˈlɪs-] *m* ⟨~⟩ *écon. pol.* mercantilisme *m*; 2**ist** [-ˈlɪst] *m* ⟨~en; ~en⟩ *écon. pol.* mercantiliste *m*; ~**istisch** [-ˈlɪs-] *adj.* mercantiliste.

merk|bar [ˈmɛrkbaːr] *adj.* perceptible; sensible; *cf. auch* ~lich; 2**blatt** *n* notice *f*, feuille *f* de renseignement; aide-mémoire *m*; 2**buch** *n* carnet *m*; calepin *m*; agenda *m*; bloc-notes *m*; ~**en I** *v/t.* ⟨h⟩ **1.** (*wahrnehmen*) **etw. ~** apercevoir qc.; s'apercevoir de qc.; remarquer qc.; **davon ist nichts mehr zu ~** il n'y paraît plus; **ich merkte längst, worauf er hinauswollte** F je l'ai vu venir de loin; **man merkt es an s-m (s-r) ...** témoin son (sa) ...; **der Fehler ist kaum zu ~** le défaut est à peine perceptible; **ich merkte an s-r Aussprache, daß ...** j'ai remarqué à sa prononciation que ...; **das braucht niemand zu ~** personne n'a besoin de s'en rendre compte, de s'en apercevoir, de le remarquer; **merkst du was?** *fig.* tu saisis?; F tu te rends compte?; **gar nichts ~** F n'y voir que du feu, du bleu; **2. ~ lassen** (*verraten*) trahir; faire, laisser (entre)voir; laisser paraître, sentir; **er ließ mich ~, daß ...** il m'a fait sentir que ...; **er ließ s-e Absichten ~** il a laissé paraître ses intentions; **ich ließ sie nicht ~, daß ...** je leur ai laissé ignorer que ...; **sie ließ nicht ~, was sie bewegte** elle a caché, dissimulé ses émotions; elle n'a pas trahi ses émotions; **er ließ niemand etw. ~** il n'a fait semblant de rien; **II** *v/i.* **auf etw. ~** (*achten*) faire attention à qc.; **III** *v/réfl.* **sich etw. ~** (*einprägen*) retenir, (bien) remarquer qc.; **~ Sie sich die Autonummer!** prenez, relevez le numéro de l'auto!; **das werde ich mir ~ a)** *um daraus Nutzen zu ziehen* je m'en souviendrai; j'en ferai mon profit; **b)** *um es heimzuzahlen* je le retiendrai; j'en prendrai bonne note; **c)** (*ich bin jetzt gewitzigt*) bien fin qui m'y reprendra, rattrapera; **~ Sie sich, daß ...** sachez que ...; **~ Sie sich das!** tenez-le-vous pour dit!; prenez-en bonne note!; F à bon entendeur salut!; **sich nichts ~ lassen** ne faire semblant de rien; ne pas en avoir l'air; ~**lich** *adj.* sensible; perceptible; (*sichtlich*) visible; (*in die Augen fallend*) évident; clair; manifeste; (*beträchtlich*) considérable; notable; appréciable; remarquable; **kaum ~** à peine sensible; imperceptible; 2**mal** *n* ⟨~(e)s; ~e⟩ (*Kennzeichen*) marque *f* (distinctive); signe *m*; (*Anzeichen*) indice *m*; symptôme *m*; (*Eigentümlichkeit*) caractère *m* (distinctif); attribut *m*; **allgemeine ~e** caractéristiques *f/pl.*; **besondere ~e** signes particuliers; 2**spruch** *m* vers *m* mnémotechnique.

Merkur¹ [mɛrˈkuːr] *m* ⟨~s⟩ *astr.* Mercure *m*; ~² *m od. n* ⟨~s⟩ *cf.* Quecksilber; ~**iaˈlismus** *m* ⟨~⟩ *méd.* mercurialisme *m*; ~ˌ**stab** *m* caducée *m*.

merk|würdig [ˈmɛrkˌvʏrdɪç] *adj.* remarquable (**wegen** + *gén.* par); (*seltsam*) curieux, -euse; singulier, -ère; particulier, -ère; étrange; F drôle; ~!

c'est bien curieux!; chose étrange!; ein ~er Kauz un original; un phénomène; F un drôle de type, de pistolet, de citoyen; ~ˌ**würdigerˈweise** *adv.* ~ hat er ... chose curieuse, bizarre, remarquable, il a ...; **er ist ~ nicht gekommen** il est étonnant qu'il ne soit pas venu; ♀ˌ**würdigˌkeit** *f* ⟨~; ~en⟩ chose *f* remarquable; ce qu'il y a de remarquable en qc.; ~en curiosités *f/pl.*; singularités *f/pl.*; particularités *f/pl.*; ♀ˌ**zeichen** *n* marque *f*; (point *m* de) repère *m*.

Merowing|er [ˈmeːroˑˌvɪŋər] *m/pl.* *hist.* Mérovingiens *m/pl.*; ♀**isch** *adj.* mérovingien, -nne.

Merzeris|ation [mɛrtsəriˑzatsiˑˈoːn] *f* ⟨~⟩ mercerisation *f*; mercerisage *m*; ♀**ieren** [-ˈziː-] *v/t.* ⟨*pas de ge-*, h⟩ merceriser; ~**ierung** [-ˈziː-] *f* ⟨~⟩ *cf.* ~ation.

meschugge [meˈʃʊgə] F *adj.* P maboul; toqué; piqué; cinglé.

Mesmeri|aner [mɛsmeˑriˑˈɑːnər] *m* ⟨~s; ~⟩ mesmérien *m*; ~**smus** [-ˈrɪs-] *m* ⟨~⟩ mesmérisme *m*.

meso..., ♀... *in Zssgn.* méso...; ♀ˈ**derm** *n* ⟨~s; ~e⟩ *bot.* mésoderme *m*; ♀ˈ**karp (-ium)** *n* ⟨~s; ~e⟩ (*n*) ⟨~s; -ien⟩ *bot.* mésocarpe *m*; ♀ˈ**lithikum** *n* ⟨~s⟩ mésolithique *m*.

Meson [ˈmeːzən] *n* ⟨~s; -ˈsonen⟩ *phys.* méson *od.* mésotron *od.* mésoton *m*.

Mesopotam|ier(in) [meˑzoˑpoˑˈtɑːmiˑər(ɪn)] *m* ⟨~s; ~⟩ (*f*) ⟨~; ~nen⟩ Mésopotamien, -nne *m, f*; ♀**isch** *adj.* mésopotamien, -nne.

Mesothorium [ˌmeˑzoˑˈtoːriˑʊm] *n* ⟨~s⟩ *chim.* mésothorium [-jɔm] *m*.

Mesotron [ˈmeːzoˑtrən] *n* ⟨~s; -ˈtronen⟩ *cf.* Meson.

Mesozoi|kum [ˌmeˑzoˑˈtsoːiˑkʊm] *n* ⟨~s⟩ ère *f* secondaire; ♀**sch** *adj.* mésozoïque.

Meß|apparat [ˈmɛsˀapaˌrɑːt] *m techn.* indicateur *m*; appareil *m* de mesure; ~**band** *n* cordeau *m*; (double) décamètre *m* à ruban; ♀**bar** *adj.* mesurable; mensurable; ~**barˌkeit** *f* ⟨~⟩ mensurabilité *f*; ~ˌ**becher** *m* éprouvette *f*, gobelet *m* gradué(e); ~**beˌreich** *m* étendue *f*, zone *f* de mesure, d'utilisation, d'emploi; ~**bild** *n* photogramme *m*; ~**bildverˌfahren** *n* photogrammétrie *f*; ~**brief** *m mar.* certificat *m* de jaugeage, de tonnage; ~ˌ**brücke** *f élect.* pont *m* de mesure, de Wheatstone; ~**buch** *n égl. cath.* livre *m* de messe; missel *m*; ~ˌ**diener** *m égl. cath.* servant *m*; (*Chorknabe*) enfant *m* de chœur.

Messe [ˈmɛsə] *f* ⟨~; ~n⟩ **1.** *relig. cath.* messe *f* (*auch Musik*); **stille ~** messe basse; **die ~ hören, lesen, halten** entendre, dire, célébrer la messe; **2.** (*Waren*♀) foire *f*; **internationale, technische ~** foire internationale, technique; **Eröffnung e-r ~** inauguration d'une foire; **Anmeldeschluß für e-e ~** clôture des inscriptions pour une foire; **im Zusammenhang mit e-r ~ durchgeführte Veranstaltung** manifestation organisée dans le cadre d'une foire; **3.** *mar.* (*Offiziers*♀) carré *m* (des officiers); mess *m*; ~ˌ**amt** *n* office *m*, bureau *m* de la foire; ~**beˌsucher(in)** *m* (*f*) visiteur, -euse *m, f* de la foire (commerciale); ~**beˌteiligung** *f* participation *f* à la foire; ~**geˌlände** *n* terrain *m* de la foire; ~ˌ**halle** *f* palais *m*, 'hall *m* de la foire; ♀**n I** *v/t.* ⟨-(es)t, mißt, maß, gemessen, h⟩ mesurer; prendre la mesure (de); *nach Metern* métrer; *Rekruten* toiser; *arp.* arpenter; *Winkel* relever; *techn.* jauger; **mit der Elle ~** mesurer à l'aune; auner; **Fieber ~** mesurer, prendre la température; *fig.* **j-n mit geringschätzigen Blicken ~** dévisager, toiser qn.; **mit neugierigen Blicken ~** regarder de près, d'un œil curieux, plein d'intérêt; **gemessen an ...** jaugé suivant, d'après ...; **mit gemessenem Schritt** à pas comptés; **II** *v/i.* **zwei Meter in der Breite ~** avoir deux mètres de large; **er mißt 1,50 m** il mesure 1,50 m; il est 'haut de 1,50 m; il a 1,50 m de haut; **III** *v/réfl.* **sich mit j-m ~** se mesurer avec qn.; **ich kann mich mit ihm ~** je peux me mesurer avec lui; je suis de taille à rivaliser avec lui; **er kann sich mit ihm nicht ~** il ne peut se mesurer avec lui; il ne l'égale pas; **die Qualität Ihrer Ware kann sich mit der unsrigen nicht ~** la qualité de votre marchandise ne peut être comparée à la nôtre; **er maß sich mit ihm im Kampfe** il a mesuré sa force avec lui au combat; **IV ~n** *n* ⟨~s⟩ mesurage *m*; mensuration *f*; *nach Metern* métrage *m*; *arp.* arpentage *m*; *e-s Winkels* relevé *m*; *mit der Elle* aunage *m*; *techn.* jaugeage *m*.

Messer¹ [ˈmɛsər] *m* ⟨~s; ~⟩ **1.** *Person* mesureur *m*; *arp.* arpenteur *m*; **2.** *cf.* Meßapparat.

Messer² [ˈmɛsər] *n* ⟨~s; ~⟩ couteau *m*; *chir.* bistouri *m*; (*Sezier*♀) scalpel *m*; (*Rasier*♀) rasoir *m*; (*Klinge*) lame *f*; *fig. Kampf* **bis aufs ~** au couteau; à outrance; à mort; *fig.* **j-m das ~ an die Kehle, auf die Brust setzen** mettre le couteau sur *od.* sous la gorge à *od.* de qn.; **ihm sitzt das ~ an der Kehle** il a le couteau sur *od.* sous la gorge; *fig.* **j-n ans ~ liefern** livrer qn. au bourreau; **mit gezogenem ~** à couteaux tirés; *fig.* **auf des ~s Schneide stehen** ne tenir qu'à un fil; ~ˌ**bänkchen** *n* ⟨~s; ~⟩ porte-couteau *m*; ~ˌ**egge** *f agr.* scarificateur; ♀ˌ**förmig** *adj.* en forme de couteau.

Meßergebnis [ˈmɛsˀɛrˌgeːpnɪs] *n* mesure *f*.

Messer|griff [ˈmɛsərˌgrɪf] *m*, ~ˌ**heft** *n* manche *m* de couteau; ~ˌ**held** *m* apache *m*; surineur *m*; P chourineur *m*; ~ˌ**klinge** *f* lame *f* de couteau; ~**konˌtakt** *m élect.* contact *m* à couteau; ~ˌ**kopf** *m techn.* tête *f* de fraisage; porte-outils *m*; ~ˌ**muscheln** *f/pl. zo.* solénidés *m/pl.*; ~ˌ**rücken** *m* dos *m* d'un couteau; ~ˌ**schalter** *m élect.* interrupteur *m* à couteau; ♀ˈ**scharf** *adj.* tranchant (comme un couteau); ~ˌ**scheibe** *f techn.* couteau *m* circulaire; lame tranchante circulaire; ~ˌ**scheide** *f* gaine *f* de couteau; *zo. Muschel* (manche *m* de) couteau *m*; *sc.* solen *m*; ~ˌ**schmied** *m* coutelier *m*; ~ˌ**schmiede** *f*, ~ˌ**schmiedeˌarbeit** *f*, ~ˌ**schmiedeˌhandwerk** *n*, ~ˌ**schmiedeˌwaren** *f/pl.* coutellerie *f*; ~ˌ**schneide** *f* tranchant *m* d'un couteau; ~ˌ**spitze** *f* pointe *f* de couteau; **e-e ~ voll** *etwa* une pincée de; ~ˌ**stecher** *m* *cf.* ~held; ~**stecheˌrei** *f* ⟨~; ~en⟩ rixe *f*, bataille *f* au couteau; ~ˌ**stich** *m* coup *m* de couteau.

Messe|stand [ˈmɛsəˌʃtant] *m* stand [-ɑ̃d] *m*; ~ˌ**zeit** *f* zur ~ pendant la durée de la foire.

Meß|fehler [ˈmɛsˌfeːlər] *m* erreur *f* de mesure; ~**geˌfäß** *n chim.* éprouvette graduée; burette *f*; *égl. cath.* ~e *pl.* vases sacrés; ~**geˌnauigkeit** *f* précision *f* de mesure; ~**geˌrät** *n* appareil *m* de mesure; *coll., égl. cath.* objets sacerdotaux; *cf. auch* ~gefäße; ~**geˌwand** *n égl. cath.* chasuble *f*; ~**glas** *n cf.* ~gefäß.

messia|nisch [mɛsiˑˈɑːnɪʃ] *adj.* messianique; ♀**s** [-ˈsiːas] *m* ⟨~⟩ *relig.* Messie *m*.

Messing [ˈmɛsɪŋ] *n* ⟨~s⟩ laiton *m*; cuivre *m* jaune; ~ˌ**blech** *n* tôle *f* de laiton; *dünnes* clinquant *m*; ~ˌ**draht** *m* fil *m* de laiton; ♀**en** *adj.* de laiton; ~**geˌrät** *n*, ~**geˌschirr** *n* dinanderie *f*; ~**gießeˌrei** *f* fonderie *f* de cuivre (jaune); ~ˌ**lötung** *f* soudure forte; brasure *f* au laiton; ~ˌ**rohr** *n* tube *m* en laiton; ~ˌ**schmied** *m* dinandier *m*; ~ˌ**schraube** *f* vis *f* en laiton; ~ˌ**stange** *f zur Verzierung* tringle *f* de *od.* en laiton; ~ˌ**teile** *n/pl.* pièces *f/pl.* en laiton; ~ˌ**ware** *f cf.* ~gerät.

Meß|instrument [ˈmɛsˀɪnstruˑˌmɛnt] *n* instrument *m* de mesure; ~ˌ**kanne** *f* *égl. cath.* burette *f*; ~**kelch** *m égl. cath.* calice *m*; ~ˌ**kette** *f* chaîne *f* d'arpenteur; ~ˌ**kolben** *m chim.* ballon gradué; ~ˌ**kunde** *f* ⟨~⟩ géométrie *f* pratique; ~ˌ**latte** *f* mire *f*; règle graduée; ~ˌ**leine** *f* chaîne *f*, corde *f* d'arpenteur; ~ˌ**opfer** *n égl. cath.* sacrifice *m* de la messe; **das heilige ~** les saints mystères (de la messe); ~**pult** *n égl. cath.* porte-missel *m*; lutrin *m*; ~**punkt** *m* point *m* de repère; ~**schnur** *f* corde *f*, cordeau *m* d'arpenteur; ~**stab** *m*, ~ˌ**stange** *f* jalon *m*; ~ˌ**technik** *f* métrologie *f*; *cf. auch* Meßverfahren; ~**tisch** *m* planchette *f*; ~**tischˌblatt** *n* feuille *f* topographique; ~**trupp** *m* *arp.* arpenteurs *m/pl.*; *milit.* section *f* de repérage; ~**tuch** *n égl. cath.* **geweihtes ~** corporal *m*; ~**uhr** *f techn.* indicateur *m*; cadran *m*; comparateur *m*.

Messung [ˈmɛsʊŋ] *f* ⟨~; ~en⟩ *cf.* messen IV.

Meß|verfahren [ˈmɛsfɛrˌfɑːrən] *n* procédé *m*, méthode *f* de mesure; ~**verˌstärker** *m* amplificateur *m* de mesure; ~ˌ**wandler** *m* ⟨~s; ~⟩ transformateur *m* de mesure; ~**wein** *m égl. cath.* vin *m* pour la messe; ~**werk** *n* système *m*, mécanisme *m* de mesure; ~**wert** *m* valeur mesurée; ~**zahl** *f*, ~ˌ**ziffer** *f* index *m*; indice *m*; ~ˌ**zirkel** *m* compas *m* de mesure (compas d'épaisseur, maître de danse, *etc.*); ~**zyˌlinder** *m chim. cf.* Meßgefäß.

Mestiz|e [mɛsˈtiːtsə] *m* ⟨~n; ~n⟩, ~**in** *f* ⟨~; ~nen⟩ métis, -sse *m, f*.

Met [meːt] *m* ⟨~(e)s⟩ hydromel *m*.

Metageschäft [meˑˈtagəˌʃɛft] *n comm.* opération *f* en compte à demi.

Metall [meˑˈtal] *n* ⟨~s; ~e⟩ métal *m*; **gediegenes ~** métal natif; ~ˌ**arbeiter** *m* (ouvrier) métallurgiste *m*; F métallo *m*; ♀ˌ**artig** *adj.* métallique; *minéral.* métallin; ~ˌ**baukasten** *m* meccano *m*; ~**beˌlag** *m* revêtement *m* métallique; ~**beˌschläge** *m/pl.* garnitures *f/pl.*, ornements *m/pl.* en métal; ~**cheˌmie** *f* métallochimie *f*; ~**dampfˌlampe** *f* lampe *f* à vapeur métallique; ~ˌ**draht** *m* fil *m* métallique; ~**drahtˌlampe** *f* *cf.* Glühlampe; ~ˌ**dreher** *m* tourneur *m* sur métaux; ♀**en** *adj.* de métal; métallique; ~ˌ**farbe** *f* couleur *f* métallique; ~ˌ**färbung** *f* métallochromie *f*; ~ˌ**folie** *f* feuille *f* métallique; clinquant *m*; ~ˌ**gaze** *f* toile *f* métallique; ~**geˌhalt** *m e-s Erzes* teneur *f* en métal; ~ˌ**geld** *n* espèces sonnantes; ~**geˌwebe** *n cf.* ~gaze; ~ˌ**glanz** *m* éclat *m* métallique; ♀ˌ**haltig** *adj. minéral.* métallifère; ~**indusˌtrie** *f* *verarbeitende* industrie *f* métallurgique; métallurgie *f*; *erzeugende* industrie *f* sidérurgique; sidérurgie *f*; ♀**isch** *adj.* métallique;

2i'sieren I *v/t.* ⟨*pas de ge-*, h⟩ métalliser; **II ~i'sieren** *n* ⟨~s⟩, **~i'sierung** *f* ⟨~⟩ métallisation *f*; **~keˌramik** *f* métallurgie *f* céramique; **~ˌkunde** *f* ⟨~⟩ métallographie *f*; (*Hüttenkunde*) métallurgie *f*; **~ogra'phie** *f* ⟨~⟩ métallographie *f*; **~o'id** *n* ⟨~(e)s; ~e⟩ *chim.* métalloïde *m*; **~oˌxyd** *n* oxyde *m* métallique; **~paˌpier** *n* papier-métal *m*; papier *m* métallique; **~ˌplättchen** *n auf Kostümen etc.* écaille *f* en métal; **~ˌplatte** *f* plaque *f* de métal; disque *m* métallique; **~ˌsäge** *f* scie *f* à métaux; **~ˌschlauch** *m* tuyau *m* métallique flexible; tuyau armé; **~ˌspäne** *m/pl.* copeaux *m/pl.* (métalliques); alésures *f/pl.* (de métal); limailles *f/pl.*; **~ˌspiegel** *m* miroir *m* métallique; **~ˌspritzverˌfahren** *n* procédé *m* de métallisation au pistolet; F pistolétage *m*; **~ˌtuch** *n cf.* ~gaze; **~ˌüberzug** *m cf.* ~belag; **~ur'gie** *f* ⟨~⟩ métallurgie *f*; **2urgisch** [-'lʊr-] *adj.* métallurgique; **2verˌarbeitend** *adjt.* ~e **Industrie** *cf.* ~industrie; **~verˌarbeitung** *f* usinage *m*, travail *m* des métaux; **~verˌbindung** *f* alliage *m* métallique; **~ˌvorrat** *m e-r Bank* réserve *f* métallique; **~ˌwährung** *f* système *m* monétaire à base métallique; étalon *m* (monétaire) métallique.

metamorph|(isch) [meˑta'mɔrf(ɪʃ)] *adj.* métamorphique; **2ose** [-'foːzə] *f* ⟨~; ~n⟩ métamorphose *f*; transformation *f*; **~o'sieren** *v/t.* ⟨*pas de ge-*, h⟩ métamorphoser.

Metaph|er [meˑ'tafər] *f* ⟨~; ~n⟩ *rhét.* figure *f*; *sc.* métaphore *f*; **2orisch** [-'foː-] *adj. rhét.* métaphorique.

Metaphrase [meˑta'frɑːzə] *f* ⟨~; ~n⟩ métaphrase *f*.

Metaphysi|k [meˑtafyˑ'ziːk] *f* métaphysique *f*; **~ker** [-'fyː-] *m* métaphysicien *m*; **2sch** [-'fyː-] *adj.* métaphysique.

Metastase [meˑta'stɑːzə] *f* ⟨~; ~n⟩ *méd.*, *rhét.* métastase *f*.

Metathes|e [meˑta'teːzə] *f* ⟨~; ~n⟩, **~is** [meˑ'tateˑzɪs] *f* ⟨~; -'thesen⟩ *phon.* métathèse *f*.

Meteor [meˑteˑ'oːr] *m od. n* ⟨~s; ~e⟩ *astr.* météore *m* (igné); **~ˌeisen** *n* fer *m* météorique; **2isch** *adj.* météorique; **~it** [-'riːt, -'rɪt] *m* ⟨~s; ~e⟩ *cf.* **Meteorstein**: **2itisch** [-'riː-] *adj.* météoritique; **~er Staub** poussières météoriques; **~ˌkrater** *m* cratère *m* météorique.

Meteorolog|e [meˑteˑoˑroˑ'loːgə] *m* ⟨~n; ~n⟩ météorologue *m*; météorologiste *m*; **~ie** [-'giː-] *f* ⟨~⟩ météorologie *f*; **2isch** *adj.* météorologique; **~e Station** station météorologique.

Meteorstein [meˑteˑ'oːrˌʃtaɪn] *m minéral.* pierre *f* météorique; aérolithe *m*; météorite *m od. f*; bolide *m*; météore *m*.

Meter ['meːtər] *n od. m* ⟨~s; ~⟩ (*abr.* **m**) mètre *m*; **nach ~n messen** métrer; **laufendes ~** mètre courant; **2ˌlang** *adj.* long, -gue; **~ˌmaß** *n* mètre *m* à ruban; **~ˌware** *f comm.* marchandise *f* au mètre; **2ˌweise** *adv.* par mètres; **~ˌwelle** *f phys.* onde *f* métrique; **~ˌzahl** *f* métrage *m*.

Methan|(gas) [meˑ'tɑːn(ˌgɑːs)] *n* ⟨~s⟩ (*n*) *chim.* méthane *m*; **~ol** [-'noːl] *n* ⟨~s⟩ *chim.* méthanol *m*; alcool méthylique.

Method|e [meˑ'toːdə] *f* ⟨~; ~n⟩ méthode *f*; **~ik** *f* ⟨~; ~en⟩ méthodologie *f*; **2isch 1.** *adj.* méthodique; **2.** *adv.* méthodiquement; avec méthode.

Methodis|mus [meˑtoˑ'dɪsmʊs] *m* ⟨~⟩ *relig.* méthodisme *m*; **~t(in)** *m* ⟨~en; ~en⟩ (*f*) ⟨~; ~nen⟩ *relig.* méthodiste *m, f*; **~tenmissiˌon** *f* mission *f* méthodiste; **~tenˌprediger** *m* prédicateur *m* méthodiste; **2tisch** *adj.* méthodiste.

Methodologie [meˑtoˑdoˑloˑ'giː] *f* ⟨~; -ien⟩ *cf.* **Methodik.**

Methusalem [meˑ'tuːzalɛm] *m* **alt wie ~** vieux, vieille comme Mathusalem.

Methyl [meˑ'tyːl] *n* ⟨~s⟩ *chim.* méthyle *m*; **~ˌalkohol** *m cf.* **Methanol**; **~en** [-'leːn] *n* ⟨~s⟩ *chim.* méthylène *m*; **~enˌblau** [-'leːn-] *n* bleu *m* de méthylène; **~ˌkautschuk** *m* méthylcaoutchouc *m*; caoutchouc synthétique.

Metonym|ie [meˑtoˑnyˑ'miː] *f* ⟨~; -ien⟩ *rhét.* métonymie *f*; **2isch** [-'nyː-] *adj.* métonymique.

Metri|k ['meːtrɪk] *f* ⟨~; ~en⟩ *métr.*, *mus.* métrique *f*; **2sch** *adj.* métrique; **~es System** système métrique.

Metro ['meˑtroˑ, 'meː-] *f* ⟨~; ~s⟩ (*U-Bahn*) métro *m*.

Metro|logie [meˑtroˑloˑ'giː] *f* ⟨~⟩ métrologie *f*; **~'nom** *n* ⟨~s; ~e⟩ *mus.* métronome *m*.

Metropole [meˑtroˑ'poːlə] *f* ⟨~; ~n⟩ métropole *f*.

Metropolit [meˑtroˑpoˑ'liːt] *m* ⟨~en; ~en⟩ *relig.* métropolite *m*; **~ankirche** [-'tɑːn-] *f* église métropolitaine.

Metrum ['meːtrʊm] *n* ⟨~s; -tren⟩ *métr.* mètre *m*.

Mette ['mɛtə] *f* ⟨~; ~n⟩ *égl. cath.* matines *f/pl.*

Metteur [mɛ'tøːr] *m* ⟨~s; ~e⟩ *impr.* metteur *m* (en pages); F pageux *m*.

Mettwurst ['mɛtvʊrst] *f etwa* saucisse fumée.

Metzel|ei [ˌmɛtsə'laɪ] *f* ⟨~; ~en⟩ massacre *m*; carnage *m*; tuerie *f*; hécatombe *f*; *fig.* boucherie *f*; **2n** ['mɛ-] *v/t.* ⟨-(e)le, h⟩ *cf.* **niedermetzeln.**

Metzer(in) ['mɛtsər(ɪn)] *m* ⟨~s; ~⟩ (*f*) ⟨~; ~nen⟩ Messin, -e *m, f*.

Metzger ['mɛtsgər] *m* ⟨~s; ~⟩ boucher *m*; (*Schweine2*) charcutier *m*; **~ei** [-'raɪ] *f* ⟨~; ~en⟩ boucherie *f*; (*Schweine2*) charcuterie *f*; **~in** *f* ⟨~; ~nen⟩ bouchère *f*; charcutière *f*; **~ˌladen** *m cf.* ~ei.

Meuch|elmord ['mɔyçəlˌmɔrt] *m* homicide *m* volontaire; assassinat *m*; meurtre *m*; **~elˌmörder(in)** *m* (*f*) homicide *m, f* volontaire; assassin *m*; femme *f* assassin; meurtrier, -ère *m, f*; **2elˌmörderisch** *adj.* assassin, -e; meurtrier, -ère; **2eln** *v/t.* ⟨-(e)le, h⟩ assassiner; **~ler(in)** *m* ⟨~s; ~⟩ (*f*) ⟨~; ~nen⟩ *cf.* ~elmörder(in); **2leˌrisch** *adj.* **1.** traître, -sse; perfide; **2.** *cf.* **2elmörderisch**; **2lings** *adv.* traîtreusement; perfidement.

Meute ['mɔytə] *f* ⟨~; ~n⟩ *ch.* meute *f* (*auch fig.*); **~'rei** *f* ⟨~; ~en⟩ mutinerie *f*; sédition *f*; émeute *f*; **~rer** *m* ⟨~s; ~⟩ mutin *m*; séditieux *m*; émeutier *m*; **2ˌrisch** *adj.* mutin; séditieux, -euse; **2rn** *v/i.* ⟨-(e)re, h⟩ se mutiner; se révolter.

Mexikan|er(in) [mɛksiˑ'kɑːnər(ɪn)] *m* ⟨~s; ~⟩ (*f*) ⟨~; ~nen⟩ Mexicain, -e *m, f*; **2isch** *adj.* mexicain.

Mezzo|sopran [ˌmɛtsoˑzoˑ'prɑːn, 'mɛ-] *m*, **~sopranistin** [-'nɪstɪn] *f mus.* mezzo-soprano *m*; **~'tinto** *n* ⟨~(s); ~s *od.* -ti⟩ mezzo-tinto *m*.

Miasma [miˑ'asma] *n* ⟨~s; -men⟩ miasme *m*; **2tisch** [-'mɑː-] *adj.* miasmatique.

miauen [miˑ'aʊən] **I** *v/i.* ⟨*pas de ge-*, h⟩ miauler [mjole]; **II 2** *n* ⟨~s⟩ miaulement *m*.

mich [mɪç] *pr/pers.* (*acc. von* **ich**) me; *nach prép.*, *bes. betont* moi; **ich kenne ~** je me connais; **für mich** pour moi; **führen Sie ~ (nicht) hin** menez-y-moi (ne m'y menez pas); **würden Sie mich verraten wollen?** voudriez-vous me trahir, moi?

Michael|i [mɪça'eːliˑ] *n* ⟨~⟩, **~is** *n* ⟨~⟩ zu ~ à la Saint-Michel; **~isˌfest** *n*, **~isˌtag** *m*, **~sˌtag** ['mɪ-] *m* la Saint-Michel.

Michel ['mɪçəl] *m* ⟨~s; ~⟩ **der deutsche ~** le (type du) brave bougre d'Allemand.

mick(e)rig ['mɪk(əˌ)rɪç] F *adj.* faible; chétif, -ive; malingre; déficient; débile; frêle; délicat.

Mickymaus ['mɪkiˑˌmaʊs] *f* ⟨~⟩ Mickey [-kɛ] *m*.

mied [miːt] *cf.* **meiden.**

Mieder ['miːdər] *n* ⟨~s; ~⟩ *als Oberbekleidung* corselet *m*; *als Unterbekleidung* corset *m*; gaine *f*; **in ein ~ eingezwängt sein** être boudiné dans un corset; **~ˌwaren** *f/pl.* articles corsetiers.

Mief [miːf] F *m* ⟨~(e)s⟩ air vicié, empesté, renfermé.

Miene ['miːnə] *f* ⟨~; ~n⟩ mine *f*; (*Ausdruck*) air *m*; **traurige ~** air funèbre; **saure ~** mine longue; **e-e freundliche ~ machen** faire bonne mine; **e-e finstere ~ machen** faire grise mine; **e-e fromme ~ aufsetzen** faire une mine, prendre un air débonnaire; **e-e gelehrte ~ aufsetzen** se donner des airs de savant; **mit eisiger ~** d'un air glacial; **ohne e-e ~ zu verziehen** sans sourciller; sans broncher; sans perdre contenance; **gute ~ zum bösen Spiel machen** faire contre mauvaise fortune bon cœur; **~ machen, etw. zu tun** vouloir faire qc.; avoir l'intention de faire qc.; faire le geste de faire qc.; **~nˌspiel** *n* jeu *m* de physionomie; mimique *f*; **ein lebhaftes ~** une mimique vivante, animée.

Miere ['miːrə] *f* ⟨~; ~n⟩ *bot.* stellaire *f*.

mies [miːs] F *adj.* mauvais; F moche; P tartignole; tarte; **mir ist ~** je me sens mal; j'ai mal au cœur; le cœur me tourne; **das ist ~** F c'est moche; **j-n, etw. ~ machen** dénigrer qn., qc.

Mies [miːs] *f* ⟨~; ~en⟩, **~seˌkatze** *f cf.* Miez, Miezekatze.

Miese|peter ['miːzəˌpeːtər] F *m* ⟨~s; ~⟩ éternel mécontent; (vieux) grincheux *m*; renfrogné *m*; acariâtre *m*; **2ˌpetrig** F *adj.* **1.** (*kränklich*) maladif, -ive; souffreteux, -euse; malingre; égrotant; **2.** (*mißgelaunt*) mécontent; grincheux, -euse; renfrogné; acariâtre.

Mies|macher ['miːsˌmaxər] F *m* ⟨~s; ~⟩ pessimiste *m*; défaitiste *m*; F broyeur *m* de noir; (*Spielverderber*) rabat-joie *m*; *cf. auch* **Nörgler**; **~mache'rei** F *f* ⟨~⟩ pessimisme *m*; défaitisme *m*; **~ˌmuschel** *f zo.* moule *f*.

Miet|ausfall ['miːtˌʔaʊsfal] *m* perte *f* de loyer; **~ˌauto** *n* auto *f*, voiture *f* de louage; (*Taxi*) taxi *m*; voiture *f* de place; **~beˌdingungen** *f/pl.* conditions *f/pl.* de louage, de bail; **~ˌbeihilfe** *f* allocation *f* de logement; **~ˌdauer** *f* durée *f* de la location, du bail.

Miete[1] ['miːtə] *f* ⟨~; ~n⟩ **1.** (*Mietzins*) loyer *m*; (prix *m* de) location *f*; **fällige ~** terme échu; **rückständige ~** loyer arriéré; **s-e ~ bezahlen** payer sa location; **2.** (*Mietverhältnis*) louage *m*; location *f*; **zur ~ geben** donner en location, à loyer; louer; **zur ~ haben** avoir en location; tenir à louage; **zur ~ wohnen** être locataire; habiter ... comme locataire.

Miete[2] ['miːtə] *f* ⟨~; ~n⟩ *agr.* meule *f*; *im Boden* silo *m* (souterrain).

Miete[3] ['miːtə] *f* ⟨~; ~n⟩ *zo. cf.* **Milben.**

Miet|einnahme ['miːtˌʔaɪnnaːmə] *f* revenu locatif; **2en I** *v/t.* ⟨-ete, h⟩ *Wohnung etc.* louer; prendre en location, à louage; *Auto, Fuhrwerk etc.* louer; **II ~en** *n* ⟨~s⟩ location *f*; **~entˌschädigung** *f* indemnité *f* de loyer, de logement; **~er** *m* ⟨~s; ~⟩ *e-r Wohnung* locataire *m*; *jur.* preneur *m*; **~erˌhöhung** *f* augmentation *f*, majoration *f* de loyer; **~eˌrin** *f* ⟨~; ~nen⟩ locataire *f*; *jur.* preneuse *f*; **~erˌschaft** *f* ⟨~⟩ locataires *m/pl.*; **~erˌschutz** *m* protection *f* des locataires; **~erˌtrag** *m* rapport locatif; **2frei** *adv.* (avec) logement gratuit; sans payer de logement; **~ˌfuhrwerk** *n* voiture *f* de louage; **~geld** *n cf.* Miete[1] 1.; **~geˌsetz** *n* loi *f* sur les loyers; **~geˌsetzgebung** *f jur.* législation *f* sur les loyers; **~kauf** *m* location-vente *f*; **~ling** *m* ⟨~s; ~e⟩ mercenaire *m*; **~preis** *m* loyer *m*; **~preiserˌhöhung** *f cf.* ~erhöhung; **~preisˌsenkung** *f* réduction *f* de loyer; **~shaus** *n* maison *f* de rapport; **~skaˌserne** *f* caserne *f*; **~verˌlust** *m* perte *f* de loyer; **~verˌlustverˌsicherung** *f* assurance *f* (contre la) «perte de loyer»; **~verˌtrag** *m* bail *m*; contrat *m* de location; **~voˌrauszahlung** *f* arrhes *f/pl.*; **~ˌwagen** *m cf.* Mietauto; **2ˌweise** *adv.* en louage; en location; **~wert** *m* valeur locative; **~ˌwohnung** *f* appartement loué; **~ˌwucher** *m* 'hausse *f* illicite des loyers.

Miez [miːts] F *f* ⟨~; ~en⟩, **~e** F *f* ⟨~; ~n⟩, **~eˌkatze** F *f* F minou *m*; minet *m*; minette *f*; mistigris *m*.

Migräne [miˑ'grɛːnə] *f* ⟨~⟩ *méd.* migraine *f*.

Mikro... ['miːkroˑ...] *in Zssgn.* micro...; **~anaˌlyse** *f chim.* microanalyse *f*; **~be** [-'kroː-] *f* ⟨~; ~n⟩ microbe *m*; **~biolоˈgie** *f* microbiologie *f*; **~cheˈmie** *f* microchimie *f*; **~ˌfilm** *m phot.* microfilm *m*; **~ˈkokkus** *m méd., biol.* microcoque *m*; **~koˈpie** *f* microfilm *m*; **~koˈpiergeˌrät** *n phot.* appareil *m* pour photocopies micrographiques; **~ˈkosmos** *m* microcosme *m*; **~ˈmeter** *n* ⟨~s; ~⟩ micromètre *m*; **~ˈmeterˌeinstellung** *f* réglage *m* micrométrique; **~n** *n* ⟨~s; ~⟩ *phys.* micron *m*; **~ˈnesier(-in)** *m* ⟨~s; ~⟩ (*f*) ⟨~; ~nen⟩ Micronésien, -nne *m, f*; **2ˈnesisch** *adj.* micronésien, -nne; **~orgaˈnismus** *m* micro-organisme *m*; **~ˈphon** *n* ⟨~s; ~e⟩ microphone *m*; **~photograˈphie** *f* microphotographie *f*; **~ˌrille** *f* microsillon *m*; **~ˈskop** *n* ⟨~s; ~e⟩ *phys.* microscope *m*; **2skoˈpieren** *v/t.* ⟨*pas de ge-*, h⟩ étudier au microscope; **2ˈskopisch** *adj.* microscopique; **~ˌwaage** *f* microbalance *f*.

Milan ['miːlan, miˑ'lɑːn] *m* ⟨~s; ~e⟩ *zo.* milan.

Milb|en ['mɪlbən] *f/pl. zo.* mites *f/pl.*; *sc.* acariens *m/pl.*; acaridiens *m/pl.*; acaridés *m/pl.*; **2ig** *adj.* plein de mites.

Milch [mɪlç] *f* ⟨~⟩ **1.** lait *m* (*auch bot.*); **dicke ~** lait caillé; **saure ~** lait tourné, aigre; **die ~ pan(t)schen** mouiller, trafiquer, falsifier, altérer le lait; *fig.* **wie ~ u. Blut aussehen** avoir un teint de lis et de rose; *fig. iron.* **die ~ der frommen Denkart** le lait de l'humaine tendresse; **2.** *chim.* émulsion *f*; **3.** *der männlichen Fische* laitance *f*; laite *f*; **~bar** *f* milk-bar *m*; **~bart** *m* F **1.** barbe naissante; duvet *m*; poil follet; **2.** *fig.* blanc-bec *m*; béjaune *m*; **~brei** *m* bouillie *f* au lait; **~brot** *n* pain *m* au lait; **~ˌbrötchen** *n* petit pain au lait; **~ˌdrüse** *f anat.* glande *f* mammaire; **2en** *adj.* de lait; *bei Fischen* laité; **~er** *m* ⟨~s; ~⟩ *zo.* poisson *m* ('hareng *m*, *etc.*) laité; **~ˌfieber** *n méd.* fièvre *f* de lait; **~ˌflasche** *f* bouteille *f* à lait; *für den Säugling* biberon *m*; **~frau** *f* laitière *f*; **~gang** *m anat.* canal *m* galactophore, lactifère; **2ˌgebend** *adjt. vom Vieh* laitier, -ère; *bot.* lactescent; **~geˌbiß** *n* dents *f/pl.* de lait; **~geˌfäße** *n/pl. anat.* vaisseaux *m/pl.* lactifères; **~geˌschäft** *n* laiterie *f*; crémerie *f*; **~geˌsicht** *n* **1. ein ~ haben** avoir le teint pâle; F avoir une figure de papier mâché; **2.** *cf.* ~bart 2.; **~glas** *n* **1.** *zum Trinken* verre *m* à lait; **2.** *techn.* verre dépoli, opalin; **~ˌhalle** *f cf.* ~geschäft; **2ˌhaltig** *adj. sc.* lactifère; **~ˌhandel** *m* laiterie *f*; crémerie *f*; **~ˌhändler(in)** *m* (*f*) laitier, -ère *m, f*; crémier, -ère *m, f*; **2ig** *adj.* laiteux, -euse; *sc.* lacté; lactescent; **~kaˌffee** *m* café *m* au lait; F café-crème *m*; crème *m*; **~kalb** *n* veau *m* de lait; **~ˌkammer** *f* laiterie *f*; **~ˌkännchen** *n* crémier *m*; **~ˌkanne** *f* boîte *f*, *große aus Metall* bidon *m* à lait; **~ˌkeller** *m cf.* ~kammer; **~kuh** *f* vache *f* à lait; (vache) laitière *f*; **~kur** *f* régime lacté; **~ˌladen** *m cf.* ~geschäft; **~ˌmädchen** *n* laitière *f*; **~mädchenˌrechnung** *f* F *fig.* **das ist doch e-e ~** ce sont de pures illusions; **~mann** *m* ⟨~(e)s; ~er⟩ *cf.* ~händler; **~ˌnahrung** *f* laitage *m*; **~ner** *m* ⟨~s; ~⟩ *cf.* ~er; **~ˌpan(t)scher** F *m* ⟨~s; ~⟩ trafiquant *m* de lait; **~preis** *m* prix *m* du lait; **~proˌdukte** *n/pl.* produits laitiers; **~ˌpulver** *n* lait *m* en poudre; **~reis** *m* riz *m* au lait; **~saft** *m bot.* suc laiteux; *physiol. sc.* chyle *m*; **~ˌsäure** *f chim.* acide *m* lactique; **~säureˌgärung** *f* fermentation *f* lactique; **~schorf** *m méd.* croûte *f* de lait; gourme *f*; **~ˌschüssel** *f* jatte *f* à lait; **~ˌspeise** *f* laitage *m*; **~ˌstraße** *f astr.* voie lactée; **~straßensysˌtem** *n astr.* galaxie *f*; **~ˌsuppe** *f* soupe *f* au lait; **~topf** *m* pot *m* à *od.* au lait; **~vieh** *n agr.* bétail laitier; bêtes laitières; **~ˌwaage** *f* pèse-lait *m*; *sc.* (ga)lactomètre *m*; **~ˌwagen** *m* voiture *f* de laitier; **2ˈweiß** *adj.* blanc, blanche comme (du) lait; **~ˌwirtschaft** *f* laiterie *f*; **~zahn** *m* dent *f* de lait; **~ˌzucker** *m chim.* sucre *m* de lait; *sc.* lactose *m*.

mild [mɪlt] **1.** *adj. Licht, Abend, Luft, Seife etc.* doux, douce; *Klima, Wetter auch* tempéré; modéré; *Worte, Urteil* peu sévère; *Richter etc. auch* clément; indulgent; (*gütig*) bénin, bénigne; plein de mansuétude; *Strafe* léger, -ère; *Hand* (*freigebig*) charitable; secourable; **~e Gabe** don charitable; aumône *f*; secours *m*; **s-e ~e Hand auftun** tendre une main secourable; **ein ~er Blick** un regard indulgent, plein d'indulgence; **e-e ~e Kost** une nourriture peu épicée; **der Regen hat ~eres Wetter gebracht** la pluie a adouci le temps; **das Wetter ist ~er geworden** le temps s'est (r)adouci; **2.** *adv.* avec douceur, clémence, indulgence, mansuétude; **~e I** *adj. cf.* mild; **II 2e** *f* ⟨~⟩ douceur *f*; clémence *f*; (*Nachsicht*) indulgence *f*; (*Güte*) bénignité *f*; mansuétude *f*; **~ walten lassen** exercer sa clémence; se montrer clément; **allzu große ~ wäre hier nicht angebracht** trop de clémence, indulgence serait ici déplacée; **~ern** *v/t.* ⟨-(e)re, h⟩ *Schmerzen* (r)adoucir; *Urteil* adoucir; tempérer; *Ausdrucksweise, Worte* modérer; *Strafe* atténuer; alléger; *par ext.* commuer; **~ernd** *adjt.* **~e Umstände** circonstances atténuantes; **2eˌrung** *f* ⟨~; ~en⟩ (r)adoucissement *m*; (*Mäßigung*) modération *f*; *e-r Strafe* atténuation *f*; diminution *f*; réduction *f*; *par ext.* commutation *f*; **j-m ~ bringen** apporter des adoucissements à qn.; **2erungsˌgrund** *m cf.* ~ernd; **~ˌherzig** *adj.* **a)** qui a le cœur tendre, débonnaire; **b)** (*wohltätig*) charitable; **2ˌherzigˌkeit** *f* ⟨~⟩ **a)** tendresse *f* de cœur; douceur *f*; bonté *f*; débonnaireté *f*; **b)** charité *f*; **~reich, ~ˌtätig** *adj.* charitable; généreux, -euse; bienfaisant; secourable; **zu mildtätigen Zwecken** pour des œuvres de charité, de bienfaisance; **2ˌtätigˌkeit** *f* ⟨~⟩ charité *f*; bienfaisance *f*.

Milieu [miˑli'ˑøː] *n* ⟨~s; ~s⟩ (*Umwelt*) milieu *m* (social); **2beˌdingt** *adj.* conditionné, déterminé par le milieu.

militant [miˑliˑ'tant] *adj.* militant.

Militär[1] [miˑliˑ'tɛːr] *n* ⟨~s⟩ (état *m*) militaire *m*; militaires *m/pl.*; troupes *f/pl.*; armée *f*; **zum ~ gehen** entrer dans l'armée; se faire soldat; **~**[2] *m* ⟨~s; ~s⟩ militaire *m*; officier *m*; **2ˌähnlich** *adj.* paramilitaire; **~akadeˌmie** *f* prytanée *m* militaire; **~ˌanwärter** *m* ancien militaire candidat à un emploi civil; **~ˌarzt** *m* médecin *m* militaire; F major *m*; P toubib *m*; **~attaˌché** *m* attaché *m* militaire; **~beˌfehlshaber** *m* gouverneur *m* militaire; **~beˌhörde** *f* autorité *f* militaire; **~beˌvollmächtigte(r)** *m* attaché *m*, plénipotentiaire *m* militaire; **~ˌbündnis** *n* alliance *f* militaire; **~ˌdienst** *m* service *m* (militaire); **im aktiven ~ sein** être en activité; **vom ~ befreien, zurückstellen** exempter, libérer, ajourner du service militaire; **s-n ~ ableisten** faire son service militaire; **2dienstˌfrei** *adj.* exempt(é), libéré du service militaire; **~dienstˌpflicht** *f* obligation *f* du service militaire; service *m* militaire obligatoire; **2dienstˌpflichtig** *adj.* soumis, astreint au service militaire; **~diktaˌtur** *f* dictature *f* militaire; **~eˌtat** *m* budget *m* de l'armée; **~exˌperte** *m* expert *m* en, des questions militaires; **~ˌflugzeug** *n* avion *m* militaire; **~ˌfriedhof** *m* cimetière *m* militaire; **~geˌfängnis** *n* prison *f* militaire; **~ˌgeistliche(r)** *m* aumônier *m* (militaire); **~geˌricht** *n* tribunal *m* militaire; **~geˌrichtsbarkeit** *f* justice *f*, juridiction *f* militaire; **~geˌwehr** *n* fusil *m* de guerre; **~gouverˌneur** *m* gouverneur *m* militaire; **~ˌhaushalt** *m* budget *m* militaire; **~ˌherrschaft** *f cf.* ~diktatur; **~ˌhilfe** *f* assistance *f* militaire; **~intendanˌtur** *f* ⟨~; ~en⟩ intendance *f* militaire; **2isch** *adj.* militaire; *im Gebaren* martial [-sjal].

militar|isieren [miˑliˑtariˑ'ziːrən] *v/t.* ⟨*pas de ge-*, h⟩ militariser; **2iˈsierung** *f* ⟨~⟩ militarisation *f*; **2ismus** [-'rɪs-] *m* ⟨~⟩ militarisme *m*; *péj.* caporalisme *m*; **2ist** [-'rɪst] *m* ⟨~en; ~en⟩ militariste *m*; **~istisch** [-'rɪs-] *adj.* militariste.

Militär|kapelle [miˑliˑ'tɛːrkaˌpɛlə] *f* musique *f* de régiment, militaire; **~ˌmacht** *f* puissance *f* militaire; **~ˌmantel** *m* capote *f*; **~ˌmarsch** *m* marche *f* (militaire); **~missiˌon** *f* mission *f* militaire; **~muˌsik** *f* musique *f* militaire; **~ˌmütze** *f* casquette *f* militaire; F calot *m*; **~ˌpaß** *m* livret *m* militaire; **~perˌson** *f* militaire *m*; **~persoˌnal** *n* personnel *m* militaire; **~ˌpflicht** *f cf.* Militärdienstpflicht; **~poliˌzei** *f* police *f* militaire; **~ˌputsch** *m* putsch *m*; coup *m* de force, d'État militaire; **~reˌgierung** *f* gouvernement *m* militaire; **~ˌrichter** *m* juge *m* militaire; **~ˌseelsorge** *f* aumônerie *f* aux armées; ~**ˌstrafanstalt** *f* pénitencier *m* militaire; ~**ˌstrafgesetzˌbuch** *n* code pénal militaire; ~**ˌstrafproˌzeß** *m* procès *m* devant un tribunal militaire; ~**ˌstützpunkt** *m* base *f* militaire; ~**transˌport** *m* convoi *m*, transport *m* militaire; ~**verˌwaltung** *f* administration *f* militaire; intendance *f* de l'armée; ~**ˌvorlage** *f im Parlament* projet *m* de loi militaire; ~**ˌwesen** *n* ⟨~s⟩ (tout ce qui concerne l')armée *f*; questions *f/pl.*, affaires *f/pl.* militaires; ~**ˌzeit** *f* (temps *m* de) service *m* militaire; F temps *m*; ~**ˌzug** *m* train *m* militaire.

Miliz [mi·'li:ts] *f* ⟨~; ~en⟩ milice *f*; ~**ˌheer** *n* armée *f* de milices; ~**solˌdat** *m* milicien *m*.

Millennium [mɪ'lɛni·um] *n* ⟨~s; -ien⟩ **1.** millénaire *m*; période *f* de mille ans; **2.** *relig.* règne *m* millénaire.

Milli... [mɪli·...] *in Zssgn.* milli...; ~**am'pere** *n élect.* milliampère *m*.

Milliar|där(in) [mɪli·ar'dɛ:r(ɪn)] *m* ⟨~s; ~e⟩ (*f*) ⟨~; ~nen⟩ milliardaire *m*, *f*; ~**de** [-'ar-] *f* ⟨~; ~n⟩ (10⁹) milliard *m*; *früher* billion *m*.

Milli|bar [mɪli·'ba:r] *n phys.* millibar *m*; ~**'gramm** *n* milligramme *m*; ~**'meter** *n od. m* millimètre *m*; ~**'meterpaˌpier** *n* papier *m* millimétrique; papier gradué, quadrillé en millimètres; ~**'meterˌwelle** *f rad.* onde *f* millimétrique.

Million [mɪli·'o:n] *f* ⟨~; ~en⟩ (10⁶) million *m*; **e-e ~ Einwohner** un million d'habitants; **in die ~en gehen** s'élever à des millions; ~**är(in)** [-'nɛ:r(ɪn)] *m* ⟨~s; ~e⟩ (*f*) ⟨~; ~nen⟩ millionnaire *m*, *f*; **zehnfacher ~** dix fois millionnaire; **vielfacher ~** multimillionnaire; ~**enˌerbschaft** *f* héritage *m* à millions; **2enˌfach** *adv.* par millions; en millions; (d'une valeur) de plusieurs millions; **2st** *adj.* millionième; ~**stel** *n* ⟨~s; ~⟩ millionième *m*.

Milz [mɪlts] *f* ⟨~; ~en⟩ *anat.* rate *f*; ~**brand** *m* ⟨~(e)s⟩ *vét.* charbon *m*; **2krank** *adj.* malade de la rate; *sc.* splénétique; ~**ˌkrankheit** *f méd.* maladie *f* de la rate; ~**ˌstechen** *n méd.* point *m* de côté; *sc.* splénalgie *f*.

Mim|e ['mi:mə] *m* ⟨~n; ~n⟩ *st. s. thé.* acteur *m*; **2en** *v/t.* ⟨h⟩ **1.** (*nachäffen*) mimer; imiter; contrefaire; **2.** F (*vorgeben*) faire semblant, feindre de ... (+ *inf.*); (*schauspielern*) feindre, faire, simuler (qc., qn.); ~**ik** *f* ⟨~⟩ mimique *f*; ~**iker** *m* ⟨~s; ~⟩ (panto)mime *m*.

Mimikry ['mɪmi·kri·] *f* ⟨~⟩ mimétisme *m*.

mimisch ['mi:mɪʃ] *adj.* mimique.

Mimose [mi·'mo:zə] *f* ⟨~; ~n⟩ *bot.* sensitive *f*; mimosa *m*; mimeuse *f*; **2nˌhaft** *adj. fig.* hypersensible; hypersensitif, -ive.

Minarett [mi·na'rɛt] *n* ⟨~s; ~e⟩ minaret *m*.

minder ['mɪndər] **1.** *adj.* moindre; plus petit; (*weniger wert*) inférieur; **e-e ~e Qualität** une qualité inférieure; **2.** *adv.* moins; **nicht ~** ne pas moins; F pas moins; **mehr oder ~** plus ou moins; ~**beˌgabt** *adj.* peu doué; **2beˌgabte(r)** *f* (*m*) ⟨→ A⟩ peu doué, -e *m*, *f*; ~**beˌgütert** *adj.* peu fortuné; économiquement faible; *pfort.* indigent; **2beˌgüterte(r)** *f* (*m*) ⟨→ A⟩ peu fortuné, -e *m*, *f*; économiquement faible *m*, *f*; *pfort.* indigent, -e *m*, *f*; **2beˌlastete(r)** *f* (*m*) ⟨→ A⟩ *jur.* délinquant, -e *m*, *f* de moindre importance; ~**beˌmittelt** *adj.*, **2beˌmittelte(r)** *f* (*m*) ⟨→ A⟩ *cf.* ~begütert, 2begüterte(r); **2ˌeinnahme** *f comm.* recette inférieure; moins-perçu *m*; **2geˌwicht** *n* manque *m* (de poids); **2ˌheit** *f* ⟨~; ~en⟩ minorité *f*; **nationale ~** minorité nationale; **in der ~ sein** être en minorité; **2heitenˌfrage** *f* problème *m* des minorités; **2heitenˌschutz** *m* protection *f* des minorités; **2heitsreˌgierung** *f* gouvernement *m* de (la) minorité; ~**ˌjährig** *adj.* mineur; **2ˌjährige(r)** *f* (*m*) ⟨→ A⟩ mineur, -e *m*, *f*; **2ˌjährigˌkeit** *f* ⟨~⟩ minorité *f*; ~**n I** *v/t.* (*u. v/réfl.*) ⟨-(e)re, h⟩ diminuer; (s')amoindrir; (se) réduire; *Preis* (*herabsetzen*) rabaisser; *Wert* (se) déprécier; **II 2n** *n* ⟨~s⟩, **2ung** *f* ⟨~; ~en⟩ diminution *f*; amoindrissement *m*; réduction *f*; *der Preise* rabaissement *m*; *des Wertes* dépréciation *f*; **2ˌwert** *m* moins-value *f*; perte *f* (de valeur); ~**ˌwertig** *adj.* inférieur; d'une valeur inférieure; déprécié; de peu de valeur; de mauvaise qualité; qui ne vaut pas cher; médiocre; **2ˌwertigkeit** *f* infériorité *f*; mauvaise qualité; qualité inférieure; médiocrité *f*; **2ˌwertigkeitsgeˌfühl** *n*, **2ˌwertigkeitskomˌplex** *m* sentiment *m*, complexe *m* d'infériorité; **2ˌzahl** *f cf.* 2heit.

mindest ['mɪndəst] **1.** *adj.* le (la) moindre; **er hat nicht die ~e Ahnung, was er tun soll** il n'a pas la moindre idée de ce qu'il doit faire; **das ~e** le moins; la moindre chose; le minimum; **er bekommt nicht das ~e** il n'aura pas la moindre (des) chose(s); **2.** *adv.* ~**ens, zum ~en** au moins; pour le moins; (*wenigstens*) au minimum; F au bas mot; **nicht im ~en** pas le moins du monde; nullement; **2...** *in Zssgn. meist* minimum [-əm], minima; **2ˌalter** *n* âge minimum; **2ˌanforderungen** *f/pl.* exigences minima; **2ˌarbeitsˌzeit** *f* durée de travail minima; **2beˌsteuerung** *f* imposition minima; **2beˌtrag** *m* (montant *m*) minimum *m*; **2ˌbietende(r)** *f* (*m*) le (la) moins offrant(e) *m* (*f*); **2ˌeinkommen** *n* revenu minimum; ~**ens** *adv. cf.* **mindest 2.**; **2erˌtrag** *m* rendement minimum; **2ˌfordernde(r)** *f* (*m*) ⟨→ A⟩ (celui, celle) qui prend l'adjudication au plus bas prix, au rabais, qui s'en charge au plus bas prix; **2ˌforderung** *f* exigence minima; **2geˌbot** *n* enchère minima; **2geˌbühr** *f* taxe minima; **2geˌhalt** *n* traitement minimum; **2geˌschwindigkeit** *f* vitesse minima; **2geˌwicht** *n* poids minimum; **2ˌleistung** *f techn.* puissance minima; **2ˌlohn** *m* **allgemein garantierter ~** salaire minimum interprofessionnel garanti (*abr.* S.M.I.G.); **2ˌmaß** *n* **auf ein ~ herabsetzen** réduire au strict minimum; **2ˌpreis** *m* prix minimum, plancher; **2ˌsatz** *m* taux minimum; **2ˌwert** *m* valeur minima; **2ˌzahl** *f* minimum *m*.

Mine ['mi:nə] *f* ⟨~; ~n⟩ **1.** (*Bergwerk*) mine *f*; **2.** *milit.* (*Sprenggrube*) mine *f* (terrestre); (*Sprengkörper*) mine *f*; *der Minenwerfer auch* bombe *f*; torpille *f*; **auf e-e ~ treten** marcher sur une mine; *mar.* **auf e-e ~ laufen** 'heurter, toucher une mine; ~**n legen** creuser, poser, *mar.* mouiller des mines; ~**n räumen** relever, *mar.* draguer des mines; ~**n suchen** détecter des mines; *fig.* **alle ~n springen lassen** faire jouer tous les ressorts; F faire feu des quatre fers; faire flèche de tout bois; **3.** (*Bleistift2*) mine *f* (de crayon); *für Kugelschreiber* cartouche *f*; *abus.* mine *f*; ~**nˌfalle** *f* mine piégée; ~**nˌfeld** *n* terrain miné, truffé de mines; *mar.* eaux minées; ~**nˌgang** *m* trou *m* de mine; ~**nˌgürtel** *m* ceinture *f* de mines; ~**nˌkrieg** *m* guerre *f* de mines, souterraine; ~**nˌlegen** *n* pose *f* de mines; ~**nˌleger** *m* ⟨~s; ~⟩ *mar.* mouilleur *m* de mines; ~**nˌräumboot** *n mar.* dragueur *m* de mines; ~**nˌräumtrupp** *m* équipe *f* de déminage; ~**nˌräumung** *f* déminage *m*; ~**nˌsperre** *f mar.* barrage *m* de mines; ~**nˌstift** *m* porte-mine *m*; ~**nˌsuchboot** *n*, ~**nˌsucher** *m mar. cf.* ~nräumboot; ~**nˌsuchgerät** *n* (appareil *m*) détecteur *m* de mines; ~**nˌsuchtrupp** *m* équipe *f* de sondage; **2nverˌseucht** *adjt.* truffé de mines; miné; ~**nˌwerfer** *m milit.* lance-mines, -bombes, -torpilles *m*; mortier *m* de tranchée; minenwerfer *m*.

Mineral [mi·ne·'ra:l] *n* ⟨~s; ~e *od.* ~ien⟩ minéral *m*; ~**ˌbad** *n* bain *m* d'eaux minérales, d'eaux salines; ~**ˌbrunnen** *m* source *f* d'eau minérale; ~**ˌdünger** *m agr.* engrais minéraux; ~**ien** *n/pl.* minéraux *m/pl.*; ~**ienˌsammlung** *f* collection *f* de minéraux, de pierres; **2isch** *adj.* minéral; ~**i'sierung** *f* ⟨~⟩ minéralisation *f*; ~**oge** [-'lo:-] *m* ⟨~n; ~n⟩ minéralogiste *m*; ~**o'gie** *f* ⟨~⟩ minéralogie *f*; **2ogisch** [-'lo:-] *adj.* minéralogique; ~**ˌöl** *n* huile minérale; ~**ölerˌzeugnis** *n* produit pétrolier; ~**ölindusˌtrie** *f* industrie pétrolière; ~**ölˌsteuer** *f* impôt *m* sur les huiles minérales; ~**ˌquelle** *f cf.* ~brunnen; ~**ˌreich** *n* règne minéral; ~**ˌsalze** *n/pl.* sels minéraux; **~ zuführen** minéraliser; **Zufuhr von ~n** minéralisation *f*; ~**ˌsäure** *f* acide minéral; ~**ˌstoffe** *m/pl.* substances minérales; ~**ˌwasser** *n* ⟨~s; ~̈⟩ eau minérale; *künstliches* eau gazeuse.

Miniatur [mi·ni·a'tu:r] *f* ⟨~; ~en⟩ miniature *f*; **in ~** en miniature; ~**ˌausgabe** *f* édition *f* diamant, (en) miniature; ~**ˌbild** *n cf.* **Miniatur**; ~**ˌmaler** *m* miniaturiste *m*; ~**maleˌrei** *f* miniature *f*.

minieren [mi·'ni:rən] **I** *v/t.* ⟨*pas de ge-*, h⟩ *mines, milit.* miner; saper; *abs.* faire une sape; percer une galerie de mine; **II 2** *n* ⟨~s⟩ travaux *m/pl.* de sapes, de mines.

Minigolf ['mi·ni·ˌgɔlf] *n* golf *m* miniature.

minimal [mi·ni·'ma:l] *adj.* minimum, minima; *bes. Meteorologie* minimal; minime; très petit; faible; insignifiant; dérisoire; **2...** *in Zssgn.* minimum, minima; *cf. auch* **Mindest...**

Minimum ['mi:ni·mum] *n* ⟨~s; -ma⟩ minimum [-əm] *m*; **auf ein ~ herabsetzen, beschränken** réduire, restreindre au minimum; minim(is)er; ~**thermoˌmeter** *n phys.* thermomètre *m* à minima.

Minirock ['mi·ni·ˌrɔk] *m* mini-jupe *f*.

Minister [mi·'nɪstər] *m* ⟨~s; ~⟩ ministre *m*; **~ für ...** ministre de ...; **~ für besondere Aufgaben, ohne Geschäftsbereich** ministre sans portefeuille; **Frau ~!** Madame la ministre, ministresse!; ~**ˌbank** *f* ⟨~; ~̈e⟩ *im Parlament* banc *m* des ministres; ~**i'albeˌamte(r)** *m*, ~**i'albeˌamtin** *f* fonctionnaire *m*, *f* de *od.* dans un ministère; ~**i'aldiˌrektor** *m* chef *m* de section dans un ministère; ~**i'alerˌlaß** *m* arrêté, décret ministériel; ordonnance ministérielle; ~**i'alˌrat** *m* ⟨~(e)s; ~̈e⟩ *etwa* conseiller ministériel; **2i'ell** *adj.* ministériel, -lle; **~e Verfügung** *cf.* ~ialerlaß; ~**ium** [-'te:-] *n*

⟨~s; -ien⟩ ministère *m* (*auch Gebäude*); ~ des Innern, des Auswärtigen, für Auswärtige Angelegenheiten ministère de l'Intérieur, des Affaires étrangères; **~konfe,renz** *f* conférence *f* à l'échelon ministériel; conférence interministérielle; **~,posten** *m* ministère *m*; portefeuille *m* (ministériel); Anwärter auf e-n ~ ministrable *m*; **~präsi,dent** *m* président *m* du Conseil (des ministres); **~,rat** *m* conseil *m* des ministres; **~ver-,antwortlichkeit** *f* responsabilité ministérielle; **~,wechsel** *m* changement *m* de ministre.

Ministr|ant [mi·nɪs'trant] *m* ⟨~en; ~en⟩ *cf.* Meßdiener; **2ieren** *v/i.* ⟨*pas de ge-*, h⟩ *égl. cath.* servir la messe.

Minna ['mɪna] *f* ⟨~; ~s⟩ F *com.* die grüne ~ F le panier à salade.

Minne ['mɪnə] *f* ⟨~⟩ *poét.* amour *m*; **~,lied** *n* chanson *f* d'amour; **2n** *v/t.* ⟨h⟩ *poét.* aimer; **~,sang** *m* ⟨~(e)s⟩ chant *m* d'amour; poésie *f* de troubadour; **~,sänger** *m in Deutschland* minnesænger *od.* minnesinger *m*; *in Frankreich* ménestrel *m*; *in Nordfrankreich* trouvère *m*; *in Südfrankreich* troubadour *m*.

Minor|at [mi·no·'rɑːt] *n* ⟨~(e)s; ~e⟩ *jur.* droit *m* de succession du plus jeune des enfants; **~it** *m* ⟨~en; ~en⟩ *relig. cath.* frère mineur; **~i'tät** *f* ⟨~; ~en⟩ minorité *f*; *cf. auch* Minderheit.

Minuend [mi·nu·'ɛnt] *m* ⟨~en; ~en⟩ *math.* nombre *m* dont on soustrait.

minus ['miːnus] **I** *adv.* moins; 6 ~ 4 (6 — 4) six moins quatre; **II** 2 *n* ⟨~; ~⟩ **1.** différence *f* en moins; *comm.* déficit *m*; **2.** *math.* (signe *m*) moins *m*; signe *m* de la soustraction; **2...** *in Zssgn. élect.* négatif, -ive; **2be,trag** *m cf.* minus II, 1.; **2,bürste** *f élect.* balai négatif.

Minuskel [mi·'nuskəl] *f* ⟨~; ~n⟩ (lettre *f*) minuscule *f*.

Minus|pol ['miːnus,poːl] *m élect.* pôle négatif; **~,zeichen** *n math. cf.* minus II, 2.

Minute [mi·'nuːtə] *f* ⟨~; ~n⟩ *Zeit u. Winkelmaß* minute *f*; auf die ~ à la minute; ponctuellement; in letzter ~ à la dernière minute; au dernier moment; alles klappte auf die ~ tout a bien marché; F ça a marché au poil; **2n,lang 1.** *adj.* qui dure une minute, des minutes; es entstand e-e ~e Pause il y a eu une interruption de quelques minutes; **2.** *adv.* pendant des minutes; **~n,licht** *n im Treppenhaus* minuterie *f*; **2n,weise** *adj. u. adv.* à chaque minute; par minute; minute par minute; **~n,zeiger** *m* aiguille *f* des minutes; grande aiguille.

minuziös [mi·nu·tsi·'øːs] *adj.* minutieux, -euse.

Minze ['mɪntsə] *f* ⟨~; ~n⟩ *bot.* menthe *f*.

mir [miːr] *pr/pers.* (*dat. von* ich) me; *nach e-r prép.* moi; *betont* à moi; von ~ de moi; ein Freund von ~ un de mes amis; F von ~ aus a) de ma part; b) *als Ausruf* (*ich habe nichts dagegen*) soit!; je le veux bien; hilf ~! aide-moi!; ~ ist kalt j'ai froid; das brauchen Sie ~ nicht erst zu sagen à qui dites--vous cela?; à qui le dites-vous?; (nur so) ~ nichts, dir nichts sans autre forme de procès; sans se gêner; sans (plus de) façon; sans qu'on s'y attende; à brûle-pourpoint; de but en blanc; F tout de go; *als dat. ethicus meist nicht übersetzt* rühr ~ das nicht an! ne touche pas à ça!; wie du ~, so ich dir *prov.* œil pour œil, dent pour dent *prov.*

Mirabelle [mi·ra'bɛlə] *f* ⟨~; ~n⟩ *bot.* mirabelle *f*.

Mirakel [mi·'rɑːkəl] *n* ⟨~s; ~⟩ miracle *m*; **~,spiel** *n* miracle *m*; mystère *m*.

Misanthrop [mi·zan'troːp] *m* ⟨~en; ~en⟩ *cf.* Menschenfeind; **~ie** [-'piː] *f* ⟨~; -ien⟩ *cf.* Menschenfeindlichkeit; **2isch** *adj. cf.* menschenfeindlich.

Misch|anlage ['mɪʃ,ʔanlɑːgə] *f techn.* installation *f*, dispositif *m* de mélange; **~appa,rat** *m* mélangeur *m*; malaxeur *m*; mélangeuse *f*; **~art** *f* espèce bâtarde; **2bar** *adj.* qui peut être mêlé, mélangé à ...; *sc.* miscible; *chim.* alliable; **~bar,keit** *f* ⟨~⟩ *sc.* miscibilité *f*; **~,becher** *m* shaker *m*; **~,bottich** *m* cuve *f* de malaxage; **~brot** *n* pain bis; **~,dünger** *m agr.* engrais mélangés, mixtes; **~,ehe** *f* mariage *m* mixte; **2en I** *v/t.* ⟨h⟩ mêler; mélanger; faire un mélange de; *Gift* préparer; *chim.* combiner; *Radio, Fernsehen* mélanger; combiner; innig ~ mélanger intimement; *zwei Flüssigkeiten auch* couper ... avec ...; Weine ~ faire des coupages; mit Wasser ~ *Milch, Wein* couper d'eau; *péj.* (*panschen*) mouiller; baptiser; die Karten ~ battre, mêler les cartes; ~ u. geben faire les cartes; e-e gemischte Gesellschaft une société mélangée, mêlée, *iron.* panachée; mit gemischten Gefühlen avec des sentiments mêlés; **II** *v/réfl.* sich ~ se mélanger; se mêler; sich in fremde Angelegenheiten ~ se mêler des, s'ingérer, s'immiscer, s'insinuer dans les affaires d'autrui; sich ins Gespräch ~ se mêler à la conversation; F mettre son grain de sel; sich unter das Volk ~ se mêler à la foule; **III ~en** *n* ⟨~s⟩ mélange *m* (*auch chim.*); mixtion *f* (*auch phm.*); **~er** *m* ⟨~s; ~⟩ *cf.* ~apparat; **~,farbe** *f* couleur composée; **~,futter** *n agr.* fourrage *m* mixte; **~garn** *n* fil *m* mixte; **~gas** *n* gaz *m* mixte; **~ge,fäß** *n* bac *m*, récipient *m* de mélange; **~ge,müse** *n* jardinière *f*; macédoine *f* de légumes; **~ge,tränk** *n* boisson mélangée; mélange *m*; cocktail *m*; **~ge,webe** *n* tissu *m* mélangé; **~gut** *n* matériaux mélangés; **~,kammer** *f im Vergaser* chambre *f* de mélange, de carburation; **~,kessel** *m* réservoir mélangeur; **~kul,tur** *f agr.* cultures *f/pl.* mixtes; **~ling** *m* ⟨~s; ~e⟩ métis *m*; bâtard *m*; hybride *m*; produit *m* d'un croisement (*alle auch zo., bot.*); **~masch** *m* ⟨~es; ~e⟩ mélange confus; (em)brouillamini *m*; embrouillement *od.* embrouillage *m*; F micmac *m*; méli-mélo *m*; salade *f*; salmigondis *m*; **~ma,schine** *f cf.* ~apparat.

Mischpoke [mɪʃ'poːkə] *f* ⟨~⟩ F *péj.* (*Verwandtschaft*) F sainte séquelle.

Misch|pult ['mɪʃpult] *n Radio, Fernsehen* pupitre *m* de mixage; **~pultver,stärker** *m Radio, Fernsehen* amplificateur *m* de mélange; **~,rasse** *f* race mélangée, mixte, hybride; **~-,röhre** *f rad.* tube mélangeur; tube changeur de fréquence; **~,sendung** *f bei d. Post* envoi groupé; **~,sprache** *f* langue *f* mixte; **~,trommel** *f bât.* tambour mélangeur; **~ung** *f* ⟨~; ~en⟩ **1.** ⟨*pas de pl.*⟩ *als Handlung cf.* mischen III; **2.** *als Resultat* mélange *m*; mixtion *f*; mixture *f*; *fig.* mélange *m*; **~ungsver,hältnis** *n* proportions *f/pl.*, rapports *m/pl.* de mélange; dosage *m*; **~volk** *n* (population *f* de) sang mêlé; **~wald** *m* forêt *f* mixte, d'essences diverses; **~,wolle** *f* laine *f* de mélange, métis(se); **~zoll** *m* droit *m* mixte.

miserabel [mi·ze·'rɑːbəl] F **1.** *adj.* ⟨-bl-⟩ misérable; pitoyable; mauvais; malheureux, -euse; **2.** *adv.* ich fühle mich ~ je me sens mal en point, mal à l'aise; je ne me sens pas très bien, F dans mon assiette; ~ aussehen avoir mauvaise mine.

Misere [mi·'zeːrə] *f* ⟨~; ~n⟩ misère *f*; malheur *m*; triste, déplorable affaire *f*, situation *f*.

Miserere [mi·ze·'reːrə] *n* ⟨~(s)⟩ *relig.* miséréré *od.* miserere *m*; *méd.* colique *f* de miséréré *od.* miserere.

Mispel ['mɪspəl] *f* ⟨~; ~n⟩ *bot. Frucht* nèfle *f*; *Baum* néflier *m*.

miß|achten [mɪs'ʔaxtən] *v/t.* ⟨-ete, *pas de ge-*, h⟩ estimer peu; *fig.* négliger; ne pas prendre en considération; ne pas tenir compte de; mépriser; mésestimer; (*geringschätzen*) dédaigner; **2,achtung** ['mɪs-] *f* mésestime *f*; peu *m* d'estime; dédain *m*; mépris *m*; unter ~ ... au mépris de ...

Missale [mɪ'sɑːlə] *n* ⟨~s; ~n⟩ *relig. cath.* missel *m*.

mißart|et [mɪs'ʔartət] *adj.* dégénéré; **2ung** *f* ⟨~; ~en⟩ dégénération *f*.

miß|behagen ['mɪsbə,hɑːgən] **I** *v/imp.* ⟨*pas de ge-*, h, mißzubehagen⟩ déplaire; es mißbehagt mir, daß ... il me déplaît que ... (+ *subj. od.* de ... + *inf.*); **II 2be,hagen** *n* malaise *m*; déplaisir *m*; **~,bilden** *v/t.* ⟨-ete, *p. p.* -ge-, h⟩ mal former; déformer; *pfort.* défigurer; **2,bildung** *f* ⟨~; ~en⟩ mauvaise conformation; *pfort.* difformité *f*; *bes. anat. u. bot.* déformation *f*; **~'billigen** *v/t.* ⟨*pas de ge-*, h⟩ ne pas approuver; désapprouver; *pfort.* réprouver; désavouer; (*tadeln*) blâmer; **2,billigung** *f* désapprobation *f*; improbation *f*; animadversion *f*; réprobation *f*; désaveu *m*; blâme *m*; **2brauch** *m* abus *m*; mauvais usage; emploi abusif; (*Entweihung*) profanation *f*; ~ treiben *cf.* ~brauchen; ~ der Amtsgewalt abus de pouvoir; **~'brauchen** *v/t.* ⟨*pas de ge-*, h⟩ abuser de; (*falsch gebrauchen*) mal user de; mésuser de; den Namen Gottes ~ profaner le nom de Dieu; j-s Güte ~ abuser de la bonté de qn.; **~,bräuchlich** *adj.* abusif, -ive; **~bräuchlicher'weise** *adv.* abusivement; **~-'deuten** *v/t.* ⟨-ete, *pas de ge-*, h⟩ mal interpréter; donner un faux sens; comprendre, interpréter de travers; se tromper sur le sens de; se méprendre sur; (*übel deuten*) interpréter défavorablement; **2,deutung** *f* fausse interprétation; interprétation erronée, de travers, défavorable.

missen ['mɪsən] *v/t.* ⟨-ßt, h⟩ se sentir, être privé de; (*entbehren*) se passer de; etw. nicht ~ mögen ne pas vouloir se passer de qc.

Miß|erfolg ['mɪsʔɛr,fɔlk] *m* insuccès *m*; non-réussite *f*; échec *m*; *e-s Buches, Theaterstückes* F *fig.* four *m*; e-n ~ haben ne pas réussir; subir, essuyer un échec; F ramasser une bûche; faire un four; **~,ernte** *f* mauvaise récolte; récolte *f* déficitaire.

Misse|tat ['mɪsə,tɑːt] *f* méfait *m*; forfait *m*; délit *m*; mauvais, sale coup; (*Verbrechen*) crime *m*; *relig.* (*Sünde*) péché *m*; **~,täter(in)** *m* (*f*) malfaiteur *m*; délinquant, -e *m, f*; criminel, -lle *m, f*; *relig.* (*Sünder*) pécheur, -eresse *m, f*.

mißfallen [mɪs'falən] **I** *v/i.* ⟨*irr., pas de ge-*, h⟩ j-m ~ déplaire, être désagréable à qn.; (*anstößig sein*) offus-

quer, *pfort.* choquer qn.; **II** ℒ [ˈmɪs-] *n* ⟨~s⟩ déplaisir *m*; mécontentement *m*.
miß|fällig [ˈmɪsˌfɛlɪç] **1.** *adj.* déplaisant; désagréable; choquant; **2.** *adv.* **sich ~ über etw. äußern** critiquer, blâmer qc.; **~geˌbildet** *adjt. cf.* ~gestaltet; ℒ**geˌburt** *f* enfant *m* difforme; avorton *m*; monstre *m*; *fig.* **~ der Hölle** monstre sorti des enfers; **~geˌlaunt** *adj. cf.* ~gestimmt; ℒ**geˌschick** *n* mauvaise fortune; fortune adverse; infortune *f*; malchance *f*; adversité *f*; contretemps *m*; revers *m*; malheur *m*; F guigne *f*; P poisse *f*; **kleines ~** mésaventure *f*; ℒ**geˌstalt** *f* **1.** difformité *f*; *pfort.* monstruosité *f*; **2.** (*mißgestaltetes Wesen*) être *m* difforme; avorton *m*; monstre *m*; **~geˌstalt(et)** *adj.* mal fait; mal bâti; (*entstellt*) déformé; difforme; *pfort.* monstrueux, -euse; **~geˌstimmt** *adj.* mal disposé; de mauvaise humeur; F mal luné; en rogne; *cf. auch* **mißmutig**; **~ˈglücken** *v/i.* ⟨*pas de ge-*, sein⟩ ne pas réussir; aller de travers; mal venir, tourner; manquer; échouer; F rater; faire long feu; **es ist ihm mißglückt** il n'a pas réussi; il a échoué; **~ˈgönnen** *v/t.* ⟨*pas de ge-*, h⟩ **j-m etw. ~** envier qc. à qn.; **j-m sein Glück ~** être jaloux, -ouse du bonheur de qn.; ne pas souffrir de voir qn. heureux; **er mißgönnt es mir** cela lui porte, fait ombrage; ℒ**griff** *m* erreur *f*; faute *f*; mauvais choix; ℒ**gunst** *f* envie *f*; jalousie *f*; malveillance *f*; **~ˌgünstig** *adj.* envieux, -euse; jaloux, -ouse; malveillant; F qui voit d'un mauvais œil; **~ˈhandeln** *v/t.* ⟨-(e)le, *pas de ge-*, h⟩ **j-n ~** maltraiter, *pfort.* brutaliser qn.; faire subir de mauvais traitements à qn.; exercer des sévices sur qn.; ℒ**ˈhandlung** *f* mauvais traitements; sévices *m/pl.*; brutalités *f/pl.*; ℒ**ˌhelligˌkeiten** *f/pl.* discordances *f/pl.*; désaccords *m/pl.*; dissentiments *m/pl.*; dissensions *f/pl.*; mésintelligences *f/pl.*; (*Zwistigkeiten*) différends *m/pl.*; F brouille *f*.
Mission [mɪsiˈoːn] *f* ⟨~; ~en⟩ *relig.*, *pol.*, *fig.* mission *f*; **diplomatische ~** mission diplomatique; *relig.* **Äußere, Innere ~** missions étrangères, intérieures; **s-e ~ erfüllen** remplir sa mission; **~ar(in)** [-ˈnaːr(ɪn)] *m* ⟨~s; ~e⟩ (*f*) ⟨~; ~nen⟩ *relig.* missionnaire *m, f*; ℒ**ieren** [-ˈniː-] *v/t.* ⟨*pas de ge-*, h⟩ évangéliser; **~ierung** [-ˈniː-] *f* ⟨~⟩ évangélisation *f*; **~sˌanstalt** *f* maison *f* des missions; établissement *m* de missionnaires; **~sˌchef** *m dipl.* chef *m* de mission; **~sgeˌsellschaft** *f* société *f* des missions (étrangères); **~sverˌein** *m cf.* ~sgesellschaft; **~sˌwesen** *n* ⟨~s⟩ (tout ce qui regarde la) mission *f*.
Miß|klang [ˈmɪsklaŋ] *m* **1.** *mus.* faux accord; son faux; dissonance *f*; cacophonie *f*; **2.** *fig.* dissonance *f*; désaccord *m*; discordance *f*; dissension *f*; **~kreˌdit** *m* défaveur *f*; discrédit *m*; **j-n in ~ bringen** discréditer qn.; jeter le discrédit sur qn.; (*in bösen Ruf bringen*) diffamer, décrier qn.; ℒ**ˈlang** *cf.* ℒlingen; ℒ**lich** *adj.* (*unangenehm*) désagréable; pénible; déplaisant; fâcheux, -euse; qui donne à réfléchir; contrariant; (*heikel*) critique; délicat; épineux, -euse; *pfort.* scabreux, -euse; **~lichˌkeit** *f* ⟨~; ~en⟩ côté épineux; caractère scabreux, délicat, critique; ℒ**ˌliebig** **1.** *adj.* qui n'est pas bien vu; impopulaire; **2.** *adv.* **sich ~ machen bei j-m** se faire mal voir de qn.; perdre les bonnes grâces de qn.; **~ˌliebigˌkeit** *f* ⟨~⟩ impopularité *f*; ℒ**ˈlingen I** *v/i.* ⟨**mißlingt, mißlang, mißlungen, sein**⟩ *cf.* **mißglücken**; **II ~ˈlingen** *n* ⟨~s⟩ *cf.* Mißerfolg; **~mut** *m* mauvaise humeur; humeur chagrine; morosité *f*; maussaderie *f*; F humeur massacrante; ℒ**ˌmutig** *adj.* d'humeur sombre; de mauvaise humeur; chagrin; morose; maussade; F de mauvais poil; *cf. auch* **mißgestimmt**; ℒ**ˈraten I** *v/i.* ⟨*irr.*, *pas de ge-*, sein⟩ *cf.* **mißglücken**; **II** ℒ**ˈraten** *adjt.* **~es Kind** enfant mal élevé; **~stand** *m* inconvénient *m*; anomalie *f*; mauvaise condition; situation intenable, impossible; **solche Mißstände sind untragbar** de telles anomalies sont intolérables; **e-m ~e abhelfen** obvier, remédier à un inconvénient; ℒ**ˌstimmen** *v/t.* ⟨*p. p.* -ge-, h⟩ **j-n ~** mettre qn. de mauvaise humeur; indisposer qn.; *cf. auch* **mißgestimmt**; **~ˌstimmung** *f* **1.** (*Uneinigkeit*) discordance *f*; discorde *f*; **2.** *cf.* ~mut; **~ton** *m* ⟨~(e)s; ~e⟩ son faux, discordant; dissonance *f* (*auch fig.*); discordance *f* (*auch fig.*); ℒ**ˌtönend** *adjt.* discordant; peu harmonieux, -euse; dur; ℒ**ˈtrauen I** *v/i.* ⟨*pas de ge-*, h⟩ **j-m, e-r Sache ~** se méfier, se défier de qn., de qc.; **II ~ˌtrauen** *n* ⟨~s⟩ méfiance *f*; défiance *f*; (*Verdacht*) soupçon *m*; ombrage *m*; **j-s ~ erregen** éveiller la méfiance de qn.; porter ombrage à qn.; **~ hegen, haben gegen** se méfier, se défier de; **aus ~ gegen** par méfiance, défiance de; **~trauensˌantrag** *m* motion *f* de censure; **e-n ~ einbringen, annehmen, ablehnen** déposer, adopter, repousser, rejeter une motion de censure; **~trauensˌvotum** *n* vote *m* de défiance; ℒ**ˌtrauisch** *adj.* défiant; méfiant; (*argwöhnisch*) soupçonneux, -euse; **j-n ~ machen** *cf.* **(j-s) ~trauen (erregen)**; **~verˌgnügen** *n* ⟨~s⟩ déplaisir *m*; ennui *m*; (*Unzufriedenheit*) mécontentement *m*; ℒ**verˌgnügt** *adj.* mécontent; malcontent; **~verˌhältnis** *n* disproportion *f*; (*Ungleichheit*) disparité *f*; (*Diskrepanz*) disparate *f*; **in e-m ~ stehen** être en disproportion; ℒ**verˌständlich** *adj.* qui prête à (des) malentendus; **~verˌständnis** *m* ⟨~ses; ~se⟩ malentendu *m*; (*falsche Auffassung*) méprise *f*; (*Streitigkeit*) mésintelligence *f*; désaccord *m*; mauvaise intelligence; **~se beheben** écarter des malentendus; ℒ**verˌstehen** *v/t.* ⟨*irr.*, *pas de ge-*, h, **mißzuverstehen**⟩ mal entendre; mal comprendre; se méprendre sur; se tromper sur le sens de; **etw. ~** *auch* être à côté de qc.; F ne pas y être; **~ˌweisung** *f phys.* déclinaison *f* magnétique; **~ˌwirtschaft** *f* mauvaise administration, gérance, régie.
Mist [mɪst] *m* ⟨~es; ~e⟩ **1.** *agr.* fumier *m*; **~ ausbreiten, unterpflügen** épandre, enfouir le fumier; *fig.* F **das ist nicht auf s-m ~ gewachsen** ce n'est pas de son crû; **2.** (*Kot*) excréments *m/pl.*; *tierischer* fiente *f*; **3.** F (*Unsinn*) **~ verzapfen** dire, débiter des bêtises, des inepties; déraisonner; radoter; P débloquer; dégoiser des âneries; **4.** F (*Schund*) camelote *f*; F saloperie *f*; (*Plunder*) fatras *m*; **~beet** *n jard.* couche *f*; **~beetˌfenster** *n* châssis *m*; **~beˌreitung** *f agr.* préparation *f* du fumier.
Mistel [ˈmɪstəl] *f* ⟨~; ~n⟩ *bot.* gui *m*; **~geˌwächse** *n/pl. bot.* loranthacées *f/pl.*
mist|en [ˈmɪstən] **I** *v/t.* ⟨-ete, h⟩ *Acker* fumer; **II** *v/i.* *Tiere* fienter; ℒ**fink** F *péj.* *m* (*schmutziger Mensch*) souillon *m*; F cochon *m*; saligaud *m*; (*Mensch mit gemeiner Gesinnung*) F cochon *m*; saligaud *m*; P salaud *m*; salopard *m*; dégueulasse *m*; ℒ**ˌforke** *f cf.* ℒgabel; ℒ**ˌfuhre** *f* voiturage *m* de fumier; ℒ**ˌgabel** *f* fourche *f* à fumier; ℒ**ˌgrube** *f* fosse *f* à fumier; ℒ**ˌhaufen** *m* (tas *m* de) fumier *m*; **~ig 1.** F (*schmutzig*) dégoûtant; sale; crotté; **2.** F (*gemein*) vilain; bas, -sse; vil; ignoble; ℒ**ˌkäfer** *m/pl. zo.* fouille-merdes *m/pl.*; *sc.* géotrupes *m/pl.*; ℒ**stück** F *n* (*widerlicher Mensch*) *cf.* ℒfink; ℒ**vieh** *n* ⟨~(e)s; -viecher⟩ F **dieses ~!** quel animal! (*auch für Menschen*); ℒ**ˌwagen** *m* chariot *m* à fumier.
Miszell|aneen [mɪstsɛlaˈneːən, -ˈlaː-], **~en** [-ˈtsɛlən] *pl.* mélange *m* (scientifique ou littéraire); variétés *f/pl.*
mit [mɪt] **I** *prép.* ⟨*dat.*⟩ **1.** avec; (*in Begleitung von*) accompagné de; **komm ~ mir** viens avec moi; *er kam* **~ zwei Soldaten** accompagné de deux soldats; **~ j-m gehen** accompagner qn.; **2.** *bewirkendes Mittel* avec; de; par; à; en; **~ Bleistift schreiben** écrire au crayon; **~ der linken Hand schreiben** écrire avec *od.* de la main gauche; **~ der Feder zeichnen** dessiner à la plume; **~ dem Finger berühren** toucher du doigt; **~ dem Finger auf etw. zeigen** montrer qc. du doigt; **~ den Augen e-n Wink geben** cligner des yeux; faire un clin d'œil; **er folgte ihm ~ den Augen** il le suivit des yeux; **~ e-m Messerstich töten** tuer d'un coup de couteau; **~ Gold bezahlen** payer en or; **~ der Post erhalten** recevoir par la poste; **~ der Bahn, dem Bus, Dampfer** en chemin de fer, autobus, bateau; **~ dem Wagen, Rad fahren** aller en voiture, auto, à bicyclette; **~ der Bahn ankommen** arriver par le chemin de fer; **3.** *begleitender Umstand* à; *Art u. Weise* avec; en; à; par; **das Kind ~ den blauen Augen** l'enfant aux yeux bleus; **~ dem Degen, Glas in der Hand** l'épée, le verre à la main; **~ Tränen in den Augen** les larmes aux yeux; **~ vollen Händen** les mains pleines; **~ vollen Händen geben** donner à pleines mains; **~ offenen Armen** à bras ouverts; **~ Gewalt** de force; **~ aller Macht** à toute force; **~ Eifer, Vergnügen** avec zèle, plaisir; **~ Muße** à loisir; **~ lauter Stimme** à 'haute voix; **~ leiser Stimme** à voix basse; *Schiff* **~ voller Kraft** à toute vapeur; **~ der ersten Gelegenheit** à la première occasion; **~ gutem Gewissen** en toute conscience; *litt.* en mon âme et conscience; **~ e-m Kapital von** ... au capital de ...; **~ e-r Mehrheit von** ... à une majorité de ...; **~ zwölf zu fünf Stimmen** par douze voix à cinq; **ein Zimmer ~ zwei Betten** une chambre à deux lits; **~ diesem Ausdruck** par cette expression; **~ e-m Wort** en un mot; **~ anderen Worten** en d'autres termes; **~ Recht** à juste titre; à bon droit; **~ um so größerem Recht** à plus forte raison; **etw. ~ Absicht tun** faire qc. avec intention, à dessein; **~ gutem Appetit speisen** manger de bon appétit; **~ allen Glocken läuten** sonner à toute volée; sonner toutes les cloches; **~ Öl essen** manger à l'huile; **~ Butter kochen** cuire au beurre; **~ Verlust verkaufen** vendre à perte; **~ jedem Tag** de jour en jour; chaque jour; **~ der Zeit** peu à peu;

avec le temps; à la longue; ~ e-m Male tout d'un coup; ~ dem Glockenschlag zwölf à midi sonnant, F tapant; sur le coup de midi; ~ zwanzig Jahren heiraten se marier à (l'âge de) vingt ans; **4.** ~ etw. geizig sein être avare de qc.; ~ etw. zufrieden sein être content de qc.; es ~ dem Schreiben eilig haben être pressé d'écrire; sich ~ etw. beeilen se dépêcher de faire qc.; ~ der Arbeit fertig sein avoir terminé le travail; wie weit sind Sie ~ Ihrer Arbeit? où en êtes-vous de votre travail?; anfangen ~ etw. commencer par qc.; *Abschrift* ~ dem Original übereinstimmen être conforme à l'original; ich fühle ~ Ihnen je sens comme vous; ~ j-m Krieg führen faire la guerre à qn.; sich ~ j-m schlagen se battre contre *od.* avec qn.; es ~ j-m halten être du côté de qn.; se ranger du côté de qn.; ~ den Worten spielen jouer sur les mots; Böses ~ Gutem vergelten rendre le bien pour le mal; wie geht es ~ ihm? comment va-t-il?; was ist ~ ihm? que lui est-il arrivé?; es ist aus ~ ihm c'en est fait de lui; was hat er ~ ihm vor? quels sont ses projets sur lui?; que veut-il faire de lui?; ~ diesen Dingen geht es wie ~ ... il en est de ces choses comme de ...; **II** *adv.* ~ dabeisein en être; y assister; ~ inbegriffen y compris; ~ einstimmen faire chorus; ~ dazu gehören en faire partie; ~ im Rate sitzen faire partie du conseil; avoir voix au chapitre; etw. nicht ~ ansehen können ne pouvoir voir qc.; ne pas supporter, tolérer qc.; ~ zu den besten Schülern zählen figurer parmi les, être un des meilleurs élèves; ~ anfassen prêter la main; aider; ich werde für dich ~ bezahlen je payerai pour nous deux; ≈ˌangeˌklagte(r) *f (m)* coaccusé, -e *m, f*; ≈ˌarbeit *f* collaboration *f*; coopération *f*; assistance *f*; unter ~ von ... en collaboration avec ...; ~ˌarbeiten *v/i.* ‹-ete, *sép.*, -ge-, h› s'associer au travail de qn.; partager les travaux de qn.; coopérer, prendre part, participer, travailler, contribuer (an à); *an e-m literarischen Werk etc.* collaborer à; ≈ˌarbeiter(in) *m (f)* collaborateur, -trice *m, f*; ≈arbeiterˌstab *m* cercle *m*, équipe *f* de collaborateurs; ≈beˌgründer *m* cofondateur *m*; ~beˌkommen *v/t.* ‹*irr.*, *sép.*, *pas de ge-*, h› recevoir (en même temps, en quittant la maison, *etc.*); partir, s'en aller avec (qc.); emporter (qc.); *als Mitgift* avoir en dot; F (*verstehen*) saisir; comprendre; F piger; ~beˌnutzen *v/t.* ‹-(es)t, *sép.*, *pas de ge-*, h› jouir de, utiliser en commun; ≈beˌnutzer(in) *m (f)* celui, celle qui jouit d'une chose, d'un bien avec d'autres; ≈beˌnutzung *f* jouissance commune; usage *m* en commun; utilisation commune; ≈beˌnutzungsˌrecht *n* droit *m* de cojouissance; ≈beˌsitz *m* possession commune, indivise; *jur.* copossession *f*; copropriété *f*; ~beˌsitzen *v/t.* ‹*irr.*, *sép.*, *pas de ge-*, h› posséder en commun, par indivis; ≈beˌsitzer(in) *m (f)* copossesseur *m*; *e-s Hauses etc.* copropriétaire *m, f*; ~beˌstimmen *v/t.* ‹*sép.*, *pas de ge-*, h› avoir voix au chapitre; participer, prendre part à une décision; *Arbeiter im Betrieb* cogérer; prendre part à la gestion; *Faktoren* ~d sein avoir part, contribuer à; ≈beˌstimmung *f* ‹~› *im Betrieb* cogestion *f*; ≈beˌstimmungsˌrecht *n* droit *m* de cogestion (du personnel); ~beˌteiligt *adjt.* qui prend part, participe, coopère à qc. avec d'autres; *jur.* intéressé à; ≈beˌteiligte(r) *f (m) jur.* coïntéressé, -e *m, f*; *comm.* partenaire *m, f*; associé, -e *m, f*; ≈beˌvollmächtigte(r) *f (m)* comandataire *m, f*; ≈beˌwerber(in) *m (f)* compétiteur, -trice *m, f*; concurrent, -e *m, f*; ≈beˌwohner(in) *m (f)* cohabitant, -e *m, f*; ~ˌbringen *v/t.* ‹*irr.*, *sép.*, -ge-, h› *Personen, Tiere, die nebenherlaufen* amener; *Sachen, getragene Tiere* (r)apporter (avec soi); *Unterlagen, Zeugen* fournir; *Fähigkeiten* être doué (de); in die Ehe ~ apporter en mariage; F was für Wetter bringen Sie mit! quel temps apportez-vous!; für etw. die Voraussetzungen ~ avoir les prédispositions pour qc.; ≈ˌbringsel *n* ‹~s; ~› petit cadeau; ≈ˌbürge *m* ‹~n; ~n›, ≈ˌbürgin *f* ‹~; ~nen› *jur.* cofidéjusseur *m*; cocaution *f*; ≈ˌbürger(in) *m (f)* concitoyen, -nne *m, f*; *als Anrede pl.* citoyens!; ≈diˌrektor *m* codirecteur *m*; ~ˌdürfen *v/i.* ‹*irr.*, *sép.*, -ge-, h› (*mitgehen dürfen*) darf ich mit? me permettez-vous de vous accompagner?; serai-je de la partie?; ≈ˌeigenˌtümer(in) *m (f)* copropriétaire *m, f*; ~eiˈnander *adv.* l'un avec l'autre; les uns avec les autres; ensemble; alle ~ tous ensemble; ~ reisen voyager de *od.* en compagnie, ensemble; sich ~ vertragen s'accorder; ~emˌpfinden **I** *v/t.* ‹*irr.*, *sép.*, *pas de ge-*, h› partager un sentiment avec qn.; ressentir comme qn.; *pfort.* sympathiser avec qn.; **II** ≈emˌpfinden *n* sympathie *f*; ≈ˌerbe, ≈ˌerbin *m, f jur.* cohéritier, -ère *m, f*; ~erˌleben *v/t.* ‹*sép.*, *pas de ge-*, h› assister à; participer à; vivre (des événements); ~ˌessen *v/t.* ‹*irr.*, *sép.*, -geg-, h› manger avec; ≈ˌesser *m méd.* tanne *f*; comédon *m*; ~ˌfahren *v/i.* ‹*irr.*, *sép.*, -ge-, sein› mit j-m ~ partir avec qn. (en voiture, en bateau); accompagner qn.; ≈ˌfahrer *m* compagnon *m* de voyage; passager *m*; voyageur *m*; *in e-r Sportmannschaft* coéquipier *m*; ~ˈfortreißen *v/t.* ‹*irr.*, *sép.* (reißt mit fort), -ge-, h› (*begeistern*) enthousiasmer; ~ˌfreuen *v/réfl.* ‹*sép.*, -ge-, h› sich mit j-m ~ se réjouir avec qn.; ~ˌfühlen *v/t.* ‹*sép.*, -ge-, h› *cf.* ~empfinden; ~ˌfühlend *adjt.* ein ~es Herz haben avoir un cœur compatissant; F avoir des entrailles; ~ˌführen *v/t.* ‹*sép.*, -ge-, h› *Gepäck, Güter etc.* porter; transporter; *von Flüssen* charrier; *Zug* e-n Schlafwagen ~ comporter, comprendre un wagon-lit; ~ˌgeben *v/t.* ‹*irr.*, *sép.*, -ge-, h› j-m etw. ~ donner qc. (à emporter) à qn.; als Mitgift ~ donner en dot, en mariage; j-m Reiseproviant ~ donner à qn. des provisions pour son voyage; j-m e-n Führer ~ faire accompagner qn. d'un guide; faire escorter qn.; donner une escorte à qn.; j-m e-n Brief ~ charger qn. d'une lettre; Wissen fürs Leben ~ pourvoir, munir de connaissances pour la vie; ≈geˌfangene(r) *f (m)* compagnon, compagne *m, f* de captivité; *jur.* codétenu, -e *m, f*; ≈geˌfühl *n* sympathie *f*; (*Mitleid*) compassion *f*; ~ˌgehen *v/i.* ‹*irr.*, *sép.*, -ge-, sein› mit j-m ~ aller avec qn.; accompagner qn.; gehen Sie mit? est-ce que vous venez avec nous?; êtes-vous des nôtres?; *Zuhörer* (mit dem Vortragenden) ~ suivre (le conférencier); F être emballé (par le conférencier); F etw. ~ heißen, lassen empocher, dérober qc.; F subtiliser qc. (à qn.); *cf. auch* mausen I; ~geˌnießen *v/t.* ‹*irr.*, *sép.*, mitgenossen, h› jouir (de qc.) conjointement avec un autre; j-s Freude ~ prendre part à, partager la joie de qn.; ~geˌnommen *adjt.* sie sah sehr ~ aus elle avait l'air (d'être) très fatiguée, épuisée; *cf. auch* mitnehmen; ≈gift *f* ‹~; ~en› dot [-ət] *f*; ≈giftˌjäger *m* coureur *m* de dot.

Mitglied [ˈmɪtgliːt] *n* membre *m*; affilié *m*; adhérent *m*; ordentliches ~ membre à pleins droits; förderndes, korrespondierendes, stimmberechtigtes ~ membre bienfaiteur, correspondant, électeur; ~ auf Lebenszeit membre à vie; ständiges, ausscheidendes ~ membre perpétuel, sortant; neues ~ recrue *f*; ~ e-r Partei werden s'affilier à, adhérer à, donner son adhésion à un parti; devenir membre d'un parti; ~erverˌsammlung *f* assemblée générale; ~erˌzahl *f* nombre *m* des membres; ~sˌbeitrag *m* cotisation *f*; ~ˌschaft *f* ‹~› affiliation *f*; ~sˌkarte *f* carte *f* (de membre); ~sˌland *n*, ~ˌstaat *m* pays *m*, État *m* membre.

mit|haben [ˈmɪtˌhaːbən] *v/t.* ‹*irr.*, *sép.*, -ge-, h› *ellip.* (*mitgebracht haben*) avoir apporté, emporté; ~ˌhalten **I** *v/t.* ‹*irr.*, *sép.*, -ge-, h› e-e Zeitung ~ être abonné à un journal avec qn.; participer à l'abonnement d'un journal; **II** *v/i.* (*mitmachen*) en être; être de la partie; être des vôtres, des nôtres, *etc.*; ~ˌhelfen *v/i.* ‹*irr.*, *sép.*, -ge-, h› concourir, contribuer, coopérer, collaborer (bei etw. à qc.); prêter son concours, son assistance (à qc.); F mettre la main à la pâte; ~de Familienangehörige main-d'œuvre familiale; ≈ˌhelfer(in) *m (f)* aide *m, f*; *péj.* complice *m, f*; ≈heˌrausgeber *m* coéditeur *m*; ≈ˌhilfe *f* concours *m*; coopération *f*; assistance *f*; *péj.* complicité *f*; ~ˈhin *adv.* donc; par conséquent; ≈hörˌdienst *m milit.* service *m* d'écoute; ~ˌhören *v/t.* ‹*sép.*, -ge-, h› *tél. zufällig* surprendre la conversation (téléphonique) de qn.; (*abhören*) suivre, capter, intercepter les conversations téléphoniques; *milit.* prendre en écoute *od.* à l'écoute les conversations téléphoniques; ≈ˌinhaber(in) *m (f)* codétenteur, -trice *m, f*; copropriétaire *m, f*; associé, -e *m, f*; ~ˌkämpfen *v/i.* ‹*sép.*, -ge-, h› prendre part, participer au combat, à la lutte; ≈ˌkämpfer *m* compagnon *m* d'armes, de lutte; ≈ˌkläger(in) *m (f) jur.* codemandeur, -eresse *m, f*; ~ˌklingen *v/i.* ‹*irr.*, *sép.*, -ge-, h› sonner en même temps avec; résonner; ~ˌkommen *v/i.* ‹*irr.*, *sép.*, -ge-, sein› **a)** mit j-m ~ venir avec qn.; accompagner qn.; **b)** *fig. geistig* suivre; *in der Schule* pouvoir suivre; da komme ich nicht mit (*das begreife ich nicht*) cela me dépasse; mitgekommen sein y être; mein gesunder Menschenverstand kommt da nicht mit ça (dé)passe mon *od.* le bon sens, le sens commun; ~ˌkönnen *v/i.* ‹*irr.*, *sép.*, -ge-, h› mit j-m ~ (*mitgehen können*) pouvoir aller *bzw.* venir avec qn.; pouvoir accompagner, *fig.* suivre qn.; *fig.* da kann ich nicht mit c'est au-dessus de, cela surpasse mes forces; ~ˌkriegen *v/t.* ‹*sép.*, -ge-, h› *cf.* mitbekommen; ~ˌlachen *v/i.* ‹*sép.*, -ge-, h› rire avec les autres; *ich lachte, u. die ganze Gesellschaft* lachte mit ... en fit de même; ~ˌlassen *v/t.* ‹*irr.*, *sép.*, -ge-, h› *ellip.* mit j-m ~ (*mitgehen lassen*) laisser aller avec qn.; ~ˌlaufen *v/i.* ‹*irr.*, *sép.*, -ge-, sein› mit j-m ~ courir avec qn.; suivre qn.; ≈ˌläufer(in) *m (f) pol. péj.* suiveur *m*; celui, celle qui fait nombre; ≈laut *m gr.* consonne *f*.

Mitleid ['mɪtlaɪt] *n* ⟨~(e)s⟩ pitié *f*; commisération *f*; compassion *f*; (*Erbarmen*) apitoiement *m*; mit j-m ~ haben avoir, prendre pitié de qn.; prendre qn. en pitié; avoir de la compassion pour qn.; ~ erregen faire pitié; éveiller la compassion; j-s ~ erregen apitoyer qn.; aus ~ mit par pitié pour; **~enˌschaft** *f* ⟨~⟩ in ~ gezogen werden avoir à subir les suites fâcheuses de qc.; être affecté, touché, atteint par; souffrir par répercussion; *méd.* être affecté également, simultanément; die Explosion hat alle umliegenden Gebäude in ~ gezogen l'explosion a affecté, touché, atteint (a causé des dégâts à) tous les bâtiments avoisinants; **2erˌregend** *adjt.* qui fait pitié; pitoyable; **2ig 1.** *adj.* compatissant; charitable; **2.** *adv.* avec pitié; darüber kann ich nur ~ lächeln je ne puis qu'en sourire de pitié, de dédain; **2(s)ˌlos** *adj.* impitoyable; *auch adv.* sans pitié; **2(s)ˌvoll** *adj.* compatissant; *auch adv.* plein de pitié.

mit|lesen ['mɪtˌleːzən] *v/t.* ⟨*irr.*, *sép.*, -ge-, h⟩ mit j-m ~ lire avec qn.; *e-e Zeitung cf.* mithalten; **~ˌmachen I** *v/t.* ⟨*sép.*, -ge-, h⟩ etw. ~ prendre part, participer à qc.; *die Mode, e-n Lehrgang etc.* suivre; er hat den Krieg mitgemacht il a fait la, il a pris part à la guerre; er hat viel mitgemacht im Leben il a subi, enduré, traversé bien des épreuves dans sa vie; il a vécu beaucoup de choses dans sa vie; F il en a vu de toutes les couleurs; er macht alles mit il est bon compagnon; das mache ich nicht mit F je ne marche pas; **II** *v/i.* (*dem Beispiel der anderen folgend*) faire comme les autres; *cf. auch* mithalten, mithelfen; **2mensch** *m* prochain *m*; **2ˌmieter(in)** *m* (*f*) colocataire *m, f*; **~ˌmüssen** *v/i.* ⟨*irr.*, *sép.*, -ge-, h⟩ *ellip.* mit j-m ~ (*mitgehen müssen*) être obligé, forcé d'aller avec qn.; **2ˌnahme** *f adm.* unter ~ von ... en emportant (qc.); **~ˌnehmen** *v/t.* ⟨*irr.*, *sép.*, -ge-, h⟩ prendre avec soi; *Personen* emmener; *Sachen* emporter; (*mitreißen*) entraîner (*auch techn.*); F *fig. auf der Reise* e-e Stadt ~ visiter une, aller dans une ville; e-n Verdienst (*nebenbei*) ~ profiter de l'occasion pour faire un bénéfice; das ist immer mitzunehmen cela n'est pas de refus; j-n arg, hart ~ secouer, malmener, éprouver qn.; (*erschöpfen*) épuiser, éreinter, exténuer qn.; er ist sehr mitgenommen il a beaucoup souffert (de ...); er sieht sehr mitgenommen aus il a la mine défaite; il paraît éreinté, exténué; ihr Kleid sieht von der Reise sehr mitgenommen aus sa robe paraît fort fripée par le voyage; **2ˌnehmer** *m techn.* entraîneur *m*; toc *m*; **~'nichten** *adv.* aucunement; nullement; point du tout; en rien (*alle mit* ne *beim Verbum*).

Mitra ['miːtra] *f* ⟨~; -tren⟩ *égl.* mitre *f*.

mit|rechnen ['mɪtˌrɛçnən] **I** *v/t.* ⟨-ete, *sép.*, -ge-, h⟩ (*hinzurechnen*) inclure, comprendre dans le compte; ajouter; (nicht) mitgerechnet y compris (non compris); die Kinder nicht mitgerechnet sans compter les enfants; **II** *v/i.* das rechnet nicht mit cela ne compte pas; **~ˌreden I** *v/t.* ⟨-ete, *sép.*, -ge-, h⟩ *fig.* auch ein Wort *od.* Wörtchen mitzureden haben avoir son mot à dire; avoir voix au chapitre; Sie haben hier nichts mitzureden cela ne vous regarde pas; **II** *v/i.* prendre part à la conversation, à la discussion; **2reˌgent(in)** *m* (*f*) corégent, -e *m, f*; **~ˌreisen** *v/i.* ⟨-(es)t, *sép.*, -ge-, sein⟩ être du voyage; voyager avec (qn.); **2ˌreisende(r)** *f* (*m*) compagnon, compagne *m, f* de voyage; **~ˌreißen** *v/t.* ⟨*irr.*, *sép.*, -ge-, h⟩ emporter; *fig.* (*begeistern*) entraîner; enthousiasmer; F emballer; enlever; **~ˌreißend** *adjt. fig.* captivant; passionnant; attrayant; palpitant; ensorcelant; fascinant; **~'samt** *prép.* ⟨*dat.*⟩ avec; **~ˌschicken** *v/t.* ⟨*sép.*, -ge-, h⟩ **a)** envoyer avec *od.* par (l'intermédiaire de) qn.; **b)** *im Brief etc.* envoyer en même temps; (ad)joindre à; inclure dans; **~ˌschleppen** *v/t.* ⟨*sép.*, -ge-, h⟩ traîner avec soi; F trimballer; **~ˌschreiben** *v/t.* ⟨*irr.*, *sép.*, -ge-, h⟩ noter; prendre note (de); **2schuld** *f jur.* complicité *f* (an dans); **~ˌschuldig** *adj.* complice; **2ˌschuldige(r)** *f* (*m*) complice *m, f*; **2ˌschuldner(in)** *m* (*f*) *jur.* codébiteur, -trice *m, f*; **2ˌschüler(in)** *m* (*f*) condisciple *m, f*; camarade *m, f*, compagne *f* d'école, de classe, d'études; **~ˌschwingen I** *v/i.* ⟨*irr.*, *sép.*, -ge-, h⟩ *phys.* résonner; **II 2ˌschwingen** *n* résonance *f*; **~ˌsingen** *v/t.* ⟨*irr.*, *sép.*, -ge-, h⟩ **a)** chanter avec (qn.); **b)** accompagner (qn.) de la voix; **~ˌspielen** *v/t. u. v/i.* ⟨*sép.*, -ge-, h⟩ prendre part, participer au jeu; être de la partie; *thé.* jouer; figurer (in dans); *fig. Gründe etc.* entrer en jeu; F *fig.* nicht mehr ~ en avoir assez; donner sa démission; P en avoir marre, sa claque; *fig.* j-m arg, grausam, schlimm, übel ~ a) jouer un mauvais, sale tour à qn.; F jouer un tour de cochon à qn.; b) *cf.* mitnehmen; **2ˌspieler(in)** *m* (*f*) camarade *m, f* de jeu; partenaire *m, f*; adversaire *m, f*; **2spracheˌrecht** *n* droit *m* d'intervention; **~ˌsprechen** *v/t.* ⟨*irr.*, *sép.*, -ge-, h⟩ *cf.* ~reden I; *fig.* entrer en jeu; **2ˌstreiter** *m st. s. cf.* Mitkämpfer.

Mittag[1] ['mɪtaːk] *m* ⟨~(e)s; ~e⟩ midi *m*; *astr.* sud *m*; am ~ à midi; gegen ~, um ~ herum vers midi; F sur le coup de midi; heute 2 ce midi; die Sonne steht im ~ le soleil est au sud; **~**[2] *n* ⟨~(e)s⟩ F (*~essen*) déjeuner *m*; *in der Provinz noch* dîner *m*; zu ~ essen déjeuner; *in der Provinz* dîner; **~ˌbrot** *n*, **~ˌessen** *n cf.* Mittag[2].

mittäglich ['mɪˌtɛːklɪç] *adj.* de midi; *géogr.* (*südlich*) méridional; méridien, -nne.

mittags ['mɪtaːks] *adv.* à midi; au déjeuner; *in der Provinz* au dîner; es ist 12 Uhr ~ il est midi.

Mittag|sausgabe ['mɪtaːksˌʔausgaːbə] *f e-r Zeitung* édition *f* de midi; **~sˌblatt** *n* journal *m* de midi; **~sˌgast** *m* invité *m* à déjeuner; **~sˌglut** *f*, **~sˌhitze** *f* chaleur *f* de midi; während der ~ pendant les grandes chaleurs; **~sˌhöhe** *f astr.* 'hauteur méridienne; **~sˌkreis** *m astr.* méridien *m*; **~sˌlinie** *f astr.* (ligne *f*) méridienne *f*; **~(s)ˌmahl** *n*, **~(s)ˌmahlzeit** *f cf.* Mittag[2]; **~sˌpause** *f* heure *f* du repas, du déjeuner, *in der Provinz* du dîner; F pause *f* de midi; **~(s)ˌschlaf** *m*, **~(s)ˌschläfchen** *n* ~ halten faire la sieste; **~(s)ˌsonne** *f* soleil *m* de midi; die ~ haben être exposé au midi; **~(s)ˌstunde** *f* **a)** heure *f* de midi; **b)** (*Essenszeit*) heure *f* du déjeuner, du dîner; **~sˌtisch** *m* table *f* d'hôte; **~sˌzeit** *f cf.* ~(s)stunde; um die ~ vers midi.

mit|tanzen ['mɪtˌtantsən] *v/i.* ⟨-(es)t, *sép.*, -ge-, h⟩ se mêler à la danse; danser avec les autres; **2ˌtäter** *m* complice *m*; *péj.* F acolyte *m*; *weniger stark péj.* compère *m*; **2ˌtäterˌschaft** *f* complicité *f*.

Mitte ['mɪtə] *f* ⟨~; ~n⟩ milieu *m*; (*Mittelpunkt*) centre *m* (*auch milit.*, *pol.*); in der ~ au milieu; in der ~ liegen tenir le milieu; in die ~ nehmen mettre dans le milieu; mettre, placer entre (nous, eux, *etc.*); *e-n Gegner* attaquer des deux côtés; in der ~ nehmen, anfassen prendre par le milieu; *milit.* Heeresgruppe ~ groupe d'armées du centre; ~ Januar mi-janvier; ~ Dreißig *od.* der Dreißiger au milieu de la trentaine; *fig.* in der ~ des 19. Jahrhunderts au milieu du XIXe siècle; die goldene ~ le juste milieu; *fig.* die ~ halten garder le juste milieu; e-r aus unserer ~ un des nôtres, d'entre nous; in unserer ~ parmi nous; das Reich der ~ l'empire du Milieu; la Chine; le Céleste Empire.

mitteil|bar ['mɪttaɪlˌbaːr] *adj.* communicable; **2barˌkeit** *f* ⟨~⟩ communicabilité *f*; **~en I** *v/t.* ⟨*sép.*, -ge-, h⟩ **1.** communiquer; *amtlich* notifier; *von Zeitungskorrespondenten etc.* (*berichten*) mander; vertraulich ~ communiquer confidentiellement; es wird amtlich mitgeteilt on communique officiellement, de source officielle, autorisée; j-m etw. ~ communiquer, annoncer, faire savoir, faire connaître qc. à qn.; faire part de qc. à qn.; informer qn. de qc.; porter qc. à la connaissance de qn.; (*zukommen lassen*) faire parvenir qc. à qn.; **2.** *e-r Sache* e-e Bewegung ~ communiquer, imprimer un mouvement à; **II** *v/réfl.* sich j-m ~ *von Personen* s'ouvrir à qn.; s'épancher auprès de qn.; *vertraulich* faire ses confidences à qn.; F *abs.* se déboutonner; *von Freude, Erregung etc.* se communiquer à, gagner qn.; **~ˌsam** *adj.* communicatif, -ive; expansif, -ive; **2samˌkeit** *f* ⟨~⟩ expansivité *f*; expansion *f*; épanchement *m*; **2ung** *f* ⟨~; ~en⟩ communication *f*; information *f*; avis *m*; message *m*; annonce *f*; *amtliche* notification *f*; avis *m*; *vertrauliche* confidence *f*; ouverture *f*; aveu *m*; *e-r Bewegung* communication *f*; impression *f*; j-m von etw. ~ machen *cf.* ~en I 1.; **2ungsbeˌdürfnis** *n* besoin *m* de s'épancher.

mittel ['mɪtəl] *adj. cf.* mittlere.

Mittel ['mɪtəl] *n* ⟨~s; ~⟩ **1.** (*Hilfs2*) moyen *m*; (*Ausweg*) expédient *m*; ~ u. Wege finden trouver moyen (etw. zu tun de faire qc.); auf ~ u. Wege sinnen aviser aux moyens; alle erdenklichen ~ anwenden *fig.* faire flèche de tout bois; mettre tout en œuvre; *fig.* faire jouer tous les ressorts; mehr als ein ~ zur Hand haben F *fig.* avoir plusieurs cordes à son arc; kein ~ unversucht lassen ne négliger aucun moyen, aucune possibilité; gleichviel mit welchen ~n n'importe comment; zu solchen ~n habe ich nie Zuflucht genommen je n'ai jamais recouru, eu recours à de tels expédients; als letztes verzweifeltes ~ en désespoir de cause; die ~ besitzen, etw. zu tun être à même de faire qc.; das letzte ~ anwenden F brûler ses dernières cartouches; jouer son va-tout, le tout pour le tout; sie bedienten sich s-r als ~ zum Zweck ils se sont servis de lui pour parvenir à leurs fins; der Zweck heiligt die ~ la fin justifie les moyens; die gesetzlichen ~ les moyens légaux; **2.** *pl.* (*Geld2*) moyens *m/pl.*; ressources *f/pl.*; argent *m*; fonds *m/pl.*; er hat die ~ dazu il en a les moyens; F il a de quoi le faire; er hatte für diese Erweiterung keine ~ vorgesehen il n'avait pas prévu de fonds, réserves, capitaux, moyens pour cette extension; **er ist nicht ganz ohne** ∼ il n'est pas entièrement dépourvu de ressources; **die öffentlichen** ∼ les fonds publics; **3.** *zur Reinigung, Pflege etc.* produit *m*; *méd., phm.* (*Heil*≈) remède *m* (gegen à); **4.** (*Vermittlung*) **sich ins** ∼ **legen** s'interposer; intervenir; se poser en médiateur; **5.** *math.* (∼*wert, Durchschnitt*) moyenne *f*; **arithmetisches** ∼ moyenne arithmétique; **im** ∼ (*durchschnittlich*) en moyenne; **6.** *phys.* (*Medium*) milieu *m*.

Mittel|alter ['mɪtəlˌʔaltər] *n* ⟨∼s⟩ moyen âge; ≈ˌ**alterlich** *adj.* médiéval; du moyen âge; F *u. oft péj.* moyenâgeux, -euse; ∼**aˌmerika** *n* l'Amérique centrale; ≈ˌ**bar** *adj.* (*u. adv.*) indirect(ement); *jur.* médiat(ement); ∼**beˌtrieb** *m* entreprise, exploitation moyenne; ≈ˌ**deutsch** *adj.* de l'Allemagne centrale; ∼ˌ**deutschland** *n* l'Allemagne centrale; ∼ˌ**ding** *n* être *m*, chose *f* intermédiaire; chose *f* qui tient le milieu entre ...; être *m* qui tient (*par ex.* du singe et de ...); hybride *m*; F **ein** ∼ **gibt es nicht** c'est à prendre ou à laisser; ∼**euˌropa** *n* l'Europe centrale; ≈**euroˌpäisch** *adj.* du centre de l'Europe; de l'Europe centrale; ∼**e Zeit** (*abr.* MEZ) heure de l'Europe centrale; ∼ˌ**farbe** *f* couleur moyenne; couleur *f*, teinture *f* intermédiaire; demi-teinte *f*; ≈ˌ**fein** *adj. comm.* mi-fin; ∼ˌ**feld** *n Fußball* centre *m* du terrain; ∼ˌ**finger** *m* doigt *m* du milieu; majeur *m*; *sc.* médius *m*; ∼**freˌquenz** *f rad.* moyenne fréquence; ≈ˌ**fristig** *adj. Kredit* à moyen terme; ≈ˌ**früh** *adj. agr.* mi-hâtif, -ive; ∼ˌ**fuß** *m* ⟨∼es⟩ *anat. sc.* métatarse *m*; ∼ˌ**gang** *m im Freien* allée *f* du milieu; *chem., im Zug* couloir central, du milieu; ∼**geˌbirge** *n* chaîne *f* de montagnes de hauteur moyenne; ∼**geˌwicht** *n*, ∼**geˌwichtler** *m* ⟨∼s; ∼⟩ *Boxen* poids moyen; ∼**gewichtsˌklasse** *f* catégorie *f* des (poids) moyens; ∼ˌ**glied** *n anat., e-s Fingers sc.* phalange moyenne; phalangine *f*; ≈ˌ**groß** *adj.* de moyenne grandeur; de taille moyenne; ∼ˌ**größe** *f* moyenne grandeur; ∼ˌ**hand** *f* ⟨∼⟩ *anat. sc.* métacarpe *m*; ∼**handˌknochen** *m/pl. anat.* os métacarpiens; ≈ˌ**hochdeutsch** *adj.* moyen 'haut allemand; **das** ≈**e** le moyen 'haut allemand; ∼ˌ**kurs** *m comm.* cours moyen; ∼ˌ**lage** *f mus.* médium [-jɔm] *m*; ≈ˌ**ländisch** *adj.* méditerranéen, -nne; **das** ≈**e Meer** la (mer) Méditerranée; ∼**laˌtein** *n* latin *m* du moyen âge; basse latinité; ≈**laˌteinisch** *adj.* latin du moyen âge; ∼ˌ**läufer** *m Sport* demi-centre *m*; ∼ˌ**linie** *f* ligne médiane; axe *m*; *math.* médiane *f*; *Tennis* ligne médiane de service; *Fußball* ligne *f* de *od.* du milieu; ≈ˌ**los** *adj. u. adv.* dépourvu de *od.* sans moyens, ressources, fortune; dans le dénuement; ∼ˌ**losigkeit** *f* ⟨∼⟩ absence *f* de ressources, de fortune; dénuement *m*; impécuniosité *f*; ∼ˌ**mächte** *f/pl.* puissances *f/pl.* de l'Europe centrale; ∼ˌ**maß** *n* taille moyenne; (*Durchschnitt*) moyenne *f*; ≈ˌ**mäßig** *adj.* médiocre; (*durchschnittlich*) moyen, -nne; ∼ˌ**mäßigkeit** *f* médiocrité *f*; ∼**meerˌraum** *m* bassin *m* de la Méditerranée; ∼ˌ**ohr** *n* ⟨∼(e)s⟩ *anat.* oreille moyenne; ∼ˌ**ohrentˌzündung** *f méd.* otite *f* de l'oreille moyenne; ∼ˌ**pfeiler** *m bât.* trumeau *m*; ∼ˌ**preis** *m* prix moyen; ∼ˌ**punkt** *m* centre *m* (*auch fig.*); *e-r Stadt auch* cœur *m*; ≈**s** *prép.* ⟨*gén.*⟩ au moyen de; moyennant; par; grâce à; ∼ˌ**schiff** *n bât.* nef centrale; ∼ˌ**schule** *f* cours complémentaire général; ∼**s-ˌmann** *m* ⟨∼(e)s; -leute *od.* ∼̈er⟩ médiateur, -trice *m, f*; intermédiaire *m, f*; personne interposée; ∼ˌ**sorte** *f* qualité moyenne; ∼ˌ**spannung** *f élect.* tension moyenne; ≈ˌ**spät** *adj. agr.* mi-tardif, -ive; ∼**sperˌson** *f cf.* ∼**smann**; ≈**st 1.** *prép.* ⟨*gén.*⟩ *cf.* ≈**s**; **2.** *sup. von* **mittel**; ∼ˌ**stand** *m* ⟨∼(e)s⟩ classe moyenne; ≈ˌ**ständisch** *adj.* de la classe moyenne; ∼**e Wirtschaft** exploitations, entreprises moyennes; ∼ˌ**stellung** *f* position *f* intermédiaire; ∼ˌ**stimmen** *f/pl. mus.* parties moyennes; ∼ˌ**straße** *f cf.* ∼**weg**; ∼ˌ**strecke** *f Sport* demi-fond *m*; ∼ˌ**streckenˌflugzeug** *n aviat.* moyen courrier; ∼ˌ**streckenˌlauf** *m Sport* (course *f* de) demi-fond *m*; ∼ˌ**streckenˌläufer** *m* coureur *m* de demi-fond; ∼ˌ**streckenraˌkete** *f milit.* fusée *f* de portée moyenne; ∼ˌ**streifen** *m auf d. Autobahn* bande médiane; ∼ˌ**stück** *n* morceau *m* du milieu; *Fleischerei vom Rind* flanchet *m*; ∼ˌ**stufe** *f bes. Schule* second degré; classes moyennes; ∼ˌ**stürmer** *m Fußball* avant-centre *m*; ∼ˌ**ton** *m mus.* médiante *f*; ∼ˌ**weg** *m fig.* **der goldene** ∼ le juste milieu; le moyen terme; **e-n** ∼ **gehen, einschlagen** prendre le juste milieu; adopter un moyen terme; ∼ˌ**welle** *f rad.* onde moyenne; *techn.* arbre *m* intermédiaire; ∼ˌ**wellenbeˌreich** *m rad.* gamme *f* des ondes moyennes; ∼ˌ**wellenˌsender** *m rad.* émetteur *m* à ondes moyennes; ∼ˌ**wert** *m* (valeur) moyenne *f*; ∼ˌ**wort** *n* ⟨∼(e)s; ∼̈er⟩ *gr.* participe *m*.

mitten ['mɪtən] *adv.* ∼ **in (auf, unter)** au milieu, au cœur, au sein, au beau milieu de; ∼ **durch** à travers; *durch Hindernisse* au travers de; ∼ **durch den Wald** à travers la forêt; **er hielt** ∼ **im Satz inne** il s'arrêta au beau milieu de la phrase; ∼ **im Monat** au milieu du mois; ∼ **am Tage** en plein jour; ∼ **in der Nacht** en pleine nuit; ∼ **unter ihnen** parmi eux; ∼ **in der Menge** au milieu de la foule; ∼ **ins Herz** en plein cœur; ∼ **im Winter** au cœur de l'hiver; en plein hiver; au (plus) fort de l'hiver; ∼ **entzwei** par le milieu; ∼ **auf der Straße** en pleine rue; juste au milieu de la rue; ∼'**drin**, ∼'**drunter** *adv.* juste au milieu; au (beau) milieu; en plein milieu; ∼'**durch** *adv.* tout au travers; **er schnitt den Apfel** ∼ il coupa la pomme en deux.

Mitternacht ['mɪtərˌnaxt] *f* minuit *m*; *als Himmelsrichtung* nord *m*; septentrion *m*; **um** ∼ à minuit.

mitter|nächtig ['mɪtərˌnɛçtɪç], ∼ˌ**nächtlich** *adj.* de minuit; *par ext.* (*nächtlich*) nocturne; **zu** ∼**er Stunde** à, vers, sur le coup de minuit.

Mitternachts|messe ['mɪtərˌnaxtsˌmɛsə] *f égl. cath.* messe *f* de minuit; ∼ˌ**schmaus** *m zu Weihnachten od. Neujahr in Frankreich* réveillon *m*; ∼ˌ**sonne** *f* ⟨∼⟩ soleil *m* de minuit; ∼ˌ**stunde** *f*, ∼ˌ**zeit** *f* (à, vers, sur le coup de) minuit *m*.

Mittfasten ['mɪtˌfastən] *pl.* mi-carême *f*.

Mittler ['mɪtlər] *m* ⟨∼s; ∼⟩ médiateur *m* (*auch: Christus*); *cf. auch* **Mittelsmann**; ∼ˌ**amt** *n* office *m*, rôle *m* de médiateur, -trice.

mittlere ['mɪtlərə] *adj.* médian; du milieu; (*im Mittelpunkt gelegen*) central; (*dazwischenliegend*) intermédiaire; (*durchschnittlich*) moyen, -nne; **von** ∼**m Alter** entre deux âges; d'âge moyen; **von** ∼**r Größe** de moyenne grandeur, taille; **der** ≈ **Osten** le Moyen-Orient; 90 km ∼ **Stundengeschwindigkeit** 90 km à l'heure de moyenne; (vitesse) moyenne de 90 km à l'heure.

mittlerweile ['mɪtlər'vaɪlə] *adv.* en attendant; dans l'intervalle; entre-temps.

mitt|schiffs ['mɪtʃɪfs] *adv. mar.* par le *od.* au milieu du navire; ≈ˌ**sommer** *m* solstice *m* d'été; ≈**sommerˌfest** *n* Saint-Jean *f*.

mittun ['mɪttuːn] *v/t.* ⟨*irr., sép.*, -ge-, h⟩ *cf.* **mitmachen**.

Mittwoch ['mɪtvɔx] *m* ⟨∼(e)s; ∼e⟩ mercredi *m*; ≈**s** *adv.* le mercredi; tous les mercredis.

mit|unter [mɪt'ʔʊntər] *adv.* de temps en temps; de temps à autre; parfois; par moments.

mit|verantwortlich ['mɪtfɛrˌʔantvɔrtlɪç] *adj.* coresponsable; ≈**verˌantwortung** *f* coresponsabilité *f*; responsabilité partagée; ≈**verˌfasser(in)** *m* (*f*) coauteur *m, f*; ≈**verˌhaftete(r)** *f* (*m*) codétenu, -e *m, f*; ≈**verˌschulden** *n* **eigenes** ∼ faute partagée; ∼**verˌsichern** *v/t.* ⟨-(e)re, *sép., pas de ge-*, h⟩ coassurer; ≈**verˌsicherte(r)** *f* (*m*) coassuré, -e *m, f*; ≈**verˌsicherung** *f* coassurance *f*; ≈**welt** *f* ⟨∼⟩ monde contemporain; contemporains *m/pl.*; ∼ˌ**wirken** *v/i.* ⟨*sép.*, -ge-, h⟩ **bei etw.** ∼ concourir, coopérer, collaborer, participer, prendre part, prendre une part active, prêter son concours, son assistance, contribuer à qc.; **alle diese Dinge wirken mit, um e-e angenehme Atmosphäre zu schaffen** toutes ces choses concourent à établir, créer un courant de sympathie; *thé.* **als Hauptdarsteller** ∼ jouer comme acteur principal; ∼ˌ**wirkend** *adjt.* qui coopère; *phys.* concourant; ∼**e Kräfte** forces concourantes; ≈ˌ**wirkende(r)** *f* (*m*) ⟨→ A⟩ coopérateur, -trice *m, f*; *thé.* acteur, -trice *m, f*; ≈ˌ**wirkung** *f* concours *m*; coopération *f*; collaboration *f*; assistance *f*; **unter** ∼ **von** ... avec le concours de ...; en collaboration avec ...; ≈ˌ**wisser(in)** *m* ⟨∼s; ∼⟩ (*f*) ⟨∼; ∼nen⟩ affidé, -e *m, f*; confident, -e *m, f*; complice *m, f*; dépositaire *m, f* d'un secret; ≈ˌ**wisserˌschaft** *f* ⟨∼⟩ complicité *f*; **er wurde der** ∼ **bezichtigt** il a été accusé d'être au courant de ...; ∼ˌ**wollen** *v/i.* ⟨*irr., sép.*, -ge-, h⟩ (*mitgehen, mitfahren wollen*) vouloir aller, partir avec (qn.); ∼ˌ**zählen** *v/t. u. v/i.* ⟨*sép.*, -ge-, h⟩ *cf.* **mitrechnen**; ∼ˌ**ziehen I** *v/t.* ⟨*irr., sép.*, -ge-, h⟩ entraîner; **II** *v/i.* ⟨sein⟩ partir, déménager avec (qn., les autres).

Mix|becher ['mɪksˌbɛçər] *m cf.* **Mischbecher**; ≈**en** *v/t.* ⟨-(es)t, h⟩ mélanger (*auch Film, Fernsehen*); *cf. auch* **mischen I**; ∼**er** *m* ⟨∼s; ∼⟩ barman *m*; *als Küchenmaschine* mixer *m*; ∼'**tur** *f* ⟨∼; ∼en⟩ **1.** *phm.* composition *f*; potion *f*; *sc.* mixture *f*; **2.** *Orgel* fourniture *f*.

Mnemotech|nik [mne'mo'tɛçnɪk] *f* ⟨∼⟩ mnémotechnique *f*; ∼**niker** *m* mnémotechnicien *m*; ≈**nisch** *adj.* mnémotechnique.

Mob [mɔp] *m* ⟨∼s⟩ populace *f*; lie *f* du peuple.

Möbel ['møːbəl] *n* ⟨∼s; ∼⟩ meuble *m*; *coll. pl.* ameublement *m*; mobilier *m*; **eigene** ∼ **haben** être dans ses meubles; **sich** ∼ **anschaffen** se meubler; F *fig. com.* **altes** ∼ F ma vieille branche; ∼ˌ**ausstellung** *f* salon *m* de l'ameublement; ∼**faˌbrik** *f* fabrique *f* de meubles; ∼**geˌschäft** *n* magasin *m* d'ameublement; ∼ˌ**händler** *m* marchand *m* de meubles; ∼**indusˌtrie** *f* industrie *f* de l'ameublement; ∼ˌ**lager** *n* *cf.* ~speicher; **~poli,tur** *f* vernis *m*; encaustique *f* liquide pour meubles; produit *m* d'entretien (de nettoyage, de polissage) pour meubles; **~spedi,teur** *m* déménageur *m*; **~,speicher** *m* dépôt *m* de meubles; garde-meuble *m*; **~,stoff** *m* tissu *m* pour ameublement; **~,stück** *n* meuble *m*; **~,tischler** *m* (menuisier) ébéniste *m*; **~transpor,teur** *m cf.* ~spediteur; **~trans,portge,schäft** *n* entreprise *f* de déménagement; **~,überzug** *m* 'housse *f*; **~,wagen** *m* voiture *f* de déménagement; *an den Seiten offen* tapissière *f*.

mobil [mo·ˈbiːl] *adj.* **1.** (*beweglich*) mobile; *milit.* ~ machen mobiliser; mettre sur pied de guerre; **2.** F (*wohlauf, rüstig*) dispos; alerte.

Mobiliar [mo·bi·li·ˈɑːr] *n* ⟨~s; ~e⟩ mobilier *m*; ameublement *m*; **~kre,dit** *m* crédit mobilier; **~,pfändung** *f* saisie mobilière; **~ver,mögen** *n* biens mobiliers, meubles; **~ver,sicherung** *f* assurance mobilière.

Mobil|isation [mo·bi·li·zatsi·ˈoːn] *f* ⟨~⟩ *cf.* ~machung; **2i'sieren** *v/t.* ⟨*pas de ge-*, h⟩ mobiliser (*auch fig.*); *milit. cf.* mobil 1.; **~i'sierung** *f* ⟨~⟩ *cf.* ~machung; **~,machung** [-ˈbiːl-] *f* ⟨~⟩ *milit., fig.* mobilisation *f*; *milit. auch* mise *f* sur pied de guerre; **~machungsbe,fehl** *m milit.* ordre *m* de mobilisation; **~machungs,plan** *m* plan *m* de mobilisation; **~machungs,tag** *m* jour *m* de la mobilisation.

möblier|en [mø·ˈbliːrən] **I** *v/t.* ⟨*pas de ge-*, h⟩ meubler; möbliertes Zimmer chambre meublée, garnie; meublé *m*; garni *m*; möbliert wohnen loger en meublé, en garni; F möblierter Herr locataire en garni; **II 2en** *n* ⟨~s⟩, **2ung** *f* ⟨~⟩ ameublement *m*.

mochte, möchte [ˈmɔxtə, ˈmœçtə] *cf.* mögen.

modal [mo·ˈdɑːl] *adj.* modal; **2i'tät** *f* ⟨~; ~en⟩ *philos., gr.* modalité *f*.

Mode [ˈmoːdə] *f* ⟨~; ~n⟩ mode *f*; die herrschende ~ la mode du jour; die neueste ~ le dernier cri (du jour); in ~ bringen mettre à la mode, en vogue; lancer; in ~ kommen venir en vogue; das ist (nun einmal) so ~ ainsi est la mode; c'est la mode (ainsi); aus der ~ kommen passer de mode; *Schriftsteller, Roman* aus der ~ gekommen sein avoir fait son temps; das ist nicht mehr ~ cela n'est plus de mode *od.* (à) la mode; cela est passé de mode; c'est démodé; sich nach der ~ kleiden se mettre à la mode; die ~ mitmachen suivre la mode; (in der) ~ sein être à la mode; (wieder) ~ werden devenir (redevenir) à la mode; es wird ~, zu (+ *inf.*) la mode vient, c'est la mode, il est maintenant à la mode, c'est maintenant la mode de … (+ *inf.*); la mode de … (+ *inf.*) prend; **~ar,tikel** *m* article *m*, objet *m* de mode; nouveauté *f*; **~,ausdruck** *m* expression *f* à la mode, en vogue; **~,dämchen** *n* ⟨~s; ~⟩ *péj.* poupée *f*; **~,dame** *f* femme *f* à la mode; **~,dichter** *m* poète *m* en vogue; **~,farbe** *f* couleur *f* à la mode; **~,geck** *m* élégant *m*; dandy *m*; F gandin *m*; *péj.* zazou *m*; gommeux *m*; **~ge,schäft** *n* magasin *m* de modes, de nouveautés; **~,haus** *n* **1.** *cf.* ~geschäft; **2.** atelier *m* de couture; die großen Modehäuser la haute couture; **~,heft** *n cf.* Modenblatt; **~,krankheit** *f* maladie *f* à la mode.

Model [ˈmoːdəl] *m* ⟨~s; ~⟩ **1.** *bât., math.* module *m*; **2.** (*Form*) moule *m*; **3.** *Stoffdruck* gaufrure *f*.

Modell [mo·ˈdɛl] *n* ⟨~s; ~e⟩ modèle *m* (*auch Person*); *techn.* (*Typ*) type *m*; (*Muster*) prototype *m*; (*Schablone*) patron *m*; (*Form*) moule *m*; (*verkleinerte Nachbildung*) maquette *f*; *in der Wissenschaft, von Kristallgebilden* modèle *m*; *phys. atom. auch* calotte *f*; ~ stehen servir de, poser comme modèle; ein neues ~ herausbringen sortir un nouveau modèle, type; **~,bau** *m* ⟨~(e)s⟩ *techn.* modelage *m*; modèlerie *f*; *als Bastelei* construction *f* de modèles réduits; **~bau,kasten** *m* boîte *f* de construction métallique, de modèles réduits; **~,eisenbahn** *f* modèle réduit de chemin de fer; chemin *m* de fer (en) miniature; **~eur** [-ˈløːr] *m* ⟨~s; ~e⟩ modeleur *m*; **~,flugzeug** *n* maquette *f* d'avion; *mit Motor* modèle réduit d'avion; avion *m* miniature.

modellier|en [mo·dɛˈliːrən] **I** *v/t.* ⟨*pas de ge-*, h⟩ modeler; **II 2en** *n* ⟨~s⟩ modelage *m*; *sculp.* modelé *m*; **2er** *m* ⟨~s; ~⟩ modeleur *m*; **2,holz** *n* ébauchoir *m*; spatule *f* à modeler; **2,wachs** *n* cire *f* à modeler.

Modell|kleid [mo·ˈdɛl,klaɪt] *n cout.* modèle *m*; **~,tischler** *m* modeleur *m*; maquettiste *m*; **~tischle,rei** *f* (atelier *m* de) modelage *m*; **~ver,such** *m* essai *m* sur modèle réduit; expérience *f* sur maquette; **~ver,trag** *m* traité-type *m*; **~,zeichner** *m* modéliste *od.* modelliste *m*.

modeln [ˈmoːdəln] *v/t.* ⟨-(e)le, h⟩ **1.** *Stoffe* gaufrer; **2.** *cf.* modellieren I.

Mode|narr [ˈmoːdə,nar] *m*, **~,närrin** *f* esclave *m, f* de la mode; *cf. auch* Modedämchen, Modegeck; **~n,bild** *n* gravure *f* de mode; **~n,blatt** *n* journal *m* de modes; **~n,haus** *n cf.* Modehaus; **~n,schau** *f* présentation *f* des collections; **~n,zeitung** *f cf.* ~nblatt; **~,puppe** *f cf.* Modedämchen.

Moder [ˈmoːdər] *m* ⟨~s⟩ **1.** (*Fäulnis*) pourriture *f*; pourri *m*; nach ~ riechen sentir le pourri; **2.** (*Schlamm*) bourbe *f*; vase *f*; fange *f*; limon *m*; **~,erde** *f* terre pourrie; **~ge,ruch** *m* odeur *f* de pourri, de renfermé, de moisi; **2ig** *adj.* pourri; moisi; putréfié.

modern[1] [ˈmoːdərn] **I** *v/i.* ⟨-(e)re, sein⟩ pourrir; se putréfier; tourner en putréfaction; croupir; **II 2** *n* ⟨~s⟩ pourrissage *m*; putréfaction *f*.

modern[2] [mo·ˈdɛrn] *adj.* moderne; (*nach der neuesten Mode*) à la mode; d'aujourd'hui; du dernier cri; ~e Malerei peinture avancée, moderne, d'avant-garde; ~er Charakter *e-s Bauwerks* modernité *f*; ~e Art, ~er Geschmack modernisme *m*; **2e** *f* ⟨~⟩ modernité *f*; tendances *f/pl.* modernes; modernisme *m*; **~i'sieren** *v/t.* ⟨*pas de ge-*, h⟩ moderniser; mettre au goût du jour; rajeunir; **2i'sierung** *f* ⟨~⟩ modernisation *f*; F *iron.* rajeunissement *m*; **2ismus** [-ˈnɪs-] *m* ⟨~⟩ modernisme *m*; **2i'tät** *f* ⟨~⟩ modernité *f*.

Mode|sache [ˈmoːdə,zaxə] *f* affaire *f* de mode; **~sa,lon** *m* atelier *m* de couture; **~,schau** *f cf.* Modenschau; **~,schmuck** *m* fausse bijouterie; bijouterie *f* de fantaisie; **~,schöpfer(in)** *m (f)* créateur, -trice *m, f* de mode; **~,schöpfung** *f* création *f* de mode; **~,schrift,steller(in)** *m (f)* auteur *m* en vogue; **~,torheit** *f* engouement *od.* engoûment *m*, toquade *f* (de mode); **~,waren** *f/pl.* articles *m/pl.* de mode; modes *f/pl.*; nouveautés *f/pl.*; **~,warenge,schäft** *n* magasin *m* de modes, de nouveautés; **~,welt** *f* ⟨~⟩ monde *m* de la mode, de la haute couture; **~,wort** *n* ⟨~(e)s; ~er⟩ mot *m* à la mode, du jour, en vogue; **~,zeichner(in)** *m (f)* modéliste *od.* modelliste *m, f*; **~,zeitschrift** *f cf.* Modenblatt.

modifizier|en [mo·di·fi·ˈtsiːrən] **I** *v/t.* ⟨*pas de ge-*, h⟩ modifier; **II 2en** *n* ⟨~s⟩, **2ung** *f* ⟨~; ~en⟩ modification *f*.

mod|isch [ˈmoːdɪʃ] *adj.* moderne; à la mode; d'aujourd'hui; ~e Neuheiten nouveautés *f/pl.*; **2istin** [-ˈdɪstɪn] *f* ⟨~; ~nen⟩ modiste *f*.

modrig [ˈmoːdrɪç] *adj. cf.* moderig.

Modul [ˈmoːdʊl] *m* ⟨~s; ~n⟩ *techn.* module *m*.

Modulation [mo·du·latsi·ˈoːn] *f* ⟨~⟩ *mus., rad., techn.* modulation *f*; *der Stimme auch* inflexion *f*; **~sfre,quenz** *f* fréquence *f* de modulation; **~stransfor,mator** *m* transformateur modulateur; **~süber,tragung** *f* remodulation *f*.

Modul|ator [mo·du·ˈlɑːtər] *m* ⟨~s; -ˈtoren⟩ *rad.* modulateur *m*; **2ieren** **I** *v/t.* ⟨*pas de ge-*, h⟩ moduler; **II ~ieren** *n* ⟨~s⟩ *cf.* Modulation.

Modus [ˈmoːdʊs, ˈmo·dus] *m* ⟨~; -di⟩ *gr.* mode *m*; *fig. auch* forme *f*; méthode *f*; manière *f*.

Mogel|ei [,moːgəˈlaɪ] F *f* ⟨~; ~en⟩ tricherie *f*; **2n** [ˈmoː-] F **I** *v/i.* ⟨-(e)le, h⟩ tricher; piper; frauder; F filouter; P flouer; empiler; **II ~n** [ˈmoː-] *n* ⟨~s⟩ *cf.* Mogelei.

mögen [ˈmøːgən] *v/aux. de mode u. v/t.* ⟨mag, magst, mag; mochte; möchte; gemocht; h⟩ **1.** *drückt e-e Möglichkeit, Wahrscheinlichkeit aus* (*können*) (se) pouvoir; être possible, probable; das mag sein c'est possible; peut-être; cela se peut; cela pourrait bien être; er mag krank sein il se peut qu'il soit malade; peut-être est-il malade; sie mochte zwölf Jahre alt sein elle pouvait avoir douze ans; es mochten wenig Leute dagewesen sein, die … il devait y avoir peu de personnes qui …; mag sein, daß … (il est) possible que …, il se peut que … (+ *subj.*); wo er wohl sein mag, wo mag er wohl sein? où peut-il bien être?; wie mag es ihm wohl gehen? je me demande comment il va; auriez-vous de ses nouvelles?; wer mag ihm das gesagt haben? qui peut bien le lui avoir dit?; je me demande qui lui a dit cela; es mag acht Tage her sein il y a environ, il y a bien huit jours; wo mag er das gehört haben? où peut-il avoir appris cela?; was mag das bedeuten? qu'est-ce que cela peut (bien) signifier?; wie weit mag es nach X sein? combien peut-il y avoir d'ici à X?; … u. wie sie alle heißen ~ … et quels qu'aient bien pu être leurs noms; … et quels que fussent leurs noms; das mag der Teufel, der Henker wissen! seul le diable le sait!; qui diable le sait!; es mag für dieses Mal, für diesmal so hingehen passe pour cette fois; **2.** *einräumend, verallgemeinernd* was man auch immer sagen mag quoi que l'on dise; er mochte noch so viel bitten il eut beau prier; ich mag sagen, was ich will j'ai beau dire; er mag es nun zugestehen oder leugnen … qu'il le nie ou (qu'il) l'avoue …; es mag sein, wie es wolle …, wie es auch immer sein mag … quoi qu'il en soit …; ich mag tun, was ich will …, was ich auch immer tun mag, … quoi que je fasse …; wie sie auch sein ~ … quels qu'ils soient …; es mag daraus entstehen, was da wolle quoi qu'il arrive; advienne que pourra; wo er auch sein mag ... en quelque lieu qu'il soit ...; mag er auch noch so reich sein ... si riche qu'il soit ...; er mag wollen oder nicht qu'il (le) veuille ou non; mag dem sein, wie es wolle ... il en sera ce qu'il pourra ...; quoi qu'il en soit ...; es mag noch so lächerlich sein ... si ridicule que ce soit ...; 3. *zur Umschreibung des Optativs, Imperativs* (*sollen*) er mag es tun qu'il le fasse; das mag er immerhin tun libre à lui de le faire; er mag sich nur in acht nehmen! qu'il (y) prenne garde!; ~ sie sich darüber beklagen! qu'ils s'en plaignent!; er mag nun zusehen, wie er durchkommt! qu'il se tire d'affaire comme il pourra!; *iron.* möge es ihm wohl bekommen! grand bien lui fasse!; möge dieser Tag ... puisse ce jour ...; ~ Sie noch lange ... puissiez-vous longtemps encore ...; möge der Herr ihm beistehen! que Dieu lui vienne en aide!; Dieu l'aide!; sage ihm, er möchte nach Hause gehen dis-lui qu'il ferait bien de rentrer; 4. (*Neigung zu etw. verspüren*) avoir envie de; (*gern* ~, *lieben*) aimer (à); prendre plaisir à; (*wünschen*) vouloir; désirer; was möchten Sie? que désirez-vous?; qu'est-ce que vous désirez?; sie möchte gern studieren elle voudrait bien étudier; elle a envie d'étudier; man möchte meinen ... on dirait ...; lieber ~ aimer mieux; préférer; ich möchte lieber sterben, als ... j'aimerais mieux mourir que (de) ...; ich möchte gern etw. trinken je voudrais bien boire qc.; je désirerais boire qc.; ... so gern ich auch möchte ... quelque envie que j'en aie; ich möchte so gern ... (+ *inf.*) j'aimerais tant ... (+ *inf.*); ich möchte gern wissen, ob ... je voudrais bien savoir, j'aimerais savoir si ...; das hätte ich sehen ~ j'aurais bien voulu voir cela; da hätte ich dabeisein ~ j'aurais bien voulu y être; *unwillig* das möchte ich doch (ein)mal sehen! par exemple!; ich mag ihn nicht sehen je ne veux pas le voir; ich mag nichts mehr davon hören je ne veux plus en entendre parler; ich mag so etw. nicht je n'aime pas ces choses-là; er mag mich nicht il ne peut me souffrir; sie haben einander nie gemocht ils n'ont jamais pu se sentir.

Mogler ['mo:glər] F *m* ⟨~s; ~⟩ tricheur *m.*

möglich ['mø:klɪç] *adj. u. adv.* possible; qui peut se faire; (*ausführbar*) faisable; praticable; (*etwaig*) éventuel; er macht alle ~en Geschäfte il fait toutes sortes, toute espèce d'affaires; er verkauft alles ~e il vend n'importe quoi; ein ~er Kunde un client éventuel; etw. ~ machen rendre qc. possible; permettre qc.; donner les moyens (de faire qc.); ich halte es für ~ je crois que c'est possible; ... wo ~ ... si possible; ... si faire se peut; ~! (c'est) possible!; peut-être!; es ist ~, zu ... (+ *inf.*) il est possible, il y a moyen de ... (+ *inf.*); es ist ~, daß ... il est possible que ..., il se peut que ... (+ *subj.*); wie war so etw. ~? comment cela a-t-il pu se faire?; nicht ~! pas possible!; par exemple!; allons donc!; F non, sans blague!; wie soll ich, man es ~ machen? le moyen?; es war mir nicht ~, eher zu kommen il m'a été impossible de venir plus tôt; ich werde mein ~stes tun je ferai de mon mieux, (tout) mon possible; so bald wie *od.* als ~, ~st bald le plus tôt possible; aussi tôt que possible; so gut wie *od.* als ~, ~st gut le mieux possible; aussi bien que possible; so schnell wie *od.* als ~, ~st schnell le plus vite possible; aussi vite que possible; so wenig wie *od.* als ~, ~st wenig le moins possible; so wenig Fehler wie ~, ~st wenig Fehler le moins de fautes possible; so viel wie *od.* als ~, ~st viel autant que possible; ~st weit aussi large que possible; **~en'falls, ~er'weise** *adv.* éventuellement; le cas échéant; peut-être; il se peut que, il est possible que ... (+ *subj.*); **2e(s)** *n* ⟨→ A⟩ im Rahmen, im Bereiche des ~n dans la mesure, le domaine du possible, des possibilités; alles 2 tun, um zum Ziel zu kommen employer toute sorte de moyens pour réussir, pour parvenir à ses fins; **2ˌkeit** *f* ⟨~; ~en⟩ possibilité *f*; chose *f* possible; (*möglicher Fall*) éventualité *f*; (*Gelegenheit*) chance *f*; occasion *f*; *philos.* contingence *f*; es gibt nur e-e einzige ~ il n'y a qu'un seul moyen, qu'une seule chance, possibilité; verkaufen Sie nach ~ sofort vendez tout de suite si possible; im Hinblick auf diese ~ ... en prévision de cette éventualité ...; es bleibt Ihnen immer die ~, zu ... (+ *inf.*) il vous reste toujours la possibilité de, vous conservez la faculté de, il vous est toujours loisible de ... (+ *inf.*); nach ~ autant que possible; es war, gab keine ~, zu ... (+ *inf.*) il n'y avait pas moyen de ... (+ *inf.*); es besteht die ~, daß ... il est possible, il se peut que ... (+ *subj.*); **2keitsˌform** *f gr.* subjonctif *m*; **~st** *adv. cf.* möglich.

Mogul ['mo:gul] *m* ⟨~s; ~n⟩ Mog(h)ol *m.* [Mohär.]

Mohair [mo·'hɛ:r] *m* ⟨~s; ~e⟩ *cf.*

Mohammeda|ner(in) [mo·hame·'dɑ:nər(ɪn)] *m* ⟨~s; ~⟩ (*f*) ⟨~; ~nen⟩ musulman, -e *m, f*; mahométan, -e *m, f*; **2nisch** *adj.* musulman; mahométan; islamique; **~'nismus** *m* ⟨~⟩ mahométisme *m.*

Mohär [mo·'hɛ:r] *m* ⟨~s; ~e⟩ mohair *m.*

Mohikaner [mo·hi·'kɑ:nər] *m* ⟨~s; ~⟩ *fig.* der letzte ~ le dernier des Mohicans.

Mohn [mo:n] *m* ⟨~(e)s; ~e⟩ *bot.* pavot *m*; (*Feld2*) coquelicot *m*; **~ˌblume** *f cf.* Mohn; **~ˌblüte** *f* fleur *f* de pavot, de coquelicot; **~geˌwächse** *n/pl. sc.* papavéracées *f/pl.*; **~ˌkapsel** *f*, **~kopf** *m* tête *f* de pavot; **~öl** *n* (huile *f* d')œillette *f*; **~saft** *m* suc *m* de pavot; opium *m*; **~ˌsamen** *m* graine *f* de pavot.

Mohr [mo:r] *m* ⟨~en; ~en⟩ *fig.* der ~ hat s-e Schuldigkeit getan, der ~ kann gehen le monde paye d'ingratitude; l'orange pressée, on jette l'écorce *prov.*

Möhre ['mø:rə] *f* ⟨~; ~n⟩ *bot.* carotte *f*; **~nˌsaft** *m* jus *m* de carotte.

Mohrenwäsche ['mo:rənˌvɛʃə] *f fig.* peine inutile, perdue (de vouloir blanchir un nègre).

Mohrrübe ['mo:rˌry:bə] *f bot. cf.* Möhre.

Moir|é [mo·a're:] *m od. n* ⟨~s; ~s⟩ moire *f*; **2ieren** *v/t.* ⟨*pas de ge-*, h⟩ moirer.

mokant [mo·'kant] *adj.* moqueur, -euse; railleur, -euse; taquin; *pfort.* sarcastique; sardonique.

Mokassin [mo·ka'si:n, mɔ-] *m* ⟨~s; ~s *od.* ~e⟩ mocassin *m.*

mokieren [mo·'ki:rən] *v/réfl.* ⟨*pas de ge-*, h⟩ sich über j-n ~ se moquer de qn.

Mokka ['mɔka] *m* ⟨~s; ~s⟩ (café) moka *m*; **~ˌtasse** *f* tasse *f* de moka.

Mol [mo:l] *n* ⟨~(e)s; ~e⟩ *chim.* mole *f*; molécule-gramme *f.*

Molar [mo·'lɑ:r] *m* ⟨~s; ~en⟩ molaire *f.*

Molch [mɔlç] *m* ⟨~(e)s; ~e⟩ *zo.* triton *m.*

moldauisch ['mɔldauˌɪʃ] *adj.* moldave.

Mole ['mo:lə] *f* ⟨~; ~n⟩ *mar.* môle *m*; jetée *f.*

Mole|kül [mo·le·'ky:l] *n* ⟨~s; ~e⟩ molécule *f*; **2ku'lar** *adj.*, **~ku'lar...** *in Zssgn.* moléculaire; **~ku'largeˌwicht** *n* poids *m* moléculaire.

Molenkopf ['mo:lənˌkɔpf] *m mar.* musoir *m.*

Molke ['mɔlkə] *f* ⟨~; ~n⟩ petit-lait *m*; **~nˌkäse** *m* fromage *m* de petit-lait; **~nˌkur** *f méd.* cure *f* de petit-lait.

Molkerei [ˌmɔlkə'raɪ] *f* ⟨~; ~en⟩ laiterie *f*; **~ˌbutter** *f* beurre *m* de laiterie; **~erˌzeugnisse** *n/pl.* produits laitiers; **~ˌfachmann** *m* expert laitier; **~geˌnossenschaft** *f* coopérative laitière; **~proˌdukte** *n/pl. cf.* ~erzeugnisse.

molkig ['mɔlkɪç] *adj.* qui ressemble à du petit-lait; *sc.* séreux, -euse.

Moll[1] [mɔl] *n* ⟨~; ~⟩ *mus.* mode mineur; **~**[2] *m* ⟨~(e)s; ~e *od.* ~s⟩ *cf.* Molton; **~aˌkkord** *m mus.* accord mineur.

mollig ['mɔlɪç] *adj.* 1. F (*weich*) douillet, -tte; *Zimmer* (*behaglich, angenehm warm*) à bonne température; à température agréable; *Wärme* agréable; hier ist's recht ~! il fait bon ici!; 2. F *von e-r Person* (*rundlich*) F potelé; rondelet, -tte; grassouillet, -tte; P rembourré; matelassé.

Mollton ['mɔlto:n] *m* ⟨~(e)s; ~e⟩ *mus.* ton mineur; **~art** *f cf.* Moll[1]; **~leiter** *f* gamme mineure.

Mollusken [mɔ'luskən] *f/pl. zo.* mollusques *m/pl.*

Molton ['mɔltən] *m* ⟨~s; ~s⟩ *text.* molleton *m.*

Molybdän [mo·lʏp'dɛ:n] *n* ⟨~s⟩ *chim.* molybdène *m.*

Moment[1] [mo·'mɛnt] *m* ⟨~(e)s; ~e⟩ (*Augenblick*) moment *m*; instant *m*; lichte ~e *e-s Geisteskranken* instants de lucidité; in diesem ~ à ce moment; im ~ (*gegenwärtig*) en ce moment; im letzten ~ au dernier moment; der richtige ~ le (bon) moment; den richtigen ~ verpassen manquer le moment; ~, bitte! un moment, s'il vous plaît!; F ~ mal! attends (attendez) un peu!; F minute, papillon!; **~**[2] *n* ⟨~(e)s; ~e⟩ (*Faktor*) facteur *m*; élément *m*; (*Gesichtspunkt*) point *m* de vue; *techn., phys., etc.* moment *m*; psychologisches ~ moment psychologique; als ausgleichendes ~ wirken agir comme un facteur, élément d'équilibre; jouer le rôle de régulateur.

momentan [mo·mɛn'tɑ:n] 1. *adj.* instantané; momentané; (*gegenwärtig*) actuel, -lle; présent; 2. *adv.* momentanément; pour l'instant; en ce moment; actuellement; **2ˌwert** *m* valeur instantanée.

Moment|aufnahme [mo·'mɛntˌˀaufnɑ:mə] *f phot.* instantané *m*; **~ˌschalter** *m élect.* disjoncteur instantané; **~unterˌbrechung** *f élect.* rupture instantanée; **~verˌschluß** *m techn.* fermeture *f* rapide, instantanée; *phot.* obturateur *m* à instantané.

Monad|e [mo·'nɑ:də] *f* ⟨~; ~n⟩ *philos.* monade *f*; **~enˌlehre** *f philos.* monadisme *m*; monadologie *f*; **2isch** *adj.* monadologique.

Monarch(in) [mo·'narç(ɪn)] *m* ⟨~en;

~en› (*f*) ‹~; ~nen› monarque *m*; souverain, -e *m, f*.

Monarch|ie [moˑnar'çiː] *f* ‹~; -ien› monarchie *f*; **2isch** [-'nar-] *adj.* monarchique; **~ist** *m* ‹~en; ~en› monarchiste *m*; **2istisch** *adj.* monarchiste.

Monat ['moːnat] *m* ‹~(e)s; ~e› mois *m*; im ~ Mai au mois de mai; en mai; **vor anderthalb ~en** il y a six semaines; **Ende dieses ~s** à la fin du mois, de ce mois; fin courant; **des laufenden ~s** du mois courant; **pro ~, im ~** par mois; **sie ist im fünften ~** elle est dans son cinquième mois; **2eˌlang** *adj. u. adv.* (pendant) des mois entiers; des mois durant; **2ˌlich 1.** *adj.* mensuel, -lle; **~e Zahlung** payement *m* par mensualités; mensualité *f*; **2.** *adv.* tous les mois; par mois; mensuellement; **~ zahlen** payer par mensualités.

Monats|abschluß ['moːnatsˌˀapʃlʊs] *m* bilan mensuel; **~ˌaufstellung** *f* état mensuel; **~ˌausweis** *m e-r Bank* situation mensuelle (d'une banque); **~ˌauszug** *m* relevé mensuel; **~beˌricht** *m* rapport mensuel, du mois; **~beˌtrag** *m* mensualité *f*; **~beˌzüge** *m/pl.* rémunération mensuelle; revenu mensuel; **~ˌbinde** *f* serviette *f* hygiénique; **~ˌdurchschnitt** *m* moyenne mensuelle; **~ˌende** *n* fin *f* de mois; **~ˌerdbeere** *f bot.* fraise *f* des quatre saisons; **~ˌfluß** *m physiol. cf.* **Menstruation**; **~ˌfrist** *f* **in, binnen ~** dans l'espace, dans le délai d'un mois; **~geˌhalt** *n* appointement, traitement mensuel; émoluments mensuels; **~ˌgeld** *n* salaire mensuel; paye mensuelle; mois *m*; *comm.* mensualité *f*; **~ˌkarte** *f für ein Verkehrsmittel* carte (d'abonnement) mensuelle; abonnement mensuel; **~ˌlohn** *m* salaire mensuel; **~ˌname** *m* nom *m* du mois; **~ˌrate** *f* mensualité *f*; **~ˌschrift** *f* revue mensuelle; journal mensuel; *illustriert* magazine *m*; **~ˌumsatz** chiffre *m* d'affaires mensuel; **~verˌdienst** *m* gain mensuel; **2ˌweise** (*od.* **'monatˌweise**) *adv.* par mois; mensuellement.

Mönch [mœnç] *m* ‹~(e)s; ~e› *égl. cath.* moine *m*; religieux *m*; **~ werden** se faire moine; entrer dans les ordres; F prendre le froc; **gewesener, ehemaliger ~** (moine) défroqué *m*; **2isch** *adj.* de moine; monacal; (*klösterlich*) monastique; **~lein** F *n* ‹~s; ~› petit moine; F moinillon *m*.

Mönchs|kappe ['mœnçsˌkapə] *f* capuchon *m* (de moine); **~ˌkloster** *n* couvent *m* de moines; cloître *m*, monastère *m* (d'hommes); **~ˌkutte** *f* froc *m*; habit monacal; **die ~ ablegen, ausziehen** se défroquer; **~laˌtein** *n* latin *m* de couvent; **~ˌleben** *n* vie monacale, monastique; **~ˌorden** *m* ordre religieux, monastique; **~tum** (*od.* **Mönchtum**) *n* ‹~(e)s›, **~ˌwesen** *n* ‹~s› état *m* monastique; institutions *f/pl.* monastiques; monachisme *m*; *péj.* moinerie *f*; **~ˌzelle** *f* cellule *f*.

Mond [moːnt] *m* ‹~(e)s; ~e› **1.** lune *f*; *astr. auch* satellite *m*; lunule *f*; **der ~ nimmt zu (ab)** la lune croît, est dans son croissant (décroît, est dans son déclin); **zunehmender ~** lune croissante; croissant *m*; **abnehmender ~** lune décroissante; déclin *m*, décours *m* de la lune; **wir haben zunehmenden (abnehmenden) ~** nous sommes à la lune croissante (décroissante); **der ~ ist voll** la lune est dans son plein, est pleine; **der ~ scheint (hell)** il fait (un beau) clair de lune; **der ~ hat e-n Hof** la lune a un 'halo, un cerne; **vom ~ beschienen** éclairé par la, *poét.* baigné de lune; **zum ~ fahren, fliegen** aller dans la lune; **auf dem ~ landen** alunir; atterrir sur la lune; **weich auf dem ~ landen** alunir en douceur; se poser, atterrir en douceur sur la lune; *Hund* **den ~ anbellen** aboyer à la lune; F *fig.* **hinter** *od.* **auf dem ~ leben** vivre, être dans la lune; F *fig.* **meine Uhr geht nach dem ~** F ma montre bat la breloque; F *fig.* **in den ~ gucken** F revenir bredouille, les mains vides; en être pour ses frais; faire chou blanc; P se mettre la tringle; **2.** *poét.* (*Monat*) mois *m*; lune *f*; **3.** *Eiskunstlauf* grand aigle.

mondän [mɔn'dɛːn] *adj.* mondain.

Mond|aufgang ['moːntˌˀaufgaŋ] *m* lever *m* de la lune; **~bahn** *f astr.* orbite *f* de la lune; **2beˌglänzt, 2beˌschienen** *adjt.* éclairé par la, *poét.* baigné de lune; **~beˌwohner** *m/pl.* lunaires *m/pl.*; **~en..., ~es...** *cf.* **~...**; **~ˌfinsternis** *f* ‹~; ~se› *astr.* éclipse *f* de lune; **~ˌfleck(en)** *m* tache *f* de la lune; **2ˌförmig** *adj.* en forme de lune, de croissant; *bot.* luné; **~geˌbirge** *n/pl.* montagnes *f/pl.* lunaires; **~geˌsicht** F *fig. n* face *f* lunaire; **2hell** *adj.* éclairé par la lune; **es ist ~** il fait clair de lune; **~jahr** *n* année *f* lunaire; **~kalb** *n physiol.* faux germe; *méd.* môle *f*; F *fig.* (*Dummkopf*) imbécile *m, f*; niais, -e *m, f*; F nigaud, -e *m, f*; benêt *m*; godiche *f*; gourde *f*; **~ˌkarte** *f astr. sc.* carte *f* sélénographique; **~ˌkrater** *m astr.* cratère *m* lunaire; **~ˌlandung** *f* alunissage *m*; atterrissage *m* sur la lune; **~licht** *n* clair *m* de lune; lumière *f* de la lune; **~nacht** *f* nuit *f* de lune, éclairée par la lune; **~ˌoberfläche** *f* surface *f* lunaire, de la lune; **~ˌphasen** *f/pl. astr.* phases *f/pl.* de la lune; lunaison *f*; **~raˌkete** *f* fusée *f* lunaire; **~ˌscheibe** *f* disque *m* lunaire, de la lune; **~schein** *m* ‹~(e)s› **1.** clair *m* de lune; **bei(m) ~** au clair de la lune; **2.** F *fig. cf.* **Glatze**; **~ˌsichel** *f* croissant *m* (lunaire, de [la] lune); **~ˌsonde** *f* sonde *f* lunaire; **~stein** *m minéral.* pierre *f* de lune; adulaire *f*; **~sucht** *f* ‹~› *méd.* somnambulisme *m*; **2ˌsüchtig** *adj.* somnambule; **~ˌsüchtige(r)** *f* (*m*) somnambule *m, f*; **~ˌumlauf** *m astr.* lunaison *f*; *cf. auch* **~bahn**; **~ˌviertel** *n* quartier *m* de la lune; **~viˌole** *f* ‹~; ~n› *bot.* lunaire *f*; F monnaie *f* du pape; satin blanc; médaille *f* de judas; **~ˌwechsel** *m astr.* changement *m* de lune; phase *f* de la lune; *sc.* lunaison *f*.

Monegass|e [moˑneˑ'gasə] *m* ‹~n; ~n›, **~in** *f* ‹~; ~nen› Monégasque *m, f*; **2isch** *adj.* monégasque; de Monaco.

monetär [moˑneˑ'tɛːr] *adj.* monétaire.

Moneten [moˑ'neːtən] F *pl.* P fric *m*; galette *f*; pognon *m*; pèze *m*; grisbi *m*; oseille *f*; picaillons *m/pl.*; ronds *m/pl.*; pépettes *f/pl.*; flousse *m*; braise *f*.

Mongol|e [mɔŋ'goːlə] *m* ‹~n; ~n›, **~in** *f* ‹~; ~nen› Mongol, -e *m, f*; **~enˌfleck** *m* tache bleue mongolique; **2isch** *adj.* mongol(ique); **~ismus** [-'lɪs-] *m* ‹~› *méd.* mongolisme *m*; **2o'id** *adj.* mongoloïde.

monieren [moˑ'niːrən] *v/t.* ‹*pas de ge-*, h› blâmer; critiquer; censurer.

Moniliakrankheit [moˑ'niːliˑaˌkraŋkhaɪt] *f* ‹~› *bot.* rot brun.

Monis|mus [moˑ'nɪsmʊs] *m* ‹~› *philos.* monisme *m*; **~t** *m* ‹~en; ~en› moniste *m*.

Monitum ['moːniˑtʊm] *n* ‹~s; -ta› administration *f*; remontrance *f*.

mono|chrom [moˑnoˑ'kroːm] *adj.* monochrome; **2'die** *f* ‹~› *mus.* monodie *f*; **~disch** [-'noː-] *adj. mus.* monodique; **2ga'mie** *f* ‹~› monogamie *f*; **~'gam(isch)** *adj.* monogame; **2'gramm** *n* ‹~s; ~e› monogramme *m*; **2gra'phie** *f* ‹~; -ien› monographie *f*; **2kel** [-'nə-] *n* ‹~s; ~› monocle *m*; **ein ~ tragen** porter monocle; **~ku'lar** *adj.* monoculaire; **2kulˌtur** ['moː-] *f agr.* monoculture *f*; **2'lith** *m* ‹~s; ~e› monolithe *m*; **2'log** *m* ‹~s; ~e› monologue *m*; **2ma'nie** *f* ‹~› *méd.* monomanie *f*; **~'man(isch)** *adj.* monomane; monomaniaque; **2ple'gie** *f* ‹~; -ien› *méd.* monoplégie *f*; **2'pol** *n* ‹~s; ~e› monopole *m*; privilège exclusif; **2'polˌgüter** *n/pl.* produits *m/pl.* de monopole; **2'polˌinhaber** *m* monopolisateur *m*; **~poli'sieren** *v/t.* ‹*pas de ge-*, h› monopoliser; **2poli'sierung** *f* ‹~› monopolisation *f*; **2po'list** *m* ‹~en; ~en› *cf.* **2polinhaber**; **2'polkapiˌtal** *n* capital monopolisateur; **2'polˌpreis** *m* prix *m* de monopole; **2'polˌstellung** *f* position *f*, situation *f* de monopole; **2the'ismus** *m* ‹~› monothéisme *m*; **2the'ist** *m* ‹~en; ~en› monothéiste *m*; **~the'istisch** *adj.* monothéiste; **~'ton** *adj.* monotone; **2to'nie** *f* ‹~; -ien› monotonie *f*; **2type** ['mɔnoˑˌtaɪp] *f* ‹~; ~s› *impr.* monotype *f*.

Monroedoktrin [mɔn'roːdɔkˌtriːn, 'mɔnroˑ-] *f* doctrine *f* de Monroe.

Monster|konzert ['mɔnstərkɔnˌtsɛrt] F *n* concert *m* monstre; **~proˌzeß** F *m* procès *m* monstre.

Monstranz [mɔn'strants] *f* ‹~; ~en› *égl. cath.* ostensoir *m*.

monstr|ös [mɔn'strøːs] *adj.* monstrueux, -euse; **2osi'tät** *f* ‹~; ~en› monstruosité *f*; **2um** ['mɔn-] *n* ‹~s; -ren *od.* -ra› monstre *m*.

Monsun [mɔn'zuːn] *m* ‹~s; ~e› mousson *f*.

Montag ['moːntaːk] *m* ‹~(e)s; ~e› lundi *m*; F **blauen ~ machen** chômer, faire le lundi; F fêter la Saint-Lundi.

Montage [mɔn'taːʒə, mõː-] *f* ‹~; ~n› *techn.* montage *m* (*auch phot., Fernsehen etc.*); (*Einrichten*) installation *f*; (*Zusammenbauen*) assemblage *m*; (*Einpassen*) ajustage *m*; **~...** *in Zssgn.* de montage; **~ˌband** *n* chaîne *f* de montage; **~geˌrüst** *n*, **~geˌstell** *n* échafaudage *m* de montage; **~ˌhalle** *f* 'hall *m* de montage; **~ˌkosten** *pl.* frais *m/pl.* de montage.

mon|tägig ['moːnˌtɛːgɪç] *adj.* de lundi; **~ˌtäglich** *adj.* du lundi; **~tags** *adv.* (le) lundi; tous les lundis.

Montan|gesellschaft [mɔn'taːngəˌzɛlʃaft] *f* compagnie minière; **~indusˌtrie** *f* industrie minière; industrie *f* du charbon et de l'acier; industrie charbonnière et sidérurgique; **~uniˌon** *f* ‹~› Communauté Européenne du Charbon et de l'Acier (*abr.* C.E.C.A.); pool *m* charbon-acier; **~ˌwerte** *m/pl.* *Börse* valeurs minières; **~ˌwirtschaft** *f cf.* **~industrie**.

Montenegrin|er [mɔnteˑneˑ'griːnər] *m* ‹~s; ~›, **~eˌrin** *f* ‹~; ~nen› Monténégrin, -e *m, f*; **2isch** *adj.* monténégrin; du Monténégro.

Mont|eur [mɔn'tøːr] *m* ‹~s; ~e› monteur *m*; installateur *m*; ajusteur *m*; F mécano *m*; **~eurˌanzug** *m* combinaison *f*; salopette *f*; cotte *f*; F bleu(s) *m* (*pl.*); **2ieren I** *v/t.* ‹*pas de ge-*, h› monter; (*einrichten*) installer; (*zusammenbauen*) assembler; (*einstellen*) ajuster; **II ~ieren** *n* ‹~s›, **~ierung** *f* ‹~› *cf.* **Montage**.

Monument [moˑnuˑ'mɛnt] *n* ‹~(e)s; ~e› monument *m*.

monumental [moˑnuˑmɛn'taːl] *adj.* monumental; **2ˌbau** *m* ‹~(e)s; ~ten› construction monumentale; 2ˌ**film** *m* film *m* à grande mise en scène.

Moor [moːr] *n* ⟨~(e)s; ~e⟩ marais *m*; (*große moorige Landstrecke*) marécage *m*; (*Torf*2) tourbière *f*; ~**bad** *n* bain *m* de boue; ~ˌ**bauer** *m* ⟨~n; ~n⟩ cultivateur *m* d'un terrain marécageux; ~ˌ**boden** *m* sol, terrain marécageux; ~**huhn** *n zo.* foulque *f*; râle *m*; 2**ig** *adj.* marécageux, -euse; ~**kulˌtur** *f* culture *f* d'un terrain marécageux, en sols tourbeux; ~**land** *n* terrain marécageux; marécages *m/pl.*; ~ˌ**packung** *f cf.* ~bad; ~ˌ**pflanzen** *f/pl. bot.* plantes marécageuses; ~ˌ**schnepfe** *f zo.* bécassine *f*; ~ˌ**tümpel** *m* mare *f* de marécage, marécageuse.

Moos [moːs] *n* ⟨~es; ~e⟩ **1.** *bot.* mousse *f*; **Isländisches ~** lichen *m* d'Islande; F *fig.* **~ ansetzen** (*alt werden*) vieillir; F prendre de la bouteille; **2.** ⟨*pas de pl.*⟩ F (*Geld*) *cf.* **Moneten**; 2ˌ**artig** *adj.* mousseux, -euse; ~ˌ**beere** *f bot.* canneberge *f*; 2**beˌdeckt**, 2**beˌwachsen** *adjt.* couvert de mousse(s); moussu; ~**farn** *m bot.* sélaginelle *f*; 2**grün** *adj.* vert mousse; 2**ig** *adj. cf.* 2bedeckt; ~ˌ**pflanzen** *f/pl. bot.* mousses *f/pl.*; ~ˌ**rose** *f bot. Blume* rose mousseuse, moussue; *Strauch* rosier mousseux, moussu; ~ˌ**tierchen** *n/pl. zo.* bryozoaires *m/pl.*

Mop [mɔp] *m* ⟨~s; ~(s)⟩ balai *m* à franges; F balai *m* O'Cédar.

Moped ['moːpɛt, -peːt] *n* ⟨~s; ~s⟩ cyclomoteur *m*; ~ˌ**fahrer** *m* cyclomotoriste *m*.

moppen ['mɔpən] *v/i.* ⟨h⟩ épousseter essuyer, nettoyer (avec le balai à franges).

Mops [mɔps] *m* ⟨~es; ⁼e⟩ *zo.* carlin *m*; 2**en** F **I** *v/t.* ⟨-(es)t, h⟩ **1.** **etw. ~** *cf.* **mausen I**; **2.** (*ärgern*) fâcher; mettre en colère; **II** *v/réfl.* **sich ~** **3.** *cf.* **langweilen II**; **4.** (*sich ärgern*) se fâcher; se mettre en colère; 2**ig** F *adj.* **1.** *cf.* **langweilig**; **2.** *von Personen* (*dick*) grassouillet, -tte; bien en chair.

Moral [mo·'rɑːl] *f* ⟨~⟩ (*Sittenlehre*) morale *f*; (*Sittlichkeit*) moralité *f*; bonnes mœurs; *e-r Fabel etc.* morale *f*; moralité *f*; leçon *f*; *milit., der Truppen* moral *m*; **Verstoß gegen die ~** outrage à la morale; **j-m ~ predigen** faire (de) la morale, la leçon à qn.; **das ist die ~ von der Geschichte** voilà la morale de l'histoire; ~**geˌsetz** *n* loi *f* (de la) morale; 2**isch** *adj.* moral; 2**e Aufrüstung** Réarmement Moral; ~**e Pflicht** devoir *m*; ~**e Betrachtungen anstellen** faire de la morale; moraliser; **e-n ~en Druck auf j-n ausüben** exercer une pression morale sur qn.; **er ist ~ dazu verpflichtet** il y est moralement engagé; F **e-n 2en haben** éprouver de, être tourmenté par de profonds regrets; 2**i'sieren** *v/i.* ⟨*pas de ge-*, h⟩ moraliser; faire de la morale; ~**ist** [-'lɪst] *m* ⟨~en; ~en⟩ moraliste *m*; ~**i'tät** *f* ⟨~⟩ **1.** moralité *f*; **2.** ⟨*pl.* ~en⟩ *meist pl.* ~en *thé.* moralités *f/pl.*; ~**philosoˌphie** *f* philosophie morale; ~ˌ**prediger(in)** *m* ⟨~s; ~⟩ (*f*) ⟨~; ~nen⟩ moralisateur, -trice *m, f*; *péj.* moraliste *m, f*; sermonneur, -euse *m, f*; ~ˌ**predigt** *f* sermon *m*; **e-e ~ halten** faire, prêcher la morale (j-m à qn.); moraliser, chapitrer, sermonner (qn.).

Moräne [mo·'rɛːnə] *f* ⟨~; ~n⟩ *géol.* moraine *f*.

Morast [mo·'rast] *m* ⟨~es; ~e *od.* Moräste⟩ **1.** bourbe *f*; (*Kot*) boue *f*; fange *f*; **im ~ steckenbleiben** s'embourber; **2.** *cf.* **Moor**; 2**ig** *adj.* **1.** bourbeux, -euse; fangeux, -euse; **2.** marécageux, -euse; ~ˌ**loch** *n* bourbier *m*.

Moratorium [mo·ra'toːriˑum] *n* ⟨~s; -ien⟩ *comm.* moratoire *m*; moratorium *m*; atermoiement *m*.

morbid [mɔr'biːt] *adj.* morbide; 2**i'tät** *f* ⟨~⟩ morbidité *f*.

Morchel ['mɔrçəl] *f* ⟨~; ~n⟩ *bot.* morille *f*.

Mord [mɔrt] *m* ⟨~(e)s; ~e⟩ meurtre *m*; (*vorsätzliche Tötung*) assassinat *m*; homicide *m* volontaire; **e-n ~ begehen** commettre un meurtre; *cf. auch* 2**en**; **da gibt es ~ u. Totschlag** F ça barde; il y a du grabuge, de la bigorne; F *fig.* **das ist ja ~!** c'est un crime!; c'est épouvantable, affreux, terrible!; F *fig.* **das ist der reinste ~** F c'est diablement dangereux; ~**aˌffäre** *f* affaire *f* de meurtre; ~ˌ**anklage** *f* **unter ~ stehen** être inculpé, sous l'inculpation de meurtre; ~ˌ**anschlag** *m* attentat *m* contre la vie, la personne (de qn.); tentative *f* de meurtre; ~ˌ**brenner** *m* incendiaire *m*; 2**en I** *v/t.* ⟨-ete, h⟩ assassiner; tuer; (*niedermetzeln*) massacrer; *abs.* commettre un meurtre, assassinat, homicide volontaire; **II** ~**en** *n* ⟨~s⟩ *cf.* **Mord**; (*Gemetzel*) massacre *m*; *fig.* boucherie *f*; tuerie *f*; hécatombe *f*; carnage *m*.

Mörder|(in) ['mœrdər(ɪn)] *m* ⟨~s; ~⟩ (*f*) ⟨~; ~nen⟩ meurtrier, -ère *m, f*; assassin *m*; *st. s.* homicide *m, f*; **Hilfe, ~!** au meurtre!; à l'assassin!; ~ˌ**grube** *f fig.* **aus s-m Herzen keine ~ machen** dire ce qu'on a sur le cœur; avoir son franc-parler; F ne pas envoyer dire à qn. (ce qu'on pense); ne pas mâcher les mots; ~ˌ**hand** *f* main meurtrière; 2**isch** F *adj. Klima, Kälte, Hitze, Feuer, Krieg etc.* meurtrier, -ère; terrible; *nur Klima, Kälte, Hitze* mortel, -lle; **ein ~er Kampf** un combat meurtrier, homicide; ~**e Hitze** *auch* chaleur torride, étouffante, suffocante; ~**e Geschwindigkeit** vitesse infernale; 2ˌ**lich** F *adj.* terrible; affreux, -euse; épouvantable; **~ schreien** crier à tue-tête.

Mord|gedanke ['mɔrtgəˌdaŋkə] *m* pensée meurtrière, criminelle, de meurtre; ~**gier** *f* soif *f* de sang; instincts *m/pl.* sanguinaires; 2ˌ**gierig** *adj.* sanguinaire; ~**instruˌment** *n cf.* ~werkzeug; ~**io** [-di·oː] **Zeter u. ~ schreien** *cf.* **Zeter**; ~**kommissiˌon** *f* police *f* judiciaire; enquêteurs *m/pl.*; ~**lust** *f cf.* ~gier; ~**nacht** *f* nuit *f* du meurtre; nuit meurtrière; ~**s'angst** F *f* peur bleue; P grande frousse, trouille; ~**s'arbeit** F *f* travail *m* énorme; 2**s'dämlich** F *adj. cf.* 2sdumm; ~**s'ding** F *n* ⟨~(e)s; ~er⟩ monstre *m*; chose *f* énorme; 2**s'dumm** F *adj.* **~ sein** F être bête à manger du foin, comme ses pieds, comme une oie; ~**s'dusel** F *m* P veine *f* de cocu; 2**s'faul** F *adj.* paresseux, -euse comme une couleuvre; ~**s-ge'dränge** F *n* presse *f*, bousculade *f* épouvantable, terrible; ~**s'geld** F *n* **ein ~ verdienen** gagner un argent fou; **er verdient ein ~** *auch* F il gagne (un argent) gros comme lui; ~**sge'schichte** F *f* histoire épatante; ~**sge'schrei** F *n* **ein ~ erheben** pousser des cris, clameurs terribles; *um zu protestieren* jeter les 'hauts cris; ~**s'glück** F *n* chance inouïe, énorme; *cf. auch* ~sdusel; 2**s'häßlich** F *adj.* F laid comme un pou; ~**s'hunger** F *m* **e-n ~ haben** F avoir une faim de loup; avoir l'estomac dans les talons; 2**s'kalt** F *adj.* **es ist ~** F il fait un froid de canard, de chien, de loup, *etc. cf.* ~skälte; ~**s'kälte** F *f* F froid *m* de canard, de chien, de loup, du diable, de tous les diables, à pierre fendre; ~**s'kerl** F *m* F fameux *od.* rude gaillard; as *m*; P type épatant; ~**s'lärm** F *m* vacarme *m* épouvantable; tapage infernal; 2**sˌmäßig** F *adj.* terrible; affreux, -euse; épouvantable; énorme; 2**s'schwer** F *adj. im Gewicht* terriblement lourd, (*schwierig*) difficile; ~**s'spaß** F *m* plaisir inouï, énorme, fou; ~**sspek'takel** F *m cf.* ~slärm; ~**s'wut** F *f* rage folle; ~**tat** *f* attentat *m*; *cf. auch* **Mord**; ~**verˌdacht** *m* **unter ~ stehen** être soupçonné de meurtre; ~**verˌsuch** *m* tentative *f* d'assassinat, de meurtre; attentat *m* à la vie; ~ˌ**waffe** *f* arme *f* du crime; *poét.* fer *m* homicide; *par ext.* (*mörderische Waffe*) arme meurtrière; ~ˌ**werkzeug** *n* instrument *m* du crime; *cf. auch* ~waffe.

Mores ['moːrɛs] *pl.* F **ich werde ihn ~ lehren** je vais lui apprendre à vivre.

morganatisch [mɔrga'nɑːtɪʃ] *adj.* ~**e Ehe** mariage morganatique.

Morgen[1] ['mɔrgən] *m* ⟨~s; ~⟩ **1.** matin *m*; (*Vormittag*) matinée *f*; **am ~** le matin; **gestern 2** hier matin; **e-s schönen ~s** un beau matin; F un de ces quatre matins; **der anbrechende ~** le jour naissant; **des ~s** le matin; au petit matin; dans la matinée; **des ~s früh, früh am ~** de bon, de grand matin; le matin de bonne heure; **diesen ~, heute 2** ce matin; **am anderen, folgenden, nächsten ~, den anderen ~** le lendemain matin; **guten ~!** bonjour!; **j-m e-n guten ~ wünschen** souhaiter le bonjour à qn.; **2.** (*Osten*) orient *m*; est *m*; *poét.* levant *m*.

Morgen[2] ['mɔrgən] *m* ⟨~s; ~⟩ *agr. Ackermaß* arpent *m* de terre; acre *m*.

Morgen[3] ['mɔrgən] *n* ⟨~⟩ lendemain *m*; futur *m*.

morgen ['mɔrgən] *adv.* demain; **~ früh** demain matin; **~ mittag** demain à midi; **~ abend** demain soir; **~ in acht Tagen, ~ über acht Tage** de demain en huit; **~ ist Montag** c'est demain lundi; **von heute auf ~** (*plötzlich*) du jour au lendemain; **von heute bis ~, zwischen heute u. ~** d'ici à demain; **bis ~ warten** attendre à demain, au lendemain; **lieber heute als ~** le plus tôt sera le mieux; F **~ ist auch noch ein Tag!** à demain les affaires!; demain il fera jour!; demain nous aurons le temps!; à chaque jour suffit sa peine!; **etw. bis auf ~ verschieben** ajourner, remettre qc. au lendemain; **~! ~! nur nicht heute! sprechen alle faulen Leute** *prov.* il ne faut pas remettre au lendemain ce qu'on peut faire le jour même.

Morgen|andacht ['mɔrgənˌˀandaxt] *f* prières *f/pl.* du matin; ~ˌ**anzug** *m cf.* ~rock; ~ˌ**ausgabe** *f e-r Zeitung* édition *f* du matin; ~ˌ**blatt** *n* feuille *f*, journal *m* du matin; ~ˌ**dämmerung** *f* crépuscule *m* du matin; aube *f*; petit jour; pointe *f*, point *m* du jour; **in der ~** au point du jour; **in der ersten ~** au petit crépuscule du matin; 2**dˌlich** *adj.* du matin; matinal; 2ˌ**frisch** *adj.* qui a la fraîcheur du matin; ~ˌ**frühe** *f* **schon in der ~** de bon matin; (très) tôt le matin; de très bonne heure; ~ˌ**gabe** *f* cadeau *m* de noce (du mari à sa femme); ~**geˌbet** *n* prière *f* du matin; ~ˌ**grauen** *n* ⟨~s⟩ *cf.* ~dämmerung; ~ˌ**gruß** *m* bonjour *m*; ~**gymˌnastik** *f* gymnastique matinale; ~ˌ**land** *n* ⟨~(e)s⟩ *géogr.* Orient *m*; Levant *m*; *bibl.* **die drei Weisen aus dem ~** les rois mages; ~ˌ**länder(in)**

m ⟨~s; ~⟩ (*f*) ⟨~; ~nen⟩ Oriental, -e *m, f*; Levantin, -e *m, f*; **⁓ˌländisch** *adj.* oriental; levantin; **~ˌluft** *f* air *m* du matin; *fig.* **ich wittere ~** je pressens la venue de jours meilleurs; *litt.* j'ai le pressentiment de (la venue de) jours meilleurs; **~ˌmantel** *m cf.* **~rock**; **~ˌpost** *f* distribution *f*, courrier *m* du matin; **~ˌrock** *m der Frauen u. Männer* peignoir *m*; robe *f* de chambre; *nur der Frauen* déshabillé *m*; négligé *m*; saut-du-lit *m*; **~ˌrot** *n*, **~ˌröte** *f* aurore *f*; **⁓s** *adv.* le matin; **um ein Uhr ~** à une heure du matin; **~ u. abends** matin et soir; **~ˌseite** *f* côté oriental, du levant, est; **~ˌsonne** *f* soleil *m* du matin, levant (*auch fig.*); **~ˌständchen** *n* aubade *f*; **~ˌstern** *m* étoile *f* du matin; Lucifer *m*; Vénus *f*; *litt.* étoile *f* du berger; **~ˌstunde** *f* heure matinale; **zu früher ~** de grand matin; **~ hat Gold im Munde** *prov.* le monde appartient à ceux qui se lèvent tôt *loc. prov.*; **~ˌtau** *m* rosée *f* du matin; **~ˌwind** *m* brise matinale; **~ˌzeitung** *f cf.* **~blatt**; **~ˌzug** *m chem.* train *m* du matin.

morgig [ˈmɔrgɪç] *adj.* de demain; **der ~e Tag** (la journée de) demain *m*; le lendemain.

Moritat [ˈmoːriˑtaːt] *f* ⟨~; ~en⟩ histoire *f* de brigands; histoire *f* à faire frémir.

Mormon|e [mɔrˈmoːnə] *m* ⟨~n; ~n⟩ *relig.* mormon *m*; **~enˌtum** *n* ⟨~(e)s⟩ mormonisme *m*; **~in** *f* ⟨~; ~nen⟩ mormone *f*; **⁓isch** *adj.* mormon; des mormons.

Morpheus [ˈmɔrfɔʏs] *m myth. fig.* **in ~' Armen ruhen** être dans les bras de Morphée.

Morphi|nismus [mɔrfiˑˈnɪsmʊs] *m* ⟨~⟩ *méd.* morphinomanie *f*; **~ˈnist(in)** *m* ⟨~en; ~en⟩ (*f*) ⟨~; ~nen⟩ morphinomane *m, f*.

Morphium [ˈmɔrfiˑʊm] *n* ⟨~s⟩ *chim., phm.* morphine *f*; **~ˌeinspritzung** *f*, **~ˌspritze** *f* piqûre *f* de morphine; **~ˌsucht** *f* ⟨~⟩ *cf.* **Morphinismus**; **⁓ˌsüchtig** *adj.* morphinomane; **~verˌgiftung** *f méd.* morphinisme *m*.

Morpholog|e [mɔrfoˑˈloːgə] *m* ⟨~n; ~n⟩ morphologue *m*; **~ie** [-ˈgiː] *f* ⟨~⟩ morphologie *f*; **⁓isch** *adj.* morphologique.

morsch [mɔrʃ] *adj.* près de tomber en poussière; (*verfault*) pourri; (*wurmstichig*) vermoulu; *fig. auch* caduc, caduque; **~ werden** pourrir.

Morse|alphabet [ˈmɔrzəˀalfaˌbeːt] *n tél.* (alphabet *m*, code *m*) morse *m*; **~appaˌrat** *m* (manipulateur *m*) morse *m*; **~emˌpfänger** *m* récepteur *m* morse; **~geˌrät** *n cf.* **~apparat**; **⁓n** *v/t.* ⟨-(es)t, h⟩ télégraphier, émettre en morse.

Mörser [ˈmœrzər] *m* ⟨~s; ~⟩ *phm., milit.* mortier *m*; **~batteˌrie** *f milit.* batterie *f* de mortiers; **~ˌkeule** *f*, **~ˌstößel** *m phm.* pilon *m*.

Morse|schrift [ˈmɔrzəˌʃrɪft] *f tél. cf.* **Morsealphabet**; **~ˌstreifen** *m* bande *f* en code, alphabet morse; **~ˌtaster** *m* manipulateur *m* morse; **~teleˌgraph** *m cf.* **Morseapparat**; **~ˌzeichen** *n akustisches* signal *m*, *geschriebenes* caractère *m* morse.

Mortalität [mɔrtaliˑˈtɛːt] *f* ⟨~⟩ mortalité *f*.

Mörtel [ˈmœrtəl] *m* ⟨~s; ~⟩ *bât.* mortier *m*; gâchis *m*; **mit ~ bewerfen** crépir; **~ˌkelle** *f cf.* **Maurerkelle**; **~ˌpfanne** *f*, **~ˌtrog** *m* auge *f* (à mortier).

Mosaik [moˑzaˈiːk] *n* ⟨~s; ~en⟩ mosaïque *f* (*auch fig.*); **~ˌarbeit** *f cf.* **Mosaik**; **~ˌfußboden** *m* carrelage *m* de mosaïque; **~ˌspiel** *n* jeu *m* de mosaïque.

mosaisch [moˑˈzaːɪʃ] *adj. relig.* mosaïque; de Moïse; **~es Gesetz** loi *f* mosaïque; mosaïsme *m*.

Moschee [mɔˈʃeː] *f* ⟨~; -ˈscheen⟩ mosquée *f*.

Moschus [ˈmɔʃʊs] *m* ⟨~⟩ musc *m*; **~ˌochse** *m zo.* ovibos *m*; bœuf musqué; **~ˌtier** *n zo.* musc *m*; (chevrotain *od.* chevrotin *m*) porte-musc *m*.

Moskau|er [ˈmɔskaʊər] **I** *m* ⟨~s; ~⟩ Moscovite *m*; **II ~er** *adj.* ⟨*inv.*⟩ de Moscou; **~eˌrin** *f* ⟨~; ~nen⟩ Moscovite *f*; **⁓isch** *adj.* de Moscou; moscovite.

Moskito [mɔsˈkiːtoˑ] *m* ⟨~s; ~s⟩ *zo.* moustique *m*; **~ˌnetz** *n* moustiquaire *f*.

Moskowit|er [mɔskoˑˈviːtər] *m* ⟨~s; ~⟩, **~eˌrin** *f* ⟨~; ~nen⟩ *cf.* **Moskauer(in)**; **⁓isch** *adj. cf.* **moskauisch**.

Moslem [ˈmɔslɛm] *m* ⟨~s; ~s⟩ musulman *m*; **~ˌbruderschaft** *f pol.* Frères Musulmans.

moslem|inisch [mɔsleˑˈmiːnɪʃ], **~isch** [-ˈleː-] *adj.* musulman.

Moslime [mɔsˈliːmə] *f* ⟨~; ~n⟩ musulmane *f*.

Most [mɔst] *m* ⟨~es; ~e⟩ moût *m*; vin doux; (*Apfel⁓*) cidre *m*; **~beˌreitung** *f von Äpfeln* brassage *m*; **⁓en** *v/t.* ⟨-ete, h⟩ *Äpfel* brasser; faire du cidre.

Mostrich [ˈmɔstrɪç] *m* ⟨~(e)s⟩ moutarde *f*; **~ˌsauce** *f cuis.* sauce *f* à la moutarde; **~ˌtopf** *m*, **~ˌtöpfchen** *n* moutardier *m*.

Motel [moˑˈtɛl] *n* ⟨~s; ~s⟩ motel *m*.

Motette [moˑˈtɛtə] *f* ⟨~; ~n⟩ *mus.* motet *m*.

Motiv [moˑˈtiːf] *n* ⟨~s; ~e⟩ **1.** (*Beweggrund*) motif *m*; mobile *m*; **2.** *jur., e-s Urteils* considérant *m*; attendu *m*; **3.** *mus., in der Kunst* motif *m*; thème *m*; **⁓ieren** [-ˈviː-] *v/t.* ⟨*pas de ge-*, h⟩ motiver; *jur.* énoncer, exposer des considérants, des attendus; **~ierung** [-ˈviː-] *f* ⟨~; ~en⟩ motivation *f*; *e-s Gesetzes* exposé *m* des motifs; *e-s Urteils* énoncé *m* des attendus, des considérants.

Motor [ˈmoːtɔr, moˑˈtoːr] *m* ⟨~s; -ˈtoren *od.* -ˈtore⟩ *techn.* moteur *m* (*auch fig.*); **den ~ anlassen, anwerfen** lancer, faire démarrer le moteur; mettre le moteur en marche; **den ~ abstellen** arrêter, stopper le moteur; **der ~ springt an** le moteur part, démarre; **den ~ warm werden lassen** faire chauffer le moteur; **der ~ setzt aus** le moteur a des ratés; **der ~ bockt** le moteur cale; **~ˌanker** *m élect.* rotor *m*; induit *m* (de moteur); **~ˌanlasser** *m* démarreur *m*; **~ˌantrieb** *m* entraînement *m* à *od.* par moteur; **~ˌaufhängung** *f* suspension *f* du moteur; **~ˌausfall** *m* panne *f* de moteur; **~barˌkasse** *f* barcasse *f* à moteur; **~ˌblock** *m* ⟨~s; ~e⟩ bloc moteur; **~ˌboot** *n* bateau *m* à moteur; canot *m* automobile, à moteur; **~ˌbremse** *f* frein *m* (au) moteur; **~deˌfekt** *m cf.* **~ausfall**; **~ˌdrehmoˌment** *n* couple moteur; **~ˌdrehzahl** *f* vitesse *f* de rotation; **~ˌdreschmaˌschine** *f agr.* motobatteuse *f*; **~enˌbau** [-ˈtoː-] *m* ⟨~(e)s⟩ construction *f* de moteurs; **~enˌlärm** [-ˈtoː-] *m* ronflement *m* de moteur; *péj.* pétarade *f*; *von Flugzeugen* vrombissement *m* (de moteur); **~ˌfahrzeug** *n* véhicule *m* à moteur; **~geˌbläse** *n* soufflerie *f* de moteur; **~geˌhäuse** *f* carter [-ɛːr] *m*; **~geˌräusch** *n* bruit *m*, ronflement *m* de moteur; **~ˌhaube** *f* capot *m* (de moteur); **⁓isch** [-ˈtoː-] *adj.* moteur, -trice; **⁓iˈsieren** *v/t.* ⟨*pas de ge-*, h⟩ motoriser; **~iˈsierung** *f* ⟨~⟩ motorisation *f*; **~ˌjacht** *f mar.* yacht *m* à moteur; **~ˌkahn** *m mar.* chaland *m* à moteur; **~ˌkarren** *m* diable *m* (à moteur); **~ˌkühlung** *f* refroidissement *m* de moteur; **~ˌleistung** *f* puissance *f* motrice, du moteur; **⁓ˌlos** *adj.* sans moteur; **~ˌmäher** *m agr.* motofaucheuse *f*; **~ˌöl** *n* huile *f* à moteur; **~ˌpanne** *f cf.* **~ausfall**; **~ˌpflug** *m agr.* charrue *f* automobile, à moteur; **~ˌpumpe** *f* motopompe *f*; pompe *f* à moteur; **~ˌrad** *n* motocyclette *f*; F moto *f*; **~ fahren** rouler à motocyclette; F faire de la moto; **~radˌbrille** *f* lunettes *f/pl.* de motocycliste; **~radˌfahrer** *m* motocycliste *m*; **~radˌrennen** *n* course *f* motocycliste; **~radˌsport** *m* sport *m* motocycliste; motocyclisme *m*; **~radˌtasche** *f* sacoche *f* de motocycliste; **~ˌroller** *m* scooter [-ɛːr] *m*; **~ˌsäge** *f* scie *f* à moteur, mécanique; **~ˌschaden** *m* avarie *f* de moteur; **~ˌschiff** *n mar.* bateau *m* à moteur; **~ˌschlepper** *m* tracteur *m*; **~ˌschlitten** *m* traîneau *m* à moteur; **~ˌspritze** *f der Feuerwehr* motopompe *f*; pompe *f* à incendie; *agr.* pulvérisateur *m* à moteur; **~ˌtriebwagen** *m* automotrice *f*; autorail *m*; *bereifter* automotrice *f*, autorail *m* sur pneus; micheline *f*; **~ˌwagen** *m der Straßenbahn* (voiture) motrice *f*; **~ˌwechsel** *m* changement *m* de moteur; **~ˌwelle** *f* arbre *m* du moteur; **~ˌwinde** *f* treuil *m* mécanique; mototreuil *m*.

Motte [ˈmɔtə] *f* ⟨~; ~n⟩ *zo.* teigne *f*; mite *f*; gerce *f*; F *fig.* **du kriegst die ~n!** mince alors!; **~nˌfraß** *m* mangeure *f* des mites, *etc.*; ravages causés par les mites, *etc.*; **~nˌkiste** *f* coffre *m* antimites; *fig.* F *thé.* **ein altes Stück aus der ~ hervorholen** reprendre, ressortir une pièce démodée, périmée; **Ideen aus der ~ des vorigen Jahrhunderts** idées vieillottes du siècle passé; **~nˌkugel** *f* boule *f* de naphtaline; **~nˌloch** *n cf.* **~nfraß**; **~nˌpulver** *n* (poudre *f*) antimite *m*; **~nˌschutzmittel** *n* antimite *m*; **⁓nˌsicher** *adj. u. adv.* protégé contre les mites, *etc.*; **⁓nzerˌfressen** *adjt.* mité.

Motto [ˈmɔtoˑ] *n* ⟨~s; ~s⟩ devise *f*; *e-s Buches, Kapitels* épigraphe *f*.

mouillieren [muˑˈjiːrən] *v/t.* ⟨*pas de ge-*, h⟩ *ling.* mouiller.

moussieren [muˑˈsiːrən] *v/i.* ⟨*pas de ge-*, h⟩ mousser; **~d** *adjt.* mousseux, -euse.

Möwe [ˈmøːvə] *f* ⟨~; ~n⟩ *zo.* mouette *f*; *größere Art* goéland *m*.

Muck [mʊk] F *m* ⟨~(e)s; ~e⟩ *cf.* **Mucks**.

Mücke [ˈmʏkə] *f* ⟨~; ~n⟩ *zo.* moustique *m*; cousin *m*; *nicht stechende* moucheron *m*; F *fig.* **aus e-r ~ e-n Elefanten machen** faire une montagne de qc.

Muckefuck [ˈmʊkəˌfʊk] F *m* ⟨~s⟩ café national; ersatz *m*; F orge *f*.

Mucken [ˈmʊkən] F *f/pl.* caprices *m/pl.*; F lubies *f/pl.*; **er hat so s-e ~** F il a ses lubies, ses lunes; **die Sache hat ihre ~** F l'affaire cloche, ne tourne pas rond, ne gaze pas, ne marche pas; il y a un pépin, un os; **der Motor hat s-e ~** le moteur a des ratés.

mucken [ˈmʊkən] F *v/i.* ⟨h⟩ **1.** (*murren*) *cf.* **maulen I**; **ohne zu ~** sans broncher, rechigner; **nicht gemuckt!** pas un mot!; F pas de rouspétance!;

F la ferme!; boucle-la!; ferme ta boîte, ton clape., ta gueule!; **2.** *cf.* mucksen.
Mücken|schwarm ['mʏkənˌʃvarm] *m* essaim *m* de moustiques, de moucherons; **~ˌstich** *m* piqûre *f* de moustique, de cousin.
Mucker|(in) ['mukər(ɪn)] *m* ⟨~s; ~⟩ (*f*) ⟨~; ~nen⟩ **1.** F (*Frömmler*) bigot, -ote *m, f*; hypocrite *m, f*; faux (fausse) dévot(e) *m* (*f*); cafard, -e *m, f*; rat *m* d'église; tartufe *m*; cagot *m*; *nur von Frauen* F grenouille *f* de bénitier; punaise *f* de sacristie; V cul béni; **2.** (*Duckmäuser*) sournois, -e *m, f*; dissimulé, -e *m, f*; **2ˌhaft** F *adj.* de faux (fausse) dévot(e); de tartufe; cafard; (*hinterhältig*) sournois; **~ˌtum** *n* ⟨~(e)s⟩ bigotisme *m*; bigoterie *f*; hypocrisie *f*; F cagotisme *m*; cagoterie *f*; (*Hinterhältigkeit*) sournoiserie *f*.
Mucks [muks] F *m* ⟨~es; ~e⟩ **keinen ~ von sich geben, sagen** se taire; se tenir coi, -te; ne dire, ne souffler, F ne piper mot; **2en** F **I** *v/i.* ⟨-(es)t, h⟩ **1. nicht ~** *cf.* **(keinen) Mucks (sagen)**; **2.** bouger; **nicht gemuckst!** pas un mouvement!; ne bougez pas!; **niemand wagte zu ~** personne n'osa broncher, sourciller, F ciller; **II** *v/réfl.* **sich nicht ~** a) ne pas se permettre le moindre mot; b) ne pas bouger; **2'mäuschen'still** F *adj. cf.* mäuschenstill.
müd|e ['myːdə] *adj.* **1.** (*erschöpft*) fatigué; *pfort.* las, -sse; **zum Umfallen ~ sein** tomber de fatigue; n'en plus pouvoir; F être sur les dents; **~ machen** fatiguer; lasser; *pfort.* 'harasser; **sich ~ machen, ~ werden** se fatiguer; se lasser; **sich ~ schreien** se fatiguer à (force de) crier; **2.** (*überdrüssig*) dégoûté (**e-r Sache** de qc.); las, -sse (de); **des Lebens ~ sein** être dégoûté, las de la vie; **des Streites ~, habe ich nachgegeben** de guerre lasse j'ai cédé; **ich bin es ~, immer dasselbe zu hören** je suis las d'entendre répéter toujours la même chose; **er wird es nicht ~, zu ...** (+ *inf.*) il ne se lasse pas de ... (+ *inf.*); **2igˌkeit** *f* ⟨~⟩ fatigue *f*; lassitude *f*; **vor ~ umfallen** tomber de fatigue; **die ~ übermannte ihn** la fatigue le terrassa; il était accablé de fatigue; **nur keine ~ vorschützen!** ne pas jouer au fatigué!
Muff [muf] *m* ⟨~(e)s; ~e⟩ manchon *m*.
Müffchen ['mʏfçən] *n* ⟨~s; ~⟩ (*Pulswärmer*) petit manchon; miton *m*.
Muffe ['mufə] *f* ⟨~; ~n⟩ *techn.* manchon *m*; noix *f*; collet *m*; raccord *m*.
Muffel[1] ['mufəl] *m* ⟨~s; ~⟩ **1.** *ch.* mufle *m*; **2.** *cf.* Meckerer.
Muffel[2] ['mufəl] *f* ⟨~; ~n⟩ *chim., métall.* moufle *m*.
muff(e)lig ['muf(əˌ)lɪç] *adj.* grondeur, -euse; maussade; rechigné; grognon, -nne; bougon, -nne.
muffeln ['mufəln] *v/i.* ⟨-(e)le, h⟩ F **1.** (*langsam, mühsam kauen*) mâchonner; **2.** (*mürrisch sein*) être grondeur, -euse, maussade, *etc. cf.* muff(e)lig.
Muffelwild ['mufəlˌvɪlt] *n cf.* Mufflon.
Muffen|kupplung ['mufənˌkupluŋ] *f techn.* couplage *m*, accouplement *m* à *od.* par manchon; **~ˌrohr** *n* tuyau *m* à manchon; **~verˌbindung** *f* joint *m*, assemblage *m* à *od.* par manchon.
muffig ['mufɪç] *adj.* **1.** qui sent le moisi; **~er Geruch** renfermé *m*; moisi *m*; *von Lebensmitteln* relent *m*; **~ riechen** sentir le renfermé, le moisi; **2.** F *cf.* muff(e)lig.
mufflig ['muflɪç] *adj. cf.* muff(e)lig.
Mufflon ['muflən, -lõː, -ləŋ] *m* ⟨~s; ~s⟩ *zo.* mouflon *m*.
Mühe ['myːə] *f* ⟨~; ~n⟩ peine *f*; mal *m*; (*Anstrengung*) effort *m*; **mit ~ u. Not, mit Not u. ~** à grand-peine; **verlorene ~** peine perdue; **ohne ~** sans peine; **nach vieler ~** après bien des efforts; **(viel) ~ machen** donner (bien) de la peine; **sich ~ geben** se donner de la peine, du mal; **sich ~ geben, zu ...** (+ *inf.*) s'efforcer de *od.* à ... (+ *inf.*); **sich bei** *od.* **mit etw. ~ geben** se donner de la peine pour qc.; **Sie geben sich zu viel ~** vous prenez trop de peine; **sich nicht viel ~ geben** *auch* F ne pas se fouler la rate; **sich die ~ machen, zu ...** (+ *inf.*) se donner, prendre la peine de ... (+ *inf.*); **es macht mir ~, ich habe ~, zu ...** (+ *inf.*) j'ai de la peine à ... (+ *inf.*); **sich die ganze ~ umsonst gemacht haben** en être pour sa peine; **keine ~ scheuen** ne reculer devant aucune peine; **sich große, alle erdenkliche ~ geben** se donner bien de la peine, bien du mal, toutes les peines du monde; ne pas plaindre sa peine; F se donner beaucoup de tintouin; **er läßt sich keine ~ verdrießen** il n'épargne pas sa peine; rien ne lui coûte; **die Sache ist der ~ wert, lohnt sich der ~** la chose en vaut la peine, F le jus; **es ist nicht der ~ wert, lohnt sich nicht der ~** cela ne vaut pas la peine; F le jeu n'en vaut pas la chandelle; **2ˌlos** *adv.* sans peine; facilement; aisément; sans efforts; **~ˌlosigkeit** *f* ⟨~⟩ facilité *f*.
muhen ['muːən] **I** *v/i.* ⟨h⟩ meugler; beugler; mugir; **II 2** *n* ⟨~s⟩ meuglement *m*; beuglement *m*; mugissement *m*.
mühe|n ['myːən] *v/réfl.* ⟨h⟩ **sich ~** se donner de la peine, du mal (**etw. zu tun** pour faire qc.); s'efforcer (de faire qc.); **~ˌvoll** *adj.* pénible; laborieux, -euse; plein de difficultés; **2ˌwaltung** *f* ⟨~⟩ peine *f*, soin *m* (qu'on prend à faire qc.).
Mühl|bach ['myːlbax] *m* bief *m*; chenal *m*; **~e** *f* ⟨~; ~n⟩ moulin *m*; minoterie *f*; *par ext.* broyeur *m*; F *fig.* **alte ~** (*altes Rad*) F (vieux) clou; (*altes Auto*) F vieille bagnole, guimbarde; vieux tacot; *fig.* **das ist Wasser auf s-e ~** c'est de l'eau à son moulin; **~ spielen** jouer à la marelle; **~enbeˌsitzer** *m* minotier *m*; meunier *m*; **~enbeˌtrieb** *m* minoterie *f*; **~eˌspiel** *n* jeu *m* de la marelle; **~gang** *m* tournant *m* de moulin; **~ˌgraben** *m* auges *f/pl.*; *cf. auch* **~bach**; **~rad** *n* roue *f* de moulin; **~stein** *m* meule *f* (de moulin); **~wehr** *n* bâtardeau *m* de moulin; **~werk** *n* (mécanisme *m*, rouages *m/pl.* d'un) moulin *m*; F *fig.* **ihr Mund geht wie ein ~** c'est un moulin à paroles; F elle a une bonne tapette; elle a la langue bien pendue.
Müh|sal ['myːzaːl] *f* ⟨~; ~e⟩ fatigues *f/pl.*; *pfort.* tourments *m/pl.*; peines *f/pl.*; labeurs *m/pl.*; soucis *m/pl.*; misères *f/pl.*; **2sam 1.** *adj.* pénible; fatigant; laborieux, -euse; (*schwer*) difficile; ardu; malaisé; **~es Handwerk** métier rude; **2.** *adv.* péniblement; laborieusement; difficilement; avec difficulté, peine; malaisément; **2ˌselig** *adj.* **1.** *cf.* 2sam 1. + 2.; **2.** (*mit Mühsal beladen*) accablé de travail, de peines, de soucis; **~ˌseligˌkeit** *f* ⟨~⟩ peines *f/pl.* et difficultés *f/pl.* (attachées à qc.); *cf. auch* ~sal.
Mulatt|e [muˑ'latə] *m* ⟨~n; ~n⟩, **~in** *f* ⟨~; ~nen⟩ mulâtre, -esse *m, f*.
Mulde ['muldə] *f* ⟨~; ~n⟩ **1.** (*Trog*) 'huche *f*; bac *m*; auge *f*; *zum Backen* maie *f*; pétrin *m*; **2.** *im Gelände* (*Vertiefung*) dépression *f* de terrain; creux *m*; vallon *m*; cuvette *f*; (bassin) synclinal *m*; **2nˌförmig** *adj.* en forme de huche, *etc. cf.* Mulde 1.; **~nˌkipper** *m* benne basculante.
Mull [mul] *m* ⟨~(e)s; ~e⟩ mousseline *f*; gaze *f*.
Müll [mʏl] *m* ⟨~(e)s⟩ immondices *f/pl.*; ordures *f/pl.* (ménagères); (*Kehricht*) balayures *f/pl.*; **~ˌabfuhr** *f als Handlung* enlèvement *m* des ordures; *als Unternehmen* service *m* de voirie, de nettoiement; **~(ˌabfuhr)ˌauto** *n* voiture *f* d'enlèvement des ordures ménagères; **~(ˌabladeˌ)platz** *m* décharge publique; voirie *f*.
Mullbinde ['mulˌbɪndə] *f* bande *f* de gaze.
Mülleimer ['mʏlˌʔaɪmər] *m* boîte *f* à ordures; poubelle *f*.
Müller ['mʏlər] *m* ⟨~s; ~⟩ **1.** meunier *m*; minotier *m*; **2.** *zo.* meunier *m*; cafard *m*; blatte *f*; **~ˌbursche** *m* garçon meunier; **~ei** [-'raɪ] *f* ⟨~⟩, **~eibeˌtrieb** [-'raɪ-] *m* meunerie *f*; minoterie *f*; **~eierˌzeugnisse** [-'raɪ-] *n/pl.* produits *m/pl.* de meunerie, minoterie; **~geˌselle** *m cf.* **~bursche**; **~in** *f* ⟨~; ~nen⟩ meunière *f*; minotière *f*; **~inˌart** *f cuis.* nach ~ meunière.
Müll|fahrer ['mʏlˌfaːrər] *m* (é)boueur *m*; F boueux *m*; **~ˌgrube** *f* fosse *f*, décharge *f* aux ordures; **~ˌhaufen** *m* tas *m* d'ordures; **~ˌkasten** *m cf.* Mülleimer; **~ˌkutscher** *m cf.* **~fahrer**; **~ˌschaufel** *f* palette *f*; **~ˌschlucker** *m* vide-ordures *m*; **~ˌtonne** *f cf.* Mülleimer; **~verˌbrennung** *f* incinération *f*, destruction *f* des ordures ménagères; **~verˌbrennungsˌofen** *m* four *m* d'incinération des ordures ménagères; incinérateur *m*; **~verˌwertung** *f* récupération *f* des ordures ménagères; **~ˌwagen** *m cf.* Müll(abfuhr)auto.
Mulm [mulm] *m* ⟨~(e)s⟩ terre pulvérulente; poussière *f* de bois pourri; **2ig** *adj.* F *fig.* **die Sache ist ~** l'affaire est véreuse, louche, F *fig.* peu catholique; **mir ist ~** je me sens mal.
Multi... *in Zssgn.* multi...; **2late'ral** *adj.* multilatéral; **~millioˌnär(in)** ['mul-] *m* (*f*) multimillionnaire *m, f*.
multipel [mul'tiːpəl] *adj.* ⟨-pl-⟩ multiple.
Multiplexverbindung ['multiˑplɛksfɛrˌbɪnduŋ] *f techn.* liaison *f* multiplex.
Multipli|kand [multiˑpliˑ'kant] *m* ⟨~en; ~en⟩ *math.* multiplicande *m*; **~kati'on** *f* ⟨~; ~en⟩ multiplication *f*; **~kati'onsˌzeichen** *n* signe *m* de (la) multiplication; **~'kator** *m* ⟨~s; -'toren⟩ multiplicateur *m*; **2'zieren** *v/t.* ⟨*pas de ge-*, h⟩ multiplier (**mit** par).
Multivibrator [multiˑviˑ'braːtər] *m* ⟨~s; -'toren⟩ *techn.* multivibrateur *m*.
Mumi|e ['muːmiˑə] *f* ⟨~; ~n⟩ momie *f* (*auch fig.*); **2enˌhaft** *adj.* momifié; **2fi'zieren** *v/t.* ⟨*pas de ge-*, h⟩ momifier; **~fi'zierung** *f* ⟨~⟩ momification *f*.
Mumm [mum] F *m* ⟨~s⟩ énergie *f*; esprit *m* d'initiative; allant *m*; F cran *m*; (*Mut*) courage *m*; **keinen ~ in den Knochen haben** manquer d'énergie, de ressort, de courage, F de cran; être une lavette, une chiffe; V ne pas avoir de couilles au cul.
Mummel ['muməl] *f* ⟨~; ~n⟩ *bot.* nuphar *m*.
Mummelgreis ['muməlˌgraɪs] F *m*

vieillard *m* sénile; F vieux barbon; P vieille momie; birbe *m*.

Mümmelmann [ˈmʏməlˌman] *m* ⟨∼(e)s⟩ *ch. com.* lièvre *m*.

mummeln [ˈmʊməln] *v/i.* ⟨-(e)le, h⟩ **1.** marmotter; murmurer; **2.** (*auch* **ˈmümmeln**) mâchonner.

Mummenschanz [ˈmʊmənˌʃants] *m* ⟨∼es⟩ mascarade *f*; momerie *f*.

Mumpitz [ˈmʊmpɪts] F *m* ⟨∼es⟩ (*Unsinn*) non-sens *m*; absurdité *f*; stupidité *f*; (*Unfug*) plaisanterie *f*; rigolade *f*; facéties [-si] *f/pl.*; F blague *f*; galéjade *f*; *Studentensprache* canular(d) *m*.

Mumps [mʊmps] *m* ⟨∼⟩ *méd.* oreillons *m/pl.*

Münch(e)ner [ˈmʏnç(ə)nər] **I** *m* ⟨∼s; ∼⟩ Munichois *m*; **II** *adj.* ⟨*inv.*⟩ de Munich; munichois; **∼in** *f* ⟨∼; ∼nen⟩ Munichoise *f*.

Mund [mʊnt] *m* ⟨∼(e)s; ≈er⟩ bouche *f*; (*Öffnung*) ouverture *f*; orifice *m*; **zum ∼e führen** porter à la bouche, à ses lèvres; *ein Blasinstrument* **an den ∼ setzen** emboucher; **aus dem ∼ riechen** sentir de la bouche; avoir mauvaise haleine; P repousser du goulot; **j-m den ∼ wässerig machen** faire venir l'eau à la bouche de qn.; **Sie nehmen mir das Wort aus dem ∼e** c'est ce que j'allais dire; j'avais le mot sur les lèvres, F sur le bout de la langue; **wie aus einem ∼e** (dire) d'une seule voix; **in aller ∼e sein** être dans toutes les bouches; défrayer les conversations; être de notoriété publique; **j-m die Worte im ∼e verdrehen** dénaturer le sens des paroles de qn.; **an j-s ∼ hängen** être suspendu aux lèvres de qn.; **sich den ∼ fusselig reden** rabâcher en vain toujours la même chose; **den ∼ halten** se taire; tenir sa langue; **den ∼ nicht auftun** se taire; ne pas ouvrir la bouche, F le bec; ne pas desserrer les dents; ne dire, ne souffler, ne piper mot; **ihm steht der ∼ keinen Augenblick still** sa langue marche toujours; *häßliche Worte* **im ∼e führen** avoir toujours (l'injure) à la bouche; **j-m etw. in den ∼ legen** faire dire qc. à qn.; attribuer des paroles à qn.; **von der Hand in den ∼ leben** vivre au jour le jour; **j-m die Bissen in den ∼ zählen** compter les morceaux à qn.; **j-m nach dem ∼e reden** parler au gré, selon le cœur, les désirs de qn.; complaire à qn.; **kein Blatt vor den ∼ nehmen** dire crûment les choses; parler sans détours; avoir son franc-parler; F ne pas mâcher ses mots, ses paroles; ne pas y aller par quatre chemins; **j-m den ∼ verbieten** défendre, interdire à qn. de parler; **von ∼ zu ∼** de bouche en bouche; **∼ u. Nase aufsperren** rester, demeurer bouche bée; être éberlué, F estomaqué, épaté, sidéré; *bibl.* **wes das Herz voll ist, des geht der ∼ über** la bouche parle de l'abondance du cœur; **reinen ∼ halten** garder le secret; ne pas souffler mot de qc.; **reinen ∼ gehalten!** bouche close, cousue!; F motus!; **nicht auf den ∼ gefallen sein** avoir réponse à tout; F n'avoir pas la langue dans sa poche; **den ∼ sehr voll nehmen** parler avec jactance; fanfaronner; hâbler; faire le faraud, le fanfaron, le rodomont; **sich den ∼ verbrennen** parler imprudemment; *Redensarten, die hier nicht stehen, cf.* Maul; **∼art** *f* dialecte *m*; patois *m*; **∼artˌdichter** *m* poète *m* écrivant en dialecte, en patois; **∼artˌdichtung** *f* littérature écrite en dialecte, en patois; **2ˌartlich** *adj.* dialectal; **∼ˌatmung** *f* respiration *f* par la bouche.

Mündel [ˈmʏndəl] *m od. n* ⟨∼s; ∼⟩ pupille *m, f*; **∼ˌgelder** *n/pl.* deniers *m/pl.* pupillaires; **2ˌsicher** *adj.* **∼e** Anlage placement sûr, de tout repos, de père de famille.

munden [ˈmʊndən] *v/i.* ⟨-ete, h⟩ être au goût (j-m de qn.); plaire (à qn.); **das mundet mir** c'est à mon goût; **sich etw. ∼ lassen** manger, boire qc. de bon cœur.

münden [ˈmʏndən] *v/i.* ⟨-ete, h⟩ **∼ in** *Flüsse* se jeter dans; *Wege, Straßen* déboucher dans (*auch fig.*).

Mund|fäule [ˈmʊntˌfɔʏlə] *f méd. sc.* stomatite ulcéreuse; muguet *m*; aphtes *m/pl.*; **2geˌrecht** *adj.* qui plaît; qui est au goût de; agréable; attrayant; **j-m etw. ∼ machen** accommoder, arranger qc. au goût de qn.; **∼geˌruch** *m* **schlechter ∼** mauvaise haleine; **∼harˌmonika** *f mus.* harmonica *m*; **∼ˌhöhle** *f anat.* cavité buccale.

mündig [ˈmʏndɪç] *adj.* majeur; **∼ werden** atteindre sa majorité; **2ˌkeit** *f* ⟨∼⟩ (âge *m* de *od.* de la) majorité *f*; **2keitsërˌklärung** *f cf.* 2sprechung; **∼ˌsprechen** *v/t.* ⟨*irr., sép.*, -ge-, h⟩ j-n **∼** émanciper qn.; déclarer qn. majeur; **2ˌsprechung** *f* ⟨∼⟩ émancipation *f*.

mündlich [ˈmʏntlɪç] **1.** *adj.* verbal; oral; *bei e-m Examen* **das 2e** l'oral *m*; **2.** *adv.* de vive voix; verbalement; oralement; **etw. ∼ ausrichten** dire qc. de vive voix.

Mund|partie [ˈmʊntparˌtiː] *f anat.* partie buccale; **∼ˌpflege** *f* hygiène *f* dentaire, de la bouche; **∼raub** *m* ⟨∼(e)s⟩ vol *m* de nourriture; **∼schenk** *m* ⟨∼en; ∼en⟩ *hist.* échanson *m*; **∼ˌspiegel** *m méd. sc.* stomatoscope *m*; **∼ˌstellung** *f* position *f* de la bouche; **∼stück** *n e-r Pfeife* bout *m*; bec *m*; bouquin *m*; *e-r Zigarette* bout *m*; *e-s Blasinstrumentes* embouchure *f*; bec *m*; **2tot** *adj.* **j-n ∼ machen** faire taire qn.; interdire, défendre à qn. de parler; réduire qn. au silence; bâillonner qn.; **∼tuch** *n* ⟨∼(e)s; ≈er⟩ serviette *f* (de table).

Mündung [ˈmʏndʊŋ] *f* ⟨∼; ∼en⟩ *e-s Flusses* bouche(s) *f (pl.)*; embouchure *f*; *sehr breite* estuaire *m*; *e-s Rohres* orifice *m*; (*Öffnung als Aus- od. Eingang*) bouche *f*, gueule *f* (*auch e-r Feuerwaffe*); **∼sˌarm** *m e-s Flusses* bras *m* d'une embouchure; **∼sˌbremse** *f e-s Geschützes* frein *m* de bouche; **∼senerˌgie** *f e-s Geschosses* énergie initiale; **∼sˌfeuer** *n milit.* lueur *f* (d'une bouche à feu); **∼sgeˌschwindigkeit** *f e-s Geschosses* vitesse initiale; **∼sˌkappe** *f e-s Geschützes* couvre-bouche *m*; tampon *m*, coiffe *f* de bouche; **∼sˌschoner** *m e-s Gewehrs* couvre-bouche *m*.

Mund|voll [ˈmʊntfɔl] *m* ⟨∼; ∼⟩ bouchée *f*; **∼ˌvorrat** *m* provisions *f/pl.* de bouche; vivres *m/pl.*; **∼ˌwasser** *n* ⟨∼s; ≈⟩ eau dentifrice; *phm.* collutoire *m*; gargarisme *m*; **∼werk** *n* F *fig.* **ein freches ∼ haben** être mal embouché; **ein großes, tüchtiges ∼ haben** *cf.* (nicht auf den) Mund (gefallen sein); **∼ˌwinkel** *m* commissure *f* des lèvres.

Mungo [ˈmʊŋgoˑ] *m* ⟨∼s; ∼s⟩ *zo.* mungo [mõ-] *m*.

Munition [muˑniˑtsiˑˈoːn] *f* ⟨∼⟩ *milit.* munition(s) *f (pl.)* (de guerre); **mit ∼ versehen** approvisionner en munitions; **∼sˌarbeiter(in)** *m (f)* ouvrier, -ère *m, f* d'une fabrique de munitions; **∼sˌaufzug** *m* monte-charge *m* pour munitions; **∼sˌausgabeˌstelle** *f* centre *m* de distribution de munitions; centre *m* de ravitaillement en munitions; **∼sbeˌstand** *m* stock *m* de munitions; **∼sˌbunker** *m* chambre *f* (blindée) à munitions; **∼sfaˌbrik** *f* fabrique *f* de munitions; **∼sfabriˌkant** *m* fabricant *m*, fournisseur *m* de munitions; *oft péj.* munitionnaire *m*; **∼sˌkammer** *f mar.* soute *f* à munitions; **∼sˌkiste** *f* coffre *m*, caisson *m* à munitions; **∼sˌlager** *n* dépôt *m* de munitions; **∼sˌmangel** *m* pénurie *f*, manque *m* de munitions; **∼sˌnachschub** *m cf.* ∼sversorgung; **∼sˌschuppen** *m* 'hangar *m* aux munitions; **∼sˌträger** *m* pourvoyeur *m*; **∼sverˌbrauch** *m* consommation *f* de munitions; **∼sverˌsorgung** *f* ravitaillement *m* en munitions; **∼sˌvorrat** *m cf.* ∼**sbestand**; **∼sˌwagen** *m für Artillerie* caisson *m* d'artillerie, à munitions; prolonge *f*; *für Infanterie* voiture *f*, fourgon *m* à munitions; **∼sˌzug** *m* train *m*, convoi *m* de munitions.

munkeln [ˈmʊŋkəln] F **I** *v/t. u. v/i.* ⟨-(e)le, h⟩ chuchoter; **man munkelt, daß …** on dit, raconte que …; **man munkelt davon** on se le dit à l'oreille; **II 2** *n* ⟨∼s⟩ chuchotement *m*.

Münster [ˈmʏnstər] *n* ⟨∼s; ∼⟩ cathédrale *f*.

munter [ˈmʊntər] **1.** *adj.*. (*vergnügt*) gai; de bonne humeur; gaillard; dispos; (*lebhaft*) éveillé; vif, vive; allègre; plein d'entrain; fringant; animé; (*flink*) alerte; (*wach*) éveillé; **das Kind ist ∼ geworden** l'enfant s'est (r)éveillé; **∼ machen** (r)éveiller; **frisch u. ∼** frais et dispos *od.* gaillard; **gesund u. ∼ sein** se porter comme un charme; **∼!** allons!; vivement!; **2.** *adv.* (*vergnügt*) gaiement; avec gaieté, bonne humeur, gaillardise; (*lebhaft*) vivement; allégrement; avec vivacité, entrain, animation; **2keit** *f* ⟨∼⟩ (*Fröhlichkeit*) gaieté *f*; enjouement *m*; gaillardise *f*; (*Lebhaftigkeit*) esprit éveillé; vivacité *f*; allégresse *f*; entrain *m*; animation *f*.

Münz|e [ˈmʏntsə] *f* ⟨∼; ∼n⟩ **1.** monnaie *f*; pièce *f* (de monnaie); **klingende ∼** argent comptant; **in klingender ∼** en espèces sonnantes et trébuchantes; **∼n prägen, schlagen** *cf.* 2en I; **2.** *fig.* **j-n mit gleicher ∼ zahlen, j-m etw. mit gleicher ∼ bezahlen** rendre à qn. la monnaie de sa pièce, la pareille; payer qn. en même monnaie; **etw. für bare ∼ nehmen** prendre qc. pour argent comptant; **3.** (*Münzstätte*) hôtel *m* des Monnaies; Monnaie *f*; **4.** (*Denk2, Schau2*) médaille *f*; **∼ˌeinheit** *f* unité *f* monétaire; **2en I** *v/t., v/i.* ⟨-(es)t, h⟩ battre, frapper monnaie; monnayer; *fig.* **das ist auf mich gemünzt** c'est à moi que cela s'adresse, qu'on en a; c'est à mon adresse; F *fig.* c'est une pierre dans mon jardin; **auf wen ist das gemünzt?** à qui en a-t-il?; **II ∼en** *n* ⟨∼s⟩ monnayage *m*; **∼enˌsammler(in)** *m (f)* médailliste *m, f*; numismate *m*; **∼(en)ˌsammlung** *f* collection *f* de médailles, numismatique; médaillier *m*; **∼ˌfälschung** *f* (∼*verfälschung*) falsification *f* de monnaie; (*Falschmünzerei*) fabrication *f* de fausse monnaie; faux monnayage; **∼ˌfernsprecher** *m* taxiphone *m*; **∼fuß** *m* titre *m*, valeur *f* des monnaies, des espèces; étalon *m* monétaire; **∼geˌsetz** *n* loi *f* monétaire; **∼ˌhoheit** *f cf.* ∼monopol; **∼kabiˌnett** *n* cabinet *m* de médailles; médaillier *m*; **∼konventiˌon** *f cf.* ∼vertrag; **∼ˌkunde** *f* ⟨∼⟩ numismatique *f*; **∼ˌmeister** *m* **a)** maître monnayeur; **b)** directeur *m* de la Monnaie; **~meˌtall** *n* métal *m* monnayable; **~monoˌpol** *n* monopole *m* de la frappe des monnaies; **~ˌprägung** *f* monétisation *f*; frappe *f* des monnaies; **~recht** *n* droit *m* de battre monnaie, de monnayage; **~ˌsammlung** *f cf.* ~(en)-sammlung; **~ˌsorten** *f/pl.* espèces *f/pl.*; **~ˌstätte** *f cf.* Münze 3.; **~ˌstempel** *m* coin *m*; poinçon *m*; **~verˌbrechen** *n* (délit *m* de) faux monnayage, falsification *f* de monnaie; **~verˌtrag** *m* convention *f* monétaire; **~ˌwesen** *n* ⟨~s⟩ monnayage *m*; administration *f*, direction *f* des monnaies.

Muräne [mu·ˈrɛːnə] *f* ⟨~; ~n⟩ *zo.* murène *f*.

mürb|e [ˈmʏrbə] *adj.* (*zart*) tendre; (*auf der Zunge zergehend*) fondant; *Gebäck auch* friable; ~ **werden** s'attendrir; **das Fleisch** ~ **klopfen** battre la viande pour l'attendrir; F *fig.* **j-n** ~ **machen** mater qn.; rendre qn. docile; briser, rompre la résistance de qn.; ~ **werden** céder du terrain; fléchir; F lâcher pied; **2egeˌbäck** *n etwa* sablés *m/pl.*; **2eˌteig** *m cuis.* pâte brisée; **2heit** *f* ⟨~⟩ tendreté *f*; friabilité *f*.

Murks [mʊrks] F *m* ⟨~es⟩ (*schlechte Arbeit*) malfaçon *f*; F travail bâclé, de savetier; bousillage *m*; *abus.* sabotage *m*; **2en** F *v/i.* ⟨-(es)t, h⟩ **1.** (*schlecht arbeiten*) F bâcler, gâcher, torcher, torchonner (un travail); bousiller; saveter; **2.** (*bummeln bei der Arbeit*) flâner; muser; musarder; F lambiner; lanterner; traînasser.

Murmel [ˈmʊrməl] *f* ⟨~; ~n⟩ bille *f*.

murmel|n [ˈmʊrməln] **I** *v/t. u. v/i.* ⟨-(e)le, h⟩ murmurer; susurrer; *abs.* marmotter; *Quelle auch poét.* babiller; **in den Bart** ~ marmotter, marmonner (entre ses dents); **II 2n** *n* ⟨~s⟩ murmure *m*; susurration *f*; susurrement *m*; *e-r Quelle poét.* babil *m*; **2ˌtier** *n zo.* marmotte *f*; F *fig.* **schlafen wie ein** ~ F dormir comme une marmotte, une souche, un loir; dormir à poings fermés.

murren [ˈmʊrən] **I** *v/i.* ⟨h⟩ gronder (**über etw.** de qc.); grogner; murmurer; être mécontent; grommeler; F bougonner; renâcler; renauder; râler; ronchonner; rouspéter; rouscailler; rousser; maronner; **II 2** *n* ⟨~s⟩ gronderies *f/pl.*; grognerie *f*; grognement *m*; murmures *m/pl.*; F bougonnement *m*; ronchonnement *m*; rouspétance *f*.

mürrisch [ˈmʏrɪʃ] *adj.* de mauvaise humeur; d'humeur chagrine; (*brummig*) grondeur, -euse; (*grämlich*) 'hargneux, -euse; morose; bilieux, -euse; acariâtre; rechigné; (*unfreundlich*) maussade; F grognon, -nne; grogneur, -euse; grincheux, -euse; bougon, -nne; quinteux, -euse; revêche; renfrogné; **~es Wesen** morosité *f*; **~er Mensch** grondeur *m*; F grogneur *m*; grincheux *m*; bougon *m*; quinteux *m*; renâcleur *m*; râleur *m*; rouspéteur *m*; rouscailleur *m*; renaudeur *m*.

Mus [muːs] *n* ⟨~es; ~e⟩ marmelade *f*; purée *f*; F *fig.* **zu** ~ **schlagen** mettre en marmelade; réduire en bouillie.

Muschel [ˈmʊʃəl] *f* ⟨~; ~n⟩ **1.** *zo.* coquillage *m* (*auch Schale*); *sc.* mollusque testacé; *Schale allein* coquille *f*; *große* conque *f*; *eßbare* moule *f*; palourde *f*; ~n *pl. als Gattung sc.* conchifères *m/pl.*; *géol.* **versteinerte** ~ *sc.* conchite *f*; **2.** *des Telephonhörers* récepteur *m*; *anat.* (*Ohr2*) pavillon *m*; auricule *f*; **~ˌbank** *f* ⟨~; ⸚e⟩ *géol.* falunière *f*; banc *m* de falun; **~ˌerde** *f géol.* falun *m*; **2ˌförmig** *adj.* en forme de coquille; conchiforme; conchoïde; **2ˌhaltig** *adj. géol.* coquilleux, -euse; coquillier, -ère; **~ˌkalk** *m* ⟨~(e)s⟩ *géol. sc.* calcaire conchylien, coquillier; muschelkalk *m*; **~ˌschale** *f* coquille *f*; coquillage *m*; *nur e-e Hälfte e-r Muschel* écaille *f*; valve *f*; **~ˌtier** *n zo.* coquillage *m*; **~verˌzierung** *f*, **~ˌwerk** *n* coquillages *m/pl.*; rocaille *f*.

Muschkote [mʊʃˈkoːtə] F *m* ⟨~n; ~n⟩ F fantassin *m*; biffin *m*; grif(fe)ton *m*; pousse-caillou *m*; troufion *m*.

Muse [ˈmuːzə] *f* ⟨~; ~n⟩ *myth.* Muse *f*; *fig.* muse *f*.

Museen [mu·ˈzeːən] *pl. von* Museum.

Musel|man(in) [ˈmuːzəlˌman, -ˌmaːnɪn] *m* ⟨~en; ~en⟩ (*f*) ⟨~; ~nen⟩, **~ˌmann** *m* ⟨~(e)s; ⸚er⟩, **~ˌmännin** *f* ⟨~; ~nen⟩ musulman, -e *m, f*; **2ˌmanisch**, **~ˌmännisch** *adj.* musulman.

Musensohn [ˈmuːzənˌzoːn] *m* poète *m*; étudiant *m*.

Museum [mu·ˈzeːʊm] *n* ⟨~s; -een⟩ musée *m*.

Musik [mu·ˈziːk] *f* ⟨~⟩ musique *f*; **klassische** ~ musique classique; **leichte** ~ musique légère; musiquette *f*; **elektronische** ~ musique électronique; ~ **machen** faire de la musique; **in ~setzen** *e-n Text* mettre en musique; ~ **lieben** aimer la musique; *pfort.* être mélomane; *als Rundfunksendung* ~ **zur Arbeit** travaillez en musique; F *fig.* **der Ton macht die** ~ F c'est le ton qui fait la chanson.

Musikal|ien [mu·zi·ˈkaːli·ən] *pl.* morceaux *m/pl.* de musique; partitions *f/pl.*; **~ienˌhändler** *m* marchand *m* de musique; **~ienˌhandlung** *f* magasin *m* de musique; **2isch** *adj.* **1.** (*die Musik betreffend*) musical; de musique; **~er Abend** soirée musicale; **2.** (*begabt, empfänglich für Musik*) ~ **sein** être doué pour la musique.

Musikalität [mu·zi·kali·ˈtɛːt] *f* ⟨~⟩ sens *m* de la musique.

Musikant [mu·zi·ˈkant] *m* ⟨~en; ~en⟩ musicien *m* (ambulant); ménétrier *m*; **~enˌknochen** F *m anat.* petit juif.

Musik|automat [mu·ˈziːkˀauto·ˌmaːt] *m* juke-box *od.* jouebox *m*; **~beˌgleitung** *f* accompagnement *m*; **~ˌbox** *f cf.* ~automat; **~diˌrektor** *m* chef *m* de musique, d'orchestre; **~ˌdrama** *n* drame musical; **~er(in)** [ˈmuː-] *m* ⟨~s; ~⟩ (*f*) ⟨~; ~nen⟩ musicien, -nne *m, f*; *im pl. oft* exécutants *m/pl.*; concertants *m/pl.*; **~ˌfest** *n* festival *m*; **~ˌfreund(in)** *m* (*f*) *cf.* ~liebhaber(in); **~geˌschichte** *f* histoire *f* de la musique; **~ˌhochschule** *f* conservatoire *m* (de musique); **~instruˌment** *n* instrument *m* de musique; **~kaˌpelle** *f* orchestre *m*; fanfare *f*; *milit.* musique *f*; **~ˌkenner(in)** *m* (*f*) connaisseur, -euse *m, f* en musique; **~ˌkorps** *n milit.* musique *f*; orchestre *m*; **~ˌkritiker** *m* critique musical; musicographe *m*; musicologue *m*; **~ˌlehrer(in)** *m* (*f*) professeur *m* de musique; **~ˌliebhaber(in)** *m* (*f*) amateur *m* de musique; **leidenschaftliche(r)** ~ mélomane *m, f*; **~ˌpavillon** *m* kiosque *m* à musique; **~ˌschrank** *m cf.* ~truhe; **~ˌschule** *f* école *f* de musique; **~ˌstück** *n* morceau *m* de musique; **~ˌstunde** *f* leçon *f* de musique; **~ˌtruhe** *f* meuble *m* radio-phono; **~ˌunterricht** *m* leçons *f/pl.* de musique; **~us** [ˈmuː-] *m* ⟨~; -izi⟩ F *com.* musicien *m*; **~verˌanstaltung** *f* séance musicale; concert *m*; *e-s Solisten* récital *m*; *cf. auch* ~fest; **~verˌein** *m* société musicale, philharmonique, de musique; **~verˌlag** *m* maison *f* d'édition de musique; **~verˌleger** *m* éditeur *m* de musique; **~ˌwissenschaft** *f* musicographie *f*; musicologie *f*; **~ˌwissenschaftler(in)** *m* (*f*) musicologue *m, f*; musicographe *m, f*; **~ˌzimmer** *n* salon *m* à musique; **~ˌzug** *m milit.* musique *f*.

musisch [ˈmuːzɪʃ] *adj.* sensible aux arts; artiste.

musizieren [mu·zi·ˈtsiːrən] **I** *v/i.* ⟨*pas de ge-*, h⟩ faire de la musique; **II 2** *n* ⟨~s⟩ *verbal.*

Muskat [mʊsˈkaːt] *m* ⟨~(e)s; ~e⟩ (*~nuß*) (noix *f*) muscade *f*; (*~blüte*) macis *m*; **~ˌblüte** *f bot.* fleur *f* de muscadier; *als Gewürz* macis *m*; **~ˌbutter** *f* beurre *m* de muscade.

Muskateller [mʊskaˈtɛlər] *m* ⟨~s; ~⟩ *bot. Rebensorte* (raisin *m*) muscat *m*; *Wein* (vin *m*) muscat *m*; **~ˌbirne** *f bot.* poire musquée; muscadelle *f*; **~ˌtraube** *f*, **~ˌwein** *m cf.* Muskateller.

Muskatnuß [mʊsˈkaːtˌnʊs] *f bot. cf.* Muskat; **~ˌbaum** *m bot.* muscadier *m*.

Muskel [ˈmʊskəl] *m* ⟨~s; ~n⟩ *anat.* muscle *m*; **~ˌanstrengung** *f* effort *m* musculaire; **~ˌband** *n anat.* ligament *m* musculaire; **~ˌbündel** *n anat.* faisceau *m* de muscles, musculeux; **~entˌzündung** *f méd.* myosite *f*; **~ˌfaser** *f anat.* fibre *f* musculaire; **~ˌhaut** *f anat.* membrane musculeuse; **~ˌkater** F *m* mal *m* aux muscles; douleur *f* musculaire, dans les muscles; *sc.* courbature *f*; ~ **haben** avoir des douleurs musculaires; être courbatu; **~ˌkraft** *f* force *f* musculaire; **~ˌkrampf** *m méd.* myotonie *f*; **~ˌriß** *m méd.* déchirement *m* musculaire; **~ˌschwäche** *f* faiblesse *f* musculaire; **~ˌschwund** *m méd.* atrophie *f* musculaire; **~ˌspiel** *n* jeu *m* des muscles; **2ˌstark** *adj.* musculeux, -euse; **~ˌstärke** *f* musculosité *f*; **~ˌtätigkeit** *f* activité *f* musculaire; **~zerˌreißung** *f* ⟨~⟩ *méd.* myoclasie *f*; **~ˌzerrung** *f méd.* claquage *m* musculaire; **~zuˌsammenˌziehung** *f* ⟨~⟩ contraction *f* musculaire.

Musket|e [mʊsˈkeːtə] *f* ⟨~; ~n⟩ *hist.* mousquet *m*; **~ier** [-ˈtiːr] *m* ⟨~s; ~e⟩ *hist.* mousquetaire *m*.

Muskul|atur [mʊsku·laˈtuːr] *f* ⟨~; ~en⟩ musculature *f*; **2ös** [-ˈløːs] *adj.* musclé; musculeux, -euse; ~ **sein** *auch* F avoir des biceps.

muß [mʊs] **I** *cf.* **müssen**; **II 2** *n* ⟨~⟩ nécessité *f* (absolue); **es ist ein** ~ c'est de rigueur; **wenn nicht das harte** ~ **dahinterstünde** ... si l'intangible, l'impérative notion du devoir, d'obligation morale n'existait pas ...; ~ **ist e-e harte Nuß** *prov.* nécessité est une dure loi.

Muße [ˈmuːsə] *f* ⟨~⟩ loisir *m*; temps *m* (libre); **mit** ~ à loisir; ~ **zu etw. haben** avoir loisir de faire qc.

Musselin [mʊsəˈliːn] *m* ⟨~s; ~e⟩ mousseline *f*; **~ˌkleid** *n* robe *f* de mousseline.

müssen [ˈmʏsən] **I** *v/aux. de mode* ⟨**muß, mußt, muß; mußte; müßte; gemußt; h**⟩ devoir (*auch bei Vermutungen*); (*nötig sein*) falloir; être nécessaire; (*gezwungen sein*) être forcé, contraint, obligé de *od.* à (faire qc.); être tenu de (faire qc.); **ich muß es tun** je dois le faire; **sie muß schlafen** il faut qu'elle dorme; il lui faut dormir; F **kein Mensch muß** ~ on ne peut forcer, contraindre, obliger personne; l'homme est libre; **er muß nicht, er tut es freiwillig** il n'y est pas forcé, il le fait de son plein gré; **es muß sein** c'est forcé, obligé, nécessaire, inévitable; **wenn es sein muß** s'il le faut; s'il est nécessaire; **muß ich denn gehen?**

faut-il donc que je parte?; muß das sein? est-ce (absolument) nécessaire?; faut-il que cela soit?; das muß sein il faut que cela se fasse; ich muß Sie bitten, zu ... (+ *inf.*) je dois vous prier de ... (+ *inf.*); er muß schon sehr krank sein, um nicht zu kommen il faut qu'il soit bien malade pour ne pas venir, pour qu'il ne vienne pas; was sein muß, muß sein il faut faire ce qu'il faut, ce qui doit être fait, ce qui est indispensable, nécessaire; es wird schon gehen, es muß gehen! cela ira; F ça doit marcher!; man muß mit wenig zufrieden sein il faut se contenter de peu; ich weiß schon, was ich tun muß je sais ce que j'ai à faire; er muß Ihnen noch manches sagen il a encore bien des choses à vous dire; Sie müssen es mir nicht übelnehmen il ne faut pas m'en vouloir; er muß es nicht (*braucht es nicht zu*) wissen il n'est pas nécessaire, il est inutile qu'il le sache; il n'a pas besoin de le savoir; wir ~ Ihnen leider mitteilen, daß ... nous avons le regret de vous annoncer, communiquer, informer, faire savoir que ...; man muß sich nur wundern, wie er noch so arbeiten kann on se demande comment il peut encore travailler ainsi; on s'étonne, est étonné qu'il lui soit encore possible de travailler ainsi; *so etw. tut er nicht*, er müßte denn verrückt geworden sein ... à moins qu'il ne soit devenu fou; es mußte sich gerade so fügen le hasard le voulut ainsi; er muß bald kommen il ne peut tarder à *od.* de venir; ich muß lachen, wenn ... je dois rire, le rire me prend quand ...; ich mußte lachen, als ich ihn sah je n'ai pu m'empêcher de rire en le voyant; ich muß Ihnen etw., F was sagen venez que je vous dise qc.; alle Menschen ~ sterben tous les hommes sont mortels, sont sujets à la mort; Sie ~ aber auch kommen à condition que vous veniez; e-e Frau, wie sie sein muß une femme comme il faut; une vraie femme; *iron.* er muß alles wissen il faut tout lui dire; il veut tout savoir; der Zug müßte längst hier sein le train devrait être là depuis longtemps; was muß ich hören? qu'est-ce que j'entends?; es muß wohl nichts an der Sache sein il semble que la chose n'est pas, ne soit pas vraie; es muß was dran sein ce ne doit pas être sans motif; das muß wahr sein ce doit être vrai; c'est indubitablement vrai; er hat fort gemußt *od.* ~ il a dû partir; *Kinder ellip.* ich muß mal! (*aufs Klo*) j'ai envie!; **II** ♀ *n* ⟨~s⟩ *cf.* muß II.

Muße|stunde ['muːsəˌʃtʊndə] *f* (heure *f* de) loisir *m*; heure perdue; moment perdu; ~ˌzeit *f cf.* Muße.

müßig ['myːsɪç] *adj.* **1.** (*tatenlos*) oisif, -ive; inactif, -ive; inoccupé; désœuvré; ~ sein *auch* se croiser les bras; ~ gehen ne rien faire; vivre dans l'oisiveté, dans le désœuvrement; ~ herumstehen badauder; flâner; musarder; muser; F baguenauder; traînasser; bayer aux corneilles; **2.** (*überflüssig, zwecklos*) oiseux, -euse; inutile; superflu; vain; ~er Gedanke pensée oiseuse; ~e Frage question oiseuse; ~es Gerede paroles oiseuses; ♀ˌgang *m* ⟨~(e)s⟩ oisiveté *f*; désœuvrement *m*; paresse *f*; ~ ist aller Laster Anfang *prov.* l'oisiveté est la mère de tous les vices *prov.*; ♀ˌgänger(in) *m* ⟨~s; ~⟩ (*f*) ⟨~; ~nen⟩ oisif, -ive *m, f*; désœuvré, -e *m, f*; fainéant, -e *m, f*; paresseux, -euse *m, f*; flâneur, -euse *m, f*.

Mußvorschrift ['mʊsˌfoːrʃrɪft] *f* disposition impérative. [mustang *m*.]

Mustang ['mʊstaŋ] *m* ⟨~s; ~s⟩ *zo.*

Muster ['mʊstər] *n* ⟨~s; ~⟩ (*Vorbild*) modèle *m*; *oft iron.* parangon *m*; exemple *m*; *gr.* exemple-type *m*; paradigme *m*; (*Urbild*) type *m*; *e-s Stoffes, e-r Tapete* (*Zeichnung*) dessin *m*; (*Schablone*) patron *m*; *comm.* (*Qualitätsprobe*) échantillon *m*; (*verwendbares ~stück*) spécimen *m*; exemplaire *m*; ~ ohne Wert échantillon sans valeur; ein ~ echter Tugend un modèle de véritable vertu; *iron.* un parangon de vertu; nach demselben ~ gemacht fait sur le même patron, modèle; dem ~ entsprechen être conforme à l'échantillon; nach ~ kaufen acheter sur échantillon; ~ˌbeispiel *n* modèle *m*; exemple *m* typique (für de); ~beˌtrieb *m* entreprise *f* modèle; landwirtschaftlicher ~ ferme *f* modèle; exploitation-pilote *f*; ~ˌbuch *n comm.* référence *f*; carnet *m*, catalogue *m* d'échantillons; ~exemˌplar *n iron. fig. cf.* ~beispiel; ~ˌfall *m* cas *m* typique; ~ˌgatte *m* mari *m* modèle; ♀geˌrecht *adj.* conforme à l'échantillon; ♀ˌgültig *adj.* exemplaire; parfait; qui peut servir de modèle; digne d'être proposé en exemple; ~ˌgültigkeit *f* caractère *m* exemplaire; perfection *f*; ~ˌgut *n cf.* ~betrieb; ♀ˌhaft *adj. cf.* ♀gültig; ~ˌhaftigkeit *f* ⟨~⟩ *cf.* ~gültigkeit; ~ˌkarte *f comm.* carte *f* d'échantillons; ~ˌklammer *f* attache parisienne; ~ˌknabe *m iron.* garçon *m* modèle; ~ˌkoffer *m comm.* marmotte *f*; boîte *f* à échantillons; ~kollektiˌon *f comm.* collection *f* (de modèles); ~ˌmesse *f comm.* foire *f* commerciale; ♀n **I** *v/t.* ⟨-(e)re, h⟩ examiner; inspecter; soumettre à un examen rigoureux; *fig.* passer au crible; examiner de près; réviser; *Truppen* passer en revue; inspecter; soumettre à une inspection; passer l'inspection de; *Rekruten* faire passer le conseil de révision; *text.* appliquer des dessins sur; décorer; j-n mit neugierigen Blicken ~ dévisager, toiser qn.; regarder qn. d'un œil curieux; *Stoff* gemustert façonné; **II** ~n *n* ⟨~s⟩ *cf.* ~ung; ~ˌreisende(r) *m* commis-voyageur *m*; ~ˌrolle *f mar.* rôle *m* d'équipage; ~ˌschule *f* école *f* modèle; ~ˌschüler(in) *m* (*f*) élève *m, f* modèle; ~ˌschutz *m* protection *f* (légale) des modèles (déposés); ~ˌsendung envoi *m* d'échantillons; ~ˌstück *n comm. cf.* Muster; *fig. iron. cf.* ~beispiel; ~ung *f* ⟨~; ~en⟩ examen *m*; inspection *f*; *von Truppen* revue *f*; inspection *f*; *von Rekruten* révision *f*; e-e ~ abhalten faire la revue (de); passer les hommes en revue; ~ungsˌausschuß *m milit.* conseil *m* de révision; ~ungskommissiˌon *f milit.* commission *f* de réforme, *für Pferde* de recensement; ~verˌtrag *m* contrat-type *m*; ~ˌwerk *n* ouvrage *m* modèle, classique; ~ˌwirtschaft *f cf.* ~betrieb; ~ˌwohnung *f* appartement *m* témoin; ~ˌzeichner (-in) *m* (*f*) dessinateur, -trice *m, f*.

Mut [muːt] *m* ⟨~(e)s⟩ courage *m*; cœur *m*; (*Tapferkeit*) bravoure *f*; valeur *f*; vaillance *f*; froher ~ cœur joyeux; guten ~es sein avoir bon cœur; y aller de bon cœur; ~ haben avoir du courage; *litt.* avoir le cœur haut placé; F avoir du cran; keinen ~ haben n'avoir pas de courage; manquer de courage; F n'avoir rien dans le ventre; (nicht) den ~ haben, etw. zu tun (ne pas) avoir le courage, le cœur de faire qc.; j-m ~ machen encourager qn.; donner, inspirer du courage à qn.; j-m den ~ nehmen décourager qn.; den ~ sinken lassen, verlieren perdre courage; se décourager; F se dégonfler; (wieder) ~ fassen (re)prendre courage, cœur; s'enhardir; wieder ~ machen affermir les cœurs; redonner du cœur (à qn.); F remettre du cœur au ventre (à qn.); all s-n ~ zusammennehmen F prendre son courage à deux mains; das nimmt mir allen ~ cela m'ôte tout courage; cela me décourage; es gehört ~ dazu il faut (avoir) du courage pour (faire) cela; nur ~! courage!; *litt.* 'haut les cœurs!

Muta|bilität [mutabiliˈtɛːt] *f* ⟨~⟩ *biol.* mutabilité *f*; ~tiˈon *f* ⟨~; ~en⟩ *biol.* mutation *f*; (*Stimmwechsel*) mue *f* (de la voix); ~tiˈonstheoˌrie *f biol.* théorie *f* mutationniste; mutationnisme *m*.

mutbeseelt ['muːtbəˌzeːlt] *adjt.* plein de cœur, de courage.

Mütchen ['myːtçən] *n* ⟨~s⟩ sein ~ an j-m kühlen décharger sa rancune, sa colère, sa bile sur qn.; épancher sa bile sur qn.

muten ['muːtən] *v/i.* ⟨-ete, h⟩ *mines* demander la concession d'une mine.

mutier|en [muˈtiːrən] **I** *v/i.* ⟨*pas de ge-*, h⟩ *Stimme* muer; *biol.* subir une *od.* des mutation(s); **II** ♀en *n* ⟨~s⟩, ♀ung *f* ⟨~⟩ mue *f*.

mut|ig ['muːtɪç] **1.** *adj.* courageux, -euse; (*tapfer*) brave; vaillant; e-e ~e Tat un acte de courage; une action d'éclat; ~! *cf.* (nur) Mut; **2.** *adv.* courageusement; avec courage; bravement; ♀ige(r) *f* (*m*) ⟨→ A⟩ dem ~n gehört die Welt *prov.* la fortune sourit aux audacieux; ~los *adj.* sans courage; découragé; abattu; ~ machen (werden) (se) décourager; ♀losigˌkeit *f* ⟨~⟩ manque *m* de courage; découragement *m*; ~ˌmaßen *v/t.* ⟨-(es)t, h⟩ présumer; supposer; soupçonner; conjecturer; (*ahnen*) se douter de; entrevoir; ~ˌmaßlich **1.** *adj.* présumé; probable; supposé; *jur.* présomptif, -ive; conjectural; **2.** *adv.* il est à présumer que; présomptivement; probablement; ♀ˌmaßung *f* ⟨~; ~en⟩ présomption *f*; supposition *f*; conjecture *f* (über sur); hypothèse *f*; bloße ~en pures conjectures, hypothèses; ~en anstellen faire, former des conjectures; zu verschiedenen ~en Anlaß geben donner lieu à différentes suppositions; ♀ˌprobe *f* test *m*, épreuve *f* de courage.

Mutter ['mʊtər] *f* **1.** ⟨~; ⸚⟩ mère *f*; *poét.* ~ Erde notre mère commune; F bei ~ Grün übernachten dormir à la belle étoile; sich ~ fühlen se sentir mère, enceinte; ~ werden devenir mère; die werdenden Mütter les futures mères, F mamans; *relig.* ~ Gottes mère de Dieu; Vierge *f*; Notre-Dame; madone *f*; Vorsicht ist die ~ der Weisheit *prov.* prudence est mère de sûreté *prov.*; F zu ~n fahren aller en permission de détente; F aller téter une goutte; **2.** ⟨~; ~n⟩ (*Schrauben*♀) écrou *m*; sechseckige ~ écrou à six pans; ~ˌboden *m agr.* terreau *m*; terre arable, franche, végétale; couche *f* arable; ~ˌbrust *f* sein *m* de la mère.

Mütterchen ['mʏtərçən] *n* ⟨~s; ~⟩ ein altes ~ une petite, bonne vieille; une vieille femme.

Mutter|erde ['mʊtərˌʔɛrdə] *f* ⟨~⟩ *agr. cf.* Mutterboden; ~ˌfreuden *f/pl.* joies *f/pl.* de la maternité.

Mütterfürsorge ['mʏtər,fy:rzɔrgə] *f* prévoyance, assistance maternelle.

Mutter|gesellschaft ['mutərgə,zɛl-ʃaft] *f comm.* société *f* mère; **~ge,stein** *n* roche *f* mère; **~ge,winde** *n techn.* filet *m* femelle; **~'gottes,bild** *n* image *f* de la Vierge, de Notre-Dame; madone *f*; **~,haus** *n von Diakonissen etc.* maison *f* mère.

Mütterheim ['mʏtər,haɪm] *n* foyer *m*, maison *f* de repos pour mères (de famille).

Mutter|herz ['mutər,hɛrts] *n* cœur *m* de mère, maternel; **~ins,tinkt** *m* instinct maternel; **~,kind** *n péj. cf.* Muttersöhnchen; **~,kirche** *f relig.* église *f* matrice; **~,korn** *n* ⟨~(e)s; ~e⟩ *agr., bot.* ergot *m*; **~,kuchen** *m physiol., bot. sc.* placenta *m*; **~,land** *n* ⟨~(e)s; ≃er⟩ (*Stammland*) mère patrie *f*; métropole *f*; **das französische ~** la France métropolitaine; **~,lauge** *f chim.* eau *f* mère; **~,leib** *m* sein *m*, ventre *m* de la mère; **vom ~e an** ... dès sa, de naissance ...

mütterlich ['mʏtər,lɪç] *adj.* maternel, -lle; **~er,seits** *adv.* maternel, -lle; **meine Tante ~** ma tante maternelle; la sœur de ma mère; **♀,keit** *f* ⟨~⟩ amour, sentiment maternel.

Mutter|liebe ['mutər,li:bə] *f* amour maternel; **♀,los** *adj.* sans mère; **vater-u. ~e Waise** orphelin(e) de père et de mère; **~,mal** *n* ⟨~(e)s; ~e⟩ tache *f* de vin; envie *f*; *sc.* nævus *m*; **~,milch** *f* lait maternel, de la mère; *fig.* **mit der ~ einsaugen** sucer avec le lait maternel; **~,mord** *m* parricide *m*; **~,mörder(in)** *m* (*f*) parricide *m, f*; **~,mund** *m anat.* orifice utérin; museau *m* de tanche; **~n,schlüssel** *m techn.* clef plate; *verstellbarer* clef anglaise; **~,pflanze** *f bot.* plante *f* mère; **~,pflicht** *f* devoir maternel; **~,recht** *n* ⟨~(e)s⟩ matriarcat *m*; **~,schaf** *n* brebis *f*; **~,schaft** *f* ⟨~⟩ maternité *f*; **~,schiff** *n mar.* ravitailleur *m*; **~,schoß** *m* sein maternel; **~,schraube** *f techn.* boulon *m*; **~,schutz** *m* protection *f* de la maternité; **~,schutzge,setz** *n* loi *f* pour la protection de la maternité; **~,schwein** *n* truie *f*; **♀'seelena'llein** *adj.* absolument, tout seul; esseulé; **ich war ~** il n'y avait âme qui vive; **~,segen** *m* bénédiction maternelle; **~,söhnchen** *n péj.* enfant gâté; **~,sprache** *f* langue maternelle; *aus der andere abstammen* langue *f* mère; **~,stelle** *f* **~ bei j-m vertreten** tenir lieu de, servir de mère à qn.; **~,tag** *m* fête *f* des mères; **~,tier** *n zo.* mère *f*; **~,witz** *m* ⟨~es⟩ esprit naturel; bon sens (héréditaire); **~,zelle** *f biol.* cellule *f* mère.

Mutti ['muti·] F *f* ⟨~; ~s⟩ F maman *f*; petite mère.

Mutung ['mu:tuŋ] *f* ⟨~⟩ *mines* demande *f* de concession (d'une mine).

Mut|wille ['mu:t,vɪlə] *m* ⟨~ns⟩ pétulance *f*; esprit mutin; folâtrerie *f*; esprit *m* folâtre; espièglerie *f*; gaîté *f* sans frein, excessive; *péj.* (*Bosheit*) malignité *f*; malice *f*; **♀,willig 1.** *adj.* pétulant; mutin; folâtre; espiègle; **2.** *adv.* à dessein; de propos délibéré; de gaîté de cœur; intentionnellement; par malice; plein de malice; **~ in sein Verderben rennen** se perdre de gaîté de cœur, de propos délibéré; courir, voler à sa perte d'un cœur léger.

Mütze ['mʏtsə] *f* ⟨~; ~n⟩ *mit Schirm* casquette *f*; *ohne Schirm* bonnet *m*; F *fig.* **etw. auf die ~ kriegen** (*e-n Verweis bekommen*) F recevoir sur les doigts; **~n,schirm** *m* visière *f* de casquette.

My [my:] *n* ⟨~(s); ~⟩ micron *m*.

Myo|kard [my·o·'kart] *n* ⟨~s⟩, **~'kardium** *n* ⟨~s⟩ *anat.* myocarde *m*; **~kar'ditis** *f* ⟨~; -i'tiden⟩ *méd.* myocardite *f*; **~lo'gie** *f* ⟨~⟩ myologie *f*; **~m** [my·'o:m] *n* ⟨~s; ~e⟩ *méd.* myome *m*; **~'sin** *n* ⟨~s⟩ *chim.* myosine *f*; **~'sitis** *f* ⟨~; -i'tiden⟩ *méd.* myosite *f*; **~to'nie** *f* ⟨~; -ien⟩ *méd.* myotonie *f*.

Myriade [my·ri·'a:də] *f* ⟨~; ~n⟩ myriade *f*.

Myriapoden [my·ri·a'po:dən], **Myrio'poden** [-ri·o·-] *m/pl. zo.* myriapodes *od.* myriopodes *m/pl.*

Myrrhe ['mʏrə] *f* ⟨~; ~n⟩ myrrhe *f*; **~ntink,tur** *f phm.* teinture *f* de myrrhe.

Myrte ['mʏrtə] *f* ⟨~; ~n⟩ *bot.* myrte *m*; **~n,kranz** *m* couronne *f* de myrtes, de mariée.

Mysterienspiel [mʏs'te:ri·ən,ʃpi:l] *n thé.* mystère *m*.

mysteriös [mʏste·ri·'ø:s] *adj.* mystérieux, -euse.

Mysterium [mʏs'te:ri·um] *n* ⟨~s; -ien⟩ mystère *m*.

Mystifi|kation [mʏsti·fi·katsi·'o:n] *f* ⟨~; ~en⟩ mystification *f*; **♀'zieren I** *v/t.* ⟨*pas de ge-*, h⟩ mystifier; **II ~'zieren** *n* ⟨~s⟩, **~'zierung** *f* ⟨~; ~en⟩ *cf.* **~kation.**

Mysti|k ['mʏstɪk] *f* ⟨~⟩ mystique *f*; **~ker(in)** *m* ⟨~s; ~⟩ (*f*) ⟨~; ~nen⟩ mystique *m, f*; **♀sch** *adj.* mystique.

Mystizismus [mʏsti·'tsɪsmus] *m* ⟨~⟩ mysticisme *m*.

Myth|e ['my:tə] *f* ⟨~; ~n⟩ mythe *m*; **~en,bildung** *f* naissance *f*, développement *m* des mythes; **♀en,haft** *adj.* fabuleux, -euse; mythique; **♀isch** *adj. cf.* ♀enhaft; **~o'loge** *m* ⟨~n; ~n⟩ mythologue *m*; **~olo'gie** *f* ⟨~; -ien⟩ mythologie *f*; **♀o'logisch** *adj.* mythologique; **~os** *m* ⟨~; -then⟩, **~us** *m* ⟨~; -then⟩ *cf.* **~e.**

N

N, n [ɛn] *n* ⟨~; ~⟩ N, n *m u. f.*

na [na] *int. in Aufforderungen* ~, **(nun) mach doch (schnell)!** allons, dépêche-toi!; *beschwichtigend* ~, **werden Sie nur nicht gleich böse!**, ~, ~, **nur nicht so hitzig!** là, ne vous fâchez pas!; ~, **wer wird denn immer gleich verzweifeln!** allons, (ne) perdez pas courage!; *zögernd, nachgebend* ~, **ich will mal sehen, was ich für Sie tun kann** voyons un peu ce que je peux faire pour vous; ~ **ja, da werde ich halt gehen** allons, puisqu'il le faut; *neugierig* ~, **was hat er gesagt?** eh bien, qu'est-ce qu'il a dit?; *erstaunt* ~ **so was!** par exemple!; quelle idée!; une chose pareille!; qui l'aurait cru!; ça alors!; *herausfordernd* ~ **und!**, ~ **wenn schon!** tant pis!; et (puis) après!; *iron.* ~, **der wird sich wundern!** il va voir un peu; ~, **wer das glaubt!** et qui peut croire ça!; *resignierend* ~, **denn nicht!** tant pis!; *triumphierend* ~, **habe ich nicht recht gehabt?** eh bien, n'avais-je pas raison?; *freundschaftlich* ~, **wie geht's?** eh bien, eh alors, comment ça va?; *drohend* ~ **wart nur!** attends un peu!; *bestätigend* ~ **und ob!** bien sûr!; ma foi, oui!

Nabe ['nɑːbə] *f* ⟨~; ~n⟩ *techn.* moyeu *m.*

Nabel ['nɑːbəl] *m* ⟨~s; ~⟩ *anat.* nombril *m*; *sc.* ombilic *m*; *bot.* 'hile *m*; **~ˌbinde** *f* bandage ombilical; **~ˌbruch** *m méd. sc.* 'hernie ombilicale; omphalocèle *f*; **2ˌförmig** *adj.* en forme d'ombilic; *sc.* ombiliqué; **~ˌgegend** *f anat.* région ombilicale; **~ˌschnur** *f*, **~ˌstrang** *m anat.* cordon ombilical.

Naben|bohrer ['nɑːbənˌboːrər] *m techn.* tarière *f* à moyeu; **~ˌbohrung** *f* alésage *m* du moyeu; œil *m* de la roue; **~ˌhaube** *f*, **~ˌkappe** *f* chapeau *m* de moyeu, de roue.

Nabob ['nɑːbɔp] *m* ⟨~s; ~s⟩ *fig.* nabab *m.*

nach [nɑːx] **I** *prép.* ⟨*dat.*⟩ **1.** *zur Bezeichnung der Richtung* à; vers; pour; *vor Ländernamen* en, *bei näherer Bestimmung* dans; **die Reise ~ Frankreich** le voyage en *od.* de France; **e-e Fahrkarte ~ Paris** un billet pour Paris; **gibt es e-e Fahrgelegenheit ~ B.?** y a-t-il un moyen de transport pour B.?; **die Überfahrt von Calais ~ Dover** la traversée de Calais à Douvres; **der Weg ~ der Stadt** le chemin à *od.* de la ville; ~ **allen Richtungen** dans toutes les directions; en tout sens; F toutes directions; ~ **dieser Seite** de ce côté; ~ **der Straße zu, hin** du côté de la rue; ~ **Süden zu liegen** être exposé au sud; ~ **vorn heraus gehen** être sur le devant; donner sur la rue; ~ **Osten (zu)** vers l'est; dans la direction de l'est; *Postsendungen etc.* ~ **Berlin** à (destination de) Berlin; **abreisen** ~ partir pour; **die Abreise** ~ le départ pour; **aufbrechen** ~, **sich auf den Weg machen** ~ se mettre en route pour; **sich einschiffen, die Einschiffung** ~ s'embarquer, l'embarquement pour; ~ **Frankreich zurückkehren** rentrer en France; ~ **Wasser gehen** aller chercher de l'eau; ~ **Wasser graben** forer un puits; creuser pour trouver (de) l'eau; chercher (de) l'eau; ~ **dem Arzt schicken** envoyer chercher le médecin; ~ **j-m schlagen** chercher à frapper qn.; ~ **Hause schreiben** écrire à la maison, à sa famille, à ses parents; ~ **Hause zurückkehren** rentrer à la maison, chez soi; ~ **Brot schreien** demander du pain à grands cris; **sich ~ etw. umsehen** chercher qc. des yeux; **sich ~ j-m umsehen** tourner les yeux vers qn.; ~ **oben** vers le haut; ~ **vorn** vers, sur le devant; ~ **innen** vers, à l'intérieur; F **immer der Nase ~** tout droit devant soi; **die Suche ~** la recherche de; **begierig ~** désireux de; **das Bedürfnis ~** le besoin de; **sich ~ Ruhe sehnen** aspirer au repos; **sich ~ j-m sehnen** désirer ardemment voir qn.; F s'ennuyer de qn.; **sich ~ etw. bücken** se baisser pour ramasser qc.; ~ **j-m fragen** vouloir voir qn.; F demander après qn.; **sich ~ etw. erkundigen** s'informer de qc.; **2.** *zur Bezeichnung der Reihenfolge, Ordnung, Zeit* après; au bout de; ~ **getaner Arbeit** le travail fini; après le travail; **nach beendetem Gottesdienst** après le service divin; **noch ~ Jahrhunderten** dans des siècles; des siècles plus tard; **noch ~ langer Zeit** encore longtemps après; ~ **e-r halben Stunde** dans une, au bout d'une demi-heure; ~ **Tisch** après le repas; ~ **dieser Zeit** passé ce temps; **es ist zwanzig Minuten ~ zwölf** il est midi vingt; **er kommt erst ~ mir dran** il vient après moi; il a son tour après le mien; il me suit; **e-r ~ dem anderen** l'un après l'autre; **der Größe ~** par rang de taille; **der Reihe ~** à tour de rôle; chacun à son tour; à chacun son tour; **zahlbar ~ Empfang** payable après réception; **bitte, ~ Ihnen!** après vous, s.v.p.!; **am Tage ~ s-r Ankunft** le lendemain de son arrivée; **3.** *zur Bezeichnung der Art u. Weise, Übereinstimmung (gemäß)* à; d'après; selon; suivant; conformément à; sur; de; ~ **Aussage meines Freundes** au dire de mon ami; ~ **s-m Zeugnis** à en croire son témoignage; à l'en croire; ~ **allem, was ich höre ...** d'après tout ce que j'entends, ce qu'on dit ...; à en croire les gens, la rumeur ...; **wenn es ~ dem Verfasser ginge ...** à en croire l'auteur ...; si l'on en croyait l'auteur ...; ~ **meiner Meinung, meiner Meinung ~** d'après *od.* selon moi; à mon avis; **aller menschlichen Voraussicht ~** suivant toutes (les) prévisions; **s-m Aussehen ~** à en juger par *od.* sur sa mine; **s-r Form ~** suivant *od.* par sa forme; ~ **Ihrem Belieben** à votre gré; suivant votre fantaisie; comme vous l'entendrez; ~ **Belieben** à discrétion; à volonté; ~ **Metern** au mètre; ~ **Gewicht verkaufen** vendre au poids; ~ **Muster** d'après modèle; ~ **meiner Uhr ist es ...** à ma montre il est ...; ~ **Gehör spielen** jouer d'oreille; **das macht ~ deutschem Gelde ...** ça fait en argent allemand ...; ~ **dem Gesetz, dem Gesetz ~** aux termes de la loi; **je ~ Umständen** suivant les circonstances; **jeder ~ s-n Kräften** chacun selon *od.* suivant ses forces; ~ **Maßgabe** (+ *gén.*) dans la mesure de; *jur. auch* conformément à; **das ist nicht ~ meinem Geschmack** ce n'est pas à *od.* de mon goût; ~ **s-r Weise** à sa manière, façon; ~ **Art** (+ *gén.*) à la façon, à la manière de; **der Reihe ~ erzählen** raconter dans l'ordre; ~ **Gas riechen** sentir le gaz; **das schmeckt ~ ...** cela a un goût de ...; ~ **dem Schein urteilen** juger sur les apparences; **allem Anschein ~** selon toute apparence; **s-n Jahren ~ noch ein Kind, s-m Charakter ~ schon ein Mann** un enfant quant à *od.* par l'âge, un homme quant au *od.* par le caractère; **das wird ~ derselben Melodie gesungen** cela se chante sur le même air; **sich ~ etw., j-m richten** se régler sur qc., qn.; *gr.* **sich ~ etw. richten** s'accorder avec qc.; ~ **Diktat schreiben** écrire sous la dictée (de qn.); **j-n nur dem Namen ~ kennen** ne connaître qn. que de nom; ~ **j-m so heißen** être appelé ainsi du nom de qn.; **man hat ihn ~ mir genannt** il porte mon nom; on lui a donné mon nom; **II** *adv.* ~ **u.** ~ successivement; progressivement; peu à peu; petit à petit; par degrés; F de fil en aiguille; ~ **wie vor** après comme (aupar)avant; *ellip.* **mir ~!** suivez-moi!

nach|äffen ['nɑːxˌʔɛfən] *v/t.* ⟨*sép.*, -ge-, h⟩ **j-n ~** contrefaire qn.; copier servilement qn.; F singer qn.; **2ˌäffer** *m* ⟨~s; ~⟩ F singe *m*; mouton *m* de Panurge; **2äffe'rei** *f* ⟨~; ~en⟩ contrefaçon *f*, copie *f* servile; servile copie; F singerie *f*; **~ˌahmen** *v/t.* ⟨*sép.*, -ge-, h⟩ *Vorbild, Muster, möglichst genau* imiter; copier; contrefaire; *zum Spott od. in betrügerischer Absicht* contrefaire; imiter; *in Kunst u. Literatur* copier; pasticher; plagier; démarquer; **~ahmensˌwert** *adj.* digne d'être imité, d'imitation; imitable; **2ˌahmer(in)** *m* ⟨~s; ~⟩ *(f)* ⟨~; ~nen⟩ imitateur, -trice *m, f*; *e-s Kunstwerkes, literarischen Werkes* pasticheur, -euse *m, f*; plagiaire *m*; démarqueur, -euse *m, f*; copiste *m*; *betrügerische(r)* contrefacteur, -trice *m, f*; **2ˌahmung** *f* ⟨~; ~en⟩ *als Handlung* imitation *f*; *in Kunst u. Literatur* contrefaçon *f* (*auch e-s Industrieproduktes*); plagiat *m*; démarquage *od.* démarcage *m*; *betrügerische* contrefaction *f*; falsification *f*; *jur.* contrefaçon *f*; *als Resultat* imitation *f*; *in Kunst u. Literatur* copie *f*; contrefaçon *f* (*auch e-s Industrieproduktes*); pastiche *m*; **vor ~ wird gewarnt** se méfier des contrefaçons; **2ahmungsˌtrieb** *m der Tiere* instinct *m*, *der Menschen auch* esprit *m* d'imitation; **2ˌarbeit** *f zur Verbesserung* retouche *f*; finition *f*; finissage *m*; **~ˌarbeiten** *v/t.* ⟨-ete, *sép.*, -ge-, h⟩ **1. etw. ~** (*nachbilden*) copier, imiter qc.; **2. das Versäumte ~** travailler à rattraper le temps perdu; **3. etw. ~** *um es noch zu verbessern* retoucher qc.

Nachbar ['naxbɑːr] *m* ⟨~s *od.* ~n; ~n⟩ voisin *m*; **mit den ~n verkehren** voisiner; **~...** *in Zssgn. meist* voisin, -e; **~ˌdorf** *m* village voisin; **~geˌmeinde** *f* commune voisine, limitrophe, adjacente; **~ˌgrundstück** *n* terrain attenant, limitrophe, contigu, adjacent; **~ˌhaus** *n* maison voisine; **~in** *f* ⟨~; ~nen⟩ voisine *f*; **~ˌland** *n* ⟨~(e)s; ~er⟩ pays voisin; **2ˌlich 1.** *adj.* (*benachbart*) voisin; **gut ~e Beziehungen** rapports de bon voisinage; **2.** *adv.* **mit j-m ~ verkehren** voisiner; **~ˌort** *m* localité voisine; **~ˌschaft** *f* ⟨~⟩ **1.** (*Nähe*) voisinage *m*; proximité *f*; **in der ~** près d'ici; **2.** (*die Nachbarn*) voisinage *m*; voisins *m/pl.*; **3.** (*nachbarliche Beziehungen*) rapports *m/pl.* entre voisins; **gute ~ halten** fréquenter ses voisins; vivre en bons voisins; avoir, entretenir des rapports de bon voisinage; **~sˌkind** *n* enfant *m* des voisins; **~sˌleute** *pl.*, F **~s** *pl.* voisins *m/pl.*; **~ˌstaat** *m* État voisin; **~ˌstadt** *f* ville voisine; **~ˌtisch** *n* table voisine.

Nach|bau ['nɑːxbau] *m* ⟨~(e)s; ~ten⟩ *techn.* construction *f* d'après ... (modèle); imitation *f*; copie *f*; **2ˌbauen** *v/t.* ⟨*sép.*, -ge-, h⟩ *techn.* construire d'après ... (modèle); imiter; copier; **~beˌhandlung** *f méd.* traitement consécutif; **er ist noch in ~** il reste encore en traitement; **2beˌkommen** *v/t.* ⟨*irr.*, *sép.*, *pas de ge-*, h⟩ *später* recevoir par la suite, après coup; *zusätzlich* recevoir encore, en plus, en supplément; **2ˌbessern I** *v/t.* ⟨-ssere *od.* -ßre, *sép.*, -ge-, h⟩ retoucher; améliorer; **II ~ˌbessern** *n* ⟨~s⟩, **~ˌbesserung** *f* ⟨~; ~en⟩ retouche *f*; amélioration *f*; **2beˌstellen** *v/t.* ⟨*sép.*, *pas de ge-*, h⟩ faire une seconde commande (**etw.** de qc.); commander un supplément (de qc.); commander en supplément; *im Restaurant* **ein Gericht ~** demander un supplément; **~beˌstellung** *f* nouvelle commande; commande *f*, ordre *m* supplémentaire; **2ˌbeten I** *v/t.* ⟨-ete, *sép.*, -ge-, h⟩ répéter (la prière de qn.); F *fig.* répéter machinalement (les paroles de qn.); se faire l'écho (de qn.); **II ~ˌbeten** *n* répétition *f* (d'une prière); F *fig.* répétition machinale; **~ˌbeter(in)** *m (f)* *péj.* fidèle écho *m*; F perroquet *m*; **2beˌwilligen** *v/t.* ⟨*sép.*, *pas de ge-*, h⟩ accorder un supplément (après coup); *im Parlament etc.* voter un supplément; **~beˌwilligung** *f* crédit *m* supplémentaire; **2beˌzahlen** *v/t.* ⟨*sép.*, *pas de ge-*, h⟩ **1.** *später* payer plus tard; **2.** noch **etw. ~** a) payer le reste; b) payer un supplément; **~beˌzahlung** *f* payement *m* du reste, du supplément; **~bild** *n physiol.* image persistante (sur la rétine); **2ˌbilden** *v/t.* ⟨-ete, *sép.*, -ge-, h⟩ *cf.* nachahmen; *durch den Künstler selbst* reproduire; faire un double (de); **~ˌbildung** *f cf.* Nachahmung; *in verkleinertem Maßstab* maquette *f*; *durch den Künstler selbst* réplique *f*; reproduction *f*; répétition *f*; double *m*; **2ˌbleiben** *v/i.* ⟨*irr.*, *sép.*, -ge-, sein⟩ (*übrigbleiben*) être de reste; *écol. cf.* nachsitzen; **2ˌblicken** *v/i.* ⟨*sép.*, -ge-, h⟩ **j-m ~** suivre qn. des yeux; **~ˌblutung** *f méd.* hémorragie *f* secondaire; **2ˌbohren** *v/t.* ⟨*sép.*, -ge-, h⟩ *techn.* agrandir en forant; forer une seconde fois; réaléser; **~ˌbörse** *f* après-bourse *f*; marché *m* libre; **2ˌbörslich** *adj.* **~er Kurs** cours libre, du marché libre, après-bourse; **2ˌbringen** *v/t.* ⟨*irr.*, *sép.*, -ge-, h⟩ *Fehlendes* apporter plus tard; **j-m etw. ~** rapporter qc. à qn.; **~ˌbürge** *m jur.*, *comm.* arrière-caution *f*; certificateur *m* de caution; **2daˌtieren** *v/t.* ⟨*sép.*, *pas de ge-*, h⟩ antidater.

nachdem [nɑːx'deːm] *conj.* **1.** *zeitlich* après que ... (+ *ind.*, *meist* passé antérieur); *bei gleichem Subjekt im Haupt- u. Nebensatz* après ... (+ *inf. passé*); **~ er gesprochen hatte, verließen die Zuhörer den Saal** après qu'il eut parlé, l'auditoire quitta la salle; **~ er gesprochen hatte, setzte er sich** après avoir parlé, il s'assit; **2.** *bezeichnet Maß u. Grad* **je ~ (wie)** selon que ..., suivant que ... (+ *ind.*, *meist fut.*); *oft ellip.* **je ~!** (*wie die Umstände sind, es sich trifft*) F c'est selon!; ça dépend!

nach|denken ['nɑːxˌdɛŋkən] **I** *v/i.* ⟨*irr.*, *sép.*, -ge-, h⟩ **über etw. ~** réfléchir à *od.* sur qc.; méditer sur qc.; **scharf ~** bander, tendre son esprit; **II 2ˌdenken** *n* réflexion *f*; méditation *f*; **~ˌdenklich** *adj.* pensif, -ive; rêveur, -euse; plongé dans ses réflexions; songeur, -euse; méditatif, -ive; **sie ist ~ gestimmt** elle est d'humeur songeuse, pensive; **~ˌdichten** *v/t.* ⟨-ete, *sép.*, -ge-, h⟩ adapter; **2ˌdichtung** *f* adaptation *f*; **~ˌdrängen** *v/i.* ⟨*sép.*, -ge-, sein⟩ *u.* *v/réfl.* ⟨h⟩ pousser par derrière; *in e-n Raum* chercher à entrer après qn.; **~ˌdringen** *v/i.* ⟨*irr.*, *sép.*, -ge-, sein⟩ pénétrer à la suite de qn.; **2druck** *m* ⟨~(e)s⟩ **1.** force *f*; énergie *f*; vigueur *f*; fermeté *f*; *fig.* poids *m*; insistance *f*; *rhét.* emphase *f*; **~ legen auf etw.** accentuer qc.; insister sur qc.; **er wies mit ~ darauf hin, daß ...** il a fait remarquer avec énergie, fermeté, *etc.* que ...; **etw. mit ~ betreiben** mettre les fers au feu; **2.** ⟨*pl.* ~e⟩ *impr.* reproduction *f*; *ungesetzlicher* contrefaçon *f*; reproduction illégale; *als Resultat* (*nachgedrucktes Buch*) livre contrefait; **~ˌdrucken** *v/t.* ⟨*sép.*, -ge-, h⟩ *impr.* reproduire; *ungesetzlich* contrefaire; **~ˌdrücklich 1.** *adj.* énergique; ferme; insistant; *rhét.* emphatique; **2.** *adv.* **etw. ~ verlangen** exiger qc. expressément, énergiquement, avec énergie, avec force; **2drucksˌrecht** *n impr.* droit *m* de reproduction; copyright *m*; **~ˌdunkeln I** *v/i.* ⟨-(e)le, *sép.*, -ge-, sein⟩ *Farben* devenir plus foncé; se rembrunir; **II 2ˌdunkeln** *n* ⟨~s⟩ rembrunissement *m*; **~ˌeifern** *v/i.* ⟨-(e)re, *sép.*, -ge-, h⟩ **j-m ~** être l'émule de qn.; chercher à égaler qn.; prendre qn. pour modèle; **2ˌeiferung** *f* ⟨~⟩ émulation *f*; **~ˌeilen** *v/i.* ⟨*sép.*, -ge-, sein⟩ **j-m ~** poursuivre qn.; F courir après qn.; *élect.*, *Phase* être en retard; être déphasé en arrière; **~ei'nander** *adv.* l'un après l'autre; de suite; successivement; **zweimal ~** deux fois de suite; **~emˌpfinden** *v/t.* ⟨*irr.*, *sép.*, *pas de ge-*, h⟩ *cf.* nachfühlen.

Nachen ['nɑːxən] *poét.* *m* ⟨~s; ~⟩ nacelle *f*; esquif *m*; bachot *m*; canot *m*; barque *f*.

Nach|erbe ['nɑːxˌʔɛrbə] *m* (héritier) substitué *m*; **~ˌernte** *f* seconde récolte; **2erˌzählen** *v/t.* ⟨*sép.*, *pas de ge-*, h⟩ répéter (en d'autres termes); raconter ce qu'on a entendu dire; **dem Englischen nacherzählt** adapté de l'anglais; **~erˌzählung** *f* récit *m*, relation *f*, répétition *f* (en d'autres termes) de ce qu'on a entendu dire; adaptation *f*; **2exerˌzieren I** *v/i.* ⟨*sép.*, *pas de ge-*, h⟩ *milit.* faire de l'exercice supplémentaire (comme punition); F faire du rabiot; *fig.*, F *beim Essen* dîner après les autres; **II ~exerˌzieren** *n* exercice *m* supplémentaire; **~ˌfahr(e)** *m* ⟨~s; ~en⟩ *(m)* ⟨~n; ~n⟩ *cf.* ~komme; **2ˌfahren** *v/i.* ⟨*irr.*, *sép.*, -ge-, sein⟩ **j-m ~** suivre qn. (en voiture, en bateau, *etc.*); **2ˌfärben** *v/t.* ⟨*sép.*, -ge-, h⟩ reteindre; **~ˌfeier** *f* lendemain *m* d'une fête; célébration *f* d'une fête après coup; célébration postérieure à la date exacte; **2ˌfeiern** *v/t.* ⟨-(e)re, *sép.*, -ge-, h⟩ célébrer plus tard, après coup; **2ˌfeilen** *v/t.* ⟨*sép.*, -ge-, h⟩ *techn.* retoucher à la lime; polir; **~ˌfolge** *f in e-m Amt* succession *f*; (*Nachstreben*) imitation *f*; **die ~ Christi** l'imitation de Jésus-Christ; **2ˌfolgen** *v/i.* ⟨*sép.*, -ge-, sein⟩ suivre (j-m qn.); *relig.* (*nachstreben*) imiter; suivre l'exemple de; **j-m im Amt ~** succéder à qn. dans la charge (de); remplacer qn.; **2ˌfolgend** *adjt.* suivant; *nur von Sachen* subséquent; *bes. méd.* consécutif, -ive; secondaire; **im ~en** dans la suite; dans ce qui suit; **das 2e** la suite; **~folgeorganisatiˌon** *f* organisation *f* ayant pris la succession, la suite; **~ˌfolger(in)** *m* ⟨~s; ~⟩ *(f)* ⟨~; ~nen⟩ successeur *m*; **~folgeˌstaaten** *m/pl. hist.* États successeurs; **2ˌfordern** *v/t.* ⟨-(e)re, *sép.*, -ge-, h⟩ demander encore, en sus, en plus; **~ˌforderung** *f* demande *f* en sus, en plus; **2ˌforschen** *v/i.* ⟨*sép.*, -ge-, h⟩ rechercher (**e-r Sache** qc.); chercher à découvrir (qc.); s'enquérir, s'informer (de qc.); faire des recherches, prendre des informations (sur qc.); **~ˌforschung** *f* recherche *f*; enquête *f*; information *f*; **~en über j-n anstellen** prendre des informations sur le compte de qn.; *cf. auch* **2forschen; alle ~en nach den Vermißten waren erfolglos** toutes les recherches faites pour retrouver les disparus ont été sans résultat.

Nach|frage ['nɑːxˌfrɑːgə] *f* ⟨~⟩ informations *f/pl.*; *comm.* demande *f* (nach de); **~ halten** prendre des informations; **nach diesem Artikel herrscht e-e große ~** il y a une forte demande de cet article; cet article est fort demandé, est très recherché; **lebhafte ~ finden** faire l'objet de demandes pressantes; **die ~ hält an,**

geht zurück, ist lebhaft, steigt, zieht an, übersteigt das Angebot la demande est soutenue, (se) ralentit (diminue), est vive, augmente, reprend, excède l'offre; **2ˌfragen** *v/i.* ⟨*sép.*, -ge-, h⟩ s'informer (nach de); **~frist** *f comm.* prolongation *f* de terme; délai *m* supplémentaire; **2ˌfühlen** *v/t.* ⟨*sép.*, -ge-, h⟩ j-m etw. ~ können comprendre (par sympathie) les sentiments de qn.; entrer dans les sentiments de qn.; ich kann es ihm ~ j'éprouve ce qu'il a dû sentir; j'entre dans ses sentiments; je puis le comprendre; **2ˌfüllen I** *v/t.* ⟨*sép.*, -ge-, h⟩ remplir (complémentairement); compléter; refaire le plein; *Wein in ein Faß* ouiller; **II ~ˌfüllen** *n* remplissage *m* (complémentaire); ouillage *m*; **2ˌgaffen** *v/i.* ⟨*sép.*, -ge-, h⟩ *péj.* j-m ~ regarder (avec une curiosité stupide) qn. qui s'en va; **~gang** *m adm.* im ~ zu unserem Schreiben vom ... en nous référant à notre lettre du ...; **2ˌgeben I** *v/i.* ⟨*irr.*, *sép.*, -ge-, h⟩ **1.** *e-m Druck, unter schwerer Belastung etc.* céder; (*sich biegen*) plier; (*erschlaffen*) lâcher; se relâcher; se détendre; *Leder, Stoffe* se prêter; **2.** *fig.* (*schließlich zustimmen*) céder (j-m à qn.); se rendre (aux désirs de qn.); fléchir; se plier (à); se prêter (à); s'incliner (devant); se montrer accommodant; *aus Achtung* déférer (à); *fig.* capituler; F *fig.* baisser pavillon; mettre les pouces; nicht ~ *auch* F ne pas en démordre; tenir bon; tenir tête (à); der Klügere gibt nach *prov.* les plus accommodants sont les plus habiles; j-m nichts ~ an ... (*par ex. an Eifer*) ne le céder en rien à qn. en ce qui concerne ...; **3.** *von Kursen* fléchir; céder du terrain; se tasser; se relâcher; se détendre; **II ~ˌgeben** *n* relâchement *m*; *der Kurse* fléchissement *m*; mouvement *m* de repli; recul *m*; tassement *m*; **2geˌboren** *adjt.* **1.** *nach des Vaters Tod* posthume; **2.** *später als die Geschwister* puîné; cadet, -tte.

Nach|gebühr [ˈnaːxgəˌbyːr] *f für Postsendungen* surtaxe *f*; taxe *f* à percevoir (pour affranchissement insuffisant); **~geˌburt** *f physiol.* arrière-faix *m*; délivre *m*; **2ˌgehen** *v/i.* ⟨*irr.*, *sép.*, -ge-, sein⟩ **1.** j-m ~ suivre qn.; *s-n Geschäften, s-r Tätigkeit* vaquer à; *e-r Sache, e-m Vorfall* s'occuper de; s'informer de; dem Vergnügen ~ se livrer aux plaisirs; diese Worte gingen ihr nach ces paroles l'ont fait réfléchir, l'ont portée à réfléchir; **2.** *von der Uhr* retarder; meine Uhr geht nach ma montre retarde, est en retard (gegen die, im Vergleich mit der Bahnhofsuhr sur la gare); **2geˌlassen** *adjt.* ~e Werke œuvres posthumes; **2geˌmacht** *adjt.* imité; (*unecht*) faux, fausse; postiche; (*künstlich*) artificiel, -lle; factice; (*gefälscht*) contrefait; **2geˌordnet** *adjt. adm.* subordonné; **2geˈrade** *adv.* (*allmählich*) enfin; finalement; **2geˌschaltet** *adjt. élect.* raccordé en série; **~geˌschmack** *m* ⟨~(e)s⟩ arrière-goût *m*; *fig.* bitterer ~ mauvais souvenirs; impression défavorable; **2geˌwiesenerˈmaßen** *adv.* comme il a été démontré; **2ˌgiebig** *adj.* **1.** *Material etc.* flexible; élastique; pliant; souple; qui cède; **2.** *fig.* (*zum Nachgeben bereit*) souple; accommodant; qui cède; docile; malléable; **~ˌgiebigˌkeit** *f* ⟨~⟩ **1.** flexibilité *f*; élasticité *f*; souplesse *f*; **2.** *fig.* souplesse *f*; docilité *f*; malléabilité *f*; caractère accommodant; **2ˌgießen** *v/t.* ⟨*irr.*, *sép.*, -ge-, h⟩ ajouter (en versant); **2ˌgraben I** *v/i.* ⟨*irr.*, *sép.*, -ge-, h⟩ fouiller; **II ~ˌgraben** *n*, **~ˌgrabung** *f* fouille *f*; **2ˌgrübeln I** *v/i.* ⟨-(e)le, *sép.*, -ge-, h⟩ subtiliser (über etw. sur qc.); se creuser la tête (au sujet de qc.); s'ingénier (wie man etw. machen könnte à faire qc.); **II ~ˌgrübeln** *n* ⟨~s⟩ *verbal*; **2ˌgucken** *v/i.* ⟨*sép.*, -ge-, h⟩ F j-m ~ suivre qn. des yeux; **~hall** *m* retentissement *m*; écho *m* (*beide auch fig.*); *im geschlossenen Raum* répercussion *f*; résonance *f* (*auch fig.*); **2ˌhallen** *v/i.* ⟨*sép.*, -ge-, h⟩ retentir; avoir un long retentissement; faire écho; se répercuter; résonner; **2ˌhaltig** *adj.* (qui est d'un effet) durable; tenace; persistant; efficace; persévérant; **~ˌhaltigˌkeit** *f* ⟨~⟩ durée *f*; persistance *f* (d'un effet produit); persévérance *f*; **2ˌhängen** *v/i.* ⟨*irr.*, *sép.*, -ge-, h⟩ *Gedanken, Träumen etc.* s'abandonner à; se livrer, se laisser aller à; donner libre cours, carrière à; trüben Gedanken ~ F broyer du noir; **~ˈhauseˌgehen** *n* beim ~ en rentrant (chez soi); **~ˈhauseˌweg** *m* auf dem ~ sur le chemin du retour; en rentrant à la maison; **2ˌhelfen** *v/i.* ⟨*irr.*, *sép.*, -ge-, h⟩ *e-r Sache* avancer (qc.); j-m ~ faire avancer qn.; aider qn. à avancer; aider, pousser qn.; venir en aide à qn.; F donner un coup de main, d'épaule à qn.; da wird man etw. ~ müssen on devra faire activer la chose; **2ˈher** *adv.* plus tard; après (cela); ensuite; après coup; subséquemment; *noch an demselben Tage* tout à l'heure; tantôt; bis ~! à tout à l'heure!; à tantôt!; **2ˈherig** *adj.* postérieur; ultérieur; (*folgend*) suivant; subséquent.

Nach|hilfe [ˈnaːxˌhɪlfə] *f* aide *f* (qu'on donne à qn. pour l'avancer); assistance *f*; **~hilfeˌstunden** *f/pl.*, **~hilfeˌunterricht** *m* répétitions *f/pl.*; leçons particulières, de rattrapage (données à un élève); ~ geben donner des leçons particulières; **2ˌhinken** *v/i.* ⟨*sép.*, -ge-, sein⟩ *fig.* venir après les autres; suivre difficilement, F cahin-caha; **~holbeˌdarf** *m* besoins *m/pl.* (accumulés) à couvrir; **2ˌholen** *v/t.* ⟨*sép.*, -ge-, h⟩ *Versäumtes* rattraper; *versäumte Zeit auch* regagner; *eine Unterlassung etc.* réparer; das ist nicht mehr nachzuholen c'est irremplaçable, irréparable; cela ne se retrouvera plus; **~hut** *f* ⟨~; ~en⟩ *milit.* arrière-garde *f* (*auch fig.*); die ~ bilden former l'arrière-garde; **~hutgeˌfecht** *n milit.* combat *m* d'arrière-garde; **2ˌimpfen** *v/t.* ⟨*sép.*, -ge-, h⟩ *méd.* revacciner; **~ˌimpfung** *f méd.* revaccination *f*; **2ˌjagen I** *v/t.* ⟨*sép.*, -ge-, h⟩ lancer à la poursuite de; F *Eilbrief, Telegramm* envoyer; j-m e-e Kugel ~ tirer sur qn.; **II** *v/i.* ⟨sein⟩ *Ruhm, Gewinn, Geld* rechercher; F courir après; j-m ~ poursuivre qn. vivement, à toute vitesse; faire, donner la chasse à qn.; F courir après qn.; **~klang** *m* résonance *f*; *fig.* souvenir *m*; écho *m*; réminiscence *f*; **2ˌklingen** *v/i.* ⟨*irr.*, *sép.*, -ge-, h⟩ résonner; continuer à *od.* de tinter; vibrer; **~ˌkomme** *m* ⟨~n; ~n⟩ descendant *m*; ~n *pl.* descendants *m/pl.*; arrière-neveux *m/pl.*; postérité *f*; descendance *f*; progéniture *f*; ~n haben *auch* F faire souche; ohne ~n sterben mourir sans postérité; **2ˌkommen** *v/i.* ⟨*irr.*, *sép.*, -ge-, sein⟩ **1.** (*folgen*) j-m ~ suivre qn.; **2.** (*später kommen*) arriver, venir plus tard; rejoindre (qn.); **3.** (*folgen können*) suivre (*auch fig.*); *mit der Arbeit etc.* (*Schritt halten*) suivre (le rythme, la cadence); venir à bout de; **4.** *e-m Befehl* (*folgen*) se conformer, obéir, obtempérer à; suivre; *e-m Aufruf* répondre à; *e-r Forderung* faire droit à; *e-m Wunsche* condescendre, accéder, acquiescer, consentir, donner suite à; *s-n Verpflichtungen* satisfaire à; s'acquitter de; faire honneur à; faire face à; remplir; tenir; exécuter; ne pas manquer à; **~ˌkommenschaft** *f* ⟨~⟩ *cf.* ~komme (*pl.*); **~ˌkömmling** *m* ⟨~s; ~e⟩ **1.** enfant né tardivement; **2.** *cf.* ~komme; **~kriegs...** *in Zssgn.* d'après-guerre; **~kriegsˌjahre** *n/pl.* années *f/pl.* d'après-guerre; **~kriegsverˌhältnisse** *n/pl.* situation *f* d'après-guerre; **~kriegsˌzeit** *f* (époque *f* d')après-guerre *m*; **~kur** *f méd.* soins *m/pl.*, traitement *m* après (la) cure.

Nach|laß [ˈnaːxlas] *m* ⟨-lasses; -lasse *od.* -lässe⟩ **1.** (*Hinterlassenschaft*) succession *f*; *literarischer* œuvres *f/pl.* posthumes; *e-s Gefallenen* fonds *m/pl.* et effets *m/pl.*; e-n ~ verwalten administrer, gérer une succession; **2.** *comm.*, *im Preis* (*Ermäßigung*) remise *f*; diminution *f*; réduction *f*; rabais *m*; réfaction *f*; ristourne *f*; abattement *m*; escompte *m*; **2ˌlassen I** *v/t.* ⟨*irr.*, *sép.*, -ge-, h⟩ **1.** *Seil etc.* (*lockern*) (re)lâcher; **2.** (*hinterlassen*) laisser (derrière, après soi); léguer; **3.** *comm.* vom *od.* am Preis etw. ~ rabattre, réduire, diminuer, baisser qc. du prix (*od.* le prix de ...); faire, accorder un rabais, une remise sur le prix; **II** *v/i.* (*abnehmen*) *Kälte, Hitze* diminuer; *Fieber* baisser; se relâcher; tomber; diminuer; *Kräfte* décliner; diminuer; faiblir; *Lärm* décroître; aller décroissant; s'amortir; s'apaiser; *Zorn, Sturm, Wind* s'adoucir; diminuer; se calmer; s'apaiser; *Zorn, Wind auch* tomber; faiblir; mollir; *nur Wind* baisser; *Geschwindigkeit* décroître; diminuer; (se) ralentir; baisser; tomber; *Gefühle* tiédir; se refroidir; *Geschäfte* (se) ralentir; *Nachfrage* faiblir; *in s-n Anstrengungen* relâcher, ralentir, diminuer (ses efforts); der Regen hat nachgelassen la pluie est moins violente; dein Eifer läßt nach ton zèle se refroidit; **III ~ˌlassen** *n e-s Seiles, des Fiebers, e-s Menschen in s-n Anstrengungen* relâchement *m*; *der Nachfrage, Kräfte, des Windes* affaiblissement *m*; *des Zorns, Sturmes, Windes* (r)adoucissement *m*; *der Hitze, Kälte, Kräfte, Geschwindigkeit, des Zorns, Sturmes, Windes etc.* diminution *f*; *des Lärms* décroissance *f*; *des feindlichen Feuers, der Geschäfte, Konjunkturüberhitzung* ralentissement *m*; *der Kampftätigkeit* répit *m*; das ~ der Nachfrage la réduction de la demande; **~laßgeˌricht** *n* tribunal *m* des successions; **2ˌlässig** *adj.* négligent; nonchalant; manquant d'application; F *fig.* mou (mol), molle; *advt.* etw. ~ tun F faire qc. par-dessous la jambe, à la six-quatre-deux, à la diable; **~ˌlässigˌkeit** *f* ⟨~; ~en⟩ négligence *f*; nonchalance *f*; manque *m* d'application; inapplication *f*; laisser-aller *m*; **~laßinvenˌtar** *n* inventaire *m* de la succession; **~laßˌpfleger** *m jur.* curateur *m* à la succession; **~laß-**

ˌ**schulden** *f/pl.* dettes *f/pl.* héréditaires; passif successoral; **~laß-ˌsteuer** *f* taxe successorale.

Nach|laßteilung ['nɑːxlasˌtaɪlʊŋ] *f* partage successoral; **~laßverˌbindlichˌkeiten** *f/pl. jur.* dettes et charges successorales; obligations *f/pl.* de la succession; **~laßverˌwalter** *m cf.* ~laßpfleger; **~laßverˌwaltung** *f jur.* administration *f* de la succession; **2ˌlaufen** *v/i.* ⟨*irr.*, *sép.*, -ge-, **sein**⟩ j-m ~ courir après qn.; poursuivre qn.; *e-m Mädchen* F cavaler après qn.; F **den Weibern ~** F courir le cotillon, jupon; **er läuft mir auf Schritt u. Tritt nach** il me suit pas à pas; **2ˌlegen** *v/t.* ⟨*sép.*, -ge-, h⟩ *Holz, Kohlen aufs Feuer* ajouter; remettre; **~ˌlese** *f in Weinbergen* grappillage *m*; *fig.* recueil *m* complémentaire; **~ halten** grappiller; **2ˌlesen** *v/t.* ⟨*irr.*, *sép.*, -ge-, h⟩ *e-e Stelle in e-m Buch* lire; relire; revoir; consulter (un livre sur qc.); *Trauben cf.* **Nachlese (halten)**; **2ˌliefern** *v/t.* ⟨-(e)re, *sép.*, -ge-, h⟩ *nachträglich* fournir, livrer, faire suivre plus tard; *ergänzend* compléter une fourniture (par); **~ˌlieferung** *f* fourniture, livraison après coup, postérieure, complémentaire; complément *m* de fourniture, de livraison; **2ˌlösen** *v/t.* ⟨-(es)t, *sép.*, -ge-, h⟩ *chem.*, *e-e Fahrkarte* se faire délivrer un supplément; *néol.* faire supplémenter un billet; **~löseˌschalter** *m chem.* (guichet *m* des) suppléments *m/pl.*; **2ˌmachen I** *v/t.* ⟨*sép.*, -ge-, h⟩ *cf.* **nachahmen, nachäffen; das soll mir e-r ~!** je défie quiconque d'en faire autant!; qu'on m'imite!; que quelqu'un fasse la même chose!; **II ~ˌmachen** *n cf.* **Nachahmung**; **~mahd** *f* seconde coupe; second fauchage; regain *m*; **2ˌmalen** *v/t.* ⟨*sép.*, -ge-, h⟩ copier; **2ˌmalig** *adj. cf.* **2herig**; **2mals** *adv.* plus tard; depuis; dans la suite; **2ˌmessen** *v/t.* ⟨*irr.*, *sép.*, -ge-, h⟩ mesurer, arpenter une seconde fois; vérifier la *od.* une mesure; **~ˌmittag** *m* après-midi *m, f*; **heute 2** cet après-midi; **im Laufe des ~s** dans l'après-midi; **am späten ~** vers la fin de l'après-midi; **2ˌmittags** *adv.* (dans) l'après-midi; **~mittagskaˌffee** *m* goûter *m*; collation *f*; **~mittags-ˌkleid** *n* robe *f* d'après-midi; **~mittagsˌunterricht** *m* classes *f/pl.* de l'après-midi; **~mittagsˌvorstellung** *f thé.* matinée *f*; **2ˌnähen** *v/t.* ⟨*sép.*, -ge-, h⟩ recoudre; **e-n losen Knopf ~** consolider un bouton.

Nach|nahme ['nɑːxˌnɑːmə] *f* ⟨~; ~n⟩ *Post* remboursement *m*; **per ~ schicken** envoyer contre remboursement; **gegen** *od.* **unter ~** contre remboursement; **~nahmebeˌtrag** *m* montant *m* du remboursement; **~nahmegeˌbühr** *f* droit *m*, frais *m/pl.* de remboursement; **~nahmeˌsendung** *f* envoi *m* contre remboursement; **~ˌname** *m* nom *m* de famille; **2ˌnehmen** *v/t.* ⟨*irr.*, *sép.*, -ge-, h⟩ *bei Tisch* prendre encore; **2ˌplappern** *v/t.* ⟨-(e)re, *sép.*, -ge-, h⟩ répéter, redire machinalement, sans réfléchir (les paroles de qn.); se faire l'écho (de qn.); **2poˌlieren** *v/t.* ⟨*sép.*, *pas de ge-*, h⟩ repolir; **~ˌporto** *n Post cf.* **Nachgebühr**; **2prüfˌbar** *adj.* contrôlable; vérifiable; **2ˌprüfen** *v/t.* ⟨*sép.*, -ge-, h⟩ examiner; contrôler; vérifier; reviser; **etw. genau ~** examiner qc. de plus près, en détail; **~ˌprüfung** *f* examen *m*; contrôle *m*; vérification *f*; revision *od.* révision *f*; **2ˌrechnen** *v/t.* ⟨-ete, *sép.*, -ge-, h⟩ recompter; calculer de nouveau; vérifier, revoir un compte, un calcul; **~ˌrechnung** *f* vérification *f*, revision *od.* révision *f* de compte; **~ˌrede** *f* **1. üble ~** propos malveillants; médisance *f*; diffamation *f*; F racontars *m/pl.*; **in üble ~ bringen** décrier; compromettre; diffamer; F livrer aux racontars; **2.** (*Nachwort*) épilogue *m*; postface *f*; **2ˌreden** *v/t.* ⟨-ete, *sép.*, -ge-, h⟩ **etw. ~** répéter qc.; **j-m Böses, Übles ~** dire du mal, médire de qn.; F *fig.* bêcher qn.; débiner qn.; **2ˌreichen** *v/t.* ⟨*sép.*, -ge-, h⟩ *Speisen bei Tisch* resservir (un plat); *fehlende Unterlagen etc.* présenter, fournir plus tard, après; **2ˌreifen I** *v/i.* ⟨*sép.*, -ge-, **sein**⟩ *Obst etc.* mûrir après la cueillette; **II ~ˌreifen** *n* maturation *f* après la cueillette; **2ˌreisen** *v/i.* ⟨-(es)t, *sép.*, -ge-, **sein**⟩ **j-m ~** partir (en voyage) pour rejoindre qn.; F partir rejoindre qn.; **2ˌrennen** *v/i.* ⟨*irr.*, *sép.*, -ge-, **sein**⟩ **j-m ~** courir après qn.; poursuivre qn.

Nachricht ['nɑːxrɪçt] *f* ⟨~; ~en⟩ nouvelle *f*; (*Mitteilung*) information *f*; communication *f*; (*Benachrichtigung*) avis *m*; avertissement *m*; (*Botschaft*) message *m*; (*kurze Zeitungsnotiz*) notice *f*; *im Radio* **~en** *pl.* journal parlé; nouvelles; bulletin d'information; **neueste, letzte ~en** dernières nouvelles; *als Zeitungsrubrik oft* dernière heure; *in Zeitungen* **vermischte ~en** faits divers; de tout un peu; nouvelles en trois lignes; **die ~ von etw. erhalten** avoir, recevoir nouvelle de qc.; **j-m von etw. ~ geben** instruire, informer, aviser qn. de qc.; apporter à qn. la nouvelle de qc.; **~en einholen** prendre des informations; s'informer de qc.; *milit.* recueillir des renseignements; **~en aus dem Ausland** nouvelles de l'étranger; **ich habe endlich ~ von ihm** j'ai enfin de ses nouvelles.

nachrichten ['nɑːxˌrɪçtən] *v/t.* ⟨-ete, *sép.*, -ge-, h⟩ rajuster; remettre au point; *Geschütz* rectifier (le pointage).

Nachrichten|abteilung ['nɑːxrɪçtən-ʔapˌtaɪlʊŋ] *f milit.* service *m*, section *f* de renseignements; groupe *m* (des) transmissions; **~agenˌtur** *f* agence *f* d'informations, de presse; **~ˌaustausch** *m* échange *m* d'informations; **~ˌauswertung** *f* exploitation *f* des informations, *milit.* renseignements; **~beˌschaffung** *f* recherche *f* des informations, *milit.* de renseignements; **~ˌblatt** *n* feuille *f*, bulletin *m* d'informations; **~büˌro** *n cf.* ~agentur; **~ˌdienst** *m im Radio* service *m* d'information; *milit.* service *m* de renseignements; **~materiˌal** *n* informations *f/pl.*; *milit.* renseignements *m/pl.*; **~ˌmittel** *n* moyen *m* d'information, de renseignements; mode *m* de transmission; **~ˌnetz** *n* réseau *m* du service de renseignements, de transmissions; **~offiˌzier** *m milit.* officier *m* de renseignements, de transmissions; **~ˌquelle** *f* source *f* d'information; **~sateˌllit** *m* satellite *m* relais radio; satellite *m* «courrier»; **~ˌsendung** *f im Radio cf.* **Nachricht(en)**; **~ˌsperre** *f* censure *f*; F *abus.* embargo *m* sur les nouvelles; **~ˌsprecher** *m im Radio* speaker [-œːr] *m*; **~ˌtechnik** *f* technique *f* des communications; **~theoˌrie** *f* théorie *f* des communications; **~ˌtruppe** *f milit.* troupe *f* de(s) transmissions; **~überˌmittlung** *f* transmission *f* des nouvelles, des informations, des renseignements; **~verˌbreitung** *f* diffusion *f* de nouvelles; **~ˌwesen** *n* service *m* de(s) renseignements; *milit.* transmission *f*; **~zenˌtrale** *f* centre *m* de renseignements.

nachrichtlich ['nɑːxrɪçtlɪç] *adv. adm.* à titre d'information.

nach|rücken ['nɑːxˌrʏkən] *v/i.* ⟨*sép.*, -ge-, **sein**⟩ *in e-e höhere Stelle* avancer; *milit.* suivre; progresser, avancer à la suite de; **2ruf** *m* derniers adieux; éloge *m*, oraison *f* funèbre; *in e-r Zeitung* article *m* nécrologique; éloge *m* posthume, funèbre; **~ˌrufen** *v/t.* ⟨*irr.*, *sép.*, -ge-, h⟩ **j-m etw. ~** crier qc. après qn.; **2ruhm** *m* gloire *f* posthume; **~ˌrühmen** *v/t.* ⟨*sép.*, -ge-, h⟩ **j-m etw. ~** dire, prétendre qc. à la louange, à l'éloge de qn.; **~ˌsagen** *v/t.* ⟨*sép.*, -ge-, h⟩ **etw. ~** répéter qc.; **j-m etw. ~** dire qc. de qn.; *Gutes cf.* ~rühmen; *Übles cf.* **nachreden; man sagt ihm nach, daß er ...** on raconte qu'il ...; **das kann man ihm nicht ~** on ne peut le lui reprocher; **ich lasse mir nichts ~** je ne tolère pas qu'on dise du mal à mon égard, sur mon compte; **2saiˌson** *f* arrière-saison *f*; **in der ~ sind die Preise niedriger** les prix 'hors saison sont plus bas; **2satz** *m* **1.** *gr.* second membre (de la proposition); *philos.* second terme d'une proposition; proposition mineure; conséquent *m*; **2.** *in Briefen cf.* 2schrift; **~ˌschauen** *v/i.* ⟨*sép.*, -ge-, h⟩ **~, ob ...** (aller) voir si ...; **j-m ~** suivre qn. des yeux; **~ˌschicken** *v/t.* ⟨*sép.*, -ge-, h⟩ *cf.* ~senden; **~ˌschieben** *v/t.* ⟨*irr.*, *sép.*, -ge-, h⟩ faire avancer (en poussant); *milit.* faire suivre; acheminer; **~ˌschießen I** *v/t.* ⟨*irr.*, *sép.*, -ge-, h⟩ *Gelder* verser une nouvelle somme; parfaire, compléter une somme; **II** *v/i.* **j-m ~** tirer sur qn. (qui s'éloigne); F (*nachrennen*) ⟨**sein**⟩ s'élancer à la poursuite de qn., F après qn.; **2schlag** *m* **1.** *allg.* second coup; **2.** *mus.* note *f* de complément; **3.** *milit.*, *beim Essen* deuxième portion *f*; **2schlageˌbuch** *n* aide-mémoire *m*; ouvrage *m* de référence.

nach|schlagen ['nɑːxˌʃlɑːgən] **I** *v/t.* ⟨*irr.*, *sép.*, -ge-, h⟩ **in e-m Buch ~** consulter un, compulser un, voir dans, chercher dans, se reporter à un livre; **ein Wort, e-e Stelle ~** chercher un mot, un passage; **II** *v/i.* ⟨**sein**⟩ **j-m ~** tenir de qn.; **2schlageˌwerk** *n cf.* 2schlagebuch; **~ˌschleichen** *v/i.* ⟨*irr.*, *sép.*, -ge-, **sein**⟩ **j-m ~** suivre qn. furtivement, à pas de loup, en cachette; (*beschatten*) filer, guetter qn.; **~ˌschleifen**[1] *v/t.* ⟨*irr.*, *sép.*, -ge-, h⟩ *Messer, Werkzeug* repasser; réaffûter; affûter de nouveau; *techn.* roder (à l'émeri); rectifier; **~ˌschleifen**[2] **I** *v/t.* ⟨*sép.*, -ge-, h⟩ traîner après soi; **II** *v/i.* traîner; **~ˌschleppen I** *v/t.* ⟨*sép.*, -ge-, h⟩ *cf.* ~schleifen[2] I; **II** *v/réfl.* **sich mühsam ~** suivre avec peine; **2ˌschlüssel** *m* fausse clef; (*Dietrich*) rossignol *m*; passe-partout *m*; **~ˌschreien** *v/t.* ⟨*irr.*, *sép.*, -ge-, h⟩ **j-m ~** poursuivre qn. de ses cris; **j-m etw. ~** crier qc. après qn.; **2schrift** *f* *e-s Vortrags etc.* notes *f/pl.*; *in Briefen* post-scriptum *m*; **2schub** *m milit.* ravitaillement *m*; **2schubˌbasis** *f* base *f* de ravitaillement; **2schubkoˌlonne** *f* colonne *f* de ravitaillement; **2schubˌlager** *n* dépôt *m* d'approvisionnement; **2schubˌlinie** *f*, **2schubˌweg** *m* voie *f* de ravitaillement;

~ₗschulisch *adj.* postscolaire; **2-schuß** *m von Geldern* nouveau versement; nouvelle remise; versement *m* supplémentaire, complémentaire; **2-schußₗpflicht** *f* obligation *f* de faire un nouveau versement, un versement supplémentaire, complémentaire; **~-ₗschütten** *v/t.* ⟨-ete, *sép.*, -ge-, h⟩ ajouter; **~ₗschwatzen** *v/t.* ⟨-(es)t, *sép.*, -ge-, h⟩ *cf.* nachplappern; **~ₗsehen I** *v/t.* ⟨*irr.*, *sép.*, -ge-, h⟩ **1.** (*prüfen*) examiner; contrôler; vérifier; donner un coup d'œil à; faire l'inspection de; *Hefte* corriger; *Maschine* reviser; **2.** etw., in e-m Buch ~ *cf.* ~schlagen I; **3.** j-m etw. ~ (*durchgehen lassen*) passer qc. à qn.; pardonner qc. à qn.; fermer l'œil sur qc.; avoir de l'indulgence pour qn.; **II** *v/i.* j-m ~, ~, ob ... *cf.* ~schauen; **III 2-ₗsehen** *n* examen *m*; contrôle *m*; vérification *f*; *der Hefte* correction *f*; *e-r Maschine* revision *f*; **das ~ haben** en être pour ses frais; F être le dindon de la farce; P se brosser (le ventre); **~ₗsenden I** *v/t.* ⟨*irr.*, *sép.*, -ge-, h⟩ *Briefe etc.* faire suivre; réexpédier; **bitte ~!** faire suivre s.v.p.!; prière de faire suivre!; **II 2ₗsenden** *n*, **2ₗsendung** *f von Briefen* réexpédition *f* (par «faire suivre»); **~ₗsetzen** *v/i.* ⟨-(es)t, *sép.*, -ge-, sein⟩ j-m ~ (*nacheilen*) se mettre à la poursuite de qn.; poursuivre qn.; **2sicht** *f* indulgence *f*; tolérance *f*; patience *f*; **~ haben, üben** montrer de l'indulgence, user d'indulgence (**mit j-m** pour *od.* envers qn.; **mit etw.** pour qc.); **ohne ~** sévèrement; **mit j-s Schwächen ~ haben** *auch* condescendre aux faiblesses de qn.; **man muß ~ üben** à tout péché miséricorde *loc. prov.*; **~ₗsichtig 1.** *adj.* indulgent (**mit j-m** pour *od.* envers qn.); tolérant; patient; **2.** *adv.* avec indulgence, tolérance, patience; **2ₗsichtigₗkeit** *f* ⟨~⟩ *cf.* 2sicht; **~sichtsₗvoll** *adj.* plein d'indulgence; *cf. auch* ~sichtig; **2ₗsilbe** *f gr. sc.* suffixe *m*; **~ₗsinnen I** *v/i.* ⟨*irr.*, *sép.*, -ge-, h⟩ **über etw. ~** réfléchir à qc.; méditer sur qc.; **II 2ₗsinnen** *n* réflexion *f*; méditation *f*; **in tiefes ~ versunken sein** être abîmé, plongé dans ses pensées; **~sintₗflutlich** *adj. sc.* postdiluvien, -nne; **~ₗsitzen** F **I** *v/i.* ⟨*irr.*, *sép.*, -ge-, h⟩ *in der Schule* être en retenue; F avoir une colle; faire sa colle; **~ lassen** mettre en retenue; F donner, infliger, flanquer une colle (à); **II 2ₗsitzen** *n* retenue *f*; F colle *f*; **2ₗsommer** *m* fin *f* de l'été; regain *m* d'été; été *m* de la Saint-Martin; **~ₗspähen** *v/i.* ⟨*sép.*, -ge-, h⟩ j-m ~ suivre qn. des yeux; **2ₗspeise** *f* dessert *m*; **2spiel** *n* **1.** *thé.* épilogue *m*; *mus., auf der Orgel nach e-r kirchl. Feier* postlude *m*; **2.** *fig.* épilogue *m*; suite *f*; prolongement *m*; (*Konsequenzen*) conséquences *f/pl.*; **die Sache wird noch ein gerichtliches ~ haben** l'affaire se terminera devant les tribunaux; **~spioₗnieren** F *v/i.* ⟨*sép.*, *pas de ge-*, h⟩ j-m ~ épier, espionner qn.; **~ₗsprechen** *v/t.* ⟨*irr.*, *sép.*, -ge-, h⟩ répéter, redire (les paroles, les propos de qn.); *péj. cf.* nachbeten; **~ₗspüren** *v/i.* ⟨*sép.*, -ge-, h⟩ *ch.* flairer une *od.* la trace (**e-m Wild** d'un gibier); suivre à la trace (de); être sur une piste (de); quêter; *fig.* **den Geheimnissen der Natur ~** chercher à pénétrer les secrets de la nature; j-m ~ *cf.* ~spionieren.

nächst [nɛːçst] **I 1.** *adj.* (*sup. zu* **nahe**) *zur Bezeichnung der Entfernung u. Beziehung* **der (die) ~e** le (la) plus proche; le (la) plus court(e); *der Zeit u. Reihenfolge* le (la) prochain(e); **dieser Weg ist der ~e** ce chemin est le plus court; **die ~en Verwandten** les (plus) proches (parents); **aus ~er Nähe** de tout près; **das ~e Haus** la maison la plus proche; **er wohnt im ~en Haus** il habite dans la prochaine maison, dans la maison voisine, d'à côté; **er schoß aus ~er Nähe** il a tiré à bout portant; **meine ~en Freunde** mes amis les plus intimes; mes plus proches amis; **die ~e Umgebung** *e-r Stadt* la proche banlieue; **das ~e Mal, ~es Mal** la prochaine fois; **in ~er Zeit** prochainement; sous peu; bientôt; **im ~en Augenblick** l'instant d'après; un moment après; peu après; **bei ~er Gelegenheit** à la première occasion; **mit ~er Post** par le prochain courrier; **die ~e Straße rechts** la première rue à droite; **~e Woche** la semaine prochaine; **~en Sonntag** dimanche prochain; **am ~en Tag** le lendemain; le jour suivant; **~er Tage, in den ~en Tagen** un de ces jours; au cours des jours prochains; prochainement; d'ici peu; **an e-m der ~en Tage** un jour prochain; **in der ~en Zukunft** dans un proche avenir, un avenir prochain; dans un avenir rapproché; **der ~e, bitte!** le suivant, s.v.p.!; **das ~e (zu tun) wäre ...** la première chose à faire serait ...; **der ~** (*erste*) **beste** *cf.* **~best**; **2.** *adv.* **am ~en** le plus près, proche; **j-m, e-r Sache am ~en kommen** s'approcher le plus de qn., qc. (**in etw.** par qc.); *fig.* **er steht mir am ~en** c'est lui qui me touche de plus près; c'est lui qui m'est le plus cher; **fürs ~e genügt das** pour l'instant ça suffit; **II** *prép.* ⟨*dat.*⟩ ~ **Gott danke ich Ihnen meine Rettung** après Dieu, c'est à vous que je dois mon salut; **~best** *adj.* **a)** *in der Qualität* le (la) meilleur(e) ... venant après; **b)** (*beliebig*) le premier ... venu; la première ... venue; n'importe quel, -lle ...; **der, die, das 2e** n'importe qui, lequel, laquelle; le premier venu; la première venue.

nach|stehen [ˈnaːxˌʃteːən] *v/i.* ⟨*irr.*, *sép.*, -ge-, h⟩ *fig.* j-m ~ le céder à qn.; être inférieur à qn.; **j-m in nichts ~** ne le céder en rien à qn.; **j-m in etw. nicht ~ wollen** ne pas vouloir être en reste de qc. avec qn.; **keinem ~** ne le céder à personne; **sie mußte ihrer schönen Freundin immer ~** elle devait toujours s'effacer devant sa belle amie, céder le pas à sa belle amie; elle était toujours reléguée, placée derrière sa belle amie; **~ₗstehend** *adjt.* suivant; **~, im ~en** ci-dessous; ci-après; dans ce qui suit; **die ~ verzeichneten Sorten** les qualités ci-dessous mentionnées; **das 2e** ce qui suit; **~ₗsteigen** *v/i.* ⟨*irr.*, *sép.*, -ge-, sein⟩ F *e-m Mädchen* F courir après; P cavaler après *od.* derrière; **~stellₗbar** *adj. techn.* réglable; rajustable; **~ₗstellen I** *v/t.* ⟨*sép.*, -ge-, h⟩ **1.** placer après; postposer; **2.** *Uhr* retarder; **3.** *techn.* (*regulieren*) régler; rajuster; **II** *v/i.* j-m ~ *e-m Mädchen* poursuivre qn. de ses assiduités; (*j-n verfolgen*) poursuivre qn.; *hinterhältig* tendre des pièges à qn. (*beide auch ch.*); F **den Mädchen ~** F courir le jupon, le cotillon, la prétentaine; *cf. auch* ~steigen; **2stellₗschraube** *f techn.* vis *f* de réglage; **2ₗstellung** *f techn.* nouveau réglage; *sonst verbal*; *fig.* (*Verfolgung*) poursuite *f*.

Nächst|enliebe [ˈnɛːçstənˌliːbə] *f* amour *m* du prochain; charité *f*; altruisme *m*; **2ens** *adv.* prochainement; bientôt; sous peu; **~e(r)** *m* ⟨→ A⟩ (*Mitmensch*) prochain *m*; *bibl.* **du sollst deinen ~n lieben wie dich selbst** tu aimeras ton prochain comme toi-même; (*am nächsten Stehender*) **jeder ist sich selbst der ~** *prov.* charité bien ordonnée commence par soi-même; **2ₗfolgend** *adjt.* prochain; suivant; **2ₗhöher** *adj.* **die ~e Klasse** la classe immédiatement supérieure; **~er Vorgesetzter** supérieur immédiat; **2ₗliegend** *adjt.* qui est situé le plus près; *fig.* le plus tangible, simple, évident; **~ₗliegende(s)** *n* ⟨→ A⟩ **an das ~ habe ich nicht gedacht** je n'ai pas pensé à la plus simple, évidente des choses.

Nach|stoß [ˈnaːxʃtoːs] *m esc.* riposte *f*; **2ₗstoßen** *v/i.* ⟨*irr.*, *sép.*, -ge-, h⟩ *esc.* riposter; *milit.* ⟨sein⟩ serrer de près; talonner; **2ₗstreben** *v/i.* ⟨*sép.*, -ge-, h⟩ *e-r Sache* tendre à qc.; s'efforcer vers qc.; s'efforcer d'atteindre qc.; j-m ~ prendre qn. pour modèle; **2-ₗströmen** *v/i.* ⟨*sép.*, -ge-, sein⟩ *fig.* suivre en foule; **2ₗstürzen** *v/i.* ⟨-(es)t, *sép.*, -ge-, sein⟩ s'élancer après; *e-r Person auch* se précipiter sur les pas de, à la suite de; **2ₗsuchen I** *v/i.* ⟨*sép.*, -ge-, h⟩ **1.** rechercher; faire des recherches; *in der Tasche* fouiller dans; **2. um etw. ~** solliciter, demander qc.; **II ~ₗsuchen** *n* recherche *f*; fouille *f*; **~ₗsuchung** *f* ⟨~; ~en⟩ sollicitation *f*; demande *f*.

Nacht [naxt] *f* ⟨~; ⸗e⟩ nuit *f*; **Tausendundeine ~** les Mille et une Nuits; **Tag u. ~** nuit et jour; **ein Unterschied wie Tag u. ~** c'est le jour et la nuit; **schwarz wie die ~** noir comme un corbeau, une taupe, du cirage, de l'ébène, du charbon; **häßlich wie die ~** d'une laideur à faire peur; **des ~s, bei ~, in der ~** pendant la nuit; de nuit; la nuit; nuitamment; **über ~** a) pendant la nuit; b) (*plötzlich*) du jour au lendemain; **bei j-m über ~ bleiben** passer la nuit, coucher chez qn.; **mit einbrechender ~, bei Einbruch der ~** à la nuit tombante; à la tombée de la nuit; au crépuscule; **heute 2** cette nuit; **mitten in der ~** en pleine nuit; **(ich wünsche Ihnen e-e) gute ~!** (je vous souhaite une) bonne nuit!; **bei ~ u. Nebel, im Schutze der ~** à la faveur de la nuit; nuitamment; **bei ~ u. Nebel** (*heimlich*) **ausziehen** F déménager à la cloche de bois; **zur ~ essen** dîner; souper; **es ist ~** il fait nuit; **es wird ~, die ~ bricht herein** il se fait nuit; il commence à faire nuit; la nuit vient, tombe; **e-e gute, schlechte ~ haben** passer une bonne, mauvaise nuit; **e-e schlaflose ~ haben** passer une nuit blanche; **ich habe die ganze ~ nicht geschlafen** je n'ai pas dormi de (toute) la nuit; **die ganze ~ kein Auge zutun** ne pas fermer l'œil de (toute) la nuit; **bis tief in die ~ arbeiten** travailler jusque tard dans la nuit; travailler avant dans la nuit; **die ~ zum Tage machen** faire de la nuit le jour; F **sich die ~ um die Ohren schlagen** passer la nuit à regarder les étoiles; **die ~ mit etw. verbringen** passer la nuit à faire qc.; *litt.* **es wurde ~ vor ihren Augen** elle perdit connaissance; elle tomba en syncope; elle s'évanouit; elle fut prise d'un évanouissement, F d'une faiblesse; **über ~ kommt Rat** *prov.* la nuit porte conseil *prov.*; **bei ~ sind alle Katzen grau** *prov.* la nuit tous les chats sont gris *prov.*; **~ₗangriff** *m milit.* attaque *f* nocturne;

(*nächtlicher Bombenangriff*) bombardement *m* de nuit; ~ˌ**arbeit** *f* travail *m* de nuit; ~**aˌsyl** *n* asile *m* de nuit; ~ˌ**aufklärung** *f milit.* reconnaissance *f* de nuit; ~ˌ**aufnahme** *f phot.* photo *f* de nuit; ~ˌ**ausgabe** *f e-r Zeitung* édition *f* de la nuit; ~**beˌleuchtung** *f* éclairage *m* de nuit; ℒ**blind** *adj. méd. sc.* héméralope; ~ˌ**blindheit** *f méd. sc.* héméralopie *f*; ~ˌ**creme** *f Kosmetik* crème *f* de nuit; ~**dienst** *m* service *m*, permanence *f* de nuit.

Nachteil ['nɑːxtaɪl] *m* désavantage *m*; inconvénient *m*; détriment *m*; (*Schaden*) préjudice *m*; dommage *m*; tort *m*; **er hat sich zu s-m ~ verändert** il a changé à son désavantage; **er ist, befindet sich im ~** il est, se trouve désavantagé; il a le désavantage; **die Sache hat e-n ~** cette affaire a, présente un inconvénient; **das würde ihm zum ~ gereichen** cela lui porterait préjudice; cela lui préjudicierait; cela lui ferait du tort; cela lui causerait du dommage; cela constituerait un désavantage pour lui; **zum ~ von** au détriment de; ℒ**ig** *adj.* désavantageux, -euse; préjudiciable; contraire aux intérêts; qui lèse les intérêts; qui présente des inconvénients; (*ungünstig*) défavorable; **sein Vorgehen hatte ~e Folgen** son procédé a eu des suites préjudiciables, fâcheuses; son procédé a eu des suites nuisibles, contraires à ses intérêts; **sich ~ auswirken für** être préjudiciable à; causer un tort à; porter préjudice à; avoir des suites fâcheuses pour; **es ist nichts ℒes über ihn bekannt** on ne sait rien de défavorable à son sujet.

Nachteinsatz ['naxtˌˀaɪnzats] *m milit.* mission *f* nocturne, de nuit.

nächte|lang ['nɛçtəˌlaŋ] *adj. u. adv.* (pendant) des nuits entières; ~**ns** *adv. poét. cf.* nachts.

Nacht|eule ['naxtˌˀɔylə] *f zo.* chouette *f*; F *fig.* (*Nachtarbeiter*) travailleur *m* nocturne; ~ˌ**falter** *m zo.* papillon *m* de nuit; ~ˌ**flieger** *m aviat.* pilote *m* de nuit; ~**flug** *m aviat.* vol *m* de nuit; ~**frost** *m* gelée *f* nocturne; ~**geˌfecht** *n milit.* combat *m* de nuit; ~**geˌschirr** *n* vase *m* de nuit; F pot *m* de chambre; ~**geˌspenst** *n* fantôme *m*; ~**geˌwand** *n st. s. cf.* ~hemd; ~ˌ**gleiche** *f* ⟨~; ~n⟩ équinoxe *m*; ~ˌ**glocke** *f* sonnette *f* de nuit; ~**hemd** *n* chemise *f* de nuit.

Nachtigall ['naxtiˑˌgal] *f* ⟨~; ~en⟩ *zo.* rossignol *m*; *poét.* Philomèle *f*; F *fig.* ~, **ick hör' dir trapsen!** je te vois venir avec tes gros sabots!; ~**enˌschlag** *m* chant *m* du rossignol.

nächtigen ['nɛçtɪgən] *v/i.* ⟨h⟩ passer la nuit.

Nachtisch ['nɑːxtɪʃ] *m* ⟨~es⟩ dessert *m*; **beim ~** entre la poire et le fromage.

Nacht|jäger ['naxtˌjɛːgər] *m aviat. milit.* chasseur *m* de nuit; ~ˌ**kerze** *f bot.* onagre *m*; ~**klub** *m cf.* Nachtlokal; ~ˌ**lager** *n* ⟨~s; ~⟩ coucher *m*; gîte *m*; lit *m*; ~ˌ**landung** *f aviat.* atterrissage *m* de nuit; ~ˌ**leben** *n* vie *f* nocturne; Pariser ~ Paris la nuit.

nächtlich ['nɛçtlɪç] *adj.* nocturne; ~**e Ruhestörung** tapage nocturne; ~**erˌweile** *adv.* la *od.* de nuit.

Nacht|licht ['naxtlɪçt] *n* veilleuse *f*; ~**loˌkal** *n* établissement *m*, F boîte *f* de nuit; ~**luft** *f* air *m*, fraîcheur *f* de la nuit; ~**mahl** *n* souper *m*; ~**marsch** *m milit.* marche *f* de nuit; ~**muˌsik** *f* sérénade *f*; nocturne *m*; ~ˌ**mütze** *f* bonnet *m* de nuit.

nachtönen ['nɑːxˌtøːnən] *v/i.* ⟨*sép.*, -ge-, h⟩ *cf.* nachklingen.

Nacht|portier ['naxtpɔrtiˑˌeː] *m* veilleur *m* (de nuit); concierge *m* de nuit; ~**quarˌtier** *n allg. cf.* Nachtlager; *milit. auch* campement *m* pour la nuit; couchée *f*; étape *f*.

Nach|trag ['nɑːxtrɑːk] *m* ⟨~(e)s; -träge⟩ supplément *m*; appendice *m*; annexe *f*; additif *m*; *zu e-m Vertrag, Abkommen auch* avenant *m*; *zu e-m Testament* codicille [-il] *m*; *zu e-m Brief* post-scriptum *m*; Nachträge *pl. zu e-m Buch* addenda *m*; ℒˌ**tragen** *v/t.* ⟨*irr.*, *sép.*, -ge-, h⟩ **1.** j-m etw. ~ porter qc. derrière qn.; **2.** (*später eintragen*) ajouter à; *comm.*, *e-n Posten* insérer dans; **3.** *fig.* j-m etw. ~ garder rancune à qn. de qc.; en vouloir à qn.; éprouver du ressentiment contre qn.; tenir rigueur à qn. (de qc.); F garder un chien de sa chienne à qn.; garder une dent à qn.; ℒˌ**tragend** *adjt.* rancunier, -ère; ℒˌ**träglich 1.** *adj.* (*später folgend*) ultérieur; postérieur; (*ergänzend*) supplémentaire; additionnel, -lle; **2.** *adv.* plus tard; après coup; ultérieurement; postérieurement; ~**trags...** *in Zssgn.* supplémentaire; additionnel, -lle; ℒˌ**trauern** *v/i.* ⟨-(e)re, *sép.*, -ge-, h⟩ déplorer la perte (j-m, etw. de qn., de qc.).

Nacht|ruf ['naxtruːf] *m tél.* appel *m* de nuit; ~ˌ**ruhe** *f* repos *m* nocturne, de nuit; ℒ**s** *adv.* pendant *od.* dans la nuit; de nuit; la nuit; ~ˌ**schatten** *m bot.* morelle *f*; *sc.* solanum *m*; ~**schattengeˌwächse** *n/pl. bot. sc.* solanacées *od.* solanées *f/pl.*; ~**schicht** *f* équipe *f* de nuit; ~ **haben** être de nuit; ℒˌ**schlafend** *adjt.* **zu ~er Zeit** quand tout le monde dort, est couché; à une heure indue; ~ˌ**schmetterling** *m zo. cf.* Nachtfalter; ~**schrank** *m*, ~ˌ**schränkchen** *n* ⟨~s; ~⟩ *cf.* ~tisch; ~ˌ**schwalbe** *f zo.* engoulevent *m*; ~ˌ**schwärmer(in)** F *m* (*f*) *der* (*die*) *nachts spazierengeht* F noctambule *m, f*; *der* (*die*) *sich nachts amüsiert auch* F noceur *m*; bambochard, -e *od.* bambocheur, -euse *m, f*; fêtard, -e *m, f*; ~**schwärmeˌrei** F *f* promenades *f/pl.*, courses *f/pl.* nocturnes; F noctambulisme *m*; ~**schweiß** *m* sueur *f* nocturne; ~ˌ**schwester** *f* infirmière *f* de nuit; ~ˌ**sitzung** *f* séance *f* de nuit; ~**start** *m aviat.* départ *m* de nuit; ~ˌ**strom** *m élect.* courant *m* de nuit; ~**stück** *n peint.* tableau *m* représentant une scène de nuit; *mus.* nocturne *m*; ~**stuhl** *m* chaise percée; garde-robe *f*; ~ˌ**stunde** *f* **zu später ~** tard dans la nuit; ℒ**sˌüber** *adv. cf.* ℒs; ~**taˌrif** *m* tarif *m* de nuit; surtaxe *f*; ~ˌ**tiere** *n/pl. zo.* animaux *m/pl.* nocturnes, de nuit; ~**tisch** *m* table *f* de nuit; ~**tischˌlampe** *f* lampe *f* de chevet; ~**topf** *m cf.* Nachtgeschirr; F trône *m*; pot *m*; P jules *m*; ~**treˌsor** *m e-r Bank* dépôt *m* de nuit; ~ˌ**übung** *f milit.* exercices *m/pl.* de nuit.

nachtun ['nɑːxtuːn] *v/t.* ⟨*irr.*, *sép.*, -ge-, h⟩ **es j-m ~** faire autant que qn.; *cf. auch* nachahmen, nachmachen.

Nacht|viole ['naxtviˑˌoːlə] *f* ⟨~; ~n⟩ *bot.* julienne *f* des jardins, des dames; ~ˌ**vögel** *m/pl.* oiseaux *m/pl.* de nuit, nocturnes; ~ˌ**vorstellung** *f* représentation *f*, séance *f* de nuit; ~ˌ**wache** *f* **1.** veille *f*, garde *f* de nuit; *bei e-m Kranken auch* veillée *f*; **bei j-m ~ halten** veiller qn.; **2.** (*wachende Person*) garde *m, f*; veilleur, -euse *m, f*; ~ˌ**wächter** *m* garde *m*, gardien *m* de nuit; veilleur *m*; F *fig. péj.* F moule *f*; endormi *m*; ℒˌ**wandeln I** *v/i.* ⟨-(e)le, sein *od.* h⟩ être somnambule; **II** ~ˌ**wandeln** *n* ⟨~s⟩ somnambulisme *m*; ~ˌ**wandler(in)** *m* ⟨~s; ~⟩ (*f*) ⟨~; ~nen⟩ somnambule *m, f*; ℒˌ**wandlerisch** *adj. fig.* **mit ~er Sicherheit** d'une sûreté de somnambule; ~**wind** *m* brise *f* nocturne; ~**zeit** *f* **zur ~** de nuit; ~**zeug** *n* vêtements *m/pl.* de nuit; ~**zug** *m chem.* train *m* de nuit; ~ˌ**zuschlag** *m* supplément *m* de nuit; surtaxe *f*.

Nach|untersuchung ['nɑːxˀuntərˌzuːxuŋ] *f méd.* examen *m*, visite *f* médical(e) postopératoire, après rétablissement, après guérison, *etc.*; ~ˌ**urlaub** *m* supplément *m*, prolongation *f* de congé, de vacances, *milit.* de permission; permission *f* supplémentaire; ~**verˌanlagung** *f Steuerwesen* imposition *f* supplémentaire; ℒ**verˌlangen** *v/t.* ⟨*sép.*, *pas de ge-*, h⟩ demander encore, en sus, en plus, en supplément; ℒ**verˌsichern** *v/t.* ⟨-(e)re, *sép.*, *pas de ge-*, h⟩ modifier, compléter son assurance; augmenter la somme assurée; ~**verˌsicherung** *f* modification *f*, complément *m* d'assurance; assurance *f* complémentaire; ℒˌ**wachsen I** *v/i.* ⟨*irr.*, *sép.*, -ge-, sein⟩ **wieder ~** repousser; se reproduire; **II** ~ˌ**wachsen** *n* nouvelle pousse; repousse *f*; reproduction *f*; ~**wahl** *f* élection *f* complémentaire; ~ˌ**wehen** *f/pl.* **1.** *méd.* tranchées utérines, douleurs *f/pl.* après l'accouchement; **2.** *fig.* (tristes) suites *f/pl.*; séquelles *f/pl.*, conséquences *f/pl.* (fâcheuses); ℒˌ**weinen** *v/t.* ⟨*sép.*, -ge-, h⟩ **j-m keine Träne ~** ne pas regretter, déplorer le départ (*od.* la mort, la disparition) de qn.; ~**weis** *m* ⟨~es; ~e⟩ **1.** (*Beweis*) preuve *f*; démonstration *f*; mise *f* en évidence; justification *f*; *urkundlicher* documentation *f*; *par ext.* (*Beleg*) pièce justificative; certificat *m*; **den ~ führen, erbringen, liefern** fournir, donner la preuve de; justifier de; **2.** (*Hinweis*) informations *f/pl.*, renseignements *m/pl.* (sur les locations, les offres d'emploi, *etc.*); ℒ**weisˌbar 1.** *adj.* démontrable; prouvable; qui peut être démontré, prouvé, mis en évidence; *chim.* décelable; qui peut être constaté; **2.** *adv.* comme on peut le démontrer, en apporter la preuve; ℒˌ**weisen** *v/t.* ⟨*irr.*, *sép.*, -ge-, h⟩ **1.** (*beweisen*) prouver; démontrer; justifier; *urkundlich* documenter; **s-e Eignung ~** justifier (de) son aptitude; *jur.* **e-n Anspruch ~** prouver le bien-fondé d'une prétention; **2. j-m etw. ~** a) *etw. Gewünschtes* fournir à qn. des renseignements sur qc.; donner à qn. des informations sur qc.; b) *Fehler etc.* montrer qc. à qn.; **j-m e-n Arbeitsplatz ~** indiquer une place à qn.; procurer du travail, de l'occupation à qn.; **j-m Irrtümer ~** montrer, signaler à qn. ses erreurs; **3.** *chim.* déceler; mettre en évidence; constater; ℒˌ**weislich** *adj. u. adv. cf.* ℒweisbar; ~**weisˌpflicht** *f* obligation *f* de prouver; ~ˌ**weisung** *f cf.* ~weis; ~**welt** *f* ⟨~⟩ postérité *f*; **auf die ~ bringen** transmettre à la postérité; ℒˌ**wiegen** *v/t.* ⟨*irr.*, *sép.*, -ge-, h⟩ repeser; vérifier le poids; ~ˌ**winter** *m* retour *m* (offensif) de l'hiver; second hiver; hiver tardif; ℒˌ**wirken** *v/i.* ⟨*sép.*, -ge-, h⟩ (**lange**) ~ avoir, produire un effet durable, prolongé; *fig.*, *ein Ereignis etc.* avoir des répercussions; retentir; ~ˌ**wirkung** *f* effet ultérieur; *Folgen* séquelles *f/pl.*; suites *f/pl.*; répercussions *f/pl.*; retentissements *m/pl.*; contrecoup *m*; **unter der ~ von etw. leiden** se ressentir de qc.; être sous le coup de qc.; ℒ-

ˌ**wollen** F *v/i.* ⟨*irr.*, *sép.*, -ge-, h⟩ *ellip.* (*folgen wollen*) vouloir suivre; **er hat ihm nachgewollt** il a voulu le suivre; **~wort** *n* ⟨~(e)s; ~e⟩ épilogue *m*; postface *f*; **~wuchs** *m* ⟨~es⟩ jeune génération *f*; génération nouvelle, montante; jeunes *m/pl.*; jeunesse *f*; **wissenschaftlicher ~** relève scientifique; **~wuchsˌförderung** *f* formation *f* des, encouragement *m* aux jeunes; **~wuchsˌkraft** *f* nouvelle recrue; **2ˌzahlen** *v/t.* ⟨*sép.*, -ge-, h⟩ **1.** (*später zahlen*) payer plus tard; **2.** (*zuzahlen*) payer un supplément; *chem.* prendre un supplément; **2ˌzählen** *v/t.* ⟨*sép.*, -ge-, h⟩ (re)compter; **~ˌzahlung** *f* payement ultérieur, complémentaire, supplémentaire; supplément *m*; **~ˌzählung** *f* (re)comptage *m*; **2ˌzeichnen** *v/t.* ⟨-ete, *sép.*, -ge-, h⟩ dessiner d'après modèle; copier; calquer; **2ˌziehen I** *v/t.* ⟨*irr.*, *sép.*, -ge-, h⟩ tirer après *od.* à soi; traîner après soi; *Fuß* traîner; *Strich* retracer; surcharger; renforcer; *Schraube* resserrer; rebloquer; *Augenbrauen* refaire au crayon; dessiner; **II** *v/i.* ⟨sein⟩ **j-m ~** suivre qn.; **2ˌzotteln** F *v/i.* ⟨-(e)le, *sép.*, -ge-, sein⟩ trotter, traîner derrière; **~zug** *m chem.* train *m* bis, supplémentaire; **~ˌzügler(in)** *m* ⟨~s; ~⟩ (*f*) ⟨~; ~nen⟩ retardataire *m,f*; *milit.* traînard *m*; F (*spätes Kind*) benjamin, -e *m,f*; **~ˌzündung** *f mot.* retard *m* à l'allumage.

Nackedei ['nakəˌdaɪ] F *m* ⟨~(e)s; ~s *od.* ~e⟩ enfant nu.

Nacken ['nakən] *m* ⟨~s; ~⟩ **1.** nuque *f*; **e-n steifen ~ haben** avoir le torticolis; **den Kopf in den ~ werfen** redresser la tête; **2.** *fig.* **j-m den ~ beugen** faire courber la nuque à qn.; faire plier qn.; F faire mettre les pouces à qn.; **den Feind im ~ haben** être talonné, poursuivi, 'harcelé par l'ennemi; **den Schelm, Schalk im ~ haben** être un rusé; être plein de malice; être un pince-sans-rire; **j-m den ~ steifen** affermir qn. dans sa résolution; soutenir, épauler qn.; exhorter qn. à la fermeté; F mettre du cœur au ventre de qn.

nackend ['nakənt] *adjt. cf.* nackt.

Nacken|haar ['nakənˌhaːr] *n* cheveux *m/pl.* de la nuque; **~ˌhebel** *m Ringen* double clef *f* à la nuque; **~ˌkissen** *n* cervical *m*; **~ˌleder** *n am Feuerwehrhelm* couvre-nuque *m*; **~ˌmuskel** *m anat.* muscle cervical, de la nuque; *sc.* splénius *m*; **~ˌschlag** *m* coup *m* sur la nuque; *fig.* **Nackenschläge bekommen** éprouver des revers; **~ˌschutz** *m cf.* ~leder; **~ˌstarre** *f méd.* raideur *f* de la nuque; **~ˌwirbel** *m anat.* vertèbre cervicale.

nackig ['nakɪç] *adj.* F *cf.* nackt.

nackt [nakt] *adj.* nu; *Vogel* déplumé; **mit ~en Füßen** (les) pieds nus; nu-pieds; *fig.* **die ~e Wahrheit** la vérité toute nue, toute pure; **nur das ~e Leben retten** ne sauver que sa vie, F sa peau; **sich ~ ausziehen** se mettre nu; **j-n ~ ausziehen** mettre qn. tout nu; **~ baden** se baigner nu; **2ˌbadestrand** *m* plage (réservée aux) nudiste(s); **2frosch** *m* F *cf.* Nackedei; **2heit** *f* ⟨~⟩ nudité *f*; **2kulˌtur** *f* nudisme *m*; naturisme *m*; **Anhänger(in) der ~** nudiste *m,f*; naturiste *m,f*; **2ˌsamer** *m/pl. bot.* gymnospermes *f/pl.*; **~ˌsamig** *adj. bot.* gymnosperme; **2ˌschnecken** *f/pl. zo.* gastéropodes pulmonés terrestres; **2tanz** *m* danse nue; **2ˌtänzerin** *f* danseuse nue.

Nadel ['naːdəl] *f* ⟨~; ~n⟩ (*Näh2*) aiguille *f* (*auch bot.*, *minéral.*, *méd.*, *chir.*, *e-s Berges*, *Kompaß2*); (*Steck2*) épingle *f*; (*Brosche*) broche *f*; **e-e ~ einfädeln** enfiler une aiguille; *fig.* **wie auf ~n sitzen** être sur des épines, sur les charbons ardents; **~ˌarbeit** *f* ouvrage *m* à l'aiguille; **~ˌausschlag** *m Kompaß* déviation *f* de l'aiguille; **~ˌbaum** *m bot.* conifère *m*; **~ˌbrief** *m* paquet *m* d'épingles, d'aiguilles; **~ˌbüchse** *f* étui *m* à aiguilles, à épingles; aiguillier *m*; **~faˌbrik** *f* aiguillerie *f*; épinglerie *f*; **2ˌfertig** *adj. Stoff* irrétrécissable; qui ne rétrécit pas; **2ˌförmig** *adj.* en forme d'aiguille; *bot.*, *minéral.* aciculaire; **~ˌgeld** *n* argent *m* de poche; **~ˌhalter** *m an der Nähmaschine* porte-aiguille *m*; **~ˌhölzer** *n/pl. bot.* conifères *m/pl.* **~ˌkissen** *n* pelote *f* (à épingles, à aiguilles); **~ˌkopf** *m* tête *f* d'épingle; **2n** *v/i.* ⟨-(e)le, h⟩ *Nadelbäume* perdre ses aiguilles; **~ˌöhr** *n* trou *m*, œil *m* d'aiguille; chas *m*; **~ˌspitze** *f* **1.** pointe *f* d'(une) aiguille, d'(une) épingle; **2.** *e-e Spitzenart* dentelle *f* à l'aiguille; **~ˌstich** *m* **a)** (*Stich mit e-r Nadel*) piqûre *f* (d'épingle, d'aiguille); *fig.* coup *m* d'épingle; **b)** *in e-r Näharbeit* point *m* de couture; **~ˌtonverˌfahren** *n* enregistrement *m* sur disques; **~venˌtil** *n techn.* vanne *f*, soupape *f* à pointeau; **~ˌwald** *m* forêt *f* de conifères.

Nadir [na'diːr] *m* ⟨~s⟩ *astr.* nadir *m*.

Nagel ['naːgəl] *m* ⟨~s; ¨~⟩ **1.** (*Finger2*) ongle *m*; **eingewachsener ~** ongle incarné; **sich die Nägel schneiden** faire ses ongles; **an den Nägeln kauen** ronger, manger ses ongles; se ronger les ongles; F **Trauerränder an den Nägeln haben** F avoir les ongles en deuil; *fig.* **die Sache brennt mir auf den Nägeln** l'affaire presse, est urgente; j'ai 'hâte d'en finir; *fig.* **sich etw. unter den ~ reißen** s'approprier qc.; **2.** clou *m*; pointe *f*; *hölzerner* cheville *f* (en bois); **e-n ~ einschlagen** enfoncer, planter un clou; *fig.* **etw. an den ~ hängen** (*aufgeben*) renoncer à qc.; ne plus s'occuper de qc.; *fig.* **den ~ auf den Kopf treffen** deviner, toucher juste; F *fig.* mettre le doigt dessus; *fig.* **er ist ein ~ zu meinem Sarg** il me fera mourir de chagrin; **~ˌbett** *n anat.* lit *m* de l'ongle; **~ˌbettentˌzündung** *f méd.* panaris *m*; **~ˌbohrer** *m techn.* foret *m*; vrille *f*; **~ˌbürste** *f* brosse *f* à ongles; **~ˌfeile** *f* lime *f* à ongles; **2ˌfest** *adj.* **niet- u. ~** tenant à fer et à clou; bien rivé; rivé, cloué solidement; **2ˌförmig** *adj.* onguiforme; **~ˌhaut** *f* peau *f* de l'ongle; **~ˌhautentˌferner** *m* ⟨~s; ~⟩ repousse-chairs *m*; **~ˌkasten** *m* cloutière *f*; **~ˌkopf** *m* tête *f* de clou; **~ˌlack** *m* vernis *m* à ongle; **~ˌlackentˌferner** *m* ⟨~s; ~⟩ dissolvant *m*; **~ˌmal** *n* **die Nägelmale** (*Christi*) les marques des clous; **2n I** *v/t.* ⟨-(e)le, h⟩ clouer; attacher avec une pointe, un clou, une cheville; **II ~n** *n* ⟨~s⟩ clouage *m*; **~neceˌssaire** *n cf.* ~pflegenecessaire; **2'neu** F *adj.* battant, flambant neuf, -ve.

Nagelpflege ['naːgəlˌpfleːgə] *f* soins *m/pl.* des ongles; **~beˌsteck** *n*, **~neceˌssaire** *n* onglier *m*; nécessaire *m* à ongles; trousse *f* à ongles.

Nagel|polierer ['naːgəlpoˌliːrər] *m* polissoir *m*; **~ˌprobe** *f* **die ~ machen** faire rubis sur l'ongle; **~ˌreiniger** *m* cure-ongles *m*; **~ˌschere** *f* ciseaux *m/pl.* à ongles; *abus.* ongliers *m/pl.*; **~ˌschmied** *m* cloutier *m*; **~ˌschmiede** *f* clouterie *f*; **~ˌschuhe** *m/pl.* souliers *m/pl.*, chaussures *f/pl.* à clous; **~ˌwurzel** *f anat.* racine *f*, insertion *f* d'un ongle; **~ˌzange** *f zur Nagelpflege* pince *f* à ongles; **~ˌzieher** *m* ⟨~s; ~⟩ *techn.* tire-clou *m*; arrache-clou *m*.

nage|n ['naːgən] *v/i.* ⟨h⟩ ronger (**an etw.** qc.) (*auch fig.*); *géol.*, *fig.* corroder; *fig.* **am Hungertuche ~** être affamé; F n'avoir rien à se mettre sous la dent; danser devant le buffet; F *fig.* mourir de faim; **der Kummer nagt an ihrem Herzen** le chagrin lui ronge le cœur; **~nd** *adjt.* rongeur, -euse; corrosif, -ive; *bes. fig.* rongeant; *von Schmerz, Reue etc.* cuisant; **2r** *m* ⟨~s; ~⟩, **2ˌtier** *n zo.* (animal) rongeur *m*; **2ˌzahn** *m* incisive *f*.

nah(e) ['naː(ə)] *adj. u. adv.* ⟨näher, nächst⟩ proche; voisin; près; **der 2e Osten** le Proche-Orient; **~e Verwandte** proches parents; **~ verwandt sein mit** être proche parent de; **wie ~ sind Sie verwandt?** à quel degré êtes-vous parents?; **die ~e Stadt, der ~e Wald** la ville, la forêt voisine; **in ~er Zukunft** dans un proche avenir; dans un avenir prochain; **die Berge schienen zum Greifen ~** les montagnes semblaient à portée de la main; **das Hotel ist ~ am** *od.* **beim Bahnhof** l'hôtel est près de, à proximité de, F à deux pas de la gare; **das ist ganz ~!** c'est tout près, F à deux pas d'ici!; **von ~ u. fern** de près et de loin; **sie saßen ~ beieinander** ils étaient assis tout près l'un de l'autre; **~e Gefahr** péril imminent; **~ bevorstehen** être imminent; **s-m Ende, dem Tode ~ sein** arriver à sa dernière heure; toucher à son terme; approcher de sa fin; F arriver au bout de son rouleau; **der Herbst ist ~** l'automne approche; **sie ist ~ der Dreißig, ~ an die Dreißig** elle approche de, frise la trentaine; F elle est près des trente (ans); **j-m zu ~ treten** choquer, offusquer, froisser qn.; blesser (l'amour-propre de) qn.; porter atteinte à l'honneur de qn.; ne pas garder ses distances vis-à-vis de qn.; manquer de respect à qn.; *fig.* marcher sur les pieds de qn.; **der Wirklichkeit ~ kommen** se rapprocher de la réalité; être près de la réalité; **~ daran sein, zu …** (+ *inf.*) être tout près, sur le point de … (+ *inf.*); **ich war ~ daran, unterzugehen** j'ai failli périr; **er war e-r Ohnmacht ~** il était près, sur le point de s'évanouir; il s'en est fallu de peu (peu s'en est fallu) qu'il ne s'évanouît.

Nahangriff ['naːˌʔangrɪf] *m milit.* attaque rapprochée.

Näharbeit ['nɛːˌʔarbaɪt] *f* ouvrage *m* de dame, de couture, à l'aiguille; travail *m* de couture.

Nah|aufklärung ['naːˌʔaufklɛːrʊŋ] *f milit.* reconnaissance rapprochée; **~ˌaufnahme** *f phot.* (photo *f*) gros-plan *m*.

Nähe ['nɛːə] *f* ⟨~⟩ *von Ort, Zeit, Verwandtschaft* proximité *f*; *nur von Ort* voisinage *m*; *e-r Gefahr* imminence *f*; (*Umgebung*) environs *m/pl.*; **der Ort liegt in der ~ von …** la localité est située à proximité de …; **stört Sie die ~ der Bahn nicht?** le voisinage du chemin de fer ne vous gêne pas?; **in Paris** *od.* **in der ~ von Paris** à Paris ou dans les environs; **hier in der ~** près d'ici; **ganz in der ~** tout près d'ici; F à deux pas d'ici; pas loin d'ici; **es muß hier in der ~ sein** ce doit être par ici; **in s-r ~** près de lui; **in der ~ besehen** y regarder de près; **in unmittelbarer ~ von** à proximité immédiate de;

très près de; **aus nächster ~ auf j-n schießen** tirer sur qn. à bout portant.

nahe ['na:ə] *adj. u. adv. cf.* nah(e); **~'bei** *adv.* tout près; **~ˌbringen** *v/t.* ⟨*irr., sép.,* -ge-, h⟩ j-m etw. ~ faire comprendre qc. à qn.; *e-n Text, Dichter auch* expliquer, commenter qc. à qn.; **~ˌgehen** *v/i.* ⟨*irr., sép.,* -ge-, sein⟩ toucher de près; **sein Tod geht mir nahe** sa mort me touche de près; **das geht mir sehr nahe** j'en suis fort peiné, touché; cela m'afflige, me peine, me touche beaucoup.

Naheinstellung ['na:ˌʔaɪnʃtɛlʊŋ] *f phot.* mise *f* au point pour prise de près, sur des sujets rapprochés.

nahe|kommen ['na:əˌkɔmən] *v/i.* ⟨*irr., sép.,* -ge-, sein⟩ approcher (*par ex.* **der Wahrheit** de la vérité); **e-r Sache nicht im entferntesten ~** ne pas être de loin égal à qc.; être de beaucoup inférieur à qc.; **~ˌlegen** *v/t.* ⟨*sép.,* -ge-, h⟩ j-m etw. ~ donner à entendre qc. à qn.; faire sentir, comprendre qc. à qn.; suggérer qc. à qn.; *pfort.* recommander qc. instamment à qn.; **~ˌliegen** *v/i.* ⟨*irr., sép.,* -ge-, h⟩ **das liegt nahe** cela est facile à comprendre, concevoir; **es liegt sehr nahe zu glauben ...** on est tenté de, est amené à croire que ...; **~ˌliegend** *adjt.* **aus ~en Gründen** pour des raisons faciles, aisées à concevoir, à comprendre, à deviner; **das ist ein ~er Gedanke** c'est (une idée, pensée) concevable; **~n** *v/i.* ⟨**sein**⟩ *u. v/réfl.* ⟨h⟩ (s')approcher; **die Zeit naht, da ...** le temps est proche où ...

nähen ['nɛ:ən] *v/t.* ⟨h⟩ coudre; *Kleid etc.* (*schneidern*) faire; *chir. sc.* suturer; faire une suture; **~ lernen** apprendre à coudre, la couture; **mit der Hand, Maschine ~** coudre à la main, à la machine; **überwendlich ~** coudre en surjet; surjeter; *fig.* **doppelt genäht hält besser** *prov.* deux précautions valent mieux qu'une.

näher ['nɛ:ər] *adj. u. adv.* (*comp. von* nah[e]) plus proche; plus près; plus voisin; *Weg* plus court; **mit j-m ~ bekannt werden** faire plus ample connaissance avec qn.; **kennen Sie ihn ~** est-ce que vous le connaissez plus particulièrement?; **kommen Sie doch ~!** venez donc!; approchez!; **treten Sie ~!** *zu draußen Befindlichen* entrez!; **~ rücken** approcher; **~ kommen** s'approcher; **welcher Weg ist ~?** quel chemin est le plus court?; **sich mit etw. ~ vertraut machen** se familiariser avec qc.; **der Wirklichkeit immer ~ kommen** serrer la vérité de plus en plus près; **~ bestimmen** qualifier; **etw. ~ ausführen** entrer dans les détails; **~e Einzelheit ..., ~e Umstände** *cf.* **Nähere(s)**; *fig.* **um der Sache ~ zu kommen** pour arriver au fait; **bei ~em Zusehen, bei ~er Betrachtung, wenn man die Sache ~ betrachtet** en y regardant de plus près; **~ˌbringen** *v/i.* ⟨*irr., sép.,* -ge-, h⟩ **1.** rapprocher; **diese Ereignisse brachten uns einander näher** ces événements nous ont rapprochés; **2. j-m etw. ~** faire mieux comprendre qc. à qn.

Näherei [ˌnɛ:ə'raɪ] *f* ⟨~; ~en⟩ (*das Nähen, Näharbeit*) couture *f.*

Nähere(s) ['nɛ:ərəs] *n* ⟨→ A⟩ plus amples détails *m/pl.*; nouvelles plus circonstanciées; précisions *f/pl.*; **~s siehe ...** pour plus amples détails voir ...; **~s (erfahren Sie) bei ...** pour plus de détails, de renseignements s'adresser à ...; **ich bin gespannt, ~s zu erfahren** je suis très curieux d'en savoir davantage, plus long.

Näherin ['nɛ:əˌrɪn] *f* ⟨~; ~nen⟩ couturière *f*; *junge, in Paris* midinette *f*; F cousette *f*; petite main.

näher|kommen ['nɛ:ərˌkɔmən] *v/réfl.* ⟨*irr., sép.,* -ge-, sein⟩ **durch dieses Ereignis sind sie sich nähergekommen** cet événement les a rapprochés; **~n** *v/t.* (*u. v/réfl.*) ⟨*nur* -ere; h⟩ (s')approcher, (se) rapprocher (**e-r Sache, Person** de qc., qn.); *abs.* (s')avancer (vers); **sich s-m Ende ~** toucher à, approcher de sa fin; *cf. auch* **(s-m Ende) nahe (sein)**; **~ˌstehen** *v/i.* ⟨*irr., sép.,* -ge-, h⟩ j-m ~ être plus intime avec qn. (qu'avec un autre); **sie hat mir nähergestanden** elle m'était plus chère; **~ˌtreten** *v/i.* ⟨*irr., sép.,* -ge-, sein⟩ **e-r Frage ~** aborder une question; serrer une question de plus près; **ich werde der Sache ~** j'étudierai l'affaire; je m'occuperai de, je m'intéresserai à l'affaire.

Näherung ['nɛ:əˌrʊŋ] *f* ⟨~; ~en⟩ *math.* approximation *f*; **~sˌformel** *f* formule approximative, approchée; **~sˌrechnung** *f* calcul approximatif, approché; **~sˌwert** *m* valeur approchée, approximative.

nahe|stehen ['na:əˌʃte:ən] *v/i.* ⟨*irr., sép.,* -ge-, h⟩ j-m ~ être lié avec qn.; être l'intime de qn.; être intime avec qn.; approcher qn.; **sie steht ihm sehr nahe** elle lui est très chère; **~ˌstehend** *adjt.* proche; intime; **~ˌtreten** *v/i.* ⟨*irr., sép.,* -ge-, sein⟩ j-m ~ se familiariser avec qn.; **~'zu** *adv.* à peu près; presque; peu s'en faut.

Näh|faden ['nɛ:ˌfa:dən] *m*, **~garn** *n* fil *m* à coudre; **e-e Rolle Nähgarn** une bobine de fil.

Nahkampf ['na:kampf] *m milit.* lutte rapprochée; combat rapproché, de près, à courte distance (*auch aviat.*); *Infanterie, Boxsport* corps à corps *m*; *nur Boxsport* clinch [-intʃ] *m*; **~artilleˌrie** *f* artillerie *f* de soutien, d'appui; **~ˌmittel** *n/pl.* engins *m/pl.* de combat rapproché; **~ˌwaffe** *f* arme *f* de combat rapproché.

Näh|kasten ['nɛ:ˌkastən] *m* coffret *m*, boîte *f* à ouvrage; travailleuse *f*; **~korb** *m* corbeille *f* à ouvrage.

Nahkrepierer ['na:kre·ˌpi:rər] *m* ⟨~s; ~⟩ *milit.* obus *m* éclatant à proximité.

nahm [na:m] *cf.* nehmen.

Näh|mädchen ['nɛ:ˌmɛ:tçən] *n cf.* Näherin; **~maˌschine** *f* machine *f* à coudre; couseuse *f*; **~ˌnadel** *f* aiguille *f.*

Nahost [na:'ʔɔst] *m* Proche-Orient *m.*

Nähr|boden ['nɛ:rˌbo:dən] *m méd.* milieu nutritif; *biol., Bakterienzucht* bouillon *m* de culture (*auch fig.*); **2en I** *v/t.* ⟨h⟩ nourrir; alimenter; *Säugling auch* allaiter; *fig.* nourrir; entretenir; *Hoffnung* caresser; **II** *v/i.* (*nahrhaft sein*) nourrir; être nutritif, -ive; être nourrissant; **III** *v/réfl.* **sich von etw. ~** se nourrir, se sustenter de qc.; vivre, subsister de qc.

nahrhaft ['na:rhaft] *adj.* nutritif, -ive; nourrissant; (*kräftig*) substantiel, -lle; *Boden* riche; *fig.* (*einträglich*) productif, -ive; lucratif, -ive; **2igˌkeit** *f* ⟨~⟩ qualités nutritives.

Nähr|hefe ['nɛ:rˌhe:fə] *f* levure *f* alimentaire; **~ˌmittel** *n/pl.* (*Teigwaren*) pâtes *f/pl.* alimentaires; *par ext. cf.* Nahrungsmittel; **~mittelfaˌbrik** *f* fabrique *f* de pâtes alimentaires, de produits alimentaires; **~präpaˌrat** *n* aliment concentré; **~ˌsalze** *n/pl.* sels nutritifs, nourriciers; **~stoffbeˌdarf** *m* besoins *m/pl.* en substances nutritives; **~ˌstoffe** *m/pl.* substances nutritives, alimentaires.

Nahrung ['na:rʊŋ] *f* ⟨~⟩ nourriture *f*; aliment *m*; vivres *m/pl.*; **flüssige, feste ~** aliment liquide, solide; **~ u. Kleidung** le vivre et le vêtement; **~ geben** nourrir; alimenter; **~ zu sich nehmen** prendre de la nourriture; se nourrir; **j-m die ~ entziehen** couper les vivres à qn.; *fig. j-s Zorn, Argwohn, Unzufriedenheit* **neue ~ geben** apporter un nouvel aliment à; nourrir (qc.); **geistige ~** nourriture intellectuelle; **~sˌaufnahme** *f* **er verweigert jede ~** il refuse toute nourriture; **~sˌmittel** *n/pl.* produits *m/pl.*, denrées *f/pl.* alimentaires; vivres *m/pl.*; aliments *m/pl.*; **~smittelbeˌdarf** *m* besoin *m* en denrées alimentaires; **~smittelcheˌmie** *f* chimie *f* alimentaire; **~smittelˌchemiker** *m* chimiste *m* en produits alimentaires; **~smittelˌfälschung** *f* falsification *f* des denrées alimentaires; **~smittelgeˌsetz** *n* loi *f* sur les denrées alimentaires; **~smittelindusˌtrie** *f* industrie *f* des produits alimentaires; **~smittelverˌgiftung** *f* empoisonnement *m* par des denrées alimentaires; **~smittelverˌsorgung** *f* ravitaillement *m*; **~sˌsaft** *m physiol.* suc nourricier; *sc.* chyle *m*; **~sˌsorge** *f* souci *m* du pain quotidien; **~n haben** être dans le besoin; **~sverˌweigerung** *f* refus *m* de s'alimenter, de se nourrir, de prendre des aliments.

Nährwert ['nɛ:rve:rt] *m* valeur nutritive, alimentaire.

Nahschnellverkehr [ˌna:'ʃnɛlfɛrˌke:r] *m chem.* trafic accéléré, rapide à courte distance; trafic local accéléré.

Nähseide ['nɛ:ˌzaɪdə] *f* soie *f* à coudre; soie torse.

Nah|selektion ['na:ze·lɛktsi·ˌo:n] *f Radio, Fernsehen* sélectivité adjacente; **~ˌsender** *m* émetteur régional, rapproché; **~stehˌwelle** *f* onde *f* quasi-stationnaire.

Naht [na:t] *f* ⟨~; ⸗e⟩ couture *f*; *techn.* (*Lötstelle*) soudure *f*; *anat., bot., chir. sc.* suture *f*; *cout.* **aufgetrennte ~** décousure *f*; **die ~ ist aufgegangen** la couture a sauté, cédé, lâché; **die Nähte ausstreichen** rabattre les coutures; F *fig.* **aus den Nähten platzen** *etwa* être gros et gras; F être un gros patapouf; **~band** *n* cache-couture *m*; cache-points *m.*

Näh|tisch ['nɛ:tɪʃ] *m* table *f* à ouvrage; travailleuse *f*; **~ˌtischchen** *n* ⟨~s; ~⟩ chiffonnier *m.*

naht|los ['na:tlo:s] *adj. u. adv.* sans couture; *techn.* sans soudure; **2ˌstelle** *f* **1.** *cf.* Naht; **2.** *milit.* point *m* de jonction (entre deux unités).

Nah|verkehr ['na:fɛrˌke:r] *m chem.* trafic local, de banlieue; transports *m/pl.*, trafic *m* à courte, petite distance; **Züge im ~** trains de petites lignes, de banlieue; **~ verˌteidigung** *f milit.* défense rapprochée.

Nähzeug ['nɛ:tsɔʏk] *n* trousse *f*, nécessaire *m* de couture.

Nahziel ['na:tsi:l] *n milit.* but rapproché, immédiat.

naiv [na'i:f] *adj.* naïf, -ve; ingénu; **2e** *f* ⟨→ A⟩ *thé.* **die ~ spielen** jouer les ingénues; *fig.* F **sie spielt die ~** F elle fait l'ingénue, F la sainte nitouche; **2i'tät** *f* ⟨~⟩ naïveté *f*; ingénuité *f.*

Name ['na:mə] *m* ⟨*gén.* ~ns, *dat. u. acc.* ~n; *pl.* ~n⟩ nom *m*; (*Benennung*) dénomination *f*; appellation *f*; (*Ruf*) nom *m*; renom *m*; réputation *f*; wahrer, falscher ~ vrai, faux nom; **wie ist Ihr ~?** quel est votre nom?; comment vous appelez-vous?; **mein ~ ist ...** mon nom est ...; je m'appelle ...; **s-n ~n sagen, angeben** dire son nom; **der Letzte s-s ~ns** le dernier de son nom, de sa lignée; **j-n bei** *od.* **mit ~n nennen** nommer qn. par son nom; **ich will keinen ~n nennen** je ne veux nommer personne, pas faire de personnalité; **e-n ~n geben** donner un nom (à); **der ~ tut nichts zur Sache** le nom ne fait rien à l'affaire; **~ u. Anschrift** les nom et adresse; **sich e-n ~n machen** se faire un nom; **darf ich um Ihren ~n bitten?** puis-je vous demander votre nom?; **die ~n aufrufen, verlesen** faire l'appel nominal; **die Dinge,** F **das Kind beim rechten ~n nennen** nommer, appeler les choses par leur nom; F appeler un chat un chat; **nennen wir das Ding beim rechten ~n!** disons le mot!; **dem ~n nach kennen** connaître de nom; **j-n um s-n guten ~n bringen** perdre qn. de réputation; **j-s ~n tragen** porter le nom de qn.; **s-n ~n hergeben** prêter son nom (**für** pour); **er gibt nur den ~n dazu her** il n'est que le prête-nom; **in Gottes ~n!** a) au nom de Dieu; b) (*wenn es sein muß*) eh bien!; **im ~n des Königs** au nom du roi; de par le roi; **in meinem ~n** de ma part; en mon nom; **in drei Teufels ~n!** par le diable!; **unter falschem ~n** sous un nom d'emprunt; incognito; **auf e-n ~n lautend** nominatif; **~nˌforschung** *f* onomatologie *f*; onomastique *f*; **~nˌgebung** *f* ⟨~⟩ désignation *f*; **~ngeˌdächtnis** *n* mémoire *f* des noms; **~nˌkunde** *f* ⟨~⟩ *cf.* ~nforschung; **~nˌliste** *f* liste nominale, des noms; tableau *m*; rôle *m*; *cf. auch* ~nverzeichnis; **2nˌlos** *adj.* **1.** sans nom; anonyme; **2.** (*unsagbar*) indicible; inexprimable; ineffable; **ein ~es Elend** une misère sans nom, sans pareille; **~nˌlose(r)** *f* (*m*) ⟨→ A⟩ anonyme *m, f*; **~nˌlosigkeit** *f* ⟨~⟩ anonymat *m*; **~nreˌgister** *n cf.* ~nverzeichnis; **2ns I** *adv.* **ein Mensch ~** (*mit Namen*) **Peter ...** du nom de, nommé, dénommé Pierre; **II** *prép.* ⟨*gén.*⟩ (*im Namen*) au nom de; **~nsˌaktie** *f* action nominative; **~nsˌänderung** *f* changement *m* de nom; **~nsˌaufruf** *m* appel nominal; **~nsˌbruder** *m cf.* ~nsvetter; **~nsˌführung** *f* **widerrechtliche ~** usurpation *f* de nom; **~nsˌgeber** *m* prête-nom *m*; **~nspaˌpier** *n* titre nominatif; valeur nominative; **~nsˌschild** *n an Haus- u. Wohnungstüren* plaque *f*; **~nsˌstempel** *m* griffe *f*; **~nsˌtag** *m* fête *f* (de qn.); **~nsverˌwechselung** *f* confusion *f* de(s) nom(s); **~nsˌvetter** *m* homonyme *m* (de qn.); **~nsˌzeichen** *n* chiffre *m*; monogramme *m*; initiales *f/pl.*; paraphe *od.* parafe *m*; F sigle *m*; **~nsˌzug** *m* **1.** paraphe *od.* parafe *m*; signature *f*; **mit ~ versehen** parafer; signer; **2.** *cf.* ~nszeichen; **2ntˌlich 1.** *adj.* nominal; (*auf e-n bestimmten Namen lautend*) nominatif, -ive; **~e Abstimmung** scrutin nominal; **e-e ~e Abstimmung vornehmen** procéder à un scrutin, vote nominal; procéder au vote par appel nominal; **~er Aufruf** appel nominal; **2.** *adv.* **a)** nominalement; par son (mon, *etc.*) nom; **b)** (*besonders*) nommément; spécialement; notamment; surtout; **~nverˌzeichnis** *n* nomenclature *f*; état nominatif; registre *m*, répertoire *m* des noms; *alphabetisches* index *m*; *cf. auch* **~nliste**; **~nˌwechsel** *m cf.* ~nsänderung.

namhaft ['nɑːmhaft] *adj.* (*bedeutend*) notable; considérable; (*berühmt*) renommé; de renom; réputé; **j-n ~ machen** nommer qn.; *bes. jur.* désigner qn. nommément; dire, citer le nom de qn.; **2ˌmachung** *f* ⟨~⟩ dénomination *f*.

nämlich ['nɛːmlıç] **1.** *adj.* **der, die, das ~e ...** le, la même ...; déjà nommé, mentionné; susnommé; susdit; **das ~e** la même chose; **2.** *adv.* (à) savoir; c'est-à-dire (*abr.* c.-à-d.); pour préciser; je veux dire; *begründend* **er war ~ krank** c'est que, il faut dire qu'il était malade; **ich möchte ~ gern wissen ...** voici: je voudrais bien savoir ...

nannte ['nantə] *cf.* **nennen.**

nanu [na'nuː] F *int. des Erstaunens* eh bien!; par exemple!; *cf. auch* **na.**

Napalm ['nɑːpalm] *n* ⟨~s⟩ *chim.* napalm *m*; **~ˌbombe** *f milit.* bombe *f* au napalm.

Napf [napf] *m* ⟨~(e)s; ≈e⟩ **1.** jatte *f*; écuelle *f*; terrine *f*; bol *m*; **2.** *bot.* cupule *f*; **~ˌkuchen** *m cuis.* kouglof *od.* gougelhof *od.* kougelhof *m*.

Naph|tha ['nafta] *n* ⟨~s⟩ *od. f* ⟨~⟩ *minéral., chim.* naphte *m*; **~tha'lin** *n* ⟨~s⟩ naphtaline *f*; **~'thene** *n/pl. chim.* naphtènes *m/pl.*; **~'thole** *n/pl. chim.* naphtols *m/pl.*

napoleonisch [napoˑleˑ'oːnıʃ], **2** *adj.* napoléonien, -nne; de Napoléon.

Narb|e ['narbə] *f* ⟨~; ~n⟩ **1.** *e-r Wunde* cicatrice *f*; (*Schmarre, Schmiß*) couture *f*; balafre *f*; (*Pocken2*) marque *f*; **2.** *bot.* stigmate *m*; **3.** *agr., jard.* couche herbeuse; gazon *m*; **4.** *des Narbenleders* grain *m*; **2en I** *v/t.* ⟨h⟩ *Leder* greneler; chagriner; **genarbtes Leder** cuir grenu; chagrin *m*; **II ~en** *m* ⟨~s; ~⟩ *cf.* ~e 4.; **~enˌbildung** *f* cicatrisation *f*; **~enˌleder** *n cf.* 2en; **2enˌlos** *adj.* sans cicatrice(s), *etc. cf.* ~e 1.; **~enˌseite** *f des Leders* fleur *f* (du cuir); **2ig** *adj.* cicatrisé (*auch bot.*); marqué de cicatrices; couturé; balafré; (*pocken~*) grêlé; *Leder* grenu; chagriné.

Narde ['nardə] *f* ⟨~; ~n⟩ *bot.* nard *m*.

Narko|se [nar'koːzə] *f* ⟨~; ~n⟩ *méd.* narcose *f*; anesthésie *f*; **~seˌschwester** *f* (infirmière *f*) anesthésiste *f*; **~tikum** *n* ⟨~s; -ka⟩ narcotique *m*; **~'tin** *n* ⟨~s⟩ *chim.* narcotine *f*; **2tisch** *adj.* narcotique; **~es Mittel** *cf.* ~tikum; **~ti'seur** *m* ⟨~s; ~e⟩ anesthésiste *m*; **2ti'sieren** *v/t.* ⟨*pas de ge-*, h⟩ narcotiser; anesthésier; endormir; **~'tismus** *m* ⟨~⟩ narcotisme *m*.

Narr [nar] *m* ⟨~en; ~en⟩ fou *m*; (*Spaßmacher*) bouffon *m*; pitre *m*; F dingue *m*; dingo *m*; (*Phantast*) extravagant *m*; (grand, petit) fou; sot *m*; **den ~en spielen** faire le fou, le bouffon, le pitre; se livrer à des bouffonneries; n'être pas sérieux; **sie hat e-n ~en an ihm gefressen** elle s'est engouée de lui; elle a un faible pour lui; il est son préféré, *von e-m Kind* son enfant chéri; *von Liebenden* elle l'aime à l'excès, à la folie; F elle s'est amourachée, toquée, entichée de lui; P elle l'a dans la peau; **j-n zum ~en haben, halten** se jouer, se moquer, se gausser de qn.; mystifier, berner qn.; abuser de la crédulité de qn.; F monter le coup, un bateau à qn.; mener qn. en bateau; se payer la tête de qn.; faire monter qn. à l'échelle; faire marcher qn.; **2en** *v/t.* ⟨h⟩ **j-n ~** *cf.* **Narr** (**j-n zum ~en haben**); **~enˌfreiheit** *f* licence *f* carnavalesque, du temps de carnaval; **~enˌhände** *f/pl.* **~ beschmieren Tisch u. Wände** *prov.* les noms des fous se trouvent partout; les murailles sont le papier des fous; **~enˌhaus** F *péj. n* maison *f* de fous; asile *m* d'aliénés; **~enˌkappe** *f* bonnet *m* de fou, de bouffon; **~enˌkleid** *n* habit *m* d'arlequin, de bouffon, de fou; **~enˌorden** *m* décoration *f* du carnaval; **2enˌsicher** *adj.* excluant toute fausse manœuvre; **~en(s)ˌpossen** *f/pl.* arlequinade *f*; bouffonneries *f/pl.*; pitreries *f/pl.*; extravagances *f/pl.*; **~ treiben** faire des folies, bouffonneries, *etc.*; se livrer à des extravagances, pitreries, *etc.*; **~enˌstreich** *m cf.* ~en(s)possen; **~enˌzepter** *n* marotte *f*; **~e'tei** *f* ⟨~⟩ folie *f*; F faribole *f*; *cf. auch* ~en(s)possen; **~heit** *f* ⟨~; ~en⟩ folie *f*; extravagance *f*; manie *f*; *cf. auch* ~en(s)possen.

Närri|n ['nɛrın] *f* ⟨~; ~nen⟩ folle *f*; bouffonne *f*; extravagante *f*; sotte *f*; F dingue *od.* dingo *f*; **2sch** *adj.* fou (fol), folle; extravagant; (*possierlich*) comique; bouffon, -nne; (*merkwürdig*) drôle; F rigolo; F *Freude etc.* (*sehr groß*) énorme; **ein ~er Kauz** un drôle de bonhomme, de type, de pistolet.

Narwal ['narvɑːl, -val] *m* ⟨~(e)s; ~e⟩ *zo.* narval *m*.

Narziß [nar'tsıs] *m* ⟨~ *od.* -isses; -isse⟩ narcisse *m*.

Narzisse [nar'tsısə] *f* ⟨~; ~n⟩ *bot.* narcisse *m*; *gelbe* jonquille *f*.

Narzißmus [nar'tsısmus] *m* ⟨~⟩ narcissisme *m*.

nasal [na'zɑːl] **I** *adj. phon.* nasal; **II 2** *m* ⟨~s; ~e⟩ nasale *f*; son nasal; **~ieren** [-'liː-] *v/t.* ⟨*pas de ge-*, h⟩ nasaliser; **2ierung** [-'liː-] *f* ⟨~⟩ nasalisation *f*; **2ˌlaut** *m cf.* **nasal II.**

nasch|en ['naʃən] **I** *v/t.* ⟨h⟩ manger par gourmandise, par friandise; *heimlich* goûter secrètement (etw. de qc.); **gern ~** aimer les friandises; être friand, gourmand; **II 2en** *n* ⟨~s⟩ friandise *f*; **2er(in)** *m* ⟨~s; ~⟩ (*f*) ⟨~; ~nen⟩ friand, -e *m, f*; gourmand, -e *m, f* (de friandises); qui aime les friandises; **2e'rei** *f* ⟨~⟩ **1.** *cf.* 2haftigkeit; **2.** ⟨*pl.* ~en⟩ *cf.* 2werk; **~haft** *adj.* friand; gourmand; **2ˌhaftigˌkeit** *f* ⟨~⟩ gourmandise *f*; **2ˌkatze** F *f* gourmand, -e *m, f*; **sie ist e-e ~** elle est friande comme un chat; **2werk** *n* friandises *f/pl.*; gourmandises *f/pl.*; chatteries *f/pl.*; sucreries *f/pl.*; douceurs *f/pl.*

Nase ['nɑːzə] *f* ⟨~; ~n⟩ **1.** nez *m*; (*Geruchssinn*) nez *m*; odorat *m*; *vom Hund u. fig.* flair *m*; *e-s Flugzeugs* nez *m*; **sich die ~ putzen** se moucher; moucher son nez, F ses chandelles; **e-n Tropfen an der ~ hängen haben** F avoir la roupie; (**mit dem Finger**) **in der ~ bohren,** F **popeln** fourrer, mettre ses doigts dans son nez; fouiller dans son nez; **durch die ~ sprechen** *cf.* **näseln**; **in die ~ steigen** prendre, monter au nez; **sich die ~ zuhalten** se boucher le nez; *fig.* **e-e feine ~ haben** avoir le nez fin, creux; avoir du nez, du flair; **er blutet aus der ~, s-e ~ blutet, die ~ blutet ihm** il saigne du nez; **mir läuft die ~** mon nez coule; j'ai la goutte, P la roupie; **2.** F *fig.* **j-m etw. auf die ~ binden** a) (*glauben machen*) en faire accroire à qn.; b) (*erzählen*) faire savoir qc.

à qn.; mettre qn. au courant de qc.; **fassen Sie sich doch an Ihre eigene ~!** mêlez-vous de vos affaires!; occupez-vous de ce qui vous regarde; **j-n an der ~ herumführen** (*j-n täuschen*) duper qn.; jouer un tour à qn.; *cf. auch* Narr (j-n zum ~en haben); **j-m auf der ~ herumtanzen** faire des pieds de nez à qn.; se moquer, se jouer de qn.; **sich nicht auf der ~ herumtanzen lassen** ne pas se laisser marcher sur les pieds; ne pas se laisser faire; ne pas se laisser manger, tondre la laine sur le dos; **sich die ~ begießen** se piquer le nez; **j-m die Würmer aus der ~ ziehen** F tirer les vers du nez à qn.; **mit langer ~ abziehen** faire un nez; s'en aller tout penaud; **er hat sich viel Wind um die ~ wehen lassen** il a vu beaucoup de pays; **j-m etw. unter die ~ reiben** jeter qc. au nez de qn.; reprocher qc. à qn.; **es liegt vor Ihrer ~** c'est devant vous; c'est sous votre nez; **er hat mir die Tür vor der ~ zugemacht** il m'a fermé la porte au nez; **j-m etw. vor der ~ wegschnappen** enlever, souffler qc. au nez, à la barbe de qn.; **die ~ voll haben** F en avoir assez, plein le dos, par-dessus la tête; P en avoir marre, sa claque; **die ~ hochtragen** prendre des airs 'hautains; prendre de grands airs; **nicht weiter sehen, als die ~ reicht** ne pas voir plus loin que le bout de son nez; **j-m e-e lange ~ machen** faire un pied de nez à qn.; **immer der ~ nachgehen** aller tout droit devant soi; **die ~ rümpfen** faire la moue, le dégoûté; rechigner; **s-e ~ in alles stecken** fourrer son nez partout; **die ~ in die Bücher stecken** mettre le nez dans les livres; **Mund u. ~ aufsperren** rester bouche bée; **auf der ~ liegen** être malade; F **pro ~** par tête de pipe.

näseln ['nɛːzəln] **I** *v/i.* ⟨-(e)le, h⟩ parler du nez; nasiller; **II** ♀ *n* ⟨~s⟩ nasillement *m*; **~d** *adjt.* nasillard.

Nasen|bein ['nɑːzən,baɪn] *n anat.* os nasal; **~,bluten** *n méd.* saignement *m* de nez; *sc.* hémorragie nasale; **~ haben** saigner du nez; **~,flügel** *m anat.* aile *f* du nez; **~,höhle** *f anat.* fosse nasale; ♀,**lang** *adv.* F **alle ~** à chaque instant; à tout propos; F à tout bout de champ; **~,länge** *f Pferderennen* (longueur *f* d'une) tête *f*; **um e-e ~ gewinnen** gagner, l'emporter d'une tête; **~,laut** *m phon. cf.* **nasal** II; **~,loch** *n anat.* narine *f*; **~-'Rachen-,Raum** *m anat.* cavité naso-pharyngienne; **~,ring** *m* anneau *m* (passé par le nez); **~,rücken** *m* dos *m* du nez; **~,scheide,wand** *f anat.* cloison nasale; **~,schleim** *m physiol.* mucosité *f* (des narines); morve *f*; **~-,schleimhaut** *f anat.* muqueuse *f* pituitaire, nasale; **~,spiegel** *m méd.* spéculum *m* de nez; **~,spitze** *f* bout *m* du nez; **ich habe es ihm an der ~ angesehen** F *fig.* j'ai vu ça à son nez, à son air; **~,stüber** *m* ⟨~s; ~⟩ chiquenaude *f* (sur le nez); nasarde *f*; croquignole *f*; pichenette *f*; **j-m e-n ~ geben** faire une pichenette à qn.; donner une chiquenaude, *etc.* à qn.; **~,wärmer** F *m* ⟨~s; ~⟩ P brûle-gueule *m*; **~,wurzel** *f anat.* racine *f*, sommet *m* du nez.

naseweis ['nɑːzə,vaɪs] **I** *adj.* (trop) curieux, -euse; qui se mêle de ce qui ne le regarde pas; qui met son grain de sel; indiscret, -ète; qui tient des propos inconsidérés; **II** ♀ *m* ⟨~es; ~e⟩ curieux *m*; indiscret *m*; personne *f* qui veut toujours mettre son grain de sel, qui se mêle de ce qui ne la regarde pas, *etc.* (*cf.* I).

nas|führen ['nɑːs,fyːrən] *v/t.* ⟨h⟩ **j-n ~** *cf.* **Nase 2.**; ♀**horn** *n* ⟨~(e)s; ~er⟩ *zo.* rhinocéros *m*; ♀**horn,vogel** *m zo.* bucéros *m*; calao *m*; **~lang** *adv. cf.* nasenlang.

naß [nas] **I** *adj.* ⟨-ss-; **nässer** *od.* **nasser, nässest** *od.* **nassest**⟩ mouillé; (*feucht*) humide; (*ganz durchnäßt*) trempé; baigné; (*regenreich*) pluvieux, -euse; **~ machen** mouiller; *Säugling* mouiller ses langes; F faire pipi dans ses langes; **sich ~ machen, ~ werden** se mouiller; **durch u. durch, bis auf die Haut ~ sein** être tout trempé; être trempé jusqu'aux os; F être trempé comme une soupe; **ich habe nasse Füße** j'ai les pieds trempés, mouillés; **II** ♀ *n* ⟨**Nasses**⟩ *poét.* eau *f*; **das edle ~** le vin.

Nassauer ['na,sauər] F *fig. m* ⟨~s; ~⟩ **1.** pique-assiette(s) *m*; parasite *m*; F écornifleur *m*; resquilleur *m*; **2.** (*Regenschauer*) ondée *f*; ♀**n** *v/i.* ⟨-(e)re, h⟩ F écornifler (**bei j-m** qn.); resquiller.

Nässe ['nɛsə] *f* ⟨~⟩ humidité *f*; **vor ~ schützen!** mettre, conserver à l'abri de l'humidité!; à protéger de l'humidité!; *comm.* craint l'humidité!; ♀**n** **I** *v/i.* ⟨-ßt, h⟩ **1.** *Wunde* suinter; **2. es näßt** il tombe une pluie fine; il bruine; **II ~n** *n* ⟨~s⟩ *e-r Wunde* suintement *m*.

Naß|fäule ['nas,fɔʏlə] *f agr.* pourriture *f*, putréfaction humide; **~ge-,wicht** *n* poids *m* (de la marchandise, du linge, *etc.*) à l'état mouillé; ♀**kalt** *adj.* froid et humide; **es ist ~** il fait un froid humide; **~,wäsche** *f* linge essoré.

Nation [natsi'oːn] *f* ⟨~; ~en⟩ nation *f*; **die Vereinten ~en** les Nations Unies.

national [natsi'o'nɑːl] *adj.* national; ♀**be,wußtsein** *n* conscience nationale; ♀**cha,rakter** *m* caractère national; ♀,**china** *n* la Chine nationaliste; ♀-,**farben** *f/pl.* couleurs nationales; ♀-,**feiertag** *m* fête nationale; ♀,**flagge** *f* étendard, drapeau, *mar.* pavillon national; ♀,**garde** *f hist.* garde nationale; ♀**ge,fühl** *n* sentiment national; ♀**ge,richt** *n cuis.* plat national; ♀,**held** *m* 'héros national; ♀,**hymne** *f* chant, hymne *m* national; **~i'sieren** *v/t.* ⟨*pas de ge-*, h⟩ nationaliser; ♀**i'sierung** *f* ⟨~⟩ nationalisation *f*; ♀**ismus** [-'lɪs-] *m* ⟨~⟩ nationalisme *m*; ♀**ist** [-'lɪst] *m* ⟨~en; ~en⟩ nationaliste *m*; **~istisch** [-'lɪs-] *adj.* nationaliste; ♀**i'tät** *f* ⟨~; ~en⟩ nationalité *f*; ♀**i'täten,staat** *m* État formé de plusieurs nationalités; ♀**i'täts,kennzeichen** *n am Kraftwagen* plaque *f* de nationalité; ♀**kon-,vent** *m hist.* Convention *f* (nationale); ♀**litera,tur** *f* littérature nationale; ♀,**mannschaft** *f Sport* équipe nationale; ♀**öko,nom** *m* économiste *m*; ♀**ökono,mie** *f* économie *f* politique; ♀,**park** *m* parc national; **~-po,litisch 1.** *adj.* politico-national; **2.** *adv.* au point de vue de la politique nationale; ♀,**preis** *m* prix national; ♀**preis,träger** *m* titulaire *m* d'un prix national; ♀**sozia,lismus** *m* national-socialisme *m*; F nazisme *m*; ♀**sozia-,list** *m* national-socialiste *m*; F nazi *m*; **~sozia,listisch** *adj.* national-socialiste; F nazi; ♀,**staat** *m* État national; ♀,**stolz** *m* fierté nationale; ♀,**tanz** *m* danse nationale; ♀,**tracht** *f* costume national; ♀**ver,mögen** *n* fortune nationale; ♀**ver,sammlung** *f* assemblée nationale.

NATO ['nɑːto'] *f* ⟨~⟩ *abr.* O.T.A.N. *f*; **~-,Mächte** *f/pl.* puissances *f/pl.* de l'O.T.A.N.

Natrium ['nɑːtri'um] *n* ⟨~s⟩ *chim.* sodium [-jɔm] *m*.

Natron ['nɑːtrɔn] *n* ⟨~s⟩ *chim.* soude *f*; **kohlensaures ~** carbonate de soude; *sc.* natron *od.* natrum *m*; **doppelt-kohlensaures ~** bicarbonate de soude; ♀,**haltig** *adj. sc.* sodé; **~,lauge** *f chim.* (solution *f* de) soude *f* caustique; **~sal,peter** *m chim.* azotate *m*; nitrate *m* de soude, du Chili; **~,salz** *n chim.* sel *m* sodique; **~,seife** *f* savon *m* à base de soude.

Natter ['natər] *f* ⟨~; ~n⟩ *zo.* couleuvre *f*; *abus. oft* vipère *f* (*auch fig.*).

Natur [na'tuːr] *f* ⟨~; ~en⟩ nature *f*; (*Wesen, Beschaffenheit*) naturel *m*; tempérament *m*; constitution *f*; complexion *f*; (*Charakter*) caractère *m*; **die freie ~** la campagne; la pleine nature; **in der freien ~ leben** vivre en pleine nature; **nach der ~ zeichnen** dessiner d'après nature; **die menschliche ~** la nature humaine; **es liegt in der ~ der Sache** c'est dans la nature des choses; **s-r ~ nach** de (sa) nature; de son naturel; naturellement; **kühle ~** froid de (sa) nature; **er ist von ~ sehr friedfertig** il est d'une nature très paisible; **das geht gegen meine ~** cela va à l'encontre de ma nature; **das Eis ist s-r ~ nach kalt** la glace est froide par nature; **es ist ihm zur zweiten ~ geworden** il lui est devenu naturel (de + *inf.*); c'est devenu chez lui une seconde nature (de); **er hat e-e kräftige ~** il est de constitution, d'un tempérament robuste; **e-e glückliche ~** une bonne nature; **verliebter ~ sein** être porté à l'amour; être de complexion amoureuse; ♀**a in ~** en nature.

Natural|bezüge [natu'rɑːlbə,tsyːgə] *m/pl.* rémunération *f* en nature; **~ien** *pl.* **1.** produits *m/pl.* du sol; denrées *f/pl.*; **2.** *Stücke e-r Naturaliensammlung* objets *m/pl.* d'histoire naturelle; **~ienkabi,nett** *n*, **~ien,sammlung** *f* cabinet *m* d'histoire naturelle; ♀**i'sieren** *v/t.* ⟨*pas de ge-*, h⟩ naturaliser; **sich ~ lassen** se faire naturaliser; **~i'sierung** *f* ⟨~⟩ naturalisation *f*; **~ismus** [-'lɪs-] *m* ⟨~⟩ naturalisme *m*; **~ist** [-'lɪst] *m* ⟨~en; ~en⟩ naturaliste *m*; ♀**istisch** [-'lɪs-] *adj.* naturaliste; **~,leistung** *f* prestation *f* en nature; **~,lohn** *m* salaire *m*, rémunération *f*, paiement *m* en nature; **~,wert** *m* valeur *f* en nature; **~,wirtschaft** *f* (économie basée sur le) troc *m*.

Natur|arzt [na'tuːr,ʔartst] *m* (médecin *m*) homéopathe *m*; **~be,obachtung** *f* étude *f* de la nature; **~be,schreibung** *f* description *f* (des phénomènes et des productions) de la nature; *sc.* physiographie *f*; **~,bursche** *m* homme plein de naturel, à comportement naturel; homme *m* nature; *cf. auch* **~kind**; **~,denkmal** *n* monument naturel, créé par la nature; **~,düngung** *f agr.* fumure *f* organique, naturelle; **~ell** [-'rɛl] *n* ⟨~s; ~e⟩ naturel *m*; **ein glückliches ~ haben** avoir un bon naturel; **~er,eignis** *n*, **~er-,scheinung** *f* phénomène naturel; ♀,**farben** *adj.* de couleur naturelle; **~,film** *m* documentaire *m*; **~,forscher** *m* naturaliste *m*; **~,forschung** *f* études *f/pl.* de la nature; **~,freund(-in)** *m* (*f*) ami, -e *m*, *f* de la nature;

~geˌfühl *n* sentiment *m* de la nature; aptitude *f* à sentir, à apprécier les beautés naturelles; **2geˌmäß** *adj. (u. adv.)* conforme (conformément) à la nature; naturel, -lle(ment); normal(ement); **~geˌschichte** *f* ⟨~⟩ histoire naturelle; **2geˌschichtlich** *adj.* d'histoire naturelle; **~geˌsetz** *n* loi *f* de la nature; loi naturelle; **2geˌtreu** *adj.* d'après nature; très ressemblant, naturel, -lle; qui imite, reproduit fidèlement la nature; **~geˌwalten** *f/pl.* forces naturelles; éléments naturels; **~ˌheilkunde** *f* ⟨~⟩ thérapeutique naturelle; physiothérapie *f*; **~heilˌkundige(r)** *m cf.* **~arzt**; **~ˌheilverˌfahren** *n* physiothérapie *f*; **~kataˌstrophe** *f* cataclysme naturel; catastrophe naturelle; **von e-r ~ heimgesucht** sinistré; **~ˌkenner** *m sc.* naturaliste *m*; **~ˌkind** *n* enfant *m* de la nature, qui est tout près de la nature, qui a beaucoup de naturel; être *m* naturel; naïf, -ïve *m, f*; ingénu, -e *m, f*; **~konˌstante** *f phys.* constante naturelle; **~ˌkraft** *f* force *f* de la nature; force naturelle; **~ˌkunde** *f* ⟨~⟩ science *f* de la nature; *als Unterrichtsfach* sciences naturelles.

natürlich [naˈtyːrlıç] **1.** *adj.* naturel, -lle; (*ungekünstelt*) naïf, -ïve; (*einfach*) simple; (*unbefangen*) ingénu; (*angeboren*) inné; authentique; **ihr ~es, ungekünsteltes Wesen** son caractère naturel et simple; **~e Größe** grandeur naturelle, nature; **~e Auswahl** sélection naturelle; **~es Hindernis** obstacle naturel; **e-s ~en Todes sterben** mourir de sa belle mort, d'une *od.* de mort naturelle; **das geht nicht mit ~en Dingen zu** cela n'est pas naturel; *jur.* **~e Person** personne physique; **~es Kind** enfant naturel; *jur.* enfant légitime; *gym.* **~e Haltung** position normale; **2.** *adv.* naturellement; **~!** cela va sans dire!; bien sûr!; sans doute!; bien entendu!; c'est entendu!; naturellement!; **~erˈweise** *adv.* naturellement; **2ˌkeit** *f* ⟨~⟩ naturel *m*; naïveté *f*; simplicité *f*; ingénuité *f*.

Natur|mensch [naˈtuːrˌmɛnʃ] *m* **a)** primitif *m*; homme *m* à l'état de nature; **b)** (*Naturverbundener*) ami *m* de la nature; **~ˌnotwendigkeit** *f* force *f* des lois naturelles; **~philoˌsoph** *m* naturaliste *m*; **~philosoˌphie** *f* philosophie naturaliste; naturalisme *m*; **~proˌdukte** *n/pl.* produits naturels; **~ˌrecht** *n* droit naturel; **~ˌreich** *n* règne *m* de la nature; **2ˌrein** *adj.* (purement) naturel, -lle; au naturel; **~religiˌon** *f* religion naturelle, de la nature; **~ˌschätze** *m/pl.* richesses naturelles; **~ˌschönheit** *f* beauté naturelle; **~ˌschutz** *m* protection des sites, du paysage, de la nature; **~schutzgeˌbiet** *n* parc national; réserve *f* zoologique et botanique; **~ˌschwamm** *m* éponge naturelle; **~ˌspiel** *n sc.* anomalie *f*; difformité *f*; **~ˌstein** *m* pierre naturelle; **~theˌater** *n* théâtre *m* de verdure, en plein air; **~ˌtrieb** *m* instinct *m*; penchant naturel; **~ˌvolk** *n* peuple *m* à l'état de nature; peuple primitif; **~ˌwein** *m* vin naturel; **2ˌwidrig** *adj.* qui n'est pas naturel; contre nature; **~ˌwissenschaften** *f/pl.* sciences physiques et naturelles; **~ˌwissenschaftler(in)** *m (f)* scientifique *m, f*; **2ˌwissenschaftlich** *adj.* des *od.* qui appartient aux sciences physiques et naturelles; **2ˌwüchsig** *adj.* naturel, -lle; sans apprêt; original; cru; **~ˌwunder** *n* merveille *f* de la nature; **~ˌzustand** *m* état *m* de (pure) nature; état naturel.

Naut|ik [ˈnaʊtık] *f* ⟨~⟩ *mar.* art *m* nautique, de la navigation; **~ilus** *m* ⟨~; ~ *od.* ~se⟩ *zo.* nautile *m*; **2isch** *adj. mar.* nautique.

Navigation [naviˑgatsiˑˈoːn] *f* ⟨~⟩ navigation *f*; **~sˌkarte** *f mar.* carte *f* de navigation; **~soffiˌzier** *m* navigateur *m*; officier *m* de route; **~sˌraum** *m mar.* chambre *f* des cartes; **~sˌschule** *f* école *f* de navigation.

Navi|gator [naviˑˈgɑːtər] *m* ⟨~s; -ˈtoren⟩ *aviat.* navigateur *m*; **2ˈgieren I** *v/t.* ⟨*pas de ge-,* h⟩ naviguer; **II ~ˈgieren** *n* ⟨~s⟩ navigation *f*.

Nazaren|er [natsaˈreːnər] *m* ⟨~s; ~⟩ *relig., peint.* Nazaréen *m*; **2isch** *adj.* nazaréen, -nne.

Nazi [ˈnɑːtsiˑ] *m* ⟨~s; ~s⟩ *péj. Kurzform cf.* **Nationalsozialist**; **~smus** [-ˈtsıs-] *m* ⟨~⟩ *cf.* **Nationalsozialismus**; **2stisch** [-ˈtsıs-] *adj. péj. cf.* **nationalsozialistisch**; **~ˌzeit** *f* F **zur ~** au temps du nazisme.

'ne [nə] F *für* **eine**.

Neandertaler [neˑˈandərˌtɑːlər] *m* ⟨~s; ~⟩ *Vorgeschichte* homme *m* de Neandertal.

Neapolitan|er(in) [neˑapoˑliˑˈtɑːnər (-ın)] *m* ⟨~s; ~⟩ *(f)* ⟨~; ~nen⟩ Napolitain, -e *m, f*; **2isch** *adj.* napolitain.

Nebel [ˈneːbəl] *m* ⟨~s; ~⟩ brouillard *m*; *dichter, bes. über dem Wasser* brume *f*; *feuchter* brouillasse *f*; *astr.* nébuleuse *f*; **feiner, leichter ~** légère brume; brouillard peu épais; **der ~ steigt, löst sich auf** le brouillard s'élève, se dissipe; **in ~ gehüllt** pris dans le brouillard; **dichter, dünner, feuchter, künstlicher ~** brouillard épais, ténu, humide, artificiel; **es herrscht ~** *cf.* **2n**; **bei Nacht u. ~** *cf.* **Nacht**; **~ˌbank** *f* ⟨~; ~e⟩ banc *m* de brouillard, de brume; **~ˌbombe** *f milit.* bombe *f* fumigène; **~ˌdecke** *f* couche *f* de brume; **~ˌfleck** *m astr.* nébuleuse *f*; **~geˌrät** *n milit.* appareil *m* fumigène; **~geˌschoß** *n milit.* projectile *m* fumigène; *cf. auch* **~granate**; **~graˌnate** *f milit.* grenade *f*, obus *m* fumigène; **2ˌhaft** *adj.* nébuleux, -euse; *fig. auch* vaporeux, -euse; vague; **das liegt noch in ~er Ferne** c'est encore dans un avenir éloigné, lointain; **~ˌhorn** *n* ⟨~(e)s; ~er⟩ sirène *f*, trompe *f* de brume; **2ig** *adj.* brumeux, -euse; nébuleux, -euse; *mar.* gras, -sse; **bei ~em Wetter** par temps de brouillard; **es ist ~** *cf.* **2n**; **~ˌkammer** *f phys.* chambre *f* à brouillard; **~ˌkrähe** *f zo.* corneille mantelée, grise, cendrée; **~munitiˌon** *f milit.* obus *m/pl.* fumigènes; **2n** *v/imp.* ⟨-(e)le, h⟩ **es nebelt** il fait, il y a du brouillard, de la brume; il brume; le temps est brumeux; F il brouillasse; P ça brumasse; **~ˌscheinwerfer** *m* phare *m* antibrouillard; F antibrouillard *m*; **~ˌschleier** *m* voile *m* de brume; **~ˌschwaden** *m/pl.* brouillard flottant; nappes *f/pl.* de brume; **~ˌtopf** *m milit.* marmite *f*, pot *m* fumigène; **~ˌvorhang** *m*, **~ˌwand** *f* rideau *m* de brouillard, de brume, *milit.* de fumée; **~ˌwerfer** *m* ⟨~s; ~⟩ *milit.* nebelwerfer *m*; **~ˌwetter** *n* temps brumeux, de brouillard.

neben [ˈneːbən] *prép.* **1.** ⟨*acc. bzw. dat.*⟩ à côté de; (au)près de; contre; **~ mir** près, à côté de moi; à mon côté; à mes côtés; **rechts ~ der Tür** à droite de la porte; **sein Haus steht dicht ~ dem meinen** sa maison est tout contre la mienne; **2.** ⟨*nur dat.*⟩ (*verglichen mit*) par rapport à; comparé à; en comparaison de; auprès, au regard de; **3.** ⟨*nur dat.*⟩ (*nebst, außer*) avec; outre; sans compter; indépendamment de; **~ anderen Dingen** entre autres choses; **2ˌabschnitt** *m milit.* secteur voisin; **2ˌabsicht** *f* **a)** but *m* secondaire; **b)** (*Hintergedanke*) arrière-pensée *f*; dessein caché, secret, inavoué; **2akˌzent** *m* accent *m* secondaire; **2ˌamt** *n* emploi *m* secondaire, accessoire; **~ˌamtlich** *adj. cf.* **~beruflich**; **~ˈan** *adv.* (tout) à côté; ici près; **~ wohnen** habiter à côté, porte à porte; **2ˌanschluß** *m tél.* ligne *f* téléphonique secondaire; raccordement *m* (téléphonique) secondaire, auxiliaire; **2ˌarbeit** *f* travail *m* accessoire, secondaire; **2ˌarm** *m e-s Flusses* bras *m* secondaire; ramification *f*; **2ˌausgaben** *f/pl.* dépenses *f/pl.*, frais *m/pl.* accessoires; frais *m/pl.* supplémentaires; extras *m/pl.*; **2ˌausgang** *m* sortie latérale; issue *f* (de secours); porte *f* de dégagement; **2ˌbahn** *f* chemin *m* de fer d'intérêt local; chemin de fer vicinal; embranchement *m*; **2beˌdeutung** *f* signification *f* secondaire, accessoire; **~ˈbei** *adv.* **1.** (*beiläufig*) accessoirement; **~ (gesagt)** (soit dit) en passant, par parenthèse; **so ganz ~** sans avoir l'air d'y toucher; *fig.* entre la poire et le fromage; **2.** (*außerdem*) en outre; de plus; **2beˌruf** *m* activité *f*, profession *f* accessoire; **~beˌruflich 1.** *adj.* extra-professionnel, -lle; **2.** *adv.* en dehors de sa *od.* de la profession (régulière); **2beˌschäftigung** *f* occupation *f*, activité *f* accessoire, secondaire; à-côté *m*; **2beˌtrieb** *m* exploitation *f* accessoire; (*Hilfsbetrieb*) entreprise *f* annexe; *e-s Unternehmens* établissement *m* secondaire; **2ˌbuhler(in)** *m* ⟨~s; ~⟩ *(f)* ⟨~; ~nen⟩ rival, -e *m, f*; **2ˌbuhlerschaft** *f* ⟨~⟩ rivalité *f*; **2ˌbürge** *m* arrière-garant *m*; **~eiˈnander I** *adv.* **1.** *örtlich* l'un à côté de l'autre; l'un près de l'autre; côte à côte; coude à coude; **~ hergehen** marcher, aller de front; **~ bestehen** coexister; **2.** *zeitlich* simultanément; en même temps; **II 2eiˈnander** *n* ⟨~s⟩, **2eiˈnanderˌleben** *n* ⟨~s⟩ coexistence *f*; **~eiˈnanderˌlegen** *v/t.* ⟨*sép.,* -ge-, h⟩ placer, mettre, poser l'un à côté de l'autre; rapprocher l'un de l'autre; *sc.* juxtaposer; *zum Vergleich* comparer; confronter; mettre en regard, en parallèle; **~eiˈnanderˌschalten** *v/t.* ⟨-ete, *sép.,* -ge-, h⟩ *élect.* shunter; connecter, coupler en parallèle; **2eiˈnanderˌschaltung** *f élect.* montage *m* en parallèle; **~eiˈnanderˌsetzen** *v/t.* ⟨-(es)t, *sép.,* -ge-, h⟩, **~eiˈnanderˌstellen** *v/t.* ⟨*sép.,* -ge-, h⟩ *cf.* **~einanderlegen**; **2eiˈnanderˌstellung** *f* juxtaposition *f*; *fig.* (*Vergleich*) comparaison *f*; parallèle *m*; **2ˌeingang** *m* entrée latérale; **2ˌeinkünfte** *pl.*, **2ˌeinnahmen** *f/pl.* à-côté *m*; revenus *m/pl.* accessoires; casuel *m*; *cf. auch* **2verdienst**; **2erˌscheinung** *f* phénomène *m* accessoire, secondaire; **2erˌzeugnis** *n cf.* **2produkt**; **2ˌfach** *n* matière *f* secondaire; **als ~ Philosophie studieren** avoir la philosophie comme matière secondaire; **2fiˌguren** *f/pl. im Film, Roman, thé.* personnages *m/pl.* secondaires; *peint.* figures *f/pl.* de remplissage; **2ˌfluß** *m* affluent *m*; tributaire *m*; **2ˌfrau** *f* deuxième (troisième, *etc.*) épouse *f*; (*Konkubine*) concubine *f*; **2ˌgasse** *f* (*Seiten2*) ruelle *f*, petite rue latérale, parallèle, (*Quer2*) transversale, adjacente, (*Nachbar*ℒ) voisine, *abkürzende* de traverse; **ℒgeˌbäude** *n* annexe *f*; bâtiment attenant; dépendance *f*; pavillon *m*; **ℒgeˌlaß** *n e-r Wohnung* réduit *m*; débarras *m*; F cagibi *m*; **ℒgeˌräusch** *n rad.* bruit *m* parasite; F friture *f*; *tél.* friture *f*; **ℒgeˌschmack** *m* goût particulier; **ℒgeˌwinn** *m* profit *m* accessoire; à-côté *m*; petit profit; F tour *m* de bâton; **ℒˌgleis** *n* voie latérale, parallèle; **ℒˌhandlung** *f* épisode *m*; **ℒˌhaus** *n* maison voisine; **~'her** *adv.* à côté; (*außerdem*) *cf.* ~bei 2.; **~'hin** *adv.* (*beiläufig*) *cf.* ~bei 1.; **ℒˌhoden** *m anat.* épididyme *m*; **ℒˌklage** *f jur.* action civile; **ℒˌkläger(in)** *m (f)* partie civile; **als ~ auftreten** se porter partie civile; **ℒˌkosten** *pl.* faux frais; frais *m/pl.* accessoires; extras *m/pl.*; **ℒˌkriegsschauplatz** *m* théâtre *m* de guerre, d'opérations (militaires) secondaire; **ℒˌleistung** *f* prestation *f* accessoire; **ℒˌlinie** *f Genealogie* ligne collatérale; branche cadette, collatérale; *chem.* ligne *f*, voie *f* secondaire; (*Zweigbahn*) embranchement *m*; **ℒˌmann** *m* ⟨~(e)s; ¨er⟩ voisin *m* (*auch milit.*); **ℒˌmensch** *m cf.* Mitmensch; **ℒˌmond** *m astr.* 'halo *m*; *sc.* parasélène *f*; **ℒˌniere** *f anat.* capsule surrénale; **~ˌordnen** *v/t.* ⟨*nur inf. u. p. p.* nebengeordnet⟩ coordonner; **ℒˌordnung** *f gr.* coordination *f*; **ℒperˌsonen** *f/pl. cf.* ℒfiguren; **ℒˌpostamt** *n* bureau *m* de poste auxiliaire, secondaire; **ℒˌposten** *m* petit emploi à côté; F à-côté *m*; **ℒproˌdukt** *n* produit *m* secondaire, accessoire; sous-produit *m*; dérivé *m*; **ℒˌraum** *m* pièce voisine, adjacente, contiguë, d'à côté, attenante; local attenant; **ℒˌrolle** *f* rôle *m* secondaire, de second plan; petit rôle; rôle *m* de figurant; *thé.* **die ~n spielen** jouer les utilités; **ℒˌsache** *f* accessoire *m*; chose *f* secondaire, de moindre importance; à-côté *m*; bagatelle *f*; **das ist ~** cela ne compte pas; c'est sans importance; ce n'est qu'un détail (sans importance); **~ˌsächlich** *adj.* accessoire; secondaire; subsidiaire; **ℒˌsächlichkeit** *f* ⟨~; ~en⟩ *cf.* ℒsache; **ℒˌsatz** *m gr.* (proposition) subordonnée *f*; **~ˌschalten** *v/t.* ⟨-ete, *sép.*, -ge-, h⟩ *cf.* ~einanderschalten; **ℒˌschaltung** *f élect.* connexion *f* en parallèle; **ℒˌschluß** *m élect.* dérivation *f*; shunt [ʃœːt] *m*; *tél.* perditance *f*; **ℒschlußmoˌtor** *m élect.* (électro)moteur *m* shunt, en dérivation; **ℒschlußˌwiderstand** *m élect.* résistance *f* shunt; shunt *m*; **ℒˌsonne** *f astr.* par(h)élie *m*; **ℒˌspesen** *f/pl. cf.* ℒkosten; **ℒˌsprechen** *n tél.* diaphonie *f*; **~ˌstehend** *adjt. u. advt.* ci-contre; en marge; **ℒˌstelle** *f* succursale *f*; comptoir *m*; *tél.* poste *m* (téléphonique) supplémentaire; **ℒstellenˌnummer** *f tél.* numéro *m* (d'un poste) supplémentaire; **ℒˌstrafe** *f jur.* peine *f* accessoire; **ℒˌstraße** *f im Gegensatz zur Hauptstraße* rue *f*, route *f* secondaire; (*Nachbar*ℒ) rue voisine, (*Seiten*ℒ) latérale, parallèle, (*Quer*ℒ) transversale, adjacente; **ℒˌstrecke** *f cf.* ℒbahn, ℒlinie; **ℒˌtisch** *m* table voisine, d'à côté; **ℒˌton** *m mus.* seconde *f*; *gr.* accent *m* secondaire; *techn.* son *m*, bruit *m* parasite; *Akustik* **Nebentöne** *pl.* harmoniques *m/pl.*; **ℒˌtreppe** *f* escalier *m* de dégagement; **ℒˌtür** *f* porte voisine, (d')à côté; *im Gegensatz zur Haupttür* petite porte; **ℒˌumstand** *m* circonstance *f* accessoire; détail *m*; *bes. litt.* incident *m*; **ℒˌursache** *f* cause *f* secondaire, accessoire, accidentelle; raison *f* accessoire; **ℒverˌdienst** *m* gain *m* supplémentaire; revenus *m/pl.* accessoires; casuel *m*; petit bénéfice; à-côté *m*; **ℒˌweg** *m* chemin latéral, parallèle, voisin; **ℒˌwinkel** *m math.* angle adjacent, supplémentaire; **ℒˌwirkung** *f* effet *m* accessoire; action *f* secondaire; **ℒˌzähler** *m élect.* compteur *m* auxiliaire; **ℒˌzimmer** *n cf.* ℒraum; **ℒˌzweck** *m* but *m* secondaire.

neblig ['neːblɪç] *adj. cf.* nebelig.

nebst [neːpst] *prép.* ⟨*dat.*⟩ (conjointement) avec; plus; outre.

nebul|os [neˑbuˑ'loːs], **~ös** *adj. cf.* nebelhaft.

Necessaire [neˑsɛ'sɛːr] *n* ⟨~s; ~s⟩ nécessaire *m*; trousse *f*.

neck|en ['nɛkən] *v/t.* (*u. v/réfl.*) ⟨h⟩ (se) taquiner; (s')agacer; **was sich liebt, das neckt sich** *prov. cf.* lieben II; **ℒe'rei** *f* ⟨~; ~en⟩ taquinerie *f*; agacerie *f*; **~isch** *adj.* taquin; (*drollig*) drôle; (*schelmisch*) espiègle; lutin.

ne(e) [neː] F *cf.* nein.

Neffe ['nɛfə] *m* ⟨~n; ~n⟩ neveu *m*.

Negation [neˑgatsiˑ'oːn] *f* ⟨~; ~en⟩ négation *f*.

negativ [neˑga'tiːf, 'neː-, 'neˑ-] **I** *adj.* négatif, -ive; **II** ℒ *n* ⟨~s; ~e⟩ *phot.* négatif *m*; image, épreuve négative; cliché *m*.

Negative [neˑga'tiːvə, 'neː-, 'neˑ-] *f* ⟨~; ~n⟩ négative *f*.

Negativ|film [neˑga'tiːfˌfɪlm, 'neː-, 'neˑ-] *m phot.* négatif *m*; **~paˌpier** *phot.* papier sensible négatif.

Negatron ['neːgatroːn] *n* ⟨~s; -'tronen⟩ *phys. atom.* négaton *m*; électron négatif.

Neger ['neːgər] *m* ⟨~s; ~⟩ Noir *m*; *meist péj.* Nègre *m*; **~ˌhäuptling** *m* chef *m* de tribu, roi *m* nègre; **~in** *f* ⟨~; ~nen⟩ Noire *f*; *meist péj.* Négresse *f*; **~kaˌpelle** *f* orchestre *m* nègre; **~ˌkind** *n* enfant *m* nègre; petit(e) Nègre (Négresse); négrillon, -nne *m, f*; **~ˌmädchen** *n* jeune Noire, Négresse; **~muˌsik** *f* musique *f* nègre; **~proˌblem** *n* problème *m* des Noirs; problème noir; **~ˌpuppe** *f* poupée *f* nègre; **~ˌsklave** *m* (esclave) nègre *m*; **~ˌsprachen** *f/pl.* langues *f/pl.* nègres, africaines.

negier|en [neˑ'giːrən] *v/t.* ⟨*pas de ge-*, h⟩ nier; **ℒung** *f* ⟨~⟩ négation *f*.

Negligé [neˑgliˑ'ʒeː] *n* ⟨~s; ~s⟩ *cf.* Morgenrock.

negroid [neˑgroˑ'iːt] *adj.* négroïde; **ℒe(r)** *m* ⟨→ A⟩ négroïde *m*.

nehmen ['neːmən] **I** *v/t.* ⟨nimmt, nahm, genommen, h⟩ prendre (**von etw.** sur qc.; **aus etw.** dans qc.); *Dargebotenes* (*an*~) recevoir; accepter; (*weg*~) ôter; retirer; (*entwenden*) dérober; *pfort.* voler; (*sich aneignen*) s'approprier; **das Abendmahl ~** communier; **Abschied ~** prendre congé; **s-n Abschied ~** demander sa retraite; donner sa démission; *milit.* quitter le service; **Abstand ~ von etw.** renoncer à, s'abstenir de qc.; **s-n Anfang ~** commencer; **Anstoß ~** s'indigner, se choquer, se scandaliser (**an etw.** de qc.); **Anteil ~ an** prendre part à; **Aufenthalt ~** faire un séjour; séjourner; **e-n Aufschwung ~** prendre un essor; se développer avec rapidité; **kein Blatt vor den Mund ~** parler crûment; ne pas mâcher ses mots; **Einsicht in etw. ~, Kenntnis von etw. ~** prendre connaissance de qc.; **ein Ende ~** prendre fin; finir; **ein schlimmes Ende, einen schlimmen Ausgang ~** mal finir; **~ wir den Fall ...** admettons que ...; supposons le cas où ...; supposons que ... (+ *subj.*); **e-e Frau ~** prendre femme; se marier; **sich die Freiheit ~, zu ...** (+ *inf.*) se permettre de ... (+ *inf.*); **die Hindernisse ~** sauter les obstacles; **sich das Leben ~** se tuer; se suicider; mettre fin à ses jours; **die Menschen ~, wie sie sind** prendre les hommes comme ils sont; **sich die Mühe ~, zu ...** (+ *inf.*) se donner la peine de ... (+ *inf.*); **für bare Münze ~** prendre pour argent comptant; **das nimmt mir allen Mut** cela m'ôte tout courage; **Platz ~** prendre place; **Rache ~** se venger (**an j-m** de qn.; **für etw.** de qc.); **Rache an j-m für etw. ~** tirer vengeance de qn. pour qc.; **Rücksicht auf etw. ~** tenir compte de qc.; prendre qc. en considération; **Stellung ~** prendre position; **Stunden ~** prendre des leçons; **e-r Frage etw. von ihrer Schärfe ~** faire perdre à une question de son acuité; **den Schleier ~** prendre le voile; **Urlaub ~** prendre un congé; demander une permission; **e-e schlimme Wendung ~** mal tourner; **bei j-m Wohnung ~** loger chez qn.; **etw. als günstiges Zeichen ~** regarder qc. de bon augure; prendre qc. pour un bon augure; **sich Zeit ~** prendre son temps; **s-e Zuflucht ~ zu** avoir recours à; **ernst ~** prendre au sérieux; **tragisch ~** prendre au tragique; **~ Sie es nicht für ungut** ne le prenez pas en mauvaise part; ne m'en veuillez pas; **den Mund sehr voll ~** avoir le verbe 'haut; **j-n zu ~ verstehen** savoir prendre qn.; **da, ~ Sie!** tenez!; *Rezept* **man nehme ...** prendre ...; **etw. nicht so genau ~** ne pas y regarder de si près; F **woher ~ und nicht stehlen?** où trouver ça à moins de le voler?; **wie man's nimmt** c'est selon; **sie ~ sich beide nichts** l'un vaut l'autre; **das lasse ich mir nicht ~** on ne m'en dissuadera pas; on ne m'ôtera pas cela de l'esprit; F je n'en démords pas; **er ließ es sich nicht ~, zu ...** (+ *inf.*) il ne souffrit, toléra, n'admit pas qu'un autre ... (+ *subj.*); il insista pour ... (+ *inf.*); **alles in allem, im ganzen genommen** à tout prendre; en somme; au total; **streng genommen** à la rigueur; **etw. an sich ~** prendre, garder qc. (jusqu'à nouvel ordre); *Gefundenes* empocher, ramasser qc.; **nehmt euch ein Beispiel daran!** que cela vous serve d'exemple!; **etw. auf sich ~** assumer qc.; prendre qc. sur soi; endosser qc.; se charger de qc.; **j-n aufs Korn ~** viser qn.; s'en prendre à qn.; **aus s-r Tasche ~** prendre dans, tirer de sa poche; **du nimmst mir das Wort aus dem Munde** j'allais le dire; *ein Kind* **aus der Schule ~** retirer de l'école; **j-n beim Wort ~** prendre qn. au mot; **sich in acht ~** faire attention; prendre garde; *gesundheitlich* se ménager; prendre soin de sa (votre, *etc.*) santé; **in Angriff ~** entreprendre; commencer; se mettre à; s'attaquer à; entamer; *Arbeit etc.* **j-n in Anspruch ~** occuper qn.; **viel Zeit in Anspruch ~** demander, exiger beaucoup de temps; **etw. in Arbeit ~** commencer à travailler à qc.; **in Augenschein ~** inspecter; passer en revue; **in Besitz ~** prendre possession de; **in Dienst ~** engager; prendre à son service; **in Empfang ~** recevoir; toucher; *Angelegenheit* **in die Hand ~** prendre en main; **in Kauf ~** se résigner à; **j-n in Schutz ~** défendre qn.; **j-n in s-n Schutz, in s-e Obhut ~** prendre qn. sous sa protection; **im Sturm ~** prendre d'assaut; **in Zahlung ~** accepter, recevoir en paiement; **j-n (etw.) mit sich ~** emmener qn. (emporter qc.); **etw. mit Gewalt ~** prendre qc. de force; *milit.* **unter Feuer ~** prendre sous son (notre, *etc.*) feu; battre de ses feux; **etw. vom Tisch ~** prendre qc. sur la table; **sich nichts von s-m Recht ~ lassen** ne pas laisser empiéter sur ses droits; **j-n zu sich ~** recueillir qn. chez soi; *ein Kind* se charger de qn.; **Gott hat ihn zu sich genommen** Dieu l'a rappelé à lui; **etw. zu sich ~** prendre, manger *bzw.* boire qc.; **j-n zum Gehilfen ~** prendre qn. comme aide; **sich etw. zu Herzen ~** prendre qc. à cœur; **II** ℒ *n* ⟨~s⟩ prise *f*; acceptation *f*; **Geben ist seliger denn ~** *prov.* mieux vaut donner que recevoir; *Boxen* **er ist hart im ~** il encaisse bien (les coups).

Nehmer|(in) ['ne:mər(ɪn)] *m* ⟨~s; ~⟩ (*f*) ⟨~; ~nen⟩ *comm.* preneur, -euse *m, f*; acheteur, -euse *m, f*; **~ˌland** *n* pays preneur, acheteur.

Nehrung ['ne:rʊŋ] *f* ⟨~; ~en⟩ *géogr.* nehrung *m.*

Neid [naɪt] *m* ⟨~(e)s⟩ envie *f*; jalousie *f*; **bei j-m ~ erregen** exciter l'envie, la jalousie de qn.; **vor ~ platzen, vergehen** sécher, F crever d'envie; **aus (purem) ~** par envie; **grün, gelb, blaß werden vor ~** être dévoré, rongé d'envie; **das muß ihm der ~ lassen** on ne peut pas lui contester, ôter cela; **ℒen** *v/t.* ⟨-ete, h⟩ **j-m etw. ~** envier qc. à qn.; **~er(in)** *m* ⟨~s; ~⟩ (*f*) ⟨~; ~nen⟩ envieux, -euse *m, f*; jaloux, -ouse *m, f*; **ℒerˌfüllt** *adj.* plein d'envie; **~ˌhammel** *péj.* F *m cf.* **~er**; **ℒisch 1.** *adj.* jaloux, -ouse; envieux, -euse; **auf j-n (etw.) ~ sein** être jaloux, -ouse de qn. (envieux, -euse de qc.); **2.** *adv.* avec envie; d'un œil jaloux; envieusement; **ℒlos** *adv.* sans envie.

Neig|e ['naɪgə] *f* ⟨~; ~n⟩ (*Neigung*) penchant *m*; *mines* pendage *m*; *fig.* (*Abnahme*) déclin *m*; (*Ende*) fin *f*; (*Rest von Flüssigkeiten*) reste *m*; *im Faß* baissière *f*; (*letzte Tropfen*) fond *m* de bouteille; F égoutture *f*; **auf die ~, zur ~ gehen** *Tag* décliner; tomber; *Jahr, Woche, Vorräte, Geld etc.* tirer à sa fin; **die ~ austrinken** boire les égouttures; **den Kelch bis zur ~ leeren** boire le calice, la coupe jusqu'à la lie; **ℒen I** *v/t.* ⟨h⟩ pencher; incliner; faire pencher; *Kopf* baisser; **geneigte Fläche** plan incliné; **II** *v/i.* **zu etw. ~** incliner, tendre, pencher à qc.; être porté à qc.; avoir un penchant pour qc.; avoir une propension, tendance, prédisposition à qc., une inclination à *od.* pour qc.; **er neigt zu Erkältungen** il est prédisposé, sujet à s'enrhumer; **zu der Ansicht ~, daß ...** avoir tendance à, incliner à, être tenté de, être disposé, porté à croire que ...; **geneigt sein, zu ...** (+ *inf.*) être enclin, (*bereit sein*) disposé à ... (+ *inf.*); **j-m geneigt sein** être favorablement, bien disposé vis-à-vis de qn.; **geneigte Leser!** lecteurs bienveillants!; amis, aimables lecteurs!; **III** *v/réfl.* **sich ~** (s')incliner; (se) pencher; *von e-r Ebene* aller en pente; *von e-r Mauer etc.* pencher; **der Tag neigt sich dem Ende zu** le jour tombe, baisse, décline; le jour tire à sa fin; **das Fest neigt sich dem Ende zu** la fête touche, tire à, approche de sa fin; **als der Tag sich neigte** à la chute du jour; **sich vor j-m ~** s'incliner devant qn.; faire la révérence à qn.; **~ung** *f* ⟨~; ~en⟩ **1.** (*geneigte Lage*) déclivité *f*; inclinaison *f*; pente *f*; **2.** *fig.* (*Hang, Vorliebe*) inclination *f* (**zu etw.** pour, à qc.); impulsion *f* (à); disposition *f* (à); (*Veranlagung*) prédisposition *f* (à); disposition *f* (à); propension *f* (à); tendance *f* (à); *oft péj.* penchant *m* (pour, à); (*Lust*) goût *m* (de, pour); *pfort.* vocation *f* (pour, *iron.* de); **s-n ~en leben** vivre à sa fantaisie; **aus ~** par goût; **wenn Sie ~ dazu haben** si le cœur vous en dit; **die ~ haben, zu ...** (+ *inf.*) tendre à ... (+ *inf.*); **3.** (*Zuneigung*) inclination *f*, sympathie *f* (**für j-n** pour qn.); **e-e ~ zu j-m fassen** s'éprendre de qn.; affectionner qn.; prendre qn. en affection; avoir de l'affection pour qn.; **Heirat aus ~** *cf.* **~ungsehe**; **~ungsˌanzeiger** *m chem.* indicateur *m* de déclivité; **~ungsˌebene** *f* plan *m* d'inclinaison; **~ungsˌehe** *f* mariage *m* d'inclination; **~ungsˌfläche** *f cf.* **~ungsebene**; **~ungsˌmesser** *m* ⟨~s; ~⟩ inclinomètre *m*; boussole *f* d'inclinaison; **~ungsˌwinkel** *m Geometrie* angle *m* d'inclinaison.

nein [naɪn] **I** *adv.* non; *als Antwort* non, monsieur (madame, *etc.*) (*das bloße* non *gilt als unhöflich*); **aber ~!** ah! non!; mais non!; **~ u. abermals ~!** mille fois non!; F **~, so was!** non, par exemple!; quelle idée!; **ach ~!** vrai!; pas possible!; **da sage ich nicht ~** ce n'est pas de refus; F je ne dis pas non; **mit ~ stimmen** voter non, négativement; **~ sagen** dire non; refuser; **Sie sagen ~, ich sage ja** vous dites que non, je dis que si; **weder ja noch ~ sagen** ne dire ni oui ni non; **II** ℒ *n* ⟨~(s)⟩ non *m*; **mit (e-m) ~ antworten** répondre non; répondre négativement; **mit e-m glatten ~ antworten** répondre par un non, opposer un refus catégorique; **ℒˌsagen** *n* refus *m*; **ℒˌstimme** *f* non *m.*

Nekrolog [ne·kro·'lo:k] *m* ⟨~(e)s; ~e⟩ nécrologe *m*; nécrologie *f.*

Nekroman|t(in) [ne·kro·'mant(ɪn)] *m* ⟨~en; ~en⟩ (*f*) ⟨~; ~nen⟩ nécromancien, -nne *m, f*; **~'tie** *f* ⟨~⟩ nécromancie *f.*

Nekropsie [ne·krɔ'psi:] *f* ⟨~; -ien⟩ autopsie *f.*

Nektar ['nɛktar] *m* ⟨~s⟩ nectar *m.*

Nelke ['nɛlkə] *f* ⟨~; ~n⟩ *bot.* œillet *m*; (*Gewürz*ℒ) (clou *m* de) girofle *m*; **~nˌöl** *n* essence *f* de girofle; **~nˌstock** *m bot.* pied *m* d'œillet.

NE-Metalle [ɛn'ˀe:me·ˌtalə] *n/pl.* (*Nichteisenmetalle*) métaux *m/pl.* non-ferreux.

'Nenn... *in Zssgn.* nominal; théorique; normal; réglementaire; **~beˌtrag** *m* montant nominal; **~ˌdurchmesser** *m techn.* diamètre nominal; **ℒen I** *v/t.* ⟨nennt, nannte, nennte, genannt, h⟩ nommer; appeler; donner un nom; dénommer; (*anführen*) citer; mentionner; (*betiteln*) qualifier de; *péj. spottend* traiter de; *Kandidaten* désigner; nommer; *Sport* (*anmelden*) engager; inscrire; **ein Kind nach s-m Vater ~** donner à un enfant le nom de son père; **nach j-m genannt werden** porter le nom de qn.; **bei s-m Namen ~** appeler par son nom; **Zahlen ~** donner, citer des chiffres; **ich will keinen Namen ~** je ne veux désigner personne; je ne veux pas citer de nom; *cf. auch* Name; *fig.* F **das Kind beim rechten Namen ~** *cf.* Name; **er nannte s-n Namen** il a dit, cité son nom; **das nenne ich e-n Helden!** voilà ce qui s'appelle un 'héros!; **Karl, genannt der Kühne** Charles, dit, surnommé le Téméraire; **die oben genannten Waren** les marchandises susnommées, précitées; **II** *v/réfl.* **sich ~** se nommer; s'appeler; **ohne sich zu ~** sans se nommer; *litt.* sous le voile de l'anonymat; **und das nennt sich mein Freund!** et ça se dit mon ami!; **ℒensˌwert** *adj.* notable; appréciable; considérable; digne d'être retenu; **~er** *m* ⟨~s; ~⟩ *math.* dénominateur *m*; **auf den gleichen, e-n gemeinsamen ~ bringen** réduire au même dénominateur (*auch fig.*); **~form** *f gr.* infinitif *m*; **~freˌquenz** *f* fréquence nominale; **~geˌbühren** *f/pl.*, **~geld** *n Sport* droits *m/pl.* d'inscription, d'engagement; **~ˌleistung** *f techn.* puissance nominale; **~ung** *f* ⟨~; ~en⟩ dénomination *f*; désignation *f*; appellation *f*; *besser verbal*; *Sport* inscription *f*, engagement *m* (d'un concurrent désigné par son club); **~ungsˌliste** *f Sport* liste *f* des inscriptions, des engagements; **~ungsˌschluß** *m Sport* clôture *f* des inscriptions, des engagements; **~wert** *m* valeur nominale; **zum ~ ausgeben** émettre au pair; **über (unter) dem ~ stehen** être au-dessus (au-dessous) du pair; **~wort** *n* ⟨~(e)s; ~er⟩ *gr.* nom *m.*

Neo... *in Zssgn.* néo...; **~'dym** *n* ⟨~s⟩ *chim.* néodyme *m*; **~'lithikum** *n* ⟨~s⟩ *géol.* (âge *m*, époque *f*) néolithique *m*; **~lo'gismus** *m* ⟨~; -men⟩ néologisme *m.*

Neon ['ne:ɔn] *n* ⟨~s⟩ *chim.* néon *m*; **~beˌleuchtung** *f* éclairage *m* au néon; **~ˌlicht** *n*, **~ˌ(leucht)röhre** *f* tube *m* au néon.

Neo|phyt [ne·o·'fy:t] *m* ⟨~en; ~en⟩ néophyte *m*; **~'plasma** *n méd.* néoplasme *m*; **~'zoikum** *n* ⟨~s⟩ *géol.* ère *f* néozoïque.

Nepales|e [ne·pa'le:zə] *m* ⟨~n; ~n⟩, **~in** *f* ⟨~; ~nen⟩ Népalais, -e *m, f*; **ℒisch** *adj.* népalais.

Nephrit [ne·'fri:t, -'frɪt] *m* ⟨~s; ~e⟩ *minéral.* néphrite *f.*

Nepotismus [ne·po·'tɪsmʊs] *m* ⟨~⟩ népotisme *m.*

Nepp [nɛp] F *m* ⟨~s⟩ F estampage *m*; coup *m* de fusil; **ℒen** *v/t.* ⟨h⟩ F **j-n ~** F estamper, plumer, rouler qn.; **~e'rei** F *f* ⟨~; ~en⟩ *cf.* Nepp.

Neptun [nɛp'tu:n] *m* ⟨~s⟩ *astr.* Neptune *m*; **~ium** *n* ⟨~s⟩ *chim.* neptunium [-jɔm] *m.*

Nernstlampe ['nɛrnstˌlampə] *f élect.* lampe *f* Nernst.

neronisch [ne·'ro:nɪʃ], ℒ *adj.* de Néron; néronien, -nne.

Nerv [nɛrf] *m* ⟨~s; ~en⟩ nerf *m*; *bot.* nervure *f*; **schwache ~en haben** avoir les nerfs fragiles, irritables; **starke, eiserne ~en haben** avoir les nerfs solides; **überempfindliche ~en haben** F avoir les nerfs à fleur de peau; **die ~en verlieren** perdre le contrôle de ses nerfs, la maîtrise de soi; **mit den ~en am Ende, herunter sein** être à bout de nerfs; **die ~en behalten** garder ses nerfs, son calme; ne pas perdre contenance; **s-e ~en versagen** ses nerfs l'abandonnent, le trahissent; **sie geht mir auf die ~en** elle est exaspérante, crispante; elle me porte, donne, tombe, F tape sur les nerfs, sur le système; F **der hat ~en!** F il en a une santé!; il a du souffle, de l'estomac!

Nerven|arzt ['nɛrfənˌˀartst] *m* neurologue *od.* neurologiste *m*; **ℒˌaufreibend** *adj.* qui irrite les nerfs; énervant; **~ˌbündel** *n* F *fig.* paquet *m* de nerfs; **ein ~ sein** *auch* avoir les nerfs en pelote; **~entˌzündung** *f méd.* inflammation *f* des nerfs; *sc.* névrite *f*; **~ˌfaser** *f* fibre nerveuse; **~ˌfieber** *n* fièvre nerveuse; **~geˌflecht** *n anat. sc.* plexus nerveux; **~ˌheilanstalt** *f* maison *f* de santé (pour névropathes); **~ˌkitzel** *m* sensation *f*; *iron.* frissons *m/pl.*; chatouillements nerveux; **sich**

e-n ~ **verschaffen** se procurer des sensations, des émotions, des frissons; F se donner la chair de poule; **~ˌknoten** *m anat. sc.* ganglion nerveux; **2ˌkrank** *adj.* malade des nerfs; *sc.* neurasthénique; névropathe; névrosé; **~ˌkranke(r)** *f (m)* névropathe *m, f*; névrosé, -e *m, f*; **~ˌkrankheit** *f* maladie *f* des nerfs; affection nerveuse; *sc.* neurasthénie *f*; névropathie *f*; névrose *f*; **~ˌkrieg** *m* guerre *f* des nerfs; **~ˌkrise** *f* crise nerveuse; **~ˌleiden** *n cf.* ~krankheit; **~ˌprobe** *f* mise *f* à l'épreuve des nerfs; épreuve *f* pour les nerfs; **~ˌsäge** F *f* F *fig.* scie *f*; casse-pieds *m*; **~ˌschmerz** *m sc.* névralgie *f*; **~ˌschock** *m* choc nerveux; secousse nerveuse; **2ˌschwach** *adj.* nerveux, -euse; qui a les nerfs fragiles, irritables; **~ˌschwäche** *f* faiblesse *f* des nerfs; nervosité *f*; **2ˌstärkend** *adjt.* qui fortifie les nerfs; nervin; **~es Mittel** nervin *m*; **~ˌstrang** *m anat.* cordon nerveux; **~sysˌtem** *n physiol.* système nerveux; **vegetatives ~** système neurovégétatif; **~überˌreizung** *f* surexcitation *f* (nerveuse); **~ˌzelle** *f* cellule nerveuse; neurone *m*; **~ˌzentrum** *n* centre nerveux; **2zerˌrüttend** *adjt.* énervant; **~zerˌrüttung** *f cf.* ~überreizung; **~ˌzucken** *n* tic *m* (nerveux); **~zuˌsammenbruch** *m* effondrement nerveux; dépression nerveuse; prostration *f*.

nerv|ig ['nɛrvɪç, 'nɛrfɪç] *adj. fig.* nerveux, -euse; vigoureux, -euse; *bot.* nervé; **2ˌnadel** ['nɛrf-] *f Zahnarzt* tire-nerf *m*; **~ös** [-'vøːs] *adj.* nerveux, -euse; **~er Mensch** (homme) nerveux *m*; énervé *m*; **~es Lachen** rire nerveux; **~er Husten** toux nerveuse; **~er Zustand** nervosité *f*; **~ machen** faire mal aux nerfs; rendre nerveux, -euse; énerver; **Sie können e-n ~ machen** vous êtes énervant; **~ sein** avoir mal aux nerfs; être atteint de nervosité; montrer de la nervosité; être nerveux, -euse, énervé; **2osi'tät** *f* ⟨~⟩ nervosité *f*; **2us** [-vʊs] **'rerum** *m* ⟨~⟩ F (*Geld*) nerf *m* de la guerre.

Nerz [nɛrts] *m* ⟨~es; ~e⟩ *zo.* mart(r)e *f* du Canada; vison *m*; **~fell** *n* vison *m*; **~(ˌmantel)** *m* ⟨~es; ~e⟩ (*m*) (manteau *m* de) vison *m*; **~pelz** *m* vison *m*; **~ˌstola** *f* éto'e *f* de vison.

Nessel¹ ['nɛsəl] *f* ⟨~; ~n⟩ *bot.* ortie *f*; F *fig.* **sich in die ~n setzen** s'attirer des désagréments; se mettre dans l'embarras, dans une situation embarrassante, délicate; F se mettre dans le pétrin, dans de beaux draps; **~²** *m* ⟨~s⟩ *text.* toile *f* d'ortie; *par ext.* mousseline *f*; **~ˌausschlag** *m méd. cf.* ~fieber; **~ˌbrand** *m* cuisson *f*, brûlure *f*, démangeaison *f* (causée par des orties); piqûres *f/pl.* d'orties; **~ˌfieber** *n méd.* urticaire *f*; **~geˌwächse** *n/pl. bot.* urticacées *f/pl.*; **~ˌsucht** *f* ⟨~⟩ *méd.* urticaire *f*; **~ˌtuch** *n* ⟨~(e)s; ~e⟩ *cf.* Nessel².

Nessus|gewand ['nɛsʊsgəˌvant] *n*, **~ˌhemd** *n* tunique *f* de Nessus.

Nest [nɛst] *n* ⟨~es; ~er⟩ **1.** *der Vögel* nid *m*; **ein ~ ausnehmen** ôter les œufs, les petits d'un nid; dénicher des œufs, des oiseaux; **2.** *fig.* (*Heim, Elternhaus*) **sein eigenes ~ beschmutzen** dire du mal des siens; F **ins ~ zurückgekehrt** rentré chez ses parents; retourné à la maison paternelle, sous le toit familial; **3.** (*Schlupfwinkel e-r Bande*) *als die Polizei kam,* **war das ~ leer** ... le nid était vide; **4.** F *péj.* (*Dorf, Kleinstadt*) trou *m*; F patelin *m*; bled [-ɛd] *m*; **5.** F (*Bett*) lit *m*; F plumard *m*; P pucier *m*; paddock *m*; page *m*; pieu *m*; **ins ~ gehen** aller au lit; F aller, se mettre au plumard, *etc.*; P se pieuter; se pagnoter; **~bau** *m* nidification *f*; **~ei** *n* nichet *m*; **2eln** *v/i.* ⟨-(e)le, h⟩ **an etw.** ~ *aus Nervosität* F tripoter qc.; *um etw. in Ordnung zu bringen* arranger qc.; **~ˌflüchter** *m* oiseau *m* nidifuge; **~ˌhäkchen** *n fig.* dernier né; benjamin *m*; F *selten in dieser Bedeutung* culot *m*; **~ˌhocker** *m* oiseau *m* nidicole; **~ˌküken** *n* dernier éclos d'une couvée; *fig. cf.* ~häkchen; **~ling** *m* ⟨~s; ~e⟩ jeune oiseau encore au nid; **~voll** *n* ⟨~; ~⟩ nichée *f* (*auch fig.*); **~ˌwärme** *f* chaleur *f* du nid; *fig.* **dem Kind fehlt die ~** (*die Geborgenheit des Elternhauses*) il manque à l'enfant la chaleur du foyer familial.

nett [nɛt] *adj.* (*freundlich*) gentil, -lle; F chic; (*reizend*) charmant; mignon, -nne; pimpant; coquet, -tte; joli; **ein ~er Kerl** F un chic type; un bon pépère; **das war nicht ~ von dir** ce n'était pas très gentil, F très chic de ta part; *iron.* **ein ~es Früchtchen** un joli, sale, vilain moineau; *iron.* **das ist ja e-e ~e Geschichte!** c'est une jolie affaire!; *iron.* **das kann ja ~ werden!** F ça fera, sera du propre!; **2igˌkeit** *f* ⟨~⟩ gentillesse *f*.

netto ['nɛto·] *adv.* net, -tte (*adj. u. adv.*); **2beˌtrag** *m* montant net; somme nette; **2ˌeinkommen** *n* revenu net; **2ˌeinnahme** *f* recette nette; **2erˌtrag** *m* produit, revenu net; **2geˌwicht** *n* poids net; **2geˌwinn** *m* bénéfice net; **2ˌlohn** *m* salaire net; **2ˌpreis** *m* prix net; *bei Büchern* prix *m* de librairie; **2ˌraumgehalt** *m mar.* tonnage net; jauge nette; **2reˌgisterˌtonne** *f mar.* tonneau *m* de jauge nette; **2verˌdienst** *m* gain net.

Netz [nɛts] *n* ⟨~es; ~e⟩ **1.** (*Gepäck2, Einkaufs2, Haar2*) filet *m*; (*Haar2*) *auch* réticule *m*; *zum Fisch- u. Vogelfang* rets *m*; filet *m*; engin *m*; *nur Vogelfang* réseau *m*; *Tennis* filet *m*; *Fischfang* **die ~e auswerfen** jeter les filets; **ein ~ knüpfen** faire, confectionner un filet; *fig.* **j-n ins ~ locken** tendre un piège à qn.; **j-m ins ~ gehen** donner dans le piège de qn.; **2.** *fig. von Eisenbahnlinien, Straßen, tél.* réseau *m*; *élect. auch* secteur *m*; *rad.* chaîne *f*; *géogr.* (*Karten2*) canevas *m*; **~aˌnode** *f rad.* anode alimentée par le secteur; **~ˌanschluß** *m* raccordement *m*, connexion *f*, branchement *m* au secteur; alimentation *f* (par le) secteur; **~(ˌanschluß)emˌpfänger** *m rad.* récepteur raccordé au secteur, alimenté par le secteur; **~ˌanschlußgeˌrät** *n rad., élect.* appareil raccordé au, alimenté par le secteur; *élect. um ein anderes Gerät zu speisen* boîte *f*, coffret *m* d'alimentation à raccorder au secteur; **~anˌtenne** *f rad.* antenne-secteur *f*; **2ˌartig** *adj. sc.* réticulé; **~ˌaugen** *n/pl. zo.* yeux *m/pl.* à facettes; **~ˌausschalter** *m élect.* disjoncteur *m*; interrupteur *m*; **~ball** *m Tennis* balle *f* au filet, qui a touché le filet; **~ˌbrummen** *n rad.* ronflement *m* du secteur.

netzen ['nɛtsən] *v/t.* ⟨-(es)t, h⟩ humecter; mouiller; *mit Tränen* baigner; *poét.* arroser.

Netz|flügler ['nɛtsˌflyːglər] *m/pl. zo. sc.* névroptères *m/pl.*; **2ˌförmig** *adj. sc.* réticulé; réticulaire; **~freˌquenz** *f élect.* fréquence *f* du secteur; **2geˌspeist** *adjt. élect.* alimenté par le réseau, le secteur; **~ˌgleichrichter** *m élect.* redresseur *m* de secteur; **~haut** *f anat. des Auges* rétine *f*; **~hautˌablösung** *f méd.* décollement *m* de la rétine; **~hautˌbild** *n physiol.* image visuelle, rétinienne; **~hautentˌzündung** *f méd. sc.* rétinite *f*; **~hemd** *n* chemise *f* en cellular; **~ˌkarte** *f chem.* carte *f* de circulation *für das gesamte Netz* sur un réseau, *für ein Teilgebiet* sur un trajet déterminé; **~ˌmagen** *m zo.* bonnet *m*; **~ˌnadel** *f zum Knüpfen* aiguille *f* à filet; **~ˌpfosten** *m Tennis* poteau *m*; **~ˌschalter** *m élect.* interrupteur *m*; **~ˌschwankung** *f élect.* instabilité *f*, fluctuation *f* du secteur; **~ˌspanner** *m Tennis* tendeur *m* de filet; **~ˌspannung** *f élect.* tension *f* (du) réseau, (du) secteur; **~ˌspeisung** *f élect.* alimentation-secteur *f*; **~ˌstecker** *m élect.* fiche *f* de prise de courant; **~strom** *m élect.* courant *m* (du) secteur; **~strumpf** *m* bas *m* en filet; **~werk** *n bât.* entrelacs *m*.

neu [nɔʏ] **1.** *adj.* nouveau (nouvel), nouvelle; (~ *gemacht*) neuf, -ve; (*kürzlich geschehen*) récent; frais, fraîche; (*~artig*) moderne; (*im Entstehen begriffen*) naissant; **die 2e Welt** le Nouveau Monde; **das 2e Testament** le Nouveau Testament; **ein ~es Kleid** (~ *gekauft, gemacht*) une robe neuve; **das ~e Jahr** le nouvel an; **j-m ein gutes ~es Jahr wünschen** souhaiter à qn. la bonne année; **ich wünsche Ihnen viel Glück im ~en Jahr** F je vous la souhaite bonne et heureuse; **~e Sitten** mœurs nouvelles; **~e Zeiten** temps nouveaux; **ein ~er Mensch werden** devenir un nouvel homme; F faire peau neuve; **~e Kartoffeln** pommes de terre nouvelles; **ein ~es Haus** une maison neuve; **die ~este Mode** la dernière mode; le dernier cri; **~ere Geschichte** histoire moderne; **~este Geschichte** histoire contemporaine; **unsere ~esten Muster** nos derniers échantillons; **~este Begebenheiten** événements récents; **~en Mut schöpfen** reprendre courage; **~e Nachrichten** nouvelles fraîches; *in Zeitungen* **~este Nachrichten** dernières nouvelles; dernière heure; **die ~eren Sprachen** les langues modernes, vivantes; *thé.* **~es** (*noch nie aufgeführtes*) **Stück** nouveauté *f*; **in ~erer Zeit** dans les temps modernes; **in ~ester Zeit** ces tout derniers temps; **~eren Datums** de fraîche date; **~er Ausdruck** néologisme *m*; **ganz ~** tout, F flambant neuf; **das ist mir ~** cela est nouveau pour moi; **j-n von e-r ~en Seite kennenlernen** voir qn. sous un jour nouveau; **e-e ~e Zeile anfangen** aller à la ligne; **2.** *adv.* nouvellement; récemment; fraîchement; dernièrement; à *od.* de neuf; **etw. ~ machen** refaire qc. à neuf; **~ bearbeiten** remanier; **~ inszenieren** faire une nouvelle mise en scène; **~ einkleiden** habiller de neuf; **~ beleben** réanimer; **wieder ~ erbauen** reconstruire; **~ füllen** remplir; **~ ordnen** réorganiser; **für ~ verkaufen** vendre pour du neuf, comme neuf; **von ~em beginnen** recommencer; **aufs ~e, von ~em** à nouveau; de nouveau; de plus belle; **das beweist aufs ~e die solide Konstruktion unserer Apparate** cela prouve une fois de plus la solidité de nos appareils; **2ˌankömmling** *m* nouveau venu; **2ˌanlage** *f* nouvelle installation; **2ˌanschaffung** *f* nouvelle acquisition; **die ~ von Möbeln** l'acquisition de meubles neufs; **~ˌartig** *adj.* nouveau (nouvel), nouvelle; moderne; d'un nouveau genre; **2ˌauflage** *f* nouvelle édition; réédition *f*; réimpression *f*; **2bau** *m* ⟨~(e)s; ~ten⟩ nouvelle construction; reconstruction *f*; (*im Bau befindliches Haus*) maison *f*, bâtiment *m*, édifice *m* en construction; (*eben fertiggestelltes Haus*) immeuble neuf; maison neuve; **2bauˌwohnung** *f* appartement *m* dans un immeuble récemment construit, dans une maison neuve; **~beˌarbeitet** *adjt.* remanié; refondu; **2beˌarbeitung** *f* nouvelle édition refondue; **2beˌkehrte(r)** *f* (*m*) ⟨→ A⟩ nouveau (nouvelle) converti(e) *m* (*f*); néophyte *m*, *f*; **2beˌlebung** *f* réanimation *f*; *der Industrie etc.* regain *m* d'activité; **2beˌsetzung** *f e-s Postens* nouvelle nomination à; changement *m* de titulaire; **2ˌbildung** *f* formation nouvelle; reproduction *f*; (*neue Ausdrucksweise*) néologisme *m*; *méd. des Gewebes* néoplasme *m*; néoplasie *f*; **2druck** *m* ⟨~(e)s; ~e⟩ *impr.* réimpression *f*; **2ˌeinstellung** *f* nouvel engagement; embauche *f*; **2ˌeinstudierung** *f thé.* étude *f* d'une nouvelle pièce.

neu|entdeckt [ˈnɔʏˀɛntˌdɛkt] *adjt.* nouvellement découvert; **2e(r)** *f* (*m*) ⟨→ A⟩ nouveau *m*; nouvelle *f*; **~erˌbaut** *adjt.* nouvellement construit; **~erˌdings** *adv.* (*erst kürzlich*) récemment; dernièrement; (*seit kurzem*) depuis peu; (*aufs ~e*) de *od.* à nouveau; **2erer** *m* ⟨~s; ~⟩ (in)novateur *m*; **~erˌlich 1.** *adj.* récent; frais, fraîche; **2.** *adv.* nouvellement; récemment; depuis peu; de *od.* à nouveau; **2erˌöffnung** *f* inauguration *f*; réouverture *f*; **2erˌscheinung** *f* nouvelle, dernière publication; nouveauté *f*; *als Reklame* vient de paraître; **~erˌschienen** *adjt.* nouvellement, récemment paru; **2eˌrung** *f* ⟨~; ~en⟩ innovation *f*; *das daraus Entstandene* nouveauté *f*; **sprachliche ~** innovation en matière de langage; (*neuer Ausdruck*) néologisme *m*; **~en einführen** faire, introduire des innovations; innover; **2erungsˌgeist** *m* ⟨~es⟩ esprit novateur; **2erungsˌsucht** *f* ⟨~⟩ manie *f* des innovations, d'innover; **~erungsˌsüchtig** *adj.* qui a la manie des innovations; **2erˌwerbung** *f* nouvelle acquisition; **2e(s)** *n* ⟨→ A⟩ **das ~** le nouveau; le neuf; le moderne; **was gibt es ~s?** qu'y a-t-il de nouveau, de neuf?; quoi de nouveau, de neuf?; **das ist mir nichts ~s** il n'y a là rien de nouveau pour moi; ce n'est rien de nouveau pour moi; j'en ai vu bien d'autres; j'y suis fait depuis longtemps; **alles ~ reizt u. gefällt** tout nouveau, tout beau; **~s vom Tage** actualités *f/pl.*; **etw. ganz ~s, das Neueste** la haute, dernière nouveauté; le dernier cri (du jour); **es geschieht nichts ~s unter der Sonne** il n'y a rien de nouveau sous le soleil; **~estens** *adv.* tout récemment; **2ˌfassung** *f* nouvelle rédaction; **~franˌzösisch** *adj.* français moderne; **2ˈfundˌländer** *m* ⟨~s; ~⟩ habitant *m* de Terre-Neuve; *Hunderasse* terre-neuve *m*; **~geˌbacken** *adjt. fig. iron.* tout neuf, toute neuve; de fraîche date; frais émoulu; **~geˌboren** *adjt.* nouveau-né; **sich wie ~ fühlen** se sentir tout autre, rajeuni, tout ragaillardi, frais et dispos; **2geˌborene(s)** *n* ⟨→ A⟩ nouveau-né *m*; **~geˌmacht** *adjt.* neuf, -ve; nouvellement fait; **2geˌstaltung** *f* réorganisation *f*; transformation *f*; modification *f*; refonte *f*; remaniement *m*; **2gier** *f*, **2ˌgierde** *f* ⟨~⟩ curiosité *f*; indiscrétion *f*; **aus ~** par curiosité; **j-s ~ erregen, reizen** exciter, éveiller, piquer la curiosité de qn.; intriguer qn.; **~ˌgierig** *adj.* curieux, -euse (**auf** de); indiscret, -ète; **~ machen** rendre curieux; exciter, éveiller, susciter la curiosité; **ich bin ~, ob er kommen wird** je suis curieux de voir s'il viendra; F **e-e ~e Ziege sein** F être curieux comme une vieille chouette; **2ˌgierige(r)** *f* (*m*) ⟨→ A⟩ curieux, -euse *m*, *f*; indiscret, -ète *m*, *f*; **~ˌgriechisch** *adj.* grec, grecque moderne; **das 2e** le grec moderne; **2ˌgründung** *f* nouvelle fondation; **2gruˌppierung** *f* regroupement *m*; **2heit** *f* ⟨~; ~en⟩ fraîcheur *f*; nouveauté *f* (*auch Gegenstand*); (*Ursprünglichkeit*) originalité *f*; **die letzte ~** la dernière nouveauté; F le dernier cri; **~ˌhochdeutsch** *adj.* haut allemand moderne; **das 2e** le haut allemand moderne; **2igˌkeit** *f* ⟨~; ~en⟩ nouvelle *f*; **2igkeitsˌkrämer(in)** *m* ⟨~s; ~⟩ (*f*) ⟨~; ~nen⟩ F (col)porteur *m* de nouvelles; **2inszeˌnierung** *f thé.* nouvelle mise en scène; **2jahr** *n* jour *m* de l'an; nouvel an; **2jahrsˌabend** *m* (la) Saint-Sylvestre; **2jahrsˌbotschaft** *f* message *m* de nouvel an; **2jahrsgeˌschenk** *n in Frankreich* cadeau *m* de nouvel an; étrennes *f/pl.*; **2jahrsˌnacht** *f* nuit *f* du nouvel an; (la) Saint-Sylvestre; **2jahrsˌtag** *m* jour *m* de l'an; **2jahrsˌwunsch** *m* compliment *m*, souhait *m*, vœu *m* de bonne année; **2konstruktiˌon** *f* nouvelle construction; **2land** *n* ⟨~(e)s⟩ terre, région nouvelle, inconnue; *agr.* terre *f* nouvellement défrichée, mise en valeur; novale *f*; *fig.* nouveau domaine; domaine inconnu; **~ entdecken** découvrir une terre, région inconnue; **~ erschließen** défricher un terrain vierge; **2landgeˌwinnung** *f agr.* mise *f* en valeur de nouvelles terres, de terres incultes; **~laˌteinisch** *adj.* néo-latin; **das 2e** le néo-latin; **~lich** *adv.* dernièrement; récemment; l'autre jour; (*vor kurzem*) naguère; **2ling** *m* ⟨~s; ~e⟩ novice *m*, *f*; débutant, -e *m*, *f*; *milit.* nouveau *m*; F bleu *m*; *Studentensprache* F bizuth *m*.

Neume [ˈnɔʏmə] *f* ⟨~; ~n⟩ *mus.* neume *m*.

neu|modisch [ˈnɔʏˌmoːdɪʃ] *adj.* à *od.* de la dernière mode; **2mond** *m astr.* nouvelle lune.

neun [nɔʏn] **I** *adj. num. c.* neuf; *beim Kegeln* **alle ~e schieben** faire, abattre les neuf quilles; **II 2** *f* ⟨~; ~en⟩ (nombre *m*, chiffre *m*) neuf *m*; F **ach, du grüne ~e!** F il ne manquait plus que ça!; **2ˌauge** *n zo.* lamproie *f* fluviatile, de mer; **2eck** *n* ⟨~(e)s; ~e⟩ *Geometrie sc.* ennéagone *m*; nonagone *m*; **~ˌeckig** *adj. sc.* ennéagonal; nonagonal; **~erˈlei** *adj.* ⟨*inv.*⟩ de neuf espèces, sortes; **~fach** *adj. u. adv.* (qui vaut) neuf fois autant; **~ˈhundert** *adj. num. c.* neuf cents; **~ˌjährig** *adj.* **a)** (âgé) de neuf ans; **b)** de *od.* qui dure neuf ans; **~mal** *adv.* neuf fois; **~ˌmalig** *adj.* répété neuf fois; **~malˌklug** *adj. iron.* malin, maligne; P mariol, -e (*od. für beide Geschlechter* mariolle); marle; **2malˌkluge(r)** *f* (*m*) ⟨→ A⟩ *iron.* (gros) malin *m*; maligne *f*; P mariol, -e *m*, *f*; mariolle *m*, *f*; marle *m*, *f*; **~ˌstündig** *adj.* de neuf heures; **~ˌstündlich** *adj.* (qui a lieu, qui revient, qui se renouvelle, *etc.*) toutes les neuf heures; **~ˌtägig** *adj.* **a)** (âgé) de neuf jours; **b)** de *od.* qui dure neuf jours; **~ˈtausend** *adj. num. c.* neuf mille; **~te** *adj. num. o.* neuvième; **~s Kapitel** chapitre neuf; neuvième chapitre; **der ~ (9.) Januar** le neuf (9) janvier; **der ~ des Monats** le neuf du mois; **der (den, am) ~(n) März** le neuf mars; **Karl IX.** (**der 2**) Charles IX (neuf); **2tel** *n* ⟨~s; ~⟩ neuvième *m*; **~tens** *adv.* neuvièmement; en neuvième lieu; **~undˈneunzig** *adj. num. c.* quatre-vingt-dix-neuf; **~ˌwertig** *adj. chim.* nonavalent; **~zehn** *adj. num. c.* dix-neuf; **~ˌzehnte** *adj. num. o.* dix-neuvième; **2ˌzehntel** *n* dix-neuvième *m*; **~zig I** *adj. num. c.* quatre-vingt-dix; F **auf ~ sein** F être à cran; **in den ~er Jahren** dans les années quatre-vingt-dix; **II 2zig** *f* ⟨~; ~en⟩ (nombre *m*, chiffre *m*) quatre-vingt-dix *m*; **2ˌziger(in)** *m* ⟨~s; ~⟩ (*f*) ⟨~; ~nen⟩ nonagénaire *m*, *f*; **~zigˌjährig** *adj.* (âgé) de quatre-vingt-dix ans; nonagénaire; **~ˌzigste** *adj. num. o.* quatre-vingt-dixième; **2ˌzigstel** *n* ⟨~s; ~⟩ quatre-vingt-dixième *m*.

Neu|ordnung [ˈnɔʏˌˀɔrdnʊŋ] *f* réorganisation *f*; **~ des Bankwesens** réorganisation bancaire; **~orienˌtierung** *f* orientation nouvelle; **~philoˌloge** *m*, **~philoˌlogin** *f* philologue *m*, *f* (spécialisé[e]) dans les langues modernes, vivantes; **~plaˌtoniker** *m* néo-platonicien *m*; **2plaˌtonisch** *adj.* néo-platonicien, -nne.

Neuralg|ie [nɔʏralˈgiː] *f* ⟨~; -ien⟩ *méd.* névralgie *f*; **2isch** [-ˈral-] *adj.* névralgique; *fig.* **~er Punkt** point névralgique, sensible, vulnérable.

Neurasthe|nie [nɔʏrasteˈniː] *f* ⟨~; -ien⟩ *méd.* neurasthénie *f*; **~niker(in)** [-ˈteː-] *m* ⟨~s; ~⟩ (*f*) ⟨~; ~nen⟩ neurasthénique *m*, *f*; **2nisch** [-ˈteː-] *adj.* neurasthénique.

Neu|regelung [ˈnɔʏˌreːgəlʊŋ] *f* nouveau règlement; nouvelle réglementation; réorganisation *f*; nouvel arrangement; **2reich** *adj.* nouveau riche; **~ˌreiche(r)** *f* (*m*) nouveau riche *m*; nouvelle riche *f*.

Neuro|chirurgie [nɔʏroˌçiˈrʊrˈgiː] *f méd.* neuro-chirurgie *f*; **~ˈloge** *m* ⟨~n; ~n⟩ *cf.* Nervenarzt; **~loˈgie** *f* ⟨~⟩ neurologie *f*; **2ˈlogisch** *adj.* neurologique.

Neuron [ˈnɔʏrɔn] *n* ⟨~s; -ˈronen *od.* ˈNeuren⟩ *physiol.* neurone *m*.

Neuro|se [nɔʏˈroːzə] *f* ⟨~; ~n⟩ névrose *f*; névropathie *f*; **~tiker** *m* ⟨~s; ~⟩ névrosé *m*; névropathe *m*; **2tisch** *adj.* névrosé; névropathe.

Neu|schätzung [ˈnɔʏˌʃɛtsʊŋ] *f* réévaluation *f*; revalorisation *f*; **~schnee** *m* neige fraîche; **~ˌschöpfung** *f* nouvelle création; **~ˈseeˌländer(in)** *m* ⟨~s; ~⟩ (*f*) ⟨~; ~nen⟩ Néo-Zélandais, -e *m*, *f*; **2ˈseeˌländisch** *adj.* néo-zélandais; **~ˌsiedler** *m agr.* nouveau colon; **~ˌsilber** *n* maillechort *m*; argentan *m*; **~ˌsprachler(in)** *m* ⟨~s; ~⟩ (*f*) ⟨~; ~nen⟩ *cf.* Neuphilologe; **2ˌsprachlich** *adj.* ... des langues modernes, vivantes; **~stadt** *f* ville neuve; **2testaˌmentlich** *adj.* du Nouveau Testament.

neutral [nɔʏˈtraːl] *adj.* neutre; indifférent (*beide auch chim.*); *élect.* **~er Draht** fil, conducteur neutre; **~e Mächte** neutres *m/pl.*; **~ bleiben** rester neutre; garder, observer la neutralité; **für ~ erklären** neutraliser;

2e(r) *f (m)* ⟨→ A⟩ neutre *m, f*; ~iˈsieren *v/t.* ⟨*pas de ge-*, h⟩ neutraliser (*auch chim.*); 2iˈsierung *f* ⟨~⟩ neutralisation *f*; 2iˈtät *f* ⟨~⟩ neutralité *f*; 2iˈtätsˌbruch *m* violation *f* de la neutralité; 2iˈtätserˌklärung *f* déclaration *f* de neutralité; 2iˈtätsverˌletzung *f cf.* 2itätsbruch.

Neutron [ˈnɔʏtrɔn] *n* ⟨~s; -ˈtronen⟩ *phys.* neutron *m*; langsames ~ neutron lent, thermique; gebremstes ~ neutron différé, retardé.

Neutronen... [nɔʏˈtroːnən...] *in Zssgn. oft* ... de neutrons; neutronique; ~ˌgruppe *f* groupe *m* de neutrons; ~phyˌsik *f* physique *f* neutronique.

Neutrum [ˈnɔʏtrum] *n* ⟨~s; -tra *od.* -tren⟩ *gr.* (*sächliches Geschlecht*) neutre *m*; (*sächliches Substantiv*) substantif *m* neutre.

Neu|veranlagung [ˈnɔʏfɛrˌʔanlaːgʊŋ] *f Steuerwesen* nouvelle assiette; 2verˌmählt *adjt.* nouvellement marié; ~verˌmählte(r) *f (m)* ⟨→ A⟩ nouveau (nouvelle) marié(e) *m (f)*; ~verˌteilung *f* ~ der Güter redistribution des richesses; ~wahl *f* nouvelle élection; ~wert *m* **a)** valeur nouvelle; **b)** valeur *f* d'un objet (à l'état) neuf; 2ˌwertig *adj.* à l'état (de) neuf; ~zeit *f* temps *m/pl.* modernes; 2ˌzeitlich *adj.* moderne; ~ herrichten moderniser.

New Yorker [nɔʏˈjɔrkər, njuː-] **I** *adj.* ⟨*inv.*⟩ de New York; new-yorkais; **II** ~(in) *m* ⟨~s; ~⟩ *(f)* ⟨~; ~nen⟩ New-Yorkais, -e *m, f*.

nicht [nɪçt] *adv.* ne ... pas; *pfort.* ne ... point; F pas; point; *bei einfachem inf.* ne pas *ungetrennt vor dem Verbum*: ~ antworten wäre e-e Grobheit ne pas répondre serait une grossièreté; ne *ohne* pas *u.* point: warum sagte er es ~? *litt.* que ne le disait-il?; *aber* pourquoi ne le disait-il pas?; *Auslassung des* ne, *sobald kein Verbum dabeisteht*: *haben Sie Geld?* ~ viel ... pas beaucoup; pas trop; guère; warum ~? pourquoi pas?; ~ zu laut! pas trop haut!; ~ ein einziger pas un seul; *zur Verneinung e-s einzelnen Wortes od. e-s ganzen nicht wiederholten Satzes*: non; *pfort.* non pas; er lebte ~ ohne Ruhm il vécut non sans gloire; ~, daß ... ce n'est pas que ..., non (pas) que ... (+ *subj.*); ~, daß ich wüßte; soviel ich weiß, ~ non (pas) que je sache; ~, daß uns das an ihm wunderte non pas que cela nous ait étonnés de sa part; ~?, ~ wahr? n'est-ce pas?; so wird es geschehen u. ~ anders il en sera ainsi et non autrement; ~ besonders, ~ viel ne ... guère; ~ lange darauf peu de temps après; ~ mehr ne ... plus; *oft durch* cesser *übersetzt*: er reist ~ mehr il a cessé de voyager; ~ so schön wie ... moins beau que ...; auch ~ ne ... pas non plus; ich auch ~ (ni) moi non plus; auch ~ ein einziger! pas même un seul!; durchaus ~, gar ~ pas, point du tout; nullement; (non, ne ...) en rien; ganz u. gar ~ point du tout; F pas le moins du monde; was er ~ alles weiß! que ne sait-il pas?; wo ~ ... sinon ...; *ellip.* das ~ ce n'est pas cela; F pas (de) cela; pas (de) ça; ~ alle ... tous ... ne ... pas; doch ~ so! pas ainsi!; ~ doch! mais non!; non pas!; *tadelnd* laisse cela!; reste tranquille!; ~ mehr zu finden introuvable; ~ nur ..., sondern auch ... non seulement ... mais aussi ...; beileibe ~! à Dieu ne plaise!; pas du tout!; noch ~ (ne ...) pas encore; wäre er nur ~ gekommen! si seulement il n'était pas venu!

ˈNicht... *in Zssgn. oft* non *od.* non-; 2absorˈbierend *adjt. chim.* non-absorbant; 2ˈabzugsˌfähig *adj.* non déductible; ~ˈabzugsˌfähigkeit *f* non-déductibilité *f*; ~ˌachtung *f* manque *m* d'égard; irrespect *m*; irrévérence *f*; 2ˌamtlich *adj.* non officiel, -lle; officieux, -euse; in ~er Eigenschaft à titre personnel, non officiel; ~ˈanerkennung *f e-r Forderung, e-s Landes* non-reconnaissance *f*; *jur.* désaveu *m*; 2ˈangreifend *adjt. chim.* non corrodant; non corrosif, -ive; ~ˈangriffsˌpakt *m* pacte *m* de non-agression; ~ˈannahme *f* non-acceptation *f*; refus *m*; ~ˈanwendung *f* non-application *f*; ~ˌarier(in) *m (f)* non-aryen, -nne *m, f*; 2ˌarisch *adj.* non aryen, -nne; ~ˈausführung *f* non-exécution *f*; ~beˈachtung *f*, ~beˈfolgung *f* inobservation *od.* inobservance *f*; non-observance *od.* non-observation *f*; (*Vernachlässigung*) négligence *f*; ~beˈnutzung *f* non-usage *m*; non-emploi *m*; non-utilisation *f*; ~beˈrechtigte(r) *f (m)* non-autorisé, -e *m, f*; non-qualifié, -e *m, f*; ~beˈrufstätige(r) *f (m)* personne n'exerçant pas d'activité professionnelle; ~beˈstätigung *f* manque *m* de confirmation, de sanction; ~beˌstehen *n e-s Vertrages etc.* inexistence *f*; 2beˈwirtschaftet *adjt.* non rationné; libre; ~beˈzahlung *f* non-payement *m*; ~ˈchrist *m* non-chrétien *m*; 2ˌchristlich *adj.* non chrétien, -nne.

Nichte [ˈnɪçtə] *f* ⟨~; ~n⟩ nièce *f*.

Nicht|eignung [ˈnɪçtˈʔaɪgnʊŋ] *f* bei ~ ... si ... ne donne pas satisfaction ...; en cas de non-satisfaction ...; ~ˈeinˌhaltung *f e-s Vertrages* violation *f*; *cf. auch* Nichtbeachtung; 2ˈeinklagbar *adj. jur.* non exigible en justice; 2ˈeinlösbar *adj. Bankwesen* inconvertible; ~ˈeinlösbarˌkeit *f* inconvertibilité *f*; ~ˈeinlösung *f e-s Schecks* non-payement *m*; ~ˈeinˌmischung *f pol.* non-intervention *f*; non-ingérence *f*; ~ˌeisenmeˌtalle *n/pl.* métaux non ferreux; ~erˈfüllung *f* inexécution *f*; non-exécution *f*; inaccomplissement *m*; non-accomplissement *m*; manquement *m*; *jur.* défaillance *f*; ~erˌscheinen *n* absence *f*; *jur.* ~ vor Gericht non-comparution *f*; contumace *f*; défaut *m*; 2exiˈstent *adj.* non existant; ~ˌfachmann *m* profane *m*; celui qui n'est pas expert; ~geˈbrauch *m* non-usage *m*; ~geˌfallen *n* bei ~ en cas de non-satisfaction; ~geˈlingen *n* non-réussite *f*; échec *m*; insuccès *m*; ~geˈwöhnung *f* manque *m* d'habitude.

nichtig [ˈnɪçtɪç] *adj. jur.* nul, -lle; de nulle valeur; sans valeur; sans effet; caduc, -uque; *fig.* (*nichtssagend*) futile; frivole; vain; *fig.* vide; ~ sein être entaché de nullité; für null u. ~ erklären déclarer nul et non avenu; annuler; casser; invalider; unter ~em Vorwand F à propos de bottes; ein ~er Streit une querelle d'Allemand; 2ˌkeit *f* ⟨~; ~en⟩ *jur.* nullité *f*; invalidité *f*; caducité *f*; *fig.* inanité *f*; futilité *f*; frivolité *f*; *litt.* vanité *f*; sich mit ~en abgeben s'amuser à des riens, à des bagatelles; 2keitsbeˌschwerde *f jur.* recours *m*, pourvoi *m* en cassation; die ~ einlegen se pourvoir en cassation; 2keitserˌklärung *f jur.* annulation *f*; invalidation *f*; 2keitsˌklage *f jur.* action *f*, instance *f* en nullité.

Nicht|intervention [ˈnɪçtʔɪntərvɛntsiˈoːn] *f* non-intervention *f*; non-ingérence *f*; ~ˌkämpfer *m* non-combattant *m*; ~ˌkenner *m* ignorant *m*; profane *m*; ~kombaˌttant *m* ⟨~en; ~en⟩ *cf.* ~kämpfer; 2ˈkriegführend *adjt.* neutre; non belligérant; ~ˌleistung *f* carence *f*, défaut *m* (de prestation); 2ˈleitend *adjt. phys.* isolant; non-conducteur, -trice; diélectrique; ~ˈleiter *m phys.* isolant *m*; non-conducteur *m*; diélectrique *m*; 2ˈleuchtend *adjt.* non lumineux, -euse; 2maˈgnetisch *adj.* antimagnétique; non magnétique; ~meˌtall *n* métalloïde *m*; ~ˌmitglied *n* non-adhérent *m*; non-membre *m*; 2ˌöffentlich *adj.* (qui n'est) pas public, -que; non public, -que; privé; 2oxyˈdierbar *adj. chim.* inoxydable; ~ˌraucher *m* non-fumeur *m*; ~ˌraucherabˌteil *n chem.* (compartiment *m*) non-fumeurs *m*; ~ˌraucherin *f* non-fumeuse *f*; 2ˌrostend *adjt.* inoxydable; antirouille.

nichts [nɪçts] **I** *pr/ind.* ⟨*inv.*⟩ rien (*immer mit* ne *beim Verbum*); um *od.* für ~ u. wieder ~ *streiten* à propos de rien; pour des riens; absolument pour rien; F à propos de bottes; *etw. tun* F pour des prunes; ~ and(e)res rien d'autre; ~ Neues rien de nouveau, de neuf; es ist ~ damit il n'en est rien; c'est une affaire manquée; es ist ~ daran a) cela ne vaut rien; b) il n'y a pas un mot de vrai; es wird ~ daraus cela ne se fera pas; il n'en sera rien; zu ~ werden venir, se réduire à rien; das ist ~ für mich cela ne me va pas; ce n'est pas qc. pour moi; ce n'est rien pour moi; ~ da! jamais!; das ist so viel wie ~ autant en emporte le vent; ~ davon! n'en parlons pas!; pas un mot de cela!; mir ~, dir ~ sans plus de façons; sans se gêner; sans autre forme de procès; F tout de go; de but en blanc; hier gibt's, ist ~ zu lachen il n'y a pas de quoi rire; sonst ~!, weiter ~? rien que ça!; rien d'autre!; rien de plus!; c'est tout?; weiter ~ rien de plus; voilà tout; rien d'autre; wenn es weiter ~ ist! si ce n'est que cela, ça!; das macht ~ *als Antwort auf e-e Entschuldigung* cela ne fait rien; il n'y a pas de mal, pas de quoi; ich hatte ~ als Scherereien je n'ai eu que des ennuis; F sie spielen um ~ ils jouent pour l'honneur; ~ zu machen rien à faire; da ist ~ zu machen il n'y a rien à faire à cela; P il n'y a pas mèche; als ob ~ (vorgefallen) wäre comme si de rien n'était; er macht sich ~ daraus il n'en fait aucun cas; il n'en tient pas compte; sich in ~ unterscheiden ne se distinguer en rien; ~ für ungut! ne m'en veuillez (*od.* voulez) pas!; il n'y a pas de mal!; ~ weniger als ... rien moins que ...; gar ~ wissen ignorer absolument tout; ne savoir rien de rien; überhaupt ~, gar ~ rien du tout; absolument rien; weniger als ~ moins que rien; so gut wie ~ presque, pratiquement rien; ~ mehr ne ... plus rien; ~ mehr! plus rien!; rien!; alles od. ~ tout ou rien; das tut ~ zur Sache cela ne fait rien à l'affaire, ne change rien à la chose; das hat ~ auf sich, das hat ~ zu sagen cela ne veut rien dire; cela ne signifie rien; das führt zu ~ ça ne mène, ne sert à rien; mit etw. ~ zu tun, zu schaffen haben n'être pour rien dans qc.; aus ~ wird ~ *prov.* on n'a rien de rien *prov.*; von ~ kommt ~ *prov.* pas de fumée sans feu *prov.*; **II** 2 *n* ⟨~⟩ (*das Nichtsein*) néant *m*;

(*Leere*) vide *m*; (*Geringfügigkeit*) insignifiance *f*; bagatelle *f*; (*Wertlosigkeit*) inanité *f*; rien *m*; **ein ~** une (petite) chose de rien; **er steht vor dem ~** il se trouve avec *od.* devant rien; il n'a plus rien; **s-e Hoffnungen sind in ein ~ zerronnen** ses espoirs ont été anéantis.

Nichtschwimmer(in) [ˈnɪçtˌʃvɪmər (-ɪn)] *m* (*f*) non-nageur, -euse *m, f*.

nichts|destotrotz [ˌnɪçtsdɛstoˑˈtrɔts] F, **~desto'weniger** *adv.* néanmoins; nonobstant; malgré cela; pourtant; toutefois.

Nicht|sein [ˈnɪçtzaɪn] *n* néant *m*; *philos.* non-être *m*; **2'selbständig** *adj.* dépendant; non autonome; *Arbeit, Arbeiter* salarié.

Nichts|könner [ˈnɪçtsˌkœnər] *m* propre *m* à rien; F zéro *m*; **~nutz** *m* ⟨~es; ~e⟩ qui n'est bon à rien; propre *m* à rien; F vaurien *m*; **2ˌnutzig** *adj.* méchant; qui ne vaut rien; inutile; **~ˌnutzigˌkeit** *f* ⟨~⟩ méchanceté *f*; **2ˌsagend** *adj.* insignifiant; futile; (*farblos*) sans couleur.

nichtständig [ˈnɪçtˌʃtɛndɪç] *adj.* non-permanent.

Nichts|tuer [ˈnɪçtsˌtuːər] *m* ⟨~s; ~⟩ fainéant *m*; désœuvré *m*; paresseux *m*; oisif *m*; **~tue'rei** *f* ⟨~⟩ fainéantise *f*; désœuvrement *m*; oisiveté *f*; paresse *f*; **~ˌtueˌrin** *f* ⟨~; ~nen⟩ fainéante *f*; désœuvrée *f*; paresseuse *f*; oisive *f*; **2ˌtueˌrisch** *adj.* fainéant; oisif, -ive; paresseux, -euse; **~tun** *n* inaction *f*; farniente *m*; rien-faire *m*; oisiveté *f*; **die Zeit mit ~ totschlagen** tuer le temps à ne rien faire; **2ˌwürdig** *adj.* bas et vil; infâme; misérable; indigne; abject; **~ˌwürdigˌkeit** *f* ⟨~⟩ bassesse *f*; vilenie *f*; infamie *f*; indignité *f*.

Nicht|teilnahme [ˈnɪçtˈtaɪlnaːmə] *f* non-participation *f*; **2'tropfend** *adjt.* ne dégouttant pas; *Kerzen* ne coulant pas; **~über'einstimmung** *f* non-conformité *f*; **~über'tragbarˌkeit** *f* incessibilité *f*; **~'umwandelbarˌkeit** *f* non-convertibilité *f*; inconvertibilité *f*; **~ver'antwortlichˌkeit** *f* non-responsabilité *f*; **~ver'fügbarˌkeit** *f* indisponibilité *f*; non-disponibilité *f*; **2verˌsichert** *adjt.* non assuré; **~voll'streckung** *f*, **~voll'ziehung** *f* inexécution *f*; non-exécution *f*; **~ˌvorbestrafte(r)** *f* (*m*) délinquant, -e *m, f* primaire; **~vor'handensein** *n* absence *f*; *jur.* défaut *m*; carence *f*; *philos.* non-existence *f*; **~ˌwähler** *m der nicht wählen darf* non-électeur *m*; *der nicht wählen will* abstentionniste *m*; **~ˌwissen** *n* ignorance *f*; **~ˌwollen** *n* manque *m* de volonté; **~ˌzahlung** *f* non-payement *m*; **2'zielend** *adjt. gr.* intransitif, -ive; **~'zulassung** *f* non-admission *f*; *oft verbal*: **durch ~** en n'admettant pas ...; **2'zuständig** *adj.* incompétent; **~'zuständigˌkeit** *f* incompétence *f*; **~'zustellung** *f* non-remise *f*; **~'zutreffende(s)** *n* ⟨→ A⟩ **~s bitte streichen** biffer, rayer la mention inutile.

Nickel [ˈnɪkəl] *n* ⟨~s⟩ *chim., minéral.* nickel *m*; **~ˌchromstahl** *m* acier *m* au chrome-nickel; **~ˌeisen** *n* ferronickel *m*; **2ˌhaltig** *adj.* qui contient du nickel; *sc.* nickélifère; **~leˌgierung** *f* alliage *m* de nickel; **~ˌmünze** *f* monnaie *f* de nickel; **~ˌstahl** *m* acier *m* au nickel; acier-nickel *m*.

nick|en [ˈnɪkən] *v/i.* ⟨h⟩ **1.** (**mit dem Kopf**) ~ *als Gruß* saluer d'un mouvement de la tête; *als Wink* faire signe de la tête; *zustimmend* faire un signe de tête affirmatif, approbatif; *poét. Blumen, Schilf im Wind* s'incliner; se balancer; pencher; **2.** F (*schlummern*) *cf.* **2er**; **2er** *m* ⟨~s; ~⟩, **2erchen** *n* ⟨~s; ~⟩ F **e-n kleinen Nicker, ein Nickerchen machen** faire un petit somme; F piquer un roupillon.

nie [niː] *adv. mit Verbum* ne ... jamais; **ich habe ihn ~ gesehen** je ne l'ai jamais vu; *ohne Verbum* jamais; **~ u. nimmer** jamais; jamais de la vie; F au grand jamais; **jetzt od. ~** maintenant ou jamais; **~ wieder, ~ mehr** jamais plus; plus jamais; **ich werde es ~ wieder tun** je ne le referai jamais; **fast ~** presque jamais; **~ im Leben** jamais de la vie; *comm.* **noch ~ dagewesen!** sans précédent!

nieder [ˈniːdər] *adv.* en bas; à bas; **auf u. ~** de haut en bas; **~ mit den Verrätern!** à bas les traîtres!; mort aux traîtres!; **~ mit ihm!** à bas X ...!; au poteau!; à mort!; **~ˌbeugen** *v/t.* (*u. v/réfl.*) ⟨*sép.*, -ge-, h⟩ (se) baisser; **~ˌbiegen** *v/t.* ⟨*irr., sép.*, -ge-, h⟩ rabattre en pliant; **~ˌbrechen** *v/i.* ⟨*irr., sép.*, -ge-, sein⟩ s'écrouler; s'abattre; **~ˌbrennen I** *v/t.* ⟨*irr., sép.*, -ge-, h⟩ incendier; réduire en cendres; brûler de fond en comble; **II** *v/i.* ⟨sein⟩ brûler de fond en comble; être détruit par un incendie; **~ˌbrüllen** *v/t.* ⟨*sép.*, -ge-, h⟩ *e-n Redner* conspuer; 'huer; **~ˌdeutsch** *adj.* (*abr.* nd.) bas allemand; **2ˌdeutsche(r)** *f* (*m*) Allemand, -e *m, f* du Nord; **~ˌdonnern** *v/i.* ⟨-(e)re, *sép.*, -ge-, sein⟩ s'écrouler, tomber avec fracas; **2ˌdruck** *m* ⟨~(e)s; ~e⟩ *techn.* basse pression; **~...** *in Zssgn.* à basse pression; **2druckˌdampf** *m techn.* vapeur *f* à basse pression; **~ˌdrücken** *v/t.* ⟨*sép.*, -ge-, h⟩ *Taste, Hebel Knopf* presser; appuyer sur; *Hebel* abaisser; *fig.* accabler; déprimer; abattre; affliger; **~ˌdrückend** *adjt.* accablant; déprimant; décourageant; **2druckˌkraftwerk** *n hydr.* usine *f* hydro-électrique à très basse chute (d'eau); **~e** *adj. im Rang, Wert* bas, -sse; petit; inférieur; *in der Gesinnung* ignoble; bas, -sse; vil; vulgaire; **der ~ Adel** la petite noblesse; **von ~r Geburt** d'humble naissance, origine; d'origine humble; de basse naissance; **die ~n Klassen** les basses classes; les classes inférieures; **die ~ Jagd** la petite chasse; **e-e ~ Stellung bekleiden** occuper une petite situation; avoir une modeste position; **~ˌfahren** *v/i.* ⟨*irr., sép.*, -ge-, sein⟩ descendre.

nieder|fallen [ˈniːdərˌfalən] *v/i.* ⟨*irr., sép.*, -ge-, sein⟩ tomber (en bas, par terre); **vor j-m ~** se jeter aux pieds de qn.; se prosterner devant qn.; **2freˌquenz** *f élect.* basse fréquence; **~...** *in Zssgn.* de basse fréquence; **2ˌgang** *m der Gestirne* coucher *m*; *fig., bibl.* (*Westen*) occident *m*; *mar.* échelle *f* de descente; écoutille *f*; *fig.* (*Verfall*) décadence *f*; **~geˌdrückt** *adjt. fig.* abattu; accablé; déprimé; affligé; **~ˌgehen** *v/i.* ⟨*irr., sép.*, -ge-, sein⟩ *Gewitter, Regengüsse* s'abattre; *aviat.* descendre; (*landen*) atterrir; **im Gleitflug ~** descendre en vol plané; **~geˌschlagen** *adjt.* découragé; désolé; triste; consterné; prostré; *cf. auch* **~gedrückt**; **2geˌschlagenˌheit** *f* ⟨~⟩ abattement *m*; dépression *f*; accablement *m*; affliction *f*; découragement *m*; tristesse *f*; consternation *f*; prostration *f*; **~ˌhalten** *v/t.* ⟨*irr., sép.*, -ge-, h⟩ tenir en bas; tenir baissé; *Aufstand etc.* réprimer; tenir en échec; **~ˌhauen** *v/t.* ⟨*irr., sép.*, -ge-, h⟩ abattre (à coups de bâton, de hache, *etc.*); **~ˌhocken** *v/réfl.* ⟨*sép.*, -ge-, h⟩ **sich ~** se blottir; s'accroupir; **~ˌholen** *v/t.* ⟨*sép.*, -ge-, h⟩ *Fahne* amener; baisser; descendre; **2ˌholz** *n* ⟨~es⟩ taillis *m*; **2ˌjagd** *f ch.* petite chasse; chasse *f* au menu gibier; **~ˌkämpfen** *v/t.* ⟨*sép.*, -ge-, h⟩ abattre; *milit. Gegner* anéantir; écraser; *feindl. Feuer* réduire au silence; contrebattre; *fig.* vaincre; dompter; réprimer; étouffer; **~ˌknallen** *v/t.* ⟨*sép.*, -ge-, h⟩ abattre, descendre à coups de fusil; **~ˌknien** *v/i.* ⟨*sép.*, -ge-, sein, *cf.* knien⟩ s'agenouiller; tomber, se mettre à genoux; **~ˌknüppeln** *v/t.* ⟨-(e)le, *sép.*, -ge-, h⟩ assommer à coups de matraque; **~ˌkommen** *v/i.* ⟨*irr., sép.*, -ge-, sein⟩ accoucher (mit de); **2ˌkunft** *f* ⟨~; ~e⟩ accouchement *m*; couches *f/pl.*; **2ˌlage** *f* **1.** *milit.* défaite *f*; déconfiture *f*; *pfort.* déroute *f* (*alle auch fig.*); **e-e ~ erleiden** subir, essuyer, éprouver une défaite, un revers; **e-e ~ beibringen** infliger une défaite; **2.** *comm.* (*Lager*) magasin *m*; dépôt *m*; entrepôt *m*; **3.** *comm.* (*Zweigniederlassung*) succursale *f*; filiale *f*; annexe *f*; **2ˌländer(in)** *m* ⟨~s; ~⟩ (*f*) ⟨~; ~nen⟩ Néerlandais, -e *m, f*; 'Hollandais, -e *m, f*; **~ˌländisch** *adj.* des Pays-Bas; néerlandais; 'hollandais; **die ~e Sprache, das 2e** la langue 'hollandaise, néerlandaise; le hollandais; le néerlandais; **~ˌlassen I** *v/t.* ⟨*irr., sép.*, -ge-, h⟩ (a)baisser; descendre; *mar.* affaler; amener; **II** *v/réfl.* **sich ~** descendre; se laisser glisser; (*sich setzen*) s'asseoir; prendre place; *Vögel* se poser; se percher; *geschäftlich* s'installer; s'établir; (*zum Wohnsitz nehmen*) *auch* élire domicile; se fixer; **F sich häuslich ~** s'installer confortablement; **2ˌlassung** *f* ⟨~; ~en⟩ (*das Sichniederlassen*) installation *f*; établissement *m*; (*Siedlung*) colonie *f*; *comm.* établissement *m*; comptoir *m*; succursale *f*; filiale *f*; *e-r Bank* agence *f*; **2lassungsˌfreiheit** *f* liberté *f* d'établissement; **2lassungsˌrecht** *n* droit *m* de s'établir; **~ˌlegen I** *v/t.* ⟨*sép.*, -ge-, h⟩ **1.** poser; déposer; poser par terre; **2.** *e-e Mauer* (*abreißen*) *cf.* **~reißen**; **3. sein Amt ~** résigner, quitter sa fonction; résilier ses fonctions; se démettre de sa charge; donner sa démission; démissionner; **die Krone ~** abdiquer; **die Arbeit ~** cesser le travail; F débrayer; (*streiken*) se mettre en grève; **die Waffen ~** mettre bas, déposer les armes; **4. etw. schriftlich ~** coucher, consigner, mettre qc. par écrit; **II** *v/réfl.* **sich ~** se coucher; se mettre au lit; **2ˌlegung** *f* ⟨~; ~en⟩ *e-s Kranzes etc.* dépôt *m*; *e-r Mauer* démolition *f*; *e-s Amtes* résiliation *f*; démission *f*; *der Krone* abdication *f*; *der Arbeit* arrêt *m*; F débrayage *m*; mise *f* bas; **~ˌmachen** *v/t.* ⟨*sép.*, -ge-, h⟩ *cf.* **~metzeln**.

nieder|mähen [ˈniːdərˌmɛːən] *v/t.* ⟨*sép.*, -ge-, h⟩ *milit.* (*reihenweise umlegen*) faucher; abattre; **~ˌmetzeln I** *v/t.* ⟨-(e)le, *sép.*, -ge-, h⟩ massacrer; abattre; faire périr; tuer; égorger; **II 2ˌmetzeln** *n* ⟨~s⟩ massacre *m*; tuerie *f*; carnage *m*; hécatombe *f*; F boucherie *f*; **2ˌösterreich** *n* la Basse-Autriche; **~ˌprasseln** *v/i.* ⟨-ßle *od.* -ssele, *sép.*, -ge-, sein⟩, **~ˌrauschen** *v/i.* ⟨*sép.*, -ge-, sein⟩ *Regen* ruisseler en bruissant; **~ˌreißen** *v/t.* ⟨*irr., sép.*, -ge-, h⟩ renverser; *Gebäude* (*abreißen*) démolir; abattre; raser; **~ˌreiten** *v/t.* ⟨*irr., sép.*, -ge-, h⟩ faire piétiner, fouler par son cheval; renverser avec son cheval; **2ˌrhein** *m géogr.* cours inférieur du Rhin; ~ˌ**rheinisch** *adj.* du cours inférieur du Rhin; ~ˌ**ringen** *v/t.* ⟨*irr., sép.*, -ge-, h⟩ terrasser; tomber; descendre; *Feind* vaincre; *fig.* dompter; vaincre; ~ˌ**säbeln** *v/t.* ⟨-(e)le, *sép.*, -ge-, h⟩ sabrer; 2ˌ**sachsen** *n* la Basse-Saxe; ~ˌ**schießen I** *v/t.* ⟨*irr., sép.*, -ge-, h⟩ abattre d'un coup de feu; fusiller; **II** *v/i.* ⟨sein⟩ s'abattre, fondre, se précipiter, foncer sur; 2ˌ**schlag** *m* **1.** *chim.* dépôt *m*; sédiment *m*; précipité *m*; **2.** *atmosphärischer* condensation *f* atmosphérique; précipitations *f/pl.* atmosphériques; chute *f* de pluie; ondée *f*; pluie *f*; neige *f*; **radioaktiver** ~ retombée radioactive; dépôt radioactif; **3.** *Boxsport* knock-out *m*; **4.** *fig.* s-n ~ finden in se manifester, se traduire, se refléter, s'exprimer dans; ~ˌ**schlagen I** *v/t.* ⟨*irr., sép.*, -ge-, h⟩ **1.** j-n ~ abattre, assommer, terrasser qn.; accabler qn. de coups; *Boxsport* mettre (son adversaire) knock-out, 'hors de combat; **2. die Augen** ~ baisser les yeux; **3.** *Aufstand etc.* réprimer; **4.** (*aufhören machen*) supprimer; *jur., ein Verfahren* classer; arrêter; **II** *v/réfl.* **sich** ~ **5.** *chim.* (se) déposer; se précipiter; **6.** *fig.* (*sichtbar werden*) *cf.* 2schlag 4.; ~**schlagsˌarm** *adj.* pauvre en eau; peu pluvieux, -euse; *pfort.* sec, sèche; ~**schlagsˌfrei** *adj.* sans pluie; sans précipitations; 2**schlagsˌmenge** *f* quantité *f* d'eau tombée; 2**schlagsˌmesser** *m* ⟨~s; ~⟩ pluviomètre *m*; ~**schlagsˌreich** *adj.* pluvieux, -euse; 2ˌ**schlagung** *f* ⟨~⟩ *e-s Aufstands* répression *f*; écrasement *m*; *jur., e-s Verfahrens* non-lieu *m*; 2ˌ**schlesien** *n* la Basse-Silésie; ~ˌ**schmettern** *v/t.* ⟨-(e)re, *sép.*, -ge-, h⟩ **1.** fracasser en jetant à terre; *Person* terrasser; **2.** *fig.* accabler; affliger; *pfort.* bouleverser; terrasser; foudroyer; ~ˌ**schmetternd** *adjt.* bouleversant; foudroyant; ~ˌ**schreiben** *v/t.* ⟨*irr., sép.*, -ge-, h⟩ coucher, consigner, mettre par écrit; écrire; ~ˌ**schreien** *v/t.* ⟨*irr., sép.*, -ge-, h⟩ couvrir (la voix d'un orateur) par des vociférations, des 'huées, *etc.*; 2ˌ**schrift** *f* consignation *f* par écrit; (*Geschriebenes*) manuscrit *m*; exposé *m*; texte *m*; *in der Schule* rédaction *f*; ~ˌ**setzen I** *v/t.* ⟨-(es)t, *sép.*, -ge-, h⟩ (dé)poser; mettre par *od.* à terre; **II** *v/réfl.* **sich** ~ s'asseoir; *Vögel* se poser; se percher; ~ˌ**sinken** *v/i.* ⟨*irr., sép.*, -ge-, sein⟩ descendre lentement; *vor Schwäche* (*zusammenbrechen*) s'affaisser; se laisser tomber; s'affaler; s'effondrer; tomber comme une masse; 2ˌ**spannung** *f élect.* basse tension; 2ˌ**spannungs...** *in Zssgn.* à basse tension; ~ˌ**stampfen** *v/t.* ⟨*sép.*, -ge-, h⟩ piétiner; fouler aux pieds; ~ˌ**stechen** *v/t.* ⟨*irr., sép.*, -ge-, h⟩ tuer d'un coup d'épée, de couteau; *mit e-m Dolch* poignarder; ~ˌ**steigen** *v/i.* ⟨*irr., sép.*, -ge-, sein⟩ descendre; ~ˌ**stimmen** *v/t.* ⟨*sép.*, -ge-, h⟩ *im Parlament* mettre en minorité; ~ˌ**stoßen I** *v/t.* ⟨*irr., sép.*, -ge-, h⟩ renverser; **II** *v/i.* ⟨sein⟩ se précipiter (**auf etw.** sur qc.); fondre (sur); ~ˌ**strecken** *v/t.* ⟨*sép.*, -ge-, h⟩ *durch Schuß* abattre, tuer d'un coup de feu; P descendre; *durch Faustschlag* étendre (par terre); abattre; ~ˌ**stürzen** *v/i.* ⟨-(es)t, *sép.*, -ge-, sein⟩ tomber (avec violence); s'abattre; se précipiter; ~ˌ**tourig** *adj. mot.* à bas régime; 2ˌ**tracht** *f* ⟨~⟩ *cf.* 2trächtigkeit; ~ˌ**trächtig** *adj.* bas, -sse; vil; méprisable; abject; infâme; 2ˌ**trächtigkeit** *f* ⟨~; ~en⟩ bassesse *f*; vilenie *f*; abjection *f*; infamie *f*; ~ˌ**treten** *v/t.* ⟨*irr., sép.*, -ge-, h⟩ **1.** *cf.* ~stampfen; **2. s-e Hausschuhe hinten** ~ mettre ses chaussons en pantoufles; 2ˌ**treter** *m/pl.* *etwa* pantoufles *f/pl.* de voyage; espadrilles *f/pl.*; savates *f/pl.*

Niederung ['niːdəˌrʊŋ] *f* ⟨~; ~en⟩ terrain bas; bas-fond *m*; creux *m*.

Nieder|wald ['niːdərˌvalt] *m* taillis *m*; 2ˌ**wärts** *adv.* vers le bas; 2ˌ**werfen I** *v/t.* ⟨*irr., sép.*, -ge-, h⟩ renverser; *Gegner* terrasser; abattre; jeter (à) bas; *fig.* (*besiegen*) vaincre; défaire; *Aufstand* écraser; réprimer; **von e-r Krankheit niedergeworfen werden** s'aliter; **II** *v/réfl.* **sich** ~ se jeter à terre; se plaquer au sol; **sich vor j-m** ~ se jeter aux pieds de qn.; se prosterner devant qn.; ~ˌ**werfung** *f* ⟨~⟩ (*Besiegung*) défaite *f*; *e-s Aufstands* écrasement *m*; répression *f*; ~ˌ**wild** *n ch.* petit, menu gibier.

niedlich ['niːtlɪç] *adj.* gentil, -lle; mignon, -nne; (*hübsch*) joli; (*zierlich*) gracieux, -euse; coquet, -tte; 2ˌ**keit** *f* ⟨~⟩ gentillesse *f*; joliesse *f*; grâce *f*.

Niednagel ['niːtˌnaːgəl] *m méd.* envie *f*.

niedrig ['niːdrɪç] **1.** *adj.* bas, -sse; peu élevé; *vom Stand auch* inférieur; humble; obscur; *Gesinnung* (*gemein*) vil; trivial; vulgaire; abject; *Preis* bas, -sse; modéré; modique; **e-e** ~**e Stirn** un front bas; ~**e Absätze** talons bas; ~**e Zahl** petit nombre; **von** ~**em Stande** de basse condition; de condition inférieure; **von** ~**er Herkunft** d'humble origine; de basse extraction; ~**e Preise berechnen, stellen** faire des prix modérés; **zum** ~**sten Preis** au plus juste prix; au prix le plus bas, minimum; *fig.* **hoch u.** ~ tout le monde; **2.** *adv.* **mit dem Kopf** ~ **liegen** avoir la tête basse; ~**er hängen, setzen, stellen, machen** descendre; abaisser; mettre plus bas; ~ **spielen** jouer petit jeu; ~ **ausspielen** jouer une basse carte; ~ **sitzen** être assis bas; ~ **fliegen** voler bas; **von j-m** ~ **denken** avoir une très mauvaise opinion de qn.; **die Verbraucherpreise** ~ **halten** maintenir les prix à la consommation à un niveau acceptable; 2ˌ**keit** *f* ⟨~⟩ bassesse *f* (*auch der Gesinnung*); *des Preises* modicité *f*; petitesse *f*; 2ˌ**wasser** *n* ⟨~s⟩ marée basse; régime *m* de basses eaux.

niemals ['niːmaːls] *adv. cf.* nie.

niemand ['niːmant] *pr/ind.* ⟨*gén.* ~(e)s, *dat.* ~(em), *acc.* ~(en)⟩ *als Subjekt* personne, aucun (*mit* ne *beim Verbum*); *bes. in sprichwörtlichen Redensarten* nul (*mit* ne *beim Verbum*); *als Objekt* ne ... personne; **ich sehe** ~ je ne vois personne; **es ist** ~ **da** il n'y a personne; *bei Versteigerungen* ~ **mehr?** personne ne dit rien?; *bisw. ohne* ne: ~ **anders** personne d'autre; nul autre; ~ **mehr** plus personne; ~ **Fremdes** personne d'étranger; ~ **(anders) als er** ... il n'y a que lui qui ...; ~ **da?** holà, quelqu'un!; il n'y a personne?; y a-t-il quelqu'un?; n'y a-t-il personne ici?; 2**sˌland** *n* ⟨~(e)s⟩ no man's land *m*; zone *f* neutre, inoccupée; terrain inoccupé.

Niere ['niːrə] *f* ⟨~; ~n⟩ **1.** *anat.* rein *m*; F *fig.* **das geht mir an die** ~**n** *etwa* cela me touche au vif; F *fig.* **auf Herz u.** ~**n prüfen** observer, étudier de près; soumettre à un examen minutieux; F examiner sur toutes les coutures; **2.** *mines, cuis.* rognon *m*; ~**nˌbecken** *n anat.* bassinet *m* (des reins); ~**nˌbeckenentˌzündung** *f méd.* pyélite *f*; ~**nˌbraten** *m cuis.* longe *f* de veau; ~**nentˌzündung** *f méd. sc.* néphrite *f*; ~**nˌfett** *n anat.* graisse *f* qui entoure les reins; *Fleischerei* graisse *f* de rognon; 2**nˌförmig** *adj.* qui a la forme du rein; *sc.* réniforme; ~**er Tisch** table 'haricot, rognon; ~**nˌgegend** *f* région rénale; ~**nˌgrieß** *m méd.* sable *m*; gravelle *f*; ~**nkarˌtoffel** *f* pomme *f* de terre en 'haricot; ~**nkoˌlik** *f méd.* colique *f* néphrétique; 2**nˌkrank** *adj.* **er ist** ~ il souffre des reins; ~**nˌkranke(r)** *f* (*m*) *sc.* néphrétique *m, f*; ~**nˌkrankheit** *f*, ~**nˌleiden** *n méd.* maladie *f* des reins; *sc.* néphrite *f*; ~**nˌschale** *f méd.* 'haricot *m*; ~**nˌschlag** *m Boxen* coup *m* dans les reins; ~**nˌschwund** *m méd.* atrophie rénale; ~**nˌstein** *m méd.* calcul rénal; ~**nˌstück** *n Fleischerei* rognon *m* (de veau).

nierig ['niːrɪç] *adj. minéral.* en rognons.

niesel|n ['niːzəln] **I** *v/imp.* ⟨-(e)le, h⟩ bruiner; **II** 2**n** *n* ⟨~s⟩, 2ˌ**regen** *m* bruine *f*; brouillasse *f*.

nies|en ['niːzən] **I** *v/t.* ⟨-(es)t, h⟩ F *fig.* **ich werde ihm etw.** ~ F il peut toujours courir; il peut se brosser, se fouiller; **II** *v/i.* éternuer; **III** 2**en** *n* ⟨~s⟩ éternuement *od.* éternûment *m*; *sc.* sternutation *f*; 2ˌ**pulver** *n* poudre *f* sternutatoire, à éternuer.

Nießbrauch ['niːsbraux] *m* ⟨~(e)s⟩ usufruit *m*; ~**er(in)** *m* ⟨~s; ~⟩ (*f*) ⟨~; ~nen⟩ usufruitier, -ère *m, f*.

Nieswurz ['niːsvʊrts] *f* ⟨~; ~en⟩ *bot.* ellébore *m*.

Niet [niːt] *m* ⟨~(e)s; ~e⟩ *techn.* rivet *m*; ~ˌ**bolzen** *m* boulon rivé; ~ˌ**döpper** *m techn.* bouterolle *f*.

Niete ['niːtə] *f* ⟨~; ~n⟩ **1.** *Lotterie* billet perdant, non gagnant; F mauvais numéro; **2.** *fig.* (*Reinfall*) F navet *m*; **3.** *fig. Person* (*Versager*) nullité *f*; zéro *m*; fruit sec; **4.** *techn. cf.* **Niet.**

Niet|eisen ['niːtˌʔaɪzən] *n techn.* fer *m* à rivets; 2**en** *v/t.* ⟨-ete, h⟩ *techn.* river; riveter; ~**er** *m* ⟨~s; ~⟩ *techn.* riveur *m*; ~ˌ**hammer** *m techn.* rivoir *m*; marteau rivoir; ~**kopf** *m techn.* tête *f* de rivet; ~**maˌschine** *f techn.* rivoir *m*; rivoire *f*; riveuse *f*; ~ˌ**nagel** *m techn.* clou rivé; rivet *m*; 2- **und** 'nagelˌ**fest** *adj. cf.* nagelfest; ~**ung** *f* ⟨~⟩ **1.** *als Handlung* rivetage *m*; **2.** ⟨*pl.* ~en⟩ (*Genietetes*) rivure *f*; ~**verˌbindung** *f* assemblage *m* par rivet; rivetage *m*; ~ˌ**zange** *f techn.* pince *f* à rivets.

Nigger ['nɪgər] *m* ⟨~s; ~⟩ *péj.* (*Neger*) F négro *m*; *cf. auch* **Neger.**

Nihil|ismus [nihiˈlɪsmʊs] *m* ⟨~⟩ *philos.* nihilisme *m*; ~**ist(in)** *m* ⟨~en; ~en⟩ (*f*) ⟨~; ~nen⟩ nihiliste *m, f*; 2**istisch** *adj.* nihiliste.

Nikotin [nikoˈtiːn] *n* ⟨~s⟩ *chim.* nicotine *f*; 2ˌ**arm** *adj.* qui contient peu de, pauvre en nicotine; 2ˌ**frei** *adj.* exempt de, sans nicotine; dénicotinisé; ~ **machen** dénicotiniser; ~**geˌhalt** *m* teneur *f* en nicotine; 2ˌ**haltig** *adj.* nicotineux, -euse; nicoti(ni)sé; ~ˌ**säure** *f chim.* acide *m* nicotinique; ~**verˌgiftung** *f* intoxication *f* par la nicotine; nicotinisme *m*; tabagisme *m*.

Nil|delta ['niːlˌdɛlta] *n géogr.* delta *m* du Nil; ~**pferd** *n zo.* hippopotame *m*.

Nimbus ['nɪmbʊs] *m* ⟨~; ~se⟩ nimbe *m*; auréole *f* (*auch fig.*); *fig.* prestige *m*; **s-n** ~ **einbüßen** perdre son auréole, son prestige; **mit e-m** ~ **umgeben** entourer, parer d'une auréole.

nimm [nɪm] *cf.* **nehmen.**

nimmer ['nɪmər] *adv.* **nie u.** ~ *cf.* **nie**; 2**leinsˌtag** *m* F *iron.* semaine *f* des quatre jeudis; **das bekommst du am** ~ tu l'auras à la saint-glinglin, à Pâques ou à la Trinité; **etw. auf den** ~ **ver-**

schieben renvoyer qc. aux calendes grecques; **~ˌmehr** *adv.* F nun u. ~ en aucune façon; F au grand jamais; **~'müde** *adj.* infatigable; **~ˌsatt I** *adj.* insatiable; glouton, -nne; bâfreur, -euse; **II 2ˌsatt** *m* ⟨~ *od.* ~(e)s; ~e⟩ insatiable *m*; glouton *m*; bâfreur *m*; Gargantua *m*; **2'wiedersehen** *n* F auf ~! adieu pour jamais, pour toujours!; **auf ~ verschwinden** quitter sans espoir, sans espoir de retour.

Nippel [ˈnɪpəl] *m* ⟨~s; ~⟩ *techn.* raccord fileté, à vis; (*Schmier2*) graisseur *m*.

nippen [ˈnɪpən] *v/i.* ⟨h⟩ boire à petits coups (von etw. qc.); F siroter (qc.); *abs.* buvoter.

Nipp|es [ˈnɪpəs] *pl.*, **~ˌsachen** *f/pl.* bibelots *m/pl.*; colifichets *m/pl.*; fanfreluches *f/pl.*; F brimborions *m/pl.*

nirgend|s [ˈnɪrgənts], **~(s)wo** *adv.* nulle part; en aucun lieu (*beide mit* ne *beim Verbum*); **sonst nirgends** nulle part ailleurs.

Nische [ˈnɪʃə, ˈniː-] *f* ⟨~; ~n⟩ *bât.* niche *f*.

Niß [nɪs] *f* ⟨~; Nisse⟩ *cf.* Nisse.

Niss|e [ˈnɪsə] *f* ⟨~; ~n⟩ *zo.* lente *f*; **~enˌhütte** *f* baraque *f* en tôle ondulée, de secours; **2ig** *adj.* couvert de lentes.

nist|en [ˈnɪstən] **I** *v/i.* ⟨-ete, h⟩ nicher; faire son nid; nidifier; *Raubvögel* airer; **II 2en** *n* ⟨~s⟩ construction *f* du nid; nidification *f*; **2ˌkasten** *m* nichoir *m*.

Nitrat [niˈtrɑːt] *n* ⟨~(e)s; ~e⟩ *chim.* nitrate *m*.

Nitrier|anlage [niˈtriːrˌʔanlɑːgə] *f* *métall.* installation *f* de nitruration; **~appaˌrat** *m chim.* appareil *m* de nitrification; **2en** *v/t.* ⟨*pas de ge-*, h⟩ nitrer; nitrurer; **~ˌhärtung** *f métall.* (trempe *f* par) nitruration *f*; **~ˌstahl** *m* *métall.* acier nitruré; **~ung** *f* ⟨~⟩ *chim.* nitrification *f*; *métall.* nitruration *f*.

Nitrifi|kation [niˑtriˑfiˑkatsiˈoːn] *f* ⟨~⟩ *chim.* nitrification *f*; **2'zieren** *v/t.* ⟨*pas de ge-*, h⟩ *chim.* nitrifier; **~'zierung** *f* ⟨~⟩ *cf.* **~kation**.

Nitrit [niˈtriːt, -ˈtrɪt] *n* ⟨~s; ~e⟩ *chim.* nitrite *m*.

Nitro|benzol [niˑtroˑbɛnˈtsoːl] *n chim.* nitrobenzène *m*; **~ben'zolˌsäure** *f* *chim.* acide *m* nitrobenzoïque; **~'genium** *n* ⟨~s⟩ *chim.* azote *m*; **~glyze'rin** *n chim.* nitroglycérine *f*; **~ˌlack** [ˈniː-] *m* laque *f* cellulosique; **~ˌsprengstoff** [ˈniː-] *m* explosif *m* à la nitroglycérine; **~tolu'ol** *n chim.* nitrotoluène *m*; **~zellu'lose** *f chim.* nitrocellulose *f*.

Niveau [niˈvoː] *n* ⟨~s; ~s⟩ niveau *m*; **auf hohem geistigem ~** d'un 'haut niveau intellectuel; **mit etw. auf gleichem ~** de niveau avec qc.; au niveau de qc.; **~ haben** avoir un certain niveau; **~ˌlinien** *f/pl. auf e-r Karte* courbes *f/pl.* de niveau; **2ˌlos** *adj.* sans niveau, valeur; **~ˌübergang** *m chem.* passage *m* à niveau.

nivellier|en [niˑvɛˈliːrən] *v/t.* ⟨*pas de ge-*, h⟩ *arp.* niveler; (*einebnen*) aplanir; **2geˌrät** *n*, **2instruˌment** *n arp.* niveau *m*; **2ˌlatte** *f arp.* mire *f*; **2ung** *f* ⟨~⟩ nivellement *m*; **2ˌwaage** *f* niveau *m* à bulle d'air.

nix [nɪks] F *für* **nichts**.

Nix [nɪks] *m* ⟨~es; ~e⟩ ondin *m*; esprit *m* des eaux; **~e** *f* ⟨~; ~n⟩ ondine *f*; déesse *f*, divinité *f* de la mer; sirène *f*; nymphe *f*; naïade *f*; nixe *f*.

nobel [ˈnoːbəl] **1.** *adj.* ⟨-bl-⟩ noble; F (*freigebig*) généreux, -euse; libéral; **2.** *adv.* généreusement; libéralement; avec libéralité; avec munificence.

Nobelpreis [nɔˈbɛlˌprais] *m* prix *m* Nobel; **~ˌträger** *m* lauréat *m* du prix Nobel; F Prix *m* Nobel.

noch [nɔx] **I** *adv.* encore; **~ nicht** (ne ...) pas encore; **sind Sie immer ~ krank?** êtes-vous encore malade?; êtes-vous toujours malade?; **~ einmal**, F **~ mal** encore (une fois); **~ einmal soviel** le double; deux fois autant; **~ (ein)mal so breit** deux fois plus large; **heute ~**, **~ heute** aujourd'hui même, encore; **~ am Tage s-r Ankunft** le jour même de son arrivée; **~ in s-n letzten Tagen** peu avant sa mort, de mourir; **er hat ~ Gefühl, aber sein Bruder ...** lui, du moins, sent les choses, mais son frère ...; **kaum ~** à peine; **er kommt ~** il va venir; il nous rejoindra; **er wird ~ krank werden, wenn er ...** il finira par tomber malade, s'il ...; **~ vor Tagesanbruch** encore avant l'aurore; **zwölf od. ~ mehr** douze ou même plus; **er ist ~ lange nicht so reich wie sein Bruder** il s'en faut de beaucoup qu'il soit aussi riche que son frère; il est loin d'être aussi riche que son frère; **das fehlte gerade ~** il ne manqu(er)ait plus que cela; **was ~ mehr ist** qui plus est; **~ obendrein** de plus; **~ dazu** en outre; **weil er mein Nachbar ist, ist er ~ nicht mein Freund** pour être mon voisin, il n'est pas mon ami; **~ ehe avant** même que ... (+ *subj.*); **heute abend ~** dès ce soir; **das kommt ~** cela finira bien par arriver, se produire; **es sind nur ~ fünf Minuten** il n'y a que cinq minutes; **~ lange nicht** (ne ...) pas avant longtemps; **~ nie** (ne ...) jamais encore; **nur ~ wenige Tage** (ne ...) plus que quelques jours; **jede ~ so kleine Freude** toute joie quelque (*od.* si) petite qu'elle soit; **wäre er auch ~ so reich** fût-il cent fois plus riche; **man kann ~ so vorsichtig sein ...** on a beau être prudent ...; **wäre er ~ so reich, er könnte das Glück nicht kaufen** quelque (*od.* si) riche qu'il soit, il ne peut pas acheter le bonheur; **~ stärker**, **~ schlimmer**, **~ mehr** de plus belle; F **er hat Geld ~ u. ~** il a de l'argent tant et plus; **II** *conj.* **weder ... ~ ...** ni ... ni ...; **wir sind weder reich ~ arm** nous ne sommes ni riches ni pauvres; **2geˌschäft** *n Börse* marché *m* à option; **~ˌmalig** *adj.* réitéré; répété; nouveau (nouvel), nouvelle; **nach ~er Durchsicht** après un nouvel examen; **bei ~er Überlegung** après nouvelle réflexion; **~mals** *adv.* encore (une fois); de nouveau; F encore un coup; *oft durch die Vorsilbe* re- *ausgedrückt, par ex.* **~ schreiben** récrire; recopier; F **~ guten Tag!** F rebonjour!

Nock [nɔk] *n* ⟨~(e)s; ~e⟩ *mar.* bout *m* de vergue.

Nocken [ˈnɔkən] *m* ⟨~s; ~⟩ *techn.* came *f*; **~...** *in Zssgn.* à came; **~ˌwelle** *f techn.* arbre *m* à cames.

Nocturne [nɔkˈtʏrn] *f* ⟨~; ~s⟩, **Nokturne** *f* ⟨~; ~n⟩ *mus.* nocturne *m*.

nolens volens [ˈnoːlɛnsˈvoːlɛns] *advt. gebraucht* bon gré mal gré; de gré ou de force.

Nomad|e [noˈmɑːdə] *m* ⟨~n; ~n⟩ nomade *m*; **2enˌhaft** *adj.* nomade; **~enˌleben** *n* ⟨~s⟩ vie *f* nomade; **~enˌstämme** *m/pl.* tribus *f/pl.* nomades; **~enˌtum** *n* ⟨~(e)s⟩ nomadisme *m*; *cf. auch* **~enleben**; **~enˌvolk** *n* peuple *m* nomade; **2isch** *adj.* nomade; **2i'sieren** *v/i.* ⟨*pas de ge-*, h⟩ mener une vie de nomade.

Nomen [ˈnoːmɛn] *n* ⟨~s; -mina⟩ *gr.* nom *m*; substantif *m*; (*Adjektiv*) adjectif *m*.

Nomenklatur [noˑmɛnklaˈtuːr] *f* ⟨~; ~en⟩ nomenclature *f*.

Nomina [ˈnoːmiˑna] *pl. von* **Nomen**.

nominal [noˑmiˑˈnɑːl] *adj.* nominal; **2beˌtrag** *m* montant (valeur) nominal(e); **2ismus** [-ˈlɪs-] *m* ⟨~⟩ *philos.* nominalisme *m*; **2ist** [-ˈlɪst] *m* ⟨~en; ~en⟩ *philos.* nominaliste *m*; **~istisch** [-ˈlɪs-] *adj. philos.* nominaliste; **2ˌlohn** *m* salaire nominal; **2ˌwert** *m* valeur nominale.

Nominativ [ˈnoːmiˑnaˌtiːf] *m* ⟨~s; ~e⟩ *gr.* nominatif *m*; cas *m* sujet.

nominell [noˑmiˑˈnɛl] *adj.* nominal; de nom.

nominier|en [noˑmiˑˈniːrən] *v/t.* ⟨*pas de ge-*, h⟩ nommer; désigner; **2ung** *f* ⟨~; ~en⟩ nomination *f*; désignation *f*; *pol.* investiture *f*.

Nomo|gramm [noˑmoˑˈgram] *n* ⟨~s; ~e⟩ nomogramme *m*; **~gra'phie** *f* ⟨~⟩ nomographie *f*.

None [ˈnoːnə] *f* ⟨~; ~n⟩ *égl. cath.* none *f*; *mus.* neuvième *f*.

Nonius [ˈnoːniˑʊs] *m* ⟨~; -ien *od.* ~se⟩ *techn.* vernier *m*; **~ˌteilung** *f techn.* graduation *f*, division *f* de vernier.

Nonkonformis|mus [ˈnɔnkɔnfɔrˈmɪsmʊs, ˌnoːn-] *m* non-conformisme *m*; **~t** *m* non-conformiste *m*; **2tisch** *adj.* non-conformiste.

Nonne [ˈnɔnə] *f* ⟨~; ~n⟩ **1.** *égl. cath.* religieuse *f*; P frangine *f* (cornette); cornette *f*; *mit Ordensbezeichnung* Fille *f*; sœur *f*; **~ werden** entrer en religion; prendre le voile; **2.** *zo. Vogel* nonnette *f*; *Nachtschmetterling* moine *m*; **~nˌkloster** *n* couvent *m* de femmes.

Nonpareille [nõpaˈrɛːj] *f* ⟨~⟩ *impr.* caractère *m* de six points; (corps *m*) six *m*.

Nonplusultra [nɔnplusˈʔʊltra] *n* ⟨~⟩ nec plus ultra *m*.

Nonsens [ˈnɔnzɛns] *m* ⟨~ *od.* ~es⟩ non-sens *m*.

Nonstopflug [nɔnˈʃtɔpʔfluːk] *m aviat.* vol *m* sans escale.

Nopp|e [ˈnɔpə] *f* ⟨~; ~n⟩ *text.* nope *f*; **~ˌeisen** *n text.* épincette *f*; **2en I** *v/t.* ⟨h⟩ noper; épincer; épinceler; épinceter; **II ~en** *n* ⟨~s⟩ *text.* nopage *m*; épinçage *od.* épincelage *od.* épincetage *m*; **~enˌstoff** *m* étoffe nopée; **~enˌzange** *f* épincettes *f/pl.*

Nord [nɔrt] *m* (*abr.* N) **1.** nord *m* (*abr.* N.); septentrion *m*; **2.** (*~wind*) ⟨~(e)s; ~e⟩ vent *m* du nord; bise *f*; *cf. auch* **Nordwind**; **~ˌabhang** *m e-s Gebirges* versant *m* nord; **~'afrika** *n* l'Afrique *f* du Nord; **~afri'kaner(in)** *m* (*f*) Nord-Africain, -e *m, f*; **2afri'kanisch** *adj.* nord-africain; **~a'merika** *n* l'Amérique *f* du Nord; **~ameri'kaner(in)** *m* (*f*) Américain, -e *m, f* du Nord; **2ameri'kanisch** *adj.* de l'Amérique du Nord; **~atˌlantik** *m* Atlantique *m* Nord; **~at'lantikˌpakt** *m* ⟨~(e)s⟩ Pacte *m*, Traité *m* de l'Atlantique Nord; **~at'lantikˌpaktorganisatiˌon** *f* (*abr.* NATO) Organisation *f* du Traité de l'Atlantique Nord (O.T.A.N.); **~ˌbahnhof** *m* gare *f* du Nord; **2deutsch** *adj.* de l'Allemagne du Nord; **~ˌdeutsche(r)** *f* (*m*) Allemand, -e *m, f* du Nord; **~ˌdeutschland** *n* l'Allemagne *f* du Nord; **~en** *m* ⟨~s⟩ nord *m*; **der Wind bläst von ~** le vent est au nord; *Wind* **nach ~ drehen** *mar.* nordir; tourner au nord; **gen** *od.* **nach ~** vers le nord; du côté du nord; **im ~ von ...** au nord de ...; **der hohe ~** le Grand Nord; **~eu'ropa** *n* l'Europe septentrionale; **2euro'päisch** *adj.* de l'Europe septentrionale; **2isch** *adj.* nordique; scandinave; *Rasse* nordique; *Sprache* nordique; (*alt*~) norois; **das** 2**e** le norois *od.* norrois; ~**kap** *n* cap *m* Nord; ~**-ko'rea** *n* la Corée du Nord; ~**kore'a-ner(in)** *m* (*f*) Nord-Coréen, -nne *m, f*; 2**kore'anisch** *adj.* nord-coréen, -nne; ~ˌ**küste** *f* côte septentrionale; ~ˌ**länder(in)** *m* ⟨~s; ~⟩ (*f*) ⟨~; ~nen⟩ habitant, -e *m, f* (d'un pays) du Nord; ~**landˌfahrt** *f*, ~**landˌreise** *f* voyage *m* aux terres boréales.

nördlich ['nœrtlıç] **1.** *adj.* du nord; septentrional; boréal; arctique; ~**e** Halbkugel hémisphère *m* Nord; 2**es** Eismeer océan Glacial Arctique; mer *f* Arctique; **2.** *adv.* au nord; ~ **von** au nord de.

Nord|licht ['nɔrtlıçt] *n* ⟨~(e)s; ~er⟩ aurore boréale; ~**meer** *n géogr.* mer *f* Arctique; ~**nord'ost** *m* (*abr.* NNO) **1.** *Himmelsrichtung* nord-nord-est *m* (*abr.* N.N.E.); **2.** *Wind* (vent *m* du) nord-nord-est *m*; ~**nord'osten** *m cf.* ~nordost 1.; ~**nord'west** *m* (*abr.* NNW) **1.** *Himmelsrichtung* nord-nord-ouest *m* (*abr.* N.N.O.); **2.** *Wind* (vent *m* du) nord-nord-ouest *m*; ~**nord'westen** *m cf.* ~nordwest 1.; ~**'ost** *m* (*abr.* NO) **1.** *Himmelsrichtung* nord-est *m* (*abr.* N.E.); **2.** *Wind* (vent *m* du) nord-est *m*; ~**'osten** *m cf.* ~ost 1.; 2**'östlich** *adj.* du nord-est; situé au nord-est; ~**'ostwind** *m cf.* ~ost 2.; ~**pol** *m* ⟨~s⟩ pôle *m* Nord; pôle boréal, arctique; ~**poˌlargeˌbiet** *n* terres *f/pl.* arctiques; ~**poˌlarˌkreis** *m* cercle *m* polaire arctique; ~**poˌlar-ˌmeer** *n* océan Glacial Arctique; ~**-polexpeditiˌon** *f* expédition *f* au pôle Nord; ~**polˌfahrer** *m* explorateur *m* du pôle Nord; ~**see** *f* ⟨~⟩ mer *f* du Nord; ~ˌ**seite** *f* côté *m* (du) nord; nord *m*; partie septentrionale, nord; *e-s Gebirges* versant *m* nord; 2**wärts** *adv.* vers le nord; du côté (du) nord; ~**'west** *m* (*abr.* NW) **1.** nord-ouest *m* (*abr.* N.O.); **2.** (~*wind*) (vent *m* du) nord-ouest *m*; *mar.* norois *od.* noroît *m*; ~**'westen** *m cf.* ~west 1.; 2**'westlich** *adj.* (du *od.* au) nord-ouest; ~**'westwind** *m cf.* ~west 2.; ~**wind** *m* vent *m* du nord; bise *f*; *bes. im Mittelmeer* mistral *m*; tramontane *f*; *poét.* aquilon *m*.

Nörgelei [ˌnœrgə'laı] *f* ⟨~; ~en⟩ ergoterie *f*; ergotage *od.* ergotement *m*; critiques importunes et incessantes; F *péj.* criticaillerie *f*; *cf. auch* meckern II, 6.

Nörg|elfritze ['nœrgəlˌfrıtsə] F *m* ⟨~n; ~n⟩ *cf.* ~**ler**; 2**eln** *v/i.* ⟨-(e)le, h⟩ ergoter; chicaner; disputailler; chinoiser; ratiociner; trouver à redire à tout; F chercher la petite bête; P pinailler; *cf. auch* meckern I, 3.; ~**ler (-in)** *m* ⟨~s; ~⟩ (*f*) ⟨~; ~nen⟩ ergoteur, -euse *m, f*; grincheux, -euse *m, f*; pointilleux, -euse *m, f*; chicanier, -ère *m, f*; P pinailleur, -euse *m, f*; *cf. auch* Meckerer; 2**lig** *adj.* ergoteur, -euse; chicanier, -ère; qui trouve à redire à toutes choses; grincheux, -euse; pointilleux, -euse; pénible; épineux, -euse.

Norm [nɔrm] *f* ⟨~; ~en⟩ **1.** (*Richtschnur*) norme *f*; règle *f*; loi *f*; (*Standard*) standard *m*; étalon *m*; **als** ~ **gelten** faire autorité; **2.** *techn.* norme *f*; standard *m*; **3.** *impr.* signature *f*.

normal [nɔr'ma:l] *adj.* normal; (*üblich*) régulier, -ère; (*gewöhnlich*) ordinaire; de régime; **unter** ~**en Verhältnissen** dans des circonstances, conditions normales; normalement; *comm.* **in** ~**er Ausführung** de modèle normal, courant, standard; *fig.* **er ist nicht ganz** ~ F il a un grain, le timbre fêlé; il est piqué, timbré, P cinglé; 2ˌ**ar-beitsˌtag** *m* journée (de travail) normale; 2ˌ**ausführung** *f comm.* modèle *m*, type *m* standard; **in** ~ de série; 2ˌ**ausstattung** *f* équipement normal; 2**beˌdingungen** *f/pl.* conditions normales; 2**beˌlastung** *f* charge normale; 2**e** *f* ⟨~; ~n⟩ *Geometrie* normale *f*; ~**er'weise** *adv.* normalement; dans des conditions normales, habituelles; 2ˌ**fall** *m* cas normal; **im** ~ normalement; 2**forˌmat** *n* format *m* normal, standard; dimension normale; 2**fre-ˌquenz** *f* fréquence *f* étalon; 2**ge-ˌschwindigkeit** *f* vitesse normale; 2**geˌwicht** *n* poids normal; 2ˌ**größe** *f* taille normale; ~**i'sieren I** *v/t.* ⟨*pas de ge-*, h⟩ normaliser; standardiser; unifier; **II** *v/réfl.* **sich** ~ se normaliser; revenir à la normale; 2**i'sierung** *f* ⟨~⟩ normalisation *f*; standardisation *f*; unification *f*; 2ˌ**kurs** *m* cours, taux normal; 2ˌ**länge** *f* longueur normale, type; 2ˌ**lehre** *f techn.* jauge *f* étalon; calibre *m* étalon; 2ˌ**leistung** *f élect.* puissance normale; 2ˌ**maß** *n* (mesure *f*) étalon *m*; 2ˌ**null** *n* niveau moyen de la mer; 2ˌ**preis** *m* prix normal, standard; 2ˌ**spannung** *f élect.* tension *f* de régime; 2**spielˌplatte** *f* disque *m* 78 tours; 2ˌ**spur** *f chem.* voie normale; ~ˌ**spurig** *adj. chem.* à voie normale; 2ˌ**uhr** *f* **1.** (*Hauptuhr*) horloge régulatrice, centrale; **2.** *auf Straßen u. Plätzen* horloge *f*; 2**verˌbrauch** *m* consommation normale; 2**verˌbrau-cher** *m* consommateur normal, ordinaire; 2ˌ**wert** *m* valeur *f* standard; 2-ˌ**widerstand** *m élect.* résistance *f* étalon; 2ˌ**zeit** *f* heure légale; 2ˌ**zustand** *m* état normal; 2ˌ**zuteilung** *f* ration normale, standard.

Normann|e [nɔr'manə] *m* ⟨~n; ~n⟩, ~**in** *f* ⟨~; ~nen⟩ Normand, -e *m, f*; 2**isch** *adj.* des Normands; normanique; 2**e Inseln** îles Anglo-Normandes.

normativ [nɔrma'ti:f] *adj.* normatif, -ive; 2**beˌstimmung** *f* réglementation *f*.

Norm|blatt ['nɔrmblat] *n* (feuille *f* de) normes *f/pl.*; tableau *m* de normalisation; 2**en** *v/t.* ⟨h⟩ normaliser; standardiser; uniformiser; unifier; ~**en-ˌausschuß** *m* comité *m* de normalisation, d'unification, de standardisation; **Französischer** ~ Association Française de Normalisation (*abr.* AFNOR); ~**enkonˌtrolle** *f* contrôle *m* des normes; 2**entˌsprechend** *adjt.* standard.

normier|en [nɔr'mi:rən] *v/t.* ⟨*pas de ge-*, h⟩ *cf.* normen; 2**ung** *f* ⟨~; ~en⟩ *cf.* Normung; 2**ungsˌausschuß** *m bei internationalen Gremien* comité *m* des désignations.

Normung ['nɔrmuŋ] *f* ⟨~; ~en⟩ normalisation *f*; standardisation *f*.

Norweg|er ['nɔrˌve:gər] *m* ⟨~s; ~⟩, ~**eˌrin** *f* ⟨~; ~nen⟩ Norvégien, -nne *m, f*; 2**isch** *adj.* norvégien, -nne; **die** ~**e Sprache, das** 2**e** la langue norvégienne; le norvégien.

Not [no:t] *f* ⟨~; ~e⟩ (*Notwendigkeit*) nécessité *f*; besoin *m*; (*Dringlichkeit*) urgence *f*; (*Mühe*) peine *f*; (*Schwierigkeit*) difficulté *f*; (*Kummer*) chagrins *m/pl.*; affliction *f*; (*Sorge*) soucis *m/pl.*; malheurs *m/pl.*; *mar.* détresse *f*; (*Mangel*) besoin *m*; nécessité *f*; pénurie *f*; détresse *f*; indigence *f*; *pfort.* dénûment *m*; *an Lebensmitteln* disette *f*; (*Elend*) misère *f*; **wenn** ~ **am Mann ist** en cas de nécessité; s'il y a urgence; au besoin; en cas de besoin; si besoin est; **aus der** ~ **e-e Tugend machen** faire de nécessité vertu; **aus** ~ **etw. tun** en être réduit à faire qc.; faire qc. pressé par la nécessité, le besoin; faire qc. sous la contrainte des circonstances; **aus** ~ par nécessité; **ohne** ~ sans nécessité; sans raison; **mit Mühe u.** ~, **mit** ~ **u. Mühe** à grand-peine; avec difficulté; **mit knapper** ~ à grand-peine; tant bien que mal; F cahin-caha; **mit knapper** ~ **e-r Sache entrinnen** friser, frôler qc.; **zur** ~ à la rigueur; au pis-aller; **ich habe** ~, **alles unterzubringen** j'ai de la peine à tout caser; F **s-e liebe** ~ **haben** avoir bien du mal, beaucoup de difficultés; **er macht uns viel** ~ il nous donne, cause bien des soucis; **jeder hat s-e Nöte** chacun a ses soucis, ses ennuis, ses malheurs, ses misères; **er klagte mir s-e** ~ F il est venu pleurer dans mon gilet; *mar.* **Schiff in** ~ navire en détresse; **in** ~ **geraten** tomber dans la misère, le besoin; ~ **leiden, in** ~ **sein** être, se trouver dans la misère, le besoin; **in äußerste** ~ **geraten** (en) être réduit à la dernière extrémité; **finanzielle** ~ embarras financiers; difficultés financières; **j-m aus der** ~ **helfen** tirer qn. d'embarras, d'affaire, F du pétrin; **Freunde in der** ~ **gehn hundert auf ein Lot** *prov.* les amis sont rares dans le besoin; ~ **bricht Eisen** *prov.* nécessité fait loi *prov.*; ~ **lehrt beten** *prov.* (c'est) dans la détresse (qu')on apprend à prier; ~ **macht erfinderisch** *prov.* nécessité est mère d'industrie *prov.*; ~ **kennt kein Gebot** *prov.* nécessité n'a pas de loi *prov.*; **in der** ~ **frißt der Teufel Fliegen** *prov.* faute de grives, on mange des merles; F faute de poisson, on mange des moules *beide prov.*; 2 **tun** être nécessaire; **es tut** 2, **daß ...** il faut que ... (+ *subj.*); **das tut** 2 c'est une nécessité; **das tut ihm** 2 c'est ce qu'il lui faut; **damit hat es keine** ~ (*das eilt nicht*) rien ne presse; (*das ist nicht schwierig*) il n'y a pas de difficultés à craindre; **es täte dir** 2, **zu ...** (+ *inf.*) il te serait nécessaire de ... (+ *inf.*); tu aurais besoin de ... (+ *inf.*); il te faudrait ... (+ *inf.*).

Nota ['no:ta] *f* ⟨~; ~s⟩ *comm.* (*Vormerkung*) court mémoire; note *f*; (*Rechnung*) compte *m*; note *f*; facture *f*; (*Auftrag*) commande *f*; **in** ~ **nehmen, geben** prendre la commande, passer la commande.

'**Not...** *in Zssgn.* de secours; de fortune; de détresse; provisoire; auxiliaire; ~ˌ**abwurf** *m aviat. von Bomben* largage forcé; ~**adreˌssat** *m comm.* recommandataire *m*; besoin *m*; ~**-aˌdresse** *f bei Wechseln* (adresse *f* du) besoin *m*; ~ˌ**anker** *m mar.* ancre *f* de rechange, de secours; *fig.* planche *f* de salut; ~**anˌtenne** *f* antenne *f* de secours, de fortune, improvisée.

Notar [no·'ta:r] *m* ⟨~s; ~e⟩ notaire *m*; ~**i'at** *n* ⟨~(e)s; ~e⟩ **1.** *Amt des Notars* notariat *m*; charge *f* de notaire; **2.** *Büro des Notars* étude *f* de notaire; ~**i'atsgeˌbühren** *f/pl.* droits notariaux; frais *m/pl.*, honoraires *m/pl.* de notaire; ~**i'atsgeˌhilfe** *m* clerc *m* de notaire; ~**i'atsˌsiegel** *n* sceau *m* du notaire; 2**i'ell** *adj.* par-devant notaire; notarié; ~**es Schriftstück** acte notarié; ~ **beglaubigt** notarié; passé par-devant notaire.

Not|aufnahme ['no:tˌˀaufna:mə] *f von Flüchtlingen* hébergement *m*; accueil *m* d'urgence; **~aufnahmeˌlager** *n für Flüchtlinge* camp *m*, centre *m* d'accueil; **~ˌausgang** *m*, **~ˌausstieg** *m aviat.* sortie *f* de secours; **~beˌhelf** *m* en-cas *m*; pis-aller *m*; expédient *m*; moyen *m* de fortune; **~beˌleuchtung** *f für Notfälle* éclairage *m* de secours, *improvisierte* de fortune, *in Theater, Kino etc. ständig brennend* de sûreté; veilleuse *f*; **~ˌbremse** *f* signal *m* d'alarme; frein *m* de secours; **~ˌbrücke** *f* pont *m* provisoire, de fortune; **~dienst** *m* service *m* de secours; F permanence *f*; **~durft** *f* ⟨~⟩ **1.** besoin *m*; nécessaire *m*; nécessité *f*; **2.** *physiol.* (*Bedürfnis*) s-e ~ verrichten faire ses besoins; **2ˌdürftig 1.** *adj.* (*knapp*) à peine suffisant; (*bedürftig*) indigent; nécessiteux, -euse; (*behelfsmäßig*) provisoire; sommaire; de fortune; **2.** *adv.* provisoirement; sommairement; de façon sommaire; ~ bekleidet à peine vêtu; ~ ausbessern réparer sommairement; faire une réparation provisoire, de fortune; **~ˌdürftigˌkeit** *f* ⟨~⟩ indigence *f*; insuffisance *f*.

Note ['noːtə] *f* ⟨~; ~n⟩ **1.** *comm.* (*Vormerkung*) remarque *f*; note *f*; **2.** *dipl.* (*Schriftstück*) note *f*; ~n wechseln échanger des notes; **3.** *mus.* note *f*; ganze ~ ronde *f*; halbe ~ blanche *f*; in ~n setzen noter; nach ~n singen chanter sur la note, à livre ouvert, avec la partition, à (première) vue; nach ~n spielen jouer avec, d'après la partition; ~n lesen déchiffrer des notes; ~n abschreiben copier de la musique; *coll.* ~n *pl.* partition *f*; recueil *m* de musique; *fig.* nach ~n (*gehörig*) de la belle façon; comme il faut; **4.** *écol., für Leistungen* note *f*; point *m*; e-e schlechte ~ erhalten recevoir une mauvaise note, un mauvais point; **5.** (*Bank2*) billet *m* (de banque); **6.** *fig.* (*Eigenart*) cachet *m*; (*Gepräge*) note *f*; e-e persönliche ~ haben avoir un cachet personnel; e-e heitere ~ in etw. bringen mettre une note gaie dans qc.

Notenˌaufruf ['noːtənˌaufruːf] *m Geldwesen* retrait *m* de billets (de banque); **~ˌausgabe** *f Bankwesen* émission *f* de billets; **~ˌausgabeˌrecht** *n* droit *m*, privilège *m* d'émission de billets; **~ˌaustausch** *m cf.* ~wechsel; **~ˌbank** *f* ⟨~; ~en⟩ banque *f* d'émission; **~ˌbeilage** *f mus.* supplément musical; **~ˌblatt** *n mus.* partition *f*; **~ˌbuch** *n mus.* cahier *m*, recueil *m* de musique; **~ˌdeckung** *f Finanzwesen* couverture *f* monétaire; **~ˌdruck** *m von Banknoten* impression *f* de billets (de banque); *mus. von Musikalien* impression *f* de musique, de partitions musicales; **~ˌfähnchen** *n mus.* crochet *m*; **~ˌhals** *m mus.* queue *f*; **~ˌheft** *n mus. cf.* ~buch; **~ˌkopf** *m mus.* tête *f* d'une note; **~ˌlinie** *f mus.* ligne *f*; die fünf ~n la portée; **~ˌmappe** *f mus.* porte-musique *m*; **~paˌpier** *n mus.* papier *m* à musique; **~ˌpresse** *f* presse *f* à billets de banque; F *péj.* planche *f* à billets; **~ˌpult** *n mus.* pupitre *m*; *in der Kirche* lutrin *m*; **~ˌschlüssel** *m mus.* clef *f*; **~ˌschreiber** *m mus.* copiste *m* de musique; **~ˌständer** *m mus.* pupitre *m*; **~sysˌtem** *n mus.* portée *f*; **~ˌumlauf** *m von Banknoten* circulation *f* fiduciaire, monétaire; volume *m* des billets émis; **~ˌwechsel** *m dipl.* échange *m* de notes; **~ˌwert** *m mus.* valeur *f* des notes.

Notˌfall ['noːtfal] *m* cas *m* de besoin; im ~ au besoin; en cas de besoin, de nécessité, d'urgence; s'il le faut; quand il le faut; si besoin est; si c'est nécessaire, indispensable; (*wenn es nicht anders geht*) à la rigueur; au pis-aller; le cas échéant; im äußersten ~ à la dernière extrémité; à toute extrémité; etw. für den ~ aufbewahren F garder une poire pour la soif; **2falls** *adv. cf.* nötigenfalls; **~ˌfeuer** *n* feu *m* d'alarme; **~ˌflagge** *f mar.* pavillon *m* de détresse; **~frist** *f jur.* délai *m* de rigueur; **2geˌdrungen** *adj. u. adv.* contraint, forcé, obligé par la nécessité; acculé aux nécessités; pressé par le besoin; forcé(ment); ich muß mich ~ damit zufriedengeben je me vois *od.* je suis contraint, forcé, obligé de m'en contenter; **~geld** *n* monnaie *f* de fortune, auxiliaire; **~geˌmeinschaft** *f* organisme *m*, organisation *f* de premiers secours; **~geˌsetz** *n* loi *f* d'urgence; décret-loi *m*; **~geˌsetzgebung** *f* législation *f* d'urgence; **~ˌgroschen** *m* argent *m*, fonds *m/pl.* de réserve; (petites) économies; F poire *f* pour la soif; **~ˌhafen** *m mar.* (port *m* de) refuge *m*; (port *m* de) relâche forcée; e-n ~ anlaufen faire une escale, une relâche forcée; **~ˌhelfer** *m* sauveur *m*; libérateur *m*; **~ˌhilfe** *f* premier secours; aide *f*; Technische ~ service, organisation de premiers secours.

notierˌen [no'tiːrən] *v/t.* ⟨*pas de ge-*, h⟩ **1.** (*aufschreiben*) noter; marquer; prendre note (etw. de qc.); **2.** *comm.* (*buchen*) inscrire; e-n Posten ~ porter un article en compte; **3.** *Börse* coter; Aktien, die mit ... notiert werden actions qui se cotent à ...; zum notierten Kurse au cours indiqué; an der Börse notiert coté, négocié, négociable, inscrit en Bourse; admis à la Bourse; **2ung** *f* ⟨~; ~en⟩ notation *f*; *Börse* cote *f*; cotation *f*; cours *m*; zur amtlichen ~ zugelassene Werte valeurs inscrites à la cote officielle.

nötig ['nøːtɪç] *adj.* nécessaire; es ist ~, zu ... (+ *inf.*) il faut ... (+ *inf.*); es ist ~, daß ... il faut que ... (+ *subj.*); das ist nicht ~ c'est inutile; tu, was ~ ist! fais ce qu'il faut!; wenn ~ si besoin est; au besoin; en cas de besoin, de nécessité; le cas échéant; alle ~en Vorsichtsmaßnahmen toutes les précautions voulues; die ~sten Dinge les choses indispensables; soweit ~ en tant que de besoin; etw. ~ haben avoir besoin de qc.; es nicht für ~ halten, zu ... (+ *inf.*) ne pas croire, juger, estimer nécessaire de ... (+ *inf.*); ~ machen rendre nécessaire; nécessiter; exiger; hatte er ~, zu ... (+ *inf.*)? qu'avait-il besoin, qui le forçait de ... (+ *inf.*)?; wir haben viele Dinge dringend ~ nous avons un besoin urgent de bien des choses; ich habe mehr als ~ j'en ai tant et plus; j'en ai plus que de raison, plus qu'il ne faut; **~en** *v/t.* ⟨h⟩ **1.** (*zwingen*) j-n ~, etw. zu tun obliger, engager, *pfort.* forcer, contraindre, astreindre qn. à faire qc.; faire pression sur qn. pour qu'il fasse qc.; ich sehe mich genötigt je me vois obligé, forcé, *etc.*; **2.** (*dringend bitten*) inviter; prier; lassen Sie sich nicht ~!, genötigt wird nicht! n'attendez pas qu'on vous invite!; sich ~ lassen se faire prier; F se faire tirer l'oreille, la manche, par la manche; **~en'falls** *adv.* si besoin est; en cas de besoin, de nécessité; au besoin; éventuellement; le cas échéant; **2e(s)** *n* ⟨→ A⟩ nécessaire *m*; das ~ veranlassen donner les ordres nécessaires; es fehlt ihm am Nötigsten il manque du strict nécessaire; il lui manque le nécessaire; **2ung** *f* ⟨~; ~en⟩ **1.** contrainte *f*; coercition *f*; pression *f*; *jur.* atteinte *f*, *pfort.* attentat *m* à la liberté individuelle; **2.** invitation pressante; prière *f*; instances *f/pl.*

Notiz [no'tiːts] *f* ⟨~; ~en⟩ **1.** (*schriftlicher Vermerk*) note *f*; (*Zeitungs2*) notice *f*; sich ~en machen prendre des notes; **2.** *comm., Börse* cote *f*; cotation *f*; **3.** von etw. ~ nehmen prendre note, connaissance de qc.; faire attention à qc.; keine ~ von etw. nehmen ne tenir nul compte, aucun compte de qc.; **~ˌblock** *m* ⟨~(e)s; ~s⟩ bloc-notes *m*; **~ˌbuch** *n* carnet *m* (de notes); calepin *m*; agenda *m*; calendrier *m* de poche.

Notˌjahr ['noːtjaːr] *n* année *f* de disette; **~ˌklausel** *f* clause *f* d'urgence, échappatoire; **~ˌlage** *f* situation *f* difficile, sans issue, *pfort.* désespérée; embarras *m*; détresse *f*; besoin *m*; nécessités *f/pl.*; indigence *f*; öffentliche ~ calamité publique; j-s ~ ausbeuten exploiter l'embarras, la gêne, les difficultés de qn.; in e-r ~ sein, sich in e-r ~ befinden se trouver, être dans l'embarras, la gêne, le besoin; *fig.* être aux abois; *cf. auch* Not (leiden); in e-e ~ kommen, geraten tomber dans le besoin; sich aus e-r ~ befreien se tirer d'embarras; **2ˌlanden** *v/i.* ⟨-ete, *insép. aux temps simples*, -ge-, sein⟩ *aviat.* faire un atterrissage forcé; **~ˌlandeˌplatz** *m aviat.* terrain *m* d'atterrissage de fortune; **~ˌlandung** *f aviat.* atterrissage forcé; **2ˌleidend** *adjt.* nécessiteux, -euse; indigent; qui est dans le besoin, la gêne; besogneux, -euse; *pfort.* miséreux, -euse; souffreteux, -euse; *comm., Wechsel* non honoré; impayé; en souffrance; **~ˌleidende(r)** *f* (*m*) ⟨→ A⟩ indigent, -e *m, f*; besogneux, -euse *m, f*; *pfort.* miséreux, -euse *m, f*; souffreteux, -euse *m, f*; **~ˌleine** *f* corde *f* de secours; **~ˌlösung** *f* expédient *m*; pis-aller *m*; **~ˌlüge** *f* pieux mensonge; mensonge *m* de circonstance, exigé, imposé par les circonstances; **~ˌmaßnahme** *f* mesure *f* d'urgence; **~ˌopfer** *n* taxe *f* extraordinaire (de crise, d'assistance).

notorisch [no'toːrɪʃ] *adj.* notoire; reconnu; ~ sein être de notoriété (publique).

Notˌpfennig ['noːtˌpfɛnɪç] *m cf.* Notgroschen; **~quarˌtier** *n* logement *m*, abri *m* de secours, provisoire; refuge *m*; **2reif** *adj.* ~es Korn blé retrait; **~ruf** *m tél.* appel *m* au secours (police-secours, pompiers, *etc.*); *cf. auch* ~signal; **~ˌschlachtung** *f* abattage forcé, d'urgence; **~schrei** *m* cri *m* de détresse; letzter ~ appel suprême; **~siˌgnal** *n* signal *m* de détresse, d'alarme; **~sitz** *m* strapontin *m*; *Auto auch* spider *m*; **~stand** *m* état *m* d'urgence; *pfort.* détresse *f*; nationaler ~ détresse nationale; e-m ~ abhelfen obvier à, faire face à une situation critique; **~standsˌarbeiten** *f/pl.* travaux *m/pl.* de secours (pour les chômeurs); chantiers nationaux; **~standsgeˌbiet** *n* région sinistrée; **~standsgeˌsetz** *n* loi *f* d'urgence, d'exception; **~ˌstromaggreˌgat** *n élect.* groupe *m* (électrogène), génératrice *f* de secours; **~ˌtaufe** *f relig. cath.* ondoiement *m*; *prot.* baptême *m* d'urgence; **2ˌtaufen** *v/t.* ⟨*insép. aux temps simples*, -ge-, h⟩ *relig. cath.* ondoyer; *prot.* baptiser d'urgence; **~ˌtreppe** *f* escalier *m* de secours; **~tür** *f* porte *f* de secours.

Notturno [nɔ'turno·] *n* ⟨~s; ~s *od.* -ni⟩ *mus.* nocturne *m.*

Not|unterkunft ['noːtˌʔuntərkunft] *f cf.* Notquartier; **~verˌband** *m* premier pansement provisoire; **~verˌkauf** *m* vente forcée, d'urgence; **~verˌordnung** *f* décret-loi *m*; **2ˌwassern** *v/i.* ⟨-ssere *od.* -ßre, *insép. aux temps simples,* -ge-, sein⟩ *aviat.* faire un amérissage forcé; **~ˌwasserung** *f* ⟨~; ~en⟩ *aviat.* amérissage forcé; **~wehr** *f* ⟨~⟩ légitime défense *f*; **aus ~** à mon (ton, *etc.*) corps défendant; **~wehrˌrecht** *n* droit *m* de légitime défense; **2ˌwendig** *adj.* nécessaire; (*unvermeidlich*) inévitable; (*unerläßlich*) indispensable; (*dringlich*) urgent; **~ werden** devenir nécessaire; **es ist ~, daß ...** il est nécessaire que ..., il faut que ... (+ *subj.*); **unbedingt ~** absolument nécessaire; qui est de première nécessité; **~ machen** rendre nécessaire; nécessiter; exiger; **das 2ste** le strict nécessaire; l'indispensable *m*; **ein ~es Übel** un mal nécessaire; **nehmen Sie nur die ~sten Gegenstände mit** n'emportez que l'indispensable; **das 2e veranlassen** prendre toutes dispositions utiles; *cf. auch* **nötig, Nötige(s)**; **2ˌwendigen'falls** *adv. cf.* **nötigenfalls**; **2ˌwendiger'weise** *adv.* nécessairement; forcément; absolument; **~ˌwendigkeit** *f* ⟨~; ~en⟩ nécessité *f*; **unumgängliche ~** nécessité absolue, impérieuse, inéluctable; **die harte ~** la dure nécessité; **e-e ~ sein** être une nécessité; être nécessaire, essentiel; **~ˌwohnung** *f* logement *m* provisoire, de fortune; **~ˌzeichen** *n* signal *m* de détresse; **~zeit** *f* **in ~en** en temps de crise; **~zucht** *f* viol *m*; **2ˌzüchtigen** *v/t.* ⟨*insép.*, ge-, h⟩ violer; **~ˌzüchtigung** *f cf.* **~zucht.**

Nougat ['nuːgat] *m od. n* ⟨~s; ~s⟩ praliné *m.*

Novation [no·vatsi·'oːn] *f* ⟨~; ~en⟩ *e-r Schuld* novation *f.*

Novelle [no·'vɛlə] *f* ⟨~; ~en⟩ **1.** *litt.* nouvelle *f*; **2.** (*Nachtragsgesetz*) loi *f* dérogatoire; amendement *m* (à une loi); **2nˌartig** *adj.* en forme de nouvelle(s); **~nˌdichter** *m*, **~nˌschreiber** *m cf.* **Novellist.**

Novellist|(in) [no·vɛ'lɪst(ɪn)] *m* ⟨~en; ~en⟩ (*f*) ⟨~; ~nen⟩ nouvelliste *m, f*; **2isch** *adj. cf.* **novellenartig.**

November [no·'vɛmbər] *m* ⟨~(s); ~⟩ (mois *m* de) novembre *m*; **im ~** au mois de novembre; en novembre; **2ˌhaft, 2ˌlich** *adj. Wetter* de novembre.

Novene [no·'veːnə] *f* ⟨~; ~n⟩ *égl. cath.* neuvaine *f.*

Novität [no·vi·'tɛːt] *f* ⟨~; ~en⟩ *allg. u.* [*thé.* nouveauté *f.*]

Noviz|e [no·'viːtsə] *m* ⟨~n; ~n⟩, *f* ⟨~; ~n⟩ *égl. cath. u. fig.* novice *m, f*; **~i'at** *n* ⟨~(e)s; ~e⟩ noviciat *m*; **~in** *f* ⟨~; ~nen⟩ *cf.* **~e.**

Novum ['noːvum, 'no·vum] *n* ⟨~s; -va⟩ nouveauté *f*; fait nouveau.

nu [nuː] **I** *int.* F *cf.* **nun**; **II 2** *m* ⟨~⟩ **im ~** en un rien de temps; rapidement; sans traîner; d'emblée; en un tournemain; en moins de temps qu'il n'en faut pour le dire; F en un clin d'œil; en moins de rien; en cinq sec; le temps de dire ouf!

Nuanc|e [ny·'ɑ̃ːsə] *f* ⟨~; ~n⟩ nuance *f* (*auch fig.*); *in der Kunst* teinte *f*; **2ieren** [-'siː-] *v/t.* ⟨*pas de ge-*, h⟩ nuancer; **~ierung** [-'siː-] *f* ⟨~⟩ nuancement *m.*

Nub|ier(in) ['nuːbi·ər(ɪn)] *m* ⟨~s; ~⟩ (*f*) ⟨~; ~nen⟩ Nubien, -nne *m, f*; **2isch** *adj.* nubien, -nne.

nüchtern ['nʏçtərn] *adj.* **1.** (*mit leerem Magen*) **~, mit ~em Magen, auf ~en Magen** à jeun; l'estomac vide; **2.** (*nicht betrunken*) qui n'est pas gris; qui n'a pas bu; **~ machen (werden)** (se) dégriser; (se) désenivrer; F (se) dessouler; **wieder ~ sein** être dégrisé, désenivré, F dessoulé; **3.** *fig. Mensch* positif, -ive; F qui a les pieds sur la terre; qui a la tête sur les épaules; *Stil* sobre; objectif, -ive; (*prosaisch*) prosaïque; incolore; **~es Urteil** jugement sain; **~e Tatsachen berichten** rapporter les faits bruts; rapporter objectivement, sobrement les faits; rapporter les faits sans commentaires; **~ urteilen** juger avec objectivité, objectivement; **2ˌheit** *f* ⟨~⟩ **1.** dégrisement *m*; **2.** *fig.* esprit positif; *des Stils* sobriété *f*; prosaïsme *m.*

Nudel ['nuːdəl] *f* ⟨~; ~n⟩ **1.** *cuis.* **~n** *pl.* nouilles *f/pl.*; **italienische ~n** pâtes d'Italie; **2.** F *fig.* (*lustiger Mensch*) F drôle *m* de type, de pistolet, de gaillard, de piaf, de loustic; F *fig.* **e-e dicke ~** (*beleibte Person*) un gros patapouf; **~ˌbrett** *n* planche *f* à pâtisserie; **~ˌholz** *n* rouleau *m* à pâte; **2n I** *v/t.* ⟨-(e)le, h⟩ *Federvieh* empâter; gaver; *fig.* gorger de nourriture; gaver; F **ich bin genudelt** F j'ai le ventre plein; j'en ai plein le bedon, la panse; **II ~n** *n* ⟨~s⟩ empâtement *m*; gavage *m*; **~ˌsuppe** *f* potage *m* au(x) vermicelle(s), *in Deutschland auch* aux nouilles.

Nud|ismus [nu·'dɪsmus] *m* ⟨~⟩ nudisme *m*; **~ist** *m* ⟨~en; ~en⟩ nudiste *m*; **~i'tät** *f* ⟨~; ~en⟩ nudité *f.*

Nugat ['nuːgat] *m od. n* ⟨~s; ~s⟩ *cf.* **Nougat.**

nuklear [nu·kle·'ɑːr] *adj. phys. atom.* nucléaire; **~e Waffen** armes nucléaires.

Nukleon ['nuːkle·ən, 'nu·-] *n* ⟨~s; -'onen⟩ *phys. atom.* nucléon *m.*

Nukleus ['nuːkle·us, 'nu·-] *m* ⟨~; -ei⟩ *bot.* nucléus *m.*

null [nul] **I** *adj.* nul, -lle; **~ u. nichtig** nul; de nul effet; **~ u. nichtig machen** annuler; invalider; frapper de nullité; *cf. auch* **nichtig**; **~ Grad, Uhr** zéro degré, heure; **~ Uhr zehn** zéro heure dix minutes; **~ Fehler haben** avoir fait zéro faute; **die Temperatur ist auf ~ Grad abgesunken** la température est tombée à zéro (degré); *Sport* **3 : 0 gewinnen** gagner par 3 buts à 0; **II 2** *f* ⟨~; ~en⟩ *math.* zéro *m*; **auf ~ stehen** être à zéro; **5° über ~** 5 degrés au-dessus de zéro; *fig.* **von ~ starten** (re)partir de zéro, à zéro; F *fig.* **Ergebnis gleich ~** (au) résultat: zéro; F **in ~ Komma nichts, nix** *cf.* (**im**) **Nu**; F *fig.* **er ist e-e ~** c'est une nullité, F un zéro; **2eˌffekt** *m phys., rad.* mouvement *m* propre; rayonnement ambiant; **2ˌeinstellung** *f e-s Meßgeräts* réglage *m*, remise *f* à zéro; **2ˌ(l)eiter** *m élect.* conducteur *m*, fil *m* neutre; **2ˌ(l)eitung** *f élect.* ligne *f* neutre; **2ˌ(l)inie** *f* ligne *f* de zéro; **2punkt** *m* zéro *m*; *Thermometer auch* point *m* de congélation; *des Koordinatensystems* origine *f*; *élect.* point *m* zéro; point *m* neutre, nul; F *fig.* **auf dem ~ sein** être au point zéro; **2ˌspannung** *f élect.* tension nulle; potentiel *m* zéro; **2ˌstellung** *f élect.* position *f* zéro, de repos; **2strich** *m* trait *m* de zéro; **2strom** *m élect.* courant nul, zéro.

Numer|ale [nu·me·'rɑːlə] *n* ⟨~s; -lien *od.* -lia⟩ *gr.* adjectif numéral; **2ieren** *v/t.* ⟨*pas de ge-*, h⟩ numéroter; **~ierung** *f* ⟨~; ~en⟩ numérotage *m*; numération *f*; numérotation *f*; **2isch** [-'meː-] *adj.* numérique; **~us** ['nuː-, 'nu·-] *m* ⟨~; -ri⟩ nombre *m.*

Numider [nu·'miːdər, 'nu·-], **Numidier** [nu·'miːdi·ər] *m/pl.* Numides *m/pl.*

Numismat|ik [nu·mi·s'mɑːtɪk] *f* ⟨~⟩ numismatique *f*; **~iker** *m* ⟨~s; ~⟩ numismate *m*; **2isch** *adj.* numismatique.

Nummer ['numər] *f* ⟨~; ~n⟩ (*abr.* **Nr.**) numéro *m* (*auch Lotterie, im Zirkus*); *tél.* (*Ruf2*) numéro *m* d'appel, de téléphone; *Sport* (*Rücken2*) dossard *m*; *in e-m Katalog* cote *f*; (*Größe*) pointure *f*; *e-s Fahrzeugs* numéro *m* (d'immatriculation); **laufende ~** (*abr.* **lfd. Nr.**) numéro d'ordre; **mit ~n versehen** *cf.* **numerieren**; *tél.* **die ~ wählen** composer son numéro; F *fig.* **~ Sicher** (*Gefängnis*) P boîte *f*; taule *od.* tôle *f*; F *fig.* **e-e gute ~ bei j-m haben** avoir une bonne cote auprès de qn.; F être dans la manche de qn.; être (bien) dans les papiers de qn.; être dans les petits papiers de qn.; F *fig.* **er ist e-e ~ (für sich)** c'est un type à part; c'est un (drôle de) numéro; **~nˌfolge** *f* ordre *m* de succession; **~nˌscheibe** *f tél.* disque *m*, cadran *m* d'appel; **~nˌschild** *n e-s Fahrzeugs* plaque *f* minéralogique, de police, d'immatriculation; **~nˌstempel** *m* numéroteur *m*; **~nˌtafel** *f Pferderennen* tableau *m* d'affichage.

nun [nuːn] **I** *adv.* (*jetzt*) maintenant; à présent; à l'heure qu'il est; alors; **~ erst gestand er** ce n'est qu'alors qu'il avoua; **von ~ an** dorénavant; dès à présent; à partir de ce moment; désormais; à dater de ce jour; (*seitdem*) dès lors; **was ist ~ zu tun?** que reste-t-il à faire?; que faire maintenant?; **das ist ~ einmal so** il en est ainsi, que voulez-vous?; enfin, la chose est ainsi; *zur Fortsetzung der Rede* **~ ...** eh bien; *bei Folgerungen* **~ (aber)** or; **~ traf es sich aber ...** or il arriva ...; **~, ich gestehe, daß ...** ma foi, j'avoue que ...; *oft nicht zu übersetzen* **er mag ~ kommen oder nicht** qu'il vienne ou non; **er will es ~ einmal so haben** mais puisqu'il le veut ainsi; *fragend* **~?** (*wie steht's*) eh bien?; **~ und?** et après?; *als int.* **~ los!** allons!; **~ gut!** eh bien!; soit!; **~ ja!** oui, je veux bien!; **~, das ist stark!** par exemple!; voilà qui est fort (de café), qui est un peu raide!; **~ denn!** soit!; d'accord!; marchons!; eh bien!; **II** *conj.* **~ du mich kennst** maintenant que tu me connais; **~'mehr** *adv. u. conj.* à présent; maintenant; (*von jetzt ab*) désormais; **~'mehrig** *adj.* d'à présent; de maintenant; actuel, -lle.

Nuntius ['nuntsi·us] *m* ⟨~; -ien⟩ **apostolischer, päpstlicher ~** nonce *m* apostolique.

nur [nuːr] *adv.* **1.** *ausschließend, in ganzen Sätzen* ne ... que; **ich habe ~ Freunde an diesem Ort** je n'ai que des amis dans cet endroit; **er spielt ~** (*immerfort*) il ne fait que jouer; il ne cesse de jouer; **er tut ~ so** il ne fait que semblant; **das macht ihn ~ stolz** cela ne sert qu'à lui donner de l'orgueil; **~ aus Eitelkeit** par pure vanité; **~ noch ne ...** plus que; **~ etwa** ne ... guère que; **fast ~ noch** ne ... (déjà) guère plus que de; **er ißt fast ~ noch Brot** il ne mange (déjà) guère que du pain; **~ ein wenig** (un) tant soit peu; **nicht ~ ..., sondern auch** non seulement ..., mais aussi, mais encore; **~ zu sehr** que trop; **~ nicht zu sehr** mais pas trop; **2.** *ist kein Verbum vorhanden, meist* seul; seulement; **~ er** (c'est) lui seul (qui ...); *haben Sie Kinder?* **~ e-e Tochter** une fille seulement; seulement une fille; **~ aus Freude am Lügen** pour le seul plaisir de mentir; **3.** (*einzig u. allein*) seulement; **das beweist ~** ... cela prouve seulement; **~ um ihn unglücklich zu machen** à seule fin de, rien que pour le rendre malheureux; **e-e u. ~ e-e Lösung** une solution, et une seule *od.* et seulement une; **wenn ich ~ daran denke, läuft mir das Wasser im Munde zusammen** rien que d'y penser l'eau me vient à la bouche; **4.** *bes. mit nég.* **alle, ~ er nicht** tous excepté *od.* sauf lui; **mit ~ wenigen Ausnahmen** à peu d'exceptions près; **... ~, daß ...** sauf que ...; excepté que ...; à cela près que ...; **ich möchte wohl, ~ ...** je voudrais bien, mais ... *od.* seulement ...; **~ nicht lügen!** surtout ne pas mentir!; **5.** *bedingend* **hier hast du fünfzig Mark, ~ schweige!** voici cinquante marks, seulement *od.* mais tu te tais; **wenn ~ ...** pourvu que, pour peu que ... (+ *subj.*); **wenn Sie mich ~ ein wenig liebhaben** pourvu que, pour peu que vous m'aimiez; **6.** *in Wunschsätzen* **wäre ich ~ an s-r Stelle!** ah, si (seulement) j'étais à sa place!; **alles, ~ das nicht!** tout sauf ça, mais pas ça!; **daß er ~ nicht kommt!** mais qu'il ne vienne pas!; **7.** *bewilligend* **er mag ~ gehen!** qu'il parte!; il n'a qu'à partir!; **~ zu** vas-y!; allez-y!; **~ weiter!** fais, faites toujours!; va, allez toujours!; continue!; continuez!; **8.** *verstärkend* **geh ~!** pars, va donc!; **sehen Sie ~, was Sie gemacht haben!** voyez plutôt *od.* donc ce que vous avez fait!; *oft nicht übersetzt* **laßt mich ~ machen!** laissez-moi faire!; **wage es ~!** ose-le!; **er soll ~ kommen!** qu'il (y) vienne!; **warte ~, wenn ich dich erwische!** attends un peu, que je t'y reprenne!; **9.** *fragend, zweifelnd* donc; **wie kommt er ~ hierher?** mais comment donc a-t-il pu venir ici?; *oft unübersetzt* **was sollen wir ~ sagen?** que dirons-nous bien?; **wozu das ~?** à quoi bon cela, dites-moi?; **10.** (*offen heraus*) tout bonnement, simplement; **ich will Ihnen ~ gestehen ...** je dois vous avouer, je vous avouerai tout bonnement ...; **11.** *verallgemeinernd* **so viel ich ~ kann** (au)tant que je peux; **er hat es so gut (wie) man es sich ~ wünschen kann** on ne saurait être mieux qu'il n'est.

nuscheln ['nuʃəln] F **I** *v/i.* ⟨-(e)le, h⟩ bredouiller; **II ≈** *n* ⟨~s⟩ bredouillement *m.*

Nuß [nus] *f* ⟨~; Nüsse⟩ *bot.* (*Wal≈*) noix *f* (*auch Fleischerei, techn.*); (*Hasel≈*) noisette *f*; **hohle, leere, taube ~** noix creuse; **Nüsse knacken** casser des noix; *fig.* **harte ~** chose, tâche difficile; casse-tête *m*; problème ardu; **j-m e-e harte ~ zu knacken geben** donner du cassement de tête à qn.; *fig.* F **e-e doofe ~** un imbécile; P une nouille; une vieille noix; un cornichon; **~baum** *m bot.* noyer *m*; **~baumˌholz** *n* noyer *m*; **~ˌbeize** *f* brou *m* de noix; **≈braun** *adj.* brun noyer; **~ˌknacker** *m* casse-noix *m*; *für Haselnüsse* casse-noisettes *m*; *fig.* F **alter ~** (vieux) barbon; **~ˌkohle** *f* noisettes *f/pl.*; noix *f/pl.*; têtes *f/pl.* de moineau; **~öl** *n* huile *f* de noix; **~ˌschale** *f* coquille *f* de noix *bzw.* de noisette; *grüne* brou *m* de noix; *fig. iron.* (*kleines Boot*) *iron.* coquille *f* de noix; canot *m*; nacelle *f*; barque *f*; barquette *f*; **~ˌtorte** *f cuis.* gâteau *m* aux noix.

Nüstern ['nystərn] *f/pl. zo.* narines *f/pl.*; naseaux *m/pl.*

Nut|(e) ['nuːt(ə)] *f* ⟨~; ~en⟩ (*f*) ⟨~; ~n⟩ *techn.* rainure *f*; gorge *f* (d'une poulie); **Feder u. ~** languette et rainure; **~ˌeisen** *n techn.* bédane *m*; **≈en** *v/t.* ⟨-ete, h⟩ rainer; mortaiser; bouveter; *abs.* faire des rainures; **~enˌfräser** *m techn.* fraise *f* à rainer; **~ˌhobel** *m techn.* bouvet *m*; guillaume *m.*

Nutria ['nuːtriˑa] *f* ⟨~; ~s⟩ *zo.* myocastor *m*; myopotame *m*; *Pelz* ragondin *m.*

nutschen ['nuːtʃən] *v/i.* ⟨h⟩ F *cf.* lutschen.

Nutte ['nutə] P *f* ⟨~; ~n⟩ fille *f* (publique); cocotte *f*; pierreuse *f*; respectueuse *f*; F horizontale *f*; poule *f*; catin *f*; P putain *f.*

nutz [nuts] **I** *adj.* ⟨*nur prädikativ*⟩ utile; **das ist zu nichts ~** cela n'est bon à rien; **II ≈** *m* **zu ~ u. Frommen der Menschheit** pour le bien de l'humanité; **≈ˌanwendung** *f* utilisation *f*; application *f*; utilité *f* pratique; *e-r Fabel* morale *f*; **~bar** *adj.* utile; (*brauchbar*) utilisable; (*gewinnbringend*) productif, -ive; lucratif, -ive; **etw. ~ machen** faire servir qc. (**für etw.** à qc.); mettre qc. à profit (pour qc.); rendre qc. utile (à qc.); utiliser qc.; **≈barˌkeit** *f* ⟨~⟩ utilité *f*; **≈barˌmachung** *f* ⟨~⟩ utilisation *f*; exploitation *f*; mise *f* en valeur; **≈ˌbremsung** *f bei Elektromotoren* freinage *m* avec *od.* par récupération; **~ˌbringend** *adjt.* profitable; utile; fructueux, -euse; lucratif, -ive; *von Kapitalien* productif, -ive; **~ anwenden** employer à qc. d'utile, de profitable; employer, appliquer avec fruit; mettre (qc.) à profit; **~e, ˈnütze** ['nytsə] *adj. cf.* nutz I; **≈eˌffekt** *m* rendement *m*; travail *m* utile; *techn.* efficacité *f*; efficience *f*; **≈en I** *m* ⟨~s; ~⟩ utilité *f*; (*Gewinn*) profit *m*; bénéfice *m*; (*Vorteil*) avantage *m*; intérêt *m*; (*Ertrag*) fruit *m*; rapport *m*; **zum ~ von** dans l'intérêt de; au profit, bénéfice de; en faveur de; **~ aus etw. ziehen** tirer profit, parti, bénéfice, avantage de qc.; profiter, bénéficier de qc.; **~ bringen** profiter; être profitable; **von ~ sein** être de grande utilité; rendre service; être utile; servir; **II ~en, ˈnützen** ['nytsən] *v/t.* ⟨-(es)t, h⟩ **etw. ~** utiliser, exploiter qc.; mettre qc. à profit; faire valoir qc.; **e-e Gelegenheit ~** profiter d'une occasion; **nützet die Zeit!** profitez du temps!; **III** *v/i.* rendre service (j-m à qn.); servir (**zu etw.** à qc.); être utile, être bon, -nne (à qc.); profiter (à qn.); **was nützt es, daß ...** à quoi bon ... (+ *inf.*); à quoi sert-il de ... (+ *inf.*); **nichts ~** ne servir de *od.* à rien; **was nützt das?** à quoi bon?; **die Schläge nützten nichts** les coups n'y faisaient rien; **das nützt u. schadet nichts** cela ne fait ni bien ni mal *od.* ni chaud ni froid; **das würde mir doch nicht viel ~** cela ne me servirait à rien; F cela me ferait une belle jambe; **≈ˌfahrzeug** *n* véhicule *m* utilitaire; **≈ˌfaktor** *m* coefficient *m* d'utilisation; **≈ˌfläche** *f* surface *f* utile; **landwirtschaftliche ~** surface cultivable, exploitable; **≈ˌgarten** *m* jardin potager, de rapport; **≈holz** *n* bois *m* de construction, de charpente, d'ouvrage, d'œuvre; **≈last** *f* charge *f* utile; capacité *f* de charge; **≈ˌleistung** *f cf.* **≈effekt**; *élect.* puissance *f* utile.

nützlich ['nytslıç] *adj.* utile; (*einträglich*) lucratif, -ive; fructueux, -euse; profitable; **sich ~ machen** se rendre utile; **j-m ~ sein** être utile à qn.; rendre service à qn.; **≈e(s)** *n* ⟨→ A⟩ utile *m*; **das Angenehme mit dem ~n verbinden** joindre l'utile à l'agréable; **≈ˌkeit** *f* ⟨~⟩ utilité *f*; **≈keits...** *in Zssgn.* utilitaire; **≈keitsprinˌzip** *n* principe *m* d'utilité.

nutz|los ['nutsloːs] *adj.* inutile; infructueux, -euse; vain; **alles war ~** tout fut vain, inutile; rien n'y fit; **≈ˌlosigˌkeit** *f* ⟨~⟩ inutilité *f*; **≈ˌnießer(in)** *m* ⟨~s; ~⟩ (*f*) ⟨~; ~nen⟩ bénéficiaire *m, f*; *péj.* profiteur, -euse *m, f*; *jur.* usufruitier, -ère *m, f*; **≈ˌnießung** *f* ⟨~⟩ *jur.* jouissance *f*; usufruit *m*; **die ~ von etw. haben** avoir la jouissance de qc.; jouir de qc.; **gemeinsame ~** cojouissance *f*; **≈ˌpflanze** *f* plante *f* utile; **≈ˌspannung** *f élect.* voltage *m*, tension *f* utile; **≈strom** *m élect.* courant *m* utile, actif.

Nutzung ['nutsuŋ] *f* ⟨~⟩ (*Benutzung*) utilisation *f*; usage *m*; *des Bodens* exploitation *f*; (*Ertrag*) rapport *m*; revenus *m/pl.*; *cf. auch* Nutzbarmachung, Nutznießung; **gemeinschaftliche ~** utilisation, exploitation en commun; jouissance commune; **friedliche ~ der Atomenergie** application, utilisation pacifique de l'énergie atomique; **~sˌanschlag** *m agr.* évaluation *f*, estimation *f* des revenus d'une terre; **~sˌdauer** *f* durée *f* d'utilisation; **~sˌrecht** *n* (droit *m* de) jouissance *f*; (droit *m* d')usufruit *m*; droit *m* d'usage; **~sˌwert** *m* valeur *f* d'usage, de rapport, de jouissance; *e-r Wohnung* valeur locative.

Nutz|vieh ['nutsfiː] *n* bétail *m* de rapport; cheptel *m*; **~wert** *m* valeur *f* utile.

Nylon ['nailɔn] *n* ⟨~s⟩ **1.** *Kunstfaser* nylon [nilõ] *m*; **2.** F *pl.* **~s** bas *m/pl.* en nylon; **~ˌstrumpf** *m* bas *m* en nylon; **≈verˌstärkt** *adjt.* renforcé (en) nylon.

Nymphe ['nymfə] *f* ⟨~; ~n⟩ *myth.* nymphe *f* (*auch fig.*).

Nymphomanie [nymfoˑma'niː] *f* ⟨~⟩ *méd.* nymphomanie *f.*

O

O, o [oː] *n* ⟨~; ~⟩ O, o *m*; *fig.* **das A u. das O** l'alpha et l'oméga.

o [oː] *int.* (*alleinstehend*: **oh**) ô!; oh!; ah!; ~ **ja!** oh oui!; ~ **doch!** mais si!; si fait!; ~ **nein!** oh! que non!; oh non!; mais non!; ~ **weh!** ouf!; aïe!; ~ **Gott, was hast du da gemacht!** mon Dieu, qu'as-tu fait là!; *in Wunschsätzen* ~ **daß doch ...** (+ *subj.*) plût à Dieu que ... (+ *subj.*).

Oase [oˈʔaːzə] *f* ⟨~; ~n⟩ oasis *f* (*auch fig.*); **~n...** *in Zssgn.* oasien, -nne; **~nbe,wohner(in)** *m* (*f*) oasien, -nne *m, f*.

ob [ɔp] **I** *conj.* si; **ich weiß nicht, ~ ...** je ne sais pas si ...; *ellip.* ~ **er wohl wiederkommt?** croyez-vous qu'il revienne?; ~ **er noch da ist?** serait-il encore là?; je me demande s'il est encore là; ~ **er kommt, interessiert mich nicht** (la question de savoir) s'il vient, cela ne m'intéresse pas; ~ **ich wohl hingehe?** dois-je y aller?; faut-il que j'y aille?; faut-il y aller?; **als ~** comme si; **er tat, als ~ er mich nicht sähe** il fit semblant, il feignit de ne pas me voir; **es ist mir, als ~ ...** il me semble que ...; **es ist, als ~ ...** on dirait que ...; **~ ... oder ~ ...** que ... (+ *subj.*) ou que ... (+ *subj.*); **~ ... oder nicht ...** que ... (+ *subj.*) ou non ...; ~ **er will oder nicht ...** qu'il (le) veuille ou non ...; bon gré mal gré ...; ~ **auch** (*obgleich*) quoique, bien que (+ *subj.*); (**na**) **und ~!** je crois bien!; et comment!; bien sûr!; naturellement!; F tu parles!; **II** *prép.* **1.** ⟨*gén., zuweilen dat.*⟩ *st. s.* (*über, wegen*) à cause de; au sujet de; **2.** ⟨*dat.*⟩ (*oberhalb*) au-delà de; au-dessus de; *Rothenburg* ~ **der Tauber** ... sur la Tauber; **III** ♀ *n* ⟨~⟩ **das ~ u. Wann** le si et le quand.

Obacht [ˈoːbaxt] *f* ⟨~⟩ attention *f*; ~ **geben auf etw.** faire attention, prendre garde à qc.; ~! attention!

Obdach [ˈɔpdax] *n* ⟨~(e)s⟩ abri *m*; asile *m*; logement *m*; gîte *m*; ~ **suchen** chercher refuge, asile; **j-m ~ gewähren** donner abri à qn.; héberger qn.; ♀**,los** *adj.* sans abri; sans asile; sans logis; sans feu ni lieu; ~ **sein** être sans abri, domicile, logis, *etc.*; être sur le pavé; **~losena,syl** *n* asile *m* de nuit; refuge *m*, foyer *m*, centre *m* d'accueil pour sans-abri; **~losen,fürsorge** *f* assistance *f*, aide *f* aux sans-abri; **~,lose(r)** *f* (*m*) ⟨→ A⟩ sans-logis *m, f*; sans-abri *m, f*; **~,losigkeit** *f* ⟨~⟩ manque *m* d'abri, de domicile, de logis, *etc.*

Ob|duktion [ɔpduktsiˈoːn] *f* ⟨~; ~en⟩ *méd., jur.* autopsie *f*; ♀**du'zieren** *v/t.* ⟨*pas de ge-*, h⟩ **e-e Leiche, e-n Leichnam** ~ pratiquer, faire une autopsie; autopsier un cadavre.

Obedienz [oˑbeˑdiˑˈɛnts] *f* ⟨~⟩ *égl. cath.* obédience *f*.

O-|Beine [ˈoː,baɪnə] *n/pl.* jambes arquées, en cerceau; ~ **haben** avoir les jambes arquées, en cerceau; **~-,beinig** *adj.* ~ **sein** *cf.* **O-Beine** (**haben**).

Obelisk [oˑbeˑˈlɪsk] *m* ⟨~en; ~en⟩ obélisque *m*.

oben [ˈoːbən] **I** *adv.* en 'haut; (*im Himmelsraum*) au ciel; dans les cieux; (*auf der Oberfläche*) à la surface; *auf e-r Liste* en tête de; *am Tisch* au haut bout; *auf Kisten* ~! 'haut!; ~ **auf dem Berg** en 'haut sur la montagne; sur le *od.* au sommet, sur le haut *od.* au haut de la montagne; sur la cime; **da** (**dort**) ~ là-haut; **nach ~** vers le haut; **nach ~ gehen** monter; **von ~ her** (**herab**) d'en 'haut; par en 'haut; *fig.* **j-n von ~ herab ansehen** regarder qn. du haut de sa grandeur; regarder qn. par-dessus l'épaule; *fig.* **j-n von ~ herab behandeln** faire peu de cas de qn.; traiter qn. avec mépris, dédaigneusement; **siehe ~** voir plus 'haut, en 'haut, ci-dessus, précédemment; **weiter ~** ci-dessus; plus 'haut; **auf Seite 10 ~** en 'haut de la page 10; **von ~** (*von vorgesetzter Stelle*) par ordre supérieur, F d'en 'haut; **er scheint ~ gut angeschrieben zu sein** il a l'air d'être bien vu de ses supérieurs, en 'haut lieu; **von ~ nach** *od.* **bis unten** de haut en bas; **j-n von ~ bis unten ansehen** regarder, toiser qn. de la tête aux pieds; regarder qn. du haut en bas; *ein Haus* **von ~ bis unten durchsuchen** fouiller du haut en bas, de fond en comble; *fig.* **den Kopf ~ behalten** ne pas perdre la tête; conserver toute sa tête; F *fig.* **mir steht es, die Geschichte bis hier** (*mit e-r Handbewegung zum Hals*) ~ F j'en ai jusque-là, par-dessus la tête, plein le dos; P j'en ai marre, ma claque; **II** ♀ *n* ⟨~⟩ 'haut *m*; dessus *m*; **~'an** *adv.* tout en 'haut; *auf e-r Liste* (*an erster Stelle*) en tête; *am Tisch* au haut bout; à la place d'honneur; (*an erster Stelle*) au premier rang; **~'auf** *adv.* **1.** dessus; (*an der Oberfläche*) à la surface; ~ **schwimmen** surnager; **2.** *fig.* ~ **sein** (*gesund, fröhlich*) F être en pleine forme; **~'drauf** F *adv.* **1.** *cf.* **~auf**; **2.** *fig.* **j-m eins ~ geben** donner une tape à qn.; **~'drein** *adv.* (*als Zugabe*) par-dessus le marché (*auch fig.*); (*noch dazu*) de plus; en outre; outre cela; de *od.* par surcroît; en sus; **~er,wähnt** *adjt.* susmentionné; ♀**er,wähnte(r)** *f* (*m*) ⟨→ A⟩ susmentionné, -e *m, f*; **~ge,nannt** *adjt.* susnommé; ♀**ge,nannte(r)** *f* (*m*) ⟨→ A⟩ susnommé, -e *m, f*; **~ge,steuert** *adjt.* **~er Motor** moteur culbuté, à soupapes en tête; **~es Ventil** soupape en tête; **~'hin** *adv.* superficiellement; légèrement; à la légère; **so ~ antworten** répondre sans réfléchir longtemps; **etw. ~ abtun** passer légèrement sur qc.; effleurer qc.; ~ **bemerken** mentionner en passant, accessoirement; **~hi'naus** *adv. fig.* ~ **wollen** viser trop 'haut; avoir des visées ambitieuses; **~,stehend** *adjt.* ci-dessus; *cf. auch* **~erwähnt**, **~genannt**.

Ober [ˈoːbər] *m* ⟨~s; ~⟩ **1.** (*Kellner*) garçon *m*; **2.** *e-e deutsche Spielkarte* dame *f*.

'Ober... *in Zssgn.* supérieur; de dessus; *bei geogr. Bezeichnungen* 'haut; *bei Ämtern, Titeln* premier, -ère; général; (*an der Spitze stehend*) (en) chef; **~ä,gypten** *n* la Haute-Égypte; **~,arm** *m* bras *m*; partie supérieure du bras; **~arm,knochen** *m anat.* humérus *m*; **~,arzt** *m* médecin *m* chef; **~,aufseher(in)** *m* (*f*) inspecteur (-trice) général(e); surveillant(e) général(e); gardien, -nne *m, f* chef; surintendant, -e *m, f*; **~,aufsicht** *f* inspection, surveillance générale; 'haute surveillance; (sur)intendance *f*; (*Leitung*) direction *f*; **~,bau** *m* ⟨~(e)s; ~ten⟩ *bât.* œuvre *f*; superstructure *f*; *chem.* voie ferrée; superstructure *f*; *e-r Straße* (*Decke*) revêtement *m*; *e-r Brücke* superstructure *f*; **~,bayern** *n* la Haute-Bavière; **~be,fehl** *m* ⟨~(e)s⟩ *milit.* commandement supérieur, suprême, en chef; **den ~ haben** avoir le commandement suprême; commander en chef; **~be,fehlshaber** *m* commandant *m* en chef; généralissime *m*; **~be,griff** *m* terme général, générique; **~be,kleidung** *f* vêtement *m*; **~,bergamt** *n mines* administration supérieure des mines; **~,bett** *n* couvre-pieds *m*; *aus Daunen* édredon *m*; **~,bürger,meister** *m in Deutschland* premier bourgmestre; *in Frankreich* maire *m*; *von London* lord-maire *m*; **~,deck** *n mar.* pont supérieur; **~,deckbus** *m* autobus *m* à impériale; ♀**,deutsch** *adj.* de l'Allemagne du Sud; **das** ♀**e** l'allemand *m* du Sud; **~,deutsche(r)** *f* (*m*) Allemand, -e *m, f* du Sud; ♀**e** *adj.* ⟨*attributiv*⟩ supérieur; *örtlich u. dem Range nach* (*höher*) 'haut; plus élevé; (*über etw. anderem liegend*) de dessus; d'en 'haut; **die ~n Klassen** *e-r Schule* les grandes classes; les classes supérieures; *der Gesellschaft* les 'hautes classes (de la société); **das ~ Zimmer** la chambre du haut; **die**

~n Zehntausend la haute (volée); les gens de la haute; F le gratin; *mus.* die ~n Lagen, Töne le haut; ~e(r) *m* ⟨→ A⟩ supérieur *m*; *égl. cath.*, *e-s Klosters* Père supérieur; ~e(s) *n* ⟨→ A⟩ dessus *m*; 'haut *m*; partie supérieure; ≈ˌfaul *adj.* F *fig.* très mauvais; véreux, -euse; ~ˌfeldwebel *m milit.* adjudant-chef *m*; ~ˌfläche *f* (*Außenseite*) surface *f*; partie superficielle; (*Flächenausdehnung*) superficie *f*; auf der ~ des Wassers à fleur d'eau; an (auf) der ~ à la *od.* en surface; *fig.* an der ~ bleiben traiter superficiellement (un problème).

Oberflächen|ableitung ['oːbərˌflɛçən-ˌʔaplaɪtʊŋ] *f élect.* fuite superficielle; ~beˌhandlung *f techn.* traitement *m* de surface; ~beˌschaffenheit *f* état *m*, nature *f* de la surface; ~entˌladung *f élect.* décharge superficielle; ~geˌstalt *f* configuration *f* de la surface; ~ˌhärtung *f métall.* cémentation *f*; trempe superficielle, de surface; ~kondensatiˌon *f bei Dampfturbinen* condensation *f* par surface; ~kondenˌsator *m an Dampfturbinen* condenseur *m* à surface; ~ˌkühlung *f techn.* refroidissement superficiel; ~ˌrauheit *f* rugosité *f*; ~ˌspannung *f phys., élect.* tension superficielle; ~verˌedelung *f techn.* affinage *m* de surface.

ober|flächlich ['oːbərˌflɛçlɪç] **1.** *adj.* (*äußerlich*) superficiel, -lle (*auch fig.*); *fig.* à fleur de peau; (*nicht ernst veranlagt*) léger, -ère; futile; peu sérieux, -euse; ein ~er Geist un esprit superficiel; ein ~es Wissen une légère, vague teinture de science; **2.** *adv.* etw. ~ behandeln traiter qc. superficiellement, en passant; effleurer qc.; ~ lesen lire, parcourir rapidement; ich kenne ihn nur ~ je ne le connais que vaguement; ≈ˌflächlichˌkeit *f* ⟨~⟩ caractère superficiel; superficialité *f*; (*Leichtfertigkeit*) légèreté *f*; ≈ˌförster *m* garde général des (eaux et) forêts; ≈förste'rei *f* maison *f*, résidence *f* de garde général des (eaux et) forêts; ≈ˌforstmeister *m* inspecteur général, conservateur *m* des (eaux et) forêts; ≈ˌfranken *n géogr.* la Haute-Franconie; ~ˌfränkisch *adj.* de la Haute-Franconie; ~ˌgärig *adj.* à fermentation 'haute; ≈ˌgärung *f* fermentation 'haute; ≈geˌfreite(r) *m milit.* caporal *m*; *mar.* quartier-maître *m* de 2ème classe; ≈geˌschoß *n bât.* étage supérieur; ≈geˌsenk *n techn.* estampe supérieure; ≈geˌwalt *f* pouvoir *m*, autorité *f* suprême; suprématie [-si] *f*; ≈ˌgrenze *f* limite supérieure; plafond *m*; ≈ˌgutachten *n* contre-expertise *f*; surexpertise *f*; ≈ˌgutachter *m* surexpert *m*; tiers expert; ~ˌhalb *prép.* ⟨*gén.*⟩ au-dessus de; (*stromaufwärts*) en amont de; ≈ˌhand *f* ⟨~⟩ *fig.* (*Überlegenheit*) dessus *m*; suprématie [-si] *f*; 'haute main; die ~ haben avoir le dessus, l'avantage, la haute main; die ~ gewinnen prendre le dessus, la haute main; acquérir la supériorité, la suprématie; die ~ behalten garder la haute main; l'emporter (sur); ≈ˌhaupt *n* chef *m*; *e-r Partei auch* leader *m*; ≈ˌhaus *n* ⟨~es⟩ *pol., in England* Chambre 'haute, des lords; ≈ˌhaut *f* ⟨~⟩ *anat. sc.* épiderme *m*; ≈ˌhemd *n* chemise *f*; ≈ˌherr *m* souverain *m*; *féod.* suzerain *m*; ~ˌherrlich *adj.* souverain; *féod.* suzerain; ≈ˌherrlichˌkeit *f* pouvoir souverain, *féod.* suzerain; ≈ˌherrschaft *f* (*bestimmende Gewalt*) souveraineté *f*; *féod.* suzeraineté *f*; (*Überlegenheit*) suprématie [-si] *f*; domination *f* (*zur See* de la mer); (*Führerschaft*) hégémonie *f*; ≈ˌhirt(e) *m égl. cath.* (*Bischof*) évêque *m*; (*Papst*) pape *m*; ≈'hofmarˌschall *m* grand maréchal de la cour; ≈'hofmeister(in) *m* (*f*) surintendant *m*, grand maître de la maison (du roi); première dame d'honneur (de la reine); ≈ˌhoheit *f* souveraineté *f*; *cf. auch* ≈gewalt; ≈ˌholz *n Forstwirtschaft* bois *m* de haute futaie; ≈in *f* ⟨~; ~nen⟩ supérieure *f*; *égl. cath., e-s Frauenklosters* Mère supérieure; ≈ingeniˌeur *m* ingénieur *m* en chef; ~ˌirdisch *adj.* au-dessus du sol; *élect.* aérien, -nne; *milit., Befestigung* en surface; *élect.* ~e Leitung câble aérien; ≈iˌtalien *n* l'Italie *f* du Nord, septentrionale; ~italiˌenisch *adj.* de l'Italie du Nord, septentrionale; ≈ˌkante *f* angle vif supérieur; ≈ˌkellner *m* premier garçon; maître *m* d'hôtel; ≈ˌkiefer *m anat.* mâchoire supérieure; ≈'kirchenˌrat *m égl. prot.* **a)** *Behörde etwa* consistoire *m* suprême; **b)** *Mitglied dieser Behörde etwa* membre *m* du consistoire suprême; ≈ˌklassen *f/pl. e-r Schule* classes supérieures; grandes classes; ≈ˌkleid *n*, ≈ˌkleidung *f cf.* Oberbekleidung; ≈komman'dierende(r) *m* ⟨→ A⟩ *milit. cf.* Oberbefehlshaber; ≈koˌmmando *n* 'haut commandement; commandement *m* en chef, suprême; ~ der Wehrmacht (*abr.* OKW) Grand Quartier Général (*abr.* G.Q.G.); ≈ˌkörper *m* buste *m*; torse *m*; ≈ˌland *n* ⟨~(e)s⟩ 'haut pays; ~ˌlastig *adj. mar.* trop chargé dans les 'hauts; ≈ˌlauf *m* ⟨~(e)s⟩ *e-s Flusses* cours supérieur; ≈ˌleder *n cord.* empeigne *f*; ≈ˌleitung *f* **a)** surveillance générale; direction *f*; **b)** *élect.* ligne aérienne; *für elektr. Züge* caténaire *f*; ≈ˌleitungsˌnetz *n élect.* réseau aérien; ≈ˌleitungsˌ(omni)bus *m* (*Kurzform* Obus) trolleybus *m*; ≈ˌleutnant *m milit.* lieutenant *m*; *mar.* ~ zur See enseigne *m* de vaisseau de 1ère classe; ≈ˌlicht *n* ⟨~(e)s; ~er *od.* ~e⟩ **a)** jour *m*, lumière *f* d'en 'haut; **b)** *bât.* jour *m* à plomb; abat-jour *m*; toit vitré; *e-s Fensters, e-r Tür* vasistas *m*; ≈ˌliga *f Fußball* première division; ≈ˌlippe *f* lèvre supérieure; ≈ˌmaat *m mar. milit.* second-maître *m* de 2ème classe; ≈ˌmeister *m e-r Innung* (grand) maître *m*; ≈ˌösterreich *n* la Haute-Autriche; ≈ˌpfalz *f* le Haut-Palatinat; ≈'postdirektiˌon *f* direction régionale des postes; ≈ˌpriester *m relig.* grand-prêtre *m*; pontife *m*; ≈'prima *f in Deutschland* neuvième classe *f* (treizième année scolaire) d'un lycée, collège; ≈pri'maner(in) *m* (*f*) élève *m*, *f* de la neuvième classe d'un lycée, collège; ≈'rechnungsˌkammer *f hist.* Cour *f* des Comptes; ≈ˌrhein *m* cours supérieur du Rhin; ~ˌrheinisch *adj.* du cours supérieur du Rhin; ≈ˌsatz *m Logik* majeure *f*; ≈ˌschenkel *m anat.* cuisse *f*; ≈ˌschenkelˌbruch *m méd.* fracture *f* du fémur; ≈ˌschicht *f* couche supérieure; *der Gesellschaft* 'hautes classes; classes élevées, supérieures, privilégiées, *pfort.* d'élite; geistige ~ élite intellectuelle; ≈ˌschlesien *n* la Haute-Silésie; ≈ˌschule *f staatl.* lycée *m*; *städt.* collège *m*; ≈'schulrat *m* inspecteur général des écoles; ≈ˌschwelle *f bât.* linteau *m*; ≈ˌschwester *f* infirmière *f* (en) chef; infirmière-major *f*; *relig.* (sœur *f*) supérieure *f*; ≈ˌschwingung *f élect.* vibration *f*, oscillation *f* harmonique; harmonique *f* (supérieure); ≈ˌseite *f* côté supérieur; face supérieure; ≈se'kunda *f in Deutschland* septième classe (onzième année scolaire) d'un lycée, collège; ≈sekun'daner(in) *m* (*f*) élève *m*, *f* de la septième classe (d'un lycée, collège).

oberst ['oːbərst] **I** *adj.* (*sup. von* ober) le (la) plus 'haut(e); le (la) plus élevé(e); premier, -ère; supérieur; (*höchst*) suprême; souverain; ~e Gewalt pouvoir suprême; ~es Gesetz loi suprême; ≈e Heeresleitung Grand Quartier Général (*abr.* G.Q.G.); ~e Gehaltsgrenze traitement maximum; ~e Aufsichtsbehörde autorité administrative suprême; ~er Grundsatz principe directeur; ~e Stelle première place; **II** ≈ *m* ⟨~en *od.* ~s; ~en *od.* ~e⟩ *milit.* colonel *m*.

Ober|staatsanwalt ['oːbər'ʃtaːtsʔanvalt] *m jur.* procureur général; ~'stabsarzt *m milit.* médecin *m* commandant; ~'stabsfeldwebel *m milit.* adjudant-chef *m*; ~ˌstadt *f* ville 'haute; ~'stadtdiˌrektor *m* chef *m* des services de l'administration municipale; ~ˌsteiger *m mines* maître *m* porion; ~ste(r) *f* (*m*) ⟨→ A⟩ supérieur, -e *m*, *f*; (grand) chef *m*; ~ste(s) *n* ⟨→ A⟩ dessus *m*; das ~ zuunterst, das Unterste zuoberst kehren mettre tout sens dessus dessous; tout retourner; ~'steuermann *m mar.* premier pilote; ~ˌstimme *f mus.* dessus *m*; soprano *m*; ~st'leutnant *m milit.* lieutenant-colonel *m*; ~ˌstock *m* ⟨~(e)s⟩ étage supérieur; ~ˌstübchen *n* ⟨~s⟩ F *fig.* er ist nicht, bei ihm ist's wohl nicht ganz richtig im ~ F il travaille du chapeau; il a le timbre un peu fêlé; il a une araignée dans le plafond; P il est timbré, piqué, toqué, marteau, cinglé, dingo, maboul, louf(oque); ~'studiendiˌrektor *m etwa* proviseur *m*; ~ˌstufe *f in der Schule cf.* Oberklassen; ~ˌtasse *f* tasse *f*; ~ˌteil *m od. n* partie supérieure; dessus *m*; *von Kleidungsstücken* corsage *m*; buste *m*; ~'tertia *f in Deutschland* cinquième classe *f* (neuvième année scolaire) d'un lycée, collège; ~terti'aner(in) *m* (*f*) élève *m*, *f* de la cinquième classe d'un lycée, collège; ~ˌton *m* son *m* harmonique; harmonique *m* (supérieur); die Obertöne le haut; ~ver'waltungsgeˌricht *n* 'haute cour administrative; *in Frankreich* conseil *m* d'État; ~ˌwasser *n* ⟨~s⟩ *e-r Schleuse, Mühle* bief *m* d'amont; *fig.* ~ haben avoir le dessus; F tenir le haut du pavé; ~ˌweite *f cout.* (tour *m* de) poitrine *f*; halbe ~ demi-poitrine *f*; ~ˌwelle *f phys.* (onde *f*) harmonique *f*; ~ˌwelt *f* ⟨~⟩ terre *f*; ~ˌzahn *m* dent *f* de la mâchoire supérieure, d'en haut.

obgleich [ɔp'glaɪç] *conj.* quoique; bien que; encore que; malgré que (*alle mit subj.*).

Obhut ['ɔphuːt] *f* ⟨~⟩ garde *f*; (*Schutz*) protection *f*; soins *m/pl.*; j-n in s-e ~ nehmen prendre qn. sous sa protection, sa garde; j-n in s-r ~ haben avoir qn. en garde; avoir la garde de qn.; j-s ~ anvertrauen confier aux (bons) soins de qn.

obig ['oːbɪç] *adj.* ⟨*attributiv*⟩ ci-dessus mentionné; susdit; susmentionné; susnommé; das ≈e ce qui a été dit plus 'haut.

Objekt [ɔp'jɛkt] *n* ⟨~(e)s; ~e⟩ **1.** objet *m*; die Tücke des ~s la malignité des choses; **2.** (*Vorhaben*) projet *m*; **3.** *gr.* régime *m*; complément *m*.

objektiv [ɔpjɛk'ti:f] **I** *adj.* objectif, -ive; (*unparteiisch*) impartial; *jur.* **~er Tatbestand** faits matériels; **II** 2 *n* ⟨~s; ~e⟩ *opt.* objectif *m*; **~ieren** [-'vi:-] *v/t.* ⟨*pas de ge-*, h⟩ *philos.* objectiver; **2ierung** [-'vi:-] *f* ⟨~⟩ *philos.* objectivation *f*; **2ismus** [-'vɪs-] *m* ⟨~⟩ objectivisme *m*; **2i'tät** *f* ⟨~⟩ objectivité *f*; (*Unparteilichkeit*) impartialité *f*; **2verˌschluß** *m phot.* obturateur *m*.

Objekt|sucher [ɔp'jɛktˌzu:xər] *m opt.* viseur *m*; **~ˌträger** *m opt. des Mikroskops* porte-objet *m*; lame *f*.

Oblate[1] [o·'bla:tə] *f* ⟨~; ~n⟩ **1.** *égl.* hostie *f*; **2.** *Backwerk* oublie *f*; **3.** *phm.* cachet *m*; **~**[2] *m* ⟨~n; ~n⟩ *égl. cath.* oblat *m*.

Oblation [o·blatsi·'o:n] *f* ⟨~; ~en⟩ *relig.* oblation *f*.

obliegen ['ɔpˌli:gən, ɔp'li:-] *v/i.* ⟨*insép. od. sép.*, **-ge-**, h⟩ *mit sachlichem Subjekt* j-m ~ être du devoir de qn.; être à la charge de qn.; être dévolu à qn.; incomber à qn.; **die Pflichten, die uns ~** les devoirs que nous avons à remplir, qui nous incombent; **das obliegt mir (das liegt mir ob)** c'est à ma charge; cela m'incombe; **2ˌheit** *f* ⟨~; ~en⟩ obligation *f*; devoir *m*; (*Amt*) charge *f*; fonction *f*.

obligat [o·bli·'ga:t] *adj.* de rigueur; indispensable; inévitable; nécessaire; *mus.* obligé; **2i'on** *f* ⟨~; ~en⟩ *comm.* obligation *f*; **2i'onenˌausgabe** *f* émission *f* d'obligations; **2i'onsˌanleihe** *f* emprunt *m* obligataire, par obligations; **2i'onsˌeinlösung** *f* remboursement *m* d'obligations; **2i'onsˌgläubiger** *m* créancier *m* par (*od.* d'une) obligation; **2i'onsˌinhaber** *m* obligataire *m*; porteur *m* d'obligations; **2i'onsˌschuld** *f* dette *f* obligataire; **2i'onsˌschuldner** *m* débiteur *m* obligataire; **~orisch** [-'to:-] *adj.* obligatoire.

Obligo ['o:bli·go·, 'ɔ-] *n* ⟨~s; ~s⟩ *comm.* engagement *m*; obligation *f*; (*Haftung*) garantie *f*; responsabilité *f*; **ohne ~** (*abr.* **o.O.**) sans garantie; sans engagement; *Wechsel* sans recours.

Obmann ['ɔpman] *m* ⟨~(e)s; ~̈er *od.* -leute⟩ **1.** *pol.* chef *m*; *jur.* **~ der Geschworenen** chef, président du jury; **2.** (*Schiedsmann*) tiers arbitre *m*; **3.** *in e-m Betrieb* délégué *m* du personnel.

Obo|e [o·'bo:ə] *f* ⟨~; ~n⟩ *mus.* 'hautbois *m*; **~'ist** *m* ⟨~en; ~en⟩ 'hautboïste *m*.

Obolus ['o:bo·lʊs] *m* ⟨~; ~ *od.* ~se⟩ *fig.* obole *f*; **s-n ~ entrichten** donner, offrir son obole; **s-n ~ beisteuern** apporter son obole (à).

Obrigkeit ['o:brɪçˌkaɪt] *f* ⟨~; ~en⟩ autorité(s) *f* (*pl.*); pouvoirs publics; **die geistliche, weltliche ~** l'autorité spirituelle, temporelle; **sich an die ~ wenden** recourir à l'autorité; **2lich** *adj.* de l'autorité; public, publique; officiel, -lle; **~e Gewalt** pouvoir public; autorité *f*; **~e Person** représentant de l'autorité; magistrat *m*; *pl.* les autorités; **~sˌstaat** *m* État autoritaire.

obschon [ɔp'ʃo:n] *conj. cf.* obgleich.

Observanz [ɔpzɛr'vants] *f* ⟨~; ~en⟩ *bes. égl. cath.* observance *f*; **strenge ~** étroite observance.

Observatorium [ɔpzɛrva'to:ri·ʊm] *n* ⟨~s; -ien⟩ *astr.* observatoire *m*.

Obsidian [ɔpzi·di·'a:n] *m* ⟨~s; ~e⟩ *minéral.* obsidiane *od.* obsidienne *f*.

obsiegen ['ɔpˌzi:gən, -'zi:-] *v/i.* ⟨*sép. od. insép.*, **-ge-**, h⟩ triompher (de); vaincre; *abs.* l'emporter; *jur.* **ein ~des Urteil erlangen, in e-m Prozeß ~** obtenir, avoir gain de cause; gagner un procès; **~de Partei** partie gagnante.

obskur [ɔps'ku:r] *adj.* obscur; **2i'tät** *f* ⟨~⟩ obscurité *f*.

Obst [o:pst] *n* ⟨~es⟩ fruit(s) *m* (*pl.*); *iron.* F **danke für ~ (u. Südfrüchte)!** merci (pour l'offre, pour l'affaire)!; **~bau** *m* ⟨~(e)s⟩ culture fruitière; production fruitière, de fruits; arboriculture fruitière; *néol.* fructiculture *f*; **~baum** *m* arbre fruitier; **~baumˌschädlinge** *m/pl.* parasites *m/pl.* des arbres fruitiers; **~baumˌzucht** *f* arboriculture fruitière; *néol.* fructiculture *f*; **~baumˌzüchter** *m* arboriculteur fruitier; *néol.* fructiculteur *m*; *par ext.* pépiniériste *m* (fruitier); *nur von Kernobst* pomiculteur *m*; **~ˌdarre** *f* four *m* à sécher les fruits; **~ˌernte** *f als Handlung* récolte *f*, cueillette *f* (des fruits); (*Zeit der ~*) cueillaison *f*; (*Ertrag*) récolte *f* des fruits; **~fleck** *m* tache *f* de fruit; **~frau** *f cf.* **~händler(in)**; **~ˌgarten** *m* verger *m*; (jardin *m*) fruitier *m*; **~geˌschäft** *n cf.* Obstladen; **~geˌstell** *n* fruitier *m*; **~ˌhandel** *m* commerce *m* de(s) fruits; fruiterie *f*; **~ˌhändler(in)** *m* (*f*) marchand, -e *m, f* de fruits; fruitier, -ère *m, f*; **Obst- u. Gemüsehändler(in)** marchand(e) des quatre saisons; **~ˌhandlung** *f cf.* Obstladen.

obstinat [ɔpsti·'na:t] *adj.* obstiné; opiniâtre; têtu; mutin; difficile.

Obst|jahr ['o:pstja:r] *n* année *f* à fruits; **~ˌkeller** *m* fruitier *m*; fruiterie *f*; **~ˌkelter** *f cf.* ~presse; **~kern** *m* pépin *m*; **~konˌserven** *f/pl.* conserves *f/pl.* de fruits; **~korb** *m* panier *m* à fruits; cueilloir *m*; cageot *m*; **~ˌkuchen** *m cuis.* tarte *f* aux fruits; **~ˌladen** *m* fruiterie *f*; **~markt** *m* marché *m* aux fruits; **~ˌmesser** *n* couteau *m* à dessert; **~ˌpflücker** *m Gerät* cueilloir *m*; cueille-fruits *m*; **~planˌtage** *f* plantation *f* d'arbres fruitiers; **~ˌpresse** *f* pressoir *m* à fruits; **2reich** *adj.* riche en fruits.

Obstruktion [ɔpstrʊktsi·'o:n] *f* ⟨~⟩ obstruction *f* (*auch méd.*); **~ treiben** faire de l'obstruction; **~spoliˌtik** *f* obstructionnisme *m*; politique *f* d'obstruction; **~sˌtaktik** *f* tactique *f* obstructionniste, d'obstruction; obstructionnisme *m*.

Obst|saft ['o:pstzaft] *m* jus *m* de fruits; **~saˌlat** *m* macédoine *f*, salade *f* de fruits; **~ˌschale** *f* **1.** pelure *f*; peau *f*; **2.** (*Schüssel*) coupe *f* à fruits; **~ˌsorte** *f* variété *f* de fruits; **~stand** *m* étalage *m* de fruits; *fahrbarer* poussette *f*; **~ˌteller** *m* assiette *f* à dessert; **~ˌtorte** *f cf.* Obstkuchen; **~verˌsand** *m* expédition *f* de fruits; **~verˌwertung** *f* utilisation *f* des fruits; **~wein** *m* vin *m* de fruits; **~zeit** *f* saison *f* des fruits; **~ˌzüchter** *m cf.* Obstbaumzüchter.

obszön [ɔps'tsø:n] *adj.* obscène; **2i'tät** *f* ⟨~; ~en⟩ obscénité *f*.

Obus ['o:bʊs] *m* ⟨~ses; ~se⟩ *Kurzform cf.* Oberleitungsomnibus.

obwalten ['ɔpˌvaltən, -'val-] *v/i.* ⟨-ete, *sép. od. insép.*, **-ge-**, h⟩ exister; avoir lieu; **unter den ~den Umständen** dans les circonstances actuelles, présentes; dans cet état de choses; en raison des, compte tenu des circonstances.

obwohl [ɔp'vo:l] *conj. cf.* obgleich.

Ochse ['ɔksə] *m* ⟨~n; ~n⟩ **1.** bœuf *m*; **junger ~** bouveau *m*; bouvelet *m*; bouvillon *m*; F *fig.* **dastehen wie der ~ vorm Berg, vorm Scheunentor** (*ratlos sein*) ne savoir que faire; être dans l'embarras; F être comme une poule qui a trouvé un couteau; **2.** F *fig.* (*Dummkopf*) bœuf *m*; imbécile *m*.

ochsen ['ɔksən] *v/i.* ⟨-(es)t, h⟩ F *cf.* büffeln.

Ochsen|auge ['ɔksənˌʔaʊgə] *n bât.* œil-de-bœuf *m*; *bot.* télékie *f*; **~ˌfleisch** *n* bœuf *m*; **~geˌspann** *n* attelage *m* de bœufs; **~maulsaˌlat** *m cuis.* salade *f* de museau de bœuf; **~ˌschwanz** *m* queue *f* de bœuf; **~schwanzˌsuppe** *f cuis.* potage *m* ox-tail, queues de bœuf; **~ˌstall** *m* bouverie *f*; *auf dem Schlachthof* bouvril *m*; **~ˌtreiber** *m* bouvier *m*; **~ˌziemer** *m* ⟨~s; ~⟩ nerf *m* de bœuf; **~ˌzunge** *f* langue *f* de bœuf; *bot.* buglosse *f*.

Ocker ['ɔkər] *m od. n* ⟨~s; ~⟩ *minéral.*, *peint.* ocre *f*; **2ˌfarbig** *adj.* ocreux, -euse; ocre; **2ˌgelb** *adj.*, **~ˌgelb** *n* jaune (*m*) d'ocre; **2ˌhaltig** *adj.* ocreux, -euse.

öd [ø:t] *adj. cf.* öde.

Odaliske [o·da'lɪskə] *f* ⟨~; ~n⟩ odalisque *f*.

Ode ['o:də] *f* ⟨~; ~n⟩ *litt.* ode *f*; **kleine ~** odelette *f*.

öde ['ø:də] **I** *adj.* désert; désertique; désolé; (*unbewohnt*) inhabité; (*unbebaut*) inculte; aride; (*einsam*) solitaire; *fig.* (*eintönig*) monotone; triste; sinistre; (*langweilig*) ennuyeux, -euse; aride; **II** 2 *f* ⟨~; ~n⟩ (*Ein2*) désert *m*; solitude *f*; *fig.* (*Eintönigkeit*) monotonie *f*; (*innere Leere*) vide *m*.

Odem ['o:dəm] *poét. m* ⟨~s⟩ haleine *f*; souffle *m*.

Ödem [ø·'de:m] *n* ⟨~s; ~e⟩ *méd.* œdème *m*.

oder ['o:dər] *conj.* ou; (*sonst*) sinon; autrement; **~ aber** ou bien; **entweder ... ~ ...** ou ... ou ...; soit ... soit ...

odiös [o·di·'ø:s] *adj.* odieux, -euse.

Ödipuskomplex ['ø:di·pʊskɔmˌplɛks] *m psych.* complexe *m* d'Œdipe.

Odium ['o:di·ʊm] *n* ⟨~s⟩ odieux *m*.

Ödland ['ø:tlant] *n* ⟨~(e)s; ~̈ereien⟩ terrain *m*, contrée *f* inculte; terre inculte, en friche.

Odontolo|ge [o·dɔnto·'lo:gə] *m* ⟨~n; ~n⟩ odontologiste *m*; **~'gie** *f* ⟨~⟩ odontologie *f*.

Odysse|e [o·dʏ'se:] *f* ⟨~; -'sseen⟩ *fig.* (*Irrfahrt*) odyssée *f*; **2isch** *adj.* d'Ulysse.

Oersted ['ø:rstɛt] *n* ⟨~(s); ~⟩ *phys. cf.* Örsted.

Ofen ['o:fən] *m* ⟨~s; ~̈⟩ (*Stuben2*) poêle [pwal] *m*; (*Back2*) four *m*; (*Herd, Fabrik2, Schmelz2*) fourneau *m*; **gußeiserner ~** poêle en fonte; *fig.* **immer hinter dem ~ hocken** aimer, ne pas quitter le coin du feu; se calfeutrer; se claquemurer; *fig.* **damit lockt man keinen Hund hinterm ~ hervor** cela ne prend pas; **~ˌbank** *f* ⟨~; ~̈e⟩ banquette *f* du poêle; **~ˌecke** *f* coin *m* du feu; **~fabriˌkant** *m* poêlier *m*; **~ˌheizung** *f* chauffage *m* à *od.* par poêle; **~ˌkachel** *f* carreau *m* de poêle; **~ˌklappe** *f* clef *f* (d'un tuyau de poêle); **~ˌkrücke** *f* raclette *f*; *techn.* râble *m*; ringard *m*; *des Bäckers* tire-braise *m*; **~ˌloch** *n* bouche *f*, gueule *f* de four(-neau); **~ˌplatte** *f* plaque *f* de poêle; **~ˌreise** *f techn.* campagne *f* (d'un 'haut fourneau, d'un four, *etc.*); **~ˌrohr** *n* tuyau *m* de poêle; **~ˌröhre** *f* petit four de poêle; **~ˌrost** *m* grille *f*; **~ˌsau** *f métall.* loup *m*; **~ˌschirm** *m* écran *m* (de poêle); **~ˌsetzer** *m* fumiste *m*; poêlier *m*; **~ˌtür** *f* porte *f* de poêle; **~ˌvorsetzer** *m* garde-cendre *m*; **~ˌziegel** *m* brique *f* réfractaire; **~ˌzug** *m* carneau *m*.

offen ['ɔfən] *adj.* **1.** (*geöffnet*) ouvert (*auch fig.*); découvert; **halb ~** entrebâillé; entrouvert; **sperrangelweit** ~ grand ouvert; ~**er Wagen** voiture découverte; ~**es Verdeck** capote baissée, rabattue, pliée; ~**er Güterwagen** wagon plat; (*frei*) ~**es Gelände** terrain découvert; **auf** ~**em Felde** en rase campagne; *milit.* **in** ~**er Schlacht** en bataille rangée; *mar.* ~**e See** 'haute mer; large *m*; **auf** ~**er See** en pleine mer; **auf die** ~**e See hinausfahren** gagner le large; ~**er Wein** vin en carafe; *fig.* ~**er Brief** lettre ouverte; *thé.* **auf** ~**er Szene** en pleine scène; *méd.* ~**en Leib haben** avoir le ventre libre; aller facilement à la selle; **mit** ~**em Munde** (*erstaunt*) bouche bée; **etw.** ~ **liegen lassen** laisser qc. à la vue, à découvert; ~ **zutage liegen** être manifeste; **bei** ~**en Türen** à portes ouvertes; *fig.* **Politik der** ~**en Tür** politique de la porte ouverte; politique libre-échangiste; libre-échangisme *m*; *fig.* **j-n mit** ~**en Armen empfangen** accueillir qn. à bras ouverts; *fig.* **bei j-m ein** ~**es Ohr finden** trouver audience auprès de qn.; *fig.* **e-e** ~**e Hand haben** être généreux, libéral; avoir le cœur sur la main; **sich e-e Hintertür** ~ **lassen** se réserver, se ménager une porte de sortie; **ein** ~**es Haus haben** avoir une maison hospitalière; tenir table ouverte; **2.** *fig.* (*ehrlich, aufrichtig*) franc, franche; sincère; (*treuherzig*) ingénu; candide; ~**es Geständnis** aveu sincère, sans réserve; **ein** ~**es Spiel spielen** jouer franc jeu; jouer cartes sur table; *fig.* **mit** ~**em Visier** à visage découvert; ~**es Wesen** franchise *f*; ~ **gesagt, gestanden** à vrai dire; à parler franc; pour parler franchement; ~ **heraus** sans détour; sans réserve; sans ambages; à cœur ouvert; ~ **reden** parler franc et net; avoir son franc parler; parler sans ambages, à cœur ouvert; **3.** *Stelle* (*unbesetzt*) vacant; inoccupé; **4.** (*unentschieden*) **e-e** ~**e Frage** une question ouverte, indécise, pendante, en suspens; **5.** (*allgemein bekannt*) **ein** ~**es Geheimnis** un secret de polichinelle; **6.** (*öffentlich*) **auf** ~**er Straße** en pleine rue; en public; publiquement; **7.** *milit.* (*unbefestigt*) ~**e Stadt** ville ouverte; (*ungeschützt*) ~**e Flanke** flanc exposé; ~**e Stellung** position exposée, non-protégée, à découvert; **8.** *milit., tél.* (*nicht verschlüsselt*) ~**er Funkspruch** radiogramme en clair; ~**e Sprache** langage clair; **9.** *comm.* ~**er Kredit** crédit ouvert, illimité; ~**e Rechnung** facture non encore payée; **ein Posten steht in unseren Büchern noch** ~ un article est encore à découvert dans nos livres; 2**e Handelsgesellschaft** (*abr.* **OHG**) société en nom collectif.

offenbar [ˈɔfənˈbɑːr, ˌɔfənˈbɑːr] **1.** *adj.* manifeste; évident; patent; apparent; palpable; tangible; visible; ~ **werden** se manifester; se révéler; éclater; **2.** *adv.* évidemment; apparemment; visiblement; il est évident, visible, manifeste, apparent que ...; il semble que ...

offenbar|en [ˌɔfənˈbɑːrən] *v/t.* (*u. v/réfl.*) ⟨*insép.*; *p. p.* **offenˈbart**, *relig. auch* **geˈoffenbart**; h⟩ (se) manifester; (se) révéler (*auch relig.*); *pfort.* faire éclater (**sich** ~ éclater); *Geheimnis* découvrir; dévoiler; **sich j-m** ~ *Kummer, Sorgen* ouvrir son cœur à qn.; épancher son cœur dans le sein de qn.; s'épancher à *od.* avec qn., dans le sein de qn.; *Geheimnis* s'ouvrir (de qc.) à qn.; **er offenbarte sich s-r Mutter** il s'en ouvrit à sa mère; 2**ung** *f* ⟨~; ~en⟩ manifestation *f*; révélation *f*; dévoilement *m*; *pfort.* décèlement *m*; *relig.* **die göttliche** ~ la révélation; **die** ~ **des Johannes** l'Apocalypse *f*; 2**ungsˌeid** *m jur.* serment *m* déclaratoire d'insolvabilité.

offen|bleiben [ˈɔfənˌblaɪbən] *v/i.* ⟨*irr., sép.,* **-ge-, sein**⟩ *Tür etc.* rester ouvert; *Frage* (*ungelöst bleiben*) demeurer, rester posé; rester indécis, pendant, en suspens; **die Frage bleibt offen** *auch* la question reste entière; ~ˌ**halten I** *v/t.* ⟨*irr., sép.,* **-ge-, h**⟩ *Tür* laisser ouvert; *fig.* réserver; **II** *v/réfl.* **sich (die Möglichkeit)** ~ **zu ...** (+ *inf.*) se réserver (la possibilité) de ... (+ *inf.*); 2ˌ**heit** *f* ⟨~⟩ franchise *f*; sincérité *f*; loyauté *f*; ~ˌ**herzig 1.** *adj.* franc, franche; ouvert; (*aufrichtig*) sincère; (*mitteilsam*) expansif, -ive; (*treuherzig*) candide; ingénu; naïf, -ïve; ~ **sein** F être franc du collier; **2.** *adv.* franchement; sincèrement; à cœur ouvert; naïvement; F à la bonne franquette; 2ˌ**herzigˌkeit** *f* ⟨~⟩ franchise *f*; sincérité *f*; (*Mitteilsamkeit*) expansivité *f*; (*Treuherzigkeit*) candeur *f*; ingénuité *f*; naïveté *f*; ~ˌ**kundig** *adj.* public, publique; notoire; de notoriété publique; patent; *Irrtum* flagrant; ~ **machen** publier; rendre public; 2ˌ**kundigˌkeit** *f* ⟨~⟩ publicité *f*; notoriété *f*; ~ˌ**lassen** *v/t.* ⟨*irr., sép.,* **-ge-, h**⟩ *Tür etc.* laisser ouvert; *fig. Frage* laisser indécis, pendant, en suspens; réserver; *e-e Stelle in e-m Schriftstück* (*unbeschrieben lassen*) laisser en blanc; ~ˌ**legen** *v/t.* ⟨*sép.,* **-ge-, h**⟩ découvrir; exposer; publier; divulguer; 2ˌ**legung** *f* ⟨~⟩ publication *f*; divulgation *f*; 2**marktpoliˌtik** *f* politique *f* de marché libre, d'open market; ~ˌ**sichtlich** *adj. u. adv. cf.* **offenbar**; F *auch* qui crève les yeux; qui saute aux yeux.

offensiv [ɔfɛnˈziːf] *adj. milit.* offensif, -ive; ~ **werden** *cf.* 2**e**; 2**e** *f* ⟨~; ~n⟩ offensive *f*; **die** ~ **ergreifen** *milit. u. fig.* passer à, prendre l'offensive; 2ˌ**kampf** *m* combat offensif; 2ˌ**kraft** *f* puissance offensive; 2ˌ**krieg** *m* guerre offensive; 2ˌ**stoß** *m* retour offensif.

Offenstall [ˈɔfənˌʃtal] *m agr.* étable *f* à stabulation libre; ~ˌ**haltung** *f des Viehs* stabulation *f* libre.

offenstehen [ˈɔfənˌʃteːən] *v/i.* ⟨*irr., sép.,* **-ge-, h**⟩ *Tür etc.* être ouvert; *Stelle* être vacant, inoccupé; *comm. Konto* être à découvert; *Rechnung* ne pas être payé, réglé; *fig.* **j-m** ~ être ouvert à qn.; (*zugänglich sein*) être accessible à qn.; **es steht ihm offen, zu ...** (+ *inf.*) il est libre de ..., libre à lui de ..., il a toute latitude de ... (+ *inf.*).

öffentlich [ˈœfəntˌlɪç] **1.** *adj.* public, -ique; ~**es Verfahren** procédure publique; ~**e Gelder, Mittel** deniers, fonds publics; trésor public; ~**es Recht** droit public; ~**e Betriebe, Einrichtungen** services publics; services d'utilité publique; **die** ~**e Hand** a) le fisc; b) les autorités; l'autorité publique; l'État; ~**es Amt** fonction, charge publique; ~**er Dienst** service public; ~**e Ausschreibung** (mise en) adjudication (publique); ~**es Ärgernis** outrage public à la pudeur; ~**e Lasten** charges publiques; ~**e Meinung** opinion publique; ~**e Bekanntmachung** avis au public, officiel; ~**er Fernsprecher**, ~**e Fernsprechstelle** poste téléphonique public; ~**e Ordnung** ordre public; ~**es Verkehrsmittel** moyen de transport public; **im Brennpunkt des** ~**en Lebens stehen** occuper une position très en vue; **die im** ~**en Leben stehenden Personen** les personnages officiels, publics, en vue; ~**es Haus** maison publique, de tolérance; F bordel *m*; **auf** ~**er Straße** *cf.* **offen 6.**; **ein** ~**es Geheimnis** *cf.* **offen 5.**; **2.** *adv.* en public; ~ **bekanntmachen** publier; rendre public; proclamer; **sich** ~ **sehen lassen** paraître, se montrer, se produire en public; ~ **versteigern** vendre à l'encan, aux enchères; 2ˌ**keit** *f* ⟨~⟩ publicité *f*; (*Publikum*) public *m*; **an die** ~ **treten** paraître en public; **der** ~ **übergeben, an die** ~ **bringen** publier; **unter Ausschluß der** ~ à huis clos; **die** ~ **ausschließen** prononcer, ordonner le huis clos; **im Lichte der** ~ à la lumière de la publicité; **in aller** ~ au vu et au su de tout le monde; en public; **die** ~ **beunruhigen** inquiéter, alarmer le public; **an die** ~ **dringen** percer à jour; tomber dans le domaine public; **nicht an die** ~ **treten wollen** ne pas vouloir se faire connaître; garder l'incognito, l'anonymat; ~-ˈ**rechtlich** *adj.* de droit public; ~**e Person** personne juridique; personne morale de droit public; ~**e Anstalt** établissement de droit public.

offerieren [ɔfeˈriːrən] *v/t.* ⟨*pas de ge-*, h⟩ offrir; présenter.

Offerte [ɔˈfɛrtə] *f* ⟨~; ~n⟩ *comm.* offre *f*.

Offizial [ɔfiˑtsiˈɑːl] *m* ⟨~s; ~e⟩ *égl. cath.* official *m*; ~**verˌteidiger** *m jur.* avocat *m*, défenseur *m* d'office.

Offiziant [ɔfiˑtsiˈant] *m* ⟨~en; ~en⟩ *égl. cath.* officiant *m*.

offiziell [ɔfiˑtsiˈɛl] *adj.* officiel, -lle.

Offizier [ɔfiˈtsiːr] *m* ⟨~s; ~e⟩ *milit.* officier *m*; **(zum)** ~ **(ernannt) werden** être nommé officier; passer officier; ~ **vom Dienst** officier de service; ~ **im Wartestand** officier en disponibilité; ~ **auf Zeit** officier engagé; ~ **aus dem Mannschaftsstand** officier sorti du rang; *mar.* **wachhabender** ~ officier de quart; ~**(s)ˌanwärter** *m* aspirant (-officier) *m*; ~**(s)ˌausbildung** *f* formation *f* d'officiers; ~**(s)ˌbursche** *m* ordonnance *f*; ~**(s)ˌheim** *n* mess *m*, cercle *m* des officiers; ~**(s)kaˌsino** *n* mess *m* des officiers; ~**(s)ˌkorps** [-ˌkoːr] *n* corps *m* des officiers; ~**(s)ˌmesse** *f mar.* carré *m* des officiers; ~**(s)ˌnachwuchs** *m* futurs officiers; ~**(s)paˌtent** *n* brevet *m* d'officier; ~**(s)ˌrang** *m* rang *m* d'officier; **im** ~ **stehend** ayant rang d'officier; ~**(s)ˌschule** *f* école *f*, centre *m* d'instruction des officiers; ~**(s)ˌunterkünfte** *f/pl.* logements *m/pl.* des officiers.

Offizin [ɔfiˑˈtsiːn] *f* ⟨~; ~en⟩ **1.** (*Druckerei*) imprimerie *f*; **2.** (*Apotheke*) pharmacie *f*; (*Aufbewahrungsort der Drogen*) officine *f*; 2**al** [-ˈnɑːl], 2**ell** [-ˈnɛl] *adj. phm.* officinal.

offiziös [ɔfiˑtsiˈøːs] *adj.* officieux, -euse.

öffn|en [ˈœfnən] **I** *v/t.* ⟨-ete, h⟩ ouvrir; *Zugekorktes* déboucher; *Versiegeltes* décacheter; *Austern* ouvrir; écailler; *Leiche* autopsier; faire l'autopsie (de); *Schleuse* ouvrir; lâcher; lever; *fig.* **j-m die Augen** ~ ouvrir, dessiller les yeux à qn. (**über etw.** sur qc.); **ein wenig** ~ entrouvrir; **II** *v/réfl.* **sich** ~ s'ouvrir; *von Blumen* s'épanouir; *vom Fallschirm* s'ouvrir; se déployer; **III** 2**en** *n* ⟨~s⟩ *cf.* 2**ung 1.**;

≈**er** *m* ⟨~s; ~⟩ (*Büchsen≈*) ouvre-boîte *m*; *für Flaschenkapseln néol.* décapsul(at)eur *m*; ≈**ung** *f* ⟨~; ~en⟩ **1.** (*das Öffnen*) ouverture *f*; *e-r Flasche* débouchage *m*; débouchement *m*; *e-r Leiche* autopsie *f*; **2.** (*offene Stelle*) ouverture *f*; orifice *m*; (*Loch*) trou *m*; *in e-r Hecke* trouée *f*; passage *m*; (*Eingang*) entrée *f*; (*Mündung*) embouchure *f*; (*Ritze, Spalte*) fente *f*; jour *m*; ≈**ungs,zeiten** *f/pl.* heure(s) *f* (*pl.*) d'ouverture.

Offset|druck ['ɔfsɛt,drʊk] *m* ⟨~(e)s; ~e⟩ *impr.* (procédé *m* d'impression) offset *m*; impression *f* offset; **~(druck)ma,schine** *f* presse *f* d'offset; offset *f*; **~pa,pier** *n* papier *m* offset.

O-förmig ['oː,fœrmɪç] *adj.* en forme d'(un) «O».

oft [ɔft] *adv.* ⟨~̈er, ~̈est⟩ souvent; fréquemment; bien des fois; **soundso ~** plusieurs fois; **ziemlich ~** assez souvent; **so ~, daß** ... si souvent que ...; **wie ~?** combien de fois?; *als Ausruf* **wie ~...!** que de fois...!; **so ~ du kommst**... toutes les fois, chaque fois que tu viendras ...

öfter ['œftər] *adv.* (*comp. von* oft) plus souvent; **ich sehe ihn ~ als dich** je le vois plus souvent que toi; **je ~ ich ihn sehe, desto** ... plus je le vois, plus ...; *sup.* **am öftesten** le plus souvent; **des ~(e)n** *cf.* **~s**; **~s** *adv.* parfois; à plusieurs reprises; de façon réitérée; maintes fois.

oft|malig ['ɔft,maːlɪç] *adj.* fréquent; (souvent) réitéré; **~mals** *adv.* souvent; bien des fois; maintes fois; à maintes reprises; nombre de fois; de nombreuses fois.

oh [oː] *int. cf.* o.

Oheim ['oːhaɪm] *m* ⟨~s; ~e⟩ *cf.* Onkel.

Ohm [oːm] *n* ⟨~(s); ~⟩ *élect.* ohm *m*; **~,meter** *n* ⟨~s; ~⟩ *élect.* ohmmètre *m*; ≈**sch** *adj. élect.* **~er Widerstand** résistance ohmique; ≈**es Gesetz** loi *f* d'Ohm.

ohne ['oːnə] **I** *prép.* ⟨*acc.*⟩ sans; **~ allen Zweifel, ~ Frage** sans aucun doute; **zwölf, ~ die Kinder** douze, sans (compter) les enfants; **~ Geist** dépourvu d'esprit; **~ mein Wissen** à mon insu; **~ weiteres** sans plus; sans (plus de) façons; F de but en blanc; **das geht nicht so ~ weiteres** cela ne va pas, ne s'arrange pas aussi facilement; **er ist nicht ~ Verdienst** il a un certain mérite; **er ist ~ jedes Verständnis dafür** il manque totalement de compréhension pour cela; *milit.* **~ Tritt, marsch!** sans cadence, marche!; F *ellip.* **das** *od.* **die Sache ist nicht ganz ~** a) (*nicht ohne Grund*) cela n'est pas sans fondement; il y a qc. (de vrai) là-dedans; b) (*nicht übel*) cela n'est pas mal; c) (*nicht ohne Gefahr, Schwierigkeit*) l'affaire, cela n'est pas sans péril, sans danger, sans difficulté; **II** *conj.* **~ daß** ... sans que ... (+ *subj.*); *bei gleichem Subjekt auch* **~ zu** ... (+ *inf.*) sans ... (+ *inf.*); **~ etw. zu nehmen** sans rien prendre; **~ j-n gesehen zu haben** sans avoir *od.* n'ayant vu personne; **~'dies** *adv.* puisque; sans cela; **~'gleichen** *adj.* sans pareil, -lle; sans égal; (*einzig*) unique; incomparable; (*unerhört*) inouï; ≈'**haltflug** *m aviat.* vol *m* sans escale; **~'hin** *adv. cf.* ~dies.

Ohn|macht ['oːnmaxt] *f* ⟨~; ~en⟩ **1.** ⟨*pas de pl.*⟩ (*Machtlosigkeit*) faiblesse *f*; impuissance *f*; **2.** *méd.* (*Bewußtlosigkeit*) défaillance *f*; évanouissement *m*; *sc.* syncope *f*; **in ~ fallen** s'évanouir; défaillir; tomber en syncope; perdre connaissance; avoir une syncope, défaillance, un évanouissement, une faiblesse; F tourner de l'œil; tomber dans les pommes, P en digue-digue; F *fig.* **ich wäre beinahe in ~ gefallen, als** ... je serais presque tombé à la renverse en ... (+ *Gerundium*); ≈,**mächtig** *adj.* **1.** (*machtlos*) faible; impuissant; **2.** *méd.* évanoui; en syncope; sans connaissance; **~ werden** *cf.* (in) **~macht (fallen)**; **~machts-,anfall** *m* **e-n ~ erleiden** *cf.* (in) **~macht (fallen)**.

oho [o'hoː] *int.* 'ho! 'ho!; ohé!; 'holà!; F **klein, aber ~!** F petit mais un peu là!

Ohr [oːr] *n* ⟨~(e)s; ~en⟩ *anat.* oreille *f*; **abstehende ~en haben** avoir les oreilles décollées; **ein feines ~** (*Gehör*) **haben** avoir l'oreille fine; **ich bin ganz ~** (*höre aufmerksam zu*) j'écoute de toutes mes oreilles; je suis tout oreille(s); **ganz Auge u. ~ sein** être tout yeux, tout oreilles; **ich fand bei ihm ein offenes ~** il m'écouta favorablement; je trouvais son audience, auprès de lui un accueil favorable; **s-n ~en nicht trauen** ne pas en croire ses oreilles; **ich habe es mit eigenen ~en gehört** je l'ai entendu de mes propres oreilles; **sich die ~en zuhalten** se boucher les oreilles; **die ~en von etw. voll haben** avoir les oreilles rebattues de qc.; *fig.* **die ~en steifhalten** F prendre son courage à deux mains; *fig.* **die ~en hängenlassen** baisser l'oreille; avoir l'oreille basse; **tauben ~en predigen** prêcher dans le désert, pour les murs, à des sourds; parler en pure perte; *fig.* **j-m die ~en vollschreien, j-m in den ~en liegen** casser la tête à qn.; rebattre, rompre, casser, corner les oreilles à qn.; **die ~en spitzen** *fig.* dresser l'oreille; *von Pferden* chauvir des oreilles; *von anderen Tieren* dresser les oreilles; *bibl.* **wer ~en hat zu hören, der höre!** à bon entendeur salut!; *fig.* **die Wände haben ~en** les murs ont des oreilles; **j-n an den ~en ziehen, j-m die ~en langziehen** *fig.* F tirer l'oreille à qn.; **auf diesem ~ höre ich nicht gut** je n'entends pas bien de cette oreille; *fig.* **auf diesem ~ höre ich nicht, auf diesem ~ bin ich taub** je ne l'entends pas de cette oreille; **sich aufs ~ legen, hauen** aller dormir; aller se coucher; **j-m eins, ein paar hinter die ~en geben** donner sur les oreilles à qn.; frotter les oreilles à qn.; **sich hinter dem ~ kratzen** se gratter l'oreille; **er ist noch nicht trocken hinter den ~en** c'est un blanc-bec; **sich etw. hinter die ~en schreiben** ne pas oublier qc.; écrire qc. sur ses tablettes; prendre bonne note de qc.; **schreib dir das hinter die ~en!** tiens-le-toi pour dit!; **er hat es faustdick hinter den ~en** il est plus malin, plus rusé qu'on ne pense; c'est un mâtin, un roublard, un madré; **j-m etw. ins ~ sagen, flüstern** dire, souffler qc. à l'oreille de qn.; **j-m e-n Floh ins ~ setzen** mettre à qn. une idée folle en tête; *fig.* **j-n übers ~ hauen** (*betrügen*) escroquer, duper, F rouler, estamper, arranger, refaire qn.; P posséder, avoir qn.; **j-m das Fell über die ~en ziehen** écorcher qn.; F saigner qn. à blanc; tondre qn.; **sich das Fell über die ~en ziehen lassen** se laisser tondre, manger la laine sur le dos; **bis über die ~en** par-dessus les oreilles; **bis über die ~en rot werden** rougir jusqu'au blanc des yeux; **bis über die ~en in Schulden stecken** être criblé de dettes; F être dans les dettes jusqu'au cou; **bis über die ~en verliebt sein** être éperdument amoureux; **j-m etw. zu ~en bringen** rapporter qc. à qn.; **es ist mir zu ~en gekommen** il m'est revenu aux oreilles; j'ai appris; j'ai entendu dire; **das geht bei ihm zu e-m ~ 'rein, zum andern wieder 'raus** cela lui (r)entre par une oreille et lui (res)sort par l'autre; **die ~en klingen mir** les oreilles me cornent; **die ~en hätten Ihnen klingen müssen** les oreilles ont (bien) dû vous corner; **auf den ~en sitzen** (*nicht hören wollen*) faire la sourde oreille; **dem ~ schmeicheln** flatter, charmer l'oreille; **den ~en wehtun** écorcher les oreilles; **sich e-e Nacht um die ~en schlagen** passer une nuit blanche; **nur mit halbem ~ zuhören** n'écouter que d'une oreille, d'une oreille distraite; **sperr die ~en auf!** P ouvre tes esgourdes!

Öhr [øːr] *n* ⟨~(e)s; ~e⟩ *e-r Nähnadel* trou *m*; œil *m*; chas *m*; *in Hammer, Axt u. anderen Geräten* œil *m*; douille *f*; oreille *f*.

Ohren|arzt ['oːrən,ʔartst] *m* auriste *m*; Hals-, Nasen-, Ohrenarzt oto-rhino-laryngologiste *m*; **~,beichte** *f égl. cath.* confession *f* auriculaire; ≈**be-,täubend** *adjt.* assourdissant; à écorcher les oreilles; *cf. auch* **~zerreißend**; **~ent,zündung** *f méd. sc.* otite *f*; **~,fluß** *m méd.* flux *m* d'oreille; *sc.* otorrhée *f*; **~,heilkunde** *f méd.* otologie *f*; **~-,klappe** *f* oreillette *f*; oreillon *m*; **~-,klingen** *n* ⟨~s⟩ *méd.* tintement *m* d'oreille(s); cornement *m*; **~,krankheit** *f*, **~,leiden** *n méd.* maladie *f* de l'oreille; **~,reißen** *n cf.* **~schmerzen**; **~,sausen** *n* bourdonnement *m* d'oreille(s); **~-,schmalz** *n sc.* cérumen [-ɛn] *m*; **~-,schmaus** *m* charme *m* pour l'oreille; **~,schmerzen** *m/pl.* douleurs *f/pl.* d'oreille; *sc.* otalgie *f*; **ich habe ~** j'ai mal aux oreilles; **~,schützer** *m* ⟨~s; ~⟩ protège-oreilles *m*; cache-oreilles *m*; *cf. auch* **~klappe**; **~,sessel** *m* fauteuil *m* à oreilles; **~spezia,list** *m cf.* **~arzt**; **~,spiegel** *m méd.* otoscope *m*; **~,spritze** *f méd.* seringue *f* auriculaire; **~,stuhl** *m cf.* **~sessel**; ≈**zer,reißend** *adjt.* qui déchire les oreilles; à tout rompre; à briser le tympan; **~,zeuge** *m jur.* témoin *m* auriculaire.

Ohr|feige ['oːr,faɪgə] *f* soufflet *m*; gifle *f*; F calotte *f*; *cf. auch* Maulschelle; *fig.* **das war e-e ~ für ihn** c'était une gifle pour lui; ≈,**feigen** *v/t.* ⟨h⟩ **j-n ~** souffleter qn.; donner des soufflets, des gifles à qn.; gifler, F calotter qn.; **~feigenge,sicht** F *n* figure *f* à gifles, F à claques; **~ge,hänge** *n* pendants *m/pl.*, boucles *f/pl.* d'oreilles; **~klips** *m/pl.* clips *m/pl.*; **~,läppchen** *n* ⟨~s; ~⟩ bout *m*, *sc.* lobe *m* de l'oreille; **~,löffel** *m méd.* cure-oreille *m*; **~,marke** *f bei Zuchttieren* marque *f* (d'oreille); **~,muschel** *f anat.* pavillon *m*, conque *f* de l'oreille; pavillon *m* auriculaire; **~ring** *m* boucle *f* d'oreille; **~schmuck** *m cf.* **~gehänge**, **~ring**; **~,speichel,drüse** *f anat.* (glande *f*) parotide *f*; **~,trommel** *f*, **~trom,pete** *f anat.* trompe *f* d'Eustache; **~wurm** *m zo.* perce-oreille *m*.

oje [o'jeː], **ojemine** [-mi·ne·] *int.* aïe, aïe!; *cf. auch* je, jemine.

Okarina [o·ka'riːna] *f* ⟨~; ~s *od.* -nen⟩ *mus.* ocarina *m*.

Okkasionalismus [ɔkazi·o·na'lɪsmʊs] *m* ⟨~⟩ *philos.* occasionnalisme *m*.

okkult [ɔ'kʊlt] *adj.* occulte.

Okkultis|mus [ɔkʊl'tɪsmʊs] *m* ⟨~⟩ occultisme *m*; **~t(in)** *m* ⟨~en; ~en⟩ (*f*) ⟨~; ~nen⟩ occultiste *m, f*; **2tisch** *adj.* occultiste.

Okku|pation [ɔkuˑpatsiˑˈoːn] *f* ⟨~; ~en⟩ occupation *f*; **2ˈpieren** *v/t.* ⟨*pas de ge-*, h⟩ occuper.

Ökologie [øˑkoˑloˑˈgiː] *f* ⟨~⟩ *biol.* écologie *f*.

Ökonom [øˑkoˑˈnoːm] *m* ⟨~en; ~en⟩ économe *m*; *nur noch selten für* cultivateur *m*; **~ie** [-ˈmiː] *f* ⟨~⟩ économie *f*; **2isch** *adj.* économique.

Oktae|der [ɔktaˈeːdər] *n* ⟨~s; ~⟩ *Geometrie* octaèdre *m*; **2drisch** *adj.* octaédrique; octaèdre; octaédriforme.

Oktagon [ɔktaˈgoːn] *n* ⟨~s; ~e⟩ *cf.* Oktogon.

Oktant [ɔkˈtant] *m* ⟨~en; ~en⟩ *mar.* octant *m*.

Oktanzahl [ɔkˈtɑːnˌtsɑːl] *f chim.* indice *m* d'octane.

Oktav [ɔkˈtɑːf] *n* ⟨~s; ~e⟩ *impr.* (format *m*) in-octavo *m* (*abr.* in-8°); **~ˌband** *m* (volume *m*) in-octavo *m*; **~ˌbogen** *m* feuille *f* in-octavo.

Oktave [ɔkˈtɑːvə] *f* ⟨~; ~n⟩ *mus.* octave *f*.

Oktavformat [ɔkˈtɑːffɔrˌmɑːt] *n cf.* Oktav.

oktavieren [ɔktaˈviːrən] *v/i.* ⟨*pas de ge-*, h⟩ *mus.* octavier.

Oktett [ɔkˈtɛt] *n* ⟨~(e)s; ~e⟩ *mus.* octuor *m*.

Oktober [ɔkˈtoːbər] *m* ⟨~(s); ~⟩ (mois *m* d')octobre *m*; im (Monat) ~ au mois d'octobre; en octobre; **~revolutiˌon** *f*, **~ˌtage** *m/pl. hist.* révolution *f*, journées *f/pl.* d'octobre.

Okto|gon [ɔktoˑˈgoːn] *n* ⟨~s; ~e⟩ *Geometrie* octogone *m*; **2goˈnal** *adj.* octogonal; **~ˈpode** *m* ⟨~n; ~n⟩ *zo.* octopode *m*.

Okular [oˑkuˑˈlɑːr] *n* ⟨~s; ~e⟩, **~ˌglas** *n opt.* (verre *m*) oculaire *m*; **~inspektiˌon** *f méd.* inspection *f* oculaire.

okulier|en [oˑkuˑˈliːrən] **I** *v/t.* ⟨*pas de ge-*, h⟩ *arb.* greffer; enter un écusson; écussonner; **II 2en** *n* ⟨~s⟩ greffe *f*; greffage *m*; écussonnage *m*; **2ˌmesser** *n arb.* greffoir *m*; entoir *m*; écussonnoir *m*; **2ˌreis** *n* greffe *f*; greffon *m*; ente *f*; écusson *m*; **2ung** *f* ⟨~; ~en⟩ *cf.* ~en II.

Ökumen|e [øˑkuˑˈmeːneˑ] *f* ⟨~⟩ œcoumène *od.* œkoumène *m od. f*; **2isch** *adj.* ~es Konzil concile œcuménique.

Okzident [ˈɔktsiˑˌdɛnt, -ˈdɛnt] *m* ⟨~s⟩ **1.** *cf.* Westen; **2.** *cf.* Abendland; **2al(isch)** [-ˈtɑːl(ɪʃ)] *adj.* occidental.

Öl [øːl] *n* ⟨~(e)s; ~e⟩ huile *f*; (*Heiz2*) mazout *m*; fuel-oil *m*; (*Erd2*) pétrole *m*; mit ~ tränken imbiber d'huile; *peint.* in ~ malen peindre à l'huile; faire de la peinture à l'huile; *égl. cath.* geweihtes ~ saint chrême; saintes huiles; *cuis.* mit ~ kochen cuisiner à l'huile; faire la cuisine à l'huile; ätherisches ~ huile essentielle; trocknendes ~ huile siccative; tierisches, pflanzliches ~ huile animale, végétale; *fig.* ~ ins Feuer gießen jeter de l'huile sur le feu; *fig.* ~ auf die Wogen gießen mettre de l'huile dans les rouages; arrondir les angles; calmer les esprits; **~ˌabdichtung** *f techn.* joint *m* à l'huile, baignant dans l'huile; **~ˌablaß** *m* vidange *f* d'huile; **~ˌabscheider** *m techn.* séparateur *m* d'huile; déshuileur *m*; **~ˌanlasser** *m mot. élect.* démarreur *m* à bain d'huile; **~ˌanstrich** *m* peinture *f* à l'huile; **2ˌartig** *adj. sc.* oléagineux, -euse; **~bad** *n métall.* bain *m* d'huile; **~baum** *m bot.* olivier *m*; **~beˌhälter** *m* réservoir *m* à *od.* d'huile, *für Heizöl* à *od.* de mazout; **~berg** *m* ⟨~(e)s⟩ *bibl.* mont *m* des Oliviers; **~bild** *n cf.* Ölgemälde; **~ˌbremse** *f* amortisseur *m*, frein *m* à huile; **~ˌbrenner** *m bei Ölheizung* brûleur *m* à mazout; **~druck** *m* ⟨~(e)s⟩ **1.** *mot.* pression *f* d'huile; **2.** ⟨*pl.* ~e⟩ *impr. cf.* Ölfarbendruck; **~druckˌanzeiger** *m techn.* indicateur *m* de pression d'huile; **~druckˌbremse** *f techn.* frein *m* hydraulique; **~druckˌleitung** *f mot.* conduite *f*, canalisation *f* d'huile sous pression; **~druckˌmesser** *m* ⟨~s; ~⟩ *mot. cf.* ~druckanzeiger; **~druckˌpumpe** *f mot.* pompe *f* à huile; **~druckˌschmierung** *f mot.* graissage *m* à l'huile sous pression; **~druckˌstoßdämpfer** *m techn.* amortisseur *m* hydraulique.

Oleander [oˑleˑˈandər] *m* ⟨~s; ~⟩ *bot.* laurier-rose *m*; oléandre *m*.

Oleat [oˑleˑˈɑːt] *n* ⟨~(e)s; ~e⟩ *chim.* oléate *m*.

Olein [oˑleˑˈiːn] *n* ⟨~s; ~e⟩ *chim.* oléine *f*; **~ˌsäure** *f chim.* acide *m* oléique.

öl|en [ˈøːlən] **I** *v/t.* ⟨h⟩ huiler; graisser; imbiber d'huile; lubrifier; F *fig.* wie ein geölter Blitz davonlaufen partir comme une flèche; **II 2en** *n* ⟨~s⟩ huilage *m*; graissage *m*; lubrification *f*; **2er** *m* ⟨~s; ~⟩ *techn.* graisseur *m*; lubrificateur *m*.

Oleum [ˈoːleˑum] *n* ⟨~s; -ea⟩ *chim.* oléum [-ɔm] *m*.

olfaktorisch [ɔlfakˈtoːrɪʃ] *adj.* olfac-[tif, -ive.]

Öl|fänger [ˈøːlˌfɛŋər] *m* ⟨~s; ~⟩ *techn.* piège *m* à, collecteur *m* d'huile; **~ˌfarbe** *f* couleur *f* à l'huile; mit ~n malen *cf.* (in) Öl (malen); **~farbenˌdruck** *m* ⟨~(e)s; ~e⟩ *impr.* impression *f* en couleurs à l'huile; chromolithographie *f*; chromotypographie *f*; F chromo *m od. f* (*die letzten drei auch als Bild*); **~ˌfelder** *n/pl.* champs *m/pl.*, terrains *m/pl.* pétrolifères; **~ˌfeuerung** *f techn.* chauffage *m* à (l')huile, au mazout, au fuel; **~film** *m* pellicule *f*, film *m* d'huile; **~ˌfilter** *m mot.* filtre *m* à *od.* d'huile; **~fleck** *m* tache *f* d'huile; **~ˌfrüchte** *f/pl.* fruits oléagineux; **~fund** *m géol.* (découverte *f* d'un) gisement *m* de pétrole; **2geˌhärtet** *adjt. métall.* trempé à l'huile; **2geˌkühlt** *adjt.* refroidi à l'huile; **~geˌmälde** *n peint.* peinture *f*, tableau *m* à l'huile; toile *f*; huile *f*; **~geˌmisch** *n mot.* F mélange *m* (d'huile et d'essence); **~geˌsellschaft** *f* compagnie pétrolière; **2geˌtränkt** *adjt.* imprégné, imbibé, enduit d'huile; **~ˌgötze** F *m* (vraie) souche *f*; buse *f*; bûche *f*; **~ˌhafen** *m mar.* port pétrolier; **2ˌhaltig** *adj.* oléagineux, -euse; **~ˌhandel** *m* huilerie *f*; commerce *m* d(es)'huile(s); **~ˌhändler** *m* marchand *m* d'huile; huilier *m*; **~ˌhärtung** *f métall.* trempe *f* à l'huile; **~ˌheizung** *f* chauffage *m* au mazout; **2hyˌdraulisch** *adj.* oléo-hydraulique; **2ig** *adj.* huileux, -euse; graisseux, -euse; onctueux, -euse; *bot.* oléagineux, -euse; *fig.* (*salbungsvoll*) onctueux, -euse.

Oligarch [oˑliˑˈgarç] *m* ⟨~en; ~en⟩ oligarque *m*; **~ie** [-ˈçiː] *f* ⟨~; -ien⟩ oligarchie *f*; **2isch** *adj.* oligarchique.

olim [ˈoːlɪm] *com.* zu **2**s Zeiten (au temps) jadis; F du temps du roi Dagobert.

Öl|industrie [ˈøːlˀɪndusˌtriː] *f* industrie pétrolière; **~isoˌlierung** *f élect.* isolation *f* à huile.

Oliv|e [oˑˈliːvə] *f* ⟨~; ~n⟩ *bot.* olive *f*; **~enˌbaum** *m cf.* Ölbaum; **~enˌernte** *f* récolte *f* des olives; olivaison *f*; olivade *f* (*beide auch als Zeit der* ~); **2enˌfarbig** *adj.* olive; *sc.* olivacé; *bes. von der Hautfarbe* olivâtre; **2enˌförmig** *adj.* en forme d'olive; *sc.* olivaire; **~enˌhain** *m cf.* ~enpflanzung; **~enˌholz** *n* (bois *m* d')olivier *m*; **~enˌöl** *n* huile *f* d'olive; **~enˌpflanzung** *f* olivaie *f*; oliveraie *f*; olivette *f*; **2ˌgrün** *adj.* vert olive; olivâtre.

Olivin [oˑliˑˈviːn] *m* ⟨~s; ~e⟩ *minéral.* olivine *f*.

Öl|kanister [ˈøːlkaˌnɪstər] *m* bidon *m* à *od.* d'huile; **~ˌkännchen** *n*, **~ˌkanne** *f* burette *f*; **~ˌkohle** *f* calamine *f*; **~kondenˌsator** *m élect.* condensateur *m* à huile; **~ˌkuchen** *m agr.* tourteau *m*; **~ˌkühler** *m techn.* refroidisseur *m* à *od.* d'huile; **~ˌlampe** *f* lampe *f* à huile; **~ˌleitung** *f* conduite *f*, canalisation *f* d'huile; conduite *f* de pétrole; pipe-line *m*; oléoduc *m*; **~maleˌrei** *f* (peinture *f* à l')huile *f*; **~ˌmeßstab** *m* jauge *f* d'huile; **~moˌtor** *m* moteur *m* à huile lourde; **~ˌmühle** *f* moulin *m* à huile; huilerie *f*; *für Olivenöl* oliverie *f*; **~ˌnebel** *m mot.* nuage *m* d'huile; **~ˌofen** *m techn.* four *m* à huile; *im Zimmer* poêle *m* au *od.* à mazout; **~ˌpalme** *f bot.* palmier *m* à huile, oléifère; **~paˌpier** *n* (*Pauspapier*) papier huilé, à calquer, (*Packpapier*) paraffiné; **~pest** *f* marée noire; **~ˌpflanzen** *f/pl. bot.* plantes *f/pl.* oléifères; oléinées *f/pl.*; oléacées *f/pl.*; **~ˌpresse** *f* presse *f* à huile; **~ˌpumpe** *f mot.* pompe *f* à huile, de graissage; **~ˌquelle** *f* puits *m* de pétrole; **~raffineˌrie** *f* raffinerie *f* d'huile; huilerie *f*; **~ˌreinigung** *f* épuration *f* d'huile; **~ring** *m mot.* bague *f* de graissage; **~ˌsame** *m bot.* graine oléagineuse; **~ˌsaaten** *f/pl. bot.* semences oléagineuses; **~sarˌdine** *f* sardine *f* à l'huile; **~ˌsäure** *f chim.* acide *m* oléique; **~ˌschalter** *m élect.* interrupteur *m*, disjoncteur *m* à bain d'huile; **~schicht** *f* couche *f* d'huile; **~ˌschiefer** *m minéral.* schiste bitumineux, huileux; **~ˌschläger** *m* huilier *m*; **~ˌschmierung** *f* graissage *m*, lubrification *f* (par *od.* à huile); **~sieb** *n* tamis *m* d'huile; **~stand** *m* niveau *m* d'huile; **~standˌanzeiger** *m* indicateur *m* du niveau d'huile; voyant *m*; **~sumpf** *m mot. cf.* ~wanne; **~süß** *n* ⟨~es⟩ *chim.* glycérine *f*; **~tank** *m cf.* Ölbehälter; **~ˌtanker** *m mar.* pétrolier *m*; **~ˌumlauf** *m mot.* circulation *f* d'huile; **~ung** *f* ⟨~⟩ *cf.* ölen II; *égl. cath.* die Letzte ~ l'extrême-onction *f*; **~verˌbrauch** *m mot.* consommation *f* d'huile; **~ˌvorkommen** *n* gisement *m* pétrolifère, de pétrole; **~ˌwaage** *f* oléomètre *m*; **~ˌwanne** *f* bac *m* à huile; *mot.* carter [-ɛːr] *m* (d'huile); **~ˌwechsel** *m mot.* changement *m*, renouvellement *m* d'huile; vidange *f* d'huile; **~ˌwiderstand** *m élect.* résistance *f* à huile.

Olymp [oˑˈlʏmp] *m* ⟨~s⟩ *myth.* Olympe *m*; F *thé.* paradis *m*; poulailler *m*; **~iˈade** *f* ⟨~; ~n⟩ *im Altertum* olympiade *f*; *heute* jeux *m/pl.* olympiques; olympiades *f/pl.*; **~iaˌmannschaft** *f* équipe *f* olympique; **~iaˌsieger(in)** *m* (*f*) champion, -nne *m*, *f* olympique; **~iaˌstadion** *n* stade *m* olympique; **2isch** *adj. myth.* olympien, -nne; d'Olympe; *Sport* olympique; ~e Ruhe calme olympien; **2**e Spiele jeux olympiques; **2**es Dorf village olympique; **2**es Feuer flamme olympique; **2**es Komitee comité olympique.

Öl|zeug [ˈøːltsɔʏk] *n mar.* ciré *m* (de marin); **~ˌzufuhr** *f* amenée *f* d'huile; **~ˌzuleitungsˌrohr** *n* conduite *f* d'amenée d'huile; **~zweig** *m* branche *f*, *fig.* rameau *m* d'olivier.

Oma ['oːma] *enf. f* ⟨~; ~s⟩ grand-maman *f*; bonne maman; *enf.* mémère *f*.
Omelett [ɔm(ə)'lɛt] *n* ⟨~(e)s; ~e *od.* ~s⟩, ~e *f* ⟨~; ~n⟩ *cuis.* omelette *f*.
Omen ['oːmən] *n* ⟨~s; Omina⟩ présage *m*; augure *m*; **ein schlechtes** ~ un mauvais augure.
ominös [oˑmiˑ'nøːs] *adj.* fatal; de mauvais augure; (*anrüchig, bedenklich*) suspect; douteux, -euse; équivoque; louche.
Omnibus ['ɔmniˑbʊs] *m* ⟨~ses; ~se⟩ autobus *m*; **mit dem** ~ **fahren** prendre l'autobus; ~ˌ**bahnhof** *m* gare *f* d'autobus, routière; *néol.* auto-gare *f*; ~ˌ**fahrer** *m* conducteur *m* d'autobus; ~ˌ**fahrt** *f* trajet *m* en autobus; ~ˌ**haltestelle** *f* arrêt *m* d'autobus; ~ˌ**linie** *f* ligne *f* d'autobus; ~ˌ**schaffner** *m* receveur *m* d'autobus.
omnilateral [ɔmniˑlateˑ'rɑːl] *adj. comm.* international; mondial.
Omnium ['ɔmniˑʊm] *n* ⟨~s; -ien⟩ *Radsport* omnium *m*; ~**ver**ˌ**sicherung** *f* assurance *f* tous risques.
Onan|ie [oˑna'niː] *f* ⟨~⟩ onanisme *m*; masturbation *f*; 2**ieren** *v/i.* ⟨*pas de ge-*, h⟩ se masturber; ~**ist** *m* ⟨~en; ~en⟩ onaniste *m*.
Ondul|ation [ɔnduˑlatsiˑ'oːn] *f* ⟨~; ~en⟩ ondulation *f*; 2**ieren** [-'liː-] **I** *v/t.* ⟨*pas de ge-*, h⟩ onduler; **II** ~**ieren** [-'liː-] *n* ⟨~s⟩, ~**ierung** [-'liː-] *f* ⟨~⟩ *cf.* ~ation.
Onestep ['vanstɛp] *m* ⟨~s; ~s⟩ one-step *m*.
Onkel ['ɔŋkəl] *m* ⟨~s; ~, F *auch* ~s⟩ oncle *m*; ~ˌ**ehe** F *f* concubinage *m* (avec une veuve, qui ne se marie pas pour conserver sa pension, rente); 2ˌ**haft** *adj.* avunculaire; *fig.* comme un vieux (monsieur).
Öno|logie [øˑnoˑloˑ'giː] *f* ⟨~⟩ œnologie *f*; 2'**logisch** *adj.* œnologique.
onomato|poetisch [oˑnoˑmatoˑpoˑ'eːtɪʃ] *adj.* onomatopoétique; 2**pö'ie** *f* ⟨~; -ien⟩ onomatopée *f*.
Önometer [øˑnoˑ'meːtər] *n* ⟨~s; ~⟩ œnomètre *m*.
Onto|genese [ɔntoˑgeˑ'neːzə] *f* ⟨~⟩, ~**ge'nie** *f* ⟨~⟩ *biol.* ontogenèse *f*; ontogénie *f*; 2**ge'netisch** *adj.* ontogén(ét)ique; ~**lo'gie** *f* ⟨~⟩ ontologie *f*; 2'**logisch** *adj.* ontologique.
Onyx ['oːnʏks] *m* ⟨~(es); ~e⟩ *minéral.* onyx *m*.
Opa ['oːpa] *m* ⟨~s; ~s⟩ *enf.* pépère *m*.
opak [oˑ'pɑːk] *adj.* opaque.
Opal [oˑ'pɑːl] *m* ⟨~s; ~e⟩ *minéral.* opale *f*; ~**es'zenz** *f* ⟨~⟩ opalescence *f*; 2**es'zieren** *v/i.* ⟨*pas de ge-*, h⟩ *cf.* 2isieren; ~ˌ**glas** *n* verre opalin; opaline *f*; 2**i'sieren** *v/i.* ⟨*pas de ge-*, h⟩ avoir des reflets d'opale; 2**i'sierend** *adjt.* opalescent.
Opazität [oˑpatsiˑ'tɛːt] *f* ⟨~⟩ opacité *f*.
Oper ['oːpər] *f* ⟨~; ~n⟩ *thé.* opéra *m*; *als Haus* Opéra *m*; salle *f* d'opéra; **komische** ~ opéra-comique *m*; opéra bouffe; **ernste** ~ grand opéra.
Operateur [oˑpeˑra'tøːr] *m* ⟨~s; ~e⟩ *chir., Film* opérateur *m*.
Operation [oˑpeˑratsiˑ'oːn] *f* ⟨~; ~en⟩ *chir., milit.* opération *f*; *milit. auch* manœuvre *f*; *chir.* **sich e-r** ~ **unterziehen** subir une opération; se soumettre à une opération; se faire opérer; **vor der** ~ *auch* préopératoire; **nach der** ~ *auch* postopératoire; ~**s**ˌ**basis** *f milit.* base *f* d'opérations; ~**sbe**ˌ**reich** *m cf.* ~sgebiet; 2**s**ˌ**fähig** *adj. chir., milit.* opérable; **nicht** ~ inopérable; ~**s**ˌ**feld** *n*, ~**sge**ˌ**biet** *n milit.* théâtre *m*, terrain *m*, territoire *m*, zone *f* d'opérations; *für U-Boote* zone *f* de croisière; ~**s**ˌ**kittel** *m chir.* blouse *f* de chirurgien; ~**s**ˌ**kosten** *pl.* frais *m/pl.* d'intervention chirurgicale; ~**s**ˌ**plan** *m* plan *m* des opérations; manœuvre conçue; ~**s**ˌ**saal** *m* (*abr.* OP) *chir.* salle *f* d'opération; ~**s**ˌ**schwester** *f chir.* infirmière *f* (de la salle) d'opération; ~**s**ˌ**tisch** *m chir.* table *f* d'opération; F billard *m*.
operativ [oˑpeˑra'tiːf] *adj. milit.* opérationnel, -lle; *chir.* chirurgical; opératoire; ~**er Eingriff** intervention chirurgicale.
Operette [oˑpeˑ'rɛtə] *f* ⟨~; ~n⟩ *mus.* opérette *f*; 2**n**ˌ**haft** *adj.* d'opérette.
operieren [oˑpeˑ'riːrən] **I** *v/t.* ⟨*pas de ge-*, h⟩ *chir.* opérer; *abs.* faire une opération; **sich** ~ **lassen** *cf.* Operation; **j-n am Blinddarm** ~ opérer qn. de l'appendicite; **II** *v/i. allg. u. milit.* opérer; manœuvrer; faire une opération; *fig. auch* procéder; agir.
Opernˌ**arie** ['oːpərnˌʔɑːriˑə] *f* air *m* d'opéra; ~ˌ**ball** *m* bal *m* de l'Opéra; ~**en**ˌ**semble** *n* troupe *f* de l'Opéra; ~ˌ**führer** *m* guide *m* de théâtre, d'opéra; ~ˌ**glas** *n*, ~ˌ**gucker** F *m* ⟨~s; ~⟩ lorgnette *f* (de spectacle); jumelles *f/pl.* (de théâtre); 2ˌ**haft** *adj.* d'opéra; ~ˌ**haus** *n cf.* Oper; ~**kompo**ˌ**nist** *m* compositeur *m* d'opéras; ~ˌ**sänger** (**-in**) *m* (*f*) chanteur *m* d'opéra; cantatrice *f* (d'opéra); ~ˌ**text** *m* livret *m* d'opéra; ~**über**ˌ**tragung** *f im Radio* opéra radiodiffusé.
Opfer ['ɔpfər] *n* ⟨~s; ~⟩ **1.** sacrifice *m*; (*Brand*2) holocauste *m* (*beide auch fig.*); **kein** ~ **scheuen für etw.** ne reculer devant aucun sacrifice pour (obtenir) qc.; faire de grands sacrifices pour qc.; **das war ein vergebliches** ~ ce fut un sacrifice inutile; **ein** ~ **darbringen** offrir, faire un sacrifice; **sich zu e-m notwendigen** ~ **bequemen** F s'exécuter (de bonne grâce); **2.** (*das Geopferte*) victime *f* (*auch fig.*); *relig.* (~gabe) offrande *f*; **j-m** *od.* **e-r Sache zum** ~ **fallen** être la victime, la proie de qn., de qc.; **ein** ~ **der Flammen werden** être la proie des flammes; **das Erdbeben hat zahlreiche** ~ **gefordert** le tremblement de terre a fait de nombreuses victimes; ~**al**ˌ**tar** *m* autel *m* du sacrifice; 2**be**ˌ**reit** *adj.* prêt au sacrifice, à se dévouer; plein d'abnégation; ~**be**ˌ**reitschaft** *f* disposition *f* au sacrifice; acceptation *f* du sacrifice; dévouement *m*; abnégation *f*; ~**be**ˌ**reitung** *f égl. cath.* préparation *f*; ~ˌ**büchse** *f égl. cf.* ~stock; ~ˌ**flamme** *f* flamme *f* du sacrifice; 2ˌ**freudig** *adj.* imbu, animé de l'esprit de sacrifice; ~ˌ**freudigkeit** *f* ⟨~⟩ esprit *m* de sacrifice; ~ˌ**gabe** *f* offrande *f*; ~ˌ**gang** *m* sacrifice *m*; ~**ge**ˌ**fäß** *n* vase sacré; ~ˌ**geld** *n* offrande *f* en argent; ~ˌ**handlung** *f* sacrifice *m*; ~ˌ**kasten** *m cf.* ~stock; ~ˌ**lamm** *n* agneau offert en sacrifice; *fig.* (*Christus*) agneau divin, de Dieu; *fig.* victime *f* (innocente); ~ˌ**mahl** *n* repas *m* du sacrifice; ~ˌ**messer** *n* couteau sacré, du sacrifice; 2**n I** *v/t.* (*u. v/réfl.*) ⟨-(e)re, h⟩ (se) sacrifier; (s')offrir en sacrifice; *fig.* (s')immoler; *in der Kirche* faire une offrande; **sich** ~ *auch* se dévouer; **sein Leben, sich für das Vaterland** ~ sacrifier sa vie, se sacrifier pour sa patrie; **II** ~**n** *n* ⟨~s⟩ sacrifice *m*; immolation *f*; ~ˌ**priester(in)** *m* (*f*) sacrificateur, -trice *m, f*; ~ˌ**schale** *f* patène *f*; ~ˌ**stätte** *f* lieu *m* de sacrifice; ~ˌ**stein** *m cf.* ~altar; ~ˌ**stock** *m in Kirchen* tronc *m*; ~ˌ**tier** *n* victime *f* (*auch fig. von Menschen*); ~ˌ**tod** *m* sacrifice *m*; ~**ung** *f* ⟨~⟩ *cf.* 2n II; *égl. cath.* oblation *f*; offertoire *m*; 2ˌ**willig** *adj. cf.* 2bereit, 2freudig; ~ˌ**willigkeit** *f* ⟨~⟩ *cf.* ~bereitschaft, ~freudigkeit.
Ophthal|mie [ɔftal'miː] *f* ⟨~; -ien⟩ *méd.* ophtalmie *f*; ~**mo'loge** *m* ⟨~n; ~n⟩ ophtalmologiste *od.* ophtalmologue *m*; ~**molo'gie** *f* ⟨~⟩ ophtalmologie *f*; 2**mo'logisch** *adj.* ophtalmologique; ~**mo'meter** *n* ⟨~s; ~⟩ ophtalmomètre *m*; ~**mo'skop** *n* ⟨~s; ~e⟩ ophtalmoscope *m*; ~**mosko'pie** *f* ⟨~⟩ ophtalmoscopie *f*.
Opiat [oˑpiˑ'ɑːt] *n* ⟨~(e)s; ~e⟩ *phm.* opiat *m*.
Opium ['oːpiˑʊm] *n* ⟨~s⟩ opium [-jɔm] *m*; *fig.* **die Religion ist** ~ **für das Volk** la religion est l'opium du peuple; ~ˌ**esser** *m* opiophage *m*; 2ˌ**haltig** *adj.* opiacé; ~ˌ**handel** *m* commerce *m* de l'opium; ~ˌ**höhle** *f* fumerie *f* d'opium; ~ˌ**krieg** *m* guerre *f* de l'opium; ~ˌ**pfeife** *f* pipe *f* à opium; ~ˌ**raucher** *m* fumeur *m* d'opium; ~ˌ**sucht** *f* opiomanie *f*; 2ˌ**süchtig** *adj.* opiomane; ~ˌ**süchtige(r)** *m* opiomane *m*; ~**ver**ˌ**giftung** *f* intoxication *f* par l'opium.
Opossum [oˑ'pɔsʊm] *n* ⟨~s; ~s⟩ *zo.* opossum *m*.
Oppon|ent [ɔpoˑ'nɛnt] *m* ⟨~en; ~en⟩ opposant *m*; 2**ieren** *v/i.* ⟨*pas de ge-*, h⟩ s'opposer; faire de l'opposition.
opportun [ɔpɔr'tuːn] *adj.* opportun; 2**ismus** [-'nɪs-] *m* ⟨~⟩ opportunisme *m*; 2**ist** [-'nɪst] *m* ⟨~en; ~en⟩ opportuniste *m*; ~**istisch** [-'nɪs-] *adj.* opportuniste; 2**i'tät** *f* ⟨~⟩ opportunité *f*.
Opposition [ɔpoˑziˑtsiˑ'oːn] *f* ⟨~; ~en⟩ *allg. u. pol.* opposition *f*; 2**ell** [-'nɛl] *adj.* opposant; de l'opposition; ~**s**ˌ**führer** *m pol.* chef *m*, leader *m* de l'opposition; ~**s**ˌ**geist** *m* esprit *m* de contradiction; ~**spar**ˌ**tei** *f pol.* (parti *m* d')opposition *f*; parti opposant.
Optant [ɔp'tant] *m* ⟨~en; ~en⟩ optant *m*.
Optativ ['ɔptaˌtiːf, -'tiːf] *m* ⟨~s; ~e⟩ *gr.* (mode *m*) optatif *m*.
optier|en [ɔp'tiːrən] *v/i.* ⟨*pas de ge-*, h⟩ opter (für pour); 2**ung** *f* ⟨~⟩ *cf.* Option.
Optik ['ɔptɪk] *f* ⟨~⟩ **1.** *Lehre* optique *f*; **2.** *e-s Geräts* système *m* optique; **3.** (*optischer Eindruck*) aspect *m*; ~**er** *m* ⟨~s; ~⟩ opticien *m*.
optimal [ɔptiˑ'mɑːl] *adj.* optimal; optimum, optima; 2ˌ**leistung** *f* rendement optimum.
Optimis|mus [ɔptiˑ'mɪsmʊs] *m* ⟨~⟩ optimisme *m*; ~**t** *m* ⟨~en; ~en⟩ optimiste *m*; 2**tisch** *adj.* optimiste.
Optimum ['ɔptiˑmʊm] *n* ⟨~s; -ima⟩ optimum [-ɔm] *m* (*pl.* optimums *od.* optima).
Option [ɔptsiˑ'oːn] *f* ⟨~⟩ *jur., comm.* option *f*; ~ **für Frankreich** option pour la France; ~**ser**ˌ**klärung** *f* déclaration *f* d'option; ~**sge**ˌ**schäft** *n comm.* marché *m* à option; ~**s**ˌ**klausel** *f* clause *f* d'option; ~**s**ˌ**recht** *n* droit *m* d'option; ~**s**ˌ**urkunde** *f* acte *m* d'option; ~**sver**ˌ**trag** *m* traité *m* d'option.
optisch ['ɔptɪʃ] *adj.* optique; d'optique; ~**e Geräte** appareils d'optique; ~**e Industrie** industrie de l'optique; ~**e Achse** axe optique; ~**es Signal** signal optique; ~**e Täuschung** illusion d'optique.
Optome|ter [ɔptoˑ'meːtər] *n* ⟨~s; ~⟩ optomètre *m*; ~'**trie** *f* ⟨~⟩ optométrie *f*.
opulen|t [oˑpuˑ'lɛnt] *adj.* opulent;

somptueux, -euse; (très) riche; **2z** *f* ⟨~⟩ opulence *f*; somptuosité *f*; (grande) richesse *f*.

Opuntie [o·'puntsi·ə] *f* ⟨~; ~n⟩ *bot.* oponce *m*; *sc.* opuntia *m*; F raquette *f*.

Opus ['o:pus, 'o·pus] *n* ⟨~; Opera⟩ *mus.* opus *m*; *allg.* œuvre *f*; *iron.* chef-d'œuvre *m*; *mus.* ~ 12 (*abr.* **op.** 12) opus 12.

Orakel [o·'ra:kəl] *n* ⟨~s; ~⟩ oracle *m* (*auch fig.*); **in ~n sprechen** parler d'une façon mystérieuse, incompréhensible; **ein ~ befragen** consulter un oracle; **2ˌhaft** *adj.* en style d'oracle; comme un oracle; prophétique; (*rätselhaft*) énigmatique; mystérieux, -euse; incompréhensible; plein de mystères; **2n** *v/i.* ⟨-(e)le, *pas de ge-*, h⟩ rendre un *od.* des oracle(s); prophétiser; vaticiner; dire l'avenir; (*in Rätseln reden*) *cf.* (in) **Orakel(n sprechen)**; **~ˌspruch** *m* oracle *m*.

oral [o·'ra:l] *adj.* oral.

orange [o·'rã:ʒə, o·'raŋʒə] **I** *adj.* ⟨*inv.*⟩ *cf.* **~(n)farbig**; **II 2¹** *n* ⟨~s⟩ orange *m*; orangé *m*; **2²** *f* ⟨~; ~n⟩ *bot.* orange *f*; **2ade** [-'ʒa:də] *f* ⟨~; ~n⟩ orangeade *f*; **2at** [-'ʒa:t] *n* ⟨~s; ~e⟩ orangeat *m*; **2nˌbaum** *m bot.* oranger *m*; **2nˌblüte** *f bot.* fleur *f* d'oranger; **~(n)ˌfarben**, **~(n)ˌfarbig** *adj.* orange; orangé; **2nˌschale** *f* écorce *f* d'orange; zeste *m* (d'orange); **2'rie** *f* ⟨~; -ien⟩ *jard.* orangerie *f*.

Orang-Utan ['o:raŋ'ʔu:tan] *m* ⟨~s; ~s⟩ *zo.* orang-outan(g) *m*.

orator|isch [o·ra'to:rɪʃ] *adj.* oratoire; **2ium** *n* ⟨~s; -ien⟩ **1.** *égl. cath.* oratoire *m*; **2.** *mus.* oratorio *m*.

Orchester [ɔr'kɛstər, ɔr'çɛs-] *n* ⟨~s; ~⟩ orchestre *m*; **~beˌgleitung** *f* accompagnement *m* d'orchestre; **~ˌloge** *f thé.* (loge *f* d')avant-scène *f*; **~ˌmitglied** *n* membre *m* d'un orchestre; **~muˌsik** *f* musique orchestrale, d'orchestre; **~ˌraum** *m thé.* (fosse *f* d')orchestre *m*; **~ˌsessel** *m thé.* fauteuil *m* d'orchestre.

orchestr|al [ɔrkɛs'tra:l, ɔrçɛs-] *adj.* orchestral; **~ieren** [-'tri:-] *v/t.* ⟨*pas de ge-*, h⟩ *mus.* orchestrer; **2ierung** [-'tri:-] *f* ⟨~; ~en⟩ *mus.* orchestration *f*; **2ion** [-'çɛs-] *n* ⟨~s; -ien⟩ *beim Karussel* (orgue *m*) limonaire *m*.

Orchidee [ɔrçi·'de:ə] *f* ⟨~; ~n⟩ *bot.* orchidée [-k-] *f*; **2nˌartig** *adj.* orchidé; **~ngeˌwächse** *n/pl.* orchidées *f/pl.*

Orden ['ɔrdən] *m* ⟨~s; ~⟩ **1.** (*Mönchs2*, *Ritter2*) ordre *m*; **Deutscher ~** Ordre Teutonique; *relig.* **in e-n ~ eintreten** entrer en religion; prendre l'habit (*für e-e Frau* le voile); **2.** (*Auszeichnung*) décoration *f*; ordre *m*; F *péj.* ~ *pl.* quincaillerie *f*; ferblanterie *f*; **e-n ~ verleihen** conférer une décoration; décorer (j-m qn.); **~ u. Ehrenzeichen** ordres et décorations; **2geˌschmückt** *adjt.* couvert, *péj.* chamarré, constellé de décorations; **~sˌband** *n* ⟨~(e)s; ~er⟩ ruban *m*; cordon *m*; **~sˌbruder** *m relig.* religieux *m*; frère *m*; **~sˌburg** *f hist.* château *m* d'un ordre chevaleresque; **~sˌfrau** *f cf.* **~sschwester**; **~sˌgeistliche(r)** *m relig.* régulier *m*; membre *m* du clergé régulier; (*Mönch*) religieux *m*; moine *m*; **~sˌgeistlichkeit** *f relig.* clergé régulier; **~sgeˌlübde** *n relig.* vœu *m* monastique; **sein ~ ablegen** faire sa profession; prononcer ses vœux; **~sgeˌsellschaft** *f relig.* congrégation *f*; **~skaˌpitel** *n relig.* chapitre *m*; **~sˌkette** *f* collier *m* d'un ordre; **~sˌkleid** *n relig.* habit *m* (religieux); **~sˌkreuz** *n* croix *f* (d'un ordre); **~sˌmann** *m* ⟨~(e)s; -leute⟩ *relig. cf.* **~sbruder**; **~sˌmeister** *m hist.* maître *m* d'un ordre (de chevalerie); **~sˌmitglied** *n* membre *m* d'un ordre; **~sˌregel** *f relig.* règle *f* (d'un ordre); observance *f*; **~sˌritter** *m* chevalier *m* d'un ordre; **~sˌschleife** *f cf.* **~sband**; **~sˌschnalle** *f* barrette *f*; **~sˌschwester** *f relig.* religieuse *f*; sœur *f* (religieuse); **~sˌspange** *f cf.* **~sschnalle**; **~sˌstern** *m* plaque *f*; étoile *f*; P *péj.* crachat *m*; **~sˌtracht** *f cf.* **~skleid**; **~sˌträger** *m* titulaire *m* d'un ordre; **~sverˌleihung** *f* distribution *f*, remise *f* d'un ordre; décoration *f*; **~sˌwesen** *n* ⟨~s⟩ *relig.* ordres *m/pl.*; **~sˌzucht** *f relig.* discipline claustrale, monastique, monacale; observance *f*.

ordentlich ['ɔrdəntˌlɪç] **1.** *adj.* **a)** (*in guter Ordnung*) bien en ordre; bien rangé; bien ordonné; convenable; *pfort.* soigné; **in ~em Zustand** dans un état convenable; **b)** *von Personen* (*auf Ordnung haltend*) qui a de l'ordre; aimant l'ordre; *fig.* (*solide*) rangé; sérieux, -euse; qui se conduit bien; raisonnable; **~e Leute** honnêtes gens; **~er Mensch** homme rangé, réglé, sage; **ein ~er Mensch werden** se ranger; **~er Bürger** citoyen en règle, régulier; **c)** (*regelrecht*; *planmäßig vorgesehen*) **~er Professor** professeur titulaire; **~er Richter** juge ordinaire, compétent; **~es Gericht** tribunal de droit commun; tribunal judiciaire; **~er Ausschuß** commission régulière; **~es Mitglied** membre actif; **d)** (*tüchtig, gehörig*) bon, -nne; convenable; (qui est) comme il faut; (*reich*) copieux, -euse; abondant; **er nahm e-n ~en Schluck** F il a bu un bon coup; **zu e-r ~en Mahlzeit gehört ein Glas Wein** il n'y a pas de bon repas, de repas comme il faut sans un verre de vin; **e-e ~e Tracht Prügel** F une bonne rossée, raclée, volée; **e-e ~e Leistung** un bon travail; un travail satisfaisant, bien fait; **2.** *adv.* **a) sich ~ machen** s'ajuster; faire un peu de toilette; **~ erzählen** raconter avec ordre et méthode; **b)** (*sehr, tüchtig*) pour (tout) de bon; bien; copieusement; F bel et bien; dans les règles; (*gehörig*) convenablement; comme il faut; (*geradezu, regelrecht*) réellement; vraiment; **er nahm es ~ übel** il le prit assez mal; **er war ~ erstaunt** il ne fut pas peu *od.* mal surpris; **sich ~ benehmen** se conduire convenablement; **2e(s)** *n* ⟨→ A⟩ **er macht nichts ~s** il ne fait rien qui vaille; **man kann nichts ~s anfangen** on ne peut rien faire de bon, de propre; **2ˌkeit** *f* ⟨~⟩ (esprit *m* d')ordre *m*; ordre *m* (qui règne); propreté *f*; soin *m*; *fig.* (*Anständigkeit*) honnêteté *f*; respectabilité *f*.

Order ['ɔrdər] *f* ⟨~; ~n⟩ **1.** *comm.* ordre *m*; **Ihrer ~ gemäß** suivant vos ordres; **zahlbar an die ~ von ...** payez à l'ordre de ...; **Wechsel an ~** billet à ordre; **an eigene ~** à son propre ordre; **an fremde ~** à l'ordre d'un tiers; **e-e ~ erteilen** passer un ordre; **2.** F **~ parieren** obéir à la consigne; **~ˌbuch** *n comm.* carnet *m* des commandes, des ordres; **~ˌgeber** *m comm.* donneur *m* d'ordres; **~ˌklausel** *f comm.* clause *f* à ordre; **~paˌpier** *n comm.* titre *m*, papier *m*, effet *m* à ordre, endossable; **~ˌscheck** *m comm.* chèque *m* à ordre.

Ordinalzahl [ɔrdi·'na:lˌtsa:l] *f* adjectif (numéral) ordinal.

ordinär [ɔrdi·'nɛ:r] *adj.* (*üblich*) ordinaire; commun; *péj.* (*gemein*) vulgaire.

Ordinari|at [ɔrdi·nari·'a:t] *n* ⟨~(e)s; ~e⟩ *an Hochschulen* charge *f* de professeur titulaire; *an Schulen etwa* charge *f* de professeur responsable d'une classe; **~us** [-'na:-] *m* ⟨~; -ien⟩ *an Hochschulen* professeur *m* titulaire; *an Schulen* (*Klassenlehrer*) *etwa* professeur *m* responsable d'une classe; *égl. cath.* ordinaire *m*.

Ordinärpreis [ɔrdi·'nɛ:rˌpraɪs] *m im Buchhandel* (*Verkaufspreis*) prix *m* de vente.

Ordinate [ɔrdi·'na:tə] *f* ⟨~; ~n⟩ *Geometrie* ordonnée *f*; **~nˌachse** *f* axe *m* des ordonnées.

Ordin|ation [ɔrdi·natsi·'o:n] *f* ⟨~; ~en⟩ **1.** *égl. cath.* *e-s Geistlichen* consécration *f*; ordination *f*; **2.** *méd.* (*ärztl. Verordnung*) prescription médicale; (*Rezept*) ordonnance *f*; **2ieren** [-'ni:-] *v/t.* ⟨*pas de ge-*, h⟩ **1.** *égl. cath.* ordonner (j-n qn.); conférer les ordres (à qn.); **2.** *méd.* ordonner; prescrire.

ordn|en ['ɔrdnən] **I** *v/t.* ⟨-ete, h⟩ mettre en ordre; mettre de l'ordre dans *od.* à; ranger; arranger; *nach Größe, Farbe etc.* classer; (*regeln, einrichten*) régler; régulariser; mettre en règle; arranger; ordonner; organiser; disposer; (*entwirren*) démêler; débrouiller; **alphabetisch, chronologisch ~** ranger, classer par ordre alphabétique, chronologique; **sachlich ~** classer par matière; **nach der Größe ~** classer par ordre de grandeur; **s-e Geschäfte, e-e Hinterlassenschaft ~** régler ses affaires, une succession; **bei gutem Willen läßt sich alles ~** avec de la bonne volonté on peut tout arranger; **in geordneten Verhältnissen leben** mener une vie bien réglée; vivre d'une façon réglée; **e-e geordnete Lebensweise** une vie bien réglée; **ein geordnetes Staatswesen** un État bien organisé; **ein geordneter Haushalt** une maison bien tenue; **der ~de Verstand** intelligence ordonnatrice; **II** *v/réfl.* **sich ~** se ranger; **die Leute ordneten sich zu e-m Festzug** les gens formèrent un cortège; **III 2en** *n* ⟨~s⟩ mise *f* en ordre, en règle; arrangement *m*; règlement *m*; organisation *f*; disposition *f*; *nach Reihenfolge* classement *m*; *nach Klassen* classification *f*; (*Entwirren*) démêlement *m*; débrouillement *od.* débrouillage *m*; **2er** *m* ⟨~s; ~⟩ **1.** *Person* ordonnateur *m*; membre *m* du service d'ordre; **2.** *für Akten* classeur *m*; **2ung** *f* ⟨~; ~en⟩ **1.** *als Handlung cf.* **~en III**; **2.** (*herrschende* ~) ordre *m* (*auch bot., zo.*); (*vorgeschriebene* ~) règle *f*; règlement *m*; (*Reihenfolge*) suite *f*; (*Grad*) rang *m*; **gesellschaftliche, natürliche ~** ordre social, naturel; **in ~ halten** tenir en ordre; **in ~ bringen** mettre en ordre; ranger; *cf. auch* **~en I**; **~ schaffen, die ~ herstellen** rétablir l'ordre; **aus der ~ bringen (kommen)** déranger (se déranger); **s-e Angelegenheiten in ~ bringen** mettre ses affaires en ordre; régler, arranger ses affaires; mettre de l'ordre dans ses affaires; **s-n Anzug wieder in ~ bringen** remettre de l'ordre dans sa tenue; réparer le désordre de sa toilette; se rajuster; **sich die Haare wieder in ~ bringen** se recoiffer; **in etw. ~ bringen** mettre ordre à qc.; *Maschine* **in ~** en bon état; **nicht in ~ sein** avoir une avarie; être défectueux, -euse; ne pas être en ordre de marche; *milit.* **in geschlossener ~** en ordre serré; **die öffentliche ~ aufrechterhalten** maintenir l'ordre public, la tranquillité publique; *Ausweis, Papiere etc.* **in ~ sein**

être en règle; **die Sache ist in ∼** a) (*wie sie sein soll*) l'affaire est en règle; b) (*ist abgetan*) c'est fait, réglé, arrangé; **das geht in ∼!** parfait!; d'accord!; entendu!; liquidé!; **etw. ist nicht in ∼** qc. va de travers, cloche; **ich finde das ganz in ∼** je trouve cela parfaitement en règle; **alles ist in schönster, bester ∼** tout va pour le mieux, est parfaitement en règle; F **er ist in ∼** F il est bien; **er ist nicht in ∼** *gesundheitlich* il ne se sent pas bien; **j-n zur ∼ rufen** rappeler qn. à l'ordre; **der ∼ halber** *cf.* **∼ungshalber**; **ℒungsˌdienst** *m* service *m* d'ordre; **∼ungsgeˌmäß 1.** *adj.* conforme à l'ordre; convenable; réglementaire; régulier, -ère; **2.** *adv.* conformément à l'ordre; convenablement; dûment; en bonne et due forme; réglementairement; régulièrement; dans les formes prescrites; **∼ungsˌhalber** *adv.* pour la bonne forme, règle; pour la régularité; **ℒungsˌliebe** *f* amour *m*, goût *m* de l'ordre; **∼ungsˌliebend** *adjt.* aimant l'ordre; **∼er Mensch** homme d'ordre; **∼ungsˌmäßig** *adj. u. adv. cf.* **∼ungsgemäß**; **ℒungspoliˌzei** *f* service *m* d'ordre; force publique; **ℒungssprinˌzip** *n* principe *m* d'ordre, d'ordonnance, de disposition, d'arrangement; **ℒungsˌruf** *m* rappel *m* à l'ordre; **ℒungsˌsinn** *m* esprit *m* d'ordre; **ℒungsˌstrafe** *f* peine *f* disciplinaire; **∼ungsˌwidrig** *adj.* contraire à l'ordre; irrégulier, -ère; contre les règles; **ℒungsˌwidrigkeit** *f* ⟨∼⟩ infraction *f* au règlement; irrégularité *f*; **ℒungsˌzahl** *f* adjectif (numéral) ordinal; *chim.* nombre *m*, numéro *m* atomique.

Ordonnanz [ɔrdo·ˈnants] *f* ⟨∼; ∼en⟩ *milit.* planton *m*; **∼offiˌzier** *m* officier *m* d'ordonnance.

Organ [ɔrˈgaːn] *n* ⟨∼s; ∼e⟩ **1.** *des Körpers* organe *m*; **innere ∼e** organes internes; **2.** (*Sinn*) **sie hat kein ∼ für Musik** elle n'a pas de sens musical, pour la musique; **3.** (*Stimme*) **sie hat ein lautes ∼** elle a le verbe 'haut; elle parle fort; **4.** (*Nachrichten*ℒ) organe *m*; journal *m*; **5.** (*Instrument*) organe *m*; organisme *m*; institution *f*; **ausführendes ∼** organe d'exécution; organisme exécutif; **leitendes ∼** organisme directeur; organe de direction; **ständiges ∼** organe permanent; **6.** *techn.* élément *m*; organe *m*; équipage *m*; **∼geˌsellschaft** *f* société filiale, affiliée.

Organisation [ɔrgani·zatsi·ˈoːn] *f* ⟨∼; ∼en⟩ organisation *f* (*auch*: *Verband*); **∼ für europäische wirtschaftliche Zusammenarbeit** organisation européenne de coopération économique (*abr.* O.E.C.E.); **∼ für wirtschaftliche Zusammenarbeit u. Entwicklung** organisation de coopération et de développement économiques (*abr.* O.C.D.E.); **∼sˌfehler** *m* défaut *m* d'organisation; **∼sgeˌwalt** *f* pouvoir *m* d'organisation; **∼skomiˌtee** *n* comité organisateur, d'organisation; **∼sˌplan** *m* plan *m* d'organisation; organigramme *m*; **∼staˌlent** *n* qualités *f/pl.*, talents *m/pl.* d'organisateur.

Organisator [ɔrgani·ˈzaːtɔr] *m* ⟨∼s; -ˈtoren⟩ organisateur *m*; **ℒisch** [-ˈtoː-] *adj.* organisateur, -trice; d'organisation.

organisch [ɔrˈgaːnɪʃ] **1.** *adj.* organique; **∼er Bestandteil** élément organique; **∼e Chemie** chimie organique; **2.** *adv.* **∼ gewachsen** organiquement développé.

organisier|en [ɔrgani·ˈziːrən] **I** *v/t.* ⟨*pas de ge-*, **h**⟩ **1.** organiser; **gewerkschaftlich organisiert** syndiqué; **organisierter Arbeiter** travailleur organisé, syndiqué; **2.** F (*besorgen, beschaffen*) **etw. ∼** se procurer qc.; se débrouiller pour obtenir qc.; F chiper, faucher, chaparder, P souffler, barboter, calotter, chouraver qc.; **II** *v/réfl.* **sich gewerkschaftlich ∼** s'organiser syndicalement, en syndicat; **ℒung** *f* ⟨∼⟩ organisation *f*; F *fig.* (*Beschaffung*) F fauchage *m*; chapardage *m*; P barbotage *m*.

Organismus [ɔrgaˈnɪsmus] *m* ⟨∼; -men⟩ *biol., fig.* organisme *m*.

Organist(in) [ɔrgaˈnɪst(ɪn)] *m* ⟨∼en; ∼en⟩ (*f*) ⟨∼; ∼nen⟩ *mus.* organiste *m, f*.

Organo|graphie [ɔrgano·graˈfiː] *f* ⟨∼; -ien⟩ organographie *f*; **∼loˈgie** *f* ⟨∼⟩ organologie *f*; **∼theraˈpie** *f* ⟨∼⟩ organothérapie *f*.

Organsin [ɔrganˈziːn] *m od. n* ⟨∼s⟩ organsin *m*.

Orgas|mus [ɔrˈgasmus] *m* ⟨∼; -men⟩ *physiol.* orgasme *m*; **ℒtisch** *adj.* orgastique.

Orgel [ˈɔrgəl] *f* ⟨∼; ∼n⟩ *mus.* orgue *m* (*pl.* orgues *f/pl.*); **∼ spielen** jouer de l'orgue; **∼ˌbank** *f* ⟨∼; ∼̈e⟩ tabouret *m*; **∼ˌbauer** *m* ⟨∼s; ∼⟩ facteur *m* d'orgues; **∼ˌchor** *m*, **∼emˌpore** *f* tribune *f* d'orgues; orgue *m*; **∼geˌhäuse** *n* buffet *m* (d'orgue); **∼konˌzert** *n* récital *m* d'orgue; **ℒn** *v/i.* ⟨-(e)le, h⟩ **1.** *mus.* jouer de l'orgue; **2.** *ch. Hirsch* bramer; raire; réer; **∼ˌpfeife** *f* tuyau *m* d'orgue; *fig.* **wie die ∼n** par rang de taille; **∼proˌspekt** *m cf.* **∼gehäuse**; **∼ˌpunkt** *m mus.* point *m* d'orgue; **∼reˌgister** *n cf.* **∼stimme**; **∼ˌspieltisch** *m* console *f* de l'orgue; **∼ˌstimme** *f* jeu *m* d'orgues; registre *m* d'orgue.

Orgias|mus [ɔrgi·ˈasmus] *m* ⟨∼; -men⟩ *cf.* **Orgie**; **ℒtisch** *adj.* orgiaque.

Orgie [ˈɔrgi·ə] *f* ⟨∼; ∼n⟩ orgie *f*; **∼n feiern** mener une vie de débauche; P faire bamboche; faire la bombe, la foire, la bringue, la noce, la ribouldingue, la faridon.

Orient [ˈoːri·ˌɛnt, -ˈɛnt] *m* ⟨∼s⟩ Orient *m*; Levant *m*; **∼ale** [-ˈtaː-] *m* ⟨∼n; ∼n⟩, **∼alin** [-ˈtaː-] *f* ⟨∼; ∼nen⟩ Oriental, -e *m, f*; Levantin, -e *m, f*; **ℒalisch** [-ˈtaː-] *adj.* oriental; levantin; **∼aˈlist** *m* ⟨∼en; ∼en⟩ orientaliste *m*; **∼aˈlistik** *f* ⟨∼⟩ orientalisme *m*; **∼exˌpreß** *m* Orient-Express *m*.

orientier|en [o·ri·ɛnˈtiːrən] **I** *v/t.* ⟨*pas de ge-*, **h**⟩ orienter; *fig.* (*in Kenntnis setzen*) renseigner; informer; mettre au courant; **II** *v/réfl.* **sich ∼** s'orienter; *fig.* se renseigner; s'informer; se mettre au courant; **sich flüchtig ∼** faire, effectuer un tour d'horizon sommaire; **sich mit Hilfe des Kompasses ∼** se diriger à la boussole; **ℒung** *f* ⟨∼⟩ orientation *f*; **die ∼ verlieren** perdre l'orientation; être désorienté; *fig.* **zur ∼** à titre d'information; à titre documentaire, indicatif; pour votre gouverne; **ℒungsˌlinie** *f* ligne *f* d'orientation; **ℒungsˌpunkt** *m* (point *m* de) repère *m*; **ℒungsˌsinn** *m* sens *m* de l'orientation; **ℒungsˌtafel** *f* plaque indicatrice.

Orientteppich [ˈoːri·ɛntˌtɛpɪç, o·ri·ˈɛnt-] *m* tapis *m* d'Orient.

Original [ɔri·gi·ˈnaːl] **I** *n* ⟨∼s; ∼e⟩ **1.** original *m*; (*Urtext*) texte *m*; (*Urschrift*) autographe *m*; manuscrit *m* (d'auteur); (*∼urkunde*) minute *f*; *e-n Schriftsteller* **im ∼ lesen** lire dans le texte; **2.** (*Sonderling*) original *m*; **II ℒ** *adj.* original; d'origine; (*ursprünglich*) originel, -lle; **∼ˌausgabe** *f* édition originale; première édition; édition *f* princeps; **∼beˌleg** *m* pièce originale; original *m*; **∼ˌfassung** *f* version originale; **∼geˌmälde** *n* tableau original; **ℒgeˌtreu** *adj.* fidèle; conforme à l'original; **∼ˌhandschrift** *f* autographe *m*; **∼iˈtät** *f* ⟨∼⟩ originalité *f*; **∼manuˌskript** *n* original *m*; **∼ˌrechnung** *f* facture originale; **∼ˌsendung** *f rad.* émission, diffusion directe *od.* en direct; direct *m*; **als ∼** en direct; **∼ˌtext** *m* texte original; **∼ˌtreue** *f mus.* **höchste ∼** 'haute fidélité; high fidelity (*abr.* hi-fi); **∼überˌtragung** *f rad. cf.* **∼sendung**; **∼ˌurkunde** *f* document original, primitif; minute *f*; **∼verˌpakkung** *f* emballage *m* d'origine.

originell [ɔri·gi·ˈnɛl] *adj.* original; (*eigentümlich*) singulier, -ère; bizarre; (*komisch*) amusant; drôle; F rigolo.

Orion [o·ˈriːɔn] *m* ⟨∼(s)⟩ *astr.* Orion *m*.

Orkan [ɔrˈkaːn] *m* ⟨∼(e)s; ∼e⟩ ouragan *m*; *litt.* tourmente *f*; **ℒˌartig** *adj.* tempétueux, -euse; *Sturm* violent; *fig.* **∼er Beifall** tempête d'applaudissements; applaudissements frénétiques.

Orkus [ˈɔrkus] *m* ⟨∼⟩ *fig.* enfer(s) *m* (*pl.*).

Ornament [ɔrnaˈmɛnt] *n* ⟨∼(e)s; ∼e⟩ *bât.* ornement *m*; **ℒal** [-ˈtaːl] *adj.* ornemental; **∼enˌstil** *m* style ornemental; **ℒieren** [-ˈtiː-] *v/t.* ⟨*pas de ge-*, **h**⟩ ornementer; **∼ik** *f* ⟨∼⟩ ornementation *f*; décoration *f*.

Ornat [ɔrˈnaːt] *m* ⟨∼(e)s; ∼e⟩ robe *f*; (*Priester*ℒ) habit sacerdotal; **Priester im vollen ∼** prêtre revêtu de ses ornements (sacerdotaux).

Ornitholog|e [ɔrni·to·ˈloːgə] *m* ⟨∼n; ∼n⟩ ornithologiste *od.* ornithologue *m*; **∼ie** [-ˈgiː] *f* ⟨∼⟩ ornithologie *f*; **ℒisch** *adj.* ornithologique.

Orograph|ie [o·ro·graˈfiː] *f* ⟨∼; -ien⟩ *géol.* orographie *f*; **ℒisch** [-ˈgraː-] *adj.* orographique.

orphisch [ˈɔrfɪʃ] *adj.* orphique; **∼e Dichtung** poésie orphique.

Örsted [ˈøːrstɛt] *n* ⟨∼(s); ∼⟩ *phys.* œrsted *m*.

Ort[1] [ɔrt] *m* ⟨∼(e)s; ∼e, *math. u. mar.* ∼̈er⟩ lieu *m*; endroit *m*; place *f*; (*Ortschaft*) endroit *m*; localité *f*; **an allen ∼en** en tous lieux; partout; **von ∼ zu ∼ ziehen** aller de place en place; **geometrischer ∼** lieu géométrique; **an ∼ u. Stelle** sur place; sur les lieux; **sich an ∼ u. Stelle einfinden** se trouver à l'endroit convenu; **an ∼ u. Stelle gelangen** arriver à sa destination; **sich an ∼ u. Stelle begeben** se rendre sur place; **an ∼ u. Stelle sein** être à l'endroit convenu; *für e-e Arbeit* être à pied d'œuvre; **hiesigen ∼s, hier am ∼e** ici; dans cette ville; sur place; **∼ der Handlung ist Rom** la scène, l'action se déroule à Rome; *in Büchern* **am angegebenen, angeführten ∼** (*abr.* **a.a.O.**) à l'endroit déjà indiqué; *fig.* **höheren ∼es** en 'haut lieu; **der Plan ist höheren ∼es genehmigt** les autorités ont approuvé le projet; **etw. gehörigen ∼es melden** porter qc. devant l'autorité compétente; **∼**[2] *n* ⟨∼(e)s; ∼̈er⟩ *mines* front *m* de taille; extrémité *f*, fond *m* de galerie; **vor ∼ arbeiten** abattre à front *od.* au front de taille.

Örtchen [ˈœrtçən] F *n* ⟨∼s; ∼⟩ **(stilles, verschwiegenes) ∼** (*WC*) F petit coin.

ort|en [ˈɔrtən] **I** *v/t.* ⟨-ete, h⟩ *abs.* déterminer sa position; *mar., aviat.* relever; *abs.* faire le point, des relèvements; *mit Radar* repérer; *abs.* faire des repérages; **II ℒen** *n* ⟨∼s⟩ orientation *f*; détermination *f* de sa position, du point; relèvement *m*; *mit Radar* (radio)repérage *m*; ²er *m* ⟨~s; ~⟩ *aviat.* navigateur *m*.

ortho|chromatisch [ɔrto·kro·'maːtɪʃ] *adj.* orthochromatique; ²**don'tie** *f* ⟨~⟩ orthodontie *f*; orthodontosie *f*; **~'dox** *adj.* orthodoxe; ²e **Kirche** Église orthodoxe; **die** ²en les orthodoxes; ²**do'xie** *f* ⟨~⟩ orthodoxie *f*; ²**ge'nese** *f* ⟨~; ~n⟩ orthogenèse *f*; ²'**gon** *n* ⟨~s; ~e⟩ *Geometrie* orthogone *m*; **~go'nal** *adj.* orthogonal; ²**gra'phie** *f* ⟨~; -ien⟩ orthographe *f*; **~'graphisch** *adj.* orthographique; **~er Fehler** faute d'orthographe; **~ richtig schreiben** orthographier correctement; ²'**klas** *m* ⟨~es; ~e⟩ *minéral.* orthose *m*; orthoclase *f*; ²'**päde** *m* ⟨~n; ~n⟩ orthopédiste *m*; ²**pä'die** *f* ⟨~⟩ orthopédie *f*; ²**pä'die-me,chaniker** *m* orthopédiste *m*; **~'pädisch** *adj.* orthopédique; **~es Turnen** gymnastique corrective du maintien; ²**pä'dist** *m* ⟨~en; ~en⟩ *cf.* ²**pädiemechaniker**; **~'skopisch** *adj.* orthoscopique.

örtlich ['œrtlɪç] *adj.* local; *méd., phm. sc.* topique; **~ angewandtes Mittel** topique *m*; **~e Betäubung** anesthésie locale; **~e Begrenzung** localisation *f*; **~ begrenzen** localiser; ²**,keit** *f* ⟨~; ~en⟩ *meist* **~en** *pl.* lieux *m/pl.*; *litt.* aîtres *od.* êtres *m/pl.*

Ortolan [ɔrto·'laːn] *m* ⟨~s; ~e⟩ *zo.* ortolan *m*.

Orts|adverb ['ɔrtsˀat,vɛrp] *n gr.* adverbe *m* de lieu; **~,angabe** *f* indication *f* du lieu; ²**,ansässig** *adj.* résidant; établi, demeurant dans la localité; **~e Bevölkerung** population locale; **~e Bank** banque locale; **~,ansässige(r)** *f* (*m*) habitant, -e *m, f*; celui (celle) qui est établi(e) dans, qui habite la localité; ²**,anwesend** *adj.* présent; **~,ausgang** *m* issue *f* de la localité; *milit. auch* débouché *m*; **~,ausschuß** *m* comité local; **~be,hörde** *f* autorité locale, communale; **~be,schreibung** *f sc.* topographie *f*; **~be,stimmung** *f gr.* complément *m* (circonstanciel) de lieu; (*Lokalisierung*) localisation *f*; *mar. cf.* orten II; ²**be,weglich** *adj.* mobile; déplaçable; **~be,zeichnung** *f* nom *m* de *od.* du lieu.

Ortschaft ['ɔrtʃaft] *f* ⟨~; ~en⟩ endroit *m*; localité *f*; (*Dorf*) village *m*; **geschlossene ~** agglomération *f*.

Ortscheit ['ɔrtʃaɪt] *n* ⟨~(e)s; ~e⟩ palonnier *m*.

Orts|empfang ['ɔrtsˀɛm,pfaŋ] *m rad.* réception locale; **~em,pfänger** *m rad.* poste récepteur local; ²**fest** *adj. Maschine* fixe; stationnaire; immobile; ²**fremd** *adj.* étranger, -ère (à la localité, *etc.*); **~ge,brauch** *m* coutume locale; usage local; **~ge,bühr** *f* taxe locale; ²**ge,bunden** *adj.* lié, attaché au lieu; stationnaire; **~e Industrie** industrie liée aux ressources locales; **~ge,spräch** *n tél.* conversation, communication locale, urbaine; **~,gruppe** *f* groupe (section) local(e); **~,kenntnis** *f* connaissance *f* des lieux; **~ haben** connaître les lieux; **~,klasse** *f* zone *f* de résidence; **~komman,dant** *m milit.* commandant *m* de place, de cantonnement; **~kommandan,tur** *f milit.* bureau *m* de la place, du commandant de cantonnement; **~,kranken,kasse** *f* caisse locale de maladie; ²**,kundig** *adj.* connaissant les lieux; **~lohn** *m* salaire local; **~,name** *m* nom *m* de lieu; **~netz** *n tél.* réseau, circuit téléphonique local, urbain; **~netz-,Kennzahl** *f tél.* numéro indicateur de la localité; **~,pfarrer** *m* curé *m* de la localité; **~poli,zei** *f* police locale; **~rand** *m* lisière *f* de la localité; **~schild** *n cf.* **~tafel**; **~,sender** *m rad.* émetteur local; **~sinn** *m* ⟨~(e)s⟩ mémoire *f* des lieux; **~,tafel** *f am Ortseingang* panneau *m* (indiquant le nom) de (la) localité; **~,teilnehmer** *m tél.* abonné local; ²**,üblich** *adj.* d'après *od.* selon l'usage local; **~ver,änderung** *f* changement *m* de lieu; déplacement *m*; *sc.* locomotion *f*; **~ver,kehr** *m* trafic local; *tél. auch* trafic, service urbain; *Post* service local; **~ver,zeichnis** *n* liste *f*, *größer* dictionnaire *m* des communes; **~,vorsteher** *m* maire *m*; *in Deutschland* bourgmestre *m*; **~zeit** *f* heure locale; **~,zulage** *f*, **~,zuschlag** *m* indemnité *f* de résidence.

Ortung ['ɔrtuŋ] *f* ⟨~; ~en⟩ *cf.* orten II; **~sinstru,ment** *n mar., aviat.* instrument *m* de repérage; **~s,punkt** *m* point *m* de repère.

Öse ['øːzə] *f* ⟨~; ~n⟩ *cout.* œillet *m*; porte *f*; anneau *m*; *an Schuhen* œillet *m*; *techn.* oreille *f*; œil *m*; œillet *m*; *mar.* (*Schlinge*) élingue *f*; **Haken u. ~n** agrafes et portes *od.* œillets; **~n,zange** *f* pince *f* à œillets.

Oskar ['ɔskar] F **frech wie ~** très insolent.

Osman|e [ɔs'maːnə] *m* ⟨~n; ~n⟩, **~in** *f* ⟨~; ~nen⟩ Ottoman, -e *m, f*; Turc, Turque *m, f*; ²**isch** *adj.* ottoman; turc, turque.

Osmium ['ɔsmi·um] *n* ⟨~s⟩ *chim.* osmium [-ɔm] *m*.

Osmo|se [ɔs'moːzə] *f* ⟨~⟩ *biol., phys.* osmose *f*; ²**tisch** *adj.* osmotique.

Oss|arium [ɔ'saːri·um] *n* ⟨~s; -ien⟩, **~u'arium** *n* ⟨~s; -ien⟩ ossuaire *m*.

Ost [ɔst] *m* **1.** *cf.* **~en**; **2.** ⟨~(e)s; ~e⟩ *cf.* **Ostwind**; **~'afrika** *n* l'Afrique orientale; ²**afri'kanisch** *adj.* est-africain; ²**asi'atisch** *adj.* de l'Asie orientale; **~'asien** *n* l'Asie orientale; l'Extrême-Orient *m*; **~-Ber,lin** *n* Berlin-Est *m*; **~block** *m* ⟨~(e)s⟩ *pol.* bloc oriental; **~block,staat** *m pol.* État *m* du bloc oriental; ²**deutsch** *adj.* de l'Allemagne orientale, de l'est, *pol.* de l'Est; **~,deutsche(r)** *f* (*m*) *pol.* Allemand, -e *m, f* de l'Est; **~,deutschland** *n* l'Allemagne orientale, de l'est, *pol.* de l'Est; ²'**elbisch** *adj.* à l'est de l'Elbe; **~en** *m* ⟨~s⟩ orient *m*; levant *m*; *astr., géogr., mar.* (*abr.* O) est *m* (*abr.* E.); *pol.* Est *m*; **der Nahe ~** le Proche-Orient; **der Ferne ~** l'Extrême-Orient; **nach ~** vers l'est; **im ~** à l'est.

ostentativ [ɔstenta'tiːf] **1.** *adj.* ostentatoire; ostensible; **2.** *adv.* avec ostentation; ostensiblement.

Oster|blume ['oːstər,bluːmə] *f bot.* pâquerette *f*; anémone *f*; **~,ei** *n* œuf *m* de Pâques; **~,feiertag** *m* jour *m* de Pâques; **~,ferien** *pl.* vacances *f/pl.* de Pâques; **~,fest** *n cf.* Ostern; **~,lamm** *n* agneau pascal; *bibl.* **das ~ schlachten** immoler la pâque.

österlich ['øːstər,lɪç] *adj.* pascal.

Oster|montag ['oːstər'moːntaːk] *m* lundi *m* de Pâques; **~n** *n* ⟨~⟩ *od. pl.* Pâques *m*; *bei den Juden* pâque *f*; **zu ~** à Pâques; **nächste ~** à Pâques prochain; **~ fällt spät** Pâques tombe tard; **fröhliche ~** Joyeuses Pâques; F **bezahlen, wenn ~ u. Pfingsten auf e-n Tag fallen** payer aux calendes grecques.

Österreich|er(in) ['øːstə,raɪçər(ɪn)] *m* ⟨~s; ~⟩ (*f*) ⟨~; ~nen⟩ Autrichien, -nne *m, f*; ²**isch** *adj.* autrichien, -nne; **~er Erbfolgekrieg** guerre de la succession d'Autriche; ²**isch-'ungarisch** *adj.* austro-hongrois.

Oster|sonntag ['oːstər'zɔntaːk] *m* dimanche *m* de Pâques; **~,woche** *f* semaine sainte, *nach Ostern* de Pâques; **~,zeit** *f* (époque *f*, période *f* de) Pâques *m*; *relig.* **in der ~ zur Kommunion gehen** faire ses pâques.

Ost|europa ['ɔstˀɔʏ'roːpa] *n* l'Europe orientale; ²**euro'päisch** *adj.* **~e Zeit** (*abr.* OEZ) heure de l'Europe orientale; **~,flüchtling** *m pol.* réfugié *m* de l'Allemagne de l'Est; **~front** *f milit.* front *m* est; **~ge,biet** *n* territoire *m* de l'Est; **~,gote** *m* ⟨~n; ~n⟩, **~,gotin** *f* ⟨~; ~nen⟩ Ostrogot(h), -e *m, f*; **~hang** *m e-s Gebirges* versant *m* est; **~'indien** *n* les Indes orientales; ²'**indisch** *adj.* des Indes orientales; **~,küste** *f* côte orientale.

östlich ['œstlɪç] *adj.* oriental; d'est; **~ von** à l'est de; **~e Länge** longitude est, orientale.

Ost|mark ['ɔstmark] *f* **1.** *hist.* Marche orientale, de l'Est; **2.** *im 3. Reich* l'Autriche *f*; **3.** *Währung der dt. Ostzone* mark oriental; **~nord'ost** *m* (*abr.* ONO) **1.** *Himmelsrichtung* est-nord-est *m* (*abr.* E.N.E.); **2.** *Wind* vent *m* d'est-nord-est; **~nord'osten** *m cf.* **~nordost 1.**; **~,preuße** *m*, **~,preußin** *f* Prussien, -nne *m, f* de la Prusse orientale; ²**,preußisch** *adj.* de la Prusse orientale; ²**,römisch** *adj.* **das** ²e **Reich** l'empire romain d'Orient; l'empire byzantin; **~see,hafen** *m* port *m* baltique; **~seepro,vinzen** *f/pl.* provinces *f/pl.* baltiques; **~,seite** *f* côté *m* est; *e-s Gebirges cf.* **Osthang**; **~,sektor** *m* secteur *m* est, oriental; **~süd'ost** *m* (*abr.* OSO) **1.** *Himmelsrichtung* est-sud-est *m* (*abr.* E.S.E.); **2.** *Wind* vent *m* d'est-sud-est; **~süd'osten** *m cf.* **~südost 1.**; ²**wärts** *adv.* vers l'orient, l'est; **~-'West-,Handel** *m* commerce *m* Est-Ouest; **~wind** *m* vent *m* d'est; **~,zone** *f pol.* zone *f* Est, orientale.

Oszill|ation [ɔstsɪlatsi·'oːn] *f* ⟨~; ~en⟩ oscillation *f*; ²**ieren** [-'liː-] *v/i.* ⟨*pas de ge-*, h⟩ osciller; ²**ierend** [-'liː-] *adjt.* oscillatoire; oscillant; **~o'gramm** *n* ⟨~s; ~e⟩ oscillogramme *m*; **~o'graph** *m* ⟨~en; ~en⟩ oscillographe *m*; **~o'graphen,röhre** *f* tube *m* à rayons cathodiques; ²**o'graphisch** *adj.* oscillographique.

Otitis [o·'tiːtɪs] *f* ⟨~; -'tiden⟩ *méd.* otite *f*.

Oto|lith [o·to·'liːt, -'lɪt] *m* ⟨~s; ~e⟩ *anat.* otolithe *m*; **~'skop** *n* ⟨~s; ~e⟩ *méd.* otoscope *m*.

Otter[1] ['ɔtər] *f* ⟨~; ~n⟩ *zo.* vipère *f*; aspic *m*; **~**[2] *m* ⟨~s; ~⟩ *zo.* loutre *f*; **~nge,zücht** *n fig.* engeance *f*, nid *m* de vipères.

Ottoman|e[1] [ɔto·'maːnə] *m* ⟨~n; ~n⟩ *cf.* **Osmane**; **~e**[2] *f* ⟨~; ~n⟩ ottomane *f*; divan *m*; ²**isch** *adj. cf.* **osmanisch**.

Ottomotor ['ɔto·,moːtər] *m* moteur *m* à essence, à explosion.

Ouvertüre [u·vɛr'tyːrə] *f* ⟨~; ~n⟩ *mus.* ouverture *f*.

oval [o·'vaːl] **I 1.** *adj.* ovale; **2.** *adv.* en ovale; **~ machen** ovaliser; **~ werden** s'ovaliser; **II** ² *n* ⟨~s; ~e⟩ ovale *m*.

Ovarium [o·'vaːri·um] *n* ⟨~s; -ien⟩ *anat.* ovaire *m*.

Ovation [o·vatsi·'oːn] *f* ⟨~; ~en⟩ ovation *f*; **j-m e-e ~ darbringen** faire une ovation à qn.; ovationner qn.

Overall ['oːvər,ˀɔl] *m* ⟨~s; ~s⟩ surtout *m*; salopette *f*.

ovidisch [oˑˈviːdɪʃ] *adj.* d'Ovide.
ovipar [oˑviˑˈpɑːr] *adj. zo.* ovipare.
Ovulation [oˑvuˑlatsiˑˈoːn] *f* ⟨~; ~en⟩ *physiol.* ovulation *f*.
Oxal|äther [ɔkˈsɑːlˌʔɛːtər] *m chim.* éther *m* oxalique; **~it** [-ˈliːt, -ˈlɪt] *m* ⟨~s; ~e⟩ *minéral.* oxalite *f*; humboldtine *f*; **~ˌsäure** *f chim.* acide *m* oxalique.
Oxyd [ɔˈksyːt] *n* ⟨~(e)s; ~e⟩ *chim.* oxyde *m*; **~atiˈon** *f* ⟨~; ~en⟩ *chim.* oxydation *f*; **~atiˈonsˌflamme** *f chim.* flamme *f* d'oxydation; **~atiˈonsˌmittel** *n chim.* oxydant *m*; **~atiˈonsˌvorgang** *m chim.* oxygénation *f*; (processus *m* d')oxydation *f*.
oxydier|bar [ɔksyˑˈdiːrˌbɑːr] *adj. chim.* oxydable; nicht ~ inoxydable; **~en** *chim.* **I** *v/t.* ⟨*pas de ge-*, h⟩ oxyder; **II** *v/i.* s'oxyder; **III** **Ձen** *n* ⟨~s⟩, **Ձung** *f* ⟨~; ~en⟩ *cf.* **Oxydation.**
Oxydul [ɔksyˑˈduːl] *n* ⟨~s; ~e⟩ *chim.* oxydule *m*; protoxyde *m* (de).
Oxygen [ɔksyˑˈgeːn] *n* ⟨~s⟩ *chim.* oxygène *m*; **~ˌgas** *n* (gaz *m*) oxygène *m*.
Ozean [ˈoːtseˑan, oˑtseˑˈɑːn] *m* ⟨~s; ~e⟩ océan *m*; **~ˌdampfer** *m* transatlantique *m*; **~ˌflug** *m* vol *m*, raid *m* transocéanique, transatlantique; **Ձisch** [-ˈɑː-] *adj.* océanique; océanien, -nne; **~ograˈphie** *f* ⟨~⟩ océanographie *f*; **~ˌriese** *m cf.* ~dampfer; **~überˌquerung** *f* traversée *f* de l'océan Atlantique.
Ozelot [ˈoːtseˑlɔt, ˈɔ-] *m* ⟨~s; ~e⟩ *zo.* ocelot *m*.
Ozon [oˑˈtsoːn] *n chim.* ⟨~s⟩ ozone *m*; **Ձˌarm** *adj.* pauvre en ozone; **~erˌzeuger** *m* ozon(is)eur *m*; **Ձˌhaltig** *adj.* ozoné; **Ձiˈsieren** *v/t.* ⟨*pas de ge-*, h⟩ ozon(is)er; **~ˌmesser** *m* ⟨~s; ~⟩ ozonomètre *m*; **~ˌmessung** *f* ozonométrie *f*; **~oˈgraph** *m* ⟨~en; ~en⟩ ozonographe *m*; **Ձˌreich** *adj.* riche en ozone.

P

P, p [peː] *n* ⟨~; ~⟩ *Buchstabe* P, p *m.*

Paar [paːr] **I** *n* ⟨~(e)s; ~e⟩ **1.** (*zwei zus.gehörige Dinge*) paire *f*; **ein ~ Schuhe, Strümpfe** une paire de souliers, de bas; **2.** (*Personen od. Tiere zweierlei Geschlechts*) couple *m*; **ein glückliches ~** un couple heureux; **das junge ~** le jeune couple; les nouveaux époux; **die beiden werden wohl ein ~ werden** il est probable qu'ils se marieront; **~ bei ~, zu ~en** deux par deux; par couples; par paires; **II 2** *adj. von Zahlen* (*gleich*) **~ od. unpaar** pair ou impair; **III 2** *pr/ind.* ⟨*inv.*⟩ *unbestimmtes Zahlwort* **ein ~** (*einige*) quelques; **ein ~ Freunde** quelques amis; **ein ~ Male** *cf.* **2mal**; **ein ~ Tage** quelques jours; un jour ou deux; **in ein ~ Tagen** a) *in die Zukunft weisend* d'ici un jour ou deux; dans quelques jours; b) *betont die Dauer* (*innerhalb*) en peu de jours; en quelques jours; **vor ein ~ Tagen** il y a quelques jours; **ein ~ Worte** F deux mots; **die ~ Groschen, die er verdient** F les quelques sous qu'il gagne; **~ˌbildung** *f phys. atom.* émission *f* d'une paire; **2en I** *v/t.* ⟨h⟩ apparier (mit avec); accoupler (avec); (*gleich zu gleich gesellen*) appareiller (avec); *fig.* (*vereinigen*) joindre (à); (ré)unir (avec *od.* à); associer (à); **gepaart** *anat., bot. cf.* **2ig**; *fig.* **mit etw. gepaart sein** *auch* être accompagné de qc.; s'accompagner de qc.; **II** *v/réfl.* **sich ~** s'accoupler (avec); s'apparier (avec); *Tiere* s'accoupler; *fig.* se joindre; s'associer; se conjuguer; **III ~en** *n* ⟨~s⟩ *cf.* ~ung; **~erˌzeugung** *f phys. atom. cf.* ~bildung; **~ˌhufer** *m/pl. zo.* artiodactyles *m/pl.*; **2ig** *adj. anat., bot.* géminé; conjugué; apparié; *bot.* **~ gefiedert** paripenné; **~ˌlaufen** *n Eiskunstlauf* patinage *m* par couple; **2mal** *adv.* **ein ~** quelques fois; plusieurs fois; **~reim** *m métr.* rime plate, suivie; **~ung** *f* ⟨~; ~en⟩ accouplement *m*; appariement *m*; *der Tiere* accouplement *m*; *der Vögel auch* pariade *f*; *bot., gewisser Pflanzen* conjugaison *f*; **~ungsˌzeit** *f der Vögel* pariade *f*; **2ˌweise** *adj. u. adv.* par paires; par couples; **~ gehen** marcher deux à deux, deux par deux; **~ geordnete Säulen** colonnes accouplées, géminées; **~ legen, zusammenstellen** apparier; **~ anordnen** jumeler; **~ˌzeher** *m/pl. zo. cf.* **~hufer.**

Pacht [paxt] *f* ⟨~; ~en⟩ bail *m*; *e-s Geschäfts* gérance *f*; *agr.* bail *m* à ferme; ferme *f*; fermage *m*; **~ auf Lebenszeit** bail à vie; **~ von Vieh** bail à cheptel; **~ e-r Weide** bail à pâturage; **in ~ geben** donner à bail; louer; *Geschäft* donner en gérance; *agr.* donner à bail, à ferme; affermer; amodier; **in ~ nehmen** *cf.* 2en; **~beˌdingungen** *f/pl.* cahier *m* des charges; **~beˌtrieb** *m* entreprise louée; *landwirtschaftlicher* exploitation donnée, cédée, prise à bail, à ferme, en fermage; ferme *f*; *in Halbpacht* métairie *f*; **~brief** *m* bail *m*; **~ˌdauer** *f* durée *f* du bail (à ferme); **2en I** *v/t.* ⟨-ete, h⟩ prendre à bail; louer; *Geschäft* prendre en gérance; *agr.* prendre à bail, à ferme; affermer; *fig.* F **er tut, als hätte er die Weisheit gepachtet** il se comporte comme s'il avait, possédait la science infuse; **II ~en** *n* ⟨~s⟩ *cf.* Pachtung 1.

Pächter(in) ['pɛçtər(ɪn)] *m* ⟨~s; ~⟩ (*f*) ⟨~; ~nen⟩ *e-s Hauses, Lokals etc.* tenancier, -ère *m, f*; gérant *m*; locataire *m, f*; *e-r Landwirtschaft* preneur, -euse *m, f* à bail, à ferme; *e-r Landwirtschaft, die er selbst bewirtschaftet* fermier, -ère *m, f*, cultivateur, -trice *m, f* (à bail); (*Halb2*) métayer, -ère *m, f*; *e-r Herde* cheptelier, -ère *m, f.*

Pacht|fläche ['paxtˌflɛçə] *f* terrain cédé, donné à bail; terrain *m* en fermage; **2frei** *adj.* sans payer de fermage; **~ˌgegenstand** *m* bien pris à bail; chose louée, affermée; objet *m* du bail; **~geld** *n* fermage *m*; **~geˌsellschaft** *f* société, compagnie fermière; **~ˌgrundstück** *n* terre louée, affermée, en fermage; terrain loué; **~gut** *n*, **~hof** *m* ferme *f*; *in Halbpacht* métairie *f*; **~ˌhöhe** *f* taux *m* du fermage; **~jahr** *n* année *f* de bail; **~land** *n cf.* ~grundstück; **~recht** *n jur.* droit *m* des baux; **~schutz** *m* protection *f* des preneurs à bail; **~- und 'Leihverˌtrag** *m* prêt-bail *m*; **~ung** *f* ⟨~; ~en⟩ **1.** (prise *f* à) ferme *f*; bail *m*; **2.** *cf.* ~gut; **~verˌhältnis** *n* bail *m*; fermage *m*; ferme *f*; **~verˌlängerung** *f* prorogation *f* du bail; **~verˌtrag** *m* (contrat *m* de) bail *m*; *agr.* bail *m* à ferme; contrat *m* de fermage, d'amodiation; *bei der Verpachtung e-s Geschäfts* contrat *m* de gérance; **2ˌweise** *adv.* à bail; *agr. auch* à ferme; par amodiation; **~wert** *m* valeur locative; **~ˌwirtschaft** *f agr.* exploitation *f* d'une ferme cédée à bail; fermage *m*; **~zeit** *f* (durée *f* du) bail *m*; **~zins** *m* prix *m* du bail; loyer *m*; *agr. auch* fermage *m*; rente foncière.

Pack¹ [pak] *m* ⟨~(e)s; ~e *od.* ⸚e⟩ paquet *m*; *Briefe, Papier etc.* (*Bündel*) liasse *f*; (*Ballen*) ballot *m*; *fig.* **mit Sack u. ~** avec armes et bagages; **~²** *n* ⟨~(e)s⟩ canaille *f*; racaille *f*; ramassis *m*; populace *f*; **gemeines ~** tas de canailles; **~ schlägt sich, ~ verträgt sich** *prov.* se battre et se réconcilier l'instant d'après est le fait de la canaille.

Päckchen ['pɛkçən] *n* ⟨~s; ~⟩ petit paquet; *bei der Post auch* petit colis (postal); **ein ~ Zigaretten** un paquet de cigarettes; *fig.* **jeder hat sein ~ zu tragen** chacun porte son bât, son faix, son propre fardeau, sa croix; chacun a sa croix.

Packeis ['pakˀaɪs] *n* banquise *f*; **im ~ festsitzen** être bloqué par *od.* dans la banquise.

packen ['pakən] **I** *v/t.* ⟨h⟩ **1.** mettre en paquet(s); (*ein~*) empaqueter; *bes. Waren* emballer; *milit.* faire son paquetage, son sac; **in Kisten ~** encaisser; faire des, mettre en caisses; **etw. in s-n Koffer packen** faire entrer qc. dans sa malle, sa valise; **(s-e Koffer) ~** faire, boucler ses malles, ses valises; F plier bagage; F *fig.* **s-e Koffer, s-e Sachen ~** *weil man an e-m Ort nichts mehr zu suchen hat* F faire son sac, son paquet; plier bagage; **2.** (*derb anfassen*) saisir (*auch fig.*: *ergreifen*); *pfort.* empoigner (*auch fig.*); F agripper; **der Zorn packte ihn** la colère l'empoigna, le saisit; **j-n bei der Ehre ~** piquer qn. d'honneur; **das Übel bei der Wurzel ~** attaquer, prendre le mal à la racine; **die Gelegenheit beim Schopfe ~** *fig.* F prendre, saisir l'occasion par les cheveux; **II** *v/réfl.* F **sich ~** partir; F filer; déguerpir; décamper; **pack dich!** va te promener!; file!; déguerpis!; **III 2** *n* ⟨~s⟩ mise *f* en paquet(s); empaquetage *m*; emballage *m*; *der Koffer verbal*; **IV 2** *m* ⟨~s; ~⟩ gros paquet *m*; (*Ballen*) balle *f*; **~d** *adjt.* (*ergreifend, mitreißend*) captivant; prenant; émouvant; F empoignant.

Pack|er(in) ['pakər(ɪn)] *m* ⟨~s; ~⟩ (*f*) ⟨~; ~nen⟩ emballeur, -euse *m, f*; paqueteur, -euse *m, f*; (*Verlader*) manutentionnaire *m*; chargeur *m*; **~e'rei** *f* ⟨~⟩ **1.** (*lästiges Packen*) emballage fastidieux; **2.** ⟨*pl.* ~en⟩ (*~raum*) 'hall *m*, salle *f* d'emballage; F emballage *m*; **~ˌesel** *m* âne *m* de bât; bête *f* de somme (*auch fig.*); *fig.* cheval *m* de bât; **~film** *m phot.* film-pack *m*; **~haus** *n*, **~hof** *m* entrepôt *m* (de douane); **~ˌlage** *f Straßenbau* empierrement *m* de base; encaissement *m*; fondation *f*; **~ˌleinwand** *f* toile *f* d'emballage; **~maˌschine** *f* machine *f* à emballer; **~materiˌal** *n* (matériel *m* d')emballage *m*; **~ˌnadel** *f* aiguille *f* d'emballeur; carrelet *m*; **~paˌpier** *n* papier *m* d'emballage; **~raum** *m cf.* ~erei 2.; **~ˌsattel** *m* bât *m*; **~ung** *f* ⟨~; ~en⟩ **1.** *comm.* paquet *m*; emballage *m*; **2.** *techn.* (*Dichtung*) garniture *f* de joint; bourrage *m*; étoupage *m*; **3.** *méd.* enveloppement *m*; **4.** *Straßenbau cf.* ~lage; **~ˌwagen** *m chem.* fourgon *m* (à bagages); **~ˌzettel** *m* **1.** (*Inhaltsverzeichnis*) fiche *f* d'emballage; **2.** (*Kontrollschein*) fiche *f* de contrôle.

Pädagog|e [pɛda'goːgə] *m* ⟨~n; ~n⟩, **~in** *f* ⟨~; ~nen⟩ pédagogue *m, f*; **~ik** *f* ⟨~⟩ pédagogie *f*; **2isch** *adj.* pédagogique.

Paddel ['padəl] *n* ⟨~s; ~⟩ pagaie *f*; **~ˌboot** *n* (*Kanu*) canoë *m*; (*Kajak*) kayak *m*; périssoire *f*; **2n I** *v/i.* ⟨-(e)le, h⟩ pagayer; **II ~n** *n* ⟨~s⟩, **~ˌsport** *m* pagayage *m*.

Paddler(in) ['padlər(ɪn)] *m* ⟨~s; ~⟩ (*f*) ⟨~; ~nen⟩ pagayeur, -euse *m, f*.

Päderast [pɛde·'rast] *m* ⟨~en; ~en⟩ pédéraste *m*; **~ie** [-'tiː] *f* ⟨~⟩ pédérastie *f*.

paff [paf] **I** *int.* paf!; pouf!; **II** *adj.* F *fig.* **ganz ~** (*erstaunt*) **sein** être tout bouleversé, ébahi, stupéfait, éberlué, F estomaqué.

paffen ['pafən] F *v/i.* ⟨h⟩ fumer à grosses bouffées.

Paganismus [paga'nɪsmʊs] *m* ⟨~⟩ paganisme *m*.

Page ['pɑːʒə] *m* ⟨~n; ~n⟩ page *m*; *im Hotel* chasseur *m*; groom [grum] *m*; **~nˌkopf** *m Frisur* cheveux coupés à la Jeanne d'Arc.

paginier|en [pagi·'niːrən] **I** *v/t.* ⟨*pas de ge-*, h⟩ paginer; folioter; numéroter les pages; **II 2en** *n* ⟨~s⟩ *cf.* 2ung; **2maˌschine** *f* machine *f* à paginer, à folioter; **2ung** *f* ⟨~⟩ pagination *f*; foliotage *m*; numérotage *m*; numérotation *f*.

Pagode [pa'goːdə] *f* ⟨~; ~n⟩ pagode *f*.

pah [pɑː] *int.* bah!

Pailletten [paɪ'jɛtən, pa(l)'jɛtən] *f/pl. cout.* paillettes *f/pl.*

Pair [pɛːr] *m* ⟨~s; ~s⟩ pair *m*; **~sˌwürde** *f* pairie *f*.

Pak [pak] *f* ⟨~; ~(s)⟩ *milit. Kurzwort für* Panzerabwehrkanone.

Paket [pa'keːt] *n* ⟨~(e)s; ~e⟩ paquet *m*; *bei d. Post* colis postal; *von Aktien* paquet *m*; **~ mit Wertangabe** colis avec valeur déclarée; **~ˌannahme** *f* réception *f* (des colis postaux); **~ˌaufklebeaˌdresse** *f* étiquette *f* (pour colis postal); **~ˌausgabe** *f* délivrance *f*, remise *f* (des colis postaux); **~beˌförderung** *f* transport *m* des colis postaux; **2ieren** [-'tiː-] *v/t.* ⟨*pas de ge-*, h⟩ *cf.* packen I 1.; **~iermaˌschine** [-'tiːr-] *f cf.* Packmaschine; **~ˌkarte** *f* bulletin *m* d'expédition; **~ˌporto** *n* port *m*; affranchissement *m*; **~ˌpost** *f* service *m* des colis postaux; **~ˌschalter** *m* guichet *m* des colis postaux; **~ˌsendung** *f* **e-e ~ erhalten** recevoir un colis; **~ˌwagen** *m* fourgon postal; **~ˌzustellgeˌbühr** *f* taxe *f* de remise (de colis postal); **~ˌzustellung** *f* distribution *f* des colis.

Pakgeschütz ['pakgəˌʃʏts] *n milit.* canon *m*, pièce *f* antichars.

Pakistan|er(in) [ˌpakɪs'tɑːnər(ɪn)] *m* ⟨~s; ~⟩ (*f*) ⟨~; ~nen⟩ Pakistanais, -e *m, f*; **2isch** *adj.* pakistanais.

Pakt [pakt] *m* ⟨~(e)s; ~e⟩ pacte *m*; accord *m*; convention *f*; covenant *m*; **e-n ~ schließen** *cf.* 2ieren; **2ieren** [-'tiː-] *v/i.* ⟨*pas de ge-*, h⟩ pactiser (mit avec); faire un pacte (avec).

Paladin [ˌpala'diːn, 'pa-] *m* ⟨~s; ~e⟩ paladin *m*.

Palais [pa'lɛː] *n* ⟨~; ~⟩ palais *m*.

Paläo... [palɛo·...] *in Zssgn.* paléo...; **~'graph** *m* ⟨~en; ~en⟩ paléographe *m*; **~gra'phie** *f* ⟨~⟩ paléographie *f*; **2'graphisch** *adj.* paléographique; **~'lithikum** *n* ⟨~s⟩ paléolithique *m*; **~'zoikum** *n* ⟨~s⟩ *géol.* ère *f* paléozoïque.

Palast [pa'last] *m* ⟨~es; Paläste⟩ palais *m*; *fig.* hôtel *m*; palace *m*.

palästin|ensisch [palɛsti·'nɛnzɪʃ] *adj.* palestinien, -nne; **~isch** [-'stiː-] *adj. cf.* ~ensisch.

Palastrevolution [pa'lastre·vo·lu·tsi·ˌoːn] *f* révolution *f* de palais (*auch fig.*).

palatal [pala'tɑːl] **I** *adj. phon.* palatal; **II 2** *m* ⟨~s; ~e⟩, **2ˌlaut** *m* palatale *f*.

Palatin [pala'tiːn] *m* ⟨~s; ~e⟩ *hist.* palatin *m*; **~at** [-'nɑːt] *n* ⟨~(e)s; ~e⟩ *hist.* palatinat *m*; **2isch** *adj.* palatin.

Palaver [pa'lɑːvər] F *n* ⟨~s; ~⟩ palabre *f*; **2n** F *v/i.* ⟨-(e)re, *pas de ge-*, h⟩ palabrer; tenir des palabres.

palen ['pɑːlən] *v/t.* ⟨h⟩ **Erbsen ~** écosser des petits pois.

Paletot ['paləˌto·] *m* ⟨~s; ~s⟩ pardessus *m*.

Palette [pa'lɛtə] *f* ⟨~; ~n⟩ *peint.* palette *f*.

Palimpsest [palɪm'psɛst] *m od. n* ⟨~es; ~e⟩ palimpseste *m*.

Palisade [pali·'zɑːdə] *f* ⟨~; ~n⟩ *fortif.* palissade *f*; **mit ~n umgeben** palissader; **~nˌzaun** *m* palissade *f*.

Palisander [pali·'zandər] *m* ⟨~s; ~⟩, **~ˌholz** *n* palissandre *m*.

Palladium [pa'lɑːdi·ʊm] *n* ⟨~s⟩ *hist.* ⟨*pl.* -ien⟩, *chim.* palladium [-jɔm] *m*.

Pallasch ['palaʃ] *m* ⟨~es; ~e⟩ sabre *m*; latte *f*.

Palliativ [pali·a'tiːf] *n* ⟨~s; ~e⟩, **~ˌmittel** *n méd.* (remède *m*) palliatif *m*.

Pallium ['pali·ʊm] *n* ⟨~s; -ien⟩ *égl. cath.* pallium [-jɔm] *m*.

Palmarum [pal'mɑːrʊm] *cf.* Palmsonntag.

Palm|baum ['palmbaum] *m bot.* palmier *m*; **~ˌbutter** *f* beurre *m* de palme; **~e** *f* ⟨~; ~n⟩ **1.** *cf.* ~baum; **2.** (~*zweig*) *als Siegeszeichen* palme *f*; **3.** F *fig.* **j-n auf die ~ bringen** irriter, *pfort.* exaspérer qn.; mettre qn. 'hors de lui, de ses gonds; pousser qn. à bout; F faire enrager qn.; **~enˌgarten** *m* jardin *m* de palmiers; **~enˌhain** *m* palmeraie *f*; **~enˌhaus** *n* palmarium [-jɔm] *m*; **~enˌwedel** *m cf.* ~wedel; **~enˌzweig** *m cf.* ~zweig; **~ette** [-'mɛ-] *f* ⟨~; ~n⟩ *Architektur* palmette *f*; palme *f*; **~ettenkapiˌtell** [-'mɛ-] *n Architektur* chapiteau *m* à palmettes; **~fett** *n cf.* ~öl; **~i'tin** *n* ⟨~s⟩ *chim.* palmitine *f*; **~i'tinˌsäure** *f chim.* acide *m* palmitique; **~öl** *n* huile *f* de palme; **~'sonntag** *m* dimanche *m* des Rameaux; Pâques fleuries; **~wein** *m* vin *m* de palme; **~ˌwedel** *m*, **~zweig** *m* palme *f*.

palp|abel [pal'pɑːbəl] *adj.* ⟨-bl-⟩ palpable; **2ati'on** *f* ⟨~; ~en⟩ *méd.* palpation *f*; **~ieren** *v/t.* ⟨*pas de ge-*, h⟩ *méd.* palper.

Pampa ['pampa] *f* ⟨~; ~s⟩ pampa *f*.

Pampelmuse ['pampəlˌmuːzə, -'muː-] *f* ⟨~; ~n⟩ *bot.* pamplemousse *m*; grape-fruit *m*.

Pamphlet [pam'fleːt] *n* ⟨~(e)s; ~e⟩ pamphlet *m*; **~ist** [-'tɪst] *m* ⟨~en; ~en⟩ pamphlétaire *m*.

pampig ['pampɪç] *adj.* F (*frech*) insolent; effronté; F plein de culot, de toupet; culotté; P soufflé.

Pan..., pan... *in Zssgn.* Pan..., pan...

Panama|er(in) [ˌpana'mɑːər, 'pa-] *m* ⟨~s; ~⟩ (*f*) ⟨~; ~nen⟩ Panaméen, -nne *m, f*; **~ˌhut** ['pa-] *m* panama *m*; **2isch** *adj.* panaméen, -nne; **~kaˌnal** ['pa-] *m* canal *m* de Panama.

Panamerika [ˌpanˀa'meːri·ka] *n* Panamérique *f*; **~'nismus** *m* ⟨~⟩ panaméricanisme *m*; **2nisch** [-'kɑː-] *adj.* panaméricain.

Panaritium [pana'riːtsi·ʊm] *n* ⟨~s; -ien⟩ *méd.* panaris *m*.

panaschier|en [pana'ʃiːrən] **I** *v/i.* ⟨*pas de ge-*, h⟩ *bei der Wahl* panacher; **II 2en** *n* ⟨~s⟩, **2sysˌtem** *n* panachage *m*.

panchromatisch [pankro·'mɑːtɪʃ] *adj. phot.* panchromatique.

Pandemi|e [pande·'miː] *f* ⟨~; -ien⟩ *méd.* pandémie *f*; **2sch** [-'deː-] *adj.* pandémique.

Paneel [pa'neːl] *n* ⟨~s; ~e⟩ (*Täfelung*) lambris *m*; panneau *m*; **2ieren** [-'liː-] **I** *v/t.* ⟨*pas de ge-*, h⟩ lambrisser; **II ~ieren** [-'liː-] *n* ⟨~s⟩ lambrissage *od.* lambrissement *m*.

Panegyri|ker [pane·'gyːrɪkər] *m* ⟨~s; ~⟩ panégyriste *m*; **~kus** *m* ⟨~; -ken *od.* -ki⟩ panégyrique *m*; **2sch** *adj.* panégyrique.

Paneuropa [ˌpanˀɔʏ'roːpa] *n* Paneurope *f*.

Panflöte ['pɑːnˌfløːtə] *f mus.* flûte *f* de Pan.

Panier [pa'niːr] *n* ⟨~s; ~e⟩ bannière *f*.

panier|en [pa'niːrən] *v/t.* ⟨*pas de ge-*, h⟩ *cuis.* paner; **2ˌmehl** *n* panure *f*; chapelure *f*.

Pani|k ['pɑːnɪk] *f* ⟨~; ~en⟩ panique *f*; **~kˌstimmung** *f* (climat *m*, atmosphère *f* de) panique *f*; affolement *m*; **2sch** *adj.* panique; **~er Schrecken** terreur panique.

Pankreas ['pankre·as] *n* ⟨~⟩ *anat.* pancréas *m*.

Panne ['panə] F *f* ⟨~; ~n⟩ panne *f* (*auch fig.*); **e-e ~ haben** avoir une panne; **in ~ sein** être en panne, F en carafe; **e-e ~ beseitigen, beheben** dépanner (**am Wagen** la voiture).

Panoptikum [pa'nɔpti·kʊm] *n* ⟨~s; -ken⟩ galerie *f*, musée *m* de figures de cire.

Panorama [pano·'rɑːma] *n* ⟨~s; -men⟩ panorama *m*; **~ˌfilm** *m* film *m* panoramique; **~geˌrät** *n* oscillographe *m* panoramique.

pansch|en ['panʃən] F **I** *v/t.* ⟨h⟩ *Wein, Milch* (*mit Wasser verdünnen*) mouiller; F baptiser; (*fälschen*) falsifier; frelater; frauder; P *néol.* trafiquer; **II** *v/i.* **1.** *im Wasser* (*planschen*) patauger; tripoter; clapoter; **2.** (*Wasser verschütten, verspritzen*) répandre de l'eau; éclabousser; mouiller; **2er** F *m* ⟨~s; ~⟩ *von Wein, Milch* fraudeur *m*; falsificateur *m*; **2e'rei** *f* ⟨~; ~en⟩ mouillage *m*; falsification *f*; fraude *f*; frelatage *m*.

Pansen ['panzən] *m* ⟨~s; ~⟩ *zo.* panse *f*.

Panslaw|ismus [pansla'vɪsmʊs] *m* ⟨~⟩ panslavisme *m*; **~ist** *m* ⟨~en; ~en⟩ panslaviste *m*; **2istisch** *adj.* panslaviste.

Panthei|smus [pante·'ɪsmʊs] *m* ⟨~⟩ panthéisme *m*; **~st** *m* ⟨~en; ~en⟩ panthéiste *m*; **2stisch** *adj.* panthéiste.

Panther ['pantər] *m* ⟨~s; ~⟩ *zo.* panthère *f*; **~ˌfell** *n* peau *f* de panthère.

Pantine [pan'tiːnə] *f* ⟨~; ~n⟩ sabot *m*; galoche *f*; socque *m*.

Pantoffel [pan'tɔfəl] *m* ⟨~s; ~n, F *auch* ~⟩ pantoufle *f*; mule *f*; *abgetragener* savate *f*; **in ~n gehen** être, aller en pantoufles; **~ des Papstes** mule du pape; F *fig. von e-m Ehemann* **unter dem ~ stehen** être sous la férule, la coupe de sa femme; **er steht unter dem ~** *auch* F elle le mène par le bout du nez, en laisse; c'est elle qui porte la culotte; ~ˌ**blume** *f bot.* calcéolaire *f*; ~ˌ**held** F *m* mari gouverné, mené par sa femme; mari *m* dont la femme porte la culotte; mari *m* sous la coupe, la férule de sa femme; ~ˌ**tierchen** *n* ⟨~s; ~⟩ *biol.* paramécie *f*.

Pantograph [pantoˑ'graːf] *m* ⟨~en; ~en⟩ pantographe *m*.

Pantomi|me [pantoˑ'miːmə] *f* ⟨~; ~n⟩, **~mik** *f* ⟨~⟩ pantomime *f*; **2misch** *adj.* pantomimique.

Pantry ['pɛntriˑ] *f* ⟨~; ~s⟩ *mar.* office *m*.

pantschen ['pantʃən] *v/t. u. v/i.* ⟨h⟩ *cf.* panschen.

Pänultima [pɛ'nultiˑma, pɛn'ʔul-] *f* ⟨~; -mä *od.* -men⟩ *ling.* pénultième *f*.

Panzer ['pantsər] *m* ⟨~s; ~⟩ **1.** *hist.* (*Rüstung*) cuirasse *f*; (*Harnisch*) 'harnais *m*; **2.** *bei Tieren* (*Schutz2*) cuirasse *f*; carapace *f*; **3.** (*Panzerung*) blindage *m*; cuirasse *f*; **4.** *milit.* char blindé, de combat, d'assaut; (engin *m*) blindé *m*; ~ˌ**abwehr** *f* défense *f* antichars; ~ˌ**abwehrgeˌschütz** *n*, ~ˌ**abwehrkaˌnone** *f* (*abr.* Pak) canon *m* antichars; ~ˌ**angriff** *m* attaque *f* de chars; **~artilleˌrie** *f* artillerie *f* de D.B. (= division blindée); ~ˌ**auto** *n* auto blindée; (engin *m*) blindé *m*; **~bataillˌon** *n* bataillon *m* de chars; **~batteˌrie** *f* batterie blindée, cuirassée; **~beˌkämpfung** *f cf.* ~abwehr; **~beˌsatzung** *f* équipage *m* de char; ~ˌ**bombe** *f* bombe perforante; **2ˌbrechend** *adjt.* ~e Munition munitions perforantes, de rupture; **~ˌbüchse** *f* fusil *m* à grenades antichars; ~ˌ**deck** *n mar.* pont cuirassé, blindé; ~ˌ**deckung** *f* protection *f* antichars, contre les chars; abri *m* antichars; ~ˌ**deckungsˌloch** *n* trou *m* antichars; **~divisiˌon** *f* division blindée (*abr.* D.B.); ~ˌ**drehturm** *m* tourelle, coupole cuirassée tournante; ~ˌ**fahrer** *m* pilote *m* (de char); ~ˌ**fahrzeug** *n* véhicule blindé; ~ˌ**falle** *f* piège *m* à char; ~ˌ**faust** *f* lance-fusées léger antichars; ~ˌ**fische** *m/pl. Paläontologie* placodermes *m/pl.*; ~ˌ**flotte** *f mar.* flotte cuirassée; ~ˌ**führer** *m* chef *m*, commandant *m* de char; **~geˌhäuse** *n* boîtier blindé; **~geˌschoß** *n* projectile perforant, de rupture; **~geˌwölbe** *n e-r Bank* chambre forte; trésor *m*; ~ˌ**glas** *n* verre *m* de sécurité; ~ˌ**graben** *m* fossé *m*, tranchée *f* antichars; **~grenaˌdier** *m* dragon, fantassin porté; *pl.* ~e infanterie (de division) blindée; ~ˌ**handschuh** *m e-r Rüstung* gantelet *m*; ~ˌ**hemd** *n* cotte *f* de mailles; ~ˌ**jäger** *m* chasseur *m* de chars; ~ˌ**kabel** *n élect.* câble armé, blindé; ~ˌ**kampfwagen** *m cf.* Panzer 4.; **~kaˌnone** *f* canon *m* de char; ~ˌ**kette** *f* chenille *f* (à patins d'acier); ~ˌ**knacker** *m* casseur *m*, croqueur *m* de chars; **~kommanˌdant** *m cf.* ~führer; ~ˌ**korps** *n* corps blindé, cuirassé; ~ˌ**kräfte** *f/pl.* forces, unités blindées; ~ˌ**kraftwagen** *m* auto blindée; véhicule automobile blindé; ~ˌ**kreuzer** *m mar.* croiseur cuirassé; ~ˌ**kuppel** *f* coupole cuirassée, blindée; ~ˌ**landungsˌboot** *n* péniche blindée de débarquement; ~ˌ**mine** *f* mine *f* antichars (d'infanterie); mine *f* A.C.I.; **~munitiˌon** *f cf.* 2brechend(e Munition); **2n** *v/t.* (*u. v/réfl.*) ⟨-(e)re, h⟩ (s')armer d'une cuirasse; (se) cuirasser; blinder; ~ˌ**platte** *f mar.* plaque *f* de blindage; **~regiˌment** *n* régiment *m* de chars; ~ˌ**schiff** *n mar.* (vaisseau) cuirassé *m*; ~ˌ**schott** *n mar.* cloison blindée, cuirassée; ~ˌ**schrank** *m* coffre-fort *m*; ~ˌ**schreck** *m* bazooka *m*; *cf. auch* ~faust; ~ˌ**schutz** *m* unter ~ sous la protection de chars; ~ˌ**schütze** *m* tireur *m*; ~ˌ**spähwagen** *m* auto blindée, engin blindé de reconnaissance; ~ˌ**sperre** *f*, ~ˌ**riegel** *m* barrage *m* antichars; ~ˌ**spitze** *f* pointe *f* de chars; tête *f* de la colonne blindée; **~ˌstahl** *m* acier *m* à blindage; ~ˌ**truppen** *f/pl.* unités blindées; ~ˌ**turm** *m mar.* tourelle blindée, cuirassée; *des Panzers* tourelle *f*; coupole *f*; **~ung** *f* ⟨~; ~en⟩ *cf.* Panzer 3.; **~unterˌstützung** *f* mit ~ avec l'appui de chars; **~verˌbände** *m/pl.* schwere u. leichte ~ unités de chars lourds et légers; **~ˌwaffe** *f* arme blindée; ~ˌ**wagen** *m cf.* ~kraftwagen, Panzer 4.; ~ˌ**zug** *m* train blindé.

Päonie [pɛ'oːniˑə] *f* ⟨~; ~n⟩ *bot.* pivoine *f*.

Papa [pa'paː, 'papa] *m* ⟨~s; ~s⟩ *enf.* papa *m*.

Papagei [papa'gaɪ] *m* ⟨~(e)s *od.* ~en; ~en⟩ *zo.* perroquet *m*; ~ˌ**blume** *f bot.* strélitzie *f*; **~enˌkrankheit** *f* ⟨~⟩ *méd.* psittacose *f*; **~enˌweibchen** *n* perroquet *m* femelle; perruche *f*.

papa|l [pa'paːl] *adj.* papal; **2lsyˌstem** *n*, **2t** *m od. n* ⟨~(e)s⟩ papauté *f*.

Papier [pa'piːr] *n* ⟨~s; ~e⟩ **1.** papier *m*; ein Bogen, Blatt ~ une feuille de papier; **zu ~ bringen** mettre, jeter sur le papier; mettre, coucher par écrit; **~ ist geduldig** le papier souffre tout; **das steht nur auf dem ~** cela n'existe que sur le papier; **satiniertes ~** papier satiné; **gummiertes, geleimtes, liniiertes ~** papier gommé, collé, ligné; **~ mit Wasserzeichen** papier filigrané, à filigranes; **2.** *meist im pl.* ~e (*Schriftstücke*) papiers *m/pl.*; F paperasses *f/pl.*; (*Ausweise, Urkunden*) papiers *m/pl.* (d'identité); P papelards *m/pl.*; **s-e ~e in Ordnung bringen** mettre de l'ordre dans ses papiers; **s-e ~e in Ordnung haben** avoir ses papiers en ordre, en règle; être en règle; **3.** (*Wert2*) (*abr.* P) titre *m*; papier *m*; valeur *f*; effet *m*; **börsengängige ~e** titres négociables, négociés en bourse, admis à la bourse, cotés en bourse; **2ˌartig** *adj. sc.* papyracé; ~ˌ**bahn** *f* bande *f*, ruban *m* de papier; ~ˌ**beutel** *m* sac *m*, *kleiner* sachet *m* en papier; ~ˌ**blume** *f* **1.** *bot.* (*Strohblume*) immortelle *f*; **2.** fleur artificielle, en papier; ~ˌ**brei** *m* pâte *f* à papier; ~ˌ**deutsch** *n* ⟨→ A⟩ style administratif; ~ˌ**drachen** *m* cerf-volant *m*; **2en** *adj.* de *od.* en papier; *fig.* ~er Stil mauvais style; style sec; **~fabrik(atiˌon)** *f* papeterie *f*; ~ˌ**fetzen** *m* chiffon *m* de papier; ~ˌ**filter** *m* filtre *m* en papier; **~forˌmat** *n* format *m* du papier; ~ˌ**geld** *n* papier-monnaie *m*; billets *m/pl.* de banque; **~geˌschäft** *n* papeterie *f*; ~ˌ**halter** *m an der Schreibmaschine* porte-papier *m*; ~ˌ**handel** *m* papeterie *f*; ~ˌ**händler** *m* papetier *m*; ~ˌ**handlung** *f cf.* ~geschäft; ~ˌ**herstellung** *f* fabrication *f* du papier; ~ˌ**hülle** *f* enveloppe *f* en papier; **~indusˌtrie** *f* industrie papetière; ~ˌ**korb** *m* corbeille *f* à papier; ~ˌ**kragen** *m* col *m* de papier; ~ˌ**kram** F *m* F paperasses *f/pl.*; ~ˌ**krieg** F *m* paperasserie administrative; bureaucratie *f*; ~ˌ**kugel** *f* boule *f* en papier; ~ˌ**laden** *m cf.* ~geschäft; **~laˌterne** *f* lanterne vénitienne; **~ma'ché** [papiˑeˑma'ʃeː] *n* ⟨~s; ~s⟩ pâte *f* à papier; carton-pâte *m*; papier mâché; **~manˌschette** *f für Blumentöpfe* cache-pot *m*; ~ˌ**masse** *f cf.* ~maché; ~ˌ**messer** *n* coupe-papier *m*; plioir *m*; ~ˌ**mühle** *f* papeterie *f*; ~ˌ**rolle** *f* rouleau *m* de papier; ~ˌ**sack** *m* sac *m* en papier; ~ˌ**schere** *f* ciseaux *m/pl.* (à papier); ~ˌ**schlange** *f* serpentin *m*; ~ˌ**schneidemaˌschine** *f* massicot *m*; ~ˌ**schnitzel** *n od. m* rognure *f* de papier; **~serviˌette** *f* serviette *f* en papier; ~ˌ**streifen** *m* bande *f* de papier; ~ˌ**taschentuch** *n* mouchoir *m* en papier; ~ˌ**tüte** *f* cornet *m* en papier; **~verˌarbeitung** *f* papeterie *f*; ~ˌ**währung** *f* monnaie *f* fiduciaire; ~ˌ**waren** *f/pl.* (articles *m/pl.* de) papeterie *f*; ~ˌ**wisch** F *m* chiffon *m* de papier; F paperasse *f*.

papillar [papɪ'laːr] *adj.* papillaire; **2en** *f/pl.*, **2ˌlinien** *f/pl.* sillons *m/pl.* papillaires.

Papille [pa'pɪlə] *f* ⟨~; ~n⟩ *anat.* papille *f*.

Papinscher Topf [pa'pɛ̃ːʃər tɔpf, -'piːn-] *m phys.* marmite *f* de Papin.

Papis|mus [pa'pɪsmus] *m* ⟨~⟩ papisme *m*; **~t(in)** *m* ⟨~en; ~en⟩ (*f*) ⟨~; ~nen⟩ papiste *m, f*; **2tisch** *adj.* papal; (de) papiste.

papp [pap] **I** *int.* F **nicht mehr ~ sagen können** (*sehr satt sein*) F ne plus pouvoir dire papa; **II 2** *m* ⟨~(e)s; ~e⟩ **1.** (*Brei*) bouillie *f*; **2.** (*Kleister*) colle *f* de pâte; *Buchbinderei* pâte *f*; **2ˌband** *m Buchbinderei* a) reliure *f* en carton; cartonnage *m*; **im ~** cartonné; b) volume cartonné; **2ˌbecher** *m* gobelet *m* en carton; **2ˌdeckel** *m* carton *m*; **2e** *f* ⟨~; ~n⟩ carton *m*; **dünne ~** carte *f*; **in ~ binden** cartonner; F *fig.* **das ist nicht von ~** ce n'est pas pour rire; ce n'est pas une bagatelle, plaisanterie; c'est qc. de sérieux; **2ˌeinband** *m* reliure cartonnée, en carton; cartonnage *m*; **im ~** cartonné.

Pappel ['papəl] *f* ⟨~; ~n⟩ *bot.* peuplier *m*; **~aˌllee** *f* allée *f* de peupliers; **~ˌholz** *n* bois *m* de peuplier.

päppeln ['pɛpəln] F *v/t.* ⟨-(e)le, h⟩ *ein Kind, e-n Kranken* nourrir avec des aliments très concentrés, substantiels.

Pappel|schwärmer ['papəlˌʃvɛrmər] *m zo.* sphinx *m* du peuplier; ~ˌ**weide** *f bot.* saule blanc.

pappen ['papən] **I** F *v/t.* ⟨h⟩ (*kleistern*) coller; **II** *v/i. Schnee* coller; s'agglutiner; adhérer; **2ˌheimer** *m* ⟨~s; ~⟩ F **s-e ~ kennen** connaître ses gens, ses bonshommes; **daran erkenne ich meine ~** je les reconnais bien là; **2ˌstiel** *m* F **das ist kein ~** ce n'est pas pour rire, une bagatelle; **für** *od.* **um e-n ~** pour un rien.

papperlapapp [ˌpapərla'pap] *int.* et patati, et patata!; chansons que tout ça!

papp|ig ['papɪç] *adj.* pâteux, -euse; **2kameˌrad** *m milit.* cible *f* (à silhouette humaine); **2karˌton** *m* carton *m*; boîte *f* en carton; **2ma'ché** [-'ʃeː] *n* ⟨~s; ~s⟩ *cf.* Papiermaché; **2ˌschachtel** *f cf.* 2karton; **2schnee** *m* neige collante; **2ˌteller** *m* plat *m*, assiette *f* en carton.

Paprika ['papriˑka] *m* ⟨~s; ~s⟩ *bot.* paprika *m*; piment *m* (*beide auch als Gewürz*); ~ˌ**schnitzel** *n cuis.* escalope *f* au paprika; ~ˌ**schote** *f* piment *m*; poivron *m*.

Papst [paːpst] *m* ⟨~es; ~e⟩ pape *m*; Saint-Père *m*; souverain pontife; **~faˌmilie** *f* entourage *m* du pape; **~ˌkrone** *f* tiare *f*.

päpstlich ['pɛːpstlɪç] *adj.* du pape; papal; pontifical; apostolique; ~es **Schreiben** bref *m*; **2er Stuhl** Saint-Siège *m*; **2er Nuntius** nonce apostolique; **~e Würde** *cf.* **Papstwürde**; *loc.*

~er sein als der Papst être plus royaliste que le roi.
Papst|tum ['pɑːpsttuːm] *n* ⟨~(e)s⟩ papauté *f*; **~wahl** *f* élection *f* du pape; **~ˌwürde** *f* papauté *f*; pontificat *m*; dignité pontificale.
Papua ['pɑːpuˑa, pa'puːa] *m* ⟨~(s); ~(s)⟩, **~ˌneger** *m* Papou(a) *m*; **~ˌsprache** *f* papou *m*.
Papyrus [pa'pyːrus] *m* ⟨~; -ri⟩ papyrus *m* (*pl.* papyri); **~ˌkunde** *f* ⟨~⟩ papyrologie *f*; **~ˌrolle** *f* rouleau *m* de papyrus; **~ˌstaude** *f bot.* papyrus *m*.
Para|bel [pa'rɑːbəl] *f* ⟨~; ~n⟩ parabole *f*; **≈'bolisch** *adj.* parabolique; **~bolo'id** *n* ⟨~(e)s; ~e⟩ *Geometrie* paraboloïde *m*; **~'bolˌspiegel** *m* miroir *m* parabolique.
Parade [pa'rɑːdə] *f* ⟨~; ~n⟩ **1.** *milit.* (*Truppenschau*) parade *f* (militaire); revue *f*; die ~ abnehmen passer les troupes en revue; faire la revue des troupes; **2.** *esc.*, *Boxen*, *Reitsport* parade *f*; **3.** *fig.* j-m in die ~ fahren a) (*j-s Pläne durchkreuzen*) F mettre des bâtons dans les roues à qn.; entraver les desseins de qn.; b) *bei e-m Wortgefecht* faire une sortie contre qn.; contrer qn.; **~ˌanzug** *m* im ~ en grande tenue; **~ˌaufstellung** *f milit.* alignement *m* des troupes pour la revue; **~ˌbett** *n* lit *m* de parade; **~ˌmarsch** *m milit.* défilé *m*.
Paradentose [paradɛn'toːzə] *f* ⟨~; ~n⟩ *méd. cf.* Parodontose.
Parade|platz [pa'rɑːdəˌplats] *m milit.* place *f* d'armes; **~ˌschritt** *m milit.* pas *m* de parade; **~ˌstück** *n fig.* morceau *m* de bravoure; **~uniˌform** *f milit.* in ~ en grande tenue.
paradieren [para'diːrən] *v/i.* ⟨*pas de ge-*, h⟩ parader; *fig.* mit etw. ~ (*prunken*) faire parade de qc.
Paradies [para'diːs] *n* ⟨~es; ~e⟩ paradis *m* (*auch fig.*); das Verlorene ~ le Paradis Perdu; **~ˌapfel** *m bot.* pomme *f* de paradis; **≈isch** *adj.* du paradis; paradisiaque; (*himmlisch, herrlich*) délicieux, -euse; ravissant; charmant; **~ˌvogel** *m zo.* paradisier *m*; oiseau *m* de paradis.
Paradigma [para'digma] *n* ⟨~s; -men⟩ *gr.* paradigme *m*; **≈tisch** [-'gmɑː-] *adj.* comme, en paradigme(s).
paradox [para'dɔks] **I** *adj.* paradoxal; **II ≈** *n* ⟨~es; ~e⟩, **≈on** [pa'rɑːdɔksɔn] *n* ⟨~s; -xa⟩ paradoxe *m*.
Paraffin [para'fiːn] *n* ⟨~s; ~e⟩ *chim.* paraffine *f*; **~ˌkerze** *f*, **~ˌlicht** *n* bougie *f* de paraffine; **~ˌöl** *n chim.* huile *f* de paraffine; **~paˌpier** *n* papier paraffiné; **~ˌsalbe** *f phm.* vaseline *f*.
Paragraph [para'grɑːf] *m* ⟨~en; ~en⟩ paragraphe *m*; *e-s Gesetzes* article *m*; titre *m*; **~enˌreiter** F *m* celui qui est à cheval sur le règlement; pointilleux *m*; **≈ieren** [-'fiː-] *v/t.* ⟨*pas de ge-*, h⟩ diviser en paragraphes; **~ˌzeichen** *n* paragraphe *m*.
Paraguay|er(in) [paraguˑ'ɑːjər(ɪn), -guˑ'aɪər-] *m* ⟨~s; ~⟩ (*f*) ⟨~; ~nen⟩ Paraguayen, -nne *m,f*; **≈isch** [-guˑ'ɑːjɪʃ, -guˑ'aɪɪʃ] paraguayen, -nne.
paralla|ktisch [para'laktɪʃ] *adj. astr.* parallactique; **≈xe** *f* ⟨~; ~n⟩ parallaxe *f*.
parallel [para'leːl] **1.** *adj.* parallèle (mit, zu à); **2.** *adv.* parallèlement; ~ laufen être parallèle; *élect.* ~ schalten shunter; coupler, monter, connecter, brancher en dérivation, en parallèle; **≈beˌtrieb** *m* exploitation *f* parallèle; **≈beˌwegung** *f* mouvement *m* parallèle; **≈e** *f* ⟨~; ~n⟩ **1.** *Geometrie* parallèle *f*; e-e ~ ziehen tirer une parallèle; **2.** *fig.* (*vergleichende Gegenüberstellung*) parallèle *m*; comparaison *f*; e-e ~ ziehen établir, tracer, faire un parallèle; mettre en parallèle; **≈ˌfall** *m* cas *m* parallèle; **≈ˌfeder** *f techn.* plume *f* à deux becs; **≈ˌführung** *f techn.* parallélisme *m*; guidage *m* parallèle; **~i'sieren** *v/t.* ⟨*pas de ge-*, h⟩ mettre en parallèle; **≈ismus** [-'lɪs-] *m* ⟨~; -men⟩, **≈i'tät** *f* ⟨~⟩ parallélisme *m*; **≈ˌklasse** *f* classe *f* parallèle; **≈ˌkreis** *m astr.* parallèle *m*; **~ˌlaufend** *adjt.* parallèle; **≈ˌlinie** *f* parallèle *f*; **≈o'gramm** *n* ⟨~s; ~e⟩ *Geometrie* parallélogramme *m*; **≈ˌschalter** *m élect.* commutateur *m* multiple, en parallèle; **≈ˌschaltung** *f élect.* connexion *f*, montage *m* en parallèle; **≈ˌstraße** *f* rue *f* parallèle; **≈verˌlauf** *m* parallélisme *m*; **≈verˌschiebung** *f* translation *f*, déplacement *m* parallèle; **≈ˌweg** *m* voie *f*, chemin *m* parallèle; **≈ˌwicklung** *f élect.* enroulement *m* parallèle; **≈ˌwiderstand** *m élect.* résistance *f* parallèle, en dérivation; shunt *m*.
Paralogismus [paraloˑ'gɪsmus] *m* ⟨~; -men⟩ paralogisme *m*.
Paraly|se [para'lyːzə] *f* ⟨~; ~n⟩ *méd.* paralysie *f*; **≈'sieren** *v/t.* ⟨*pas de ge-*, h⟩ paralyser (*auch fig.*); **~tiker** *m* ⟨~s; ~⟩ paralytique *m*; **≈tisch** *adj.* paralytique.
paramagnet|isch [parama'gneːtɪʃ] *adj. phys.* paramagnétique; **≈ismus** [-'tɪs-] *m* ⟨~⟩ paramagnétisme *m*.
Paramente [para'mɛntə] *n/pl. égl.* parements *m/pl.*
Parameter [pa'rɑːmeˑtər] *m* ⟨~s; ~⟩ *Geometrie* paramètre *m*.
Paranoi|a [para'nɔya] *f* ⟨~⟩ *méd.* paranoïa *f*; **≈sch** [-'noːɪʃ] *adj.* paranoïaque.
Paranuß ['pɑːraˌnus] *f bot.* noix *f*, châtaigne *f* du Brésil.
paraphier|en [para'fiːrən] **I** *v/t.* ⟨*pas de ge-*, h⟩ parapher *od.* parafer; **II ≈en** *n* ⟨~s⟩, **≈ung** *f* ⟨~⟩ *verbal*.
Paraphras|e [para'frɑːzə] *f* ⟨~; ~n⟩ paraphrase *f* (*auch mus.*); **≈ieren** [-'ziː-] *v/t.* ⟨*pas de ge-*, h⟩ paraphraser; faire une paraphrase (de); **≈tisch** [-'fras-] *adj.* paraphrastique.
Parapsychologi|e [parapsyːçoˑloˑ'giː] *f* parapsychologie *f*; métapsychique *f*; **≈sch** [-'loː-] *adj.* parapsychologique; métapsychique.
Parasit [para'ziːt] *m* ⟨~en; ~en⟩ *bot.*, *zo.* parasite *m* (*auch fig.*); **≈är** [-'tɛːr] *adj.* parasitaire; **~enˌtum** *n* ⟨~(e)s⟩ parasitisme *m*; **≈isch** *adj.* parasite; parasitique; **~ismus** [-'tɪs-] *m* ⟨~⟩ *bot.* parasitisme *m*; **~olo'gie** *f* ⟨~⟩ *bot.* parasitologie *f*.
parat [pa'rɑːt] *adj.* prêt.
Paratyphus ['pɑːraˌtyːfus] *m méd.* paratyphus *m*; paratyphoïde *f*.
Pärchen ['pɛːrçən] *n* ⟨~s; ~⟩ *von Menschen u. Tieren* couple *m*.
Parcours [par'kuːr] *m* ⟨~⟩ parcours *m*.
Pard [part] *m* ⟨~en; ~en⟩ *zo. cf.* Leopard.
pardauz [par'dauts] *int.* patatras!
Parde|l ['pardəl] *m* ⟨~s; ~⟩, **~r** *m* ⟨~s; ~⟩ *zo. cf.* Leopard.
Pardon [par'dõː, -'dɔŋ] *m* ⟨~s⟩ (*Verzeihung*) pardon *m*; (*Begnadigung*) grâce *f*; *milit.* quartier *m*; um ~ bitten demander grâce, quartier; ~ geben faire grâce, quartier; keinen ~ geben ne point faire (de) grâce, (de) quartier.
Parenthe|se [parɛn'teːzə] *f* ⟨~; ~n⟩ parenthèse *f*; **≈tisch** *adj.* par parenthèse; entre parenthèses.
Parforce|jagd [par'fɔrsˌjɑːkt] *f* chasse *f* à courre; **~ˌleistung** *f* tour *m* de force; **~ˌmarsch** *m* marche forcée; **~ˌritt** *m* course *f* au clocher.
Parfüm [par'fyːm] *n* ⟨~s; ~e *od.* ~s⟩ parfum *m*; **~e'rie** *f* ⟨~; -ien⟩ parfumerie *f*; **~eur** [-'møːr] *m* ⟨~s; ~e⟩ parfumeur *m*; **~ˌfläschchen** *n* flacon *m* de *od.* à parfum; **≈ieren** [-'miː-] *v/t.* (*u. v/réfl.*) ⟨*pas de ge-*, h⟩ (se) parfumer; **~indusˌtrie** *f* parfumerie *f*; **~zerˌstäuber** *m* vaporisateur *m*.
pari ['pɑːriˑ], **'Pari** *n* ⟨~(s)⟩ *comm.* pair (*m*); al ~ stehen être au pair; über ~ stehen être au-dessus du pair.
Paria ['pɑːriˑa] *m* ⟨~s; ~s⟩ paria *m*.
parieren [pa'riːrən] **I** *v/t.* ⟨*pas de ge-*, h⟩ *ein Pferd* arrêter court; *esc.* e-n Hieb ~ parer un coup, une botte; **II** *v/i.* (*gehorchen*) obéir; obtempérer; Order ~ *cf.* Order 2.; **III ≈** *n* ⟨~s⟩ *e-s Pferdes*, *esc.* parade *f*; (*Gehorchen*) obéissance *f*.
Parikurs ['pɑːriˑˌkurs] *m comm.* pair *m* du change.
Paris|er(in) [pa'riːzər(ɪn)] **I** *m* ⟨~s; ~⟩ (*f*) ⟨~; ~nen⟩ Parisien, -nne *m,f*; F Parigot, -e *m,f*; **II ~er** *adj.* ⟨*inv.*⟩ parisien, -nne; de Paris; während meines ~ Aufenthaltes pendant mon séjour à Paris; ~ Argot sprechen, ~ Art annehmen parisianiser; **≈(eˌr)isch** *adj. cf.* ~er II; **~ismen** [-'zɪs-] *m/pl.* parisianismes *m/pl.*
Parität [pariˑ'tɛːt] *f* ⟨~⟩ parité *f*; égalité *f*; **≈isch** *adj.* paritaire; à parité; à égalité.
Pariwert ['pɑːriˑˌveːrt] *m* valeur *f* au pair.
Park [park] *m* ⟨~(e)s; ~s *od.* ~e⟩ (*Grünanlage*) parc *m* (*auch von Maschinen, Fahrzeugen*); **≈ˌähnlich** *adj.* comme un parc; **~ˌanlagen** *f/pl.* parc *m*; square *m*; jardin anglais; **≈en I** *v/t. u. v/i.* ⟨h⟩ parquer; garer; (*hinstellen*) ranger; *nur v/i.* stationner; längs des Bürgersteigs ~ se ranger le long du trottoir; **II ~en** *n* ⟨~s⟩ stationnement *m*; parcage *m*; parking *m*; ~ verboten! stationnement interdit!; défense de stationner!; **≈end** *adjt.* ~es Auto voiture en stationnement.
Parkerisieren [parkeˑriˑ'ziːrən] *n* ⟨~s⟩ *métall.* parkérisation *f*.
Parkett [par'kɛt] *n* ⟨~(e)s; ~e⟩ parquet *m* (*auch an der Börse*); *thé.* orchestre *m*; parterre *m*; **~ˌabziehmaˌschine** *f* machine *f* à poncer les parquets; **~ˌ(fuß)boden** *m* parquet *m*; parquetage *m*; **≈ieren** [-'tiː-] *v/t.* ⟨*pas de ge-*, h⟩ parqueter; **~ˌlegen** *n* parquetage *m*; parqueterie *f*; **~ˌleger** *m* ⟨~s; ~⟩ parqueteur *m*; **~ˌloge** *f thé.* baignoire *f*; **~ˌplatz** *m*, **~ˌsitz** *m thé.* fauteuil *m* d'orchestre; stalle *f*; **~ˌwachs** *n* encaustique *f*.
Park|gebühr ['parkgəˌbyːr] *f* droit *m*, taxe *f* de stationnement; **~geˌlegenheit** *f* ~ für unsere Kunden parking, garage, parcage réservé à nos clients; **~haus** *n* garage *m*; **~ˌleuchte** *f*, **~licht** *n* feu *m* de stationnement; **~o'meter** *n* ⟨~s; ~⟩ *cf.* ~uhr; **~platz** *m* parking *m*; parc *m* (de stationnement); parcage *m*; bewachter ~ parking, stationnement payant, gardé; **~ˌstelle** *f auf der Straße* stationnement autorisé; **~ˌstreifen** *m* accotement *m* pour *od.* de stationnement; **~uhr** *f* compteur *m* de stationnement; parcomètre *m*; **~verˌbot** *n* interdiction *f* de stationner; défense *f* de stationner; stationnement interdit; **~ˌwächter** *m* gardien *m* de parc.
Parlament [parla'mɛnt] *n* ⟨~(e)s; ~e⟩ parlement *m*; **~är** [-'tɛːr] *m* ⟨~s; ~e⟩

milit. parlementaire *m*; **~är,flagge** [-ˈtɛːr-] *f* drapeau (blanc) de parlementaire; **~arier** [-ˈtɑː-] *m* ⟨~s; ~⟩ *pol.* membre *m* du parlement; parlementaire *m*; député *m*; **≈arisch** [-ˈtɑː-] *adj.* parlementaire; **~e Regierungsform** régime parlementaire; **~er Ausschuß** comité, commission parlementaire; **~a'rismus** *m* ⟨~⟩ parlementarisme *m*; **~s,akte** *f* acte *m* du parlement; **~s,auflösung** *f* dissolution *f* du parlement; **~sbe,richt** *m* compte rendu des débats parlementaires; (compte rendu) analytique *m*; **~sbe,schluß** *m* vote *m* du parlement; **~sde,batten** *f/pl.* débats *m/pl.* parlementaires; **~s,ferien** *pl.* vacances *f/pl.* parlementaires; **~sge,bäude** *n* parlement *m*; **~s,mitglied** *n cf.* **~arier**; **~s,sitzung** *f* séance *f* du parlement; **~s,wahlen** *f/pl.* élections législatives.

parlieren [parˈliːrən] *v/i.* ⟨*pas de ge-*, h⟩ F *iron.* (*schwatzen*) jaser; bavarder.

Parmesankäse [parmeˑˈzɑːn,kɛːzə] *m* parmesan *m*.

parnassisch [parˈnasɪʃ] *adj.* du Parnasse; parnassien, -nne.

Parochialkirche [parɔxiˑˈɑːl,kɪrçə] *f* église paroissiale.

Parod|ie [paroˑˈdiː] *f* ⟨~; -ien⟩ parodie *f* (auf de); **≈ieren** *v/t.* ⟨*pas de ge-*, h⟩ parodier; faire une parodie de; **~ist** *m* ⟨~en; ~en⟩ parodiste *m*; **≈istisch** *adj.* parodique.

Parodontose [paroˑdɔnˈtoːzə] *f* ⟨~; ~n⟩ *méd.* parodontose *f*.

Parole [paˈroːlə] *f* ⟨~; ~n⟩ (*Leitwort*) devise *f*; *milit.* mot *m* de passe; consigne *f*; *als Anruf* mot *m* d'ordre; *als Antwort* mot *m* de ralliement; **die ~ ausgeben** donner le mot d'ordre; **~-,buch** *n* registre *m* d'ordres.

Paroxysmus [parɔˈksʏsmʊs] *m* ⟨~; -men⟩ *méd.* paroxysme *m*.

Paroxytonon [parɔˈksyːtoˑnɔn] *n* ⟨~s; -tona⟩ *gr.* paroxyton *m*.

Pars|e [ˈparzə] *m* ⟨~n; ~n⟩ Parse *od.* Parsi *m*; **≈isch** *adj.* parse; parsi; **~ismus** [-ˈzɪs-] *m* ⟨~⟩ parsisme *m*; religion *f* parse.

Part [part] *m* ⟨~s; ~e⟩ **1.** (*Anteil*) part *f*; **2.** *mus.* partie *f*; **s-n ~ spielen** jouer sa partie.

Partei [parˈtaɪ] *f* ⟨~; ~en⟩ **1.** *politische* parti *m*; *meist péj.* faction *f*; **die konservative, liberale ~** le parti conservateur, libéral; **sich e-r ~ anschließen, e-r ~ beitreten, in e-e ~ eintreten** s'affilier, adhérer, donner son adhésion à un parti; entrer dans un parti; F se mettre dans un parti; **e-r ~ angehören** être (membre) d'un parti; appartenir à un parti; **derselben ~ angehören** être du même parti, F du même bord; **die ~ wechseln** changer de parti; F tourner casaque; (re)tourner sa veste; **zwischen zwei ~en stehen** F nager entre deux eaux; **2.** *jur.* partie *f*; **die streitenden ~en** les parties plaidantes, en cause; **beklagte ~** partie défenderesse; défendeur *m*; **klagende ~** partie demanderesse; demandeur *m*; **obsiegende ~** partie gagnante; **unterliegende ~** partie perdante; **abgewiesene ~** partie déboutée; **geladene ~** partie citée, assignée; assigné *m*; **nicht erschienene, abwesende ~** partie défaillante; **die vertragschließenden ~en** les parties contractantes; contractants *m/pl.*; **3.** *in e-m Streit etc.* **für j-n ~ ergreifen** prendre parti pour qn.; se mettre du côté de qn.; épouser le parti de qn.; embrasser la cause de qn.; prendre le parti de qn.; se ranger du parti de qn.; prendre fait et cause pour qn.; **nicht ~ nehmen** ne pas prendre parti; rester neutre; **die beiden ~en** F les deux camps; **beide ~en (an)hören** F *fig.* entendre les deux sons de cloche; **4.** (*Miets≈*) ménage *m*; *in diesem Hause wohnen* **vier ~en** ... quatre ménages; **~,abzeichen** *n* insigne *m* de parti; **≈,amtlich** *adj.* **~e Zeitung** organe officiel du parti; **~,anhänger** *m* partisan *m*, sympathisant *m*, *als Mitglied* membre *m*, adhérent *m* (d'un parti); **~appa,rat** *m* appareil *m* du parti; **~,bonze** *m* bonze *m*, mandarin *m* du parti; **~,buch** *n in Frankreich* carte *f*, *in Deutschland* carnet *m*, livret *m* (individuel) de membre (d'un parti politique); **~bü,ro** *n* bureau *m* du parti; **~diszi,plin** *f* discipline *f* de parti; **sich der ~ beugen** obéir, se plier, se conformer à la discipline de parti; **~,fähigkeit** *f jur.* capacité *f* d'être partie (en justice); **~,flügel** *m pol.* aile *f* du parti; **~,führer** *m* chef *m*, leader *m* de parti; **~,führung** *f cf.* **~-leitung**; **~funktio,när** *m* permanent *m*; appointé *m*; **~,gänger** *m* ⟨~s; ~⟩ partisan *m*; **~,geist** *m* esprit *m* de parti; **~ge,nosse** *m*, **~ge,nossin** *f* membre *m*, camarade *m, f* du parti; F copain *m*; copine *f*; **~,grundsatz** *m* principe *m* du parti; **~,gruppe** *f* groupe *m*, section *f* local(e) d'un parti; **~-,händel** *m/pl.* chicanes *f/pl.*, disputes *f/pl.*, querelles *f/pl.* de parti; **~,herrschaft** *f* domination *f* d'un parti; **≈isch 1.** *adj.* partial [-sjal]; **2.** *adv.* partialement; **~ richten** juger avec partialité; **~kon,greß** *m* congrès *m* du parti; **~,klüngel** *m* faction *f*; **~,leitung** *f* direction *f* du parti; **≈lich** *adj. cf.* **≈isch**; **~lich,keit** *f* ⟨~⟩ partialité [-sja-] *f*; **~,linie** *f* ligne *f* du parti; **≈,los** *adj.* sans parti; sans appartenance politique; indépendant; neutre; **~,lose(r)** *f* (*m*) ⟨→ A⟩ sans-parti *m, f*; *im Parlament* non-inscrit, -e *m, f*; **~,losig,keit** *f* ⟨~⟩ indépendance *f*; neutralité *f*; **~-,mann** *m* ⟨~(e)s; -leute⟩ homme *m* de parti; **~,mitglied** *n cf.* **~anhänger**; **~,nahme** *f* ⟨~; ~n⟩ prise *f* de parti; **~or,gan** *n* organe *m* d'un parti; **~organisati,on** *f* organisation *f* du parti; **~poli,tik** *f* politique *f* de parti; **~pro-,gramm** *n* programme *m* de parti; **~-,spalter** *m* ⟨~s; ~⟩ scissionniste *m*; **~,spaltung** *f* scission *f* (d'un parti); **~,tag** *m cf.* **~kongreß**; **~ver,sammlung** *f* assemblée *f*, réunion *f* du parti; **~,vorstand** *m* comité directeur du parti; **~,wesen** *n* partis *m/pl.*; **~,zugehörigkeit** *f* appartenance *f* à un parti.

Partenreederei [ˈpartənreːdə,raɪ] *f mar.* armement collectif.

Parterre [parˈtɛr] *n* ⟨~s; ~s⟩ **1.** (*Erdgeschoß*) rez-de-chaussée *m*; **≈ wohnen** habiter au rez-de-chaussée; **2.** *thé.* parterre *m*; **~akro,bat** *m im Zirkus* acrobate *m* (au sol); **~akro,batik** *f* acrobatie [-si] *f* (au sol); **~,wohnung** *f* (logement *m* au) rez-de-chaussée *m*.

Partial|druck [partsiˑˈɑːl,drʊk] *m phys.* pression partielle; **~obligati,on** *f comm.* obligation partielle.

Partie [parˈtiː] *f* ⟨~; -ien⟩ **1.** *beim Spiel* partie *f*; *Whist* manche *f*; **e-e ~ Schach** une partie d'échecs; **die ~ aufgeben** quitter, abandonner la partie; **2.** (*Heiratsmöglichkeit*) parti *m*; **e-e gute ~** un beau parti, mariage; **sie ist e-e gute ~** *auch* elle a une belle dot; **3.** *mus.* partie *f*; **4.** (*Ausflug*) partie *f* (de plaisir); excursion *f*; randonnée *f*; **mit von der ~ sein** être de la partie; prendre part à; participer à; **5.** *comm.* (*Warenposten*) lot *m*; **in ~n von sechs bis zwölf Stück** en *od.* par lots de six à douze pièces, unités; **in großen ~n** en *od.* par grandes quantités; en gros; **~be,zug** *m comm.* achat *m* en gros.

partiell [partsiˑˈɛl] *adj.* partiel, -lle.

partie|nweise [parˈtiːən,vaɪzə] *adv.* par lots; **≈,ware** *f comm.* marchandises sacrifiées (à vil, bas prix).

Partikel [parˈtiːkəl] *f* ⟨~; ~n⟩ **1.** (*Teilchen*) particule *f*; corpuscule *m*; **2.** *gr.* particule *f*.

partikular [partiˑkuˑˈlɑːr] *adj.* (*auch* **partikulär**) particulier, -ère; **≈be,strebungen** *f/pl.* tendances *f/pl.* particularistes; **≈ismus** [-ˈrɪs-] *m* ⟨~⟩ particularisme *m*; régionalisme *m*; autonomisme *m*; **≈ist** [-ˈrɪst] *m* ⟨~en; ~en⟩ particulariste *m*; **~istisch** [-ˈrɪs-] *adj.* particulariste.

Partisan|(in) [partiˑˈzɑːn(ɪn)] *m* ⟨~s *od.* ~en; ~en⟩ (*f*) ⟨~; ~nen⟩ partisan *m*; irrégulier *m*; franc-tireur *m*; **~e** *f* ⟨~; ~n⟩ pertuisane *f*; **~en,krieg** *m* guerre *f* de partisans; guérilla *f*.

partitiv [partiˑˈtiːf] *adj.* partitif, -ive; *gr.* **~er Artikel** article partitif.

Partitur [partiˑˈtuːr] *f* ⟨~; ~en⟩ *mus.* partition *f*.

Partizip [partiˑˈtsiːp] *n* ⟨~s; ~ien⟩ *gr.* participe *m* (**Präsens** présent, **Perfekt** passé); **~i'alkonstrukti,on** *f gr.* construction participe, participiale; **~ium** *n* ⟨~s; -ien⟩ *cf.* **Partizip.**

Partner|(in) [ˈpartnər(ɪn)] *m* ⟨~s; ~⟩ (*f*) ⟨~; ~nen⟩ partenaire *m, f*; (*Tanz≈*) cavalier, -ère *m, f*; (*Gesprächs≈*) interlocuteur, -trice *m, f*; *comm.* (*Teilhaber*) partenaire *m, f*; associé, -e *m, f*; (*Vertrags≈*) contractant, -e *m, f*; **~-,schaft** *f* ⟨~; ~en⟩ *comm.* (association *f* en) participation *f*; qualité *f* d'associé; (*Städte≈*) jumelage *m*.

partout [parˈtuː] F *adv.* à tout prix; à toute force; absolument; coûte que coûte.

Party [ˈpɑːrtiˑ] *f* ⟨~; ~s *od.* -ties⟩ réunion *f*; soirée *f*; surprise-partie *f*.

Parvenü [parveˑˈnyː, -və-] *m* ⟨~s; ~s⟩ parvenu *m*.

Parzell|arvermessung [partsɛˈlɑːrfɛr,mɛsʊŋ] *f* mensuration *f* parcellaire; **~e** [-ˈtsɛlə] *f* ⟨~; ~n⟩ parcelle *f*, lot *m* de terrain; lotissement *m*; **≈ieren** [-ˈliː-] *v/t.* ⟨*pas de ge-*, h⟩ lotir; parceller; diviser en parcelles; morceler; **~ierung** [-ˈliː-] *f* ⟨~; ~en⟩ lotissement *m*; parcellement *m*; morcellement *m*; **~ierungs,plan** [-ˈliː-] *m* plan *m* de morcellement.

Pasch [paʃ] *m* ⟨~es; ~e *od.* ≈e⟩ *Würfelspiel, bei zwei Würfeln* doublet *m*; *bei drei Würfeln* rafle *f*; **e-n ~ werfen** faire, amener doublet, rafle; *Domino* **e-n ~ setzen** faire un, deux, trois *etc.* partout.

Pascha [ˈpaʃa] *m* ⟨~s; ~s⟩ pacha *m* (*auch fig.*); **~a,llüren** *f/pl.* allures *f/pl.* de pacha; **≈,mäßig** *adj.* comme un pacha.

pasch|en [ˈpaʃən] **I** *v/t.* ⟨h⟩ F (*schmuggeln*) passer des marchandises en fraude; *abs.* faire (de) la contrebande; **II** *v/i.* (*würfeln*) jouer aux dés; **≈er** *m* ⟨~s; ~⟩ F (*Schmuggler*) contrebandier *m*; fraudeur *m*.

Paspel [ˈpaspəl] *m* ⟨~s; ~⟩ *od. f* ⟨~; ~n⟩ passepoil *m*; liséré *m*; ganse *f*; **≈ieren** [-ˈliː-] *v/t.* ⟨*pas de ge-*, h⟩ passepoiler; lisérer; ganser; nervurer; **~ierung** [-ˈliː-] *f* ⟨~; ~en⟩ passepoil *m*; lisérage *m*; **≈n** *v/t.* ⟨-(e)le, h⟩ *cf.* **≈ieren.**

Pasquill [pasˈkvɪl] *n* ⟨~s; ~e⟩ pasquinade *f*; libelle *m*; placard *m*; **~ant** [-ˈlant] *m* ⟨~en; ~en⟩ faiseur *m* de pasquinades; libelliste *m*.

Paß [pas] *m* ⟨-sses; Pässe⟩ **1.** (*Bergübergang*) col *m*; passage *m*; défilé *m*; pas *m*; **2.** (*Ausweis für Reisende*) passeport *m*; e-n ~ **ausstellen, verlängern, erneuern** délivrer, prolonger *od.* proroger, renouveler un passeport; **3.** (*Paßgang*) amble *m*; **4.** *Fußball* (*genaue Ballabgabe*) passe *f*; **5.** *ch.* (*Wechsel*) passage *m*.

passabel [pa'sɑːbəl] *adj.* ⟨-bl-⟩ passable.

Paßabfertigung ['pasˌʔapfɛrtɪgʊŋ] *f* contrôle *m*, vérification *f* des passeports.

Passacaglia [pasa'kalja] *f* ⟨~; -ien⟩ *mus.* passacaille *f*.

Passade [pa'sɑːdə] *f* ⟨~; ~n⟩ *Reitkunst* passade *f*.

Passage [pa'sɑːʒə] *f* ⟨~; ~n⟩ **1.** (*Durchgang, -fahrt*) passage *m*; *überdachte, in Städten* galerie *f* (vitrée); **2.** (*Überfahrt*) traversée *f*; croisière *f*; passage *m*; **3.** *mus.* (*Lauf, Gang*) roulade *f*; **4.** *Reitkunst* passage *m*.

Passagier [pasa'ʒiːr] *m* ⟨~s; ~e⟩ passager, -ère *m, f*; voyageur, -euse *m, f*; **blinder** ~ passager clandestin; F resquilleur *m*; ~ˌ**dampfer** *m* paquebot *m*; *für Übersee* transatlantique *m*; ~ˌ**flugzeug** *n* avion *m* de transport; avion (de ligne) commercial(e); ~**gepäck** *n*, ~ˌ**gut** *n* bagages enregistrés, accompagnés; ~ˌ**liste** *f* liste *f* des passagers, des voyageurs; ~ˌ**schiff** *n cf.* ~dampfer.

Passah ['pasa] *n* ⟨~s⟩, ~ˌ**fest** *n* la pâque.

Paßamt ['pasʔamt] *n* bureau *m* des passeports.

Passant(in) [pa'sant(ɪn)] *m* ⟨~en; ~en⟩ (*f*) ⟨~; ~nen⟩ passant, -e *m, f*; piéton *m*.

Passat [pa'sɑːt] *m* ⟨~(e)s; ~e⟩, ~ˌ**wind** *m* (vent) alizé *m*.

Paßbild ['pasbɪlt] *n* photo *f* de passeport, d'identité.

passé [pa'seː] F *adj.* ⟨*prädikativ*⟩ **das ist** ~ (*vorbei, vergangen*) c'est passé, (*überlebt*) démodé, périmé.

Passe ['pasə] *f* ⟨~; ~n⟩ patte *f*.

passen ['pasən] **I** *v/i.* ⟨-ßt, h⟩ **1.** *Kleidung* aller bien; être juste; être à la mesure, à la taille (de qn.); (*sitzen*) seoir; **wie angegossen** ~ aller comme un gant; **diese Schuhe** ~ **mir nicht** ces souliers ne me vont pas; **das paßt genau!** P ça colle au poil!; **das Rohr muß in die Öffnung** ~ le tuyau doit s'adapter à l'orifice; **2.** (*harmonieren mit, in Einklang stehen mit*) convenir à; cadrer avec; s'accorder avec; répondre à; être assorti à; **Grün u. Blau** ~ **schlecht zueinander** le vert jure avec le bleu; **Blau u. Gelb** ~ **gut zueinander** le bleu et le jaune vont bien ensemble; **diese Eitelkeit paßt schlecht zur Frömmigkeit** cette vanité s'accorde, cadre mal avec la piété; **der Stil paßt nicht zum Thema** le style n'est pas en rapport avec le, ne convient pas au, ne cadre pas avec le sujet; **auf j-n, etw.** ~ s'appliquer à qn., qc.; **das paßt nicht hierher** cela n'est pas à sa place ici; c'est déplacé; **er paßt in jede Gesellschaft** il est partout à sa place; **die (beiden)** ~ **nicht zusammen** ils ne peuvent s'accorder, s'entendre; F **das paßt wie die Faust aufs Auge** (*gar nicht*) cela rime comme 'hallebarde et miséricorde; **er paßt** (*eignet sich*) **nicht zum Kaufmann** il n'est pas fait pour être commerçant; **3.** (*schicklich sein*) convenir à; être de mise, de saison pour; **die Kleider, die für ihr Alter** ~ **würden, gefallen ihr** nicht les robes qui seraient de mise, de saison pour son âge ne lui plaisent pas; **4.** (*genehm sein*) convenir; arranger; aller; **dieses Datum paßt mir nicht** cette date ne me convient, ne m'arrange, ne me va pas; F **das paßt mir gar nicht in den Kram, Streifen** cela ne m'arrange, ne me va pas du tout; **es paßt ihm gar nicht, so viel zu arbeiten** cela ne lui dit rien du tout de tant travailler; **das könnte dir so** ~! F penses-tu!; et ta sœur!; **5.** *beim Spiel* (*nicht spielen können*) passer; *Domino* bouder; *Fußball* (*den Ball zuspielen*) passer; **II** *v/réfl.* F **sich** ~ (*sich schicken*) *cf.* ~ I 3.; ~**d** *adjt. Kleidung* juste; ajusté; seyant; (*harmonisierend*) assorti; propre; à propos; approprié; convenable; *Zeitpunkt, Gelegenheit* opportun; **er trug e-n hellen Anzug u. e-e** ~**e Krawatte dazu** il portait un costume clair et une cravate assortie; **das** ~**e Wort** le mot propre; **sie gab ihm e-e** ~**e Antwort** elle lui a répondu avec à propos; **er hielt es für** ~, **zu** ... (+ *inf.*) il a jugé bon de ..., à propos de ... (+ *inf.*); im ~**en Augenblick** au moment opportun, voulu, favorable, convenable; **er hielt e-e zu den Umständen** ~**e Rede** il fit un discours de circonstance; **zu jeder** ~**en u. unpassenden Gelegenheit** à tout propos et 'hors de propos; **haben Sie schon etw.** ♀**es gefunden?** avez-vous déjà trouvé qc. de convenable, qui vous plaît, vous convient?

Passepartout [paspar'tuː] *n* ⟨~s; ~s⟩ passe-partout *m*.

Paß|erleichterungen ['pasʔɛrˌlaɪçtəruŋən] *f/pl.* facilités *f/pl.* de passeport; ~**gang** *m Reitkunst* amble *m*; ~ˌ**gänger** *m* ⟨~s; ~⟩ cheval ambleur, ambleux, amblier; ~**geˌsetz** *n* loi *f* sur les passeports; ~ˌ**höhe** *f cf.* Paß 1.

passier|bar [pa'siːrˌbɑːr] *adj. Straße* praticable; ~**en I** *v/t.* ⟨*pas de ge-*, h⟩ **1.** (*hindurchgehen, durchlaufen*) passer; **den Zoll** ~ passer en douane; **die Zensur** ~ passer à, être soumis à la censure; **die Waren, die unser Land** ~ les marchandises qui transitent par notre pays; **e-n Ort** ~ passer par un endroit; **lassen wir noch einmal alle diese Fälle Revue** ~ récapitulons, passons en revue (une dernière fois) tous ces cas; **2.** *cuis.* (*durchseihen*) passer; tamiser; **II** *v/i.* ⟨*sein*⟩ (*geschehen*) se passer; arriver; **was ist passiert?** qu'y a-t-il?; que s'est-il passé?; **das kann jedem** ~ cela peut arriver à tout le monde; **das soll mir nicht wieder** ~ cela ne m'arrivera plus; on ne m'y reprendra plus; ♀**maˌschine** *f cuis.* moulin *m* à légumes; ♀ˌ**schein** *m* laissez-passer *m*; permis *m*; coupe-file *m*; *für Waren beim Zoll* acquit-à-caution *m*; passavant *m*; ♀ˌ**sieb** *n cuis.* tamis *m*.

Passion [pasi'oːn] *f* ⟨~; ~en⟩ **1.** *relig.* Passion *f*; **2.** (*Leidenschaft*) passion *f*; (*Steckenpferd*) violon *m* d'Ingres; F dada *m*; ♀**iert** [-'niːrt] *adjt.* passionné; ~**sˌblume** *f bot.* fleur *f* de la Passion; passiflore *f*; ~**sgeˌschichte** *f relig.* Passion *f*; ~**smuˌsik** *f* musique *f* de la Passion; ~**sˌpredigt** *f relig.* sermon *m* sur la Passion; ~**sˌsonntag** *m* dimanche *m* de la Passion; ~**sˌspiele** *n/pl.* mystères *m/pl.* de la Passion (de Notre-Seigneur); ~**sˌweg** *m* passion *f*; ~**sˌwoche** *f* semaine *f* de la Passion; ~**sˌzeit** *f* temps *m* de la Passion; carême *m*.

passiv ['pasiːf, -'siːf] **I** *adj.* passif, -ive; ~**es Wahlrecht** éligibilité *f*; ~**er Widerstand** résistance passive; ~**e Handelsbilanz** balance commerciale déficitaire; ~**e Sprachbeherrschung** connaissance passive d'une langue; **II** ♀ *n* ⟨~s; ~e⟩ *gr.* passif *m*; voix passive; ♀**biˌlanz** *f comm.* bilan passif, déficitaire; ♀**a** [-'siː-], ♀**en** [-'siː-] *pl. comm.* passif *m*; masse passive; dettes passives; ♀ˌ**bildung** *f gr.* formation *f* du passif; ♀**geˌschäft** *n comm.* transaction, opération passive; ♀ˌ**handel** *m* commerce passif; ~**isch** [-'siː-] **1.** *adj. gr.* passif, -ive; **2.** *adv.* passivement; au passif; ♀**i'tät** *f* ⟨~⟩ passivité *f*; ♀ˌ**masse** *f comm. cf.* ♀a; ♀ˌ**posten** *m comm.* élément *m* de passif; poste débiteur; ♀ˌ**saldo** *m comm.* solde passif, débiteur; ♀ˌ**schuld** *f* dette passive; ♀ˌ**seite** *f comm.* (côté) passif *m*; débit *m*; doit *m*; ♀**um** [-'siː-] *n* ⟨~s⟩ *cf.* passiv II; ♀ˌ**wechsel** *m comm.* effet *m* à payer.

Paß|kontrolle ['paskɔnˌtrɔlə] *f* contrôle *m* des passeports; ~ˌ**photo** *n cf.* Paßbild; ~**rohr** *n techn.* tuyau adapté, de raccord; ~ˌ**stelle** *f* office *m*, bureau *m* des passeports; ~ˌ**straße** *f* col *m*; route *f* de montagne; ~**stück** *n*, ~**teil** *n techn.* pièce *f* intercalaire, adaptée, ajustée; ~**toleˌranz** *f techn.* tolérance *f*.

Passung ['pasuŋ] *f* ⟨~; ~en⟩ *techn.* ajustage *m*; ajustement *m*; emmanchement *m*.

Passus ['pasʊs] *m* ⟨~; ~⟩ passage *m*.

Paß|wesen ['pasˌveːzən] *n* (tout ce qui concerne les) passeports *m/pl.*; ~**zwang** *m* obligation *f* de se munir d'un passeport.

Paste ['pastə] *f* ⟨~; ~n⟩ (*auch* **Pasta**) **1.** pâte *f*; **2.** (*Abdruck*) plâtre *m*.

Pastell [pas'tɛl] *n* ⟨~(e)s; ~e⟩ *peint.* pastel *m*; **in** ~ **malen** peindre, dessiner au, faire du pastel; ~ˌ**bild** *n* pastel *m*; ~ˌ**farbe** *f* (couleur *f* à) pastel *m*; ~**geˌmälde** *n* pastel *m*; ~ˌ**kreide** *f* pastel *m*; ~ˌ**maler** *m* pastelliste *m*; ~**maleˌrei** *f* dessin *m* au pastel; ~ˌ**stift** *m* pastel *m*; ~ˌ**töne** *m/pl.* tons *m/pl.* (de) pastel.

Pastete [pas'teːtə] *f* ⟨~; ~n⟩ *cuis.* vol-au-vent *m* (financière); bouchée *f* à la reine; pâté *m*; F *fig.* **da haben wir die** ~! F il fallait que ça arrive!; il ne manquait plus que ça!; ça y est!

Pasteuri|sation [pastøˑriˑzatsi'oːn] *f* ⟨~⟩ pasteurisation *f*; ~'**sierappaˌrat** *m* pasteurisateur *m*; ♀'**sieren** *v/t.* ⟨*pas de ge-*, h⟩ pasteuriser; ~'**sierung** *f* ⟨~⟩ *cf.* ~sation.

Pastille [pas'tɪlə] *f* ⟨~; ~n⟩ pastille *f*.

Pastinak ['pastiˑnak] *m* ⟨~s; ~e⟩, ~**e** [-'nɑː-] *f* ⟨~; ~n⟩ *bot.* panais *m*.

Pastor ['pastɔr, pas'toːr] *m* ⟨~s; -'toren⟩ (*abr.* P.) *égl. prot.* pasteur *m*; *cath.* curé *m*.

pastora|l [pastoˑ'rɑːl] *adj.* pastoral; ♀**le** *f* ⟨~; ~n⟩ *od. n* ⟨~s; ~s⟩ *mus., thé.* pastorale *f*; ♀**t** *n* ⟨~(e)s; ~e⟩ **1.** *égl. prot.* charge *f* de pasteur; pastorat *m*; **2.** (*Pfarrhaus*) *égl. prot.* maison *f* du pasteur; *cath.* presbytère *m*.

Pastor|in [pas'toːrɪn] *f* ⟨~; ~nen⟩ *égl. prot.* **1.** femme *f* pasteur; **2.** (*Ehefrau des Pfarrers*) femme *f* du pasteur; ~**sˌfrau** ['pas-] *f cf.* ~in 2.

Pate[1] ['pɑːtə] *m* ⟨~n; ~n⟩ **1.** (*Taufzeuge*) parrain *m*; **bei e-m Kinde** ~ **stehen** être parrain d'un enfant; tenir un enfant sur les fonts baptismaux; **2.** *cf.* **Patenkind**; ~[2] *f* ⟨~; ~n⟩ marraine *f*.

Patella [pa'tɛla] *f* ⟨~; -llen⟩ *anat.* rotule *f*; ~**rreˌflex** [-'lɑːr-] *m méd.* réflexe rotulien.

Patene [paˈteːnə] *f* ⟨~; ~n⟩ *relig.* patène *f.*

Paten|geschenk [ˈpaːtəngəˌʃɛŋk] *n* cadeau *m*, présent *m* de baptême; **~ˌkind** *n* filleul, -e *m, f*; **~ˌonkel** *m* parrain *m*; **~ˌschaft** *f* ⟨~; ~en⟩ parrainage *m* (*auch für e-e Stadt etc.*); marrainage *m*; *fig.* **die ~ für j-n, e-e Stadt übernehmen** parrainer qn., une ville; **~ˌsohn** *m* filleul *m*; **~ˌstadt** *f* (ville *f*) marraine *f*; **~ˌstelle** *f* **bei e-m Kind ~ vertreten** servir de parrain, marraine à un enfant; *cf. auch* Pate¹ 1.

patent [paˈtɛnt] **I** F *adj.* adroit; capable; qui connaît bien son métier, son affaire; **~er Kerl** type épatant; **II** ⁓ *n* ⟨~(e)s; ~e⟩ brevet *m* (d'invention); **ein ~ anmelden** déposer un brevet d'invention; **e-e Erfindung zum ~ anmelden** demander un brevet pour une invention; **ein ~ erteilen** décerner un brevet; **Gegenstand des ~s** *cf.* Patentobjekt; ⁓**ˌamt** *n* bureau *m*, office *m* des brevets (d'invention); ⁓**ˌanmeldung** *f* demande *f* de brevet.

Patentante [ˈpaːtənˌtantə] *f* marraine *f.*

Patent|anwalt [paˈtɛntˌʔanvalt] *m jur.* ingénieur-conseil en propriété industrielle; **~beˌschreibung** *f* description *f* du brevet; **~ˌdiebstahl** *m* vol *m*, usurpation *f* de brevet; **~ˌeintragung** *f* immatriculation *f* de brevet; **~erˌteilung** *f* délivrance *f* de brevet; ⁓**ˌfähig** *adj.* brevetable; **~ˌfähigˌkeit** *f* brevetabilité *f*; **~geˌbühr** *f* taxe *f* sur les brevets d'invention; **~geˌsetzgebung** *f jur.* législation *f* sur les brevets d'invention; **~geˌsuch** *n cf.* Patentanmeldung; ⁓**ierˌbar** [-ˈtiːr-] *adj. cf.* ⁓fähig; ⁓**ieren** [-ˈtiː-] *v/t.* ⟨*pas de ge-*, h⟩ breveter; **~ierung** [-ˈtiː-] *f* ⟨~; ~en⟩ *verbal*; **~ˌinhaber** *m* titulaire *m* de brevet, breveté; **~ˌlöschung** *f* radiation *f* d'un brevet; **~ˌlösung** *f* formule *f* passe-partout; **~obˌjekt** *n* objet *m* du brevet; **~ˌrecht** *n* droit *m* concernant les brevets; **~reˌgister** *n* registre *m* des brevets; **~ˌsachen** *f/pl.* **in ~** en matière de brevets; **~ˌschrift** *f* fascicule *m* de brevet; mémoire descriptif d'une invention; description *f* de brevet; **~ˌschutz** *m* protection *f* des brevets, des inventions; **~ˌschutzgeˌsetz** *n* loi *f* protégeant les brevets (d'invention); **~überˌtragung** *f* cession *f* de brevet; **~ˌurkunde** *f* brevet *m* d'invention; **~verˌletzung** *f* contrefaçon *f*; usurpation *f* de brevet; **~verˌschluß** *m* fermeture brevetée, de sûreté; **~verˌwertung** *f* exploitation *f* d'un brevet.

Pater [ˈpaːtər] *m* ⟨~s; ~ *od.* Patres⟩ *égl. cath.* (révérend) père *m*; **~ˈnoster¹** *n* ⟨~s; ~⟩ *relig.* Pater *m*; oraison dominicale; *iron.* patenôtre *f*; **~ˈnoster²** *m* ⟨~s; ~⟩ **1.** *Aufzug* ascenseur *m*; **2.** *Becherwerk* chapelet *m*; noria *f*; chaîne *f*, élévateur *m* à godets; **~ˈnosterˌaufzug** *m cf.* ~noster² 1.; **~ˈnosterˌwerk** *n cf.* ~noster² 2.

pathetisch [paˈteːtɪʃ] *adj.* (*feierlich*) solennel, -lle; *péj.* emphatique; pompeux, -euse; ronflant; grandiloquent.

Patholog|e [patoˈloːgə] *m* ⟨~n; ~n⟩ *méd.* pathologiste *m*; **~ie** [-ˈgiː] *f* ⟨~⟩ pathologie *f*; ⁓**isch** *adj.* pathologique.

Pathos [ˈpaːtɔs] *n* ⟨~⟩ pathétique *m*; *rhét.* pathos *m*; *péj.* emphase *f*; enflure *f.*

Patience [pasiˈɑ̃ːs] *f* ⟨~; ~n⟩ patience *f*; réussite *f*; **e-e ~ legen** faire une patience, une réussite.

Patient(in) [patsiˈɛnt(ɪn)] *m* ⟨~en; ~en⟩ (*f*) ⟨~; ~nen⟩ *e-s Arztes* malade *m, f*; *e-s Chirurgen, bes. operierter* patient, -e *m, f*; *für beide* client *m.*

Patin [ˈpaːtɪn] *f* ⟨~; ~nen⟩ marraine *f.*

Patin|a [ˈpaːtiˑna] *f* ⟨~⟩ patine *f*; ⁓**ieren** [-ˈniː-] *v/t.* ⟨*pas de ge-*, h⟩ *chim.* patiner.

Patriarch [patriˈarç] *m* ⟨~en; ~en⟩ *relig.* patriarche *m*; ⁓**alisch** [-ˈçaː-] **1.** *adj.* patriarcal; **2.** *adv.* en patriarche; **~at** [-ˈçaːt] *n* ⟨~(e)s; ~e⟩ patriarcat *m*; **~enˌwürde** *f* dignité patriarcale; patriarcat *m.*

Patrimonium [patriˈmoːniˑʊm] *n* ⟨~s; -ien⟩ patrimoine *m.*

Patriot|(in) [patriˈoːt(ɪn)] *m* ⟨~en; ~en⟩ (*f*) ⟨~; ~nen⟩ patriote *m, f*; ⁓**isch** *adj.* patriotique; **~ismus** [-ˈtɪs-] *m* ⟨~⟩ patriotisme *m.*

Patristi|k [paˈtrɪstɪk] *f* ⟨~⟩ *relig. cath.* patristique *f*; patrologie *f*; ⁓**sch** *adj.* patristique.

Patrize [paˈtriːtsə] *f* ⟨~; ~n⟩ *techn.* poinçon *m.*

Patriziat [patriˑtsiˈaːt] *n* ⟨~(e)s; ~e⟩ *hist.* patriciat *m.*

Patrizier|(in) [paˈtriːtsiˑər(ɪn)] *m* ⟨~s; ~⟩ (*f*) ⟨~; ~nen⟩ *hist.* patricien, -nne *m, f*; **~ˌhaus** *n hist.* maison *f* d'un patricien; **~ˌherrschaft** *f hist.* gouvernement *m* de patriciens; **~ˌtum** *n* ⟨~(e)s⟩ *hist.* **1.** patriciat *m*; **2.** patriciens *m/pl.*; **~ˌwürde** *f hist.* patriciat *m.*

patrizisch [paˈtriːtsɪʃ] *adj.* patricien, -nne.

Patron [paˈtroːn] *m* ⟨~s; ~e⟩ **1.** *égl. cath.* (*Schutzheiliger*) patron *m* (d'une église); **2.** *fig.* F **ein lustiger ~** un bon vivant; un joyeux gaillard; **ein übler ~** un filou; une canaille, fripouille; **ein unsicherer ~** F un drôle de zèbre, de lascar; **~a** *f* ⟨~; -nä⟩ *égl. cath.* patronne *f*; (dame) patronnesse *f.*

Patronat [patroˑˈnaːt] *n* ⟨~(e)s; ~e⟩ *égl. cath.* patronage *m*; **~sˌfest** *n* fête *f* du patron (d'une église); **~sˌherr** *m* patron *m* (d'une église).

Patrone [paˈtroːnə] *f* ⟨~; ~n⟩ **1.** *Weberei* damier *m*; **2.** *milit., ch.* cartouche *f*; **3.** *phot.* chargeur *m*; **~nˌauswerfer** *m milit. bei Gewehren* éjecteur *m*; **~nˌgurt** *m milit.* bande *f* de cartouches, de mitrailleuse; **~nˌgürtel** *m milit.* cartouchière *f*; **~nˌhülse** *f milit.* douille *f* (de cartouche); **~nˌrahmen** *m bei Gewehren* chargeur *m*; **~nˌsicherung** *f élect.* fusible *m*, coupe-circuit *m* à cartouche; **~nˌstreifen** *m* lame-chargeur *f*; **~nˌtasche** *f* cartouchière *f*; **~nˌtrommel** *f* chargeur *m* à tambour; tambour *m* à cartouches; **~nˌzuführung** *f* (mécanisme *m* d')alimentation *f* en cartouches.

Patronin [paˈtroːnɪn] *f* ⟨~; ~nen⟩ *cf.* Patrona.

Patronymi|kon [patroˑˈnyːmiˑkɔn] *n* ⟨~s; -ka⟩, **~kum** *n* ⟨~s; -ka⟩ nom *m* patronymique; ⁓**sch** *adj.* patronymique.

Patrouill|e [paˈtrʊljə, -ˈtruːjə] *f* ⟨~; ~n⟩ *milit.* patrouille *f*; **auf ~ gehen** patrouiller; faire une, aller en patrouille; **~enˌboot** *n mar.* patrouilleur *m*; **~enˌführer** *m milit.* chef *m* de la patrouille; **~enˌgänger** *m* ⟨~s; ~⟩ *milit.* patrouilleur *m*; ⁓**ieren** [-trʊlˈjiː-, -truˑˈjiː-] *v/i.* ⟨*pas de ge-*, h⟩ *fig.* faire les cent pas.

patsch [patʃ] *int.* vlan!; flac!; floc!; plouf!

Patsch [patʃ] *m* ⟨~es; ~e⟩ (*klatschender Schlag*) claque *f*; tape *f*; **~e** *f* ⟨~; ~n⟩ **1.** F (*Hand*) main *f*; F menotte *f*; **2.** ⟨*pas de pl.*⟩ (*Straßenschmutz*) boue *f*; gadoue *f*; gâchis *m*; **3.** ⟨*pas de pl.*⟩ F *fig.* **in der ~ sitzen** F *fig.* être dans le pétrin, la mélasse, ses petits souliers; être mal en point; être en mauvaise posture; **da sind wir schön in der ~** F *fig.* nous voilà dans de beaux draps; nous voilà propres; **sich aus der ~ ziehen** F *fig.* se tirer, se sortir du pétrin; se débrouiller; V se démerder; ⁓**en** F *v/i. u. v/imp.* ⟨h⟩ claquer; F faire flac; **im Dreck (herum)~** patauger, barboter dans la boue; ⁓**(e)ˈnaß** F *adj.* trempé jusqu'aux os; F trempé comme une soupe; **~hand** *f*, **~ˌhändchen** *n enf. cf.* ~e 1.

Patschuli [ˈpatʃuˑliˑ] *n* ⟨~s; ~s⟩ **1.** *bot.* patchouli *m*; **2.** *Duftstoff* essence *f* de patchouli.

patt [pat] **I** *adj. Schachspiel* **~ sein** être pat; **II** ⁓ *n* ⟨~s; ~s⟩ pat *m.*

Patte [ˈpatə] *f* ⟨~; ~n⟩ *cout.* patte *f*; **~nverˌschluß** *m* fermeture *f* à patte.

patzig [ˈpatsɪç] F *adj.* impoli; incivil; (*frech*) arrogant; insolent; impertinent; ⁓**ˌkeit** F *f* ⟨~⟩ impolitesse *f*; incivilité *f*; (*Frechheit*) arrogance *f*; insolence *f*; impertinence *f.*

Paukant [paʊˈkant] *m* ⟨~en; ~en⟩ *Studentensprache* étudiant *m* qui fait des armes; duelliste *m.*

Pauk|arzt [ˈpaʊkʔartst] *m Studentenspr.* médecin *m* qui assiste à un duel d'étudiants; **~ˌboden** *m Studentenspr.* salle *f* d'armes, d'escrime; **~e** *f* ⟨~; ~n⟩ *mus.* timbale *f*; F *fig. bei e-r Prüfung* **mit ~n u. Trompeten durchfallen** échouer lamentablement; F ramasser une fameuse veste, une bûche; F *fig.* **(tüchtig) auf die ~ hauen** battre la grosse caisse; ⁓**en** *v/i.* ⟨h⟩ **1.** *mus.* battre, blouser les, jouer des timbales; *abs.* blouser; **2.** *Studentenspr.* (*sich mit scharfen Waffen schlagen*) faire, tirer des armes; faire de l'escrime; **(sich) mit j-m ~** faire assaut d'armes avec qn.; **3.** F *cf.* **büffeln**; **~enˌfell** *n* **1.** *mus.* peau *f* de timbale; **2.** *anat.* (membrane *f* du) tympan *m*; membrane *f* tympanique; **~enˌhöhle** *f anat.* boîte *f*, caisse *f* du tympan; **~enˌschlag** *m mus.* coup *m* de timbale; **~enˌschläger** *m mus.* timbalier *m*; **~enˌschlegel** *m mus.* mailloche *f*; baguette *f*; **~er** *m* ⟨~s; ~⟩ **1.** *mus.* timbalier *m*; **2.** F *écol.* (*Lehrer*) professeur *m*; F prof *m*; pion *m*; **~eˈrei** *f* ⟨~⟩ **1.** *Studentenspr.* duel *m* d'étudiants; **2.** F (*Büffelei*) piochage *m*; *cf. auch* Büffelei; **~ˌwichs** *m* ⟨~es; ~e⟩ *Studentenspr.* costume *m* d'escrime.

paulinisch [paʊˈliːnɪʃ], ⁓ *adj. bibl.* de (l'apôtre) Paul; paulinien, -nne.

Pauperismus [paʊpeˑˈrɪsmʊs] *m* ⟨~⟩ paupérisme *m.*

Paus|back [ˈpaʊsbak] F *m* ⟨~(e)s; ~e⟩ (gros) joufflu *m*; **~ˌbacken** *f/pl.* joues rebondies; ⁓**ˌbackig**, ⁓**ˌbäckig** *adj.* joufflu.

Pausch... [ˈpaʊʃ...] *in Zssgn. cf.* Pauschal...

pauschal [paʊˈʃaːl] **1.** *adj.* forfaitaire; global; **2.** *adv.* à forfait; forfaitairement; ⁓**...** *in Zssgn.* forfaitaire; à forfait; global; ⁓**ˌabfindung** *f* indemnité *f* forfaitaire; ⁓**beˌsteuerung** *f* imposition *f* forfaitaire; ⁓**beˌtrag** *m* montant global; *cf. auch* ⁓e; **Zahlung e-s ~es** paiement forfaitaire, global; ⁓**e** *f* ⟨~; ~n⟩ *od. n* ⟨~s; -lien⟩ somme globale, forfaitaire; (somme donnée à) forfait *m*; ⁓**entˌschädigung** *f cf.* ⁓abfindung; ⁓**geˌbühr** *f* droit (taxe) global(e); **~ieren** [-ˈliː-] *v/t.* ⟨*pas de ge-*, h⟩ faire un forfait, un prix global; ⁀ˌ**kauf** *m* achat *m* en bloc; ⁀ˌ**kur** *f* cure *f* (à prix) forfaitaire; ⁀ˌ**preis** *m* prix global, à forfait; ⁀ˌ**reise** *f* voyage *m* à forfait; ⁀ˌ**satz** *m* taux *m* forfaitaire; ⁀ˌ**steuer** *f* impôt *m* forfaitaire; ⁀ˌ**summe** *f cf.* ⁀e; ⁀**taˌrif** *m* tarif *m* forfaitaire, à forfait; ⁀**verˌsicherung** *f* assurance globale; ⁀ˌ**wert** *m* valeur *f* forfaitaire; ⁀ˌ**zahlung** *f* paiement *m* forfaitaire.

Paus|e [ˈpauzə] *f* ⟨~; ~n⟩ **1.** (*Ruhezeit*) pause *f* (*auch beim Sprechen, zwischen zwei Ereignissen*); interruption *f*; repos *m*; temps *m* d'arrêt; *in der Schule* récréation *f*; *thé.* entracte *m*; *mus.* pause *f*; silence *m*; repos *m*; *milit.* pause *f*; ˈhalte *f*; *rad.* (*Sende*⁀) pause *f*; interruption *f*; ~ **machen** faire la pause; **e-e ~ machen, einlegen** faire une pause; **2.** (*Durchzeichnung*) calque *m*; bleu *m*; ⁀**en** *v/t.* ⟨-(es)t, h⟩ (*durchzeichnen*) (dé)calquer; faire un calque, un bleu de; ⁀**enˌlos** *adj. u. adv.* sans arrêt, interruption, relâche, intervalle; continuel, -lle(ment); continu(ement); *milit.* ~ **bombardieren** pilonner; ~**enˌzeichen** *n rad.* indicatif *m*; **das ~ geben** passer l'indicatif; ⁀**ieren** [-ˈziː-] *v/i.* ⟨*pas de ge-*, h⟩ faire une pause; ~**paˌpier** *n* papier *m* calque, à (dé)calquer; papier *m* carbone; *durchsichtiges* papier *m* transparent.

Pavian [ˈpaːviˑaːn] *m* ⟨~s; ~e⟩ *zo.* babouin *m*; *sc.* cynocéphale *m*.

Pazifikbahn [paˈtsiːfɪkˌbaːn, ˈpa-] *f* chemin *m* de fer du Pacifique.

pazifisch [paˈtsiːfɪʃ] *adj.* du Pacifique; ⁀**er Ozean** (océan *m*) Pacifique *m*.

Pazifis|mus [patsiˑˈfɪsmus] *m* ⟨~⟩ pacifisme *m*; ~**t(in)** *m* ⟨~en; ~en⟩ (*f*) ⟨~; ~nen⟩ pacifiste *m, f*; ⁀**tisch** *adj.* pacifiste; pacificateur, -trice.

Pech [pɛç] *n* ⟨~es; ~e⟩ **1.** poix *f*; F *fig.* **wie ~ u. Schwefel zusammenhalten** être (liés) comme deux frères siamois; *cf. auch* Schwefel; **2.** ⟨*pas de pl.*⟩ F *fig.* (*Unglück*) malchance *f*; F guigne *f*; guignon *m*; déveine *f*; P poisse *f*; ~ **haben** avoir de la malchance, F la guigne, du guignon, de la déveine; jouer de malheur; P avoir la poisse; manquer de pot; n'être pas verni; ~ˌ**blende** *f minéral.* pechblende *f*; ~**draht** *m* fil *m* à poix, poissé; ligneul *m*; ~ˌ**fackel** *f* torche *f* (de résine); ~ˌ**faden** *m* fil poissé; ⁀ˈ**finster** F *adj. cf.* ⁀schwarz; ~**harz** *n* poix-résine *f*; ⁀**ig** *adj.* poisseux, -euse; *minéral.* bitumineux, -euse; ~ˌ**kohle** *f minéral.* jais *m*; ~ˌ**nase** *f fortif.* mâchicoulis *m*; ~ˌ**nelke** *f bot.* lychnide visqueuse; ~ˌ**pfanne** *f* chaudière *f* à poix; ⁀ˈ**schwarz** F *adj.* noir comme (du) jais, F comme dans un four; **es ist ~e Nacht** il fait noir comme dans un four; ~**stein** *m minéral.* rétinite *f*; pechstein *m*; ~ˌ**strähne** F *f* série noire; période *f* de déveine; ~ˌ**vogel** F *m* malchanceux *m*; qui n'a jamais de chance; qui a de la malchance; F guignard *m*; déveinard *m*.

Pedal [peˑˈdaːl] *n* ⟨~s; ~e⟩ *Auto, Fahrrad, mus.* pédale *f*; **das ~ treten** appuyer sur la pédale; ~ˌ**achse** *f Fahrrad* axe *m* de pédale; ~ˌ**harfe** *f mus.* ˈharpe *f* à pédales; ~ˌ**kurbel** *f Fahrrad* manivelle *f* du pédalier.

Pedant [peˑˈdant] *m* ⟨~en; ~en⟩ esprit vétilleux; (esprit *m*) mesquin *m*, tatillon *m*; pointilleux *m*; formaliste *m*; vétilleur *m*; F coupeur *m* de cheveux en quatre; ~**eˈrie** *f* ⟨~; -ien⟩ caractère *m* de ce *od.* de celui qui est vétilleux, pointilleux, formaliste, mesquin, tatillon; mesquinerie *f*; formalisme *m*; ⁀**isch** *adj.* vétilleux, -euse; tatillon, -nne; mesquin; pointilleux, -euse; formaliste; F qui coupe les cheveux en quatre; qui cherche la petite bête.

Peddigrohr [ˈpɛdɪçˌroːr] *n* rotin *m*.

Pedell [peˑˈdɛl] *m* ⟨~s; ~e⟩ appariteur *m* (d'une faculté).

Pediküre [peˑdiˑˈkyːrə] *f* ⟨~⟩ **1.** (*Fußpflege*) soins *m/pl.* des pieds, de la pédicure; **2.** ⟨*pl.* ~n⟩ (*Fußpflegerin*) pédicure *f*; ⁀**n** *v/t.* ⟨*pas de ge-*, h⟩ soigner les pieds; **sich ~ lassen** se faire soigner les pieds.

Pedolog|e [peˑdoˑˈloːgə] *m* ⟨~n; ~n⟩ pédologue *m*; ~**ie** [-ˈgiː] *f* ⟨~⟩ pédologie *f*; ⁀**isch** *adj.* pédologique.

Pegasus [ˈpeːgazus] *m* ⟨~⟩ *astr.* Pégase *m*; *fig.* **den ~ besteigen, reiten, satteln** monter sur Pégase; F enfourcher Pégase.

Pegel [ˈpeːgəl] *m* ⟨~s; ~⟩ **1.** (*Wasserstandsmesser*) échelle fluviale, des eaux, d'étiage; *sc.* fluviomètre *m*; **2.** *Fernmeldetechnik* niveau *m* d'intensité; ~ˌ**anzeiger** *m Fernmeldetechnik* indicateur *m* du niveau d'intensité; *sc.* hypsomètre *m*; ~ˌ**ausgleich** *m Fernmeldetechnik* équilibrage *m*, égalisation *f* des niveaux; ~ˌ**höhe** *f*, ~ˌ**stand** *m* (ˈhauteur *f* du) niveau *m* d'eau; montée *f* de l'eau.

Peil|anlage [ˈpaɪlˌˀanlaːgə] *f mar., aviat.* central *m* radiogoniométrique; ~**anˌtenne** *f* antenne *f* radiogoniométrique; ~**emˌpfänger** *m* récepteur *m* du radiogoniomètre; ⁀**en** *v/t.* ⟨h⟩ *mar., Wassertiefe* sonder; mesurer (un fond); *aviat., mar. Richtung* prendre le relèvement; relever; goniométrer; F *fig.* **über den Daumen ~** F mesurer à vue de nez, P au piffomètre; **über den Daumen gepeilt** à peu près; environ; F à vue de nez; P au piffomètre; ~**er** *m* ⟨~s; ~⟩ *cf.* ~gerät; ~ˌ**fehler** *m* erreur *f* de relèvement; ~**funk** *m* radiogoniométrie *f*; ~**(funk)geˌrät** *n* radiogoniomètre *m*; appareil *m* radiogoniométrique; F gonio *m*; ~**funkˌstelle** *f* station *f* radiogoniométrique; ~**geˌnauigkeit** *f* précision *f* (de mesure) angulaire; ~**geˌrät** *n* appareil *m* de relèvement; goniomètre *m*; ~ˌ**kompaß** *m* compas *m* de relèvement; radiocompas *m*; ~ˌ**linie** *f* direction *f* de l'objet relevé; rayon direct; ~**lot** *n* plomb *m* de sonde; ~ˌ**rahmen** *m* cadre *m* (radio)goniométrique; ~ˌ**sender** *m* poste émetteur radiogoniométrique; ~ˌ**stange** *f mar.* barre *f* de sonde; ~**statiˌon** *f cf.* ~funkstelle; ~**ung** *f* ⟨~; ~en⟩ *der Wassertiefe* sondage *m*, mesurage *m* d'un fond; *der Richtung* (prise *f* de) relèvement *m*; (*Winkelmessung*) goniométrie *f*; (*Funk*⁀) radiogoniométrie *f*; **elektrische, optische, drahtlose, unzuverlässige ~** relèvement radioélectrique, optique, radiogoniométrique, douteux; ~**verˌkehr** *m* radioguidage *m*; ~ˌ**zeichen** *n/pl.* signaux *m/pl.* de relèvement.

Pein [paɪn] *f* ⟨~⟩ douleur *f*; (grande) peine *f*; (grande) souffrance *f*; tourment *m*; supplice *m*; *pfort.* torture *f*; martyre *m*; ⁀**igen** *v/t.* ⟨h⟩ faire souffrir; tourmenter; *pfort.* torturer; martyriser; **von Furcht gepeinigt werden** être rongé par la crainte; ~**iger** *m* ⟨~s; ~⟩ *fig.* bourreau *m*; (*Folterknecht*) tortionnaire *m* (*auch fig.*); ~**iˌgung** *f* ⟨~; ~en⟩ tourment *m*, torture *f* infligé(e) à qn.; ⁀**lich** *adj.* **1.** *hist.* ~**e Befragung** (*Folter*) torture *f*; question *f*; *advt.* **j-n ~ befragen** donner la question à qn.; (sou)mettre qn. à la question; **2.** (*unangenehm*) qui cause de la gêne; qui met dans la gêne, dans l'embarras; embarrassant; fâcheux, -euse; désagréable; pénible; ~**e Frage** question embarrassante; **es ist mir höchst ~, Ihnen sagen zu müssen ...** il m'est infiniment pénible, désagréable d'avoir à vous dire ...; **wie ~ ist es, zu ...** (+ *inf.*) que c'est pénible de ... (+ *inf.*); quel supplice de ... (+ *inf.*); *advt.* ~ **berührt werden** être gêné, embarrassé (**von etw.** par qc.); **3.** (*übergenau*) méticuleux, -euse; scrupuleux, -euse; minutieux, -euse; **mit ~er Sorgfalt, Regelmäßigkeit, Genauigkeit** avec minutie [-si]; avec un soin minutieux, une scrupuleuse, minutieuse, méticuleuse régularité, exactitude; **er ist in allem sehr ~** il est très consciencieux en toute chose; *advt.* ~ **genau** scrupuleusement exact; ~**lichˌkeit** *f* ⟨~⟩ **1.** caractère *m* pénible, désagréable, *etc.* d'une chose; chose gênante; gêne *f*; ce qu'il y a de pénible, désagréable, *etc.* dans ...; **2.** (*Genauigkeit*) méticulosité *f*; minutie [-si] *f*; ⁀**voll** *adj. cf.* ⁀lich 2.

Peitsch|e [ˈpaɪtʃə] *f* ⟨~; ~n⟩ fouet *m* (*auch fig.*); (*Reit*⁀) cravache *f*; *e-s Dompteurs* chambrière *f*; ⁀**en** *v/t.* ⟨h⟩ fouetter; fouailler; flageller; cravacher; *bes. als Strafe* fustiger; donner le fouet, des coups de fouet (j-n à qn.); *von Wind, Regen* cingler; ~**enˌhieb** *m* coup *m* de fouet (*auch fig.*); ~**enˌknall** *m* claquement *m* du fouet; ~**enˌriemen** *m* longe *f*, lanière *f* d'un fouet; ~**enˌschmitze** *f* ⟨~; ~n⟩ mèche *f* de fouet; ~**enˌschnur** *f cf.* ~enriemen; ~**enˌstiel** *m*, ~**enˌstock** *m* manche *m* de fouet; ~**ung** *f* ⟨~; ~en⟩ fouettement *m*; fustigation *f*; flagellation *f*.

Pekinese [peˑkiˑˈneːzə] *m* ⟨~n; ~n⟩ *Hunderasse* pékinois *m*.

Pektin [pɛkˈtiːn] *n* ⟨~s; ~e⟩ *bot.* pectine *f*.

pektoral [pɛktoˑˈraːl] *adj.* pectoral; ⁀**e** *n* ⟨~(s); ~s *od.* -lien⟩ *égl. cath.* pectoral *m*.

pekuniär [peˑkuˑniˑˈɛːr] *adj.* pécuniaire.

Pelargonie [peˑlarˈgoːniˑə] *f* ⟨~; ~n⟩ *bot.* pélargonium [-jɔm] *m*.

Pelemele [pɛlˈmɛl] *n* ⟨~⟩ pêle-mêle *m*.

Pelerine [peˑləˈriːnə] *f* ⟨~; ~n⟩ pèlerine *f*.

Pelikan [ˈpeːliˑˌkaːn, -ˈkaːn] *m* ⟨~s; ~e⟩ *zo.* pélican *m*.

Pellagra [ˈpɛlagra] *f* ⟨~⟩ *méd.* pellagre *f*.

Pell|e [ˈpɛlə] F *f* ⟨~; ~n⟩ pelure *f*; F *fig.* **j-m auf der ~ sitzen** *abs.* F être collant; cramponner qn.; **j-m nicht von der ~ gehen** F *fig.* être pendu aux basques de qn.; **j-m auf die ~ rücken** F serrer qn. de près; ⁀**en** F **I** *v/t.* ⟨h⟩ peler; *gekochte Kartoffeln* éplucher; F dépiauter; *fig.* **wie aus dem Ei gepellt** *cf.* Ei; **II** *v/réfl. Haut* **sich ~** (*sich schälen*) peler; ~**karˌtoffeln** F *f/pl.* pommes *f/pl.* de terre en robe de chambre.

Peloponnes|ier(in) [peˑloˑpɔˈneːziˑər(ɪn)] *m* ⟨~s; ~⟩ (*f*) ⟨~; ~nen⟩ Péloponnésien, -nne *m, f*; ⁀**isch** *adj.* du Péloponnèse; péloponnésien, -nne.

Pelz [pɛlts] *m* ⟨~es; ~e⟩ **1.** *der Tiere* peau *f*; pelage *m*; poil *m*; **2.** (~*mantel*) (manteau *m* de) fourrure *f*; (*pelzgefütterter Mantel*) pelisse *f*; **mit ~**

besetzen fourrer; mit ~ füttern doubler de fourrure; **3.** F *fig.* j-m Läuse in den ~ setzen causer des embêtements à qn.; *cf. auch* Laus; j-m eins auf den ~ brennen tirer sur qn.; envoyer un coup de fusil à qn.; j-m auf den ~ rücken *cf.* Pelle; sich die Sonne auf den ~ scheinen lassen se faire griller, rôtir un peu au soleil; **~art** *f* espèce *f* de fourrure; **~be-ˌsatz** *m* garniture *f* de fourrure; **2be-ˌsetzt** *adjt.* garni de fourrure; **~-ˌfutter** *n* (doublure *f* de) fourrure *f*; **~garniˌtur** *f cf.* ~besatz; **2geˌfüttert** *adjt.* fourré; **~geˌschäft** *n*, **~ˌhandel** *m* pelleterie *f*; **~ˌhändler** *m* pelletier *m*; fourreur *m*; **~ˌhandlung** *f* pelleterie *f*; **~ˌhandschuh** *m* gant fourré; **2ig** *adj.* *Rettich, Radieschen* coriace; fibreux, -euse; ratatiné; flétri; F coti; **~ˌjacke** *f* veste *f* de fourrure; **~ˌjäger** *m* trappeur *m*; **~ˌkragen** *m* col *m* de fourrure; *der Damen, zum Umhängen* palatine *f*; **~ˌmantel** *m cf.* Pelz 2.; **~ˌmütze** *f* bonnet fourré, de fourrure, à poil; **~ˌstiefel** *m* botte fourrée; **~ˌtiere** *n/pl. zo.* animaux *m/pl.* à fourrure; **~tierˌfarm** *f* ferme *f* d'élevage (ferme-élevage *f*) d'animaux à fourrure; **~tierˌjäger** *m cf.* ~jäger; **2verˌbrämt** *adjt. cf.* 2besetzt; **~-ˌware** *f*, **~werk** *n* pelleterie *f*; fourrures *f/pl.*

Penaten [peˑˈnaːtən] *pl. fig.* (dieux *m/pl.*) pénates *m/pl.*

Pendant [pɑ̃ːˈdɑ̃ː] *n* ⟨~s; ~s⟩ pendant *m.*

Pendel [ˈpɛndəl] *n* ⟨~s; ~⟩ pendule *m*; *e-r Uhr* (*Perpendikel*) balancier *m*; **~ˌanker** *m phys.* ancre oscillante; **2ˌartig** *adj.* pendulaire; **~ˌausschlag** *m phys.* amplitude *f* (du pendule); **~beˌwegung** *f phys.* mouvement pendulaire, oscillant; **~ˌlampe** *f* lampe suspendue; **2n** *v/i.* ⟨-(e)le, h⟩ osciller; *Zug, Personen* (*hin- u. herfahren, -laufen*) ⟨sein⟩ faire la navette; **~-ˌschlag** *m*, **~ˌschwingung** *f* oscillation *f* pendulaire; **~ˌtür** *f* porte oscillante, battante; **~ˌuhr** *f* pendule *f*; **~verˌkehr** *m* (service *m* de) navette *f*; trafic *m* de va-et-vient; **~ˌzug** *m chem.* navette *f.*

Pendentif [pɑ̃dɑ̃ːˈtiːf] *n* ⟨~s; ~s⟩ *bât.* pendentif *m.*

Pendler [ˈpɛndlər] *m* ⟨~s; ~⟩ personne *f* qui fait la navette (entre son domicile et le lieu de travail).

pene|trant [peˑneˑˈtrant] *adj.* pénétrant; **2tratiˈon** *f* ⟨~⟩ pénétration *f*; **~ˈtrieren** *v/t.* ⟨h⟩ pénétrer.

penibel [peˑˈniːbəl] *adj.* ⟨-bl-⟩ F **1.** *cf.* peinlich 3.; **2.** (*mühsam*) pénible; difficile; qui offre des difficultés.

Penis [ˈpeːnɪs] *m* ⟨~; ~se *od.* Penes⟩ *anat.* verge *f*; phallus *m*; membre viril; *sc.* pénis *m.*

Penizillin [peˑniˑtsɪˈliːn] *n* ⟨~s; ~e⟩ (*fachsprachlich* Penicillin) *méd.* pénicilline *f*; **~theraˌpie** *f* pénicillinothérapie *f.*

Penn|al [pɛˈnaːl] F *écol.* *n* ⟨~s; ~e⟩ F bahut *m*; boîte *f*; **~äler** F *écol.* *m* ⟨~s; ~⟩ F potache *m.*

Penn|bruder [ˈpɛnˌbruːdər] *m péj.* (*Landstreicher*) vagabond *m*; F chemineau *m*; trimardeur *m*; *nur in e-r Stadt* clochard *m*; F clodot *m*; cloche *f*; **~e** *f* ⟨~; ~n⟩ F *écol. cf.* Pennal; **2en** F *v/i.* ⟨h⟩ F roupiller; piquer un roupillon; pioncer.

pennsylvanisch [pɛnzɪlˈvaːnɪʃ] *adj.* de (la) Pennsylvanie; pennsylvanien, -nne.

Pension [pɑ̃ːsiˑˈõː, pɑ̃ːsiˑˈoːn, pɛnziˑˈoːn, pɛnziˑˈoːn] *f* ⟨~; ~en⟩ **1.** (*Ruhegehalt*) pension *f*; (pension *f* de) retraite *f*; *milit.* (solde *f* de) retraite *f*; e-e ~ beziehen toucher une pension; **2.** ⟨*pas de pl.*⟩ (*Ruhestand*) retraite *f*; **3.** (*Kost u. Wohnung*) pension *f*; (la) table et (le) logement; volle ~ pension complète; bei j-m in ~ sein être en *od.* prendre pension chez qn.; s-e ~ bezahlen payer sa pension; **4.** (*Fremdenheim*) pension *f*; pension *f* de famille; **5.** *cf.* ~at; in ~ geben mettre en pension; **~är(in)** [-ˈnɛːr(ɪn)] *m* ⟨~s; ~e⟩ (*f*) ⟨~; ~nen⟩ **1.** (*Ruheständler*) pensionné, -e *m, f*; retraité, -e *m, f*; **2.** (*Kostgänger*) pensionnaire *m, f*; **3.** (*Zögling e-s Pensionats*) (élève *m, f*) interne *m, f*; pensionnaire *m, f*; **~at** [-ˈnaːt] *n* ⟨~(e)s; ~e⟩ pensionnat *m*; internat *m*; pension *f*; **2ieren** [-ˈniː-] *v/t.* ⟨*pas de ge-*, h⟩ pensionner; mettre à la retraite; sich ~ lassen prendre sa retraite; pensioniert en retraite; retraité; pensionné; pensioniert werden être mis à la retraite; **~ierung** [-ˈniː-] *f* ⟨~; ~en⟩ mise *f* à la retraite; ~ wegen Erreichung der Altersgrenze, auf Verlangen retraite imposée par la limite d'âge, sur demande; **~sˌalter** *n* âge *m* de la retraite; **~sˌanspruch** *m cf.* ~sberechtigung; **~sˌbeitrag** *m* cotisation *f* pour la retraite; **2sbeˌrechtigt** *adjt.* ayant droit à une pension, à la retraite; **~es** Alter âge de la pension; **~sbeˌrechtigte(r)** *f* (*m*) ayant-droit *m* à une pension; **~sbeˌrechtigung** *f* droit *m* à une pension, à la retraite; **~semˌpfänger(in)** *m* (*f*) *cf.* ~är(in) 1.; **~sˌfonds** *m* fonds *m* de retraite; **~sˌgast** *m* pensionnaire *m*; **~sgeˌsetz** *n* loi *f* sur les retraites; **~sˌkasse** *f* caisse *f* des retraites; **~sˌpreis** *m* prix *m* de la pension; **2sˌreif** *adj.* mûr pour la pension, la retraite; **~sˌsatz** *m* taux *m* de pension; **~sverˌsicherung** *f* assurance-retraite *f*; assurance-pension *f.*

Pensum [ˈpɛnzum] *n* ⟨~s; -sen *od.* -sa⟩ tâche *f*, devoir *m* (à faire dans un temps limité); *in der Schule cf.* Lehrstoff.

Penta|gon [pɛntaˈgoːn] *n* ⟨~s; ~e⟩ pentagone *m*; *in Amerika* [ˈpɛn-] le Pentagone; **~ˈgramm** *n* ⟨~s; ~e⟩ pentacle *m*; **~meter** [-ˈtaː-] *m* ⟨~s; ~⟩ *métr.* (vers *m*) pentamètre *m.*

Pentan [pɛnˈtaːn] *n* ⟨~s; ~e⟩ *chim.* pentane *m.*

Pentateuch [pɛntaˈtɔʏç] *m* ⟨~s⟩ *bibl.* Pentateuque *m.*

Pentatonik [pɛntaˈtoːnɪk] *f* ⟨~⟩ *mus.* pentatonique *f.*

Pentode [pɛnˈtoːdə] *f* ⟨~; ~n⟩ *rad.* pentode *f.*

Pep|sin [pɛˈpsiːn] *n* ⟨~s; ~e⟩ *physiol., chim.* pepsine *f*; **2tisch** [ˈpɛp-] *adj. chim.* peptique; **2tiˈsieren** *v/t.* ⟨*pas de ge-*, h⟩ peptoniser; **~ˈton** *n* ⟨~s; ~e⟩ *chim.* peptone *f.*

per [pɛr] *prép.* ⟨*acc. ohne art.*⟩ *bes. comm. u.* F par; ~ Schiff par bateau; par voie d'eau; ~ Auto en voiture; par la route; ~ Adresse chez; ~ Post par la poste; ~ Anhalter F en stop; en faisant de l'autostop *od.* auto-stop; ~ Anhalter fahren faire de l'autostop *od.* auto-stop; F ~ pedes à pied; F pedibus; es geht bei ihnen alles ~ du ils tutoient tout le monde; j-n ~ Sie anreden dire vous à qn.; vouvoyer qn.; j-n ~ du anreden tutoyer qn.

Perborate [pɛrboˑˈraːtə] *n/pl. chim.* perborates *m/pl.*

perem(p)torisch [peˑrɛm(p)ˈtoːrɪʃ] *adj. jur.* péremptoire.

perennierend [peˑrɛˈniːrənt] *adj. bot.* vivace.

perfekt [pɛrˈfɛkt] **I** *adj.* parfait; (*vollendet*) accompli; achevé; **II** 2 [ˈpɛrfɛkt, -ˈfɛkt] *n* ⟨~(e)s; ~e⟩ *gr.* passé composé, indéfini; *in den alten Sprachen* parfait *m*; historisches ~ passé simple; **~ibel** [-ˈtiː-] *adj.* ⟨-bl-⟩ perfectible; **2ibiliˈtät** *f* ⟨~⟩ perfectibilité *f*; **2iˈon** *f* ⟨~⟩ perfection *f*; **~ioˈnieren** *v/t.* ⟨*pas de ge-*, h⟩ perfectionner; rendre parfait; **2ioˈnismus** *m* ⟨~⟩ manie *f* de vouloir tout perfectionner; **~iv** [-ˈtiːf] *adj. gr.* perfectif, -ive; **2um** *n* ⟨~s; -ta⟩ *cf.* perfekt II.

perfid|(e) [pɛrˈfiːt, -ˈfiːdə] *adj.* perfide; **2ie** [-ˈdiː] *f* ⟨~; -ien⟩ perfidie *f.*

Perfor|ation [pɛrfoˑratsiˑˈoːn] *f* ⟨~; ~en⟩ perforation *f*; **2ieren** [-ˈriː-] *v/t.* ⟨*pas de ge-*, h⟩ perforer; **~ierma-ˌschine** [-ˈriːr-] *f* perforeuse *f*; perforatrice *f*; **~ierung** [-ˈriː-] *f* ⟨~; ~en⟩ *cf.* ~ation.

Pergament [pɛrgaˈmɛnt] *n* ⟨~(e)s; ~e⟩ parchemin *m* (*auch: alte Handschrift*); **2ˌähnlich**, **2ˌartig** *adj.* parcheminé; parchemineux, -euse; *bot.* membraneux, -euse; **~ˌband** *m* **a)** reliure *f* de parchemin; **b)** livre relié en parchemin; **~ˌblatt** *n* feuille *f* de parchemin; **2en** *adj.* de parchemin; **2ieren** [-ˈtiː-] *v/t.* ⟨*pas de ge-*, h⟩ parcheminer; **~paˌpier** *n* papier *m* parchemin; **~ˌrolle** *f* rouleau *m* de parchemin.

Pergamin [pɛrgaˈmiːn] *n* ⟨~s⟩ imitation *f* parchemin.

Pergola [ˈpɛrgoˑla] *f* ⟨~; -len⟩ pergola *f.*

Peri|gäum [peˑriˑˈgɛːum] *n* ⟨~s; -äen⟩ *astr.* périgée *m*; **~ˈhel(ium)** *n* ⟨~s; ~e⟩ (*n*) ⟨~s; -ien⟩ *astr.* périhélie *m*; **~-ˈkard(ium)** *n* ⟨~(e)s; ~e⟩ (*n*) ⟨~s; -ien⟩ *anat.* péricarde *m*; **~karˈditis** *f* ⟨~; -iˈtiden⟩ *méd.* péricardite *f*; **~-ˈkarp** *n* ⟨~(e)s; ~e⟩ *bot.* péricarpe *m*; **~ˈklas** *m* ⟨~es *od.* ~; ~e⟩ *minéral.* périclase *f.*

perikleisch [peˑriˑˈkleːɪʃ], 2 *adj.* de Périclès.

Periklin [peˑriˑˈkliːn] *m* ⟨~s; ~e⟩ *minéral.* péricline *m.*

Perikope [peˑriˑˈkoːpə] *f* ⟨~; ~n⟩ *relig.* péricope *f.*

Period|e [peˑriˑˈoːdə] *f* ⟨~; ~n⟩ **1.** *astr., math., mus., gr.* période *f*; *élect. auch* cycle *m*; **2.** *physiol., der Frau* menstrues *f/pl.*; règles *f/pl.*; **~enˌbau** *m* ⟨~(e)s⟩ *gr.* structure *f* des périodes; **~enˌzahl** *f phys.* nombre *m* des oscillations, de périodes; périodicité *f*; **2isch** **1.** *adj.* périodique; qui revient à des intervalles réguliers; cyclique; **~es** System der Elemente classification périodique des éléments; **2.** *adv.* ~ erscheinende Zeitschrift périodique *m*; **~iziˈtät** *f* ⟨~⟩ périodicité *f.*

Periost [peˑriˑˈɔst] *n* ⟨~(e)s; ~e⟩ *anat.* périoste *m.*

Peripate|tiker [peˑriˑpaˈteːtiˑkər] *m* ⟨~s; ~⟩ *philos.* péripatéticien *m*; **2-tisch** *adj.* péripatéticien, -nne.

Peripetie [peˑriˑpeˑˈtiː] *f* ⟨~; -ien⟩ péripétie [-si] *f.*

peripher [peˑriˑˈfeːr] *adj.* périphérique; **2ie** [-ˈriː] *f* ⟨~; -ien⟩ *e-r Stadt etc.* périphérie *f*; *Geometrie auch* circonférence *f*; er bleibt immer an der ~ des Problems il reste toujours à côté, en dehors de la question; **~isch** *adj. cf.* peripher.

Periphras|e [peˑriˑˈfraːzə] *f* ⟨~; ~n⟩

périphrase *f*; ≈**tisch** [-ˈfras-] *adj.* périphrastique.

Periskop [peˑriˑˈskoːp] *n* ⟨~s; ~e⟩ *opt.* périscope *m*; ≈**isch** *adj.* périscopique.

Peristalt|ik [peˑriˑˈstaltɪk] *f* ⟨~⟩ *physiol.* péristaltisme *m*; ≈**isch** *adj.* péristaltique.

Peristyl [peˑriˑˈstyːl, peˑrɪsˈtyːl] *n* ⟨~s; ~e⟩ *bât.* péristyle *m*.

Perkal [pɛrˈkaːl] *m* ⟨~s; ~e⟩ *text.* percale *f*; **~in** [-ˈliːn] *n* ⟨~s; ~e⟩ *text.* percaline *f*.

Perkol|ation [pɛrkoˑlatsiˑˈoːn] *f* ⟨~⟩ *phm.* percolation *f*; **~ator** [-ˈlaː-] *m* ⟨~s; -ˈtoren⟩ percolateur *m*; ≈**ieren** [-ˈliː-] *v/t.* ⟨*pas de ge-*, h⟩ percoler.

Perku|ssion [pɛrkusiˑˈoːn] *f* ⟨~; ~en⟩ percussion *f* (*auch méd.*); ≈ˈ**tan** *adj. méd.* percutané; ≈ˈ**tieren** *v/t.* ⟨*pas de ge-*, h⟩ *méd.* percuter.

Perl [pɛrl] *f* ⟨~⟩ *cf.* Perlschrift; **~e** *f* ⟨~; ~n⟩ **1.** perle *f*; (*Glas*≈) perle *f* (de verre); **echte** ~ perle fine; perle véritable; *bibl.* **~n vor die Säue werfen** jeter les perles aux pourceaux; **2.** *fig.* (*Glanzstück*), F (*Hausangestellte*) perle *f*; ≈**en I** *adj.* de perles; **II** *v/i.* ⟨h⟩ *Wein etc.* perler; pétiller; mousser; *Schweiß, Tränen* perler; *mus.* **~des Spiel** jeu perlé; **III ~en** *n* ⟨~s⟩ *des Weins* pétillement *m*; **~enˌfischer** *m* pêcheur *m* de perles; **~enfischeˌrei** *f* pêche *f* des perles; *als Unternehmen* pêcherie *f* de perles; **~enˌ(hals)kette** *f* collier *m* de perles; **~enˌkrone** *f* couronne *f* de perles; **~enˌschmuck** *m* parure *f* de perles; **~enˌschnur** *f cf.* ~en(hals)kette; **~enstickeˌrei** *f* broderie *f* de perles; ≈ˌ**förmig** *adj.* perlé; **~gras** *n bot.* mélique *f*; ≈**grau** *adj.* gris (de) perle; **~ˌgraupen** *f/pl.* orge perlé; **~huhn** *n zo.* pintade *f*; ≈**ig** *adj. in der Form* perlé; **~ˌmuschel** *f zo.* huître perlière; **~mutt** *n* ⟨~s⟩, **~ˌmutter** *f* ⟨~⟩ nacre *f* (de perles); ≈**mutterˌartig** *adj.* nacré; **~mutterˌglanz** *m* éclat *m* de la nacre; ton nacré; ~ **geben** nacrer (e-r Sache qc.); **~mutt(er)ˌknopf** *m* bouton *m* de nacre; ≈ˌ**muttern** *adj.* de nacre; nacré; **~mutterˌschicht** *f* couche *f* de nacre.

Perlon [ˈpɛrlɔn] *n* ⟨~s⟩ *text.* perlon *m*; *in Frankreich etwa* nylon *m*; **~ˌstrumpf** *m* bas *m* en perlon *bzw.* nylon.

Perl|schrift [ˈpɛrlʃrɪft] *f impr.* perle *f*; (corps *m*) cinq *m*; **~wein** *m* vin mousseux; **~ˌzwiebel** *f cuis.* rocambole *f*.

permanen|t [pɛrmaˈnɛnt] *adj.* permanent; durable; persistant; ≈**z** *f* ⟨~⟩ permanence *f*; **sich in ~ erklären** se déclarer en permanence.

Permanganat [pɛrmaŋgaˈnaːt] *n* ⟨~(e)s; ~e⟩ *chim.* permanganate *m*.

permut|abel [pɛrmuˑˈtaːbəl] *adj.* ⟨-bl-⟩ *math.* permutable; ≈**atiˈon** *f* ⟨~; ~en⟩ *math.* permutation *f*; **~ieren** [-ˈtiː-] *v/t.* ⟨h⟩ *math.* permuter.

perniziös [pɛrniˑtsiˑˈøːs] *adj. méd.* pernicieux, -euse.

Perpendik|el [pɛrpɛnˈdiːkəl] *m od. n* ⟨~s; ~⟩ **1.** (*Uhrpendel*) balancier *m*; **2.** *Geometrie* (ligne *f*) perpendiculaire *f*; ≈**uˈlar,** ≈**uˈlär** *adj.* perpendiculaire.

Perpetuum mobile [pɛrˈpeːtuˑum ˈmoːbiˑleˑ] *n* ⟨~ ~s; ~ ~s *od.* -tua -ˈbilia⟩ mouvement perpétuel.

perplex [pɛrˈplɛks] F *adj.* (*verwirrt*) confus; perplexe; (*bestürzt*) consterné; interdit; stupéfait; F ahuri.

Persenning [pɛrˈzɛnɪŋ] *f* ⟨~; ~e(n)⟩ *mar.* prélart *m*.

Perser|(in) [ˈpɛrzər(ɪn)] **1.** *m* ⟨~s; ~⟩ (*f*) ⟨~; ~nen⟩ (*Neu*≈) Persan, -e *m, f*; (*Alt*≈) Perse *m, f*; **2.** *nur m cf.* **~teppich**; **~ˌkriege** *m/pl. hist.* guerres *f/pl.* médiques; **~ˌteppich** *m* tapis *m* de Perse.

Persianer [pɛrziˑˈaːnər] *m* ⟨~s; ~⟩ astrakan *m*; **~ˌmantel** *m* (manteau *m* d')astrakan *m*.

Persifl|age [pɛrziˑˈflaːʒə] *f* ⟨~; ~n⟩ persiflage *m*; ≈**ieren** [-ˈfliː-] *v/t.* ⟨*pas de ge-*, h⟩ persifler.

Persiko [ˈpɛrziˑkoˑ] *m* ⟨~s; ~s⟩ persicot *m*.

persisch [ˈpɛrzɪʃ] *adj.* (*neu*~) persan; (*alt*~) perse; de la Perse; persique; ≈**er Golf** golfe Persique.

Person [pɛrˈzoːn] *f* ⟨~; ~en⟩ personne *f*; (*Einzelwesen*) individu *m*; *bedeutende* personnage *m*; personnalité *f*; *thé., in Romanen etc.* personnage *m*; rôle *m*; *gr.* personne *f*; *péj.* (*weibl. Wesen*) créature *f*; friponne *f*; drôlesse *f*; vaurienne *f*; **ich für meine ~** quant à moi; pour ma part; **pro ~** par personne, tête; P par tête de pipe; **ohne Ansehen der ~** sans considération, sans acception de personne; sans faire de personnalité; **e-e dritte ~** une tierce personne; un tiers; une tierce; *gr.* **die dritte ~** la troisième personne; **juristische ~** personne civile, juridique, morale; **natürliche ~** personne physique; **unbefugte ~** personne non autorisée; **e-e unbekannte ~** un inconnu; **in (eigener, höchsteigener) ~** en personne; **der Geiz in ~** l'avarice en personne; **in der ~ irren** se méprendre; faire erreur de personne; se tromper de personne; **er ist Gärtner u. Chauffeur in e-r ~** il est jardinier et chauffeur à la fois; il remplit les fonctions de jardinier et de chauffeur.

Personal [pɛrzoˑˈnaːl] *n* ⟨~s⟩ personnel *m*; (*Angestellte*) employés *m/pl.*; (*Dienstboten*) *auch* domestiques *m/pl.*; *aviat.* **fliegendes ~** personnel navigant; **leitendes ~** personnel dirigeant, de direction; cadres *m/pl.*; **untergeordnetes ~** personnel subalterne; petit personnel; **geschultes ~** personnel qualifié, instruit; **zum ~ gehören** faire partie du personnel; **zuviel ~ haben** être surchargé, avoir trop de personnel; **~ abbauen** réduire, diminuer, licencier du personnel; **~ anwerben** recruter du personnel; **~ abwerben** débaucher du personnel; **~ einstellen** embaucher, engager du personnel; **~ entlassen** licencier, débaucher du personnel; **~ˌabbau** *m* réduction *f*, licenciement *m*, diminution *f* de personnel; **~abˌteilung** *f* section *f*, service *m* du personnel; **~ˌakten** *f/pl.* dossier personnel; **~ˌangeˌlegenheiten** *f/pl.* affaires *f/pl.* de personnel; **~ˌaufwendungen** *f/pl.*, **~ˌausgaben** *f/pl.* dépenses *f/pl.* de personnel; **~ˌausweis** *m* carte *f* d'identité; **~beˌschreibung** *f* signalement *m*; **~beˌstand** *m* effectif *m* (du personnel); **~ˌbogen** *m* fiche signalétique, individuelle; **~büˌro** *n* bureau *m* du personnel; **~ˌchef** *m* chef *m* du personnel; **~ien** *pl.* identité *f*; noms *m/pl.*, qualités *f/pl.* et domicile habituel; **die ~ von j-m feststellen** établir l'identité de qn.; **s-e ~ angeben** décliner son identité; **~karˌtei** *f* fichier *m* du personnel; **~kreˌdit** *m* crédit personnel; **~ˌmangel** *m* manque *m* de personnel; **~proˌnomen** *n gr.* pronom personnel; **~ˌsteuer** *f* impôt *m* (cote *f*) personnel(le); **~verˌtreter** *m* délégué *m* du personnel; **~verˌtretung** *f* représentation *f* du personnel; **~verˌtretungsgeˌsetz** *n* loi *f* sur la représentation du personnel; **~ˌwechsel** *m* roulement *m* de personnel.

Persönchen [pɛrˈzøːnçən] *n* ⟨~s; ~⟩ petite personne.

personell [pɛrzoˑˈnɛl] *adj.* **1.** personnel, -lle; **2.** (*das Personal betreffend*) de personnel.

Personen|aufzug [pɛrˈzoːnənˌˀauftsuːk] *m* ascenseur *m*; **~beˌförderung** *f* transport *m*, service *m* (des) voyageurs; **~beˌförderungstaˌrif** *m* tarif *m* voyageurs; **~beˌschreibung** *f* signalement *m*; **~ˌfirma** *f* raison sociale portant le nom du propriétaire; **~geˌdächtnis** *n* mémoire *f* des personnes, des visages; **~kiloˌmeter** *m* kilomètre-voyageur *m*; **~ˌkraftwagen** *m* (*abr.* Pkw *od.* PKW) voiture particulière, de tourisme; **~ˌkreis** *m* cercle *m*; *amtlich* certaine catégorie de gens; (un) certain public; **~ˌkult** *m* culte *m* de la personnalité; **~ˌname** *m* nom *m* de personne; **~ˌschaden** *m* dommage (causé) aux personnes; **~ˌstand** *m* état civil; état *m*; situation *f* (de qn.); **~standsˌbuch** *n* registre *m* d'état civil; **~standsˌfälschung** *f* falsification *f* d'état civil; **~standsreˌgister** *n cf.* ~standsbuch; **~taˌrif** *m* tarif *m* (des) voyageurs; **~verˌkehr** *m* trafic *m*, service *m* (des) voyageurs; **freier ~ zwischen den Mitgliedstaaten** libre circulation des personnes entre les États membres; **~verˌsicherung** *f* assurance *f* pour les personnes; **~verˌwechslung** *f* méprise *f*; confusion *f*, erreur *f* de personne; **~ˌwaage** *f* balance *f*; pèse-personne *m*; **~ˌwagen** *m* **1.** *cf.* ~kraftwagen; **2.** *chem.* wagon *m* de voyageurs; voiture *f*; **~ˌzug** *m* **1.** *im Gegensatz zum Güterzug* train *m* de voyageurs; **2.** *im Gegensatz zum D-Zug* (train *m*) omnibus *m*.

Personifi|kation [pɛrzoˑniˑfiˑkatsiˑˈoːn] *f* ⟨~; ~en⟩ personnification *f*; ≈ˈ**zieren** *v/t.* ⟨*pas de ge-*, h⟩ personnifier; (*verkörpern*) personnaliser; **personifiziert** personnifié; en personne; incarné; **~ˈzierung** *f* ⟨~; ~en⟩ *cf.* ~kation.

persönlich [pɛrˈzøːnlɪç] **1.** *adj.* personnel, -lle; individuel, -lle; **~e Anspielung** personnalité *f*; allusion personnelle; **~e Beleidigung** offense personnelle; **~e Freiheit, ~er Brief** liberté, lettre personnelle, individuelle; **~es Fürwort** *cf.* Personalpronomen; **aus ~en Gründen** pour des raisons personnelles; **2.** *adv.* (*leibhaftig*) en personne; personnellement; en sa personne; **~ übergeben** remettre en main propre; **~ erscheinen** faire acte de présence; être présent; **~ haften** répondre sur sa propre personne; être personnellement responsable; se porter personnellement garant (de); **~ werden** manquer d'objectivité; faire, se permettre des personnalités; **ich ~ …** moi qui vous parle …; *Anspielung, Bemerkung* **~ nehmen** prendre (qc.) pour soi, pour sa propre personne; **sich ~ für etw. einsetzen** payer de sa personne; ≈ˌ**keit** *f* ⟨~; ~en⟩ **1.** (*ausgeprägter Charakter*) personnalité *f* (marquante); individualité *f*; **die menschliche ~ achten** respecter la personnalité humaine; **2.** (*maßgebliche Person*) (grand) personnage *m*; personnalité *f*; **e-e wichtige ~** un personnage important, de marque; un important personnage; une 'haute personnalité; **~keitsbeˌwußt** *adj.* conscient de sa personnalité; ≈**keitsˌbildung** *f* développement *m* de la personnalité (humaine); ≈**keitsˌrecht** *n* droit protégeant la personnalité humaine; **≈keits,spaltung** *f* dédoublement *m* de la personnalité; **≈keits-,wahl** *f* scrutin uninominal.

Perspektiv [pɛrspɛk'ti:f] *n* ⟨~s; ~e⟩ lunette *f* d'approche; **~e** *f* ⟨~; ~n⟩ perspective *f* (*auch fig.*: *Zukunftsaussicht*); **≈isch 1.** *adj.* perspectif, -ive; **2.** *adv.* en perspective.

Perspektograph [pɛrspɛkto·'grɑ:f] *m* ⟨~en; ~en⟩ perspectographe *m*.

Peruan|er(in) [pe·ru·'ɑ:nər(ɪn)] *m* ⟨~s; ~⟩ (*f*) ⟨~; ~nen⟩ Péruvien, -nne *m, f*; **≈isch** *adj.* du Pérou; péruvien, -nne.

Perubalsam [pe·'ru:,balzɑ:m] *m phm.* baume *m* du Pérou.

Perücke [pe·'rʏkə] *f* ⟨~; ~n⟩ perruque *f*; e-e ~ tragen porter perruque; **~n-,macher(in)** *m* ⟨~s; ~⟩ (*f*) ⟨~; ~nen⟩ perruquier, -ère *m, f*.

Perurinde [pe·'ru:,rɪndə] *f phm.* quinquina *m*.

perver|s [pɛr'vɛrs] *adj.* pervers; **~er Mensch** (homme) pervers *m*; **≈si'on** *f* ⟨~; ~en⟩ perversion *f*; **≈si'tät** *f* ⟨~⟩ perversité *f*; **~'tieren** *v/t.* ⟨*pas de ge-*, h⟩ pervertir.

pesen ['pe:zən] F *v/i.* ⟨-(es)t, sein⟩ courir; F galoper.

Pessar [pɛ'sɑ:r] *n* ⟨~s; ~e⟩ *méd.* pessaire *m*.

Pessimis|mus [pɛsi·'mɪsmʊs] *m* ⟨~⟩ pessimisme *m*; **~t(in)** *m* ⟨~en; ~en⟩ (*f*) ⟨~; ~nen⟩ pessimiste *m, f*; **≈tisch** *adj.* pessimiste.

Pest [pɛst] *f* ⟨~⟩ *méd.* peste *f*; *par ext. hist.* (*Seuche*) contagion *f*; *fig.* peste *f*; plaie *f*; **j-n wie die ~ meiden, hassen** fuir qn. comme la peste, la gale; haïr qn. comme la peste; **≈,artig** *adj.* pestilentiel, -lle; **~ba,zillus** *m méd.* bacille pesteux; **~,beule** *f méd.* bubon pesteux; *fig.* plaie *f*; **~hauch** *m* souffle pestilentiel; **~i'lenz** *f* ⟨~; ~en⟩ *cf.* Pest; **≈ilenzi'alisch** *adj.* pestilentiel, -lle; **≈krank** *adj.* pestiféré; **~,kranke(r)** *f* (*m*) pestiféré, -e *m, f*.

Peter ['pe:tər] *m* ⟨~s; ~⟩ F **ein langweiliger ~** F *fig.* un emplâtre.

Petersilie [pe·tər'zi:li·ə] *f* ⟨~; ~n⟩ *bot.* persil *m*; F *fig.* **ihm ist die ~ verhagelt** F il a manqué, raté son coup; P il s'est cassé le nez.

Peterspfennig ['pe:tərs,pfɛnɪç] *m égl. cath.* denier *m* de saint Pierre.

Petit [pə'ti:] *f* ⟨~⟩ *impr.* gaillarde *f*; (corps *m*) huit *m*.

Petition [pe·ti·tsi·'o:n] *f* ⟨~; ~en⟩ pétition *f*; requête *f*; **≈ieren** [-'ni:-] *v/i.* ⟨*pas de ge-*, h⟩ pétitionner; adresser une pétition; **~s,recht** *n* droit *m* de pétition; **~s,weg** *m* **auf dem ~e** par voie de requête.

Petitschrift [pə'ti:,ʃrɪft] *f cf.* Petit.

Petrefakt [pe·tre·'fakt] *n* ⟨~(e)s; ~e(n)⟩ *géol.* corps pétrifié; pétrification *f*.

Petrifikation [pe·tri·fi·katsi·'o:n] *f* ⟨~⟩ pétrification *f*.

Petro|chemie [pe·tro·çe·'mi:] *f* pétrochimie *f*; **~gra'phie** *f* ⟨~⟩ pétrographie *f*; **≈'graphisch** *adj.* pétrographique.

Petroläther [pe·'tro:l,ˀɛ:tər] *m chim.* benzène *m*, *comm.* benzine *f*, éther *m* de pétrole.

Petroleum [pe·'tro:le·ʊm] *n* ⟨~s⟩ pétrole *m*; **~,flasche** *f* bouteille *f* à pétrole; **~ge,sellschaft** *f* compagnie pétrolière; **≈,haltig** *adj.* pétrolifère; **~,kanne** *f* bidon *m* à pétrole; **~,kocher** *m* réchaud *m* à pétrole; **~,lampe** *f* lampe *f* à pétrole; **~,quelle** *f* puits *m* de pétrole.

Petsch|aft ['pɛtʃaft] *n* ⟨~s; ~e⟩ cachet *m*; **≈ieren** [-'tʃi:-] *v/t.* ⟨*pas de ge-*, h⟩ cacheter; apposer son cachet (etw. sur qc.).

Petticoat ['pɛti·ko:t] *m* ⟨~s; ~s⟩ jupon *m*.

petto ['pɛto·] F **etw. in ~ haben** avoir qc. en réserve.

Petunie [pe·'tu:ni·ə] *f* ⟨~; ~n⟩ *bot.* pétunia *m*.

Petz [pɛts] *m* ⟨~es; ~e⟩ F *com.* ours *m*; **Meister ~** l'ours Martin; **~e** *f* ⟨~; ~n⟩ **1.** F *com.* ourse *f*; **2.** F *écol.* (*Verräter* [*-in*]) F rapporteur, -euse *m, f*; mouchard, -e *m, f*; cafard, -e *m, f*; **≈en** *v/i.* ⟨-(es)t, h⟩ F *écol.* (*anzeigen*) F rapporter; moucharder; cafarder; **~e'rei** *f* ⟨~; ~en⟩ F *écol.* (*Anzeigen*) F mouchardage *m*; cafardage *m*.

Pfad [pfɑ:t] *m* ⟨~(e)s; ~e⟩ sentier *m*; chemin étroit; voie *f*; **ein ausgetretener ~** (*auch fig.*) un sentier battu; une voie frayée (*beide auch fig.*); **~,finder** *m* ⟨~s; ~⟩ scout [skut] *m*; boy-scout *m*; éclaireur *m*; **~finderbe,wegung** *f* mouvement *m* scout, éclaireur; scoutisme *m*; **~,finderin** *f* ⟨~; ~nen⟩ éclaireuse *f*; guide *f*; **≈los** *adj.* sans voie, chemin.

Pfaffe ['pfafə] *m* ⟨~n; ~n⟩ *péj.* F cureton *m*; P ratichon *m*; *coll.* **die ~n** F la calotte; P la prêtraille; **~n,herrschaft** *f cf.* ~nwirtschaft; **~n,hütchen** *n bot.* bonnet *m* de prêtre; *sc.* fusain *m* d'Europe; **~n,knecht** *m péj.* dévot *m*; F bigot *m*; cafard *m*; P calotin *m*; cagot *m*; bondieusard *m*; rat *m* d'église; grenouille *f* de bénitier; **~n,tum** *n* ⟨~(e)s⟩ *cf.* Pfaffe; **~n,wirtschaft** *f péj.* cléricalisme *m*; régime *m* du goupillon.

pfäffisch ['pfɛfɪʃ] *adj. péj.* clérical.

Pfahl [pfɑ:l] *m* ⟨~(e)s; ≈e⟩ pieu *m*; (*Pfosten*) poteau *m*; *arp.*, *zum Feldmessen* piquet *m*; *zum Abstecken* jalon *m*; *jard.*, *als Baumstütze* tuteur *m*; *vit.*, *für Weinstöcke* échalas *m*; (*Zaun≈*) palis *m*; pal *m*; *bât.* (*Grund≈*) pilot *m*; **die Pfähle** *pl.* les pilots; le *od.* les pilotis; **mit Pfählen abstecken** jalonner; piqueter; F *fig.* **in meinen vier Pfählen** chez moi; entre mes quatre murs; **~bau** *m* ⟨~(e)s; ~ten⟩ *bât.* construction *f* sur pilotis; *pl.* **~ten** *der Vorzeit* cités *f/pl.*, habitations *f/pl.* lacustres; palafittes *m/pl.*; **~,brücke** *f* pont *m* (construit) sur pilotis; **~,bürger** *m péj.* (*Spießbürger*) petit bourgeois; esprit borné; (esprit *m*) pot-au-feu *m inv.*

pfählen ['pfɛ:lən] **I** *v/t.* ⟨h⟩ **1.** *Bäume* tuteurer; palisser; *Reben* échalasser; **2.** *hist. als Todesstrafe* empaler; **II ≈** *n* ⟨~s⟩ **3.** *von Bäumen* tuteurage *m*; palissage *m*; *von Reben* échalassement *m*; **4.** *hist.* empalement *m*.

Pfahl|gründung ['pfɑ:l,gryndʊŋ] *f bât.* fondation *f* sur pilotis; **~,muschel** *f zo. sc.* taret *m*; **~,ramme** *f* sonnette *f*; marteau-pilon *m*.

Pfählung ['pfɛ:lʊŋ] *f* ⟨~⟩ *hist.* supplice *m* du pal; empalement *m*.

Pfahl|werk ['pfɑ:lvɛrk] *n bât.* pilotage *m*; ouvrage *m* de pilotis; pilotis *m*; palée *f*; *fortif.* palissade *f*; palanque *f*; **~,wurzel** *f bot.* racine pivotante; **~zaun** *m* palis *m*; palissade *f*.

Pfalz [pfalts] *f* ⟨~; ~en⟩ *hist.* **1.** (*kaiserl. Palast*) palais *m* (impérial); château *m* (féodal); **2.** (*Gebiet e-s Pfalzgrafen*) palatinat *m*.

Pfälzer ['pfɛltsər] **I** *m* ⟨~s; ~⟩ habitant *m* du Palatinat; **II** *adj.* ⟨*inv.*⟩ palatin; du Palatinat; **~in** *f* ⟨~; ~nen⟩ habitante *f* du Palatinat.

Pfalz|graf ['pfaltsgrɑ:f] *m hist.* comte palatin; **~,gräfin** *f* comtesse palatine; **≈,gräflich** *adj.* palatin.

pfälzisch ['pfɛltsɪʃ] *adj. cf.* Pfälzer II.

Pfand [pfant] *n* ⟨~(e)s; ≈er⟩ gage *m*; nantissement *m*; **als ~ geben** donner, mettre (qc.) en gage; (en)gager; **als ~ nehmen** prendre (qc.) en gage; **auf** *od.* **gegen ~ leihen, gegen ~ ausleihen, geben** prêter sur *od.* à gage, sur nantissement; **ein ~ einlösen** retirer un gage; dégager; **Pfänder spielen** jouer aux gages; **~,anstalt** *f cf.* Leihhaus.

pfändbar ['pfɛntbɑ:r] *adj.* saisissable; **nicht ~** insaisissable; **≈,keit** *f* ⟨~⟩ saisissabilité *f*.

Pfand|brief ['pfantbri:f] *m* cédule *f*, obligation *f* hypothécaire; lettre *f*, titre *m* de gage; **~brief,anleihe** *f* emprunt *m* hypothécaire; **~brief,anstalt** *f* banque *f* de crédit hypothécaire; **~bruch** *m* ⟨~(e)s; ≈e⟩ *jur.* distraction *f* d'objets saisis; **~,darlehen** *n* prêt *m* sur gage; avance *m* sur gage; **~,einlösung** *f* retrait *m* de gage; dégagement *m*.

pfänd|en ['pfɛndən] **I** *v/t.* ⟨-ete, h⟩ saisir; *abs.* faire, opérer, pratiquer une, procéder à une saisie; **j-m die Möbel ~** (lassen) (faire) saisir les meubles de qn.; **II ≈en** *n* ⟨~s⟩ *cf.* Pfändung; **≈er,spiel** *n* jeu *m* des gages.

Pfand|freigabe ['pfant,fraɪgɑ:bə] *f* restitution *f* de l'objet (en)gagé; **~,geber** *m* gageur *m*; **~,gegenstand** *m cf.* ~objekt; **~,gläubiger** *m* (créancier *m*) gagiste *m*; **~haus** *n cf.* Leihhaus; **~hinter,legung** *f* dépôt *m* du gage; **~,leihanstalt** *f cf.* Leihhaus; **~,leihe** *f* **a)** prêt *m* sur gage(s); **b)** *als Gewerbe* métier *m* de prêteur sur gage; **c)** *cf.* Leihhaus; **~,leiher(in)** *m* ⟨~s; ~⟩ (*f*) ⟨~; ~nen⟩ prêteur, -euse *m, f* sur gage, sur nantissement; **~,leihhaus** *n cf.* Leihhaus; **~,lösung** *f* retrait *m* du gage; dégagement *m*; **~,nehmer** *m* gagiste *m*; **~ob,jekt** *n* gage *m*; **~recht** *n* droit *m* de gage; **~,rückgabe** *f* restitution *f* du gage; **~,sache** *f cf.* ~objekt; **~schein** *m* reçu *m*, quittance *f*, reconnaissance *f* de nantissement, du mont-de-piété; *für landwirtschaftliche Erzeugnisse u. Geräte* warrant *m* agricole; **~schuld** *f* dette gagée, hypothécaire; **~,schuldner** *m* gageur *m*; saisi *m*; gagiste saisi; **~,sicherheit** *f* sûreté *f*; garantie *f*.

Pfändung ['pfɛndʊŋ] *f* ⟨~; ~en⟩ saisie *f*; saisie-gagerie *f*; *jur.* exécution *f*; (exploit *m* de) saisie *f*; **Aufhebung der ~** mainlevée de la saisie; **~ der Ernte auf dem Halm** saisie-brandon *f*; **~sbe,fehl** *m* ordre *m* de saisie; saisie-arrêt *f*; **~sproto,koll** *n* procès-verbal *m* de saisie; **~s,recht** *n* droit *m* de saisie.

Pfand|verkauf ['pfantfɛr,kauf] *m* vente *f* du gage; réalisation *f* du gage; saisie-exécution *f*; **~ver,schreibung** *f* obligation *f* hypothécaire; **~ver,steigerung** *f* saisie-exécution *f*; vente *f* aux enchères du gage saisi; **~ver,trag** *m* (contrat *m* de) nantissement *m*; **~ver,wahrung** *f* conservation *f* du gage; **~ver,wertung** *f* réalisation *f* du gage; **≈,weise** *adv.* à titre hypothécaire, de nantissement, de gage; **~,zettel** *m cf.* Pfandschein.

Pfann|e ['pfanə] *f* ⟨~; ~n⟩ **1.** (*Brat≈*) poêle [pwal] *f*; sauteuse *f*; **aus der ~** à la poêle; **e-e ~ voll** une poêlée; **2.** *techn.*, *zum Sieden* chaudière *f*; *zum Gießen* poche *f* de coulée; *Bierbraue-*

rei brassin *m*; **3.** *techn., von Lagern* crapaudine *f*; **4.** *anat.* (*Gelenkℒ*) cavité *f* glénoïdale, glénoïde; **5.** *Dachziegel* tuile flamande; panne *f*; **~enˌstiel** *m* queue *f* de la poêle; **~ˌkuchen** *m* **a)** (*Eierkuchen*) crêpe *f*; **b)** (*Krapfen*) beignet *m*.

Pfarr|amt ['pfar?amt] *n* **a)** *égl. cath.* charge *f* de curé; cure *f*; *égl. prot.* charge *f* de pasteur; pastorat *m*; **b)** *Gebäude égl. cath.* cure *f*; presbytère *m*; *égl. prot.* maison *f* du pasteur; **ℒˌamtlich** *adj.* paroissial; **~beˌzirk** *m* paroisse *f*; **~e** *f* ⟨~; ~n⟩, **~ei** [-'raɪ] *f* ⟨~; ~en⟩ **1.** *cf.* **~amt b)**; **2.** (*Kirchspiel*) paroisse *f*; **e-e ~ versehen** desservir une paroisse; **ℒeilich** [-'raɪ-] *adj. zur Pfarre gehörig* curial; *zur Pfarrgemeinde gehörig* paroissial; **~er** *m* ⟨~s; ~⟩ *égl. cath.* curé *m*; *prot.* pasteur *m*; ministre *m*; **~eˌrin** *f* ⟨~; ~nen⟩, **~-frau** *f égl. prot.* femme *f* de *od.* du pasteur; **~geˌhilfin** *f égl. prot. etwa* assistante *f* d'un ministre protestant; **~geˌmeinde** *f* paroisse *f*; **~haus** *n cf.* **~amt b)**; **~ˌhelfer** *m égl. cath.* vicaire *m*; abbé *m*; *prot. etwa* assistant *m* d'un ministre protestant; **~herr** *m cf.* **~er**; **~kind** *n* paroissien, -nne *m, f*; F ouaille *f*; **~ˌkirche** *f* église paroissiale; paroisse *f*; **~ˌstelle** *f cf.* **~amt a)**; **~viˌkar(in)** *m* (*f*) *cf.* **~helfer**, **~gehilfin**.

Pfau [pfaʊ] *m* ⟨~(e)s; ~en⟩ *zo.* paon [pɑ̃] *m*; **der ~ schlägt ein Rad** le paon fait la roue; *fig.* **sich brüsten wie ein ~** se pavaner; faire la roue; **stolz wie ein ~** vaniteux comme un paon; fier comme Artaban; **~enˌauge** *n zo.* (*Nachtℒ*) paon *m* de nuit; (*Tagℒ*) paon *m* de jour; **ℒenˌblau** *adj.* bleu (de) paon; **~enˌfeder** *f* plume *f* de paon; **~hahn** *m zo.* paon *m*; **~ˌhenne** *f zo.* paonne [pan] *f*; **~ˌküken** *n zo.* paonneau [pano] *m*.

Pfeffer ['pfɛfər] *m* ⟨~s; ~⟩ *als Gewürz* poivre *m*; *bot.* poivrier *m*; **schwarzer ~** poivre gris; **weißer ~** poivre blanc; *bot.* **spanischer ~** piment *m*; **mit ~ würzen** poivrer; **gestoßener, gemahlener ~** poivre pilé, concassé, moulu, en poudre; **~ u. Salz** poivre et sel (*auch fig.*); *fig.* F **da liegt der Hase im ~** c'est là que gît le lièvre; voilà le hic; **er mag hingehen, bleiben, wo der ~ wächst!** qu'il aille à tous les diables!; **~ˌfresser** *m zo.* toucan *m*; **~ˌgurke** *f* cornichon *m*; **~ˌkorn** *n* grain *m* de poivre; **~ˌkraut** *n bot.* sarriette *f*; **~ˌkuchen** *m* pain *m* d'épice; **~minzbonˌbon** *m od. n* bonbon *m* à la menthe; **~ˌminze** *f* ⟨~⟩ *bot.* menthe *f*; **~minzliˌkör** *m* (liqueur *f* de) menthe *f*; **~minzˌplätzchen** *n* pastille *f* de menthe; **~minzˌtee** *m* (infusion *f* de) menthe *f*; **~ˌmühle** *f* moulin *m* à poivre; **ℒn** *v/t.* ⟨-(e)re, h⟩ **1.** *cuis.* poivrer; pimenter (*beide auch fig.*); **gepfeffert** poivré; F *Rechnung* salé; poivré; *Witz* poivré; scabreux, -euse; grivois; licencieux, -euse; graveleux, -euse; gros sel; *Arbeit* difficile; **2.** F (*werfen*) jeter; lancer; **~ˌnuß** *f* petit pain d'épice; **~ˌsack** *m péj.* trafiquant *m*; mercanti *m*; **~ˌschote** *f bot.* poivron *m*; **~ˌstrauch** *m bot.* poivrier *m*; **~ˌstreuer** *m* ⟨~s; ~⟩ poivrier *m*; poivrière *f*.

Pfeif|e ['pfaɪfə] *f* ⟨~; ~n⟩ **1.** *mus.* sifflet *m*; *für Kinder* flûteau *m*; mirliton *m*; (*Querℒ*) fifre *m*; (*Orgelℒ*) tuyau *m* (d'orgue); *fig.* **nach j-s ~ tanzen** être aux ordres de qn.; être sous la dépendance, *pfort.* la férule de qn.; **alles tanzt nach s-r ~** tous lui obéissent à la baguette; tout marche à son commandement; **2.** *phys.* (*Röhre*) tuyau *m*; **3.** (*Tabaksℒ*) pipe *f*; **sich die ~ stopfen, anstecken, anzünden** bourrer, allumer sa pipe; **ℒen I** *v/t.* ⟨**pfeift, pfiff, gepfiffen, h**⟩ **1. ein Lied ~** siffler un air; **2.** *fig.* F **dem Herrgott sei's getrommelt u. gepfiffen!** Dieu soit loué!; F **ich pfeif' dir was!** F j'y pense!; **das ~ die Spatzen von allen Dächern** c'est le secret de polichinelle; **II** *v/i.* **3.** siffler (*auch méd., von Vögeln, Murmeltieren, Wind, Geschossen etc.*); *auf der Querpfeife* jouer du fifre; *Sport, Schiedsrichter* donner le coup de sifflet; **e-m Hund ~** siffler un chien; **sein Atem pfeift, geht ~d** il a la respiration sifflante; **4.** F *fig.* **auf dem letzten Loch ~** *cf.* **Loch 1.**; **auf etw. ~** n'en avoir cure; faire fi, F se ficher de qc.; se moquer, F se ficher du tiers comme du quart; **ich pfeif' drauf!** F je m'en moque (comme de l'an quarante)!; je m'en fiche!; P je m'en fous!; **jetzt pfeift der Wind aus e-m anderen Loch** les choses ont bien changé; **III ~en** *n* ⟨~s⟩ sifflement *m*; *méd. auch* sibilation *f*; sibilance *f*; *vét., e-s Pferdes* cornage *m*; sifflage *m*; **ℒend** *adjt.* sifflant; *méd. auch* sibilant; **~enˌdeckel** *m* couvercle *m* de (la) pipe; **~enˌkopf** *m* tête *f*, fourneau *m* de pipe; **~enˌraucher** *m* fumeur *m* de pipe; **~enˌreiniger** *m* ⟨~s; ~⟩ nettoie-pipe *m*; cure-pipe *m*; **~enˌrohr** *n* tuyau *m* de pipe; **~enˌständer** *m* porte-pipes *m*; **~enˌstopfer** *m* bourroir *m*; **~enˌstrauch** *m bot.* seringa(t) *m*; **~enˌtabak** *m* tabac *m* pour la pipe; **~enˌton** *m* ⟨~(e)s⟩ terre *f* de pipe; **~enˌwerk** *n der Orgel* tuyaux *m/pl.* (d'orgue); **~er** *m* ⟨~s; ~⟩ siffleur *m*; (*Querℒ*) fifre *m*; **~ˌkessel** *m* bouilloire *f* à sifflet; **~konˌzert** *n* concert *m* de (coups de) sifflets; **~siˌgnal** *n* signal sifflé; **~ton** *m* sifflement *m*; *méd.* sibilance *f*; **~topf** *m cf.* **Schnellkochtopf**.

Pfeil [pfaɪl] *m* ⟨~(e)s; ~e⟩ *Bogengeschoß u. Richtungsweiser* flèche *f*; *nur Geschoß* trait *m*; *fig.* trait *m*; dard *m*; **e-n ~ abschießen** décocher une flèche, un trait; **wie ein ~ losschnellen, davonschießen** filer, partir comme une flèche, un trait; **ℒˌähnlich** *adj. sc.* sagittal.

Pfeiler ['pfaɪlər] *m* ⟨~s; ~⟩ pilier *m* (*auch fig.*); (*Brückenℒ*) pile *f*; (*viereckiger Wandℒ*) pilastre *m*; (*Fensterℒ, Türℒ*) montant *m*; jambage *m*; (*Wand zwischen zwei Fenstern*) trumeau *m*; **~ˌbogen** *m bât.* arc-doubleau *m*; **ℒˌförmig** *adj. bât.* en pilastre; **~ˌschaft** *m bât.* corps *m* de pilier; **~ˌspiegel** *m* trumeau *m*.

Pfeil|flügel ['pfaɪlˌfly:gəl] *m aviat.* aile *f* en flèche; **~flügelˌflugzeug** *n aviat.* avion *m* à ailes en flèche; **ℒˌförmig** *adj.* en forme de flèche; *sc.* sagittal; sagitté; **ℒge'rade** *adj. u. adv.* tout droit comme une flèche; **ℒge'schwind** *adj. cf.* **ℒschnell**; **~ˌgift** *n* poison *m* de flèches; **~ˌhöhe** *f bât., Ballistik* flèche *f*; **~kraut** *n bot.* sagittaire *f*; **~naht** *f anat.* suture sagittale (du crâne); **~rad** *n techn.* roue *f* à chevrons; **~ˌrichtung** *f* sens *m* de la flèche; **ℒ'schnell 1.** *adj.* rapide comme une flèche, comme un trait; **2.** *adv.* à tire-d'aile; **~ˌschuß** *m* coup *m* de flèche; **~ˌschütze** *m* archer *m*; sagittaire *m*; **~ˌspitze** *f* pointe *f* de la flèche; **~verˌzahnung** *f techn.* denture chevronnée, à chevrons; **~wurz** *f bot.* tacca *m*; marante *f*.

Pfennig ['pfɛnɪç] *m* ⟨~(e)s; *einzelne Münzen* ~e, *Wertangabe* ~⟩ (*abr.* Pf) pfennig *m*; *fig.* liard *m*; sou *m*; centime *m*; **das ist keinen ~ wert** cela ne vaut pas un sou, centime, liard; **keinen ~ haben** n'avoir pas le sou, un sou; n'avoir ni sou ni maille; n'avoir pas un sou vaillant, P un radis; **auf Heller u. ~ bezahlen** payer jusqu'au dernier sou, centime; F *fig.* **durch Mark u. ~** *cf.* **Mark**[1] **2.**; **jeden ~ umdrehen, den ~ ansehen** être près de ses sous; regarder à un sou; ne dépenser qu'avec *od.* à regret; **am ~ sparen** lésiner sur un sou; **ohne e-n ~ auszugeben** sans bourse délier; **wer den ~ nicht ehrt, ist des Talers nicht wert** *prov.* les petits ruisseaux font les grandes rivières *prov.*; **~ˌabsatz** *m bei Damenschuhen* talon *m* aiguille, F «vertige»; **~ˌfuchser** F *m* ⟨~s; ~⟩ grippe-sou *m*; ladre *m*; lésineur *m*; (vieux) grigou *m*; pingre *m*; radin *m*; rapiat *m*; fesse-mathieu *m*; **~fuchse'rei** *f* ⟨~⟩ ladrerie *f*; lésinerie *f*; **~ˌkraut** *n bot.* herbe *f* aux écus; **~ˌware** *f* articles *m/pl.* de bazar; **ℒˌweise** *adv.* par pfennigs; pfennig par pfennig; *fig.* sou à *od.* par sou.

Pferch [pfɛrç] *m* ⟨~(e)s; ~e⟩ parc *m*; enclos *m*; **ℒen I** *v/t.* ⟨h⟩ parquer (*auch fig.*); **II ~en** *n* ⟨~s⟩ parcage *m*.

Pferd [pfe:rt] *n* ⟨~(e)s; ~e⟩ **1.** *zo.* cheval *m*; **aufs ~ steigen** monter à cheval; **vom ~ steigen** descendre de cheval; **ein ~ reiten** monter un cheval; **zu ~e (sitzen** être**)** à cheval; **die ~e wechseln** changer de cheval, de chevaux; relayer; **2.** *fig.* **wie ein ~ arbeiten** travailler comme un cheval, un nègre, un bœuf; **das ~ beim Schwanz aufzäumen** mettre la charrue devant les bœufs; **sich aufs hohe ~ setzen** monter sur ses grands chevaux; se donner de grands airs; F se gendarmer; **aufs falsche ~ setzen** miser sur le mauvais cheval; **mit ihm kann man ~e stehlen** avec lui on peut tout entreprendre; il est homme à vous suivre partout; F il est toujours de la partie; **keine zehn ~e ...** il n'y a pas de puissance au monde qui ... (+ *subj.*) *od.* ... capable de ... (+ *inf.*); **das beste ~ im Stall** le (*od.* la) meilleur(e) (*par ex.* ouvrier, ouvrière, élève, *etc.*); le meilleur élément; **3.** *Turngerät* cheval *m* d'arçons.

'**Pferde...** *in Zssgn.* de cheval; chevalin; hippique; **~ˌapfel** *m* crottin *m* de cheval; **~beˌstand** *m* effectif *m* des chevaux; *milit., e-s Fuhrunternehmens, Zirkus* cavalerie *f*; **~ˌbohne** *f bot.* fève *f* de marais; **~ˌbremse** *f zo.* taon [tɑ̃] *m* (des chevaux); (*Magenbremse*) œstre [ɛstr] *m* du cheval; **~ˌdecke** *f* 'housse *f*; **~ˌdieb** *m* voleur *m* de chevaux; **~ˌdiebstahl** *m* vol *m* de chevaux; **~ˌfleisch** *n* (viande *f* de) cheval *m*; **~ˌfliege** *f cf.* **~bremse**; **~ˌfuhrwerk** *n* voiture *f* hippomobile, à chevaux; **~ˌfuß** *m* (*Klumpfuß*) pied bot; *fig.* **die Sache hat e-n ~** l'affaire a, présente un inconvénient; **~geˌschirr** *n* 'harnachement *m*; 'harnais *m*; **~geˌtrappel** *n* trot *m* d'un cheval, des chevaux; **~ˌgurt** *m* sangle *f*; **~ˌhaar** *n von Mähne u. Schweif* crin *m* (de cheval); *am Leib* poil *m* de cheval; **~ˌhals** *m* encolure *f*; **~ˌhandel** *m* commerce *m* de chevaux; *meist péj.* maquignonnage *m*; **~ˌhändler** *m* marchand *m* de chevaux; *meist péj.* maquignon *m*; **~ˌheilkunde** *f vét.*

médecine *f* hippiatrique; hippiatrie *f*; **~ˌhuf** *m* sabot *m* (de cheval); **~ˌkenner(in)** *m* (*f*) connaisseur, -euse *m*, *f* en chevaux; *sc.* hippologue *m*, *f*; **~ˌknecht** *m* garçon *m*, valet *m* d'écurie; palefrenier *m*; **~ˌkoppel** *f* parc *m* à chevaux; **~ˌkraft** *f cf.* ~stärke; **~ˌkunde** *f* ⟨~⟩ *sc.* hippologie *f*; **~ˌkur** F *f* remède *m* de cheval; **~ˌlänge** *f Rennsport* **um zwei ~n siegen** gagner, triompher de deux longueurs; **~ˌliebhaber(in)** *m* (*f*) amateur *m* de chevaux; **~liebhabeˌrei** *f* goût *m* des *od.* pour les chevaux; **~ˌmähne** *f* crinière *f* de cheval; **~ˌmarkt** *m* foire *f*, marché *m* aux chevaux; **~ˌmist** *m* fumier *m*, crottin *m* de cheval; **~naˌtur** *f* F *fig.* **er hat e-e ~** F c'est un vrai cheval; **~ˌrasse** *f* race chevaline; **~ˌrennbahn** *f* hippodrome *m*; turf *m*; **~ˌrennen** *n* course *f* de chevaux; **~ˌschwanz** *m*, **~ˌschweif** *m* queue *f* de cheval; **~ˌschwemme** *f* gué *m* aux chevaux; **~ˌstall** *m* écurie *f*; **~ˌstärke** *f* (*abr.* PS) cheval-vapeur *m* (*abr.* C.V.); **dreißig ~n** trente chevaux; **~ˌstriegel** *m* étrille *f*; **~ˌwagen** *m* voiture *f* hippomobile; **~ˌzucht** *f* élève *f*, élevage *m* des chevaux; **~ˌzüchter** *m* éleveur *m* de chevaux.

pfiff [pfɪf] *cf.* **pfeifen.**

Pfiff [pfɪf] *m* ⟨~(e)s; ~e⟩ (*das Pfeifen*) sifflement *m*; *auf e-r Pfeife* coup *m* de sifflet; *fig.* (*Kunstgriff*) truc *m*; **den ~ kennen, heraushaben** F connaître le truc; **e-r Sache den richtigen ~ geben** donner à qc. tout son charme; **mit ~** avec un petit je-ne-sais-quoi.

Pfifferling ['pfɪfərˌlɪŋ] *m* ⟨~s; ~e⟩ *bot.* chanterelle *f*; giro(l)le *f*; F *fig.* **das ist keinen ~ wert** F cela ne vaut pas quatre sous, pas un radis, P pas tripette.

pfiffig ['pfɪfɪç] *adj.* rusé; fin; malin, maligne; astucieux, -euse; matois; madré; roublard; F débrouillard; finaud; futé; **2ˌkeit** *f* ⟨~⟩ ruse *f*; finesse *f*; roublardise *f*; F finasserie *f*.

Pfiffikus ['pfɪfiˑkus] F *m* ⟨~; ~se⟩ débrouillard *m*; rusé compère; malin *m*; roublard *m*; F finaud *m*; P mariol *m*; marle *m*.

Pfingst|en ['pfɪŋstən] *n* ⟨~⟩ *od. pl.* la Pentecôte; **~ˌferien** *pl.* vacances *f/pl.* de la Pentecôte; **~fest** *n* (fête *f* de) la Pentecôte; **2lich** *adj.* de Pentecôte; **~ˌochse** *m* F *fig.* **wie ein ~ geschmückt, geputzt, aufgedonnert sein** être paré de ses plus beaux atours; **~ˌrose** *f bot.* pivoine *f*; **~zeit** *f* temps *m* de la Pentecôte.

Pfirsich ['pfɪrzɪç] *m* ⟨~(e)s; ~e⟩ *bot. Frucht* pêche *f*; *Baum* pêcher *m*; **~ˌbaum** *m cf.* **Pfirsich**; **~ˌblüte** *f* fleur *f* de pêcher; **2ˌfarben** *adj.* (couleur de) fleur de pêcher; **~ˌkern** *m* noyau *m* de pêche.

Pflänzchen ['pflɛntsçən] *n* ⟨~s; ~⟩ jeune, petite plante; plant *m*; plantule *f*; *fig.* tendre fleur *f*; *iron.* **ein nettes ~** *von e-m Kind* un enfant qui promet; un joli garnement.

Pflanze ['pflantsə] *f* ⟨~; ~n⟩ plante *f*; *junge* (*Setzling*) plant *m*; **~n ziehen** cultiver des plantes; **2n I** *v/t.* ⟨-(es)t, h⟩ planter; *fig.*, *poét.* **etw. in j-s Herz ~** semer les germes de qc. dans le cœur de qn.; **II ~n** ⟨~s⟩ plantation *f*; **~nˌbau** *m* ⟨~(e)s⟩ production végétale; **~nbeˌschreibung** *f sc.* phytographie *f*; **~nˌbutter** *f* beurre végétal; **~nˌdecke** *f* végétation *f*; **~nˌfarbstoff** *m* colorant végétal; **~nˌfaser** *f* fibre végétale; **~nˌfett** *n* graisse végétale; **2nˌfressend** *adjt. sc.* herbivore; phytophage; **~nˌfresser** *m/pl. zo. sc.* herbivores *m/pl.*; **~nˌgattung** *f* genre *m* de plantes; **~ngeograˌphie** *f* géographie *f* botanique; *sc.* phytogéographie *f*; **~nˌgift** *n* poison végétal; **~nˌkenner** *m* connaisseur *m* de plantes; **~nˌkost** *f* aliments végétaux; nourriture végétale; régime végétarien; **~nˌkunde** *f* ⟨~⟩ botanique *f*; *sc.* phytologie *f*; **~nˌöl** *n* huile végétale; **~nphysioloˌgie** *f* physiologie *f* des plantes; **~nˌreich** *n* règne végétal; **~nˌsaft** *m bot.* sève *f*; *phm.* jus *m* d'herbes; **~nˌsammler(in)** *m* (*f*) herborisateur, -trice *m*, *f*; F herboriseur *m*; **~nˌschlaf** *m* sommeil *m* des plantes; **~nˌschleim** *m chim. sc.* mucilage *m*; **~nˌschutz** *m* protection *f* des végétaux, des plantes; **~nschutzˌdienst** *m* Service *m* de Protection des Végétaux; Service *m* Phytosanitaire; **~nˌschutzmittel** *n* produit *m* phytosanitaire; **~nˌtiere** *n/pl. zo. sc.* phytozoaires *m/pl.*; zoophytes *m/pl.*; **~nˌwachstum** *n* végétation *f*; **~nˌwelt** *f* végétation *f*; flore *f*; *cf. auch* ~nreich; **~nˌzucht** *f* culture *f* des plantes; *sc.* phytogénétique *f*; **~nˌzüchter** *m sc.* phytogénéticien *m*.

Pflanzer ['pflantsər] *m* ⟨~s; ~⟩ **1.** (*Ansiedler in Übersee*) planteur *m*; (*Plantagenbesitzer*) propriétaire *m* d'une plantation; **2.** *cf.* **Pflanzholz.**

Pflanz|garten ['pflantsˌgartən] *m cf.* **Pflanzschule, Pflanzstätte; ~holz** *n* plantoir *m*; **~karˌtoffeln** *f/pl.* (tubercules *m/pl.* de) pommes *f/pl.* de terre à planter; **2lich** *adj.* végétal.

Pflänzling ['pflɛntslɪŋ] *m* ⟨~s; ~e⟩ plant *m*; élève *m*.

Pflanz|reis ['pflantsraɪs] *n* bouture *f*; provin *m*; **~ˌschule** *f* pépinière *f* (*auch fig.*); **~ˌstätte** *f* plantation *f*; *bes. fig.* pépinière *f*; **~stock** *m cf.* **Pflanzholz; ~ung** *f* ⟨~⟩ **1.** (*das Pflanzen*) plantation *f*; **2.** ⟨*pl.* ~en⟩ (*An2*) plantation *f*; plant *m*; (*Plantage*) plantation *f*; **~ˌwetter** *n* temps *m* favorable à la plantation; **~zeit** *f* saison *f* de la plantation.

Pflaster ['pflastər] *n* ⟨~s; ~⟩ **1.** *phm.* (*Zug2*) emplâtre *m*; (*Heft2*) taffetas gommé; pansement adhésif; (*Leukoplast*) sparadrap *m*; **ein ~ auflegen** mettre, appliquer un emplâtre, *etc.*; **2.** (*Straßen2*) pavé *m*; **das ~ e-r Straße aufreißen** dépaver une rue; *fig.* **Paris ist ein teures ~** la vie est chère à Paris; F *fig.* **das ~ treten** (*bummeln*) battre le pavé, l'asphalte; courir les rues; flâner; **~er** *m* ⟨~s; ~⟩ paveur *m*; **~ˌkasten** *m* F *com.*, *milit.* (*Sanitätssoldat, -offizier*) sanitaire *m*; **2ˌmüde** *adj. Pferd* crevé par le pavé; **2n I** *v/t.* ⟨-(e)re, h⟩ *Straße* paver (*auch fig.*); **II ~n** *n* ⟨~s⟩ pavage *m*; **~ˌstein** *m* pavé *m* (*auch als Gebäck*); **~ˌstraße** *f* route pavée; **~ung** *f* ⟨~; ~en⟩ **1.** *cf.* **2n II**; **2.** *cf.* **Pflaster 2.**

Pflaume ['pflaumə] *f* ⟨~; ~n⟩ **1.** *bot.* prune *f*; **gedörrte, getrocknete ~** pruneau *m*; **2.** *bot. cf.* ~nbaum; **3.** *fig.* (*spöttische Bemerkung*) pointe *f*; **~nˌbaum** *m bot.* prunier *m*; **~nˌkern** *m* noyau *m* de prune; **~nˌkuchen** *m* gâteau *m* aux prunes; **~nˌmus** *n* marmelade *f* de prunes; **2n'weich** *adj. fig.* mou, molle comme une chique; *von Eiern* à la coque.

pflaumweich ['pflaum'vaɪç] *adj. cf.* **pflaumenweich.**

Pflege ['pfleːgə] *f* ⟨~; ~n⟩ soins *m/pl.* (qu'on donne à qn., qc.); *der Künste, e-s Gartens* culture *f*; *techn.* (*Erhaltung*) entretien *m*; **gute ~ haben** être bien soigné; **ein Kind in ~ haben** élever un enfant; **in ~ nehmen** se charger de; *Kind auch* nourrir; élever; prendre en nourrice; **in ~ geben** donner en nourrice; **2beˌdürftig** *adj.* qui exige, réclame des soins; **~beˌfohlene(r)** *f* (*m*) ⟨→ A⟩ enfant confié(e) à qn.; **~ˌdienst** *m techn.*, *mot.* service *m* d'entretien; **~ˌeltern** *pl.* parents nourriciers; **~ˌgeld** *n* frais *m/pl.*, allocation *f* d'entretien; **~ˌkind** *n* enfant *m* en nourrice, en garde; pupille *m*, *f*; **~ˌmittel** *n* produit *m* d'entretien; **~ˌmutter** *f* mère nourricière; **2n I** *v/t.* ⟨h⟩ **1.** soigner; donner des soins à; prendre soin de; *techn. auch* entretenir; **sie pflegte ihn gesund** elle lui a donné des soins jusqu'à sa guérison; **j-n, etw. hegen u. ~** avoir grand soin de qn., qc.; F dorloter qn., qc.; **2.** *die Wissenschaften, Künste* cultiver; (*sich abgeben mit*) s'adonner à; se livrer à; **Freundschaft mit j-m ~** cultiver l'amitié de qn.; **Umgang mit j-m ~** entretenir des relations avec qn.; **3. ~ zu ...** (+ *inf.*) (*die Gewohnheit haben*) avoir l'habitude, avoir coutume de ... (+ *inf.*); **etw. zu tun ~** *oft* aimer à faire qc.; **das pflegt gewöhnlich, in der Regel, meistens zu geschehen** cela arrive ordinairement; **... wie man zu sagen pflegt** F ... comme dit l'autre; **II** *v/i.* ⟨**pflegt, pflog, gepflogen,** h⟩ *poét.* **Rats ~** tenir conseil; délibérer; *st. s.* **der Ruhe ~** prendre son, s'adonner au repos; **III** *v/réfl.* **sich ~** se soigner; prendre soin de sa personne; **~persoˌnal** *n im Krankenhaus* personnel *m* sanitaire; **~r(in)** *m* ⟨~s; ~⟩ (*f*) ⟨~; ~nen⟩ **1.** (*Kranken2*) garde-malade *m*, *f*; infirmier, -ère *m*, *f*; **2.** *jur.* curateur, -trice *m*, *f*; **gerichtlich bestellter ~** mandataire judiciaire; **~ˌsatz** *m im Krankenhaus* tarif *m* d'hospitalisation; **~ˌsohn** *m*, **~ˌtochter** *f cf.* ~befohlene(r), ~kind; **~ˌvater** *m* père nourricier.

pfleg|lich ['pfleːklɪç] *adj.* (*u. adv.*) soigneux, -euse(ment); **2ling** *m* ⟨~s; ~e⟩ personne assistée; *Kind cf.* **Pflegebefohlene(r), Pflegekind; ~sam** *adj. u. adv. cf.* ~lich; **2schaft** *f* ⟨~; ~en⟩ *jur.* curatelle *f*.

Pflicht [pflɪçt] *f* ⟨~; ~en⟩ **1.** devoir *m*; (*Verpflichtung*) obligation *f*; **s-e ~ tun, erfüllen** faire, remplir, accomplir son devoir; **s-e ~ verletzen, versäumen, gegen s-e ~ verstoßen** manquer à son devoir; *im Amt* prévariquer; **es ist meine ~, zu ...** (+ *inf.*) il est de mon devoir de ... (+ *inf.*); **ich mache es mir zur ~** je m'en fais un devoir; **die ~en e-s guten Staatsbürgers erfüllen** remplir les obligations d'un bon citoyen; **genügt der Vormund s-n vormundschaftlichen ~en nicht, ...** si le tuteur ne remplit pas convenablement ses fonctions ...; **er wurde bei der Ausübung s-r ~ getötet** il a été tué dans l'accomplissement de son devoir; **das ist s-e verdammte ~ u. Schuldigkeit** ce n'est que son devoir; **2.** ⟨*pas de pl.*⟩ *beim Turnwettkampf* exercices imposés; *beim Eiskunstlauf* figures imposées; **~ˌablieferung** *f* livraison *f* obligatoire; **~ˌanteil** *m* quote-part *f* obligatoire; **~ˌauffassung** *f* notion *f*, conception *f* du devoir; **~ˌbeitrag** *m* cotisation *f* obligatoire; **2beˌwußt** *adj.* conscient de son devoir; **~beˌwußtsein** *n* conscience *f* du devoir;

~ˌeifer *m* zèle *m*; **∽ˌeifrig** *adj.* zélé; **~ˌeinlage** *f comm.* dépôt *m* obligatoire; **~enˌkreis** *m* sphère *f* de responsabilité; **~erˌfüllung** *f* accomplissement *m* de son *od.* du devoir; **~exemˌplar** *n* exemplaire *m* (remis à titre) de dépôt légal; **~fach** *n* matière *f* obligatoire; **~fiˌguren** *f/pl. beim Eiskunstlauf cf.* Pflicht 2.; **~geˌfühl** *n* sentiment *m* du devoir; **∽geˌmäß** **1.** *adj.* conforme au(x) devoir(s); **2.** *adv.* conformément au(x) devoir(s); selon son devoir; **∽geˌtreu** *adj.* fidèle à son devoir; **~lauf** *m Eiskunstlauf cf.* Pflicht 2.; **∽ˌmäßig** *adj. cf.* ∽gemäß; **∽ˌschuldig** **1.** *adj.* dû, due; **2.** *adv.* dûment; **~stundenˌzahl** *f e-s Lehrers* nombre *m* de leçons obligatoires; **~teil** *m od. n jur.* réserve *f* (légale, héréditaire); **∽treu** *adj. cf.* ∽getreu; **~ˌtreue** *f* fidélité *f* à ses devoirs; **~ˌübungen** *f/pl. Turnwettkampf cf.* Pflicht 2.; **~unterˌsuchung** *f* **ärztliche ~** examen médical obligatoire; **∽verˌgessen** **1.** *adj.* qui oublie son, oublieux, -euse de son devoir; déloyal; *im Amt* prévaricateur, -trice; **2.** *adv.* **~ handeln** manquer à son devoir; *im Amt* prévariquer; **~verˌgessenheit** *f* oubli *m* de ses devoirs; déloyauté *f*; *im Amt* prévarication *f*; **~verˌletzung** *f* violation *f* des devoirs, des obligations; infraction *f* aux devoirs; *im Amt* prévarication *f*; forfaiture *f*; **~verˌsäumnis** *f* négligence *f* de, dérogation *f* à son devoir; **~verˌsicherte(r)** *f (m)* assuré, -e *m, f* obligatoire; **~verˌsicherung** *f* assurance *f* obligatoire; **∽ˌwidrig** *adj.* contraire au(x) devoir(s); déloyal.

Pflock [pflɔk] *m* ⟨~(e)s; ¨~e⟩ piquet *m*; (*Dübel*) cheville *f* (de bois); fiche *f*; goujon *m*; *fig.* **e-n ~ zurückstecken** rabattre de ses prétentions; *fig.* mettre une sourdine à ses prétentions; F *fig.* mettre de l'eau dans son vin.

pflöcken ['plœkən] *v/t.* ⟨h⟩ fixer par *od.* avec des piquets.

pflück|en ['pflʏkən] **I** *v/t.* ⟨h⟩ cueillir; **Blumen ~ verboten** défense de cueillir des fleurs; *fig.* **Lorbeeren ~** (*Ruhm ernten*) *fig.* cueillir des lauriers; **II ∽en** *n* ⟨~s⟩ cueillette *f*; cueillaison *f*; **∽er** *m* ⟨~s; ~⟩ **1.** *Person* cueilleur *m*; **2.** *Gerät* cueilloir *m*; **∽eˌrin** *f* ⟨~; ~nen⟩ cueilleuse *f*.

Pflug [pflu:k] *m* ⟨~(e)s; ¨~e⟩ charrue *f*; **Land unterm ~** terre en labour; **~ˌbalken** *m* age *m*, flèche *f* de (la) charrue.

pflüg|en ['ply:gən] **I** *v/t.* ⟨h⟩ **1.** *agr.* labourer; **2.** *fig.* (*durchfurchen*) sillonner; tracer des sillons dans; **II ∽en** *n* ⟨~s⟩ labourage *m*; **∽er** *m* ⟨~s; ~⟩ laboureur *m*.

Pflug|land ['pflu:klant] *n* ⟨~(e)s⟩ *agr.* **a)** terre *f* labourable; **b)** terre labourée; labour *m*; **~ˌmesser** *n* coutre *m*; **~schar** *f* ⟨~; ~en⟩ soc *m* (de charrue); **~sterz** *m* ⟨~es; ~e⟩ mancheron *m*; manche *m*.

Pfortader ['pfɔrtˌ?a:dər] *f anat.* veine *f* porte.

Pförtchen ['pfœrtçən] *n* ⟨~s; ~⟩ petite porte; portillon *m*; *in e-m großen Tor* guichet *m*.

Pforte ['pfɔrtə] *f* ⟨~; ~n⟩ **1.** porte *f*; *hist.* **die Hohe ~** la Sublime Porte; la Porte (Ottomane); **2.** *mar.* sabord *m*.

Pförtner ['pfœrtnər] *m* ⟨~s; ~⟩ **1.** concierge *m*; portier *m*; F pipelet *m*; *in Klöstern* frère portier; *in Gefängnissen* guichetier *m*; **2.** *anat.* (*Magenmund*) *sc.* pylore *m*; **~ˌhaus** *n* conciergerie *f*; **~in** *f* ⟨~; ~nen⟩ concierge *f*; F pipelette *f*; *in Klöstern* sœur, mère portière; **~ˌloge** *f* loge *f* de concierge; **~ˌwohnung** *f cf.* ~haus, ~loge.

Pfosten ['pfɔstən] *m* ⟨~s; ~⟩ poteau *m*; montant *m*; (*Fenster*∽, *Tür*∽) jambage *m*.

Pfötchen ['pfø:tçən] *n* ⟨~s; ~⟩ petite patte *f*; *zu e-m Hund* **gib ~!** donne la patte!

Pfote ['pfo:tə] *f* ⟨~; ~n⟩ **1.** patte *f* (*auch* F *für: Hand, Fuß des Menschen*); **2.** F (*schlechte Handschrift*) pattes *f/pl.* de mouche.

Pfriem [pfri:m] *m* ⟨~(e)s; ~e⟩ poinçon *m*; *cord.* alêne *f*; broche *f*; **~enˌgras** *n bot.* stipe *m*.

Pfropf [pfrɔpf] *m* ⟨~(e)s; ~e⟩, **~en** *m* ⟨~s; ~⟩ (*Stöpsel*) tampon *m*; (*Kork*) bouchon *m*; F *fig.* **auf dem ~en sitzen** (*kein Geld mehr haben*) être à court d'argent, P à sec, fauché (comme les blés), raide (comme un passe-lacet), fleur; n'en avoir plus la queue d'un.

pfropfen ['pfrɔpfən] **I** *v/t.* ⟨h⟩ **1.** (*hineinstopfen*) fourrer (in dans); bourrer; **gepfropft voll** comble; F bondé; **2.** *arb.* (*veredeln*) greffer; enter; **II ∽** *n* ⟨~s⟩ *arb.* greffage *m*; greffe *f*.

Pfröpfling ['pfrœpflɪŋ] *m* ⟨~s; ~e⟩ *arb. cf.* **Pfropfreis.**

Pfropf|messer ['pfrɔpfˌmɛsər] *n arb.* greffoir *m*; entoir *m*; **~reis** *n* greffon *m*; greffe *f*; scion *m*; ente *f*; **~spalt** *m* enture *f*; **~wachs** *n* mastic *m* à greffer.

Pfründ|e ['pfrʏndə] *f* ⟨~; ~n⟩ **1.** *égl. cath.* bénéfice *m*; prébende *f*; **2.** *fig.* **fette ~** sinécure *f*; prébende *f*; **3.** (*Stelle in e-m Versorgungsheim*) place *f*, lit *m* dans un asile, un hospice; **~enerˌtrag** *m égl. cath.* revenu *m* d'un bénéfice; **~ner** *m* ⟨~s; ~⟩ **1.** *égl. cath.* bénéficier *m*; prébendé *od.* prébendier *m*; **2.** pensionnaire *m* d'un hospice, d'un asile; **~neˌrin** *f* ⟨~; ~nen⟩ pensionnaire *f* d'un hospice, d'un asile.

Pfuhl [pfu:l] *m* ⟨~(e)s; ~e⟩ mare *f*; bourbier *m* (*auch fig.*).

pfui [pfʊɪ] **I** *int.* **~** (**Spinne, Teufel**)! fi donc!; pouah!; **~ über ihn!** fi de lui!; **II ∽** *n* ⟨~s; ~s⟩ pouah *m*; **∽ˌrufe** *m/pl.* huées *f/pl.*

Pfund [pfʊnt] *n* ⟨~(e)s; ~e *bzw.* 4 ~⟩ **1.** *Gewicht* (*abr.* Pfd.) livre *f*; **2.** *Münzeinheit* livre *f*; **~ Sterling** (*abr.* £) livre sterling; **3.** *bibl.* (*Talent*) talent *m*; mit **s-m ~e wuchern** faire usage de son talent; faire valoir son talent; **~geˌwicht** *n* poids *m* d'une livre; **∽ig** F *adj.* F épatant; chouette; P bath; **~ˌnote** *f* billet *m* d'une livre (sterling); **~s'kerl** F *m* type épatant; chic type; **~s'sache** F *f* chose épatante; **∽ˌweise** *adv.* à la livre; par livres.

Pfusch [pfʊʃ] F *m* ⟨~(e)s⟩ *cf.* ~arbeit; **~ˌarbeit** F *f fig.* bousillage *m*; gâchage *m*; travail bousillé, gâché; F bâclage *m*; travail bâclé, de savetier; P loup *m*; travail loupé; saloperie *f*; **∽en** F **I** *v/i.* ⟨h⟩ *fig.* bousiller; gâcher; F bâcler; saveter; massacrer; P louper; torcher; saloper; cochonner; *abus.* saboter; **II ~en** F *n* ⟨~s⟩ *fig.* bousillage *m*; gâchage *m*; **~er** F *m* ⟨~s; ~⟩ *fig.* bousilleur *m*; gâcheur *m*; massacreur *m*; F bâcleur *m*; savetier *m*; *abus.* saboteur *m*; **~e'rei** F *f* ⟨~; ~en⟩ *cf.* ~arbeit; **∽erˌhaft** F *adj.* à la manière d'un *od.* comme un *od.* en bousilleur, *etc.* (*cf.* ~er); **~eˌrin** F *f* ⟨~; ~nen⟩ gâcheuse *f*.

Pfütze ['pfʏtsə] *f* ⟨~; ~n⟩ flaque *f* (d'eau); *größer* mare *f*; (*Morastoelle*) bourbier *m*.

Phalanx ['fa:laŋks] *f* ⟨~; -'langen⟩ *hist., fig., anat.* phalange *f*.

phall|isch ['falɪʃ] *adj.* phallique; **∽us** *m* ⟨~; ~ *od.* -lli *od.* -llen⟩ phallus *m*; **∽usˌkult** *m* culte *m* phallique; phallisme *m*.

Phanerogamen [fane·ro·'ga:mən] *f/pl. bot.* plantes *f/pl.* phanérogames.

Phäno|men [fɛno·'me:n] *n* ⟨~s; ~e⟩ phénomène *m*; **∽me'nal** *adj.* phénoménal; F *fig.* (*außergewöhnlich*) *auch* extraordinaire; étonnant; **~mena'lismus** *m* ⟨~⟩ *philos.* phénoménalisme *m*; **~menolo'gie** *f* ⟨~⟩ phénoménologie *f*; **∽meno'logisch** *adj.* phénoménologique; **∽'typisch** *adj.* phénotypique; **~'typus** *m* ⟨~; -pen⟩ phénotype *m*.

Phantasie [fanta'zi:] *f* ⟨~; -ien⟩ **1.** (*Einbildungskraft*) (puissance *f* d')imagination *f*; folle *f* du logis; (*Wahngebilde*) vision *f* fantastique; **~n** *pl.* visions *f/pl.*; rêveries *f/pl.*; **s-e ~ hat ihm e-n Streich gespielt** son imagination lui a joué un mauvais tour; **2.** *mus.* fantaisie *f*; improvisation *f*; **~arˌtikel** *m* article *m* de fantaisie; **~ˌbild** *n cf.* Phantasma; **~geˌbilde** *n* fantôme *m*; chimère *f*; vision(s) *f* (*pl.*); **~kosˌtüm** *n* travesti *m*, déguisement *m* fantaisiste; **∽ˌlos** *adj.* dépourvu d'imagination; **~ˌlosigˌkeit** *f* ⟨~⟩ manque *m* d'imagination; **~ˌpreis** *m* prix *m* fantaisiste; **∽ˌreich** *adj.* riche, plein d'imagination; **∽ren I** *v/i.* ⟨*pas de ge-*, h⟩ **1.** se livrer, s'abandonner à son imagination; rêver; F rêvasser; **2.** *im Fieber* (*irrereden*) divaguer; délirer; tenir des propos incohérents; déraisonner; extravaguer; F *fig.* battre la breloque, la campagne; **3.** F (*Unsinn reden*) radoter; dérailler; **4.** *mus.* improviser; **II ~ren** *n* ⟨~s⟩ **5.** rêverie *f*; **6.** *méd.* délire *m*; divagation *f*; déraison *f*; extravagance *f*; **7.** radotage *m*; **8.** *mus.* improvisation *f*; **∽ˌvoll** *adj. cf.* ∽reich.

Phantasma [fan'tasma] *n* ⟨~s; -men⟩ image trompeuse; fantôme *m*; chimère *f*; **~go'rie** *f* ⟨~; -ien⟩ fantasmagorie *f*.

Phantast|(in) [fan'tast(ɪn)] *m* ⟨~en; ~en⟩ (*f*) ⟨~; ~nen⟩ (homme *m*, femme *f*) fantasque *m, f*, fantaisiste *m, f*; extravagant, -e *m, f*; visionnaire *m, f*; esprit *m* romanesque, chimérique, extravagant; **~e'rei** *f* ⟨~; ~en⟩ idée *f* fantastique; fantaisie *f*; visions *f/pl.*; chimères *f/pl.*; **∽isch** *adj.* fantastique; romanesque; fantasque; extravagant; (de façon) fantaisiste; (*unwirklich*) invraisemblable; incroyable; rocambolesque; F (*großartig*) énorme; fantastique; extraordinaire; inouï.

Phantom [fan'to:m] *n* ⟨~s; ~e⟩ fantôme *m*; **~ˌbild** *n* portrait *m* robot.

Pharao ['fa:rao·] *m* ⟨~s; -'onen⟩ pharaon *m*; **∽nisch** [-'o:-] *adj.* pharaonique.

Pharisä|er [fari·'zɛ:ər] *m* ⟨~s; ~⟩ *bibl.* pharisien *m* (*auch fig.*); *fig.* (*Scheinheiliger*) hypocrite *m*; faux dévot; tartufe *m*; **∽erˌhaft** *adj.* pharisaïque (*auch fig.*); *fig.* hypocrite; (*selbstgerecht*) satisfait de soi-même, de sa petite personne; **~erˌtum** *n* ⟨~(e)s⟩ pharisaïsme *m* (*auch fig.*); (*Scheinheiligkeit*) hypocrisie *f*; (*Selbstgerechtigkeit*) satisfaction *f* de soi-même, de sa petite personne; **∽isch** *adj. cf.* ∽erhaft; **~'ismus** *m* ⟨~⟩ *cf.* ~ertum.

Pharmakolo|ge [farmako·'lo:gə] *m* ⟨~n; ~n⟩ pharmacologiste *od.* pharmacologue *m*; **~'gie** *f* ⟨~⟩ pharmacologie *f*; **∽gisch** *adj.* pharmacologique.

Pharmakopöe [farmako·'pø:(ə)] *f* ⟨~; ~n⟩ codex *m*; pharmacopée *f*.

Pharmazeut|(in) [farma'tsɔʏt(ɪn)] *m* ⟨~en; ~en⟩ (*f*) ⟨~; ~nen⟩ pharmacien, -nne *m, f*; ∼**ik** *f* ⟨∼⟩ pharmaceutique *f*; ∼**ika** *n/pl.* produits *m/pl.* pharmaceutiques; 2**isch** *adj.* pharmaceutique.

Pharmazie [farmaˈtsiː] *f* ⟨∼⟩ pharmacie *f*.

Pharyn|gismus [farʏŋˈgɪsmʊs] *m* ⟨∼; -men⟩ *méd.* pharyngisme *m*; ∼**ˈgitis** *f* ⟨∼; -iˈtiden⟩ *méd.* pharyngite *f*; ∼**goˈskop** *n* ⟨∼s; ∼e⟩ *méd.* pharyngoscope *m*; ∼**goskoˈpie** *f* ⟨∼; -ien⟩ pharyngoscopie *f*.

Phase [ˈfɑːzə] *f* ⟨∼; ∼n⟩ *astr., élect.* phase *f*; *fig. auch* stade *m*; degré *m*; ∼**n...** *in Zssgn. élect. meist* de phase; 2**nˌgleich** *adj. élect.* en phase; ∼**nˌmesser** *m* ⟨∼s; ∼⟩ *élect.* phasemètre *m*; électrogoniomètre *m*; 2**nˌrichtig** *adj. élect.* de phase convenable; ∼**nˌspannung** *f élect.* tension *f* entre phases; ∼**nˌsprung** *m élect.* déphasage *m* brusque; 2**nˌstarr** *adj. élect.* à phase bloquée; ∼**ntransforˌmator** *m élect.* déphaseur *m*; ∼**nverˌschiebung** *f élect.* déphasage *m*; *fig.* décalage *m*.

Phenol [feˑˈnoːl] *n* ⟨∼s⟩ *chim.* phénol *m*.

Phenyl [feˑˈnyːl] *n* ⟨∼s⟩ *chim.* phényle *m*.

Philanthrop [fiˑlanˈtroːp] *m* ⟨∼en; ∼en⟩ *cf.* Menschenfreund; ∼**ie** [-ˈpiː] *f* ⟨∼⟩ *cf.* Menschenfreundlichkeit; ∼**in** *f* ⟨∼; ∼nen⟩ *cf.* Menschenfreundin; 2**isch** *adj. cf.* menschenfreundlich.

Philateli|e [fiˑlateˑˈliː] *f* ⟨∼⟩ philatélie *f*; ∼**st** *m* ⟨∼en; ∼en⟩ philatéliste *m*.

Philhar|monie [fɪlharmoˑˈniː, fiːl-] *f* ⟨∼; -ien⟩ philharmonie *f*; société *f*, orchestre *m* philharmonique; ∼**ˈmoniker** *m* ⟨∼s; ∼⟩ membre *m* d'un orchestre philharmonique; 2**ˈmonisch** *adj.* philharmonique; ∼es Orchester orchestre philharmonique.

Philippika [fiˑˈlɪpiˑka] *f* ⟨∼; -ken⟩ philippique *f*.

Philister [fiˑˈlɪstər] *m* ⟨∼s; ∼⟩ **1.** *bibl.* Philistin *m*; **2.** *Studentensprache* philistin *m*; (*Spießbürger*) (petit) bourgeois *m*; monsieur Prudhomme; béotien *m*; *fig.* F épicier *m*; 2**ˌhaft** *adj.* bourgeois; prudhommesque; béotien, -nne.

philiströs [fiˑlɪsˈtrøːs] *adj. cf.* philisterhaft.

Philodendron [fiˑloˑˈdɛndrɔn] *n* ⟨∼s; -dren⟩ *bot.* philodendron *m*.

Philolo|ge [fiˑloˑˈloːgə] *m* ⟨∼n; ∼n⟩ philologue *m*; ∼**ˈgie** *f* ⟨∼⟩ philologie *f*; ∼**gin** *f* ⟨∼; ∼nen⟩ philologue *f*; 2**gisch** *adj.* philologique.

Philosoph [fiˑloˑˈzoːf] *m* ⟨∼en; ∼en⟩ philosophe *m*; ∼**enˌschule** *f* école *f* philosophique; ∼**ie** [-ˈfiː] *f* ⟨∼; -ien⟩ philosophie *f*; 2**ieren** [-ˈfiː-] *v/i.* ⟨*pas de ge-*, h⟩ faire de la philosophie; philosopher (über sur); 2**isch 1.** *adj.* philosophique; **2.** *adv.* en philosophe.

Phiole [fiˑˈoːlə] *f* ⟨∼; ∼n⟩ fiole *f*.

Phlegma [ˈflɛgma] *n* ⟨∼s⟩ flegme *m*.

Phlegma|tiker(in) [flɛˈgmaːtɪkər(ɪn)] *m* ⟨∼s; ∼⟩ (*f*) ⟨∼; ∼nen⟩ (homme *m*, femme *f*) flegmatique *m, f*; ∼**tikus** *m* ⟨∼; ∼se⟩ F *cf.* ∼tiker; 2**tisch 1.** *adj.* flegmatique; **2.** *adv.* flegmatiquement; avec flegme.

Phlegmone [flɛˈgmoːnə] *f* ⟨∼; ∼n⟩ *méd.* phlegmon *m*.

Phlox [flɔks] *m* ⟨∼es; ∼e⟩ *od. f* ⟨∼; ∼e⟩ *bot.* phlox *m*.

Phobie [foˑˈbiː] *f* ⟨∼; -ien⟩ *méd.* phobie *f*.

Phon [foːn] *n* ⟨∼s; ∼s *bzw.* 50 ∼⟩ *phys.* phone *m*.

Phone|m [foˑˈneːm] *n* ⟨∼s; ∼e⟩ phonème *m*; ∼**tik** *f* ⟨∼⟩ phonétique *f*; ∼**tiker** *m* ⟨∼s; ∼⟩ phonéticien *m*; 2**tisch 1.** *adj.* phonétique; ∼e Umschrift transcription phonétique; ∼es Zeichen signe phonétique; **2.** *adv.* ∼ darstellen transcrire phonétiquement.

phonisch [ˈfoːnɪʃ] *adj. phys.* phonique.

Phönizi|er(in) [føˑˈniːtsiˑər(ɪn)] *m* ⟨∼s; ∼⟩ (*f*) ⟨∼; ∼nen⟩ Phénicien, -nne *m, f*; 2**sch** *adj.* phénicien, -nne.

Phono|graph [foˑnoˑˈgrɑːf] *m* ⟨∼en; ∼en⟩ phonographe *m*; 2**ˈgraphisch** *adj.* phonographique; ∼**ˌkoffer** [ˈfoːnoˑ-] *m* phono-valise *m*; (phono *m*) électrophone *m*; ∼**ˈlith** *m* ⟨∼s; ∼e⟩ *minéral.* phonolit(h)e *m, f*; ∼**loˈgie** *f* ⟨∼⟩ phonologie *f*; ∼**ˈmeter** *n* ⟨∼s; ∼⟩ phonomètre *m*.

Phosgen [fɔsˈgeːn] *n* ⟨∼s⟩ *chim.* phosgène *m*.

Phosphat [fɔsˈfɑːt] *n* ⟨∼(e)s; ∼e⟩ *chim.* phosphate *m*; 2**ˌhaltig** *adj.* phosphaté.

Phosphor [ˈfɔsfɔr] *m* ⟨∼s⟩ *chim.* phosphore *m*; 2**ˌartig** *adj.* de la nature du phosphore; ∼**ˌ(brand)bombe** *f milit.* bombe *f* (incendiaire) au phosphore; ∼**esˈzenz** *f* ⟨∼⟩ *phys.* phosphorescence *f*; 2**esˈzieren** *v/i.* ⟨*pas de ge-*, h⟩ *phys., chim.* être phosphorescent; 2**ˌhaltig** *adj.* phosphoré; 2**ig** *adj.* phosphoreux, -euse; 2**isch** *adj.* phosphorique; 2**ˌsauer** *adj. meist* phosphate *m* (de) ... *od.* phosphaté; phosphorsaurer Kalk phosphate calcaire; chaux phosphatée; ∼**ˌsäure** *f* acide *m* phosphorique; ∼**verˌgiftung** *f méd.* phosphorisme *m*.

Phot [foːt] *n* ⟨∼s; ∼⟩ *phys.* phot *m*.

Photo[1] [ˈfoːtoˑ] F *n* ⟨∼s; ∼s⟩ F photo *f*; *cf. auch* ∼graphie; ∼[2] F *m* ⟨∼s; ∼s⟩ F photo *m*; *cf. auch* ∼apparat; ∼**ˌalbum** *n* album *m* photographique, pour photographies, de photos; ∼**appaˌrat** *m* appareil *m* photographique; ∼**ˌausrüstung** *f* équipement *m* photographique; ∼**cheˈmie** *f* photochimie *f*; ∼**eˌffekt** *m* effet *m* photo-électrique; 2**eˌlektrisch** *adj.* photo-électrique; ∼**eleˌment** *n cf.* ∼zelle; 2**ˈgen** *adj.* photogénique; ∼**ˈgramm** *n* ⟨∼s; ∼e⟩ photogramme *m*; ∼**grammeˈtrie** *f* ⟨∼⟩ photogrammétrie *f*; ∼**ˈgraph(in)** *m* ⟨∼en; ∼en⟩ (*f*) ⟨∼; ∼nen⟩ photographe *m, f*; ∼**graˈphie** *f* ⟨∼; -ien⟩ photographie *f*; 2**graˈphieren** *v/t.* ⟨*pas de ge-*, h⟩ photographier; faire, prendre des photos; 2**ˈgraphisch** *adj.* photographique; ∼er Apparat *cf.* ∼apparat; ∼**koˈpie** *f* ⟨∼; -ien⟩ photocopie *f*; 2**koˈpieren** *v/t.* ⟨*pas de ge-*, h⟩ photocopier; ∼**koˈpiergeˌrät** *n* tireuse *f*; ∼**laˌbor** *n* laboratoire *m* photographique; 2**meˌchanisch** *adj.* photomécanique; ∼**ˈmeter** *n* ⟨∼s; ∼⟩ *phys.* photomètre *m*; ∼**meˈtrie** *f* ⟨∼⟩ photométrie *f*; 2**ˈmetrisch** *adj.* photométrique; ∼**monˈtage** *f* photomontage *m*; truquage *m* photographique; ∼**n** *n* ⟨∼s; -ˈtonen⟩ *phys.* photon *m*; grain *m* de lumière; ∼**paˌpier** *n* papier *m* photographique, (photo)sensible; ∼**ˌsatz** *m impr.* photo-composition *f*; ∼**ˈsphäre** *f* ⟨∼⟩ photosphère *f*; ∼**ˈthek** *f* ⟨∼; ∼en⟩ photothèque *f*; ∼**theraˈpie** *f méd.* photothérapie *f*; ∼**ˌzelle** *f* cellule *f* photo-électrique; ∼**zinkograˈphie** *f* ⟨∼⟩ photozincographie *f*.

Phrase [ˈfrɑːzə] *f* ⟨∼; ∼n⟩ phrase *f*; das sind nur leere ∼n ce ne sont que des phrases, des mots, des paroles; ∼n machen, dreschen faire des phrases; ∼**nˌdrescher** *m* F *péj.* phraseur *m*; faiseur *m* de phrases; ∼**ndrescheˌrei** *f* ⟨∼⟩ phraséologie *f*; verbiage *m*; 2**nˌhaft** *adj.* plein de phrases; phraseur, -euse; (*wortreich*) verbeux, -euse; ∼**nˌheld** *m*, ∼**nˌmacher** *m* ⟨∼s; ∼⟩ *cf.* ∼ndrescher; ∼**oloˈgie** *f* ⟨∼; -ien⟩ phraséologie *f* (*auch als Buch*); 2**oˈlogisch** *adj.* phraséologique.

phrasier|en [fraˈziːrən] *v/t.* ⟨*pas de ge-*, h⟩ *mus.* phraser; 2**ung** *f* ⟨∼; ∼en⟩ *mus.* phrasé *m*.

Phren|esie [freˑneˑˈziː] *f* ⟨∼⟩ *méd.* frénésie *f*; 2**etisch** [-ˈneː-] *adj. méd.* frénétique; ∼**oˈloge** *m* ⟨∼n; ∼n⟩ phrénologiste *od.* phrénologue *m*; ∼**oloˈgie** *f* ⟨∼⟩ phrénologie *f*; 2**oˈlogisch** *adj.* phrénologique.

Phyloge|nese [fyˑloˑgeˑˈneːzə] *f* ⟨∼; ∼n⟩ *biol.* phylogenèse *f*; 2**ˈnetisch** *adj.* phylogénétique; phylogénique; ∼**ˈnie** *f* ⟨∼; -ien⟩ phylogénie *f*.

Physik [fyˑˈziːk] *f* ⟨∼⟩ physique *f*.

physikalisch [fyˑziˑˈkɑːlɪʃ] *adj.* physique; ∼-chemisch physico-chimique.

Physik|er(in) [ˈfyːziˑkər(ɪn)] *m* ⟨∼s; ∼⟩ (*f*) ⟨∼; ∼nen⟩ physicien, -nne *m, f*; ∼**um** *n* ⟨∼s⟩ Certificat *m* d'études physiques, chimiques, biologiques (*abr.* P.C.B.).

Physik|stunde [fyˑˈziːkˌʃtʊndə] *f* leçon *f* de physique; ∼**ˌunterricht** *m* enseignement *m* de la physique.

Physio|gnomie [fyˑziˑoˑgnoˑˈmiː] *f* ⟨∼; -ien⟩ physionomie *f*; ∼**ˈgnomik** *f* ⟨∼⟩ physiognomonie *f*; 2**ˈgnomisch** *adj.* physionomique.

Physiokrat [fyˑziˑoˑˈkrɑːt] *m* ⟨∼en; ∼en⟩ physiocrate *m*; 2**isch** *adj.* physiocratique; ∼**ismus** [-ˈtɪs-] *m* ⟨∼⟩ physiocratie [-si] *f*.

Physiolo|ge [fyˑziˑoˑˈloːgə] *m* ⟨∼n; ∼n⟩ physiologiste *od.* physiologue *m*; ∼**ˈgie** *f* ⟨∼⟩ physiologie *f*; 2**gisch** *adj.* physiologique.

physisch [ˈfyːzɪʃ] **1.** *adj.* physique; **2.** *adv.* physiquement.

phytogen [fyˑtoˑˈgeːn] *adj.* phytogène.

Phyto|geographie [fyˑtoˑgeˑoˑgraˈfiː] *f* phytogéographie *f*; ∼**patholoˈgie** *f* phytopathologie *f*; ∼**theraˈpie** *f* phytothérapie *f*; ∼**ˈzoon** *n* ⟨∼s; -zoen⟩ *zo.* phytozoaire *m*.

Pian|ino [piˑaˈniːnoˑ] *n* ⟨∼s; ∼s⟩ *mus.* pianino *m*; ∼**ist(in)** *m* ⟨∼en; ∼en⟩ (*f*) ⟨∼; ∼nen⟩ pianiste *m, f*; 2**istisch** *adj.* pianistique.

Piano [piˑˈɑːnoˑ] *n* ⟨∼s; ∼s *od.* -ni⟩ *mus.* piano *m*; ∼**ˈforte** *n* ⟨∼s; ∼s⟩ *mus.* piano-forte *m*; forte-piano *m*.

Pianola [piˑaˈnoːla] *n* ⟨∼s; ∼s⟩ *mus.* piano *m* mécanique.

Pichel|ei [pɪçəˈlaɪ] F *f* ⟨∼; ∼en⟩ beuverie *f*; P ribote *f*; ∼**er** [ˈpɪ-] F *m* ⟨∼s; ∼⟩ buveur *m*; 2**n** [ˈpɪ-] F *v/i.* ⟨-(e)le, h⟩ faire des libations; F trinquer; P chopiner; lamper; pinter.

pichen [ˈpɪçən] *v/t.* ⟨h⟩ poisser.

Pichler [ˈpɪçlər] *m* ⟨∼s; ∼⟩ F *cf.* Picheler.

Picke [ˈpɪkə] *f* ⟨∼; ∼n⟩ pic *m*.

Pickel [ˈpɪkəl] *m* ⟨∼s; ∼⟩ **1.** pic *m*; (*Eis*2) piolet *m*; **2.** *physiol.* petit bouton; pustule *f*; ∼**ˌflöte** *f mus. cf.* Pikkolo 2.; ∼**ˌhaube** *f* F *hist.* casque *m* à pointe; ∼**ˌhering** *m thé.* bouffon *m*; arlequin *m*; paillasse *m*; 2**ig** *adj.* couvert de boutons, de pustules.

picken [ˈpɪkən] **I** *v/t.* ⟨h⟩ becqueter; donner des coups de bec (à); picorer; picoter; **II** 2 *n* ⟨∼s⟩ *verbal.*

picklig [ˈpɪklɪç] *adj. cf.* pickelig.

Picknick [ˈpɪknɪk] *n* ⟨∼s; ∼s *od.* ∼e⟩ pique-nique *m*; 2**en** *v/i.* ⟨h⟩ pique-niquer; ∼**ˌkoffer** *m* mallette *f* pique-nique.

picobello [piːkoˑˈbɛloˑ] F *adj.* ⟨*inv.*⟩ *cf.* piekfein.

Piedestal [piˑeˑdɛsˈtɑːl] *n* ⟨∼s; ∼e⟩ piédestal *m*.

Piek [piːk] *f* ⟨∼; ∼en⟩ *mar.* extrémité *f* de la cale.

Pieke ['pi:kə] F *f* ⟨~; ~n⟩ rancune *f*; *fig.* dent *f*; pique *f*; aigreur *f*; **e-e ~ auf j-n haben** en vouloir à qn.; avoir une dent contre qn.; garder rancune à qn.; F garder à qn. un chien de sa chienne.

piek|en ['pi:kən] F *v/t.* ⟨h⟩ piquer; **~'fein** F *adj. Personen* F chic; rupin; tiré à quatre épingles; *Sachen* F chouette; bath; épatant; **~'sauber** F *adj.* très propre.

piep [pi:p] I *int.* piau!; piou!; II ♀ *m* F **nicht ~ sagen** se tenir coi; ne souffler mot; F ne pas ouvrir le bec; F **e-n ~ haben** F avoir une araignée dans le plafond; en avoir un grain; P être maboul, marteau, timbré, piqué, toqué; *cf. auch* **plemplem**.

piepe ['pi:pə] *adj.* F **das ist mir ~** je m'en moque (comme de ma première culotte); P je m'en fous, fiche; je m'en bats l'œil.

piep|en ['pi:pən] I *v/i.* ⟨h⟩ *Küken* piauler; piailler; *kleine Vögel* pépier; *fig.* F **bei dir piept's wohl?** P es-tu timbré, piqué, toqué, marteau?; **II** ♀**en** *n* ⟨~s⟩ *der Küken* piaulement *m*; piaillerie *f*; piaillement *m*; *kleiner Vögel* pépiement *m*; F *fig.* **das ist zum ~** c'est à se tordre (de rire); ♀**matz** F *m* ⟨~es; ~e *od.* ⸚e⟩ oiseau *m*; F *fig.* **e-n kleinen ~ haben** *cf.* **piep II**; **~sen** *v/i.* ⟨-(es)t, h⟩ *Maus* chicoter; *cf. auch* **~en I**; **~sig** F *adj.* **1.** souffreteux, -euse; chétif, -ive; faible; délicat; F geignard; **2. ~e Stimme** petite voix grêle; ♀,**vogel** *m* F *cf.* ♀**matz**.

Pier [pi:r] *m* ⟨~s; ~e⟩ *od. f* ⟨~; ~s⟩ *mar.* jetée *f*; môle *m*; débarcadère *m*; appontement *m*.

piesacken ['pi:,zakən] F *v/t.* ⟨h⟩ tourmenter; tracasser.

Pieta [pi·e·'ta] *f* ⟨~; ~s⟩ Pietà *f*.

Pietät [pi·e·'tɛ:t] *f* ⟨~⟩ (*kindl. Liebe*) piété filiale; (*Achtung*) respect *m*; (*Frömmigkeit*) piété *f*; ♀,**los** *adj.* sans piété; sans respect; **~,losig,keit** *f* ⟨~⟩ manque *m* de piété, de respect; ♀,**voll** *adj.* plein de vénération, de respect, d'amour filial.

Pieti|smus [pi·e·'tɪsmus] *m* ⟨~⟩ *relig.* piétisme *m*; **~st(in)** *m* ⟨~en; ~en⟩ (*f*) ⟨~; ~nen⟩ piétiste *m, f*; ♀**stisch** *adj.* piétiste.

Piezo|effekt [pi·'e:tso·ˀɛ,fɛkt] *m élect.* effet *m* piézo-électrique; ♀**e'lektrisch** *adj.* piézo-électrique; **~elektrizi'tät** *f* piézo-électricité *f*; **~'meter** *n* ⟨~s; ~⟩ piézomètre *m*.

piff [pɪf] *int.* **~ paff!** pif! paf!

Pigment [pɪ'gmɛnt] *n* ⟨~(e)s; ~e⟩ pigment *m*; **~ati'on** *f* ⟨~⟩ pigmentation *f*; **~,farbe** *f* couleur *f* pigmentaire; ♀**ieren** [-'ti:-] *v/t.* ⟨*pas de ge-*, h⟩ pigmenter; **~ierung** [-'ti:-] *f* ⟨~⟩ *cf.* **~ation**; **~ver,lust** *m méd.* dépigmentation *f*.

Pik[1] [pi:k] *m* ⟨~s; ~e *od.* ~s⟩ **1.** (*Bergspitze*) pic *m*; **2.** ⟨~s; ~e⟩ F (*Groll*) *cf.* **Pieke**; **~**[2] *n* ⟨~s; ~s⟩ *Spielkartenfarbe* pique *m*.

pikant [pi·'kant] **1.** *adj. cuis.* piquant (*auch fig.*); épicé; **~e Sauce** *auch* sauce relevée; **2.** *adv. cuis.* **~er machen** relever; ♀**e'rie** *f* ⟨~; -ien⟩ piquant *m*.

Pik-As [pi:k'ˀas] *n Kartenspiel* as *m* de pique.

Pike ['pi:kə] *f* ⟨~; ~n⟩ **1.** (*Spieß*) pique *f*; **2.** F *fig.* **von der ~ auf dienen** passer par tous les grades; *milit.* sortir du rang; **3.** F (*Groll*) *cf.* **Pieke**.

Pikee [pi·'ke:] *m* ⟨~s; ~s⟩ *text.* piqué *m*; **~,weste** *f* gilet *m* en piqué.

piken ['pi:kən] *v/t.* ⟨h⟩ F (*stechen*) *cf.* **pieken**.

Pikett [pi·'kɛt] *n* ⟨~(e)s; ~e⟩ piquet *m*; **~ spielen** jouer au piquet.

pikier|en [pi·'ki:rən] I *v/t.* ⟨*pas de ge-*, h⟩ *jard.* repiquer; **II** ♀**en** *n* ⟨~s⟩ repiquage *m*; **~t 1.** *adjt.* **~ sein** (*beleidigt*) être piqué (über de); **2.** *advt.* d'un air piqué.

Pikkolo ['pɪko·lo·] *m* ⟨~s; ~s⟩ **1.** (*Kellnerlehrling*) groom [gru:m] *m*; chasseur *m*; **2.** *mus.* piccolo *m*; **~,flöte** *f mus. cf.* **Pikkolo 2**.

Pikör [pi·'kø:r] *m* ⟨~s; ~e⟩ *ch.* piqueur *m*.

Pikrat [pi·'kra:t] *n* ⟨~(e)s; ~e⟩ *chim.* picrate *m*.

Pikrinsäure [pi·'kri:n,zɔʏrə] *f chim.* acide *m* picrique.

piksen ['pi:ksən] *v/t.* ⟨-(es)t, h⟩ F (*stechen*) *cf.* **pieken**.

Pilaster [pi·'lastər] *m* ⟨~s; ~⟩ *bât.* pilastre *m*.

Pilatus [pi·'la:tus] *m fig.* F **j-n von Pontius zu ~ schicken** envoyer qn. de Caïphe à Pilate.

Pilger ['pɪlgər] *m* ⟨~s; ~⟩ pèlerin *m*; **~,fahrt** *f* pèlerinage *m*; **~in** *f* ⟨~; ~nen⟩ pèlerine *f*; **~,kleid** *n* froc *m* de pèlerin; ♀**n** *v/i.* ⟨-(e)re, sein⟩ **1.** aller en, faire un pèlerinage; **nach … ~** faire le pèlerinage de …; **2.** *fig.* F *cf.* **wandern**; **~,schaft** *f* ⟨~⟩ pèlerinage *m*; **~,schar** *f* troupe *f* de pèlerins; **~s,mann** *m* ⟨~(e)s; ⸚er *od.* -leute⟩ *cf.* **Pilger**; **~,stab** *m* bâton *m* de pèlerin; **~,straße** *f* route *f* de pèlerinage.

Pilgrim ['pɪlgrɪm] *m* ⟨~s; ~e⟩ *poét. cf.* **Pilger**.

Pille ['pɪlə] *f* ⟨~; ~n⟩ *phm.* pilule *f*; F *fig.* **j-m die (bittere) ~ versüßen** dorer la pilule à qn.; **er mußte die (bittere) ~ schlucken** il a dû avaler la pilule; **~n,dreher** *m zo.* scarabée *m*; F *com.* (*Apotheker*) F potard *m*; pharmaco *m*; ♀**n,förmig** *adj.* pilulaire.

Pilot|(in) [pi·'lo:t(ɪn)] *m* ⟨~en; ~en⟩ (*f*) ⟨~; ~nen⟩ *aviat.* pilote *m*; aviateur, -trice *m, f*; **zweiter ~** copilote *m*; **~ba,llon** *m* ballon-pilote *m*; ballon-sonde *m*; **~en,kanzel** *f aviat.* cabine *f* de pilotage; cockpit *m*.

Pilz [pɪlts] *m* ⟨~es; ~e⟩ *bot.* champignon *m*; **eßbare, giftige ~e** champignons comestibles, vénéneux; **in die ~e gehen** aller chercher des, aller aux champignons; *fig.* **wie ~e aus der Erde schießen** sortir de terre, pousser comme des champignons; **~,anker** *m mar.* ancre *f* à champignon; ♀,**artig** *adj.* de la nature du champignon; *sc.* fongueux, -euse; **~be,stimmungs-,buch** *n* ouvrage *m* sur les champignons; ♀,**förmig** *adj.* fongiforme; ♀**ig** *adj. cf.* ♀**artig**; **~iso,lator** *m élect.* isolateur *m* en parapluie; **~,krankheit** *f méd.* mycose *f*; **~,kunde** *f* ⟨~⟩ mycologie *f*; **~,lautsprecher** *m* 'haut-parleur *m* en forme de champignon; **~ver-,giftung** *f méd.* empoisonnement *m*, intoxication *f* par les champignons; **~,züchter** *m* champignonniste *m*.

Piment [pi·'mɛnt] *m od. n* ⟨~(e)s; ~e⟩ piment *m*.

Pimpel|ei [,pɪmpə'laɪ] F *f* ⟨~⟩ lamentations *f/pl.*; geignements *m/pl.*; (*Verweichlichung*) efféminations *f*; ♀**ig** ['pɪm-] F *adj.* (*empfindlich in der Gesundheit*) malingre; délicat; chétif, -ive; souffreteux, -euse; (*verzärtelt*) efféminé; douillet, -tte; (*wehleidig*) dolent; ♀**n** ['pɪm-] F *v/i.* ⟨-(e)le, h⟩ être délicat, malingre; (*weinerlich tun*) parler d'une voix dolente.

Pimpernell [,pɪmpər'nɛl] *m* ⟨~s; ~e⟩ *bot.* pimprenelle *f*.

Pimpernuß ['pɪmpər,nus] *f bot.* **1.** fruit *m* du staphylier; pistache *f* sauvage; **2.** *Strauch* staphylier *m*; faux pistachier; pistachier *m* sauvage.

Pimpf [pɪmpf] F *m* ⟨~(e)s; ~e⟩ (*kleiner Bengel*) gosse *m*; F moutard *m*.

Pimpinelle [pɪmpi·'nɛlə] *f* ⟨~; ~n⟩ *bot. cf.* **Pimpernell**.

pimplig ['pɪmplɪç] F *adj. cf.* **pimpelig**.

Pinakothek [pi·nako·'te:k] *f* ⟨~; ~en⟩ pinacothèque *f*.

Pinasse [pi·'nasə] *f* ⟨~; ~n⟩ *mar. milit.* grand canot; vedette *f*.

pindarisch [pɪn'da:rɪʃ], ♀ *adj.* pindarique; de Pindare.

pingelig ['pɪŋə,lɪç] *adj.* F *cf.* **kleinlich, pedantisch**.

Pingpong ['pɪŋpɔŋ] *n* ⟨~s; ~s⟩ ping-pong [piŋpɔŋ] *m*.

Pinguin [pɪŋgu·'i:n] *m* ⟨~s; ~e⟩ *zo.* manchot *m*; pingouin *m*.

Pinie ['pi:ni·ə] *f* ⟨~; ~n⟩ *bot.* (pin *m*) pignon *m*; pin *m* parasol; **~n,kern** *m bot.* pignon *m*; pigne *f*; **~n,wald** *m* pignade *od.* pinède *f*; pineraie *od.* pinière *f*; **~n,zapfen** *m* pigne *f*.

Pinke ['pɪŋkə] F *f* ⟨~⟩ (*Geld*) P fric *m*; grisbi *m*; pèze *m*; pognon *m*; galette *f*; pépettes *f/pl.*; oseille *f*; picaillons *m/pl.*; tintins *m/pl.*

Pinkel ['pɪŋkəl] F *m* ⟨~s; ~⟩ **ein feiner ~** un (type) élégant; un gommeux, dandy, snob, F gandin.

pinkeln ['pɪŋkəln] F *v/i.* ⟨-(e)le, h⟩ F *enf.* faire pipi; lâcher de l'eau; P pisser.

Pinkepinke ['pɪŋkə'pɪŋkə] F *f* ⟨~⟩ *cf.* **Pinke**.

Pinne ['pɪnə] *f* ⟨~; ~n⟩ (*Kompaßstift*) pivot *m*; *cord.* (*Zwecke*) broquette *f*; semence *f*; (*spitzer Stift*) pointe *f*; *mar.*, *am Steuerruder* (*Hebelarm*) barre *f* (du gouvernail); *Teil des Hammers* panne *f*; ♀**n** *v/t.* ⟨h⟩ clouer; fixer par des broquettes, semences.

Pinscher ['pɪnʃər] *m* ⟨~s; ~⟩ *zo.* griffon *m*.

Pinsel ['pɪnzəl] *m* ⟨~s; ~⟩ **1.** *peint.* pinceau *m*; *des Anstreichers* brosse *f*; **2.** *zo.* (*Haarbüschel*) touffe *f* de poils; **3.** F *fig.* (*Dummkopf*) niais *m*; nigaud *m*; F benêt *m*; jobard *m*; bêta *m*; gourde *f*; buse *f*; **~ei** [-'laɪ] F *f* ⟨~; ~en⟩ *péj.* peinturlurage *m*; barbouillage *m*; **~er** *m* ⟨~s; ~⟩ *péj.* rapin *m*; barbouilleur *m*; ♀,**förmig** *adj. bot.* pénicillé; **~,führung** *f cf.* **~strich**; ♀**ig** *adj.* F *cf.* **pedantisch**; ♀**n I** *v/t.* ⟨-(e)le, h⟩ *Maler* peindre; *Anstreicher péj.* badigeonner; barbouiller; peinturlurer; *méd.* **den Hals ~** badigeonner la gorge; **II ~n** *n* ⟨~s⟩ peinturlurage *m*; badigeonnage *m*; barbouillage *m*; **~,stiel** *m* 'hampe *f*, manche *m* de pinceau; **~,strich** *m* coup *m* de pinceau, de brosse; (*Kunst der Strichführung*) touche *f*; brosse *f*.

Pinzette [pɪn'tsɛtə] *f* ⟨~; ~n⟩ pincettes *f/pl.*; *anat., chir.* pince *f*.

Pionier [pi·o·'ni:r] *m* ⟨~s; ~e⟩ *milit.* soldat *m* du génie; sapeur(-mineur) *m*; pionnier *m* (*auch fig.*); **bei den ~en dienen** servir dans le génie, dans les sapeurs; être soldat du génie; **~...** *in Zssgn. milit. meist* du génie; **~,arbeit** *f* travail *m* de pionnier; **~batai,llon** *n milit.* bataillon *m* du génie; **~,truppe** *f* génie *m*.

Pipeline ['paɪplaɪn] *f* ⟨~; ~s⟩ pipe-line [pajplajn] *m*; pipeline [piplin] *m*; pipe *m*.

Pipette [pi·'pɛtə] *f* pipette *f*; *für Wein* tâte-vin *m*.

Pips [pɪps] *m* ⟨~es⟩ *vét.* pépie *f*; ♀**ig** *adj.* qui a la pépie.

Pirat [pi·'ra:t] *m* ⟨~en; ~en⟩ pirate *m*; **~en,schiff** *n* (bateau *m*) pirate *m*; **~e'rie** *f* ⟨~; -ien⟩ piraterie *f*.

Piroge [pi·'ro:gə] *f* ⟨~; ~n⟩ *mar.* pirogue *f.*
Pirol [pi·'ro:l] *m* ⟨~s; ~e⟩ *zo.* merle doré; loriot *m* jaune, d'Europe.
Pirouette [pi·ru·'ɛtə] *f* ⟨~; ~n⟩ pirouette *f.*
Pirsch [pɪrʃ] *f* ⟨~⟩ chasse *f*; **auf die ~ gehen** aller giboyer; **2en** *v/i.* ⟨h⟩ chasser; giboyer; **~gang** *m cf.* **Pirsch.**
Pisang ['pi:zaŋ] *m* ⟨~s; ~e⟩ *bot.* pissang *m.*
pispern ['pɪspərn] F *v/i.* ⟨-(e)re, h⟩ chuchoter.
Piß [pɪs] V *m* ⟨-sses; -sse⟩ *cf.* **Pisse.**
Pisse ['pɪsə] V *f* ⟨~⟩ P pisse *f*; pissat *m*; **2n** V *v/i.* ⟨-ßt, h⟩ P pisser.
Pistazie [pɪs'ta:tsi·ə] *f* ⟨~; ~n⟩ *Baum* pistachier *m*; *Frucht* pistache *f*; **~n-nuß** *f* pistache *f.*
Piste ['pɪstə] *f* ⟨~; ~n⟩ *aviat.*, *Schi-*, *Radsport* piste *f.*
Pistill [pɪs'tɪl] *n* ⟨~s; ~e⟩ *bot.* pistil *m.*
Pistole [pɪs'to:lə] *f* ⟨~; ~n⟩ pistolet *m*; **mit vorgehaltener ~** pistolet braqué (sur), au poing; *fig.* **j-m die ~ auf die Brust setzen** mettre le pistolet sous le nez de qn., le couteau sous la gorge à qn.; *fig. advt.* **wie aus der ~ geschossen** à brûle-pourpoint; promptement; **~ndu‚ell** *n* duel *m* au pistolet; **~n‚schießen** *n* tir *m* au pistolet; **~n‚schuß** *m* coup *m* de pistolet; **~nschuß‚weite** *f* **auf ~** à portée de pistolet; **~n‚schütze** *m* tireur *m* au pistolet; **~n‚tasche** *f* étui *m*, gaine *f* de pistolet; *am Sattel* fonte *f.*
Piston [pɪs'tõ:, -'tɔŋ] *n* ⟨~s; ~s⟩ **1.** *techn.* piston *m*; **2.** *mus.* cornet *m* à pistons; piston *m*; **~‚bläser** *m mus.* cornettiste *m*; **~kor‚nett** *n mus. cf.* **Piston 2.**
pitschnaß ['pɪtʃ'nas] F *adj.* tout trempé; trempé comme une soupe, un canard; trempé jusqu'aux os.
pittoresk [pɪto·'rɛsk] *adj.* pittoresque.
Pivot [pi·'vo:] *m od. n* ⟨~s; ~s⟩ *techn.* pivot *m.*
Piz [pɪts] *m* ⟨~es; ~e⟩ *cf.* **Pik**[1] **1.**
pizzicato [pɪtsi·'ka:to·] *adv. mus.* **~ spielen** jouer (en) pizzicato; faire des pizzicati.
Plache ['plaxə] *f* ⟨~; ~n⟩ bâche *f.*
placier|en [pla'(t)si:rən] **I** *v/t.* ⟨*pas de ge-*, h⟩ *comm.*, *Sport*, *Ball etc.* placer; *Waren, Aktien auch* écouler; vendre; **II** *v/réfl.* **sich ~** se placer (*auch Sport*); **2ung** *f* ⟨~; ~en⟩ placement *m*; *comm. auch* écoulement *m*; vente *f.*
plack|en ['plakən] F *v/réfl.* ⟨h⟩ **sich ~** se donner beaucoup de peine, de mal; s'épuiser, P se crever au travail, au boulot; s'échiner; s'esquinter; **2e'rei** F *f* ⟨~; ~en⟩ *cf.* **Rackerei.**
pladdern ['pladərn] F *v/i.* ⟨-(e)re, h⟩ *Regen* claquer; battre.
pläd|ieren [plɛ'di:rən] *v/i.* ⟨*pas de ge-*, h⟩ *jur.* plaider (une cause) (*auch fig.*; **für** pour; **gegen** contre); **2oyer** [-o·a'je:] *n* ⟨~s; ~s⟩ *jur.* plaidoirie *f*; plaidoyer *m* (*auch fig.*); **ein ~ halten** plaider.
Plafond [pla'fõ:, -'fɔŋ] *m* ⟨~s; ~s⟩ [*comm.* plafond *m.*]
Plage ['pla:gə] *f* ⟨~; ~n⟩ **1.** tourment *m*; peine *f*; (*beschwerendes Übel*) mal *m*; **jeder Tag hat s-e eigene ~** *prov.* à chaque jour suffit sa peine; **2.** (*Land2*) fléau *m*; calamité *f*; plaie *f*; **~‚geist** *m* ⟨~(e)s; ~er⟩ tracassier, -ière *m, f*; tourmenteur, -euse *m, f*; importun, -e *m, f*; *pfort.* F *fig.* fléau *m*; F casse-pieds *m*; crampon, -nne *m, f*; plaie *f*; **2n I** *v/t.* ⟨h⟩ (*quälen*) tourmenter; tracasser; *Krankheit, Sorge* tourmenter; torturer; 'harceler; *Gedanke, Furcht* 'hanter; obséder; (*belästigen*) importuner; agacer; 'harceler; **II** *v/réfl.* **sich ~** se tourmenter; se tracasser; se torturer; **sie muß sich von morgens bis abends ~** elle doit peiner, travailler durement du matin au soir.
Plagi|at [plagi·'a:t] *n* ⟨~(e)s; ~e⟩ plagiat *m*; **~'ator** *m* ⟨~s; -'toren⟩ plagiaire *m*; **2'ieren** *v/t.* ⟨*pas de ge-*, h⟩ plagier; faire un plagiat.
Plaid [ple:t] *m od. n* ⟨~s; ~s⟩ plaid *m*; couverture *f* de voyage à carreaux; **~‚hülle** *f* 'housse *f*; **~‚riemen** *m* courroie *f* de plaid.
Plakat [pla'ka:t] *n* ⟨~(e)s; ~e⟩ affiche *f*; placard *m*; **Ankleben von ~en verboten** défense d'afficher; **~e anschlagen** placarder des affiches; **~e ankleben** coller, apposer des affiches; **~‚ankleber** *m* afficheur *m*; F colleur *m*, poseur *m* d'affiches; **~‚anschlag** *m* affichage *m*; **~‚anschläger** *m cf.* **~ankleber**; **~‚farbe** *f* encre *f* pour affiches; **2ieren** [-'ti:-] **I** *v/t.* ⟨*pas de ge-*, h⟩ faire connaître par voie d'affiches; **II** *v/i.* afficher; placarder, poser, coller des affiches; **~‚maler** *m* affichiste *m*; dessinateur *m* d'affiches, de publicité, publicitaire; **~male‚rei** *f* art *m* de peindre les affiches; **~‚säule** *f* colonne *f* d'affiches, d'affichage; colonne *f* Morris; **~‚träger** *m* F homme-sandwich *m*; **~‚werbung** *f* publicité *f* par (voie d')affiches; **~‚zeichner** *m cf.* **~maler.**
Plakette [pla'kɛtə] *f* ⟨~; ~n⟩ (*Reliefplatte*) plaque(tte) *f*; (*Abzeichen*) insigne *m*; médaille *f.*
plan [pla:n] **I** *adj.* (*eben*) plain; plan; uni; (*flach*) plat; **II 2** *m* ⟨~(e)s; ≈e⟩ **1.** (*Grundriß*) plan *m*; (*Zeichnung*) dessin *m*; tracé *m*; **e-n ~ entwerfen, zeichnen** esquisser, dresser, tracer, dessiner un plan; **2.** (*geplante Maßnahmen*) plan *m*; disposition *f*; (*Absicht*) dessein *m*; vue *f*; (*Vorhaben*) plan *m*; projet *m*; **alles, was nicht in s-n ~ paßt** ... tout ce qui ne rentre pas dans son plan ...; **diese Ereignisse haben meinen ~ durchkreuzt** ces événements ont dérangé mes dispositions; **Pläne schmieden** forger, former des projets; **e-n ~ fassen** concevoir, faire, arrêter un projet, un plan; **e-n ~ aufstellen** établir, dresser un plan; **e-n ~ ausarbeiten** élaborer un plan, projet; **e-n ~ durchführen** réaliser, suivre, exécuter un projet, un plan; **3.** *fig.* (*Kampfplatz*) lice *f*; arène *f*; **auf den ~ rufen** provoquer l'entrée en lice (de qn.); **auf den ~ treten** (*erscheinen*) entrer en jeu, en scène; **2‚drehbank** *f* ⟨~; ≈e⟩ *techn.* tour *m* à surfacer, F en l'air; **~‚drehen** *v/t.* ⟨*sép.*, **-ge-**, h⟩ *techn.* tourner en l'air; surfacer au tour.
Plane ['pla:nə] *f* ⟨~; ~n⟩ bâche *f*; banne *f*; *milit.*, *mar.* prélart *m.*
Plänemacher ['plɛ:nə‚maxər] *m* ⟨~s; ~⟩ homme *m* à idées, à projets; F faiseur *m* de projets.
plan|en ['pla:nən] *v/t.* ⟨h⟩ projeter; faire des projets; arrêter un plan; (*im Auge haben*) envisager; *Produktion* (*organisieren*) planifier; **wir hatten ein baldiges Wiedersehen geplant** nous avions formé le projet de nous revoir bientôt; **e-n Anschlag ~** comploter; méditer, tramer, machiner un complot; **2er** *m* ⟨~s; ~⟩ planificateur *m*; **2er‚füllung** *f* réalisation *f* du plan.
Pläneschmied ['plɛ:nə‚ʃmi:t] F *m cf.* **Plänemacher.**
Planet [pla'ne:t] *m* ⟨~en; ~en⟩ *astr.* planète *f*; **2arisch** [-'ta:-] *adj.* planétaire; **~arium** [-'ta:-] *n* ⟨~s; -ien⟩ planétaire *m*; planétarium [-jɔm] *m*; **~en‚bahn** *f* orbite *f* planétaire; **~enge‚triebe** *n techn.* engrenage *m* planétaire; **~en‚jahr** *n* année *f* planétaire; **~en‚lauf** *m* cours *m* des planètes; **~en‚stand** *m* position *f* des planètes; **~ensys‚tem** *n* système *m* planétaire.
Planetoid [plane·to·'i:t] *m* ⟨~en; ~en⟩ *astr.* planétoïde *m.*
Plan|film ['pla:nfɪlm] *m phot.* plan-film *m*; film *m* semi-rigide; **~‚fräser** *m techn.* fraise *f* à surfacer; **~‚fräsma‚schine** *f techn.* fraiseuse-raboteuse *f*; fraiseuse *f* à surfacer.
plangemäß ['pla:ngə‚mɛ:s] *adj. u. adv cf.* **planmäßig.**
planier|en [pla'ni:rən] *v/t.* ⟨*pas de ge-*, h⟩ aplanir; égaliser; régaler; niveler; unir; *métall.* planer; **2‚raupe** *f* bulldozer *m*; niveleuse *f*; **2ung** *f* ⟨~; ~en⟩ aplanissement *m*; égalisation *f*; nivellement *m*; *métall.* planage *m.*
Planiglob [plani·'glo:p] *n* ⟨~en; ~en⟩, **~ium** [-'glo:bi·um] *n* ⟨~s; -ien⟩ mappemonde *f*; *sc.* planisphère *m.*
Planimet|er [plani·'me:tər] *n* ⟨~s; ~⟩ planimètre *m*; **~rie** [-'tri:] *f* ⟨~⟩ géométrie plane; planimétrie *f*; **2risch** *adj.* planimétrique.
Planke ['plaŋkə] *f* ⟨~; ~n⟩ planche *f*; madrier *m*; **~n** *pl. mar.* bordages *m/pl.*; (*Bretterwand*) cloison *f* en planches.
Plänkel|ei [‚plɛŋkə'laɪ] *f* ⟨~; ~en⟩ tiraillerie *f*; escarmouche *f* (*auch fig.*); **2n** ['plɛŋ-] *v/i.* ⟨-(e)le, h⟩ tirailler; se livrer à des escarmouches; *bes. fig.* 'harceler (l'ennemi).
Plankenzaun ['plaŋkən‚tsaʊn] *m* clôture *f* en planches.
Plänkler ['plɛŋklər] *m* ⟨~s; ~⟩ tirailleur *m*; *fig.* batailleur *m*; F bagarreur *m.*
Plankton ['plaŋktɔn] *n* ⟨~s⟩ *biol.* plancton *m.*
plan|los ['pla:nlo:s] *adj. u. adv.* sans plan arrêté, suivi; sans dessein préconçu; sans ordre; sans méthode; (*aufs Geratewohl*) au hasard; F en l'air; **2losig‚keit** *f* ⟨~⟩ manque *m* de plan, de méthode; irrégularité *f*; **~‚mäßig** *adj. u. adv.* selon le plan prévu, établi, arrêté; conforme (conformément) au plan; selon les prévisions; comme prévu; méthodique(ment); avec méthode; systématique(ment); *Zug* régulier, -ère(ment); selon l'horaire fixé; **2‚mäßig‚keit** *f* ⟨~⟩ ordre *m*; méthode *f*; ordonnance *f*; **~para‚llel** *adj. opt.* plan parallèle; **2qua‚drat** *n* carré *m* du plan directeur.
Planschbecken ['plantʃ‚bɛkən] *n* bassin *m* pour enfant(s).
Planscheibe ['pla:n‚ʃaɪbə] *f techn.*, *e-r Drehbank* plateau *m* (de tour).
plansch|en ['plantʃən] F *v/i.* ⟨h⟩ patauger; barboter; **2e'rei** F *f* ⟨~; ~en⟩ barbotage *m*; *sonst verbal.*
Plan|schießen ['pla:n‚ʃi:sən] *n milit.* tir *m* à la carte; **~‚skizze** *f* esquisse *f*; croquis *m*; **~‚spiegel** *m* miroir plan; **~‚stelle** *f* poste prévu (dans le tableau des effectifs); **freie ~** vacance *f.*
Plantage [plan'ta:ʒə] *f* ⟨~; ~n⟩ *cf.* **Pflanzung 2.**; **~nbe‚sitzer** *m* propriétaire *m* d'une plantation; (*Pflanzer*) planteur *m.*
Planum ['pla:num] *n* ⟨~s⟩ assiette *f.*
Planung ['pla:nuŋ] *f* ⟨~; ~en⟩ planification *f*; programmation *f*; planning [-iŋ] *m*; **in der ~ sein** être en projet; **~ auf lange Sicht** projets à longue échéance; **~s‚arbeiten** *f/pl.* études *f/pl.* préliminaires; **~skommissi‚on** *f* commission *f* de planification.
plan|voll ['pla:nfɔl] *adj. u. adv. cf.*

planmäßig; ∽ˌ**vorsprung** *m* avance *f* sur le plan.

Planwagen ['plaːnˌvaːgən] *m* voiture *f* à bâche, bâchée; *chem.* wagon bâché.

Plan|wirtschaft ['plaːnˌvɪrtʃaft] *f* économie dirigée, planifiée; dirigisme *m*; planisme *m*; planning [-iŋ] *m*; ~ˌ**zahlen** *f/pl.* chiffres prévus au plan; prévisions *f/pl.*; ~ˌ**zeichnen** *n* tracement *m*; ~**ziel** *n* objectif prévu, assigné; objectif *m*, but *m*, impératif *m* du plan.

Plapperei [ˌplapə'raɪ] F *f* ⟨~; ~en⟩ bavardage *m*; babillage *m*; babillement *m*; babil *m*.

Plapper|maul ['plapərˌmaul] *n*, ~ˌ**mäulchen** F *n* ⟨~s; ~⟩ bavard, -e *m*, *f*; babillard, -e *m*, *f*; tapette *f*; moulin *m* à paroles; ∽**n** F *v/t.* ⟨-(e)re, h⟩ bavarder; babiller; jaser; F jacasser; dégoiser; jaboter; *fig.* caqueter; papoter; P bavasser; ~ˌ**tasche** F *f cf.* ~maul.

plärren ['plɛrən] F **I** *v/i.* ⟨h⟩ criailler; F piailler; *fig.* beugler; *singend* F brailler; *fig.* beugler; (*weinen*) pleurnicher; **II** ∽ *n* ⟨~s⟩ criaillerie *f*; F piaillerie *f*; *fig.* beuglement *m*; (*Weinen*) pleurnichement *m*; pleurnicherie *f*.

Pläsier [plɛ'ziːr] *com. n* ⟨~s; ~e⟩ plaisir *m*; amusement *m*; F *fig.* **jedes Tierchen hat sein** ~**chen** à chacun son dada, sa marotte.

Plasma ['plasma] *n* ⟨~s; -men⟩ *physiol.*, *phys. atom.* plasma *m*.

Plast [plast] *m* ⟨~es; ~e⟩ matière *f* plastique; plastique *m*.

Plastik ['plastɪk] *f* ⟨~; ~en⟩ **1.** (*Bildhauerkunst*) art *m* plastique; plastique *f*; **2.** (*Bildhauerwerk*) sculpture *f*; **3.** *méd.* plastique *f*; **4.** (*Kunststoff*) *cf.* Plast; ~... *in Zssgn.* (*Kunststoff...*) en (matière) plastique; ~ˌ**bombe** *f milit.* bombe *f* au plastic; ~**er** *m* ⟨~s; ~⟩ sculpteur *m*.

Plastilin [plastiˑ'liːn] *n* ⟨~s⟩, ~**a** *f* ⟨~⟩ pâte *f* à modeler.

plasti|sch ['plastɪʃ] *adj.* plastique; *Film* en relief; à trois dimensions; *Stil* qui a du relief; ~**er Sprengstoff** (explosif) plastic *m*; ∽**zi'tät** *f* ⟨~⟩ plasticité *f*.

Plastron [plas'trõː, -'trɔŋ] *m od. n* ⟨~s; ~s⟩ plastron *m*.

Platane [pla'taːnə] *f* ⟨~; ~n⟩ *bot.* platane *m*.

Plateau [pla'toː] *n* ⟨~s; ~s⟩ plateau *m*.

Platin [pla'tiːn, 'plaːtiːn] *n* ⟨~s⟩ platine *m*; ∽ˌ**blond** *adj.* (blond) platine, platiné; ~ˌ**blonde** *f* ⟨→ A⟩ blonde platinée; ~ˌ**draht** *m* fil *m* de platine; ~ˌ**druck** *m phot.* platinotypie *f*; ~**e** *f* ⟨~; ~n⟩ *techn.* platine *f*; ∽ˌ**haltig** *adj.* platinifère; ~**konˌtakt** *m élect.* contact platiné; ∽**ieren** [-'niː-] **I** *v/t.* ⟨*pas de ge-*, h⟩ platiner; **II** ~**ieren** [-'niː-] *n* ⟨~s⟩ platinage *m*; ~**oˌxyd** *n chim.* oxyde *m* platinique; ~ˌ**schraube** *f* vis platinée.

Platitüde [platiˑ'tyːdə] *f* ⟨~; ~n⟩ platitude *f*.

Platoni|ker [pla'toːniˑkər] *m* ⟨~s; ~⟩ *philos.* platonicien *m*; ∽**sch**[1] *adj.* platonique; ~**e Liebe** amour platonique, éthéré; ~**sch**[2] *adj.* de Platon.

platsch [platʃ] *int.* flac!; paf!

platschen ['platʃən] *v/i.* ⟨h, *doublé d'une indication de direction* sein⟩ faire flac; claquer.

plätschern ['plɛtʃərn] **I** *v/i.* ⟨-(e)re, h⟩ *fließendes Wasser* clapoter; murmurer; gargouiller; *poét.* gazouiller; *Personen* im **Wasser** ~ barboter dans l'eau; agiter l'eau; P gargouiller; **II** ∽ *n* ⟨~s⟩ *des Wassers* clapotage *od.* clapotis *m*; murmure *m*; gargouillement *m*; *poét.* gazouillis *od.* gazouillement *m*; *im Wasser* barbotage *m*.

platt [plat] **I** *adj.* **1.** (*flach*) plat; (*abgeplattet*) aplati; déprimé; (*niedrig*) peu élevé; *Gegend* peu accidenté; *Reifen* à plat; **das** ~**e Land** *im Gegensatz zur Stadt* la rase campagne; (*Flachland*) le terrain plat; ~ **drücken** aplatir; écraser; ~**e Nase** nez écrasé, aplati, épaté, camus; **sich** ~ **auf den Bauch, auf den Boden legen** F se mettre à plat ventre; **2.** (*geistlos*) plat; banal; insipide; **3.** F *vor Staunen* consterné; F ébahi; épaté; sidéré; P époustouflé; baba; **II** ∽ *n* ⟨~(s)⟩ bas allemand *m*.

Plätt|anstalt ['plɛtˌ?anʃtalt] *f* pressing [-iŋ] *m*; ~**brett** *n* planche *f* à repasser.

Plättchen ['plɛtçən] *n* ⟨~s; ~⟩ petite plaque; *bot.* lamelle *f*.

plattdeutsch ['platdɔʏtʃ] *adj.* bas allemand; **das** ∽**e** le bas allemand.

Platte ['platə] *f* ⟨~; ~n⟩ **1.** *aus Metall, Glas etc.* plaque *f*; *aus Stein etc.* (*Fliese*) dalle *f*; carreau *m*; *aus Blech* lame *f*; **mit** ~**n belegen** carreler; daller; **2.** *cuis.* (*flache Schüssel*) plat *m*; (*angerichtete Speise*) **kalte** ~ plat (de viande) froid(e); charcuterie *f*; assiette anglaise; **3.** (*Schall*∽) disque *m*; *impr.* (*Druckstock*) plaque *f*; *phot.* plaque *f*; (*Tisch*∽) plateau *m*; dessus *m* (de table); *zum Einlegen* rallonge *f*; **4.** F (*Glatze*) tête chauve; calvitie [-si] *f*; crâne dénudé; F pierre *f* à l'huile; **5.** (*Felsen*∽) rocher *m*; petit plateau; sommet plat et nu.

Plätt|e ['plɛtə] F *f* ⟨~; ~n⟩, ~ˌ**eisen** *n* fer *m* à repasser; ∽**en I** *v/t.* ⟨-ete, h⟩ **1.** (*bügeln*) repasser; **2.** *Metalldraht* (*flachdrücken*) aplatir; **II** ~**en** *n* ⟨~s⟩ **3.** (*Bügeln*) repassage *m*; **4.** aplatissement *m*.

Platten|abzug ['platənˌ?aptsuːk] *m impr.* épreuve *f* d'un cliché; ~**beˌlag** *m* carrelage *m*; dallage *m*; ~ˌ**druck** *m impr.* clichage *m*; ~ˌ**leger** *m* ⟨~s; ~⟩ carreleur *m*; paveur *m*; ~ˌ**schneider** *m für Schallplatten* coupe-disques *m*; ~ˌ**spieler** *m ohne Verstärker u. Lautsprecher* tourne-disques *m*; *im Koffer* mallette *f* tourne-disques; *mit eigenem Lautsprecher cf.* Phonokoffer; ~ˌ**tasche** *f* pochette *f*; ~ˌ**teller** *m* platine *f*; plateau *m*; ~ˌ**wechsler** *m* ⟨~s; ~⟩ changeur *m* (automatique) de disques.

Platterbse ['platˌ?ɛrpsə] *f bot.* gesse *f*.

Plätter|ei [ˌplɛtə'raɪ] *f* ⟨~⟩ **1.** (*Bügeln*) repassage *m*; **2.** ⟨*pl.* ~en⟩ *cf.* Plättanstalt; ~**in** ['plɛ-] *f* ⟨~; ~nen⟩ repasseuse *f*.

Platt|fisch ['platfɪʃ] *m zo.* plie *f* (franche); carrelet *m*; *sc.* pleuronecte *m*; ~**form** *f* plate-forme *f* (*auch fig.*); ~**fuß** *m* pied plat; F *Auto, Fahrrad* roue *f*, pneu *m* à plat; ~**fußˌeinlage** *f* cambrure *f* orthopédique; ∽ˌ**füßig** *adj.* qui a les pieds plats; ~**heit** *f* ⟨~; ~en⟩ aplatissement *m*; *geistige* platitude *f*; pauvreté *f*; banalité *f*; insipidité *f*; indigence intellectuelle; ∽**ieren** [-'tiː-] *v/t.* ⟨*pas de ge-*, h⟩ *techn.* plaquer; ~**ierung** [-'tiː-] *f* ⟨~; ~en⟩ plaqué *m*; placage *m*; ∽ˌ**nasig** *adj.* qui a le nez plat, épaté, écrasé, camus, camard; ~ˌ**schiene** *f* rail plat; ~**stich** *m* point plat; ~**stickeˌrei** *f* broderie plate.

Plätt|stube ['plɛtˌʃtuːbə] *f* repasserie *f*; ~ˌ**wäsche** *f* linge *m* à repasser.

Platz [plats] *m* ⟨~es; ⸗e⟩ **1.** (*Sitz*∽) place *f*; **e-n** ~ **bestellen** retenir une place; ~ **nehmen** prendre place; s'asseoir; **s-n** ~ **einnehmen** occuper sa place; **vom** ~ **aus sprechen** parler de, sans quitter sa place; ~ **behalten** rester assis; **bis auf den letzten** ~ **gefüllt** (archi)comble; F bondé; *zu e-m Hund* ~! assis!; **e-n** ~ **belegen** marquer une place; **ist dieser** ~ **belegt?** cette place est-elle retenue, occupée, prise?; **j-m** ~ **machen** faire place à qn.; **j-s** ~ **einnehmen** prendre la place de qn.; **j-m e-n** ~ **anweisen** placer qn.; **e-n guten** ~ **haben** avoir une bonne place; être bien placé; **s-n** ~ **wechseln** changer de place; ~ **lassen** laisser place (für pour); **2.** (*Ort*) endroit *m*; lieu *m*; (*Stelle*) emplacement *m*; (*Bau*∽) terrain *m*; (*Raum*) place *f*; espace *m*; **freier** ~ espace libre; *milit.* **fester** ~ place forte; forteresse *f*; **viel** ~ **einnehmen** tenir beaucoup de place; ~ **haben in etw.** tenir dans qc.; ~ **da!**, ~ **gemacht!** faites de la place!; reculez-vous!; place à ...!; *milit.* **auf dem** ~**e bleiben** rester (mort) sur le champ de bataille; **den** ~ **behaupten** vaincre; *fig.* **hier ist nicht der** ~, **davon zu sprechen** ce n'est pas le moment d'en parler; *fig.* **am** ~**e sein** être de mise; **fehl** *od.* **nicht am** ~**e sein** ne pas être à sa place; ne pas être de mise; être déplacé; *fig.* ~ **greifen** prendre pied; se répandre; s'instaurer; s'implanter; **3.** (*Stellung*) place *f*; poste *m*; **s-n** ~ **behaupten** défendre sa place; se maintenir (en place); **4.** *Sport* (*Sport*∽) terrain *m* (de sport); stade *m*; (*Tennis*∽) court *m*; **das Spiel wird auf dem gegnerischen** ~ **ausgetragen** le match sera disputé sur le terrain adverse; *als Sieger* **den dritten** ~ **belegen** prendre la troisième place; **auf die Plätze!** à vos places, marques!; **5.** *in e-r Stadt* place *f*; *mit Grünanlagen* square [skwaːr] *m*; *runder* rond-point *m*; **freier** ~ *vor e-m Gebäude* esplanade *f*; **6.** *comm.* (*Geschäftssitz*) place *f*; **am** ~**e** sur la place; **die älteste Firma am** ~**e** la plus ancienne firme de la place, de la ville; ~**aˌgent** *m comm.* agent local, de place; ~**angst** *f méd. sc.* agoraphobie *f*; ~ˌ**anweiser(in)** *m* ⟨~s; ~⟩ (*f*) ⟨~; ~nen⟩ placeur *m*; ouvreuse *f*; ~**beˌdarf** *m für e-e Maschine* encombrement *m*; surface *f* nécessaire; *comm.* besoins locaux; ~**beˌfeuerung** *f aviat.* balisage *m* de l'aérodrome; ~**beˌlegung** *f* réservation *f* de place.

Plätzchen ['plɛtsçən] *n* ⟨~s; ~⟩ **1.** ein **nettes** ~ F un bon coin; **2.** (*Gebäck*) petit gâteau; biscuit *m*; petit four; (*Pastille*) pastille *f*.

Platze ['platsə] F *f* ⟨~⟩ **die** ~ **kriegen** exploser; crever de rage; sortir de ses gonds.

platzen ['platsən] **I** *v/i.* ⟨-(es)t, sein⟩ *Leitung, Luftballon etc.* crever; *mit Getöse* éclater; *Mine* sauter; *Granate* exploser; détoner; *Reifen* crever; F *fig. Vorhaben* échouer; rater; n'aboutir à rien; tomber à l'eau; *Versammlung* se disloquer; F *fig.* **vor Lachen** ~ éclater, crever, pouffer de rire; F **vor Neugier, Neid** ~ crever de curiosité, d'envie; F **vor Wut** ~ *cf.* Platze; F **schließlich platzte ihm der Kragen** il finit par éclater; F *fig.* **ins Haus** ~ arriver, entrer brusquement; **II** ∽ *n* ⟨~s⟩ *e-s Reifens* crevaison *f*; *sonst verbal*; *mit Getöse* éclatement *m*; explosion *f*; détonation *f*; F *fig.* **die Bombe zum** ~ **bringen** mettre le feu aux poudres; **zum** ~ **voll** plein à craquer.

Platz|flug ['platsfluːk] *m aviat.* promenade aérienne, vol *m* autour du champ d'aviation; **~ge,schäft** *n comm.* commerce local, de la place; **~ge,winn** *m* gain *m* de place; **~,handel** *m cf.* ~geschäft; **~,karte** *f chem.* ticket *m* de réservation de place; **~komman,dant** *m milit.* commandant *m* de place; **~,mangel** *m* manque *m* de place, d'espace; **~,meister** *m Sport* homme chargé de l'entretien du terrain; **~,miete** *f* location *f*; redevance *f*; abonnement *m*; **~pa,trone** *f milit.* cartouche *f* à blanc; mit **~n schießen** tirer à blanc; **2,raubend** *adjt.* encombrant; qui prend trop de place; **~,regen** *m* averse *f*; ondée *f*; pluie diluvienne; **~reser,vierung** *f* réservation *f* de place; **~,runde** *f aviat.* e-e ~ fliegen faire un tour de piste; **~ver,treter** *m comm.* agent *m* fixe; distributeur local; placier *m*; **~wart** *m* ⟨~(e)s; ~e⟩ *Sport cf.* ~meister; **~,wechsel** *m* **1.** changement *m* de place; e-n ~ vornehmen changer de place; **2.** *comm.* traite *f* sur place.

Plauderei [,plaudə'raı] *f* ⟨~; ~en⟩ causerie *f* (*auch im Radio, in e-r Zeitung*); *vertrauliche* F papotage *m*; bavette *f*.

Plauder|er ['plaudərər] *m* ⟨~s; ~⟩, **~in** *f* ⟨~; ~nen⟩ causeur, -euse *m, f*; *péj.* bavard, -e *m, f*; babillard, -e *m, f*; F jaseur, -euse *m, f*; (*Ausplauderer*) indiscret, -ète *m, f*; **2n** *v/i.* ⟨-(e)re, h⟩ causer; converser; faire la conversation; (*ein Geheimnis verraten*) bavarder; ne pas tenir sa langue; commettre une indiscrétion; F jaser; **ein wenig** ~ F faire un brin de causette; **von diesem u. jenem** ~ parler à bâtons rompus; **aus der Schule** ~ divulguer un secret; **~,stündchen** *n* causette *f*; F bavette *f*; **ein ~ halten** F tailler une bavette; **~,tasche** F *f cf.* ~er, ~in; **~,ton** *m* im ~ sur le ton de la conversation.

Plaudrer ['plaudrər] *m* ⟨~s; ~⟩ *cf.* Plauderer.

Plausch [plauʃ] *m* ⟨~es; ~e⟩ F *cf.* Plauderei; **2en** *v/i.* ⟨h⟩ F *cf.* plaudern.

plausibel [plau'ziːbəl] F *adj.* ⟨-bl-⟩ plausible; vraisemblable; j-m etw. ~ machen faire comprendre qc. à qn.

plauz [plauts] *int.* pouf!

Plazenta [pla'tsɛnta] *f* ⟨~; ~s *od.* -ten⟩ *physiol.* placenta *m*.

Plazet ['plaːtsɛt] *n* ⟨~s; ~s⟩ approbation *f*.

plazieren [pla'tsiːrən] *v/t.* ⟨*pas de ge-*, h⟩ *cf.* **placieren.**

Plebej|er(in) [ple·'beːjər(ın)] *m* ⟨~s; ~⟩ (*f*) ⟨~; ~nen⟩ *hist.* plébéien, -nne *m, f*; *fig.* goujat *m*; mufle *m*; rustre *m*; malotru *m*; **2isch** *adj. hist.* plébéien, -nne; *fig.* vulgaire.

Plebiszit [ple·bıs'tsiːt] *n* ⟨~(e)s; ~e⟩ plébiscite *m*.

Plebs[1] [plɛps, pleːps] *f* ⟨~⟩ *hist.* plèbe *f*; **~**[2] *m* ⟨~es⟩ *fig.* plèbe *f*; populace *f*; *cf. auch* Pöbel.

Pleite ['plaıtə] F **I** *f* ⟨~; ~n⟩ faillite *f*; banqueroute *f*; F déconfiture *f*; culbute *f*; *fig.* (*Reinfall*) échec *m*; *fig.* désastre *m*; ~ **machen** faire faillite, banqueroute, F la culbute; **II** 2 *adj.* ⟨*prädikativ*⟩ en faillite; **er ist** ~ il a fait faillite; il est en faillite; ~ **gehen** *cf.* Pleite I; *fig.* **ich bin** ~ (*habe kein Geld mehr*) F je suis fauché, raide, à sec; **~,geier** F *m* banqueroute *f*; (*Bankrotteur*) banqueroutier *m*.

Plektron ['plɛktrən] *n* ⟨~s; -tren *od.* -tra⟩ *mus.* médiator *m*; plectre *m*.

Plempe ['plɛmpə] F *f* ⟨~; ~n⟩ **1.** *milit.* (*Seitengewehr*) F coupe-choux *m*; **2.** (*schales Getränk*) boisson *f* fade; F bibine *f*.

plemplem [plɛm'plɛm] F *adj.* ⟨*prädikativ*⟩ P tapé; sonné; marteau; piqué; timbré; toqué; cinglé; dingo; maboul; loufoque.

Plenar|sitzung [ple·'naːr,zıtsuŋ] *f* séance plénière; **~ver,sammlung** *f* assemblée plénière.

Plenum ['pleːnum] *n* ⟨~s⟩ assemblée plénière; *néol.* plénum [-əm] *m*.

Pleonas|mus [ple·o·'nasmus] *m* ⟨~; -men⟩ *rhét.* pléonasme *m*; **2tisch** *adj.* pléonastique.

Plethi ['pleːti·] *pl. fig.* **Krethi u.** ~ F méli-mélo *m* de gens.

Pleuelstange ['plɔyəl,ʃtaŋə] *f techn.* bielle *f*.

Pleu|ra ['plɔyra] *f* ⟨~; -ren⟩ *anat.* plèvre *f*; **~'ritis** *f* ⟨~; -i'tiden⟩ *méd.* pleurésie *f*.

Plexiglas ['plɛksi·,glaːs] *n* plexiglas *m*.

Plexus ['plɛksus] *m* ⟨~; ~⟩ *anat.* plexus *m*.

Plicht [plıçt] *f* ⟨~; ~en⟩ *mar.* cockpit *m*.

Plinse ['plınzə] *f* ⟨~; ~n⟩ *cuis.* crêpe *f*.

Plinthe ['plıntə] *f* ⟨~; ~n⟩ *bât.* plinthe *f*.

Pliss|ee [plı'seː] *n* ⟨~s; ~s⟩ plissé *m*; **~ee,rock** *m* jupe plissée; **2ieren I** *v/t.* ⟨*pas de ge-*, h⟩ plisser; **II ~ieren** *n* ⟨~s⟩ plissage *m*; **~ierma,schine** *f* plisseuse *f*.

Plomb|e ['plɔmbə] *f* ⟨~; ~n⟩ (*Bleisiegel*) plomb *m*; (*Zahnfüllung*) plombage *m*; obturation *f*; **2ieren** [-'biː-] **I** *v/t.* ⟨*pas de ge-*, h⟩ plomber; *Zahn auch* obturer; **II ~ieren** [-'biː-] *n* ⟨~s⟩, **~ierung** [-'biː-] *f* ⟨~; ~en⟩ plombage *m*; *e-s Zahns auch* obturation *f*.

Plötze ['plœtsə] *f* ⟨~; ~n⟩ *zo.* gardon *m*.

plötzlich ['plœtslıç] **1.** *adj.* subit; (*blitzschnell*) soudain; (*unerwartet*) imprévu; inopiné; inattendu; (*unvermittelt heftig*) brusque; **2.** *adv.* subitement; soudain; soudainement; brusquement; tout à coup; tout d'un coup; **ganz** ~ à brûle-pourpoint; ~ **aufhören** s'arrêter net; F **aber etw.** ~! mais vite!; **2,keit** *f* ⟨~⟩ soudaineté *f*; brusquerie *f*.

Pluder|hose ['pluːdər,hoːzə] *f* pantalon bouffant; **2n** *v/i.* ⟨-(e)re, h⟩ bouffer.

Plumbum ['plumbum] *n* ⟨~s⟩ *chim. cf.* Blei.

Plumeau [ply·'moː] *n* ⟨~s; ~s⟩ édredon *m*; *kleineres* couvre-pied(s) *m*.

plump [plump] *adj.* grossier, -ère; (*schwerfällig*) lourd; balourd; pesant; massif, -ive; F mastoc; (*unfein, taktlos*) gauche; maladroit; godiche; *Lüge* stupide; grossier, -ère; *Schmeichelei* grossier, -ère; *Stil* lourd; inhabile; **~er Mensch** lourdaud *m*; **2heit** *f* ⟨~; ~en⟩ grossièreté *f*; (*Schwerfälligkeit*) lourdeur *f*; balourdise *f*; (*Ungeschicktheit*) gaucherie *f*; maladresse *f*; *e-r Lüge* stupidité *f*.

plumps [plumps] **I** *int.* pouf!; paf!; patatras!; **II** 2 F *m* ⟨~es; ~e⟩ lourde chute; **~en** F *v/i.* ⟨-(es)t, **sein**⟩ faire pouf; tomber lourdement (et avec bruit).

Plunder ['plundər] F *m* ⟨~s⟩ (*alter Kram*) fatras *m*; ustensiles *m/pl.* 'hors d'usage; F bric-à-brac *m*; vieilleries *f/pl.*; antiquaille *f*; (*Lumpen*) guenilles *f/pl.*; friperie *f*; défroque *f*; F frusques *f/pl.*; nippes *f/pl.*; (*persönlicher Krempel*) barda *m*; fourbi *m*; bataclan *m*; saint-frusquin *m*; F attirail *m*; bazar *m*.

Plünderei [,plyndə'raı] *f* ⟨~; ~en⟩ *cf.* Plündern, Plünderung.

Plünder|er ['plyndərər] *m* ⟨~s; ~⟩ pillard *m*; pilleur *m*; *bes. milit.* maraudeur *m*; **2n I** *v/t.* ⟨-(e)re, h⟩ piller; dépouiller; *Reisende auch* dévaliser; détrousser; *bes. milit.* saccager; mettre à sac; *von Nachzüglern u. allg.* marauder; aller à la maraude; F *e-n Baum* défruiter; dépouiller (de ses fruits); **II ~n** *n* ⟨~s⟩, **~ung** *f* ⟨~; ~en⟩ pillage *m*; dépouillement *m*; brigandage *m*; déprédation *f*; *bes. milit.* (mise *f* à) sac *m*; saccagement *m*; *von Nachzüglern u. allg.* maraudage *m*; maraude *f*; **der Plünderung preisgeben** livrer au pillage; mettre à sac.

Plündrer ['plyndrər] *m* ⟨~s; ~⟩ *cf.* Plünderer.

Plural ['pluːraːl, plu·'raːl] *m* ⟨~s; ~e⟩ (*abr.* pl., Pl., Plur.) *gr.* pluriel *m*; **~,bildung** *f gr.* formation *f* du pluriel; **~,endung** *f gr.* terminaison *f* du pluriel.

Pluraletantum [pluːraːlə'tantum] *n* ⟨~s; ~s *od.* Pluraliatantum⟩ *gr.* substantif *m* ne s'employant qu'au pluriel.

plura|lisch [plu·'raːlıʃ] *adj.* pluriel, -lle; du *od.* au pluriel; **2'lismus** *m* ⟨~⟩ *philos.* pluralisme *m*; **~'listisch** *adj.* pluraliste. [*pol.* vote plural.]

Pluralwahlrecht ['pluːraːl,vaːlrɛçt] *n*

plus [plus] **I** *adv. math.* 6 ~ 4 (6 + 4) 6 plus 4; **II** 2 *n* ⟨~; ~⟩ **1.** (*Überschuß*) surplus *m*; excédent *m*; **ein ~ von ...** *auch* F un boni de ...; **2.** *math.* (*Pluszeichen*) plus [-s] *m*; **3.** *fig.* (*Vorteil*) avantage *m*; élément *m* favorable; trait avantageux; côté positif; **2...** *in Zssgn. élect.* positif, -ive; **2be,trag** *m cf.* plus II, 1.; **2,bürste** *f élect.* balai positif.

Plüsch [plyːʃ] *m* ⟨~es; ~e⟩ *text.* peluche *f*; **2,artig** *adj.* peluché.

Plus|differenz ['plusdıfə,rɛnts] *f* différence *f* en plus; **~,leitung** *f élect.* conducteur positif; **~pol** *m élect.* pôle positif; **~punkt** *m fig. cf.* plus II, 3; **~quamper'fekt(um)** *n* ⟨~s; ~e⟩ (*n*) ⟨~s; -ta⟩ *gr.* plus-que-parfait *m*; **~,saldo** *m comm.* solde *m* excédentaire, créditeur.

plustern ['pluːstərn] *v/réfl.* ⟨-(e)re, h⟩ *Vögel* **sich** ~ *cf.* **aufplustern.**

Pluszeichen ['plus,tsaıçən] *n math. cf.* plus II, 2.

Pluto|kratie [plu·to·kra'tiː] *f* ⟨~; -ien⟩ ploutocratie [-si] *f*; **2'kratisch** *adj.* ploutocratique.

pluto|nisch [plu·'toːnıʃ] *adj.* **1.** de Pluton; **2.** *géol.* plutonien, -nne; **2'nismus** *m* ⟨~⟩ *géol.* plutonisme *m*; **2'nist** *m* ⟨~en; ~en⟩ *géol.* plutoniste *m*.

Plutonium [plu·'toːni·um] *n* ⟨~s⟩ *chim.* plutonium [-jɔm] *m*.

Pneu [pnɔy] *m* ⟨~s; ~s⟩ *Kurzform cf.* ~matik[2], ~mothorax; **~'matik**[1] *f* ⟨~⟩ *phys.* pneumatique *f*; **~'matik**[2] *m* ⟨~s; ~s⟩ pneumatique *m*; F pneu *m*; **2'matisch** *adj.* pneumatique; **~mo'nie** *f* ⟨~; -ien⟩ *méd.* pneumonie *f*; **~mo'thorax** *m* ⟨~(es); ~e⟩ *méd.* pneumothorax *m*.

Po [poː] *m* ⟨~s; ~s⟩ F *cf.* **Podex.**

Pöbel ['pøːbəl] *m* ⟨~s⟩ bas peuple; populace *f*; vulgaire *m*; lie *f* du peuple; racaille *f*; canaille *f*; P populo *m*; **2,haft** *adj.* populacier, -ère; vulgaire; plébéien, -nne; du bas peuple; grossier, -ère; **~,haftigkeit** *f* ⟨~⟩ vulgarité *f*; grossièreté *f*; **~,herrschaft** *f sc. selten* ochlocratie [-si] *f*.

poch|en ['pɔxən] **I** *v/t.* ⟨h⟩ *Erz* bocarder; concasser; broyer; **II** *v/i.* (*klopfen*) frapper; *Herz* battre; palpiter; *fig.* **auf s-n Adel** ~ se targuer d'être noble; tirer vanité de sa noblesse; auf sein Recht ~ se prévaloir de, réclamer son (bon) droit; faire valoir son droit; **III 2en** *n* ⟨~s⟩ *von Erz* bocardage *m*; concassage *m*; broyage *m*; *des Herzens* battement *m* (du cœur); **2erz** *n* minerai *m* à bocarder, à concasser, à broyer; **2ˌhammer** *m* pilon *m* à écraser le minerai; **2ˌmühle** *f*, **2werk** *n* bocard *m*; concasseur *m*; broyeur *m*.

Pocke ['pɔkə] *f* ⟨~; ~n⟩ *méd.* pustule *f*; **~n** *pl.* petite vérole; variole *f*; **2nˌartig** *adj.* varioleux, -euse; **~nerˌreger** *m* virus *m* variolique; agent *m* pathogène de la petite vérole; **~nˌgift** *n* virus *m* variolique; **~nˌimpfung** *f* vaccination *f* contre la variole, antivariolique; **~nˌnarbe** *f* marque *f* de petite vérole; **2nˌnarbig** *adj.* marqué, ravagé par la petite vérole; variolé; grêlé; **~n-ˌschutzimpfung** *f cf.* **~nimpfung**.

pockig ['pɔkɪç] *adj. cf.* **pockennarbig**.

Podagr|a ['poːdagra] *n* ⟨~s⟩ *méd.* podagre *f*; **2isch** [-'daː-] *adj.* podagre.

Podest [po'dɛst] *m u. n* ⟨~es; ~e⟩ estrade *f*; (*Treppenabsatz*) palier *m*; repos *m* d'escalier.

Podex ['poːdɛks] F *m* ⟨~(es); ~e⟩ F derrière *m*; postérieur *m*; fessier *m*; P cul [ky] *m*.

Podium ['poːdiˑum] *n* ⟨~s; -ien⟩ podium [-jɔm] *m*; estrade *f*; scène *f*.

Podometer [poˑdoˑ'meːtər] *n* ⟨~s; ~⟩ podomètre *m*; (h)odomètre *m*; compte-pas *m*.

Poem [poˑ'eːm] *n* ⟨~s; ~e⟩ *meist péj. für* **Gedicht**.

Poesie [poˑeˑ'ziː] *f* ⟨~; -ien⟩ poésie *f*; **2ˌlos** *adj.* sans poésie; prosaïque; sec, sèche; **~ˌlosigˌkeit** *f* ⟨~⟩ absence *f* de poésie; prosaïsme *m*.

Poet [poˑ'eːt] *m* ⟨~en; ~en⟩ *meist iron.* poète *m*; **~aster** [-'tastər] F *m* ⟨~s; ~⟩ *péj.* F rimailleur *m*; **~ik** *f* ⟨~; ~en⟩ (art *m*) poétique *f*; **2isch 1.** *adj.* poétique; **2.** *adv.* poétiquement; dans la *od.* sous (la) forme poétique.

Pogrom [poˑ'groːm] *m* ⟨~s; ~e⟩ pogrom(e) *m*.

Point|e [poˑ'ɛ̃ːtə] *f* ⟨~; ~n⟩ pointe *f*; **2ieren** [-'tiː-] **I** *v/t.* ⟨*pas de ge-*, h⟩ *e-n Gedanken* donner une tournure piquante à; **II** *v/i. im Glücksspiel* (*setzen*) ponter; **2iert** [-'tiːrt] *adjt.* agressif, -ive; aiguisé; **~i'llismus** *m* ⟨~⟩ *peint.* pointillisme *m*.

Pokal [poˑ'kaːl] *m* ⟨~s; ~e⟩ coupe *f*; verre *m* à pied; *im Restaurant* ein ~ Wein un verre de vin; **~ˌspiel** *n Sport* (match *m* de) coupe *f*.

Pökel ['pøːkəl] *m* ⟨~s; ~⟩ *cuis.* saumure *f*; eau salée; **~ˌfaß** *n* saloir *m*; **~ˌfleisch** *n* viande salée; salé *m*; salaisons *f/pl.*; **~ˌhering** *m* 'hareng salé; **~ˌlake** *f cf.* Pökel; **2n I** *v/t.* ⟨-(e)le, h⟩ saler; **II ~n** *n* ⟨~s⟩ salaison *f*.

Poker ['poːkər] *n* ⟨~s⟩ poker [-ɛr] *m*; **2n** *v/i.* ⟨-(e)re, h⟩ jouer au poker; **~ˌspiel** *n cf.* Poker.

Pol [poːl] *m* ⟨~s; ~e⟩ *géogr.*, *élect.*, *e-s Magneten* pôle *m*; *élect.* **positiver ~** pôle positif; *phys.* anode *f*; **negativer ~** pôle négatif; *phys.* cathode *f*; **2ar** [-'laːr] *adj.* polaire; *fig.* **~e Gegensätze trennen sie** ce sont des pôles contraires, opposés.

Polar|eis [poˑ'laːrˌˀaɪs] *n* glaces *f/pl.* polaires; **~expeditiˌon** *f* expédition *f* polaire; **~ˌfauna** *f* faune *f* polaire; **~ˌflora** *f* flore *f* polaire; **~ˌflug** *m aviat.* vol *m* transpolaire; **~ˌforscher** *m* explorateur *m* des régions polaires; **~ˌforschung** *f* exploration *f* des régions polaires; **~ˌfront** *f Wetterbericht* front *m* polaire; **~ˌfuchs** *m zo.* renard bleu; **~geˌbiet** *n* région *f* polaire; **~ˌhund** *m zo.* chien *m* polaire.

Polari|sation [poˑlariˑzatsiˑ'oːn] *f* ⟨~; ~en⟩ *phys.*, *biol.* polarisation *f*; **~sati'onsˌebene** *f* plan *m* de polarisation; **~sati'onsˌfilter** *m* filtre polarisant, de polarisation; **~sati'onsmikroˌskop** *n* microscope polarisant; **~sati'onsˌstrom** *m* courant *m* de polarisation; **2'sierbar** *adj.* polarisable; **2'sieren** *v/t.* ⟨*pas de ge-*, h⟩ polariser; **~'sierung** *f* ⟨~; ~en⟩ *cf.* **~sation**; **~'tät** *f* ⟨~⟩ polarité *f*.

Polar|kreis [poˑ'laːrˌkraɪs] *m* cercle *m* polaire; **nördlicher, südlicher ~** cercle polaire arctique, antarctique; **~ˌländer** *n/pl.* terres *f/pl.* polaires; **~ˌlicht** *n* ⟨~(e)s; ~er⟩ lumière *f*, aurore *f* polaire; *am Nordpol* aurore boréale; *am Südpol* aurore australe; **~ˌluft** *f* air *m* polaire; **~ˌmeer** *n* mer *f* de glace, polaire; **~ˌnacht** *f* nuit *f* polaire; **~ˌroute** *f* route *f* du pôle, transpolaire; **~ˌstern** *m astr.* étoile *f* polaire; **~ˌzone** *f* zone *f* polaire, glaciale.

Polder ['pɔldər] *m* ⟨~s; ~⟩ polder [-ɛr] *m*.

Pole ['poːlə] *m* ⟨~n; ~n⟩ Polonais *m*.

Polemi|k [poˑ'leːmɪk] *f* ⟨~; ~en⟩ polémique *f*; guerre *f* de plume; **~ker** *m* ⟨~s; ~⟩ polémiste *m*; **2sch** *adj.* polémique; **2'sieren** *v/i* ⟨*pas de ge-*, h⟩ polémiquer.

polen ['poːlən] *v/t.* ⟨h⟩ *élect.* polariser.

Polente [poˑ'lɛntə] F *f* ⟨~⟩ P rousse *f*; flicaille *f*; poulets *m/pl.*; flics *m/pl.*

Polhöhe ['poːlˌhøːə] *f* distance *f* polaire; latitude *f*.

Police [poˑ'liːs(ə)] *f* ⟨~; ~n⟩ police *f* (d'assurance).

Polier [poˑ'liːr] *m* ⟨~s; ~e⟩ contremaître *m*.

Polier|bürste [poˑ'liːrˌbʏrstə] *f für Schuhe* brosse *f* à reluire; *für Auto, Böden* lustreuse *f*; **2en I** *v/t.* ⟨*pas de ge-*, h⟩ *Möbel etc.* faire briller, reluire; *Metalle* fourbir; *Gold, Silber* brunir; *techn.* (*glätten*) polir; lisser; **II ~en** *n* ⟨~s⟩ *von Möbeln etc. verbal*; *von Metallen* fourbissage *m*; *von Gold u. Silber* brunissage *m*; *techn.* (*Glätten*) polissage *m*; lissage *m*; **~er(in)** *m* ⟨~s; ~⟩ (*f*) ⟨~; ~nen⟩ polisseur, -euse *m, f*; brunisseur, -euse *m, f*; fourbisseur, -euse *m, f*; **~ˌfeile** *f* polissoir *m*; **~ˌleder** *n* peau *f* de chamois; **~ˌmittel** *n* produit *m* d'entretien, de nettoyage et polissage; **~ˌscheibe** *f* polissoir *m*; **~ˌstahl** *m* brunissoir *m*; polissoir *m*; **~ˌtuch** *n* ⟨~(e)s; ~̈er⟩ chiffon *m* à reluire; **~ˌwachs** *n* encaustique *f*.

Poliklinik [ˌpoˑliˑ'kliːnɪk, 'poːliˑ-, 'poˑliˑ-] *f méd.* policlinique *f*.

Polin ['poːlɪn] *f* ⟨~; ~nen⟩ Polonaise *f*.

Polio ['poːliˑoˑ] *f* ⟨~⟩ *Kurzwort* F polio *f*; **~mye'litis** *f* ⟨~; -i'tiden⟩ *méd.* poliomyélite *f*.

Politbüro [poˑ'lɪtbyˑˌroː] *n* Politbureau *m*.

Politi|k [poˑliˑ'tiːk] *f* ⟨~⟩ politique *f* (*auch fig.*); **~ der friedlichen Koexistenz** politique de coexistence pacifique; **~ der Offenen Tür** politique de la porte ouverte; **~ auf lange Sicht** politique à long terme; **~ machen** faire de la politique; **e-e ~ verfolgen** poursuivre une politique; **über ~ sprechen** parler, causer politique; **~'kaster** *m* ⟨~s; ~⟩ *péj.* politicard *m*; politicailleur *m*; politicaillon *m*; **~ker(in)** [-'liː-] *m* ⟨~s; ~⟩ (*f*) ⟨~; ~nen⟩ homme *m*, femme *f* politique; politique *m*; *auch péj.* politicien *m*; **~kus** [-'liː-] F *m* ⟨~; ~se⟩ politique *m*; diplomate *m*; finaud *m*; homme rusé; **2sch** [-'liː-] *adj.* politique; einwandfreie **~e Vergangenheit** passé politique irréprochable; *géogr.* **~e Karte Europas** carte de l'Europe politique; *advt.* **~ unklug** impolitique; **2'sieren I** *v/t.* ⟨*pas de ge-*, h⟩ politiser; **II** *v/i.* F parler politique; **III ~'sieren** *n* ⟨~s⟩ raisonnements *m/pl.* politiques; **~'sierung** *f* ⟨~⟩ politisation *f*.

Politur [poˑliˑ'tuːr] *f* ⟨~; ~en⟩ **1.** (*Glanz*) poli *m*; vernis *m*; *von Metallen* brunissure *f*; **2.** *cf.* **Poliermittel**; **3.** *fig.* vernis *m*; savoir-vivre *m*.

Polizei [poˑliˑ'tsaɪ] *f* ⟨~⟩ police *f*; **sich der ~ stellen** se constituer prisonnier; **~aktiˌon** *f* opération *f* de police; rafle *f*; **~ˌamt** *n* commissariat *m* de police; **~ˌaufgebot** *n* **ein großes ~** un grand déploiement de (forces de) police; **~ˌaufsicht** *f* surveillance *f* de la police; **unter ~ stellen** mettre, placer sous la surveillance de la police; **~beˌamte(r)** *m* policier *m*; *cf. auch* **Polizist**; **~beˌhörde** *f* police *f*; **~büˌro** *n cf.* **~amt**; **~ˌdienst** *m* service *m* de police; **~ˌeinheiten** *f/pl.* forces *f/pl.* de police; **~ˌfunk** *m* radio *f* de la police; **~geˌfängnis** *n* cachot *m* du poste de police; F violon *m*; bloc *m*; **~geˌwahrsam** *m* garde *f* à vue; **in ~ halten** garder à vue; **~geˌwalt** *f* pouvoir *m* de police; **~ˌhaft** *f* emprisonnement *m*; incarcération *f*; **~ˌhund** *m* chien policier; **~kommiˌssar** *m* commissaire *m* de police; **~korˌdon** *m* barrage *m* de police; **2lich 1.** *adj.* de (la) police; policier, -ère; **2.** *adv.* par la police; **~ˌmacht** *f* puissance *f* de la police; **~ˌordnung** *f* règlement *m* de police; **~ˌposten** *m* planton *m*; **~präsiˌdent** *m* préfet *m* de police; **~präˌsidium** *n* préfecture *f* de police; **~reˌvier** *n* poste *m* de police; commissariat *m* de police; F quart *m*; **~ˌspitzel** *m* espion *m* de police; mouchard *m*; indicateur *m*; (agent *m*) provocateur *m*; **~ˌstaat** *m* État policier; **~ˌstrafe** *f* peine *f* de simple police; **~ˌstreife** *f* patrouille *f* de police; **~ˌstreifenˌwagen** *m* voiture *f* de la patrouille de police; **~ˌstunde** *f* heure *f* de clôture (des cafés, des restaurants, *etc.*); **~verˌordnung** *f* arrêté *m*, règlement *m* de police; **~ˌwache** *f cf.* **~revier**; **~ˌwachtmeister** *m* brigadier *m* de police; **2ˌwidrig** *adj.* contraire aux règlements de police; F *fig.* intolérable.

Polizist [poˑliˑ'tsɪst] *m* ⟨~en; ~en⟩ agent *m* de police; sergent *m* de ville; *in Paris* gardien *m* de la paix; P flic *m*; poulet *m*; bourrique *f*; cogne *m*; roussin *m*.

Polka ['pɔlka] *f* ⟨~; ~s⟩ polka *f*; **~ tanzen** danser la polka; polker.

Polklemme ['poːlˌklɛmə] *f élect.* borne *f* (d'élément).

Pollen ['pɔlən] *m* ⟨~s; ~⟩ *bot.* pollen [-ɛn] *m*; **~ˌkorn** *n* grain *m* de pollen.

Poller ['pɔlər] *m* ⟨~s; ~⟩ *mar.* bollard *m*; bitte *f*; *kleiner* bitton *m*.

Pollution [pɔluˑtsiˑ'oːn] *f* ⟨~; ~en⟩ *physiol.* pollution *f*.

polnisch ['pɔlnɪʃ] *adj.* polonais; de Pologne; **die ~e Sprache, das 2e** la langue polonaise; le polonais; *fig.* **~e Wirtschaft** pétaudière *f*.

Polo ['poːloˑ] *n* ⟨~s; ~s⟩ *Sport* polo *m*; **~ˌhemd** *n* chemise *f* Lacoste; polo *m*; chemisette *f* de sport.

Polonäse [poˑloˑ'nɛːzə] *f* ⟨~; ~n⟩ polonaise *f*.

Polonium [poˑ'loːniˑum] *n* ⟨~s⟩ *chim.* polonium [-jɔm] *m*.

Polo|schläger ['poːloˑˌʃlɛːgər] *m* maillet *m* de polo; **~ˌspiel** *n cf.* Polo.

Pol|schuh [ˈpoːlʃuː] *m élect.* pièce *f* polaire; cosse *f*; ~ˌ**stärke** *f élect.* intensité *f* de pôle.

Polster [ˈpɔlstər] *n* ⟨~s; ~⟩ rembourrage *m*; capiton(nage) *m*; (*Kissen*) coussin *m* (*auch techn.*); ~**er** *m* ⟨~s; ~⟩ tapissier *m*; matelassier *m*; ~ˌ**klasse** *f chem.* classe *f* à sièges rembourrés; ~**materiˌal** *n* rembourrure *f*; rembourrage *m*; matelassure *f*; ~ˌ**möbel** *n/pl.* meubles rembourrés; 2**n I** *v/t.* ⟨-(e)re, h⟩ rembourrer; capitonner; matelasser; **II** ~**n** *n* ⟨~s⟩ rembourrage *m*; capitonnage *m*; ~ˌ**pflanzen** *f/pl. bot.* plantes *f/pl.* pulviniformes; ~ˌ**sessel** *m*, ~ˌ**stuhl** *m* siège (chaise) rembourré(e), capitonné(e); ~ˌ**tür** *f* porte matelassée, rembourrée; ~**ung** *f* ⟨~; ~en⟩ *cf.* Polster, 2n II.

Polter|abend [ˈpɔltərˌʔaːbənt] *m in Deutschland* soirée, fête bruyante de veille des noces; ~**er** *m* ⟨~s; ~⟩ **1.** tapageur *m*; **2.** *fig.* grondeur *m*; bougon *m*; ~ˌ**geist** *m* ⟨~(e)s; ~er⟩ esprit frappeur; lutin *m*; 2**n I** *v/i.* ⟨-(e)re, h⟩ *Sachen* faire du bruit (en tombant, en roulant); *Personen* faire du tapage, du vacarme, F du tintamarre; F tapager; (*schelten*) parler avec emportement; crier fort; maugréer; tempêter; **II** ~**n** *n* ⟨~s⟩ tapage *m*; fracas *m*; vacarme *m*; F tintamarre *m*.

Poly|andrie [po·ly·anˈdriː] *f* ⟨~⟩ polyandrie *f*; 2ˈ**andrisch** *adj.* polyandre; 2ˈ**chrom** *adj.* polychrome; ~**chroˈmie** *f* ⟨~; -ien⟩ polychromie *f*; ~ˈ**eder** *n* ⟨~s; ~⟩ *math.* polyèdre *m*; 2ˈ**edrisch** *adj. math.* polyédrique; 2ˈ**gam** *adj.* polygame; ~**gaˈmie** *f* ⟨~⟩ polygamie *f*; ~**gaˈmist** *m* ⟨~en; ~en⟩ polygame *m*; 2ˈ**glott** *adj.* polyglotte; ~ˈ**glotte** *f* ⟨~; ~n⟩ polyglotte *f*; ~ˈ**glottenˌbibel** *f* bible *f* polyglotte; ~ˈ**gon** *n* ⟨~s; ~e⟩ *math.* polygone *m*; 2**goˈnal** *adj.* polygonal; ~**kulˈtur** *f agr.* polyculture *f*; 2ˈ**mer** *adj. chim.* polymère; ~**meˈrie** *f* ⟨~; -ien⟩ *chim.* polymérie *f*; ~**merisaˈtiˈon** *f* ⟨~⟩ *chim.* polymérisation *f*; 2**meriˈsieren** *v/t.* ⟨*pas de ge-*, h⟩ *chim.* polymériser; ~**meriˈsierung** *f* ⟨~⟩ *cf.* ~merisation; 2ˈ**morph** *adj.* polymorphe; ~**morˈphismus** *m* ⟨~⟩ polymorphie *f*; polymorphisme *m*; ~ˈ**nesier(in)** *m* ⟨~s; ~⟩ (*f*) ⟨~; ~nen⟩ Polynésien, -nne *m, f*; 2ˈ**nesisch** *adj.* polynésien, -nne; ~ˈ**nom** *n* ⟨~s; ~e⟩ *math.* polynôme *m*.

Polyp [po·ˈlyːp] *m* ⟨~en; ~en⟩ *zo., méd.* polype *m*; F *fig.* (*Polizist*) flic *m*; *cf. auch* Polizist; ~**enˌarm** *m zo.* bras *m*, tentacule *m* de polype; 2**enˌartig** *adj.* polypeux, -euse.

poly|phon [po·ly·ˈfoːn] *adj. mus.* polyphone; 2**phoˈnie** *f* ⟨~⟩ *mus.* polyphonie *f*; ~ˈ**phonisch** *adj.* polyphonique; 2ˈ**techniker** *m* celui qui a une formation, éducation polytechnique; 2ˈ**technikum** *n* école *f* formant des techniciens supérieurs; ~ˈ**technisch** *adj.* polytechnique; 2**theˈismus** *m* polythéisme *m*; 2**theˈist** *m* polythéiste *m*; ~**theˈistisch** *adj.* polythéiste.

Pomad|e [po·ˈmaːdə] *f* ⟨~; ~n⟩ pommade *f*; 2**ig** F *fig. adj.* flegmatique; F qui ne se bile pas; qui ne se foule pas la rate; qui ne se la foule pas; ein ~er Mensch F un endormi; un lambin; 2**iˈsieren** *v/t.* ⟨*pas de ge-*, h⟩ pommader.

Pomeranze [po·məˈrantsə] *f* ⟨~; ~n⟩ *bot. Frucht* bigarade *f*; *Baum* bigaradier *m*; ~**nˌbaum** *m bot.* bigaradier *m*; ~**nˌöl** *n* néroli *m*.

Pommer|(in) [ˈpɔmər(ɪn)] *m* ⟨~n; ~n⟩ (*f*) ⟨~; ~nen⟩ Poméranien, -nne *m, f*; 2**(i)sch** *adj.* poméranien, -nne.

Pomolo|ge [po·mo·ˈloːgə] *m* ⟨~n; ~n⟩ pomologue *od.* pomologiste *m*; ~ˈ**gie** *f* ⟨~⟩ pomologie *f*; 2**gisch** *adj.* pomologique.

Pomp [pɔmp] *m* ⟨~(e)s⟩ pompe *f*; faste *m*; apparat *m*; somptuosité *f*; F *iron.* tralala *m*.

Pompej|aner(in) [pɔmpe·ˈjaːnər(ɪn)] *m* ⟨~s; ~⟩ (*f*) ⟨~; ~nen⟩ Pompéien, -nne *m, f*; 2**anisch**, 2**isch** [-ˈpeːjɪʃ] *adj.* de Pompéi; pompéien, -nne.

pomphaft [ˈpɔmphaft] **1.** *adj.* pompeux, -euse; fastueux, -euse; somptueux, -euse; splendide; **2.** *adv.* avec pompe, faste, somptuosité; pompeusement; somptueusement; 2**igˌkeit** *f* ⟨~⟩ *cf.* Pomp.

Pompon [põːˈpõː, pɔmˈpõː, ˈpõːpõː, ˈpɔmpɔŋ] *m* ⟨~s; ~s⟩ pompon *m*.

pompös [pɔmˈpøːs] *adj. cf.* pomphaft.

Poncho [ˈpɔntʃo·] *m* ⟨~s; ~s⟩ poncho *m*.

poncieren [põˈsiːrən, pɔŋ-] *v/t.* ⟨*pas de ge-*, h⟩ poncer.

Pond [pɔnt] *n* ⟨~s; ~⟩ (*abr.* p) gramme-force *m* (*abr.* gf); gramme-poids *m* (*abr.* gp).

Pöniten|tiar [pø·ni·tɛntsi·ˈaːr] *m* ⟨~s; ~e⟩ *cf.* Beichtvater; ~**z** [-ˈtɛnts] *f* ⟨~; ~en⟩ *cf.* Buße.

Ponti|fex [ˈpɔnti·fɛks] *m* ⟨~; -ˈtifizes⟩ *hist.* pontife *m*; 2**fiˈkal** *adj.* pontifical; ~**fiˈkalˌamt** *n égl. cath.* messe pontificale; ~**fiˈkalien** *pl. égl. cath.* habits, ornements pontificaux; ~**fiˈkat** *n od. m* ⟨~(e)s; ~e⟩ *égl. cath.* pontificat *m*.

Pontius [ˈpɔntsi·ʊs] *m* F *fig.* j-n von ~ zu Pilatus schicken *cf.* Pilatus.

Ponton [põˈtõː, pɔn-, ˈpɔntɔŋ] *m* ⟨~s; ~s⟩ bateau *m* à pont; ponton *m*; ~ˌ**brücke** *f* pont *m* de bateaux; pont flottant.

Pony [ˈpɔni·, ˈpoːni·] *n* ⟨~s; ~s⟩ *zo.* poney *m*; ~**friˌsur** *f cf.* Pagenkopf.

Pool [puːl] *m* ⟨~s; ~s⟩ pool [puːl] *m*; ~ˌ**abkommen** *n* accord *m* de pool.

Popanz [ˈpoːpants] *m* ⟨~es; ~e⟩ (*Schreckgespenst*) croque-mitaine *m*; (*Scheuche*) épouvantail *m*; mannequin *m*.

Pope [ˈpoːpə] *m* ⟨~n; ~n⟩ *relig.* pope *m*.

Popel [ˈpoːpəl] F *m* ⟨~s; ~⟩ croûte nasale; 2**ig** F *adj.* (*armselig*) pitoyable; misérable; (*nicht freigebig*) F ladre; pingre; rapiat; radin; chien, -nne.

Popelin [po·pəˈliːn] *m* ⟨~s; ~e⟩, ~**e** *f* ⟨~⟩ *text.* popeline *f*.

popeln [ˈpoːpəln] F *v/i.* ⟨-(e)le, h⟩ fourrer les doigts dans son nez; se fourrer les doigts dans le nez; fouiller dans son nez.

poplig [ˈpoːplɪç] F *adj. cf.* popelig.

Popo [po·ˈpoː] F *m* ⟨~s; ~s⟩ *cf.* Podex.

popu|lär [pɔpu·ˈlɛːr] *adj.* populaire; *advt.* ~ machen *cf.* ~larisieren; sich ~ machen se rendre populaire; ~**lariˈsieren** *v/t.* ⟨*pas de ge-*, h⟩ populariser; rendre populaire; vulgariser; 2**lariˈsierung** *f* ⟨~; ~en⟩ popularisation *f*; vulgarisation *f*; 2**lariˈtät** *f* ⟨~⟩ popularité *f*; ~ˈ**lärˌwissenschaftlich** *adj.* de vulgarisation scientifique.

Por|e [ˈpoːrə] *f* ⟨~; ~n⟩ pore *m*; 2**ig** *adj. cf.* porös.

Pornograph|ie [pɔrno·graˈfiː] *f* ⟨~⟩ pornographie *f*; 2**isch** [-ˈgraː-] *adj.* pornographique.

por|ös [po·ˈrøːs] *adj.* poreux, -euse; 2**osiˈtät** *f* ⟨~⟩ porosité *f*.

Porphyr [ˈpɔrfyr, -fyːr, -ˈfyːr] *m* ⟨~s; ~e⟩ *minéral.* porphyre *m*; 2ˌ**artig**, 2**isch** [-ˈfyː-] *adj.* porphyrique; porphyritique; porphyroïde.

Porree [ˈpɔre·] *m* ⟨~s; ~s⟩ *bot.* poireau *od.* porreau *m*.

Portal [pɔrˈtaːl] *n* ⟨~s; ~e⟩ *bât.* portail *m*; *techn., e-s Krans* portique *m*; ~ˌ**kran** *m techn.* grue *f* à portique.

Portativ [pɔrtaˈtiːf] *n* ⟨~s; ~e⟩ *mus.* (orgue *m*) portatif *m*.

Porte|feuille [pɔrtˈføːj] *n* ⟨~s; ~s⟩ *e-s Ministers* portefeuille *m*; Minister ohne ~ ministre sans portefeuille; ~**moˈnnaie** [-ˈnɛ] *n* ⟨~s; ~s⟩ porte-monnaie *m*; ~ˈ**pee** [-te·-] *n* ⟨~s; ~s⟩ dragonne *f*.

Porter [ˈpɔrtər] *m* ⟨~s; ~⟩ (~*bier*) porter [-ɛr] *m*.

Portier [pɔrti·ˈeː] *m* ⟨~s; ~s⟩ *cf.* Pförtner.

Portiere [pɔrti·ˈɛːrə] *f* ⟨~; ~n⟩ portière *f*.

Portier|sfrau [pɔrti·ˈeːsˌfraʊ] *f* femme *f* du concierge; *cf. auch* Pförtnerin; ~ˌ**loge** *f cf.* Pförtnerloge.

Portikus [ˈpɔrti·kʊs] *m* ⟨~; ~⟩ *bât.* portique *m*.

Portion [pɔrtsi·ˈoːn] *f* ⟨~; ~en⟩ (*Anteil*) part *f*; *an Speisen* portion *f*; *milit.* ration *f*; F *fig.* e-e halbe ~ une demi-portion (d'homme); e-e gehörige ~ Dummheit une dose, une couche (de bêtise); 2**enˌweise**, 2**sˌweise** *adv.* par portions.

Porto [ˈpɔrto·] *n* ⟨~s; ~s *od.* -ti⟩ port *m*; affranchissement *m*; taxe postale; zuzüglich ~ port en sus; port non compris; das ~ beträgt … l'affranchissement est de …; ~ˌ**auslagen** *f/pl.* frais *m/pl.* de port; ~ˌ**buch** *n* livre *m* de frais postaux; ~**erˌmäßigung** *f* réduction *f* du port; détaxe *f*; 2ˌ**frei** **1.** *adj.* franc, franche de port; en franchise; **2.** *adv.* franco (de port); franc de port; e-n Brief ~ schicken envoyer une lettre franc(he) de port; ~ˌ**freiheit** *f* franchise postale; ~ˌ**kasse** *f* caisse *f* pour frais de port; ~ˌ**kosten** *pl.* frais *m/pl.* d'affranchissement; taxe *f*; 2ˌ**pflichtig** *adj.* soumis à la taxe postale, à l'affranchissement; port dû, à percevoir; ~e Dienstsache pli officiel en port dû; ~ˌ**satz** *m* tarif *m* d'affranchissement; tarif postal; ~ˌ**spesen** *pl. cf.* ~auslagen; ~**verˌgütung** *f* remboursement *m* de frais de port.

Porträt [pɔrˈtrɛː, -ˈtrɛːt] *n* ⟨~s; ~s; *bei dt.Ausspr.* ~(e)s; ~e⟩ portrait *m*; 2**ieren** [-ˈtiː-] *v/t.* ⟨*pas de ge-*, h⟩ portraiturer; faire le portrait de (qn.); ~ˌ**maler(in)** *m* (*f*) portraitiste *m, f*; ~**maleˌrei** *f* (art *m* du) portrait *m*; ~**photoˌgraph(in)** *m* (*f*) photographe *m, f* spécialisé(e) dans le portrait; *néol.* portraitiste *m, f*.

Portugies|e [pɔrtu·ˈgiːzə] *m* ⟨~n; ~n⟩, ~**in** *f* ⟨~; ~nen⟩ Portugais, -e *m, f*; 2**isch** *adj.* portugais; die ~e Sprache, das 2e la langue portugaise; le portugais.

Portulak [ˈpɔrtu·lak] *m* ⟨~s; ~e *od.* ~s⟩ *bot.* pourpier *m*.

Portwein [ˈpɔrtvaɪn] *m* porto *m*; vin *m* de Porto.

Porzellan [pɔrtsɛˈlaːn, -tsə-] *n* ⟨~s; ~e⟩ porcelaine *f*; *fig.* unnötig ~ zerschlagen faire de la casse pour rien; casser les vitres, les carreaux pour rien; 2**en** *adj.* de *od.* en porcelaine; ~ˌ**erde** *f* terre *f* à porcelaine; kaolin *m*; ~**geˌschirr** *n* porcelaine *f*; ~**inˈdusˌtrie** *f* industrie porcelainière; ~ˌ**kiste** *f* F Vorsicht ist die Mutter der ~ *cf.* Vorsicht; ~ˌ**laden** *m* F *fig.* sich wie der Elefant im ~ benehmen être comme un éléphant dans un magasin de porcelaine; **~ˌmaler(in)** *m (f)* (artiste) décorateur *m*, -trice *f* sur porcelaine; **~maleˌrei** *f* peinture *f* sur porcelaine; **~manufakˌtur** *f* manufacture *f* de porcelaine; **~ˌmasse** *f* pâte *f* de porcelaine; **~ˌschnecke** *f zo.* porcelaine *f*; **~ˌteller** *m* assiette *f* en porcelaine; **~ˌwaren** *f/pl.* porcelaine(s) *f (pl.)*.

Posamen|ten [po·za'mɛntən] *n/pl.* passementerie *f*; **~ter(in)** *m* ⟨~s; ~⟩ *(f)* ⟨~; ~nen⟩ passementier, -ère *m, f*; **~'tier** *m* ⟨~s; ~e⟩ *cf.* ~ter; **2'tieren** *v/t.* ⟨*pas de ge-*, h⟩ passementer; **~'tierer(in)** *m* ⟨~s; ~⟩ *(f)* ⟨~; ~nen⟩ *cf.* ~ter(in); **~'tierˌwaren** *f/pl.* passementerie *f*.

Posaun|e [po'zaunə] *f* ⟨~; ~n⟩ *mus.* trombone *m*; *bibl.* **die ~ des Jüngsten Gerichts** la trompette du jugement dernier; **2en** *v/i.* ⟨*pas de ge-*, h⟩ jouer du trombone; **~enˌbläser** *m* tromboniste *m*; (joueur *m* de) trombone *m*; **~enˌengel** *m* F ange bouffi; **~enˌruf** *m*, **~enˌschall** *m*, **~enˌton** *m* son *m* des trombones, *bibl.* des trompettes; **~ist** [-'nɪst] *m* ⟨~en; ~en⟩ *cf.* ~enbläser.

poschieren [pɔ'ʃiːrən] *v/t.* ⟨*pas de ge-*, h⟩ *cuis.*, *Eier* pocher.

Po|se ['poːzə] *f* ⟨~; ~n⟩ pose *f (auch peint., phot.)*; **das ist nur ~** ce n'est que de la pose; **~'seur** *m* ⟨~s; ~e⟩ poseur *m*; **2'sieren** *v/i.* ⟨*pas de ge-*, h⟩ poser; prendre une pose.

Position [po·zi·tsi·'oːn] *f* ⟨~; ~en⟩ **1.** (*Stellung, Lage*) position *f (auch mar., aviat.)*; (*berufliche Stellung*) *auch* place *f*; emploi *m*; poste *m*; situation *f*; **in untergeordneter ~** dans une position subalterne; **in einflußreicher ~** en 'haut lieu; **erstklassige ~** belle situation; F bonne mèche; **2.** *comm.* (*Rechnungsposten*) poste *m*; chapitre *m* (d'un budget); **~sˌlampe** *f*, **~slaˌterne** *f*, **~sˌlicht** *n* ⟨~(e)s; ~er⟩ *mar., aviat.* feu *m* de position; **~sˌmeldung** *f* rapport *m*, signalisation *f* de position.

positiv ['poːzi·ˌtiːf, -'tiːf] **I** *adj.* positif, -ive (*auch élect., méd., math.*); (*bejahend*) *auch* affirmatif, -ive; **~es Wissen** solide culture; **e-e ~e Antwort** une réponse positive, affirmative; **e-e ~e Einstellung zu etw. haben** être favorable à qc.; être partisan de qc.; *advt.* **ich weiß es ~** je le sais positivement; **II 2¹** *m* ⟨~s; ~e⟩ *gr.* positif *m*; **2²** *n* ⟨~s; ~e⟩ *phot.* épreuve positive; positif *m (auch mus.)*; **2ˌbild** *n opt.* image positive; *phot. cf.* **positiv II²**; **~-eˌlektrisch** *adj. phys.* chargé d'électricité positive.

Positivis|mus [po·zi·ti·'vɪsmʊs] *m* ⟨~⟩ *philos.* positivisme *m*; **~t** *m* ⟨~en; ~en⟩ positiviste *m*; **2tisch** *adj.* positiviste.

Positron ['poːzi·troːn] *n* ⟨~s; -'tronen⟩ *phys.* posit(r)on *m*; **~zerˌfall** *m* désintégration *f* positogène; désintégration *f* avec émission de posit(r)on.

Positur [po·zi·'tuːr] *f* ⟨~; ~en⟩ posture *f*; pose *f*; **sich in ~ setzen** prendre une pose; *esc.* se mettre en garde.

Posse ['pɔsə] *f* ⟨~; ~n⟩ **1. ~n reißen** faire des farces, des facéties [-si]; faire le bouffon, le farceur, le pitre, le facétieux [-sjø]; se livrer à des facéties, à des bouffonneries; dire des balivernes; F baliverner; **~n!** chansons que tout cela!; des balivernes!; des blagues!; des sornettes!; allons donc!; à d'autres!; **2.** *thé.* farce *f*; pièce *f* burlesque; **~n** *m* ⟨~s; ~⟩ mauvais tour; fumisterie *f*; pitrerie *f*; F niche *f*; **j-m e-n ~ spielen** jouer un (bon *od.* mauvais) tour à qn.; F faire des niches à qn.; **j-m etw. zum ~ tun** faire qc. en dépit de qn.; **2nˌhaft** *adj.* burlesque; facétieux [-sjø], -euse; bouffon, -nne; grotesque; **~nˌhaftigkeit** *f* ⟨~⟩ burlesque *m*; grotesque *m*; bouffonnerie *f*; **~nˌreißer** *m* farceur *m*; bouffon *m*; facétieux [-sjø] *m*; pitre *m*; guignol *m*; paillasse *m*; **~nˌspiel** *n cf.* Posse 2.

possessiv ['pɔsɛˌsiːf, -'siːf] **I** *adj.* possessif, -ive; **II 2** *n* ⟨~s; ~e⟩, **2proˌnomen** *n*, **2um** [-'siː-] *n* ⟨~s; -va⟩ *gr.* (adjectif *m*, pronom *m*) possessif *m*.

possierlich [pɔ'siːrlɪç] *adj.* drôle; F rigolo.

Post [pɔst] *f* ⟨~⟩ **1.** poste *f*; (*~amt*) (bureau *m* de) poste *f*; hôtel *m* des postes; **per ~** par voie postale; par la poste; **bei der ~ aufgeben** poster; mettre à la poste; **auf die ~ gehen** aller à la poste; **mit der ~ schicken** envoyer par la poste; **2.** (*ankommende, abgehende Postsendung*) courrier *m*; **mit umgehender ~** par retour du courrier; **mit gleicher ~** par le même courrier; **die ~ durchsehen** dépouiller le courrier; **die ~ erledigen** faire le courrier; **~ˌabholung** *f* retrait *m* du courrier au bureau de poste; **~ˌablage** *f* dépôt *m*, casier *m* du courrier; **~ˌabschnitt** *m e-r Postanweisung* talon *m* de mandat-poste; **2alisch** [-'taː-] *adj.* postal.

Postament [pɔsta'mɛnt] *n* ⟨~(e)s; ~e⟩ *bât.* piédestal *m*.

Post|amt ['pɔstˀamt] *n cf.* **Post 1.**; **2ˌamtlich** *adj.* postal; **~ˌanschrift** *f* adresse postale; **~ˌanweisung** *f* mandat-poste *m*; mandat postal; *mit Abschnitt für Mitteilungen* mandat-carte *m*; **telegraphische ~** mandat télégraphique, envoyé par télégramme; **~ˌauftrag** *m* recouvrement postal; **~ˌausgabe** *f* distribution *f* du courrier; **~ˌauto** *n* auto postale; *in Deutschland* (*Überland2*) (auto)car postal; **~beˌamte(r)** *m*, **~beˌamtin** *f* employé, -e *m, f* des postes; F postier, -ère *m, f*; **~beˌförderung** *f* transport postal; **~beˌhörde** *f* administration postale; **~beˌzirk** *m* circonscription postale; **~beˌzug** *m e-r Zeitung* abonnement postal; **~ˌbote** *m*, **~ˌbotin** *f* facteur, -trice *m, f*; **~bus** *m in Deutschland* (auto)car, autobus postal; **~ˌdampfer** *m* paquebot *m*; bateau-poste *m*; malle-poste *f*; F malle *f*; **2daˈtieren** *v/t.* ⟨*pas de ge-*, h⟩ antidater; postdater; **~deˌbit** *m* ⟨~s⟩ distribution postale des journaux; distribution *f* des journaux par la poste; **~dienst** *m* service postal, des postes; **~direktiˌon** *f* direction *f* des postes; **~diˌrektor** *m* directeur *m* des postes; **~ˌeingang** *m* courrier *m* arrivé; **~ˌeinlieferungsˌschein** *m* récépissé postal.

Posten ['pɔstən] *m* ⟨~s; ~⟩ **1.** (*Stellung, Amt*) poste *m*; charge *f*; place *f*; emploi *m*; **auf s-m ~ sein** être à son poste; faire son devoir; **von s-m ~ abberufen** rappeler de son poste; *fig.* **auf dem ~ sein** (*aufpassen*) faire attention; prendre garde; *gesundheitlich* être bien portant; F être solide au poste; **nicht auf dem ~ sein** ne pas se sentir bien; F ne pas être dans son assiette; ne pas être d'attaque; **wieder auf dem ~ sein** être rétabli; être de nouveau d'aplomb, sur pied; **2.** *comm.* (*Waren2*) lot *m*; partie *f*; (*Rechnungs2*) article *m* (d'un compte); (*Summe*) somme *f*; **e-n ~ eintragen** passer écriture d'un article; inscrire un article; passer un article en compte; **e-n ~ auswerfen** émarger un article; **e-n ~ streichen, stornieren** contre-passer un article, une écriture; **in kleinen ~ bezahlen** payer par petites sommes; **3.** *milit.* (*Wacht2*) poste *m*; sentinelle *f*; **(auf) ~ stehen** être en sentinelle; être de faction, de garde, de planton; **e-n ~ ablösen** relever un poste, une sentinelle; **vorgeschobener ~** poste avancé; avant-poste *m*; *fig.* **auf verlorenem ~ kämpfen** défendre une position perdue; lutter en vain; **~ˌablösung** *f milit.* relève *f* de la sentinelle; **~ˌaufstellung** *f milit.* pose *f* des sentinelles; **~ˌjäger** *péj. m* F chasseur *m* de bonnes places; **~ˌkette** *f*, **~ˌlinie** *f milit.* ligne *f* de(s) sentinelles; ligne *f* des *od.* d'avant-postes; **2ˌweise** *adv. comm.* par articles.

Post|fach ['pɔstfax] *n in Büros* case *f* à courrier; *bei der Post* boîte postale; **~ˌflagge** *f* fanion *m* de la poste; **~ˌflugzeug** *n* avion postal; courrier *m*; **~ˌformblatt** *n* formule postale; formulaire postal; **2frisch** *adj. Marke* non oblitéré; **~geˌbäude** *n cf.* Post 1.; **~geˌbühr** *f* taxe postale; **~geˌheimnis** *n* secret postal; **~geˌhilfe** *m* auxiliaire *m* des postes; **~ˌhalter** *m* ⟨~s; ~⟩ *früher* maître *m* de poste; *heute* directeur *m* d'un bureau de poste auxiliaire; **~halteˌrei** *f* ⟨~; ~en⟩ *früher* poste *f* (aux chevaux); relais *m*; **~ˌhilfsstelle** *f* (bureau *m* de) poste *f* auxiliaire; recette *f* auxiliaire des postes; **~horn** *n* cor *m* de postillon.

posthum [pɔst'huːm] *adj. cf.* **postum**.

postier|en [pɔs'tiːrən] *v/t.* (*u. v/réfl.*) ⟨*pas de ge-*, h⟩ (se) poster; **2ung** *f* ⟨~⟩ *milit.* mise *f* en place des postes et sentinelles.

Postille [pɔs'tɪlə] *f* ⟨~; ~n⟩ sermonnaire *m*.

Postillion [pɔstɪl'joːn, 'pɔs-] *m* ⟨~s; ~e⟩ postillon *m*.

Post|karte ['pɔstˌkartə] *f* carte postale; **~ mit Rückantwort** carte-réponse *f*; **~kartenˌgröße** *f* format *m* carte postale; **~ˌkasten** *m* boîte *f* aux lettres; **~konventiˌon** *f* convention postale; **~ˌkraftfahrˌdienst** *m in Deutschland* service *m* des (auto)cars, autobus postaux; **~ˌkutsche** *f* diligence *f*; courrier *m*; **2ˌlagernd** *adjt. u. advt.* (en) poste restante; **~ˌleitstelle** *f* centre *m* d'acheminement postal; **~ˌleitzahl** *f* numéro *m* de (la) zone postale; **~ˌmeister** *m* directeur *m* d'un bureau de poste; *auf dem Lande* receveur *m* des postes; *früher* maître *m* de poste; **~miˌnister** *m* ministre *m* des P.T.T. (postes, télégraphes et téléphones) *od.* des P. et T. (postes et télécommunications); **~ˌnebenstelle** *f cf.* Posthilfsstelle.

postnumerando [pɔstnu·me·'rando·] *adv.* **~ bezahlen** payer après coup, postérieurement, *am Monatsende* à terme échu.

postoperativ [pɔstˀo·pe·ra'tiːf] **1.** *adj. méd.* postopératoire; **2.** *adv.* après (l')opération.

Post|paket ['pɔstpaˌkeːt] *n* colis postal; **~raub** *m* **e-n ~ begehen** commettre un vol à la poste; **~ˌsachen** *f/pl.* courrier *m*; **~sack** *m* sac postal; **~ˌschaffner** *m* (postier *m*) ambulant *m*; **~ˌschalter** *m* guichet *m* (de la poste); **~scheck** *m* chèque postal;

~scheck|amt *n* centre *m*, bureau *m*, service *m*, office *m* des chèques postaux; **~scheck|konto** *n* compte *m* de chèque postal; compte courant postal (*abr.* C.C.P.); compte *m* chèque postal; **~scheckver|kehr** *m* service *m*, trafic *m* des chèques postaux; **~schiff** *n cf.* Postdampfer; **~|schließfach** *n cf.* Postfach; **~|sendung** *f* envoi postal, par la poste.
Postskript(um) [pɔst'skrɪpt(ʊm)] *n* ⟨~(e)s; ~e⟩ (*n*) ⟨~s; -ta⟩ (*abr.* PS) post-scriptum *m* (*abr.* P.S.).
Post|sparbuch ['pɔst|ʃpɑːrbuːx] *n* livret *m* de caisse d'épargne postale; **~|sparkasse** *f* caisse *f* d'épargne postale; **~|sperre** *f* blocage postal; interdiction *f* de correspondre; **~|stelle** *f* recette *f* des postes; **~|stempel** *m* timbre *m* de la poste; Datum des ~s date de la poste; **~tag** *m fig.* e-n ~ zu spät kommen arriver un peu trop tard; das kommt e-n ~ zu spät F c'est de la moutarde après dîner; **~ta|rif** *m* tarif postal; **~|tasche** *f des Briefträgers* sacoche *f* (de facteur); **~über|wachung** *f* contrôle postal; **~über|weisung** *f* virement postal.
Postu|lat [pɔstu·'lɑːt] *n* ⟨~(e)s; ~e⟩ postulat *m*; exigence *f*; **2'lieren** *v/t.* ⟨*pas de ge-*, h⟩ postuler; exiger.
postum [pɔs'tuːm] *adj.* posthume.
Post|verein ['pɔstfɛr|ʔaɪn] *m* union postale; **~ver|kehr** *m* trafic, service postal; **~ver|merk** *m* indication *f* de service; **~ver|teilung** *f* distribution *f* du courrier; **~ver|waltung** *f* administration *f* des postes; **~|vollmacht** *f* procuration postale; **~|wagen** *m chem.* wagon-poste *m*; wagon postal; **~weg** *m* auf dem ~ par la poste; par voie postale; **2|wendend** *adv.* par retour du courrier; **~|wertsendung** *f* envoi *m* avec valeur déclarée; **~|wertzeichen** *n* timbre-poste *m*; **~|wesen** *n* postes *f/pl.*; **~zen|sur** *f* censure postale; **~zug** *m chem.* train-poste *m*; **~|zustell|dienst** *m* service *m* de factage; **~|zusteller** *m* ⟨~s; ~⟩ facteur *m*; **~|zustellung** *f* factage *m*; remise *f* par la poste; distribution *f* du courrier.
potent [po·'tɛnt] *adj.* puissant; **2at** [-'tɑːt] *m* ⟨~en; ~en⟩ potentat *m*; **~i'al I** *adj. philos., phys.* potentiel, -lle; **II 2i'al** *n* ⟨~s; ~e⟩ *élect., phys.* potentiel *m* (*auch fig.*); wirtschaftliches ~ potentiel économique; **2i'alis** *m* ⟨~; -les⟩ *gr.* (mode *m*) potentiel *m*; **~i'ell** *adj. phys., philos. cf.* ~ial I; *fig.* virtuel, -lle; **2io'meter** *n* ⟨~s; ~⟩ *élect.* potentiomètre *m*; **~io'metrisch** *adj. élect.* potentiométrique.
Potenz [po·'tɛnts] *f* ⟨~; ~en⟩ *math.* puissance *f*; *physiol. auch* faculté *f* génésique; zweite ~ deuxième puissance; carré *m*; e-e Zahl in die dritte ~ erheben élever un nombre au cube, à la troisième puissance; *fig.* in höchster ~ souverainement; extrêmement; **~expo|nent** *m math.* exposant *m*; **2i'ell** *adj. cf.* potential I; **2ieren** [-'tsiː-] *v/t.* ⟨*pas de ge-*, h⟩ *math.* élever à la nième puissance.
Potpourri ['pɔtpʊri·] *n* ⟨~s; ~s⟩ *mus.* pot-pourri *m*.
Pott|asche ['pɔt|ʔaʃə] *f* ⟨~⟩ *chim.* (carbonate *m* de) potasse *f*; **~wal** *m zo.* cachalot *m*.
potz [pɔts] *int.* ~ Blitz!, ~ Wetter! peste!; sapristi!; sacristi!; morbleu!; diable!; saperlipopette!; sacrebleu!; bigre!; **~'tausend** *int. cf.* potz.
Poularde [pu·'lardə] *f* ⟨~; ~n⟩ poularde *f*.
poussier|en [pu·'siːrən, pʊ-] F *v/t. u. v/i.* ⟨*pas de ge-*, h⟩ faire la cour à; flirter avec; courtiser (qn.); **2|stengel** F *m* flirteur *m*.
power ['poːvər] F *adj.* pauvre; misérable; pitoyable.
Pozz(u)olanerde [pɔts(u·)o·'lɑːn|ʔeːrdə] *f minéral.* pouzzolane *f*.
Prä [prɛː] F *n* das ~ vor j-m haben avoir la primauté, le pas sur qn.
Prä|ambel [prɛ'ambəl] *f* ⟨~; ~n⟩ préambule *m*; **~ben'dar(ius)** *m* ⟨~s; ~e⟩ (*m*) ⟨~; -ien⟩ *égl. cath.* prébendier *m*; **~'bende** *f* ⟨~; ~n⟩ *égl. cath.* prébende *f*.
Pracht [praxt] *f* ⟨~⟩ magnificence *f*; (*Aufwand*) somptuosité *f*; luxe *m*; *feierliche* pompe *f*; *überladene* faste *m*; apparat *m*; (*Glanz*) splendeur *f*; richesse *f*; ~ entfalten faire étalage de luxe; F *fig.* es war e-e wahre ~ c'était magnifique; **~|ausgabe** *f* édition *f* de luxe; **~band** *m* reliure *f* de luxe; **~bau** *m* ⟨~(e)s; ~ten⟩ édifice *m*, bâtiment *m* magnifique; palais *m*; **~ent|faltung** *f* étalage *m* de luxe; pompe *f*; apparat *m*; **~exem|plar** *n* exemplaire *m* superbe, (*Luxusexemplar*) de luxe; F *fig. cf.* Prachtmensch, Prachtkerl.
prächtig ['prɛçtɪç] *adj.* magnifique; brillant; somptueux, -euse; pompeux, -euse; fastueux, -euse; luxueux, -euse; (*prachtvoll*) superbe; splendide; (*köstlich*) délicieux, -euse; (*vortrefflich*) excellent; *Wetter* magnifique; superbe.
Pracht|kerl ['praxtkɛrl] F *m* F chic, brave type; type épatant; *cf. auch* ~mensch; **~|liebe** *f* goût *m* du luxe, du faste; **2|liebend** *adjt.* qui aime le luxe, le faste, la pompe; **~mensch** *m* F bonne, chic nature; bonne pâte; nature épatante; *cf. auch* ~kerl; **~|straße** *f* artère *f*, avenue *f*, boulevard *m* magnifique; **~stück** *n* pièce *f*, morceau *m*, exemplaire *m* superbe; F *fig. cf.* ~kerl, ~mensch; **2voll** *adj. cf.* prächtig.
Prädestin|ation [prɛdestiˑnatsiˑ'oːn] *f* ⟨~⟩ *philos.* prédestination *f*; **~ati'ons|lehre** *f* doctrine *f* de la prédestination; **2ieren** [-'niː-] *v/t.* ⟨*pas de ge-*, h⟩ prédestiner; **~ierung** [-'niː-] *f* ⟨~⟩ *cf.* ~ation.
Prädikant [prɛdi·'kant] *m* ⟨~en; ~en⟩ *relig.* prédicateur *m*.
Prädikat [prɛdi·'kɑːt] *n* ⟨~(e)s; ~e⟩ **1.** *gr.* verbe *m*; **2.** (*Rangbezeichnung*) titre *m*; **3.** *écol.* (*Zensur*) note *f*; **~s|nomen** *n gr.* attribut *m* du sujet; prédicat *m*; **2iv** [-'tiːf] **1.** *adj.* attributif, -ive; **2.** *adv.* en *od.* comme attribut.
prädispo|nieren [prɛdɪspo·'niːrən] *v/t.* ⟨*pas de ge-*, h⟩ prédisposer; **2siti'on** *f* ⟨~; ~en⟩ prédisposition *f*.
prädominieren [prɛdo·mi·'niːrən] *v/i.* ⟨*pas de ge-*, h⟩ prédominer.
Präexistenz [prɛʔɛksɪs'tɛnts] *f* ⟨~⟩ *philos.* préexistence *f*.
Präfation [prɛfatsi·'oːn] *f* ⟨~; ~en⟩ *égl. cath.* préface *f*.
Präfekt [prɛ'fɛkt] *m* ⟨~en; ~en⟩ *in Frankreich* préfet *m*; **~ur** [-'tuːr] *f* ⟨~; ~en⟩ préfecture *f*.
Präferenz [prɛfe·'rɛnts] *f* ⟨~; ~en⟩ *comm.* préférence *f*; **~...** *in Zssgn.* préférentiel, -lle; de préférence; **~|spanne** *f* marge *f* de préférence; **~sys|tem** *n* système préférentiel; **~ta|rif** *m* tarif préférentiel; **~|zoll** *m* droit préférentiel.
Präfix [prɛ'fɪks] *n* ⟨~es; ~e⟩ *gr.* préfixe *m*.
Präform|ation [prɛfɔrmatsi·'oːn] *f* ⟨~⟩ *biol.* préformation *f*; **2ieren** [-'miː-] *v/t.* ⟨*pas de ge-*, h⟩ préformer; **~ierung** [-'miː-] *f* ⟨~⟩ *cf.* ~ation.
Präge ['prɛːgə] *f* ⟨~; ~n⟩, **~|anstalt** *f* Monnaie *f*; Hôtel *m* des Monnaies; **~|bild** *n* empreinte *f*, figure *f* en relief; **~|druck** *m* ⟨~(e)s; ~e⟩ *impr.* impression *f* en relief; *text.* gaufrure *f*; *techn.* estampage *m*; **~|eisen** *n Münzwesen* coin *m*; **~|form** *f* matrice *f*; estampe *f*; **2n** *v/t.* ⟨h⟩ *métall.* estamper; *impr., fig.* empreindre; *nur fig.* donner son empreinte à; former; Münzen ~ battre monnaie; frapper de la monnaie; monnayer; ein Wort ~ créer, consacrer un mot; **~|presse** *f* estampeuse *f*.
Prager ['prɑːgər] **I** *m* ⟨~s; ~⟩ habitant *m* de Prague; **II** *adj.* ⟨*inv.*⟩ de Prague; **~in** *f* ⟨~; ~nen⟩ habitante *f* de Prague.
Präge|r ['prɛːgər] *m* ⟨~s; ~⟩ *techn.* estampeur *m*; *Münzwesen* monnayeur *m*; **~|stempel** *m* **1.** *cf.* Prägeeisen; **2.** *auf Urkunden* estampe *f*; timbre sec de contrôle; **~|stock** *m* ⟨~(e)s; ~e⟩ *cf.* Prägeeisen.
pragmati|sch [pra'gmɑːtɪʃ] *adj.* pragmatique; die 2e Sanktion la pragmatique (sanction); **2smus** [-'tɪs-] *m* ⟨~⟩ *philos.* pragmatisme *m*.
prägnan|t [prɛ'gnant] *adj.* significatif, -ive; expressif, -ive; net, -tte; clair; (*treffend*) qui frappe; frappant; (*knapp*) concis; (*genau*) précis; ein ~er Satz un slogan [-ɑ̃]; **2z** *f* ⟨~⟩ vigueur *f* (expressive); (*Kürze*) concision *f*; (*Genauigkeit*) précision *f*.
Prägung ['prɛːgʊŋ] *f* ⟨~; ~en⟩ *von Münzen* frappe *f*; monnayage *m*; *métall.* estampage *m*; *impr., fig.* empreinte *f*; *fig., e-s Wortes* création *f*; *fig.* (*Gepräge*) caractère *m*; empreinte *f*.
Prähistori|e [prɛhɪs'toːri·ə] *f* ⟨~⟩ préhistoire *f*; **~ker** *m* ⟨~s; ~⟩ préhistorien *m*; **2sch** *adj.* préhistorique.
prahl|en ['prɑːlən] **I** *v/i.* ⟨h⟩ se vanter; 'hâbler; gasconner; fanfaronner; être plein de forfanterie, d'ostentation, de jactance; faire le fanfaron, le fier-à-bras, le malin, *litt.* le tranche-montagne, le rodomont; mit etw. ~ se vanter de, se targuer de, afficher qc.; *abs.* F se donner des gants; mit s-n Kenntnissen ~ étaler ses, faire étalage de ses connaissances; *cf. auch* angeben II, 5.; **II 2en** *n* ⟨~s⟩ *cf.* 2erei; **2er(in)** *m* ⟨~s; ~⟩ (*f*) ⟨~; ~nen⟩ fanfaron, -nne *m, f*; crâneur, -euse *m, f*; 'hâbleur, -euse *m, f*; vantard, -e *m, f*; gascon, -nne *m, f*; *litt.* tranche-montagne *m*; rodomont *m*; bravache *m*; F casseur *m* d'assiettes; *cf. auch* Angeber(in); **2e'rei** *f* ⟨~; ~en⟩ (*das Prahlen*) ostentation *f*; vantardise *f*; (*prahlende Äußerung*) fanfaronnade *f*; 'hâblerie *f*; jactance *f*; gasconnade *f*; rodomontade *f*; forfanterie *f*; **~e|risch** **1.** *adj.* fanfaron, -nne; 'hâbleur, -euse; vantard; plein d'ostentation, de jactance, de forfanterie; gascon, -nne; **2.** *adv.* avec ostentation, vantardise, jactance, forfanterie; en se vantant; **2hans** F *m* ⟨~es *od.* ~en; -hänse⟩ *cf.* 2er.
Prahm [prɑːm] *m* ⟨~(e)s; ~e⟩ *mar.* péniche *f*; chaland *m*; plate *f*.
Präjudiz [prɛju·'diːts] *n* ⟨~es; ~e⟩ préjugé *m*; **2i'ell** *adj.* préjudiciel, -lle; **2ieren** [-'tsiː-] *v/t.* ⟨*pas de ge-*, h⟩ préjuger (de).
präklu|dieren [prɛklu·'diːrən] *v/t.* ⟨*pas de ge-*, h⟩ *jur.* forclore; präkludiert forclos; **2si'on** *f* ⟨~⟩ forclusion

f; 2**si'onsˌrecht** *n* droit *m* de déchéance, de péremption; 2'**sivˌfrist** *f* délai *m* de forclusion.

Präkoni|sation [prɛkoˑniˑzatsiˑ'oːn] *f* ⟨~⟩ *égl. cath.* préconisation *f*; 2'**sieren** *v/t.* ⟨*pas de ge-*, h⟩ *égl. cath.* préconiser; ~'**sierung** *f* ⟨~⟩ *cf.* ~sation.

Praktik ['praktɪk] *f* ⟨~; ~en⟩ pratique *f*; façon *f* d'agir; procédé *m*; *péj.* ~en *pl.* pratiques; procédés; méthodes *f/pl.*; machinations *f/pl.*; F manigances *f/pl.*; 2**abel** [-'kaː-] *adj.* ⟨-bl-⟩ praticable; ~**ant(in)** [-'kant(ɪn)] *m* ⟨~en; ~en⟩ (*f*) ⟨~; ~nen⟩ stagiaire *m, f*; ~**er** *m* ⟨~s; ~⟩ homme *m* de sens pratique; ~**um** *n* ⟨~s; -ka *od.* -**ken**⟩ stage *m*; ~**us** F *m* ⟨~; ~se⟩ **alter** ~ F vieux routinier, routier; débrouillard *m*.

praktisch ['praktɪʃ] **1.** *adj.* pratique; ~**er Arzt** (médecin) omnipraticien *m*; ~**e Anwendung** application pratique; mise en pratique; ~**e Durchführbarkeit** praticabilité *f*; ~**e Erfahrung** expérience *f*; ~**e Erfahrung in etw. haben** avoir la pratique de qc.; avoir de la pratique en qc.; ~**er Sinn** sens pratique; **ohne** ~**en Wert** sans valeur pratique; ~**er Mensch** homme adroit, pratique; *cf. auch* **Praktiker, Praktikus**; **2.** *adv.* pratiquement; dans la *od.* en pratique; à peu près; pour ainsi dire; ~ **die Gesamtheit von** … la quasi-totalité de …; ~ **anwendbar** praticable; **etw.** ~ **anwenden** pratiquer qc.; ~ **wertlos** pratiquement, pour ainsi dire sans valeur; ~ **nicht verwertbar, zu verwerten** pratiquement inutilisable.

praktizieren [praktiˑ'tsiːrən] *v/i.* ⟨*pas de ge-*, h⟩ **als Rechtsanwalt** ~ exercer la profession d'avocat; **als Arzt** ~ exercer, pratiquer la médecine; ~**der Arzt** (médecin) praticien *m*; **dieser Arzt praktiziert nur vormittags** ce médecin ne donne des consultations que le matin.

Prälat [prɛ'laːt] *m* ⟨~en; ~en⟩ *relig.* prélat *m*; ~**ur** [-'tuːr] *f* ⟨~; ~en⟩ prélature *f*.

Präliminar… [prɛliˑmiˑ'naːr] *in Zssgn.* préliminaire; ~ˌ**frieden** *m* préliminaires *m/pl.* de paix; ~**ien** *n/pl.* préliminaires *m/pl.*

Praline [pra'liːnə] *f* ⟨~; ~n⟩ bonbon *m*, crotte *f* au chocolat; **e-e Schachtel** ~**n** une boîte de chocolats.

prall [pral] **I** *adj.* fortement tendu; (*straff*) ferme et élastique; *von Körperteilen* (*voll u. rund*) rebondi; dodu; gras, -sse; plein; **in der** ~**en Sonne** en plein soleil; **II** 2 *m* ⟨~(e)s; ~e⟩ choc *m*; 'heurt *m*; *sc.* percussion *f*; collision *f*; ~**en** *v/i.* ⟨sein⟩ donner, 'heurter (**gegen, auf contre**); choquer (+ *acc.*); *Sonne* ⟨h⟩ darder; 2ˌ**triller** *m mus.* trille pincé; ~'**voll** *adj.* bondé; archiplein; archicomble.

präludi|eren [prɛluˑ'diːrən] *v/i.* ⟨*pas de ge-*, h⟩ *mus.* préluder; 2**um** [-'luː-] *n* ⟨~s; -ien⟩ *mus.* prélude *m*.

Prämedit|ation [prɛmeˑdiˑtatsiˑ'oːn] *f* ⟨~⟩ préméditation *f*; 2**ieren** [-'tiː-] *v/t.* ⟨*pas de ge-*, h⟩ préméditer.

Prämie ['prɛːmiˑə] *f* ⟨~; ~n⟩ (*Belohnung*) récompense *f*; prix *m*; prime *f*; (*Versicherungs*2) prime *f*; *Lotterie* (*Zusatzgewinn*) lot *m*; ~**nˌanleihe** *f* emprunt *m* à lots, à primes; ~**ngeˌschäft** *n* opération *f*, marché *m* à prime; ~**nˌlohn** *m* salaire *m* aux primes, F au boni; ~**nˌlos** *n* bon *m* à lot; ~**nreˌserve** *f* réserve *f* de primes; fonds *m* de couverture; ~**nˌrückgeˌwähr** *f* remboursement *m* de primes; ~**nˌschein** *m* (bon *m* à) lot *m*; (*Quittung*) quittance *f* de prime; ~**nˌsparen** *n* épargne *f* à primes, à lots; ~**nˌzuschlag** *m* surprime *f* d'assurance.

prämiier|en [prɛmiˑ'ʔiːrən] *v/t.* ⟨*pas de ge-*, h⟩ accorder un prix, une récompense, une prime à; *Aussteller* primer; **prämiiert** couronné; 2**ung** *f* ⟨~; ~en⟩ *verbal.*

Prämisse [prɛ'mɪsə] *f* ⟨~; ~n⟩ *Logik* prémisse *f*.

Prämonstratenser(in) [prɛmənstra'tɛnzər(ɪn)] *m* ⟨~s; ~⟩ (*f*) ⟨~; ~nen⟩ *égl. cath.* Prémontré, -e *m, f*.

prangen ['praŋən] *v/i.* ⟨h⟩ *Sachen* briller (d'un vif éclat, de tout son éclat); resplendir; être éclatant; *Personen* parader; **mit etw.** ~ faire parade, étalage de qc.; étaler qc.; *pfort.* tirer vanité de qc.; *cf. auch* **prahlen I**.

Pranger ['praŋər] *m* ⟨~s; ~⟩ *hist.* pilori *m*; **j-n an den** ~ **stellen** mettre, clouer qn. au pilori (*auch fig.*).

Pranke ['praŋkə] *f* ⟨~; ~n⟩ *von Raubtieren* (*Tatze*) patte *f*; (*Klaue*) griffe *f*; F *von Menschen* (*große Hand*) F grosse patte; griffe *f*; battoir *m*; poigne *f*.

pränumer|ando [prɛnuˑmeˑ'rando] *adv.* ~ **zahlen** payer d'avance, à l'avance, par anticipation; 2**ati'on** *f* ⟨~; ~en⟩ payement *m* d'avance, par anticipation, anticipé; ~**ieren** [-'riː-] *v/t.* ⟨*pas de ge-*, h⟩ *cf.* ~ando.

Präpar|at [prɛpa'raːt] *n* ⟨~(e)s; ~e⟩ préparation *f*; ~**ati'on** *f* ⟨~⟩ préparation *f*; ~**ator** *m* ⟨~s; -'**toren**⟩ préparateur *m*; 2**ieren I** *v/t.* ⟨*pas de ge-*, h⟩ préparer; **II** *v/réfl.* **sich auf etw.** ~ se préparer à *od.* pour qc.; préparer qc.

Präposition [prɛpoˑziˑtsiˑ'oːn] *f* ⟨~; ~en⟩ *gr.* préposition *f*; 2**al** [-'naːl] *adj.* prépositionnel, -lle; prépositif, -ive; ~**alˌausdruck** [-'naːl-] *m* locution prépositive.

Präraffaelit [prɛrafaeˑ'liːt] *m* ⟨~en; ~en⟩ *peint.* préraphaélite *m*.

Prärie [prɛ'riː] *f* ⟨~; -ien⟩ prairie *f*; ~ˌ**hund** *m zo.* chien *m* des prairies; *sc.* cynomys *m*; ~ˌ**wolf** *m zo.* loup *m* des prairies; coyote *m*.

Präsens ['prɛːzɛns] *n* ⟨~; -'**sentia**⟩ *gr.* présent *m*.

Präsent [prɛ'zɛnt] *n* ⟨~s; ~e⟩ présent *m*; cadeau *m*.

Präsentation [prɛzɛntatsiˑ'oːn] *f* ⟨~; ~en⟩ *comm.* présentation *f*; ~**sˌrecht** *n* droit *m* de présentation.

Präsentier|brett [prɛzɛn'tiːrˌbrɛt] *n cf.* ~teller; 2**en I** *v/t.* ⟨*pas de ge-*, h⟩ présenter (*auch comm.*); *milit.* **präsentiert das Gewehr!** présentez armes!; **II** *v/réfl.* **sich** ~ se présenter; ~ˌ**marsch** *m milit.* **den** ~ **spielen** battre aux champs; sonner au drapeau; ~ˌ**teller** *m* plateau *m*; *fig.* **auf dem** ~ **sitzen** avoir une place exposée; ~**ung** *f* ⟨~⟩ présentation *f*.

präsentisch [prɛ'zɛntɪʃ] *adj. gr.* (se rapportant) au présent.

Präsenz|bibliothek [prɛ'zɛntsbiˑbliˑoˑteːk] *f*, ~**bücheˌrei** *f* bibliothèque *f* de consultation sur place; ~ˌ**gelder** *n/pl.* jetons *m/pl.*, indemnités *f/pl.* de présence; ~ˌ**liste** *f* feuille *f* de présence; ~ˌ**stärke** *f* effectif présent.

Präservativ(mittel) [prɛzɛrva'tiːf (-ˌmɪtəl)] *n* ⟨~s; ~e⟩ (*n*) préservatif *m*; *sc.* condom *m*; V capote *f* (anglaise).

Präses ['prɛːzɛs] *m* ⟨~; -**sides** *od.* -'**siden**⟩ *cf.* **Präsident**.

Präsid|ent(in) [prɛziˑ'dɛnt(ɪn)] *m* ⟨~en; ~en⟩ (*f*) ⟨~; ~nen⟩ président, -e *m, f*; ~**entenˌstuhl** *m* fauteuil présidentiel; ~**entenˌwahl** *f* élection présidentielle, du président; ~**entˌschaft** *f* ⟨~⟩ présidence *f*; ~**entschaftskandiˌdat** *m* candidat *m* à la présidence; ~**i'algeˌwalt** *f* pouvoirs présidentiels; 2**ieren** *v/i.* ⟨*pas de ge-*, h⟩ présider ([**in**] **e-r Versammlung** une assemblée); *abs.* avoir la présidence; ~**ium** [-'ziː-] *n* ⟨~s; -ien⟩ (*Vorsitz*) présidence *f*; (*Vorstand*) directoire *m*; bureau *m*; comité directeur, de direction; conseil *m* de direction; (*Polizei*2) préfecture *f* de police; **das** ~ **übernehmen** se charger de la présidence; présider.

prasseln ['prasəln] **I** *v/i.* ⟨-ßle *od.* -ssele, h⟩ *Feuer* crépiter; pétiller; *pfort.* craquer; F péter; *chim.* décrépiter; *Regen* ⟨*doublé d'une indication de direction* **sein**⟩ tomber avec bruit, *Hagel auch pfort.* avec fracas; **II** 2 *n* ⟨~s⟩ *des Feuers* craquement *m*; pétillement *m*; crépitation *f*; crépitement *m*; *des Regens* bruit *m*; *des Hagels auch* fracas *m*.

prass|en ['prasən] **I** *v/i.* ⟨-ßt, h⟩ mener joyeuse vie; mener la vie à grandes guides; vivre sur un grand pied; vivre dans la débauche, dans la dissipation; F faire la noce, la bombe, la faridon, la ribouldingue; faire ripaille, bombance; mener une vie de patachon; ripailler; bambocher; **II** 2**en** *n* ⟨~s⟩ *cf.* 2erei; 2**er(in)** *m* ⟨~s; ~⟩ (*f*) ⟨~; ~nen⟩ homme (femme) dissipé(e); débauché, -e *m, f*; dissipateur, -trice *m, f*; F ripailleur, -euse *m, f*; bambocheur, -euse *m, f*; bambochard, -e *m, f*; noceur *m*; 2**e'rei** *f* ⟨~⟩ dissipation *f*; débauche *f*; vie débauchée; orgie *f*; F ripaille *f*; noce *f*; bombe *f*; bombance *f*; ribouldingue *f*; faridon *f*.

präsum|ieren [prɛzuˑ'miːrən] *v/t.* ⟨*pas de ge-*, h⟩ présumer; 2**ti'on** *f* ⟨~; ~en⟩ présomption *f*; ~'**tiv** *adj.* présomptif, -ive.

Präten|dent [prɛtɛn'dɛnt] *m* ⟨~en; ~en⟩ prétendant *m* (**auf** à); 2'**dieren** *v/t.* ⟨*pas de ge-*, h⟩ prétendre; ~**ti'on** *f* ⟨~; ~en⟩ prétention *f*; 2**ti'ös** *adj.* prétentieux, -euse.

Präteritum [prɛ'teːriˑtum] *n* ⟨~s; -ta⟩ *gr.* prétérit *m*.

Prät|or ['prɛːtər] *m* ⟨~s; -'**toren**⟩ *hist.* préteur *m*; ~**ori'aner** *m* ⟨~s; ~⟩ *hist.* prétorien *m*; 2**ori'anisch** *adj.* prétorien, -nne; ~**ur** [-'tuːr] *f* ⟨~; ~en⟩ préture *f*.

präventiv [prɛvɛn'tiːf] préventif, -ive; 2**beˌhandlung** *f méd.* traitement préventif; 2ˌ**krieg** *m* guerre préventive; 2ˌ**maßnahme** *f* mesure préventive; 2ˌ**mittel** *n* moyen préventif, anticonceptionnel.

Praxis ['praksɪs] *f* ⟨~; -**xen**⟩ pratique *f*; (*Ausübung*) exercice *m*; (*Erfahrung*) expérience *f*; *des Arztes, Anwalts* clientèle *f*; *die Räume dafür, des Arztes* cabinet *m* de consultation; *des Anwalts* bureau *m*; cabinet *m*; **ausgedehnte** ~ nombreuse clientèle; **in die** ~ **umsetzen** mettre en pratique.

Präzedens [prɛ'tseːdɛns] *n* ⟨~; -'**denzien**⟩ *cf.* **Präzedenzfall**.

Präzedenz|fall [prɛtseˑ'dɛntsˌfal] *m jur.* précédent *m*; **e-n** ~ **schaffen** créer un précédent; ~ˌ**streitigkeit** *f* dispute *f* de préséance.

Präzession [prɛtsɛsiˑ'oːn] *f* ⟨~⟩ *astr.* précession *f*.

Präzipitat [prɛtsiˑpiˑ'taːt] *n* ⟨~(e)s; ~e⟩ *chim.* précipité *m*; ~**i'on** *f* ⟨~⟩ *chim.* précipitation *f*.

präzis [prɛˈtsiːs], **~e 1.** *adj.* précis; exact; **2.** *adv.* exactement; avec précision, exactitude; **~ieren** [-ˈziː-] *v/t.* ⟨*pas de ge-*, h⟩ préciser; **2ierung** [-ˈziː-] *f* ⟨~⟩ *verbal;* **2iˈon** *f* ⟨~⟩ précision *f*; **2iˈonsappaˌrat** *m* appareil *m* de précision; **2iˈonsˌarbeit** *f* travail *m* de précision; **2iˈonsinstruˌmente** *n/pl.* instruments *m/pl.* de précision; **2iˈonsˌwaage** *f* balance *f* de précision.

predig|en [ˈpreːdɪgən] **I** *v/t.* ⟨h⟩ prêcher; faire un (*od.* des) sermon(s); **Moral ~** prêcher la morale; **tauben Ohren ~** prêcher (à) des sourds, dans le désert; **II 2en** *n* ⟨~s⟩ prédication *f*; **wozu all das ~?** à quoi bon tous ces sermons?; **2er** *m* ⟨~s; ~⟩ prédicateur *m*; *égl. prot.* (*Geistlicher*) pasteur *m*; ministre *m*; *im Alten Testament* **der ~ Salomo** l'Ecclésiaste *m*; **2erˌmönch** *m égl. cath.* frère prêcheur; dominicain *m*; **2erˌorden** *m égl. cath.* frères prêcheurs; dominicains *m/pl.*; **2ersemiˌnar** *n* séminaire *m*; **2t** *f* ⟨~; ~en⟩ sermon *m* (*auch fig.*); *égl. cath. auch* prône *m*; *prot. auch* prêche *m*; *fig. iron.* homélie *f*; **e-e ~ halten** prononcer un sermon; *prot.* faire un prêche; *fig., iron. cf.* **Moralpredigt**; **2tˌamt** *n* saint ministère; **2tˌsammlung** *f* sermonnaire *m*.

preien [ˈpraɪən] *v/t.* ⟨h⟩ *mar.* 'héler.

Preis [praɪs] *m* ⟨~es; ~e⟩ **1.** (*Auszeichnung*) prix *m*; prime *f*; (*Belohnung*) récompense *f*; **e-n ~ aussetzen, stiften** instituer, fonder un prix; **den ~ zuerkennen** décerner le prix; **den ersten ~ gewinnen** remporter le premier prix; **e-n ~ auf j-s Kopf setzen** mettre à prix la tête de qn.; **der Große ~ von …** le Grand Prix de …; **2.** (*Lob, Ruhm*) louange *f*; gloire *f*; **3.** *comm.* prix *m*; **die ~e steigen, ziehen an, gehen in die Höhe** les prix augmentent, montent, sont en 'hausse, en progression, F grimpent (**fallen, sinken, gehen zurück, lassen nach** reculent, baissent, diminuent, sont en baisse, F dégringolent); **die ~e schwanken** les prix varient, oscillent; **j-m e-n ~ machen, stellen** faire un prix à qn.; **e-n ~ ausmachen, vereinbaren** convenir d'un prix; **e-n ~ festsetzen** établir, fixer un prix; **e-n ~ erzielen** obtenir un prix; **etw. vom ~ abhandeln** marchander; chercher à obtenir une réduction, diminution de prix; **die ~e angleichen** aligner les prix; **unsere ~e verstehen sich …** nos prix s'entendent …; **~ ab Werk, Fabrik** prix départ (d')usine; **günstiger ~** prix favorable (**niedriger** modique, modéré; **angemessener** convenable, raisonnable; **fingierter** fictif; **unerschwinglicher** prohibitif; **kostendeckender** rentable; **gebundener** imposé, réglementé; **konkurrenzloser** défiant toute concurrence; **konkurrenzfähiger** compétitif; **gleitender** mobile; **vereinbarter** convenu, stipulé; **voller** entier, intégral, fort); **feste ~e** prix fermes, fixes; **zum ~e von …** au prix de, au taux de …; **äußerster ~** dernier prix; **zu billigem ~e** à bas prix; à bon marché; **unter dem ~ verkaufen** vendre à vil prix, au-dessous du prix, à un prix inférieur; **hoch im ~e stehen** être d'un prix élevé; **im ~e steigen (fallen)** 'hausser (baisser) de prix; être en 'hausse (baisse); renchérir; **die ~e hochtreiben** faire monter les prix; provoquer une 'hausse (*de od.* des prix); **die ~e verderben** gâter les prix; **um jeden ~** à tout prix; coûte que coûte; **um keinen ~** à aucun prix; F pour rien au monde; **zum halben ~** à moitié prix; **zu herabgesetztem ~** à prix réduit; en solde; soldé; **zum amtlich festgesetzten ~** au prix taxé; **mit dem ~ heruntergehen, vom ~ nachlassen** rabattre du prix; **~ˌabbau** *m* réduction *f*, diminution *f*, baisse *f* des prix; **~ˌabkommen** *n*, **~ˌabmachung** *f*, **~ˌabrede** *f* convention *f*, accord *m* sur les prix; **~ˌabschlag** *m* rabais *m*; remise *f*; réduction *f* de prix; **~ˌabstufung** *f* échelonnement *m* des prix; **~ˌabweichung** *f* disparité *f*, écart *m* des prix; **~ˌänderung** *f* modification *f* du *od.* des prix; **~ˌangabe** *f* indication *f* de prix; **~ˌangleichung** *f* (r)ajustement *m*, alignement *m*, égalisation *f* des prix; **~ˌanhebung** *f* 'hausse *f*, montée *f* des prix; **~ˌanschlag** *m* mise *f* à prix; **~ˌanstieg** *m cf.* **~anhebung, ~auftrieb**; **~ˌaufgabe** *f* sujet de, mis au concours; **~ˌaufschlag** *m* majoration *f*, augmentation *f*, supplément *m* de prix; **~ˌauftrieb** *m* 'hausse *f* (des prix); (r)enchérissement *m*; tendance *f* à la hausse; **starker, jäher ~** montée en flèche, flambée des prix; **~ausˌschreiben** *n* ⟨~s; ~⟩ (mise *f* au) concours *m*; **~ˌauszeichnung** *f* affichage *m* (du prix); indication *f*, marquage *m* des prix; **2beˌdingt** *adjt.* conditionné, dicté par les prix; dépendant des prix; **~beˌdingung** *f* condition *f* de prix; **~beˌhörde** *f* service *m* du contrôle des prix, chargé de la réglementation des prix; **~beˌrechnung** *f* calcul *m* des prix; **~beˌwegung** *f* mouvement *m* des prix; **~ˌbildung** *f* formation *f* des prix; **~ˌbindung** *f* prix *m* (de vente) imposé; accord *m* sur l'établissement des prix; clause *f* de fixation de prix; obligation *f* de respecter les prix; imposition *f* des prix; **~diffeˌrenz** *f* différence *f* de *od.* entre les prix; écart *m* de prix; **~ˌdrosselung** *f* freinage *m* de la hausse, de la montée des prix; **~ˌdruck** *m* pression *f* sur les prix; **~ˌdrücker** *m* marchandeur *m*; *Börse* baissier *m*; **~drückeˌrei** *f* ⟨~⟩ compression *f* des prix; marchandage *m*; **~ˌeinbruch** *m* effondrement *m* des prix.

Preiselbeere [ˈpraɪzəlˌbeːrə] *f bot.* airelle *f* rouge.

preisen [ˈpraɪzən] *v/t.* ⟨-(es)t, preist, pries, gepriesen, h⟩ (*rühmen*) vanter; louer; mettre à haut prix; *pfort.* célébrer; glorifier; préconiser; rendre gloire à; F prôner; **j-n glücklich ~** estimer qn. heureux; **Gott sei gepriesen!** Dieu soit loué!

Preis|entwicklung [ˈpraɪsˀɛntˌvɪklʊŋ] *f* évolution *f* des prix; **~erˌhöhung** *f* augmentation *f* des prix; **~erˌmäßigung** *f* rabais *m*; diminution *f*, réduction *f* de prix; **~ˌfestsetzung** *f* taxation *f*, calcul *m*, fixation *f*, établissement *m*, détermination *f* du prix; **~ˌfrage** *f cf.* **Preisaufgabe**; **~ˌgabe** *f* ⟨~⟩ abandon *m*; délaissement *m*; F lâchage *m*; *von e-m Geheimnis* (*Enthüllung*) révélation *f*; divulgation *f*; **2ˌgeben** *v/t.* ⟨*irr., sép.,* -ge-, h⟩ abandonner; sacrifier; délaisser; F lâcher; laisser tomber; *Geheimnis* (*enthüllen*) révéler; divulguer; **j-m etw. ~** livrer en proie, abandonner qc. à (la discrétion, à la merci de) qn.; **etw. ~** (*um das andere zu retten*) faire la part du feu; **j-s Willkür preisgegeben sein** être à la merci de qn.; **den Winden preisgegeben sein** être au gré des vents; **2geˌbunden** *adjt.* dont le prix est contrôlé, imposé; **~ˌgebung** *f* ⟨~⟩ *cf.* **~gabe**; **~geˌfälle** *n* disparité *f* des prix; **~geˌfüge** *n* structure *f* des prix; **2geˌkrönt** *adjt. Buch, Film etc.* couronné; *Tiere, landwirtschaftl. Produkte etc.* primé; ayant obtenu un prix; **~geˌricht** *n* jury *m*; **~geˌstaltung** *f cf.* **~gefüge, Preisbildung**; **~ˌgrenze** *f* **obere (untere) ~** limite supérieure (inférieure) des prix; **2ˌgünstig** *adj.* d'un *od.* à un prix avantageux, intéressant; **~heˌrabsetzung** *f cf.* **~ermäßigung**; **~ˌindex** *m* indice *m* des prix; **~ˌklasse** *f* catégorie *f* de prix; **~konˌtrolle** *f* contrôle *m*, surveillance *f* des prix; **~ˌlage** *f* prix *m*; **in welcher ~?** dans quels prix?; **in dieser ~** dans ces prix; **in jeder ~** à tous les prix; **~ˌlenkung** *f* dirigisme *m* en matière de prix; **2lich** *adv.* en ce qui concerne les prix; **~ˌliste** *f* prix-courant *m*; barème *m* des prix; tarif *m*; **~ˌnachlaß** *m* rabais *m*; remise *f*, réduction *f*, abattement *m* de prix; **~niˌveau** *n* niveau *m* des prix; **~noˌtierung** *f* cotation *f*; **~poliˌtik** *f* politique *f* des prix; **~ˌrichter** *m* juge *m* (de concours); **~ˌrückgang** *m* recul *m*, baisse *f* des prix; **~ˌschere** *f* ciseaux *m/pl.* de prix; écart *m* entre les prix industriels et agricoles; **~ˌschießen** *n* concours *m* de tir; **~schild** *n* étiquette *f*; **~schrift** *f* mémoire, ouvrage couronné; **~ˌschwankung** *f* mouvement *m*, variation *f*, fluctuation *f*, oscillation *f*, instabilité *f* des prix; **~ˌsenkung** *f* réduction *f*, diminution *f*, abaissement *m*, fléchissement *m*, baisse *f* des prix; **~ˌskala** *f* échelle *f* des prix; **~ˌspanne** *f* marge *f*, différence *f* de prix; **~stabiliˌsierung** *f* stabilisation *f* des prix; **~stabiliˌtät** *f* stabilité *f* des prix; **~stand** *m cf.* **~niveau**; **~ˌsteigerung** *f* (r)enchérissement *m*; 'hausse *f*, montée *f*, augmentation *f*, majoration *f* des prix; **~stopp** *m* blocage *m* des prix; **~strukˌtur** *f cf.* **~gefüge**; **~sturz** *m* chute *f*, effondrement *m* des prix; baisse verticale; **~ˌtafel** *f* tableau *m* (d'affichage) des prix; **~ˌträger(in)** *m* ⟨~s; ~⟩ (*f*) ⟨~; ~nen⟩ lauréat, -e *m, f*; titulaire *m* de *od.* du prix; **~ˌtreiber** *m Börse* 'haussier *m*; *durch Zurückhalten von Waren* accapareur *m*; **~treibeˌrei** *f* ⟨~; ~en⟩ 'hausse *f* illicite des prix; **~überˌwachung** *f* contrôle *m*, surveillance *f* des prix; **~überˌwachungsˌstelle** *f* service *m* de contrôle des prix; **~unterˌbietung** *f* offre *f* au-dessous du prix réel; dumping [-iŋ] *m*; **~ˌunterschied** *m* écart *m*, différence *f* entre les prix; décalage *m*, différence *f*, disparité *f* des prix; **~verˌeinbarung** *f* accord *m* sur les prix; **~verˌhältnisse** *n/pl.* situation *f* des prix; **~verˌteilung** *f* distribution *f* des prix; **~verˌzeichnis** *n cf.* **~liste**; **2wert, 2ˌwürdig** *adj. comm.* qui vaut son prix; (à) bon marché; avantageux, -euse; **~ˌwürdigkeit** *f comm.* bon marché *m*; **~ˌzuschlag** *m* supplément *m*, majoration *f* de prix.

prekär [preˈkɛːr] *adj.* précaire.

Prell|bock [ˈprɛlbɔk] *m chem.* butoir *m*; 'heurtoir *m*; **2en I** *v/t.* ⟨h⟩ faire rebondir; *Spiel* faire sauter en l'air dans une couverture; *méd.* meurtrir; contusionner; *fig.* (*betrügen*) F resquiller; carotter; faire de la resquille; *pfort.* planter un drapeau; filouter; estamper; rouler; escroquer; P blouser; **die Zeche ~** *cf.* **Zeche 1.**; **j-n um etw. ~**

frustrer qn. de qc.; **II** *v/i.* ⟨**sein**⟩ *cf.* **prallen**; **~er** *m* ⟨**~s**; **~**⟩ **1.** (*Betrüger*) dupeur *m*; trompeur *m*; escroc *m*; F écorcheur *m*; filou *m*; aigrefin *m*; **2.** *cf.* **~schuß**; **~e'rei** *f* ⟨**~**; **~en**⟩ F resquille *f*; carottage *m*; filouterie *f*; triche *od.* tricherie *f*; estampage *m*; escroquerie *f*; **~schuß** *m milit.* ricochet *m*; **~stein** *m* bouteroue *f*; borne *f*; chasse-roue(s) *m*; **~ung** *f* ⟨**~**; **~en**⟩ *méd.* meurtrissure *f*; contusion *f*.

Premier [prəmiˑ'eː, preˑ-] *m* ⟨**~s**; **~s**⟩ *cf.* **~minister**; **~e** [-miˑ'ɛːrə] *f* ⟨**~**; **~n**⟩ *thé.* première *f*; **~enˌkino** [-miˑ'ɛː-] *n* cinéma *m* d'exclusivités; **~miˌnister** *m* premier ministre.

Presbyter ['prɛsbyˑtər] *m* ⟨**~s**; **~**⟩ *urchristl.* doyen *m* de la paroisse; *égl. cath.* prêtre *m*; *égl. prot.* membre *m* du consistoire; **~i'alverˌfassung** *f égl. prot.* constitution presbytérienne; **~i'aner(in)** *m* ⟨**~s**; **~**⟩ (*f*) ⟨**~**; **~nen**⟩, **2i'anisch** *adj.* presbytérien, -nne *subst. m, f u. adj.*; **~ium** [-'teː-] *n* ⟨**~s**; -ien⟩ *égl. prot.* (conseil *m* de) fabrique *f*; consistoire *m*; (*Chorraum*) chœur *m*; sanctuaire *m*.

Presse ['prɛsə] *f* ⟨**~**; **~n**⟩ **1.** *impr.* presse *f*; **unter der ~** sous presse; **frisch, eben aus** *od.* **von der ~** sortant de (la) presse; tout frais imprimé; **2.** ⟨*pas de pl.*⟩ (*Zeitungswesen*) presse *f*; journaux *m/pl.*; journalisme *m*; **durch die ~** par la voix des journaux; par voie de presse; **Vertreter der ~** représentant de la presse; reporter [-ɛːr] *m*; *fig.* **e-e gute, schlechte ~ haben** avoir bonne, mauvaise presse; **3.** *techn.* presse *f*; (*Kelter*) pressoir *m*; **hydraulische ~** presse hydraulique; **4.** F *fig.* (*Anstalt zur Vorbereitung auf e-e Prüfung*) F boîte *f* à bachot; **~agenˌtur** *f* agence *f* de presse; **~ˌamt** *n* office *m* de la presse; bureau *m* de presse; **~attaˌché** *m* attaché *m* de presse; **~ˌausweis** *m* carte *f* de presse; F coupe-file *m*; **~beˌrichterˌstatter** *m* journaliste *m*; reporter [-ɛːr] *m*; correspondant *m* de presse; **~ˌchef** *m* chef *m* du bureau de presse; **~deˌlikt** *n* délit *m* de presse; **~ˌdienst** *m* service *m* de presse; **~emˌpfang** *m* réception *f* de la presse; **~ˌfeldzug** *m* campagne *f* de presse; **~ˌfreiheit** *f* liberté *f* de la presse; **~geˌsetz** *n* loi *f* sur la presse; **~konfeˌrenz** *f* conférence *f* de presse; **~ˌmeldung** *f* information *f* par la presse; communiqué *m* de presse.

press|en ['prɛsən] **I** *v/t.* ⟨-ßt, h⟩ presser; serrer; (*zusammen2*) comprimer; *Leder, Metall* estamper; emboutir; *Glas* mouler; *Stoff* presser; catir; *Stroh* botteler; mettre en balles; (*aus~*) presser; extraire; pressurer; *hist. Soldaten* racoler; *mar.* **den Wind ~** serrer le vent; **j-n an sich ~** presser qn. sur son cœur; **gepreßt voll** comble; bondé; archiplein; archicomble; **mit gepreßter Stimme** d'une voix étouffée; **II 2en** *n* ⟨**~s**⟩ pressage *m*; compression *f*; *von Leder, Metall* estampage *m*; emboutissage *m*; *von Glas* moulage *m*; *von Stoffen* catissage *m*; *von Stroh* bottelage *m*; mise *f* en balles; (*Aus2*) extraction *f*; pressurage *m*; *hist.* racolage *m*; **2er** *m* ⟨**~s**; **~**⟩ **1.** (*Hebel an der Presse*) barre *f* (de la presse); **2.** (*Zwangswerber*) racoleur *m*; **3.** *Arbeiter an e-r Presse* presseur *m*.

Presse|notiz ['prɛsənoˑˌtiːts] *f* entrefilet *m*; **~photoˌgraph** *m* reporter *m* photographe; **~ˌschau** *f* revue *f* de (la) presse; **~ˌstelle** *f* bureau *m* de la presse; **~ˌstimmen** *f/pl.* commentaires *m/pl.* de presse; revue *f* de la presse; *als Sparte in e-r Zeitung* échos *m/pl.* de presse; **~triˌbüne** *f* tribune *f* de la presse; **~verˌgehen** *n cf.* **Pressedelikt**; **~verˌlautbarung** *f* communiqué *m*, nouvelle *f*, information *f* de presse; **~verˌtreter** *m* représentant *m* de la presse; reporter [-ɛr] *m*; journaliste *m*; **~zenˌsur** *f* censure *f* de la presse.

Preß|form ['prɛsfɔrm] *f techn.* matrice *f*; **~ˌfutter** *n agr.* fourrage comprimé, pressé; **~glas** *n* verre comprimé, pressé; **~ˌhebel** *m e-r Presse* barre *f*; **~ˌhefe** *f* levure sèche; **~holz** *n* contreplaqué *m*.

pressieren [prɛ'siːrən] F *v/i.* ⟨*pas de ge-*, h⟩ presser; être urgent, pressant; **es pressiert nicht** rien ne presse.

Preß|kohle ['prɛsˌkoːlə] *f* briquette *f*; **~kopf** *m cuis.* fromage *m* de tête; **~ling** *m* ⟨**~s**; **~e**⟩ **1.** *métall.* pièce pressée; **2.** *cf.* **~kohle**; **~luft** *f* air comprimé; **~luftˌbohrer** *m* perforatrice *f* à air comprimé; **~luftˌhammer** *m* marteau *m* pneumatique; **~luftˌstampfer** *m* dame *f* pneumatique; **~luftˌwerkzeuge** *n/pl.* outillage *m* pneumatique, à air comprimé; **~ˌmasse** *f* **1.** matière moulée; **2.** *cf.* **~stoff**; **~ölˌschmierung** *f* graissage *m* sous pression; **~stoff** *m* matière *f* plastique; **~stroh** *n agr.* paille pressée, comprimée; **~stück** *n* pièce moulée, emboutie, estampée, pressée.

Pressung ['prɛsuŋ] *f* ⟨**~**⟩ **1.** (*das Pressen*) *cf.* **pressen II**; **2.** *als Resultat* pressage *m*.

Prestige [prɛs'tiːʒə] *n* ⟨**~s**⟩ prestige *m*; **~verˌlust** *m* perte *f* de prestige.

Preuß|e ['prɔʏsə] *m* ⟨**~n**; **~n**⟩, **~in** *f* ⟨**~**; **~nen**⟩ Prussien, -nne *m, f*; F *fig.* **so schnell schießen die ~n nicht!** F piano, piano!; minute, papillon!; ne nous emballons pas!; **~enˌkönig** *m* roi *m* de Prusse; **~enˌtum** *n* ⟨**~(e)s**⟩ esprit prussien; prussianisme *m*; **2isch** *adj.* prussien, -nne; de (la) Prusse; **~isch'blau** *n* bleu *m* de Prusse.

Pricke ['prɪkə] *f* ⟨**~**; **~n**⟩ *mar.* perche *f* de balisage.

Prickelei [ˌprɪkə'laɪ] *f* ⟨**~**⟩ *cf.* **prickeln II**.

prickel|ig ['prɪkəlɪç] *adj.* picotant; *pfort.* piquant; *Sekt* pétillant; **~n I** *v/i.* ⟨-(e)le, h⟩ picoter; *pfort.* piquer; *Sekt* pétiller; **das prickelt in der Nase** cela monte, pique, prend au nez; **es prickelt mir in den Beinen** F j'ai des fourmis dans les jambes; **II 2n** *n* ⟨**~s**⟩ picotement *m*; pétillement *m*; **~nd** *adjt.* piquant.

pricklig ['prɪklɪç] *adj. cf.* **prickelig**.

Priel [priːl] *m* ⟨**~(e)s**; **~e**⟩ *mar. etwa* petit chenal.

Priem [priːm] *m* ⟨**~(e)s**; **~e**⟩ chique *f*; **2en** *v/i.* ⟨h⟩ chiquer; **~ˌtabak** *m* tabac *m* à chiquer.

pries [priːs] *cf.* **preisen**.

Priester|(in) ['priːstər(ɪn)] *m* ⟨**~s**; **~**⟩ (*f*) ⟨**~**; **~nen**⟩ *relig.* prêtre, -sse *m, f*; **~ˌamt** *n* sacerdoce *m*; fonctions sacerdotales; **~geˌwand** *n* soutane *f*; habit sacerdotal; **~ˌherrschaft** *f* domination *f* des prêtres; théocratie [-si] *f*; *péj.* cléricalisme *m*; **2ˌlich** *adj.* sacerdotal; clérical; **~ˌrock** *m cf.* **~gewand**; **~ˌschaft** *f* ⟨**~**⟩ **1.** *coll.* clergé *m*; prêtres *m/pl.*; **2.** *cf.* **~tum**; **~semiˌnar** *n* séminaire *m*; **~ˌstand** *m cf.* **~schaft**, **~tum**; **~ˌtum** *n* ⟨**~(e)s**⟩ sacerdoce *m*; dignité, fonction sacerdotale; prêtrise *f*; **~ˌweihe** *f* ordination *f*; prêtrise *f*; **die ~ erhalten** être ordonné prêtre; recevoir la prêtrise; **~ˌwürde** *f* dignité sacerdotale; sacerdoce *m*; prêtrise *f*.

Prim [priːm] *f* ⟨**~**; **~en**⟩ *esc., égl. cath.* prime *f*; *mus.* premier degré; **reine ~** unisson *m*.

prima ['priːma] **I** *adj.* ⟨*inv.*⟩ *comm.* de premier choix; de première qualité; de qualité supérieure; F (*wunderbar*) excellent; épatant; magnifique; P chouette; bath; chic; **das ist ~!** c'est fameux; *advt.* **wir verstehen uns ~** nous nous entendons admirablement, bien; nous sommes très amis; F nous sommes très copains; **II 2** *f* ⟨**~**; -men⟩ *cf.* **Unterprima, Oberprima**; **2balle'rina** *f* ⟨**~**; -nen⟩ *thé.* première danseuse, ballerine; **2'donna** *f* ⟨**~**; -nnen⟩ *thé.* prima donna *f*; **2ge** [-'maːʒə] *f* ⟨**~**; **~n**⟩ *mar. cf.* **Primgeld**; **2ner(in)** [-'maː-] *m* ⟨**~s**; **~**⟩ (*f*) ⟨**~**; **~nen**⟩ *cf.* **Unterprimaner(in), Oberprimaner (-in)**; **2qualiˌtät** *f comm.* première qualité; premier choix.

primär [priˑ'mɛːr] *adj.* primaire; élémentaire; **2ˌkreis** *m élect.* circuit *m* primaire; **2ˌspannung** *f élect.* tension *f* primaire; **2ˌstrom** *m* courant *m* primaire; **2ˌwicklung** *f élect.* (enroulement *m*) primaire *m*.

Prima|s ['priːmas] *m* ⟨**~**; **~se**⟩ *relig.* primat *m*; *mus. cf.* **Primgeiger**; **~t** [-'maːt] *n od. m* ⟨**~(e)s**; **~e**⟩ primat *m*; primauté *f*; prééminence *f*; premier rang; *relig.* primatie [-si] *f*; primauté *f*.

Primaten [priˑ'maːtən] *m/pl. zo.* primates *m/pl.*

Prima|ware ['priːmaˌvaːrə] *f comm.* marchandise *f* de premier choix, de première qualité; **~ˌwechsel** *m comm.* première *f* (lettre) de change.

Prime ['priːmə] *f* ⟨**~**; **~n**⟩ *mus. cf.* Prim.

Primel ['priːməl] *f* ⟨**~**; **~n**⟩ *bot.* primevère *f*.

Prim|geiger ['priːmˌgaɪgər] *m mus.* premier violon; **~geld** *n mar.* primage *m*; prime *f*; bonification *f*; gratification *f*.

primitiv [priˑmiˑ'tiːf] *adj.* primitif, -ive; **2ismus** [-'vɪs-] *m* ⟨**~**⟩ *in der Kunst* primitivisme *m*; **2i'tät** *f* ⟨**~**⟩ primitivité *f*.

Primiz [priˑ'miːts] *f* ⟨**~**; **~en**⟩ *relig. cath.* première messe d'un prêtre.

Primogenitur [priˑmoˑgeˑniˑ'tuːr] *f* ⟨**~**; **~en**⟩ *jur.* primogéniture *f*.

Primus ['priːmus] *m* ⟨**~**; **~se** *od.* -mi⟩ *écol.* premier *m* (d'une classe).

Primzahl ['priːmtsaːl] *f math.* nombre premier.

Prinz [prɪnts] *m* ⟨**~en**; **~en**⟩ **prince** *m*; **~enerˌzieher** *m* précepteur *m* de(s) prince(s); **~eß** [-'tsɛs] *f* ⟨**~**; -ssen⟩ princesse *f*; **~eßˌbohnen** [-'tsɛs-] *f/pl. bot.* ('haricots *m/pl.*) princesses *m/pl.*; **~essin** [-'tsɛs-] *f* ⟨**~**; **~nen**⟩ princesse *f*; **~eßˌkleid** [-'tsɛs-] *n cout.* robe *f* princesse; **~geˌmahl** *m* prince *m* consort.

Prinzip [prɪn'tsiːp] *n* ⟨**~s**; **~ien**⟩ principe *m*; **im ~** en principe; **aus ~** par principe.

Prinzipal [prɪntsiˑ'paːl] *n* ⟨**~s**; **~e**⟩ *mus., e-r Orgel* prestant *m*; principal *m*.

prinzipiell [prɪntsiˑpiˑ'ɛl] *adj. u. adv.* par principe; en principe.

prinzipien|fest [prɪn'tsiːpiˑənˌfɛst] *adj.* ferme dans ses principes; **2ˌfrage** *f* question *f* de principe; **2ˌreiter** F *m* doctrinaire *m*; homme *m* à principes; homme *m* (qui est) à cheval sur ses principes; **2ˌstreit** *m* querelle *f* de *od.* sur des principes; **~ˌtreu** *adj.* fidèle à ses principes.

prinz|lich ['prɪntslɪç] **1.** *adj.* princier, -ère; de prince; **2.** *adv.* en prince; **2re'gent** *m* prince régent.

Prior ['priːər] *m* ⟨~s; -'oren⟩ *égl. cath.* prieur *m*; supérieur *m*; **~at** [-'rɑːt] *n* ⟨~(e)s; ~e⟩ prieuré *m*; **~in** [pri'oːrɪn, 'priːoˑrɪn] *f* ⟨~; ~nen⟩ prieure *f*; supérieure *f*.

Priorität [prioˑriˑ'tɛːt] *f* ⟨~; ~en⟩ priorité *f*; (*Vorzug*) préférence *f*; *comm.* ~en *pl.* actions de priorité, de préférence, privilégiées; **~sˌaktie** *f comm. cf.* ~(en); **~sˌanleihe** *f comm.* emprunt privilégié; **~sˌanspruch** *m* droit *m* à la priorité; **~sˌgläubiger** *m comm.* créancier privilégié; **~sˌrecht** *n* droit *m* de priorité.

Prise ['priːzə] *f* ⟨~; ~n⟩ **1.** *mar.* prise *f*; capture *f*; **2.** e-e ~ Salz une pincée de sel; e-e ~ Tabak une prise de tabac; **~nˌgeld** *n mar.* part *f* de prise; **~n-geˌricht** *n mar.* tribunal *m*, conseil *m* des prises; **~nkoˌmmando** *n mar.* équipage mis à bord d'un vaisseau capturé; **~nˌrecht** *n mar.* droit *m* de prise.

Prism|a ['prɪsma] *n* ⟨~s; -men⟩ *math.*, *opt.* prisme *m*; **2atisch** [-'mɑː-] *adj.* prismatique; *minéral.* prismé; **~en-ˌglas** *n* jumelles *f/pl.* à prismes.

Pritsche ['prɪtʃə] *f* ⟨~; ~n⟩ *des Harlekins* batte *f* (d'arlequin); (*hölzerne Lagerstatt*) châlit *m*; lit *m* de camp; couchette *f*; *im Gefängnis* bat-flanc *m*; *Schießstand* civière *f*.

privat [pri'vɑːt] **1.** *adj.* privé; particulier, -ère; (*persönlich*) personnel, -lle; (*vertraulich*) confidentiel, -lle; **2.** *adv.* à titre privé, personnel; ~ wohnen être logé chez des particuliers; **2-aˌdresse** *f* adresse privée, personnelle; **2ˌangeˌlegenheit** *f* affaire personnelle, particulière, privée; **2audiˌenz** *f* audience particulière; **2ˌauto** *n* voiture particulière; **2ˌbahn** *f* chemin *m* de fer d'intérêt privé; **2ˌbank** *f* ⟨~; ~en⟩ banque privée; **2beˌsitz** *m* propriété privée; in ~ übergehen passer en mains privées; **2beˌsuch** *m* visite privée; **2beˌtrieb** *m* entreprise privée; **2ˌbrief** *m* lettre personnelle; **2büˌro** *n* bureau privé, particulier; **2detekˌtiv** *m* détective *m* (privé); **2disˌkont** *m* escompte *m* 'hors banque; **2doˌzent** *m in Deutschland* privat-docent *m*; **2ˌeigentum** *n cf.* 2besitz; **2ˌeinkommen** *n* revenu personnel; **2ˌfahrzeug** *n* véhicule particulier; **2ˌflugzeug** *n* avion particulier; **2geˌbrauch** *m* usage personnel, privé; **2geˌlehrte(r)** *m* chercheur *m*, savant *m* indépendant; **2ge-ˌsellschaft** *f* société privée; **2ge-ˌspräch** *n tél.* conversation privée; **2ˌhaus** *n* maison particulière; **2ˌhaushalt** *m* ménage privé, de particuliers; **~im** *adv.* en privé, particulier; personnellement; (*vertraulich*) confidentiellement; **2indusˌtrie** *f* industrie privée; **2initiaˌtive** *f* initiative privée; **2inteˌresse** *n* intérêt privé; **~i'sieren I** *v/t.* ⟨*pas de ge-*, h⟩ e-n staatlichen Betrieb ~ transférer une entreprise publique au secteur privé; **II** *v/i.* vivre de sa (ses) rente(s); vivre retiré de toute vie active, professionnelle; **2i-'sierung** *f* ⟨~; ~en⟩ transfert *m* au secteur privé; **2issimum** [-'tɪ-] *n* ⟨~s; -ma⟩ *Universität* conférence privée; cours fermé, particulier; **2kapiˌtal** *n* capital privé; **2ˌklage** *f jur.* action civile; **2ˌkläger** *m* als ~ auftreten se constituer, se porter partie civile; **2-ˌklinik** *f* clinique privée; **2ˌkonto** *n* compte particulier; **2korresponˌdenz** *f* correspondance personnelle, privée, particulière; **2ˌkundschaft** *f* clientèle privée, particulière; **2ˌleben** *n* im ~ dans la vie privée; **2ˌlehrer(in)** *m* (*f*) précepteur *m*; institutrice *f*; professeur *m* libre; **2ˌmann** *m* ⟨~(e)s; ~er *od.* -leute⟩ homme privé; particulier *m*; **2patiˌent** *m* client privé; **2perˌson** *f cf.* 2mann; *für e-e Frau* personne privée; **2ˌrecht** *n* droit privé; **~ˌrechtlich 1.** *adj.* de droit privé; **2.** *adv.* d'après le droit privé; **2ˌsache** *f cf.* 2angelegenheit; das ist meine ~ ça, c'est mon affaire; **2ˌschule** *f* école privée, particulière, *konfessionelle* libre; **2sekreˌtär(in)** *m* (*f*) secrétaire *m*, *f* privé(e), particulier (-ère); **2ˌstunde** *f* leçon particulière; **~n geben müssen** F courir le cachet; **2unterˌnehmen** *n* entreprise privée; **2ˌunterricht** *m* enseignement *m* à domicile; leçons particulières; **2verˌbrauch** *m* consommation privée, des particuliers, des ménages privés; **2verˌgnügen** *n* plaisir particulier; **2verˌmögen** *n* fortune personnelle; **2verˌsicherung** *f* assurance privée; **2ˌwagen** *m* voiture particulière; **2ˌweg** *m* chemin privé; **2-ˌwirtschaft** *f* économie privée; **2-ˌwohnung** *f* domicile personnel, particulier, privé.

Privileg [priviˑ'leːk] *n* ⟨~(e)s; ~ien⟩ privilège *m*; **2ieren** [-'giː-] *v/t.* ⟨*pas de ge-*, h⟩ privilégier; accorder un privilège à; **~ium** *n* ⟨~s; -ien⟩ *cf.* Privileg.

pro [proː] **I** *prép.* ⟨+ *subst. ohne art.*⟩ pour; par; ~ Kopf, Person par tête; par personne; F par tête de pipe; 1000 Stück ~ Stunde 1000 pièces à l'heure; ~ domo sprechen F prêcher pour son saint; ~ forma pour la forme; par manière d'acquit; F pour la frime; **II** 2 *n* ⟨~⟩ das ~ u. Kontra le pour et le contre.

probat [pro'bɑːt] *adj.* éprouvé.

Probe ['proːbə] *f* ⟨~; ~n⟩ épreuve *f*; essai *m*; (*Beweis*) preuve *f* (*auch math.*); *thé.* répétition *f*; *comm.* (*Waren2*) échantillon *m*; spécimen [-ɛn] *m*; prélèvement *m*; zur *od.* auf ~ à titre d'essai; à l'essai; j-n auf die ~ stellen mettre qn. à l'épreuve; éprouver qn.; auf e-e harte ~ stellen soumettre à une rude épreuve; e-e ~ mit etw. machen faire l'épreuve, l'essai de qc.; éprouver, essayer qc.; die ~ bestehen soutenir, supporter l'épreuve; sortir triomphant de l'épreuve; e-e ~ s-s Könnens geben donner une preuve de son savoir-faire; auf ~ nehmen prendre à l'essai; e-e ~ entnehmen faire un prélèvement; prélever un échantillon; **~ˌabdruck** *m*, **~ˌabzug** *m impr.* épreuve *f*; **~aˌlarm** *m* exercice *m* d'alerte, de défense passive; **~ˌarbeit** *f* (ouvrage *m* d') essai *m*; **~ˌaufnahme** *f beim Film* prise *f* d'essai; **~ˌauftrag** *m comm.* commande *f* d'essai; **~be-ˌlastung** *f* charge *f* d'épreuve, d'essai; **~biˌlanz** *f comm.* bilan *m* de vérification; **~ˌbogen** *m*, **~ˌdruck** *m* ⟨~(e)s; ~e⟩ *impr. cf.* ~abzug; **~entˌnahme** *f* prélèvement *m* d'échantillon; **~exem-ˌplar** *n* spécimen [-ɛn] *m*; **~ˌfahrt** *f allg.* essai *m* (de bon fonctionnement); *bes. Auto* essai *m* sur route; *Schiff* essai *m* à la mer; *Lokomotive* voyage *m*, parcours *m* d'essai; *Schiff* ~en machen faire, effectuer ses essais; **~-ˌflug** *m aviat.* vol *m* d'essai; **~ˌheft** *n* (numéro *m*) spécimen [-ɛn] *m*; **~ˌjahr** *n* année *f* (d'épreuve); stage *m*; **~kandiˌdat** *m* stagiaire *m*; **~lektiˌon** *f e-s Lehrers* leçon *f* d'épreuve; **2n** *v/t.* ⟨h⟩ *thé.* répéter; **~ˌnahme** *f* ⟨~⟩ *cf.* ~entnahme; **~ˌnummer** *f cf.* ~heft; **~-ˌschießen** *n* tir *m* d'épreuve, d'essai; **~ˌschuß** *m* coup *m* d'essai; **~ˌseite** *f* page *f* spécimen; **~ˌsendung** *f* envoi *m* à titre d'essai; **~ˌserie** *f* présérie *f*; **~ˌstück** *n* échantillon *m*; spécimen *m*; *techn.* éprouvette *f*; **2ˌweise** *adj. u. adv.* à l'essai; à titre d'essai; pour essai; **~ˌzeit** *f* temps *m*, période *f* d'essai; stage *m*; *von Mönchen, Nonnen* noviciat *m*; probation *f*; s-e ~ absolvieren faire son stage.

probier|en [pro'biːrən] **I** *v/t.* ⟨*pas de ge-*, h⟩ essayer; (*erproben*) éprouver; mettre à l'essai; faire l'essai, l'expérience de; *Speisen* (*kosten*) goûter; *Wein* déguster; **II** 2en *n* ⟨~s⟩ essai *m*; épreuve *f*; *von Speisen* gustation *f*; *von Wein* dégustation *f*; ~ geht über Studieren *prov.* expérience passe science *prov.*; **2ˌglas** *n chim.* éprouvette *f*; **2ˌstein** *m* pierre *f* de touche; **2ˌstube** *f* (bar *m* de) dégustation *f*.

Problem [pro'bleːm] *n* ⟨~s; ~e⟩ problème *m*; **~atik** [-'mɑː-] *f* ⟨~⟩ caractère *m* problématique; problèmes *m/pl.*; **2atisch** [-'mɑː-] *adj.* problématique; **~ˌstellung** *f* données *f/pl.* du problème.

Prodekan ['proːdeˑˌkɑːn] *m* vice-doyen *m*.

pro domo [proː 'doːmoˑ] *cf.* pro.

Produkt [pro'dukt] *n* ⟨~(e)s; ~e⟩ (*Erzeugnis*) produit *m*; *par ext.* (*Natur2*) produit naturel; *fig.* production *f*; (*Ergebnis*) résultat *m*; *math.* produit *m*; ~e des Geistes productions intellectuelles, de l'esprit; pflanzliches, tierisches ~ produit végétal, animal; produit d'origine végétale, animale; **~enˌbörse** *f comm.* bourse *f* de commerce; **~enˌhandel** *m* commerce *m* de produits naturels, de comestibles, de denrées.

Produktion [produktsi'oːn] *f* ⟨~⟩ production *f*; fabrication *f*; (*Leistung*) rendement *m*; die ~ aufnehmen commencer la production; die ~ einschränken, drosseln (steigern) ralentir, freiner (augmenter) la production; **~sˌabnahme** *f* recul *m*, diminution *f* de la production; *cf. auch* ~srückgang; **~sabˌteilung** *f* section *f* de fabrication; **~sˌanstieg** *m* augmentation *f* de la production; **~sappaˌrat** *m* équipement productif; appareil *m* de production; **~sˌaufnahme** *f* mise *f* en marche d'une fabrication; **~sˌaufwand** *m* dépenses *f/pl.* de (la) production; **~sˌausfall** *m* perte *f* de production; **~sˌausweitung** *f* élargissement *m*, augmentation *f* de la production; **~sbeˌdingungen** *f/pl.* conditions *f/pl.* de production; **~sbeˌreich** *m* secteur productif, producteur, de la production; **~sbeˌschränkung** *f* ralentissement *m*, restriction *f*, réduction *f* de la production; **~sbeˌtrieb** *m* entreprise productrice, de production; **~sˌeinrichtungen** *f/pl.* installations *f/pl.* de production; **~sˌeinschränkung** *f cf.* ~sbeschränkung; **~sˌeinstellung** *f* arrêt *m* de la production; **~serˌhöhung** *f* augmentation *f* de la production; **2sˌfähig** *adj.* productif, -ive; **~s-ˌfähigkeit** *f* productivité *f*; **2s-ˌfördernd** *adjt.* ~e Maßnahme mesure *f* propre à favoriser la production; mesure *f* d'encouragement à la production; **~sgeˌnossenschaft** *f* coopérative *f* de production; **~sˌgüter** *n/pl.* biens *m/pl.* de production; **~s-güterindusˌtrie** *f* industrie *f* des biens de production; **~sˌindex** *m* indice *m* de la production; **~skapazi-ˌtät** *f* capacité productrice, productive, de production, de produire (qc.); **~sˌkosten** *pl.* coût *m* de la production; **~sˌleistung** *f* rendement *m*; **~s-**

ˌ**leiter** *m* chef *m* de production; **~s-ˌmenge** *f* quantité produite; **~s-ˌminderung** *f* réduction *f*, diminution *f* de la production; **~sˌmittel** *n/pl.* moyens *m/pl.* de production; **~sproˌzeß** *m* processus *m* de production; **~sˌrückgang** *m* ralentissement *m*, diminution *f*, régression *f*, fléchissement *m* de la production; **~s-ˌsektor** *m* secteur *m* de production; **~sˌsenkung** *f* baisse *f*, diminution *f* de la production; **~sˌsoll** *n* production imposée, théorique; **~sstabiliˌtät** *f* stabilité *f* de la production; **~s-ˌstand** *m* **a)** niveau *m* de la production; **b)** volume *m* de la production; **~sˌstätte** *f* centre, lieu producteur; **~sˌsteigerung** *f* accroissement *m*, augmentation *f* de la production; **~s-ˌüberschuß** *m* excédent *m* de production; **~svoˌlumen** *n cf.* ~sstand b); **~sverˌlust** *m cf.* ~sausfall; **~sˌvorgang** *m cf.* ~sprozeß; **~sˌzentrum** *n* centre producteur; **~sˌziffer** *f* chiffre *m* de la production; **~sˌzweig** *m* branche *f* de (la) production.

produktiv [pro·dʊk'tiːf] *adj.* productif, -ive; **2i'tät** *f* ⟨~⟩ productivité *f*; force *f* de production; *des Bodens* fertilité *f*; die ~ steigern accroître la productivité; **2i'tätsˌgrenze** *f* limite *f* de productivité; **2i'tätsˌsteigerung** *f*, **2i'tätsˌzuwachs** *m* accroissement *m* de la productivité; **2ˌkräfte** *f/pl.* forces productrices; **2ˌwert** *m* valeur productive.

Produz|ent [pro·du·'tsɛnt] *m* ⟨~en; ~en⟩ producteur *m*; fabricant *m*; **~entenˌpreis** *m* prix *m* à la production; **2ieren I** *v/t.* ⟨*pas de ge-*, h⟩ produire; *jur.* Beweismittel ~ fournir, produire des preuves; **II** *v/réfl.* sich ~ se produire; *péj.* s'exhiber; **III ~ieren** *n* ⟨~s⟩ *cf.* Produktion.

profan [pro·'faːn] *adj.* profane; **2ˌbau** *m* ⟨~(e)s; ~ten⟩ *Kunstgeschichte* construction *f* profane; **2e(r)** *f* (*m*) ⟨→ A⟩ profane *m*, *f*; **~ieren** [-'niː-] *v/t.* ⟨*pas de ge-*, h⟩ profaner; **2ierung** [-'niː-] *f* ⟨~⟩ profanation *f*.

Profeß[1] [pro·'fɛs] *m* ⟨-ssen; -ssen⟩ *relig. cath.* profès *m*; **~**[2] *f* ⟨~; -sse⟩ *relig. cath.* profession *f*; vœux *m/pl.*; ~ tun prononcer ses vœux; faire sa profession.

Profession [pro·fɛsi·'oːn] *f* ⟨~; ~en⟩ profession *f*; (*Handwerk*) métier *m*; **~al** [-'naːl] *m* ⟨~s; ~e *od. bei engl. Ausspr.* ~s⟩ *Sport* professionnel *m*; F pro *m*; **2ell** [-'nɛl] *adj.* professionnel, -lle.

Professor [pro·'fɛsɔr] *m* ⟨~s; -'ssoren⟩ professeur *m* (d'université); ordentlicher ~ (*abr.* o. P.) professeur titulaire, en titre; außerordentlicher ~ (*abr.* a. o. P.) professeur sans chaire; ~ der Philosophie professeur de philosophie.

professoral [pro·fɛso·'raːl] *adj. péj.* professoral.

Professoren|austausch [pro·fɛ'soː-rənˌʔaustauʃ] *m* échange *m* de professeurs; **~koˌllegium** *n* professeurs *m/pl.*; corps *m* des professeurs; **2-ˌmäßig** *adj.* professoral; **~ˌtitel** *m* titre *m* de professeur.

Professorin [pro·fɛ'soːrɪn] *f* ⟨~; ~nen⟩ (femme) professeur *m* (d'université).

Professor|sfrau [pro·'fɛsɔrsˌfrau] *f* femme *f* de *od.* du professeur; **~ˌtitel** *m cf.* Professorentitel.

Professur [pro·fɛ'suːr] *f* ⟨~; ~en⟩ chaire *f* (de professeur).

Profi ['proːfi·] F *m* ⟨~s; ~s⟩ F pro *m*; *cf. auch* Professional.

Profil [pro·'fiːl] *n* ⟨~s; ~e⟩ profil *m* (*auch von Reifen, Gummisohle*); (*senkrechter Schnitt*) coupe *f* (perpendiculaire); im ~ de profil; im ~ darstellen profiler; **~ˌdraht** *n* fil profilé; **~ˌeisen** *n* (fer) profilé *m*; cornière *f*; **~ˌgebung** *f* ⟨~⟩ profilage *m*; **~(gummi)ˌsohle** *f* semelle de caoutchouc profilée; **2ieren** [-'liː-] *v/t.* ⟨*pas de ge-*, h⟩ profiler; **2iert** [-'liːrt] *adjt.* profilé; *Persönlichkeit* marquant; (*scharf umrissen*) nettement défini; **~ierung** [-'liː-] *f* ⟨~; ~en⟩ *als Handlung* profilage *m*; *als Resultat* profil *m*; *métall.* profilé *m*; **~ˌlehre** *f*, **~ˌmaß** *n* gabarit *m*; **~ˌreifen** *m* pneu profilé; **~ˌsohle** *f cf.* ~(gummi)sohle; **~ˌstahl** *m* (acier) profilé *m*; **~ˌträger** *m* poutrelle *f*; (fer) profilé *m*.

Profit [pro·'fiːt] *m* ⟨~(e)s; ~e⟩ profit *m*; gain *m*; bénéfice *m*; **2ˌbringend** *adjt.* profitable; rentable; bénéficiaire; lucratif, -ive; **~ˌgier** *f* appât *m* du lucre, du gain; **2ˌgierig** *adj.* avide de gain, de profit; cupide, âpre au gain; **2ieren** [-'tiː-] *v/i.* ⟨*pas de ge-*, h⟩ profiter (bei à, von de); faire un bénéfice, un profit sur; retirer un profit de; **~ˌjäger** *m*, **~ˌmacher** *m* ⟨~s; ~⟩ profiteur *m*.

pro forma [proː 'fɔrma] *cf.* pro.

Proforma... [pro·'fɔrma...] *in Zssgn.* simulé; fictif, -ive; **~ˌrechnung** *f* facture *f* pro forma, pour la forme, fictive; **~verˌkauf** *m* vente fictive.

profund [pro·'fʊnt] *adj.* profond.

Prognos|e [pro·'gnoːzə] *f* ⟨~; ~n⟩ pronostic *m* (*auch méd.*); **~tikon** [-'gnɔs-] *n* ⟨~s; -ken *od.* -ka⟩ pronostic *m*; **2tisch** [-'gnɔs-] *adj.* pronostique; **2ti'zieren** *v/t.* ⟨*pas de ge-*, h⟩ pronostiquer.

Programm [pro·'gram] *n* ⟨~s; ~e⟩ programme *m* (*auch e-s Elektronenrechners*); ein ~ aufstellen arrêter un programme; politisches ~ *e-r Partei* plate-forme *f*; doctrine, programme de parti; *télév.* erstes, zweites ~ première, deuxième chaîne; **~ˌänderung** *f* changement *m* de programme; **2ˌ(m)äßig** *adj. cf.* 2gemäß; **2atisch** [-'maː-] *adj.* (*richtungweisend*) programmatique; programme; (*planmäßig*) *cf.* 2gemäß; **~ˌbeirat** *m beim Rundfunk* comité consultatif pour le choix des programmes; **2geˌmäß** *adj. u. adv.* suivant le programme; *im Radio nach Störungen* wir kommen ~ wieder nous reprenons le cours normal de nos émissions; **~geˌstalter** *m néol.* programmateur *m*; **~geˌstaltung** *f néol.* programmation *f*; **~ˌheft** *n* programme *m*; **2ieren** [-'miː-] *v/t.* ⟨*pas de ge-*, h⟩ *techn. néol.* programmer; **~ierer** [-'miː-] *m* ⟨~s; ~⟩ *techn. néol.* programmeur *m*; **~ierung** [-'miː-] *f* ⟨~; ~en⟩ *techn. néol.* programmation *f*; **~ˌsteuerung** *f techn.* commande *f* à programme; cycle *m* automatique; **~ˌ(m)usik** *f* musique descriptive; **~ˌvorschau** *f* prochain programme; *thé.* prochains spectacles, *Film* films; *rad.*, *télév.* prochaines émissions; *rad. auch* programme *m* (sonore); **~ˌwechsel** *m cf.* ~änderung.

Progression [pro·grɛsi·'oːn] *f* ⟨~; ~en⟩ progression *f*.

Progressist [pro·grɛ'sɪst] *m* ⟨~en; ~en⟩ progressiste *m*; **2isch** *adj.* progressiste.

progressiv [pro·grɛ'siːf] *adj.* progressif, -ive; **2ˌlohn** *m* salaire progressif; **2ˌsteuer** *f* impôt progressif.

Prohibit|ion [pro·hibi·tsi·'oːn] *f* ⟨~⟩ prohibition *f*; **~io'nist** *m* ⟨~en; ~en⟩ prohibitionniste *m*.

prohibitiv [pro·hibi·'tiːf] *adj.* prohibitif, -ive; **2ˌmaßregel** *f* mesure prohibitive; **2sysˌtem** *n* système prohibitif, de prohibition; prohibitionnisme *m*; **2ˌzoll** *m* droit prohibitif.

Projekt [pro·'jɛkt] *n* ⟨~(e)s; ~e⟩ projet *m*; **~enˌmacher(in)** F *m* ⟨~s; ~⟩ (*f*) ⟨~; ~nen⟩ homme *m*, femme *f* à projets; F *péj.* faiseur, -euse *m*, *f* de projets.

projektier|en [pro·jɛk'tiːrən] *v/t.* ⟨*pas de ge-*, h⟩ projeter (*auch Geometrie*); faire, former le projet de; **2ung** *f* ⟨~; ~en⟩ projection *f*.

Projektil [pro·jɛk'tiːl] *n* ⟨~s; ~e⟩ projectile *m*.

Projektion [pro·jɛktsi·'oːn] *f* ⟨~; ~en⟩ projection *f*; **~sappaˌrat** *m* projecteur *m*; appareil *m*, lanterne *f* de projection; **~sˌbild** *n* image projetée; **~sˌfläche** *f* écran *m*; **~sˌlampe** *f* lampe *f* de *od.* à projection; **~s-ˌschirm** *m*, **~sˌwand** *f cf.* ~sfläche.

Projektor [pro·'jɛktɔr] *m* ⟨~s; -'toren⟩ *cf.* Projektionsapparat.

projizieren [pro·ji·'tsiːrən] *v/t.* ⟨*pas de ge-*, h⟩ projeter.

Proklamation [pro·klamatsi·'oːn] *f* ⟨~; ~en⟩ proclamation *f*.

proklamier|en [pro·kla'miːrən] *v/t.* ⟨*pas de ge-*, h⟩ proclamer; **2ung** *f* ⟨~⟩ *cf.* Proklamation.

Prokonsul [pro·'kɔnzʊl] *m hist.* proconsul *m*; **~at** [-'laːt] *n hist.* proconsulat *m*.

Pro-Kopf|-Einkommen [proː'kɔpf-ˌʔaɪnkɔmən] *n* revenu *m* par tête; **~-Verˌbrauch** *m* consommation individuelle, par tête d'habitant.

Prokrustesbett [pro·'krʊstɛsˌbɛt] *n fig.* lit *m* de Proc(r)uste.

Proku|ra [pro·'kuːra] *f* ⟨~; -ren⟩ procuration *f*; j-m ~ geben, erteilen donner, délivrer (une) procuration à qn.; per ~ par procuration; **~rati'on** *f* ⟨~; ~en⟩ *cf.* ~ra; **~'rator** *m* ⟨~s; -'toren⟩ *hist.* procurateur *m*; **~'rist** *m* ⟨~en; ~en⟩ fondé *m* de pouvoir.

Prolet [pro·'leːt] *m* ⟨~en; ~en⟩ grossier personnage; mufle *m*; brute *f*; F (*Proletarier*) F prolo *m*; **~ari'at** *n* ⟨~(e)s; ~e⟩ prolétariat *m*; **~arier(in)** [-'taː-] *m* ⟨~s; ~⟩ (*f*) ⟨~; ~nen⟩ prolétaire *m*, *f*; *cf. auch* Prolet; **2arisch** [-'taː-] *adj.* prolétarien, -nne; **2ari'sieren** *v/t.* ⟨*pas de ge-*, h⟩ prolétariser; **~ari'sierung** *f* ⟨~⟩ prolétarisation *f*; **2enˌhaft** *adj.* mufle; grossier, -ère.

Prolog [pro·'loːk] *m* ⟨~(e)s; ~e⟩ prologue *m*.

Prolongation [pro·lɔngatsi·'oːn] *f* ⟨~; ~en⟩ *comm.* renouvellement *m*; prolongation *f*; prorogation *f*; *Börse* report *m*; **~sgeˌbühr** *f* report *m*; **~s-geˌschäft** *n* opération *f* de report; **~sˌwechsel** *m* lettre *f* de change renouvelable, renouvelée.

prolongier|en [pro·lɔŋ'giːrən] *v/t.* ⟨*pas de ge-*, h⟩ *comm.* renouveler; prolonger; proroger; *Börse* reporter; **2ung** *f* ⟨~; ~en⟩ *cf.* Prolongation.

Promenade [pro·mə'naːdə] *f* ⟨~; ~n⟩ promenade *f*; **~nˌdeck** *n mar.* pont-promenade *m*; **~nkonˌzert** *n* concert-promenade *m*; **~nˌmischung** F *f* chien mâtiné.

promenieren [pro·mə'niːrən] *v/i.* ⟨*pas de ge-*, sein⟩ se promener; flâner.

pro mille [proː 'mɪlə] pour mille.

Promille [pro·'mɪlə] *n* ⟨~(s); ~⟩ pour mille *m*.

prominent [pro·mi·'nɛnt] *adj.* éminent; important; marquant; en vedette; **2e(r)** *f* (*m*) ⟨→ A⟩ personnalité marquante, importante; figure *f* de premier plan; notable *m*; notabilité *f*; (*Berühmtheit*) célébrité *f*; *thé.*, *Film* vedette *f*; étoile *f*.

Prominenz [proˑmiˑˈnɛnts] *f* ⟨~⟩ *coll.* personnalités marquantes, importantes; notables *m/pl.*; notabilités *f/pl.*; (*Berühmtheiten*) célébrités *f/pl.*; F huiles *f/pl.*; grosses légumes; *thé.*, *Film* vedettes *f/pl.*; étoiles *f/pl.*

Promo|tion [proˑmoˑtsiˑˈoːn] *f* ⟨~; ~en⟩ promotion *f* (au grade de docteur); **2ˈvieren I** *v/t.* ⟨*pas de ge-*, h⟩ j-n ~ recevoir qn. docteur; **II** *v/i.* passer son doctorat; soutenir sa thèse; être reçu docteur.

prompt [prɔmpt] **1.** *adj.* prompt; rapide; (*pünktlich*) ponctuel, -lle; qui ne (se) fait pas attendre; F qui ne traîne pas; **2.** *adv.* promptement; rapidement; ponctuellement; (*sofort*) aussitôt; immédiatement; sur-le-champ; **2geˌschäft** *n comm.* affaire *f* au comptant; **2heit** *f* ⟨~⟩ promptitude *f*; rapidité *f*; ponctualité *f*.

Promulg|ation [proˑmulgatsiˑˈoːn] *f* ⟨~⟩ *jur.* promulgation *f*; publication *f*; **2ieren** [-ˈgiː-] *v/t.* ⟨*pas de ge-*, h⟩ promulguer.

Pronom|en [proˑˈnoːmɛn] *n* ⟨~s; ~ *od.* -mina⟩ *gr.* pronom *m*; *adjektivisch gebrauchtes* adjectif *m* (possessif, démonstratif, *etc.*); **2iˈnal** *adj.* pronominal.

prononciert [proˑnõːˈsiːrt] *adjt.* prononcé.

Propädeuti|k [proˑpɛˈdɔʏtɪk] *f* ⟨~⟩ propédeutique *f*; **2sch** *adj.* propédeutique.

Propaganda [proˑpaˈganda] *f* ⟨~⟩ *pol.* propagande *f*; *comm.* (*Werbung*) réclame *f*; publicité *f*; ~ **machen** faire de la propagande; **~ˌfeldzug** *m* campagne *f* de propagande; **~ˌfilm** *m* film *m* de propagande; **~ˌleiter** *m* responsable *m* de la propagande; **~ˌmärchen** *n* bluff *m*, mensonge *m* de la propagande; **~minisˌterium** *n hist.* Ministère *m* de la Propagande; **~ˌmittel** *n* moyen *m*, instrument *m* de propagande; **~ˌschrift** *f* imprimé *m*, brochure *f* de propagande.

Propagandist [proˑpaganˈdɪst] *m* ⟨~en; ~en⟩ propagandiste *m*; **2isch** *adj.* propagandiste.

propagier|en [proˑpaˈgiːrən] *v/t.* ⟨*pas de ge-*, h⟩ faire de la propagande pour; mettre en vogue; propager; **2ung** *f* ⟨~⟩ propagation *f*; propagande *f*.

Propan(gas) [proˑˈpaːn(ˌgaːs)] *n* ⟨~s⟩ (*n*) *chim.* propane *m*.

Propeller [proˑˈpɛlər] *m* ⟨~s; ~⟩ *aviat.*, *mar.* hélice *f*; **~ˌblatt** *n*, **~ˌflügel** *m* pale *f* d'hélice; **~ˌflugzeug** *n* avion *m* à hélice; **~ˌschlitten** *m* traîneau *m* à hélice; **~turˌbine** *f* turbopropulseur *m*.

proper [ˈprɔpər] *adj.* propre; **2geˌschäft** *n comm.* opération passée en nom propre.

Prophet|(in) [proˑˈfeːt(ɪn)] *m* ⟨~en; ~en⟩ (*f*) ⟨~; ~nen⟩ prophète *m*; prophétesse *f*; **der ~ gilt nichts in s-m Vaterland** *prov.* nul n'est prophète en son pays *prov.*; **~enˌgabe** *f* ⟨~⟩ don *m* de prophétie [-si]; **~enˌtum** *n* ⟨~(e)s⟩ mission *f*, rôle *m* de prophète; **~ie** [-ˈtiː] *f* ⟨~; -ien⟩ prophétie [-si] *f*; **2isch** *adj.* prophétique.

prophezei|en [proˑfeˑˈtsaɪən] *v/t.* ⟨*pas de ge-*, h⟩ prophétiser; *oft péj.* vaticiner; (*voraussagen*) prédire; augurer; **2ung** *f* ⟨~; ~en⟩ prophétie [-si] *f*; prédiction *f*.

Prophyla|ktikum [proˑfyˑˈlaktiˑkum] *n* ⟨~s; -ka⟩ remède *m* prophylactique; **2ktisch** *adj. méd.* préventif, -ive; prophylactique; **~xe** *f* ⟨~; ~n⟩ *méd.* prophylaxie *f*.

Proportion [proˑpɔrtsiˑˈoːn] *f* ⟨~; ~en⟩ proportion *f* (*auch math.*); rapport *m*; **in umgekehrter ~** inversement proportionnel, -lle.

proportional [proˑpɔrtsiˑoˑˈnaːl] **1.** *adj.* proportionnel, -lle; **2.** *adv.* proportionnellement; **2e** *f* ⟨~; ~n⟩ *math.* proportionnelle *f*; **mittlere ~** moyenne proportionnelle; **2iˈtät** *f* ⟨~⟩ proportionnalité *f*; **2ˌsteuer** *f* impôt proportionnel; **2ˌwahl** *f* scrutin proportionnel; (représentation *f*) proportionnelle *f* (*abr.* R.P.).

proportioniert [proˑpɔrtsiˑoˑˈniːrt] *adjt.* proportionné.

Proporzwahl [proˑˈpɔrtsˌvaːl] *f cf.* Proportionalwahl.

Propregeschäft [ˈprɔprəgəˌʃɛft] *n cf.* Propergeschäft.

Propst [proːpst] *m* ⟨~es; ⸚e⟩ *égl. cath.* prieur *m*; **~ei** [-ˈtaɪ] *f* ⟨~; ~en⟩ prieuré *m*.

Propylen [proˑpyˑˈleːn] *n* ⟨~s⟩ *chim.* propylène *m*; propène *m*.

Prorektor [ˈproːˌrɛktər] *m* vice-recteur *m*.

Prorektorat [ˈproːrɛktoˑˌraːt, -ˈraːt] *n* place *f*, fonctions *f/pl.* de vice-recteur.

Proro|gation [proˑroˑgatsiˑˈoːn] *f* ⟨~; ~en⟩ *comm.*, *jur.* prorogation *f*; **2gaˈtiv** *adj.* prorogatif, -ive; **2ˈgieren** *v/t.* ⟨*pas de ge-*, h⟩ proroger.

Prosa [ˈproːza] *f* ⟨~⟩ prose *f*.

Prosa|iker [proˑˈzaːɪkər] *m* ⟨~s; ~⟩ **1.** *cf.* Prosaschriftsteller; **2.** *péj.* (*nüchterner Mensch*) homme *m* prosaïque; terre-à-terre *m*; **2isch** *adj.* en prose; *fig. péj.* prosaïque; commun; qui est terre-à-terre, sans sens idéal; **~ˈist** *m* ⟨~en; ~en⟩ *cf.* Prosaschriftsteller.

Prosaschriftsteller [ˈproːzaˌʃrɪftʃtɛlər] *m* prosateur *m*.

Proselyt|(in) [proˑzeˑˈlyːt(ɪn)] *m* ⟨~en; ~en⟩ (*f*) ⟨~; ~nen⟩ prosélyte *m*, *f*; **~enˌmacher** *péj.* *m* ⟨~s; ~⟩ faiseur *m* de prosélytes, d'adeptes, de disciples; **~enmacheˌrei** *péj.* *f* ⟨~⟩ prosélytisme *m*.

prosit [ˈproːzɪt] *int. beim Zutrinken* à votre santé!; **~ Neujahr!** (je vous souhaite une) bonne année!; F je vous la souhaite bonne et heureuse!

pro|skribieren [proˑskriˑˈbiːrən] *v/t.* ⟨*pas de ge-*, h⟩ proscrire; **2skriptiˈon** *f* ⟨~; ~en⟩ proscription *f*.

Prosodi|e [proˑzoˑˈdiː] *f* ⟨~; -ien⟩ prosodie *f*; **2sch** [-ˈzoː-] *adj.* prosodique.

Prospekt [proˑˈspɛkt] *m* ⟨~(e)s; ~e⟩ **1.** (*Werbeschrift*) prospectus *m*; *gefalteter* dépliant *m*; *e-r Zeitung beigelegt* encart(age) *m*; **2.** (*Aussicht*) vue *f*; coup *m* d'œil; perspective *f*; **3.** *mus.*, *der Orgel* buffet *m* (d'orgue); **4.** *thé.* coulisse *f*; fond *m* de scène; arrière-plan *m*.

prosperi|eren [proˑspeˑˈriːrən] *v/i.* ⟨*pas de ge-*, h⟩ prospérer; **2ˈtät** *f* ⟨~⟩ prospérité *f*.

prost [proːst] *int. cf.* **prosit**; F *iron.* na, ~ **Mahlzeit!** F je vous en souhaite!

Prostata [ˈprɔstata] *f* ⟨~⟩ *anat.* prostate *f*.

prostitu|ieren [proˑstiˑtuˑˈiːrən] *v/réfl.* ⟨*pas de ge-*, h⟩ **sich ~** se prostituer; **2ˈierte** *f* ⟨→ A⟩ prostituée *f*; fille publique; *cf. auch* Dirne, Nutte; **2tiˈon** *f* ⟨~⟩ prostitution *f*.

Prostration [proˑstratsiˑˈoːn] *f* ⟨~⟩ prostration *f*.

Proszenium [proˑˈstseːniˑum] *n* ⟨~s; -ien⟩ *thé.* avant-scène *f*; **~sˌloge** *f thé.* (loge *f*, baignoire *f* d')avant-scène *f*.

Protagonist [proˑtagoˑˈnɪst] *m* ⟨~en; ~en⟩ protagoniste *m*.

Proteg|é [proˑteˑˈʒeː] *m* ⟨~s; ~s⟩ protégé *m*; **2ieren** *v/t.* ⟨*pas de ge-*, h⟩ protéger; patronner; F pistonner; donner un coup de piston à.

Protei|d [proˑteˑˈiːt] *n* ⟨~(e)s; ~e⟩ *chim.* protéide *f*; **~n** *n* ⟨~s; ~e⟩ *chim.* protéine *f*.

Protektio|n [proˑtɛktsiˑˈoːn] *f* ⟨~⟩ protection *f*; patronnage *m*; **~ˈnismus** *m* ⟨~⟩ protectionnisme *m*; **~ˈnist** *m* ⟨~en; ~en⟩ protectionniste *m*; **2ˈnistisch** *adj.* protectionniste.

Protektor [proˑˈtɛktər] *m* ⟨~s; -ˈtoren⟩ protecteur *m*; (*Schirmherr*) patron *m*; (*Ehrenvorsitzender*) président *m* d'honneur; **~at** [-ˈraːt] *n* ⟨~(e)s; ~e⟩ (*Schutzherrschaft*) protectorat *m*; *Gebiet* (pays *m* de) protectorat *m*; (*Schirmherrschaft*) patronage *m*; égide *f*; présidence *f* d'honneur.

Protest [proˑˈtɛst] *m* ⟨~es; ~e⟩ **1.** protestation *f*; **~ einlegen gegen etw.** protester contre qc.; s'inscrire en faux contre qc.; former opposition à qc.; **ein stürmischer ~** une vigoureuse protestation; une protestation tumultueuse; **2.** *comm.* (*Wechsel2*) protêt *m*; **~ erheben** dresser protêt; protester; **zu ~ gehen lassen** faire protester; faire dresser protêt; faire établir un protêt; **~ mangels Zahlung** protêt faute de payement; **~aktiˌon** *f* protestation *f*.

Protestant|(in) [proˑtɛsˈtant(ɪn)] *m* ⟨~en; ~en⟩ (*f*) ⟨~; ~nen⟩ protestant, -e *m*, *f*; **2isch** *adj.* protestant; **~ismus** [-ˈtɪs-] *m* ⟨~⟩ protestantisme *m*.

Protest|anzeige [proˑˈtɛstˌˀantsaɪgə] *f comm.* avis *m* de protêt; **2ˌfähig** *adj.* protestable; **~ˌfrist** *f* délai *m* de protêt.

protestieren [proˑtɛsˈtiːrən] **I** *v/t.* ⟨*pas de ge-*, h⟩ *comm.* **e-n Wechsel ~** protester une lettre de change; **II** *v/i.* protester, réclamer, se récrier (**gegen** contre); **III 2** *n* ⟨~s⟩ protestation(s) *f* (*pl.*); **2de(r)** *m* ⟨→ A⟩ protestataire *m*.

Protest|kosten [proˑˈtɛstˌkɔstən] *pl. comm.* frais *m/pl.* de protêt; **~ˌkundgebung** *f* meeting [mitiŋ] *m* de protestation; **~ˌnote** *f dipl.* note *f* de protestation; **~ˌrufe** *m/pl.* clameurs *f/pl.*; **~ˌschreiben** *n* lettre *f* de protestation; **~ˌstreik** *m* grève *f* de protestation; **~ˌsturm** *m* tempête *f* de protestations; tollé *m*; **~ˌurkunde** *f comm.* acte *m* de protêt; **~verˌsammlung** *f* assemblée *f*, réunion *f* de protestation; *cf. auch* **~kundgebung**.

Protevangelium [proˑteˑvaŋˈgeːliˑum] *n relig.* protévangile *m*.

Prothese [proˑˈteːzə] *f* ⟨~; ~n⟩ *méd.* prothèse *f* (orthopédique); (*Zahn2*) prothèse *f* dentaire; dentier *m*; F râtelier *m*.

Protoevangelium [ˈproːtoˑˀeˑvaŋˌgeːliˑum] *n cf.* **Protevangelium.**

Protokoll [proˑtoˑˈkɔl] *n* ⟨~s; ~e⟩ procès-verbal *m*; *dipl.* protocole *m*; **ein ~ aufnehmen** dresser, établir un procès-verbal; verbaliser; *Polizei* dresser procès-verbal; instrumenter; verbaliser; **das ~ führen** rédiger le procès-verbal; **zu ~ geben** faire inscrire, faire figurer au procès-verbal;

etw. zu ~ nehmen prendre acte de qc.; in das ~ aufnehmen inscrire au procès-verbal; das ~ verlesen donner lecture du procès-verbal; *dipl.* Chef des ~s chef du protocole; **~ant** [-ˈlant] *m* ⟨~en; ~en⟩ *cf.* ~führer; **2arisch** [-ˈlɑː-] **1.** *adj.* protocolaire; relatif, -ive au procès-verbal; **2.** *adv.* protocolairement; sous forme de procès-verbal; **~ˌaufnahme** *f* établissement *m* du procès-verbal; *der Polizei* verbalisation *f*; **~ˌbuch** *n* registre *m* des procès-verbaux, des délibérations; **~ˌführer** *m* rédacteur *m* du procès-verbal; *beim Gericht* greffier *m*; **2ieren** [-ˈliː-] *v/t.* ⟨*pas de ge-*, h⟩ dresser, rédiger le procès-verbal (etw. de qc.); enregistrer (qc.) au procès-verbal; **~ierung** [-ˈliː-] *f* ⟨~⟩ enregistrement *m* au procès-verbal; établissement *m*, rédaction *f* du procès-verbal.

Proton [ˈproːtɔn] *n* ⟨~s; -ˈtonen⟩ *phys. atom.* proton *m*; **~enbeˌschleuniger** [-ˈtoː-] *m* accélérateur *m* de protons; **~enˌmasse** [-ˈtoː-] *f* masse *f* protonique; **~enmikroˌskop** [-ˈtoː-] *n* miscroscope *m* protonique.

Proto|notar [proˑtoˑnoˑˈtɑːr] *m égl. cath.* protonotaire *m*; **~ˈplasma** *n biol.* protoplasme *od.* protoplasma *m*; **~ˈphyten** *f/pl. bot.* protophytes *m/pl. od. f/pl.*; **~ˈtyp** *m* ⟨~(e)s; ~e(n)⟩ prototype *m*; **~ˈzoen** *n/pl. zo.* protozoaires *m/pl.*

Protuberanz [proˑtuˑbeˑˈrants] *f* ⟨~; ~en⟩ *astr., anat.* protubérance *f*.

Protz [prɔts] *m* ⟨~en *od.* ~es; ~e(n)⟩ homme bouffi d'orgueil, qui fait étalage (de qc.), qui se donne de grands airs; (riche) insolent *m*; den ~en spielen faire sonner sa richesse.

Protze [ˈprɔtsə] *f* ⟨~; ~n⟩ *milit.* avant-train *m* d'affût.

protzen [ˈprɔtsən] *v/i.* ⟨-(es)t, h⟩ se donner, prendre des airs; être plein d'ostentation; faire étalage, montre (mit etw. de qc.); F épater; faire le flambard, le faraud; mit s-m Gelde ~ faire étalage de sa fortune; faire sonner sa richesse, ses écus; F en installer; **~ˌhaft** *adj. cf.* protzig; **2ˌtum** *n* ⟨~(e)s⟩ manières orgueilleuses; orgueil insolent (du parvenu, du nouveau riche).

Protzerei [ˌprɔtsəˈraɪ] *f* ⟨~; ~en⟩ *cf.* Protzentum.

protzig [ˈprɔtsɪç] **1.** *adj.* bouffi d'orgueil; plein d'ostentation; qui fait étalage de; ostentatoire; arrogant; d'un orgueil insolent; insolent; **2.** *adv.* orgueilleusement; insolemment; avec orgueil, arrogance, *etc.*

Protz|kasten [ˈprɔtsˌkastən] *m milit.* coffre *m* d'avant-train; **~ˌwagen** *m* avant-train *m*.

Provenienz [proˑveˑniˑˈɛnts] *f* ⟨~; ~en⟩ *comm.* provenance *f*.

Provenzal|e [proˑvɛnˈtsɑːlə] *m* ⟨~n; ~n⟩, **~in** *f* ⟨~; ~nen⟩ Provençal, -e *m,f*; **2isch** *adj.* provençal; die ~e Sprache, das 2e la langue provençale; le provençal.

Proviant [proˑviˑˈant] *m* ⟨~s⟩ victuailles *f/pl.*; vivres *m/pl.*; provisions *f/pl.* de voyage, de bouche; *milit.* ravitaillement *m*; subsistances *f/pl.*; mit ~ versehen approvisionner; ravitailler; pourvoir de vivres; **~ˌamt** *n milit.* administration *f*, intendance *f* des vivres; manutention *f*, bureau *m* des subsistances (des armées); **~ˌausgabe** *f milit.* distribution *f* des rations, des vivres; **~koˌlonne** *f milit.* colonne *f*, convoi *m* de ravitaillement, de vivres, d'approvisionnement; **~magaˌzin** *n milit.* magasin *m* de vivres; **~ˌschiff** *n mar.* ravitailleur *m*; **~ˌwagen** *m milit.* fourgon *m*, caisson *m* de vivres; **~ˌwesen** *n milit.* service *m* des subsistances, du ravitaillement.

Provinz [proˑˈvɪnts] *f* ⟨~; ~en⟩ province *f*; in der ~ en province; **~beˌwohner(in)** *m (f)* habitant, -e *m, f* de la province; provincial, -e *m, f*; **~beˌhörden** *f/pl.* autorités provinciales; **~ˌblatt** *n* journal (feuille) provincial(e), de province; régional *m*; **~iaˈlismus** *m* ⟨~; -men⟩ *ling.* provincialisme *m*; régionalisme *m*; **~iˈalreˌgierung** *f* gouvernement provincial; **2iˈell** *adj.* provincial; régional; **~ler(in)** *m* ⟨~s; ~⟩ (*f*) ⟨~; ~nen⟩ *cf.* ~bewohner(in); **2leˌrisch 1.** *adj.* provincial; **2.** *adv.* d'une manière provinciale; **~ˌstadt** *f* ville *f* de province; **~theˌater** *n* théâtre *m* de province; **~ˌzeitung** *f cf.* ~blatt.

Provision [proˑviˑziˑˈoːn] *f* ⟨~; ~en⟩ *comm.* commission *f*; remise *f*; **~sˌanspruch** *m* droit *m* à la commission; **~sˌbasis** *f* auf ~ arbeiten travailler à la commission; **~sbeˌrechnung** *f* bordereau *m* de commission; **2sˌfrei** *adj.* sans commission; net, -tte de toute commission; **2sˌpflichtig** *adj.* soumis au versement d'une commission; **~sˌreisende(r)** *m* voyageur *m* à la commission; **~sˌsatz** *m* taux *m* de commission.

Provisor [proˑˈviːzɔr] *m* ⟨~s; -ˈsoren⟩ gérant *m* d'une pharmacie.

provisori|sch [proˑviˑˈzoːrɪʃ] **1.** *adj.* provisoire; **2.** *adv.* provisoirement; **2um** *n* ⟨~s; -ien⟩ provisoire *m*; solution *f* de fortune, provisoire.

Provo|kateur [proˑvoˑkaˈtøːr] *m* ⟨~s; ~e⟩ provocateur *m*; **~katiˈon** *f* ⟨~; ~en⟩ provocation *f*; **2kaˈtorisch** *adj.* provocant; provocateur, -trice; **2ˈzieren** *v/t.* ⟨*pas de ge-*, h⟩ provoquer; **2ˈzierend** *adjt. cf.* 2katorisch; **~ˈzierung** *f* ⟨~⟩ *cf.* ~kation.

Prozedur [proˑtseˑˈduːr] *f* ⟨~; ~en⟩ *jur.* procédure *f*; *fig.* opération *f*.

Prozent [proˑˈtsɛnt] *n* ⟨~(e)s; ~e *bzw.* 5 ~⟩ pour-cent *m*; intérêt *m*; taux *m*; ~e *pl.* pourcentage *m*; tant *m* pour cent; zu fünf ~ à cinq pour cent; in ~en en pour-cent; ~e abwerfen rapporter des intérêts; zu hohen ~en à gros intérêts; à de hauts intérêts; zu wieviel ~? à quel taux?; er arbeitet mit ~en il travaille au pourcentage, à tant pour cent.

...prozentig [...proˑˌtsɛntɪç] *in Zssgn. mit adj. num. c.* dreiprozentige Rendite rendement *m* à trois pour cent; trois *m* pour cent; 70 prozentiger Alkohol alcool *m* à soixante-dix degrés.

Prozent|rechnung [proˑˈtsɛntˌrɛçnʊŋ] *f* calcul *m* des intérêts; **~ˌsatz** *m* pour-cent *m*; pourcentage *m*; tant *m* pour cent; taux *m* (d'intérêts); zum ~e von ... au taux de ... pour cent; hoher ~ taux élevé; forte proportion; **2uˈal 1.** *adj.* (exprimé) en pour-cent, au pourcentage; proportionnel, -lle; **2.** *adv.* selon un pourcentage; en pour-cent; proportionnellement; an e-m Unternehmen ~ beteiligt sein être intéressé au *od.* sur la base d'un pourcentage à une affaire; avoir un tant pour cent sur une affaire; **~ˌzeichen** *n* symbole *m* du pourcentage.

Prozeß [proˑˈtsɛs] *m* ⟨-sses; -sse⟩ **1.** *jur.* procès *m*; procédure *f*; cause *f*; instance *f*; j-m e-n ~ anhängen faire un procès à qn.; j-m den ~ machen faire le procès de qn.; instruire contre qn.; j-n in e-n ~ verwickeln compromettre qn. dans un procès, dans une affaire; mettre qn. en cause; in e-n ~ verwickelt sein être compromis, enveloppé, être mis en cause dans un procès; e-n ~ gegen j-n einleiten, anstrengen entreprendre, entamer, engager un procès, une action contre qn.; intenter un procès à qn.; e-n ~ führen mener un procès; ester en justice; e-n ~ gewinnen (verlieren) gagner (perdre) un procès; e-n ~ wiederaufnehmen réviser un procès; e-n ~ verschleppen (faire) traîner un procès en longueur; anhängiger ~ procès en instance; affaire, cause pendante; ein magerer Vergleich ist besser als ein fetter ~ *prov.* un mauvais arrangement vaut mieux qu'un bon procès *prov.*; *fig.* kurzen ~ machen ne pas y aller par quatre chemins, F avec le dos de la cuiller; ne pas prendre de gants; mit etw. kurzen ~ machen couper court à qc.; faire prompte justice de qc.; mit j-m kurzen ~ machen régler promptement son affaire à qn.; en finir promptement, vivement, vite avec qn.; en user sans façon avec qn.; **2.** (*Vorgang*) processus *m*; (*Verfahren*) procédé *m* (*auch chim.*); **~ˌakten** *f/pl.* pièces *f/pl.*, dossier *m* d'un procès; Einsichtnahme in die ~ communication du dossier; **~beˌvollmächtigte(r)** *m* mandataire *m* ad litem; **2ˌfähig** *adj.* capable d'ester en justice; **~ˌfähigkeit** *f* ⟨~⟩ droit *m*, capacité *f* d'ester en justice; habilité *f* à ester en justice; **~ˌführer** *m* plaideur *m*; **~ˌführung** *f* procédure *f*; **~ˌgegenstand** *m* objet *m* du procès, du litige; affaire *f* en litige; **~ˌgegner** *m* (*Gegenpartei*) adversaire *m*; partie *f* adverse; **~ˌhandlung** *f* (acte *m* de) procédure *f*; action *f*; instance *f*.

prozessieren [proˑtsɛˈsiːrən] *v/i.* ⟨*pas de ge-*, h⟩ *jur.* plaider (mit j-m contre qn.); être en procès (avec qn.); être engagé, impliqué dans un procès (avec qn.); intenter, faire un procès (à qn.).

Prozession [proˑtsɛsiˑˈoːn] *f* ⟨~; ~en⟩ *égl. cath.* procession *f*; e-e ~ veranstalten faire une procession; processionner.

Prozeß|kosten [proˑˈtsɛsˌkɔstən] *pl.* frais *m/pl.* de procès; dépens *m/pl.* (de l'instance); die ~ tragen faire, supporter les frais d'un procès; **~ˌordnung** *f* code *m* de procédure; **~ˌrecht** *n* procédure *f*; **~ˌsache** *f* affaire *f* judiciaire; in ~n en matière de procès; **~ˌsucht** *f* ⟨~⟩ manie *f* des procès; **2ˌsüchtig** *adj.* processif, -ive; procédurier, -ère; chicanier, -ère; **2ˌunfähig** *adj.* incapable d'ester en justice; **~verˌschleppung** *f* prolongation *f* de la procédure; **~ˌvollmacht** *f* mandat *m* ad litem.

prüde [ˈpryːdə] *adj.* prude; F bégueule; **2ˈrie** *f* ⟨~; -ien⟩ pruderie *f*; F bégueulerie *f*.

Prüf... [ˈpryːf...] *in Zssgn.* d'essai; de contrôle; (de) test; témoin; **~draht** *m élect.* fil *m* pilote; **2en I** *v/t.* ⟨h⟩ examiner; faire l'examen de; soumettre à un examen; *gründlich* scruter; *fachmännisch* expertiser; *techn.* essayer; contrôler; (*erproben*) éprouver; faire l'épreuve de; mettre à l'épreuve; soumettre à une épreuve; (*über~*) inspecter; passer en revue; *Richtigkeit, Echtheit etc.* (*nach~*) vérifier; *Rechnung auch* apurer; revoir; réviser; *e-e Frage, e-n Plan* (*studieren*) étudier; *Kaffee, Tee* goûter; *Wein* déguster; **etw. näher, eingehend** ~ examiner qc. de près; **etw. sachlich** ~ examiner qc. à fond; **wir** ~ **zur Zeit die Frage, ob ...** nous étudions, examinons en ce moment la question de savoir si ...; **mit e-m** ~**den Blick** avec un regard scrutateur, inquisiteur; *fig.* **auf Herz u. Nieren** ~ *fig.* examiner sur toutes les coutures; **sein Gewissen** ~ faire son examen de conscience; **geprüft** diplômé; breveté; qui a passé ses examens; (*erprobt*) éprouvé; **II** *v/réfl.* **sich** ~ s'examiner; **III** ~**en** *n* ⟨~s⟩ *cf.* **Prüfung**; ~**er(in)** *m* ⟨~s; ~⟩ (*f*) ⟨~; ~nen⟩ examinateur, -trice *m, f*; *techn., comm.* contrôleur, -euse *m, f*; inspecteur, -trice *m, f*; expert *m*; vérificateur, -trice *m, f*; (*Wein*2) dégustateur, -trice *m, f*; ~**feld** *n techn.* banc *m*, plate-forme *f* d'essai(s); ~**ge͵rät** *n techn.* appareil *m* d'essai, de vérification, de contrôle; contrôleur *m*; ~͵**lampe** *f élect.* lampe-témoin *f*; lampe *f* de contrôle; ~**ling** *m* ⟨~s; ~e⟩ candidat, -e *m, f* (à un examen); *techn.* pièce *f* d'essai; objet-test *m*; éprouvette *f*; ~͵**spannung** *f élect.* tension *f* d'essai; ~**stab** *m* éprouvette *f*; barre *f*; barreau *m*; ~**stand** *m techn.* station *f*, banc *m* d'essai; ~**standver͵such** *m techn.* épreuve *f*, contrôle *m* au banc d'essai; essai *m* sur banc; ~**stein** *m fig.* pierre *f* de touche; ~͵**stelle** *f comm.* bureau *m* de vérification; office *m* d'inspection; service *m* de contrôle; **Technische** ~ **für den Kraftfahrzeugverkehr** *cf.* **Überwachungs-Verein**; ~**stück** *n techn.* pièce *f* d'essai.

Prüfung [ˈpryːfʊŋ] *f* ⟨~; ~en⟩ examen *m*; *fachmännische* expertise *f*; *techn.* contrôle *m*; essai *m*; test *m*; (*Inspektion*) inspection *f*; (*Nach*2) vérification *f*; *e-r Rechnung auch* apurement *m*; révision *f*; *e-r Frage, e-s Vorschlags* étude *f*; examen *m*; *Sport* épreuve *f*; *e-s Sachverhalts durch Vergleich von Zeugenaussagen* recoupement *m*; (*Examen*) examen *m*; **nach** ~ **der Sachlage** en connaissance de cause; **sorgfältige** ~ examen minutieux, rigoureux; **nochmalige, erneute** ~ nouvel examen; examen supplémentaire; **sachliche** ~ examen matériel, de fond; **nach** ~ vérification faite; après vérification; **zollamtliche** ~ **des Gepäcks** visite des bagages; **harte** ~**en bestehen** passer par de rudes épreuves; **mündliche** ~ (examen) oral *m*; **schriftliche** ~ épreuves écrites; écrit *m*; **e-e** ~ **abhalten** faire un examen; **e-e** ~ **bestehen** passer un, réussir un *od.* à un, être reçu à un examen; **e-e** ~ **machen, ablegen** subir, passer un examen; **in der** ~ **durchfallen** échouer, être refusé à l'examen; F rater l'examen; **zur** ~ **zugelassen werden** être admis à l'examen; (**sich**) **e-r** ~ **unterziehen** (se) soumettre à un examen; ~**s͵amt** *n* office *m* des examens; ~**s͵arbeit** *f* composition *f*, thème *m* d'examen; épreuve *f*; ~**s͵aufgabe** *f* sujet proposé à l'examen; ~**s͵ausschuß** *m jur.* jury *m*; *bei Examen auch* commission *f* d'examen; *comm., techn. etc.* commission *f* de contrôle, de vérification; ~**sbe͵richt** *m techn.* rapport *m* d'essai, *jur.* d'expert, d'expertise, *comm.* d'inspection, de vérification; ~**sbe͵scheinigung** *f* certificat *m* d'examen; ~**ser͵gebnis** *n* résultat *m* de l'examen; ~**s͵fach** *n* matière *f* d'examen; ~**s͵frage** *f* **schwierige** ~ F colle *f*; ~**sge͵bühren** *f/pl.*, ~**s͵gelder** *n/pl.* droits *m/pl.* d'examen; ~**skandi͵dat** (-**in**) *m* (*f*) *cf.* **Prüfling**; ~**skommis͵si͵on** *f cf.* ~**sausschuß**; ~**s͵ordnung** *f* règlement *m* des examens; ~**ster͵min** *m* jour *m*, date *f* de l'examen; ~**s͵zeugnis** *n* diplôme *m*; certificat *m* d'examen; brevet *m* de capacité.

Prüf|vermerk [ˈpryːffɛr͵mɛrk] *m* mention *f* de contrôle, de vérification; ~͵**zeichen** *n* marque *f* de contrôle.

Prügel[1] [ˈpryːgəl] *m* ⟨~s; ~⟩ (gros) bâton *m*; gourdin *m*; F trique *f*; ~[2] F *pl.* **Tracht** ~ correction *f*; volée *f* (de coups de bâton); F rossée *f*; raclée *f*; roulée *f*; fessée *f*; P dégelée *f*; frottée *f*; danse *f*; peignée *f*; déculottée *f*; dérouillée *f*; pile *f*; purge *f*; trempe *f*; tripotée *f*; **j-m e-e Tracht** ~ **verabreichen** administrer une correction à qn.; F flanquer une bonne raclée, fessée, *etc.* à qn.; ~ **beziehen** recevoir des coups; ~**ei** [-ˈlaɪ] F *f* ⟨~; ~en⟩ bagarre *f*; rixe *f*; pugilat *m*; mêlée *f*; échauffourée *f*; **es entstand e-e** ~ on en vint aux coups, aux mains; ~͵**knabe** F *m* souffre-douleur *m*; *fig.* bouc *m* émissaire; tête *f* de Turc; 2**n** F **I** *v/t.* ⟨-(e)le, h⟩ **j-n** ~ donner des coups (de bâton) à qn.; battre, corriger, *pfort.* rosser, bâtonner qn.; donner une volée de coups à qn.; infliger, donner, administrer une correction à qn.; F rouer qn. de coups; P sonner qn.; **II** *v/réfl.* **sich** (*gegenseitig*) ~ se battre; en venir aux mains, aux coups; se flanquer une volée; F s'étriller; ~͵**strafe** *f hist.* (peine *f* de la) bastonnade *od.* bâtonnade *f*.

Prünelle [pryˑˈnɛlə] *f* ⟨~; ~n⟩ pruneau *m*; brignole *f*.

Prunk [prʊŋk] *m* ⟨~(e)s⟩ pompe *f*; apparat *m*; (*Aufwand*) luxe *m*; *péj.* (*Schaugepränge*) faste *m*; parade *f*; F tralala *m*; chiqué *m*; tamtam *m*; *cf. auch* **Pracht**; ~**bett** *n* lit *m* de parade; 2**en** *v/i.* ⟨h⟩ étaler un grand faste; briller; paraître; **mit etw.** ~ faire parade de qc.; ~**ge͵mach** *n* chambre *f* d'apparat; 2**haft** *adj. cf.* 2**voll**; ~͵**liebe** *f* goût *m* du faste, du luxe; 2͵**liebend** *adjt.* aimant la pompe, le faste, le luxe; qui a le goût du faste, du luxe; 2**los** *adj.* sans faste; sans luxe; simple; ~**saal** *m* salle *f* de parade; ~**sucht** *f* ⟨~⟩ goût *m* de la pompe, du faste; besoin *m*, *pfort.* rage *f* de paraître, de se faire voir, de se montrer, de s'exhiber; 2͵**süchtig** *adj. cf.* 2**liebend**; ~**stück** *n* objet *m* de parade; 2**voll** *adj.* fastueux, -euse; pompeux, -euse; luxueux, -euse; somptueux, -euse; ~͵**zimmer** *n cf.* ~**gemach**.

prusten [ˈpruːstən] F **I** *v/i.* ⟨-ete, h⟩ *Pferd, Schwimmer* s'ébrouer; **II** 2 *n* ⟨~s⟩ ébrouement *m*.

Psalm [psalm] *m* ⟨~s; ~en⟩ *bibl.* psaume *m*; ~**en͵dichter** *m*, ~**en͵sänger** *m*, ~**ist** [-ˈmɪst] *m* ⟨~en; ~en⟩ psalmiste *m*; ~**oˈdie** *f* ⟨~; -ien⟩ psalmodie *f*; 2**oˈdieren** *v/i.* ⟨*pas de ge-*, h⟩ psalmodier; 2**odisch** [-ˈmoː-] *adj.* psalmodique.

Psalter [ˈpsaltər] *m* ⟨~s; ~⟩ **1.** *Saiteninstrument* psaltérion *m*; **2.** *bibl.* psautier *m*.

Pseudo... [ˈpsɔʏdoˑ...] *in Zssgn.* pseudo...; ~ˈ**nym I** *n* ⟨~s; ~e⟩ pseudonyme *m*; nom *m* de guerre, de plume, d'emprunt; **II** 2ˈ**nym** *adj.* pseudonyme; 2͵**wissenschaftlich** *adj.* pseudo-scientifique.

pst [pst] *int. zum Stillschweigen auffordernd* chut!

Psych|e [ˈpsyːçə] *f* ⟨~; ~n⟩ âme *f*; vie intérieure; *psych.* psyché [-ʃ-] *f*; ~**iˈater** *m* ⟨~s; ~⟩ psychiatre [-k-] *m*; ~**iaˈtrie** *f* ⟨~⟩ psychiatrie [-k-] *f*; 2**iˈatrisch** *adj.* psychiatrique [-k-]; 2**isch** *adj.* de l'âme; *sc.* psychique [-ʃ-].

Psycho|analyse [psyːçoˑanaˈlyːzə] *f* psychanalyse *f*; ~**anaˈlytiker** *m* psychanaliste *m*; 2**anaˈlytisch** *adj.* psychanalytique; ~**genˈese** *f* ⟨~; ~n⟩ psychogénèse *f*; ~ˈ**loge** *m* ⟨~n; ~n⟩ psychologue *m*; ~**loˈgie** *f* ⟨~⟩ psychologie *f*; 2ˈ**logisch** *adj.* psychologique; ~**meˈtrie** *f* ⟨~⟩ psychométrie *f*; ~**neuˈrose** *f* psychonévrose *f*; ~ˈ**path** *m* ⟨~en; ~en⟩ psychopathe *m*; 2ˈ**pathisch** *adj.* psychopathique; ~**pathoˈlogie** *f* psychopathologie *f*; ~**phyˈsik** *f* psychophysique *f*; ~**se** [-ˈçoːzə] *f* ⟨~; ~n⟩ psychose *f*; ~**soˈmatik** *f* ⟨~⟩ psychosomatique *f*; 2**soˈmatisch** *adj.* psychosomatique; ~ˈ**technik** *f* psychotechnique *f*; ~**theraˈpeut** *m* psychothérapeute *m*; ~**theraˈpie** *f* psychothérapie *f*.

Psychrometer [psyːkroˑˈmeːtər] *n* ⟨~s; ~⟩ psychromètre *m*.

ptolemäisch [ptoˑleˑˈmɛːɪʃ] *adj.* de Ptolémée.

Pubertät [puˑbɛrˈtɛːt] *f* ⟨~⟩, ~**s͵zeit** *f physiol.* puberté *f*.

publik [puˑˈbliːk] **1.** *adj.* ~ sein être public, publique; **2.** *adv.* ~ machen rendre public, publique; porter à la connaissance du public; 2**atiˈon** *f* ⟨~; ~en⟩ publication *f*.

Publikum [ˈpuːbliˑkʊm] *n* ⟨~s⟩ public *m*; (*Zuhörer*) auditoire *m*; (*Zuschauer*) spectateurs *m/pl.*; (*Leser*) lecteurs *m/pl.*; (*die Umstehenden*) foule *f*; **das gebildete** ~ le public instruit; ~**ser͵folg** *m* succès *m* auprès du public; ~**sver͵kehr** *m* **nachmittags kein** ~ fermé au public l'après-midi.

publi|zieren [puˑbliˑˈtsiːrən] *v/t.* ⟨*pas de ge-*, h⟩ publier; 2ˈ**zist** *m* ⟨~en; ~en⟩ publiciste *m*; 2ˈ**zistik** *f* ⟨~⟩ journalisme *m*; ~ˈ**zistisch** *adj.* de(s) publiciste(s); comme *od.* en publiciste; 2**ziˈtät** *f* ⟨~⟩ publicité *f*.

Puck [pʊk] *m* ⟨~s; ~s⟩ **1.** (*Kobold*) lutin *m*; **2.** *Eishockey* palet *m*.

Puckel [ˈpʊkəl] F *m* ⟨~s; ~⟩ *cf.* **Buk-kel 2.**

Puddel|eisen [ˈpʊdəl͵ˀaɪzən] *n métall.* fer puddlé; 2**n I** *v/i.* ⟨-(e)le, h⟩ *métall.* puddler; **II** ~**n** *n* ⟨~s⟩ puddlage *m*; ~͵**ofen** *m* four *m* à puddler; ~͵**stahl** *m* acier puddlé.

Pudding [ˈpʊdɪŋ] *m* ⟨~s; ~e *od.* ~s⟩ *cuis.* flan *m*; crème renversée, éclair; ~͵**pulver** *n* flan *m* en poudre.

Puddler [ˈpʊdlər] *m* ⟨~s; ~⟩ *métall.* puddleur *m*.

Pudel [ˈpuːdəl] *m* ⟨~s; ~⟩ **1.** *Hunderasse* caniche *m*; barbet *m*; **2.** *fig.* **das also ist des** ~**s Kern!** voilà l'explication, le fin mot!; F **wie ein begossener** ~ **dastehen** rester, être bien penaud; F **wie ein begossener** ~ **abziehen** s'en aller la queue entre les jambes; s'en aller les oreilles basses; F faire un nez; **3.** F a) *beim Kegeln* coup manqué; **e-n** ~ **machen** F faire chou blanc; b) *par ext.* (*Fehler*) faute *f*; maladresse *f*; impair *m*; F gaffe *f*; blague *f*; bévue *f*; P connerie *f*; ~͵**mütze** *f etwa* polo *m*; 2**n** *v/i.* ⟨-(e)le, h⟩ *beim Kegeln* manquer son coup; faire chou blanc; *par ext.* faire, commettre une faute, une maladresse, F une gaffe, blague, bévue; gaffer; 2ˈ**naß** F *adj.* trempé comme un canard, comme une soupe, jusqu'aux os.

Puder [ˈpuːdər] *m* ⟨~s; ~⟩ poudre *f*; ~͵**dose** *f* boîte *f* de *od.* à poudre; poudrier *m*; 2**n I** *v/t.* (*u. v/réfl.*) ⟨-(e)re, h⟩

(se) poudrer; **II ~n** *n* ⟨~s⟩ poudrage *od.* poudrement *m*; **~ˌquaste** *f* 'houppette *f*; **~ˌzucker** *m* sucre *m* glace.

pueril [puˑeˑˈriːl] *adj.* puéril.

Puerperalfieber [puˑɛrpeˑˈrɑːlˌfiːbər] *n* ⟨~s⟩ *méd.* fièvre puerpérale.

puff [pʊf] *int.* pouf!

Puff[1] [pʊf] *m* **1.** ⟨~(e)s; ¨e⟩ F (*Stoß*) coup *m* (de poing); poussée *f*; F bourrade *f*; gourmade *f*; *fig.* **er kann e-n ~ vertragen** il a la peau dure; **2.** ⟨~(e)s; ~e⟩ (*Wäsche*♀) panier *m* à linge; *Sitzmöbel* pouf *m*; **3.** ⟨~s; ~s⟩ P (*Bordell*) F bordel *m*; boxon *m*; claque *m*; bobinard *m*; bocard *m*; **~**[2] *n* ⟨~(e)s⟩ trictrac *m*; jacquet *m*; **~ˌärmel** *m* manche bouffante, à gigot; **~ˌbohne** *f bot.* fève *f* de marais; **♀en I** *v/t.* ⟨h⟩ **1. j-n ~** donner un léger coup de poing, une légère poussée, un coup de coude à qn.; **2.** *cout.* (*bauschen*) faire bouffer; **II** *v/i.* (*sich bauschen*) bouffer.

Puffer [ˈpʊfər] *m* ⟨~s; ~⟩ **1.** *chem.*, *chim.* tampon *m*; *techn.* amortisseur *m* (de choc); **2.** *cuis.* (*Kartoffel*♀) *etwa* crêpe *f* de pommes de terre crues râpées; **~batteˌrie** *f élect.* batterie *f* tampon; **~ˌfeder** *f chem.* ressort *m* de tampon; **~ˌlösung** *f chim.* solution *f* tampon; **~ˌstaat** *m pol.* État *m* tampon; **~ung** *f* ⟨~; ~en⟩ *techn.* bloc amortisseur.

puffig [ˈpʊfɪç] *adj.* bouffant.

Puff|mutter [ˈpʊfˌmʊtər] P *f* F mère maquerelle; **~reis** *m cuis.* riz gonflé, soufflé; **~spiel** *n cf.* **Puff**[2].

puh [puː] *int. Ekel* pouah!; peuh!; *Erleichterung* ouf!

Pulk [pʊlk] *m* ⟨~(e)s; ~e⟩ *milit.* colonne *f* de véhicules militaires; *aviat.* formation d'avions (très) serrée; **♀ˌweise** *adv.* **~ fliegen** voler en petites formations serrées.

Pulle [ˈpʊlə] F *f* ⟨~; ~n⟩ bouteille *f*.

pullen [ˈpʊlən] *v/i.* ⟨h⟩ **1.** *mar.* ramer; **2.** F (*harnen*) F faire pipi; P pisser.

Pulli [ˈpʊliˑ] *m* ⟨~s; ~s⟩ *Kurzform* F pull *m*.

Pullover [pʊˈloːvər, pʊlˈʔoː-] *m* ⟨~s; ~⟩ pull(-)over *m*.

Pulp [pʊlp] *m* ⟨~s; ~en⟩, **~e** *f* ⟨~; ~n⟩, **~a** *f* ⟨~; -pae⟩ pulpe *f*.

Puls [pʊls] *m* ⟨~es; ~e⟩ pouls [pu] *m* (*auch fig.*); **j-m den ~ fühlen** tâter le pouls à qn. (*auch fig.*); **s-e ~e fliegen** son sang bout; son cœur bat à se rompre; **~ˌader** *f anat.* artère radiale.

Pulsation [pʊlzatsiˑˈoːn] *f* ⟨~⟩ pulsation *f*.

Pulsator [pʊlˈzɑːtɔr] *m* ⟨~s; -ˈtoren⟩, **~maˌschine** *f techn.* pulsateur *m*; **~ˌwaschmaˌschine** *f* machine *f* à turbulence.

pulsen [ˈpʊlzən] **I** *v/t.* ⟨-(es)t, h⟩ *cf.* **(j-m den) Puls (fühlen)**; **II** *v/i. cf.* **pulsieren**.

pulsieren [pʊlˈziːrən] **I** *v/i.* ⟨*pas de ge-*, h⟩ (*schlagen*) battre; *Blut* circuler; *fig.* **~des Leben** vie, animation intense; **II ♀** *n* ⟨~s⟩ (*Schlagen*) battement *m*; *des Blutes* bouillonnement *m*.

Pulsotriebwerk [ˈpʊlzoˑˌtriːpvɛrk] *n* pulso-réacteur *m*.

Puls|schlag [ˈpʊlsʃlɑːk] *m physiol.* pulsation *f*; **~ˌwärmer** *m* ⟨~s; ~⟩ *cf.* **Müffchen**; **~zahl** *f* nombre *m* de pulsations; fréquence *f* de pulsation.

Pult [pʊlt] *n* ⟨~(e)s; ~e⟩ pupitre *m*; *in der Kirche* (*Chor*♀) lutrin *m*; **~ˌklappe** *f* abat(t)ant *m*.

Pulver [ˈpʊlvər] *n* ⟨~s; ~⟩ poudre *f* (*auch phm.*); (*Schießpulver*) poudre *f* (à canon); **zu ~ (zer)reiben** *cf.* **♀isieren I**; *fig.* **noch kein ~ gerochen haben** n'avoir pas encore vu le feu; *fig.* **er hat das ~ nicht erfunden** il n'a pas inventé la poudre, le fil à couper le beurre; il n'est pas grand sorcier; ce n'est pas une lumière; *fig.* **sein ~ verschossen haben** avoir épuisé ses ressources; avoir brûlé toutes ses cartouches; *fig.* **er ist keinen Schuß ~ wert** il ne vaut pas la corde pour le pendre; **♀ˌartig** *adj. cf.* **♀ig**; **~ˌdampf** *m* fumée *f* de la poudre; **~faˌbrik** *f* poudrerie *f*; **~ˌfaß** *n* baril *m* de poudre (*auch fig.*); *fig.* **(wie) auf dem ~ sitzen** être assis sur un baril de poudre, sur un volcan; **♀ig** *adj.* pulvérulent; poudreux, -euse; **~iˈsator** *m* ⟨~s; -ˈtoren⟩ *techn.* pulvérisateur *m*; **♀iˈsieren I** *v/t.* ⟨*pas de ge-*, h⟩ pulvériser; réduire en poudre; *sc.* porphyriser; *chim.* léviger; *phm.*, *chim.*, *techn.* broyer; **II** *v/réfl.* **sich ~** se pulvériser; se réduire en poudre; tomber en poussière; **~iˈsierung** *f* ⟨~⟩ pulvérisation *f*; réduction *f* en poudre; *sc.* porphyrisation *f*; *chim.* lévigation *f*; *phm.*, *chim.*, *techn.* broyage *m*; **~ˌkorn** *n* grain *m* de poudre; **~ˌladung** *f* charge *f* de poudre; **~magaˌzin** *n* poudrière *f*; magasin *m* à (*od.* aux) poudre(s); *mar.* soute *f* aux poudres; **~ˌrauch** *m cf.* **~dampf**; **~ˌrückstand** *m* résidus *m/pl.* de poudre; **~ˌschnee** *m* neige poudreuse; **~ˌturm** *m hist. cf.* **~magazin**.

pulvrig [ˈpʊlvrɪç] *adj. cf.* **pulverig**.

Puma [ˈpuːma] *m* ⟨~s; ~s⟩ *zo.* puma *m*.

Pummel [ˈpʊməl] F *m* ⟨~s; ~⟩, **~chen** F *n* ⟨~s; ~⟩ enfant potelé, dodu; F (jeune fille) grassouillette *f*; boulotte *f*; *litt.* boule *f* de suif; **♀ig** F *adj.* potelé; F dodu; rondouillard; grassouillet, -tte.

Pump [pʊmp] F *m* ⟨~(e)s⟩ crédit *m*; **auf ~ kaufen** acheter, prendre à crédit.

Pump|anlage [ˈpʊmpˌʔanlɑːgə] *f* installation *f*, station *f* de pompage; **~ˌbrunnen** *m* pompe *f*; **~e** *f* ⟨~; ~n⟩ pompe *f*; **♀en I** *v/t.* ⟨h⟩ **1.** pomper; **2.** F (*borgen*) **j-m etw. ~** prêter qc. à qn.; **etw. von j-m ~** emprunter qc. à qn.; F taper qn. de qc.; **II ~en** *n* ⟨~s⟩ **3.** pompage *m*; **4.** F (*Borgen*) prêt *m*; emprunt *m*; F tapage *m*.

Pumpen|aggregat [ˈpʊmpənʔagreˑˌgɑːt] *n* pompes *f/pl.*; groupe *m* de pompage; **~geˌhäuse** *n* corps *m* de pompe; **~ˌhaus** *n* station *f* hydraulique, de pompage; **~ˌkolben** *m* piston *m* de pompe; **~ˌrohr** *n*, **~ˌröhre** *f* tuyau *m* de pompe; **~ˌschwengel** *m* bras *m*, balancier *m* de pompe; bringuebale *od.* brimbale *f*; **~ˌstand** *m* groupe *m* de pompage; **~venˌtil** *n* clapet *m*, soupape *f* de pompe.

Pumpernickel [ˈpʊmpərˌnɪkəl] *m* ⟨~s; ~⟩ pumpernickel *m*.

Pump|genie [ˈpʊmpʒeˑˌniː] F *n* emprunteur, -euse *m, f*; F tapeur, -euse *m, f*; pilon *m*; **~ˌhose** *f* pantalon bouffant; **~ˌleistung** *f* capacité *f* de pompage; débit *m*.

Pumps [pœmps] *m* ⟨~; ~⟩ escarpin *m*.

Pump|station [ˈpʊmpʃtatsiˑˌoːn] *f*, **~ˌwerk** *n cf.* **Pumpenhaus**.

Punchingball [ˈpantʃɪŋˌbal] *m Boxsport* punching-ball [pœntʃiŋbol] *m*.

Puni|er(in) [ˈpuːniˑər(ɪn)] *m* ⟨~s; ~⟩ (*f*) ⟨~; ~nen⟩ Carthaginois, -e *m, f*; **♀sch** *adj.* punique; de Carthage.

Punkt [pʊŋkt] *m* ⟨~(e)s; ~e⟩ *in der Interpunktion, Geometrie, Rhetorik, Musik, im Raum, beim Sport, impr.*, *fig.* point *m*; *phys.*, *télév.* spot *m*; *e-s Vertrags* article *m*; paragraphe *m*; *e-r Tagesordnung* point *m*; **~ für ~ durchgehen** examiner point par point, article par article; **in e-m ~ einig** d'accord sur un point; **in vielen ~en** sur de nombreux points; à beaucoup d'égards; **bis zu e-m gewissen ~** jusqu'à un certain point; **der springende ~** le point saillant, décisif; l'essentiel; le hic; le nœud de la question; **der heikle ~** le point délicat; **dunkler ~** point obscur; **strittiger ~** point litigieux, discutable; **wunder ~** point faible, vulnérable, névralgique; endroit sensible; **den wunden ~ berühren** trouver le point sensible; mettre le doigt sur la plaie; F mettre le doigt dessus; **toter ~** a) (*Ermüdungsaugenblick*) moment de relâchement; point critique; b) (*Stillstand*) point mort; *fig.* impasse *f*; **den toten ~ überwinden** a) surmonter le point critique; b) passer, franchir le point mort; *fig.* sortir de l'impasse; **e-n ~ hinter etw.** (*e-e Angelegenheit*) **machen** mettre le point final à qc.; *Sport* **nach ~en führen, siegen** mener, triompher aux points; **wir kommen zu ~ 3 der Tagesordnung** passons à la discussion du point 3 de l'ordre du jour; **~ ein Uhr** (à) une heure précise; **~ zwölf** midi juste, sonnant; F midi tapant; **auf den ~** exactement; tout juste; F **nun mach aber e-n ~!** arrête maintenant!; ça va!; ça suffit!; (en voilà) assez!; ferme-la!; mets-y un bouchon!; **~alˌglas** [-ˈtɑːl-] *n opt.* ménisque *m*; **~atiˈon** *f* ⟨~; ~en⟩ contrat *m* préalable; accord partiel; **~ˌball** *m Boxsport cf.* **Punchingball**; **~ˌkampf** *m Sport* lutte *f* aux points; **~ˌfeuer** *n milit.* feu convergent; **♀ˌförmig** *adj.* ponctuel, -lle; **♀gleich 1.** *adj. Sport* à égalité de points; nul, -lle; **2.** *adv.* ex aequo; **~ˌgleichheit** *f Sport* égalité *f* de points; ex aequo *m*.

punktier|en [pʊŋkˈtiːrən] **I** *v/t.* ⟨*pas de ge-*, h⟩ **1.** marquer de points; pointiller (*auch peint.*, *Kupferstecherei*); *techn.*, *mus.* pointer; *mus.* **punktierte Note** note pointée; **punktierte Linie** ligne pointillée *od.* en pointillé; pointillé *m*; **2.** *méd.* ponctionner; faire une ponction (j-n à qn.); **II ♀en** *n* ⟨~s⟩ pointillage *m* (*auch peint.*, *Kupferstecherei*); *méd.* ponction *f*; **♀ˌkunst** *f* géomancie *f*; **♀maˌnier** *f* (art *m* du) pointillé *m*; pointillisme *m*; **in ~** au pointillé; **♀ˌnadel** *f Graphik* traulet *m*; *Kupferstecherei* échoppe *f*; *méd.* aiguille *f* de ponction; *par ext.* trocart *m*; **♀ˌrad** *n*, **♀ˌrädchen** *n cout.* molette *f*; marque-point *m*; **♀ung** *f* ⟨~; ~en⟩ pointillage *m*; pointillé *m*.

Punktion [pʊŋktsiˑˈoːn] *f* ⟨~; ~en⟩ *méd.* ponction *f*.

pünktlich [ˈpʏŋktlɪç] **1.** *adj.* ponctuel, -lle; exact; **~er Gehorsam** stricte obéissance; **~ sein** être à l'heure; **ich werde ~ sein** *auch* je n'y manquerai pas; **ganz ~** très, tout à fait, absolument ponctuel, -lle; **2.** *adv.* ponctuellement; **~ kommen** venir à l'heure; **ganz ~ kommen** F venir à l'heure militaire; **aufs ~ste** avec la plus grande ponctualité, exactitude; **~ fertigstellen** terminer à temps; **♀ˌkeit** *f* ⟨~⟩ ponctualité *f*; exactitude *f*.

Punkt|linie [ˈpʊŋktˌliːniˑə] *f cf.* **punktieren I, 1.**; **~ˌniederlage** *f Sport* défaite *f* aux points; **~ˌrichter** *m Sport* pointeur *m*; **~ˌroller** *m Massagegerät* point-roller *m*; rouleau *m* de massage, à ventouses; **♀ˌschweißen** *v/t.* ⟨*nur inf. u. p.p.* -ge-⟩ *techn.* souder par points; **~ˌschweißung** *f techn.* soudure *f* par points; **~sieg** *m*

Sport victoire *f* aux points; **~ˌsieger** *m Sport* vainqueur *m* aux points; **~spiel** *n Sport* match *m* aux points; **~sysˌtem** *n Sport* système *m* par points.

Punktum [ˈpuŋktum] *n* F ... und damit ~! ... c'est tout!

Punktur [puŋkˈtuːr] *f* ⟨~; ~en⟩ *cf.* Punktion.

Punkt|verlust [ˈpuŋktfɛrˌlust] *m Sport* perte *f* de points; **~ˌvorsprung** *m Sport* avantage *m* aux points; **~ˌwertung** *f Sport* pointage *m*; classement *m* par points; **~zahl** *f* nombre *m* de(s) points; score *m*; **~ziel** *n milit.* but, objectif ponctuel.

Punsch [punʃ] *m* ⟨~es; ~e⟩ punch [pɔ̃ʃ] *m*; **~eˌssenz** *f* essence *f* de punch; **~ˌschüssel** *f* bol *m* à *od.* de punch.

Punz|arbeit [ˈpuntsˌʔarbaɪt] *f* ouvrage embouti; **~e** *f* ⟨~; ~n⟩ poinçon *m*; **2en I** *v/t.* ⟨-(es)t, h⟩ emboutir; ciseler; repousser; **II ~en** *n* ⟨~s⟩ emboutissage *m*; ciselure *f*; **~ˌhammer** *m* marteau *m* à ciseler; **2ieren** [-ˈtsiː-] *v/t.* ⟨*pas de ge-*, h⟩ *cf.* 2en I; **~ierung** [-ˈtsiː-] *f* ⟨~; ~en⟩ *cf.* ~en II.

Pup [puːp] F *m* ⟨~(e)s; ~e⟩ pet *m*; P perle *f*; flousse *f*; perlouze *f*; **2en** F *v/i.* ⟨h⟩ F lâcher un pet, P une perle, *etc.*; F péter.

pupillar(isch) [puˑpɪˈlaːr(ɪʃ)] *adj. jur.*, *anat.* pupillaire.

Pupille [puˑˈpɪlə] *f* ⟨~; ~n⟩ *anat.* pupille *f*; **~nˌabstand** *m* écart *m* interpupillaire; **~nerˌweiterung** *f* dilatation *f* (de l'ouverture) pupillaire; **~nverˌengung** *f* constriction *f*, resserrement *m* des pupilles; **~nˌstarre** *f* immobilité *f* des pupilles.

pupin|isieren [puˑpiˑniˑˈziːrən] *v/t.* ⟨*pas de ge-*, h⟩ *élect.* pupiniser; **2iˈsierung** *f* ⟨~; ~en⟩ pupinisation *f*; **2ˌspule** [puˑˈpiːn-] *f* bobine *f* Pupin, de charge.

Püppchen [ˈpʏpçən] *n* ⟨~s; ~⟩ petite poupée; *fig. péj.* poupée *f*.

Puppe [ˈpupə] *f* ⟨~; ~n⟩ **1.** *Spielzeug* poupée *f*; mit der ~ spielen jouer à la poupée; **2.** *des Puppentheaters* marionnette *f*; **3.** (*Schaufenster2*, *Schneider2*) mannequin *m*; **4.** (*Getreide2*) moyette *f*; **5.** *zo.* (*Kerbtierlarve*) chrysalide *f*; nymphe *f*; *der Seidenraupe* cocon *m*; **6.** F *péj.* (*eitle, geistlose Frau*) poupée *f*; tête *f* de linotte, sans cervelle; sans-cervelle *f*; **gezierte** ~ mijaurée *f*; **7.** F (*Kind*) poupon *m*; bébé *m*; **8.** (*unselbständiger Mensch*) marionnette *f*; pantin *m*; polichinelle *m*; homme *m* de paille; **9.** F **bis in die ~n** très longtemps; éternellement; **bis in die ~n schlafen** faire la grasse matinée; dormir tout son soûl; F **das ist einfach ~!** F c'est du nanan, épatant, chic, P chouette, bath!; **~nˌfee** *f* reine *f* des poupées, des marionnettes; **~ngeˌsicht** *n fig.* visage *m* de poupée; **~nˌherd** *m* cuisinière *f* de poupée; **~nˌküche** *f* cuisine *f* de poupée; **~nˌmöbel** *n/pl.* meubles *m/pl.* de poupée; **~nˌspiel** *n* (jeu *m* de) marionnettes *f/pl.*; guignol *m*; **~nˌspieler** *m* montreur *m* de marionnettes; **~nˌstube** *f* chambre *f* de poupée; **~ntheˌater** *n* théâtre *m* de marionnettes; guignol *m*; **~nˌwagen** *m* landau *m*, poussette *f* à *od.* pour poupées; **~nˌwiege** *f* berceau *m* de poupée; **~nˌwohnung** *f fig.* F bonbonnière *f*.

puppern [ˈpupərn] F *v/i.* ⟨-(e)re, h⟩ battre; palpiter.

Pups [puːps] F *m* ⟨~es; ~e⟩ *cf.* Pup; **2en** F *v/i.* ⟨-(es)t, h⟩ *cf.* pupen.

pur [puːr] *adj.* pur; aus **~er Neugier(de)** par pure curiosité; **der ~e Zufall** le pur 'hasard; **~es Gold** or pur.

Püree [pʏˈreː] *n* ⟨~s; ~s⟩ purée *f*.

Purgans [ˈpurgans] *n* ⟨~; -ˈganzien *od.* -ˈgantia⟩ *méd.* purgatif *m*.

Purgatorium [purgaˈtoːriˑum] *n* ⟨~s⟩ *relig.* purgatoire *m*.

purgieren [purˈgiːrən] **I** *v/t.* ⟨*pas de ge-*, h⟩ *méd.* purger; **II** 2 *n* ⟨~s⟩ purgation *f*.

Purifikation [puˑriˑfiˑkatsiˈoːn] *f* ⟨~; ~en⟩ *relig.* purification *f*.

Puris|mus [puˑˈrɪsmus] *m* ⟨~⟩ purisme *m*; **~t** *m* ⟨~en; ~en⟩ puriste *m*; **2tisch** *adj.* puriste.

Puritan|er(in) [puˑriˑˈtaːnər(ɪn)] *m* ⟨~s; ~⟩ (*f*) ⟨~; ~nen⟩ puritain, -e *m,f*; **2isch** *adj.* puritain; **~ismus** [-ˈnɪs-] *m* ⟨~⟩ puritanisme *m*.

Purpur [ˈpurpur] *m* ⟨~s⟩ **1.** *Farbstoff* pourpre *f*; *Farbe* pourpre *m u. f*; **2.** *Gewand, Stoff* pourpre *f*; **~ˌfarbe** *f cf.* Purpur 1.; **2ˌfarben**, **2ˌfarbig** *adj.* pourpre; pourpré; purpurin; **~geˌwand** *n cf.* Purpur 2.; **~ˌmantel** *m* (manteau *m* de) pourpre *f*; **2n** *adj. cf.* 2farben; **~ˌrot I** *n cf.* Purpur 1.; **II 2ˌrot** *adj. cf.* 2farben; **~ˌröte** *f* pourpre *f u. m*; **~ˌschnecke** *f zo.* pourprier *m*; *sc.* murex *m*.

purren [ˈpurən] *v/t.* ⟨h⟩ *mar.* réveiller.

Pürzel [ˈpʏrtsəl] *m* ⟨~s; ~⟩ *ch.* queue *f* (du sanglier).

Purzel|baum [ˈpurtsəlˌbaum] *m*, **~ˌbock** *m* culbute *f*; **e-n ~ machen, schlagen, schießen** faire une culbute; **2n** *v/i.* ⟨-(e)le, sein⟩ culbuter; faire une culbute; *par. ext.* tomber; F dégringoler.

pussel|ig [ˈpusəˌlɪç] F *adj.* *Arbeit* qui exige de la patience; **2ei** [-ˈlaɪ] F *f* ⟨~; ~en⟩ bricolage *m*; **~n** F *v/i.* ⟨-ßle *od.* -ssele, h⟩ bricoler.

Pußta [ˈpusta] *f* ⟨~; -ten⟩ Puszta *od.* Pusta *f*.

Puste [ˈpuːstə] F *f* ⟨~⟩ souffle *m*; haleine *f*; **mir geht die ~ aus, ich bin aus der ~, ich habe keine ~ mehr** je suis 'hors d'haleine; le souffle me manque; je suis à bout de souffle; je suis essoufflé; *fig.* **ihm ist die ~ ausgegangen** il n'a plus de moyens; il est à bout de souffle, de ressources; **~ˌblume** F *f bot.* dent-de-lion *f*; F pissenlit *m*; **~ˌkuchen!** F *int.* P des clous!; ceinture!; tintin!

Pustel [ˈpustəl] *f* ⟨~; ~n⟩ *méd.* pustule *f*; bouton *m*.

pust|en [ˈpuːstən] F **I** *v/t.* ⟨-ete, h⟩ (*blasen*) souffler; F *fig.* **ich werde dir was ~!** F tu peux toujours courir, te fouiller!; rien à faire!; bernique!; **II** *v/i.* (*außer Atem sein*) souffler; 'haleter; être essoufflé; **III 2en** *n* ⟨~s⟩ soufflement *m*; 'halètement *m*; essoufflement *m*; **2eˌrohr** F *n* sarbacane *f*.

putativ [puˑtaˈtiːf] *adj. jur.* putatif, -ive; **2deˌlikt** *n* délit putatif; **2ˌehe** *f* mariage putatif; **2ˌnotwehr** *f* (état *m* de) légitime défense putative.

Put|e [ˈpuːtə] *f* ⟨~; ~n⟩ **1.** *zo.* dinde *f*; **junge ~** dindonneau *m*; **2.** *fig.*, *für e-e Frau* **e-e dumme ~** une dinde, oie, buse, bécasse, bûche, cruche; **~enˌbraten** *m cuis.* dinde rôtie; **~er** *m* ⟨~s; ~⟩ *zo.* dindon *m*; **2erˈrot** *adj.* cramoisi; rouge foncé; **vor Ärger ~ werden** se fâcher tout rouge; **~hahn** *m zo. cf.* ~er.

put, put [put, put] *int.* *Lockruf für Hühner* co, co, co!

Putsch [putʃ] *m* ⟨~es; ~e⟩ coup *m* d'État; coup *m* de force; putsch [putʃ] *m*; tentative *f* à main armée; *cf. auch* Aufstand; **2en** *v/i.* ⟨h⟩ faire un coup d'État, de force, un putsch; **~ist** [-ˈtʃɪst] *m* ⟨~en; ~en⟩ conjuré *m*; F putschiste *m*.

Putte [ˈputə] *f* ⟨~; ~n⟩ *peint.*, *sculp.* putto [puto] *m*; **~n** *pl.* putti *m/pl.*

Putz [puts] *m* ⟨~es⟩ **1.** *bât.* enduit *m*; crépi *m*; **mit ~ bewerfen** crépir; **der ~ blättert ab** le crépi s'écaille; **2.** toilette *f*; parure *f*; (*Schmuck*) atours *m/pl.*; ornements *m/pl.*; (*Besatz*) colifichet *m*; (*feine Kleidung*) *iron.* chiffons *m/pl.*; ajustements *m/pl.*; *péj. iron.* nippes *f/pl.*; **3.** (*Modewaren*) articles *m/pl.* de modes, de nouveautés.

Pütz [pʏts] *f* ⟨~; ~en⟩, **~e** *f* ⟨~; ~n⟩ *mar.* seau *m*; seille *f*.

putz|en [ˈputsən] **I** *v/t.* ⟨-(es)t, h⟩ **1.** (*reinigen*) nettoyer; *Zähne auch* brosser; *Brille* essuyer; *Kerze, Nase* moucher; *Schuhe* décrotter; (*wichsen*) cirer; *Gemüse, Salat* éplucher; *Gußstücke* ébarber; *Pferde* (*striegeln*) panser; étriller; **2.** (*glänzend machen*) faire reluire; polir; *Waffen* fourbir; *Metalle* décaper; *Wasserhahn, Uniformknöpfe* astiquer; *Silber* nettoyer; (r)écurer; **3.** (*schmücken*) orner; parer; **geputzt** paré; habillé; pimpant; endimanché; dans tous ses atours; F tiré à quatre épingles; **II** *v/réfl.* **sich ~** *Katze* (*sich reinigen*) faire sa toilette; se nettoyer; se lécher; *Personen* (*sich schmücken*) faire de la toilette; se parer; F se faire beau; *péj.* s'attifer; **sich die Zähne ~** se brosser les dents; **sich die Nase ~** se moucher; **III 2en** *n* ⟨~s⟩ nettoiement *od.* nettoyage *m*; *der Zähne auch* brossage *m*; *der Brille* essuyage *m*; *der Schuhe* décrottage *m*; (*Wichsen*) cirage *m*; *von Gemüse, Salat* épluchage *m*; *von Gußstücken* ébarbage *od.* ébarbement *m*; *der Pferde* pansage *m*; étrillage *m*; (*Polieren*) polissage *m*; *der Waffen* fourbissage *od.* fourbissement *m*; fourbissure *f*; *von Metallen* décapage *m*; *von Wasserhähnen, Uniformknöpfen* astiquage *m*; *von Silber* écurage *m*; (*Schmücken*) toilette *f*; **2er** *m* ⟨~s; ~⟩ *in der Gießerei* ébarbeur *m*; *milit.* (*Offiziersbursche*) ordonnance *f*; **2eˈrei** *f* ⟨~; ~en⟩ *in der Gießerei* atelier *m* d'ébarbage; **2frau** *f* femme *f* de ménage; **2geˌschäft** *n* magasin *m* de modes, de nouveautés.

putzig [ˈputsɪç] F *adj.* (*drollig*) drôle; P cocasse.

Putz|lappen [ˈputsˌlapən] *m* chiffon *m*, torchon *m* (à nettoyer); **~ˌleder** *n* peau *f* de chamois; **~ˌmacherin** *f* ⟨~; ~nen⟩ modiste *f*; **~ˌmittel** *n/pl.* produits *m/pl.* de nettoyage et d'entretien; détergents *m/pl.*; détersifs *m/pl.*; *für Metalle* brillant *m*; **~ˌschere** *f für Kerzen* mouchettes *f/pl.*; **~sucht** *f* ⟨~⟩ goût *m* de la toilette, de la parure (exagérée); coquetterie *f*; **2ˌsüchtig** *adj.* qui aime la toilette, de la parure (exagérée); coquet, -tte; **~tuch** *n* ⟨~(e)s; ⸚er⟩ *cf.* ~lappen; **~ˌwaren** *f/pl. cf.* Putz 3.; **~ˌwolle** *f* bourre *f*, étoupe *f* de nettoyage; (déchets *m/pl.* de) coton *m*, laine *f* de nettoyage; **~zeug** *n coll.* ustensiles *m/pl.* et produits *m/pl.* de nettoyage; trousse *f* de nettoyage.

Puzzolanerde [puˑtsoˑˈlaːnˌʔeːrdə] *f cf.* Pozz(u)olanerde.

Pygmä|e [pʏ'gmɛːə] *m* ⟨~n; ~n⟩ pygmée *m*; **2en,haft**, **2isch** *adj.* pygméen, -nne.
Pyjama [pi·'dʒɑːma] *m* ⟨~s; ~s⟩ pyjama *m*.
Pylon [pʏ·'loːn] *m* ⟨~en; ~en⟩, **~e** *f* ⟨~; ~n⟩ pylône *m*.
pyramidal [pʏ·rami·'dɑːl] *adj.* pyramidal; F *fig.* colossal; monumental.
Pyramide [pʏ·ra'miːdə] *f* ⟨~; ~n⟩ pyramide *f*; *milit.* (*Gewehr2*) faisceau *m*; **die Gewehre in ~n setzen** former les faisceaux; **2n,förmig** *adj.* pyramidal; **~n,stumpf** *m* pyramide tronquée; tronc *m* de pyramide.
Pyrenä|enhalbinsel [pʏ·re·'nɛːən-,halpʔɪnzəl] *f* péninsule *f* Ibérique; **2isch** *adj.* des Pyrénées; pyrénéen, -nne.
Pyrit [pyː'riːt, -'rɪt] *m* ⟨~s; ~e⟩ *minéral.* pyrite *f*.
Pyro... [pʏ·ro·...] *in Zssgn.* pyro...; **~'lyse** *f* ⟨~; ~n⟩ *chim.* pyrolyse *f*; **~ma'nie** *f* ⟨~⟩ pyromanie *f*; **~'meter** *n* ⟨~s; ~⟩ *phys.* pyromètre *m*; **2'phor I** *adj.* pyrophorique; **II ~'phor** *m* ⟨~s; ~e⟩ *chim.* pyrophore *m*; **~'technik** *f* pyrotechnique *f*; **~'techniker** *m* pyrotechnicien *m*; artificier *m*; **2'technisch** *adj.* pyrotechnique.
Pyrrhussieg ['pʏrus,ziːk] *m* victoire *f* à la Pyrrhus.
Pyrrol [pʏ'roːl] *n* ⟨~s⟩ *chim.* pyrrol *m*.
pythagoreisch [pʏ·tago·'reːɪʃ] *adj.* pythagorique; pythagoricien, -nne; **~er Lehrsatz** théorème de Pythagore.
pythisch ['pyːtɪʃ] *adj.* pythique.
Python ['pyːtɔn] *m* ⟨~s; ~s *od.* -'thonen⟩, **~,schlange** *f zo.* python *m*.

Q

Q, q [kuː] *n* ⟨~; ~⟩ *Buchstabe* (*in Wörtern stets mit folgendem* u) Q, q *m.*

quabb(e)lig [ˈkvab(əˌ)lıç] *adj.* gélatineux, -euse; flasque.

quabb|eln [ˈkvabəln] *v/i.* ⟨-(e)le, h⟩ *gallertartige Masse* trembloter; *mooriger Boden* vaciller; être mouvant; **~ig** *adj. cf.* quabb(e)lig.

Quacksalber [ˈkvakˌzalbər] *péj. m* ⟨~s; ~⟩ charlatan *m*; *péj.* guérisseur *m*; F médicastre *m*; **~ei** [-ˈraı] F *f* ⟨~; ~en⟩ charlatanisme *m*; F charlatanerie *f*; **2isch** *péj. adj.* charlatanesque; **~ˌmittel** *péj. n* remède *m* de charlatan; drogue *f*; **2n** *péj. v/t.* ⟨-(e)rc, h⟩ traiter, soigner avec des remèdes de charlatan; droguer.

Quaddel [ˈkvadəl] *f* ⟨~; ~n⟩ enflure *f.*

Quader [ˈkvɑːdər] *m* ⟨~s; ~⟩ **1.** *math.* parallélépipède *m* rectangle; **2.** *bât.* pierre *f* de taille équarrie; **~ˌstein** *m bât. cf.* Quader 2.

Quadragesima [kvadraˈgeːziˑma] *f* ⟨~⟩ *égl. cath.* jeûne quadragésimal [kwa-, ka-].

Quadrangel [kvaˈdraŋəl] *n* ⟨~s; ~⟩ *cf.* Viereck.

Quadrant [kvaˈdrant] *m* ⟨~en; ~en⟩ *mar., math.* quart *m* de cercle; quadrant [ka-] *m*; ~ mit Libelle niveau *m* de pointage.

Quadrat [kvaˈdrɑːt] *n* ⟨~(e)s; ~e⟩ **1.** *Geometrie* carré *m*; *math. auch* deuxième puissance; drei Meter im ~ carré de trois mètres de côté; ins ~ erheben élever au carré; **2.** *impr.* cadrat *m*; **~ˌdezimeter** *n od. m* (*abr.* qdm, dm²) décimètre carré; **2isch** *adj.* carré; *math., minéral.* quadratique [kwa-]; ~e Gleichung équation quadratique, du second degré; **~ˌkilometer** *n od. m* (*abr.* qkm, km²) kilomètre carré; **~ˌlatschen** F *pl.* (*große Füße*) P gros panards *m/pl.*; (*große Schuhe*) F croquenots *m/pl.*; barques *f/pl.*; godillots *m/pl.*; P écrase-merde *m/pl.*; **~ˌmeile** *f* mille carré; **~ˌmeter** *n od. m* (*abr.* qm, m²) mètre carré; **~milliˌmeter** *n od. m* (*abr.* qmm, mm²) millimètre carré; **~ˌschädel** F *m* F tête carrée.

Quadratur [kvadraˈtuːr] *f* ⟨~; ~en⟩ *astr., math.* quadrature [kwa-] *f.*

Quadrat|wurzel [kvaˈdrɑːtˌvurtsəl] *f math.* racine carrée; die ~ ziehen extraire la racine carrée; **~ˌzahl** *f math.* nombre carré; **~zentiˌmeter** *n od. m* (*abr.* qcm, cm²) centimètre carré.

quadrieren [kvaˈdriːrən] *v/t.* ⟨*pas de ge-*, h⟩ *math.* élever ... au carré, à la deuxième puissance.

Quadriga [kvaˈdriːga] *f* ⟨~; -gen⟩ quadrige [kwa-, ka-] *m.*

Quadrille [kaˈdrıljə] *f* ⟨~; ~n⟩ quadrille [ka-] *m.*

Quadrillion [kvadrıliˑˈoːn] *f* ⟨~; ~en⟩ quadrillion [kwadriljɔ̃, ka-] *m.*

Quadrinom [kvadriˑˈnoːm] *n* ⟨~s; ~e⟩ *math.* quadrinome [kwa-] *m.*

Quadru|manen [kvadruˑˈmɑːnən] *m/pl. zo.* quadrumanes [kwa-, ka-] *m/pl.*; **~ˈpeden** *m/pl. zo.* quadrupèdes [kwa-, ka-] *m/pl.*

Quadrupel [kvaˈdruːpəl] *m* ⟨~s; ~⟩ *math.* quadruple [kwa-, ka-] *m.*

quaken [ˈkvɑːkən] **I** *v/i.* ⟨h⟩ *Frösche* coasser; **II** 2 *n* ⟨~s⟩ coassement *m.*

quäken [ˈkvɛːkən] **I** *v/i.* ⟨h⟩ glapir; piailler; piauler; F criailler; *Säugling* vagir; **~de Stimme** voix glapissante; **II** 2 *n* ⟨~s⟩ glapissement *m*; piailleries *f/pl.*; piaulement *m*; criailleries *f/pl.*; *e-s Säuglings* vagissement *m.*

Quäker|(in) [ˈkvɛːkər(ın)] *m* ⟨~s; ~⟩ (*f*) ⟨~; ~nen⟩ quaker [kwakeːr, kwekœːr], -esse *m, f*; **~geˌmeinde** *f* communauté *f* de quakers; **~ˌspeisung** *f* distribution *f* alimentaire, de vivres par les quakers; **~ˌtum** *n* ⟨~(e)s⟩ quakerisme *m.*

Qual [kvɑːl] *f* ⟨~; ~en⟩ peine *f*; souffrance *f*; *pfort.* supplice *m*; tourment *m*; torture *f*; martyre *m*; **die ~ der Wahl** embarras *m* du choix.

quäl|en [ˈkvɛːlən] **I** *v/t.* ⟨h⟩ tourmenter (*auch fig.*); (*foltern*) torturer (*auch fig.*); *fig.* tracasser; (*beunruhigen*) inquiéter; (*belästigen*) importuner; ʻharceler; F chiffonner; turlupiner; assommer; (*bestürmen*) obséder; j-n zu Tode ~ faire mourir qn. à petit feu; **quäle mich nicht mit diesen Fragen!** ne m'importune pas avec ces questions!; **II** *v/réfl.* **sich ~** se tourmenter; se tracasser; (*sich abarbeiten*) se donner bien du mal; F se faire de la bile, du mauvais sang; se donner un mal de chien (pour); **III 2en** *n* ⟨~s⟩ *cf.* 2erei; **~end** *adjt.* qui tourmente; tracassant; *cf. auch* qualvoll; **2er(in)** *m* ⟨~s; ~⟩ (*f*) ⟨~; ~nen⟩ celui, celle qui tourmente; persécuteur, -trice *m, f*; *cf. auch* 2geist; **2eˈrei** *f* ⟨~; ~en⟩ tourments *m/pl.*; torture *f*; *fig.* tracasserie *f*; (*Belästigung*) importunité *f*; **2geist** F *m* ⟨~(e)s; ~er⟩ importun, -e *m, f*; tracassier *m*; F crampon, -nne *m, f*; emmielleur, -euse *m, f*; casse-pieds *m*; **ein ~ sein** *auch* donner le cauchemar à qn.; être un cauchemar pour qn.; être le cauchemar de qn.; être son (ton, notre, *etc.*) cauchemar.

Qualifi|kation [kvaliˑfiˑkatsiˑˈoːn] *f* ⟨~; ~en⟩ qualification *f*; (*Befähigung*) capacité *f*; aptitude *f*; qualité *f*; compétence *f*; **~katiˈonsˌkampf** *m Sport* match *m* de qualification; **2ˈzieren** *v/t.* (*u. v/réfl.*) ⟨*pas de ge-*, h⟩ (se) qualifier (für pour); **~ˈzierung** *f* ⟨~⟩ *cf.* ~kation.

Qualität [kvaliˑˈtɛːt] *f* ⟨~; ~en⟩ qualité *f*; **vorzügliche ~** toute première qualité; qualité supérieure, extra; **durchschnittliche, mittlere ~** qualité moyenne; **mindere ~** qualité inférieure.

qualitativ [kvaliˑtaˈtiːf] **1.** *adj.* qualitatif, -ive; **2.** *adv.* par rapport à la qualité; qualitativement.

Qualitäts... [kvaliˑˈtɛːts...] *in Zssgn.* de qualité; **~ˌabweichung** *f* écart qualitatif; **~ˌarbeit** *f* travail *m* de qualité; **~arˌtikel** *m* article *m* de qualité; *cf. auch* **~ware**; **~erˌzeugnis** *n* produit *m* de (haute) qualité; **~ˌmarke** *f* label *m* (de qualité); **~ˌminderung** *f* baisse *f* de la qualité; **~ˌnorm** *f* norme *f* de qualité; **~ˌprüfung** *f e-r Ware* vérification *f* de la qualité; **~überˌwachung** *f* contrôle *m* de la qualité; **~ˌunterschied** *m* différence *f* de *od.* dans la qualité; **~verˌbesserung** *f* amélioration *f*, relèvement *m* de la qualité; **~verˌschleierung** *f* fraude *f* sur la qualité; **~ˌware** *f* marchandise *f* de choix; **~ˌzeichen** *n* signe *m* de qualité.

Quall|e [ˈkvalə] *f* ⟨~; ~n⟩ *zo.* méduse *f*; **2ig** *adj.* **~e Masse** masse visqueuse.

Qualm [kvalm] *m* ⟨~(e)s⟩ fumée épaisse; bouffées *f/pl.* de fumée; **2en I** *v/t.* ⟨h⟩ *péj. Raucher* fumer; **II** *v/i.* répandre une fumée épaisse; *Kerze* filer; *Fackel* fumer; *Raucher* F fumer comme une cheminée, une locomotive; **~er** F *péj. m* ⟨~s; ~⟩ P enfumeur *m*; empesteur public; **2ig** *adj.* enfumé; rempli de fumée.

qualvoll [ˈkvɑːlfɔl] *adj.* très douloureux, -euse; cuisant; *pfort.* cruel, -lle; atroce; **ein ~er Tod** une mort atroce, cruelle.

Quant [kvant] *n* ⟨~s; ~en⟩ *phys.* quantum [kwãtəm] *m*; **~en** *pl.* quanta [kwãta] *m/pl.*; F *fig.* (*große Füße*) *cf.* Quadratlatschen; **~enmeˌchanik** *f* mécanique *f* quantique [kwã-]; **~entheoˌrie** *f* théorie *f* quantique, des quanta; **~enˌzahl** *f* nombre *m* quantique.

Quantität [kvantiˑˈtɛːt] *f* ⟨~; ~en⟩ quantité *f.*

quantitativ [kvantiˑtaˈtiːf] **1.** *adj.* quantitatif, -ive; **2.** *adv.* par rapport à la quantité; quantitativement.

Quantum [ˈkvantum] *n* ⟨~s; -ten *od.* -ta⟩ quantité *f*; (*Anteil*) portion *f*; part *f*; quantum [kwãtəm] *m* (*auch phys.*).

Quappe [ˈkvapə] *f* ⟨~; ~n⟩ *zo.* lotte *f*; (*Kaul2*) têtard *m.*

Quarantäne [karɑ̃ːˈtɛːnə, karan-] *f*

⟨~; ~n⟩ quarantaine [ka-] *f*; **in ~ sein, legen, halten** être, mettre, maintenir en quarantaine; **die ~ aufheben** lever la quarantaine; **~ˌflagge** *f mar.* pavillon *m* de quarantaine.

Quark [kvark] *m* ⟨~s⟩ **1.** fromage blanc; caillebotte *f*; **2.** *fig.* F (*lächerliche Kleinigkeit*) bagatelle *f*; vétille(s) *f* (*pl.*); **sich in jeden ~ mischen** s'occuper, se mêler de tout; F fourrer son nez partout; **kümmere dich nicht um jeden ~!** ne t'occupe pas de toutes ces bagatelles, de toutes ces petites choses!; **du verstehst e-n ~ davon!** tu n'y comprends rien, F goutte, pas un iota!; **das ist doch alles ~** (*Unsinn*)! P c'est de la foutaise!; **~brot** *n* tartine *f* de fromage blanc; **~ˌkäse** *m* fromage mou; **~ˌschnitte** *f cf.* ~brot.

quarr|en ['kvarən] *v/i.* ⟨h⟩ criailler; **~ig** *adj.* F criailleur, -euse.

Quart¹ [kvart] *n* ⟨~(e)s⟩ *impr.* (format *m*) in-quarto [inkwarto] *m* (in-4); **~²** *f* ⟨~; ~en⟩ **1.** *mus.* quarte [ka-] *f*; **reine, übermäßige, verminderte ~** quarte juste, augmentée, diminuée; **2.** *esc.* quarte *f*.

Quarta ['kvarta] *f* ⟨~; -ten⟩ *in Deutschland* troisième classe *f* (septième année scolaire) d'un lycée, collège.

Quartal [kvar'tɑːl] *n* ⟨~s; ~e⟩ trimestre *m*; **~ˌmiete** *f* loyer trimestriel; **~s...** *in Zssgn.* trimestriel, -lle; **~(s)ˌabrechnung** *f*, **~(s)ˌabschluß** *m* décompte trimestriel; règlement trimestriel des comptes; **~(s)diviˌdende** *f* dividende trimestriel; **~sˌsäufer** *m* buveur *m* par périodes, par intermittence; **~(s)ˌtag** *m* terme (trimestriel); jour *m* du terme; **2(s)ˌweise** *adv.* par trimestre; **~ˌzahlung** *f* paiement trimestriel.

Quartaner(in) [kvar'tɑːnər(ɪn)] *m* ⟨~s; ~⟩ (*f*) ⟨~; ~nen⟩ *in Deutschland* élève *m, f* de la troisième classe d'un lycée, collège.

Quart|band ['kvartbant] *m* (volume *m*) in-quarto [kwarto] *m*; **~blatt** *n* feuille *f* in-quarto.

Quarte ['kvartə] *f* ⟨~; ~n⟩ *mus. cf.* Quart² 1.; **~n** *pl. von* Quarta.

Quarterdeck ['kvartərˌdɛk] *n mar.* gaillard *m* d'arrière.

Quartett [kvar'tɛt] *n* ⟨~(e)s; ~e⟩ *mus.* quatuor [kwatɥɔːr] *m* (*auch die vier Spieler*).

Quartformat ['kvartfɔrˌmɑːt] *n impr. cf.* Quart¹.

Quartier [kvar'tiːr] *n* ⟨~s; ~e⟩ logement *m*; gîte *m*; *milit. auch* quartiers *m/pl.*; cantonnement *m*; **~ machen** préparer les quartiers, le logement, le cantonnement; **im ~ liegen** être cantonné; être logé chez l'habitant; **in ~ legen** cantonner; mettre en cantonnement; **~ beziehen** cantonner; prendre ses quartiers, ses cantonnements; **ins ~ rücken** aller au cantonnement; *allg.* **~ nehmen** loger, descendre (bei j-m chez qn.; im Hotel à l'hôtel); **~ˌamt** *n milit.* bureau *m* du fourrier; **~ˌgeber(in)** *m* ⟨~s; ~⟩ (*f*) ⟨~; ~nen⟩ logeur, -euse *m, f*; hôte, -sse *m, f*; **~ˌgeld** *n* indemnité *f* de logement; **~ˌmacher** *m* ⟨~s; ~⟩ *milit.* (sergent) fourrier *m*; officier *m* de cantonnement; **~ˌmeister** *m milit. hist.* officier *m* d'intendance; intendant *m*; **~ˌschein** *m milit.* billet *m*, bon *m* de logement; **~verˌteilung** *f* distribution *f* des logements, des quartiers, des cantonnements; **~ˌwirt(in)** *m* (*f*) *cf.* ~geber(in); **~ˌzettel** *m cf.* ~schein.

Quartseite ['kvartˌzaɪtə] *f* page *f* in-quarto [kwarto].

Quarz [kvɑːrts] *m* ⟨~es; ~e⟩ *minéral.* quartz [kwarts] *m*; **~geˌstein** *n* roche quartzeuse; **2geˌsteuert** *adjt. élect.* commandé par (fréquence de) quartz; stabilisé au *od.* par quartz; **~glas** *n* verre quartzeux, (de) quartz; **2ˌhaltig, 2ig** *adj.* quartzifère; quartzeux, -euse; quartzique; **~it** [-'tsɪt] *m* ⟨~s; ~e⟩ *minéral.* quartzite *f, m*; **~ˌlampe** *f* lampe *f* à (tube de) quartz; **~ˌsteuerung** *f élect.* contrôle *m* (de fréquence) à quartz; stabilisation *f* par quartz.

quasi ['kvɑːziˑ] *adv.* pour ainsi dire; F quasi(ment) [kazi]; **2modo'geniti** *pl. relig.* Quasimodo [ka-] *f*.

Quasselei [ˌkvasə'laɪ] F *f* ⟨~; ~en⟩ radotage *m*; F bafouillage *m*.

quassel|n ['kvasəln] F *v/i.* ⟨-ßle *od.* -ssele, h⟩ (*dummes Zeug reden*) *cf.* quatschen; **2ˌkopf** F *m cf.* Quatschkopf; **2ˌstrippe** F *f* **1.** bavard, -e *m, f*; babillard, -e *m, f*; F tapette *f*; **2.** (*Telephon*) téléphone *m*; ligne *f* téléphonique; P bigophone *m*; télémuche *m*.

Quast [kvast] *m* ⟨~es; ~e⟩ *des Anstreichers* balai *m*; brosse *f*; **~e** *f* ⟨~; ~n⟩ **1.** *für Puder etc.* 'houppe *f*; 'houppette *f*; **2.** (*Troddel*) gland *m*; pompon *m*.

Quäs|tor ['kvɛːstɔr] *m* ⟨~s; -'toren⟩ *hist.* questeur [kɥɛs-] *m*; *an e-r Universität* trésorier *m* (d'une université); **~'tur** *f* ⟨~; ~en⟩ *hist.* questure [kɥɛs-] *f*; (*Universitätskasse*) caisse *f* (d'une université).

quaternär [kvatɛr'nɛːr] *adj. chim.* quaternaire [kwa-].

Quaterne [kva'tɛrnə] *f* ⟨~; ~n⟩ quaterne *m* [kwa-].

Quatsch [kvatʃ] F *m* ⟨~es⟩ sottises *f/pl.*; bêtises *f/pl.*; sornettes *f/pl.*; âneries *f/pl.*; radotage *m*; F bafouillage *m*; **ach, ~!** ce sont des sottises, bêtises, âneries!; F c'est de la blague!; **2en** F *v/t.* ⟨h⟩ (*plaudern*) bavarder; babiller; jacasser; F tailler une bavette; (*dummes Zeug reden*) dire des sottises, bêtises, âneries; radoter; F bafouiller; **~kopf** F *m*, **~ˌliese** F *f* ⟨~; ~n⟩, **~ˌmichel** F *m* ⟨~s; ~⟩ imbécile *m, f*; radoteur, -euse *m, f*; F bafouilleur, -euse *m, f*; tête *f* sans cervelle; **2'naß** F *adj. cf.* pitschnaß.

Quecke ['kvɛkə] *f* ⟨~; ~n⟩ *bot.* chiendent rampant.

Quecksilber ['kvɛkˌzɪlbər] *n* mercure *m*; vif-argent *m* (*auch fig.*); *fig.* **wie ~ sein** être un vif-argent; ne pouvoir rester en place; être très remuant; **~...** *in Zssgn. oft* mercurique; mercureux, -euse; mercuriel, -lle; **~baroˌmeter** *n* baromètre *m* à mercure; **~ˌdampf** *m* vapeur *f* de mercure; **~dampfˌgleichrichter** *m* redresseur *m* à vapeur de mercure; **~dampfˌlampe** *f* lampe *f* à vapeur de mercure; **2ˌhaltig** *adj.* mercuriel, -lle; **2ig** *adj. fig.* frétillant; sémillant; **~leˌgierung** *f* amalgame *m*; **2n** *adj.* de mercure; **~oˌxyd** *n chim.* oxyde *m* mercurique; **~oxyˌdul** *n chim.* oxyde mercureux; **~präpaˌrate** *n/pl. phm.* mercuriaux *m/pl.*; **~ˌschalter** *m élect.* interrupteur *m* à mercure; **~ˌsalbe** *f phm.* onguent *m* (pommade *f*) mercuriel(le); **~ˌsäule** *f* colonne *f* barométrique, de mercure; **~ˌspektrum** *n* spectre *m* du mercure; **~verˌgiftung** *f* intoxication *f* par le mercure.

quecksilbrig ['kvɛkˌzɪlbrɪç] *adj. cf.* quecksilberig.

Quell [kvɛl] *poét. m* ⟨~(e)s; ~e⟩ **1.** *cf.* Quelle; **2.** eau vive, de source; **~ˌader** *f* veine *f* d'eau.

Quelle ['kvɛlə] *f* ⟨~; ~n⟩ source *f* (*auch fig.*); fontaine *f*; (*Öl2*) puits *m*; *fig.* (*Wissens2*) source *f*; (*Ursprung*) cause *f*; origine *f*; **heiße, warme ~** source thermale, chaude; *fig.* **an der ~ sitzen** être bien placé (pour obtenir, savoir, *etc.* qc.); être à la source; (*an der Geld2*) avoir, tenir l'assiette au beurre; **an der ~ kaufen** acheter au producteur; **e-e Neuigkeit aus guter ~ haben** tenir une nouvelle de bonne source; **geschichtliche ~n** sources historiques; **geben Sie Ihre ~n an** indiquez votre (vos) source(s); **2n¹ I** *v/i.* ⟨quillt, quoll, gequollen, sein⟩ *Wasser etc.* jaillir; sourdre; (*fließen*) couler; s'écouler; *fig.* (*s-n Ursprung haben*) émaner (de qc.); **II ~n** *n* ⟨~s⟩ *des Wassers* jaillissement *m*; écoulement *m*; **2n² I** *v/t.* ⟨quellt, quellte, gequellt, h⟩ *Erbsen, Bohnen etc.* faire gonfler; *Brauerei*: *Gerste* tremper; **II** *v/i.* ⟨quillt, quoll, gequollen, sein⟩ *Erbsen, Bohnen, Holz etc.* (se) gonfler; *Kalk* foisonner; **~ lassen** faire gonfler; **III ~n** *n* ⟨~s⟩ *von Holz, Erbsen, Bohnen etc.* gonflement *m*; *von Kalk* foisonnement *m*; *der Gerste* trempage *m*; **~nˌangabe** *f* indication *f* des sources; **~nˌforscher** *m* savant *m* puisant aux sources, étudiant les sources; **~nˌforschung** *f* étude *f* des sources; **2nˌmäßig** *adj.* puisé, conforme aux sources mêmes; *par ext.* authentique; **~nˌnachweis** *m cf.* ~nangabe; **2nˌreich** *adj.* plein de, riche en sources; **~nˌstudium** *n cf.* ~nforschung.

Quell|fähigkeit ['kvɛlˌfɛːɪçkaɪt] *f* (capacité *f* de) gonflement *m*; **~ˌfassung** *f* captage *m* d'une source; **~fluß** *m* **die Quellflüsse der Donau** les sources du Danube; **~geˌbiet** *n* région *f* des sources; **~ˌnymphe** *f* nymphe *f*; **~ung** *f* ⟨~⟩ *cf.* quellen² III; **~ˌwasser** *n* ⟨~s; ~⟩ eau vive, de source.

Quendel ['kvɛndəl] *m* ⟨~s; ~⟩ *bot.* serpolet *m*.

Quengelei [ˌkvɛŋə'laɪ] F *f* ⟨~; ~en⟩ **1.** lamentations *f/pl.*; geignements *m/pl.*; **2.** *cf.* Nörgelei.

Quengel|fritze ['kvɛŋəlˌfrɪtsə] F *m* ⟨~n; ~n⟩ *cf.* Quengler; **2ig** *adj. cf.* quenglig; **~ˌliese** F *f* ⟨~; ~n⟩ *cf.* Quenglerin; **2n** F *v/i.* ⟨-(e)le, h⟩ **1.** se lamenter; geindre; **2.** *cf.* nörgeln.

Queng|ler(in) ['kvɛŋlər(ɪn)] F *m* ⟨~s; ~⟩ (*f*) ⟨~; ~nen⟩ **1.** geigneur, -euse *m, f*; F geignard, -e *m, f*; larmoyeur, -euse *m, f*; **2.** *cf.* Nörgler(in); **2lig** F *adj.* **1.** larmoyeur, -euse; geignant; geignard; geigneux, -euse; **2.** *cf.* nörglig.

Quent|chen ['kvɛntçən] *n* ⟨~s; ~⟩, **~lein** *n* ⟨~s; ~⟩ *fig.* (un) peu de; (un) grain de.

quer [kveːr] *adv.* en *od.* de travers; **~ übers Feld, über die Straße gehen** prendre à travers champs; traverser la rue; **~ durch, ~ über** à travers; au travers de; **kreuz und ~** en tous sens; en zigzag; **2...** *in Zssgn. meist* transversal; **2ˌachse** *f* axe transversal; **2ˌbalken** *m* poutre transversale; traverse *f*; *Heraldik* barre *f*; **2bau** *m* ⟨~(e)s; ~ten⟩ *cf.* Quergebäude; **2baum** *m* traverse *f*; **2beˌwegung** *f* mouvement transversal; **2brett** *n in Regalen* rayon *m*; **~'durch** *adv.* à travers.

Quere ['kveːrə] *f* ⟨~⟩ travers *m*; **in die ~, der ~ nach** en *od.* de travers; transversalement; (*schräg*) de biais; **in die Kreuz u.** (**in die**) **Quer(e)** en tous sens; en zigzag; F **j-m in die ~ kommen** être sur le chemin de qn., dans les jambes de qn.; *fig.* se mettre, venir à la traverse des projets de qn.; se mettre en travers des projets de qn.; contrecarrer, contrarier les projets, desseins de qn.; F **es ist ihm etw. in die ~ gekommen** il lui est survenu un contretemps, un empêchement.

Quer|falte ['kveːrˌfaltə] *f* pli transversal; **2feld'ein** *adv.* à travers (les) champs; **~feld'einˌlauf** *m Sport* cross-country *m*; **~feld'einˌläufer** (**-in**) *m* (*f*) *Sport* crossman *m* (*pl.* crossmen); crosswoman *f* (*pl.* crosswomen); **~feld'einˌrennen** *n Radsport* course *f* cyclo-pédestre; cyclo-cross *m*; **~feld'einˌstrecke** *f Sport* parcours *m* de cross(-country); **~ˌflöte** *f mus.* flûte traversière, allemande; **~forˌmat** *n impr.* format *m* oblong; **~ˌfuge** *f* joint(ure) transversal(e); **~gang** *m mines* traverse *f*; **~geˌbäude** *n* bâtiment transversal; **~geˌfälle** *n e-r Straße* pente transversale; **2ˌgehen** F *v/i.* ⟨*irr.*, *sép.*, -ge-, sein⟩ *fig.* aller de travers; **2geˌstreift** *adj.* rayé transversalement; **~haus** *n cf.* **~schiff**; **~hieb** *m esc.* coup *m* en écharpe; **~holz** *n* traverse *f* (de bois); entretoise *f*; *e-s Fensterkreuzes* croisillon *m*; **~kopf** F *m* esprit *m* de travers; mauvaise tête; F tête carrée; **2ˌköpfig** F *adj.* qui a l'esprit de travers; **~ˌköpfigˌkeit** *f* ⟨~⟩ travers *m* d'esprit; **~ˌlatte** *f* barre transversale; **2ˌlegen** *v/réfl.* ⟨*sép.*, -ge-, h⟩ *fig.* **sich ~** (*sich gegen etw. sträuben*) s'opposer à; **~ˌleiste** *f* traverse *f*; **~ˌlinie** *f* ligne transversale; **~ˌmauer** *f* mur transversal; **~ˌpfeife** *f*, **~ˌpfeifer** *m mus.* fifre *m*; **~ˌrinne** *f auf Straßen* cassis *m*; **~ˌruder** *n aviat.* aileron *m*; **2ˌschießen** F *v/i.* ⟨*irr.*, *sép.*, -ge-, h⟩ *fig.* intriguer; susciter des difficultés; contrecarrer; F *fig.* mettre des bâtons dans les roues; empêcher de danser en rond; **~schiff** *n bât.* nef transversale; transept *m*; **2schiffs** *adv. mar.* par le travers du navire; **~ˌschläger** *m milit.* ricochet *m*; obus *m* tombant de biais; coup reçu en travers; **~schnitt** *m* coupe *f*, section *f* (transversale); *Ansicht* vue *f* en coupe; profil *m*; *fig.* résumé *m*; aperçu *m*; **2ˌschreiben** F *v/i.* ⟨*irr.*, *sép.*, -ge-, h⟩ (*e-n Wechsel akzeptieren*) accepter; **~ˌstange** *f* traverse *f*; barre *f*; **~ˌstraße** *f* rue transversale; **~ˌstrebe** *f* traverse *f*; entretoise *f*; **~ˌstreifen** *m* raie, bande transversale; **~strich** *m* trait transversal; barre *f*; **~ˌsumme** *f* somme *f* des chiffres d'un nombre; **~ˌträger** *m charp.* traverse *f*; poutre transversale; **~ˌtreiber** *m* intrigant, -e *m*, *f*; personne *f* qui contrecarre, suscite des difficultés, F *fig.* met des bâtons dans les roues; empêcheur *m* de danser en rond; **~treibe'rei** *f* ⟨~; ~en⟩ intrigues *f/pl.*; menées sourdes; machinations *f/pl.*; F manigances *f/pl.*; **2'über** *adv.* en travers.

Queru|lant(in) [kve·ru·'lant(ɪn)] *m* ⟨~en; ~en⟩ (*f*) ⟨~; ~nen⟩ celui, celle qui réclame, fait toujours des réclamations, se plaint à propos de bagatelles; éternel(le) mécontent(e) *m* (*f*); *cf. auch* **Nörgler(in)**; **Meckerer**; **2'lieren** *v/i.* ⟨*pas de ge-*, h⟩ récriminer; réclamer sans cesse; *cf. auch* **nörgeln**; **meckern I, 3.**

Quer|verbindung ['kveːrfɛrˌbɪndʊŋ] *f* traverse *f*; liaison transversale; *élect.* liaison *f* directe; connexion transversale; **~wall** *m fortif.* traverse *f*; **~weg** *m* chemin transversal.

Quese ['kveːzə] F *f* ⟨~; ~n⟩ cloque *f*; ampoule *f*.

Quetsch|e ['kvɛtʃə] F *f* ⟨~; ~n⟩ **1.** (*Presse*) presse *f*; *agr.*, *für Körner, Futter* aplatisseur *m*; **2.** *fig.* petite entreprise; **2en I** *v/t.* ⟨h⟩ (*pressen*) presser; pressurer; exprimer; (*zu Brei zer~*) écraser; *Kartoffeln* mettre, réduire en purée; **breit ~** aplatir; *méd.* (**sich**) **~** (se) meurtrir; (se) contusionner; (se) faire une ecchymose; **II ~en** *n* ⟨~s⟩ (*Zer2*) écrasement *m*; **~ˌfalte** *f* pli plat; **~karˌtoffeln** F *f/pl.* purée *f* de pommes de terre; **~koˌmmode** F *f* accordéon *m*; **~ˌmühle** *f* (moulin *m*) broyeur *m*; concasseur *m*; **~ung** *f* ⟨~; ~en⟩ *Verletzung* froissure *f*; meurtrissure *f*; contusion *f*; ecchymose *f*; **~ˌwalze** *f* cylindre broyeur; concasseur *m*; **~ˌwalzwerk** *n* broyeur *m*; **~ˌwunde** *f* plaie contuse; *cf. auch* **~ung**.

Queue [køː] *n* ⟨~s; ~s⟩ *Billard* queue *f* (de billard).

quick|lebendig ['kvɪkle·'bɛndɪç] F *adj.* vif, -ve; alerte; frétillant; sémillant; **~ sein** être un vif-argent; **2sand** *m* sable mouvant.

quiek [kviːk] *int.* cuic!

quieken ['kviːkən] *v/i.* ⟨h⟩ pousser des petits cris aigus, perçants, des cris de gorets; F piailler.

Quietis|mus [kvi·e·'tɪsmʊs] *m* ⟨~⟩ *relig.* quiétisme [k(ɥ)ije-] *m*; **~t** *m* ⟨~en; ~en⟩ quiétiste *m*; **2tisch** *adj.* quiétiste.

quietsch|en ['kviːtʃən] **I** *v/i.* ⟨h⟩ *Tür, Bremse etc.* grincer; F *fig.* **vor Vergnügen ~** crier de joie; *cf. auch* **quieken**; **II 2en** *n* ⟨~s⟩ grincement *m*; **~ver'gnügt** F *adj.* très gai, joyeux, -euse, réjoui, épanoui; plein d'entrain; F gai comme un pinson.

quillen ['kvɪlən] *v/i.* ⟨**quillt, quoll, gequollen, sein**⟩ *poét. cf.* **quellen**[1].

Quinquagesima [kvɪŋkva'geːzi·ma] *f* ⟨~⟩ *relig.* quinquagésime [kɥɛ̃kwa-] *f*.

Quint [kvɪnt] *f* ⟨~; ~en⟩ *cf.* **Quinte.**

Quinta ['kvɪnta] *f* ⟨~; **-ten**⟩ *in Deutschland* deuxième classe *f* (sixième année scolaire) d'un lycée, collège; **~ner(in)** [-'taːnər(ɪn)] *m* ⟨~s; ~⟩ (*f*) ⟨~; ~nen⟩ *in Deutschland* élève *m*, *f* de la deuxième classe d'un lycée, collège.

Quinte ['kvɪntə] *f* ⟨~; ~n⟩ *mus.* quinte [kɛ̃t] *f* (*auch esc.*); **~n** *pl. von* **Quinta.**

Quintessenz ['kvɪntˀɛˌsɛnts] *f* ⟨~; ~en⟩ quintessence [kɛ̃t-] *f*.

Quintett [kvɪn'tɛt] *n* ⟨~(e)s; ~e⟩ *mus.* quintette [kɛ̃t-] *m* (*auch für die Spieler*).

Quintillion [kvɪntɪli·'oːn] *f* ⟨~; ~en⟩ quintillion [kɥɛ̃-] *m*.

Quint|ole [kvɪn'toːlə] *f* ⟨~; ~n⟩ *mus.* quintolet [kɛ̃t-] *m*; **~ˌsaite** ['kvɪnt-] *f mus. e-r Geige* chanterelle *f*.

Quiproquo [kvi·pro·'kvoː] *n* ⟨~s; ~s⟩ quiproquo [kiproko] *m*.

Quirl [kvɪrl] *m* ⟨~(e)s; ~e⟩ **1.** *cuis.* moulinet *m*; **2.** *der Tannen, Fichten* jet *m* d'une année; *bot.* verticille *m*; **3.** F *fig.* personne inquiète qui remue sans cesse; vif-argent *m*; turbulent *m*; **2en** *v/t.* ⟨h⟩ remuer, agiter avec un moulinet; **2ig** *adj. fig.* qui remue tout le temps; qui ne tient pas en place; mouvant; turbulent; qui est vif-argent.

quitt [kvɪt] *adj.* quitte [kit]; **nun sind wir ~** nous voilà quittes.

Quitte ['kvɪtə] *f* ⟨~; ~n⟩ *bot.* **1.** *Frucht* coing [kwɛ̃] *m*; *wilde* cognasse *f*; **2.** *Baum* cognassier *m*; **2'gelb** *adj.* jaune comme un coing; **~nˌbaum** *m bot. cf.* **Quitte 2.**; **~nˌbrot** *n cuis.* pâte *f* de coings; **2n'gelb** *adj. cf.* **2gelb.**

quittieren [kvɪ'tiːrən] *v/t.* ⟨*pas de ge-*, h⟩ **1. e-e Rechnung ~** quittancer, acquitter une facture, un compte, une note (**über** de); *abs.* donner quittance, son acquit (**über** de); *fig.* **e-e Beleidigung mit e-m Lächeln ~** répondre à une offense par un sourire; **2. den Dienst ~** (*aufgeben*) quitter, abandonner le service, sa fonction; résigner une fonction; F rendre son tablier.

Quittung ['kvɪtʊŋ] *f* ⟨~; ~en⟩ **1.** quittance *f*; acquit *m*; reçu *m*; **gegen ~** contre quittance, reçu; **j-m e-e ~ ausstellen** établir une quittance, un reçu à qn. (**über** de); donner quittance à qn.; **2.** *fig.* réponse *f*; revanche *f*; **~sˌblock** *m*, **~sˌbuch** *n* carnet *m* de quittances; **~sdupliˌkat** *n* double *m* d'une quittance; **~sformuˌlar** *n* formulaire *m* de quittance; **~sˌkarte** *f* carte-quittance *f*.

Quivive [ki·'viːv] *n* F **auf dem ~ sein** être, se tenir sur le qui-vive.

Quiz [kvɪs] *n* ⟨~; ~⟩ jeu *m* de questions et de réponses; **~ˌmaster** *m* ⟨~s; ~⟩ meneur *m* de jeu (radiophonique); **~ˌsendung** *f rad.* jeu *m* radiophonique.

quoll [kvɔl] *cf.* **quellen**[1] *u.* **quellen**[2] **II.**

Quote ['kvoːtə] *f* ⟨~; ~n⟩ (*Teilbetrag*) quote-part [kɔt-] *f*; quota [kɔ-] *m*; (*Anteil*) contingent *m*; portion *f*; **2nˌmäßig** *adv.* par quotes-parts.

Quotient [kvo·tsi·'ɛnt] *m* ⟨~en; ~en⟩ *math.* quotient [kɔsjɑ̃] *m*.

quotieren [kvo·'tiːrən] *v/t.* ⟨*pas de ge-*, h⟩ coter; indiquer, faire un prix.

quotisier|en [kvo·ti·'ziːrən] **I** *v/t.* ⟨*pas de ge-*, h⟩ répartir par quotes-parts, proportionnellement; **II 2en** *n* ⟨~s⟩, **2ung** *f* ⟨~; ~en⟩ répartition *f* par quotes-parts, proportionnelle.

R

R, r [ɛr] *n* ⟨~; ~⟩ R, r *m u. f.*
Raa [rɑː] *f* ⟨~; ~en⟩ *mar. cf.* Rahe.
Rabatt [ra'bat] *m* ⟨~(e)s; ~e⟩ *comm.* rabais *m*; remise *f*; réduction *f* de prix; (*Skonto*) escompte *m*; **e-n ~ geben** faire un rabais, une remise, *bei Barzahlung* faire, donner un escompte (**auf etw.** sur qc.); **mit e-m ~ von drei Prozent** avec un rabais de trois pour cent; **mit ~ verkaufen** vendre au rabais.
Rabatte [ra'batə] *f* ⟨~; ~n⟩ *jard.* plate-bande *f*; bordure *f*.
rabattieren [raba'tiːrən] *v/t.* ⟨*pas de ge-*, **h**⟩ accorder un rabais, une remise, un escompte (**etw.** sur qc.); rabattre du *od.* le prix (de qc.).
Rabatt|gesetz [ra'batgəˌzɛts] *n* loi *f* sur les remises commerciales; **~ˌmarke** *f* timbre *m* prime; timbre *m* ristourne; timbre *m* d'escompte; **~ˌsatz** *m* (taux *m* de) remise *f*.
Rabatz [ra'bats] F *m* ⟨~es⟩ (*Krach*) *cf.* Radau; **2en** F *v/i.* ⟨-(**es**)**t**, *pas de ge-*, **h**⟩ (*schwer arbeiten*) F trimer; se faire crever au travail; travailler comme un nègre, comme un cheval; P marner; turbiner; boulonner.
Rabauke [ra'baukə] F *m* ⟨~n; ~n⟩ grossier personnage; brute *f*; butor *m*; malotru *m*.
Rabbi ['rabiˑ] *m* ⟨~(s); **-'inen** *od.* ~s⟩ rabbi *m* (*vor Eigennamen u. als Anrede ohne Artikel*); **~'nat** *n* ⟨~(e)s; ~e⟩ rabbinat *m*.
Rabbin|er [ra'biːnər] *m* ⟨~s; ~⟩ rabbin *m*; **~erˌamt** *n cf.* Rabbinat; **~ersemiˌnar** *n* école *f* rabbinique; **2isch** *adj.* rabbinique.
Rabe ['rɑːbə] *m* ⟨~n; ~n⟩ *zo.* corbeau *m*; *fig.* **weißer ~** merle blanc; **stehlen wie ein ~** être voleur, -euse comme une pie; **schwarz wie die ~n** *cf.* 2nschwarz; **~nˌaas** *n* P *Schimpfwort* charogne *f*; carogne *f*; **~nˌeltern** *pl.* parents dénaturés; **~ngeˌkrächze** *n* croassement *m*; **~nˌkrähe** *f zo.* corneille noire; **~nˌmutter** *f* ⟨~; ≈⟩ mère dénaturée; marâtre *f*; **2n'schwarz** F *adj.* noir comme un corbeau, comme (du) jais; **~nˌvater** *m* père dénaturé; **~nˌvögel** *m/pl. zo. sc.* corvidés *m/pl.*
rabiat [rabiˑ'ɑːt] *adj.* (*wütend*) furieux, -euse; (*roh*) brutal; (*grob*) grossier, -ère; **~er Bursche** F sale client, individu; client, individu dangereux; *cf. auch* Rabauke.
Rabulist [rabuˑ'lɪst] *m* ⟨~en; ~en⟩ chicaneur *m*; chicanier *m*; **~e'rei** *f* ⟨~⟩, **~ik** *f* ⟨~⟩ chicanes *f/pl.*; **2isch** *adj.* chicanier, -ère; chicaneur, -euse.
Rache ['raxə] *f* ⟨~⟩ vengeance *f*; (*Heimzahlung*) revanche *f*; **aus ~** par (esprit de) vengeance; **aus ~ für etw.** par vengeance de qc.; **~ üben** se venger; **an j-m ~ nehmen** se venger de qn.; **~ für etw. nehmen** tirer vengeance, se venger de qc.; **an j-m für etw. ~ nehmen** se venger de qc. sur qn.; **nach ~ schreien** demander, crier vengeance; **nach ~ dürsten** être assoiffé, altéré de vengeance; **~ brüten, auf ~ sinnen** méditer, couver une vengeance; **~ schwören** jurer vengeance (j-m à qn.); **~ˌakt** *m* acte *m* de vengeance; **~ˌdurst** *m* soif *f* de vengeance; **2ˌdurstig** *adj.* assoiffé, altéré de vengeance; **~ˌengel** *m* ange vengeur; **~geˌdanke** *m* idée vengeresse, de se venger; **~geˌfühl** *n* sentiment *m* de vengeance; rancune *f*; ressentiment *m*; **~ˌgöttin** *f* déesse *f* de la vengeance; *myth.* Furie *f*; **die ~nen** les Euménides.
Rachen ['raxən] *m* ⟨~s; ~⟩ **1.** *anat.* arrière-bouche *f*; *sc.* pharynx *m*; *par ext.* gorge *f*; gosier *m*; **2.** *der Tiere* gueule *f*; **3.** *fig.* gouffre *m*; gueule *f*; **~ der Hölle** gouffre de l'enfer; **j-n dem ~ des Todes entreißen** arracher qn. à la mort; **j-m den ~ stopfen** F clouer le bec à qn.; **j-m etw. in den ~ werfen** jeter qc. en pâture à qn.; contenter, satisfaire qn.; **4.** *techn.* mâchoires *f/pl.*
rächen ['rɛçən] **I** *v/t.* (*u. v/réfl.*) ⟨**h**⟩ (se) venger; **sich an j-m ~, sich für etw. ~** se venger, tirer vengeance de qn.; se venger de qc.; **sich für** *od.* **wegen etw. an j-m ~** se venger de qc. sur qn.; *mit sächlichem Subjekt* **sich ~** (*schwere Folgen haben*) s'expier; avoir des conséquences fâcheuses; F se payer; **das wird sich ~** cela aura des conséquences fâcheuses; on aura à s'en repentir, F *fig.* à s'en mordre les doigts; ça se payera; **~d** vengeur, vengeresse; **II 2** *n* ⟨~⟩ *cf.* Rache.
Rachen|abstrich ['raxənˌˀapʃtrɪç] *m méd.* prélèvement *m* (de mucosités) dans le pharynx; **~ˌblütler** *m/pl. bot.* scrofulariacées *od.* scrofularinées *f/pl.*; **~ˌbräune** *f* F *méd.* angine couenneuse; diphtérie *f*; **~ˌhöhle** *f anat. sc.* pharynx *m*; **~kaˌtarrh** *m méd. sc.* pharyngite *f*; **~ˌlehre** *f techn.* calibre *m* en fer à cheval; **~ˌmandel** *f anat.* amygdale *f*; **~ˌmündung** *f anat. sc.* isthme *m* du pharynx; **~ˌputzer** F *m* (*saurer Wein*) vin *m* qui gratte le gosier; piquette *f*; F vinasse *f*; P picrate *m*; (*scharfer Schnaps*) F tord-boyaux *m*; **~ˌreizstoff** *m milit., chem. Kampfstoff* (gaz *m*) irritant *m*; **~ˌspiegel** *m méd.* pharyngoscope *m*; **~ˌweite** *f techn. e-r Rachenlehre* écartement *m* des mâchoires.
Rächer(in) ['rɛçər(ɪn)] *m* ⟨~s; ~⟩ (*f*) ⟨~; ~nen⟩ vengeur, vengeresse *m, f.*
Rach|gier ['raxgiːr] *f* soif *f* de vengeance; esprit vindicatif; **2ˌgierig** *adj.* avide de vengeance; vindicatif, -ive; rancunier, -ère.
Rachi|tis [ra'xiːtɪs] *f* ⟨~⟩ *méd.* rachitisme *m*; **2tisch** *adj.* rachitique.
Rach|sucht ['raxzuxt] *f* ⟨~⟩ *cf.* Rachgier; **2ˌsüchtig** *adj. cf.* rachgierig.
Racker ['rakər] *m* ⟨~s; ~⟩ *von e-m kleinen Jungen* (petit) coquin *m*; (petit) garnement *m*; petit, *pfort.* mauvais drôle; *von e-m Mädchen* petite garce, chipie, F drôlesse; **~ei** [-'raɪ] F *f* ⟨~⟩ (*Schinderei*) travail *m* de forçat, de galérien; **2n** F *v/i.* ⟨-(e)re, h⟩ *cf.* rabatzen.
Rad [rɑːt] *n* ⟨~(e)s; ≈er⟩ **1.** roue *f*; *hist.* **aufs ~ flechten** rouer; *fig.* **das fünfte ~ am Wagen sein** être la cinquième roue du carrosse; **unter die Räder kommen** a) *e-s Autos* être écrasé par une voiture; b) *fig.* aller à sa perte; P tomber dans la débine, la dèche; tomber au ruisseau; sombrer; **~ der Geschichte** roue du temps; **2.** *kurz für* (*Fahrrad*) bicyclette *f*; F vélo *m*; (*Mühlrad*) roue *f* de moulin; (*Treibrad*) roue motrice; (*Spinnrad*) rouet *m* (à filer); **mit dem ~ fahren** *cf.* **radfahren**; **3.** *Turnübung* **ein ~ schlagen** faire la roue (*auch vom Pfau*); **~ˌabstand** *m* écartement *m* des roues; **~ˌabzieher** *m* ⟨~s; ~⟩ *für Autos* arrache-roue *m*; arrache-moyeu *m*; **~ˌachse** *f am Wagen* essieu *m*; **~ˌantrieb** *m* entraînement *m* par roue(s).
Radar [ra'dɑːr, 'rɑːdɑːr] *n od. m* ⟨~s; ~s⟩ *aviat., mar.* radar *m*; **mit ~ ausgerüstet** équipé du radar; **~ˌanlage** *f* (installation *f* de) radar *m*; **~anˌtenne** *f* antenne *f* radar; **~ˌaufklärung** *f* reconnaissance *f* par radar; **~beˌobachter** *m* opérateur *m* radar; *néol.* radariste *m*; **~beˌobachtungsˌturm** *m* tour *f* d'observation radar; **~ˌbild** *n* image *f* radar; **~emˌpfänger** *m* récepteur *m* radar; **~entˌfernungsˌmeßgerät** *n* radar-télémètre *m*; **2geˌlenkt** *adjt.* (télé)guidé par radar; **~geˌrät** *n* (appareil *m*) radar *m*; **2geˌsteuert** *adjt. cf.* 2gelenkt; **~ˌhöhenˌmesser** *m aviat.* altimètre *m* à radar; **~ˌlandeˌhilfe** *f aviat.* aide *f* radar à l'atterrissage; **~ˌmast** *m mar.* mât *m* radar; **~ˌnase** *f aviat.* carénage *m* (du radar de bord); **~-ˌOrtungsgeˌrät** *n* appareil *m* de repérage radar; **~-ˌPeilstatiˌon** *f* radar *m* de détermination des directions; **~ˌschirm** *m* écran *m* radar; **~statiˌon** *f* station *f* radar; **~ˌsteuerung** *f* pilotage *m* par *od.* au radar; *aviat. auch* vol *m* sans visibilité; **~-ˌStörgeˌrät** *n* brouilleur *m*; **~ˌstrahl** *m* faisceau *m* radar; **~ˌsucher** *m* chercheur *m* radar;

~-ˌSuchgeˌrät *n* radar *m* de détection, de recherche; **~ˌtechnik** *f* technique *f* (du) radar; **~ˌtechniker** *m* radariste *m*; **~ˌwarnsysˌtem** *n* système *m* d'alerte par radar; **~ˌzeichen** *n auf dem Schirm* signe *m*, trace *f* de radar.

Radau [ra'dau] F *m* ⟨~s⟩ bruit *m*; vacarme *m*; tapage *m*; F chahut *m*; boucan *m*; chambard *m*; potin *m*; raffut *m*; ~ **machen** F faire du tam-tam, du pétard, du boucan, *etc.*; chahuter; **~ˌbruder** F *m*, **~ˌmacher** F *m* ⟨~s; ~⟩ tapageur *m*; F chahuteur *m*.

Rad|ausflug ['raːtˌʔausfluːk] *m* excursion *f* à bicyclette; **~ball** *m Sport néol.* polo-vélo *m*; **~ˌballer** *m* ⟨~s; ~⟩ *néol.* polo-véliste *m*; **~ballˌspiel** *n cf.* ~ball; **~ˌbremse** *f* frein *m* sur roue.

Rädchen ['rɛːtçən] *n* ⟨~s; ~⟩ petite roue; roulette *f*; *am Sporn, Feuerzeug* molette *f*.

Raddampfer ['raːtˌdampfər] *m mar.* bateau *m* (à vapeur) à roues, à aubes.

Rade ['raːdə] *f* ⟨~; ~n⟩ *bot.* nielle *f* des blés.

radebrechen ['raːdəˌbrɛçən] *v/t.* ⟨radebrecht, radebrechte, geradebrecht, h⟩ e-e Sprache ~ écorcher, F baragouiner une langue; F parler petit nègre; französisch ~ F parler français comme une vache espagnole.

radeln ['raːdəln] *v/i.* ⟨-(e)le, sein⟩ *cf.* radfahren.

Rädelsführer ['rɛːdəlsˌfyːrər] *m* chef *m* d'un complot; F meneur *m*.

Räder|fahrzeug ['rɛːdərˌfaːrtsɔyk] *n* véhicule *m* à roues; **~geˌtriebe** *n* (train *m* d')engrenages *m/pl.*; **~ˌkasten** *m* boîte *f*, carter *m* d'engrenages; **2ˌlos** *adj.* sans engrenages; **2n I** *v/t.* ⟨-(e)re, h⟩ *hist.* rouer; *fig.* wie gerädert sein avoir le corps rompu, brisé; F *fig.* être tout moulu; **II ~n** *n* ⟨~s⟩ supplice *m* de la roue; **~ˌtierchen** *n/pl. zo. sc.* rotateurs *m/pl.*; **~überˌsetzung** *f* transmission *f*, multiplication *f* (par engrenages); **~unterˌsetzung** *f* démultiplication *f* (par engrenages); **~ˌwerk** *n* rouage *m*; engrenage *m* (*beide auch fig.*); *fig.* vom ~ erfaßt werden être pris dans l'engrenage.

rad|fahren ['raːtˌfaːrən] **I** *v/i.* ⟨*irr., sép.* (er fährt Rad), -ge-, sein⟩ aller à bicyclette, F en vélo; F faire de la bicyclette, du vélo; pédaler; **II 2ˌfahren** *n verbal*; ~ verboten! (chemin) interdit aux cyclistes!; **2ˌfahrer(in)** *m* (*f*) cycliste *m*, *f*; F pédaleur *m*; **2fahrˌweg** *m* trottoir *m* cyclable; **2ˌfelge** *f* jante *f*; **~ˌförmig** *adj.* en forme de roue; *bot.* rotacé; **2ˌgabel** *f* fourche *f*; **2geˌstell** *n chem.* bogie *m*; truck *m*.

radial [radi'aːl] *adj.* radial; rayonnant; **2...** *in Zssgn.* radial; **2beˌwegung** *f* mouvement radial; **2ˌbohrmaˌschine** *f* perceuse radiale; **2ˌkraft** *f* force radiale.

Radia|tion [radiatsi'oːn] *f* ⟨~; ~en⟩ radiation *f*; **~tor** [-'aː-] *m* ⟨~s; -'toren⟩ radiateur *m*.

Radien ['raːdiən] *pl. von* Radius.

radier|en [ra'diːrən] **I** *v/t.* ⟨*pas de ge-*, h⟩ **1.** (*aus~*) effacer à la gomme, au grattoir; gratter (pour effacer); gommer; **2.** *Kunst* graver à l'eau-forte; **II 2en** *n* ⟨~s⟩ **3.** grattage *m*; effacement *m* (à la gomme, au grattoir); **4.** *cf.* 2ung; **2er** *m* ⟨~s; ~⟩ graveur *m* à l'eau-forte; **2ˌgummi** *m* gomme *f*; **2ˌkunst** *f* gravure *f* à l'eau-forte; **2ˌmesser** *n* grattoir *m*; **2ˌnadel** *f* échoppe *f*; pointe *f* (de graveur); **2ung** *f* ⟨~; ~en⟩ gravure *f* à l'eau-forte (*auch das Bild*).

Radieschen [ra'diːsçən] *n* ⟨~s; ~⟩ *bot.* (petit) radis *m*.

radikal [radi'kaːl] **I** *adj.* radical; *pol.* extrémiste; **II 2** *n* ⟨~s; ~e⟩ *chim.* radical *m*; **2e(r)** *m* ⟨→ A⟩ *pol.* extrémiste *m*; **~i'sieren** *v/t.* ⟨*pas de ge-*, h⟩ *néol.* radicaliser; **2i'sierung** *f* ⟨~⟩ *verbal*; **2ismus** [-'lɪs-] *m* ⟨~; -men⟩ extrémisme *m*; **2ˌkur** *f méd.* cure radicale.

Radikand [radi'kant] *m* ⟨~en; ~en⟩ *math.* quantité radicale; nombre, quantité (placé[e]) sous le radical.

Radio ['raːdio] *n* ⟨~s⟩ **1.** radiodiffusion *f*; télégraphie *f* sans fil (*abr.* T.S.F.); F radio *f*; ~ hören écouter la radio; im ~ sprechen parler à la radio; durch ~ übertragen radiodiffuser; **2.** ⟨*pl.* ~s⟩ *cf.* ~apparat; **2ak'tiv** *adj.* radioactif *od.* radio-actif, -ive; ~e Verseuchung contamination radioactive; ~e Zerfallsreihe famille, série de désintégrations radioactives; famille, filiation radioactive; ~er Niederschlag retombées radioactives; ~er Abfall déchets radioactifs; ~ machen (radio-)activer; rendre radioactif; **~aktivi'tät** *f* radioactivité *od.* radio-activité *f*; künstliche ~ radioactivité artificielle; **~ˌanlage** *f* installation *f* de T.S.F., F de radio; **~appaˌrat** *m* appareil *m*, poste *m* de T.S.F., de radio; F radio *f*; ~ mit Plattenspieler radio-pick-up *m*; radio-tourne-disques *m*; radiophono *m*; **~astronoˌmie** *f* radio-astronomie *f*; **~ˌbastler** *m* radioamateur *m*; amateur *m*, bricoleur *m* de radio; F sans-filiste *m*; **~diaˌgnostik** *f méd.* radiodiagnostic *m*; **~ˌdurchsage** *f* communiqué *m* radiophonique, radiodiffusé; **2eˌlektrisch** *adj.* radio-électrique; **~elektriziˌtät** *f* radio-électricité *od.* radioélectricité *f*; **~geˌrät** *n cf.* ~apparat; **~ˌkompaß** *m* radiogoniomètre *m*; radiocompas *m*; **~'larien** *f/pl. zo.* radiolaires *m/pl.*; **~'loge** *m* ⟨~n; ~n⟩ radiologue *od.* radiologiste *m*; **~lo'gie** *f* ⟨~⟩ radiologie *f*; **2'logisch** *adj.* radiologique; **~'meter** *n* ⟨~s; ~⟩ radiomètre *m*; **~navigati'on** *f* radionavigation *f*; radioguidage *m*; **~pho'nie** *f* ⟨~⟩ radiophonie *f*; **~ˌröhre** *f* lampe *f*, tube *m* de T.S.F., de radio; **~ˌsonde** *f* radiosonde *f*; **~telegra'phie** *f* radiotélégraphie *f*; télégraphie *f* sans fil (T.S.F.); **~telepho'nie** *f* radiotéléphonie *f*; téléphonie *f* sans fil; **~thera'pie** *f méd.* radiothérapie *f*; **~ˌwellen** *f/pl.* ondes *f/pl.* radio-électriques, de radiodiffusion; ondes 'hertziennes; *was hier nicht aufgeführt ist, cf.* Rundfunk...

Radium ['raːdium] *n* ⟨~s⟩ *chim.* radium [-jɔm] *m*; **~beˌstrahlung** *f méd.* radiothérapie *f*; **~emanatiˌon** *f chim.* émanation *f* du radium; radon *m*; **2ˌhaltig** *adj.* radifère; **~ˌheilverfahren** *n*, **~theraˌpie** *f cf.* ~bestrahlung.

Radius ['raːdius] *m* ⟨~; -ien⟩ *math.* rayon *m*; **~ˌvektor** *m math.* rayon *m* vecteur.

Radi|x ['raːdɪks] *f* ⟨~; -izes⟩ *math.* racine *f*; **2'zieren** *v/t.* ⟨*pas de ge-*, h⟩ *math.* extraire la racine (de).

Rad|kappe ['raːtˌkapə] *f* chapeau *m* (de moyeu) de roue; *Auto, zur Verzierung* enjoliveur *m*; **~ˌkasten** *m beim Raddampfer* cage *f* de la roue (à aubes); **~ˌkörper** *m* corps *m* de roue; **~kranz** *m* jante *f*; **~ler(in)** F *m* ⟨~s; ~⟩ (*f*) ⟨~; ~nen⟩ *cf.* Radfahrer(in); **~ˌlinie** *f Geometrie* cycloïde *f*; **~ˌmantel** *m* (*Reifendecke*) enveloppe *f*; (bandage *m*) pneumatique *m*; F pneu *m*; **~ˌnabe** *f* moyeu *m* (de roue); **~ˌreifen** *m* bandage *m* de roue; **~rennˌbahn** *f* vélodrome *m*; piste *f*; **~ˌrennen** *n* course *f* cycliste; **~ˌrenner** *m*, **~ˌrennfahrer** *m* coureur *m* cycliste; **~satz** *m chem.* train *m* de roues; **~ˌschaufel** *f am Wasserrad* aube *f*; aileron *m*; **2ˌschlagen** *v/i.* ⟨*irr., sép.* (er schlägt Rad), -ge-, h⟩ faire la roue; **~ˌspeiche** *f* rayon *m* de roue; **~sport** *m* cyclisme *m*; **~ˌsportler** *m* cycliste *m*; **~spur** *f* ornière *f*; **~stand** *m beim Auto* empattement *m*; **~tour** *f* excursion *f*, *größere* F tour *m* à bicyclette; **~ˌwechsel** *m* changement *m* de roue; **~weg** *m cf.* Radfahrweg; **~ˌwelle** *f* arbre *m* (de la roue).

raffaelisch [rafa'eːlɪʃ] *adj. peint.* raphaélesque; de Raphaël.

raff|en ['rafən] *v/t.* ⟨h⟩ ramasser en vitesse; emporter; enlever; F rafler; *Kleid* relever; retrousser; *cout.* draper; *Zeit* raccourcir (la durée de); *Handlung* comprimer; **2gier** *f* cupidité *f*; *pfort.* rapacité *f*; **~ˌgierig** *adj.* cupide; *pfort.* rapace.

Raffi|nade [rafɪ'naːdə] *f* ⟨~; ~n⟩ raffinade *f*; sucre raffiné; **~nati'on** *f* ⟨~; ~en⟩ raffinage *m*; **~ne'rie** *f* ⟨~; -ien⟩ raffinerie *f*; **~'nesse** *f* ⟨~; ~n⟩ perfectionnement *m*; *pfort.* raffinement *m*; (*Durchtriebenheit*) *péj.* finesse *f*; ruse *f*; astuce *f*; madrerie *f*; artifice *m*; finasserie *f*; cautèle *f*; **2'nieren** *v/t.* ⟨*pas de ge-*, h⟩ raffiner; **~'nierˌofen** *m métall.* four *m* d'affinage; **~'nierˌstahl** *m métall.* acier affiné, d'affinage; **2'niert** *adjt.* raffiné (*auch fig.*); *métall.* affiné; *fig.* rusé; fin; madré; matois; finaud; cauteleux, -euse; roué; **~'niertˌheit** *f* ⟨~⟩ *cf.* ~nesse; **~'nose** *f* ⟨~⟩ *chim.* raffinose *m*; mélitose *m*.

Raffke ['rafkə] F *m* ⟨~s; ~s⟩ nouveau riche; parvenu *m*.

Raffung ['rafuŋ] *f* ⟨~; ~en⟩ *cout.* drapé *m*; *der Zeit* raccourcissement *m*; *der Handlung* compression *f*.

Rage ['raːʒə] *f* ⟨~⟩ F in ~ sein être furieux, -euse; *cf. auch* Wut.

ragen ['raːgən] *v/i.* ⟨h⟩ se dresser; s'élever.

Raglan ['raglan, 'rɛglɛn] *m* ⟨~s; ~s⟩ (manteau *m*) raglan *m*; **~ˌärmel** *m cout.* manche *f* raglan; **~ˌschnitt** *m cout.* coupe *f* raglan.

Ragout [ra'guː] *n* ⟨~s; ~s⟩ *cuis.* ragoût *m*.

Rahe ['raːə] *f* ⟨~; ~n⟩ *mar.* vergue *f*.

Rahm [raːm] *m* ⟨~s⟩ crème *f*; ~ ansetzen crémer; den ~ abschöpfen écrémer (von etw. qc.) (*auch fig.*); *fig.* écumer; prendre ce qu'il y a de meilleur; F faire son beurre; P se graisser les pattes; se sucrer.

Rahmen ['raːmən] **I** *m* ⟨~s; ~⟩ **1.** (*Einfassung*) cadre *m*; encadrement *m*; *e-s Fensters, Frühbeets etc.* châssis *m*; *impr.* ramette *f*; in e-n ~ stecken, mit e-m ~ umgeben *cf.* 2 II; aus dem ~ nehmen désencadrer; **2.** *Fahrrad, Motorrad* (*Gestell*) cadre *m*; *Auto* châssis *m*; *techn., an Maschinen* socle *m*; bâti *m*; *zum Sticken* (*Stick2*) métier *m* (à broder); tambour *m*; *Tuchweberei* rame *f*; **3.** *cord.* trépointe *f*; **4.** *fig.* cadre *m*; der schöne Saal bot der Versammlung e-n geeigneten ~ la belle salle offrait le cadre approprié à cette réunion; e-e bewegte Zeit bildet den ~ dieses Werkes une époque agitée encadre, forme le cadre de cette œuvre; **im ~ des Möglichen** dans le cadre des possibilités; dans la mesure du possible; **den ~ des Üblichen sprengen** briser, rompre, faire sauter le cadre des usages établis; **aus dem ~ fallen** sortir de l'ordinaire, de la norme; **nicht in den ~ passen** être déplacé; ne pas cadrer (avec); ne pas convenir (à); ne pas rentrer dans le cadre (de); sortir du cadre (de); **II** 2 *v/t.* ⟨h⟩ (*ein~*) encadrer; enchâsser; **~ˌabkommen** *n* convention-type *f*; accord général, de base; contrat-cadre *m*; **~anˌtenne** *f* antenne-cadre *f*; **~beˌstimmung** *f* disposition *f* type, de base; **~erˌzählung** *f*, **~geˌschichte** *f* récit-cadre *m*; récit encadrant d'autres récits; **~geˌsetz** *n* loi-cadre *f*; **~ˌplan** *m* plan général, de base; **~stickeˌrei** *f* broderie *f* au métier; **~ˌsucher** *m phot.* viseur *m* à cadre; **~taˌrifverˌtrag** *m* convention générale; **~verˌtrag** *m cf.* ~abkommen.

Rahsegel ['rɑːˌzeːgəl] *n mar.* voile carrée.

Rain [raɪn] *m* ⟨~(e)s; ~e⟩ entre-deux *m*; *par ext.* (*Grenze*) limite *f*; borne *f*; lisière *f*; **~farn** *m bot.* tanaisie *f*; **~ˌweide** *f bot.* troène *m*.

Rakel ['rɑːkəl] *f* ⟨~; ~n⟩ *impr.* racle *f*.

räkeln ['rɛːkəln] *v/réfl.* ⟨-(e)le, h⟩ *cf.* rekeln.

Rakete [ra'keːtə] *f* ⟨~; ~n⟩ fusée *f*; (engin *m*) autopropulsé *m*; **mehrstufige ~** fusée à plusieurs étages; **e-e ~ abschießen, abfeuern** lancer une fusée; **~nˌabschußˌbasis** *f*, **~nˌabschußˌrampe** *f* rampe *f* de lancement de fusées; **~nˌabschußˌvorrichtung** *f* dispositif *m* lance-fusées; lance-roquettes *m*; dispositif *m* de lancement de fusées; **~nˌabwehrraˌkete** *f* antimissile *m*; **~nˌantrieb** *m* propulsion *f* à *od.* par fusée(s); **mit ~** propulsé par fusée; **~nappaˌrat** *m mar.* appareil *m* lance-fusées; **~nˌauto** *n* auto-fusée *f*; **~nˌbrennkammer** *f* chambre *f* de combustion (d'une fusée); **~nˌflug** *m* vol *m* de fusée(s); **~nˌflugbahn** *f* trajectoire *f* d'une fusée; **~nˌflugzeug** *n* avion-fusée *m*; **~ngeˌschoß** *n* projectile-fusée *m*; projectile autopropulsé; roquette *f*; rocket *m od. f*; engin *m* (à fusée); engin propulsé par fusée; **ferngesteuertes ~** engin, projectile-fusée téléguidé; missile *m*; **~nˌkopf** *m* tête *f* de fusée; **~nˌkörper** *m* corps *m* de fusée; **~nˌstart** *m aviat.* décollage *m* par fusées; **~nˌstarthilfe** *f aviat.* fusée *f* de décollage; **~nˌtechnik** *f* technique *f* des fusées; **~nˌtreibstoff** *m* carburant *m*, combustible *m* pour fusées; **~nˌtriebwerk** *n* réacteur *m* à fusée; propulseur *m* à réaction; moteur-fusée *m*; **~nˌwaffe** *f* arme-fusée *f*; **~nˌwagen** *m cf.* ~nauto; **~nˌwerfer** *m* lance-fusées *m*; lance-roquettes *m*.

Rakett [ra'kɛt] *n* ⟨~(e)s; ~e *od.* ~s⟩ *Tennis* raquette *f* (de tennis).

Ralle ['ralə] *f* ⟨~; ~n⟩ *zo.* râle *m*.

Rallye ['raliˑ, ra'liː] *f* ⟨~; ~s⟩ *Autosport* rallye *m*.

Ramie [ra'miː] *f* ⟨~; -ien⟩, **~ˌfaser** *f bot., text.* ramie *f*.

Ramm [ram] *m* ⟨~(e)s; ~e⟩ *cf.* ~sporn; **~ˌbalken** *m hist.* bélier *m*; **~bär** *m*, **~bock** *m* mouton *m*; **~bug** *m cf.* ~sporn; **2ˌdösig** F *adj.* (*benommen*) abasourdi; étourdi; (*überreizt*) surexcité; **~e** *f* ⟨~; ~n⟩ *bât.*, *für Pfähle* sonnette *f*; pilon *m*; *zum Pflastern* (*Hand2*) 'hie *f*; demoiselle *f*; dame *f*; (*Dampf2*) *cf.* ~bär; **~e'lei** *f* ⟨~; ~en⟩ **1.** F bousculade *f*; cohue *f*; **2.** *ch.* accouplement *m* des lièvres; **2eln** *v/i.* ⟨-(e)le, h⟩ **1.** F bousculer; **gerammelt voll** bondé; F archicomble; plein à craquer; **2.** *ch., Hasen, Kaninchen* être en rut; s'accoupler; bouquiner; **2en** *v/t.* ⟨h⟩ enfoncer avec une 'hie, un mouton, *etc.*; *Pflaster* damer; *abs.* piloter; *Schiff, früher* éperonner; *heute, auch von anderen Fahrzeugen* entrer en collision avec; tamponner; F emboutir; *von der Seite* prendre en écharpe; **~ˌhammer** *m* (marteau-)pilon *m*; **~ler** *m* ⟨~s; ~⟩ *ch.* bouquin *m*; lapin *m*, lièvre *m* mâle; **~sporn** *m hist.* éperon *m*.

Rampe ['rampə] *f* ⟨~; ~n⟩ rampe *f* (*auch thé.*); plate-forme *f*; quai *m*; **~nˌlicht** *n* ⟨~(e)s⟩ *thé.* feux *m/pl.* de la rampe; *fig.* **das ~ der Öffentlichkeit scheuen** craindre, redouter, fuir la publicité.

ramponieren [rampoˑ'niːrən] F *v/t.* ⟨*pas de ge-*, h⟩ endommager; malmener; abîmer; F amocher; *Kleid* défraîchir; *Schiff* désemparer.

Ramsch [ramʃ] *m* ⟨~es⟩ marchandise *f* en solde, de rebut; rebut *m*; *péj.* camelote *f*; F gnognotte *f*; *pfort.* P saloperie *f*; **im ~ kaufen** acheter en bloc, en vrac, en tas, par lots; **2en** *v/t.* ⟨h⟩ acheter en bloc et à vil prix; **~er** F *m* ⟨~s; ~⟩ acheteur *m* de lots de marchandises à vil prix; **~ˌladen** F *péj. m* bazar *m*; magasin *m* à quatre sous; **~ˌware** F *péj. f cf.* Ramsch; **2ˌweise** F *adv.* en bloc; en tas; par lots.

'ran [ran] F *für* **heran**; ~! approche (-toi)!; viens!

Rand [rant] *m* ⟨~(e)s; ⸚er⟩ **1.** *äußerste Grenze e-r Fläche* bord *m*; *e-s Waldes* lisière *f*; *e-r Stadt* périphérie *f*; abords *m/pl.*; banlieue *f*; *e-r Wunde, e-s Trichters* bords *m/pl.*; lèvres *f/pl.*; (*erhöhter ~*) rebord *m*; (*Einfassung*) bordure *f*; *der Brille* cercle *m*; bord *m*; *in Büchern, Heften, Briefen* marge *f*; *um e-n entfernten Fleck* (*kreisförmige Spur*) auréole *f*; *um die Augen* cerne *m*; *Papier* **mit schwarzem ~** bordé de noir; **am ~e** au bord; *in Büchern etc.* en marge; **bis an den ~** à ras bord(s); jusqu'au(x) bord(s); au *od.* à ras; *Glas* **bis zum ~ gefüllt** *auch* F bien tassé; **er hat dunkle Ränder um die Augen** il a les yeux cernés; **2.** *fig.* **mit etw. zu ~e kommen** venir à bout de qc.; *zu Kindern* F **halt deinen ~!** tais-toi!; F ferme-la!; la ferme!; boucle-la!; (mets-y) un bouchon!; F **das versteht sich am ~e** cela va sans dire, de soi; **am ~e bemerken** faire remarquer, observer en passant; **am ~e bemerkt** soit dit en passant; **am ~e s-r Kräfte sein** être au bout, à la limite de ses forces; **am ~e der Verzweiflung sein** être au (bord du) désespoir; **am ~e des Grabes** au bord de la tombe; à l'article de la mort; F **vor Freude außer ~ u. Band sein** exulter, ne plus se sentir, ne plus se posséder de joie.

randalieren [randa'liːrən] *v/i.* ⟨*pas de ge-*, h⟩ *cf.* Radau (machen).

Rand|auslöser ['rantˌˀauslø:zər] *m Schreibmaschine* touche *f* de dégagement de la marge; **~beˌmerkung** *f* note marginale; annotation *f* (en marge); glose marginale; apostille *f*; *fig.* remarque *f*; commentaire *m*; F *fig.* glose *f*; **mit ~en versehen, ~en machen** annoter; marginer; apostiller; faire des annotations; *fig.* se moquer de; gloser sur; *fig.* F faire des gorges chaudes; **~beˌvölkerung** *f e-r Stadt* F banlieusards *m/pl.*; *e-s Landes* population *f* des marches; **~ˌeinsteller** *m* ⟨~s; ~⟩ *Schreibmaschine* margeur *m*.

Rändel|eisen ['rɛndəlˌˀaɪzən] *n* flan *m*; **~ˌmutter** *f* ⟨~; ~n⟩ écrou moleté; **2n** *v/t.* ⟨-(e)le, h⟩ faire un bord, mettre des bords à; *Schrauben, Muttern etc.* moleter; *Münzen* cordonner; créneler; **~ˌrad** *n* molette *f*; **~ˌschraube** *f* vis *f* à tête moletée; **~ung** *f* ⟨~; ~en⟩ *bei Münzen* cordon *m*; grènetis *m*.

rändern ['rɛndərn] *v/t.* ⟨-(e)re, h⟩ *cf.* rändeln.

Rand|gebiet ['rantgəˌbiːt] *n e-r Stadt* banlieue *f*; périphérie *f*; abords *m/pl.*; *e-s Landes* région *f* limitrophe; marche *f*; *fig., e-r Wissenschaft* domaine *m* annexe, connexe; **~ˌglosse** *f cf.* Randbemerkung; **~ˌleiste** *f* rebord *m*; liteau *m*; **2los** *adj. Brille* sans rebord; sans cercle; **~ˌsiedlung** *f e-r Stadt* colonie *f*; cité-jardin *f* de banlieue; **~staat** *m* État *m* limitrophe; **~stein** *m am Bürgersteig* bordure *f*, rebord *m* du trottoir; *am Brunnenrand* margelle *f*; **~ˌsteller** *m* ⟨~s; ~⟩ *Schreibmaschine cf.* Randeinsteller; **~ˌstreifen** *m e-r Straße* accotement *m*; **~ nicht befahrbar** accotements non praticables, non consolidés, non stabilisés; **~stück** *n* (*Anschnitt*) entam(ur)e *f*; *bei Brot cf.* Ranft 2.; **~verˌmerk** *m* mention *f* en marge; **~verˌzierung** *f* ornement marginal; *im Buch* vignette *f*; **2'voll** *adj.* plein à ras bord(s), jusqu'au(x) bord(s), F jusqu'au ras; plein à ras; **~ˌzeichnung** *f* dessin marginal; vignette *f*.

Ranft [ranft] F *m* ⟨~(e)s; ⸚e⟩ **1.** croûte *f* (de pain); **2.** *auch* **'Ränftchen** *n* ⟨~s; ~⟩ croûton *m*; grignon *m*.

rang [raŋ] *cf.* ringen.

Rang [raŋ] *m* ⟨~(e)s; ⸚e⟩ **1.** rang *m*; (*Stand*) classe *f*; condition *f* (sociale); *milit.* grade *m*; **ersten ~es** de première classe; *Hotel* de premier ordre; **ein Ereignis ersten ~es** un événement de premier ordre, de première importance, de marque; **ein Künstler von ~** un artiste de premier ordre; *Problem, Frage* **zweiten ~es** secondaire; **den ersten ~ einnehmen unter ...** se placer au premier rang, se ranger en première ligne parmi ...; **e-e Persönlichkeit von hohem ~** une personne de (haute) condition; **alles, was ~ u. Namen hatte, war da** toutes les notabilités s'y trouvaient; **j-m den ~ ablaufen** l'emporter sur qn.; battre, supplanter, évincer qn.; surpasser, effacer, éclipser qn.; F couper l'herbe sous le pied à qn.; damer le pion à qn.; **allen übrigen den ~ ablaufen** arriver bon premier; **j-m den ~ streitig machen** disputer la préséance à qn.; *milit.* **e-n hohen ~ bekleiden** avoir un grade élevé; **den ~ e-s ... haben** avoir rang de ...; être au rang de ...; **im ~ gleichstellen** assimiler; **2.** *thé.* galerie *f*; balcon *m*; **~ˌabzeichen** *n milit.* insignes *m/pl.* (de grade); **~ˌälteste(r)** *m* ⟨→ A⟩ *milit.* le plus élevé en grade.

Range ['raŋə] *m* ⟨~n; ~n⟩, *f* ⟨~; ~n⟩ *cf.* Racker.

'rangehen ['ranˌgeːən] F *v/i.* ⟨*irr., sép.*, **-ge-, sein**⟩ avoir du toupet; ne pas avoir froid aux yeux; *bei der Arbeit* abattre de la besogne.

Rang|erhöhung ['raŋˀɛrˌhøːuŋ] *f* avancement *m* (en grade); **~ˌfolge** *f* 'hiérarchie *f*; *Sport* classement *m*; **~ˌhöhere(r)** *m* ⟨→ A⟩ *milit.* militaire *m* de rang, de grade plus élevé, supérieur.

Rangier|bahnhof [rɑ̃ːˈʒiːrˌbɑːnhoːf, raŋ-] *m chem.* gare *f* de manœuvre, de triage, d'évitement; **2en I** *v/t.* ⟨*pas de ge-*, h⟩ **1.** *chem.* trier; manœuvrer; faire changer de voie; **2.** F (*ordnen, anordnen*) ranger; **II** *v/i.* (*e-n Rang innehaben*) prendre rang (vor devant; hinter derrière); **an erster Stelle ~** avoir, tenir, occuper le premier rang; **III ~en** *n* ⟨~s⟩ *chem.* manœuvre *f*; triage *m*; **~er** *m* ⟨~s; ~⟩ *chem.* employé *m* du (service de) triage; **~ˌgleis** *n chem.* voie *f* de triage, de garage; **~lokomoˌtive** *f chem.* locomotive *f* de manœuvre, de triage; F coucou *m*; **~ˌmeister** *m chem.* chef *m* de manœuvre.

Rang|klasse [ˈraŋˌklasə] *f* classe *f*; **~ˌliste** *f milit.* annuaire *m* militaire, *der Marine* naval, de la marine; *Sport* classement *m*; **~ˌloge** *f thé.* loge *f* de (première) galerie; **2ˌmäßig** *adj. u. adv.* selon, d'après, suivant le rang; **~ˌordnung** *f* 'hiérarchie *f*; ordre *m* 'hiérarchique; rang *m*; **nach der ~** d'après, suivant le rang; **~ˌstreit(igkeit)** *m* (*f*) conflit *m* de préséance; **~ˌstufe** *f* degré *m*; échelon *m*; *milit.* grade *m*; **~verˌlust** *m milit.* dégradation *f*.

'ranhalten [ˈranˌhaltən] F *v/réfl.* ⟨*irr.*, *sép.*, -ge-, h⟩ **sich ~** se hâter; se dépêcher; P se grouiller.

rank [raŋk] *adj.* (*schlank*) grêle; élancé; (*geschmeidig*) souple.

Ranke [ˈraŋkə] *f* ⟨~; ~n⟩ *bot.* vrille *f*; cirr(h)e *m*; griffe *f*; *der Weinrebe* sarment *m*.

Ränke [ˈrɛŋkə] *m/pl.* ruses *f/pl.*; intrigues *f/pl.*; machinations *f/pl.*; cabales *f/pl.*; F manigances *f/pl.*; P combine *f*; **~ schmieden** nouer, forger des intrigues; intriguer; cabaler; ourdir une trame, un complot; tramer un complot; se livrer à des machinations, F des manigances; machiner; manigancer.

ranken [ˈraŋkən] **I** *v/i.* ⟨h *od.* sein⟩ pousser des vrilles, *Reben* des sarments; **II** *v/réfl.* ⟨h⟩ **sich ~** grimper; enlacer; s'accrocher en vrille *od.* par des vrilles; s'attacher en grimpant; **III 2** *n* ⟨~s⟩ *verbal*; **~ˌartig** *adj.* grimpant; sarmenteux, -euse; **2ˌfüßer** *m/pl. zo. sc.* cirripèdes *m/pl.*; **2geˌwächs** *n bot.* plante grimpante, sarmenteuse; **2ˌwerk** *n bât.* ornements *m/pl.*

Ränke|schmied [ˈrɛŋkəˌʃmiːt] *m péj.* intrigant *m*; machinateur *m*; cabaleur *m*; F faiseur *m* de cabales; **~ˌspiel** *n cf.* Ränke; **~ˌsucht** *f* ⟨~⟩ esprit *m* d'intrigue; **2ˌsüchtig**, **2ˌvoll** *adj.* intrigant; astucieux, -euse.

rankig [ˈraŋkɪç] *adj. cf.* rankenartig.

rann [ran] *cf.* rinnen.

rannte [ˈrantə] *cf.* rennen.

Ranunkel [raˈnuŋkəl] *f* ⟨~; ~n⟩ *bot.* renoncule *f*.

Ränzel [ˈrɛntsəl] *n* ⟨~s; ~⟩ F *fig.* **sein ~ schnüren** F graisser ses bottes.

ranzen [ˈrantsən] *v/i.* ⟨-(es)t, h⟩ *ch.*, *Raubwild* s'accoupler.

Ranzen [ˈrantsən] *m* ⟨~s; ~⟩ **1.** sac *m*; 'havresac *m*; *der Schulkinder* sac *m* d'écolier; cartable *m*; **2.** F (*Bauch*) ventre *m*; panse *f*; bedon *m*; bedaine *f*; (*Buckel*) bosse *f*.

ranzig [ˈrantsɪç] **1.** *adj.* rance; **~e Butter** beurre rance, ranci; **~ werden** rancir; **~er Geruch, Geschmack** rancissure *f*; rancidité *f*; **2.** *adv.* **~ riechen, schmecken** sentir le rance; **2ˌwerden** *n* ⟨~s⟩ rancissement *m*.

Ranzzeit [ˈrantstsaɪt] *f ch.* rut *m*.

Raphia [ˈrɑːfiˑa, ˈrafiˑa] *f* ⟨~; -ien⟩ *bot.* raphia *m*; **~ˌbast** *m* (fibre *f* de) raphia *m*.

rapid|(e) [raˈpiːt, raˈpiːdə] *adj.* rapide; **2iˈtät** *f* ⟨~⟩ rapidité *f*.

Rapier [raˈpiːr] *n* ⟨~s; ~e⟩ *esc.* rapière *f*.

Rappe [ˈrapə] *m* ⟨~n; ~n⟩ *zo.* cheval noir; moreau *m*; F *fig.* **auf Schusters ~n reiten** F prendre le train onze; aller pedibus (cum jambis), à pied.

Rappel [ˈrapəl] F *m* ⟨~s; ~⟩ caprice *m*; lubie *f*; F toquade *f*; P loufoquerie *f*; (accès *m* de) maboulisme *m*; **e-n ~ haben** *cf.* **2n**; **2ig** F *adj.* qui a le cerveau timbré; capricieux, -euse; P toqué; cinglé; dingo; timbré; louf(oque); piqué; marteau; qui en (= de folie) a un grain; **~ˌkopf** F *m* cerveau (tête) fêlé(e); **2ˌköpfisch** F *adj. cf.* **2ig**; **2n** F **I** *v/imp.* ⟨-(e)le, h⟩ **es rappelt bei ihm** P il lui manque une case; il a une araignée dans le plafond; il travaille du chapeau; il est cinglé, dingo, timbré, louf(oque), piqué, toqué, marteau, maboul; il a le timbre, le cerveau fêlé; **II** *v/réfl.* F **sich wieder ~** recouvrer la santé; F reprendre du poil de la bête.

rapplig [ˈraplɪç] *adj. cf.* rappelig.

Rapport [raˈpɔrt] *m* ⟨~(e)s; ~e⟩ *milit.* rapport *m*.

Raps [raps] *m* ⟨~es; ~e⟩ *bot.* colza *m*; grosse navette; **~ˌkuchen** *m als Viehfutter* tourteau *m* de colza; **~öl** *n* huile *f* de colza.

Raptus [ˈraptus] *m* ⟨~; ~se⟩ **1.** F *cf.* Rappel; **2.** *méd.* accès *m* de folie, de rage, de fureur.

Rapünzchen [raˈpʏntsçən] *n* ⟨~s; ~⟩, **Raˈpunze** *f* ⟨~; ~n⟩, **Raˈpunzel** *f* ⟨~; ~n⟩ *bot.* (*Feldsalat*) mâche *f*; doucette *f*; (*Teufelskralle*) raiponce *f*.

rar [rɑːr] *adj.* rare; *comm. oft* recherché; **~ werden** se raréfier; F **sich ~ machen** se faire rare (comme les beaux jours).

Rarität [rariˑˈtɛːt] *f* ⟨~; ~en⟩ rareté *f*; objet *m* de curiosité; **~en** *pl.* curiosités *f/pl.*; raretés *f/pl.*; **~enˌhändler** *m* antiquaire *m*; **~enkabiˌnett** *n* cabinet *m* de curiosités, de raretés; **~enˌsammler** *m* collectionneur *m* de pièces rares.

rasant [raˈzant] *adj. Ballistik* rasant; *fig.* F rapide; vite; à grande vitesse; *Frau* attirante; qui fait grosse impression; F aguichante.

Rasanz [raˈzants] *f* ⟨~⟩ *Ballistik* rasance *f*.

rasch [raʃ] **1.** *adj.* prompt; rapide; véloce; *Bewegung* (*flink*) preste; **e-e ~e Auffassungsgabe** une intelligence vive; **2.** *adv.* vite; promptement; prestement; **komm ~!** hâte-toi de venir!; P grouille-toi!; **er eilte ~ herbei** il accourut en toute hâte; **~ zu Werke gehen** se mettre à l'ouvrage sans tarder; **zu ~ entschlossen sein** se décider avec trop de précipitation, sans réfléchir suffisamment; **zu ~ beschlossen** inconsidéré.

rascheln [ˈraʃəln] **I** *v/i.* ⟨-(e)le, h⟩ **1.** faire un bruit de papier, de feuilles mortes, d'étoffe, de paille; bruire; *Seide* froufrouter; **2.** se mouvoir, se glisser rapidement avec un léger bruit (dans les feuilles mortes, dans la paille); **II 2** *n* ⟨~s⟩ bruissement *m*; frôlement *m*; *der Seide* froufrou *m*.

Rasch|heit [ˈraʃhaɪt] *f* ⟨~⟩ promptitude *f*; vitesse *f*; célérité *f*; rapidité *f*; vélocité *f*; **2ˌlebig** *adj.* à la vie rapide; à la vie enfiévrée; où l'on vit vite; **unsere ~e Zeit** le train de vie rapide et enfiévré de notre époque.

rasen [ˈrɑːzən] **I** *v/i.* ⟨-(es)t, h⟩ **1.** (*wüten*) tempêter; être en rage, 'hors de soi; être furieux, -euse; se déchaîner; ne plus se posséder; se démener comme un forcené; être en fureur; **2.** ⟨**sein**⟩ (*jagen*) aller à toute vitesse, à une vitesse folle, F à fond de train; *Auto, Zug auch* passer en trombe; rouler à toute allure; *von Rennfahrern* **wie wahnsinnig ~** F descendre, rouler à tombeau ouvert; **das Auto raste in die Kurve** l'auto s'est lancée dans le virage; **II 2** *n* ⟨~s⟩ *cf.* Raserei.

Rasen [ˈrɑːzən] *m* ⟨~s; ~⟩ gazon *m*; (*~platz*) pelouse *f*; **mit ~ belegen** revêtir de gazon; gazonner; **2beˌdeckt, 2beˌwachsen** *adjt.* recouvert de gazon; gazonné; **~ˌbleiche** *f* blanchiment *m* au pré.

rasend [ˈrɑːzənt] *adjt.* **1.** (*wütend*) fou (fol), folle; furieux, -euse; fou furieux; violent; furibond; F enragé; P furibard; (*besessen*) démoniaque; (*wahnsinnig*) forcené; frénétique; **~ werden** enrager; se mettre dans une colère noire; **ich könnte ~ werden!** j'enrage!; **man könnte ~ werden** c'est à devenir enragé; F c'est enrageant; **j-n ~ machen** F faire enrager, faire bouillir qn.; **2.** *fig. Geschwindigkeit* fou (fol), folle; excessif, -ive; *Schmerz* violent; **mit ~er Geschwindigkeit** à une vitesse folle, vertigineuse; **das Feuer griff mit ~er Geschwindigkeit um sich** le feu s'est propagé avec une rapidité foudroyante; **wie ~ Beifall klatschen** F applaudir à tout rompre, à tout casser; **~e Kopfschmerzen haben** avoir de violents maux de tête; **~e Zahnschmerzen** rage *f* de dents; F **e-n ~en Hunger haben** avoir une faim dévorante, une faim de loup.

Rasendecke [ˈrɑːzənˌdɛkə] *f e-r Wiese* gazon *m*.

Rasende(r) [ˈrɑːzəndə(r)] *f* (*m*) ⟨→ A⟩ forcené, -e *m, f*; **ein ~r** un fou furieux.

Rasendwerden [ˈrɑːzəntˌvɛrdən] *n* ⟨~s⟩ **es ist zum ~** *cf.* (man könnte) rasend (werden).

Rasen|eisenstein [ˈrɑːzənˌʔaɪzənˌʃtaɪn] *m*, **~ˌeisenˌerz** *n minéral.* fer limoneux; **~ˌfläche** *f* pelouse *f*; **~ˌhügel** *m* tertre gazonné, vert; **~ˌmäher** *m*, **~ˌmähmaˌschine** *f* tondeuse *f* à gazon; **~ˌplatz** *m* pelouse *f*; **~ˌschere** *f* ciseaux *m/pl.* à gazon; **~ˌspiele** *n/pl.* jeux *m/pl.* sur gazon, en plein air; **~ˌsport** *m* sport *m* sur gazon; **~ˌsprenger** *m* arroseur *m* automatique (fixe, rotatif); **~ˌstecher** *m* tranche-gazon *m*; **~ˌstück** *n* **a)** tranche *f* de gazon; **b)** *als Fläche* pelouse *f*; **~ˌtennis** *n* tennis *m* sur gazon; **~ˌteppich** *m* tapis *m* de verdure, de gazon.

Raserei [ˌrɑːzəˈraɪ] F *f* ⟨~⟩ **1.** (*das Wüten*) rage *f*; colère folle; frénésie *f*; fureur *f*; **das bringt mich zur ~** cela me met en rage; F cela me tape sur le système; **2.** (*schnelles Fahren*) vitesse folle.

Rasier|apparat [raˈziːrʔapaˌrɑːt] *m* rasoir *m* mécanique, de sûreté; **elektrischer ~** rasoir électrique; **~ˌcreme** *f* crème *f* à raser; **2en I** *v/t.* ⟨*pas de ge-*, h⟩ **1.** raser (j-n qn.); faire la barbe (à qn.); **frisch rasiert** rasé de frais; *beim Friseur* **~!** la barbe s.v.p.; **2.** (*dem Erdboden gleichmachen*) raser; **II** *v/réfl.* **sich ~** se raser; se faire la barbe; **sich ~ lassen** se faire raser; se faire faire la barbe; **III ~en** *n* ⟨~s⟩ rasage *m*; *beim Friseur* barbe *f*; **was kostet das ~?** combien la barbe?; **~ˌklinge** *f* lame *f* de rasoir; **~ˌkrem** *f od.* F *m cf.* **~creme**; **~ˌmesser** *n* rasoir *m*; F coupe-choux *m*; **~ˌnapf** *m* plat *m* à barbe;

bol *m* pour la barbe; **~ˌpinsel** *m* blaireau *m*; **~ˌseife** *f* savon *m* à barbe; **~ˌwasser** *n* lotion *f* avant (*od.* après) rasage; **~ˌzeug** *n* nécessaire *m* à raser.

rasig ['rɑːzɪç] *adj.* couvert de gazon; gazonné.

Räson [rɛ'zõː, -'zɔŋ] *f* ⟨~⟩ F **j-n zur ~ bringen** mettre qn. à la raison; **2ieren** [-zo·'niː-] *v/i.* ⟨*pas de ge-*, h⟩ F *cf.* **meckern, nörgeln, schimpfen II.**

Raspel[1] ['raspəl] *f* ⟨~; ~n⟩ râpe *f*; *für Holz, Leder etc.* rifloir *m*; *für Metalle* riflard *m*; **~**[2] *m* ⟨~s⟩ râpure *f*; **2n I** *v/t.* ⟨-(e)le, h⟩ râper; *fig.* **Süßholz ~** F conter fleurette; **II ~n** *n* ⟨~s⟩ râpage *m.*

Rasse ['rasə] *f* ⟨~; ~n⟩ race *f*; **dieses Pferd hat ~** ce cheval est racé; **~...** *in Zssgn.* raciste; racial; **~ˌhund** *m zo.* chien racé, de race.

Rassel ['rasəl] *f* ⟨~; ~n⟩ (*Klapper*) crécelle *f*; *für Kinder* 'hochet *m*; claquette *f*; **~ˌbande** F *f* marmaille *f*; troupe bruyante de gosses, de gamins; **2n I** *v/i.* ⟨-ßle *od.* -ssele, h⟩ **1.** faire entendre un bruit de ferraille, d'armes, *etc.*; (*klirren*) cliqueter; *fig.* **mit dem Säbel ~** spéculer sur *od.* avec la menace de guerre; faire entendre un cliquetis d'armes, F des bruits de bottes; **mit der Kette ~** faire sonner ses chaînes; **2.** ⟨sein⟩ *Fahrzeuge* (*lärmend fahren*) se mouvoir, rouler avec un grand bruit; **3.** ⟨sein⟩ *fig.* F **durchs Examen ~** échouer; ramasser une bûche; **4.** *méd.*, *in den Luftwegen* râler; avoir des râles; **II ~n** *n* ⟨~s⟩ bruit *m* de ferraille, de chaînes, *etc.*; cliquetis *m* (d'armes); fracas *m* (des armes); roulement *m* (des voitures); *méd.* râle *m.*

Rassen|diskriminierung ['rasəndɪskri·mɪˌniːruŋ] *f* discrimination raciale; **~ˌfrage** *f* question raciale; **~geˌsetze** *n/pl.* lois *f/pl.* racistes; **~geˌsetzgebung** *f* législation *f* raciste; **~ˌhaß** *m* 'haine raciale; racisme *m*; **~hygiˌene** *f* eugénisme *m*; **~ideoloˌgie** *f* racisme *m*; **~ˌkampf** *m* lutte *f* des races; **~ˌkreuzung** *f* croisement *m* des races; métissage *m*; **~ˌkunde** *f* ⟨~⟩ science *f* (de l'étude) des races; **~ˌlehre** *f* racisme *m*; **~ˌmerkmale** *n/pl.* signes distinctifs de la race; **~ˌmischung** *f* mélange *m* des races; métissage *m*; **~poliˌtik** *f* politique *f* raciste *od.* raciale; **~ˌschranken** *f/pl.* barrières raciales, entre les races; **~theoˌrie** *f* théorie raciale *od.* raciste; racisme *m*; **~ˌtrennung** *f* ségrégation raciale; *in Südafrika* apartheid *m*; **2verˌwandt** *adj.* parent de race; **~ˌwahn** *m* racisme *m.*

Rasse|pferd ['rasəˌpfeːrt] *n zo.* cheval racé, de race; **2ˌrein** *adj.* racé; de race pure; **~ˌreinheit** *f* pureté *f* de la race.

rass|ig ['rasɪç] *adj.* de race; racé; *fig.* (*feurig*) fougueux, -euse; fervent; *Pferd auch* fringant; **~isch** *adj.* racial.

Rast [rast] *f* ⟨~; ~en⟩ repos *m*; pause *f*; répit *m*; *bes. milit.* 'halte *f*; **ohne ~ u. Ruh** sans trêve ni repos; *cf. auch* **rastlos**; **~ machen** *cf.* **2en**; **~e** *f* ⟨~; ~n⟩ *techn.* cran *m* d'arrêt; encoche *f*; **2en** *v/i.* ⟨-ete, h⟩ se reposer; faire une *od.* la pause; se détendre; s'arrêter; *bes. milit.* faire 'halte; reprendre haleine; F souffler.

Raster ['rastər] *m od. n* ⟨~s; ~⟩ quadrillage *m*; *impr.* trame *f*; *télév.* mire *f*; grille *f*; réseau *m*; **~ˌätzung** *f impr.* autotypie *f*; **~ˌbild** *n télév.* trame *f*; image tramée; **~ˌdruck** *m impr.* autotypie *f*; **~ˌfeinheit** *f télév.* définition *f*, finesse *f* de l'image; **~freˌquenz** *f télév.* fréquence *f* de champ; **~ˌtiefdruck** *m impr.* héliogravure *f.*

Rast|haus ['rasthaus] *n an Autobahnen* restaurant routier, d'étape; *néol.* restoroute *m*; *mit Hotel* motel *m*; gîte *m*, hôtel *m* d'étape; **2los** *adj.* sans repos (ni cesse); sans relâche; sans répit; sans trêve ni repos; (*unablässig*) incessant; (*unermüdlich*) infatigable; **~ˌlosigˌkeit** *f* ⟨~⟩ activité *f* infatigable; agitation continuelle; **~platz** *m* étape *f*; 'halte *f*; *an Autobahnen* (parc-)refuge *m*; 'halte *f*; **~ˌstätte** *f cf.* **~haus**; **~tag** *m* jour *m* de repos.

Rasur [ra'zuːr] *f* ⟨~; ~en⟩ **1.** *cf.* **rasieren III**; **2.** *cf.* **radieren II, 3.**; (*ausradierte Stelle*) gommage *m*; endroit, passage gommé, gratté, effacé.

Rat [rɑːt] *m* ⟨~(e)s⟩ **1.** ⟨*pl.* ~e *od. meist* **Ratschläge**⟩ (*Ratschlag*) conseil *m*; avis *m*; F tuyau *m*; **wohlgemeinter ~** conseil d'ami; **auf j-s ~ (hin)** sur le(s) conseil(s) de qn.; **j-m e-n ~ geben, erteilen** donner un conseil à qn.; conseiller, F tuyauter qn.; **j-n um ~ fragen, von j-m e-n ~ erbitten, bei j-m ~ suchen, sich bei j-m ~ holen** demander conseil à qn.; consulter qn.; **j-s ~ befolgen** suivre le conseil de qn.; **Sie haben mir e-n ausgezeichneten ~ gegeben** vous m'avez donné un excellent conseil, avis; **mein ~ ist der: ...** voici mon avis: ...; **hier ist guter ~ teuer** la situation semble sans remède, sans issue, inextricable; il sera difficile de se tirer, de sortir de cette impasse; le cas est difficile, embarrassant; **er weiß immer ~** c'est un homme de bon conseil; **sich immer ~ wissen** n'être jamais à court d'expédients; **er weiß sich ~** il sait ce qu'il a à faire; il sait comment il doit agir; **j-m mit ~ u. Tat zur Seite stehen** donner à qn. tout l'appui en son pouvoir; aider, assister qn. par tous les moyens; soutenir qn. en paroles et en actes; **kommt Zeit, kommt ~** laissons le temps faire son œuvre; **(sich) keinen ~ mehr wissen** ne plus savoir que faire, où donner la tête, quel parti prendre, F à quel saint se vouer; **~ schaffen in e-r Sache** pourvoir à qc.; aviser à qc.; trouver sa solution à une difficulté; trouver un moyen d'en sortir; **hier kann ~ geschafft werden** cela pourra se faire, s'arranger; le mal n'est pas sans remède; (*Wille*) **es ist bestimmt in Gottes ~** Dieu a résolu ...; **guter ~ kommt über Nacht** *prov.* la nuit porte conseil *prov.*; **2.** ⟨*pas de pl.*⟩ (*Beratung*) délibération *f*; **mit j-m ~ halten, zu ~e gehen (über etw.)** tenir conseil, délibérer avec qn. (sur qc.); **j-n zu ~e ziehen** consulter qn.; prendre l'avis de qn.; **mit sich (selbst) zu ~e gehen** s'interroger dans son for intérieur; F se tâter (avant d'agir); **3.** ⟨*pl.* ~e⟩ (*beratendes Kollegium*) conseil *m*; *Mitglied e-r Ratsversammlung, oft bloßer Titel* conseiller *m*; membre *m* d'un conseil; **Hoher ~** sénat *m*; *bibl.* sanhédrin *m.*

Rate ['rɑːtə] *f* ⟨~; ~n⟩ (*Verhältnisanteil*) quote-part *f*; (*Teilzahlung*) acompte *m*; **monatliche ~** mensualité *f*; **auf ~n, in ~n** à tempérament; par acomptes; *monatlich* par mensualités; **erste ~** premier versement; **auf ~n kaufen** acheter à tempérament, à crédit; **in ~n zahlen** payer par acomptes.

raten ['rɑːtən] **I** *v/t.* ⟨**rät**, *2e pers. pl.* **ratet, riet, geraten, rat(e)!**, h⟩ **1.** (*anempfehlen*) conseiller; donner un (bon) conseil; **j-m etw.** *od.* **zu e-r Sache ~** conseiller qc. à qn.; **er läßt sich von niemand(em) ~** il ne reçoit de conseil de personne; **ihm ist nicht zu ~** sa situation est désespérée; **sich nicht zu ~ noch zu helfen wissen** *cf.* **Rat 1. (sich keinen ~ mehr wissen)**; **lassen Sie sich von erfahrenen Leuten ~** prenez conseil des gens d'expérience; **wem nicht zu ~ ist, dem ist auch nicht zu helfen** *prov.* à parti pris point de conseil *prov.*; **es ist geraten, zu ...** (+ *inf.*) il est recommandé, indiqué, opportun, prudent, à propos de ... (+ *inf.*); **es für geraten halten, zu ...** (+ *inf.*) trouver bon de, indiqué de, à propos de ... (+ *inf.*); **2.** (*erraten, lösen*) (chercher à) deviner; **Rätsel ~** deviner des énigmes; jouer aux devinettes; **Kreuzworträtsel ~** F faire des mots croisés; **~ Sie mal!** devinez!; F je vous le donne en cent et en mille!; **hin u. her ~** se livrer à, faire mille conjectures; **lange an e-m Rätsel ~** être long à trouver le mot d'une énigme; **II 2** *n* ⟨~s⟩ *verbal*; **ich gebe das ~ auf** je donne ma langue au chat.

Raten|kauf ['rɑːtənˌkauf] *m comm.* achat *m* à tempérament, à crédit; **2ˌweise** *adv.* par acomptes; à tempérament; **~ˌzahlung** *f* payement *m* par acomptes, à tempérament, échelonné; **~ˌzahlungssysˌtem** *n* système *m* de payement par acomptes.

Räte|regierung ['rɛːtəre·ˌgiːruŋ] *f pol.* gouvernement *m* des soviets; **~repuˌblik** *f* république *f* soviétique.

Rat|geber(in) ['rɑːtˌgeːbər(ɪn)] *m* ⟨~s; ~⟩ (*f*) ⟨~; ~nen⟩ conseiller, -ère *m, f*; *für e-e Frau, litt.* égérie *f*; *péj.*, *unberufener* donneur *m* de conseil, d'avis; conseilleur, -euse *m, f*; **guter ~** homme de bon conseil; **~haus** *n* hôtel *m* de ville; *in kleineren Orten* mairie *f.*

Ratifikation [rati·fi·katsi·'oːn] *f* ⟨~; ~en⟩ ratification *f*; **~sˌurkunde** *f* instrument *m*, acte *m* de ratification.

ratifizier|en [rati·fi·'tsiːrən] **I** *v/t.* ⟨*pas de ge-*, h⟩ ratifier; **II 2en** *n* ⟨~s⟩, **2ung** *f* ⟨~; ~en⟩ *cf.* **Ratifikation.**

Ratio ['rɑːtsi·o·] *f* ⟨~⟩ raison *f.*

Ration [ratsi·'oːn] *f* ⟨~; ~nen⟩ ration *f*; portion *f*; **eiserne ~** ration, vivres *m/pl.* de réserve.

rational [ratsi·o·'nɑːl] *adj.* rationnel, -lle; **~i'sieren** *v/t.* ⟨*pas de ge-*, h⟩ rationaliser; **2i'sierung** *f* ⟨~; ~en⟩ rationalisation *f*; **2i'sierungsˌmaßnahme** *f* mesure *f* de rationalisation.

Rationalis|mus [ratsi·o·na'lɪsmus] *m* ⟨~⟩ *philos.*, *relig.* rationalisme *m*; **~t** *m* ⟨~en; ~en⟩ rationaliste *m*; **2tisch** *adj.* rationaliste.

rationell [ratsi·o·'nɛl] *adj.* rationnel, -lle; conforme à, fondé sur la raison; fondé sur le raisonnement; raisonnable; (*sparsam*) économique.

rationenweise [ratsi·'oːnənˌvaɪzə] *adv.* par rations, portions.

rationier|en [ratsi·o·'niːrən] *v/t.* ⟨*pas de ge-*, h⟩ rationner; **2ung** *f* ⟨~; ~en⟩ rationnement *m*; restriction *f*; **die ~ aufheben** supprimer, abolir le rationnement, les restrictions; **2ungssysˌtem** *n* régime *m*, système *m* de rationnement; (régime *m* des) restrictions *f/pl.*

Rations|empfänger(in) [ratsi·'oːns-ˀɛmˌpfɛŋər(ɪn)] *m* (*f*) rationnaire *m, f*; **2ˌweise** *adv. cf.* **rationenweise.**

rätisch ['rɛːtɪʃ] *adj.* de la Rhétie; rhétique; **die 2en Alpen** les Alpes rhétiques.

ratlos ['rɑːtloːs] *adj.* embarrassé; qui ne sait plus que faire; désemparé; perplexe; **da bin ich ~** là, je ne sais plus que faire, comment faire, comment m'y prendre; je suis à bout d'expédients; F je ne sais sur quel pied danser; *cf. auch* Rat 1. (**sich keinen ~ mehr wissen**); **2igˌkeit** *f* ⟨~⟩ embarras *m*; désemparement *m*; désarroi *m*; perplexité *f*; **in ihrer ~** dans son désarroi.

Rätoroman|e [rɛto·ro·'maːnə] *m*, **~in** *f* Rhétien, -nne *m, f*; **2isch** *adj.* **die ~e Sprache, das 2e** le rhéto-roman; le romanche.

ratsam ['raːtzaːm] *adj.* (qui est) à propos (de faire); opportun; indiqué; prudent; à conseiller; recommandable; recommandé; **für ~ halten** juger à propos, opportun, indiqué (zu de + *inf.*); **ist es** *od.* **das ~?** convient-il de le faire?

Rats|beschluß ['raːtsbəˌʃlʊs] *m* décision *f*, décret *m*, arrêt *m* du conseil; **~ˌbote** *m* messager *m*, employé *m* de la mairie.

ratsch [ratʃ] *int. cf.* ritsch.

Rat|schlag ['raːtʃlaːk] *m cf.* Rat 1.; **2ˌschlagen** *v/i.* ⟨ratschlagt, ratschlagte, geratschlagt, h⟩ tenir conseil; **mit j-m ~** délibérer avec qn. (**über** sur); **~schluß** *m* décision *f*; décret *m*; arrêt *m*; **Gottes Ratschlüsse** les décrets de la Providence.

Ratsdiener ['raːtsˌdiːnər] *m cf.* Ratsbote.

Rätsel ['rɛːtsəl] *n* ⟨~s; ~⟩ énigme *f*; problème *m*; **kleines ~** devinette *f*; **in ~n sprechen** parler par énigmes; **ein ~ aufgeben** proposer une énigme; **~ raten** jouer aux devinettes; **ein ~ lösen** résoudre une énigme, une devinette; trouver la clef, le mot de l'énigme; *fig.* **vor e-m ~ stehen** se trouver devant une énigme; **... das bleibt mir ein ~** c'est pour moi une énigme; **es ist mir ein ~, wie ...** je me demande comment ...; *fig.* **des ~s Lösung** le mot de l'énigme; le fin mot de l'histoire; *fig.* **das ist des ~s Lösung!** *auch* voilà l'explication!; **~ˌecke** *f in e-r Zeitung* coin *m* des devinettes, des chercheurs; **2ˌhaft** *adj.* énigmatique; mystérieux, -euse; plein de mystères; (*unerklärlich*) incompréhensible; indéchiffrable; **es ist mir ~, wie das geschehen konnte** je me demande comment c'est arrivé; *advt.* **j-m ~ vorkommen** intriguer qn.; **~ˌhaftigkeit** *f* ⟨~⟩ sens *m*, caractère *m* énigmatique, mystérieux; mystère *m*; incompréhensibilité *f*; **~ˌlösung** *f* clef *f*, mot *m* de l'énigme; **2n** *v/i.* ⟨-(e)le, h⟩ se creuser la tête; **~ˌraten** *n fig.* hypothèses *f/pl.*; conjectures *f/pl.*; **~ˌrater(in)** *m* ⟨~s; ~⟩ (*f*) ⟨~; ~nen⟩ F devineur, -euse *m, f*; **~ˌreim** *m* énigme *f* en vers; charade *f*; **~ˌzeitung** *f* périodique *m* de devinettes et de mots croisés.

Rats|herr ['raːtshɛr] *m* membre *m* du conseil municipal; conseiller municipal; **~ˌkeller** *m* restaurant *m* de l'hôtel de ville; **~ˌschreiber** *m* secrétaire *m* de mairie; **~ˌsitzung** *f*, **~verˌsammlung** *f* conseil *m*; séance *f*; **~ˌwaage** *f hist.* balance publique; **~wahl** *f* élection *f* au conseil municipal.

Ratte ['ratə] *f* ⟨~; ~n⟩ *zo.* rat *m*; **weibliche ~** rate *f*; **kleine ~** raton *m*; **von ~n befreien** dératiser (*par ex.* un navire); *fig.* **wie e-e ~ schlafen** dormir comme un loir, comme une souche, comme une marmotte; **die ~n verlassen das sinkende Schiff** *prov.* quand le navire fait eau les rats se sauvent *prov.*; **~nbeˌkämpfung** *f cf.* ~nvertilgung; **~nˌfalle** *f* ratière *f*; piège *m* à rats; **~nˌfänger** *m* ⟨~s; ~⟩ *fig.* enjôleur *m*; **~nˌgift** *n* raticide *m*; mort-aux-rats *f*; *fig.* **das ist das reinste ~** P c'est de la ratatouille; **~nˌnest** *n* nid *m* de rats; **~nˌschwanz** *m* queue *f* de rat; *fig.* (*dünner Haarzopf*) fine tresse; *techn.* (*Feile*) queue-de-rat *f*; (*endlose Folge*) **ein ~ von ...** une séquelle, une série, un tas de ...; **~nverˌtilgung** *f* dératisation *f*.

Rätter ['rɛtər] *m* ⟨~s; ~⟩ *od. f* ⟨~; ~n⟩ *techn.* cribleur *m*.

rattern ['ratərn] **I** *v/i.* ⟨-(e)re, h⟩ *Maschinengewehr* crépiter; *Wagen* ⟨sein⟩ rouler avec fracas; *Motor* pétarader; *techn.* brouter; **II** 2 *n* ⟨~s⟩ *des Maschinengewehrs* crépitement *m*; *e-s Wagens* bruit *m* de ferraille; *des Motors* pétarade *f*; *techn.* broutage *od.* broutement *m*.

Ratz [rats] F *m* ⟨~es; ~e⟩ *fig.* **schlafen wie ein ~** *cf.* Ratte; **2e'kahl** *adv.* F **~ alles aufessen** liquider tout ce qu'il y a; ne pas faire de restes; manger sans faire de restes; F tout liquider.

Raub [raup] *m* ⟨~(e)s⟩ **1.** (*das Rauben*) rapine *f*; (*Straßen2*) brigandage *m*; razzia [ra(d)zja] *f*; *jur.* vol *m* (à main armée); (*Kinder2, Frauen2*) rapt *m*; enlèvement *m*; **auf ~ ausgehen** aller piller; aller à la recherche du butin; *von Tieren* chercher sa proie; **2.** (*Beute*) rapine *f*; proie *f*; butin *m*; dépouilles *f/pl.*; **zum ~e geben** livrer en proie; **ein ~ der Flammen werden** être la proie des flammes; **~bau** *m* ⟨~(e)s⟩ exploitation abusive, forcée, déprédative, irrationnelle; mauvaise exploitation; gaspillage *m*; déprédation *f*; **~ treiben** gaspiller; exploiter de façon irrationnelle, à outrance; **mit s-n Kräften ~ treiben** abuser de ses forces; se surmener; **er treibt ~ an s-r Gesundheit** il se ruine la santé; il ruine sa santé; il ne ménage pas sa santé; F *fig.* il brûle la chandelle par les deux bouts; **das ist ~ an wertvoller Menschenkraft** c'est un gaspillage de précieuses forces humaines; **2en I** *v/t.* ⟨h⟩ ravir; enlever; faire main basse (sur qc.); *durch List* dérober; *fig.* priver (de qc.); **j-m s-n guten Namen ~** perdre qn. de réputation; **geraubtes Gut** *cf.* Raub 2.; **~ Sie ihm nicht die Hoffnung!** ne le privez pas de tout espoir!; **den Schlaf ~** priver du sommeil; **II** *v/i.* voler, faire un vol à main armée; **III ~en** *n* ⟨~s⟩ *cf.* Raub 1.

Räuber ['rɔʏbər] *m* ⟨~s; ~⟩ ravisseur *m*; voleur *m*; spoliateur *m*; (*Straßen2*) brigand *m*; *pfort.* bandit *m*; voleur *m* de grand chemin; pillard *m*; *fig.* **unter die ~ fallen** se faire voler comme au fond d'un bois; **~ˌbande** *f* bande *f*, troupe *f* de brigands; **~ei** [-'raɪ] F *f* ⟨~; ~en⟩ *cf.* Raub 1.; **~geˌschichte** *f* histoire *f* de brigands (*auch fig.*); *fig.* histoire *f* à dormir debout; histoire *f* incroyable; **~ˌhauptmann** *m* chef *m* de brigands; **~ˌhöhle** *f* repaire *m* de brigands; coupe-gorge *m* (*auch fig.*); **2isch** *adj.* de brigand; de pillard; rapace; spoliateur, -trice; **~e Handlung** brigandage *m*; **2n** *v/t.* ⟨-(e)re, h⟩ *cf.* rauben; **~pisˌtole** *f* F *fig. cf.* ~geschichte; **~ziˌvil** *n* ⟨~s⟩ F (*Zivilanzug*) habit civil.

Raub|fisch ['raupfɪʃ] *m zo.* poisson carnassier, vorace; **~geˌsindel** *n* pillards *m/pl.*; brigands *m/pl.*; **~gier** *f* rapacité *f*; voracité *f*; esprit *m* de rapine, de brigandage; **2ˌgierig** *adj.* avide de proie; rapace; vorace; *zo.* carnassier, -ère; **~gut** *n* biens volés; *cf. auch* Raub 2.; **~krieg** *m* guerre *f* de pillage, de conquête; **~lust** *f cf.* ~gier; **~mord** *m* **a)** vol *m* avec meurtre; **b)** *wenn der Mord von vornherein geplant war* assassinat suivi de vol, ayant le vol pour mobile; crime crapuleux; **~ˌmörder** *m* **a)** voleur assassin; **b)** assassin *m* ayant le vol pour mobile; **~ˌritter** *m hist.* chevalier pillard; **~ritterˌburg** *f hist.* château *m*, repaire *m* des chevaliers pillards; **~tier** *n zo.* bête *f* de proie; bête *f* féroce; fauve *m*; *sc.* carnassier *m*; carnivore *m*; **~tierˌhaus** *n*, **~tierˌkäfig** *m* cage *f* des fauves; fauverie *f*; **~ˌüberfall** *m* attaque *f*, agression *f* à main armée; 'hold-up [oldœp] *m* (*inv.*); **~ˌvogel** *m zo.* oiseau *m* rapace, de proie; rapace *m*; **~wild** *n coll.* bêtes *f/pl.* et oiseaux *m/pl.* de proie; **~zeug** *n ch.* bêtes *f/pl.* nuisibles au gibier; **~zug** *m* expédition *f* de brigands; razzia *f*; invasion *f*.

Rauch [raux] *m* ⟨~(e)s⟩ fumée *f*; **in ~ aufgehen** être la proie des flammes; être consumé par le feu; *fig.* s'en aller en fumée; *Fleisch* **in den ~ hängen** fumer; **voll ~** sein être plein de fumée; **nach ~ schmecken** sentir la fumée; **kein ~ ohne Feuer** (il n'y a) point de fumée sans feu; **~ˌabzug** *m* puits *m* d'aérage, de ventilation; évent *m*; conduit *m*, conduite *f* de fumée; **2bar** *adj.* qui se laisse fumer; fumable; **~beˌkämpfung** *f* lutte *f* contre les fumées; **~ˌbildung** *f cf.* ~entwicklung; **~ˌbombe** *f milit.* bombe *f* fumigène; **2en I** *v/t.*, *v/i.*, *v/imp.* ⟨h⟩ fumer; produire de la fumée; **es raucht** ça fume; il y a de la fumée; F *fig.* **~ wie ein Schlot** F fumer comme une cheminée, une locomotive, un sapeur; **durch die Lunge ~** avaler la fumée; **der Ofen raucht** le poêle fume; F *fig.* **lernen, daß e-m der Kopf raucht** F étudier à s'en faire péter le crâne; F *fig.* **mir raucht der Kopf** j'ai la tête pleine à éclater; F *fig.* **arbeiten, daß es nur so raucht** travailler à tout rompre, F à tout casser; **II ~en** *n* ⟨~s⟩ *verbal*; **~ verboten!** défense de fumer!; **das ~ aufgeben** cesser de fumer; **das übermäßige ~ ist mir schlecht bekommen** l'abus du tabac m'a été nuisible; **er kann das ~ nicht lassen** il ne peut pas se passer de fumer; **2entˌwickelnd** *adjt.* fumigène; **~entˌwickler** *m* fumigène *m*; **~entˌwicklung** *f* dégagement *m*, production *f* de fumée; **~er(in)** *m* ⟨~s; ~⟩ (*f*) ⟨~; ~nen⟩ fumeur, -euse *m, f*; **~** *pl. als Aufschrift auf Eisenbahnwagon* fumeurs.

Räucheraal ['rɔʏçərˌʔaːl] *m cuis.* anguille fumée.

Raucherabteil ['rauxərʔapˌtaɪl] *n chem.* compartiment *m* (pour) fumeurs; (compartiment *m* pour) fumeurs *m/pl.*

Räucher|gefäß ['rɔʏçərgəˌfɛːs] *n* parfumoir *m*; cassolette *f*; *égl. cath.* encensoir *m*; **~ˌhering** *m* 'hareng fumé, saur; **2ig** *adj.* enfumé; *advt.* **~ schmecken** sentir la fumée; **~ˌkammer** *f* fumoir *m*; **~ˌkerze** *f* parfum *m* à brûler; **2n I** *v/t.* ⟨-(e)re, h⟩ exposer à la fumée; *Fleisch* fumer; *Fisch* saurer; *agr., vit., Bienenstock* enfumer; (*mit Wohlgeruch erfüllen*) parfumer; **II** *v/i.* brûler des parfums, *égl. cath.* de l'encens; encenser; **III ~n** *n* ⟨~s⟩ *cf.* ~ung; **~ˌpfanne** *f cf.* ~gefäß; **~ˌpfeife** *f der Imker* enfumoir *m*; **~ung** *f* ⟨~; ~en⟩ *von Fleisch* fumage *m*; *von Fisch* saur(iss)age *m*; *agr., vit.* enfumage *m*; *égl. cath.* encensement *m*; **~ˌwaren** *f/pl.* produits fumés; **~ˌwerk** *n* ⟨~(e)s⟩ parfums *m/pl.*

Rauch|fahne ['rauxˌfaːnə] *f* panache *m* de fumée; *mar.* **e-e ~ sichten** apercevoir une fumée; ~**fang** *m bât.* 'hotte *f* de cheminée; (*Schornstein*) cheminée *f*; *fig.* **etw. in den ~ schreiben** renoncer à qc.; faire son deuil de qc.; *e-e Forderung* faire une croix sur (une créance); 2ˌ**farben** *adj.* fumé; ~**faß** *n égl. cath.* encensoir *m*; ~**fleisch** *n* viande fumée; ~ˌ**gase** *n/pl.* fumées *f/pl.* et gaz *m/pl.*; ~**glas** *n* verre fumé; 2**geˌschwärzt** *adjt.* noirci de suie, par la fumée; ~**graˌnate** *f* obus *m* fumigène; 2**ig** *adj.* fumeux, -euse; (*voller Rauch*) enfumé; ~ˌ**kammer** *f* **a)** *e-r Lokomotive* boîte *f* à fumée; **b)** *cf.* Räucherkammer; 2**los** *adj.* sans fumée; ~ˌ**losigˌkeit** *f* ⟨~⟩ absence *f* de fumée; ~ˌ**opfer** *n* oblation *f* de parfums; **den Göttern ein ~ bringen** offrir, brûler de l'encens aux dieux; ~**pilz** *m bei Atombombenexplosion* champignon *m* de vapeur; ~**quarz** *m minéral.* quartz enfumé; ~**saˌlon** *m* fumoir *m*; ~ˌ**säule** *f* colonne *f* de fumée; ~ˌ**schleier** *m* écran *m* de fumée; 2**schwach** *adj.* ne dégageant que peu de fumée; ~**es Pulver** poudre sans fumée; ~ˌ**schwaden** *m/pl.* nuages *m/pl.* de fumée; ~ˌ**schwalbe** *f zo.* hirondelle *f* de cheminée; ~**serˌvice** *n* service *m* pour fumeurs; ~ˌ**tabak** *m* tabac *m* à fumer; P perlot *m*; trèfle *m*; gros cul; ~**tisch** *m* guéridon *m* pour fumeurs; ~**toˌpas** *m minéral.* topaze enfumée; ~**verˌbot** *n* défense *f* de fumer; ~**verˌgiftung** *f* intoxication *f* par le tabac, par la fumée; 2**verˌzehrend** *adjt.* fumivore; ~**verˌzehrer** *m* ⟨~s; ~⟩ (appareil *m*) fumivore *m*; ~ˌ**vorhang** *m milit.* rideau *m* de fumée; ~ˌ**waren** *f/pl.* **1.** tabacs *m/pl.*; **2.** fourrures *f/pl.*; pelleterie *f*; ~**werk** *n* ⟨~(e)s⟩ *cf.* ~waren 2.; ~ˌ**wolke** *f* nuage *m* de fumée; ~ˌ**zeichen** *n* signal *m* de *od.* par fumée; ~ˌ**zimmer** *n* fumoir *m*.

Räud|e ['rɔʏdə] *f* ⟨~; ~n⟩ *vét.* gale *f*; teigne *f*; *der Schafe auch* tac *m*; *der Pferde, Hunde* rouvieux *m*; *jard., der Obstbäume* lèpre *f*; 2**ig** *adj.* galeux, -euse; teigneux, -euse; *Pferde, Hunde* rouvieux, -euse; ~**es Schaf** brebis galeuse (*auch fig.*); **ein ~es Schaf steckt die ganze Herde an** *prov.* il ne faut qu'une brebis galeuse pour contaminer tout un troupeau.

'rauf [rauf] F *adv. u. in Zssgn. cf.* herauf(...), hinauf(...).

Raufbold ['raufbɔlt] *m* ⟨~(e)s; ~e⟩ batailleur *m*; querelleur *m*; brutal *m*; brute *f*; spadassin *m*; F bagarreur *m*; bretailleur *od.* bretteur *m*; ferrailleur *m*.

Raufe ['raufə] *f* ⟨~; ~n⟩ râtelier *m*; mangeoire *f*.

rauf|en ['raufən] **I** *v/t.* ⟨h⟩ *Flachs, Unkraut* arracher; tirer; **sich die Haare ~** s'arracher les cheveux; **II** *v/i.* (*u. v/réfl.*) **(sich) ~** (*sich prügeln*) se prendre de querelle (avec qn.); se bagarrer; se battre; se chamailler; se prendre aux cheveux; F se flanquer des coups; se colleter; P se bigorner; **III** 2**en** *n* ⟨~s⟩ *cf.* 2erei; 2**er** *m* ⟨~s; ~⟩ *cf.* Raufbold; 2**e'rei** *f* ⟨~; ~en⟩ rixe *f*; bagarre *f*; pugilat *m*; F batterie *f*; P bigorne *f*; 2ˌ**handel** *m* affaire *f* de coups et de blessures; 2**lust** *f* ⟨~⟩ humeur querelleuse, batailleuse; ~ˌ**lustig** *adj.* batailleur, -euse; querelleur, -euse; qui ne rêve que plaies et bosses.

rauh [rau] *adj.* **1.** (*uneben*) rude; *Weg auch* raboteux, -euse; accidenté; *Wolle, Stoff* rêche; bourru; *Fläche, Holz* raboteux, -euse; plein d'aspérités; âpre; rugueux, -euse; *Fell* velu; hirsute; ~**e Hände** mains rudes, rêches, (*aufgesprungene*) gercées; *fig.* **bei ihm steckt ein süßer Kern in e-r ~en Schale** il cache d'excellentes qualités sous une écorce grossière, sous un abord rébarbatif; **2.** *Klima, Wind* rude; âpre; (*streng*) rigoureux, -euse; inclément; **3.** *Stimme* (*leicht heiser*) rauque; enroué; ~**e Kehle** gorge sèche, enflammée; **4.** *Gegend* (*wild*) sauvage; (*öde*) désert; **5.** *fig. Ton, Sitten* (*unfreundlich*) revêche; bourru; hirsute; (*grob*) dur; rude; *pfort.* grossier, -ère; ~**e Sitten** mœurs grossières, bourrues; ~**e Wirklichkeit** réalité sévère; dure réalité; ~**es Wesen** caractère hirsute, rébarbatif; nature rébarbative; brusquerie *f*; **es herrschte ein ~er, aber herzlicher Ton** une rudesse pleine de cordialité régnait; *advt.* **j-n ~ anfahren** rudoyer qn.; **6.** *techn.* (*aus dem groben gearbeitet*) brut; dégrossi; **aus dem ~en arbeiten** dégrossir; **7.** F **in ~en Mengen** en grandes quantités; beaucoup de; 2**bank** *f* ⟨~; ⸗e⟩ *techn.* varlope *f*; 2**bein** F *n* rustre *m*; butor *m*; bourru *m*; ~ˌ**beinig**, ~ˌ**borstig** F *adj.* rustre; bourru; revêche; rébarbatif, -ive; dur; grossier, -ère.

Rauheit ['rauhaɪt] *f* ⟨~; ~en⟩ *e-r Fläche, e-s Weges* rudesse *f*; âpreté *f*; aspérités *f/pl.*; rugosité *f*; *des Klimas* rigueur *f*; dureté *f*; rudesse *f*; inclémence *f*; *fig. der Sitten, des Wesens* rudesse *f*; grossièreté *f*.

rauh|en ['rauən] *v/t.* ⟨h⟩ rendre rude, rugueux, -euse au toucher; *Tuch* lainer; 2**er** *m* ⟨~s; ~⟩ *text.*, *Arbeiter* laineur *m*; 2**e'rei** *f* ⟨~; ~en⟩ *text.* lainerie *f*; 2**frost** *m cf.* 2reif; 2ˌ**futter** *n agr.* foin *m* et paille *f*; fourrage grossier; 2**geˌwicht** *n von Edelmetalllegierungen* poids total de l'alliage; ~ˌ**haarig** *adj. zo.* rêche; 2**igˌkeit** *f* ⟨~⟩ *cf.* Rauheit; 2**maˌschine** *f text.* laineuse *f*; machine *f* à lainer; 2**putz** *m* crépi *m*; 2**reif** *m* givre *m*; 2ˌ**wacke** *f* ⟨~⟩ *minéral.* tuf *m* trachytique.

Raum [raum] *m* ⟨~(e)s; ⸗e⟩ **1.** *phys., philos., math., astr.* espace *m*; (*Ausdehnung*) étendue *f*; (*Rauminhalt*) capacité *f*; cubage *m*; volume *m*; *phys.* **luftleerer ~** vide *m*; *Vakuumpumpen* **schädlicher, toter ~** espace nuisible; **lebensnotwendiger ~** espace vital; *poét.* **hoch oben im ~** 'haut dans le ciel; **2.** (*Platz*) place *f*; **um ~ zu gewinnen, zu sparen, zu schaffen für ...** afin de gagner, d'économiser, de faire de la place pour ...; **die neuen Maschinen benötigen weniger ~** l'encombrement des nouvelles machines est plus réduit; les nouvelles machines exigent, occupent, prennent moins de place; **3.** (*Abstand, Zwischen*2) intervalle *m*; **4.** (*Räumlichkeit*) local *m*; *e-r Wohnung* pièce *f*; **gewerblicher ~** local à usage commercial, industriel, professionnel; **5.** *geogr. od. wirtschaftlich zusammenhängendes Gebiet* région *f*; zone *f*; district *m*; **6.** *mar.* (*Lade*2) cale *f*; *mar., aviat.* soute *f*; **unten im ~** à fond de cale; **7.** *fig.* **e-r Sache ~ geben** donner place, du champ à qc.; laisser le champ libre à qc.; *e-r Bitte* céder à une prière; *der Hoffnung* nourrir l'espoir (de); *e-m Gedanken* admettre, accepter l'idée (de); se faire à l'idée (de); ~**aˌkustik** *f* acoustique *f* (des salles); ~ˌ**anordnung** *f* disposition *f* des pièces (d'un appartement); ~ˌ**anzug** *m der Astronauten* combinaison spatiale; ~ˌ**ausnutzung** *f* utilisation *f* de l'espace, de la place; ~**beˌdarf** *m* place requise; espace *m*, surface *f* nécessaire; *e-r Maschine* encombrement *m*; ~**beˌgriff** *m* notion *f* d'espace; ~**bild** *n phot.* image *f* stéréoscopique, en relief; photo *f* stéréoscopique; ~**bildentˌfernungsˌmesser** *m* télémètre *m* stéréoscopique; stéréotélémètre *m*.

Räumboot ['rɔʏmboːt] *n mar. milit.* dragueur *m* de mines.

Raum|dichte ['raumˌdɪçtə] *f phys.* densité *f* de volume; ~**eˌffekt** *m* effet *m* plastique; ~ˌ**einheit** *f* unité *f* de surface, de volume.

räumen ['rɔʏmən] **I** *v/t.* ⟨h⟩ **1.** (*wegschaffen*) ôter; enlever; faire disparaître; vider; débarrasser; *Schutt* déblayer; *Minen* enlever; relever; déterrer; *mar.* draguer; *für beide abs.* déminer; *Kanal, Brunnen* (*reinigen*) curer; nettoyer; *comm.* (*leer machen*) **das Lager ~** liquider, solder, se débarrasser de, se défaire de son stock; **etw. beiseite ~** mettre qc. de côté; **Hindernisse aus dem Wege ~** écarter, lever des obstacles; **j-n aus dem Wege ~** se défaire, se débarrasser de qn.; liquider qn.; *ohne Ergänzung* **sie räumt den ganzen Tag** elle est toute la journée à ranger; **2.** (*verlassen*) quitter; abandonner; *milit.* (*leer machen*) évacuer; **e-e Festung, e-e Stadt ~** évacuer une place, une ville; *abs.* vider les lieux; quitter la place; *milit.* **das Feld ~** abandonner le champ de bataille; battre en retraite (*beide auch fig.*); **die Wohnung ~** déloger; déménager; F vider les lieux; **den Saal ~ lassen** faire évacuer la salle; **II** 2 *n* ⟨~s⟩ *cf.* Räumung.

Raum|ersparnis ['raumˀɛrˌʃpaːrnɪs] *f* **der ~ wegen, zwecks ~** pour gagner de la place; ~ˌ**fahrer** *m* astronaute *m*; ~**fahrt** *f* astronautique *f*; navigation *f* interplanétaire; ~**flug** *m* vol spatial; **(un)bemannter ~** vol spatial de capsule (non) habitée; ~ˌ**forschung** *f* **a)** recherches spatiales, sur la navigation interplanétaire; **b)** études *f/pl.* sur l'aménagement des espaces urbains; ~**geˌhalt** *m e-s Schiffes* tonnage *m*; jauge *f*; ~**geˌstalter** *m* artiste *m* décorateur; ~**geˌstaltung** *f* (art *m* de la) décoration intérieure; *bei der Städteplanung* aménagement *m* des espaces; ~**geˌwicht** *n* poids *m* spécifique; ~ˌ**gitter** *n Kristallographie* réseau cristallin; ~ˌ**inhalt** *m* volume *m*; cubage *m*; capacité *f*; ~ˌ**kapsel** *f* capsule spatiale; ~**kunst** *f cf.* ~gestaltung; ~ˌ**ladeˌgitter** *n élect.* grille *f* de charge spatiale, d'espace; ~ˌ**ladung** *f élect.* charge *f* spatiale, d'espace; ~ˌ**lehre** *f* géométrie *f*.

räumlich ['rɔʏmlɪç] *adj. in wissenschaftl. u. philosophischer Sprache* spatial; *sonst* de *od.* dans l'espace; qui concerne l'espace, la place, l'étendue; *opt.* stéréoscopique; (*dreidimensional*) à trois dimensions; **in ~er Beziehung** sous le rapport de l'espace; **in ~er Hinsicht ...** au point de vue place disponible ...; *oft unübersetzt* **es ist besser, wenn die Büros von der Fabrik ~ getrennt sind** il vaut mieux que les bureaux soient séparés de la fabrique; 2ˌ**keit** *f* ⟨~; ~en⟩ *néol.* spatialité *f*; ~**en** *pl. e-s Hauses* lieux *m/pl.*; aîtres *od.* êtres *m/pl.*

Raum|mangel ['raumˌmaŋəl] *m* manque *m* de place; ~**maß** *n* mesure *f* de volume; ~ˌ**meter** *n od. m für Holz* stère *m*.

Räumnadel ['rɔʏmˌnɑːdəl] *f techn.* dégorgeoir *m*; épinglette *f*.

Raum|ordnung ['raumˌʔɔrdnuŋ] *f*, **~ˌplanung** *f* aménagement *m* du territoire; **~ˌpflegerin** *f* femme *f* de ménage; **~schiff** *n* astronef *m*; engin spatial; **~ˌschiffahrt** *f cf.* Raumfahrt; **2ˌsparend** *adjt.* peu encombrant; de faible encombrement; **~ˌsonde** *f* satellite *m* d'observation; **~statiˌon** *f* station *f* interplanétaire; **~ˌstrahlung** *f phys.* radiation *f* d'espace; **~temperaˌtur** *f phys.* température ambiante.

Räum|trupp ['rɔʏmtrup] *m* équipe *f* de déblaiement, *für Minen* de déminage; **~ung** *f* ⟨~; ~en⟩ (*Wegschaffen*) enlèvement *m*; *von Schutt etc.* déblaiement *m*; vidage *m*; *e-s Kanals etc.* (*Reinigung*) curage *m*; nettoyage *m*; *comm., des Lagers* liquidation *f*; *milit.* évacuation *f*; *e-r Wohnung* délogement *m*; déménagement *m*; *jur.* zwangsweise ~ expulsion *f*; **~ungsˌaufschub** *m jur.* maintien *m* dans les lieux; **~ungsˌausverkauf** *m comm.* liquidation totale des stocks; **~ungsbeˌfehl** *m milit.* ordre *m* d'évacuation; *jur.* arrêté *m* d'expulsion; **~ungsˌfrist** *f jur.* délai *m* d'expulsion; **~ungsˌklage** *f jur.* action *f* en expulsion; demande *f* d'expulsion.

Raum|verschwendung ['raumfɛrˌʃvɛnduŋ] *f* gaspillage *m* de la place; **~verˌteilung** *f* **a**) (*Anordnung*) disposition *f*; *impr.* espacement *m*; *in e-m Gebäude* disposition *f* des lieux, des pièces; **b**) (*Zuteilung e-s Raumes*) répartition *f* des pièces, des places, des locaux; **~ˌwelle** *f* onde réfléchie, indirecte; **~ˌwinkel** *m* angle *m* solide; **~ˌzeitalter** *n* ère *f* interplanétaire; **2'zeitlich** *adj.* spatio-temporel, -lle.

raunen ['raunən] **I** *v/t.* ⟨h⟩ murmurer; chuchoter; *poét., Wind, Blätter* bruire; man raunt, daß ... *auch* le bruit court que ...; **II** 2 *n* ⟨~s⟩ murmure *m*; chuchotement *m*; *poét.* bruissement *m*.

Raupe ['raupə] *f* ⟨~; ~n⟩ **1.** *zo.* chenille *f*; die ~n ablesen écheniller (von etw. qc.); **2.** F *fig.* ~n im Kopf haben F avoir une araignée dans le plafond; **3.** *techn.* chenille *f*; **~nˌantrieb** *m techn.* traction *f* à chenilles; **~nˌband** *n cf.* ~nkette; **~nˌfahrzeug** *n* véhicule chenillé; autochenille *f*; *kleines* chenillette *f*; **~nˌfraß** *m* dégâts faits par les chenilles; **~nˌkette** *f techn.* chenille *f*; **~n(ˌketten)ˌglied** *n techn.* patin *m* de chenille; **~nˌnest** *n* nid *m* de chenilles; chenillère *f*; **~nˌschere** *f jard.* échenilloir *m*; **~nˌschlepper** *m techn.* tracteur *m* à chenilles.

raupig ['raupɪç] *adj.* plein de chenilles.

'raus [raus] F *int.* 'hors d'ici!; pars!; partez!; sors!; sortez!; *adv. u. in Zssgn. cf.* heraus(...), hinaus(...).

Rausch [rauʃ] *m* ⟨~es; ~e⟩ **1.** (*Betrunkenheit*) ivresse *f*; *pfort.* ébriété *f*; P cuite *f*; muffée *f*; biture *f*; e-n ~ haben être ivre, soûl; être dans les vignes du Seigneur; sich e-n ~ antrinken se griser; s'enivrer; se soûler; s-n ~ ausschlafen cuver son vin; **2.** *fig. der Liebe, Freude etc.* ivresse *f*; enivrement *m*; transport *m*; griserie *f*; **3.** *méd.* légère et brève anesthésie.

rausch|en ['rauʃən] **I** *v/i.* ⟨h⟩ **1.** bruire; *Blätter* frémir; *Wind, Brandung* mugir; *Bach etc.* murmurer; *Seide* froufrouter; crier; *rad.* faire un bruit de fond; **2.** ⟨sein⟩ *mit Bezeichnung der Ortsveränderung* passer avec bruit; **3.** ⟨sein⟩ F (*stolz schreiten*) passer avec orgueil, avec morgue; **4.** *ch., Schwarzwild* être en chaleur; **II** 2**en** *n* ⟨~s⟩ *der Blätter* bruissement *m*; frémissement *m*; *des Windes, der Brandung* mugissement *m*; murmure *m*; *der Seide* frou(-)frou *m*; *rad.* bruit *m* de fond; *ch.* chaleur *f*; **~end** *adjt.* ~er Beifall applaudissements (acclamations) bruyant(e)s; ~e Feste fêtes bruyantes; **2ˌfaktor** *m rad.* facteur *m* de bruit de fond; **2gelb** *n minéral.* orpiment *m*.

Rauschgift ['rauʃgɪft] *n* stupéfiant *m*; **~ˌhandel** *m* trafic *m* de stupéfiants; **~ˌhändler** *m* trafiquant *m* de stupéfiants; **~ˌschmuggel** *m cf.* ~handel; **~ˌschmuggler** *m cf.* ~händler; **~ˌsucht** *f* ⟨~⟩ toxicomanie *f*; **~ˌsüchtige(r)** *f* (*m*) toxicomane *m, f*.

Rausch|gold ['rauʃgɔlt] *n* clinquant *m*; oripeau *m*; **~ˌsilber** *n* clinquant blanc; oripeau *m*; **~zeit** *f ch.* rut [-t] *m*.

räuspern ['rɔʏspərn] *v/réfl.* ⟨-(e)re, h⟩ sich ~ toussoter; *um die Stimme klar zu machen* (tousser pour) s'éclaircir la voix; se racler la gorge; graillonner.

raus|schmeißen ['rausˌʃmaɪsən] F *v/t.* ⟨*irr., sép.*, -ge-, h⟩ mettre à la porte; mettre dehors; P flanquer à la porte, dehors; **2ˌschmeißer** F *m* ⟨~s; ~⟩ **1.** *in Lokalen* P videur *m*; **2.** dernier tour de danse; **2schmiß** F *m* ⟨-sses; -sse⟩ *verbal cf.* ~schmeißen.

Raute ['rautə] *f* ⟨~; ~n⟩ **1.** *bot.* rue *f*; **2.** *Geometrie* losange *m*; **~nˌfläche** *f von Glas u. Steinen* facette *f*; **2nˌförmig** *adj.* en losange; losangé; *sc.* rhombique; **~nˌglas** *n* verre taillé à facettes; **~nˌkranz** *m Heraldik* crancelin *m*.

Razzia ['ratsiˑa] *f* ⟨~; ~s *od.* -ien⟩ rafle *f*; *in e-m Hotel* descente *f* de police; e-e ~ veranstalten, machen procéder à une, faire une rafle.

Reagens [reˑ'ɑːgɛnts] *n* ⟨~; -'genzien⟩ *cf.* Reagenz.

Reagenz [reˑa'gɛnts] *n* ⟨~es; ~ien⟩ *chim.* réactif *m*; **~ˌglas** *n chim.* éprouvette *f*; **~paˌpier** *n chim.* papier réactif.

reagieren [reˑa'giːrən] **I** *v/i.* ⟨*pas de ge-*, h⟩ réagir; avoir un réflexe; auf etw. ~ réagir, répondre à qc.; **II** 2 *n* ⟨~s⟩ *cf.* Reaktion.

Reaktanz [reˑak'tants] *f* ⟨~; ~en⟩ *élect.* réactance *f*.

Reaktion [reˑaktsiˑ'oːn] *f* ⟨~; ~en⟩ réaction *f* (*auch chim., pol.*); *fig.* réponse *f*.

reaktionär [reˑaktsiˑoˑ'nɛːr] **I** *adj.* réactionnaire; **II** 2 *m* ⟨~s; ~e⟩ réactionnaire *m*.

Reaktions|fähigkeit [reˑaktsiˑ'oːnsˌfɛːɪçkaɪt] *f psych., méd., phys. atom.* réactivité *f*; **~geˌschwindigkeit** *f* vitesse *f* de réaction; **~ˌmotor** *m* moteur *m* à réaction; **~verˌmögen** *n cf.* ~fähigkeit; **~ˌwärme** *f* chaleur *f* de réaction; **~ˌzeit** *f* temps *m* de réaction.

reaktivier|en [reˑaktiˑ'viːrən] *v/t.* ⟨*pas de ge-*, h⟩ réactiver; *milit. auch* rappeler à l'activité; **2ung** *f* ⟨~; ~en⟩ réactivation *f*; *milit.* rappel *m* à l'activité.

Reaktor [reˑ'aktɔr] *m* ⟨~s; -'toren⟩ *phys. atom.* réacteur *m*; pile *f* atomique; **~phyˌsik** *f* physique *f* atomique.

real [reˑ'ɑːl] *adj.* (*wirklich*) effectif, -ive; réel, -lle; positif, -ive; (*sachlich*) qui a rapport aux choses; de fait; (*konkret*) concret, -ète; das 2e la réalité; le réel; **2beˌsteuerung** *f* imposition réelle; **2ˌeinkommen** *n* revenus réels; **2enzyklopäˌdie** *f* encyclopédie *f*; **2ien** *pl.* choses positives, réelles; valeurs réelles; F biens *m/pl.* au soleil; (*Sachkenntnisse*) connaissances *f/pl.* pratiques; **2inˌjurie** *f jur.* voies *f/pl.* de fait; **~i'sierbar** *adj.* réalisable; **2i'sierbarkeit** *f* ⟨~⟩ réalisation *f*; **~i'sieren** *v/t.* ⟨*pas de ge-*, h⟩ réaliser; *comm.* (*in Geld umwandeln*) convertir en espèces; *Aktien* réaliser; **2i'sierung** *f* ⟨~; ~en⟩ réalisation *f*; **2ismus** [-'lɪs-] *m* ⟨~⟩ réalisme *m*; **2ist(in)** [-'lɪst(ɪn)] *m* ⟨~en; ~en⟩ (*f*) ⟨~; ~nen⟩ réaliste *m, f*; **~istisch** [-'lɪs-] *adj.* réaliste; **2i'tät** *f* ⟨~; ~en⟩ réalité *f*; **~iter** *adv.* réellement; **2kataˌlog** *m* catalogue répertorié par matières; **2konkuˌrrenz** *f jur.* pluralité *f* d'actes punissables; **2ˌkosten** *pl.* coût réel; **2kreˌdit** *m comm.* crédit foncier; **2ˌlasten** *f/pl.* charges réelles; **2ˌlexikon** *n cf.* ~enzyklopädie; **2ˌlohn** *m* salaire réel, effectif; **2poliˌtik** *f* politique *f* réaliste; **2ˌschule** *f cf.* Mittelschule; **2ˌsteuer** *f* impôt réel; **2ˌwert** *m* valeur réelle; **2ˌwörterbuch** *n cf.* ~enzyklopädie.

Reb|bau ['reːpbau] *m* ⟨~(e)s⟩ viticulture *f*; **~berg** *m* coteau *m* (planté de vignes); vignoble *m*; **~e** *f* ⟨~; ~n⟩ (*Weinstock*) (cep *m*, pied *m* de) vigne *f*; (*Ranke*) sarment *m*; *poét.* pampre *m*.

Rebell [reˑ'bɛl] *m* ⟨~en; ~en⟩ rebelle *m*; *cf. auch* Aufrührer; **2ieren** [-'liː-] *v/i.* ⟨*pas de ge-*, h⟩ se rebeller; se révolter; se mutiner; F regimber; **~i'on** *f* ⟨~; ~en⟩ rébellion *f*; révolte *f*; mutinerie *f*; *cf. auch* Aufruhr 1.; **2isch** *adj.* rebelle (gegen à); *cf. auch* aufrührerisch.

Reben|blatt ['reːbənˌblat] *n* feuille *f* de vigne; **~ˌblut** *n poét.* jus *m* de la treille; *cf. auch* ~saft; **~ˌholz** *n* bois *m* de vigne; sarment *m*; **~ˌhügel** *m* coteau *m* (planté de vignes); vignoble *m*; **~ˌlaub** *n* feuillage *m* de vigne; *poét.* pampres *m/pl.*; **~ˌmesser** *n* serpette *f*; **~ˌsaft** *m poét.* sève *f* de la vigne; *cf. auch* ~blut.

Rebhuhn ['rɛphuːn] *n zo.* perdrix *f*; *junges* perdreau *m*.

Reb|laus ['reːplaus] *f zo.* phylloxéra *m*; **~pfahl** *m*, **~ˌstecken** *m* échalas *m*; **~stock** *m* ⟨~(e)s; ~e⟩ cep *m*, pied *m* de vigne.

Rebus ['reːbus] *m od. n* ⟨~; ~se⟩ rébus *m*.

Rechen ['rɛçən] **I** *m* ⟨~s; ~⟩ râteau *m*; **II** 2 *v/t.* ⟨h⟩ râteler; ratisser.

Rechen|aufgabe ['rɛçənˌʔaufgɑːbə] *f* problème *m* d'arithmétique; calcul *m* arithmétique; ~n *pl. e-s Schülers* devoir *m* de calcul, d'arithmétique; **~autoˌmat** *m cf.* (elektronische) ~maschine; **~ˌbuch** *n* livre *m* d'arithmétique; F arithmétique *f*; **~eˌxempel** *n* opération *f* arithmétique, de calcul; *fig.* problème *m*; **~ˌfehler** *m* erreur *f*, faute *f* de calcul; *fig.* mécompte *m*; **~ˌheft** *n* cahier *m* d'arithmétique; **~ˌkunst** *f* arithmétique *f*; **~ˌkünstler (-in)** *m* (*f*) calculateur, -trice *m, f* prodige; **~maˌschine** *f* machine *f* à calculer; *mit Kugeln* boulier *m*; elektronische ~ cerveau *m*, calculateur *m* électronique.

Rechenschaft ['rɛçənˌʃaft] *f* ⟨~⟩ ~ ablegen, geben von *od.* über etw. rendre compte, rendre raison de qc.; sich ~ ablegen se rendre compte (über etw. de qc.); j-n zur ~ ziehen exiger des explications de qn. (sur qc.); demander compte, raison à qn. (de qc.); F *fig.* demander des comptes à qn. (sur qc.); j-m ~ schuldig sein über etw.

être obligé de rendre compte, raison à qn. de qc.; **~sbeˌricht** *m* compte rendu; **~sˌlegung** *f* ⟨~⟩ reddition *f* de compte.

Rechen|schieber ['rɛçənˌʃiːbər] *m*, **~ˌstab** *m* règle *f* à calcul(er); **~ˌstunde** *f* leçon *f* d'arithmétique; **~ˌtafel** *f techn.* table *f* à calculer; abaque *m*; nomogramme *m*; **~ˌunterricht** *m* enseignement *m* du calcul, de l'arithmétique.

Recherche [re·'ʃɛrʃə, rə-] *f* ⟨~; ~n⟩ *cf.* Nachforschung.

rechnen ['rɛçnən] **I** *v/t. u. v/i.* ⟨-ete, h⟩ **1.** calculer; faire un calcul; faire une opération de calcul; (*zählen*) compter; faire le compte (de); ~ **lernen** apprendre à calculer, à compter; **richtig** ~ calculer juste; **falsch** ~ se tromper dans son calcul; **im Kopf** ~ calculer mentalement, de tête; **er rechnet 20 fr für die Stunde** il compte 20 F de l'heure; **nach Stunden** ~ compter en heures; **von heute an gerechnet** à compter, à dater, à partir d'aujourd'hui; **alles in allem gerechnet** tout compte fait; somme toute; à tout prendre; **es sind gut** *od.* **hoch gerechnet 7 km** il y a tout au plus 7 km; **die Spesen nicht gerechnet** sans compter les frais; **2.** *fig.* **ich rechne es mir zur Ehre, zu ...** (+ *inf.*) je tiens à honneur, je me fais un honneur, je suis très honoré de ... (+ *inf.*); **er rechnet mich zu s-n Freunden** il me range, compte parmi ses amis; il me met, me range, me compte au nombre de ses amis; **mit etw.** ~ s'attendre à qc.; compter avec qc.; escompter qc.; tabler sur qc.; **ich rechne damit** j'y compte; **auf j-n** ~ compter, tabler sur qn.; **ein kleiner Beamter muß** ~ (*sparsam sein*) un petit fonctionnaire est obligé de compter; **II** ♀ *n* ⟨~s⟩ calcul *m*; **er ist schwach im** ~ il est faible en calcul.

Rechner|(in) ['rɛçnər(ɪn)] *m* ⟨~s; ~⟩ (*f*) ⟨~; ~nen⟩ calculateur, -trice *m, f*; arithméticien, -nne *m, f*; *fig.* **guter** ~ bon économe; **♀isch** *adj. u. adv.* par voie de calcul; **etw.** ~ **ermitteln** arriver à un résultat par le calcul.

Rechnung ['rɛçnʊŋ] *f* ⟨~; ~en⟩ **1.** (*gelöste Rechenaufgabe*) calcul *m*; **2.** (*geschäftliche Abrechnung*) compte *m*; (*Rechnungsstellung*) *von Handwerkern* mémoire *m*; *an Handelsfirmen* facture *f*; *an Privatleute* note *f*; *im Restaurant* addition *f*; **laufende** ~ compte courant, ouvert; **glatte, runde** ~ compte rond; ~ **legen** rendre ses comptes; **ist die** ~ **richtig?** le compte y est-il?; **die** ~ **stimmt nicht** le compte n'y est pas, n'est pas exact; il n'y a pas le compte; **auf Ihre** ~ **u. Gefahr** à vos risques et périls; **für eigene** ~ **arbeiten** travailler à son compte; travailler pour son (propre) compte; être autonome; **e-e** ~ **aufstellen, e-e** ~ **aufmachen** dresser, établir un compte; **e-e** ~ **bezahlen, begleichen** régler un compte; **das geht auf meine** ~! c'est, ça va à mon compte; **auf gemeinschaftliche** ~ de compte à demi avec qn.; **etw. auf s-e** ~ **nehmen** prendre qc. à *od.* sur son compte; **auf j-s** ~ **setzen** porter au compte de qn.; **etw. in** ~ **stellen** facturer qc.; passer qc. en compte; *fig.* faire entrer qc. en ligne de compte; **offene, unbezahlte** ~ facture non payée, non réglée; ~ **in doppelter Ausfertigung** facture en double exemplaire; **e-e** ~ **quittieren** acquitter une facture; **laut** ~ conformément à, d'après la facture; **3.** *fig.* **auf s-e** ~ **kommen bei etw.** trouver son compte à qc.; F s'y retrouver; **j-m e-n Strich durch die** ~ **machen** traverser, déranger, bouleverser, contrecarrer, contrarier les projets, les desseins, les prévisions de qn.; **die** ~ **ohne den Wirt machen** compter sans son hôte; se tromper dans ses prévisions, dans son calcul; **Ihre** ~ **stimmt nicht, geht nicht auf** votre calcul est faux; **den Umständen** ~ **tragen** tenir compte, faire la part des circonstances; **etw. in** ~ **ziehen** prendre qc. en considération; tenir compte de qc.; **~sˌabgrenzung** *f comm.* régularisation *f*, délimitation *f* des comptes; **~sˌabgrenzungsˌposten** *m comm.* poste *m* de régularisation; **~sˌabschluß** *m comm.* règlement *m*, clôture *f*, arrêté *m* de compte; compte final; bilan *m*; apurement *m*, balance *f* de compte; **~sˌabschnitt** *m zeitlich* période *f* comptable; **~sˌabschrift** *f* copie *f* de la facture; **~sˌart** *f* méthode *f* de calcul; **die vier ~en** les quatre opérations; **~sˌaufstellung** *f* établissement *m* de compte, de facture; **~sˌauszug** *m* relevé *m*, extrait *m* de compte; **~sbeˌleg** *m* pièce justificative, comptable; **~sbeˌtrag** *m* montant *m* de la facture; **~sˌbuch** *n* livre *m* de comptes, de comptabilité; **~sˌdatum** *n* date *f* de la facture; **~sˌdurchschlag** *m* double *m* de facture; **~sˌeinheit** *f* unité *f* de compte; **~sˌführer** *m* (agent *m*) comptable *m*; teneur *m* de livres; **~sˌführung** *f* comptabilité *f*; tenue *f* des livres; gestion *f* comptable; **~sˌhof** *m* cour *f* des comptes; **~sˌjahr** *n* exercice *m*; année financière; **~sˌkammer** *f* chambre *f* des comptes; **~sˌleger** *m* ⟨~s; ~⟩ rendant *m* (compte); **~sˌlegung** *f* ⟨~⟩ reddition *f* des comptes; **~sˌposten** *m* article *m* de compte, de facture; **~sˌprüfer** *m* commissaire *m* aux, vérificateur *m* des comptes; **~sˌprüfung** *f* vérification *f* des comptes; **~sˌstelle** *f* service *m* de comptabilité; **~sˌstellung** *f* facturation *f*; **~sˌvorlage** *f* présentation *f* d'une facture; **~sˌwert** *m* valeur facturée; **~sˌwesen** *n* ⟨~s⟩ comptabilité *f*.

recht [rɛçt] **1.** *adj.* **a)** ⟨*attributiv*⟩ (*Gegensatz: link*) droit; **die ~e Hand** la main droite; **~er Hand** à (main) droite; *fig.* **j-s ~e Hand sein** être le bras droit de qn.; *von Stoffen* **~e Seite** endroit *m*; **b)** ⟨*attributiv*⟩ *math.* **~er Winkel** angle droit; **c)** (*richtig*) juste; (*schicklich*) convenable; (*geeignet*) propre; (*gelegen*) opportun; **das ist der ~e Mann (für uns)** voilà notre homme; voilà l'homme qu'il faut, qui convient, de la situation; **an den ~en Mann kommen** trouver son homme, à qui parler; **am ~en Ort** au bon endroit; *fig.* en temps et lieu; *fig.* **der ~e Weg** le droit chemin; **zur ~en Zeit** (*gelegen*) au bon moment; à propos; en temps utile; **ein ~er Narr** un vrai fou; **das geht nicht mit ~en Dingen zu** ce n'est pas naturel; cela ne paraît pas bien, très catholique; cela paraît louche; il y a qc. là-dessous; **es müßte nicht mit ~en Dingen zugehen, wenn ...** il faudrait que le diable s'en mêle pour que ... (+ *subj.*); **das Herz auf dem ~en Fleck haben** avoir le cœur bien placé; *fig.* **etw. ins ~e Licht rücken** mettre qc. sous son vrai jour; **alles, was** ~ **ist** la vérité avant tout; **mehr als** ~ **ist** plus que de raison; **das ist nicht mehr als** ~ **u. billig** ce n'est que justice; ce n'est que juste; **was dem e-n** ~ **ist, ist dem andern billig** *prov.* il ne faut pas avoir deux poids et deux mesures *prov.*; **schlecht u.** ~ de façon honnête sans plus; **das ist** ~!, **so ist es** ~!, ~ **so!** très bien!; bravo!; à la bonne heure!; **mir ist's** ~, **mir kann** *od.* **soll es** ~ **sein** je le veux bien; **mir kann das nur** ~ **sein** je ne demande pas mieux; **das ist mir** ~ cela me va; je le veux bien; j'accepte; je conclus; cela m'arrange; **das ist mir nicht** ~ cela ne me convient pas; je m'y refuse; cela me contrarie; **wenn es Ihnen** ~ **ist** si cela vous arrange, convient; **das ist mir eben** ~ c'est ce que je désire; c'est ce qui me convient; **das wäre** *od.* **käme mir gerade** ~ ce serait bien là mon affaire; **ihm ist es schon** ~, **wenn ...** oh! il aime bien que ...; **ihm ist alles** ~ il s'accommode de tout; **2.** *adv.* (*richtig*) bien; comme il faut; (*gelegen*) à point; à propos; (*sehr*) *vor adj. u. adv.* très; fort; bien; *vor Verben* beaucoup; bien; ~ **haben** avoir raison; être dans son droit; être dans le vrai; **j-m** ~ **geben** donner raison à qn.; **keinem** ~ **geben** renvoyer dos à dos des adversaires; ~ **bekommen** obtenir gain de cause; ~ **behalten** avoir finalement raison; avoir le dernier mot; gagner sa cause; **der Stärkere hat immer** ~ *prov.* la raison du plus fort est toujours la meilleure; **es geschieht ihnen ganz** ~ ils l'ont bien mérité; c'est bien fait pour eux; F ils ne l'ont pas volé; **tue** ~ **u. scheue niemand!** *prov.* fais ce que tu dois, advienne que pourra *prov.*; **man kann ihm nichts** ~ **machen** il n'est jamais content; **man kann es nicht allen** ~ **machen** on ne peut contenter tout le monde (et son père); **habe ich** ~ **gehört?** ai-je bien entendu?; **wenn ich Sie** ~ **verstehe ...** si j'ai bien entendu ...; **wenn ich es** ~ **bedenke** quand j'y réfléchis bien; **komme ich Ihnen** ~? est-ce que je vous dérange?; **Sie kommen gerade** ~ vous venez fort à propos, à temps, à point; vous tombez, arrivez bien, F à pic; F vous arrivez pile; **ich fühle mich nicht** ~ **auf der Höhe** je ne me sens pas très bien, F très en forme; F je ne suis, ne me sens pas dans mon assiette; **nicht** ~ **bei Verstande, bei Troste, nicht** ~ **gescheit sein** être un peu fou; n'avoir pas tout son bon sens; **er weiß** ~ **gut, daß ...** il sait très bien que ...; **nicht** ~ **wissen ...** ne savoir au juste ...; **ich bin** ~ **begierig darauf, ihn zu sehen** je suis très curieux de le voir; ~ **gern** très volontiers; **ganz** ~! c'est cela même!; c'est bien cela!; très bien!; vous l'avez deviné!; parfaitement!; tout juste!; précisément!; **ganz** ~, **aber ...** je ne dis pas le contraire, mais ...; **erst** ~ plus que jamais; à plus forte raison; **jetzt tu ich es erst** ~ maintenant je le ferai de plus belle; **wenn ihr immer stehenbleibt, werdet ihr erst** ~ **müde** si vous vous arrêtez à tout bout de champ, vous vous fatiguez d'autant plus; **erst** ~ **nicht** bien moins encore; **nun erst** ~ **nicht!** moins que jamais!

Recht [rɛçt] *n* ⟨~(e)s; ~e⟩ **1.** (*begründeter Anspruch*) droit *m*; raison *f*; (*Gerechtigkeit*) justice *f*; (*Befugnis*) faculté *f*; ~ **auf Arbeit** droit au travail; ~ **der Erstgeburt** droit d'aînesse; ~ **des Stärkeren** droit, raison du plus fort; **angestammtes** ~ droit inné; **erworbene ~e** droits acquis; **gemeines** ~ droit commun; **unveräußerliches** ~ droit inaliénable; **dingliches** ~ droit réel; **das** ~ **haben auf ...** avoir droit à ...; ein ~ haben über ... avoir un droit sur ...; das ~ haben, etw. zu tun avoir droit, être en droit de faire qc.; mit Fug u. ~ avec juste raison; mit welchem ~? de quel droit?; à quel titre?; mit vollem *od.* gutem ~, zu ~ à bon droit; à juste titre; mit ~ avec raison; F comme de juste; u. zwar mit ~ et pour cause; zu ~ bestehen être fondé en droit; mit gleichen ~en u. Pflichten avec les mêmes droits et obligations; mit dem gleichen ~ ... pour la même raison ...; au même titre ...; mit ~ od. Unrecht à tort ou à raison; mit um so mehr *od.* größerem ~ à plus forte raison; im ~ sein être dans son droit; s-e ~e verteidigen, geltend machen défendre, faire valoir ses droits; von s-m ~ Gebrauch machen user de son droit; s-e ~e mißbrauchen abuser de ses droits; sich ein ~ anmaßen s'arroger un droit; auf s-e ~e verzichten renoncer à ses droits; s-e ~e übertragen transférer ses droits; in j-s ~e eingreifen empiéter sur les droits de qn.; F *fig.* chasser sur les terres d'autrui; sein ~ verlangen revendiquer ses droits; j-m ein ~ streitig machen disputer un droit à qn.; j-m das ~ verweigern refuser justice à qn.; commettre un déni de justice envers qn.; dein ~ muß dir werden il faut qu'on te rende justice; j-m zu s-m ~ verhelfen faire rendre, faire obtenir justice à qn.; sich selbst ~ verschaffen se faire justice (à soi-même); sein ~ bekommen obtenir justice; Gnade für ~ ergehen lassen faire grâce; user de clémence; das ~ auf s-r Seite haben avoir le droit, la justice de son côté; ~ muß ~ bleiben force doit rester à la loi; wo nichts ist, hat der Kaiser sein ~ verloren *prov.* où il n'y a rien, le roi perd ses droits; F on ne peut pas peigner un diable qui n'a pas de cheveux *beide prov.*; ein ~ verwirken déchoir d'un droit; j-m ein ~ absprechen dénier un droit à qn.; j-m ein ~ einräumen conférer un droit à qn.; j-m ein ~ verleihen investir qn. d'un droit; ein ~ herleiten von ... dériver un droit de ...; alle ~e vorbehalten tous droits réservés; ~ über Leben u. Tod droit de vie et de mort; wir müssen uns das ~ vorbehalten, zu ... (+ *inf.*) nous devons nous réserver la faculté, le droit de ... (+ *inf.*); **2.** (*Gesamtheit der Gesetze*) droit *m*; (*Rechtswissenschaft*) jurisprudence *f*; droit *m*; (*Rechtsprechung*) justice *f*; Student, Doktor der ~e étudiant, docteur en droit; die ~e studieren faire son, étudier le droit; bürgerliches, kanonisches, römisches, internationales, göttliches, öffentliches, gemeines ~ droit civil, canon, romain, international, divin, public, commun; geschriebenes ~ droit écrit; code *m*; geltendes ~ droit, lois en vigueur; Anstalt des öffentlichen ~s établissement de droit public; Körperschaft des öffentlichen ~s personne morale de droit public; ~ sprechen rendre la justice; das ~ anrufen réclamer justice; nach ~ u. Gesetz selon les lois et la justice; von ~s wegen de par la loi; *fig.* selon la justice; de (plein) droit; F au fond.

Rechte[1] ['rɛçtə] *f* ⟨→ A⟩ **1.** (*rechte Hand*) droite *f*; main droite; côté droit; zur ~n gehen aller à droite; prendre la droite; *bibl.* zur ~n Gottes à la droite de Dieu; **2.** *pol.* droite *f*; ~[2] *pl. von* Recht.

Rechteck ['rɛçtˀɛk] *n* ⟨~(e)s; ~e⟩ *Geometrie* rectangle *m*; **2ig** *adj.* rectangulaire.

rechten ['rɛçtən] *v/i.* ⟨-ete, h⟩ mit j-m ~ se disputer, se quereller, F se chamailler avec qn.

Rechtens ['rɛçtəns] *erstarrter gén. von* Recht; es ist ~ c'est de droit.

Rechte(r) ['rɛçtə(r)] **1.** *f* (*m*) ⟨→ A⟩ homme *m*, femme *f od.* celui, celle qu'il faut; *iron.* an den ~n kommen trouver à qui parler; *iron.* das ist mir der ~! parlez-moi de celui-là!; **2.** *nur m Boxen* droit *m*.

rechterseits ['rɛçtərˌzaɪts] *adv.* à droite.

Rechte(s) ['rɛçtə(s)] *n* ⟨→ A⟩ etw. ~s qc. de propre; nichts ~s (ne) rien de propre; das ~ treffen trouver juste; nach dem *od.* zum ~n sehen voir, contrôler un peu ce que l'on fait; es ist nichts ~s ce n'est pas grand-chose; *iron.* das ist (auch) was ~s! la belle affaire!; c'est du propre!

recht|fertigen ['rɛçtˌfɛrtɪgən] *v/t.* (*u. v/réfl.*) ⟨h⟩ (se) justifier; (se) défendre; (se) disculper; j-n ~ *auch* faire l'apologie de qn.; sich bei j-m wegen etw. ~ se justifier auprès de qn. de qc.; zu ~ justifiable; **2ˌfertigung** *f* ⟨~; ~en⟩ justification *f*; défense *f*; disculpation *f*; zu meiner ~ pour me justifier; **2fertigungsˌschrift** *f* mémoire justificatif; **~ˌgläubig** *adj.* orthodoxe; **2ˌgläubige(r)** *f* (*m*) orthodoxe *m, f*; **2ˌgläubigˌkeit** *f* orthodoxie *f*; **2ˌhaber(in)** *m* ⟨~s; ~⟩ (*f*) ⟨~; ~nen⟩ qui veut toujours avoir raison, le dernier mot; F ergoteur, -euse *m, f*; **2habe'rei** *f* ⟨~⟩ prétention *f*, manie *f* de vouloir toujours avoir raison; F ergotage *od.* ergotement *m*; ergoterie *f*; **~ˌhaberisch** **1.** *adj.* F d'ergoteur; **2.** *adv.* F en ergoteur; **~lich** *adj.* **1.** (*gesetzmäßig*) légal; juridique; légitime; *advt.* selon le droit; die ~e Grundlage la base légale; durch ~e Mittel par voies de droit; ohne ~e Bedeutung sans portée juridique; *advt.* s-e Stellung ist ~ unanfechtbar sa position est inattaquable au *od.* du point de vue juridique; ~ begründet sein être fondé en droit; **2.** *cf.* rechtschaffen; **2lichˌkeit** *f* ⟨~⟩ **1.** légalité *f*; légitimité *f*; **2.** *cf.* Rechtschaffenheit; **~los** *adj.* sans droit; privé de ses droits; mort civilement; *pfort.* mis 'hors la loi; **2ˌlosigˌkeit** *f* ⟨~⟩ absence *f* de droits civils; mort civile; **~ˌmäßig** *adj.* légal; légitime; (*billig*) juste; für ~ erklären légitimer; **2ˌmäßigˌkeit** *f* ⟨~⟩ légalité *f*; légitimité *f*; justesse *f*.

rechts [rɛçts] *adv.* (*abr.* r.) à droite; ~ gehen, fahren, sich ~ halten prendre, tenir sa *od.* la droite; ~ überholen doubler à droite; ~ heranfahren serrer sur la, à droite; ~ abbiegen, sich nach ~ wenden tourner à droite; halb ~ oblique à droite; *pol.* ~ stehen être droitier, à droite; weder ~ noch links sehen aller son droit chemin.

Rechts|abteilung ['rɛçtsˀapˌtaɪlʊŋ] *f e-s Unternehmens* service *m*, section *f* juridique; bureau *m* du contentieux; **~ˌanspruch** *m* (prétention fondée en) droit *m* (auf à); droit *m* légitime; **~ˌanwalt** *m*, **~ˌanwältin** *f* ⟨~; ~nen⟩ *plädierend* avocat, -e *m, f*; femme-avocat *f*; *nicht plädierend* avoué *m*; *litt.* homme *m* de robe; *als Anrede* Maître *m*; **~anwaltsbüˌro** *n* cabinet *m*, étude *f* d'avoué, d'avocat; **~ˌanwaltˌschaft** *f* **a)** charge *f* d'avocat; **b)** *coll.* barreau *m*; gens *m/pl.* de robe; F basoche *f*; **~ˌauffassung** *f* conception *f* juridique; **~ˌauskunft** *f* renseignement *m* juridique; **~ˌauslegung** *f* interprétation *f* du droit; **~ˌausschuß** *m* comité *m* juridique.

Rechtsaußen [rɛçts'ˀaʊsən] *m* ⟨~; ~⟩ *Fußball* ailier droit.

Rechts|begriff ['rɛçtsbəˌgrɪf] *m* notion *f* juridique; **~beˌhelf** *m* recours *m*; **~ˌbeistand** *m* avocat-conseil *m*; **~beˌlehrung** *f* avis donné sur une question de droit; instruction *f* judiciaire; **~beˌrater** *m* jurisconsulte *m*; conseiller *m* juridique; légiste *m*; **~beˌratungsˌstelle** *f* bureau *m* de consultation juridique; conseil *m* juridique; **~ˌbeugung** *f* prévarication *f*; **~ˌbrecher** *m* malfaiteur *m*; délinquant *m*; infracteur *m*; violateur *m* (des lois); **~bruch** *m* infraction *f*; violation *f* du droit.

rechtschaffen ['rɛçtˌʃafən] **1.** *adj.* honnête; loyal; probe; intègre; (*geraden Sinnes*) droit; qui a de la rectitude; brave; (*gehörig, tüchtig*) convenable; correct; e-n ~en Hunger haben F avoir joliment faim; **2.** *adv.* comme il faut; convenablement; ~ arbeiten bien travailler; sich ~ wehren faire une belle défense; **2ˌheit** *f* ⟨~⟩ honnêteté *f*; loyauté *f*; probité *f*; intégrité *f*; droiture *f*; rectitude *f*; équité *f*; correction *f*.

rechtschreib|en ['rɛçtˌʃraɪbən] *v/i.* ⟨*nur inf.*⟩ bien orthographier; **2(e)ˌfehler** *m* faute *f* d'orthographe; **2ung** *f* orthographe *f*.

Rechts|drall ['rɛçtsdral] *m techn.* torsion *f* à droite; *fig.* tendance *f* à droite; **2drehend** *adjt. phys.* dextrogyre; **~ˌdrehung** *f* rotation *f* à droite.

rechtseitig ['rɛçtˌzaɪtɪç] *adj.* (qui est) du côté droit.

Rechts|empfinden ['rɛçtsˀɛmˌpfɪndən] *n* sentiment *m* du droit et de la justice; **2erˌfahren** *adj.* versé dans le droit, dans la jurisprudence.

Rechtsextremist ['rɛçtsˀɛkstreˑˌmɪst] *m pol.* extrémiste *m* de droite; **2isch** *adj. pol.* d'extrême droite.

rechts|fähig ['rɛçtsˌfɛːɪç] *adj.* habilité; possédant la capacité juridique; capable juridiquement; ~ sein jouir de (ses) droits civils; **2ˌfähigˌkeit** *f* ⟨~⟩ habilité *f*; capacité *f* juridique; jouissance *f* des droits civils; **2fall** *m* cas *m* juridique, de droit; fait *m* juridique; **2form** *f* forme *f* juridique, légale; **2ˌfrage** *f* question *f* de droit; **2gang**[1] *m jur.* procédure *f*; pratique *f*.

Rechts|gang[2] ['rɛçtsgaŋ] *m techn.* marche *f*, rotation *f* à droite; **2ˌgängig** *adj. techn.*, *Gewinde* à droite; *Schraube* fileté à droite; avec pas, filetage à droite.

Rechts|gefühl ['rɛçtsgəˌfyːl] *n cf.* Rechtsempfinden; **2geˌlehrt** *adj. cf.* rechtserfahren; **~geˌlehrte(r)** *m* jurisconsulte *m*; juriste *m*; légiste *m*; **~geˌschäft** *n* opération *f*, acte *m* juridique.

Rechtsgewinde ['rɛçtsgəˌvɪndə] *n von Schrauben* filetage *m*, filet *m* à droite.

Rechts|gleichheit ['rɛçtsˌglaɪçhaɪt] *f* égalité *f* devant la loi; **~grund** *m* motif *m* juridique; considérant *m*; attendu *m*; **~ˌgrundlage** *f* base *f*, fondement *m* juridique; maxime *f* de droit; **2ˌgültig** *adj.* valable; valide; *Schriftstück* authentique; **~ˌgültigˌkeit** *f* validité *f* juridique; *e-s Schriftstücks* authenticité *f*; **~ˌhandel** *m* procès *m*; cause *f*; affaire *f* (judiciaire).

Rechtshänd|er(in) ['rɛçtsˌhɛndər(ɪn)] *m* ⟨~s; ~⟩ (*f*) ⟨~; ~nen⟩ droitier, -ère *m, f*; **2ig** *adj.* droitier, -ère.

Rechts|handlung ['rɛçtsˌhandlʊŋ] *f*

action légale; acte *m* juridique; **~ˌhängigˌkeit** *f* ⟨~⟩ *jur.* litispendance *f.*
rechtsherum [ˈrɛçtshɛˌrʊm] *adv.* à droite.
Rechts|hilfe [ˈrɛçtsˌhɪlfə] *f* assistance *f* juridique, en justice; **gegenseitige ~** aide mutuelle judiciaire; **im Wege der ~** par voies de droit; par (voies de) commission rogatoire; **~kraft** *f* ⟨~⟩ force *f* de loi, de chose jugée; **~ erlangen** prendre force de loi; **≈ˌkräftig** *adj.* qui a force de loi, de chose jugée; valide; valable; définitif, -ive; exécutoire; **~ machen** valider; **~ werden** *cf.* **~kraft (erlangen)**; **≈ˌkundig** *adj.* qui connaît le droit; *cf. auch* **rechtserfahren**; **~ˌkundige(r)** *m* ⟨→ A⟩ homme *m* de loi; *cf. auch* Rechtsgelehrte(r).
Rechtskurve [ˈrɛçtsˌkʊrvə] *f Verkehr* virage *m* à droite.
Rechts|lage [ˈrɛçtsˌlɑːgə] *f* situation *f* juridique; **~ˌlehrer** *m* professeur *m* de droit; **~ˌmißbrauch** *m* abus *m* de *od.* du *od.* d'un droit; **~ˌmittel** *n* recours *m*; **ein ~ einlegen** interjeter appel; **~mittelbeˌlehrung** *f* indication *f* des possibilités de recours; **~ˌnachfolge** *f* succession *f* juridique; **~ˌnachfolger** *m* ayant cause *m*; **~norm** *f* règle *f* de droit; **~ˌordnung** *f* ordre *m* juridique.
Rechtspartei [ˈrɛçtsparˌtaɪ] *f pol.* parti *m* de droite.
Rechts|person [ˈrɛçtspɛrˌzoːn] *f* personne morale; **~ˌpflege** *f* juridiction *f*; (administration *f* de la) justice *f.*
Rechtsprechung [ˈrɛçtˌʃprɛçʊŋ] *f* ⟨~; ~en⟩ jurisprudence *f*; juridiction *f.*
rechts|radikal [ˈrɛçtsradiˑˌkɑːl] *adj. pol. cf.* **rechtsextremistisch**; **~ˌrheinisch** *adj.* situé sur la rive droite du Rhin.
Rechts|sache [ˈrɛçtsˌzaxə] *f cf.* Rechtshandel; **~schutz** *m* protection *f* juridique, des lois; **~ˌsprache** *f* langage *m* du palais; **~spruch** *m* décision *f* d'un tribunal; arrêt *m* (de justice); *in Zivilsachen* jugement *m*; *in Strafsachen* sentence *f*; *der Geschworenen* verdict *m*; **~staat** *m* État *m* de droit; **~ˌstellung** *f* statut légal; condition *f*, situation *f*, position *f* juridique.
Rechtssteuerung [ˈrɛçtsˌʃtɔʏərʊŋ] *f von Autos* conduite *f* à droite.
Rechts|streit [ˈrɛçtsʃtraɪt] *m* controverse *f* juridique; *cf. auch* Rechtshandel; **~ˌträger** *m* sujet *m* de droit.
rechtsum [rɛçtsˈˀʊm] *adv.* à droite — droite!
rechts|ungültig [ˈrɛçtsˌˀʊngʏltɪç] *adj.* invalide; non valable; **~ˌunkundig** *adj.* qui ne connaît pas le droit; qui est mal informé du droit; **~ˌunwirksam** *adj.* dépourvu d'effet juridique; nul, -lle; **~verˌbindlich** *adj.* juridiquement obligatoire; valide; qui est valable en justice; **≈verˌbindlichˌkeit** *f* obligation *f* juridique; validité *f* en justice; **≈verˌdreher(in)** *m* ⟨~s; ~⟩ *(f)* ⟨~; ~nen⟩ chicaneur, -euse *m, f*; F robin *m*; **≈verˌdrehung** *f* chicane *f*; chicanerie *f*; **≈verˌfahren** *n* procédure *f*; **≈verˌfassung** *f* organisation *f* judiciaire; **≈verˌhältnis** *n cf.* Rechtslage.
Rechtsverkehr [ˈrɛçtsfɛrˌkeːr] *m auf der Straße* circulation *f* à droite.
Rechts|verletzung [ˈrɛçtsfɛrˌlɛtsʊŋ] *f* violation *f* du droit, de la loi; **~verˌordnung** *f* ordonnance *f*; **~verˌtreter** *m* représentant légal; mandataire *m*; **~verˌtretung** *f* représentation légale; **~verˌweigerung** *f* déni *m* de justice; **~ˌvorbehalt** *m* réserve légale; **~weg** *m* voie *f* de droit, judiciaire; **auf dem ~e** par voie de droit; **den ~ beschreiten** prendre la voie des tribunaux; **unter Ausschluß des ~es** sans possibilité de recours aux tribunaux; **≈ˌwidrig** *adj.* illégal; illicite; contraire au droit; **~ˌwidrigˌkeit** *f* illégalité *f*; **≈ˌwirksam** *adj.* valide; **~ˌwirksamˌkeit** *f* validité *f* juridique; **~ˌwissenschaft** *f* (science *f* du) droit.
recht|wink(e)lig [ˈrɛçtˌvɪŋk(ə)lɪç] **1.** *adj.* rectangulaire; **2.** *adv.* **~ gebogen** plié, recourbé à l'équerre; courbé à angle droit; **~ˌzeitig 1.** *adj.* ponctuel, -lle; opportun; qui vient à propos, au bon moment; **2.** *adv.* à temps; en temps, dans le délai voulu; en temps utile; ponctuellement; **~ genug, um ...** (+ *inf.*) assez longtemps d'avance pour ... (+ *inf.*); **≈ˌzeitigˌkeit** *f* ⟨~⟩ opportunité *f*; ponctualité *f.*
Reck [rɛk] *n* ⟨~(e)s; ~e⟩ *gym.* barre *f* fixe.
Recke [ˈrɛkə] *m* ⟨~n; ~n⟩ *(Held)* 'héros *m*; *(Krieger)* guerrier *m.*
recken [ˈrɛkən] **I** *v/t.* ⟨h⟩ allonger; *métall.* étirer; **die Glieder ~** s'étirer; **den Hals ~** allonger le cou; **den Kopf in die Höhe ~** relever la tête; **II** *v/réfl.* **sich ~ (u. strecken)** s'étirer; **III ≈** *n* ⟨~s⟩ allongement *m*; *métall.* étirage *m.*
Reck|stange [ˈrɛkˌʃtaŋə] *f gym.* barre *f* (fixe); **~ˌübung** *f* exercice *m* à la barre fixe.
Redakt|eur(in) [reˑdakˈtøːr(ɪn)] *m* ⟨~s; ~e⟩ *(f)* ⟨~; ~nen⟩ rédacteur, -trice *m, f*; **~iˈon** *f* ⟨~; ~en⟩ rédaction *f*; **≈ioˈnell** *adj.* rédactionnel, -lle; **~iˈonsˌausschuß** *m* comité *m* de rédaction; **~iˈonsˌsaal** *m* salle *f* de rédaction; **~iˈonsˌschluß** *m* heure *f* limite de la rédaction; **nach ~** à la dernière minute.
Redaktor [reˑˈdaktər] *m* ⟨~s; -ˈtoren⟩ rédacteur *m.*
Rede [ˈreːdə] *f* ⟨~; ~n⟩ parole *f*; propos *m*; langage *m*; *(Gespräch)* discours *m*; *(Unterhaltung)* conversation *f*; entretien *m*; *(Ansprache)* discours *m*; *kürzere* allocution *f*; *größere* 'harangue *f*; *rhét.* oraison *f*; *(Gerücht)* bruit *m*; **(un)gebundene ~** poésie *f*; (prose *f*); *gr.* **(in)direkte ~** discours (in)direct; **e-e ~ halten** prononcer, faire un discours, une allocution; *iron.* **e-e ~ schwingen** P faire un laïus; laïusser; **e-e ~ an das Volk halten** 'haranguer le peuple; **lange ~n halten** palabrer; faire, tenir des discours; faire des palabres; **seltsame ~n führen** tenir des propos étranges; **davon kann keine ~ sein** il ne peut en être question; **davon ist sehr die ~** il en est fortement question; **danach kam die ~ auf ...** la conversation tourna ensuite sur ...; on en vint à parler de ...; **in ~ stehend** (qui est) en question; **s-n ~n nach** à l'entendre; **das ist gar nicht der ~ wert** cela ne vaut pas la peine d'en parler; **wovon ist die ~?** de quoi est-il question? de quoi parlez-vous?; de quoi s'agit-il?; **wenn die ~ darauf kommt** si la conversation touche (tombe sur) ce sujet; si l'on vient à en parler; **die ~ auf Politik bringen** aborder, entamer la question politique; **es ist die ~ davon, daß ...** il est question que ...; **es ist die ~ von ...** il est question de ...; on parle de ...; **das war immer meine ~** cela a toujours été mon avis; **es geht die ~ ...** le bruit court ...; on dit ...; **j-m ~ (u. Antwort) stehen** rendre raison à qn.; répondre à qn.; donner des explications à qn.; **j-n zur ~ stellen** demander une explication, demander raison à qn. **(wegen, über etw.** de qc.); **der langen ~ kurzer Sinn ...** pour résumer ...; en un mot ...; **e-s Mannes ~ ist keines Mannes ~** *prov.* qui n'entend qu'une cloche, n'entend qu'un son *prov.*; **~duˌell** *n* duel *m* oratoire; **~fiˌgur** *f* figure *f* de rhétorique; **~ˌfluß** *m* flot *m* de paroles; **e-n großen ~ haben** P avoir du bagou, une bonne bagoulette, tapette; **~ˌfreiheit** *f* liberté *f* de la parole; **~ˌgabe** *f* don *m* de la parole; **≈geˌwandt** *adj.* disert; qui a la parole facile, aisée; éloquent; **~geˌwandtheit** *f* élocution aisée; **~ˌkunst** *f* art *m* oratoire; rhétorique *f*; *(Beredsamkeit)* éloquence *f*; **s-e ganze ~ aufbieten, um ...** (+ *inf.*) user de toute son éloquence pour ... (+ *inf.*).
reden [ˈreːdən] **I** *v/t.* ⟨-ete, h⟩ parler (von, über de; mit à, avec); discourir (de *od.* sur); *(sagen)* dire; *(e-e Rede halten)* faire, prononcer un discours; **anmaßend, weitschweifig ~** pérorer; **vor der Öffentlichkeit ~** parler en public; **zum Volk ~** 'haranguer le peuple; **jetzt redet er ganz anders** il tient maintenant un tout autre langage; il a bien changé de langage; **Sie haben gut ~** vous en parlez (bien) à votre aise; **j-m das Wort ~** parler en faveur de qn.; **Gutes, Schlechtes über j-n ~** dire du bien, du mal de qn.; **~ Sie weiter!** parlez, allez toujours!; **ein paar Worte mit j-m ~** dire deux mots à qn.; **darüber läßt sich ~** on peut en discuter; on peut s'entendre là-dessus; on peut en parler; **viel von sich ~ machen** faire parler beaucoup de soi; **von diesem u. jenem ~** parler de choses et d'autres, F à bâtons rompus; **j-m ins Gewissen ~** faire appel à la conscience de qn.; s'adresser à la conscience de qn.; chercher à réveiller la conscience de qn.; **das ist alles in den Wind geredet** c'est prêcher dans le désert, à des sourds; autant en emporte le vent; **mit sich ~ lassen** entendre raison; **er läßt mit sich ~** on peut s'entendre, s'arranger avec lui; **er läßt nicht mit sich ~** il ne veut pas entendre la voix de la raison; **j-m nach dem Munde ~** parler au gré, selon les désirs de qn.; abonder dans le sens de qn.; **über Politik ~** parler de politique; F parler politique; **von etw. anderem ~** changer de propos; **sie ~ nicht mehr miteinander** ils ne se parlent plus; **er redet kein Wort** il ne dit mot, pas un mot; **laß sie ~!** laisse-les dire!; **gar nicht zu ~ davon, daß ...** sans compter que ...; **II** *v/réfl.* **sich heiser ~** s'enrouer (à force de parler); **sich gern ~ hören** s'écouter parler; **III ≈** *n* ⟨~s⟩ parler *m*; parole *f*; **~ ist Silber, Schweigen ist Gold** *prov.* la parole est d'argent, mais le silence est d'or *prov.*; **das ~ wird ihm schwer** il parle difficilement; il a de la peine à parler; **im ~ geübt** qui parle bien; **viel ~s von etw. machen** faire beaucoup de bruit de qc.; donner bien de l'importance à qc.; **all Ihr ~ ist umsonst** vous prêchez dans le désert, à des sourds; **~d** *adjt.* **~e Künste** arts oratoires; **~e Person** interlocuteur, -trice *m, f.*
Redensart [ˈreːdənsˌˀart] *f cf.* **Redewendung**; **sprichwörtliche ~** dicton *m*; **das ist nur so e-e ~** c'est une façon de parler; **schöne ~en** de beaux discours; **nur keine ~en!** pas de phrases, de discours!
Rede|rei [ˌreːdəˈraɪ] F *f* ⟨~; ~en⟩ *péj.* phrases *f/pl.*; phraséologie *f*; bavardage *m*; *cf. auch* **Gerede**; **~ˈritis** F *f*

⟨~⟩ die ~ haben *cf.* (e-n großen) Redefluß (haben).

rede|scheu ['re:də͵ʃɔʏ] *adj.* qui craint de parler; timide en conversation; qui n'ose parler; 2͵**schwall** *m*, 2͵**strom** *m* abondance *f*, déluge *m*, flot *m*, cascade *f* de paroles; grandiloquence *f*; verbosité *f*; 2͵**übung** *f* exercice *m* oratoire; 2**ver͵bot** *n* défense *f* de parler; 2͵**weise** *f* manière *f*, façon *f* de parler; style *m*; diction *f*; élocution *f*; 2͵**wendung** *f* locution *f*; expression *f*; phrase *f*; tour *m*; tournure *f*; formule *f*; **feste, stehende ~** phrase, expression toute faite; locution courante, toute faite, consacrée; cliché *m*; **familiäre ~** tour familier; tournure, formule familière; 2͵**zeit** *f* die ~ **begrenzen** limiter le temps de parole.

redigier|en [re·di·'gi:rən] **I** *v/t.* ⟨*pas de ge-*, h⟩ rédiger; **II** 2**en** *n* ⟨~s⟩, 2**ung** *f* ⟨~; ~en⟩ rédaction *f*.

Rediskont [re·dɪs'kɔnt] *m comm.* réescompte *m*; 2͵**fähig** *adj.* réescomptable.

rediskontier|en [re·dɪskɔn'ti:rən] *v/t.* ⟨*pas de ge-*, h⟩ *comm.* réescompter; 2**ung** *f* réescompte *m*.

redlich ['re:tlɪç] **1.** *adj. cf.* **rechtschaffen**; (*aufrichtig*) sincère; de bonne foi; **sein ~es Teil bekommen** recevoir sa bonne part; **2.** *adv.* **er meint es ~** F il y va de bonne foi; **sich ~ bemühen** faire des efforts sincères; 2͵**keit** *f* ⟨~⟩ *cf.* **Rechtschaffenheit**; (*Aufrichtigkeit*) bonne foi; sincérité *f*.

Redner|(in) ['re:dnər(ɪn)] *m* ⟨~s; ~⟩ (*f*) ⟨~; ~nen⟩ orateur *m*; femme *f* orateur; (*Vortrags*2) conférencier, -ère *m*, *f*; **sie ist e-e gute ~in** elle est bon orateur; **gewaltiger ~** foudre *m* d'éloquence; ~͵**bühne** *f* tribune *f*; ~͵**gabe** *f* don *m* de la parole; talent *m* oratoire; éloquence *f*; 2**isch** *adj.* d'orateur; oratoire; **~e Begabung** don d'orateur, de l'éloquence, de la parole; ~͵**pult** *n* pupitre *m*.

redselig ['re:t͵ze:lɪç] *adj.* qui ne cesse de parler; loquace [-k(w)as]; causeur, -euse; *pfort.*, *péj.* bavard; verbeux, -euse; ~ **machen** mettre en verve; 2͵**keit** *f* ⟨~⟩ flux verbal; abondance *f* de paroles; loquacité [-k(w)a-] *f*; *péj.* faconde *f*; bavardage *m*; verbosité *f*.

Reduktion [re·dʊktsi·'o:n] *f* ⟨~; ~en⟩ réduction *f*; ~**sge͵triebe** *n techn.* engrenage(s) réducteur(s); démultiplicateur *m*; ~**s͵mittel** *n chim.* réducteur *m*; ~**s͵teilung** *f Erblehre* division réductionnelle; *sc.* méiose *f*; ~**sver͵hältnis** *n techn.* (rapport *m* de) démultiplication *f*.

Reduktor [re·'dʊktər] *m* ⟨~s; -'toren⟩ *élect.* réducteur *m*.

Redupli|kation [re·du·pli·katsi·'o:n] *f* ⟨~; ~en⟩ *gr.* redoublement *m*; réduplication *f*; 2'**zieren** *v/t.* ⟨*pas de ge-*, h⟩ redoubler.

reduzier|bar [re·du·'tsi:r͵ba:r] *adj.* réductible (auf à); 2**bar͵keit** *f* ⟨~⟩ réductibilité *f*; ~**en** *v/t.* (*u. v/réfl.*) ⟨*pas de ge-*, h⟩ (se) réduire; 2**ung** *f* ⟨~; ~en⟩ réduction *f*; 2**ven͵til** *n techn.* détendeur *m*.

Reede ['re:də] *f* ⟨~; ~n⟩ *mar.* rade *f*; **auf der ~ von** ... en rade de ...

Reeder ['re:dər] *m* ⟨~s; ~⟩ *mar.* armateur *m*; *comm.* fréteur *m*.

Reederei [͵re:də'raɪ] *f* ⟨~; ~en⟩ *mar.* société *f* d'armateurs, d'armement; compagnie *f* de navigation; société *f*, compagnie *f* de transports maritimes; (~*wesen*) armement *m*; ~**ver͵trag** *m mar.* contrat *m* d'armement; ~**ver͵treter** *m mar.* agent *m* maritime.

reell [re·'ɛl] *adj.* réel, -lle; *Preise, Bedienung* loyal; honnête; convenable; correct; *nur Preis* abordable; *Firma* honnête; respectable; de confiance; *Ware* de qualité; **ein ~es Geschäft** une affaire saine, sérieuse; 2**i'tät** *f* ⟨~⟩ loyauté *f*; honnêteté *f*; correction *f*; respectabilité *f*.

Reep [re:p] *n* ⟨~(e)s; ~e⟩ *mar.* cordage *m*.

Reet [re:t] *n* ⟨~s⟩ *cf.* **Ried 2.**; ~**dach** *n* toit *m* de roseaux.

Refak|tie [re·'faktsi·ə] *f* ⟨~; ~n⟩ *comm.* réfaction *f*; 2'**tieren** *v/t.* ⟨*pas de ge-*, h⟩ accorder une remise (sur le fret).

Refektorium [re·fɛk'to:ri·ʊm] *n* ⟨~s; -ien⟩ réfectoire *m*.

Referat [re·fe·'ra:t] *n* ⟨~(e)s; ~e⟩ **1.** (*Bericht*) rapport *m*; (*Vortrag*) conférence *f*; (*Besprechung*) exposé *m*; compte rendu; **ein ~ halten** faire un rapport, une conférence, un exposé, un compte rendu (**über etw.** sur qc.); **2.** (*Abteilung*) section *f*.

Referendar(in) [re·fe·rɛn'da:r(ɪn)] *m* ⟨~s; ~e⟩ (*f*) ⟨~; ~nen⟩ *etwa* stagiaire *m*, *f*; *jur.* licencié, -e *m*, *f* en droit.

Referendum [re·fe·'rɛndʊm] *n* ⟨~s; -den *od.* -da⟩ référendum [-əm] *m*; vote *m* populaire; plébiscite *m*.

Referent [re·fe·'rɛnt] *m* ⟨~en; ~en⟩ **1.** (*Berichterstatter*) rapporteur *m*; **2.** (*Sachbearbeiter*) chef *m* de section.

Referenz [re·fe·'rɛnts] *f* ⟨~; ~en⟩ (*Empfehlung*) référence *f*; recommandation *f*; **gute ~en haben** avoir de bonnes références; **~en über j-n einholen** prendre des renseignements sur qn.; **j-n als ~ angeben** se réclamer, se recommander de qn.

referieren [re·fe·'ri:rən] *v/i.* ⟨*pas de ge-*, h⟩ *cf.* **Referat 1.** (**ein ~ halten**).

Reff [rɛf] *n* ⟨~(e)s; ~e⟩ **1.** *mar.* ris *m*; **2.** F *péj.* **ein altes ~** P un vieux tableau; une vieille toupie, rombière; 2**en** *v/t.* ⟨h⟩ *mar.* **die Segel ~** a(r)riser les voiles; *abs.* prendre un (*od.* des) ris.

Reflekt|ant [re·flɛk'tant] *m* ⟨~en; ~en⟩ (*Kauflustiger*) intéressé *m*; acheteur *m* en perspective, éventuel; amateur *m*; 2**ieren I** *v/t.* ⟨*pas de ge-*, h⟩ *phys.* réfléchir; refléter; **II** *v/i.* **1. auf etw. ~** avoir qc. en vue; tendre, prétendre, tenir, s'intéresser à qc.; **nicht mehr ~ auf** se désintéresser de; **2. über etw. ~** (*nachsinnen*) réfléchir sur *od.* à qc.; **III** ~**ieren** *n* ⟨~s⟩ *phys.* réfléchissement *m*; réflexion *f* (*auch für: Nachsinnen*); ~**or** [-'flɛk-] *m* ⟨~s; -'toren⟩ *phys.* réflecteur *m*.

reflektorisch [re·flɛk'to:rɪʃ] *adj.* réflexe.

Reflex [re·'flɛks] *m* ⟨~es; ~e⟩ *phys.* reflet *m*; *fig.*, *physiol.* réflexe *m*; ~**be͵wegung** *f physiol.* (mouvement *m*) réflexe *m*; ~**i'on** *f* ⟨~; ~en⟩ *phys.* réfléchissement *m*; réflexion *f* (*auch fig.*); réverbération *f*; ~**i'onsver͵mögen** *n phys.* pouvoir réflecteur, réfléchissant; ~**i'ons͵welle** *f phys.* onde réfléchie; ~**i'ons͵winkel** *m* angle *m* de réflexion; 2**iv** [-'ksi:f] *adj. gr.* réfléchi; pronominal; **~e Verben** verbes réfléchis, pronominaux; ~**ivpro͵nomen** [-'ksi:f-] *n gr.* pronom réfléchi; ~͵**licht** *n* ⟨~(e)s; ~er⟩ *phys.* lumière réfléchie; ~͵**schaltung** *f élect.* montage *m* réflexe.

Reform [re·'fɔrm] *f* ⟨~; ~en⟩ réforme *f*; réformation *f*; ~**ati'on** *f* ⟨~; ~en⟩ réformation *f*; *hist.* **die ~** la Réforme; la Réformation; ~**ati'ons͵fest** *n relig. prot.* fête *f* de la Réformation; ~**ati'ons͵zeit** *f hist.* époque *f* de la Réforme, de la Réformation; ~**ator** [-'ma:-] *m* ⟨~s; -'toren⟩ réformateur *m*; 2**a'torisch** *adj.* réformateur, -trice; 2**be͵dürftig** *adj.* qui exige, exigeant des réformes; ~**be͵strebungen** *f/pl.* tendances réformatrices; ~**er(in)** *m* ⟨~s; ~⟩ (*f*) ⟨~; ~nen⟩ réformateur, -trice *m*, *f*; ~͵**haus** *n in Deutschland* magasin *m* de produits diététiques.

reform|ieren [re·fɔr'mi:rən] *v/t.* ⟨*pas de ge-*, h⟩ réformer; *relig.* **die reformierte Kirche** l'Église réformée; 2**ierte(r)** *f* (*m*) ⟨→ A⟩ *relig.* réformé, -e *m*, *f*; calviniste *m*, *f*; 2**ierung** *f* ⟨~⟩ réformation *f*; 2**ismus** *m* ⟨~⟩ *pol.* réformisme *m*; 2**ist** *m* ⟨~en; ~en⟩ réformiste *m*; ~**istisch** *adj.* réformiste.

Reform|kleidung [re·'fɔrm͵klaɪdʊŋ] *f* vêtement rationnel; ~͵**kost** *f* alimentation *f* de régime.

Refrain [rə'frɛ̃:, -'frɛŋ] *m* ⟨~s; ~s⟩ *mus.* refrain *m*.

refrakt|är [re·frak'tɛ:r] *adj.* réfractaire; 2**i'on** *f* ⟨~⟩ *opt.* réfraction *f*; 2**o'meter** *n* ⟨~s; ~⟩ *opt.* réfractomètre *m*; 2**or** [-'frak-] *m* ⟨~s; -'toren⟩ *opt.* télescope *m* dioptrique; réfracteur *m*.

Refrigerator [re·fri·ge·'ra:tər] *m* ⟨~s; -'toren⟩ réfrigérateur *m*.

Refugium [re·'fu:gi·ʊm] *n* ⟨~s; -ien⟩ refuge *m*.

Regal [re·'ga:l] *n* ⟨~s; ~e⟩ **1.** étagère *f*; rayon *m*; rayonnage *m*; **2.** *mus.*, *der Orgel* régale *m*; **3.** ⟨*pl.* ~**ien**⟩ *hist.* (*Hoheitsrecht*) régale *f*; droit régalien.

Regatta [re·'gata] *f* ⟨~; -tten⟩ régates *f/pl.*

rege ['re:gə] *adj.* en mouvement; actif, -ive; (*lebendig*) animé; vif, vive; (*munter*) alerte; agile; (*aufgeweckt*) éveillé; *Verkehr* intense; *comm.* **e-e ~ Nachfrage nach** ... une forte, grande demande en ...; **er ist geistig noch sehr ~** son esprit est encore très éveillé; **sie ist noch sehr ~** elle est encore très active; **e-e ~ Tätigkeit entfalten** développer une grande activité; ~ **werden** s'éveiller; se faire sentir; s'émouvoir; **der Wunsch wurde in ihm ~** il conçut le désir.

Regel ['re:gəl] *f* ⟨~; ~n⟩ **1.** règle *f*; maxime *f*; précepte *m*; (*Norm*) norme *f*; **in der ~** (*wie es sich gehört*) dans la bonne règle; en bonne règle; (*gewöhnlich*) ordinairement; normalement; habituellement; d'habitude; de coutume; en règle générale; généralement; **es sich zur ~ machen, zu** ... (+ *inf.*) se faire une règle, une loi de ... (+ *inf.*); **es ist die ~, daß** ... il est de règle que ... (+ *subj.*); **gegen die ~ verstoßen** contrevenir à la règle; être en faute, fautif; **als ~ gelten** faire autorité; **das ist gegen die ~** c'est contraire à la règle; c'est irrégulier; F **nach allen ~n der Kunst** dans (toutes) les règles de l'art; **Ausnahmen bestätigen die ~** l'exception confirme la règle; **keine ~ ohne Ausnahme** pas de règle sans exception; **2.** *physiol.* règles *f/pl.*; menstrues *f/pl.*; 2͵**bar** *adj.* réglable; ~**de'tri** *f math.* règle *f* de trois; ~͵**fall** *m* cas normal; 2͵**los** *adj.* sans règle; (*unregelmäßig*) irrégulier, -ère; (*unordentlich*) déréglé; désordonné; à tort et à travers; **~e Flucht** déroute *f*; ~͵**losigkeit** *f* ⟨~⟩ irrégularité *f*; dérèglement *m*; 2͵**mäßig** *adj.* régulier, -ère; (*geregelt*) réglé; rangé; (*normal*) normal; **~er Besucher** visiteur assidu; **~er Briefwechsel** correspondance suivie; **in ~en Zeitabständen** à intervalles réguliers; périodiquement; *advt.* ~ **wiederkehrend** se répétant périodiquement, à des intervalles réguliers; ~͵**mäßig͵keit** *f* ⟨~⟩ régularité *f*; ordre *m*; 2n **I** *v/t.* ⟨-(e)le, h⟩ régler (nach sur); *durch Verordnungen* réglementer; *durch gesetzl. Maßnahmen* régir; (*regulieren*) régulariser; *fig. Angelegenheit* (*ordnen*) liquider; régler; **II** *v/réfl.* **sich** ~ se régler; 2ˌ**recht** *adj.* conforme aux règles; dans les règles; correct; *fig.* en règle; *advt. fig.* **Sie haben mich** ~ **betrogen** vous m'avez bel et bien trompé, F roulé; ~ˌ**schaltung** *f élect.* circuit *m* de réglage; ~**transforˌmator** *m élect.* transformateur-régulateur *m*; ~**ung** *f* ⟨~; ~en⟩ règlement *m*; *gesetzliche* régime *m*; réglementation *f*; *techn.* réglage *m*; régulation *f*; ~ **der Einfuhr** régime des importations; ~**verˌstoß** *m Sport* infraction *f* aux règles; ~ˌ**vorrichtung** *f techn.* dispositif *m* de réglage; ~ˌ**widerstand** *m élect.* rhéostat *m*; potentiomètre *m*; 2ˌ**widrig** *adj.* contraire à la règle; irrégulier, -ère; anormal; ~ˌ**widrigˌkeit** *f* ⟨~; ~en⟩ irrégularité *f*; anomalie *f*.

regen ['re:gən] **I** *v/t.* ⟨h⟩ remuer; mouvoir; **II** *v/réfl.* **sich** ~ se remuer; bouger; se mouvoir; être en mouvement; *körperl. u. geistig* s'agiter; *von Gefühlen* s'éveiller; naître; (*sich bemerkbar machen*) se faire sentir; (*hervorkommen*) poindre; (*tätig sein*) être actif, -ive; **es regte sich kein Lüftchen** il n'y avait pas un souffle de vent.

Regen ['re:gən] *m* ⟨~s; ~⟩ pluie *f*; P flotte *f*; saucée *f*; rincée *f*; **starker** ~ forte, grosse pluie; **feiner, kalter** ~ bruine *f*; pluie fine; **anhaltender** ~ pluie continuelle; **strichweise** ~ pluies éparses et passagères; **im** ~ sous la pluie; **bei** ~ par temps de pluie; **es sieht nach** ~ **aus** le temps est à la pluie; **es wird** ~ **geben** il va pleuvoir; **der** ~ **nimmt zu** la pluie redouble; *fig.* **vom** ~ **in die Traufe kommen** aller de mal en pis; tomber de Charybde en Scylla; changer son cheval borgne contre un aveugle; se jeter à l'eau de *od.* par peur de la pluie; **auf** ~ **folgt Sonnenschein** après la pluie le beau temps; 2ˌ**arm** *adj.* pauvre en pluie; ~ˌ**bö** *f* grain *m*; ~ˌ**bogen** *m* arc-en-ciel *m*; ~**bogenˌfarben I** *f/pl.* couleurs *f/pl.* de l'arc-en-ciel; **Schillern in den** ~ *sc.* iridescence *f*; irisation *f*; **II** 2**bogenˌfarben,** 2**bogenˌfarbig** *adj.* qui a les couleurs de l'arc-en-ciel; *sc.* irisé; iridescent; ~**bogenˌfarbenˌspiel** *n* irisations *f/pl.*; *sc.* iridescence *f*; ~**bogenˌhaut** *f anat., sc.* iris *m*; ~ˌ**cape** *n* cape *f*; pèlerine *f*; F capuchon *m*; ~ˌ**dach** *n* avant-toit *m*; auvent *m*; 2ˌ**dicht** *adj.* imperméable.

Regener|ation [re·ge·ne·ratsi·'o:n] *f* ⟨~⟩ régénération *f*; ~**ator** [-'ra:-] *m* ⟨~s; -'toren⟩ régénérateur *m*; 2**ieren** [-'ri:-] *v/t.* ⟨*pas de ge-*, h⟩ régénérer.

Regen|fall ['re:gənˌfal] *m* chute *f* de pluie; 2ˌ**frei** *adj.* sans pluie; ~ˌ**guß** *m* ondée *f*; averse *f*; ~ˌ**haut** *f* imperméable *m* en feuille plastique; F ciré *m*; ~ˌ**jahr** *n* année pluvieuse; ~ˌ**kappe** *f* capuchon *m*; ~ˌ**karte** *f* carte *f* du régime des pluies; ~ˌ**mantel** *m* imperméable *m*; manteau *m* de pluie; *mit Kapuze* caban *m*; capote *f*; *cf. auch* ~haut; ~ˌ**menge** *f* quantité *f* de pluie tombée; ~ˌ**messer** *m* ⟨~s; ~⟩ pluviomètre *m*; ~ˌ**messung** *f* pluviométrie *f*; ~ˌ**pfeifer** *m zo.* pluvier *m*; 2ˌ**reich** *adj.* pluvieux, -euse; ~ˌ**rinne** *f* gouttière *f*; ~ˌ**schauer** *m* ondée *f*; giboulée *f*; P saucée *f*; rincée *f*; ~ˌ**schirm** *m* parapluie *m*; F riflard *m*; P pépin *m*; F *fig.* **gespannt sein wie ein** ~ brûler d'impatience; attendre avec le plus vif intérêt; 2ˌ**schwer** *adj. von Wolken* chargé de pluie.

Regent(in) [re·'gɛnt(ɪn)] *m* ⟨~en; ~en⟩ (*f*) ⟨~; ~nen⟩ (*Herrscher*) souverain, -e *m, f*; (*Stellvertreter*) régent *m*; (princesse *f*) régente *f*.

Regen|tag ['re:gənˌta:k] *m* jour pluvieux, de pluie; ~ˌ**tonne** *f* baril *m*, tonneau *m* (pour recueillir les eaux de pluie); ~ˌ**tropfen** *m* goutte *f* de pluie.

Regentschaft [re·'gɛntʃaft] *f* ⟨~; ~en⟩ régence *f*; ~**sˌrat** *m* conseil *m* de régence.

Regen|versicherung ['re:gənfɛrˌzɪçərʊŋ] *f* assurance *f* contre la pluie; ~ˌ**wasser** *n* eau *f* de pluie; ~ˌ**wetter** *n* temps pluvieux, de pluie; **bei** ~ par temps de pluie; F *fig.* **ein Gesicht machen wie zehn Tage** ~ faire une figure d'enterrement; faire une mine longue comme un jour sans pain; ~ˌ**wind** *m* vent *m* de (la) pluie; ~ˌ**wolke** *f* nuage chargé de pluie; ~ˌ**wurm** *m zo.* ver *m* de terre; *sc.* lombric *m*; ~ˌ**zeit** *f* saison *f* des pluies.

Regie [re·'ʒi:] *f* ⟨~; -ien⟩ **1.** (*Verwaltung*) régie *f*; **in eigener** ~ à son propre compte; **2.** *thé., Film* mise *f* en scène, *Radio* en ondes; ~ **führen** mettre en scène; **unter der** ~ **von** ... sous la direction (artistique et technique) de ...; ~**assisˌtent(in)** *m* (*f*) *thé.* assistant, -e *m, f* (du réalisateur, du metteur en scène, du régisseur); ~**beˌtrieb** *m* entreprise *f* en régie; ~ˌ**buch** *n thé.* livre *m* de régie, de conduite; ~ˌ**fehler** *m thé.* faute *f* de mise en scène; ~ˌ**kosten** *pl.* frais *m/pl.* de régie; ~ˌ**pult** *n Radio* pupitre *m* de contrôle; mélangeur *m*.

regieren [re·'gi:rən] **I** *v/t.* ⟨*pas de ge-*, h⟩ gouverner; (*lenken*) conduire; diriger; *gr.* régir; *ein Pferd* mener; manier; **Geld regiert die Welt** l'argent est roi; l'argent mène, gouverne le monde; **II** *v/i.* (*herrschen*) régner (**über** sur); *Minister* gouverner; **III** 2 *n* ⟨~s⟩ *cf.* Regierung.

Regierung [re·'gi:rʊŋ] *f* ⟨~; ~en⟩ gouvernement *m*; *e-s Herrschers* (*~szeit*) règne *m*; **unter der** ~ **von** ... sous le règne de ...; **zur** ~ **gelangen, an die** ~ **kommen** arriver, parvenir au pouvoir; *Herrscher* parvenir au trône; monter sur le trône; **in die** ~ **eintreten** entrer dans le gouvernement; devenir membre du gouvernement; **e-e** ~ **bilden** former, constituer un gouvernement; **die** ~ **stürzen** renverser le gouvernement; ~**sˌabkommen** *n* accord intergouvernemental; ~**sˌantritt** *m* avènement *m* au pouvoir, *e-s Herrschers* au trône; prise *f* de, accès *m* au pouvoir; ~**sˌbank** *f* ⟨~; ~e⟩ *im Parlament* banc *m* des ministres; ~**sbeˌamte(r)** *m* fonctionnaire *m* (de l'État); ~**sbeˌschluß** *m* décision gouvernementale; ~**sbeˌvollmächtigte(r)** *m* plénipotentiaire *m*; délégué *m* du gouvernement; ~**sbeˌzirk** *m* circonscription *f* (administrative); district administratif; *in Frankreich etwa* département *m*; ~**sˌbildung** *f* formation *f* du gouvernement; ~**sˌblatt** *n* journal officiel, gouvernemental; ~**sˌchef** *m* chef *m* du gouvernement; ~**sentˌwurf** *m* projet gouvernemental; ~**serˌklärung** *f* déclaration gouvernementale, ministérielle; 2**sˌfeindlich** *adj.* antigouvernemental; ~**sˌform** *f* régime *m*; mode *m* de gouvernement; 2**sˌfreundlich** *adj.* (pro)gouvernemental; ~**sgeˌschäfte** *n/pl.* affaires gouvernementales, politiques; **die** ~ **erledigen** expédier les affaires courantes; ~**sˌgeˌwalt** *f* pouvoir *m*, autorité *f* suprême; ~**skoaliˌtiˌon** *f* coalition gouvernementale; ~**sˌkreise** *m/pl.* milieux gouvernementaux; ~**sˌkrise** *f* crise gouvernementale, ministérielle; ~**sˌmehrheit** *f* majorité gouvernementale; ~**sˌmitglied** *n* membre *m* du gouvernement; ~**sparˌtei** *f* parti gouvernemental; ~**sˌsitz** *m* siège *m* du gouvernement; ~**sˌumbildung** *f* remaniement ministériel; ~**sˌvorlage** *f* projet gouvernemental; ~**sˌwechsel** *m* changement *m* de gouvernement; ~**sˌzeit** *f e-s Herrschers* règne *m*.

Regime [re·'ʒi:m] *n* ⟨~s; ~ [-mə], *selten* ~s⟩ régime *m*; système *m* politique.

Regiment [re·gi·'mɛnt] *n* ⟨~(e)s; ~e, *milit.* ~er⟩ **1.** direction *f*; gouvernement *m*; **das** ~ **haben, führen** commander; diriger; tenir les rênes (du gouvernement); être le maître; avoir la haute main; **sie führt das** ~ **im Hause** c'est elle qui gouverne, dirige la maison; F c'est elle qui porte la culotte; **2.** *milit.* régiment *m*; 2**erˌweise** *adv. milit.* par régiments; ~**sˌarzt** *m milit.* médecin-chef *m* du régiment; ~**sbeˌfehl** *m milit.* ordre *m* du régiment; décision *f* régimentaire; ~**skameˌrad** *m milit.* camarade *m* de régiment; ~**skaˌpelle** *f cf.* ~smusik; ~**skommanˌdeur** *m milit.* chef *m* du régiment, de corps; ~**smuˌsik** *f milit.* musique *f* du régiment; ~**sˌstab** *m milit.* état-major *m* de régiment.

Region [re·gi·'o:n] *f* ⟨~; ~en⟩ région *f*; *fig.* **in höheren** ~**en schweben** planer dans des régions éthérées; F être dans la lune; 2**al** [-'na:l] *adj.* régional; ~**a'lismus** *m* ⟨~; -men⟩ régionalisme *m*; ~**a'list** *m* ⟨~en; ~en⟩ régionaliste *m*.

Regisseur [re·ʒɪ'sø:r] *m* ⟨~s; ~e⟩ *thé., Film* régisseur *m*; metteur *m* en scène, *beim Rundfunk* en ondes; *Film auch* réalisateur *m*.

Register [re·'gɪstər] *n* ⟨~s; ~⟩ **1.** registre *m*; *e-s Buches* index *m*; répertoire *m*; table *f* des matières; (*Liste*) liste *f*; (*Katalog*) catalogue *m*; (*Steuer*2) rôle *m*; **ins** ~ **eintragen** enregistrer; **2.** *mus., der Orgel* registre *m*; *fig.* **alle** ~ **ziehen** mettre tout en œuvre; employer tous, recourir à tous les moyens; ~ˌ**auszug** *m* extrait *m* d'une inscription dans un registre; ~ˌ**eintragung** *f* enregistrement *m*; inscription *f* au registre; ~ˌ**tonne** *f* (*abr.* RT) *mar.* tonneau *m* de jauge; ~ˌ**zug** *m mus., an der Orgel* registre *m*; jeu *m* (d'orgue).

Registrat|or [re·gɪs'tra:tər] *m* ⟨~s; -'toren⟩ greffier *m*; enregistreur *m*; archiviste *m*; *der päpstlichen Kanzlei* régistrateur *m*; ~**ur** [-'tu:r] *f* ⟨~; ~en⟩ classement *m*; enregistrement *m*; (*Aufbewahrungsstelle*) greffe *m*; dépôt *m*; archives *f/pl.*

Registrier|apparat [re·gi·s'tri:rʔapaˌra:t] *m* enregistreur *m*; ~**baˌllon** *m* ballon enregistreur; ballon-sonde *m*; 2**en** *v/t.* ⟨*pas de ge-*, h⟩ enregistrer; *fig. auch* saisir; comprendre; retenir; ~**geˌrät** *n cf.* ~apparat; ~ˌ**kasse** *f* caisse enregistreuse; ~ˌ**nummer** *f* numéro *m* d'enregistrement; ~ˌ**pflicht** *f* obligation *f* de faire enregistrer; ~ˌ**stelle** *f* (bureau *m* d') F enregistrement *m*; ~**ung** *f* ⟨~; ~en⟩ enregistrement *m*.

Reglement [re·glə'mã:, -'maŋ] *n* ⟨~s;

~s⟩ règlement *m*; 2**ieren** [-mɛnˈtiː-] *v/t.* ⟨*pas de ge-*, h⟩ réglementer.
Regler [ˈreːglər] *m* ⟨~s; ~⟩ *techn.* régulateur *m*; ~(ˌ**bügel**)ˌ**eisen** *n* fer *m* (à repasser) réglable; ~**venˌtil** *n techn.* soupape *f* de réglage, de régulation.
Reglette [reˈglɛtə] *f* ⟨~; ~n⟩ *impr.* interligne *f*.
reglos [ˈreːkloːs] *adj. cf.* regungslos; 2**igˌkeit** *f* ⟨~⟩ *cf.* Regungslosigkeit.
Reglung [ˈreːgluŋ] *f* ⟨~; ~en⟩ *cf.* Regelung.
regn|en [ˈreːgnən] *v/imp.* ⟨-ete, h⟩ pleuvoir; F flotter; **es regnet** il pleut; F il tombe de l'eau; P ça flotte, V pisse; **es regnet in Strömen,** F **es regnet Bindfäden, Strippen** il pleut à verse, à torrents; il pleut des 'hallebardes; P il pleut comme vache qui pisse; **es hat aufgehört zu ~** la pluie a cessé; F *fig.* **es regnet Backpfeifen** F il pleut des gifles; 2**er** *m* ⟨~s; ~⟩ arroseur *m*; ~**eˌrisch** *adj.* pluvieux, -euse; ~**es Wetter** temps pluvieux; **es ist ~es Wetter** le temps est à la pluie.
Regreß [reˈgrɛs] *m* ⟨-sses; -sse⟩ *comm., jur.* recours *m*; ~ˌ**anspruch** *m* droit *m* de recours.
Regressi|on [regrɛsiˈoːn] *f* ⟨~; ~en⟩ régression *f*; 2**v** [-ˈsiːf] *adj.* régressif, -ive; ~ sein *auch* régresser.
Regreß|pflicht [reˈgrɛsˌpflɪçt] *f* obligation *f* de garantie; responsabilité *f*; 2ˌ**pflichtig** *adj.* soumis au recours; civilement responsable; ~ˌ**recht** *n* droit *m* de recours, de demande en garantie.
regsam [ˈreːkzaːm] *adj.* mobile; actif, -ive; vif, vive; éveillé; alerte; 2ˌ**keit** *f* ⟨~⟩ mobilité *f*; activité *f*; vivacité *f*; alacrité *f*.
regulär [reguˈlɛːr] *adj.* régulier, -ère.
Regula|tion [regulatsiˈoːn] *f* ⟨~; ~en⟩ régulation *f*; 2ˈ**tiv I** *adj.* régulateur, -trice; **II** ~ˈ**tiv** *n* ⟨~s; ~e⟩ régulateur *m*; ~**tor** [-ˈlaːtɔr] *m* ⟨~s; -ˈtoren⟩ régulateur *m*; *Uhr auch* pendule *f*.
regulier|bar [reguˈliːrˌbaːr] *adj.* réglable; ajustable; ~**en** *v/t.* ⟨*pas de ge-*, h⟩ *techn.* régler; régulariser; (*steuern*) contrôler; (*einstellen*) ajuster; *Fluß* modifier, corriger le cours (d'un fleuve, *etc.*); 2ˌ**hahn** *m* robinet *m* de réglage; 2ˌ**schraube** *f* vis *f* de réglage; 2ˌ**spule** *f élect.* bobine régulatrice; 2**ung** *f* ⟨~; ~en⟩ réglage *m*; régulation *f*; régularisation *f*; ajustage *m*; **selbsttätige ~** réglage automatique; 2**ungsˌarbeiten** *f/pl. an Flüssen* travaux *m/pl.* de canalisation; 2**ven-ˌtil** *n cf.* Reglerventil.
Regulus [ˈreːgulus] *m* ⟨~⟩ *métall.* régule *m*.
Regung [ˈreːguŋ] *f* ⟨~; ~en⟩ (*Gefühls*2) mouvement *m* de l'âme, du cœur, *etc.*; sentiment *m* (naissant); élan *m* (du cœur); (*Gemüts*2) émotion *f*; **er folgte e-r inneren ~** il a suivi son impulsion; 2**sˌlos** *adj.* sans bouger; sans mouvement; immobile; inerte; ~**sˌlosigkeit** *f* ⟨~⟩ immobilité *f*; inertie [-si] *f*.
Reh [reː] *n* ⟨~(e)s; ~e⟩ *ch., zo. allg. u.* (~*bock*) chevreuil *m*; (*Ricke*) chevrette *f*.
rehabilitier|en [rehabiliˈtiːrən] *v/t.* (*u. v/réfl.*) ⟨*pas de ge-*, h⟩ (se) réhabiliter; 2**ung** *f* ⟨~; ~en⟩ réhabilitation *f*.
Reh|bock [ˈreːbɔk] *m zo., ch. cf.* Reh; ~ˌ**braten** *m cuis.* rôti *m* de chevreuil; 2**braun,** 2ˌ**farben** *adj.* de la couleur du chevreuil; fauve; ~**geiß** *f ch., zo. cf.* Reh; ~**kalb** *n*, ~**kitz** *n ch., zo.* faon [fɑ̃] *m*; chevrotin *m*; *während des 1. Halbjahres* chevrillard *m*; ~ˌ**keule** *f cuis.* cuissot *m* de chevreuil; ~ˌ**posten** *m*, ~**schrot** *n od. m* chevrotines *f/pl.*; ~ˌ**rücken** *m cuis.* selle *f* de chevreuil; ~**wild** *n zo., ch.* chevreuils *m/pl.*; ~ˌ**ziemer** *m cf.* ~rücken.
Reibach [ˈraɪbax] F *m* ⟨~s⟩ profit *m*; gain *m*; butin *m*; P grisbi *m*; **e-n ~ machen bei etw.** tirer profit de qc.
Reib|ahle [ˈraɪpˌʔaːlə] *f techn.* alésoir *m*; mandrin *m*; équarrissoir *m*; ~**e** *f* ⟨~; ~n⟩, ~ˌ**eisen** *n* râpe *f*; *fig.* **wie ein Reibeisen** *Stimme* rauque; râpeux, -euse; *Hände* rugueux, -euse; ~**e-ˌkuchen** *m/pl. cuis. cf.* Puffer 2.; ~**eˌlaut** *m phon. sc.* spirante *f*; fricative *f*; 2**en I** *v/t.* (*u. v/réfl.*) ⟨**reibt, rieb, gerieben,** h⟩ (se) frotter; (se) frictionner; *Farben* broyer; *Kartoffeln etc.* râper; *techn., mit der Reibahle* aléser; **etw. fein** *od.* **zu Pulver ~** pulvériser, *phm.* triturer qc.; **sich wund ~** se blesser par frottement; s'écorcher; se faire une écorchure; **sich die Hände ~** se frotter les mains; **sich** (*nachdenklich*) **die Stirn ~** se gratter le front; **sich den Schlaf aus den Augen ~** se frotter les yeux pour se réveiller; F *fig.* **j-m etw. unter die Nase ~** jeter, F flanquer qc. au nez, à la figure de qn.; *fig.* **sich an j-m ~** se frotter à qn.; chercher querelle, s'attaquer à qn.; *p. p.* **gerieben** *fig. cf.* **durchtrieben; II ~en** *n* ⟨~s⟩ *von Farben* broyage *m*; *techn., mit der Reibahle* alésage *m*; *von Kartoffeln etc.* râpage *m*; *zu Pulver* pulvérisation *f*; *phm.* trituration *f*; *cf. auch* Reibung; ~**eˈreien** F *fig. f/pl.* frictions *f/pl.*; froissements *m/pl.*; conflit *m*; 'heurts *m/pl.*; querelles *f/pl.*; tiraillements *m/pl.*; F accrochages *m/pl.*; ~ˌ**festigˌkeit** *f* résistance *f* au frottement; ~ˌ**fläche** *f* frottoir *m*; ~**holz** *n mar.* défense *f*; ~ˌ**keule** *f* pilon *m*; ~**rad** *n cf.* Reibungsrad.
Reibung [ˈraɪbuŋ] *f* ⟨~; ~en⟩ frottage *od.* frottement *m*; friction *f*; *fig. cf.* Reibereien; ~**sˌantrieb** *m mot.* entraînement *m* par friction; ~**s-ˌbremse** *f* frein *m* à friction; ~**s-elektriziˌtät** *f* électricité *f* statique; ~**sˌfläche** *f* surface *f* de friction; *fig.* cause *f*, point *m* de friction; ~**s-geˌtriebe** *n* mécanisme *m*, transmission *f* à friction; ~**sˌkraft** *f* force *f* de frottement; ~**skoeffiziˌent** *m* coefficient *m* de friction, de frottement; ~**sˌkupplung** *f* accouplement *m*, embrayage *m* à friction; 2**sˌlos** *adj. u. adv. fig.* sans accrocs, difficultés, incident; sans à-coups; F comme sur des roulettes; ~**sˌpunkt** *m* point *m* de friction (*auch fig.*); ~**sˌrad** *n* poulie *f* à friction; ~**sverˌlust** *m* perte *f* par frottement; ~**sˌwärme** *f* chaleur *f* de frottement; ~**sˌwiderstand** *m* résistance due au frottement.
reich [raɪç] *adj.* riche (an en); (*vermögend*) opulent; fortuné; F rupin; (*reichlich*) abondant; *Mahl* plantureux, -euse; copieux, -euse; ~**er Mann** homme riche, fortuné, F cossu; richard *m*; P type plein aux as; rupin *m*; *bibl.* **der ~e Mann** le mauvais riche; **e-e ~e Frau heiraten** faire un riche mariage; **e-e ~e Ernte** une récolte abondante; **in ~em Maße** abondamment; **arm u. ~** riches et pauvres; tout le monde; *métr.* ~**er Reim** rime riche; **e-e ~e Auswahl** un grand choix; ~**e Erfahrung** riche, grande expérience; ~**es Wissen** savoir étendu; ~ **machen (werden** s')enrichir; ~ **sein** *auch* F avoir les reins solides; ne pas être gêné aux *od.* dans les entournures; *advt.* ~ **beschenkt** chargé de cadeaux.
Reich [raɪç] *n* ⟨~(e)s; ~e⟩ empire *m*; règne *m* (*auch fig.*); *hist.* **das Heilige Römische ~ Deutscher Nation** le Saint-Empire; l'empire romain germanique; **das Deutsche ~** le Reich; **das Dritte ~** le troisième Reich; *bibl.* **Dein ~ komme** que votre règne arrive; **das ~ Gottes** le règne, le royaume de Dieu.
reich|bebildert [ˈraɪçbəˌbɪldərt] *adjt.* abondamment illustré; ~**beˌgütert** *adj.* fortuné; 2**e(r)** *f* (*m*) ⟨→ A⟩ (homme *m*) riche *m*; femme *f* riche; F richard, -e *m, f*; P rupin, -e *m, f*; **die ~n** les riches.
reichen [ˈraɪçən] **I** *v/t.* ⟨h⟩ (*geben*) donner; tendre; passer (j-m etw. qc. à qn.); (*darbieten*) offrir; présenter; **die Hand ~** tendre la main; *fig.* **er kann ihm nicht das Wasser ~** il ne lui arrive pas à la cheville; **II** *v/i.* **1.** (*sich erstrecken*) aller (jusqu'à ...); *in der Fläche* s'étendre (jusqu'à ...); *in die Höhe* monter, s'élever (jusqu'à ...); *in die Tiefe* descendre (jusqu'à ...); *Sehkraft, Stimme, Geschütz* porter; **soweit das Auge reicht** à perte de vue; **soweit der Himmel reicht** jusqu'aux confins, limites du ciel; **er reicht mir nicht bis ans Kinn** il ne m'arrive pas au menton; **mit der Hand bis an die Decke ~** atteindre, toucher le plafond de la main; **2.** (*langen*) aller (loin); suffire; **der Stoff reicht zu e-m Rock** il y a assez d'étoffe pour faire une jupe; **soweit der Vorrat reicht** jusqu'à épuisement du stock; **das reicht** cela suffit; c'est assez; *cf. auch* langen II 1.
reich|haltig [ˈraɪçˌhaltɪç] *adj.* qui contient beaucoup de choses; abondant; riche; (*ergiebig*) fécond; *Mahlzeit cf.* reich; ~ sein varier; 2ˌ**haltig-ˌkeit** *f* ⟨~⟩ richesse *f*; abondance *f*; fécondité *f*; (*Vielfalt*) variété *f*; ~**illusˌtriert** *adjt. cf.* **reichbebildert**; ~**lich 1.** *adj.* plus que suffisant; copieux, -euse; abondant; (*üppig*) large; ample; *Mahlzeit cf.* reich; **sein ~es Auskommen haben** être fort à son aise; avoir largement de quoi vivre; F en avoir à gogo; **2.** *adv.* copieusement; largement; abondamment; amplement; *geben* à pleine(s) main(s); F à gogo; *essen* plus qu'on ne peut; *trinken* F à tire-larigot; **sehr ~** à profusion; en abondance; **mehr als ~** surabondant; **er hat ~ davon** il en a abondamment, en abondance, F à gogo; **ich habe noch ~ zehn Mark** j'ai encore au moins, F au bas mot dix marks; **j-n ~ versorgen mit etw.** pourvoir richement qn. de qc.; *Obstbäume* **~ tragen** saisonner; **Sie haben noch ~ Zeit** vous avez encore amplement le temps; F **er ist ~ nervös** il est très, assez nerveux; 2**lichˌkeit** *f* ⟨~⟩ abondance *f*; ampleur *f*; profusion *f*.
Reichs... [ˈraɪçs...] *in Zssgn. hist.* d'Empire; de l'Empire; impérial; *auf das Kaiserreich und das 3. Reich bezüglich* du Reich; ~**acht** *f hist.* **in die ~ erklären, tun** mettre au ban de l'Empire; ~ˌ**adel** *m hist.* noblesse immédiate; ~ˌ**adler** *m* aigle impériale; ~ˌ**angeˌhörige(r)** *f* (*m*) Deutsche(r) ~ Allemand, -e *m, f* de nationalité; ressortissant(e) allemand(e); ~ˌ**apfel** *m* globe *m* (impérial); ~ˈ**arbeits-ˌdienst** *m während des 3. Reiches* (*abr.* RAD) service national de travail

obligatoire; ~arˌchiv *n* archives *f/pl.* du Reich; ~arˌmee *f cf.* ~heer; ~'autobahn *f* autoroute *f*; ~bahn *f* chemin de fer allemand, du Reich; ~ˌdeutsche(r) *f (m) im 3. Reich* Allemand, -e *m, f* vivant en Allemagne; ~ˌfahne *f hist.* bannière *f* de l'Empire; ~ˌfarben *f/pl.* couleurs allemandes; ~ˌflagge *f* drapeau allemand; ~geˌbiet *n* territoire *m* du Reich; ~geˌricht *n* Cour *f* suprême du Reich; ~ˌhauptstadt *f* capitale *f* du Reich; ~heer *n hist.* armée impériale, de l'Empire; ~inˌsignien *n/pl.* insignes impériaux; ~kanzˌlei *f* chancellerie *f* de l'Empire, du Reich; ~ˌkanzler *m* chancelier *m* de l'Empire, du Reich; ~kleiˌnodien *n/pl.* joyaux *m/pl.* de la couronne; *cf. auch* ~insignien; ~mark *f* (reichs)mark *m*; 2ˌmittelbar *adj. hist.* médiat; ~ˌpfennig *m* pfennig *m*; ~präsiˌdent *m* président *m* de la république allemande de Weimar, du Reich; ~ˌritterschaft *f hist.* noblesse immédiate; ~stadt *f hist.* Freie ~ ville impériale; ~ˌstände *m/pl. hist.* états *m/pl.* de l'Empire; ~tag *m* Reichstag *m*; *hist.* Diète *f* d'Empire; ~tagsˌabgeordnete(r) *m* député *m* au Reichstag; 2'unmittelbar *adj. hist.* immédiat; ~'unmittelbarkeit *f* ⟨~⟩ *hist.* immédiateté *f*; ~verˌfassung *f* constitution *f* de l'Empire; ~verˌweser *m* vicaire *m* de l'Empire; ~wehr *f* ⟨~⟩ Reichswehr *f*.

Reichtum ['raɪçtuːm] *m* ⟨~(e)s; ≈er⟩ richesse *f* (an en); (*Vermögen*) fortune *f*; opulence *f*; (*Fülle*) abondance *f*; (*Vielfalt*) (grande) variété *f*; ~ macht nicht glücklich *prov.* la richesse, l'argent ne fait pas le bonheur; contentement passe richesse *beide prov.*

Reichweite ['raɪçˌvaɪtə] *f* ⟨~; ~n⟩ portée *f* (*auch fig.*); *aviat.* rayon *m* d'action; autonomie *f* de vol; von geringer, mittlerer, großer ~ à petite, moyenne, grande portée; außer ~ 'hors de portée, d'atteinte; in meiner ~ à ma portée; à portée de ma main; in ~ haben avoir sous la main.

reif [raɪf] *adj.* mûr (*auch Geschwür, fig.*); (*voll entwickelt*) fait (*auch vom Käse*); *geistig* mûr; fait; qui a atteint la pleine maturité; in ~en Jahren d'âge mûr; Mann in ~en *od.* ~eren Jahren homme d'un certain âge; ein ~es Urteil un jugement mûr; die Zeit ist ~ für ... le temps est mûr pour ...; ~ werden mûrir (*auch méd. von Geschwüren*).

Reif¹ [raɪf] *m* ⟨~(e)s; ~e⟩ *poét.* (*Finger*2) bague *f*; anneau *m*; (*Haar*2, *Diadem*) diadème *m*.

Reif² [raɪf] *m* ⟨~(e)s⟩ (*gefrorener Tau*) gelée blanche; (*Rauh*2) givre *m*; *poét.* frimas *m*.

Reife ['raɪfə] *f* ⟨~⟩ maturité *f* (*auch fig.*); mittlere ~ *in Deutschland* (examen *m* à la fin de) six années d'études secondaires; zur ~ bringen (faire) mûrir; amener à maturité; zur ~ kommen venir à maturité; ~ˌgrad *m* degré *m* de maturité.

reifel|n ['raɪfəln] *v/t.* ⟨-(e)le, h⟩ *bât.* canneler; *techn.*, *Gewehrlauf* rayer; 2ung *f* ⟨~; ~en⟩ cannelure *f*; rayure *f*.

reifen¹ ['raɪfən] I *v/t.* ⟨h⟩ (*zur Reife bringen*) mûrir; *fig.* e-n Gedanken ~ lassen (laisser) mûrir une idée; II *v/i.* ⟨sein⟩ (*reif werden*) mûrir (*auch méd. Geschwür*); venir à maturité; *der Jüngling* reift zum Manne ... atteint l'âge mûr; *fig.* in ihm reifte der Plan, zu ... (+ *inf.*) en lui mûrit l'idée de ... (+ *inf.*); in der Stille gereift mûri dans la solitude; III 2 *n* ⟨~s⟩ *bot.*, *méd.*, *fig.* maturation *f*.

reifen² ['raɪfən] *v/imp.* ⟨h⟩ es hat gereift il y a de la gelée blanche, du givre.

Reifen ['raɪfən] *m* ⟨~s; ~⟩ 1. *am Faß* cercle *m*; cerceau *m*; *Spielzeug, Sportgerät, im Zirkus* cerceau *m*; *des Reifrocks* cerceau *m*; durch die ~ springen passer par les cerceaux; ~ spielen jouer au cerceau; *von e-m Faß* die ~ entfernen décercler; ôter, enlever les cercles, les cerceaux (de); 2. (*Rad*2) bandage *m*; pneumatique *m*; F pneu *m*; die ~ entfernen (wechseln) démonter (changer, remplacer) les pneus; ~ˌbremse *f Fahrrad* frein *m* sur pneu; ~ˌdecke *f* enveloppe *f*; F pneu *m*; ~ˌdruck *m* pression *f* du pneu; ~druckˌmesser *m*, ~druckˌprüfer *m* contrôleur *m* de pression (de gonflage) de pneus; manomètre *m*; ~ˌheber *m* démonte-pneu *m*; F minute *f*; ~ˌmantel *m cf.* ~decke; ~ˌpanne *f* crevaison *f*; éclatement *m* (de pneu); ~proˌfil *n* profil *m* du pneu; ~ˌschaden *m cf.* ~panne; ~ˌwechsel *m* changement *m* de pneu; ~ˌwulst *f* talon *m*.

Reife|prüfung ['raɪfəˌpryːfuŋ] *f in Deutschland* examen *m* de fin d'études secondaires; *in Frankreich etwa* (examen *m* du) baccalauréat *m*; *écol.* bac(hot) *m*; ~ˌzeit *f* temps *m* de la maturation; ~ˌzeugnis *n in Deutschland* certificat *m*, diplôme *m* de fin d'études secondaires; *in Frankreich* diplôme *m* du baccalauréat; Inhaber von ~sen diplômés des écoles secondaires; *in Frankreich* bacheliers *m/pl.*

reiflich ['raɪflɪç] 1. *adj.* mûr; approfondi; nach ~er Überlegung après mûre réflexion; tout bien considéré; 2. *adv.* das würde ich mir ~ überlegen j'y réfléchirais mûrement.

Reiflung ['raɪfluŋ] *f* ⟨~; ~en⟩ *cf.* Reifelung.

Reifrock ['raɪfrɔk] *m* crinoline *f*.

Reif|ung ['raɪfuŋ] *f* ⟨~⟩, ~ˌwerden *n* ⟨~s⟩ *cf.* reifen¹ III.

Reigen ['raɪgən] *m* ⟨~s; ~⟩ ronde *f*; branle *m* (*auch die Musik*); den ~ eröffnen ouvrir le bal (*auch fig.*); mener la danse, la ronde, le jeu; *fig.* mener, ouvrir, commencer le branle.

Reihe ['raɪə] *f* ⟨~; ~n⟩ *hintereinander ausgerichtete, bewegliche Dinge od. Personen* file *f*; *nebeneinander geordnete Dinge* rangée *f*; *auch Personen* rang *m*; (*Folge, Anzahl*) suite *f*; série *f*; succession *f*; (*Reihenfolge*) tour *m*; *math.* série *f*; progression *f*; der Vorderste der ~ le chef de file; e-e ~ von Jahren plusieurs années; bunte ~ machen se ranger par couples; faire alterner les dames avec les messieurs; *péj.* e-e lange ~ lächerlicher Fragen une ribambelle, séquelle, kyrielle de questions ridicules; *math.* unendliche ~ série infinie; arithmetische ~ progression arithmétique; wer ist an der ~? à qui le tour?; die ~ ist an mir, ich bin an der ~ c'est (à) mon tour; Sie werden auch an die ~ kommen votre tour viendra aussi; jeder kommt einmal an die ~ à chacun son tour; nun war die ~ an ihm zu sprechen ce fut, F c'était maintenant (à) son tour de parler; die Kritik am Plan des Ministers kam aus den eigenen ~n la critique du projet du ministre est venue de son propre parti; außer der ~ avant son tour; *fig.* aus der ~ tanzen se singulariser; faire bande à part; n'en faire qu'à sa tête; durch die ~n gehen passer dans les rangs; in Reih u. Glied en rangs; in Reih u. Glied bleiben garder son rang *od.* les rangs; die ~n aufschließen serrer les rangs; in e-e ~ stellen mettre, disposer sur un rang; in e-r ~ (*nebeneinander*) gehen marcher sur un seul rang, de front; nach der ~, der ~ nach l'un après l'autre; à tour de rôle; un par un; der ~ nach erzählen raconter par ordre, de point en point, point par point; *élect.* in ~ schalten monter, coupler en série.

reihen ['raɪən] I *v/t.* ⟨h⟩ 1. Perlen auf e-e Schnur ~ enfiler des perles; 2. *cout.* (*heften*) faufiler; II *v/réfl.* sich an etw. ~ suivre qc. (immédiatement); eins reiht sich ans andere l'un suit l'autre.

Reihen ['raɪən] *m* ⟨~s; ~⟩ *cf.* Reigen.

Reihen|abwurf ['raɪənˌapvurf] *m* ~ von Bomben largage *m* d'un chapelet de bombes; ~ˌanordnung *f techn.* disposition *f* en lignes, par rangées; ~ˌaufnahme *f phot.* bande *f*; ~ˌbau *m* ⟨~(e)s; ~ten⟩ *bât.* construction *f* en série; ~ˌbild *n phot.* prise *f* cinématographique; vue animée; ~bildˌkamera *f phot.* caméra *f*; ~fabrikatiˌon *f* fabrication *f* en série; ~ˌfolge *f* suite *f*; (*Ordnung*) ordre *m*; der ~ nach à tour de rôle; l'un après l'autre; chacun à son tour; à chacun son tour; in alphabetischer ~ par ordre alphabétique; in zeitlicher ~ chronologiquement; ~ˌhäuser *n/pl.* maisons, habitations individuelles standard; ~ˌherstellung *f cf.* ~fabrikation; ~ˌmotor *m* moteur *m* (à cylindres) en ligne; ~ˌschaltung *f élect.* couplage *m*, montage *m* en série; ~unterˌsuchung *f méd.* examen *m* de dépistage; examen médical de la population; 2ˌweise *adv.* par rangs, files, séries.

Reiher ['raɪər] *m* ⟨~s; ~⟩ *zo.* 'héron *m*; ~ˌbeize *f ch.* chasse *f*, vol *m* du héron; ~ˌbusch *m* aigrette *f*; ~ˌfeder *f* plume *f* de héron; ~ˌhorst *m* 'héronnière *f*; ~ˌjagd *f cf.* ~beize.

Reih|garn ['raɪgarn] *n cout.* fil *m* à faufiler; ~ˌleine *f mar.* raban *m* d'envergure.

reihum [raɪ'ʔum] *adv.* en cercle; en faisant le tour; es geht ~ chacun à son tour; F ça marche à tour de rôle.

Reim [raɪm] *m* ⟨~(e)s; ~e⟩ rime *f*; *par ext.* (*Vers*) vers *m*; *péj.* ~e schmieden rimailler; F *fig.* darauf kann ich mir keinen ~ machen je n'y comprends rien, F goutte; ~art *f* genre *m* de rime; ~ˌchronik *f litt.* chronique rimée, en vers; 2en I *v/t.* ⟨h⟩ rimer; faire rimer; mettre en vers; II *v/réfl.* sich ~ rimer; *fig.* (*übereinstimmen*) s'accorder; (*miteinander harmonieren*) aller bien ensemble; *fig.* wie reimt sich das? comment cela s'accorde-t-il?; comment accorder cela?; comment expliquer cette contradiction?; III ~en *n* ⟨~s⟩ *verbal*; ~er *m* ⟨~s; ~⟩ F *cf.* ~schmied; ~e'rei F *f* ⟨~; ~en⟩ *péj.* rimaille(rie) *f*; mauvais, méchants vers; 2los *adj.* non rimé; ~e Verse vers blancs; ~schmied F *m péj.* rimeur *m*; rimailleur *m*; poétereau *m*; F poétaillon *m*; ~ˌsilbe *f* (syllabe *f* qui forme la) rime *f*; ~sucht *f* ⟨~⟩ *péj.* manie *f* de rimer; *sc.* métromanie *f*; ~wort *n* ⟨~(e)s; ≈er⟩ rime *f*; ~ˌwörterbuch *n* dictionnaire *m* des rimes.

rein[1] [raɪn] **1.** *adj.* (*unvermischt*) pur; sans mélange; (*sauber*) propre; net, -tte; *Papier* blanc, blanche; *Wein* naturel, -lle; (*klar*) clair; *Wasser auch* limpide; (*keusch*) chaste; (*fleckenlos*) exempt de tache, de souillure; immaculé; (*jungfräulich*) vierge; **~e Seide, Wolle** pure soie, laine; **~es Gold** or fin; **~e Freude** grande joie; joie sans mélange; **~er Klang** son clair, net; F *fig.* **~er Wahnsinn** pure folie; **~er Teint** teint pur, clair; **~es Deutsch** allemand pur; **aus ~em Zufall** par simple, pur 'hasard; **~er Verlust** perte sèche; *fig.* **ein ~es Gewissen haben** avoir la conscience pure, nette; **diese Behauptung ist ~e Erfindung** cette affirmation est controuvée, inventée de toutes pièces; *fig.* **~en Mund halten** être discret; garder le secret; rester bouche cousue, close; *fig.* **... ~sten Wassers, von ~stem Wasser ...** dans toute la force du terme; F ... de la plus belle eau; à tout crin; à tous crins; achevé; *fig.* **die Luft ist ~** il n'y a pas de danger; il n'y a rien à craindre; F on peut y aller; P il n'y a pas de pet; (*es hört niemand mit*) nous sommes à l'abri des indiscrets; nous sommes entre nous; *fig.* **j-m ~en Wein einschenken** dire la vérité toute pure à qn.; parler clair à qn.; dire tout net la vérité à qn.; *fig.* **~en Tisch machen** faire table rase; **2.** *adv.* **~ menschlich, pflanzlich** purement humain, végétal; **~ halten** tenir propre; *fig.* ne pas laisser souiller; **~(e) machen** nettoyer; *fig.* **sich ~ waschen** se disculper; se laver d'une accusation; F se blanchir; **3.** *substantivisch* **etw. ins ~e schreiben** mettre qc. au net; **e-e Sache ins ~e bringen** tirer qc. au clair; mettre qc. en ordre; **im ~en sein** être au clair; **damit will ich ins ~e kommen** je veux en avoir le cœur net; **mit j-m ins ~e kommen** s'arranger avec qn.; **mit j-m im ~en sein** être d'accord, en bons termes avec qn.; **~**[2] *adv.* F (*ganz, völlig*) absolument; tout à fait; **~ unmöglich** absolument impossible; **~ gar nichts** absolument rien; rien de rien; **er ist ~ toll** il est positivement, F carrément fou; **er war ~ weg** il était complètement en extase, absent.

'rein [raɪn] F *adv. u. in Zssgn. cf.* **herein(...), hinein(...).**

Reindruck ['raɪndruk] *m* ⟨~(e)s; ~e⟩ *impr.* impression définitive; bonnes feuilles.

Reineclaude [rɛːnə'kloːdə] *f* ⟨~; ~n⟩ *bot.* reine-claude *f*.

Reinein|nahme ['raɪnˌʔaɪnnaːmə] *f cf.* Reinerlös; **~kommen** *n* revenu net.

Reineke ['raɪnəkə] **~ Fuchs** maître Renard.

Rein(e)|machefrau ['raɪn(ə)ˌmaxəˌfrau] *f* femme *f* de ménage; **~ˌmachen** *n* ⟨~s⟩ nettoyage *m*.

Rein|erlös ['raɪnˀɛrˌløːs] *m*, **~erˌtrag** *m* produit net.

rein(e)weg ['raɪn(ə)'vɛk] F *adv. cf.* **rein**[2]; **das ist ~ zum Tollwerden** c'est à devenir fou.

Reinfall ['raɪnfal] F *m* insuccès *m*; échec *m*; fiasco *m*; déconvenue *f*; déception *f*; affaire ratée, manquée, échouée, avortée; F guigne *f*; déveine *f*; *thé.* four *m*; **das war ein ~** *auch* F on s'est fait avoir; **2en** F *v/i.* ⟨*irr., sép., -ge-,* **sein**⟩ *fig.* donner dedans; F tomber dans le panneau, dans le piège; **reingefallen sein** F être refait, roulé, chocolat; être mis, P foutu, fichu dedans.

Reinfektion ['reːɪnfɛktsiˈˌoːn] *f méd.* réinfection *f*.

Rein|gewicht ['raɪngəˌvɪçt] *n* poids net; **~geˌwinn** *m* bénéfice net.

Reinhaltung ['raɪnˌhaltuŋ] *f* bonne tenue.

reinhauen ['raɪnˌhauən] F **I** *v/t.* ⟨*irr., sép.,* -ge-, h⟩ j-m e-e ~ F abîmer le portrait de qn.; **II** *v/i. beim Essen cf.* einhauen II.

Reinheit ['raɪnhaɪt] *f* ⟨~⟩ pureté *f*; (*Sauberkeit*) netteté *f*; propreté *f*; (*Klarheit*) clarté *f*; limpidité *f*; (*Keuschheit*) chasteté *f*; innocence *f*.

reinig|en ['raɪnɪgən] **I** *v/t.* ⟨h⟩ nettoyer (**von de**) (*auch fig.*); purger (de) (*auch fig.*); épurer; *fig.* (*läutern*) purifier (*auch Luft, Wasser, Gas etc.*); *von Schmutz* décrasser; (*scheuern*) récurer; *Schuhe* décrotter; *von Flecken* détacher; *Brunnen, Kanal* curer; vider; *métall.* affiner; *méd.* purger; *Wunde* déterger; nettoyer; *Blut, Säfte* (d)épurer; *Kleider etc.* **chemisch ~** nettoyer à sec; dégraisser; **II** *v/réfl.* **sich ~** se nettoyer; *relig.* (*sich läutern*) se purifier; **sich von e-m Verdacht ~** se laver d'un soupçon; **~end** *adjt.* purifiant; purificateur, -trice; détersif, -ive; détergent; *techn.* épuratoire; épurateur, -trice; épuratif, -ive; *méd.* purgatif, -ive; *égl. cath.* purificatoire; **2ung** *f* ⟨~; ~en⟩ nettoyage *od.* nettoiement *m*; purgation *f* (*auch méd.*); épuration *f*; purification *f* (*auch fig.*); *von Schmutz* décrassement *m*; (*Scheuern*) récurage *m*; *e-s Brunnens, Kanals* curage *m*; vidange *f*; *métall.* (r)affinage *m*; **chemische ~** nettoyage à sec; dégraissage *m*; *physiol.* monatliche ~ *cf.* Menstruation; **2ungsˌanstalt** *f* teinturerie *f*; **2ungsˌbad** *n* bain *m* (pour se laver); **2ungsˌmittel** *n/pl.* produits *m/pl.* de nettoyage et d'entretien; *sg.* détergent *m*.

Reinkarnation ['reːɪnkarnatsiˈˌoːn] *f* réincarnation *f*.

Reinkultur ['raɪnkulˌtuːr] *f* bouillon *m* de culture; F *fig.* **in ~** par excellence; véritable.

reinlegen ['raɪnˌleːgən] F *v/t.* ⟨*sép.,* -ge-, h⟩ mettre dedans (*auch fig.*); *fig. cf.* (j-n) leimen I.

rein|leinen ['raɪn'laɪnən] *adj.* (de) pure toile; **~lich** *adj.* propre; net, -tte; (*schmuck*) propret, -tte; **2lichˌkeit** *f* ⟨~⟩ propreté *f*; netteté *f*; **2ˌmacheˌfrau** *f cf.* Reinemachefrau; **2ˌmachen** *n* ⟨~s⟩ *cf.* Reinemachen; **~ˌrassig** *adj.* de race pure; *Pferd, Hund* de (pure) race; *Pferd auch* de pur sang; **ein ~es Pferd** un cheval (de) pur sang; un pur(-)sang *m* (*inv.*); **2schrift** *f* copie *f* au net; **~'seiden** *adj.* (de) pure soie; **2verˌdienst** *m* gain net; **2verˌlust** *m* perte nette, sèche; **2verˌmögen** *n* fortune nette; **~'weg** F *adv. cf.* rein[2], reineweg; **~'wollen** *adj.* (de) pure laine; **2zucht** *f* accouplement *m* des produits de race pure.

Reis[1] [raɪs] *m* ⟨~es⟩ *bot. Pflanze u. Korn* riz *m* (**geschälter** décortiqué; **polierter** poli, glacé; **ungeschälter** naturel).

Reis[2] [raɪs] *n* ⟨~es; ~er⟩ (*junger Trieb*) pousse *f*; jet *m*; rejeton *m*; scion *m*; (*kleiner Zweig*) petite branche; rameau *m*; **trockene, dürre ~er** *cf.* Reisig.

Reis|bau ['raɪsbau] *m* ⟨~(e)s⟩ culture *f* du riz; riziculture *f*; **~ˌbauer** *m* ⟨~n; ~n⟩ riziculteur *m*; **~ˌbesen** *m cf.* Reisigbesen; **~ˌbranntwein** *m* arac(k) *od.* ara(c)k *od.* rack *m*; **~brei** *m* bouillie *f* de riz; riz *m* au lait.

Reise ['raɪzə] *f* ⟨~; ~n⟩ voyage *m*; trajet *m*; (*Rund2*) tour *m*; tournée *f*; **kleine ~** petit tour; **~ um die Welt** tour du monde; voyage autour du monde; **e-e ~ machen** faire un voyage; **e-e ~ antreten** partir en voyage; **auf ~n sein** être en voyage; **sich auf die ~ begeben, machen** se mettre en route; **glückliche ~!** bon voyage!; **wo geht die ~ hin?** où allez-vous?; **~ˌabenteuer** *n* aventure *f* de voyage; **~ˌandenken** *n* souvenir *m* (de voyage); **~apoˌtheke** *f* trousse *f* de secours, à pansements, de première urgence; pharmacie *f* (de voyage); boîte *f* à pansements; **~arˌtikel** *m/pl.*, **~beˌdarf** *m* articles *m/pl.* de voyage; **~beˌgleiter(in)** *m* (*f*) compagnon *m*, compagne *f* de voyage; **~beˌkanntschaft** *f* connaissance *f* de voyage; **~beˌricht** *m*, **~beˌschreibung** *f* récit *m*, relation *f* de voyage; **~ˌbügelˌeisen** *n* fer *m* (à repasser) de voyage; **~büˌro** *n* agence *f* de voyages; **~ˌbus** *m* autocar *m* de tourisme; **~ˌdecke** *f* couverture *f* de voyage; **~ˌeindrücke** *m/pl.* impressions *m/pl.* de voyage; **~erˌinnerungen** *f/pl.* souvenirs *m/pl.* de voyage; **~erˌleichterungen** *f/pl.* facilités *f/pl.* de voyage; **2ˌfertig** *adj.* prêt à partir (en voyage); **sich ~ machen** s'apprêter à faire un voyage; se préparer à partir, à un voyage; se disposer à partir; faire ses malles; **~ˌfieber** *n* fièvre *f* du départ; **~ˌführer** *m Buch* guide *m* (du voyageur); **~geˌfährte** *m*, **~geˌfährtin** *f cf.* **~begleiter(in)**; **~ˌgeld** *n* argent *m* (pour un voyage); **j-m das ~ geben** payer à qn. son voyage; **~geˌnehmigung** *f* autorisation *f* de voyage; **~geˌpäck** *n* bagages *m/pl.*; **~gepäckverˌsicherung** *f* assurance *f* de(s) bagages; **~geˌschwindigkeit** *f mar., aviat.* vitesse *f* de croisière; **~geˌsellschaft** *f* société *f* touristique; **meine ~** mes compagnons de voyage; **~ˌkleid** *n* habit *m* de voyage; **~ˌkoffer** *m* malle *f*; *kleiner* valise *f*; **~ˌkorb** *m* malle *f* en osier; **~ˌkosten** *pl.* frais *m/pl.* de voyage; **~ˌkostenverˌgütung** *f* remboursement *m* des frais de voyage; **~kreˌditbrief** *m* lettre *f* de crédit (pour voyageurs); **~ˌleiter(in)** *m* (*f*) guide *m*; cicérone *m*; **~lekˌtüre** *f* lecture *f* de voyage; **~ˌlust** *f* envie *f* de voyager; *pfort.* passion *f* des voyages; **2ˌlustig** *adj.* qui a envie de voyager; **~ sein** *auch* P avoir la bougeotte; **~ˌmöglichkeiten** *f/pl.* possibilités *f/pl.* de voyage.

reisen ['raɪzən] **I** *v/i.* ⟨-(es)t, **sein**⟩ *ohne Angabe des Ziels* voyager (**mit der Bahn, dem Auto, dem Flugzeug** en chemin de fer, en voiture, en avion); *mit Angabe des Ziels* aller, faire un voyage, se rendre (**nach** *vor Ländernamen* en, à, *vor Städtenamen* à); faire route vers; (*ab~*) partir (**nach** pour); **~ über** *e-n Ort* passer par; **~ durch** *ein Land* traverser (un pays); *comm.* **in etw. ~** voyager pour, faire la commission d'un article; **nach Italien ~** aller en Italie; partir pour l'Italie; **in Italien ~** voyager en Italie; **ins Bad ~** aller aux eaux; **ins Ausland ~** aller à l'étranger; **in die Sommerfrische ~** aller en villégiature; **geschäftlich ~** voyager pour, faire un voyage d'affaires; **viel gereist sein** avoir beaucoup voyagé; avoir vu bien des pays; F avoir vu du pays; **wir ~ morgen** nous partirons demain; **II 2** *n* ⟨~s⟩ voyages *m/pl.*; **2de(r)** *f* (*m*) ⟨→ A⟩ voyageur, -euse *m, f*; (*Fahrgast*) passager, -ère *m, f*; (*Vergnügungs2*) touriste *m, f*; *nur m*

(*Handlungs*≈) voyageur *m* de commerce; commis voyageur; (*Vertreter*) représentant *m*.
Reise|onkel ['raɪzə,ˀɔŋkəl] F *m iron.* éternel voyageur; **~,paß** *m* passeport *m*; **~,plan** *m* projet *m* de voyage; **~'rei** F *f* ⟨~⟩ voyages *m/pl.*; **~,route** *f* itinéraire *m*; **~,scheck** *m* chèque *m* de voyage; traveller's cheque *m*; **~,schreibma,schine** *f* machine *f* à écrire portative; **~,spesen** *pl.* frais *m/pl.* de voyage; (frais *m/pl.* de) déplacements *m/pl.*; **~,tante** F *f iron.* éternelle voyageuse; **~,tasche** *f* sac *m* de voyage; **~,unfallver,sicherung** *f* assurance *f* contre les accidents de voyage; **~unter,brechung** *f* interruption *f* de voyage; **~ver,kehr** *m* trafic-voyageurs *m*; trafic *m* touristique, des voyageurs; tourisme *m*; **~,vorbereitung** *f* préparatifs *m/pl.* de voyage; **~,wecker** *m* réveil *m* de voyage; **~,weg** *m cf.* ~route; **~,wetter** *n* **gutes** ~ bon temps pour voyager; **~wetterver,sicherung** *f cf.* Regenversicherung; **~,zeit** *f* saison *f* des voyages, du tourisme; **~,ziel** *n* but *m*, terme *m* du voyage; destination *f*; **~,zug** *m* train *m* de voyageurs.
Reisfeld ['raɪsfɛlt] *n* rizière *f*.
Reisig ['raɪzɪç] *n* ⟨~s⟩ menu bois; ramilles *f/pl.*; brindilles *f/pl.*; broutilles *f/pl.*; **~,besen** *m* balai *m* de bouleau, en ramilles, de brindilles; **~,bündel** *n* fagot *m*; cotret *m*; fascine *f*.
Reisige ['raɪzɪgə] *m/pl.* ⟨→ A⟩ *hist.* hommes *m/pl.* d'armes à cheval.
Reisigholz ['raɪzɪç,hɔlts] *n* ⟨~es⟩ *cf.* Reisig.
Reis|korn ['raɪskɔrn] *n* ⟨~(e)s; ~er⟩ grain *m* de riz; **~mehl** *n* farine *f*, crème *f* de riz; **~pa,pier** *n* papier *m* de riz; **~,puder** *m* poudre *f* de riz.
Reißaus [raɪs'ˀaus] F ~ **nehmen** s'enfuir; prendre la fuite; tourner les talons; F prendre la poudre d'escampette; filer comme un zèbre; prendre ses jambes à son cou; détaler.
Reiß|bahn ['raɪsbaːn] *f e-s Ballons* panneau *m* de déchirure; **~blei** *n minéral.* graphite *m*; mine *f* de plomb; **~brett** *n* planche *f* à dessin; **~brett,stift** *m* punaise *f*.
reißen ['raɪsən] **I** *v/t.* ⟨-(es)t, reißt, riß, gerissen, h⟩ **1.** (*weg*~) tirer (fortement); entraîner; arracher; **etw. an sich** ~ tirer qc. à soi; *fig.* usurper qc.; s'emparer de qc.; **j-m etw. aus den Händen** ~ arracher qc. des mains de qn.; *fig.* **das riß ihn aus s-n Gedanken** cela l'arracha à ses pensées; **j-n, etw. zu Boden** ~ terrasser qn.; renverser (violemment) qn., qc.; *fig.* **j-n ins Verderben** ~ ruiner qn.; mettre qn. dans l'embarras, F dans le pétrin; *im Wasser* **in die Tiefe** ~ entraîner au fond; couler à pic; **2.** (*zer*~) **in Stücke** ~ mettre en pièces; déchirer; **sich lieber in Stücke** ~ **lassen, als ...** se faire plutôt 'hacher que de ... (+ *inf.*); **ein Loch** ~ faire un trou, un accroc; **Löcher in die Strümpfe** ~ trouer ses bas; *fig. vom Tod* **e-e große Lücke** ~ faire un grand vide; **3. Federn** ~ ébarber des plumes; **4.** *Sport, Gewichtheben* arracher; **5.** *fig.* **Possen** ~ *cf.* **Posse 1**; **Witze** ~ se livrer à des plaisanteries; **6.** *Raubtiere* (*rauben*) emporter; **II** *v/i.* **7.** (*zerren*) **an etw.** ~ tirer, tirailler violemment sur qc.; **8.** ⟨sein⟩ (*zer*~) *Schnur* (se) rompre; *Stoff* se déchirer; (*Löcher bekommen*) se trouer; *Fäden* (se) casser; *fig.* **mir reißt die Geduld** ma patience est à bout; *fig.* **wenn alle Stricke** *od.* **Stränge** ~ au pis aller; à défaut d'autres moyens; en mettant les choses au pire; *fig.* **das reißt ins Geld** ⟨h⟩ c'est une dépense trop forte; cela fait monter la dépense; **III** *v/réfl.* **9. sich an e-m Nagel** ~ se blesser, s'égratigner, s'érafler à un clou; **sich aus j-s Armen** ~ s'arracher aux bras de qn.; **sich um etw., j-n** ~ s'arracher qc., qn.; se disputer qc., qn.; **man reißt sich um ihn** F on se l'arrache; **sich nicht um etw.** ~ ne pas faire de folies pour qc.; **IV** *v/imp.* **10.** *von rheumatischen Schmerzen* **es reißt mir in allen Gliedern** j'ai des tiraillements dans tous les membres; j'ai des rhumatismes; **V** ≈ *n* ⟨~s⟩ **11.** (*Zer*≈) déchirement *m*; rupture *f*; *sonst verbal*; **12.** *Gewichtheben* arraché *m*; **13.** *méd.* tiraillements *m/pl.*; (*Rheuma*) rhumatisme *m*; **~d** *adjt. Tiere* féroce; carnassier, -ère; *Strom* impétueux, -euse; rapide; *Schmerz* lancinant; *comm.* **diese Ware geht** ~ **ab** F on s'arrache cette marchandise; cette marchandise se vend comme des petits pains.
Reißer ['raɪsər] F *m* ⟨~s; ~⟩ *thé.* pièce *f* à grand succès, qui emballe le public; *Buch* livre *m*, ouvrage *m* à grand succès (de librairie), qui emballe les lecteurs; best-seller *m*; *Ware* marchandise *f* qu'on s'arrache; ≈**isch** *adj.* à grand succès; qui emballe le public; F emballant; *Werbung* tapageux, -euse.
Reiß|feder ['raɪs,feːdər] *f* tire-ligne *m*; ≈**fest** *adj.* résistant (à la rupture); **~,festig,keit** *f* résistance *f* à la rupture; **~,kohle** *f* fusain *m*; crayon *m* fusain; **~,leine** *f am Fallschirm, Ballon* corde *f* de déchirement, du panneau de déchirure; **~,nadel** *f* pointe *f* (à tracer); **~,nagel** *m* punaise *f*; **~,schiene** *f* équerre *f* en T; té *m*; **~stift** *m cf.* ~nagel.
Reis|stärke ['raɪs,ʃtɛrkə] *f* amidon *m* (de riz); **~stroh** *n* paille *f* de riz; **~,suppe** *f* potage *m* au riz.
Reiß|verschluß ['raɪsfɛr,ʃlʊs] *m* fermeture *f* éclair; **~,wolle** *f* laine *f* de récupération; **~zahn** *m der Raubtiere* canine *f*; **~zeug** *n* ⟨~(e)s; ~e⟩ boîte *f*, pochette *f* de compas; **~,zirkel** *m* compas *m* à pointe(s) interchangeable(s); **~,zwecke** *f cf.* Reißnagel.
Reit|bahn ['raɪtbaːn] *f* manège *m*; *offene* carrière *f*; **~dreß** *m* tenue *f* d'équitation; *für Herren* costume *m* de cavalier; *für Damen* (habit *m* d')amazone *f*.
reiten ['raɪtən] **I** *v/t.* ⟨reitet, ritt, geritten, h⟩ **1.** monter; mener; **ein Pferd** ~ monter un cheval; **ein Pferd in die Schwemme** ~ mener un cheval à l'abreuvoir; **ein Pferd zuschanden** ~ crever un cheval sous soi; **j-n über den Haufen** ~ renverser qn. avec son cheval; *réfl.* **sich wund** ~ s'écorcher, se blesser à cheval; **2.** *fig.* **sein Steckenpferd** ~ enfourcher son dada; **er reitet sein Steckenpferd** c'est son dada, son cheval de bataille; **Prinzipien** ~ être à cheval sur les principes; **den Pegasus** ~ enfourcher Pégase; **der Teufel reitet ihn** il a le diable au corps; **II** *v/i.* ⟨sein⟩ chevaucher; monter à cheval; *als Sport* faire du cheval; *irgendwohin* aller à cheval; **spazieren** ~ se promener à cheval; **gut, schlecht** ~ (**können**) être bon, mauvais cavalier; **scharf** ~ aller bon train, à vive allure, à fond de train; **ohne Sattel** ~ monter à cru; **im Schritt, Galopp, Trab** ~ aller au pas, au galop, au trot; **auf e-m Pferd** ~ être monté sur un cheval; **ich bin lange geritten** je suis resté longtemps en selle, à cheval; **gern** ~ aimer le cheval, l'équitation; **auf j-s Rücken** ~ être à califourchon sur le dos de qn.; **auf e-m Besen** ~ chevaucher un manche à balai; **III** ≈ *n* ⟨~s⟩ équitation *f*; chevauchement *m*; **~d** *adjt.* monté; à cheval; **~e Artillerie** artillerie montée.
Reiter|(in) ['raɪtər(ɪn)] *m* ⟨~s; ~⟩ (*f*) ⟨~; ~nen⟩ **1.** cavalier *m* (*auch milit.*); amazone *f*; (*Kunst*≈) écuyer, -ère *m, f*; **2.** *techn.* cavalier *m* (*auch für Karteikarten*); curseur *m*; *fortif.* **spanischer** ~ cheval de frise; **~ei** [-'raɪ] *f* ⟨~; ~en⟩ *milit.* cavalerie *f*; **die schwere** ~ la grosse cavalerie; **~regi,ment** *n* régiment *m* de cavalerie; **~s,mann** *m* ⟨~(e)s; ~er⟩ *litt.* cavalier *m*; **~,standbild** *n*, **~,statue** *f* statue *f* équestre.
Reit|gerte ['raɪt,gɛrtə] *f* badine *f*; **~,hose** *f* culotte *f* de cheval, de cavalier; culotte *f* de peau; **~klub** *m* société *f* hippique; **~knecht** *m* palefrenier *m*; **~kunst** *f* équitation *f*; **~,lehrer** *m* professeur *m* d'équitation; **~,peitsche** *f* cravache *f*; **~pferd** *n* cheval *m* de selle; monture *f*; **~,sattel** *m* selle *f*; **~,schule** *f* école *f* d'équitation; manège *m*; *milit.* école *f* de cavalerie; **~sitz** *m* im ~ à califourchon; **~sport** *m* sport *m* hippique; hippisme *m*; **~,stiefel** *m* botte *f* d'équitation; **~stock** *m der Drehbank* poupée *f* (coulissante); contre-pointe *f*; **~tier** *n* animal *m* de selle; **~ und 'Fahrtur,nier** *n* concours *m* hippique; **~,unterricht** *m* leçons *f/pl.* d'équitation; **~weg** *m* allée, piste cavalière; allée réservée aux cavaliers.
Reiz [raɪts] *m* ⟨~es; ~e⟩ **1.** (*äußere Einwirkung auf die Sinne*) excitation *f*; *pfort.* irritation *f* (*beide auch méd.*); *méd., physiol.* stimulus *m*; stimulation *f*; **mechanischer, chemischer, örtlicher** ~ excitation mécanique, chimique, locale; **2.** (*Lockung*) appât *m*; (*Lieb*≈) attrait *m*; charme(s) *m* (*pl.*); *pfort.* appas *m/pl.* (*bes. weibliche* ~*e*); ~ **der Neuheit** charme, attrait de la nouveauté; **dem** ~ **erliegen** être vaincu par les charmes; **den** ~ **verlieren** perdre tout attrait, tout intérêt; F **das hat wenig** ~ ça ne présente pas de grand intérêt; ≈**bar** *adj.* (*erregbar*) irritable; excitable; (*empfindlich*) sensible; susceptible; **leicht** *od.* **sehr** ~ **sein** F prendre facilement la mouche; avoir la tête près du bonnet; prendre vite le mors aux dents; avoir ses nerfs; avoir les nerfs en pelote; avoir la fibre sensible; être chatouilleux, -euse; **~er Mensch** homme irascible; F soupe au lait; **~bar,keit** *f* ⟨~⟩ irritabilité *f*; excitabilité *f*; (*Empfindlichkeit*) sensibilité *f*; susceptibilité *f*; ≈**en** *v/t.* ⟨-(es)t, h⟩ **1.** (*erregen*) exciter; *pfort.* irriter; (*ärgern*) agacer; (*anregen*) stimuler; (*wecken*) réveiller; *Neugierde* piquer; (*herausfordern*) provoquer; **j-n zu etw.** ~ exciter qn. à qc.; **in gereiztem Ton** d'un ton irrité; ~ **Sie mich nicht!** ne m'irritez, ne me fâchez pas!; **j-n zum Zorn** ~ provoquer, réveiller la colère de qn.; **j-n bis aufs Blut** ~ F *fig.* faire bouillir le sang de qn.; **der Lärm reizte ihn aufs äußerste** le bruit l'exaspérait; **in gereizter Stimmung sein** F être d'une humeur massacrante; être exaspéré; **es herrschte e-e gereizte Stimmung** F *fig.* il y avait de l'électricité dans l'air; **zum Widerspruch** ~ provoquer, appeler, susciter la contradiction; **2.** (*anziehen*) attirer; (*hinreißen*) ravir; séduire; (*bezaubern*) charmer; enchanter; (*locken*) tenter;

alles Neue reizt ihn la nouveauté le séduit, l'attire, le charme; **das kann mich nicht** ~ cela ne me tente, ne m'attire pas; F cela ne me dit rien; **3.** *Skat* demander; **2end** *adjt.* (*anziehend*) ravissant; séduisant; charmant; enchanteur, -teresse; (*allerliebst*) mignon, -nne; joli; *iron.* **das ist ja** ~! ça, c'est charmant!

Reiz|gas ['raɪtsgaːs] *n* gaz irritant; **~ˌhusten** *m* toux irritante; **~ˌkampfstoff** *m* agent irritant.

Reizker ['raɪtskər] *m* ⟨~s; ~⟩ *bot.* oronge *f*; amanite *f*.

Reiz|klima ['raɪtsˌkliːma] *n* climat stimulant; **2los** *adj.* sans attraits, charmes; fade; **~ˌlosigˌkeit** *f* ⟨~⟩ absence *f* de charmes; fadeur *f*; **~ˌmittel** *n méd.* excitant *m*; irritant *m*; stimulant *m*; **~ˌschwelle** *f physiol.* seuil *m* d'excitation; **~stoff** *m* stimulant *m*; *störender* irritant *m*; *milit.* ~e *pl.* lacrymogènes et irritants; **~ung** *f* ⟨~; ~en⟩ excitation *f*; irritation *f* (*beide auch méd.*); *physiol., méd.* stimulation *f*; **2voll** *adj.* plein de charmes, d'attraits; charmant.

rekapitulier|en [reˑkapiˑtuˑ'liːrən] *v/t.* ⟨*pas de ge-*, h⟩ récapituler; **2ung** *f* ⟨~; ~en⟩ récapitulation *f*.

rekeln ['reːkəln] *v/réfl.* ⟨-(e)le, h⟩ **sich** ~ s'étirer; (*sich lümmeln*) s'accouder.

Reklamation [reˑklamatsiˑ'oːn] *f* ⟨~; ~en⟩ réclamation *f*.

Reklame [reˑ'klaːmə] *f* ⟨~; ~n⟩ *comm.* publicité *f*; réclame *f*; *fig.* propagande *f*; ~ **machen** faire de la publicité, de la réclame; **marktschreierische, aufdringliche** ~ réclame tapageuse; **gute Ware bedarf keiner** ~ à bon vin pas d'enseigne *prov.*; **~arˌtikel** *m* article-réclame *m*; **~ˌbeilage** *f in e-r Zeitung* encart *m*; imprimé encarté; **~ˌbild** *n* image *f* publicitaire; **~büˌro** *n* bureau *m*, agence *f* de publicité; **~ˌchef** *m* chef *m* de publicité; **~ˌdrucksache** *f* imprimé *m* publicitaire; prospectus *m*; réclame *f*; **~ˌfachmann** *m* expert *m* en publicité; publicitaire *m*; **~ˌfeldzug** *m* campagne *f* publicitaire, de publicité; **~ˌfilm** *m* film *m* publicitaire; **~ˌfläche** *f* panneau *m* publicitaire, d'affichage; **~ˌflugzeug** *n* avion *m* publicitaire; **~ˌkosten** *pl.* frais *m/pl.* de publicité; **~plaˌkat** *n* affiche-réclame *f*; affiche *f* publicitaire; **~ˌpreis** *m* prix-réclame *m*; prix *m* publicitaire; **~ˌrummel** *m* tam-tam *m*, battage *m* publicitaire; **~ˌschild** *n* panneau *m* publicitaire, de publicité; enseigne *f*; **~ˌsendung** *f Radio, télév.* émission *f* publicitaire; **~ˌtrommel** *f* F **die** ~ **rühren** battre la grosse caisse; faire du battage; faire une publicité tapageuse, à tout casser; **~verˌkauf** *m* vente-réclame *f*; vente *f* publicitaire; **~ˌwagen** *m* voiture-réclame *f*; **~ˌwesen** *n* publicité *f*; réclame *f*; **~ˌzeichner(in)** *m* (*f*) dessinateur, -trice *m, f* publicitaire.

reklamier|en [reˑkla'miːrən] *v/t.* ⟨*pas de ge-*, h⟩ réclamer; (*fordern*) revendiquer; (*Einspruch erheben*) protester; *milit.* faire mettre en sursis; **2te(r)** *m* ⟨→ A⟩ *milit.* sursitaire *m*; **2ung** *f* ⟨~; ~en⟩ *cf.* Reklamation.

rekognoszier|en [reˑkɔgnɔs'tsiːrən] *v/t.* ⟨*pas de ge-*, h⟩ reconnaître; faire une reconnaissance; **2ung** *f* ⟨~; ~en⟩ reconnaissance *f*.

rekonstruier|en [reˑkɔnstruˑ'iːrən] *v/t.* ⟨*pas de ge-*, h⟩ *Bauten, Vorgang* reconstituer; **2ung** *f* ⟨~; ~en⟩ reconstitution *f*.

Rekonstruktion [reˑkɔnstruˑktsiˑ'oːn] *f* ⟨~; ~en⟩ *cf.* Rekonstruierung.

Rekonvales|zent(in) [reˑkɔnvalɛs'tsɛnt(ɪn)] *m* ⟨~en; ~en⟩ (*f*) ⟨~; ~nen⟩ convalescent, -e *m, f*; **~'zenz** *f* ⟨~⟩ convalescence *f*.

Rekord [reˑ'kɔrt] *m* ⟨~(e)s; ~e⟩ record *m* (**aufstellen** établir; **halten** détenir; **brechen** battre; **drücken** abaisser); *in Zssgn.* ... record; **~ˌernte** *f* récolte *f* record; **~ˌflug** *m* vol *m* record; **~ˌhalter(in)** *m* ⟨~s; ~⟩ (*f*) ⟨~; ~nen⟩, **~ˌinhaber(in)** *m* (*f*) détenteur, -trice *m, f* du record; recordman *m* (*pl.* recordmen); recordwoman *f* (*pl.* recordwomen); **~verˌsuch** *m* tentative *f* de record; **~ˌzeit** *f* temps *m* record; **~ˌziffer** *f* chiffre *m* record.

Rekrut [reˑ'kruːt] *m* ⟨~en; ~en⟩ *milit.* conscrit *m*; recrue *f*; F bleu *m*; **~enˌausbildung** *f* instruction *f* des recrues; **~enˌaushebung** *f* recrutement *m*; **2ieren** [-'tiː-] **I** *v/t.* ⟨*pas de ge-*, h⟩ *milit.* recruter; faire des recrues; **II** *v/réfl. fig.* **sich** ~ se recruter (**aus** dans, parmi); être complété (par); **~ierung** [-'tiː-] *f* ⟨~; ~en⟩ recrutement *m*; **~ierungsˌstelle** [-'tiː-] *f* centre *m* de recrutement.

Rektaklausel ['rɛktaˌklauzəl] *f comm.* clause «non à ordre».

rektal [rɛk'taːl] *adj.* rectal; **2erˌnährung** *f méd.* alimentation rectale.

Rekta|papier ['rɛktapaˌpiːr] *n comm.* titre nominatif; **~ˌscheck** *m* chèque *m* non à ordre, non négociable; **~ˌwechsel** *m* effet *m* non à ordre, non négociable.

Rektifi|kation [rɛktiˑfiˑkatsiˑ'oːn] *f* ⟨~; ~en⟩ *chim., math.* rectification *f*; **2'zieren** *v/t.* ⟨*pas de ge-*, h⟩ rectifier; **~'zierung** *f* ⟨~; ~en⟩ *cf.* ~kation.

Rektion [rɛktsiˑ'oːn] *f* ⟨~⟩ *gr.* régime *m*.

Rekto ['rɛktoˑ] *n* ⟨~s; ~s⟩ recto *m*.

Rektor ['rɛktər] *m* ⟨~s; -'toren⟩ *e-r Hochschule* recteur *m*; *e-r Volksschule* directeur *m*; **~at** [-'raːt] *n* ⟨~(e)s; ~e⟩ rectorat *m*; direction *f*; **~in** [-'toː-] *f* ⟨~; ~nen⟩ *e-r Volksschule* directrice *f*.

Rekto|skop [rɛktoˑ'skoːp, -tɔs'koːp] *n* ⟨~s; ~e⟩ *méd.* rectoscope *m*; **~sko'pie** *f* ⟨~; -ien⟩ *méd.* rectoscopie *f*.

Rektum ['rɛktum] *n* ⟨~s; -ta⟩ *anat.* rectum [-ɔm] *m*.

Rekuperator [reˑkuˑpeˑ'raːtər] *m* ⟨~s; -'toren⟩ *techn.* récupérateur *m*.

Rekurrensfieber [reˑ'kurɛnsˌfiːbər] *n méd.* fièvre récurrente.

Rekurs [reˑ'kurs] *m* ⟨~es; ~e⟩ *jur.* recours *m*.

rekursiv [reˑkur'ziːf] *adj. math.* récurrent.

Relais [rə'lɛː] *n* ⟨~; ~⟩ *élect.* relais *m*; **~ˌleitung** *f élect.* ligne *f* de relais; **~ˌschalter** *m élect.* contacteur *m*; **~ˌsender** *m rad.* émetteur-relais *m*; **~ˌsendung** *f rad.* retransmission *f*; **~statiˌon** *f rad.* station *f* (de) relais; **~ˌwähler** *m élect.* sélecteur *m* relais.

Relation [reˑlatsiˑ'oːn] *f* ⟨~; ~en⟩ relation *f*.

relativ [reˑla'tiːf] **I** *adj.* relatif, -ive; **II** **2** *n* ⟨~s; ~e⟩ *gr.* relatif *m*; **~ieren** [-'viː-] *v/t.* ⟨*pas de ge-*, h⟩ **1.** mettre en rapport; établir des rapports entre; **2.** donner une valeur relative à; **2ismus** [-'vɪs-] *m* ⟨~⟩ *philos.* relativisme *m*; **~istisch** [-'vɪs-] *adj.* relativiste; **2i'tät** *f* ⟨~⟩ relativité *f*; **2i'tätsprinˌzip** *n* principe *m* de la relativité; **2i'tätstheoˌrie** *f phys.* théorie *f* de la relativité; **2proˌnomen** *n gr.* pronom relatif; **2ˌsatz** *m gr.* (proposition) relative *f*.

Releg|ation [reˑleˑgatsiˑ'oːn] *f* ⟨~; ~en⟩ expulsion *f*, renvoi *m* d'un étudiant de l'université, d'un élève du collège; **2ieren** [-'giː-] *v/t.* ⟨*pas de ge-*, h⟩ renvoyer, chasser (un élève du collège, un étudiant de l'université).

relevan|t [reˑleˑ'vant] *adj.* important; d'importance; **2z** *f* ⟨~; ~en⟩ importance *f*.

Relief [reˑliˑ'ɛf] *n* ⟨~s; ~s *od.* ~e⟩ *Kartographie, sculp.* relief *m*; **~ˌdruck** *m* ⟨~(e)s; ~e⟩ *impr.* impression *f* en relief; **~ˌkarte** *f* carte *f*, plan *m* en relief; **~kliˌschee** *n impr.* cliché *m* en relief; **~ˌschrift** *f* écriture *f* en relief.

Religion [reˑliˑgiˑ'oːn] *f* ⟨~; ~en⟩ religion *f*; (*Konfession*) confession *f*; *in der Schule cf.* ~sunterricht; **~sˌausübung** *f* culte *m*; **~sbeˌkenntnis** *n* confession *f* (de foi); **~sˌfreiheit** *f* liberté religieuse, des cultes; **~sˌfriede(n)** *m hist.* paix religieuse; **~sgeˌmeinschaft** *f* communauté religieuse; **~sgeˌschichte** *f* histoire sacrée, des religions; **~sgeˌsellschaft** *f* société religieuse; **~sˌkriege** *m/pl.* guerres *f/pl.* de religion; **~sˌlehrer(in)** *m* (*f*) catéchiste *m, f*; **2sˌlos** *adj.* sans confession; irréligieux, -euse; **~sˌlosigˌkeit** *f* ⟨~⟩ irréligiosité *f*; **~sphilosoˌphie** *f* philosophie *f* de la religion; **~sˌstifter** *m* fondateur *m* de religion; **~sˌunterricht** *m* instruction religieuse; enseignement religieux; catéchisme *m*; **~sˌwechsel** *m* conversion *f*; **~sˌwissenschaft** *f* science *f* des religions; théologie *f*; **~sˌzwang** *m* intolérance religieuse; **~sˌzugehörigkeit** *f* (appartenance *f* à une) confession *f*.

religiös [reˑliˑgiˑ'øːs] *adj.* religieux, -euse; (*fromm*) pieux, -euse; (*gläubig*) croyant; ~e **Kunst** art sacré.

Religiosität [reˑliˑgiˑoˑziˑ'tɛːt] *f* ⟨~⟩ religiosité *f*; sentiments religieux; piété *f*; dévotion *f*.

Relikt [reˑ'lɪkt] *n* ⟨~(e)s; ~e⟩ vestige *m*.

Reling ['reːlɪŋ] *f* ⟨~; ~s *od.* ~e⟩ *mar.* bastingage *m*; garde-corps *m*; garde-fou *m*; rambarde *f*.

Reliquiar [reˑliˑkviˑ'aːr] *n* ⟨~s; ~e⟩ *cf.* Reliquienschrein.

Reliquie [reˑ'liːkviˑə] *f* ⟨~; ~n⟩ *relig.* relique *f*; **~nbeˌhälter** *m*, **~nˌschrein** *m* reliquaire *m*; châsse *f*.

Remanenz [reˑma'nɛnts] *f* ⟨~⟩ *phys.* rémanence *f*; aimantation *f*, magnétisme *m* rémanent(e), résiduel(le).

Rembours [rɑ̃ː'buːr] *m* ⟨~; ~⟩ *comm.* remboursement *m*; **~geˌschäft** *n* opération *f*, transaction *f* documentaire; **~kreˌdit** *m* crédit documentaire, sur titre.

Remedium [reˑ'meːdiˑum] *n* ⟨~s; -ien *od.* -ia⟩ tolérance *f* de poids, de titre.

remilitarisier|en [reˑmiˑliˑtariˑ'ziːrən] *v/t.* ⟨*pas de ge-*, h⟩ remilitariser; **2ung** *f* ⟨~⟩ remilitarisation *f*.

Reminiszenz [reˑmiˑnɪs'tsɛnts] *f* ⟨~; ~en⟩ réminiscence *f*.

remis [rə'miː] **I** *adj. Schach* **das Spiel ist** ~ la partie est remise; **II** **2** *n* ⟨~; ~ *od.* ~en⟩ partie nulle, remise.

Remissionsrecht [reˑmɪsiˑ'oːnsˌrɛçt] *n Buchhandel* droit *m* de renvoyer les invendus.

Remitt|enden [reˑmɪ'tɛndən] *pl. Buchhandel* invendus *m/pl.*; retours *m/pl.*; F bouillons *m/pl.*; **~ent** *m* ⟨~en; ~en⟩ (*Wechselnehmer*) porteur *m*, bénéficiaire *m* d'une lettre de change; **2ieren** **I** *v/t.* ⟨*pas de ge-*, h⟩ *comm. Waren* renvoyer; *Buchhandel auch* bouillonner; *Geld* (*einsenden*) remettre; **II** **~ieren** *n* ⟨~s⟩ renvoi *m*; *Buchhandel auch* F bouillonnage *m*; (*Einsenden von Geld*) remise *f*.

remontieren [reˑmɔnˈtiːrən] *v/i.* ⟨*pas de ge-*, h⟩ *bot.* remonter.
Remoulade [reˑmuˑˈlɑːdə] *f* ⟨~; ~n⟩, **~nˌsauce** *f cuis.* rémoulade *f.*
Rempel|ei [ˌrɛmpəˈlaɪ] F *f* ⟨~; ~en⟩ bousculade *f*; bourrade *f*; *Fußball etc.* charge *f*; **2n** [ˈrɛm-] F *v/t.* ⟨-(e)le, h⟩ bousculer; bourrer; F cogner; *Fußball etc.* charger.
Rem(p)ter [ˈrɛm(p)tər] *m* ⟨~s; ~⟩ réfectoire *m.*
Ren [rɛn] *n* ⟨~s; ~e⟩ *zo.* renne *m.*
Renaissance [rənɛˈsɑ̃ːs, -ˈsaŋs] *f* ⟨~; ~n⟩ renaissance *f*; *als Epoche* Renaissance *f*; **~ˌstil** *m* style *m* (de la) Renaissance; **~ˌzeit** *f* Renaissance *f.*
renal [reˑˈnɑːl] *adj. anat.* rénal.
Rendant [rɛnˈdant] *m* ⟨~en; ~en⟩ trésorier *m*; caissier *m.*
Rendezvous [rɑ̃ːdeˑˈvuː, ˌraŋ-] *n* ⟨~; ~⟩ rendez-vous, tête-à-tête amoureux, galant; **ein ~ haben** avoir un rendez-vous, un tête-à-tête, F un rancart; **nicht zum ~ kommen** ne pas venir au rendez-vous; F poser un lapin à qn.; faire faux bond à qn.; **ein ~ verabreden** prendre (un) rendez-vous (mit avec).
Rendite [rɛnˈdiːtə] *f* ⟨~; ~n⟩ *comm.* rendement *m*; rapport *m.*
Renegat(in) [reˑneˑˈgɑːt(ɪn)] *m* ⟨~en; ~en⟩ (*f*) ⟨~; ~nen⟩ renégat, -e *m, f.*
Reneklode [rɛːnəˈkloːdə] *f* ⟨~; ~n⟩ *bot. cf.* Reineclaude.
Renette [reˑˈnɛtə, rɛ-] *f* ⟨~; ~n⟩ *bot.* (pomme *f* de) reinette *od.* rainette *f.*
reniten|t [reˑniˑˈtɛnt] *adj.* récalcitrant; rétif, -ive; rebelle; réfractaire; indocile; **2z** *f* ⟨~⟩ esprit récalcitrant, rétif, rebelle.
Renn|bahn [ˈrɛnbɑːn] *f für Pferderennen* champ *m* de course; hippodrome *m*; turf *m*; *für Radrennen* vélodrome *m*; piste *f*; *für Autorennen* autodrome *m*; **~boot** *n* bateau *m* de course; racer [resœːr] *m*; canot *m* automobile rapide, de course; **2en I** *v/t.* ⟨rennt, rannte, rennte, gerannt, h⟩ **1. j-n über den Haufen ~** renverser qn.; **2.** *métall., Eisen* fondre; **II** *v/i.* ⟨sein⟩ courir à toutes jambes; (*vorwärts stürzen*) se précipiter; s'élancer; **auf u. davon ~** *cf.* **Reißaus**; **~ gegen etw.** se heurter contre qc.; 'heurter, cogner qc.; se cogner contre *od.* à qc.; **mit dem Kopf gegen** (*fig.* **durch**) **die Wand ~** donner de la tête contre le mur; se cogner la tête au mur (*beide auch fig.*); *fig.* **in sein Verderben ~** courir à sa perte; **III ~en** *n* **1.** ⟨~s⟩ *allg.*: *verbal*; **beim ~ außer Atem kommen** s'essouffler à courir; **2.** ⟨*pl.* ~⟩ (*Wett2*) course *f*; **das ~ machen** (*auch fig.*) gagner (la course); *fig.* avoir du succès; F emporter le morceau; **das ~ aufgeben** (*auch fig.*) renoncer à la course; abandonner la partie (*auch fig.*); *fig.* renoncer (à); **totes ~** course ex aequo, à égalité; *beim Pferderennen* dead-heat *m*; **~er** *m* ⟨~s; ~⟩ *cf.* **~pferd**; **~e'rei** F *f* ⟨~; ~en⟩ *verbal*; **~ˌfahrer** *m* coureur *m* (automobile, motocycliste, cycliste); **~jacht** *f mar.* yacht [jɔt] *m* de course; racer [resœːr] *m*; **~ˌleitung** *f* direction *f* de la course; **~ˌmannschaft** *f* équipe *f* (de course); **~maˌschine** *f* machine *f* de course, de piste; **~pferd** *n* cheval *m* de course; coureur *m*; **~e halten** faire courir; avoir une écurie de course; **~platz** *m* champ *m* de course; hippodrome *m*; turf *m*; **~ˌordnung** *f* règlement *m* des courses; **~rad** *n* bicyclette *f*, machine *f* de course, de piste; **~saiˌson** *f* saison *f* hippique; **~ˌschuhe** *m/pl.* chaussures *f/pl.* à pointes, de cross; **~sport** *m allg.* course *f*; (*Pferde2*) sport *m* hippique; turf *m*; **~stall** *m* écurie *f* de course; **~stallbeˌsitzer** *m* propriétaire *m* d'une écurie de course; **~ˌstrecke** *f* parcours *m*; (*Rundstrecke*) circuit *m*; **~tag** *m* jour *m* de course(s).
Renntier [ˈrɛntiːr] *n cf.* Ren; **~ˌflechte** *f bot.* lichen [-kɛn] *m* polaire.
Renn|wagen [ˈrɛnˌvɑːgən] *m* voiture *f* de course; F bolide *m*; **~ˌwette** *f* pari mutuel; **~wolf** *m* traîneau léger.
Renomm|ee [reˑnɔˈmeː] *n* ⟨~s; ~s⟩ réputation *f*; renom *m*; renommée *f*; **2ieren** *v/i.* ⟨*pas de ge-*, h⟩ *cf.* **prahlen**; **2iert** *adjt.* renommé (**wegen** pour); fameux, -euse; **~ist** *m* ⟨~en; ~en⟩ *cf.* **Prahler(in)**; **~iste'rei** *f* ⟨~; ~en⟩ *cf.* **Prahlerei.**
renovier|en [reˑnoˑˈviːrən] *v/t.* ⟨*pas de ge-*, h⟩ rénover; remettre à neuf; **2ung** *f* ⟨~; ~en⟩ rénovation *f*; remise *f* à neuf.
rentab|el [rɛnˈtɑːbəl] *adj.* ⟨-bl-⟩ rentable; lucratif, -ive; profitable; de bon rapport; rémunérateur, -trice; **2ili'tät** *f* ⟨~⟩ rentabilité *f*; bon rendement, rapport; **2ili'tätsbeˌrechnung** *f* calcul *m* de rentabilité, du rapport; **2ili'tätsˌgrenze** *f* limite *f*, *nach unten* seuil *m*, *nach oben* plafond *m* de rentabilité.
Rente [ˈrɛntə] *f* ⟨~; ~n⟩ (*Alters2*) (pension *f* de) retraite *f*; (*Versorgungs2*) pension *f*; (*Kapital2*) rente *f*; *in Anerkennung langjähriger Dienste* rente *f*; pension *f*; **j-m e-e ~ aussetzen** faire, servir une rente, pension à qn.; **~nˌablösung** *f* rachat *m*, amortissement *m* d'une rente; **~nˌangleichung** *f* rajustement *m* des retraites, pensions; **~nˌanleihe** *f* rente *f* sur l'État; **~nˌanspruch** *m* droit *m* à une (pension de) retraite, à une pension, rente; **~nˌantrag** *m* demande *f* de (pension de) retraite, de pension; **~nˌaufbesserung** *f* augmentation *f*, majoration *f* des retraites, pensions, rentes; **~nˌauszahlung** *f* versement *m* d'une (pension de) retraite, d'une pension, d'une rente; **~nˌbank** *f* ⟨~; ~en⟩ banque *f* de crédit foncier, agricole; **~nˌbrief** *m* titre *m* de rente; **~nemˌpfänger(in)** *m* (*f*) (*Alters2*) retraité, -e *m, f*; (*Versorgungs2*) pensionné, -e *m, f*; *e-r Kapitalrente* rentier, -ère *m, f*; bénéficiaire *m, f* d'une rente, pension; **~nerˌhöhung** *f cf.* **~naufbesserung**; **~nˌgut** *n* propriété *f* à rente foncière; **~nˌmark** *f hist.* rentenmark *m*; **~nˌmarkt** *m* marché *m* des rentes; **~nˌnachzahlung** *f* versement *m* complémentaire de retraite, pension, rente; **~npaˌpier** *n* titre *m* de rente sur l'État; **~nreˌform** *f* réforme *f* des pensions de retraite, des retraites, des pensions; **~nˌschuld** *f* rente foncière; **~nverˌsicherung** *f* assurance *f* invalidité-vieillesse; **~nˌzahlung** *f* paiement *m* de retraite, pension, rente.
Rentier [ˈrɛntiːr] *n zo. cf.* Ren.
rentieren [rɛnˈtiːrən] *v/réfl.* ⟨*pas de ge-*, h⟩ *comm.* **sich ~** rendre; rapporter; être bien payé, rentable, lucratif, -ive; *fig.* valoir la peine.
Rentner(in) [ˈrɛntnər(ɪn)] *m* ⟨~s; ~⟩ (*f*) ⟨~; ~nen⟩ *cf.* **Rentenempfänger(in).**
Reorganis|ation [reˑɔrganiˑzatsiˑˈoːn] *f* ⟨~⟩ réorganisation *f*; **2ieren** [-ˈziː-] *v/t.* ⟨*pas de ge-*, h⟩ réorganiser; **~ierung** [-ˈziː-] *f* ⟨~⟩ *cf.* **~ation.**
reparabel [reˑpaˈrɑːbəl] *adj.* ⟨-bl-⟩ réparable.
Reparation|en [reˑparatsiˑˈoːnən] *f/pl.* réparations *f/pl.*; **~sˌabkommen** *n* convention *f* sur les réparations; **~skommissiˌon** *f* commission *f* des réparations; **~sˌleistung** *f* prestation *f* à titre de réparation; **~sˌzahlung** *f* payement *m* de(s) réparation(s).
Reparatur [reˑparaˈtuːr] *f* ⟨~; ~en⟩ réparation *f*; *für Autos auch* dépannage *m*; **in ~ geben** donner à réparer; **in ~** en (cours de) réparation; **laufende ~en** réparations courantes; **zu Lasten des Mieters gehende ~en** réparations locatives; **~ˌarbeiten** *f/pl.* travaux *m/pl.* de réparation; **2beˌdürftig** *adj.* qui a besoin d'être réparé; **~ˌkosten** *pl.* frais *m/pl.* de réparation; **~ˌwerkstatt** *f* atelier *m* de réparation; *für Autos auch* service *m* de dépannage.
reparieren [reˑpaˈriːrən] *v/t.* ⟨*pas de ge-*, h⟩ réparer; *Auto auch* dépanner; remettre en état; *Kleider* raccommoder; *flüchtig, notdürftig* F rafistoler; **dieser Schaden läßt sich nicht mehr ~** ce dégât est irréparable.
reparti|eren [reˑparˈtiːrən] *v/t.* ⟨*pas de ge-*, h⟩ *Börse* répartir; **2ti'on** *f* ⟨~; ~en⟩ répartition *f.*
repassier|en [reˑpaˈsiːrən] **I** *v/t.* ⟨*pas de ge-*, h⟩ *Laufmaschen* rem(m)ailler; **II 2en** *n* ⟨~s⟩ rem(m)aillage *m*; **2eˌrin** *f* ⟨~; ~nen⟩ rem(m)ailleuse *f.*
repatriier|en [reˑpatriˑˈiːrən] *v/t.* ⟨*pas de ge-*, h⟩ rapatrier; **2te(r)** *f* (*m*) ⟨→ A⟩ rapatrié, -e *m, f*; **2ung** *f* ⟨~; ~en⟩ rapatriement *m.*
Repertoire [reˑpɛrtoˑˈɑːr] *n* ⟨~s; ~s⟩ *thé.* répertoire *m*; **~ˌstück** *n* pièce *f* du répertoire, figurant au répertoire.
Repertorium [reˑpɛrˈtoːriˑum] *n* ⟨~s; -ien⟩ répertoire *m.*
repetier|en [reˑpeˑˈtiːrən] *v/t.* ⟨*pas de ge-*, h⟩ répéter; repasser (une leçon); **2geˌwehr** *n* fusil *m* à répétition; **2ˌuhr** *f* montre *f* à répétition.
Repe|tition [reˑpeˑtiˑtsiˑˈoːn] *f* ⟨~; ~en⟩ répétition *f*; **~'titor** *m* ⟨~s; -'toren⟩ répétiteur *m*; **~ti'torium** *n* ⟨~s; -ien⟩ cours *m* de répétition.
Replik [reˑˈpliːk] *f* ⟨~; ~en⟩ réplique *f.*
Report [reˑˈpɔrt] *m* ⟨~(e)s; ~e⟩ *Börse* report *m.*
Reportage [reˑpɔrˈtɑːʒə] *f* ⟨~; ~n⟩ reportage *m.*
Reporter(in) [reˑˈpɔrtər(ɪn)] *m* ⟨~s; ~⟩ (*f*) ⟨~; ~nen⟩ reporter [-ɛːr] *m*; femme *f* reporter.
Reportgeschäft [reˑˈpɔrtgəˌʃɛft] *n Börse* opération *f* de report.
repräsent|abel [reˑprɛzɛnˈtɑːbəl] *adj.* ⟨-bl-⟩ *cf.* **~ativ**; **2ant(in)** *m* ⟨~en; ~en⟩ (*f*) ⟨~; ~nen⟩ représentant, -e *m, f*; **2antenˌhaus** *n pol.* Chambre *f* des représentants; **2ati'on** *f* ⟨~⟩ représentation *f*; **2ati'onsˌgelder** *n/pl.*, **2ati'onsˌkosten** *pl.* frais *m/pl.*, indemnités *f/pl.* de représentation; **~a'tiv** *adj.* représentatif, -ive; (*ansehnlich*) qui présente bien; **~ieren** *v/t.* ⟨*pas de ge-*, h⟩ représenter; (*standesgemäß auftreten*) représenter bien.
Repressalien [reˑprɛˈsɑːliˑən] *f/pl.* représailles *f/pl.*; **~ anwenden, ergreifen** exercer, user de représailles (**gegen j-n** contre qn.).
Reprise [reˑˈpriːzə] *f* ⟨~; ~n⟩ *mus., thé., Börse* reprise *f.*
reprivatisier|en [reˑpriˑvatiˑˈziːrən] *v/t.* ⟨*pas de ge-*, h⟩ dénationaliser; **2ung** *f* ⟨~; ~en⟩ dénationalisation *f.*
Reproduktion [reˑproˑduktsiˑˈoːn] *f* ⟨~; ~en⟩ reproduction *f*; **~sˌkosten**

pl. coût *m* de remplacement; **~sˌrecht** *n* droit *m* de reproduction; **~sˌwert** *m* valeur *f* de remplacement.

reproduktiv [re·pro·dʊk'tiːf] *adj.* reproductif, -ive.

reproduzieren [re·pro·du·'tsiːrən] *v/t.* ⟨*pas de ge-*, h⟩ reproduire; présenter de nouveau.

Reptil [rɛp'tiːl] *n* ⟨~s; ~e *od.* ~ien⟩ *zo.* reptile *m* (*auch fig.*); **~ienˌfonds** *m* fonds secrets.

Republik [re·pu·'bliːk] *f* ⟨~; ~en⟩ république *f*; **~aner(in)** [-'kaː-] *m* ⟨~s; ~⟩ (*f*) ⟨~; ~nen⟩ républicain, -e *m, f*; **2anisch** [-'kaː-] *adj.* républicain.

Repulsi|on [re·pʊlzi·'oːn] *f* ⟨~; ~en⟩ *techn.* répulsion *f*; **2v** *adj.* répulsif, -ive.

Repunze [re·'pʊntsə] *f* ⟨~; ~n⟩ *techn.* poinçon *m* (pour métaux précieux).

Reputation [re·pu·ta·tsi·'oːn] *f* ⟨~⟩ réputation *f*.

Requiem ['reːkvi·ɛm] *n* ⟨~s; ~s *od.* -quien⟩ *relig.*, *mus.* requiem [rekɥijɛm] *m*.

requirier|en [re·kvi·'riːrən] *v/t.* ⟨*pas de ge-*, h⟩ *milit.* réquisitionner; **2ung** *f* ⟨~; ~en⟩ réquisition *f*.

Requisit|en [re·kvi·'ziːtən] *n/pl. thé.* accessoires *m/pl.*; **~enˌkammer** *f thé.* salle *f* des accessoires; **~eur** [-'tøːr] *m* ⟨~s; ~e⟩ *thé.* accessoiriste *m*.

Requisition [re·kvi·zi·tsi·'oːn] *f* ⟨~; ~en⟩ *milit.* réquisition *f*; **~sˌschein** *m* bon *m* de réquisition.

Reseda [re·'zeːda] *f* ⟨~; ~s⟩, **Re'sede** *f* ⟨~; ~n⟩ *bot.* réséda *m*.

Resektion [re·zɛktsi·'oːn] *f méd.* ⟨~; ~en⟩ résection *f*.

Reservat [re·zɛr'vaːt] *n* ⟨~(e)s; ~e⟩ **1.** *jur.* (*Vorbehalt*) réserve *f*; **2.** *cf.* ~recht; **3.** *cf.* ~ion; **~i'on** *f* ⟨~; ~en⟩ *der Indianer* territoire réservé; réserve *f*; **~ˌrecht** *n* réservation *f*.

Reserve [re·'zɛrvə] *f* ⟨~; ~n⟩ **1.** ⟨*pas de pl.*⟩ (*Zurückhaltung*) réserve *f*; retenue *f*; **sich ~ auferlegen** se tenir sur la réserve; **2.** (*Ersatz, Vorrat*) réserve *f*; **etw. in ~ haben** avoir qc. en réserve (*auch fig.*); **stille ~n** réserves dissimulées, cachées, occultes; **3.** *milit.* réserve *f*; réservistes *m/pl.*; *taktisch cf.* ~truppen; **~ˌfonds** *m* fonds *m* de réserve; **dem ~ zuführen, zuweisen** affecter au fonds de réserve; **~kapiˌtal** *n* capital *m* de réserve; **~ˌkonto** *n* compte *m* de réserves; **~lazaˌrett** *n milit.* hôpital *m* de l'intérieur, de l'arrière; **~ˌmannschaft** *f* réserve *f*; réservistes *m/pl.*; **~nˌbildung** *f* constitution *f* de réserves; **~offiˌzier** *m milit.* officier *m* de réserve; **~ˌrad** *n* roue *f* de rechange, de secours; **~ˌreifen** *m Auto* pneu *m* de rechange; **~ˌtank** *m* bidon *m* de réserve; **~ˌtruppen** *f/pl. milit.* troupes *f/pl.* en réserve; réserves *f/pl.*; **~ˌübung** *f milit.* période *f* (d'instruction).

reservier|en [re·zɛr'viːrən] *v/t.* ⟨*pas de ge-*, h⟩ réserver; *Platz etc. auch* retenir; **~t** *adjt.* réservé; retenu; *fig.* **sehr ~ sein** se tenir sur la réserve; être fort réservé; se tenir sur son quant-à-soi; **2ung** *f* ⟨~; ~en⟩ *néol.* réservation *f*.

Reservist [re·zɛr'vɪst] *m* ⟨~en; ~en⟩ *milit.* réserviste *m*.

Reservoir [re·zɛrvo·'aːr] *n* ⟨~s; ~e⟩ réservoir *m* (*auch fig.*).

resezieren [re·ze·'tsiːrən] *v/t.* ⟨*pas de ge-*, h⟩ *chir.* réséquer.

Resi|dent [re·zi·'dɛnt] *m* ⟨~en; ~en⟩ résident *m*; **~'denz** *f* ⟨~; ~en⟩ résidence *f*; *cf. auch* ~denzstadt; **~'denzˌpflicht** *f* obligation *f* de résidence; **~'denzˌstadt** *f* résidence *f*; (*Hauptstadt*) capitale *f*; **2'dieren** *v/i.* ⟨*pas de ge-*, h⟩ résider.

residu|al [re·zi·du·'aːl] *adj. chim.* résiduel, -lle; **2um** [-'ziː-] *n* ⟨~s; -duen⟩ *chim.* résidu *m*.

Resign|ation [re·zɪgnatsi·'oːn] *f* ⟨~⟩ résignation *f*; **2ieren** [-'niː-] *v/i.* ⟨*pas de ge-*, h⟩ se résigner; **2iert** [-'niːrt] **1.** *adjt.* résigné; **2.** *advt.* avec résignation.

resist|ent [re·zɪs'tɛnt] *adj.* résistant; **2enz** *f* ⟨~; ~en⟩ résistance *f* (*auch techn.*); **passive ~** résistance passive; **~ieren** *v/i.* ⟨*pas de ge-*, h⟩ résister.

resolut [re·zo·'luːt] *adj.* résolu; déterminé; décidé; **2i'on** *f* ⟨~; ~en⟩ *pol.*, *méd.* résolution *f*.

Resonanz [re·zo·'nants] *f* ⟨~; ~en⟩ *phys.*, *mus.* résonance *f*; *fig. auch* écho *m*; retentissement *m*; *rad.* syntonie *f*; **~beˌreich** *m phys.* gamme *f*, bande *f* de résonance; **~ˌboden** *m mus.* table *f* d'harmonie; **~ˌbreite** *f phys.* amplitude *f* de la résonance; **~freˌquenz** *f phys.* fréquence *f* de résonance; **~ˌkasten** *m*, **~ˌkörper** *m mus.* caisse *f* sonore; caisse *f*, boîte *f* de résonance; **~ˌkreis** *m rad.* circuit résonant.

Resonator [re·zo·'naːtɔr] *m* ⟨~s; -'toren⟩ *phys.*, *mus.* résonateur *m*.

resor|bieren [re·zɔr'biːrən] *v/t.* ⟨*pas de ge-*, h⟩ *méd.* résorber; **2pti'on** *f* ⟨~⟩ résorption *f*; **~pti'onsˌfähig** *adj.* résorbant; **2pti'onsˌmittel** *n* résorbant *m*.

Respekt [re·'spɛkt, rɛs'pɛkt] *m* ⟨~(e)s⟩ respect *m*; **vor j-m ~ haben** avoir du respect pour qn.; **sich ~ verschaffen** se faire respecter; **j-m, e-r Sache ~ verschaffen** faire respecter qn., qc.; **j-m ~ zollen** témoigner du respect à qn.; F **mit ~ zu sagen** sauf votre respect; **2abel** [-'taː-] *adj.* ⟨-bl-⟩ respectable; *fig. auch* important; **~ˌblatt** *n impr.* page *f* de garde, liminaire; **2ˌeinflößend** *adjt.* qui inspire le respect; **2ieren** [-'tiː-] *v/t.* ⟨*pas de ge-*, h⟩ respecter; avoir, montrer, témoigner du respect pour; *comm., Wechsel* honorer; payer; **2ive** [-'tiːvə] *adv.* respectivement; ou plutôt; et; c'est-à-dire; **2ˌlos** *adj.* sans respect; irrespectueux, -euse; irrévérencieux, -euse; **~ˌlosigˌkeit** *f* ⟨~; ~en⟩ manque *m* de respect; irrévérence *f*; **~sperˌson** *f* personnage *m* respectable; **2ˌvoll** *adj.* plein de respect; respectueux, -euse; **2ˌwidrig** *adj. cf.* 2los.

Respirat|ion [rɛspi·ratsi·'oːn] *f* ⟨~⟩ respiration *f*; **~i'onsappaˌrat** *m* (appareil) respirateur *m*; *anat.* appareil *m* respiratoire; **~or** [-'raː-] *m* ⟨~s; -'toren⟩ *cf.* ~ionsapparat.

Responsorium [rɛspɔn'zoːri·ʊm] *n* ⟨~s; -ien⟩ *égl. cath.* répons *m*.

Ressentiment [rɛsɑ̃ti·'mɑ̃ː] *n* ⟨~s; ~s⟩ ressentiment *m*.

Ressort [re'soːr] *n* ⟨~s; ~s⟩ (*Geschäftsbereich*) ressort *m*; département *m*; domaine *m*; *jur.* juridiction *f*; **das fällt nicht in mein ~** cela n'est pas de ma compétence, de mon domaine, de mon ressort; **~ˌchef** *m* chef *m* de service, *Zeitungswesen* de rubrique; **~miˌnister** *m* ministre compétent.

Rest [rɛst] *m* ⟨~es; ~e⟩ **1.** reste *m* (*auch math.*); restant *m*; *fig.* (*Spur*) vestige *m*; **sterbliche ~e** dépouille mortelle; cendres *f/pl.*; restes; **2.** *comm.* **a)** (*Zahlungs2*) reste *m*; restant *m*; reliquat *m*; solde *m*; **b)** ⟨*pl. auch* ~er⟩ *von Schnittwaren* coupon *m*; **3.** *chim.* (*Radikal*) radical *m*; **4.** ~e *pl.* (*Speise2*) restes *m/pl.*; bribes *f/pl.*; **5.** F *fig.* **j-m den ~ geben** donner le coup de grâce à qn.; **das gab ihm den ~** cela l'a achevé; **~ant** [-'tant] *m* ⟨~en; ~en⟩ *comm.* **1.** (*rückständiger Schuldner*) reliquataire *m*; débiteur *m*; **2.** (*nicht abgeholtes Wertpapier*) créance *f* à recouvrer; **3.** (*Ladenhüter*) invendu *m*; **~ˌauflage** *f impr.* reste *m*, solde *m* d'un tirage.

Restaur|ant [rɛsto·'rɑ̃ː, -'raŋ] *n* ⟨~s; ~s⟩ restaurant *m*; **~a'teur** *m* ⟨~s; ~e⟩ (*Gastwirt*) restaurateur *m*; traiteur *m*; **~ati'on** *f* ⟨~⟩ **1.** [-taʊ-] (*Wiederherstellung*) restauration *f*; **2.** [-to·-] ⟨*pl.* ~en⟩ (*Gaststätte*) *cf.* ~ant; *an Bahnhöfen* buffet *m*; **~ati'onsˌarbeit** [-taʊ-] *f* (travail *m* de) restauration *f*; **~ati'onsbeˌtrieb** [-to·-] *m cf.* ~ant; **~ator** [-taʊ-] *m* ⟨~s; -'toren⟩ *von Kunstwerken* restaurateur *m*; **2ieren** [-taʊ-] **I** *v/t.* ⟨*pas de ge-*, h⟩ restaurer; **II** *v/réfl.* **sich ~** se remettre, se reprendre, se rafraîchir, F se retaper un peu; **~ierung** [-taʊ-] *f* ⟨~⟩ *cf.* ~ation 1.

Rest|bestand ['rɛstbəˌʃtant] *m* **1.** *an Waren* reste *m* du stock; **2.** *an Geld cf.* ~betrag; **~beˌtrag** *m* reste *m*; restant *m*; solde *m*; reliquat *m*; **~er** *m/pl. cf.* Rest 2. b; **~everˌkauf** *m comm.* vente *f* de fins de séries, de marchandises soldées; soldes *m/pl.* de fin de saison; **~ˌforderung** *f comm.* reliquat *m* de compte; **~ˌguthaben** *n* restant *m* de compte; reliquat *m* d'un avoir.

restitu|ieren [rɛsti·tu·'iːrən, rɛs-] *v/t.* ⟨*pas de ge-*, h⟩ (*erstatten*) restituer; rendre; **2ti'on** *f* ⟨~; ~en⟩ restitution *f*; **2ti'onseˌdikt** *n hist.* édit *m* de restitution; **2ti'onsˌklage** *f jur.* requête civile; action *f* en révision d'un jugement.

Rest|lager ['rɛstˌlaːgər] *n comm.* stock restant; **2lich** *adj.* de reste; qui reste; restant; **2los 1.** *adj.* total; complet, -ète; intégral; entier, -ère; *Hingabe* sans bornes; **2.** *adv.* sans reste; complètement; entièrement; F **~ glücklich** bien, parfaitement heureux; F **~ erledigt** complètement épuisé, *Sport* pompé; **~ˌposten** *m comm.*, *Buchführung* reliquat *m*; *pl.*, *von Waren* soldes *m/pl.*

Restrikt|ion [rɛstrɪktsi·'oːn] *f* ⟨~; ~en⟩ restriction *f*; **2iv** [-'tiːf] *adj.* restrictif, -ive.

Rest|summe ['rɛstˌzʊmə] *f comm.* somme restante; reste *m*; *geschuldete* solde *m*; reliquat *m*; **~wert** *m comm.* valeur restante; **~ˌzahlung** *f comm.* solde *m*; paiement *m*, acquittement *m* d'un reste de compte; règlement *m* du solde.

Result|ante [re·zʊl'tantə] *f* ⟨~; ~n⟩ *phys.*, *math.* résultante *f*; **~at** *n* ⟨~(e)s; ~e⟩ résultat *m*; **2atˌlos** *adj.* sans résultat; (*nutzlos*) inutile; **~atˌlosigˌkeit** *f* ⟨~⟩ inutilité *f*; insuccès *m*; **2ieren** *v/i.* ⟨*pas de ge-*, h⟩ résulter (**aus** de); s'ensuivre; **~ierende** *f* ⟨→A⟩ *cf.* ~ante.

Resüm|ee [re·zy·'meː] *n* ⟨~s; ~s⟩ résumé *m*; **2ieren** *v/t.* ⟨*pas de ge-*, h⟩ résumer.

Ret [reːt] *n* ⟨~s⟩ *cf.* Ried 2.

Retard|ation [re·tardatsi·'oːn] *f* ⟨~; ~en⟩ retardement *m*; ralentissement *m*; *mus.*, *phys.* retardation *f*; **2ieren** [-'diː-] *v/t.* ⟨*pas de ge-*, h⟩ retarder; ralentir.

retiku|lar [reˑtiˑkuˑˈlaːr], **~ˈlär** *adj.* réticulaire; **~ˈliert** *adj.* réticulé.

Reti|na [ˈreːtiˑna] *f* ⟨~; -nae⟩ *anat.* rétine *f*; **~ˈnitis** *f* ⟨~; -iˈtiden⟩ *méd.* rétinite *f*.

Retorsion [reˑtɔrziˑˈoːn] *f* ⟨~; ~en⟩ *dipl.* rétorsion *f*.

Retorte [reˑˈtɔrtə] *f* ⟨~; ~n⟩ *chim.* cornue *f*; alambic *m*; **~nˌkohle** *f* charbon *m* de cornue; graphite *m*.

Retour|e [reˑˈtuːrə] *f* ⟨~; ~n⟩ *comm.* retour *m*; **~ˌkutsche** *f fig.* F *in Worten* réplique *f*, riposte *f* sur le même ton; *Vergeltung e-r Handlung* (rendre) la pareille; paiement *m* dans la même monnaie; **ℒˈnieren** *v/t.* ⟨*pas de ge-*, h⟩ *comm.* renvoyer; retourner; **~ˌsendung** *f cf.* ~e.

Retraktion [reˑtraktsiˑˈoːn] *f* ⟨~; ~en⟩ *physiol.* rétraction *f*.

retro…, Retro… [reˑtroˑ…] *in Zssgn.* rétro…

retro|grad [reˑtroˑˈgraːt] *adj.* rétrograde; **~spekˈtiv** *adj.* rétrospectif, -ive; **ℒversiˈon** *f* ⟨~; ~en⟩ *méd.* rétroversion *f*.

rett|en [ˈrɛtən] *v/t.* (*u. v/réfl.*) ⟨-ete, h⟩ (se) sauver (**aus, vor** de); (*befreien*) délivrer; (*herausreißen*) tirer; *pfort.* arracher; apporter le salut à; j-m **das Leben** ~ sauver la vie à qn.; **er hat kaum das nackte Leben gerettet** il a tout juste tiré sa vie, P sa peau, ses plumes; **rette sich, wer kann!** sauve qui peut!; **nicht zu** ~ **sein** être perdu sans remède; être irrémédiablement perdu; être dans une situation désespérée; **sich vor Arbeit nicht** ~ **können** F ne pas pouvoir se sauver du travail; **~end** *adjt.* qui sauve; sauveur, salvatrice; salutaire; *fig.* **~er Engel** F sauveur *m*; **ℒer(in)** *m* ⟨~s; ~⟩ (*f*) ⟨~; ~nen⟩ sauveur *m* (*auch von e-r Frau*); (*Befreier*) libérateur, -trice *m, f*; *von Ertrinkenden, Verunglückten etc.* sauveteur *m*; *relig.* Sauveur *m*.

Rettich [ˈrɛtɪç] *m* ⟨~s; ~e⟩ *bot.* radis *m*; (*Meer*ℒ) raifort *m*.

rett|los [ˈrɛtloːs] *adj. mar.* **~es Schiff** vaisseau perdu, désemparé; **ℒung** *f* ⟨~; ~en⟩ sauvetage *m*; secours *m/pl.*; (*Heil*) salut *m* (*auch relig.*); (*Befreiung*) délivrance *f*.

Rettungs|aktion [ˈrɛtʊŋsˀaktsiˑˌoːn] *f* opération *f* de sauvetage; **~ˌanker** *m fig.* ancre *f*, planche *f* de salut; **~ˌarbeiten** *f/pl.* travaux *m/pl.* de sauvetage; **~ˌboje** *f* bouée *f* (lumineuse) de sauvetage; **~ˌboot** *n* bateau, canot sauveteur, de sauvetage; **~ˌdienst** *m* service *m* de sauvetage; **~ˌengel** F *m fig.* F sauveur *m*; **~ˌfloß** *n* radeau *m* de sauvetage; **~ˌgürtel** *m* ceinture *f* de sauvetage; **~ˌhaus** *n* maison *f* de redressement, de correction; **~ˌleine** *f mar.* attrapes *f/pl.* d'un canot de sauvetage; *der Feuerwehr* corde *f*, cordage *m* de sauvetage; **ℒˌlos** *adv.* irrémédiablement; sans remède; sans espoir; ~ **verloren** irrémédiablement perdu; F ~ **verliebt** éperdument amoureux; **~ˌmannschaft** *f* équipe *f* de sauvetage, de sauveteurs; **~meˌdaille** *f* médaille *f* de sauvetage; **~ˌring** *m* bouée *f* de sauvetage; **~ˌschwimmen** *n* natation *f* de sauvetage; **~ˌschwimmer(in)** *m (f)* sauveteur *m*; **~statiˌon** *f*, **~ˌstelle** *f* poste *m* de secours; **~ˌtrupp** *m cf.* **~mannschaft**; **~verˌsuch** *m* tentative *f* de sauvetage; **~ˌwagen** *m* ambulance *f*; **~ˌwesen** *n* (service *m* de) sauvetage *m*.

Retu|sche [reˑˈtʊʃə] *f* ⟨~; ~n⟩ *phot.* retouche *f*; **~ˈscheur** [-ˈʃøːr] *m* ⟨~s; ~e⟩ retoucheur *m*; **ℒˈschieren I** *v/t.* ⟨*pas de ge-*, h⟩ retoucher; **II ~ˈschieren** *n* ⟨~s⟩ *cf.* ~e; **~ˈschierˌpult** *n* pupitre *m* de retouche.

Reue [ˈrɔʏə] *f* ⟨~⟩ repentir *m* (**über** de); *litt.* repentance *f*; (*Bedauern*) regret(s) *m* (*pl.*); (*Gewissensbisse*) remords *m/pl.*; (*Zerknirschung*) contrition *f*; *relig. auch* componction *f*; (*Bußfertigkeit*) pénitence *f*; *jur.* **tätige** ~ résipiscence *f*; repentir actif; ~ **empfinden** se repentir (**über etw.** de qc.); **~geˌfühl** *n* (sentiment *m* de) repentir *m*; **ℒn** *v/t.*, *v/i.*, *oft v/imp.* ⟨h⟩ donner, faire éprouver du repentir, du regret; **es reut mich, dies getan zu haben, diese Tat reut mich** je me repens, je regrette d'avoir fait cela; **es wird Sie noch** ~ il vous en cuira (un jour); **es soll mich nicht** ~ je ne m'en repentirai pas; **~ˌtränen** *f/pl.* larmes *f/pl.* de repentir; **ℒˌvoll** *adj. cf.* **reumütig**.

Reu|geld [ˈrɔʏgɛlt] *n comm.* arrhes *f/pl.*; dédit *m*; *beim Pferderennen* forfait *m*; **ℒig** *adj. cf.* ℒ**mütig**; **~kauf** *m comm.* dédit *m*; folle enchère; **ℒˌmütig 1.** *adj.* repentant; plein de repentir; (*zerknirscht*) contrit (*auch relig.*); (*bußfertig*) pénitent; **2.** *adv.* d'un cœur contrit.

Reuse [ˈrɔʏzə] *f* ⟨~; ~n⟩ *Fischfang* nasse *f*; **~nanˌtenne** *f rad.* antenne *f* en pyramide, en prisme, en cage (d'écureuil).

Reuter [ˈrɔʏtər] *m* ⟨~s; ~⟩ *agr.* siccateur *m*; chevalet *m*; fanoir *m*.

Revalorisierung [reˑvaloˑriˑˈziːrʊŋ] *f* ⟨~; ~en⟩ revalorisation *f*.

Revanch|e [reˑˈvɑ̃ːʃ(ə), -ˈvaŋʃə] *f* ⟨~; ~n⟩ revanche *f*; **ℒeˌlustig** *adj.* avide de revanche; revanchard; **~eˌspiel** *n Sport* match *m* (de) revanche; *Kartenspiel, Billard* (partie *f* de) revanche *f*; **ℒieren** [-ˈʃiː-] *v/réfl.* ⟨*pas de ge-*, h⟩ **sich** ~ prendre sa revanche (**für** de); *für e-n Dienst etc. auch* rendre la pareille; **~ist** [-ˈʃɪst] *m* ⟨~en; ~en⟩ revanchard *m*; **ℒistisch** [-ˈʃɪs-] *adj.* revanchard.

Reverenz [reˑveˑˈrɛnts] *f* ⟨~; ~en⟩ révérence *f*.

Revers[1] [reˑˈvɛːr, rə-] *n od. m* ⟨~; ~⟩ *cout.* revers *m*; **~**[2] [reˑˈvɛrs] *m* ⟨~es; ~e⟩ (lettre *f*, déclaration *f* de) garantie *f*; *comm.* contre-billet *m*; **e-n** ~ **unterschreiben** donner une (lettre de) garantie.

revers|ibel [reˑvɛrˈziːbəl] *adj.* ⟨-bl-⟩ réversible; **~ieren** *v/t.* ⟨*pas de ge-*, h⟩ *techn.* renverser la marche; **ℒiˈon** *f* ⟨~; ~en⟩ *techn.* renversement *m*.

revidieren [reˑviˑˈdiːrən] *v/t.* ⟨*pas de ge-*, h⟩ revoir; réviser; examiner de nouveau; faire la révision de; *comm., Bücher* vérifier.

Revier [reˑˈviːr] *n* ⟨~s; ~e⟩ **1.** (*Bezirk*) district *m*; quartier *m*; arrondissement *m*; **2.** *milit.* infirmerie *f*; **3.** (*Jagd*ℒ) terrain *m* de chasse; **4.** (*Polizei*ℒ) commissariat *m* (de police); **5.** *mines* bassin 'houiller'; **~ˌförster** *m* garde forestier d'un district; **ℒˌkrank** *adj. milit.* malade à la chambre; **~ˌkranke(r)** *m milit.* soldat consigné à l'infirmerie; **~ˌstube** *f milit. cf.* Revier 2.

Revirement [reˑviˑrəˈmɑ̃ː] *n* ⟨~s; ~s⟩ *dipl.* mouvement *m* (diplomatique).

Revision [reˑviˑziˑˈoːn] *f* ⟨~; ~en⟩ *comm., jur., impr., etc.* (*Überprüfung*) révision *f*; *jur.* (*Berufung*) *auch* pourvoi *m* en révision; *impr. auch* tierce *f*; *pol., e-s Vertrages* (*Abänderung*) *auch* modification *f*; amendement *m*; *comm.* (*Bücher*ℒ) *auch* vérification *f* comptable, des comptes; *jur.* ~ **einlegen** se pourvoir, recourir en révision, cassation; former un pourvoi en révision, cassation; ~ **beantragen** demander la révision d'un procès; **~ismus** [-ˈnɪs-] *m* ⟨~⟩ *pol.* révisionnisme *m*; **~ist** [-ˈnɪst] *m* ⟨~en; ~en⟩ *pol.* révisionniste *m*; **ℒistisch** [-ˈnɪs-] *adj.* révisionniste; **~sbeˌklagte(r)** *m jur.* défendeur *m* en révision, en cassation; **~sˌbogen** *m impr.* tierce *f*; **~sinˌstanz** *f jur.* instance *f* de cassation; **~sˌkläger** *m jur.* demandeur *m* en révision, en cassation; **~sverˌfahren** *n jur.* procédure *f* de révision.

Revisor [reˑˈviːzɔr] *m* ⟨~s; -ˈsoren⟩ réviseur *m*; vérificateur *m*; *comm.* (*Bücher*ℒ) expert *m* comptable; *impr.* tierceur *m*.

Revolt|e [reˑˈvɔltə] *f* ⟨~; ~n⟩ révolte *f*; *cf. auch* Aufruhr 1, 2, Meuterei; **ℒieren** [-ˈtiː-] *v/i.* ⟨*pas de ge-*, h⟩ se révolter.

Revolution [reˑvoˑluˑtsiˑˈoːn] *f* ⟨~; ~en⟩ révolution *f*; **~är** [-ˈnɛːr] **I** *m* ⟨~s; ~e⟩ révolutionnaire *m*; **II ℒär** [-ˈnɛːr] *adj.* révolutionnaire; **ℒieren** [-ˈniː-] *v/t.* ⟨*pas de ge-*, h⟩ révolutionner; **~sgeˌschichte** *f* histoire *f* de la révolution; **~stribuˌnal** *n hist.* tribunal *m* révolutionnaire.

Revoluzzer [reˑvoˑˈlʊtsər] *m* ⟨~s; ~⟩ F *péj.* chambardeur *m*; tête brûlée; casseur *m* de carreaux.

Revolver [reˑˈvɔlvər] *m* ⟨~s; ~⟩ **1.** *Waffe* revolver *m*; P rigolo *m*; pétard *m*; soufflant *m*; **2.** *an der Drehbank etc. cf.* **~kopf**; **~ˌblatt** F *n* feuille *f* à sensations, à scandales; *erpresserisches* journal *m* de chantage; **~ˌdrehbank** *f techn.* tour *m* revolver; **~ˌkopf** *m techn.* tête *f* revolver; tourelle *f* (revolver); **~ˌpresse** F *f* presse *f* à sensations, à scandales, *erpresserische* de chantage; **~ˌschnauze** P *f* **a)** F bagou(t) *m*; bagoulette *f*; clapet *m*; **b)** (*Großmaul*) fort *m* en gueule.

revozieren [reˑvoˑˈtsiːrən] *v/t.* ⟨*pas de ge-*, h⟩ révoquer; se dédire de; retirer (ses paroles); se rétracter.

Revue [rəˈvyː, reˑˈvyː] *f* ⟨~; -vuen⟩ *Zeitschriftentitel, thé.* revue *f*; **Verfasser, Autor e-r** ~ revuiste *m*; F *fig.* ~ **passieren lassen** passer en revue; **~ˌfilm** *m* film *m* de music-hall; **~ˌgirl** [-ˌgøːrl] *n* girl [gœrl] *f*; **~theˌater** *n* théâtre *m* de variétés; music-hall [myzikoːl] *m*.

Rezens|ent [reˑtsɛnˈzɛnt] *m* ⟨~en; ~en⟩ critique *m*; auteur *m* d'un compte rendu, d'une critique; **ℒieren** *v/t.* ⟨*pas de ge-*, h⟩ faire le compte rendu, la critique (**etw.** de qc.); **~iˈon** *f* ⟨~; ~en⟩ compte rendu; critique *f*; note *f* critique; commentaire *m*; **~iˈonsexemˌplar** *n* exemplaire *m* (du service) de presse; F service *m* (de presse).

Rezept [reˑˈtsɛpt] *n* ⟨~(e)s; ~e⟩ *cuis.* recette *f*; *méd., phm.* ordonnance *f* (du médecin); *fig.* F (*Mittel*) remède *m*; **~iˈon** *f* ⟨~; ~en⟩ réception *f*; **ℒiv** [-ˈtiːf] *adj.* réceptif, -ive; **~iviˈtät** *f* ⟨~⟩ réceptivité *f*; **ℒˌpflichtig** *adj. phm.* délivré seulement sur, soumis à ordonnance; **~ur** [-ˈtuːr] *f* ⟨~; ~en⟩ *phm.* **1.** préparation *f*, exécution *f* des ordonnances; **2.** laboratoire *m*; officine *f*.

Rezeß [reˑˈtsɛs] *m* ⟨-sses; -sse⟩ (*Vertrag*) pacte *m*; (*Vergleich*) compromis *m*.

Rezess|ion [reˑtsɛsiˑˈoːn] *f* ⟨~⟩ *écon.* récession conjoncturelle; **ℒiv** *adj.* récessif, -ive.

Rezidiv [reˑtsiˈdiːf] *n* ⟨~s; ~e⟩ *méd.* rechute *f*.

Rezip|ient [re·tsi·pi·ˈɛnt] *m* ⟨~en; ~en⟩ récipient *m*, cloche *f* à vide; **2ieren** [-ˈpiː-] *v/t*. ⟨*pas de ge-*, h⟩ recevoir; accueillir; *Recht* adopter.
rezipro|k [re·tsi·ˈproːk] *adj*. réciproque; **2ziˈtät** *f* ⟨~⟩ réciprocité *f*; **2ziˈtäts|klausel** *f* clause *f* de réciprocité.
Rezit|ation [re·tsi·tatsi·ˈoːn] *f* ⟨~; ~en⟩ récitation *f*; **~aˈtiv** *n* ⟨~s; ~e⟩ *mus*. récitatif *m*; **~ator** [-ˈtaː-] *m* ⟨~s; -ˈtoren⟩ diseur *m*; déclamateur *m*; **2ieren** [-ˈtiː-] *v/t*. ⟨*pas de ge-*, h⟩ réciter; dire.
R-Gespräch [ˈɛrgə,ʃprɛːç] *n tél*. communication *f*, conversation *f* payable à l'arrivée.
Rhabarber [raˈbarbər] *m* ⟨~s⟩ *bot*. rhubarbe *f*.
Rhapsod|e [raˈpsoːdə, rapˈzoːdə] *m* ⟨~n; ~n⟩ *hist*. r(h)apsode *m*; **~ie** [-ˈdiː] *f* ⟨~; -ien⟩ *litt*., *mus*. r(h)apsodie *f*; **2isch** *adj*. r(h)apsodique.
rhein|abwärts [,raɪnˈˀapvɛrts] *adv*. ~ **fahren** descendre le (cours du) Rhin; ~ **liegen** être en aval (de, *par ex*. de Cologne) sur le Rhin; **~ˈaufwärts** *adv*. ~ **fahren** remonter le (cours du) Rhin; ~ **liegen** être en amont (de, *par ex*. de Cologne) sur le Rhin.
Rhein|brücke [ˈraɪn,brʏkə] *f* pont *m* du *od*. sur le Rhin; **~bund** *m hist*. confédération *f* du Rhin; **~fahrt** *f* voyage *m* sur le Rhin; **~fall** *m* chutes *f/pl*. du Rhin; **~,graben** *m* fossé rhénan; **~graf** *m hist*. rhingrave *m*; **2isch** *adj*. rhénan; du Rhin; **~-westfälisch** rhéno-westphalien, -nne; **~land** *n* la Rhénanie; **~,lande** *n/pl*. provinces rhénanes; pays rhénans; la Rhénanie; **~,länder** *m* ⟨~s; ~⟩ *Bewohner* Rhénan *m*; *Tanz, etwa* polka *f*; **~,länderin** *f* ⟨~; ~nen⟩ Rhénane *f*; **2,ländisch** *adj*. *cf*. **2isch**; **~pro,vinz** *f* province rhénane; **~-ˈRhone-Ka,nal** *m* canal *m* du Rhône au Rhin; **~,schiffahrt** *f* navigation rhénane, sur le Rhin; **~,schiffer** *m* batelier *m* du Rhin; **~tal** *n* vallée *f* du Rhin; **~,ufer** *n* **das linke (rechte)** ~ la rive gauche (droite) du Rhin; **~wein** *m* vin *m* du Rhin.
Rhenium [ˈreːni·um] *n* ⟨~s⟩ *chim*. rhénium [-jɔm] *m*.
Rheostat [re·o·ˈstaːt, re·ɔsˈtaːt] *m* ⟨~(e)s; ~e⟩ *élect*. rhéostat *m*.
Rhesus|(affe) [ˈreːzus(,ˀafə)] *m* ⟨~; ~⟩ (*m*) *zo*. rhésus [-ys] *m*; **~,faktor** *m physiol*., *méd*. facteur *m* rhésus [-ys].
Rhetor [ˈreːtɔr] *m* ⟨~s; -ˈtoren⟩ rhéteur *m*.
Rhetor|ik [re·ˈtoːrɪk] *f* ⟨~⟩ rhétorique *f*; **~iker** *m* ⟨~s; ~⟩ (*Lehrer der Rhetorik*) professeur *m* de rhétorique; (*guter Redner*) rhéteur *m*; **2isch** *adj*. de rhétorique; de rhéteur; en rhétoricien, -nne; **~e Frage** question de rhétorique.
Rheuma [ˈrɔyma] *n* ⟨~s⟩ *méd*. *cf*. **~tismus**; **~,schmerzen** *m/pl*. *méd*. douleurs rhumatismales; **~tiker(in)** [-ˈmaː-] *m* ⟨~s; ~⟩ (*f*) ⟨~; ~nen⟩ *méd*. rhumatisant, -e *m, f*; **2tisch** [-ˈmaː-] *adj*. *méd*. rhumatismal; **~ˈtismus** *m* ⟨~; -men⟩ *méd*. rhumatisme *m*; **an** ~ **leiden** être rhumatisant.
Rhin|itis [ri·ˈniːtɪs] *f* ⟨~; -iˈtiden⟩ *méd*. rhinite *f*; **~oloˈgie** *f* ⟨~⟩ rhinologie *f*; **~oˈplastik** *f* ⟨~; ~en⟩ *chir*. rhinoplastie *f*; **~oˈskop** *n* ⟨~s; ~e⟩ *méd*. rhinoscope *m*.
Rhinozeros [ri·ˈnoːtse·rɔs] *n* ⟨~ *od*. ~ses; ~se⟩ *zo*. rhinocéros [-s] *m*; *fig*. F (*Dummkopf*) sot *m*; imbécile *m*; F chameau *m*.
Rhizo|m [ri·ˈtsoːm] *n* ⟨~s; ~e⟩ rhizome *m*; **~ˈpoden** *m/pl*. *zo*. rhizopodes *m/pl*.

Rhodamine [ro·daˈmiːnə] *pl*. *chim*. rhodamines *f/pl*.
Rhodan [ro·ˈdaːn] *n* ⟨~s⟩ *chim*. rhodane *m*.
rhodesisch [ro·ˈdeːzɪʃ] *adj*. rhodésien, -nne; de Rhodésie.
Rhodium [ˈroːdi·um] *n* ⟨~s⟩ *chim*. rhodium [-jɔm] *m*.
Rhododendron [ro·do·ˈdɛndrən] *n od*. *m* ⟨~s; -dren⟩ *bot*. rhododendron [-dɛ̃-] *m*.
rhomb|isch [ˈrɔmbɪʃ] *adj*. *math*. rhombique; **2oˈeder** *n* ⟨~s; ~⟩ *math*. rhomboèdre *m*; **2oˈid** *n* ⟨~(e)s; ~e⟩ *math*. rhomboïde *m*; **2us** *m* ⟨~; -ben⟩ *math*. losange *m*.
Rhönrad [ˈrøːnraːt] *n gym*. roue vivante.
Rhotazismus [ro·taˈtsɪsmus] *m* ⟨~; -men⟩ *ling*. rhotacisme *m*.
Rhythm|ik [ˈrʏtmɪk] *f* ⟨~⟩ rythmique *f*; **2isch** *adj*. rythmique; **~us** *m* ⟨~; -men⟩ rythme *m*.
Richt|antenne [ˈrɪçtˀan,tɛnə] *f rad*. antenne directive, dirigée, orientée, en faisceaux; **~,aufsatz** *m milit*. 'hausse *f* de pointage; **~,bake** *f mar*. amer *m* d'alignement; **~beil** *n des Henkers* 'hache *f* (du bourreau), *des Stellmachers* (du charron); **~blei** *n mar*. fil *m* à plomb; **~block** *m* ⟨~(e)s; ⸚e⟩ billot *m*.
richten [ˈrɪçtən] **I** *v/t*. ⟨-ete, h⟩ **1.** (*in die erforderliche Lage, Stellung od. Form bringen*) disposer; (ar)ranger; (*anpassen*) ajuster; mettre d'aplomb; *Krummes, Schiefes, bes. auch techn*. (*geradebiegen*) (re)dresser; (*aus*~) aligner; (*einstellen*) régler; *Fernrohr, Gewehr etc*. braquer (**auf** sur); *Geschütz* pointer; *mar*. **die Segel nach dem Wind** ~ orienter les voiles; **2.** (*lenken, wenden*) diriger (**auf, gegen** sur, vers); orienter (vers); *Blicke* porter, tourner, braquer (**auf** sur); *Bitte, Brief, Frage, das Wort etc*. adresser (**an** à); *Aufmerksamkeit* diriger, porter, fixer, concentrer (**auf** sur); *Wut* diriger (**gegen** contre); *Gedanken* tourner, diriger (**auf** vers); *Bemühungen* concentrer, porter (**auf** sur); **3.** *Zimmer etc*. (*in Ordnung bringen*) mettre en ordre; ajuster; ranger; *Bett* faire; dresser; F retaper; (*instand setzen*) (re)mettre en état; (*ausbessern*) réparer; **4.** *Mahlzeit* (*zu-, vorbereiten*) préparer; *Tisch* mettre; dresser; **5.** *charp*., *ein Haus* lever, monter la charpente (d'une maison); **6.** *jur*. j-n (*od*. *v/i*. **über j-n**) ~ juger qn.; (*verurteilen*) condamner qn.; *bibl*. **richtet nicht, auf daß ihr nicht gerichtet werdet** ne jugez point pour ne pas être jugés; **7.** (*anpassen*) **nach etw.** ~ proportionner à; régler d'après; **8.** **j-n zugrunde** ~ ruiner, anéantir qn.; conduire qn. à sa perte; **II** *v/réfl*. **sich** ~ **9.** *milit*. (*sich aus*~) s'aligner; **richt't euch!** à droite, alignement!; **10. sich nach etw.** ~ se régler sur *od*. d'après qc.; s'adapter, s'accommoder à qc.; (*abhängen von*) dépendre de; être déterminé par; **sich nach den Umständen** ~ se conformer aux, tenir compte des circonstances; **ich werde mich danach** ~ je prendrai mes dispositions en conséquence; F j'agirai en conséquence; *gr*. **das Prädikat richtet sich nach dem Subjekt** l'attribut s'accorde avec le sujet; **sich nach j-m** ~ se mettre à l'unisson de qn.; se régler sur qn.; se mettre au diapason de qn.; prendre exemple sur qn.; **11. sich zugrunde** ~ aller, courir à sa perte; **sich selbst** ~ (*Selbstmord begehen*) se tuer; se suicider; **12. sich auf etw.** ~ *Blicke, Aufmerksamkeit* se fixer, se concentrer sur qc.; *Wut* tourner (**gegen** contre); *Kritik, Einwände* porter (**gegen** sur); **III** 2 *n* ⟨~s⟩ **13.** (*Zurechtsetzen, -rücken*) disposition *f*; arrangement *m*; (*Anpassen*) ajustement *m*; (*Geradebiegen*) redressement *m*; (*Einstellen*) réglage *m*; *e-s Fernrohrs, Gewehrs etc*. braquement *m*; *e-s Geschützes* pointage *m*; *der Segel nach dem Wind* orientation *f*; **14.** (*Instandsetzung*) réparation *f*; **15.** *e-r Mahlzeit* préparation *f*.
Richter|(in) [ˈrɪçtər(ɪn)] *m* ⟨~s; ~⟩ (*f*) ⟨~; ~nen⟩ *jur*. juge *m*; magistrat *m*; homme *m*, femme *f* de robe; **abgelehnter** ~ juge récusé; **beauftragter** ~ juge commis, délégué; **beisitzender** ~ juge assesseur; ~ **in Zivilsachen** juge civil; **vor den** ~ **bringen** porter devant le(s) juge(s); déférer, traduire devant un tribunal; déférer, traduire, F *péj*. traîner en justice; **sich zum** ~ **aufwerfen** s'ériger en juge; se constituer juge; **in eigener Sache** ~ **sein** être juge et partie; **~,anklage** *f jur*. accusation portée contre un juge; **~,amt** *n* fonctions *f/pl*. de juge; magistrature *f*; **~ge,setz** *n* loi *f* sur le statut de la magistrature; **~ko,llegium** *n* assemblée *f* des juges; **2,lich** *adj*. de juge; de magistrat; (*gerichtlich*) judiciaire; **die ~e Gewalt ausüben** exercer le pouvoir judiciaire, juridictionnel; **~e Entscheidung** arrêt du juge; **~,spruch** *m* jugement *m*; sentence *f*; arrêt *m*; verdict *m*; **~,stand** *m* (corps *m* de la) magistrature *f*; **~,stuhl** *m* tribunal *m*.
richt|fähig [ˈrɪçt,fɛːɪç] *adj*. *rad*. directif, -ive; **2fähig,keit** *f* ⟨~⟩ *rad*. directivité *f*; **2,fehler** *m milit*. erreur *f* de pointage; **2feld** *n milit*. champ *m* de pointage; **2,fernrohr** *n milit*. lunette *f* de pointage; **2fest** *n bât*. petite fête (donnée aux ouvriers ayant terminé la charpente d'une maison); **2,feuer** *n/pl*. *mar*. feux *m/pl*. d'alignement; **2funk** *m rad*. radio *f* relais; **2funk,feuer** *n rad*. radiophare directionnel; **2ge,nauigkeit** *f milit*. précision *f* de pointage; **2glas** *n milit*. collimateur *m* de pointage; **2,größe** *f phys*. force *f* de rétablissement.
richtig [ˈrɪçtɪç] **1.** *adj*. (*nicht falsch*) juste; correct; bon, -nne; (*genau*) exact; (*gehörig*) comme il faut; (*angemessen*) adéquat; convenable; (*geeignet*) propre; opportun; approprié; (*echt, wirklich*) bon, -nne; vrai; véritable; authentique; **~e Rechnung** calcul juste; **der ~e Weg** le bon chemin; **~e Antwort** (*nicht falsche*) réponse exacte, convenable, (*passende*) adéquate; **~e Abschrift** copie conforme; **~e Übersetzung** *oft* traduction fidèle; **der ~e Mann am ~en Platz** l'homme qu'il faut; **den ~en Zeitpunkt wählen** choisir le bon moment, le moment opportun; **das ist nicht ~, die Sache verhält sich so** ce n'est pas exact, la chose, l'affaire se présente ainsi; je vous demande pardon, voici le fait; **er ist ein ~er Berliner** c'est le type du Berlinois; F **mit der Sache ist etw. nicht (ganz)** ~ la chose est un peu suspecte; il y a qc. qui ne va pas, F qui cloche; F **er ist nicht ganz** ~ **im Kopfe** F il en (= de folie) a un grain; il a une araignée dans le plafond; P il est timbré, piqué, toqué, marteau; **es ist am richtigsten, wir warten noch (il)** vaut mieux attendre (encore); F mieux vaut encore attendre; **die Dinge beim ~en Namen nennen** appeler les choses par

leur nom; F appeler un chat un chat; in der ~en Voraussetzung, daß ... en présumant avec juste raison que ...; **2.** *int.* ~! c'est cela, F ça!; précisément!; c'est juste!; parfait!; parfaitement!; vous y êtes!; **ganz** ~! c'est cela même!; très bien!; exactement!; *vorher Gesagtes bestätigend*: ... **und** ~, *da kam er auch schon* ... et en effet ...; **3.** *adv.* ~ **rechnen** calculer juste; *Uhr* ~ **gehen** aller juste, bien; donner l'heure exacte; **für** ~ **halten** juger bon, à propos (de); **e-e Sache** ~ **anfassen** savoir s'y prendre; ~**er** *gesagt* plus exactement; plutôt; mieux; **er war** ~ **verlegen, als** ... il était vraiment embarrassé quand ...; **hat Ihr Kind jemals gelogen, so** ~ **gelogen?** est-ce que votre enfant a jamais menti, ce qui s'appelle mentir?; **4.** *substantivisch* **das** 2**e treffen** deviner, tomber, toucher juste; F *iron.* **das ist mir der** 2**e!** parlez-moi de celui-là!; F *iron.* **du bist mir gerade der** 2**e dafür** F *iron.* il ne me manquait plus que toi; F **wenn der** 2**e kommt, wird sie heiraten** F quand elle trouvera chaussure à son pied, elle se mariera; **das ist das** 2**e für ihn** c'est ce qu'il lui faut; **das ist nicht ganz das** 2**e für uns** ce n'est pas ce qu'il nous faut; 2**be͵fund** *m comm.* approuvé *m*; ~͵**gehend 1.** *adjt. Uhr* marchant juste; à l'heure; donnant l'heure exacte; F (*wirklich*) vrai; véritable; **2.** *advt.* F (*wirklich*) vraiment; 2͵**keit** *f* ⟨~⟩ justesse *f*; (*Genauigkeit*) exactitude *f*; *e-s Wortes* propriété *f*; *e-r Übersetzung* fidélité *f*; *adm.* **für die** ~ **der Abschrift** pour copie conforme; *adm.* **für die** ~ **der Unterschrift** pour (la) certification matérielle de la signature; **damit hat es s-e** ~ la chose est fondée, vraie; ce n'est pas sans fondement; **damit wird es schon s-e** ~ **haben** ce doit bien être cela; F il y a du vrai là-dedans; ~͵**liegen** *v/i.* ⟨*irr., sép.*, -ge-, h⟩ F *pol.* être dans la ligne, dans le ton; ~͵**stellen** *v/t.* ⟨*sép.*, -ge-, h⟩ corriger; rectifier; mettre au point; 2͵**stellung** *f* correction *f*; rectification *f*; mise *f* au point.

Richt|kanonier ['rɪçtkano͵niːr] *m milit.* canonnier-pointeur *m*; ~**kraft** *f phys.* force *f* de rétablissement; ~**kreis** *m milit.* cercle *m* de pointage, de visée; goniomètre *m*; ~͵**latte** *f* **1.** *milit.* jalon *m* (de pointage); **2.** *cf.* ~scheit; ~͵**linien** *f/pl.* directives *f/pl.*; ligne *f* de conduite; *milit. auch* instruction générale; ~**lohn** *m* salaire *m* de base; ~**ma͵gnet** *m phys.* aimant correcteur, directeur; ~**ma͵schine** *f milit.* mécanisme *m* de pointage; ~**maß** *n techn.* étalon *m* (de mesure); jauge *f*; ~**platz** *m* lieu *m* de supplice, d'exécution; ~**preis** *m* prix *m* pilote, indicatif, recommandé, conseillé; ~**punkt** *m milit.* point *m* de pointage, de direction, *arp.* de repère; ~**satz** *m comm.* taux purement indicatif, de base, de référence; ~**schacht** *m mines* puits vertical; ~**scheit** *n bât.* règle *f*; équerre *f*; ~**schmaus** *m cf.* Richtfest; ~**schnur** *f bât.* cordeau *m*; *fig.* règle *f* (de conduite); gouverne *f*; norme *f*; principe directeur; ~͵**schütze** *m milit.* tireur-pointeur *m*; ~**schwert** *n* glaive *m* de la justice; ~͵**sender** *m rad.* émetteur directionnel; ~͵**sendung** *f rad.* émission dirigée; ~**statt** *f*, ~͵**stätte** *f cf.* ~platz; ~**strahl** *m rad.* faisceau directif, dirigé; ~**strahlan͵tenne** *f rad.* antenne (d'émission) directive, dirigée; ~͵**strahler** *m rad.* poste *m* (émetteur) à antenne dirigée; émetteur directif; réseau *m* d'antennes directionnelles, dirigées.

Richtung ['rɪçtʊŋ] *f* ⟨~; ~en⟩ **1.** direction *f*; sens *m*; **in** ~ **auf, nach** en direction de; dans la direction de; **in gerader** ~ en ligne droite; tout droit; **die** ~ **verlieren** se désorienter; être désorienté; perdre l'orientation, F le nord, la tramontane; **nach allen** ~**en** en tous sens; dans toutes les directions; **nach dieser** ~ dans ce sens; dans cette direction; **in umgekehrter** ~ en sens inverse; **die** ~ **nach** ... **einschlagen** prendre la direction de ...; **e-e andere** ~ **nehmen, die** ~ **ändern** changer de direction; **in derselben** ~ **weitergehen, weiterfahren** aller, continuer dans la même direction; **in welcher** ~ **liegt** ...? de quel côté, dans quelle direction se trouve ...?; *chem.* **die Züge aus** ~ ... les trains en provenance de ..., (pro)venant de ...; **die Züge in** ~ ... les trains en direction de ...; *milit., Feind* **in e-e bestimmte** ~ **zwingen** canaliser; **2.** *fig. literarische, politische etc.* tendance *f*; (*Strömung*) courant *m*; (*Einstellung*) orientation *f*; **e-e** ~ **vertreten** représenter une tendance; **3.** (*Gerichtetsein*) alignement *m*; 2͵**gebend** *adjt.* directif, -ive; pilote.

Richtungs|änderung ['rɪçtʊŋs͵ˀɛndərʊŋ] *f* changement *m* de direction; ~͵**angabe** *f*, ~͵**anzeige** *f* indication *f* de direction; ~͵**anzeiger** *m* indicateur *m* (de changement) de direction; flèche *f*; ~**be͵stimmung** *f* détermination *f* de la direction; *rad.* radiogoniométrie *f*; ~͵**wechsel** *m cf.* ~änderung.

richtungweisend ['rɪçtʊŋ͵vaɪzənt] *adjt. cf.* richtunggebend.

Richt|vorrichtung ['rɪçt͵foːrrɪçtʊŋ] *f milit.* système *m*, dispositif *m*, installation *f* de pointage; ~͵**waage** *f* niveau *m*; ~**weg** *m* chemin *m* de traverse; ~**wert** *m* valeur indicative, de base, de référence; ~**zahl** *f* indice *m*; coefficient *m*; *phot.* nombre-guide *m*.

Ricke ['rɪkə] *f* ⟨~; ~n⟩ *ch.* chevrette *f*.

rieb [riːp] *cf.* reiben.

riech|en ['riːçən] **I** *v/t.* ⟨**riecht, roch, gerochen,** h⟩ **1.** sentir; (*wittern*) flairer; **etw. nicht** ~ **können** ne pas supporter l'odeur de qc.; **2.** *fig.* F **j-n nicht** ~ **können** ne pas pouvoir sentir, supporter, F piffer, blairer qn.; avoir qn. dans le nez; F **Lunte, den Braten** ~ découvrir le pot aux roses; F flairer le coup; éventer la mèche; F **wer konnte das** ~! qui pouvait prévoir, deviner cela!; F **kein Pulver** ~ **können** être poltron, froussard; **II** *v/i.* **3.** (*e-n Geruch von sich geben*) sentir; **gut** ~ sentir bon; **schlecht** ~ sentir mauvais; avoir de l'odeur; *Nahrungsmittel* **zu** ~ **beginnen** commencer à sentir, à puer, à avoir de l'odeur; **nach etw.** ~ sentir, fleurer qc.; avoir l'odeur de qc.; **es riecht nach Gas** ça sent le gaz; **der Ofen riecht** le poêle dégage une odeur; **aus dem Munde** ~ sentir de la bouche; P puer, repousser du goulot; **4. an etw.** ~ respirer l'odeur, le parfum de qc.; 2**er** F *m* ⟨~s; ~⟩ nez *m*; P pif *m*; blair *m*; blase *m*; F *fig.* **e-n guten** ~ **haben** avoir le nez fin, creux; avoir bon nez; avoir du flair; *bes. von e-r Frau* F être une fine mouche; 2͵**fläschchen** *n* flacon *m* d'odeurs, de senteur; 2**nerv** *m anat.* nerf olfactif; 2**or͵gan** *n* odorat *m*; organe olfactif; 2**salz** *n* sels *m/pl.*; 2͵**stoffe** *m/pl. chim.* substances odorantes; 2͵**werkzeug** *n anat.* nez *m*; organe olfactif.

Ried [riːt] *n* ⟨~(e)s; ~e⟩ **1.** (*Sumpfgegend*) marécage *m* (couvert de roseaux); **2.** (*Schilf*) roseau *m*; jonc *m*; canne *f*; ~͵**gräser** *n/pl. bot.* cypéracées *f/pl.*

rief [riːf] *cf.* rufen.

Rief|e ['riːfə] *f* ⟨~; ~n⟩ rainure *f*; cannelure *f*; *nur im pl.* stries *f/pl.*; *beim Geschützrohr, Gewehrlauf etc.* rayure *f*; 2**eln** *v/t.* ⟨-(e)le, h⟩ canneler; strier; *bei Waffen* rayer; ~**e͵lung** *f* ⟨~⟩ *coll.* stries *f/pl.*; striure *f*; *cf. auch* ~e; 2**en** *v/t.* ⟨h⟩ *cf.* 2eln; 2**ig** *adj.* cannelé; strié; *bei Waffen* rayé; carabiné.

Riege ['riːgə] *f* ⟨~; ~n⟩ *gym.* section *f*.

Riegel ['riːgəl] *m* ⟨~s; ~⟩ **1.** verrou *m*; targette *f*; (*Fenster*2) espagnolette *f*; *am Schloß* pêne *m*; **mit e-m** ~ **verschließen** verrouiller; fermer au verrou; **den** ~ **vorschieben** mettre, pousser le verrou; *fig.* F **j-n hinter Schloß u.** ~ **bringen** écrouer qn.; F mettre qn. sous les verrous, *iron.* en lieu sûr; F *fig.* **e-r Sache e-n** ~ **vorschieben** mettre obstacle à qc.; freiner une affaire; mettre un terme, F le holà à qc.; **2.** *Seife* (*Stange*) barre *f*; pain *m*; *Schokolade* tablette *f*; barre *f*; **3.** *cout.* bride *f*; **4.** *charp.* (*Querholz*) barre *f*; *chem., der Kupplung* loquet *m* (d'accouplement); ~͵**stellung** *f milit.* position *f* d'arrêt, verrouillée; barrage *m*; F verrou *m*; ~**ver͵schluß** *m bei Waffen* (fermeture *f* à) verrou *m*.

Riegen|führer ['riːgən͵fyːrər] *m gym.* chef *m* de section; ~͵**turnen** *n gym.* exercices *m/pl.* par sections; 2͵**weise** *adv. gym.* par sections.

Riemen ['riːmən] *m* ⟨~s; ~⟩ **1.** courroie *f* (*auch techn.*: *Treib*2); *langer, schmaler* lanière *f*; (*Schuh*2) bride *f*; (*Trag*2, *Gewehr*2) bretelle *f*; *zum Schärfen des Rasiermessers* cuir *m* (à rasoir); F *fig.* **den** ~ **enger schnallen** serrer la ceinture d'un cran; se mettre la ceinture; *cf. auch* **Leibriemen**; F *fig.* **sich am** ~ **reißen** (*sich zusammennehmen*) F se prendre par la main; **2.** *mar.* (*Ruder*) rame *f*; aviron *m*; **sich in die** ~ **legen** ramer à tour de bras; *fig.* F en mettre un coup; ~͵**antrieb** *m techn.* entraînement *m* par, transmission *f* à courroie; ~͵**blatt** *n mar.* pale *f* (d'aviron); ~͵**gabel** *f techn.* fourchette *f* d'embrayage (et de débrayage); *mar.* fourche *f* (des rames); ~͵**scheibe** *f techn.* poulie *f*; ~͵**schlag** *m mar.* coup *m* de rame, d'aviron; ~͵**spanner** *m techn.* tendeur *m* de courroie.

Ries [riːs] *n* ⟨~es; ~e *bzw.* 4 ~⟩ *comm.* ~ Papier rame *f* de papier.

Ries|e[1] ['riːzə] *m* ⟨~n; ~n⟩, ~**in** *f* ⟨~; ~nen⟩ géant, -e *m, f*; colosse *m*; *par ext.* athlète *m*; F armoire *f*; *im Märchen, menschenfressende(r)* ogre, -sse *m, f*.

Riese[2] ['riːzə] F **nach Adam** ~ en comptant exactement; d'après le tarif, le barème.

Riesel|feld ['riːzəl͵fɛlt] *n* champ *m* d'épandage; 2**n I** *v/i.* ⟨-(e)le, sein⟩ *Sand, Körner, Steine, Tränen, Schweiß, Tropfen* couler; *Steine* rouler; *Wasser, Schweiß* ruisseler; **Regen rieselt** il tombe une pluie fine; **II** *v/imp. fig.* **es rieselt mir kalt über den Rücken** le froid me tombe sur les épaules; ~͵**regen** *m* bruine *f*; pluie fine.

Riesen... ['riːzən...] *in Zssgn.* gigantesque; géant; énorme; colossal; monstre; fantastique; ~͵**arbeit** F *f* travail *m* énorme, colossal, de Romain, d'Hercule; ~͵**bau** F *m* ⟨~(e)s; ~ten⟩ construction colossale; ~͵**dame** *f auf Jahrmärkten* (femme) colosse *f*, géante *f*; ~͵**dummheit** F *f* prodigieuse sottise;

bêtise colossale; **~erˌfolg** F *m* succès *m* énorme, fantastique, colossal, P bœuf; **~geˌschlecht** *n* race *f* de géants; **~geˌstalt** *f* figure *f*, forme *f* gigantesque; colosse *m*; **2'groß** *adj. cf.* riesig 1.; **~ˌgröße** *f cf.* ~haftigkeit; **2ˌhaft** *adj. cf.* riesig 1.; **~ˌhaftigkeit** *f* ⟨~⟩ gigantesque *m*; énormité *f*; grandeur colossale, gigantesque; **~ˌkraft** F *f* force herculéenne, athlétique; vigueur *f* d'athlète; **~ˌrad** *n* grande roue; **~ˌschildkröte** *f zo.* tortue géante; **~ˌschlange** *f zo.* boa *m*; python *m*; **~ˌschritt** *m* mit ~en à pas de géant; **~ˌslalom** *m Sport* slalom géant; **2ˌstark** F *adj.* d'une force herculéenne, athlétique; **~ˌstärke** F *f cf.* ~kraft; **~ˌwelle** *f gym.* soleil *m*; **~ˌwuchs** *m méd.* gigantisme *m*.

riesig ['riːzɪç] **1.** *adj.* géant; colossal; gigantesque; (*gewaltig*) énorme; *Kraft, Stärke* herculéen, -nne; *Ausmaß* immense; fantastique; *beim subst. auch oft* monstre; F *fig.* prodigieux, -euse; **2.** *adv.* F (*sehr*) très; F prodigieusement; énormément; follement; F ~ dumm d'une bêtise colossale, monumentale; bête à manger du foin; ich habe mich ~ amüsiert je me suis follement amusé; ich habe mich ~ gefreut je me suis énormément réjoui.

Riester ['riːstər] *m* ⟨~s; ~⟩ *cord.* pièce *f* (en cuir); renfort *m*.

riesweise ['riːsˌvaɪzə] *adv. comm., von Papier* par rames.

Riet [riːt] *n* ⟨~(e)s; ~e⟩ (*Weberkamm*) peigne *m*.

riet [riːt] *cf.* raten.

Riff [rɪf] *n* ⟨~(e)s; ~e⟩ *mar.* récif *m*.

Riffel ['rɪfəl] *f* ⟨~; ~n⟩ **1.** (*Flachskamm*) drège *f*; égrugeoir *m*; **2.** crête *f* (d'une cannelure); **~ˌblech** *n* tôle cannelée, nervurée; **~ˌfeile** *f techn.* rifloir *m*; **~ˌglas** *n* verre cannelé; **~ˌkamm** *m cf.* Riffel 1.; **2n** *v/t.* ⟨-(e)le, h⟩ **1.** *Flachs* égruger; dréger; **2.** canneler; **~ung** *f* ⟨~; ~en⟩ cannelure *f*; **~ˌwalze** *f techn.* cylindre cannelé.

Riffkorallen ['rɪfkoˑˌralən] *f/pl. zo.* madréporaires *m/pl*.

Rifkabyle ['rɪfkaˌbyːlə] *m* ⟨~n; ~n⟩ Rifain *m*.

Rigol|e [riˑ'goːlə] *f* ⟨~; ~n⟩ *agr.* rigole *f*; **2en I** *v/t.* ⟨*pas de ge-*, h⟩ *agr.* couper par des rigoles; défoncer; rigoler; **II ~en** *n* ⟨~s⟩ défoncement *m*; **~ˌpflug** *m agr.* charrue *f* à faire des rigoles; défonceuse *f*.

Rigoris|mus [riˑgoˑ'rɪsmus] *m* ⟨~⟩ rigorisme *m*; **2tisch** *adj.* rigoriste.

rigoros [riˑgoˑ'roːs] *adj.* rigoureux, -euse; (*streng*) sévère; (*hart*) dur; (*unerbittlich*) sans pitié; impitoyable; *Maßnahmen* draconien, -nne; **2i'tät** *f* ⟨~⟩ rigueur *f*; sévérité *f*; dureté *f*; **2um** *n* ⟨~s; -sa⟩ examen oral du doctorat.

Rikambio [riˑ'kambiˑoˑ] *m* ⟨~s; -ien⟩ *comm.* retraite *f*; rechange *m*.

Rikscha ['rɪkʃa] *f* ⟨~; ~s⟩ pousse-pousse *m*.

Rill|e ['rɪlə] *f* ⟨~; ~n⟩ *allg.* rainure *f*; *techn. auch* gorge *f*; strie *f*; cannelure *f*; *bei Waffen* rayure *f*; *der Schallplatte* sillon *m*; *agr.* rigole *f*; sillon *m*; **2en** *v/t.* ⟨h⟩ faire une rainure; rain(ur)er; *techn. auch* strier; canneler; *Gewehrlauf, Geschützrohr* rayer; *agr.* faire, tracer une rigole; rigoler; **2ig** *adj.* rain(ur)é; strié; cannelé; rayé.

Rimesse [riˑ'mɛsə] *f* ⟨~; ~n⟩ *comm.* remise *f*.

Rind [rɪnt] *n* ⟨~(e)s; ~er⟩ *zo.* bœuf *m*; *jüngeres, männliches* bouveau *m*; bouvet *m*; bouvelet *m*; bouvillon *m*; *weibliches* génisse *f*; ~er *pl.* bovins *m/pl.*; gros bétail; *als Gattung* espèce bovine; bovinés *m/pl*.

Rinde ['rɪndə] *f* ⟨~; ~n⟩ (*Baum2*) écorce *f*; *von Brot, Käse* croûte *f*; die ~ entfernen écroûter (vom Käse le fromage); **~n...** *in Zssgn. bot., anat.* cortical; **~nˌschälmesser** *n* décortiqueur *m*.

Rinder|bestand ['rɪndərbəˌʃtant] *m agr.* cheptel bovin; **~ˌbraten** *m cuis.* rôti *m* de bœuf; **~ˌherde** *f* troupeau *m* de bœufs; **~ˌhirt** *m* bouvier *m*; vacher *m*; **2ig** *adj. von Kühen* en chaleur; **2n** *v/i.* ⟨-(e)re, h⟩ *von Kühen* être en chaleur; **~ˌpest** *f vét.* peste bovine; **~ˌrasse** *f* race bovine; **~ˌtalg** *m* suif *m* (de bœuf); **~tuberkuˌlose** *f vét.* tuberculose bovine; **~ˌzucht** *f agr.* élevage bovin, des bovins; **~ˌzunge** *f* langue *f* de bœuf.

Rindfleisch ['rɪntflaɪʃ] *n* bœuf *m*; gekochtes ~ (bœuf) bouilli *m*; geschmortes ~ bœuf (à la) mode.

rindig ['rɪndɪç] *adj.* couvert d'une écorce *bzw.* d'une croûte; *zo., bot.* crustacé.

Rind|leder ['rɪntˌleːdər] *n* cuir *m* de bœuf; **2ˌledern** *adj.* de cuir de bœuf.

Rinds|braten ['rɪntsˌbraːtən] *m cf.* Rinderbraten; **~ˌleder** *n*, **2ˌledern** *adj. cf.* Rindleder, rindledern; **~talg** *m*, **~ˌzunge** *f cf.* Rinder...

Rindvieh ['rɪntfiː] *n* ⟨~(e)s; F -viecher⟩ **1.** *cf.* Rind(er); **2.** P *fig.* imbécile *m, f*; P andouille *f*; *nur für e-n Mann* F animal *m*; *nur für e-e Frau* F pécore *f*; **~beˌstand** *m cf.* Rinderbestand.

Ring [rɪŋ] *m* ⟨~(e)s; ~e⟩ anneau *m*; (*Finger2*) *auch* bague *f*; (*Trau2*) alliance *f*; (*Servietten2*) rond *m*; *astr.* (*Halo*) 'halo *m*; *des Saturns* anneau *m*; *anat.* aréole *f*; *zo.* collier *m*; *méd., um e-e Wunde, um die Augen* cerne *m*; *der Bäume* (*Jahres2*) couche annuelle; cerne *m*; *der Schießscheibe* zone *f*; cercle *m*; *gym.* ~e *pl.* anneaux *m/pl.*; *Boxen* ring [riŋ] *m*; *techn.* (*Metallöse*) boucle *f*; œillet *m*; anneau *m*; anse *f*; (*Zwinge*) virole *f*; frette *f*; (*Kettenglied*) maillon *m*; chaînon *m*; (*rundführende Straße*) boulevards extérieurs, périphériques; ceinture *f* de boulevards; *fig.* (*Schallplatten2, Theater2*) cercle *m*; *comm.* pool [puːl] *m*; ~e rauchen faire des ronds, des cercles; (dunkle) ~e um die Augen haben avoir les yeux cernés, battus; **2ˌartig** *adj.* annulaire; **~bahn** *f chem.* ligne *f*, chemin *m* de fer de ceinture; **~buch** *n* livre *m* à feuilles mobiles; **~ˌdichtung** *f techn.* joint *m* torique.

Ringel|blume ['rɪŋəlˌbluːmə] *f bot.* souci *m*; **2ig** *adj.* (*sich ringelnd*) bouclé; (*ringförmig*) annulaire; **~ˌlocke** *f* boucle *f* de cheveux; **2n I** *v/t.* ⟨-(e)le, h⟩ boucler; anneler; **II** *v/réfl.* sich ~ boucler; *spiralförmig* se rouler en spirale; (*sich schlingen*) s'enrouler; *Schlange auch* se tortiller; **~ˌnatter** *f zo.* couleuvre *f* à collier; **~ˌpiez** *m* ⟨~es; ~e⟩ F (*Tanzvergnügen*) F sauterie *f*; **~ˌreihen** *m* ronde *f*; **~ˌtaube** *f zo.* pigeon *m* à collier; (pigeon *m*) ramier *m*; palombe *f*; **~ˌwürmer** *m/pl. zo., sc.* annélides *m/pl*.

ring|en ['rɪŋən] **I** *v/t.* ⟨ringt, rang, gerungen, h⟩ **1.** (*winden*) tordre (*auch Wäsche*); die Hände ~ se tordre les mains; j-m die Pistole aus der Hand ~ arracher le pistolet des mains de qn.; **2.** j-n zu Boden ~ terrasser qn. à la lutte; **II** *v/i.* **3.** (*kämpfen*) lutter (mit contre) (*auch fig.*); *fig.* se débattre (contre); mit dem Tode ~ lutter contre la mort; être à l'agonie; nach etw. ~ (*streben*) aspirer à qc.; chercher à emporter qc.; um etw. ~ lutter, se battre pour qc.; nach Atem ~ respirer avec peine; *pfort.* suffoquer; étouffer; mit j-m um etw. ~ disputer qc. à qn.; **III 2en** *n* ⟨~s⟩ **4.** (*Winden*) torsion *f*; **5.** (*Kampf*) lutte *f*; ~ mit dem Tode agonie *f*; **2er** *m* ⟨~s; ~⟩ *Sport* lutteur *m*; *im Altertum* athlète *m*; **2erˌfahrung** *f Boxen* expérience *f*, routine *f* du ring; **2erˌgriff** *m Sport* prise *f* (de lutte).

Ring|feder ['rɪŋˌfeːdər] *f techn.* bague *f* d'arrêt; **~ˌfinger** *m* (doigt *m*) annulaire *m*; **2ˌförmig** *adj.* annulaire; (*kreisförmig*) en forme de cercle; *sc.* orbiculaire; *techn.* cyclique; toroïdal; **~ˌgraben** *m fortif.* douve *f*; fossé *m* circulaire; **~heft** *n* cahier *m* à feuilles mobiles; **~kampf** *m* lutte *f*; **~ˌkämpfer** *m* lutteur *m*; **~ˌkästchen** *n* baguier *m*; **~ˌknorpel** *m anat.* cartilage *m* annulaire (du larynx); **~lein** *n* ⟨~s; ~⟩ annelet *m*; **~maß** *n für Fingerringe* baguier *m*; **~ˌmauer** *f fortif.* (mur *m* d')enceinte *f*; **~meˌchanik** *f für Büroartikel* système *m* à anneaux; **~ˌmuskel** *m anat.* muscle *m* orbiculaire; **~ˌrichter** *m Boxen* arbitre *m*; **2s** *adv. cf.* 2s(her)um; **~ˌschraube** *f techn.* piton *m*; **~ˌsendung** *f rad.* émission diffusée en chaîne; **2s(her)um** ['rɪŋs-'ʔum, 'rɪŋshɛ'rum] *adv.* tout autour (de); à la ronde; (tout) alentour; (*überall*) partout (à la ronde); (*von allen Seiten*) de tous côtés; **~ˌstraße** *f* boulevard extérieur; **2sum'her** *adv. cf.* 2s(her)um; **~tausch** *m von Wohnungen* échange *m* d'appartement entre plusieurs locataires; **~wall** *m fortif.* rempart *m*; enceinte *f*; **~ˌwechsel** *m bei der Trauung* échange *m* des anneaux, des alliances.

Rinn|e ['rɪnə] *f* ⟨~; ~n⟩ **1.** rigole *f*; *in der Straße* caniveau *m*; cassis *m*; (*Leitungsröhre*) conduit *m*; canal *m*; (*Wasser2*) chantepleure *f*; goulotte *f*; (*Dach2*) chéneau *m*; gouttière *f*; **2.** *im Meeresboden* (*Senke*) dépression *f* (de fond marin); **3.** *im Eis* (*Riß*) crevasse *f*; **2en I** *v/i.* ⟨rinnt, rann, geronnen, sein⟩ *Wasser, Schweiß, Tränen* couler; (*rieseln*) ruisseler; *Blut* s'échapper; découler; s'écouler; ruisseler; F dégouliner; *Faß* (*lecken*) ⟨h⟩ fuir; couler; *fig., Zeit, Geld* filer; ~ aus découler de; das Geld rinnt ihm durch die Finger l'argent lui file entre les doigts; **II ~en** *n* ⟨~s⟩ écoulement *m*; ruissellement *m*; (*Lecken*) fuite *f*; **~sal** *n* ⟨~(e)s; ~e⟩ ruisselet *m*; petit ruisseau; filet *m* d'eau; **~stein** *m* ruisseau *m*; caniveau *m*; rigole *f* d'écoulement; *fig.* im ~ enden déchoir; mal tourner; tomber, rouler au ruisseau; tomber bien bas.

Ripp|chen ['rɪpçən] *n* ⟨~s; ~⟩ *cuis.* côtelette *f*; **~e** *f* ⟨~; ~n⟩ **1.** *anat.* côte *f*; falsche ~ côte flottante; fausse côte; j-m die ~n brechen F rompre les côtes à qn.; bei ihm kann man alle ~n zählen (*er ist so mager*) on peut lui compter les côtes; F *fig.* sich etw. nicht aus den ~n schneiden können ne pas pouvoir donner ce qu'on n'a pas; ne pas pouvoir faire l'impossible; ich kann mir das nicht aus den ~n schneiden *auch* F on ne peut pas peigner un diable qui n'a pas de cheveux *prov.*; **2.** *bât., bot.* nervure *f*; *techn.* cannelure *f*; (*Kühl2, Heiz2*) ailette *f*; *aviat., der Tragflächen* nervure *f*; (*Schokoladen2*) tablette *f*;

barre *f*; 2**en** *v/t.* ⟨h⟩ *techn.* canneler; nervurer; rider; gaufrer; ~**en͵bogen** *m anat.* arc costal; ~**en͵bruch** *m méd.* fracture *f* des côtes; ~**en͵fell** *n anat.* plèvre *f*; ~**en͵fellent͵zündung** *f méd.* pleurésie *f*; ~**enfell͵gegend** *f méd.* région pleurale; ~**en͵heizkörper** *m* radiateur *m* à ailettes; ~**en͵rohr** *n techn.* tuyau *m* à ailettes; ~**en͵stoß** *m* coup *m* dans le flanc; F bourrade *f*; j-m e-n ~ versetzen donner une bourrade à qn.; ~**en͵stück** *n Fleischerei* entrecôte *f*.

Rips [rɪps] *m* ⟨~es; ~e⟩ *text.* reps [-ps] *m*.

Risiko ['riːzi·ko·] *n* ⟨~s; -ken *od.* ~s⟩ risque *m*; **auf eigenes** ~ à ses risques et périls; **das** ~ **übernehmen** assumer, prendre le risque; **ein** ~ **eingehen** courir un risque; ~͵**ausgleich** *m* compensation *f* d'un risque; ~͵**deckung** *f* couverture *f*, garantie *f* de risque; ~**er͵höhung** *f* aggravation *f* de risque; 2͵**frei** *adj. u. adv.* sans risque; ~**ge͵schäft** *n* affaire risquée; ~͵**prämie** *f* prime *f* de risque; ~͵**spanne** *f* marge *f* de risque; ~͵**übernahme** *f* prise *f* en charge du risque; ~**ver͵sicherung** *f* assurance *f* contre un risque (*par ex.* décès, maladie, *etc.*); ~**ver͵teilung** *f* répartition *f* des risques.

risk|ant [rɪs'kant] *adj.* risqué; 'hasardé; osé; *par ext.* (*heikel*) scabreux, -euse; **das ist sehr** ~ c'est beaucoup risquer; ~**ieren** *v/t.* ⟨*pas de ge-*, h⟩ risquer; **viel** ~ F jouer gros (jeu); **alles** ~ risquer le tout pour le tout; F jouer son va-tout; risquer le paquet; F *fig.* **ein Auge** ~ risquer un (coup d')œil; regarder en coin; **sein Leben** ~ *auch* mettre sa vie en jeu; F *fig.* **e-e Lippe** ~ lâcher une impertinence.

Rispe ['rɪspə] *f* ⟨~; ~n⟩ *bot.* panicule *f*; 2**n͵förmig** *adj. bot.* paniculé; ~**n͵gras** *n bot.* pâturin *m*; ~**n͵hafer** *m bot.* avoine paniculée, à panicules.

riß [rɪs] *cf.* **reißen**.

Riß [rɪs] *m* ⟨**Risses**; **Risse**⟩ **1.** *im Gewebe, Papier* déchirure *f*; *durch Hängenbleiben* accroc *m*; *in der Haut* déchirure *f*; crevasse *f*; gerçure *f*; *anat., méd.* scissure *f*; *in e-m Muskel* déchirement *m*; déchirure *f*; *in Holz, Eis* (*Spalt*) fente *f*; fissure *f*; *in Porzellan, Ton etc.* (*Sprung*) fêlure *f*; *in Lack, Farbe, Putz* craquelure *f*; *in Eisen, Stahl* paille *f*; crique *f*; fissure *f*; fêlure *f*; crevasse *f*; *in e-r Mauer* lézarde *f*; **Risse bekommen** *entsprechend dem subst.* se déchirer; recevoir des accrocs (*auch fig. von Freundschaft*); se crevasser; se gercer; se fendre; se fendiller; se craqueler; se fissurer; se fêler; se lézarder; *Eisen* devenir pailleux; **2.** *fig., in der Freundschaft* accroc *m*; fissure *f*; fêlure *f*; *pol.* scission *f*; *relig.* schisme *m*; **3.** *bât.* (*Zeichnung*) tracé *m*; épure *f*; plan *m*; (*Vorzeichnung auf e-m Werkstück*) trait *m*.

Riss|ebildung ['rɪsə͵bɪldʊŋ] *f techn.* formation *f* de criques, pailles, fissures, crevasses; fendillement *m*; 2**ig** *adj.* crevassé; *Haut auch* gercé; *Porzellan, Ton, Eisen etc.* fêlé; fissuré; fendillé; *Metall* pailleux, -euse; *Lack, Farbe, Putz* craquelé; *Mauer* lézardé; ~ **werden** *cf.* **Riß 1.** (**Risse bekommen**).

Rißwunde ['rɪs͵vʊndə] *f méd.* déchirure *f*; plaie déchirée.

Rist [rɪst] *m* ⟨~**es**; ~**e**⟩ *anat.* (*Fußrücken*) cou-de-pied *m*; (*Handrücken*) dos *m* de la main; (*Fußgelenk*) cheville *f*; (*Handgelenk*) poignet *m*; ~**griff** *m gym.* prise dorsale.

ristorn|ieren [rɪstɔr'niːrən] *v/t.* ⟨*pas de ge-*, h⟩ *comm.* ristourner; 2**o** [-'tɔrno·] *n od. m* ⟨~**s**; ~**s**⟩ *comm.* ristourne *f*.

Riten ['riːtən] *pl. von* **Ritus**; ~**kongregati͵on** *f* ⟨~⟩ *égl. cath.* Congrégation *f* des Rites.

Ritornell [ri·tɔr'nɛl] *n* ⟨~**s**; ~**e**⟩ *mus.* ritournelle *f*.

Ritratte [ri·'tratə] *f* ⟨~; ~**n**⟩ *comm.* retraite *f*; rechange *m*.

ritsch [rɪtʃ] *int.* ~, **ratsch**! cric, crac!

Ritt [rɪt] *m* ⟨~(**e**)**s**; ~**e**⟩ chevauchée *f*; course *f*, tour *m*, promenade *f* à cheval; cavalcade *f*; *fig.* **in e-m** ~ tout d'une traite; d'un seul coup, trait; sans débrider.

ritt [rɪt] *cf.* **reiten**.

Ritter ['rɪtər] *m* ⟨~**s**; ~⟩ **1.** *féod.* chevalier *m* (*auch der Ehrenlegion etc.*); **fahrender** ~ chevalier errant; paladin *m*; **j-n zum** ~ **schlagen** *cf.* ~**schlag**; **der** ~ **von der traurigen Gestalt** le chevalier de *od.* à la triste figure; **2.** *e-r Dame* chevalier servant; *fig.* gentilhomme *m*; **3.** *cuis.* **arme** ~ *pl.* pain perdu; ~**akade͵mie** *f hist.* lycée destiné aux jeunes gens nobles; ~͵**burg** *f* château fort (de chevalier); manoir *m* (féodal); ~͵**dienst** *m féod.* service *m* de chevalier; *fig.* **e-r Dame e-n** ~ **erweisen** rendre un grand service à une dame; se montrer chevaleresque vis-à-vis d'une dame; ~͵**gut** *n hist.* domaine (terre) seigneurial(e); ~**gutsbe͵sitzer** *m* propriétaire *m* d'une terre seigneuriale; gentilhomme campagnard; ~͵**kreuz** *n milit.* croix *f* de chevalier; ~**kreuz͵träger** *m milit.* titulaire *m* de la croix de chevalier; 2͵**lich 1.** *adj.* chevaleresque; *fig.* galant; courtois; **2.** *adv.* de façon chevaleresque; en galant homme; galamment; courtoisement; ~**lich͵keit** *f* ⟨~⟩ caractère *m*, âme *f*, sentiments *m/pl.* chevaleresque(s); *fig.* parfaite courtoisie; ~͵**orden** *m hist.* ordre *m* de chevalerie; **Deutscher** ~ ordre Teutonique; (ordre des) Chevaliers Teutoniques; ~**ro͵man** *m litt.* roman *m* de chevalerie; ~͵**saal** *m* salle *f* des chevaliers; ~͵**schaft** *f* ⟨~⟩ chevalerie *f*; *coll.* corps *m* des chevaliers; (*Adel*) noblesse *f*; 2͵**schaftlich** *adj.* (qui appartient au corps) de la noblesse; ~͵**schlag** *m hist.* accolade *f*; adoubement *m*; **j-m den** ~ **erteilen** donner l'accolade à qn.; adouber qn.; armer, recevoir qn. chevalier; **den** ~ **erhalten** être armé chevalier; ~**s͵mann** *m* ⟨~(e)s; -leute⟩ chevalier *m*; ~͵**sporn** *m* ⟨~(e)s; ~e⟩ *bot.* pied-d'alouette *m*; delphinelle *od.* dauphinelle *f*; ~͵**stand** *m* dignité *f* de chevalier; *coll.* chevalerie *f*; **in den** ~ **erhoben werden** être élevé à la dignité de chevalier; ~͵**tum** *n* ⟨~(e)s⟩ chevalerie *f*; chevaliers *m/pl.*; ~͵**wesen** *n* chevalerie *f*; ~͵**zeit** *f* époque *f* de la chevalerie.

ritt|lings ['rɪtlɪŋs] *adv.* ~ **sitzen** être à califourchon, à cheval; 2͵**meister** *m hist. milit.* capitaine *m* de cavalerie.

Ritual [ri·tu·'aːl] *n* ⟨~**s**; ~**e** *od.* ~**ien**⟩ rituel *m*; rite *m*; ~**ismus** [-'lɪs-] *m* ⟨~⟩ ritualisme *m*; ~͵**mord** *m* meurtre rituel.

rituell [ri·tu·'ɛl] *adj.* rituel, -lle.

Ritus ['riːtʊs] *m* ⟨~; -ten⟩ rite *m*.

Ritz [rɪts] *m* ⟨~**es**; ~**e**⟩, ~**e** *f* ⟨~; ~**n**⟩ (petite) fente *f*; fêlure *f*; fissure *f*; *im Stein* (petit) sillon *m*; *in e-m Rohr, Faß* fuite *f*; (*Schramme*) raie *f*; rayure *f*; *in der Haut* égratignure *f*; éraflure *f*; (*Abschürfung*) écorchure *f*; (*Riß*) gerçure *f*; crevasse *f*; *chir.* (*leichter Einschnitt*) scarification *f*.

Ritzel ['rɪtsəl] *m* ⟨~**s**; ~⟩ *techn.* pignon *m*.

ritzen ['rɪtsən] **I** *v/t.* ⟨-(es)t, h⟩ faire une raie; rayer; *techn.* fendiller; *Haut* égratigner; érafler; excorier; **s-n Namen in die Rinde** ~ graver son nom dans l'écorce; **II** *v/réfl.* **sich** ~ s'égratigner; s'érafler; s'excorier; **III** 2 *n* ⟨~**s**⟩ rayage *od.* rayement *m*; *der Haut* éraflement *m*; excoriation *f*.

Rival|e [ri·'vaːlə] *m* ⟨~**n**; ~**n**⟩, ~**in** *f* ⟨~; ~**nen**⟩ rival, -e *m, f*; 2**i'sieren** *v/i.* ⟨*pas de ge-*, h⟩ rivaliser (**mit j-m** avec qn.); ~**i'tät** *f* ⟨~; ~**en**⟩ rivalité *f*.

Rizinus ['riːtsi·nʊs] *m* ⟨~; ~ *od.* ~**se**⟩ *bot.* ricin *m*; ~͵**öl** *n* ⟨~(**e**)**s**⟩ huile *f* de ricin.

Roastbeef ['roːstbiːf] *n* ⟨~**s**; ~**s**⟩ *cuis.* rosbif *m*.

Robbe ['rɔbə] *f* ⟨~; ~**n**⟩ *zo.* phoque *m*; ~**n** *pl. sc.* pinnipèdes *m/pl.*; 2**n I** *v/i.* ⟨**sein**⟩ *milit.* ramper; **II** ~**n** *n* ⟨~**s**⟩ *milit.* marche rampante; ~**n͵fang** *m* chasse *f* aux phoques; ~**n͵fänger** *m* ⟨~**s**; ~⟩ chasseur *m* de phoques.

Robber ['rɔbər] *m* ⟨~**s**; ~⟩ *Whist, Bridge* rob *m*; robre *m*.

Robe ['roːbə] *f* ⟨~; ~**n**⟩ (*festliches Kleid*) robe *f* de soirée; (*Amtstracht*) robe *f* (de magistrat, *etc.*).

Robinie [ro·'biːni·ə] *f* ⟨~; ~**n**⟩ *bot.* robinier *m*.

robot|en ['rɔbətən] F *v/i.* ⟨-ete, h⟩ F turbiner; 2**er** *m* ⟨~**s**; ~⟩ *techn.* robot *m*; F (*Schwerarbeiter*) F turbineur *m*.

robust [ro·'bʊst] *adj.* robuste; solide; fort; vigoureux, -euse; F **ein** ~**er Kerl** un dur-à-cuire; 2**heit** *f* ⟨~⟩ robustesse *f*; force *f*; vigueur *f*.

roch [rɔx] *cf.* **riechen**.

Rochade [rɔ'xaːdə, rɔ'ʃaːdə] *f* ⟨~; ~**n**⟩ *Schachspiel* roque *m*; ~͵**straße** *f milit.* rocade *f*.

röcheln ['rœçəln] **I** *v/i.* ⟨-(e)le, h⟩ râler; **II** 2 *n* ⟨~**s**⟩ râle(ment) *m*.

Rochen ['rɔxən] *m* ⟨~**s**; ~⟩ *zo.* raie *f*.

rochieren [rɔ'xiːrən, -'ʃiː-] *v/i.* ⟨*pas de ge-*, h⟩ *Schachspiel* roquer.

Rock [rɔk] *m* ⟨~(**e**)**s**; ~̈**e**⟩ **1.** *für Männer* (*Sakko*) veston *m*; veste *f*; vareuse *f*; (*Geh*2) redingote *f*; (*Cutaway*) jaquette *f*; *allg. dafür* habit *m*; (*Waffen*2) tunique *f*; *früher* **bunter** ~, ~ **des Königs** (*bzw.* **Kaisers**), *heute* **grauer** ~ uniforme *m*; **den bunten, grauen** ~ **anziehen** se faire soldat; **2.** *für Frauen* jupe *f*; ~͵**aufschlag** *m* revers *m*.

Rocken ['rɔkən] *m* ⟨~**s**; ~⟩ (*Spinn*2) quenouille *f*.

Rock|falte ['rɔk͵faltə] *f* pli *m* de jupe; ~**schoß** *m* pan *m* d'habit; basque *f*; F *fig.* **immer an j-s Rockschößen hängen** être toujours pendu aux basques de qn.; ~͵**zipfel** *m cf.* ~**schoß**; F *fig.* **an Mutters** ~ **hängen** être pendu aux basques de sa mère; **j-n beim** ~ **fassen** retenir qn. par le pan de la veste.

Rode|hacke ['roːdə͵hakə] *f* 'houe *f* à essarter; 'hoyau *m*; ~͵**land** *n* essart *m*.

Rodel|bahn ['roːdəl͵baːn] *f* piste *f* de luge; toboggan *m*; 2**n** *v/i.* ⟨-(e)le, **sein** *od.* h⟩ luger; faire de la luge; aller en luge, en toboggan; ~͵**schlitten** *m* luge *f*; toboggan *m*.

roden ['roːdən] **I** *v/t.* ⟨-ete, h⟩ essarter; déboiser et essoucher; défricher; **II** 2 *n* ⟨~**s**⟩ essartage *od.* essartement *m*; déboisement *m* et essouchage *m*; défrichement *m*.

Rodler(in) ['roːdlər(ɪn)] *m* ⟨~**s**; ~⟩ (*f*)

⟨~; ~nen⟩ lugeur, -euse *m, f*; toboganniste *m, f*.

Rodung ['ro:dʊŋ] *f* ⟨~; ~en⟩ **1.** *cf.* roden II; **2.** *cf.* Rodeland.

Rogen ['ro:gən] *m* ⟨~s; ~⟩ *zo.* rogue *f*; œufs *m/pl.* de poisson; **~er** *m* ⟨~s; ~⟩, **~ˌfisch** *m zo.* poisson rogué.

Roggen ['rɔgən] *m* ⟨~s⟩ *bot., agr.* seigle *m*; **~ˌbrot** *n* pain *m* de seigle; **~ˌfeld** *n* champ *m* de seigle; **~ˌkorn** *n* **a)** grain *m* de seigle; **b)** *coll.* seigle *m*; **~ˌmehl** *n* farine *f* de seigle; **~ˌstroh** *n* paille *f* de seigle; glui *m*.

Rogner ['ro:gnər] *m* ⟨~s; ~⟩ *cf.* Rogener.

roh [ro:] *adj.* **1.** (*unbearbeitet*) cru; (*ungekocht*) *auch* pas cuit; (*noch nicht künstlich verarbeitet*) brut [-t]; non façonné; (*grob bearbeitet*) grossièrement travaillé; ébauché; *von Garn, Wolle, Seide etc.* écru; **aus dem ~en arbeiten** travailler à partir de la matière brute; *advt.* **~ bearbeiten** ébaucher; **~es Ei** œuf cru; *fig.* **j-n wie ein ~es Ei behandeln** *fig.* F prendre, mettre des gants avec qn.; **2.** *fig., Person* inculte; rustique; *pfort.* barbare; sauvage; (*grob*) grossier, -ère; *pfort.* brutal; (*derb*) rude; (*plump*) lourd; **mit ~er Gewalt** de vive force; **~er Kerl** brute *f*; butor *m*; *advt.* **j-n ~ behandeln** rudoyer qn.; **2bau** *m* ⟨~(e)s; ~ten⟩ *bât.* maçonnerie brute; gros œuvre; *fig.* **im ~** dans ses grandes lignes; **2ˌbaumwolle** *f* coton brut, en bourre; **2biˌlanz** *f comm.* bilan brut, estimatif, préparatoire; **2block** *m métall.* lingot *m*; **2ˌeinnahme** *f comm.* recette brute; **2ˌeisen** *n métall.* fer brut; fonte *f* (brute).

Roheit ['ro:haɪt] *f* ⟨~; ~en⟩ *fig.* (*rohes Benehmen*) inculture *f*; rusticité *f*; *pfort.* barbarie *f*; sauvagerie *f*; (*Grobheit*) grossièreté *f*; *pfort.* brutalité *f*; (*Derbheit*) rudesse *f*; (*rohe Handlung*) brutalité *f*.

Roh|ertrag ['ro:ˀɛrˌtra:k] *m comm.* produit, rendement brut; **~erz** *n* minerai cru; **~erˌzeugnis** *n cf.* ~produkt; **~ˌfaser** *f* fibre brute, naturelle; **~geˌwicht** *n* poids brut; **~geˌwinn** *m* bénéfice brut; **2geˌzimmert** *adj.* de bois brut; **~glas** *n* verre brut; **~ˌgummi** *n* caoutchouc brut; **~ˌhäute** *f/pl. Gerberei* cuirs verts; **~kost** *f* régime *m* à base de crudités; **~ˌköstler(in)** *m* ⟨~s; ~⟩ (*f*) ⟨~; ~nen⟩ ... qui mange des crudités; **~kostˌplatte** *f cuis.* crudités *f/pl.*; **~ˌleder** *n cf.* ~häute; **~ling** *m* ⟨~s; ~e⟩ **1.** *techn.* pièce brute; **2.** *fig., Person* brute *f*; butor *m*; **~materiˌal** *n* matières premières; **~öl** *n* pétrole *m*, huile *f* brut(e); **~ölˌmotor** *m* moteur *m* à huile lourde; **~proˌdukt** *n* produit non manufacturé, ouvré.

Rohr [ro:r] *n* ⟨~(e)s; ~e⟩ **1.** *bot.* roseau *m*; jonc *m*; canne *f*; (*Schilf2*) chalumeau *m*; **spanisches ~** jonc des Indes; rotin *m*; *fig.* **wie ein schwankendes ~ sein** tourner (comme une girouette) à tout vent, à tous les vents, au gré du vent; **2.** *techn.* (*Hohlzylinder*) tuyau *m*; tube *m* (*auch für Torpedos*); (*Leitungs2*) conduite *f*; conduit *m*; *der Geschütze* canon *m*; **nahtloses ~** tube sans soudure; **~ˌabschneider** *m techn.* coupe-tube *m*; **~ˌammer** *f zo.* bruant *m* des roseaux; **~ˌanschluß** *m* raccord *m* de tube; **~ˌbogen** *m* conduite *f*, tuyau *m* (re)courbé(e); (*Knie*) raccord *m* d'angle; coude *m*; **~bruch** *m* rupture *f* de tuyau; **~ˌbrunnen** *m* fontaine *f*.

Röhrchen ['rø:rçən] *n* ⟨~s; ~⟩ petit tuyau, tube; ajutage *m*; *sc.* canule *f*; tubulure *f*; bout *m* de tube, tuyau.

Rohr|dommel ['ro:rˌdɔməl] *f* ⟨~; ~n⟩ *zo.* butor *m*; **~draht** *m élect.* fil *m* sous tube, blindé, cuirassé; **~ˌdurchmesser** *m cf.* Rohrweite.

Röhre ['rø:rə] *f* ⟨~; ~n⟩ **1.** *techn. cf.* Rohr 2.; **2.** *cuis.* (*Brat2, Back2*) four *m*; **3.** *rad.* lampe *f*; tube *m*; valve *f*; *phys.* **kommunizierende ~n** vases communicants; *rad.* **zweipolige ~** diode *f*; *élect.* **Braunsche ~** tube de Braun, cathodique; **4.** *fig.* F **in die ~ gucken** F se mettre la tringle, une ceinture; se bomber; P faire tintin.

röhren ['rø:rən] *v/i.* ⟨h⟩ *Hirsch* bramer.

Röhren... ['rø:rən...] *in Zssgn. techn.* à lampe; à tube électronique, thermoïonique *od.* thermo-ionique; **~ˌbrunnen** *m cf.* Rohrbrunnen; **~deˌtektor** *m rad.* détecteur *m* à lampes, à tube thermoïonique *od.* thermo-ionique; **~ˌdränung** *f* ⟨~⟩ drainage *m* par tuyaux; **~elektroˌmeter** *n élect.* électromètre *m* à lampes; **~emˌpfänger** *m rad.* (poste) récepteur *m* à lampes; **~ˌfassung** *f rad.* douille *f* de lampe; **2ˌförmig** *adj.* tubulaire; *bes. bot.* tubulé; *minéral., sc.* fistulaire; **~ˌgleichrichter** *m rad.* redresseur *m* à lampes; **~ˌknochen** *m anat.* os long; **~ˌpilz** *m bot.* bolet *m*; **~ˌprüfgerät** *n rad.* lampemètre *m*; **~ˌsender** *m rad.* (poste) émetteur *m* à lampes; **~ˌsockel** *m rad.* culot *m* de lampe; **~sysˌtem** *n* canalisation *f*; **~verˌstärker** *m rad.* amplificateur *m* à lampes.

rohr|farben ['ro:rˌfarbən] *adj.* beige; **2ˌflöte** *f mus.* chalumeau *m*; **2geˌflecht** *n* cannage *m*; jonc tressé; natte *f* de roseau, de jonc; *Stuhl* **mit e-m ~ versehen** canner.

Röhricht ['rø:rɪçt] *n* ⟨~s; ~e⟩ cannaie *f*; roseaux *m/pl.*

Rohr|kolben ['ro:rˌkɔlbən] *m bot.* typha *m*; **~konstruktiˌon** *f* construction *f* tubulaire; **~kreˌpierer** *m* ⟨~s; ~⟩ *milit.* éclaté *m* dans l'âme; obus *m*, projectile *m* éclatant dans le tube; *als Vorgang* éclatement *m*, déflagration *f* prématuré(e) dans l'âme; **~ˌleger** *m* ⟨~s; ~⟩ poseur *m* de conduites (d'eau, de gaz); plombier *m*; **~ˌleitung** *f* tube *m*; tuyau *m*; conduit *m*; conduite *f* (tubulaire); *für Dampf, Flüssigkeit, oberirdisch* tuyauterie *f*; (*Fernleitung*) pipe-line *m*; (*Versorgungsnetz*) canalisation *f*; *für Öl* oléoduc *m*.

Röhrling ['rø:rlɪŋ] *m* ⟨~s; ~e⟩ *bot.* bolet *m*.

Rohr|mantel ['ro:rˌmantəl] *m* manchon *m*; chemise *f*; revêtement *m*; *bei e-m Geschütz* frette *f*; jaquette *f*; **~mast** *m* poteau *m* tubulaire; **~ˌmöbel** *n/pl.* meubles *m/pl.* de rotin; **~ˌmuffe** *f* manchon *m* de raccord; **~ˌmündung** *f e-s Kanonenrohres* gueule *f*, bouche *f* du canon; **~netz** *n* canalisation *f*; **~post** *f* poste *f* pneumatique; **~postˌbrief** *m* lettre *f* pneumatique; F pneu *m*; *in Paris auch* petit bleu; **~postˌkapsel** *f* capsule *f*, boîte *f* d'envoi; **~postˌsendung** *f* pneu(matique) *m*; **~ˌrahmen** *m Auto* cadre *m* tubulaire; **~ˌrücklauf** *m milit.* recul *m* du canon; **~ˌsänger** *m zo.* rousserolle *f*; **~ˌschelle** *f* collier *m* (de fixation); bride *f*; *in der Wand* crochet *m*; crampon *m*; étrier *m* (de support); **~spatz** *m zo. cf.* Rohrammer; *fig.* F **schimpfen wie ein ~** pester comme un charretier; **~stock** *m* canne *f* de jonc; rotin *m*; **~stuhl** *m* chaise cannée; **~ˌstutzen** *m* tubulure *f*; **~verˌbindungsˌstück** *n* raccord *m*; **~ˌweite** *f* lumière *f*; diamètre *m* (intérieur); *milit.* section *f*; calibre *m*; **~ˌzange** *f* pince *f* à tubes; clef *f* alligator; **~ˌzucker** *m* sucre *m* de canne.

Roh|seide ['ro:ˌzaɪdə] *f* soie écrue; soie *f* grège; **2ˌseiden** *adj.* de soie écrue, grège; **~stahl** *m* acier brut; **~stoffbeˌdarf** *m* besoin *m* en matières premières; **~ˌstoffe** *m/pl.* matières premières; **~stoffindusˌtrie** *f* industrie extractive, des matières premières; **~stoffˌlager** *n* stock *m* de matières premières; **~stoffˌland** *n* pays producteur de matières premières; **~stoffˌmangel** *m* pénurie *f* de matières premières; **~stoffˌmarkt** *m* marché *m* des matières premières; **~stoffˌquellen** *f/pl.* ressources *f/pl.* en matières premières; **~stoffverˌsorgung** *f* approvisionnement *m* en matières premières; **~ˌtabak** *m* tabac brut; **~ˌzucker** *m* sucre brut, roux; cassonade *f*.

Rokoko ['rɔko·ko·, ro·'kɔko·] *n* ⟨~s⟩ rococo *m*; **~geˌschmack** *m* genre *m* rococo; **~ˌstil** *m* (style *m*) rococo *m*.

Roll|aden ['rɔlˌla:dən] *m* volet roulant; store *m*; **~bahn** *f aviat.* piste *f* (de roulage); *milit.* itinéraire routier; **~ˌbandmaß** *n* mètre *m* à ruban; **~bett** *n* lit *m* à roulettes; **~dach** *n Auto* toit ouvrant.

Rolle ['rɔlə] *f* ⟨~; ~n⟩ **1.** (*Scheibe, Walze*) rouleau *m*; cylindre *m*; *techn., beim Flaschenzug* poulie *f*; (*Lauf2*) galet *m*; *unter Möbeln* roulette *f*; **2.** (*etw. Gewickeltes, Zusammengerolltes*) rouleau *m* (*auch Urkunden2*); (*Spule*) bobine *f*; *an der Angel* moulinet *m*; **~ Garn** bobine de fil; **3.** (*Wäsche2*) calandre *f*; **4.** (*Register*) rôle *m*; liste *f*; **5.** *thé.* rôle *m*; **s-e ~ lernen** apprendre son rôle; **die ~n verteilen** distribuer les rôles; **kleine, unbedeutende ~** petit rôle; rôle insignifiant; **untergeordnete, bescheidene ~** rôle effacé; *fig.* **aus der ~ fallen** sortir de son rôle; commettre, faire une maladresse, F une gaffe; *fig.* **e-e jämmerliche ~ spielen** jouer un rôle pitoyable; faire triste figure; *fig.* **s-e ~ bewundernswert spielen** jouer, tenir admirablement son rôle; *fig.* **e-e (große) ~ spielen** jouer un (grand) rôle; *fig.* **e-e große ~ bei etw. spielen** jouer un grand rôle dans qc.; entrer pour beaucoup dans qc.; **das Geld spielt keine ~** l'argent ne joue aucun rôle; *fig.* **die ~n vertauschen** renverser, intervertir les rôles; **es war um 1848, das Datum spielt keine ~** c'était vers 1848, peu importe la date; **6.** *gym.* rouleau *m*; *aviat., Kunstflugfigur* tonneau *m*; **2n I** *v/t.* ⟨h⟩ rouler; (*wickeln*) enrouler; *Wäsche* calandrer; **II** *v/i.* ⟨sein⟩ rouler; *Räder* tourner; *Donner* ⟨h⟩ gronder; *mar., Schiff* ⟨h⟩ (*stampfen*) tanguer; (*schlingern*) rouler; *See* ⟨h⟩ être 'houleux, -euse; *chem.* **~des Material** matériel roulant; *milit.* **~der Angriff** attaque par *od.* en vagues successives; **in ~dem Einsatz** en vagues successives; dans une succession rapide; **III** *v/réfl.* **sich ~** (*sich wälzen*) se rouler; *Blatt Papier* être enroulé; **IV ~n** *n* ⟨~s⟩ roulement *m*; (*Wickeln*) enroulement *m*; *der Wäsche* calandrage *m*; *des Donners* grondement *m*; *e-s Schiffes* roulis *m*; tangage *m*; **ins ~ kommen** commencer à rouler; *fig.* e-e Sache ins ~ bringen faire rouler, démarrer une affaire; *fig.* den Stein ins ~ bringen lever, soulever le lièvre.

Rollen|besetzung [ˈrɔlənbəˌzɛtsʊŋ] *f thé.* distribution *f* des rôles; **~ˌfach** *n thé.* emploi *m*; **2ˌförmig** *adj.* en (forme de) rouleau; cylindrique; **~ˌlager** *n techn.* palier *m* à rouleaux; **~paˌpier** *n impr.* papier continu, sans fin, roulé (sur cylindre); **~ˌtabak** *m* tabac *m* en rouleau; **~verˌteilung** *f cf.* ~besetzung.

Roller [ˈrɔlər] *m* ⟨~s; ~⟩ **1.** *für Kinder* trottinette *f*; F patinette *f*; (*Motor2*) scooter [skutɛːr] *m*; **2.** *mar.* lame longue, de fond; **3.** *zo.* canari *m*, serin *m* qui fait des roulades; **2n** *v/i.* ⟨-(e)re, sein⟩ *Kinder* aller en trottinette, F patinette; faire de la trottinette, F patinette.

Roll|feld [ˈrɔlfɛlt] *n aviat.* aire *f* d'atterrissage, de décollage, d'envol; **~film** *m phot.* pellicule *f*; film *m*; **~ˌfuhrdienst** *m* (service *m* de) camionnage *m*, factage *m*; **~ˌfuhrmann** *m* ⟨~(e)s; ~er *od.* -leute⟩ **a)** camionneur *m*; transporteur *m*; expéditeur *m*; **b)** *mit Pferden* roulier *m*; voiturier *m*; **~ˌfuhrunterˌnehmen** *n* (entreprise *f* de) camionnage *m*, factage *m*; **~geld** *n comm.* (frais *m/pl.* de) camionnage *m*; factage *m*; *für gerollte Wäsche* prix *m* du calandrage; **~geˌrüst** *n bât.* échafaudage roulant; **~gut** *n comm.* marchandise transportée, à transporter; **~ˌhandtuch** *n etwa* essuie-mains *m* en rouleau; **~ˌkarre** *f* diable *m*; cabrouet *m*; **~koˌmmando** *n* colonne *f* mobile; **~ˌkragen** *m* col roulé; **~kur** *f méd.* traitement *m* par pansement gastrique; **~ˌkutscher** *m cf.* ~fuhrmann b); **~ˌ(l)aden** *m cf.* Rolladen; **~mops** *m cuis.* rollmops *m*; **~ˌmuskel** *m anat.* muscle rotateur; **~ˌschiene** *f bei Rennbooten* glissière *f*; **~ˌschinken** *m cuis.* jambon roulé; **~schrank** *m* armoire *f* à volet roulant, à rideau, à jalousie, à glissière; **~schuh** *m* patin *m* à roulettes; ~ laufen faire du patin à roulettes; **~schuhˌbahn** *f* piste *f* de patinage à roulettes; skating [skeːtiŋ] *m*; **~schuhˌlaufen** *n* patinage *m* à roulettes; skating [skeːtiŋ] *m*; **~schuhˌläufer(in)** *m (f)* patineur, -euse *m, f* à roulettes; **~sitz** *m im Rennboot* siège *m* à glissière; **~splitt** *m* gravillons *m/pl.*; gravier *m*; **~ˌstempel** *m* cachet *m* à rouleau; **~ˌstrecke** *f aviat.* distance parcourue au décollage; **~stuhl** *m für Kranke* fauteuil roulant; **~ˌtabak** *m cf.* Rollentabak; **~ˌteppich** *m* tapis roulant; **~ˌtreppe** *f* escalier roulant, mécanique; escalator *m*; **~ˌwagen** *m* camion *m*; chariot *m*; *von Pferden gezogen* fardier *m*; **~ˌwalze** *f* rouleau *m*; **~wand** *f* paravent *m* (articulé); **~ˌwäsche** *f* linge calandré, à calandrer.

Rom [roːm] *n fig.* alle Wege führen nach ~ *prov.* tous les chemins mènent à Rome *prov.*; ~ ist nicht an e-m Tag erbaut worden *prov.* Paris ne s'est pas fait en un jour *prov.*

Roman [roˑˈmɑːn] *m* ⟨~s; ~e⟩ roman *m*; biographischer ~ biographie romancée; verfilmter ~ roman porté à l'écran; man könnte e-n ~ daraus machen on pourrait en faire un roman; **2ˌartig** *adj.* en (forme de) roman; **~cier** [roˑmɑ̃ːsiˑˈeː] *m* ⟨~s; ~s⟩ *cf.* Romanschriftsteller(in).

Roman|e [roˑˈmɑːnə] *m* ⟨~n; ~n⟩, **~in** *f* ⟨~; ~nen⟩ Latin, -e *m, f*; die ~n *pl.* les peuples latins; les Latins; **~enˌtum** *n* ⟨~(e)s⟩ das ~ le monde latin; la civilisation latine; la latinité.

roman|haft [roˑˈmɑːnhaft] *adj.* romanesque; **2ˌheld(in)** *m (f)* 'héros, héroïne *m, f* de roman.

Romani|k [roˑˈmɑːnɪk] *f* ⟨~⟩ (style *m*) roman *m*; **2sch** *adj.* roman; ~e Sprachen langues romanes; **2ˈsieren** *v/t.* ⟨*pas de ge-*, h⟩ romaniser; **~ˈsierung** *f* ⟨~⟩ romanisation *f*; **~st(in)** [-ˈnɪst(ɪn)] *m* ⟨~en; ~en⟩ *(f)* ⟨~; ~nen⟩ romaniste *m, f*; **~stik** [-ˈnɪs-] *f* ⟨~⟩ science *f*, étude *f* des langues et des littératures romanes.

Roman|leser(in) [roˑˈmɑːnˌleːzər(ɪn)] *m (f)* liseur, -euse *m, f* de romans; **~literaˌtur** *f* littérature *f* romanesque; **~ˌschreiber(in)** *m (f)*, **~ˌschriftsteller(in)** *m (f)* romancier, -ère *m, f*; **~ˌtechnik** *f* technique *f* romanesque.

Romanti|k [roˑˈmantɪk] *f* ⟨~⟩ *als Richtung* romantisme *m*; *als Wesen* (genre) romantique *m*; **~ker(in)** *m* ⟨~s; ~⟩ *(f)* ⟨~; ~nen⟩ romantique *m, f* (*auch fig.*); **2sch** *adj.* romantique; *Stimmung* romanesque; *Landschaft* pittoresque; das 2e le (genre) romantique.

romantsch [roˑˈmantʃ] **I** *adj.* rhéto-roman; **II** 2 *n* ⟨~⟩ romanche *m*.

Romanze [roˑˈmantsə] *f* ⟨~; ~n⟩ romance *f*.

Roman|zeitung [roˑˈmɑːnˌtsaɪtʊŋ] *f* journal *m* à romans-feuilletons; **~zero** [-ˈtseːroˑ] *m* ⟨~s; ~s⟩ romancero [-sero] *m*; **~ˌzyklus** *m* roman-fleuve *m*.

Römer|(in) [ˈrøːmər(ɪn)] *m* ⟨~s; ~⟩ *(f)* ⟨~; ~nen⟩ **1.** Romain, -e *m, f*; **2.** *nur m* (*Weinglas*) verre *m* à vin, à pied; **~ˌbrief** *m bibl.* Épître *f* aux Romains; **~ˌbrücke** *f* pont romain; **~ˌstraßen** *f/pl.* routes, voies romaines; **~ˌtum** *n* ⟨~(e)s⟩ romanité *f*.

Rom|fahrer [ˈroːmˌfɑːrər] *m* pèlerin *m* pour *od.* allant à Rome; **~fahrt** *f* pèlerinage *m* à Rome.

römisch [ˈrøːmɪʃ] *adj.* romain; de Rome; ~es Bad bain turc; ~e Zahlen chiffres romains; **~-kaˈtholisch** *adj.* catholique romain.

romontsch, 2 [roˑˈmɔntʃ] *cf.* romantsch.

Romreise [ˈroːmˌraɪzə] *f* voyage *m* à Rome.

Ronde [ˈrɔndə, ˈrõː-] *f* ⟨~; ~n⟩ *impr.*, *milit.* ronde *f*.

Rondell [rɔnˈdɛl] *n* ⟨~s; ~e⟩ rond-point *m*; *jard.* corbeille *f*.

Rondengang [ˈrɔndənˌgaŋ, ˈrõː-] *m milit.* ronde *f*.

Rondo [ˈrɔndoˑ] *n* ⟨~s; ~s⟩ *mus.* rondeau *m*.

röntgen [ˈrœntgən] *v/t.* ⟨h⟩ *méd.* radiographier; **2appaˌrat** *m* appareil *m* à rayons X, de radiographie; **2ˌarzt** *m* radiologue *od.* radiologiste *m*; **2assisˌtentin** *f* assistante *f* radiologiste; **2ˌaufnahme** *f* radiographie *f*; F radio *f*; **2beˌhandlung** *f* radiothérapie *f*; **2ˌbild** *n* 2aufnahme; **2diaˌgnostik** *f* radiodiagnostic *m*; **2durchˌleuchtung** *f* radioscopie *f*; **2ˌfilm** *m* film *m* radiographique; **2oˈgramm** *n* ⟨~s; ~e⟩ *cf.* 2aufnahme; **2ograˈphie** *f* ⟨~⟩ radiographie *f*; **~oˈgraphisch** *adj.* radiographique; **2oˈloge** *m* ⟨~n; ~n⟩ *cf.* 2arzt; **2oloˈgie** *f* ⟨~⟩ radiologie *f*; **~oˈlogisch** *adj.* radiologique; **2photograˌphie** *f* radiographie *f*; **2ˌröhre** *f* tube *m* à rayons X; **2ˌschädigungen** *f/pl.* lésions dues aux rayons X; radiolésions *f/pl.*; radiopathie *f*; **2ˌstrahlen** *m/pl.* rayons *m/pl.* X; **2theraˌpie** *f cf.* 2behandlung; **2unterˌsuchung** *f* examen *m* radioscopique, radiographique; radioscopie *f*; radiographie *f*; **2ˌzimmer** *n* salle *f* radio(graphique), de radiographie.

rören [ˈrøːrən] *v/i.* ⟨h⟩ *cf.* röhren.

Rosa [ˈroːza] **I** *n* ⟨~s⟩ (couleur *f*) rose *m*; blasses ~ rose pâle; **II** 2, **2ˌfarben**, **2ˌfarbig** *adj.* rose; *fig.* alles durch die rosa Brille sehen, alles rosa sehen voir tout en rose.

Rosarium [roˑˈzɑːriˑʊm] *n* ⟨~s; -ien⟩ *jard.* roseraie *f*.

rosarot [ˈroːzaˌroːt] *adj.* rose.

Rosazeen [roˑzaˈtseːən] *f/pl. cf.* Rosengewächse.

Rose [ˈroːzə] *f* ⟨~; ~n⟩ **1.** *bot.* rose *f*; (*Rosenstock*) rosier *m*; wilde ~ églantine *f*; *fig.* nicht auf ~n gebettet sein ne pas être (couché) sur des roses; keine ~ ohne Dornen *prov.* (il n'y a) pas de roses sans épines *prov.*; mit der Zeit pflückt man ~n *prov.* tout vient à point à qui sait attendre; **2.** *méd.* érysipèle *m*; **3.** (*Kompaß2*) rose *f* des vents; *Edelsteinschliff* rose *f*; (*Fenster2*) rosace *f*; rose *f*.

Rosen|blatt [ˈroːzənˌblat] *n* pétale *m* de rose; **~ˌbusch** *m* rosier *m* (buisson); **~ˌduft** *m* parfum *m*, odeur *f* des roses; **~ˌfarbe** *f* (couleur *f* de) rose *m*; **2ˌfarben**, **2ˌfarbig** *adj.* (couleur *f* de) rose; rosé; **~ˌgarten** *m* roseraie *f*; **~geˌwächse** *n/pl. bot.* rosacées *f/pl.*; **~ˌhecke** *f* 'haie *f* de rosiers; **~ˌholz** *n* bois *m* de rose; **~ˌkäfer** *m zo.* cétoine dorée; **~kavaˌlier** *m* Der ~ Le Chevalier à la rose; **~ˌknospe** *f* bouton *m* de rose; **~ˌkohl** *m bot.* chou *m* de Bruxelles; **~ˌkranz** *m relig. cath.* rosaire *m*; *kleinerer* chapelet *m* (*beide auch Gebetsform*); den ~ beten dire, réciter son rosaire, son chapelet; égrener son chapelet; **~kranzˌfest** *n égl. cath.* fête *f* du Rosaire; **~ˌkreu(t)zer** *m/pl. relig.* frères *m/pl.* de la Rose-Croix; rose-croix *m/pl.*; **~ˌkriege** *m/pl. hist.* guerres *f/pl.* des Deux-Roses; **~ˌmonat** *m*, **~ˌmond** *m poét.* mois *m* des roses; juin *m*; **~ˈmontag** *m* lundi gras; **~ˈmontagsˌzug** *m* cortège *m* carnavalesque du lundi gras; **~ˌöl** *n* huile *f* rosat; huile *f*, essence *f* de roses; **~ˌquarz** *m minéral.* quartz *m* hyalin rose; **2ˌrot** *adj.* rose; (*hochrot*) vermeil, -lle; **~ˌschere** *f jard.* sécateur *m*; **~ˌstock** *m*, **~ˌstrauch** *m bot.* rosier *m*; wilder ~ églantier *m*; **~ˌstrauß** *m* bouquet *m* de roses; **~ˌwasser** *n* eau *f* de rose; **~ˌzucht** *f* culture *f* des rosiers; **~ˌzüchter** *m* rosiériste *m*.

Rosette [roˑˈzɛtə] *f* ⟨~; ~n⟩ (*Bandschleife*) rosette *f* (*auch als Ornament*); *bât.* rosace *f*.

rosig [ˈroːzɪç] *adj.* (de) rose; rosé; *Teint* frais comme une rose; *fig.* alles in ~em Lichte sehen voir tout en rose; in der ~sten Laune sein être de la plus belle humeur; *Lage* nicht ~ sein ne pas être rose; F *iron.* ~e Aussichten *iron.* belles, charmantes perspectives.

Rosine [roˑˈziːnə] *f* ⟨~; ~n⟩ raisin sec; *kleine* raisin *m* de Corinthe; F *fig.* große ~n im Kopf haben avoir de grandes prétentions; *péj.* avoir la maladie des grandeurs; P vouloir péter, V chier plus 'haut que son cul; **~nˌbrot** *n* pain *m* aux raisins secs, aux raisins de Corinthe; **~nˌkuchen** *m* gâteau *m* aux raisins (secs, de Corinthe); **~nˌpudding** *m* pouding *m* aux raisins de Corinthe.

Röslein [ˈrøːslaɪn] *n* ⟨~s; ~⟩ petite rose.

Rosmarin [ˌrɔsmaˈriːn, ˈroːsmaˌriːn] *m*

⟨~s⟩ *bot.* romarin *m*; ~ˌöl *n* 'huile *f* de romarin.

Roß [rɔs] *n* ⟨Rosses; Rosse *od.* F Rösser⟩ cheval *m*; *st. s.* (*Renner*) coursier *m*; hoch zu ~ monté à cheval; *fig.* sich aufs hohe ~ setzen *cf.* Pferd 2.; F so ein ~! quel (quelle) imbécile!; ~ˌ**apfel** *m* F *cf.* Pferdeapfel; ~ˌ**breite** *f* ⟨~; ~n⟩ *géogr.* zone *f* des calmes (sub)tropicaux.

Rössel ['rœsəl] *n* ⟨~s; ~⟩ *Schachspiel* cavalier *m*; ~ˌ**sprung** *m* *Schachspiel* saut *m* du cavalier.

rossen ['rɔsən] *v/i.* ⟨-ßt, h⟩ *Stute* réclamer l'étalon.

Roß|haar ['rɔshaːr] *n* crin *m* (de cheval); ~**haar**ˌ**einlage** *f* *cout.* (tissu *m*) crin *m*; ~**haarma**ˌ**tratze** *f* matelas *m* de crin; ~ˌ**händler** *m* marchand *m* de chevaux; *péj.* maquignon *m*.

rossig ['rɔsɪç] *adj.* *Stute* en chaleur; qui réclame l'étalon.

Roß|kamm ['rɔskam] *m* **1.** étrille *f*; **2.** *péj.* *cf.* Roßhändler; ~**kas**ˌ**tanie** *f* *bot.* *Baum* marronnier *m* d'Inde; *Frucht* marron *m* d'Inde; ~**kur** *f* *cf.* Pferdekur; ~ˌ**schlächter** *m* boucher *m* de cheval; ~**schlächte**ˌ**rei** *f* boucherie chevaline, hippophagique; ~**schweif** *m* queue *f* de cheval; *an e-m Helm* crinière *f*; *türk. Rangabzeichen* toug *od.* though *od.* touc *m*; ~ˌ**täuscher** *m* ⟨~s; ~⟩ *péj.* *cf.* Roßhändler.

Rost [rɔst] *m* ⟨~es; ~e⟩ **1.** ⟨*pas de pl.*⟩ (*Eisenoxyd*) rouille *f* (*auch fig.*); vom ~ befreien, reinigen ôter, enlever la rouille; dérouiller; ~ ansetzen (se) rouiller; s'oxyder; von ~ zerfressen rongé par la rouille; **2.** ⟨*pas de pl.*⟩ *bot.*, *Pflanzenkrankheit* rouille *f*; **3.** *cuis.* (*Brat*2) gril *m*; Fleisch vom ~ grillade *f*; vom ~ grillé; auf dem ~ braten griller; **4.** *e-s Kessels, Ofens* (*Feuer*2) grille *f*; **5.** (*Latten*2) claie *f*; caillebotis *m*; ~ˌ**ansatz** *m* dépôt *m* de rouille; 2**be**ˌ**ständig** *adj.* inoxydable; ~**be**ˌ**ständigkeit** *f* résistance *f* à la rouille; ~ˌ**bildung** *f* formation *f* de rouille; *cf. auch* rosten II; ~ˌ**braten** *m* *cuis.* rosbif *m*; 2**braun** *adj.* (ton) rouille; (brun) rouille; rouilleux, -euse; rubigineux, -euse.

Röst|brot ['røːstbroːt] *n* pain grillé; *einzelne Scheibe* rôtie *f*; toast *m*; tranche *f* de pain grillé; ~**e** *f* ⟨~; ~n⟩ **1.** *Handlung, von Flachs* rouissage *m*; *métall., von Erzen* grillage *m*; **2.** *Vorrichtung dafür, für Flachs* routoir *m*; rouissoir *m*; *métall.* (*Röstofen*) grilloir *m*; *cf. auch* Röstofen.

rosten ['rɔstən] **I** *v/i.* ⟨-ete, h⟩ (se) rouiller; *seltener* s'enrouiller; *sc.* s'oxyder; nicht ~d *cf.* rostfrei; *fig.* alte Liebe rostet nicht *prov.* *cf.* Liebe 1.; **II** 2 *n* ⟨~s⟩ *selten* enrouillement *m*; *sc.* oxydation *f*; *cf. auch* Rostbildung.

röst|en ['røːstən] **I** *v/t.* ⟨-ete, h⟩ *Kaffee* torréfier; *Brot* griller; *Kartoffeln* rissoler; faire sauter; *Mehl* roussir; *Flachs* (*rotten*) rouir; *métall.* griller; calciner; geröstete Brotscheibe *cf.* Röstbrot; **II** 2**en** *n* ⟨~s⟩ *von Kaffee* torréfaction *f*; *von Brot* grillage *m*; *von Kartoffeln* rissolement *m*; *von Flachs* rouissage *m*; *métall.* grillage *m*; calcination *f*; 2**er** *m* ⟨~s; ~⟩ (*Kaffee*2) torréfacteur *m*; F brûloir *m*; (*Brot*2) grille-pain *m*; 2**e'rei** *f* ⟨~; ~en⟩ (*Kaffee*2) (usine *f* de) torréfaction *f*.

Rost|farbe ['rɔstˌfarbə] *f* (couleur *f*) rouille *f*; 2ˌ**farben**, 2ˌ**farbig** *adj.* *cf.* rostbraun; ~**fleck** *m* (*rostige Stelle*) rouillure *f*; *in der Wäsche* tache *f* de rouille; 2ˌ**fleckig** *adj.* rouillé; couvert de rouille; *Wäsche* taché de rouille; 2**frei** *adj.* sans rouille; exempt de rouille; (*nicht rostend*) inoxydable; à l'épreuve de la rouille; 2**ig** *adj.* rouillé (*auch an Rost erkrankte Pflanzen*); *sc.* rubigineux, -euse; *Waffen* gravé; ~ werden *cf.* rosten I.

Röst|kaffee ['røːstkaˌfeː] *m* café torréfié; ~**kar**ˌ**toffeln** *f/pl.* pommes de terre rissolées, sautées; ~**ma**ˌ**schine** *f* *für Kaffee cf.* Röster; ~ˌ**ofen** *m* *métall.* grilloir *m*; fourneau *m* de grillage, de calcination.

rost|rot ['rɔstroːt] *adj.* *cf.* rostbraun; 2**schutz** *m* protection *f* contre la rouille; 2**schutz**ˌ**farbe** *f* enduit *m*, peinture *f*, vernis *m* antirouille; 2**schutz**ˌ**mittel** *n* (agent *m*) antirouille *m*.

Röstung ['røːstʊŋ] *f* ⟨~; ~en⟩ *cf.* rösten II.

rot [roːt] **I 1.** *adj.* ⟨≈er, ≈est; *fig. auch* ~er, ~est⟩ rouge (*auch pol.*); *vom Haar* (*fuchs*~) roux, rousse; (*hoch*~) vermeil, -lle; 'haut en couleur; *Teint* coloré; (*kupferig*) rubicond (*bes. vom Gesicht*); (*scharlach*~) écarlate; (*purpur*~) pourpre; *ch.* (*fahl*~) fauve; das 2e Kreuz la Croix-Rouge; der 2e Halbmond le Croissant-Rouge; der 2e Platz la place Rouge; die 2e Armee l'Armée Rouge; das 2e Meer la mer Rouge; ~e Rüben betteraves rouges; ~ vor Zorn rouge de colère; ~ werden devenir rouge; (*erröten*) rougir; bis über die Ohren ~ werden rougir jusqu'au blanc des yeux; *fig.* ~ wie ein Krebs rouge comme une écrevisse; *fig.* das ~e Tuch für j-n sein être la bête noire de qn.; *fig.* ~er Faden fil conducteur; idée directrice; trame *f*; **2.** *adv.* etw. ~ anstreichen cocher qc. au rouge; *fig.* e-n Tag im Kalender ~ anstreichen marquer une journée d'un caillou blanc; *fig.* F ~ sehen voir rouge; F er läuft ~ an le rouge lui monte au visage; ~ färben teindre en rouge; **II** 2 *n* ⟨~s⟩ (couleur *f*) rouge *m*; ~ auflegen mettre du rouge; 2**ar**ˌ**mist** *m* ⟨~en; ~en⟩ soldat *m* de l'Armée Rouge.

Rotation [roˑtatsiˑ'oːn] *f* ⟨~; ~en⟩ rotation *f*; révolution *f*; ~**s**ˌ**achse** *f* *techn.* axe *m* de rotation, de révolution; ~**s**ˌ**druck** *m* ⟨~(e)s; ~e⟩ *impr.* impression *f* sur roto; tirage *m* (en) roto; ~**sma**ˌ**schine** *f* *impr.* rotative *f*; F roto *f*; ~**s**ˌ**tiefdruck** *m* *impr.* rotogravure *f*.

Rot|auge ['roːtˌʔaʊgə] *n* *zo.* gardon *m*; 2ˌ**backig**, 2ˌ**bäckig** *adj.* aux joues rouges, vermeilles; 'haut en couleur; ~**barsch** *m* *zo.* sébaste *m*; ~**bart** *m* Kaiser ~ l'empereur Barberousse; 2ˌ**bärtig** *adj.* à barbe rousse; 2**blond** *adj.* blond ardent; blond roux; blond vénitien; 2**braun** *adj.* rouge brun; 2ˌ**brüchig** *adj.* *métall.* rouverin; ~ˌ**buche** *f* *bot.* 'hêtre *m* rouge, à feuilles pourpres; ~'**china** *n* *pol.* la Chine rouge, communiste; ~**chi'nese** *m* *pol.* *néol.* célesto-marxiste *m*; communiste *m* chinois; ~**dorn** *m* ⟨~(e)s; ~e⟩ *bot.* aubépine *f*.

Röte ['røːtə] *f* ⟨~⟩ **1.** *des Gesichts, der Haut* rougeur *f*; rouge *m*; *leuchtende* vermillon *m*; incarnat *m*; *des Haares* rousseur *f*; die ~ stieg ihm ins Gesicht la rougeur, le rouge lui monta au visage; **2.** *bot.* (*Färber*2) garance *f*.

Roteisen|erz ['roːtˌʔaɪzənˌʔeːrts] *n*, ~ˌ**stein** *m* *minéral.* fer *m* oligiste.

Rote-Kreuz-Schwester [ˌroːtə'krɔʏtsˌʃvɛstər] *f* infirmière *f* de la Croix-Rouge.

Rötel ['røːtəl] *m* ⟨~s; ~⟩ crayon *m*, craie *f* rouge; sanguine *f*; *charp.* arcanne *f*.

Röteln ['røːtəln] *pl.* *méd.* rubéole *f*.

Rötel|stift ['røːtəlˌʃtɪft] *m* crayon *m* rouge; sanguine *f*; ~ˌ**zeichnung** *f* sanguine *f*.

röten ['røːtən] **I** *v/t.* ⟨-ete, h⟩ colorer, teindre en rouge; rougir; *méd.* rubéfier; **II** *v/réfl.* sich ~ rougir; devenir rouge; *vom Gesicht auch* se colorer; *méd.* se rubéfier; gerötete Augen les yeux rougis (par les larmes, *etc.*); **III** 2 *n* ⟨~s⟩ *verbal.*

Rote(r) ['roːtə(r)] *m* (*f*) ⟨→ A⟩ **1.** (*rothaariger Mensch*) roux, rousse *m, f*; F rouquin, -e *m, f*; poil *m* de carotte; **2.** *pol.* F rouge *m, f*; **3.** *nur m* F (*Rotwein*) (vin *m*) rouge *m*.

Rot|filter ['roːtˌfɪltər] *m* *phot.* filtre *m* rouge; 2ˌ**fleckig** *adj.* tacheté de rouge; *méd.* érubescent; *minéral.* porphyré; ~**fuchs** *m* *zo.* (cheval) alezan *m*; 2**gelb** *adj.* jaune rougeâtre, tirant sur le rouge; (*fuchsrot*) roux, rousse; ~ˌ**gerber** *m* tanneur *m*; ~**gerbe**ˌ**rei** *f* tannerie *f*; 2**ge**ˌ**streift** *adj.* à raies rouges; ~ˌ**gießer** *m* fondeur *m* en cuivre (rouge); ~**gieße**ˌ**rei** *f* fonderie *f* de cuivre; 2ˌ**glühend** *adjt.* *métall.* rouge; porté, chauffé au rouge; ~**glut** *f* *métall.* rouge *m* (incandescent); zur ~ bringen porter au rouge; ~'**grün**ˌ**blindheit** *f* *méd.* daltonisme *m*; ~**gültig**ˌ**erz** *n* *minéral.* **a)** pyrargyrite *f*; **b)** proustite *f*; ~**guß** *m* *métall.* laiton *m*, bronze *m* rouge; tombac *m*; 2ˌ**haarig** *adj.* (aux cheveux) roux; rousse; F rouquin; rousseau; ~ˌ**haarige(r)** *f* (*m*) ⟨→ A⟩ *cf.* Rote(r) 1.; ~**haut** F *f* Peau-Rouge *m u. f.*

rotieren [roˑ'tiːrən] *v/i.* ⟨*pas de ge-*, h⟩ tourner, pivoter sur son axe; ~**d** *adjt.* rotatif, -ive; de rotation; rotatoire; giratoire; tournant.

Rot|käppchen ['roːtˌkɛpçən] *n* ⟨~s⟩ Petit Chaperon rouge; ~ˌ**kehlchen** *n* ⟨~s; ~⟩ *zo.* rouge-gorge *m*; ~**klee** *m* *bot.* trèfle violet, des prés; ~**kohl** *m*, ~**kraut** *n* *bot.* chou *m* rouge; ~'**kreuz...** *in Zssgn.* de la Croix-Rouge; ~'**kreuz**ˌ**schwester** *f* *cf.* Rote-Kreuz-Schwester; ~ˌ**kupfer**ˌ**erz** *n* *minéral.* cuprite *f*; ~**lauf** *m* ⟨~(e)s⟩ *vét.* rouget *m*.

rötlich ['røːtlɪç] *adj.* rougeâtre; rouget, -tte; rubescent; *méd.* érubescent; *vom Haar* roussâtre.

Rot|licht ['roːtlɪçt] *n* ⟨~(e)s⟩ *méd.* lumière *f* rouge; 2ˌ**nasig** *adj.* au nez rouge; ~ˌ**nickel**ˌ**kies** *m* *minéral.* nickéline *f*.

Rotor ['roːtər] *m* ⟨~s; -'toren⟩ *élect.* rotor *m*; induit *m*.

Rot|schimmel ['roːtˌʃɪməl] *m* *zo.* cheval rouan; ~**schwanz** *m*, ~ˌ**schwänzchen** *n* ⟨~s; ~⟩ *zo.* rouge-queue *m*; ~**spon** *m* ⟨~(e)s; ~e⟩ F *cf.* Rotwein; ~**stift** *m* crayon *m* rouge; *der Zimmerleute auch* arcanne *f*; ~ˌ**tanne** *f* *bot.* sapin *m* rouge; *sc.* épicéa *m*.

Rotte ['rɔtə] *f* ⟨~; ~n⟩ troupe *f*; attroupement *m*; *péj.* bande *f*; tourbe *f*; clique *f*; *von Arbeitern, bes. chem.* équipe *f*; brigade *f*; (*Häuflein*) peloton *m*; *aviat.* patrouille aérienne; *ch.* (*Rudel*) troupe *f* (de).

rotten, rötten ['rɔtən, 'rœtən] *v/t.* ⟨-ete, h⟩ *Flachs cf.* rösten.

Rotten|arbeiter ['rɔtənˌʔarbaɪtər] *m* *chem.* homme *m* d'équipe; ~ˌ**führer** *m* *chem.* chef *m* d'équipe; brigadier *m*; ~ˌ**meister** *m* *chem.* *cf.* ~führer; 2ˌ**weise** *adv.* par bandes; par troupes; *chem.* par équipes; par brigades.

Rottier ['ro:tti:r] *n ch.* biche *f.*
Rotunde [ro'ˈtʊndə] *f* ⟨~; ~n⟩ rotonde *f.*
Rötung ['rø:tʊŋ] *f* ⟨~; ~en⟩ rougeur *f*; *méd.* rubéfaction *f.*
Rotverschiebung ['ro:tfɛrˌʃi:bʊŋ] *f von Spektrallinien* déplacement *m* vers le rouge.
rot|wangig ['ro:tˌvaŋɪç] *adj. cf.* rotbackig; **2wein** *m* vin *m* rouge; P gros cul; **2welsch** *n* ⟨~(es), → A⟩ argot *m*; langue verte; **2wild** *n ch.* cerfs *m/pl.* et chevreuils *m/pl.*; **2wurst** *f* boudin *m.*
Rotz [rɔts] *m* ⟨~es; ~e⟩ *vét.*, P (*Nasenschleim*) morve *f*; F *fig.* ~ **u. Wasser heulen** F pleurer comme un veau, comme une madeleine; ~ˌ**bengel** *m*, ~ˌ**bube** *m* P **1.** *als Scheltwort* espèce *f* de morveux; **2.** (*unreifer Bengel*) petit morveux; blanc-bec *m*; galopin *m*; ~ˌ**fahne** P *f* P tire-jus *m*; tire-moelle *m*; ~ˌ**göre** P *f* petite morveuse; **2ig** *adj.* **1.** *vét.* morveux, -euse; **2.** P (*frech*) insolent; impudent; F qui a du toupet, P du culot.
Rotzinkerz ['ro:tˌtsɪnkˀe:rts] *n minéral.* zincite *f.*
Rotz|junge ['rɔtsˌjʊŋə] P *m cf.* Rotzbengel; ~ˌ**krankheit** *f vét. cf.* Rotz; ~ˌ**näschen** F *n* ⟨~s; ~⟩ petit nez morveux; ~ˌ**nase** P *f* nez morveux; *fig.* morveux, -euse *m,f*; *cf. auch* Rotzbengel 2., Rotzgöre; **2ˌnäsig** *adj. cf.* rotzig 2.
Rotzunge ['ro:tˌtsʊŋə] *f zo.* limande *f.*
Rouge [ru:ʒ] *n* ⟨~s; ~s⟩ rouge *m*; ~ **auflegen** mettre du rouge.
Roulade [ru'ˈla:də] *f* ⟨~; ~n⟩ *cuis., mus.* roulade *f*; *cuis. auch* paupiette *f.*
Rouleau [ru'ˈlo:] *n* ⟨~s; ~s⟩ store *m*; **das ~ herablassen** baisser le store.
Roulett [ru'ˈlɛt] *n* ⟨~(e)s; ~e *od.* ~s⟩ roulette *f*; ~ **spielen** jouer à la roulette; ~**e** *f* ⟨~; ~n⟩ *techn.* roulette *f.*
Round-table-Konferenz ['raundˈte:blkɔnfe'ˌrɛnts] *f dipl.* conférence *f* de la Table ronde.
Route ['ru:tə] *f* ⟨~; ~n⟩ itinéraire *m*; route *f.*
Routi|ne [ru'ˈti:nə] *f* ⟨~⟩ **1.** routine *f*; (*Praxis*) pratique *f*; (*Erfahrung*) expérience *f*; **e-e gewisse ~ erlangen** acquérir une sorte de routine; **2.** *mar.* service *m* à bord; ~**ni'er** [-i'ˈe:] *m* ⟨~s; ~s⟩ (F vieux) routinier *m*; **2'niert** *adj.* routinier, -ère; qui a de la routine; expérimenté; habile; *comm.* (*geschäftskundig*) versé dans les, rompu aux affaires.
Rowdy ['raudi'] *m* ⟨~s; ~s⟩ rôdeur *m* de barrière; apache *m*; ~ˌ**tum** *n* ⟨~(e)s⟩ rôdeurs *m/pl.*; apaches *m/pl.*
Royalis|mus [ro'aja'lɪsmʊs] *m* ⟨~⟩ royalisme *m*; ~**t(in)** *m* ⟨~en; ~en⟩ (*f* ⟨~; ~nen⟩ royaliste *m,f*; **2tisch** *adj.* royaliste.
Rübe ['ry:bə] *f* ⟨~; ~n⟩ **1.** *bot.* betterave *f*; **weiße ~** navet *m*; **rote ~** betterave *f* rouge; F *fig.* **wie Kraut u. ~n aussehen** être en plein désordre; être un véritable pêle-mêle, F un véritable capharnaüm; être en pleine pagaïe *od.* pagaille; **2.** F *fig.* (*Kopf*) P caboche *f*; cafetière *f*; cigare *m*; caillou *m*; ciboulot *m*; citrouille *f*; 'hure *f*; boule *f*; citron *m*; cassis *m*; **eins auf die ~ kriegen** P recevoir un gnon; **3.** F *fig.* (*Frechdachs*) (petit, -e) effronté, -e *m,f.*
Rubel ['ru:bəl] *m* ⟨~s; ~⟩ rouble *m.*
Rüben|acker ['ry:bənˌˀakər] *m agr.* ravière *f*; ~ˌ**anbau** *m agr.* culture betteravière; ~ˌ**bauer** *m* ⟨~n; ~n⟩ *agr.* betteravier *m*; planteur *m* de betteraves; ~ˌ**erntemaˌschine** *f agr.* arracheuse *f* de betteraves; ~ˌ**feld** *n cf.* ~**acker**; ~ˌ**heber** *m agr.* arracheur *od.* arrachoir *m*, arracheuse *f* de betteraves; ~ˌ**saft** *m* (*Sirup*) mélasse *f*; ~ˌ**schnitzel** *n/pl.* (*auch m/pl.*) pulpe *f* de betteraves séchées; *von Zuckerrüben* cossettes *f/pl.*; *ausgelaugte, als Viehfutter* cossettes épuisées; pulpe *f*; ~ˌ**zucker** *m* sucre *m* de betteraves.
'rüber ['ry:bər] F *adv. u. in Zssgn. cf.* **herüber(...)**, **hinüber(...)**.
Rubidium [ru'ˈbi:di'ʊm] *n* ⟨~s⟩ *chim.* rubidium [-jɔm] *m.*
Rubikon ['ru:bi'kɔn] *m* ⟨~(s)⟩ *fig.* **den ~ überschreiten** passer, franchir le Rubicon.
Rubin [ru'ˈbi:n] *m* ⟨~s; ~e⟩ *minéral.* rubis *m*; corindon *m* rouge; ~ˌ**glas** *n* verre *m* rubis; **2ˌrot** *adj.* (couleur de) rubis.
Rüböl ['ry:pˀø:l] *n* huile *f* de navette, de colza.
Rubri|k [ru'ˈbrɪk] *f* ⟨~; ~en⟩ rubrique *f* (*auch in mittelalterl. Handschriften*); (*Klasse*) classe *f*; catégorie *f*; *comm.* article *m* de compte; **2'zieren** *v/t.* ⟨*pas de ge-*, h⟩ rubriquer; mettre sous rubrique; coter; classer; classifier.
Rübsame(n) ['ry:pˌza:mə(n)] *m* ⟨-mens⟩, **'Rübsen** *m* ⟨~s⟩ *bot., agr.* navette *f.*
ruchbar ['ru:xba:r] *adj.* ébruité; public, publique; notoire; ~ **werden** s'ébruiter; devenir public, publique; tomber dans la rumeur publique; ~ **machen** ébruiter; rendre public, publique; répandre; divulguer; **2ˌkeit** *f* ⟨~⟩ notoriété publique.
Ruchgras ['rʊxgra:s] *n bot.* flouve odorante.
ruchlos ['ru:xlo:s] *adj.* vil; bas, -sse; scélérat; perfide; infâme; **2igˌkeit** *f* ⟨~; ~en⟩ vilenie *f*; bassesse *f*; scélératesse *f*; perfidie *f*; infamie *f.*
ruck [rʊk] *int.* ~ **zuck!** F en deux temps et trois mouvements; en cinq sec; *nach e-m Befehl* F **aber ~ zuck!** (*aber schnell*) F et que ça saute!; **hau** *od.* **ho ~!** oh! 'hisse!
Ruck [rʊk] *m* ⟨~(e)s; ~e⟩ saccade *f*; (*Stoß*) (à-)coup *m*; secousse *f*; **jäher ~** soubresaut *m*; **auf e-n ~, mit e-m ~** tout d'un coup; d'un seul coup, effort; **mit e-m ~ aufstehen** se lever d'un bond; faire un 'haut-le-corps; F **sich** (*innerlich*) **e-n ~ geben** se contraindre, se forcer (à faire qc.); faire un effort sur soi (pour faire qc.); surmonter sa répugnance (à faire qc.).
Rück|ansicht ['rʏkˌˀanzɪçt] *f* vue arrière *od.* de derrière; ~ˌ**anspruch** *m jur.* recours *m*; ~ˌ**antwort** *f* réplique *f*; réponse *f*; **mit bezahlter ~** réponse payée; **Postkarte mit ~** carte-réponse *f.*
ruckartig ['rʊkˌˀartɪç] **1.** *adj.* saccadé; **2.** *adv.* par saccades, secousses; (*plötzlich*) tout d'un coup; (*unerwartet*) d'une manière inattendue.
Rück|äußerung ['rʏkˌˀɔʏsərʊŋ] *f cf.* Rückantwort; ~**beˌrufung** *f* rappel *m*; ~**beˌsinnung** *f* souvenir *m* (auf etw. de qc.); ~**beˌwegung** *f* mouvement *m* rétrograde; **2beˌzüglich** *adj. gr.* réfléchi; ~**es Fürwort** pronom réfléchi; ~ˌ**bildung** *f biol.* transformation régressive; régression *f*; développement *m* rétrograde; ~ˌ**bleibsel** F *n* ⟨~s; ~⟩ résidu *m*; reste *m*; ~ˌ**blende** *f Film, Fernsehen* rétrospective *f*; retour *m* en arrière; **2ˌblenden** *v/i.* ⟨-ete, *les formes séparées des temps simples ne s'emploient pas bzw.* **er blendet zurück**, **-ge-**, h⟩ *Film, Fernsehen* faire une rétrospective, un retour en arrière; ~**blick** *m fig.* vue rétrospective; coup *m* d'œil rétrospectif; regard *m*, coup *m* d'œil en arrière (dans le passé); (*Bericht*) aperçu rétrospectif; vue, vision rétrospective; **im ~ auf das vergangene Jahr** en considérant l'année passée ...; **2ˌblickend** *advt.* rétrospectivement; en rétrospective; **2ˌbuchen** *v/t.* ⟨*les formes séparées des temps simples ne s'emploient pas*, **-ge-**, h⟩ *comm.* contre-passer; annuler; redresser; ~ˌ**buchung** *f comm.* contre-passation *f*; annulation *f*; ~ˌ**bürge** *m comm.* arrière-garant *m*; arrière-caution *f*; certificateur *m* de caution; ~ˌ**bürgschaft** *f comm.* arrière-caution *f*; **2daˌtieren** *v/t.* ⟨*les formes séparées des temps simples ne s'emploient pas bzw.* **er datiert zurück**, *pas de ge-*, h⟩ antidater.
rucken ['rʊkən] *v/i.* ⟨h⟩ **1.** *Zug etc.* donner une secousse, une saccade, un ébranlement; **2.** *Tauben* roucouler.
rücken ['rʏkən] **I** *v/t.* ⟨h⟩ *Möbel etc.* déplacer; (*bewegen*) remuer; bouger; (*wegschieben*) pousser; **näher ~** approcher; **den Tisch ans Fenster ~** approcher la table de la fenêtre; **den Topf vom Feuer ~** retirer la marmite du feu; **den Zeiger** (*der Uhr*) ~ *vorwärts* avancer, *rückwärts* reculer l'aiguille; **zur, auf die Seite ~** mettre de côté; *fig.* **etw. in ein günstiges Licht ~** montrer qc. sous un jour favorable; **II** *v/i.* ⟨sein⟩ se porter en avant *bzw.* en arrière; *vorwärts* (s')avancer; *rückwärts* reculer; *näher* (s')approcher; ~ **Sie, bitte, etw. nach links!** poussez-vous un peu plus à gauche, s.v.p.!; F **j-m auf die Bude ~** aller trouver qn.; **j-m auf den Leib** *od.* **zu Leibe ~** serrer qn. de près; acculer qn.; *milit.* **ins Feld ~** entrer en campagne; **an j-s Stelle ~** prendre la place de qn.; **dicht aneinander ~** se serrer les uns contre les autres; **III 2** *n* ⟨~s⟩ déplacement *m*; remuement *od.* remûment *m*; remuage *m.*
Rücken ['rʏkən] *m* ⟨~s; ~⟩ dos *m* (*auch von Hand, Fuß, Messer, e-s Buches*); *von Sitzmöbeln auch* dossier *m*; *e-s Gebirges* crête *f*; *milit., e-s Heeres* derrières *m/pl.* (*auch fig.*); *bât., e-s Bogens* extrados *m*; *cuis., von Rind, Lamm etc.* selle *f*; *von Wild* râble *m*; *anat., zo.* **zum ~ gehörig** dorsal; ~ **an ~** dos à dos; **e-n breiten ~ haben** être large d'épaules; *fig.* avoir bon dos; **gebeugter ~** dos voûté; **die Hände auf dem ~** les mains derrière le dos; **auf den ~ fallen** tomber à la renverse; *fig.* F (*höchst erstaunt sein*) être renversé, ébahi, médusé, éberlué, ahuri, pétrifié, interdit; F être épaté, ébaubi, sidéré, baba, époustouflé, estomaqué; **auf dem ~ schwimmen** nager sur le dos; **sich auf dem ~ im Wasser treiben lassen** faire la planche; **den Wind im ~ haben** avoir le vent arrière, derrière, dans le dos, *mar., Schiff* en poupe; **es läuft mir eiskalt über den ~** un frisson me passe dans le dos; cela me donne froid dans le dos; *fig.* **e-n krummen ~ machen** courber le dos, l'échine; **j-m den ~ steifen, stärken** encourager, épauler, appuyer, soutenir qn.; **j-m, e-r Sache den ~ kehren** tourner le dos à qn., à qc.; **j-m den ~ decken** protéger les derrières de qn.; **sich den ~ decken** assurer ses derrières; se couvrir (contre); **sich den ~ frei halten** se garder le champ libre; se ménager une retraite; **sobald ich den ~ wende, ich darf nur den ~ wenden, ...** dès que je tourne le dos, les talons ...; **kaum hatte er den ~ gewendet, so ...** il n'avait

pas le dos tourné que ...; hinter j-s ~ à l'insu de qn.; en cachette de qn.; j-m hinter dem ~ Böses nachsagen dire du mal de qn. derrière son dos; *fig.* j-m in den ~ fallen tirer dans le dos de qn.; dem Feind in den ~ fallen, den Feind im ~ angreifen, fassen tomber sur les derrières de l'ennemi; attaquer l'ennemi par derrière; prendre l'ennemi à revers.

Rücken|breite ['rʏkənˌbraɪtə] *f cout.* carrure *f*; ~ˌ**deckung** *f milit.* couverture *f* de l'arrière; *fig.* appui *m*; soutien *m*; ~ˌ**fallschirm** *m* parachute dorsal; ~ˌ**feuer** *n milit.* tir *m*, feu *m* à revers; ~ˌ**flosse** *f zo.* nageoire dorsale; ~ˌ**flug** *m aviat.* vol *m* sur le dos; 2ˌ**frei** *adj. Kleid* décolleté dans le dos; ~ˌ**gurt** *m Mantel* martingale *f*; ~ˌ**lage** *f gym.* position couchée sur le dos; *beim Schwimmen* planche *f*; ~ einnehmen se coucher sur le dos; ~ˌ**lehne** *f* dossier *m*; dos *m*; ~ˌ**mark** *n anat.* moelle épinière; ~**mark(s)entˌzündung** *f méd.* inflammation *f* de la moelle (épinière); *sc.* myélite *f*; ~ˌ**muskel** *m anat.* muscle dorsal; ~ˌ**nummer** *f der Radrenner* dossard *m*; ~ˌ**schild** *n zo., der Insekten* écu *m*; écusson *m*; *der Schildkröte* carapace *f*; ~ˌ**schmerzen** *m/pl. méd.* douleurs dorsales; ~ˌ**schwimmen** *n* nage *f* sur le dos; ~ˌ**schwimmer(in)** *m (f)* nageur, -euse *m, f* sur le dos; ~ˌ**stärkung** *f fig.* encouragement *m*; j-m e-e ~ geben *cf.* (j-m den) Rücken (steifen); ~ˌ**stück** *n cuis., von Wild* râble *m*; *vom Rind* aloyau *m*; *vom Schwein* échinée *f*; ~ˌ**titel** *m e-s Buches* titre *m* au dos (d'un livre); ~ˌ**trage** *f* hotte *f*; ~**verˌgoldung** *f e-s Buches* dorure *f* du dos (d'un livre); ~ˌ**wind** *m* vent *m* de derrière, dans le dos, au dos; vent *m* arrière; ~ˌ**wirbel** *m anat.* vertèbre dorsale.

Rück|entwicklung ['rʏkʔɛntˌvɪklʊŋ] *f* retournement *m* de l'évolution; ~**erˌbittung** *f* ⟨~⟩ *adm.* unter ~ à retourner; à renvoyer; avec prière de renvoi; ~**erˌinnerung** *f* ressouvenir *m*; réminiscence *f*; 2**erˌstatten** *v/t.* ⟨-ete, *les formes séparées des temps simples ne s'emploient pas bzw.* er erstattet zurück, *pas de ge-*, h⟩ restituer; *Geld auch* rembourser; ~**erˌstattung** *f* restitution *f*; *von Geld auch* remboursement *m*; ~**erˌwerb** *m* rachat *m*; ~**fahrˌkarte** *f*, ~**fahrˌschein** *m* billet *m* de retour; *Hin- u. Rückfahrt* (billet *m* d')aller et retour *m*; ~**fahrt** *f* retour *m* (en voiture, en bateau *etc.*); auf der ~ au retour; ~**fall** *m jur.* (*Anheimfall*) dévolution *f*; réversion *f*; retour *m*; *méd., e-s Kranken* rechute *f*; *in e-n früheren Fehler, e-s Verbrechers* récidive *f*; ~**fallˌfieber** *n méd.* fièvre récurrente; 2ˌ**fällig** *adj.* récidiviste; ~ werden récidiver; *relig.* ~er Sünder relaps *m*; ~er Verbrecher récidiviste *m*; ~ˌ**fenster** *n Auto* glace *f* arrière; ~**flug** *m aviat.* vol *m* (de) retour; ~**fluß** *m* reflux *m*; ~ˌ**forderung** *f* réclamation *f* de la restitution (de qc.); demande *f* en restitution; ~**fracht** *f comm.* **1.** *Fracht* chargement *m* (pris) au retour; *mar.* fret *m* de retour; **2.** *Kosten* (frais *m/pl.* de) retour *m*; port payé pour retour (de la marchandise); ~ˌ**frage** *f* demande *f* de précisions, de nouvelles, de plus amples informations; ~ halten *cf.* 2fragen; 2ˌ**fragen** *v/i.* ⟨*les formes séparées des temps simples ne s'emploient pas*, -ge-, h⟩ s'informer complémentairement; demander des précisions, un supplément d'information; 2ˌ**führen** *v/t.* ⟨*les formes séparées des temps simples ne s'emploient pas*, -ge-, h⟩ *Flüchtlinge* rapatrier; ~ˌ**führung** *f der Flüchtlinge* rapatriement *m*; *milit., von Truppen* évacuation *f* sur l'arrière; transport *m* en arrière; acheminement *m* vers l'arrière; ~ˌ**gabe** *f* restitution *f*; reddition *f*; remise *f*; bei der ~ en restituant, rendant; gegen ~ von ... contre remise de ...; mit der Bitte um ~ avec prière de renvoi; ~**gabeˌpflicht** *f* obligation *f* de restituer, de rendre (qc.); ~**gang** *m der Geschäfte etc.* récession *f*; régression *f*; recul *m*; mouvement *m* rétrograde; déclin *m*; (*Langsamerwerden*) ralentissement *m*; (*Abnahme*) diminution *f*; *der Kurse* recul *m*; fléchissement *m*; effritement *m*; baisse *f*; dépréciation *f*; ~ der Geburtenziffer dénatalité *f*; ~ des Umsatzes *auch* contraction *f* des échanges; 2ˌ**gängig** *adj.* rétrograde; ~ machen faire échouer; revenir sur; *e-n Kauf* annuler; *Vertrag* résilier; *Verlobung* rompre; ~**gängigˌmachung** *f* ⟨~; ~en⟩ annulation *f*; résiliation *f*; 2**geˌführt** *adjt. von Flüchtlingen* rapatrié; ~**geˌführte(r)** *f (m)* ⟨→ A⟩ rapatrié, -e *m, f*; ~**geˌwinnung** *f techn.* récupération *f*; ~ˌ**gliederung** *f e-s Gebietes etc.* réincorporation *f*; réintégration *f*; rattachement *m*; ~**grat** *n* ⟨~(e)s; ~e⟩ *anat.* épine dorsale; *par ext.* colonne vertébrale; échine *f*; *fig.* ~ haben ne pas plier l'échine; kein ~ haben manquer de fermeté; ne pas avoir de courage; ~**grat(s)verˌkrümmung** *f méd.* déviation *f* de la colonne vertébrale; *sc.* scoliose *f*; ~**griff** *m jur.* recours *m*; ~**griffsˌrecht** *n* droit *m* de recours; ~**halt** *m fig.* (*Stütze*) soutien *m*; appui *m*; (*Vorbehalt*) réserve *f*; 2**haltˌlos** *adv.* sans réserve; sans arrière-pensée; sincèrement; franchement; en toute liberté; ~ sprechen avoir son franc-parler; ~**haltˌlosigkeit** *f* ⟨~⟩ sincérité *f*; franchise *f*; absence *f* de toute réserve, de toute arrière-pensée; ~**hand(ˌschlag)** *f (m) Tennis* revers *m*; back-hand *m*; ~**kauf** *m comm.* rachat *m*; *jur.* retrait *m*; réméré *m*; 2ˌ**kaufen** *v/t.* ⟨*les formes séparées des temps simples ne s'emploient pas bzw.* er kauft zurück, -ge-, h⟩ *comm.* racheter; *jur.* réméréer; ~**kaufsˌrecht** *n* droit *m* de rachat; faculté *f* de réméré; ~**kehr** *f* ⟨~⟩ retour *m*; *ins Haus* rentrée *f*; *in die Heimat* rapatriement *m*; bei meiner ~ fand ich ... de retour, à mon retour je trouvai ...; ~ˌ**kehrer(in)** *m* ⟨~s; ~⟩ *(f)* ⟨~; ~nen⟩ rapatrié, -e *m, f*; 2ˌ**koppeln** *v/t.* ⟨-(e)le, *les formes séparées des temps simples ne s'emploient pas*, -ge-, h⟩ *rad.* réagir; faire agir la réaction; coupler rétroactivement; ~ˌ**kopp(e)lung** *f rad.* (couplage *m* par) réaction *f*; accouplement réactif; ~ˌ**lage** *f* réserve *f*; fonds *m* de réserve; (*Ersparnisse*) économies *f/pl.*; ~n schaffen créer des réserves; constituer un fonds de réserve; der ~ zuführen affecter, verser à la réserve; die ~n angreifen entamer les réserves; ~**lagekapiˌtal** *n* fonds *m* de réserve; ~**kunft** *f* ⟨~⟩ *cf.* ~kehr; ~**lauf** *m* retour *m*; *von Gewässern* reflux *m*; *milit., e-s Geschützes* recul *m*; *e-r Maschine* marche *f* arrière; *astr.* rétrogradation *f*; ~**laufˌbremse** *f e-s Geschützes* frein *m* de recul; 2ˌ**läufig** *adj.* rétrograde; ~e Tendenz tendance rétrograde, régressive; ~e Tendenz zeigen être en régression; *advt.* sich ~ bewegen rétrograder, régresser; ~ˌ**leiter** *m*, ~ˌ**leitung** *f tél.* fil *m*, ligne *f* de retour; ~**licht** *n* ⟨~(e)s; ~er⟩ *Auto* feu *m* arrière; 2**lings** *adv.* en arrière; (*von hinten*) par derrière; ~ niederfallen tomber à la renverse; ~ liegen être couché sur le dos; ~**marsch** *m* retour *m*; rentrée *f*; *milit.* (*Rückzug*) retraite *f*; marche *f* rétrograde; ~ˌ**nahme** *f* ⟨~⟩ reprise *f*; retrait *m*; ~ˌ**porto** *n* port *m* pour le retour, de retour; ~**prall** *m* rebondissement *m*; contrecoup *m*; choc *m* en retour; ~ˌ**reise** *f* (voyage *m* de) retour *m*; die Hin- u. ~ l'aller et le retour; auf der ~ au retour; ~**ruf** *m tél.* rappel *m*.

Rucksack ['rʊkzak] *m* sac *m* de montagne, de touriste, de campeur; sac alpin, à dos; rucksack *m*.

Rück|schau ['rʏkʃaʊ] *f cf.* Rückblick; 2ˌ**schauend** *advt. cf.* rückblickend; ~**schein** *m* avis *m*, accusé *m* de réception; ~**schlag** *m bei Waffen* recul *m*; *biol.* atavisme *m*; *fig.* revers *m*; échec *m*; e-n ~ erleiden essuyer un échec; *cf. auch* Rückprall, ~stoß; ~**schluß** *m* conclusion *f* (a posteriori); déduction *f*; 2ˌ**schreitend** *adjt.* rétrograde; ~**schritt** *m fig.* pas *m* en arrière; marche *f* rétrograde; recul *m*; régression *f*; *pol.* réaction *f*; 2ˌ**schrittlich** *adj.* réactionnaire; ~ˌ**seite** *f* revers *m* (*auch fig.*); (*das Hintenliegende*) derrière *m*; face *f* arrière; dos *m*; *e-s Blattes* verso *m*; *e-s Stoffes* envers *m*; *comm., des Wechsels* dos *m*; siehe ~! voir au verso!; 2ˌ**senden** *v/t.* ⟨*irr., les formes séparées des temps simples ne s'emploient pas bzw.* er sendet zurück, -ge-, h⟩ renvoyer; retourner; ~ˌ**sendung** *f* renvoi *m*; retour *m*; ~**sicht** *f* ⟨~; ~en⟩ égard *m*; considération *f*; ménagements *m/pl.*; auf j-n, etw. ~ nehmen avoir égard à qn., à qc.; keine ~ nehmen ne tenir compte de rien; ne se laisser arrêter par aucune considération; in, mit *od.* aus ~ auf eu égard à; par égard pour; (*in Anbetracht*) étant donné (qc.); en considération de; (*wegen*) en raison de; mit ~ darauf, daß ... vu que ...; considérant que ...; attendu que ...; ohne ~ auf ... sans égard, sans considération pour ...; er nahm wenig ~ auf sie il faisait peu de cas d'elle; 2ˌ**sichtlich** *prép.* ⟨*gén.*⟩ à l'égard de ...; par rapport à ...; relativement à ...; en tenant compte de ...; ~**sichtˌnahme** *f* ⟨~⟩ égards *m/pl.*, considération *f* (auf pour); 2**sichtsˌlos** **1.** *adj.* qui ne tient compte de rien; qu'aucune considération n'arrête; sans égards; sans ménagements; (*brutal*) brutal; rude; cavalier, -ère; radical; grossier, -ère; ~ sein manquer d'égards (gegen envers); ~er Fahrer F chauffard *m*; **2.** *adv.* cavalièrement; d'une façon cavalière; brutalement; rudement; sans égards, ménagements; ~ vorgehen F ne pas y aller avec le dos de la cuillère; ne pas y aller par quatre chemins; mettre les pieds dans le plat; j-n ~ behandeln ne pas ménager qn.; traiter qn. grossièrement, sans égards, sans ménagements; ~**sichtsˌlosigkeit** *f* ⟨~; ~en⟩ manières tranchantes; manque *m* d'égards; brutalité *f*; rudesse *f*; grossièreté *f*; 2**sichtsˌvoll** *adj.* plein d'égards, de ménagements; avec ménagement; sehr ~ gegen j-n sein, j-n sehr ~ behandeln avoir de grands égards pour qn.; ~**sitz** *m Auto* siège *m*, banquette *f* arrière; (*Notsitz*) strapontin *m*; **~ˌspiegel** *m Auto* rétroviseur *m*; **~spiel** *n Sport* match *m* (de) revanche, retour; **~ˌsprache** *f* entretien *m*; pourparler *m*; conférence *f*; **mit j-m ~ halten** s'entretenir avec qn.; conférer avec qn.; *litt.* prendre langue avec qn.; **nach ~ mit …** après entente avec …; après (en) avoir discuté avec …; **~stand** *m* **1.** *von Geldzahlungen* arriéré *m*; reste *m*; restant *m*; reliquat *m*; **im ~ sein** être en retard (**mit** de); être redevable; être en arrière (**mit** pour); **Rückstände eintreiben** faire rentrer des arriérés, des arrérages; **2. Rückstände** *bei der Verbrennung* imbrûlés *m/pl.*; *chim.* résidus *m/pl.*; **♀ˌständig** *adj. Steuerzahler etc.* retardataire; redevable; qui est en reste; *von Geldern* arriéré; restant; *chim.* résiduel, -elle; *fig.*, *von Personen, Ansichten etc.* retardataire; arriéré; attardé; F tardigrade; *Land* (*unterentwickelt*) sous-développé; **~ sein** *auch* F ne pas être dans la course, à la page; **~ˌständigˌkeit** *f* ⟨~⟩ esprit arriéré; caractère *m* de ce qui est arriéré; *Land* sous-développement *m*; **~stau** *m hydr.* retenue *f*; **~stellˌfeder** *f techn.* ressort *m* de rappel; **~ˌstellung** *f comm.* provision *f*; mise *f* en réserve; *techn.* rappel *m*; **~ für Pensionsverpflichtungen** provision pour retraites du personnel; **~ˌstellungsˌfonds** *m* fonds *m* de prévoyance; **~stoß** *m* coup *m* en arrière; choc *m* en retour; *von elastischen Körpern* répulsion *f*; *mot.* réaction *f*; *von Waffen* (choc *m* de) recul *m*; **~stoßˌantrieb** *m aviat.* propulsion *f* par *od.* à réaction; **~stoßˌdämpfer** *m bei Waffen* amortisseur *m* de recul; **♀stoßˌfrei** *adj.* sans recul; **~stoßˌkraft** *f* force *f* de recul, *mot.* de réaction; **~ˌstrahler** *m* réflecteur *m*; *bei Fahrzeugen* cataphote *m*; catadioptre *m*; **~ˌstrahlung** *f opt.* réflexion *f*; **~ˌstreuung** *f phys.* rétrodiffusion *f*; **~strom** *m élect.* contre-courant *m*; courant *m* antagoniste, de retour; **~ˌströmung** *f von Wasser* reflux *m*; *von Molekülen, in der Vakuumtechnik auch* migration *f*; rétrodiffusion *f*; **~ˌstufung** *f* ⟨~; ~en⟩ rétrogradation *f*; **~ˌtaste** *f der Schreibmaschine* touche *f* de rappel; **~tritt** *m von e-m Amt* démission *f*; départ *m*; retraite *f*; *e-s Wahlkandidaten* désistement *m*; *von e-m Vertrag* résiliation *f*; dénonciation *f*; *beim Fahrrad* rétropédalage *m*; **s-n ~ erklären** donner sa démission; démissionner; *von e-m Vertrag* dénoncer, résilier (qc.); **~trittˌbremse** *f Fahrrad* frein *m* moyeu, à rétropédalage; **~trittserˌklärung** *f von e-m Vertrag* dénonciation *f*; résiliation *f*; **~trittsgeˌsuch** *n* offre *f* de démission; **~trittsˌrecht** *n von e-m Vertrag* droit *m* de résiliation; **♀überˌsetzen** *v/t.* ⟨-(es)t, *les formes séparées des temps simples ne s'emploient pas bzw.* **er übersetzt zurück**, *pas de ge-*, h⟩ retraduire; **~überˌsetzung** *f* retraduction *f*; **♀überˌtragen** *v/t.* ⟨*irr.*, *les formes séparées des temps simples ne s'emploient pas*, *pas de ge-*, h⟩ *jur.* rétrocéder; **~überˌtragung** *f jur.* rétrocession *f*; **♀verˌgüten** *v/t.* ⟨-ete, *les formes séparées des temps simples ne s'emploient pas*, *pas de ge-*, h⟩ rembourser; ristourner; **~verˌgütung** *f* remboursement *m*; ristourne *f*; **~verˌsicherer** *m* réassureur *m*; **♀verˌsichern** *v/t.* ⟨-(e)re, *insép.*, *pas de ge-*, h⟩ réassurer; **~verˌsicherung** *f* réassurance *f*; **~verˌsicherungsgeˌsellschaft** *f* compagnie *f* de réassurance; **~verˌsicherungsverˌtrag** *m* contrat *m* de réassurance; **~verˌweisung** *f jur.* renvoi *m*; **~wand** *f* paroi *f* arrière, postérieure; **~ˌwanderer** *m* rapatrié *m*; émigrant *m* rentrant dans son pays natal; immigrant *m* retournant à son pays natal; **~ˌwanderung** *f* retour *m* des émigrants (*od.* immigrants) au pays natal; **♀ˌwärtig** *adj.* de l'arrière; **~e Begrenzung** limite arrière; **~es Gebiet** zone arrière, des arrières; arrières *m/pl.*; *milit.* **~e Stellung** position arrière; **~e Verbindung** ligne de communication avec l'arrière; **♀wärts** *adv.* en arrière; **nach ~** vers l'arrière; **von ~ fassen** prendre à revers; **~ fahren** renverser la marche; faire marche arrière; rétrograder; *Lokomotive* renverser la vapeur; **~ gehen** aller à reculons; reculer; **weder vorwärts noch ~ können** ne pouvoir ni avancer ni reculer; *im Zug* **~ sitzen, fahren** tourner le dos au sens de la marche; **~wärtsbeˌwegung** *f* mouvement *m* rétrograde, en arrière; *milit. auch* repli *m*; retraite *f*; **~wärtsˌgang** *m Auto* marche *f* arrière; **♀wärtsˌgehen** *v/i.* ⟨*irr.*, *sép.*, -ge-, sein⟩ *fig.* décliner; péricliter; rétrograder; **~ˌwechsel** *m comm.* retraite *f*; rechange *m*; **~weg** *m* (chemin *m* de) retour *m*; *milit.* itinéraire *m* de repli; **auf dem ~** au retour; **den ~ abschneiden** couper la retraite.

ruckweise ['rʊkˌvaɪzə] *adv.* par saccades; par secousses; par à-coups.

rück|wirken ['rʏkˌvɪrkən] *v/i.* ⟨*les formes séparées des temps simples ne s'emploient pas bzw.* **er wirkt zurück**, -ge-, h⟩ réagir; **~ˌwirkend** *adjt.* qui réagit; *phys.* réactif, -ive; *Gesetz* rétroactif, -ive; **~e Kraft** effet rétroactif; rétroactivité *f*; **~ vom … in Kraft treten** entrer en vigueur à dater de *od.* du …; **♀ˌwirkung** *f* réaction *f*; *e-s Gesetzes* rétroactivité *f*; effet rétroactif; rétroaction *f*; (*Auswirkung*) répercussion *f* (**auf** sur); retentissement *m*; **mit ~** avec effet rétroactif; **♀ˌzahlung** *f* remboursement *m*; **♀zahlungsˌanweisung** *f* mandat *m*, ordre *m* de remboursement; **♀zahlungsbeˌdingungen** *f/pl.* conditions *f/pl.*, modalités *f/pl.* de remboursement; **♀zahlungsˌfrist** *f* délai *m* du remboursement; **~zahlungsˌpflichtig** *adj.* remboursable; **♀zahlungsterˌmin** *m* terme *m*, date *f* du remboursement; **♀ˌzieher** *m* ⟨~s; ~⟩ **1.** F *fig.* **e-n ~ machen** se raviser; revenir sur sa décision; reprendre sa parole, promesse, son offre, *etc.*; se dédire; F faire machine arrière; *fig.* déclarer forfait; **2.** *Fußball* retourné *m*; **♀zoll** *m comm.* remboursement *m* des droits d'entrée; ristourne *f* de droits de douane; prime *f* de réexportation; drawback *m*; **♀zollˌgüter** *n/pl. comm.* marchandises *f/pl.* de réexportation; **♀zollˌschein** *m comm.* acquit *m* à caution; **♀zug** *m milit.* retraite *f*; **den ~ antreten** battre en retraite (*auch fig.*); **zum ~ blasen** sonner la retraite; **♀zugsgeˌfecht** *n milit.* combat *m* de retraite, de repli; **♀zugsˌlinie** *f milit.* ligne *f* de retraite; **♀zugsmaˌnöver** *n milit.* manœuvre *f* de repli; **♀zugsˌstellung** *f milit.* position *f* de repli; **♀zugsˌstraße** *f milit.* itinéraire *m* de repli; **♀ˌzündung** *f* retour *m* de manivelle.

Rudbeckie [ruːt'bɛkiˑə] *f* ⟨~; ~n⟩ *bot.* rudbeckie *f*.

rüde ['ryːdə] *adj. cf.* roh 2.

Rüde ['ryːdə] *m* ⟨~n; ~n⟩ **1.** (chien, renard, loup) mâle *m*; **2.** *ch.* chien *m* de meute, de chasse; **die ~n** *pl.* la meute.

Rudel ['ruːdəl] *n* ⟨~s; ~⟩ *ch.* troupe *f*; *von Wölfen* bande *f*; *von Hirschen* 'harde *f*; *von Wildschweinen* compagnie *f*; *fig.* bande *f*; **ein ganzes ~ Kinder** F une flopée, tapée, kyrielle, ribambelle d'enfants; **♀ˌweise** *adv.* par troupes, bandes, *etc.* (*cf.* Rudel).

Ruder ['ruːdər] *n* ⟨~s; ~⟩ *mar.* (*Riemen*) rame *f*; aviron *m*; (*Steuer*) gouvernail *m*; timon *m*; *bei Ruderbooten* barre *f*; *aviat.* gouverne *f*; *fig.*, *pol.* **am ~ sein** tenir le gouvernail; être à la barre; **ans ~ kommen** prendre le gouvernail, le pouvoir; **~ˌbank** *f* ⟨~; ≈e⟩ banc *m* de rameurs, *mar.* de nage; **~ˌblatt** *n des Riemens* pale *f*; pelle *f*; *des Steuerruders* safran *m*; **~ˌboot** *n* bateau *m*, canot *m*, embarcation *f* à rames, à avirons; barque *f*; *großes* barcasse *f*; **~er** *m* ⟨~s; ~⟩, **~in** *f* ⟨~; ~nen⟩ rameur, -euse *m, f*; *mar.*, *Sport* nageur, -euse *m, f*; **~ˌflosse** *f zo.* nageoire *f* gouvernail; **~ˌfuß** *m zo.*, *sc.* patte palmée; **~ˌfüßer** *m/pl. zo.*, *sc.* palmipèdes *m/pl.*; **~ˌgänger** *m* ⟨~s; ~⟩, **~ˌgast** *m mar.* homme *m* de barre; barreur *m*; timonier *m*; **~ˌhaus** *n mar.* timonerie *f*; **~ˌkasten** *m Sport* machine *f* à ramer; **~ˌklub** *m Sport* société *f* de canotage; club *m* nautique; **~ˌknecht** *m* rameur *m*; **~maˌschine** *f mar.* servomoteur *m* de gouvernail; **♀n I** *v/t. u. v/i.* ⟨-(e)re, h *od.* sein⟩ ramer; aller à la rame, à l'aviron; *Sport* faire de l'aviron; pratiquer l'aviron; **scharf** *od.* **mit voller Kraft ~** faire force de rames; *fig.* **mit den Armen ~** aller les bras ballants; **II ~n** *n* ⟨~s⟩ aviron *m*; canotage *m*; *mar.* nage *f*; **~ˌpinne** *f* barre *f* (du gouvernail); timon *m*; **~quaˌdrant** *m* secteur *m* de barre; **~reˌgatta** *f* course *f* à l'aviron; régate *f*; **~ˌschlag** *m* coup *m* d'aviron, de rame; palade *f*; **mit gewaltigen Ruderschlägen** à force de rames; **~ˌschnecken** *f/pl. zo.* ptéropodes *m/pl.*; **~ˌsport** *m* canotage *m*; aviron *m*; **~verˌein** *m cf.* ~klub.

Rudiment [ruˑdiˑ'mɛnt] *n* ⟨~(e)s; ~e⟩ *anat.* rudiment *m*; *péd.* **~e** *pl.* rudiments *m/pl.*; éléments *m/pl.*; **♀är** [-'tɛːr] *adj.* rudimentaire; élémentaire.

Rudrer(in) ['ruːdrər(ɪn)] *m* ⟨~s; ~⟩ (*f*) ⟨~; ~nen⟩ *cf.* Ruderer, Ruderin.

Ruf [ruːf] *m* ⟨~(e)s; ~e⟩ **1.** (*Schrei*) cri *m*; *e-s Vogels auch* chant *m*; *fig. des Herzens etc.* (*Stimme*) voix *f*; **dem ~e der Natur folgen** suivre la voix de la nature; **2.** (*Zu♀*) appel *m*; **e-m ~ folgen** répondre à un appel; **3.** *bibl.* (*Berufung*) vocation *f*; **4.** (*Ernennung*) nomination *f*; **e-n ~ an die Universität B. erhalten** recevoir une chaire à, être nommé, appelé à, recevoir une offre de nomination à l'université de B.; **5.** *poét. von Blasinstrumenten* (*Schall*) son *m*; signal *m*; appel *m*; **6.** (*Leumund*) réputation *f*; renom *m*; renommée *f*; **in gutem (schlechtem) ~e stehen, sich e-s guten (schlechten) ~es erfreuen** avoir une, jouir d'une bonne (mauvaise) réputation; *nur von Dingen* être mal famé; **j-n in schlechten, üblen ~ bringen** faire une mauvaise réputation à qn.; décrier, dénigrer, diffamer, calomnier qn.; perdre qn. de réputation; **j-n in den ~ bringen, geizig zu sein** faire à qn. une réputation d'avare *od.* la réputation d'être avare; **dem ~ schaden** porter atteinte au renom, à la réputation; **sie ist besser als ihr ~** elle vaut mieux que sa réputation; **sich e-n ~ erwerben** se faire un nom; **ein Gelehrter von ~** un savant célèbre, illustre, en renom; **im ~e e-s Gelehrten stehen** avoir la réputation d'être savant; passer pour savant; **7.** *tél.* (*Rufnummer*) numéro *m* de téléphone; **ℒen I** *v/t.* ⟨**ruft, rief, gerufen, h**⟩ (*aus~*) crier; (*herbei~*) appeler; **j-n ~** appeler qn.; **j-m etw. ins Gedächtnis ~** rappeler, remémorer qc. à qn.; remettre qc. en mémoire à qn.; **j-n wieder ins Leben ~** rappeler qn. à la vie; **etw. ins Leben ~** fonder, créer qc.; **j-n mit** *od.* **bei s-m Namen ~** appeler qn. par son nom; *Redner* **zur Ordnung, zur Sache ~** rappeler (qn.) à l'ordre, au fait; **zu den Waffen ~** appeler aux armes; **zum Essen ~** appeler pour (le) dîner, F à la soupe; **Gott hat ihn zu sich gerufen** Dieu l'a rappelé à lui; **s-e Geschäfte ~ ihn nach B.** ses affaires l'appellent à B.; **j-n ~ lassen** mander, réclamer qn.; faire venir qn.; *fig.* **wie gerufen kommen** arriver fort à propos, à point (nommé); tomber bien; F *Personen* arriver, *Dinge* tomber à pic; arriver comme marée en carême; **II** *v/i.* crier; *Kuckuck auch* chanter; *Pflicht, Vaterland etc.* appeler; *bei Protest, Erstaunen, Bewunderung* (*aus~*) s'écrier; s'exclamer; se récrier; **nach j-m ~** appeler qn.; **um Hilfe ~** crier, appeler au secours; **zu Gott ~** invoquer Dieu; **III ~en** *n* ⟨**~s**⟩ cris *m/pl.*; appel *m*; **~er(in)** *m* ⟨**~s; ~**⟩ (*f*) ⟨**~; ~nen**⟩ celui, celle qui crie, qui appelle; (*Schreier*) crieur, -euse *m, f.*

Rüffel [ˈrʏfəl] F *m* ⟨**~s; ~**⟩ réprimande *f*; F savon *m*; P engueulade *f*; **j-m e-n ~ erteilen** réprimander, tancer qn.; F passer un savon à qn.; attraper qn.; secouer les puces à qn.; laver la tête à qn.; P moucher qn.; **e-n ~ bekommen** F se faire sonner les cloches; en prendre pour son grade; recevoir une douche, une engueulade; **ℒn** *v/t.* ⟨**-(e)le, h**⟩ **j-n ~** *cf.* **(j-m e-n) Rüffel (erteilen).**

Ruf|mord [ˈruːfmɔrt] *m etwa* assassinat moral; **~ˌname** *m* prénom usuel; **~ˌnummer** *f tél.* numéro *m* d'appel, de téléphone; **~ˌweite** *f* **in (außer) ~** à ('hors de) portée de la voix; **~ˌzeichen** *n tél.* indicatif *m*, signal *m* d'appel.

Rugby [ˈrakbiˑ] *n* ⟨**~**⟩ *Sport* rugby [rygbi] *m*; **~ˌmannschaft** *f* équipe *f* de rugby; **~ˌspieler** *m* rugbyman [-man] *m* (*pl.* rugbymen).

Rüge [ˈryːgə] *f* ⟨**~; ~n**⟩ réprimande *f*; correction *f*; admonestation *f*; admonition *f*; *litt.* objurgation *f*; (*Tadel*) blâme *m*; F mercuriale *f*; *Sport* avertissement *m*; *comm. cf.* **Mängelrüge**; **öffentliche ~** censure *f*; **j-m e-e ~ erteilen** infliger un blâme à qn.; *cf. auch* **ℒn**; **e-e ~ bekommen** être réprimandé, tancé, blâmé, *etc.*; **ℒn** *v/t.* ⟨**h**⟩ **j-n ~** réprimander, reprendre, admonester, tancer, sermonner, blâmer, morigéner, gronder qn., faire une semonce à qn. (**wegen etw.** de qc.); **etw. an j-m ~** blâmer qc. en qn.; trouver en qn. qc. à reprendre, à redire, *etc.*; *comm.* **e-n Mangel ~** relever un défaut.

Ruhe [ˈruːə] *f* ⟨**~**⟩ **1.** repos *m*; répit *m*; délassement *m*; trêve *f*; *bes. innere* tranquillité *f*; *st. s.* quiétude *f*; (*Stille*) calme *m*; (*Friede*) paix *f*; (*Schweigen*) silence *m*; (*Kaltblütigkeit*) sang-froid *m*; *fig.* **ewige, letzte ~** repos éternel; **j-n zur letzten ~ betten** *litt.* conduire qn. à sa dernière demeure; **zur ewigen ~ eingehen** mourir; **die öffentliche ~** la paix publique; **die öffentliche ~ stören** troubler le repos, l'ordre public; **~ ist die erste Bürgerpflicht** le calme est le premier devoir du citoyen; **der ~ bedürfen, nach ~ verlangen** avoir besoin de, aspirer au repos; **dem Geist ~ gönnen** délasser l'esprit; **j-m keine ~ gönnen** ne point laisser, donner de repos, de répit à qn.; **ich habe keine ~ vor ihm** il ne me laisse pas tranquille, pas de cesse; il ne me laisse ni paix ni trêve; F il me casse la tête, P les pieds; **lassen Sie mich in ~!** laissez-moi tranquille!; F fichez-moi la paix!; **lassen Sie mich damit in ~!** ne m'en parlez pas!; F **jetzt hat die liebe Seele Ruh'** te (le *etc.*) voilà satisfait!; **~!** silence!; la paix!; du calme!; **~ gebieten** ordonner le, faire faire silence; **~ halten** se tenir tranquille; **j-n nicht in ~ lassen, j-m keine ~ lassen** ne pas laisser qn. tranquille, en paix; ne donner ni paix ni trêve à qn.; **sein Leiden läßt ihm keinen Augenblick ~** son mal ne lui donne pas un moment de répit; **j-m e-e angenehme ~ wünschen** souhaiter une bonne nuit à qn.; **angenehme ~!** reposez vous bien!; bonne nuit!; **sich zur ~ begeben, zur ~ gehen** aller prendre du repos; aller se reposer, se coucher; **er ist nicht aus s-r ~ zu bringen, er läßt sich nicht aus der ~ bringen** il ne perd jamais son sang-froid; F c'est un (bon) père tranquille; **j-n aus s-r ~ bringen** faire perdre son sang-froid à qn.; **die ~ in Person** le calme en personne; F tranquille comme Baptiste; **(die) ~ bewahren** garder son calme; ne pas perdre la tête, F la boussole; **zur ~ bringen** calmer; **die ~ vor dem Sturm** le calme avant la tempête; **in ~ plaudern** causer à l'aise; **j-n nicht zur ~ kommen lassen** 'harceler qn.; **immer mit der ~!** du calme!; doucement!; F tout doux!; piano!; **machen Sie das in aller ~!** prenez votre temps!; ne vous pressez pas!; faites cela tranquillement, en toute tranquillité, F en peinard!; **ich will mir das in ~ überlegen** je m'en vais y réfléchir à loisir; **in ~ u. Frieden leben** vivre en paix et en repos; **dem Tode mit ~ entgegensehen** envisager la mort avec calme; **ich habe keine ~, bis ich ...** je n'aurai ni repos ni trêve, je n'aurai (pas) de cesse que je ne ... (+ *subj.*); **2.** (*Ruhestand*) retraite *f*; **sich zur ~ setzen** se retirer (des affaires); *von Beamten* prendre sa retraite; **ℒbeˌdürftig** *adj.* qui a besoin de repos; **~ˌbett** *n* canapé *m*; divan *m*; sofa *m*; **~geˌhalt** *n* (pension *f* de) retraite *f*; pension *f*; **ein ~ beziehen** toucher une pension de retraite; **~geˌhaltsemˌpfänger(in)** *m* (*f*) pensionné, -e *m, f*; retraité, -e *m, f*; **~ˌgeld** *n* pension *f*; (pension *f* de) retraite *f*; **~ˌkissen** *n* **ein reines Gewissen ist ein sanftes ~** *prov.* une conscience pure est un bon oreiller; **ℒˌlos** *adj.* sans repos; toujours en mouvement; qui ne cesse de bouger; (*unruhig*) inquiet, -ète; (*aufgeregt*) agité; **~ˌlosigkeit** *f* ⟨**~**⟩ agitation continuelle; inquiétude *f*; **ℒn I** *v/i.* ⟨**h**⟩ (*aus~*) se reposer; prendre du repos; se tenir en *od.* au repos; *par ext.* (*schlafen*) dormir; faire un somme; sommeiller, être en sommeil (*beide auch fig.*); *Verhandlung, Arbeit* (*nicht weiter betrieben werden*) être suspendu, arrêté; être en suspens; *Versicherung* ne pas courir; *Waffen* se taire; *Acker* être en jachère; *Kapital* être improductif, -ive; **~ auf** reposer, être posé sur; être porté, soutenu par; *fig., Verantwortung* reposer sur; *Fluch, Verdacht* peser sur; *Blicke* s'arrêter, se fixer, se poser sur; **von s-r Arbeit ~** se délasser de son travail; **die Arbeit ruht** on chôme; **e-e Arbeit ~ lassen** arrêter, laisser reposer un ouvrage; **e-e Sache nicht ~ lassen** ne pas laisser qc. dormir; **hier ruht ...** ici repose ...; ci-gît ...; **ruhe in Frieden** repose en paix; **laßt die Toten ~** laissez les morts en paix; *fig.* **ich werde nicht eher ~, als bis ...** je ne me donnerai ni repos ni trêve, je n'aurai de cesse, de repos que ... ne ... (+ *subj.*); **ich wünsche wohl zu ~!** je vous souhaite une bonne nuit!; **ich wünsche wohl geruht zu haben!** je vous souhaite le bonjour!; **II ~n** *n* ⟨**~s**⟩ repos *m*; (*Erholung*) délassement *m*; *e-s Verfahrens etc.* suspension *f*; **~ˌpause** *f* pause *f*; relâche *f*; moment *m* de repos; *cf. auch* **~zeit**; **~ˌplatz** *m*, **~ˌplätzchen** *n* lieu *m* de repos; retraite *f* tranquille; **~ˌpunkt** *m* (point *m* de) repos *m*; (point *m* d')arrêt *m*; *techn.* point *m* de repos; point mort; **~ˌsitz** *m des Ruhegehaltsempfängers* (*Wohnort*) retraite *f*; **~ˌstand** *m* ⟨**~(e)s**⟩ retraite *f*; *milit.* inactivité *f*; **im ~** en retraite; **in den ~ versetzen** mettre à la retraite; **in den vorläufigen ~ versetzen** mettre en disponibilité; **in den ~ treten** prendre sa retraite; se retirer; **~ˌständler** *m* ⟨**~s; ~**⟩ *cf.* **~gehaltsempfänger**; **~ˌstatt** *f*, **~ˌstätte** *f* lieu *m* de repos; retraite *f*; asile *m*; *fig.* **letzte ~** dernière demeure; tombe *f*; **~ˌstellung** *f* position normale, de repos (*auch élect.*); *milit.* cantonnement *m* (de repos); **ℒˌstörend** *adjt.* perturbateur, -trice; **~ˌstörer(in)** *m* (*f*) perturbateur, -trice *m, f* (du repos public); fauteur *m* de trouble; (*Lärmer*) tapageur, -euse *m, f*; **~ˌstörung** *f* perturbation *f* (du repos public); trouble *m*; **nächtliche ~** tapage *m* nocturne; **~ˌstrom** *m élect.* courant *m* de repos, permanent; **~ˌtag** *m* jour *m* de repos; *auf e-r Reise* journée *f* d'arrêt; **ℒˌvoll** *adj.* calme; tranquille; (*friedlich*) paisible; **~ˌzeit** *f* temps *m* d'arrêt, de repos; **e-e ~ eintreten lassen** marquer un temps d'arrêt; **~ˌzustand** *m* état *m* de repos; état *m* stationnaire; **im ~** au repos.

ruhig [ˈruːɪç] **1.** *adj.* tranquille; calme; (*still*) silencieux, -euse; (*leidenschaftslos*) calme; (*kaltblütig*) de sang-froid; (*beruhigt*) rassuré; **~e See** mer calme; **~es Viertel** quartier silencieux, tranquille; **e-e ~e Ecke** un coin tranquille; **mit ~em Schritt** d'un pas tranquille; **bei ~er Überlegung** de sens rassis; à tête reposée; **ein ~es Gewissen haben** avoir la conscience tranquille; **~ Blut bewahren** conserver, garder son sang-froid; **nur immer ~ Blut!** du calme!; doucement!; F tout doux!; piano!; **keine ~e Minute haben** n'avoir pas une minute de repos; **das Geschäft ist ~** les affaires sont calmes; **~(er) werden** se calmer; se tranquilliser; **~!** silence!;

la paix!; chut!; **2.** *adv.* ~ **schlafen** dormir d'un bon sommeil, F sur ses deux oreilles; **sich** ~ **verhalten** se tenir tranquille, F coi, -te, P pénard; ~ **bleiben** rester calme; garder, conserver son calme; ~ **verlaufen** se dérouler sans incidents; **e-r Sache** ~ **ins Auge sehen** envisager une affaire avec calme, sang-froid; **du kannst** ~ **hierbleiben** tu peux sans inconvénient rester (là); **man kann** ~ **sagen, daß** ... on peut dire, sans crainte de se tromper, que ...; **du kannst es** ~ **tun** tu peux le faire tranquillement, sans hésitation; **du könntest** ~ **(ein)mal** ... tu ferais bien de ...; ~ˌ**stellen** *v/t.* ⟨*sép.*, -ge-, h⟩ *méd.* immobiliser; 2ˌ**stellung** *f méd.* immobilisation *f*.

Ruhm [ruːm] *m* ⟨~(e)s⟩ gloire *f*; **j-m zum** ~ **gereichen** contribuer à la gloire de qn.; ~ **ernten, sich mit** ~ **bedecken**, F **bekleckern** se couvrir de gloire; **eitler, nichtiger** ~ gloriole *f*; fumée *f* de la gloire; **auf der Höhe des** ~**es sein** être au faîte de la gloire; 2**beˌdeckt** *adjt.* couvert de gloire; ~**beˌgier(de)** *f* désir *m* de gloire; passion *f* de la gloire; *péj.* désir *m* de gloriole; 2**beˌgierig** *adj.* avide de gloire, *péj.* de gloriole.

rühmen ['ryːmən] **I** *v/t.* ⟨h⟩ vanter; (*loben*) louer; louanger; faire l'éloge de; (*preisen*) célébrer; **übermäßig** ~ prôner; **j-n wegen etw.** ~ louer qn. de qc.; ~**d erwähnen** mentionner avec éloge; **man rühmt ihm nach, daß** ... on dit à sa louange, à son éloge, à son honneur que ...; **II** *v/réfl.* **sich e-r Sache** ~, **sich wegen** *od.* **mit etw.** ~ se vanter, se glorifier, se faire gloire, se piquer, tirer vanité de qc.; **ohne mich damit** ~ **zu wollen** sans vouloir m'en vanter, glorifier; (soit dit) sans vanité; **III** 2 *n* ⟨~s⟩ éloges *m/pl.*; louanges *f/pl.*; **nicht viel** ~**s von etw. machen** ne pas faire grand cas, grand bruit de qc.; ~**sˌwert** *adj.* digne d'éloges.

Ruhmes|blatt ['ruːməsˌblat] *n fig.* page *f* de gloire; ~ˌ**halle** *f* temple *m* de la gloire; panthéon *m*; ~ˌ**tag** *m* jour *m* de gloire; ~ˌ**tat** *f* fait, acte glorieux.

rühmlich ['ryːmlɪç] *adj.* glorieux, -euse; digne d'éloges; louable; honorable; **er bildet e-e** ~**e Ausnahme** il fait une heureuse exception.

ruhm|los ['ruːmloːs] *adj.* sans gloire; (*unbekannt*) obscur; 2ˌ**losigˌkeit** *f* ⟨~⟩ absence *f* de gloire; obscurité *f*; ~ˌ**redig** *adj.* vantard; *cf. auch* **prahlerisch**; 2ˌ**redigˌkeit** *f* ⟨~⟩ vantardise *f*; jactance *f*; forfanterie *f*; *cf. auch* Prahlerei; ~**reich** *adj.* glorieux, -euse; 2**sucht** *f* ⟨~⟩ *cf.* Ruhmbegier(de); ~ˌ**süchtig** *adj. cf.* ruhmbegierig; ~**voll** *adj. cf.* ~reich.

Ruhr [ruːr] *f* ⟨~⟩ *méd.* dysenterie *f*; 2ˌ**artig** *adj. méd.* dysentérique.

Rührei ['ryːrˀaɪ] *n cuis.* œuf brouillé.

rühren ['ryːrən] **I** *v/t.* ⟨h⟩ **1.** (*bewegen*) mouvoir; remuer; bouger; **kein Glied** ~ **können** ne pouvoir bouger, se remuer; F ne pouvoir remuer ni pied ni patte; *fig.* **keinen Finger** ~ ne rien faire; **nicht den kleinen Finger** ~ ne pas remuer le petit doigt; **die Trommel** ~ battre le tambour; **2.** (*um*~) *cuis.* remuer; agiter; *Eier* brouiller; *métall.* brasser; *Gips* gâcher; **3.** (*plötzlich u. heftig treffen*) **vom Schlag gerührt werden** être frappé d'apoplexie; **wie vom Donner gerührt sein** être stupéfait, ébahi, F sidéré, époustouflé, frappé de stupeur; *cf. auch* **(auf den) Rücken (fallen)**; **4.** (*in Rührung versetzen*) toucher; attendrir; émouvoir; remuer; affecter; **das alles rührt ihn nicht** tout cela ne lui est indifférent, égal; F tout cela ne lui fait ni chaud ni froid; **durch etw. gerührt werden** s'émouvoir de qc.; **j-n zu Tränen** ~ toucher qn. (jusqu')aux larmes; tirer des larmes à qn.; **II** *v/i.* **5.** (*be*~) toucher (**an** qc., *fig.* à qc.); **6.** *fig.* (*her*~) provenir (de); **III** *v/réfl.* **sich** ~ se remuer; bouger; (*rührig sein*) se remuer; se démener; être actif, -ive; P se grouiller; se magner (le popotin, V le cul); **rühr dich nicht (von der Stelle, vom Fleck)!** ne bouge pas (de ta place)!; *milit.* **rührt euch!** repos!; **sich** ~ **u. regen** se trémousser; **er rührte sich nicht mehr** il ne bougeait plus; il était mort; **es rührt sich kein Lüftchen** il n'y a pas un souffle d'air; **es rührt sich nichts** *im Haus* rien ne bouge; on ne donne pas signe de vie; *fig.* **sein Gewissen rührt sich** sa conscience parle; **sich nicht** ~ **können** *cf.* rühren I, 1. (**kein Glied** ~ **können**); **IV** 2 *n* ⟨~s⟩ remuement *m*; **ein menschliches** ~ **verspüren** avoir pitié de; F *par ext.* avoir un besoin pressant; ~**d** *adjt.* touchant; émouvant; attendrissant; pathétique.

Ruhrgebiet ['ruːrgəˌbiːt] *n* ⟨~(e)s⟩ *géogr.* (bassin *m*, district *m* de) la Ruhr.

rührig ['ryːrɪç] *adj.* actif, -ive; F remuant; (*flink*) agile; (*unternehmend*) entreprenant; 2ˌ**keit** *f* ⟨~⟩ activité *f*; agilité *f*.

Ruhrkohle ['ruːrˌkoːlə] *f* charbon *m* de la Ruhr.

ruhrkrank ['ruːrkraŋk] *adj. méd.* dysentérique; 2**e(r)** *f* (*m*) dysentérique *m, f*.

Rühr|löffel ['ryːrˌlœfəl] *m* mouvette *f*; ~**michnicht'an** *n* ⟨~; ~⟩ *bot.* balsamine *f* des bois; F impatiente *f*; *sc.* noli-me-tangere *m*; 2ˌ**selig** *adj. Person, Film etc.* sentimental; *péj.* larmoyant; *nur von Personen péj.* sensiblard; ~ˌ**seligˌkeit** *f* ⟨~⟩ sentimentalité *f*; *nur von Personen péj.* sensiblerie *f*; ~**stück** *n thé.* pièce larmoyante; ~**ung** *f* ⟨~⟩ émotion *f*; attendrissement *m*; ~**werk** *n techn.* agitateur *m*; mélangeur *m*; malaxeur *m*.

Ruin [ru'iːn] *m* ⟨~s⟩ ruine *f*; perte *f*; déconfiture *f*; **er steht vor dem** ~ il se trouve au bord du précipice; il frôle la ruine; il est à deux doigts de la ruine; ~**e** *f* ⟨~; ~n⟩ ruine *f* (*auch fig. von e-m Menschen*); (*Trümmer*) ruines *f/pl.*; 2**enˌhaft** *adj.* qui ressemble à une ruine; délabré; qui tombe en ruine; 2**ieren** [-'niː-] *v/t.* (*u. v/réfl.*) ⟨*pas de ge-*, h⟩ (se) ruiner; *fig. u. für Sachen* gâter; abîmer; **sich durchs Trinken** ~ se ruiner à boire, en boisson(s); **ruiniert sein** être ruiné; 2**ös** [-'nøːs] *adj.* ruineux, -euse.

Rülps [rylps] P *m* ⟨~es; ~e⟩ P rot *m*; 2**en** P **I** *v/i.* ⟨-(es)t, h⟩ P roter; **II** ~**en** P *n* ⟨~s⟩ P rots *m/pl.*; ~**er** P *m* ⟨~s; ~⟩ *cf.* Rülps.

'rum [rum] F *adv. u. in Zssgn. cf.* her-[um(...)].

Rum [rum] *m* ⟨~s; ~s⟩ rhum [rɔm] *m*; ~ **hinzufügen** rhumer (**zu etw.** qc.).

Rumän|e [ru'mɛːnə] *m* ⟨~n; ~n⟩, ~**in** *f* ⟨~; ~nen⟩ Roumain, -e *m, f*; 2**isch** *adj.* roumain; **die** ~**e Sprache, das** 2**e** la langue roumaine; le roumain.

Rumba ['rumba] *m* ⟨~s; ~s⟩ (*in der Fachsprache f* ⟨~; ~s⟩) rumba [rumba] *f*.

Rummel ['ruməl] F *m* ⟨~s⟩ **1.** (*lärmender Betrieb*) animation *f*; brouhaha *m*; F foire *f*; (*Durcheinander*) F remue-ménage *m*; tohu-bohu *m*; (*Lärm*) bruit *m*; vacarme *m*; tapage *m*; F boucan *m* (*auch Reklame*2); **2.** (*Jahrmarkts*2) foire *f*; **3.** (*Plunder*) **der ganze** ~ F tout le fourbi, P le bazar, le bataclan, le barda; *comm.* **im** ~, **den ganzen** ~ **kaufen** acheter (qc.) en bloc; **4.** F *fig.* **den** ~ **kenne ich** F je connais le coup, la musique; je m'y connais; je suis à la coule; on ne me la fait pas; ~ˌ**platz** F *m* champ *m* de foire; parc *m* d'attractions.

rumoren [ru'moːrən] **I** *v/i.* ⟨*pas de ge-*, h⟩ faire du tapage, du bruit, F du boucan, du raffut; F *fig.* **es rumort in meinem Bauch** F mon ventre gargouille, fait entendre des gargouillements; **II** 2 *n* ⟨~s⟩ tapage *m*; bruit *m*; F boucan *m*; raffut *m*.

Rumpel|kammer ['rumpəlˌkamər] F *f* (cabinet *m* de) débarras *m*; fourre-tout *m*; F cagibi *m*; 2**n** F *v/i.* ⟨-(e)le, h, *doublé d'une indication de direction* sein⟩ rouler avec fracas; faire entendre un roulement sourd.

Rumpf [rumpf] *m* ⟨~(e)s; ⸚e⟩ *anat.* tronc *m*; *von Geflügel* carcasse *f*; *e-r Statue* torse *m*; *mar.*, *e-s Schiffes* coque *f*; carcasse *f*; carène *f*; *aviat.*, *e-s Flugzeugs* fuselage *m*; carlingue *f*; **ein Auto hätte mit Leichtigkeit im** ~ **des Flugzeugs Platz** une auto tiendrait aisément dans la carlingue; ~ˌ**beuge** *f gym.* flexion *f* du corps.

rümpfen ['rympfən] *v/t.* ⟨h⟩ **die Nase** ~ rechigner (**über** à); faire la moue, la grimace, la tête, la lippe; P faire une (sale) gueule.

Rumpf|parlament ['rumpfparlaˌmɛnt] *n hist.* parlement *m* croupion; ~**stück** *n cf.* Rumpsteak.

Rumpsteak ['rumpsteːk] *n* ⟨~s; ~s⟩ romsteck *m*.

Rumverschnitt ['rumfɛrˌʃnɪt] *m* rhum *m* de coupage.

rund [runt] **I 1.** *adj.* rond (*auch Summe, Zahl*); (*abgerundet*) arrondi; (*kreisförmig*) circulaire; *sc.* orbiculaire; (*kugelförmig*) sphérique; (*dicklich*) rondelet, -tte; potelé; *Gesicht* plein; joufflu; *Backen* rebondi; plein; ~**er Platz** rond-point *m*; ~**es Beet** corbeille *f*; *Gespräche* **am** ~**en Tisch** à la table ronde; ~ **werden** s'arrondir; ~ **machen** arrondir; **2.** *adv.* ~ **um etw. herum** tout autour de qc.; ~ **gerechnet** (*etwa*) environ; en chiffres ronds; **ich brauche** ~ **100 fr** j'ai besoin d'environ 100 F; j'ai besoin de 100 F en chiffres ronds; F *fig.* **es geht** ~ il se passe qc.; F il y a du spectacle, du sport; **II** 2 *n* ⟨~s; ~e⟩ rond *m*; 2**bank** *f* ⟨~; ⸚e⟩ banc *m* (semi-)circulaire; 2**bau** *m* ⟨~(e)s; ~ten⟩ *bât.* rotonde *f*; 2**beet** *n jard.* corbeille *f*; 2**blick** *m* panorama *m*; 2**blickˌfernrohr** *n* lunette *f* panoramique; 2ˌ**bogen** *m bât.* (arc *m* en plein) cintre *m*; ~ˌ**bogig** *adj.* en plein cintre; 2ˌ**brenner** *m für Gas* bec rond; 2**brief** *m* circulaire *f*.

Runde ['rundə] *f* ⟨~; ~n⟩ (*Umkreis*) ronde *f*; rond *m*; (*Rundgang*) ronde *f*; (*Gesellschaft*) société *f*; cercle *m*; *Bier* (*Lage*) tournée *f*; *Sport* tour *m*; manche *f*; poule *f*; *Boxen* round [rawnd] *m*; reprise *f*; **in der** *od.* **die** ~ à la ronde; en rond; **die** ~ **machen** *milit.*, *Polizist* faire la *od.* sa ronde; *Gerücht*, *Becher* faire le tour; *Radsport* ~**n drehen** faire des tours de piste; *Boxer* **über die** ~**n kommen** F tenir le coup jusqu'au bout; **die letzte** ~ **zu s-n**

Gunsten entscheiden décider le dernier round en sa faveur; e-e ~ spendieren payer une tournée; e-e neue ~ geben, stiften F remettre ça.

Rundeisen ['rʊntˌʔaɪzən] *n techn.* fer rond.

runden ['rʊndən] **I** *v/t.* (*u. v/réfl.*) ⟨-ete, h⟩ (s')arrondir; **II** ℒ *n* ⟨~s⟩ arrondissement *m*; ℒˌ**zahl** *f Sport* nombre *m* de tours; ℒˌ**zähler** *m Sport* pointeur *m* de tours.

Rund|erlaß ['rʊntʔɛrˌlas] *m* circulaire *f*; ℒ**erˌneuern** *v/t.* ⟨*nur inf. u. p.p.* runderneuert⟩ *Reifen* rechaper; vulcaniser; ~**erˌneuerung** *f von Reifen* rechapage *m*; vulcanisation *f*; ~**fahrt** *f* voyage *m*, promenade *f*, excursion *f* circulaire; circuit *m*; tour *m*; e-e ~ um den See machen faire le tour du lac; ~**fahrˌkarte** *f* billet *m* circulaire; ~**ˌfeile** *f techn.* lime ronde; queue-de-rat *f*; ~ˌ**fenster** *n* œil-de-bœuf *m*; ~**flug** *m* circuit aérien; ~ˌ**frage** *f* enquête *f*.

Rundfunk ['rʊntfʊŋk] *m* ⟨~(e)s⟩ radiodiffusion *f*; télégraphie *f* sans fil (T.S.F.); F radio *f*; im ~ à la radio; durch ~ par la radio; durch *od.* im ~ übertragen, durch ~ verbreiten diffuser par T.S.F., la radio; radiodiffuser; ~**amaˌteur** *m* radio-amateur *m*; amateur *m* de T.S.F., de radio; F sans-filiste *m*; ~ˌ**ansager(in)** *m* (*f*) speaker [spikœːr] *m*; speakerine *f*; ~ˌ**ansprache** *f* allocution radiodiffusée, à la radio; ~ˌ**anstalt** *f* station *f* de T.S.F., de radiodiffusion; *cf. auch* ~gesellschaft; ~**beˌrichterˌstatter** *m cf.* ~reporter; ~**beˌrichterˌstattung** *f cf.* ~reportage; ~ˌ**botschaft** *f* message-radio *m*; message *m* radiophonique, radiodiffusé; ~**emˌpfang** *m* audition *f*, réception *f* radiophonique; ~**emˌpfänger** *m* poste *m* de réception radiophonique; poste *m* de T.S.F.; (appareil *m*, récepteur *m* de) F radio *f*; ~**entˌstörungsˌdienst** *m* service *m* de déparasitage; ~ˌ**fachmann** *m cf.* ~techniker; ~**geˌbühr** *f* taxe *f* radio (-phonique), de T.S.F.; ~**geˌnehmigung** *f* autorisation *f* pour récepteurs de radiodiffusion; ~**geˌrät** *n cf.* ~empfänger; ~**geˌschäft** *n* magasin *m* de (postes de) radio; ~**geˌsellschaft** *f* société *f* de radiodiffusion, d'émissions radiophoniques; ~ˌ**händler** *m* marchand *m* de (postes de) radio; ~ˌ**hörer (-in)** *m* (*f*) auditeur, -trice *m*, *f* (de la radiodiffusion); ~**indusˌtrie** *f* industrie *f* de la radio(phonie); ~ˌ**kabel** *n* câble *m* de radio-distribution; ~ˌ**meldung** *f cf.* ~botschaft; ~**proˌgramm** *n* programme *m* des émissions radio (-phoniques); radio-programme *m*; ~**reˌklame** *f* publicité *f* radiophonique; radiopublicité *f*; ~**reporˌtage** *f* radioreportage *m*; ~**reˌporter** *m* radioreporter *m*; ~ˌ**sender** *m* (poste) émetteur *m* de radio; *cf. auch* ~station; ~ˌ**sendung** *f* radiodiffusion *f*; *einzelne* émission *f* radiophonique, de radio, par T.S.F.; ~ˌ**sprecher(in)** *m* (*f*) *cf.* ~ansager(in); ~**statiˌon** *f* station *f* radiophonique; station émettrice de radiodiffusion; *cf. auch* ~sender; ~ˌ**störung** *f* perturbation *f* radiophonique; ~ˌ**technik** *f* radiotechnique *f*; technique *f* de la radioélectricité; F technique *f* radio; ~**ˌtechniker** *m* radiotechnicien *m*; technicien *m* radio; ~ˌ**teilnehmer(in)** *m* (*f*) abonné, -e *m*, *f* de T.S.F.; ~**überˌtragung** *f cf.* ~sendung; ~**ˌwerbung** *f cf.* ~reklame; ~ˌ**zeitung** *f* journal *m* de (programme de) radio; magazine *m* de radio; *was hier nicht aufgeführt ist, cf.* Radio...

Rund|gang ['rʊntgaŋ] *m* tour *m*; *milit.* ronde *f*; ~**geˌsang** *m* ronde *f*; ~**heit** *f* ⟨~⟩ rondeur *f*; rotondité *f*; ℒ**he'raus** *adv.* rondement; franchement; tout net; etw. ~ sagen F ne pas l'envoyer dire à qn.; le dire en bon français; ~ gesagt pour le dire sans détour; tranchons le mot; ℒ**he'rum** *adv.* à la ronde; er blickte ~ il regardait tout autour de lui; ~**holz** *n* bois rond; *coll.* rondins *m/pl.*; grumes *f/pl.*; *mar.* Rundhölzer *pl.* espars *m/pl.*; ~**horiˌzont** *m thé.* cyclorama *m*; ~**kopfˌschraube** *f* vis *f* à tête ronde; ~**lauf** *m gym.* pas-de-géant *m*; ℒ**lich** *adj.* arrondi; *von Personen* (*dicklich*) F potelé; rondelet, -tte; ~**lichˌkeit** *f* ⟨~⟩ formes arrondies; ~ˌ**mäuler** *n/pl. zo.* cyclostomes *m/pl.*; ~ˌ**regner** *m jard.* arroseur *m* circulaire; ~ˌ**reise** *f* voyage *m* circulaire; circuit *m*; *in Geschäftsangelegenheiten* tournée *f*; ~**reiseˌkarte** *f* billet *m* circulaire; ~**schau** *f* panorama *m*; (*Zeitung*) revue *f*; *als Zeitungsartikel* chronique *f*; tour *m* d'horizon; revue *f* (politique, littéraire, etc.); ~ˌ**schiffchen** *n der Nähmaschine* navette *f* circulaire; ~**schild** *m hist.* rondache *f*; ℒˌ**schleifen I** *v/t.* ⟨*irr., sép.*, -ge-, h⟩ rectifier; **II** ~ˌ**schleifen** *n* rectifiage *m*; ~**schleifmaˌschine** *f techn.* rectifieuse *f*; ~ˌ**schreiben** *n* circulaire *f*; ~**schrift** *f* ronde *f*; ~**schriftˌfeder** *f* plume *f* de ronde; ~**sicht** *f* vue *f* panoramique; panorama *m*; ~**stahl** *m* acier rond; ~**strahlanˌtenne** *f*, ~ˌ**strahler** *m* antenne omnidirectionnelle, non-directive; ~**strickmaˌschine** *f* tricoteuse *f* mécanique circulaire; ~**tanz** *m* ronde *f*; ℒ'**um** *adv.* tout autour de; à l'entour de; ℒ**um'her** *adv.* à la ronde; ~**ung** *f* ⟨~; ~en⟩ rond *m*; rondeur *f*; forme arrondie; *an e-m Werkstück* arrondi *m*; *e-r Säule, Vase* galbe *m*; *bât.* voussure *f*; ~**verˌfügung** *f* circulaire *f*; ~**verˌkehr** *m* trafic *m* circulaire; ℒ'**weg** *adv.* tout bonnement; sans façon; sans détours; tout net; délibérément; sans autre forme de procès; sans fard; F carrément; tout de go; ~ˌ**zange** *f* pince ronde, à bec rond; ~**zelt** *n* tente ronde.

Rune ['ruːnə] *f* ⟨~; ~n⟩ rune *f*; ~**n-alphaˌbet** *n* alphabet *m* runique; ~**n-ˌinschrift** *f* inscription *f* runique; ~**n-ˌschrift** *f* caractères *m/pl.* runiques; ~**nˌstab** *m* bâton *m* runique; ~**nˌstein** *m* pierre *f* runique.

Runge ['rʊŋə] *f* ⟨~; ~n⟩ ranche *f*; ~**n-ˌwagen** *m chem.* wagon plat à ranches, à ranchers.

Runkelrübe ['rʊŋkəlˌryːbə] *f agr., bot.* betterave fourragère.

Runks [rʊŋks] F *m* ⟨~es; ~e⟩ *cf.* Rüpel.

'runter ['rʊntər] F *adv. u. in Zssgn. cf.* herunter(...), hinunter(...).

Runzel ['rʊntsəl] *f* ⟨~; ~n⟩ ride *f*; ~n bekommen se rider; ℒ**ig** *adj.* ridé; sillonné de rides; (*zusammengeschrumpft*) ratatiné; ~ werden se rider; ℒ**n I** *v/t.* (*u. v/réfl.*) ⟨-(e)le, h⟩ (se) rider; froncer; die Stirn ~ froncer le sourcil; se renfrogner; **II** ~**n** *n* ⟨~s⟩ froncement *m*; (*Stirn*ℒ) renfrognement *m*.

runzlig ['rʊntslɪç] *adj. cf.* runzelig.

Rüpel ['ryːpəl] *m* ⟨~s; ~⟩ grossier *m*; mufle *m*; malotru *m*; goujat *m*; rustaud *m*; F butor *m*; ~**ei** [-'laɪ] *f* ⟨~; ~en⟩ grossièreté *f*; muflerie *f*; goujaterie *f*; *pfort.* brutalité *f*; ℒˌ**haft** *adj.* grossier, -ère; mufle; rustaud; *pfort.* brutal; ~ˌ**haftigkeit** *f* ⟨~⟩ *cf.* ~ei; ℒ**ig** *adj. cf.* ℒhaft.

rupfen ['rʊpfən] **I** *v/t.* ⟨h⟩ tirer; *Unkraut etc.* (*ausreißen*) arracher; *Geflügel* plumer; F *fig.* j-n ~ F plumer, tondre qn.; soutirer de l'argent à qn.; gerupft werden F y laisser des plumes; P se faire rincer, plumer; F *fig.* ich habe noch ein Hühnchen mit ihm zu ~ j'ai encore un compte à régler avec lui; **II** ℒ[1] *n* ⟨~s⟩ arrachement *m*; *von Geflügel* plumée *f* (*auch fig.*).

Rupfen[2] ['rʊpfən] *m* ⟨~s; ~⟩ *text.* jute *m*.

Rupie ['ruːpiˑə] *f* ⟨~; ~n⟩ roupie *f*.

rupp|ig ['rʊpɪç] F *adj.* **1.** (*zerlumpt*) déguenillé; (*schäbig*) râpé; misérable; minable; gueux, -euse; **2.** *cf.* rüpelhaft; ℒ**igˌkeit** *f* ⟨~; ~en⟩ **1.** état déguenillé, râpé, *etc.*; **2.** *cf.* Rüpelei; ℒ**sack** F *m cf.* Rüpel.

Ruprecht ['ruːprɛçt] *m* Knecht ~ Père Fouettard.

Rüsche ['ryːʃə] *f* ⟨~; ~n⟩ ruche *f*; ruché *m*; ℒ**n** *v/t.* ⟨h⟩ rucher.

Ruß [ruːs] *m* ⟨~es⟩ **1.** suie *f*; (*Kien*ℒ) noir *m* de fumée; **2.** *agr., Pflanzenkrankheit cf.* Rost 2.; ℒ**beˌschmutzt** *adjt.* sali de suie; ~**braun I** *n* bistre *m*; **II** ℒ**braun** *adj.* couleur de bistre; fuligineux, -euse.

Russ|e ['rʊsə] *m* ⟨~n; ~n⟩, ~**in** *f* ⟨~; ~nen⟩ Russe *m*, *f*.

Rüssel ['rʏsəl] *m* ⟨~s; ~⟩ *des Elefanten, von Insekten etc.* trompe *f*; *des Schweins* groin *m*; *des Wildschweins* boutoir *m*; *der Insekten u. allg. sc.* proboscide *f*; ℒˌ**förmig** *adj.* en forme de trompe, de groin, *etc.*; ~ˌ**käfer** *m zo.* charançon *m*; ~ˌ**tiere** *n/pl. zo. sc.* proboscidiens *m/pl.*

rußen ['ruːsən] **I** *v/t.* ⟨-(es)t, h⟩ noircir de suie; **II** *v/i.* filer; fumer.

Russen|freund ['rʊsənˌfrɔʏnt] *m* russophile *m*; ℒˌ**freundlich** *adj.* russophile; ~ˌ**herrschaft** *f* domination *f* russe.

Ruß|fleck ['ruːsflɛk] *m* tache *f* de suie; ℒ**geˌschwärzt** *adjt.* noirci par la suie.

russifizier|en [rusiˑfiˑ'tsiːrən] *v/t.* ⟨*pas de ge-*, h⟩ russifier; ℒ**ung** *f* ⟨~⟩ russification *f*.

rußig ['ruːsɪç] *adj.* **1.** couvert de suie; noirci par la suie; *sc.* fuligineux, -euse; sich ~ machen se noircir; **2.** *agr., Pflanzen* rouillé.

russisch ['rʊsɪʃ] *adj.* russe; de Russie; *pol. in Zssgn.* russo-...; ~-japanisch russo-japonais; *cuis.* ~e Eier œufs à la russe; die ~e Sprache, das ℒe la langue russe; le russe.

Ruß|kohle ['ruːsˌkoːlə] *f minéral.* 'houille fuligineuse; ~**schwarz** *n*, ℒ**schwarz** *adj. cf.* Rußbraun, rußbraun.

Rüst|baum ['rʏstbaum] *m bât.* écoperche *f*; *als Balken* boulin *m*; ~**bock** *m bât.* tréteau *m*; chevalet *m*.

Rüste ['rʏstə] *f* ⟨~⟩ *poét. Sonne* zur ~ gehen se coucher; *Tag, Jahr* tirer à sa fin.

rüsten ['rʏstən] **I** *v/t.* (*u. v/réfl.*) ⟨-ete, h⟩ (se) préparer (auf, zu à *od.* pour); (s')apprêter (à); se disposer (à); faire ses préparatifs (pour); **II** *v/i. milit. zum Krieg* armer; *bât.* (*ein Gerüst aufschlagen*) échafauder; **III** ℒ *n* ⟨~s⟩ *cf.* Rüstung.

Rüster ['ryːstər] *f* ⟨~; ~n⟩ *bot.* orme *m*; ℒ**n** *adj.* en orme; de bois d'orme; ~**(n)ˌholz** *n* (bois *m* d')orme *m*.

rüstig ['rʏstɪç] *adj.* vigoureux, -euse; robuste; solide; F vert; (*regsam*) alerte;

allègre; ingambe; (*munter*) dispos; **~es Alter** verte vieillesse; **~ aussehen** avoir l'air solide; **noch ~ für sein Alter** encore vert pour son âge; **noch sehr ~ sein** se porter comme un chêne; *advt.* **er schritt ~ aus** il marchait d'un pas alerte; **ꝏ,keit** *f* ⟨~⟩ vigueur *f*; force *f* de l'âge; verdeur *f*.

Rüst|kammer ['rʏst,kamər] *f hist.* salle *f* d'armes; *heute* cabinet *m* d'armes anciennes; **~loch** *n*, **~,stange** *f bât.* boulin *m*; **~tag** *m* jour *m* de préparation; *bei den Juden* veille *f* d'une fête.

Rüstung ['rʏstʊŋ] *f* ⟨~; ~en⟩ (*Vorbereitung*) préparatifs *m/pl.*, apprêts *m/pl.* (zu etw. de qc.); *milit.* (*Aufꝏ*) armement *m*; (*Ritterꝏ*) armure *f*; **die ~ anlegen** endosser son armure; **~s,amt** *n milit.* office *m* de l'armement; **~sbe,schränkung** *f* limitation *f*, réduction *f* des armements; **~sbe,trieb** *m* usine *f* d'armement; **~sfabri,kant** *m* fabricant *m* de matériel de guerre; **~sindus,trie** *f* industrie *f* d'armements; **~skon,trolle** *f* contrôle *m* des armements; **~smateri,al** *n* matériel *m* de guerre; armement *m*; **~s,stand** *m* état *m* d'armement (d'un pays); **~s,wettlauf** *m* course *f* aux armements; **~s,zentrum** *n* centre *m* d'armement, de production de matériel de guerre.

Rüst|zeit ['rʏsttsaɪt] *f* temps *m* de préparation; **~zeug** *n* matériel *m*; outillage *m*; *fig.* **geistiges ~** connaissances *f/pl.*; F bagage intellectuel; *bibl.* **auserwähltes ~** vase *m* d'élection.

Rute ['ru:tə] *f* ⟨~; ~n⟩ verge *f*; baguette *f*; (*Zuchtꝏ*) férule *f*; *ch.* (*Schwanz*) queue *f*; *zo.* (*männliches Glied*) verge *f*; membre viril; pénis *m*; *sc.* phallus *m*; (*Angelꝏ*) canne *f* à pêche; (*Wünschelꝏ*) baguette *f*, verge *f* de sourcier; *altes Maß* perche *f*; *fig.* **sich selbst e-e ~ auf den Rücken binden** donner des verges pour se faire fouetter; apporter le bâton pour se faire battre; **~n,besen** *m cf.* **Reisigbesen**; **~n,bündel** *n* paquet *m* de verges; *der Liktoren* faisceaux *m/pl.*; **~n,gänger** *m* ⟨~s; ~⟩ sourcier *m*; radiesthésiste *m*; **~n,hieb** *m*, **~n,streich** *m* coup *m* de verge(s).

Ruthen|e [ru·'te:nə] *m* ⟨~n; ~n⟩, **~in** *f* ⟨~; ~nen⟩ Ruthène *m, f*; **ꝏisch** *adj.* ruthène.

Ruthenium [ru·'te:ni·ʊm] *n* ⟨~s⟩ *chim.* ruthénium [-jɔm] *m*.

Rutil [ru·'ti:l] *n* ⟨~s; ~e⟩ *minéral.* rutile *m*.

Rutine [ru·'ti:nə] *f* ⟨~⟩ *cf.* Routine.

Rutsch [rʊtʃ] *m* ⟨~es; ~e⟩ *von Erdmassen* glissement *m*; éboulement *m*; F (*kleine Reise*) *fig.* F saut *m*; bond *m*; virée *f*; petit tour; F **guten ~ ins neue Jahr!** commencez bien l'année (nouvelle)!; **~bahn** *f für Kinder, im Vergnügungspark* glissoire *f*; toboggan *m*; **~e** *f* ⟨~; ~n⟩ *für gefälltes Holz* glissoir *m*; *für Lasten etc.* glissoire *f*; toboggan *m*; **ꝏen I** *v/i.* ⟨sein⟩ (*ausgleiten*) glisser; faire une glissade; *Fahrzeug* déraper; chasser; patiner; glisser; (*nicht festsitzen*) glisser; *Erdreich* s'ébouler; *Kupplung* patiner; *Personen* (*herunter-~*) se laisser glisser; faire une glissade; F *fig.* (*e-e kleine Reise machen*) F faire un saut, bond, tour, une virée; F *vom Essen* **das will nicht ~** F ça ne passe pas; ça ne veut pas descendre; **II ~en** *n* ⟨~s⟩ glissement *m* (*auch von Erdmassen, e-s Autos*); glissade *f*; *e-s Fahrzeugs* dérapage *m*; patinage *m* (*auch der Kupplung*); *von Erdmassen* éboulement *m*; **~ge,fahr** *f als Verkehrszeichen* route glissante; **ꝏig** *adj.* glissant; **~par,tie** F *f* (*unfreiwilliges Rutschen*) glissade *f*; (*kleine Reise*) *cf.* Rutsch.

rütteln ['rʏtəln] **I** *v/t.* ⟨-(e)le, h⟩ secouer; **j-n aus dem Schlaf ~** secouer qn. pour le réveiller; **ein gerüttelt Maß** une mesure comble; *fig.* **er hat ein gerüttelt Maß an Schuld** il a la conscience bien chargée; **II** *v/i. Fahrzeug beim Fahren* cahoter; **an etw. ~** secouer qc.; **an der Tür ~** secouer la porte; *fig.* **daran ist nicht zu ~** c'est comme ça; F il n'y a pas à tortiller; **III ꝏ** *n* ⟨~s⟩ secouement *od.* secouage *m*; secousses *f/pl.*; *e-s Fahrzeugs* cahotage *od.* cahotement *m*; cahots *m/pl.*

Rüttler ['rʏtlər] *m* ⟨~s; ~⟩ *techn.* secoueur *m*.

Rüttstroh ['rʏtʃtro:] *n agr.* menue paille.

S

S, s [ɛs] *n* ⟨~; ~⟩ *Buchstabe* S, s *m od. f.*

Saal [zɑːl] *m* ⟨~(e)s; Säle⟩ salle *f*; **~bau** *m* grande salle; **~ˌordner** *m* membre *m* du service d'ordre; **~schlacht** *f* pugilat *m*.

Saar|abkommen ['zɑːrˌʔapkɔmən] *n hist.* accord *m* sur la Sarre; **~ˌabstimmung** *f hist.* plébiscite sarrois, de la Sarre; **~geˌbiet** *n*, **~land** *n* (territoire *m* de) la Sarre; **Reise ins ~** voyage en Sarre; **~ˌländer(in)** *m* ⟨~s; ~⟩ *(f)* ⟨~; ~nen⟩ Sarrois, -e *m, f*; **≈ˌländisch** *adj.* sarrois.

Saat [zɑːt] *f* ⟨~; ~en⟩ *agr.* (*das Säen*) semailles *f/pl.*; (*Same*) semences *f/pl.*; (*sprossende Pflanzen*) semis *m*; *im engeren Sinne agr.* blé *m* en herbe; **die ~ bestellen** faire les semailles; *agr.* **die ~ steht gut** les blés ont belle apparence; **die ~ geht auf** les semences lèvent; **wie die ~, so die Ernte** *prov.* on récolte ce qu'on a semé *prov.*; **~bau** *m* ⟨~(e)s⟩ *agr.* multiplication *f*, production *f* de semences; **~beˌstellung** *f* semailles *f/pl.*; emblavage *od.* emblavement *m*; **~ˌbohne** *f* fève *f* de semence, à semer; **~enˌstand** *m* état *m* du semis, *im engeren Sinne agr.* des blés; **~feld** *n* champ ensemencé, emblavé; semis *m*; **~geˌtreide** *n* blé *m* de semence; **~gut** *n* semences *f/pl.*; graine *f* de semence; **~karˌtoffel** *f* pomme *f* de terre de semence; **~korn** *n* semence *f*; **~ˌkrähe** *f zo.* freux *m*; **~land** *n* semis *m*; champ ensemencé, à semer; **~zeit** *f* époque *f* des semailles; semaison *f*; **~zucht** *f* sélection *f* de semences; **~zuchtˌanstalt** *f*, **~zuchtbeˌtrieb** *m* institut *m* de sélection de semences; **~ˌzüchter** *m* sélecteur *m* de semences.

Sabbat ['zabat] *m* ⟨~s; ~e⟩ sabbat *m*; **~arier** [-'tɑː-] *m/pl. relig.* sabbataires *m/pl.*; **~ˌfeier** *f* fête *f* du sabbat; **~ˌjahr** *n* année *f* sabbatique (*auch für Hochschullehrer*); **~ˌruhe** *f* repos *m* du sabbat; **~ˌschändung** *f* profanation *f* du sabbat; **~ˌstille** *f cf.* ~ruhe.

sabbeln ['zabəln] F *v/i.* ⟨-(e)le, h⟩ *cf.* sabbern.

Sabber|latz ['zabərˌlats] F *m*, **~ˌlätzchen** F *n* bavette *f*; **≈n** F *v/i.* ⟨-(e)re, h⟩ baver; (*schwatzen*) bavarder.

Säbel ['zɛːbəl] *m* ⟨~s; ~⟩ sabre *m*; *krummer* bancal *m*; (*Türken≈*) cimeterre *m*; *fig.* **mit dem ~ rasseln** employer, brandir la menace de guerre; faire du chantage à la guerre; **~ˌbeine** F *n/pl.* jambes tortues, arquées, en cerceau; **≈ˌbeinig** F *adj.* bancal; **~duˌell** *n* duel *m* au sabre; **~ˌfechten** *n esc.* escrime *m* au sabre; **≈ˌförmig** *adj.* en forme de sabre; *sc.* ensiforme; **~geˌrassel** F *n cf.* ~rasseln; **~ˌhieb** *m* coup *m* de sabre; **≈n** *v/i.* ⟨-(e)le, h⟩ F *fig.* (*ungeschickt schneiden*) mal couper (une tranche); **~ˌrasseln** *fig. n* chantage *m* à la guerre; *sonst verbal cf.* Säbel; **~ˌraßler** F *m* ⟨~s; ~⟩ qui fait du chantage à la guerre; **~ˌscheide** *f* fourreau *m* de sabre; **~ˌschnäbler** *m* ⟨~s; ~⟩ *zo.* avocette *f*; **~zahnˌtiger** *m Paläontologie* machairodus [-k-] *m*.

Sabin|er [za'biːnər] **I** *m* ⟨~s; ~⟩ *hist.* Sabin *m*; **II ~er** *adj.* ⟨*inv.*⟩ *géogr.* **~ Gebirge** monts Sabins; **~eˌrin** *f* ⟨~; ~nen⟩ *hist.* Sabine *f*; **der Raub der ~nen** l'enlèvement, le rapt des Sabines; **≈isch** *adj.* sabin.

Sabot|age [zabo·'tɑːʒə] *f* ⟨~; ~n⟩ sabotage *m*; **~ treiben** faire du sabotage; **~ageˌakt** *m* acte *m* de sabotage; **~eur(-in)** *m* ⟨~s; ~e⟩ *(f)* ⟨~; ~nen⟩ saboteur, -euse *m, f*; **≈ieren** *v/t.* ⟨*pas de ge-*, h⟩ saboter.

Sa(c)charin [zaxa'riːn] *n* ⟨~s⟩ *chim.* saccharine *f*.

Sach|aufwendungen ['zaxˌʔaufvɛndʊŋən] *f/pl.*, **~ˌausgaben** *f/pl.* dépenses de matériel; **~beˌarbeiter(in)** *m (f)* personne compétente, chargée de ...; **~beˌrater** *m* conseiller *m* technique; **~beˌschädigung** *f* dégâts matériels, volontaires; dommage, endommagement matériel; détérioration *f* volontaire d'une chose; **~beˌweis** *m jur.* preuve matérielle; **~beˌzüge** *m/pl.* rétribution *f*, salaire *m*, rémunération *f* en nature; **~ˌdarstellung** *f jur.* exposé *m*, récit *m* des faits; **≈ˌdienlich** *adj.* pertinent; à propos; (*nützlich*) utile; **~ˌdienlichˌkeit** *f* ⟨~⟩ pertinence *f*; à-propos *m*; utilité *f*.

Sache ['zaxə] *f* ⟨~; ~n⟩ **1.** chose *f*; (*Angelegenheit*) affaire *f*; *die verteidigt wird* cause *f*; *jur.* affaire *f*; cause *f*; procès *m*; (*Begebenheit*) événement *m*; (*Umstand*) circonstance *f*; (*Tatsache*) fait *m*; (*Fall*) cas *m*; **abgekartete ~** F coup monté; **die ~ ist die ...** c'est que ...; l'affaire est la suivante ...; **das ist Ihre ~** cela vous regarde; c'est votre affaire; **das ist nicht deine ~** ce n'est pas ton affaire; cela ne te regarde pas; **das ist e-e andere ~** c'est autre chose; c'est une autre affaire; c'est différent; **das ist e-e ~ für sich** c'est une chose à part; **ich höre schöne ~n von Ihnen!** F j'en apprends de belles sur votre compte!; **er weiß noch ganz andere ~n** il en sait bien d'autres; **ich muß wissen, was an der ~ wirklich dran ist** je tiens à savoir exactement ce qui en est; **mit ganzer Seele, ganz bei der ~ sein** être tout à ce qu'on fait, à son affaire; **nicht bei der ~ sein** être distrait; **bei der ~ bleiben** ne pas s'écarter du sujet; s'en tenir au fait; **von der ~ abschweifen** sortir de la question; s'écarter du sujet; **zur ~ kommen** entrer en matière; (en) venir au fait; **zur ~!** à la question!; au fait!; **kommen wir wieder zur ~!** F revenons à nos moutons!; **in ~n der Religion** en matière de religion; **s-r ~ gewiß, sicher sein** être certain, être sûr de son affaire; **was ist bei der ~ zu tun?** que faire en cette occurrence, en pareil cas, en pareilles circonstances?; **s-e ~ verstehen** savoir son métier; **etw. von der ~ verstehen** être du métier; s'y connaître; **in dieser ~ versteht er nicht viel** en cette matière il ne sait pas grand-chose; F **mach keine ~n!** ne fais pas d'histoires!; *Auto* F **mit hundert ~n in die Kurve gehen** F foncer dans le virage à cent (km) à l'heure; **unverrichteter ~ zurückkehren** revenir sans résultat, sans avoir rien fait, obtenu; F avoir fait chou blanc; s'en revenir bredouille; **die ~ geht schief** l'affaire va mal; **er versprach, sich der ~ anzunehmen** il a promis de s'occuper de la chose, de l'affaire; **tun Sie es der guten ~ zuliebe** faites-le pour la bonne cause; **es ist mir viel an dieser ~ gelegen** cette affaire m'importe; **ich bin der ~ überdrüssig** j'en ai assez de cette histoire, affaire; **es ist ~ des Sicherheitsrates, zu ...** (+ *inf.*) il appartient au Conseil de Sécurité de ... (+ *inf.*); **das tut nichts zur ~** cela ne change rien à l'affaire; **so wie die ~ jetzt steht ...** vu l'état de choses actuel ...; **das trifft den Kern der ~ nicht** la question n'est pas là; **mit j-m gemeinsame ~ machen** faire cause commune avec qn.; **j-n für s-e ~ gewinnen** gagner qn. à sa cause; **e-e schlechte ~ verteidigen** plaider une mauvaise cause; **in eigener ~** pro domo; *jur.* **anhängige ~** cause pendante, en instance; **in ~n N.N. gegen ...** affaire N.N. contre ...; **das ist nicht jedermanns ~** a) (*gefällt nicht jedem*) ça ne plaît pas à tout le monde; ce n'est pas du goût de tout le monde; b) (*versteht nicht jeder*) ce n'est pas à la portée de tout le monde; **2.** *pl.* ~n (*Habseligkeiten*) effets *m/pl.*; F fourbi *m*; (*Kleidungsstücke*) vêtements *m/pl.*; (*Gepäck*) bagages *m/pl.*; (*Möbel*) meubles *m/pl.*

Sach|einlage ['zaxˌʔaɪnlɑːgə] *f comm.* apport *m*, mise *f* de fonds en nature; **~enˌrecht** *n jur.* droit réel; **~erˌklärung** *f* explication *f* des faits; **~geˌbiet** *n* domaine *m*; matière *f*; (*Ressort*) ressort *m*; **≈geˌmäß** *adj. Verpackung, Behandlung* adéquat; convenable; approprié; *Darstellung, Bericht* objectif, -ive; conforme aux faits; **~kataˌlog** *m* catalogue-matières *m*; **~ˌkenner(in)** *m (f)* connaisseur, -euse *m, f*; expert *m*; homme (femme) compétent(e), qualifié(e), expérimenté(e); spécialiste *m*; F compétence *f*; homme *m* de métier; vieux routier; **~ˌkenntnis** *f*, **~ˌkunde** *f* connaissance *f* de la matière, des choses, des faits; compétence *f*; **♀ˌkundig** *adj.* expert; compétent; qualifié; expérimenté; **~ˌkundige(r)** *m* ⟨→ A⟩ *cf.* **~kenner**; **~ˌlage** *f* état *m* de l'affaire, de choses; situation *f*; circonstances *f/pl.*; Verkennung der ~ méconnaissance des faits; bei der gegenwärtigen ~ dans cet état de choses; au point où en sont les choses; dans l'état où sont les choses; **~ˌleistungen** *f/pl.* prestations *f/pl.* en nature; **♀lich 1.** *adj.* (*dinglich*) matériel, -lle; (*nüchtern*) positif, -ive; réaliste; qui ne fait pas de sentiment; *Bericht, Stil etc.* concret, -ète; précis; *Stil auch* sobre; (*objektiv*) objectif, -ive; *bât.* (*zweckmäßig*) pratique; ~ bleiben rester objectif, -ive, dans les faits; ~ sein s'en tenir aux faits; ~er Ton ton réaliste, d'homme d'affaires; **2.** *adv.* ~ richtig matériellement irréprochable.

sächlich ['zɛçlɪç] *adj. gr.* neutre.

Sach|lichkeit ['zaxlɪçˌkaɪt] *f* ⟨~⟩ (*Objektivität*) objectivité *f*; (*Nüchternheit*) réalisme *m*; caractère positif, pratique; *des Stils* précision *f*; sobriété *f*; *bât.* die neue ~ le modernisme pratique; *in der Kunst* le néo-réalisme; **~reˌgister** *n* table *f* des matières; répertoire *m*; etw. ins ~ aufnehmen répertorier qc.; **~ˌschaden** *m* dégât, dommage matériel, causé aux biens.

Sachse ['zaksə] *m* ⟨~n; ~n⟩ Saxon *m*.

sächs|eln ['zɛksəln] *v/i.* ⟨-(e)le, h⟩ parler à la manière des Saxons; **♀in** *f* ⟨~; ~nen⟩ Saxonne *f*; **~isch** *adj.* saxon, -nne; de Saxe.

Sachspende ['zaxˌʃpɛndə] *f* don *m* (en nature).

sacht(e) ['zaxt(ə)] *adv.* (*vorsichtig*) avec précaution; (*allmählich*) pas à pas; peu à peu; (*nicht ungestüm*) en douceur; doucement; (*unmerklich*) imperceptiblement; d'une façon imperceptible; immer ~! doucement!; du calme!; F tout doux!; piano!

Sach|verhalt ['zaxfɛrˌhalt] *m* faits *m/pl.*; circonstances *f/pl.*; état *m* des affaires, des choses; den ~ darlegen exposer les faits; **♀verˌständig** *adj. cf.* sachkundig; **~verˌständigenˌausschuß** *m* comité *m*, conseil *m* d'experts; **~verˌständigenˌgutachten** *n* rapport *m* d'expert(s); expertise *f*; **~verˌständige(r)** *f* (*m*) ⟨→ A⟩ expert *m*; F compétence *f*; **~verˌzeichnis** *n* *cf.* Sachregister; **~ˌwalter** *m* ⟨~s; ~⟩ *jur.* avoué *m*; avocat *m*; (*Vertreter*) agent *m*; mandataire *m*; (*Treuhänder*) curateur *m*; (*Verwalter*) administrateur *m*; (*Fürsprecher*) défenseur *m*; F *fig.* avocat *m*; **~wert** *m* valeur réelle; *konkret* ~e *pl.* biens réels; **~ˌwörterbuch** *n* encyclopédie *f*.

Sack [zak] *m* ⟨~(e)s; ~̈e⟩ sac *m*; *anat.* sac *m*; *méd. auch* poche *f*; kyste *m*; ein ~ Korn un sac de blé; in Säcke füllen mettre en sacs; ensacher; F *fig.* ein ~ voll(er) ... beaucoup de ...; de nombreux, -euses ...; un grand nombre de ...; F un tas de ...; *fig.* die Katze im ~ kaufen *cf.* Katze; F *fig.* mit ~ u. Pack avec armes et bagages; avec ses cliques et ses claques; in ~ u. Asche gehen faire pénitence; F *fig.* voll wie ein ~ F plein comme un boudin; soûl comme une bourrique; F *fig.* die Katze aus dem ~ lassen *cf.* Katze; j-n in den ~ stecken mettre qn. dans sa poche; l'emporter sur qn.; **~ˌbahnhof** *m* *chem.* gare *f* terminus; **~band** *n* ⟨~(e)s; ~̈er⟩ cordon *m* du sac.

Säckel ['zɛkəl] *m* ⟨~s; ~⟩ bourse *f*; caisse *f*.

sacken ['zakən] **I** *v/t.* ⟨h⟩ mettre en sac(s); ensacher; **II** *v/i.* ⟨sein⟩ *Gebäude* s'affaisser; *frisch geschüttete Erde* se tasser.

sacker|lot [ˌzakər'loːt], **~'ment** F *int.* sacrebleu!; sapristi!; nom d'un chien!; nom de nom!; nom d'une pipe, de dieu!; saperlipopette!

sack|förmig ['zakˌfœrmɪç] *adj.* en forme de sac; *sc.* sacciforme; **♀garn** *n* gros fil; **♀ˌgasse** *f* chemin *m* sans issue; cul-de-sac *m*; impasse *f* (*auch fig.*); in e-e ~ geraten s'engager dans une impasse (*auch fig.*); **~'grob** F *adj. cf.* saugrob; **♀ˌheber** *m* ⟨~s; ~⟩ monte-sacs *m*; **♀ˌhüpfen** *n* ⟨~s⟩ *Kinderspiel* course *f* en sac; **♀ˌkarre** *f* diable *m*; **♀kleid** *n* *cout.* robe-sac *f*; **♀ˌlaufen** *n* *cf.* **♀hüpfen**; **♀ˌleinen** *n*, **♀ˌleinwand** *f* toile *f* à sac, de jute; grosse toile; **♀ˌniere** *f* *méd.* hydronéphrose *f*; **♀ˌpfeife** *f* *mus.* cornemuse *f*; *in der Bretagne* biniou *m*; **♀tuch** *n* **a)** *cf.* **♀leinen**; **b)** F (*Taschentuch*) mouchoir *m*; **♀voll** *m* ⟨~; ~⟩ ein ~ une sachée; *fig.* beaucoup; **~ˌweise** *adv.* par sacs.

Sadi|smus [za'dɪsmʊs] *m* ⟨~⟩ sadisme *m*; **~st(in)** *m* ⟨~en; ~en⟩ (*f*) ⟨~; ~nen⟩ sadique *m, f*; **♀stisch** *adj.* sadique.

sä|en ['zɛːən] **I** *v/t.* ⟨h⟩ semer; ensemencer; emblaver; dünn gesät clairsemé; *fig.* rare; F oiseau rare; *fig.* Zwietracht ~ faire naître, semer, jeter la discorde, la mésentente, la zizanie; **II ♀en** *n* ⟨~s⟩ semailles *f/pl.*; ensemencement *m*; semis *m*; emblavage *od.* emblavement *m*; **♀er(in)** *m* ⟨~s; ~⟩ (*f*) ⟨~; ~nen⟩ semeur, -euse *m, f*.

Safe [seːf] *m* ⟨~s; ~s⟩ coffre-fort *m*; dépôt fermé.

Saffian ['zafiˑan, -aːn] *m* ⟨~s⟩ maroquin *m*; **~ˌeinband** *m* reliure *f* en maroquin; **~ˌleder** *n* maroquin *m*.

Safran ['zafran, -fraːn] *m* ⟨~s; ~e⟩ *bot., cuis., Färberei* safran *m*; mit ~ färben safraner; **~ˌgelb** *n* (couleur *f* de) safran *m*; **♀ˌgelb** *adj.* safrané.

Saft [zaft] *m* ⟨~(e)s; ~̈e⟩ *in den Pflanzen zirkulierender* sève *f*; *durch Pressen erlangter* suc [syk] *m*; *von Früchten, Fleisch* jus *m*; *physiol.* Säfte *pl.* *des menschlichen Körpers* humeurs *f/pl.*; (*Heiltrunk*) breuvage *m*; (*Rübensaft*) mélasse *f*; *fig.* F roter ~ sang *m*; eingedickter ~ rob [rɔb] *m*; sirop *m*; voll(er) ~ juteux, -euse; succulent; die Bäume stehen im ~ les arbres sont en sève; der ~ steigt in den Bäumen la sève monte dans les arbres; *cuis.* im eigenen ~ au jus; dans son jus; *fig.* ohne ~ u. Kraft sein manquer de force, de toute énergie; être sans force ni énergie; *Stil* être fade; **~grün** *n* vert *m* d'iris; vert végétal; **♀ig** *adj.* **1.** plein de sève, de suc, de jus; juteux, -euse; succulent; *von Früchten auch* fondant; e-e ~e Wiese une prairie grasse; ~es Grün vert vif, éclatant, vigoureux; **2.** F *fig.* *Witz* (*derb*) vert; gaulois; grivois; leste; **~igˌkeit** *f* ⟨~⟩ abondance *f* de sève, de suc, de jus; succulence *f*; *fig.* verdeur *f*; gauloiserie *f*; grivoiserie *f*; **~ˌladen** F *péj.* *m* boîte *f*; boutique *f*; **♀los** *adj.* sans sève, suc, jus; (*ausgedorrt*) sec, sèche; desséché (*auch fig.*); *fig.* saft- u. kraftlos sans énergie, force; *Stil* fade; insipide; **♀reich** *adj.* *cf.* **♀ig 1.**

Sage ['zaːgə] *f* ⟨~; ~n⟩ légende *f*; fable *f*; mythe *m*; (*Überlieferung*) tradition *f* (orale); es geht die ~, daß ... on dit, raconte que ...

Säge ['zɛːgə] *f* ⟨~; ~n⟩ scie *f*; **~ˌblatt** *n* lame *f* de scie; **~ˌbock** *m* chevalet *m*; baudet *m*; **~ˌfisch** *m zo.* poisson-scie *m*; scie *f*; **♀ˌförmig** *adj.* en dents de scie; dentelé; **~maˌschine** *f* scie *f* mécanique; **~ˌmehl** *n* sciure *f* (de bois); **~ˌmühle** *f* scierie *f*.

sagen ['zaːgən] *v/t.* ⟨h⟩ **1.** dire; etw. von j-m *od.* über j-n ~ dire qc. de qn.; ich will nichts gesagt haben (ad)mettons que je n'aie rien dit; da kann man wohl ~ ... c'est bien le cas de dire ...; kein Wort ~ ne dire, souffler, F piper mot; Sie mögen ~, was Sie wollen vous avez beau dire; quoi que vous disiez; das sagt man nicht on ne dit pas ces choses-là; cela ne se dit pas; ich könnte dasselbe von mir ~ je pourrais en dire autant; was wird man dazu ~? qu'en dira-t-on?; was ich ~ wollte à propos; pour en revenir à notre question; was Sie nicht ~! pas possible!; que dites-vous là!; vraiment?; das muß man ~, das kann ich nicht anders ~ il faut le dire; disons-le; je ne peux pas parler autrement; je ne peux rien dire d'autre; es ist nicht zu ~, was ... je ne saurais dire ce qui ...; das brauchen Sie mir nicht zu ~ à qui le dites-vous?; was wollen Sie damit ~? qu'entendez-vous par là?; que voulez-vous dire par là?; qu'est-ce à dire?; das ~ Sie so, das läßt sich leicht ~, das ist leicht gesagt c'est vous qui le dites; c'est facile à dire; es ist nicht zu ~! c'est indicible!; man möchte fast ~ ... on dirait que ...; ... wie man so sagt ... comme on dit; F ... comme dit l'autre; wie soll ich ~? comment dirais-je?; ich sage Ihnen doch, daß ... je vous dis pourtant que ...; puisque je vous dis que ...; dagegen ist nichts zu ~, dagegen läßt sich nichts ~ il n'y a rien à redire, à y opposer; il n'y a rien à dire à cela; ~ Sie ihr, daß ... faites-lui savoir que ...; ich zahlte, sage u. schreibe, hundert Mark dafür j'ai réellement payé cent marks pour cela; j'ai payé cent marks, figurez-vous; wenn ich so ~ darf si je puis m'exprimer ainsi; *er ist nicht schön,* man kann sogar ~, *er ist häßlich* ... on dirait plutôt ...; *er ist reich,* wohlhabend, wollte ich ~ ... disons mieux qu'il est à son aise; er ist — offen gesagt — ein Spitzbube à vrai dire, disons-le franchement, tranchons le mot, c'est un coquin; im Vertrauen, unter uns gesagt entre nous soit dit; F de vous à moi; beiläufig, nebenbei gesagt soit dit en passant; entre parenthèses; wie gesagt comme je l'ai dit; comme je viens de le dire; je le répète; enfin; bref; richtiger gesagt plus exactement; gesagt, getan aussitôt dit, aussitôt fait; es ist wohl nicht zuviel gesagt ... ce n'est pas trop dire ...; damit ist alles gesagt c'est tout dire; damit ist nicht gesagt, daß ... ce n'est pas à dire que ...; ich brauche nicht mehr zu ~ inutile de développer, d'en dire davantage, d'insister; habe ich es nicht gesagt! quand je le disais!; ne l'avais-je pas dit!; das Gesagte bleibt unter uns ce que je dis là, c'est entre nous; ... ça doit rester entre nous; j-m Dank ~ remercier qn.; auf alles etw. zu ~ wissen être prompt à la repartie; er sagt nur so ce n'est qu'une manière, façon de parler; mit Verlaub zu ~ s'il est permis de dire; avec votre permission; sauf votre respect; Sie können von Glück

~ vous pouvez vous vanter d'avoir (eu) de la chance; **s-e Meinung über etw.** ~ porter un jugement sur qc.; donner son avis sur qc.; **gute Nacht** ~ souhaiter bonne nuit; **das will ich nicht gesagt haben** ce n'est pas ainsi que je l'entends; **nun sage noch einer, ich habe Glück!** qu'on vienne encore prétendre que j'ai de la chance!; **ich habe mir ~ lassen, daß ...** on m'a dit, j'ai entendu dire que ...; **lassen Sie sich etw.** ~ croyez-moi; **lassen Sie sich das gesagt sein!** tenez-vous cela pour dit!; tenez-le-vous pour dit!; **es sich nicht zweimal ~ lassen** ne pas se le faire répéter; **2.** (*befehlen*) commander; **Sie haben mir nichts zu ~** je n'ai pas d'ordres à recevoir de vous; vous n'avez pas d'ordres à me donner; **er hat nicht viel zu ~** il n'a pas grand-chose à dire; **sich nichts ~ lassen** ne vouloir écouter personne; **er hat hier viel zu ~** il est très écouté ici; c'est lui qui commande ici; **3.** (*bedeuten*) signifier; **was will das schon ~?** qu'est-ce que cela signifie?; **das will schon etw. ~** c'est qc. que cela; cela représente déjà qc.; **das hat nichts zu ~** ce n'est rien; *Höflichkeitsausdruck* il n'y a pas de mal (monsieur, *etc.*); **das will viel ~** c'est significatif.

sägen ['zɛːgən] **I** *v/t.* ⟨h⟩ scier; F *fig.* (*schnarchen*) ronfler; **II** ⁓ *n* ⟨~s⟩ sciage *m.*

sagen|haft ['zaːgənˌhaft] *adj.* mythique; légendaire; fabuleux, -euse (*beide auch fig.*); F *fig.* **das ist ~!** c'est incroyable!; ⁓ˌ**kreis** *m* cycle *m* de légendes; ~ˌ**reich** *adj.* riche en légendes, en mythes, en traditions; ⁓ˌ**schatz** *m* folklore *m*; ~**umˌwoben** *adj.* légendaire.

Säger ['zɛːgər] *m* ⟨~s; ~⟩ scieur *m.*

Säge|späne ['zɛːgəˌʃpɛːnə] *m/pl.* planures *f/pl.*; copeaux *m/pl.*; *cf. auch* Sägemehl; ~ˌ**werk** *n* scierie *f*; ~ˌ**zahn** *m* dent *f* de scie.

sagittal [zagɪ'taːl] *adj. anat.* sagittal.

Sago ['zaːgoˑ] *m* ⟨~s⟩ sagou *m*; *abus.* (*Tapioka*) tapioca *m*; ~ˌ**palme** *f bot.* sagoutier *m*; ~ˌ**suppe** *f abus.* potage *m* au tapioca.

sah [zaː] *cf.* sehen.

Sahne ['zaːnə] *f* ⟨~⟩ crème *f*; ~**bonˌbon** *m* caramel *m*; ~ˌ**eis** *n* glace *f* à la crème; ~ˌ**gießer** *m*, ~ˌ**kännchen** *n* ⟨~s; ~⟩ cruchon *m*, petit pot, vase *m* à crème; F petit pot, vase crémier; crémier *m*; ~ˌ**käse** *m* fromage *m* à la crème; crémet *m.*

sahnig ['zaːnɪç] *adj.* crémeux, -euse.

Saibling ['zaɪplɪŋ] *m* ⟨~s; ~e⟩ *zo.* saumon *m.*

Saison [zɛ'zõː, -'zɔŋ] *f* ⟨~; ~s⟩ saison *f*; **stille, tote** ~ morte saison; ~ˌ**arbeit** *f* travaux saisonniers; ~ˌ**arbeiter (-in)** *m* (*f*) (travailleur) saisonnier *m*; travailleuse saisonnière; ~ˌ**ausverkauf** *m comm.* soldes *m/pl.* de fin de saison; ⁓**beˌdingt** *adjt.* saisonnier, -ère; ~**e Arbeitslosigkeit** chômage saisonnier; ~**beˌschäftigung** *f* occupation saisonnière; ~**geˌwerbe** *n* industrie saisonnière; ~ˌ**krankheit** *f méd.* maladie saisonnière; ⁓ˌ**mäßig** *adj. cf.* ⁓bedingt; ~ˌ**schwankungen** *f/pl. comm.* fluctuations saisonnières.

Saite ['zaɪtə] *f* ⟨~; ~n⟩ *mus.* corde *f*; **besponnene** ~ corde filée; **e-e ~ aufziehen** monter une corde; *fig.* **andere ~n aufziehen** changer de ton, de gamme; **gelindere ~n aufziehen** devenir, se montrer plus indulgent, moins sévère; ~**nbeˌzug** *m mus.* garniture *f* de corde; ~**nˌhalter** *m mus.* queue *f*; cordier *m*; ~**ninstruˌment** *n mus.* instrument *m* à cordes; ~**nˌklang** *poét. m* sons *m/pl.*, accords *m/pl.* (d'une lyre, d'un luth, *etc.*); ~**nˌspiel** *n* **a)** (*Leier*) lyre *f*; (*Laute*) luth *m*; (*Harfe*) 'harpe *f*; **b)** *poét. cf.* ~nklang.

Sakko ['zakoˑ] *m* ⟨~s; ~s⟩ veston *m*; **einreihiger, zweireihiger** ~ veston droit, croisé; ~ˌ**anzug** *m* complet (-veston) *m.*

sakral [za'kraːl] *adj.* sacré.

Sakrament [zakra'mɛnt] *n* ⟨~s; ~e⟩ *relig.* sacrement *m*; ⁓**al** [-'taːl], ⁓**lich** *adj.* sacramentel, -lle; ~**sˌhäuschen** *n égl. cath.* tabernacle *m.*

Sakrifizium [zakriˑ'fiːtsiˑʊm] *n* ⟨~s; -ien⟩ *égl. cath.* sacrifice *m.*

Sakrileg [zakriˑ'leːk] *n* ⟨~s; ~e⟩ sacrilège *m*; ⁓**isch** *adj.* sacrilège; ~**ium** *n* ⟨~s; -ien⟩ *cf.* Sakrileg.

Sakrist|an [zakrɪs'taːn] *m* ⟨~s; ~e⟩ *égl. cath.* sacristain *m*; ~**ei** *f* ⟨~; ~en⟩ *égl.* sacristie *f.*

sakrosankt [zakroˑ'zaŋkt] *adj. oft* F *u. iron.* sacro-saint.

säkular [zɛkuˑ'laːr] *adj.* (*alle hundert Jahre wiederkehrend*) séculaire; (*weltlich*) séculier, -ère; ⁓ˌ**feier** *f* (fête *f* du) centenaire *m*; ⁓**isatiˈon** *f* ⟨~⟩ sécularisation *f*; ~**i'sieren** *v/t.* ⟨*pas de ge-*, h⟩ séculariser; ⁓**i'sierung** *f* ⟨~⟩ *cf.* ⁓isation.

Säkulum ['zɛːkuˑlʊm] *n* ⟨~s; -la⟩ siècle *m.*

Salamander [zala'mandər] *m* ⟨~s; ~⟩ *zo.* salamandre *f.*

Salami(wurst) [za'laːmiˑ(ˌvʊrst)] *f* ⟨~; ~(s)⟩ (*f*) salami *m.*

Salat [za'laːt] *m* ⟨~(e)s; ~e⟩ *cuis.* salade *f*; *bot. auch* laitue *f*; **den ~ verlesen, zurechtmachen** éplucher, faire la salade; F *fig.* **da haben wir den ~!** voilà le bouquet!; nous voilà dans de jolis draps!; F ça y est!; il fallait bien que ça arrive!; ~ˌ**beet** *n jard.* carré *m*, plant *m* de salade; ~**beˌsteck** *n* couvert *m*, service *m* à salade; ~ˌ**kopf** *m bot.* (tête *f* de) salade *f*; ~ˌ**korb** *m* panier *m* à salade; ~ˌ**schüssel** *f* saladier *m.*

Salbader [zal'baːdər] *péj. m* ⟨~s; ~⟩ bavard ennuyeux; F rabâcheur *m*; ~**ei** [-'raɪ] *péj. f* ⟨~; ~en⟩ bavardage *m* interminable; F rabâchage *m*; ⁓**n** *péj. v/i.* ⟨-(e)re, *pas de ge-*, h⟩ bavarder; F rabâcher.

Salband ['zaːlbant] *n* ⟨~(e)s; ~er⟩ **1.** (*Gewebekante*) lisière *f*; **2.** *géol., mines* salbande *f.*

Salbe ['zalbə] *f* ⟨~; ~n⟩ *méd., phm.* onguent *m*; pommade *f*; liniment *m*; (*Balsam*) baume *m*; *bibl.* (*wohlriechendes Öl*) huile parfumée; *poét.* nard *m*; **mit ~ einreiben** mettre, appliquer de l'onguent, de la pommade, *etc.*; oindre.

Salbei [zal'baɪ, 'zal-] *m* ⟨~s⟩ *od. f* ⟨~⟩ *bot.* sauge *f.*

salb|en ['zalbən] *v/t.* ⟨h⟩ oindre (*auch égl. cath.*); *égl. cath.* (*weihen*) sacrer; *e-n Toten* embaumer; **zum König ~** sacrer roi; **der Gesalbte des Herrn** l'oint du Seigneur; ⁓**enˌbüchse** *f* boîte *f* à onguents; ⁓**öl** *n égl. cath.* saintes huiles; (saint) chrême *m*; ⁓**ung** *f* ⟨~; ~en⟩ *der Priester, Könige* onction *f*; sacre *m*; *fig., beim Reden* onction *f*; ~**ungsˌvoll 1.** *adj.* onctueux, -euse; **2.** *adv.* plein d'onction; avec onction; onctueusement.

saldier|en [zal'diːrən] *v/t.* ⟨*pas de ge-*, h⟩ *comm.* **e-e Rechnung ~** solder un compte; payer le reliquat, le solde d'un compte; ⁓**ung** *f* ⟨~⟩ liquidation *f* d'un compte.

Saldo ['zaldoˑ] *m* ⟨~s; -den *od.* ~s *od.* -di⟩ *comm.* solde *m* (de compte); **per ~** pour solde; **e-n ~ ziehen** arrêter un solde; **e-n ~ abdecken, ausgleichen** payer pour solde; **den ~ auf neue Rechnung vortragen** reporter le solde à nouveau; **Ausgleich e-s ~s** paiement pour solde, compte; ~**beˌtrag** *m* montant *m* du solde; ~ˌ**übertrag** *m* report *m* du solde (à nouveau); ~ˌ**vortrag** *m* solde reporté (à nouveau); ~ˌ**wechsel** *m* effet *m*, traite *f* pour solde (de compte).

Säle ['zɛːlə] *pl. von* **Saal.**

Salier ['zaːliˑər] *m* ⟨~s; ~⟩ *hist.* Salien *m.*

Saline [za'liːnə] *f* ⟨~; ~n⟩ saline *f*; saunerie *f*; ~**nˌarbeiter** *m* salinier *m*; saunier *m*; ~**nˌsalz** *n* sel *m* gemme.

salisch ['zaːlɪʃ] *adj. hist.* salien, -nne; salique; **die ~en Franken** les Francs Saliens; ⁓**es Gesetz** loi salique.

Salizin [zaliˑ'tsiːn] *n* ⟨~s⟩ *chim.* salicine *f.*

Salizyl [zaliˑ'tsyːl] *n* ⟨~s⟩ *chim.* salicyle *m*; ~ˌ**säure** *f chim.* acide *m* salicylique.

Salleiste ['zaːlˌlaɪstə] *f cf.* Salband 1.

Salm [zalm] *m* ⟨~(e)s; ~e⟩ **1.** *zo.* saumon *m*; **junger ~** saumoneau *m*; **2.** ⟨~(e)s⟩ F *fig.* (*Gerede*) racontars *m/pl.*; F potins *m/pl.*; **langer ~** longue litanie.

Salmiak [zalmiˑ'ak, 'zal-] *m* ⟨~s⟩ *chim.* sel *m* ammoniac; *sc.* chlorure *m* d'ammonium [-jɔm]; ~ˌ**geist** *m chim.* solution ammoniacale; ammoniaque *f* (liquide); F alcali volatil.

Salmoniden [zalmoˑ'niːdən] *pl. zo.* salmonidés *m/pl.*

Salomo ['zaːloˑmoˑ] *bibl.* **die Sprüche ~nis** [-'moː-] les Proverbes de Salomon; **der Prediger ~** l'Ecclésiaste *m*; **die Weisheit ~nis** [-'moː-] (le livre de) la Sagesse; **das Hohelied ~nis** [-'moː-] le Cantique des cantiques; ⁓**nisch** [-'moː-] *adj.* salomonien, -nne; de Salomon; ~**es Urteil** jugement sage, de Salomon.

Salon [za'lõː, -'lɔŋ] *m* ⟨~s; ~s⟩ salon *m*; *für Schönheitspflege auch* institut *m*; ⁓ˌ**fähig** *adj.* qui peut être reçu, présenté dans le monde; F présentable; sortable; *Witz* **nicht ~** peu convenable; inconvenable; ~ˌ**löwe** F *m* homme *m* du monde, de salon; mondain *m*; F *péj.* salon(n)ard *m*; ~**muˌsik** *f* musique légère, de divertissement; ~ˌ**wagen** *m chem.* wagon-salon *m.*

salopp [za'lɔp] *adj. Kleidung etc.* (*nachlässig*) négligé; désordonné; débraillé; *Haltung etc.* (*lässig*) libre; dégagé; nonchalant; *Mode* libre; dégagé.

Salpeter [zal'peːtər] *m* ⟨~s⟩ *chim.* salpêtre *m*; *sc.* nitre *m*; nitrate *m* de potassium [-jɔm]; **sich mit ~ überziehen** se salpêtrer; se nitrifier; ~ˌ**bildung** *f chim.* nitrification *f*; salpêtrage *m*; salpêtrisation *f*; ~ˌ**dünger** *m agr.* engrais *m/pl.* nitriques; ~ˌ**erde** *f géol.* terre nitreuse; ~ˌ**grube** *f* salpêtrière *f*; nitrière *f*; ⁓ˌ**haltig** *adj. chim.* salpêtreux, -euse; *sc.* nitreux, -euse; ⁓**ig** *adj. cf.* salpetrig; ~**planˌtage** *f* nitrière artificielle; ⁓ˌ**sauer** *adj. chim.* nitré; nitrique; nitrate *m* de ...; azotate *m* de ...; **salpetersaures Salz** nitrate *m*; azotate *m*; ~ˌ**säure** *f chim.* acide *m* azotique, nitrique; ~ˌ**werk** *n* salpêtrière *f*; salpêtrerie *f.*

salpetrig [zal'peːtrɪç] *adj. chim.* salpêtreux, -euse; nitreux, -euse; azoteux, -euse; ~**e Säure** acide azoteux, nitreux.

Salse ['zalzə] *f* ⟨~; ~n⟩ salse *f*; volcan *m* de boue.
Salta ['zalta] *n* ⟨~s⟩ (jeu *m* de) salta *m*.
Salto ['zalto·] *m* ⟨~s; ~s *od.* -ti⟩ saut périlleux; ~ mortale saut de la mort.
Salut [za'luːt] *m* ⟨~(e)s; ~e⟩ *milit.* salut *m*; ~ schießen saluer par des coups de canon; *mar. auch* tirer une salve d'honneur; **2ieren** [-'tiː-] *v/i.* ⟨*pas de ge-*, h⟩ saluer; faire le salut militaire; ~ˌ**schießen** *n*, ~ˌ**schüsse** *m/pl.* salut *m*; *mar.* salve *f* d'honneur.
Salve ['zalvə] *f* ⟨~; ~n⟩ *milit.* salve *f* (*auch fig.*); volée *f*; décharge *f*; *mar.* bordée *f*; e-e ~ abgeben tirer une salve; *mar.* lâcher une bordée; ~**n**ˌ**feuer** *n milit.* feu *m* de salve; ~**n**ˌ**geˌschütz** *n milit.* lance-fusées *m*.
Salweide ['zaːlˌvaɪdə] *f bot.* marsault *od.* marseau *m*.
Salz [zalts] *n* ⟨~es; ~e⟩ **1.** sel *m*; ~e *pl. oft sc.* corps salins; in ~ legen saler; **2.** *fig.* assaisonnement *m*; attisches ~ sel attique; F weder ~ noch Schmalz haben être fade, insipide; manquer de piquant; *Stoff* Pfeffer u. ~ poivre et sel; ~ˌ**ader** *f* veine *f*, filon *m* de sel; 2ˌ**artig** *adj.* salin; *sc.* haloïde *od.* 'haloïde; ~**bad** *n* bain *m* d'eau salée; ~ˌ**bergwerk** *n* mine *f* de sel (gemme); salin *m*; saline *f*; 2ˌ**bildend** *adjt. sc.* halogène *od.* 'halogène; ~ˌ**bildung** *f chim.* salification *f*; ~ˌ**boden** *m* sol salin; ~ˌ**brezel** *f* bretzel *m*; craquelin salé; ~ˌ**brunnen** *m* puits salant; 2**en I** *v/t.* ⟨-(es)t, *p.p.* **gesalzen**, *selten* **gesalzt**, h⟩ saler; **gesalzen** *Preise* salé; *Witz auch* risqué; grivois; **II** ~**en** *n* ⟨~s⟩ salaison *f*; ~**faß** *n* **a)** saloir *m*; **b)** *auf dem Tisch cf.* ~**fäßchen**; ~ˌ**fäßchen** *n* salière *f*; ~**fisch** *m* poisson salé; ~**fleisch** *n* viande salée; salaisons *f/pl.*; ~ˌ**gärten** *m/pl.* marais salants; ~**geˌbäck** *n* gâteaux salés; ~**geˌhalt** *m* teneur *f* en sel; salinité *f*; ~**geˌschmack** *m* goût salin; ~**geˌwinnung** *f* saliculture *f*; *von Meersalz auch* saunage *m*; saunaison *f*; ~ˌ**grube** *f cf.* ~**bergwerk**; ~ˌ**gurke** *f* concombre *m* au sel; 2ˌ**haltig** *adj.* salé; salin; salifère; ~ˌ**haltigˌkeit** *f* ⟨~⟩ *cf.* ~**gehalt**; ~ˌ**handel** *m* commerce *m*, débit *m* de sel; saunage *m*; ~ˌ**händler** *m* marchand *m* de sel; saunier *m*; ~ˌ**hering** *m* 'hareng salé; 2**ig** *adj.* (*gesalzen*) salé; (*Salz enthaltend, nach Salz schmekkend*) salin; ~**karˌtoffel** *f cuis.* pomme *f* (de terre) à l'anglaise; ~ˌ**klumpen** *m* salignon *m*; ~**korn** *n* grain *m* de sel; ~ˌ**lake** *f* saumure *f*; ~ˌ**lecke** *f* ⟨~; ~n⟩ *ch.* saunière *f*; 2**los** *adj. u. adv. Kost* sans sel; ~ˌ**lösung** *f* solution saline; ~ˌ**mandel** *f* amande salée; ~**napf** *m*, ~ˌ**näpfchen** *n* ⟨~s; ~⟩ *cf.* ~**fäßchen**; ~ˌ**pfanne** *f* chaudière plate, poêle *f*, cuve *f* de saline; *géol.* cuvette *f*; ~ˌ**pflanzen** *f/pl. bot.* halophytes *od.* 'halophytes *f/pl.*; ~ˌ**quelle** *f* source salée; saline *f*; 2ˌ**sauer** *adj. chim.* chlorhydrique; ~ˌ**säule** *f bibl.*, *fig.* zur ~ erstarren être changé en statue de sel; ~ˌ**säure** *f chim.* acide *m* chlorhydrique; ~**see** *m* lac salé; *im Salzbergwerk* lac salant; ~ˌ**sieder** *m* ⟨~s; ~⟩ saunier *m*; ~**siedeˌrei** *f* ⟨~; ~en⟩ saline *f*; saunerie *f*; ~ˌ**sole** *f* saumure *f*; eau salée; eau mère des salines; ~ˌ**stange** *f* stixi *m* au sel; ~ˌ**steppe** *f* steppe saline; ~ˌ**steuer** *f* impôt *m* sur le sel; *hist.* gabelle *f*; ~ˌ**streuer** *m* ⟨~s; ~⟩ salière *f*; ~**sumpf** *m* chott *m*; ~ˌ**wasser** *n* eau salée; ~ˌ**wüste** *f* désert salé; désert *m* de sel.
Sämann ['zɛːman] *m* ⟨~(e)s; ~er⟩ *agr.* [semeur *m*.]
Samariter [zama'riːtər] *m/pl. hist.* Samaritains *m/pl.*; *par ext. sg.* infirmier *m* volontaire; *bibl.* der Barmherzige ~ le Bon Samaritain; ~ˌ**dienst** *m* service *m* de Samaritain; j-m e-n ~ erweisen être le bon samaritain de qn.; ~ˌ**tum** *n* miséricorde *f* du Samaritain.
Samarium [za'maːri·um] *n* ⟨~s⟩ *chim.* samarium [-jəm] *m*.
Sämaschine ['zɛːmaˌʃiːnə] *f agr.* semeuse *f*; semoir *m* (à grains).
Same ['zaːmə] *m* ⟨~ns; ~n⟩ *st. s. cf.* ~n; ~**n** *m* ⟨~s; ~⟩ *bot.* semence *f*; *agr.* graine *f*; *physiol.* sperme *m*; *fig.* (*Keim*) germe *m*; in ~ schießen monter en graine; *bibl.* der ~ Abrahams la postérité d'Abraham; ~**n**ˌ**anlage** *f bot.* ovule *m*; ~**n**ˌ**bau** *m* ⟨~(e)s⟩ *agr.* multiplication *f* de semence; ~**nbeˌhälter** *m bot.* péricarpe *m*; ~**n**ˌ**bildung** *f* spermatogenèse *f*; ~**n**ˌ**bläschen** *n anat.* vésicule séminale; ~**n**ˌ**blatt** *n bot.* feuille séminale; ~**n**ˌ**drüse** *f anat.* testicule *m*; ~**nerˌguß** *m physiol.* éjaculation *f*; ~**n**ˌ**faden** *m physiol.* spermatozoïde *m*; ~**n**ˌ**fluß** *m méd.* spermatorrhée *f*; ~**n**ˌ**flüssigkeit** *f physiol.* liquide séminal; sperme *m*; ~**ngeˌhäuse** *n bot. sc.* péricarpe *m*; ~**n**ˌ**handel** *m* commerce *m* des graines; graineterie *f*; ~**n**ˌ**händler(in)** *m* (*f*) grainetier, -ère *m*, *f*; ~**n**ˌ**handlung** *f* commerce *m*, boutique *f* de grainetier, du marchand de graines; commerce *m* de graines; graineterie *f*; ~**n**ˌ**hülle** *f bot.* follicule *m*; ~**n**ˌ**hülse** *f bot.* gousse *f*; ~**n**ˌ**käfer** *m zo.* bruche *f* des semences; ~**n**ˌ**kapsel** *f bot.* capsule séminale; ~**n**ˌ**kern** *m bot.* noyau *m*; ~**n**ˌ**knospe** *f bot. cf.* ~**nanlage**; ~**n**ˌ**korn** *n bot.* grain *m*; graine *f*; ~**n**ˌ**lappen** *m bot.* cotylédon *m*; ~**n**ˌ**leiter** *m anat.* canal déférent; 2**n**ˌ**los** *adj. bot.* asperme; ~**n**ˌ**pflanzen** *f/pl. bot.* plantes *f/pl.* à graines; *sc.* spermatophytes *f/pl.*; ~**n**ˌ**strang** *m anat.* cordon *m* spermatique; ~**n**ˌ**tierchen** *n physiol. cf.* ~**nfaden**; 2**n**ˌ**tragend** *adjt. bot. sc.* séminifère; ~**n**ˌ**zelle** *f physiol cf.* ~**nfaden**; ~**n**ˌ**zwiebel** *f bot.* oignon monté en graine; ~**n**ˌ**zucht** *f agr.*, *jard.* sélection *f* de semence.
Sämereien [ˌzɛːmə'raɪən] *f/pl.* semences *f/pl.*; graines *f/pl.*
sämig ['zɛːmɪç] *adj.* lié; épais, -sse.
sämisch ['zɛːmɪʃ] *adj. Gerberei* chamoisé; ~ gerben chamoiser; 2**gerben** *n* chamoisage *m*; 2ˌ**gerber** *m* chamoiseur *m*; 2**gerbeˌrei** *f als Betrieb* chamoiserie *f*; 2ˌ**leder** *n* peau chamoisée; (peau *f* de) chamois *m*.
Sämling ['zɛːmlɪŋ] *m* ⟨~s; ~e⟩ *bot.* plante venue de semis, de semence; élève *m*.
Sammel|aktion ['zaməlˀaktsi·ˌoːn] *f für Geld* souscription publique; collecte *f* (*auch für Sachen*); ~ˌ**album** *n* album [-əm] *m*; ~ˌ**auftrag** *m Post* virement collectif; ~ˌ**band** *m* ⟨~(e)s; ~e⟩ recueil *m* (en un volume); ~ˌ**becken** *n* bassin collecteur; réservoir *m* (*auch fig.*); *fig.* réceptacle *m*; *péj.* dépotoir *m*; ~**beˌgriff** *m* collectif *m*; ~**beˌstellung** *f* commande collective; ~**beˌzeichnung** *f* terme *m* générique; nom collectif; ~ˌ**brunnen** *m* citerne *f*; ~ˌ**büchse** *f* tronc *m*; ~**deˌpot** *n* dépôt collectif (d'effets); ~ˌ**fahrschein** *m* billet collectif; ~ˌ**frucht** *f bot.* fruit composé; ~ˌ**gut** *n chem.* marchandise *f* de groupage; expédition collective; ~ˌ**heizung** *f* chauffage central; ~ˌ**ladung** *f chem.* groupage *m*; expédition collective; ~ˌ**lager** *n* entrepôt *m*; centre *m* de rassemblement; *für Gefangene* camp *m* de triage; *für Flüchtlinge* camp *m* de rassemblement, de groupage; centre *m* d'accueil; ~ˌ**leitung** *f élect.* ligne collective; ~ˌ**linse** *f opt.* lentille convergente; condens(at)eur *m*; ~ˌ**liste** *f* liste *f* de souscription; ~ˌ**mappe** *f* chemise *f*; 2**n I** *v/t.* ⟨-(e)le, h⟩ **1.** *Pilze, Holz etc.* ramasser; *poét. Früchte* (*ernten*) recueillir; récolter; *Reichtümer, Schätze etc.* (*anhäufen*) amasser; accumuler; entasser; *Kräfte* prendre; recueillir; rassembler; *milit.*, *versprengte Truppen* rallier; (*vereinigen*) réunir; *Belege, Zitate, Gedichte etc.* recueillir; *fig.* glaner; *opt.*, *Lichtstrahlen* concentrer; **2.** (*e-e Sammlung von etw. anlegen*) collectionner; faire collection de; *Pflanzen* herboriser; **3.** *für Arme etc.*, *Geld* quêter; *auch Kleider etc.* collecter; faire une quête, collecte (für pour); **II** *v/réfl.* sich ~ **4.** (*zusammenkommen*) s'assembler; se réunir; (*sich anhäufen*) s'amasser; s'accumuler; s'entasser; *opt. von Lichtstrahlen* se concentrer; converger; **5.** *fig.* (*sich konzentrieren*) se recueillir; se concentrer; rassembler, recueillir ses idées; **III** ~**n** *n* ⟨~s⟩ **6.** *von Pilzen, Holz* ramassage *m*; *poét. von Früchten* récolte *f*; *von Reichtümern, Schätzen* (*Anhäufung*) accumulation *f*; entassement *m*; *der Kräfte* rassemblement *m*; *milit.*, *versprengter Truppen* ralliement *m*; (*Vereinigung*) réunion *f*; *von Belegen, Zitaten, Gedichten* recueillement *m*; *fig.* glanage *m*; *opt.*, *von Lichtstrahlen* concentration *f*; **7.** *für Arme etc.* quête *f*; collecte *f*; ~ˌ**name** *m cf.* ~**bezeichnung**; ~ˌ**nummer** *f tél.* numéro collectif; ~ˌ**paß** *m* passeport collectif; ~ˌ**platz** *m*, ~ˌ**punkt** *m* lieu *m* de rassemblement, concentration; rendez-vous *m*; *milit. auch* point *m* de ralliement; ~ˌ**rohr** *n* tuyau collecteur; ~ˌ**sendung** *f* expédition collective; ~ˌ**stelle** *f* dépôt central; centre *m* de ramassage; *für Flüchtlinge etc.* centre *m* de rassemblement; ~'**surium** F *n* ⟨~s; -ien⟩ mélange *m* de choses disparates; *péj.* ramas *m*; ramassis *m*; F *fig.* salmigondis *m*; ~**transˌport** *m* transport collectif, (en) commun; convoi *m*; ~ˌ**werk** *n* recueil *m*; ~ˌ**wut** *f* rage *f* de collectionner.
Sammler|(in) ['zamlər(ɪn)] *m* ⟨~s; ~⟩ (*f*) ⟨~; ~nen⟩ **1.** celui, celle qui ramasse, recueille, rassemble, *etc.*; *von Gemälden etc.* collectionneur, -euse *m*, *f*; *von Spenden* quêteur, -euse *m*, *f*; **2.** *nur m*, *élect.* accumulateur *m*; *techn.* collecteur *m*; ~**batteˌrie** *f élect.* batterie *f* d'accumulateurs; ~ˌ**ladegeˌrät** *n élect.* chargeur *m* (d'accumulateurs); ~ˌ**zelle** *f élect.* élément *m* d'accumulateur.
Sammlung ['zamlʊŋ] *f* ⟨~; ~en⟩ **1.** *für wohltätige Zwecke* collecte *f*; quête *f*; souscription publique; e-e ~ veranstalten faire une collecte, une quête; **2.** *von Gemälden etc.* collection *f*; *staatliche auch* musée *m*; e-e ~ anlegen von etw. faire collection de qc.; collectionner qc.; **3.** (*Zusammenstellung*) compilation *f*; *von Gesetzen, Aufsätzen etc.* recueil *m*; *von Gedichten, ausgewählten Texten* anthologie *f*; chrestomathie *f*; **4.** *fig.* (*Konzentration*) recueillement *m*; concentration *f*.
Samojed|e [zamo·'jeːdə] *m* ⟨~n; ~n⟩, ~**in** *f* ⟨~; ~nen⟩ Samoyède *m*, *f*.
Samowar [zamo·'vaːr] *m* ⟨~s; ~e⟩ samovar *m*.
Samstag ['zamstaːk] *m* ⟨~(e)s; ~e⟩ samedi *m*; 2**s** *adv.* tous les samedis; le samedi.

samt [zamt] **I** *adv.* ~ **u. sonders** tous sans exception; tous ensemble; **II** *prép.* ⟨*dat.*⟩ avec; y compris; accompagné de; *oft nur* et; **der Vater** ~ **den Kindern** tous, père et enfants; F le père et *od.* avec les gosses.

Samt [zamt] *m* ⟨~(e)s; ~e⟩ *text.* velours *m*; 2**ˌartig** *adj.* velouté; *bot.* peluché; ~**band** *n* ⟨~(e)s; ⸚er⟩ ruban *m* de velours; ~**ˌblume** *f bot.* tagète *m*; 2**en** *adj.* **a)** de velours; **b)** *cf.* samtweich; ~**glanz** *m* velouté *m*; ~**ˌhandschuh** *m* gant *m* de velours; *fig.* j-n mit ~en anfassen prendre des gants avec qn.; prendre qn. avec des gants; 2**ig** *adj.* velouté; ~**kleid** *n* robe *f* de velours.

sämtlich ['zɛmtlɪç] *adj.* tout; *pfort.* (tout, -e) entier, -ère; (*vollständig*) complet, -ète; tous; toutes; tous, toutes ensemble; ~e Werke œuvres complètes.

Samt|pfötchen ['zamtˌpfø:tçən] *n/pl. fig.* ~ machen faire patte de velours; 2**weich** *adj.* velouté.

Samum ['za:mum, za'mu:m] *m* ⟨~s; ~s *od.* ~e⟩ simoun *m*.

San [san] *cf.* Sankt.

Sanatorium [zana'to:ri·um] *n* ⟨~s; -ien⟩ maison *f* de santé; *für Lungenkranke* sanatorium *m*; F sana *m*.

Sand [zant] *m* ⟨~(e)s; ~e⟩ sable *m*; feiner ~ sablon *m*; mit ~ bestreuen sabler; mit ~ zuschütten ensabler; *mar.* auf ~ laufen, geraten s'engraver; s'ensabler; échouer (sur un banc de sable); *fig.* **auf** ~ **bauen** bâtir sur le sable; *fig.* j-m ~ **in die Augen streuen** jeter de la poudre aux yeux de qn.; F faire du chiqué; **im** ~e **verlaufen** disparaître, se perdre dans le sable; *fig.* échouer; F finir en queue de poisson; (*zahlreich*) **wie** ~ **am Meer** comme grains de sable à la mer.

Sandale [zan'da:lə] *f* ⟨~; ~n⟩ sandale *f*; ~**tte** [-'lɛtə] *f* sandalette *f*.

sand|artig ['zantˌˀartɪç] *adj. sc.* arénacé; 2**bad** *n chim., méd.* bain *m* de sable; 2**bahn** *f Rennsport* piste *f* de sable; 2**bank** *f* ⟨~; ⸚e⟩ *géol.* couche *f* de sable; *sc.* dépôt arénacé; *mar.* banc *m* de sable; écueil *m*; *in e-m Fluß* ensablement *m*; 2**ˌboden** *m* sol sablonneux; terre sableuse; 2**burg** *f am Strand* château *m* de sable; 2**dorn** *m bot.* hippophaé *m*; argousier *m*.

Sandelholz ['zandəlˌhɔlts] *n* (bois *m* de) santal *m*.

sand|farben ['zantˌfarbən] *adj.* couleur de sable; beige; 2**ˌfläche** *f* plaine, étendue sablonneuse; 2**floh** *m zo.* chique *f*; 2**form** *f métall.* moule *m* en sable; *für Kinder* moule *m* à sable; 2**ˌgegend** *f* contrée sablonneuse; 2**ˌgrube** *f* sablière *f*; 2**guß** *m métall.* coulée *f*, coulage *m* en sable; 2**ˌhase** *m Kegeln* coup manqué; *milit.* F griffeton *m*; biffin *m*; pousse-cailloux *m*; 2**ˌhaufen** *m* tas *m* de sable; ~**ig** *adj.* sablonneux, -euse; (*sandhaltig*) sableux, -euse; (*sandartig*) *sc.* arénacé; aréneux, -euse; 2**ˌkäfer** *m zo.* cicendèle *od.* cicindèle *f*; 2**ˌkasten** *m für Kinder* bac *m* à sable; *milit. für taktische Übungen* bac *m*, caisse *f* à sable; *chem.* sablière *f*; 2**kastenˌspiel** *n milit.* exercice *m* dans la caisse à sable; 2**korn** *n* grain *m* de sable; 2**ˌkuchen** *m cuis.* biscuit sec; sablé *m*; *Kinder* ~ **backen** faire des pâtés de sable; 2**ˌläufer** *m zo.* sanderling *m*; 2**mann** *m* ⟨~(e)s⟩ *enf.* marchand *m* de sable; **der** ~ **kommt** le marchand de sable passe; 2**meer** *n* mer *f* de sable; 2**paˌpier** *n* papier verré, de verre; 2**sack** *m* sac *m* de sable; *Boxen* punching-bag *m*; boxing-bag *m*; sac *m* de sable; *milit. hist.* sac *m* de terre; 2**schicht** *f* couche *f*, lit *m* de sable; 2**ˌschiefer** *m minéral.* arène schisteuse; 2**stein** *m minéral.* grès *m*; 2**steinˌbruch** *m* grésière *f*; 2**strahl** *m techn.* jet *m* de sable; 2**strahlgeˌbläse** *n techn.* sableuse *f*; 2**strand** *m* plage *f* de sable; 2**ˌstreuer** *m* ⟨~s; ~⟩ *chem.* sablière *f*; 2**sturm** *m* tempête *f* de sable; 2**ˌtorte** *f cuis. etwa* biscuit *m*, gâteau *m* de Savoie; 2**uhr** *f* sablier *m*; ~**verˌweht** *adjt.* couvert de sable; 2**verˌwehung** *f* ensablement *m*; 2**ˌviper** *f zo.* vipère *f* ammodyte; 2**weg** *m* chemin sablonneux.

Sandwich ['zɛntvɪtʃ] *n* ⟨~(es); ~es⟩ sandwich [sɑ̃dwitʃ] *m*.

Sandwüste ['zantˌvy:stə] *f* désert *m* de sable.

sanft [zanft] **1.** *adj.* (*mild, allmählich ansteigend od. abfallend*) doux, douce; *Hand, Wind, Lüftchen etc.* (*leicht*) léger, -ère; *vom Charakter oft* bon, -nne; bénin, -igne; débonnaire; (*ruhig*) calme; ~er Tod belle mort; mort douce; **2.** *adv.* doucement; avec douceur; **ruhe** ~! repose en paix!

Sänfte ['zɛnftə] *f* ⟨~; ~n⟩ chaise *f* à porteurs; litière *f*; ~**nˌträger** *m* porteur *m* (de chaise).

Sanft|heit ['zanfthaɪt] *f* ⟨~⟩ douceur *f*; ~**mut** *f* ⟨~⟩ caractère *m* débonnaire; débonnaireté *f*; douceur *f* (de caractère); (*Güte*) bonté *f*; bienveillance *f*; 2**ˌmütig** *adj.* doux, douce; débonnaire; bon, -nne; bienveillant; *bibl.* **selig sind die** 2**en** heureux les débonnaires *od.* les doux.

sang [zaŋ] *cf.* singen.

Sang [zaŋ] *m* ⟨~(e)s; ⸚e⟩ chant *m*; mit ~ u. Klang tambour battant; musique en tête; **bei** ~ **u. Spiel** en jouant et en chantant; 2- **u. klanglos** sans tambour ni trompette; 2- **u. klanglos verschwinden** *auch* filer à l'anglaise.

Sänger ['zɛŋər] *m* ⟨~s; ~⟩ chanteur *m* (*auch Opern*2); (*Kirchen*2) chantre *m* (*auch poét. von Vögeln*); *von großen Künstlern* artiste *m* lyrique; ~**ˌbund** *m* groupe(ment) *m* de sociétés chorales, d'orphéons; ~**ˌfest** *n* fête, manifestation chorale; festival *m*; ~**in** *f* ⟨~; ~nen⟩ chanteuse *f*; (*Opern*2) cantatrice *f*; ~**ˌkrieg** *m auf der Wartburg* Guerre *f* des Chanteurs; ~**ˌschaft** *f* ⟨~; ~en⟩ orphéonistes *m/pl.*

Sanges|bruder ['zaŋəsˌbru:dər] F *m* orphéoniste *m*; chanteur *m*; 2**ˌfreudig** *adj.* qui aime à chanter; 2**ˌkundig** *adj.* qui sait chanter; 2**ˌlustig** *adj. cf.* 2-freudig.

Sanguini|ker [zaŋgu·'i:ni·kər] *m* ⟨~s; ~⟩ personne *f* d'humeur joviale, gaie, enjouée, d'imagination vive et instable; 2**sch** *adj.* d'humeur joviale, gaie, enjouée; d'imagination vive et instable.

sanier|en [za'ni:rən] *v/t.* ⟨*pas de ge-, h*⟩ assainir; prendre des mesures sanitaires; désinfecter; *comm.* assainir; réorganiser; redresser; remettre sur pied; 2**ung** *f* ⟨~⟩ assainissement *m*; désinfection *f*; *comm.* réorganisation *f*; redressement *m*; remise *f* sur pied; ~ **der Finanzen, der Wirtschaft** redressement, assainissement financier, économique; 2**ungsˌmaßnahmen** *f/pl.* mesures *f/pl.* d'assainissement, *auch* de redressement; 2**ungsˌmittel** *n méd. gegen Geschlechtskrankheiten* remède *m* prophylactique contre des maladies vénériennes; 2**ungsstatiˌon** *f méd.* division *f*, section *f*, service *m* de prophylaxie antivénérienne.

sanitä|r [zani·'tɛ:r] *adj.* sanitaire; hygiénique; ~e **Anlagen** installations sanitaires; 2**ter** *m* ⟨~s; ~⟩ secouriste *m*; ambulancier *m*; *milit.* infirmier *m* militaire; brancardier *m*.

Sanitäts|abteilung [zani·'tɛ:tsˀapˌtaɪluŋ] *f milit.* détachement *m* sanitaire; ~**ˌauto** *n* (voiture *f* d')ambulance *f*; auto(mobile) *f* sanitaire; ~**ˌdienst** *m* service *m* de santé; ~**ˌeinheit** *f milit.* unité *f* sanitaire; ~**ˌfahrzeug** *n* véhicule *m* du service de santé; ~**ˌflugzeug** *n* avion *m* sanitaire; ~**ˌhund** *m* chien *m* sanitaire; ~**ˌkasten** *m* boîte *f* à pansement; ~**koˌlonne** *f* équipe sanitaire formée par la Croix-Rouge; ~**kompaˌnie** *f milit.* compagnie *f* sanitaire; ~**ˌkorps** *n milit.* corps *m* sanitaire; ~**offiˌzier** *m milit.* officier *m* du service de santé; ~**persoˌnal** *n* personnel *m* sanitaire; ~**ˌtasche** *f cf.* ~kasten; ~**ˌtruppe** *f milit. cf.* ~korps; ~**ˌwache** *f* poste *m* de secours; ~**ˌwagen** *m cf.* ~auto; ~**ˌwesen** *n* service *m* de santé; ~**ˌzug** *m* train *m* sanitaire.

sank [zaŋk] *cf.* sinken.

Sankt [zaŋkt] *adj.* (*abr.* St.) *vor Eigennamen* saint; ~ Bernhard saint Bernard; *in geogr. Namen* ~ Helena Sainte-Hélène; *in anderen Verbindungen* ~-Elms-Feuer feu Saint-Elme; F am ~-Nimmerleins-Tag F aux calendes grecques; à la saint-glinglin; à la semaine des quatre jeudis; à la fin des temps.

Sanktion [zaŋktsi·'o:n] *f* ⟨~; ~en⟩ (*Billigung*) sanction *f* (*auch pl. Zwangsmaßnahmen*); 2**ieren** [-'ni:-] *v/t.* ⟨*pas de ge-, h*⟩ (*billigen*) sanctionner; ~**ierung** [-'ni:-] *f* ⟨~⟩ *cf.* Sanktion.

Sankt|issimum [zaŋk'tɪsi·mum] *n* ⟨~s⟩ *égl. cath.* **1.** hostie consacrée; **2.** (le) saint des saints; ~**u'arium** *n* ⟨~s; -ien⟩ *égl. cath.* sanctuaire *m*.

sann [zan] *cf.* sinnen.

Sanskrit ['zanskrɪt] *n* ⟨~s⟩ sanscrit *od.* sanskrit *m*; ~**ˌforscher** *m* sanscritiste *od.* sanskritiste *m*; indianiste *m*; 2**isch** [-'kri:-] *adj.* sanscrit *od.* sanskrit; ~**ist** [-'tɪst] *m* ⟨~en; ~en⟩ *cf.* ~forscher.

Saphir ['za:fɪr, za'fi:r] *m* ⟨~s; ~e⟩ *minéral.* saphir *m*; 2**en** [-'fi:-] *adj.* de saphir.

Sappe ['zapə] *f* ⟨~; ~n⟩ *milit. hist.* sape *f*; ~**nˌkopf** *m milit. hist.* tête *f* de sape.

sapper|lot [ˌzapər'lo:t], ~**'ment** F *int. cf.* sackerlot, sackerment.

sapphisch ['zafɪʃ, 'zapfɪʃ] *adj.* saphique.

Sarabande [zara'bandə] *f* ⟨~; ~n⟩ *mus.* sarabande *f*.

Sarazen|e [zara'tse:nə] *m* ⟨~n; ~n⟩, ~**in** *f* ⟨~; ~nen⟩ Sarrasin, -e *m, f*; 2**isch** *adj.* sarrasin.

Sarde ['zardə] *m* ⟨~n; ~n⟩ *cf.* Sardinier.

Sardelle [zar'dɛlə] *f* ⟨~; ~n⟩ *cuis.* anchois *m*; ~**nˌbutter** *f cuis.* beurre *m* d'anchois; ~**nˌpaste** *f cuis.* pâté *m* d'anchois.

Sardin ['zardɪn] *f* ⟨~; ~nen⟩ *cf.* Sardinierin.

Sardine [zar'di:nə] *f* ⟨~; ~n⟩ *zo.* sardine *f*; ~**nˌbüchse** *f* boîte *f* de sardines, *leere* à sardines; ~**nˌfischer** *m* sardinier *m*.

Sardini|er(in) [zar'di:ni·ər(ɪn)] *m* ⟨~s; ~⟩ (*f*) ⟨~; ~nen⟩ Sarde *m, f*; 2**sch** *adj.* de la Sardaigne; sarde.

sardisch ['zardɪʃ] *adj.* sarde; **die** ~e **Sprache, das** 2e la langue sarde; le sarde.

sardonisch [zar'do:nɪʃ] *adj.* ~es Lachen rire sardonique.
Sardonyx [zar'do:nyks] *m* ⟨~(es); ~e⟩ *minéral.* sardoine *f*.
Sarg [zark] *m* ⟨~(e)s; ≈e⟩ cercueil *m*; *st. s.* bière *f*; ~ˌ**deckel** *m* couvercle *m* de cercueil; ~**magaˌzin** *n* magasin *m* de cercueils; ~ˌ**tischler** *m* menuisier *m* en cercueils; ~ˌ**träger** *m* porteur *m*; F croque-mort *m*; ~**tuch** *n* poêle [pwal] *m*.
Sarkas|mus [zar'kasmus] *m* ⟨~; -men⟩ sarcasme *m*; ꝰ**tisch** *adj.* sarcastique.
Sarkom [zar'ko:m] *n* ⟨~s; ~e⟩ *méd.* sarcome *m*.
Sarkophag [zarko·'fa:k] *m* ⟨~s; ~e⟩ sarcophage *m*.
saß [za:s] *cf.* sitzen.
Satan ['za:tan] *m* ⟨~s; ~e⟩ Satan *m*; *fig.* diable *m*; *von e-r Frau* 'harpie *f*; mégère *f*; furie *f*; ꝰ**isch** [-'ta:-] *adj.* de Satan; satanique; (*teuflisch*) diabolique; démoniaque; ~**sˌbraten** *m* mauvaise graine; ~**sˌbrut** *f* (sale) engeance *f*.
Satellit [zatɛ'li:t] *m* ⟨~en; ~en⟩ satellite *m*; künstlicher ~ satellite artificiel; ~**enˌstadt** *f néol.* ville *f* satellite; ~**enˌstaat** *m* État *m* satellite.
Satin [sa'tɛ̃:, za'tɛŋ] *m* ⟨~s; ~s⟩ *text.* satin *m*; ꝰ**ieren** [zati·'ni:rən] **I** *v/t.* ⟨*pas de ge-*, h⟩ satiner; **II** ~**ieren** [zati·'ni:rən] *n* ⟨~s⟩ satinage *m*; ~**ierˌmaˌschine** [zati·'ni:r-] *f* satineuse *f*; ~**paˌpier** *n* papier satiné.
Satir|e [za'ti:rə] *f* ⟨~; ~n⟩ satire *f*; ~**enˌdichter** *m* (poète *m*) satirique *m*; ~**iker** *m* ⟨~s; ~⟩ satirique *m*; ꝰ**isch** *adj.* satirique.
Satisfaktion [zatɪsfaktsi·'o:n] *f* ⟨~; ~en⟩ satisfaction *f*; ꝰ**sˌfähig** *adj. hist.* à qui l'on peut demander réparation par les armes.
satt [zat] **1.** *adj.* rassasié; *Farben* nourri; corsé; chargé; foncé; *fig.* (*überdrüssig*) rassasié; las, -sse; dégoûté; fatigué; *pfort.* blasé; **ich bin** ~ je suis rassasié; **ich bin es** ~ j'en ai assez, F plein le dos, P marre, ma claque; **ich bin es** ~, **zu** ... (+ *inf.*) je suis las, -sse, rassasié de ... (+ *inf.*); **ein** ~**es Lächeln** un sourire de contentement, de béatitude; *bibl.* **die** ꝰ**en** les repus; **2.** *adv.* **sich** ~ **essen** se rassasier; manger à sa faim, à satiété; F manger son soûl, son content; ~ **machen** rassasier; **ich kann mich daran nicht** ~ **sehen** je ne me lasse point de voir cela; **etw.** ~ **bekommen** se lasser de qc.; **etw.** ~ **haben** être las, -sse, rassasié de qc.; ꝰ**dampf** *m* vapeur saturée.
Satte ['zatə] *f* ⟨~; ~n⟩ jatte *f*; écuelle *f*.
Sattel ['zatəl] *m* ⟨~s; ≈⟩ selle *f*; *géol.* croupe *f*; crête *f*; (*Senke*) défilé *m*; col *m*; *mus.* sillet *m*; *cout.* empiècement *m*; **sich in den** ~ **schwingen** monter, sauter en selle; **ohne** ~ **reiten** monter à cru, à poil; **j-m in den** ~ **helfen, j-n in den** ~ **heben** (*auch fig.*) mettre qn. en selle; mettre à qn. le pied à l'étrier (*beide auch fig.*); *nur fig.* donner un coup d'épaule, de main à qn.; **j-n aus dem** ~ **heben** (*auch fig.*) désarçonner, démonter qn. (*auch fig.*); *nur fig.* écarter, supplanter qn.; F faire faire le saut à qn.; faire sauter qn.; décramponner, détrôner, éjecter qn.; **fest im** ~ **sitzen** (*auch fig.*) être ferme sur ses étriers; être bien en selle (*beide auch fig.*); *nur fig.* avoir une position solide; *fig.* **sich im** ~ **halten** défendre avec succès sa position; *fig.* **in allen Sätteln gerecht sein** *etwa* être un homme universel; ~ˌ**bogen** *m* arçon *m*; ~ˌ**dach** *n bât.* comble *m* en selle; toit *m* en bâtière; ~ˌ**decke** *f* 'housse *f*; chabraque *f*; ꝰˌ**fest** *adj.* ~ **sein** (*auch fig.*) être bien en selle; être ferme sur ses étriers (*auch fig.*); *nur fig.* être instruit (**in etw.** en qc.); F être ferré (**in etw.** sur, en qc.); être calé, fort (en qc.); ~ˌ**gurt** *m* sangle *f* (de selle); ~ˌ**kissen** *n* panneau *m*; ~ˌ**knopf** *m* pommeau *m* de selle; ꝰ**n I** *v/t.* ⟨-(e)le, h⟩ *ein Pferd* seller; mettre la selle à; *Packtier* bâter; **II** ~**n** *n* ⟨~s⟩ sellage *m*; ~ˌ**nase** *f* nez camard; ~ˌ**pferd** *n* cheval de selle et de trait léger; ~ˌ**platz** *m Pferderennen* pesage *m*; ~ˌ**schlepper** *m* tracteur-remorque *m*; ~ˌ**schlepperˌanhänger** *m* semi-remorque *f*; ~ˌ**steg** *m* troussequin *m*; ~ˌ**tasche** *f* sacoche *f*; ~**ung** *f* ⟨~⟩ sellage *m*; ~ˌ**zeug** *n* sellerie *f*.
satt|grün ['zatgry:n] *adj.* vert nourri, chargé, foncé; ꝰ**heit** *f* ⟨~⟩ satiété *f*; *seltener* rassasiement *m* (*auch fig.*).
sättig|en ['zɛtɪgən] **I** *v/t.* (*u. v/réfl.*) ⟨h⟩ (se) rassasier (**mit, an** de); (*durchtränken*) imprégner (**mit** de); *chim., phys.* saturer (de) (*auch fig., Markt etc.*); **II** *v/i. Nahrungsmittel* être nourrissant, substantiel, -lle, *seltener* rassasiant; ~**end** *adjt.* nourrissant; substantiel, -lle; *seltener* rassasiant; ꝰ**ung** *f* ⟨~⟩ *chim., fig.* saturation *f* (**mit** de); *sonst verbal*; ꝰ**ungsˌgrad** *m chim.* degré *m* de saturation; ꝰ**ungsˌpunkt** *m chim., fig.* point *m* de saturation.
Sattler ['zatlər] *m* ⟨~s; ~⟩ sellier *m*; (*Geschirrmacher*) bourrelier *m*; ~ˌ**arbeit** *f*, ~**ei** [-'raɪ] *f* ⟨~; ~en⟩ sellerie *f*; bourrellerie *f*; ~ˌ**handwerk** *n cf.* ~ei; ~ˌ**meister** *m cf.* Sattler; ~ˌ**waren** *f/pl.* sellerie *f*.
sattsam ['zatza:m] *adv.* suffisamment; assez; à satiété.
Sätuch ['zɛ:tu:x] *n agr.* semoir *m*.
Satur|ation [zatu·ratsi·'o:n] *f* ⟨~⟩ saturation *f*; ꝰ**ieren** [-'ri:-] *v/t.* ⟨*pas de ge-*, h⟩ satisfaire; saturer.
Saturn [za'turn] *m* ⟨~s⟩ *astr.* Saturne *m*; ꝰ**isch** *adj.* saturnien, -nne.
Satyr ['za:tyr] *m* ⟨~s *od.* ~n; ~n⟩ *myth.* satyre *m*; ꝰˌ**artig** *adj.* satyrique; faunesque; ~ˌ**spiel** *n* drame *m* satyrique.
Satz [zats] *m* ⟨~es; ≈e⟩ **1.** *gr., math., Logik* proposition *f*; *gr. auch* phrase *f*; *math. auch* théorème *m*; **2.** *mus. Teil e-s Musikstücks* mouvement *m*; *in sich geschlossenes, mehrtaktiges Formglied* phrase *f* (musicale); (*Setzweise*) composition *f*; **3.** *impr.* composition *f*; **vom** ~ **lesen** lire sur le plomb; **den** ~ **stehen lassen** conserver, garder la composition; **stehender** ~ F marbre *m*; **4.** *Gruppe zusammengehöriger Gegenstände* jeu *m*; série *f*; trousse *f*; trousseau *m*; *Schüsseln, Teller, Töpfe* batterie *f*; *bât., Steine* assise *f*; *Tennis* (*sechs Spiele*) set *m*; **5.** (*Sprung*) saut *m*; bond *m*; enjambée *f*; **mit e-m** ~ d'un seul saut, bond; **6.** (*Boden*ꝰ) dépôt *m*; sédiment *m*; lie *f*; résidu *m*; culot *m*; (*Kaffee*ꝰ) marc *m*; **7.** (*fester Preis, Tarif*) tarif *m*; taux *m*; **8.** *beim Spiel* (*Einsatz*) enjeu *m*; mise *f*; **der ganze** ~ la poule; **9.** *ch., von Hasen* (*die Jungen*) portée *f*; nichée *f*; *Fischzucht* (*eingelegte Fischbrut*) alevins *m/pl.*; ~**akˌzent** *m gr.* accent *m* (de la phrase); ~ˌ**anordnung** *f impr.* disposition *f* typographique; ~ˌ**aussage** *f gr. cf.* Prädikat 1.; ~**bau** *m* ⟨~(e)s⟩ *gr.* construction *f* (de la phrase); ~**bild** *n impr.* aspect *m*, présentation *f* typographique; ~ˌ**breite** *f impr.* justification *f*; F justif *f*; ~**erˌgänzung** *f gr.* complément *m*; ~**geˌfüge** *n gr.* phrase *f* complexe; période *f*; ~ˌ**gegenstand** *m gr.* sujet *m*; ~**glied** *n gr.* membre *m* de la phrase, de la proposition; ~ˌ**kosten** *pl. impr.* frais *m/pl.* de composition; ~ˌ**lehre** *f gr.* syntaxe *f*; ~**meloˌdie** *f* mélodie *f* de la phrase; ~ˌ**spiegel** *m impr. Satzfläche e-r Seite* format *m* utile d'une page; *Entwurf des Satzbildes e-r Zeitung* maquette *f*; ~**teil** *m cf.* ~glied.
Satzung ['zatsuŋ] *f* ⟨~; ~en⟩ statut *m*; règlement *m*; ~**sˌänderung** *f* modification *f* des *od.* aux statuts; ꝰ**sgeˌmäß** *adj., adv.* statutaire(ment); conformément aux statuts; ꝰ**sˌwidrig** *adj.* contraire aux statuts; antistatutaire.
Satz|verbindung ['zatsfɛrˌbɪnduŋ] *f*, ~**verˌknüpfung** *f gr.* enchaînement *m* des propositions; ~ˌ**vorlage** *f impr.* copie *f*; ꝰˌ**weise** *adv. gr.* phrase par phrase; ~ˌ**zeichen** *n/pl. gr.* (signes *m/pl.* de) ponctuation *f*.
Sau [zau] *f* ⟨~; ≈e⟩ **1.** *zo.* truie *f*; *par ext. abus.* (*Schwein*) cochon *m*; porc *m*; *poét.* pourceau *m*; *bibl.* **Perlen vor die Säue werfen** jeter des perles aux pourceaux; **2.** ⟨*pl. auch* ~en⟩ *ch.* (*Wild*ꝰ) sanglier *m*; laie *f*; **3.** P *fig.* (*schmutziger Mensch*) P cochon, -nne *m, f*; saligaud, -e *m, f*; salaud *m*; salopard *m*; salope *f*; P **das ist unter aller** ~ (*sehr schlecht*) F c'est au-dessous de tout; P **j-n zur** ~ **machen** (*abkanzeln*) P engueuler qn.; (*verprügeln*) flanquer une raclée, une tripotée, une volée à qn.; **4.** (*Tintenklecks*) pâté *m*; **5.** (*Fehler*) faute *f*; bévue *f*; F gaffe *f*; blague *f*; boulette *f*; **6.** *métall.* cochon *m*; ~ˌ**arbeit** F *f* **a)** (*schmutzige Arbeit*) travail *m* sale, très malpropre; **b)** (*schwierige Arbeit*) travail *m* terrible, épouvantable; **c)** (*schlechte Arbeit*) travail cochonné, salopé.
sauber ['zaubər] **1.** *adj.* propre; propret, -tte; net, -tte; *von der Wäsche* blanc, blanche; *fig.* (*sittlich rein*) honnête; *Schrift, Arbeit etc.* (*ordentlich*) soigné; **ein** ~**es Hemd anziehen** changer de chemise; *iron.* ~**e Arbeit** beau travail; belle besogne; F du propre; ~**e Atombombe** bombe atomique propre, sans retombées radioactives; *iron.* F **ein** ~**es Früchtchen** F un drôle de type, de lascar, de pistolet; *iron.* F **ein** ~**er Patron** F un joli monsieur; **2.** *adv.* ~ **abschreiben** mettre au net, au propre; ~ **gearbeitet** bien travaillé; travaillé soigneusement; fait, exécuté avec soin, d'une façon soignée, de façon convenable; ~ˌ**halten** *v/t.* ⟨*irr., sép.*, -ge-, h⟩ maintenir propre, en état de propreté; ꝰˌ**keit** *f* ⟨~⟩ propreté *f* (*auch fig.*); netteté *f*; *fig.* honnêteté *f*; probité *f*; correction *f*; (*Sorgfalt*) soin *m*.
säuberlich ['zɔybərˌlɪç] *adv. oft* **fein** ~ soigneusement; avec soin; d'une façon soignée.
saubermachen ['zaubərˌmaxən] *v/t.* ⟨*sép.*, -ge-, h⟩ *cf.* säubern.
säuber|n ['zɔybərn] **I** *v/t.* (*u. v/réfl.*) ⟨-(e)re, h⟩ (se) nettoyer; curer; *fig., pol.* épurer; F purger; *milit., vom Feind* nettoyer; **II** ꝰ**n** *n* ⟨~s⟩, ꝰ**ung** *f* ⟨~⟩ nettoyage *m*; *fig., nur* ꝰ**ung** épuration *f*; F purge *f*; ꝰ**ungsaktiˌon** *f pol.* (action *f* d')épuration *f*; F purge *f*.
sau|blöde ['zau'blø:də] P *adj.* idiot; F bête à manger du foin; bête comme une oie, comme ses pieds; ꝰˌ**bohne** *f bot.* fève *f* de marais.
Sauc|e ['zo:sə] *f* ⟨~; ~n⟩ *cuis.* sauce *f*; ~**i'ere** *f* ⟨~; ~n⟩ saucière *f*.
saudiarabisch [zaudi·a'ra:bɪʃ] *adj.* de l'Arabie Séoudite.

saudumm [ˈzaʊˈdʊm] P *adj. cf.* saublöde.

sauen [ˈzaʊən] *v/i.* ⟨h⟩ **1.** *Schwein* mettre bas; **2.** *fig.* P a) faire des saletés, P saloperies; b) raconter des obscénités; P dire des cochonneries.

sauer [ˈzaʊər] *adj. u. adv.* aigre; aigri; *bes. von Früchten* sur; *Wein* vert; *Milch* sur; tourné; *chim.* acide; *Speisen* (*e-n Stich haben*) piqué; *fig.* (*mühsam*) pénible; fatigant; *pfort.* rude; (*schwer zu tragen*) dur; (*mürrisch*) morose; revêche; renfrogné; F rechigné; **saure Gurken** concombres, *kleine* cornichons au vinaigre; **saure Milch** lait caillé; **saure Drops** bonbons acidulés, surs; ~ **werden** s'acidifier; s'aigrir; (*e-n Stich bekommen*) se piquer; *Milch* tourner; prendre; cailler; *Wein* surir; devenir sur, aigre; s'aigrir; tourner (en vinaigre); *chim.* s'acidifier; *fig.* **in den sauren Apfel beißen müssen** être obligé d'avaler la pilule; devoir en passer par là; être contraint à s'exécuter; j-m **das Leben** ~ **machen** rendre, faire la vie dure à qn.; F en faire voir de dures à qn.; **es sich** ~ **werden lassen** se donner bien du mal, beaucoup de tintouin; ne pas ménager, plaindre sa peine; **das wird mir** ~ cela m'est pénible, m'en coûte; **das viele Sprechen wird mir** ~ beaucoup parler me fatigue; **ein saures Gesicht machen** faire grise mine, la grimace; *zu etw.* F rechigner à qc.; ~ **verdientes Geld** argent gagné péniblement, durement, à la sueur de son front; ~ **reagieren auf etw.** réagir négativement à qc.; refuser qc.; se refuser à qc.; *fig.* F **das wird ihm noch** ~ **aufstoßen** il le payera cher; **2ˌampfer** *m* ⟨~s; ~⟩ *bot.* oseille *f*; **2ˌbraten** *m cuis.* (rôti *m* de) viande marinée; **2ˌbrunnen** *m* (source *f* d')eaux acidulées, gazeuses; **2ˌdorn** *m bot.* (épine-)vinette *f*; vinetier *m*.

Sauerei [ˌzaʊəˈraɪ] P *f* ⟨~; ~en⟩ malpropreté *f*; saleté *f*; P saloperie *f*; cochonnerie *f*.

Sauer|kirsche [ˈzaʊərˌkɪrʃə] *f Frucht* griotte *f*; *Baum* griottier *m*; **~ˌklee** *m bot. sc.* oxalide *od.* oxalis *f*; **gemeiner** ~ petite oseille; **~ˌkohl** *m*, **~ˌkraut** *n cuis.* choucroute *f*.

säuer|lich [ˈzɔʏərˌlɪç] *adj.* aigrelet; un peu, légèrement aigre, acide; *Obst auch* suret; *Wein auch* verdelet; *chim.* acidulé; **2ˌling** *m* ⟨~s; ~e⟩ **a)** *cf.* Sauerbrunnen; **b)** *cf.* Sauerampfer.

Sauermilch [ˈzaʊərˌmɪlç] *f* lait caillé; **~ˌkäse** *m* fromage *m* de lait caillé.

säuern [ˈzɔʏərn] **I** *v/t.* ⟨-(e)re, h⟩ rendre aigre; aigrir; aciduler; *Brot, Teig* mettre du levain dans …; *chim.* acidifier; **II** *v/i.* (*sauer werden*) *cf.* sauer.

Sauerstoff [ˈzaʊərˌʃtɔf] *m chim.* oxygène *m*; mit ~ **anreichern** oxygéner; **~appaˌrat** *m cf.* ~gerät; **~beˌhälter** *m* réservoir *m* à *od.* d'oxygène; **~ˌflasche** *f* bonbonne *f*, bouteille *f* d'oxygène; **~geˌrät** *n méd.* oxygénateur *m*; inhalateur *m* d'oxygène; **2ˌhaltig** *adj.* oxygéné; oxygénifère; **~ˌmangel** *m* manque *m* d'oxygène; **~ˌmaske** *f* (masque *m*) inhalateur *m* d'oxygène; **~paˌtrone** *f* cartouche *f*, pastille *f* d'oxygène; **~verˌbindung** *f chim.* combinaison oxygénée; **~ˌzelt** *n* tente *f* à oxygène; **~ˌzufuhr** *f* oxygénation *f*; alimentation *f* en oxygène.

sauer|süß [ˈzaʊərˌzyːs] *adj.* aigre-doux, -douce; *fig.* ~ **lächeln** rire jaune; **2ˌteig** *m* levain *m* (*auch fig.*); **~ˌtöpfisch** *adj.* renfrogné; boudeur, -euse; morose; maussade; revêche; rechigné.

Säuerung [ˈzɔʏəˌrʊŋ] *f* ⟨~⟩ *chim.* acidification *f*; *sonst verbal*; **2sˌfähig** *adj. chim.* acidifiable; **~sˌgrad** *m chim.* degré *m* d'acidification.

Sauerwasser [ˈzaʊərˌvasər] *n* ⟨~s; -wässer⟩ *cf.* Sauerbrunnen.

Sauf|bold [ˈzaʊfbɔlt] P *m* ⟨~(e)s; ~e⟩, **~ˌbruder** P *m* compagnon *m* de la dive bouteille; *cf. auch* Säufer.

Saufeder [ˈzaʊˌfeːdər] *f ch.* épieu *m*.

saufen [ˈzaʊfən] *v/t. u. v/i.* ⟨**säuft, soff, gesoffen, sauf(e)!, h**⟩ **1.** *Tiere* boire; s'abreuver; *Hund, Katze auch* laper; **dem Vieh zu** ~ **geben** abreuver le bétail; **2.** P *vom Menschen* boire (avidement et) avec excès; *abs.* être adonné à la boisson; F lamper; P pomper; pinter; (bien) lever le coude; chopiner; ~ **wie ein Loch** P boire comme un trou.

Säufer(in) [ˈzɔʏfər(ɪn)] P *m* ⟨~s; ~⟩ (*f*) ⟨~; ~nen⟩ buveur, -euse *m, f*; ivrogne, -sse *m, f*; P biberon, -nne *m, f*; soiffard, -e *m, f*; soûlard, -e *m, f*; soûlo(graphe) *m*; pochard, -e *m, f*; poivrot, -e *m, f*; sac *m* à vin.

Sauferei [ˌzaʊfəˈraɪ] P *f* ⟨~; ~en⟩ **a)** ivrognerie *f*; **b)** *cf.* Saufgelage.

Säufer|leber [ˈzɔʏfərˌleːbər] F *f* cirrhose *f*; **~ˌnase** F *f* nez *m* d'ivrogne, d'alcoolique; **~ˌwahnsinn** *m méd. sc.* delirium [-jɔm] *m* tremens.

Sauf|gelage [ˈzaʊfgəˌlaːgə] P *n* grande beuverie; P ribote *f*; soûlerie *f*; soûlographie *f*; **~kumˌpan** P *m cf.* Saufbold, Säufer.

Saufraß [ˈzaʊfraːs] P *m* F ratatouille *f*; cochonnerie *f*.

Saug|anlage [ˈzaʊkˌˀanlaːgə] *f techn.*, *zum Entlüften* installation *f*, dispositif *m* d'aspiration, d'aération; *für Gase etc.* absorbeur *m*; *für Gase, Rauch* dépoussiéreur *m*; **~ˌbagger** *m* drague suceuse, à succion; **2en I** *v/t. u. v/i.* ⟨**saugt, sog** *od.* **saugte, gesogen** *od.* **gesaugt, h**; *techn.* **saugt, saugte, gesaugt, h**⟩ sucer (an etw. qc.); (*lutschen*) F suçoter; *von Säuglingen u. Säugetieren* boire; téter; *von Säuglingen auch* être au, prendre le sein; *mit dem Staubsauger* Staub ~ aspirer les poussières; passer l'aspirateur (sur); *fig.* **sich etw. aus den Fingern** ~ inventer, imaginer qc.; **II ~en** *n* ⟨~s⟩ succion *f*.

säugen [ˈzɔʏgən] **I** *v/t.* ⟨h⟩ *Säugetiere, Säuglinge* donner à boire, à téter (à); allaiter; nourrir; *nur Säuglinge* donner le sein (à); **II** 2 *n* ⟨~s⟩ allaitement *m*; *sc.* lactation *f*.

Sauger [ˈzaʊgər] *m* ⟨~s; ~⟩ **1.** *agr.* animal *m* encore à la mamelle; **2.** *für Kinder* (*Schnuller*) sucette *f*; *an der Milchflasche* tétine *f*; **3.** *techn.* (appareil *m*) suceur *m*, suçoir *m*; aspirateur *m*; *cf. auch* Sauganlage.

Säuge|r [ˈzɔʏgər] *m* ⟨~s; ~⟩, **~ˌtier** *n zo. sc.* mammifère *m*; **~ˌzeit** *f* période *f* d'allaitement.

saug|fähig [ˈzaʊkˌfɛːɪç] *adj.* absorbant; absorbeur, -euse; **2ˌfähigˌkeit** *f* ⟨~⟩ capacité *f* d'absorption; pouvoir absorbant; **2ˌflasche** *f* biberon *m*; **2ˌheber** *m* ⟨~s; ~⟩ *phys.* siphon *m*; **2ˌhöhe** *f* 'hauteur *f* d'aspiration; **2hub** *m mot.* temps *m* d'aspiration; **2ˌkolben** *m* piston *m*; **2kopf** *m*, **2korb** *m* crépine *f* (d'aspiration); **2kraft** *f* force *f* d'aspiration; **2kreis** *m rad.* circuit *m* piège d'onde; **2ˌleitung** *f* conduite *f*, canalisation *f*, tuyauterie *f* d'aspiration; **2ˌleistung** *f* débit *m*; capacité *f* d'aspiration, de pompage.

Säugling [ˈzɔʏklɪŋ] *m* ⟨~s; ~e⟩ nourrisson *m*; bébé *m*; poupon *m*; **~sˌausstattung** *f* layette *f*; **~sˌfürsorge** *f* assistance *f* aux nourrissons; **~sˌheim** *n* pouponnière *f*; crèche *f*; **~sˌmilch** *f* lait maternisé; **~sˌpflege** *f* puériculture *f*; **~sˌpflegerin** *f*, **~sˌschwester** *f* puéricultrice *f*; **~sˌsterblichkeit** *f* mortalité *f* infantile; **~sˌwaage** *f* pèse-bébé *m*.

Saug|luft [ˈzaʊkluft] *f techn.* air aspiré; **~mal** *n* suçon *m*; **~napf** *m zo.* ventouse *f*; **~post** *f* papier *m* pour duplicateur; **~ˌpumpe** *f techn.* pompe aspirante; Saug- u. Druckpumpe pompe aspirante et foulante.

saugrob [ˈzaʊˈgroːp] P *adj.* grossier, -ère comme un cocher de fiacre, comme un charretier, comme un portefaix.

Saug|rohr [ˈzaʊkroːr] *n techn.* tuyau *m* d'aspiration; *cf. auch* Saugleitung; **~ˌrüssel** *m zo.* suçoir *m*; trompe *f*; **~venˌtil** *n techn.* soupape *f*, clapet *m* d'aspiration; **~ˌvorrichtung** *f techn. cf.* Sauganlage; **~ˌwirkung** *f techn.* effet *m* d'aspiration, de pompage.

Sau|hatz [ˈzaʊhats] *f* chasse *f* au sanglier; **~ˌhaufen** P *m* F pagaille *od.* pagaye *f*; **~hirt** *m* porcher *m*; **~ˌigel** P *m cf.* Sau 3.; **~igeˈlei** *f* ⟨~; ~en⟩ *cf.* Sauerei; **2ˌigeln** P *v/i.* ⟨-(e)le, h⟩ *cf.* sauen 2.

säuisch [ˈzɔʏɪʃ] *adj.* de *od.* comme un cochon; (*schmutzig*) sale; (*zotig*) obscène; scabreux, -euse.

Sau|kälte [ˈzaʊˌkɛltə] F *f* froid *m* de canard, de loup; **~kerl** P *m cf.* Sau 3.; **~ˌlache** *f ch.* souille *f*; bauge *f*.

Säule [ˈzɔʏlə] *f* ⟨~; ~n⟩ colonne *f* (*auch élect.*); *fig.* pilier *m*; *élect.* **thermoelektrische** ~ pile *f* thermoélectrique; *phys.* **Voltasche, galvanische** ~ pile *f* voltaïque, galvanique.

Säulen|abschluß [ˈzɔʏlənˌˀapʃlʊs] *m* (*Kapitell*) chapiteau *m* (de colonne); **2ˌartig**, **2ˌförmig** *adj.* en forme de colonne; **~ˌfuß** *m bât.* base *f* de colonne; piédestal *m*; socle *m*; **~ˌgang** *m bât.* colonnade *f*; *sc.* péristyle *m*; **~ˌhalle** *f bât.* portique *m*; **~ˌheilige(r)** *m* stylite *m*; **~ˌknauf** *m*, **~ˌknopf** *m cf.* ~abschluß; **~ˌordnung** *f bât.* ordre architectural; **dorische, ionische, korinthische** ~ ordre dorique, ionique, corinthien; **~ˌplatte** *f bât.* plinthe *f*; **~ˌreihe** *f* colonnade *f*; *um e-n Raum sc.* péristyle *m*; **mit e-r** ~ *sc.* monoptère; **~ˌschaft** *m* fût *m*, tige *f*, tronc *m* (de colonne); **~ˌtempel** *m* temple *m* périptère; **~ˌvorbau** *m bât. sc.* portique *m*; **~ˌweite** *f bât.* entrecolonne *od.* entrecolonnement *m*.

Saum [zaʊm] *m* ⟨~(e)s; ⁼e⟩ *cout.* ourlet *m*; (*Umschlag*) repli *m*; *par ext.* bord *m*; *e-s Waldes* lisière *f*; orée *f*; bordure *f*; *mar., e-s Segels* gaine *f*; ourlet *m*; *anat., bot.* marge *f*.

saumäßig [ˈzaʊˌmɛːsɪç] P **1.** *adj.* P cochonné; salopé; (*sehr groß*) **ein ~es Glück haben** P avoir une veine de pendu, de cocu; **2.** *adv.* P comme un cochon; (*sehr*) F drôlement; P vachement; **e-e Arbeit** ~ **machen** P travailler comme un cochon; cochonner, saloper un travail.

säumen[1] [ˈzɔʏmən] **I** *v/t.* ⟨h⟩ *cout.* ourler; *auch fig.* border; *techn., rohe Bretter* mettre, dresser à l'équerre; **II** 2 *n* ⟨~s⟩ *verbal.*

säumen[2] [ˈzɔʏmən] *st. s.* **I** *v/i.* ⟨h⟩ tarder (etw. zu tun, mit etw. à faire qc.); (*zögern*) hésiter (à); **säume nicht!** 'hâte-toi!; dépêche-toi!; fais diligence!; **ohne zu** ~ sans perdre de *od.* du temps; **II** 2 *n* ⟨~s⟩ retard *m*; hésitation *f*.

Saumesel [ˈzaʊmˌˀeːzəl] *m* âne *m* de [bât.]

säumig ['zɔʏmɪç] *adj. Zahler* retardataire; *jur.* (*nicht erschienen*) défaillant; **~e Partei** partie défaillante, qui fait défaut; *comm.* **~er Zahler** mauvais payeur; **~er Steuerzahler** contribuable retardataire; *cf. auch* **saumselig**; **2e(r)** *f (m)* ⟨→ A⟩ retardataire *m, f*; **2ˌkeit** *f* ⟨~⟩ *jur.* défaillance *f*; défaut *m*; carence *f*; *cf. auch* **Saumseligkeit**.

Saumnaht ['zaumnɑːt] *f cout.* ourlet *m*.

Säumnis ['zɔʏmnɪs] *f* ⟨~; ~se⟩ *od. n* ⟨~ses; ~se⟩ (*Verzug*) retard *m*; (*Fehlen*) défaut *m*; **~ˌzuschlag** *m* surtaxe *f* de retard.

Saum|pfad ['zaumpfɑːt] *m* sentier muletier, à mulet; **~ˌsattel** *m* bât *m*.

saumselig ['zaumˌzeːlɪç] *adj.* lent; tardif, -ive; retardataire; (*nachlässig*) négligent; insouciant; (*lässig*) indolent; nonchalant; (*trödelnd*) F lambin; **~ sein** F lanterner; lambiner; traînasser; **2ˌkeit** *f* ⟨~⟩ lenteur *f*; négligence *f*; insouciance *f*; indolence *f*; nonchalance *f*.

Saumstich ['zaumʃtɪç] *m cout.* point *m* de côté.

Saumtier ['zaumtiːr] *n* bête *f* de somme; sommier *m*.

Sauna ['zauna] *f* ⟨~; ~s⟩ sauna *m*; bain *m* de vapeur; bain turc.

Säure ['zɔʏrə] *f* ⟨~; ~n⟩ (*das Sauersein*) aigreur *f* (*auch im Magen*); aigre *m*; acidité *f*; *des Weins, der unreifen Früchte* verdeur *f*; *chim.* acide *m*; **verdünnte ~** acide dilué; **~ˌbad** *n* bain *m* acide; **2beˌständig** *adj.* inattaquable par l'acide; résistant aux acides; à l'épreuve des acides; acido-résistant; **~beˌstimmung** *f chim.* détermination *f* de l'acidité; **2ˌbildend** *adjt. chim.* acidifiant; **~ˌbildner** *m* ⟨~s; ~⟩ *chim.* acidifiant *m*; **~ˌbildung** *f chim.* acidification *f*; **~ˌdampf** *m chim.* vapeur *f* acide; **2emˌpfindlich** *adj.* sensible aux acides; **2ˌfest** *adj. cf.* **2beständig**; **2ˌfrei** *adj.* exempt d'acide; désacidifié; **~geˌhalt** *m* teneur *f* en acide; acidité *f*; **prozentualer ~** pourcentage *m* d'acide; **~ˌgrad** *m* (degré *m* d')acidité *f*.

Sauregurkenzeit [ˌzaurə'gurkənˌtsait] F *f* morte-saison *f*; F calme *m* plat.

säure|haltig ['zɔʏrəˌhaltɪç] *adj.* acidifère; **2ˌmesser** *m* ⟨~s; ~⟩ acidimètre *m*; pèse-acide *m*; **2ˌmessung** *f* acidimétrie *f*.

Saure(s) ['zaurə(s)] *n* ⟨→ A⟩ F **j-m ~s geben** F rosser qn.; P flanquer une raclée à qn.; *cf. auch* **Prügel**[2].

Säure|überschuß ['zɔʏrəˌʔyːbərʃus] *m* excédent *m* d'acide; **~verˌgiftung** *f méd.* intoxication *f* par l'acide; **~ˌzahl** *f chim.* indice *m* d'acide, d'acidité.

Saurier ['zauriˑər] *m/pl. Paläontologie* sauriens *m/pl.* fossiles du secondaire.

Saus [zaus] *m* ⟨~es⟩ **in ~ und Braus leben** (*verschwenderisch leben*) vivre sur un grand pied; mener la vie à grandes guides; (*herrlich u. in Freuden leben*) mener joyeuse vie; faire bonne chère; F brûler la chandelle par les deux bouts; P godailler; ripailler; faire la bringue, la faridon, la bombe, la noce.

säuseln ['zɔʏzəln] **I** *v/i.* ⟨-(e)le, h⟩ *Blätter* bruire; frémir; faire entendre un bruissement; *Wind* murmurer; chuchoter; **II 2** *n* ⟨~s⟩ bruissement *m*; frémissement *m*; (doux) murmure *m*; chuchotement *m*.

sause|n ['zauzən] **I** *v/i.* ⟨-(es)t, sein⟩ *Geschoß* siffler; *Wind* ⟨h⟩ *auch* mugir; souffler avec violence; F *von Menschen* (*eilen*) se précipiter (vers); courir à toute vitesse, F à fond de train; *Zug, Auto* F passer en trombe; filer comme un bolide, une flèche, un zèbre; **der Pfeil sauste durch die Luft** la flèche traversa l'air en sifflant; **die Ohren ~ mir, es saust mir in den Ohren** ⟨h⟩ les oreilles me cornent, me tintent, me sifflent; j'ai des bourdonnements (d'oreille); **II 2n** *n* ⟨~s⟩ *e-s Geschosses* sifflement *m*; *des Windes auch* mugissement *m*; *in den Ohren* bourdonnement *m* (d'oreille); **2ˌwind** *m* vent mugissant; *fig. cf.* **leicht 1. f)** (**~er Bruder**), **Leichtfuß**.

Sau|stall ['zauʃtal] *m* **1.** porcherie *f*; **2.** F *fig.* **a)** écurie *f*; taudis *m*; trou *m* (à cochon); cambuse *f*; F porcherie *f*; **b)** *cf.* **~wirtschaft**; **~ˌwetter** F *n* temps affreux, épouvantable, de chien; **~ˌwirtschaft** F *f* ⟨~⟩ désordre *m*; manque *m* d'organisation; F pétaudière *f*; **2'wohl** F *adv.* **sich ~ fühlen** se sentir très à l'aise, très bien, F en forme.

Savanne [za'vanə] *f* ⟨~; ~n⟩ savane *f*.

Saxophon [zaksoˑ'foːn] *n* ⟨~s; ~e⟩ *mus.* saxophone *m*; **~ist** [-'nɪst] *m* ⟨~en; ~en⟩ saxophoniste *m*.

Säzeit ['zɛːtsait] *f* semaison *f*; période *f* des semailles.

S-Bahn ['ɛsbɑːn] *f etwa* (chemin *m* de fer) métropolitain *m*; F métro *m*.

Sbirre ['zbɪrə] *m* ⟨~n; ~n⟩ *hist.* sbire *m*.

Scandium ['skandiˑum] *n* ⟨~s⟩ *chim.* scandium [-jɔm] *m*.

Schabe ['ʃɑːbə] *f* ⟨~; ~n⟩ **1.** *zo.* (*Kakerlak*) blatte *f*; cafard *m*; cancrelat *od.* cancrelas *m*; **2.** *cf.* **Schabeisen**.

Schabefleisch ['ʃɑːbəˌflaiʃ] *n cuis.* viande 'hachée.

Schabeisen ['ʃɑːpˌʔaizən] *n techn.* raclette *f*; racle *f*; racloire *f*; racloir *m*; grattoir *m*; *Gerberei* écharnoir *m*; doloire *f*.

Schab(e)messer ['ʃɑːpˌmɛsər, 'ʃɑːbə-] *n techn.* (couteau *m*) racloir *m*.

schaben ['ʃɑːbən] **I** *v/t.* ⟨h⟩ racler; ratisser; *Mohrrüben etc.* gratter; *auf dem Reibeisen* râper; *Gerberei* drayer; doler; **leicht ~** gratteler; F **sich den Bart ~** se raser; **II 2** *n* ⟨~s⟩ raclage *od.* raclement *m*; ratissage *m*; *von Mohrrüben etc.* grattage *m*; *Gerberei* drayage *m*; dolage *m*.

Schabengift ['ʃɑːbənˌgɪft] *n* insecticide *m* contre les blattes, les cafards, les cancrelats (*od.* cancrelas).

Schaber ['ʃɑːbər] *m* ⟨~s; ~⟩ *cf.* **Schabeisen, Schab(e)messer**.

Schabernack ['ʃɑːbərˌnak] *m* ⟨~(e)s; ~e⟩ niche *f*; farce *f*; blague *f*; espièglerie *f*; *Studentensprache* P canular *m*; **j-m e-n ~ spielen** faire une niche, une farce à qn.; **aus ~** pour faire une niche, *etc.*

schäbig ['ʃɛːbɪç] *adj. Kleidung* (*abgenützt*) usé; râpé; élimé; (*ärmlich*) chétif, -ive; minable; miteux, -euse; *fig.* F (*geizig*) avare; ladre; F rapiat; chien, -nne; chiche; pingre; radin; (*gemein, kleinlich*) mesquin; sordide; **2ˌkeit** *f* ⟨~⟩ F *fig.* (*Geiz*) ladrerie *f*; avarice *f*; (*Kleinlichkeit*) mesquinerie *f*.

Schabkunst ['ʃɑːpkunst] *f Kupferstecherei* gravure *f* à la manière noire; mezzo-tinto *m*.

Schablon|e [ʃa'bloːnə] *f* ⟨~; ~n⟩ *allg.* modèle *m*; (*Mal2*) patron *m*; pochoir *m*; poncif *m*; (*Stanz2, Guß2*) matrice *f*; gabarit *m*; (*Bohr2*) calibre *m* (de perçage); *fig.* routine *f*; **alles nach der ~ machen** n'agir que par routine; faire tout sans originalité; suivre la routine; ne pas faire de discrimination; **2enˌhaft, 2enˌmäßig 1.** *adj. fig.* routinier, -ère; uniforme; stéréotypé; **2.** *adv.* par routine; uniformément; sur le même schéma; **2(is)ieren** [-'niːrən, -niˑ'ziː-] *v/t.* ⟨*pas de ge-*, h⟩ copier sur un patron; patronner; faire au pochoir.

Schabmesser ['ʃɑːpˌmɛsər] *n cf.* **Schab(e)messer**.

Schabracke [ʃa'brakə] *f* ⟨~; ~n⟩ *hist.* caparaçon *m*; *unter dem Sattel* 'housse *f*; (s)chabraque *f*.

Schabsel ['ʃɑːpsəl] *n* ⟨~s; ~⟩ raclure *f*; gratture *f*.

Schach [ʃax] *n* ⟨~(e)s; ~s⟩ (jeu *m* des) échecs *m/pl.*; **~ spielen** jouer aux échecs; **~ (dem König)!** échec au roi!; (dem König) **~ bieten** faire échec (au roi); **der König steht im ~** le roi est en échec; **in** *od.* **im ~ halten** (*auch fig.*) tenir en échec (*auch fig.*); **~ˌaufgabe** *f* problème *m* d'échecs; **~brett** *n* échiquier *m*; **2brettˌartig, 2brettˌförmig** *adj.* en échiquier; en damier; *techn.* tessellé.

Schacher ['ʃaxər] *m* ⟨~s⟩ trafic *m* sordide; (*Feilschen*) marchandage *m*; *péj.* maquignonnage *m*.

Schächer ['ʃɛçər] *m* ⟨~s; ~⟩ *bibl.* larron *m*.

Schacher|ei [ˌʃaxə'rai] F *f* ⟨~; ~en⟩ *cf.* **Schacher**; **~er** ['ʃa-] *m* ⟨~s; ~⟩ *fig.* trafiquant *m*; trafiqueur *m*; **2n** ['ʃa-] *v/i.* ⟨-(e)re, h⟩ se livrer à un trafic sordide; *fig.* trafiquer; (*feilschen*) marchander.

Schach|feld ['ʃaxfɛlt] *n* case *f* d'échiquier; **~fiˌgur** *f* pièce *f* (d'un jeu d'échecs); **~en** *pl.* échecs *m/pl.*; **~klub** *m* club *m* d'échecs; **2'matt** *adj.* échec et mat (*auch fig.*); *fig.* (*erschöpft*) épuisé; rompu; F éreinté; fourbu; rendu; moulu; **~ˌmeister** *m* champion *m* d'échecs; **~ˌmeisterschaft** *f* championnat *m* d'échecs; **~parˌtie** *f* partie *f* d'échecs; **~spiel** *n* (jeu *m* d')échecs *m/pl.*; **~ˌspieler(in)** *m (f)* joueur, -euse *m, f* d'échecs.

Schacht [ʃaxt] *m* ⟨~(e)s; ~̈e⟩ *mines* puits *m* (de mine); (*~anlage*) fosse *f*; *bât.* (*Aufzug2*) cage *f*; (*Luft2, Licht2*) puits *m*; **~ˌabteufen** *n* ⟨~s⟩ *mines* fonçage *m* d'un puits; **~ˌabteufer** *m mines* puisatier *m*; **~ˌanlage** *f mines* fosse *f*; **~ˌausbau** *m* ⟨~(e)s; ~ten⟩ *mines* cuvelage *od.* cuvellement *m*; **~ˌbohrung** *f mines* forage *m* de puits; **~ˌbühne** *f mines* repos *m* de puits de mine.

Schachtel ['ʃaxtəl] *f* ⟨~; ~n⟩ **1.** boîte *f*; *für Hüte, Kleider etc.* carton *m*; **2.** *fig.* F **alte ~** vieille (bonne) femme; F *péj.* vieille carcasse, toupie; vieux tableau; **~ˌhalm** *m bot.* prêle *f*; **~ˌsatz** *m gr.* phrase compliquée, *péj.* entortillée.

schachten ['ʃaxtən] *v/i.* ⟨-ete, h⟩ creuser un puits, une fosse.

schächt|en ['ʃɛçtən] **I** *v/t.* ⟨-ete, h⟩ égorger (d'après le rite juif); **II 2en** *n* ⟨~s⟩ égorgement *m* (d'après le rite juif); **2er** *m* ⟨~s; ~⟩ boucher juif.

Schacht|förderung ['ʃaxtˌfœrdəruŋ] *f mines* extraction *f* par puits; **~ˌofen** *m techn.* cubilot *m*; four *m* à cuve; **~sumpf** *m mines* puisard *m*.

Schächtung ['ʃɛçtuŋ] *f* ⟨~; ~en⟩ *cf.* **schächten II**.

Schachturnier ['ʃaxturˌniːr] *n* tournoi *m* d'échecs.

Schacht|verkleidung ['ʃaxtfɛrˌklaiduŋ] *f mines cf.* **~zimmerung, Schachtausbau**; **~ˌwandung** *f mines* cuvelage *m*; revêtement *m* de puits; **~ˌzimmerung** *f mines* boisage *m* de puits; *cf. auch* **Schachtausbau**.

Schachzug ['ʃaxtsuːk] *m* coup *m*;

trait *m*; *fig.* **ein geschickter ~** une bonne tactique.

schade [ˈʃaːdə] *adj.* ⟨*prädikativ*⟩ (**es ist sehr**) **~**! c'est (grand, bien) dommage! (**daß** que ... + *subj.*); **wie ~**! quel dommage! (**daß** que ... + *subj.*); **es ist ~ um ihn** dommage pour lui; dommage qu'il soit ... (*par ex.* mort, disparu); **zu ~ sein für etw.** être trop bon, -nne, précieux, -euse, beau, belle pour qc.; **um den ist es nicht ~** ce n'est pas une perte, un malheur, un mal.

Schädel [ˈʃɛːdəl] *m* ⟨~s; ~⟩ *anat.* crâne *m*; **j-m den ~ einschlagen** fendre le crâne à qn.; *fig.* **sich den ~ einrennen** se casser la tête contre les murs; **~basis** *f anat.* base *f* du crâne; **~bohrer** *m chir.* trépan *m*; **~bruch** *m méd.* fracture *f* du crâne; **~dach** *n anat.* voûte crânienne; **~decke** *f anat.* boîte crânienne; **~form** *f* forme *f* du crâne; **~haut** *f anat. sc.* péricrâne *m*; épicrâne *m*; **~höhle** *f anat.* cavité crânienne; **~lehre** *f sc.* cran(i)ologie *f*; phrénologie *f*; **~lose(n)** *m/pl.* ⟨→ A⟩ *zo.* acraniens *m/pl.*; **~messer** *m* ⟨~s; ~⟩ *sc.* craniomètre *m*; **~messung** *f sc.* craniométrie *f*; **~naht** *f anat.* suture *f*; **~stätte** *f bibl.* Calvaire *m*; **~verletzung** *f* blessure *f*, lésion *f* du crâne.

schaden [ˈʃaːdən] *v/i.* ⟨-ete, h⟩ nuire; **j-m, e-r Sache ~** (*nachteilig sein*) préjudicier à qn., à qc.; causer, porter préjudice, être préjudiciable, dommageable à qn., à qc.; **j-m bei j-m ~** perdre une personne dans l'esprit d'une autre; **s-m Ruf ~** compromettre sa réputation; **j-s Gesundheit ~** nuire à la santé de qn.; **das schadet nichts** il n'y a pas de mal; cela (F ça) ne fait, ne gâte rien; cela importe peu, n'importe guère; peu importe; **das könnte nicht ~** cela ne ferait pas de mal; **was schadet es (schon), wenn** ... quel mal y a-t-il à ... (+ *inf.*) *od.* à ce que ... (+ *subj.*); peu importe que ..., qu'importe que ... (+ *subj.*); qu'est-ce que cela fait que ... (+ *subj.*); **es hat mir nicht geschadet** je ne m'en suis pas (plus) mal trouvé; **das schadet ihm (gar) nichts** (*geschieht ihm recht*) il l'a bien mérité; F il ne l'a pas volé; **hilft es nicht, so schadet's doch nicht** c'est un remède inoffensif, anodin.

Schaden [ˈʃaːdən] *m* ⟨~s; ⸗⟩ dommage *m*; *durch Unwetter, Feuer etc.* (*Verwüstung*) dégâts *m/pl.*; *pfort.* ravage *m*; *mar.* avarie *f*; *fig.* (*Nachteil*) détriment *m*; préjudice *m*; désavantage *m*; *comm.* perte *f*; (*körperliche Verletzung*) mal *m*; lésion *f*; **sich ~ tun, zu ~ kommen** se faire du mal; se blesser; **es ist niemand zu ~ gekommen** il n'y a pas eu d'accident de personnes; *bibl.* **~ nehmen an s-r Seele** compromettre son salut; **j-m ~ zufügen, bringen** causer du, porter préjudice à qn.; faire tort, nuire à qn.; *cf. auch* **schaden**; **~ anrichten** causer du dommage, des dégâts; **Umfang, Ausmaß des ~s** étendue du dommage, des dégâts; F **als er sich den ~ besah**, ... en y regardant de plus près ...; **es soll dein ~ nicht sein** tu n'auras pas à le regretter; **durch ~ klug werden** devenir sage, apprendre à ses dépens; *comm.* **mit ~ verkaufen** vendre à perte; **zum ~ von** ... aux dépens, au détriment, au préjudice, au (grand) dam de ...; **für den ~ aufkommen, e-n ~ wiedergutmachen** réparer un dommage; F payer les pots cassés; **wer den ~ hat, braucht für den Spott nicht zu sorgen** *prov.* il se trouve toujours qn. pour rire du malheur d'autrui *od.* de votre malheur.

Schadenersatz [ˈʃaːdənˀɛrˌzats] *m jur.* réparation civile, du dommage; dédommagement *m* (**für** de); indemnité *od.* indemnisation *f*; dommages-intérêts *m/pl.*; **~ fordern** réclamer des dommages-intérêts; **auf ~ klagen** introduire une action, former une demande en dommages-intérêts; **~ leisten** indemniser (**j-m für etw.** qn. de qc.); dédommager (qn. de qc.); réparer un dommage; **~anspruch** *m* droit *m* à dédommagement, aux *od.* à *od.* à des dommages-intérêts; **~forderung** *f* créance *f* en, demande *f* d'indemnisation; **~klage** *f* action *f* en dommages-intérêts, en indemnité, en réparation d'un dommage; **~leistung** *f* indemnisation *f*; indemnité *f*; **~pflicht** *f* obligation *f* à dommages-intérêts; **⁀pflichtig** *adj.* obligé à dommages-intérêts

Schaden|feststellung [ˈʃaːdənˌfɛstʃtɛlʊŋ] *f* constatation *f* du dommage, des dégâts, *mar.* d'avarie; **~freude** *f* joie maligne (qu'on éprouve du mal d'autrui); **⁀froh** *adj.* qui se réjouit du mal d'autrui, du malheur des autres; malicieux, -euse; **~reserve** *f*, **~rückstellung** *f Versicherungswesen* réserve *f* de dommages, pour sinistres; **~sanzeige** *f* avis *m* de sinistre; **~sberechnung** *f* calcul *m* du dommage; **~sersatz** *m cf.* Schadenersatz; **~sfall** *m* im **~** en cas de dommage; **⁀stiftend** *adjt.* dommageable; **~stifter** *m* auteur *m* du dommage; **~(s)versicherung** *f* assurance *f* contre les dommages; assurance-sinistre *f*; **~verhütung** *f* mesures *f/pl.* de prévention contre les dommages; prévention *f* des dommages.

schadhaft [ˈʃaːthaft] *adj. durch äußere Einwirkung* endommagé; détérioré; abîmé; (*abgenützt*) usé; (*fehlerhaft*) défectueux, -euse; *mar.* avarié; *Zähne* carié; **~ werden** se détériorer; s'abîmer; *Zähne* se carier; **⁀igkeit** *f* ⟨~⟩ mauvais état; (*état m* de) détérioration *f*; défectuosité *f*; *mar.* état avarié.

schädig|en [ˈʃɛːdɪɡən] *v/t.* ⟨h⟩ nuire (à); faire tort (à); *j-s Interessen* léser; *cf. auch* **schaden**; **sie wurden schwer geschädigt** ils ont été fortement éprouvés; **⁀ung** *f* ⟨~; ~en⟩ tort *m*; préjudice *m*; dommage *m*; *jur., méd.* lésion *f*; *gesundheitliche auch* affection *f*; **wirtschaftliche ~** préjudice économique, matériel; **~ Dritter** dommage aux tiers.

schädlich [ˈʃɛːtlɪç] *adj.* nuisible; *für die Gesundheit, fig.* malfaisant; malsain; nocif, -ive; *Gase* délétère (*auch fig.*); (*nachteilig*) dommageable; contraire; *bes. jur.* préjudiciable; (*gefährlich*) dangereux, -euse; pernicieux, -euse; (*schlecht*) mauvais; **das Rauchen ist ihm ~** le tabac lui est contraire; **⁀keit** *f* ⟨~⟩ caractère *m* nuisible; malfaisance *f*; nocivité *f*; nocuité *f*.

Schädling [ˈʃɛːtlɪŋ] *m* ⟨~s; ~e⟩ vermine *f*; *agr. auch* parasite *m*; ravageur *m*; déprédateur *m*; plante *f*, insecte *m* nuisible; **~sbekämpfung** *f* lutte *f* contre la vermine, *agr. auch* les parasites, *etc.*; **~sbekämpfungsmittel** *n* insecticide *m*.

schadlos [ˈʃaːtloːs] *adj.* **j-n ~ halten** dédommager, indemniser qn. (**für etw.** de qc.); **sich an j-m, an etw. ~ halten** se dédommager, F se rattraper, se rabattre sur qn., qc.; **⁀haltung** *f* ⟨~⟩ dédommagement *m*; indemnisation *f*.

Schadstoff [ˈʃaːtʃtɔf] *m* toxique *m*.

Schaf [ʃaːf] *n* ⟨~(e)s; ~e⟩ *zo.* mouton *m*; (*Mutter⁀*) brebis *f*; **~e** *coll.* ovins *m/pl.*; ovidés *m/pl.*; espèce ovine; *fig., bibl.* brebis *f/pl.*; ouailles *f/pl.*; F *fig.* (**dummes**) **~** F cruche *f*; gourde *f*; andouille *f*; noix *f*; oie *f*; buse *f*; bûche *f*; *fig.* **schwarzes ~** bête noire; cauchemar *m*; **ein räudiges ~ steckt die ganze Herde an** *prov.* une brebis galeuse gâte tout un troupeau; il suffit d'une, il ne faut qu'une brebis galeuse pour gâter un troupeau *prov.*; **~bestand** *m* cheptel ovin; **~bock** *m* bélier *m*.

Schäfchen [ˈʃɛːfçən] *n* ⟨~s; ~⟩ **1.** F *zu e-m Kind* **mein ~** mon chou; mon petit rat; **2.** *pl. Wolkenform* moutons *m/pl.*; *sc.* cirro-cumulus *m/pl.*; *Himmel* **mit ~ bedeckt** moutonné; **3.** F *fig.* **sein ~ ins trockne bringen** F faire sa pelote, son beurre; **~wolken** *f/pl. cf.* Schäfchen 2.

Schäfer|(in) [ˈʃɛːfər(ɪn)] *m* ⟨~s; ~⟩ (*f* ⟨~; ~nen⟩ berger, -ère *m,f*; *litt.* pasteur *m*; **~dichtung** *f* poésie pastorale; **~ei** [-ˈraɪ] *f* ⟨~; ~en⟩ bergerie *f*; **~gedicht** *n* (poème *m*) bucolique *f*; pastorale *f*; églogue *f*; **~hund** *m zo.* chien *m* (de) berger; (chien *m* de) berger *m*; **deutscher ~** berger allemand; **~roman** *m* roman pastoral; **~spiel** *n* pastorale *f*; **~stündchen** *n* ⟨~s; ~⟩ *fig.* heure *f* du berger.

Schaffell [ˈʃaːffɛl] *n* peau *f* de mouton; toison *f*; lainage *m*.

schaffen¹ [ˈʃafən] *v/t.* ⟨schafft, schuf, geschaffen, h⟩ (*schöpferisch hervorbringen*) créer; faire; engendrer; produire; (*ins Leben rufen*) faire naître; appeler à la vie; **für etw. wie geschaffen sein** être fait pour qc.; **er stand da, wie Gott ihn geschaffen hat** il était nu (comme un ver); **~² I** *v/t.* ⟨h⟩ **1.** (*ver~*) **Abhilfe ~** obvier, remédier à; porter remède à; **Linderung ~** soulager (**j-m** qn.); **Rat ~** trouver une issue, un remède, un moyen; **Ordnung ~** rétablir l'ordre; faire, mettre de l'ordre (**in** dans); **Raum ~** (chercher à) faire de la place; **2.** (*befördern*) transporter; faire parvenir; porter; *Brief* **zur Post ~** mettre à la poste; poster; *in unredlicher Absicht* **etw. auf die Seite ~** détourner, F escamoter, subtiliser qc.; **e-e Sache aus der Welt ~** régler, arranger, liquider une affaire; **aus dem Wege ~** écarter; **j-n aus dem Wege, sich j-n vom Halse ~** se débarrasser, se défaire de qn.; **3.** (*vollbringen*) F **er hat es geschafft** (*beendet*) il l'a achevé, terminé, accompli; (*erreicht*) il a réussi; *im Leben* il a fait son chemin; F **das hätten wir geschafft!** on a mené l'affaire à bonne fin; on a liquidé l'affaire; F ça y est!; **4.** (*tun*) faire; **er hat hier nichts zu ~** il n'a rien à faire, à voir ici; **damit habe ich nichts zu ~** cela ne me regarde pas; je n'ai rien à voir avec cela; *fig.* F je m'en lave les mains; **ich will damit nichts zu ~ haben** je ne veux pas m'en mêler; **ich habe nichts mit ihm zu ~** je n'ai rien à faire, à démêler avec lui; **II** *v/i.* **5. j-m (viel) zu ~ machen** donner bien de la peine, du mal à qn.; donner de la tablature, du fil à retordre, du tracas, F du tintouin à qn.; F faire voir du pays à qn.; en faire voir de toutes les couleurs à qn.; tailler de la besogne à qn.; *meine Migräne* **macht mir viel zu ~** ... m'incommode beaucoup; **sich zu ~ machen** s'affairer; chercher affaire quelque part; **sich** (*unbefugt*) **an etw. zu ~ machen** toucher à qc.; **6.** F das schafft F ça, on avance; **7.** *mar.* manger; **III** ℒ *n* ⟨~s⟩ création *f*; travail *m*; **das geistige ~** le travail intellectuel; **das gesamte ~** *e-s Künstlers* l'œuvre *f*; **~d** *adjt.* (*schöpferisch*) créateur, -trice; (*produktiv*) producteur, -trice; **der ~e Geist** l'esprit créateur; **die ~en Kräfte** les forces productrices; **ℒsˌdrang** *m* désir ardent de créer, de travailler; **ℒsˌfreude** *f* joie créatrice; joie *f* au travail; **ℒsˌkraft** *f* puissance, énergie, activité créatrice; (*Arbeitskraft*) capacité *f*, puissance *f* de travail; forces *f/pl.*

Schaffner(in) [ˈʃafnər(ɪn)] *m* ⟨~s; ~⟩ (*f*) ⟨~; ~nen⟩ *chem.* contrôleur, -euse *m, f*; *Omnibus, Straßenbahn* receveur, -euse *m, f.*

Schaffung [ˈʃafuŋ] *f* ⟨~⟩ création *f*; (*Bildung*) formation *f*; (*Errichtung*) établissement *m.*

Schaf|garbe [ˈʃaːfˌgarbə] *f bot.* achillée *f*; **~ˌherde** *f* troupeau *m* de moutons; **~hirt(in)** *m* (*f*) *cf.* Schäfer(in); **~ˌhürde** *f* parc *m* à moutons; **~ˌkäse** *m* fromage *m* (de lait) de brebis; **~ˌleder** *n* (peau *f* de) mouton *m*; basane *f*; **ℒˌledern** *adj.* de basane; **~milch** *f* lait *m* de brebis.

Schafott [ʃaˈfɔt] *n* ⟨~(e)s; ~e⟩ échafaud *m.*

Schaf|pelz [ˈʃaːfpɛlts] *m* fourrure *f* de (peau de) mouton; *fig.* **Wolf im ~** *cf.* **~skleid**; **~ˌpocken** *f/pl. vét.* clavelée *f*; **~ˌschere** *f* forces *f/pl.*; **~ˌscherer** *m* ⟨~s; ~⟩ tondeur *m* de moutons; **~schur** *f* tonte *f* (des moutons); **~skleid** *n fig.* **Wolf in ~ern** loup habillé en berger, sous peau de mouton, déguisé en agneau; **~skopf** *m*, **~sˌnase** *f fig.* F *cf.* (dummes) Schaf; **~stall** *m* bergerie *f*; *poét.* bercail *m.*

Schaft [ʃaft] *m* ⟨~(e)s; ≈e⟩ *e-r Lanze, Fahne etc.* bois *m*; 'hampe *f*; *e-s Stiefels, Schlüssels* tige *f*; *e-s Gewehrs, e-r Säule* fût *m*; *e-s Werkzeugs* tige *f*; queue *f*; *bot.* 'hampe *f*; *cord.* (*Vorschuh*) empeigne *f.*

schäften [ˈʃɛftən] **I** *v/t.* ⟨-ete, h⟩ **1.** munir d'une tige, d'une 'hampe, *etc.*; mettre un bois (à); *Gewehr* monter (un fusil); *cord.* remonter; **2.** *jard., arb.* (*veredeln*) greffer; **II** ℒ *n* ⟨~s⟩ **3.** *e-s Gewehrs* monture *f*; *cord.* remontage *m*; **4.** *jard., arb.* greffage *m.*

Schaftstiefel [ˈʃaftˌʃtiːfəl] *m* botte *f* à tige 'haute.

Schäftung [ˈʃɛftuŋ] *f* ⟨~; ~en⟩ *cf.* schäften II.

Schaf|wolle [ˈʃaːfˌvɔlə] *f* laine *f* de mouton; **~zucht** *f* élevage *m* de moutons; **~ˌzüchter** *m* éleveur *m* de moutons.

Schah [ʃaː] *m* ⟨~s; ~s⟩ schah *od.* shah *od.* chah *m.*

Schakal [ʃaˈkaːl, ˈʃaːkaːl] *m* ⟨~s; ~e⟩ *zo.* chacal *m.*

Schake [ˈʃaːkə] *f* ⟨~; ~n⟩, **'Schäkel** *m* ⟨~s; ~⟩ *mar.* maillon *m*; chaînon *m.*

Schäker|(in) [ˈʃɛːkər(ɪn)] *m* ⟨~s; ~⟩ (*f*) ⟨~; ~nen⟩ badin, -e *m, f*; taquin, -e *m, f*; flirteur, -euse *m, f*; **~ei** [-ˈraɪ] *f* ⟨~; ~en⟩ badinage *m* (galant); taquinerie *f*; agacerie *f*; flirt(age) [flœrt(-)] *m*; **ℒn I** *v/i.* ⟨-(e)re, h⟩ badiner (mit j-m avec qn.); taquiner, agacer, lutiner (qn.); faire des agaceries (à qn.); (*kokettieren*) flirter; **II ~n** *n* ⟨~s⟩ *cf.* **~ei.**

schal [ʃaːl] *adj.* fade (*auch fig.*); *Wein etc.* (*abgestanden*) éventé; *fig.* insipide; **~ werden** devenir fade; s'éventer.

Schal [ʃaːl] *m* ⟨~s; ~s *od.* ~e⟩ *für Frauen* écharpe *f*; fichu *m*; *großer* châle *m*; *für Männer* cache-nez *m*; (*Seiden*ℒ) foulard *m.*

Schalbrett [ˈʃaːlbrɛt] *n* **a)** dosse *f*; dosseau *m*; **b)** *bât., zur Verschalung* planche *f* de coffrage; volige *f.*

Schale [ˈʃaːlə] *f* ⟨~; ~n⟩ **1.** *von Früchten, Gemüse* peau *f*; pelure *f*; *von Früchten auch* robe *f*; *von Orangen, Zitronen* écorce *f*; zeste *m*; *von Kartoffeln, wenn abgeschält* épluchure *f*; *von Hülsenfrüchten* écale *f*; (*Schote*) gousse *f*; *von Nüssen, Mandeln* (*harte* ~) coquille *f*; (*grüne* ~) brou *m*; écale *f*; *von Eiern* coque *f*; coquille *f*; **2.** *zo., der Krebse, Krabben, Langusten, Schildkröten* carapace *f*; *der Schildkröte auch* test *m*; *der Austern* écaille *f*; *der Muscheln* valve *f*; coquille *f*; **3.** *ch.* (*Huf*) sabot *m*; pince *f*; **4.** (*Gefäß*) coupe *f*; bol *m*; (*Napf*) écuelle *f*; jatte *f*; *phot.* cuvette *f*; *e-r Lampe* coupelle *f*; *e-r Waage* plateau *m*; *fig.* **die ~n des Zorns über j-m ausgießen** déverser les flots de sa colère sur qn.; **5.** *techn., beim Schalenguß* coquille *f*; *des Messers* (*Griff*) manche *m*; plaque *f*; *bât., aviat.* coque *f*; *phys. atom., von Elektronen* couche *f*; **6.** *fig.* (*das Äußere*) atours *m/pl.*; dehors *m/pl.*; F **sich in ~ werfen** se mettre sur son trente et un.

Schäleisen [ˈʃɛːlˌʔaɪzən] *n* fer *m* à décortiquer, à écorcer.

schälen [ˈʃɛːlən] **I** *v/t.* ⟨h⟩ **1.** *Obst, Kartoffeln* peler; éplucher; *die Kerne der Walnüsse* peler; *Eier, Nüsse, Hülsenfrüchte* écaler; *Mandeln, Gerste* monder; *Reis* décortiquer; **2.** *Baumstämme* (*entrinden*) décortiquer; écorcer; **3.** *jard., Rasendecke* peler; *agr.* déchaumer; **II** *v/réfl.* **sich ~** *von der Haut* peler; **er schält sich** il pèle; **s-e Haut schält sich** sa peau s'en va, se détache; *Früchte* **sich leicht ~ lassen** se peler facilement; **III** ℒ *n* ⟨~s⟩ *von Baumstämmen* écorçage *m*; décorticage *m*; décortication *f*; *der Rasendecke* pelage *m*; *agr.* déchaumage *m*; *sonst verbal.*

Schalen|bauweise [ˈʃaːlənˌbauvaɪzə] *f bât., aviat.* construction *f* monocoque; **~ˌguß** *m métall.* fonte *f*, moulage *m* en coquilles; **~ˌkreuz** *n* moulinet *m*; **~ˌkupplung** *f mot.* accouplement *m* à coquilles; **~ˌobst** *n* fruits *m/pl.* à coques, à écales; **~strukˌtur** *f phys. atom.* structure orbitale; **~ˌwild** *n ch.* bêtes noires et fauves.

Schalheit [ˈʃaːlhaɪt] *fig. f* ⟨~⟩ fadeur *f*; insipidité *f*; platitude *f.*

Schälhengst [ˈʃɛːlhɛŋst] *m* étalon *m.*

Schalholz [ˈʃaːlhɔlts] *n bât.* palançon *m.*

Schalk [ʃalk] *m* ⟨~(e)s; ~e *od.* ≈e⟩ espiègle *m*; farceur *m*; fumiste *m*; railleur *m*; malicieux *m*; F plaisantin *m*; loustic *m*; goguenard *m*; blagueur *m*; pince-sans-rire *m*; *von e-m Kind* fripon, -nne *m, f*; coquin, -e *m, f*; *fig.* **er hat den ~ im Nacken** c'est un pince-sans-rire; **der ~ guckt ihm aus den Augen** il a le regard fripon; **ℒhaft** *adj.* espiègle; malin, maligne; malicieux, -euse; coquin; fripon, -nne; narquois; futé; rusé; railleur, -euse; F goguenard; **~ˌhaftigˌkeit** *f* ⟨~⟩, **~heit** *f* ⟨~⟩ espièglerie *f*; malice *f*; raillerie *f*; friponnerie *f*; F goguenardise *f.*

Schalkragen [ˈʃaːlˌkraːgən] *m* col *m* à large revers.

Schalksknecht [ˈʃalksknɛçt] *m bibl.* serviteur *m* infidèle.

Schall [ʃal] *m* ⟨~(e)s; ≈e⟩ son *m* (perceptible, audible); (*Geräusch*) bruit *m*; *von Blasinstrumenten* éclat *m*; **den ~** dämpfen amortir, assourdir le son; **schneller als der ~** supersonique; *fig.* **leerer ~** vain bruit; **~ˌabstrahlung** *f* rayonnement *m* acoustique; **~ˌaufzeichnung** *f* enregistrement *m* du son; phonographie *f*; **~ˌaufzeichnungsgeˌrät** *n* phonographe *m*; **~ˌausstrahlung** *f cf.* **~abstrahlung**; **~ˌbecher** *m cf.* Schalltrichter; **~ˌboden** *m cf.* Resonanzboden; **~ˌbrechung** *f* réfraction *f* du son; **~brechungsˌlehre** *f sc.* diacoustique *f*; **~brett** *n* abat-son *m*; **ℒˌdämpfend** *adjt.* amortissant le son; **~es Mittel** isolant phonique; **~ˌdämpfer** *m phys.* amortisseur *m* de son; *mot.* (dispositif *m* d'échappement) silencieux *m*; pot *m* d'échappement; *mus.* sourdine *f*; *am Klavier* étouffoir *m*; **~ˌdämpfung** *f* amortissement *m* du son, des bruits; **~ˌdeckel** *m e-r Kanzel* abat-voix *m*; **ℒdicht** *adj.* isolé contre le bruit; imperméable au son; insonore; insonorisé; **~ machen** insonoriser; **~ˌdichte** *f* densité *f* d'énergie sonore; **~ˌdose** *f* pick-up [-œp] *m*; tête *f* de lecture; lecteur *m*; **~druck** *m* pression *f* sonore; **~ˌ(l)ehre** *f phys.* acoustique *f*; **~ˌ(l)eiter** *m* conducteur *m* du son; tuyau *m* acoustique; **~emˌpfänger** *m* récepteur *m* acoustique.

schallen [ˈʃalən] **I** *v/i.* ⟨schallt, scholl *od.* schallte, geschallt, h⟩ rendre un son; sonner; *pfort.* retentir; résonner; **II** ℒ *n* ⟨~s⟩ retentissement *m*; **~d** *adjt.* sonnant; sonore; *pfort.* retentissant; **~es Gelächter** (bruyants) éclats de rire; **mit ~er Stimme** d'une voix sonore; **~e Ohrfeige** gifle sonore.

Schall|erzeuger [ˈʃalʔɛrˌtsɔʏgər] *m* générateur *m* acoustique; **~ˌfortpflanzung** *f* propagation *f* du son; **~geˌschwindigkeit** *f* vitesse *f* du son; **~intensiˌtät** *f* intensité *f* sonore, acoustique; **~isoˌlierung** *f* insonorisation *f*; **~ˌkasten** *m*, **~ˌkörper** *m bei Streich- u. Zupfinstrumenten* caisse *f* de résonance; corps *m*; **~kuˌlisse** *f rad.* fond *m* sonore; **~ˌmauer** *f* mur *m* du son; **diesseits der ~ (befindlich)** subsonique; **die ~ durchbrechen** passer, franchir, F crever le mur du son; **~ˌmeßbatteˌrie** *f milit.* batterie *f* de repérage par le son; **~ˌmesser** *m* ⟨~s; ~⟩, **~ˌmeßgeˌrät** *n* sonomètre *m*; (*Schallstärkemesser*) phonomètre *m*; **~ˌmeßtrupp** *m* ⟨~s; ~s⟩ *milit.* section *f* de repérage par le son *od.* au son; **~ˌmessung** *f* sonométrie *f*; phonométrie *f*; **~ˌmeßverˌfahren** *n* télémétrie *f* acoustique; **~(l)och** *n an Glockentürmen* abat-son *m*; *e-r Geige* ouïe *f*; esse *f*; **~ˌortung** *f mar.* repérage *m* acoustique, par le *od.* au son.

Schallplatte [ˈʃalˌplatə] *f* disque *m*; **auf ~n aufnehmen** enregistrer sur disques; **~narˌchiv** *n* discothèque *f*; **~nˌaufnahme** *f* enregistrement *m* sur disques; **~nˌhändler** *m* marchand *m* de disques; disquaire *m*; **~nindusˌtrie** *f* industrie *f* du (*od.* des) disque(s); **~nˌklub** *m* club *m* de disques; **~nkonˌzert** *n* concert *m* de musique enregistrée; **~nˌliebhaber(in)** *m* (*f*) discophile *m, f*; **~nmuˌsik** *f* musique enregistrée; **~nˌschrank** *m*, **~nˌsammlung** *f* discothèque *f*; **~nˌsendung** *f im Radio* diffusion *f* de musique enregistrée.

Schall|quelle [ˈʃalˌkvɛlə] *f* source *f* sonore; **ℒˌschluckend** *adjt.* insonore; absorbant le son; **~schutz** *m* isolation *f* phonique; isolement *m* acoustique; **~ˌschwingung** *f* vibration *f* acoustique, sonore; **~ˌstärke** *f* intensité *f* sonore, de son; **2tot** *adj. cf.* schalldicht; **~ˌtrichter** *m mus., bei Blasinstrumenten* pavillon *m*; cornet *m*; **~wand** *f rad.* écran *m* acoustique; baffle *m*; **~ˌwelle** *f* onde *f* sonore; **~wort** *n* ⟨~(e)s; ~er⟩ *sc.* onomatopée *f*; **~ˌzeichen** *n* signal *m* acoustique, sonore.

Schälmaschine [ˈʃɛːlmaˌʃiːnə] *f* machine *f* à peler, *für Kartoffeln* à éplucher; *für Baumstämme* décortiqueur *m*; décortiqueuse *f*.

Schalmei [ʃalˈmaɪ] *f* ⟨~; ~en⟩ *mus.* chalumeau *m*; pipeau *m*.

Schälmesser [ˈʃɛːlˌmɛsər] *n* couteau *m* éplucheur, à éplucher.

Schalobst [ˈʃaːlˀoːpst] *n cf.* Schalenobst.

Schalotte [ʃaˈlɔtə] *f* ⟨~; ~n⟩ *bot.* échalote *f*.

Schälpflug [ˈʃɛːlpfluːk] *m agr.* (charrue) déchaumeuse *f*.

schalt [ʃalt] *cf.* schelten.

Schalt|anlage [ˈʃaltˌˀanlaːgə] *f élect.* installation *f*, salle *f*, poste *m* de distribution; **~bild** *n élect.* plan *m*, schéma *m* de montage, de circuit, des connexions; *Auto* schéma *m* du changement de vitesse; **~brett** *n élect.* tableau *m* de distribution, de commande; *aviat.* tableau *m* de bord.

schalten [ˈʃaltən] **I** *v/t.* ⟨-ete, h⟩ **1.** *élect.* (*ein~*) mettre en circuit; enclencher; brancher; (ac)coupler; connecter; (*um~*) tourner le commutateur, le bouton; **in Reihe ~** monter en série; **in Brücke ~** coupler en pont; **2.** *Auto abs.* changer de vitesse; (*ein~*) embrayer; **in den ersten Gang ~** embrayer, engager la première vitesse; **vom ersten in den zweiten Gang ~** passer de la première à la deuxième vitesse; F passer en seconde; **II** *v/i.* **3.** *fig.* **nach Belieben, frei ~ u. walten** disposer librement (**mit etw.** de qc.); gouverner à sa fantaisie, à son gré, selon son bon plaisir; ne devoir de compte à personne; n'en faire qu'à sa guise; avoir la haute main; tenir les commandes, les rênes; F faire ses quatre volontés; **j-n ~ u. walten lassen** laisser faire qn. à son gré, à sa fantaisie, à sa guise; **4.** F *fig.* (*begreifen*) comprendre; saisir; **III 2** *n* ⟨~s⟩ **das ~ u. Walten** la libre disposition (**mit etw.** de qc.); *élect., Auto cf.* Schaltung.

Schalter [ˈʃaltər] *m* ⟨~s; ~⟩ **1.** *élect.* commutateur *m*; (*Aus2*) interrupteur *m*; *selbsttätiger* disjoncteur *m*; *allg.* bouton *m*; **2.** (*Schiebefenster*) guichet *m* (*auch Post2, Fahrkarten2, Bank2*); **~beˌamte(r)** *m*, **~beˌamtin** *f* employé, -e *m, f* du guichet; *néol. in diesem Sinn* guichetier *m*; **~ˌdienst** *m* service *m* du guichet; **~ˌhalle** *f*, **~ˌraum** *m* 'hall *m* des guichets; **~ˌstunden** *f/pl.* ouverture *f* du (*od.* des) guichet(s).

Schalt|getriebe [ˈʃaltgəˌtriːbə] *n Auto* engrenage *m* à changement de vitesse; boîte *f* de vitesses; **~ˌhebel** *m élect.* levier *m*, manette *f* de commande; *Auto* levier *m* de changement de vitesse.

Schaltier [ˈʃaːltiːr] *n zo. sc.* testacé *m*; crustacé *m*.

Schalt|jahr [ˈʃaltjaːr] *n* année bissextile; **~ˌkasten** *m élect.* boîte *f*, coffret *m* de distribution, de couplage; **~ˌleistung** *f élect.* puissance *f* de sectionnement, de rupture; **~plan** *m élect. cf.* Schaltbild; **~pult** *n élect.* pupitre *m* de commande, de distribution; **~raum** *m élect.* salle *f* d'appareillage, de distribution; **~ˌschema** *n élect. cf.* Schaltbild; **~schrank** *m élect.* cabine *f* de distribution, de commande; **~ˌtafel** *f cf.* Schaltbrett; **~tag** *m* jour *m* intercalaire; bissexte *m*; **~tisch** *m cf.* ~pult; **~uhr** *f* minuterie *f*; **~ung** *f* ⟨~; ~en⟩ **1.** *élect.* (*das Schalten*) mise *f* en circuit; enclenchement *m*; couplage *m*; accouplement *m*; connexion *f*; commutation *f*; **2.** *die Anordnung der elektr. Verbindungen* montage *m*; couplage *m*; connexion *f*; **3.** *Auto* changement *m* de vitesse (*auch als Organ*); embrayage *m*; **~ˌwarte** *f* poste *m* de commande (électrique); **~werk** *n techn.* dispositif *m* de verrouillage; *tél.* dispositif *m* de connexion, de commutation; **~ˌzeichen** *n/pl.* symboles *m/pl.* des éléments de circuit; **~zenˌtrale** *f cf.* ~raum.

Schalung [ˈʃaːlʊŋ] *f* ⟨~; ~en⟩ *bât.* revêtement *m*; *für Beton* coffrage *m*.

Schälung [ˈʃɛːlʊŋ] *f* ⟨~⟩ *cf.* schälen III.

Schaluppe [ʃaˈlʊpə] *f* ⟨~; ~n⟩ *mar.* chaloupe *f*.

Schalwerden [ˈʃaːlˌvɛrdən] *n* ⟨~s⟩ *des Weins etc.* éventement *m*.

Schalwild [ˈʃaːlvɪlt] *n ch. cf.* Schalenwild.

Scham [ʃaːm] *f* ⟨~⟩ **1.** 'honte *f*; (*Schamhaftigkeit*) pudeur *f*; **vor ~ erröten** rougir de honte; **falsche ~** fausse, mauvaise 'honte; F **keine ~ im Leibe haben** avoir dépouillé toute 'honte; avoir toute 'honte bue; être sans vergogne; **2.** *anat.* organes génitaux externes; parties naturelles, 'honteuses, sexuelles; sexe *m*; *weibliche* vulve *f*; *bibl.* nudité *f*; **~bein** *n anat.* (os *m*) pubis *m*; **~berg** *m anat.* mont *m* de Vénus; *sc.* pénil *m*; **~ˌbogen** *m anat.* arcade pubienne.

schämen [ˈʃɛːmən] *v/réfl.* ⟨h⟩ **sich ~** avoir 'honte, être 'honteux, -euse, rougir (**e-r Sache, wegen, über etw.** de qc.); *schwächer* être confus; être plein de confusion; se gêner; être gêné; **ich brauche mich deshalb nicht zu ~** je n'ai pas à en rougir; **sich vor j-m ~** avoir 'honte de qn.; **sich zu Tode ~** mourir de honte; **pfui! schäm dich!, du solltest dich ~!** fi! tu n'as pas 'honte!; **man braucht sich nicht zu ~, zu ...** (+ *inf.*) il n'y a pas de honte à ... (+ *inf.*).

Scham|fuge [ˈʃaːmˌfuːgə] *f anat.* symphyse pubienne; **~geˌfühl** *n* (sentiment *m* de) honte *f*, pudeur *f*; **das ~ verletzen** offenser, blesser la pudeur; **alles ~ verloren haben** *cf.* Scham 1.; **~ˌgegend** *f anat.* région pubienne; **~haar** *n anat.* poils *m/pl.* de la région pubienne; F toison *f*; **2haft 1.** *adj.* pudique; 'honteux, -euse; (*keusch*) chaste; *péj. u. übertrieben* pudibond; **2.** *adv.* de *od.* par 'honte; **~ˌhaftigˌkeit** *f* ⟨~⟩ pudeur *f*; pudicité *f*; chasteté *f*; *péj. u. übertrieben* pudibonderie *f*; **~ˌlippen** *f/pl. anat.* lèvres *f/pl.* (de la vulve); **2los** *adj.* sans pudeur; éhonté; qui a perdu toute 'honte; qui a toute 'honte bue; (*unzüchtig*) impudique; dévergondé; sans vergogne; (*unverschämt*) impudent; effronté; **~ˌlosigˌkeit** *f* ⟨~; ~en⟩ manque *m* de pudeur; impudeur *f*; impudicité *f*; dévergondage *m*; (*Unverschämtheit*) impudence *f*; effronterie *f*.

Schamott [ʃaˈmɔt] F *m* ⟨~s⟩ fourbi *m*; saint-frusquin *m*.

Schamotte [ʃaˈmɔtə] *f* ⟨~⟩ chamotte *f*; argile *f*, terre *f* réfractaire; **~ˌstein** *m*, **~ˌziegel** *m* brique *f* d'argile réfractaire.

Schampun [ʃamˈpuːn] *n* ⟨~s⟩ shampooing [ʃɑ̃pwɛ̃] *m*; **2ieren** [-ˈniː-] *v/t.* ⟨*pas de ge-*, h⟩ faire, donner un shampooing à.

Schampus [ˈʃampʊs] F *m* ⟨~⟩ *cf.* Sekt.

scham|rot [ˈʃaːmroːt] *adj.* rouge de honte; **~ werden** rougir de honte; F piquer un soleil, un fard; **~ machen** faire rougir de honte; **2ˌröte** *f* rouge *m* (de la honte); **die ~ ins Gesicht treiben** faire rougir de honte; **2ˌteile** *n/pl. anat. cf.* Scham 2.

schand|bar [ˈʃantbaːr] *adj. cf.* schändlich; **2ˌbube** *m* infâme scélérat *m*; canaille *f*; **2e** *f* ⟨~⟩ 'honte *f*; déshonneur *m*; ignominie *f*; opprobre *m*; turpitude *f*; infamie *f*; **j-m ~ machen, bereiten** faire 'honte à qn.; faire la honte de qn.; **das ist keine ~ für mich** cela ne me déshonore pas; ce n'est pas un déshonneur pour moi; **~ bringen über j-n** couvrir qn. de honte; déshonorer qn.; jeter le déshonneur, l'opprobre sur qn.; **zu meiner ~ sei gesagt, muß ich gestehen, daß ...** à ma honte, à ma grande confusion je dois avouer que ...; je dois avouer humblement que ...; **~ über dich!** 'honte à toi!; **es ist e-e ~, zu ...** (+ *inf.*) c'est une 'honte (que) de ... (+ *inf.*); **mit Schimpf u. ~** avec ignominie.

schänd|en [ˈʃɛndən] **I** *v/t.* ⟨-ete, h⟩ déshonorer; (*beschimpfen*) outrager; *j-s Andenken* (*besudeln*) souiller; flétrir; *Grab etc.* violer; (*entweihen*) profaner; *Statue etc.* (*verstümmeln*) mutiler; (*entstellen*) défigurer; *Frau* (*notzüchtigen*) violer; violenter; exercer des violences sur; faire subir des *od.* les derniers outrages à; **II 2en** *n* ⟨~s⟩ *cf.* Schändung; **2er** *m* ⟨~s; ~⟩ profanateur *m*; F violeur *m*.

Schand|fleck [ˈʃantflɛk] *m* tache *f* (à l'honneur); souillure *f* (*auch fig.: häßlicher Anblick*); tare *f*; opprobre *m*; flétrissure *f*; 'honte *f*; **~geld** *n* (*Schleuderpreis*) vil prix; **für ein ~** à vil prix; F pour un morceau, une bouchée de pain.

schändlich [ˈʃɛntlɪç] **1.** *adj.* 'honteux, -euse; déshonorant; infamant; ignominieux, -euse; *Gewinn etc.* indigne; ignoble; *pfort.* infâme; *Verbrechen etc.* odieux, -euse; abominable; détestable; vil; *Lüge etc.* scandaleux, -euse; **das ist ~ von ihm** c'est une ignominie, infamie de sa part; **wie ~!** quelle 'honte!; **2.** *adv.* F *fig.* très; beaucoup; **das ärgert mich ~** cela me fâche horriblement; **2ˌkeit** *f* ⟨~; ~en⟩ ignominie *f*; indignité *f*; infamie *f*; turpitude *f*; vilenie *f*.

Schand|mal [ˈʃantmaːl] *n* ⟨~(e)s; ~e *od.* ~er⟩ marque *f*, note *f* d'infamie; stigmate *m* (de flétrissure); flétrissure *f*; **~maul** F *n* méchante langue; **~pfahl** *m hist.* pilori *m*; **~tat** *f* action *f* infâme; forfait *m*; infamie *f*; turpitude *f*; vilenie *f*; F *fig.* **zu jeder ~ bereit sein** être prêt (à participer) à tout; F être de la partie.

Schändung [ˈʃɛndʊŋ] *f* ⟨~; ~en⟩ *e-s Grabes etc.* violation *f*; profanation *f*; *e-r Statue etc.* mutilation *f*; défiguration *f*; *e-r Frau* viol *m*.

Schandurteil [ˈʃantˌˀʊrtaɪl] *n jur.* verdict scandaleux.

Schanker [ˈʃaŋkər] *m* ⟨~s; ~⟩ *méd.* chancre vénérien.

Schank|erlaubnis [ˈʃaŋkˀɛrˌlaupnɪs] *f*, **~geˌrechtigkeit** *f*, **~konzessiˌon** *f* licence *f* de débitant, de cabaretier, de débit de boissons; droit *m* de vente des boissons; autorisation *f* d'exploitation d'un débit de boissons; **~ˌsteuer** *f* impôt *m* sur les débits de boissons;

droit *m* de licence (de débitant); **~ˌstube** *f* café *m*; salle *f* (de consommation); **~tisch** *m* comptoir *m*; F zinc *m*; **~wirt(in)** *m (f)* débitant, -e *m, f* (de boissons); cabaretier, -ère *m, f*; cafetier, -ère *m, f*; **~ˌwirtschaft** *f* débit *m* (de boissons); cabaret *m*; café *m*; café-bar *m*; bar *m*; brasserie *f*; *in der Vorstadt* guinguette *f*; F buvette *f*; estaminet *m*.

Schanz|arbeit [ˈʃantsˌʔarbaɪt] *f fortif.* (travaux *m/pl.* de) retranchement *m*, terrassement *m*; **~ˌarbeiter** *m* pionnier *m*; terrassier *m*; **~e** *f* ⟨~; ~n⟩ **1.** *fortif.* ouvrage *m* de campagne; retranchement *m*; **2.** *Schisport* tremplin *m*; **3.** *mar.* gaillard *m* d'arrière; **4.** ⟨*pas de pl.*⟩ *fig.* **sein Leben in die ~ schlagen** risquer sa vie; payer de sa personne; **Ƨen** *v/i.* ⟨-(es)t, h⟩ travailler aux, élever des fortifications; creuser une tranchée; organiser le terrain; F *fig.* (*schwer arbeiten*) P turbiner; boulonner; **~(en)ˌbau** *m* ⟨~(e)s; ~ten⟩ *fortif.* construction *f* des ouvrages de campagne; **~enreˌkord** *m Schisport* record *m* du saut au tremplin; **~enˌtisch** *m Schisport* plate-forme *f* (du tremplin); **~er** *m* ⟨~s; ~⟩ *cf.* **~arbeiter**; **~kleid** *n mar.* pavois *m*; **~korb** *m fortif.* gabion *m*; **~pfahl** *m fortif.* palissade *f*; **~werk** *n fortif. cf.* **~e 1.**; **~zeug** *n* outils *m/pl.* de pionnier, de terrassier; *argot milit.* (*Eßbesteck*) couvert *m*.

Schar [ʃaːr] *f* ⟨~; ~en⟩ **1.** groupe *m*; troupe *f*; foule *f*; F *oft péj.* bande *f*; *nur péj.* ʼhorde *f*; *von Kindern* F ribambelle *f*; *von Ameisen* colonne *f*; *von Vögeln* vol *m*; volée *f*; **in ~en** par troupes; par bandes; **~en von Menschen umsäumten die Straßen** une multitude bordait les rues; **die Käufer kamen in hellen ~en in den neuen Laden** des flots d'acheteurs se pressaient dans le nouveau magasin; **2.** *agr.* (*PflugƧ*) soc *m* (de charrue).

Scharade [ʃaˈraːdə] *f* ⟨~; ~n⟩ charade *f*; rébus *m*.

Scharbockskraut [ˈʃaːrbɔksˌkraut] *n bot.* ficaire *f*; fausse-renoncule *f*.

Schäre [ˈʃɛːrə] *f* ⟨~; ~n⟩ récif *m*; écueil *m*.

scharen [ˈʃaːrən] *v/t.* (*u. v/réfl.*) ⟨h⟩ (s')assembler (en troupes); (se) réunir; (se) grouper; **um sich ~** rallier; **sich ~ um** se rallier autour de; **~ˌweise** *adv.* par troupes; par *od.* en bandes.

scharf [ʃarf] **1.** *adj.* ⟨**~er, ~st**⟩ **a)** (*schneidend*) tranchant; coupant; aiguisé; affilé; (*spitz*) pointu; *Zähne, Nägel, Krallen, Dornen* acéré; aigu, aiguë; *Kurve* prononcé; brusque; *Ecke* saillant; **~e Kante** arête vive; **~e Spitze** pointe très aiguë, fine, acérée; **b)** (*ausgeprägt*) *Linien, Gesichtszüge* marqué; accusé; *Gegensätze* (bien) tranché; saillant; *Umrisse, Ränder* net, -tte (*auch phot.*); tranché; précis; prononcé; nettement défini, dessiné; arrêté; **c)** *opt. Brille, Fernglas* fort; **d)** *chim., Lauge* caustique; *Säure* corrosif, -ive; agressif, -ive; mordant; *Gift* violent; *Speisen* épicé; pimenté; très assaisonné; piquant; (*gepfeffert*) poivré; *Essig, Senf* fort; *Geruch* pénétrant; fort; *Tabak* âcre; **e)** *fig., Kritik, Urteil, Maßnahmen etc.* (*streng*) sévère; rigoureux, -euse; *pfort.* radical; *Kontrolle auch* strict; minutieux, -euse; *Bewachung* étroit; *Verhör* serré; *Worte, Äußerungen, Entgegnung* (*schroff*) sec, sèche; cassant; tranchant; (*beißend*) cinglant; mordant; acerbe; acéré; *fig., Zunge* bien affilé; acéré; **~er Verweis** verte réprimande; **schärfsten Widerstand leisten** s'opposer (à qc.) avec la dernière énergie; **~er Protest** énergique, violente protestation; **f)** (*hochgradig entwickelt*) *Gehör* fin; *Verstand* pénétrant; perçant; très fin; subtil; *Gedächtnis* sûr; net, -tte; fidèle; *Urteil* très juste; perspicace; *Auge* perçant; *Blick* pénétrant; **ein ~es Auge haben** *auch* voir clair; **mit ~en Sinnen** avec des sens affinés, aigus; **g)** *Trab, Galopp* (*rasch*) rapide; vif, vive; *Pfiff* perçant; aigu; *pfort.* strident; *Wind* cinglant; perçant; piquant; âpre; violent; *Luft* vif, vive; **h)** *milit., Munition* pour tir réel; *Minen, Sprengkörper etc.* amorcé; armé; **i)** *fig.* F **auf etw. ~ sein** vouloir absolument posséder, avoir, voir, *etc.* qc.; tenir absolument à qc.; avoir la passion de qc.; être passionné de qc.; *fig.* F **auf j-n ~ sein** être rempli de passion pour qn.; F être entiché de qn.; **k)** *Hund* méchant; **2.** *adv.* **~ begrenzt** nettement arrêté; *Befugnisse, Rechte etc.* nettement délimité; *Gedanken* **~ herausarbeiten** faire nettement ressortir; faire ressortir avec précision; *Aufgabe* **~ umreißen** délimiter nettement, avec précision; **~ ins Auge fassen** épier; observer, surveiller très attentivement; *phot.* **~ einstellen** mettre au point; **~ bewachen, ~ im Auge behalten** surveiller, observer de près, étroitement; exercer une surveillance étroite (sur); **~ aufpassen** faire bien attention; F se tenir à carreau, sur ses gardes; **~ nachdenken** penser, réfléchir avec rigueur, avec logique; **j-n ~ ansehen** regarder qn. fixement, sévèrement, d'un œil sévère; dévisager qn.; **etw. aufs schärfste verurteilen** juger qc. de la façon la plus sévère, avec une extrême, avec la dernière rigueur; **~ reiten** chevaucher à vive allure, à fond de train; galoper ventre à terre, F dur; *milit.* **~ schießen** tirer à balle; procéder à des tirs réels.

Scharf|abstimmung [ˈʃarfˌʔapʃtɪmʊŋ] *f rad.* réglage précis; **selbsttätige ~** contrôle *m* automatique de fréquence; accord *m*, syntonisation *f* automatique; **~blick** *m* pénétration *f* (d'esprit); clairvoyance *f*; *pfort.* perspicacité *f*; sagacité *f*; **Ƨˌblickend** *adjt. cf.* **scharfsichtig.**

Schärfe [ˈʃɛrfə] *f* ⟨~; ~n⟩ acuité *f* (*auch fig.*); *e-s Messers etc.* (*Schneide*) tranchant *m*; taillant *m*; fil *m*; *e-r Säure etc.* (*Ätzkraft*) mordant *m* (*auch fig.*); *von Speisen etc.* piquant *m* (*auch fig.*); (*Deutlichkeit*) netteté *f* (*auch phot.*); précision *f*; (*Genauigkeit*) exactitude *f*; précision *f*; *des Verstandes* sagacité *f*; perspicacité *f*; pénétration *f*; finesse *f*; *des Gedächtnisses* netteté *f*; fidélité *f*; sûreté *f*; *des Gehörs, der Augen* acuité *f* (auditive, visuelle); *fig.* (*Strenge*) sévérité *f*; rigueur *f*; (*Bissigkeit*) tranchant *m*; âcreté *f*; acrimonie *f*; **vermeiden Sie jede ~** soyez aussi conciliant que possible.

Scharfeinstellung [ˈʃarfˌʔaɪnʃtɛlʊŋ] *f phot.* mise *f* au point.

schärfen [ˈʃɛrfən] **I** *v/t.* ⟨h⟩ *Messer etc.* aiguiser; affûter; affiler; (*schleifen*) émoudre; (*abziehen*) donner le fil à; (*zuspitzen*) rendre pointu; *milit. Minen, Bomben etc.* amorcer; *fig., Verstand, Blick, Auge* aiguiser; *Sinne auch* affiner; *Gehör* rendre plus fin; *e-m Pferd* **die Eisen ~** ferrer à glace (un cheval); **II Ƨ** *n* ⟨~s⟩ *e-s Messers etc.* aiguisage *m*; affûtage *m*; affilage *m*; *der Minen, Bomben* amorçage *m*.

scharf|kantig [ˈʃarfˌkantɪç] *adj.* à arête(s) vive(s); à angle(s) vif(s); **~ machen** raviver; **~ˌmachen** F *v/t.* ⟨*sép.*, -ge-, h⟩ provoquer; exciter; (*scharfe Maßregeln befürworten*) pousser à des mesures de rigueur; envenimer les choses; **Ƨˌmacher** F *m* ⟨~s; ~⟩ excitateur *m*; provocateur *m*; instigateur *m*; outrancier *m*; **Ƨmacheˈrei** F *f* ⟨~⟩ excitation *f*; instigation *f*; **~ˌrandig** *adj.* à bord(s) tranchant(s); **Ƨˌrichter** *m* bourreau *m*; *jur.* exécuteur *m* (des 'hautes œuvres); **Ƨˌschießen** *n milit.* tir *m* à balle, réel, de guerre; **Ƨˌschütze** *m milit.* bon tireur; tireur *m* d'élite; **Ƨschützengeˌwehr** *n* fusil *m* à lunette; **~ˌsichtig** *adj.* clairvoyant; sagace; perspicace; pénétrant; **Ƨˌsichtigˌkeit** *f* ⟨~⟩ clairvoyance *f*; sagacité *f*; perspicacité *f*; pénétration *f*; **Ƨsinn** *m* ⟨~(e)s⟩ esprit pénétrant; grande pénétration (d'esprit); finesse *f*; subtilité *f*; *cf. auch* **Ƨsichtigkeit**; **~ˌsinnig** *adj.* fin; subtil; *cf. auch* **~sichtig**; **Ƨˌsinnigˌkeit** *f* ⟨~⟩ *cf.* **Ƨsinn.**

Schärfung [ˈʃɛrfʊŋ] *f* ⟨~⟩ *cf.* **schärfen II.**

Scharlach [ˈʃarlax] *m* **1.** ⟨~s; ~e⟩ *Farbe* écarlate *f*; **2.** ⟨~s⟩ *méd.* scarlatine *f*; **~epideˌmie** *f méd.* épidémie *f* de scarlatine; **~ˌfarbe** *f* (couleur *f*) écarlate *f*; **Ƨˌfarben, Ƨˌfarbig** *adj.* écarlate; **~ˌfieber** *n méd.* (fièvre *f*) scarlatine *f*; **Ƨˌrot I** *adj.* écarlate; **II ~ˌrot** *n* rouge *m* écarlate.

Scharlatan [ˈʃarlatan, -taːn] *m* ⟨~s; ~e⟩ charlatan *m*; **~eˈrie** *f* ⟨~; -ien⟩ charlatanerie *f*; charlatanisme *m*.

Scharm [ʃarm] *m* ⟨~s⟩ *cf.* **Charme**; **Ƨant** [-ˈmant] *adj. cf.* **charmant.**

Scharmützel [ʃarˈmʏtsəl] *n* ⟨~s; ~⟩ *milit.* escarmouche *f*; échauffourée *f*; léger engagement; **Ƨn** *v/i.* ⟨-(e)le, h⟩ *milit.* escarmoucher; se livrer à des escarmouches; tirailler.

Scharnier [ʃarˈniːr] *n* ⟨~s; ~e⟩ charnière *f*; **~ˌstift** *m* broche *f* de charnière.

Schärpe [ˈʃɛrpə] *f* ⟨~; ~n⟩ écharpe *f* (portée en ceinture, en bandoulière).

Scharpflug [ˈʃaːrpfluːk] *m agr.* charrue *f* à soc.

Scharr|e [ˈʃarə] *f* ⟨~; ~n⟩ *techn.* racloir *m*; *cf. auch* **Schabeisen**; **Ƨen I** *v/t.* ⟨h⟩ **ein Loch in die Erde ~** creuser un trou dans la terre en grattant; **II** *v/i.* gratter (**in der Erde** la terre); *Studenten, als Zeichen der Mißbilligung* (**mit den Füßen**) **~** trépigner (pour marquer son mécontentement); marquer son mécontentement (en trépignant); piétiner; **III ~en** *n* ⟨~s⟩ grattage *m*; *der Studenten* trépignement *m*; piétinement *m*; **~er** *m* ⟨~s; ~⟩ *cf.* **~e.**

Scharriereisen [ʃaˈriːrˌʔaɪzən] *n* équarrissoir *m*.

Scharte [ˈʃartə] *f* ⟨~; ~n⟩ **1.** *in e-m Schneidewerkzeug* brèche *f*; dent *f*; **e-e ~ machen** ébrécher; **~n bekommen** s'ébrécher; *fig.* **e-e ~ auswetzen** réparer un échec, une faute; **2.** *milit.* (*SchießƧ*) embrasure *f*; meurtrière *f*; créneau *m*; **3.** *in e-m Gebirgskamm* échancrure *f*; entaille *f*; coupure *f*; brèche *f*; **4.** *cf.* **Hasenscharte**; **5.** *bot.* sarrette *f*; *sc.* serratule *f*.

Scharteke [ʃarˈteːkə] *f* ⟨~; ~n⟩ vieux bouquin; F *fig. péj.* **alte ~** F vieux tableau; vieille toupie, taupe.

schartig [ˈʃartɪç] *adj.* ébréché; **~ machen (werden)** (s')ébrécher.

Scharwenzel [ʃarˈvɛntsəl] *m* ⟨~s; ~⟩ F complaisant *m*; *pfort.* flagorneur *m*;

flatteur *m*; 2n F *v/i.* ⟨-(e)le, *pas de ge-*, h⟩ faire le complaisant; être, se montrer complaisant, obséquieux (um j-n envers *od.* pour qn.); s'empresser (auprès de qn., autour de qn., pour qn.); *pfort.* flagorner, flatter, aduler (qn.); F faire des courbettes, le joli cœur, P de la lèche (à qn.).

schassen ['ʃasən] F *v/t.* ⟨-ßt, h⟩ expulser (de l'école); *aus e-r Stellung* F flanquer à la porte.

Schatten ['ʃatən] *m* ⟨~s; ~⟩ ombre *f* (*auch abgeschiedene Seele, peint.*); *von Bäumen etc.* (*schattige Stelle*) ombrage *m*; *fig.* (*Makel*) tache *f*; flétrissure *f*; **Licht u.** ~ clairs et ombres; **im** ~ à l'ombre; ~ **werfen** faire de l'ombre; projeter une *od.* son ombre; ~ **spenden** donner de l'ombre; **der** ~ **des Todes, e-s Beweises, e-s Verdachtes** l'ombre de la mort, d'une preuve, d'un soupçon; **spielende** ~ ombres mouvantes; **j-m** ~ **machen** faire de l'ombre à qn.; *fig.* **j-n in den** ~ **stellen** éclipser, effacer, supplanter qn.; **etw. in den** ~ **stellen** dépasser qc.; **er folgt ihm wie sein** ~ il le suit comme son ombre; c'est son ombre; **tiefe, blaue, dunkle** ~ **unter den Augen haben** avoir les yeux cernés; *kommende Ereignisse* **werfen ihre** ~ **voraus** ... ont leurs signes avant-coureurs, leurs prodromes; **er ist nur noch ein** ~ **s-r selbst** il n'est plus que l'ombre de lui-même; **niemand kann über s-n** ~ **springen** F personne ne peut sortir de sa peau; *myth.* **das Reich der** ~ le royaume des ombres; **~be‚reich** *m opt.* zone *f* d'ombre; **~‚bild** *n* silhouette *f*; **~‚boxen** *n* boxe *f* contre son ombre; shadow-boxing *m*; **~‚dasein** *n* **ein** ~ **führen** vivre dans l'ombre; **2‚haft** *adj.* vague; (*unwirklich*) fantomatique; **~kabi‚nett** *n pol.* cabinet *m* fantôme; **~‚könig** *m* roi *m* fantôme; *péj.* roitelet *m*; **2‚los** *adj.* sans ombre; **~mo‚relle** *f* ⟨~; ~n⟩ *bot.* griotte *f*; **~‚pflanze** *f bot.* plante *f* qui ne pousse qu'à l'ombre; **2‚reich** *adj.* ombreux, -euse; **~‚reich** *n myth.* royaume *m* des ombres; Tartare *m*; **~‚riß** *m cf.* **~bild**; **~‚seite** *f* côté *m* de l'ombre; *fig.* mauvais côté; (*Nachteil*) revers *m* de la médaille; ombre *f* au tableau; inconvénient *m*; **auf der** ~ **des Lebens stehen** n'avoir pas de chance dans la vie; **~‚spender(in)** *m* (*f*) ce qui donne de l'ombre; **~‚spiel** *n* ombres chinoises.

schattier|en [ʃa'ti:rən] **I** *v/t.* ⟨*pas de ge-*, h⟩ *peint.* ombrer; nuancer; dégrader; **II 2en** *n* ⟨~s⟩ distribution *f* des ombres; **2ung** *f* ⟨~; ~en⟩ dégradation *f*; dégradé *m*; nuance *f* (*auch fig.*).

schattig ['ʃatıç] *adj.* ombragé; ombreux, -euse.

Schatulle [ʃa'tulə] *f* ⟨~; ~n⟩ *für Geld* cassette *f*; *für Schmuck* coffret *m*; écrin *m*.

Schatz [ʃats] *m* ⟨~es; ≈e⟩ **1.** trésor *m*; richesses *f/pl.* (*beide auch fig.*); *fig., von Kenntnissen etc.* somme *f*; grand fonds (de); *von Erinnerungen* profusion *f*; **verborgener** ~ F magot *m*; **Schätze heben** déterrer des trésors; **Schätze sammeln** amasser des trésors; *abs.* thésauriser; **2.** F (*Geliebte[r]*) amant, -e *m, f*; *als Kosewort cf.* **Liebling**; **~amt** *n* trésorerie *f*; Trésor *m*; **~‚anweisung** *f* bon *m* du Trésor.

schätz|bar ['ʃɛtsba:r] *adj.* estimable; *meist mit nég.* (*ab~*) appréciable; évaluable; **~en I** *v/t.* ⟨-(es)t, h⟩ (*ab~*) estimer; apprécier; *mit Hilfe der Berechnung auch* évaluer; (*den Preis von etw. bestimmen*) taxer; supputer; priser; coter; (*achten*) estimer; apprécier; priser; **wie alt** ~ **Sie ihn?** quel âge lui donnez-vous?; **ich hätte ihn für älter geschätzt** je l'aurais cru, jugé plus âgé; **wie hoch** ~ **Sie es?** à combien l'évaluez-vous?; **ich schätze, daß** ... j'estime, je pense que ...; **etw. zu** ~ **wissen** (savoir) apprécier qc.; **sich glücklich** ~ s'estimer heureux, -euse; **wir** ~ **ihn sehr** nous le tenons en ʻhaute estime; **ich schätze das nicht** je n'en fais pas grand cas; **II 2en** *n* ⟨~s⟩ *cf.* **Schätzung**; **~en‚lernen** *v/t.* ⟨*sép.*, -ge-, h⟩ apprendre à estimer, à apprécier; goûter; **~ens‚wert** *adj.* estimable; **2er** *m* ⟨~s; ~⟩ estimateur *m*; taxateur *m*; *vereidigter* commissaire-priseur *m*.

Schatz|gräber ['ʃats‚grɛ:bər] *m* chercheur *m* de trésors; **~‚insel** *f* île *f* au trésor; **~‚kammer** *f* trésor *m* (public); trésorerie *f*; *in England* Échiquier *m*; **~‚kanzler** *m in England* chancelier *m* de l'Échiquier; **~‚kästchen** *n*, **~‚kästlein** *n* ⟨~s; ~⟩ écrin *m*; *als Buchtitel* Recueil *m* de ...; **~‚meister** *m* trésorier *m*.

Schätzpreis ['ʃɛtsprais] *m* mise *f* à prix.

Schatzschein ['ʃatsʃain] *m cf.* **Schatzanweisung**.

Schätzung ['ʃɛtsuŋ] *f* ⟨~; ~en⟩ (*Ab2*) estimation *f*; appréciation *f*; évaluation *f*; taxation *f*; supputation *f*; (*Wert2*) estime *f*; **vorsichtige** ~ prudente évaluation; appréciation réservée; **bei vorsichtiger** ~ F au bas mot; **2s‚weise** *adv.* approximativement; à peu près; par approximation; **~s‚wert** *m* valeur estimative; (montant *m* de l')estimation *f*.

Schatzwechsel ['ʃats‚vɛksəl] *m cf.* **Schatzanweisung**.

Schätzwert ['ʃɛtsve:rt] *m cf.* **Schätzungswert**.

Schau [ʃau] *f* ⟨~; ~en⟩ (*Betrachtungsweise*) point *m* de vue; aspect *m*; angle *m*; (*Ausstellung*) exposition *f*; étalage *m*; montre *f*; exhibition *f*; parade *f*; (*Vorführung*) grande mise en scène; grand spectacle; revue *f*; **nur zur** ~ **dienen** n'être là que pour la montre, la parade; **zur** ~ **stehen** être exposé (à la vue); **etw. zur** ~ **stellen** étaler qc.; mettre qc. à l'étalage; faire étalage, montre de qc.; **zur** ~ **tragen** faire étalage, parade de; afficher; montrer; (*heucheln*) affecter; **sich zur** ~ **stellen** se donner en spectacle; s'afficher; **innere** ~ vision *f*; **2be‚gierig** *adj. cf.* **schaulustig**; **~be‚richt** *m cf.* **Bildreportage**; **~bild** *n* esquisse *f*; schéma *m*; (*Diagramm*) diagramme *m*; **~‚brote** *n/pl. bibl.* pains *m/pl.* de proposition; **~‚bude** *f* baraque *f* (de foire); **~budenbe‚sitzer** *m* forain *m*; **~‚bühne** *f* théâtre *m*.

Schauder ['ʃaudər] *m* ⟨~s; ~⟩ frisson *m*; (*Zittern*) frémissement *m*; tremblement *m*; tressaillement *m*; *fig.* (*Entsetzen*) horreur *f*; ~ **einflößen** faire frémir, frissonner, tressaillir; donner un frisson; faire horreur; **2‚bar** *adj.* F *cf.* **2haft**; **2er‚regend** *adj.* qui fait frémir, horreur; qui donne un frisson; terrifiant; **2‚haft** *adj.* horrible; affreux, -euse; *pfort.* épouvantable; (*abscheulich*) abominable; atroce; F horrifiant; **~‚haftigkeit** *f* ⟨~⟩ horreur *f*; abomination *f*; atrocité *f*; **2n** *v/i.* ⟨-(e)re, h⟩ frissonner (vor de); (*beben*) frémir, trembler, tressaillir (de); **mich schaudert, zu** ... (+ *inf.*) j'ai horreur de ... (+ *inf.*); **es schaudert mich, mir** *od.* **mich schaudert** je frémis, frissonne; **mich schaudert bei diesem Gedanken (bei dem Gedanken, daß ...)** cette pensée me fait horreur, me fait frémir; j'ai horreur de penser à cela (je frissonne à la pensée que ...); **das macht mich** ~ cela me donne le frisson; cela me fait frémir; cela me donne la chair de poule; cela m'horripile.

schauen ['ʃauən] *v/i.* ⟨h⟩ voir; regarder; (*betrachten*) contempler; considérer; **auf j-n, etw.** ~ *als Vorbild* imiter qn., qc.; prendre qn., qc. pour modèle; **um sich** ~ regarder autour de soi; **dem Tod furchtlos ins Auge** ~ envisager la mort sans crainte; regarder la mort en face; **j-m ins Herz** ~ lire dans le cœur de qn.; **in die Zukunft** ~ tourner ses regards vers l'avenir; chercher à lire dans, pénétrer l'avenir; F **schau, daß** ...! fais attention à *od.* de ... (+ *inf.*) *od.* (à ce) que ... (+ *subj. od. ind.*)!; prends garde de ... (+ *inf.*)!; **schau, schau!** voilà une affaire!; ça c'est quelque chose!; tiens, tiens!

Schauer ['ʃauər] *m* ⟨~s; ~⟩ **1.** (*Frösteln*) frisson *m*; *cf. auch* **Schauder**; **heiliger** ~ sainte horreur; horreur sacrée; **ihn überlief ein** ~ un frisson lui courut par tout le corps; **2.** (*Regen2*) ondée *f*; averse *f*; *mit Hagel od. Schnee vermischt* giboulée *f*; **3.** *phys. atom.* gerbe *f*; **~ge‚schichte** *f* histoire *f* à faire frémir, qui donne la chair de poule.

Schauerleute ['ʃauər‚lɔytə] *pl. von* **Schauermann**.

schauerlich ['ʃauər‚lıç] *adj.* qui cause des frissons; lugubre; sinistre; macabre; *cf. auch* **schauderhaft**; **2‚keit** *f* ⟨~⟩ *cf.* **Schauderhaftigkeit**.

Schauermann ['ʃauər‚man] *m* ⟨~(e)s; -leute⟩ *mar.* débardeur *m*; docker [-ɛr] *m*.

schauer|n ['ʃauərn] *v/i.* ⟨-(e)re, h⟩ *cf.* **schaudern, hageln**; **2ro‚man** *m* roman *m* d'épouvante, F qui donne la chair de poule, à faire dresser les cheveux sur la tête; **~‚voll** *adj. cf.* **schauerlich, schauderhaft**.

Schaufel ['ʃaufəl] *f* ⟨~; ~n⟩ pelle *f*; (*Rad2*) palette *f*; aube *f* (*auch e-r Turbine*); aileron *m*; *ch., Damhirsch* empaumure *f* (à andouillers aplatis et palmés); **2‚förmig** *adj.* en forme de pelle; **~ge‚weih** *n ch. cf.* **Schaufel**; **~‚hirsch** *m ch.* daim *m* (qui a plus de quatre ans); **~‚lader** *m* ⟨~s; ~⟩ *techn.* chouleur *m*; pelleteur *m*; pelleteuse *f*; pelle *f* mécanique; **2n I** *v/t.* ⟨-(e)le, h⟩ pelleter; **ein Grab** ~ creuser une fosse; **II** *v/i.* travailler à la pelle; **III ~n** *n* ⟨~s⟩ pelletage *m*; *e-s Grabes* creusage *m od.* creusement *m*; **~‚pflug** *m agr.* charrue *f* à soc; **~‚rad** *n techn.* roue *f* à palettes, à aubes; **~rad‚bagger** *m* excavateur *m* à roue-pelle; **~‚voll** *f* pelletée *f*; **~‚zahn** *m zo.* dent incisive.

Schaufenster ['ʃau‚fɛnstər] *n* devanture *f*; étalage *m*; vitrine *f*; **im** ~ **ausstellen** exposer en vitrine, en devanture; **die** ~ **ansehen (gehen)** F lécher les vitrines; **~‚auslage** *f* étalage *m*; **~be‚leuchtung** *f* éclairage *m* de vitrine, *etc.*; **~‚bummel** F *m* F lèche-vitrines *m*; **~dekora‚teur** *m* étalagiste *m*; **~dekorati‚on** *f* décoration *f* d'étalage; **~ge‚staltung** *f* composition *f* d'étalage; **~re‚klame** *f* réclame *f*, publicité *f* par l'étalage; **~‚scheibe** *f* glace *f* de la vitrine; **~‚wettbewerb** *m* concours *m* d'étalages.

Schaufler ['ʃauflər] *m* ⟨~s; ~⟩ *ch. cf.* **Schaufelhirsch**.

Schau|fliegen ['ʃaʊˌfliːgən] *n*, **~flug** *m* *aviat.* vol *m* de démonstration; **~geˌrüst** *n* tribune *f*; tréteaux *m/pl.*; **~glas** *n techn.* regard *m*; 'hublot *m*; **~haus** *n cf.* Leichenschauhaus; **~kampf** *m* match *m* d'exhibition; **~ˌkasten** *m* vitrine *f*.

Schaukel ['ʃaʊkəl] *f* ⟨~; ~n⟩ escarpolette *f*; balançoire *f*; **~ˌbrett** *n* branloire *f*; *abus.* balançoire *f*; **~ei** [-'laɪ] F *f* ⟨~⟩ *auf der Schaukel* balancement *m*; *e-s Fahrzeugs* cahotement *m*; **Ձn I** *v/t.* ⟨-(e)le, h⟩ balancer (sur une escarpolette); **ein Kind auf den Knien ~** bercer un enfant sur ses genoux; F *fig.* **wir werden das Kind schon ~** F cela va se goupiller très bien; on arrangera ça; **II** *v/i.* se balancer; jouer à la balançoire, à l'escarpolette; *mar.* rouler; avoir du roulis; tanguer; **III ~n** *n* ⟨~s⟩ balancement *m*; bercement *m*; *mar.* roulis *m*; tangage *m*; **~ˌpferd** *n* cheval *m* (de bois) à bascule; **~poliˌtik** *f* politique *f* de bascule; **~ˌreck** *n gym.* trapèze volant; **~ˌringe** *m/pl. gym.* anneaux *m/pl.*; **~ˌstuhl** *m* chaise *f*, fauteuil *m* à bascule; berceuse *f*; rocking-chair [rɔkiŋʃɛːr] *m*.

Schaulust ['ʃaʊlʊst] *f* curiosité *f*; désir *m* de voir; **Ձig** *adj.* curieux, -euse; avide de voir; **~ige(r)** *f (m)* ⟨→ A⟩ curieux, -euse *m, f*.

Schaum [ʃaʊm] *m* ⟨~(e)s; ≈e⟩ écume *f*; *auf Bier, von Seife etc.* mousse *f*; **~ schlagen** faire de la mousse; *fig.* éblouir; jeter de la poudre aux yeux (de qn.); F faire de l'esbroufe, de l'épate; esbroufer; *cf. auch* **prahlen**; *cuis.*, *Eiweiß* **zu ~ schlagen** fouetter; battre (le blanc) en neige; **ihm stand der ~ vor dem Mund** il avait de l'écume à la bouche; l'écume lui sortait de la bouche; il avait la bouche écumante; **Träume sind Schäume** *prov.* tout songe est mensonge *prov.*; **Ձˌartig** *adj.* de la nature de l'écume, de la mousse; *sc.* spumescent; spumeux, -euse; **~bad** *n* bain *m* de mousse; **Ձbeˌdeckt** *adjt.* couvert d'écume, de mousse; écumeux, -euse; **~ˌblase** *f* bulle *f*, bouillon *m* (d'écume, de mousse).

schäumen ['ʃɔʏmən] *v/i.* ⟨h⟩ écumer (*auch fig.*); *Bier, Seife etc.* mousser; *Wein auch* pétiller; *Wellen, Brandung* moutonner; *fig.* **vor Wut ~** écumer de rage; (en)rager; **~d** *adjt.* écumant; *sc.* spumescent; *von Getränken, Seife etc.* mousseux, -euse; *Limonade* effervescent.

Schaum|gebäck ['ʃaʊmgəˌbɛk] *n* meringue *f*; **~geˌborene** *f* ⟨→ A⟩ *myth.* Anadyomène *f*; (Vénus-)Aphrodite *f*; **~gold** *n* oripeau *m*; lames *f/pl.*, lamelles *f/pl.* d'or; **~ˌgummi** *m* caoutchouc *m* mousse; crêpe *m* (de latex, de caoutchouc); **Ձig** *adj.* couvert d'écume; écumeux, -euse; *sc.* spumeux, -euse; **~ˌkelle** *f* écumoire *f*; **~kraut** *n bot.* cardamine *f*; F cressonnette *f*; **~ˌkrone** *f* **das Meer hat ~n** la mer moutonne; **~ˌlöffel** *m cf.* **~kelle**; **Ձlos** *adj.* sans écume; **~ˌlöscher** *m*, **~ˌlöschgeˌrät** *n* extincteur *m* à mousse; **~ˌschläger** *m* *cuis.* fouet *m*; *fig.* charlatan *m*; épateur, -euse *m, f*; F esbroufeur, -euse *m, f*; *cf. auch* **Prahler(in)**; **~schläge'rei** *f fig.* charlatanerie *f*; F esbroufe *f*; P épate *f*; *cf. auch* **Prahlerei**.

Schaumünze ['ʃaʊˌmʏntsə] *f* médaille *f*.

Schaumwein ['ʃaʊmvaɪn] *m* vin champagnisé; *abus.* champagne *m*; **~ˌsteuer** *f* impôt *m* sur les vins champagnisés, *abus.* sur les champagnes.

Schau|packung ['ʃaʊˌpakʊŋ] *f cf.* Attrappe; **~platz** *m* scène *f*; (*Kriegs*Ձ) théâtre *m*; *e-s Verbrechens* lieu *m*; **~proˌzeß** *m* procès sensationnel, à grand spectacle; simulacre *m* de procès.

schaurig ['ʃaʊrɪç] *adj. cf.* **schauerlich, schauderhaft**; **Ձˌkeit** *f* ⟨~; ~en⟩ *cf.* Schauderhaftigkeit.

Schauspiel ['ʃaʊʃpiːl] *n thé.* pièce *f* de théâtre; drame *m*; *fig.* spectacle *m*; scène *f*; **~ˌdichter** *m* auteur *m* dramatique; dramaturge *m*; **~er(in)** *m (f)* *thé.* acteur, -trice *m, f*; artiste *m, f* dramatique; comédien, -nne *m, f* (*auch fig.*); *fig.* F *péj.* cabotin, -e *m, f*; P cabot *m*; **~ werden** devenir acteur, -trice; F monter sur les planches; **~e'rei** *fig. f* comédie *f*; F *péj.* cabotinage *m*; **Ձeˌrisch** *adj.* de comédien, -nne; d'acteur, -trice; **Ձern** *fig. v/i.* ⟨-(e)re, h⟩ jouer la comédie; F cabotiner; faire le cabotin; se livrer au cabotinage; **~ˌhaus** *n* théâtre *m*; salle *f* de spectacle; **~ˌkunst** *f* art *m* dramatique; **~ˌschule** *f* école *f* d'art dramatique; **~ˌtruppe** *f* troupe *f* de comédiens; troupe théâtrale.

Schau|steller ['ʃaʊˌʃtɛlər] *m* ⟨~s; ~⟩ forain *m*; **~stellerˌwagen** *m* roulotte *f* de forain; **~ˌstellung** *f* exhibition *f*; représentation *f*; séance *f*; **~stück** *n* objet *m* de curiosité; pièce curieuse; **~ˌturnen** *n* fête *f* gymnastique; exhibitions *f/pl.* de gymnastique.

Scheck [ʃɛk] *m* ⟨~s; ~s⟩ chèque *m* (über de); **e-n ~ ausstellen** émettre, tirer un chèque (**auf** sur); **e-n ~ einlösen** toucher, encaisser un chèque; **ungedeckter ~** chèque sans provision, non provisionné; **uneingelöster, gesperrter, gekreuzter ~** chèque non payé *od.* non honoré, bloqué, barré; **~ˌaussteller** *m* ⟨~s; ~⟩ tireur *m* de chèque; **~buch** *n* carnet *m* de chèques; chéquier *m*.

Schecke[1] ['ʃɛkə] *m* ⟨~n; ~n⟩ (*auch* Scheck) *Pferd* cheval *m* pie; *Rind* bœuf tacheté de blanc; **~**[2] *f* ⟨~; ~n⟩ jument *f* pie; vache tachetée de blanc.

Scheck|fälschung ['ʃɛkˌfɛlʃʊŋ] *f* falsification *f* de chèque; **~formuˌlar** *n* formulaire *m* de chèque; **~heft** *n cf.* Scheckbuch.

scheckig ['ʃɛkɪç] *adj.* tacheté; marqueté; *Pferd* pie; F *fig.* **sich ~ lachen** rire à cœur joie; F se payer une bosse de rire, de rigolade; s'en payer une bonne tranche.

Scheck|inhaber(in) ['ʃɛkˌʔɪnhaːbər (-ɪn)] *m (f)* porteur, -euse *m, f* d'un chèque; **~verˌkehr** *m* mouvement *m*, service *m* de(s) chèques; opérations *f/pl.*, transactions *f/pl.* par chèques; **~ˌzahlung** *f* règlement *m*, paiement *m* par chèque.

scheel [ʃeːl] *adj. fig.* envieux, -euse; jaloux, -ouse; *etw.* **mit ~en Augen ansehen** regarder qc. d'un œil jaloux; bigler, lorgner qc.; **j-n ~ ansehen** regarder qn. de travers; **~ˌblickend** *adjt.* qui regarde de travers; **Ձsucht** *f* ⟨~⟩ envie *f*; jalousie *f*; **~ˌsüchtig** *adj. cf.* scheel.

Scheffel ['ʃɛfəl] *m* ⟨~s; ~⟩ boisseau *m*; *bibl.* **sein Licht nicht unter den ~ stellen** *cf.* Licht 3.; **Ձn I** *v/t.* ⟨-(e)le, h⟩ **Geld ~** gagner, F rafler beaucoup d'argent; **II** *v/i.* *Getreide* rendre beaucoup; **~ˌvoll** *m* ⟨~; ~⟩ boisselée *f*; **Ձˌweise** *adv.* en abondance; F à la pelle.

Scheibe ['ʃaɪbə] *f* ⟨~; ~n⟩ **1.** disque *m*; plateau *m*; *kleine* rondelle *f*; *techn.* (*Riemen*Ձ) poulie *f*; *des Töpfers* tour *m*; (*Schleif*Ձ) meule *f*; (*Dichtungs*Ձ) (rondelle-)joint *m*; *am Perpendikel* lentille *f*; **2.** *von Brot, Wurst etc.* tranche *f*; (*Apfel*Ձ, *Zitronen*Ձ) *auch* rondelle *f*; F *fig.* **davon kannst du dir e-e ~ abschneiden** là tu peux encore apprendre qc.; **3.** (*Fenster*Ձ) carreau *m*; vitre *f*; *vom Auto, Schaufenster, Spiegel* glace *f*; **bunte ~n** vitraux *m/pl.*; **4.** (*Schieß*Ձ) cible *f*; F carton *m*; *beim Hockey* palet *m*; puck *m*; **5.** ⟨*pas de pl.*⟩ P *fig.* (**ja**) **~!** raté!; bernique!; P macache!; des clous!; la tringle!; peau de balle (et balai de crin)!; peau de zébi!; que dalle!; du vent!

Scheiben|anker ['ʃaɪbənˌʔaŋkər] *m* *élect.* armature *f* à, induit *m* en disque; **~ˌbremse** *f Auto* frein *m* à disque; **~ˌegge** *f agr.* 'herse *f* à disques; **Ձˌförmig** *adj.* en forme de disque; *sc.* discoïde; **~garˌdine** *f* (léger et petit) rideau *m* de fenêtre; vitrage *m*; *nur die halbe Scheibe bedeckend* brise-bise *m*; **~ˌhantel** *f Gewichtheben* barre *f* à disques; haltères *m/pl.* démontables; **~ˌhonig** *m* miel *m* en rayons; **~ˌkupplung** *f Auto* embrayage *m* à disques; **~ˌpflug** *m agr.* charrue *f* à disques; **~ˌrad** *n Auto* roue pleine; **~ˌschießen** *n* tir *m* à la cible; **~ˌschütze** *m* tireur *m* à la cible; **Ձˌweise** *adv.* par tranches; **~ˌwaschanlage** *f Auto* lave-glace *m*; **~ˌwischer** *m* ⟨~s; ~⟩ *Auto* essuie-glace *m*.

Scheich [ʃaɪç] *m* ⟨~s; ~e *od.* ~s⟩ cheik *od.* scheik [ʃɛk] *m*.

Scheide ['ʃaɪdə] *f* ⟨~; ~n⟩ **1.** (*Futteral*) gaine *f* (*auch bot.*); *e-s Degens* fourreau *m*; (**wieder**) **in die ~ stecken** (r)engainer; **aus der ~ ziehen** dégainer; **2.** *anat.* vagin *m*; **3.** (*Grenze*) lieu *m*, point *m*, ligne *f* de séparation; limite *f*; **~ˌerz** *n* minerai trié; **~ˌlinie** *f cf.* Scheide 3.; **~ˌmünze** *f* (monnaie *f* de) billon *m*; monnaie *f* divisionnaire; pièce *f* de monnaie.

scheiden ['ʃaɪdən] **I** *v/t.* ⟨**scheidet, schied, geschieden,** h⟩ séparer; *chim.* décomposer; *métall.* coupeller; *Erz* trier; **Gold von Silber ~** séparer l'or de l'argent; faire le départ de l'or et de l'argent; *jur.* **e-e Ehe ~** rompre un mariage; prononcer le divorce; *Eheleute* **von Tisch u. Bett ~** séparer ... de corps et de biens; **geschieden werden** être divorcé; **sich ~ lassen** divorcer (**von j-m** d'avec qn.); **e-e geschiedene Frau** une (femme) divorcée; *fig.* **wir sind geschiedene Leute** nous n'avons plus rien (à démêler) ensemble; tout est fini entre nous; nous sommes définitivement brouillés; **II** *v/i.* ⟨sein⟩ *u. v/réfl.* se séparer (de); (*weggehen*) s'en aller; partir; quitter; **voneinander ~** se quitter; se séparer; **aus dem Dienst, Amt ~** quitter le service; se retirer; prendre sa retraite; **aus dem Leben ~** quitter la vie; mourir; trépasser; **das ~de Jahr** l'année qui finit, touche à sa fin; **im Lichte der ~den Sonne** sous les rayons du soleil couchant; **in dieser Frage ~ sich die Geister** sur cette question les avis diffèrent, sont divisés; **hier ~ sich unsere Wege** ici nos chemins divergent, bifurquent; **III Ձ** *n* ⟨~s⟩ séparation *f*; (*Abreise*) départ *m*; *chim.* décomposition *f*; *métall.* coupellation *f*; **~ tut weh** la séparation est toujours douloureuse; **vor s-m ~ ...** avant de quitter ...

Scheiden|entzündung ['ʃaɪdənˌʔɛntˌtsʏndʊŋ] *f méd.* vaginite *f*; **~ˌkrampf**

m méd. vaginisme *m*; **~ˌring** *m* pessaire *m*.

Scheide|trichter [ˈʃaɪdəˌtrɪçtər] *m chim.* entonnoir séparateur; **~ˌwand** *f* cloison *f*; mur *m*, paroi *f*, cloisonnage *m* de séparation, de refend; *bot.* diaphragme *m*; *anat.* cloison *f*; septum [-əm] *m*; *der Walnuß* zeste *m*; *fig.* barrière *f*; **~ˌwasser** *n* ⟨~s; ~⟩ *chim.* eau-forte *f*; acide *m* nitrique; **~ˌweg** *m fig.* **am ~ stehen** se trouver devant une alternative; être pris dans un dilemme; être à la croisée des chemins; être forcé de choisir.

Scheidung [ˈʃaɪdʊŋ] *f* ⟨~; ~en⟩ **1.** *cf.* scheiden III; **2.** *jur.* (*Ehe*2) divorce *m*; ~ **von Tisch u. Bett** séparation *f* de corps et de biens; **auf ~ klagen, die ~ beantragen** introduire une demande, instance en divorce; demander le divorce; **miteinander in ~ liegen** être en divorce; **die ~ aussprechen, auf ~ erkennen** prononcer le divorce; **~sˌgrund** *m* cause *f*, motif *m* de divorce; **~sˌklage** *f* demande *f*, action *f*, instance *f* en divorce; **die ~ einreichen** demander le divorce; plaider en séparation; introduire une instance en divorce; **~sproˌzeß** *m* instance *f* en divorce; **~sˌurteil** *n* jugement *m* de divorce.

Scheik [ʃaɪk] *m* ⟨~s; ~e *od.* ~s⟩ *cf.* Scheich.

Schein [ʃaɪn] *m* ⟨~(e)s; ~e⟩ **1.** (*Bescheinigung*) certificat *m*; attestation *f*; acte *m*; bulletin *m*, récépissé *m* (*par ex.* de consigne); billet *m* (*par ex. milit.* de logement); feuille *f* (*par ex.* d'accompagnement); bon *m* (*par ex.* de commande); lettre *f* (*par ex.* de garantie); permis *m* (*par ex.* de conduire, de port d'armes); (*Empfangs*2) reçu *m*; récépissé *m*; acquit *m*; (*Banknote*) billet *m* (de banque); **2.** *e-r Lampe, Kerze etc.* lumière *f*; *pfort.* clarté *f*; (*mattes Licht*) lueur *f*; ~ **des Mondes** clair *m* de la lune; **beim trüben ~ der Fackeln** à la lueur trouble des flambeaux; **3.** *fig.* (*Anschein*) apparence *f*; (faux) semblant *m*; simulacre *m*; trompe-l'œil *m*; dehors *m/pl.*; façade *f*; **den (äußeren) ~ wahren** sauver les apparences; sauver la face; **(nur) zum ~** pour la forme; pour sauver les apparences; par manière d'acquit; F pour la frime, la montre; **etw. zum ~ tun** feindre, faire semblant de faire qc.; **nach dem ~ zu urteilen** ... à en juger par, à en croire les apparences; **nach dem ~ urteilen** juger sur les apparences; **der ~ spricht gegen ihn** les apparences sont contre lui; **das ist nur ~** ce n'est que feinte, qu'un trompe-l'œil, qu'un simulacre, qu'une (fausse) apparence, qu'une apparence trompeuse; **der ~ trügt** les apparences sont trompeuses; il ne faut pas se fier aux apparences; l'habit ne fait pas le moine *prov.*; **~...** *in Zssgn. oft* apparent; spécieux, -euse; faux, fausse; simulé; simulacre *m* de ...; fictif, -ive; pseudo(-)...; **~ˌangriff** *m milit.* fausse attaque; attaque simulée, feinte; diversion *f*; **2bar 1.** *adj.* apparent; *nur mit dem Schein des Rechts, der Wahrheit* spécieux, -euse; **2.** *adv. abus. für* (*anscheinend*) en apparence; selon toute apparence; à ce qu'il semble; à en croire les apparences; apparemment; *cf. auch* **anscheinend**; **~ˌblüte** *f comm.* fausse prospérité; prospérité illusoire, apparente; *der Kunst etc.* faux épanouissement; **~ˌdasein** *n* vie *f* illusoire; **~ˌehe** *f* mariage fictif; simulacre *m* de mariage; mariage blanc.

scheinen [ˈʃaɪnən] *v/i.* ⟨scheint, schien, geschienen, h⟩ **1.** (*Licht verbreiten*) luire; briller; **die Sonne scheint** il fait du soleil; il y a du soleil; *Sonne* **ins Gesicht, ins Zimmer ~** donner dans la vue, dans la chambre; **der Mond scheint** il fait clair de lune; **hell ~** briller d'une vive clarté; être dans tout son éclat; *Mond* il y a un grand clair de lune; **2.** *fig.* (*den Anschein haben*) sembler; avoir l'air de; paraître; **Sie ~ Angst zu haben; es scheint, Sie haben Angst; Sie haben Angst, scheint es;** F **Sie haben scheint's Angst** vous semblez avoir peur; vous avez l'air d'avoir peur; on dirait que vous avez peur; vous avez peur, il faut croire; **er ist reicher, als es scheint** il est plus riche qu'on ne croit; **wie es scheint** à ce qu'il semble, paraît; **das scheint wohl nur so** ce n'est qu'une apparence, qu'un trompe-l'œil.

Schein|friede [ˈʃaɪnˌfriːdə] *m* paix fourrée, boiteuse, apparente; **~frucht** *f bot.* pseudo-fruit *m*; **~ˌfüßchen** *n/pl. zo.* pseudopodes *m/pl.*; **~geˌfecht** *n milit.* combat simulé, de diversion; simulacre *m* de combat; **~geˌschäft** *n comm.* transaction, opération fictive; **~geˌwinn** *m comm.* bénéfice fictif; **~grund** *m* raison spécieuse; fallacieux prétexte; cause simulée; **2ˌheilig** *adj.* hypocrite; de faux dévot; tartufe; cafard; papelard; **~ˌheilige(r)** *f (m)* hypocrite *m, f*; faux (fausse) dévot(e); tartufe *m*; cafard, -e *m, f*; papelard, -e *m, f*; *von e-r Frau auch* sainte nitouche; **~ˌheiligˌkeit** *f* hypocrisie *f*; fausse dévotion *f*; tartuferie *f*; papelardise *f*; **~ˌherrschaft** *f* domination *f* imaginaire; **~kauf** *m* achat fictif; **~maˌnöver** *n milit.* simulacre *m* de manœuvre; démonstration *f*; *fig.* manœuvre *f*; **~tod** *m* mort apparente; léthargie *f*; **2tot** *adj.* mort en apparence; qui est en léthargie; **~verˌkauf** *m* vente fictive; **~verˌtrag** *m* contrat fictif; **~ˌwerfer** *m* ⟨~s; ~⟩ projecteur *m*; réflecteur *m*; *Auto* phare *m*; **die ~ abblenden** baisser les phares; se mettre en code; **die ~ kurz aufleuchten lassen** faire un appel de phare; **~werferˌkegel** *m* faisceau lumineux d'un projecteur, *Auto* d'un phare; **~werferˌlicht** *n* **im ~** sous les feux des projecteurs; **~ˌwiderstand** *m* résistance apparente; *élect. auch* impédance *f*.

Scheiß|dreck [ˈʃaɪsdrɛk] V *m* V merde *f*; **wegen jedem ~ beklagt er sich** il se plaint pour des riens, des bagatelles; **das geht ihn e-n ~ an** F ce ne sont pas ses oignons; qu'il s'occupe de ses oignons, P de ses miches; **~e** V *f* ⟨~⟩ V merde *f*; **2en** V *v/i.* ⟨-(es)t, scheißt, schiß, schisse, geschissen, h⟩ V chier; *fig.* **auf etw. ~** chier sur qc.; **2eˈgal** *adj.* V **das ist mir ~** F je m'en bats l'œil; P je m'en fous; je m'en tape le coquillard; **2ˈfreundlich** V *péj. adj.* faussement aimable; **~kerl** V *m* P salaud *m*; saligaud *m*.

Scheit [ʃaɪt] *n* ⟨~(e)s; ~e⟩ (*Holz*2) bûche *f*.

Scheitel [ˈʃaɪtəl] *m* ⟨~s; ~⟩ **1.** sommet *m* (de la tête); *sc.* vertex *m*; **vom ~ bis zur Sohle** de la tête aux pieds; F de pied en cap; **2.** *Haartracht* raie *f*; **e-n ~ ziehen** faire une raie; **3.** (*höchster Punkt*) apex *m*; sommet *m* (*auch géol., math., e-s Winkels etc.*); *bât., e-s Bogens* clef *f*; *élect.* sommet *m*; pointe *f*; crête *f*; **~ˌbein** *n anat. sc.* pariétal *m*; **~ˌhöhe** *f élect.* 'hauteur *f* de crête; *bât., e-s Bogens* flèche *f*; *e-r Flugbahn* flèche *f* (de trajectoire); **~ˌkreis** *m astr.* (cercle) vertical *m*; **~ˌlinie** *f* ligne verticale; **2n I** *v/t.* ⟨-(e)le, h⟩ **das Haar ~** faire la raie; **II** *v/réfl.* **das Haar scheitelt sich** les cheveux se séparent, forment une raie; **~ˌpunkt** *m* point culminant; *cf. auch* Scheitel 3.; *astr.* zénith *m*; *Ballistik* sommet *m*; **~ˌspannung** *f élect.* tension *f* de crête; **~ˌwert** *m élect.* valeur *f* de crête, de pointe; maximum [-əm] *m*; amplitude *f*; **~ˌwinkel** *m math.* angle opposé par le sommet.

Scheiterhaufen [ˈʃaɪtərˌhaufən] *m* bûcher *m*.

scheitern [ˈʃaɪtərn] **I** *v/i.* ⟨-(e)re, sein⟩ *mar.* échouer (*auch fig.*); faire naufrage; se perdre; *fig.* ne pas réussir; manquer; subir un échec; rater; avorter; chavirer; sombrer; F (s'en) aller à vau-l'eau; **daran ist er gescheitert** là est la cause, la raison de son échec; **II 2** *n* ⟨~s⟩ *mar.* naufrage *m*; échouement *m* (*auch fig.*); *fig.* non-réussite *f*; insuccès *m*; échec *m*; avortement *m*; **zum ~ verurteilt** voué, condamné à l'échec; **zum ~ bringen** faire échouer.

Schellack [ˈʃɛlak] *m* ⟨~(e)s; ~e⟩ gomme-laque *f*.

Schelle [ˈʃɛlə] *f* ⟨~; ~n⟩ **1.** grelot *m*; clochette *f*; (*Klingel*) sonnette *f*; **2.** *cf.* Handschelle, Maulschelle, Rohrschelle; **3. ~n** *pl. Spielkartenfarbe* carreau *m*; **2n I** *v/i.* ⟨h⟩ sonner; **es schellt** on sonne; **~ Sie!** tirez la sonnette!; **II ~n** *n* ⟨~s⟩ coup(s) *m* (*pl.*) de sonnette; **~nˌbaum** *m mus.* chapeau chinois; **~nˈbube** *m Kartenspiel* valet *m* de carreau; **~ngeˌläut(e)** *n* **a)** bruit *m* de grelots; **b)** (*Glöckchen*) grelots *m/pl.*; clochettes *f/pl.*; sonnettes *f/pl.*; *am Pferdegeschirr* 'harnais *m* à grelots; **~nˌkappe** *f* bonnet *m* de fou, à grelots; **~nˈkönig** *m Kartenspiel* roi *m* de carreau; **~nˌschlitten** *m* traîneau *m* à grelots.

Schell|fisch [ˈʃɛlfɪʃ] *m zo.* aiglefin *od.* aigrefin *od.* églefin *m*; **~kraut** *n bot.* chélidoine [ke-] *f*; éclaire *f*; herbe *f* aux verrues.

Schelm [ʃɛlm] *m* ⟨~(e)s; ~e⟩ *cf.* Schalk; *von e-m Kind* **kleiner ~** petit(e) fripon(ne), coquin(e), diable(sse); diablotin, -e *m, f*; F **armer ~** pauvre diable, bougre, garçon; **ein ~, wer Arges dabei denkt** *prov.* 'honni soit qui mal y pense *prov.*; **~engeˌsicht** *n* mine friponne; **~enroˌman** *m litt.* roman *m* picaresque; **~enˌstreich** *m*, **~enˌstück** *n*, **~eˈrei** *f* ⟨~; ~en⟩ espièglerie *f*; malice *f*; **2isch** *adj. cf.* schalkhaft.

Schelt|e [ˈʃɛltə] *f* ⟨~; ~n⟩ réprimande *f*; F gronderie *f*; **~ bekommen** être réprimandé, grondé; **2en** *v/t.* ⟨schilt, schalt, schölte, gescholten, h⟩ gronder (**wegen etw.** sur qc.); réprimander, blâmer (de qc.); *cf. auch* **schimpfen, ausschelten**; **j-n e-n Dummkopf ~** traiter qn. d'imbécile; **~wort** *n* ⟨~(e)s; ~e *od.* ~er⟩ parole injurieuse; invective *f*.

Schema [ˈʃeːma] *n* ⟨~s; ~s *od.* ~ta *od.* -men⟩ schéma *od.* schème *m*; modèle *m*; plan *m*; (*Entwurf*) esquisse *f*; *techn.* diagramme *m*; **nach ~ F** sur le même modèle; de la même façon; sans discrimination; *cf. auch* **Schablone, schablonenhaft**; **2tisch** [-ˈmaː-] *adj.* schématique; **2tiˈsieren** *v/t.* ⟨*pas de ge-*, h⟩ schématiser; **~tiˈsierung** *f* ⟨~; ~en⟩ schématisation *f*; **~ˈtismus** *m* ⟨~; -men⟩ schématisme *m*.

Schemel [ˈʃeːməl] *m* ⟨~s; ~⟩ tabouret *m*; sellette *f*; escabeau *m*.

Schemen [ˈʃeːmən] *m* ⟨~s; ~⟩ fantôme *m*; ombre *f*; 2ˌ**haft** *adj.* vague; fantomatique.

Schenke [ˈʃɛŋkə] *f* ⟨~; ~n⟩ *cf.* Schankwirtschaft.

Schenkel [ˈʃɛŋkəl] *m* ⟨~s; ~⟩ **1.** *anat.* (*Ober*2) cuisse *f*; (*Unter*2) jambe *f*; **2.** *e-s Zirkels, e-r Zange etc.* branche *f*; *e-s Winkeleisens* aile *f*; *math., e-s Winkels* côté *m*; **~...** *in Zssgn. sc.* crural; fémoral; **~arˌterie** *f anat.* artère fémorale; **~ˌbein** *n anat.* os *m* de la cuisse; *sc.* fémur *m*; **~ˌbeuge** *f anat.* pli *m* de l'aine; **~ˌbruch** *m méd.* **a)** fracture *f* du fémur; **b)** 'hernie crurale; **~ˌdruck** *m Reiten* pression *f* de la jambe; **~ˌhals** *m anat.* col *m* du fémur; **~kaˌnal** *m anat.* canal crural; **~ˌknochen** *m cf.* ~bein; **~ˌkopf** *m anat.* tête *f* du fémur; **~ˌnerv** *m anat.* nerf crural; **~ˌring** *m anat.* anneau fémoral; **~ˌrohr** *n techn.* tube coudé, en V.

schenk|en [ˈʃɛŋkən] *v/t.* ⟨h⟩ **1.** donner (comme, en cadeau); faire présent, cadeau (j-m etw. de qc. à qn.); offrir (qc. à qn.); *Strafe* (*erlassen*) dispenser (qn. de qc.); remettre (qc. à qn.); faire grâce, remise (de qc. à qn.); *Geldschuld auch* tenir (qn.) pour quitte (de qc.); j-m **Vertrauen ~** faire confiance à qn.; **j-m, e-r Sache Aufmerksamkeit ~** prêter (son) attention à qn., à qc.; **e-r Sache Glauben ~** ajouter foi à qc.; **j-m die Freiheit ~** donner la liberté à qn.; **j-m das Leben ~** *cf.* leben IV, 7.; **j-m sein Herz ~** donner son cœur, son affection à qn.; **etw. zu Weihnachten geschenkt bekommen** recevoir qc. pour son noël; **dieses Buch wurde mir vom Verfasser geschenkt** ce livre est un don de l'auteur; **wenn Gott mir das Leben schenkt** si Dieu me prête vie; **geschenkt ist geschenkt** ce qui est donné est donné; un cadeau est un cadeau; *von e-r billigen Ware* **das ist geschenkt!** c'est donné!; F c'est pour une bouchée de pain!; F *fig.* **das kann ich mir ~** (*brauche ich nicht zu tun*) je peux m'en dispenser; **2.** *cf.* einschenken; 2**enˌamt** *n hist.* charge *f* d'échanson; 2**ende(r)** *f* (*m*) ⟨→ A⟩ donateur, -trice *m, f*; 2**geˌrechtigkeit** *f*, 2ˌ**stube** *f*, 2**tisch** *m cf.* Schank...; 2**ung** *f* ⟨~; ~en⟩ don *m*; *bes. jur.* donation *f*; *gemeinnützige* dotation *f*; 2**ungsˌbrief** *m* acte *m* de donation; 2**ungsˌsteuer** *f* impôt *m* sur les donations entre vifs; 2**ungsˌurkunde** *f cf.* 2ungsbrief; 2**ungsverˌsprechen** *n* promesse *f* de donation *f*; 2**wirt(in)** *m* (*f*), 2ˌ**wirtschaft** *f cf.* Schank...

Scherbe [ˈʃɛrbə] *f* ⟨~; ~n⟩ **1.** morceau *m* (d'un verre, d'un pot cassé); *nur von Glas u. Ton* tesson *m*; **~n** *pl. auch* débris *m/pl.* (*auch fig.*); **in ~n gehen** se casser; **2.** *Keramik* vaisselle *f* de terre; **~n** *m* ⟨~s; ~⟩ *cf.* Scherbe 2.; **~ngeˌricht** *n hist.* ostracisme *m*; **~nˌkobalt** *m minéral.* arsenic natif.

Scherbett [ʃɛrˈbɛt] *m od. n* ⟨~(e)s; ~e⟩ sorbet *m*.

Schere [ˈʃeːrə] *f* ⟨~; ~n⟩ **1.** ciseaux *m/pl.*; *techn., für Metalle* cisailles *f/pl.*; (*Blech*2, *Schaf*2, *Tuch*2) forces *f/pl.*; **e-e ~** une paire de ciseaux; **2.** *zo., der Krebse etc.* pince *f*; **3.** (*Gabeldeichsel*) limonière *f*; **4.** *gym.* ciseaux *m/pl.*; croisé *m*; *Ringen* ciseau *m*.

scheren¹ [ˈʃeːrən] **I** *v/t.* ⟨schert, schor, geschoren, h⟩ *Schafe, Rasen, text.* tondre; *Bart* raser; *Haare* couper à ras, de près; tondre (qn.); *Hecke* tailler; *Weberei* ourdir; *text.* **geschorener Samt** velours ciselé; F *fig.* **alles über e-n Kamm ~** mettre tout dans le même sac, le même panier; **II** 2 *n* ⟨~s⟩ *der Schafe* tonte *f*; *des Rasens* tondage *m*; *text. auch* tonture *f*; *der Haare* coupure *f* à ras, de près; tonte *f*; **~² I** *v/imp.* ⟨**schert, scherte, geschert,** h⟩ (*angehen*) regarder; toucher; **das schert mich nicht** cela ne me regarde, ne me touche pas; peu m'en chaut; je m'en moque; F je m'en fiche, P m'en fous; **was schert das mich?** qu'est-ce que cela me fait?; que m'importe (cela)?; **II** *v/réfl.* **1. sich um etw. ~** (*kümmern*) s'occuper, se soucier, se mêler de qc.; **2.** F **sich** (*weg*)**~** s'en aller; filer; *cf. auch* **packen** II; **scher dich zum Teufel, Henker!** va-t-en à tous les diables!; 2ˌ**fernrohr** *n milit.* périscope *m* (binoculaire) de tranchée; 2ˌ**schleifen** *n* repassage *m* des ciseaux; 2ˌ**schleifer** *m* ⟨~s; ~⟩ rémouleur *m*; repasseur *m*; 2ˌ**schnitt** *m* silhouette *f*.

Scherer(in) [ˈʃeːrər(ɪn)] *m* ⟨~s; ~⟩ (*f*) ⟨~; ~nen⟩ tondeur, -euse *m, f*.

Schererei [ˌʃeːrəˈraɪ] F *f* ⟨~; ~en⟩ ennuis *m/pl.*; contrariétés *f/pl.*; vexations *f/pl.*; tracas *m*; tracasseries *f/pl.*; **viel ~(en) machen** donner bien de la peine, du tracas, F du tintouin.

Scherfestigkeit [ˈʃeːrˌfɛstɪçˌkaɪt] *f techn.* résistance *f* au cisaillement.

Scherflein [ˈʃɛrflaɪn] *n* ⟨~s; ~⟩ obole *f*; denier *m*; **sein ~ beisteuern** apporter sa contribution, son obole; contribuer selon ses moyens.

Scherge [ˈʃɛrgə] *m* ⟨~n; ~n⟩ *fig.* sbire *m*; sicaire *m*; **~nˌamt** *n*, **~nˌdienst** *m* métier *m* de sbire, de sicaire.

Scherif [ʃɛˈriːf] *m* ⟨~s *od.* ~en; ~s *od.* ~e(n)⟩ chérif *m*.

Scher|kopf [ˈʃeːrkɔpf] *m elektr. Rasierapparat* tête rasante; **~maˌschine** *f* tondeuse *f*; **~ˌmesser** *n beim Rasierapparat, Rasenmäher* couteau *m*; *der Schermaschine* tambour tondeur; **~ˌrahmen** *m Weberei* ourdissoir *m*; **~ˌspannung** *f techn.* effort *m* de cisaillement; **~ung** *f* ⟨~; ~en⟩ *techn.* cisaillement *m*; **~ungsˌmodul** *m techn.* module *m* de cisaillement.

Scherwenzel [ʃɛrˈvɛntsəl] *m*, 2**n** *v/i. cf.* Schar...

Scherz [ʃɛrts] *m* ⟨~es; ~e⟩ plaisanterie *f*; raillerie *f*; bouffonnerie *f*; facétie [-si] *f*; drôlerie *f*; boutade *f*; F blague *f*; **~ beiseite!** blague, plaisanterie, raillerie à part!; trêve de plaisanteries!; sans blague!; **aus, im, zum ~** pour rire; par raillerie; pour plaisanter; **s-n ~ treiben mit j-m** se jouer, s'amuser, se moquer, se faire un jeu de qn.; **selbst im ~** même en plaisantant; *cf. auch* **Spaß**; **~arˌtikel** *m* attrape *f*; 2**en I** *v/i.* ⟨-(es)t, h⟩ plaisanter; railler; s'amuser; badiner; F blaguer; **Sie (belieben zu) ~!** vous vous moquez!; vous voulez rire!; vous raillez!; vous plaisantez!; *cf. auch* **spaßen**; **II ~en** *n* ⟨~s⟩ *cf.* Scherz; **immer zum ~ aufgelegt sein** avoir le mot pour rire; **~ˌfrage** *f* devinette *f*; question facétieuse [-sjø-]; **~geˌdicht** *n* poème *m* comique; 2**haft** *adj.* plaisant; railleur, -euse; facétieux [-sjø], -euse; badin; drôle; (*heiter*) enjoué; **~ˌhaftigˌkeit** *f* ⟨~⟩ humeur badine, railleuse; esprit *m* de plaisanterie; (*Heiterkeit*) enjouement *m*.

Scherzo [ˈskɛrtsoˑ] *n* ⟨~s; ~s *od.* -zi⟩ *mus.* scherzo *m*.

Scherz|rätsel [ˈʃɛrtsˌrɛːtsəl] *n cf.* Scherzfrage; 2ˌ**weise** *adv.* par plaisanterie; pour rire; **~wort** *n* ⟨~(e)s; ~e⟩ plaisanterie *f*; mot plaisant, pour rire; bon mot.

scheu [ʃɔʏ] **I** *adj.* timide; peureux, -euse; craintif, -ive; *Blick* 'hagard; fuyant; (*menschenscheu*) farouche (*auch vom Tier*); sauvage; *Pferde* ombrageux, -euse; **~ werden** s'effrayer; s'effaroucher; *Pferde* s'emballer; prendre le mors aux dents; **~ machen** effaroucher; **II** 2 *f* ⟨~⟩ timidité *f*; crainte *f*, appréhension *f* (vor de); (*Ehrfurcht*) respect *m*; **heilige ~** sainte horreur (vor de) (*auch iron. u. fig.*); **ohne ~** sans crainte; en (toute) confiance; courageusement.

Scheuche [ˈʃɔʏçə] *f* ⟨~; ~n⟩ épouvantail *m* (*auch fig.*); 2**n** *v/t.* ⟨h⟩ chasser, faire fuir (en effarouchant); effaroucher.

scheuen [ˈʃɔʏən] **I** *v/t.* ⟨h⟩ avoir peur (j-n, etw. de qn., de qc.); appréhender, craindre, redouter (qn., qc.); (*vor etw. zurückschrecken*) reculer devant; **keine Kosten ~** ne pas regarder à la dépense; **keine Mühe ~** ne pas plaindre sa peine; ne craindre, redouter aucune peine; ne reculer devant aucun effort, aucune peine; faire tous ses efforts; **keine Arbeit ~** ne refuser aucun travail; **das Licht ~** craindre, fuir la lumière; **etw. ~** *auch* avoir qc. en aversion; avoir une répugnance pour qc.; **tue recht u. scheue niemand** *prov.* fais ce que dois, advienne que pourra; bien faire et laisser dire *beide prov.*; **II** *v/i.* *Pferd* s'effaroucher; s'effrayer; s'emballer; **III** *v/réfl.* **sich ~, etw. zu tun** hésiter à faire qc.; appréhender, craindre de faire qc.; **sich vor etw. ~** *cf.* **scheuen I**; **sich vor e-r Arbeit ~** reculer devant un travail.

Scheuer [ˈʃɔʏər] *f* ⟨~; ~n⟩ *cf.* Scheune.

Scheuer|bürste [ˈʃɔʏərˌbʏrstə] *f* brosse *f* à laver, à frotter, F à pavé; (*Schrubber*) balai-brosse *m*; *mar.* goret *m*; lave-pont *m*; **~ˌeimer** *m* seau *m*; **~ˌfestigkeit** *f techn.* résistance *f* au frottement; **~ˌfrau** *f* femme *f* de ménage; **~ˌlappen** *m* serpillière *f*; F torchon *m*, toile *f* à pavé; **~ˌleiste** *f* antébois *od.* antibois *m*; plinthe *f*; **~ˌmittel** *n* produit *m* de nettoyage; 2**n I** *v/t.* ⟨-(e)re, h⟩ **1.** (*reinigen*) *Töpfe etc.* (r)écurer; *Fußboden* laver; nettoyer; *mar., Deck* goreter; **mit Sand ~** sablonner; nettoyer au sablon; **2.** *auch v/réfl.* **(sich) ~** ([*sich*] *reiben*) (se) frotter; (se) gratter; **(sich) wund ~** (s')écorcher; **II** *v/i.* **3.** frotter; gratter; être rude à la peau; *mar., Taue* (se) raguer; **III ~n** *n* ⟨~s⟩ **4.** *der Töpfe etc.* (r)écurage *m*; *des Fußbodens* lavage *m*; nettoyage *m*; **5.** (*Reiben*) frottement *od.* frottage *m*; grattement *od.* grattage *m*; **~ˌpfahl** *m mar.* pieu protecteur; **~ˌsand** *m* sablon *m*; **~ˌtuch** *n cf.* ~lappen.

Scheu|klappe [ˈʃɔʏˌklapə] *f*, **~ˌleder** *n* œillère *f* (*auch fig.*).

Scheune [ˈʃɔʏnə] *f* ⟨~; ~n⟩ grange *f*; *für Heu* fenil *m*; **in die ~ bringen** engranger; **~nˌdrescher** *m* ⟨~s; ~⟩ F *fig.* **er frißt wie ein ~** F il mange comme quatre, comme un ogre; F il a un bon coup de fourchette; P il débride bien; **~nˌtor** *n* porte *f* de (la) grange; **~nˌviertel** *n e-r Stadt*

immeubles *m/pl.* insalubres; îlot *m* insalubre; ~ˌ**voll** *f* ⟨~; ~⟩ grangée *f*.
Scheusal [ˈʃɔʏzaːl] *n* ⟨~(e)s; ~e⟩ monstre *m*; objet *m* d'épouvante; horreur *f*; abomination *f*.
scheußlich [ˈʃɔʏslɪç] **1.** *adj.* horrible; affreux, -euse; *Verbrechen auch* atroce; abominable; odieux, -euse; monstrueux, -euse; ignoble; *Anblick auch* 'hideux, -euse; *Kälte, Wetter auch* épouvantable; **2.** *adv.* F ~ **kalt** horriblement, très froid; 2ˌ**keit** *f* ⟨~; ~en⟩ horreur *f*; atrocité *f*; abomination *f*; odieux *m*; monstruosité *f*; 'hideur *f*.
Schi [ʃiː] *m* ⟨~s; ~er⟩ ski *m*; ~ **laufen**, ~ **fahren** faire du ski; skier; **auf ~ern** à *od.* en skis; ~ˌ**anzug** *m* costume *m* de skieur.
Schicht [ʃɪçt] *f* ⟨~; ~en⟩ **1.** couche *f* (*auch fig.*); *aufgetragene* (*Schutz*2 *etc.*) enduit *m*; *mines* lit *m*; (*Luft*2) région *f*; *bât., von Steinen* assise *f*; *géol. auch* strate *f*; *phot.* émulsion *f*; *dünne* (*Überzug*) film *m*; *fig., der Gesellschaft* couche sociale; classe *f*; sphère *f*; *Menschen* **aller ~en** de toutes les couches sociales; de toutes les classes; **2.** (*bestimmte Arbeitszeit*) service *m*; poste *m*; (*Arbeitskolonne*) équipe *f*; ~ **machen** cesser le travail, de travailler; F *fig.* **mit etw. ~ machen** mettre fin à qc.; **in ~en arbeiten** travailler par équipes; ~ˌ**arbeit** *f* travail *m* en *od.* par équipes, par roulement; ~ˌ**arbeiter(in)** *m* (*f*) ouvrier, -ère *m, f* travaillant en équipe, par roulement; 2**en I** *v/t.* ⟨-ete, h⟩ disposer par couches; *Holz* empiler; *géol.* stratifier; **II ~en** *n* ⟨~s⟩ *cf.* ~**ung 1.**; ~**en**ˌ**bildung** *f géol.* stratification *f*; ~**en**ˌ**folge** *f géol.* stratification *f*; 2**en**ˌ**förmig** *adj. géol.* stratiforme; ~**en**ˌ**kunde** *f géol.* stratigraphie *f*; 2**en**ˌ**weise** *adv. cf.* 2**weise**; ~**ge**ˌ**stein** *n géol.* roches stratifiées, sédimentaires; ~**holz** *n* bois empilé; *als Fabrikat* bois *m* lamellaire; 2**ig** *adj.* lamellaire; lamelleux, -euse; ~ˌ**leistung** *f* rendement *m* d'une *od.* par équipe; ~ˌ**linie** *f Kartenkunde* courbe *f* de niveau; ~**lohn** *m* salaire *m* au rendement par équipe; ~ˌ**meister** *m mines* porion *m*; ~ˌ**seite** *f phot., e-s Films* côté émulsionné, sensible; ~ˌ**stufe** *f géol.* gradin *m* de strate; ~**ung** *f* ⟨~; ~en⟩ **1.** (*das Schichten*) disposition *f* par couches; *von Holz* empilement *m*; **2.** (*Aufbau*) *géol.* stratification *f*; *fig.* **soziale ~** répartition *f* des couches sociales; ~ˌ**unterricht** *m* enseignement *m* par roulement; ~ˌ**wechsel** *m* relève *f* (des équipes); 2ˌ**weise** *adv.* par couches; par lits; *bei der Arbeit* par équipes; par roulement; ~ˌ**wolke** *f sc.* stratus [-ys] *m*.
schick [ʃɪk] **I** *adj. Kleidung* chic (*auch f*); élégant; ravissant; ~ **sein** être chic; avoir du chic; être de bon goût; F *fig.* **das ist ~!** (*das ist fein*) F ça, c'est épatant, P chouette, bath!; **II** 2 *m* ⟨~(e)s⟩ chic *m*; élégance *f*; ~ **haben** *cf.* **schick (sein)**.
schicken [ˈʃɪkən] **I** *v/t.* ⟨h⟩ envoyer; *bes. comm.* expédier; **j-m etw. ~** *auch* adresser qc. à qn.; faire parvenir qc. à qn.; **nach j-m ~** envoyer chercher qn.; faire venir, appeler qn.; **j-n auf Reisen ~** faire voyager qn.; **j-m j-n auf den Hals ~** lâcher qn. contre *od.* sur *od.* F après qn.; lancer qn. aux trousses de qn.; *comm.* **ins Haus ~** livrer à domicile; F *fig.* **j-n zum Henker, Kuckuck, Teufel ~** F envoyer qn. se faire pendre ailleurs; envoyer qn. au diable, à tous les diables; envoyer promener qn.; **II** *v/réfl.* **1. sich in etw. ~** se résigner, s'accommoder, se faire à qc.; s'arranger de qc.; **sich in die Umstände ~** *auch* se prêter aux circonstances; en prendre son parti; **sich ins Unabänderliche, Unvermeidliche ~** se résigner à l'inévitable; se faire une raison; **man muß sich in die Zeit ~** F il faut vivre avec son temps; *cf. auch* **fügen** II; **2.** *auch v/imp.* **sich ~** (*geziemen*) convenir à; être convenable à; **das schickt sich nicht** cela ne se fait pas; c'est malséant; ce n'est pas de bon ton; **das schickt sich nicht für Sie** cela ne vous convient pas; **es schickt sich nicht, zu ...** (+ *inf.*) il n'est pas convenable, il est malséant, il n'est pas séant, il ne sied pas, il ne convient pas de ... (+ *inf.*); **3.** *auch v/imp.* **sich ~** (*sich fügen*) s'arranger; venir à propos; **wenn es sich gerade so schickt** si les circonstances s'y prêtent, le permettent; si l'occasion se présente; **es schickt sich gerade gut** ça tombe bien; cela vient à propos; **es hat sich gerade so geschickt** le hasard en a disposé ainsi; **III** 2 *n* ⟨~s⟩ envoi *m*; expédition *f*.
schicklich [ˈʃɪklɪç] *adj.* convenable; décent; de bon ton; (bien)séant; **es ist nicht ~, zu ...** (+ *inf.*) *cf.* **schicken** II, 2.; ~**e Gelegenheit** occasion propice; 2ˌ**keit** *f* ⟨~⟩ convenance(s) *f* (*pl.*); décence *f*; bon ton; bienséance *f*; 2**keitsge**ˌ**fühl** *n* sentiment *m* des convenances, de ce qui se fait.
Schicksal [ˈʃɪkzaːl] *n* ⟨~(e)s; ~e⟩ (*Los*) sort *m*; *waltendes* destin *m*; *e-s Einzelnen* destinée *f*; *litt.* fortune *f*; *blind waltendes* 'hasard *m*; **mit s-m ~ unzufrieden sein** être mécontent de son sort; **j-n s-m ~ überlassen** abandonner qn. à son sort; **sein ~ war besiegelt** sa destinée était décidée; **er hat ein schweres ~** *auch* il a une vie dure; **das ~ herausfordern** tenter fortune; **niemand entgeht s-m ~** on ne peut fuir sa destinée; 2ˌ**haft** *adj.* fatal; fatidique.
Schicksals|frage [ˈʃɪkzaːlsˌfraːgə] *f* question fatale, décisive (pour le sort de), vitale, capitale; ~ˌ**fügung** *f* effet *m* de la providence; *st. s.* arrêt *m* du destin *m*; ~**ge**ˌ**fährten** *m/pl.* compagnons *m/pl.* d'infortune; ~ **sein** F être logé à la même enseigne; ~**ge**ˌ**meinschaft** *f* communauté *f* de sort, de destin; ~**ge**ˌ**nossen** *m/pl. cf.* ~**gefährten**; ~ˌ**glaube** *m* fatalisme *m*; ~ˌ**göttinnen** *f/pl. myth.* Parques *f/pl.*; ~ˌ**prüfung** *f* épreuve *f* (du sort); ~ˌ**schlag** *m* revers *m*, retour *m* de fortune; coup *m* du sort; ~ˌ**stunde** *f* date *f*, heure *f* fatidique; ~**tra**ˌ**gödie** *f litt.* tragédie *f* reposant sur l'idée de fatalité; ~**ver**ˌ**bundenheit** *f cf.* ~**gemeinschaft**; ~ˌ**wende** *f* péripétie [-si] *f*.
Schickung [ˈʃɪkʊŋ] *f* ⟨~; ~en⟩ *cf.* **Schicksalsfügung**.
Schiebe|bühne [ˈʃiːbəˌbyːnə] *f chem.* pont roulant; plate-forme roulante; (chariot) transbordeur *m*; ~ˌ**dach** *n Auto* toit ouvrant; ~ˌ**deckel** *m* couvercle *m* à coulisse; ~ˌ**fenster** *n seitlich zu verschieben* fenêtre *f* à coulisse(s), coulissante; guichet *m*; *vertikal zu verschieben* fenêtre *f* à guillotine; ~ˌ**lehre** *f cf.* **Schieblehre**.
schieben [ˈʃiːbən] **I** *v/t.* ⟨**schiebt, schob, geschoben,** h⟩ pousser; faire glisser; *Zug beim Rangieren* refouler; **Kegel ~** jouer aux quilles; **alle neune ~** faire les neuf quilles; abattre toutes les quilles; **beiseite ~** écarter; mettre de côté; **etw. von e-m Tag auf den andern ~** remettre qc. au lendemain, d'un jour à l'autre; *fig.* **auf die lange Bank ~** *cf.* **Bank**[1] 1.; *fig.* **die Schuld auf j-n ~** rejeter la faute sur qn.; **etw. in den Mund ~** mettre qc. dans la bouche; **etw. in die Tasche ~** glisser, introduire, F fourrer qc. dans sa poche; **das Brot in den Ofen ~** enfourner le pain; *fig.* **j-m etw. in die Schuhe ~** imputer, attribuer qc. à qn.; F mettre qc. sur le dos, sur le compte de qn.; faire endosser qc. à qn.; **e-n Gedanken von sich ~** écarter, repousser une idée; F *fig.* **Kohldampf ~** F danser devant le buffet; F *fig.* **Dienst ~** être de service; **II** *v/i.* **1.** *aviat.* voler en crabe, de travers; déraper; glisser; **2.** *fig. péj. mit Lebensmitteln, Waren* trafiquer (de); faire du trafic; se livrer à un commerce illicite; faire du marché noir; tripoter; combiner; F fricoter (dans); **III** *v/réfl. von e-r Menschenmenge etc.* **sich** (*vorwärts*) ~ avancer; progresser; **sich zwischen etw. ~** se glisser entre deux choses; **sich in den Vordergrund ~** se glisser, se pousser, se hisser au premier rang; *von Kleidungsstücken* **sich in die Höhe ~** remonter; **IV** 2 *n* ⟨~s⟩ *verbal; aviat.* vol *m* en crabe, de travers; dérapage *m*; glissade *f*; *péj. mit Lebensmitteln etc. cf.* **Schiebung**.
Schieber [ˈʃiːbər] *m* ⟨~s; ~⟩ **1.** *techn.* coulisseau *m*; coulant *m*; curseur *m* (*auch élect.*); *an Pumpen* palette *f*; *an Dampfmaschinen* tiroir *m*; soupape *f* à tiroir; *am Schornstein* registre *m*; *an e-r Tür* (*Riegel*) barre *f*; targette *f*; verrou *m*; *am Reißverschluß* tirette *f*; **2.** *Eßgerät für Kinder* raclette *f* de bébé; **3.** *fig. péj.* (*unredlicher Händler*) trafiquant *m*; profiteur *m*; F mercanti *m*; P fricoteur *m*; ~**ge**ˌ**schäft** *péj. n* transaction *f*, opération *f* illicite; ~**e machen** trafiquer.
Schiebering [ˈʃiːbəˌrɪŋ] *m techn.* coulant *m*; curseur *m*.
Schieberventil [ˈʃiːbərvenˌtiːl] *n techn.* soupape *f* à tiroir.
Schiebe|sitz [ˈʃiːbəˌzɪts] *m* siège coulissant, à glissière; ~ˌ**spule** *f élect.* bobine *f* à curseur(s); ~ˌ**tür** *f* porte coulissante, à coulisse; ~ˌ**vorrichtung** *f cf.* **Schieber** 1.; ~ˌ**winkel** *m aviat.* angle *m* de dérapage.
Schieb|karre [ˈʃiːpˌkarə] *f*, ~ˌ**kasten** *m*, ~ˌ**lade** *f cf.* **Schub...**; ~ˌ**lehre** *f techn.* pied *m* à coulisse.
Schiebung [ˈʃiːbʊŋ] *f* ⟨~; ~en⟩ *péj. mit Waren* commerce *m*, trafic *m* illicite (mit de); (*Machenschaften*) manœuvre frauduleuse; F combine *f*; (*ungerechte Bevorzugung od. Zurücksetzung*) passe-droit *m*; **e-e ~ machen** se livrer à des manœuvres frauduleuses, à des tripotages.
schied [ʃiːt] *cf.* **scheiden**.
Schieds|abkommen [ˈʃiːtsˌʔapkɔmən] *n jur.* convention *f* d'arbitrage; ~**ge**ˌ**richt** *n jur.* tribunal arbitral; *gewerbliches* conseil *m* de prud'hommes; *Sport* comité *m* d'arbitrage; **durch ein ~ entschieden werden** être tranché par arbitre(s), par arbitrage; s'arbitrer; **e-m ~ unterbreiten** soumettre à l'arbitrage; 2**ge**ˌ**richtlich** *adj.* arbitral; d'arbitre; ~**ge**ˌ**richtsbarkeit** *f* juridiction arbitrale; ~**ge**ˌ**richtsver**ˌ**fahren** *n* arbitrage *m*; ~**hof** *m* **Haager ~**, **Ständiger ~** Cour Permanente d'Arbitrage; ~ˌ**klausel** *f* clause *f* d'arbitrage, de compromis,

jur. compromissoire; **~mann** *m* ⟨~(e)s; ¨~er⟩ arbitre *m*; *e-s gewerblichen Schiedsgerichts* prud'homme *m*; **~ˌrichter** *m* arbitre *m* (*auch Sport*); juge-arbitre *m*; *Sport* juge *m*; als ~ entscheiden arbitrer; Irrtum des ~s erreur d'arbitrage; **~richterˌamt** *n Sport* arbitrage *m*; **2ˌrichterlich 1.** *adj. cf.* 2gerichtlich; **2.** *adv.* par arbitrage; par arbitre(s); arbitralement; **2ˌrichtern** *v/i.* ⟨-(e)re, h⟩ arbitrer; faire l'arbitre; **~spruch** *m* arbitrage *m*; sentence, décision arbitrale; jugement arbitral; e-n ~ fällen rendre un jugement arbitral; dem ~ unterwerfen soumettre à l'arbitrage; sich dem ~ unterwerfen s'en tenir à l'arbitrage; durch ~ par arbitrage; durch ~ entscheiden arbitrer; **~ˌurteil** *n cf.* ~spruch; **~verˌfahren** *n* procédure *f* d'arbitrage; **~verˌtrag** *m* convention *f* d'arbitrage.

schief [ʃiːf] **1.** *adj.* oblique; (*geneigt*) incliné; penché (d'un côté); qui n'est pas d'aplomb; *techn. auch* (qui a du) gauche; *fig.*, *Urteil* faux, fausse; erroné; mauvais; *Vergleich auch* mal choisi; non adéquat [-kwa]; impropre; ~e Ebene plan incliné; der 2e Turm *von Pisa* la tour penchée...; ~er Mund bouche de travers; diese Mauer ist ~ ce mur penche, n'est pas d'aplomb; krumm u. ~ tortu; contourné; difforme; tors (P *f* torte); *fig.* in e-r ~en Lage sein être dans une fausse position, dans une situation fausse; *fig.* auf die ~e Ebene geraten suivre, prendre une mauvaise route; glisser sur la pente fatale; *fig.* ein ~es Licht auf etw., j-n werfen jeter un faux jour sur qc., qn.; F *fig.* ein ~es Gesicht ziehen faire la grimace, la moue; F faire un nez; **2.** *adv.* obliquement; en *od.* de biais; de travers; ~ hängen pencher d'un côté; pendre, être de travers; ~ stehen porter à faux; pencher; incliner; être incliné, penché; *Mauer auch* déverser; *Hut etc.* ~ aufsetzen porter de travers, de côté; ~ halten pencher; incliner; den Kopf ~ halten tenir la tête penchée; incliner, pencher la tête de côté; ~ gewachsen sein être mal venu, difforme; *fig.* j-n ~ ansehen regarder qn. de travers, d'un mauvais œil.

Schiefblatt ['ʃiːfblat] *n bot.* bégonia *m*.

Schiefe ['ʃiːfə] *f* ⟨~⟩ position inclinée; biais *m*; *bes. phys., astr.* obliquité [-kųite] *f*; (*Neigung*) pente *f*; inclinaison *f*; *fig.*, *e-s Bildes, Vergleiches etc.* fausseté *f*.

Schiefer ['ʃiːfər] *m* ⟨~s; ~⟩ **1.** *minéral.* schiste *m*; *zum Dachdecken* blauer ~ ardoise *f*; mit ~ decken ardoiser; **2.** (*Holzsplitter*) éclat *m* de bois; écharde *f*; F esquille *f*; sich e-n ~ einjagen F se mettre, P se fourrer une écharde, esquille (*par ex.* dans le doigt); attraper une écharde (dans le doigt); **2ˌartig** *adj.* ardoiseux, -euse; ardoisier, -ère; schisteux, -euse; **2ˌblau** *adj.* bleu d'ardoise; ardoisé; **~ˌbruch** *m* carrière *f* d'ardoise; ardoisière *f*; **~ˌdach** *n* toit *m* d'ardoise; **~ˌdecker** *m* ⟨~s; ~⟩ *cf.* Dachdecker; **2ˌfarbig** *adj.* couleur d'ardoise; ardoisé; **~geˌbirge** *n géol.* montagnes schisteuses; **~geˌstein** *n géol.* roche schisteuse; **2ˌgrau** *adj.* gris d'ardoise; ardoisé; **2ˌhaltig** *adj.* ardoisier, -ère; schisteux, -euse; **2ig** *adj. von Gesteinen* schisteux, -euse; fissile; **2n** *v/i.* ⟨-(e)re, h *od.* sein⟩ se détacher par feuilles; s'écailler; s'exfolier; *nur minéral.* se déliter; **~ˌöl** *n* huile *f* de schiste; **~ˌplatte** *f bât.* (feuillet *m*, plaque *f* d')ardoise *f*; **~ˌstein** *m* ardoise *f*; **~ˌstift** *m* crayon *m* d'ardoise; **~ˌtafel** *f* ardoise *f*; **~ˌton** *m* ⟨~(e)s; ~e⟩ argile schisteuse; **~ung** *f* ⟨~; ~en⟩ *minéral.* délitement *m*; exfoliation *f*.

schief|gehen ['ʃiːfˌgeːən] F *v/i.* ⟨*irr.*, *sép.*, -ge-, sein⟩ aller de travers; tourner mal; prendre une mauvaise tournure; échouer; rater; sollte alles ~ ... au pis aller ...; à la rigueur ...; beinah, um ein Haar wäre die Sache schiefgegangen F il s'en est fallu d'un cheveu que l'affaire échouât; F moins une, l'affaire échouait; pour un point Martin perdit son âne *loc. prov.*; F *iron.* nur Mut, es *od.* die Sache wird schon ~! courage, ça ira, ça marchera!; **~geˌladen** *adjt.* F *fig.* er hat ~ P il est rond; **~geˌwickelt** *adjt.* F *fig.* ~ sein être dans l'erreur; se tromper; F se mettre, se fourrer le doigt dans l'œil (P jusqu'au coude); **2heit** *f* ⟨~; ~en⟩ *cf.* Schiefe; **~ˌlachen** *v/réfl.* ⟨*sép.*, -ge-, h⟩ F sich ~ F se payer une bosse de rire; s'en payer une (bonne) tranche; **~ˌlaufen** *v/t.* ⟨*irr.*, *sép.*, -ge-, h⟩ *cf.* schieftreten; **~ˌliegen** F *v/i. pol.* n'être pas dans la ligne; **~ˌliegend** *adjt.* penché; incliné.

schiefrig ['ʃiːfrıç] *adj. cf.* schieferig.

schief|treten ['ʃiːfˌtreːtən] *v/t.* ⟨*irr.*, *sép.*, -ge-, h⟩ *Absätze* éculer; tourner; déformer; **~ˌwink(e)lig** *adj.* (à angle[s]) oblique(s).

Schiel|auge ['ʃiːlˌˀaugə] *n* œil *m* qui louche; bigle; **2ˌäugig** *adj.* qui louche; bigle; **~ˌbrille** *f opt.* louchette *f*; **2en I** *v/i.* ⟨h⟩ loucher; avoir les yeux de travers; être bigle; *sc.* avoir du strabisme; mit dem rechten Auge ~ loucher de l'œil droit; *fig.* nach etw. ~ jeter des regards furtifs sur qc.; lorgner qc.; *mit dem Wunsch, es zu besitzen* regarder qc. d'un œil d'envie; F reluquer qc.; bigler, lorgner, guigner qc.; loucher sur qc.; **II ~en** *n* ⟨~s⟩ louchement *m*; *sc.* strabisme *m*; **2end** *adjt.* louche; bigle; *sc.* atteint de strabisme; **~er(in)** *m* ⟨~s; ~⟩ (*f*) ⟨~; ~nen⟩ loucheur, -euse *m, f*; F louchard, -e *m, f*.

schien [ʃiːn] *cf.* scheinen.

Schienbein ['ʃiːnbaın] *n anat.* tibia *m*; os *m* de la jambe; *des Pferdes* canon *m*; **~...** *in Zssgn.* tibial; **~ˌschutz** *m*, **~ˌschützer** *m Sport* jambière *f*; genouillère *f*.

Schiene ['ʃiːnə] *f* ⟨~; ~n⟩ **1.** *chem.* rail *m*; voie *f*; *techn.* (*Gleit2, Lauf2, Führungs2*) glissière *f*; guide *m*; *bât.* bande *f*, lien *m* (de fer); aus den ~n springen sortir, sauter des rails; dérailler; ~n verlegen poser des rails; **2.** *chir.* éclisse *f*; attelle *f*; **3.** *e-r Rüstung* (*Bein2*) jambière *f*; (*Arm2*) brassard *m*; **2n I** *v/t.* ⟨h⟩ *chir.* éclisser; mettre une éclisse, une attelle à; *techn., ein Rad* emba(t)tre; **II ~n** *n* ⟨~s⟩ *chir.* application *f* d'une éclisse, d'une attelle; mise *f* sur éclisse; *techn.* emba(t)tage *m*.

Schienen|bahnen ['ʃiːnənˌbaːnən] *f/pl. cf.* ~fahrzeuge; **~beˌanspruchung** *f* fatigue *f* du rail; **~ˌbremse** *f* frein *m* sur rail; **~ˌbruch** *m* rupture *f* des rails; **~ˌbus** *m* automotrice *f*; autorail *m*; **~ˌeisen** *n* fer méplat; **~ˌfahrzeuge** *n/pl.* véhicules *m/pl.* sur rails; **2geˌbunden** *adjt.* roulant sur rails; **2ˌgleich** *adj.* ~er Bahnübergang passage *m* à niveau; **~ˌleger** *m* ⟨~s; ~⟩ poseur *m* de voies; **~ˌnetz** *n* réseau *m* ferroviaire; **~ˌomnibus** *m cf.* ~bus; **~ˌräumer** *m* chasse-pierres *m*; **~ˌschwebebahn** *f* chemin *m* de fer suspendu monorail; **~ˌstoß** *m* joint *m* de rails; **~ˌstrang** *m* voie ferrée; ligne *f* de chemin de fer; **~transˌport** *m* transport *m* ferroviaire; **~verˌkehr** *m* trafic *m* ferroviaire; **~ˌweg** *m* voie ferrée; auf dem ~(e) par (chemin de) fer; par voie ferrée.

schier [ʃiːr] **1.** *adj.* pur; ~es Fleisch viande sans os; **2.** *adv.* presque; peu s'en faut (que ... + *subj.*); à peu près.

Schierling ['ʃiːrlıŋ] *m* ⟨~s; ~e⟩ *bot.* ciguë *f*; **~sˌbecher** *m* (coupe remplie de) ciguë *f*; **~sˌgift** *n* ciguë *f*.

Schieß|anweisung ['ʃiːsˌˀanvaızuŋ] *f milit.* consigne *f* de tir; **~ˌausbildung** *f milit.* instruction *f* du tir; entraînement *m* au tir; **~bahn** *f* champ *m* de tir; butte *f*; *e-s einzelnen Schützen* ligne individuelle; **~ˌbaumwolle** *f* coton-poudre *m*; fulmicoton *m*; *sc.* pyroxyline *f*; **~beˌdarf** *m* (besoin *m* en) munitions *f/pl.*; **~beˌfehl** *m* ordre *m* de tirer; **~ˌbude** *f* (baraque *f* de) tir *m*; tir forain; F casse-pipes *m*; **~budenfiˌgur** F *f* F tête *f* à massacre; **~ˌeisen** F *n cf.* Schießprügel.

schießen ['ʃiːsən] **I** *v/t.* ⟨-(es)t, schießt, schoß, schösse, geschossen, h⟩ **1.** *mit Schußwaffen* tirer; Hasen ~ tirer, tuer, abattre des lièvres; sich e-e Kugel durch den Kopf ~ se tirer une balle dans la tête; F se brûler la cervelle; j-n über den Haufen ~ abattre qn. d'un coup de feu, comme un chien; den Vogel vom Baum, aus der Luft ~ abattre l'oiseau; j-n zum Krüppel ~ estropier qn. d'un coup de feu; **2.** *Fußball* tirer; shooter [ʃute]; lancer; ein Tor ~ marquer un but; **3.** *mines* (*sprengen*) faire sauter; mettre à feu; tirer; **4.** *fig.* e-n wütenden Blick auf j-n ~ lancer un regard furieux à qn.; *fig.* e-n Bock ~ *cf.* Bock 1.; e-n Purzelbaum ~ *cf.* Purzelbaum; **II** *v/i.* **5.** *mit Schußwaffen* tirer; (*Feuer geben*) faire feu; gut ~ *Person* être bon tireur; *Waffe* tirer juste; scharf ~ tirer à balles; zu kurz ~ tirer court; mit Schrot ~ tirer à plombs; auf j-n *od.* nach j-m ~ tirer sur qn.; décharger son fusil, *etc.* sur *od.* contre qn.; nach der Scheibe ~ tirer à la cible; wir hörten mehrmals ~ nous avons entendu plusieurs coups de feu, détonations, coups de fusil; **6.** ⟨sein⟩ *fig.* (*sich schnell bewegen*) se précipiter; s'élancer; passer, filer comme un trait; aus etw. ~ *Blut, Wasser* jaillir de; *Pflanzen* sortir de; *fig.*, *Städte, Häuser* wie Pilze aus dem Boden ~ pousser comme des champignons; *néol.* F *oft iron.* champignonner; die Antwort kam wie aus der Pistole geschossen il répondit du tac au tac; *Boot* durch die Wellen, *Flugzeug* durch die Luft ~ fendre les flots, les airs; *fig.*, *Gedanke etc.* durch den Kopf ~ venir à l'idée, à l'esprit; traverser l'esprit; in Ähren ~ monter en épi; épier; in Samen, ins Kraut ~ monter en graine, tout en feuilles; die Tränen schossen ihr in die Augen ses yeux se remplirent de larmes; das Blut schoß ihm ins Gesicht le sang lui monta au visage; in die Höhe ~ s'élancer dans les airs; *Pflanzen* grandir, pousser rapidement, très vite (*auch für schnell wachsende Kinder*); ~ lassen *Zügel* lâcher; *mar.*, *Tau* larguer; *fig.* F etw. ~ lassen renoncer à qc.; laisser tomber qc.; envoyer promener qc.; *fig.* s-n Gefühlen die Zü-

gel ~ **lassen** lâcher la bride à ses sentiments; **III** 2 *n* ⟨~s⟩ tir *m*; coups *m/pl.* de feu; *milit.* gefechtsmäßiges ~ tir de guerre; F *fig.* das ist zum ~ c'est à mourir de rire; P c'est à en crever de rire, à se tordre de rire; il y a de quoi se marrer; c'est à s'en taper le derrière, V à s'en écraser le cul par terre.
Schießerei [ˌʃiːsəˈraɪ] *f* ⟨~; ~en⟩ échange *m* de coups de feu; fusillade *f*; pétarade *f*; tiraillerie *f*.
Schieß|gewehr [ˈʃiːsgəˌveːr] F *n* fusil *m*; **~hund** *m* F *fig.* aufpassen wie ein ~ être très attentif, -ive; faire bien attention; **~ˌlehre** *f* balistique *f*; **~ˌmeister** *m mines* maître *m* de tir; **~platz** *m milit.* (champ *m* de) tir *m*; *für die Artillerie* polygone *m*; **~ˌprügel** F *m* ⟨~s; ~⟩ F flingot *m*; flingue *m*; **~ˌpulver** *n* poudre *f* (à canon); **~ˌscharte** *f fortif.* créneau *m*; meurtrière *f*; *Artillerie* embrasure *f*; **~ˌscheibe** *f* cible *f*; **~sport** *m* tir *m* (sportif); **~stand** *m* tir *m*; stand [stɑ̃ːd] *m* (de tir); **~ˌtechnik** *f* technique *f* du tir; **~ˌübung** *f milit.* exercice *m* de tir; **~ˌvorschrift** *f milit.* règlement *m*, instruction *f* sur le tir.
Schi|fahren [ˈʃiːˌfaːrən] *n* ski *m*; **~ˌfahrer(in)** *m (f)* skieur, -euse *m, f.*
Schiff [ʃɪf] *n* ⟨~(e)s; ~e⟩ **1.** *mar.* bateau *m*; embarcation *f*; *großes, bes.* (*Handels*2) navire *m*; *bes.* (*Kriegs*2) vaisseau *m*; *für beide auch* bâtiment *m*; *comm.* per ~ par eau; **2.** *bât., e-r Kirche* nef *f*; vaisseau *m*; **3.** *impr.* (*Setz*2) galée *f*.
Schiffahrt [ˈʃɪffaːrt] *f* navigation *f*; **~sˌabgaben** *f/pl.* taxe *f* de navigation; **~sˌabkommen** *n* convention *f* de navigation; **~sˌaktien** *f/pl.* actions *f/pl.* de compagnie(s) de navigation; valeurs *f/pl.* de navigation; **~sgeˌsellschaft** *f* compagnie *f* maritime, de navigation; **~skaˌnal** *m* canal *m* navigable, de navigation; **~skonfeˌrenz** *f* conférence *f* maritime; **~sˌkunde** *f* science *f* nautique; navigation *f*; **~sˌlinie** *f* **a)** route *f*, ligne *f* maritime; **b)** *cf.* ~sgesellschaft; **~spoliˌzei** *f* Strom- u. ~ police *f* de la navigation; **~sˌprämie** *f* prime *f* à la navigation; **~sˌrecht** *n* droit *m* maritime; **~sˌweg** *m* **a)** voie *f* navigable; **b)** route *f* maritime; 2ˌ**treibend** *adjt.* navigateur, -trice.
schiffbar [ˈʃɪfbaːr] *adj.* navigable; ~ machen rendre navigable; canaliser; 2ˌ**keit** *f* ⟨~⟩ navigabilité *f*; 2ˌ**machung** *f* ⟨~⟩ canalisation *f*.
Schiff|bau [ˈʃɪfbaʊ] *m* ⟨~(e)s; ~ten⟩ construction navale; **~bauingeniˌeur** *m* ingénieur-constructeur *m* de la marine; ingénieur *m* en construction navale; **~bauˌkunst** *f* architecture navale; **~bruch** *m* naufrage *m*; ~ erleiden (*auch fig.*) faire naufrage (*auch fig.*); naufrager; *fig.* échouer; 2ˌ**brüchig** *adj.* naufragé; **~ˌbrüchige(r)** *f (m)* ⟨→ A⟩ naufragé, -e *m, f*; **~ˌbrücke** *f* pont *m* de bateaux; pont flottant.
Schiffchen [ˈʃɪfçən] *n* ⟨~s; ~⟩ *Weberei, e-r Nähmaschine* navette *f*; *bot., der Schmetterlingsblütler* carène *f*; *milit.* (*Käppi*) bonnet *m* de police; F calot *m*.
Schiffer [ˈʃɪfər] *m* ⟨~s; ~⟩ capitaine *m* d'un navire; patron *m*; (*Binnen*2) batelier *m*; marinier *m*; **~klaˌvier** F *n mus.* accordéon *m*; **~ˌknoten** *m* nœud *m* de marin; **~ˌmütze** *f* casquette *f* de marin, de yacht [jɔt]; **~paˌtent** *n* patente *f* de batelier, de navigation.
schifförmig [ˈʃɪfˌfœrmɪç] *adj. sc.* naviforme; *bot., anat.* naviculaire.

Schiffs|artillerie [ˈʃɪfsˀartɪləˌriː] *f milit.* artillerie *f* de marine; **~arzt** *m* médecin *m* de bord; **~bau** *m* ⟨~(e)s; ~ten⟩ *cf.* Schiffbau; **~bauch** *m* corps *m* de navire; cale *f*; **~beˌfrachter** *m* affréteur *m*; **~beˌfrachtung** *f* affrètement *m*; **~ˌbergung** *f* renflouage *od.* renflouement *m*; relevage *m*; **~beˌsatzung** *f* équipage *m* (d'un navire); **~brief** *m* certificat *m* de navire; **~ˌbrücke** *f cf.* Schiffbrücke; **~deck** *n* pont *m*; **~ˌeichung** *f* ⟨~; ~en⟩ jaugeage *m*; **~ˌeigentümer** *m*, **~ˌeigner** *m* armateur *m*; fréteur *m*; propriétaire *m* d'un navire; **~ˌflagge** *f* pavillon *m*; **~fracht** *f* **a)** *zu bezahlende Summe* fret *m*; **b)** (*Ladung*) *cf.* **~ladung**; **~ˌgeistliche(r)** *m* aumônier *m* (de bord); **~geˌschütz** *n* pièce *f*, canon *m* de marine; **~ˌhebewerk** *n* élévateur *m* de bateaux; monte-charge *m*; **~ˌjunge** *m* mousse *m*; **~kapiˌtän** *m* capitaine *m* de vaisseau; patron *m*; **~kataˌstrophe** *f* catastrophe *f*, sinistre *m* maritime; **~ˌkessel** *m* chaudière *f* de navire; **~koch** *m* cuisinier *m* de bord; coq [kɔk] *m*; **~ˌkoffer** *m* malle *f*; **~ˌkörper** *m* coque *f*; **~kran** *m* crône *m*; **~ˌkreisel** *m* stabilisateur *m* gyroscopique; **~ˌküche** *f* cuisine *f* de bord; **~ˌladung** *f* cargaison *f*; fret [frɛt] *m*; chargement *m*; **~last** *f* last(e) *m*; **~laˌterne** *f* fanal *m*; **~lazaˌrett** *n* hôpital *m*, infirmerie *f* de bord; **~ˌmakler** *m* courtier *m* maritime; **~ˌmannschaft** *f cf.* ~besatzung; **~maˌschine** *f* machine *f* de navire; **~maschiˌnist** *m* mécanicien *m*; **~paˌpiere** *n/pl.* papiers *m/pl.*, documents *m/pl.* de bord; **~paˌssage** *f* prix *m* de la traversée, de la croisière; **~ˌpfarrer** *m cf.* ~geistlicher; **~ˌplanken** *f/pl.* bordage *m*; **~raum** *m* cale *f*; (*Rauminhalt*) tonnage *m*; *verfügbarer* jauge *f*; **~ˌreeder** *m* armateur *m*; fréteur *m*; **~reˌgister** *n* registre *m* maritime, des navires; **~ˌrolle** *f* rôle *m* de l'équipage; **~rumpf** *m* coque *f*; **~ˌschaukel** *f* balançoire *f* (de bateaux); **~ˌschnabel** *m hist.* éperon *m* d'un vaisseau; **~ˌschraube** *f* hélice *f*; **~ˌtagebuch** *n* journal *m* de bord; livre *m* de loch; **~tau** *n* câble *m*; **~ˌtaufe** *f* baptême *m* d'un navire; **~ˌtreppe** *f* échelle *f* de navire; **~verˌkehr** *m* trafic fluvial, *auf See* maritime; **~verˌkleidung** *f* bordage *m*; **~ˌwache** *f* quart *m*; *früher, im Mastkorb* vigie *f*; **~ˌwandung** *f* (paroi *f* de la) coque *f*; **~werft** *f* chantier *m* (de construction) maritime; **~ˌwinde** *f* cabestan *m*; **~zertifiˌkat** *n cf.* ~brief; **~ˌzimmermann** *m* charpentier *m* de marine; **~ˌzwieback** *m* biscuit *m* de mer.
Schi|gelände [ˈʃiːgəˌlɛndə] *n* terrain *m* de ski; **~ˌhaserl** F *n* ⟨~s; ~(n)⟩ **a)** débutant, -e *m, f* du ski; **b)** skieuse *f*; **~ˌhose** *f* pantalon *m* de ski; **~ˌhütte** *f* chalet *m* de ski.
Schi|ismus [ʃiˈɪsmʊs] *m* ⟨~⟩ *relig.* chiisme *m*; **~it** *m* ⟨~en; ~en⟩ chiite *m*.
Schikan|e [ʃiˈkaːnə] *f* ⟨~; ~n⟩ **1.** chicane *f*; brimade *f*; tracasserie *f*; **2.** F *fig.* raffinement *m*; perfectionnement *m*; *Auto etc.* mit allen ~n (ausgestattet) pourvu, muni de tous les perfectionnements, raffinements, de tout le confort imaginable; 2**ieren** [-ˈniː-] **I** *v/t.* ⟨*pas de ge-*, h⟩ chicaner; brimer; tracasser; F asticoter; **II ~ieren** [-ˈniː-] *n* ⟨~s⟩ chicanerie *f*; chicanes *f/pl.*; tracasseries *f/pl.*; brimades *f/pl.*; 2**ös** [-ˈnøːs] *adj.* chicanier, -ère; chicaneur, -euse; tracassier, -ère.

Schi(k)jöring [ˈʃiːˌjøːrɪŋ] *n* ⟨~s; ~s⟩ *Sport* ski-kjœring *m*.
Schikoree [ʃiˑkoˑˈreː] *f bot. cf.* Chicorée.
Schi|kursus [ˈʃiːˌkʊrzʊs] *m Sport* cours *m* de ski; **~ˌlaufen** *n* ski *m*; **~ˌläufer(in)** *m (f)* skieur, -euse *m, f*.
Schild[1] [ʃɪlt] *m* ⟨~(e)s; ~e⟩ **1.** *Schutzwaffe* bouclier *m*; écu *m*; *runder* rondache *f*; *fig.* auf den ~ erheben élever sur le pavois; **2.** *Wappenkunde* écu *m*; écusson *m*; *fig.* etw. im ~e führen avoir quelque dessein caché; méditer un coup; F machiner, manigancer, tramer, mijoter qc.; **3.** *zo., der Schildkröte, Krebse etc.* carapace *f*; **~**[2] *n* ⟨~(e)s; ~er⟩ **1.** *an Geschäftshäusern, Läden etc.* enseigne *f*; *für Bekanntmachungen* panneau *m*; écriteau *m*; pancarte *f*; *für amtliche Dienststellen* panonceau *m*; (*Namens*2, *Nummern*2) plaque *f*; *auf Flaschen, Heften* étiquette *f*; **2.** *e-r Mütze* (*Schirm*) visière *f*; **3.** *milit., an Geschützen* (plaque *f* de) blindage *m*; bouclier *m*; pare-balles *m*; pare-éclats *m*; **~ˌbürger** *péj. m* petit bourgeois; béotien *m*; **~bürgerˌstreich** *m* (grosse) balourdise *f*; bêtise *f*; nigauderie *f*; sottise *f*; niaiserie *f*.
Schildchen [ˈʃɪltçən] *n* ⟨~s; ~⟩ *bot., zo.* écusson *m*.
Schilddrüse [ˈʃɪltˌdryːzə] *f anat.* glande *f* thyroïde; **~nerˌkrankung** *f méd.* thyréopathie *f*; **~nhorˌmon** *n physiol.* thyroxine *f*; **~nˌüberfunktion** *f méd.* hyperthyroïdie *f*.
Schilder|haus [ˈʃɪldərˌhaʊs] *n*, **~ˌhäuschen** *n milit.* guérite *f*; **~ˌmaler** *m* peintre *m* d'enseignes; **~maleˌrei** *f* peinture *f* d'enseignes.
schilder|n [ˈʃɪldərn] *v/t.* ⟨-(e)re, h⟩ (dé)peindre; décrire; présenter; exposer; tracer un tableau de; retracer; *in großen Zügen* brosser un tableau de; 2**ung** *f* ⟨~; ~en⟩ peinture *f*; description *f*; exposé *m*; exposition *f*; tableau *m*; wahrheitsgetreue ~ description fidèle à la réalité.
Schild|farn [ˈʃɪltfarn] *m bot.* aspidie *f*; 2ˌ**förmig** *adj. anat., bot. sc.* scutiforme; clypéiforme; clypéacé; **~ˌknappe** *m hist.* écuyer *m*; **~ˌknorpel** *m anat. sc.* cartilage *m* thyroïde; **~ˌkröte** *f zo.* tortue *f*; **~krötenˌpanzer** *m* carapace *f*; **~krötenˌsuppe** *f cuis.* potage *m* à la tortue; **~laus** *f zo.* cochenille *f*; **~ˌpatt** *n* ⟨~(e)s⟩ écaille *f*.
Schi|lehrer [ˈʃiːˌleːrər] *m* professeur *m*, moniteur *m* de ski; **~ˌlehrgang** *m cf.* Schikursus.
Schilf [ʃɪlf] *n* ⟨~(e)s; ~e⟩ *bot.* roseau *m*; jonc *m*; 2ˌ**artig** *adj. sc.* arundinacé; **~dach** *n* toit *m* de roseau; **~gras** *n bot.* carex *m*; laîche *f*; 2**ig** *adj.* couvert de roseaux; **~ˌmatte** *f* natte *f* de jonc; **~meer** *n bibl.* mer *f* Rouge; **~rohr** *n bot. cf.* Schilf; *einzelner Halm* chalumeau *m*.
Schilift [ˈʃiːlɪft] *m* téléski *m*; (re)monte-pente *m*.
Schiller [ˈʃɪlər] *m* ⟨~s; ~⟩ éclat chatoyant; ton changeant; *poét.* diaprure *f*; *cf. auch* schillern II.
Schillerkragen [ˈʃɪlərˌkraːgən] *m* col *m* Danton.
schiller|n [ˈʃɪlərn] **I** *v/i.* ⟨-(e)re, h⟩ chatoyer; miroiter; *poét.* être diapré; in den Regenbogenfarben ~ s'iriser; ins Rötliche ~ tirer sur le rouge; in tausend Farben ~ avoir mille reflets; **II** 2**n** *n* ⟨~s⟩ chatoiement *m*; **~nd** *adjt.* chatoyant; miroitant; à reflets changeants; *poét.* diapré; *von Stoffen* de couleurs changeantes; in den Regen-

bogenfarben ~ irisé; 2ˌ**spat** *m minéral.* bastite *f*; schillerspath *m*.
schilpen ['ʃɪlpən] **I** *v/i.* ⟨h⟩ *Sperling* pépier; **II** 2 *n* ⟨~s⟩ pépiement *m*.
Schimär|e [ʃiˑ'mɛːrə] *f* ⟨~; ~n⟩ chimère *f*; 2**isch** *adj.* chimérique.
Schimeisterschaft ['ʃiːˌmaɪstərʃaft] *f Sport* championnat *m* de ski.
Schimmel¹ ['ʃɪməl] *m* ⟨~s⟩ *bot.* moisi *m*; moisissure *f*; chancissure *f*; ~² *m* ⟨~s; ~⟩ *zo.* cheval blanc; ~ˌ**bildung** *f* formation *f* de moisissure; 2**ig** *adj.* moisi; couvert de moisissure; chanci; ~ **werden** *cf.* 2n; 2**n** *v/i.* ⟨-(e)le, h *od.* **sein**⟩ (se) moisir; (se) chancir; se couvrir de moisissure; ~ˌ**pilze** *m/pl. bot.* moisissures *f/pl.*
Schimmer ['ʃɪmər] *m* ⟨~s; ~⟩ lueur *f*; (faible) lumière *f*; *von Gold etc.* (*Glanz*) éclat *m*; brillant *m*; étincellement *m*; *fig.* lueur *f*; *fig.* F **keinen blassen ~ von etw. haben** n'avoir pas la moindre idée de qc.; 2**n I** *v/i.* ⟨-(e)re, h⟩ jeter une (faible) lueur, des lueurs; (re)luire; *Gold etc.* briller; étinceler; **II ~n** *n* ⟨~s⟩ *cf.* Schimmer.
schimmlig ['ʃɪmlɪç] *cf.* schimmelig.
Schimpanse [ʃɪm'panzə] *m* ⟨~n; ~n⟩ *zo.* chimpanzé *m*.
Schimpf [ʃɪmpf] *m* ⟨~(e)s; ~e⟩ injure *f*; insulte *f*; *pfort.* outrage *m*; *vor Zeugen* affront *m*; (*demütigende Behandlung*) avanie *f*; (*Schmach*) 'honte *f*; ignominie *f*; opprobre *m*; **j-m e-n ~ antun** faire un affront à qn.; **e-n ~ erleiden, erdulden, einstecken,** F **auf sich sitzen lassen** subir, essuyer, F encaisser, avaler un affront; **mit ~ u. Schande** *davonjagen etc.* 'honteusement; ignominieusement; avec honte, ignominie; **er wird ~ u. Schande dabei ernten** cela tournera à sa confusion, à sa courte 'honte; 2**en I** *v/t.* ⟨h⟩ **j-n e-n Dummkopf ~** traiter qn. d'imbécile; **II** *v/i.* maugréer (**auf** *od.* **über j-n, etw.** contre qn., qc.); invectiver, déblatérer, pester (contre); *abs.* F rouspéter; tempêter; tonner (contre); **auf j-n, etw.** ~ *auch* se répandre en invectives, en injures, déclamer contre qn., qc.; **fluchen u.** ~ vociférer des injures; **III** *v/réfl. péj.* F ... **und so etw. schimpft sich Baron** (**Arzt** *etc.*)! ... et il se dit baron (médecin, *etc.*)!; **IV ~en** *n* ⟨~s⟩, **~e'rei** *f* ⟨~; ~en⟩ invectives *f/pl.*; injures *f/pl.*; insultes *f/pl.*; F rouspétance *f*; P rousqui *m*; **~kanoˌnade** F *f* bordée *f* d'invectives, *pfort.* d'injures, d'insultes; 2**lich** *adj.* 'honteux, -euse; (*entehrend*) déshonorant; (*Schande bringend*) ignominieux, -euse; infamant; (*beleidigend*) injurieux, -euse; *pfort.* outrageant; **~lied** *n* chanson injurieuse; ~ˌ**name** *m* nom injurieux; **~wort** *n* ⟨~(e)s; ~e *od.* ~er⟩ mot, terme injurieux; gros mot; *dem Inhalt nach beleidigend* injure *f*; **mit Schimpfwörtern überhäufen** charger, accabler, abreuver, F agonir d'injures; **mit Schimpfwörtern um sich werfen** se répandre en injures, en invectives; F cracher des injures.
Schind|aas ['ʃɪntˀaːs] *n* charogne *f*; ~ˌ**anger** *m* écorcherie *f*; équarrissoir *m*.
Schindel ['ʃɪndəl] *f* ⟨~; ~n⟩ *bât.* bardeau *m*; *Wappenkunde* billette *f*; **~ˌdach** *n bât.* toit couvert de bardeaux; toit *m* en bardeaux; 2**n** *v/t.* ⟨-(e)le, h⟩ *bât.* couvrir de bardeaux.
schind|en ['ʃɪndən] **I** *v/t.* ⟨**schindet, schund, geschunden,** h⟩ **1.** *Vieh* écorcher; équarrir; **2.** *fig. Leute* (*ausbeuten*) exploiter; éreinter; pressurer; F faire suer le baudet, le burnous; P en faire baver, roter (à qn.); *Tiere* (*überanstrengen*) maltraiter; *ein Pferd auch* 'harasser; crever; **3.** F *fig.* **Eindruck ~** F chercher à faire impression, à éberluer, F à épater; **Zeilen ~** délayer; tirer à la ligne; **Zeit ~** tirer des heures; **das Fahrgeld ~** voyager sans billet; P brûler le dur; **II** *v/réfl.* **4. sich ~** (**u. plagen**) se donner bien du mal; être son propre bourreau; F s'éreinter; s'échiner; suer sang et eau; P se crever au travail; s'esquinter; **III** 2**en** *n* ⟨~s⟩ **5.** *des Viehs* écorchement *m*; équarrissement *od.* équarrissage *m*; **6.** *fig.* exploitation *f*; pressuration *f*; mauvais traitement; 2**er** *m* ⟨~s; ~⟩ **1.** équarrisseur *m*; écorcheur *m*; **2.** *fig.* (*Ausbeuter*) exploiteur *m*; écorcheur *m*; pressureur *m*; 2**e'rei** *f* ⟨~; ~en⟩ **1.** *cf.* **Schindanger**; **2.** *fig.* (*Plackerei*) travail *m* de chien, de nègre; corvée *f*; 2**erˌkarren** *m* charrette *f* d'écorcheur; 2ˌ**grube** *f* voirie *f*; 2ˌ**luder** *n* charogne *f* (*auch* P *als Schimpfwort*); *fig.* **mit j-m ~ treiben** traiter qn. vulgairement, vilainement, d'une façon incorrecte; (*grob verhöhnen*) bafouer qn.; **mit s-r Gesundheit ~ treiben** abuser de sa santé; 2ˌ**mähre** *f* ⟨~; ~n⟩ F rosse *f*; 'haridelle *f*; carne *f*.
Schinken ['ʃɪŋkən] *m* ⟨~s; ~⟩ **1.** *cuis.* jambon *m* (**gekochter** cuit; **roher** cru); **2.** F *fig.* **alter ~** (*altes Buch*) bouquin *m*; **3.** F *fig. peint.* **a)** (*großes Gemälde*) grand tableau; **b)** (*schlechtes Gemälde*) croûte *f*; navet *m*; **4.** F *fig. pl.* (*Gesäß*) fesses *f/pl.*; F fessier *m*; ~ˌ**brot** *n* tartine garnie de jambon; ~ˌ**brötchen** *n* sandwich *m* au jambon; ~ˌ**speck** *m* lard *m* de jambon; ~ˌ**wurst** *f* saucisson-jambon *m*.
Schinto|ismus [ʃɪntoˑ'ɪsmʊs] *m* ⟨~⟩ *relig.* shintoïsme *m*; **~'ist** *m* ⟨~en; ~en⟩ shintoïste *m*; 2**'istisch** *adj.* shintoïste; shintoïque.
Schippe ['ʃɪpə] *f* ⟨~; ~n⟩ **1.** (*Schaufel*) pelle *f*; F *fig.* **j-n auf die ~ nehmen** *cf.* (**j-n zum**) **Narr(en haben, halten)**; **2. ~n** *pl. Spielkartenfarbe cf.* **Pik²**; **3.** F *fig. von e-m Kind* **e-e ~ machen** (*Schmollmund*) faire la lippe, la moue; 2**n I** *v/t.* ⟨h⟩ pelleter; **Schnee ~** enlever, ramasser la neige à la pelle; **II** *v/i.* travailler à la pelle; **~n'as** *n Kartenspiel cf.* **Pik-As**.
Schiri ['ʃiːri] *m* ⟨~s; ~s⟩ F *Sport Kurzwort für* **Schiedsrichter**.
Schirm [ʃɪrm] *m* ⟨~(e)s; ~e⟩ **1.** *fig.* (*Schutz*) protection *f*; (sauve)garde *f*; égide *f*; **Schutz u.** ~ protection et refuge; **unter dem ~ des Höchsten** sous la protection de Dieu; **2.** *kurz für* **Bild**2, **Fall**2, **Fernseh**2, **Lampen**2, **Mützen**2, **Ofen**2, **Radar**2, **Regen**2, **Sonnen**2, **Wand**2; **~anˌtenne** *f rad.* antenne *f* en parapluie; **~bild** *n méd.* image *f* radioscopique; *télév.* oscillogramme *m*; *auf dem Radarschirm* image *f* sur écran; image *f* radar; **~bildphotograˌphie** *f méd.* radiophotographie *f*; **~dach** *n* auvent *m*; appentis *m*; 'hangar *m*; 2**en** *v/t.* ⟨h⟩ (*schützen*) protéger; abriter; mettre à couvert; **~faˌbrik** *f* fabrique *f* d'ombrelles et de parapluies; **~fabriˌkant** *m* fabricant *m* d'ombrelles et de parapluies; 2ˌ**förmig** *adj.* en parapluie; *bot.* en ombelle; ombellé; ombelliforme; **~futteˌral** *n cf.* ~hülle; **~geˌstell** *n* monture *f*; ~ˌ**gitter** *n rad.* grille-écran *f*; grille *f* d'accélération; **~gitterˌröhre** *f rad.* lampe *f*, tube *m* (à) grille-écran; **~gitterˌstrom** *m élect.* courant *m* de grille-écran; **~ˌherr(in)** *m* (*f*) protecteur, -trice *m*, *f*; ~ˌ**herrschaft** *f* **unter der ~ von** *Veranstaltung etc.* sous le patronage, l'égide, les auspices de; *pol.* sous le protectorat de; ~ˌ**hülle** *f* fourreau *m*, 'housse *f*, gaine *f* de parapluie; **~isoˌlator** *m élect.* isolateur *m* en parapluie; ~ˌ**macher** *m* ⟨~s; ~⟩ *cf.* ~fabrikant; ~ˌ**mütze** *f* casquette *f* à visière; ~ˌ**palme** *f bot.* palmier *m* en éventail; ~ˌ**qualle** *f zo.* méduse *f* à ombrelle; ~ˌ**ständer** *m* porte-parapluies *m*; **~ˌüberzug** *m cf.* ~hülle; ~ˌ**wirkung** *f élect.* effet *m* d'écran; écrantage *m*.
Schirokko [ʃiˑ'rɔkoˑ] *m* ⟨~s; ~s⟩ sirocco *m*.
schirr|en ['ʃɪrən] *v/t.* ⟨h⟩ *cf.* anschirren; 2ˌ**meister** *m milit.* maître-mécanicien *m* pour le matériel roulant, pour les véhicules; sous-officier mécanicien.
Schirting ['ʃɪrtɪŋ] *m* ⟨~s; ~e *od.* ~s⟩ *text.* shirting [-iŋ] *m*.
Schi|schuhe ['ʃiːˌʃuːə] *m/pl.* chaussures *f/pl.* de ski; ~ˌ**schule** *f* école *f* de ski; **~schwung** *f* virage *m* à skis.
Schisma ['ʃɪsma] *n* ⟨~s; -men *od.* ~ta⟩ schisme *m*; **~tiker** [-'maː-] *m* ⟨~s; ~⟩ schismatique *m*; 2**tisch** [-'maː-] *adj.* schismatique.
Schi|sport ['ʃiːʃpɔrt] *m* ski *m*; **~ˌspringen** *n* saut *m* à skis, au tremplin; ~ˌ**springer** *m* ⟨~s; ~⟩ sauteur *m* (à skis); **~sprung** *m cf.* ~springen; **~spur** *f* traces *f/pl.*, sillage *m* laissé(es) par les skis.
Schiß [ʃɪs] *m* ⟨-sses⟩ **1.** V (*Kot*) merde *f*; **2.** P (*Angst*) ~ **haben** P avoir les foies, les jetons, la pétoche, les grolles; avoir le trac, la trouille; avoir chaud aux fesses; trembler dans sa culotte; V chier dans son froc; avoir la chiasse; foirer.
Schi|stiefel ['ʃiːˌʃtiːfəl] *m/pl. cf.* Schischuhe; **~stock** *m* bâton *m* de ski, de *od.* pour skieur; **~wachs** *n* fart [fart] *m*; ~ˌ**wanderung** *f* excursion *f*, randonnée *f* à skis; ~ˌ**wettkampf** *m* épreuve *f* de ski.
schizophren [ʃiˑtsoˑ'freːn] *adj. méd.* schizophrène; 2**ie** [-'niː] *f* ⟨~; -ien⟩ *méd.* schizophrénie *f*.
Schlabber|ei [ˌʃlabə'raɪ] F *f* ⟨~; ~en⟩ *cf.* Geschwätz; 2**ig** ['ʃla-] F *adj. cf.* geschwätzig; ~ˌ**latz** ['ʃla-] F *m*, **~ˌlätzchen** ['ʃla-] F *n cf.* Sabberlatz; 2**n** ['ʃla-] F *v/t.* ⟨-(e)re, h⟩ **1.** (*schlürfen*) laper; **2.** *cf.* schwatzen I.
Schlacht [ʃlaxt] *f* ⟨~; ~en⟩ *milit.* bataille *f*; **die ~ gewinnen, verlieren** gagner, perdre la bataille; **die ~ bei ...** (*e-r Stadt*), **an der** *od.* **am ...** (*an e-m Fluß*) la bataille de ...; **e-e ~ liefern** livrer bataille; *den Feind* **zur ~ zwingen** imposer la bataille (à); **es kam zur ~** on en vint aux prises.
Schlacht|abfälle ['ʃlaxtˌˀapfɛlə] *m/pl.* abats *m/pl.*; issues *f/pl.*; **~bank** *f* ⟨~; ~e⟩ étal *m* (de boucher); *fig.* **zur ~ führen** mener ... à la boucherie; **~beil** *n* 'hache *f* de boucher; 2**en I** *v/t.* ⟨-ete, h⟩ *Vieh* tuer; abattre; (*abstechen*) saigner; **ein Hühnchen ~** saigner un poulet; **II ~en** *n* ⟨~s⟩ tuage *m*; abat(t)age *m*.
Schlachten|bummler ['ʃlaxtənˌbʊmlər] *m* ⟨~s; ~⟩ *Sport* supporter [-ɛːr] *m*; ~ˌ**glück** *n* fortune *f* des batailles; **~ˌgott** *m* Dieu *m* des batailles; ~ˌ**lenker** *m* ⟨~s⟩ *poét.* (*Gott*) Dieu *m* des armées; ~ˌ**maler** *m* peintre *m* de batailles.
Schlachter ['ʃlaxtər] *m* ⟨~s; ~⟩, **'Schlächter** *m* ⟨~s; ~⟩ **a)** *auf dem Schlachthof* tueur *m*; abatteur *m*; saigneur *m*; **b)** *cf.* **Fleischer**; **c)** *fig. nur*

Schlächter bourreau *m*; **~ei** [-ˈraɪ] *f* ⟨~; ~en⟩, **Schlächteˈrei** *f* ⟨~; ~en⟩ **a)** *cf.* Fleischerei; **b)** *fig. nur* Schlächterei (*Metzelei*) boucherie *f*; carnage *m*; massacre *m*; hécatombe *f*; **~ˌladen** *m*, **ˈSchlächterˌladen** *m cf.* Fleischerladen.

Schlacht|feld [ˈʃlaxtfɛlt] *n milit.* champ *m* de bataille; **das ~ behaupten** rester maître du champ de bataille; *fig.* **e-m ~ gleichen** ressembler à un champ de bataille; **~fest** *n* jour *m* où l'on tue le porc; **~fleisch** *n* viande *f* de boucherie; **~ˌflugzeug** *n aviat. milit.* avion *m*, chasseur *m* d'attaque au sol, d'appui terrestre; **~geˌflügel** *n* volaille *f* de consommation; **~geˌsang** *m* chant *m* de guerre; **~geˌschwader** *n aviat. milit.* escadre *f* d'avions de combat; *mar. milit.* escadre *f* de combat; **~geˌtümmel** *n milit.* mêlée *f*; **~geˌwicht** *n* poids abattu; **~geˌwühl** *n milit. cf.* ~getümmel; **~haus** *n*, **~hof** *m* abattoir *m*; **~ˌkreuzer** *m mar. milit.* croiseur cuirassé, de bataille; **~ˌlinie** *f milit.* ligne *f* de bataille; **~ˌopfer** *fig. n* victime *f*; **~ˌordnung** *f hist.* ordre *m*, formation *f* de bataille; **(sich) in ~ aufstellen** (se) ranger, (se) mettre en bataille; **~plan** *m milit.* plan *m* de combat, de bataille (*auch fig.*); **2reif** *adj. Vieh* bon, bonne pour la boucherie; **~ˌreihe** *f hist.* rang *m* de bataille; **~roß** *n hist.* cheval *m* de bataille; destrier *m*; **~ruf** *m* cri *m* de guerre; **~schiff** *n mar. milit.* bâtiment *m* de ligne; cuirassé *m* d'escadre; **~(schiff)ˌflotte** *f mar. milit.* flotte *f* de ligne, de combat; **~ˌschüssel** *f etwa* plat *m* de viande fraîchement abattue, de boudin, *etc.*; **~schwert** *n hist.* épée *f* de combat; **~tag** *m* **a)** jour *m* de la semaine où le boucher tue; **b)** *cf.* ~fest; **~ung** *f* ⟨~⟩ *cf.* schlachten II; **~vieh** *n* bêtes *f/pl.* de boucherie; bétail vif, sur pied; **~viehbeˌschau** *f cf.* Fleischbeschau.

Schlacke [ˈʃlakə] *f* ⟨~; ~n⟩ *von Stein, Kohle* escarbilles *f/pl.*; *métall.* scorie *f*; crasse *f*; laitier *m*; gangue *f*; mâchefer *m*; *méd.* **~n** *pl.* résidus *m/pl.*; impuretés *f/pl.*; *Körper, Blut* **von den ~n reinigen** débarrasser de ses impuretés; donner (*bzw.* prendre) des dépuratifs; dépurer (*par ex.* le sang); **2n** *v/i.* ⟨h⟩ *métall.* donner, produire des scories; **~nˌabstich** *m métall.* coulée *f* du laitier; **2nˌartig** *adj. métall.* scoriacé; **~nˌbahn** *f métall.* tuyère *f* à laitier, à scories; **~nˌbildung** *f métall.* scorification *f*; **2nd** *adjt.* scorifère; **2nˌfrei** *adj.* exempt de scories; **~nˌhalde** *f métall.* crassier *m*; 'halde *f* (aux scories); **~nˌkost** *f* nourriture *f* riche en matières non digestibles; **2nˌreich** *adj.* riche en scories; **~nˌrost** *m* grille *f* à scories; **~nˌstein** *m* brique *f* de scories, de laitier; **~nˌwolle** *f* poil *m*, laine *f* de scories; **~nˌzange** *f métall.* attrape *f*; **~nzeˌment** *m* ciment *m* de laitier.

Schlacker|schnee [ˈʃlakərˌʃneː] F *m* neige *f* humide; **~ˌwetter** F *n* pluie mêlée de neige.

schlackig [ˈʃlakɪç] *adj. métall.* qui contient des scories.

Schlackwurst [ˈʃlakvʊrst] *f* cervelas *m*.

Schlaf [ʃlaːf] *m* ⟨~(e)s⟩ sommeil *m*; *kurzer* somme *m*; **im ~** en dormant; **leiser** *od.* **leichter, bleierner, stärkender, unruhiger ~** sommeil léger, de plomb, réparateur, agité; **im tiefsten ~ liegen** être plongé dans un profond sommeil; **aus dem ~ auffahren** s'éveiller en sursaut; **aus dem ~ wekken** tirer du sommeil; *vor Sorgen etc.* **keinen ~ mehr finden** (à cause de soucis, *etc.*) en perdre le repos, le sommeil; ne pas (pouvoir) en dormir; **in den ~ singen** endormir en chantant; **ein Kind in den ~ wiegen** bercer un enfant pour le faire dormir; **e-n gesunden ~ haben** dormir d'un bon sommeil; **sich des ~es nicht erwehren können** tomber de sommeil; **der ~ übermannt mich, überfällt mich, kommt über mich** le sommeil me prend, m'abat, me terrasse; **sich den ~ aus den Augen reiben** frotter ses yeux pour se réveiller; *fig.* **der ewige, letzte ~** le sommeil éternel; la mort; *bibl.* **den Seinen gibt's der Herr im ~e** la fortune vient en dormant; *bibl.* **den ~ des Gerechten schlafen** dormir du sommeil du juste; *fig.* **etw. im ~e (tun) können** pouvoir faire qc. les yeux fermés; **~abˌteil** *n chem. cf.* Schlafwagenabteil; **~ˌanzug** *m* pyjama *m*; **~beˌdarf** *m* besoin *m* de sommeil, de repos; **~beˌwegung** *f bot.* mouvement *m* nyctinastique; sommeil *m* des plantes; **~ˌbursche** *m* locataire *m* d'un lit; coucheur *m*.

Schläfchen [ˈʃlɛːfçən] *n* ⟨~s⟩ petit somme; P roupillon *m*; *enf.* dodo *m*; *nach Tisch* sieste *f*; F méridienne *f*; **ein ~ halten, machen** faire un petit somme; P pousser, piquer un roupillon; *Kinder* faire dodo.

Schlaf|couch [ˈʃlaːfkautʃ] *f* divan-lit *m*; **~ˌdecke** *f* couverture *f*.

Schläfe [ˈʃlɛːfə] *f* ⟨~; ~n⟩ *anat.* tempe *f*; **Herr mit grauen ~n** monsieur aux tempes grisonnantes.

schlafen [ˈʃlaːfən] **I** *v/i.* ⟨**schläft, schlief, geschlafen, schlaf(e)!**, h⟩ dormir; faire un somme; reposer; (*übernachten*) coucher; F *fig.* (*nicht aufpassen*) ne pas faire attention; être inattentif, -ive; sommeiller; **gut ~** passer une bonne nuit; **lange, bis in den Tag hinein,** F **bis in die Puppen ~** faire la grasse matinée; **tief u. fest ~** dormir profondément, d'un profond sommeil, à poings fermés; **zwölf Stunden, einmal um die Uhr ~** faire le tour du cadran; **ruhig** (*unbesorgt*) **~ können** dormir sur ses deux oreilles; *vor Kummer, Sorgen* **nicht mehr ~ können** *cf.* (keinen) Schlaf (mehr finden); **in s-n Kleidern ~** coucher tout habillé; **mit** *od.* **bei j-m ~** coucher avec qn.; **auf der nackten Erde ~** coucher sur la dure; **~ gehen, sich ~ legen** (aller) se coucher; aller au lit; se mettre au lit; **auswärts, außer dem Hause ~** F découcher; **getrennt ~** faire chambre à part; **~ Sie wohl!** dormez bien!; **~ Sie (noch einmal) darüber!** laissez passer la nuit sur cela!; F consultez votre oreiller!; **sich ~d stellen** ne dormir que d'un œil; dormir en gendarme; *arb.* **~des Auge** œil dormant; **II 2** *n* ⟨~s⟩ dormir *m*.

Schläfen|bein [ˈʃlɛːfənˌbaɪn] *n anat.* os temporal; **~ˌgegend** *f* région temporale.

Schlafen|gehen [ˈʃlaːfənˌgeːən] *n* coucher *m*; **beim ~** au moment de se coucher; **~sˌzeit** *f* **es ist ~** il est l'heure de (*od.* d'aller) se coucher.

Schläfer|(in) [ˈʃlɛːfər(ɪn)] *m* ⟨~s; ~⟩ (*f*) ⟨~; ~nen⟩ dormeur, -euse *m, f*; **2n** *v/imp.* ⟨-(e)re, h⟩ **mich schläfert, es schläfert mich** j'ai envie de dormir; j'ai sommeil.

schlaff [ʃlaf] *adj.* **1.** *Seil etc.* lâche; détendu; mal tendu; *auch Haut* flasque; mou (mol), molle; avachi; *péj.* mollasse; *méd.* atone; **~ werden** se relâcher; se détendre; perdre son ressort; s'affaisser; s'avachir; *gestärkter Stoff* se désempeser; **s-e Hand hing ~ herab** sa main pendait sans énergie; **2.** *fig., Moral, Grundsätze* relâché; *im Wesen, in der Haltung* apathique; sans énergie, force, vigueur, ressort, élan, fermeté, volonté; veule; aveuli; mou (mol), molle; *péj.* mollasse; flasque; atone; amorphe; alangui; languissant; F avachi; **2heit** *f* ⟨~⟩ relâchement *m*; flaccidité *f*; mollesse *f*; atonie *f*; manque *m* de ressort (*alle auch fig.*); *fig.* apathie *f*; manque *m* d'énergie, de force, de vigueur, d'élan, de fermeté, de volonté; veulerie *f*; aveulissement *m*; alanguissement *m*; langueur *f*; *fig.* avachissement *m*.

Schlaf|gänger [ˈʃlaːfˌgɛŋər] *m* ⟨~s; ~⟩ *cf.* Schlafbursche; **~gast** *m* hôte *m* pour la nuit; **~geˌfährte, ~geˌfährtin** *m, f* compagnon, compagne *m, f* de lit, de chambre; **~geld** *n* (prix *m* du) coucher *m*; **~geˌlegenheit** *f* lit *m*; sofa *m, etc.*; **~geˌmach** *n st. s. cf.* Schlafzimmer; **~geˌnosse, ~geˌnossin** *m, f cf.* ~gefährte, ~gefährtin.

Schlafittchen [ʃlaˈfɪtçən] *n* ⟨~s⟩ F **j-n beim ~ nehmen** saisir qn. au collet.

Schlaf|kammer [ˈʃlaːfˌkamər] *f* cabinet *m* pour dormir; *cf. auch* Schlafzimmer; **~ˌkrankheit** *f* ⟨~⟩ *méd.* maladie *f* du sommeil; **~lied** *n* berceuse *f*; **2los** *adj.* privé de, sans sommeil; **e-e ~e Nacht verbringen** passer une nuit blanche; **sich ~ herumwälzen** se tourner et retourner sans trouver le sommeil; **~ˌlosigˌkeit** *f* ⟨~⟩ insomnie *f*; **an ~ leiden** souffrir d'insomnie; **~lust** *f* envie *f* de dormir; **~ˌmittel** *n méd.* soporifique *m*; somnifère *m*; dormitif *m*; **~mittelˌsucht** *f* abus *m* des somnifères; **~mittelverˌgiftung** *f* intoxication *f* par les somnifères; **~ˌmütze** F *fig. f* endormi, -e *m, f*; F *péj.* gnangnan *m, f*; **2ˌmützig** F *adj.* endormi; indolent; somnolent; languissant; engourdi; lent; F *péj.* gnangnan *inv.*; **~ˌmützigˌkeit** F *f* ⟨~⟩ indolence *f*; somnolence *f*; langueur *f*; lenteur *f*; **~ˌpille** *f cf.* Schlaftablette; **~ˌpulver** *n cf.* ~mittel; **~ˌpuppe** *f* poupée dormeuse; **~ˌratte** F *f*, **~ratz** F *m* ⟨~es; ~e⟩ grand dormeur; grande dormeuse; **~raum** *m cf.* Schlafsaal, Schlafzimmer.

schläfrig [ˈʃlɛːfrɪç] *adj.* somnolent; qui a envie de dormir; près de s'endormir; **~ sein** avoir sommeil; **~ machen** donner envie de dormir; provoquer le sommeil; assoupir; **2keit** *f* ⟨~⟩ somnolence *f*; envie *f* de dormir.

Schlaf|rock [ˈʃlaːfrɔk] *m* robe *f* de chambre; **~saal** *m* dortoir *m*; **~sack** *m* sac *m* de couchage; **~sofa** *n* divan-lit *m*; **~ˌstelle** *f* logis *m* pour la nuit; **e-e ~ haben** loger seulement pour la nuit; **~ˌstube** *f cf.* ~zimmer; **~sucht** *f* ⟨~⟩ somnolence *f*; *pfort.* léthargie *f*; **2ˌsüchtig** *adj.* somnolent; *pfort.* léthargique; **~taˌblette** *f* comprimé *m* pour dormir; *cf. auch* Schlafmittel; **~tee** *m* tisane *f* pour dormir; **~theraˌpie** *f méd.* cure *f* de sommeil; **~trunk** *m méd.* potion soporifique; F (*Schnäpschen*) F petit coup pour dormir; **2ˌtrunken** *adj.* somnolent; (*noch nicht ganz wach*) encore tout endormi; mal réveillé; (*dem Schlafe nah*) accablé de sommeil; **~ˌtrunkenˌheit** *f* somnolence *f*; **~ˌwagen** *m chem.* wagon-lit *m*; sleeping(-car) [-iŋ] *m*; **~wagenabˌteil** *n chem.* compartiment *m* de wagon-lit; sleeping [-iŋ] *m*; **~wagenˌschaffner** *m chem.* contrôleur *m* de *od.* du wagon-lit; **~wagenˌzug** *m chem.* rame *f* de wagons-lits; **≈ˌwandeln I** *v/i.* ‹-(e)le, h *od.* sein› *cf.* nachtwandeln I; **II ~ˌwandeln** *n* ‹~s› *cf.* nachtwandeln II; **~ˌwandler(in)** *m* ‹~s; ~› *(f)* ‹~; ~nen› *cf.* Nachtwandler(in); **≈ˌwandleˌrisch** *adj. cf.* nachtwandlerisch; **~ˌzimmer** *n* chambre *f* à coucher.

Schlag [ʃlaːk] *m* ‹~(e)s; ≈e› **1.** *(Hieb)* coup *m* *(auch fig.)*; *mit der flachen Hand, leichter* tape *f*; *pfort.* F claque *f*; **j-m e-n ~ versetzen** donner, porter, asséner, P flanquer un coup à qn.; **Schläge bekommen** recevoir des coups; F **es wird Schläge absetzen** F il va y avoir du grabuge; ça va barder, V chier; *fig.* **ein ~ ins Wasser** un coup d'épée dans l'eau; *fig.* **~ auf ~** coup sur coup; *fig.* **mit e-m ~e, auf e-n ~** d'un (seul) coup; tout d'un coup; **2.** *fig.* *(Schicksals≈)* **ein harter ~** un rude coup, choc; un coup dur; F un sale coup; **ein vernichtender ~** un coup mortel; **er hat sich von dem ~ noch nicht erholt** il ne s'est pas encore remis du choc; **zu e-m entscheidenden ~ ausholen** préparer, monter un coup décisif; **3.** *(durch Schlag hervorgerufener Ton)* bruit *m*; **dumpfer ~** bruit sourd; *von der Uhr* **~ zehn Uhr** au coup *od.* sur le coup de dix heures; à dix heures précises, F sonnant(es), tapant(es); **~ halb eins** à midi et demi sonnant; **4.** *vom Blitz* **kalter ~** coup (de foudre) qui porte à froid; *(Donner≈)* coup *m* de tonnerre; *fig.* **ein ~ aus heiterem Himmel** un coup de tonnerre dans un ciel sans nuages; un coup de théâtre; **5.** *élect.* commotion *f* électrique; secousse *f*; choc *m*; décharge *f*; **e-n ~ bekommen** recevoir une décharge, *etc.*; **6.** *méd.* *(Schlaganfall)* coup *m* de sang; *sc.* (attaque *f* d')apoplexie *f*; *fig.* **wie vom ~ gerührt sein** *vor Entsetzen* F être comme paralysé; *vor Erstaunen* être tout abasourdi, éberlué, sidéré; **7.** *(rhythmische Bewegung) des Herzens* battement *m*; *des Pulses* pulsation *f*; *fig.* **zwei Herzen u. ein ~** deux cœurs battant à l'unisson; **8.** *der Lerche, Nachtigall* *(Gesang)* chant *m*; ramage *m*; trille *m*; **9.** *e-r Kutsche* portière *f*; **10.** *Forstwirtschaft* coupe *f* *(auch die Fläche)*; **11.** *agr.* *(Fruchtfolge≈)* sole *f*; **in Schläge einteilen** assoler; **12.** *milit.* *(Kelle voll Essen)* portion *f*; **sich e-n zweiten ~ holen** P se taper une deuxième gamelle; **13.** *Tennis, Boxen* coup *m*; *Rudern* coup *m* de rame; *Schwimmen, mit den Armen* brassée *f*; **14.** *(Tauben≈)* pigeonnier *m*; **15.** *fig.* *(Art)* espèce *f*; race *f* *(bes. für Tiere)*; *Menschen* **vom guten, alten ~** de la vieille école, roche, souche; F comme on n'en fait plus; **Leute e-s ~es** gens de la même trempe, *péj.* farine, du même acabit, calibre; **sie sind vom gleichen ~** ils sont frappés au même coin; **~ˌader** *f anat.* artère *f*; **~ˌanfall** *m méd. cf.* Schlag 6.; **e-n ~ bekommen** avoir une attaque d'apoplexie; **≈ˌartig** *adj. u. adv.* subit(ement); soudain(ement); brusque(ment); *nur adv.* tout à coup; tout d'un coup; **der Regen setzte ~ ein** il commença subitement, brusquement, *etc.* à pleuvoir; **~ berühmt werden** *auch* devenir d'un seul coup célèbre; **~bär** *m techn.* mouton *m*; **~baum** *m* barrière *f* (mobile); **~ˌbiegeˌfestigkeit** *f techn.* résistance *f* à la flexion par choc; **~ˌbolzen** *m am Gewehr* percuteur *m*; **~bolzenˌfeder** *f* ressort *m* du percuteur.

Schlägel [ˈʃlɛːgəl] *m* ‹~s; ~› *mines* masse(tte) *f*.

schlagen [ˈʃlaːgən] **I** *v/t.* ‹schlägt, schlug, geschlagen, schlag(e)!, h› **1.** *(mehrere Schläge versetzen)* battre (**mit der Faust, mit dem Stock** à coups de poing, de bâton); *(e-n einmaligen Schlag versetzen)* frapper; *(klapsen)* taper; *Holz* couper; faire une coupe (de bois); abattre; *Münzen* frapper; *e-e Brücke* jeter; *Takt* battre; *Falten, ein Rad* faire; *Kreis, mit dem Zirkel* décrire; *mus., Zither, Laute* pincer (de); jouer (de); *Funken, Feuer* faire jaillir (des étincelles); battre (le briquet); *cuis., Sahne, Eier* fouetter; battre; *Erbsen etc. durch ein Sieb* passer (au crible); **j-n ~** donner, F flanquer des coups à qn.; rosser, cogner qn.; **braun u. blau,** F **krumm u. lahm, windelweich ~** meurtrir, rouer de coups; battre (qn.) comme plâtre; casser les reins (à qn.); P jambonner; **kurz u. klein ~** briser en petits morceaux, en mille morceaux; casser; mettre en pièces; 'hacher menu comme chair à pâté; *Nagel* **gerade ~** redresser; F *fig.* **e-e gute Klinge ~** avoir bon appétit; F avoir un bon coup de dent, de fourchette; P bien débrider; **ein Kreuz ~** faire le signe de la croix; **Alarm, Lärm ~** donner l'alarme; **e-e Schlacht ~** livrer bataille; **Wellen ~** rouler des vagues; *Schiff* soulever des vagues; **Wunden ~** blesser; faire des blessures; **Wurzeln ~** prendre racine; **ans Kreuz ~** mettre en croix; crucifier; **die Unkosten auf den Preis ~** augmenter, majorer le prix de la marchandise du montant des frais; se payer de ses frais sur la marchandise; **j-m etw. aus der Hand ~** faire tomber qc. des mains de qn. (d'un coup de poing, *etc.*); **j-m ein Loch in den Kopf ~** faire à qn. une blessure, blesser qn. à la tête; **e-n Nagel in die Wand ~** planter, enfoncer un clou dans le mur; **Eier in die Suppe ~** délayer des œufs dans la soupe; *Adler etc.* **s-e Fänge in ... ~** enfoncer ses serres dans...; **etw. in Papier ~** envelopper qc. dans du papier; *fig.* **etw. in den Wind ~** mépriser qc.; se moquer, F se ficher de qc.; **mit der Peitsche ~** fouetter; *fig.* **j-n mit s-n eigenen Waffen ~** retourner contre qn. ses propres arguments; *Schal etc.* **um die Schultern ~** jeter, mettre ... sur ses épaules; **die Hände vors Gesicht ~** enfoncer sa tête dans ses mains; **j-n zu Boden ~** jeter qn. à terre; terrasser qn.; **j-n zum Krüppel ~** estropier qn.; *hist.* **j-n zum Ritter ~** donner l'accolade à qn.; *Eier* **zu Schnee ~** battre en neige; **die Augen zu Boden ~** baisser les yeux; **die Zinsen zum Kapital ~** joindre les intérêts au capital; capitaliser les intérêts; **2.** *milit., Sport etc.* *(besiegen)* battre; triompher de; avoir raison de; *bes. milit.* défaire; *Schachspiel, e-n Bauern etc.* prendre; **aus dem Felde ~** mettre en déroute; rester maître du champ de bataille *(auch fig.)*; **in die Flucht ~** mettre en fuite; **nach Punkten ~** battre aux points; **j-n überlegen ~** surclasser qn.; **3.** *bibl.* *(strafen)* punir; châtier; *fig.* **mit Blindheit geschlagen sein** être frappé d'aveuglement; ne pas voir les choses en clair; F avoir la berlue; **ein geschlagener Mann** un homme accablé par les coups du sort; un homme fini, ruiné, perdu, F fichu, foutu; **4.** *von der Uhr* sonner; **die vollen u. die halben Stunden ~** sonner les heures et les demies; *fig.* **e-e geschlagene Stunde warten** attendre une heure entière, une heure d'horloge; **II** *v/i.* **5.** battre; frapper; *Herz, Puls* battre; *Herz auch* palpiter; *Uhr, Glocke* sonner; *Nachtigall* chanter; *Wachtel* carcailler; *Rad* flotter; **mit der Faust auf den Tisch ~** frapper, taper du poing sur la table; **nach j-m ~** porter un coup à qn.; **mit Händen u. Füßen um sich ~** se défendre à coups de poings et à coups de pieds; **mit dem Kopf auf e-n Stein ~** donner de la tête sur une pierre; **zu Boden ~** tomber à *od.* par terre; **mit den Flügeln ~** battre des ailes; **sein Puls schlägt rasch** il a le pouls agité; son pouls bat rapidement; *fig.* **sein Herz schlägt warm für ...** il a de la sympathie, de la compassion pour ...; **ihm schlägt das Gewissen** il entend la voix de sa conscience; sa conscience lui reproche; il a des remords; *fig.* **ich bin wie vor den Kopf geschlagen** j'en suis comme assommé; les bras m'en tombent; ça me coupe bras et jambes; **~ an** *od.* **gegen etw.** donner à *od.* contre qc.; *Regen* fouetter contre qc.; *Wellen* battre qc.; *poét. Töne, Stimmen* **~ an sein Ohr ...** frappent son oreille; ... résonnent à son oreille; *Flammen* **~ aus etw.** jaillir de qc.; **in die Höhe ~** monter; s'élever; *Blitz* **in etw. ~** tomber sur qc.; *Regen* **ins Gesicht ~** fouetter au *od.* le visage; *Wasser* **ins Boot ~** envahir, submerger le bateau; **der Wahrheit ins Gesicht ~** être contraire à toute vérité; **in j-s Fach ~** toucher à la spécialité de qn.; être du ressort, du domaine de qn.; **es hat zwölf (zwei) geschlagen** midi est *od.* a sonné (deux heures sont sonnées *od.* ont sonné); *fig.* **dem Glücklichen schlägt keine Stunde** pour les (gens) heureux le temps ne compte pas; **s-e Stunde hat geschlagen** son heure est venue, a sonné; *fig.* **er weiß, was die Stunde geschlagen hat** c'est un malin; F il la connaît; F *fig.* **nun schlägt's dreizehn!** *Erstaunen* F bigre!; fichtre!; diantre!; diable!; *Entrüstung* F sapristi!; sacrebleu!; saperlipopette!; **6. nach j-m ~** ‹sein› *(j-m ähneln)* ressembler à qn.; **sie schlägt ganz nach ihrer Mutter** *auch* elle tient beaucoup de sa mère; **aus der Art ~** démentir ses origines; *im schlechten Sinne* dégénérer; **III** *v/réfl.* *im Duell* **sich mit j-m ~** se battre contre *od.* avec qn. (**auf Pistolen** au pistolet); **sich tapfer ~** se battre vaillamment; **sich geschlagen geben** se déclarer vaincu; **sich an die Brust ~** se frapper la poitrine; *Schreck etc.* **sich auf den Magen ~** tomber, se porter sur l'estomac; **sich etw. aus dem Sinn, Kopf ~** s'ôter qc. de l'esprit; **sich mühsam, kümmerlich durchs Leben ~** vivre péniblement; vivoter; **sich durch die feindlichen Linien ~** se faire jour, se frayer un chemin au travers de l'ennemi; percer les rangs ennemis; **sich seitwärts in die Büsche ~** *cf.* Busch; **sich um etw. ~** se battre pour (avoir) qc.; **sich zur gegnerischen Partei ~** se jeter dans le, se joindre au, passer au parti adverse; se ranger, se mettre du côté du parti adverse; **sich auf j-s**

Seite ~ prendre, embrasser le parti de qn.; se ranger du parti, du côté de qn.; **IV** 2 *n* ⟨~s⟩ *meist verbal*; *e-r Brücke* construction *f*; *e-s Waldes* coupe *f*; *des Herzens, Pulses* battement *m*; *des Pulses* pulsation *f*; *der Nachtigall etc.* chant *m*; *e-r Glocke* coup *m*; *der Wellen* déferlement *m* (an contre); **~d** *adjt. Beweis, Argument etc.* (*treffend*) frappant; pertinent; concluant; probant; décisif, -ive; (*überzeugend*) convaincant; (*unwiderlegbar*) irréfutable; péremptoire; sans réplique; sans appel; **auf das ~ste beweisen** démontrer victorieusement; *mines* **~e Wetter** grisou *m*.

Schlager ['ʃlaːgər] *m* ⟨~s; ~⟩ *mus.* air *m*, chanson *f* à la mode, en vogue; F *péj.* scie *f*; rengaine *f*; *comm.* (*Verkaufs*2) article *m* à succès, faisant fureur; succès *m*; *zu billigem Preis* article *m* réclame; F clou *m*.

Schläger ['ʃlɛːgər] *m* ⟨~s; ~⟩ **1.** (*Raufbold*) batailleur *m*; ferrailleur *m*; spadassin *m*; F bretteur *m*; *Boxen* puncheur *m*; **2.** *von e-m Pferd* cheval *m* rueur; rueur *m*; **3.** *esc.* rapière *f*; F brette *f*; **4.** *Tischtennis, Tennis* raquette *f*; *Hockey* crosse *f*; canne *f*; *Golf* club [-œb] *m*; crosse *f*; **~ei** [-'raɪ] *f* ⟨~; ~en⟩ rixe *f*; mêlée *f*; bagarre *f*; pugilat *m*; *cf. auch* **Prügelei**; **in e-e ~ ausarten** dégénérer en pugilat.

Schlager|komponist ['ʃlaːgərkɔmpoˑˌnɪst] *m mus.* compositeur *m* d'airs à la mode; **~meloˌdie** *f* air *m* à la mode, en vogue; **~ˌsänger(in)** *m* (*f*) chanteur, -euse *m*, *f* d'airs à la mode, de genre, de café-concert, F de caf' conc'.

Schlagetot ['ʃlaːgəˌtoːt] F *m* ⟨~s; ~s⟩ tueur *m*; *cf. auch* Schläger 1.

schlag|fertig ['ʃlaːkˌfɛrtɪç] *adj.* qui a la repartie, la réplique prompte; prompt à la riposte; prêt à riposter; F qui n'a pas sa langue dans sa poche; **~e Antwort** riposte *f*; repartie *f*; **~ antworten** riposter; répondre du tac au tac; F renvoyer la balle; **2ˌfertigˌkeit** *f* ⟨~⟩ repartie prompte; promptitude *f*, vivacité *f* de repartie; **~fest** *adj. techn.* résistant au choc; **2ˌfestigˌkeit** *f* ⟨~⟩ *techn.* résistance *f* au choc; *von Metallen* résilience *f*; **2flügelˌflugzeug** *n aviat.* avion *m* à ailes battantes; **2fluß** *m cf.* Schlag 6.; **2geˌwicht** *n e-r Uhr* poids *m* de la sonnerie; **2giˌtarre** *f mus.* guitare *f* de jazz; **2ˌhärte** *f Boxen* punch [pœntʃ] *m*; **2holz** *n Sport* batte *f*; *Forstwirtschaft* bois *m* de coupe; **2instruˌment** *n mus.* instrument *m* de *od.* à percussion; **2kraft** *f milit., techn., Boxen* puissance *f*, force *f* de frappe; *milit.* force combat(t)ive; puissance *f* de combat, de choc; potentiel *m* militaire; **~ˌkräftig** *adj. milit.* puissant; qui a de l'efficacité, de la puissance de frappe; **2ˌleiste** *f des Fensters* battement *m*; **2licht** *n peint.* échappée *f* de lumière; *fig.* trait *m* de lumière; **2loch** *n* trou *m*; flache *f*; fondrière *f*; F nid-de-poule *m*; **Straße voller Schlaglöcher** route défoncée; **2lot** *n techn.* soudure forte; brasure *f*; **2mann** *m* ⟨~(e)s; ≈er⟩ *Rudersport* chef *m* de nage; **2ˌmühle** *f techn.* broyeur *m* à marteaux; **2rahm** *m cf.* 2sahne; **2ring** *m* coup-de-poing *m* (américain); *der Zither* anneau *m* pour pincer de la cithare; **2ˌsahne** *f* crème fouettée, Chantilly; **mit ~** à la crème Chantilly; **2ˌschatten** *m* ombre portée (sur un fond clair par un corps bien éclairé); **2ˌseite** *f mar.* bande *f*; gîte *f*; **~ haben** donner de la bande, de la gîte; gîter; *fig.* F (*betrunken torkeln*) P avoir du vent dans les voiles; **2ˌwaffen** *f/pl. cf.* 2werkzeuge; **2ˌwechsel** *m Boxen* échange *m* de coups; **2ˌweite** *f élect.* longueur *f* d'étincelle; **2werk** *n e-r Uhr* sonnerie *f*; *techn. cf.* Ramme; **2ˌwerkzeuge** *n/pl.* instruments contondants; **2ˌwetter** *n mines* grisou *m*; **2wetterexplosiˌon** *f mines* coup *m*, explosion *f* de grisou; **~wetterˌführend** *adjt.* grisouteux, -euse; **~wetterˌsicher, ~wettergeˌschützt** *adj.* antigrisouteux, -euse; **2wort** *n* ⟨~(e)s; ≈er *od.* ~e⟩ **1.** slogan *m*; mot *m*, formule *f* à la mode, emporte-pièce; **2.** *cf.* Stichwort; **2ˌzeile** *f e-r Zeitung* manchette *f*; **2zeug** *n mus.* batterie *f* (de jazz-band); **2ˌzeuger** *m* ⟨~s; ~⟩ batteur *m*; **2ˌzünder** *m* ⟨~s; ~⟩ *milit.* amorce fulminante, de choc; fusée percutante.

Schlaks [ʃlaːks] F *m* ⟨~es; ~e⟩ dégingandé *m*; *cf. auch* **Laban**; **2ig** F *adj.* maladroit; gauche; pataud; dégingandé.

Schlamassel [ʃla'masəl] F *m, n* ⟨~s; ~⟩ **1.** (*Mißgeschick*) embarras *m*; F déveine *f*; pétrin *m*; *fig.* cirage *m*; *fig.* mélasse *f*; P poisse *f*; mouscaille *f*; **2.** (*Durcheinander*) F pagaille *od.* pagaïe *f*; méli-mélo *m*; gâchis *m*; (em)brouillamini *m*.

Schlamm [ʃlam] *m* ⟨~(e)s⟩ limon *m*; vase *f*; (*Morast*) bourbe *f*; fange *f*; boue *f*; *im Motor* boue *f*; *in e-m Kessel* dépôt *m*; *métall.* schlamm *m*.

Schlämmanalyse ['ʃlɛmˀanaˌlyːzə] *f chim.* analyse immédiate; décantation *f*.

Schlamm|bad ['ʃlambaːt] *n méd.* bain *m* de boue; *sc.* illutation *f*; **die Schlammbäder von … les boues de …**; **~ˌboden** *m* terrain limoneux, bourbeux, fangeux; **2en** *v/i.* ⟨h⟩ déposer du limon.

schlämmen ['ʃlɛmən] **I** *v/t.* ⟨h⟩ **1.** *e-n See, Teich etc.* débourber; curer; **2.** *techn., Erz, Kreide* laver; *chim.* léviger; décanter; **3.** (*tünchen*) blanchir au lait de chaux; **II** 2 *n* ⟨~s⟩ curage *m*; *von Kreide* lavage *m*; *von Erzen auch* débourbage *m*; *chim.* décantage *m*; décantation *f*; lévigation *f*.

Schlamm|fisch ['ʃlamfɪʃ] *m zo.* poisson *m* de vase; *sc.* poisson *m* limicole; **~grund** *m* fond vaseux, *mar.* vasard; **2ig** *adj.* limoneux, -euse; vaseux, -euse; vasé; *mar.* vasard; (*morastig*) bourbeux, -euse; fangeux, -euse; boueux, -euse.

Schlämm|kohle ['ʃlɛmˌkoːlə] *f* schlamm *m*; charbon limoneux; **~ˌkreide** *f* craie lévigée, de Meudon; blanc *m* de Meudon.

Schlamm|loch ['ʃlamlɔx] *n* bourbier *m*; fondrière *f*; **~ˌpackung** *f méd. sc.* illutation *f*; **~ˌschnecke** *f zo.* limnée *f*; **~vulˌkan** *m* volcan *m* de boue; salse *f*; salinelle *f*.

schlamp|ampen [ʃlam'pampən] F *v/i.* ⟨*pas de ge-*, h⟩ *cf.* **liederlich (ein ~es Leben führen), prassen I**; **2e** ['ʃlam-] F *f* ⟨~; ~n⟩ F salope *f*; souillon *m*; maritorne *f*; **~en** ['ʃlam-] F *v/i.* ⟨h⟩ être malpropre et négligé; se mettre négligemment; être vêtu en souillon; faire le souillon; être débraillé; **2e'rei** F *f* ⟨~; ~en⟩ (*Nachlässigkeit*) laisser-aller *m*; négligence *f*; débraillé *m*; (*Unordentlichkeit*) désordre *m*; F pagaille *od.* pagaïe *f*; gabegie *f*; *par ext.* manque *m*, absence *f* de ponctualité, de rectitude, de régularité, d'assiduité; **~ig** ['ʃlam-] F *adj.* négligé; malpropre; peu soigneux, -euse; débraillé; *Arbeit* fait sans soin; F bâclé; P salopé; **2igˌkeit** ['ʃlam-] F *f* ⟨~⟩ *cf.* 2erei.

schlang [ʃlaŋ] *cf.* **schlingen**.

Schlange ['ʃlaŋə] *f* ⟨~; ~n⟩ **1.** *zo.* serpent *m* (*auch bibl., astr.*); F *fig.* vipère *f*; **junge ~** serpenteau *m*; *coll.* **die ~n** *pl. sc.* les ophidiens *m/pl.*; *fig.* **e-e ~ am Busen nähren** réchauffer un serpent dans son sein; **2.** *techn. cf.* Schlangenrohr; **3.** *fig., von Menschen* queue *f*; **~ stehen** faire (la) queue.

Schlängel|linie ['ʃlɛŋəlˌliːniˑə] *f* ligne sinueuse; **2n** *v/réfl.* ⟨-(e)le, h⟩ **sich ~** *Weg, Fluß* serpenter; aller en serpentant; faire des lacets; *nur Fluß* décrire des méandres; *Schlange u. fig.* se glisser; **sich um etw. ~** s'entortiller, s'enrouler, s'enlacer autour de qc.; **~ˌweg** F *m* chemin sinueux, tortueux.

Schlangen|adler ['ʃlaŋənˌˀaːdlər] *m zo.* serpentaire *m*; **~ˌanbeter(in)** *m* ⟨~s; ~⟩ (*f*) ⟨~; ~nen⟩ *sc.* ophiolâtre *m, f*; **~ˌanbetung** *f* culte *m* des serpents; *sc.* ophiolâtrie *f*; **2ˌartig** *adj.* comme un serpent; qui tient du serpent; serpentin; *sc.* ophidien, -nne; **~beˌschwörer** *m* charmeur *m* de serpents; *sc.* psylle *m*; **~ˌbiß** *m* morsure *f* de serpent; **~ˌbohrer** *m techn.* tarière, mèche torse; **~ˌbrut** *fig. f* nid *m*, engeance *f* de vipères; **2ˌförmig** *adj.* en forme de serpent; serpentin; *sc.* serpentiforme; **~ˌfraß** F *m* ratatouille *f*; **~ˌgift** *n* venin *m* de serpent; **~ˌgurke** *f bot.* concombre *m* serpent; *sc.* trichosanthe *m*; **~halsˌvogel** *m zo.* anhinga *m*; **~ˌhaut** *f comm.* (peau *f* de) serpent *m*; **~ˌkraut** *n bot.* serpentaire *f*; **~ˌkühler** *m techn.* radiateur *m*, refroidisseur *m* à serpentin(s); **~ˌkühlung** *f* refroidissement *m* à serpentin(s); **~ˌleder** *n cf.* ~haut; **~ˌlinie** *f* ligne sinueuse, serpentine; **~ˌmensch** *m Artist* homme *m* serpent; contorsionniste *m*; F désossé *m*; **~ˌrohr** *n* serpentin *m*; boyau *m*; **~ˌserum** *n méd.* sérum [-ɔm] antivenimeux; **~ˌstab** *m cf.* Äskulapstab; **~ˌtanz** *m* danse serpentine; **~ˌtänzer(in)** *m* (*f*) danseur, -euse *m*, *f* de la danse serpentine; **~ˌwurzel** *f bot.* (aristoloche *f*) serpentine *f*.

schlank [ʃlaŋk] *adj.* svelte; (~ *u. rank*) élancé; effilé; (*zierlich u.* ~) gracile; délié; grêle; *Mode* **~e Linie** ligne, silhouette svelte; **e-e ~e Säule** une colonne svelte; **~ machen** *Kleider* amincir; affiner; amenuiser; *Ernährungsweise* amaigrir; **sich die ~e Linie bewahren** conserver sa ligne (svelte); **2heit** *f* ⟨~⟩ sveltesse *f*; formes sveltes, élancées; gracilité *f*; *nur von Personen* taille *f* svelte; **2heitsˌkur** *f* cure *f* d'amaigrissement; **~weg** [-vɛk] *adv. cf.* **rundweg**.

schlapp [ʃlap] F *adj.* **1.** *cf.* **schlaff 1.**; **2.** (*abgespannt*) fatigué; épuisé; exténué; fourbu; F rendu; P flapi; moulu; *Sport* pompé; **~ machen** *Wetter, Hitze* avachir; ramollir; *langer Marsch* fatiguer; épuiser; exténuer; **2e** F *f* ⟨~; ~n⟩ échec *m*; revers *m*; défaite *f*; (*Schwächeanfall*) défaillance *f*; **e-e ~ erleiden** subir, essuyer un échec, un revers; F ramasser une veste.

schlappen ['ʃlapən] F **I** *v/i.* ⟨h⟩ *von Schuhen* ne pas tenir au pied; être élargi, agrandi; **II** 2 *m* ⟨~s; ~⟩ *cf.* **Latsche**[2].

Schlapp|heit ['ʃlaphaɪt] *f* ⟨~⟩ *cf.* **Schlaffheit**; **~hut** *m* chapeau mou; **2ˌmachen** F *v/i.* ⟨*sép.*, -ge-, h⟩

a) lâcher pied; ne plus pouvoir suivre; renoncer; abandonner (*par ex.* une course); b) avoir une défaillance; défaillir; *cf. auch* Ohnmacht 2. (in ~ fallen); **~ohr** F *com.* *n* lièvre *m*; **~schwanz** F *m* F chiffe *f*; gourde *f*; moule *f*; andouille *f*; ein ~ sein F être mou, molle comme une chiffe, P une chique.

Schlaraffen|land [ʃla'rafənˌlant] *n* pays *m* de cocagne; **sich wie im ~ vorkommen** s'imaginer être en pays de cocagne; **~ˌleben** *n* vie *f* de cocagne, de fainéant, sans souci; **ein ~ führen** mener la bonne vie; vivre en pays de cocagne; faire bonne chère; prendre ses aises; se goberger.

schlau [ʃlau] *adj.* (*gewitzt*) subtil; adroit; habile; dégourdi; avisé; fin; (*listig*) rusé; astucieux, -euse; matois; *fig.* retors; F finaud; roué; *fig.* madré; P roublard; F **aus etw. nicht ~ werden** ne pas comprendre, saisir, F piger qc.; *fig.* **ein ~er Fuchs,** F **ein ganz ♀er** *cf.* ♀berger; **♀ˌberger** F *m* ⟨~s; ~⟩ F finaud, -e *m, f*; malin (maligne) *m* (*f*) retors(e); fine mouche; fin matois; rusé, madré compère *od.* gaillard; fin renard; fin(e) Normand(e); P numéro *m*; mariole *m, f*; roublard, -e *m, f*.

Schlauch [ʃlaux] *m* ⟨~(e)s; ~e⟩ tuyau *m* souple, flexible; boyau *m*; (*Wein♀, Öl♀*) outre *f*; peau *f* de bouc; gourde *f*; (*Fahrrad♀, Auto♀*) chambre *f* à air; *bot.* utricule *m*; F *fig.* (*schmaler, langer Raum*) chambre longue et étroite; F *iron.* couloir *m*; F *fig.* (*Säufer*) ivrogne *m*; *fig.* outre *f*; F sac *m* à vin; poivrot *m*; soûlo(graphe) *m*; **♀ˌartig** *adj. bot.* utriculaire; **~boot** *n milit., der Pioniere* bateau *m* pneumatique; *aviat.* canot *m* pneumatique; **~bootˌbrücke** *f milit.* pont *m* de flotteurs, de bateaux pneumatiques, sur supports flottants pneumatiques; **♀en** F *v/t.* ⟨h⟩ *Schüler im Unterricht* 'harceler; tarabuster; tracasser; *milit. cf.* schleifen[1] I, 2.; *von Fieber* briser; épuiser; *von Aufregungen, Sorgen etc.* briser; *von körperlichen Anstrengungen auch* éreinter; 'harasser; F esquinter; **♀ˌförmig** *adj. cf.* ♀artig; **~ˌhaspel** *f cf.* ~rolle; **~ˌklemme** *f* pince *f* d'étranglement pour tuyaux souples; **~ˌkupplung** *f* raccord *m*, jonction *f* pour tuyaux flexibles; **~ˌleitung** *f* conduite *f* souple, flexible; **♀los** *adj. Reifen* sans chambre à air; **~er Reifen** *auch* tubeless *m*; **~ˌmündung** *f e-s Flusses* estuaire *m*; **~ˌpilze** *m/pl. bot.* ascomycètes *m/pl.*; **~ˌrolle** *f*, **~ˌtrommel** *f* dévidoir-enrouleur *m*; tambour-enrouleur *m*; **~- u. Ge'räteˌwagen** *m der Feuerwehr* fourgon-pompe *m*; **~venˌtil** *n* valve *f* de la chambre à air; **~verˌschraubung** *f* raccord *m* à vis pour tuyaux souples; **~ˌwagen** *m für e-n Gartenschlauch etc.* dévidoir-chariot *m*; dévidoir *m* sur chariot.

Schlauder ['ʃlaudər] *f* ⟨~; ~n⟩ *bât.* ancre *f*; tirant *m* en fer; gousset *m*; **♀n** *v/t.* ⟨-(e)re, h⟩ *bât.* consolider par ancres, *etc.*

Schläue ['ʃlɔʏə] *f* ⟨~⟩ *cf.* Schlauheit.

schlauerweise ['ʃlauər'vaɪzə] *adv.* adroitement; habilement; prudemment; F *iron.* (*dummerweise*) bêtement; maladroitement; stupidement; sottement.

Schlaufe ['ʃlaufə] *f* ⟨~; ~n⟩ boucle *f*; *am Gürtel* passant *m*; *am Stiefel* tirant *m*; *am Schistock, Schirm* dragonne *f*; *an Kleidungsstücken* œillet *m*; anse *f*; poste *f*; (*Schlinge*) nœud coulant.

Schlau|heit ['ʃlauhaɪt] *f* ⟨~⟩ finesse *f*; subtilité *f*; adresse *f*; habileté *f*; (*Gerissenheit*) ruse *f*; astuce *f*; finasserie *f*; rouerie *f*; matoiserie *f*; P roublardise *f*; **~kopf** *m*, **~ˌmeier** F *m* ⟨~s; ~⟩ *cf.* Schlauberger.

schlecht [ʃlɛçt] **1.** *adj.* mauvais; méchant; (*erbärmlich*) piètre; *Trost* triste; piètre; *Zeit* dur; difficile; *Luft* vicié; *Ware* inférieur; de mauvaise qualité; *Gold* (à) bas (titre); *Arbeit* mal fait; F bousillé; bâclé; **es ist ~es Wetter** il fait mauvais (temps); **in ~em Zustand** en mauvais état; **in ~er Gesellschaft** en mauvaise compagnie; **~er Scherz** mauvaise plaisanterie; **~er Gesundheitszustand** mauvaise santé; **~e Augen haben** avoir (une) mauvaise vue; **~e Laune haben** *cf.* Laune; **j-m e-n ~en Dienst erweisen** rendre un mauvais service à qn.; **j-m ~en Dank wissen** savoir peu de, mauvais gré à qn.; être ingrat envers qn.; **~ daran sein** être dans une mauvaise posture; **e-e ~e Gewohnheit annehmen** prendre un mauvais pli; **immer auf ~e Gedanken kommen** avoir l'esprit mal tourné, F fichu; *Nahrungsmittel* **~ werden** se gâter; s'altérer; se corrompre; **mir ist ~** je me sens mal; j'ai mal au cœur; **dabei kann e-m ~ werden** cela donne la nausée; cela soulève le cœur; **(das ist) nicht ~!** (ce n'est) pas mal!; **2.** *adv.* mal; **~ u. recht** tant bien que mal; **~ riechen** sentir mauvais; **~ aussehen** avoir mauvaise mine; **j-m ~ anstehen** ne pas convenir à qn.; **auf j-n ~ zu sprechen sein** ne pas porter qn. dans son cœur; **das ist mir ~ bekommen** cela ne m'a pas réussi; **das wird ihm ~ bekommen** il s'en trouvera mal; *iron., fig.* il ne s'en tirera pas à bon compte, sans conséquences; **~ leben** vivre pauvrement, maigrement, chichement; vivoter; **~ beraten sein** être mal conseillé; **von j-m ~ denken** avoir une mauvaise opinion de qn.; **bei j-m ~ angeschrieben sein** être mal vu de qn.; être mal dans les papiers de qn.; **es steht ~ mit ihm** *mit e-m Kranken* il est bien bas; F il file un mauvais coton; *mit e-m Geschäftsmann* ses affaires vont mal; **an j-m ~ handeln** se conduire mal avec qn.; *anerkennend* **das ist nicht ~ gemacht** ce n'est pas mal fait, F fichu; **~ gelaunt sein** *cf.* Laune; **~er** (*comp. von* schlecht) *adj.* plus mauvais; (*schlimmer*) pire; *adv.* plus mal; pis; **~ werden** se détériorer; *Krankheit* empirer; **immer ~ de mal en pis**; **~er'dings** *adv.* absolument; tout simplement; **♀erˌstellung** *f* ⟨~⟩ classification inférieure; discrimination *f*; **♀e(s)** *n* ⟨→ A⟩ mal *m*; **das ~ an e-r Sache** le mauvais côté; **nur ~s von j-m reden** dire tout le mal possible de qn.; **~est** (*sup. von* schlecht) *adj.* le plus mauvais; (*schlimmst*) le pire; *adv.* le plus mal; le pis; **am ~en** au plus *od.* le plus mal; **~ˌgehen** *v/imp.* ⟨*irr., sép.*, -ge-, sein⟩ *in wirtschaftlicher Hinsicht* **es geht ihm schlecht** (du point de vue économique, économiquement, matériellement) les choses vont mal pour lui; **~geˌlaunt** *adj.* de mauvaise humeur; mal disposé, F luné; **~'hin** *adv.* tout simplement; tout bonnement; sans façon; purement et simplement; **♀igˌkeit** *f* ⟨~⟩ mauvais état; mauvaise qualité; (*Bosheit*) méchanceté *f*; (*Gemeinheit*) bassesse *f*; **~ˌmachen** *v/t.* ⟨*sép.*, -ge-, h⟩ **j-n ~** médire de qn.; dire du mal de qn.; dénigrer, noircir qn.; dire pis que pendre de qn.; **alle Leute ~** médire de tout le monde; **~weg** [-vɛk] *adv. cf.* ~hin; **♀'wetter** *n* mauvais temps; **♀'wetterˌflug** *m aviat.* vol *m* par mauvais temps, par mauvaise visibilité; **♀'wetterˌfront** *f* front *m* de mauvais temps; **♀'wetterperiˌode** *f* période *f* de mauvais temps; **♀'wetterˌzone** *f* zone *f* de mauvais temps.

schleck|en ['ʃlɛkən] F *v/t.* ⟨h⟩ *cf.* lecken[2] I; naschen I; **♀e'rei** F *f* ⟨~; ~en⟩ *cf.* Leckerbissen; **♀erˌmaul** F *n cf.* Leckermaul.

Schlegel ['ʃleːgəl] *m* ⟨~s; ~⟩ (*Schlagholz*) battoir *m*; (*Holzhammer*) maillet *m*; *für Schlaginstrumente* baguette *f*; *für die Pauke* mailloche *f*.

Schleh|dorn ['ʃleːdɔrn] *m bot.* prunellier *m*; **~e** *f* ⟨~; ~n⟩ *bot.* **1.** *Frucht* prune *f* sauvage; prunelle *f*; **2.** *Strauch cf.* ~dorn; **~enˌblüte** *f bot.* fleur *f* de prunellier; **~enˌwein** *m* vin *m* de prunelles.

schleich|en ['ʃlaɪçən] *v/i.* ⟨schleicht, schlich, geschlichen, sein⟩ *u. v/réfl.* ⟨h⟩ *heimlich* (se) glisser (furtivement); se couler; *leise* aller, marcher à pas de loup, à pas feutrés; *langsam* aller, marcher très lentement, tout doucement; **(sich) heimlich aus dem Zimmer ~** sortir furtivement, à la dérobée de la chambre; **(sich) heimlich ins Haus ~** s'introduire furtivement dans la maison; **um das Haus ~** rôder autour de la maison; **geschlichen kommen** approcher à pas de loup, à pas feutrés, furtivement; F (*langsam herankommen*) approcher très lentement; *fig.* **die Zeit schleicht** le temps s'écoule, passe imperceptiblement, lentement; *fig.* **sich in jemandes Vertrauen ~** capter la confiance de qn.; **~end** *adjt. Schritt* furtif, -ive; *Gift, Krankheit* lent; *Krankheit auch* sournois; **♀er** F *m* ⟨~s; ~⟩ homme, esprit faux, dissimulé; sournois *m*; hypocrite *m*; **♀e'rei** F *f* ⟨~; ~en⟩ hypocrisie *f*; fausseté *f*; détours *m/pl.*; dissimulation *f*; sournoiserie *f*; **♀ˌhandel** *m* trafic *m* (clandestin); contrebande *f*; commerce *m* interlope; marché noir; **~ treiben** faire la contrebande; trafiquer; se livrer au marché noir; **♀ˌhändler** *m* contrebandier *m*; trafiquant *m*; **♀ˌware** *f* (marchandise *f* de) contrebande *f*; **♀weg** [-veːk] *m* chemin dérobé, détourné; *fig.* détours *m/pl.*; voie tortueuse; **auf ~en** par des chemins dérobés; clandestinement; *fig.* par des voies détournées; par des détours.

Schleie ['ʃlaɪə] *f* ⟨~; ~n⟩ *zo.* tanche *f*.

Schleier ['ʃlaɪər] *m* ⟨~s; ~⟩ voile *m* (*auch phot.*); *nur vor dem Gesicht* voilette *f*; **den ~ zurückschlagen** relever le voile; *relig.* **den ~ nehmen** prendre le voile; *fig.* **den ~ der Vergessenheit über etw. breiten, werfen** jeter le voile de l'oubli sur qc.; passer l'éponge sur qc.; *fig.* **den ~ des Geheimnisses lüften** lever, soulever le voile du mystère; *fig.* **e-n ~ vor den Augen haben, alles wie durch e-n ~ sehen** avoir un regard voilé; **~ˌeule** *f zo.* effraie *od.* orfraie *f*; **~ˌflor** *m text.* voile *m*; crêpe *m*; **♀ˌhaft** *adj.* F *fig.* (*rätselhaft*) mystérieux, -euse; (*unbegreiflich*) incompréhensible; **das ist mir ~** c'est un mystère pour moi; **~ˌstoff** *m* voile *m*.

Schleif|apparat ['ʃlaɪfʔapaˌraːt] *m techn.* F meule *f* à aiguiser, à affûter; **~band** *n* ⟨~(e)s; ~er⟩ *techn.* ruban *m* d'émeri, émerisé, abrasif; **~bank** *f* ⟨~; ≈e⟩ *techn.* rectifieuse *f*; **~ˌbürste** *f élect.* balai *m*; F charbon *m*.

Schleife [ˈʃlaɪfə] *f* ⟨~; ~n⟩ rosette *f*; nœud *m*; boucle *f*; *als Zierde am Hut etc.* cocarde *f*; (*Kranz*2) ruban *m*; *e-s Flusses, Weges* boucle *f*; lacet *m*; *e-r Straßenbahnlinie auch* circuit *m*; *élect.* boucle *f*; circuit *m* (fermé); *aviat. vertikal* looping [-iŋ] *m*; boucle *f*; *horizontal* circuit fermé; boucle *f*; cercle *m*; *für Baumstämme* (*Rutsche*) glissoire *f*.

schleifen¹ [ˈʃlaɪfən] **I** *v/t.* ⟨**schleift, schliff, geschliffen,** h⟩ **1.** *Messer, Scheren etc.* (*schärfen*) aiguiser; affûter; (r)émoudre; (*abziehen*) repasser; affiler; donner le fil à; *techn.* (*glätten, polieren*) meuler; passer à la meule; lisser; polir; adoucir; abraser; *Holz, mit Bimsstein* poncer; *mit Schleifpulver* roder; *Glas* tailler; égriser; biseauter; abattre les arêtes vives de; *Edelsteine* tailler; égriser; débrutir; *techn. auf bestimmte Form* (*ein*~) rectifier; dresser; *Glas* **matt** ~ dépolir; ternir; *fig.* **geschliffene Sprache** langage affiné, châtié; **2.** F *milit. péj.* mener durement à l'exercice; dresser; F faire les pieds (à); P en faire baver, roter, suer; **II** 2 *n* ⟨~s⟩ **3.** *e-s Messers etc.* aiguisage *m*; affûtage *m*; émoulage *m*; (*Abziehen*) repassage *m*; affilage *m*; (*Glätten, Polieren*) meulage *m*; polissage *m*; adoucissage *m*; *des Holzes mit Bimsstein* ponçage *m*; *von Glas* taille *f*; égrisage *m* (*beide auch von Edelsteinen*); biseautage *m*; (*Einschleifen*) rectification *f*; dressage *m*; **4.** *milit.* exercices durs; dressage *m*.

schleifen² [ˈʃlaɪfən] **I** *v/t.* ⟨h⟩ **1. etw. auf dem Boden** ~ traîner qc. par terre; **2.** *milit., Festung, Anlagen* démolir; démanteler; raser; **3.** *mus., Ton* lier; lourer; **4.** F *fig.* **j-n** (*par ex. ins Kino*) ~ (*überreden mitzukommen*) F traîner qn.; **II** *v/i.* **5.** traîner; *Auto, Kupplung* patiner; **die Kupplung ~ lassen** faire, laisser patiner l'embrayage; **III** 2 *n* ⟨~s⟩ **6.** traînage *m*; **7.** *milit.* démolition *f*; démantèlement *m*; rasement *m*; **8.** *mus.* liaison *f*.

Schleifen|flug [ˈʃlaɪfənˌfluːk] *m aviat.* looping [-iŋ] *m*; boucle *f*; **~galvanoˌmeter** *n* ⟨~s; ~⟩ *élect.* galvanomètre *m* à boucle; **~ˌkurve** *f aviat.* boucle *f*; **e-e ~ fliegen** *vertikal* boucler la boucle; faire un looping; *horizontal* faire une boucle; **~ˌschaltung** *f élect.* couplage *m* en boucle; **~ˌwicklung** *f élect.* bobinage *m* à boucle; enroulement *m* à boucles, imbriqué.

Schleifer [ˈʃlaɪfər] *m* ⟨~s; ~⟩ (*Scheren*2) (r)émouleur *m*; repasseur *m*; aiguiseur *m*; affileur *m*; affûteur *m*; *techn.* meuleur *m*; polisseur *m*; *mit Bimsstein* ponceur *m*; (*Ein*2) rectifieur *m*; (*Glas*2) biseauteur *m*; tailleur *m* (de verre); (*Stein*2) tailleur *m* de pierre; *élect.* curseur *m*; *mus.* appoggiature *f* double; **~ei** [-ˈraɪ] *f* ⟨~; ~en⟩ atelier *m* d'aiguisage, d'émouleur; (*Stein*2) taillerie *f*.

Schleif|kontakt [ˈʃlaɪfkɔnˌtakt] *m élect.* contact *m* à curseur; contact coulissant; **~lack** *m* vernis *m* à polir; **~ˌleinen** *n techn.* toile *f* émeri(sée), abrasive; **~maˌschine** *f techn.* meule *f* à aiguiser, à affûter; F meule *f*; *zum Formschleifen* rectifieuse *f*; *Holzverarbeitung* ponceuse *f*; **~ˌmittel** *n* (produit *m*) abrasif *m*; **~öl** *n* huile *f* à rectifier; **~paˌpier** *n* papier *m* émeri(sé), de verre, verré; **~ˌpaste** *f* pâte *f*, potée *f* d'émeri, à roder; **~ˌpulver** *n* poudre *f* d'émeri, abrasive, à polir, à roder; *für Holz* poudre *f* ponce; **~rad** *n* meule *f*; **~ring** *m élect.* bague collectrice, de contact; **~sand** *m* sable *m* à polir; **~ˌscheibe** *f* meule *f* (en émeri, en corindon); **~schuh** *m élect.* sabot *m*; patin *m*; **~staub** *m* poussière *f* de meulage; **~stein** *m nicht drehbarer* pierre *f* à aiguiser; *drehbarer* meule *f* de rémouleur; **~ung** *f* ⟨~; ~en⟩ *cf.* **schleifen¹** II, 3.; **schleifen²** III, 8.

Schleim [ʃlaɪm] *m* ⟨~(e)s; ~e⟩ *physiol.* mucosité(s) *f* (*pl.*); *sc.* mucus [-ys] *m*; *bot.* (*Pflanzen*2) mucilage *m*; *méd., zäher, von entzündeten Schleimhäuten abgesonderter* glaire *f*; *ausgeworfener* (*Magen*2) pituite *f*; *ausgeworfener* (*Brust*2) graillon *m*; *zo., der Schnecke* bave *f*; *cuis. cf.* **~suppe**; **~ aushusten, auswerfen** expectorer; F tousser gras; graillonner; **2ˌabsondernd** *adjt. sc.* mucilagineux, -euse; **~ˌabsonderung** *f* sécrétion muqueuse, de mucosités; **2ˌartig** *adj.* glaireux, -euse; *sc.* muqueux, -euse; mucilagineux, -euse; **~ˌauswurf** *m méd.* expectoration *f*; **~ˌbeutel** *m anat.* bourse muqueuse, séreuse; **~beutelentˌzündung** *f méd.* bursite *f*; **~ˌdrüse** *f anat.* glande muqueuse, pituitaire; **2en** *v/i.* ⟨h⟩ produire, former des mucosités; **~ˌfieber** *n méd.* fièvre muqueuse; **~fluß** *m* flux muqueux; **~geˌwebe** *n anat.* tissu muqueux; **2ˌhaltig** *adj.* mucilagineux, -euse; **~haut** *f anat.* (membrane *f*) muqueuse *f*; *der Nase* membrane *f* pituitaire; **~ˌhusten** *m méd.* toux catarrhale, F grasse; **2ig** *adj. cf.* **2artig**; *fig.* doucereux, -euse; mielleux, -euse; **2ˌlösend** *adjt. méd.* expectorant (*auch* **n ~es Mittel**); **~ˌpilze** *m/pl. bot.* myxomycètes *m/pl.*; **~ˌsäure** *f chim.* acide *m* mucique; **~ˌsuppe** *f cuis.* crème *f* (d'orge, de riz); **~ˌtiere** *n/pl. zo.* mollusques *m/pl.*

Schleiß|e [ˈʃlaɪsə] *f* ⟨~; ~n⟩ barbe *f* de plume; **2en I** *v/t.* ⟨**schleißt, schliß (schlisse)** *od.* **schleißte, geschlissen** *od.* **geschleißt,** h⟩ **Federn ~** ébarber des plumes; **II** *v/i.* ⟨**sein**⟩ *Stoff* se fendre; s'user; **~ˌfeder** *f* plume ébarbée.

schlemm|en [ˈʃlɛmən] **I** *v/i.* ⟨h⟩ **1.** F (*gut essen u. trinken*) P faire un bon gueuleton; gueuletonner; **2.** (*üppig leben*) *cf.* **prassen** I; **II** 2**en** *n* ⟨~s⟩ *cf.* **Prasserei**; 2**er(in)** *m* ⟨~s; ~⟩ (*f*) ⟨~; ~nen⟩ **1.** (*Genießer*) bon vivant; **2.** (*Verschwender*) *cf.* **Prasser(in)**; 2**eˈrei** *f* ⟨~; ~en⟩ *cf.* **Prasserei**.

Schlempe [ˈʃlɛmpə] *f* ⟨~; ~n⟩ vinasse *f*; résidus *m/pl.* de la distillerie.

schlendern [ˈʃlɛndərn] **I** *v/i.* ⟨-(e)re, **sein**⟩ aller tranquillement, son petit pas, son petit bonhomme de chemin, tout doucement, F à un train de sénateur; **durch die Straßen** ~ F flâner, flânocher, traîner, se balader dans les rues; **II** 2 *n* ⟨~s⟩ F flânerie *f*; balade *f*.

Schlendrian [ˈʃlɛndriˑɑːn] *m* ⟨~(e)s⟩ **1.** routine *f*; F train-train *od.* traintrain *m*; **am alten ~ festhalten** ne rien vouloir changer à son train-train (quotidien); **s-n ~ gehen** aller, suivre son petit train, son petit bonhomme de chemin; **2.** *cf.* **Bummelei, Schlamperei.**

schlenk|ern [ˈʃlɛŋkərn] **I** *v/t. u. v/i.* ⟨-(e)re, h⟩ **im Gehen mit den Armen** *od.* **die Arme ~** aller, marcher les bras ballants; balancer les bras en marchant; *im Sitzen* **mit den Beinen ~** balancer, F brandiller les jambes; F gambiller; gigoter; **II** 2**ern** *n* ⟨~s⟩ balancement *m* (des bras, des jambes); dandinement *m*; allure dégingandée; F brandillement *m* (des jambes); **~rig** *adj.* **e-n ~en Gang haben** avoir une allure dégingandée; se dandiner.

schlenzen [ˈʃlɛntsən] *v/t.* ⟨-(es)t, h⟩ *Hockey* soulever (la balle).

Schlepp [ʃlɛp] *m* ⟨~(e)s⟩ **in ~ nehmen** *cf.* **Schlepptau**; **~anˌtenne** *f* antenne pendante, traînante; **~ˌauto** *n Segelflug* auto remorqueuse; **~ˌdampfer** *m mar.* remorqueur *m*; **~dienst** *m mar.* (service *m* de) remorquage *m*.

Schleppe [ˈʃlɛpə] *f* ⟨~; ~n⟩ traîne *f*; queue *f*; 2**n I** *v/t.* ⟨h⟩ **1.** (*hinterherziehen*) traîner (*auch fig.*); *mar., aviat.* remorquer; *nur mar., vom Ufer her* touer; 'haler; **2.** (*mühsam tragen*) porter (avec peine, péniblement); F traîner; **II** *v/i.* **3.** (*schleifen*) traîner; *mar., Anker* labourer (le fond); **III** *v/réfl.* **4. sich ~** (*mühsam gehen*) se traîner; **sich mit etw. ~** *cf.* I, 2.; *fig.* **sich mit e-r Krankheit ~** traîner une maladie; **5.** *fig.* (*sich hinziehen*) (se) traîner; languir; **der Prozeß schleppt sich schon ins dritte Jahr** le procès (se) traîne, languit déjà depuis trois ans; **IV ~n** *n* ⟨~s⟩ traînage *m*; *mar., aviat.* remorquage *m*; *mar.* touage *m*; 'halage *m*; *von schweren Dingen verbal*; 2**nd** *adjt.* traînant; *comm.* languissant; **e-e ~e Sprechweise haben** traîner dans sa façon de parler, en parlant; **e-n ~en Verlauf nehmen** traîner; prendre un cours lent, traînant; **~nˌträger(in)** *m* (*f*) porte-queue *m*.

Schlepper [ˈʃlɛpər] *m* ⟨~s; ~⟩ *landwirtschaftlicher etc.* tracteur *m*; *mar. cf.* **Schleppdampfer.**

Schlepperei [ˌʃlɛpəˈraɪ] F *f* ⟨~⟩ **das war e-e furchtbare ~ mit den Koffern** ce fut une corvée terrible de porter les valises.

Schlepp|flug [ˈʃlɛpfluːk] *m aviat.* vol remorqué, à la remorque; **~ˌflugzeug** *n* avion remorqueur; **~kahn** *m mar.* péniche *f*; chaland *m*; **~ˌkette** *f* chaîne *f* de remorque; **~kleid** *n* robe *f* à traîne; **~ˌleine** *f* (filin *m*, cordage *m* de) remorque *f*; *cf. auch* **~seil**; **~lift** *m in d. Bergen* (re)monte-pente *m*; **~lohn** *m mar.* frais *m/pl.* de remorquage; **~netz** *n* chalut *m*; traîne *f*; traîneau *m*; seine *f*; **~netzˌfischdampfer** *m* chalutier *m*; **~netzˌfischer** *m* chalutier *m*; **~netzfischeˌrei** *f* chalutage *m*; **~pflug** *m agr.* charrue *f* à tracteur; **~ˌsäbel** *m* sabre traînant; **~sack** *m milit.* manche remorquée; **~ˌscheibe** *f milit.* cible remorquée; **~schiff** *n mar. cf.* Schleppdampfer; **~ˌschiffahrt** *f mar.* remorquage *m*; **~seil** *n* câble *m* de remorquage, de remorque; remorque *f*; *aviat., für Ballons* guiderope *m*; **~start** *m aviat.* départ remorqué; **~tau** *n* **a)** *cf.* **~seil**; **b) ins ~ nehmen** prendre en *od.* à la remorque (*auch fig.*); **sich ins ~ nehmen lassen** se faire prendre en remorque; se faire remorquer; se mettre à la remorque (von j-m de qn.) (*auch fig.*); **~zug** *m mar.* convoi *m*, train *m* de péniches, de chalands remorqué(e)s; *aviat.* train *m* de planeurs (remorqués).

Schles|ier(in) [ˈʃleːziˑər(ɪn)] *m* ⟨~s; ~⟩ (*f*) ⟨~; ~nen⟩ Silésien, -nne *m,f*; 2**isch** *adj.* de la Silésie; silésien, -nne; *hist.* **die 2en Kriege** les guerres de Silésie.

Schleuder [ˈʃlɔydər] *f* ⟨~; ~n⟩ **1.** (*Wurfgerät*) fronde *f*; F lance-pierres *m*; *aviat.* catapulte *f*; **2.** *techn.*

centrifugeur *m*; centrifugeuse *f*; (*Wäsche2*) essoreuse *f*; (*Milch2*) écrémeuse *f* (centrifuge); (*Honig2*) extracteur *m* centrifuge; **~arˌtikel** *m comm.* article *m* à vil prix, réclame; camelote *f*; **~ˌbahn** *f aviat.* voie *f* de catapulte; **~ˌflug** *m aviat.* vol catapulté; **~geˌfahr** *f als Verkehrszeichen* route glissante; **~ˌguß** *m techn.* coulage *m* centrifuge; *als Produkt* coulée *f* centrifuge; **~ˌhonig** *m* miel coulé, d'extracteur; **~maˌschine** *f techn.* machine *f* centrifuge; extracteur *m*; *cf. auch* Schleuder 2.

schleudern ['ʃlɔʏdərn] **I** *v/t.* ⟨-(e)re, h⟩ **1.** (*werfen*) *mit der Hand* jeter; lancer; projeter; *mit der Schleuder* fronder; *aviat.* catapulter; *fig.* fulminer; j-m s-n Zorn ins Gesicht ~ fulminer contre qn.; **2.** *Wäsche* essorer; *Milch* centrifuger; *Honig auch* extraire; **II** *v/i.* ⟨*auch* sein⟩ **3.** *Auto* déraper; chasser; partir à la dérive; *bes. von e-m schlecht befestigten Anhänger* brimbaler; **III** 2 *n* ⟨~s⟩ **4.** (*Werfen*) lancement *m*; jet *m*; projection *f*; *aviat.* catapultage *m*; **5.** *der Wäsche* essorage *m*; *der Milch* centrifugation *f*; *des Honigs auch* extraction *f*; **6.** *des Autos* dérapage *m*; ins ~ geraten, kommen commencer à déraper; partir à la dérive.

Schleuder|preis ['ʃlɔʏdərˌpraɪs] *m comm.* vil prix; zu ~en verkaufen vendre à vil prix; brader; solder; F bazarder; **~ˌpumpe** *f techn.* pompe *f* centrifuge; **~ˌschmierung** *f techn.* graissage *m* par barbotage; **2ˌsicher** *adj.* antidérapant; **~ˌsitz** *m aviat.* siège *m* éjectable; **~ˌspur** *f e-s Autos* trace *f* du dérapage; **~ˌstart** *m aviat.* catapultage *m*; décollage catapulté; lancement *m* par catapulte; **~ˌtrommel** *f* tambour-centrifugeur *m*; **~ˌvorrichtung** *f Waschmaschine* mit eingebauter ~ avec mécanisme d'essorage incorporé, intégré; **~ˌware** *f comm.* marchandise *f* au rabais, à vil prix; soldes *m/pl.*; pacotille *f*; F camelote *f*; P saloperie *f*; *cf. auch* Schleuderartikel.

schleunig ['ʃlɔʏnɪç] *adj.* prompt; rapide; précipité; **~st** *adv.* au plus vite, tôt; le plus vite, tôt possible; en 'hâte; avec célérité; promptement; rapidement.

Schleuse ['ʃlɔʏzə] *f* ⟨~; ~n⟩ écluse *f* (*auch fig., des Himmels*); (*Stauklappe*) vanne *f*; barrage *m*; (*Luft2*) sas *m*; **2n I** *v/t.* ⟨-(es)t, h⟩ *Schiff* écluser; F *fig.* faire passer; **II ~n** *n* ⟨~s⟩ éclusement *od.* éclusage *m*; **~nˌbau** *m* ⟨~(e)s; ~ten⟩ construction *f* d'une écluse; **~nbeˌtrieb** *m* service *m* des écluses; **~nˌbett** *n*, **~nˌboden** *m* plancher *m*, radier *m* d'une écluse; **~nˌgeld** *n* péage *m*; **~nˌkammer** *f* chambre *f*, sas *m* d'écluse; **~nkaˌnal** *m* canal *m* à écluses; **~nˌmeister** *m* éclusier *m*; **~nˌtor** *n* (porte *f* d')écluse *f*; **~nˌsohle** *f cf.* ~nbett, ~nboden; **~nvenˌtil** *n* vanne *f* d'écluse; **~nˌwasser** *n* éclusée *f*; **~nˌwärter** *m cf.* ~nmeister.

schlich [ʃlɪç] *cf.* schleichen.

Schlich [ʃlɪç] *m* ⟨~(e)s; ~e⟩ *métall.* schlich [-k] *m*; **~e** F *fig. m/pl.* menées *f/pl.*; manœuvres *f/pl.*; ruses *f/pl.*; procédés *m/pl.*; intrigues *f/pl.*; manèges *m/pl.*; F trucs *m/pl.*; P combine *f*; manigances *f/pl.*; hinter j-s ~ kommen, j-m auf die ~ kommen découvrir, déjouer, percer à jour les ruses, les manœuvres, *etc.* de qn.; démasquer qn.; alle ~ kennen F s'y connaître; la connaître; être à la coule, à la page; connaître la musique; savoir y faire.

schlicht [ʃlɪçt] *adj. Kleidung etc.* (*einfach*) simple; *im Wesen etc. auch* (*bescheiden*) modeste; simple et droit; *Haar* (*glatt*) plat; lisse; *Mahlzeit* frugal; *Empfang, Abschied etc.* sans cérémonies; F sans tralala, chichis; der ~e Menschenverstand le sens commun; le simple bon sens; ~ um ~ au pair.

Schlicht|arbeit ['ʃlɪçtˌˀarbaɪt] *f techn.* finissage *m*; finition *f*; **~ˌdrehbank** *f techn.* tour *m* de finissage, de finition; **2ˌdrehen I** *v/t.* ⟨*les formes séparées des temps simples ne s'emploient pas*, -ge-, h⟩ *techn.* finir au tour; **II ~ˌdrehen** *n* finissage *m* au tour; **~e** *f* ⟨~; ~n⟩ *text.* colle *f*; empois *m*; **~ˌeisen** *n techn.* plane *f*.

schlichten ['ʃlɪçtən] **I** *v/t.* ⟨-ete, h⟩ **1.** *Streit* arranger; aplanir; accommoder; régler; vider; F liquider; *durch Schiedsspruch* arbitrer; **2.** *techn.* (*glätten*) unir; aplanir; planer; replanir; lisser; finir; *mit der Feile* polir; *mit dem Hobel* recaler; *Leder* effleurer; queurcer *od.* queurser; *text.* (en)coller; **II** 2 *n* ⟨~s⟩ **3.** *e-s Streites cf.* Schlichtung; **4.** *techn.* (*Glätten*) aplanissement *m*; planage *m*; lissage *m*; finissage *m*; polissage *m*; polissure *f*; *des Leders* effleurage *m*; queurçage *od.* queursage *m*; *text.* encollage *m*.

Schlichter(in) ['ʃlɪçtər(ɪn)] *m* ⟨~s; ~⟩ (*f*) ⟨~; ~nen⟩ réconciliateur, -trice *m*, *f*; médiateur, -trice *m*, *f*; *jur.* conciliateur, -trice *m*, *f*; *durch Schiedsspruch* arbitre *m*.

Schlicht|feile ['ʃlɪçtˌfaɪlə] *f techn.* lime douce, à planer; **~ˌhammer** *m techn.* marteau *m* à dresser, à planer.

Schlichtheit ['ʃlɪçthaɪt] *f* ⟨~⟩ *in der Kleidung etc.* simplicité *f*; *im Wesen auch* modestie *f*; droiture *f*; *e-r Mahlzeit* frugalité *f*.

Schlicht|hobel ['ʃlɪçtˌhoːbəl] *m techn.* rabot plat; **~maˌschine** *f techn.* planeuse *f*; **~ˌmeißel** *m techn.* plane *f*; ciseau *m* à planer.

Schlichtung ['ʃlɪçtʊŋ] *f* ⟨~; ~en⟩ *e-s Streites* accommodement *m*; arrangement *m*; (ré)conciliation *f*; (*Vermittlung*) médiation *f*; *durch Schiedsspruch* arbitrage *m*; **~sˌabkommen** *n* convention *f* d'arbitrage; **~sˌausschuß** *m* comité *m*, commission *f* de conciliation, d'arbitrage; **~sˌkammer** *f* chambre *f* de conciliation; **~sˌstelle** *f* bureau *m*, office *m* de conciliation; **~sverˌfahren** *n* procédure *f* de conciliation, de règlement, arbitrale, d'arbitrage; **~sverˌsuch** *m* essai *m* d'arbitrage; tentative *f* de conciliation.

Schlick [ʃlɪk] *m* ⟨~(e)s; ~e⟩ limon *m*; vase *f*; **2en** *v/i.* ⟨h⟩ se remplir de vase; s'envaser; **~grund** *m mar.* (fond) vasard *m*; **2ig** *adj.* limoneux, -euse; vaseux, -euse; vasard; **~watt** *n* bas-fond couvert de limon.

schlief [ʃliːf] *cf.* schlafen.

Schliere ['ʃliːrə] *f* ⟨~; ~n⟩ *in Gläsern, Kunststoffen etc.* paille *f*; fil *m*; strie *f*.

schließ|bar ['ʃliːsbaːr] *adj.* qui peut être fermé; **2e** *f* ⟨~; ~n⟩ *e-s Gürtels* boucle *f*; *e-s Buches, e-r Handtasche etc.* fermoir *m*; *techn.* goupille *f*.

schließen ['ʃliːsən] **I** *v/t.* ⟨-(es)t, schließt, schloß, schlösse, geschlossen, h⟩ **1.** (*zumachen*) fermer; (*ein~*) enfermer, serrer, ranger, mettre (in etw. dans qc.); *impr., die Form* serrer; boucler; *Lücken* combler; colmater; ein Geschäft ~ fermer boutique; in Ketten, Eisen ~ enchaîner; mettre aux fers; j-n in die Arme ~ embrasser, étreindre qn.; serrer qn. dans ses bras; *fig.* j-n in sein Herz ~ prendre qn. en affection; porter qn. dans son cœur; **2.** in sich ~ (*enthalten*) renfermer; contenir; inclure; impliquer; comprendre; englober; **3.** (*beenden*) terminer; finir; *Sitzung* lever; *Versammlung, Debatte* clore; *comm., Konto* arrêter; er schloß (s-n Bericht) mit den Worten ... il conclut (son rapport) en disant ...; **4.** *Vertrag, Ehe etc.* conclure; *Bündnis, Ehe* contracter; *Vergleich, Vertrag* passer; *Frieden* conclure; faire; *Freundschaft* nouer; contracter; mit j-m Freundschaft ~ se lier d'amitié avec qn.; **II** *v/i.* **5.** *Tür, Fenster etc.* fermer; joindre; clore; *Tür* nicht gut ~ fermer, joindre mal; bâiller; der Schlüssel schließt nicht cette clef ne va pas à cette serrure, n'ouvre pas; **6.** (*enden*) se terminer; finir; *Bericht etc. auch* s'arrêter; prendre fin; die Sitzung schloß um zwei Uhr la séance fut levée à deux heures; **7.** (*folgern*) conclure; *philos.* aus etw. auf etw. ~ conclure de qc. à qc.; auf etw. ~ lassen dénoter, trahir, révéler qc.; aus etw. ~ déduire, induire, inférer de qc.; von sich auf andere ~ juger d'autrui par soi-même; aus s-r Unruhe schließe ich, daß ... son inquiétude me fait croire que ...; **8.** *p. p.* geschlossen fermé; clos; enclos; (*lückenlos gefügt*) serré; *Widerstand, Schar etc.* compact; *advt.* (*einstimmig*) à l'unanimité; *Theater* geschlossen bleiben faire relâche; mit geschlossenen Füßen à pieds joints; ein geschlossenes Ganzes un tout bien distinct; *fig.* un bloc; geschlossene Gesellschaft société particulière, privée; cercle fermé; réunion privée; cénacle *m*; e-e in sich geschlossene Persönlichkeit une personnalité complète; un caractère bien déterminé, très entier; e-e geschlossene Ortschaft une localité; *cf. auch* geschlossen; **III** *v/réfl.* sich ~ *Blüten etc.* se (re)fermer; *Wunde auch* se cicatriser; **IV** 2 *n* ⟨~s⟩ *e-r Tür etc.* fermeture *f*; *impr.* bouclage *m*; *e-r Versammlung etc.* clôture *f*; *e-s Vertrages etc.* conclusion *f*; (*Folgerung*) conclusion *f*; induction *f*; déduction *f*.

Schließer(in) ['ʃliːsər(ɪn)] *m* ⟨~s; ~⟩ (*f*) ⟨~; ~nen⟩ **1.** (*Pförtner*) concierge *m, f*; *thé.* placeur *m*; ouvreuse *f*; *im Gefängnis* geôlier, -ère *m, f*; guichetier *m*; *e-r Wach- u. Schließgesellschaft* vigile *m*; **2.** *an e-r Tür* ferme-porte *m*.

Schließ|fach ['ʃliːsfax] *n bei der Post* boîte, case postale; *bei der Bank* compartiment *m* de coffre-fort; trésor privé; *für Koffer* coffre *m* à bagages; **~ˌfeder** *f* ressort *m* qui sert à fermer qc.; *am MG* ressort récupérateur; **~korb** *m* malle *f* en osier.

schließlich ['ʃliːslɪç] **1.** *adj.* final; définitif, -ive; **2.** *adv.* (*endlich*) finalement; à la fin; en fin de compte; au bout du compte; enfin; en définitive; *litt.* en dernière analyse; en dernier ressort; (*wenn man alles recht überlegt*) après tout; ~ etw. tun finir par faire qc.

Schließ|muskel ['ʃliːsˌmʊskəl] *m anat.* (muscle) constricteur *m*; sphincter [-ɛːr] *m*; **~ung** *f* ⟨~; ~en⟩ *cf.* schließen IV.

schliff [ʃlɪf] *cf.* schleifen[1].

Schliff [ʃlɪf] *m* ⟨~(e)s; ~e⟩ **1.** (*Geschliffensein*) *e-s Edelsteins* égrisage *m*; *Glas, Edelstein* e-n schönen ~ haben être bien taillé, égrisé; **2.** *techn.* (*Glätte*) poli *m*; (*Schärfe*) tranchant *m*; *für*

Schliffbilder (*Schlifffläche*) section polie; **3.** ⟨*pas de pl.*⟩ *fig.* politesse *f*; entregent *m*; savoir-vivre *m*; *milit.* mise *f* au pas; *pfort.* dressage *m*; **e-r Sache den letzten ~ geben** *techn.* finir le ponçage de qc.; *fig.* donner le fini à qc.; mettre la dernière main à qc.; finir, F fignoler qc.

schlimm [ʃlɪm] *adj.* **1.** *Nachrichten, Verhältnisse, Erfahrungen etc.* mauvais (*adv.* mal); (*ärgerlich*) fâcheux, -euse; (*unangenehm*) désagréable; *Einfluß* sinistre; néfaste; *Zeit* difficile; *Wunde, Krankheit* grave; *Zustand e-s Kranken* inquiétant; *Mensch, Charakter* méchant; malicieux, -euse; **ein ~es Ende nehmen** finir mal; **e-e ~e Wendung nehmen** tourner mal; prendre une mauvaise tournure; **~e Zustände** un état de choses déplorable; **er ist nicht so ~, wie er aussieht** il n'est pas si méchant qu'il en a l'air; **~ dran sein** être en mauvaise posture; **~ stehen** aller mal; **es steht ~ mit ihm** il va mal; **das ist ~** cela est fâcheux; **das ist nicht ~** il n'y a pas de mal; **das ist nicht so ~, das ist halb so ~** il n'y a pas trop de mal; il n'y a pas tant de mal que ça; ce ne sera rien; F ce n'est pas si tragique, si grave que ça; **2.** (*krank*) **e-n ~en Finger haben** avoir un panaris; avoir un mal blanc; **~er** (*comp. von* **schlimm**) *adj.* pire; *adv.* pis; **desto, um so ~** tant pis; **was (noch) ~ ist** qui pis est; **~ werden** empirer; aller de mal en pis; s'aggraver; s'envenimer; s'empirer; **etw. ~ machen** aggraver, empirer, envenimer qc.; **~ dran sein als zuvor** être plus en difficulté, F être plus mal loti qu'auparavant; **2e(s)** *n* ⟨→ A⟩ **das ~** le mal; *an e-r Sache* le mauvais côté (de qc.); ce qu'il y a de fâcheux, de regrettable; **nichts ~s dabei finden** n'y voir rien de mal; **~st** (*sup. von* **schlimm**) *adj.* le pire; *adv.* le pis; **das ~e ist, daß ...** le pis est que ...; **2ste(s)** *n* ⟨→ A⟩ **das ~** le pire; le pis; **auf das ~ gefaßt sein** s'attendre au pire, à tout; **das ~ haben wir hinter uns** le plus mauvais (moment) est passé; pour nous le pire, le plus dur est passé; **wenn es zum ~n kommt** *cf.* **~stenfalls**; **~sten'falls** *adv.* au pis aller; en mettant les choses au pis; à la rigueur.

Schlingbeschwerden ['ʃlɪŋbəˌʃveːrdən] *f/pl. méd. cf.* Schluckbeschwerden.

Schlinge ['ʃlɪŋə] *f* ⟨~; ~n⟩ boucle *f*; lacet *m*; *mar., im Tau* élingue *f*; *sich zusammenziehende* nœud coulant; *ch.* collet *m*; lacet *m*; piège *m*; *größere* lacs [lɑ] *m*; *fig.* piège *m*; embûche *f*; guet-apens *m*; traquenard *m*; *méd.* écharpe *f*; **~n legen** tendre des collets; *fig.* **j-m ~n legen** dresser, tendre des embûches à qn.; *fig.* **in die ~ gehen** donner, tomber dans le piège, dans le panneau; tomber dans un traquenard; **sich aus der ~ ziehen** se tirer d'affaire, d'un mauvais pas; tirer son épingle du jeu; F se débrouiller; **den Arm in e-r ~ tragen** porter le bras en écharpe.

Schlingel ['ʃlɪŋəl] F *m* ⟨~s; ~⟩ polisson *m*; (petit) galopin *m*; (petit) effronté *m*; (mauvais) drôle *m*; **fauler ~** fainéant *m*; **nichtsnutziger ~** franc garnement.

schlingen[1] ['ʃlɪŋən] **I** *v/t.* ⟨**schlingt, schlang, geschlungen, h**⟩ **die Arme um j-n ~** prendre, enlacer qn. dans ses bras; embrasser, étreindre qn.; **die Arme um s-e Knie ~** joindre ses mains (en les passant) autour de ses genoux; **die Arme um j-s Hals ~** passer les bras autour du cou de qn.; **sich e-n Schal um den Hals ~** mettre un cache-nez autour de son cou; **zu e-m Knoten ~, e-n Knoten ~** faire un nœud; **II** *v/réfl.* **sich um etw. ~** s'entortiller, s'enrouler, s'enlacer autour de qc.; grimper à qc.

schlingen[2] ['ʃlɪŋən] **I** *v/i.* ⟨**schlingt, schlang, geschlungen, h**⟩ (*schlucken*) déglutir; (*gierig essen*) avaler avidement, gloutonnement; F engloutir; **II** 2 *n* ⟨~s⟩ déglutition *f*; (*gieriges Essen*) gloutonnerie *f*.

Schlingen|legen ['ʃlɪŋənˌleːgən] *n ch.* pose *f* de collets; **~ˌleger** *m* ⟨~s; ~⟩ *ch.* tendeur *m* de lacs, de pièges, de collets; colleteur *m*.

Schlinger|bewegung ['ʃlɪŋərbəˌveːgʊŋ] *f* fouet *m*; *mar.* (mouvement *m* de) roulis *m*; **~ˌkiel** *m mar.* quille latérale; **~ˌkreisel** *m mar.* gyroscope *m*; **2n I** *v/i.* ⟨-(e)re, h⟩ avoir du fouet; *mar.* rouler (*auch aviat.*); **II ~n** *n* ⟨~s⟩ roulis *m*; **~ˌtank** *m mar.* réservoir *m* antiroulis.

Schling|gewächse ['ʃlɪŋgəˌvɛksə] *n/pl.*, **~ˌpflanzen** *f/pl. bot.* plantes grimpantes.

Schlips [ʃlɪps] *m* ⟨~es; ~e⟩ cravate *f*; **s-n ~ binden** nouer sa cravate; F *fig.* **j-m auf den ~ treten** offenser, blesser, froisser qn.; marcher sur les pieds à qn.; **~ˌhalter** *m* fixe-cravate *m*; **~ˌnadel** *f* épingle *f* de cravate.

Schlitten ['ʃlɪtən] *m* ⟨~s; ~⟩ **1.** traîneau *m*; (*Rodel*2) luge *f*; F *fig.* **alter ~** (*altes Auto*) vieille guimbarde, bagnole; (*altes Flugzeug*) vieux coucou; **~ fahren** aller en traîneau; luger; faire de la, aller en luge; **2.** *techn.* chariot *m*; *mar., zum Stapellauf* berceau *m*; **3.** *fig.* **unter den ~ kommen** tomber bien bas; tomber au, rouler dans le ruisseau; F *fig.* **mit j-m ~ fahren** traiter qn. sans ménagement; rudoyer qn.; **~ˌbahn** *f cf.* Rodelbahn; **~ˌfahrt** *f* promenade *f*, course *f* en traîneau; **~ˌhund** *m* chien *m* de traîneau, d'Esquimau; **~ˌkufe** *f* patin *m*; **~ˌkufengeˌstell** *n aviat.* train *m* d'atterrissage à patins; **~parˌtie** *f cf.* **~fahrt**.

Schlitter|bahn ['ʃlɪtərˌbaːn] *f* glissoire *f*; **2n I** *v/i.* ⟨-(e)re, sein⟩ glisser; faire des glissades (sur la glace); **II ~n** *n* ⟨~s⟩ glissades *f/pl.* (sur la glace).

Schlittschuh ['ʃlɪtʃuː] *m* patin *m*; **~ laufen** patiner; **~ˌbahn** *f* patinoire *f*; piste *f* de patinage; **~ˌlaufen** *n* patinage *m*; **~ˌläufer(in)** *m* (*f*) patineur, -euse *m, f*.

Schlitz [ʃlɪts] *m* ⟨~es; ~e⟩ fente *f*; fissure *f*; *techn. auch* rainure *f*; mortaise *f*; entaille *f*; *in e-m Kleid, Rock etc.* taillade *f*; (*Öffnung*) ouverture *f*; *bes. am Ärmel, mit andersfarbigem Stoff unterlegt* crevé *m*; *an Männerhosen* braguette *f*; F faux col *m*; *im Zylinder e-s Zweitakt-Verbrennungsmotors* lumière *f* (de cylindre); *in der Kühlerhaube* ouïe *f* (de capot); **~ˌauge** *n* œil (fendu) en amande, bridé; **2ˌäugig** *adj.* qui a les yeux (fendus) en amande; qui a les yeux bridés; **~ˌblende** *f phot.* diaphragme *m* à fente; **~ˌbrenner** *m für Gas* bec fendu; **2en I** *v/t.* ⟨-(es)t, h⟩ fendre; ouvrir; taillader; **II** *v/i.* ⟨sein⟩ se fendre; s'ouvrir; **2ˌförmig** *adj.* à fente; **~ˌmesser** *n chir.* lancette *f*; **~verˌschluß** *m phot.* obturateur *m* à rideau, à guillotine.

schlohweiß ['ʃloːˈvaɪs] *adj.* blanc, blanche comme (la) neige.

schloß [ʃlɔs] *cf.* schließen.

Schloß [ʃlɔs] *n* ⟨-sses; Schlösser⟩ **1.** (*Tür*2) serrure *f*; (*Vorhänge*2) cadenas *m*; *Tür* **ins ~ fallen** se fermer (en faisant entendre le déclic de sa serrure); **hinter ~ u. Riegel sitzen** être enfermé, en lieu sûr; être sous les verrous, sous clef, F à l'ombre, P au violon, en taule; F *fig.* **ein ~ vor dem Mund haben** rester bouche close; ne pas desserrer les dents; **2.** *milit., am Gewehr* platine *f*; culasse *f* mobile; **3.** *Gebäude* château *m*; **~ˌaufseher** *m* intendant *m* d'un château; **~beˌamte(r)** *m hist.* officier *m* du château; **~blech** *n* platine *f* (de serrure).

Schlößchen ['ʃlœsçən] *n* ⟨~s; ~⟩ châtelet *m*; *milit., am Gewehr* manchon *m* de la culasse mobile.

Schlosser ['ʃlɔsər] *m* ⟨~s; ~⟩ serrurier *m*; ajusteur *m*; (*Auto*2, *Maschinen*2) mécanicien *m*; **~ei** [-'raɪ] *f* ⟨~⟩ **a)** *cf.* **~handwerk**; **b)** ⟨*pl.* **~en**⟩ *cf.* **~werkstatt**; **~geˌselle** *m* (ouvrier *m*) serrurier *m*; **~ˌhandwerk** *n* serrurerie *f*; ajustage *m*; **~ˌinnung** *f* corps *m*, corporation *f* des serruriers; **~ˌlehrling** *m* apprenti *m* serrurier, ajusteur; **~ˌmeister** *m* serrurier *m*; ajusteur *m*; **2n** *v/i.* ⟨-(e)re, h⟩ faire de la serrurerie, de l'ajustage; **~ˌwerkstatt** *f* atelier *m* de serrurier; serrurerie *f*; *als Abteilung e-s Werkes* F ajustage *m*.

Schloß|garten ['ʃlɔsˌgartən] *m* jardin *m* du château; **~ˌhauptmann** *m hist.* gouverneur *m* d'un château; **~herr (-in)** *m* (*f*) châtelain, -e *m, f*; propriétaire *m, f*, maître *m*, seigneur *m* du château; **~hof** *m* cour *f* du château; **~hund** *m* F *fig.* **heulen wie ein ~** F pleurer comme un veau, une Madeleine; **~kaˌpelle** *f* chapelle *f* du château; **~ˌkirche** *f* église *f* du château; **~platz** *m* place *f* du château; esplanade *f*; **~turm** *m* tour *f* du château; **~verˌwalter** *m*, **~vogt** *m cf.* Schloßaufseher; **~ˌwache** *f* garde *f* du château.

Schlot [ʃloːt] *m* ⟨~(e)s; ~e⟩ cheminée *f*; *e-s Vulkans auch* canal *m*; F *fig.* rustre *m*; malotru *m*; F **rauchen wie ein ~** fumer comme une locomotive, un sapeur; **~baˌron** *péj. m*, **~ˌjunker** *péj. m* F magnat *m* de la grosse industrie.

schlott|(e)rig ['ʃlɔt(ə)ˌrɪç] *adj. Knie, Beine* flageolant; *in der Haltung, im Gehen* F dégingandé; brimbalant; brinquebalant *od.* bringuebalant; (*schlaff*) flasque; *Kleider* flottant; **~ern I** *v/i.* ⟨-(e)re, h⟩ *Knie, Beine* flageoler; *vor Angst, Kälte* trembler; frissonner (vor de); (*schlaff hängen*) être flasque; *Kleider* flotter; **die Kleider ~ um ihre Glieder** elle flotte dans ses vêtements; **II 2ern** *n* ⟨~s⟩ *der Beine, Knie* flageolement *m*; *vor Kälte, Angst* tremblement *m*; frissonnement *m*.

Schlucht [ʃluxt] *f* ⟨~; ~en⟩ gorge *f* (de montagne); cluse *f*; ravin *m*; ravine *f*; (*Abgrund*) gouffre *m*; *litt.* abîme *m*.

schluchz|en ['ʃluxtsən] **I** *v/i.* ⟨-(es)t, h⟩ sangloter; pousser, avoir des sanglots; pleurer à chaudes larmes; **II 2en** *n* ⟨~s⟩ sanglots *m/pl.*; **2er** *m* ⟨~s; ~⟩ sanglot *m*.

Schluck [ʃluk] *m* ⟨~(e)s; ~e⟩ gorgée *f*; **ein ~ Wasser** une gorgée d'eau; **tüchtiger, kräftiger ~** grande gorgée; F **gib mir e-n ~ Kaffee** donne-moi un petit coup de café; **~auf** *m* ⟨~s⟩ 'hoquet *m*; **den ~ haben** avoir le hoquet; 'hoqueter; **~beˌschwerden** *f/pl. méd.* troubles *m/pl.* de la déglutition; *sc.* dysphagie *f*.

Schlückchen ['ʃlykçən] *n* ⟨~s; ~⟩ petit coup; goutte *f*; F larme *f*.

schluck|en [ˈʃlukən] **I** *v/t.* ⟨h⟩ avaler; *physiol.* déglutir; *fig.* absorber; manger; engloutir; dévorer; accaparer; *beim Schwimmen* **Wasser ~** avaler de l'eau; F boire une tasse; P boire de bons coups; pomper; F *fig.* **er hat viel ~ müssen** F il a dû encaisser beaucoup; *fig.* **die bittere Pille ~** avaler la pilule; F *fig.* **viel Geld ~** F *fig.* engloutir, dévorer beaucoup d'argent; F *fig.* **die ganze Einnahme ~** accaparer toute la recette; **II 2en** *n* ⟨~s⟩ avalement *m*; déglutition *f*; **III 2en** *m* ⟨~s⟩ *cf.* Schluckauf; **2er** *m* ⟨~s; ~⟩ F armer ~ pauvre diable, ˈhère, type, bougre; **2ˌimpfung** *f méd.* immunisation *f*, vaccination *f* par voie buccale; **2reˌflex** *m physiol.* réflexe *m* de la déglutition; **~ˌweise** *adv.* par gorgées.

Schluder|arbeit [ˈʃluːdərˌʔarbaɪt] *f*, **~ei** [-ˈraɪ] *f* ⟨~; ~en⟩ travail bâclé, F bousillé; F bousillage *m*; **2n** *v/i.* ⟨-(e)re, h⟩ travailler sans soin; bâcler; F bousiller; torcher; **2ig 1.** *adj.* fait sans soin; bâclé; F bousillé; torché; **2.** *adv.* **~ arbeiten, etw. ~ machen** *cf.* 2n.

schludrig [ˈʃluːdrɪç] *adj. u. adv. cf.* schluderig.

schlug [ʃluːk] *cf.* schlagen.

Schlummer [ˈʃlumər] *m* ⟨~s⟩ sommeil léger; petit somme; assoupissement *m*; **~ˌlied** *n* berceuse *f*; **2n** *v/i.* ⟨-(e)re, h⟩ sommeiller; (se) reposer; somnoler; s'assoupir; être assoupi; faire un petit somme; **sanft ~** dormir d'un doux sommeil, d'un sommeil léger; **2nd** *adjt. Kräfte* latent; *Talente* virtuel, -lle; non éclos; en sommeil; **~ˌrolle** *f* petit traversin.

Schlumpe [ˈʃlumpə] F *f* ⟨~; ~n⟩ *cf.* Schlampe.

Schlund [ʃlunt] *m* ⟨~(e)s; ~e⟩ *anat.* gosier *m*; gorge *f*; *sc.* pharynx *m*; *fig.*, *der Hölle etc.* gouffre *m*; abîme *m*; *der Kanonen* gueule *f*; bouche *f*; **~kopf** *m anat. sc.* pharynx *m*.

Schlupf [ʃlupf] *m* ⟨~(e)s⟩ *techn.* glissement *m*; recul *m*.

schlüpf|en [ˈʃlʏpfən] **I** *v/i.* ⟨sein⟩ (se) glisser; se couler; **aus etw. ~** s'échapper de qc.; **aus dem Ei ~** sortir de l'œuf; **in etw. ~** se glisser, se fourrer, se faufiler dans qc.; **in den Mantel ~** passer son manteau; **in die Schuhe ~** se chausser; F enfiler ses chaussures; **II 2en** *n* ⟨~s⟩ glissement *m*; **2er** *m* ⟨~s; ~⟩ **1.** culotte *f*; *ohne Bein* slip *m*; **2.** (*weiter Herrenmantel*) raglan *m*.

Schlupfloch [ˈʃlupflɔx] *n von Tieren, Insekten* trou *m*; *von wilden Tieren* repaire *m*; *fig.* refuge *m*; *cf. auch* Schlupfwinkel.

schlüpfrig [ˈʃlʏpfrɪç] *adj.* glissant; *Pflaster* gras, -sse; *fig.*, *Witz, Roman etc.* délicat; léger, -ère; scabreux, -euse; grivois; graveleux, -euse; *pfort.* lascif, -ive; lubrique; obscène; (*zweideutig*) équivoque; **2ˌkeit** *f* ⟨~⟩ *fig.* caractère scabreux, grivois, graveleux, *etc.*; légèreté *f*; lascivité *f*; lubricité *f*; obscénité *f*; grivoiserie *f*.

Schlüpfung [ˈʃlʏpfuŋ] *f* ⟨~; ~en⟩ *cf.* Schlupf.

Schlupf|wespe [ˈʃlupfˌvɛspə] *f zo.* ichneumon *m*; **~ˌwinkel** *m* cache(tte) *f*; coin caché; retraite *f*; repaire *m*; refuge *m*; *für Tiere cf.* Schlupfloch.

schlurfen [ˈʃlurfən] *v/i.* ⟨sein⟩ traîner les pieds, la savate.

schlürfen [ˈʃlʏrfən] *v/t.* ⟨h⟩ **1.** (*geräuschvoll trinken*) boire bruyamment; ˈhumer; *Suppe* P laper; **ein rohes Ei ~** ˈhumer, gober un œuf; **2.** (*langsam u. mit Genuß trinken*) boire à petits coups; savourer; F siroter.

Schluß [ʃlus] *m* ⟨-sses; Schlüsse⟩ **1.** fin *f*; terminaison *f*; *e-r Debatte* clôture *f*; *e-r Versammlung auch* levée *f* (d'une séance); *rhét. e-r Rede* péroraison *f*; *e-r Erzählung etc.* conclusion *f*; fin *f*; **nach ~ der Vorstellung** après la représentation; **bis zum ~** *der Saison etc.* jusqu'à la clôture (de); *am Ende e-r Artikelserie* **~** fin; **~ folgt** suite et fin au prochain numéro; **für heute machen wir hier ~** nous nous en tiendrons, nous en resterons là pour aujourd'hui; **zum ~** finalement; enfin; pour terminer, finir; en terminant; **ich komme zum ~** je conclus; **etw. zum ~ bringen** terminer qc.; mettre fin à qc.; **~!** fini!; terminé!; c'est tout!; **~ mit …** *solchen Reden*! trêve de …!; **~ der Debatte!** clôture!; **~ damit!** assez avec ça!; basta!; ça suffit!; **~ machen** finir (le travail); F *fig.* (*Selbstmord begehen*) se suicider; se tuer; **~ machen mit etw.** mettre fin à qc.; en finir avec qc.; F **mit j-m ~ machen** rompre avec qn.; régler ses comptes avec qn.; en finir avec qn.; F envoyer paître, promener qn.; **2.** (*Folgerung*) conclusion *f*; (*Schlußfolgerung*) conséquence *f*; *Logik* induction *f*; déduction *f*; **e-n ~ aus etw. ziehen** tirer, déduire une conséquence de qc.; **daraus ziehe ich den ~, daß …** j'en conclus, j'en infère que …; **logischer ~** syllogisme *m*; **falscher ~** fausse conclusion; déduction erronée; **übereilte Schlüsse** déductions, conclusions ˈhâtives, irréfléchies; **3.** *Tür, Fenster etc.* **keinen ~ haben** ne pas joindre; **4.** *beim Reiten*, **~** *der Schenkel* assiette *f*; **5.** (*Entschluß*) **ich bin bisher zu keinem ~ gekommen** je ne me suis pas encore décidé, résolu; **~…** *in Zssgn.* final; de clôture; **~ˌabstimmung** *f* vote, scrutin final; **~aˌkkord** *m mus.* final(e) *m*; dernière note; **~akt** *m thé.* dernier acte; **~ˌansprache** *f* allocution *f* de clôture; remerciements *m/pl.* de l'assemblée; **~beˌmerkung** *f* remarque finale; épilogue *m*; **~beˌstimmung** *f e-r Verordnung* disposition finale; **~biˌlanz** *f comm.* bilan *m* de clôture, final; **~eˌffekt** *m* effet final.

Schlüssel [ˈʃlʏsəl] *m* ⟨~s; ~⟩ clef *od.* clé *f* (*auch fig., mus., techn.*); *für e-n chiffrierten Text* code *m*; chiffre *m*; (*Verteiler2*) indice *m*; **den ~ stecken lassen** laisser la clef sur la porte; **~ˌbart** *m* panneton *m* (de clef); **~ˌbein** *n anat.* clavicule *f*; **~ˌblume** *f bot.* primevère *f*; **~ˌbrett** *n* tableau *m* (à clefs); **~ˌbund** *m od. n* ⟨~(e)s; ~e⟩ trousseau *m* de clefs; **2ˌfertig** *adj. Gebäude* complètement achevé; clefs en main; **~geˌwalt** *f jur.* mandat *m* domestique (de la femme mariée); *égl. cath.* pouvoir *m* des clefs; **~indusˌtrie** *f* industrie *f* clef; industrie *f* de base; **~ˌkind** *n* enfant livré à lui-même; **~ˌloch** *n* trou *m* de la serrure; entrée *f*; **~positiˌon** *f* position *f* clef; levier *m* de commande; **~ˌring** *m am Schlüssel* anneau *m* de (la) clef; *Ring, an dem Schlüssel befestigt werden* porte-clefs *m*; **~roˌman** *m* roman *m* à clef; **~ˌstellung** *f cf.* ~position; **~ˌtasche** *f* étui *m* porte-clefs; **~ˌwort** *n* ⟨~(e)s; ~e⟩ mot convenu, de code; **~ˌzahlen** *f/pl.* coefficients *m/pl.* de répartition.

Schluß|ergebnis [ˈʃlusʔɛrˌgeːpnɪs] *n* résultat final, définitif; **~ˌfeier** *f* fête *f*, cérémonie *f* de clôture; **~ˌfolge(rung)** *f* conclusion *f*; résultat *m*; conséquence *f* (tirée de qc.); *cf. auch* Schluß 2.; **~ˌformel** *f e-s Briefes* formule finale, de courtoisie.

schlüssig [ˈʃlʏsɪç] *adj.* **1.** concluant; décisif, -ive; probant; logique; *Beweis* pertinent; péremptoire; **2. sich ~ sein** être résolu, décidé, déterminé; **sich ~ werden** se résoudre (**etw. zu tun** à faire qc.).

Schluß|kommuniqué [ˈʃluskɔmyˑniˑˌkeː] *n* communiqué final; **~ˌkundgebung** *f* manifestation finale; **~kurs** *m Börse* cote *f* de clôture; **~licht** *n chem.*, *Auto* feu *m* arrière; F *Sport* lanterne *f* rouge; F *e-r Marschkolonne* F serre-file *m*; **das ~ machen** faire le serre-file; **~mann** *m* ⟨~(e)s; ~er⟩ F serre-file *m*; **~ˌnote** *f comm.* bordereau *m* (de courtier); **~noˌtierung** *f cf.* ~kurs; **~pfiff** *m Sport* coup *m* de sifflet final; **~protoˌkoll** *n* protocole final, de clôture; **~punkt** *m gr.* point final; *e-s Vertrages etc.* dernier article; *fig. cf.* ~strich; **~ˌrechnung** *f* compte final; bilan *m*; **~ˌrede** *f* discours *m* de clôture; *cf. auch* Schlußansprache; **~ˌrunde** *f Boxen* dernier round; *Ringen* dernière manche; *Rennsport* tour final; dernier tour; finale *f*; **~satz** *m* dernière phrase; proposition finale; *e-r Rede* conclusion *f*; *e-s Syllogismus* conséquent *m*; conclusion *f*; **~schein** *m cf.* ~note; **~siˌgnal** *n cf.* ~zeichen; **~ˌsitzung** *f* séance *f* de clôture; dernière séance; **~sprung** *m gym.* saut *m*, bond *m* à pieds joints; **~stein** *m bât.* clef *f* de voûte (*auch fig.*); **~strich** *m fig.* **e-n ~ unter etw. ziehen** mettre fin, mettre un point final à qc.; **~ˌurteil** *n jur.* sentence définitive; **~verˌkauf** *m comm.* soldes *m/pl.*; **~viˌgnette** *f impr.* cul-de-lampe *m*; **~ˌvorstellung** *f thé.* clôture *f*; **~wort** *n* ⟨~(e)s; ~e⟩ dernière parole; dernier mot; (*Zusammenfassung*) résumé *m*; *cf. auch* ~rede, Schlußansprache; **~ˌzeichen** *n* signe *m* de clôture, *tél.* de fin de communication; *Funk* signal *m* de fin de transmission, d'émission; *chem.* disque *m* rouge d'arrière; **~ˌzeile** *f* dernière ligne.

Schmach [ʃmaːx] *f* ⟨~⟩ ˈhonte *f*; ignominie *f*; opprobre *m*; (*Entehrung*) avilissement *m*; humiliation *f*; affront *m*; outrage *m*; **2beˌdeckt, 2beˌladen** *adjt.* couvert de honte, d'ignominie.

schmacht|en [ˈʃmaxtən] *v/i.* ⟨-ete, h⟩ languir; **vor Durst ~** mourir de soif; être altéré; être dévoré par la soif; **im Kerker ~** languir en prison; **nach etw. ~** soupirer après qc.; languir après *od.* dans l'attente de qc.; se consumer pour qc.; avoir soif, faim de qc.; *Verliebte(r)* brûler d'amour (**nach j-m** pour qn.); **~end** *adjt. Blicke* languissant; langoureux, -euse; languide; *litt.* énamouré; **2ˌfetzen** F *m* **a)** chanson *f*, pièce *f*, roman *m*, film *m* sentimental(e); **b)** *cf.* Schmachtlappen.

schmächtig [ˈʃmɛçtɪç] *adj.* (*dünn*) grêle; mince; menu; fluet, -tte; *pfort.* maigre; F maigriot, -tte; maigrichon, -nne; (*schwächlich*) frêle; chétif, -ive; fragile; **2ˌkeit** *f* ⟨~⟩ formes *f/pl.* grêles, minces, *etc.*; maigreur *f*; fragilité *f*.

Schmacht|lappen [ˈʃmaxtˌlapən] F *m* amoureux transi; soupirant *m*; **~ˌlocke** F *f* accroche-cœur *m*; **~ˌriemen** F *m cf.* Leibriemen, Riemen 1.

schmachvoll [ˈʃmaːxfɔl] **1.** *adj.* ˈhonteux, -euse; ignominieux, -euse;

outrageant; **2.** *adv.* 'honteusement; ignominieusement; outrageusement.

schmackhaft ['ʃmakhaft] **1.** *adj.* qui a bon goût; délicieux, -euse; savoureux, -euse; succulent; **2.** *adv.* ~ **zubereitet** bien préparé; délicieusement préparé; *fig.* **j-m etw. ~ machen** faire prendre goût à qn. de qc.; mettre qn. en goût de qc.; **Ձigˌkeit** *f* ⟨~⟩ bon goût; saveur *f*; succulence *f*.

schmäh|en ['ʃmɛːən] *v/t.* ⟨h⟩ **j-n ~** injurier, insulter, *pfort.* outrager, diffamer qn.; déblatérer, invectiver, se répandre en invectives contre qn.; tenir des propos outrageants sur le compte de qn.; médire de qn.; calomnier, dénigrer qn.; F chanter pouille à qn.; *relig.* blasphémer; **~lich 1.** *adj.* 'honteux, -euse; ignominieux, -euse; outrageux, -euse; déshonorant; **2.** *adv.* d'une façon déshonorante, 'honteuse, *etc.*; 'honteusement; ignominieusement; outrageusement; **Ձlied** *n* chanson *f* diffamatoire; **Ձˌrede** *f* diatribe *f*; invectives *f/pl.*; insultes *f/pl.*; propos *m/pl.* injurieux, désobligeants, outrageants; **Ձschrift** *f* libelle *m*; pamphlet *m*; pasquinade *f*; factum [-ɔm] *m*; écrit injurieux; **Ձsucht** *f* ⟨~⟩ manie *f* d'injurier, de diffamer, d'insulter, de calomnier, de dénigrer; médisance *f*; **~ˌsüchtig** *adj.* médisant; diffamateur, -trice; calomniateur, -trice; **Ձung** *f* ⟨~; ~en⟩ insulte *f*; injure *f*; invective *f*; outrage *m*; diffamation *f*; calomnie *f*; dénigrement *m*; *relig.* blasphème *m*; **j-n mit ~en überhäufen** accabler qn. d'outrages, d'injures, d'insultes; **Ձwort** *n* ⟨~(e)s; ~e⟩ insulte *f*; invective *f*; mot injurieux, désobligeant.

schmal [ʃmaːl] *adj.* ⟨~er *od.* ⸚er, ~st⟩ **1.** étroit; resserré; *Glieder, Gestalt* fluet, -tte; grêle; *Hände* effilé; *Hüften* menu; mince; *Gesicht* fin; **~er** (*od.* **schmäler**) **machen (werden)** (se) rétrécir; **2.** *fig.*, *Kost, Einkommen etc.* (*knapp*) maigre; insuffisant; *Einkommen auch* petit; **~e Kost** maigre pitance; **~ˌblättrig** *adj. bot.* à feuilles étroites; *sc.* angustifolié; **~ˌbrüstig** *adj.* étroit de poitrine.

schmälen ['ʃmɛːlən] *v/i.* ⟨h⟩ *ch.* crier; appeler.

schmäler ['ʃmɛːlər] *comp. von* schmal.

schmäler|n ['ʃmɛːlərn] *v/t.* ⟨-(e)re, h⟩ *Einkünfte etc.* amoindrir; diminuer; retrancher de; réduire; *Rechte* porter atteinte à; *Ansehen* rabaisser; ravaler; **Ձung** *f* ⟨~; ~en⟩ *der Einkünfte etc.* rétrécissement *m*; amoindrissement *m*; diminution *f*; retranchement *m*; réduction *f*; *der Rechte* atteinte *f* (à).

Schmal|film ['ʃmaːlfɪlm] *m phot.* film *m* (de) format réduit, substandard; **~filmˌkamera** *f phot.* caméra *f* à film réduit, substandard; **~hans** *m* F **da ist ~ Küchenmeister** il n'y a pas grand-chose à se mettre sous la dent; on se serre la ceinture; **~heit** *f* ⟨~⟩ étroitesse *f*; minceur *f*; *fig.* maigreur *f*; insuffisance *f*; **Ձˌlippig** *adj.* à lèvres minces; **Ձˌrandig** *adj.* à marge étroite; **~reh** *n ch.* chevrette *f* vierge; jeune biche *f* (n'ayant pas encore eu de petits); **~ˌseite** *f* côté étroit; **~spur** *f chem.* voie étroite; **~spurˌbahn** *f chem.* chemin *m* de fer à voie étroite; decauville *m*; F tortillard *m*; **Ձˌspurig** *adj. chem.* à voie étroite; **~tier** *n ch. cf.* ~reh; **~vieh** *n* menu bétail.

Schmalz [ʃmalts] *n* ⟨~es; ~e⟩ *cuis.* graisse fondue (d'oie *od.* de porc); (*SchweineՁ*) saindoux *m*; axonge *f*; *fig., péj.* sentimentalité *f*; **in ~ backen** frire dans la graisse; *fig.* **ohne Salz u. ~** fade; insipide; plat; sans sel; **~brot** *n* tartine *f* à la graisse (d'oie *od.* de porc).

schmälzen ['ʃmɛltsən] *v/t.* ⟨-(es)t, h⟩ *Wolle* graisser.

Schmalz|gebackene(s) ['ʃmaltsgəˌbakənə(s)] *n cuis. etwa* beignets *m/pl.*; **Ձig** *adj.* F *fig., Lied etc.* sentimental; à la guimauve; *Stimme* doucereux, -euse.

schmarotz|en [ʃma'rɔtsən] **I** *v/i.* ⟨-(es)t, *pas de ge-*, h⟩ vivre en parasite; *von Personen auch* faire le parasite; écornifler (**bei j-m** qn.); vivre d'écornifleries; vivre aux crochets (de qn.); F faire le pique-assiette (chez qn.); **II Ձen** *n* ⟨~s⟩ *cf.* Ձerleben; **~end** *adjt.* parasite; **Ձer** *m* ⟨~s; ~⟩ *bot.* parasite *m*; *fig., von Personen auch* F pique-assiette *m*; écornifleur *m*; resquilleur *m*; *iron.* P écumeur *m* de marmite(s); **~erˌhaft 1.** *adj.* (de) parasite; parasitique; **2.** *adv.* en parasite; **Ձeˌrin** *f* ⟨~; ~nen⟩ parasite *m*; F pique-assiette *m*; écornifleuse *f*; resquilleuse *f*; *iron.* P écumeuse *f* de marmite(s); **~eˌrisch** *adj. cf.* ~haft; **Ձerˌleben** *n* vie *f* parasite; parasitisme *m*; **Ձerˌpflanze** *f bot.* plante *f* parasite; **Ձerˌtier** *n* (animal) parasite *m*; **Ձerˌtum** *n* ⟨~(e)s⟩ parasitisme *m*.

Schmarre ['ʃmarə] F *f* ⟨~; ~n⟩ balafre *f*; taillade *f*; estafilade *f*; (*Narbe*) couture *f*; cicatrice *f*.

Schmarren ['ʃmarən] F *m* ⟨~s; ~⟩ *von e-m Roman, Theaterstück, Film* F navet *m*.

Schmatz [ʃmats] F *m* ⟨~es; ~e⟩ gros baiser; baiser *m* sonore; F bécot *m*; *bes. von Kindern* bise *f*; **Ձen** *v/i.* ⟨-(es)t, h⟩ **1.** manger bruyamment; **2.** F donner un gros baiser; F bécoter; biser; donner une bise.

schmauchen ['ʃmauxən] F *v/t.* ⟨h⟩ *e-e Pfeife, Tabak* fumer.

Schmaus [ʃmaus] *m* ⟨~es; ⸚e⟩ grand repas; régal *m*; banquet *m*; festin *m*; F bonne chère; P gueuleton *m*; **Ձen** *v/i.* ⟨-(es)t, h⟩ se régaler; festoyer; banqueter; festiner; F faire bonne chère; P gueuletonner; faire un bon gueuleton; **~e'rei** F *f* ⟨~; ~en⟩ *cf.* Schmaus.

schmeck|bar ['ʃmɛkbaːr] *adj.* perceptible au goût; **~en I** *v/t.* ⟨h⟩ **1.** goûter; **nichts mehr ~** avoir perdu le goût; **2.** (*kosten*) essayer; goûter; *Getränke* déguster; **II** *v/i.* **3. bitter (süß) ~** avoir un goût amer (sucré); être amer (sucré); **angebrannt ~** avoir un goût de brûlé; sentir le brûlé; **gut (schlecht) ~** être de bon (mauvais) goût; avoir un bon (mauvais) goût; être bon (mauvais); **4. nach etw. ~** sentir qc.; avoir le goût de qc.; **nach nichts ~** n'avoir aucun goût; *von e-m Gericht* F *com.* **das schmeckt nach mehr** F cela a un goût de revenez-y; **dieser Wein schmeckt nach mehr** ce vin rappelle son buveur; **5. j-m ~** (*gut ~*) être au *od.* du goût de qn.; plaire à qn.; **das Brot schmeckt mir** ce pain est bon; **ein Schluck Wein darauf wird ~** un coup de vin là-dessus sera excellent; **wie schmeckt dir diese Suppe?** comment trouves-tu cette soupe?; que dis-tu de cette soupe?; **das schmeckt mir** c'est de mon goût; cela me plaît; **es hat mir (gut) geschmeckt** j'ai mangé de bon appétit; j'ai aimé cela; **es sich (gut) ~ lassen** faire honneur à un repas; manger qc. de bon appétit, de bon cœur; s'en régaler; **ihm will nichts mehr ~** il ne trouve plus de goût à rien; il est dégoûté de tout; **wie schmeckt's?** est-ce bon?; F **schmeckt das Pfeifchen?** trouvez-vous du goût à la pipe?; **wenn's am besten schmeckt, soll man aufhören** *prov.* il faut demeurer, rester sur la bonne bouche; **III Ձen** *n* ⟨~s⟩ gustation *f*; (*Kosten*) dégustation *f*.

Schmeichel|ei [ˌʃmaɪçə'laɪ] *f* ⟨~; ~en⟩ flatterie *f*; *kriecherische* adulation *f*; flagornerie *f*; *übermäßige* encens *m*; *zärtliche* cajolerie *f*; câlinerie *f*; chatterie *f*; **abgeschmackte ~en** fadeurs *f/pl.*; **~en sagen** dire des choses flatteuses; **für ~en nicht zugänglich sein** ne pas se laisser prendre aux flatteries; **Ձˌhaft** ['ʃmaɪ-] *adj.* flatteur, -euse; **das ist sehr ~ für mich** c'est très flatteur pour moi; **das Ձe** ce qu'il y a de flatteur (dans ...); **~ˌkatze** ['ʃmaɪ-] F *f*, **~ˌkätzchen** ['ʃmaɪ-] F *n* caresseur, -euse *m, f*; cajoleur, -euse *m, f*; câlin, -e *m, f*; **Ձn** ['ʃmaɪ-] **I** *v/i.* ⟨-(e)le, h⟩ **j-m ~** flatter qn. (**mit etw.** de qc.); F *fig.* être tout miel avec qn.; passer la main dans le dos de *od.* à qn.; passer de la pommade à qn.; *zärtlich* caresser qn.; faire des caresses à qn.; câliner qn.; faire le câlin; *um etw. zu erlangen* cajoler qn.; *kriecherisch* aduler qn.; flagorner qn.; **es schmeichelt mir** je suis flatté; **sich durch etw. geschmeichelt fühlen** se sentir flatté de qc.; **das Bild ist sehr geschmeichelt** cette image est très flatteuse; **ich schmeichle mir, zu ...** (+ *inf.*) je me flatte de ... (+ *inf.*); **II ~n** ['ʃmaɪ-] *n* ⟨~s⟩ flatteries *f/pl.*; *cf. auch* ~ei; **~ˌwort** ['ʃmaɪ-] *n* ⟨~(e)s; ~e⟩ parole flatteuse.

Schmeichler|(in) ['ʃmaɪçlər(ɪn)] *m* ⟨~s; ~⟩ (*f*) ⟨~; ~nen⟩ flatteur, -euse *m, f*; *kriecherische(r)* adulateur, -trice *m, f*; flagorneur, -euse *m, f*; *zärtliche(r) cf.* Schmeichelkatze; **Ձisch** *adj.* flatteur, -euse; de flatteur; (*kriecherisch*) adulateur, -trice; (*einschmeichelnd*) cajoleur, -euse; insinuant; (*liebkosend*) caressant.

schmeiß|en ['ʃmaɪsən] *v/t.* ⟨-(es)t, schmeißt, schmiß, schmisse, geschmissen, h⟩ **1.** F (*werfen*) jeter; lancer; F flanquer; **mit dem Geld um sich ~** gaspiller de l'argent; faire valser l'argent; **e-e Sache ~** F goupiller une affaire; venir à bout de qc.; **e-e Runde ~** payer une tournée; **2.** ⟨-(es)t, h⟩ *von Vögeln* fienter; **Ձˌfliege** *f zo.* mouche bleue, à viande.

Schmelz [ʃmɛlts] *m* ⟨~es; ~e⟩ *techn.* (*Glasfluß*) émail *m* (*auch der Zähne*); (*Glasur*) vernis *m*; *fig., der Farben* éclat *m*; *der Stimme* (*weicher Klang*) charme *m* (mélodieux); *der Jugend etc.* charme *m*; beauté *f*; attrait *m*; **mit ~ überziehen** émailler; **~ˌarbeit** *f* ouvrage émaillé; émaillure *f*; **~en** *pl.* émaux *m/pl.*; **~bad** *n techn.* bain *m* de fusion; **Ձbar** *adj.* fusible; liquéfiable; **schwer ~** réfractaire; **~barˌkeit** *f* ⟨~⟩ fusibilité *f*; **~blau** *n* bleu *m* d'émail; **~draht** *m élect.* (fil *m*) fusible *m*; **~e** *f* ⟨~; ~n⟩ *cf.* Ձen III, **~hütte**; **Ձen I** *v/t.* ⟨-(es)t, schmilzt, schmolz, geschmolzen, h⟩ (faire) fondre; (*flüssig machen*) liquéfier; **elektrisch ~** fondre au four électrique; **II** *v/i.* ⟨sein⟩ fondre; (*flüssig werden*) se liquéfier; se dissoudre; *von Metallen auch* entrer en fusion; *fig., Herz* se fondre; se ramollir; s'amollir; **III ~en** *n* ⟨~s⟩ fonte *f*; fondage *m*; fusion *f*; liquéfaction *f*; **~er** *m* ⟨~s; ~⟩ *métall.*

fondeur *m*; ~e'rei *f* ⟨~; ~en⟩ *cf.* ~hütte; ~ˌ**farbe** *f* couleur *f* vitrifiable, d'émail; ~**fluß** *m métall.* masse fondue; ~**geˌschwindigkeit** *f* vitesse *f* de fusion; ~**glas** *n* émail *m*; ~**gut** *n métall.* matière *f* à fondre; ~ˌ**hitze** *f* température *f* de fusion; ~ˌ**hütte** *f métall.* fonderie *f*; ~ˌ**käse** *m* fromage fondu; ~**maleˌrei** *f* peinture *f* sur émail; ~ˌ**mittel** *n* fondant *m*; ~ˌ**ofen** *m métall.* four(neau) *m* de fusion; ~**punkt** *m* point *m* de fusion; ~ˌ**schweißung** *f* soudure *f* autogène; ~ˌ**sicherung** *f élect.* coupe-circuit *m*; fusible *m*; ~**stahl** *m* acier brut, cru, naturel; ~**temperaˌtur** *f cf.* ~hitze; ~ˌ**tiegel** *m* creuset *m*; coupelle *f*; ~**ung** *f* ⟨~⟩ *cf.* 2en III; ~ˌ**wärme** *f* chaleur *f* de fusion; ~ˌ**wasser** *n* ⟨~s; ~⟩ eau *f* de fusion; *der Schneeschmelze coll.* eaux *f/pl.* de la fonte des neiges; ~**zeit** *f* temps *m*, durée *f* de fusion.

Schmer [ʃmeːr] *m od. n* ⟨~s⟩ panne *f* (du porc); ~**bauch** F *m* gros ventre; F panse *f*; bedon *m*; bedaine *f*; *Person* F ventripotent *m*; ventru *m*; pansu *m*.

Schmerle ['ʃmɛrlə] *f* ⟨~; ~n⟩ *zo.* loche *f*.

Schmerz [ʃmɛrts] *m* ⟨~es; ~en⟩ douleur *f*; (*Leiden*) souffrance *f*; mal *m*; *nur seelisch* (*Kummer*) chagrin *m*; peine *f*; affliction *f*; **stechender, bohrender ~** douleur poignante; **brennender ~** douleur cuisante; **große ~en (er)leiden** éprouver, endurer de grandes souffrances; **~en im Kreuz haben** avoir des douleurs dans les reins; souffrir des reins; **er konnte vor ~en nicht sprechen** la douleur l'empêchait de parler; **tiefen ~ empfinden über etw.** éprouver une grande douleur de qc.; **mit ~en erwarten** attendre avec impatience; F *iron.* **haben Sie sonst noch ~en?** c'est tout ce que vous avez sur le cœur?; c'est bientôt fini?; c'est tout?; ~ˌ**ausstrahlung** *f* irradiation *f* de la douleur; ~**beˌkämpfung** *f méd.* analgésie *f*; anesthésie *f*; 2**beˌladen** *adjt.* accablé de douleur; 2**beˌtäubend** *adjt.* analgésique; analgésiant; 2**emˌpfindlich** *adj.* sensible à la douleur; 2**en** *v/t. u. v/i.* ⟨-(es)t, h⟩ causer de la douleur (à); faire souffrir; faire mal (à); être douloureux, -euse, endolori, sensible; *nur seelisch* (*bekümmern*) faire de la peine (à); chagriner; causer du chagrin (à); être pénible (à); affecter; (*kränken*) mortifier; **mir schmerzt der Kopf, der Kopf schmerzt mich** j'ai mal à la tête; la tête me fait mal; *fig.* **es schmerzt e-n, das sagen zu müssen** cela est pénible à dire; **das schmerzt mich** j'en souffre; j'en suis vivement affecté; **es schmerzt mich, zu** ... (+ *inf.*) je suis peiné, désolé, il m'est pénible, il me fait mal, de la peine de ... (+ *inf.*); 2**end** *adjt. cf.* 2haft; ~**ensˌgeld** *n* indemnisation *f*; indemnité *f*; *jur.* dommages-intérêts *m/pl.*; pretium doloris; ~**ensˌkind** *n fig.* souci constant; ~**ensˌlager** *n* lit *m* de souffrance, de douleur; 2**ensˌreich** *adj.* accablé de douleur; Du 2e! ô toi, mère de douleur!; ~**ensˌschrei** *m* cri *m* de douleur; 2**erˌfüllt** *adjt.* plein de douleur; 2**frei** *adj.* exempt, libre de toute douleur; ~**geˌfühl** *n* sensation *f* de douleur; 2**haft** *adj.* douloureux, -euse; (*schmerzend*) endolori; sensible; qui fait mal; *fig.* pénible; ~ˌ**haftigˌkeit** *f* ⟨~⟩ douleurs *f/pl.* (causées par qc.); état douloureux; 2**lich 1.** *adj. fig. Ereignis, Verzicht* douloureux, -euse; affligeant; pénible; *Enttäuschung* cuisant; **ein ~es Verlangen** un désir ardent, qui consume; **~er Verlust** grosse perte; perte sensible; **es ist ~, das zu sehen** cela fait peine à voir; **2.** *adv.* **~ berühren** toucher vivement; piquer au vif; faire de la peine; **von etw. ~ berührt sein** *auch* être navré de qc.; 2ˌ**lindernd** *adjt.* calmant; anodin; lénifiant; sédatif, -ive; analgésique (*alle auch m* ~**es Mittel**); antalgique; 2**los** *adj.* sans douleur; *méd.* indolore; indolent; ~ˌ**losigˌkeit** *f* ⟨~⟩ absence *f* de douleur; *méd.* analgésie *f*; ~**punkt** *m* point douloureux; 2ˌ**stillend** *adjt.* qui apaise la douleur; *cf. auch* 2lindernd; 2**verˌzerrt** *adjt. Gesicht* douloureux, -euse; contracté par la douleur; 2**voll** *adj.* douloureux, -euse.

Schmetterball ['ʃmɛtərˌbal] *m Tennis* smash [smaʃ] *m*.

Schmetterling ['ʃmɛtərˌlɪŋ] *m* ⟨~s; ~e⟩ *zo.* papillon *m*; ~**sˌblütler** *m/pl. bot.* papilionacées *f/pl.*; ~**sˌjagd** *f* chasse *f* aux papillons; ~**sˌkunde** *f sc.* lépidoptérologie *f*; ~**sˌnetz** *n* filet *m* à papillons; ~**sˌsammlung** *f* collection *f* de papillons; ~**sˌstil** *m Schwimmen* (style *m*) brasse *f* papillon.

schmetter|n ['ʃmɛtərn] **I** *v/t.* ⟨-(e)re, h⟩ **1.** jeter, lancer avec violence; **zu Boden ~** jeter par terre; terrasser; atterrer; foudroyer; **die Tür ins Schloß ~** claquer la porte; **2.** *Tennis* frapper violemment de haut en bas; **3.** *ein Lied* chanter; lancer; F envoyer; **4.** F **e-n ~** F boire, siffler un verre; P se rincer la dalle, la luette; s'en jeter un derrière la cravate; **II** *v/i. Trompete etc.* éclater; retentir; résonner; *Vögel* chanter; *Lerche* tirelirer; grisoller; turluter; **III** 2**n** *n* ⟨~s⟩ *der Trompete* son éclatant, cuivré; fanfares *f/pl.*; *der Vögel* chant *m*; *der Lerche auch* grisollement *m*; ~**nd** *adjt. Schlag* foudroyant; *Trompete, Fanfare, Gesang* éclatant; bruyant; retentissant; *Stimme* cuivré; 2ˌ**schlag** *m Tennis* smash [smaʃ] *m*.

Schmicke ['ʃmɪkə] *f* ⟨~; ~n⟩ mèche *f* (de fouet).

Schmied [ʃmiːt] *m* ⟨~(e)s; ~e⟩ (*Messer*2) forgeur *m* (*auch fig.*); (*Grob*2) forgeron *m*; taillandier *m*; (*Huf*2) maréchal-ferrant *m*; *fig.* forgeur *m*; artisan *m*; **jeder ist s-s Glückes ~** *prov.* chacun est l'artisan de son bonheur *prov.*; 2**bar** *adj.* malléable; forgeable; ~**barˌkeit** *f* ⟨~⟩ malléabilité *f*.

Schmiede ['ʃmiːdə] *f* ⟨~; ~n⟩ forge *f*; ~ˌ**arbeit** *f* **a)** forgeage *od.* forgement *m*; *cf. auch* ~handwerk; **b)** ouvrage forgé; ~ˌ**eisen** *n* fer forgé; 2ˌ**eisern** *adj.* de *od.* en fer forgé; ~ˌ**esse** *f* (cheminée *f* de) forge *f*; ~ˌ**feuer** *n* feu *m* de forge; ~**geˌselle** *m* (ouvrier *m*) forgeron *m*; ~**geˌsenk** *n* matrice *f* à forger; ~ˌ**hammer** *m* marteau *m* de forge(ron); (*Bär*) marteau-pilon *m*; *für Hufeisen* ferretier *m*; ~ˌ**handwerk** *n* métier *m* de forgeron; taillanderie *f*; ~ˌ**herd** *m* foyer *m* de forge; ~ˌ**kunst** *f* forge *f*; ~ˌ**meister** *m cf.* Schmied.

schmieden ['ʃmiːdən] **I** *v/t.* ⟨-ete, h⟩ forger (*auch fig.*); (*hämmern*) marteler; *fig. Pläne* former; faire; *Ränke* ourdir; tramer; manigancer; *cf. auch* **Ränke**; **Verse ~** rimailler; **sich ~ lassen** être malléable, forgeable; **kalt ~** forger à froid; **im Gesenk ~** estampiller au pilon; **man muß das Eisen ~, solange es heiß ist** *prov. cf.* **Eisen**; **II** 2 *n* ⟨~s⟩ forgeage *od.* forgement *m*; *fig. verbal.*

Schmiede|ofen ['ʃmiːdəˌʔoːfən] *m cf.* Schmiedeherd; ~ˌ**presse** *f* presse *f* à forger; ~ˌ**stahl** *m* acier forgé; ~ˌ**stück** *n* pièce forgée; ~ˌ**ware** *f* taillanderie *f*; ~ˌ**zange** *f* tenailles *f/pl.*, croches *f/pl.* de forgeron; tricoises *f/pl.*

Schmiedung ['ʃmiːduŋ] *f* ⟨~⟩ *cf.* schmieden II.

schmieg|en ['ʃmiːgən] **I** *v/t.* ⟨h⟩ *techn.* plier; courber; **II** *v/réfl.* **sich ~** se plier; **sich an j-n ~** se serrer, se blottir, se pelotonner contre qn.; *Kleid* **sich eng um j-s Gestalt ~** s'appliquer au, épouser, mouler le corps de qn.; ~**sam** *adj.* flexible; pliant; souple; 2**samˌkeit** *f* ⟨~⟩ flexibilité *f*; souplesse *f*.

Schmiele ['ʃmiːlə] *f* ⟨~; ~n⟩ *bot.* canche *f*.

Schmier|anlage ['ʃmiːrˌʔanlaːgə] *f techn.* installation *f*, dispositif *m* de graissage; ~**appaˌrat** *m* appareil *m* de graissage; lubrificateur *m*; (*Öler*) graisseur *m*; ~**beˌhälter** *m*, ~ˌ**büchse** *f* boîte *f* à graisse, de graissage; graisseur *m*; boîte *f* à huile.

Schmiere ['ʃmiːrə] *f* ⟨~; ~n⟩ **1.** graisse *f*; lubrifiant *m*; (*Wagen*2) vieux oing; *schmutzige, alte* cambouis *m*; **2.** F *thé.* troupe *f* médiocre, de cabotins; mauvais théâtre ambulant, forain; **3.** F **~ stehen** faire le guet; être en faction; P faire le pet, le gaffeur.

schmier|en ['ʃmiːrən] **I** *v/t.* ⟨h⟩ **1.** (*streichen*) enduire (**mit** de); étendre; *Salbe auf e-e Wunde auch* appliquer; mettre; **Brot mit Butter ~, Butter aufs Brot ~** étendre du beurre sur, beurrer du pain; **Butterbrote ~** tartiner; F *fig.* **j-m Honig ums Maul ~** *cf.* **Maul**; F *fig.* **j-m e-e ~** F flanquer une gifle, une calotte, P une torgn(i)ole, une torche à qn.; **2.** *techn.* lubrifier; *mit Fett* graisser; *mit Öl* huiler; F *fig.* **sich die Kehle ~** *cf.* **schmettern I, 4.**; *fig.* **das geht wie geschmiert** cela va tout seul, comme sur des roulettes; **3.** F *fig.* **j-n ~** (*bestechen*) corrompre, soudoyer qn.; F graisser la patte à qn.; donner un pot-de-vin à qn.; arroser, P sucrer qn.; **4.** F (*unsauber schreiben*) griffonner; F gribouiller; *Feder* barbouiller; **II** 2**en** *n* ⟨~s⟩ **5.** *techn.* lubrification *f*; *mit Fett* graissage *m*; *mit Öl* huilage *m*; **6.** F (*Bestechung*) corruption *f*; **7.** F (*schlechtes Schreiben*) griffonnage *m*; barbouillage *m*; 2**enkomödiˌant(in)** F *péj. m (f)*, 2**enˌschauspieler(in)** F *péj. m (f)* F cabotin, -e *m, f*; 2**er(in)** F *m* ⟨~s; ~⟩ *(f)* ⟨~; ~nen⟩ **1.** *cf.* Schmierfink 2.; **2.** (*Bestecher*) corrupteur, -trice *m, f*; 2**e'rei** F *f* ⟨~; ~en⟩ griffonnage *m*; F gribouillage *m*; barbouillage *m*.

Schmier|fähigkeit ['ʃmiːrˌfɛːɪçkaɪt] *f* ⟨~⟩ pouvoir lubrifiant; ~**fett** *n* lubrifiant *m*; graisse *f*; ~**fink** F *m* **1.** *cf.* Schmutzfink; **2.** *wer unsauber schreibt* griffonneur, -euse *m, f*; F gribouilleur, -euse *m, f*; barbouilleur, -euse *m, f*; ~ˌ**geld(er)** *n (pl.)* pot(s)-de-vin *m (pl.)*; **~ geben** *cf.* schmieren I, 3.; 2**ig** *adj.* **1.** graisseux, -euse; (*ölig*) huileux, -euse; poisseux, -euse; onctueux, -euse; (*klebrig*) visqueux, -euse; gluant; **sich ~ machen** se graisser; **2.** (*schmutzig*) malpropre; sale; *pfort.* crasseux, -euse; *fig.* sordide; *Mensch, im Wesen* P visqueux, -euse; (*geizig*) avare; ladre; ~ˌ**kanne** *f* burette *f* (à piston); ~ˌ**käse** *m* fromage mou;

~kur *f méd.* embrocation *f*; **~ˌleitung** *f* conduite *f* de graissage; **~loch** *n* trou graisseur, de graissage; **~ˌmittel** *n* lubrifiant *m*; graisse *f*; **~ˌnippel** *m* graisseur *m*; raccord *m* de graissage; **~öl** *n* huile *f* de graissage; **~plan** *m techn.* plan *m*, tableau *m* de graissage; **~ˌpresse** *f* presse *f* de graissage; **~ˌpumpe** *f* pompe *f*, seringue *f* de graissage; **~ˌseife** *f* savon noir, mou; **~stoff** *m* lubrifiant *m*; produit *m* de graissage; **~ung** *f cf.* schmieren II, 5.; **~ˌvorrichtung** *f cf.* Schmieranlage.

Schmink|büchse ['ʃmɪŋkˌbʏksə] *f cf.* **~topf**; **~e** *f* ⟨~; ~n⟩ fard *m*; rote ~ (bâton *m* de) rouge *m*; weiße ~ blanc *m*; ~ **auflegen** *cf.* 2en I; **2en I** *v/t.* (*u. v/réfl.*) ⟨h⟩ (se) farder; (se) maquiller; (se) mettre du fard (du blanc, du rouge); (se) grimer; **sich die Lippen ~** se faire les lèvres; se mettre du rouge (à lèvres); **II ~en** *n* ⟨~s⟩ application *f* de fard (de rouge, de blanc); maquillage *m*; grimage *m*; **~ˌkasten** *m* boîte *f* de fard; **~ˌmeister** *m thé.* maquilleur *m*; **~stift** *m* fard *m* en crayon, en bâton; **~tisch** *m thé.* table *f* de maquillage; **~topf** *m* pot *m*, boîte *f* à fard.

Schmirgel[1] ['ʃmɪrgəl] *m* ⟨~s; ~⟩ *in e-r Pfeife* jus *m* de tabac.

Schmirgel[2] ['ʃmɪrgəl] *m* ⟨~s⟩ émeri *m*; corindon *m* granulaire, pulvérulent, en poudre; **geschlämmter ~** potée *f* (d'émeri); **~ˌleinen** *n cf.* Schleifleinen; **2n I** *v/t.* ⟨-(e)le, h⟩ polir, passer, frotter à l'émeri; **II ~n** *n* ⟨~s⟩ polissage *m* à l'émeri; **~paˌpier** *n* papier *m* d'émeri, émerisé; **~ˌpaste** *f*, **~ˌpulver** *n cf.* Schleif...; **~ˌscheibe** *f* meule *f* (d'émeri).

schmiß [ʃmɪs] *cf.* schmeißen.

Schmiß [ʃmɪs] *m* ⟨-sses; -sse⟩ **1.** (*vernarbte Hiebwunde*) balafre *f*; estafilade *f*; **2.** ⟨*pas de pl.*⟩ *fig.* (*Schwung*) F ~ **haben** avoir de l'allant, de l'entrain, de la vivacité, de l'élan, de la verve, du dynamisme, *bes. von Musik* du brio.

schmissig ['ʃmɪsɪç] F *adj.* vif, -ive; entraînant; plein d'allant, d'élan, de verve, d'entrain, *etc.*; dynamique; *bes. Musik* plein de brio.

Schmitze ['ʃmɪtsə] *f* ⟨~; ~n⟩ *cf.* Schmicke.

Schmöker ['ʃmøːkər] F *m* ⟨~s; ~⟩ roman *m* à quatre sous; **alter ~** vieux bouquin; **2n** F *v/i.* ⟨-(e)re, h⟩ bouquiner; être plongé dans, absorbé par sa lecture.

Schmoll|ecke ['ʃmɔlˌʔɛkə] *f cf.* **~winkel**; **2en I** *v/i.* ⟨h⟩ bouder (**mit j-m** qn.); faire la moue, la tête, la petite bouche (à qn.); *bes. von Kindern* faire la lippe; **II ~en** *n* ⟨~s⟩ bouderie(s) *f* (*pl.*); **~mund** *m* moue *f*; bouche boudeuse; **e-n ~ machen** *cf.* 2en I; **~ˌwinkel** *m* **sich in den ~ zurückziehen** se retirer dans son coin; bouder; être de mauvaise humeur.

schmolz [ʃmɔlts] *cf.* schmelzen.

Schmor|braten ['ʃmoːrˌbraːtən] *m cuis.* bœuf *m* mode, en daube, à l'étuvée *od.* à l'étouffée; daube *f*; étuvée *f*; **2en I** *v/t.* ⟨h⟩ *cuis.* cuire à couvert, à l'étuvée *od.* étouffée; *Fleisch auch* dauber; étuver; braiser; **II** *v/i. cuis.* cuire, rôtir à petit feu, à couvert, à l'étuvée *od.* étouffée; *élect. Draht* griller; carboniser; F *fig.* **in der Sonne ~** se dorer, se rôtir au soleil; F *fig.* **laß ihn ruhig noch etw. ~** laisse-le d'abord un peu moisir, sécher; **III ~en** *n* ⟨~s⟩ *cuis.* daube *f*; **~fleisch** *n cf.* **~braten**; **~obst** *n cuis.* compote *f*; **~topf** *m* casserole *f*; braisière *f*; daubière *f*; cocotte *f*.

Schmu [ʃmuː] F *m* ⟨~s⟩ petits profits, bénéfices illicites; tour *m* de bâton; P gratte *f*; ~ **machen** F se ménager le tour du bâton; *fig.* F grappiller; faire du grappillage; P faire de la gratte; *beim Einkaufen* F *fig.* faire danser l'anse du panier; *beim Spiel* tricher; F repasser.

schmuck [ʃmʊk] **I** *adj.* (*hübsch*) joli; beau (bel), belle; coquet, -tte; pimpant; *Personen auch* gentil, -lle; (*sauber*) propre; F propret, -tte; **II 2** *m* ⟨~(e)s; ~e⟩ (*weiblicher Putz*) parure *f*; ajustements *m/pl.*; atours *m/pl.*; (*Zierde*) ornement *m*; décoration *f*; (*Juwelen*) bijoux *m/pl.*; joyaux *m/pl.*; parure *f*; **in vollem ~** en grande toilette; dans tous ses atours; paré de ses plus beaux atours; **das Bild war der einzige ~ des Zimmers** le tableau était la seule décoration, le seul ornement de la pièce; ~ **anlegen, tragen** mettre, porter des bijoux; **unechter ~** toc *m*; fausse bijouterie; *péj.* **sich mit ~ behängen** se parer de bijoux.

schmücken ['ʃmʏkən] **I** *v/t.* (*u. v/réfl.*) ⟨h⟩ (s')orner (**mit etw.** de qc.); (se) parer (de); *péj.* (s')attifer; (*verzieren*) garnir, décorer (**mit etw.** de qc.); *Stadt, Straßen* **festlich geschmückt** pavoisé; qui a pris son air de fête; **sich mit fremden Federn ~** *cf.* Feder; **II 2** *n* ⟨~s⟩ parure *f*; décoration *f*; *péj.* attifement *m*.

Schmuck|kästchen ['ʃmʊkˌkɛstçən] *n* écrin *m*; coffret *m* à bijoux; *fig.* **ein wahres ~** un vrai bijou; **2los** *adj.* sans ornements; (*einfach*) simple; sobre; dépouillé; *pfort.* austère; sévère; *bât.* nu; **~ˌlosigˌkeit** *f* ⟨~⟩ absence *f*, manque *m* d'ornements; simplicité *f*; sobriété *f*; *pfort.* austérité *f*; sévérité *f*; *bât.* nu *m*; **~ˌnadel** *f* épingle *f* (en or, *etc.*); broche *f*; **~ˌsachen** *f/pl.* bijoux *m/pl.*; joyaux *m/pl.*; bijouterie *f*; joaillerie *f*; **~stück** *n* bijou *m*; joyau *m*; pièce *f* d'orfèvrerie; *fig.* bijou *m*.

Schmückung ['ʃmʏkʊŋ] *f* ⟨~⟩ *cf.* schmücken II.

Schmuckwaren ['ʃmʊkˌvaːrən] *f/pl.* (articles *m/pl.* de) bijouterie *f*; joaillerie *f*; **~geˌschäft** *n* bijouterie *f*; **~ˌhandel** *m* bijouterie *f*; **~ˌhändler(in)** *m* (*f*) bijoutier, -ère *m*, *f*; joaillier, -ère *m*, *f*; **~indusˌtrie** *f* industrie bijoutière; bijouterie *f*; industrie *f* de la joaillerie.

Schmuddel ['ʃmʊdəl] F *m* ⟨~s⟩ saleté *f*; **~ei** [-'laɪ] F *f* ⟨~; ~en⟩ (*Sudelei*) F barbouillage *m*; **2ig** F *adj.* sale; malpropre.

Schmuggel ['ʃmʊgəl] *m* ⟨~s⟩, **~ei** [-'laɪ] *f* ⟨~; ~en⟩ contrebande *f*; fraude *f*; commerce *m* interlope; **2n I** *v/t.* ⟨-(e)le, h⟩ introduire en contrebande, en fraude; **geschmuggelte Zigarren** des cigares de contrebande; **II** *v/i.* faire la contrebande; **III ~n** *n* ⟨~s⟩ contrebande *f*; **~ˌware** *f* (marchandise *f* de) contrebande *f*.

Schmuggler|(in) ['ʃmʊglər(ɪn)] *m* ⟨~s; ~⟩ (*f*) ⟨~; ~nen⟩ contrebandier, -ère *m*, *f*; fraudeur, -euse *m*, *f*; **~ˌbande** *f* bande *f* de contrebandiers, de fraudeurs; **~ˌschiff** *n* navire *m* (de) contrebandier(s), de contrebande.

schmunzeln ['ʃmʊntsəln] **I** *v/i.* ⟨-(e)le, h⟩ sourire d'aise, d'un air béat; **über etw. ~** sourire de qc.; **II 2** *n* ⟨~s⟩ sourire béat; **wohlgefälliges ~** sourire satisfait.

Schmus [ʃmuːs] F *m* ⟨~es⟩ **1.** (*Schöntun*) câlineries *f/pl.*; caresses *f/pl.*; chatteries *f/pl.*; *um etw. zu erreichen* cajoleries *f/pl.*; P papouilles *f/pl.*; **2.** (*leeres Gerede*) bruit *m* de vaines paroles; bavardage *m*; F papotage *m*; **2en** F *v/i.* ⟨-(es)t, h⟩ câliner (**mit j-m** qn.); caresser (qn.); faire des caresses, le câlin; *um etw. zu erreichen* cajoler (qn.); P faire des papouilles; **~er(in)** F *m* ⟨~s; ~⟩ (*f*) ⟨~; ~nen⟩ *cf.* Schmeichelkatze; **~e'rei** F *f* ⟨~; ~en⟩ *cf.* Schmus; **~ˌkatze** F *f cf.* Schmeichelkatze.

Schmutz [ʃmʊts] *m* ⟨~es⟩ saleté *f* (*auch fig.*); ordure *f*; gadoue *f*; (*Straßen2*) boue *f*; fange *f*; crotte *f*; *auf der Haut, auf Gegenständen* crasse *f*; (*~fleck*) souillure *f*; salissure *f*; **vom ~ reinigen** décrasser; *bes. Schuhe* décrotter; **vor ~ starren** être repoussant de saleté; **mit ~ bespritzen** éclabousser; *fig.* **j-n, etw. in den ~ ziehen** traîner qn., qc. dans la boue; mettre qn., qc. plus bas que terre; *fig.* **j-n mit ~ bewerfen** déverser des ordures sur qn.; *cf. auch* Dreck; **~ˌbürste** *f* brosse *f* à décrotter; **2en** *v/i.* ⟨-(es)t, h⟩ (*Schmutz machen*) faire de la saleté; (*Schmutz annehmen*) se salir (facilement); être salissant; **~e'rei** F *f* ⟨~; ~en⟩ travail *m* sale, malpropre; saleté *f*; F cochonnerie *f* (*beide auch fig.*); *nur fig.* obscénité *f*; **~ˌfänger** *m* ⟨~s; ~⟩ *im Gully* caisson ramasseur de boue; séparateur *m* de boue; **~ˌfarbe** *f* couleur *f* sombre, terne; **~fink** F *m* souillon *m*; *fig.* sagouin, -e *m*, *f*; F crasseux *m*; P saligaud, -e *m*, *f*; cochon *m*; *von e-m Kind* petit cochon; **~fleck** *m* souillure *f*; salissure *f*; (*angespritzter Dreck*) éclaboussure *f*.

schmutzig ['ʃmʊtsɪç] *adj.* sale; (*unreinlich*) malpropre; (*dreckig*) crasseux, -euse; boueux, -euse; crotté; ordurier, -ère; immonde; sordide; (*fleckig*) maculé; souillé; taché; *fig. Worte, Redensarten* (*unanständig*) dégoûtant; répugnant; ordurier, -ère; immonde; *pfort.* (*unflätig*) obscène; *Geschäfte etc.* malhonnête; déloyal; (*schäbig*) sordide; (*geizig*) ladre; pingre; *phys. atom.* **~e Bombe** bombe sale; **~e Hände haben** avoir les mains sales; **~er Geiz** avarice sordide; **~er Geizhals** ladre *m*; **~ werden** se salir; s'encrasser; se crotter; *fig.* **~e Wäsche waschen** laver du linge sale; **~ machen** salir; crotter; souiller; encrasser; **~'grau** *adj.* gris sale; **2ˌkeit** *f* ⟨~⟩ saleté *f* (*auch fig.*); malpropreté *f*; encrassement *m*; immondice *f*; *fig.* obscénité *f*; sordidité *f*.

Schmutz|konkurrenz ['ʃmʊtskɔnkuˌrɛnts] *f comm.* concurrence *f* malhonnête, déloyale; **~ˌkruste** *f* croûte *f* de crasse; **~ˌliese** F *f* ⟨~; ~n⟩ F maritorne *f*; *cf. auch* Schmutzfink; **~literaˌtur** *f* littérature *f* obscène, pornographique; pornographie *f*; **~ˌpresse** *fig. f* presse *f* immonde; **~schicht** *f* couche *f* de crasse; **~schrift** *f* publication *f* obscène; **~ˌstoffe** *m/pl. im Wasser* impuretés *f/pl.*; **~ˌtitel** *m impr.* faux titre; **~venˌtil** *n techn.* purgeur *m*; **~ˌwasser** *n* ⟨~s; ⸗⟩ eaux *f/pl.* sales, usées; **~ˌzulage** *f für Arbeiter* indemnité *f* pour travaux malpropres.

Schnabel ['ʃnaːbəl] *m* ⟨~s; ⸗⟩ *e-s Vogels* bec *m* (*auch e-r Kanne, fig.* F *für: Mund*); *mus.* bec *m*; embouchure *f*; *hist. mar.* rostre *m*; poulaine *f*; éperon *m*; *fig.* F **halt deinen ~!** F ferme ton bec!; boucle-la!; ferme ton clapet!; *fig.* F **reden, wie e-m der ~ gewachsen ist** dire les choses tout naturellement, comme elles vous viennent; avoir son franc parler; F den ~ aufsperren ouvrir le bec (*auch fig.* F).

Schnäbelei [ˌʃnɛːbəˈlaɪ] F *fig. f* ⟨~; ~en⟩ F bécots *m/pl.*; bécotage *m*; baisotage *m*.

Schnabel|flöte [ˈʃnɑːbəlˌfløːtə] *f mus.* flûte *f* à bec; flûte douce; 2ˌ**förmig** *adj.* en forme de bec; *zo.* rostré; ~ˌ**hieb** *m* coup *m* de bec; ~ˌ**kerfe** *m/pl. zo. sc.* rhynchotes *m/pl.*; hémiptères *m/pl.*

schnäbeln [ˈʃnɛːbəln] *v/i. u. v/réfl.* ⟨-(e)le, h⟩ *Tauben etc.* se becqueter; *fig.* F *von Personen* F se bécoter; échanger des bécots; se baisoter.

Schnabel|schuh [ˈʃnɑːbəlˌʃuː] *m hist.* soulier *m* à la poulaine; ~ˌ**tasse** *f für Kranke* tasse *f* à bec; ~ˌ**tier** *n zo.* ornithorynque *m*; ~ˌ**voll** *m* ⟨~; ~⟩ becquée *f*; ~ˌ**zange** *f chir.* pinces recourbées; *techn.* croches *f/pl.*

schnabulieren [ʃnabuˈliːrən] F *v/t.* ⟨*pas de ge-*, h⟩ savourer; manger avec délice; *cf. auch* **schmausen**.

Schnack [ʃnak] F *m* ⟨~(e)s⟩ F bavardage *m*; babillage *m*; caquet *m*; **dummer** ~ radotages *m/pl.*; bêtises *f/pl.*; blagues *f/pl.*; insanités *f/pl.*; F sornettes *f/pl.*; âneries *f/pl.*; 2**en** F *v/i.* ⟨h⟩ causer; F bavarder; babiller; caqueter.

Schnake [ˈʃnɑːkə] *f* ⟨~; ~n⟩ *zo.* grand cousin; *sc.* tipule *f*; *par ext. cf.* **Mücke**.

Schnalle [ˈʃnalə] *f* ⟨~; ~n⟩ boucle *f*; 2**n I** *v/t.* ⟨h⟩ boucler; **den Gürtel enger (weiter)** ~ serrer (relâcher) la ceinture; F *fig.* **den Leibriemen enger** ~ *cf.* **Leibriemen, Riemen 1.**; **II** ~**n** *n* ⟨~s⟩ *verbal*; ~**n**ˌ**dorn** *m* ardillon *m* (d'une boucle); ~**n**ˌ**schuh** *m* soulier *m* à boucles.

schnalzen [ˈʃnaltsən] **I** *v/i.* ⟨-(es)t, h⟩ **mit der Zunge, mit den Fingern** ~ faire claquer sa langue, ses doigts; **II** 2 *n* ⟨~s⟩ claquement *m* de langue, des doigts.

Schnapp|deckel [ˈʃnapˌdɛkəl] *m* couvercle *m* à ressort; 2**en I** *v/t.* ⟨h⟩ **1.** *Diebe etc.* (*erwischen*) attraper; prendre; arrêter; F pincer; P poisser; agrafer; paumer; piger; **sich** ~ **lassen** P se faire paumer, *etc.*; être fait comme un rat; **2.** *Hund etc.* **etw.** ~ 'happer, gober qc.; F *fig.* **Luft** ~ prendre l'air; **II** *v/i.* **3.** ⟨sein⟩ *Feder, Deckel* jouer; faire ressort; *nur Feder* se détendre; *Schloß* jouer; s'enclencher; **die Tür schnappt ins Schloß** la porte se ferme (en faisant entendre un déclic); la serrure s'est enclenchée; **4.** ⟨h⟩ *Tiere* **nach etw.** ~ chercher à 'happer, à gober qc.; **nach Luft** ~ avoir la respiration difficile; respirer avec difficulté; étouffer.

Schnäpper [ˈʃnɛpər] *m* ⟨~s; ~⟩ **1.** *méd. zur Blutentnahme* flamme *f*; lancette *f*; **2.** *zo.* (*Fliegen*2) gobe-mouche *m*; **3.** F *an e-r Tür* loquet *m*; *an Schranktüren* loqueteau *m*; 2**n** *v/t.* ⟨-(e)re, h⟩ *Billard* jouer avec effet.

Schnapp|feder [ˈʃnapˌfeːdər] *f* ressort *m* (d'arrêt) à déclic; ~**hahn** *m* bandit *m*; voleur *m* de grands chemins; P chenapan *m*; ~ˌ**messer** *n* couteau pliant; ~ˌ**riegel** *m* verrou *m* à ressort; ~**ring** *m* mousqueton *m*; ~**schloß** *n* serrure *f* à ressort; ~**schuß** F *m phot.* instantané *m*.

Schnaps [ʃnaps] *m* ⟨~es; ~e⟩ eau-de-vie *f*; F goutte *f*; *starker, schlechter* P tord-boyaux *m*; *argot milit.* gnôle *od.* gn(i)ole *od.* gnaule *od.* niaule *f*; **e-n** ~ **trinken**, F **inhalieren** F prendre une goutte, un petit verre; F **Dienst ist Dienst u.** ~ **ist** ~ le règlement est le règlement; service, service; ~ˌ**brenner** *m* distillateur *m*; bouilleur *m*; *nur für den eigenen Gebrauch aus eigener Ernte* bouilleur *m* de cru; ~**brenne**ˌ**rei** *f* distillerie *f*; ~ˌ**bruder** F *m* ivrogne *m*; P pochard *m*; saoulard *m*; poivrot *m*; soûlo(graphe) *m*; ~ˌ**bude** F *péj. f* F assommoir *m*; P bistrot *m*.

Schnäpschen [ˈʃnɛpsçən] F *n* ⟨~s; ~⟩ F goutte *f*; petit verre; **morgens ein** ~ **trinken** F tuer le ver.

schnäpseln [ˈʃnɛpsəln] F *v/i.* ⟨-(e)le, h⟩ (*auch* **schnapsen**) F boire, prendre la goutte; prendre un petit verre.

Schnaps|fabrikant [ˈʃnapsfabriˑˌkant] *m cf.* **Schnapsbrenner**; ~ˌ**flasche** *f* bouteille *f* à *od.* (*volle*) d'eau-de-vie; ~**glas** *n* verre *m* à liqueur; F petit verre; ~**i**ˌ**dee** F *f* idée *f* cocasse, saugrenue, d'ivrogne; ~ˌ**nase** F *f* nez *m* rouge cuivré, de buveur, de poivrot; ~ˌ**säufer(in)** *m* (*f*), ~ˌ**trinker(in)** *m* (*f*) buveur, -euse *m*, *f* d'eau-de-vie; *cf. auch* **Schnapsbruder**.

schnarch|en [ˈʃnarçən] **I** *v/i.* ⟨h⟩ ronfler; *techn.*, *Pumpe* renifler; **II** 2**en** *n* ⟨~s⟩ ronflement *m*; *techn.* reniflement *m*; 2**er(in)** *m* ⟨~s; ~⟩ (*f*) ⟨~; ~nen⟩ **1.** ronfleur, -euse *m*, *f*; **2.** *nur m* (*Schnarchton*) *cf.* ~**en II**; 2**kon**ˌ**zert** F *n* concert *m* de ronflement; 2**ven**ˌ**til** *n techn.*, *e-r Dampfmaschine* reniflard *m*.

Schnarr|drossel [ˈʃnarˌdrɔsəl] *f zo.* grive *f* de gui; *sc.* draine *od.* drenne *f*; ~**e** *f* ⟨~; ~n⟩ **1.** *Lärmgerät* crécelle *f*; **2.** *zo. cf.* ~**drossel**; 2**en I** *v/i.* ⟨h⟩ faire un bruit de crécelle; bourdonner; ronfler; grincer (*auch mus.*); **II** ~**en** *n* ⟨~s⟩ bruit *m* de crécelle; bourdonnement *m*; ronflement *m*; grincement *m*; ~**gans** *f zo.* 'harle *m*; ~**laut** *m* son ronflant; ~**(r)e**ˌ**gal** *n cf.* ~**werk**; ~ˌ**wecker** *m élect.* trembleur *m*; sonnerie *f* (ronflante); ~**werk** *n mus.*, *der Orgel* jeu *m* d'anches; bourdon *m* (d'orgue).

Schnatter|er [ˈʃnatərər] *m* ⟨~s; ~⟩ F *cf.* ~**maul**; ~ˌ**gans** F *f cf.* ~**liese**; 2**ig** *adj.* F *fig.* (*schwatzhaft*) bavard; babillard; jaseur, -euse; jacassier, -ère; ~**in** *f* ⟨~; ~nen⟩, ~ˌ**liese** F *f* ⟨~; ~n⟩ bavarde *f*; commère *f*; jaboteuse *f*; F pie *f*; *fig.* crécelle *f*; claquette *f*; caillette *f*; perruche *f*; péronnelle *f*; ~ˌ**maul** F *n* bavard, -e *m*, *f*; jaboteur, -euse *m*, *f*; F *fig.* perroquet *m*; *cf. auch* ~**liese**; 2**n I** *v/i.* ⟨-(e)re, h⟩ **1.** *Gänse* criailler; *Enten* nasiller; cancaner; caqueter; *enf.* F faire coin-coin; **2.** F *fig.* **vor Kälte** ~ trembler, grelotter de froid; **3.** F *fig.* (*schwatzen*) bavarder; babiller; jaser; jacasser; F caqueter; jaboter; papoter; tailler une bavette; cailleter; dégoiser; bavasser; jacter; **II** ~**n** *n* ⟨~s⟩ **4.** *der Gänse* criaillerie *f*; *der Enten* nasillement *m*; **5.** F *fig.* (*Schwatzen*) bavardage *m*; babillage *od.* babillement *m*; jacassement *m*; F caquetage *m*; jabotage *m*; papotage *m*; P jactance *f*.

schnauben [ˈʃnaubən] **I** *v/i.* ⟨h⟩ *Tiere* respirer bruyamment; 'haleter; souffler; renifler; *Pferd* renâcler; s'ébrouer; *fig.*, *von Personen* **vor Wut** ~ F écumer de rage; **nach Rache** (*od. als v/t.* **Rache**) ~ respirer la vengeance; **II** *v/réfl.* **sich (die Nase)** ~ se moucher; **III** 2 *n* ⟨~s⟩ respiration bruyante; 'halètement *m*; souffle *m*; reniflement *m*; *e-s Pferdes* renâclement *m*; ébrouement *m*.

Schnauf [ʃnauf] *m* ⟨~(e)s; ~e⟩ F *cf.* ~**er**; 2**en I** *v/i.* ⟨h⟩ respirer difficilement; souffler bruyamment; F comme un phoque; (*keuchen*) 'haleter; être pantelant, 'haletant; **II** ~**en** *n* ⟨~s⟩ respiration *f* difficile, bruyante, 'haletante; 'halètement *m*; ~**er** F *m* ⟨~s; ~⟩ souffle *m*; **letzter** ~ dernier souffle.

Schnauz|bart [ˈʃnautsbart] *m* **1.** moustache(s) *f(pl.)*; **2.** (*Mann mit* ~) moustachu *m*; 2ˌ**bärtig** *adj.* qui a des moustaches; moustachu.

Schnäuzchen [ˈʃnɔʏtsçən] *n* ⟨~s; ~⟩ F *fig. e-s Kindes* (*Mund*) petite bouche.

Schnauz|e [ˈʃnautsə] *f* ⟨~; ~n⟩ **1.** *von Tieren* museau *m*; *par ext.* gueule *f*; *des Schweines* groin *m*; **2.** *e-r Kanne etc.* bec *m*; gueule *f*; *bât.* (*Vorsprung*) saillant *m*; **3.** P *von Personen* (*Mund*) P gueule *f*; **halt die** ~!, ~! P ferme ta gueule, ta boîte, ton clapet!; boucle-la!; ferme-la!; la ferme!; ta gueule (vos gueules)!; **die** ~ **voll haben von etw.** F avoir plein le dos, le nez de qc.; avoir marre, assez, soupé de qc.; **e-e große** ~ **haben** F avoir une grande gueule; être fort en gueule; P **frei nach** ~ (*nach Gutdünken*) F comme ça; P au piffomètre; à vue de nez; 2**en** *v/i.* ⟨-(es)t, h⟩ P (*laut schimpfen*) crier; F tempêter; pester; P gueuler; ~**er** *m* ⟨~s; ~⟩ *zo.* griffon *m*; schnauzer *m*.

Schnecke [ˈʃnɛkə] *f* ⟨~; ~n⟩ **1.** *zo. mit Haus* escargot *m* (*auch eßbare*); (co)limaçon *m*; *ohne Haus* limace *f*; F *fig.* **kriechen wie e-e** ~ aller, marcher comme une tortue, à pas de tortue, d'un train de tortue; **2.** *anat.*, *im Ohr* limaçon *m*; **3.** *mus.*, *e-r Geige* volute *f*; **4.** *bât.*, *am Kapitell e-r korinthischen Säule* volute *f*; hélice *f*; **5.** (*Haar*2) macaron *m*; **6.** *techn.* (*endlose Schraube*) vis *f* sans fin; (*Förder*2) transporteur hélicoïdal; vis élévatrice; vis, hélice transporteuse; *e-r Uhr* fusée *f*.

schnecken|artig [ˈʃnɛkənˌˀartɪç] *adj. zo. sc.* limacien, -nne; 2ˌ**antrieb** *m techn.* entraînement *m* à *od.* par vis sans fin; 2**be**ˌ**kämpfung** *f in den Weinbergen* escargotage *m*; 2ˌ**bohrer** *m* tarière, mèche hélicoïdale; 2ˌ**feder** *f* ressort *m* conique, à volute, hélicoïdal; ~ˌ**förmig** *adj.* (en) spirale; spiralé; *bot.* héliciforme; 2ˌ**fräser** *m techn.* fraise hélicoïdale; 2ˌ**fraß** *m* dommage fait par les limaces; 2**fri**ˌ**sur** *f* coiffure *f* à macarons; 2ˌ**gang** *m fig.* pas *m*, train *m* de tortue; 2**gang**ˌ**einstellung** *f phot.* mise *f* au point par coulissement hélicoïdal; 2ˌ**garten** *m zur Zucht von Schnecken* limaçonnière *f*; escargotière *f*; 2**ge**ˌ**häuse** *n* **1.** *techn.* carter *m* de vis sans fin; **2.** *der Schnecke cf.* 2**haus**; 2**ge**ˌ**triebe** *n techn.* engrenage *m*, réducteur *m* à vis sans fin, à pignon hélicoïdal; 2**ge**ˌ**winde** *n techn.* vis *f* sans fin; filetage hélicoïdal; 2ˌ**haus** *n* coquille *f* de limaçon, d'escargot; 2ˌ**kegel** *m techn.* cône *m* en spirale; pignon *m*; 2ˌ**lenkung** *f Auto* direction *f* à vis sans fin; 2ˌ**linie** *f* spirale *f*; hélice *f*; 2ˌ**post** *f* F *fig.* **mit der** ~ à pas de, d'un train de tortue; 2ˌ**rad** *n techn.* roue *f* (à denture) hélicoïdale; 2ˌ**tempo** *n* F *fig.* **im** ~ à pas de, d'un train de tortue; 2**tri**ˌ**eur** *m* trieur *m* à vis sans fin; trieur-toboggan *m*; 2**über**ˌ**setzung** *f techn.* transmission *f* à vis sans fin; 2ˌ**vorlage** *f techn.* démultiplicateur *m* à vis sans fin; 2ˌ**welle** *f techn.* arbre *m* de vis sans fin; 2ˌ**windung** *f* (tour *m* de) spire *f*; 2ˌ**zucht** *f* héliciculture *f*.

Schnee [ʃneː] *m* ⟨~s⟩ **1.** neige *f*; **ewiger** ~ neiges éternelles; **knirschen-**

der ~ neige craquante; **verharschter** ~ neige tôlée; **der** ~ **bleibt liegen** la neige reste, prend bien; **im** ~ **begraben** enseveli sous la neige; **es wird** ~ **geben** nous aurons de la neige; il va neiger; **der** ~ **fällt in dicken Flocken** il neige à gros flocons; *fig.* **wie** ~ **an der Sonne schmelzen** fondre comme neige au soleil; **weiß wie** ~ *cf.* 2weiß; **2.** *cuis.* (*Eier*2) œufs *m/pl.* à la neige; **zu** ~ **schlagen** battre en neige; **~ball** *m* **1.** boule *f*, pelote *f* de neige; **2.** *bot.* boule-de-neige *f*; obier *m*; 2ˌ**ballen** *v/i. u. v/réfl.* ⟨*nur inf. u. p.p.* geschneeballt⟩ *cf.* (e-e) **~ballschlacht** (machen); **~ballˌschlacht** *f* bataille *f* à coups de boules de neige; **e-e** ~ **machen, veranstalten** se battre à coups de boules de neige; 2**beˌdeckt** *adjt.* couvert de neige; enneigé; *Gipfel, Berge etc.* neigeux, -euse; **~berg** *m* **1.** montagne couverte de neiges éternelles; **2.** *cf.* **~haufen**; **~beˌricht** *m* bulletin *m* d'enneigement; **~ˌbesen** *m cuis.* moussoir *m*; fouet *m*; *an e-r Küchenmaschine* batteur *m*; 2**blind** *adj.* aveuglé par la neige; **~ˌblindheit** *f* éblouissement *m*, aveuglement *m* par la neige; *sc.* ophtalmie *f* des neiges; **~brett** *n* (*Wächte*) corniche *f* de neige; neige *f* en surplomb; neige surplombante; **~ˌbrille** *f* lunettes *f/pl.* (de protection, protectrices) contre la neige; **~bruch** *m Forstwirtschaft* branches cassées par le poids de la neige; **~ˌbrücke** *f über Gletscherspalten* pont *m* de neige, de glace; **~ˌdecke** *f* couche *f* de neige; neiges *f/pl.*; **~-ˌEule** *f zo.* chat-huant blanc; **~fall** *m* chute *f* de neige; **~fang** *m auf dem Dach* grille *f* à retenir la neige; garde-neige *m*; **~feld** *n*, **~ˌfläche** *f* étendue, surface neigeuse, de neige; champ neigeux, de neige; **~ˌflocke** *f* flocon *m* de neige; **~ˌfräse** *f* chasse-neige *m* à fraise; 2**frei** *adj.* sans neige; **~gans** *f zo.* oie hyperborée, sauvage; **~geˌbirge** *n* montagnes couvertes de neiges (éternelles); **~geˌstöber** *n* tourbillon *m*, rafale *f*, tourmente *f* de neige; **~ˌglätte** *f* glissance *f* de la neige; **~ˌglöckchen** *n bot.* perce-neige *m od. f*; clochette *f* d'hiver; **~ˌgrenze** *f* limite *f* des neiges éternelles; **~hang** *m* pente *f* de neige; **~ˌhaufen** *m* tas *m*, amas *m* de neige; **~ˌhöhe** *f* épaisseur *f*, 'hauteur *f* de la neige; enneigement *m*; **~huhn** *n zo.* perdrix *f* de(s) neige(s); *sc.* lagopède *m*; 2**ig** *adj. cf.* 2bedeckt, 2weiß; **~ˌkette** *f für Autos* chaîne antidérapante; **~ˌklumpen** *m an den Schuhen* sabot *m* de neige; **~ˌkönig** *m zo. cf.* **Zaunkönig**; *fig.* F **sich freuen wie ein** ~ être heureux, -euse comme un roi; être transporté de joie; F être heureux, -euse comme un poisson dans l'eau, comme un coq en pâte; **~krisˌtall** *m* cristal *m* de neige; **~ˌkufe** *f aviat.* patin *m*, ski *m* d'atterrissage; **~ˌlandschaft** *f* paysage couvert de neige; **~laˌwine** *f cf.* **Lawine**; **~luft** *f* air chargé de neige; **~mann** *m* ⟨~(e)s; ⸚er⟩ bonhomme *m* de neige; **~ˌmassen** *f/pl.* neiges *f/pl.*; **~matsch** *m* neige fondue, fondante; **~mensch** *m* (*Yeti*) homme *m* des neiges; **~pflug** *m* chasse-neige *m* (*auch Schisport*); **~ˌräumer** *m* ⟨~s; ~⟩ *cf.* **~pflug**; **~räumkoˌmmando** *n* équipe *f* de déneigement; **~ˌräumung** *f* déneigement *m*; enlèvement *m* de la neige; **~ˌregen** *m* neige fondante, fondue; **~regiˌon** *f* région *f*, zone *f* des neiges éternelles; **~ˌreifen** *m* raquette *f* (à neige); *Auto* pneu *m* pour la neige; **~ˌschaufel** *f* pelle *f* à neige; **~ˌschimmel** *m bot., agr.* moisissure *f* des neiges; **~ˌschippe** *f cf.* **~schaufel**; **~ˌschipper(in)** F *m* ⟨~s; ~⟩ (*f*) ⟨~; ~nen⟩ balayeur, -euse *m, f* de neige; **~ˌschläger** *m cf.* **~besen**; **~ˌschleuder** *f* chasse-neige rotatif, à éjecteurs; **~ˌschmelze** *f* fonte *f* des neiges; **~schuh** *m* ski *m*; ~ **laufen** faire du ski; **~schuhˌlauf(en)** *m* (*n*) course *f* à *od.* en skis; ski *m*; **~schuhˌläufer(in)** *m* (*f*) skieur, -euse *m, f*; 2ˌ**sicher** *adj.* ~e **Gebiete** zones enneigées; **~sturm** *m* tempête *f*, bourrasque *f* de neige; **~ˌteller** *m cf.* **~reifen**; *am Schistock auch* rondelle *f*; disque *m*; **~ˌtreiben** *n* chasse-neige *m*; *cf. auch* **~gestöber**; **~verˌhältnisse** *n/pl.* (conditions *f/pl.* d')enneigement *m*; **wenn es die** ~ **erlauben** ... si la neige le permet ...; 2**verˌweht** *adjt.* obstrué, bouché par la neige; **~verˌwehung** *f* amas *m*, amoncellement *m* de neige; congère *f*; **~ˌwächte** *f cf.* **~brett**; **~ˌwasser** *n* ⟨~s; ⸚⟩ eau *f* de neige; **~ˌwehe** *f cf.* **~verwehung**; 2'**weiß** *adj.* blanc, blanche comme (la) neige; **~ˌwetter** *n* temps neigeux, de neige; **~'wittchen** *n* ⟨~s⟩ *Märchenfigur* Blanche-Neige *f*; **~ˌwolke** *f* nuage chargé de neige; **~zaun** *m* clôture destinée à empêcher la formation de congères; (barrière *f*) pare-neige *m*.

Schneid [ʃnaɪt] F *m* ⟨~(e)s⟩ énergie *f*; entrain *m*; *fig.* ressort *m*; *fig.* mordant *m*; allant *m*; F cran *m*; *cf. auch* **Mumm, Mut**; ~ **haben** être énergique, décidé, crâne; avoir de l'entrain, du ressort, du nerf, de la détente, F du cran, de l'estomac, *etc.*; F ne pas avoir froid aux yeux; P avoir du culot.

Schneid|arbeit ['ʃnaɪtˌˀarbaɪt] *f* travail *m* de coupe; **~ˌbacken** *f/pl. der Schneidkluppe* peignes *m/pl.*; mâchoires *f/pl.*; coussinets *m/pl.*; **~bank** *f* ⟨~; ⸚e⟩ *cf.* **Schnitzbank**; **~ˌbohrer** *m* taraud *m*; **~ˌbrenner** *m techn.* chalumeau *m* (oxhydrique, oxyacétylénique, de découpage); coupoir *m*.

Schneide ['ʃnaɪdə] *f* ⟨~; ~n⟩ *e-s Messers, Beiles etc.* tranchant *m*; taillant *m*; fil *m*; F coupant *m*; *par ext.* (*Klinge*) lame *f*; *e-s Degens* taille *f*; *e-s Bohrers, Fräsers* coupe *f*; arête coupante; coupant *m*; *e-s Schraubenziehers* tranche *f*; patte *f*; *e-r Waage* couteau *m*; **stumpfe** ~ tranchant émoussé; **scharfe** ~ fil fin, tranchant; *fig.* **auf des Messers** ~ **stehen** ne tenir qu'à un fil; **~ˌbrett** *n* tailloir *m*.

Schneideisen ['ʃnaɪtˌˀaɪzən] *n techn.*, *für Tischler* doloire *f*; *für Schlosser* filière *f* simple.

Schneide|fläche ['ʃnaɪdəˌflɛçə] *f e-s Werkzeugs* plane *f*; **~ˌkante** *f* tranchant *m*; arête coupante; **~ˌlager** *n der Waage* plan *m* (d'agate); **~maˌschine** *f techn.* coupeuse *f*; *für Tabak* 'hachoir *m*; *Buchbinderei* massicot *m*; *techn., phot.* cisaille *f*; **~ˌmühle** *f cf.* **Sägewerk**.

schneiden ['ʃnaɪdən] **I** *v/t. u. v/i.* ⟨schneidet, schnitt, geschnitten, h⟩ couper; (*ab*~) trancher; découper; *um e-e bestimmte Form zu geben* tailler; *Bretter* (*sägen*) scier; *Gewinde* fileter; tarauder; *Bäume, Sträucher, Haare* couper; tailler; *Film* découper; monter; *Glas* tailler; *Blech* cisailler; *Häcksel* 'hacher; *Korn, Futter* (*mähen*) couper; faucher; *Gesichter, Grimassen* faire; *in Holz, Stein, Metall* graver (sur); *Tennis, Billard*: *den Ball*; *e-e Kurve* couper; *den Gegner, beim Laufen, Radrennen etc.* couper la route (de qn.); F se rabattre (vers la droite, la gauche); *anderes Fahrzeug nach dem Überholen* F faire une queue de poisson (à); *méd.*, *e-n Furunkel, ein Geschwür* ouvrir (au bistouri); inciser; faire une incision à; *Wein* (*verfälschen*) couper; *cf. auch* **panschen I**; *Kartenspiel* couper; **in Stücke, Scheiben** ~ couper en morceaux, en tranches; *Fleisch* **in dünne Scheiben** ~ émincer; **Brot in die Suppe** ~ tailler la soupe; **(Grün)Futter** ~ fourrager (au vert); *beim Friseur* ~, **bitte!** les cheveux, la coupe, s.v.p.!; **sich die Nägel** ~ se faire les ongles; *méd.* **ihm wurde der Finger geschnitten** on lui a incisé le doigt; on lui a fait une incision au doigt; *Messer* **gut** ~ bien couper, trancher; être bien coupant, tranchant; *Wind* **ins Gesicht** ~ fouetter, cingler le visage; *fig. e-r Dame* **die Kur** ~ dire des compliments à; faire la cour à; F *fig.* **j-n** ~ ignorer qn.; éviter qn.; faire semblant de ne pas voir, connaître qn.; *fig.* **das schneidet mir ins Herz, in die Seele** cela me fend, perce le cœur; cela me navre; *Augen* **mandelförmig geschnitten** fendu en amande; **er ist ihm wie aus dem Gesicht geschnitten** il est son portrait vivant; c'est tout son portrait; F c'est lui tout craché; **II** *v/réfl.* **sich** ~ (*sich verletzten*) se couper (in den Finger au doigt); se faire une coupure, *größer* une entaille (au doigt); *zwei Wege, math. zwei Linien* (*sich kreuzen*) se couper; se croiser; F *fig.* **sich gewaltig** ~ (*täuschen*) se tromper singulièrement; s'abuser étrangement; F se fourrer, se mettre le doigt dans l'œil (P jusqu'au coude); P se gourer; se foutre dedans; *fig.* **sich ins eigene Fleisch** ~ se nuire à soi-même; **III** 2 *n* ⟨~s⟩ coupe *f*; coupage *m*; *techn. auch* coupure *f*; tranchement *m*; taille *f*; *von Brettern* sciage *m*; *von Gewinden* filetage *m*; taraudage *m*; *von Blech* cisaillement *m*; *e-s Films* montage *m*; découpage *m*; *von Futter* fauchage *m*; **~d** *adjt. math.* sécant; *fig.*, *Schmerz* aigu, -uë; cuisant; *Hohn, Spott* mordant; acéré; *Kälte* pénétrant; piquant; *Stimme* tranchant; *Wind* qui cingle, fouette le visage; **es ist** ~ **kalt** il fait un froid vigoureux.

Schneider ['ʃnaɪdər] *m* ⟨~s; ~⟩ **1.** tailleur *m*; (*Damen*2) tailleur-couturier *m*; tailleur *m* pour dames; **vom** ~ **gefertigt** ... (de) tailleur; F *fig.* **frieren wie ein** ~ trembler, grelotter de froid; **2.** *techn.* coupeur *m*; **3.** *zo.* faucheur *od.* faucheux *m*; **4.** *Kartenspiel* ~ **werden** ne pas faire trente points; être capot; **aus dem** ~ **sein** avoir plus de trente points; F *fig.* avoir plus de trente ans; avoir passé la trentaine; **~arˌtikel** *m/pl.* accessoires *m/pl.* pour couture; **~beˌdarf** *m* fournitures *f/pl.* pour couture; **~beˌruf** *m* profession *f* de tailleur, de couturière; **~ˌbüste** *f cf.* **~puppe**; **~ei** [-'raɪ] *f* ⟨~; ~en⟩ **a)** *Handwerk* métier *m* de tailleur, de couturière; (*Damen*2) couture *f*; **b)** *Werkstatt* atelier *m* de tailleur, de couturière; **c)** (*Näherei*) couture *f*; **~geˌselle** *m* ouvrier tailleur; **~ˌhandwerk** *n cf.* **~ei**; **~ˌin** *f* ⟨~; ~nen⟩ tailleuse *f*; couturière *f*; **~ˌkosˌtüm** *n* (costume *m*) tailleur *m*; **~ˌkreide** *f* craie *f* de tailleur; **~ˌlehrling** *m* apprenti tailleur; *weiblicher* apprentie couturière, tailleuse; **~ˌmeister** *m* tailleur *m*; **~ˌmuskel** *m anat.* (muscle) couturier *m*; 2**n I** *v/t.* ⟨-(e)re, h⟩ **(sich) ein Kleid** ~ coudre, (se) faire une robe; **II** *v/i.* faire le métier de tailleur, de couturière; *nur für Damen* faire de la couture; tailler et coudre des habits, des robes; ~ lernen apprendre la couture; **III ~n** *n* ⟨~s⟩ métier *m* de tailleur, de couturière; (*Näherei*) couture *f*; **~ˌpuppe** *f* mannequin *m*; poupée *f* de tailleur; **~ˌrechnung** *f* facture *f* de tailleur; **~ˌwerkstatt** *f* atelier *m* de tailleur, de couturière; **~ˌwerkzeug** *n* outillage *m*, instruments *m/pl.* de travail du tailleur, de la couturière.

Schneide|werkzeug [ˈʃnaɪdəˌvɛrktsɔʏk] *n* outil tranchant; **~ˌzahn** *m* (dent) incisive *f*.

schneidig [ˈʃnaɪdɪç] *adj. fig.*, *von Personen* (*forsch, tatkräftig*) énergique; décidé; crâne; d'allure militaire; plein d'énergie, d'entrain; qui a de l'entrain, de l'allant, du ressort, du mordant, F du cran; *fig.* fringant; *Militärmusik, Marsch* entraînant; ~ sein *cf.* Schneid (haben); ein ~er Kerl un gars décidé, qui a de l'entrain, *etc.*; P un gars du tonnerre (de Dieu); **2ˌkeit** *f* ⟨~⟩ *cf.* Schneid.

Schneid|kante [ˈʃnaɪtˌkantə] *f cf.* Schneidekante; **~klotz** *m* tas *m*; **~ˌkluppe** *f techn.* filière *f*; **~kraft** *f techn.* force *f* de coupe; **~ˌöffnung** *f e-s Schneidewerkzeugs* ouverture *f* de coupe; **~öl** *n* huile *f* de coupe; **~rad** *n* molette *f* (de coupe); **~stahl** *m Werkzeug* outil *m* de coupe; **~ˌwaren** *f/pl. coll.* coutellerie *f*; instruments tranchants; **~warenindusˌtrie** *f* coutellerie *f*; **~werk** *n techn., e-r Maschine* dispositif *m* de découpage; *e-r Mähmaschine* faucheuse *f*; **~ˌwinkel** angle *m* de coupe; **~ˌzange** *f* pince coupante.

schneien [ˈʃnaɪən] **I** *v/imp.* ⟨h⟩ neiger; es schneit il neige; il tombe de la neige; es schneit in dicken Flocken il neige à gros flocons; es hat aufgehört zu ~ la neige a cessé; es wird ~ il va neiger; nous aurons de la neige; **II** *v/i.* ⟨sein⟩ F *fig.* j-m ins Haus ~ arriver à l'improviste chez qn.

Schneise [ˈʃnaɪzə] *f* ⟨~; ~n⟩ (*Wald2*) laie *f*; *kleinere* layon *m*; (*Durchhau*) percée *f*; tranchée *f*; *gegen Waldbrand* coupe-feu *m*; *aviat.* (*Flug2*) couloir aérien; **~nbeˌgrenzung** *f aviat.* bords *m/pl.* de l'axe d'atterrissage.

schneiteln [ˈʃnaɪtəln] *v/t.* ⟨-(e)le, h⟩ *Forstwesen, Bäume* (*ausschneiden*) émonder; élaguer.

schnell [ʃnɛl] **1.** *adj. Bewegung, Strömung, Pferd etc.* (*rasch*) rapide; *Erwiderung, Maßnahme* prompt; *im Handeln* (*fix*) expéditif, -ive; leste; diligent; ~en Schrittes d'un pas rapide; à grands pas; d'un grand pas; e-e ~e Auffassungsgabe haben avoir l'esprit prompt; avoir une compréhension facile; von ~em Entschluß prompt à se décider; ~e Bedienung service rapide; ~er Puls(schlag) pouls précipité, rapide, accéléré; *milit.* ~e Truppen unités mobiles; in ~er Folge à une succession rapide, précipitée; im ~sten Tempo à vive allure; à toute vitesse; F à fond de train; *Waren* ~en Absatz finden se vendre rapidement; ~ wie der Blitz prompt comme l'éclair; *Flugzeug etc.* ~er als der Schall supersonique; mit ~em Blick d'un coup d'œil; **2.** *adv.* (*rasch*) rapidement; vite; promptement; avec célérité; en vitesse; ~ gehen, fahren marcher, rouler vite, bon train; ~er gehen doubler, allonger le pas; etw. ~ erledigen mener qc. rondement, d'une façon expéditive; etw. ~ erledigt haben avoir vite fait qc.; ~ handeln agir avec célérité, prestement, sans délai, sans retard; ~ machen se dépêcher; zu ~ urteilen juger inconsidérément; ~ u. tüchtig arbeiten abattre de la besogne; so ~ wie möglich, so ~ die Füße tragen, auf dem ~sten Wege, möglichst ~, ~stens aussi vite que possible; au plus vite; le plus vite possible; en vitesse; ~! allons, vite!; dépêchez-vous! (dépêche-toi!); F dare-dare!; ~er! plus vite que ça!; nicht so ~! doucement!; piano!; F minute, papillon!; aber ~! P grouille-toi!; et que ça saute!; **2...** *in Zssgn. meist* rapide; à grande vitesse; **2(ˌl)ader** *m für Fördermaschinen* chargeur *m* automatique; **2(l)adeverˌschluß** *m milit.* culasse *f* à manœuvre rapide; **2(ˌl)aster** *m* camion *m* rapide, à vitesse élevée; **2(l)auf** *m Sport* course *f* de vitesse; **~(ˌl)aufend** *adjt.* à grande vitesse; à marche rapide; **2(ˌl)äufer** *m techn.* machine *f* (à marche) rapide, à grande vitesse; *Motor* moteur *m* à 'haut régime; *impr., Presse* presse *f* ultra-rapide; *Weberei* métier *m* à marche rapide; **2ˌausbildung** *f* formation professionnelle accélérée; *milit.* formation accélérée; **2ˌauslöser** *m techn.* déclencheur *m* à réaction instantanée; **2ˌausschalter** *m élect.* disjoncteur *m* ultra-rapide; **2bahn** *f chem.* ligne *f* électrique à grande vitesse; **2ˌbauweise** *f bât.* construction *f* en éléments préfabriqués; **2ˌbinder** *m bât.* ciment *m* rapide; **2ˌbleiche** *f text.* blanchissage *m* chimique; **2boot** *n* (*abr.* S-Boot) *milit.* vedette *f* lance-torpilles; *der Wasserpolizei auf Flüssen* vedette *f* rapide; **2ˌdampfer** *m* paquebot *m* extra-rapide; bateau *m* express; **2dienst** *m* service *m* rapide; **2drehˌstahl** *m techn.* acier *m* (à coupe) rapide.

Schnell|e [ˈʃnɛlə] *f* ⟨~⟩ *cf.* Schnelligkeit; **2(ˌl)ebig** *adj.* unsere ~e Zeit notre temps à la vie enfiévrée.

schnellen [ˈʃnɛlən] **I** *v/t.* ⟨h⟩ **1.** *Stein, Pfeil* lancer; faire partir; *Pfeil auch* décocher; **2.** F (*betrügen*) *cf.* prellen I; **II** *v/i.* **3.** ⟨sein⟩ (*fort~*) partir en vitesse, F en trombe; in die Höhe ~ *Ball* rebondir; faire un bond (*auch e-e Person von einem Sitz*); *Preise* 'hausser, monter rapidement; augmenter de façon vertigineuse; *gespannt gewesene Feder* se débander; se détendre; partir; se déclencher; *Schnappdeckel etc.* faire ressort; bondir; ~ lassen lâcher; **4.** mit dem Finger ~ (*knipsen*) claquer des doigts. [Pralltriller.]

Schneller [ˈʃnɛlər] *m* ⟨~s; ~⟩ *mus. cf.*

Schnell|feuer [ˈʃnɛlˌfɔʏər] *n milit.* feu *m* rapide; tir accéléré; tir *m* (à cadence) rapide; **~feuerartilleˌrie** *f milit.* artillerie *f* à tir rapide; **~feuergeˌschütz** *n milit.* pièce *f* (d'artillerie), canon *m* à tir rapide; canon *m* T.R. (tir rapide); **~feuergeˌwehr** *n milit.* fusil *m* à tir rapide; **~feuerpisˌtole** *f milit.* pistolet *m* à tir rapide; **~feuerˌwaffe** *f milit.* arme *f* à tir rapide; **2ˌfüßig** *adj.* léger, -ère à la course; agile; au pied léger; **~ˌfüßigˌkeit** *f* ⟨~⟩ légèreté *f* à la course; agilité *f*; **~ˌgalgen** *m hist.* estrapade *f*; **~gang** *m techn.* marche *f*, course *f*, avance *f* rapide; *Auto* vitesse surmultipliée; **~ganggeˌtriebe** *n Auto* surmultiplicateur *m*; boîte *f* de vitesse surmultipliée; **~ˌgaststätte** *f* restaurant *m* à service rapide; **~geˌricht** *n jur.* tribunal *m* sommaire; *in Paris* petit parquet; **~ˌhefter** *m* chemise *f*, classeur *m*, dossier *m* à languettes métalliques.

Schnelligkeit [ˈʃnɛlɪçˌkaɪt] *f* ⟨~⟩ vitesse *f*; rapidité *f*; célérité *f*; *im Handeln* promptitude *f*; diligence *f*; *des Pulsschlages* fréquence *f*; **~sreˌkord** *m* record *m* de vitesse.

Schnell|imbiß [ˈʃnɛlˌʔɪmbɪs] *m* casse-croûte *m*; **~imbißˌhalle** *f* snack-bar *m*; **~ˌkäfer** *m/pl. zo.* taupins *m/pl.*; *sc.* élaters [-ɛːr] *m/pl.*; élatéridés *m/pl.*; **~ˌkocher** *m* réchaud *m* à chauffage rapide; **~ˌkochplatte** *f* plaque *f* à chauffage rapide; **~ˌkochtopf** *m* autocuiseur *m*; super-cocotte *f*; cocotte *f* à pression; cocotte-minute *f*; **~kraft** *f* ⟨~⟩ élasticité *f*; ressort *m*; ~ haben faire ressort; **~ˌkupplung** *f* accouplement *m* rapide; **~ˌkursus** *m* cours accéléré; **~ˌmaler** *m* peintre *m*, portraitiste *m* à la minute; **~paˌket** *n* colis postal express; **~photoˌgraph** *m* photographe ambulant; **~ˌpresse** *f impr.* presse *f* rapide, mécanique; *cf. auch* Schnelläufer; **~ˌreinigung** *f* nettoyage *m* express; **~ˌrichter** *m jur.* juge *m* d'un tribunal sommaire; **~ˌschreiber** *m Funkwesen* transmetteur *m*, téléscripteur *m* à grande vitesse; tachygraphe *m*; **~schritt** *m* pas redoublé, accéléré; **~schuß** *m impr.* coup *m* de feu; **~ˌsegler** *m* fin voilier; racer [resœːr] *m*; **~stahl** *m cf.* Schnelldrehstahl.

schnellst|ens [ˈʃnɛlstəns] *adv. cf.* schnell 2.; **~ˈmöglich** *adj.* ... le (la) plus rapide possible.

Schnell|straße [ˈʃnɛlˌʃtraːsə] *f* route *f* à trafic accéléré; voie *f* de dégagement; **~ˌtriebwagen** *m chem.* automotrice *f*, autorail *m* (pour service) rapide; micheline *f*; **2ˌtrocknend** *adjt. chim.* siccatif, -ive; **~verˌfahren** *n jur.* procédure *f* sommaire, accélérée; *techn.* procédé *m*, méthode *f* rapide; **~verˌkehr** *m chem.* trafic *m*, service *m* rapide; *auf der Straße* trafic *m* rapide; *tél.* service *m* sans délai; **~verˌschluß** *m* fermeture *f* rapide; **~ˌwaage** *f* balance *f* romaine, automatique; **2ˌwüchsig** *adj. bot.* de croissance rapide; **~ˌwüchsigˌkeit** *f* ⟨~⟩ *bot.* croissance *f* rapide; **~ˌzeichner** *m* dessinateur *m* à la minute; **~zug** *m chem.* (train *m*) rapide *m*, express *m*; direct *m*; **~zuglokomoˌtive** *f chem.* locomotive *f* de *od.* pour trains rapides, à grande vitesse; **~zugˌwagen** *m chem.* wagon *m*, voiture *f* de (train) rapide; **~zugˌzuschlag** *m chem.* supplément *m*, surtaxe *f* pour trains rapides; **~ˌzündung** *f* allumage *m* rapide.

Schnepfe [ˈʃnɛpfə] *f* ⟨~; ~n⟩ *zo.* bécasse *f*; *junge* bécasseau *m*; **~nˌjagd** *f* chasse *f* à la bécasse; **~nˌstrauße** *m/pl. zo.* aptérygidés *m/pl.*; **~nˌstrich** *m* ⟨~(e)s⟩, **~nˌzug** *m* passe *f*, passage *m* de bécasses; volée *f* de bécasses.

Schnepper [ˈʃnɛpər] *m* ⟨~s; ~⟩ *cf.* Schnäpper.

schneuzen [ˈʃnɔʏtsən] **I** *v/t.* ⟨-(es)t, h⟩ *e-e Kerze* moucher; **II** *v/réfl.* sich ~ se moucher.

Schnickschnack [ˈʃnɪkʃnak] F *m* ⟨~(e)s⟩ **1.** *cf.* (dummer) Schnack; **2.** *modischer* (*Flitterkram*) brimborion *m*; broutilles *f/pl.*; F bricoles *f/pl.*; babioles *f/pl.*

schniegeln [ˈʃniːgəln] *v/réfl.* ⟨-(e)le, h⟩ sich ~ s'habiller avec un soin minutieux; se pomponner; se bichonner; s'attifer; F geschniegelt u. gebügelt tiré à quatre épingles.

Schniepel [ˈʃniːpəl] F *m* ⟨~s; ~⟩ *cf.* Frack, Geck.

schnipp [ʃnɪp] *int.* ~, schnapp! clic, clac!

Schnippchen [ˈʃnɪpçən] *n* ⟨~s; ~⟩ F j-m ein ~ **schlagen** jouer un tour à qn.; faire la nique à qn.; berner qn.
Schnippel [ˈʃnɪpəl] F *m od. n* ⟨~s; ~⟩ petit morceau; rognure *f*; brin *m*; *von Stoff, Papier auch* découpure *f*; **2n** F *v/t.* ⟨-(e)le, h⟩ (dé)couper, tailler en petits morceaux; (dé)couper finement; déchiqueter.
schnippen [ˈʃnɪpən] **I** *v/t.* ⟨h⟩ (*schnellen*) envoyer par une pichenette; **II** *v/i.* **mit dem Finger** ~ *cf.* **schnellen** II, 4.
schnippisch [ˈʃnɪpɪʃ] **1.** *adj.* (*keck*) insolent; mutin; (*höhnisch, herausfordernd*) à l'air pincé; dédaigneux, -euse; agaçant; *péj.* **ein ~es Ding** une pimbêche, péronnelle; une mijaurée à l'air pincé; **2.** *adv.* ~ **antworten** répondre d'une façon laconique et insolente.
Schnipsel [ˈʃnɪpsəl] F *m od. n* ⟨~s; ~⟩ *cf.* Schnippel; **2n** F *v/t.* ⟨-(e)le, h⟩ *cf.* **schnippeln.**
schnipsen [ˈʃnɪpsən] *v/t. u. v/i.* ⟨-(es)t, h⟩ *cf.* **schnippen.**
Schnirkelschnecke [ˈʃnɪrkəlˌʃnɛkə] *f zo.* hélice *f*; hélix *m*.
schnitt [ʃnɪt] *cf.* **schneiden.**
Schnitt [ʃnɪt] *m* ⟨~(e)s; ~e⟩ **1.** (*einmaliges Schneiden*) coupe *f*; *nach e-r bestimmten Form* (*Zu2*) taille *f* (*auch für Bäume, Sträucher, beim Holz- od. Linolschnitt*); *chir.*, *ins Fleisch* incision *f*; *e-s Films* découpage *m*; montage *m*; *bei der Heuernte* coupe *f*; **sauberer** ~ coupe nette; *math.* **der Goldene** ~ le partage, la division d'une ligne en moyenne et extrême raison; **ein** ~ **mit der Schere** un coup de ciseaux; F *fig.* **e-n** ~ **bei etw. machen** faire de forts, de gros bénéfices sur qc.; *abs.* **e-n** ~ **machen** faire une bonne affaire; **2.** (*Schnittwunde*) coupure *f*; taillade *f*; *tiefer* entaille *f*; **3.** (*Ein2*) incision *f*; (*Kerbe*) entaille *f*; (en)coche *f*; **4.** *cout.* (*Form, Machart*) coupe *f*; façon *f*; *par ext.* (*Schnittmuster*) patron *m*; modèle *m*; *Kleid* **e-n schönen** ~ **haben** avoir une belle coupe; **nach dem neuesten** ~ à la dernière mode; **5.** *des Gesichts* forme *f*; modelé *m*; lignes *f/pl.*; dessin *m* des traits; *der Augen* forme *f*; coupe *f*; *der Nase auch* profil *m*; **6.** *e-s Buches* tranche *f*; **7.** *math. cf.* Schnittpunkt; **im** ~ (*Durchschnitt*) en moyenne; **8.** (*Darstellung e-s Gegenstandes in der Ebene*) coupe *f*; section *f*; *cf. auch* Längsschnitt, Querschnitt; **9.** (*in Holz oder Linoleum geschnittene Arbeit*) gravure *f*; *cf. auch* Holzschnitt, Linolschnitt.
Schnitt|ball [ˈʃnɪtbal] *m Tennis* balle coupée; **~bild** *n* vue *f* en coupe; **~ˌblumen** *f/pl.* fleurs coupées, à couper; **~ˌbohnen** *f/pl.* 'haricots verts coupés; **~ˌbrenner** *m für Gas* bec fendu; **~ˌbreite** *f e-r Säge* largeur *f* du trait.
Schnitte [ˈʃnɪtə] *f* ⟨~; ~n⟩ tranche *f*; *dünne* lèche *f*; *bestrichene* tartine *f*.
Schnitt|ebene [ˈʃnɪtˌʔeːbənə] *f math.* plan *m* d'intersection; **~entˌbindung** *f chir. cf.* Kaiserschnitt; **~er(in)** *m* ⟨~s; ~⟩ (*f*) ⟨~; ~nen⟩ faucheur, -euse *m, f*; (*Erntearbeiter*) moissonneur, -euse *m, f*; **~ˌfläche** *f* (surface *f*, plan *m* de la) section *f*; coupe *f*; tranche *f*; **~ˌfuge** *f e-r Säge* trait *m*; **~geˌschwindigkeit** *f techn.* vitesse *f* de coupe; **~grün** *n für Sträuße, Tafelschmuck etc.* verdure *f*; **2ˌhaltig** *adj. techn.* à tenue de coupe; résistant à l'usure; **~ˌhöhe** *f e-r Säge* 'hauteur *f* du trait; **~holz** *n* bois *m* de sciage; sciages *m/pl.*
schnittig [ˈʃnɪtɪç] *adj.* à lignes élégantes; de bonne coupe; *Auto, Boot etc. auch* racé; aérodynamique.
Schnitt|kante [ˈʃnɪtˌkantə] *f* arête vive; **~ˌlänge** *f* longueur *f* de coupe; **~lauch** *m* ⟨~(e)s⟩ *bot.* civette *f*; ciboule(tte) *f*; cive *f*; **~ˌleistung** *f techn.* rendement *m* de coupe; **~ling** *m* ⟨~s; ~e⟩ **1.** *bot. cf.* **~lauch**; **2.** *jard., arb.* (*Steckling*) bouture *f*; *vit.* crossette *f*; **3.** *zo.* animal châtré, castré; **~ˌlinie** *f math.* ligne *f* d'intersection; *techn.* ligne *f* de coupe; **~maˌtrize** *f techn.* matrice *f* (à découper); **~ˌmeister** *m Film* monteur *m*; *cf. auch* Cutter 1.; **~moˌdell** *n* modèle *m* en coupe; **~ˌmuster** *n cout.* patron *m*; **~musterˌbogen** *m* planche-patron *f*; **~punkt** *m* (point *m* de) croisement *m*; *fig.* carrefour *m*; *math.* (point *m* d')intersection *f*; **2reif** *adj. Getreide* bon, -nne à couper; **~saˌlat** *m bot.* laitue *f* à couper; **~ˌstempel** *m* poinçon *m* à découper; **~ˌwaren** *f/pl. coll.* tissus *m/pl.*; draps *m/pl.*; étoffes *f/pl.*; **~warengeˌschäft** *n* magasin *m* de tissus, de draps, d'étoffes; **~warenˌhändler(in)** *m* (*f*) drapier, -ère *m, f*; marchand, -e *m, f* de tissus, de draps, d'étoffes; **~ˌwinkel** *m techn.* angle *m* de coupe; *math.* angle *m* d'intersection; **~ˌwunde** *f cf.* Schnitt 2.; **~ˌzeichnung** *f* dessin *m* en coupe.
Schnitz|arbeit [ˈʃnɪtsˌʔarbaɪt] *f cf.* Schnitzerei; **~bank** *f* ⟨~; ~e⟩ *des Böttchers, Stellmachers* chevalet *m*; selle *f*; **~bild** *n* image sculptée sur bois.
Schnitzel [ˈʃnɪtsəl] *n* ⟨~s; ~⟩ **1.** *cuis.* escalope *f*; **Wiener** ~ escalope (à la) Viennoise; **2.** (*Rüben2*) cossette *f*; **3.** F *auch m* ⟨~s; ~⟩ *cf.* Schnippel; **~ˌjagd** *f* rallie-papier *od.* rallye-paper *m*; **~maˌschine** *f für Rübenschnitzel* machine *f* à couper les betteraves (sucrières); **~ˌmesser** *n cf.* Schnitzermesser; **2n I** *v/t.* ⟨-(e)le, h⟩ (dé)couper finement; (dé)couper, tailler en petits morceaux; déchiqueter; **II ~n** *n* ⟨~s⟩ découpure *f*; découpage *m*; *néol.* déchiquetage *m*.
schnitz|en [ˈʃnɪtsən] *v/t.* ⟨-(es)t, h⟩ sculpter (in Holz sur bois); *fig.* **er ist aus anderem Holz geschnitzt** il est taillé dans un, fait d'un autre bois; **2er** *m* ⟨~s; ~⟩ **1.** (*Holz2*) sculpteur *m* sur bois; **2.** *in vielen Handwerken* (*Messer*) couteau *m*; coupoir *m*; **3.** F (*Fehler*) faute *f*; bévue *f*; F gaffe *f*; boulette *f*; blague *f*; *in der Sprache, Grammatik* lapsus [-s] *m*; solécisme *m*; faute *f* de grammaire; F bourde *f*; **e-n** ~ **machen** commettre une erreur, une bévue; faire un pas de clerc; faire une faute, F une gaffe, une boulette; *in der Grammatik* pécher contre la grammaire; donner une entorse à la grammaire; faire un solécisme; **2eˈrei** *f* ⟨~; ~en⟩ (*Schnitzkunst*) sculpture *f* sur bois; (*Holzbildwerk*) *auch* ouvrage sculpté sur bois; **2erˌmesser** *n cuis.* couteau *m* de cuisine; **2kunst** *f cf.* 2erei; **2ˌmesser** *n* couteau *m* à sculpter, à tailler; **2ˌschule** *f* école *f* de sculpteurs sur bois; **2werk** *n coll.* sculptures *f/pl.* sur bois; *einzelnes cf.* 2erei.
schnodd(e)rig [ˈʃnɔd(ə)ˌrɪç] F *adj.* (*unverschämt*) insolent; impertinent; impudent; F qui a du toupet, de l'aplomb, P du culot, de l'estomac; (*großsprecherisch*) fort en gueule; plein de jactance, de forfanterie; **2ˌkeit** F *f* ⟨~⟩ insolence *f*; impertinence *f*; impudence *f*; F toupet *m*; aplomb *m*; P culot *m*; (*Prahlerei*) jactance *f*; forfanterie *f*.
schnöd|e [ˈʃnøːdə] **1.** *adj.* (*verächtlich*) méprisable; (*gemein*) bas, -sse; vil; (*schändlich*) indigne; **~r Undank** noire ingratitude; **~r Gewinn** profit vil et indigne; **~r Mammon** vil argent; **~r Geiz** avarice sordide; ~ **Selbstsucht** égoïsme méprisable; **~r Verrat** trahison infâme, odieuse; **2.** *adv.* **j-n** ~ **behandeln** traiter qn. de façon indigne, avec dédain, avec mépris; vilipender qn.; **2igˌkeit** *f* ⟨~⟩ bassesse *f*; vilenie *f*; indignité *f*.
Schnorchel [ˈʃnɔrçəl] *m* ⟨~s; ~⟩ *U-Boot* schnorkel *od.* schnorchel *m*; *Sporttauchen* tuba *m*.
Schnörkel [ˈʃnœrkəl] *m* ⟨~s; ~⟩ ornement *m* baroque, en forme de spirale; *bât. auch* volute *f*; enroulement *m*; entrelacs *m/pl.*; *beim Schreiben* crochet *m*; fioriture *f* (*auch Stil, mus.*); enjolivure *f*; entrelacs *m/pl.*; *an der Unterschrift* paraphe *od.* parafe *m* (*auch* F *für Unterschrift*); **~ei** [-ˈlaɪ] F *f coll. péj.* fioritures *f/pl.*; **2ˌhaft, 2ig** *adj.* plein, chargé de fioritures; baroque; contourné; **~ˌkram** F *m péj. cf.* **~ei**; **2n** *v/i.* ⟨-(e)le, h⟩ *beim Schreiben* faire des crochets; **~ˌschrift** *f* écriture ornée.
schnorr|en [ˈʃnɔrən] F *v/t.* ⟨h⟩ (*betteln*) mendier; quémander; F mendigoter; *Geld* F soutirer; *e-e Vorlesung etc.* resquiller; **2er** F *m* ⟨~s; ~⟩ mendiant *m*; quémandeur *m*; F mendigot *m*; P pilon *m*; tapeur *m*; *e-r Vorlesung etc.* resquilleur *m*; *cf. auch* Landstreicher.
Schnösel [ˈʃnøːzəl] *m* ⟨~s; ~⟩ **1.** perle *f* d'ambre jaune; **2.** F jeune homme arrogant, impertinent, insolent; goujat *m*; malotru *m*; **eingebildeter** ~ fat *m*; poseur *m*; présomptueux *m*; F freluquet *m*; gommeux *m*; outrecuidant *m*.
Schnucke [ˈʃnʊkə] *f* ⟨~; ~n⟩ (espèce *f* de) mouton *m* (de petite taille).
Schnuckelchen [ˈʃnʊkəlçən] *n* ⟨~s; ~⟩ F **mein** ~ F mon petit lapin; mon coco; mon mignon.
schnudd(e)lig [ˈʃnʊd(ə)ˌlɪç] *adj.* F *cf.* schmuddelig.
Schnüffel|ei [ˌʃnʏfəˈlaɪ] *f* ⟨~; ~en⟩ *cf.* 2n II, 4.; **2n I** *v/i.* ⟨-(e)le, h⟩ **1.** renifler; *Hund* flairer; **2.** F *fig.* (*herumspionieren*) épier; espionner; F fouiner; fureter; fourrer son nez partout; renifler; **II ~n** *n* ⟨~s⟩ **3.** reniflement *m*; P reniflerie *f*; **4.** *fig.* espionnage *m*.
Schnüffler(in) [ˈʃnʏflər(ɪn)] *m* ⟨~s; ~⟩ (*f*) ⟨~; ~nen⟩ **1.** espion, -nne *m, f*; F fouine *f*; fureteur, -euse *m, f*; P fouineur, -euse *m, f*; fouinard, -e *m, f*; renifleur, -euse *m, f*; **2.** *nur m techn.*, *e-s Lecksuchgerätes* renifleur *m*.
Schnuller [ˈʃnʊlər] *m* ⟨~s; ~⟩ sucette *f*; *an der Milchflasche* tétine *f*.
Schnulze [ˈʃnʊltsə] F *f* ⟨~; ~n⟩ film *m*, pièce *f* (de théâtre), chanson *f* très sentimental(e); **~nˌsänger(in)** F *m* (*f*) chanteur, -euse *m, f* de charme.
schnupfen [ˈʃnʊpfən] **I** *v/t.* ⟨h⟩ *Tabak* prendre, renifler une prise (de tabac); priser; **II** *v/i. mines, ein Lager* être épuisé; **III** 2 *n* ⟨~s⟩ *verbal*; **sich das** ~ **angewöhnen** s'habituer à priser.
Schnupfen [ˈʃnʊpfən] *m* ⟨~s; ~⟩ *méd.* rhume *m* de cerveau; *sc.* coryza *m*; **chronischer** ~ (*Stock2*) enchifrènement *m*; **e-n** ~ **haben** être enrhumé; **e-n** ~ **bekommen,** F **sich e-n** ~ **holen** s'enrhumer; prendre, F attraper, P choper, chiper un rhume; F **e-n dollen** ~ **haben** F avoir un rhume carabiné; **~ˌmittel** *n phm.* remède *m* contre le rhume.
Schnupf|er(in) [ˈʃnʊpfər(ɪn)] *m* ⟨~s; ~⟩ (*f*) ⟨~; ~nen⟩ priseur, -euse *m, f*;

~,tabak *m* tabac *m* à priser; **~tabak(s),dose** *f* tabatière *f*; **~tuch** *n* mouchoir *m*.
schnuppe ['ʃnupə] *adj.* F **das ist mir ~** cela m'est égal; je m'en moque; F cela ne me fait ni chaud ni froid; P je m'en fiche (comme de ma première culotte); je m'en fous; je m'en bats l'œil; je m'en balance; je m'en moque comme de l'an quarante; **das ist mir völlig ~** F je m'en fiche pas mal.
Schnuppe ['ʃnupə] *f* ⟨~; ~n⟩ *e-r Kerze* mouchure *f* (de chandelle).
schnuppern ['ʃnupərn] *v/i.* ⟨-(e)re, h⟩ *cf.* schnüffeln 1.
Schnur [ʃnuːr] *f* ⟨~; ≈e⟩ corde *f*; *dünne* cordelette *f*; lacs [lɑ] *m*; (*Kordel*) cordon *m*; *dünne* cordonnet *m*; ganse *f*; *aus Seide, Gold-, Silberfäden* cordelière *f*; (*Bindfaden*) ficelle *f*; *zum Messen, Abstecken* cordeau *m*; *élect.* cordon *m*, fil *m* électrique; **Perlen an e-r ~ aufreihen** enfiler des perles; *fig.* **alles geht nach der ~** tout est réglé comme du papier à musique; *fig.* **über die ~ hauen** *cf.* **Strang (über die Stränge schlagen).**
Schnürband ['ʃnyːrbant] *n* ⟨~(e)s; ≈er⟩ lacet *m*; aiguillette *f*; cordon *m* de soulier.
Schnurbaum ['ʃnuːrbaum] *m arb.* cordon horizontal (simple, à deux bras).
Schnür|boden ['ʃnyːr,boːdən] *m thé.* cintre *m*; *Schiffbau* salle *f* des gabarits; **~chen** *n* ⟨~s; ~⟩ *fig.* **das geht wie am ~** F ça va comme sur des roulettes; **etw. wie am ~ können** savoir qc. sur le bout du doigt.
schnüren ['ʃnyːrən] **I** *v/t.* ⟨h⟩ lier, attacher, serrer avec un cordon; lacer; *mit e-m Bindfaden* ficeler; *fig.* **sein Bündel ~** partir; plier bagage; F faire son paquet; **II** *v/réfl. von Frauen* **sich ~** se lacer; se serrer la taille; porter un corset serré; se sangler; **III 2** *n* ⟨~s⟩ laçage *m*; ficelage *m*; sanglage *m*; *sonst verbal*.
schnurg(e)rade ['ʃnuːrgə'rɑːdə, -'grɑːdə] *adj. u. adv.* tiré, tracé au cordeau; tout droit; en droite ligne; *Bäume etc.* **in ~r Linie stehen** se trouver en ligne droite; être bien aligné.
Schnürhaken ['ʃnyːr,hɑːkən] *m* crochet *m* à lacer.
Schnurkeramik ['ʃnuːrke·,rɑːmɪk] *f* céramique lisérée.
Schnür|leib ['ʃnyːrlaɪp] *m*, **~,leibchen** *n* corset *m*; **~loch** *n* œillet *m*; **~,nadel** *f* passe-lacet *m*.
Schnurr|bart ['ʃnurbɑːrt] *m* moustache(s) *f* (*pl.*) (*auch von Tieren*); **~bart,binde** *f* relève-moustache *m*; **2,bärtig** *adj.* qui a des moustaches; F moustachu.
Schnurr|e ['ʃnurə] *f* ⟨~; ~n⟩ conte plaisant, drôle, drolatique; histoire *f* burlesque; (*Posse*) farce *f*; bouffonnerie *f*; facétie [-si] *f*; galéjade *f*; drôlerie *f*; (*Albernheit*) baliverne *f*; blague *f*; **2en I** *v/t.* ⟨h⟩ F (*betteln*) *cf.* **schnorren; II** *v/i. Spinnrad, Rad, Maschine* ronfler; bourdonner; *Katze* ronronner; faire ronron; F rouler sa brouette; **III ~en** *n* ⟨~s⟩ *e-s Spinnrades, Rades, e-r Maschine* ronflement *m*; bourdonnement *m*; *der Katze* ronronnement *m*; ronron *m*; **~er** *m* ⟨~s; ~⟩ F *cf.* **Schnorrer; ~,haare** *n/pl. von Tieren* moustache(s) *f*(*pl.*).
Schnürriemen ['ʃnyːr,riːmən] *m* lacet *m*.
schnurrig ['ʃnurɪç] *adj.* drôle; drolatique; bouffon, -nne; cocasse; **ein ~er Kauz** un drôle de type, d'homme; **2keit** *f* ⟨~⟩ drôlerie *f*; cocasserie *f*; burlesque *m*.
Schnurrolle ['ʃnuːr,rɔlə] *f* pelote *f* de ficelle.
Schnür|schuh ['ʃnyːrʃuː] *m* soulier *m* à lacets; **~,senkel** *m* lacet *m*; **~stich** *m cout.* point *m* de cordonnet; **~,stiefel** *m* brodequin *m*; bottine *f* à lacet; soulier montant à lacet.
schnurstracks ['ʃnuːr'ʃtraks] *adv.* tout droit; en droite ligne; (*sofort*) sur-le-champ; de ce pas; immédiatement; *litt.* incontinent.
Schnürung ['ʃnyːruŋ] *f* ⟨~; ~en⟩ *cf.* schnüren III; *Weberei* armure *f*.
schnurz [ʃnurts] *adj.* F **das ist mir ~** *cf.* schnuppe.
Schnute ['ʃnuːtə] *f* ⟨~; ~n⟩ F (*Schmollmund*) moue *f*; lippe *f*; **e-e ~ ziehen** bouder; faire la moue; F faire grise mine; *bes. Kinder* faire la lippe; P faire la gueule.
schob [ʃoːp] *cf.* schieben.
Schober ['ʃoːbər] *m* ⟨~s; ~⟩ *agr.* monceau *m*; tas *m*; *von Heu* meule *f*.
Schock[1] [ʃɔk] *n* ⟨~(e)s; ~e *bzw.* 3 ~⟩ **1.** *Maßeinheit* soixantaine *f* (de); **ein halbes ~** une trentaine; **2.** (*Haufen*) un grand nombre (de); tas *m*; F kyrielle *f*; ribambelle *f*; P tapée *f*; flopée *f*; (*viel*) de nombreux, -euses; beaucoup de; **ein ~ Kinder** une ribambelle, flopée, *etc.* d'enfants; **ein ganzes ~ Neuigkeiten** F un tas de nouvelles.
Schock[2] [ʃɔk] *m* ⟨~(e)s; ~s⟩ choc *m* (*auch méd.*); **e-n ~ erleiden, bekommen** éprouver, subir un choc; **j-m e-n ~ versetzen** donner un choc à qn.
schockant [ʃɔ'kant] *adj.* (*anstößig*) choquant; scandaleux, -euse.
Schock|behandlung ['ʃɔkbə,handluŋ] *f méd. cf.* **Schocktherapie; 2en** *v/t.* ⟨h⟩ *méd.* (*mit künstlichem Schock behandeln*) appliquer une médication, une thérapeutique de choc (à qn.).
schockieren [ʃɔ'kiːrən] **I** *v/t.* ⟨*pas de ge-*, h⟩ choquer; scandaliser; offenser; blesser; outrager; **II** *v/i. mar.* se déséchouer.
Schockschwerenot ['ʃɔk,ʃveːrə'noːt] *int.* mille tonnerres!; sacrebleu!
Schocktherapie ['ʃɔkte·ra,piː] *f méd.* thérapeutique *f* de choc.
schockweise ['ʃɔk,vaɪzə] *adv.* par soixantaines; *par ext.* (*haufenweise*) par tas.
Schockwirkung ['ʃɔk,vɪrkuŋ] *f* effet *m* de choc.
schofel ['ʃoːfəl] F *adj.* ⟨-fl-⟩ misérable; méprisable; piètre; (*unfein*) pas poli; (*gemein*) ignoble; vil; bas, -sse; *in Geldsachen* (*kleinlich, geizig*) mesquin; ladre; F chiche; **ein schofler Kerl** un vil sujet; un triste sire; un piètre bonhomme, individu; **schofles Benehmen** vil comportement; comportement méprisable, ignoble.
schofelig ['ʃoːfə,lɪç] F *adj. cf.* schofel.
Schöffe ['ʃœfə] *m* ⟨~n; ~n⟩ *jur.* juré *m*; **die ~n** *pl.* les jurés; le jury; le corps des jurés; **e-n ~n ablehnen** récuser un juré; **~ sein** être du jury; **~n,amt** *n* fonction *f* de juré; **~n,bank** *f* ⟨~; ≈e⟩ banc *m* du jury; **~nge,richt** *n* tribunal *m* d'échevins; **~n,liste** *f* liste *f* des jurés.
Schofför [ʃɔ'føːr] *m* ⟨~s; ~e⟩ *cf.* Chauffeur.
schoflig ['ʃoːflɪç] F *adj. cf.* schofel.
Schokolade [ʃo·ko·'lɑːdə] *f* ⟨~; ~n⟩ chocolat *m* (*auch Trink2*); **gefüllte ~** chocolat fourré; **e-e Tafel ~** une tablette de chocolat.
schokoladen [ʃo·ko·'lɑːdən] *adj.* de chocolat; **~,braun** *adj. cf.* ~farben; **2,eis** *n* glace *f* au chocolat; **2fa,brik** *f* chocolaterie *f*; **2fabri,kant** *m* chocolatier *m*; **~,farben, ~,farbig** *adj.* (couleur) chocolat; **2fi,gur** *f* figurine *f* en chocolat; **2,guß** *m cuis.* revêtement *m*, enrobement *m* de chocolat; **2,plätzchen** *n* pastille *f* de chocolat; **2,pudding** *m cuis.* flan *m*, crème *f* au chocolat; **2,pulver** *n* chocolat *m* en poudre; **2,speise** *f cuis.* crème *f* au chocolat; **2,streusel** *n* chocolat pailleté, en granulés; **2,tafel** *f* tablette *f* de chocolat; **2,täfelchen** *n* carré *m* de chocolat; **2,tasse** *f* tasse *f* à chocolat; **2,torte** *f* tarte *f* au chocolat; **~über,zogen** *adjt.* revêtu de chocolat.
Scholar [ʃo·'lɑːr] *m* ⟨~en; ~en⟩ *hist.* écolier *m*; élève *m*; étudiant *m*.
Scholast|ik [ʃo·'lastɪk] *f* ⟨~⟩ *philos.* scolastique *f*; **~iker** *m* ⟨~s; ~⟩ scolastique *m*; **2isch** *adj.* scolastique.
Scholi|ast [ʃo·li·'ast] *m* ⟨~en; ~en⟩ *sc.* scoliaste *m*; **~e** ['ʃoː-] *f* ⟨~; ~n⟩, **~on** ['ʃoː-] *n* ⟨~s; -lien⟩ scolie *f*.
Scholl|e ['ʃɔlə] *f* ⟨~; ~n⟩ **1.** *agr.* (*Erd2*) motte *f*; glèbe *f* (*auch fig.*); *fig.* (*Heimatboden*) terroir *m*; **die ~n zerkleinern** émotter; *fig.* **mit der ~ verwachsen sein, an die ~ gebunden sein, an der ~ hängen** être attaché à la glèbe, au terroir, à la terre; **heimatliche ~** terre natale; **auf der eigenen ~ sitzen** être installé sur sa propre terre; **2.** (*Eis2*) glaçon *m*; **3.** *géol.* segment *m*; bloc *m*; **4.** *zo.* (*Goldbutt*) plie *f*; carrelet *m*; *pl.* **~n** *sc.* pleuronectidés *m/pl.*; **~en,brecher** *m agr.* brise-mottes *m*; émotteur *m*; émotteuse *f*; rouleau *m* brise-mottes; **2ig** *adj.* couvert de mottes; (formé) en mottes.
Schöllkraut ['ʃœlkraut] *n bot. cf.* Schellkraut.
Schollung ['ʃɔluŋ] *f* ⟨~⟩ formation *f* de mottes; mottage *m*.
schon [ʃoːn] *adv.* **1.** (*bereits, früher als erwartet*) déjà; **~ an** (*zeitlich*), **~ in** (*örtlich*) dès; **~ am Morgen** dès le matin; **~ morgen** dès demain; **~ heute** aujourd'hui même; **~ vor** dès avant; **~?** déjà?; **~ zurück?** déjà de retour?; **da kommt er ~!** tiens! le voilà qui arrive!; **da ist er ~ wieder!** F le revoilà encore!; **ich habe ihn ~ wieder auf dem Halse** je l'ai de nouveau à ma charge, sur les bras, sur le dos; **~ beim Eintreten ...** sitôt entré ...; dès l'entrée ...; **wie ~ gemeldet, berichtet, erwähnt** comme déjà relaté, dit, mentionné; **~ glaubte er gerettet zu sein, als ...** il se croyait déjà sauvé lorsque ...; **ich verstehe ~** j'ai déjà compris; **das kennen wir ~** on connaît (déjà) ça; c'est toujours la même chanson; **was gibt's denn ~ wieder?** qu'est-ce qu'il y a donc encore?; qu'y a-t-il donc encore?; **wenn er doch ~ käme!** je voudrais bien qu'il vienne!; si seulement il venait!; **2.** (*allein, nur*) **~ der Gedanke ist ...** la seule, la simple pensée, rien que la pensée que ... est ...; **~ der Gedanke daran macht mich schaudern** la pensée seule m'en fait frémir; rien que d'y penser, j'en frissonne; **~ bei ihrem Anblick wurde ihm leichter zumute** le fait seul de la voir a amélioré son état d'esprit; **~ dadurch allein (, daß ...)** par cela seul (que ...); **~ wegen, ~ weil** ne serait-ce que parce que ...; *bei folgendem*: ... *u. dann auch wegen, weil* d'abord pour ...; **3.** (*ohnehin*) sans cela; **das ist ~ teuer genug** c'est déjà assez cher sans cela; **4.** *einräumend* (*wohl, zwar*) **das ist ~ wahr, aber ...** c'est bien vrai, mais ...; **das wäre ihm ~ recht, aber ...** cela lui

conviendrait assez, mais ...; das ist mir ~ recht je le veux bien; soit; d'accord; das ist ~ möglich c'est fort possible; das wird ~ stimmen c'est probablement vrai; c'est sans doute vrai; ça doit être vrai; il se peut que ce soit vrai; F wenn ~, denn ~ eh bien! puisqu'il faut y aller, allons-y; eh bien! s'il le faut, soit *od.* allons-y; **5.** *tröstend* bien; er wird ~ kommen il viendra bien; il va venir; il finira bien par venir; ich werde dich ~ rufen, wenn es Zeit ist je t'appellerai quand il en sera temps; ich werde es ihm ~ sagen je ne manquerai pas de le lui dire; er wird mich ~ verstehen il me comprendra bien; ich will ihn ~ finden je saurai bien le trouver; ~ gut! c'est bon!; cela suffit!; ça va bien!; assez!; das wird ~ besser werden cela ira bientôt mieux; cela passera; u. wenn ~! qu'importe!; et pourquoi pas!; **6.** (*endlich*) nun rede doch ~! mais dis-le enfin!

schön [ʃøːn] **1.** *adj. von Gestalt, Ansehen etc.* beau (bel), belle; (*hübsch*) joli; (*prächtig*) magnifique; F chouette; *Leben, Zeiten* (*angenehm*) agréable; bon, -nne; *Gedanken, Worte* (*edel*) noble; *Alter, Summe* (*beträchtlich*) considérable; das ~e Geschlecht le beau sexe; die ~e Literatur les belles-lettres; die ~en Künste les beaux-arts; Philipp der ℒe Philippe le Bel; ~es Wetter beau temps; ~e Seele belle âme; *Wetter* wieder ~ werden se remettre au beau; e-e ~e Gelegenheit une bonne, belle occasion; ~er Tod belle mort; j-m ~e Augen machen flirter avec qn.; faire des yeux doux à qn.; in ~ster Harmonie dans la plus parfaite harmonie, entente; in ~ster Ordnung dans un ordre parfait; en bon ordre; j-n mit ~en Worten abspeisen payer qn. de mots; um ~e Worte nie verlegen sein n'être jamais à court de belles paroles; j-m ~e Worte geben flatter qn.; e-s ~en Morgens un beau matin; *in der Zukunft* F un de ces quatre matins; ein ~es Alter les meilleures années; le bel âge; la fleur de l'âge; (*hohes Alter*) un âge avancé; un bel âge; e-e ~e Summe une somme considérable; ein ~er Gewinn un gros gain, bénéfice; une bonne affaire; das hat ein ~es Stück Geld gekostet F cela a coûté pas mal d'argent; *iron.* e-e ~e Bescherung! une jolie affaire!; *iron.* e-e ~e Geschichte! une belle, jolie histoire!; *iron.* ~e Aussichten! belles perspectives!; *iron.* das sind mir ~e Sachen, man hört ~e Sachen von dir on en a entendu de belles sur ton compte, à ton sujet; F *iron.* ~ ist anders F ça n'est pas joli joli; *iron.* du bist mir ein ~er Freund! tu es vraiment un bon ami!; *iron.* das wird ja immer ~er! ça devient de plus en plus beau!; *iron.* das wäre ja noch ~er! ah, par exemple!; ce serait le comble, F le pompon, le bouquet, du propre!; *iron.* da sind wir ~ dran! nous voilà beaux, propres, bien lotis, dans de beaux draps!; alles recht gut u. ~, aber ... tout cela est bel et bon, mais ...; das ist ~ von Ihnen c'est bien à vous, de votre part; ~, daß Sie kommen c'est très bien, quel bonheur que vous soyez venu; ~(st)en Dank! grand merci!; je vous remercie bien, infiniment!; e-n ~en Gruß (von mir) an ... saluez bien ... (de ma part); mille salutations à ...; **2.** *adv.* bien; ~ schreiben écrire bien; ~ klingen sonner bien, agréablement; F ~ riechen sentir bon; F ~ schmecken être bon, -nne; avoir bon goût; ~ anzusehen sein être beau, belle à voir; sich ~ anfühlen être agréable au toucher; danke ~! merci bien!; merci beaucoup!; je vous remercie; bitte ~! je vous en prie!; sagen Sie mir, bitte ~, ... dites-moi, de grâce, ...; grüßen Sie ihn ~ von mir F dites-lui bien des choses de ma part; bedanke dich ~! dis merci!; remercie!; *iron.* da wirst du ~ ankommen! tu seras bien reçu!; etw. ~ bleiben lassen bien se garder de faire qc.; F immer ~ ruhig bleiben! F ne t'emballe pas!; ne vous emballez pas!; F er ist ~ dumm, daß er ... c'est vraiment bête qu'il ... (+ *subj.*); il est vraiment bête de ... (+ *inf.*); F *iron.* na, der sieht ~ aus il a bonne mine!; le voilà joli!; F er wird sich ~ wundern F il sera bien épaté; F er wird sich ~ erschrekken il aura une peur bleue; *als Antwort* ~! bien!; parfaitement!; d'accord!; sei ~ artig! sois bien sage!; bleib du ~ sitzen! reste tranquillement assis!

Schonbezug [ˈʃoːnbəˌtsuːk] *m* 'housse *f*.

Schöndruck [ˈʃøːndrʊk] *m* ⟨~(e)s; ~e⟩ *impr.* impression *f* du recto; **~ˌseite** *f impr.* belle page; recto *m*; page *f* impaire.

Schöne [ˈʃøːnə] *f* **1.** ⟨→ A⟩ (*schönes Mädchen*) belle *f*; F mit s-r ~n avec sa belle, sa bonne amie; **2.** ⟨~⟩ *poét.* (*Schönheit*) beauté *f*.

schonen [ˈʃoːnən] **I** *v/t.* ⟨h⟩ *Kräfte, Gesundheit, Gefühle, Personen, Sachen* (*schonend behandeln*) ménager; *Sachen auch* épargner; *Personen, j-s Leben* (*ver~*) épargner; j-n ~ *auch* traiter qn. avec ménagement; avoir des égards pour qn.; **II** *v/réfl.* sich ~ se ménager; prendre garde à sa santé; veiller à sa santé.

schönen [ˈʃøːnən] **I** *v/t.* ⟨h⟩ *Wein* (*klären*) clarifier; coller; *Farben* (r)aviver; faire revenir; **II** ℒ *n* ⟨~s⟩ *des Weins* clarification *f*; collage *m*; *der Farben* (r)avivage *m*.

schonend [ˈʃoːnənt] **1.** *adjt.* indulgent; mit ~en Worten en termes voilés, indulgents; auf möglichst ~e Weise avec tous les ménagements possibles; avec les plus grands ménagements; **2.** *advt.* avec ménagement(s); plein d'égards, de ménagement; j-m e-e Nachricht ~ beibringen annoncer à qn. une nouvelle avec ménagement; j-n ~ behandeln traiter qn. avec égards, avec ménagements; etw. ~ behandeln ménager qc.

Schoner[1] [ˈʃoːnər] *m* ⟨~s; ~⟩ (*Überzug*) revêtement protecteur; *für Möbel* 'housse *f*.

Schoner[2] [ˈʃoːnər] *m* ⟨~s; ~⟩ *mar.* schooner [ʃunɛːr] *m*; goélette *f*; **~ˌbrigg** *f mar.* brigantin *m*.

Schöne(s) [ˈʃøːnə(s)] *n* ⟨→ A⟩ das ~ le beau; das ~ an diesem Stück ... ce qu'il y a de beau dans cette pièce ...; *iron.* da haben Sie etw. ~s angerichtet! vous en avez fait de belles!; Sie werden etw. ~s von mir denken vous aurez une belle, bonne opinion de moi; *iron.* da werden Sie etw. ~s erleben vous allez voir qc.; F vous allez voir ce que vous allez voir.

schön|färben [ˈʃøːnˌfɛrbən] *fig. v/t.* ⟨*sép.*, -ge-, h⟩ représenter tout en beau; présenter tout sous un beau jour, sous un jour favorable; **ℒˌfärber** *m* celui qui peint tout en beau; **ℒfärbeˈrei** *fig. f* fausse idéalisation; **~geˌbaut** *adjt. Mensch* F bien bâti, constitué; **ℒgeist** *m* ⟨~es; ~er⟩ bel esprit; **ℒgeisteˈrei** *f* ⟨~⟩ culture *f* du bel esprit; prétention *f* au bel esprit; **~ˌgeistig** *adj.* artistico-littéraire; ~e Literatur belles-lettres.

Schönheit [ˈʃøːnhaɪt] *f* ⟨~; ~en⟩ beauté *f*; beau *m*; (*schöne Frau*) beauté *f*; belle femme; die ~en der Natur genießen jouir des beautés naturelles; *von e-r Frau* e-e kalte ~ un marbre; une (belle) statue; ~ der Arbeit embellissement des lieux de travail.

Schönheits|fehler [ˈʃøːnhaɪtsˌfeːlər] *m körperlicher, von Gegenständen* petit défaut *m*; défectuosité *f*; imperfection *f*; *nur von Gegenständen* vice *m*; *fig.* inélégance *f*; **~geˌfühl** *n* sentiment *m* du beau; goût *m*; **~ideˌal** *n* idéal *m* de la beauté; **~ˌkönigin** *f* reine *f* de beauté; **~konkuˌrrenz** *f* concours *m* de beauté; **~ˌmittel** *n* produit *m* de beauté; **~ˌpflästerchen** *n* mouche *f*; **~ˌpflege** *f* soins *m/pl.* esthétiques, de beauté; Salon für ~ *cf.* **~salon**; **~saˌlon** *m* salon *m*, institut *m* de beauté; **~ˌsinn** *m* ⟨~(e)s⟩ sens *m* esthétique; goût *m*, sens *m* du beau; **~ˌwettbewerb** *m cf.* **~konkurrenz**.

Schon|klima [ˈʃoːnˌkliːma] *n* climat *m* stable, tempéré; **~kost** *f méd.* régime *m*.

schön|machen [ˈʃøːnˌmaxən] **I** *v/i.* ⟨*sép.*, -ge-, h⟩ *Hund* faire le beau; **II** *v/réfl.* sich ~ se faire beau, belle; F se bichonner; se pomponner; **~ˌreden** *v/i.* ⟨-ete, *sép.*, -ge-, h⟩ flatter; flagorner; *cf. auch* **~tun**; **ℒˌredner(in)** *m* (*f*) beau parleur; belle parleuse; celui, celle qui aime les belles phrases; rhéteur *m*; (*Schmeichler*) flatteur, -euse *m, f*; flagorneur, -euse *m, f*; **ℒred(n)eˈrei** *f* ⟨~⟩ affectation *f* de beau langage; amour *m* des phrases; rhétorique *f*; (*Schmeichelei*) flatterie *f*; flagornerie *f*; **~ˌrednerisch** *adj.* de rhéteur; (*schmeichlerisch*) flatteur, -euse; flagorneur, -euse; **ℒschreibeˌkunst** *f*, **ℒˌschreiben** *n* calligraphie *f*; **~ˌschreiben** *v/i.* ⟨*irr.*, *sép.*, -ge-, h⟩ calligraphier; **ℒˌschreiber(in)** *m* (*f*) calligraphe *m, f*; **ℒschrift** *f* ⟨~⟩ belle écriture; **ℒˌtuer(in)** *m* ⟨~s; ~⟩ (*f*) ⟨~; ~nen⟩ galantin *m*; minaudier, -ère *m, f*; précieux, -euse *m, f*; (*Schmeichler*) flatteur, -euse *m, f*; flagorneur, -euse *m, f*; **ℒtueˈrei** *f* ⟨~; ~en⟩ (*Ziererei*) minauderies *f/pl.*; affectation *f*; afféterie *f*; manières recherchées, étudiées; (*Schmeichelei*) flatterie *f*; flagornerie *f*; **~tun** *v/i.* ⟨*irr.*, *sép.*, -ge-, h⟩ (*sich zieren*) être affecté, affété, plein d'affectation; (*schmeicheln*) flatter, flagorner (mit j-m qn.); cajoler (qn.); *mit e-r Frau* faire l'aimable, l'empressé (auprès de qn.); faire des grâces (à qn.); conter fleurette (à qn.).

Schonung [ˈʃoːnʊŋ] *f* ⟨~⟩ **1.** *für Personen, Sachen* ménagement(s) *m* (*pl.*); *nur für Personen* (*Rücksichtnahme*) égards *m/pl.*; (*Nachsicht*) indulgence *f*; (*Gnade*) grâce *f*; pitié *f*; Sie brauchen dringend ~ vous avez grand besoin de ménagement; mit ~ behandeln ménager; ohne ~ verfahren, vorgehen procéder sans ménagement; wenn er das getan hat, gibt es keine ~ s'il l'a fait, il n'y a pas de ménagement (à prendre), à le ménager; **2.** ⟨*pl.* ~en⟩ *Forstwirtschaft* (bois *m* de) réserve *f*; bois *m* en défens; (*Baumschule*) plant *m*; pépinière *f*.

Schönung [ˈʃøːnʊŋ] *f* ⟨~⟩ *cf.* schönen II.

schonungs|bedürftig [ˈʃoːnʊŋsbəˌdʏrftɪç] *adj.* qui a besoin de ménagements; **~ˌlos** *adj.* (*u. adv.*) sans ménagements, égards, indulgence, pitié; impitoyable(ment); *par ext. pfort.* dur(ement); brutal(ement); cruel, -lle(ment); 2ˌ**losigkeit** *f* ⟨~⟩ manque *m* de ménagement(s), d'indulgence; *par ext. pfort.* dureté *f*; brutalité *f*; cruauté *f*.

Schönungsmittel [ˈʃøːnʊŋsˌmɪtəl] *n* clarifiant *m*.

Schönwetterwolke [ˌʃøːnˈvɛtərˌvɔlkə] *f* nuage *m* de beau temps.

Schonzeit [ˈʃoːntsaɪt] *f ch.* temps prohibé; (durée *f* de la) fermeture *f*; es ist ~ la chasse est fermée, prohibée; Ende der ~ ouverture *f* de la chasse.

Schopf [ʃɔpf] *m* ⟨~(e)s; ⸗e⟩ (*Haar*2) toupet *m*; touffe *f* de cheveux; *wirrer* F tignasse *f*; *der Vögel* 'h(o)uppe *f*; *der Bäume* sommet *m*; cime *f*; j-n beim ~e packen saisir, attraper qn.; *fig.* die Gelegenheit beim ~e nehmen saisir l'occasion aux *od.* par les cheveux; saisir la balle au bond (*auch für* das Glück beim ~e fassen).

Schöpf|brunnen [ˈʃœpfˌbrʊnən] *m* puits *m*; ~ˌ**bütte** *f Papierherstellung* cuve *f* à ouvrer; ~ˌ**eimer** *m* seau *m* (à puiser); *e-s Schöpfrades* godet *m*; 2**en I** *v/t.* ⟨h⟩ puiser (aus dans *od.* à) (*auch Papierherstellung, fig.*); *aus e-m Brunnen auch* tirer (de); *aus e-m Brunnen* e-n Eimer Wasser ~ tirer un seau d'eau; leer ~ vider avec une écope, une puisette, *etc.*; das Wasser aus e-m Boot ~ épuiser l'eau d'une barque; écoper; (frische) Luft ~ prendre l'air; (tief) Atem ~ respirer (profondément); *fig.* wieder Luft ~ reprendre haleine; souffler; Verdacht ~ concevoir des soupçons; prendre ombrage; Mut ~ prendre courage; neue Hoffnung ~ reprendre espoir; *fig.* aus dem vollen ~ puiser à pleines mains; **II** *v/i. ch.* boire; **III** ~**en** *n* ⟨~s⟩ puisage *od.* puisement *m*.

Schöpfer [ˈʃœpfər] *m* ⟨~s; ~⟩ **1.** (*Schöpfgefäß*) puisette *f*; pucheux *m*; puisoir *m*; écope *f*; **2.** *ein Arbeiter bei der Papierherstellung* ouvreur *m*; **3.** (*Erschaffer*) créateur *m*; auteur *m*; (*Gott*) Créateur *m*; der allmächtige ~, der ~ aller Dinge le souverain créateur de toutes choses; ~ˌ**geist** *m* génie, esprit créateur; ~ˌ**hand** *f* main créatrice; ~**in** *f* ⟨~; ~nen⟩ créatrice *f*; auteur *m*; 2**isch 1.** *adj.* créateur, -trice; ~e Kraft puissance créatrice; ~e Leistung acte créateur; e-e ~e Pause einlegen marquer un temps d'arrêt; faire une pause; **2.** *adv.* ~ tätig sein déployer une activité créatrice; ~ˌ**kraft** *f* vertu, force créatrice; ~ˌ**macht** *f* puissance *f* du créateur.

Schöpf|gefäß [ˈʃœpfgəˌfɛːs] *n cf.* Schöpfer 1.; ~ˌ**kelle** *f*, ~ˌ**löffel** *m* louche *f*; F cuiller *f* à pot; ~**rad** *n zum Wasserheben* roue *f* à godets; noria *f*.

Schöpfung [ˈʃœpfʊŋ] *f* ⟨~⟩ *bibl.* création *f*; (*Welt*) monde *m*; univers *m*; création *f*; (*Werk*) création *f*; œuvre *f*; *iron.* die Herren der ~ les hommes; ~sˌ**akt** *m* acte créateur; ~**sbe**ˌ**richt** *m*, ~**sge**ˌ**schichte** *f bibl.* Genèse *f*; ~**s**ˌ**tag** *m* jour *m* de la création; ~sˌ**werk** *n* (œuvre *f* de la) création *f*.

Schöpfwerk [ˈʃœpfvɛrk] *n* station *f* de pompage; machine *f* hydraulique; *durch Windmühlen betrieben* éolienne *f*.

schoppen [ˈʃɔpən] **I** *v/t.* ⟨h⟩ *cout.* rendre bouffant; **II** *v/i.* être bouffant.

Schoppen [ˈʃɔpən] *m* ⟨~s; ~⟩ **1.** *Flüssigkeitsmaß* chopine *f*; demi-litre *m*; **2.** (*kleiner Trunk*) chope *f* (Bier de bière); P coup *m*; ~ˌ**wein** *m* vin ouvert; 2ˌ**weise** *adv.* par chopines.

Schöps [ʃœps] *m* ⟨~es; ~e⟩ *fig.* F (*Dummkopf*) imbécile *m*; nigaud *m*; benêt *m*; gourde *f*.

schor [ʃoːr] *cf.* scheren[1].

Schore [ˈʃoːrə] *f* ⟨~; ~n⟩ *charp.* étançon *m*.

Schorf [ʃɔrf] *m* ⟨~(e)s; ~e⟩ *méd.* escarre *od.* eschare *f*; croûte *f*; *bot.* tavelure *f*; *der Kartoffel* gale *f*; e-n ~ bilden escarrifier; 2ˌ**artig** *adj.* qui ressemble à une croûte; 2ˌ**bildend** *adjt. méd.* escarotique (*auch m* ~es Mittel); ~ˌ**bildung** *f méd.* escarrification *f*; 2**ig** *adj.* croûteux, -euse; couvert de croûtes.

Schörl [ʃœrl] *m* ⟨~(e)s; ~e⟩ *minéral.* schorl *m*.

Schorle [ˈʃɔrlə] *f* ⟨~; ~n⟩ *od. n* ⟨~s; ~s⟩, ~ˈ**morle** *f* ⟨~; ~n⟩ *od. n* ⟨~s; ~s⟩ vin *m* et eau *f* de Seltz.

Schornstein [ˈʃɔrnʃtaɪn] *m* cheminée *f*; *fig.* e-e Schuld in den ~ schreiben devoir renoncer à une dette; faire son deuil d'une dette; ~ˌ**aufsatz** *m* mitre *f* (de cheminée); ~ˌ**brand** *m* feu *m* de cheminée; ~ˌ**feger** *m* ⟨~s; ~⟩ ramoneur *m*; ~ˌ**kappe** *f cf.* ~aufsatz; ~ˌ**marke** *f e-s Schiffes* marque *f* de cheminée; ~ˌ**schaft** *m* corps *m* (de cheminée); ~**ver**ˌ**band** *m bât.* appareil *m* de conduit de fumée; ~ˌ**zug** *m* tirage *m* de cheminée.

Schose [ˈʃoːzə] F *f* ⟨~; ~n⟩ chose *f*; affaire *f* (désagréable).

schoß [ʃɔs] *cf.* schießen.

Schoß[1] [ʃɔs] *m* ⟨-sses; -sse⟩ *cf.* Schößling.

Schoß[2] [ʃoːs] *m* ⟨~es; ⸗e⟩ giron *m* (*auch fig.*); *par ext.* genoux *m/pl.*; (*Mutterleib*) sein *m* (*auch fig.*); *fig., der Erde* sein *m*; entrailles *f/pl.*; ventre *m*; (*Rock*2) pan *m*; basque *f* (d'habit); ein Kind auf den ~ nehmen prendre un enfant sur ses genoux; *fig.* im ~e der Familie au sein de la famille; im ~e der Kirche dans le giron, dans le sein de l'Église; *fig.* die Hände in den ~ legen se tenir, rester les bras croisés; F se tourner les pouces; wie in Abrahams ~ comme au paradis; *st. s.* das ruht noch im ~e der Zeit c'est encore dans l'avenir; im ~e des Glücks sitzen être l'enfant gâté, le favori de la fortune; *fig.* das ist ihm in den ~ gefallen cela lui est tombé du ciel.

Schößchen [ˈʃøːsçən] *n* ⟨~s; ~⟩ *cout., an e-m Frauenkleid* pan *m*; volant *m*.

Schoß|hund [ˈʃoːshʊnt] *m* chien *m* de dame; bichon, -nne *m, f*; ~**kind** *n* enfant gâté; mignon, -nne *m, f*; ~ˌ**länge** *f* longueur *f* des pans (de l'habit).

Schößling [ˈʃœslɪŋ] *m* ⟨~s; ~e⟩ *bot.* jet *m*; pousse *f*; scion *m*; *aus dem Stamm* rejeton *m*; *aus der Wurzel* drageon *m*; surgeon *m*; *der Reben* provin *m*.

Schot [ʃoːt] *f* ⟨~; ~e⟩, ~**e** *f* ⟨~; ~n⟩ *mar.* (*Segelleine*) écoute *f*.

Schote [ˈʃoːtə] *f* ⟨~; ~n⟩ *bot.* cosse *f*; gousse *f*; *sc.* silique *f*; *cuis.* ~n (*grüne Erbsen*) petits pois; 2**n**ˌ**artig**, 2**n**ˌ**förmig** *adj. sc.* siliqueux, -euse; ~**nge**ˌ**wächse** *n/pl. bot.* (plantes) siliqueuses *f/pl.*; légumineuses *f/pl.*; ~**n**ˌ**pfeffer** *m* paprika *m*.

Schott[1] [ʃɔt] *m* ⟨~s; ~s⟩ (*Salzsumpf*) chott *m*.

Schott[2] [ʃɔt] *n* ⟨~(e)s; ~e⟩, ~**e** *f* ⟨~; ~n⟩ *mar.* cloison *f* étanche; ~en dicht! fermez les portes étanches!

Schott|e [ˈʃɔtə] *m* ⟨~n; ~n⟩, ~**in** *f* ⟨~; ~nen⟩ Écossais, -e *m, f*.

Schotten [ˈʃɔtən] *m* ⟨~s; ~⟩ *text.* écossais *m*; ~ˌ**rock** *m* jupe écossaise.

Schotter [ˈʃɔtər] *m* ⟨~s; ~⟩ (*Geröll*) galets *m/pl.*; cailloux *m/pl.*; *Straßenbau* cailloutis *m*; pierraille *f*; *chem.* ballast *m*; ~ˌ**bett** *n cf.* ~ung; ~ˌ**decke** *f* surface caillouteé, empierrée; ~ˌ**lage** *f* couche *f* de cailloutis, *chem.* de ballast; 2**n I** *v/t.* ⟨-(e)re, h⟩ *Straße* mettre du cailloutis sur; caillouter; empierrer; *chem.* ballaster; **II** ~**n** *n* ⟨~s⟩ empierrement *m*; *chem.* ballastage *m*; ~ˌ**straße** *f* route empierrée; ~**te**ˌ**rrasse** *f géol.* terrasse *f* de galets; ~**ung** *f* ⟨~; ~en⟩ empierrement *m*; *chem.* ballast *m*.

schottisch [ˈʃɔtɪʃ] *adj.* écossais; d'Écosse; die ~e Sprache, das 2e la langue écossaise; l'écossais *m*; der 2(e) *Tanz* la scottish [-iʃ]; la danse écossaise; l'écossaise *f*.

Schottländer(in) [ˈʃɔtˌlɛndər(ɪn)] *m* ⟨~s; ~⟩ (*f*) ⟨~; ~nen⟩ *cf.* Schotte, Schottin.

schraffen [ˈʃrafən] **I** *v/t.* ⟨h⟩ *cf.* schraffieren; **II** 2 *f/pl. cf.* Schraffierung.

schraff|ieren [ʃraˈfiːrən] *v/t.* ⟨*pas de ge-*, h⟩ *Zeichnung, Kartographie* 'hacher; 'hachurer; faire des 'hachures; 2**ierung** *f* ⟨~⟩, 2**ur** *f* ⟨~; ~en⟩ 'hachure *f*.

schräg [ʃrɛːk] **1.** *adj.* oblique; biais; *Schrift etc.* incliné; ~e Linie biais *m*; oblique *m*; ~e Fläche biais *m*; ~e Kante biseau *m*; **2.** *adv.* obliquement; en oblique; de *od.* en biais; en diagonale; en écharpe; *Stoff* ~ schneiden couper dans le biais, en biais; ~ schleifen biseauter; ~ sägen débillarder; ~ über die Straße gehen traverser la rue en biais, en diagonale, obliquement; ~ (ver)laufen aller en biais; biaiser; ~ stellen mettre sur le côté; incliner; faire obliquer; *milit.* ~ beschießen écharper; 2ˌ**ansicht** *f* vue *f* oblique; 2ˌ**aufzug** *m* monte-charge *m* à plan incliné; 2ˌ**balken** *m Heraldik* bande *f*; 2**e** *f* ⟨~; ~n⟩ biais *m*; biseau *m*; 2ˌ**falte** *f cout.* pli biaisé; 2ˌ**fenster** *n* baie vitrée et inclinée; 2ˌ**fläche** *f* biais *m*; plan incliné; surface *f* oblique; 2ˌ**kante** *f* biseau *m*; chanfrein *m*; 2**kanten**ˌ**schnitt** *m techn.* coupe *f* en biais; ~ˌ**kantig** *adj.* biseauté; 2ˌ**lage** *f techn.* obliquité [-kɥite] *f*; inclinaison *f*; position inclinée, oblique; 2ˌ**lager** *n techn.* palier *m* oblique; 2**lager**ˌ**achse** *f* essieu *m* à palier oblique; ~ˌ**laufend** *adjt.* oblique; diagonal; 2ˌ**linie** *f cf.* schräg 1.; 2**maß** *n charp.* fausse équerre; 2**naht** *f cout.* couture *f* en biais; 2ˌ**sägen** *n charp.* débillardement *m*; 2**schliff** *m* biseautage *m*; 2**schnitt** *m* coupe *f* en biais, en diagonale; 2**schuß** *m milit.* tir *m* en écharpe; ~ˌ**stehend** *adjt. Augen* oblique; 2ˌ**streifen** *m cout.* biais *m*; 2**strich** *m* trait *m* de séparation; barre *f* de fraction; ~ˈ**über** *adv.* en diagonale; 2**ver**ˌ**zahnung** *f techn.* denture *f* oblique.

Schram [ʃraːm] *m* ⟨~(e)s; ⸗e⟩ *mines* 'havage *m*; entaille *f*.

schräm|en [ˈʃrɛːmən] **I** *v/t.* ⟨h⟩ *mines* 'haver; **II** 2**en** *n* ⟨~s⟩ 'havage *m*; 2**ma**ˌ**schine** *f mines* 'haveuse *f*.

Schramm|e [ˈʃramə] *f* ⟨~; ~n⟩ *in der Haut, auf e-m Gegenstand* éraflure *f*; légère écorchure; égratignure *f*; *auf Möbelstücken, Schallplatten, Filmen, Glas, Porzellan* raie *f*; rayure *f*; 2**en I** *v/t.* (*u. v/réfl.*) ⟨h⟩ (s')érafler; (s')égratigner; (s')écorcher un peu; *Möbel, Glas, Porzellan etc.* rayer; érafler;

II *v/i.* an etw. ~ rayer, érafler qc.; **2ig** *adj.* couvert d'éraflures, de rayures, *etc.*; tout éraflé, égratigné, rayé, *etc.*; **~stein** *m cf.* Prellstein.

Schrank [ʃraŋk] *m* ⟨~(e)s; ~e⟩ **1.** armoire *f*; (*Kleider2*) armoire *f* penderie; (*Küchen2*) placard *m*; (*Geschirr2*) buffet *m*; F *fig.* **nicht alle Tassen im ~ haben** P être toqué, maboul; **2.** *e-r Säge* voie *f*; **~bett** *n* lit-meuble *m*; lit *m* escamotable, «éclipse»; **~brett** *n* rayon *m*.

Schranke [ˈʃraŋkə] *f* ⟨~; ~n⟩ (*Eisenbahn2, Zoll2*) barrière *f* (*auch fig.*); *jur.* (*Gerichts2*) barre *f*; *e-r Reitbahn* lice *f*; *hist.* **~n** *pl.* (*Turnierplatz*) lice *f*; *fig.* (*Grenze*) borne *f*; limite *f*; frein *m*; (*Hemmnis*) entrave *f*; obstacle *m*; *chem.* **die ~n schließen, herablassen (öffnen, aufziehen)** baisser (lever) les barrières; **in die ~n fordern** *hist.* provoquer en champ clos; *fig.* défier; lancer un défi à; *fig.* **in die ~n treten** entrer en lice; descendre dans l'arène; *jur.* **vor die ~n fordern** mander à la barre; **e-r Sache ~n setzen** mettre des bornes, un frein, un terme à qc.; **in ~n halten** tenir dans les bornes; contenir; **j-n in s-e ~n weisen** remettre qn. à sa place; **sich ~n auferlegen** s'imposer des bornes; *fig.* **~n aufrichten** ériger des barrières; **sich über alle ~n hinwegsetzen** (dé)passer toutes les bornes; ne pas connaître de bornes; **der Wohltätigkeit sind keine ~n gesetzt** il n'y a pas de restrictions à la charité; la charité ne connaît pas de restrictions.

Schränk|eisen [ˈʃrɛŋkˌʔaɪzən] *n für e-e Säge* tourne-à-gauche *m* (pour scies); **~maˌschine** *f* machine *f* à donner de la voie (aux scies); **2en I** *v/t.* ⟨h⟩ *Arme* croiser; *Säge* donner (de) la voie à; avoyer; **II ~en** *n* ⟨~s⟩ *e-r Säge* avoyage *m*.

schrankenlos [ˈʃraŋkənˌloːs] *adj. fig.* (*unbeschränkt*) sans bornes, limites, frein; illimité; *Macht* absolu; (*maßlos*) démesuré; (*zügellos*) effréné; désordonné; déréglé; **2igkeit** *f* ⟨~⟩ *fig.* (*Zügellosigkeit*) licence *f*; dérèglement *m*.

Schrankenwärter [ˈʃraŋkənˌvɛrtər] *m chem.* garde-barrière *m*; **~ˌhaus** *n*, **~ˌhäuschen** *n* maison *f* de garde-barrière.

Schrank|fach [ˈʃraŋkfax] *n* compartiment *m*; case *f*; casier *m*; **2ˌfertig** *adj. Wäsche* prêt à ranger dans l'armoire; **~ˌkoffer** *m* malle *f* porte-habits; malle *f* paquebot; **~tür** *f* porte *f* d'armoire.

Schränk|ung [ˈʃrɛŋkuŋ] *f* ⟨~⟩ *e-r Säge* voie *f* (de scie); **~ˌweite** *f* largeur *f* de voie; avoyage *m*; **~ˌzange** *f* pince *f* à voie, à avoyer, à donner (de) la voie (à une scie).

Schranze [ˈʃrantsə] *m* ⟨~n; ~n⟩ *od. f* ⟨~; ~n⟩ vil courtisan; adulateur *m*; vil flatteur; flagorneur *m*; **2nˌhaft** *adj.* de courtisan; (*kriecherisch*) rampant.

Schrape [ˈʃraːpə] *f* ⟨~; ~n⟩ *cf.* Schrappeisen.

Schrapnell [ʃrapˈnɛl] *n* ⟨~s; ~e *od.* ~s⟩ *milit., hist.* shrapnel *m*; obus *m* à balles; **~ˌfeuer** *n* tir *m* à shrapnel; **~ˌkugel** *f* balle *f* de shrapnel; **~ˌzünder** *m* fusée fusante (de shrapnel).

Schrapp|eisen [ˈʃrapˌʔaɪzən] *n* racloir *m*; fer *m* à racler; **2en I** *v/t.* ⟨h⟩ racler; **II ~en** *n* ⟨~s⟩ raclement *m*; **~er** *m* ⟨~s; ~⟩ racloir *m*; *mines* scraper [-œːr] *m*; *Straßenbau auch* décapeuse *f*.

Schrapsel [ˈʃrapsəl] *n* ⟨~s; ~⟩ raclure *f*.

Schrat(t) [ʃraːt, ʃrat] *m* ⟨~(e)s; ~e⟩ *myth.* sylvain *od.* silvain *m*.

schraub|bar [ˈʃraupbaːr] *adj.* qui peut se visser; **2ˌdeckel** *m* couvercle vissé.

Schraube [ˈʃraubə] *f* ⟨~; ~n⟩ *ohne Mutter* vis [-s] *f*; *mit Mutter* boulon *m*; *mar.* (*Schiffs2*) hélice *f*; *aviat.* hélice *f*; *Figur beim Kunstspringen* tire-bouchon *m*; **eingängige ~** vis à pas unique; **zweigängige ~** vis à double pas; **linksgängige ~** vis filetée à gauche; **versenkte ~** vis (à tête) noyée; **e-e ~ anziehen (lockern, lösen)** serrer, bloquer (desserrer) une vis; **mit e-r ~ befestigen** fixer avec une vis; *mar.* **vierflügelige ~** hélice à quatre pales; **~ ohne Ende** vis sans fin (*auch fig.*); *fig.* cercle vicieux; *fig.* **die ~ anziehen** serrer la vis; F *fig.* **bei ihm ist e-e ~ locker, los** P il est toqué, marteau, maboul, cinglé, timbré, louf(oque), dingo; il a une araignée dans le plafond; F *fig.* **alte ~** F vieille chouette, toupie; vieux trumeau, tableau; P vieille rombière.

schrauben [ˈʃraubən] **I** *v/t.* ⟨h⟩ visser (*auch e-n Deckel*); boulonner; **fester (loser) ~** serrer (desserrer) la *od.* les vis; **etw. an etw. ~** fixer qc. à qc. à l'aide d'une vis; **in die Höhe ~, höher ~** monter; *fig.*, *Preise* faire monter; (faire) 'hausser; **niedriger ~** baisser; *fig.*, *Erwartungen, Ansprüche* rabattre de; **II** *v/réfl.* **sich in die Höhe ~** *Flugzeug* prendre de la hauteur; F grimper; *Auto auf e-r Paßstraße* F grimper; escalader (le col); **III 2** *n* ⟨~s⟩ vissage *m*.

Schrauben|bohrer [ˈʃraubənˌboːrər] *m* taraud *m*; **~ˌbolzen** *m* boulon *m*; *mit Gewinde an beiden Enden* goujon *m*; prisonnier *m*; **~ˌbund** *m e-r Bundschraube* embase *f*; **~ˌdampfer** *m mar.* vapeur *m* à hélice; **~ˌdrehbank** *f* tour *m* à vis mère; **~ˌfeder** *f* ressort hélicoïdal, à boudin; **~ˌflügel** *m e-r Schiffsschraube* pale *f* d'hélice; **2ˌförmig** *adj.* hélicoïde; hélicoïdal; **~ˌgang** *m* pas *m* de vis; **~geˌtriebe** *n* transmission *f* par vis sans fin; **~geˌwinde** *n* filet *m* (de vis); filetage *m*; **~ˌkopf** *m* tête *f* de vis; **~ˌkupplung** *f chem.*, *bei Maschinen* accouplement *m*, *Auto* attelage *m* à vis; **~ˌlinie** *f math.* hélice *f*; **~ˌlüfter** *m* ventilateur *m*; **~mikroˌmeter** *n* micromètre *m*; palmer [-ɛːr] *m*; **~ˌmutter** *f* ⟨~; ~n⟩ écrou *m*; **~ˌpresse** *f* presse *f* à vis; **~proˌpeller** *m mar.* hélice *f*; **~ˌpumpe** *f* pompe *f* à vis sans fin; **~ˌrad** *n* roue (à denture) hélicoïdale; pignon hélicoïdal; **~ˌschlüssel** *m* clef *f* à écrous; *verstellbarer* clef *f* à molette, anglaise; (*Steckschlüssel*) clef *f* à douille; *für Schwellenschrauben* clef *f* à tire-fond; **~ˌschneideˌeisen** *n* filière *f* simple; **~ˌschneidemaˌschine** *f* tour *m* à fileter; **~ˌschneiden** *n* filetage *m*; **~ˌschub** *m mar.* poussée *f* d'hélice; **~ˌsicherung** *f* dispositif *m* de sûreté à vis; **~ˌspindel** *f* arbre fileté; **~ˌstrahl** *m aviat.* souffle *m* d'hélice; **~ventiˌlator** *m cf.* ~lüfter; **~verˌbindung** *f* assemblage *m* par vis; **~ˌwelle** *f mar.* arbre *m* d'hélice; **~ˌwinde** *f* vérin *m*; cric *m* à vis; **~ˌwindung** *f* filet *m* (de vis); **~ˌzieher** *m* ⟨~s; ~⟩ tournevis *m*; **~ˌzirkel** *m* compas *m* à vis, à ressort, de précision.

Schraub|fassung [ˈʃraupˌfasuŋ] *f élect.* douille *f* à vis; **~ˌkappe** *f* capuchon vissé; **~knecht** *m cf.* ~zwinge; **~konˌtakt** *m élect.* contact vissé, à vis; **~ˌrahmen** *m impr.* châssis *m* à vis; **~ring** *m* bague filetée; **~ˌsockel** *m rad.*, *e-r Röhre* culot *m* à vis, Edison; **~ˌsteckdose** *f élect.* bouchon *m* de contact vissé; douille voleuse; **~stock** *m* ⟨~(e)s; ~e⟩ *serr.* étau *m*; **in den ~ spannen** serrer dans l'étau; *fig.* **sein Griff ist wie ein ~** sa poigne est un véritable étau; **~stockˌbacke** *f* mâchoire *f*, mors *m* d'étau; **~ˌstollen** *m* crampon *m* à vis; **~ˌstöpsel** *m* cheville vissée; bouchon *m*, fiche *f* à vis; **~verˌbindung** *f* raccord vissé, à vis; **~verˌschluß** *m* fermeture *f* à vis; bouchon fileté; **~ˌzwinge** *f* serre-joint(s) *m* (à vis); F sergent *m*.

Schreber|garten [ˈʃreːbərˌgartən] *m* jardin ouvrier; jardinet *m*; **~ˌgärtner** *m* jardinier *m* amateur.

Schreckbild [ˈʃrɛkbɪlt] *n* épouvantail *m*.

Schreck(en) [ˈʃrɛk(ən)] *m* ⟨~(e)s; ~e⟩ (*m*) ⟨~s; ~⟩ effroi *m*; frayeur *f*; (*Entsetzen*) épouvante *f*; terreur *f*; horreur *f*; (*Angst*) peur *f*; **die ~en des Todes** les affres de la mort; **die ~en des Krieges** les horreurs de la guerre; **der ~en s-r Feinde** la terreur de ses ennemis; **~en verbreiten** répandre, semer, faire régner la terreur; **ein Ende mit ~en** une fin épouvantable; **j-m e-n ~ einjagen, j-n in ~en versetzen** effrayer, épouvanter, terrifier, horrifier qn.; frapper qn. de terreur; faire trembler qn.; faire peur à qn.; causer de l'effroi à qn.; **j-m e-n schönen ~ einjagen** faire une belle peur à qn.; F **das hat ihm e-n heiligen ~ eingejagt** cela lui a donné une peur bleue; F il en a eu une sainte frousse; **mit dem ~ davonkommen** s'en tirer avec *od.* pour la peur; en être quitte pour la peur; **starr vor ~** paralysé, glacé, cloué au sol par la frayeur, la peur; **der ~ ist mir in die Glieder gefahren** la frayeur me glaça jusqu'aux os; je suis saisi d'effroi, de frayeur; **e-n ~ bekommen** s'effrayer; s'épouvanter; F **ach du ~!** ah! quel malheur!

schrecken [ˈʃrɛkən] **I** *v/t.* ⟨h⟩ effrayer; *pfort.* épouvanter; terrifier; (*abhalten*) détourner; faire reculer; *cf. auch* (in) Schreck(en) (versetzen); **II** *v/i.* ⟨schrickt, schrak, geschrokken, sein⟩ *ch.* crier.

schreckens|bleich [ˈʃrɛkənsˌblaɪç] *adj.* pâle, blême, vert de peur; **2ˌbotschaft** *f* nouvelle *f* terrible, épouvantable; message *m* funeste; **2ˌherrschaft** *f* régime *m*, règne *m* de la terreur; terrorisme *m*; *hist.* (la) Terreur; **2ˌjahr** *n* année *f* terrible, funeste; **2ˌkunde** *f*, **2ˌnachricht** *f cf.* 2botschaft; **2ˌnacht** *f* nuit *f* effroyable, de terreur, d'épouvante; **2regiˌment** *n cf.* 2herrschaft; **2ˌschreie** *m/pl.* cris *m/pl.* d'horreur, de terreur; **2ˌtag** *m* terrible journée *f*; jour *m* horrible, néfaste, d'épouvante; **2ˌtat** *f* acte *m* effroyable, épouvantable, atroce; **2ˌzeit** *f* (époque *f* de la) terreur *f*.

Schreck|gespenst [ˈʃrɛkgəˌʃpɛnst] *n* fantôme *m* effroyable, effrayant; spectre horrifiant; F *von e-r häßlichen Person* monstre *m*; horreur *f*; épouvantail *m*; *fig.* (*drohendes Unheil*) fantôme *m*; ombre *f*; spectre *m*; épouvantail *m*; **2haft** *adj.* qui se laisse facilement effrayer; hypersensible; émotif, -ive; **~ˌhaftigˌkeit** *f* ⟨~⟩ hypersensibilité *f*; émotivité *f*; **~ˌladung** *f milit.* piège explosif; **2lich** **1.** *adj.* terrible; (*entsetzlich*) effrayant; terrifiant; épouvantable; *Verbrechen, Anblick* (*abscheulich*) affreux, -euse;

atroce; (*grausig*) horrible; (*furchtbar*) redoutable; **e-e** ∼**e Unordnung** un désordre épouvantable; **ein** ∼**er Mensch** un type affreux, désagréable, antipathique; **es ist mir** ∼, **das sagen zu müssen** il m'est fort désagréable de devoir dire cela; **wie** ∼! quelle horreur!; **2.** *adv.* F *fig.* (*ungemein*) terriblement; excessivement; furieusement; ∼ **viel Geld** énormément d'argent; ∼ **verliebt** furieusement amoureux, -euse (de); ∼**lichˌkeit** *f* ⟨∼⟩ horreur *f*; atrocité *f*; caractère *m* terrible, affreux, épouvantable, horrible, redoutable; ∼**nis** *n* ⟨∼ses; ∼se⟩ horreur *f*; ∼ˌ**schraube** F *fig. f* créature *f* insupportable, imbuvable; ∼**schuß** *m* coup tiré en l'air (pour faire peur); coup *m* de semonce, d'avertissement; *fig.* menace *f* en l'air; fausse alerte; ∼**schußpisˌtole** *f* pistolet *m* d'alarme; ∼**seˌkunde** *f* seconde *f* de réaction.

Schrei [ʃraɪ] *m* ⟨∼(e)s; ∼e⟩ cri *m*; **lauter** ∼ grand cri; **gellender** ∼ cri strident; ∼ **der Entrüstung** cri d'indignation; **e-n** ∼ **ausstoßen** pousser, jeter un cri; *Mode* **der letzte** ∼ le dernier cri.

Schreib|art [ˈʃraɪpˀart] *f* manière *f* d'écrire; style *m*; ∼**beˌdarf** *m* fournitures *f/pl.* de bureau; articles *m/pl.* de papeterie; ∼**block** *m* ⟨∼(e)s; ∼s⟩ bloc-notes *m*; ∼**büˌro** *n* service *m* de dactylographie.

schreiben [ˈʃraɪbən] **I** *v/t. u. v/i.* ⟨**schreibt, schrieb, geschrieben, h**⟩ écrire; *ein Buch auch* composer; *e-n Artikel* écrire; rédiger; *e-n Schulaufsatz* faire; *e-e Rechnung* dresser; établir; **j-m** *od.* **an j-n** ∼ écrire à qn.; **mit Tinte, Bleistift, Füllfederhalter, der Hand** ∼ écrire à l'encre, au crayon, avec un stylo, à la main; **mit der Maschine** ∼ écrire à la machine; F taper; *sc.* dactylographier; **an die Tafel, auf ein Blatt Papier, in ein Heft** ∼ écrire au tableau noir, sur une feuille de papier, dans un cahier; *Feder etc.* **gut** ∼ être bon, -nne; *Bleistift etc.* **nicht** ∼ ne pas écrire; **noch einmal** ∼ récrire; recopier; **ins reine** ∼ mettre au net, au propre; recopier; **enger** ∼ écrire plus serré; **sehr klein** ∼ écrire tout fin, menu, en petits caractères; *ein Wort* **groß (klein)** ∼ écrire avec une majuscule (minuscule); **dieses Wort wird groß geschrieben, schreibt man groß** ce mot prend une, s'écrit avec une majuscule; *Schloß* **schreibt man mit** *ß* ... s'écrit avec ...; **richtig** ∼ orthographier correctement; **falsch** ∼ mal orthographier; orthographier incorrectement; **unleserlich** ∼ écrire de façon illisible; griffonner; F écrire comme un chat; **deutsch, lateinisch** ∼ a) *in der jeweiligen Sprache* écrire en allemand, en latin; b) *in der jeweiligen Schrift* écrire en gothique, en caractères romains; *von der Handschrift* **schön** ∼ écrire bien; avoir une bonne écriture, main; *vom Stil* **gut** ∼ écrire bien; avoir un bon style, du style; **schlecht** ∼ a) *von der Handschrift* écrire mal; avoir une mauvaise écriture, main; b) *vom Stil* écrire mal; avoir un mauvais, n'avoir point de style; F écrivailler; **viel u. schlecht** ∼ F écrivasser; **etw. auf j-s Rechnung** ∼ mettre qc. sur le compte de qn.; porter, inscrire qc. au compte de qn.; **man schrieb das Jahr 1918** on était en 1918; **man schreibt uns aus** ... on nous informe, *litt.* mande de ...; **die** *Frankfurter Allgemeine* **schreibt** ... on lit dans ...; **j-m etw.** ∼ aviser, informer qn. de qc.; communiquer qc. à qn.; **der Brief, in welchem Sie uns davon schrieben** ... la lettre où vous nous en parliez ...; **über dieses Thema ist viel geschrieben worden** ce sujet a fait couler des flots, beaucoup d'encre; **sich krank** ∼ **lassen** se faire porter malade; *fig.* F **sich die Finger wund** ∼ écrire à s'engourdir les doigts, à en avoir les doigts gourds; *fig.* **die Rolle ist ihm auf den Leib geschrieben** ce rôle est fait pour lui; *fig.* **das steht ihm auf der Stirn geschrieben** il le porte sur sa figure; c'est écrit sur son front; F **er hat, sage u. schreibe, zehn Fehler gemacht!** il faut dire à sa honte qu'il a fait dix fautes!; *fig.* F ∼ **Sie sich das hinter die Ohren!** tenez-le-vous pour dit!; faites-en votre profit!; **II** *v/réfl.* F **sich mit j-m** ∼ s'écrire, correspondre avec qn.; **wie** ∼ **Sie sich?** comment s'écrit votre nom?; **III** Ձ *n* ⟨∼s⟩ **1.** *als Handlung*: *verbal*; **das** ∼ **wird mir sauer** j'ai de la peine à écrire; **geben Sie mir etw. zum** ∼ donnez-moi de quoi écrire; **mit dem** ∼ **von Briefen beschäftigt sein** être en train de faire de la correspondance; **2.** ⟨*pl.* ∼⟩ (*Brief*) lettre *f*; (*Schriftstück*) écrit *m*; **bezugnehmend auf mein gestriges** ∼ me référant, comme suite à ma lettre d'hier; **Ihr geehrtes** ∼ **vom** ... votre honorée du ...

Schreiber|(in) [ˈʃraɪbər(ɪn)] *m* ⟨∼s; ∼⟩ (*f*) ⟨∼; ∼nen⟩ *e-s Briefes* auteur *m*; signataire *m, f*; *hist.* (*Ab*Ձ) copiste *m*; scribe *m*; (*Sekretär*) secrétaire *m*; commis *m* aux écritures; *von Urkunden* (*Ausfertiger*) expéditionnaire *m*; *bei e-m Notar* clerc *m*; (*Gerichts*Ձ) greffier *m*; *Graphologie* scripteur *m*; *techn.* enregistreur *m*; ∼**ei** [-ˈraɪ] F *péj. f* ⟨∼; ∼en⟩ paperasse(rie) *f*; **viel** ∼ **haben** avoir à liquider beaucoup de paperasse; **ich habe viel** ∼**en mit** *der Angelegenheit* **gehabt** j'ai dû écrire bien des lettres pour ...; ∼ˌ**ling** *péj. m* ⟨∼s; ∼e⟩ (*schlechter Schriftsteller*) écrivassier *m*; écrivailleur *m*; ∼ˌ**seele** *péj. f* (*Bürokrat*) F rond-de-cuir *m*; gratte-papier *m*; scribe *m*; P scribouillard *m*.

schreib|faul [ˈʃraɪpfaul] *adj.* paresseux, -euse à écrire; qui n'aime pas écrire; ∼ **sein** être trop paresseux, -euse pour écrire; Ձˌ**faulheit** *f* paresse *f* d'écrire; Ձˌ**feder** *f* plume *f* (à écrire); Ձˌ**fehler** *m* erreur *f* d'écriture; faute *f* d'orthographe; lapsus [-ys] *m*; *in alten Handschriften auch* faute *f* de copiste; **e-n** ∼ **verbessern** corriger une erreur matérielle; Ձ**geˌbühren** *f/pl.* frais *m/pl.* de dactylographie, de copie, *für die Eintragung in ein Register* d'enregistrement, *für die Ausstellung e-r Urkunde* d'expédition; Ձ**geˌrät** *n* nécessaire *m* de bureau; Ձ**heft** *n* cahier *m*; Ձˌ**hilfe** *f*, Ձ**kraft** *f* dactylo(graphe) *f*; Ձ**krampf** *m* crampe *f* des écrivains; Ձ**kunst** *f* ⟨∼⟩ calligraphie *f*; art *m* d'écrire; Ձˌ**mappe** *f* bloc *m* correspondance de voyage; Ձ**maˌschine** *f* machine *f* à écrire; **mit der** ∼ **schreiben** écrire, F taper à la machine; *sc.* dactylographier; **mit der** ∼ **geschrieben** écrit, F tapé à la machine; *sc.* dactylographié; Ձ**maˌschinenpaˌpier** *n* papier *m* (pour) machine (à écrire); Ձ**maˌschinenˌraum** *m* salle *f* des dactylographes; Ձ**maˌschinenˌschrift** *f* écriture *f* de machine; caractère *m* machine; Ձ**maˌschinenˌtisch** *m* table-dactylo *f*; bureau *m* de dactylo; Ձ**materiˌal(ien)** *n* (*pl.*) *cf.* Schreibbedarf; Ձ**paˌpier** *n* papier *m* à écrire; Ձ**pult** *n* bureau *m*; *für Schüler* pupitre *m*; Ձ**raum** *m cf.* Ձzimmer; Ձ**saal** *m cf.* Ձmaschinenraum; Ձ**schrank** *m* secrétaire *m*; Ձ**schrift** *f impr.* caractères manuscrits, d'écriture; écriture manuscrite; Ձ**sekreˌtär** *m cf.* Ձschrank; Ձ**stift** *m hist.* style *m*; Ձˌ**stube** *f milit.* bureau *m* de compagnie; Ձˌ**stunde** *f* leçon *f* d'écriture; Ձˌ**täfelchen** *n hist.* tablette *f*; Ձ**tisch** *m* bureau *m*; table *f* de bureau; table-bureau *f*; Ձ**tischgarniˌtur** *f* garniture *f* de bureau; Ձ**tischˌlampe** *f* lampe *f* de bureau; Ձ**tischˌsessel** *m* fauteuil *m* de bureau; Ձˌ**trommel** *f e-s Registriergerätes* tambour *m* enregistreur; Ձˌ**übung** *f* exercice *m* d'écriture; Ձ**ung** *f* ⟨∼; ∼en⟩ graphie *f*; (*Recht*Ձ) orthographe *f*; **falsche** ∼ mauvaise orthographe; ∼ˌ**unkundig** *adj.* qui ne sait pas écrire; Ձˌ**unterlage** *f* sous-main *m*; *zur Vorsicht* garde-main *m*; Ձˌ**unterricht** *m cf.* Ձstunde; Ձ**utenˌsilien** *pl. cf.* Schreibbedarf; Ձzeug; Ձˌ**vorlage** *f* modèle *m*, exemple *m* d'écriture; Ձˌ**waren** *f/pl.* articles *m/pl.* de papeterie; Ձ**warenˌhändler(in)** *m* (*f*) papetier, -ère *m, f*; Ձ**warenˌhandlung** *f* papeterie *f*; Ձˌ**walze** *f der Schreibmaschine* cylindre *m*; Ձˌ**weise** *f* manière *f*, façon *f* d'écrire; style *m*; (*Schreibung*) graphie *f*; (*Rechtschreibung*) orthographe *f*; Ձ**zeug** *n* nécessaire *m* pour écrire; Ձˌ**zimmer** *n im Hotel* salon *m*, salle *f* pour écrire, de correspondance.

schreien [ˈʃraɪən] **I** *v/t. u. v/i.* ⟨**schreit, schrie, geschrie(e)n, h**⟩ crier; pousser, jeter des cris; (*ausrufen*) s'écrier; *fortwährend* criailler; (*sehr laut sprechen*) F claironner; *Esel* braire; *Hirsch* bramer; raire; raller; réer; *Eule* ululer; ʻhuer; chuinter; **heftig** ∼ pousser des clameurs; vociférer; **aus Leibeskräften, aus vollem Halse** ∼ crier à tue-tête; s'égosiller; **er schreit wie am Spieß** il crie comme si on l'écorchait; ∼, **daß es durch Mark u. Bein geht** crier à fendre l'âme, à déchirer le cœur; **sich heiser** ∼ s'égosiller; **sich halbtot** ∼ *fig.* se tuer à crier; (um) **Hilfe** ∼ crier au secours; **nach Brot** ∼ demander, réclamer du pain (à grands cris); *fig.* **nach Rache** ∼ crier vengeance; *fig.* **das schreit zum Himmel** c'est révoltant; **nach j-m** ∼ réclamer, appeler qn.; **II** Ձ *n* ⟨∼s⟩ cris *m/pl.*; *cf. auch* **Geschrei**; *des Esels* braiment *m*; *des Hirsches* brame(ment) *m*; *der Eule* ululement *m*; chuintement *m*; F *fig.* **das ist zum** ∼! c'est vraiment drôle, rigolo, extraordinaire!; c'est à faire crier; P c'est à s'en taper le derrière par terre!; ∼**d** *adjt.* criant; criard; *Reklame* tapageur, -euse; *Farben* voyant; criard; ∼**es Unrecht**, ∼**e Ungerechtigkeit** injustice criante; ∼**er Gegensatz, Widerspruch** contradiction flagrante.

Schrei|er(in) [ˈʃraɪər(ɪn)] *m* ⟨∼s; ∼⟩ (*f*) ⟨∼; ∼nen⟩ crieur, -euse *m, f*; criard, -e *m, f*; *cf. auch* ∼hals; ∼**eˈrei** F *péj. f* ⟨∼; ∼en⟩ *cf.* **Geschrei**; ∼**hals** F *m* F criailleur, -euse *m, f*; brailleur, -euse *m, f*; braillard, -e *m, f*; piailleur, -euse *m, f*; piaillard, -e *m, f*; P gueulard, -e *m, f*; **ein kleiner** ∼ un bébé braillard; ∼**krampf** *m méd.* cris convulsifs.

Schrein [ʃraɪn] *m* ⟨∼(e)s; ∼e⟩ coffre *m*; *kleiner* coffret *m*; *für Reliquien* reliquaire *m*; châsse *f*.

Schreiner ['ʃraɪnər] *m* ⟨~s; ~⟩, **~ei** [-'raɪ] *f* ⟨~; ~en⟩ *etc. cf.* Tischler...

Schreipuppe ['ʃraɪˌpʊpə] *f* poupée parlante.

schreiten ['ʃraɪtən] **I** *v/i.* ⟨schreitet, schritt, geschritten, sein⟩ **1.** marcher; **bedächtig ~** marcher à pas comptés; **über etw. ~** enjamber, franchir qc.; passer par-dessus qc.; **er schritt auf uns zu** il s'avança vers nous; **im Zimmer auf und ab ~** arpenter la chambre; **2.** *fig.* **zu etw. ~** en venir, passer, procéder à qc.; **zur Abstimmung ~** aller, passer aux voix; procéder au vote (**über etw.** sur qc.); **zur Ausführung, Tat ~** passer aux actes; passer, en venir à l'exécution; **zum Äußersten ~** recourir aux moyens extrêmes; **II** 𝔖 *n* ⟨~s⟩ marche *f*.

Schreitvögel ['ʃraɪtˌføːgəl] *m/pl. zo.* échassiers *m/pl.*

Schreivögel ['ʃraɪˌføːgəl] *m/pl. zo.* oiseaux criards.

schrie [ʃriː] *cf.* schreien.

schrieb [ʃriːp] *cf.* schreiben.

Schrieb [ʃriːp] F *péj. m* ⟨~s; ~e⟩ F babillarde *f*; bafouille *f*; babille *f*.

Schrift [ʃrɪft] *f* ⟨~; ~en⟩ écriture *f*; (*Hand*𝔖) *auch* main *f*; *impr.* caractères *m/pl.*; lettres *f/pl.*; type *m*; (*Schriftstück*) écrit *m*; document *m*; (*Abhandlung*) traité *m*; (*Veröffentlichung*) publication *f*; brochure *f*; (*Werk*) œuvre *f*; ouvrage *m*; *kleine* opuscule *m*; **die** (**Heilige**) **~** l'Écriture sainte; la Sainte Écriture; l'Écriture; les Écritures; **s-e ~ verstellen** déguiser son écriture; **e-e schöne ~ haben** avoir une belle écriture, main; **zittrige ~** écriture tremblée; **in lateinischer ~** en écriture romaine; *impr.* en (caractères) romain(s); **sämtliche ~en** *e-s Autors* œuvres complètes; **vermischte ~en** mélanges *m/pl.*; **e-e Sprache in Wort u. ~ beherrschen** savoir parler et écrire une langue; *von e-r Münze* **Kopf oder ~** pile ou face; **~art** *f impr.* caractère *m*; **~ˌausleger** *m relig. sc.* exégète *m*; **~ˌauslegung** *f relig. sc.* exégèse *f*; **~bild** *n impr.* présentation *f* typographique; 𝔖**blind** *adj. méd.* atteint de cécité verbale, d'alexie; **~ˌblindheit** *f méd.* alexie *f*; cécité verbale; **~chaˌrakter** *m* graphisme *m*; graphie *f*; **~ˌdeuter(in)** *m* ⟨~s; ~⟩ (*f*) ⟨~; ~nen⟩ graphologue *m, f*; **~ˌdeutsch** *n* ⟨~(s)⟩ allemand *m* littéraire; **~ˌdeutung** *f* graphologie *f*; **~enˌnachweis** *m* index *m* de publications; **~enˌtausch** *m* échange *m* de publications; **~enverˌzeichnis** *n cf.* ~ennachweis; **~ˌfälscher(in)** *m* (*f*) faussaire *m, f*; falsificateur, -trice *m, f* d'écritures, d'un titre, d'une signature, *etc.*; **~ˌfälschung** *f* faux *m* en écriture; falsification *f* d'un écrit, d'un titre; imitation *f* d'une signature, *etc.*; **~form** *f* forme écrite; **in ~** par écrit; **~ˌführer** *m* secrétaire *m*; **~garniˌtur** *f impr.* garniture *f* de caractères; **~ˌgattung** *f impr.* caractère *m*; **~geˌlehrte(r)** *m bibl.* scribe *m*; **~ˌgießer** *m* fondeur *m* de caractères, de lettres typographiques; **~gieße'rei** *f* fonderie *f* de caractères, de lettres typographiques; **~grad** *m*, **~ˌgröße** *f impr.* œil *m*; **~guß** *m* fonte *f* de caractères, de lettres typographiques; **~ˌgutachter** *m cf.* Schriftsachverständiger; **~ˌhöhe** *f impr.* 'hauteur *f* en papier; **~ˌkasten** *m impr.* casse *f*; **~ˌkegel** *m impr.* corps *m* (de la lettre); **~ˌleiter(in)** *m* (*f*) rédacteur, -trice *m, f*; **~ˌleitung** *f* rédaction *f*.

schriftlich ['ʃrɪftlɪç] *adj.* écrit; *adv.* par écrit; **~e Prüfung** épreuves écrites; écrit *m*; *jur.* **~er Beweis** preuve par écrit; **~e Einwilligung** consentement par écrit; **~e Vereinbarung** convention écrite, par écrit; **~e Unterlage** pièce justificative; **etw. ~ niederlegen** mettre, coucher qc. par écrit; **~ antworten** répondre par lettre; **~ mitteilen** écrire; **nichts** 𝔖**es haben** n'avoir rien par écrit; **etw.** 𝔖**es geben** donner une attestation; F *fig.* **das gebe ich Ihnen ~** je vous en réponds; 𝔖**ˌkeit** *f* ⟨~⟩ *jur.* forme écrite.

Schrift|metall ['ʃrɪftmeˑˌtal] *n impr.* métal *m* à caractères; plomb *m*; **~ˌprobe** *f* spécimen [-ɛn] *m* d'écriture; *impr.* épreuve *f* de caractères; **~ˌrolle** *f hist.* rouleau *m* d'écriture; **~ˌsachverˌständige(r)** *m* expert *m* en écriture; graphologue *m*; **~satz** *m impr.* composition *f*; *jur.* mémoire *m*; acte *m* (écrit); pièce *f* de procédure; **ergänzender ~** mémoire ampliatif; **~ˌschneider** *m* graveur *m* de *od.* en caractères; **~ˌseite** *f e-r Münze* revers *m*; F pile *f*; **~ˌsetzer** *m impr.* compositeur *m* (d'imprimerie); typographe *m*; F typo *m*; *an e-r Setzmaschine* monotypiste *m bzw.* linotypiste *m*; F lino *m*; **~ˌsprache** *f* langue *f* littéraire, écrite; 𝔖**ˌsprachlich** *adj.* de la langue littéraire, écrite; **~ˌstelle** *f relig.* passage *m* de l'Écriture (sainte); **~ˌsteller(in)** *m* ⟨~s; ~⟩ (*f*) ⟨~; ~nen⟩ auteur *m*; écrivain *m*; femme *f* auteur, écrivain; homme *m*, femme *f* de lettres (*pl.* gens de lettres); littérateur *m*; **~stellerbeˌruf** *m*, **~stelle'rei** *f* ⟨~⟩ métier *m*, profession *f* d'écrivain, d'homme de lettres, *etc.*; littérature *f*; 𝔖**ˌstellerisch 1.** *adj.* littéraire; d'auteur; d'écrivain; **2.** *adv.* comme auteur, écrivain, *etc.*; 𝔖**ˌstellern** *v/i.* ⟨-(e)re, h⟩ faire le métier d'auteur; se mêler d'écrire; écrire; faire de la littérature; **~stellerˌname** *m* nom *m* de plume; pseudonyme *m*; *iron., oft péj.* nom *m* de guerre; **~ˌstempel** *m* poinçon *m* (de lettre); **~stück** *n* écrit *m*; acte *m*; (*Urkunde*) pièce *f*; document *m*; **privates ~** écrit, écriture privé(e); **~symˌbol** *n cf.* ~zeichen; **~sysˌtem** *n* graphisme *m*; **~text** *m relig.* texte *m* de l'Écriture (sainte); **~tum** *n* ⟨~(e)s⟩ littérature *f*; lettres *f/pl.*; **~verˌgleichung** *f* vérification *f*, comparaison *f* d'écritures; **~verˌkehr** *m cf.* ~wechsel; **~wart** *m* ⟨~(e)s; ~e⟩ secrétaire *m*; **~ˌwechsel** *m* échange *m* de lettres; correspondance *f*; *comm., als Aktenmaterial* écritures *f/pl.*; **den ~ führen** faire la correspondance; 𝔖**ˌwidrig** *adj. relig.* contraire à l'Écriture sainte; **~wort** *n* ⟨~(e)s; ~e⟩ *relig. cf.* ~stelle; **~ˌzeichen** *n* signe *m*; *impr.* caractère *m*; **~zeug**[1] *n impr.* ancienne composition, plomb *m* pour la fonte; **~zeug**[2] *m* ⟨~(e)s⟩ *impr.* métal *m* à caractères; **~zug** *m* (*Unterschrift*) paraphe *od.* parafe *m*; signature *f*; F griffe *f*; **Schriftzüge** *pl.* écriture *f*.

schrill [ʃrɪl] *adj.* aigu, aiguë; strident; perçant; qui perce les oreilles; **~en** *v/i.* ⟨h⟩ rendre un son aigu, strident, perçant.

Schrippe ['ʃrɪpə] F *f* ⟨~; ~n⟩ petit pain.

schritt [ʃrɪt] *cf.* schreiten.

Schritt [ʃrɪt] *m* ⟨~(e)s; ~e⟩ pas *m* (*auch als Maß*); *großer* enjambée *f*; *Sport, e-s Läufers* foulée *f*; *fig., e-r Hose* entre-jambes *m*; *fig.* (*Maßnahme*) démarche *f*; mesure *f*; **auf ~ u. Tritt** à chaque pas; **j-m auf ~ u. Tritt folgen** s'attacher aux pas de qn.; suivre qn. pas à pas, à la trace; emboîter le pas à qn.; ne pas lâcher qn. d'une semelle; suivre qn. comme son ombre; **j-n auf ~ u. Tritt beobachten** surveiller les allées et venues de qn.; **aus dem ~ kommen** perdre le pas; **den ~ wechseln** changer de pas; **s-e ~e verdoppeln** doubler le pas; **~ für ~** pas à pas; lentement; *milit.* (**im**) **~!** au pas!; **im gleichen ~ u. Tritt** au pas; du *od.* au même pas; à la même cadence; (**im**) **~ fahren, gehen, reiten** aller au pas; **mit schnellen ~en** à pas précipités, rapides; à grands pas; **mit festem ~, entschlossenen ~es** d'un pas ferme; **mit leisen ~en** à pas feutrés; F **er hat e-n guten ~ am Leibe** il enjambe joliment; **s-e ~e lenken** diriger, tourner ses pas (**nach, zu** vers); **große ~e machen, nehmen** faire de grandes enjambées; allonger le pas; **nicht e-n ~ gehen können** F ne pouvoir remuer ni pied ni patte; **keinen ~ aus dem Hause tun** ne pas mettre le pied dehors; ne pas sortir; **j-n am ~ erkennen** reconnaître qn. à son pas; **e-n ~ zurücktreten** faire un pas en arrière; **zwei ~ von hier entfernt** à deux pas d'ici; **mit j-m ~ halten** marcher d'un pas égal avec qn.; aller au pas avec qn.; aller du même pas, à la même allure que qn.; *fig.* **mit etw., j-m ~ halten** se mettre au pas de qc., qn.; suivre le rythme, la cadence de qc., qn.; aller de pair avec qc., qn.; **mit der Zeit ~ halten** marcher avec le *od.* son temps; F être à la page; *fig.* **~e unternehmen** faire, entreprendre des démarches; prendre des mesures; **diplomatischer ~** démarche, intervention, action diplomatique; **die notwendigen ~e unternehmen** faire le nécessaire; **einleitende ~e** mesures préliminaires; **die einleitenden ~e tun** faire des ouvertures (à); **ein äußerster ~** une mesure extrême; *fig.* **man könnte noch e-n ~ weitergehen** on pourrait encore aller plus loin; **~ˌfahren** *n* vitesse extrêmement réduite; **~ˌlänge** *f* longueur *f* du pas; *e-r Hose* longueur *f* d'entre-jambes; **~ˌmacher** *m* ⟨~s; ~⟩ *Radsport* entraîneur *m*; pacemaker *m*; *fig.* pionnier *m*; **~machermaˌschine** *f Radsport* motocyclette *f* d'entraîneur; **~ˌmesser** *m* ⟨~s; ~⟩ *sc.* podomètre *m*; **~ˌwechsel** *m* changement *m* de pas; 𝔖**ˌweise 1.** *adj.* progressif, -ive; lent; **2.** *adv.* pas à pas; progressivement; lentement; **~ˌweite** *f cf.* ~länge; **~ˌzähler** *m cf.* ~messer.

schroff [ʃrɔf] **1.** *adj. Berg, Felsen* (*jäh abfallend*) raide; escarpé; abrupt; *pfort.* à pic; *fig., Wesen, Ton* raide; (*barsch*) rébarbatif, -ive; brusque; rude; dur; bourru; *Ton* cassant; sec, sèche; *Übergang* (*unvermittelt*) brusque; **2.** *adv.* **j-n ~ behandeln** rudoyer, rabrouer qn.; **etw. ~ von der Hand weisen** rejeter, repousser qc. catégoriquement, brusquement, F carrément; 𝔖**heit** *f* ⟨~⟩ raideur *f*; escarpement *m*; *fig.* raideur *f*; rudesse *f*; brusquerie *f*; dureté *f*; caractère bourru, rébarbatif; manière *f* brusque.

schröpf|en ['ʃrœpfən] **I** *v/t.* ⟨h⟩ *méd.* saigner; *durch Ritzen der Haut* scarifier (*auch arb.*); *durch Ansetzen von Schröpfköpfen* ventouser; appliquer, mettre des ventouses à; *fig.* F **j-n ~** F saigner, sucer, taper, carotter qn.; P faire casquer, cracher qn.; **II** 𝔖**en** *n* ⟨~s⟩ *méd.* saignée *f*; scarification *f* (*auch arb.*); application *f* de ventouses; 𝔖**glas** *n*, 𝔖**kopf** *m* ventouse *f*.

Schrot [ʃroːt] *m od. n* ⟨~(e)s; ~e⟩

1. *ch.* grains *m/pl.* de plomb; menu plomb; dragée *f*; grenaille *f* de plomb; kleinstes ~ (*Dunst*) cendrée *f*; cendre *f* de plomb; mit ~ schießen tirer à dragée; **2.** (*grobgemahlenes Getreide*) blé, grain égrugé; gruau *m*; *Bierbrauerei* malt égrugé; **3.** *Münzwesen* ~ u. Korn aloi *m*; *fig.* von echtem ~ u. Korn de bon aloi; von altem ~ u. Korn de vieille souche, roche; de la vieille école; **4.** *charp.* (*Klotz*) bloc *m*; tronc *m*; **~axt** *f* cognée *f* de bûcheron; **~baum** *m cf.* Schrotleiter; **~beil** *n Schmiedewerkzeug* ébarboir *m*; marteau *m* à ébarber; **~brot** *n* pain complet; **~eˌffekt** *m phys.*, *rad.* effet *m* de grenaille; **~ˌeisen** *n cf.* ~beil, Schrotmeißel.

schroten [ˈʃroːtən] **I** *v/t.* ⟨-ete, h⟩ **1.** (*zerkleinern*) couper en pièces; *Alteisen etc.* (*zermalmen*) broyer; concasser; *Getreide* égruger; *Malz* moudre; *techn.*, *métall.* ébaucher; dégrossir; décroûter; *Münzen* ébarber; *Schmiedekunst* buriner; ciseler; *Nagetiere* ronger; **2.** *Fässer* rouler; *mar.* trévirer; auf den Wagen ~ rouler, monter ... sur la voiture; in den Keller ~ descendre ... à la cave; **II** 2 *n* ⟨~s⟩ **3.** broyage *m*; concassage *m*; *von Getreide* égrugeage *m*; *von Malz* moulage *m*; *techn.*, *métall.* ébauchage *m*; dégrossissage *od.* dégrossissement *m*; décroûtage *m*; *von Münzen* ébarbage *od.* ébarbement *m*; *Schmiedekunst* burinage *m*; **4.** roulage *m*.

Schröter [ˈʃrøːtər] *m* ⟨~s; ~⟩ *zo.* cerf-volant *m*; lucane *m*.

Schrot|feile [ˈʃroːtˌfaɪlə] *f* lime *f* à ébarber; **~ˌflinte** *f ch.* fusil *m* de chasse; **~korn** *n*, **~ˌkugel** *f ch.* grain *m* de plomb; **~ˌladung** *f ch.* charge *f* de plomb; **~ˌleiter** *f* poulain *m* (de chargement); **~mehl** *n* grosse farine; **~ˌmeißel** *m charp.* ébauchoir *m*; ébarboir *m*; **~ˌmesser** *n* couperet *m*; **~ˌmühle** *f* moulin *m* à égruger, à concasser; (moulin) concasseur *m*; **~paˌtrone** *f ch.* cartouche *f* à plombs; **~ˌsäge** *f* scie *f* de charpentier; passe-partout *m*; **~ˌschere** *f* cisaille *f* à ferraille; **~seil** *n* câble *m* d'encaveur; *mar.* trévire *f*; **~stahl** *m* gouge *f*; **~ˌstärke** *f ch.* grosseur *f* du plomb.

Schrott [ʃrɔt] *m* ⟨~(e)s; ~e⟩ ferraille(s) *f(pl.)*; *techn.*, *Produktionsabfall* mitraille *f*; riblons *m/pl.*; **~ˌhändler** *m* ferrailleur *m*; marchand *m* de ferraille; **~ˌhaufen** *m* tas *m* de ferraille; **~ˌlager** *n cf.* ~platz; **~maˌgnetkran** *m* grue *f* à aimant porteur pour mitraille; **~platz** *m* parc *m* à ferraille; **2reif** *adj.* bon, -nne pour la ferraille; **~ˌsammlung** *f* ramassage *m*, récupération *f* de la ferraille; **~verˌhüttung** *f* traitement *m* métallurgique des ferrailles; **~wert** *m* valeur *f* (de) ferraille.

Schrotwaage [ˈʃroːtˌvaːgə] *f charp.* niveau *m* de maçon.

schrubb|en [ˈʃrubən] **I** *v/t.* ⟨h⟩ *Fußboden* frotter (avec un balai-brosse); *mar.* goreter; fauberter; **II** 2**en** *n* ⟨~s⟩ frottage *m*; *mar.* goretage *m*; **2er** *m* ⟨~s; ~⟩ balai-brosse *m*; lave-pont *m*; brosse *f* à pavé; *mar.* goret *m*; faubert *m*; **~ern** *v/t.* ⟨-(e)re, h⟩ *cf.* ~en.

Schrull|e [ˈʃrulə] *f* ⟨~; ~n⟩ lubie *f*; caprice *m*; marotte *f*; tocade *od.* toquade *f*; ~n (im Kopf) haben avoir des marottes, lubies, *etc.*; avoir des idées biscornues, F des idées abracadabrantes; F *fig. péj.* alte ~ vieux tableau, trumeau; P vieille bique, rombière; **2enˌhaft** *adj.* capricieux, -euse; bizarre; quinteux, -euse; fantasque; lunatique; drôle; singulier, -ière; à lubies; cocasse; **~enˌhaftigkeit** *f* ⟨~⟩ bizarrerie *f*; drôlerie *f*; singularité *f*; cocasserie *f*; **2ig** *adj.*, **~igˌkeit** *f* ⟨~⟩ *cf.* 2enhaft, ~enhaftigkeit.

schrumpel|ig [ˈʃrumpəˌlɪç] F *adj.* ridé; ratatiné; flétri; **~n** F *v/i.* ⟨-(e)le, sein⟩ se rider; se ratatiner; se flétrir.

schrumpf|en [ˈʃrumpfən] *v/i.* ⟨sein⟩ se rétrécir (*auch techn.*); se contracter (*auch techn.*, *méd.*); se resserrer; se réduire à peu de chose; *fig.*, *Kapital etc.* diminuer; s'amoindrir; fondre; *méd.* s'atrophier; *Haut, Früchte* (*runzelig werden*) se rider; se ratatiner (*auch méd.*); se flétrir; **~ig** *adj. cf.* schrumpelig; **2ˌleber** *f méd.* foie atrophié; **2maß** *n techn.* coefficient *m* de retrait; grandeur *f* de retrait, de contraction; **2ˌniere** *f méd.* rein contracté; **2ring** *m techn.* frette *f*; **2riß** *m techn.* crique *f* de retrait; fissure *f*; **2sitz** *m techn.* ajustage *m*, emmanchement *m* à chaud; ajustement fretté; **2ung** *f* ⟨~; ~en⟩ rétrécissement *m*; contraction *f*; resserrement *m*; *techn. auch* retrait *m*; *méd.*, *der Leber* cirrhose *f*; *fig.*, *des Kapitals etc.* diminution *f*; amoindrissement *m*; **2ungsˌausgleich** *m techn.* compensation *f* de retrait; **2verˌbindung** *f techn.* joint *m* de dilatation.

schrumplig [ˈʃrumplɪç] F *adj. cf.* schrumpelig.

Schrund|e [ˈʃrundə] *f* ⟨~; ~n⟩ *im Fels, Gletscher* crevasse *f*; fissure *f*; *in der Haut* crevasse *f*; gerçure *f*; **2ig** *adj.* *Fels* crevassé; fissuré; *Haut* gercé; crevassé.

Schrupp|arbeit [ˈʃrupˌʔarbaɪt] *f techn.* (travail *m* de) dégrossissage *m*; **2en I** *v/t.* ⟨h⟩ **1.** *techn.* dégrossir; **2.** *cf.* schrubben; **II ~en** *n* ⟨~s⟩ **3.** dégrossissage *m*; **4.** *cf.* Schrubben; **~ˌfeile** *f* lime *f* à dégrossir; riflard *m*; **~ˌfräser** *m* fraise dégrossisseuse; **~ˌhobel** *m* riflard *m*; **~hobelmaˌschine** *f* raboteuse *f* de dégrossissage; **~schliff** *m* dégrossissage *m* à la meule; **~stahl** *m* acier, outil dégrossisseur, à dégrossir.

Schub [ʃuːp] *m* ⟨~(e)s; ~e⟩ **1.** *techn.* (*Scherung*) cisaillement *m*; **2.** *phys.*, *aviat.*, *techn.* (*Vortriebskraft*) poussée *f*; *aviat. auch* impulsion *f* (d'un réacteur, d'une fusée, d'un propulseur); **3.** *Brote, fig. Menschen* fournée *f*; mit dem ersten ~ (*in e-e Dienststelle etc.*) hineinkommen entrer avec la première fournée; **4.** *zwangsweiser Abtransport von Personen* transport *m* (par la gendarmerie); per ~ an die Grenze bringen reconduire sous escorte à la frontière; refouler à la frontière, 'hors du pays; expulser; **5.** *Kegeln* coup *m*; den ersten ~ haben avoir la boule; **~beˌanspruchung** *f techn.* effort *m* de cisaillement; **~ˌdichte** *f aviat.* charge *f* de poussée; **~ˌdüse** *f aviat.* tuyère *f* d'éjection.

Schuber [ˈʃuːbər] *m* ⟨~s; ~⟩ *für Bücher* étui *m* à livre.

Schub|erhöhung [ˈʃuːpʔɛrˌhøːuŋ] *f aviat.* augmentation *f* de poussée; **~erˌzeuger** *m aviat.* générateur *m* de poussée; **~fach** *n* tiroir *m*; **~ˌfestigˌkeit** *f techn.* résistance *f* au cisaillement; **~ˌkarre(n)** *f* (*m*) brouette *f*; **~ˌkasten** *m*, **~ˌlade** *f* tiroir *m*; **~kraft** *f aviat.* force *f* de poussée; *techn.* effort *m* de cisaillement; force tranchante; **~ˌlehre** *f Meßinstrument* pied *m* à coulisse; **~ˌleistung** *f aviat.* puissance *f* de poussée; **~ˌmodul** *m techn.* module *m* de cisaillement; **~ˌregelung** *f aviat.* régulateur *m* de poussée.

Schubs [ʃups] F *m* ⟨~es; ~e⟩ poussée *f*; bourrade *f*; j-m e-n ~ geben *cf.* 2en; **2en** F *v/t.* ⟨-(es)t, h⟩ j-n ~ pousser qn.; donner une poussée, une bourrade à qn.; bousculer qn.

Schub|spannung [ˈʃuːpˌʃpanuŋ] *f techn.* (kritische) ~ effort *m* de cisaillement (critique); **~ˌstange** *f Auto* bielle *f*; **~ˌsteigerung** *f aviat.* augmentation *f* de la poussée; **~verˌlauf** *m aviat.* allure *f* de la poussée; **~verˌlust** *m aviat.* perte *f* de poussée; **2ˌweise** *adv.* (*per Schub*) par fournées; (*nach u. nach*) peu à peu; par (petits) paquets; **~zeit** *f aviat.* temps *m* de poussée.

schüchtern [ˈʃʏçtərn] *adj.* timide; craintif, -ive; (*verschämt*) 'honteux, -euse; qui se gêne; (*scheu*) sauvage; effarouché; farouche; **2ˌheit** *f* ⟨~⟩ timidité *f*; sauvagerie *f*; crainte *f*.

schuf [ʃuːf] *cf.* schaffen[1].

Schuft [ʃuft] *m* ⟨~(e)s; ~e⟩ misérable *m*; fripon *m*; coquin *m*; gredin *m*; gueux *m*; canaille *f*; crapule *f*; fripouille *f*; P *fig.* vermine *f*.

schuft|en [ˈʃuftən] F *v/i.* ⟨-ete, h⟩ *körperlich* F travailler d'arrache-pied, comme un nègre, comme un galérien; P trimer; boulonner; travailler comme un mercenaire; turbiner; en mettre un coup; bosser dur; gratter; s'éreinter; se crever, se claquer au travail; *geistig cf.* büffeln; **2eˈrei** F *f* ⟨~; ~en⟩ travail *m* pénible, dur; F dur boulot *m*; P turbin *m*; *geistige cf.* Büffelei.

schuftig [ˈʃuftɪç] *adj.* misérable; fripon, -nne; coquin; gueux, -euse; de (*adv.* en) canaille, crapule, *etc.* (*cf.* Schuft); infâme; **2ˌkeit** *f* ⟨~⟩ friponnerie *f*; coquinerie *f*; gueuserie *f*; bassesse *f*; infamie *f*; vilenie *f*; gredinerie *f*; F canaillerie *f*; fripouillerie *f*.

Schuh [ʃuː] *m* ⟨~(e)s; ~e⟩ **1.** chaussure *f*; (*Halb*2) soulier *m*; *leichter* escarpin *m*; hohe ~e bottines *f/pl.*; chaussures montantes; ~e mit hohen (flachen) Absätzen chaussures à talons 'hauts (plats); orthopädischer ~ chaussure orthopédique; die ~e drücken an den Zehen les chaussures serrent aux orteils; dieser ~ sitzt gut ce soulier chausse bien; sich die ~e anziehen (ausziehen) se (dé)chausser; gute (schlechte) ~e tragen être bien (mal) chaussé; *fig.* j-m etw. in die ~e schieben imputer, faire endosser la faute de qc. à qn.; F mettre qc. sur le dos de qn.; *fig.* er weiß, wo ihn der ~ drückt il sait où le bât le blesse; *fig.* umgekehrt wird ein ~ draus vous réussirez en faisant tout le contraire; **2.** (*Kabel*2) cosse *f*; (*Hemm*2) sabot *m*; (*Gleit*2) patin *m*; *e-s Pfahles etc.* sabot *m*; **~ˌabsatz** *m* talon *m* (de soulier); **~ˌanˌzieher** *m* ⟨~s; ~⟩ chausse-pied *m*; corne *f* à chaussure; **~band** *n* ⟨~(e)s; ~er⟩ lacet *m*; cordon *m* de soulier; **~ˌbremse** *f techn.* frein *m* à sabot; **~ˌbürste** *f* brosse *f* à chaussures; **~ˌcreme** *f* cirage *m*; crème *f* (pour chaussures); cirage-crème *m*; **~faˌbrik** *f* fabrique *f* de chaussures; **~fabriˌkant** *m* fabricant *m* de chaussures; chausseur *m*; **~geˌschäft** *n* magasin *m* de chaussures; **~ˌgröße** *f* pointure *f*; ~ 39 haben chausser du 39; **~ˌhandel** *m* (commerce *m* de la) chaussure; **~haus** *n cf.* ~geschäft; **~indusˌtrie** *f* (industrie *f* de la) chaussure; **~karˌton** *m* boîte *f* à chaussures; **~ˌkrem(e)** *m* (*f*) *cf.* ~creme; **~ˌladen** *m cf.* ~geschäft; **~ˌlappen** *m* torchon *m* (pour chaussures); **~ˌleder** *n* cuir *m* à chaussures; **~ˌleisten** *m* forme *f*; embauchoir *m*; **~ˌlöffel** *m cf.* ~anzieher; **~ˌmacher** *m* ⟨~s; ~⟩ cordonnier *m*; (*Stiefelmacher*) bottier *m*; **~macheˈrei** *f* ⟨~; ~en⟩ cordonnerie *f*; **~macher,handwerk** *n* cordonnerie *f*; métier *m* de cordonnier; **~,nagel** *m* pointe *f*; *aus Holz* cheville *f* à chaussure; *cf. auch* ~-zwecke; **~,paste** *f cf.* ~creme; **~-,pflege** *f* entretien *m* des chaussures; **2,platteln** *v/i.* ⟨-(e)le, h⟩ danser la danse tyrolienne, bavaroise; **~,plattler** *m* ⟨~s; ~⟩ danse tyrolienne, bavaroise; **~,putzer** *m* cireur *m*; *fig.* **ich bin nicht dein ~** je ne suis pas ton domestique; *fig.* **j-n wie e-n ~ behandeln** traiter qn. comme son valet, son domestique; **~putz,mittel** *n/pl.* produits *m/pl.* pour l'entretien des chaussures; *cf. auch* ~creme; **~,riemen** *m cf.* ~band; *bibl., fig.* **er ist nicht wert, ihm die ~ zu lösen** il n'est pas digne de dénouer les cordons de ses souliers; il ne lui arrive pas à la cheville; **~-,schnalle** *f* boucle *f* de soulier; **~-schrank** *m* armoire *f* à chaussures; **~,senkel** *m cf.* ~band; **~,sohle** *f* semelle *f*; *fig.* F **sich die ~n ablaufen, um etw. zu bekommen** courir beaucoup, F se décarcasser, se mettre en quatre pour obtenir qc.; *fig.* **das habe ich mir längst an den ~n abgelaufen** il y a longtemps que j'ai su cela; **~-,spanner** *m* tendeur *m*; embauchoir *m*; **~,waren** *f/pl.* chaussures *f/pl.*; **~-waren,händler** *m* marchand *m* de chaussures; chausseur *m*; **~werk** *n* chaussures *f/pl.*; **~,wichse** F *f cf.* ~creme; **~zeug** F *n* chaussures *f/pl.*; **~,zwecke** *f für Nagelschuhe* caboche *f*; clou *m* à brodequin.

Schuko|steckdose [ˈʃuːkoˑ,ʃtɛkdoːzə] *f élect.* prise *f* de courant avec terre; socle *m* tripolaire; **~,stecker** *m élect.* fiche *f* avec terre, tripolaire.

Schul|abgang [ˈʃuːl,ˀapgaŋ] *m* sortie *f* d'école; **~,abgänger** *m* ⟨~s; ~⟩ élève *m, f* ayant terminé sa scolarité, ses études; **~amt** *n Behörde* administration *f* scolaire, des écoles, de l'enseignement; **~amtskandi,dat** *m* aspirant *m* instituteur; **~,anfang** *m nach den Ferien* rentrée *f* scolaire, des classes; **~,anfänger** *m* commençant *m*; **~,anstalt** *f* établissement *m* scolaire; école *f*; **~,arbeit** *f* devoir *m*; **~arzt** *m* médecin *m* inspecteur des écoles; médecin *m* scolaire; **~,atlas** *m* atlas *m* scolaire; **~,aufgaben** *f/pl. cf.* ~arbeit; **~,aufsicht** *f* inspection *f* des écoles; **~,ausflug** *m* excursion *f* scolaire; **~,ausgabe** *f* édition *f* scolaire, classique; **~bank** *f* ⟨~; ~e⟩ banc *m* d'école; **die ~ drücken** aller à l'école, en classe; **~,bauten** *m/pl.* constructions *f/pl.* scolaires; **~be,ginn** *m cf.* ~anfang; **~be,hörde** *f* autorité *f*, administration *f* scolaire, de l'enseignement; **~,beispiel** *n* exemple *m* classique, typique, caractéristique (für de); **~be,such** *m* fréquentation *f* scolaire, de l'école; scolarisation *f*; scolarité *f*; **~be,zirk** *m* district *m*, circonscription *f* scolaire; **~biblio,thek** *f* bibliothèque *f* scolaire, d'école; **~,bildfunk** *m* télévision *f* scolaire, éducative; **~,bildung** *f* éducation *f*, formation *f* scolaire; **e-e gute ~ haben** avoir une bonne instruction; avoir fait de bonnes études; **e-e schlechte ~ haben** avoir une instruction défectueuse; **~buch** *n* livre *m*, manuel *m* scolaire; livre *m* de classe; livre *m* classique; **~buchver,lag** *m* librairie *f* classique.

Schuld [ʃult] *f* ⟨~; ~en⟩ **1.** *comm.* (*Geld2*) dette *f*; obligation *f*; **ausstehende ~** créance *f*; **befristete ~** dette à terme, récupérable; **bevorrechtigte ~** dette privilégiée; **fällige ~** dette exigible, échue; **verbriefte ~** dette obligataire, reconnue par un titre; **verjährte ~** dette périmée, caduque, abrogée, éteinte par la prescription, prescrite; **nicht beitreibbare ~** créance irrécouvrable; **s-e ~en bezahlen** payer, régler ses, s'acquitter de ses dettes; **e-e ~ abarbeiten** s'acquitter d'une dette par son travail; **für e-e ~ aufkommen** répondre d'une dette; **e-e ~ bereinigen** apurer une dette; **e-e ~ eintreiben** recouvrer, récupérer une dette, créance; **j-m e-e ~ erlassen** remettre une dette à qn.; **e-e ~ tilgen** amortir, éteindre une dette; **in ~en geraten, sich in ~en stürzen** s'endetter; se mettre dans les dettes; **~en machen** faire, contracter des dettes; **~en haben** avoir des dettes; être endetté; **bis über die Ohren in ~en stecken** avoir des dettes par-dessus la tête; être criblé de dettes; **bei j-m ~en haben** être en dette avec qn.; être le débiteur de qn.; *fig.* **ich stehe tief in Ihrer ~** je vous en suis infiniment obligé; je vous en ai la plus grande obligation; **ich weiß wohl, daß ich in Ihrer ~ stehe** je sais bien ce que je vous dois; **2.** ⟨*pas de pl.*⟩ (*Fehler*) faute *f*; (*Ursache, Veranlassung*) cause *f*; (*Unrecht*) tort *m*; *jur.* (*Straffälligkeit*) culpabilité *f*; *relig.* (*Sünde*) péché *m*; offense *f*; **wer hat die ~?, wer hat 2?, wer trägt die ~ daran?, wessen ~ ist es?, wen trifft die ~?** à qui la faute?; **es ist meine ~, die ~ liegt bei mir, ich habe 2** c'est ma faute; **ich bin 2 daran, daß ...** c'est par ma faute que ...; **durch meine ~** par ma faute; **ohne meine ~** sans qu'il y ait de ma faute; **j-m 2 geben, j-m die ~ geben** attribuer, imputer la faute à qn.; **j-m die ~ für etw. geben** s'en prendre à qn. de qc.; attribuer, imputer à qn. la faute de qc.; **die ~ auf j-n schieben, j-m die ~ zuschieben** mettre tous les torts sur qn.; rejeter la faute sur qn.; s'excuser sur qn.; **mich trifft alle ~** j'ai tous les torts; **die ~ war auf s-r Seite** le tort était de son côté; **die ~ liegt z. T. bei ihm** une partie de la faute retombe sur lui; **die ~ auf sich nehmen** prendre la faute sur soi; s'attribuer, s'imputer la faute; **der dauernde Regen ist 2 daran** la cause réside dans les pluies constantes; les pluies constantes en sont la cause; *jur.* **2 haben** *strafrechtlich* être coupable; *zivilrechtlich* être responsable; **an etw. 2 sein** être responsable de qc.; **e-e schwere ~ auf sich laden** se rendre coupable d'une faute grave; commettre une grave faute; **s-e ~ bekennen** s'avouer, se reconnaître coupable; avouer sa faute; **s-e ~ leugnen, abstreiten** nier sa culpabilité; **bis jetzt ist s-e ~ nicht erwiesen** jusqu'à présent, on n'a aucune preuve de sa culpabilité; **~ u. Sühne** crime et châtiment; *relig.* **vergib uns unsere ~** pardonnez-nous nos offenses.

Schuld|ablösung [ˈʃult,ˀaploːzuŋ] *f comm.* amortissement *m* d'une dette; **~,abtretung** *f comm.* cession *f* de dette; **~,anerkenntnis** *n comm.* reconnaissance *f* de dette; **~be,kenntnis** *n* aveu *m*; reconnaissance *f* de culpabilité; **2be,laden** *adj.* chargé de fautes, de péchés, de crimes; accablé du poids de ses fautes, péchés, crimes; **~be,trag** *m comm.* montant *m* de la dette; **~be,weis** *m jur.* corps *m* du délit; preuve *f* de culpabilité; **2be,wußt** *adj.* qui se sent coupable; **~be,wußtsein** *n* conscience *f* de sa culpabilité; **~brief** *m comm.* obligation *f*; lettre *f*, titre *m* de créance; **~buch** *n* livre *m* de dettes; **~buch,forderung** *f* créance inscrite dans le livre de dettes.

schulden [ˈʃuldən] *v/t.* ⟨-ete, h⟩ **j-m etw. ~** devoir qc. à qn.; être redevable de qc. à qn. (*beide auch fig.*).

Schulden|abdeckung [ˈʃuldən,ˀapdɛkuŋ] *f* acquittement *m*, règlement *m* des dettes; **~,abzug** *m* déduction *f*, défalcation *f* des dettes; **~,aufstellung** *f* état *m* des dettes; **~be,reinigung** *f* apuration *f* des dettes; **~,dienst** *m* service *m* des dettes; **2,frei** *adj.* exempt de dettes; sans dettes; net, -tte, quitte de toute dette; *Haus etc.* non hypothéqué; non grevé d'hypothèques; **sich ~ machen** s'acquitter de ses dettes; **~ sein** être sans dettes; n'avoir plus de dettes; **2,halber** *adv.* à cause de dettes; **~he,rabsetzung** *f* réduction *f* des dettes; **~,last** *f* (poids *m* de) dettes *f/pl.*; lourdes dettes; **~,machen** *n* endettement *m*; **~-,macher(in)** *m* ⟨~s; ~⟩ (*f*) ⟨~; ~nen⟩ celui, celle qui aime faire des dettes; **~,masse** *f bei e-m Konkurs* passif *m*; **~,rückzahlung** *f* paiement *m*, liquidation *f*, remboursement *m* des dettes; **~,senkung** *f cf.* ~herabsetzung; **~,tilgung** *f* amortissement *m*, extinction *f* des dettes; **~,tilgungs,fonds** *m* fonds *m* d'amortissement; **~,tilgungs-,plan** *m* plan *m* d'amortissement; **~-,trennung** *f* séparation *f* des dettes; **~ver,waltung** *f* administration *f* des dettes.

Schuld|erlaß [ˈʃultˀɛr,las] *m* remise *f* de dettes; **~,forderung** *f* créance *f*; **~,frage** *f* question *f* de culpabilité, de responsabilité; **~ge,fängnis** *n hist. cf.* Schuldturm; **~ge,fühl** *n* sentiment *m* de culpabilité; **2haft** *adj.* coupable; fautif, -ive; **~haft** *f hist.* emprisonnement *m* pour dettes; contrainte *f* par corps.

Schul|diener [ˈʃuːl,diːnər] *m* concierge *m*; **~dienst** *m* fonction enseignante; **im ~ sein** être dans l'enseignement.

schuldig [ˈʃuldɪç] *adj.* coupable; responsable; fautif, -ive; (*gebührend*) dû, due; *comm.* qui doit; **der ~e Teil** la partie coupable; **~ oder unschuldig** coupable ou non; **für ~ erklären, ~ sprechen** déclarer coupable; **sich ~ bekennen, erklären** plaider, se déclarer, s'avouer, se reconnaître coupable; avouer sa culpabilité; **j-n für ~ halten** tenir qn. pour coupable; estimer, présumer, réputer qn. coupable; regarder, considérer qn. comme coupable; **für ~ befunden werden** être reconnu coupable; **j-n ~ sprechen** condamner qn.; **sich e-s Verbrechens ~ machen** se rendre coupable d'un crime; **sich ~ fühlen** se sentir coupable, en faute; **er ist ~** il est en faute; **er ist des Todes ~** il mérite la mort; **j-m etw. ~ sein** devoir qc. à qn.; être redevable de qc. à qn.; avoir des obligations à *od.* envers qn.; **j-m etw. ~ bleiben** être en reste avec qn.; être, rester en dette de qc. avec qn.; rester débiteur de qn.; **j-m nichts mehr ~ sein** être quitte envers qn.; **was sind wir ~?** qu'est-ce que nous vous devons?; F ça fait?; c'est combien?; **j-m großen Dank ~ sein** avoir beaucoup d'obligations à qn.; devoir à qn. une grande reconnaissance; **das ist man ihm ~** cela lui est dû; **j-m die ~e Achtung versagen** refuser à qn. le respect qui lui est dû, qu'on lui doit;

j-m die Antwort ~ bleiben laisser qn. sans réponse; ne faire aucune réponse à qn.; ne savoir que répondre à qn.; **keine Antwort ~ bleiben** répondre du tac au tac; avoir la repartie prompte; avoir réponse à tout; **er blieb ihm die Antwort nicht ~** la réponse ne se fit pas attendre; *fig.* **j-m nichts ~ bleiben** rendre le change, la pareille, la monnaie de sa pièce à qn.; **2e(r)** *f* (*m*) ⟨→ A⟩ coupable *m, f*; *relig.* **wie wir vergeben unsern ~rn** comme nous pardonnons à ceux qui nous ont offensés; **2ˌkeit** *f* ⟨~⟩ devoir *m*; **er hat nur s-e Pflicht u. ~ getan** il n'a fait que son devoir; **2ˌsprechung** *f* ⟨~⟩ verdict *m*, déclaration *f*, sentence *f* de culpabilité; condamnation *f*.

Schuldisziplin [ˈʃuːldɪstsiˑˌpliːn] *f* discipline *f* scolaire.

Schuld|klage [ˈʃʊltˌklaːɡə] *f jur.* action *f* pour dettes; **~ˌkonto** *n* compte débiteur; débit *m*; **2los** *adj.* non coupable; innocent; **j-n für ~ halten** tenir qn. pour innocent; estimer, présumer, réputer qn. innocent; regarder, considérer qn. comme innocent; **~ˌlosigˌkeit** *f* ⟨~⟩ non-culpabilité *f*; innocence *f*.

Schuldner|(in) [ˈʃʊldnər(ɪn)] *m* ⟨~s; ~⟩ (*f*) ⟨~; ~nen⟩ débiteur, -trice *m, f*; obligé, -e *m, f*; **beklagter ~** débiteur assigné; **säumiger ~** débiteur négligent, en retard; **zahlungsunfähiger ~** débiteur insolvable, défaillant; **e-n ~ pfänden** exécuter un débiteur; **~beˌgünstigung** *f* fait *m* de favoriser (frauduleusement) un débiteur; **~ˌland** *n* pays débiteur; **~verˌzug** *m* demeure *f* du débiteur.

Schuld|posten [ˈʃʊltˌpɔstən] *m* somme due; poste débiteur; article *m* au débit; **~recht** *n* droit *m* des obligations; **~ˌsaldo** *m* solde passif, débiteur; **~schein** *m* titre *m* de créance; billet *m*; obligation *f*; **~spruch** *m jur.* verdict *m*, sentence *f* de culpabilité; **~ˌsumme** *f* montant *m* de la dette; **~ˌtitel** *m* titre *m* de créance, de dette; **~turm** *m hist.* prison *f* pour dettes; **~ˌübernahme** *f* reprise *f* de dettes; prise *f* en charge de dettes; **~ˌumwandlung** *f* conversion *f* de dette; novation *f* de créance; **~verˌhältnis** *n* (rapport *m* d')obligation *f*; **~verˌschreibung** *f* (titre *m* d')obligation *f*; *cf. auch* **~schein**; **~ auf den Inhaber** obligation au porteur; **Inhaber e-r ~** obligataire *m*; **nicht übertragbare ~** obligation nominative; **ablösbare, einlösbare, kündbare ~** obligation amortissable, rachetable, remboursable; **~verˌschreibungsˌinhaber** *m* obligataire *m*; détenteur *m*, titulaire *m*, porteur *m* d'obligation; **~verˌsprechen** *n* promesse *f* de dette.

Schule [ˈʃuːlə] *f* ⟨~; ~n⟩ école *f* (*auch fig.*); (*Unterricht*) classe *f*; **höhere ~** école secondaire; lycée *m*; collège *m*; **konfessionelle ~** école confessionnelle; *Reiten* **Hohe ~** 'haute école; **in die ~ gehen** aller à l'école, en classe; **in der ~ sein** être en classe; **~ halten** faire la classe; **die ~ besuchen** fréquenter l'école; **die ~ versäumen** manquer la classe; F **die ~ schwänzen** faire l'école buissonnière; **keine ~ haben** ne pas avoir classe; **morgen ist keine ~** demain, nous avons congé; demain, il n'y a pas classe, F d'école; **die ~ fängt Freitag wieder an** la rentrée des classes aura lieu vendredi; **frisch von der ~ kommen** être frais émoulu de l'école; *fig.* **~ des Lebens** école, apprentissage de la vie; *fig.* **alte ~** vieille école; *fig.* **aus der ~ plaudern** trahir un secret; commettre une indiscrétion; F jaser; *fig.* **durch e-e harte ~ gehen** faire un rude apprentissage; être à rude école; *fig.* **~ machen** faire école.

schulen [ˈʃuːlən] *v/t.* ⟨h⟩ former; instruire; éduquer; *Stimme, Redner* **geschult** cultivé.

schul|entlassen [ˈʃuːlˀɛntˌlasən] *adjt.* qui a terminé sa scolarité; **2entˌlassungsˌzeugnis** *n* diplôme *m* de fin d'études; certificat *m* d'études; **~entˌwachsen** *adjt.* qui a dépassé l'âge scolaire.

Schüler|(in) [ˈʃyːlər(ɪn)] *m* ⟨~s; ~⟩ (*f*) ⟨~; ~nen⟩ élève *m, f*; (*Volks2*) écolier, -ère *m, f*; (*Ober2*) lycéen, -nne *m, f*; F potache *m*; *e-r städtischen Schule, auch* (*Mittel2*) collégien, -nne *m, f*; *fig.* (*Jünger*) disciple *m*; **schlechter ~** F cancre *m*; **gehorsamer ~** disciple soumis; **~ˌaustausch** *m* échange *m* scolaire, d'élèves; **~biblioˌthek** *f* bibliothèque *f* scolaire, des élèves; **2ˌhaft 1.** *adj.* d'écolier; d'élève; de collégien; **2.** *adv.* en écolier, élève, collégien; **~ˌhaftigkeit** *f* ⟨~⟩ gaucherie *f*, maladresse *f* qui sent l'écolier; **~ˌheim** *n* internat *m*; **~jarˌgon** *m* langage *m*, jargon *m*, argot *m* des écoles, des écoliers; **~ˌkarte** *f chem., Straßenbahn, Bus* carte *f* d'abonnement pour élèves; *thé.* billet *m* de faveur, de réduction, à prix réduit pour élèves; **~ˌlotse** *m in Deutschland* élève *m, f* réglant la circulation à l'entrée et à la sortie de son école; **~ˌschaft** *f* ⟨~; ~en⟩ (tous les) élèves *m/pl.*; **~ˌsprache** *f cf.* **~jargon**; **~ˌstreich** *m* tour *m* de collégien; **~verˌtretung** *f* représentants *m/pl.* des élèves; **~ˌzeitung** *f* journal *m* des élèves.

Schul|erziehung [ˈʃuːlˀɛrˌtsiːʊŋ] *f* éducation *f* scolaire; **~fach** *n* discipline *f*; matière *f*; **2ˌfähig** *adj.* en âge d'aller à école; ayant atteint l'âge d'aller à l'école; **~ˌfeier** *f* fête *f* scolaire; **~ˌferien** *pl.* vacances *f/pl.* scolaires; **~ˌfernsehen** *n* télévision éducative, scolaire; **~fest** *n cf.* **~feier**; **~film** *m* film éducatif; **~flug** *m aviat.* vol *m* d'entraînement; **~ˌflugzeug** *n aviat.* avion-école *m*; **2frei** *adj.* **~er Tag** jour de congé, où il n'y a pas classe; **die Kinder haben heute ~** aujourd'hui les enfants ont congé; **heute ist ~** il n'y a pas classe aujourd'hui; **~ˌfreund(in)** *m* (*f*) camarade *m, f*, F copain *m*, copine *f* d'école; **~ˌfreundschaft** *f* camaraderie *f* d'école; **~funk** *m* radio *f*, émission *f* scolaire; **~ˌgarten** *m* jardin *m* scolaire; **~geˌbäude** *n* bâtiment *m* scolaire; école *f*; **~geˌbrauch** *m* **für den ~** à l'usage des écoles; **~geˌfechtsˌschießen** *n milit.* exercices *m/pl.* de tir; **~geˌlände** *n* enceinte *f* de l'école; **~geld** *n* frais *m/pl.* de scolarité; **~geldˌfreiheit** *f* gratuité *f* de l'enseignement; **~geˌlehrsamkeit** *péj. f* érudition *f* scolaire; pédanterie *f*; **~geˌmeinde** *f* communauté *f* scolaire; **~geˌsetz** *n* loi *f* scolaire; **~geˌsundheitsˌpflege** *f* service *m* d'inspection sanitaire des écoles; **~graˌmmatik** *f* grammaire *f* scolaire; **~haus** *n* école *f*; **~heft** *n* cahier *m*; **~ˌhelfer(in)** *m* (*f*) instituteur, -trice *m, f* auxiliaire; **~hof** *m* cour *f* d'école; *überdachter* préau *m*; **2isch** *adj.* scolaire; **~jahr** *n* année *f* scolaire; **~ˌjugend** *f* jeunesse *f* des écoles; élèves *m/pl.*; **~ˌjunge** *m* écolier *m*; **~kameˌrad(in)** *m* (*f*) camarade *m, f* d'école; condisciple *m*; **~ˌkenntnisse** *f/pl.* connaissances *f/pl.* scolaires; **~kind** *n* écolier, -ère *m, f*; **~ˌklasse** *f* classe *f*; salle *f* de classe; **~ˌküche** *f* cuisine *f* scolaire; **~ˌlandheim** *n* maison *f* de campagne d'une école; **~ˌlehrer(in)** *m* (*f*) maître, -esse *m, f* d'école; instituteur, -trice *m, f*; *an höheren Schulen* professeur *m*; (femme *f*) professeur *m*; **~ˌleiter(in)** *m* (*f*) directeur, -trice *m, f* d'une école; *e-r höheren Schule* proviseur *m*; principal *m*; **~lekˌtüre** *f* textes choisis; lectures *f/pl.* scolaires, choisies; **~ˌmädchen** *n* écolière *f*; **~mann** *m* ⟨~(e)s; ~er⟩ pédagogue *m*; *cf. auch* **~lehrer**; **~ˌmappe** *f* sac *m*, serviette *f* d'écolier; cartable *m*; **2ˌmäßig** *adj.* conforme aux règles d'école; méthodique; **~ˌmeister** F *m cf.* **~lehrer**; *péj.* pédant *m*; **~meisteˈrei** F *f* ⟨~⟩ *péj.* pédantisme *m*; **2ˌmeisterˌlich** *adj. u. adv.* de *od.* en pédant; **~er Ton** ton magistral, préceptoral, professoral, doctoral; **2ˌmeistern** *péj.* **I** *v/t.* ⟨-(e)re, h⟩ critiquer d'un ton doctoral, professoral; morigéner; régenter; **II** *v/i.* faire le pédant; prendre un ton doctoral, professoral; **~orˌchester** *n* orchestre *m* scolaire; **~ˌordnung** *f* règlement *m* scolaire; *e-r einzelnen Schule* règlement *m* intérieur d'une école; **~pferd** *n* cheval *m* de manège; **~pflicht** *f* enseignement *m* obligatoire; obligation *f* scolaire; scolarité *f* obligatoire; **2ˌpflichtig** *adj.* soumis à l'enseignement obligatoire; *Kinder* en âge d'aller à l'école; **~es Alter** âge scolaire; **Kinder im ~en Alter** enfants d'âge scolaire; **~poliˌtik** *f* politique *f* scolaire; **~ˌranzen** *m* cartable *m*; sac *m* d'écolier; **~rat** *m*, **~ˌrätin** *f* inspecteur, -trice *m, f* primaire; **~ˌräume** *m/pl.* locaux *m/pl.* scolaires; **~raumˌnot** *f* insuffisance *f*, pénurie *f* de(s) locaux scolaires; **~recht** *n* droit *m* scolaire; **~reˌform** *f* réforme *f* scolaire; **~reife** *f* maturité *f* pour l'école; **~ˌreiten** *n* manège *m*; 'haute école; **~ˌreiter(in)** *m* (*f*) écuyer, -ère *m, f*; **~ˌschießen** *n milit.* tir *m* d'instruction; **~schiff** *n mar.* navire-école *m*; **~schluß** *m mittags* sortie *f* des classes; *zu Beginn der Ferien*: *verbal*; **am Freitag ist ~** les écoles ferment vendredi pour les vacances; **~schritt** *m Reiten* pas *m* d'école; **~ˌschwänzer(in)** *m* ⟨~s; ~⟩ (*f*) ⟨~; ~nen⟩ celui, celle qui fait l'école buissonnière; **~ˌspeisung** *f* (œuvre *f* de la) soupe *f* scolaire; déjeuner des élèves distribué gratuitement; cantines *f/pl.* scolaires gratuites; **~sport** *m* sport *m* scolaire; **~ˌstunde** *f* leçon *f*; *nur zeitlich* **vier ~n haben** avoir quatre heures de classe; **e-e ~ versäumen** manquer la classe; F **e-e ~ schwänzen** F sécher le cours; **~sysˌtem** *n* système *m* scolaire, d'enseignement; **~ˌtafel** *f* tableau *m* (noir); **~tag** *m* jour *m* de classe; **~ˌtasche** *f cf.* **~mappe**.

Schulter [ˈʃʊltər] *f* ⟨~; ~n⟩ épaule *f*; **abfallende ~n** épaules descendantes, tombantes; **schmale ~n haben** être étroit d'épaules, de carrure; **breite ~n haben** avoir de larges épaules, les épaules larges, carrées; avoir de la carrure; être carré d'épaules; *fig.* F avoir bon dos; **über die ~ gehängt tragen** porter en bandoulière; **~ an ~** côte à côte; **auf j-s ~n stehen** se faire faire la courte échelle par qn.; **j-m auf die ~ klopfen** donner à qn. une tape sur l'épaule; **die ~n hochziehen** 'hausser les épaules; **e-e Last auf den ~n tragen** porter un fardeau sur les épaules; *Ringen* **auf die ~n zwingen** faire toucher les épaules; *fig.* **alle Verantwortung ruht auf meinen ~n** toute la responsabilité repose, pèse sur mes épaules; *cout.* **die ~n polstern** rembourrer les épaules; *fig.* **j-m die kalte ~ zeigen** battre froid à qn.; *fig.* **etw. auf die leichte ~ nehmen** prendre qc. à la légère; *fig.* **j-n über die ~ ansehen** regarder qn. du haut de sa grandeur; *fig.* **auf beiden ~n tragen** F ménager la chèvre et le chou; *fig.* nager entre deux eaux; **~ˌblatt** *n anat.* omoplate *f*; **~ˌbreite** *f* carrure *f*; **~ˌeisen** *n des Schornsteinfegers* raclette *f*; **2ˌfrei** *adj. Kleid* décolleté; **~ˌgegend** *f méd. sc.* région *f* scapulaire; **~geˌlenk** *n anat.* articulation *f* de l'épaule; **~ˌgürtel** *m anat.* ceinture *f* scapulaire; **~ˌgurt** *m* bretelle *f*; bandoulière *f*; baudrier *m*; **~ˌhöhe** *f* 'hauteur *f* des épaules; *anat. sc.* acromion *m*; in **~** dans l'alignement des épaules; **~ˌklappe** *f milit.* patte *f* d'épaule; **2ˌlahm** *adj. Pferd* épaulé; **~ˌmuskel** *m anat.* muscle huméral; deltoïde *m*; **2n** *v/t.* ⟨-(e)re, h⟩ mettre, jeter sur l'épaule; **~ˌpatte** *f cout.* patte *f* d'épaule; **~ˌpolster** *n cout.* épaulette *f*; **~ˌriemen** *m der Polizei etc.* bandoulière *f*; *cf. auch* **~gurt**; **~ˌstand** *m gym.* appui renversé sur les épaules; **~ˌstück** *n milit., hist.* épaulette *f*; *e-r Rüstung* épaulière *f*; **~ˌwehr** *f milit.* épaulement *m*; **~ˌweite** *f* carrure *f*.

Schultheiß [ˈʃulthaɪs] *m* ⟨~en; ~en⟩ *hist.* maire *m* (de village); **~enˌamt** *n hist.* mairie *f*; charge *f*, fonctions *f/pl.* de maire (de village).

Schulträger [ˈʃuːlˌtrɛːgər] *m* organisme *m* subventionnant une école.

Schulung [ˈʃuːluŋ] *f* ⟨~; ~en⟩ *fachliche* formation *f*; instruction *f*; entraînement *m*; exercice *m*; *politische* éducation *f*; **~sˌkursus** *m* cours *m* d'instruction, de perfectionnement, de formation; stage *m* d'instruction; **~sˌlager** *n* camp *m* d'instruction; **~sˌlehrgang** *m cf.* **~skursus**.

Schul|unterricht [ˈʃuːlˌʔuntərrɪçt] *m* enseignement *m* scolaire; instruction publique; **~utenˌsilien** *pl.* matériel *m* scolaire; fournitures *f/pl.* scolaires; **~verˌsäumnis** *n* absence *f* (en classe); **~verˌwaltung** *f* administration *f* scolaire; **~ˌwanderung** *f cf.* Schulausflug; **~weg** *m* chemin *m* de l'école; **~ˌweisheit** *péj. f* érudition *f* scolaire; savoir *m* livresque; **~ˌwesen** *n* instruction publique; enseignement *m*; **~ˌwörterbuch** *n* dictionnaire *m* à l'usage des écoles, classique.

Schulze [ˈʃultsə] *m* ⟨~n; ~n⟩ *hist. cf.* Schultheiß.

Schul|zahnarzt [ˈʃuːlˌtsaːnʔartst] *m* dentiste *m* des écoles; **~ˌzahnpflege** *f* soins *m/pl.* dentaires dans les écoles; **~zeit** *f* scolarité *f*.

Schulzenamt [ˈʃultsənˌʔamt] *n hist. cf.* Schultheißenamt.

Schul|zeugnis [ˈʃuːlˌtsɔʏknɪs] *n* bulletin *m*, certificat *m* scolaire; (*Abgangszeugnis*) certificat *m* d'études primaires, de fin d'études; **~ˌzimmer** *n* salle *f* de classe; **~zucht** *f* discipline *f* scolaire; **~zwang** *m* école *f*, scolarité *f*, enseignement *m*, instruction *f* obligatoire; obligation *f* scolaire; **~zweck** *m* **für ~e** pour les écoles.

Schummel|ei [ˌʃuməˈlaɪ] F *f* ⟨~; ~en⟩ tricherie *f*; **2n** [ˈʃu-] F *v/i.* ⟨-(e)le, h⟩ tricher.

schummer|ig [ˈʃuməˌrɪç] F *adj. cf.* dämmerig; **~n I** *v/t.* ⟨-(e)re, h⟩ *Landkarte* (*schraffieren*) 'hachurer; (*schattieren*) ombrer; nuancer; **II** F *v/i. cf.* dämmern I; **2ung** *f* ⟨~⟩ *e-r Landkarte* 'hachure *f*; demi-teintes ombrées.

Schund [ʃunt] *m* ⟨~(e)s⟩ article *m* de rebut; F rossignol *m*; pacotille *f*; camelote *f*; tape-à-l'œil *m*; P toc *m*; saloperie *f*; *fig.* ordure *f*; **~blatt** *n* feuille *f* de chou; **~literaˌtur** *f* mauvaise littérature; littérature *f* de bas étage, à la brouette; **~roˌman** *m* mauvais roman; roman *m* à quatre sous; F roman *m* de chez la portière; **~ˌware** *f cf.* Schund.

schunkeln [ˈʃuŋkəln] *v/i.* ⟨-(e)le, h⟩ se balancer; se dandiner.

Schupo[1] [ˈʃuːpoˑ] F *f* ⟨~⟩ *Kurzwort für Schutzpolizei* police *f*; **~**[2] *m* ⟨~s; ~s⟩ *Kurzwort für Schutzpolizist* agent *m* de police; *in Paris* gardien *m* de la paix; F sergot *m*; *péj.* flic *m*.

Schuppe [ˈʃupə] *f* ⟨~; ~n⟩ *zo., bot.* écaille *f*; *der Haut sc.* squame [skwam] *f*; *auf dem Kopf* pellicule *f*; *fig.* **es fiel ihm wie ~n von den Augen** les écailles lui sont tombées des yeux; ses yeux se sont dessillés; **2n I** *v/t.* ⟨h⟩ *Fisch* écailler; **II** *v/réfl. Haut* **sich ~** se desquamer [-skw-].

Schuppen [ˈʃupən] *m* ⟨~s; ~⟩ *für Flugzeuge* 'hangar *m*; *für Wagen auch* remise *f*; *chem.* dépôt *m*; *für Straßenbahnen* garage *m*; 'hall [oːl] *m*; dépôt *m*; (*Lager2*) entrepôt *m*; (*Holz2*, *Geräte2*) appentis *m*; **in den ~ stellen** remiser; garer.

schuppen|artig [ˈʃupənˌʔartɪç] *adj. sc.* squameux, -euse [skw-]; **2ˌfisch** *m zo.* poisson écailleux; **2ˌflechte** *f méd. sc.* psoriasis *m*; **2ˌflosser** *m/pl. zo. sc.* squamipennes [skw-] *m/pl.*; **~ˌförmig** *adj. sc.* squamiforme [skw-]; **2ˌkamm** *m* peigne fin; **2ˌpanzer** *m hist.* cuirasse *f* d'écailles; *bei den Römern* squamata [skw-] *f*; **2ˌtier** *n zo.* animal écailleux, *sc.* squamifère [skw-]; pangolin *m*.

schuppig [ˈʃupɪç] *adj.* couvert d'écailles; écailleux, -euse; *sc.* squamifère, squameux, -euse [skw-].

Schups [ʃups] F *m* ⟨~es; ~e⟩ *cf.* Schubs; **2en** F *v/t.* ⟨-(es)t, h⟩ *cf.* schubsen.

Schur [ʃuːr] *f* ⟨~; ~en⟩ (*Schaf2*) tonte *f*; *text.* tondage *m*; tonture *f*.

Schür|eisen [ˈʃyːrˌʔaɪzən] *n* tisonnier *m*; pique-feu *m*; F crochet *m*; *techn.* ringard *m*; attisoir *m*; **2en I** *v/t.* ⟨h⟩ *Feuer* attiser; tisonner; *fig. Zwietracht, Streit, Haß* aviver; attiser; exciter; fomenter; susciter; souffler; **II ~en** *n* ⟨~s⟩ attisement *od.* attisage *m*; **~er** *m* ⟨~s; ~⟩ **1.** *Person* attiseur *m* (*auch fig.*); **2.** *cf.* **~eisen**.

Schürf|arbeit [ˈʃyrfˌʔarbaɪt] *f* fouilles *f/pl.*; **~ˌbagger** *m* dragline *f*; **2en I** *v/t.* ⟨h⟩ *Haut* (*schrammen*) érafler; écorcher; **II** *v/i. mines* fouiller (*auch fig.*), faire des fouilles, prospecter (**nach etw.** pour + *inf.*); **III ~en** *n* ⟨~s⟩ *mines* fouilles *f/pl.*; prospection *f*; recherches *f/pl.*; **~er** *m* ⟨~s; ~⟩ *mines* fouilleur *m*; prospecteur *m*; **~erˌlaubnis** *f* autorisation *f* de faire des fouilles; *cf. auch* **~recht**; **~feld** *n* terrain *m* de prospection; **~ˌgraben** *m*, **~ˌgrube** *f* tranchée *f* de fouille, de recherches; **~ˌkübel** *m* scraper [skrapœːr] *m*; benne racleuse; **~loch** *n* trou *m* de sondage, de recherche, d'exploration; **~ˌraupe** *f* scraper [skrapœːr] *m*, benne racleuse sur chenilles; **~recht** *n* droit *m* de fouilles; permis *m* de recherches, de prospection; **~schacht** *m* puits *m* de sondage, de recherches, d'exploration; **~ˌstelle** *f cf.* **~feld**, **~graben**, **~grube**, **~loch**, **~schacht**; **~ung** *f* ⟨~; ~en⟩ **1.** *cf.* **2en III**; **2.** (*Haut2*) éraflure *f*; écorchure *f*; **~ˌwunde** *f cf.* **~ung 2**.

Schürhaken [ˈʃyːrˌhaːkən] *m cf.* Schüreisen.

Schurigel|ei [ˌʃuːriːgəˈlaɪ] F *f* ⟨~; ~en⟩ chicanes *f/pl.*; tracasseries *f/pl.*; brimades *f/pl.*; mesures *f/pl.* vexatoires; **2n** [ˈʃuː-] F *v/t.* ⟨-(e)le, h⟩ chicaner; tracasser; brimer.

Schurk|e [ˈʃurkə] *m* ⟨~n; ~n⟩, **~in** *f* ⟨~; ~nen⟩ coquin, -e *m, f*; fripon, -nne *m, f*; fourbe *m, f*; *pfort.* misérable *m, f*; crapule *f*; canaille *f*; F maraud, -e *m, f*; **abgefeimter ~** franc, fieffé coquin; coquin fini; franche canaille; escroc *m*; scélérat *m*; *cf. auch* Schuft; **~enˌstreich** *m cf.* **~erei**; **~eˈrei** *f* ⟨~; ~en⟩ tour *m* de coquin; fourberie *f*; F coquinerie *f*; escroquerie *f*; P vacherie *f*; rosserie *f*; crasse *f*; crapulerie *f*; *cf. auch* Schuftigkeit; **2isch** *adj.* fourbe; de (*adv.* en) coquin, crapule, F canaille; *cf. auch* schuftig.

Schür|loch [ˈʃyːrlɔx] *n techn.* porte *f* de chauffe; tisard *m*; **~ˌstange** *f cf.* Schüreisen.

Schurwolle [ˈʃuːrˌvɔlə] *f* (laine *f* de) tonte *f*; laine grasse; surge *f*.

Schurz [ʃurts] *m* ⟨~es; ~e⟩ tablier *m* (de cuir); (*Lenden2*) pagne *m*.

Schürzange [ˈʃyːrˌtsaŋə] *f* pincettes *f/pl.*

Schürze [ˈʃyrtsə] *f* ⟨~; ~n⟩ tablier *m*; **e-e ~ umbinden, vorbinden** mettre un tablier; F *fig.* **hinter jeder ~ her sein** courir le cotillon, le jupon, F le guilledou.

Schurzeit [ˈʃuːrtsaɪt] *f* tonte *f*.

schürzen [ˈʃyrtsən] **I** *v/t.* ⟨-(es)t, h⟩ *Rock* (re)trousser; remonter; relever; (*schlingen*) nouer; **e-n Knoten ~** faire un nœud; *fig.* **den Knoten ~** nouer l'action, l'intrigue; **II** *v/réfl.* **sich ~** se retrousser; **III 2** *n* ⟨~s⟩ retroussement *m*; **2ˌband** *n* ⟨~(e)s; ~er⟩ ruban *m* de tablier; **2ˌjäger** F *m* coureur *m*; homme *m* à femmes; coureur *m*, trousseur *m* de filles, de jupons, de cotillons; vert galant; *nur von e-m alten Mann* vieux marcheur; **2ˌtasche** *f* poche *f* de tablier; **2ˌzipfel** *m* F *fig.* **an Mutters ~ hängen** F être pendu au cotillon, jupon de sa mère.

Schurzfell [ˈʃurtsfɛl] *n* tablier *m* de cuir.

Schuß [ʃus] *m* ⟨-sses; Schüsse *bzw.* 2 ~ Rum⟩ coup *m* (de feu, de fusil, de canon, *etc.*); (*Knall*) détonation *f*; *mines* coup *m* de mine; *Fußball* tir *m*; shoot [ʃut] *m*; *bot.* croissance *f* rapide; *Weberei* trame *f*; *Bäckerei* fournée *f*; **ein ~ Rum, Whisky** *etc.* un coup de ...; **scharfer ~** coup à balle; **~ mit Platzpatrone** tir à blanc; **e-n ~ abgeben** faire feu; faire partir un coup; tirer un coup de fusil, de pistolet, *etc.*; *Fußball* shooter [ʃute]; tirer; **es fiel ein ~** un coup partit; on entendit une détonation; **es ist noch kein ~ gefallen** il n'est encore parti aucun coup de feu; **nur noch fünf ~ Munition haben** n'avoir que cinq balles; **er erhielt e-n ~ in den Arm** une balle le blessa au bras, lui fit une blessure au bras; il reçut une balle, décharge dans le bras; **der erste ~ kam von der kleinen Festung** la première décharge, le premier coup partit du fortin; **ohne e-n ~ abzugeben** sans brûler une cartouche; sans tirer un coup de fusil; l'arme à la bretelle; F *fig.* **er ist keinen ~ Pulver wert** il ne vaut pas la corde pour le pendre; F *fig.* **weit vom ~ sein** être 'hors de danger, de portée; F *fig.* **alles ist gut im ~** tout marche bien, est en (bon) ordre; P ça gaze, colle, biche; F *fig.* **in ~ kommen** être mis en train, en route, sur pied; F démarrer; F *fig.* **in ~ bringen** mettre en train, en route, sur pied; F faire démarrer, tourner; F *fig.* **ein ~ Leichtsinn täte Ihnen gut** une bonne petite dose d'insouciance vous ferait du bien; **~ˌabgabe** *f* départ *m* du coup (de feu); **~ˌauslösung** *f* déclenchement *m* du tir; **~beˌreich** *m* portée *f* (de tir); *Artillerie* zone battue; **Ձbeˌreit** *adj. Waffe* en ordre de tir; prêt à tirer, au tir; *Kamera* armé; mis au point; en batterie; **sich ~ machen** se préparer à ouvrir le feu, à faire feu, à tirer; **~beˌrichtigung** *f* réglage *m* du tir; ajustage *m* de tir; **~ˌebene** *f* plan *m* de tir.

Schussel [ˈʃʊsəl] F *m* ⟨~s; ~⟩, *f* ⟨~; ~n⟩ écervelé, -e *m, f*; étourdi, -e *m, f*; étourneau *m*; tête *f* de linotte; hurluberlu *m*.

Schüssel [ˈʃʏsəl] *f* ⟨~; ~n⟩ saladier *m*; (*Steingut*Ձ) terrine *f*; (*Napf*) écuelle *f*; (*Gericht*) plat *m*; mets *m*; **Ձˌförmig** *adj. sc.* patelliforme.

schusselig [ˈʃʊsəˌlɪç] F *adj.* écervelé; étourdi; distrait.

Schüssel|voll [ˈʃʏsəlˌfɔl] *f* ⟨~; ~⟩ (un) saladier (de); **~ˌwärmer** *m* ⟨~s; ~⟩ chauffe-plats *m*.

Schuß|faden [ˈʃʊsˌfaːdən] *m Weberei* fil *m* de trame; **~fahrt** *f Schisport* schuss [ʃus] *m*; **~feld** *n* champ *m* de tir; **freies ~ haben** avoir le champ (de tir) libre; **Ձˌfertig** *adj. cf.* **schußbereit**; **Ձfest** *adj.* à l'épreuve des projectiles, des balles; (*unverwundbar*) invulnérable; **~ˌfestigˌkeit** *f* résistance *f* aux projectiles, balles; **~ˌfolge** *f* cadence *f* de tir; succession *f* des coups; **Ձgeˌrecht** *adj.* à portée du tir; **~geˌschwindigkeit** *f* rapidité *f* du, vitesse *f* de tir; **~kaˌnal** *m chir.* trajet *m* du projectile (dans les chairs); **~ˌleistung** *f* cadence *f* de tir; puissance *f* de feu; **Ձlig** F *adj. cf.* schusselig; **~ˌlinie** *f* ligne *f* de site; **~ˌrichtung** *f* axe *m* de, sens *m* du tir; **Ձˌsicher** *adj.* à l'abri du tir, des balles; protégé contre les balles; **~ˌstellung** *f* position *f* de tir; **in ~ bringen** mettre en position de tir; **~ˌtafel** *f* table *f* de tir; **~verˌletzung** *f cf.* **~wunde**; **~verˌmessung** *f* repérage *m* des tirs; **~ˌwaffe** *f* arme *f* à feu; **~ˌweite** *f* portée *f* de tir; **außer ~** sein être 'hors de portée; **auf ~ herankommen** s'approcher à portée de fusil; **~ˌwerte** *m/pl.* éléments *m/pl.* (initiaux) du tir; données *f/pl.* de tir; **~ˌwinkel** *m* angle *m* de tir; **~ˌwirkung** *f* effet *m* utile du tir; **~ˌwunde** *f* blessure *f* (causée) par (une) balle; **e-e ~ haben** être blessé, atteint, frappé par une balle; **~zahl** *f* nombre *m* de coups (par unité de temps); cadence *f* de tir; *Schießsport* nombre *m* de coups (de feu) tirés; **~ˌzeiger** *m bei Schießübungen* palette *f* de marqueur.

Schuster [ˈʃuːstər] *m* ⟨~s; ~⟩ **1.** cordonnier *m*; (*Flick*Ձ) savetier *m*; *cf. auch* Leisten, Rappe; **2.** *péj. cf.* Pfuscher; **~ˌahle** *f* alêne *f*; **~ˌarbeit** *f cf.* **~handwerk**; *péj. cf.* Pfuscharbeit; **~ˌdraht** *m* ligneul *m*; **~ˌhandwerk** *n* cordonnerie *f*; métier *m* de cordonnier; **~ˌjunge** *m* apprenti *m* cordonnier; **~ˌkneif** *m* tranchet *m*; **~ˌkugel** *f* boule de verre remplie d'eau; **~ˌmesser** *n cf.* **~kneif**; **Ձn** *v/i.* ⟨-(e)re, h⟩ *péj. cf.* pfuschen; **~ˌpech** *n* poix *f* noire; **~ˌwerkstatt** *f* cordonnerie *f*; boutique *f*, échoppe *f* de cordonnier.

Schute [ˈʃuːtə] *f* ⟨~; ~n⟩ **1.** *mar.* gabare *f*; allège *f*; **2.** (*Hut*) capeline *f*; capote *f*.

Schutt [ʃʊt] *m* ⟨~(e)s⟩ décombres *m/pl.*; débris *m/pl.*; *géol.* détritus *m*; (*Bau*Ձ) gravois *m/pl.*; gravats *m/pl.*; (*Abraum*) déblai *m*; (*Geröll*) éboulis *m*; **den ~ wegräumen** déblayer; **~ abladen verboten!** défense de déverser des gravats!; **in ~ u. Asche legen** réduire en cendres; **das Haus versank in ~ u. Asche** la maison fut réduite en cendres; **~ˌabladeˌplatz** *m* décharge publique; dépotoir *m*; voirie *f*; **~ˌablagerung** *f géol.* dépôt *m* détritique; éboulis *m*.

Schütt|beton [ˈʃʏtbeˑˌtõ; -ˌtɔŋ] *m bât.* béton coulé; **~ˌboden** *m agr.* grenier *m* à céréales; **~damm** *m* remblai *m*.

Schütte [ˈʃʏtə] *f* ⟨~; ~n⟩ *agr.* tas *m*; monceau *m*; **~ Stroh** botte *f* de paille.

Schüttel|frost [ˈʃʏtəlˌfrɔst] *m méd.* frissons *m/pl.*; **~ˌlähmung** *f méd. sc.* maladie *f* de Parkinson; parkinsonisme *m*; F *abus.* paralysie agitante.

schüttel|n [ˈʃʏtəln] **I** *v/t.* ⟨-(e)le, h⟩ secouer; *Kopf* 'hocher; *Gefäß* agiter; *Baum* secouer; *Früchte vom Baum* locher; **j-m die Hand ~** serrer la main à qn.; donner une poignée de main à qn.; **vor Gebrauch ~** agiter avant de s'en servir; *bibl.* **den Staub von den Füßen ~** secouer la poussière de ses souliers, pieds; *fig.* **etw. aus dem Ärmel, Handgelenk ~** improviser qc.; faire qc. avec beaucoup de facilité, sans difficulté, en un tournemain; **II** *v/imp.* **es schüttelt mich** *vor Ekel etc.* cela me fait trembler; **III** *v/réfl.* **sich ~** se secouer; **sich vor Lachen ~** rire à se tordre; se tordre de rire; **IV Ձn** *n* ⟨~s⟩ secouage *od.* secoûment *od.* secouement *m*; **Ձbeˌwegung** *f* mouvement *m* à secousses; **Ձˌreim** *m* contrepèterie *od.* contrepetterie *f*; **Ձˌrinne** *f* gouttière *f*, couloir *m*, transporteur *m* à secousses, oscillant(e); **Ձˌrost** *m* grille *f* à secousses, mobile; **Ձˌrutsche** *f cf.* Ձrinne; **Ձˌsieb** *n* tamiseur, tamis, crible oscillant, à secousses.

schütten [ˈʃʏtən] **I** *v/t.* ⟨-ete, h⟩ *Flüssigkeiten* (*gießen*) verser; *Korn, Sand etc.* (*hinwerfen*) jeter, mettre (in Haufen en tas); **II** *v/imp.* **es schüttet** il pleut à verse, à torrents; **III** Ձ *n* ⟨~s⟩ versement *m*.

schütter [ˈʃʏtər] *adj. Getreide, Saat* clairsemé; *Haar auch* peu fourni.

schüttern [ˈʃʏtərn] **I** *v/i.* ⟨-(e)re, h⟩ trembler; vibrer; *Gefährt* cahoter; **II** Ձ *n* ⟨~s⟩ tremblement *m*; vibrations *f/pl.*; *e-s Gefährts* cahotement *m*.

Schütt|gelb [ˈʃʏtgɛlp] *n chim.* stil-de-grain *m*; **~geˌwicht** *n* densité apparente; **~gut** *n* matériaux *m/pl.*, matière *f* en vrac, en tas; *comm., chem.* marchandise *f* en vrac.

Schutt|halde [ˈʃʊtˌhaldə] *f* crassier *m*; terril *m*; 'halde *f*; *im Gebirge* éboulis *m*; **~ˌhaufen** *m* tas *m*, monceau *m* de décombres; *fig.* **in e-n ~ verwandeln** réduire en cendres; **~ˌkegel** *m géol.* cône *m* de déjections.

Schütt|stroh [ˈʃʏtʃtroː] *n* litière *f*; paille *f*; **~wurf** *m milit.* arrosage *m*; **~ung** *f* ⟨~; ~en⟩ **1.** (*aufgeschüttete Erde*) remblai *m*; **lose ~** remblai mou; **2.** *e-r Quelle* débit *m*.

Schutz [ʃʊts] *m* ⟨~es⟩ protection *f* (vor, gegen contre); défense *f*; (*rechtl. Sicherung*) sauvegarde *f*; (*Obhut*) (sauve)garde *f*; (*Zuflucht*) abri *m*; refuge *m*; (*Bewahrung*) préservation *f*; **gesetzlicher ~** protection légale; **unter dem ~ des Gesetzes** sous la protection, la tutelle des lois; **wirksamer ~** protection efficace; **Bestimmungen zum ~e der Gesundheit** dispositions sanitaires; **~ der Öffentlichkeit** protection du public; **zum ~e der ...** *oft* pour protéger les ...; **j-n in s-n ~ nehmen** prendre qn. sous sa protection, sous sa sauvegarde, sous sa tutelle; prendre la défense de qn.; protéger qn.; **j-n in ~ nehmen** défendre qn.; **j-m gegen etw. ~ gewähren** protéger qn. contre qc.; **j-s ~ anrufen, j-n um ~ bitten, angehen** demander aide et protection à qn.; **sich in j-s ~ begeben** se placer sous la protection de qn.; **er genießt den ~ e-s einflußreichen Mannes** il est patronné par un homme influent; **zum ~ dienen gegen etw.** défendre de qc.; **~ suchen** se réfugier (bei j-m chez qn. *od.* auprès de qn.); chercher un abri, se mettre à couvert, se réfugier (**unter e-m Baum** sous un arbre); chercher abri (**vor** *od.* **gegen etw.** contre qc.); **die Höhle gewährte uns ~ vor dem Regen** la grotte était un abri contre, nous abritait de la pluie; **dieses Gebirge bietet uns ~ gegen den Nordwind** cette montagne nous abrite, préserve des, nous défend, garantit, protège des *od.* contre les vents du nord; **im ~e der Nacht** à la faveur de la nuit.

Schütz[1] [ʃʏts] *m od. n* ⟨~es; ~e⟩ *élect.* relais *m*; contacteur *m*; **~**[2] *n* ⟨~es; ~e⟩ *hydr.* vanne *f*; pale *f* (d'écluse).

Schutz|anstrich [ˈʃʊtsˌʔanʃtrɪç] *m* enduit protecteur, de protection; *milit.* peinture *f* de camouflage; **mit e-m ~ versehen** protéger à la peinture; **~ˌanzug** *m* vêtement protecteur, de protection; **~ˌärmel** *m* garde-manche *m*; **~ˌaufsicht** *f von gefährdeten Jugendlichen* surveillance *f*; liberté surveillée; **unter ~ stellen** mettre, placer sous surveillance administrative; **Ձbeˌdürftig** *adj.* qui a besoin de protection; nécessitant une protection; **~beˌfohlene(r)** *f* (*m*) ⟨→ A⟩ protégé, -e *m, f*; (*Mündel, Pflegekind*) pupille *m, f*; **~beˌlag** *m* revêtement protecteur; **~beˌreich** *m milit.* zone *f* de servitude; périmètre *m* de protection; **~blech** *n* écran *m*; *Fahrrad* garde-boue *m*; *über der Fahrradkette* couvre-chaîne *m*; carter [-ɛːr] *m* de chaîne; *an e-m Geschütz* plaque *f* de blindage; **~brief** *m* (*Geleitbrief*) sauf-conduit *m*; **~ˌbrille** *f* lunettes protectrices, de protection; **~bund** *m*, **~ˌbündnis** *n* alliance défensive; **~ˌbürger** *m cf.* Schutzverwandte(r); **~dach** *n* abri *m*; auvent *m*; **~damm** *m* digue *f*.

Schütze[1] [ˈʃʏtsə] *m* ⟨~n; ~n⟩ tireur *m*; *milit.* tirailleur *m*; *astr.* Sagittaire *m*; *Weberei* navette *f*; **ein guter ~** un bon tireur; F un bon fusil; **~**[2] *f* ⟨~; ~n⟩ *cf.* Schütz[2].

schützen [ˈʃʏtsən] *v/t.* (*u. v/réfl.*) ⟨-(es)t, h⟩ (se) protéger (**vor, gegen** contre *od.* de); (*verteidigen*) (se) défendre (contre *od.* de); *vor Unwetter* (se) mettre à l'abri; (s')abriter (de); (*bewahren*) (se) garantir (de, *jur.* contre); *durch Vorsicht* (se) préserver (de); (se) prémunir (contre); (se) précautionner (contre); *Interessen, Bürger, Leben* sauvegarder; **gesetzlich geschützt** protégé par la loi; *Warenzeichen* marque déposée; **etw. durch Patent ~** protéger qc. par un brevet; breveter qc.; **j-n vor** *od.* **gegen etw. ~** protéger qn. de *od.* contre qc.; garantir qn. de *od.* contre qc.; **sich gegen Kälte ~** se préserver du froid; se garantir, se protéger du *od.* contre le froid; **vor Nässe, (Sonnen)Licht ~!** craint l'humidité, la lumière!; à préserver de l'humidité, de la lumière!; mettre, tenir à l'abri de l'humidité, de la lumière; **Alter schützt vor Torheit nicht** *prov.* on fait des folies à tout âge *prov.*

Schützen|auftritt [ˈʃʏtsənˌˀauftrɪt] *m milit.* banquette *f* de tir; **~ˌbruder** *m* membre *m* d'une société de tir.

schützend [ˈʃʏtsənt] *adjt.* protecteur, -trice; **~es Dach** toit protecteur.

Schützenfest [ˈʃʏtsənˌfɛst] *n* concours *m* de tir.

Schutzengel [ˈʃʊtsˌˀɛŋəl] *m* ange gardien, tutélaire.

Schützen|gesellschaft [ˈʃʏtsəngəˌzɛlʃaft] *f*, **~ˌgilde** *f* société *f* de tir; **~ˌgraben** *m milit.* tranchée *f*; retranchement *m*; **~ˌgrabenˌkrieg** *m milit.* guerre *f* de tranchées; **~ˌhaus** *n* maison *f* d'une société de tir; **~ˌhilfe** *f fig.* **j-m ~ geben** épauler, soutenir qn.; **~ˌkette** *f milit.* ligne *f* de tirailleurs; **~ˌkönig** *m* roi *m* des tireurs; **~ˌlinie** *f cf.* **~kette**; **~ˌloch** *n milit.* trou *m* d'homme; **~ˌnest** *n milit.* nid *m* de tirailleurs; **~ˌplatz** *m* (champ *m* de) tir *m*; **~ˌreihe** *f milit.* colonne *f* à la file indienne; **~ˌrudel** *n milit.* essaim *m* (de tirailleurs); **~ˌschleier** *m milit.* rideau *m* de tirailleurs; ligne (de tirailleurs) déployée; **~ˌschleuse** *f hydr.* écluse *f* à vanne; **~ˌstand** *m milit.* poste *m* de tir, de mitrailleur; **~ˌsteuerung** *f élect.* commande *f* à relais, à contacteur; **~verˌein** *m cf.* **~gesellschaft**; **~ˌwehr** *n hydr.* barrage *m* à vannes.

Schutz|farbe [ˈʃʊtsˌfarbə] *f* couleur protectrice; *cf. auch* Schutzanstrich; **~ˌfärbung** *f zo.* mimétisme *m*; **~frist** *f für literarische Werke etc.* délai *m* de protection; **~gas** *n techn.* gaz protecteur; **~geˌbiet** *n* **1.** (*Protektorat*) (pays *m* de) protectorat *m*; **2.** *hist.* (*Kolonie*) colonie *f*; **~geist** *m* ⟨~(e)s; ~er⟩ génie *m* tutélaire; **~geˌleit** *n* escorte *f*; **~geˌmeinschaft** *f* association protectrice; **~geˌnosse** *m* protégé *m* consulaire; **~geˌsetz** *n* loi *f* pour la protection de ...; **~geˌwalt** *f* protectorat *m*; **~ˌgitter** *n* grille protectrice, de protection; *rad.* grille-écran *f*; **~glas** *n* verre protecteur; **~ˌglocke** *f* globe protecteur; **~gott** *m*, **~ˌgöttin** *f* dieu *m*, déesse *f* tutélaire; **~ˌhafen** *m mar.* port *m* de refuge; **~haft** *f* détention préventive; **~ˌhandschuh** *m* gant protecteur; **~ˌhaube** *f techn.* capot protecteur; **~ˌheilige(r)** *f* (*m*) patron, -nne *m*, *f*; **~helm** *m* casque *m* (protecteur); **~ˌherr(in)** *m* (*f*) protecteur, -trice *m*, *f*; **~ˌherrschaft** *f* protectorat *m*; **~ˌhülle** *f für Möbel* housse *f*, enveloppe *f* (protectrice); *für Waffen, Instrumente etc.* gaine *f* (protectrice); *für Bücher* liseuse *f*; couvre-livre *m*; **~ˌhütte** *f* refuge *m*; abri *m*; **2ˌimpfen** *v/t.* ⟨*insép. aux temps simples*, -ge-, h⟩ *méd.* vacciner préventivement; faire de la vaccination préventive; **~ˌimpfung** *f méd.* vaccination préventive; **~ˌinsel** *f im Verkehr* refuge *m*; **~ˌkappe** *f* capuchon protecteur; **~ˌkasten** *m élect.* blindage *m*; coffret protecteur; **~ˌklausel** *f* clause *f* de sauvegarde; **~ˌkleidung** *f* vêtements *m/pl.* de protection; **~konˌtaktˌdose** *f élect. cf.* Schukosteckdose; **~kontaktˌstecker** *m élect. cf.* Schukostecker; **~korb** *m für elektr. Birnen* cage, grille protectrice; **~lack** *m* vernis protecteur; **~ˌleder** *n Pferdewagen* garde-boue *m*; *esc.* plastron *m*; **~ˌleitung** *f élect.* conducteur *m* de protection, de sécurité; **~ˌleute** *pl.* agents *m/pl.* de police; police *f*.

Schützling [ˈʃʏtslɪŋ] *m* ⟨~s; ~e⟩ protégé, -e *m*, *f*.

schutz|los [ˈʃʊtsloːs] *adj.* sans protection, appui, abri, défense; **sie sind ihm ~ preisgegeben** ils sont livrés à sa merci; **2ˌlosigˌkeit** *f* ⟨~⟩ manque *m* de protection; **2macht** *f* puissance protectrice; **2mann** *m* ⟨~(e)s; -leute *od.* ~er⟩ sergent *m* de ville; *cf. auch* Schupo[2]; **2ˌmannschaft** *f* escorte *f*; **2ˌmantel** *m* carapace protectrice; *Atomreaktor* paroi *f* de protection contre les radiations; **2ˌmarke** *f* marque *f* de fabrique; **eingetragene ~** marque déposée; **2ˌmaske** *f* masque protecteur; **2ˌmaßnahmen** *f/pl.* mesures *f/pl.* de protection, de sauvegarde, de sécurité; **2ˌmauer** *f* rempart *m*; **2ˌmittel** *n* préservatif *m*; moyen préventif; **2paˌtron(in)** *m* (*f*) *cf.* Schutzheilige(r); **2ˌplane** *f* bâche protectrice; **2poliˌzei** *f cf.* Schupo[1]; **2poliˌzist** *m cf.* Schupo[2]; **2raum** *m* abri *m*; **2ˌschalter** *élect.* interrupteur *m* de sécurité; disjoncteur *m*; **2ˌschaltung** *f élect.* circuit *m* de protection; **2schicht** *f* couche protectrice; **2schild** *n milit.*, *an e-m Geschütz* bouclier *m*; masque *m*; **2schirm** *m* écran protecteur, de protection; paroi *f*; **2staat** *m* protectorat *m*; **2ˌstoffe** *m/pl. méd.* substances immunisantes; **2ˌtruppe** *f hist.* troupe coloniale; **2ˌüberzug** *m cf.* Schutzanstrich, Schutzhülle; **2ˌumschlag** *m e-s Buches* jaquette *f*; protège-livre *m*; chemise *f* de protection; couverture protectrice; **2- und ˈTrutzˌbündnis** *n* alliance offensive et défensive; **2verˌband** *m* **1.** association protectrice; **2.** *méd.* pansement protecteur; **2verˌeinigung** *f cf.* **2verband 1.**; **2verˌkleidung** *f* revêtement protecteur; **2verˌwandte(r)** *f* (*m*) étranger, -ère domicilié(e); client, -e *m*, *f*; **2ˌvorrichtung** *f* appareil, dispositif protecteur; installation protectrice; **2ˌwache** *f* sauvegarde *f*; (*Bedeckung*) escorte *f*; **2ˌwaffe** *f* arme défensive; *fig.* moyen *m* de défense; **2wall** *m milit.* rempart *m* (*auch fig.*); **2wand** *f cf.* **2schirm**; **2wehr** *f* défense *f*; (*Wall*) rempart *m* (*auch fig.*); (*Damm*) digue *f* (*auch fig.*); **2ˌwiderstand** *m élect.* résistance *f* de protection; **~ˌwürdig** *adj.* digne de protection; **~es Interesse** intérêt légitime; **2zelt** *n* tente-abri *f*; **2zoll** *m* droit protecteur; **2zollpoliˌtik** *f* politique *f* protectionniste; protectionnisme *m*; **Anhänger der ~** protectionniste *m*; **2zollsysˌtem** *n* protectionnisme *m*; **2zolltaˌrif** *m* tarif protecteur.

Schwabbel|ei [ˌʃvabəˈlaɪ] F *f* ⟨~; ~en⟩ **1.** (*Wackelei*) tremblotement *m*; **2.** (*Geschwätz*) bavardage *m*; radotage *m*; **2ig** [ˈʃva-] F *adj. cf.* **quabb(e)lig**; **2n** [ˈʃva-] **I** *v/t.* ⟨-(e)le, h⟩ *techn.*, *Metalle* (*polieren*) polir à la meule flexible; **II** *v/i.* F **1.** (*schwatzen*) bavarder; radoter; **2.** *gallertartige Masse* être comme de la gélatine; *cf. auch* **quabbeln**; **3.** ⟨sein⟩ *Wasser* (*überlaufen*) déborder; **~ˌscheibe** [ˈʃva-] *f techn.* meule *f* flexible en chiffon.

Schwabber [ˈʃvabər] *m* ⟨~s; ~⟩ *mar.* faubert *m*; **2n** *v/t.* ⟨-(e)re, h⟩ fauberter.

Schwabe[1] [ˈʃvaːbə] *m* ⟨~n; ~n⟩ Souabe *m*; **~**[2] *f* ⟨~; ~n⟩ *zo. cf.* Schabe 1.

schwäbeln [ˈʃvɛːbəln] *v/i.* ⟨-(e)le, h⟩ parler le dialecte souabe; avoir l'accent souabe.

Schwaben|alter [ˈʃvaːbənˌˀaltər] *com.* F *n* (la) quarantaine; âge *m* de raison; **~ˌstreich** *m* étourderie *f*; sottise *f*; nigauderie *f*; F balourdise *f*; gaffe *f*; coup *m* de tête.

Schwäb|in [ˈʃvɛːbɪn] *f* ⟨~; ~nen⟩ Souabe *f*; **2isch** *adj.* souabe.

schwach [ʃvax] *adj.* ⟨~er, ~st⟩ *allg.* faible; (*kraftlos*) débile; frêle; défaillant; *sc.* asthénique; (*gebrechlich*) infirme; fragile; (*matt*) languissant; (*machtlos*) impuissant; *Konstitution* faible; peu robuste; *Argument*, *Nerven* faible; peu solide; *Magen* délicat; *Lächeln* faible; petit; léger, -ère; *Ton* faible; éteint; *Stimme* faible; languissant; *pfort.* mourant; *Puls sc.* formicant; *Jahrgang* creux, creuse; *Getränk* pas fort; *Kaffee*, *Tee* léger, -ère; F *iron.* peu nerveux, -euse; *chim.*, *Lösung* fortement dilué; *gr.*, *Zeitwort* faible; **~e Mehrheit, Nachfrage, Hoffnung** faible majorité, demande, espoir; **~er Versuch** petite tentative; **~e Anstrengung** faible, petit effort; **~e Leistung** piètre travail; **~er Trost** faible, pauvre, piètre consolation; **~es Gedächtnis** mauvaise mémoire; mémoire infidèle; **das ~e Geschlecht** le sexe faible; **~e Stunde** moment de faiblesse, de défaillance; **~e Seite** côté faible; faible *m*; **~e Stelle, ~er Punkt** point faible, vulnérable; *fig.* défaut de la cuirasse; *in e-r Argumentation auch* fissure *f*; faille *f*; *fig.* **auf ~en Füßen stehen** ne pas être solide; **nur e-e ~e Vorstellung von etw. haben** n'avoir qu'une faible, vague idée de qc.; **~ auf der Brust sein** avoir une poitrine délicate; **~ werden** s'affaiblir; *Körperkräfte* défaillir; décliner; **schwächer werden** *Stimme, Ton* tomber; s'affaiblir; faiblir; diminuer d'intensité; *Licht* pâlir; s'affaiblir; perdre de son intensité; *Augenlicht* faiblir; s'affaiblir; baisser; *Atem, Puls, Herzschlag* ralentir; *Kranker* baisser; décliner; devenir de plus en plus faible; *Puls* **~ gehen** battre faiblement; **ihr wurde ~** elle eut une défaillance; il lui prit une faiblesse; elle s'est trouvée mal; F *fig.* **das macht mich ~!** F ça m'agace, m'irrite; ça me tape sur les nerfs, P sur le système; **die Ausstellung ist nur ~ besucht** l'exposition a attiré peu de visiteurs; **~ˌatmig** *adj.* à respiration faible; **~beˌvölkert** *adjt.* peu peuplé; **~beˌwegt** *adjt. Wasser, See* peu agité.

Schwäche [ˈʃvɛçə] *f* ⟨~; ~n⟩ faiblesse *f* (*auch fig.*); (*Kraftlosigkeit*) débilité *f*; défaillance *f*; *sc.* asthénie *f*; (*Gebrechlichkeit*) infirmité *f* (*auch fig.*); fragilité *f*; *fig.* (*Ohnmacht*) impuissance *f*; *fig.* (*schwache Seite*) côté *m* faible; faible *m*; **menschliche ~n** faiblesses humaines; **e-e ~ für etw. haben** avoir un faible, un penchant pour qc.; être enclin à qc.; **das war e-e der ~n des alten Systems** c'était une des faiblesses, un des points faibles de l'ancien système; **~ˌanfall** *m* défaillance *f*; faiblesse *f*; **e-n ~ erleiden** tomber en défaillance; défaillir; avoir une faiblesse; **~geˌfühl** *n* sensation *f* de faiblesse; **2n** *v/t.* ⟨h⟩ affaiblir; *fig.* amollir; (*entkräften*) débiliter; *pfort.* exténuer; *Gesundheit* altérer; *milit.*, *Feind* user; *élect.*, *Spannung* affaiblir;

atténuer; réduire; diminuer; *Färberei, Farben* rabattre; s-e Nerven sind geschwächt F *fig.* ses nerfs sont à bout.

Schwache(r) [ˈʃvaxə(r)] *f* (*m*) ⟨→ A⟩ faible *m, f*; die wirtschaftlich ~n les économiquement faibles.

Schwächerwerden [ˈʃvɛçərˌveːrdən] *n* ⟨~s⟩ affaiblissement progressif; *des Atems, Herzschlags* ralentissement *m*; *méd.* (*Nachlassen*) rémission *f*; *von Farben, Tönen* diminution *f* d'intensité; affaiblissement *m*.

Schwächezustand [ˈʃvɛçəˌtsuːʃtant] *m* état *m* de faiblesse; *sc.* asthénie *f*.

Schwachheit [ˈʃvaxhaɪt] *f* ⟨~; ~en⟩ *cf.* Schwäche; F *fig.* **bilden Sie sich keine ~en ein!** ne vous faites pas de telles illusions!

Schwach|kopf [ˈʃvaxkɔpf] *m* esprit *m* faible; imbécile *m*; **2ˌköpfig** *adj.* faible d'esprit; imbécile.

schwächlich [ˈʃvɛçlɪç] *adj.* faible; (*kraftlos*) débile; (*zart*) frêle; délicat; fragile; d'une santé délicate; (*kränklich*) souffreteux, -euse; maladif, -ive; chétif, -ive; infirme; **2ˌkeit** *f* ⟨~⟩ faiblesse *f*; débilité *f*; délicatesse *f*; infirmité *f*.

Schwächling [ˈʃvɛçlɪŋ] *m* ⟨~s; ~e⟩ débile *m*; homme *m* sans force, sans énergie; faible *m*; F gringalet *m*; moule *f*; nouille *f*; faiblard *m*.

Schwach|matikus [ʃvaxˈmaːtiˑkus] F *m* ⟨~; ~se *od.* -tiker⟩ *cf.* Schwächling; **2ˌsichtig** *adj.* qui a la vue faible; *sc.* amblyope; **~ˌsichtige(r)** *f* (*m*) ⟨→ A⟩ personne *f* qui a la vue faible; **~ˌsichtigˌkeit** *f* ⟨~⟩ faiblesse *f* de la vue; *sc.* amblyopie *f*; **~sinn** *m* ⟨~(e)s⟩ faiblesse *f* d'esprit; débilité mentale; imbécillité *f*; *schweren Grades* idiotie *f*; **2ˌsinnig** *adj.* faible d'esprit; mentalement débile; déficient; imbécile; *pfort.* idiot; **~ˌsinnige(r)** *f* (*m*) ⟨→ A⟩ débile *m, f* mental(e); imbécile *m, f*; déficient, -e *m, f*; *pfort.* idiot, -e *m, f*; **~strom** *m élect.* courant *m* faible; courant *m* de faible intensité; **~stromˌkabel** *n élect.* câble *m* pour courant faible; **~stromˌtechnik** *f élect.* technique *f* des courants faibles.

Schwächung [ˈʃvɛçʊŋ] *f* ⟨~⟩ affaiblissement *m*; *bes. méd.* débilitation *f*; *élect.* affaiblissement *m*; atténuation *f*; **~sˌwiderstand** *m élect.* potentiomètre *m*, diviseur *m* de tension.

schwachwandig [ˈʃvaxˌvandɪç] *adj. techn.* à paroi mince.

Schwade [ˈʃvaːdə] *f* ⟨~; ~n⟩ *cf.* Schwaden 3.

Schwaden [ˈʃvaːdən] *m* ⟨~s; ~⟩ **1.** nuage *m*; buée *f*; bouffée *f*; (*Dampf*) vapeur *f*; (*Gas2*) traînée *f*; nappe *f*; *mines* gaz *m* non respirable; **2.** *bot.* herbe *f* à la manne; **3.** *agr.* javelle *f*; andain *m*; **in ~ legen** (en)javeler; **~ˌfang** *m* buse *f* d'aérage; **~ˌmäher** *m agr.* moissonneuse-javeleuse *f*; **~ˌrechen** *m agr.* râteau *m* à faner; **2ˌweise** *adv.* en javelles; **~ˌwender** *m* ⟨~s; ~⟩ *agr.* râteau *m* mécanique.

Schwadron [ʃvaˈdroːn] *f* ⟨~; ~en⟩ *hist., milit.* escadron *m*; **2enˌweise** *adv.* par escadrons.

Schwadron|eur [ʃvadroˑˈnøːr] F *m* ⟨~s; ~e⟩ 'hâbleur *m*; m'as-tu-vu *m*; *cf. auch* Maulheld, Prahler; **2ieren** F *v/i.* ⟨*pas de ge-*, h⟩ 'hâbler; *cf. auch* prahlen.

Schwadrons|chef [ʃvaˈdroːnsˌʃɛf] *m hist., milit.* chef *m* d'escadron; **2ˌweise** *adv. cf.* schwadronenweise.

Schwafel|ei [ˌʃvaːfəˈlaɪ] F *f* ⟨~; ~en⟩ *cf.* Quasselei; **2n** [ˈʃvaː-] F *v/t. u. v/i.* ⟨-(e)le, h⟩ *cf.* quasseln, quatschen.

Schwager [ˈʃvaːgər] *m* ⟨~s; ~̈⟩ beau-frère *m*.

Schwäger|in [ˈʃvɛːgəˌrɪn] *f* ⟨~; ~nen⟩ belle-sœur *f*; **2ˌlich** *adj.* de (*adv.* en) beau-frère, belle-sœur; **~ˌschaft** *f* ⟨~⟩ *jur.* parenté *f* par alliance; affinité *f*.

Schwalbe [ˈʃvalbə] *f* ⟨~; ~n⟩ *zo.* hirondelle *f*; **e-e ~ macht noch keinen Sommer** *prov.* une hirondelle ne fait pas le printemps *prov.*; **~nˌkraut** *n bot.* chélidoine *f*; **~nˌnest** *n* nid *m* d'hirondelle; *der Musiker* épaulette *f*; *mar.* encorbellement *m*; **eßbare ~er** nids d'hirondelles; **~nˌschwanz** *m* queue *f* d'hirondelle; *zo., Schmetterling* grand porte-queue; machaon *m*; *charp., techn.* queue *f* d'aronde; F (*Frack*) (habit *m* en) queue-de-morue *f*; **2nschwanzˌförmig** *adj. techn., charp.* en queue d'aronde; **~nˌschwanzverˌbindung** *f techn., charp.* assemblage *m* à queue d'aronde; joint *m* en queue d'aronde; **~nˌwurz** *f bot.* dompte-venin *m*; *sc.* vincetoxicum *m*.

Schwall [ʃval] *m* ⟨~(e)s; ~e⟩ flots *m/pl.*; masse *f* d'eau; montagne *f* d'eau; vague *f*; grosse lame; *fig.* **~ von Worten** déluge *m*, flot *m*, flux *m* de paroles.

schwamm [ʃvam] *cf.* schwimmen.

Schwamm [ʃvam] *m* ⟨~(e)s; ~̈e⟩ *zo.* éponge *f* (*auch als Reinigungsmittel*); spongiaire *m*; *méd., bot.* (*Pilz*) fongus *m*; *auf Holz* mérule *f*; (*Feuer2*) amadou *m*; (*Haus2*) bolet destructeur; **etw. mit dem ~ abwischen, mit dem ~ über etw. wischen, fahren** éponger qc.; essuyer qc. à l'éponge; passer l'éponge sur qc.; *fig.* **~ drüber!** passons l'éponge là-dessus!; **2ˌartig** *adj. cf.* schwammig.

Schwämmchen [ˈʃvɛmçən] *n* ⟨~s; ~⟩ *méd.* muguet *m*; aphtes *m/pl.*

Schwamm|fischerei [ˈʃvamfɪʃəˌraɪ] *f* pêche *f* aux *od.* des éponges; **2ig** *adj. sc.* spongieux, -euse; spongiforme; spongoïde; *méd.* fongueux, -euse; (*aufgedunsen*) boursouflé; bouffi; **~igˌkeit** *f* ⟨~⟩ *sc.* fongosité *f*; spongiosité *f*; **~schorf** *m bot., agr.* gale spongieuse; **~ˌspinner** *m zo.* bombyx *m* disparate, spongieux; **~stein** *m minéral.* spongite *f*; **~tuch** *m* torchon *m* éponge.

Schwan [ʃvaːn] *m* ⟨~(e)s; ~̈e⟩ *zo.* cygne *m*; *astr.* Cygne *m*; F *iron. als Anrede* **mein lieber ~** F mon cher; P mon pote.

schwand [ʃvant] *cf.* schwinden.

schwanen [ˈʃvaːnən] F *v/imp.* ⟨h⟩ **mir schwant etw.** j'ai le pressentiment de qc.; **mir schwant nichts Gutes** je ne présage, je n'augure rien de bon.

Schwanen|blume [ˈʃvaːnənˌbluːmə] *f bot.* butome *f* en ombelle; **~geˌsang** *m fig.* chant *m* du cygne; **~ˌhals** *m fig.* cou *m* de cygne; *techn.* col *m* de cygne; **~ˌritter** *m myth.* chevalier *m* au Cygne; **~ˌteich** *m* étang *m* à cygnes; **2ˌweiß** *adj.* de la blancheur du cygne.

Schwang [ʃvaŋ] *cf.* schwingen.

Schwang [ʃvaŋ] *m* **im ~(e) sein** être d'usage; être à la mode; être en vogue.

schwanger [ˈʃvaŋər] *adj.* enceinte; grosse; en état de grossesse; F dans une situation intéressante; **~ sein, gehen** être enceinte; F être prise, dans une situation intéressante; **hoch ~ sein** être près de son terme; être près d'accoucher; être en état de grossesse avancée; *fig.* **mit großen Plänen ~ gehen** méditer, couver de grands projets; **2e** *f* ⟨→ A⟩ femme enceinte, grosse, en état de grossesse; **2enˌfürsorge** *f* assistance prénatale; **2enˌgeld** *n* allocation prénatale; indemnité *f* de grossesse.

schwängern [ˈʃvɛŋərn] *v/t.* ⟨-(e)re, h⟩ mettre, rendre enceinte; *jur.* **sie ist von … geschwängert worden** elle est enceinte des œuvres de … (*od. wenn der Name vorher bereits genannt wurde* de ses œuvres); *fig.* **geschwängert mit …** imprégné de …

Schwangerschaft [ˈʃvaŋərˌʃaft] *f* ⟨~; ~en⟩ grossesse *f*; *méd.* gravidité *f*; **~sbeˌschwerden** *f/pl.* incommodités *f/pl.* de la grossesse; **~sˌdauer** *f* durée *f* de la grossesse; **~serˌbrechen** *n méd.* vomissements *m/pl.* gravidiques; **~sˌfürsorge** *f cf.* Schwangerenfürsorge; **~sunterˌbrechung** *f* interruption *f* de la grossesse; **2sverˌhütend** *adjt.* anticonceptionnel, -lle; contraceptif, -ive; **~sverˌhütung** *f* prophylaxie anticonceptionnelle; contraception *f*.

Schwängerung [ˈʃvɛŋəˌrʊŋ] *f* ⟨~⟩ *verbal*; (*Befruchtung*) fécondation *f*; (*Empfängnis*) conception *f*.

schwank [ʃvaŋk] *adj. poét., st. s.* (*biegsam*) flexible; pliant; souple; (*dünn*) grêle; (*unsicher*) chancelant; flottant.

Schwank [ʃvaŋk] *m* ⟨~(e)s; ~̈e⟩ (*lustiger Streich*) (bon) tour *m*; plaisanterie *f*; farce *f*; bouffonnerie *f*; facétie [-si] *f*; *Erzählung e-s solchen* conte *m* drolatique; drôlerie *f*; *thé.* farce *f*.

schwank|en [ˈʃvaŋkən] **I** *v/i.* ⟨h⟩ vaciller; (*wanken*) chanceler; *Zweige im Wind etc.* se balancer; ballotter; (*wackeln*) branler; *Boden* (*erbeben*) trembler; *Magnetnadel etc.* osciller [-l-]; *Preise* flotter; varier; osciller; *abs.* subir des fluctuations; *Temperatur* varier; osciller; *fig.* (*unentschlossen sein*) balancer; flotter; vaciller; chanceler; être irrésolu, indécis, hésitant; hésiter; F ballotter; **die Preise ~ zwischen …** les prix oscillent, varient, flottent entre …; **zwischen Laster u. Tugend ~** osciller, balancer entre le vice et la vertu; **II 2en** *n* ⟨~s⟩ vacillement *m* (*auch fig.*); chancellement *m* (*auch fig.*); *der Zweige im Wind etc.* balancement *m* (*auch fig.*); ballottement *m* (F *auch fig.*); branlement *m*; *des Bodens* tremblement *m*; *der Magnetnadel etc.* oscillation(s) [-l-] *f* (*pl.*); *der Preise* fluctuation(s) *f* (*pl.*); variation(s) *f* (*pl.*); (*Unbeständigkeit*) inconstance *f*; instabilité *f*; *fig.* flottement *m*; (*Zögern*) hésitation(s) *f* (*pl.*); **ins ~ geraten** (*auch fig.*) chanceler; être ébranlé; **~end** *adjt.* vacillant; chancelant (*auch fig.*); *Preise, Kurse* fluctuant; oscillant [-l-]; variable; *fig.* flottant; (*unentschlossen*) indécis; irrésolu; hésitant; (*unbeständig*) instable; inconstant; *Gesundheit* précaire; (*wechselnd*) variable; **~e Haltung** attitude indécise; **~er Gang** démarche vacillante; **~e Brücke** pont chancelant; **2ung** *f* ⟨~; ~en⟩ *cf.* ~en II; *astr.* libration *f*; *der Erdachse* nutation *f*.

Schwanz [ʃvants] *m* ⟨~es; ~̈e⟩ queue *f* (*auch e-s Flugzeugs, Papierdrachens, e-r Note etc.*); *milit., der Lafette* crosse *f*; *ch.* balai *m*; *fig.* (*Reihe von Menschen*) *cf.* Schlange 3.; V (*Penis*) V queue *f*; bitte *f*; pine *f*; paf *m*; poireau *m*; **mit dem ~ wedeln** remuer la queue; *Studentensprache* F **e-n ~ machen** repasser l'examen dans une matière; F *fig.* **den ~ hängen lassen** être triste, confus; avoir la queue basse; avoir la queue entre les jambes; F *fig.* **den ~ einziehen** baisser pavillon; s'incliner; F *fig.* j-m **auf den ~ treten** marcher sur les pieds à qn.; *fig.* **das Pferd beim ~ aufzäumen** *cf.* Pferd 2.; F *fig.* **kein ~** personne; F pas un chat; **kommt man über den Hund, kommt man auch über den ~** *prov.* qui peut le plus, peut le moins *prov.*; **~bein** *n anat. cf.* Steißbein.

Schwänze [ˈʃvɛntsə] *m/pl. comm., Börse* corner [-ɛːr] *m.*

Schwänz|elei [ˌʃvɛntsəˈlaɪ] *f* ⟨~; ~en⟩ *fig.* flagornerie *f*; **≈eln** *v/i.* ⟨-(e)le, h⟩ *Hunde etc.* remuer la queue; F *von Personen* se tortiller; F tortiller des 'hanches; *fig.* frétiller; *fig.* **um j-n ~** flagorner qn.; **≈en** F *v/t.* ⟨-(es)t, h⟩ **e-e Stunde ~** manquer une leçon; F sécher un cours; **die Schule ~** faire l'école buissonnière; F sécher l'école; **e-e Vorlesung ~** manquer, sauter, F sécher un cours.

Schwanzende [ˈʃvantsˌʔɛndə] *n* bout *m* de la queue.

Schwänzer(in) [ˈʃvɛntsər(ɪn)] F *m* ⟨~s; ~⟩ *(f)* ⟨~; ~nen⟩ celui, celle qui fait l'école buissonnière, qui manque, saute, F sèche un cours.

Schwanz|feder [ˈʃvantsˌfeːdər] *f* plume *f* de la queue; (plume) rectrice *f*; penne *f*; **~ˌfläche** *f aviat.* plan *m* arrière stabilisateur; **~ˌflosse** *f* nageoire caudale; *aviat.* dérive *f*; **≈ˌlastig** *adj. aviat.* cabreur; décentré en arrière; lourd de l'arrière; **~ˌlastigˌkeit** *f* ⟨~⟩ *aviat.* décentrage *m* arrière; **~ˌleitwerk** *n aviat.* empennage *m*; gouvernes *f/pl.* de queue; **≈los** *adj.* sans queue; *sc.* anoure; **~es Flugzeug** avion sans queue; **~ˌmeise** *f zo.* mésange *f* à longue queue; **~rad** *n aviat.* roue *f* de queue; **~ˌriemen** *m am Pferdegeschirr* croupière *f*; **~ˌrübe** *f zo., anat.* base *f* de la queue; **~sporn** *m aviat.* béquille *f* (d'atterrissage); **~ˌsteuer** *n aviat.* gouvernail *m* arrière; **~stück** *n Fleischerei, vom Rind* culotte *f*; **~ˌwirbel** *m zo., anat.* vertèbre caudale; **~ˌwurzel** *f zo., anat.* croupion *m.*

schwapp [ʃvap] *int.* vlan!

schwappen [ˈʃvapən] F *v/i.* ⟨h⟩ *Wasser* clapoter; remuer; **aus dem Eimer ~** ⟨sein⟩ déborder du seau.

schwaps [ʃvaps] *int. cf.* schwapp; **~en** F *v/i.* ⟨-(es)t, h *bzw.* sein⟩ *cf.* schwappen.

Schwäre [ˈʃvɛːrə] *f* ⟨~; ~n⟩ *méd.* ulcère *m*; abcès *m*; **≈n** *v/i.* ⟨h⟩ *méd.* (*eitern*) suppurer; (*Geschwüre bilden*) ulcérer; abcéder; **≈nd** *adjt.* ulcéreux, -euse; ulcéré.

Schwarm [ʃvarm] *m* ⟨~(e)s; ~̈e⟩ **1.** *von Bienen, Heuschrecken* essaim *m*; *von Insekten, Vögeln* nuée *f*; *nur von Vögeln* volée *f*; vol *m*; *von Fischen* banc *m*; *von Personen* troupe *f*; bande *f*; foule *f*; multitude *f*; F essaim *m*; nuée *f*; *milit.* essaim *m*; groupe *m* (de tirailleurs); *aviat.* patrouille *f* simple; **e-n ~ (Bienen) wieder einfangen** récolter un essaim; **ein ~ (von) Kinder(n)** F une ribambelle d'enfants; une marmaille; **2.** F *fig.* passion *f*; flamme *f*; F béguin *m*; *Person* idole *f*; enfant chéri; F béguin *m*; coqueluche *f.*

schwärm|en [ˈʃvɛrmən] **I** *v/i.* **1.** ⟨sein⟩ *Bienen* essaimer; *Insekten, Vögel* (*umherschwirren*) voler; voltiger; *ch., Jagdhund* prendre le change; *milit.* se déployer, se disperser en tirailleurs; **2.** ⟨h⟩ *fig.* être exalté; s'extasier; **für j-n, etw. ~** se passionner, s'enthousiasmer pour qn., qc.; s'engouer de qn., qc.; F raffoler, s'emballer de qn., qc.; être tout feu tout flamme pour qn., qc.; **für j-n ~** être épris de qn.; F être entiché de qn.; avoir un béguin pour qn.; **für etw. ~** avoir l'esprit, la tête plein(e) de qc.; **II ≈en** *n* ⟨~s⟩ **3.** *der Bienen* essaimage *od.* essaimement *m*; *ch.* change *m*; *milit.* déploiement *m* en tirailleurs; **4.** *fig.* exaltation *f*; extase *f*; passion *f*, enthousiasme *m*, engouement *m*, F emballement *m* (**für j-n, etw.** pour qn., qc.); F entichement *m* (pour qn.); **≈er** *m* ⟨~s; ~⟩ **1.** (*überschwengliche Person*) exalté *m*; (*Begeisterter*) enthousiaste *m*; passionné *m*; engoué *m*; fervent *m*; F emballé *m*; entiché *m*; *péj.* échauffé *m*; *relig.* fanatique *m*; illuminé *m*; zélateur *m*; **politischer ~** utopiste *m*; **2.** *zo.* sphinx *m*; **3.** *ch.* chien *m* qui prend le change; **4.** *Pyrotechnik* serpenteau *m*; **≈eˈrei** *f* ⟨~; ~en⟩ *cf.* ~en II, 4.; *relig.* fanatisme *m*; zèle *m*; *litt.* bovarisme *m*; **politische ~** utopie *f*; **≈eˌrin** *f* ⟨~; ~nen⟩ (*überschwengliche Person*) exaltée *f*; (*Begeisterte*) enthousiaste *f*; passionnée *f*; engouée *f*; F emballée *f*; entichée *f*; *péj.* échauffée *f*; *relig.* fanatique *f*; illuminée *f*; zélatrice *f*; **~eˌrisch** *adj.* (*überschwenglich*) exalté; extasié; romanesque; excentrique; (*begeistert*) enthousiaste; passionné; F emballé; *relig.* fanatique; **~ sein** être dans la lune.

Schwarmgeist [ˈʃvarmgaɪst] *m* ⟨~(e)s; ~er⟩ *relig.* fanatique *m*; illuminé *m*; zélateur *m.*

Schwärmsporen [ˈʃvɛrmˌʃpoːrən] *f/pl. bot.* spores *f/pl.* migratoires.

schwarmweise [ˈʃvarmˌvaɪzə] *adv.* par essaims, bancs, troupes, bandes, *etc.* (*cf.* Schwarm 1.); en foule.

Schwärmzeit [ˈʃvɛrmtsaɪt] *f der Bienen* essaimage *m.*

Schwart|e [ˈʃvaːrtə] *f* ⟨~; ~n⟩ (*Speck≈*) couenne *f*; *ch., des Wildschweins* (*Haut*) peau *f* (*auch* F *des Menschen*); (*Schalbrett*) dosse *f*; *péj.* (*altes Buch*) vieux bouquin; F *fig.* **hauen, daß die ~ kracht** F flanquer une bonne raclée, correction, P danse; **~enˌmagen** *m cuis.* fromage *m* de tête; **≈ig** *adj.* couenneux, -euse.

schwarz [ʃvarts] **I** *adj.* ⟨~̈er, ~̈est⟩ noir (*auch* F *für katholisch*); (*geschwärzt*) noirci; **das ≈e Brett** le tableau d'annonces, d'affiches; **der ≈e Erdteil** le continent noir; **≈e Kunst** a) (*Zauberei*) magie *f*; b) typographie *f*; *hist.* **der ≈e Tod** la peste; **der ~e Mann** le croque-mitaine; **~er Kaffee** café noir, nature; **~er Tee** thé noir; F *im Unterschied zum Kräutertee* thé *m*; *relig.* **≈e Madonna** vierge noire; **~e Gedanken** idées noires; **~en Gedanken nachhängen** broyer du noir; P avoir le bourdon, le cafard; **~er Markt** marché noir; **~er Tag** jour noir, de malheur, funeste, néfaste; **~e Seele** âme noire; *phys.* **~e Strahlung** rayonnement de corps noir; *phys.* **~er Körper** corps noir; **~e Liste** liste noire; *pol. in Frankreich* carnet B; **auf der ~en Liste stehen** figurer sur la liste noire; **j-n auf die ~e Liste setzen** mettre qn. à l'index; **die Straße war ~ von Menschen** la rue était noire de monde; **~e Fingernägel haben** avoir les ongles noirs, sales, F en deuil; **~ ausschlagen** draper de noir; **~ färben** teindre en noir; noircir; **(sich) ~ machen** (se) noircir; *mit Kohle* charbonner; **~ gekleidet sein** être en noir; **sich ~ kleiden** se vêtir de noir; s'habiller en noir; **~ werden** se noircir; F *fig.* **vor Ärger ~ werden, sich ~ ärgern** crever de dépit; *fig.* **etw. zu ~ ausmalen, schildern, darstellen** pousser qc. au noir; **es wurde mir ~ vor den Augen** j'ai eu un éblouissement; j'ai vu trente-six chandelles; **~ auf weiß** noir sur blanc; par écrit; F *fig.* **da kann er warten, bis er ~ wird** F il peut attendre jusqu'à la saint-glinglin; **II ≈** *n* ⟨~(es)⟩ noir *m*; couleur noire; **in ~** (*in Trauer*) vêtu de noir; en deuil; **sie trägt gern ~** elle aime les robes noires; F **ich ziehe heute mein ~es an** aujourd'hui je mets ma robe noire, je me mets en noir; **ins ~e treffen** mettre dans le mille; faire mouche (*beide auch fig.*); **≈ˌarbeit** F *f* travail *m* illicite, clandestin, F noir; **~ˌarbeiten** F *v/i.* ⟨-ete, *sép.*, -ge-, h⟩ travailler clandestinement; F faire du travail noir; **≈ˌarbeiter** *m* celui qui fait du travail noir; *Arbeitsloser* chômeur *m* travaillant clandestinement; **~ˌäugig** *adj.* aux yeux noirs; **≈ˌbeinigkeit** *f* ⟨~⟩ *agr., der Kartoffel* (maladie *f* de la) jambe noire; *des Getreides* piétin *m*; **≈ˌbeize** *f* acétate *m* ferrique; **~blau** *adj.*, **≈blau** *n* bleu foncé, sombre, tirant sur le noir; **≈blech** *n* tôle noire; **~braun** *adj.*, **≈braun** *n* brun foncé, noirâtre; *von Pferden* bai foncé; *von der Sonne verbrannt* bronzé; bruni; basané; 'hâlé; noirâtre; **≈ˌbrenner** *m* distillateur clandestin; **≈brenneˈrei** *f* distillation clandestine; **≈brot** *n* pain gris, bis, *abus.* noir; **≈dorn** *m* ⟨~(e)s; ~e⟩ *bot.* prunellier *m*; prunier épineux; épine fleurie, noire; **≈ˌdrossel** *f zo.* merle *m*; **≈druck** *m* ⟨~(e)s; ~e⟩ *impr.* impression *f* en noir.

Schwärze [ˈʃvɛrtsə] *f* ⟨~; ~n⟩ noir *m*; noirceur *f* (*auch fig.*); *Gießerei* enduit noir; *impr.* (*Drucker≈*) encre *f* (d'imprimerie); **die ~ auftragen** encrer (**auf etw.** qc.); **≈n I** *v/t.* ⟨-(es)t, h⟩ noircir; *mit Kohle* charbonner; *impr.* encrer; **II ~n** *n* ⟨~s⟩ noircissement *m*; *impr.* encrage *m.*

Schwarze(r) [ˈʃvartsə(r)] *f (m)* ⟨→ A⟩ **1.** Noir, -e *m, f*; Nègre *m*, Négresse *f* (*meist péj.*); **2.** (*Schwarzhaarige[r]*) noiraud, -e *m, f*; **3.** *nur m* **der ~** le diable; **4.** F **die ~n** *pl.* les catholiques; *péj.* la calotte; *péj.* (*kath. Priester*) *péj.* les corbeaux; les soutanes; la calotte.

Schwarzerde [ˈʃvartsˌʔeːrdə] *f géol., agr.* terre noire; *sc.* tchernoziom *m.*

Schwarze(s) [ˈʃvartsə(s)] *n* ⟨→ A⟩ (*schwarze Stelle*) noircissure *f*; (*schwarze Farbe*) *cf.* schwarz II.

schwarz|fahren [ˈʃvartsˌfaːrən] F *v/i.* ⟨*irr., sép.*, -ge-, sein⟩ *mit e-m öffentlichen Verkehrsmittel* voyager sans billet; F resquiller; *mit e-m privaten Kraftfahrzeug* utiliser un véhicule à l'insu de son propriétaire; **≈ˌfahrer** F *m* voyageur *m* sans billet; passager clandestin; F resquilleur *m*; *mit e-m fremden Fahrzeug* utilisateur *m* d'un véhicule à l'insu de son propriétaire; **≈fahrt** F *f* voyage *m* sans billet; F resquille *f*; *mit e-m fremden Fahrzeug* utilisation *f* d'un véhicule à l'insu de son propriétaire; **≈ˌfäule** *f bot.* nielle *f*; **≈ˌfernseher(in)** *m (f)* téléspectateur, -trice clandestin(e); F resquilleur, -euse *m, f*; **≈fleckenˌkrankheit** *f bot.* rouille noire; charbon *m*; *sc.* anthracnose *f*; **~ˌfleckig** *adj.* tacheté de noir; **~ˌgehen** F *v/i.* ⟨*irr., sép.*,- ge-, sein⟩ *über die Grenze* passer, franchir clandestinement la frontière; *ch.* braconner; chasser sans permis; **~gelb** *adj.* jaune tirant sur le noir; **~geˌrändert** *adj.* encadré de noir; **~geˌstreift** *adj.*

rayé de noir; **~grau** *adj.*, **2grau** *n* gris foncé, noirâtre; **~ˌhaarig** *adj.* aux cheveux noirs; noiraud; **2ˌhandel** *m* marché noir; commerce *m* illicite, clandestin, interlope; **2handelsˌkurs** *m* cours noir; **2ˌhändler** *m* trafiquant *m* du marché noir; **2ˌhemden** *n/pl. hist.* chemises noires; **~ˌhören** F *v/i.* ⟨*sép.*, -ge-, h⟩ écouter clandestinement la radio; F resquiller; **2ˌhörer (-in)** *m (f)* auditeur, -trice clandestin(e); F resquilleur, -euse *m, f*; **2kauf** *m* achat *m* illicite, au marché noir; **~ˌkaufen** *v/t.* acheter au marché noir; **2ˌkittel** *m ch.* sanglier *m*; *péj.* (*kath. Priester*) *péj. fig.* corbeau *m*; **2ˌkümmel** *m bot.* nigelle *f*; **2kunst** *f* magie *f*; **2ˌkünstler(in)** *m (f)* magicien, -nne *m, f*; sorcier, -ère *m, f*; **2ˌkupfer** *n* cuivre noir, brut.

schwärzlich ['ʃvɛrtslıç] *adj.* noirâtre; tirant sur le noir.

schwarz|machen ['ʃvartsˌmaxən] *v/t.* ⟨*sép.*, -ge-, h⟩ *fig.* peindre tout en noir; **2ˌmacher** *m* ⟨~s; ~⟩, **2ˌmaler** *m* pessimiste *m*; **2male'rei** *f* pessimisme *m*; manie *f* de peindre tout en noir; **2markt** *m* marché noir; **2marktˌhändler** *m cf.* Schwarzhändler; **2marktˌpreis** *m* prix *m* du marché noir; **2ˌpappel** *f bot.* peuplier noir; **2ˌpegel** *m techn.* niveau *m* du noir; **2ˌpulver** *n* poudre noire; **2rock** *m péj.* (*kath. Priester*) *péj.* corbeau *m*; die Schwarzröcke *pl. auch* les soutanes; **~'rot'gold** *adj.* noir, rouge et or; die ~(e)ne Fahne, die Fahne Schwarz-Rot-Gold le drapeau noir, rouge et or; **~ˌschlachten I** *v/t.* ⟨-ete, *sép.*, -ge-, h⟩ abattre, tuer clandestinement; **II 2ˌschlachten** *n*, **2ˌschlachtung** *f* abattage, tuage clandestin; **~ˌsehen** *v/t.* ⟨*irr.*, *sép.*, -ge-, h⟩ voir tout en noir; être pessimiste; *télév.* F resquiller; **2ˌseher(in)** *m (f)* pessimiste *m, f*; *pol.* défaitiste *m, f*; *télév. cf.* Schwarzfernseher(in); **2sehe'rei** *f* ⟨~⟩ pessimisme *m*; manie *f* de voir tout en noir; *pol.* défaitisme *m*; **~ˌseherisch** *adj.* pessimiste; *pol.* défaitiste; **2ˌsender** *m rad.* émetteur clandestin, pirate.

Schwärzung ['ʃvɛrtsuŋ] *f* ⟨~; ~en⟩ *als Handlung* noircissement *m*; *als Ergebnis* intensité *f*, densité *f* de noircissement; noirceur *f*.

Schwarz|wälderuhr ['ʃvartsvɛldərˌ'u:r] *f* (pendule *f*) coucou *m*; **~wasserˌfieber** *n méd.* fièvre *f* hématurique; **2'weiß** *adj.*, **~'weiß** *n* blanc (*m*) et noir (*m*); **~'weißˌfilm** *m phot.* pellicule *f*, film *m* noir et blanc; **~'weißˌphoto(graˌphie)** *n (f)* photo(graphie) *f* (en) noir et blanc; **2'weiß'rot** *adj.* noir, blanc et rouge; die ~e Fahne, die Fahne Schwarz-Weiß-Rot le drapeau noir, blanc et rouge, de l'Empire allemand; **~'weißˌzeichnung** *f* dessin *m* (en) blanc et noir; **~wild** *n ch.* sangliers *m/pl.*; **~ˌwurzel** *f bot.* salsifis noir; scorsonère *f*.

Schwatz [ʃvats] F *m* ⟨~es; ~e⟩ F bavette *f*; causette *f*; **~ˌbase** F *f* commère *f*; F pipelette *f*; *cf. auch* Schwätzerin.

schwatzen ['ʃvatsən] **I** *v/t. u. v/i.* ⟨-(es)t, h⟩, '**schwätzen** *v/t. u. v/i.* ⟨-(es)t, h⟩ causer; bavarder; babiller; jaser; F jacasser; tailler une bavette; papoter; jaboter; cailleter; dégoiser; ins Blaue, in den Tag hinein ~ parler en l'air; F parler comme une perruche, une pie; **II 2** *n* ⟨~s⟩ bavardage *m*; babillage *od.* babil *m*; F jaserie *f*; jacasserie *f*; papotage *m*.

Schwätzer(in) ['ʃvɛtsər(ın)] *m* ⟨~s; ~⟩ *(f)* ⟨~; ~nen⟩ bavard, -e *m, f*; babillard, -e *m, f*; jaseur, -euse *m, f*; jaboteur, -euse *m, f*; *nur von e-m Mann* F perroquet *m*; *nur von e-r Frau* F perruche *f*; caillette *f*; jacasse *f*; pie *f*.

Schwätzerei [ˌʃvɛtsə'raı] *f* ⟨~; ~en⟩ *cf.* schwatzen II.

schwatzhaft ['ʃvatshaft] *adj.* bavard; babillard; loquace [lɔkwas]; volubile; verbeux, -euse; **2igˌkeit** *f* ⟨~⟩ loquacité [-kw-] *f*; volubilité *f*; verbosité *f*; F bagou(t) *m*.

Schwatzmaul ['ʃvatsmaul] F *n cf.* Schwätzer(in), Schwatzbase.

Schwebe ['ʃve:bə] *f* ⟨~⟩ in der ~ sein être en suspens; être dans l'incertitude, sans solution, indécis; *jur.* être pendant; **~ˌachse** *f Auto* axe flottant; **~ˌbahn** *f* chemin *m* de fer suspendu, aérien; (*Seil2*) téléférique *m*; **~ˌbalken** *m*, **~ˌbaum** *m gym.* poutre horizontale; **~ˌbühne** *f* plate-forme *f* de pont transbordeur; **~ˌfähre** *f* pont suspendu, transbordeur; **~ˌflug** *m aviat.* vol *m* stationnaire; *Segelflug* vol plané; **~ˌkante** *f gym. cf.* ~balken; **~ˌmotor** *m Auto* moteur flottant.

schweben ['ʃve:bən] *v/i.* ⟨h⟩ **1.** ⟨*doublé d'une indication de direction* sein⟩ planer (in der Luft dans les airs); *hin u. her* flotter (*auch von e-m Ton*); *frei im Raum* être suspendu; *bibl.* der Geist Gottes schwebte über dem Wasser l'esprit de Dieu se mouvait au-dessus des eaux; **2.** *fig.* ein Lächeln schwebte auf ihren Lippen un sourire passait sur ses lèvres; das Wort schwebt mir auf der Zunge, auf den Lippen j'ai le mot sur le bout de la langue; sein Bild schwebt mir immer vor Augen son image m'est toujours présente à l'esprit; j'ai toujours son image devant les yeux; in Gefahr ~ être en danger; zwischen Furcht u. Hoffnung ~ flotter entre la crainte et l'espérance; in Ungewißheit ~ être dans l'incertitude; in Lebensgefahr, zwischen Leben u. Tod ~ être entre la vie et la mort; F *fig.* in höheren Regionen ~ être dans les nuages, dans la lune; das Damoklesschwert schwebt über s-m Haupt l'épée de Damoclès est suspendue au-dessus de sa tête; **3.** (*unentschieden sein*) être en suspens; *jur.* être pendant; **~d** *adjt.* planant; flottant; *jur.*, *Frage* pendant; *Brücke* suspendu; *Schulden* flottant; *Schritt, Gang* léger, -ère; aérien, -nne.

Schwebe|reck ['ʃve:bəˌrɛk] *n gym.* trapèze *m*; **~ˌstange** *f gym. cf.* Schwebebalken; **~ˌstoffe** *m/pl. chim.* substances *f/pl.* en suspension; **~ˌteilchen** *n/pl. chim.* particules *f/pl.* en suspension.

Schwebung ['ʃve:buŋ] *f* ⟨~; ~en⟩ *mus.*, *der Orgel* tremblement *m*; *phys.*, *Funktechnik* (*Überlagerung*) battement *m*; interférence *f*; **~sˌanzeiger** *m* indicateur *m* de battement; **~sˌdauer** *f* période *f* de battement; **~semˌpfang** *m* réception *f* hétérodyne; **~semˌpfänger** *m* récepteur *m* hétérodyne; **~sfreˌquenz** *f* fréquence *f* de battement; **~sgeneˌrator** *m* oscillateur *m* hétérodyne, de battement; **~speriˌode** *f* cycle *m* de battement; **~sˌsummer** *m cf.* ~sgenerator; **~sverˌstärker** *m* amplificateur *m* hétérodyne; **~sˌvorgang** *m* phénomène *m* de battement.

Schwed|e ['ʃve:də] *m* ⟨~n; ~n⟩, **~in** *f* ⟨~; ~nen⟩ Suédois, -e *m, f*; F *fig. als Anrede* alter ~! F mon vieux!; **~enˌklee** *m bot.* trèfle *m* hybride; **~enˌküche** *f* cuisine *f* moderne; **~enˌplatte** *f cuis.* assiette anglaise; **~enˌschanze** *f* vestiges *m/pl.* d'ancienne fortification; **2isch** *adj.* suédois; de (la) Suède; die ~e Sprache, das 2e la langue suédoise; le suédois; F *fig.* hinter ~en Gardinen sitzen être en prison, F au bloc, en tôle *od.* taule, en boîte; **2isch-'norwegisch** *adj.* suédo-norvégien, -nne.

Schwefel ['ʃve:fəl] *m* ⟨~s⟩ *chim.*, *minéral.* soufre *m*; *fig.* wie Pech u. ~ zusammenhalten être comme les doigts de la main; être très amis; s'entendre comme larrons en foire; P être amis comme cochons; être cul et chemise; *cf. auch* Pech 1.; **~ˌader** *f minéral.* veine *f* de soufre; **~aˌmmonium** *n chim.* sulfure *m* d'ammonium [-jɔm]; **2ˌartig** *adj.* de la nature du soufre; sulfureux, -euse; **~ˌäther** *m chim.* éther *m* sulfurique; **~ˌbad** *n méd.* bain sulfureux; *Badeort* eaux sulfureuses; **~ˌbande** *fig.* F *f* bande *f*, tas *m* de vauriens; **~beˌstimmung** *f chim.* détermination *f* du sulfure; **~ˌblei** *n* sulfure *m* de plomb; **~ˌblumen** *f/pl.*, **~ˌblüte** *f chim.* fleurs *f/pl.* de soufre; soufre sublimé; **~ˌchlor** *n chim.* sulfo-chlorure *m*; **~ˌdampf** *m* vapeur *f* de soufre; vapeur sulfureuse; *Ausdünstung* exhalaison sulfureuse; **~dichloˌrid** *n chim.* bichlorure *m* de soufre; **~dioˌxyd** *n chim.* anhydride sulfureux; **~ˌeisen** *n chim.* sulfure *m* de fer; **~ˌerde** *f* terre sulfureuse; **~ˌfaden** *m chim.*, *comm.* fil soufré; mèche soufrée; **2ˌfarben**, **2ˌfarbig** *adj. cf.* 2gelb; **~ˌfarbstoff** *m* colorant *m* au soufre; **~geˌhalt** *m* teneur *f* en soufre; **2ˌgelb** *adj.* jaune (de) soufre; **~ˌgrube** *f* soufrière *f*; **2ˌhaltig** *adj.* qui contient du soufre; sulfureux, -euse; sulfurifère; soufré; riche en soufre.

schwef(e)lig ['ʃve:f(əˌ)lıç] *adj.* sulfureux, -euse; ~e Säure anhydride sulfureux; **~ˌsauer** *adj.* sulfureux, -euse; sulfite de ...; schwefligsaures Salz sul-fite *m*.

Schwefel|kammer ['ʃve:fəlˌkamər] *f* soufroir *m*; **~ˌkies** *m minéral.* pyrite *f* (jaune, de fer); **~ˌkohlenˌsäure** *f chim.* acide *m* sulfo-carbonique; **~ˌkohlenˌstoff** *m chim.* sulfure *m* de carbone; **~ˌkohlenˌstoffverˌgiftung** *f méd.* intoxication *f* par le sulfure de carbone; **~ˌmännchen** *n mines* mèche soufrée; **~meˌtall** *n chim.* sulfure *m* (métallique); **~molybˌdän** *n chim.* molybdène sulfuré.

schwefeln ['ʃve:fəln] **I** *v/t.* ⟨-(e)le, h⟩ *Wein, Pflanzen etc.* soufrer; *Wein* muter; *Weinfässer* (*räuchern*) mécher; *Kautschuk* vulcaniser; *chim.* (*mit Schwefel verbinden*) sulfurer; **II 2** *n* ⟨~s⟩ *von Wein, Pflanzen etc.* soufrage *m*; *von Wein* mutage *m*; *von Kautschuk* vulcanisation *f*; *chim.* sulfuration *f*.

Schwefel|natrium ['ʃve:fəlˌna:triˑum] *n chim.* sulfure *m* de sodium [-jɔm]; **~ˌphosphor** *m chim.* sulfure *m* de phosphore; **~ˌpuder** *m* poudre soufrée; **~ˌpulver** *n* soufre pulvérisé; **~ˌquelle** *f* source sulfureuse; **~ˌreinigung** *f Gaswerk* désulfuration *f*; **2ˌsauer** *adj. chim.* sulfaté; schwefelsaures Salz sulfate *m*; schwefelsaures Ammoniak sulfate d'ammonium, d'ammoniaque; **~ˌsäure** *f* ⟨~⟩ *chim.* acide *m* sulfurique; **~ˌsilber** *n chim.* sulfure *m* d'argent; **~ˌtonerde** *f* sulfure *m* d'aluminium [-jɔm]; **~ung** *f* ⟨~; ~en⟩ *cf.* schwefeln II; **~verˌbindung** *f chim.* sulfure *m*; composé *m* de soufre; **~ˌwasser** *n* ⟨~s; ~⟩ eau sulfurée; **~ˈwasserˌstoff** *m*, **~ˈwasserstoffˌgas** *n chim.* sulfure *m* d'hydrogène; hydrogène sulfuré; acide *m* hydrosulfurique, sulfhydrique; **~ˈwasserstoffˌsäure** *f chim.* acide *m* hydrosulfurique, sulfhydrique; **~ˈwasserstoffverˌbindung** *f chim.* hydrosulfure *m*; **~ˌzink** *n* zinc sulfuré; sulfure *m* de zinc.

Schweif [ʃvaɪf] *m* ⟨~(e)s; ~e⟩ queue *f*; *e-s Kometen auch* chevelure *f*.

schweifen [ˈʃvaɪfən] **I** *v/t.* ⟨h⟩ *charp.* (*bogenförmig schneiden*) échancrer; évider; courber; chantourner; cambrer; arquer; galber; *métall.* (*wölben*) bomber; renfler; (*umbiegen*) cintrer; *text.* rincer; aiguayer; **II** *v/i.* ⟨sein⟩ errer; (*umher~*) (di)vaguer; vagabonder; **durch die Felder ~** courir (à travers) les champs; divaguer à travers (les) champ(s); **in die Ferne ~** courir le monde; *fig.* divaguer; **s-e Blicke ~ lassen** promener ses regards; **s-e Gedanken ~ lassen** laisser vagabonder sa pensée; **~de Gedanken** pensées vagabondes; **warum in die Ferne ~, sieh, das Gute liegt so nah!** il ne faut pas puiser au ruisseau quand on peut puiser à la source *prov.*; **III 2** *n* ⟨~s⟩ *charp.* échancrement *m*; chantournage *m*; *métall.* bombage *od.* bombement *m*; cintrage *m*; *fig.* course vagabonde; vagabondage *m*.

Schweif|haar [ˈʃvaɪfhaːr] *n des Pferdes* crin *m* de la queue; **~ˌriemen** *m cf.* Schwanzriemen; **~ˌsäge** *f charp.* scie *f* à chantourner; **~stock** *m techn.* bigorneau *m* à bomber; **~ung** *f* ⟨~; ~en⟩ *charp.* échancrure *f*; courbure *f*; chantournement *m*; cambrure *f*; galbe *m*; *métall.* bombement *m*; renflement *m*; **2ˌwedeln** *fig. v/i.* ⟨-(e)le, h⟩ flagorner; faire des courbettes, des platitudes; faire le chien couchant; être à plat ventre (devant qn.); P lécher les bottes, V le cul (à qn.); **~ˌwedler(in)** *m* ⟨~s; ~⟩ (*f*) ⟨~; ~nen⟩ flagorneur, -euse *m*, *f*; F rampant *m*; chien couchant; P lécheur *m* (de bottes); V lèche-cul *m*.

Schweige|geld [ˈʃvaɪgəˌgɛlt] *n* prix *m* du silence; pot-de-vin *m*; arrosage *m*; **~ˌkegel** *m Funk, Radar* cône *m* de silence; **~ˌmarsch** *m* marche silencieuse.

schweigen [ˈʃvaɪgən] **I** *v/i.* ⟨schweigt, schwieg, geschwiegen, h⟩ se taire; ne dire, ne pas souffler mot; garder, observer le silence; faire silence; rester, demeurer muet, -tte; *Vögel, Musik, Donner der Geschütze etc.* cesser; **~ Sie!** taisez-vous!; **nicht ~ können** être indiscret, -ète; **~ wie ein Grab** être muet, -tte comme la tombe, comme un sépulcre; **hartnäckig ~** ne pas desserrer les dents; **das Gesetz schweigt darüber** la loi est muette à ce sujet; **die Stimme des Gewissens schweigt** la voix de la conscience ne se fait plus entendre; **über etw. ~** se taire sur qc.; passer qc. sous silence; **zu etw. ~** se taire en voyant qc.; laisser dire, faire qc.; ne point répondre à qc.; **ganz zu ~ von …** pour ne pas parler de …; **j-n ~ heißen** faire taire qn.; imposer silence à qn.; **wer schweigt, bejaht** qui ne dit mot consent; **darüber schweigt des Sängers Höflichkeit** la courtoisie m'ordonne de passer cela sous silence, d'être discret à ce sujet; **II 2** *n* ⟨~s⟩ silence *m*; mutisme *m*; **zum ~ bringen** faire taire; réduire au silence; **~ bewahren** garder le silence; rester bouche close, cousue; rester muet, -tte; **j-m ~ gebieten** imposer le silence à qn.; **das ~ brechen** rompre le silence; **im ~ verharren** s'en tenir au silence; **sich in ~ hüllen** se renfermer dans son mutisme; se retrancher dans le mutisme; **ein vielsagendes, beredtes ~** un silence éloquent; **j-s ~ erkaufen** acheter le silence de qn.; **~d 1.** *adjt.* silencieux, -euse; muet, -tte; **2.** *advt.* silencieusement; en silence; **~ zuhören** écouter sans mot dire, en silence; **~ über etw. hinweggehen** passer qc. sous silence.

Schweigepflicht [ˈʃvaɪgəˌpflɪçt] *f* secret professionnel; discrétion professionnelle.

Schweiger [ˈʃvaɪgər] *m* ⟨~s; ~⟩ (homme) silencieux *m*, taciturne *m*.

schweigsam [ˈʃvaɪkzaːm] *adj.* taciturne; (*wortkarg*) silencieux, -euse; muet, -tte; **2ˌkeit** *f* ⟨~⟩ taciturnité *f*; attitude silencieuse; mutisme *m*.

Schwein [ʃvaɪn] *n* ⟨~(e)s; ~e⟩ **1.** *zo.* cochon *m*; porc *m* (*auch als Fleisch*); *poét.* pourceau *m*; **junges ~** cochonnet *m*; porcelet *m*; **~e** *pl. coll.* porcins *m/pl.*; bêtes porcines; *fig.* **wo haben wir zusammen ~e gehütet?** est-ce que nous avons gardé les cochons ensemble?; **2.** P *fig. für e-e Person* cochon *m*; pourceau *m*; P salaud *m*; saligaud *m*; P **kein ~** personne; P **daraus wird kein ~ klug** personne n'y comprend rien, goutte; F **armes ~** pauvre bougre, diable, type; **3.** ⟨*pas de pl.*⟩ F (*Glück*) veine *f*; chance *f*; **~ haben** avoir de la veine, de la chance; F être veinard; P être verni; avoir du pot.

Schweine|bande [ˈʃvaɪnəˌbandə] F *f* tas *m* de cochons; **~ˌbauch** *m cuis.* poitrine *f* de porc; **~beˌstand** *m* cheptel, effectif porcin; **~ˌbraten** *m cuis.* rôti *m* de porc; **~ˌfett** *n* graisse *f* de porc; *ausgelassenes* saindoux *m*; **~ˌfleisch** *n* (viande *f* de) porc *m*; **~ˌfutter** *n* nourriture *f*, pâture *f* pour les porcs; P *fig.* mangeaille *f*; **~ˈgeld** F *n* **ein ~ verdienen** gagner gros, un argent fou; **~ˌhirt** *m* porcher *m*; **~ˌhund** F *m* cochon *m*; P salaud *m*; saligaud *m*; salopard *m*; *cf. auch* Schuft; **der innere ~** les bas instincts; (*Feigheit*) couardise *f*; **~ˌkerl** P *m cf.* ~hund; **~ˌkoben** *m*, **~ˌkofen** *m* ⟨~s; ~⟩ porcherie *f*; étable *f* à porcs; **~ˌlähmung** *f vét.* **ansteckende ~** paralysie contagieuse des porcs; **~ˌmast** *f* engraissement *m* des porcs; **~ˌmäster** *m* ⟨~s; ~⟩ engraisseur *m* de porcs; **~metzger(ei)** [-ˌmɛtsgər, -mɛtsgəˈraɪ] *m* (*f*) *cf.* Schweineschlächter(ei); **~ˌmist** *m* fumier *m* de porcs; **~ˌpest** *f vét.* peste porcine; **~ˌpökelfleisch** *n* salé *m*.

Schweinerei [ˌʃvaɪnəˈraɪ] *f* ⟨~; ~en⟩ (*Schmutz*) saleté *f*; P saloperie *f*; F cochonnerie *f* (*alle auch fig. für Gemeinheit*); *fig.* (*Gemeinheit*) F canaillerie *f*; P vacherie *f*; (*Zote*) obscénité *f*; propos orduriers; F *fig.* ordure *f*; cochonnerie *f*.

Schweine|rippchen [ˈʃvaɪnəˌrɪpçən] *n/pl. cuis.* côtes *f/pl.* de porc; **~ˌschlächter** *m* charcutier *m*; **~schlächteˌrei** *f* charcuterie *f*; **~ˌschmalz** *n* saindoux *m*; **~ˌschneider** *m* châtreur *m* de porcs; **~ˌstall** *m cf.* Schweinekoben; F *fig. cf.* Saustall 2., Sauwirtschaft; **~ˌtreiber** *m cf.* Schweinehirt; **~ˌtrog** *m* auge *f* (des porcs); **~ˌwirtschaft** F *f cf.* Sauwirtschaft; **~ˌzucht** *f* élevage *m* de porcs; **~ˌzüchter** *m* éleveur *m* de porcs.

Schweinfurter Grün [ˈʃvaɪnˌfurtər ˈgryːn] *n* vert *m* de Schweinfurt.

Schweinigel [ˈʃvaɪnˌʔiːgəl] F *m* (*Schmutzfink*) cochon *m*; P salaud *m*; saligaud *m*; sagouin *m*; (*Zotenreißer*) cochon *m*; pourceau *m*; lubrique *m*; personnage *m*, être *m*, individu *m* lubrique, obscène; P salopard *m*; **~ei** [-ˈlaɪ] F *f* ⟨~; ~en⟩ obscénité *f*; propos orduriers; F *fig.* ordure *f*; cochonnerie *f*; **2n** F *v/i.* ⟨-(e)le, h⟩ faire, dire des obscénités, F des cochonneries.

schweinisch [ˈʃvaɪnɪʃ] **1.** *adj.* de cochon; (*zotig*) obscène; **2.** *adv.* comme un cochon.

Schweins|blase [ˈʃvaɪnsˌblaːzə] *f* vessie *f* de porc; **~ˌborste** *f* soie *f* de porc; **~ˌhachse** *f cuis.* jambonneau *m*; **~ˌkeule** *f cuis.* jambon *m* (de porc frais); **~kopf** *m cuis.* tête *f* de porc; 'hure *f*; **~koteˌlett** *n cuis.* côtelette *f* de porc; **~ˌleder** *n* peau *f* de porc; **2ˌledern** *adj.* en peau de porc; en porc; **~ohr** *n Gebäck* palmier *m*.

Schweiß [ʃvaɪs] *m* ⟨~es; ~e⟩ *physiol.* sueur *f* (*auch fig.*); *an Fensterscheiben* buée *f*; *von Mauern* humidité *f*; (*Woll2*) suint *m*; *ch.* (*Blut*) sang *m*; **kalter ~** sueur froide; **in ~ geraten** transpirer; **in ~ gebadet sein** être trempé, baigné de sueur; être tout en nage; **von ~ triefen** ruisseler de sueur; **das hat viel ~ gekostet** cela a coûté beaucoup de peine; **im ~e s-s Angesichts** à la sueur de son front; **der ~ steht auf s-r Stirn** la sueur perle, coule sur son front; **der ~ läuft mir herunter** je sue à grosses gouttes; **2ˌabsondernd** *adjt. anat.* sudoripare; **~ˌabsonderung** *f physiol.* transpiration *f*; sécrétion sudorale; **~aggreˌgat** *n techn.* groupe *m* de soudage; **~appaˌrat** *m techn.* appareil *m* à souder; **~ˌarbeit** *f techn.* soudage *m*; soudure *f*; corroyage *m*; **~ˌausbruch** *m physiol.* transpiration abondante; **~band** *n* ⟨~(e)s; ~er⟩ *im Hut* cuir *m*; **2bar** *adj. techn.* soudable; **~barˌkeit** *f* ⟨~⟩ *techn.* soudabilité *f*; **2beˌdeckt** *adjt.* couvert de sueur; trempé de sueur; en sueur; **~blatt** *n in Damenkleidern* dessous *m* de bras; **~ˌbogen** *m techn.* arc *m* à souder; **~ˌbrenner** *m techn.* chalumeau *m* à souder; brûleur *m*; **~draht** *m techn.* fil *m*, baguette *f* à souder, de soudure; **~ˌdrüse** *f anat.* glande *f* sudoripare; **2echt** *adj.* résistant à la transpiration; **~ˌeisen** *n techn.* fer soudant, soudable; **~elekˌtrode** *f techn.* électrode *f* à souder, de soudure.

schweiß|en [ˈʃvaɪsən] **I** *v/t.* ⟨-(es)t, h⟩ *techn.* souder; **elektrisch ~** souder à l'arc; **II** *v/i. ch.* saigner; *Metalle* entrer en fusion; **III 2en** *n* ⟨~s⟩ *techn.* soudure *f*; soudage *m*; *ch.* saignement *m*; **2er** *m* ⟨~s; ~⟩ *techn.* soudeur *m*; **2eˈrei** *f* ⟨~; ~en⟩ *techn.* atelier *m* de soudage.

Schweiß|fährte [ˈʃvaɪsˌfɛːrtə] *f ch.* trace *f* de sang; **~ˌflamme** *f techn.* flamme *f* de soudage; **~ˌfriesel** *m od. n méd.* miliaire *f*; **~ˌfuge** *f techn.* (ligne *f* de) soudure *f*; **~fuchs** *m zo.* alezan brûlé; **~fuß** *m méd.* hyperhydrose *f*, transpiration *f* du pied; **Schweißfüße haben** transpirer, suer des pieds; **2geˌbadet** *adjt.* baigné, trempé de sueur; tout en sueur; **~geˌrät** *n techn.* poste *m* de soudage; **~geˌruch** *m* odeur *f* de sueur; **~ˌhitze** *f techn.* chaleur soudante; température *f* de soudage; **~hund** *m ch. etwa* braque *m*; **2ig** *adj.* suant; en sueur; *Hände* moite; *ch.* saignant; **~ˌkabel** *n* *techn.* câble *m* de soudage; ~ˌ**kante** *f techn.* chanfrein *m* de soudure; ~**konstruktiˌon** *f bât.* construction soudée; ~ˌ**leder** *n cf.* Schweißband; ~**maˌschine** *f techn.* elektrische ~ soudeuse *f* électrique; ~**naht** *f techn.* soudure *f*; ~ˌ**ofen** *m techn.* four *m* à souder; ~ˌ**paste** *f techn.* pâte *f* à souder; pâte décapante; ~ˌ**perle** *f* perle *f* de sueur; auf s-r Stirn standen dicke ~n sur son front perlaient de grosses gouttes de sueur; ~ˌ**pulver** *n techn.* poudre *f* à souder; ~**spur** *f ch. cf.* ~fährte; ~**stahl** *m techn.* acier soudé; ~ˌ**stelle** *f cf.* ~naht; ~**stück** *n* pièce soudée, à souder; ~ˌ**technik** *f techn.* technique *f* de la soudure; ~**temperaˌtur** *f techn. cf.* ~hitze; ~**transforˌmator** *m techn.* transformateur *m*, poste *m* de soudage; 2ˌ**treibend** *adjt. méd.* qui provoque la sueur; qui fait transpirer; *sc.* sudorifique, diaphorétique (*beide auch m* ~es Mittel); 2ˌ**triefend** *adjt.* ruisselant de sueur; *cf. auch* 2gebadet; ~ˌ**tropfen** *m* goutte *f* de sueur; das hat manchen ~ gekostet cela a coûté bien de la peine, du mal, F de la sueur; ~**tuch** *n der Veronika* voile *m*; ~ˌ**umspanner** *m techn. cf.* ~transformator; ~**ung** *f* ⟨~; ~en⟩ *techn.* soudage *m*; soudure *f* (*auch als Ergebnis*); autogene ~ soudure autogène; überlappte ~ soudure par recouvrement; ~**verˌfahren** *n techn.* procédé *m* de soudure; ~ˌ**wolle** *f* laine *f* en suint; ~ˌ**zange** *f techn.* pince *f* à souder.

Schweizer [ˈʃvaɪtsər] **I** *m* ⟨~s; ~⟩ **1.** Suisse *m*; **2.** *égl. cath.* suisse *m*; **3.** *agr.* (*Melker*) trayeur *m*; (*Kuhknecht*) vacher *m*; **II** ~ *adj.* ⟨*inv.*⟩ suisse; de (la) Suisse; helvétique; ~ Käse gruyère *m*; ~ˌ**degen** *m impr., fig.* F amphibie *m*; 2ˌ**deutsch I** *adj.* en dialecte alémanique; **II** ~ˌ**deutsch** *n* ⟨~(s)⟩ dialecte *m* alémanique; ~**ei** [-ˈraɪ] *f* ⟨~; ~en⟩ laiterie *f*; ~ˌ**garde** *f hist.* Cent-Suisses *m/pl.*; *des Papstes* garde *f* suisse; ~ˌ**haus** *n* chalet *m* suisse; ~**in** *f* ⟨~; ~nen⟩ Suisse *f*; Suissesse *f*; 2**isch** *adj. cf.* Schweizer II; 2e Eidgenossenschaft Confédération helvétique; ~ˌ**land** *n* la Suisse.

Schweizreise [ˈʃvaɪtsˌraɪzə] *f* voyage *m* en Suisse.

Schwelch|boden [ˈʃvɛlçˌboːdən] *m Brauerei* touraille *f*, claies *f/pl.* à sécher le malt; ~**malz** *n* malt séché à l'air.

Schwel|anlage [ˈʃveːlˌʔanlaːgə] *f* installation *f* de carbonisation à basse température; ~**brand** *m* feu couvant (sous la cendre); 2**en I** *v/t.* ⟨h⟩ brûler lentement; *Kokerei* distiller, carboniser à basse température; **II** *v/i.* brûler sans flamme; se consumer lentement; couver (*auch fig.*); ~**gas** *n* gaz *m* de distillation à basse température.

schwelg|en [ˈʃvɛlgən] *v/i.* ⟨h⟩ *im Essen* faire bonne chère; F être en goguette; *cf. auch* schlemmen I, 1.; (*üppig leben*) *cf.* prassen I; *fig.* in etw. ~ s'enivrer, se griser de qc.; in Erinnerungen ~ savourer ses souvenirs; im Überfluß ~ nager dans l'abondance; 2**er(in)** *m* ⟨~s; ~⟩ (*f*) ⟨~; ~nen⟩ *cf.* Schlemmer(in) 1., Prasser(in); 2**e'rei** *f* ⟨~; ~en⟩ *cf.* Prasserei; ~**eˌrisch** *adj.* luxueux, -euse; fastueux, -euse; (*wollüstig*) voluptueux, -euse.

Schwel|kammer [ˈʃveːlˌkamər] *f* chambre *f* de distillation; ~ˌ**kohle** *f* lignite *m* riche en matière volatile; ~**koks** *m* coke *m* de basse carbonisation.

Schwelle [ˈʃvɛlə] *f* ⟨~; ~n⟩ seuil *m* (*auch fig.*); *chem.* traverse *f*; ~ des Bewußtseins seuil de la conscience; an der ~ e-r neuen Zeit au seuil d'une nouvelle époque; auf der ~ zur Macht aux abords du pouvoir; e-e ~ überschreiten franchir un seuil.

schwellen [ˈʃvɛlən] *poét.* **I** *v/t.* ⟨h⟩ *Segel* gonfler; enfler; *fig., Brust* dilater; **II** *v/i.* ⟨schwillt, schwoll, geschwollen, sein⟩ *Wasser, Flut* (s')enfler; être en crue; grossir; *Lärm* grandir; enfler; s'amplifier; *Ton* augmenter; s'amplifier; **III** 2 *n* ⟨~s⟩ *der Wasser* crue *f*; grossissement *m*; *von Lärm, Tönen* augmentation *f*; accroissement *m*; amplification *f*.

Schwellen|abstand [ˈʃvɛlənˌʔapʃtant] *m chem.* intervalle *m* entre traverses; ~ˌ**bohrmaˌschine** *f chem.* perceuse *f* de traverses, de trous de tire-fond; ~**emˌpfindlichkeit** *f phys.* sensibilité *f* (de) seuil; ~**enerˌgie** *f phys.* énergie *f* (de) seuil; ~**deˌtektor** *m phys. atom.* détecteur *m* à seuil; ~ˌ**dosis** *f phys. atom.* dose *f* de seuil, de tolérance; dose *f* limite; ~**freˌquenz** *f phys.* fréquence *f* de seuil; ~ˌ**holz** *n chem.* bois *m* à traverses; ~ˌ**klammer** *f chem.* crampon *m*; ~ˌ**länge** *f chem.* longueur *f* de traverse; ~ˌ**rost** *m chem.* voie *f* de traverses; ~ˌ**schraube** *f chem.* tire-fond *m*; ~ˌ**schraubenˌschlüssel** *m chem.* clef *f* à tire-fond; ~ˌ**strom** *m élect.* courant *m* de seuil; ~ˌ**stuhl** *m chem.* coussinet *m*; ~**verˌlegegeˌrät** *n chem.* appareil *m* à poser les traverses; ~ˌ**wert** *m phys.* valeur *f* seuil.

Schweller [ˈʃvɛlər] *m* ⟨~s; ~⟩ *mus.* levier *m* de crescendo.

Schwell|gewebe [ˈʃvɛlgəˌveːbə] *n anat.* tissu *m* érectile; ~**koeffiziˌent** *m techn.* taux *m* de gonflement; ~ˌ**körper** *m anat.* corps caverneux, érectile; ~**kraft** *f techn.* force *f* de gonflement; ~**ton** *m* ⟨~(e)s; ~e⟩ *mus.* crescendo *m*; ~**ung** *f* ⟨~; ~en⟩ enflure *f*; bouffissure *f*; boursouflure *f*; boursouflement *m*; gonflement *m*; *méd. auch* tuméfaction *f*; tumescence *f*.

Schwel|ofen [ˈʃveːlˌʔoːfən] *m* four *m* à lente distillation; ~**teer** *m* goudron *m* à lente distillation; ~**ung** *f* ⟨~⟩ combustion incomplète; *Kokerei* distillation lente, sèche, à basse température; carbonisation incomplète, à basse température.

Schwemm|boden [ˈʃvɛmˌboːdən] *m* terre *f* alluvionnaire, alluviale; ~**e** *f* ⟨~; ~n⟩ **1.** gué *m*; abreuvoir *m*; ein Pferd in die ~ reiten mener un cheval à l'abreuvoir; **2.** (*Bierkneipe*) buvette *f*; **3.** *comm.* (*Überangebot*) offre excessive, surabondante; abondance excessive; pléthore *f*; 2**en** *v/t.* ⟨h⟩ laver à grande eau; passer à l'eau; rincer; *Pferd* mener à l'abreuvoir; *Häute* faire boire; *Holz* flotter; (*fort*~) emporter; entraîner; die Trümmer wurden ans Land geschwemmt les épaves ont été (re)jetées à la côte; ~**land** *n* ⟨~(e)s⟩ terrains alluviaux; terre *f*, terrain *m* alluvionnaire; alluvions *f/pl.*; ~**sand** *m* sable alluvial.

Schwengel [ˈʃvɛŋəl] *m* ⟨~s; ~⟩ (*Pumpen*2) bras *m*; brimbale *f*; (*Glocken*2) battant *m*; (*Wagen*2) palonnier *m*.

Schwenk|achse [ˈʃvɛŋkˌʔaksə] *f* articulation *f*; *senkrechte* axe *m* de pivotement, *waagerechte* de rotation; ~**arm** *m* bras *m* articulé, basculant, orientable, pivotant, mobile, oscillant; ~ˌ**bagger** *m* excavateur *m* orientable; 2**bar** *adj. um senkrechte Achse* pivotant; *um waagerechte Achse* basculant; à bascule; *nach allen Richtungen* orientable; (*beweglich*) articulé; (*drehbar*) tournant; ~**beˌreich** *m von e-m Geschütz* champ *m* de tir; secteur *m* de pointage en direction; ~**beˌwegung** *f* mouvement pivotant, tournant, oscillant; ~ˌ**bühne** *f mines* pont *m*, plaque *f* tournant(e).

schwenk|en [ˈʃvɛŋkən] **I** *v/t.* ⟨h⟩ **1.** *Hut, Taschentuch, Fahne* agiter; *techn., um waagerechte Achse* (faire) basculer; *um senkrechte Achse* faire pivoter; *Kamera, Geschütz* tourner; orienter; faire pivoter; **2.** *ein Glas in Wasser* (*ausspülen*) rincer; **3.** *cuis., Kartoffeln in Butter etc.* faire sauter; **II** *v/i.* ⟨sein⟩ *milit., Geschütz* tourner; pivoter; *Truppen, taktisch* converser; faire une conversion; évoluer (*auch mar.*); *beim Exerzieren* changer de direction; faire un changement de direction; links schwenkt — marsch! changement de direction à gauche — marche!; **III** 2**en** *n* ⟨~s⟩ *cf.* Schwenkung; 2**er** F *m* ⟨~s; ~⟩ (*Kognakglas*) verre-ballon *m*.

Schwenk|kartoffeln [ˈʃvɛŋkkarˌtɔfəln] *f/pl. cuis.* pommes (de terre) sautées; ~**kran** *m* grue pivotante, à pivot; ~**laˌfette** *f milit.* affût pivotant, à pivot; ~ˌ**lager** *n* support pivotant; crapaudine *f*; ~**rad** *n* roue pivotante; ~**rohr** *n* tube articulé; ~ˌ**säule** *f* colonne-pivot *f*; ~ˌ**schiene** *f* rail *m* de roulement circulaire; ~**tisch** *m* table pivotante; ~**ung** *f* ⟨~; ~en⟩ pivotement *m* (*auch Geschütz, Kamera, Kran etc.*); *techn.* (mouvement *m* de) rotation *f*; *milit., taktische* conversion *f*; évolution *f* (*auch mar.*); *beim Exerzieren* changement *m* de direction; *fig.* changement *m*, revirement *m* d'opinion; *pol.* e-e ~ machen virer de bord; F changer son fusil d'épaule; (*völlige, plötzliche Umkehr*) faire une pirouette, une volte-face; ~ˌ**vorrichtung** *f* mécanisme *m*, dispositif *m* de pivotement; *bei e-m Geschütz* appareil *m* de pointage en direction; ~ˌ**winkel** *m* angle *m* d'orientation.

schwer [ʃveːr] **1.** *adj. im Gewicht* pesant; *von Lasten, fig. von Pflicht, Amt, Verantwortung etc.* lourd; *Speisen* lourd; difficile à digérer; *Getränke, Tabak* fort; *Wein auch* capiteux, -euse; qui a du corps; corsé; *Stoffe* fort; solide; lourd; *Leinwand, Tuch auch* gros, -sse; *fig., Arbeit, Aufgabe etc.* (*schwierig*) difficile; (*mühevoll*) pénible; ardu; épineux, -euse; (*hart*) dur; rude; (*ermüdend*) fatigant; (*mühselig*) laborieux, -euse; *Zeit(en)* dur; difficile; *Krankheit, Fehler, Vergehen, Schaden* grave; sérieux, -euse; *Strafe* sévère; lourd; rigoureux, -euse; *Verlust* lourd; fort; gros, -sse; considérable; *fig., Schlag* cruel, -lle; rude; *Seufzer* profond; *Schlaf* lourd; pesant; *Gewitter* gros, -sse; ~es Gepäck gros bagage; ~es Motorrad grosse moto (-cyclette); *milit.* ~e Artillerie artillerie lourde; ~es Geschütz canon de gros calibre; pièce lourde; *fig.* ~es Geschütz auffahren F employer des arguments massue; *mar.* ~e See grosse mer; mer 'houleuse; ~er Boden terre lourde; *chim.* ~es Wasser eau lourde; ~er Traum mauvais rêve; rêve obsédant; cauchemar *m*; ~er Kampf rude combat; lutte acharnée; ~es Verbrechen grand crime; crime capital; F ~er Junge grand criminel; ~er Diebstahl vol qualifié; ~er Fehler faute grave; grosse faute; ~er **Irrtum** erreur grave, capitale; ~e **Aufgabe** lourde tâche; ~e **Geburt** accouchement laborieux; ~e **Erkältung** gros rhume; ~es **Schicksal** sort cruel; ~er **Schlag** coup dur; *fig.* rude coup; ~e **Sünde** gros péché; péché capital; F **die ~e Menge** en quantité énorme; F à foison; ~e **Zunge** langue épaisse; ~es **Geld kosten** coûter des sommes énormes, F un argent fou; ~es **Geld verdienen** gagner beaucoup d'argent, F un argent fou; F gagner gros, gros comme soi; **mit ~em Herzen** le cœur gros, lourd, navré; **zwei Pfund ~ sein** peser deux livres; **es ist ein ~es Auskommen mit ihm** il est difficile de s'entendre avec lui; il est d'un commerce difficile; F **~ von Begriff sein** avoir la tête dure, l'esprit obtus, F la comprenette difficile; **e-n ~en Kopf haben** avoir la tête lourde; **e-e ~e Hand haben** avoir la main lourde; **e-n ~en Stand haben** être dans une situation difficile; avoir bien du mal (mit avec); **~ zu sagen, zu befriedigen** difficile à dire, à satisfaire; **das ist nicht so ~** (*wie man meint*) F ce n'est pas la mer à boire; **j-m ~ werden** *cf.* **schwerfallen**; *Zunge* **~ werden** s'épaissir; **2.** *adv.* lourdement; difficilement; péniblement; gravement; sérieusement; (*gefährlich*) dangereusement; sévèrement; rigoureusement; (*viel*) beaucoup; énormément; **~ arbeiten** travailler dur; **sich ~ ärgern** entrer dans une grande colère; **~ atmen, ~ Atem holen** avoir la respiration gênée; respirer difficilement, péniblement; **~ im Magen liegen** peser sur l'estomac, F *fig.* sur le cœur; **diese Sache liegt mir ~ auf der Seele** cette histoire m'oppresse, me tourmente constamment, F me turlupine; **~ beleidigen** offenser gravement; **s-e Nachlässigkeit ~ büßen** expier durement, cruellement sa négligence; **sich ~ täuschen** se tromper lourdement; **die Mathematik geht ihm ~ ein** F *fig.* il n'a pas la bosse des mathématiques; **man kann es nur ~ begreifen, daß ...** on a peine à comprendre, on comprend malaisément que ...; **sich nur ~ zu etw. entschließen können** ne se résoudre qu'avec peine à qc.; **~ hören** avoir l'oreille dure; être dur d'oreille, P de la feuille; *fig.* **~ wiegen** être d'un grand poids; peser lourd dans la balance; **sich ~ versündigen** pécher gravement; **~ verwunden** blesser grièvement; **~ krank sein** être gravement, dangereusement malade; **~ zu tragen haben** être lourdement chargé; *fig.* **~ tragen an etw.** être accablé de qc.; **es ~ haben** être dans une situation difficile; avoir bien du mal (mit avec); **~ machen** alourdir; *fig.* **e-e Sache ~er** (*schwieriger*) **machen** compliquer qc.; **sich das Leben unnötig ~ machen** se compliquer (inutilement) l'existence; chercher midi à quatorze heures; **~ verdaulich sein** être dur, difficile à digérer; être de digestion difficile; être indigeste (*auch fig.*); **~ verkäuflich sein** être difficile à vendre; **~ betrunken sein** être ivre mort; F être soûl comme un Polonais, une grive; **~ enttäuscht sein** être profondément déçu; **~ verständlich sein** être difficile à comprendre; **~ reich sein** être énormément, extrêmement, **très** riche; **erblich ~ belastet sein** avoir une hérédité chargée.

Schwer|arbeit ['ʃveːrˌʔarbaɪt] *f* travail *m* de force; travail *m* pénible; **~ˌarbeiter** *m* travailleur *m* de force; homme *m* de peine; F manœuvre lourd; **~athˌletik** *f* haltérophilie *f*, lutte *f*, boxe *f* et judo *m*; **ˌatmend** *adjt.* respirant avec peine; **∽ˌatmig** *adj.* qui a la respiration gênée, difficile; qui respire difficilement; **∽beˌladen** *adjt.* pesamment chargé; **∽beˌlastet** *adjt. cf.* **∽beladen**; *jur.* fort chargé (par les témoins); **∽beˌschädigt** *adjt.* **~ sein** être un grand mutilé, invalide, 'handicapé; **~beˌschädigte** (**-r**) *f* (*m*) ⟨→ A⟩ grand(e) mutilé(e); invalide *m, f*; 'handicapé, -e *m, f*; **~beˌschädigtenabˌteil** *n chem.* compartiment *m* pour mutilés; **∽beˌwaffnet** *adjt.* pesamment armé; **~beˌwaffnete(r)** *m* ⟨→ A⟩ homme pesamment armé; **∽ˌblütig** *adj.* (*langsam*) lent, lourd d'esprit; (*ernsthaft*) grave; **~ˌblütigˌkeit** *f* ⟨~⟩ lenteur *f*, lourdeur *f* d'esprit; gravité *f*; **~chemiˌkalien** *pl.* substances minérales non chimiquement pures.

Schwere ['ʃveːrə] *f* ⟨~⟩ pesanteur *f*; (*Gewicht*) poids *m*; *phys.* gravité *f*; *des Weins* corps *m*; *fig., e-r Strafe* rigueur *f*; *der Verantwortung* poids *m*; *e-r Krankheit, e-s Verbrechens* gravité *f*; *e-s Amtes* difficultés *f/pl.*; **~beˌschleunigung** *f phys.* accélération *f* de la pesanteur; **~ˌfeld** *n phys.* champ *m* de gravité, de gravitation, de la pesanteur; **∽ˌlos** *adj. néol.* en état d'apesanteur; **~ˌlosigkeit** *f* ⟨~⟩ absence *f* de pesanteur; *néol.* apesanteur *f*; **~ˌmesser** *m* ⟨~s; ~⟩ *phys.* pendule *m* d'Eötvös; **~ˌmessung** *f phys.* gravimétrie *f*; barymétrie *f*; **~ˌnöter** *m* ⟨~s; ~⟩ *cf.* Schürzenjäger.

schwer|errungen ['ʃveːrʔɛrˌrʊŋən] *adjt.* difficilement acquis; **~erˌziehbar** *adj.* difficile à élever, à éduquer; **die ∽en** les enfants difficiles à élever, à éduquer.

Schwere(s) ['ʃveːrə(s)] *n* ⟨→ A⟩ **~s durchmachen** passer par, subir de rudes épreuves; **~s durchgemacht haben** *auch* revenir de loin.

schwer|fallen ['ʃveːrˌfalən] *v/i.* ⟨*irr., sép.,* -ge-, sein⟩ **j-m ~** être difficile, pénible à qn.; coûter beaucoup de peine à qn.; **es fällt mir schwer, zu ...** (+ *inf.*) j'ai (de la) peine à ..., il m'est difficile, pénible de ..., il m'en coûte de ... (+ *inf.*); **~ˌfällig** *adj.* lourd; lourdaud; pesant; (*träge*) engourdi; *in der Form* (*klobig*) massif, -ive; F mastoc (*inv.*); *Stil* lourd; pesant; **~ machen (werden) (s')**alourdir; **~er Mensch** lourdaud *m*; F bœuf *m*; **∽ˌfälligˌkeit** *f* ⟨~⟩ lourdeur *f*; pesanteur *f*; **~ˌflüchtig** *adj. chim.* peu volatil; **~ˌflüssig** *adj.* visqueux, -euse; **∽geˌwicht** *n Sport* poids lourd; *fig.* accent *m*; **das ~ wird auf ... gelegt** la plus grande importance est attribuée à ...; **∽geˌwichtler** *m* ⟨~s; ~⟩ *Sport* poids lourd; **∽gewichtsˌklasse** *f Sport* catégorie *f* (des) poids lourds; **∽gewichtsˌmeister** *m Sport* champion *m* des poids lourds; **∽gut** *n mar.* charges lourdes; **~ˌhalten** *v/imp.* ⟨*irr., sép.,* -ge-, h⟩ **es wird ~, zu ...** (+ *inf.*) il sera difficile de ... (+ *inf.*); **es wird ~, daß ich komme** il n'est guère probable que je vienne; **~ˌhörig** *adj.* dur d'oreille; *pfort.* sourd; **∽ˌhörige(r)** *f* (*m*) ⟨→ A⟩ celui, celle qui est dur(e) d'oreille; F sourdaud, -e *m, f*; **∽ˌhörigˌkeit** *f* dureté *f* d'oreille; *pfort.* surdité *f*; **∽indusˌtrie** *f* grosse industrie; industrie lourde; **∽industriˌelle(r)** *m* gros industriel; maître *m* de forges; **∽kraft** *f* ⟨~⟩ *phys.* (force *f* de la) pesanteur *f*, gravité *f*; gravitation *f*; **∽kraftenerˌgie** *f phys.* énergie *f* gravitique; **∽kraftˌfeld** *n cf.* Schwerefeld; **~krank** *adj.* gravement, dangereusement malade; *ch.* gravement, sérieusement touché, atteint; **∽ˌkranke(r)** *f* (*m*) grand(e) malade *m* (*f*); **∽ˌkriegsbeˌschädigte(r)** *m* ⟨→ A⟩ grand mutilé, blessé, invalide de guerre; **~lich** *adv.* avec peine; difficilement; ne ... guère; **das wird er ~ tun können** je doute fort qu'il puisse le faire; **~ˌmachen** *v/t.* ⟨*sép.,* -ge-, h⟩ **j-m das Herz ~** faire de la peine à qn.; causer du souci à qn.; **das macht mir das Herz schwer** j'en ai le cœur gros; cela me serre le cœur; cela me pèse sur le cœur; **j-m das Leben ~** rendre la vie dure à qn.; F faire des misères à qn.; **∽meˌtall** *n* métal lourd; **∽mut** *f* ⟨~⟩ mélancolie *f*; tristesse profonde; humeur *f* sombre; *sc.* hypocondrie *f*; **~ˌmütig** *adj.* mélancolique; triste; sombre; *sc.* hypocondre; hypocondriaque; **∽ˌmütigˌkeit** *f* ⟨~⟩ *cf.* ∽mut; **~ˌnehmen** *v/t.* ⟨*irr., sép.,* -ge-, h⟩ **er nimmt alles viel zu schwer** il prend tout bien trop au sérieux, au tragique, à cœur; **∽öl** *n* huile lourde; **∽ölˌmotor** *m* moteur *m* à huile lourde; **∽punkt** *m phys.* centre *m* de gravité (*auch fig.*); *fig.* point capital, principal; *milit.* effort principal; point maximum d'application de l'effort; centre *m* de gravité du dispositif; *milit.* **den ~ ansetzen auf ...** concentrer les efforts sur ...; **∽punktˌbildung** *f milit.* concentration *f* de l'effort, des efforts; **∽punktindusˌtric** *f* industrie *f* clef, de base; **∽punktverˌlagerung** *f phys.* déplacement *m* du centre de gravité (*auch fig.*); **∽punktˌwanderung** *f phys.* migration *f*, déplacement *m* du centre de gravité; **∽spat** *m minéral.* sulfate *m* de baryum; barytine *od.* barytite *f*; spath pesant.

Schwert [ʃveːrt] *n* ⟨~(e)s; ~er⟩ épée *f*; *st. s. u. poét.* glaive *m* (*auch fig.*); *e-s Segelboots* dérive *f*; **das ~ ziehen, zum ~ greifen** tirer l'épée; mettre l'épée à la main; dégainer; **mit Feuer u. ~** à feu et à sang; *fig.* **das ist ein zweischneidiges ~** c'est une arme à double tranchant; *fig.* **das ~ der Gerechtigkeit** le glaive de la justice; **~ˌadel** *m hist.* noblesse *f* d'épée; **~ˌbohne** *f bot.* 'haricot *m* de Madagascar; **~brüderˌorden** *m hist.* ordre *m* de chevalerie des Porte-Glaive; Porte-Glaive *m/pl.*

Schwertel ['ʃveːrtəl] *m* ⟨~s; ~⟩ *bot. cf.* Gladiole, Schwertlilie.

Schwertergeklirr ['ʃveːrtərgəˌklɪr] *n* cliquetis *m* des épées.

Schwert|feger ['ʃveːrtˌfeːgər] *m* ⟨~s; ~⟩ *hist.* armurier *m*; **~fisch** *m zo.* espadon *m*; **∽ˌförmig** *adj.* gladié; *sc.* ensiforme; *bot., anat.* xiphoïde; **~geˌklirr** *n cf.* Schwertergeklirr; **~hieb** *m* coup *m* d'épée; **~ˌlehen** *n féod.* fief masculin; **~ˌleite** *f* ⟨~; ~n⟩ *féod.* adoubement *m*; **~ˌlilie** *f bot.* iris *m*; **~streich** *m* coup *m* d'épée; **ohne ~** sans coup férir; **~ˌträger** *m zo.* porte-glaive *m*; **~wal** *m zo.* orque *m*; épaulard *m*.

Schwer|verbrecher(in) ['ʃveːrfɛrˌbrɛçər(ɪn)] *m* (*f*) grand(e) criminel, -lle *m, f*; **∽verˌdaulich** *adj.* dur, difficile à digérer; indigeste; **∽verˌletzt** *adjt.* grièvement blessé; **~verˌletzte(r)** *f* (*m*) grand(e) blessé(e) *m* (*f*); **∽verˌständlich** *adj.* difficile à comprendre; **∽verˌwundet** *adjt. cf.* ∽verletzt; **~verˌwundete(r)** *f* (*m*) *cf.* ~verletzte(r); **~wasser...** *in Zssgn.* à eau lourde; **~wasserreˌaktor** *m phys. atom.* réac-

teur *m* à eau lourde; 2ˌ**wiegend** *adjt. fig.* fort grave; très sérieux, -euse.
Schwester ['ʃvɛstər] *f* ⟨~; ~n⟩ sœur *f*; P frangine *f*; (*Kranken*2) infirmière *f*; *relig.* religieuse *f*; Barmherzige ~ sœur de charité; ~ X *relig.* sœur X; *in der Anrede auch* ma sœur; *im Krankenhaus* mademoiselle *bzw.* madame X; ~**chen** *n* ⟨~s; ~⟩ petite sœur; F sœurette *f*; P frangine *f*; ~ˌ**firma** *f* maison affiliée; ~ˌ**kind** *n* neveu *m*; nièce *f*; 2ˌ**lich 1.** *adj.* de *od.* d'une sœur; **2.** *adv.* en sœur; ~ˌ**liebe** *f* amour *m* d'une sœur; ~**natiˌon** *f* nation *f* sœur; ~**nˌhaube** *f* coiffe *f* d'infirmière; ~**nˌliebe** *f* amour *m* entre sœurs; ~**nˌpaar** *n* deux sœurs *f/pl.*; ~**nˌschaft** *f* ⟨~; ~en⟩ *relig.* communauté *f* de sœurs; *e-s Krankenhauses* infirmières *f/pl.*; ~**nˌtracht** *f* tenue *f*, uniforme *m* d'infirmière; ~ˌ**schiff** *n* navire jumeau; ~**unterˌnehmen** *n* entreprise *f* sœur, affiliée, jumelle.
Schwibbogen ['ʃvɪpˌboːgən] *m bât.* arc-boutant *m*.
schwieger|elterlich ['ʃviːgərˌʔɛltərlɪç] *adj.* de(s) beaux-parents; 2ˌ**eltern** *pl.* beaux-parents *m/pl.*; 2ˌ**mutter** *f* belle-mère *f*; 2ˌ**sohn** *m* gendre *m*; 2ˌ**tochter** *f* belle-fille *f*; bru *f*; 2ˌ**vater** *m* beau-père *m*.
Schwiel|e ['ʃviːlə] *f* ⟨~; ~n⟩ durillon *m*; callosité *f*; cal *m*; 2**ig** *adj.* calleux, -euse; couvert de durillons.
schwierig ['ʃviːrɪç] *adj.* difficile; malaisé; *Problem* (*schwer zu lösen*) ardu; épineux, -euse; (*mühselig*) pénible; laborieux, -euse; (*heikel*) délicat; scabreux, -euse; (*verwickelt*) compliqué; embrouillé; ~**es Unternehmen** entreprise difficile, malaisée; ~**es Kind** enfant difficile; ~**er Mensch** personne (d'un commerce) difficile; F type difficile; **der ~e Punkt** la difficulté; F le hic; ~ **machen** rendre difficile; compliquer; **so ~ ist das nicht** F ce n'est pas la mer à boire; **das 2ste haben wir hinter uns** le plus fort, difficile, dur, malaisé est fait; *von e-m Menschen* **sehr ~ sein** F n'être pas à prendre avec des pincettes; 2ˌ**keit** *f* ⟨~; ~en⟩ difficulté *f*; **finanzielle ~en** embarras financiers, pécuniaires; **ohne ~** sans difficulté; sans peine; F comme une lettre à la poste; **das macht nicht die geringste ~** cela ne souffre pas de difficultés; F cela va, marche comme sur des roulettes; ~**en machen** *Sachen* présenter des difficultés; *Menschen* faire des difficultés, des manières, des embarras; se mettre à la traverse; F faire des chichis; faire le difficile; **sich in ~en bringen** se mettre dans l'embarras; **unnötige ~en machen** compliquer les choses; F chercher la petite bête; chercher midi à quatorze heures; **er sucht überall ~en** il trouve des difficultés partout; **e-e ~ beheben** aplanir une difficulté; **auf ~en stoßen** rencontrer des, se heurter, F se cogner à des difficultés; **auf e-e unerwartete ~ stoßen** *auch* F tomber sur un os; **da liegt die ~** voilà le hic; **es werden ~en entstehen** il y aura des difficultés; F il y aura du tirage; **die Sache hat ihre ~en** F l'affaire ne tourne pas rond; **allen ~en trotzen** F aller contre vents et marées; **sich in großen ~en befinden** se trouver dans une situation difficile, en mauvaise posture; F ne battre que d'une aile; 2**keitsˌgrad** *m* degré *m* de difficulté.
Schwimm|anstalt ['ʃvɪmˌʔanʃtalt] *f cf.* ~**bad**; ~ˌ**anzug** *m cf.* Badeanzug; ~**art** *f* style *m* de nage; ~**bad** *n* piscine *f*; ~ˌ**bagger** *m* drague flottante; ~**baˌssin** *n*, ~ˌ**becken** *n* bassin *m* de natation; piscine *f*; ~ˌ**blase** *f zo.* vessie *f* natatoire; ~**dock** *n mar.* dock flottant; ~(ˌ**m)eister** *m Sport* champion *m* de natation; *in e-r Badeanstalt* maître-nageur *m*; ~(ˌ**m)eisterschaft** *f* championnat *m* de natation.
schwimmen ['ʃvɪmən] **I** *v/i.* ⟨**schwimmt, schwamm, schwömme** *od.* **schwämme, geschwommen, sein**, *auch* **h** (*quand il n'y a pas d'indication de direction*)⟩ *Lebewesen* nager; *Sachen* flotter; F *fig.* (*unsicher sein*) nager; **ans Land ~** gagner la terre à la nage; **durch e-n Fluß ~** traverser une rivière à la nage; **auf dem Rücken ~** nager sur le dos; **auf der Seite ~** faire la marinière; F **wie e-e bleierne Ente ~** nager comme un chien de plomb; **mit dem Strom ~** se laisser aller au, se laisser porter par le courant (*auch fig.*); *cf. auch* **Strom**; **gegen den Strom ~** nager à contre-courant; nager contre le courant (*beide auch fig.*); *cf. auch* **Strom**; **unter Wasser ~** nager entre deux eaux; **obenauf ~** surnager; *fig.* ⟨*meist* **h**⟩ **in s-m Blute ~** nager, baigner dans son sang; **in Tränen ~** fondre en larmes; **ihre Augen schwammen in Tränen** ses yeux étaient baignés de larmes; **im Überfluß ~** nager dans l'opulence; **im Geld ~** F rouler sur l'or; être tout cousu d'or; remuer l'argent à la pelle; **in e-m Meer von Seligkeit ~** nager dans un océan de délices; **mir schwimmt es vor den Augen** j'ai des éblouissements; j'ai la vue troublée; F **hier schwimmt ja alles** (*ist alles sehr naß*) F il y a une inondation ici; **II** 2 *n* ⟨~s⟩ natation *f*; **durch ~** à la nage; en nageant; **zum ~ gehen** aller nager, se baigner; F *fig.* **ins ~ kommen** nager; ~**d 1.** *adjt. Sachen* flottant; ~**es Hotel** hôtel flottant; ~**e Waren** marchandise flottante, en cours de transport maritime, sous vapeur; **2.** *advt.* à la nage; **sich ~ retten** se sauver à la nage.
Schwimmer ['ʃvɪmər] *m* ⟨~s; ~⟩ **1.** nageur *m*; **2.** *an der Angel, an Netzen, techn., mot., aviat.* flotteur *m*; ~**in** *f* ⟨~; ~nen⟩ nageuse *f*; ~ˌ**nadel** *f mot.* pointeau *m*; ~ˌ**schaltung** *f élect.* interrupteur *m* à flotteur.
schwimm|fähig ['ʃvɪmˌfɛːɪç] *adj.* flottable; 2ˌ**fähigkeit** *f* ⟨~⟩ flottabilité *f*; 2ˌ**flosse** *f Sport* palme *f*; 2**fuß** *m zo.* pied palmé; 2ˌ**füßer** *m/pl. zo.* palmipèdes *m/pl.*; 2ˌ**gürtel** *m* ceinture *f* de natation; 2**haut** *f zo. sc.* palmure *f*; 2ˌ**hose** *f cf.* Badehose; 2**klub** *m* club [-œ-] *m* de natation; 2ˌ**körper** *m* flotteur *m*; 2**kran** *m* grue flottante; 2ˌ**lage** *f* position *f* de nage; 2ˌ**lehrer(in)** *m* (*f*) professeur *m* de natation; 2**sport** *m* natation *f*; 2**stil** *m* style *m* de nage; 2**stoß** *m* brassée *f*; 2ˌ**strecke** *f* parcours *m* à nager; 2ˌ**technik** *f* natation *f*; 2ˌ**übungen** *f/pl.* exercices *m/pl.* de nage; 2ˌ**unterricht** *m* leçons *f/pl.* de natation; 2**verˌein** *m cf.* 2klub; 2ˌ**vögel** *m/pl. zo.* (oiseaux) palmipèdes *m/pl.*; 2ˌ**weste** *f* gilet *m* de sauvetage; 2ˌ**wettkampf** *m* compétition *f*, course *f* de natation.
Schwindel ['ʃvɪndəl] *m* ⟨~s⟩ **1.** *méd.* vertige *m*; étourdissement *m*; **an ~ leiden** souffrir du vertige; **2.** *fig.* (*unwahre Geschichte*) conte *m* en l'air, à dormir debout; blague *f*; bluff [-œ-] *m*; F fumisterie *f*; (*Lüge*) mensonge *m*; (*lügenhafte Propaganda*) bluff *m*; F boniment *m*; P bourrage *m* de crâne; *fig.* battage *m*; bidon *m*; *fig.* vent *m*; barat(t)in *m*; (*Betrug*) tromperie *f*; duperie *f*; supercherie *f*; filouterie *f*; imposture *f*; *jur.* escroquerie *f*; F **den ~ kenne ich!** je connais le truc!; F **der ganze ~** (*Kram*) F *fig.* toute la boutique; tout le bataclan; tout le fourbi; tout le bazar; tout le tremblement; ~ˌ**anfall** *m méd.* étourdissement *m*; **e-n ~ bekommen** être pris d'un étourdissement, d'un vertige; avoir un éblouissement; ~ˌ**bank** *f* ⟨~; ~en⟩ banque véreuse; ~**ei** [-'laɪ] *f* ⟨~; ~en⟩ mensonges *m/pl.*; fumisteries *f/pl.*; (*Betrug*) *cf.* Schwindel 2.; 2**erˌregend** *adjt. Höhe* vertigineux, -euse (*auch fig.*); *Aufstieg, Erfolg* étourdissant; ~ˌ**firma** *f* maison malhonnête, véreuse; 2ˌ**frei** *adj.* qui n'est pas sujet, -tte au vertige; ~**geˌfühl** *n cf.* Schwindel 1.; 2ˌ**haft** *adj.* **1.** vertigineux, -euse; **2.** (*vorgetäuscht*) trompeur, -euse; mensonger, -ère; (*betrügerisch*) frauduleux, -euse; de filou; d'escroc [-o]; 2**ig** *adj.* (*schwindelerregend*) qui donne le vertige; vertigineux, -euse; étourdissant; **leicht ~ werden** être sujet, -tte à des vertiges; **mir ist ~** j'ai le vertige; j'ai un étourdissement; la tête me tourne; **ich werde ~** il me prend un vertige; **~ machen** donner le vertige; **das macht mich ~** la tête m'en tourne; ~ˌ**meier** F *m* ⟨~s; ~⟩ menteur *m*; 2**n** *v/i.* ⟨-(e)le, h⟩ **1. mir schwindelt, es schwindelt mir** j'ai le vertige; j'ai des éblouissements; la tête me tourne; **ihm schwindelte bei dem Gedanken an ...** (**etw.** *od.* **etw. zu tun**) la pensée de ... (qc. *od.* de faire qc.) lui donna le vertige; il eut le vertige à la pensée de ... (qc. *od.* de faire qc.); ~**de Höhe** 'hauteur vertigineuse; ~**der Abgrund** abîme horrible, effrayant, sans fond; **2.** (*lügen*) mentir; bonimenter; (*leicht betrügen*) filouter; *bes. beim Spiel* tricher.
schwinden ['ʃvɪndən] **I** *v/i.* ⟨**schwindet, schwand, geschwunden, sein**⟩ diminuer (de volume); se réduire; décroître; *Metall, Holz, Ton* (*schrumpfen*) se rétrécir; se contracter; se retirer; se resserrer; *Ton auch* s'amaigrir; *Töne* décroître; diminuer; *Farben* pâlir; s'effacer; se décolorer; *Licht* baisser; s'affaiblir; faiblir; décroître; diminuer; *Schönheit* (*welken*) se flétrir; se faner; *physiol., méd.* s'atrophier; *Spuren* s'effacer; *Ersparnisse* fondre; s'évanouir; s'amenuiser; diminuer; *fig., Mut* diminuer; *Hoffnung auch* fondre; s'en aller; *Jahre* s'enfuir; *Kraft, Energie* s'user; (*ver*~) disparaître; cesser; **s-e Kräfte ~** ses forces déclinent, s'évanouissent, s'en vont, l'abandonnent; **ihm schwand der Mut** il perdit courage; **ihr schwanden die Sinne** elle perdit connaissance; elle s'est évanouie; **sein Name ist ganz aus meinem Gedächtnis geschwunden** son nom a disparu de ma mémoire; **s-e Aussichten ~** ses chances s'amenuisent; **~ lassen** abandonner; renoncer à; **II** 2 *n* ⟨~s⟩ diminution *f*; décroissance *f*; décroissement *m*; *techn.* rétrécissement *m*; contraction *f*; resserrement *m*; *von Holz, Metall* retrait *m*; *als Eigenschaft* rétractilité *f*; *von Ton* retraite *f*; amaigrissement *m*; *rad.* fading [-iŋ] *m*; évanouissement *m*; *von Farben* effacement *m*; décoloration *f*; *von Tönen* affaiblissement *m*; *der Schönheit* flétrissure *f*; *méd.* atrophie *f*; *der Jahre* fuite *f*; (*Ver*2) disparition *f*; **im ~ sein** être en décroissance.
Schwindler|(in) ['ʃvɪndlər(ɪn)] *m* ⟨~s; ~⟩ (*f*) ⟨~; ~nen⟩ (*Lügner*) menteur, -euse *m, f*; (*Täuscher*) bluffeur, -euse [-œ-] *m, f*; enjôleur, -euse *m, f*; charla-

tan, -e *m, f*; endormeur, -euse *m, f*; *bes. beim Spiel* tricheur, -euse *m, f*; *pfort.* filou *m*; F bonimenteur, -euse *m, f*; P bourreau *m* de crâne; baratineur, -euse *m, f*; (*Betrüger*) trompeur, -euse *m, f*; dupeur, -euse *m, f*; filou *m*; imposteur *m*; aigrefin *m*; *jur.* escroc [-o] *m*; P tripoteur, -euse *m, f*; carotteur, -euse *m, f*; **2isch** *adj.* (*verlogen*) menteur, -euse; (*betrügerisch*) trompeur, -euse; frauduleux, -euse.

schwindlig [ˈʃvɪndlɪç] *adj. cf.* **schwindelig.**

Schwind|maß [ˈʃvɪntmaːs] *n Gießerei* grandeur *f* de retrait; mesure *f* de contraction, de retrait, de rétrécissement; retrait *m*; **~ˌmaßstab** *m* mètre *m* à retrait; règle *f* de retrait; **~ring** *m techn.* frette *f*; **~riß** *m bei Gußstücken* fendillement *m* (dû au retrait); **~sucht** *f* ⟨~⟩ *méd.* (*Lungen2*) phtisie *f*; tuberculose *f* pulmonaire; **galoppierende ~** phtisie galopante; **die ~ bekommen** devenir tuberculeux, -euse, poitrinaire; **2ˌsüchtig** *adj. méd.* tuberculeux, -euse; phtisique; poitrinaire; **~ˌsüchtige(r)** *f* (*m*) ⟨→ A⟩ tuberculeux, -euse *m, f*; phtisique *m, f*; P tubard *m*; **~ung** *f* ⟨~⟩ *von Holz, Metall* retrait *m*; *von Ton* retraite *f*; **~verˌmögen** *n* retrait *m.*

Schwing... [ˈʃvɪŋ...] *in Zssgn. meist* oscillant [-l-]; oscillatoire; pendulaire; **~ˌachse** *f beim Auto* essieu oscillant; **~ˌanschlag** *m techn.* butée oscillante; **~arm** *m Auto* biellette *f*; **~ˌaudion** *n* autodyne *m*; **~beˌwegung** *f* mouvement *m* vibratoire; oscillation *f*; vibration *f*; **~ˌboden** *m in Turnhallen etc.* plancher oscillant.

Schwinge [ˈʃvɪŋə] *f* ⟨~; ~n⟩ **1.** *st. s.* (*Flügel*) aile *f* (*auch fig.*); **2.** *agr.* (*Getreide2*) van *m*; *als Maschine* tarare *m*; trieur *m*; émotteur *m*; (*Hanf2, Flachs2*) échanvroir *m*; espade *f*; **3.** *techn.* coulisse *f*; bielle oscillante; bras oscillant.

Schwingel [ˈʃvɪŋəl] *m* ⟨~s; ~⟩ *bot.* fétuque *f.*

schwing|en [ˈʃvɪŋən] **I** *v/t.* ⟨schwingt, schwang, geschwungen, h⟩ *Fahne, Hut etc.* agiter; *Schwert, Keule* (*drohend ~*) brandir; *gym.* (*hin- u. her~*) basculer; balancer; F **das Tanzbein ~** danser; F **e-e Rede ~** prononcer, faire un discours; F faire un speech [spitʃ]; *écol.* faire, piquer un laïus; F **die große Klappe ~** 'hâbler; **II** *v/i. Pendel* osciller; *Saite* vibrer; *gym., am Reck* se balancer; **III** *v/réfl.* **sich ~** s'élancer; **sich aus dem Sattel ~** sauter à bas de son cheval; **sich in den Sattel ~** sauter en selle; **sich auf sein Fahrrad ~** enfourcher sa bicyclette; **sich auf sein Pferd ~** sauter sur son cheval; *Vogel* **sich in die Luft ~** prendre son essor, son vol; s'envoler; **der Adler schwingt sich hoch in die Luft** l'aigle s'élève 'haut dans les airs; **sich über die Mauer ~** sauter par-dessus le mur; *milit.* F sauter, faire le mur; *fig. st. s.* **die Brücke schwingt sich über den Fluß** *st. s.* le pont enjambe le fleuve; **geschwungen** *Möbel, Form* élancé; qui a de la ligne, une ligne 'hardie'; *Linie* courbe; (*bogenförmig*) arqué; incurvé; **VI 2en** *n* ⟨~s⟩ balancement *m*; *sonst verbal*; *phys. cf.* **Schwingung**; **2er** *m* ⟨~s; ~⟩ **1.** *Boxen* swing [-ɪŋ] *m*; **2.** *élect.* vibreur *m*; trembleur *m*; **3.** *zo. cf.* **Schwingkölbchen.**

Schwing|förderer [ˈʃvɪŋˌfœrdərər] *m techn.* transporteur *m*, gouttière *f* oscillant(e); **~ˌgröße** *f* grandeur oscillante; **~ˌhebel** *m* balancier *m*; bascule *f*; *mot.* culbuteur *m*; **~hebelˌmotor** *m* moteur culbuté; **~ˌkölbchen** *n* ⟨~s; ~⟩ *zo. sc.* 'haltère *m*; balancier *m*; **~kreis** *m* circuit oscillant; **~ˌleistung** *f* puissance *f* d'oscillation; **~maˌschine** *f agr. für Flachs, Hanf* machine *f* à espader; **~meˌtall** *n Maschinenbau* tampon *m* élastique, de caoutchouc; **~ˌmotor** *m* moteur *m* à mouvement alternatif; **~pflug** *m agr.* charrue *f* araire; **~quarz** *m élect.* résonateur *m* piézo-électrique, à cristal; **~ˌröhre** *f* lampe oscillatrice; **~ˌspule** *f techn.* bobine oscillante, mobile; **~triˌode** *f* triode oscillatrice.

Schwingung [ˈʃvɪŋʊŋ] *f* ⟨~; ~en⟩ *phys.* vibration *f*; pulsation *f*; *des Pendels* mouvement *m* oscillatoire, pendulaire; oscillation *f*; *der Glocke* branle *m*; *élect.* cycle *m*; période *f*; oscillation *f*; vibration *f*; *astr.* libration *f*; **subharmonische ~en** sous-harmoniques *f/pl.*; **wilde ~en** oscillations parasites; **in ~ versetzen** faire vibrer; ébranler; **in ~ kommen** s'ébranler.

Schwingungs|achse [ˈʃvɪŋʊŋsˌʔaksə] *f e-s Pendels* axe *m* d'oscillation; **~ˌbahn** *f* champ *m* d'oscillation; **~beˌwegung** *f* mouvement *m* oscillatoire, vibratoire; **~ˌbogen** *m* arc *m* d'oscillation; **~ˌdämpfer** *m* amortisseur *m* d'oscillation, de vibration; **~ˌdauer** *f* durée *f* des oscillations; périodes *f/pl.*; **2erˌzeugend** *adjt.* vibromoteur; générateur, -trice (d'oscillations); **~erˌzeuger** *m* oscillateur *m*; **2ˌfähig** *adj.* capable d'osciller; **~ˌfestigkeit** *f* résistance *f* aux vibrations, aux oscillations; **2ˌfrei** *adj.* apériodique; **~ˌhammer** *m* trembleur *m*; vibreur *m*; **~ˌknoten** *m* nœud *m*; **~ˌkreis** *m* circuit oscillant; **~periˌode** *f* période *f* d'oscillation; **~ˌvorgang** *m* phénomène *m* oscillatoire; **~ˌweite** *f* amplitude *f* (d'oscillation); **~ˌzahl** *f* fréquence *f* (des oscillations); nombre *m* des oscillations; **~ˌzähler** *m* compteur *m* de vibrations, d'oscillations; **~ˌzustand** *m* état *m* vibratoire.

Schwipp|schwager [ˈʃvɪpˌʃvaːgər] F *m* beau-frère *m* par alliance; **~ˌschwägerin** F *f* belle-sœur *f* par alliance.

Schwips [ʃvɪps] F *m* ⟨~es; ~e⟩ **e-n ~ haben** F avoir une pointe de vin; être un peu gris; être éméché; avoir des fumées de vin; P avoir un petit coup dans le nez.

schwirren [ˈʃvɪrən] **I** *v/i.* ⟨sein⟩ *Pfeil, Kugeln* siffler; *Insekten* bourdonner; *Vögel* faire un bruit d'ailes; **durch die Luft ~** fendre l'air en sifflant; *fig., Gerücht* courir; circuler; **mir schwirrt der Kopf** ⟨h⟩ la tête me tourne; **II 2** *n* ⟨~s⟩ sifflement *m*; *der Insekten* bourdonnement *m*; *der Vögel* bruits *m/pl.* d'ailes.

Schwitz|bad [ˈʃvɪtsbaːt] *n* bain *m* de vapeur; *Ort dafür* étuve *f* (*auch fig.*); **~e** *f* ⟨~; ~n⟩ *cuis.* roux *m*; *Gerberei*: *Häute* **in die ~ bringen** mettre ... en échauffe.

schwitzen [ˈʃvɪtsən] **I** *v/t.* ⟨-(es)t, h⟩ *Häute cf.* **Schwitze**; *cuis. Mehl* faire un roux; *fig.* F **Blut u. Wasser ~** suer sang et eau; **II** *v/i. Menschen* suer; être en sueur; *feiner* transpirer; avoir des transpirations; *Mauern, Wände* suinter; ressuer; exsuder; *Fensterscheiben* être couvert de buée; *Häute* s'échauffer; **am ganzen Körper ~** être tout en nage; **III 2** *n* ⟨~s⟩ sudation *f*; transpiration *f*; *von Mauern, Wänden* suintement *m*; ressuage *m*; exsudation *f.*

Schwitz|kasten [ˈʃvɪtsˌkastən] *m* étuve *f* (*auch fig.*); **~kur** *f méd.* traitement *m* sudorifique, par sudation; **~ˌmittel** *n méd.* sudorifique *m*; **~ˌpackung** *f méd.* enveloppement *m* sudorifique.

Schwof [ʃvoːf] F *m* ⟨~(e)s; ~e⟩ danse *f*; F sauterie *f*; P guinche *f*; **2en** F *v/i.* ⟨h⟩ danser; P guincher; chalouper.

schwoll [ʃvɔl] *cf.* **schwellen II.**

schwor [ʃvoːr] *cf.* **schwören.**

schwören [ˈʃvøːrən] **I** *v/t. u. v/i.* ⟨schwört, schwor, schwöre *od.* schwüre, geschworen, h⟩ jurer; affirmer, déclarer sous (la foi du) serment; *abs.* prêter serment; **auf etw. ~** jurer sur qc.; **ich schwöre auf dieses Mittel** j'ai toute confiance en ce remède; **auf j-n ~** (*ihm blind vertrauen*) ne jurer que par qn.; **ich könnte darauf ~** j'en mettrais la main au feu; **bei etw. ~** jurer par qc.; **~ bei allem, was e-m heilig ist** jurer par ce qu'il y a de plus sacré, F ses grands dieux; **ich könnte ~, daß ...** je pourrais jurer que ...; **j-n ~ lassen** faire prêter serment à qn.; **falsch ~** faire un faux serment; commettre un parjure; se parjurer; **j-m Rache ~** jurer de se venger de qn.; **j-m Treue ~** jurer fidélité à qn.; **j-m den Tod ~** jurer la mort de qn.; **~, die Wahrheit zu sagen (gesagt zu haben)** jurer de dire (jurer avoir dit) la vérité; F **Stein u. Bein ~** F soutenir mordicus; **II 2** *n* ⟨~s⟩ prestation *f* de serment; serments *m/pl.*

schwul [ʃvuːl] F *adj.* homosexuel, -lle; pédérastique.

schwül [ʃvyːl] *adj.* **1.** (*drückend heiß*) lourd; étouffant; accablant; suffocant; **es ist ~** on étouffe, suffoque; le temps est à l'orage; il fait lourd; le temps est lourd; **2.** *fig.* (*beängstigend, bedrohlich*) lourd; orageux, -euse; menaçant; (*sinnlich*) sensuel, -lle; voluptueux, -euse; **2e** *f* ⟨~⟩ chaleur étouffante, accablante, suffocante; temps lourd; *fig.* lourdeur *f*; sensualité *f.*

Schwule(r) [ˈʃvuːlə(r)] F *m* ⟨→ A⟩ F pédé *m*; P tante *f*; tapette *f*; tantouse *f*; lope(tte) *f.*

Schwulität [ʃvuˑliˑˈtɛːt] F *f* ⟨~; ~en⟩ **in ~en sein** être dans l'embarras; être gêné; F être dans le pétrin; *finanziell auch* être dans la gêne.

Schwulst [ʃvʊlst] *m* ⟨~es; ~̈e⟩ *Stil* précieux *m*; enflure *f*; boursouflure *f*; bouffissure *f*; emphase *f*; faux pathétique; pathétique affecté; pathos *m*; grandiloquence *f.*

schwülstig [ˈʃvʏlstɪç] *adj. Stil* précieux, -euse; enflé; boursouflé; bouffi; ampoulé; emphatique; grandiloquent; guindé; redondant; *Architektur* surchargé de fioritures; **~ schreiben, sprechen** avoir un style ampoulé, *etc.*; **2ˌkeit** *f* ⟨~⟩ *cf.* **Schwulst.**

Schwulstzeit [ˈʃvʊlsttsaɪt] *f litt.* époque *f in Frankreich* des précieuses, *in Italien* du marinisme, *in Spanien* du gongorisme, du cultisme, *in Deutschland u. Frankreich* du baroque.

Schwund [ʃvʊnt] *m* ⟨~(e)s⟩ (*Abnehmen*) diminution *f*; *von Kapital* amenuisement *m*; (*Verlust*) perte *f*; *techn. cf.* **Schrumpfung**; **schwinden II**; *méd. cf.* **schwinden II**; *rad. cf.* **~erscheinung**; *comm., bei Waren* perte *f* de poids (par évaporation, coulage, *etc.*); *auf dem Transport* déchets *m/pl.* (de route); **~ˌausgleich** *m rad.* (régulateur *m*) antifading [-ɪŋ] *m*; **~erˌscheinung** *f rad.* évanouissement *m*; fading [-ɪŋ] *m*; **~geld** *n* monnaie fondante; **2ˌmindernd** *adjt.* **~e Antenne** antenne antifading.

Schwung [ʃvʊŋ] *m* ⟨~(e)s; ~e⟩ *e-s Rades etc.* mouvement *m* rapide; *e-r Glocke* branle *m*; volée *f*; (*Anstoß*) impulsion *f*; *phys., e-s bewegten Körpers* lancée *f*; *Schisport* virage *m*; *fig.* entrain *m*; élan *m*; allant *m*; train *m*; verve *f*; *des Geistes* élévation *f*; *des Stils, der Musik, e-r Zeichnung* mouvement *m*; (*Tatkraft*) énergie *f*; dynamisme *m*; (*Lebhaftigkeit*) vivacité *f*; animation *f*; *Rad, Schaukel, Glocke etc.* **in ~ setzen** mettre en branle; donner l'impulsion à; *fig.* **etw. (richtig) in ~ bringen** mettre qc. en train; donner un essor à qc.; faire prospérer qc.; activer qc.; (*in Gang bringen*) donner le branle, l'impulsion à qc.; mettre qc. en branle; lancer qc.; F faire partir, démarrer qc.; *fig.* **in ~ kommen** *Unternehmen etc.* démarrer; prendre son essor; *Personen* se mettre en train; *fig.* **in ~ sein** *Unternehmen* être en train; *Personen auch* être en verve; se sentir plein d'entrain; F se sentir en forme; **~ haben** *Person* avoir de l'allant, de l'élan, de la verve; être plein d'entrain, de verve, d'énergie, de dynamisme; *Musik* être entraînant, dynamique, plein de mouvement (*auch von e-r Zeichnung*); *Komödie, Operette* être plein d'entrain; **es ist kein rechter ~ darin** cela manque d'entrain; **da ist ~ drin** c'est plein d'entrain, de mouvement; **~ˌfeder** *f der Vögel* rémige *f*; **2haft** *adj. Handel* florissant; **e-n ~en Handel mit etw. betreiben** faire un commerce actif de qc.; **~kraft** *f* ⟨~⟩ *phys.* force *f* centrifuge; *fig.* ressort *m*; énergie *f*; dynamisme *m*; *cf. auch* Schwung (*fig.*); **~kraftˌanlasser** *m techn.* démarreur *m* à inertie [-si]; **2los** *adj. fig.* qui manque d'entrain, de mouvement; sans élan; sans verve; sans allant; **~ˌmasse** *f techn.* masse *f* du volant; **~rad** *n techn.* volant *m*; **~radˌantrieb** *m techn.* commande *f* à volant; **~radmaˌgnet** *m Auto* volant *m* magnétique; **~ˌscheibe** *f techn.* volant *m* à disque; **2voll** *adj.* plein d'entrain; *Zeichnung* plein de mouvement; *Musik auch* entraînant; dynamique; *Rede* d'une belle envolée; plein de verve.

schwupp(s) [ʃvʊp(s)] *int.* paf!

Schwur [ʃvuːr] *m* ⟨~(e)s; ~e⟩ serment *m*; **e-n ~ leisten** faire, prêter serment; *cf. auch* Eid; **~ˌfinger** *m/pl.* trois premiers doigts de la main droite; doigts *m/pl.* qu'on lève en prêtant serment; **~geˌricht** *n* (cour *f* d')assises *f/pl.*; **~geˌrichtsverˌfahren** *n* procédure *f* devant la cour d'assises; **~geˌrichtsproˌzeß** *m* procès *m* de *od.* en cour d'assises.

Sech [zɛç] *n* ⟨~(e)s; ~e⟩ (*Pflugmesser*) coutre *m*.

sechs [zɛks] **I** *adj. num. c.* six; **wir sind zu ~en, zu ~t, unser ~** nous sommes six; **um halb ~** à cinq heures et demie; **etwa ~ Personen** environ six personnes; **II 2** *f* ⟨~; ~en⟩ six *m*; **2ˈachtelˌtakt** *m mus.* mesure *f* à six-huit; **~ˌarmig** *adj. Leuchter* à six branches; *Polyp* à six bras; à six tentacules; **~aˌtomig** *adj. sc.* hexatomique; **~ˌblättrig** *adj. bot.* à six feuilles; *sc.* hexapétale; **2eck** *n* ⟨~(e)s; ~e⟩ *math. sc.* hexagone *m*; **~ˌeckig** *adj. sc.* hexagone; hexagonal; **2ˌender** *m* ⟨~s; ~⟩ *ch.* cerf *m* (à) six cors; **2er** *m* ⟨~s; ~⟩ (le chiffre) six *m*; *ch. cf.* 2ender; F (*Fünfpfennigstück*) pièce *f* de cinq pfennigs; **~erˈlei** *adj.* ⟨*inv.*⟩ six sortes de ...; ... de six espèces; **~fach 1.** *adj.* sextuple; **2.** *adv.* au sextuple; six fois autant; six fois plus; **2ˌfache(s)** *n* ⟨→ A⟩ sextuple *m*; **~ˌfächerig** *adj.* à six rayons, cases; **2flach** *n* ⟨~(e)s; ~e⟩ *math. cf.* 2flächner; **~ˌflächig** *adj.* hexaèdre; hexaédrique; **2ˌflächner** *m* ⟨~s; ~⟩ *math.* hexaèdre *m*; **~ˌfüßig** *adj.* à six pieds; *métr.* **~er Vers** vers de six pieds; *sc.* hexamètre *m*; **~ˈhundert** *adj. num. c.* six cent(s); **2ˈjahresˌplan** *m* plan sexennal; **~ˌjährig** *adj.* de six ans; *sc.* sexennal; **2kant** *n* ⟨~(e)s; ~e⟩ *math.* hexagone *m*; **2kantˌeisen** *n* fer hexagonal; **2kantˌmutter** *f* ⟨~; ~n⟩ écrou *m* à six pans; **2kantˌschraube** *f* vis *f* à tête six pans; boulon hexagonal, à six pans; **~ˌköpfig** *adj. Familie* de six personnes; *Ausschuß, Gremium etc.* de six membres; **~mal** *adv.* six fois; **~ˌmalig** *adj.* répété six fois; **~ˈmonatlich 1.** *adj.* semestriel, -lle; **2.** *adv.* semestriellement; **~moˌtorig** *adj. aviat.* à six moteurs; hexamoteur; **~es Flugzeug** (avion) hexamoteur *m*; **~ˌpfündig** *adj.* de six livres; **~ˌphasig** *adj. élect.* hexaphasé; **2polˌröhre** *f élect.* hexode *f*; **~proˌzentig** *adj.* à six pour cent; **~ˌschüssig** *adj. Revolver* à six coups; **~ˌseitig** *adj. Brief* de six pages; *math.* hexagone; hexagonal; **~ˌsilbig** *adj.* de *od.* à six syllabes; *sc.* hexasyllabe; **2ˌsilb(l)er** *m* ⟨~s; ~⟩ *métr.* hexasyllabe *m*; **~ˌsitzig** *adj.* à six places; **2ˌspänner** *m* ⟨~s; ~⟩ attelage *m* à six chevaux; **~ˌspännig** *adj.* attelé de six chevaux; **~ˌstellig** *adj. Zahl* à six chiffres; **~ˌstimmig** *adj. mus.* à six voix; **~ˌstöckig** *adj.* à *od.* de six étages; **~ˌstündig** *adj.* de six heures; **~ˌstündlich** *adv.* toutes les six heures; de six en six heures; **2ˈtageˌrennen** *n Radsport* course *f*, F ronde *f* des six jours; F six jours *m/pl.*; **~ˌtägig** *adj.* de six jours; **~ˈtausend** *adj. num. c.* six mille; **~ˌteilig** *adj.* en six parties; divisé en six.

sechste [ˈzɛkstə] *adj. num. o.* sixième; **der ~, den** *od.* **am ~n (6.) Januar** le six (6) janvier; **~r Sinn** sixième sens; **Karl VI. (der 2)** Charles VI (six); **~s Kapitel** chapitre six; *adv.* **zum ~n** sixièmement; **2l** *n* ⟨~s; ~⟩ sixième *m*; **~ns** *adv.* sixièmement; en sixième lieu.

sechs|wertig [ˈzɛksˌveːrtɪç] *adj. chim.* hexavalent; **~ˌwink(e)lig** *adj.* hexagonal; **~ˈwöchentlich** *adv.* toutes les six semaines; **~ˌwöchig** *adj.* de six semaines; **~ˌzeilig** *adj.* de six lignes; **~e Strophe** sixain *m*; **2zyˌlinder** *m* (voiture *f*, automobile *f* à) six cylindres *f*; **2zyˈlinderˌmotor** *m* moteur *m* à six cylindres; six cylindres *m*.

sechzehn [ˈzɛçtseːn] **I** *adj. num. c.* seize; **II 2** *f* ⟨~; ~en⟩ seize *m*; **2ˌender** *m* ⟨~s; ~⟩ *ch.* cerf *m* (de) seize cors; **~ˌfach** *adj.* seize fois autant *od.* plus (que ...); **~ˌjährig** *adj.* de seize ans; **~te** *adj. num. o.* seizième; **Ludwig XVI. (der 2)** Louis XVI (seize); **2tel** *n* ⟨~s; ~⟩ seizième *m*; **2telˌnote** *f mus.* double croche *f*; **2telˌpause** *f mus.* quart *m* de soupir; **~tens** *adv.* seizièmement; en seizième lieu *od.* place.

sechzig [ˈzɛçtsɪç] **I** *adj. num. c.* soixante; **etwa** *od.* **gegen** *od.* **rund ~ Personen** une soixantaine de personnes; **in den ~er Jahren** dans les années soixante; **Mitte der 2(er)** entre soixante et soixante-dix; **der Mensch über 2** l'homme qui a passé la soixantaine; **in die 2 kommen** aller sur la soixantaine; **in den 2ern sein** avoir passé la soixantaine; **II 2** *f* ⟨~; ~en⟩ soixante *m*; **2er(in)** *m* ⟨~s; ~⟩ (*f*) ⟨~; ~nen⟩ sexagénaire *m, f*; **2erˌjahre** *n/pl.* **in den ~n** entre les années soixante et soixante-dix; **~ˌjährig** *adj.* de soixante ans; sexagénaire; **~ste** *adj. num. o.* soixantième; **2stel** *n* ⟨~s; ~⟩ soixantième *m*.

sedativ [zeˑdaˈtiːf] **I** *adj.* sédatif, -ive; **II 2(um)** *n* ⟨~s; ~e⟩ (*n*) ⟨~s; -va⟩ sédatif *m*.

Sedezformat [zeˑˈdeːtsfɔrˌmaːt] *n impr.* (format *m*) in-seize *m*.

Sediment [zeˑdiˑˈmɛnt] *n* ⟨~(e)s; ~e⟩ *géol.* sédiment *m*; **2är** [-ˈtɛːr] *adj.* sédimentaire; **~geˌstein** *n géol.* roches *f/pl.* sédimentaires.

Sedisvakanz [zeˑdɪsvaˈkants] *f* ⟨~; ~en⟩ *égl. cath.* vacance *f* du siège apostolique, d'un siège épiscopal.

See[1] [zeː] *m* ⟨~s; ~n [ˈzeːən]⟩ lac *m*; F (*Pfütze*) flaque *f* (d'eau); **~**[2] *f* ⟨~; ~n [ˈzeːən]⟩ mer *f*; **in ~ gehen, stechen** prendre la mer, le large; appareiller; **Handel zur ~** commerce maritime; **an der ~** au bord de la mer; **auf ~** sur *od.* en mer; **auf hoher, offener ~** en pleine, 'haute mer; *in den Ferien* **an die ~ gehen** aller à la mer; **zur ~ gehen** se faire marin; **spiegelglatte ~** mer plate, sans rides, d'huile; **ruhige ~** mer calme; **(mäßig) bewegte ~** mer agitée; **schwere, hohe ~** grosse mer; **hohle ~** mer creuse, 'houleuse; 'houle *f*; **stürmische ~** mer tempétueuse; **die ~ kräuselt sich** la mer moutonne; **~aal** *m zo.* anguille *f* de mer; congre *m*; **~ˌadler** *m/pl. zo.* pygargues *m/pl.*; **~amt** *n* préfecture *f* maritime; **~aneˌmone** *f zo.* anémone *f* de mer; **~ˌaufklärer** *m aviat.* hydravion *m* de reconnaissance; **~bad** *n* bain *m* de mer; (*Badeort an der See*) station *f* balnéaire; **~bäderˌdampfer** *m*, **~bäderˌschiff** *n* (ligne *f* de) bateau *m* desservant les stations balnéaires; **~bär** *m zo.* ours marin; otarie *f*; F *fig.* **alter ~** loup *m* de mer; **~ˌbeben** *n* séisme *m* océanique; **~ˌbrücke** *f* embarcadère *m*; **~-Eleˌfant** *m zo.* phoque *m* à trompe; éléphant *m* de mer; *sc.* macrorhine *m*; **2ˌfähig** *adj. Schiff* en état de prendre la mer; **2ˌfahrend** *adjt.* navigateur, -trice; maritime; **~ˌfahrer** *m* **1.** (*Entdeckungsreisender*) navigateur *m*; **2.** *cf.* Seemann; **~fahrt** *f* navigation *f* maritime; **~ treibend** *cf.* 2fahrend; **~fahrtˌbuch** *n* livret *m* d'inscrit maritime, de marin; **~fahrtsˌamt** *n cf.* Seemannsamt; **~fahrtˌschule** *f* école *f* de navigation maritime; **2fest** *adj. Schiff* qui tient bien la mer; *Person* qui n'est pas sujet, -tte au mal de mer; amariné; **~ machen** amariner; **~fisch** *m* poisson *m* de mer; *als Ware* **frische ~e** marée *f*; **~fliegeˌrei** *f* aviation *f* maritime; aéronautique navale, maritime; aéronavale *f*; *mit Wasserflugzeugen* hydraviation *f*; **~ˌfliegerˌhorst** *m* base *f* aéro-maritime; **~ˌfracht** *f* fret *m* (naval); **~ˌfrachtbrief** *m* connaissement *m*; **~ˌfunkdienst** *m* service *m* radiomaritime; **~ˌfunkstatiˌon** *f* station *f* de radio-navigation; **~ˌgang** *m* (état *m* de la) mer; **hoher ~** grosse mer; **es herrscht ~** la mer est agitée; il y a de la houle; **es ist starker ~** la mer est grosse; il y a une forte houle; **~gebiet** *n* **im ~ von ...** dans les eaux de ...; **~geˌfecht** *n milit.* combat naval; **~geˌricht** *n* tribunal *m* maritime; **~gras** *n bot.* zostère *f*; *als Polstermaterial* varech *m*; *abus.* crin végétal; **~ˌgrenze** *f* frontière *f* maritime; ~ˌ**gurke** *f zo.* holothurie *f*; ~ˌ**hafen** *m* port *m* de mer; 'havre *m*; ~ˌ**handel** *m* commerce *m* maritime; ~**handelsgeˌsellschaft** *f* société *f* de commerce maritime; ~ˌ**herrschaft** *f* ⟨~⟩ maîtrise *f* de la (*od.* des) mer(s); suprématie [-si] *f* maritime; ~ˌ**höhe** *f* 'hauteur *f* au-dessus du niveau de la mer; ~**hund** *m zo.* veau marin; phoque *m*; ~**hundsˌfänger** *m* ⟨~s; ~⟩ chasseur *m* de phoques; ~**hundsˌfell** *n* peau *f* de phoque; ~ˌ**igel** *m zo.* oursin *m*; ~ˌ**jungfer** *f zo. Insekt* caloptéryx *m*; *Säugetier* dugon(g) *m*; *myth.* (*auch* ~jungfrau) néréide *f*; ~**kaˌdett** *m* élève *m* de l'École navale; ~ˌ**karte** *f* carte marine, hydrographique; &**klar** *adj.* prêt à appareiller, à prendre la mer; paré pour la mer; ~ˌ**klima** *n* climat *m* maritime; &**krank** *adj.* qui a le mal de mer; **leicht** ~ **werden** être sujet, -tte au mal de mer; ~ˌ**krankheit** *f* ⟨~⟩ mal *m* de mer; ~**krieg** *m* guerre navale, maritime; ~ˌ**kriegführung** *f* stratégie *f* maritime; ~**kriegsˌrecht** *n* droit *m* de la guerre navale; ~ˌ**kühe** *f/pl. zo.* vaches marines; siréniens *m/pl.*; ~ˌ**küste** *f* côte *f*; rivage *m*, bord *m* de la mer; ~**lachs** *m zo.* saumon *m* de mer.

Seele ['zeːlə] *f* ⟨~; ~n⟩ âme *f* (*auch e-r Schußwaffe, e-s Taues, e-s Streichinstruments*); *e-s Hochofens* cuve *f*; **ein Dorf von 500** ~**n** un village de cinq cents âmes; **gleichgestimmte** ~**n** âmes sœurs; **e-e schöne** ~ une belle âme; F **e-e durstige** ~ un assoiffé; F **e-e treue** ~ une bonne âme; **er ist die** ~ **des Geschäfts** il est l'âme de l'entreprise; **er ist e-e** ~ **von Mensch** F c'est une bonne pâte d'homme; c'est une bonne pièce, un brave, bon type; **nun hat die liebe** ~ **Ruh'** enfin il (elle) a eu ce qu'il (elle) désirait; le (la) voilà satisfait(e), rassuré(e); **ein Herz u. e-e** ~ **sein** ne faire qu'un; **zwei** ~**n u. ein Gedanke** F deux têtes sous un bonnet; **es war keine (menschliche)** ~ **da** *cf.* **Menschenseele**; **das liegt mir auf der** ~ cela me pèse sur le cœur; **j-m etw. auf die** ~ **binden** prier qn. instamment de faire qc.; F **j-m auf der** ~ **knien** F cramponner, assommer, *pfort.* tanner qn.; **Sie sprechen mir aus der** ~ vous avez nettement rendu ma pensée; vous pensez tout comme moi; F **sich die** ~ **aus dem Leib reden** se tuer à répéter en vain qc.; **das tut mir in der** ~ **weh** j'en suis navré; cela me fend le cœur; cela me blesse; **das ist mir in der** ~ **zuwider** cela me répugne horriblement; **mit Leib u.** ~, **mit ganzer** ~ corps et âme.

Seelen|achse ['zeːlənˌˀaksə] *f e-s Geschützrohres* axe *m* de l'âme; ~ˌ**adel** *m* noblesse *f* d'âme; ~ˌ**amt** *n égl. cath.* (messe *f* de) requiem [rekɥiɛm] *m*; messe *f* mortuaire; *cf. auch* ~messe; ~ˌ**angst** *f* transes mortelles; ~ˌ**blindheit** *f méd.* cécité *f* psychique; ~ˌ**freund(in)** *m* (*f*) ami, -e *m*, *f* intime; ~ˌ**friede(n)** *m* paix *f* de l'âme; ~ˌ**größe** *f* grandeur *f* d'âme; magnanimité *f*; &'**gut** *adj.* foncièrement bon, -nne; ~ˌ**heil** *n* salut *m* (de l'âme); **auf sein** ~ **bedacht sein** être soucieux, -euse de son salut, du salut de son âme; ~ˌ**heilkunde** *f sc.* psychiatrie *f*; ~ˌ**hirt** *m* pasteur *m* des âmes; père spirituel; *cf. auch* Pfarrer, Seelsorger; ~ˌ**kunde** *f sc.* psychologie [-k-] *f*; &ˌ**kundig** *adj. sc.* psychologue; &ˌ**kundlich** *adj. sc.* psychologique; ~ˌ**leben** *n* vie *f* de l'âme, spirituelle; ~ˌ**leiden** *n* maladie mentale; ~ˌ**lehre** *f cf.* ~kunde; &ˌ**los** *adj.* sans âme; *Blick* sans vie; inexpressif, -ive; ~ˌ**messe** *f égl. cath.* messe *f* des morts; *cf. auch* ~amt; ~ˌ**messer** *m* ⟨~s; ~⟩ *für Geschützrohre* jauge *f*; calibre *m*; ~ˌ**not** *f*, ~ˌ**pein** *f*, ~ˌ**qual** *f* angoisses *f/pl.*; *cf. auch* ~angst; ~ˌ**regungen** *f/pl.* réactions affectives; ~ˌ**ruhe** *f* tranquillité *f* d'âme; paix intérieure; *par ext.* sang-froid *m*; &'**ruhig** *adv. im Franz. auch durch adj. zu übersetzen* imperturbable(ment); (*furchtlos*) impavide; intrépide(ment); ~ˌ**stärke** *f* force *f* d'âme; énergie spirituelle; ~ˌ**tröster** F *m* petit verre, F petit coup (de réconfort); &**ver'gnügt** *adj.* ravi de joie; radieux, -euse; ~**verˌkäufer** *m mar.* périssoire *f*; &**verˌwandt** *adj.* qui a des affinités spirituelles (avec); en sympathie (avec); ~ **sein** sympathiser l'un avec l'autre; ~**verˌwandtschaft** *f* affinités *f/pl.* (d'idées); sympathie *f* (de deux âmes); &ˌ**voll** *adj.* plein d'âme; qui a de l'âme; qui est tout âme; chaleureux, -euse; *Blick* (*ausdrucksvoll*) expressif, -ive; ~ˌ**wand** *f bei e-m Geschütz* paroi intérieure du canon; paroi *f* de l'âme; ~ˌ**wanderung** *f* migration *f* des âmes; *sc.* métempsycose *f*; ~ˌ**wärmer** F *m* ⟨~s; ~⟩ chandail *m*; ~ˌ**weite** *f e-s Geschützrohres* calibre *m*; alésage *m*; ~ˌ**zustand** *m* état *m* d'âme.

See|leute ['zeːˌlɔytə] *pl.* marins *m/pl.*; gens *m/pl.* de mer; ~ˌ**lilien** *f/pl. zo.* crinoïdes *m/pl.*

seelisch ['zeːlɪʃ] *adj.* psychique; moral; ~**e Krankheit** maladie mentale; ~**e Kraft** force morale; ~**e Wirkung** effet moral; ~**er Mord** meurtre moral; ~**er Druck** pression morale; **aus dem** ~**en Gleichgewicht kommen** perdre l'équilibre moral; ~ **bedingt** *méd.* psychogène; ~**e Struktur** psychisme *m*; **sie hat** ~ **viel durchgemacht** elle a eu beaucoup à souffrir moralement.

Seelöwe ['zeːˌløːvə] *m zo.* lion marin; otarie *f*; *sc.* eumétopias [-s] *m*.

Seel|sorge ['zeːlˌzɔrgə] *f* ⟨~⟩ soin *m* pour le salut des âmes; charge *f* d'âmes; *fig.* pastorat *m*; *milit.* aumônerie *f*; assistance spirituelle; in **der** ~ **tätig sein** avoir charge d'âmes; ~ˌ**sorger** *m* ⟨~s; ~⟩ père spirituel; directeur *m* de conscience; *fig.* pasteur *m*; *milit.* aumônier *m* (militaire); *cf. auch* Pfarrer; &ˌ**sorgeˌrisch** *adj.* pastoral; ~**e Betreuung** assistance spirituelle; ~**e Tätigkeit** fonction, mission spirituelle, religieuse.

See|luft ['zeːluft] *f* air marin, de la mer; ~ˌ**luftstreitkräfte** *f/pl.* aéronautique navale; ~**macht** *f* (*Staat*) puissance navale, maritime; (*Flotte*) forces navales; flotte *f*; marine *f*; ~**mann** *m* ⟨~(e)s; -leute⟩ marin *m*; inscrit *m* maritime; navigateur *m*; &ˌ**männisch 1.** *adj.* de marin; *Fähigkeiten etc.* nautique; **2.** *adv.* en marin; ~**mannsˌamt** *n* bureau *m* de l'inscription maritime; ~**mannsˌausdruck** *m* terme *m* de marine; ~**mannsˌbrauch** *m* coutume *f* maritime; ~**mannˌschaft** *f* ⟨~⟩ ensemble *m* de connaissances et d'aptitudes exigées d'un marin.

Seemanns|gang ['zeːmansˌgaŋ] *m* démarche *f* d'un vieux marin; ~ˌ**garn** F *iron. n* histoires *f/pl.*, aventures *f/pl.* de marin; ~**geˌsetz** *n* loi *f* sur les gens de mer; ~ˌ**haus** *n* foyer *m*, refuge *m*, F 'home *m* pour marins; ~ˌ**heim** *n égl.* foyer religieux pour marins; ~ˌ**knoten** *m* nœud *m* de marin; ~ˌ**leben** *n* vie *f* de marin; ~ˌ**lied** *n* chanson *f* de marin; ~ˌ**los** *n* sort *m* du marin; ~**missiˌon** *f égl.* œuvre *f* missionnaire pour marins; ~ˌ**ordnung** *f cf.* ~gesetz; ~ˌ**schule** *f* école *f* de marins; ~ˌ**sprache** *f* langage *m* des marins; ~ˌ**tod** *m* **den** ~ **erleiden** périr en mer, dans un naufrage.

See|manöver ['zeːmaˌnøːvər] *n mar. milit.* manœuvre navale; &ˌ**mäßig** *adv.* ~ **verpacken** mettre en emballage maritime; ~ˌ**meile** *f* (*abr.* sm) mille marin; ~ˌ**mine** *f milit.* mine *f* (marine); ~ˌ**nadel** *f zo.* aiguille *f* de mer; *sc.* syngnathe *m*; ~ˌ**nebel** *m* brume *f*; brouillard *m* en mer.

Seenkunde ['zeːənˌkundə] *f* ⟨~⟩ limnologie *f*.

Seenot ['zeːnoːt] *f* **in** ~ en détresse; en perdition; ~ˌ**flugzeug** *n* avion *m* de sauvetage en mer; ~ˌ**rettungsdienst** *m* service *m* de sauvetage en mer; ~ˌ**ruf** *m* appel *m* de détresse; ~ˌ**welle** *f rad.* onde *f* de détresse; ~ˌ**zeichen** *n cf.* ~ruf.

Seenplatte ['zeːənˌplatə] *f* région *f* des lacs; plateau *m* lacustre.

See|offizier ['zeːˀofiˌtsiːr] *m* officier *m* de marine; ~ˌ**otter** *m zo.* loutre *f* de mer; ~**paß** *m cf.* Seefahrtbuch; ~ˌ**pferdchen** *n* ⟨~s; ~⟩ *zo. sc.* hippocampe *m*; ~**proˌtest** *m* rapport *m* de mer; ~ˌ**räuber** *m* pirate *m*; corsaire *m*; écumeur *m* des mers; ~**räube'rei** *f* piraterie *f*; ~ **treiben** faire de la piraterie; écumer les mers; ~**räuberˌgeschichte** *f* histoire *f* de pirates, de corsaires; &ˌ**räubeˌrisch** *adj.* de (*adv.* en) pirate; ~**räuberˌkrieg** *m* guerre *f* des pirates; ~**räuberˌschiff** *n* vaisseau *m* de pirate; corsaire *m*; ~**räuberˌstaaten** *m/pl. hist.* États *m/pl.* barbaresques; ~**räuberˌtum** *n* ⟨~(e)s⟩, ~**räuberˌwesen** *n* piraterie *f*; ~**recht** *n* droit *m*, code *m* maritime; **öffentliches** ~ droit public maritime; ~ˌ**reise** *f* voyage *m* par *od.* sur mer; croisière *f*; (*Überfahrt*) traversée *f*; **lange** ~ voyage au long cours; **e-e** ~ **machen** voyager par mer; ~ˌ**reisende(r)** *f* (*m*) voyageur, -euse *m*, *f* par mer; ~ˌ**rose** *f bot.* nénuphar *m*; *zo.* actinie *f*; *cf. auch* Seeanemone; ~ˌ**route** *f* route *f* maritime; ~ˌ**rückversicherung** *f* réassurance *f* maritime; ~**sack** *m* sac *m* de marin; ~**salz** *n* sel marin; ~**sand** *m* sable *m* de mer; ~ˌ**schaden** *m* avarie *f*; ~ˌ**schadenbeˌrechnung** *f* dispache *f*; ~ˌ**scheide** *f zo. sc.* ascidie *f*; ~**schiff** *n* navire *m*; bâtiment *m* de mer; ~ˌ**schiffahrt** *f* navigation *f* maritime; ~**schlacht** *f* bataille navale; combat naval; ~ˌ**schlange** *f Fabeltier* serpent *m* de mer; *zo.* ~**n** *pl. sc.* hydrophis *m/pl.*; ~ˌ**schwalbe** *f zo.* hirondelle *f* de mer; *sc.* sterne *f*; ~ˌ**schlepper** *m* remorqueur *m* de haute mer; ~**skorpiˌon** *m zo.* scorpion *m* de mer; ~**stadt** *f* ville *f* maritime, côtière; ~**stern** *m zo.* étoile *f* de mer; *sc.* astérie *f*; ~**strand** *m* plage *f*; bord *m* de la mer; ~**straße** *f* route *f* maritime; ~**straßenˌordnung** *f* règlement *m* de navigation maritime; ~ˌ**streitkräfte** *f/pl. mar. milit.* forces navales; marine *f*; flotte *f*; ~**stück** *n peint.* marine *f*; ~**sturm** *m* tempête *f* sur mer; ~**tang** *m bot.* varech [-ɛk] *m*; ~**transˌport** *m* transport *m* maritime, par mer; &ˌ**tüchtig** *adj. Schiff* en état de tenir la mer; en bon état de navigation; ~ˌ**tüchtigkeit** *f* navigabilité *f*; ~ˌ**ufer** *n* bord *m* du lac; ~ˌ**ungeheuer** *n* monstre marin; &ˌ**untüchtig** *adj. Schiff* non en état de tenir la mer;

⁓verˌkehr *m* trafic *m* maritime; **⁓verˌsicherung** *f* assurance *f* maritime; **⁓verˌsicherungsgeˌsellschaft** *f* compagnie *f* d'assurance maritime; **⁓verˌsicherungsverˌtrag** *m* contrat *m* d'assurance maritime; **⁓ˌvögel** *m/pl.* oiseaux *m/pl.* de mer; **⁓ˌwalzen** *f/pl. zo.* holothuries *f/pl.*; **2wärts** *adv.* du côté de la mer; *bes. mar.* au large; **⁓weg** [-veːk] *m* voie *f* maritime; route *f* maritime; **auf dem ⁓** par mer; par voie maritime; **⁓ nach Ostindien** route des Indes; **⁓ˌwesen** *n* marine *f*; **⁓ˌwetterbeˌricht** *m* bulletin *m* météorologique maritime, pour la navigation maritime; **⁓wind** *m* vent *m* de mer; **⁓ˌzeichen** *n* signal *m* maritime; amer(s) *m* (*pl.*); **⁓** *pl.* signalisation *f* maritime; phares *m/pl.* et balises *f/pl.*; **⁓zoll** *m* droits *m/pl.* maritimes; *als Institution* douane *f* maritime; **⁓ˌzollgrenze** *f* frontière douanière maritime; **⁓ˌzunge** *f zo.* sole *f.*

Segel ['zeːgəl] *n* ⟨⁓s; ⁓⟩ voile *f*; *anat.* voile *m*; **unter ⁓ gehen** mettre à la voile (nach pour); **alle ⁓ beisetzen** mettre toutes voiles dehors; **die ⁓ streichen** amener les voiles; *fig.* baisser pavillon; **mit vollen ⁓n** à pleines voiles (*auch fig.*); *fig.* **j-m den Wind aus den ⁓n nehmen** ôter à qn. le prétexte de; **⁓ˌanweisung** *f* instructions *f/pl.* de navigation; **⁓ˌboot** *n* yacht [jɔt, jak] *m* à voiles; **2ˌfliegen I** *v/i.* ⟨*nur inf.*⟩ faire du vol à voile; **II ⁓ˌfliegen** *n* vol *m* à voile; **⁓ˌflieger** *m* planeur *m*; *Mensch* pilote *m* de planeur; **⁓fliege'rei** *f*, **⁓ˌflug** *m cf.* ⁓fliegen II; *nur* Segelflug *e-s Flugzeugs* vol plané; **⁓flugˌplatz** *m* terrain *m* de vol à voile; **⁓flugˌsport** *m* vol *m* à voile; **⁓flugˌwetter** *n* temps *m* favorable au vol à voile; **⁓ˌflugzeug** *n* planeur *m*; **⁓ˌjacht** *f cf.* ⁓boot; **2ˌklar** *adj.* prêt à faire voile; appareillé; en partance; **sich ⁓ machen** appareiller; **⁓ˌklub** *m* club *m*, association *f* nautique; yacht-club *m*; yachting-club *m*; **⁓ˌlinie** *f math.* voilière *f*; **⁓ˌmacher** *m* ⟨⁓s; ⁓⟩ voilier *m*; **⁓mache'rei** *f* ⟨⁓; ⁓en⟩, **⁓ˌmacherˌkunst** *f*, **⁓ˌmacherˌwerkstatt** *f* voilerie *f*; **2n I** *v/i.* ⟨-(e)le, sein⟩ *mar.* faire voile; naviguer; voguer; *Sport* faire du yachting [-iŋ]; *aviat.* faire du, descendre en vol plané; *fig.*, *Wolken* courir; *fig.* **durch die Lüfte ⁓** traverser les airs; **am** *od.* **beim Wind ⁓** aller à la bouline; bouliner; **gegen den Wind ⁓** aller contre le vent; avoir le vent debout; **längs der Küste ⁓** longer la côte; **mit dem Wind ⁓** aller selon le vent; **um ein Kap ⁓** doubler un cap; **vor dem Wind ⁓** être sous le vent; **II ⁓n** *n* ⟨⁓s⟩ navigation *f* à voile; *Sport* yachting [-iŋ] *m*; *aviat.* vol plané; **⁓reˌgatta** *f* régate *f* de voiliers; **⁓ˌschiff** *n* bateau *m* à voiles; voilier *m*; **⁓ˌschiffahrt** *f* navigation *f* à voiles; **⁓ˌschlitten** *m* traîneau *m* à voiles; **⁓ˌschulschiff** *n* voilier *m* d'entraînement; **⁓ˌsport** *m* yachting [-iŋ] *m*; **⁓ˌtau** *n* câble *m*; **⁓ˌtuch** *n* ⟨⁓(e)s; ⁓e⟩ toile *f* à voiles; canevas *m*; **⁓tuchˌeimer** *m* seau *m* en toile; **⁓tuchˌschuhe** *m/pl.* souliers *m/pl.* en toile; **⁓ˌwerk** *n* voilure *f*; voiles *f/pl.*; **⁓ˌwind** *m* bon vent.

Segen ['zeːgən] *m* ⟨⁓s; ⁓⟩ *égl.* bénédiction *f*; (*Gebet*) prière *f*; (*Tischgebet*) bénédicité *m*; *fig.*, *der Erde* richesses *f/pl.*; *der Ernte* (*Fülle*) abondance *f*; *des Himmels* (*Gabe*) don *m*; (*Gedeihen*) prospérité *f*; (*Glück*) bonheur *m*; chance *f*; **j-m den ⁓ erteilen, geben, den ⁓ über j-n sprechen** donner sa bénédiction à qn.; bénir qn.; **Gott gebe s-n ⁓ zu ...!** que Dieu bénisse ...!; **Gottes ⁓ mit dir!** Dieu te bénisse!; **⁓ bringen** porter bonheur (j-m à qn.); **zum ⁓ der Menschheit** pour le bonheur de l'humanité; **darauf ruht kein ⁓, das bringt keinen ⁓** cela ne vous profitera guère; il n'y a rien de bon à en attendre; **es ist ein (wahrer) ⁓, daß ...** c'est un bonheur, une chance que ...; **das schöne Wetter ist ein wahrer ⁓ für die Ernte** le beau temps est une réelle bénédiction pour la moisson; ꜰ **meinen ⁓ hast du!** tu as ma bénédiction!; **an Gottes ⁓ ist alles gelegen** *prov.* on n'arrive à rien sans le secours de la Providence; **⁓erˌteilung** *f égl.* bénédiction *f*; **⁓sˌformel** *f égl.* formule *f* de bénédiction; **⁓sˌfülle** *f poét.* abondance *f* de biens; **⁓ˌspender(in)** *m* (*f*) celui, celle qui donne sa bénédiction; *fig.* providence *f*; **⁓ˌspendung** *f cf.* ⁓erteilung; **2sˌreich** *adj.* qui répand les bienfaits; qui porte bonheur; bienfaisant; **sein ⁓es Wirken** son activité bienfaisante; **⁓sˌspruch** *m* bénédiction *f*; **⁓sˌwunsch** *m* bénédiction *f*; **meine Segenswünsche** (*Glückwünsche*) mes félicitations.

Segge ['zɛgə] *f* ⟨⁓; ⁓n⟩ *bot.* carex *m*; laîche *f*.

Segler ['zeːglər] *m* ⟨⁓s; ⁓⟩ **1.** celui qui fait voile; *Sport* yachtman [jɔtman] *m*; **2.** *mar. Schiff* voilier *m*; *aviat.* planeur *m*; **3.** *zo.* martinet *m*; **⁓in** *f* ⟨⁓; ⁓nen⟩ celle qui fait voile; yachtwoman [jɔtwuman] *f*.

Segment [zɛ'gmɛnt] *n* ⟨⁓(e)s; ⁓e⟩ *math.*, *e-s Organs* segment *m*; **2är** [-'tɛːr] *adj.* segmentaire.

segn|en ['zeːgnən] *v/t.* ⟨-ete, h⟩ bénir; donner la bénédiction (à); faire le signe de la croix (sur); **Gott segne dich!** Dieu te bénisse!; **ich segne den Tag, an dem ...** béni soit le jour où ...; *fig.* **das Zeitliche ⁓** mourir; dire adieu aux choses de ce monde; quitter ce bas monde; **gesegnet** béni; bienheureux, -euse; **mit etw. gesegnet sein** être doté de qc.; **mit Gütern gesegnet sein** être comblé de biens; **gesegnete Mahlzeit!** bon appétit!; **e-n gesegneten Schlaf haben** avoir un bon, profond sommeil; avoir un sommeil paisible; *st. s.* **gesegneten Leibes sein** être enceinte; avoir des espérances; **2ung** *f* ⟨⁓; ⁓en⟩ *égl.* bénédiction *f*; *fig.* ⁓en *pl. der Zivilisation etc.* bienfaits *m/pl.*

Seh|achse ['zeːˌˀaksə] *f opt.* axe visuel, optique; **⁓beˌschwerden** *f/pl.* vue défectueuse; mauvaise vue.

sehen ['zeːən] **I** *v/t. u. v/réfl.* ⟨sieht, sah, gesehen, h⟩ voir; (*wahrnehmen*) apercevoir; s'apercevoir de; (*erkennen*) reconnaître; **etw. deutlich ⁓** distinguer qc.; apercevoir qc. distinctement; **etw. ganz verschwommen ⁓** apercevoir qc. comme à travers un brouillard; **etw. nur flüchtig ⁓** ne faire qu'entrevoir qc.; *im Dunkeln* **nichts ⁓** ne voir rien; n'y pas voir; n'y voir goutte; **alles doppelt ⁓** voir tout double; *fig.* **alles im rosigsten Lichte ⁓** voir tout en rose; **der Brief, den Sie hier ⁓** la lettre que voici; **wenn man ihn sieht, könnte man glauben ...** à le voir, on pourrait croire ...; **etw. nicht ⁓ wollen** faire semblant de ne pas voir qc.; fermer les yeux sur qc.; **gern (ungern) ⁓** voir d'un bon (mauvais) œil; **er sieht es gern, wenn man ihn bedient** il aime être servi; **Gäste bei sich ⁓** voir du monde; recevoir; **gern bei j-m gesehen sein** être bien vu, être le (la) bienvenu(e) chez qn.; **die Sonne aufgehen ⁓** voir le soleil se lever; *fig.* **ich habe es kommen ⁓** je l'ai prévu; je l'ai vu venir; **hat man je so etw. gesehen?** a-t-on jamais vu pareille chose?; **das werden wir bald ⁓!** c'est ce que nous allons voir!; nous allons bien voir!; **das wollen wir mal ⁓!** par exemple!; **ich sehe die Sache anders** je vois les choses autrement; **ich sehe keine Möglichkeit, zu ...** (+ *inf.*) je ne vois aucune possibilité de ... (+ *inf.*); **ich will ⁓** (*versuchen*), **daß ...** (*od.* **zu ...** + *inf.*) je tâcherai, j'essayerai de ... (+ *inf.*); je m'arrangerai pour ... (+ *inf.*); **du siehst nicht, wie er ...** tu ne le vois pas en train de ...; **ich möchte ⁓, was Sie an meiner Stelle täten** je voudrais bien vous voir à ma place; je voudrais bien vous y voir; **das sieht man!** cela se voit!; **das sieht man alle Tage** cela se voit tous les jours; **er hat früher bessere Tage gesehen** (*erlebt*) il n'a pas toujours été si malheureux; il a connu autrefois des jours meilleurs; **er sieht aber auch alles** ꜰ il a des yeux jusque dans le dos; **zu ⁓ sein** se voir; être visible; (*ausgestellt sein*) être exposé, montré; **es ist dort nichts zu ⁓** on n'y voit rien; **⁓ lassen** (*zeigen*) faire voir; montrer; (*ausstellen*) exposer; (*zur Schau stellen*) étaler; exhiber; **sich ⁓ lassen** se montrer; **sich e-n Augenblick ⁓ lassen** faire acte de présence; **Sie lassen sich ja gar nicht mehr ⁓** on ne vous voit plus; **warum lassen Sie sich so selten bei uns ⁓?** pourquoi venez-vous si rarement nous voir?; **er hat sich nicht wieder ⁓ lassen** on ne l'a plus revu; **lassen Sie sich bald wieder ⁓!** revenez-nous bientôt!; à bientôt!; **laß dich nie wieder ⁓!** et qu'on ne te revoie plus!; ne te remontre jamais!; **sich mit etw. ⁓ lassen können** pouvoir se présenter, se montrer avec qc.; pouvoir affronter le public avec qc.; n'avoir à craindre aucune comparaison avec qc.; ne pas avoir à rougir de qc.; **sie kann sich ⁓ lassen** elle peut se montrer; ꜰ elle est sortable; **Ihre Arbeit kann sich ⁓ lassen** votre travail est bien fait, peut être vu, montré; **wir ⁓ uns unerwarteten Schwierigkeiten gegenüber** nous nous trouvons confrontés avec des, nous nous trouvons en face, vis-à-vis de difficultés imprévues; **sich gezwungen, veranlaßt, genötigt ⁓, zu ...** (+ *inf.*) se voir contraint, forcé de ... (+ *inf.*); **sie sah sich bereits als Filmstar** elle se voyait déjà vedette de cinéma; **er sah sich betrogen** il vit qu'il était dupe; **sich nicht satt ⁓ können** ne pouvoir rassasier ses regards; ne pas se lasser de regarder; **II** *v/i.* voir; **gut (schlecht) ⁓** (*gute, bzw. schlechte Augen haben*) avoir de bons (mauvais) yeux; avoir une bonne (mauvaise) vue; *weil es zu dunkel ist etc.* **nicht gut ⁓** y voir mal; **weit ⁓** voir loin; **so weit man ⁓ kann** à perte de vue; **er ist, sehe ich** (*od.* **wie ich sehe**), **nicht hier** il n'est pas là, à ce que je vois; **wie Sie ⁓, ...** comme vous le voyez, ...; comme vous pouvez vous en rendre compte, le constater ...; **u. siehe da, er kam** le voilà qui venait; **⁓ Sie mal!** voyez un peu!; **sieh(e) da!** tiens!; **sieh doch!** vois donc!; ꜰ **sieh mal e-r an!** voyez-moi cela!; par exemple!; **na, siehst du, so**

schwer war das nicht tu vois! cela n'était pas si difficile; F **u. hast du nicht gesehen, war er verschwunden** et avec la rapidité de l'éclair il eut disparu; *als Verweis* **siehe oben (unten)** (*abr.* **s. o., s. u.**) voir ci-dessus (ci-dessous); **siehe Seite 10** (*abr.* s. S. 10) voir page 10 (*abr.* voir p. 10); **j-m ähnlich ~** ressembler à qn.; **ich sah, wie er lief** je le vis courir; **wenn ich recht gesehen habe ...** si j'ai bien vu, observé ...; **auf etw. ~** regarder qc., *fig.* à qc.; avoir les yeux fixés sur qc.; avoir l'œil sur qc.; **darauf ~, daß ...** (*auf etw. achten*) faire attention, veiller, avoir l'œil à ce que ... (+ *subj.*); **auf die Uhr ~** regarder l'heure; **aller Augen sahen auf ihn** tous les regards se portèrent sur lui; **auf den Preis sehe ich nicht** je ne regarde point au prix; **nur auf s-n Vorteil ~** n'avoir en vue que son intérêt, son profit; **j-m auf die Finger ~** surveiller qn. de près; **das Fenster sieht auf den** *od.* **nach dem Hof** la fenêtre donne sur la cour; **aus dem Fenster ~** regarder par la fenêtre; **nicht aus den Augen ~ können** ne pouvoir ouvrir les yeux; **der Schelm sieht ihm aus den Augen** l'espièglerie se peint sur son visage; **ins Licht, in die Sonne ~** regarder la lumière, le soleil; **in den Spiegel ~** se regarder dans la glace; **j-m ins Gesicht ~** regarder qn. en face; **den Dingen ins Gesicht ~** voir les choses en face; **j-m ins Herz ~** lire dans le cœur de qn.; **in die Zukunft ~** (chercher à) pénétrer l'avenir; **in etw. sein Ideal ~** considérer qc. comme son idéal; **nach etw. ~** regarder qc.; *sorgend* veiller à qc.; avoir soin de qc.; **nach der Uhr ~** regarder l'heure; **nach dem** *od.* **zum Rechten ~** aller voir si tout se passe bien, avec ordre, si tout est en ordre, dans l'ordre; aller voir ce qu'on fait; **nach den Kindern ~** aller voir où sont les enfants; **III ♀** *n* ⟨~s⟩ vue *f*; *phys., physiol.* vision *f*; **plastisches, räumliches ~** vision stéréoscopique, en relief; **beidäugiges (einäugiges) ~** vision binoculaire, stéréoscopique (monoculaire); **vom ~ kennen** connaître de vue; **ihm verging Hören u. ~** il fut tout abasourdi, étourdi; **~d** *adjt.* voyant; **die Blinden ~ machen** rendre la vue aux aveugles; **~s͵wert, ~s͵würdig** *adj.* qui vaut la peine d'être vu; digne d'être vu; (*merkwürdig*) curieux, -euse; **♀s͵würdigkeit** *f* ⟨~; ~en⟩ ce qui vaut la peine d'être vu; chose digne d'être vue; **die ~en** *e-r Stadt* les curiosités *f/pl.*; **die ~en der Stadt besichtigen** aller voir les curiosités de la ville.

Seher|(in) ['ze:ər(ɪn)] *m* ⟨~s; ~⟩ (*f*) ⟨~; ~nen⟩ **1.** prophète, prophétesse *m, f*; visionnaire *m, f*; devin, -eresse *m, f*; (*Hellseher*) voyant, -e *m, f*; **2.** *ch. nur m* œil *m*; **~͵blick** *m* vue *f* prophétique; **~͵gabe** *f* don *m* de prophétie [-si]; seconde vue; **♀isch** *adj.* prophétique; visionnaire.

Seh|fehler ['ze:͵fe:lər] *m* défaut *m* de la vue; trouble visuel; **~feld** *n* champ visuel; **~kraft** *f* facultés visuelles; vue *f*; vision *f*; **~loch** *n anat. cf.* Pupille.

Sehne ['ze:nə] *f* ⟨~; ~n⟩ *anat.* tendon *m*; *math., e-s Bogens* corde *f*.

sehnen ['ze:nən] **I** *v/réfl.* ⟨h⟩ **sich nach etw. ~** désirer ardemment qc.; soupirer après qc.; appeler qc. de tous ses vœux; aspirer à qc.; *nach Vergangenem, nach dem Vaterland* avoir la nostalgie de; *nach der Heimat auch* regretter (qc.); **sich nach s-r Mutter ~** s'ennuyer de sa mère; **er sehnt sich nach Ruhe** il aspire au repos; **ich sehne mich nach Abwechselung** je désire, je voudrais du changement, du divertissement; **ich sehne mich danach, ihn wiederzusehen** je désire ardemment le revoir; il me tarde de le revoir; **ein ~des Herz** un cœur consumé de désirs; **II ♀** *n* ⟨~s⟩ désirs ardents; aspiration fervente.

Sehnen|band ['ze:nən͵bant] *n* ⟨~(e)s; ~er⟩ *anat.* ligament tendineux; **~ent͵zündung** *f méd.* inflammation *f* des tendons; *sc.* ténosite *f*; **~͵faser** *f anat.* fibre tendineuse; **~re͵flex** *m méd.* réflexe tendineux; **~͵scheide** *f anat.* gaine tendineuse; **~͵scheidenent͵zündung** *f méd.* inflammation *f* des gaines tendineuses; *sc.* ténosynovite *f*.

Sehnerv ['ze:nɛrf] *m anat.* nerf visuel, optique.

sehnig ['ze:nɪç] *adj.* tendineux, -euse; *Fleisch auch* filandreux, -euse; *Arm, Gestalt* nerveux, -euse.

sehn|lich ['ze:nlɪç] **1.** *adj. Wunsch* ardent; passionné; *Erwartung* impatient; **2.** *adv.* ardemment; passionnément; impatiemment; avec impatience; **etw. ~st herbeiwünschen** rêver qc.; **♀sucht** *f* ⟨~; ~e⟩ désir ardent, intense (**nach** de); attente passionnée (de); impatience *f* (de + *inf.*); *nach Vergangenem, nach der Heimat* nostalgie *f*; ardeur *f* nostalgique; regrets *m/pl.*; (*Liebes♀*) langueur *f*; **mit ~ erwarten** attendre avec impatience; **~͵süchtig, ~suchts͵voll 1.** *adj.* plein de désir; (*schmachtend*) langoureux, -euse; (*ungeduldig*) impatient; *cf. auch* **~lich 1.**; **e-n ~en Blick auf etw. werfen** jeter un regard d'envie sur qc.; **2.** *adv.* **~ nachblicken** suivre ardemment des yeux; *cf. auch* **~lich 2.**

Seh|öffnung ['ze:͵ʔœfnuŋ] *f anat. cf.* Pupille; **~or͵gan** *n* organe visuel, de la vue; **~͵probe** *f*, **~͵prüfung** *f méd.* examen·*m* de la vue.

sehr [ze:r] *adv. vor adj. u. adv.* très; bien; fort; *vor e-m Verb* beaucoup; bien; **~ viel** beaucoup; bien; **~ viele Leute** bien des gens; **~ viele andere** bien d'autres; **so ~** tant; tellement; **so ~, daß ...** à ce point que ...; au point que ...; **so ~ er auch schreit** si fort qu'il crie; il a beau crier; **wie ~** à quel point; combien; **Sie wissen, wie ~ ich damit rechne** vous savez à quel point, combien j'y compte; **wie ~ auch immer** à quelque degré que ... (+ *subj.*); **~ bald** sous peu; bientôt; sans tarder; F très bientôt; **er wird ~ bald kommen** il ne tardera pas à venir; **zu ~** trop; **~ arbeiten** travailler ferme; **~ zürnen** se mettre fort en colère; **ich freue mich ~** je me réjouis grandement, vivement; **~ daran interessiert sein** y être très, vivement intéressé; **ich bedaure ~, daß ...** je regrette beaucoup, vivement que ...; **da irren Sie sich ~** là, vous vous trompez fort; **er bemühte sich ~ um sie** il faisait tout ce qui était en son pouvoir pour lui plaire; il s'empressait auprès d'elle; **er kommt ~ ungelegen** il arrive fort mal à propos; F il tombe très mal; **Sie sind ~ freundlich, liebenswürdig** vous êtes bien aimable.

Seh|rohr ['ze:ro:r] *n e-s U-Bootes* périscope *m*; **~͵schärfe** *f* acuité visuelle; **~schlitz** *m* fente *f* de visée; *e-s Panzers* épiscope *m*; **♀schwach** *adj.* de vue faible; **~͵schwäche** *f* faiblesse *f* de la vue, des yeux; insuffisance visuelle; **~͵störungen** *f/pl.* troubles visuels, de la vision; **~ver͵mögen** *n* aptitude visuelle; *cf. auch* Sehkraft; **~ bei Nacht** vision *f* nocturne; **~͵weite** *f* portée *f* de la vue; **~͵werkzeug** *n cf.* Sehorgan; **~͵winkel** *m* angle visuel, optique; **~͵zentrum** *n* centre visuel.

seicht [zaɪçt] *adj. Wasser* bas, -sse; peu profond; (*zu durchwaten*) guéable; *fig.* superficiel, -lle; plat; fade; insipide; **~e Stelle** *im Fluß* gué *m*; **~e Redensarten** platitudes *f/pl.*; banalités *f/pl.*; **♀heit** *f* ⟨~⟩, **♀ig͵keit** *f* ⟨~⟩ peu *m* de profondeur; bas fond; *fig.* superficialité *f*; platitude *f*; fadeur *f*.

seid [zaɪt] *cf.* sein[1].

Seide ['zaɪdə] *f* ⟨~; ~n⟩ **1.** soie *f*; **reine ~** pure soie; **rohe ~** soie (é)crue, grège; *fig.* **dabei wird er keine ~ spinnen** cela ne lui profitera pas; il n'en retirera rien; il n'y gagnera rien; F *fig.* **die beiden spinnen keine gute ~ miteinander** ils ne peuvent pas se supporter; ils ne sont pas en bons termes; F ils ne peuvent pas se voir en peinture; **2.** *bot. sc.* cuscute *f*.

Seidel ['zaɪdəl] *n* ⟨~s; ~⟩ *Gefäß für Bier* chope *f*; demi *m*; *kleines* bock *m*; pot *m* à bière.

Seidelbast ['zaɪdəl͵bast] *m bot.* daphné *m*.

seiden ['zaɪdən] *adj.* (*aus Seide*) de *od.* en soie; (*seidig*) soyeux, -euse; **sein Leben hängt an e-m ~en Faden** sa vie ne tient qu'à un fil; **♀͵abfall** *m* bourre *f* de soie; bourrette *f*; **♀͵affe** *m zo.* colobe *m*; **♀͵arbeiter(in)** *m* (*f*) ouvrier, -ère *m, f* en soie; *in Lyon* canut *m*, canuse *f*; **~͵artig** *adj.* de la nature de la soie; soyeux, -euse; **♀as͵best** *m* amiante soyeux; **♀͵atlas** *m* satin *m*; **♀͵band** *n* ⟨~(e)s; ~er⟩ ruban *m* de soie; **♀bandwebe͵rei** *f* grande rubanerie; **♀͵bast** *m* séricine *f*; **♀͵bau** *m* ⟨~(e)s⟩ *cf.* ♀raupenzucht; **~be͵sponnen** *adjt.* couvert (d'un guipage) de soie; **♀da͵mast** *m* damas *m* de soie; **♀͵ernte** *f* récolte *f* des cocons, des soies; **♀fa͵brik** *f* soierie *f*; **♀fabri͵kant** *m* soyeux *m*; **♀͵faden** *m* fil *m* de soie; **♀͵flor** *m* gaze *f* de soie; **♀͵garn** *n cf.* ♀faden; **♀͵gaze** *f cf.* ♀flor; **♀ge͵spinst** *n* cocon *m* de ver à soie; **♀ge͵webe** *n* tissu *m* de soie; **♀ge͵winnung** *f* production *f* de la soie; **♀͵glanz** *m* éclat soyeux; lustre *m*; **♀͵handel** *m* commerce *m* de(s) soies; soierie *f*; **♀͵händler(in)** *m* (*f*) marchand, -e *m, f* de soieries; **♀indus͵trie** *f* industrie *f* de la soie; industrie *f* séricicole; **♀͵leim** *m cf.* ♀bast; **♀pa͵pier** *n* papier *m* de soie; **♀͵raupe** *f zo.* ver *m* à soie; **♀raupen͵haus** *n* magnanerie *f*; **♀raupen͵zucht** *f* sériciculture *f*; culture *f* séricicole; magnanerie *f*; **♀raupen͵züchter** *m* sériciculteur *m*; magnanier *m*; **♀͵schwanz** *m zo.* jaseur *m*; **♀͵spinner** *m* **1.** *zo.* bombyx *m* du mûrier; **2.** fileur *m* de soie; **♀spinne'rei** *f* filature *f* de soie; **♀͵spinnerin** *f* fileuse *f* de soie; **♀sticke'rei** *f* broderie *f* de soie; **♀͵stoff** *m* étoffe *f* de soie; soierie *f*; **~um͵sponnen** *adjt.* (re)couvert (d'un guipage) de soie; **♀ver͵arbeitung** *f* fabrication *f*, traitement *m* de la soie; **♀͵ware** *f* soierie *f*; **♀͵weber** *m* tisserand *m* en soie; **♀webe'rei** *f* tissage *m* de la soie; fabrication *f* de la soie; soierie *f*; **~'weich** *adj.* soyeux, -euse; **♀͵wurm** *m cf.* ♀raupe; **♀͵zwirn** *m* organsin *m*;

2ˌ**zwirner** *m* ⟨~s; ~⟩ organsineur *m*; 2**zwirneˈrei** *f* organsinage *m*.

seidig [ˈzaɪdɪç] *adj.* soyeux, -euse.

Seiende [ˈzaɪəndə] *n* ⟨→ A⟩ *philos.* das ~ l'être *m*.

Seife [ˈzaɪfə] *f* ⟨~; ~n⟩ **1.** savon *m*; ein Stück ~ un morceau de savon; ein Riegel ~ un pain, une barre, une brique de savon; **mit ~ waschen** savonner; **grüne ~** savon vert, mou; ~ **kochen, sieden** faire du savon; **2.** *géol.* ~n *pl.* alluvions *f/pl.* métallifères; 2**n I** *v/t.* ⟨h⟩ savonner; **II ~n** *n* ⟨~s⟩ savonnage *m*.

seifen|artig [ˈzaɪfənˌˀartɪç] *adj.* savonneux, -euse; *sc.* saponacé; 2ˌ**bad** *n méd.* bain *m* de savon; 2ˌ**baum** *m bot.* savonnier *m*; 2ˌ**becken** *n*, 2**beˌhälter** *m* porte-savon *m*; 2ˌ**bildung** *f chim.* saponification *f*; 2ˌ**blase** *f* bulle *f* de savon (*auch fig.*); 2ˌ**erde** *f minéral.* argile savonneuse; terre *f* à foulon; 2ˌ**erz** *n* minerai *m* d'alluvion, de lavage; 2**faˌbrik** *f* savonnerie *f*; 2ˌ**flocken** *f/pl.* flocons *m/pl.* de savon; savon *m* en paillettes; 2ˌ**gold** *n minéral.* or *m* alluvionnaire; 2ˌ**halter** *m* porte-savon *m*; ~ˌ**haltig** *adj.* qui contient du savon; 2ˌ**kiste** *f* caisse *f* à savon; 2ˌ**kraut** *n bot.* saponaire *f*; 2ˌ**lappen** *m* gant *m* de toilette; 2ˌ**lauge** *f* lessive *f*; eau savonneuse; 2ˌ**napf** *m* porte-savon *m*; *zum Rasieren* plat *m* à barbe; 2ˌ**pulver** *n* savon *m* en poudre; poudre *f* de savon; 2ˌ**schale** *f cf.* 2napf; 2ˌ**schaum** *m* mousse *f* de savon; 2ˌ**sieder** *m* ⟨~s; ~⟩ savonnier *m*; F *fig.* **jetzt geht mir ein ~ auf** maintenant je commence à comprendre, à y voir clair; P maintenant je pige; 2**siedeˈrei** *f* savonnerie *f*; 2ˌ**stein** *m minéral.* pierre *f* à savon; *sc.* saponite *f*; *chim.* soude *f* caustique; 2ˌ**wasser** *n cf.* 2lauge; 2ˌ**wurz(el)** *f* ⟨~⟩ (*f*) *bot.* saponaire *f*; 2ˌ**zäpfchen** *n méd.* suppositoire savonneux; 2ˌ**zinn** *n minéral.* étain *m* d'alluvion, alluvionnaire.

seifig [ˈzaɪfɪç] *adj.* savonneux, -euse; saponacé.

Seige [ˈzaɪgə] *f* ⟨~; ~n⟩ *mines* rigole *f*; caniveau *m*.

seiger [ˈzaɪgər] *adj. mines* vertical; 2ˌ**gang** *m mines* filon vertical; ~**n** *v/t.* ⟨-(e)re, h⟩ *mines* creuser verticalement; *métall.* liquater [-kwa-]; ressuer; ségréger; affiner; 2ˌ**ofen** *m métall.* fourneau *m* de liquation [-kwa-], de ressuage; ~ˌ**recht 1.** *adj. mines cf.* seiger; **2.** *adv.* à plomb; d'aplomb; verticalement; 2ˌ**riß** *m mines* vue *f* en coupe d'une mine; 2ˌ**schacht** *m mines* puits vertical; 2ˌ**schlacke** *f métall.* scories *f/pl.* de liquation; 2**ung** *f* ⟨~; ~en⟩ *métall.* liquation [-kwa-] *f*; ressuage *m*; ségrégation *f*; affinage *m*.

Seih|e [ˈzaɪə] *f* ⟨~; ~n⟩ **1.** couloir(e) *m* (*f*); passoire *f*; crépine *f*; filtre *m*; **2.** (*Rückstand*) résidu *m*; 2**en I** *v/t.* ⟨h⟩ passer; couler; filtrer; **II ~en** *n* ⟨~s⟩ filtration *f*; filtrage *m*; ~**er** *m* ⟨~s; ~⟩ *cf.* ~e 1.; ~**tuch** *n* étamine *f*; *phm.* blanchet *m*.

Seil [zaɪl] *n* ⟨~(e)s; ~e⟩ corde *f*; *starkes* câble *m*; *mar.* cordage *m*; **auf dem ~ tanzen** danser sur la corde raide; ~ **springen** sauter à la corde; ~**bahn** *f* **1.** *chem.* funiculaire *m*; **2.** *cf.* ~schwebebahn; ~ˌ**bremse** *f Auto* frein *m* à câble; ~**er** *m* ⟨~s; ~⟩ cordier *m*; ~**erˌarbeit** *f* corderie *f*; ~**erˌbahn** *f*, ~**eˈrei** *f* ⟨~; ~en⟩, ~**erˌhandwerk** *n* corderie *f*; ~**erˌwaren** *f/pl.* corderie *f*; cordages *m/pl.*; ~ˌ**fähre** *f* traille *f*; ~**fahrt** *f mines* descente *f bzw.* remontée *f* de mineurs; ~ˌ**hüpfen** *n* saut *m* à la corde; ~ˌ**klemme** *f* serre-câble *m*; ~ˌ**rolle** *f* réa *m*; poulie *f* de câble, de timonerie; ~**schaft** *f* ⟨~; ~en⟩ *Alpinismus* cordée *f*; ~ˌ**scheibe** *f cf.* ~rolle; ~ˌ**schlinge** *f* nœud coulant; ~**schuh** *m e-r Seilschwebebahn* sabot *m*, palier *m* de câble; ~ˌ**schwebebahn** *f* téléphérique *od.* téléférique *m*; ~ˌ**spanner** *m* tendeur *m* de câble; ~ˌ**spannung** *f* tension *f* du câble; ~ˌ**springen** *n cf.* ~hüpfen; ~**start** *m aviat.* lancement *m* au câble; ~ˌ**steuerung** *f* commande *f* par câble; ~**strang** *m* brin *m* de câble; ~ˌ**tanzen** *n* danse *f* sur la corde raide; ~ˌ**tänzer(in)** *m* (*f*) danseur, -euse *m*, *f* sur la corde raide; funambule *m*, *f*; ~**trieb** *m techn.* transmission *f* par câble; *cf. auch* ~steuerung; ~ˌ**trommel** *f* tambour *m*, cylindre *m* enrouleur; ~ˌ**winde** *f* treuil *m* à câble; *mar.* cabestan *m*; ~ˌ**windung** *f* tour *m* de câble; ~**zug** *m* palan *m*.

Seim [zaɪm] *m* ⟨~(e)s; ~e⟩ *aus Pflanzen* mucilage *m*; (*Honig*2) miel *m* vierge; 2**ig** *adj.* mucilagineux, -euse; visqueux, -euse; filant.

sein[1] [zaɪn] **I** *v/i. u. v/aux.* ⟨**bin, bist, ist, sind, seid, sind; sei, seist, sei; war; wäre; gewesen; sei!, seid!; sein**⟩ être; *bei Witterungsangaben* faire; (*bestehen*) être; exister; (*vorhanden sein*) y avoir; (*leben*) vivre; (*sich aufhalten*) être; séjourner; (*sich befinden*) se trouver; (*stattfinden*) se faire; avoir lieu; (*bedeuten*) signifier; *als v/aux.* **wir sind gegangen** nous sommes allés; **sie ist gelaufen** elle a couru; **er ist gewesen** il a été; **es sind viele Fremde angekommen** il est arrivé beaucoup d'étrangers; **war je ...?** fut-il jamais ...?; y eut-il jamais ...?; vit-on jamais ...?; **heute ist erst Montag** on n'est que lundi; **morgen ist Mittwoch** demain c'est mercredi; **Ostern ist spät in diesem Jahr** Pâques arrivera tard cette année; **es ist zu erwarten, daß ...** on doit, il faut s'attendre à ce que ... (+ *subj.*); il est à présumer que ...; **es ist zu hoffen, daß ...** il faut espérer que ...; **dagegen ist nichts zu sagen** il n'y a rien à dire à cela; **sie ist zu bedauern** elle est à plaindre; **er ist nicht zu sprechen** on ne peut pas lui parler; il n'est pas visible; **was ist zu tun?** quoi faire?; que faut-il faire?; qu'y a-t-il à faire?; **es ist kalt, windig** il fait froid, du vent; il y a du vent; **es ist ein Jahr her, daß ...** il y a un an que ...; **fünf Tage sind es nun her, fünf Tage ist das nun her** il y a de cela cinq jours; **es war einmal ...** il était, il y avait une fois ...; **hier ist gut sein** il fait bon ici; **ist es weit von hier nach dem** *od.* **bis zum Bahnhof?** y a-t-il loin d'ici (à) la gare?; **es sei!, es mag sein!** soit [-t]!; F passe!; **so sei es!** ainsi soit-il!; **sei es auch noch so wenig** tant soit peu; si peu que ce soit; si peu soit-il; **dem sei, wie ihm wolle; sei dem, wie ihm wolle** quoi qu'il en soit; quoi qu'on en dise; **wenn dem so ist ...** si tel est le cas ...; s'il en est ainsi ...; **sei es im Guten, sei es im Bösen** soit en bien, soit en mal; **sei es, daß ... oder daß ...** soit que ... (+ *subj.*) ... ou que ... (+ *subj.*); **es sei denn, daß ...** si ce n'est que ...; à moins que ... (ne) ... (+ *subj.*); **was wäre, wenn ...?** que serait-ce si ...?; **wenn das nicht wäre, ...** sans cela ...; **u. selbst, wenn es so wäre ...** et bien quand même ce serait ainsi ...; **das kann doch nicht ~!** c'est impossible!; **kann ~!** c'est possible!; peut-être!; **muß das ~?** c'est indispensable?; **das wird nicht immer so ~** il n'en sera pas toujours ainsi; cela ne se passera pas toujours ainsi; **es braucht nicht sofort zu ~** cela n'a pas besoin d'être fait tout de suite; F ça n'urge pas; **was ~ muß, muß ~** F il faut faire ce qu'il faut faire; **was nicht ist, kann noch werden** petit poisson deviendra grand *prov.*; **er ist nicht mehr** il n'est plus; il est mort; **was du bist, sei ganz** il faut être tout l'un ou tout l'autre; **es ist damit wie mit allem** il en est de cela comme du reste; **gerade so ist es mit ...** il en est de même de ...; **wenn es immer so wäre** si cela devait durer; **ist es doch, als ...** on dirait vraiment que ...; **wie wäre es, wenn Sie die Arbeit machten?** qu'en dites-vous, que diriez-vous, si vous faisiez le travail?; mais si vous faisiez le travail?; que vous en semblerait-il si vous faisiez le travail?; **was soll das ~?** qu'est-ce que cela signifie?; F **das wäre noch schöner!** par exemple!; **ich dachte wunder, was es wäre** je m'attendais à qc. d'extraordinaire; **wenn ich du wäre ...** si j'étais à ta place ...; si j'étais (de) toi ...; **wer ist das?** qui est-ce?; **sind Sie es?** c'est vous?; est-ce vous?; **sind Sie Herr Dupont?** c'est vous monsieur Dupont?; êtes-vous monsieur Dupont?; **ich bin's!** c'est moi!; **hier bin ich!** me voici!; **da ist er!** le voilà!; **hier sind hundert frs** voici cent francs; **was ist das?** qu'est-ce?; F qu'est-ce que c'est (que cela, P que ça)?; **wie alt sind Sie?** quel âge avez-vous?; **er ist zwanzig Jahre alt** il a vingt ans; **wie weit sind Sie?** où en êtes-vous?; **sei kein Kind!** ne fais pas l'enfant!; **der Ansicht ~** être d'avis; **das ist meines Amtes nicht** ce n'est pas mon affaire; **er ist des Teufels** il est fou; **Sie sind des Todes** vous êtes un homme mort; **ich bin willens** j'ai l'intention; **wessen Buch ist das?** à qui est, appartient ce livre?; **in Paris ~** être, séjourner à Paris; **ich war bei ihm** je me trouvais, j'étais chez lui; **gut (schlecht) bei Kasse ~** (ne pas) être en fonds; **was ist Ihnen?** qu'avez-vous?; **ist Ihnen schlecht?** vous sentez-vous mal?; **mir ist nicht gut** je me sens mal; **wie ist Ihnen?** comment vous sentez-vous, trouvez-vous?; comment êtes-vous?; **mir ist besser** je me sens mieux; **ich weiß nicht, wie mir ist; mir ist, ich weiß nicht wie** je ne sais ce que j'ai; **mir ist so komisch** je me sens tout drôle, F tout chose (*von e-r Frau gesagt* toute chose); **mir ist, als ob ...** il me semble que ...; j'ai l'impression que ...; on dirait que je ...; F **mir ist nicht nach feiern** je n'ai pas le courage de participer à la fête, de m'amuser; **keiner will es gewesen ~** tout le monde nie l'avoir fait; **nicht wissen, woran man ist** ne pas savoir à quoi s'en tenir; **es ist an ihm, den ersten Schritt zu tun** c'est à lui de faire le premier pas; **so ist er** il est ainsi fait; **das ist teuer** cela coûte cher; **5 u. 2 sind 7** 5 et 2 font 7; **II** 2 *n* ⟨~s⟩ être *m*; (*Wesenheit*) essence *f*; (*Dasein*) existence *f*; **~ oder Nichtsein, das ist die Frage** être ou ne pas être, voilà la question; **~ u. Schein** la réalité et les apparences; **das ~ u. das Nichtsein** l'être et le non-être, la non-existence.

sein² [zaɪn] *pr/poss.* **1.** *adjektivisch* (*f u. pl.* ~e) son, sa, *pl.* ses; e-r ~er **Freunde** un de ses amis; ~e **vielen Freunde** son grand nombre d'amis; ses nombreux amis; **mein und** ~ **Bruder** mon frère et le sien; **alles, was** ~ **ist** tout ce qui lui appartient; ~ **Glück machen** faire fortune; **das kostet** ~e **hundert frs** cela doit valoir cent francs; **alles zu** ~er **Zeit** chaque chose en son temps; ~ **möglichstes tun** faire (tout) son possible; ∾e **Majestät** Sa Majesté; **2.** *substantivisch* ~er, ~e, ~es *od.* der, die, das ~(ig)e le sien, la sienne; *wessen Buch ist das?* **das ist** ~(e)s c'est le sien; **die** ∾(ig)en les siens; sa famille; **das** ∾(ig)e **tun** faire sa part; faire son possible; **das** ∾(ig)e **dazu beitragen** y contribuer pour sa part; y mettre du sien; y apporter sa quote-part; **das** ∾(ig)e (*s-e Habe*) le sien; **jedem das** ∾e à chacun son compte, sa part, son dû; **um das** ∾(ig)e **gekommen sein** F en être du sien.

seiner ['zaɪnər] *pr/pers.* (*gén. von* **er**) de lui; (*gén. zu* **man**) de soi; **als ich** ~ **ansichtig wurde** ... à sa vue ...; lorsque je le vis ...; *st. s.* **ich werde** ~ **gedenken** je me souviendrai de lui; je penserai à lui; ~ **nicht mehr mächtig sein** n'être plus maître de soi; ~'**seits** *adv.* de *od.* pour sa part; de son côté; ~ˌ**zeit** *adv.* (*abr.* **s. Z.**) jadis; autrefois; en son temps; à cette époque(-là); en ce temps-là; F dans le temps; ~ˌ**zeitig** *adj.* de jadis; d'alors; d'autrefois; en ce temps-là; à cette époque; **unter den** ~**en Umständen, Verhältnissen** dans les circonstances régnant à cette époque.

seinesgleichen ['zaɪnəs'glaɪçən] *pr.* son pareil, sa pareille, ses pareil(le)s; son égal, ses égaux; *nur pl. u. oft iron.* ses pairs; son, sa, ses semblable(s); *péj.* ceux de son espèce, de son acabit; **j-n wie** ~ **behandeln** traiter qn. d'égal à égal, sur un pied d'égalité; **nicht** ~ **haben** être 'hors de pair; ne pas avoir son pareil (sa pareille), son égal, F son pendant; **er u.** ~ lui et ses semblables, ses pareils.

seinet|halben ['zaɪnət'halbən], ~'**wegen**, ~'**willen** *adv.* (*durch s-e Schuld*) à cause de lui; (*für ihn*) par égard pour lui; pour lui; pour l'amour de lui; (*was ihn betrifft*) pour ce qui est de lui, qui le concerne; quant à lui.

seinige ['zaɪnɪgə] *pr/poss. cf.* **sein²** 2.

seinlassen ['zaɪnˌlasən] *v/t.* **etw.** ~ (*nicht tun*) ne pas faire qc.; laisser qc.; s'abstenir, se garder de faire qc.; ne pas se mêler de qc.

Seis|mik ['zaɪsmɪk] *f* ⟨~⟩ *cf.* ~mologie; ∾**misch** *adj.* sismique *od.* séismique; ~**mo'gramm** *n* ⟨~s; ~e⟩ sismogramme *od.* séismogramme *m*; ~**mo'graph** *m* ⟨~en; ~en⟩ sismographe *od.* séismographe *m*; ~**molo'gie** *f* ⟨~⟩ sismologie *od.* séismologie *f*; ~**mo'meter** *n* ⟨~s; ~⟩ sismomètre *od.* séismomètre *m*.

seit [zaɪt] **I** *prép.* ⟨*dat.*⟩ depuis; (*von ... an*) à partir de; ~ **langem** depuis longtemps; ~ **kurzem** depuis peu; ~ **dem Tage, da** ... depuis le jour où ...; du jour où ...; à partir du jour où ...; **schon** ~ ... dès; **schon** ~ (**dem**) **Mai** dès le mois de mai; ~ **zehn Tagen ist er verreist** il y a dix jours qu'il est parti; **es ist nicht erst** ~ **heute, daß** ... ce n'est pas d'aujourd'hui que ...; **II** *conj.* depuis que; **es ist ein Jahr her,** ~ ... il y a une année que ...; **es ist schon lange her,** ~ ... il y a bien longtemps que ...; ~'**ab** *adv.* à l'écart; à part; à une certaine distance de; ~'**dem I** *adv.* depuis (ce temps-là); dès lors; **II** *conj. cf.* **seit II**.

Seite ['zaɪtə] *f* ⟨~; ~n⟩ **1.** *Körperteil von Mensch u. Tier* flanc *m*; côté *m*; **auf der** ~ **liegen** être couché sur le flanc, sur le côté; **an j-s** ~ **sitzen** être assis à côté *od.* aux côtés de qn.; ~ **an** ~ côte à côte; **die Hände in die** ~**n stemmen** (se) mettre, *herausfordernd* se camper les poings sur les 'hanches; **j-m nicht von der** ~ **gehen, weichen** ne pas quitter qn. d'un pas; ne pas lâcher qn. d'une semelle; suivre qn. comme son ombre; **j-m zur** ~ à côté *od.* aux côtés de qn.; **mit ... zur** ~ flanqué de ...; **sich vor Lachen die** ~**n halten** rire à s'en tenir les côtes; **2.** *e-s Gegenstandes* côté *m*; (*Seitenfläche*) face latérale; *math., e-r Figur* côté *m*; *e-s Körpers* face *f*; *e-r Gleichung* membre *m*; (*Richtung*) sens *m*; *fig.* (*Gesichtspunkt*) point *m* de vue; sens *m*; aspect *m*; **vordere** ~ devant *m*; **hintere** ~ derrière *m*; **rechte** (**linke**) ~ *e-s Stoffes* endroit *m* (envers *m*; mauvais côté); **die Sache hat ihre zwei** ~**n** F *fig.* il y a à boire et à manger; **jedes Ding hat zwei** ~**n** toute médaille a son revers *loc. prov.*; **e-r Sache etw. vergleichend an die** ~ **stellen** comparer qc. à, *bei genauem Vergleich* avec qc.; **diesem Produkt hat das Ausland nichts an die** ~ **zu stellen** l'étranger n'a rien de comparable à ce produit; **an** *od.* **auf die** ~ **gehen, treten** se mettre à l'écart; s'écarter; s'effacer; se ranger; faire place; laisser passer; **auf beiden** ~**n, von beiden** ~**n** de part et d'autre; des deux côtés; **auf dieser** ~, **nach dieser** ~ de ce côté; **auf der linken, äußeren, oberen** ~ du côté gauche, extérieur, supérieur; **auf die rechte** ~ **fahren** se ranger à droite; **j-n auf die** ~ **nehmen** prendre qn. à part; **das Unrecht liegt ganz auf s-r** ~ tous les torts sont de son côté; *e-e Summe* **auf die** ~ **legen** (*sparen*) mettre de côté, en réserve; réserver; **etw. auf die** ~ **bringen, schaffen** (*wegschaffen*) se débarrasser, se défaire de qc.; faire disparaître qc.; (*entwenden*) voler, subtiliser, détourner, soustraire qc.; *pol.* **j-n auf die** ~ **schaffen** liquider qn.; *mar.* **sich auf die** ~ **neigen** donner de la bande; **nach dieser** ~ **hin** de ce côté; **nach allen** ~**n** de tous côtés; **sich nach allen** ~**n zerstreuen** se disperser de côté et d'autre; **nach welcher** ~ **gehen wir?** de *od.* vers quel côté irons-nous?; *fig., e-e Angelegenheit etc.* **von allen** ~**n** *betrachten* à tous les points de vue; sous tous ses aspects; **von welcher** ~ **Sie die Sache auch betrachten mögen** ... quel que soit l'angle, l'aspect sous lequel vous considériez cette affaire ...; **von allen** ~**n herbeieilen** accourir de toutes parts, de tous côtés, de partout; **j-n von der** ~ **ansehen** regarder qn. de côté, du coin de l'œil, en coin; **etw. von allen** ~**n betrachten** regarder qc. de tous les côtés, sous toutes ses faces; **von seiten der Regierung** du côté gouvernemental; de la part du gouvernement; **von gut unterrichteter** ~ de bonne source; **von amtlicher** ~ officiellement; **von meiner** ~ **aus** de mon côté; **zur** ~ **treten** *cf.* **an** *od.* **auf die** ~ **gehen**; *Stadt* **sich zu beiden** ~**n des Rheins erstrecken** être à cheval sur le Rhin; **j-m zur** ~ **stehen** assister, seconder, aider, soutenir qn.; être, se tenir aux côtés de qn.; **j-m zur** ~ **springen** voler au secours de qn.; **3.** *fig.* (*Wesenszug, Eigenart*) côté *m*; **schwache** ~ (côté) faible *m*; **starke** ~ fort *m*; **er hat gute** ~**n** il a du bon; **s-e guten** ~**n haben** avoir ses bons côtés; **sich von s-r besten** ~ **zeigen** se montrer sous son meilleur jour; **alles von der guten** (**schlechten**) ~ **nehmen, ansehen** prendre tout en bien (mal), du bon (mauvais) côté; **4.** (*Partei*) côté *m*; parti *m*; **auf j-s** ~ **sein, stehen** être du côté, F du parti de qn.; tenir pour qn.; **sich auf j-s** ~ **stellen** se ranger avec qn., du côté de qn.; **auf derselben** ~ **stehen** F être du même bord; **j-n auf s-e** ~ **bringen** mettre qn. de son côté; gagner qn. à son parti, à sa cause; **von gegnerischer** ~ **wird behauptet, daß** ... la partie adverse prétend que ...; **die Lacher auf s-r** ~ **haben** avoir les rieurs de son côté; **auf seiten der Verbraucher** ... dans les milieux, F côté consommateurs ...; **5.** (*Schrift*∾) page *f*; **auf** ~ **102** à la page 102; **unbeschriebene, unbedruckte, leere, freie** ~ page blanche; **die erste** ~ *e-r Zeitung* F la une; **auf der gegenüberliegenden** ~ ci-contre.

Seiten... ['zaɪtən...] *in Zssgn. meist* latéral; ~ˌ**ablenkung** *f e-s Geschosses* déviation latérale; dérivation *f*; ~ˌ**abstand** *m* écart latéral; ~ˌ**abweichung** *f cf.* ~ablenkung; ~**aˌllee** *f* contre-allée *f*; ~**alˌtar** *m* autel latéral; ~ˌ**angabe** *f* indication *f* de page; ~ˌ**ansicht** *f* vue latérale, de côté; *bât.* profil *m*; ~ˌ**ausgang** *m* sortie latérale; ~ˌ**bau** *m* ⟨~(e)s; ~ten⟩ *cf.* ~flügel; ~ˌ**blick** *m* regard *m* de côté, en coin, oblique, de travers; coup *m* d'œil en coin, à la dérobée, jeté en passant; **e-n** ~ **werfen** lancer un regard de côté; regarder du coin de l'œil; couler un regard en passant; ~ˌ**deckung** *f milit.* protection *f* du flanc; flanquement *m*; *als Truppe* flanc-garde *f*; ~ˌ**druck** *m* ⟨~(e)s⟩ *phys.* pression latérale; ~ˌ**eingang** *m* entrée latérale, sur le côté; ~ˌ**einstellung** *f* réglage latéral; ~ˌ**erbe**, ~ˌ**erbin** *m, f* héritier, -ère collatéral(e); ~ˌ**fach** *n* rayon latéral; ~ˌ**fenster** *n* fenêtre latérale, de côté; ~ˌ**fläche** *f* face, surface latérale; ~ˌ**flosse** *f aviat.* dérive *f*; plan *m* fixe du gouvernail de direction; ~ˌ**flügel** *m e-s Gebäudes* aile *f*; annexe *f*; *e-s Altars* volet *m*; ~ˌ**front** *f e-s Gebäudes* façade latérale; ~ˌ**gang** *m* galerie, *in e-r Kirche* allée latérale; *chem.* couloir latéral; ~ˌ**gasse** *f* ruelle latérale, transversale; ~**geˌbäude** *n* aile *f*; annexe *f*; dépendance *f*; ~**geˌwehr** *n milit.* baïonnette *f*; **mit aufgepflanztem** ~ baïonnette au canon; ~ˌ**giebel** *m* pignon traversier; ~**halˌbierende** *f* ⟨→ A⟩ *math.* médiane *f*; ~ˌ**hieb** *m esc.* coup porté sur le côté; *fig.* F coup *m* de bec; boutade *f*; ~**kaˌnal** *m* canal latéral, de dérivation; ~**kaˌpelle** *f* chapelle latérale; ~ˌ**kante** *f* arête latérale; ~ˌ**kipper** *m* benne *f* à bascule latérale; ~ˌ**lage** *f méd.* décubitus latéral; ~ˌ**lähmung** *f méd. sc.* hémiplégie *f*; ∾ˌ**lang** *adj.* (long, -gue) de plusieurs pages; F qui a des pages et des pages; ~ˌ**lehne** *f e-s Stuhles* bras *m*; accotoir *m*; accoudoir *m*; ~ˌ**leitwerk** *n aviat.* gouvernail *m* de direction; ~ˌ**linie** *f* ligne latérale; *Fußball* touche *f*; *Tennis* ligne *f* de côté; limite latérale; *Hockey* ligne latérale; *Genealogie* ligne collatérale; **in der** ~ **verwandt** parent de ligne collatérale; ~ˌ**loge** *f thé.* loge *f* d'avant-scène;

~ˌnaht *f* couture *f* de côté; **~numeˌrierung** *f* pagination *f*; **~ˌpanzerung** *f milit.* blindage latéral; **~ˌpforte** *f*, **~porˌtal** *n* portail latéral; **~ˌriß** *m* projection latérale; élévation latérale, de côté; profil *m*; **~ˌruder** *n aviat.* gouvernail *m* de direction; **~ruderˌausschlag** *m aviat.* braquage *m* du gouvernail de direction.

seitens ['zaɪtəns] *prép.* ⟨*gén.*⟩ de la part de; du côté de.

Seiten|scheitel ['zaɪtənˌʃaɪtəl] *m* raie *f* de côté; **~ˌschiff** *n e-r Kirche* nef latérale; bas côté; **~ˌschmerzen** *m/pl. cf.* ~stechen; **~ˌschwimmen** *n* marinière *f*; **~ˌsprung** *m fig.* écart *m* (de conduite); fredaine *f*; extra *m*; F escapade *f*; tour *m* à gauche; frasque(s) *f* (*pl.*); **~ˌstechen** *n méd.* points *m/pl.* de côté; **ich habe ~** j'ai un point de côté; **~ˌstiche** *m/pl. cf.* ~stechen; **~ˌstraße** *f* rue latérale, transversale; **~ˌstreifen** *m cf.* Randstreifen; **~ˌstück** *n* (*Pendant*) pendant *m* (zu de); **das ~ bilden zu** faire pendant à; **~ˌtal** *n* vallée transversale; **~ˌtasche** *f* poche *f* de côté; **~ˌtür** porte latérale; **~verˌhältnis** *n des Fernsehbildes* rapport *m* d'image, d'apparence; **Ձverˌkehrt** *adj.* inversé latéralement; **~ˌwagen** *m e-s Motorrades* side-car *od.* sidecar [sidka:r] *m*; **~ˌwahl** *f Sport* tirage *m* au sort des camps; **~ˌwand** *f* paroi latérale; *e-s Lastwagens* ridelle *f*; **~ˌwechsel** *m Sport* changement *m* de camp; **~ˌweg** [-ˌve:k] *m* chemin latéral, transversal; (*Parallelweg*) accotement *m*; **~ˌwind** *m* vent *m* de côté; **~ˌzahl** *f* nombre *m* de(s) pages; *einzelne* numéro *m* (de la page); *impr. auch* folio *m*; **~ˌzweig** *m Genealogie cf.* Seitenlinie.

seither [zaɪt'he:r] *adv.* depuis (ce temps-là); depuis lors.

seitlich ['zaɪtlɪç] *adj. u. adv.* latéral(ement); sur le côté; *gym.* **Arme ~ hochnehmen** soulever les bras latéralement; **~ von etw. gelegen** situé à côté de qc.

seitwärts ['zaɪtvɛrts] *adv.* de côté; à côté; vers le côté; sur le côté; latéralement; **~ geneigt** penché, incliné (de côté); **~ befindlich** latéral.

Sekante [ze'kantə] *f* ⟨~; ~n⟩ *math.* sécante *f*.

Sekel ['ze:kəl] *m* ⟨~s; ~⟩ *hist.* sicle *m*.

Sekondhieb [ze'kɔntˌhi:p] *m esc.* seconde *f*.

Sekret[1] [ze'kre:t] *n* ⟨~(e)s; ~e⟩ *physiol.* substance sécrétée; **~e** *pl.* sécrétion *f*; *sc.* secreta *m/pl.*; **~**[2] *f* ⟨~⟩ *égl. cath.* secrète *f*.

Sekretär [ze'kre'tɛ:r] *m* ⟨~s; ~e⟩ **1.** secrétaire *m*; **2.** (*Schreibschrank*) secrétaire *m*.

Sekretariat [ze'kre'tari'ɑ:t] *n* ⟨~(e)s; ~e⟩ secrétariat *m*.

Sekretärin [ze'kre'tɛ:rɪn] *f* ⟨~; ~nen⟩ secrétaire *f*.

sekret|ieren [ze'kre'ti:rən] *v/t.* ⟨*pas de ge-*, h⟩ *physiol.* sécréter; **Ձi'on** *f* ⟨~; ~en⟩ *physiol.* sécrétion *f*; **Ձi'onsorˌgan** *n anat.* organe sécréteur; **Ձi'onsˌstoff** *m cf.* Sekret[1]; **~orisch** [-'to:-] *adj. physiol.* sécrétoire; (*absondernd*) sécréteur, -trice.

Sekt [zɛkt] *m* ⟨~(e)s; ~e⟩ vin champagnisé; *abus.* champagne *m*.

Sekte ['zɛktə] *f* ⟨~; ~n⟩ *relig.* secte *f*; **~nˌwesen** *n relig.* sectarisme *m*.

Sekt|flasche ['zɛktˌflaʃə] *f leere* bouteille *f* à champagne; *volle* bouteille *f* de vin champagnisé, *abus.* de champagne; **~glas** *n* verre *m*, flûte *f* à champagne.

Sektierer|(in) [zɛk'ti:rər(ɪn)] *m* ⟨~s; ~⟩ (*f*) ⟨~; ~nen⟩ *relig.* sectaire *m, f*; **Ձisch** *adj.* sectaire; **~ˌtum** *n* ⟨~(e)s⟩ sectarisme *m*.

Sektion [zɛktsi'o:n] *f* ⟨~; ~en⟩ **1.** (*Abteilung*) section *f*; **2.** (*Leichenöffnung*) dissection *f*; autopsie *f*; **~sbeˌfund** *m* résultat *m* de l'autopsie; **~sˌchef** *m* chef *m* de section, de service; **~sˌsaal** *m* salle *f* de dissection.

Sekt|kelch ['zɛktkɛlç] *m* flûte *f* à champagne; **~kelleˌrei** *f* cave *f* à vins champagnisés, *abus.* à champagne; **~ˌkorken** *m* bouchon *m* (à bouteille) à champagne; **~ˌkühler** *m*, **~ˌkübel** *m* seau *m* à champagne.

Sektor ['zɛktər] *m* ⟨~s; -'toren⟩ *math.*, *pol.*, *milit.* secteur *m*; *fig.* ressort *m*; domaine *m*; sphère *f*; compétence *f*.

Sekt|pfropfen ['zɛktˌpfrɔpfən] *m cf.* Sektkorken; **~ˌschale** *f* coupe *f* à champagne; **~ˌsteuer** *f* impôt *m* sur les vins champagnisés, *abus.* sur les champagnes.

Sekunda [ze'kunda] *f* ⟨~; -den⟩ *in Deutschland* sixième *bzw.* septième classe (dixième *bzw.* onzième année scolaire) d'un lycée, collège; **~ner(in)** [-'dɑ:-] *m* ⟨~s; ~⟩ (*f*) ⟨~; ~nen⟩ élève *m, f* de la sixième *bzw.* septième classe d'un lycée, collège.

Sekundant [ze'kun'dant] *m* ⟨~en; ~en⟩ *esc.* témoin *m*; second *m*; *fig.* assistant *m*.

sekundär [ze'kun'dɛ:r] *adj.* secondaire; **Ձeˌffekt** *m* deuxième action *f*; **Ձeleˌment** *n élect.* élément *m* secondaire, d'accumulateur; **Ձˌkreis** *m élect.* circuit *m* secondaire, induit; **Ձliteraˌtur** *f* littérature *f* sur les œuvres d'un auteur; littérature *f* critique; **Ձˌspannung** *f élect.* tension *f* secondaire; **Ձˌstrom** *m élect.* courant *m* secondaire; **Ձˌwicklung** *f élect.* bobinage *m*, enroulement *m* secondaire; **Ձˌwiderstand** *m élect.* résistance *f* auxiliaire.

Sekundawechsel [ze'kundaˌvɛksəl] *m comm.* seconde (lettre) *f* de change.

Sekunde [ze'kundə] *f* ⟨~; ~n⟩ seconde *f* (*auch mus.*); **auf die ~ pünktlich** F à l'heure militaire; à l'heure H; P à l'heure pétante; **~nˌbruchteil** *m* fraction *f* de seconde; **~ngeˌschwindigkeit** *f* vitesse *f* à la *od.* par seconde; **Ձnˌlang** *adj. u. adv.* pendant des secondes; **~nˌzeiger** *m* aiguille *f* des secondes; trotteuse *f*.

sekundieren [ze'kun'di:rən] *v/i.* ⟨*pas de ge-*, h⟩ *esc.* servir de témoin, de second (j-m à qn.); *mus.* accompagner (qn.); *fig.* seconder, épauler, appuyer, soutenir (qn.).

sekundlich [ze'kuntlɪç] *adv.* toutes les secondes.

Sekundogenitur [zeˌkundo'ge'ni'tu:r] *f* ⟨~; ~en⟩ *jur.* droit *m* d'un puîné.

selb [zɛlp] *adj.* même; **zur ~en Zeit** en même temps; **am ~en Ort** au même endroit; **zur ~en Stunde** à la même heure; **~er** *pr.* ⟨*inv.*⟩ *cf.* selbst I; **Ձerˌmachen** *n* ⟨~s⟩ **~ macht Freude** on prend plaisir à faire les choses soi-même, aux choses faites par soi-même.

selbst [zɛlpst] **I** *pr.* ⟨*inv.*⟩ (*persönlich*) même; (*in eigener Person*) en personne; (*ohne fremde Hilfe*) tout seul; **ich ~** moi-même; **sie ist die Güte ~** elle est la bonté même, en personne; **~ kommen** venir en personne; **was er ~ sah** ce qu'il vit lui-même; **aus sich ~, von ~** de soi-même; tout seul; **mit sich ~ reden** parler tout seul; **wie von ~** tout naturellement; **das geht von ~** cela va tout seul, automatiquement; **etw. von ~ tun** faire qc. de soi-même, de son gré, de son propre mouvement, de son (propre) chef, spontanément; **das versteht sich von ~** cela va de soi, sans dire; **für sich ~** pour soi; **bei sich ~** en son for intérieur; **~ ist der Mann** F prends-toi par la main et fais-le toi-même; **das ist nicht von ~ gekommen** ce n'est pas venu tout seul; *iron.* **das ist wohl von ~ gekommen?** F ça s'est fait tout seul?; c'est le chat, n'est-ce pas?; **II** *adv.* (*sogar*) même; **~ s-e Freunde** même ses amis; ses amis même(s); **~ wenn ...** même si ...; lors même que ...; quand (bien) même ...; **III Ձ** *n* ⟨~⟩ **das ~** le moi; **~ˌabdichtend** *adjt. techn.* auto-étanche; **Ձˌachtung** *f* respect *m*, estime *f* de soi-même, qu'on se doit à soi-même.

selbständig ['zɛlpˌʃtɛndɪç] **1.** *adj.* (*unabhängig*) indépendant; *im Beruf auch* établi; *Staatsgebiet* autonome; **~es Handeln** action de sa propre initiative; *élect.* **~e Entladung** décharge spontanée, autonome; **sich ~ machen** faire acte d'indépendance; *geschäftlich* s'établir; **2.** *adv.* **~ handeln** agir en toute indépendance, de sa propre initiative, de son (propre) chef, par soi-même; **~ denken** penser par soi-même; **Ձe(r)** *f* (*m*) ⟨→ A⟩ indépendant, -e *m, f*; personne *f* de profession libérale; **Ձˌkeit** *f* ⟨~⟩ indépendance *f*; liberté *f* d'action; *e-s Staatsgebietes* autonomie *f*.

Selbst|anklage ['zɛlpstˌʔanklɑ:gə] *f* auto-accusation *f*; **~ˌanlasser** *m Auto* démarreur *m* automatique; **~ˌanschluß** *m tél.* téléphone *m* automatique; **~anschlußˌamt** *n tél.* central *m* téléphonique automatique; **~ˌansteckung** *f méd.* auto-infection *f*; **~ˌantrieb** *m techn.* autopropulsion *f*; **Ձˌanzeigend** *adjt. techn.* auto-enregistreur, -euse; **~ˌaufopferung** *f* sacrifice *m* de soi(-même); **~ˌauslöser** *m phot.* déclencheur *m* automatique; **~ˌausschalter** *m élect.* disjoncteur *m*; **~beˌdienung** *f* libre-service *m*; self-service *m*; *im Automatenrestaurant* service *m* automatique; **~beˌdienungsˌladen** *m* magasin *m* à libre-service, à self-service; **~beˌdienungsrestauˌrant** *n* (restaurant *m* à) libre-service *m*, self-service *m*; **~beˌfreiung** *f aus dem Gefängnis etc.* évasion *f*; **~beˌfriedigung** *f* onanisme *m*; masturbation *f*; **~beˌfruchtung** *f zo., bot.* autofécondation *f*; **~beˌhalt** *m Versicherungswesen* partie du dommage non couverte par l'assurance; **~beˌherrschung** *f* empire *m* sur soi; maîtrise *f* de soi; **er besitzt ~** il sait se maîtriser, se dominer; il est maître de soi; **~beˌköstigung** *f* alimentation *f*, subsistance *f*, nourriture *f* à ses propres frais; **~beˌmitleidung** *f* pitié *f* de soi-même; **~beˌobachtung** *f* introspection *f*; **~beˌspiegelung** *f fig.* narcissisme *m*; **~beˌstäubung** *f bot.* autopollinisation *f*; **~beˌstimmung** *f* autodétermination *f*; libre disposition *f* de soi; **~beˌstimmungsˌrecht** *n* ⟨~(e)s⟩ droit *m* d'autodétermination; **das ~ der Völker** le droit des peuples à disposer d'eux-mêmes; **~beˌtrug** *m* illusion *f* que l'on se fait à soi-même; **~beˌweihräucherung** *f fig.* encensement *m* de soi; **~beˌwirtschaftung** *f* gestion directe; *agr.* faire-valoir direct; exploitation *f* en faire-valoir direct; **~beˌwunderung** *f* admiration *f* de soi-même, de sa (propre) personne; **2beˌwußt** *adj.* **a)** qui a le sentiment de sa (propre) valeur; **sehr ~ auftreten** manifester une grande assurance; se montrer très sûr de soi; **b)** *philos.* conscient de soi-même; qui a conscience de lui-même; **~beˌwußtsein** *n* **a)** sentiment *m* de sa (propre) valeur; **b)** *philos.* conscience *f* de soi; **~beˌzichtigung** *f cf.* ~anklage; **~ˌbildnis** *n peint.* autoportrait *m*; **~ˌbinder** *m* cravate *f*; **~biograˌphie** *f* autobiographie *f*; **~disziˌplin** *f* autodiscipline *f*; **~ˌeinschaltung** *f élect.* enclenchement *m* automatique; **~ˌeinschätzung** *f Steuerwesen* évaluation *f* par l'intéressé de ses revenus; **~ˌeinstufung** *f Steuerwesen* classement *m* dans une catégorie de revenus par l'intéressé lui-même (avant vérification); **~entˌladung** *f élect.* décharge spontanée; **2entˌzündlich** *adj.* auto-inflammable; spontanément inflammable; **~entˌzündung** *f* auto-inflammation *f*; inflammation spontanée; **~erˌhaltung** *f* conservation *f* de soi; **~erˌhaltungsˌtrieb** *m* instinct *m* de conservation; **~erˌhebung** *f* présomption *f*; *péj.* orgueil *m*; **~erˌkenntnis** *f* connaissance *f* de soi-même; **~erˌniedrigung** *f* humiliation *f* volontaire; **2erˌregt** *adjt. élect.* auto-excité; **~erˌregung** *f élect.* auto-excitation *f*; **2erˌwählt** *adjt.* choisi librement; **~erˌziehung** *f* auto-éducation *f*; **2ˌfahrend** *adjt.* automoteur, -trice; **~ˌfahrer** *m* **1.** *Auto* conducteur-propriétaire *m*; celui qui conduit lui-même (sa propre voiture, une voiture de location); **2.** (*Rollstuhl*) fauteuil roulant, mécanique, motorisé; **3.** *mar.* automoteur *m*; **~fahrlaˌfette** *f milit.* affût automoteur; **~finanˌzierung** *f* autofinancement *m*; **2geˌbacken** *adjt. Kuchen* fait à la maison; *Brot* de ménage; **2geˌfällig 1.** *adj.* satisfait, content, infatué de soi-même, de sa personne; *pfort.* vaniteux, -euse; avantageux, -euse; prétentieux, -euse; suffisant; fat; **2.** *adv.* avec suffisance, prétention; **~ von sich reden** F ne pas se donner de coups de pied; **~geˌfälligkeit** *f* ⟨~⟩ satisfaction *f*, contentement *m*, infatuation *f* de soi, de sa personne; *pfort.* suffisance *f*; prétention *f*; **~geˌfühl** *n* ⟨~(e)s⟩ **a)** sentiment *m* de sa propre valeur, de sa dignité; conscience *f* de ce que l'on vaut; fierté *f*; **b)** *cf.* ~gefälligkeit; (*Eigenliebe*) amour-propre *m*; **j-s ~ verletzen** blesser l'amour-propre de qn.; **2geˌmacht** *adjt.* fait à la maison; de ménage; **2geˌnügsam** *adj.* content, satisfait de soi; *écon.* autarcique; **~geˌnügsamkeit** *f* contentement *m*, satisfaction *f* de soi; bonne opinion qu'on a de soi; *écon.* autarcie *f*; **2geˌrecht** *adj.* infatué de soi, de ses mérites, de sa personne; pharisaïque; **~geˌrechtigkeit** *f* infatuation *f*; pharisaïsme *m*; **2geˌschrieben** *adjt. Lebenslauf, Testament* olographe; **~geˌspräch** *n* monologue *m*; soliloque *m*; *thé.* aparté *m*; **~e führen** monologuer; **2geˌwählt** *adjt.* choisi librement; **2geˌzogen** *adjt. bot.* cultivé dans son propre jardin; **2ˌhärtend** *adjt. Stahl* autotrempant; **2ˌhemmend** *adjt. élect.* à blocage automatique; **2ˌherrlich 1.** *adj.* souverain; autoritaire; **2.** *adv.* (*ohne zu fragen*) de son propre chef; sans consulter personne; **~ˌherrschaft** *f* autocratie [si] *f*; **2ˌherrschend** *adjt.* autocratique; **~ˌherrscher** *m* autocrate *m*; **~ˌhilfe** *f* effort personnel; *Sozialpolitik* entraide *f*; *jur.* justice *f* que l'on se fait à soi-même; (*Notwehr*) légitime défense *f*; **zur ~ schreiten** se faire justice (à soi-même); **~induktiˌon** *f élect.* auto-induction *f*; induction *f* propre; self-induction *f*; self *f*; **~induktiviˌtät** *f élect.* inductance *f* propre; self-inductance *f*; **2isch** *adj.* égoïste; **~ˌkosten** *pl. comm. cf.* ~kostenpreis; **~kostenˌpreis** *m comm.* prix coûtant, de revient; **unter dem ~** à perte; **~kostenˌrechnung** *f comm.* établissement *m* du prix de revient; **~konˌtrolle** *f* autocontrôle *m*; **~kriˌtik** *f* autocritique *f*; **2ˌkritisch** *adj. néol.* autocritique; **~ˌkühlung** *f techn.* refroidissement *m* par thermosiphon, par convection; **~ladegeˌwehr** *n milit.* fusil *m* automatique; **~ladepisˌtole** *f milit.* pistolet *m* automatique; **~ˌlader** *m* ⟨~s; ~⟩ *milit.* arme *f* automatique; **~ladeˌvorrichtung** *f milit.* chargeur *m* automatique; **~laut** *m gr.* voyelle *f*; **~ˌleitung** *f élect.* autoconduction *f*; **2ˌleuchtend** *adjt.* luminescent; **~ˌliebe** *f* amour *m* de soi; *pfort.* égoïsme *m*; *péj.* amour-propre *m*; **~lob** *n* éloge *m* que l'on fait de soi; **2los** *adj.* désintéressé; altruiste; **~ˌlosigˌkeit** *f* ⟨~⟩ désintéressement *m*; altruisme *m*; **~mord** *m* suicide *m*; **~ begehen, verüben** se suicider; se tuer; se donner la mort; **in den ~ treiben** pousser au suicide; **~ˌmörder(in)** *m* (*f*) suicidé, -e *m, f*; **2ˌmördeˌrisch** *adj.* de suicide; **in ~er Absicht** avec l'intention de se suicider; **~mordverˌsuch** *m* tentative *f* de suicide; **~porˌtrait** *n cf.* ~bildnis; **~ˌrechtfertigung** *f* autojustification *f*; **2ˌredend** *advt.* F *cf.* 2verständlich; **2ˌregelnd** *adjt. techn.* autorégulateur, -trice; **~ˌregler** *m techn.* régulateur *m* automatique; **~ˌregelung** *f techn.* réglage *m*, régulation *f* automatique; autorégulation *f*; **~ˌschließer** *m* ferme-porte *m* (automatique); **2ˌschmierend** *adjt. techn.* autolubrificateur, -trice; à graissage automatique; **~ˌschmierung** *f techn.* autolubrification *f*; graissage *m* automatique; **~ˌschuldner** *m comm.* principal garant; **als ~ haften** répondre comme principal garant; **~schuß** *m als Abwehrgerät in Gärten* coup *m* qui part automatiquement; **~schutz** *m* autoprotection *f*; **2ˌsicher** *adj.* sûr de soi; *Haltung* assuré; plein d'assurance; **~ˌsicherˌheit** *f* sûreté *f* de soi; assurance *f*; aplomb *m*; **2ˌsperrend** *adjt. techn.* à blocage automatique; **~ˌsteuerˌanlage** *f mar., aviat.* système *m* de commande automatique; **~ˌsteuergeˌrät** *n* appareil *m* de guidage automatique; *aviat.* pilote *m* automatique; **~ˌsteuerung** *f mar., aviat.* autoguidage *m*; *aviat. auch* pilotage *m* automatique; **mit ~** autoguidé; **~ˌstudium** *n* ⟨~s⟩ études *f/pl.* sans professeur; **~sucht** *f* ⟨~⟩ égoïsme *m*; **2ˌsüchtig** *adj.* égoïste; **2ˌtätig** *adj.* spontané; *techn.* automatique; *phys. atom.* **~er Zerfall** désintégration spontanée; **~es Arbeiten** automaticité *f*; automatisme *m*; **~ˌtätigˌkeit** *f* ⟨~⟩ spontanéité *f*; *techn.* automatisme *m*; **~ˌtäuschung** *f cf.* ~betrug; **2ˌtragend** *adjt.* à auto-support; auto-portant; **~überˌhebung** *f*, **~überˌschätzung** *f* présomption *f*; **~überˌwindung** *f* effort *m* (qu'on fait) sur soi-même; **es kostet ~** cela coûte, il faut faire un effort sur soi-même; **~ˌunterricht** *m cf.* ~studium; ... **zum ~** pour étudier sans professeur; pour autodidactes; **~verˌachtung** *f* mépris *m* de soi-même; **~verˌbrauch** *m* autoconsommation *f*; **2verˌgessen** *adjt.* qui s'oublie lui-même; plein d'abnégation; **~verˌgessenheit** *f* oubli *m* de soi-même; abnégation *f*; **~verˌgiftung** *f méd.* auto-intoxication *f*; **~verˌlag** *m* **im ~** chez l'auteur; édité par l'auteur; **~verˌleugnung** *f* abnégation *f*; **~verˌnichtung** autodestruction *f*; **~verˌpflegung** *f cf.* ~beköstigung; **~verˌpflichtung** *f* obligation librement consentie, acceptée; **~verˌschluß** *m* fermeture *f* automatique; **2verˌschuldet** *adjt.* par sa faute; **~verˌsicherer** *m* assuré *m* volontaire; **~verˌsicherung** *f* assurance *f* volontaire, de sa propre initiative; *abus. cf.* ~behalt; **~verˌsorger(in)** *m* (*f*) consommateur, -trice *m, f* vivant de sa propre production; **~verˌsorgung** *f* autoravitaillement *m*; *écon. pol.* autarcie *f*; **2verˌständlich 1.** *adj.* naturel, -lle; qui va de soi; qui s'entend de soi-même; **das ist ~** cela va de soi; cela va sans dire; cela s'entend; cela ne se demande pas; **es ist ~, daß ...** il va sans dire que ...; **2.** *adv.* naturellement; évidemment; bien entendu; F comme de juste, P de bien entendu; **~verˌständlichkeit** *f* **das ist e-e ~** cela va de soi, *etc. cf.* 2verständlich; **~verˌstümmelung** *f milit.* mutilation *f* volontaire; **~verˌteidigung** *f* autodéfense *f*; *jur.* légitime défense *f*; **~verˌtrauen** *n* confiance *f* en soi; **Mangel an ~** manque de confiance en soi; défiance de soi; **kein ~ haben** se défier de soi-même; **~verˌwaltung** *f* gestion directe, autonome; autonomie administrative; **~ˌwähler** *m tél.* (téléphone *m*) automatique *m*; **~wählbeˌtrieb** *m tél.* téléphonie *f* automatique; **~wählˌfernverˌkehr** *m tél.* trafic *m* automatique interurbain; **2ˌzeichnend** *adjt.* enregistreur, -euse; **2zerˌstörerisch** *adj.* autodestructeur, -trice; **~zerˌstörung** *f* autodestruction *f*; **~zucht** *f* ⟨~⟩ discipline *f* de soi-même; empire *m* sur soi; **2zuˌfrieden** *adj. cf.* 2genügsam; **~zuˌfriedenheit** *f cf.* ~genügsamkeit; **2ˌzündend** *adjt.* à allumage automatique; **~ˌzündung** *f techn.* allumage *m* automatique; *Auto* auto-allumage *m*; *bei Geschossen* auto-inflammation *f*; allumage spontané, hypergolique; **~zerˌfleischung** *f* entre-déchirement *m*; **~ˌzüchtigung** *f* autopunition *f*; **~zweck** *m* ⟨~(e)s⟩ but absolu; fin *f* en soi.

Selektion [zelɛktsiˈoːn] *f* ⟨~; ~en⟩ sélection *f*; **~stheoˌrie** *f* théorie *f* de la sélection naturelle.

selektiv [zeˈlɛkˈtiːf] *adj. rad.* sélectif, -ive; **2iˈtät** *f* ⟨~⟩ *rad.* sélectivité *f*; (puissance *f* de) sélection *f*; **2ˌkreis** *m rad.* circuit sélectif; **2ˌstrahler** *m rad.* corps *m* à rayonnement sélectif.

Selen [zeˈleːn] *n* ⟨~s⟩ *chim.* sélénium [-jɔm] *m*; **~ˌgleichrichter** *m rad.* redresseur *m* au sélénium; **2ˌhaltig** *adj. minéral.* sélénifère; *chim.* sélénié; **2ig** *adj. chim.* sélénieux, -euse; **~it** [-ˈniːt, -ˈnɪt] *n* ⟨~s; ~e⟩ *chim.* sélénite *m*; **~ˌsäure** *f chim.* acide *m* sélénique; **~verˌbindung** *f chim.* séléniure *m*; **~ˌzelle** *f phot.* cellule *f* (photo-électrique) au sélénium.

selig [ˈzeːlɪç] *adj.* **1.** (*beglückt*) (bien) heureux, -euse; ravi; plein de félicité;

er ist ganz ~ il est transporté de joie; F il est aux anges; il nage dans la joie; (*beglückend*) *bibl.* geben ist ~er denn nehmen il y a plus de bonheur à donner qu'à recevoir; **2.** *relig.* bienheureux, -euse; *bibl.* ~ sind, die ... bienheureux ceux qui ...; ~ werden être sauvé; assurer son salut; sauver son âme; ~ machen sauver; Gott hab' ihn ~! Dieu ait, reçoive son âme!; ~ entschlafen s'endormir dans la paix du Seigneur; **3.** (*abr.* sel.) (*gestorben*) feu; défunt; mein ~er Vater, mein Vater ~ mon feu, mon défunt père; feu mon père; meine ~e Mutter, meine Mutter ~ ma feue, défunte mère; feu ma mère; ~en Angedenkens de bienheureuse, d'heureuse mémoire; die 2en les défunts; F ihr 2er son défunt mari; **2e(r)** *f* (*m*) ⟨→ A⟩ *égl. cath.* béat, -e *m, f*; bienheureux, -euse *m, f*; **2ˌkeit** *f* ⟨~; ~en⟩ grande joie; grand bonheur; *pfort.* béatitude *f* (*auch relig.*); délices *f/pl.*; *relig.* félicité *f*; F in ~ schwimmen nager dans un océan de délices; être plongé dans la béatitude; *relig.* ewige ~ salut *m* (de l'âme); félicité éternelle; die ewige ~ erlangen, gewinnen assurer son salut, le salut de son âme; sauver son âme; être sauvé; sich um die ewige ~ bringen se damner; **2ˌmacher** *m* ⟨~s; ~⟩ *relig.* Sauveur *m*; **~ˌpreisen** *v/t.* ⟨*irr.*, *sép.*, -ge-, h⟩ j-n ~ proclamer qn. heureux, -euse; **2ˌpreisung** *f* glorification *f*; *bibl.* die acht ~en les huit béatitudes; **~ˌsprechen** *v/t.* ⟨*irr.*, *sép.*, -ge-, h⟩ *égl. cath.* béatifier; **2ˌsprechung** *f* ⟨~; ~en⟩ béatification *f*.

Sellerie ['zɛləriˑ] *m* ⟨~s; ~s⟩ *od. f* ⟨~; ~⟩ *bot.* céleri *m*; **~saˌlat** *m cuis.* salade *f* de céleri.

selten ['zɛltən] **1.** *adj.* (*nicht häufig*) rare; (*ungewöhnlich*) extraordinaire; sehr ~ très rare; F rarissime; *fig.* F *iron.* ein ~er Vogel F un drôle de type; das ist nichts 2es cela n'a rien d'extraordinaire; ~er werden se raréfier; **2.** *adv.* rarement; extraordinairement; nicht ~ assez souvent; nicht eben ~ parfois; quelquefois; höchst ~ presque jamais; es kommt ~ vor, daß ... il arrive rarement que ... (+ *subj.*); ich gehe so ~ wie möglich hin j'y vais le moins possible; ich sehe ihn ~ je le vois rarement; je ne le vois que très peu; sich nur noch ~ sehen lassen se faire rare; man sieht Sie höchst ~ F vous êtes rare comme les beaux jours; **2ˌheit** *f* ⟨~; ~en⟩ rareté *f* (*auch konkret*); *nur konkret* chose *f* rare, curieuse; curiosité *f*; um der ~ willen pour la rareté du fait; **2heitsˌwert** *m* dieses Buch hat ~ ce livre a une grande valeur par sa rareté.

Selter(s)wasser ['zɛltər(s)ˌvasər] *n* ⟨~s; ⸚⟩ eau *f* de Seltz; eau gazeuse; e-e Flasche ~ une bouteille d'eau de Seltz; F un siphon.

seltsam ['zɛltzaːm] *adj.* étrange; singulier, -ère; curieux, -euse; *Geschichte, Erlebnis* extraordinaire; (*wunderlich*) bizarre; ein ~es Zusammentreffen une étrange coïncidence; sein ~es Benehmen fiel uns auf l'étrangeté de sa conduite nous frappa; das kam mir ~ vor cela me parut bizarre, étrange; ihre Stimme klang ~ weich sa voix avait une douceur inaccoutumée; das 2e daran le curieux de l'affaire; **~er'weise** *adv.* par un 'hasard extraordinaire; paradoxalement; ~ konnte er nicht mehr sagen ... chose étrange, curieuse! il ne savait plus dire ...; **2ˌkeit** *f* ⟨~; ~en⟩ étrangeté *f*; singularité *f*; bizarrerie *f*.

Semant|ik [zeˑ'mantɪk] *f* ⟨~⟩ *ling.* sémantique *f*; **2isch** *adj.* sémantique.

Semaphor [zeˑma'foːr] *n od. m* ⟨~s; ~e⟩ *mar.* sémaphore *m*.

Semasiolog|ie [zeˑmaziˑoˑloˑ'giː] *f* ⟨~⟩ *ling.* sémasiologie *f*; **2isch** *adj.* sémasiologique.

Semester [zeˑ'mɛstər] *n* ⟨~s; ~⟩ semestre *m*; F ein altes ~ un étudiant chevronné; *fig.* F un vieux type; **~ˌferien** *pl.* vacances *f/pl.* universitaires; **~ˌschluß** *m* fin *f* de semestre.

Semi|finale ['zeːmiˑfiˑˌnaːlə] *n Sport* demi-finale *f*; **~'kolon** *n* ⟨~s; ~s *od.* -la⟩ *gr.* point-virgule *m*; **~lu'narˌklappe** *f anat.* valvule *f* semi-lunaire.

Seminar [zeˑmiˑ'naːr] *n* ⟨~s; ~e⟩ (*Priester2*) séminaire *m*; (*Hochschulinstitut*) institut *m*; (*Übungskursus der Hochschule*) séminaire *m*; cercle *m* d'études; *früher* (*Lehrer2*) école normale; **~ist(in)** [-'rɪst(ɪn)] *m* ⟨~en; ~en⟩ (*f*) ⟨~; ~nen⟩ *früher, e-s Lehrerseminars* élève *m, f* d'une école normale; normalien, -nne *m, f*; *nur m, e-s Priesterseminars* séminariste *m*; die ~en *pl.* le séminaire; **~ˌzeit** *f* séminaire *m*.

Semiologie [zeˑmiˑoˑloˑ'giː] *f* ⟨~⟩, **Semi'otik** *f* ⟨~⟩ *méd.* sémiologie *od.* séméiologie *f*; sémiotique *f*.

Semit [zeˑ'miːt] *m* ⟨~en; ~en⟩ sémite *m*; **2isch** *adj.* sémitique; die ~en Sprachen les langues sémitiques; **~ist** [-'tɪst] *m* ⟨~en; ~en⟩ sémitiste *m*.

Semivokal ['zeːmiˑvoˑˌkaːl] *m gr.* semi-voyelle *f*.

Semmel ['zɛməl] *f* ⟨~; ~n⟩ petit pain; *Ware* F abgehen wie warme ~n se débiter, se vendre, s'enlever, s'écouler comme des petits pains; **2ˌblond** *adj.* blond pâle; **~ˌbrösel** *m/pl.*, **~ˌmehl** *n* chapelure *f*; **~ˌpilz** *m bot.* pied-de-mouton *m*.

Senat [zeˑ'naːt] *m* ⟨~(e)s; ~e⟩ *hist.*, *pol.*, *in Deutschland auch jur.*, *e-r Universität* sénat *m*; **~or** *m* ⟨~s; -'toren⟩ sénateur *m*; *in Berlin, Hamburg, Bremen* ministre *m*; **~orengeˌschlecht** [-'toː-] *n hist.* famille sénatorienne; **2orisch** [-'toː-] *adj.* sénatorial; *hist.* sénatorien, -nne; **~sˌausschuß** *m* commission sénatoriale; **~sbeˌschluß** *m* décision *f* du sénat; décret sénatorial, du sénat; **~sˌmitglied** *n* membre *m* du sénat; **~spräsiˌdent** *m* président *m* du sénat; **~sˌsitz** *m* mandat sénatorial; siège *m* au sénat, de sénateur; **~sˌsitzung** *f* séance *f* du sénat; **~sˌwahlen** *f/pl.* élections sénatoriales.

Send|bote ['zɛntˌboːtə] *m* envoyé *m*; exprès *m*; émissaire *m*; **~brief** *m* lettre ouverte.

Sende|anlage ['zɛndəˌˀanlaːgə] *f* poste émetteur, d'émission; émetteur *m*; **~anˌtenne** *f* antenne émettrice, d'émission; **~beˌreich** *m* portée *f*, zone *f* d'émission; **2beˌreit** *adj.* prêt à émettre; **~ˌeinrichtung** *f cf.* ~anlage; **~enerˌgie** *f cf.* ~leistung; **~ˌfolge** *f rad.*, *télév.* programme *m* (sonore); **~freˌquenz** *f* fréquence *f* d'émission; **~imˌpuls** *m* impulsion *f* de transmission; **~ˌleistung** *f* puissance *f* d'émission, de transmission; **~ˌleiter** *m rad.*, *télév.* metteur *m* en ondes; producteur *m*.

senden ['zɛndən] **I** *v/t.* **1.** ⟨sendet, sandte *od.* sendete, gesandt *od.* gesendet, h⟩ envoyer; *Waren, Pakete* expédier; *cf. auch* schicken I; **2.** ⟨*conjugaison faible*⟩ *tél.* transmettre; *rad.*, *télév.* émettre; *rad.* diffuser; **II** 2 *n* ⟨~s⟩ **3.** envoi *m*; expédition *f*; **4.** *tél.* transmission *f*; *rad.*, *télév.* émission *f*; *rad.* diffusion *f*.

Sende|pause ['zɛndəˌpauzə] *f rad.*, *télév.* pause *f*; **~ˌplan** *m rad.*, *télév.* horaire *m* des émissions; programme *m*.

Sender ['zɛndər] *m* ⟨~s; ~⟩ *rad.* poste émetteur, d'émission, de T.S.F.; émetteur *m*; station *f* de radio; *télév.* émetteur *m* de télévision; etw. über die ~ ... bekanntgeben publier qc. sur les antennes de ...; **~ˌanlage** *f cf.* Sendeanlage.

Sende|raum ['zɛndəˌraum] *m* studio *m* (d'émission); **~ˌreihe** *f* série *f* d'émissions.

Sender|-Empfänger ['zɛndərˀɛm'pfɛŋər] *m* (poste *m*) émetteur-récepteur *m*; **~freˌquenz** *f cf.* Sendefrequenz.

Sende|röhre ['zɛndəˌrøːrə] *f* tube émetteur; lampe *f* d'émission; **~ˌsaal** *m* salle *f* d'émission; **~ˌstärke** *f* puissance *f* d'émission; **~statiˌon** *f* station émettrice, d'émission; **~ˌstelle** *f cf.* Sender; **~ˌturm** *m rad.* tour *f* de T.S.F.; **~- u. Em'pfangsgeˌrät** *n cf.* Sender-Empfänger; **~ˌzeichen** *n* indicatif *m*; **~ˌzeit** *f* tranche *f*, case *f* horaire; temps *m* d'émission; ~en *pl.* horaire *m* des émissions.

Sendschreiben ['zɛntˌʃraɪbən] *n cf.* Sendbrief.

Sendung ['zɛndʊŋ] *f* ⟨~; ~en⟩ **1.** (*das Gesandte*) envoi *m*; (*Paket*) colis *m*; **2.** *fig.* (*Auftrag*) mission *f*; **3.** *rad.* émission *f* (radiophonique, de T.S.F.); radio-émission *f*; *télév.* émission *f* (télévisée, de télévision); **~sbeˌwußtsein** *n* conscience *f* de sa mission.

Senegal|er [zeˑneˑ'gaːlər] *m* ⟨~s; ~⟩, **~ese** [-'leːzə] *m* ⟨~n; ~n⟩ Sénégalais *m*; **2esisch** [-'leː-], **2isch** *adj.* sénégalais.

Seneschall ['zeːnəˌʃal] *m* ⟨~s; ~e⟩ *hist.* sénéchal *m*.

Senf [zɛnf] *m* ⟨~(e)s; ~e⟩ *bot.* moutarde *f*; sénevé *m*; *cuis.* (*Mostrich*) moutarde *f*; F *fig.* s-n ~ dazugeben y mettre son grain de sel; F *fig.* e-n langen ~ über etw. machen F faire tout un plat de qc.; **~gas** *n milit.* gaz *m* moutarde; ypérite *f*; **~ˌgurke** *f* cornichon *m* aux graines de moutarde; **~korn** *n* ⟨~(e)s; ⸚er⟩ grain *m* de moutarde, de sénevé; **~mehl** *n* farine *f* de moutarde; **~ˌpackung** *f méd.* enveloppement, cataplasme sinapisé; **~paˌpier** *n*, **~ˌpflaster** *n méd.* sinapisme *m*; **~ˌsauce** *od.* **~ˌsoße** *f cuis.* sauce *f* (à la) moutarde; **~teig** *m méd.* pâte *f* de moutarde; **~topf** *m* moutardier *m*; **~ˌtunke** *f cuis. cf.* ~sauce.

Senge ['zɛŋə] *pl.* F ~ kriegen recevoir une raclée, rossée, *etc. cf.* Prügel[2].

sengen ['zɛŋən] **I** *v/t.* ⟨h⟩ roussir; brûler; *cuis.* flamber; *text.* griller; **II** *v/i.* roussir; brûler; ~ u. brennen mettre tout à feu et à sang; ~de Hitze chaleur torride; **III** 2 *n* ⟨~s⟩ *cuis.* flambage *m*; *text.* grillage *m*; ~ u. Brennen ravages *m/pl.*

seng(e)rig ['zɛŋ(ə)rɪç] *adj.* F es riecht ~ ça sent le roussi, le brûlé.

senil [zeˑ'niːl] *adj.* sénile; **2i'tät** *f* ⟨~⟩ sénilité *f*.

senior ['zeːniˑor] **I** *adj.* (*abr.* sen.) *zwischen zwei Brüdern* aîné; F senior; *zwischen Vater u. Sohn* père; Herr L. ~ monsieur L. père; **II** 2 *m* ⟨~s; -'oren⟩ ancien *m*; doyen *m*; *Sport* senior *m*; vétéran *m*; **2ˌchef** *m* père *m*; **2en-**

ˌ**klasse** [-niˑ'oː-] *f Sport* classe *f* (des) senior(s); **2enˌmannschaft** [-niˑ'oː-] *f Sport* équipe *f* de vétérans.
Senk|blei ['zɛŋkblaɪ] *n bât.* fil *m* à plomb; *mar.* plomb *m* de sonde; sonde *f*; **~ˌbrunnen** *m* puits foncé.
Senke ['zɛŋkə] *f* ⟨~; ~n⟩ *im Gelände* dépression *f* de terrain; affaissement *m*.
Senkel ['zɛŋkəl] *m* ⟨~s; ~⟩ **1.** (*Schuh2*) lacet *m*; **2.** *cf.* Senkblei.
senken ['zɛŋkən] **I** *v/t.* ⟨h⟩ abaisser; *Sarg etc.* (*niederlassen*) (faire) descendre; *Kopf* baisser; incliner; *Augen, Stimme* baisser; (*ver~*) *in die Erde* enfoncer; *ins Wasser* plonger; immerger; *Brunnen* foncer; *Wasserspiegel* faire baisser; *mines* creuser; foncer; forer; *Preise, Löhne, Steuern* baisser; réduire; diminuer; **gesenkten Hauptes** la tête basse; **II** *v/réfl.* **sich ~** s'abaisser; *Gelände etc.* descendre; aller en pente; *Gebäude* s'enfoncer; s'affaisser; *Boden* s'affaisser; se tasser; *Nacht* tomber (auf, über sur); **sich unter e-r Last ~** ployer sous une charge.
Senker ['zɛŋkər] *m* ⟨~s; ~⟩ **1.** *jard.* marcotte *f*; *vit.* provin *m*; **2.** *techn.* alésoir *m* conique; mèche-fraise *f*; alésoir-fraise *m*; foret aléseur.
Senk|fuß ['zɛŋkfuːs] *m méd.* pied *m* à voûte affaissée; (*Plattfuß*) pied plat; **~fußˌeinlage** *f* cambrure *f* orthopédique; **~ˌgrube** *f* fosse *f* d'aisances, septique; **~ˌkasten** *m* caisson *m*; **~kopfˌschraube** *f* vis *f* à tête noyée; **~lot** *n cf.* Senkblei; **~niet** *m* rivet *m* à tête noyée; **2recht 1.** *adj.* vertical; à plomb; d'aplomb; *bes. math.* perpendiculaire (zu à, sur); **2.** *adv.* verticalement; à plomb; d'aplomb; perpendiculairement; *aviat.* **~ in die Höhe steigen** monter en chandelle; **~ˌrechte** *f math.* **die ~ errichten** élever la perpendiculaire (**auf** sur); **~rechtˌstarter** *m aviat.* avion *m* à décollage vertical; **~reis** *n jard. cf.* Senker 1.; **~schnur** *f mar.* ligne *f* de sonde; **~ˌschraube** *f* vis noyée.
Senkung ['zɛŋkuŋ] *f* ⟨~; ~en⟩ abaissement *m*; *géol.* subsidence *f*; *e-s Gebäudes* affaissement *m*; enfoncement *m*; *des Bodens* tassement *m*; affaissement *m*; *im Gelände* dépression *f*; (*Neigung*) pente *f*; déclivité *f*; *métr.* temps *m* faible; *der Preise etc.* baisse *f*; réduction *f*; diminution *f*; *méd.*, *des Magens etc.* descente *f*; (*Blut2*) sédimentation *f* (du sang); **~sgeˌschwindigkeit** *f méd.* vitesse *f* de sédimentation.
Senkwaage ['zɛŋkˌvaːgə] *f phys.* aréomètre *m*.
Senn [zɛn] *m* ⟨~(e)s; ~e⟩, **~e** *m* ⟨~n; ~n⟩, **~er(in)** *m* ⟨~s; ~⟩ (*f*) ⟨~; ~nen⟩ vacher, -ère *m, f*; **~e'rei** *f* ⟨~; ~en⟩ *cf.* Sennhütte.
Sennes|blätter ['zɛnəsˌblɛtər] *n/pl. phm.* feuilles *f/pl.* de séné; **~ˌstrauch** *m bot.* séné *m*.
Sennhütte ['zɛnˌhʏtə] *f* cabane *f* d'alpage; chalet *m*.
Sensation [zɛnzatsiˑ'oːn] *f* ⟨~; ~en⟩ sensation *f*; **~ machen** faire sensation; **2ell** [-'nɛl] *adj.* sensationnel, -lle; à sensation; **~sbeˌdürfnis** *n* besoin *m* de sensation(s), de nouvelles sensationnelles, de scandale; **~sˌblatt** *n* feuille *f* à sensation; **~sˌlust** *f* plaisir *m*, goût *m* de(s) sensations; **2sˌlüstern** *adj.* avide de nouvelles sensationnelles; **~sˌmeldung** *f* nouvelle sensationnelle, à sensation; **~sˌpresse** *f* presse *f* à sensation; **~sproˌzeß** *m* cause *f* célèbre; procès sensationnel; **~sˌstück** *n thé.* pièce *f* à sensation.
Sense ['zɛnzə] *f* ⟨~; ~n⟩ faux *f*; **~nˌbaum** *m cf.* ~nstiel; **~nˌblatt** *n* lame *f* de faux; **~nˌmann** *m* ⟨~(e)s⟩ *fig.* Mort *f*; *litt.* Camarde *f*; **~nˌschmied** *m* taillandier *m*; **~nˌstiel** *m*, **~nˌwurf** *m* manche *m* de faux.
sensib|el [zɛn'ziːbəl] *adj.* ⟨-bl-⟩ sensible; **2ili'sator** *m* ⟨~s; -'toren⟩ *phot.* sensibilisateur *m*; **~ili'sieren** *v/t.* ⟨*pas de ge-*, h⟩ *phot.* sensibiliser; **2ili'tät** *f* ⟨~⟩ sensibilité *f*.
sensit|iv [zɛnziˑ'tiːf] *adj.* sensitif, -ive; **2ivi'tät** *f* ⟨~⟩ sensitivité *f*; **2o'meter** *n* ⟨~s; ~⟩ *phys.*, *phot.* sensitomètre *m*; **2ome'trie** *f* ⟨~⟩ *phys.*, *phot.* sensitométrie *f*.
sensori|sch [zɛn'zoːrɪʃ] *adj.* sensoriel, -lle; **2um** *n* ⟨~s⟩ sensorium [-jɔm] *m*.
Sensu|alismus [zɛnzuˑa'lɪsmus] *m philos.* sensualisme *m*; **~a'list** *m* ⟨~en; ~en⟩ sensualiste *m*; **2a'listisch** *adj.* sensualiste; **~ali'tät** *f* ⟨~⟩ sensualité *f*; **2ell** [-'ɛl] *adj.* sensuel, -lle.
Sentenz [zɛn'tɛnts] *f* ⟨~; ~en⟩ sentence *f*; **2ˌartig**, **2enˌreich**, **2i'ös** *adj.* sentencieux, -euse.
sentimental [zɛntiˑmɛn'taːl] *adj.* sentimental; **2i'tät** *f* ⟨~; ~en⟩ sentimentalité *f*.
separat [zeˑpa'raːt] *adj.* séparé; à part; particulier, -ère; **2ˌdruck** *m* ⟨~(e)s; ~e⟩ *impr.* tirage *m* à part; **2ˌeingang** *m* entrée particulière; **2ˌfriede** *m* paix séparée; **2ismus** [-'tɪs-] *m* ⟨~⟩ séparatisme *m*; **2ist** [-'tɪst] *m* ⟨~en; ~en⟩ séparatiste *m*; **~istisch** [-'tɪs-] *adj.* séparatiste; **2or** *m* ⟨~s; -'toren⟩ *chim.* séparateur *m*; **2ˌzimmer** *n in e-m Restaurant* salle *f*, *kleiner* cabinet *m* à part, séparé(e).
Sepia ['zeːpiˑa] *f* ⟨~; -ien⟩ *zo.* seiche *f*; *sc.* sépia *f*; *peint.* ⟨*pas de pl.*⟩ sépia *f*; **~ˌzeichnung** *f peint.* (dessin *m* à la) sépia *f*.
Sepsis ['zɛpsɪs] *f* ⟨~; -sen⟩ *méd.* septicémie *f*.
September [zɛp'tɛmbər] *m* ⟨~(s); ~⟩ (mois *m* de) septembre *m*.
Septett [zɛp'tɛt] *n* ⟨~(e)s; ~e⟩ *mus.* septuor *m*.
Septime [zɛp'tiːmə] *f* ⟨~; ~n⟩ *mus.* septième *f*.
septisch ['zɛptɪʃ] *adj. méd.* septique.
Septuagesima [zɛptuˑa'geːziˑma] *f* ⟨~⟩ **der Sonntag ~** (*od.* -mä) (le dimanche de) la Septuagésime.
Septuaginta [zɛptuˑa'gɪnta] *f* ⟨~⟩ version *f* des Septante; Septante *f*.
Sequenz [zeˑ'kvɛnts] *f* ⟨~; ~en⟩ *Liturgie, Film, Kartenspiel* séquence *f*.
Sequester[1] [zeˑ'kvɛstər] *n* ⟨~s; ~⟩ **1.** *jur. cf.* Sequestration; **2.** *méd.* séquestre *m*; **~**[2] *m* ⟨~s; ~⟩ *jur.* séquestre *m*.
Sequestr|ation [zeˑkvɛstratsiˑ'oːn] *f* ⟨~; ~en⟩ *jur.* séquestration *f*; **2ieren** [-'triː-] *v/t.* ⟨*pas de ge-*, h⟩ *jur.* séquestrer.
Serail [zeˑ'raːj, zeˑ'raɪ(l)] *n* ⟨~s; ~s⟩ sérail *m*.
Seraph ['zeːraf] *m* ⟨~s; ~e *od.* ~im⟩ séraphin *m*; **2isch** [-'raː-] *adj.* séraphique.
Serb|e ['zɛrbə] *m* ⟨~n; ~n⟩, **~in** *f* ⟨~; ~nen⟩ Serbe *m, f*; **2isch** *adj.* serbe; **2okro'atisch** *adj.* serbo-croate.
Seren ['zeːrən] *pl. von* Serum.
Serenade [zeˑreˑ'naːdə] *f* ⟨~; ~n⟩ *mus.* sérénade *f*.
Serge [zɛrʃ, 'zɛrʒə] *f* ⟨~; ~n⟩ *text.* serge *f*.
Serie ['zeːriˑə] *f* ⟨~; ~n⟩ série *f*; **auf ~ legen** fabriquer en série; **~narˌtikel** *m* article *m* de série; **~nˌbau** *m* ⟨~(e)s; ~ten⟩ construction *f* en série, standard; **~nfabrikatiˌon** *f*, **~nˌherstellung** *f* fabrication *f* en série; **2nˌmäßig** *adj. u. adv.* en série; **~ herstellen** fabriquer en série; **2nˌreif** *adj.* mûr, prêt pour la fabrication en série; **~nˌschalter** *m élect.* interrupteur *m*, commutateur *m* multiple, combiné, à va-et-vient; **~nˌschaltung** *f élect.* montage *m*, couplage *m* en série; **2nˌweise** *adv.* en série.
seriös [zeˑriˑ'øːs] *adj.* sérieux, -euse (*auch comm. für Unternehmen, Firma*).
Sermon [zɛr'moːn] *m* ⟨~s; ~e⟩ (*Strafpredigt*) *iron.*, *péj.* sermon *m*; (*langweiliges Gerede*) laïus *m*; F speech *m*.
Sero|diagnostik [zeˑroˑdiˑa'gnɔstɪk] *f méd.* sérodiagnostic *m*; **~lo'gie** *f* ⟨~⟩ *méd.* sérologie *f*.
serös [zeˑ'røːs] *adj. méd.*, *physiol.* séreux, -euse.
Serotherapie [zeˑroˑteˑra'piː] *f méd.* sérothérapie *f*.
Serpent [zɛr'pɛnt] *m* ⟨~(e)s; ~e⟩ *mus.*, *hist.* serpent *m*.
Serpentin [zɛrpɛn'tiːn] *m* ⟨~s; ~e⟩ *minéral.* serpentine *f*.
Serpentine [zɛrpɛn'tiːnə] *f* ⟨~; ~n⟩ lacet *m*; *Straße* **in ~n ansteigen** monter en lacets; *cf. auch* ~nstraße, ~nweg; **~nˌstraße** *f* route *f* en lacets; **~nˌweg** [-ˌveːk] *m* chemin *m* en lacets.
Serpentingestein [zɛrpɛn'tiːngəˌʃtaɪn] *n minéral.* roches serpentines, serpentineuses.
Serum ['zeːrum] *n* ⟨~s; -ren *od.* -ra⟩ *méd.*, *physiol.* sérum [-ɔm] *m*; **~beˌhandlung** *f méd. cf.* Serotherapie.
Serval ['zɛrval] *m* ⟨~s; ~e *od.* ~s⟩ *zo.* serval *m*.
Service[1] [zɛr'viːs] *n* ⟨~s; ~⟩ vaisselle *f* de table; service *m*; **~**[2] ['søːrvɪs, 'sœrvɪs, sɛr'viːs] *m od. n* ⟨~; ~s⟩ (*Kundendienst*) service *m*.
Servier|brett [zɛr'viːrˌbrɛt] *n* plateau *m* à servir; **2en I** *v/t.* ⟨*pas de ge-*, h⟩ (*auftragen*) servir; mettre sur la table; **es ist serviert!** c'est servi!; **es ist serviert, meine Herren!** (ces) messieurs sont servis!; **II** *v/i.* (*bedienen*) servir (à la table); **~eˌrin** *f* ⟨~; ~nen⟩, **~ˌmädchen** *n* serveuse *f*; **~ˌtisch** *m* servante *f*; desserte *f*; **~ˌwagen** *m* table-desserte roulante, à roulettes.
Serviette [zɛrviˑ'ɛtə] *f* ⟨~; ~n⟩ serviette *f* (de table); **~nˌring** *m* rond *m* de serviette; **~nˌtasche** *f* pochette *f*, enveloppe *f* de serviette.
servil [zɛr'viːl] *adj.* servile; (*unterwürfig*) plat; (*kriecherisch*) rampant; **2i'tät** *f* ⟨~⟩ servilité *f*.
Servis [zɛr'viːs] *m* ⟨~⟩ indemnité *f* de logement.
Servitut [zɛrviˑ'tuːt] *n* ⟨~(e)s; ~e⟩ *jur.* servitude *f*.
Servo|anlage ['zɛrvoˑˌˀanlaːgə] *f techn.* servo-mécanisme *m*; **~ˌbremse** *f Auto* servo-frein *m*; **~geˌrät** *n techn.* mécanisme *m* servo-moteur; **~ˌmotor** *m techn.*, *Auto* servo-moteur *m*.
Sesam ['zeːzam] *m* ⟨~s; ~s⟩ *bot.* sésame *m*; *Zauberformel* **~, öffne dich!** Sésame, ouvre-toi!; **~ˌbein** *n anat.* sésamoïde *m*; **~ˌöl** *n* huile *f* de sésame.
Sessel ['zɛsəl] *m* ⟨~s; ~⟩ fauteuil *m*; **~ˌbahn** *f*, **~ˌlift** *m* télésiège *m*.
seßhaft ['zɛshaft] *adj.* sédentaire; F *von e-m Gast, der nicht fortgeht* crampon (*inv.*); qui a pris racine; enraciné; **~ werden** s'établir; **2igˌkeit** *f* ⟨~⟩ sédentarité *f*.

Setzei ['zɛtsʔaɪ] *n cuis.* œuf *m* sur le plat.

setzen ['zɛtsən] **I** *v/t.* ⟨-(es)t, h⟩ mettre; (*legen, stellen*) poser; (*hinsetzen*) asseoir; (*e-n Platz anweisen*) placer; *Bäume* planter; *Denkmal* ériger; élever; *Ofen* poser; installer; *Grenzsteine* planter; *Pfähle* planter; enfoncer; ficher; *Termin* fixer; *impr.* composer; *Punkt, Komma* mettre; *beim Spiel, bei Wetten* miser (**auf** sur); faire une mise; *Segel* 'hisser; mettre; **setz ihn neben mich** place-le à côté de moi; *bei Tisch* **j-n obenan** ~ mettre qn. au 'haut bout (de la table); *Wünschen etc.* **Grenzen, Schranken, ein Ziel** ~ mettre des bornes (à); **sich ein Ziel** ~ se proposer un but; **den Fall** ~ poser le cas; *abs.* supposer; **gesetzt den Fall, er käme nicht** en supposant, supposons qu'il ne vienne pas; **an etw.** ~ (r)approcher de qc.; *mar.* **an Land** ~ mettre à terre; débarquer; **an die Lippen, an den Mund** ~ porter aux lèvres; *Trompete* emboucher; **an die Stelle** ~ **von** mettre à la place de; substituer à; F **j-n an die Luft** ~ F flanquer qn. dehors, à la porte; mettre qn. sur le sable; envoyer qn. à la pêche; **auf e-e Liste** ~ mettre sur une liste; **auf die Tagesordnung** ~ mettre, inscrire à l'ordre du jour; **auf j-s Rechnung** ~ porter au compte de qn.; **j-n auf Diät** ~ mettre qn. au régime; **j-n auf freien Fuß** ~ remettre qn. en liberté; libérer qn.; **s-e Hoffnung auf etw.** ~ mettre son espoir en qc.; mettre, placer ses espérances dans qc.; **s-e Hoffnung auf j-n** ~ porter ses espérances sur qn.; *fig.* **alles auf e-e Karte** ~ risquer tout, le tout pour le tout; jouer son va-tout; *bei Wetten* **auf ein Pferd** ~ miser sur, parier pour un cheval; **hundert Mark auf ein Pferd** ~ mettre cent marks sur un cheval; parier cent marks pour un cheval; **auf ein schlechtes Pferd, e-n Außenseiter** ~ F miser, parier sur un tocard, outsider; *fig.* **aufs Spiel** ~ risquer; **sein Leben aufs Spiel** ~ risquer sa vie; jouer sa tête; y aller de sa tête; **auf j-s Kopf e-n Preis** ~ mettre la tête de qn. à prix; *fig.* **j-m die Pistole auf die Brust** ~ *cf.* **Pistole**; **außer Kraft** ~ abroger; abolir; **außer Gefecht** ~ mettre 'hors de combat; **außer Betrieb** ~ mettre 'hors service; **in Betrieb, in Tätigkeit** ~ mettre en activité; **in Gang, Bewegung** ~ mettre en marche, en mouvement, en train; faire marcher; *techn. auch* actionner; commander; manœuvrer; **in Beziehung** ~ mettre en parallèle (**mit etw.** avec qc.); **in Umlauf** ~ mettre en circulation; **in die Zeitung** ~ insérer dans le journal; *e-n Text* **in Musik** ~ mettre en musique; *fig.* **in Szene** ~ mettre en scène; *fig.* **Himmel u. Hölle, alle Hebel in Bewegung** ~ remuer ciel et terre; **in Erstaunen** ~ étonner; surprendre; **ins Werk** ~ mettre en œuvre, F en chantier; **in die Welt** ~ mettre au monde; **Hoffnung in etw.** ~ mettre son espoir sur qc.; **Mißtrauen, Zweifel in etw.** ~ se méfier de qc.; **s-n Stolz, s-e Ehre in etw.** ~ mettre son honneur à qc.; tenir à honneur de faire qc.; **in Kraft** ~ mettre en vigueur; **j-n von etw. in Kenntnis** ~ faire connaître qc. à qn.; aviser qn. de qc.; donner connaissance à qn. de qc.; **ins Gefängnis** ~ jeter en prison; **in Freiheit** ~ *cf.* **auf freien Fuß** ~; **ich setze keinen Fuß mehr in dieses Haus** je ne remettrai plus les pieds dans cette maison; **instand** ~ réparer; remettre en état; **j-n über e-n Fluß** ~ faire passer, traverser la rivière à qn.; passer qn.; **den Fuß über die Schwelle** ~ franchir le seuil; **unter Wasser** ~ inonder; submerger; **s-n Namen unter ein Schriftstück** ~ mettre son nom, apposer sa signature au bas d'un écrit; signer un écrit; **j-n unter Druck** ~ presser qn.; F **j-m den Stuhl vor die Tür** ~ donner à qn. son congé; *cf. auch* **j-n an die Luft** ~; **II** *v/i. ch.* mettre bas; *beim Spiel* **hoch** ~ jouer gros jeu; risquer beaucoup; F *fig.* **aufs falsche Pferd** ~ miser sur un mauvais cheval; **über e-n Graben** ~ sauter, franchir un fossé; **über e-n Fluß** ~ traverser, passer une rivière; **III** *v/réfl.* **sich** ~ (*Platz nehmen*) s'asseoir; se placer; se mettre; prendre place; *Vögel* se percher, se jucher, se poser (**auf** sur); (*sich niederlassen*) s'établir; se fixer; *Flüssigkeit* (*sich klären*) reposer; (se) rasseoir; déposer; *feste Bestandteile* se déposer; *Erdreich* se tasser; s'affaisser; s'asseoir; **sich an den Tisch** ~ se mettre à table; *fig.* **sich aufs hohe Roß** ~ *cf.* **Pferd 2.**; **sich in den Wagen** ~ monter en voiture; *Staub, Geruch* **sich in die Kleider** ~ pénétrer dans les habits; **sich etw. in den Kopf** ~ se mettre qc. dans la tête; **sich in Bewegung** ~ se mettre en mouvement, en marche, en branle; s'ébranler; **sich mit j-m ins Benehmen, Einvernehmen** ~ s'entendre avec qn.; **sich mit j-m in Verbindung** ~ entrer, se mettre en relation, en rapport avec qn.; **sich zu j-m** ~ se mettre, s'asseoir auprès de qn.; **sich zu Tisch** ~ *cf.* **sich an den Tisch** ~; **sich zur Ruhe** ~ se retirer des affaires; prendre sa retraite; **sich zur Wehr** ~ se défendre; se mettre en défense; **IV** *v/imp.* **es wird Schläge** ~ il y aura des coups; **V** ~ *n* ⟨~s⟩ mise *f*; *impr.* composition *f*; *sonst verbal.*

Setzer ['zɛtsər] *m* ⟨~s; ~⟩ *impr.* compositeur *m*; typographe *m*; F typo *m*; *im Stücklohn arbeitender* P piéçard *m*; **~ei** [-'raɪ] *f* ⟨~; ~en⟩, **~ˌsaal** *m* atelier *m* de composition; F composition *f*.

Setz|fehler ['zɛtsˌfeːlər] *m impr.* faute *f* d'impression; coquille *f*; **~gut** *n* ⟨~(e)s⟩ *impr.* composition *f*; **~ˌhammer** *m Schmiede* chasse *f*; coupoir *m*; **~ˌhase** *m ch.* femelle *f* du lièvre; 'hase *f*; **~holz** *n jard.* plantoir *m*; **~ˌkarpfen** *m* carpeau *m*; carpillon *m*; **~ˌkasten** *m impr.* casse *f*; F cassetin *m*; **~kopf** *m e-s Niets* tête *f* de pose; première tête; **~ˌkosten** *pl. impr.* frais *m/pl.* de composition; **~ˌlatte** *f* niveau *m*; règle *f* de nivellement, à niveler; **~ling** *m* ⟨~s; ~e⟩ *jard.* plant *m*; bouture *f*; *Fischzucht* alevin *m*; **~e** *pl.* nourrain *m*; **~ˌlinie** *f impr.* filet *m*; réglette *f*; réglet *m*; F blancs *m/pl.*; **~maˌschine** *f impr.* machine *f* à composer; composeuse *f* mécanique (linotype, monotype); *mines* machine *f* à cribler; crible *m* hydraulique; bac laveur, de lavage; **~ˌmeißel** *m* tranche *f*; chasse carrée; **~reis** *n jard. cf.* **~ling**; **~schiff** *n impr.* galée *f*; **~stock** *m der Drehbank* lunette *f*; **~stück** *n thé.* décor *m* transportable; **~ˌwaage** *f* niveau *m*; **~ˌwäsche** *f mines* lavage *m* gravimétrique, à la cuve, au crible; **~zeit** *f ch.* saison *f* de la mise bas.

Seuche ['zɔʏçə] *f* ⟨~; ~n⟩ *méd.* épidémie *f*; contagion *f*; maladie contagieuse; *vét.* épizootie *f*; **e-e** ~ **einschleppen** introduire, apporter, colporter, véhiculer une épidémie; **~nˌamt** *n* **Internationales** ~ Office international des épizooties; **2nˌartig** *adj.* épidémique; **~nbeˌkämpfung** *f* lutte *f* contre les épidémies, les maladies contagieuses; **~ngeˌbiet** *n* région contaminée; **~ngeˌfahr** *f* danger *m* d'épidémie, de contagion; **~ngeˌsetz** *n* loi *f* sur les épidémies, *vét.* les épizooties; **~nˌherd** *m* foyer *m* de l'épidémie, de la contagion; **~nˌkrankenhaus** *n*, **~nlazaˌrett** *n* hôpital *m* de contagieux; **~nverˌhütung** *f* prévention *f* des épidémies; *cf. auch* **~nbekämpfung**.

seufz|en ['zɔʏftsən] **I** *v/i.* ⟨-(es)t, h⟩ soupirer; (*stöhnen*) gémir (**über etw.** de qc.); pousser des gémissements; **II 2en** *n* ⟨~s⟩ soupirs *m/pl.*; gémissements *m/pl.*; **2er** *m* ⟨~s; ~⟩ soupir *m*; gémissement *m*; **e-n** ~ **der Erleichterung ausstoßen** pousser un soupir de soulagement; **2erˌbrücke** *f* pont *m* des Soupirs.

Sèvresporzellan ['sɛːvrəpɔrtsɛˌlaːn] *n* porcelaine *f* de Sèvres; sèvres *m*.

Sex [sɛks, zɛks] F *m* ⟨~es⟩ *cf.* **Sex-Appeal.**

Sexagesima [zɛksa'geːziˑma] *f* ⟨~⟩ *relig.* **der Sonntag** ~ (*od.* **-mä**) (le dimanche de) la Sexagésime.

Sex-Appeal ['sɛksəˈpiːl, 'zɛksʔa'piːl] *m* ⟨~⟩ sex-appeal *m*.

Sexbombe ['sɛksˌbɔmbə, 'zɛks-] F *f* vedette *f* de cinéma, femme *f* à sex-appeal.

Sext [zɛkst] *f* ⟨~; ~en⟩ *relig. cath.* sexte *f*.

Sexta ['zɛksta] *f* ⟨~; -ten⟩ *in Deutschland* première classe (cinquième année scolaire) d'un lycée, collège; **~ner(in)** [-'taː-] *m* ⟨~s; ~⟩ (*f*) ⟨~; ~nen⟩ élève *m, f* de la première classe d'un lycée, collège.

Sextant [zɛks'tant] *m* ⟨~en; ~en⟩ sextant *m*.

Sexte ['zɛkstə] *f* ⟨~; ~n⟩ *mus.* sixte *f*.

Sextett [zɛks'tɛt] *n* ⟨~(e)s; ~e⟩ *mus.* sextuor *m* (*auch die Ausführenden*).

Sextole [zɛks'toːlə] *f* ⟨~; ~n⟩ *mus.* sextolet *m*; sixain *m*.

Sexual|biologie [zɛksuˑ'aːlbiˑoˑloˑˌgiː] *f* biologie sexuelle; **~emˌpfinden** *n* instinct sexuel; **~ˌethik** *f* éthique sexuelle; **~horˌmone** *n/pl. physiol.* hormones sexuelles; **~hygiˌene** *f* hygiène sexuelle; **~i'tät** *f* ⟨~⟩ sexualité *f*; **~ˌleben** *n* vie sexuelle; **~pädaˌgogik** *f* éducation sexuelle; **~psycholoˌgie** *f* psychologie sexuelle; **~verˌbrechen** *n* crime *m* (de) sadique; **~ˌwissenschaft** *f* sexologie *f*.

sexuell [zɛksuˑ'ɛl] *adj.* sexuel, -lle; **~e Aufklärung** initiation sexuelle.

Sexus ['zɛksʊs] *m* ⟨~; ~⟩ sexe *m*.

sexy ['sɛksiˑ] F *adj.* qui a du sex-appeal, du charme sensuel; aguichant.

Sezession [zeˑtsɛsiˑ'oːn] *f* ⟨~; ~en⟩ sécession *f*; **~ist** [-'nɪst] *m* ⟨~en; ~en⟩ sécession(n)iste *m*; **~sˌkrieg** *m hist.* guerre *f* de Sécession.

Sezier|besteck [zeˑ'tsiːrbəˌʃtɛk] *n* trousse *f* à dissection; **2en I** *v/t.* ⟨*pas de ge-*, h⟩ disséquer; autopsier; faire une autopsie; **II ~en** *n* ⟨~s⟩ dissection *f*; autopsie *f*; **~ˌmesser** *n* scalpel *m*; **~ung** *f* ⟨~; ~en⟩ *cf.* **2en II.**

S-förmig ['ɛsˌfœrmɪç] *adj.* en (forme d')S.

S-Gerät ['ɛsgəˌrɛːt] *n mar. milit. Kurzwort* ASDIC *od.* asdic *m*; sonar *m*.

S-Geschoß ['ɛsgəˌʃɔs] *n milit. cf.* Spitzgeschoß.

Sgraffito [zgra'fiːtoˑ] *n* ⟨~s; ~s *od.* -ti⟩ *peint.* sgraffite *m*.

shakespearisch ['ʃeːkspiːrɪʃ] *adj.* **1.** shakespearien, -nne; **2.** 2 de Shakespeare.

Shapingmaschine ['ʃe:pɪŋma͵ʃi:nə] *f techn.* étau-limeur *m.*

sherardisieren [ʃe·rardi·'zi:rən] **I** *v/t.* ⟨*pas de ge-*, h⟩ *techn.* shérardiser; **II** ♀ *n* ⟨~s⟩ shérardisation *f.*

Sherry ['ʃɛrɪ] *m* ⟨~s; ~s *bzw.* 5 ~⟩ sherry *m.*

Shorts [ʃo:rts, ʃɔrts] *pl.* short *m.*

Siames|e [zi·a'me:zə] *m* ⟨~n; ~n⟩, **~in** *f* ⟨~; ~nen⟩ Siamois, -e *m, f*; **♀isch** *adj.* siamois; **~e Zwillinge** frères siamois.

Sibilant [zi·bi·'lant] *m* ⟨~en; ~en⟩ *phon.* sifflante *f bzw.* chuintante *f*; **die ~en** les sifflantes et les chuintantes.

sibirisch [zi·'bi:rɪʃ] *adj.* de Sibérie; sibérien, -nne.

Sibyll|e [zi·'bylə] *f* ⟨~; ~n⟩ sibylle *f*; **♀inisch** [-'li:-] *adj.* sibyllin.

sich [zɪç] *pr/pers.* (*3. Person sg. u. pl., dat. u. acc.*) **1.** *reflexiv* se (*vor Vokal u. stummem h* s'); *nach prép.* soi *bzw.* lui *bzw.* elle *bzw.* eux *bzw.* elles; **er wäscht ~** il se lave; **das Ding an ~** la chose en elle-même; *philos.* la chose en soi; **an u. für ~ ist die Sache nicht schlecht** la chose en elle-même n'est pas mauvaise; **gern für ~ sein** aimer rester, être, vivre seul; aimer s'isoler; **das ist e-e Sache für ~** c'est une autre affaire; c'est une chose à part; **jeder Teil für ~** chaque partie séparément; **etw. bei ~ haben** avoir qc. sur soi; **das hat nichts auf ~** cela n'a aucune importance; **was hat das auf ~?** qu'importe?; **~ etw. zum Vorbild nehmen** prendre qc. pour modèle; **schlechte Gewohnheiten an ~ haben** avoir contracté de mauvaises habitudes; **das schickt ~ nicht** cela ne convient pas; **2.** *reziprok* se; **sie geben ~ die Hand** ils se donnent la main.

Sichel ['zɪçəl] *f* ⟨~; ~n⟩ faucille *f*; *des Mondes* croissant *m*; *anat.* faux *f*; *pol.* **Hammer u. ~** la faucille et le marteau; **♀͵förmig** *adj.* en forme de faucille, de croissant; en croissant; *sc., anat.* falciforme; **♀n** *v/t.* ⟨-(e)le, h⟩ fauciller; couper à la faucille; **~͵wagen** *m hist.* char de combat armé de faux.

sicher ['zɪçər] **1.** *adj.* **a)** (*gewiß, zuverlässig*) sûr; certain; (*zweifellos*) indubitable; *Erfolg, Zukunft* (*gesichert*) assuré; *Stellung, Posten* stable; assuré; *Beweis* certain; irréfutable; *Friede* solide; *Gedächtnis* fidèle; **~es Geleit** sauf-conduit *m*; *comm.* **~er Gewinn** bénéfices garantis; **~e Geldanlage** placement d'argent sûr, de tout repos, F de père de famille; **aus ~er Quelle** de bonne source; **soviel ist ~** cela au moins est certain; **soviel ist ~, daß ...** c'est un fait que ...; il est de fait que ...; toujours est-il que ...; **~ ist, daß ...** ce qui est certain, c'est que ...; **sind Sie ~, daß ...?** êtes-vous certain, sûr que ...?; **ich bin dessen absolut ~** j'en ai la certitude absolue; **das ist ~!** c'est certain!; F c'est couru!; **e-r Sache ~ sein** être sûr de qc.; **s-r Sache ~ sein** être sûr de son fait; **b)** (*gefahrlos*) sûr; **~ vor** à l'abri de; à couvert de; assuré contre; **in ~en Gewahrsam bringen** mettre, placer, porter en lieu sûr; mettre à l'abri; **vor ihm bist du ~** tu n'as rien à craindre de lui; **man ist dort s-s Lebens nicht ~** on y risque sa vie, F sa peau; F **auf Nummer ♀ sein** F être à l'ombre, au vert, P en taule, au bloc, au violon, en cabane; F **nur auf Nummer ♀ gehen** F n'agir qu'à coup sûr; **~ ist ~** deux précautions valent mieux qu'une; **c)** (*fest, nicht irrend*) **~e Hand** main sûre, assurée, exercée; **~es Urteil** certitude de jugement; **~er Geschmack** goût sûr; **~es Mittel** remède sûr, infaillible; **~en Schrittes** d'un pas assuré; **~es Auftreten haben** avoir de l'aplomb, de l'assurance; être plein d'assurance; F avoir du culot, du toupet; **2.** *adv.* **d)** (*gewiß*) sûrement; certainement; (*bestimmt*) assurément; sans doute; **~!** bien sûr!; **~ nicht!** sûrement pas!; bien sûr que non!; **ganz ~** certainement; F sûr et certain; **er wird ~ kommen** il viendra sûrement, à coup sûr, sans faute, F pour sûr; **e)** (*gefahrlos*) en (toute) sécurité; **~͵gehen** *v/i.* ⟨*irr., sép.*, -ge-, sein⟩ s'(en) assurer; **um sicherzugehen** pour être certain; pour être sûr de son fait.

Sicherheit ['zɪçər͵haɪt] *f* ⟨~; ~en⟩ **1.** sûreté *f*; (*Gewißheit*) certitude *f*; *im Auftreten* assurance *f*; aplomb *m*; **es ist mit ~ anzunehmen, daß ...** il y a gros à parier que ...; on peut être certain que ...; **mit (einiger) ~** avec (quelque) certitude; **man kann mit ~ behaupten, daß ...** à coup sûr on peut dire que ...; **etw. mit ~ behaupten** soutenir qc. avec assurance, avec aplomb; **2.** (*Schutz, Gefahrlosigkeit*) sûreté *f*; sécurité *f*; **in ~** 'hors d'atteinte; **zur größeren ~** pour plus de sûreté; **(sich) in ~ bringen** (se) mettre en sûreté, en sécurité, à couvert, à l'abri; **j-n in ~ wiegen** endormir la vigilance de qn.; **soziale, öffentliche ~** sécurité sociale, publique; **3.** *comm.* garantie *f*; (*Bürgschaft*) caution *f*; cautionnement *m*; (*Pfand*) nantissement *m*; gage *m*; **~ leisten, stellen, geben** nantir (j-m qn.); donner, fournir, verser une caution, un cautionnement; **als ~ dienen** servir de garantie; **als ~ hinterlegen** déposer en nantissement; **Geld gegen ~ leihen** prêter de l'argent sur nantissement, sur gage.

Sicherheits|abstand ['zɪçərhaɪts͵ˀapʃtant] *m* distance *f* de sécurité; **~͵ausschalter** *m élect.* coupe-circuit *m* de sûreté; **~͵ausschuß** *m* commission *f* de sécurité; **~be͵amte(r)** *m* agent *m* de la Sûreté; **~be͵hörde** *f* Sûreté *f*; police *f*; **~be͵strebungen** *f/pl. pol.* efforts *m/pl.* pour affermir la sécurité; **~͵bindung** *f Schi* fixation *f* de sécurité; **~͵dienst** *m* Sûreté *f*; police *f*; **~͵fahrschaltung** *f chem.* contact *m* de sécurité; **~͵faktor** *m* coefficient *m*, facteur *m* de sécurité; **~͵glas** *n* verre *m* de sécurité; **~͵gründe** *m/pl.* **aus ~n** pour des raisons de sécurité publique; **~͵gurt** *m Auto, aviat.* ceinture *f* de sécurité; **♀͵halber** *adv.* pour plus de sûreté; **~͵kette** *f an der Wohnungstür* chaîne *f* de sûreté; **~͵lampe** *f mines* lampe *f* de sûreté, (de) Davy, des mineurs; **~͵leistung** *f comm.* garantie *f*; caution *f*; cautionnement *m*; **~͵maßnahmen** *f/pl.*, **~͵maßregeln** *f/pl.* mesures *f/pl.* de sécurité, de sûreté, de précaution; **~͵nadel** *f* épingle *f* de sûreté, F (de) nourrice; **~͵pakt** *m pol.* pacte *m* de sécurité; **~͵pfand** *n comm.* gage *m*; **~poli͵zei** *f cf.* **~dienst**; **~͵rat** *m der Vereinten Nationen* Conseil *m* de sécurité; **~͵schloß** *n* serrure *f* de sûreté; **~͵schlüssel** *m* clef *f* de sûreté; **~sys͵tem** *n pol.* **kollektives ~** système *m* de sécurité collective; **~ven͵til** *n* soupape *f* de sûreté; **~͵vorkehrung** *f* mesure *f* de sûreté, de précaution; **~͵vorrichtung** *f* dispositif *m*, mécanisme *m* de sécurité; **~͵vorschriften** *f/pl.* règlement *m*, prescriptions *f/pl.* de sécurité; **~͵zündholz** *n* allumette suédoise, de sûreté.

sicher|lich ['zɪçər͵lɪç] *adv.* sûrement; assurément; certainement; à coup sûr; sans doute; *cf. auch* **sicher 2. d)**; **~n I** *v/t.* ⟨-(e)re, h⟩ **1.** *Erfolg, Zukunft, Platz etc.* (*sicherstellen*) assurer; (*gewährleisten*) garantir; *Frieden, Position etc.* (*festigen*) consolider; affermir; *Schußwaffe* mettre au cran de, à la sûreté; *Maschine* bloquer; arrêter; **2.** *comm.* garantir; mettre à couvert; *durch Hinterlegung* nantir; **j-n hypothekarisch ~** nantir qn. par hypothèque; **gesichert sein** être à couvert; *durch Pfand* être nanti; **3.** (*schützen*) protéger (vor, gegen de); garantir (de *od.* contre); prémunir (contre); **II** *v/réfl.* **sich etw. ~** s'assurer qc.; **sich vor** *od.* **gegen etw. ~** s'assurer contre qc.; se garantir de *od.* contre qc.; se prémunir contre qc.; *comm.* se garantir; prendre des garanties; se mettre à couvert; *durch Hinterlegung* se nantir; **III** *v/i. ch. Wild* s'assurer de la sûreté du lieu; **~͵stellen** *v/t.* ⟨*sép.*, -ge-, h⟩ (*gewährleisten*) assurer; garantir; *comm. cf.* **~n I, 2.**; (*in Gewahrsam nehmen*) mettre en sûreté, en sécurité; **♀͵stellung** *f* ⟨~⟩ (*Gewährleistung*) garantie *f* (*auch comm.*); *comm., durch Hinterlegung* nantissement *m*; **hypothekarische ~** garantie hypothécaire; *von Gegenständen durch die Polizei* mise *f* en sûreté, en sécurité.

Sicherung ['zɪçə͵rʊŋ] *f* ⟨~; ~en⟩ **1.** (*Schutz*) préservation *f*; sauvegarde *f*; (*Befestigung*) consolidation *f*; **zur ~ des Friedens** *auch* pour assurer la paix; **2.** *milit.* protection *f*; (*Deckung*) couverture *f*; *als Truppe* détachement *m* de couverture, de sûreté, de protection; **3.** *an Schußwaffen* (cran *m* de), *techn. auch* (arrêt *m* de) sûreté *f*; **4.** *élect.* fusible *m*; coupe-circuit *m*; F plombs *m/pl.*; **die ~ ist durchgebrannt** le fusible est grillé, a sauté; **5.** *comm. cf.* Sicherstellung; **~s͵auftrag** *m milit.* mission *f* de couverture; **~sbe͵reich** *m milit.* zone *f* de sécurité; **~sbe͵schlagnahme** *f* saisie *f* conservatoire; **~s͵bolzen** *m* boulon *m* de sûreté; **~s͵fonds** *m comm.* fonds *m* de garantie; **~s͵geber** *m comm.* cédant *m* d'une chose remise à titre de garantie; **~shypo͵thek** *f comm.* hypothèque *f* de garantie; **~s͵kasten** *m élect.* coffret *m* de coupe-circuit; boîte *f* à coupe-circuit; **~s͵nehmer** *m comm.* cessionnaire *m* d'une chose remise à titre de garantie; **~spa͵trone** *f élect.* cartouche-fusible *f*; **~s͵posten** *m milit.* poste *m* de couverture; **~s͵schraube** *f techn.* vis *f* de retenue, de fixation, de blocage, d'arrêt; **~s͵sockel** *m élect.* culot *m* de fusible; **~s͵stift** *m techn.* goupille *f* de sûreté; **~s͵tafel** *f élect.* panneau *m*, tableau *m* de fusibles; **~s͵truppe** *f milit.* troupe *f* de couverture; **~süber͵eignung** *f jur., comm.* fiducie *f*; **~sver͵fahren** *n jur.* procédure *f* d'internement; **~sver͵wahrung** *f jur.* internement préventif; détention préventive.

sicherwirkend ['zɪçər͵vɪrkənt] *adjt. Mittel* efficace.

Sichgehenlassen [zɪç'ge:ən͵lasən] *n* ⟨~s⟩ laisser-aller *m.*

Sicht [zɪçt] *f* ⟨~⟩ vue *f*; (*Sichtverhältnisse*) visibilité *f*; **in ~** en vue; **außer ~** 'hors de vue; invisible; **in ~ kommen** apparaître; **außer ~ kommen** disparaître; **die ~ nehmen** masquer, boucher la vue; **bei schlechter ~** par mauvaise visibilité; **heute ist gute, klare ~** aujourd'hui on a une bonne visibilité; **Politik auf lange, weite ~** politique à longue échéance, portée; *comm.* **auf ~** à vue; **auf kurze (lange) ~** à court (long) terme; à courte (longue) échéance; zahlbar bei ~ payable à vue; ♀**bar 1.** *adj.* visible; (*wahrnehmbar*) perceptible; (*offenkundig*) apparent; évident; manifeste; ostensible; ~er Fortschritt progrès visible, sensible; als ~es Zeichen meiner Anerkennung comme signe tangible, palpable de mon approbation; ~ werden devenir visible; (ap)paraître; *fig.* (*offenbar werden*) se manifester; ~ sein être évident; für jedermann ~ au vu de tous; **2.** *adv.* visiblement; manifestement; ~ anbringen mettre, fixer en évidence; ~ machen rendre apparent; deutlich ~ tragen porter ostensiblement; **~ˌbare(s)** *n* ⟨→ A⟩ visible *m*; **~barˌkeit** *f* ⟨~⟩ visibilité *f*; perceptibilité *f*; évidence *f*; **~barkeitsˌgrenze** *f* limite *f* de visibilité; ♀**barˌlich** *adv.* visiblement; manifestement; **~barˌwerden** *n* ⟨~s⟩ apparition *f*; **~beˌhinderung** *f* vue bouchée; **~beˌreich** *m* (champ *m* de) visibilité *f*; **~ˌbesserung** *f* amélioration *f* de la visibilité; **~depoˌsiten** *pl.*, **~ˌeinlagen** *f/pl. comm.* dépôt *m* à vue.

sichten ['zɪçtən] *v/t.* ⟨-ete, h⟩ **1.** *Papiere, Beweismaterial etc.* examiner (du regard); parcourir (des yeux); (*sortieren*) trier; **2.** (*erblicken*) découvrir; apercevoir; repérer.

Sicht|feld ['zɪçtfɛlt] *n cf.* Sichtbereich; **~flug** *m aviat.* vol *m* à vue; **~geˌschäft** *n comm.* transaction *f* à vue; ♀**ig** *adj. mar.* clair; **~karˌtei** *f* fichier *m* (à fiches) à onglets; fichier *m* synoptique; ♀**lich** *adj. u. adv. cf.* sichtbar (-lich); **~ˌtratte** *f comm.* traite *f* à vue; **~ung** *f* ⟨~⟩ *von Papieren* examen *m*; (*Sortierung*) tri(age) *m*; **~verˌbindlichkeiten** *f/pl. comm.* obligations *f/pl.* à vue; **~verˌhältnisse** *n/pl.* (conditions *f/pl.* de) visibilité *f*; **~verˌmerk** *m* visa *m*; mit ~ versehen viser; **~ˌwechsel** *m comm.* lettre *f* de change à vue; **~ˌweite** *f* (rayon *m* de) visibilité *f*; in (außer) ~ en ('hors de) vue; **~ˌwerbung** *f* publicité *f* par voie d'affiches.

Sicke ['zɪkə] *f* ⟨~; ~n⟩ *techn.* moulure *f*; nervure *f*; ♀**n** *v/t.* ⟨h⟩ *techn.* moulurer; nervurer; **~nmaˌschine** *f techn.* machine *f* à moulurer.

Sicker|brunnen ['zɪkərˌbrunən] *m* puits absorbant, drainant; **~ˌgraben** *m* drain *m*; ♀**n** *v/i.* ⟨-(e)re, sein⟩ s'écouler goutte à goutte; suinter; in den Boden ~ pénétrer, s'infiltrer dans le sol; ♀**nd** *adjt. sc.* stillatoire; **~ˌwasser** *n* ⟨~s; ~⟩ eau *f* d'infiltration.

sideral [zide'rɑːl], **si'derisch** [-'deː-] *adj. astr.* sidéral.

sie [ziː] **I** *pr/pers. f/sg.* elle; *acc.* la; *vor Vokal u. stummem h* l'; *abs.* elle; *m/pl.* ils, *f/pl.* elles; *acc.* les; *abs.* eux, elles; *bei höflicher Anrede* ♀ vous; j-n mit ♀ anreden dire vous à qn.; vouvoyer qn.; hallo, ♀ da! hé!, holà! monsieur (madame)!; **II** ♀ *f* ⟨~; ~s⟩ F e-e ~ une fille; une femme; *für weibliche Tiere* une femelle.

Sieb [ziːp] *n* ⟨~(e)s; ~e⟩ *grobes, für Sand etc.* crible *m*; *feineres auch* (*Haar*♀) sas *m*; tamis *m*; *cuis.* passoire *f*; (*Mehl*♀) blutoir *od.* bluteau *m*; *fig.* ein Gedächtnis wie ein ~ haben avoir une mémoire de lièvre; perdre la mémoire en courant; **~anaˌlyse** *f chim.* analyse *f* granulométrique; ♀**ˌartig** *adv.* ~ durchlöchert criblé; **~bein** *n anat.* (os *m*) ethmoïde *m*; **~blech** *n* tôle perforée; **~druck** *m* ⟨~(e)s; ~e⟩ *impr.* sérigraphie *f*.

sieben[1] ['ziːbən] **I** *v/t.* ⟨h⟩ cribler; passer au crible; *fein* sasser; tamiser; passer au sas, au tamis; *cuis.* passer; *Mehl* bluter; *fig.* F *Personen* trier; F éplucher; trier sur le volet; faire un tri; *Nachrichten* filtrer; **II** ♀ *n* ⟨~s⟩ criblage *m*; passage *m* au crible, au sas, au tamis; sassement *m*; tamisage *m*; *von Mehl* blutage *m*; *fig.* F tri *m*; triage *m* (sur le volet); épluchage *m*; *von Nachrichten* filtrage *m*.

sieben[2] ['ziːbən] **I** *adj. num. c.* sept; **II** ♀ *f* ⟨~; ~⟩ (nombre *m*, chiffre *m*) sept *m*; *fig.* böse ~ mégère *f*; chipie *f*; garce *f*; rosse *f*; **~ˌarmig** *adj. Leuchter* à sept branches; **~ˌblättrig** *adj.* à sept folioles; *bot., sc.* heptaphylle; **~'bürgisch** *adj.* transylvain; transylvanien, -nne; de Transylvanie; ♀**ˌeck** *n* ⟨~(e)s; ~e⟩ *math.* heptagone *m*; **~ˌeckig** *adj.* heptagone; heptagonal; **~er'lei** *adj.* ⟨*inv.*⟩ sept sortes de ...; ... de sept espèces; **~ˌfach**, **~ˌfältig** **1.** *adj.* septuple; **2.** *adv.* sept fois plus; au septuple; sept fois autant; ♀**ˌflächner** *m* ⟨~s; ~⟩ *math.* heptaèdre *m*; **~ˌfüßig** *adj. métr.* à *od.* de sept pieds; ♀**geˌstirn** *n astr.* Pléiade *f*; **~'hundert** *adj. num. c.* sept cent(s); ♀**'jahresplan** *m* plan septennal; **~ˌjährig** *adj.* **a)** (âgé) de sept ans; **b)** de, qui dure sept ans; septennal; *hist.* der ♀e Krieg la guerre de Sept Ans; **~ˌmal** *adv.* sept fois; **~ˌmalig** *adj.* répété sept fois; ♀**'meilenˌstiefel** *m/pl.* bottes *f/pl.* de sept lieues; *fig.* mit ~n à pas de géant; ♀**'monatsˌkind** *n* prématuré *m* de sept mois; **~proˌzentig** *adj.* à sept pour cent; ♀**'sachen** F *f/pl.* frusques *f/pl.*; 'hardes *f/pl.*; nippes *f/pl.*; F fourbi *m*; P bataclan *m*; bazar *m*; barda *m*; s-e ~ packen ramasser ses frusques, 'hardes, *etc.*, P tout son saint-frusquin; ♀**ˌschläfer** *m zo.* loir *m*; *fig. cf.* Langschläfer; *relig. cath. pl.* (les) Sept Dormants (d'Éphèse); **~ˌstellig** *adj. Zahl* à sept chiffres; **~ˌstöckig** *adj.* de *od.* à sept étages; **~ˌstündig** *adj.* de sept heures; **~ˌtägig** *adj.* de sept (*od.* huit) jours; **~'tausend** *adj. num. c.* sept mille; **~te** *adj. num. o.* septième; der ~, am ~n, den ~n (7.) März le sept (7) mars; Karl VII. (der ♀) Charles VII (sept); F im ~n Himmel sein F être aux anges; *der Liebe* être au septième ciel; ♀**tel** *n* ⟨~s; ~⟩ septième *m*; **~tens** *adv.* septièmement; en septième lieu; **~ˌwertig** *adj. chim.* heptavalent; ♀**ˌwertigˌkeit** *f chim.* heptavalence *f*.

Sieb|fläche ['ziːpˌflɛçə] *f techn.* surface criblante, de criblage; ♀**ˌförmig** *adj.* qui a la forme d'un crible; **~glied** *n rad., tél.* cellule *f* de filtre; **~ˌkette** *f rad., tél.* filtre *m* en échelle; **~ˌkohle** *f* charbon criblé; **~kreis** *m rad., tél.* circuit *m* de filtrage; **~maˌschine** *f agr.* crible *m*; cribleur *m*; cribleuse *f*; **~ˌplatte** *f anat.* lame criblée; **~ˌrückstand** *m* refus *m* (de criblage, de tamisage).

siebte ['ziːptə] *adj. num. o. cf.* siebente; ♀**l** *n* ⟨~s; ~⟩ *cf.* Siebentel; **~ns** *adv. cf.* siebentens.

Sieb|trichter ['ziːpˌtrɪçtər] *m* entonnoir *m* à tamis; **~ˌtrommel** *f* tambour tamiseur; **~tuch** *n* toile *f* à tamis; étamine *f*.

siebzehn ['ziːptseːn] *adj. num. c.* dix-sept; **~te** *adj. num. o.* dix-septième; ♀**tel** *n* ⟨~s; ~⟩ dix-septième *m*; **~tens** *adv.* dix-septièmement.

siebzig ['ziːptsɪç] **I** *adj. num. c.* soixante-dix; in den ~er Jahren dans les années soixante-dix; Mitte der ♀(er) entre soixante-dix et quatre-vingts; der Mensch über ♀ l'homme qui a passé les soixante-dix ans; le septuagénaire; in die ♀ kommen aller sur ses soixante-dix ans; in den ♀ern sein avoir passé les soixante-dix ans; **II** ♀ *f* ⟨~; ~en⟩ (nombre *m*, chiffre *m*) soixante-dix *m*; ♀**er(in)** *m* ⟨~s; ~⟩ (*f*) ⟨~; ~nen⟩ septuagénaire *m, f*; **~ˌjährig** *adj.* de soixante-dix ans; septuagénaire; **~ste** *adj. num. o.* soixante-dixième; ♀**stel** *n* ⟨~s; ~⟩ soixante-dixième *m*.

siech [ziːç] *adj.* maladif, -ive; souffreteux, -euse; valétudinaire; égrotant; languissant; infirme; ♀**bett** *n* lit *m* de souffrance; **~en** *v/i.* ⟨sein⟩ languir; s'étioler; *cf. auch* dahinsiechen; ♀**enˌhaus** *n*, ♀**enˌheim** *n* hospice *m* d'incurables, pour vieillards infirmes; ♀**tum** *n* ⟨~(e)s⟩ mal lent, dévorant, qui mine; infirmité *f*; état maladif; nach langem ~ après une longue maladie, infirmité.

siede|heiß ['ziːdə'haɪs] *adj.* très chaud; tout bouillant; F *fig.* brûlant; ♀**ˌhitze** *f* température *f*, chaleur *f* d'ébullition; *fig.* chaleur tropicale, insupportable.

siedeln ['ziːdəln] *v/i.* ⟨-(e)le, h⟩ s'établir sur une terre.

sieden ['ziːdən] **I** *v/t.* ⟨siedet, sott *od.* siedete, gesotten *od.* gesiedet, h⟩ faire bouillir; (faire) cuire; *Salz* sauner; *Seife* fabriquer; faire (du savon); *Zucker* raffiner; **II** *v/i.* bouillir; être en ébullition; (*brodeln*) bouillonner; ~d heiß *cf.* siedeheiß; **III** ♀ *n* ⟨~s⟩ bouillonnement *m*; ébullition *f*; *von Salz* saunage *m*; *von Seife* fabrication *f*; *von Zucker* raffinage *m*.

Siede|punkt ['ziːdəˌpuŋkt] *m* point *m* d'ébullition; **~punktserˌhöhung** *f* élévation *f* du point d'ébullition; **~'rei** *f* ⟨~; ~en⟩ *für Zucker* raffinerie *f*; *für Salz* saunerie *f*; *für Seife* savonnerie *f*; **~ˌsalz** *n* sel raffiné; **~ˌtrennung** *f chim.* distillation fractionnée.

Siedler ['ziːdlər] *m* ⟨~s; ~⟩ colon *m*; acquéreur *m* d'un lot; **~ˌstelle** *f* lot *m*; Schaffung neuer ~n installation de nouveaux colons; **~ˌstolz** F *m in Deutschland etwa* tabac *m* de sa propre culture.

Siedlung ['ziːdluŋ] *f* ⟨~; ~en⟩ (*menschliche Niederlassung*) agglomération *f*; colonie *f*; habitat *m*; (*planmäßig angelegter Ortsteil*) cité *f*; colonie *f*; (*Siedlerstelle*) lot *m*; (*das Ansiedeln*) colonisation *f* (interne, intérieure, agricole); städtische ~ habitat urbain; ländliche ~ habitat rural; geschlossene ~ habitat concentré; **~sgeˌbiet** *n* région *f* de colonisation; habitat *m*; **~sgeˌlände** *n* terrain *m* de lotissements; **~sgeograˌphie** *f* géographie *f* de l'habitat; **~sgeˌsellschaft** *f* société *f* de lotissements; **~sˌhaus** *n* maison *f* standard, de lotissement; **~sˌkern** *m* noyau préurbain; **~skreˌdit** *m* crédit *m* d'installation sur un lot; **~sˌland** *n cf.* ~sgelände; **~spoliˌtik** *f* politique *f* de l'habitat; **~sproˌgramm** *n* programme *m* d'établissement de colons, de colonisation; **~sˌraum** *m*, **~sˌwesen** *n* habitat *m*.

Sieg [ziːk] *m* ⟨~(e)s; ~e⟩ victoire *f* (*auch Sport*); triomphe *m*; den ~ davontragen, erringen remporter la victoire (über j-n sur qn.); triompher (de qn.); ~ über ~ erringen remporter victoire sur victoire; teuer erkaufter ~ victoire chèrement acquise; ein überwältigender ~ une victoire brillante, éclatante.

Siegel ['ziːgəl] *n* ⟨~s; ~⟩ (*Privat*♀)

cachet *m*; *amtliches* sceau [so] *m*; cachet officiel; *gerichtliches* scellé(s) *m* (*pl.*); das ~ auf etw. drücken apposer, mettre le cachet, le sceau sur qc.; das ~ (auf-, er)brechen briser le cachet; das ~ e-s Briefes lösen décacheter une lettre; *fig.* das ist für mich ein Buch mit sieben ~n c'est lettre close pour moi; unter dem ~ der Verschwiegenheit sous le sceau du secret; Brief u. ~ geben promettre solennellement; ich gebe dir Brief u. ~ darauf tu peux en être sûr et certain; **~beˌwahrer** *m* ⟨~s; ~⟩ *hist.* garde *m* des sceaux; **~ˌbruch** *m* bris *m* de scellé; **~ˌkunde** *f* ⟨~⟩ *sc.* sigillographie *f*; sphragistique *f*; **~ˌlack** *m* cire *f* à cacheter; **~lackfaˌbrik** *f* fabrique *f* de cire à cacheter; **~lackˌstange** *f* bâton *m* de cire à cacheter; **2n I** *v/t.* ⟨-(e)le, h⟩ *e-n Brief* cacheter; *amtlich* sceller; **II ~n** *n* ⟨~s⟩ apposition *f* du cachet; cachetage *m*; *amtlich* apposition *f* du sceau; **~ˌring** *m* (bague *f* à la) chevalière *f*.

siegen [ˈziːgən] *v/i.* ⟨h⟩ gagner; triompher; über j-n ~ remporter la victoire sur qn.; triompher de qn.; être vainqueur de qn.; l'emporter sur qn.; *Sport* nach Punkten ~ triompher, gagner aux points; in ihm siegte das Mitleid en lui la pitié l'emportait.

Sieger|(in) [ˈziːgər(ɪn)] *m* ⟨~s; ~⟩ (*f*) ⟨~; ~nen⟩ vainqueur *m*; *pfort.* triomphateur *m*; *Sport* gagnant, -e *m, f*; victorieux, -euse *m, f*; **~ˌehrung** *f* *Sport* remise *f* des prix; **~ˌkranz** *m* couronne *f* de vainqueur; **~ˌmacht** *f* puissance victorieuse; **~ˌmannschaft** *f* *Sport* équipe victorieuse, gagnante; **~ˌmiene** *f* air triomphant; **~natiˌon** *f* nation victorieuse; **~ˌrecht** *n* droit *m* de vainqueur; **~ˌstolz** *m* fierté *f* de vainqueur, de triomphateur.

sieges|bewußt [ˈziːgəsbəˌvʊst] *adj.* *cf.* ~gewiß; **2ˌbotschaft** *f* nouvelle *f* de la victoire; **2ˌdenkmal** *n* monument commémoratif d'une victoire; **2ˌfeier** *f*, **2ˌfest** *n* célébration *f* d'une *od.* de la victoire; **~ˌfroh** *adj.* joyeux, -euse, heureux, -euse de la victoire; **2geˌschrei** *n* cris *m/pl.* de victoire, de triomphe; **~geˌwiß** *adj.* sûr de la victoire, du triomphe, de triompher; **2geˌwißheit** *f* certitude *f* de la victoire; **2ˌgöttin** *f* (déesse *f* de la) Victoire *f*; **2ˌhymne** *f* hymne triomphal, de triomphe, de victoire; **2ˌkranz** *m* *cf.* Siegerkranz; **2ˌlauf** *m* ⟨~(e)s⟩ *fig.* marche, progression victorieuse; succès *m*; **2ˌlied** *n* chant triomphal, de victoire; **2ˌnachricht** *f* *cf.* 2botschaft; **2ˌpalme** *f* *poét.* palme *f*; **2ˌpreis** *m* prix *m* de la victoire; **2ˌrausch** *m* ivresse *f* de la victoire, du triomphe; **2ˌsäule** *f* colonne triomphale; **~ˌsicher** *adj.* *cf.* ~gewiß; **2ˌtaumel** *m* *cf.* 2rausch; **~ˌtrunken** *adj.* enivré de sa victoire; grisé par la victoire; ivre de succès; **2ˌwille(n)** *m* volonté *f* de vaincre, de triompher; **2ˌzeichen** *n* trophée *m*; **2ˌzug** *m* triomphe *m*; marche triomphale; *fig.* *cf.* 2lauf.

sieg|gekrönt [ˈziːkgəˌkrøːnt] *adjt.* triomphateur, -trice; victorieux, -euse; **~geˌwohnt** *adjt.* accoutumé à vaincre; **~haft** *adj.* *Lächeln* triomphant; **~reich 1.** *adj.* victorieux, -euse; vainqueur; triomphateur, -trice; **2.** *adv.* en vainqueur; en triomphateur; victorieusement; avec succès; **2wurz** *f* ⟨~⟩ *bot.* glaïeul *m*.

Siel [ziːl] *m od. n* ⟨~(e)s; ~e⟩ (*Deichschleuse*) écluse *f* (pratiquée dans une digue); *im engeren Sinne* vanne *f*; (*Abwasserleitung*) égout *m*; canal *m*.

Sielen [ˈziːlən] *f/pl.* *der Zugtiere* ʻharnais *m*; *fig.* in den ~ sterben mourir à la tâche, P dans les brancards; *fig.* in den ~ alt u. grau werden blanchir sous le harnais; **~geˌschirr** *n* ʻharnais *m*; ʻharnachement *m*.

Siemens [ˈziːməns] *n* ⟨~; ~⟩ *elektr.* *Leitwert* siemens *m*; **~-ˈMartin-ˌOfen** *m* (*abr.* SM-Ofen) *métall.* four *m* Martin; **~-ˈMartin-ˌStahl** *m* acier *m* Martin; **~-ˈMartin-Verˌfahren** *n* *métall.* procédé *m* (Siemens-)Martin.

siena [ziˈeːna] **I** *adj.* ⟨*inv.*⟩ terre de Sienne; **II 2** *n* ⟨~s⟩ couleur *f* terre de Sienne; **2ˌerde** *f* ⟨~⟩ terre *f* de Sienne.

Siesta [ziˈɛsta] *f* ⟨~; -sten *od.* ~s⟩ sieste *f*; ~ halten faire la sieste.

siezen [ˈziːtsən] **I** *v/t.* ⟨-(es)t, h⟩ j-n ~ vouvoyer qn.; dire vous à qn.; **II 2** *n* ⟨~s⟩ vouvoiement *m*.

Sigel [ˈziːgəl] *n* ⟨~s; ~⟩ sigle *m*.

Signal [zɪˈgnaːl] *n* ⟨~s; ~e⟩ signal *m*; akustisches, optisches ~ signal acoustique, optique; das ~ geben donner le signal (zu de); *chem.* das ~ bedienen manœuvrer le signal; das ~ stellen commander le signal; das ~ auf Fahrt (Halt) stellen mettre le signal à voie libre (à l'arrêt); ein ~ beachten observer, respecter un signal; ein ~ überfahren F *fig.* brûler un signal; sich dem ~ nähern aborder le signal; **~ˌanlage** *f* installation *f* de signalisation; *im engeren Sinne* avertisseur *m*; **~ˌarm** *m* *chem.* bras *m* de sémaphore; **~ˌball** *m* *mar.* boule *f* de signal; **~ˌbrücke** *f* *chem.* passerelle *f* à signaux; **~ˌbuch** *n* code *m* de signaux; **~ˌfeuer** *n* feu *m* (de signalisation); signal lumineux; **~ˌflagge** *f* *mar.* pavillon *m* de signalisation; **~ˌgast** *m* *mar.* timonier (signaleur) *m*; **~ˌgeber** *m* signaleur *m*; transmetteur *m* de signaux; **~ˌgebung** *f* ⟨~⟩ signalisation *f*; transmission *f* de signaux; **~ˌglocke** *f* timbre *m* avertisseur; **~ˌhorn** *n* corne *f* d'appel; cornet *m*; trompe *f*.

signalisier|en [zɪgnaliˈziːrən] **I** *v/t.* ⟨*pas de ge-*, h⟩ signaler; **II 2en** *n* ⟨~s⟩, **2ung** *f* ⟨~⟩ signalisation *f*; *cf. auch* Signalgebung.

Signal|lampe [zɪˈgnaːlˌlampə] *f* lampe *f* de signalisation; signal, avertisseur lumineux; **~ˌlicht** *n* signal lumineux; feu *m* de signal; **~ˌmast** *m* *mar.*, *chem.* sémaphore *m*; **~ˌpfeife** *f* sifflet *m*; **~raˌkete** *f* fusée *f* de signalisation; fusée-signal *f*; **~ˌscheibe** *f* *chem.* disque *m* (de signal); ~ in Fahrstellung disque ouvert, à voie libre; ~ in Haltstellung disque fermé, à l'arrêt; **~ˌscheinwerfer** *m* projecteur *m* de signalisation; **~ˌschuß** *m* coup *m* de fusil (de canon, *etc.*) d'avertissement; **~ˌstange** *f* *chem.* sémaphore *m*; **~sysˌtem** *n* (système *m* de) signalisation *f*; **~ˌtafel** *f* indicateur *m*; avertisseur *m*; **~ˌtechnik** *f* signalisation *f*; **~ˌvorrichtung** *f* dispositif *m* de signalisation; avertisseur *m*; **~-ˌwärter** *m* *chem.* garde-signal *m*.

Signatar|macht [zɪgnaˈtaːrˌmaxt] *f* puissance *f* signataire; **~ˌstaat** *m* État *m* signataire.

Signatur [zɪgnaˈtuːr] *f* ⟨~; ~en⟩ (*Unterschrift*) signature *f* (*auch e-s Künstlers*); (*Kartenzeichen*) signe conventionnel, caractéristique; *e-s Bibliotheksbuches* numéro *m* d'ordre; cote *f*; *impr.* (*Bogenbezeichnung*) signature *f*; *am Fuß der Lettern* (*Einkerbung*) cran *m*.

Signet [zɪˈgneːt, -ˈgnɛt] *n* ⟨~s; ~s *od.* *dt.* ~e⟩ (*Buchdruckerzeichen*) marque *f* de l'imprimeur; (*Verlegerzeichen*) marque *f* de l'éditeur.

signieren [zɪˈgniːrən] *v/t.* ⟨*pas de ge-*, h⟩ signer; marquer.

Signum [ˈzɪgnʊm] *n* ⟨~s; -gna⟩ signe *m*; marque *f*; sigle *m*.

Silbe [ˈzɪlbə] *f* ⟨~; ~n⟩ *gr.* syllabe *f*; lange ~ (syllabe) longue *f*; kurze ~ (syllabe) brève *f*; vorletzte ~ pénultième *f*; drittletzte ~ antépénultième *f*; letzte ~ dernière syllabe; ich verstehe keine ~ davon je n'y entends rien, F goutte; keine ~ sagen ne pas souffler mot; etw. mit keiner ~ erwähnen ne pas faire la moindre allusion à qc.; F ~n verschlucken F avaler les syllabes; **~nˌklauber** F *péj.* *m* ⟨~s; ~⟩ pédant *m*; F coupeur *m* de cheveux en quatre; **~nklaubeˌrei** F *péj.* *f* chicane *f* sur les, querelle *f* de mots; *péj.* ratiocination *f*; F coupage *m* de cheveux en quatre; **~nˌmessung** *f* prosodie *f*; **~nˌrätsel** *n* charade *f*; **~nˌtrennung** *f* séparation *f* des syllabes; division *f* syllabique des mots; **2nˌweise** *adv.* par syllabes.

Silber [ˈzɪlbər] *n* ⟨~s⟩ argent *m*; (*Silbergerät, Tafel2*) argenterie *f*; aus ~ d'argent; en argent; in ~ (*in Silbergeld*) en (monnaie d')argent; Reden ist ~, Schweigen ist Gold *prov.* la parole est d'argent et le silence est d'or; **~ˌader** *f* veine *f* d'argent; **~amalˌgam** *n* amalgame *m* d'argent; **~ˌarbeit** *f* ouvrage *m* en argent; argenterie *f*; **~ˌauflage** *f* 100 g ~ argenté à 100 g; **~ˌbarren** *m* barre *f*, lingot *m* d'argent; **~ˌbergwerk** *n* mine *f* d'argent; **~beˌschlag** *m* garniture *f* d'argent *od.* en argent; **~beˌsteck** *n* argenterie *f*; **~ˌblech** *n* tôle *f*, feuille *f* d'argent; **~ˌblick** *m* *métall.* fulguration *f* (d'argent); F *fig.* louchement *m*; **~broˌmid** *n* *chim.* bromure *m* d'argent; **~ˌbronze** *f* bronze *m* d'argent; **~chloˌrid** *n* *chim.* chlorure *m* d'argent; **~ˌdraht** *m* fil *m* d'argent; **~ˌerz** *n* minerai *m* d'argent, argentifère; **~ˌfaden** *m* fil *m* d'argent; **~ˌfarbe** *f* (couleur *f* d')argent *m*; **2ˌfarben**, **2ˌfarbig** *adj.* argent; argentin; argenté; **~ˌfisch** *m* *zo.* poisson *m* rouge; cyprin doré; **~ˌfischchen** *n* *zo.* petit poisson d'argent; lépisme *m*; **~ˌflotte** *f* *hist.* galions *m/pl.*; **~ˌfolie** [-liˑə] *f* tain *m* d'argent; **~ˌfuchs** *m* *zo.* renard argenté; **~geˌhalt** *m* *von Münzen etc.* titre *m* (d'argent); teneur *f* en argent; **~ˌgeld** *n* ⟨~(e)s⟩ monnaie *f* d'argent; **~geˌrät** *n*, **~geˌschirr** *n* vaisselle *f* d'argent; argenterie *f*; **2geˌstickt** *adjt.* brodé en argent; **~-ˌglanz** *m* éclat *m* de l'argent; (*Glanz wie Silber*) lustre argentin; *poét.*, *des Mondes* rayons argentés; *chim.* sulfure *m* d'argent; *minéral.* argentite *f*; argyrose *f*; sulfure *m* d'argent naturel; **~ˌgras** *n* *bot.* herbe *f* des pampas; *sc.* gynérium *m*; **2ˌgrau** *adj.* gris argenté; **2ˌhaltig** *adj.* argentifère; **2ˌhell** *adj.* *Ton, Stimme* argentin; argenté; **~-ˌhochzeit** *f* noces *f/pl.* d'argent; **2ig** *adj.* argenté; argentin; *chim.* argentique; **~leˌgierung** *f* alliage *m* d'argent; **~ˌling** *m* ⟨~s; ~e⟩ *bibl.* um dreißig ~e pour trente deniers; **~ˌlöwe** *m* *zo.* puma *m*; **~meˌdaille** *f* médaille *f* d'argent; **~ˌmünzen** *f/pl.* monnaie *f* d'argent; pièces blanches; **2n** *adj.* d'argent; argenté; *Ton, Lachen* argentin; ~e Hochzeit noces d'argent;

~o,xyd *n chim.* oxyde *m* d'argent; **~pa,pier** *n* F papier *m* d'argent; **~,pappel** *f bot.* peuplier argenté; **2pla,ttiert** *adjt.* plaqué (d')argent; **~pla,ttierung** *f* plaqué *m* (d')argent; **~,putzmittel** *n* blanc *m* d'Espagne; **2,reich** *adj.* argentifère; **~,sachen** *f/pl.* argenterie *f*; **~,sand** *m minéral.* sable *m* argentifère; **~,schaum** *m chim.* argent *m* en feuilles minces; **~,scheidung** *f métall.* séparation *f* de l'argent; **~,schicht** *f* couche *f* d'argent; argenture *f*; **~,schiff** *n hist.* galion *m*; **~,schimmer** *m* éclat argentin; **~,schmied** *m* orfèvre *m*; **~,stahl** *m* acier argenté; **~,streifen** *m fig., am Horizont* lueur *f* d'espoir; **~,strich** *m zo. cf.* Kaisermantel; **~,stück** *n* pièce *f* d'argent; **~,tanne** *f bot.* sapin argenté; **~ver,bindung** *f chim.* argentate *m*; **~,währung** *f* étalon-argent *m*; **~,waren** *f/pl.* argenterie *f*; **~,weide** *f bot.* saule blanc; **2,weiß I** *adj.* argenté; **II ~,weiß** *n* blanc *m* d'argent; **~,zeug** F *n* vaisselle *f* d'argent; argenterie *f*.

silbrig ['zɪlbrɪç] *adj. cf.* silberig.

Silentium [zi'lɛntsi·ʊm] *n* ⟨~s⟩ ~! silence!

Silhouette [zi·lu·'ɛtə] *f* ⟨~; ~n⟩ silhouette *f*.

Silicium [zi·'li:tsi·ʊm] *n* ⟨~s⟩ *chim.* silicium [-jɔm] *m*; **~...** *in Zssgn.* silicié; du *od.* au silicium; **~ge,halt** *m chim.* teneur *f* en silicium; **~ver,bindung** *f chim.* siliciure *m*.

Silikat [zi·li·'kɑ:t] *n* ⟨~(e)s; ~e⟩ (*Fachsprache nur*: Silicat) *chim.* silicate *m*; **~ge,stein** *n géol.* roches silicatées.

Silikon|e [zi·li·'ko:nə] *pl. chim.* silicones *f/pl.*; **~,harze** *n/pl.* résines *f/pl.* de silicones, aux silicones; **~,öle** *n/pl.* huiles *f/pl.* de silicones.

Silikose [zi·li·'ko:zə] *f* ⟨~; ~n⟩ *méd.* silicose *f*.

Silizium *cf.* Silicium.

Silo ['zi:lo·] *m* ⟨~s; ~s⟩ silo *m*; in e-n ~ einlagern ensiler; Einlagerung in e-n ~ ensilage *m*; silotage *m*; **~,futter** *n agr.* fourrages ensilés; **~,wagen** *m chem.* wagon-silo *m*; **~,zelle** *f* chambre *f* silo.

Silur [zi·'lu:r] *n* ⟨~s⟩ *géol.* silurien *m*; **2isch** *adj.* silurien, -nne.

Silvester [zɪl'vɛstər] *n* ⟨~s; ~⟩, **~,abend** *m* la Saint-Sylvestre; veille *f* du jour de l'an; **~,nacht** *f* nuit *f* de la Saint-Sylvestre.

Simili|diamant ['zi:mi·li·di·a,mant] *m* faux diamant; strass *m*; **~,stein** *m* strass *m*; pierre fausse.

Simmerring ['zɪmər,rɪŋ] *m techn.* anneau *m* à lèvre.

Simonie [zi·mo·'ni:] *f* ⟨~; -ien⟩ *égl. cath.* simonie *f*.

simpel ['zɪmpəl] **I** *adj.* ⟨-pl-⟩ (*einfach*) simple; (*einfältig*) niais; nigaud; **II 2** F *m* ⟨~s; ~⟩ simple *m*; niais *m*; nigaud *m*; benêt *m*.

Simplex ['zɪmplɛks] *n* ⟨~; ~e *od.* -'plizia⟩ *gr.* mot non composé; **~...** *in Zssgn. élect.* simple; unidirectionnel, -lle; **~,leitung** *f élect.* ligne *f* simple; **~,schaltung** *f élect.* circuit *m* simplex.

simpli|fizieren [zɪmpli·fi·'tsi:rən] *v/t.* ⟨*pas de ge-*, h⟩ simplifier; **2fi'zierung** *f* ⟨~; ~en⟩ simplification *f*; **2zi'tät** *f* ⟨~⟩ simplicité *f*.

Sims [zɪms] *m od. n* ⟨~es; ~e⟩ *bât.* corniche *f*; moulure *f*; *über e-r Tür* chambranle *m*; linteau *m*; *am Fenster* rebord *m*; (*Kamin2*) chambranle *m*; F cheminée *f*; **~,hobel** *m charp.* guillaume *m*; **~,stein** *m bât.* pierre *f* à moulure.

Simu|lant(in) [zi·mu·'lant(ɪn)] *m* ⟨~en; ~en⟩ (*f*) ⟨~; ~nen⟩ simulateur, -trice *m, f*; F comédien, -nne *m, f*; *argot milit., nur m* fricoteur *m*; tire-au-flanc *m*; tire-au-cul *m*; **~'lator** *m* ⟨~s; -'toren⟩ *phys., aviat.* simulateur *m*; **2'lieren I** *v/t.* ⟨*pas de ge-*, h⟩ simuler; feindre, faire semblant (de + *inf.*); **II** *v/i.* F **über etw.** ~ réfléchir à qc.; F se creuser la tête, la cervelle, P le ciboulot sur qc.; **III ~'lieren** *n* ⟨~s⟩ simulation *f*; feinte *f*.

simultan [zi·mʊl'tɑ:n] **1.** *adj.* simultané; **2.** *adv.* simultanément; en même temps; **2be,trieb** *m tél.* télégraphie simultanée; **2,dolmetschen** *n* traduction simultanée; **2em,pfang** *m rad.* réception simultanée; **2,kirche** *f* église interconfessionnelle; **2,schule** *f* école interconfessionnelle; **2,spiel** *n Schach* partie simultanée.

Sinekure [zi·ne·'ku:rə] *f* ⟨~; ~n⟩ sinécure *f*.

Sinfonie [zɪnfo·'ni:] *f* ⟨~; -ien⟩ *mus.* symphonie *f*; **~kon,zert** *n mus.* concert *m* symphonique; **~or,chester** *n mus.* orchestre *m* symphonique.

Sinfoni|ker [zɪn'fo:ni·kər] *m* ⟨~s; ~⟩ *mus.* **1.** compositeur *m* de symphonies; **2.** membre *m* d'un orchestre symphonique; **2sch** *adj.* symphonique.

Sing|akademie ['zɪŋ?akade·,mi:] *f mus. etwa* chorale *f*; **2bar** *adj.* chantable; **~,drossel** *f zo.* grive *f*; tourd *m*; **2en I** *v/t. u. v/i.* ⟨singt, sang, gesungen, h⟩ chanter; **falsch ~** chanter faux; détonner; ne pas être dans le ton; **richtig ~** chanter juste; **Baß ~** chanter la basse; avoir une voix de basse; **mehrstimmig ~** chanter à plusieurs voix; **im Chor ~** chanter en chœur; **ein Duett ~** chanter en duo; **aus vollem Halse ~** chanter à pleine gorge; **leise vor sich hin ~** chantonner; **das hohe C ~ können** monter jusqu'à l'ut; **die Tonleiter ~** chanter la gamme; **vom Blatt ~** chanter à (première) vue, à livre ouvert; **nach dem Gehör ~** chanter d'oreille; **zur Laute ~** chanter en s'accompagnant avec le luth; **ein Kind in den Schlaf ~** endormir un enfant en chantant; chanter des chansons à un enfant pour l'endormir; *fig.* **j-s Lob ~** faire l'éloge, chanter les louanges de qn.; *fig.* **davon kann ich ein Lied ~** j'en sais qc.; **II** *v/i. Wasserkessel vor dem Kochen* chanter; P *von e-m Verbrecher* trahir, dénoncer, vendre ses complices; P chanter; se mettre à table; vider son sac; accoucher; **III** *v/réfl.* **sich heiser ~** s'enrouer en chantant; s'érailler la voix en chantant; **IV ~en** *n* ⟨~s⟩ chant *m*; **2end** *adjt.* chantant; *mus.* **2e Säge** scie musicale; **~e'rei** F *f* ⟨~⟩ chantonnement perpétuel, continuel.

Singhales|e [zɪŋga'le:zə] *m* ⟨~n; ~n⟩, **~in** *f* ⟨~; ~nen⟩ Cing(h)alais, -e *m, f*; **2isch** *adj.* cing(h)alais.

Sing|sang ['zɪŋzaŋ] F *m* ⟨~(e)s⟩ chant monotone; ton chantant; **~,schule** *f* école *f* de chant; **~schwan** *m zo.* cygne chanteur; **~spiel** *n thé.* vaudeville *m* à couplets; (*Spieloper*) opérette *f*; **2spiel,artig** *adj.* vaudevillesque; **~spiel,dichter** *m* vaudevilliste *m*; **~,stimme** *f* voix *f*; (*Gesangspartie*) partie *f* de chant; **~,stunde** *f* leçon *f* de chant.

Singular ['zɪŋgu·lɑ:r, -'lɑ:r] *m* ⟨~s; ~e⟩ *gr.* singulier *m*.

singulär [zɪŋgu·'lɛ:r] *adj.* singulier, -ère.

singularisch [zɪŋgu·'lɑ:rɪʃ] *adj. gr.* au singulier.

Sing|vogel ['zɪŋ,fo:gəl] *m zo.* oiseau chanteur; **~,weise** *f* **a)** manière *f* de chanter; **b)** mélodie *f*; air *m*.

sinken ['zɪŋkən] **I** *v/i.* ⟨sinkt, sank, gesunken, sein⟩ *Sonne* baisser; décliner; être sur son déclin; *Nebel* tomber; *Schiff* couler (bas); sombrer; *ins Wasser geworfener Gegenstand* descendre lentement, couler au fond; *Thermometer* tomber; descendre; *Temperatur* baisser; tomber; *fig. Hoffnung* s'évanouir; *Kurse* baisser; descendre; *Preise auch* diminuer; *Wert* baisser; diminuer; **die Hände in den Schoß ~ lassen** laisser tomber ses mains sur ses cuisses; **auf den** *od.* **zu Boden ~** tomber par terre; (*zusammenbrechen*) s'affaisser; **auf die** *od.* **in die Knie ~** tomber à *od.* sur les genoux; *vor j-m* s'agenouiller (devant qn.); *erschöpft* **in e-n Stuhl ~** se laisser tomber sur une chaise; **in j-s Arme ~** se jeter dans les bras de qn.; **j-m zu Füßen ~** se jeter aux pieds de qn.; se prosterner devant qn.; **ins Grab ~** descendre dans la tombe; **in Ohnmacht ~** s'évanouir; tomber en défaillance; **in tiefen Schlaf ~** tomber dans un profond sommeil; **auf Null ~** tomber, descendre à zéro; **im Preis ~** baisser de prix; *fig.* **den Mut ~ lassen** perdre courage; se décourager; **er ist in meiner Achtung gesunken** il a baissé dans mon estime; *moralisch* **tief gesunken** tombé bien bas; **immer tiefer ~** tomber de plus en plus bas; déchoir; **wie tief bist du gesunken!** à quel point es-tu déchu!; **bis in die ~de Nacht** jusqu'à la nuit tombante; **II 2** *n* ⟨~s⟩ *der Sonne* déclin *m*; *e-s ins Wasser geworfenen Gegenstandes* descente *f* au fond; *der Temperatur, der Preise* abaissement *m*; baisse *f*; *fig.* **sein Stern ist im ~** son étoile pâlit.

Sinn [zɪn] *m* ⟨~(e)s; ~e⟩ **1.** (*Wahrnehmungsfähigkeit*) sens *m*; **die fünf ~e** les cinq sens; **die ~e erregen** exciter les sens, la sensualité; **scharfe ~e** sens aiguisés, subtils; *fig.* F **s-e fünf ~e beieinanderhaben, beisammen haben** être dans son bon sens; **s-r ~e mächtig sein** avoir tout son bon sens; (*Bewußtsein*) **ihr schwanden, vergingen die ~e** elle perdit connaissance; **nicht recht bei ~en sein, von ~en sein** n'être pas dans son bon sens; être 'hors de son bon sens; avoir perdu la tête; **bist du von ~en?** as-tu perdu la tête?; **aus den Augen, aus dem ~** *prov.* loin des yeux, loin du cœur *prov.*; **2.** ⟨*pas de pl.*⟩ (*Empfänglichkeit, Verständnis*) sens *m*; sentiment *m*; penchant *m*; goût *m*; **~ für Humor, Musik haben** avoir le sens de l'humour, de la musique; **~ für das Schöne, für die Malerei** sentiment du beau, de la peinture; **nur ~ für Geld haben** ne s'intéresser qu'à l'argent; **praktischer ~** sens pratique; **dafür habe ich keinen ~** je n'ai pas de goût, de penchant pour cela; **3.** ⟨*pas de pl.*⟩ (*Geist, Gesinnung*) **mit frohem ~** avec gaîté, entrain, joie; **mit j-m e-s ~es sein** penser comme qn.; être du même avis, sentiment, de la même opinion que qn.; partager les sentiments de qn.; **in j-s ~e handeln** agir dans l'esprit, conformément aux vues, aux intentions, suivant les idées de qn.;

in s-m ~e à son gré; à sa guise; selon ses vues, ses désirs, sa volonté; **im ~e des Gesetzes** dans l'esprit de la loi; **anderen ~es werden** changer d'avis, d'opinion; se raviser; *litt.* venir à résipiscence; F **sich etw. aus dem ~ schlagen** s'ôter qc. de l'esprit, de la tête, de la pensée, F de la cervelle; **das will** *od.* **geht mir nicht aus dem ~, das liegt mir immer im ~** j'y pense toujours; cela m'obsède; cela ne me sort pas de l'esprit, de la tête, F de la cervelle; **das will mir nicht in den ~** cela ne veut pas entrer dans ma tête; cela ne veut pas m'entrer dans la tête; cela m'est incompréhensible; **etw. im ~e haben** avoir qc. en vue; méditer, projeter qc.; **Böses im ~e haben** méditer un coup; F machiner; mijoter; manigancer; **was hat er im ~?** *auch* quelle intention a-t-il?; **sein ~ steht nach Höherem** il a des vues plus élevées; **es kam mir in den ~, daß ...** il me vint à l'idée, à l'esprit que ...; **er äußerte sich im gleichen ~e** il s'exprima dans le même sens; il exprima la même opinion, idée, le même sentiment; **in diesem ~e** dans cet esprit; **versuchen Sie, ihn in diesem ~e zu beeinflussen** tâchez de l'influencer dans ce sens; **4.** ⟨*pas de pl.*⟩ (*Bedeutung*) sens *m*; *e-s Wortes, Satzes etc.* signification *f*; acception *f*; **~ des Lebens** sens de la vie; **im eigentlichen (übertragenen, figürlichen) ~e** au sens propre (figuré); **im engeren ~e** dans un sens plus restreint; au sens étroit; **im weiteren ~e** par extension; au sens large; **im besten ~e des Wortes** par excellence; au meilleur sens du terme, du mot; **in gutem (schlechtem) ~e** en bonne (mauvaise) part; **im wörtlichen ~e** au sens littéral; à la lettre; au pied de la lettre; **im wahrsten ~e des Wortes** dans toute la force du terme; dans toute l'acception du mot; **in gewissem ~e** en un sens; dans un sens; **unterstellter ~** sous-entendu *m*; **den ~ e-s Textes entstellen** dénaturer le (sens d'un) texte; **e-n tiefen ~ haben** avoir un sens profond; **darin ist weder ~ noch Verstand** cela n'a pas de sens; **ohne ~ u. Verstand** F sans rime ni raison; **dem ~e nach** d'après le sens; **der langen Rede kurzer ~** en un mot; en clair; pour résumer; **das hat keinen ~** c'est absurde; cela ne rime à rien; (*das ist zwecklos*) c'est inutile; **was hat das alles für e-n ~?** à quoi tout cela sert-il, rime-t-il?; **2beˌtörend** *adjt.* ensorcelant; **~bild** *n* emblème *m*; symbole *m*; allégorie *f*; **2bildˌlich** *adj.* symbolique; allégorique; **~ darstellen** symboliser; **~ erläutern** allégoriser.

sinnen ['zɪnən] **I** *v/i.* ⟨**sinnt, sann, gesonnen, h**⟩ méditer; réfléchir; **auf etw. ~** méditer qc.; songer, rêver à qc.; **auf Rache ~** méditer une vengeance; **auf Mittel u. Wege ~** réfléchir, rechercher les moyens (de + *inf.*); **ich bin nicht gesonnen, zu ...** (+ *inf.*) je n'ai nullement l'intention de ... (+ *inf.*); *cf. auch* **gesinnt, gesonnen**; **II 2** *n* ⟨**~s**⟩ méditations *f/pl.*; réflexions *f/pl.*; rêveries *f/pl.*; **all sein ~ u. Trachten** tout ce qui occupe son esprit; **all sein ~ u. Trachten ist auf ... gerichtet** il met tout son cœur à ...; toutes ses pensées sont tendues vers ...; **~d** *adjt.* méditatif, -ive; rêveur, -euse.

Sinnen|freude ['zɪnənˌfrɔydə] *f* plaisirs *m/pl.* des sens; volupté *f*; **2ˌfreudig** *adj.* voluptueux, -euse; **~ˌlust** *f cf.* **~freude**; **~ˌmensch** *m* homme sensuel; **~ˌrausch** *m* ivresse *f* des sens; **~ˌreiz** *m* charme sensuel; **~ˌtaumel** *m* vertige *m* du plaisir; *cf. auch* **~rausch**.

sinnentstellend ['zɪnʔɛntˌʃtɛlənt] *adjt.* défigurant le sens.

Sinnenwelt ['zɪnənˌvɛlt] *f* ⟨~⟩ *philos.* monde *m* des apparences; univers *m* sensible; monde *m* physique, sensible.

Sinnes|änderung ['zɪnəsˌʔɛndərʊŋ] *f* changement *m* d'avis, d'opinion; résipiscence *f*; **~ˌart** *f* sentiment *m*; manière *f* de penser; mentalité *f*; **~emˌpfindung** *f* sensation *f*; **~ˌnerven** *m/pl. anat.* nerfs sensoriels; **~orˌgane** *n/pl. anat.* organes *m/pl.* des sens; **~ˌreiz** *m* excitation *f* des sens; **~ˌschärfe** *f* acuité *f* des sens; **~ˌstörung** *f* trouble *m* des sens; **~ˌtäuschung** *f* illusion *f* des sens; *krankhafte* hallucination *f*; **~ˌwahrnehmung** *f* perception sensorielle; **~ˌwerkzeuge** *n/pl. anat. cf.* **~organe**.

sinnfällig ['zɪnˌfɛlɪç] *adj.* évident; **2keit** *f* ⟨~⟩ évidence *f*.

Sinn|gebung ['zɪnˌgeːbʊŋ] *f* ⟨~; ~en⟩ interprétation *f*; **~geˌdicht** *n* épigramme *f*; **~geˌhalt** *m* sens *m*; signification *f*; **2geˌmäß 1.** *adj.* conforme au sens; analogique; **~e Anwendung finden** être appliqué par analogie; **in diesem Falle findet der Artikel 7 des Vertrages ~e Anwendung** dans ce cas, en pareil cas l'article 7 du contrat est applicable; **2.** *adv.* conformément au sens; par analogie; **~ anwenden** appliquer par analogie; **~ gelten** s'appliquer par analogie; s'appliquer mutatis mutandis; **~ ändern** modifier dans le sens, l'esprit convenu; **2geˌtreu** *adj.* qui rend fidèlement le sens; conforme au sens.

sinnieren [zɪ'niːrən] F *v/i.* ⟨*pas de ge-*, **h**⟩ méditer; réfléchir; rêver; songer.

sinnig ['zɪnɪç] *adj.* (*wohldurchdacht*) ingénieux, -euse; *Gedicht, Geschenk* (*zart gedacht*) délicat; **2keit** *f* ⟨~⟩ ingéniosité *f*; délicatesse *f*.

sinnlich ['zɪnlɪç] *adj.* **1.** *Lippen, Mund, Liebe, Mensch* sensuel, -lle; *Liebe auch* charnel, -lle; (*die Sinne erregend*) *Gedanken* voluptueux, -euse; *Tanz* lascif, -ive; **ein ~er Mensch** un(e) sensuel(le); **die ~en Triebe** les appétits sensuels; **er ist sehr ~** *auch* F il a du tempérament; **2.** *philos.* (*wahrnehmbar*) sensible; **~e Wahrnehmung** perception des sens, sensorielle; **2keit** *f* ⟨~⟩ **1.** sensualité *f*; volupté *f*; lascivité *f*; **2.** *philos. cf.* **Empfindungsvermögen**.

sinnlos ['zɪnloːs] *adj. Sätze, Worte etc.* (*nichts bedeutend*) dépourvu, vide de sens; *Handlung, Maßnahmen, Worte, Reden* (*unsinnig*) insensé; absurde; stupide; F fou (fol), folle; idiot; *Maßnahmen* (*zwecklos*) inutile; **in ~er Wut** F dans une rage folle; **~e Worte** *auch* paroles ineptes; inepties [-si] *f/pl.*; insanités *f/pl.*; sottises *f/pl.*; **jeder Widerstand ist ~** toute résistance est vaine; **~ betrunken** ivre mort; **2igˌkeit** *f* ⟨~⟩ absurdité *f*; stupidité *f*; folie *f*; idiotie [-si] *f*; (*Zwecklosigkeit*) inutilité *f*.

Sinn|pflanze ['zɪnˌpflantsə] *f bot.* sensitive *f*; **2reich** *adj.* ingénieux, -euse; judicieux, -euse; **~spruch** *m* sentence *f*; *sc.* apophtègme *m*; **2verˌwandt** *adj.* synonyme (*auch m* **~es Wort**); proche de sens; de sens voisin; **~verˌwandtschaft** *f* synonymie *f*; parenté *f* de sens; **2verˌwirrend** *adjt.* affolant; qui trouble l'esprit, les sens; **2voll** *adj.* (*gut durchdacht*) ingénieux, -euse; judicieux, -euse; (*zweckmäßig*) utile; **2ˌwidrig** *adj.* absurde; à contresens; **~ˌwidrigˌkeit** *f* absurdité *f*; contresens *m*.

Sinolog|e [ziˑnoˑ'loːgə] *m* ⟨~n; ~n⟩ sinologue *m*; **~ie** [-'giː] *f* ⟨~⟩ sinologie *f*; **2isch** *adj.* sinologique.

Sinter ['zɪntər] *m* ⟨~s; ~⟩ *minéral., géol.* concrétion *f*; *métall.* crasses *f/pl.* (de fer); laitier *m*; scories *f/pl.*; **2n I** *v/t.* ⟨-(e)re, **h**⟩ *métall.* fritter; *Keramik* vitrifier; **II** *v/i. Wasser* suinter; filtrer; (*Sinter bilden*) former des concrétions; *métall., Keramik* se concréter; se concrétionner; **III ~n** *n* ⟨~s⟩ **1.** *métall.* frittage *m*; *Keramik* vitrification *f*; *von Wasser* suintement *m*; filtration *f*; **2.** formation *f* de concrétions; *métall., Keramik* concrétion *f*; **~ˌsäule** *f minéral., géol.* pilier *m*, colonne *f* de concrétions; **~ˌstahl** *m* acier fritté; **~teˌrrasse** *f minéral., géol.* terrasse *f* de concrétions; **~ung** *f* ⟨~; ~en⟩ *cf.* **2n III**; **~ˌwasser** *n* eau *f* de suintement.

Sintflut ['zɪntfluːt] *f* ⟨~⟩ déluge *m*; cataclysme *m*; *bibl.* Déluge *m*; **nach uns die ~!** après nous le déluge!

Sinus ['ziːnʊs] *m* ⟨~; ~ *od.* ~se⟩ *anat., math.* sinus [-ys] *m*; **~ˌfeld** *n phys.* champ sinusoïdal; **~geˌsetz** *n phys.* loi *f* des sinus; **~ˌkurve** *f math.* sinusoïde *f*; **~ˌlinie** *f math.* ligne sinusoïdale; **~ˌreihe** *f math.* série *f* de sinus; **~ˌschwingung** *f phys.* oscillation, vibration sinusoïdale; **~ˌstrom** *m élect.* courant sinusoïdal; **~ˌwelle** *f phys.* onde sinusoïdale.

Siphon [ziˑ'fõː, -'fɔŋ] *m* ⟨~s; ~s⟩ siphon *m*.

Sipp|e ['zɪpə] *f* ⟨~; ~n⟩ parenté *f*; famille *f*; **~enˌforschung** *f* recherches *f/pl.* généalogiques; **~enˌhaft(ung)** *f* coresponsabilité familiale; **~enˌkunde** *f* ⟨~⟩ généalogie *f*; **2enˌkundlich** *adj.* généalogique; **~schaft** *péj. f* ⟨~; ~en⟩ *péj.* clique *f*; bande *f*; engeance *f*; séquelle *f*; **die ganze ~** *auch* toute la smala(h).

Sirene [ziˑ'reːnə] *f* ⟨~; ~n⟩ **1.** *myth.* sirène *f*; **2.** *Warnvorrichtung* sirène *f* (d'alarme, d'alerte); **3.** *zo.* sirène *f*; **~n** *pl.* siréniens *m/pl.*; **~ngeˌheul** *n* 'hurlement *m* des sirènes; **~ngeˌsang** *m myth.* chant *m* des sirènes; **2nˌhaft** *adj.* séduisant.

sirren ['zɪrən] *v/i.* ⟨**h**⟩ bourdonner.

Sirup ['ziːrʊp] *m* ⟨~s; ~e⟩ (*Zuckerrübensaft*) mélasse *f*; (*Frucht*2) sirop *m*; **2ˌartig** *adj.* sirupeux, -euse.

Sisal|agave ['ziːzalʔaˌgaːvə] *f bot.* sisal *m*; **~ˌhanf** *m* fibre *f* de sisal; **~ˌteppich** *m* tapis *m* en sisal.

sistier|en [zɪs'tiːrən] *v/t.* ⟨*pas de ge-*, **h**⟩ arrêter; *Verfahren* suspendre; *Personen* arrêter pour vérification d'identité; **2ung** *f* ⟨~; ~en⟩ arrêt *m*; *e-s Verfahrens* suspension *f*; *von Personen* arrestation *f* pour vérification d'identité.

Sisyphusarbeit ['ziːzyˑfʊsˌʔarbaɪt] *f* travail *m*, rocher *m* de Sisyphe.

Sitte ['zɪtə] *f* ⟨~; ~n⟩ **1.** (*Brauch*) coutume *f*; usage *m*; F règle *f*; mode *f*; (*Anstand*) honnêteté *f*; savoir-vivre *m*; éducation *f*; **~n** *pl.* mœurs *f/pl.*; **~n u. Gebräuche** us et coutumes; **alte ~** coutume consacrée par l'usage; **nach alter ~** selon l'antique usage; **~ sein** être d'usage; **das ist bei uns nicht ~** ce n'est pas l'usage, la coutume chez nous; **das ist hier so ~** c'est la mode ici; **es ist ~, daß ...** il est de règle, de rigueur de ... (+ *inf.*); **gute ~n** (bonnes) mœurs; moralité (publique); décence *f*; **gegen die guten ~n verstoßen** porter atteinte aux, pécher contre les, attenter, déroger aux bonnes mœurs; offenser les mœurs; **er hat gute ~n** il a une bonne éducation; il a du savoir-vivre; *Mensch* **von feinen (schlechten) ~n** bien (mal) élevé; **das ist gegen die guten ~n** c'est contraire aux (bonnes) mœurs; **andere Zeiten, andere ~n** *prov.* autres temps, autres mœurs *prov.*; **2.** P *cf.* **~npolizei**; **~nˌbild** *n*, **~ngeˌmälde** *n* tableau *m* de mœurs; **~ngeˌschichte** *f* ⟨~⟩ histoire *f* des mœurs; **~ngeˌsetz** *n* loi morale; **~nˌkodex** *m* code moral; **~nˌlehre** *f* morale *f*; éthique *f*; **∽nˌlos** *adj.* sans mœurs; immoral; *pfort.* dissolu; **~nˌlosigkeit** *f* immoralité *f*; dérèglement *m* des mœurs; **~npoliˌzei** *f* police *f* des mœurs; **unter der Aufsicht der ~ stehen** être sous la surveillance de la police des mœurs; **∽nˌrein** *adj.* intègre; de mœurs pures; **~nˌreinheit** *f* pureté *f* de(s) mœurs; **~nˌrichter** *m* censeur *m*; **~nroˌman** *m* roman *m* de mœurs; **~nˌschilderung** *f* description *f* des mœurs; **∽nˌstreng** *adj.* de mœurs austères; puritain; **~nˌstrenge** *f* austérité *f* de(s) mœurs; puritanisme *m*; **∽nverˌderbend** *adjt.* démoralisant; dépravant les mœurs; **~nverˌderbnis** *f*, **~nverˌfall** *m* démoralisation *f*; corruption *f*, dépravation *f*, décadence *f* des mœurs; dissolution morale; **~nverˌfeinerung** *f* affinement *m* des mœurs; **~nverˌwilderung** *f* *cf.* **~nverderbnis**; **∽nˌwidrig** *adj.* contraire aux (bonnes) mœurs; **~e Handlung** acte immoral.

Sittich ['zɪtɪç] *m* ⟨~s; ~e⟩ *zo.* perroquet *m*; perruche *f*.

sittlich ['zɪtlɪç] **1.** *adj.* moral; **~es Bewußtsein** conscience morale; **~e Pflicht** devoir moral; **sein ~es Verhalten ist einwandfrei** sa moralité est irréprochable; **~e Entrüstung** indignation *f*; **2.** *adv.* **~ einwandfrei** de bonnes mœurs; **∽ˌkeit** *f* ⟨~⟩ moralité *f*; (bonnes) mœurs; **Gefährdung der ~** danger pour les mœurs; **∽keitsgeˌfühl** *n* sens moral; **∽keitsverˌbrechen** *n* attentat *m* aux mœurs, à la pudeur; crime *m* contre les mœurs; outrage *m* aux bonnes mœurs; **∽keitsverˌbrecher** *m* individu ayant commis un attentat aux mœurs; *pfort.* sadique *m*.

sittsam ['zɪtzaːm] *adj.* (*still u. bescheiden*) modeste; (*anständig*) décent; honnête; (*tugendhaft*) sage; vertueux, -euse; pudique; **∽ˌkeit** *f* ⟨~⟩ modestie *f*; décence *f*; honnêteté *f*; sagesse *f*; vertu *f*; pudeur *f*.

Situation [ziˑtuˑatsiˑ'oːn] *f* ⟨~; ~en⟩ situation *f*; **die ~ erfassen, retten** réaliser, sauver la situation; **Herr der ~ sein** être maître de la situation; dominer la situation; **heikle ~** situation précaire; **∽sbeˌdingt** *adj.* conditionné par, dépendant de la situation; **~sˌkomik** *f* comique *m* de la situation; **~sˌplan** *m* tracé général.

situiert [ziˑtuˑ'iːrt] *adjt.* **gut ~ sein** vivre, être dans l'aisance; F avoir du foin dans ses bottes.

Sitz [zɪts] *m* ⟨~es; ~e⟩ *e-s Stuhls, e-r Krankheit, Gesellschaft, Regierung, Behörde, im Parlament, Auto* siège *m*; *e-r Handelsgesellschaft* siège social; *in der franz. Akademie, thé., Kino* fauteuil *m*; (*Wohn∽*) résidence *f*; domicile *m*; *techn.* (*Passung*) ajustement *od.* ajustage *m*; *e-s Reiters* assiette *f*; **gepolsterter ~** fauteuil rembourré; **verstellbarer ~** siège réglable; **sich von den ~en erheben** s'élever; *Auto* **legen Sie Ihr Gepäck auf den hinteren ~** mettez vos bagages sur la banquette arrière; **dieses Schloß war der ~ der Grafen von H.** ce château était la résidence des comtes de H.; *Regierung* **ihren ~ haben in ...** avoir son siège à ...; siéger à ...; **mit ~ in** ayant son siège à ...; **s-n ~ aufschlagen in ...** s'établir, se fixer dans ...; élire domicile à ...; **~ u. Stimme im Rat haben** avoir voix au conseil, F au chapitre; **e-n ~ im Parlament haben** avoir un siège au parlement; siéger au parlement; **e-n ~ erringen** enlever, gagner un siège; **ein ~ wird frei** un siège devient vacant; **die zu besetzenden ~e** les sièges à pourvoir; **e-n ~ neu besetzen** combler une vacance; *gym.* **im ~** (en position) assis(e); *cout., Kleid, Anzug* **e-n guten ~ haben** aller bien; seoir; être seyant; **wir garantieren den tadellosen ~ unserer Kleider** nous garantissons la coupe impeccable de nos vêtements; F **er aß es auf e-n ~ auf** il a mangé tout en une fois; **~ˌanordnung** *f* disposition *f* des sièges; **~bad** *n méd.* bain *m* de siège; **~ˌbadeˌwanne** *f* baignoire-sabot *f*; sabot *m*; **~bank** *f* ⟨~; ⸚e⟩ banquette *f*; banc *m*; siège long; canapé *m*; **~bein** *n anat. sc.* ischion *m*; **~brett** *n* planche *f* pour s'asseoir.

sitzen ['zɪtsən] **I** *v/i.* ⟨-(es)t, sitzt, saß, gesessen, h *od. südd.* sein⟩ être assis; être; se tenir; *Vögel* être perché, posé, juché; *Firma* avoir son siège; *Regierung, Behörden etc.* siéger; *Kleidungsstücke* aller bien; seoir; *Hieb* (*auch fig.*) porter (juste); *Henne* (*brüten*) couver (des œufs); *Völkerstämme* être établi; *in e-m Ausschuß etc.* être membre de; faire partie de; F (*eingesperrt sein*) être en prison; **auf e-m Stuhl ~** être assis sur une chaise; **~ bleiben** rester assis; **bei Tisch ~** être à table; **lange u. gemütlich bei Tisch ~** s'attarder confortablement à table; **oben am Tisch ~** tenir le haut bout de la table; **hier werden wir besser ~!** nous serons mieux ici; **zu Pferde ~** être à cheval; **zu j-s Füßen ~** être aux pieds de qn.; **im Bett ~** être sur son séant; **der Saal saß voller Menschen** la salle était comble; **es saß sich so gemütlich dort** on y était si bien; **e-m Maler ~** poser pour un peintre, un portrait; **immer über den Büchern ~** pâlir, sécher sur les livres; **an dieser Arbeit habe ich drei Tage gesessen** j'ai mis trois jours à faire ce travail; **über e-r Arbeit ~** travailler à qc.; **immer zu Hause ~** ne pas bouger de chez soi; mener une vie casanière; **hinter Schloß u. Riegel ~** être sous les verrous; **bei Wasser u. Brot ~** être au pain sec et à l'eau; **er hat schon einmal gesessen** il a déjà été en prison; **über j-n zu Gericht ~** faire passer qn. en jugement; juger qn.; F *fig.* **j-m dauernd auf der Pelle ~** F être toujours sur le dos de qn., aux trousses de qn.; F *fig.* **er sitzt auf dem Geld** il est près de ses sous; *fig.* **etw. nicht auf sich ~ lassen** F ne pas encaisser, avaler qc.; *fig.* **(wie) auf Kohlen ~** être sur des charbons ardents, sur le gril, sur la braise; *fig.* **wie auf Nadeln ~** être sur des épines; *fig.* **auf dem trocknen ~** être à sec; *fig.* F **in der Patsche, Tinte ~** F être dans le pétrin, la pommade, la mélasse; F **er hat e-n ~** F il a une cuite; *fig.* **fest im Sattel ~** F être bien en selle; *fig.* **das Messer sitzt ihm locker** il joue facilement du couteau; **hier sitzt das Übel** voilà le siège du mal; F **hier sitzt mir's** c'est là que siège mon mal; F **ich hab's im Halse ~** j'ai la gorge prise; *von Kleidungsstücken* **das sitzt (Ihnen) wie angegossen** cela vous va comme un gant; **die Schultern ~ ausgezeichnet** les épaules vont à la perfection; **das muß ~** ça doit être parfait; *von etw. Gelerntem* **das sitzt** il, elle, *etc.* l'a bien retenu (*par ex.* le poème); *Nagel, Brett etc.* **fest ~** bien tenir; ne pas bouger; être bien fixé, enfoncé, attaché; **locker ~** mal tenir; branler; *Hut* **zu tief im Gesicht ~** être trop enfoncé; **II ∽** *n* ⟨~s⟩ position assise; **des ~s müde** las, -sse d'être assis(e); **j-n zum ~ nötigen** faire asseoir qn.; **das viele ~ schadet der Gesundheit** la vie sédentaire nuit à la santé; **~ˌbleiben I** F *v/i.* ⟨*irr., sép.*, -ge-, sein⟩ *in der Schule* devoir redoubler une classe; *ein Mädchen, beim Tanz* faire tapisserie; (*keinen Mann bekommen*) rester fille; coiffer sainte Catherine; **auf e-r Ware ~** ne pas trouver preneur pour sa marchandise; **er ist damit sitzengeblieben** cela lui est resté pour compte; **II ∽ˌbleiben** *n* ⟨~s⟩ *in der Schule* redoublement *m* d'une classe; **∽ˌbleiber(in)** F *m* ⟨~s; ~⟩ (*f*) ⟨~; ~nen⟩ redoublant, -e *m, f*; **~d** *adjt.* assis; **~e Lebensweise** vie sédentaire; **am Tisch ~** attablé; *relig.* **... ~ zur Rechten Gottes** assis à la droite du Seigneur; **~ˌlassen** F *v/t.* ⟨*irr., sép.*, -ge-, h⟩ **j-n ~** (*im Stich lassen*) F laisser qn. en panne, en plan, P en carafe; faire faux bond à qn.; (*nicht zur Verabredung kommen*) F poser un lapin à qn.; P faire faire le poireau à qn.; laisser sécher qn.; faire faux bond à qn.; (*ohne Abschied verlassen*) brûler la politesse à qn.

Sitz|fläche ['zɪtsˌflɛçə] *f* siège *m*; *techn., e-s Ventils* surface *f* de jonction, de contact; **~fleisch** *n* F **kein ~ haben** ne pas être assidu au travail; manquer d'assiduité, de constance au travail; (*nicht lange stillsitzen können*) ne pas tenir, rester en place; **~geˌlegenheit** *f* siège *m*; **~ bieten für ...** être prévu pour ...; **~ˌordnung** *f* placement *m* (des invités à une table, des députés au parlement, *etc.*); **~platz** *m* place assise; **~ˌpolster** *n* coussin *m*; *e-s gepolsterten Stuhles* siège *m*; **~ˌreihe** *f* rang *m*; **~streik** *m* grève *f* sur le tas, des bras croisés.

Sitzung ['zɪtsʊŋ] *f* ⟨~; ~en⟩ séance *f* (*auch fig.*); session *f*; *e-s Gerichtshofes* audience *f*; *für e-n Maler* séance *f*; pose *f* (pour un portrait); **e-e ~ abhalten** tenir une séance, audience; **die ~ eröffnen** ouvrir la séance; **ich erkläre die ~ für eröffnet, ich eröffne hiermit die ~** je déclare la séance ouverte; **Eröffnung der ~** ouverture de la séance; **die ~ aufheben, schließen** lever, clore la séance; **die ~ ist geschlossen** la séance, l'audience est close; **Schließung der ~** clôture de la séance; **die ~ unterbrechen** suspendre la séance; **während der ~** séance tenante; **(nicht)öffentliche ~** séance publique (privée); **~ unter Ausschluß der Öffentlichkeit** séance à huis clos; **geheime ~** séance secrète; **~sbeˌginn** *m* **bei ~** à l'ouverture, au début de la séance; **~sbeˌricht** *m* procès-verbal *m*, compte rendu, rapport *m* de la séance; **~sˌgeld** *n* jeton *m* de présence; **~speriˌode** *f* session *f*; **zwischen den ~n** pendant l'intersession; dans l'intervalle des sessions; entre les sessions; **~sˌplan** *m* horaire *m* des séances; **~s-protoˌkoll** *n* procès-verbal *m* de la séance; **~sˌsaal** *m* salle *f* des séances; **~sˌtag** *m* jour *m* de séance; **~sˌzimmer** *n cf.* ~ssaal.

Sitz|verstellung ['zɪtsfɛrˌʃtɛlʊŋ] *f Auto* réglage *m* des sièges; **~verˌteilung** *f im Parlament* répartition *f* des sièges.

Sixtinisch [zɪks'tiːnɪʃ] *adj.* **~e Kapelle** chapelle Sixtine; **~e Madonna** Madone de saint Sixte.

Sizil|iane [ziˑtsiˑliˑ'ɑːnə] *f* ⟨~; ~n⟩ *Versform* sicilienne *f*; **~i'aner(in)** *m* ⟨~s; ~⟩ *(f)* ⟨~; ~nen⟩ Sicilien, -nne *m, f*; **⁓i'anisch** *adj.* de Sicile; sicilien, -nne; **~ier(in)** [-'tsiː-] *m* ⟨~s; ~⟩ *(f)* ⟨~; ~nen⟩ *cf.* ~ianer(in); **⁓isch** [-'tsiː-] *adj. cf.* ⁓ianisch.

Skabi|es ['skɑːbiˑɛs] *sc. f* ⟨~⟩ *méd.* gale *f*; **⁓'ös** *adj.* galeux, -euse.

Skabiose [skabiˑ'oːzə] *f* ⟨~; ~n⟩ *bot.* scabieuse *f*.

Skala ['skɑːla] *f* ⟨~; -len *od.* ~s⟩ échelle graduée; *rad.* cadran *m*; *fig.* (*Stufenleiter*), *mus.* (*Tonleiter*) gamme *f*; **gleitende ~** échelle mobile; **beleuchtete ~** cadran lumineux.

Skalar [ska'lɑːr] **I** *m* ⟨~s; ~e⟩ *math.* scalaire *m*; **II** ⁓ *adj.* scalaire.

Skald|e ['skaldə] *m* ⟨~n; ~n⟩ scalde *m*; **~enˌdichtung** *f* poésie *f* des scaldes; **⁓isch** *adj.* des scaldes.

Skale ['skɑːlə] *f* ⟨~; ~n⟩ graduation *f*.

Skalen|ablesung ['skɑːlənˌˀapleːzʊŋ] *f* lecture *f* de l'échelle; **~ˌeinteilung** *f* graduation *f* de l'échelle; **~ˌscheibe** *f cf.* Skala.

Skalp [skalp] *m* ⟨~s; ~e⟩ scalp *m*.

Skalpell [skal'pɛl] *n* ⟨~s; ~e⟩ *chir.* scalpel *m*.

skalpieren [skal'piːrən] **I** *v/t.* ⟨*pas de ge-*, h⟩ scalper; **II** ⁓ *n* ⟨~s⟩ scalpement *m*; scalpation *f*.

Skandal [skan'dɑːl] *m* ⟨~s; ~e⟩ scandale *m*; esclandre *m*; (*Lärm*) bruit *m*; F tapage *m*; **(e-n) ~ machen** faire, causer de l'esclandre; (*lärmen*) faire du bruit, F du tapage; **es kam zu e-m öffentlichen ~** le scandale devint public; **e-n ~ vertuschen** étouffer un scandale; **~ˌblatt** *n* feuille *f* à scandales; **~ˌchronik** *f* chronique scandaleuse; **~geˌschichte** *f* histoire scandaleuse; affaire corsée; **⁓ös** [-'løːs] *adj.* scandaleux, -euse; *pfort.* révoltant; **~ˌpresse** *f* presse *f* à scandales; **~proˌzeß** *m* procès scandaleux; **~ˌsucht** *f* ⟨~⟩ appétit *m* du scandale; **⁓ˌsüchtig** *adj.* avide de scandales; qui aime les scandales; **⁓umˌwittert** *adjt.* auréolé de scandales.

skandieren [skan'diːrən] **I** *v/t.* ⟨*pas de ge-*, h⟩ *Verse* scander; **II** ⁓ *n* ⟨~s⟩ scansion *f*.

Skandinav|ier(in) [skandiˑ'nɑːviˑər (-ɪn)] *m* ⟨~s; ~⟩ *(f)* ⟨~; ~nen⟩ Scandinave *m, f*; **⁓isch** *adj.* scandinave; **die ~en Sprachen** les langues scandinaves.

Skandium ['skandiˑʊm] *n* ⟨~s⟩ *cf.* [Scandium.]

Skapulier [skapuˑ'liːr] *n* ⟨~s; ~e⟩ *égl. cath.* scapulaire *m*.

Skarabäus [skara'bɛːʊs] *m* ⟨~; -bäen⟩ *zo.* scarabée *m*.

Skat [skɑːt] *m* ⟨~(e)s; ~e *od.* ~s⟩ *Kartenspiel* skat *m*; (*beiseitegelegte Karten*) écart *m*; **~ spielen**, F **dreschen** jouer au skat; **im ~ liegen** être à l'écart; **~ˌbruder** F *m* joueur *m* de skat; **⁓en** F *v/i.* ⟨-ete, h⟩ jouer au skat; **~er** F *m* ⟨~s; ~⟩ *cf.* ~bruder; **~parˌtie** *f* partie *f* de skat; **~spiel** *n* skat *m*; **~ˌspieler** *m cf.* ~bruder.

Skeleton ['skɛlətən, -lətən] *m* ⟨~s; ~s⟩ skeleton *m*.

Skelett [skeˑ'lɛt] *n* ⟨~(e)s; ~e⟩ *anat.* squelette *m* (*auch fig.*); *bât.* ossature *f*; *techn.* châssis *m*; F **er ist das reinste ~** F c'est un vrai squelette; **zum ~ abmagern** devenir (maigre) comme un squelette; **⁓ˌartig** *adj.* squelettique; **~ˌbau(weise)** *m* ⟨~(e)s; ~ten⟩ *(f) bât.* construction *f* en ossature.

Skep|sis ['skɛpsɪs] *f* ⟨~⟩ scepticisme *m*; pyrrhonisme *m*; **~tiker(in)** *m* ⟨~s; ~⟩ *(f)* ⟨~; ~nen⟩ sceptique *m, f*; pyrrhonien *m*; **⁓tisch** *adj.* sceptique; pyrrhonien, -nne; **~ti'zismus** *m* ⟨~⟩ *cf.* ~sis.

Sketch [skɛtʃ] *m* ⟨~(es); ~e(s)⟩ sketch *m* (*pl.* sketches).

Ski... ['ʃiː...] *cf.* Schi...

Skizz|e ['skɪtsə] *f* ⟨~; ~n⟩ *peint., fig. für ein Buch etc.* esquisse *f*; schéma *m*; (*erster Entwurf*) ébauche *f*; *nur als Zeichnung* croquis *m*; *litt.* (*kleine Schilderung*) notes *f/pl.*; **~enˌblock** *m peint.* bloc *m* de *od.* à croquis; **~enˌbuch** *n peint.* album *m* de *od.* à croquis; **⁓enˌhaft** *adj.* seulement esquissé, ébauché; à grands traits; schématique; **⁓ieren** [-'tsiː-] *v/t.* ⟨*pas de ge-*, h⟩ *peint., fig.* esquisser; ébaucher; *fig.* crayonner; faire un croquis de; brosser, décrire à grands traits; *nur peint.* F croquer; *nur fig.* faire un schéma de; **e-n Plan ~** esquisser, ébaucher un projet; tracer les grandes lignes d'un projet; **in groben Umrissen ~** ébaucher grossièrement; **~enˌsammlung** *f peint.* collection *f* de croquis, d'esquisses.

Sklav|e ['sklɑːvə] *m* ⟨~n; ~n⟩, **~in** *f* ⟨~; ~nen⟩ esclave *m, f* (*auch fig.*); **j-n zum ~n machen** réduire qn. en esclavage; *auch fig.* faire de qn. un esclave; *fig.* **~ s-r Arbeit, s-r Gewohnheiten** esclave de son travail, de ses habitudes; **~enˌaufstand** *m hist.* révolte *f* des esclaves; **~enbeˌfreiung** *f hist.* émancipation *f* des esclaves; **~enˌdienst** *m* esclavage *m*; **~enˌhalter** *m hist.* exploiteur *m* d'esclaves; **~enˌhandel** *m hist.* traite *f* des esclaves, des nègres, des noirs; trafic *m* d'esclaves; **~ treiben** faire la traite d'esclaves, *etc.*; **~enˌhändler** *m hist.* négrier *m*; marchand *m* d'esclaves; **~enˌkriege** *m/pl. hist.* guerres *f/pl.* des esclaves; **~enˌmarkt** *m hist.* marché *m* aux esclaves; **~enmoˌral** *f* morale *f* d'esclave; **~enˌschiff** *n hist.* (vaisseau) négrier *m*; **~enˌseele** *f* âme servile; **~enˌstaaten** *m/pl. hist.* États *m/pl.* esclavagistes; **~enˌtum** *n* ⟨~(e)s⟩, **~e'rei** *f* ⟨~⟩ esclavage *m*; **in Sklaverei geraten** tomber en esclavage; être réduit en esclavage; **⁓isch 1.** *adj.* d'esclave; servile; **2.** *adv.* en esclave; servilement; **~ nachahmen** imiter servilement; **sich ~ an die Vorschriften halten** observer servilement les prescriptions.

Sklero|se [skleˑ'roːzə] *f* ⟨~; ~n⟩ *méd.* sclérose *f*; **multiple ~** sclérose en plaques; **⁓tisch** *adj. méd.* scléreux, -euse.

Skoliose [skoˑliˑ'oːzə] *f* ⟨~; ~n⟩ *méd.* scoliose *f*.

skont|ieren [skɔn'tiːrən] *v/t.* ⟨*pas de ge-*, h⟩ *comm.* escompter; **⁓o** ['skɔn-] *m od. n* ⟨~s; -ti *od.* ~s⟩ escompte *m*; **~rieren** *v/t.* ⟨*pas de ge-*, h⟩ *comm.* faire un arrêt, un relevé; **⁓ro** ['skɔn-] *n* ⟨~s⟩ arrêté *m*, relevé *m* de compte.

Skorbut [skɔr'buːt] *m* ⟨~(e)s⟩ *méd.* scorbut *m*; **⁓isch** *adj. méd.* scorbutique; **~ˌkranke(r)** *f (m)* scorbutique *m, f*.

Skorpion [skɔrpiˑ'oːn] *m* ⟨~s; ~e⟩ *zo.* scorpion *m*; *astr.* ⟨*pas de pl.*⟩ Scorpion *m*.

Skribent [skriˑ'bɛnt] *péj. m* ⟨~en; ~en⟩ F écrivassier *m*; écrivailleur *m*.

Skript [skrɪpt] *n* ⟨~es; ~en⟩ *e-r Vorlesung* notes *f/pl.*; *Film* scénario *m*; **~girl** *n Film* script-girl *f*; secrétaire *f* du metteur en scène, du réalisateur, du plateau.

Skro|fel ['skroːfəl] *f* ⟨~; ~n⟩ *méd.* ~n *pl.* scrofule *f*; **⁓fu'lös** *adj. méd.* scrofuleux, -euse; **~fu'lose** *f* ⟨~; ~n⟩ *méd. cf.* ~fel.

Skrupel ['skruːpəl] *m* ⟨~s; ~⟩ scrupule *m*; **~ haben, sich ~ machen** avoir des scrupules; être scrupuleux, -euse; **keine ~ kennen** ne connaître aucun scrupule; **⁓ˌlos** *adj.* sans scrupules; **~ˌlosigkeit** *f* ⟨~⟩ absence *f* de scrupules.

Skull|boot ['skʊlboːt] *n Rudersport* skiff *m*; **⁓en** *v/i.* ⟨h⟩ ramer; **~er** *m* ⟨~s; ~⟩ *cf.* ~boot.

skulp|tieren [skʊlp'tiːrən] *v/t.* ⟨*pas de ge-*, h⟩ sculpter; **⁓'tur** *f* ⟨~; ~en⟩ sculpture *f*; **⁓'turenˌsammlung** *f* collection *f* de sculptures.

Skunk [skʊŋk] *m* ⟨~s; ~s⟩ *zo.* sconse *od.* scons *od.* scunce *od.* skongs *od.* skons *od.* skunks *m*.

skurril [skʊ'riːl] *adj.* bouffon, -nne; grotesque.

S-Kurve ['ɛsˌkʊrvə] *f e-r Straße* virage *m* en S.

Slalom ['slɑːlɔm] *m* ⟨~s; ~s⟩, **~ˌlauf** *m Schisport* slalom *m*; **~ˌläufer(in)** *m (f)* slalomeur, -euse *m, f*; coureur, -euse *m, f* de slalom.

Slang [slɛŋ] *m* ⟨~s; ~s⟩ argot *m*.

Slaw|e ['slɑːvə] *m* ⟨~n; ~n⟩, **~in** *f* ⟨~; ~nen⟩ Slave *m, f*; **~enˌtum** *n* ⟨~(e)s⟩ slavisme *m*; **⁓isch** *adj.* slave; **die ~e Sprache, das ⁓e** la langue slave; le slave; **⁓i'sieren** *v/t.* ⟨*pas de ge-*, h⟩ slaviser; **~ismus** [-'vɪs-] *m* ⟨~; -men⟩ *ling.* slavisme *m*; **~ist** [-'vɪst] *m* ⟨~en; ~en⟩ slavisant *m*; **~istik** [-'vɪs-] *f* ⟨~⟩ étude *f* des langues slaves.

Slip [slɪp] *m* ⟨~s; ~s⟩ *Wäschestück, e-r Werft* slip *m*; **~per** *m* ⟨~s; ~⟩ soulier *m* forme mocassin.

Slogan ['sloːgan] *m* ⟨~s; ~s⟩ slogan *m*.

Slowak|e [sloˑ'vɑːkə] *m* ⟨~n; ~n⟩, **~in** *f* ⟨~; ~nen⟩ Slovaque *m, f*; **⁓isch** *adj.* slovaque.

Slowen|e [sloˑ'veːnə] *m* ⟨~n; ~n⟩, *auch* **~ier(in)** *m* ⟨~s; ~⟩ *(f)* ⟨~; ~nen⟩ Slovène *m, f*; **⁓isch** *adj.* slovène.

Slums [slams] *m/pl.* ⟨~⟩ quartier *m* pauvre, misérable; bas quartier.

Smaragd [sma'rakt] *m* ⟨~(e)s; ~e⟩ *minéral.* émeraude *f*; **⁓en** [-'ragdən] *adj.* **1.** d'émeraude; **2.** *cf.* ⁓farben; **⁓ˌfarben, ⁓ˌgrün** *adj.* couleur d'émeraude; smaragdin.

SM-Ofen [ɛs'ˀɛmˌˀoːfən] *m cf.* Siemens-Martin-Ofen.

Smoking ['smoːkɪŋ] *m* ⟨~s; ~s⟩ smoking [smokiŋ] *m*.

Smyrnateppich ['smʏrnaˌtɛpɪç] *m* tapis *m* de Smyrne.

Snob [snɔp] *m* ⟨~s; ~s⟩ snob *m*; **~ismus** [-'bɪs-] *m* ⟨~; -men⟩ snobisme *m*; **⁓istisch** [-'bɪs-] *adj.* de (*adv.* en) snob.

so [zoː] **I** *adv.* **1.** (*in dieser Weise*) ainsi; comme cela, F ça; de cette manière, façon; de la sorte; **~ bin ich nun einmal** je suis ainsi fait; **~ ist es** c'est bien cela; c'est bien ainsi; c'est bien comme ça; il en est ainsi; c'est ça; c'est cela même; **wenn dem ~ ist** s'il en est ainsi; **wenn dem ~ ist, daß ...** si tant est que ...; **ist das wirklich ~?** est-ce bien comme ça?; ~? vrai(ment)?; vous croyez (tu crois)?; ach ~! c'est donc cela!; ah! c'est ça!; ah! bon!; ah! tiens!; **recht ~!** bien fait!; à la bonne heure!; **~ muß es sein** il faut qu'il en soit ainsi, que cela soit ainsi; **dem ist nun einmal ~** c'est ainsi; F **ich habe ~ schon genug** j'en ai assez comme cela; **das ist ~ s-e Art** c'est sa manière d'agir; **ich habe das nur ~ gesagt** j'ai dit cela sans trop y réfléchir, sans intention; **als sie mich ~ reden hörten** ... en m'entendant parler de la sorte ...; **u. ~ weiter, u. ~ fort** (*abr.* **usw., usf.**) et ainsi de suite; et caetera (*abr.* etc.); **~ bin ich beruhigt** ainsi, comme cela, de cette façon je suis tranquille, rassuré; **wenn man es ~ nimmt, ansieht** ... à le prendre ainsi ...; à ce compte-là ...; **wenn du mir ~ kommst** ... si tu le prends sur ce ton-là avec moi ...; **die anderen machen es auch ~** les autres en font autant; **~ meinte ich es nicht** ce n'est pas ce que j'ai voulu dire; **~ geht es, wenn man** ... il en va ainsi quand ...; voilà ce que c'est que de ... (+ *inf.*); **~ geht es in der Welt** ainsi va le monde; **das mußte ~ kommen** c'était inévitable; il ne pouvait pas en être autrement; **er sagt bald ~, bald ~** il dit tantôt une chose, tantôt une autre; ... tantôt d'une façon, tantôt d'une autre; ... tantôt comme ci, tantôt comme ça; **~ oder ~** d'une manière ou d'une autre; dans tous les cas; **das kam ~:** ... voici comment la chose s'est passée: ...; **wie du mir, ~ ich dir** *prov.* je te rends la monnaie de ta pièce; **2.** (*derartig*) tel, -lle; pareil, -lle; *verstärkend mit adj. od. adv.* si; tellement; tant; **~ ein Mensch** un tel, pareil homme; **~ ein Dummkopf!** quel imbécile!; **~ standen die Dinge** tel était l'état des choses; **~ verhält sich die Sache** telle est l'affaire; **~ etw. wie ..., ~ e-e Art von** ... une espèce de ...; F comme qui dirait ...; **~ wie er ist** tel qu'il est; **~ lauteten s-e Worte** telles furent ses paroles; F **~ was kommt von ~ was!** voilà ce que c'est!; **hat man je ~ etw. gesehen?**, F **nein, ~ was!** a-t-on jamais vu pareille chose?; par exemple!; ça, alors!; **~ seid ihr!** voilà comme vous êtes!; **ich habe nie ~ e-e Maschine gesehen** je n'ai jamais vu une machine pareille; **~ etw. hat man nie gesehen** on n'a jamais rien vu de tel, de pareil; **~ groß ist die Macht der Gewohnheit** telle est la force de l'habitude; *mit den Händen zeigend* **~ groß** grand comme ça; *auf die Frage: wie geht's?* **~ leidlich, ~ lala** comme ci, comme ça; F couci-couça; **das ist ~ schön!** c'est si, tellement beau; **~ schwer ist es** tant il est difficile; **ich bin ~ frei, Ihre Einladung anzunehmen** je me permets d'accepter votre invitation; **ich bin ~ frei** je vous en prie; **es fror ~, daß** ... il gelait si fort que ...; **er ist ~ verblendet, daß er die Gefahr nicht sieht** il est aveuglé au point de ne pas voir le danger; **~ bald wird er nicht zurückkommen** il ne reviendra pas de sitôt; **~ sehr** tant; tellement; à ce point; **ich mache mir nicht ~ viel daraus** cela m'est égal, indifférent; **nun sind wir ~ weit** nous y voici; **~ weit bin ich noch nicht** je n'en suis pas encore là; **es wird noch ~ weit kommen, daß sie uns bitten müssen** ils en viendront (jusqu')à nous prier; **es nicht ~ weit kommen lassen** ne pas laisser les choses en venir, arriver là; **man ging ~ weit, zu** ... (+ *inf.*) on alla jusqu'à ... (+ *inf.*); **er tut ~ wenig, daß** ... il fait si peu que ...; **ich bin nicht ~ dumm, das zu glauben** je ne suis pas assez sot pour le croire; **~ leichtgläubig ist die Welt** tant le monde est crédule; **die Sache ist ~ gut wie abgemacht** la chose est pour ainsi dire faite; c'est comme si c'était fait; **er ist ~ gut wie ruiniert** il est ruiné, ou peu s'en faut; **~ gut wie gar nichts** pour ainsi dire rien; autant dire rien; **~ gut ich kann** aussi bien que je puis, pourrai; de mon mieux; **seien Sie ~ gut** ayez la bonté (de); **~ viele Freunde** tant d'amis; **~ viel ist gewiß, (nämlich) daß** ... ce qu'il y a de certain, c'est que ...; **ich mag mir noch ~ viel Mühe geben** quelque peine que je me donne; **~ manches Buch** tant de livres; **~ manches Jahr** pendant tant d'années; **~ wahr ich lebe** aussi vrai que me voici, que je suis en vie; **er hat ~ ganz unrecht nicht** il n'a pas tout à fait tort; **~ ziemlich** assez bien; à peu près; pas trop mal; **das reicht nur ~ eben** cela ne suffit que tout juste; **das war ~ recht nach s-m Sinne** c'était bien selon ses goûts; **nur ~ von ungefähr** comme par 'hasard; **Sie sagen das nur ~** vous dites cela; c'est votre façon de parler; vous le dites, mais au fond vous ne le croyez, pensez pas; **das sagen Sie ~** vous en parlez à votre aise; **ich habe ~ e-e Ahnung, daß** ... j'ai comme un pressentiment que ...; **es ist mir ~, als** ... il me semble que ...; on dirait que ...; **u. wie ich mich ~ umsehe** ... et au moment où je me retourne ...; **~ höre doch!** (mais) écoute donc!; **~ siehst du aus!** penses-tu!; F tu ne m'as pas regardé!; P mon œil!; des clous!; **3.** (*etwa, ungefähr*) **es mag ~ 4 Uhr gewesen sein** il pouvait être à peu près 4 heures; **4.** (*unverändert, in demselben Zustand*) tel(s) quel(s); telle(s) quelle(s); **man kann die Arbeit nicht ~ lassen (wie sie ist), es sind noch zu viele Fehler darin** on ne peut pas laisser ce travail tel quel, il y a encore trop de fautes; **5.** *folgernd* ainsi (donc); alors (donc); **~ ist alles vergebens** ainsi (donc) tout est inutile; **kaum warst du fort, (~) kam er zurück** à peine étais-tu parti qu'il est revenu; **wenig fehlte, ~** ... peu s'en est fallu que ... ne ... (+ *subj.*); *bibl.* **suchet, ~ werdet ihr finden** cherchez et vous trouverez; ..., **~ daß** ... de *od.* en sorte, de manière, de façon, au point que ... (*konsekutiv: ind.; final: subj.*); **um ~ mehr (weniger), als** ... d'autant plus (moins) que ...; **ich hatte um ~ weniger Bedenken, an Dich zu schreiben, als** ... j'avais d'autant moins de scrupules à t'écrire que ...; **um ~ besser (schlimmer)** tant mieux (pis); **6.** *verallgemeinernd* **~ ... auch** ... quelque ... que ...; si ... que ...; pour ... que ... (*alle* + *subj.*); tout ... que ... (+ *ind.*); **~ reich er auch ist** quelque (si, pour) riche qu'il soit; tout riche qu'il est; **wäre er auch noch ~ reich** (même) fût-il, même s'il était cent fois plus riche; **er mag noch ~ bitten, ich gebe es ihm nicht** il peut toujours le demander, il aura beau le demander, je ne le lui donnerai pas; **7.** *in Vergleichen* **~ sehr ..., ~ sehr** autant ..., autant; **~ sehr du ihn liebst, ~ sehr haßt er dich** autant tu l'aimes, autant il te hait; il te hait autant que tu l'aimes; **~ wie ..., ~** ... de même que ..., de même ...; ainsi que ..., ainsi ...; tel que ..., tel ...; **wie der Vater, ~ der Sohn** tel père, tel fils; **II** *conj.* (*wenn*) si; *formelhaft* **~ Gott will** ... s'il plaît à Dieu ...

sobald [zoˑˈbalt] *conj.* dès que; dès l'instant que; aussitôt que; **~ sich die Gelegenheit bietet** dès que l'occasion s'en présentera.

Söckchen [ˈzœkçən] *n* ⟨~s; ~⟩ socquette *f.*

Socke [ˈzɔkə] *f* ⟨~; ~n⟩ chaussette *f*; F *fig.* **sich auf die ~n machen** s'en aller; partir; F décamper; filer; F *fig.* **von den ~n sein** (*sehr überrascht sein*) F être sidéré, épaté, époustouflé.

Sockel [ˈzɔkəl] *m* ⟨~s; ~⟩ *e-s Gebäudes, Pfeilers, e-r Statue* socle *m*; *e-r Säule, Statue* piédestal *m*; *élect.* culot *m*; **~geˌsims** *n bât.* chanfrein *m* de socle; **2ˌlos** *adj. élect.* sans culot; **~ˌstift** *m élect.* broche *f.*

Sockenhalter [ˈzɔkənˌhaltər] *m* support-chaussettes *m.*

Soda [ˈzoːda] *f* ⟨~⟩ *od. n* ⟨~s⟩ soude *f*; carbonate *m* de sodium [-jɔm]; **~faˌbrik** *f* soudière *f*; **~geˌhalt** *m* teneur *f* en soude; **2ˌhaltig** *adj.* sodé; **~ˌlauge** *f* lessive *f* de soude.

sodann [zoˑˈdan] *adv.* ensuite; puis.

Soda|salz [ˈzoːdaˌzalts] *n* sel *m* de soude; **~ˌseife** *f* savon *m* à base de soude; **~ˌwasser** *n* ⟨~s; ⸗⟩ eau *f* de Seltz; eau gazeuse; soda *m.*

Sodbrennen [ˈzoːtˌbrɛnən] *n* ⟨~s⟩ *méd.* brûlures *f/pl.*, aigreurs *f/pl.* d'estomac; *sc.* pyrosis *m.*

Sodomi|e [zoˑdoˑˈmiː] *f* ⟨~; -ien⟩ sodomie *f*; **~t** *m* ⟨~en; ~en⟩ sodomite *m*; **2ˌtisch** *adj.* sodomite.

soeben [zoˑˈʔeːbən] *adv.* tout à l'heure; **~ etw. getan haben** venir de faire qc.; **er war ~ noch hier** il était encore là il y a un instant; **ich erfahre ~, daß** ... j'apprends à l'instant que ...; **es hat ~ vier Uhr geschlagen** quatre heures viennent de sonner; *Buch* **~ erschienen** vient de paraître.

Sofa [ˈzoːfa] *n* ⟨~s; ~s⟩ sofa *od.* sopha *m*; canapé *m*; banquette rembourrée; **~ˌecke** *f* coin *m* de sofa, *etc.*; **~ˌkissen** *n* coussin *m.*

sofern [zoˑˈfɛrn] *conj.* (*falls*) si; pourvu que (+ *subj.*); (*insoweit*) dans la mesure où; selon que; pour autant que (+ *ind. od. subj.*); (*wenn nur*) pour peu que (+ *subj.*); **~ er s-e Schulaufgaben gemacht hat,** *darf er spielen gehen* selon, pour autant qu'il aura fini ses devoirs ...; s'il a fini ses devoirs ...; pourvu qu'il ait fini ses devoirs ...; **~ er kommt, gibt es Krach** pour peu qu'il vienne, il y aura du scandale; **~ ... nicht** à moins que ... ne ... (+ *subj.*).

soff [zɔf] *cf.* saufen.

Soffitte [zɔˈfɪtə] *f* ⟨~; ~n⟩ *bât.* soffite *m*; *thé.* frise *f*; **~nbeˌleuchtung** *f élect.* éclairage *m* tubulaire; **~nˌlampe** *f élect.* lampe *f* tubulaire.

sofort [zoˑˈfɔrt] *adv.* aussitôt; sur-le-champ; à l'instant; tout de suite; immédiatement; incontinent; séance tenante; **~ lieferbar, zahlbar** à livrer, à payer, payable immédiatement; **ich gehe ~ hin** j'y vais de ce pas; *bei Erlassen* **ab ~ gültig** avec entrée en vigueur immédiate; *in Annoncen* **wir brauchen ~, für ~ gesucht** ... nous avons besoin de suite ...; de suite: ... (*par ex.* femme de ménage); *Herr Ober!* **~!** ... on y va!; **Sie werden es ~ erfahren** *auch* vous allez le savoir; **2beˌdarf** *m* besoins immédiats, urgents; **2ˌhilfe** *f* secours *m*, aide *f* immédiat(e); **2hilfeproˌgramm** *n* programme *m* d'assistance immédiate, de secours immédiat; **~ig** *adj.* immédiat; prompt; **~e Lieferung** livraison immédiate; mit ~er Wirkung ... dès à présent ...; **Grund zur ~en Entlassung** motif de congédiement immédiat; **ⵒ,maßnahme** *f* mesure *f* d'urgence; **~n ergreifen** adopter des mesures d'urgence; recourir, faire appel à des mesures d'urgence.

Sog [zoːk] *m* ⟨~(e)s; ~e⟩ *aviat., mar., bei Kraftfahrzeugen* aspiration *f*; *im Meer* remous *m*; courant *m*; *fig., der Großstadt etc.* attrait *m*.

sogar [zoˑˈgɑːr] *adv.* même; *alle,* ~ **die Kinder** ... jusqu'aux enfants; ... même les enfants; **ja** ~ voire; même; *abus.* voire même; ... et qui plus est; **man behauptet** ~ on prétend même; on va jusqu'à prétendre; **Hunderte, (ja)** ~ **Tausende** des centaines, que dis-je des milliers.

sogenannt [ˈzoːgəˌnant] *adj.* dit; (ainsi) nommé, appelé; qu'on appelle; (*fälschlicherweise so genannt*) prétendu; (*angeblich*) soi-disant.

sogleich [zoˑˈglaɪç] *adv. cf.* **sofort.**

Sohl|bank [ˈzoːlbaŋk] *f* ⟨~; ⸗e⟩ *des Fensters* allège *f*; appui *m* de fenêtre; **~e** *f* ⟨~; ~n⟩ **1.** (*Fußⵒ*) plante *f* (du pied); *bei Huftieren* (*Hornⵒ*) sole *f*; *fig.* **vom Scheitel bis zur** ~ de pied en cap; *fig.* **auf leisen ~n** à pas feutrés; à pas de loup; **2.** (*Schuhⵒ*) semelle *f*; **die** ~ **ist zerrissen** la semelle est percée; **die** ~ **von e-m Schuh abmachen** dessemeler un soulier; **3.** (*Talⵒ, Kanalⵒ, Grabenⵒ*) fond *m*; **4.** *mines* étage *m*; *e-s Grubenraumes* sole *f*; semelle *f*; **~en,gänger** *m/pl. zo.* plantigrades *m/pl.*; **~(en),leder** *n cord.* cuir *m* à semelles; **~en,schoner** *m*, **~en,schutz** *m an Schischuhen* garde-semelle *m*.

söhlig [ˈzøːlɪç] *adj. mines* horizontal.

Sohlleder [ˈzoːlˌleːdər] *n cf.* Sohlenleder.

Sohn [zoːn] *m* ⟨~(e)s; ⸗e⟩ fils *m*; *fig. auch* enfant *m*; **die Söhne Frankreichs** les fils de la France; **vom Vater auf den** ~ de père en fils; *als Anrede* **mein ~!** mon brave!; mon cher!; *bibl.* **der verlorene** ~ l'enfant prodigue; **Gottes ~, der ~ Gottes** le Fils de Dieu; *poét.* ~ **der Berge, der Wüste** habitant *m* des montagnes, du désert; montagnard *m*.

Söhnchen [ˈzøːnçən] *n* ⟨~s; ~⟩ jeune fils *m*; petit garçon; F fiston *m*.

Sohnes|liebe [ˈzoːnəsˌliːbə] *f* amour *m*, piété *f* filial(e); **~,pflicht** *f* devoir filial.

Soja|(bohne) [ˈzoːja(ˌboːnə)] *f* ⟨~; -jen⟩ (*f*) *bot. Pflanze* soja *od.* soya *m*; *einzelne Bohne* fève *f* de soja *od.* soya; **~,kuchen** *m* tourteau *m* de soja *od.* soya; **~,mehl** *n* farine *f* de soja *od.* soya; **~,öl** *n* huile *f* de soja *od.* soya; **~,schrot** *n* soja *od.* soya grossièrement moulu.

Sokrat|iker [zoˑˈkrɑːtiˑkər] *m* ⟨~s; ~⟩ *philos.* disciple *m* de Socrate; **ⵒisch** *adj.* socratique; de Socrate.

Solanazeen [zoˑlanaˈtseːən] *f/pl. bot.* solan(ac)ées *f/pl.*

solang(e) [zoˑˈlaŋ(ə)] *conj.* aussi longtemps que; tant que; ~ **ich lebe** aussi longtemps que, tant que je vivrai.

Solanin [zoˑlaˈniːn] *n* ⟨~s⟩ *chim., bot.* solanine *f*.

solar [zoˑˈlɑːr] *adj. sc.* solaire; **ⵒisati'on** *f* ⟨~; ~en⟩ *phot.* solarisation *f*; **ⵒkon,stante** *f phys.* constante *f* solaire; **ⵒ,öl** *n* pétrole *m* de seconde qualité.

Solawechsel [ˈzoːlaˌvɛksəl] *m comm.* seule *f* (lettre) de change; billet *m* à ordre.

Solbad [ˈzoːlbɑːt] *n méd.* bain *m* d'eau saline; *Kurort* **das** ~ **N.** les eaux salines de N.

solch [zɔlç] *pr/d. u. adj.* tel, -lle; pareil, -lle; **ein ~er** *od.* ~ **ein Mensch** un tel, un pareil homme; pareil homme; F un homme comme ça; **in ~en Fällen** dans de tels cas; en pareils cas; **als ~er sind Sie dafür verantwortlich** en cette qualité, en tant que tel, comme tel vous en êtes responsable; **als (ein) ~er gelten** passer pour tel; **auf ~e Art** de cette manière; **ein** ~ *od.* ~ **ein häßliches Kind** un enfant (aus)si laid; **er hat schon ~e** (*par ex. Briefmarken*) il en a déjà; F **es gibt ~e u. ~e** il y a fagot et fagot; **ich brauche ein ~es Buch** j'ai besoin d'un livre comme celui-ci, de ce genre; **die Philosophie als ~e** la philosophie comme telle; F **ich habe ~en Durst** F j'ai grand-soif, une grande soif; **ich hätte ~e Lust, ihn zu sehen** j'aimerais tellement le voir; **~er'art** *adv.* de ce genre; de cette nature; de cette sorte; **~erge,stalt** *adv.* de telle façon; de telle manière; **~er'lei** *adj.* ⟨*inv.*⟩ de tels; de pareils.

Sold [zɔlt] *m* ⟨~(e)s; ~e⟩ *milit.* solde *f*; paye *od.* paie *f*; *für Unteroffiziere u. Mannschaften auch* prêt *m*; **auf halben ~ gesetzt werden** être réduit à demi-solde; **j-n in ~ nehmen** prendre qn. à sa solde; **in j-s ~ stehen** être à la solde de qn.; *bibl.* **der Tod ist der Sünde** ~ la mort est le prix du péché.

Soldanelle [zɔldaˈnɛlə] *f* ⟨~; ~n⟩ *bot.* soldanelle *f*.

Soldat [zɔlˈdɑːt] *m* ⟨~en; ~en⟩ *milit.* soldat *m*; militaire *m*; **die ~en** *pl. oft* le militaire; **gemeiner** ~ simple soldat; ~ **auf Zeit** engagé volontaire; **alter, erfahrener** ~ vétéran *m*; F (vieux) briscard *od.* brisquard; vieille brisque; vieux troupier; ~ **werden** se faire soldat; **das Grabmal des Unbekannten ~en** le tombeau du soldat inconnu; *Kinder* **~(en) spielen** jouer au soldat.

Soldaten|eid [zɔlˈdɑːtənˌˀaɪt] *m* serment *m* de soldat; **~,friedhof** *m* cimetière *m* militaire; **~ge,setz** *n* loi *f* sur la condition militaire; loi *f* sur le statut du soldat; **~,grab** *n* tombe *f* de soldat(s); **~,heim** *n* foyer *m* du soldat; **~,könig** *m hist.* Roi-Sergent *m*; **~,leben** *n* vie *f* militaire; **~,lied** *n* chanson *f* de soldats; **~,mantel** *m* capote *f*; **~,rat** *m* ⟨~(e)s; ⸗e⟩ *hist.* Arbeiter- u. ~ conseil *m* des ouvriers et soldats; **~,rock** *m* uniforme *m*; **~,sprache** *f* argot *m* militaire; **~,stand** *m* ⟨~(e)s⟩ état *m* militaire; **~,stiefel** *m/pl.* bottes *f/pl.* de soldat; **~,tum** *n* ⟨~(e)s⟩ vie *f* et mœurs *f/pl.*, condition *f* de soldat; **~,tod** *m* mort *f* en *od.* de soldat; **~ver,bände** *m/pl.* fédérations *f/pl.* des anciens combattants.

Soldateska [zɔldaˈtɛska] *f* ⟨~; -ken⟩ soldatesque *f*.

soldatisch [zɔlˈdɑːtɪʃ] **1.** *adj.* de soldat; militaire; **2.** *adv.* en soldat; militairement.

Soldbuch [ˈzɔltbuːx] *n milit.* livret *m* militaire.

Söldling [ˈzœltlɪŋ] *péj. m* ⟨~s; ~e⟩ mercenaire *m*.

Söldner [ˈzœldnər] *m* ⟨~s; ~⟩ *milit. hist.* mercenaire *m*; **~,heer** *n* armée *f* de mercenaires; **~,truppen** *f/pl.* troupes *f/pl.* mercenaires.

Sol|e [ˈzoːlə] *f* ⟨~; ~n⟩ eau salée, saline; saumure *f*; **~ei** *n cuis.* œuf cuit dans l'eau salée; **~e(n),leitung** *f* conduite *f* d'eau salée.

solenn [zoˑˈlɛn] *adj.* solennel, -lle; **ⵒi'tät** *f* ⟨~⟩ solennité *f*.

Solenoid [zoˑleˑnoˑˈiːt] *n* ⟨~(e)s; ~e⟩ *phys.* solénoïde *m*.

solfegg|ieren [zɔlfɛˈdʒiːrən] *v/i.* ⟨*pas de ge-*, h⟩ *mus.* solfier; **ⵒio** [-ˈfɛ-] *n* ⟨~s; -ggien⟩ *mus.* solfège *m*.

Soli [ˈzoːliˑ] *pl. von* **Solo.**

solid [zoˑˈliːt] *adj. cf.* **solid(e).**

Solidar|bürge [zoˑliˑˈdɑːrˌbʏrgə] *m jur.* caution *f*, garant *m* solidaire; **~,bürgschaft** *f jur.* cautionnement *m*, garantie *f* solidaire; **~,haftung** *f jur.* responsabilité *f* solidaire; **ⵒisch** *adj.* (*u. adv.*) solidaire(ment); **sich mit j-m ~ erklären** se déclarer solidaire de qn.; se solidariser avec qn.; **sich mit j-m nicht ~ erklären** se désolidariser de qn.; ~ **haftbar** solidairement responsable; **j-n ~ haftbar machen** rendre qn. solidairement responsable; ~ **haften** répondre solidairement; **~i'tät** *f* ⟨~⟩ solidarité *f*; **~i'tätser,klärung** *f* déclaration *f* de solidarité; **~i'tätsge,fühl** *n* sentiment *m* de (la) solidarité; **~i'täts,streik** *m* grève *f* de solidarité; **~,schuld** *f jur.* dette *f* solidaire; **~,schuldner** *m jur.* débiteur *m* solidaire; **~ver,pflichtung** *f jur.* obligation *f* solidaire.

solid|(e) [zoˑˈliːdə, -ˈliːt] **1.** *adj. Bauweise, Grundlage* (*fest u. sicher*) solide; *Unternehmen* solide; sûr; sérieux, -euse; de confiance; *Arbeit, Arbeiter* consciencieux, -euse; *Arbeit auch* sérieux, -euse; *Ausführung* soigné; *Qualität* bon, -nne; *Lebenswandel* réglé; *Mensch* rangé; sage; réglé dans ses mœurs; sérieux, -euse; ~ **werden** se ranger; **2.** *adv.* ~ **leben** mener une vie réglée, rangée; ~ **gebaut** solidement bâti; F bâti à chaux et à sable; **ⵒi'tät** *f* ⟨~⟩ solidité *f*; *e-s Menschen* caractère rangé; mœurs rangées; vie rangée; sagesse *f*; sérieux *m*.

Solist|(in) [zoˑˈlɪst(ɪn)] *m* ⟨~en; ~en⟩ (*f*) ⟨~; ~nen⟩ *mus.* soliste *m, f*; **~enkon,zert** *n mus.* récital *m*; **ⵒisch** *adj.* de (*adv.* en) soliste.

Solitär [zoˑliˑˈtɛːr] *m* ⟨~s; ~e⟩ solitaire *m*.

Soll [zɔl] *n* ⟨~(s); ~(s)⟩ **1.** *comm.* doit *m*; **das ~ u. Haben** le doit et l'avoir; **2.** *e-s Arbeiters, Betriebes in der Planwirtschaft* contingent *m* (à fournir, à livrer); **sein ~ erfüllen** fournir son contingent; satisfaire à ses obligations; **3.** (*zu Erwartendes*) ~ **an Material** dotations théoriques en matériel; **~-,Ausgaben** *f/pl. comm.* dépenses prévues, estimées, théoriques; **~-Be,stand** *m comm.* avoir, effectif prévu, théorique; **~-,Einnahmen** *f/pl. comm.* recettes prévues, estimées, théoriques.

sollen [ˈzɔlən] **I** *v/aux.* ⟨**ich soll, er soll; sollte** (*auch subj. prétérit*); **gesollt;** h⟩ **1.** *in e-m Gebot: durch das fut. des folgenden inf. zu übersetzen* **du sollst nicht töten** tu ne tueras point; **du sollst deinen Vater u. deine Mutter ehren** tes père et mère honoreras; tu honoreras ton père et ta mère; **2.** *Pflicht* devoir; *Notwendigkeit* il faut que ... (+ *subj.*); il faut ... (+ *inf.*); *Befehl: durch subj. od. Verbum des Wollens*; **du sollst arbeiten** tu dois travailler; *wir tun nicht immer,* **was wir (tun) ~** ... ce que nous devons faire; **das hätte er nicht tun ~** il n'aurait pas dû le faire; **das sollte er doch wissen** il devrait pourtant le savoir; **das sollte man niemand(em) antun** on ne devrait faire cela à personne; **ich sollte eigentlich böse sein**

à vrai dire, je devrais me fâcher; **er soll lieber mehr lernen** il vaudrait mieux qu'il étudie plus; **der Brief soll auf die Post** il faut porter cette lettre à la poste; **man sollte ihn bestrafen** il faudrait le punir; **Sie ~ wissen ...** il faut que vous sachiez ...; apprenez (que ...); **er hat bezahlen ~** il lui a fallu payer; **wenn es sein soll** s'il le faut; **sagen Sie ihm, daß er kommen soll** dites-lui de venir, qu'il vienne; **er soll kommen** qu'il vienne; il faut, je veux qu'il vienne; **du sollst recht haben** je veux bien que tu aies raison; **was soll ich tun?** que (dois-je) faire?; que veux-tu (voulez-vous) que je fasse?; **was soll ich dort?** que ferai(s)-je là?; **was soll das?** (*bedeuten*) qu'est-ce que cela signifie?; (*nutzen*) à quoi bon?; à quoi cela sert-il?; pourquoi tout ça?; **was soll der Lärm?** à quoi bon ce bruit?; que signifie tout ce bruit?; **was soll mir das Geld?** que ferai(s)-je de cet argent?; à quoi bon cet argent?; **Sie ~ es sehen** vous le verrez; **soll das für mich sein?** est-ce pour moi?; m'est-ce destiné?; **sie ~ ihn nicht haben** ils ne l'auront pas; **das sollst du haben** ce sera pour toi; **man soll nicht einmal mehr reden dürfen?** il n'est *od.* ne sera plus permis de parler?; **was soll ich Ihnen sagen?** que vous dirai-je?; **man soll nicht sagen können, (daß) ...** il ne sera pas dit que ...; **nun soll mir noch e-r sagen, ...** maintenant qu'on vienne encore me dire ...; **er soll mir nur kommen!** qu'il y vienne!; **das soll er mir büßen!** il me payera cela!; **wie soll man da nicht lachen?** comment ne pas rire?; **das soll nicht mehr vorkommen** cela n'arrivera plus; **man weiß nicht, soll das Gemurmel Beifall oder Widerspruch bedeuten** on se demande si le murmure signifie approbation ou désapprobation; *iron.* **ich soll es heute noch wiederbekommen!** j'attends toujours qu'on me le rende!; **es hat nicht sein ~!** le Ciel ne l'a pas voulu!; **3.** *Möglichkeit, Vermutung* **man sollte doch meinen, daß ...** on dirait que ...; il me semble pourtant que ...; *er muß es besser wissen,* **sollte ich meinen ...,** à ce qu'il me semble; **fast sollte man glauben, (daß) ...** on pourrait croire que ...; on croirait que ...; **sollte es möglich sein?** serait-ce possible?; **sollte er das getan haben?** est-ce possible qu'il ait fait cela?; **ich soll meinen Freund verraten?** moi, trahir mon ami?; **ich sollte das tun?** moi, faire cela?; **wenn es regnen sollte ...** s'il venait à pleuvoir ...; **sollte dies der Fall sein ...** s'il en était ainsi ...; **sollte er vielleicht gestorben sein?** serait-il mort par 'hasard?; est-ce qu'il serait mort?; **sollten Sie ihn sehen, so sagen Sie ihm ...** si par 'hasard vous le voyez, dites-lui ...; u. **sollte ich dabei zugrunde gehen!** même si je devais y périr!; *litt.* dussé-je y périr!; **Sie hätten nur sehen ~ ...** ah! si vous aviez vu ...; **sollte man nach mir** (*nicht nach anderen*) **gefragt haben?** est-ce moi qu'on aurait demandé?; *auf e-m Bild* **das soll meine Frau sein?** ça, ma femme?; **4.** *Gerücht* **er soll sehr krank sein** on dit, prétend qu'il est très malade; on le prétend très malade; il serait très malade; **er soll abgereist sein** il serait parti; il est parti, dit-on; **ich soll das gesagt haben?** j'aurais dit cela, moi?; **II** ℒ *n* ⟨~s⟩ devoir *m*.

Söller ['zœlər] *m* ⟨~s; ~⟩ balcon *m*; galerie *f*.

Soll-|Erfüllung ['zɔlˀɛrˌfʏlʊŋ] *f* fourniture *f* du contingent; **~Freˌquenz** *f phys.* fréquence nominale, théorique, assignée; **~ˌLeistung** *f* rendement nominal, théorique, prévu; **~ˌPosten** *m comm.* poste débiteur, débitif; **~ˌSeite** *f comm.* doit *m*; **~ˌSpalte** *f* colonne débitrice; **~ˌStärke** *f* effectif prévu; **~Wert** *m* valeur nominale, assignée.

solo ['zoːloˑ] **I** *adv.* seul; **II** ℒ *n* ⟨~s; ~s *od.* -li⟩ solo *m* (*pl. auch* soli); *mus. auch* récital *m*; ℒ**geˌsang** *m* solo *m*; ℒ**-maˌschine** F *f* moto-solo *f*; ℒ**parˌtie** *f mus.* solo *m*; récital *m*; ℒ**ˌsänger(in)** *m* (*f*) soliste *m, f*; ℒ**ˌspieler(in)** *m* (*f*) *mus.* soliste *m, f*; ℒ**ˌstimme** *f mus.* voix seule; ℒ**ˌstück** *n mus.* solo *m*; ℒ**ˌtanz** *m abus.* récital *m* de danse; ℒ**ˌtänzer(in)** *m* (*f*) danseur, -euse *m, f* étoile.

Sol|quelle ['zoːlˌkvɛlə] *f* source *f* (d'eau) saline; **~salz** *n* sel *m* de source saline.

sol|vent [zɔl'vɛnt] *adj. comm.* solvable; ℒ**'venz** *f* ⟨~⟩ *comm.* solvabilité *f*.

Solwasser ['zoːlˌvasər] *n* ⟨~s; ⁓⟩ eaux salines.

somit [zoˑ'mɪt] *adv.* donc; par conséquent; ainsi.

Sommer ['zɔmər] *m* ⟨~s; ~⟩ été *m*; **im ~** en été; **mitten im ~** en plein été; au fort de l'été; **~ˌabend** *m* soir *m*, soirée *f* d'été; **~ˌanzug** *m* habit *m*, tenue *f* d'été; **~ˌaufenthalt** *m* séjour *m*, résidence *f* d'été; villégiature *f* (d'été); **~ˌblume** *f bot.* fleur estivale, d'été; **~ˌfahrplan** *m chem.* indicateur *m*, horaire *m* (des chemins de fer pour le service) d'été; **~ˌferien** *pl.* vacances *f/pl.* d'été; **~ˌfrische** *f* ⟨~; ~n⟩ villégiature *f* (d'été); **in die ~ gehen, fahren** aller en villégiature; **in der ~ sein** être en villégiature; villégiaturer; **~ˌfrischler(in)** *m* ⟨~s; ~⟩ (*f*) ⟨~; ~nen⟩, **~ˌgast** *m* estivant, -e *m, f*; F villégiateur *m*; **~ˌgerste** *f agr.* orge *f* de mars; baillarge *od.* baillard *m*; **~geˌtreide** *n agr.* (blés *m/pl.* de) mars *m/pl.*; **~geˌwächs** *n bot.* plante estivale, d'été; **~ˌhalbjahr** *n* semestre *m* d'été; **~ˌhaus** *n* maison *f* de campagne; résidence *f* d'été; **~ˌhitze** *f* chaleur *f* d'été; **~ˌhut** *m* chapeau *m* d'été; **~ˌkleid** *n* robe *f*, habit *m*, costume *m* d'été; **~ˌkleidung** *f* toilette estivale; **~ˌkorn** *n* ⟨~(e)s⟩ *agr. cf.* **~getreide**; ℒ**ˌlich** *adj.* d'été; de l'été; comme en été; *bot., zo.* estival; **sich ~ kleiden** mettre des habits d'été; **~ warmes Wetter** temps chaud comme en été; **~es Wetter** temps d'été; **~ˌmantel** *m* manteau *m* d'été; **~ˌmonat** *m* mois *m* d'été; **~ˌnacht** *f* nuit *f* d'été; **~nachts-ˌtraum** *m* songe *m* d'une nuit d'été; **~olympiˌade** *f* jeux *m/pl.* olympiques; olympiades *f/pl.*; **~ˌreise** *f* voyage *m* d'été; ℒ**s** *adv.* en été; **~ˌsaat** *f agr.* semailles *f/pl.* de printemps; mars *m/pl.*; **~ˌsachen** *f/pl.* habits *m/pl.* d'été; **~saiˌson** *f* (saison *f* d')été *m*; **~sˌanfang** *m* début *m*, commencement *m* de l'été; **~ˌschlaf** *m mancher Tiere* estivation *f*; **~ˌschlußverˌkauf** *m comm.* soldes *f/pl.* d'été; **~ˌschuhe** *m/pl.* chaussures *f/pl.* d'été; **~se-ˌmester** *n cf.* **~halbjahr**; **~ˌsitz** *m* résidence *f* d'été; **~ˌsonnenˌwende** *f astr.* solstice *m* d'été; **~ˌspiele** *n/pl.* **die Olympischen ~** *cf.* **~olympiade**; **~ˌsprossen** *f/pl.* taches *f/pl.* de rousseur, de son; F lentilles *f/pl.*; *sc.* éphélides *f/pl.* (lentiformes); ℒ**-ˌsprossig** *adj.* couvert de taches de rousseur; *sc.* lentilleux, -euse; lentigineux, -euse; **~ˌstoffe** *m/pl.* étoffes *f/pl.* d'été; ℒ**sˌüber** *adv.* pendant l'été; **~(s)ˌzeit** *f* (saison *f* d')été *m*; **~ˌtag** *m* jour *m*, journée *f* d'été; **~-ˌurlaub** *m cf.* **~ferien**; **~ˌweg** *m* bas-côté *m*; **~ˌweizen** *m agr.* froment *m*, blé *m* de mars; **~ˌwetter** *n* temps *m* d'été; **~ˌwohnsitz** *m cf.* **~sitz**; **~ˌwohnung** *f* demeure *f* d'été; **~-ˌwurz** *f* ⟨~⟩ *bot.* orobanche *f*; **~ˌzeit** *f* **1.** *cf.* **~(s)zeit**; **2.** *Stundenzählung während der Sommermonate* heure *f* d'été.

somnambul [zɔmnam'buːl] *adj.* somnambule; ℒ**e(r)** *f* (*m*) ⟨→ A⟩ somnambule *m, f*; ℒ**ismus** [-'lɪs-] *m* ⟨~⟩ somnambulisme *m*.

Sonat|e [zoˑ'naːtə] *f* ⟨~; ~n⟩ *mus.* sonate *f*; **~ine** [-'tiːnə] *f* ⟨~; ~n⟩ *mus.* sonatine *f*.

Sonde ['zɔndə] *f* ⟨~; ~n⟩ sonde *f*; *méd. auch* stylet *m*; *techn. auch* tâteur *m*; *Wetterkunde* ballon-sonde *m*; **~nˌröhre** *f télév.* dissector *m*.

Sonder... ['zɔndər...] *in Zssgn. meist* spécial; extraordinaire; **~ˌabdruck** *m* ⟨~(e)s; ~e⟩ *impr.* tirage *m* à part; **~ˌabgabe** *f* taxe *f* extraordinaire; **~-ˌabkommen** *n* arrangement, accord particulier; **~abˌteilung** *f* section spéciale; **~ˌanfertigung** *f* fabrication *f*, exécution *f* 'hors série, spéciale; **~ˌangebot** *n comm.* offre, occasion exceptionnelle, sensationelle; **~ˌauftrag** *m* mission spéciale; **~ˌausbildung** *f* formation spéciale; *milit.* instruction *f*, entraînement *m* spécial(e); **~ˌausführung** *f* modèle *m* 'hors série; **~ˌausgabe** *f impr.* édition spéciale; *geldlich* dépense *f* extraordinaire; **~ˌausschuß** *m* commission *f*, comité *m* spécial(e); **~ˌausweis** *m* carte (d'identité) spéciale.

sonderbar ['zɔndərˌbaːr] *adj. Haltung, Zumutung, Forderung etc.* (*ungewöhnlich*) singulier, -ère; *Fall* particulier, -ère; unique; *Betragen, Verhalten, Mensch* (*befremdend*) étrange; *Mensch* (*wunderlich*) bizarre; original; (*komisch*) drôle; **ein ~er Kauz** un être étrange; un homme bizarre; un original; un drôle de type; **ich finde es ~ von Ihnen, daß Sie ...** je vous trouve plaisant de ... (+ *inf.*); **das** ℒ**e an der Sache ist, daß ...** le singulier de cette affaire est que ...; **~!** chose étrange!; **mir ist ganz ~ zumute** F je me sens tout chose (*von e-r Frau gesagt* ... toute chose); **~er'weise** *adv.* par extraordinaire; singulièrement; chose étrange; **~ hatte er ...** chose étrange, il avait ...; c'est étrange, mais il avait ...; ℒ**ˌkeit** *f* ⟨~; ~en⟩ singularité *f*; particularité *f*; étrangeté *f*; bizarrerie *f*; originalité *f*; caractère singulier (de qc.).

Sonder|beauftragte(r) ['zɔndərbəˌˀauftraːktə(r)] *m* chargé *m* d'affaires spécial; **~ˌbeilage** *f in e-r Zeitung* supplément *m* (spécial); **~beˌricht** *m* rapport spécial; **~beˌrichterˌstatter** *m* envoyé spécial; **~beˌstimmung** *f* disposition spéciale; *in e-m Vertrag* clause spéciale; **~beˌstrebung** *f* tendance *f* particulariste; **~ˌbotschafter** *m* ambassadeur *m* extraordinaire; **~bünde'lei** *f* ⟨~; ~en⟩ séparatisme *m*; **~ˌbündler** *m* ⟨~s; ~⟩ séparatiste *m*; **~beˌvollmächtigte(r)** *m* fondé *m* de pouvoir particulier; *dipl.* plénipotentiaire spécial; **~ˌdienst** *m* service *m* supplémentaire, spécial; **~ˌdruck** *m* ⟨~(e)s; ~e⟩ *impr.* tirage *m* à part; **~ˌeinheit** *f milit.* unité *f* d'emploi spécial; **~ˌeinkünfte** *pl.* revenus accidentels; **~ˌeinnahmen** *f/pl. comm.* recettes *f/pl.* extraordinaires; **~erˌmäßigung** *f* réduction spéciale, de faveur; **~ˌfahrt** *f* autobus spécial; *cf. auch* Sonderzug; **~ˌfahrzeug** *n* véhicule *m* à usage spécial; **~ˌfall** *m* cas particulier, spécial, extraordinaire; **~ˌfriede** *m* paix séparée; **~geˌbiet** *n* spécialité *f*; **~geˌnehmigung** *f* autorisation spéciale; **~geˌricht** *n* tribunal spécial; **~geˌsetz** *n* loi *f* extraordinaire; **≈'gleichen** *adv.* sans pareil, -lle; **~ˌheft** *n e-r Zeitschrift cf.* Sondernummer; **~inteˌressen** *n/pl.* intérêts particuliers; **~ˌklasse** *f* classe spéciale; *als Güte* classe *f* extra(ordinaire); **~koˌmmando** *n* commando spécial; **~ˌkosten** *pl.* frais *m/pl.* extraordinaires, supplémentaires; **≈ˌlich 1.** *adj. Mensch cf.* **sonderbar**; *immer mit nég.* (*besonders*) kein **~er Unterschied** pas de différence notable, considérable; **das ist kein ~es Vergnügen** ce n'est pas un bien grand plaisir; **ich habe keine ~e Lust dazu** je n'en ai pas grande envie; **nichts ≈es** rien de remarquable, de particulier, d'extraordinaire; **2.** *adv.* (*besonders*) **nicht ~** F pas trop, particulièrement; **nicht ~ geschickt** pas très adroit, habile; **das war nicht ~ geschickt** ce n'était guère adroit; **~lichˌkeit** *f* ⟨~⟩ *cf.* Sonderbarkeit; **~ˌling** *m* ⟨~s; ~e⟩ *cf.* (ein) sonderbar(er Kauz); **~ˌmarke** *f* émission spéciale; **~ˌmeldung** *f* communiqué spécial; **~missiˌon** *f cf.* Sonderauftrag.

sondern¹ ['zɔndərn] *conj.* mais; **nicht nur …, ~ auch …** non seulement …, mais aussi, mais encore …

sondern² ['zɔndərn] *v/t.* ⟨-(e)re, h⟩ séparer; *bibl.* **die Spreu vom Weizen ~** *cf.* Spreu.

Sonder|nummer ['zɔndərˌnumər] *f e-r Zeitschrift* numéro spécial; **~ˌpreis** *m* prix exceptionnel; **~raˌbatt** *m* rabais *m*, remise *f* spécial(e); **~ˌrecht** *n* privilège *m*; **~ˌregelung** *f* règlement spécial.

sonders ['zɔndərs] *adv. cf.* samt I.

Sonder|schule ['zɔndərˌʃuːlə] *f* école spéciale; **~ˌsitzung** *f* séance *f* extraordinaire; **~ˌstellung** *f* position exceptionnelle, favorisée, privilégiée, de faveur; **~ˌstempel** *m der Post* timbre commémoratif; cachet spécial; **~ˌsteuer** *f* impôt *m* supplémentaire; **~taˌrif** *m* tarif spécial, exceptionnel; **~ˌurlaub** *m* congé *m*, *milit.* permission *f* spécial(e); permission exceptionnelle, de faveur; **~verˌeinbarung** *f* accord particulier; **~verˌgütung** *f* indemnité spéciale; **~verˌtrag** *m* contrat particulier; **~ˌvollmachten** *f/pl.* pouvoirs spéciaux; **~ˌvorschrift** *f* prescription spéciale; **~ˌzug** *m chem.* train spécial; **e-n ~ einsetzen** mettre un train spécial en circulation; **~ˌzulage** *f* allocation spéciale; **~ˌzustellung** *f der Post* factage spécial; **~ˌzuteilung** *f* attribution, répartition spéciale; *an Lebensmitteln* ration *f* supplémentaire.

sondier|en [zɔn'diːrən] *v/t.* ⟨*pas de ge-*, h⟩ sonder, explorer (*auch fig.*); *fig.* tâter (le terrain); pressentir (qn. sur ses intentions); **≈baˌllon** *m* ballon-sonde *m*; **≈ung** *f* ⟨~; ~en⟩ sondage *m*; exploration *f*.

Sonett [zo'nɛt] *n* ⟨~(e)s; ~e⟩ sonnet *m*.

Song [sɔŋ] *m* ⟨~s; ~s⟩ chanson *f*.

Sonnabend ['zɔnˌʔaːbənt] *m* ⟨~s; ~e⟩ samedi *m*; **≈s** *adv.* le samedi.

Sonne ['zɔnə] *f* ⟨~; ~n⟩ **1.** soleil *m*; **die ~ scheint** il fait du soleil; le soleil luit, brille; **in der ~** au soleil; **von der ~ beschienen** ensoleillé; *Mensch* **von der ~ verbrannt** bronzé, bruni par le soleil; **die aufgehende** (**untergehende**) **~** le soleil levant (couchant); **nichts Neues unter der ~** rien de nouveau sous le soleil; *fig.* **Platz an der ~** place au soleil; **die ~ bringt es an den Tag** la vérité éclatera, se fera jour; **nichts ist so fein gesponnen, es kommt doch endlich an die ~n** *prov.* rien de si caché qui ne finisse par se découvrir, savoir; **2.** *cf.* Heizsonne.

sonnen ['zɔnən] **I** *v/t.* ⟨h⟩ *Betten etc.* exposer, mettre au soleil; **II** *v/réfl.* **sich ~** prendre un bain de soleil; se chauffer au soleil; F faire le lézard; *fig.* **sich in s-m Ruhm ~** se repaître de, savourer sa gloire, sa célébrité; *fig.* **sich in j-s Gunst ~** faire étalage, parade de la faveur de qn.; **III ≈** *n* ⟨~s⟩ *méd.* ensoleillement *m*.

Sonnen|anbeter(in) ['zɔnənˌʔanbeːtər(ɪn)] *m* (*f*) adorateur, -trice *m, f* du soleil; **~ˌanbetung** *f* culte *m* du soleil; **~ˌaufgang** *m* lever *m* du soleil; **~ˌbad** *n* bain *m* de soleil; *Ort* solarium [-jɔm] *m*; **ein ~ nehmen** prendre un bain de soleil; **~ˌbahn** *f astr.* orbite *f* du soleil; *scheinbare* écliptique *f*; **~ˌball** *m* ⟨~(e)s⟩ globe *m* du soleil; **~batteˌrie** *f* batterie *f* solaire; **≈beˌschienen** *adjt.* ensoleillé; **~beˌstrahlung** *f* ensoleillement *m*; insolation *f*; **~ˌblende** *f opt.* parasoleil *m*; *im Auto* pare-soleil *m*; **~ˌblume** *f bot.* soleil *m*; tournesol *m*; *sc.* hélianthe *m*; **~ˌblumenˌkerne** *m/pl.* graines *f/pl.* de tournesol; **~ˌblumenˌöl** *n* huile *f* de tournesol; **~ˌbrand** *m* coup *m* de soleil; **sich e-n ~ holen** F attraper un coup de soleil; **≈ˌbraun** *adj.* 'hâlé; basané; bronzé, bruni par le soleil; **~ˌbräune** *f* 'hâle *m*; teint basané; **~ˌbrille** *f* lunettes *f/pl.* de soleil; **~ˌcreme** *f* crème *f* solaire; **~ˌdach** *n* marquise *f*; *Auto* toit ouvrant; **~ˌdeck** *n mar.* sundeck *m*; **~ˌdienst** *m cf.* ~anbetung; **≈durchˌflutet** *adjt.* ensoleillé; inondé de soleil; **~enerˌgie** *f* énergie *f* solaire; **~ˌferne** *f astr. sc.* aphélie *m*; **~ˌfinsternis** *f astr.* éclipse *f* de soleil; **~ˌfleck** *m* tache *f* solaire; **≈geˌbräunt** *adjt. cf.* ≈braun; **~geˌflecht** *n anat.* plexus *m* solaire; **~ˌglanz** *m* splendeur *f*, clarté *f* du soleil; **~ˌglas** *n* verre fumé, noirci; **~ˌglut** *f* ardeur *f* du soleil; **~ˌgott** *m myth.* dieu *m* du soleil; **≈ˌhell** *adj.* éclairé par le soleil; ensoleillé; **~ˌhitze** *f* chaleur *f* solaire, du soleil; **drückende ~** soleil de plomb; **~ˌhöhe** *f* 'hauteur *f* du soleil; **~ˌhut** *m* chapeau *m* de paille, pour le soleil; **~ˌjahr** *n* année *f* solaire; **≈'klar** *adj. fig.* **das ist ~** c'est évident, patent; c'est clair comme le jour, F comme de l'eau de roche, comme deux et deux font quatre; cela tombe sous le sens; cela crève les yeux; **~ˌkoller** *m vét.* insolation *f*; **~ˌkönig** *m hist.* Roi-Soleil *m*; **~ˌkrem** *f od.* F *m cf.* ~creme; **~ˌkult** *m cf.* ~anbetung; **~ˌlicht** *n* lumière *f* solaire, du soleil; **~ˌlichtbeˌstrahlung** *f méd.* insolation *f*; **~ˌmesser** *m* ⟨~s; ~⟩ *astr.* héliomètre *m*; **~ˌnähe** *f astr. sc.* périhélie *m*; **~ˌöl** *n* huile *f* solaire; **~ˌröschen** *n* ⟨~s; ~⟩ *bot.* hélianthème *m*; **~ˌrose** *f bot. cf.* ~blume; **~ˌscheibe** *f* disque *m* solaire, du soleil; **~ˌschein** *m* ⟨~(e)s⟩ soleil *m*; *fig.* rayon *m* de soleil; **im ~** au soleil; **es ist ~, wir haben ~** il fait du soleil; **auf Regen folgt ~** *prov.* après la pluie, le beau temps *prov.*; **~ˌschirm** *m* ombrelle *f*; *für den Garten, Balkon etc.* parasol *m*; **~schutzˌmittel** *n* produit *m* antisolaire; **~ˌsegel** *n mar.* tendelet *m*; vélum [-ɔm] *m*; **~ˌseite** *f* côté exposé au soleil; midi *m*; *fig., des Lebens* beau côté; côté riant; **~ˌspektrum** *n phys.* spectre *m* solaire; **~ˌstand** *m* 'hauteur *f* du soleil; **~ˌstäubchen** *n* ⟨~s; ~⟩ poussière *f* (visible dans les rayons du soleil); **~ˌstich** *m méd.* insolation *f*; F *fig.* **e-n kleinen ~ haben** F être un peu cinglé; **~ˌstrahl** *m* rayon *m* solaire, du soleil; *fig.* rayon *m* de soleil; **~ˌstrahlung** *f* rayonnement *m* solaire; **~sysˌtem** *n astr.* système *m* solaire, planétaire; **~ˌtag** *m* (belle) journée ensoleillée; *astr.* jour *m* solaire; **~ˌtau** *m bot.* drosère *f*; **~ˌtierchen** *n zo.* héliozoaire *m*; **~ˌuhr** *f* cadran *m* solaire; **~ˌuntergang** *m* coucher *m* de *od.* du soleil; **≈verˌbrannt** *adjt. cf.* ≈braun; **~ˌwende** *f astr.* solstice *m*; **~wendˌfeier** *f* fête *f* du solstice; **~ˌzeit** *f* heure *f* solaire.

sonnig ['zɔnɪç] *adj.* ensoleillé; *fig.* **~es Gemüt** caractère gai, riant.

Sonntag ['zɔntaːk] *m* ⟨~s; ~e⟩ dimanche *m*; **am ~** le dimanche; **an Sonn- u. Festtagen** les dimanches et les jours fériés, de fête; dimanches et fêtes; **alle Tage ist nicht ~** ce n'est pas tous les jours fête, dimanche.

sonntäg|ig ['zɔnˌtɛːgɪç] *adj.* du dimanche; **~lich 1.** *adj.* de tous les dimanches; du dimanche; dominical; **2.** *adv.* **(sich) ~ anziehen** (s')endimancher.

sonntags ['zɔntaːks] *adv.* le dimanche; **≈ˌanzug** *m* habit *m*, tenue *f* de *od.* du dimanche; **≈ˌarbeit** *f* travail *m* du dimanche; **≈ˌausflug** *m* excursion *f* de dimanche, dominicale; **≈ˌausflügler** *m/pl.* excursionnistes *m/pl.* du dimanche; F dimanchards *m/pl.*; **≈ˌausgabe** *f e-r Zeitung* édition dominicale; **≈ˌbeilage** *f e-r Zeitung* supplément dominical; **≈ˌblatt** *n* journal *m* du dimanche; **≈ˌdienst** *m* service *m* de dimanche; **≈entˌheiligung** *f* profanation *f* du dimanche; **≈ˌfahrer** F *m* conducteur *m* du dimanche; **≈ˌgottesdienst** *m relig.* office *m* du dimanche; **≈ˌheiligung** *f* sanctification *f* du dimanche; **≈ˌjäger** F *m* chasseur *m* du dimanche; **≈ˌkind** *n* enfant né le dimanche; *fig.* **er ist ein ~** il est né coiffé; il est né sous une bonne étoile; F c'est un veinard; **≈ˌkleid** *n* robe *f* du dimanche; **das ~ anziehen** s'endimancher; **≈ˌreiter** F *m* cavalier *m* du dimanche; **≈ˌrückfahrˌkarte** *f chem.* billet *m* de week-end, de dimanche; **≈ˌruhe** *f* repos dominical, du dimanche; **Einhaltung (Störung) der ~** observation du (perturbation, trouble apporté[e] au) repos dominical; **≈spaˌziergang** *m* promenade dominicale; **≈ˌstaat** *m* ⟨~(e)s⟩ toilette *f* du dimanche; **in s-m ~** dans ses plus beaux atours; **den ~ anlegen** s'endimancher; **≈verˌkehr** *m* trafic *m* du dimanche; **≈ˌwetter** *n* F **heute ist richtiges ~** c'est aujourd'hui un vrai temps de dimanche.

sonn|verbrannt ['zɔnfɛrˌbrant] *adjt. cf.* sonnenbraun; **≈wendˌfeier** *f cf.* Sonnenwendfeier.

sonor [zo'noːr] *adj.* sonore.

sonst [zɔnst] *adv.* **1.** (*außerdem*) d'ailleurs; du reste; (*anders*) autre; **~ nir-**

gends nulle part ailleurs; ~ **überall** partout ailleurs; **wir werden uns auch** ~ **bemühen, euch zufriedenzustellen** nous nous efforcerons de vous donner satisfaction à tous égards; ~ **etw.** (quelque) autre chose; quelque chose d'autre; ~ **nichts** pas autre chose; rien de plus; *fragend* rien d'autre?; c'est tout ce qu'il vous (te) faut?; ~ **jemand** quelqu'un d'autre; quelque autre personne; ~ **niemand** personne d'autre; nul autre; **was willst du** ~ **noch?** que veux-tu de plus?; **wenn es** ~ **nichts ist** si ce n'est que cela; *comm.* **(wünschen Sie)** ~ **noch etw.?** et avec cela?; **wer** ~ **soll das machen?** qui d'autre doit le faire?; F **er denkt, er ist** ~ **wer** il se prend pour un grand homme; **2.** (*für gewöhnlich*) d'ordinaire; à l'ordinaire; d'habitude; de coutume; (*früher*) autrefois; jadis; en d'autres temps; **wie** ~ comme d'habitude, de coutume; **sie war anders als** ~ elle n'était pas comme d'habitude, de coutume; **Sie sind doch** ~ **nicht so** ... vous n'étiez pas autrefois si ...; je ne vous ai jamais vu si ...; **3.** (*andernfalls*) sinon; sans quoi; sans cela; autrement; faute de quoi; **beeilen Sie sich,** ~ **kommen Sie zu spät** dépêchez-vous, sinon, sans quoi, *etc.* vous serez en retard; ~**ig** *adj.* (*andere*) autre; (*gewöhnlich*) habituel, -lle; (*ehemalig*) d'autrefois; de jadis; ~**e Unkosten** frais divers; **s-e** ~**en Fähigkeiten** ses autres capacités; les capacités qu'il a par ailleurs; ~**wie** *adv.* d'une autre manière; ~**wo** *adv.* (quelque part) ailleurs; ~**wo|hin** *adv.* ailleurs; on ne sait où; F le diable seul sait où.

sooft [zoˑˈʔɔft] *conj.* ~ **du kommst** toutes les fois que tu viendras; ~ **Sie wollen** autant de fois, tant, aussi souvent que vous voudrez; ~ **ich auch komme,** ... quelque souvent que je vienne ...

Soor [zoːr] *m* ⟨~(e)s; ~e⟩ *méd.* muguet *m*; ~**pilz** *m méd.* champignon *m* du muguet.

Sophist [zoˈfɪst] *m* ⟨~en; ~en⟩ sophiste *m*; ~**e'rei** *f* ⟨~; ~en⟩ sophistication *f*; ~**ik** *f* ⟨~⟩ sophistique *f*; ♀**isch** *adj.* sophistique; de sophiste.

sophokleisch [zoˑfoˑˈkleːɪʃ], ♀ *adj.* de Sophocle.

Sopran [zoˑˈprɑːn] *m* ⟨~s; ~e⟩ *mus.* soprano *m*; ~**|arie** *f* air *m* de soprano; ~**istin** [-ˈnɪstɪn] *f* ⟨~; ~nen⟩ soprano *m*.

Sorbett [zɔrˈbɛt] *m od. n* ⟨~(e)s; ~e⟩ sorbet *m*.

Sordine [zɔrˈdiːnə] *f* ⟨~; ~n⟩ *mus.* sourdine *f*.

Sorge [ˈzɔrgə] *f* ⟨~; ~n⟩ **1.** souci *m*; (*Unruhe*) inquiétude *f*; peine *f*; *litt.* alarmes *f/pl.*; **schwere, ernste** ~**n** graves, gros soucis; **j-m** ~**n machen** causer, donner des soucis, des inquiétudes à qn.; mettre qn. en souci; inquiéter qn.; préoccuper qn.; **sich** ~**n machen, in** ~ **sein** se faire des soucis, être en souci (**wegen etw., j-m, um etw., j-n** pour qc., qn.); se soucier, s'inquiéter (de qc., au sujet de qn.); être en peine (de qc.); F s'en faire; **j-m e-e** ~ **abnehmen** délivrer qn. d'un souci; **e-e** ~ **los sein** être libéré d'un souci; **das ist meine geringste** ~ c'est le moindre, le cadet de mes soucis; **mit** ~**n zu kämpfen haben** se débattre au milieu de soucis; **andere** ~**n im Kopf haben** avoir d'autres soucis (en tête); F avoir d'autres chats à fouetter; **s-e** ~**n im Alkohol ertränken** noyer ses soucis dans l'alcool; **seien Sie ohne** ~ ne vous inquiétez pas; F ne vous en faites pas; ne vous faites pas de bile; **kleine Kinder kleine** ~**n, große Kinder große** ~**n** *prov.* petits enfants petites peines, grands enfants grandes peines; **2.** ~ **tragen für etw.** avoir, prendre soin de qc.; veiller, pourvoir à qc.; s'occuper de qc.; **dafür** ~ **tragen, daß** ... veiller à ce que ... (+ *subj.*); **lassen Sie das meine** ~ **sein** laissez-moi faire; j'en fais mon affaire; remettez-vous-en à moi; **j-m die** ~ **für etw. anvertrauen** confier à qn. le soin de qc.; commettre qn. à la garde, au soin de qc.; charger qn. du soin de qc.

sorgen [ˈzɔrgən] **I** *v/i.* ⟨h⟩ **für j-n** ~ prendre soin de qn.; prendre qn. en charge; **für etw.** ~ avoir, prendre soin de qc.; veiller à qc.; (*sich angelegen sein lassen*) s'occuper de qc.; (*vor*~) pourvoir à qc.; **dafür** ~, **daß** ... veiller à ce que ... (+ *subj.*); **dafür ist gesorgt** on y a pourvu; **ich habe für alles gesorgt** j'ai pourvu à tout; **lassen Sie mich nur für e-n Wagen** ~ fiez-vous à moi du soin de vous procurer une voiture; **dafür laß mich** ~! c'est mon affaire!; **es ist dafür gesorgt, daß die Bäume nicht in den Himmel wachsen** il y a des limites à tout; **II** *v/réfl.* **sich um etw.** ~ se soucier, s'inquiéter, être en peine de qc.; *cf. auch* Sorge 1. (**sich** ~**n machen, in** ~ **sein**); *abs.* **sich** ~ (*in Unruhe sein*) être inquiet, -ète; avoir des inquiétudes; ♀**|brecher** *fig., poét. m* vin *m*; ♀**|falten** *f/pl.* rides causées par les soucis, dues aux soucis; ~**|frei** *adj.* libre, exempt de tout souci; *auch adv.* sans souci; ♀**|freiheit** *f* absence *f* de soucis; ♀**|kind** *n* enfant *m* qui cause beaucoup de soucis; *fig.* gros souci; ♀**|last** *f* poids *m* des soucis; ~**|los** *adj. cf.* ~frei; ♀**|losigkeit** *f* ⟨~⟩ *cf.* ♀freiheit; ~**|voll** *adj.* plein de soucis; soucieux, -euse.

Sorge|pflicht [ˈzɔrgə͵pflɪçt] *f jur., der Eltern* obligation *f* d'assurer la garde des enfants; ~**|recht** *n jur., der Eltern* droit *m* de garde des enfants.

Sorg|falt [ˈzɔrkfalt] *f* ⟨~⟩ soin *m*; (*Gewissenhaftigkeit*) scrupules *m/pl.*; (*Genauigkeit*) exactitude *f*; **mit peinlicher** ~ avec un soin minutieux; **es an der nötigen** ~ **fehlen lassen** négliger les soins nécessaires; ~ **verwenden auf etw.** apporter du soin à qc.; **s-e ganze** ~ **auf etw. legen** apporter tous ses soins à qc.; **etw. ohne** ~ **tun** F faire qc. à la six-quatre-deux, à la diable; ♀**|fältig 1.** *adj.* soigneux, -euse; *von Sachen* soigné; (*gewissenhaft*) scrupuleux, -euse; (*genau*) exact; ~**e Arbeit** travail soigné; **e-e** ~**e Wahl treffen** faire un choix judicieux; **2.** *adv.* avec soin; soigneusement; scrupuleusement; avec exactitude; *fig.* ~ **auslesen** trier sur le volet; ~**|fältig|keit** *f* ⟨~⟩ *cf.* ~falt.

Sorgh|o [ˈzɔrgoˑ] *m* ⟨~s; ~s⟩, ~**um** *n* ⟨~s; ~s⟩ *agr.* sorgho *m*.

sorg|los [ˈzɔrkloːs] *adj.* (*unbekümmert*) sans souci; insouciant; ♀**|losig|keit** *f* ⟨~⟩ insouciance *f*; ~**sam** *adj. u. adv. cf.* sorgfältig; **ein** ~ **gehütetes Geheimnis** un secret soigneusement, jalousement gardé; ♀**sam|keit** *f* ⟨~⟩ *cf.* Sorgfalt.

Sorption [zɔrptsiˑˈoːn] *f* ⟨~; ~en⟩ *chim.* sorption *f*.

Sorte [ˈzɔrtə] *f* ⟨~; ~n⟩ **1.** (*Art*) sorte *f*; espèce *f*; *nur comm.* (*Wertgruppe*) qualité *f*; *von Zigaretten, Kaffee etc.* (*Marke*) marque *f*; **mittlere** ~ qualité moyenne; **in allen** ~**n u. Preislagen** de toutes sortes et qualités; **2.** *auf Menschen bezogen, immer péj.* genre *m*; espèce *f*; F calibre *m*; acabit *m*; **diese** ~ **Mensch** ce genre de personnes; des gens de cet acabit; F **ich kenne noch mehr von der** ~ j'en connais bien d'autres de ce genre, de cette espèce, de ce calibre, de cet acabit; **ein Schwindler übelster** ~ un filou, un escroc de la plus belle eau, de la plus basse espèce; un fieffé coquin; **3.** *bot., agr.* (*Pflanzen*♀) variété *f*; **4.** *Bankwesen* ~**n** *pl.* espèces *f/pl.*; monnaies, devises étrangères; ~**nab|teilung** *f e-r Bank* service *m* des monnaies étrangères; ~**n|amt** *n zur Anmeldung von neuen Zuchtsorten* office *m* de protection des créations végétales; ~**nge|schäft** *n Bankwesen* transactions *f/pl.* en devises étrangères; ~**n|liste** *f cf.* ~**nverzeichnis**; ~**n|schutz** *m für neue Zuchtsorten* protection *f* des nouvelles sélections, créations végétales; ~**nver|zeichnis** *n von Zuchtsorten* liste *f* de sélections végétales; ~**n|zettel** *m Bankwesen* bordereau *m* d'espèces.

sortier|en [zɔrˈtiːrən] **I** *v/t.* ⟨*pas de ge-*, h⟩ assortir; trier (*auch Briefe auf der Post*); classer; **nach Größe, Farben** *etc.* ~ assortir, trier, classer par grandeur, par couleurs, *etc.*; **II** ♀**en** *n* ⟨~s⟩ assortiment *m*; triage *m*; *von Briefen auf der Post* tri *m*; classement *m*; ♀**er(in)** *m* ⟨~s; ~⟩ (*f*) ⟨~; ~nen⟩ trieur, -euse *m, f*; ♀**ma|schine** *f* trieur *m*; *für Wolle* trieuse *f*; *für Lochkarten* trieuse-classeuse *f*; ♀**|raum** *m auf der Post* salle *f* de tri; ♀**ung** *f* ⟨~⟩ *cf.* ~en II.

Sortiment [zɔrtiˑˈmɛnt] *n* ⟨~(e)s; ~e⟩ **1.** *von Waren* assortiment *m*; **2.** *Kurzwort cf.* ~sbuchhandlung; ~**er** *m* ⟨~s; ~⟩ *cf.* ~sbuchhändler; ~**s|buchhandel** *m* librairie *f* d'assortiment; ~**s|buchhändler** *m* libraire *m* d'assortiment; ~**s|buchhandlung** *f* librairie *f* d'assortiment.

sosehr [zoˑˈzeːr] *conj.* ~ **ich ihn auch liebe** ... si grand que, quelque grand que, quel que soit mon amour pour lui ...; ~ **ich das auch billige** ... quelle que soit mon approbation ...

soso [zoˑˈzoː] *adv.* tant bien que mal; plutôt mal que bien; ~ **lala** comme ci, comme ça; F couci-couça; cahin-caha; ~! tiens, tiens!

SOS-Ruf [ɛsʔoːˈʔɛsruːf] *m mar.* S.O.S. *m*.

Soße [ˈzoːsə] *f* ⟨~; ~n⟩ *cuis.* sauce *f*; ~**n|löffel** *m* cuiller *f* à sauce; ~**n|schüssel** *f* saucière *f*.

Soubrette [zuˑˈbrɛtə] *f* ⟨~; ~n⟩ *Oper, Operette* soprano léger.

Souff|leur [suˑˈfløːr] *m* ⟨~s; ~e⟩, ~**leuse** [-ˈfløːzə] *f* ⟨~; ~n⟩ *thé.* souffleur, -euse *m, f*; ~**'leur|kasten** *m* trou *m* du souffleur; ♀**'lieren** *v/t. u. v/i.* ⟨*pas de ge-*, h⟩ souffler (j-m qn., j-m etw. qc. à qn.).

soundso [ˈzoːʔʊntˈzoː] *adv.* ~ **oft** tant de fois; ~ **viel Mark** tant de marks; ~ **groß** de telle et telle grandeur; **Herr** ♀ Monsieur un Tel; F Monsieur chose; **Frau** ♀ Madame une Telle; ~**'vielt** *adj.* **der** ~**e Teil** la tantième partie; **der** ~**e Versuch** le n-ième essai.

soupieren [suˑˈpiːrən] *v/i.* ⟨*pas de ge-*, h⟩ souper.

Soutane [zuˑˈtɑːnə] *f* ⟨~; ~n⟩ *égl. cath.* soutane *f*.

Souterrain [suˑtɛˈrɛ̃ː, zuˑtɛˈrɛ̃ː, ˈzuːtɛrɛ̃ː, -rɛŋ] *n* ⟨~s; ~s⟩ sous-sol *m*; **im** ~ **wohnen** habiter au sous-sol; ~**|wohnung** *f* appartement *m* au sous-sol.

souverän [suˑvəˈrɛːn, zuˑ-] **I 1.** *adj.* souverain; **2.** *adv.* **etw.** ~ **beherrschen** savoir qc. à fond; **II** ♀ *m* ⟨~s; ~e⟩ souverain *m*; 2i'tät *f* ⟨~⟩ souveraineté *f*; 2i'täts,akt *m* acte *m* de souveraineté; 2i'täts,rechte *n/pl.* droits souverains, de souveraineté; 2i'tätsver,letzung *f* violation *f* de la, atteinte *f* à la souveraineté.

soviel [zo·'fi:l] **I** *adv.* autant; **doppelt** ~ deux fois autant; **noch einmal** ~ encore une fois autant; ~ **für heute** pour aujourd'hui ça suffit, c'est assez; ~ **wie** (*od.* **als**) **möglich** autant que possible; *litt.* autant que faire se peut; **II** *conj.* ~ **ich weiß** ... (autant) que je sache ...; à ce que je sais ...

Sowchos ['sɔfxɔs, 'zɔfçɔs] *m od. n* ⟨~; -'chose⟩, ~**e** [-'xo:zə, -'ço:-] *f* ⟨~; ~n⟩ sovkhoze *m*.

soweit [zo·'vaɪt] **I** *adv.* **bist du** ~? y es--tu?; tu y es?; **ich bin** ~ j'y suis; ~ **bin ich noch nicht** je n'en suis pas encore là; **es geht ihm** ~ **ganz gut, nur** ... il va assez bien mais seulement ...; **du hast** ~ **recht** jusqu'à un certain point, tu as raison; ~ **wie** *od.* **als möglich will ich nachgeben** je céderai le plus possible, dans la mesure de mon possible; **II** *conj.* en tant que; autant que; ~ **ich es beurteilen kann** autant que j'en puisse juger.

sowenig [zo·'ve:nɪç] **I** *adv.* (tout) aussi peu; **ich kann es** ~ **wie du** j'en suis aussi incapable, aussi peu capable que toi; je n'en suis pas plus capable que toi; **ich habe** ~ **Geld wie du** j'ai tout aussi peu d'argent que toi; je suis tout aussi démuni d'argent que toi; je suis aussi pauvre que toi; **tu das** ~ **wie möglich** fais-en le moins possible; **II** *conj.* ~ **du auch gelernt hast, das wirst du doch wissen** si *od.* pour peu que tu aies étudié tu dois le savoir.

sowie [zo·'vi:] *conj.* **1.** (*als auch*) ainsi que; aussi bien que; **er** ~ **s-e Mutter** lui ainsi que, aussi bien que sa mère; **2.** (*sobald*) dès que; ~ **er kommt** ... dès qu'il viendra ...

sowieso [zo·vi·'zo:] *adv.* dans tous les cas; en tout cas; de toute façon; **aus dir wird** ~ **nichts** d'ailleurs, tu ne seras jamais rien.

Sowjet [zɔ'vjɛt, 'zɔ-] *m* ⟨~s; ~s⟩ soviet [-jɛt] *m*; **Oberster** ~ Soviet suprême; F **die** ~**s** les Soviets; ~**ar,mee** *f* armée *f* soviétique; ~,**bürger** *m* citoyen *m* soviétique; 2**isch** [-'vjɛ-] *adj.* soviétique; 2**i'sieren** *v/t.* ⟨*pas de ge-*, h⟩ soviétiser; ~**i'sierung** *f* ⟨~⟩ soviétisation *f*; ~**re,gierung** *f* gouvernement *m* des Soviets; ~**repu,bliken** *f/pl.* républiques *f/pl.* soviétiques; 2,**russisch** *adj.* soviétique; ~,**rußland** *n* la Russie des Soviets; ~,**stern** *m* étoile *f* des Soviets; ~**uni,on** *f* (*abr.* SU) Union *f* Soviétique.

sowohl [zo·'vo:l] *conj.* ~ ... **als auch** ... non seulement ... mais aussi, mais encore ...; ... ~ **wie** ... aussi bien que ...

Sozi ['zo:tsi·] *m* ⟨~s; ~s⟩ F *péj. cf.* Sozialdemokrat.

sozial [zo·tsi·'a:l] **1.** *adj.* social; ~**e Frage** problème social; ~**e Sicherheit** sécurité sociale; ~**e Arbeit** (activités d')assistance publique, sociale; ~**er Wohnungsbau** construction d'habitations à loyer modéré (*abr.* H.L.M.); **2.** *adv.* ~ **denken** avoir des idées sociales; 2,**abgaben** *f/pl.* charges sociales; 2,**amt** *n* bureau *m* de l'assistance sociale; 2,**arbeiterin** *f* assistante sociale; 2,**aufwand** *m* charges sociales; 2-,**ausschuß** *m* commission *f* des affaires sociales; 2**be,amtin** *f cf.* 2arbeiterin; 2,**beitrag** *m* versement *m* au titre de la sécurité (*früher* assurance) sociale; cotisation *f* à *od.* de la sécurité (assurance) sociale; 2**be,rufe** *m/pl.* professions *f/pl.* se rapportant à l'assistance sociale ou publique; 2**demo-,krat(in)** *m* (*f*) social-démocrate *m*, *f* (*pl.* sociaux-démocrates) 2**demokra,tie** *f* social-démocratie [-si] *f*; ~-**demo,kratisch** *adj.* social-démocrate; 2**e Partei Deutschlands (SPD)** Parti social-démocrate (d'Allemagne); 2,**einrichtungen** *f/pl.* institutions sociales; services sociaux; 2-,**ethik** *f* éthique sociale; 2,**fürsorge** *f* assistance sociale; 2**ge,richt** *n* tribunal social; 2**ge,richtsbarkeit** *f* juridiction sociale; 2**ge,setz** *n* loi sociale; 2**ge,setzgebung** *f* législation sociale; 2,**haushalt** *m* budget social; 2,**hilfe** *f* aide sociale; ~**i'sieren** *v/t.* ⟨*pas de ge-*, h⟩ socialiser; 2**i'sierung** *f* ⟨~⟩ socialisation *f*.

Sozial|ismus [zo·tsi·a'lɪsmʊs] *m* ⟨~⟩ socialisme *m*; **Aufbau des** ~ édification du socialisme; ~**ist(in)** *m* ⟨~en; ~en⟩ (*f*) ⟨~; ~nen⟩ socialiste *m*, *f*; ~**istenge,setz** *n hist.* loi *f* antisocialiste (de Bismarck); 2**istisch** *adj.* socialiste; ~**er Wettbewerb** émulation socialiste; 2**e Einheitspartei Deutschlands (SED)** Parti socialiste unifié allemand; 2**e Internationale** Internationale Socialiste.

Sozial|kapital [zo·tsi·'a:lkapi·,ta:l] *n* capital social; ~**kri,tik** *f* critique sociale; ~,**lasten** *f/pl.* charges sociales; ~,**lehre** *f relig.* doctrine sociale; ~-,**leistungen** *f/pl.* prestations *f/pl.* de (la) sécurité sociale; ~**ökono,mie** *f* économie *f* politique; ~,**ordnung** *f* ordre social; ~**päda,gogik** *f* sociopédagogie *f*; ~,**partner** *m/pl.* die ~ les partenaires sociaux; ~**philoso-,phie** *f* philosophie sociale; ~**poli-,tik** *f* politique sociale; ~**pro,dukt** *n* revenu national; ~,**recht** *n* droit social; 2,**rechtlich** *adj.* de droit social; ~**re,form** *f* réforme sociale; ~,**rente** *f* retraite *f* de la sécurité (*früher* assurance) sociale; ~,**rentner(in)** *m* (*f*) retraité, -e *m*, *f* de la sécurité (*früher* assurance) sociale; ~,**staat** *m* État social; ~**struk,tur** *f* structure sociale; ordre social; ~**ver,sicherung** *f* sécurité (*früher* assurance) sociale; ~**ver-,sicherungs,beitrag** *m* cotisation *f* à la, de sécurité (*früher* assurance) sociale; ~**ver,sicherungs,pflicht** *f* obligation *f* de s'affilier à la sécurité (*früher* assurance) sociale; ~,**wissen-,schaften** *f/pl.* sciences sociales; ~-,**wohnung** *f* logement *m* dans un H.L.M.; ~**en** *pl.* H.L.M. *m* (*pl.*) (habitation[s] *f* [*pl.*] à loyer modéré).

Soziolog|e [zo·tsi·o·'lo:gə] *m* ⟨~n; ~n⟩ sociologue *m*; ~**ie** [-'gi:] *f* ⟨~⟩ sociologie *f*; 2**isch** *adj.* sociologique.

Sozius ['zo:tsi·ʊs] *m* ⟨~; ~se⟩ (*Teilhaber*) associé *m*; *auf dem Motorrad* (*Mitfahrer*) passager *m* sur tan-sad; ~,**sitz** *m Motorrad* tan-sad *m*; siège *m* arrière.

sozusagen [zo·tsu·'za:gən] *adv.* pour ainsi dire.

Spachtel ['ʃpaxtəl] *m* ⟨~s; ~⟩ *od. f* ⟨~; ~n⟩ spatule *f* (*auch méd.*); *verschiedener Handwerke* truelle *f*; *des Glasers auch* couteau *m* (à enduire, à [dé]mastiquer); ~,**kelle** *f* truelle carrée; ~,**kitt** *m* mastic *m*; 2**n** F *v/i.* ⟨-(e)le, h⟩ manier la spatule, *etc.*; *fig.* F avoir un bon coup de fourchette.

Spagat [ʃpa'ga:t] *m od. n* ⟨~(e)s⟩ *gym.* grand écart; ~ **machen** faire le grand écart.

Spaghetti [ʃpa'gɛti·] *pl.* spaghetti *pl.*

späh|en ['ʃpɛ:ən] *st. s. v/i.* ⟨h⟩ observer attentivement; avoir l'œil au guet; **nach j-m** ~ guetter qn.; observer qn. d'un regard scrutateur; **nach etw.** ~ chercher à découvrir qc.; fouiller qc. du regard; scruter qc.; ~**der Blick** regard scrutateur; 2**er** *m* ⟨~s; ~⟩ guetteur *m*; *péj.* espion *m*; *milit.* patrouilleur *m*; éclaireur *m*; 2**er,auge** *n* regard perçant; 2**er,blick** *m* regard scrutateur; 2**e'rei** F *f* ⟨~⟩ *péj.* espionnage *m*; 2**trupp** *m milit.* patrouille *f*; section *f* d'éclaireurs; 2**trupp,führer** *m milit.* chef *m* de patrouille; 2**trupp,tätig-keit** *f milit.* activité *f* de patrouilles, d'éclaireurs; 2,**wagen** *m milit.* voiture *f* de reconnaissance.

Spake ['ʃpa:kə] *f* ⟨~; ~n⟩ *mar.* pince *f*; levier *m*.

Spalier [ʃpa'li:r] *n* ⟨~s; ~e⟩ *arb.* espalier *m*; *vit.* treille *f*; treillage *m*; *fig.*, *von Menschen* 'haie *f*; ~ **bilden, stehen** faire, former la haie; ~,**baum** *m arb.* arbre *m* en espalier; ~,**obst** *n* fruits *m/pl.* d'espalier.

Spalt [ʃpalt] *m* ⟨~(e)s; ~e⟩ fente *f*; interstice *m*; fissure *f*; *durch Bersten entstanden* crevasse *f*; **die Tür e-n** ~ **offen lassen** laisser la porte entrouverte, entrebâillée; **das Licht drang durch e-n** ~ **ein** la lumière entra par une fente, fissure, un interstice; 2**bar** *adj. phys. atom.* fissile; *minéral.* scissile; ~**es Material** matériaux fissiles; ~**bar,keit** *f* ⟨~⟩ fissilité *f*; ~,**breite** *f* ouverture *f* de fente; ~**e** *f* ⟨~; ~n⟩ *cf.* Spalt; (*Gletscher*2) crevasse *f*; *impr.* colonne *f*.

spalten ['ʃpaltən] **I** *v/t.* ⟨-ete, *p. p.* gespaltet *od.* gespalten, h⟩ *Holz etc.* fendre; *in zwei Hälften* partager, couper, diviser en deux; *Diamanten* fendre; cliver; *Schiefer* déliter; exfolier; *Leder* refendre; dédoubler; *chim.* dissocier; décomposer; dédoubler; *phys. atom.* briser; provoquer une fission (de); **II** *v/réfl.* **sich** ~ se fendre; *in zwei Hälften* se partager en deux; *phys. atom.* subir une fission; *Bewußtsein* se dédoubler; *Partei etc.* se diviser; se scinder; se séparer; **die Welt hat sich in zwei Lager gespalten** le monde s'est divisé en deux camps; **die Partei hat sich gespalten** *auch* il s'est opéré une scission dans le parti; **III** 2 *n* ⟨~s⟩ *cf.* Spaltung.

Spalten|breite ['ʃpaltən,braɪtə] *f impr.* justification *f*; F justif *f*; 2,**lang** *adj.* sur plusieurs colonnes; *péj.* à longueur de colonnes; ~,**linie** *f impr.* filet *m* de milieu; 2,**reich** *adj. Gletscher* crevassé; 2,**weise** *adv.* par colonnes; ~,**zahl** *f* numéro *m* de (la) colonne.

Spalt|fläche ['ʃpalt,flɛçə] *f minéral.* plan *m* de clivage; ~,**flügel** *m aviat.* aile *f* à fente; ~**frucht** *f bot.* schizocarpe *m*; ~,**füßer** *m/pl. zo. sc.* fissipèdes *m/pl.*; ~,**hammer** *m* merlin *m* (à fendre); ~**holz** *n* bois *m* de refend; ~-,**kammer** *f phys. atom.* chambre *f* à fission; ~**keil** *m* coin *m* (à fendre); ~,**klappe** *f aviat.* volet *m* à fente; ~-,**klinge** *f* fendoir *m*; ~,**leder** *n* cuir *m* de refend; ~**materi,al** *n phys. atom.* matières *f/pl.* fissiles; ~,**pfropfen** *m*, ~,**pfropfung** *f* ⟨~; ~en⟩ *arb.* greffe *f* en fente; ~,**pilze** *m/pl. sc.* schizomycètes *m/pl.*; ~**pro,dukt** *n phys. atom.* produit *m* de fission; ~**pro,zeß** *m phys. atom.* processus *m* de fission; ~**raum** *m phys. atom.* cœur *m* du réacteur; ~,**rohstoff** *m phys. atom.* matière *f* fertile; ~**stoff** *m phys. atom.* combustible *m*; ~**stoffele,ment** *n phys. atom.* élément *m* combustible; ~**ung** *f* ⟨~; ~en⟩ *von Holz* fendage *m*; fenderie *f*;

von Diamanten auch clivage *m*; *von Schiefer* délitement *m*; exfoliation *f*; *von Leder* refend *m*; dédoublement *od.* dédoublage *m*; *chim.* dissociation *f*; décomposition *f*; dédoublement *m* (*auch des Bewußtseins*); *phys. atom.* fission *f*; *e-r Partei etc.* division *f*; scission *f*; *relig.* schisme *m*; **~ungsˌarten** *f/pl. phys. atom.* espèces *f/pl.* de fission; **~ungsˌeinfang** *m phys. atom.* fission *f* par capture; **~ungsenerˌgie** *f phys. atom.* énergie *f* de fission; **~ungsˌgase** *n/pl.* gaz *m/pl.* de fission; **~ungsˌkette** *f phys. atom.* chaîne *f* de fission; **~ungsneuˌtronen** *n/pl. phys. atom.* neutrons *m/pl.* de fission; **~ungsproˌdukt** *n phys. atom.* produit *m* de fission.

Span [ʃpaːn] *m* ⟨~(e)s; ⁓e⟩ copeau *m*; éclat *m*; (*Holz*2) bûchette *f*; languette *f*; *von Metall* (*Feil*2) limaille *f*; (*Dreh*2) tournure *f*; (*Bohr*2) alésure *f*; *von Holz* (*Hobel*2) planure *f*; râpure *f*; *fig.* **wo gehobelt wird, fallen Späne** *prov.* on ne fait pas d'omelette sans casser d'œufs *prov.*; **2ˌabhebend** *adjt. techn.* **~e Formung** usinage *m* (par tournage, fraisage, perçage, rabotage, *etc.*).

spänen [ˈʃpɛːnən] *v/t.* ⟨h⟩ *Parkett* frotter, passer à la paille de fer.

spanend [ˈʃpaːnənt] *adjt. techn.* **~e Formung** *cf.* **spanabhebend**.

Spanferkel [ˈʃpaːnˌfɛrkəl] *n* cochon *m* de lait.

Spange [ˈʃpaŋə] *f* ⟨~; ~n⟩ *an Kleidern* agrafe *f*; *am Gürtel* boucle *f*; (*Schuh*2) bride *f*; (*Haar*2) barrette *f*; *an Büchern* fermoir *m*; *bât.* entretoise *f*; *hist.* fibule *f*; **~nˌschuh** *m* soulier *m* à bride; *hist.* soulier *m* à boucle.

Spaniel [ˈʃpaːniˑɛl] *m* ⟨~s; ~s⟩ *zo.* épagneul *m.*

Spanier(in) [ˈʃpaːniˑər(ɪn)] *m* ⟨~s; ~⟩ (*f*) ⟨~; ~nen⟩ Espagnol, -e *m, f*; *fig.* **stolz wie ein ~** fier comme Artaban.

spanisch [ˈʃpaːnɪʃ] *adj.* espagnol; d'Espagne; **die ~e Sprache, das 2e** la langue espagnole; l'espagnol *m*; **~e Spracheigentümlichkeit** hispanisme *m*; *bot.* **~er Pfeffer** piment *m*; **~es Rohr** rotin *m*; **~e Fliege** cantharide *f*; **~e Wand** paravent *m*; *hist.* **~er Stiefel** brodequin *m* de torture; *milit.* **~er Reiter** cheval *m* de frise; *fig.* F **das kommt mir ~ vor** cela me paraît étrange; (*das scheint mir verdächtig*) cela me paraît louche; il y a anguille sous roche; *fig.* F **das ist mir ~** cela m'est incompréhensible; **~-ameriˈkanisch** *adj.* hispano-américain.

Span|korb [ˈʃpaːnkɔrp] *m etwa* cageot *m*; **2los** *adj. techn.* **~e Formung** usinage *m* sans enlèvement de copeaux.

spann [ʃpan] *cf.* **spinnen**.

Spann [ʃpan] *m* ⟨~(e)s; ~e⟩ *anat.* cou-de-pied *m.*

Spann|backe [ˈʃpanˌbakə] *f techn.* mors *m*; mâchoire *f*; mordache *f*; griffe *f* de serrage; **~band** *n* ⟨~(e)s; ⁓er⟩ *techn.* collier *m* de serrage; **~beˌton** *m bât.* béton précontraint; **~ˌbolzen** *m techn.* boulon *m* de serrage; **~ˌbügel** *m techn.* bride *f* de fixation; **~draht** *m techn.* fil tendeur; ʻhauban *m*; **~druck** *m techn.* pression *f* de serrage.

Spanne [ˈʃpanə] *f* ⟨~; ~n⟩ *der Hand* empan *m*; *fig.* (*Zwischenraum, Unterschied*) écart *m*; marge *f*; (*Zeit*2) court espace de temps.

Spanneisen [ˈʃpanˌˀaɪzən] *n techn.* bride *f* de serrage.

spannen [ˈʃpanən] **I** *v/t.* ⟨h⟩ tendre; *Bogen, Seil, Feder auch* bander; *Saite, auch* raidir; *mar., Tau* rider; *Waffe, Photoapparat* armer; *Wasser, Dampf* comprimer; élever, augmenter la pression (de); *techn.* (*anziehen*) serrer; *mus.* **die Oktave ~ können** pouvoir faire l'octave; atteindre à l'octave; *techn.* **etw. in den Schraubstock ~** serrer qc. dans l'étau; **die Pferde vor den Wagen ~** atteler les chevaux; **die Ochsen ins Joch ~** mettre les bœufs au joug; *fig.* **s-e Erwartungen, Hoffnungen hoch ~** avoir de hautes visées, ambitions; **s-e Forderungen zu hoch ~** avoir des prétentions exagérées; **j-n auf die Folter ~** mettre qn. à la question; mettre qn. à la torture (*auch fig.*); *fig.* **spann mich doch nicht so auf die Folter** *auch* ne me laisse pas sur le gril; *fig.* **den Bogen zu straff ~** exiger trop; **gespannte Lage** situation tendue; **gespannte Aufmerksamkeit** attention tendue, soutenue; **mit j-m auf gespanntem Fuße leben** être en froid avec qn.; avoir des relations tendues avec qn.; être brouillé avec qn.; être en mauvais termes, en désaccord avec qn.; **gespannt sein auf etw.** être curieux, -euse de savoir, connaître, *etc.* qc.; **II** *v/i.* **1.** *von e-m Kleidungsstück* gêner; être trop juste; **dieses Kleid spannt über den Schultern** cette robe tire sur les épaules; **2.** *fig.* F **auf etw. ~** attendre qc. avec impatience; (*auf etw. hoffen*) escompter qc.; **3.** *Flugzeug, Vogel etc.* (*Spannweite haben*) avoir ... (*par ex.* 5 m) d'envergure; **~d** *adjt.* captivant; intéressant; palpitant.

Spanner [ˈʃpanər] *m* ⟨~s; ~⟩ *techn.* tendeur *m*; (*Schuh*2) embauchoir *m*; (*Hosen*2) tendeur; *für Zeitungen* porte-journaux *m*; *für Draht* raidisseur *m*; *zo.* phalène *f.*

Spann|feder [ˈʃpanˌfeːdər] *f* ressort tendeur; **~ˌfutter** *n techn.* mandrin *m* de serrage; **~geˌwicht** *n* poids tendeur; **~ˌhaken** *m* crochet tendeur; **~ˌhebel** *m* levier tendeur, de serrage; **~ˌklaue** *f techn.* griffe *f* de serrage; mâchoire *f*; chien *m*; **~ˌkluppe** *f techn.* mordache *f*; **~ˌkonus** *m techn.* cône *m* de serrage; **~kopf** *m der Drehbank* tourelle *f*; **~kraft** *f* ⟨~⟩ élasticité *f* (*auch fig.*); force *f* élastique; ressort *m* (*auch fig.*); *des Dampfes* tension *f*; *e-s Muskels* tonicité *f*; **2ˌkräftig** *adj.* élastique; **~ˌplatte** *f techn.* plaque *f* de fixation, de serrage; **~ˌrahmen** *m* châssis tendeur; étendoir *m*; **~ˌraupe** *f zo.* arpenteuse *f*; **~ˌriegel** *m techn.* bride *f* de liaison; *bât.* entrait *m*; **~ˌriemen** *m cord.* tire-pied *m*; **~ring** *m techn.* collier *m* de serrage; **~ˌrolle** *f* poulie *f* de tension; **~ˌsäge** *f* scie *f* à châssis, à monture; **~schloß** *n techn.* tendeur *m* de câble; **~ˌschraube** *f* vis *f* tendeur, de serrage; **~seil** *n* câble tendeur.

Spannung [ˈʃpanuŋ] *f* ⟨~; ~en⟩ **1.** tension *f*; *des Dampfes auch* pression *f*; *bât., e-s Gewölbebogens* ouverture *f*; **zu große ~** hypertension *f*; **zu geringe ~** hypotension *f*; **2.** *élect.* tension *f*; voltage *m*; (différence *f* de) potentiel *m*; **die ~ erniedrigen** baisser, réduire la tension; dévolter; **gleichgerichtete ~** tension redressée; **unter ~** sous tension; **3.** ⟨*pas de pl.*⟩ *fig.* (*gespannte Erwartung*) attente impatiente; vive impatience; (*gespannte Aufmerksamkeit*) attention soutenue; (*Neugier*) curiosité *f*; *in e-m Film etc.* suspense [syspɛns] *m*; **in großer ~ sein** être dans la plus vive impatience; **j-n in ~ versetzen** exciter la curiosité de qn.; **j-n in ~ halten** entretenir la curiosité de qn.; tenir qn. en haleine; **ein Buch mit ~ lesen** lire un livre avec un intérêt soutenu, une attention soutenue, un vif intérêt; **in atemloser ~ sein** *fig.* F avoir le souffle coupé; **4.** *fig.* (*gespanntes Verhältnis*) tension *f*; désaccord *m*; rapports tendus; brouille *f*; **die ~en beseitigen, vermindern, verschärfen** éliminer, réduire, aggraver la tension; **die ~ zwischen uns hat nachgelassen** nos rapports se sont détendus; **~sˌabfall** *m élect.* chute *f* de tension, de potentiel; **~sˌanzeiger** *m élect.* indicateur *m* de tension; **~sˌausgleicher** *m* ⟨~s; ~⟩ *élect.* stabilisateur *m*; **~serˌhöhung** *f élect.* élévation *f* de la tension; **~sˌfestigkeit** *f élect.* rigidité *f* diélectrique; **~sgeˌfälle** *n élect.* chute *f* de tension; **2sgeˌladen** *adjt. fig.* captivant; palpitant; **~e Atmosphäre** atmosphère orageuse; **~skonsˌtanthalter** *m élect.* stabilisateur *m* de tension; **~sˌmesser** *m* ⟨~s; ~⟩ *élect.* voltmètre *m*; **~sˌprüfer** *m élect.* indicateur *m* de tension; **~sˌregler** *m élect.* régulateur *m* de tension, de potentiel; **~sˌreihe** *f chim.* **elektrolytische ~** série *f* des éléments d'après les potentiels électrochimiques; **~sˌschwankung** *f élect.* fluctuation *f*, variation *f* de tension; **~sverˌlust** *m* perte *f*, chute *f* de tension; **~sverˌstärker** *m élect.* amplificateur *m* de tension; **~sˌwandler** *m* ⟨~s; ~⟩ *élect.* transformateur *m* de tension, de potentiel.

Spann|vorrichtung [ˈʃpanˌfoːrrɪçtuŋ] *f techn.* dispositif *m* de serrage, de fixation; tendeur *m*; **~ˌweite** *f e-s Vogels, aviat.* envergure *f*; *e-r Brücke, e-s Balkens, Trägers* portée *f*; travée *f*; ouverture *f*; *des Schraubstocks* écartement *m*; **~ˌwerkzeug** *n techn.* outil *m* de serrage; **~ˌzange** *f* pince *f*, griffes *f/pl.* de serrage.

Spant [ʃpant] *n* ⟨~(e)s; ~en⟩ *mar., aviat.* couple *m.*

Spar|betrag [ˈʃpaːrbəˌtraːk] *m* (montant *m* des) économies *f/pl.*; **~ˌbrenner** *m für Gas* bec *m* économique; **~buch** *n* livret *m* de caisse d'épargne; **~ˌbüchse** *f* tirelire *f*; **~ˌdüse** *f Automotor* gicleur *m* d'économie; **~ˌeinlagen** *f/pl.* dépôts *m/pl.* à la caisse d'épargne; **~ˌeinrichtung** *f techn.* économiseur *m*; **~ˌeinstellung** *f* réglage *m* économique.

spar|en [ˈʃpaːrən] **I** *v/t.* ⟨h⟩ (*Ersparnisse machen*) épargner; mettre de côté; (*Einsparungen machen*) économiser; **ich habe 20 DM gespart** j'ai épargné 20 marks; j'ai mis 20 marks de côté; (*ich habe sie durch günstigen Kauf eingespart*) j'ai économisé 20 marks; **~ Sie Ihr Geld, Ihre Zeit** épargnez votre argent, votre temps; **~e deine Kräfte** économise, ménage tes forces; **das spart mir Zeit** par cela je gagne du temps; **~ Sie sich die Mühe** épargnez-vous cette peine; **diese Bemerkung kannst du dir ~** tu peux garder cette remarque pour toi; épargne-moi cette remarque; **II** *v/i.* faire des économies, des épargnes; **für das Alter ~** épargner pour ses vieux jours; **ich muß ~** je dois vivre avec économie; je dois restreindre mes dépenses; je dois vivre dans l'épargne; **mit Brot, Licht ~** économiser le pain, la lumière; **an allem ~** économiser sur tout; **mit Lob nicht ~** ne pas être avare d'éloges, de louanges; **man hat mit Geld nicht gespart** on n'a pas lésiné; on n'a pas épargné (l'argent); F on n'a pas regardé à la dépense; F **am falschen Ende ~** faire des économies mal placées; **spare in der Zeit, so hast du in**

der Not *prov.* il faut garder une poire pour la soif *prov.*; **III** **2en** *n* ⟨~s⟩ épargne(s) *f* (*pl.*); économie(s) *f* (*pl.*); **2er (-in)** *m* ⟨~s; ~⟩ (*f*) ⟨~; ~nen⟩ épargnant, -e *m, f*; **die kleinen** ~ les petits épargnants; la petite épargne; **2ˌflamme** *f* veilleuse *f*.

Spargel [ˈʃpargəl] *m* ⟨~s; ~⟩ *bot.* asperge *f*; **~ˌbau** *m* ⟨~(e)s⟩ culture *f* des asperges; **~ˌbeet** *n* aspergerie *od.* aspergière *f*.

Spargeld [ˈʃpɑːrgɛlt] *n* économies *f/pl.*; épargnes *f/pl.*

Spargel|klee [ˈʃpargəlˌkleː] *m bot.* luzerne commune; **~ˌkohl** *m bot.* brocoli *m*; **~ˌkopf** *m* pointe *f* d'asperge; **~ˌmesser** *n* coupe-asperges *m*; **~ˌpflanze** *f bot.* asperge *f*; **~ˌpflanzung** *f* aspergerie *od.* aspergière *f*; **~saˌlat** *m cuis.* asperges *f/pl.* à l'huile; **~ˌspitze** *f cf.* ~kopf; **~ˌstecher** *m* ⟨~s; ~⟩ *cf.* ~messer; **~ˌsuppe** *f cuis.* potage *m* aux asperges; **~ˌzeit** *f* saison *f* des asperges.

Spar|groschen [ˈʃpɑːrˌgrɔʃən] *m* petites économies; pécule *m*; F boursicot *od.* boursicaut *m*; F *fig.* bas *m* de laine; **~ˌguthaben** *n* (avoir *m* de) compte *m* d'épargne; **~herd** *m* fourneau *m* économique; **~kapiˌtal** *n* capital déposé à la caisse d'épargne; **~ˌkasse** *f* caisse *f* d'épargne; **sein Geld auf die ~ bringen** mettre son argent à la caisse d'épargne; **Geld von der ~ abheben** retirer de l'argent de *od.* à la caisse d'épargne; **~kassenˌbuch** *n* livret *m* de caisse d'épargne; **~ˌkocher** *m* économiseur *m*; **~kontenˌinhaber** *m/pl.* épargnants *m/pl.*; **~ˌkonto** *n* compte *m* d'épargne.

spärlich [ˈʃpɛːrlɪç] **1.** *adj. Gewinn, Mittel etc.* peu abondant; (*kaum ausreichend*) insuffisant; à peine suffisant; maigre; *Vegetation* peu abondant; rare; pauvre; *Haar* rare; clairsemé; *Mahlzeit* frugal; maigre; **er verfügt über ~e Mittel** *auch* il ne dispose que de moyens financiers réduits, restreints; **2.** *adv.* ~ **besucht** peu fréquenté; ~ **besiedelt** peu peuplé; ~ **beleuchtet** éclairé pauvrement; ~ **bemessen sein** être attribué avec parcimonie; ~ **bekleidet** peu, insuffisamment habillé; **2ˌkeit** *f* ⟨~⟩ insuffisance *f*; pauvreté *f*; rareté *f*; *e-r Mahlzeit* frugalité *f*.

Spar|maßnahmen [ˈʃpɑːrˌmaːsnaːmən] *f/pl.* mesures *f/pl.* d'économie; **drastische ~** *im Staatshaushalt* coupes *f/pl.* sombres; **~ˌpfennig** *m cf.* Spargroschen; **~ˌprämie** *f* prime *f* d'épargne.

Sparren [ˈʃparən] *m* ⟨~s; ~⟩ (*Dach2*) chevron *m* (*auch Heraldik*); F *fig.* **e-n ~ haben** F avoir un grain (de folie); avoir le timbre fêlé; avoir une case de moins; P être cinglé, dingo, timbré; **~ˌwerk** *n* chevronnage *m*; chevrons *m/pl.*

Sparring[1] [ˈʃparɪŋ, ˈspa-] *n* ⟨~s⟩ *Boxen* entraînement *m*; **~**[2] *m* ⟨~s; ~s⟩ *Boxen* punching-ball *m*; **~sˌkampf** *m* exhibition *f* avec un sparring-partner; **~sˌpartner** *m* sparring-partner *m*.

sparsam [ˈʃpɑːrzaːm] **1.** *adj. Person* économe; *im Ausgeben* F regardant; serré; *Dinge* économique; ~ **sein** être économe; avoir de l'économie; **mit s-m Lob nicht ~ sein** *cf.* sparen II; **~en Gebrauch von etw. machen** user de qc. avec modération; **2.** *adv.* avec économie; avec modération; ~ **leben** vivre avec économie; se restreindre; restreindre ses besoins, ses dépenses; F *pfort.* se serrer la ceinture; ~ **mit etw. umgehen** ménager, économiser qc.; être économe de qc.; ne pas être prodigue de qc.; être avare de qc.; *Öl, Lack etc.* ~ **auftragen** appliquer parcimonieusement; ~ **brennen** brûler lentement; **2ˌkeit** *f* ⟨~⟩ économie *f*; **aus ~** par économie; **falsche ~** économie mal placée.

Spar|schwein [ˈʃpɑːrʃvaɪn] *n* tirelire *f*; **~strumpf** *m* F bas *m* de laine.

Spartakist [ʃpartaˈkɪst, spar-] *m* ⟨~en; ~en⟩ *hist.* spartakiste *m*; **2isch** *adj.* spartakiste.

Spartan|er(in) [ʃparˈtaːnər(ɪn), spar-] *m* ⟨~s; ~⟩ (*f*) ⟨~; ~nen⟩ Spartiate [-sjat] *m, f*; *fig.* spartiate *m, f*; **2isch** *adj.* spartiate; *fig.* **mit ~er Strenge, Einfachheit** à la spartiate.

Sparte [ˈʃpartə] *f* ⟨~; ~n⟩ (*Abteilung*) section *f*; (*Gebiet*) domaine *m*; (*Geschäfts-, Wissenszweig*) branche *f*; *Zeitungswesen* rubrique *f*.

Spartgras [ˈʃpartgraːs] *n bot.* spart(e) *m*.

Spar|trieb [ˈʃpɑːrtriːp] *m* goût *m* de l'épargne; **~- u. ˈDarlehnsˌkasse** *f* caisse *f* d'épargne et de prêt; **~verˌkehr** *m* opérations *f/pl.* d'épargne; **~verˌtrag** *m* contrat *m* d'épargne; **~ˌwesen** *n* épargne *f*; **~zwang** *m* épargne forcée.

spasm|isch [ˈspasmɪʃ, ˈʃpas-] *adj. méd.* spasmodique; **2us** *m* ⟨~; -men⟩ *méd.* spasme *m*.

Spaß [ʃpaːs] *m* ⟨~es; ⸚e⟩ (*Vergnügen*) plaisir *m*; amusement *m*; divertissement *m*; (*Scherz*) plaisanterie *f*; raillerie *f*; F blague *f*; *cf. auch* Scherz; **viel ~!** bien du plaisir!; bon amusement!; amusez-vous bien!; **j-m den ~ verderben** gâter le plaisir de qn.; **s-n ~ haben** se divertir; s'amuser; **das macht mir ungeheuren ~** cela m'amuse énormément; **das ist ein teurer ~ für mich** F cela me coûte les yeux de la tête; **Sie machen mir ~!** P vous en avez du toupet, du culot, une santé!; **schlechter ~** plaisanterie de mauvais goût; **~ beiseite!** plaisanterie à part!; trêve de plaisanterie(s)!; soyons sérieux!; *cf. auch* Scherz; ~ **machen** (*Vergnügen machen*) faire plaisir; (*scherzen*) plaisanter; railler; se livrer à des plaisanteries; **immer ~ machen** *auch* avoir toujours le mot pour rire; **nur zum ~** (c'est) pour rire; histoire de rire; **das war nur ~** ce n'était que pour rire; c'était une (simple) plaisanterie; **das ist kein ~** c'est sérieux; **aus ~**, **zum ~** pour plaisanter, rire; par plaisanterie; pour s'amuser; *cf. auch* Scherz; **s-n ~ mit j-m treiben** *cf.* Scherz; **(keinen) ~ verstehen** (ne pas) entendre raillerie, plaisanterie; **darin versteht er keinen ~** il ne plaisante, badine pas là-dessus; **der ~ geht zu weit** cela passe la plaisanterie; c'est pousser la plaisanterie trop loin; **verstehen, ~ zu machen** entendre raillerie; comprendre la plaisanterie; **halb im ~, halb im Ernst** mi-figue, mi-raisin.

Späßchen [ˈʃpɛːsçən] *n* ⟨~s; ~⟩ petite plaisanterie; *pl.* badinage *m*.

spaß|en [ˈʃpaːsən] *v/i.* ⟨-(es)t, h⟩ plaisanter; railler; badiner; F blaguer; **damit ist nicht zu ~** il ne s'agit pas de plaisanter; il ne faut pas plaisanter, badiner avec ces choses-là; on ne plaisante, badine pas avec ces choses-là; **nicht mit sich ~ lassen** ne pas entendre raillerie; ne pas plaisanter, badiner; **2eˈrei** *f* ⟨~; ~en⟩ plaisanteries *f/pl.*; badinage *m*; **~esˌhalber** *adv.* par plaisir; **~haft, ~ig** *adj.* amusant; divertissant; (*drollig*) plaisant; drôle; cocasse; facétieux [-sjø], -euse; rigolo; **2ˌmacher** *m* ⟨~s; ~⟩, **2ˌvogel** *m* plaisant *m*; farceur, -euse *m, f*; bouffon, -nne *m, f*; blagueur, -euse *m, f*; drôle *m* de loustic; joyeux drille; fumiste *m*.

Spat [ʃpaːt] *m* ⟨~(e)s⟩ **1.** ⟨*pl.* ~e *od.* ⸚e⟩ *minéral.* spath *m*; **2.** *vét.* éparvin *m*.

spät [ʃpɛːt] **1.** *adj.* (*spät eintretend*) tardif, -ive; *Stunde* (*vorgerückt*) avancé; **~es Glück** bonheur tardif; **~e Reue** regrets tardifs; F *fig.* **~es Mädchen** vieille fille; **zu ~er Stunde** à une heure avancée de la nuit; **bis in die ~e Nacht** jusqu'à une heure avancée de la nuit; bien avant dans la nuit; **im ~en Sommer** à la fin de l'été; **das ~e Mittelalter** le moyen âge finissant; la fin du moyen âge; **2.** *adv.* tard; **es ist ~** il est tard; **es wird ~** il se fait tard; **wie ~ ist es?** quelle heure est-il?; ~ **am Abend** tard le soir; tard dans la soirée; ~ **in der Nacht, bis ~ in die Nacht** bien avant, bien tard dans la nuit; **erst ~** sur le tard; **von früh bis ~** du matin au soir; **zu ~ kommen** être en retard; **e-n Tag zu ~** un jour de retard; **das kommt zu ~** *oft* cela n'est plus de saison; **besser ~ als nie** *prov.* mieux vaut tard que jamais; **2ˌapfel** *m* pomme tardive.

spatartig [ˈʃpaːtˌʔartɪç] *adj. minéral.* spathique.

spätblühend [ˈʃpɛːtˌblyːənt] *adjt. bot. sc.* tardiflore.

Spateisenstein [ˈʃpaːtˌʔaɪzənˌʃtaɪn] *m minéral.* sidérite *f*; sidérose *f*; fer *m* spathique.

Spatel [ˈʃpaːtəl] *m* ⟨~s; ~⟩ *cf.* Spachtel; **2ˌförmig** *adj. bot.* spatulé.

Spaten [ˈʃpaːtən] *m* ⟨~s; ~⟩ bêche *f*; **mit dem ~ umgraben** bêcher; **~kulˌtur** *f agr.* petite culture; **~ˌstich** *m* coup *m* de bêche.

Spät|entwickler [ˈʃpɛːtʔɛntˌvɪklər] *m* attardé *m*; **2er 1.** *adj.* postérieur; ultérieur; **die ~en Geschlechter** les générations futures; **in ~en Zeiten** plus tard; dans l'avenir; ultérieurement; à une époque postérieure; dans les temps futurs; **2.** *adv.* plus tard; **früher od. ~** tôt ou tard; **an ~ denken** penser à l'avenir; **2erˈhin** *adv.* plus tard; **2estens** *adv.* au plus tard; **~geˌburt** *f méd.* accouchement *m* après terme; **~ˌgotik** *f* gothique tardif, flamboyant, rayonnant, fleuri.

spathaltig [ˈʃpaːtˌhaltɪç] *adj. minéral.* spathique.

Spät|heimkehrer [ˈʃpɛːtˌhaɪmkeːrər] *m* rapatrié tardif; **~herbst** *m* arrière-saison *f*; fin *f* de l'automne; **2ˌherbstlich** *adj.* de l'arrière-saison; de la fin de l'automne.

Spatien [ˈʃpaːtsiˑən] *n/pl. impr.* espaces *f/pl.*; **~ˌbreite** *f impr.* largeur *f* des espaces; **~ˌkeil** *m impr.* espaces *f/pl.* (à serrage conique).

spatig [ˈʃpaːtɪç] *adj. vét.* qui a un éparvin.

spati|onieren [ʃpatsiˑoˑˈniːrən] *v/t.* ⟨*pas de ge-*, h⟩ *impr.* espacer; **~ˈös** *adj. impr.* espacé; **2um** [ˈʃpaː-] *n* ⟨~s; -ien⟩ *impr.* espace *f*.

Spät|latein [ˈʃpɛːtlaˌtaɪn] *n* bas latin; **2laˌteinisch** *adj.* de bas latin; **~ˌlese** *f vit.* vendange tardive; **~ling** *m* ⟨~s; ~e⟩ **1.** tardillon, -nne *m, f*; F *iron.* retardataire *m, f*; **2.** (*späte Frucht*) fruit tardif; **~ˌnachmittag** *m* **am ~** tard dans l'après-midi; **~obst** *n* fruits tardifs; **2reif** *adj.* tardif, -ive; **~ˌreife** *f* tardiveté *f*; **~renaiˌssance** *f* fin *f* de la Renaissance; Renaissance finissante; ~ˌ**sommer** *m* fin *f* de l'été; été *m* de la Saint-Martin.

Spatz [ʃpats] *m* ⟨~en *od.* ~es; ~en⟩ *zo.* moineau *m*; F pierrot *m*; **frech wie ein** ~ culotté comme un moineau; *fig.* **essen wie ein** ~ manger comme un oiseau, moineau; *fig.* **das pfeifen die** ~**en von den Dächern** cela court les rues; c'est le secret de polichinelle; les pavés le disent; *fig.* **mit Kanonen auf** ~**en schießen** tirer sa poudre aux moineaux; **ein** ~ **in der Hand ist besser als e-e Taube auf dem Dach** *prov.* un «tiens» vaut mieux que deux «tu l'auras» *prov.*; *cf. auch* Sperling; ~**en**ˌ**hirn** F *n* cervelle *f* de lièvre; tête *f* de linotte.

Spätzündung [ˈʃpɛːtˌtsyndʊŋ] *f mot.* retard *m* à l'allumage; *fig.* F *iron.* ~ **haben** F avoir du retard à l'allumage; avoir la comprenette difficile.

spazieren [ʃpaˈtsiːrən] *v/i.* ⟨*pas de ge-*, sein⟩ **vor dem Hause auf u. ab** ~ faire les cent pas devant la maison; ~ˌ**fahren I** *v/t.* ⟨*irr.*, *sép.*, -ge-, h⟩ j-n ~ promener qn. en voiture, en bateau; **II** *v/i.* ⟨sein⟩ se promener en voiture, en bateau, à bicyclette; **III** 2ˌ**fahren** *n cf.* Spazierfahrt; ~ˌ**führen** *v/t.* ⟨*sép.*, -ge-, h⟩ j-n ~ promener qn.; mener qn. à la promenade; ~ˌ**gehen I** *v/i.* ⟨*irr.*, *sép.*, -ge-, sein⟩ (aller) se promener; faire une promenade; **II** 2ˌ**gehen** *n cf.* Spaziergang; ~ˌ**reiten I** *v/i.* ⟨*irr.*, *sép.*, -ge-, sein⟩ se promener à cheval; **II** 2ˌ**reiten** *n cf.* Spazierritt.

Spazier|fahrt [ʃpaˈtsiːrˌfaːrt] *f* promenade *f* en voiture, en bateau, à bicyclette; ~ˌ**gang** *m* promenade *f*; **auf weiten Spaziergängen** dans de longues promenades; ~ˌ**gänger(in)** *m* ⟨~s; ~⟩ *(f)* ⟨~; ~nen⟩ promeneur, -euse *m, f*; ~ˌ**ritt** *m* promenade *f* à cheval; ~ˌ**stock** *m* canne *f*; ~ˌ**weg** *m* promenade *f*.

Specht [ʃpɛçt] *m* ⟨~(e)s; ~e⟩ *zo.* pic *m*; ~ˌ**meise** *f zo.* pic bleu; sittelle *od.* sittèle *f*.

Speck [ʃpɛk] *m* ⟨~(e)s; ~e⟩ lard *m* (*auch* F *beim Menschen*); **durchwachsener, geräucherter** ~ lard maigre, fumé; *cuis.* **mit** ~ **umwickeln** barder; **mit** ~ **spicken** larder; **Stückchen** ~ **(zum Spicken)** lardon *m*; F ~ **ansetzen** F faire du lard; F ~ **auf den Rippen haben** F être rondouillard; *fig.* **wie die Made im** ~ **sitzen** vivre dans l'abondance; **mit** ~ **fängt man Mäuse** *prov. etwa* ce n'est qu'un appât; *wenn man die Absicht des anderen durchschaut hat* je vous vois venir!; F **'ran an den** ~! en avant!; du courage!; à l'œuvre!; ~**ent**ˌ**artung** *f méd.* dégénérescence *f* amyloïde; ~**ge**ˌ**schwulst** *f méd.* tumeur graisseuse; *sc.* stéatome *m*; lipome *m*; ~ˌ**grieben** *f/pl.* cretons *m/pl.*; ~**hals** *m* cou fort gras; ~**haut** *f auf dem Blut* couenne [kwan] *f*; 2**ig** *adj.* lardeux, -euse; gras, -sse; *méd.* lardacé; (*schmutzig*) crasseux, -euse; ~ **u. dreckig** sale et crasseux; ~ˌ**nacken** *m* nuque fort grasse; ~ˌ**scheibe** *f* lardon *m*; *zum Einwickeln* barde *f*; ~ˌ**schwarte** *f* couenne [kwan] *f* de lard; ~ˌ**seite** *f ganze* flèche *f* de lard; *halbe* quartier *m* de lard; **mit der Wurst nach der** ~ **werfen** donner un œuf pour avoir un bœuf; ~**stein** *m minéral.* stéatite *f*.

spedieren [ʃpeˈdiːrən] *v/t.* ⟨*pas de ge-*, h⟩ *comm.* expédier.

Spediteur [ʃpeˑdiˈtøːr] *m* ⟨~s; ~e⟩ *rechtlich* commissionnaire *m* de transport; *allg.* transporteur *m*; messager *m*.

Spedition [ʃpeˑdiˑtsiˑˈoːn] *f* ⟨~; ~en⟩ *rechtlich* commission *f* de transport; *allg.* expédition *f*; transport *m*; (*Versandabteilung*) service *m* des expéditions; ~**sbü**ˌ**ro** *n* bureau *m* d'expédition; ~**sge**ˌ**bühren** *f/pl.* droits *m/pl.* du commissionnaire de transport; *allg.* frais *m/pl.* d'expédition, de transport; ~**sge**ˌ**schäft** *n* entreprise *f* de commission de transport; *allg.* agence *f* de transport; messagerie *f*; ~**s**ˌ**güter** *n/pl.* marchandise *f* à expédier; ~**s**ˌ**kosten** *pl. cf.* ~sgebühren; ~**sunter**ˌ**nehmen** *n cf.* ~sgeschäft.

Speech [spiːtʃ] F *m* ⟨~es; ~e⟩ F speech *m*.

Speer [ʃpeːr] *m* ⟨~(e)s; ~e⟩ *hist.* lance *f*; javelot *m*; *Sport* javelot *m*; 2ˌ**förmig** *adj. bot.* lancéolé; ~**kies** *m minéral.* marcas(s)ite *f*; ~**schaft** *m* bois *m*, 'hampe *f* du javelot; ~ˌ**spitze** *f* pointe *f* du javelot; ~ˌ**werfen** *n* lancement *m* du javelot; ~ˌ**werfer(in)** *m (f)* lanceur, -euse *m, f* de javelot; ~**wurf** *m cf.* ~werfen.

Speiche [ˈʃpaɪçə] *f* ⟨~; ~n⟩ rayon *m*; rai(s) *m*; *anat.* radius *m*; *fig.* **in die** ~**n greifen** pousser à la roue.

Speichel [ˈʃpaɪçəl] *m* ⟨~s⟩ salive *f*; (*Geifer*) bave *f*; (*Auswurf*) crachat *m*; ~ **absondern** saliver; ~ˌ**drüse** *f anat.* glande *f* salivaire; ~ˌ**fluß** *m méd.* flux *m* de salive; salivation *f*; *sc.* sialisme *m*; ptyalisme *m*; ~ˌ**lecker** *péj. m* ⟨~s; ~⟩ flagorneur *m*; F lèche-bottes *m*; P lèche-cul *m*; ~**lecke'rei** *péj. f* ⟨~; ~en⟩ flagornerie *f*; F léchage *m* de bottes; P lèche *f*.

speichen [ˈʃpaɪçən] *v/t.* ⟨h⟩ *ein Rad* rayonner; *Wagenbau* enrayer; 2ˌ**kopf** *m* tête *f* de rayon; 2ˌ**nippel** *m* écrou *m* de rayon; 2ˌ**rad** *n* roue *f* à rayons, à rais; 2ˌ**spanner** *m* serre-écrous *m* de rayons.

Speicher [ˈʃpaɪçər] *m* ⟨~s; ~⟩ (*Lagerhaus*) magasin *m*; entrepôt *m*; dépôt *m*; (*Korn*2) grenier *m* (à blé); silo *m*; (*Dachboden*) grenier *m*; *hydr. für Wasser, Dampf, élect.* accumulateur *m*; *e-s Computers* mémoire *f*; ~ˌ**antrieb** *m élect.* propulsion *f* par accumulateurs; ~ˌ**becken** *n hydr.* réservoir *m*; bassin *m*; ~ˌ**fähigkeit** *f* ⟨~⟩ capacité *f*; ~ˌ**kraftwerk** *n hydr.* usine *f* d'accumulation; ~ˌ**leistung** *f e-s Elektronenrechners* capacité *f* de mémoire; 2**n** *v/t.* ⟨-(e)re, h⟩ *Waren* emmagasiner; entreposer; stocker; *Getreide* ensiler; *Wasser, Strom* accumuler; *Informationen* enregistrer; ~ˌ**röhre** *f rad.* iconoscope *m*; ~**ung** *f* ⟨~⟩ *von Waren* emmagasinage *m*; stockage *m*; *von Getreide* ensilage *m*; silotage *m*; *von Wasser, Strom* accumulation *f*; *von Informationen* enregistrement *m*; ~ˌ**werk** *n hydr.* station *f* d'accumulation.

spei|en [ˈʃpaɪən] **I** *v/t.* ⟨**speit, spie, gespie(e)n**, h⟩ cracher; *fig.* **Gift u. Galle** ~ vomir son venin; écumer de rage; **Flammen** ~ vomir, jeter, cracher des flammes; **Feuer** ~ vomir le feu; **II** 2**en** *n* ⟨~s⟩ crachement *m*; vomissement *m*; 2**gatt** *n mar.* dalot *m*.

Speil [ʃpaɪl] *m* ⟨~s; ~e⟩ cheville *f* (en bois).

Speise [ˈʃpaɪzə] *f* ⟨~; ~n⟩ **1.** (*Nahrung*) nourriture *f*; **Speis u. Trank** le boire et le manger; **2.** (*Gericht*) mets *m*; plat *m*; (*Süß*2) entremets *m*; plat sucré; **kalte** ~**n** plats froids; **scharfe** ~**n** mets épicés; **3.** *bât.* (*Mörtel*) mortier *m*; gâchis *m*; *métall.* speiss *m*; ~**appa**ˌ**rat** *m techn.* appareil *m* d'alimentation; nourrice *f*; ~ˌ**aufzug** *m* monte-plats *m*; ~**auto**ˌ**mat** *m e-s Automatenrestaurants* distributeur *m* automatique d'aliments; ~ˌ**becken** *n hydr.* bassin *m* d'alimentation; ~ˌ**brei** *m physiol. sc.* chyme *m*; ~ˌ**eis** *n* glace(s) *f* (*pl.*); crème glacée; ~ˌ**fette** *n/pl.* graisses *f/pl.* alimentaires, comestibles; ~ˌ**haus** *n* restaurant *m*; ~ˌ**kabel** *n élect.* câble *m* d'alimentation; ~ˌ**kammer** *f* garde-manger *m*; ~ˌ**karte** *f* carte *f*; menu *m*; ~ˌ**leitung** *f élect.* ligne *f* d'alimentation; feeder [fidœːr] *m*.

speisen [ˈʃpaɪzən] *st. s.* **I** *v/t.* ⟨-(es)t, h⟩ (*essen*) manger; *e-n Menschen* (*zu essen geben*) donner à manger (à); nourrir; alimenter; *techn.* alimenter; **II** *v/i.* manger; prendre son repas; être à table; **wir haben soeben gespeist** nous sortons de table; **zu Mittag** ~ déjeuner; prendre le repas de midi; *in der Provinz auch* dîner; **zu Abend** ~ dîner; *in der Provinz auch* souper; **zur Nacht** ~ souper; **wo** ~ **Sie?** où prenez-vous vos repas?; **man speist schlecht in diesem Restaurant** on est mal servi dans ce restaurant; **(ich) wünsche wohl zu** ~! bon appétit!; **wann wird gespeist?** quelles sont les heures des repas?; **III** 2 *n* ⟨~s⟩ manger *m*; *techn.* alimentation *f*; 2ˌ**aufzug** *m cf.* Speiseaufzug; 2ˌ**folge** *f* menu *m*; 2ˌ**karte** *f cf.* Speisekarte; 2ˌ**zubereitung** *f* préparation *f* des repas.

Speise|öl [ˈʃpaɪzəˌʔøːl] *n* huile *f* comestible, de table; ~ˌ**opfer** *n bibl.* oblation *f* (des gâteaux et des premiers fruits); ~ˌ**pilze** *m/pl.* champignons *m/pl.* comestibles; ~ˌ**pumpe** *f techn.* pompe *f* d'alimentation; ~ˌ**raum** *m* salle *f* à manger; ~**re**ˌ**lais** *n élect.* relais *m* d'alimentation; ~ˌ**reste** *m/pl.* restes *m/pl.* (du repas); reliefs *m/pl.*; rogatons *m/pl.*; ~ˌ**röhre** *f anat.* œsophage *m*; ~ˌ**saal** *m* salle *f* à manger; *in Internaten, Klöstern, Anstalten* réfectoire *m*; ~ˌ**saft** *m physiol. sc.* chyle *m*; ~ˌ**schrank** *m* garde-manger *m*; buffet *m*; ~ˌ**strom** *m élect.* courant *m* d'alimentation; ~ˌ**stromkreis** *m élect.* circuit *m* d'alimentation; ~ˌ**wagen** *m chem.* wagon-restaurant *m*; ~ˌ**wärmer** *m* ⟨~s; ~⟩ chauffe-plat *m*; réchaud *m*; ~ˌ**wasser** *n* ⟨~s; ≈⟩ *techn.* eau *f* d'alimentation; ~ˌ**wirtschaft** *f* restaurant *m*; ~ˌ**zettel** *m* menu *m*; carte *f*; ~ˌ**zimmer** *n* salle *f* à manger.

Speiskobalt [ˈʃpaɪsˌkoːbalt] *m minéral.* smaltine *f*; cobalt arsenical, arsénié.

Speisung [ˈʃpaɪzʊŋ] *f* ⟨~⟩ alimentation *f* (*auch techn.*); *bibl.* **die** ~ **der Fünftausend** le miracle de la multiplication des pains.

speiübel [ˈʃpaɪˈʔyːbəl] *adj.* F **mir ist** ~ je me sens très mal; le cœur me tourne.

Spektakel [ʃpɛkˈtaːkəl] F *m* ⟨~s; ~⟩ bruit *m*; vacarme *m*; tapage *m*; tumulte *m*; scandale *m*; F chahut *m*; raffut *m*; boucan *m*; chambard *m*; P potin *m*; barouf(le) *m*; ~ **machen** faire du bruit, du tapage, *etc.*; ~ˌ**macher** F *m* ⟨~s; ~⟩ tapageur, -euse *m, f*; F chambardeur, -euse *m, f*; 2**n** F *v/i.* ⟨-(e)le, *pas de ge-*, h⟩ *cf.* Spektakel (machen).

spektakulär [spɛktakuˑˈlɛːr, ʃpɛk-] *adj.* spectaculaire.

spektral [spɛkˈtraːl, ʃpɛk-] *adj.* spectral; 2**ana**ˌ**lyse** *f phys.* analyse spectrale, du spectre; ~**ana**ˌ**lytisch** *adj.*

spectroscopique; **2beˌreich** *m phys.* région *f* du spectre; **2ˌfarben** *f/pl. phys.* couleurs *f/pl.* du spectre; **2-ˌlampe** *f phys.* lampe spectrale; **2-ˌlinie** *f phys.* raie spectrale, du spectre.

Spek|trograph [spɛktro·ˈgrɑːf, ʃpɛk-] *m* ⟨~en; ~en⟩ *phys.* spectrographe *m*; **~troˈmeter** *n* ⟨~s; ~⟩ *phys.* spectromètre *m*; **~troˈskop** *n* ⟨~s; ~e⟩ *phys.* spectroscope *m*; **~troskoˈpie** *f* ⟨~⟩ spectroscopie *f*; **2troˈskopisch** *adj.* spectroscopique; **~trum** [ˈspɛk-, ˈʃpɛk-] *n* ⟨~s; -tren *od.* -tra⟩ spectre *m*; kontinuierliches ~ spectre continu; sichtbares ~ spectre visible, lumineux.

Spekulant(in) [ʃpe·ku·ˈlant(ɪn)] *m* ⟨~en; ~en⟩ *(f)* ⟨~; ~nen⟩ spéculateur, -trice *m, f*; (*Börsen2*) *auch* joueur *m* (à la Bourse); agioteur *m*.

Spekulation [ʃpe·ku·latsi·ˈoːn] *f* ⟨~; ~en⟩ spéculation *f*; (*Börsen2*) agiotage *m*; sich auf ~en einlassen se lancer, F s'embarquer dans des spéculations; ~ auf Hausse (Baisse) spéculation à *od.* sur la hausse (à *od.* sur la baisse); gewagte ~ spéculation hasardeuse; ~en anstellen, sich in ~en ergehen über etw. spéculer sur qc.; **~sgeˌschäfte** *n/pl.* opérations spéculatives, de spéculation; **~s-geˌwinn** *m* gain spéculatif; profit *m* de spéculation; **~sˌkäufe** *m/pl.* achats spéculatifs; **~spaˌpiere** *n/pl.* valeurs spéculatives; **~sverˌkäufe** *m/pl.* ventes spéculatives; **~sverˌluste** *m/pl.* pertes *f/pl.* de spéculation.

speku|lativ [ʃpe·ku·la·ˈtiːf] *adj.* spéculatif, -ive; **~ˈlieren** *v/i.* ⟨*pas de ge-*, h⟩ **1.** F (*grübeln*) spéculer (über etw. sur qc.); **2.** *comm.* spéculer; se livrer à des spéculations; faire des spéculations; an der Börse ~ jouer à la Bourse; agioter; F boursicoter; auf Hausse (Baisse) ~ spéculer à *od.* sur, jouer à la hausse (baisse); **3.** auf etw. ~ escompter, guigner qc.; compter sur *od.* avec qc.

Spekulum [ˈspeːku·lum, ˈʃpeː] *n* ⟨~s; -la⟩ *méd.* spéculum [-ɔm] *m*.

Spelt [ʃpɛlt] *m* ⟨~(e)s; ~e⟩ *agr., bot.* épeautre *m*.

Spelunke [ʃpe·ˈluŋkə] *f* ⟨~; ~n⟩ (*verrufene Kneipe*) repaire *m*; tripot *m*; bouge *m*; (*armselige Wohnung*) sale trou *m*; logis *m* misérable; bouge *m*.

Spelz [ʃpɛlts] *m* ⟨~es; ~e⟩ *agr., bot. cf.* Spelt; **~e** *f* ⟨~; ~n⟩ *bot.* balle *f*; barbe *f*; *der Gräser* glume *f*; **2ig** *adj. bot.* glum(ac)é.

spend|abel [ʃpɛn'dɑːbəl] F *adj.* ⟨-bl-⟩ qui fait des largesses; large; libéral; généreux, -euse; prodigue; **2e** [ˈʃpɛn-] *f* ⟨~; ~n⟩ don *m*; *großzügige* largesse *f*; libéralité *f*; **~en** [ˈʃpɛn-] **I** *v/t.* ⟨-ete, h⟩ donner; faire don (de); *relig., die Sakramente* administrer; großzügig ~ faire des largesses, des libéralités; Blut ~ donner du sang; Beifall ~ applaudir; prodiguer des applaudissements; Segen ~ donner sa bénédiction; j-m Lob ~ prodiguer des éloges à qn.; Trost, Freude ~ prodiguer, dispenser, apporter la consolation, la joie; Almosen ~ faire l'aumône; die Sonne spendet uns ihr Licht le soleil nous dispense sa lumière; **II 2en** [ˈʃpɛn-] *n* ⟨~s⟩ *der Sakramente* administration *f*; *sonst cf.* 2e; **2en-ˌkonto** [ˈʃpɛn-] *n* compte *m* pour recevoir des dons; **2er(in)** [ˈʃpɛn-] *m* ⟨~s; ~⟩ *(f)* ⟨~; ~nen⟩ donateur, -trice *m, f*; dispensateur, -trice *m, f*.

spendier|en [ʃpɛn'diːrən] F *v/t.* ⟨*pas de ge-*, h⟩ j-m etw. ~ payer qc. à qn.; offrir qc. à qn.; régaler qn. de qc.; e-e Flasche Wein ~ F se fendre d'une bouteille; **2ˌhosen** *f/pl.* F die ~ anhaben régaler les autres; F être en veine de largesse.

Spendung [ˈʃpɛnduŋ] *f* ⟨~; ~en⟩ *cf.* spenden II.

Spenzer [ˈʃpɛntsər] *m* ⟨~s; ~⟩ spencer *m*.

Sperber [ˈʃpɛrbər] *m* ⟨~s; ~⟩ *zo.* épervier *m*; **~ˌbaum** *m bot.* sorbier *m* domestique; cormier *m*.

Sperenz|chen [ʃpe·ˈrɛntsçən] *pl.*, **~ien** *pl.* F ~ machen faire des cérémonies, des façons, des embarras, du *od.* des chichi(s).

Spergel [ˈʃpɛrgəl] *m* ⟨~s; ~⟩ *bot.* spergule *f*.

Sperling [ˈʃpɛrlɪŋ] *m* ⟨~s; ~e⟩ *zo.* moineau *m*; passereau *m*; F pierrot *m*; *fig.* ein ~ in der Hand ist besser als e-e Taube auf dem Dach *prov.* mieux vaut tenir que courir *prov.*; *cf. auch* Spatz; **~sˌvögel** *m/pl. zo.* passereaux *m/pl.*

Sperma [ˈspɛrma] *n* ⟨~s; -men *od.* ~ta⟩ *physiol.* sperme *m*; **~toˈzoon** *n* ⟨~s; -zoen⟩ *physiol.* spermatozoïde *m*.

Sperrad [ˈʃpɛrrɑːt] *n techn.* roue dentée à rochet, à déclic, à cliquet.

sperrangelweit [ˈʃpɛr'ʔaŋəl'vaɪt] *adv.* F die Tür stand ~ offen, auf la porte était (toute) grande ouverte; F den Schnabel ~ öffnen ouvrir un large bec; F den Mund ~ aufreißen ouvrir la bouche toute grande.

Sperr|ballon [ˈʃpɛrbaˌlõː, -ˌlɔŋ] *m* ballon captif, de barrage, de protection, contre avions; **~beˌreich** *m rad.* (*Filter*) bande *f*, gamme *f* d'affaiblissement; **~beˌtrag** *m* montant bloqué; **~beˌzirk** *m* périmètre interdit; **~-druck** *m* ⟨~(e)s; ~e⟩ *impr.* caractères espacés; **~e** *f* ⟨~; ~n⟩ *auf e-r Straße etc.* barrage *m*; barrière *f*; barricade *f*; *milit. auch* obstacle artificiel; *chem.* (*Bahnsteig2*) contrôle *m*; *konkret* portillon *m*; tourniquet *m*; *techn.* (dispositif *m* d')arrêt *m*; blocage *m*; *fig., für Reiseverkehr, Nachrichten, Einwanderer etc.* (*Verbot*) interdiction *f*; prohibition *f*; défense *f*; (*Sperrfrist*) suspension *f* (*auch für e-n Sportler*); *nur comm.* embargo *m*; *für Aufträge* boycottage *m*; *für e-n Hafen* blocus *m*; *für ein Bankkonto etc.* (*Blockierung*) blocage *m*; *chem.* durch die ~ gehen passer sur le quai; franchir le contrôle; *comm.* e-e ~ verhängen mettre l'embargo (sur); die ~ aufheben lever l'interdiction, *comm.* l'embargo; e-e ~ errichten, anlegen établir, dresser, mettre un obstacle; établir un barrage; **~(r)eˌlais** *n tél.* relais *m* de protection.

sperren [ˈʃpɛrən] **I** *v/t.* ⟨h⟩ **1.** *Straße, Weg, Zugang, durch ein Hindernis* barrer; fermer l'entrée (de); obstruer; barricader; *e-n Hafen* bloquer; *Grenze* fermer; *Gas, Strom* couper; supprimer; *techn.* arrêter; *Rad* enrayer; **2.** *fig., durch Verbot* (*untersagen*) interdire; prohiber; suspendre; *Straße* interdire à la circulation; *Urlaub* annuler; supprimer; *Gehalt, Guthaben, Konto, Kredit etc.* bloquer; *comm., Aufträge* boycotter; *Sportler, Zahlungen* suspendre; **3.** *impr.* espacer; gesperrt gedruckte Zeile ligne composée en caractères espacés; **4.** j-n ins Gefängnis ~ mettre qn. en prison; in den Keller ~ enfermer dans la cave; **II** *v/i. Tür* (*klemmen*) coincer; **III** *v/réfl.* sich ~ (*sich sträuben*) se raidir (gegen contre); résister (à); s'opposer (à); se révolter (contre); regimber (contre); **IV** 2 *n* ⟨~s⟩ *cf.* Sperrung.

Sperr|feder [ˈʃpɛrˌfeːdər] *f techn.* ressort *m* d'arrêt; **~ˌfeuer** *n milit.* tir *m* d'arrêt, de barrage; **~flug** *m aviat. milit.* vol *m* de barrage; **~fort** *n milit.* fort *m* d'arrêt; **~frist** *f jur.* période *f* de suspension; délai *m* d'attente; **~geˌbiet** *n* zone interdite; **~geˌtriebe** *n techn.* mécanisme *m* d'arrêt; **~-ˌgürtel** *m* cordon *m* sanitaire; *Artillerie* barrage *m*; **~gut** *n* marchandises encombrantes; **~ˌguthaben** *n* avoir bloqué; **~ˌhaken** *m techn.* chien *m*; déclic *m*; cliquet *m*, crochet *m* d'arrêt; mentonnet *m*; **~ˌhebel** *m* cran *m* d'arrêt; **~holz** *n* contre-plaqué *m*; **~holzˌplatte** *f* plaque *f* de contre-plaqué; **2ig** *adj. Güter* encombrant; volumineux, -euse; **~(r)ing** *m techn.* bague *f* de verrouillage, de blocage, d'arrêt; **~ˌkegel** *m techn.* arrêt *m*; cliquet *m*; **~ˌklinke** *f techn.* cliquet *m*; déclic *m*; rochet *m*; cran *m*, loquet *m*, cliquet *m* d'arrêt; **~ˌkonto** *n* compte bloqué; **~kreis** *m rad.* circuit *m* bouchon; filtre *m*; sélecteur *m*; **~ˌmauer** *f* barrage *m*; **~netz** *n milit.* filet *m* de barrage; **~schicht** *f phot.* couche *f* d'arrêt; *tél.* couche isolante, de barrage; **~sitz** *m thé.* fauteuil *m* d'orchestre; *Kino* loge *f*; **~ˌspannung** *f élect.* tension *f* d'arrêt, de barrage; **~ˌstunde** *f* couvre-feu *m*; **~trupp** *m milit.* équipe *f* de pose d'obstacles; **~ung** *f* ⟨~; ~en⟩ **1.** *e-r Straße etc.* (*Ver2*) barrage *m*; obstruction *f*; *e-s Hafens* blocus *m*; fermeture *f* (*auch e-r Grenze*); *von Gas, Strom* coupure *f*; suppression *f*; *techn.* arrêt *m*; *e-s Rades* enrayement *od.* enraiement *m*; **2.** *fig.* (*Verbot*) interdiction *f*; prohibition *f*; suspension *f* (*auch Sport*); *des Urlaubs* annulation *f*; suppression *f*; *von Gehältern, Zahlungen* suspension *f*; blocage *m* (*auch von Konten, Krediten*); *comm., von Aufträgen* boycottage *m*; **3.** *impr.* espacement *m*; **~ver-ˌmerk** *m Bankwesen* mention *f* de blocage; **~ˌvorrichtung** *f techn.* mécanisme *m*, dispositif *m* d'arrêt, de verrouillage; arrêt *m*; **2'weit** F *adv. cf.* sperrangelweit; **~zoll** *m comm.* droit prohibitif; **~ˌzone** *f* zone interdite.

Spesen [ˈʃpeːzən] *pl.* frais *m/pl.*; zuzüglich Ihrer ~ plus vos frais; abzüglich, nach Abzug aller ~ tous frais déduits; déduction faite de tous les frais; die ~ werden vergütet les frais seront remboursés; **2ˌfrei** *adj. u. adv.* sans frais; tous frais payés; net, -tte de tous frais; **~ˌkonto** *n*, **~ˌrechnung** *f* compte *m* des frais; **~ver-ˌgütung** *f* remboursement *m* des frais.

Spezereien [ʃpeːtsəˈraɪən] *f/pl.* épices *f/pl.*

Spezial... [ʃpe·tsi·ˈɑːl...] *in Zssgn. meist* spécial; **~arˌtikel** *m* spécialité *f*; **~ˌarzt** *m* spécialiste *m*; **~ˌauftrag** *m* mission spéciale; **~ˌausbildung** *f* instruction spéciale; **~ˌausführung** *f* modèle *m*, exécution *f* spécial(e); **~ˌfach** *n* spécialité *f*; **~ˌfahrzeug** *n* véhicule *m* à usage spécial; **~ˌfall** *m* cas spécial, particulier; **~geˌbiet** *n* spécialité *f*; domaine spécial; **~ge-ˌschäft** *n* magasin spécialisé; **~ˌgriff** *m Ringen* prise spéciale; tour spécial; **2iˈsieren I** *v/t.* ⟨*pas de ge-*, h⟩ spécialiser; **II** *v/réfl.* sich auf *od.* für etw.

~ se spécialiser dans qc.; ~**i'sierung** *f* ⟨~; ~en⟩ spécialisation *f*; ~**ist(in)** [-'lɪst(ɪn)] *m* ⟨~en; ~en⟩ (*f*) ⟨~; ~nen⟩ spécialiste *m, f*; ~**isten͵tum** [-'lɪs-] *n* ⟨~(e)s⟩ spécialisation *f*; ~**i'tät** *f* ⟨~; ~en⟩ spécialité *f*; ~͵**karte** *f* carte spéciale; ~**konstrukti͵on** *f* construction spéciale; ~͵**kräfte** *f/pl.* personnel qualifié; spécialistes *m/pl.*; ~͵**mischung** *f* mélange spécial; ~͵**sprunglauf** *m Schisport* épreuve spéciale de saut; ~͵**stahl** *m* acier spécial; ~͵**trupp** *m* unité spécialisée; ~**ver͵fahren** *n* procédé spécial.

speziell [ʃpe·tsi·'ɛl] **1.** *adj.* spécial; particulier, -ère; ~**e Wünsche** désirs particuliers; **auf Ihre** ~**es Wohl!** à votre bonne santé!; ~**e Angabe** spécification *f*; **2.** *adv.* spécialement; particulièrement; **ich bin** ~ **dafür gekommen** je suis venu spécialement pour cela; **etw.** ~ **angeben** spécifier qc.

Spezies ['spe:tsi·ɛs, 'ʃpe:-] *f* ⟨~; ~⟩ *bot., zo.* espèce *f*; *math.* **die vier** ~ les quatre opérations; ~͵**kauf** *m comm.* achat *m* d'une chose certaine; ~͵**schuld** *f comm.* dette *f* portant sur un corps certain; chose certaine due.

Spezifi|kation [ʃpe·tsi·fi·katsi·'o:n, spe·-] *f* ⟨~; ~en⟩ *comm.* spécification *f*; ~**kum** [-'tsi:-] *n* ⟨~s; -ka⟩ *méd.* remède *m* spécifique; spécifique *m*; topique *m*; 2**sch** [-'tsi:-] **1.** *adj.* spécifique; *phys.* ~**es Gewicht** poids spécifique; ~**e Wärme** chaleur spécifique; *méd.* ~**es Mittel** *cf.* ~kum; **2.** *adv.* **e-e** ~ **deutsche Eigenschaft** une qualité spécifiquement allemande; 2'**zieren** *v/t.* ⟨*pas de ge-*, h⟩ spécifier; détailler; préciser; ~'**zierung** *f* ⟨~; ~en⟩ *cf.* ~kation.

Sphär|e ['sfɛ:rə] *f* ⟨~; ~n⟩ sphère *f*; *fig.* **in höheren** ~**n schweben** planer dans de hautes sphères; ~**enharmo͵nie** *f philos.* harmonie *f* céleste; ~**en͵mu͵sik** *f* musique *f* céleste; harmonies *f/pl.* célestes; 2**isch** *adj.* sphérique; *math.* ~**es Dreieck** triangle sphérique; ~**o'id** *n* ⟨~(e)s; ~e⟩ *math.* sphéroïde *m*; 2**o'idisch** *adj.* sphéroïdique; ~**o'meter** *n* ⟨~s; ~⟩ *phys.* sphéromètre *m*.

Sphinx[1] [sfɪŋks] *f* ⟨~⟩ *myth.* sphinx *m*; ~[2] *m* ⟨~; ~e⟩ *od. f* ⟨~; ~e⟩ sphinx *m*.

Sphragistik [sfra'gɪstɪk] *f* ⟨~⟩ sphragistique *f*; sigillographie *f*.

Spick|aal ['ʃpɪkʔa:l] *m* anguille fumée; 2**en I** *v/t.* ⟨h⟩ **1.** *cuis., Fleisch* (entre)larder; **2.** *fig.* F *Rede* **gespickt mit...** lardé, F farci, truffé de...; *Mauer* **mit Glasscherben gespickt** 'hérissé d'éclats de verre; **gespickt voll** *Koffer* F bourré; *Beutel* bien garni; *Saal* F archicomble; plein à craquer; **3.** *fig.* F **j-n** ~ corrompre, soudoyer, acheter qn.; F graisser la patte à qn.; **4.** *Wolle* (*schmälzen*) graisser; ensimer; **II** *v/i.* F *écol.* (*abgucken, abschreiben*) copier (F sur) son voisin; **III** ~**en** *n* ⟨~s⟩ *cuis.* entrelardement *m*; ~**gans** *f* oie fumée; ~͵**nadel** *f cuis.* lardoire *f*.

Spiegel ['ʃpi:gəl] *m* ⟨~s; ~⟩ **1.** miroir *m* (*auch fig.*); glace *f*; *zwischen zwei Fenstern* (*Pfeiler*2) trumeau *m*; (*Ankleide*2) psyché *f*; **geschliffener** ~ glace biseautée; **in den** ~ **sehen, sich im** ~ **betrachten** se regarder dans le miroir; se mirer; *fig.* **j-m den** ~ **vorhalten** montrer à qn. ce qu'il est vraiment; *fig.* **die Augen sind der** ~ **der Seele** les yeux sont le miroir de l'âme; *fig.* **das wird er sich nicht hinter den** ~ **stecken** il ne s'en vantera pas; **2.** *am Frack, Smoking* revers *m* de soie; *am Uniformkragen* écusson *m*; **3.** *charp.* (*Deckenfeld, Türfüllung*) panneau *m*; **4.** *der Schießscheibe* rond *m*; **5.** *ch.* tache blanche; derrière *m*; **6.** *mar.* tableau *m*; arcasse *f*; **7.** *impr.* (*Satz*2) maquette *f*; format *m* utile d'une page; ~͵**ablesung** *f techn.* lecture *f* au miroir; ~**be͵lag** *m* tain *m*; étamage *m*; ~͵**bild** *n* image *f* dans une glace; image reflétée par un miroir; image inversée; reflet *m*; 2'**blank** *adj.* brillant comme une glace; poli comme un miroir; ~͵**ei** *n cuis.* œuf *m* sur le plat, au miroir; ~**fa͵brik** *f* miroiterie *f*; ~**fabri͵kant** *m* miroitier *m*; ~**fabrikati͵on** *f* miroiterie *f*; ~͵**fechter** *m* grimacier *m*; comédien *m*; ~**fechte'rei** *f* ⟨~; ~en⟩ *fig.* feinte *f*; simulacre *m*; comédie *f*; (chose faite) pour la galerie; grimaces *f/pl.*; ~͵**fernrohr** *n opt.* télescope *m*; ~͵**fläche** *f* (surface *f* d'un) miroir *m*, (... d'une) glace *f*; ~**fre͵quenz** *f télév.* fréquence *f* (d')image(s); ~͵**glas** *n* ⟨~es⟩ verre *m* à miroir, à glace; ~**glasfa͵brik(ati͵on)** *f* glacerie *f*; 2͵'**glatt** *adj. See, Meer* uni, lisse comme un miroir; *Eis, Fläche* poli comme un miroir; ~͵**karpfen** *m zo.* carpe *f* miroir; ~**mikro͵skop** *n* microscope *m* à miroir(s); 2**n I** *v/t.* ⟨-(e)le, h⟩ (*zurückstrahlen*) refléter; réfléchir; renvoyer (une image); **II** *v/i.* (*glänzen*) être poli, brillant comme une glace; briller; reluire; miroiter; **III** *v/réfl.* **sich** ~ se refléter (in dans); se réfléchir (dans); ~͵**prisma** *n opt.* prisme réflecteur; ~**re͵flektor** *m opt.* réflecteur *m* à miroir; ~**reflexi͵on** *f phys.* réflexion *f* spéculaire; ~**re͵flex͵kamera** *f phot.* (appareil *m*) reflex *m*; ~**re͵vers** *n od. m am Frack, Smoking* revers *m* de soie; ~͵**saal** *m von Versailles* Galerie *f* des Glaces; ~͵**scheibe** *f* glace *f*; ~͵**schleifer** *m* polisseur *m* de glaces; ~͵**schrank** *m* armoire *f* à glace(s); ~͵**schrift** *f* écriture *f* en miroir, spéculaire; ~**sex͵tant** *m opt.* sextant *m* à réflexion; ~**tele͵skop** *n opt. cf.* ~fernrohr; ~**ung** *f* ⟨~; ~en⟩ réflexion *f*; réfléchissement *m*; *im Wasser etc.* miroitement *m*; ~**ungs͵winkel** *m opt.* angle *m* de réflexion.

Spiel [ʃpi:l] *n* ⟨~(e)s; ~e⟩ **1.** jeu *m* (*auch fig. der Farben, Lichter, Wellen, Muskeln etc., thé. e-s Schauspielers, mus. e-s Musikers*); partie *f*; *milit., am Sandkasten* exercice *m*; **ein** ~ **Karten, Stricknadeln** un jeu de cartes, d'aiguilles à tricoter; **bei** ~ **u. Tanz** en jouant et en dansant; **ein** ~ **gewinnen** gagner une partie; **Glück im** ~ **haben** avoir de la chance, de la veine au jeu; F être un veinard; **Glück im** ~, **Unglück in der Liebe** *cf.* Liebe 1.; **ein** ~(**chen**) **machen** jouer, faire une partie; **das** ~ **ist aus** les jeux sont faits; **das freie** ~ **der Kräfte** le libre jeu des forces; **ein seltsames** ~ **des Zufalls** un caprice du hasard; **ein gefährliches** ~ **treiben** jouer un jeu dangereux; **ein gewagtes** ~ **treiben** jouer gros (jeu); **ein falsches** ~ **treiben** ne pas jouer franc jeu; **das nenne ich ein ehrliches** ~ j'appelle cela jouer franc jeu; **aufs** ~ **setzen** mettre en jeu; risquer; **etw. leichtsinnig aufs** ~ **setzen** faire bon marché de qc.; **alles aufs** ~ **setzen** jouer son va-tout; risquer, jouer le tout pour le tout; jouer quitte ou double; F risquer le paquet; **auf dem** ~ **stehen** être en jeu; **die Ehre steht auf dem** ~ *auch* il y va de l'honneur; **j-n aus dem** ~ **lassen** ne pas mêler qn. dans une affaire; **etw. aus dem** ~ **lassen** ne pas mettre qc. en jeu; laisser qc. de côté; éviter de mentionner qc.; passer qc. sous silence; **mit im** ~ **sein** être en jeu; **der Teufel ist mit im** ~ le diable s'en mêle; **ins** ~ **kommen** entrer en jeu; **die Hand mit im** ~ **haben** avoir la main dans une affaire; y être pour qc.; être mêlé à qc.; **mit j-m leichtes** ~ **haben** avoir beau jeu avec qn.; avoir bon marché de qn.; avoir facilement l'avantage sur qn.; avoir aisément raison de qn.; venir à bout de qn.; **ich habe leichtes** ~ **mit ihm** *auch* il m'offre beau jeu; **sein** ~ **mit j-m treiben** se jouer de qn.; **das** ~ **verderben** gâter le jeu; **gewonnenes** ~ **haben** avoir partie gagnée; avoir gain de cause; **das** ~ **verloren geben** considérer, estimer, juger la partie perdue; regarder la partie comme perdue; **gute Miene zum bösen** ~ **machen** faire contre mauvaise fortune bon cœur; **das** ~ **durchschauen** démasquer le jeu; **das ist ein** ~ (*ein Leichtes*) **für ihn** c'est un jeu pour lui; *milit.* **mit klingendem** ~ musique en tête; tambour battant; **2.** *techn.* (~*raum*) jeu *m*; ~ **haben** avoir du jeu; **3.** *Sport* jeu *m*; match *m*; **Olympische** ~**e** jeux olympiques; olympiades *f/pl.*; **wie steht das** ~? où en est le match?; **das** ~ **steht 2 zu 3** le match en est à 2 à 3; **das** ~ **steht 1 zu 1** le match en est à un but partout; **unentschiedenes** ~ match nul; **(un)faires** ~ jeu (in-)correct; **hartes** ~ jeu dur, sec, rude; **4.** *ch. des Fasans, Birkhahns* queue *f*; ~͵**abbruch** *m Sport* suspension *f* du match; ~͵**abschnitt** *m Sport* partie *f* du match; ~͵**alter** *n* âge *m* de jouer; ~͵**anzug** *m für Kinder* salopette *f*; barboteuse *f*; ~**art** *f* manière *f* de jouer; *fig.* nuance *f*; *bot., zo.* variété *f*; ~**auto͵mat** *m* appareil *m*, machine *f* à sous; ~**ball** *m fig.* jouet *m*; **ein** ~ **der Winde sein** être le jouet des vents; flotter au gré des vents; ~**bank** *f* ⟨~; ~en⟩ casino *m*; ~**be͵ginn** *m* début *m* du jeu, du match; ~**bein** *n sculp.* jambe *f* libre; ~͵**bude** *f* loterie foraine; ~**chen** *n* ⟨~s; ~⟩ **ein** ~ **machen** faire, jouer une partie; ~͵**dauer** *f Sport* durée *f* du match; *von Schallplatten* durée *f* d'audition; ~͵**dose** *f* boîte *f* à musique.

spielen ['ʃpi:lən] **I** *v/t. u. v/i.* ⟨h⟩ jouer (*auch Sport, mus., thé.*); s'amuser; *Sport néol.* matcher; *Handlung* se passer; se dérouler; **mit e-m Spielzeug** ~ s'amuser avec un jouet; **die Kinder** ~ **auf der Straße** les enfants jouent, s'amusent dans la rue; **mit der Puppe** ~ jouer à la poupée; **Karten, Schach, Tennis** ~ jouer aux cartes, aux échecs, au tennis; **ein Instrument** ~ jouer d'un instrument; **Geige, Klavier** ~ jouer du violon, du piano; **ein Lied** ~ jouer un air; **vom Blatt** ~ déchiffrer à vue; lire, jouer à première vue, à livre ouvert; **in e-m Film** ~ jouer dans un film; *thé.* **e-e Rolle** ~ jouer un rôle; **wer spielt den Hamlet?** qui tient, joue le rôle d'Hamlet?; qui interprète Hamlet?; **ein Stück** ~ jouer, donner, représenter une pièce; **e-n Film** ~ passer un film; **heute wird nicht gespielt** il y a relâche aujourd'hui; **vor leerem Haus** ~ jouer devant les banquettes; *Schauspieler* **hinreißend** ~ F brûler les planches; **steif** ~ avoir un jeu guindé; **das Stück spielt in Venedig** la scène se passe, se déroule, a lieu à

Venise; *fig.* **den großen Mann ~** faire, feindre, simuler le grand seigneur; se faire passer, se donner pour un grand seigneur; jouer au grand seigneur; *fig.* **den Kranken ~** jouer au, faire le malade; *fig.* **Komödie ~** jouer la comédie; *Skat* **Trumpf ~** jouer atout; **falsch ~** tricher; **so spielt man nicht** cela n'est pas de jeu; **wir beide ~ zusammen** vous êtes mon partenaire; **(in der) Lotterie ~** jouer, mettre à la loterie; **um Geld ~** jouer de l'argent; **um soundso viel ~** y aller de telle somme; **um etw.** (*par ex. e-e Runde Bier*) **~** jouer qc.; **vorsichtig ~** jouer serré; **hoch ~** jouer gros (jeu); jouer grand jeu; **niedrig ~** jouer petit jeu; **wer spielt?** à qui (le tour) de jouer?; *fig.* **mit offenen Karten ~** jouer cartes sur table; **mit Worten ~** jouer sur les mots; **mit dem Gedanken ~, zu ...** (+ *inf.*) jouer, caresser l'idée, la pensée de ... (+ *inf.*); *fig.* **mit dem Feuer ~** jouer avec le feu; **mit s-m Leben ~** jouer avec sa vie; **mit der Liebe ~** jouer, badiner avec l'amour; ne pas prendre l'amour au sérieux; **mit j-m ~** jouer avec qn.; (*mit j-m sein Spiel treiben*) se jouer de qn.; **j-m e-n Streich ~** jouer un tour à qn.; **j-m etw. in die Hände ~** faire tomber qc. entre les mains de qn.; livrer qc. à qn.; *Farbe* **ins Blau ~** tirer sur le bleu; *Diamant* **in allen Farben ~** briller, chatoyer de mille feux; jeter mille reflets; jeter beaucoup de feux; *Fahne* **im Wind ~** flotter dans le vent; *s-e Künste etc.* **~ lassen** faire jouer; *Sport* **unentschieden ~** faire match nul; **II 2** *n* ⟨**~s**⟩ *cf.* **Spiel 1.**; **das ~ der Nationalhymne** l'exécution *f* de l'hymne national; **~d** *advt.* **etw. ~ bewältigen** faire qc. en se jouant, sans peine; **alles ~ erledigen** se faire un jeu de tout.

Spieler|(in) ['ʃpiːlər(ɪn)] *m* ⟨**~s**; **~**⟩ (*f*) ⟨**~**; **~nen**⟩ joueur, -euse *m, f* (*auch Sport*); **~ei** [-'raɪ] *f* ⟨**~**; **~en**⟩ (*Leichtigkeit*) jeu *m*; bagatelle *f*; (*Zeitvertreib*) passe-temps *m*; F *fig.* sport *m*.

Spiel|ergebnis ['ʃpiːlʔɛrˌgeːpnɪs] *n Sport* score *m*; **~erˌlaubnis** *f* permis *m* de jouer; **~erˌöffnung** *f Sport* début *m*; engagement *m*; **~feld** *n Sport* terrain *m* de jeu; *Tennis* court [kuːr] *m*; **~feldˌgrenze** *f Sport* limite *f* du terrain; **~film** *m* long métrage; grand film; **~ˌfläche** *f Sport* surface *f* de jeu; **~ˌfolge** *f* programme *m*; **~ˌfortsetzung** *f Sport* reprise *f* du match, du jeu; **~geˌfährte** *m*, **~geˌfährtin** *f* camarade *m, f* de jeu; **~geˌwinn** *m* gain *m*, profit *m* au jeu; **~hahn** *m zo.* coq *m* de bruyère; *sc.* tétras *m*; **~ˌhälfte** *f Fußball etc.* camp *m*; **~ˌhölle** F *f* F *péj.* tripot *m*; **~ˌhöschen** *n* barboteuse *f*; **~kameˌrad(in)** *m* (*f*) *cf.* **~gefährte**; **~ˌkarte** *f* carte *f* à jouer; **~kartenˌsteuer** *f* impôt *m* sur les cartes à jouer; **~kaˌsino** *n* casino *m*; **~ˌkasse** *f* cagnotte *f*; **~klub** *m* cercle *m* de joueurs; **~ˌleidenschaft** *f* passion *f* du jeu; **~ˌleiter** *m thé.* régisseur *m*; *Film* metteur *m* en scène; **~ˌleitung** *f thé.* régie *f*; *Film* mise *f* en scène; **~ˌleute** *pl.* musiciens *m/pl.*; **~mann** *m* ⟨**~(e)s**; **-leute**⟩ musicien *m*; *im Mittelalter* jongleur *m*; ménestrel *m*; **~mannsˌzug** *m milit.* clique *f*; musique *f*; **~ˌmarke** *f* jeton *m*; **~miˌnute** *f Sport* **in der letzten ~** dans la dernière minute de jeu; **~ˌoper** *f thé.* opéra-comique *m*; **~plan** *m thé.* répertoire *m*; (programme *m* des) spectacles *m/pl.*; **~platz** *m* emplacement réservé aux jeux; *größer* parc *m* à *od.* de jeux; *Sport cf.* **~feld**; **~ˌpause** *f Sport* repos *m*; **~ˌratte** F *f Kind* enragé(e) *m(f)* au jeu; **~raum** *m techn.* jeu *m*; tolérance *f*; *fig.* latitude *f*; liberté *f* (de mouvement, d'action); marge *f*; **~ haben** *techn.* avoir du jeu; *cout.* avoir de l'aisance; *fig.* avoir toute latitude; **~ lassen** *techn.* donner du jeu; *cout.* donner de l'aisance; *fig.* laisser de la marge, de la latitude (à qn.); *fig.* **freien ~ haben** avoir le champ libre; avoir toute liberté, toute latitude; avoir de la marge; **ich habe noch e-n ~ von drei Wochen** j'ai encore un délai, une marge de trois semaines; **genügend ~ haben** avoir de la marge; **geringer ~** marge étroite; **j-m einigen ~ geben** accorder de la marge, quelque marge à qn.; **~ˌregel** *f* règle *f* du jeu; **nach den ~n spielen** jouer selon les règles; **~saal** *m* salle *f* de jeu; **~ˌsachen** *f/pl.* jouets *m/pl.*; F joujoux *m/pl.*; **~schuld** *f* dette *f* de jeu; **~ˌschule** *f* classe enfantine; école maternelle; jardin *m* d'enfants; **~ˌstraße** *f* rue réservée aux jeux; **~sucht** *f* ⟨**~**⟩ passion *f* du jeu; **~ˌtaktik** *f* tactique *f* de jeu; **~ˌtante** F *f im Kindergarten* jardinière *f* d'enfants; **~ˌtechnik** *f* technique *f* de jeu; **~ˌtempo** *n Sport* allure *f* du jeu; **~ˌteufel** *m* démon *m* du jeu; **~tisch** *m* table *f* de jeu; *in Spielhäusern* tapis vert; **~trieb** *m* ⟨**~(e)s**⟩ instinct *m* du jeu; **~uhr** *f cf.* **Spieldose**; **~unterˌbrechung** *f Sport* suspension *f* (de jeu, du match); **~verˌbot** *n* interdiction *f* de jouer; *Sport* suspension *f*; **~verˌderber(in)** *m* ⟨**~s**; **~**⟩ (*f*) ⟨**~**; **~nen**⟩ trouble-fête *m*; rabat-joie *m*; éteignoir *m*; empêcheur *m* de danser en rond; **sei kein ~!** F ne fais pas le mauvais coucheur!; **~verˌeinigung** *f* club *m*; **~verˌlängerung** *f Sport* prolongation *f* (de jeu, du match); **~verˌlauf** *m* (déroulement *m* du) jeu *m*, *Sport* match *m*; **~verˌlust** *m* perte *f* au jeu; **~ˌwaren** *f/pl.* jouets *m/pl.*; **~warengeˌschäft** *n* magasin *m* de jouets; **~warenˌhändler(in)** *m* (*f*) marchand, -e *m, f* de jouets; **~warenˌhandlung** *f cf.* **~warengeschäft**; **~werk** *n* mécanisme *m* d'une boîte à musique; **~ˌwiese** *f* parc *m* à *od.* de jeux; **~wut** *f* passion *f* du jeu; **~zeit** *f* heure *f* du jeu; *thé.* saison *f*; *Sport cf.* **Spieldauer**; **~zeug** *n* jouets *m/pl.*; F joujoux *m/pl.*; **~zeugˌeisenbahn** *f* train *m* miniature; **~zeugindusˌtrie** *f* industrie *f* des jouets; **~ˌzimmer** *n* chambre *f* d'enfants, à jouer.

Spiere ['ʃpiːrə] *f* ⟨**~**; **~n**⟩ *mar.* espar *od.* espart *od.* épar *m*.

Spierstrauch ['ʃpiːrʃtraux] *m bot.* spirée *f*.

Spieß [ʃpiːs] *m* ⟨**~es**; **~e**⟩ *hist.* pique *f*; (*Wurf2*) javelot *m*; (*Jagd2*) épieu *m*; *cuis.* (*Brat2*) broche *f*; *impr.* espace montée à l'impression; marque *f* des espaces 'hautes; *milit.* F (*Kompaniefeldwebel*) juteux *m*; adjupète *m*; *ch.* **~e** dagues *f/pl.*; F **er schreit wie am ~** il crie comme si on l'écorchait; *fig.* **den ~ umkehren, umdrehen** rétorquer un raisonnement; retourner contre qn. ses propres arguments; retourner les arguments de qn.; renvoyer la balle (à qn.); *cuis.* **vom ~, am ~** à la broche; **~bock** *m ch.* daguet *m*; **~ˌbürger** *péj.* *m* petit bourgeois; épicier *m*; boutiquier *m*; philistin *m*; **2ˌbürgerlich** *péj. adj.* de petit bourgeois; d'épicier; de boutiquier; de philistin; (*beschränkt*) borné; (*ungeistig*) terre à terre; **er hat ~e Ansichten** il a des opinions de petit bourgeois, d'épicier, *etc.*; **~ˌbürgerˌtum** *péj. n* esprit *m* petit bourgeois; esprit borné; philistinisme *m*; **2en** *v/t.* ⟨-(**es**)**t, h**⟩ **auf die Gabel ~** prendre à la fourchette; **auf die Heugabel ~** enfourcher; **~er** *m* ⟨**~s**; **~**⟩ **1.** *ch.* daguet *m*; brocard *od.* brocart *od.* broquart *m*; **2.** *péj. cf.* **~bürger**; **2erˌhaft** *péj. adj. cf.* **2bürgerlich**; **~geˌselle** *péj. m* complice *m*; suppôt *m*; acolyte *m*; **~glanz** *m minéral.* antimoine trisulfuré; antimonite *f*; **2ig** *adj.* **1.** *Metall* pailleux, -euse; cassant; *Leder* mal tanné; **2.** *fig. péj. cf.* **2bürgerlich**; **~ˌrute** *f* verge *f*; **~n laufen** *hist.* passer par les verges; *fig.* F passer entre deux 'haies de curieux; **~rutenˌlaufen** *n hist. verbal.*

Spikes [spaɪks] *pl. Sport* chaussures *f/pl.* à pointes, de sprinter; *Auto* pneus *m/pl.* à clous.

Spill [ʃpɪl] *n* ⟨**~(e)s**; **~e**⟩ *mar.* cabestan [*m*.]

Spin [spɪn] *m* ⟨**~s**; **~s**⟩ *phys. atom.* spin [spin] *m*.

spinal [ʃpiˑ'nɑːl, spiˑ-] *adj. méd.* **~e Kinderlähmung** poliomyélite *f*; paralysie *f* infantile.

Spinat [ʃpiˑ'nɑːt] *m* ⟨**~(e)s**; **~e**⟩ *bot.* épinard *m*; *cuis.*, *als Gemüse* épinards *m/pl.*; **~ˌwachtel** F *péj. f* vieille sorcière, chouette, commère.

Spind [ʃpɪnt] *m, n* ⟨**~(e)s**; **~e**⟩ armoire *f*; *milit.* armoire *f* à paquetage.

Spindel ['ʃpɪndəl] *f* ⟨**~**; **~n**⟩ *am Spinnrad* fuseau *m*; *Spinnerei* bobine *f*; broche *f*; *der Uhr* fusée *f*; (*Treppen2*) noyau *m*; *techn.*, *an Werkzeugmaschinen* arbre *m* porte-outil; (*Achse*) axe *m*; (*Zapfen*) pivot *m*; **~ˌbaum** *m bot.* fusain *m*; **2'dürr** *adj.* F maigre, sec, sèche comme un 'hareng, un échalas; maigre comme un clou, un coucou; **2ˌförmig** *adj.* fusiforme; fuselé; en forme de fuseau; **~ˌführung** *f techn.* guide *m*; **~ˌkasten** *m der Drehbank* poupée *f* fixe (de tour); **~ˌpresse** *f* presse *f* à vis; balancier *m*; **~ˌschnekke** *f zo.* fuseau *m*; **~ˌstock** *m cf.* **~kasten**; **~ˌtrieb** *m techn.* entraînement *m* par vis sans fin.

Spinell [ʃpiˑ'nɛl] *m* ⟨**~s**; **~e**⟩ *minéral.* (rubis) spinelle *m*.

Spinett [ʃpiˑ'nɛt] *n* ⟨**~(e)s**; **~e**⟩ *mus.* épinette *f*.

spinn|bar ['ʃpɪnbɑːr] *adj.* filable; apte à être filé; propre à la filature; **2ˌbrause** *f cf.* **2düse**; **2ˌdrüse** *f der Spinnen* filière *f*; **2ˌdüse** *f* filière *f*.

Spinne ['ʃpɪnə] *f* ⟨**~**; **~n**⟩ *zo.* araignée *f*; **~ am Morgen, Kummer u. Sorgen; ~ am Abend, erquickend u. labend** *prov.* araignée du matin, chagrin; araignée du soir, espoir *prov.*; *fig.* F **pfui ~!** brrr, quelle horreur!; fi donc!; **2'feind** *adj.* F **j-m ~ sein** F être à couteaux tirés avec qn.; détester qn. cordialement; avoir qn. en horreur.

spinnen ['ʃpɪnən] **I** *v/t. u. v/i.* ⟨**spinnt, spann, spönne** *od.* **spänne, gesponnen, h**⟩ filer; *Katze* ronronner; *fig.* **Ränke ~** ourdir, tramer des intrigues; F *fig.* **keinen guten Faden miteinander ~** ne pas s'entendre; ne pas faire bon ménage ensemble; F *fig.* **du spinnst wohl?** F tu as une araignée dans le plafond!; tu as un grain!; P tu es timbré, cinglé, toqué, maboul!; **nichts ist so fein gesponnen, es kommt doch endlich an die Sonnen** *prov.* tout finit par se savoir; **II 2** *n* ⟨**~s**⟩ filage *m*; filature *f*.

spinnen|artig ['ʃpɪnənˌʔartɪç] *adj. zo. sc.* arachnide; arachnéen, -nne; **2geˌwebe** *n* toile *f* d'araignée; **2ˌgift** *n*

venin *m* des arachnides; 2ˌ**netz** *n cf.* 2gewebe; 2ˌ**tiere** *n/pl. zo.* arachnides *m/pl.*
Spinner [ˈʃpɪnər] *m* ⟨~s; ~⟩ **1.** fileur *m*; **2.** *zo. sc.* bombyx *m*; **3.** F *fig.* (*Verrückte[r]*) P cinglé, -e *m, f*; loufoque *m, f*; ~**ei** [-ˈraɪ] *f* ⟨~; ~en⟩ filature *f*; *nur für Hanf* filerie *f*; ~**eibeˌsitzer** [-ˈraɪ-] *m* filateur *m*; ~**in** *f* ⟨~; ~nen⟩ fileuse *f*; ~ˌ**lied** *n* chanson *f* de fileuses.
Spinn|faser [ˈʃpɪnˌfɑːzər] *f* fibre *f* à filer, de filage; ~**faserˌpflanzen** *f/pl. bot.* plantes *f/pl.* à fibre fine; ~**geˌwebe** *n cf.* Spinnengewebe; ~**gewebsˌhaut** *f anat.* arachnoïde *f*; ~**maˌschine** *f* machine *f*, métier *m* à filer; jenny *f*; ~**rad** *n* rouet *m*; ~ˌ**rocken** *m* quenouille *f*; ~**stoff** *m* textile *m*; ~ˌ**stube** *f hist.* chambre *f* des fileuses; ~ˌ**warze** *f der Spinne* mamelon *m*; ~ˌ**webe** *f* ⟨~; ~n⟩ *cf.* Spinnengewebe; ~**webenˌhaut** *f anat. cf.* ~gewebshaut.
Spino|zismus [spiˑnoˑˈtsɪsmʊs, ʃpiˑ-] *m* ⟨~⟩ *philos.* spinozisme *od.* spinosisme *m*; ~ˈ**zist** *m* ⟨~en; ~en⟩ spinoziste *od.* spinosiste *m*; 2ˈ**zistisch** *adj.* spinoziste *od.* spinosiste.
spintisieren [ʃpɪntiˑˈziːrən] F *v/i.* ⟨*pas de ge-*, h⟩ méditer; ruminer; subtiliser; se livrer à des subtilités; F chercher le fin du fin; **über etw.** ~ ruminer sur qc.
Spion [ʃpiˑˈoːn] *m* ⟨~s; ~e⟩ **1.** espion *m*; Angst vor ~en F *iron.* espionnite *f*; **2.** *am Fenster* (*Spiegel*) espion *m*; *in der Tür* (*Guckloch*) judas *m*.
Spionage [ʃpiˑoˑˈnɑːʒə] *f* ⟨~⟩ espionnage *m*; ~ˌ**abwehr** *f* contre-espionnage *m*; ~ˌ**abwehrˌdienst** *m* service *m* C.E. (contre-espionnage); ~ˌ**abwehrˌtätigkeit** *f* activité *f* C.E. (contre--espionnage); ~**beˌkämpfung** *f* répression *f* de l'espionnage; ~ˌ**netz** *n* réseau *m* d'espionnage; ~**organisatiˌon** *f* organisation *f* d'espionnage; ~**proˌzeß** *m* procès *m* d'espionnage; ~ˌ**ring** *m cf.* ~organisation; 2**verˌdächtig** *adj.* soupçonné d'espionnage.
spionier|en [ʃpiˑoˑˈniːrən] **I** *v/i.* ⟨*pas de ge-*, h⟩ espionner; faire l'espion; F moucharder; faire le mouchard; **II** 2**en** *n* ⟨~s⟩ espionnage *m*; F mouchardage *m*; 2**eˈrei** F *f* ⟨~⟩ *cf.* ~en II.
Spionin [ʃpiˑˈoːnɪn] *f* ⟨~; ~nen⟩ espionne *f*.
Spiräe [spiˑˈrɛːə, ʃpiˑ-] *f* ⟨~; ~n⟩ *bot.* spirée *f*.
spiral [ʃpiˑˈrɑːl] *adj.* spiral; en spirale; 2ˌ**bohrer** *m* foret *m*, mèche *f* hélicoïdal(e); 2**e** *f* ⟨~; ~n⟩ spirale *f*; *bât.* volute *f*; 2ˌ**feder** *f* ressort spiral; ressort *m* en spirale; spiral *m*; *abus.* ressort hélicoïdal; ~ˌ**förmig**, ~**ig** *adj.* spiral; en spirale; spiralé; *sc.* spiriforme; spiroïde; spiroïdal; 2ˌ**linie** *f* spirale *f*; 2ˌ**nebel** *m astr.* galaxie *f*; nébuleuse spirale; 2**verˌzahnung** *f techn.* denture hélicoïdale.
Spi|rans [ˈspiːrans, ˈʃpiː-] *f* ⟨~; -ˈranten⟩, ~ˈ**rant** *m* ⟨~en; ~en⟩ *phon.* spirante *f*.
Spiri|tismus [ʃpiˑriˑˈtɪsmʊs, spiˑ-] *m* ⟨~⟩ spiritisme *m*; ~ˈ**tist** *m* ⟨~en; ~en⟩ spirite *m*; 2ˈ**tistisch** *adj.* spirite.
spiritual [ʃpiˑriˑtuˑˈɑːl, spiˑ-] **I** *adj.* spirituel, -lle; **II** 2 *m* ⟨~s *od.* ~en; ~en⟩ *égl. cath.* confesseur *m*; 2**ismus** [-ˈlɪs-] *m* ⟨~⟩ *philos.* spiritualisme *m*; 2**ist** [-ˈlɪst] *m* ⟨~en; ~en⟩ spiritualiste *m*; ~**istisch** [-ˈlɪs-] *adj.* spiritualiste.
Spirituosen [ʃpiˑriˑtuˑˈoːzən, spiˑ-] *pl.* spiritueux *m/pl.*
Spiritus [ˈʃpiːriˑtʊs] *m* ⟨~; ~se⟩ esprit-de-vin *m*; alcool *m* à brûler; ~**geˌruch** *m* odeur *f* d'alcool; ~ˌ**kocher** *m* réchaud *m* à alcool; ~ˌ**lack** *m* vernis *m* à l'alcool; ~ˌ**lampe** *f* lampe *f* à alcool; ~ˌ**lötlampe** *f* lampe *f* à souder à alcool.
Spirochäte [spiˑroˑˈçɛːtə, ʃpiˑ-] *f* ⟨~; ~n⟩ *biol.* spirochète *m*.
Spirometer [spiˑroˑˈmeːtər, ʃpiˑ-] *n* ⟨~s; ~⟩ spiromètre *m*.
Spital [ʃpiˑˈtɑːl] *n* ⟨~s; ~̈er⟩ hôpital *m*; hospice *m*.
spitz [ʃpɪts] **1.** *adj.* **a)** pointu; *bot., zo.* acéré; *math., Winkel* aigu, -uë; ~e Schuhe chaussures à bout pointu; **etw. mit ~en Fingern anfassen** prendre qc. du bout des doigts; **b)** *fig., Redensarten, Bemerkungen* piquant; mordant; caustique; aigre; ~e **Zunge** langue acérée, bien affilée; mauvaise langue; **2.** *adv.* ~ **zulaufen** se terminer en pointe; s'effiler; ~ **zulaufend** en pointe; effilé; F *fig.* **etw.** ~ **haben** avoir le fin mot de qc.
Spitz [ʃpɪts] *m* ⟨~es; ~e⟩ *zo.* loulou *m*; F *fig.* (*leichter Rausch*) F pointe *f* de vin; **e-n ~ haben** F avoir une pointe de vin; être un peu gris, éméché; avoir bu un petit coup.
Spitz|axt [ˈʃpɪtsˀakst] *f mines* pic *m*; ~**bart** *m* barbe *f* en pointe; bouc *m*; ~ˌ**bogen** *m* (arc *m* en) ogive *f*; arc ogival, gothique; ~**bogenˌfenster** *n* fenêtre ogivale, en ogive; 2ˌ**bogig** *adj.* ogival; ~ˌ**bohrer** *m* foret *m* à langue d'aspic; mèche pointue; ~ˌ**bube** *m*, ~ˌ**bübin** *f* ⟨~; ~nen⟩ (*Dieb*) voleur, -euse *m, f*; larron *m*; (*Betrüger*) coquin, -e *m, f*; fripon, -nne *m, f* (*beide auch von e-m Kind*); *pfort.* filou *m*; ~**bubengeˌsicht** *n* air fripon, coquin; air *m*, mine *f* patibulaire; ~**bubenˌstreich** *m*, ~**bübeˈrei** *f* ⟨~; ~en⟩ coquinerie *f*; friponnerie *f*; *pfort.* filouterie *f*; 2ˌ**bübisch** **1.** *adj.* coquin; fripon, -nne; *pfort.* de filou; **2.** *adv.* en fripon, coquin, filou.
Spitze [ˈʃpɪtsə] *f* ⟨~; ~n⟩ **1.** pointe *f*; (*spitzes Ende*) bout pointu; *e-s Turmes* pointe *f*; flèche *f*; aiguille *f*; *e-s Baumes* cime *f*; *e-s Berges* sommet *m*; cime *f*; pic *m*; aiguille *f*; piton *m*; *e-r Feder* bec *m*; *e-r Lanze* fer *m*; *der Lunge, e-s Dreiecks* sommet *m*; *e-r Nadel, e-s Stockes, Schirms* bout *m*; *kurz für* (*Zigaretten*2) fume-cigarette *m*; porte-cigarette *m*; (*Zigarren*2) fume-cigare *m*; porte-cigare *m*; **die ~ abbrechen** épointer (**e-s Bleistiftes** un crayon); *fig.* **j-m die ~ bieten** tenir tête à qn.; *fig.* **die Dinge auf die ~ treiben** pousser les choses à l'extrême; **2.** *fig. e-s Zuges, Heeres, Unternehmens* tête *f*; **an der ~ des Unternehmens stehen** être à la tête de l'entreprise; *Sport* **an der ~ liegen,** stehen, sein être en tête; tenir la tête; **die ~n der Behörden** les 'hauts fonctionnaires locaux; **3.** *fig.* (*Bosheit, Anspielung*) pointe *f*; trait *m*; brocard *m*; **~n austeilen** lancer des pointes, des traits, des brocards; **das ist e-e ~ gegen Sie** c'est une pierre dans votre jardin; **er brach ihrer Bemerkung die ~ ab** il a atténué le piquant, le mordant de sa remarque; **4.** *Gewebe* dentelle *f*; point *m*; **Brüsseler ~n** dentelles de Bruxelles; **geklöppelte ~** dentelle (faite) au fuseau; **5.** *comm.* reste *m*; solde *m*; *Planwirtschaft* **freie ~n** production excédant le contingent; excédent disponible.
Spitzeisen [ˈʃpɪtsˌˀaɪzən] *n* ciseau pointu.
Spitzel [ˈʃpɪtsəl] *m* ⟨~s; ~⟩ F mouchard *m*; P mouton *m*; mouche *f*; (*Lock*2) agent provocateur; ~ˌ**dienst** *m* ~e leisten F faire le mouchard; moucharder; 2**n** *v/i.* ⟨-(e)le, h⟩ espionner; F moucharder; faire le mouchard.
spitzen [ˈʃpɪtsən] **I** *v/t.* ⟨-(es)t, h⟩ rendre pointu; faire une pointe à; pourvoir d'une pointe; *Bleistift* tailler; *techn., Stecknadeln* empointer; **den Mund ~** faire la bouche en cœur; faire la petite bouche; **die Ohren ~** dresser les oreilles; *fig.* dresser l'oreille; **II** *v/réfl.* F **sich auf etw. ~** bien compter sur qc.; s'attendre à qc.; escompter qc.
Spitzen|belastung [ˈʃpɪtsənbəˌlastʊŋ] *f élect.* charge *f* de pointe; ~**beˌsatz** *m* garniture *f* de dentelles; ~ˌ**einkommen** *n* revenus *m/pl.* maxima; ~ˌ**einsatz** *m* entre-deux *m* de dentelles; ~**entˌladung** *f élect.* décharge *f* par pointes; ~**erˌzeugnis** *n* produit *m* 'hors classe, de première qualité; ~**fabriˌkant** *m* dentellier *m*; ~**fabrikatiˌon** *f* dentellerie *f*; ~ˌ**fahrzeug** *n e-r Kolonne* véhicule-pilote *m*; tête *f* de rame; ~**geˌschwindigkeit** *f* vitesse *f* maxima, de pointe; ~ˌ**gruppe** *f Sport* peloton *m* de tête; *in e-r Tabelle* groupe *m* de tête; ~ˌ**handel** *m* dentellerie *f*; ~ˌ**höschen** *n* pantalon *m* en dentelle; ~**kandiˌdat** *m* candidat *m* numéro un; ~ˌ**klasse** *f* classe supérieure; élite *f*; ~ˌ**kleid** *n* robe *f* (garnie) de dentelle; ~ˌ**klöpplerin** *f* dentellière *f*; ~ˌ**könner** *m Sport* F as *m*; crac *m*; ~ˌ**kragen** *m* col *m* de dentelle; ~ˌ**leistung** *f élect.* puissance *f* de crête, de pointe; *techn., e-r Maschine* puissance *f* maxima; *auch e-r Fabrik, e-s Arbeiters* rendement *m* maximum; *Sport* record *m*; performance *f*; ~ˌ**lohn** *m* salaire *m* maximum; plafond *m* de rémunération; ~ˌ**mannschaft** *f Sport* équipe *f* de tête; ~**manˌschette** *f* manchette *f* de dentelle; ~**organisatiˌon** *f* organisation centrale; centrale *f*; ~**qualiˌtät** *f* qualité exceptionnelle, supérieure; première qualité; ~ˌ**reiter** *m Sport* leader *m*; *e-r Fußball-Liga* équipe *f* de tête; équipe *f* vedette; ~ˌ**schuhe** *m/pl.* chaussons *m/pl.* de danse; ~ˌ**spannung** *f élect.* tension *f* de crête; ~ˌ**spiel** *n Sport* match *m* vedette; ~ˌ**strom** *m élect.* courant *m* de pointe; ~ˌ**tanz** *m* pointes *f/pl.*; ~ˌ**tänzerin** *f* danseuse *f* classique; ~ˌ**tuch** *n* ⟨~(e)s; ~̈er⟩ mouchoir *m* de dentelle; ~**verˌband** *m* association centrale, de plafond; *cf. auch* ~organisation; ~**verˌbrauch** *m* pointe *f* de consommation; ~ˌ**wert** *m élect.* valeur *f* de crête, maxima; ~ˌ**wirkung** *f élect.* effet *m* des pointes; ~ˌ**zacke** *f* picot *m* (de dentelle); ~ˌ**zeiten** *f/pl. des Verkehrs etc.* heures *f/pl.* de pointe.
Spitzer [ˈʃpɪtsər] *m* ⟨~s; ~⟩ (*Bleistift*2) taille-crayon *m*.
spitz|findig [ˈʃpɪtsˌfɪndɪç] *adj.* alambiqué; *péj.* subtil; argutieux, -euse; recherché; quintessencié; sophistique; 2ˌ**findigkeit** *f* ⟨~; ~en⟩ subtilité *f*; argutie [-si] *f*; tournure alambiquée; sophisme *m*; F finasserie *f*; 2**fuß** *m méd.* pied équin; 2**geˌschoß** *n milit.* projectile ogival, conique; balle pointue; 2**geˌwinde** *n techn.* filet *m* triangulaire; 2**geˌwölbe** *n bât.* voûte ogivale; 2**glas** *n* flûte *f*; 2ˌ**hacke** *f* pic *m*; pioche *f*; 2ˌ**hammer** *m* marteau *m* à pointe; *der Bildhauer, Steinmetzen* boucharde *f*; *der Steinbrecher* picot *m*; têtu *m*; 2ˌ**haue** *f cf.* 2hacke; ~**ig** *adj. cf.* spitz; 2ˌ**kehre** *f e-r Straße* virage *m*

en épingle à cheveux; **~ˌkriegen** F *v/t.* ⟨*sép.*, -ge-, h⟩ **etw.** ~ avoir le fin mot de qc.; **≈ˌkühler** *m Auto* radiateur *m* (en) coupe-vent; **≈maˌschine** *f für Bleistifte* machine *f* à tailler les crayons; **≈maus** *f zo.* musaraigne *f*; **≈ˌmeißel** *m* ciseau pointu; bédane *m*; *sculp.* pointe *f*; **≈ˌname** *m* sobriquet *m*; surnom *m*; **≈ˌpfeiler** *m* obélisque *m*; **≈ˌpocken** *f/pl. cf.* Windpocken; **≈ˌwegerich** *m bot.* plantain lancéolé; **~ˌwink(e)lig** *adj. Dreieck* à angle aigu; *sc.* acutangle.

Spleen [ʃpliːn, spliːn] *m* ⟨~s; ~e *od.* ~s⟩ caprice *m*; fantaisie *f*; F marotte *f*; **e-n ~ haben** être bizarre, capricieux, -euse; être un fantaisiste; **≈ig** *adj.* bizarre; capricieux, -euse; fantaisiste.

Spleiß [ʃplaɪs] *m* ⟨~es; ~e⟩, **~e** *f* ⟨~; ~n⟩ *mar.* épissure *f*; épissage *m*; **≈en I** *v/t.* ⟨-(es)t, **spleißt, spliß, splisse, gesplissen**, h⟩ *mar.* épisser; faire une épissure; **II ~en** *n* ⟨~s⟩ épissage *m*; **~ˌstelle** *f cf.* Spleiß.

splendid [ʃplɛnˈdiːt, splɛn-] *adj.* (*freigebig*) libéral; généreux, -euse; (*glanzvoll*) splendide; magnifique.

Spließ [ʃpliːs] *m* ⟨~es; ~e⟩ éclisse *f*; bardeau *od.* bardot *m*.

Splint [ʃplɪnt] *m* ⟨~(e)s; ~e⟩ *techn.* goupille *f* (fendue); *bot.* aubier *m*; **≈en** *v/t.* ⟨-ete, h⟩ *techn.* goupiller; **~holz** *n* aubier *m*; **~ˌzieher** *m* ⟨~s; ~⟩ *techn.* arrache-goupille *m*.

Spliß [ʃplɪs] *m* ⟨-sses; -sse⟩ *mar. cf.* Spleiß.

splissen [ˈʃplɪsən] *v/t.* ⟨-ßt, h⟩ *mar. cf.* spleißen.

Splißhammer [ˈʃplɪsˌhamər] *m mar.* marteau *m* à épisser.

Splitt [ʃplɪt] *m* ⟨~(e)s; ~e⟩ gravillon *m*.

Splitter [ˈʃplɪtər] *m* ⟨~s; ~⟩ (*Holz≈*, *Glas≈*, *Granat≈*) éclat *m*; (*Eisen≈*, *Diamant≈*) paillette *f*; (*Stein≈*) écaille *f*; *chir.* (*Knochen≈*) esquille *f*; *in der Haut* écharde *f*; **sich e-n ~ in den Finger jagen** se mettre une écharde dans le doigt; *fig. bibl.* **der ~ im Auge des Nächsten** la paille dans l'œil du voisin; **~ˌbruch** *m chir.* fracture esquilleuse, comminutive; **~ˌfänger** *m* ⟨~s; ~⟩ *milit.* pare-éclats *m*; **≈ˈfaserˈnackt** F *adj.* tout nu; F nu comme la main, comme un ver; **≈ˌfrei** *adj.* **~es Glas** verre *m* de sécurité; **~ˌgraben** *m milit.* tranchée-abri *f*; **~ˌgruppe** *f* sous-groupe *m*; **≈ig** *adj. Holz* qui se fend aisément; *chir.*, *Knochen* esquilleux, -euse; **≈n** *v/i.* ⟨-(e)re, sein *od.* h⟩ voler en éclats; se briser par éclats; *Holz* se fendre; **≈ˈnackt** F *adj. cf.* ≈fasernackt; **~parˌtei** *f pol.* petit parti; sous-groupe *m*; **~ˌschutz** *m milit.* protection *f* contre les éclats; *als Schild* pare-éclats *m*; **≈ˌsicher** *adj. milit.* à l'abri des éclats; pare-éclats; *Glas cf.* ≈frei.

splittrig [ˈʃplɪtrɪç] *adj. cf.* splitterig.

sponde|isch [spɔnˈdeːɪʃ, ʃpɔn-] *adj. métr.* spondaïque; **≈us** *m* ⟨~; -deen⟩ *métr.* spondée *m*.

spongiös [spɔŋgiˈøːs, ʃpɔŋ-] *adj. sc.* spongieux, -euse.

spontan [ʃpɔnˈtaːn, spɔn-] **1.** *adj.* spontané; **2.** *adv.* spontanément; **≈eiˈtät** *f* ⟨~⟩ spontanéité *f*.

sporadisch [ʃpoˈraːdɪʃ, spo-] *adj.* sporadique.

Spore [ˈʃpoːrə] *f* ⟨~; ~n⟩ *bot.* spore *f*; **~nbeˌhälter** *m bot.* sporange *m*; **~nˌbildung** *f bot.* sporulation *f*; **~nˌpflanzen** *f/pl. bot.* cryptogames *m/pl.*; sporophytes *m/pl.*; **~nˌtierchen** *n/pl.* sporozoaires *m/pl.*

Sporn [ʃpɔrn] *m* ⟨~(e)s; Sporen⟩ éperon *m* (*auch zo.*, *bot.*); *des Hahnes* ergot *m*; *aviat.* béquille *f*; *hist.*, *mar.* éperon *m*; *milit.*, *der Lafette* bêche *f* de crosse, d'ancrage; **e-m Pferd die Sporen geben** éperonner un cheval; **beide Sporen geben** piquer des deux; **die Sporen anschnallen** chausser les éperons; *fig.* **sich die Sporen verdienen** gagner ses éperons; faire ses premières armes; **≈en** *v/t.* ⟨h⟩ **gestiefelt u. gespornt** botté et éperonné; *fig.* prêt à partir; **≈ˌförmig** *adj. bot.* calcariforme; **~ˌkufe** *f aviat.* béquille *f*; **~rad** *n aviat.* roulette *f* de queue; galet *m* de béquille; **~ˌrädchen** *n* molette *f* (d'éperon); **~schuh** *m aviat.* sabot *m* de béquille; **≈streichs** *adv.* en toute ˈhâte; à toutes jambes.

Sport [ʃpɔrt] *m* ⟨~(e)s; ~arten⟩ sport *m* (*auch fig.*: *Liebhaberei*); **~ treiben** faire du sport; **e-n ~ ausüben** pratiquer un sport; **der ~ am Sonntag** le dimanche sportif; **~ˌabzeichen** *n* insigne sportif; **~ˌangeln** *n* pêche *f* (sportive); **~ˌangler** *m* pêcheur *m* (sportif); **~ˌanlage** *f* terrain *m*, établissement *m*, place *f* de sport; stade *m*; **~ˌanzug** *m* costume *m* de sport; **~ˌarten** *f/pl.* sports *m/pl.*; **~arˌtikel** *m/pl.* articles *m/pl.* de sport; **~arzt** *m* médecin *m* (chargé de la surveillance des pratiquants d'un sport); **~ˌausübung** *f* pratique *f* d'un sport; **~ˌausrüstung** *f* équipement *m* de sport; **≈beˌgeistert** *adjt.* sportif, -ive; **~beˌgeisterung** *f* passion *f* du sport *od.* pour le sport; enthousiasme *m* pour le sport; **~ˌbeilage** *f e-r Zeitung* supplément sportif; **~beˌkleidung** *f* vêtements *m/pl.* de sport; habillement sportif; **~beˌricht** *m* reportage sportif; **~beˌrichterˌstatter** *m* reporter [-ɛːr], journaliste sportif; **~dreß** *m* costume *m* de sport.

Sporteln [ˈʃpɔrtəln] *f/pl. hist.* casuel *m*.

sporteln [ˈʃpɔrtəln] F *v/i.* ⟨-(e)le, h⟩ faire du sport.

Sport|ereignis [ˈʃpɔrtˀɛrˌˀaɪgnɪs] *n* événement sportif; **~feld** *n* terrain *m* de sport; (*Stadion*) stade *m*; **~fest** *n* fête sportive; **~fex** F *m* ⟨~es *od.* ~en; ~e(n)⟩ F piqué *m*, mordu *m* du sport; **~ˌflieger** *m* pilote *m* (d'avion) de sport, de tourisme; **~fliegeˌrei** *f* aviation sportive, de tourisme; **~ˌflugzeug** *n* avion *m* de sport, de tourisme; **~ˌfreund(in)** *m* (*f*) sportif, -ive *m, f*; amateur *m* du sport; **~funk** *m cf.* ~meldungen; *als Titel* sports *m/pl.*; **~ˌgattung** *f* (genre *m* de) sport *m*; **~geˌlände** *n* terrain *m* de sport; **~geˌräte** *n/pl.* appareils *m/pl.* de gymnastique; matériel *m*, engins *m/pl.*, *comm.* articles *m/pl.* de sport; **~geˌschäft** *n* magasin *m* d'articles de sport; **~ˌhalle** *f* palais *m* des sports; **~hemd** *n* chemise *f* de sport; **~herz** *n méd.* cœur hypertrophié par le sport; **~ˌhose** *f* culotte *f* de sport; **~ˌjacke** *f* veston *m* sport; **~ˌjugend** *f* jeunesse sportive; **~kabrioˌlett** *n* cabriolet *m* de sport; **~kameˌrad(in)** *m* (*f*) camarade *m, f* de sport; **~ˌkarre** *f für Kinder* poussette *f*; **~ˌkleidung** *f* vêtements *m/pl.* de sport; **~klub** *m* club sportif; **~kosˌtüm** *n* costume *m* de sport; **~ˌlaufbahn** *f* carrière sportive; **~ˌleben** *n* vie sportive; **~ˌleiter** *m* directeur sportif; **~ˌleitung** *f* direction sportive; **~ˌlehrer(in)** *m* (*f*) professeur *m* d'éducation physique; moniteur, -trice *m, f*; **~ler(in)** *m* ⟨~s; ~⟩ (*f*) ⟨~; ~nen⟩ sportif, -ive *m, f*; sportsman *m*; sportswoman *f*; **≈lich** *adj.* sportif, -ive; sport *inv.*; **~e Kleidung** vêtements sport; **~lichˌkeit** *f* ⟨~⟩ sportivité *f*; **~ˌmantel** *m* manteau *m* de sport; **~ˌmeldungen** *f/pl.* nouvelles sportives; **~moˌdell** *n* modèle sportif, de sport; **~ˌmütze** *f* casquette *f* de sport; **~ˌnachrichten** *f/pl. cf.* ~meldungen; **~paˌlast** *m* palais *m* des sports; **~platz** *m* terrain *m* de sport; stade *m*; **~ˌpresse** *f* presse sportive, du sport; **~ˌrad** *n* vélo *m* de sport; **~redakˌteur** *m* rédacteur sportif; **~reporˌtage** *f* reportage sportif; **~ruˌbrik** *f e-r Zeitung* rubrique sportive; **~schuh** *m* chaussure *f* de sport; **~sgeist** *m* esprit sportif; **~skaˌnone** F *f* F as *m*; crac *m*; **~smann** *m* ⟨~(e)s; ~er *od.* -leute⟩ sportif *m*; sportsman (*pl.* sportsmen) *m*; amateur *m* (de sport); **≈sˌmännisch**, **≈sˌmäßig** *adj.* sportif, -ive; **~strumpf** *m* bas *m* de sport; **~stuˌdent(in)** *m* (*f*) étudiant, -e *m, f* en matières sportives; **~teil** *m e-r Zeitung* rubrique sportive; **≈ˌtreibend** *adjt.* sportif, -ive; **~triˌkot** *n* maillot *m* de sport; **~ˌunfall** *m* accident *m* de sport; **~verˌanstaltung** *f* réunion, manifestation sportive; **~verˌband** *m* association sportive; **~verˌein** *m* société sportive; club sportif; **~ˌwaffen** *f/pl.* armes sportives; **~ˌwagen** *m Auto* voiture *f* de sport; *für Kinder* poussette *f*; **~welt** *f* ⟨~⟩ monde *m* du sport; **~ˌwettkampf** *m* compétition sportive; **~ˌwoche** *f* semaine sportive; **~ˌzeitung** *f* journal *m* de sport; revue sportive; **~ˌzweisitzer** *m* biplace *m* de sport; roadster *m*.

Spott [ʃpɔt] *m* ⟨~(e)s⟩ raillerie *f*; moquerie *f*; persiflage *m*; dérision *f*; F gausserie *f*; goguenardise *f*; P gouaille(rie) *f*; **beißender ~** sarcasme *m*; **s-n ~ mit etw., j-m treiben** se moquer de qc., qn.; tourner qc., qn. en ridicule, en dérision; **mit beißendem ~ verfolgen** satiriser; **die Zielscheibe des ~es sein** être la cible, la tête de Turc des railleries, des railleurs; être en butte aux railleries; être la risée (de qn.); être l'objet de la risée, des railleries (de qn.); **wer den Schaden hat, braucht für den ~ nicht zu sorgen** *prov. cf.* Schaden; **~bild** *n* caricature *f*; **≈ˈbillig** F **1.** *adj.* très bon marché; **2.** *adv.* à vil prix; à un prix dérisoire; pour une bouchée de pain; **~ˌdrossel** *f zo.* (merle *m*) moqueur *m*.

Spöttel|ei [ˌʃpœtəˈlaɪ] *f* ⟨~; ~en⟩ moquerie, raillerie fine; persiflage *m*; F goguenardise *f*; gausserie *f*; **≈n** [ˈʃpœ-] *v/i.* ⟨-(e)le, h⟩ se moquer finement; railler finement; persifler; F se gausser; goguenarder.

spotten [ˈʃpɔtən] *v/i.* ⟨-ete, h⟩ **über j-n, etw. ~** se railler, se moquer de qn., qc.; railler, persifler qn., qc.; tourner qn., qc. en ridicule, en dérision; F se gausser de qn., qc.; *abs.* goguenarder; P gouailler; **das spottet jeder Beschreibung** cela défie toute description; **über j-s Unglück ~** insulter au malheur de qn.; *bibl.* **Gott läßt sich nicht ~** on ne brave pas Dieu impunément.

Spötter [ˈʃpœtər] *m* ⟨~s; ~⟩ **1.** railleur *m*; moqueur *m*; persifleur *m*; F blagueur *m*; goguenard *m*; P gouailleur *m*; **2.** *zo.* moqueur *m*; **~ei** [-ˈraɪ] *f* ⟨~⟩ *cf.* Spott; **~in** *f* ⟨~; ~nen⟩ railleuse *f*; moqueuse *f*; persifleuse *f*; F blagueuse *f*; goguenarde *f*; P gouailleuse *f*.

Spott|figur [ˈʃpɔtfiˌguːr] *f* figure *f* grotesque; caricature *f*; **~geˌdicht** *n* poème *m* satirique; satire *f*; *kleineres* épigramme *f*; **~geld** *n* vil prix; **für ein ~** *cf.* spottbillig 2.

spöttisch [ˈʃpœtɪʃ] **1.** *adj.* railleur, -euse; moqueur, -euse; narquois; ironique; sarcastique; satirique; F blagueur, -euse; goguenard; P gouailleur, -euse; **e-e ~e Bemerkung machen** faire une remarque ironique, *etc.*; **2.** *adv.* **~ lächeln** sourire ironiquement, d'un air moqueur, railleur, *etc.*; ricaner.

Spott|lied [ˈʃpɔtliːt] *n* chanson *f* satirique; **~lust** *f* humeur railleuse, moqueuse; **2ˌlustig** *adj.* d'humeur moqueuse, railleuse; moqueur, -euse; railleur, -euse; F blagueur, -euse; **~ˌname** *m* sobriquet *m*; **~preis** *m cf.* Spottgeld; **zu e-m ~** *cf.* **spottbillig 2.**; **~sucht** *f* ⟨~⟩ manie *f* de se moquer, de se railler de tout; causticité *f*; **2ˌsüchtig** *adj.* moqueur, -euse; railleur, -euse; F blagueur, -euse; **~vers** *m* vers *m* satirique; **~ˌvogel** *m zo.* moqueur *m*; *fig. cf.* Spötter.

sprach [ʃpraːx] *cf.* sprechen.

Sprach|atlas [ˈʃpraːxˌʔatlas] *m* atlas *m* linguistique; **2beˌgabt** *adj.* doué pour les langues; **~beˌgabung** *f* don *m* des langues; **2beˌhindert** *adjt.* atteint de dysphonie, dysphémie; **~ˌdenkmal** *n* monument *m* d'une langue.

Sprache [ˈʃpraːxə] *f* ⟨~; ~n⟩ *Fähigkeit zu reden* parole *f*; *als Ausdruck von Gedanken* langage *m*; *e-s Volkes* langue *f*; idiome *m*; *gewisser Klassen u. Gewerbe* jargon *m*; argot *m*; *e-s Schriftstellers od. Werkes* style *m*; (*Redeweise*) parler *m*; **die menschliche ~** la langue des hommes; **alte, neuere, lebende, tote, fremde ~n** langues anciennes, modernes, vivantes, mortes, étrangères; **die ~ des Volkes** le langage populaire; la langue du peuple; **gehobene ~** langage, style soutenu; **blumenreiche ~** langage fleuri; **die gesprochene ~** la langue parlée; **e-e verwegene ~** un langage téméraire; *fig.* **~ des Herzens, der Augen** langage du cœur, des yeux; **e-e ~ sprechen** parler une langue; **e-e ~ beherrschen** dominer, posséder une langue; *fig.* **e-e beredte ~ sprechen** parler un langage éloquent; *fig.* **das redet e-e deutliche ~** c'est significatif, non équivoque; **er spricht jetzt e-e ganz andere ~** il a bien changé de langage, de ton; **etw. zur ~ bringen** mettre qc. sur le tapis, en discussion; amener la conversation sur qc.; **zur ~ kommen** être discuté; être mis en discussion, sur le tapis; **mit der ~ herausrücken** s'expliquer; **mit der ~ nicht recht herauswollen** ne pas vouloir s'expliquer; ne pas vouloir donner d'explication; 'hésiter à parler; F tourner autour du pot; **heraus mit der ~!** expliquez-vous!; dites-le!; **s-r ~ nach ist er Berliner** d'après son parler, il est Berlinois; **die ~ verlieren** perdre l'usage de la parole; **Verlust der ~** *sc.* aphasie *f*; **der ~ beraubt** *sc.* aphasique; **die ~ versagte ihm vor Schreck** l'épouvante lui coupa, lui fit perdre la parole; **j-m die ~ verschlagen** interloquer qn.

Sprach|eigentümlichkeit [ˈʃpraːxˌʔaɪɡənˌtyːmlɪçkaɪt] *f sc.* idiotisme *m*; **deutsche, französische, spanische, lateinische, englische ~** germanisme *m*; gallicisme *m*; hispanisme *m*; latinisme *m*; anglicisme *m*; **~enˌdienst** *m* service *m* des langues étrangères, de traduction; interprétariat *m*; **~enˌkampf** *m* lutte *f* entre deux (*od.* plusieurs) langues; **~enˌschule** *f* école *f* de langues; **~entˌwicklung** *f* évolution *f* de la langue; **~faˌmilie** *f* famille *f* linguistique; **~ˌfehler** *m gr.* faute *f* de langage, de grammaire; solécisme *m*; *méd.* défaut *m* de prononciation; **~ˌforscher** *m* linguiste [-gɥi-] *m*; philologue *m*; **~ˌforschung** *f* linguistique [-gɥi-] *f*; philologie *f*; **~freˌquenz** *f phys.* basse fréquence; fréquence vocale; **~ˌführer** *m* manuel *m*, guide *m* de la conversation; **~geˌbiet** *n* aire *f* linguistique; **das französische ~** les pays de langue française; **~geˌbrauch** *m* ⟨~(e)s⟩ usage *m*; **~geˌfühl** *n* ⟨~(e)s⟩ sentiment *m* du génie d'une langue; sens *m* de la langue; **~geˌlehrte(r)** *m* philologue *m*; linguiste *m*; **~geˌmeinschaft** *f* communauté *f* linguistique; **~geˌnie** *n* personne *f* qui a le don des langues; **~geograˌphie** *f* géographie *f* linguistique; **~geˌschichte** *f* ⟨~⟩ histoire *f* de la langue (*par ex.* française, *etc.*); **~geˌsetz** *n* loi *f* de la langue; **2geˌwandt** *adj.* qui a la parole facile; qui s'exprime très bien; qui manie bien la parole; disert; éloquent; **~geˌwandtheit** *f* facilité *f* de parole, d'élocution; **~ˌgrenze** *f* frontière *f* linguistique; **~gut** *n* ⟨~(e)s⟩ vocabulaire *m*; trésor *m* d'une langue; **~heilˌschule** *f* école *f* d'orthophonie; **~ˌinsel** *f* îlot *m* linguistique; **~ˌkarte** *f* carte *f* linguistique; **~ˌkenner** *m* connaisseur *m* des langues; **~ˌkenntnis** *f* connaissance *f* des langues; **2ˌkundig** *adj.* qui connaît une (*od.* plusieurs) langue(s); (*vielsprachig*) polyglotte; **~ˌlehre** *f* grammaire *f*; **~ˌlehrer(in)** *m* (*f*) professeur *m* de langue(s); **2lich** *adj.* qui concerne la langue; grammatical; **~e Minderheit** minorité linguistique; **2los** *adj. fig.* (*verblüfft*) muet, -tte d'étonnement; stupéfait; interdit; interloqué; **~ sein, dastehen** rester, demeurer interdit; **da bin ich ~** *fig.* F les bras m'en tombent; P j'en suis (tout) baba; **da bist du ~!** P ça t'en bouche un coin!; ça te la coupe!; **~losigˌkeit** *f* ⟨~⟩ *fig.* (*Verblüfftheit*) stupéfaction *f*; *méd.*, *vorübergehende sc.* aphonie *f*; **~ˌmittler** *m* interprète *m*; **~ˌneuerung** *f* néologisme *m*; **~ˌpflege** *f* culture *f* d'une langue; **~philosoˌphie** *f* philosophie *f* du langage; **~psycholoˌgie** *f* psychologie *f* du langage; **~ˌregel** *f* règle grammaticale; **~ˌregelung** *f* régime *m* linguistique; **~ˌreinheit** *f* pureté *f* du langage, de la langue; **~ˌreiniger** *m* puriste *m*; **~ˌreinigung** *f* épuration *f* du langage, de la langue; **2ˌrichtig** *adj.* correct; **~rohr** *n* porte-voix *m*; *sc.*, *phys.* mégaphone *m*; *fig.* (*Sprecher*) porte-parole *m*; **sich zum ~ e-r Sache machen** se faire l'interprète de qc.; **~schatz** *m* trésor *m* d'une langue; vocabulaire *m*; **~ˌschnitzer** F *m* petite incorrection; **~ˌschöpfer** *m* créateur *m* de mots; **~ˌschöpfung** *f* création *f* de mots; **~ˌschwierigkeiten** *f/pl.* difficulté *f* (de comprendre et de se faire comprendre dans une langue étrangère); **~ˌschule** *f* école *f* de langues; **~ˌstörung** *f* dysphonie *f*; dysphémie *f*; **~ˌstudium** *n* étude *f* des langues; **~ˌunterricht** *m* enseignement *m* d'une (*od.* des) langue(s); **~ erteilen** enseigner des langues; **französischer ~** leçons, cours de français; **~verˌbesserer** *m* ⟨~s; ~⟩ réformateur *m* d'une langue, du langage; **~verˌbesserung** *f* réforme *f* d'une langue, du langage; **~verˌein** *m* société *f* linguistique; **~verˌmögen** *n* faculté *f* de parler; parole *f*; **~verˌständlichkeit** *f tél.* netteté *f* de la parole; **~verˌwandtschaft** *f* parenté *f* de langue; **~verˌwirrung** *f* confusion *f* des langues; **~ˌwerkzeuge** *n/pl. anat.* organes *m/pl.* de la parole; **2ˌwidrig** *adj.* incorrect; contraire au génie de la langue; **~ˌwissenschaft** *f* linguistique [-gɥi-] *f*; **Sprach- u. Literaturwissenschaft** philologie *f*; **vergleichende ~** linguistique comparée; **~ˌwissenˌschaftler** *m* linguiste [-gɥi-] *m*; **Sprach- u. Literaturwissenschaftler** philologue *m*; **2ˌwissenˌschaftlich** *adj.* linguistique [-gɥi-]; **~ˌzugehörigkeit** *f* appartenance *f* linguistique.

sprang [ʃpraŋ] *cf.* springen.

Spray [spreː, ʃpreː, spreɪ] *m od. n* ⟨~s; ~s⟩ vaporisateur *m*; pulvérisateur *m*; spray *m* (*auch die Sprühflüssigkeit*); **2en** *v/t.* ⟨h⟩ vaporiser; pulvériser.

Sprech|anlage [ˈʃprɛçˌʔanlaːɡə] *f* interphone *m*; **~ˌbühne** *f* théâtre *m*; **~chor** *m* chœur parlé.

sprechen [ˈʃprɛçən] **I** *v/t. u. v/i.* ⟨spricht, sprach, gesprochen, h⟩ parler; *Urteil* prononcer; rendre; *Wahrheit, Gebet, Gedicht* dire; **j-n ~, mit j-m ~** parler à qn.; (*sich unterhalten*) parler avec qn.; **von** *od.* **über etw. ~** parler de qc.; **von Geschäften, über Politik, Malerei, Kunst ~** F parler affaires, politique, peinture, art; **über ein Thema ~** traiter un sujet; **ausführlich über etw. ~** discourir longuement sur qc.; **von diesem u. jenem ~** parler de choses et d'autres; **von etw. anderem ~** parler d'autre chose; changer de discours, de propos, de conversation, de sujet; **da wir gerade davon ~** à (ce) propos; **wir ~ noch darüber** nous en reparlerons; **~ wir nicht davon!** n'en parlons pas!; **jeder spricht davon** cela court les rues; **man spricht nur noch von ...** il n'est bruit que de ...; **von gleichgültigen Dingen ~** parler de la pluie et du beau temps; **auf etw. zu ~ kommen** en venir à parler de qc.; aborder qc.; **deutlich ~** parler distinctement; **undeutlich ~** bredouiller; **laut (leise) ~** parler 'haut (bas); **frei ~** parler librement, sans notes; **anmaßend ~** avoir le verbe 'haut; **in befehlendem Ton ~** parler en maître; **schuldig ~** déclarer coupable; **Recht ~** rendre la justice; **zum Volk ~** parler au peuple; **zu den Versammelten ~** s'adresser à l'assemblée; **von s-m Platz aus ~** parler de sa place; **ich spreche in meiner Eigenschaft als ...** je parle en ma qualité de ...; **e-e Sprache ~** parler une langue; **englisch, französisch ~** parler anglais, français; **Französisch ~** parler le français; **in Rätseln ~** s'exprimer de façon énigmatique, obscure; **den Segen über j-n ~** donner la bénédiction à qn.; bénir qn.; **für j-n ~** *stellvertretend* parler pour qn.; *zu j-s Gunsten* parler en faveur de qn.; **das spricht für sich** cela parle tout seul; la chose est assez éloquente en elle-même; F *fig.* **das spricht Bände** c'est significatif; **das spricht für ihn** ce fait milite en sa faveur; **das spricht gegen ihn** cela parle contre lui; cela est à son désavantage; **das spricht gegen unseren Plan** cela s'oppose à notre projet; **alle Anzeichen ~ dafür, daß ...** tout porte à croire que ...; **gut (schlecht) von j-m ~** dire du bien (du mal) de qn.; **auf j-n schlecht, nicht gut zu ~ sein** en vouloir à qn.; F **nicht**

gut zu ~ sein être de mauvaise humeur, F de mauvais poil; n'être pas à prendre avec des pincettes; **aus s-n Worten spricht Begeisterung** ses mots respirent, expriment, traduisent l'enthousiasme; **aus ihm spricht der Neid, die Verzweiflung** c'est l'envie, le désespoir qui le fait parler ainsi; **Sie haben mir aus der Seele gesprochen** vous avez exprimé ma (propre) pensée, mon sentiment; **j-n zu ~ wünschen** demander (à parler à) qn.; **wir ~ uns noch!** nous nous reverrons, retrouverons! (*auch drohend*); **zu ~ sein** recevoir (für j-n qn.); être visible, y être (pour qn.); **ich habe mit Ihnen zu ~** j'ai à vous parler; j'ai deux mots à vous dire; **mit wem habe ich die Ehre zu ~?** à qui ai-je l'honneur de parler?; *tél.* **~ Sie noch?** terminé?; *gr.* **mit e-m Hauchlaut ~** aspirer; **ohne ein Wort zu ~** sans mot dire; **kein Wort ~** ne dire, ne souffler mot; **allgemein gesprochen** généralement parlant; **II 2** *n* ⟨**~s**⟩ langage *m*; (*Sprechvermögen*) parole *f*; **beim ~** en parlant; **~d** *adjt.* parlant; **~ ähnlich** d'une ressemblance frappante, parlante.

Sprecher(in) [ˈʃprɛçər(ɪn)] *m* ⟨**~s**; **~**⟩ (*f*) ⟨**~**; **~nen**⟩ celui, celle qui parle; (*Wortführer*) porte-parole *m*; orateur *m*; femme *f* orateur; *rad.* speaker [spikœːr], -ine *m*, *f*.

Sprech|erziehung [ˈʃprɛçˀɛrˌtsiːuŋ] *f* éducation *f* des organes de la phonation; **~film** *m* film parlant, sonore; **~freˌquenz** *f phys.* fréquence vocale; **~funk** *m* (radiotélé)phonie *f*; **mit j-m in ~ treten** prendre contact en phonie avec qn.; **~geˌbühr** *f tél.* taxe *f* téléphonique; **~geˌsang** *m* récitatif *m*; **~ˌkapsel** *f tél.* transmetteur *m*; capsule *f* microphonique; **~miˌnute** *f tél.* minute *f* comptable; **~ˌmuschel** *f tél.* cornet *m* acoustique; **~ˌplatte** *f* disque parlé; **~ˌprobe** *f tél.* épreuve *f* de conversation; *rad.* audition *f*; **~ˌstelle** *f tél.* poste *m* téléphonique; **~ˌstunde** *f e-s Ministers etc.* heure *f* d'audience; *e-s Arztes* heure *f* des consultations; *auf e-m Schild etc.* **~n** 9^{00} — 12^{00} consultations de ...; **~stundenˌhilfe** *f* assistante *f*; **~takt** *m* groupe *m* phonétique; **~ˌtaste** *f tél.* bouton *m* de conversation; **~ˌtechnik** *f* articulation *f*; prononciation *f*; diction *f*; **~ˌtempo** *n* vitesse *f* d'élocution; **~ˌtrichter** *m tél.* cornet *m*; **~ˌübungen** *f/pl.* exercices *m/pl.* de conversation; **~ˌunterricht** *m* cours *m/pl.* de diction; **~ˌweise** *f* (manière *f* de) parler *m*; langage *m*; élocution *f*; diction *f*; **~ˌwerkzeuge** *n/pl. anat.* organes *m/pl.* de la parole; **~ˌzelle** *f tél.* cabine *f* téléphonique; **~ˌzimmer** *n* parloir *m*; *e-s Arztes* cabinet *m* de consultation.

spreiz|beinig [ˈʃpraɪtsˌbaɪnɪç] *adv.* jambes écartées; **2e** *f* ⟨**~**; **~n**⟩ *gym.* écartement *m* des jambes; *charp.* étrésillon *m*; étançon *m*; **~en I** *v/t.* ⟨-(es)t, h⟩ *Beine, Finger* écarter; **II** *v/réfl. fig.* **sich ~** se rengorger; se pavaner; (*sich sträuben*) se refuser; **III 2en** *n* ⟨**~s**⟩ écartement *m*; **2fuß** *m méd. cf.* **Plattfuß**.

Sprengbombe [ˈʃprɛŋˌbɔmbə] *f* bombe explosive.

Sprengel [ˈʃprɛŋəl] *m* ⟨**~s**; **~**⟩ *e-s Bischofs* diocèse *m*; *e-s Pfarrers* paroisse *f*; *e-r weltlichen Behörde* district *m*.

sprengen [ˈʃprɛŋən] **I** *v/t.* ⟨h⟩ **1.** *Brücke etc.* **(in die Luft) ~** faire sauter; dynamiter; *Tür, Schloß* (*erbrechen*) faire sauter; *Schloß auch* forcer; *Tür auch* enfoncer; briser; *Dampf e-n Kessel* (*zum Platzen bringen*) faire éclater; *fig.*, *Versammlung* disperser; *Ketten* rompre (ses chaînes); briser (ses fers); *milit.*, *feindliche Umklammerung* briser; rompre; *Glücksspiel* **die Bank ~** faire sauter la banque; **2.** *Garten, Straße* (*be~*) arroser; *Wäsche* asperger; humecter; **II** *v/i.* ⟨**sein**⟩ **3.** *Reiter* aller, arriver, partir, sortir, *etc.* au galop; galoper; **III 2** *n* ⟨**~s**⟩ **4.** *e-r Brücke etc.* destruction *f* par explosif; dynamitage *m*; *e-r Tür* enfoncement *m*; *e-r Versammlung* dispersion *f*; *milit.* rupture *f*; **5.** *e-s Gartens etc.* arrosage *m*; *der Wäsche* aspersion *f*; humectation *f*.

Sprenger [ˈʃprɛŋər] *m* ⟨**~s**; **~**⟩ arroseur *m*; appareil *m* d'arrosage.

Spreng|flüssigkeit [ˈʃprɛŋˌflʏsɪçkaɪt] *f* liquide explosif; **~ˌgarbe** *f* gerbe *f* d'éclatement; **~geˌschoß** *n milit.* projectile explosif; **~graˌnate** *f milit.* obus explosif; **~ˌhöhe** *f* 'hauteur *f* d'éclatement; **~ˌkabel** *n* câble *m* de mise à feu; **~ˌkammer** *f* chambre *f* de mine; **~ˌkapsel** *f* capsule fulminante; détonateur *m*; **~koˌmmando** *n* détachement *m* de mise à feu; **~kopf** *m* ogive *f*; **~ˌkörper** *m* explosif *m*; engin explosif; **~kraft** *f* ⟨**~**⟩ pouvoir explosif; force explosive; **~ˌladung** *f milit.* charge explosive; **~laut** *m phon.* occlusive *f*; **~loch** *n mines* trou *m* de mine; **~ˌmeister** *m mines* boutefeu *m*; **~ˌmittel** *n* explosif *m*; **~paˌtrone** *f milit.* cartouche explosive; **~ˌpulver** *n* poudre explosive, de mine; **~punkt** *m* point *m* d'éclatement; **~ring** *m techn.* anneau *m*, bague *f* de retenue, d'arrêt; **~schuß** *m* pétard *m*; **~stoff** *m* matière explosive; explosif *m*; **~stoffˌlager** *n* dépôt *m* d'explosifs; **~stoffmunitiˌon** *f milit.* munition explosive; **~ˌtrichter** *m* entonnoir *m* de mine; **~trupp** *m milit. cf.* **~kommando**; **~- und 'Kehrmaˌschine** *f* arroseuse-balayeuse *f*; **~- und 'Zündˌstoffe** *m/pl.* explosifs *m/pl.* et artifices *m/pl.*; **~ung** *f* ⟨**~**; **~en**⟩ *cf.* **sprengen III**; **~ˌwagen** *m* arroseuse *f* (automobile); **~ˌweite** *f* portée *f* des éclats; **~werk** *n charp.* assemblage *m* à contre-fiches; **~ˌwirkung** *f* effet *m* d'explosion; effet explosif; **~ˌzünder** *m* détonateur *m*.

Sprenkel [ˈʃprɛŋkəl] *m* ⟨**~s**; **~**⟩ (*Tüpfel*) moucheture *f*; **2ig** *adj.* moucheté; tacheté; **2n** *v/t.* ⟨-(e)le, h⟩ moucheter; tacheter; **rot gesprenkelt** tacheté de rouge; **grau u. weiß gesprenkelt** grivelé.

sprenklig [ˈʃprɛŋklɪç] *adj. cf.* **sprenkelig**.

Spreu [ʃprɔʏ] *f* ⟨**~**⟩ *agr.* balle(s) *f* (*pl.*); bourrier *m*; *fig.* **die ~ vom Weizen sondern** séparer le bon grain de l'ivraie.

Sprich|wort [ˈʃprɪçvɔrt] *n* ⟨**~(e)s**; **⁓er**⟩ proverbe *m*; adage *m*; **zum ~ werden** passer en proverbe; **wie es im ~ heißt, wie das ~ sagt** comme dit le proverbe; **~wörterˌsammlung** *f* dictionnaire *m*, recueil *m* de proverbes; **2ˌwörtlich** *adj.* proverbial (*auch fig.*); **~e Redensart** dicton *m*; **~ werden** passer en proverbe.

Sprieße [ˈʃpriːsə] *f* ⟨**~**; **~n**⟩ *charp.* étançon *m*; **2n**[1] *v/t.* ⟨-(es)t, h⟩ *charp.* étançonner.

sprießen[2] [ˈʃpriːsən] *st. s.* **I** *v/i.* ⟨**sprießt, sproß, sprösse, gesprossen, sein**⟩ *Pflanzen* pousser; sortir de terre; poindre; (*wachsen*) croître (*auch fig. vom Bart*); (*knospen*) bourgeonner; **II 2** *n* ⟨**~s**⟩ pousse *f*; croissance *f*; bourgeonnement *m*.

Sprießholz [ˈʃpriːshɔlts] *n charp. cf.* **Sprieße**.

Spriet [ʃpriːt] *n* ⟨**~(e)s**; **~e**⟩ *mar.* livarde *f*; **~ˌsegel** *n mar.* voile *f* à livarde.

Spring [ʃprɪŋ] *f* ⟨**~**; **~e**⟩ *mar.* embossure *f*.

Spring|bock [ˈʃprɪŋbɔk] *m zo.* springbok *m*; **~ˌbrunnen** *m* fontaine jaillissante; jet *m* d'eau.

springen [ˈʃprɪŋən] **I** *v/i.* ⟨**springt, sprang, gesprungen, sein**⟩ sauter (*auch Stein beim Brettspiel*); faire un saut; bondir; faire un bond; *Schwimmsport* plonger; *Knospen* éclater; *Porzellan, Glas* se fêler; se fissurer; *Eis* se crevasser; se fissurer; *Leder* se crevasser; *Holz* se fendre; *Quelle* jaillir; *Tiere* (*be~*) saillir; faire la (re)monte; *Sport* **3 m weit (hoch) ~** sauter 3 m en longueur (en 'hauteur); **der Uhrzeiger springt auf 8** l'aiguille saute sur 8 heures; **auf die** *od.* **zur Seite ~** sauter de côté; faire un écart; **aus dem fahrenden Zug ~** sauter du train en marche; **aus dem Bett ~** sauter à bas de son lit; *fig.* **das springt in die Augen** cela saute aux yeux; **in den Sattel ~** sauter en selle; **ins Wasser ~** sauter à l'eau; **mit dem Kopf zuerst ins Wasser ~** plonger; F piquer une tête dans l'eau; **in Stücke ~** voler en éclats; **mit geschlossenen Füßen ~** sauter à pieds joints; **über e-n Graben ~** sauter un fossé; franchir un fossé (en sautant); *fig.* F **j-n über die Klinge ~ lassen** (*j-n töten*) tuer qn.; (*j-n aus e-r Stellung verdrängen*) faire perdre son poste, son emploi, sa position à qn.; F dégommer, décramponner qn.; F *fig.* **10 Mark ~ lassen** dépenser, sacrifier 10 marks; F se fendre de 10 marks; F **schnell zum Bäcker ~** aller vite, F sauter, faire un saut au *od.* chez le boulanger; **II 2** *n* ⟨**~s**⟩ sauts *m/pl.*; bonds *m/pl.*; (*Be2*) (re)monte *f*; saillie *f*; **~d** *adjt. fig.* **der ~e Punkt** le point capital, essentiel.

Springer [ˈʃprɪŋər] *m* ⟨**~s**; **~**⟩ **1.** *Sport* sauteur *m*; *Schwimmsport* plongeur *m*; **2.** *Schachfigur* cavalier *m*; **3.** *Zuchttier* (*Be2*) âne *m*, bélier *m*, coq *m*, taureau *m*, étalon *m*, *etc.*; **~ˌhelm** *m der Fallschirmspringer* casque *m* de parachutiste; **~in** *f* ⟨**~**; **~nen**⟩ *Sport* sauteuse *f*; *Schwimmsport* plongeuse *f*.

Spring|flut [ˈʃprɪŋfluːt] *f* grande marée; marée *f* d'équinoxe; grande maline; **~form** *f cuis.* moule *m* démontable; **~frucht** *f bot.* fruit déhiscent; **~insˌfeld** *m* ⟨**~(e)s**; **~e**⟩ évaporé *m*; écervelé *m*; *fig.* F étourneau *m*; **~ˌkäfer** *m zo.* taupin *m*; *sc.* élater [-ɛːr] *m*; **~** *pl.* élatéridés *m/pl.*; **~kraut** *n* ⟨**~(e)s**⟩ *bot.* balsamine *f*; impatiens *f*; **~ˌkürbis** *m bot.* concombre *m* sauvage; **2leˈbendig** *adj.* gai comme un pinson; *cf. auch* **quicklebendig**; **~maus** *f zo.* gerboise *f*; **~ˌnager** *m/pl. zo.* dipodidés *m/pl.*; **~pferd** *n Rennsport* (cheval) sauteur *m*; **~prozessiˌon** *f égl. cath.* procession dansante, des sauteurs; **~ˌquelle** *f* source jaillissante; eau vive; **~schnur** *f*, **~seil** *n der Kinder* corde *f* à sauter; **~ˌstunde** *f* (*freie Zwischenstunde*) heure *f* libre, creuse; **~wurm** *m zo.* pyrale *f* de la vigne; **~ˌwurzel** F *f bot.* (*Alraune*) mandragore *f*.

Sprinkler [ˈʃprɪŋklər, ˈʃprɪŋk-] *m* ⟨**~s**;

~› arroseur *m* (rotatif); ~ˌ**anlage** *f* installation *f* d'arrosage.

Sprint [ʃprɪnt, sprɪnt] *m* ‹~s; ~s› *Sport* sprint [sprint] *m*; ♀**en** *v/i.* ‹-ete, sein› sprinter [sprinte]; ~**er** *m* ‹~s; ~› sprinter [sprintœːr] *m*.

Sprit [ʃprɪt] *m* ‹~(e)s; ~e› *Kurzform* alcool *m* à brûler; F (*Benzin*) essence *f*; F jus *m*; sauce *f*.

Spritz|apparat [ˈʃprɪtsˀapaˌraːt] *m jard., arb.* pulvérisateur *m*; ~**beˌlag** *m jard., arb.* dépôt *m* de pulvérisation; ~**beˌton** *m bât.* béton projeté; ~**blech** *n* garde-boue *m*; ~ˌ**brühe** *f jard., arb.* bouillie *f* (pour la pulvérisation); ~ˌ**düse** *f Auto* gicleur *m*; ~**e** *f* ‹~; ~n› **1.** *als Instrument méd., techn.* seringue *f*; *jard., arb.* (*Obstbaum*♀) pulvérisateur *m*; (*Feuer*♀) pompe *f* à incendie; *cuis.* (*Teig*♀) piston *m* à décorer; *argot milit.* (*Gewehr*) flingue *m*; flingot *m*; F *fig.* **der (erste) Mann an der** ~ un personnage influent, important, ʽhaut placé; F une grosse légume, huile; **2.** *méd.* (*Einspritzung*) piqûre *f*; injection *f* de ... (*par ex.* de morphine); **j-m e-e** ~ **geben** faire une piqûre à qn.; donner une injection de ... (*par ex.* de sérum) à qn.; **ich habe e-e** ~ **bekommen** on m'a fait une piqûre; on m'a donné une injection de ... (*par ex.* de sérum).

spritzen [ˈʃprɪtsən] **I** *v/t.* ‹-(es)t, h› *Garten, Straße etc.* arroser (**mit** de); *Obstbäume, Pflanzen, mit e-m Spritzmittel* traiter (avec un insecticide); *mit e-r Handspritze* seringuer; *e-e Flüssigkeit, mit e-m Schlauch* projeter; lancer; *mit e-r Handspritze* seringuer; injecter avec une seringue; *feiner* (*zerstäuben*) pulvériser; *Parfum néol.* atomiser; vaporiser; *Benzin in den Vergaser* faire gicler; *méd., Serum, Morphium etc.* injecter; seringuer; *e-n Kranken cf.* (j-m e-e) Spritze (geben); *techn.* (*spritzlackieren*) peindre, laquer au pistolet; (*im Spritzverfahren herstellen*) mouler par injection; *Wein etc.* (*mit Sodawasser versetzen*) mélanger d'eau gazeuse, d'eau minérale; *von e-m Tier* **Gift** ~ jeter du venin; **Parfüm auf ein Kleid** ~ vaporiser, atomiser du parfum sur une robe; **II** *v/i.* ‹*doublé d'une indication de direction* **sein**› *Wasser, Blut etc.* (*heraus*~) jaillir; *auch Straßenschmutz* (*hoch*~) rejaillir; gicler; *heißes Fett* sauter; jaillir; *Feder* ‹h› cracher; *mit der Feuerspritze* ‹h› faire jouer une (*od.* les) pompe(s) (à incendie); F *fig.* (*eilen*) courir; filer; sauter; **III** ♀ *n* ‹~s› *des Gartens etc.* arrosage *m*; *jard., arb.* traitement *m*; seringage *m* (*auch méd.*); *e-r Flüssigkeit* projection *f*; lancement *m*; pulvérisation *f*; atomisation *f*; vaporisation *f*; *méd.* injection *f* (de ... *od.* + *adj.*); *techn.* (*Spritzlackieren*) peinture *f* au pistolet; (*Herstellung im Spritzverfahren*) moulage *m* par injection; *des Wassers, Blutes* jaillissement *m*; *e-r Feder* crachement *m*; ♀ˌ**haus** *n* dépôt *m* des pompes à incendie; ♀ˌ**meister** *m* capitaine *m* de pompiers.

Spritz|er [ˈʃprɪtsər] *m* ‹~s; ~› (*Dreck*♀) éclaboussure *f*; ~**fahrt** *f* petite excursion; F virée *f*; pointe *f*; ~ˌ**farbe** *f* peinture *f* (à appliquer) au pistolet; peinture *f* pour pistolet; ~ˌ**flasche** *f chim.* pissette *f*; ~**fleck** *m* éclaboussure *f*; ~ˌ**flüssigkeit** *f* liquide *m* à pulvériser; ~**geˌrät** *n arb., jard.* pulvérisateur *m*; ~ˌ**gurke** *f bot. cf.* **Springkürbis**; ~**guß** *m Kunststoffindustrie* moulage *m* par injection; ~**gußˌform** *f* moule *m* pour moulage par injection; ~**gußmaˌschine** *f* boudineuse *f*; ~**gußˌmasse** *f* matière *f* thermoplastique (pour moulage par injection); ♀**ig** *adj. Wein* (*prickelnd*) pétillant; *Musik* entraînant; (*fröhlich*) gai; (*geistreich*) spirituel, -lle; ~ˌ**kuchen** *m* échaudé *m*; ~**lack** *m cf.* ~farbe; ♀**laˌckieren I** *v/t.* ‹*nur inf. u. p.p.* **spritzlackiert**› *techn.* peindre, laquer au pistolet; **II** ~**laˌckieren** *n* peinture *f*, laquage *m* au pistolet; ~ˌ**leder** *n* garde-boue *m*; ~**maleˌrei** *f techn.* peinture *f* au pistolet; ~ˌ**mittel** *n jard., arb.* insecticide *m*; bouillie *f* (à pulvériser); ~**pisˌtole** *f techn.* pistolet *m* pour peinture; ~**rohr** *n* lance *f*; ~ˌ**schmierung** *f techn.* graissage *m* par barbotage; ~**tour** F *f cf.* Spritzfahrt; ~**verˌfahren** *n techn.* **a)** application *f* au pistolet; **im** ~ au pistolet; **b)** *cf.* ~guß.

spröd|e [ˈʃprøːdə] *adj.* cassant; *Metalle* sec, sèche; aigre; pailleux, -euse; *Glas* cassant; *beim Schneiden* casilleux, -euse; *Haut* sèche; gercée; rêche; *fig.* revêche; peu avenant; farouche; *Frauen* prude; F bégueule; ~ **tun** faire la prude, F la bégueule, la sainte-nitouche; ♀**igˌkeit** *f* ‹~› cassant *m*; sécheresse *f*; *fig.* pruderie *f*; F bégueulerie *f*.

sproß [ʃprɔs] *cf.* sprießen².

Sproß [ʃprɔs] *m* ‹-sses; -sse› **1.** *bot.* (*Schößling*) pousse *f*; scion *m*; rejet *m*; rejeton *m*; *e-s Baumes auch* jet *m*; surgeon *m*; **2.** *fig.* (*Nachkomme*) rejeton *m*; descendant *m*; **3.** ‹*pl.* **-ssen**› *ch.* andouiller *m*.

Sprosse [ˈʃprɔsə] *f* ‹~; ~n› *e-r Leiter* échelon *m*; barreau *m*; *e-r Wagenleiter* épar(t) *m*; *Teilung e-s Fensters* croisillon *m*; *ch.* andouiller *m*.

sprossen [ˈʃprɔsən] *st. s. v/i.* ‹-ßt, sein› *cf.* sprießen².

Sprossen|leiter [ˈʃprɔsənˌlaɪtər] *f* échelle *f* à barreaux; ~ˌ**wand** *f gym.* échelles *f/pl.* [grand rossignol.]

Sprosser [ˈʃprɔsər] *m* ‹~s; ~› *zo.*

Sprößling [ˈʃprœslɪŋ] *m* ‹~s; ~e› *cf.* Sproß 1. *u.* 2.; F fils *m*; F ~e *pl.* enfants.

Sprotte [ˈʃprɔtə] *f* ‹~; ~n› *zo.* sprat *m*; esprot *m*; ʽharenguet *m*; **Kieler** ~n sprats fumés.

Spruch [ʃprux] *m* ‹~(e)s; ⸚e› **1.** (*Lehr*♀) sentence *f*, maxime *f* (rimée); (*Sinn*♀) apophtegme *m*, aphorisme *m* (rimé); *litt.* strophe *f*, poème *m* gnomique; (*Bibelvers*) passage *m*; verset *m*; *bibl.* **die Sprüche Salomonis** les Proverbes de Salomon; **2.** *jur.* (*Urteils*♀) sentence *f*; jugement *m*; arrêt *m*; prononcé *m*; *der Geschworenen* verdict *m*; *fig.* (*Entscheidung*) arrêt *m*; décision *f*; ~**band** *n* ‹~(e)s; ⸚er› banderole *f*; calicot *m*; ~ˌ**dichter** *m* poète *m* gnomique; ~ˌ**dichtung** *f* poésie *f* gnomique; ~ˌ**kammer** *f pol.* chambre *f* de dénazification; ♀**reif** *adj. jur.* en état (d'être jugé); *fig.* **die Sache ist** ~ la poire est mûre; ~ **werden lassen** laisser mûrir; **die Sache ist noch nicht** ~ l'affaire n'est pas encore au point d'être discutée; ~ˌ**sammlung** *f* recueil *m* de sentences.

Sprudel [ˈʃpruːdəl] *m* ‹~s; ~› **1.** (*Mineralwasser*) eau minérale; eau acidulée gazeuse; **2.** source jaillissante; ~ˌ**kopf** *péj. m* tête chaude, bouillante; ♀**n I** *v/i.* ‹-(e)le, h, *doublé d'une indication de direction* **sein**› sortir en bouillonnant; jaillir; (*aufwallen*) bouillonner; *Getränk* pétiller; *fig.* **die Worte** ~ **von s-n Lippen** il déverse un flot de paroles; il parle avec volubilité; **II** ~**n** *n* ‹~s› jaillissement *m*; (*Aufwallen*) bouillonnement *m*; *e-s Getränks* pétillement *m*; ♀**nd** *adjt.* ~**es Getränk** boisson pétillante; ~**e Quelle** source jaillissante; ~ˌ**stein** *m minéral.* aragonite *f*.

Sprüh|dose [ˈʃpryːˌdoːzə] *f* atomiseur *m*; bombe *f*; ♀**en I** *v/t.* ‹h› *Funken* faire jaillir; *auch Wasser etc.* lancer; projeter; *e-e Flüssigkeit* pulvériser; *Parfüm* vaporiser; atomiser; *fig.* **s-e Augen** ~ **Blitze** ses yeux lancent des éclairs; **II** *v/i.* ‹*doublé d'une indication de direction* **sein**› *Funken* jaillir; *fig.* étinceler; pétiller; **von Geist, Witz** ~ être pétillant, étincelant d'esprit; **III** *v/imp.* **es sprüht** il bruine; il tombe une pluie fine; F il brouillasse; **IV** ~**en** *n* ‹~s› *der Funken* jaillissement *m*; *e-r Flüssigkeit* pulvérisation *f*; vaporisation *f*; atomisation *f*; ~ˌ**regen** *m* bruine *f*; pluie fine; F brouillasse *f*.

Sprung [ʃprʊŋ] *m* ‹~(e)s; ⸚e› **1.** saut *m*; bond *m*; *Schwimmsport* (*Kopf*♀) plongeon *m*; **den Ball im** ~ **fangen** saisir la balle au bond; **zum** ~ **ansetzen** se préparer à bondir; prendre son élan; **kühner** ~ saut ʽhardi; **mit e-m** ~ d'un bond; **Sprünge machen** faire des bonds; bondir; **in großen Sprüngen** par larges bonds, sauts; **2.** *fig.* **den** ~ **ins Ungewisse wagen** faire le saut dans l'inconnu; **keine großen Sprünge machen können** ne pas pouvoir faire de grands écarts; avoir des ressources modestes; *fig.* ne pas pouvoir aller très loin; **stets auf dem** ~ **sein** être toujours prêt à partir; avoir toujours le pied levé; **auf dem** ~ **sein, zu** ... (+ *inf.*) être sur le point de ... (+ *inf.*); **nur auf e-n** ~ **bei j-m vorbeikommen** ne faire qu'un saut, qu'un bond, qu'une brève, courte apparition chez qn.; ne venir que pour un moment chez qn.; **j-m auf die Sprünge kommen** découvrir les manigances, les menées de qn.; **j-m auf die Sprünge helfen** mettre qn. sur la voie; **es ist nur ein** ~ **bis dorthin** c'est à deux pas d'ici; il n'y a qu'un pas (d'ici); **3.** *in Glas, Porzellan* fêlure *f*; fissure *f*; *in der Haut* gerçure *f*; crevasse *f*; *im Holz* fente *f*; *cf. auch* **Riß** 1.; **4.** *géol.* rejet *m*; **5.** *der Tiere* (*Begattung*) (re)monte *f*; saillie *f*; ~ˌ**anlage** *f cf.* ~grube, ~schanze, ~turm; ~ˌ**balken** *m e-r Sprunggrube* barre *f*, ligne *f* de départ; ~**bein** *n anat.* astragale *m*; *Sport* jambe *f* de détente; ♀**beˌreit** *adj. Sport* prêt à sauter; *Schwimmsport* prêt à plonger; *fig.* prêt à partir; ~**brett** *n* tremplin *m* (de plongeon); *fig.* tremplin *m*; ~ˌ**deckel** *m e-r Uhr* savonnette *f*; ~**deckelˌuhr** *f* (montre *f* à) F savonnette *f*; ~ˌ**feder** *f* ressort *m*; ~**federmaˌtratze** *f* sommier *m*; ~**geˌlenk** *n anat.* articulation tibio-tarsienne; *bei Tieren* jarret *m*; ~ˌ**grube** *f Sport* fosse *f* de saut; sautoir *m*; ♀**haft 1.** *adj.* versatile; inconstant; changeant; **2.** *adv.* **sich** ~ **entwickeln** se développer par bonds; ~ˌ**haftigˌkeit** *f* ‹~› versatilité *f*; inconstance *f*; ~ˌ**höhe** *f Sport* ʽhauteur *f* du saut; ʽhauteur sautée; ~ˌ**hügel** *m cf.* ~schanze; ~ˌ**latte** *f Sport* latte *f*; ~**lauf** *m Schisport* saut *m* à skis; ~ˌ**leine** *f Sport* corde *f*; ~ˌ**matte** *f* tapis *m*; ~**reˌgreß** *m comm. etwa* recours irrégulier; ~ˌ**schanze** *f Schisport* tremplin *m* de saut; ~**schnur** *f cf.* ~leine; ~ˌ**ständer** *m* montant *m*; poteau *m*; ~**tuch** *n* ‹~(e)s; ⸚er› *der Feuerwehr* toile *f* de sauvetage; ~**turm** *m Schwimmsport* plongeoir *m*; Ƨˌ**weise** *adv.* par sauts; par bonds; ~ˌ**weite** *f Sport* longueur *f* du saut; ~ˌ**welle** *f in Flußmündungen* mascaret *m*.

Spuck|e [ˈʃpʊkə] F *f* ⟨~⟩ salive *f*; crachat *m*; F **da bleibt mir die ~ weg!** F j'en reste tout baba!; ça me la coupe!; Ƨ**en I** *v/t. u. v/i.* ⟨h⟩ cracher; F *fig.* **er spuckt große Bogen** il est très infatué de soi, de sa personne; **II** ~**en** *n* ⟨~s⟩ crachement *m*; ~**napf** *m* crachoir *m*.

Spuk [ʃpuːk] *m* ⟨~(e)s; ~e⟩ apparition *f* de fantômes; (*Gespenst*) fantôme *m*; revenant *m*; spectre *m*; F *fig.* (*toller Lärm*) tapage *m*; vacarme *m*; F pétard *m*; Ƨ**en** *v/imp.* ⟨h⟩ **es spukt** (**in diesem Hause**) il y a des revenants (dans cette maison); cette maison est 'hantée; F *fig.* **es spukt bei ihm** *od.* **in s-m Kopfe** F il a le timbre fêlé; P il est timbré, maboul, piqué, cinglé; **dieser Gedanke spukt schon lange in s-m Kopfe** cette idée le hante déjà depuis longtemps; ~**e'rei** F *f* ⟨~⟩ apparition *f* de fantômes; ~**geˌstalt** *f* spectre *m*; fantôme *m*; revenant *m*; ~**geˌschichte** *f* conte *m* de revenants; Ƨ**haft** *adj.* fantomatique; ~**haus** *n* maison 'hantée.

Spül|becken [ˈʃpyːlˌbɛkən] *n* évier *m*; ~ˌ**bohrung** *f mines* forage *m* à injection; ~**bord** *m mar.* plat-bord *m*.

Spule [ˈʃpuːlə] *f* ⟨~; ~n⟩ bobine *f* (*auch élect.*); *Radio auch* self *f*; *der Nähmaschine* canette *f*; *e-r Feder* tuyau *m* de plume; Ƨ**n I** *v/t.* ⟨h⟩ bobiner; **II** ~**n** *n* ⟨~s⟩ bobinage *m*.

spülen [ˈʃpyːlən] **I** *v/t.* ⟨h⟩ *Geschirr* laver; *Wäsche, Mund, Gläser* rincer; **etw. ans Ufer ~** jeter qc. sur le rivage; **II** *v/i. Wellen* (*netzen*) arroser, baigner (an etw. qc.); *Abort* actionner la chasse d'eau; **III** Ƨ *n* ⟨~s⟩ *des Geschirrs* lavage *m*; *der Wäsche etc.* rinçage *m*.

spulen|förmig [ˈʃpuːlənˌfœrmɪç] *adj.* en forme de bobine; Ƨ**geˌstell** *n* porte-bobines *m*; Ƨˌ**kern** *m élect.* noyau *m* de bobine; Ƨˌ**körper** *m élect.* carcasse *f*, armature *f* d'une bobine.

Spuler(in) [ˈʃpuːlər(ɪn)] *m* ⟨~s; ~⟩ (*f*) ⟨~; ~nen⟩ bobineur, -euse *m, f*.

Spüler [ˈʃpyːlər] *m* ⟨~s; ~⟩ *techn.* rinceuse *f*.

Spül|frau [ˈʃpyːlfrau] *f in e-m Gasthaus* plongeuse *f*; ~**icht** *n* ⟨~(e)s; ~e⟩ rinçure *f*; lavure *f*; eau *f* de vaisselle; ~ˌ**kasten** *m des Klosetts* réservoir *m* de chasse d'eau; ~ˌ**lappen** *m* lavette *f*; ~ˌ**leitung** *f beim Klosett* tuyau *m* de descente.

Spulmaschine [ˈʃpuːlmaˌʃiːnə] *f* bobineuse *f*; bobinoir *m*.

Spül|maschine [ˈʃpyːlmaˌʃiːnə] *f* rinceuse *f*; ~ˌ**mittel** *n* produit *m* pour laver la vaisselle, pour rincer le linge.

Spulrad [ˈʃpuːlraːt] *n* rouet *m* à bobiner.

Spül|schüssel [ˈʃpyːlˌʃʏsəl] *f* bassine *f*; ~**stein** *m* évier *m*; ~**ung** *f* ⟨~; ~en⟩ **1.** *méd., rektal* lavement *m*; *vaginal* injection *f*; *des Magens* lavage *m*; **2.** *beim Klosett* chasse *f* d'eau; *mot.* balayage *m*; *bei Vakuumpumpen* rinçage *m* d'air; ~ˌ**vorrichtung** *f beim Klosett cf.* ~ung 2.; *allg.* dispositif *m* de rinçage; rinceuse *f*; ~ˌ**wanne** *f* bassine *f*; *große für Wäsche* baquet *m* à rincer; ~ˌ**wasser** *n* ⟨~s; ⸚⟩ **1.** *cf.* Spülicht; **2.** eau *f* pour rincer (le linge).

Spulwurm [ˈʃpuːlvʊrm] *m zo.* ascaride *m*.

Spund[1] [ʃpʊnt] *m* ⟨~(e)s; ⸚e⟩ *e-s Fasses* (~*loch*) bonde *f*; (~*zapfen*) *auch* bondon *m*; *allg.* (*Pfropfen*) tampon *m*; bouchon *m*; *charp.* languette *f*; ~[2] *m* ⟨~(e)s; ~e⟩ F (*junger Kerl*) F jeune gars *m*; ~ˌ**bohle** *f* palplanche *f*; ~ˌ**bohrer** *m* bondonnière *f*; Ƨ**en** *v/t.* ⟨-ete, h⟩ *Faß* bondonner; *charp.* (*auch* '**spünden**) assembler à languettes et rainures; ~ˌ**hobel** *m charp.* bouvet *m*; ~**loch** *n* bonde *f*; ~**maˌschine** *f charp.* machine *f* à languetter; ~**wand** *f* file *f* de palplanches; ~**wandˌeisen** *n* palplanche *f* métallique; ~ˌ**zapfen** *m* bonde *f*; bondon *m*; ~ˌ**zieher** *m* ⟨~s; ~⟩ tire-bonde *m*.

Spur [ʃpuːr] *f* ⟨~; ~en⟩ (*Fuß*Ƨ) empreinte *f*; *fortlaufende* trace *f* (*auch chim., fig.*); piste *f* (*auch vom Schi*); *ch.* passée *f*; piste *f*; voie *f* (*auch e-r Fahrbahn*); (*Wagen*Ƨ) ornière *f*; *chem.* voie *f*; *métall.* rigole *f*; ~en *pl. fig., e-r Verletzung* marque *f*; *des Krieges, einstiger Schönheit etc.* traces *f/pl.*; *e-r vergangenen Kultur, einstiger Schönheit etc.* vestiges *m/pl.*; *e-s zerstörten Hauses etc.* restes *m/pl.*; e-r **~ folgen, e-e ~ verfolgen** suivre une trace; **j-m auf der ~ folgen** suivre qn. à la trace; **keine ~ hinterlassen** ne pas laisser de traces; **alle ~en tilgen, beseitigen** faire disparaître toutes les traces; **vom Täter fehlt jede ~** le brigand n'a laissé aucune trace; **j-m auf die ~ kommen** découvrir la piste, la trace de qn.; dépister qn.; **j-m auf der ~ sein** être sur la piste, sur la voie de qn.; **j-n auf e-e falsche ~ leiten** dépister, dérouter qn.; donner le change à qn.; *fig.* **j-m auf die (richtige) ~ helfen** mettre qn. sur la voie; **e-e ~ Salz** une pincée de sel; **keine ~ von etw.** pas l'ombre, pas la moindre trace, apparence de qc.; **keine ~ von Verstand** pas une ombre de bon sens; **er zeigte keine ~ von Reue** il n'a pas montré le moindre signe de repentir, de regret; il n'a pas manifesté le moindre repentir, regret; **keine ~!** pas du tout!

spürbar [ˈʃpyːrbaːr] *adj.* sensible; perceptible; (*beträchtlich*) considérable.

Spur|breite [ˈʃpuːrˌbraɪtə] *f cf.* Spurweite; Ƨ**en** *v/i.* ⟨h⟩ *Schisport* tracer la piste; *Räder* garder l'ornière; avoir le même écartement; F *fig.* s'adapter; suivre, respecter, observer un ordre, une discipline; être dans le ton, la note.

spüren [ˈʃpyːrən] **I** *v/t.* ⟨h⟩ sentir; éprouver; (*wahrnehmen*) s'apercevoir de; *ch.* flairer; **e-e Besserung ~** sentir, éprouver une amélioration; **die Nachwirkungen von etw. ~** se ressentir de qc.; **etw. am eigenen Leibe zu ~ bekommen** ressentir, éprouver qc. dans sa propre chair; **II** *v/i. ch.* chercher la trace de; quêter; flairer; *fig.* **nach j-m, etw. ~** se mettre à la recherche de qn., qc.; **III** Ƨ *n* ⟨~s⟩ *ch.* quête *f*; *fig.* recherche *f*.

Spuren|elemente [ˈʃpuːrənˀeˑleˑˌmɛntə] *n/pl. chim.* éléments *m/pl.* de trace; ~ˌ**nachweis** *m* mise *f* en évidence de traces; ~ˌ**stoffe** *m/pl. chim. cf.* ~elemente.

Spürgerät [ˈʃpyːrgəˌrɛːt] *n milit., für Gas* indicateur *m*, détecteur *m* (de gaz).

Spurgeschoß [ˈʃpuːrgəˌʃɔs] *n milit.* balle traçante.

Spür|haar [ˈʃpyːrhaːr] *n zo.* moustache *f*; ~**hund** *m ch.* limier *m* (*auch fig.*).

Spur|kranz [ˈʃpuːrkrants] *m der Räder* boudin *m*; Ƨ**los** *adj. u. adv.* sans trace; **~ verschwinden** disparaître sans laisser de traces; *fig.* **nicht ~ an j-m vorübergehen** ne pas passer sans laisser de traces.

Spür|nase [ˈʃpyːrˌnaːzə] *f* bon nez; nez fin, F creux; *fig.* flair *m*; ~**sinn** *m* ⟨~(e)s⟩ flair *m*.

Spurt [ʃpʊrt] *m* ⟨~s; ~e *od.* ~s⟩ *Sport* sprint [sprint] *m*; *Rudersport* enlevage *m*; *Radrennen* emballage *m*; *plötzlicher* échappée *f*; Ƨ**en** *v/i.* ⟨-ete, sein⟩ sprinter [sprinte]; faire, F piquer un sprint, un emballage.

Spürtrupp [ˈʃpyːrtrʊp] *m* groupe détecteur, de détection de la radio-activité.

Spurweite [ˈʃpuːrˌvaɪtə] *f chem.* écartement *m* de la voie, des rails, *Auto* des roues; voie *f*.

sputen [ˈʃpuːtən] *v/réfl.* ⟨-ete, h⟩ **sich ~** se dépêcher; P se grouiller; se magner.

Sputnik [ˈʃpʊtnɪk, ˈspʊt-] *m* ⟨~s; ~s⟩ spoutnik *m*.

Sputum [ˈspuːtʊm, ˈʃpuː-] *n* ⟨~s; -ta⟩ *méd. sc.* expectoration *f*.

st [st] *int.* ps(it)t!; chut!

Staat [ʃtaːt] *m* ⟨~(e)s⟩ **1.** ⟨*pl.* ~en⟩ *pol.* État *m*; **abhängiger, selbständiger, kriegführender ~** État non-souverain, indépendant, belligérant; **die vertragschließenden ~en** les États contractants; **Trennung von Kirche u. ~** séparation des Églises et de l'État; **dem ~ dienen** servir l'État; **die ~en** *kurz für* **die Vereinigten ~en von Amerika** les États-Unis d'Amérique; **von ~s wegen** pour raison d'État; **e-n ~ im ~e bilden** former un État dans l'État; **2.** *fig.* F (*Pracht*) **großen ~ machen** mener grand train; étaler un grand luxe; **damit kannst du keinen ~ machen** avec cela tu ne peux pas faire beaucoup de parade, F d'étalage, d'épate; **es ist ein ~, das zu sehen** c'est magnifique, admirable de voir cela; **3.** *fig.* F (*Putz*) toilette *f*; atours *m/pl.*; **in vollem ~** en grande toilette; *für Herren* en grande tenue; *sie erschien* **in ihrem schönsten ~ …** dans ses plus beaux atours, F sur son trente et un, sur son tra-la-la.

Staaten|bund [ˈʃtaːtənˌbʊnt] *m* confédération *f* d'États; ~**geˌmeinschaft** *f* communauté *f* d'États; concert *m* des nations; Ƨˌ**los** *adj.* apatride; sans nationalité, patrie; 'heimatlos; **~ sein** être apatride; n'avoir pas de nationalité, de patrie; être 'heimatlos; ~ˌ**lose (-r)** *f* (*m*) ⟨→ A⟩ apatride *m, f*; 'heimatlos *m, f*; ~ˌ**losigkeit** *f* ⟨~⟩ 'heimatlosat *m*; ~ˌ**nachfolge** *f* succession *f* des États.

staatlich [ˈʃtaːtlɪç] **1.** *adj.* public, publique; national; gouvernemental; **~e Kontrolle** contrôle gouvernemental, du gouvernement; **~er Betrieb** entreprise nationalisée; **~e Schule** école publique; **~e Einrichtung** institution publique; **unter ~er Aufsicht** sous la surveillance, le contrôle de l'État; **~e Wirtschaftslenkung** dirigisme *m*; **~e Unterstützung** subvention de l'État; **2.** *adv.* **~ geprüft** diplômé; **~ überwacht** contrôlé par l'État.

Staats|akt [ˈʃtaːtsˀakt] *m* **a)** acte *m* de puissance publique; **b)** cérémonie officielle; ~**aktiˌon** *f* événement public; F *fig.* **aus etw. e-e ~ machen** faire de qc. une affaire d'État; ~**amt** *n* charge, fonction publique; ~ˌ**angehörige(r)** *f* (*m*) ressortissant, -e *m, f* d'un État; citoyen, -nne *m, f*; *pl. auch* nationaux *m/pl.*; **ausländischer ~r** ressortissant étranger; ~ˌ**angehörigˌkeit** *f* ⟨~⟩ nationalité *f*; **durch Geburt erworbene ~** nationalité d'origine; Verleihung der ~ octroi de la nationalité; Verlust der ~ déchéance de la nationalité; die ~ aberkennen priver de la nationalité; die ~ erwerben acquérir la nationalité; ~ˌ**angelegenˌheit** *f* affaire publique, d'État; ~ˌ**angestellte(r)** *f (m)* employé(e) *m (f)* de l'État; *abus.* fonctionnaire *m, f*; ~ˌ**anleihe** *f* emprunt *m* d'État; ~ˌ**anwalt** *m jur.* procureur *m* de la République (*in Belgien, England etc.* du Roi); ~ˌ**anwaltschaft** *f jur.* ministère public; parquet *m*; ~ˌ**anzeiger** *m* journal officiel; ~**appaˌrat** *m* appareil *m* de l'État; ~**arˌchiv** *n* archives *f/pl.* de l'État; ~ˌ**aufsicht** *f* surveillance gouvernementale, de l'État; contrôle *m* de l'État; ~ˌ**auftrag** *m* commande *f* de l'État; ~ˌ**ausgaben** *f/pl.* dépenses *f/pl.* publiques, de l'État; ~**bahn** *f* chemin *m* de fer de l'État; ~**bank** *f* ⟨~; ~en⟩ banque *f* d'État; banque nationale; ~**bankˌrott** *m* banqueroute, faillite nationale, de l'État; ~**beˌamte(r)** *m* fonctionnaire *m*; ~**beˌgräbnis** *n* obsèques, funérailles nationales; ~ˌ**beihilfe** *f* aide gouvernementale; subvention *f* de l'État; ~**beˌsitz** *m* propriété nationale; ~**beˌsuch** *m* visite officielle; ~**beˌtrieb** *m* entreprise nationalisée; ~**biblioˌthek** *f* bibliothèque nationale; ~ˌ**bürger(in)** *m (f)* citoyen, -nne *m, f* (in Uniform en uniforme); ~**bürgerˌkunde** *f* ⟨~⟩ instruction *f* civique; 2ˌ**bürgerˌlich** *adj.* civique; ~e Gesinnung civisme *m*; ~**bürgerˌrechte** *n/pl.* droits *m/pl.* civiques; ~**chef** *m* chef *m* d'État; ~**dienst** *m* service public; im ~ stehen être fonctionnaire; être dans l'administration; ~**doˌmäne** *f* domaine national; ~**druckeˌrei** *f* imprimerie nationale; 2ˌ**eigen** *adj.* appartenant à l'État; ~ˌ**eigentum** *n* propriété nationale; domaine *m* de l'État; Verwaltung des ~s administration des domaines; zum ~ gehörig domanial; ~ˌ**einkünfte** *f/pl.*, ~ˌ**einnahmen** *f/pl.* revenus *m/pl.* de l'État; recettes publiques; ~**emˌpfang** *m* réception solennelle, officielle; ~**eˌxamen** *n* examen *m* (pour l'obtention d'un diplôme d'État); ~**feind** *m* ennemi *m* de l'État; 2ˌ**feindlich** *adj.* antinational; ~e Umtriebe menées antinationales; ~**fiˌnanzen** *f/pl.* finances publiques; ~**form** *f* forme *f* de gouvernement; système gouvernemental; ~**forst** *m* forêt domaniale; ~**garanˌtie** *f* garantie *f* de l'État; ~**geˌbäude** *n* édifice public; ~**geˌbiet** *n* territoire *m* d'un État; ~**geˌfährdung** *f* atteinte *f* à la sûreté de l'État; 2**geˌfährlich** *adj.* dangereux, -euse pour l'État; ~**geˌfüge** *n* structure *f* de l'État; ~**geˌheimnis** *n* secret *m* d'État; ~ˌ**gelder** *n/pl.* deniers, fonds publics; fonds *m/pl.* de l'État; ~**geˌrichtshof** *m* 'Haute Cour; ~**geˌschäfte** *n/pl.* affaires publiques, d'État; ~**geˌwalt** *f* autorité publique; pouvoir *m* de l'État; höchste ~ pouvoir suprême; Widerstand gegen die ~ résistance à l'autorité publique; ~ˌ**gläubiger** *m* créancier *m* de l'État; ~ˌ**grenze** *f* frontière *f* (d'un État); ~ˌ**grundgesetz** *n* loi fondamentale, constitutionnelle; ~**gut** *n* domaine public, national; ~ˌ**haushalt** *m* budget *m* de l'État; ausgeglichener ~ budget en équilibre; ~ˌ**hoheit** *f* souveraineté *f*; ~**inteˌresse** *n* intérêt national; ~**kapitaˌlismus** *m* capitalisme *m* d'État; étatisme *m*; ~ˌ**kasse** *f* trésor public; Trésor *m*; ~**kerl** F *m* F type épatant; chic type; ~ˌ**kirche** *f* Église nationale; 2**klug** *adj.* politique; ~ˌ**klugheit** *f* sagesse *f* politique *f*; ~**kommiˌssar** *m* commissaire *m* du gouvernement; ~ˌ**kosten** *pl.* auf ~ aux frais de l'État, F de la Princesse; ~**kreˌdit** *m* crédit *m* de l'État; ~ˌ**kunde** *f* ⟨~⟩ *cf.* ~bürgerkunde; ~**kunst** *f* ⟨~⟩ politique *f*; diplomatie [-si] *f*; ~ˌ**kutsche** *f* carrosse *m*; ~ˌ**lehre** *f* (science *f*) politique *f*; ~**lotteˌrie** *f* loterie nationale; ~**mann** *m* ⟨~(e)s; ¨~er⟩ homme *m* d'État; politique *m*; 2ˌ**männisch** *adj.* d'homme d'État, politique; ~**minisˌterium** *n hist.* ministère *m* d'État; ~ˌ**mittel** *n/pl.* fonds publics; ~**monoˌpol** *n* monopole *m* d'État; ~ˌ**oberhaupt** *n* chef *m* d'État; ~**orˌgan** *n* organe *m* d'État; ~**paˌpiere** *n/pl.* fonds *m/pl.* d'État; valeurs *f/pl.* de l'État; rentes *f/pl.* sur l'État; effets publics; in ~n anlegen placer en fonds d'État; (un)tilgbare ~ rentes amortissables (perpétuelles); ~**poliˌzei** *f* geheime ~ sûreté nationale; ~**präsiˌdent** *m* président *m* de la République; ~ˌ**prüfung** *f cf.* ~examen; ~**räˌson** [-ˌzɔ̃ː, -ˌzɔŋ] *f* ⟨~⟩ raison *f* d'État; ~**rat** *m* ⟨~(e)s; ¨~e⟩ *Behörde* conseil *m* d'État; *Mitglied* conseiller *m* d'État; ~**recht** *n* droit public; ~ˌ**rechtler** *m* ⟨~s; ~⟩ spécialiste *m* du droit public; 2ˌ**rechtlich** *adj.* de droit public; fondé sur le droit public; ~**religiˌon** *f* religion *f* d'État; ~ˌ**rente** *f* rente *f* sur l'État; ~ˌ**ruder** *n fig.* das ~ in Händen haben tenir le gouvernail, le timon, les rênes de l'État; ~ˌ**säckel** F *m* ⟨~s; ~⟩, ~**schatz** *m* trésor public; Trésor *m*; ~**schiff** *n fig.* vaisseau *m* de l'État; ~**schuld** *f* dette publique; ~ˌ**schuldbuch** *n* grand livre de la dette publique; ~ˌ**schuldenverˌwaltung** *f* service *m* de la dette publique; ~ˌ**schuldverˌschreibung** *f* fonds *m/pl.* d'État, publics; ~**sekreˌtär** *m* secrétaire *m* d'État (für à); ~**sekretariˌat** *n* secrétariat *m* d'État; ~ˌ**sicherheit** *f* sûreté intérieure de l'État; ~ˌ**sicherheitsˌdienst** *m* service *m* de la sûreté intérieure de l'État; ~ˌ**siegel** *n* sceau *m* de l'État; ~**soziaˌlismus** *m* socialisme *m* d'État; ~**streich** *m* coup *m* d'État; ~**teleˌgramm** *n* télégramme officiel; ~ˌ**trauer** *f* deuil national; ~**verˌbrechen** *n* crime *m* politique; ~**verˌleumdung** *f* atteinte *f* au crédit de l'État, de la nation; ~**verˌmögen** *n* biens nationaux; ~**verˌschuldung** *f* endettement *m* de l'État; ~**verˌtrag** *m* traité *m* (politique); ~ˌ**wappen** *n* armes *f/pl.*, armoiries *f/pl.* d'un pays; ~ˌ**wirtschaft** *f* économie publique, d'État; secteur public de l'économie; ~ˌ**wissenschaften** *f/pl.* sciences *f/pl.* politiques; ~**wohl** *n* bien-être public; ~ˌ**zimmer** F *n* chambre *f* de parade; ~ˌ**zuschuß** *m* subvention gouvernementale, de l'État; e-n ~ erhalten être subventionné par l'État; durch Staatszuschüsse unterstützt subventionné par l'État.

Stab [ʃtɑːp] *m* ⟨~(e)s; ¨~e⟩ bâton *m*; *dünner* tige *f*; baguette *f*; *von Eisen* barre *f*; (*Gitter*2) barreau *m*; *Sport, für Stabhochsprung* perche *f*; *für Stabübungen* bâton *m*; *für den Staffellauf* témoin *m*; *mus., des Dirigenten* baguette *f*; *égl. cath.* (*Bischofs*2) crosse *f*; *milit.* état-major *m*; *e-s Ministers* cabinet *m*; suite *f*; *iron.* état-major *m*; er hat e-n großen ~ von Mitarbeitern il a de nombreux collaborateurs, F une kyrielle de collaborateurs; ein wissenschaftlicher ~ un corps scientifique; *égl. cath.* Ring u. ~ anneau et crosse; *fig.* den ~ über j-n brechen faire le procès de qn.; condamner qn. irrévocablement; ~**anˌtenne** *f rad.* antenne-mât *f*; antenne-fouet *f*; ~**batteˌrie** *f* pile *f* torche.

Stäbchen [ˈʃtɛːpçən] *n* ⟨~s; ~⟩ bâtonnet *m*; baguette *f*; *für Hemdkragen* baleine *f* pour col; *e-s Kinderspiels* jonchet *od.* honchet *m*; *anat., im Auge* bâtonnet *m*; *méd.* bacille *m*; F (*Zigarette*) F sèche *f*; cibiche *f*.

Stab|eisen [ˈʃtɑːpˌˀaɪzən] *n métall.* fer *m* en barres; ~ˌ**führung** *f mus.* unter der ~ von sous la direction de; ~ˌ**fußboden** *m* (*Parkett in Stabform*) parquet *m*; ~ˌ**hochspringer** *m Sport* sauteur *m* à la perche; ~ˌ**hochsprung** *m Sport* saut *m* à la perche.

stabil [ʃtaˈbiːl, sta-] *adj.* stable; *von e-m Gegenstand* (*fest, haltbar*) robuste; solide; durable; *körperlich* (*widerstandsfähig*) robuste; F solide; ~es Gleichgewicht équilibre stable; ~e Währung monnaie stable; 2**bauˌkasten** *m* jeu *m* de constructions métalliques; Meccano *m*.

Stabili|sator [ʃtabiˑliˑˈzɑːtɔr, sta-] *m* ⟨~s; -ˈtoren⟩ *élect., chim., aviat., Auto* stabilisateur *m*; *aviat. auch* plan *m* fixe; *chim. auch* stabilisant *m*; *élect. auch* résistance *f* ballast; 2ˈ**sieren** *v/t.* ⟨*pas de ge-*, h⟩ stabiliser; *élect. auch* lisser.

Stabilisierung [ʃtabiˑliˑˈziːrʊŋ, sta-] *f* ⟨~⟩ stabilisation *f*; ~ der Währung stabilisation monétaire; ~ der Löhne u. Preise stabilisation des salaires et des prix; ~**sˌanleihe** *f* emprunt *m* de stabilisation; ~**sˌfläche** *f aviat.* surface stabilisatrice; ~**sˌflosse** *f aviat.* plan *m* fixe de stabilisation; empennage *m* de stabilisation; ~**sˌfonds** *m* fonds *m* de stabilisation des changes; ~**sˌmaßnahme** *f* mesure *f* de stabilisation; ~**spoliˌtik** *f* politique *f* de stabilisation; ~**stenˌdenz** *f* tendance *f* à la stabilisation; ~**sˌwiderstand** *m élect.* résistance *f* de stabilisation.

Stabilität [ʃtabiˑliˑˈtɛːt, sta-] *f* ⟨~⟩ stabilité *f*; mangelnde ~ instabilité *f*; annähernde ~ quasi-stabilité *f*; ~**sˌfaktor** *m* facteur *m* de stabilité.

Stab|lampe [ˈʃtɑːpˌlampə] *f* lampe *f* torche; ~**maˌgnet** *m* barreau aimanté; ~**reim** *m* allitération *f*; ~**rost** *m* grille *f* à barreaux.

Stabs|arzt [ˈʃtɑːpsˀartst] *m milit.* médecin-capitaine *m*; ~**beˌfehl** *m milit.* ordre *m* d'état-major; ~**chef** *m milit.* chef *m* d'état-major; ~**geˌfreite(r)** *m milit.* caporal *m* chef.

Stabsichtigkeit [ˈʃtɑːpzɪçtɪçˌkaɪt] *f* ⟨~⟩ *méd.* astigmatisme *m*.

Stabs|kompanie [ˈʃtɑːpskɔmpaˌniː] *f milit.* compagnie *f* du quartier général; ~**offiˌzier** *m milit.* officier supérieur; ~**quarˌtier** *n milit.* quartier général.

Stabstahl [ˈʃtɑːpʃtɑːl] *m métall.* acier *m* en barres.

Stabsveterinär [ˈʃtɑːpsveˑteˑriˑˌnɛːr] *m milit.* vétérinaire *m* capitaine.

Stab|übungen [ˈʃtɑːpˌˀyːbʊŋən] *f/pl. gym.* exercices *m/pl.* du bâton; ~ˌ**wechsel** *m beim Stafettenlauf* transmission *f* du témoin.

stach [ʃtɑːx] *cf.* stechen.

Stachanow|arbeiter [ʃtaˈxɑːnɔfˌˀarbaɪtər] *m* stakhanoviste *m*; ~**sysˌtem** *n* stakhanovisme *m*.

Stachel [ˈʃtaxəl] *m* ⟨~s; ~n⟩ *bot.* épine *f*; *zo., der Bienen, anderer Insekten, Skorpione* aiguillon *m*; dard *m*; *des Igels, Stachelschweines* piquant *m*; *am Sporn, Rennschuh* pointe *f*; *des Stacheldrahtes* piquant *m*; *fig.* aiguillon *m*; der ~ des Ehrgeizes l'aiguillon de l'ambition; wider den ⁓ löcken regimber (contre); s-e Worte hinterließen e-n ⁓ ses paroles ont laissé un froid; ⁓ˌbeere *f bot. Frucht* groseille *f* à maquereau; *Strauch cf.* ⁓beerstrauch; ⁓beerˌspanner *m zo.* phalène *f* du groseillier; ⁓beerˌstrauch *m bot.* groseillier *m* à maquereau; ⁓ˌdraht *m* (fil *m* de fer) barbelé *m*; elektrisch geladener ⁓ fil (de fer) barbelé électrisé; ⁓drahtˌhindernis *n*, ⁓drahtverˌhau *m* (réseau *m* de fils de fer) barbelés *m/pl.*; ⁓drahtˌzaun *m* 'haie *f* de barbelés; ⁓ˌflosse *f* nageoire dorsale épineuse; ⁓ˌflosser *m/pl. zo. sc.* acanthoptérygiens *m/pl.*; 2ˌförmig *adj. bot.* aculéiforme; ⁓ˌhalsband *n für Hunde* gorgerin *m*; ⁓ˌhäuter *m/pl. zo. sc.* échinodermes *m/pl.*; 2ig *adj. bot.* épineux, -euse; aiguillonné (*auch zo.*); *Igel etc.* 'hérissé, couvert de piquants; *fig.* piquant; mordant; ⁓er Bart barbe piquante; 2ˌlos *adj. zo. sc.* inerme; ⁓ˌraupe *f zo.* chenille épineuse; ⁓ˌrochen *m zo.* pastenague *od.* pastinague *f*; ⁓ˌschnecke *f zo. sc.* murex *m*; ⁓ˌschwein *n zo.* porc-épic *m*.

stachlig ['ʃtaxlɪç] *adj. cf.* stachelig.

Stadion ['ʃtɑːdiˑɔn] *n* ⟨⁓s; -ien⟩ *Sport* stade *m*.

Stadium ['ʃtɑːdiˑʊm] *n* ⟨⁓s; -ien⟩ phase *f*; période *f*; stade *m*; *e-r Krankheit auch* degré *m*.

Stadt [ʃtat] *f* ⟨⁓; ⁓̈e⟩ ville *f*; die innere ⁓ la cité; in unserer ⁓ *poét.* dans nos murs; die ⁓ Berlin la ville de Berlin; die Ewige ⁓ la Ville Éternelle; ⁓ u. Land les villes et les campagnes; ich gehe in die ⁓ je vais à la ville; die ganze ⁓ war auf den Beinen toute la ville était debout; die ganze ⁓ redet davon toute la ville en parle; ⁓... *in Zssgn.* de (la) ville; urbain; citadin; municipal; ⁓ˌabgaben *f/pl.* taxe municipale; ⁓ˌanleihe *f* emprunt municipal; ⁓ˌanschluß *m tél. in e-m Dienstgebäude* ⁓ haben avoir le téléphone avec la ville; être relié par téléphone, téléphoniquement avec la ville; ⁓arˌchiv *n* archives municipales; ⁓bahn *f* métro(politain) *m*; ⁓bahnˌnetz *n* réseau *m* du métro(politain); ⁓ˌbaumeister *m* architecte municipal; 2beˌkannt *adj.* connu de toute la ville; de notoriété publique; das ist ⁓ *auch* cela court les rues; ⁓beˌvölkerung *f* population urbaine; ⁓beˌwohner(in) *m (f)* habitant, -e *m, f* d'une ville; citadin, -e *m, f*; ⁓beˌzirk *m* arrondissement *m* (municipal); ⁓biblioˌthek *f* bibliothèque municipale; ⁓bild *n* physionomie *f* d'une ville; ⁓ˌbote *m* messager *m* de la mairie; ⁓ˌbürgerrecht *n* droit *m* de cité. [ville.]

Städtchen ['ʃtɛːtçən] *n* ⟨⁓s; ⁓⟩ petite

Städte|bau ['ʃtɛːtəˌbaʊ] *m* ⟨⁓(e)s⟩ urbanisme *m*; ⁓ˌbauer *m* ⟨⁓s; ⁓⟩ urbaniste *m*; ⁓ˌordnung *f* règlement, régime municipal; ⁓ˌpartnerschaft *f* jumelage *m*; ⁓ˌplaner *m* ⟨⁓s; ⁓⟩ urbaniste *m*; ⁓ˌplanung *f* urbanisme *m*; ⁓r(in) *m* ⟨⁓s; ⁓⟩ *(f)* ⟨⁓; ⁓nen⟩ habitant, -e *m, f* d'une ville; citadin, -e *m, f*; ⁓ˌwappen *n/pl. cf.* Stadtwappen.

Stadt|flucht ['ʃtatfluxt] *f* désertion *f*, évasion *f* des villes; ⁓ˌgarten *m* jardin municipal, public; ⁓ˌgärtner *m* jardinier *m* de la ville; ⁓gas *n* gaz *m* de ville; ⁓geˌbiet *n* territoire *m*, périmètre *m* de la ville; ⁓geˌmeinde *f* commune urbaine; ⁓geˌschichte *f* ⟨⁓⟩ histoire *f* d'une ville; ⁓geˌspräch *n tél.* communication urbaine; *fig.* zum ⁓ werden devenir l'objet de la rumeur publique; das ist schon ⁓ geworden toute la ville en parle; cela court les rues, la ville; ⁓ˌgrenze *f* limite *f* d'une ville; ⁓ˌgraben *m* fossé *m* de la ville, cité; ⁓gut *n* ferme communale; ⁓ˌhalle *f etwa* salle *f* des fêtes; ⁓ˌhauptkasse *f* trésor *m* de la ville; ⁓haus *n* hôtel *m* de ville; mairie *f*; ⁓ˌinnere(s) *n* cité *f*.

städtisch ['ʃtɛːtɪʃ] **1.** *adj.* de (la) ville; des villes; citadin; *die Rechts- u. Polizeiverhältnisse der Stadt betreffend* municipal; urbain; *von der Stadt verwaltet* communal; das ⁓e Leben la vie citadine, des villes; ⁓er Beamter fonctionnaire municipal; ⁓e Siedlung cité *f*; ⁓e Verwaltung administration communale; ⁓e Sparkasse caisse d'épargne (municipale); ⁓e Wasserversorgung alimentation *f* en eau de la ville; **2.** *adv.* ⁓ gekleidet vêtu, habillé en citadin, à la manière des citadins.

Stadt|kämmerer ['ʃtatˌkɛmərər] *m* caissier, trésorier municipal; administrateur *m* des revenus d'une ville; ⁓ˌkasse *f* recette municipale; ⁓kern *m* noyau urbain; ⁓kind *n* enfant *m, f* de la ville; ⁓klatsch *m* cancans *m/pl.* de la ville; ⁓ˌkoffer *m* mallette *f*; ⁓komanˌdant *m milit.* commandant *m* de place; ⁓kreis *m* district urbain; ⁓ˌleben *n* vie citadine, des villes; ⁓ˌleute *pl.* citadins *m/pl.*; gens *m/pl.* de la ville; ⁓luft *f* air *m* des villes; ⁓ˌmauer *f* murs *m/pl.* de la ville; (mur *m* d')enceinte *f*; ⁓missiˌon *f égl.* mission urbaine; ⁓ˌmitte *f* centre *m* de la ville; ⁓park *m* parc municipal; jardin public; ⁓parlaˌment *n* conseil municipal; ⁓plan *m* plan *m* d'une ville; ⁓rand *m* périphérie *f* de la ville; ⁓randˌsiedlung *f* cité suburbaine; ⁓rat *m* ⟨⁓(e)s⟩ *Behörde* conseil municipal; *Person* ⟨*pl.* ⁓̈e⟩ conseiller municipal; ⁓recht *n hist.* coutume *f* d'une ville; ⁓ˌrundfahrt *f* excursion *f*, tour *m* à travers une ville; ⁓ˌschreiber *m hist.* greffier municipal; ⁓ˌtasche *f* sac *m* de voyage; F fourre-tout *m*; ⁓teil *m* quartier *m*; ⁓theˌater *n* théâtre municipal; ⁓tor *n* porte *f* de la ville; ⁓ˌväter *m/pl.* die ⁓ les conseillers municipaux; les édiles *m/pl.*; ⁓verˌkehr *m* trafic *m*, circulation *f* urbain(e); ⁓verˌordnete(r) *f (m)* ⟨→ A⟩ conseiller, -ère *m, f* municipal(e); ⁓verˌordnetenverˌsammlung *f* réunion *f* du conseil municipal; ⁓verˌwaltung *f* municipalité *f*; ⁓ˌviertel *n* quartier *m*; ⁓ˌwaage *f hist.* bascule publique; ⁓wall *m* rempart *m*; ⁓ˌwappen *n* armes *f/pl.* d'une ville; ⁓zenˌtrale *f tél.* central urbain; ⁓ˌzentrum *n cf.* ⁓mitte.

Stafette [ʃta'fɛtə] *f* ⟨⁓; ⁓n⟩ *hist.* estafette *f*; *Sport* relais *m*; ⁓nˌlauf *m Sport* course *f* de relais; ⁓nˌläufer(in) *m (f) Sport* coureur, -euse *m, f* de relais; ⁓nˌritt *m Sport cf.* ⁓nlauf.

Staffage [ʃta'fɑːʒə] *f* ⟨⁓; ⁓n⟩ *peint.* figures *f/pl.* (qui animent un tableau); *allg.* accessoires *m/pl.*; décor *m*; ornement *m*; *fig. péj.* apparences *f/pl.*; trompe-l'œil *m*; F chiqué *m*.

Staffel ['ʃtafəl] *f* ⟨⁓; ⁓n⟩ *aviat.* escadrille *f*; *neuerdings dafür* escadron *m*; *Sport* relais *m*; *milit., fig.* échelon *m*; ⁓ˌanleihe *f* emprunt *m* à intérêts échelonnés; ⁓beˌsteuerung *f comm.* imposition, taxation progressive; ⁓beˌtrieb *m tél.* service échelonné.

Staffelei [ˌʃtafə'laɪ] *f* ⟨⁓; ⁓en⟩ *peint.* chevalet *m*.

Staffel|feuer ['ʃtafəlˌfɔʏər] *n milit.* feu échelonné; ⁓ˌflug *m aviat.* vol *m* en escadrille, *heute* en escadron; 2ˌförmig *adj. u. adv. milit.* en *od.* par échelons; ⁓ aufstellen échelonner; ⁓kapiˌtän *m aviat.* chef *m* d'escadrille, d'escadron; ⁓ˌlauf *m*, ⁓ˌläufer(in) *m (f) cf.* Stafetten...; ⁓ˌleitung *f élect.* circuit *m* en série; 2n I *v/t.* (*u. v/réfl.*) ⟨-(e)le, h⟩ (s')échelonner; II ⁓n *n* ⟨⁓s⟩ échelonnement *m*; ⁓reˌgreß *m comm.* recours *m* (selon l'ordre des instances); ⁓ˌrechnung *f comm.* calcul échelonné; ⁓ˌsätze *m/pl. comm.* taux échelonnés; ⁓taˌrif *m comm.* tarif échelonné; *élect.* tarif dégressif; ⁓ung *f* ⟨⁓; ⁓en⟩ échelonnement *m*; ⁓ der Steuersätze progression *f* des taux d'imposition; 2ˌweise *adv.* par échelons; ⁓ˌzinsen *m/pl. comm.* intérêts échelonnés; ⁓ˌzinsrechnung *f comm.* méthode *f* de calcul par échelons.

Stag [ʃtɑːk] *n* ⟨⁓(e)s; ⁓e *od.* ⁓en⟩ *mar.* étai *m*; über ⁓ gehen virer de bord.

Stag|nation [ʃtagnatsiˑ'oːn, sta-] *f* ⟨⁓⟩ stagnation *f*; 2nieren [-'gniː-] I *v/i.* ⟨*pas de ge-*, h⟩ stagner; être stagnant (*beide auch fig.*); *écon.* plafonner; ⁓des Wasser eau stagnante; II ⁓nieren [-'gniː-] *n* ⟨⁓s⟩ *cf.* ⁓nation.

Stagsegel ['ʃtɑːkˌzeːgəl] *n mar.* voile *f* d'étai.

stahl [ʃtɑːl] *cf.* stehlen.

Stahl [ʃtɑːl] *m* ⟨⁓(e)s; ⁓̈e, *auch* ⁓e⟩ acier *m*; *fig.* fer *m*; *poét.* (*Dolch, Schwert etc.*) fer *m*; geschmiedeter, unlegierter, hitzebeständiger, rostfreier ⁓ acier forgé, non allié, résistant à la chaleur (aux températures élevées), à la corrosion; acier inoxydable; zu ⁓ verarbeiten aciérer; aciériser; convertir en acier; *fig.* hart wie ⁓ dur comme fer; ⁓... *in Zssgn.* d'acier; en acier; *oft auch* métallique; ⁓ˌanker *m bât.* tirant *m* en fer, acier; 2ˌartig *adj.* acérain; aciéreux, -euse; de la nature de l'acier; ⁓bad *n méd.* bain ferrugineux; *Badeort* eaux ferrugineuses; ⁓band *n* ⟨⁓(e)s; ⁓̈er⟩ ruban *m* en *od.* d'acier; ⁓bau *m* ⟨⁓(e)s; ⁓ten⟩ construction *f* métallique; *als Ergebnis* ouvrage *m* métallique; ⁓beˌton *m* béton armé; ⁓betonˌbau *m* ⟨⁓(e)s; ⁓ten⟩ construction *f* en béton armé; 2blau I *adj.* bleu acier; II ⁓blau *n* bleu *m* acier; ⁓blech *n* tôle *f* d'acier; ⁓blechˌmantel *m* enveloppe *f* en tôle d'acier; ⁓block *m* lingot *m* d'acier; ⁓bohlenˌspundwand *f* (paroi *f* de) palplanches *f/pl.* métalliques; ⁓ˌbürste *f* brosse *f* métallique; ⁓draht *m* fil *m* d'acier.

stähl|en ['ʃtɛːlən] I *v/t.* ⟨h⟩ *métall.* aciérer; aciériser; *fig. Körper* endurcir; *Muskeln* (re)tremper; II *v/réfl. fig.* sich ⁓ s'endurcir; III 2en *n* ⟨⁓s⟩ *métall.* aciérage *m*; aciération *f*; *fig.* endurcissement *m*; ⁓ern *adj.* d'acier; en acier; *fig. auch* de fer; de bronze; d'airain.

Stahl|eisenstein ['ʃtɑːlˌˀaɪzənʃtaɪn] *m minéral.* fer *m* spathique; ⁓erˌzeugung *f* production *f* d'acier; ⁓fach *n* coffre-fort *m*; ⁓ˌfeder *f* ressort *m* d'acier; (*Schreibfeder*) plume *f* d'acier; ⁓ˌflasche *f* bouteille *f* en acier; ⁓(ˌform)guß *m Arbeitsprozeß* moulage *m* en acier; *Erzeugnis* acier moulé, coulé, fondu; ⁓geˌhäuse *n* carter *m* en acier; ⁓geˌrüst *n* charpente *f* métallique; *bât.* échafaudage *m* métallique; ⁓geˌwinnung *f* aciération *f*; ⁓gießeˌrei *f* fonderie *f* d'acier; 2grau *adj.* gris acier; ⁓grau *n* gris *m* acier; ⁓guß *m cf.* ⁓(form)guß; 2ˌhaltig *adj.* aciéreux, -euse; 2hart *adj.* dur comme l'acier; d'acier; ⁓ˌhärtung *f* trempe *f* de l'acier; ⁓helm *m milit.* casque *m* d'acier; ⁓indusˌtrie *f* industrie *f* de l'acier; ⁓ˌkammer *f* chambre forte;

trésor *m*; **~kernge,schoß** *n milit.* balle perforante en acier; **~,kette** *f* chaîne *f* d'acier; **~konstrukti,on** *f bât.* construction *f*, charpente *f* métallique; **~,kugel** *f des Kugellagers* bille *f* d'acier; **~mantelge,schoß** *n milit.* balle *f* à enveloppe d'acier; **~mast** *m* pylône *m* métallique; **~-,möbel** *n/pl.* meubles *m/pl.* en métal; **~,platte** *f* plaque *f* d'acier; **~,quelle** *f* source ferrugineuse; **~,reifen** *m* bandage *m* en acier; **~rohr** *n* tube *m* d'acier; **~rohr,möbel** *n/pl.* meubles *m/pl.* en tubes d'acier; **~rohr,träger** *m bât.* poutrelle *f* en tube(s) d'acier; **~roß** F *n* bicyclette *f*; F vélo *m*; bécane *f*; **~,saite** *f mus.* corde *f* d'acier; **~seil** *n* câble *m* en acier; **~ske,lett** *n bât.* charpente *f* métallique; **~ske,lettbau** *m* ⟨~(e)s; ~ten⟩ *bât.* construction *f* de charpente métallique; **~,späne** *m/pl.* copeaux *m/pl.* d'acier; *zum Reinigen des Parketts* paille *f* de fer; **~stich** *m* gravure *f* sur acier; **~,träger** *m bât.* poutrelle *f* métallique; **~,trosse** *f* câble *m* d'acier; **~trust** *m* trust [trœst] *m* de l'acier; **~ver,formung** *f techn.* façonnage *m*, transformation *f* de l'acier; **~,waren** *f/pl.* articles *m/pl.* d'acier *od.* en acier; aciers *m/pl.*; **~werk** *n* aciérie *f*; **~,wolle** *f* laine *f* d'acier.

Stake [ˈʃtɑːkə] *f* ⟨~; ~n⟩, **~n I** *m* ⟨~s; ~⟩ *mar.* gaffe *f*; **II 2n** *v/i.* ⟨sein⟩ *mar.* gaffer; *fig.* F marcher comme sur des échasses.

Staket [ʃtaˈkeːt] *n* ⟨~(e)s; ~e⟩, **~en-,zaun** *m* clôture *f* en lattis, à claire-voie.

Stalagmit [stalaˈgmiːt, -ˈgmɪt, ʃta-] *m* ⟨~s *od.* ~en; ~e *od.* ~en⟩ *minéral.* stalagmite *f*.

Stalaktit [stalakˈtiːt, -ˈtɪt, ʃta-] *m* ⟨~s *od.* ~en; ~e *od.* ~en⟩ *minéral.* stalactite *f*.

Stalin|ismus [staliˈnɪsmʊs, ʃta-] *m* ⟨~⟩ *pol.* stalinisme *m*; **~ist(in)** *m* ⟨~en; ~en⟩ (*f*) ⟨~; ~nen⟩ *pol.* stalinien, -nne *m, f*; **2istisch** *adj.* stalinien, -nne; **~,orgel** [ˈsta-, ˈʃta-] *f milit.* orgue *m* de Staline.

Stall [ʃtal] *m* ⟨~(e)s; ~e⟩ **1.** étable *f*; (*Pferde2*) écurie *f*; *cf. auch* Hühner-, Kaninchen-, Kuh-, Schaf-, Schweinestall; in den ~ stellen établer; mettre à l'étable, à l'écurie; *für lange Zeit* stabuler; mettre en stabulation; in den ~ sperren enfermer dans l'étable, dans l'écurie; den ~ ausmisten nettoyer l'étable de son fumier; F *fig.* e-n ~ voll Kinder F une ribambelle, une kyrielle d'enfants; **2.** *kurz für* (*Renn2*) écurie *f* (de course); *fig.* das beste Pferd im ~ *cf.* Pferd 2.; **3.** *der Pferde* (*Harn*) urine *f*; **4.** F (*Garage*) garage *m*; (*Flugzeugschuppen*) 'hangar *m*; (*Lokomotiv-, Straßenbahnschuppen*) dépôt *m*; 'hall *m*; **~(l)a,terne** *f* lanterne *f*; **~baum** *m* bat-flanc *m*; **~,bursche** *m* valet *m* d'écurie; palefrenier *m*.

Ställchen [ˈʃtɛlçən] *n* ⟨~s; ~⟩ *für Kleinkinder* baby-parc *m*; *cf. auch* Laufgitter.

Stall|dienst [ˈʃtaldiːnst] *m* service *m* des écuries; **~,dünger** *m* fumier *m*; **2en** *v/i.* ⟨h⟩ **1.** *Pferde* être à l'écurie; **2.** *Pferde* (*harnen*) uriner; P pisser; **~ge,fährte** *m Rennsport* compagnon *m* d'écurie; **~geld** *n* établage *m*; **~-,haltung** *f des Viehs* stabulation *f*; **~,hase** *m* lapin *m*; **~,junge** *m* garçon *m* d'écurie; **~knecht** *m im Kuhstall* vacher *m*; *im Rennstall cf.* ~bursche; **~magd** *f im Kuhstall* vachère *f*; **~-mast** *f* engraissement *m* en stabulation; **~,meister** *m* écuyer *m*; *im Rennstall* lad *m*; **~mist** *m* fumier *m*; **~ungen** *f/pl.* étables *f/pl.*; (*Pferde2*) écuries *f/pl.*; **~vieh** *n* bétail *m* en stabulation; **~,wache** *f* garde *f* d'écurie.

Stamm [ʃtam] *m* ⟨~(e)s; ~e⟩ **1.** (*Baum2*) tronc *m*; fût *m*; tige *f* (dressée, aérienne); der Apfel fällt nicht weit vom ~ *prov.* tel père, tel fils; bon chien chasse de race *beide prov.*; **2.** (*fester Bestand*) personnel *m*, clientèle *f*, *etc.* stable; *milit.* cadre *m*; **3.** (*Volks2*) tribu *f*; F *fig.* er ist vom ~e Nimm il aime mieux recevoir que donner; il reçoit mieux qu'il donne; **4.** (*Geschlecht*) souche *f*; famille *f*; ligne *f*; lignée *f*; race *f*; der Letzte s-s ~es le dernier de sa race; männlicher (weiblicher) ~ ligne masculine (féminine); e-n ~ begründen faire souche; **5.** *gr.* radical *m*; racine *f*; **~,abschnitt** *m* souche *f*; talon *m*; **~,aktie** *f comm.* action *f* ordinaire; **~,anteil** *m cf.* ~einlage; **~,arbeiter** *m* ouvrier ancien dans une entreprise; **~baum** *m* arbre *m* généalogique; *von Tieren* pedigree *m*; certificat *m* d'origine; **~,blüter** *m/pl. bot. cf.* Stammfrüchter; **~buch** *n* album [-ɔm] *m*; **~buch,blatt** *n* feuillet *m* d'album; **~divi,dende** *f* dividende *m* des actions ordinaires; **~,einlage** *f bei e-r GmbH* apport social; mise *f* de fonds initiale.

stammeln [ˈʃtaməln] **I** *v/i.* ⟨-(e)le, h⟩ balbutier; *méd.* bégayer; zézayer; Entschuldigungen ~ balbutier des excuses; **II 2** *n* ⟨~s⟩ balbutiement *m*; *méd.* bégaiement *m*; zézaiement *m*.

stammen [ˈʃtamən] *v/i.* ⟨h⟩ *Personen* (*abstammen*) descendre de; sortir de; tirer son origine de; être issu de; *aus e-m Lande* être originaire de; *auch Dinge* provenir de; er stammt aus guter Familie il descend d'une bonne famille; aus einfachen Verhältnissen ~ être d'origine modeste, humble; aus derselben Familie ~ être de la même famille; aus Frankreich ~ être originaire de la France; être d'origine française; sie ~ aus allen Teilen des Landes ils proviennent de toutes les parties du pays; *Gebäude* aus dem 12. Jh. ~ dater du, remonter au XIIᵉ siècle; das Wort stammt aus dem Lateinischen le mot est dérivé du latin.

Stammes|entwicklung [ˈʃtaməsˀɛnt-ˌvɪklʊŋ] *f biol.* phylogénèse *f*; **~-,fehden** *f/pl.* luttes tribales; **~ge-,schichte** *f biol.* phylogénie *f*; **~-,häuptling** *m* chef *m* de tribu; **~,ordnung** *f* organisation tribale; **~,recht** *n* droit tribal; **~,sitten** *f/pl.* mœurs tribales.

Stamm|form [ˈʃtamfɔrm] *f* forme primitive; *gr.* forme radicale; radical *m*; thème *m*; **~,früchter** *m/pl. bot.* plantes *f/pl.* cauliflores; **~gast** *m* habitué *m*; F pilier *m* de bistrot, de cabaret, *etc.*; **~gut** *n* bien *m* de famille; patrimoine *m*; **~,halter** *m etwa* héritier mâle; **~haus** *n comm.* maison-mère *f*.

stämmig [ˈʃtɛmɪç] *adj.* robuste; solide; F charpenté; P costaud; (*gedrungen*) râblé; F ramassé; trapu; **2,keit** *f* ⟨~⟩ robustesse *f*; solidité *f*.

Stamm|kapital [ˈʃtamkapiˌtaːl] *n comm.* capital social, initial; **~,kneipe** F *f* cabaret, bistrot habituel; **~,kunde** *m* habitué *m*; client attitré, régulier; **~,kundschaft** *f* clientèle attitrée, d'habitués; **~land** *n* pays *m* d'origine.

Stammler(in) [ˈʃtamlər(ɪn)] *m* ⟨~s; ~⟩ (*f*) ⟨~; ~nen⟩ bègue *m, f*.

Stamm|lokal [ˈʃtamloˑˌkaːl] *n* restaurant habituel; **~perso,nal** *n* personnel *m* stable, sédentaire; cadres *m/pl.*; **~platz** *m* place habituelle; **~,rolle** *f milit.* matricule *f*; in die ~ eintragen immatriculer; **~rollen,nummer** *f* numéro *m* matricule; **~sitz** *m* résidence *f* de famille; **~,tafel** *f* tableau *m*, table *f* généalogique; **~tisch** *m* table *f* des habitués; **~,(m)utter** *f* fondatrice *f* d'une race, souche; aïeule *f*; **~,vater** *m* fondateur *m* d'une race, souche; aïeul *m*; **2ver,wandt** *adj.* de la même race, souche; *gr.* du même radical; **~ver,wandtschaft** *f* parenté *f* de race, de souche; **~,wappen** *n* armes *f/pl.*, armoiries *f/pl.* de famille, d'une maison; **~wort** *n* ⟨~(e)s; ~er⟩ *gr.* radical *m*.

Stampf|asphalt [ˈʃtampfˀasˌfalt, -ˌˀas-] *m* asphalte comprimé; **~bau** *m* ⟨~(e)s⟩ *bât.* construction *f* en pisé; **~be,ton** *m* béton comprimé; **~e** *f* ⟨~; ~n⟩ batte *f*; *cuis.* pilon *m*; *Straßenbau* (*Handramme*) 'hie *f*; dame *f*; demoiselle *f*; **2en I** *v/t.* ⟨h⟩ *Erde, Lehm etc.* (*fest~*) battre; fouler; tasser; *mit e-r Ramme* damer; pilonner; *Asphalt* comprimer; cylindrer; (*zerkleinern*) broyer; *in e-m Mörser* concasser; piler; *Erz* bocarder; *cuis., Kartoffeln, Kraut* écraser; *fig.* etw. aus dem Boden ~ faire sortir qc. de terre, du sol; créer qc. rapidement; **II** *v/i. mit den Füßen* piétiner; trépigner; *um sich zu erwärmen* battre la semelle; (*schwer auftreten*) marcher à pas lourds; *Pferde* piaffer; *mar., Schiff* tanguer; mit dem Fuß auf die Erde ~ frapper le sol du pied; **III ~en** *n* ⟨~s⟩ (*Fest2*) battage *m*; foulage *m*; tassement *m*; *mit e-r Ramme* pilonnage *m*; (*Zerkleinern*) broyage *od.* broiement *m*; concassage *m*; pilage *m*; *von Erz* bocardage *m*; *cuis.* écrasement *m*; *mit den Füßen* trépignement *m*; *der Pferde* piaffement *m*; (*schweres Auftreten*) marche *f* à pas lourds; *mar.* tangage *m*; **~er** *m* ⟨~s; ~⟩ *cf.* ~e; **~kar,toffeln** *f/pl. cuis.* purée *f* de pommes de terre.

Stand [ʃtant] *m* ⟨~(e)s; ~e⟩ **1.** ⟨*pas de pl.*⟩ (*stehende Stellung*) Sprung aus dem ~ saut sans élan, à pieds joints; sich zum ~ aufrichten se mettre debout; *fig.* mit j-m e-n schweren ~ haben avoir bien du mal avec qn.; e-n schweren ~ haben être dans une situation difficile, délicate; **2.** (*Standort*) place *f*; emplacement *m*; *der Pferde im Stall* stalle *f*; *e-s Händlers* (*Markt2*) échoppe *f*; étal(age) *m*; (*Ausstellungs2*) stand *m*; (*Taxi2*) station *f*; *ch., des Wildes in e-m Revier* demeure habituelle; *der Schützen* poste *m* de tir; *astr., der Planeten* position *f*; *sc.* configuration *f*; *des Wassers* niveau *m*; *des Barometers* 'hauteur *f*; *der Papiere, Aktien* cours *m*; cote *f*; *fig.* état *m*; niveau *m*; *Sport, e-s Spiels* score *m*; s-n ~ an e-m bestimmten Ort haben être posté dans un certain endroit; der ~ der Dinge l'état des choses; der ~ der Technik l'état actuel de la technique; heutiger ~ état présent; der ~ der Wirtschaft la conjoncture économique; nach dem neuesten ~ der Wissenschaft selon le niveau scientifique actuel; auf den neuesten ~ bringen mettre à jour; den höchsten ~ erreichen atteindre le niveau maximum; **gut im ~e sein** être en bon état; *gesundheitlich* être en bonne santé; **j-n in den ~ setzen, etw. zu tun** mettre qn. en état, à même de faire qc.; **3.** (*gesellschaftliche Stellung*) classe *f*; condition *f*; rang *m*; (*Beruf*) profession *f*; **die höheren Stände** les classes élevées; les 'hautes classes; **die niederen Stände** la classe populaire; **Mann von ~** homme de qualité; notable *m*; **bürgerlichen ~es sein** être de condition bourgeoise; *hist.* **der dritte ~** le tiers état; **die Stände** les états; les ordres (de la nation); **weltlicher ~** état séculier, laïque; **geistlicher ~** clergé *m*; ecclésiastiques *m/pl.*; prêtres *m/pl.*; **der ledige ~** le célibat; **in den ~ der Ehe treten** se marier; **s-m ~ gemäß leben** vivre selon son état; tenir son rang; **unter s-m ~ heiraten** se marier avec une personne de condition inférieure; se mésallier; faire une mésalliance.

Standard ['ʃtandart, 'stan-] *m* ⟨~s; ~s⟩ standard *m*; *e-r Münze* titre *m*; **~ˌausführung** *f* type *m*, modèle *m* standard; **~erˌzeugnis** *n* produit *m* type; **2i'sieren** *v/t.* ⟨*pas de ge-*, h⟩ standardiser; normaliser; **~i'sierung** *f* ⟨~⟩ standardisation *f*; normalisation *f*; **~ˌkabel** *n élect.* câble normal; **~ˌkosten** *pl.* prix *m* de revient standard; **~moˌdell** *n* modèle *m* standard, de série; **~ˌpreis** *m* prix *m* standard; prix-étalon *m*; **~ˌwerk** *n* ouvrage capital, qui fait autorité.

Standarte [ʃtan'dartə] *f* ⟨~; ~n⟩ étendard *m*; *ch.* queue *f* (du renard); **~nˌträger** *m* porte-étendard *m*.

Stand|bein ['ʃtantbaɪn] *n sculp.* jambe *f* de soutien; **~bild** *n* statue *f*; *kleines* statuette *f*; **j-m ein ~ errichten** élever, ériger une statue à qn.; F statufier qn.

Ständchen ['ʃtɛntçən] *n* ⟨~s; ~⟩ (*Abend2*) sérénade *f*; (*Morgen2*) aubade *f*; **j-m ein ~ bringen** donner une sérénade, aubade à qn.

Stander ['ʃtandər] *m* ⟨~s; ~⟩ fanion *m*; guidon *m*.

Ständer ['ʃtɛndər] *m* ⟨~s; ~⟩ **1.** (*stehender Pfosten*) montant *m*; poteau *m*; pilier *m*; **2.** (*Gestell*) support *m*; (*Karten2*) chevalet *m*; (*Stehpult, Noten2*) pupitre *m*; *für Menükarten* porte-menu *m*; (*Gewehr2*) râtelier *m* (d'armes); (*Pfeifen2*) porte-pipes *m*; *cf. auch* **Kleider-, Schirmständer**; **3.** *élect.* stator *m*; **4.** *bât. Teil des Fachwerks* poinçon *m*; **5.** *ch.* patte *f*.

Standes|amt ['ʃtandəsˌˀamt] *n* bureau *m* de l'état civil; mairie *f*; **2ˌamtlich 1.** *adj.* par (l'officier de) l'état civil; civil; **~e Trauung** mariage civil; **2.** *adv.* civilement; **sich ~ trauen lassen** se marier civilement; **~beˌamte(r)** *m* officier *m* de l'état civil; **~beˌwußtsein** *n* conscience *f* de son rang, de classe; **~ˌdünkel** *m* orgueil *m*, vanité *f*, arrogance *f*, présomption *f* de la caste; **~ˌehre** *f* honneur professionnel; **~erˌhöhung** *f hist.* élévation *f* à un plus 'haut rang; anoblissement *m*; **2geˌmäß** *adj. u. adv.* conforme (conformément) au rang; selon son rang, état; **~ leben** vivre selon son état; tenir son rang; **~geˌnosse** *m* égal *m*; F *fig.* pair *m*; **unsere ~n** nos égaux; nos pareils; **~ˌherr** *m hist.* seigneur médiatisé; **~inteˌressen** *n/pl.* intérêts *m/pl.* de classe (sociale); intérêts corporatifs; **2ˌmäßig** *adj. cf.* **2gemäß**; **~perˌson** *f* personne *f* de qualité; notable *m*; **~reˌgister** *n* registre *m* de l'état civil; **~ˌrücksichten** *f/pl.* égards dus à son (propre) rang, au rang de qn.; **~ˌsprachen** *f/pl.* jargons professionnels, de métier.

Ständestaat ['ʃtɛndəˌʃtaːt] *m* État corporatif.

Standes|unterschiede ['ʃtandəsˌˀuntərʃiːdə] *m/pl.* différences *f/pl.* de classe (sociale), de rang (social); **~ˌvorurteil** *n* préjugé *m* de caste; **2ˌwidrig** *adj.* qui déroge, qui est contraire au rang, à la classe sociale; messéant; inconvenable.

Stände|tag ['ʃtɛndəˌtaːk] *m*, **~verˌsammlung** *f hist.* assemblée *f* des états.

stand|fest ['ʃtantfɛst] *adj.* stable; fixe; **2ˌfestigˌkeit** *f* stabilité *f*; **2ˌfläche** *f* assise *f*; surface portante; **2geld** *n für den Marktstand* taxe *f* de place; (droits *m/pl.* d')étalage *m*; *Auto* taxe *f* de stationnement; **2glas** *n chim.* éprouvette graduée; **2geˌricht** *n* cour martiale.

standhaft ['ʃtanthaft] **1.** *adj.* ferme; (*unerschütterlich*) inébranlable; stoïque; (*beharrlich*) persévérant; **2.** *adv.* inébranlablement; stoïquement; **~ bleiben** tenir ferme, bon; **ein Unglück ~ ertragen** supporter stoïquement un malheur; **2igˌkeit** *f* ⟨~⟩ fermeté *f*; stoïcisme *m*; persévérance *f*.

standhalten ['ʃtantˌhaltən] *v/i.* ⟨*irr.*, *sép.*, -ge-, h⟩ tenir bon, ferme; ne pas céder; ne pas flancher; ne pas reculer; ne pas lâcher pied; F tenir le coup; **j-m, e-r Sache ~** résister à qn., à qc.; F tenir tête à qn., à qc.; **e-r ernsthaften Prüfung ~** résister à un examen sérieux; n'avoir pas à redouter un examen sérieux; **der Motor kann dieser Beanspruchung nicht ~** le moteur ne peut résister à l'effort demandé.

ständig ['ʃtɛndɪç] **1.** *adj.* constant; continuel, -lle; continu; perpétuel, -lle; *Lärm* ininterrompu; incessant; *Mitglied, Ausschuß, Konferenz, Wohnsitz etc.* permanent; *Sekretär e-r Akademie* perpétuel; *Praxis, Regel* courant; *Bedarf, Nachfrage* suivi; *Anstrengung* soutenu; *Einnahme* fixe; stable; **unter e-m ~en Druck leben** vivre sous une oppression constante, continuelle, perpétuelle; **mit j-m in ~er Verbindung stehen** être en relations suivies avec qn.; **s-n ~en Wohnsitz nehmen** s'établir à demeure; **2er Internationaler Schiedsgerichtshof** Cour Permanente d'Arbitrage; **2.** *adv.* en permanence; constamment; continuellement; perpétuellement; sans cesse; (*immer*) toujours; **ich werde ~ gestört** je suis constamment dérangé; **der Verkehr wächst ~** le trafic s'accroît constamment.

ständisch ['ʃtɛndɪʃ] *adj.* corporatif, -ive.

Stand|kampf ['ʃtantkampf] *m Ringen* lutte *f* debout; **~licht** *n Auto* feux *m/pl.* de stationnement, de position; **~ˌmotor** *m* moteur *m* fixe; **~ort** *m* place *f*; emplacement *m*; station *f*; *Auto etc.* lieu *m* de stationnement; *e-s Industriebetriebes* emplacement *m*; lieu *m* d'implantation; situation *f* géographique; *bot.* habitat *m*; *milit.* garnison *f*; *mar., aviat.* position *f*; point *m*; **den ~ bestimmen** déterminer la position, le point; faire le point (*auch fig.*); **den ~ angeben** signaler la position; **s-n ~ haben** être stationné; **~ortˌälteste(r)** *m* ⟨→ A⟩ *milit.* commandant *m* d'armes; **~ortbeˌdingungen** *f/pl.* *e-s Industriebetriebes* conditions locales; **~ortbeˌstimmung** *f mar., aviat.* détermination *f* de la position, du point; **~ortkommanˌdant** *m milit. cf.* **~ortälteste(r)**; **~ortlazaˌrett** *n milit.* infirmerie *f*, hôpital *m* de garnison; **~ortverˌedelung** *f arb.* greffe *f* sur place; **~ortverˌlegung** *f*, **~ortˌwechsel** *m milit.* changement *m* de garnison; déplacement *m*; **~ˌpauke** F *f* semonce *f*; F savon *m*; sermon *m*; **j-m e-e ~ halten** sermonner qn.; **~punkt** *m* endroit *m*, place *f* (où qn. se tient); *fig.* point *m* de vue; avis *m*; **den ~ vertreten, auf dem ~ stehen, daß ...** être d'avis que ...; **s-n ~ behaupten, wahren** rester sur ses positions; ne pas changer d'avis; **unter Wahrung s-s ~es** en restant sur ses positions; **unter Wahrung des gegenseitigen ~es** chacun restant sur ses positions; **von diesem ~ aus betrachtet** considéré à ce point de vue, sous cet angle, sous cet aspect; **ich habe mir s-n ~ zu eigen gemacht** je me suis rangé à son point de vue, à sa manière de voir, à son avis; **ich vertrete nicht Ihren ~, ich stehe nicht auf Ihrem ~** je ne suis pas de votre avis; **e-n anderen ~ vertreten, auf e-m anderen ~ stehen** être d'un autre avis; penser différemment; **das ist ein überwundener, überholter ~** c'est un point de vue dépassé, périmé, démodé; c'est vieux jeu; F **j-m den ~ klarmachen** F dire son fait à qn.; remettre qn. à sa place; dire à qn. ses quatre vérités; **~quarˌtier** *n milit.* garnison *f*; *für Feldtruppen* cantonnement *m*; *fig.* F quartier *m*; **~recht** *n* loi martiale; **das ~ verhängen** décréter la loi martiale; **2ˌrechtlich 1.** *adj.* d'après la loi martiale; **2.** *adv.* **~ erschießen** passer par les armes; **~ erschossen werden** être passé par les armes; **~ˌseilbahn** *f* funiculaire *m*; **2ˌsicher** *adj. cf.* **standfest**; **~ˌsicherˌheit** *f cf.* **Standfestigkeit**; **~uhr** *f* horloge *f*; pendule *f*; **~viˌsier** *n milit.*, *am Gewehr* 'hausse *f* fixe; **~ˌwaage** *f gym.* planche *f*; équilibre *m*; **~wild** *n ch.* bêtes *f/pl.* sédentaires.

Stange ['ʃtaŋə] *f* ⟨~; ~n⟩ (*Holz2*) perche *f*; tringle *f*; grand bâton; (*Fahnen2*) 'hampe *f*; (*Eisen2*) tige *f*; barre *f*; (*Absteckpfahl*) piquet *m*; jalon *m*; (*Bohnen2*) rame *f*; *für Weinreben* échalas *m*; *zum Herunterschlagen von Walnüssen* gaule *f*; (*Hühner2*) juchoir *m*; perchoir *m*; *bât.* (*Gerüst2*), *gym.* (*Kletter2*) perche *f*; *im Korsett* busc *m*; baleine *f*; *von Siegellack, Lakritzen etc.* bâton *m*; *ch., am Hirschgeweih* perche *f*; merrain *m*; *Hühner* **sich auf e-e ~ setzen** se jucher; (se) percher; **auf e-r ~ sitzen** être juché, perché; *Anzüge, Kleider* **von der ~** tout fait; de confection; prêt à porter; F **e-e ~ Geld** un argent fou; une masse d'argent; F **das kostet e-e ~ Geld** *auch* cela coûte énormément d'argent; F **e-e ~ angeben** F faire le malin, le mariolle; 'hâbler; gasconner; F *fig.* **j-m die ~ halten** prendre le parti de qn.; prendre parti pour qn.; prendre fait et cause pour qn.; soutenir qn.; F *fig.* **bei der ~ bleiben** (*aushalten*) rester fidèle à la cause; persévérer; tenir bon, ferme; (*nicht abschweifen*) ne pas s'écarter de son sujet; F *fig.* **j-n bei der ~ halten** s'attacher qn., retenir qn. (par des offres, promesses, *etc.*).

Stangen|bohne ['ʃtaŋənˌboːnə] *f bot.*

'haricot grimpant; ~ˌ**bohrer** *m techn.* tarière *f*; ~ˌ**eisen** *n* fer *m* en barres; ~ˌ**erbsen** *f/pl. bot.* pois *m/pl.* à rames; 2ˌ**förmig** *adj.* en forme de perche; en barre(s); ~ˌ**holz** *n Forstwirtschaft* jeunes arbres *m/pl.* de brin; ~ˌ**pferd** *n* timonier *m*; ~ˌ**spargel** *m bot.* asperges entières; ~ˌ**zirkel** *m* compas *m* à verge.

stank [ʃtaŋk] *cf.* stinken.

Stänker ['ʃtɛŋkər] F *m* ⟨~s; ~⟩ **1.** *cf.* ~**käse**; **2.** *auch* ~**er** querelleur *m*; tracassier *m*; chicaneur *m*; F mauvais coucheur; P type embêtant; ~**ei** [-'raɪ] F *f* ⟨~; ~en⟩ querelles *f/pl.*; tracasseries *f/pl.*; chicanes *f/pl.*; ~**in** *f* ⟨~; ~nen⟩ querelleuse *f*; tracassière *f*; F mauvaise coucheuse; ~ˌ**käse** F *m* fromage puant, qui pue; 2**n** F *v/i.* ⟨-(e)re, h⟩ *Käse* F puer; *fig.* chercher querelle, noise; être querelleur, -euse; F embêter les gens.

Stanniol [ʃtani'oːl, sta-] *n* ⟨~s; ~e⟩ papier *m*, feuille *f* d'étain; ~**beˌlag** *m* tain *m*; ~ˌ**kapsel** *f* capsule *f* en étain; ~**kondenˌsator** *m élect.* condensateur *m* à feuille d'étain; ~**paˌpier** *n* papier *m* d'étain; ~ˌ**streifen** *m* ruban *m* de feuille d'étain; *milit.*, *von Flugzeugen abgeworfener* bande *f* métallique de brouillage, de papier d'aluminium.

Stanz|e ['ʃtantsə] *f* ⟨~; ~n⟩ *métr.* stance *f*; *techn.* (*Loch*2) poinçon *m*; *als Maschine* poinçonneuse *f*; (*Prägestempel*) matrice *f*; estampe *f*; *als Maschine* estampeuse *f*; 2**en I** *v/t.* ⟨-(es)t, h⟩ *techn.* poinçonner; (*prägen*) estamper; matricer; **II** ~**en** *n* ⟨~s⟩ poinçonnage *m*; estampage *m*; matriçage *m*; ~**er** *m* ⟨~s; ~⟩ *techn.* poinçonneur *m*; estampeur *m*; ~**e'rei** *f* ⟨~; ~en⟩ atelier *m* d'estampage; ~**maˌschine** *f cf.* ~e; ~ˌ**presse** *f techn.* presse *f* à poinçonner, à estamper.

Stapel ['ʃtaːpəl] *m* ⟨~s; ~⟩ **1.** *Bücher, Wäsche* pile *f*; **2.** *mar.* cale *f*; chantier *m*; **auf ~ legen** mettre en chantier; **vom ~ lassen** lancer; mettre à l'eau; **vom ~ laufen** être lancé; être mis à l'eau; F *fig.* **vom ~ lassen** lancer; *e-e Rede* placer; **3.** *comm.* entrepôt *m*; **4.** *von Baumwolle* longueur *f* de fibre; ~ˌ**höhe** *f* 'hauteur *f* d'empilage; ~ˌ**holz** *n* bois *m* de chantier.

Stapelie [ʃta'peːliˑə] *f* ⟨~; ~n⟩ *bot.* stapélie *f*; stapelia *m.*

Stapel|karren ['ʃtaːpəlˌkarən] *m* gerbeuse *f*; ~ˌ**lauf** *m mar.* lancement *m* (d'un navire); mise *f* à l'eau; 2**n I** *v/t.* ⟨-(e)le, h⟩ empiler; *comm.* (*einlagern*) emmagasiner; stocker; **II** *v/réfl.* **sich ~** s'empiler; **III** ~**n** *n* ⟨~s⟩ empilement *od.* empilage *m*; *comm.* emmagasinage *m*; stockage *m*; ~ˌ**platz** *m* entrepôt *m*; ~ˌ**recht** *n hist.* droit *m* d'étape; ~ˌ**roller** *m cf.* ~karren; ~ˌ**ware** *f* marchandise *f* en entrepôt de négoce mondial.

Stapfen ['ʃtapfən] **I** *f/pl. od. m/pl.* empreintes *f/pl.* de pas; trace *f* de pas; **II** 2 *v/i.* ⟨sein⟩ marcher à pas lourds, lourdement; **durch den Schnee ~** marcher péniblement dans la neige.

Star[1] [ʃtaːr] *m* ⟨~(e)s; ~e⟩ *zo.* étourneau *m*; sansonnet *m.*

Star[2] [staːr, ʃtaːr] *m* ⟨~s; ~s⟩ *Film, thé.* star *f*; étoile *f*; vedette *f.*

Star[3] [ʃtaːr] *m* ⟨~(e)s; ~e⟩ *méd.* **(grauer) ~** cataracte *f* (ordinaire); **schwarzer ~** amaurose *f*; **grüner ~** glaucome *m*; **den grauen ~ haben** être affecté de la cataracte; être cataracté; **j-n am ~ operieren** opérer qn. de la cataracte; *fig.* **j-m den ~ stechen** dessiller les yeux à qn.

Stär [ʃtɛːr] *m* ⟨~(e)s; ~e⟩ *zo.* bélier *m.*

Starallüren ['staːrˀaˌlyːrən, 'ʃtaːr-] *f/pl.* airs *m/pl.* de star.

starb [ʃtarp] *cf.* **sterben.**

Starbrille ['ʃtaːrˌbrɪlə] *f méd.* verres spéciaux pour opérés de la cataracte.

stark [ʃtark] **1.** *adj.* ⟨**≈er, ≈st**⟩ **a)** (*kraftvoll*) fort; robuste; vigoureux, -euse; solide; puissant; **ein ~er Kerl** un gaillard robuste, vigoureux; **~es Geschlecht** sexe fort; **~es Papier** papier fort; **~e Nerven** nerfs solides; **~er Motor, Scheinwerfer** moteur, phare puissant; **~e Armee** armée forte, puissante; **~e Festung** place bien fortifiée; **~es Mittel** remède fort, énergique; **~er Ausdruck** expression forte, énergique; *gr.* **~es Zeitwort** verbe fort; *pol.* **der ~e Mann** F l'homme fort, à poigne; **~ werden** devenir fort; acquérir de la force; *Ton* **stärker werden** s'élever; *fig.* **in etw. ~ sein** F être fort, calé en, ferré sur qc.; *fig.* **~e Seite** fort *m*; **das Recht des Stärkeren** le droit du plus fort; **der Stärkste behält recht** la raison du plus fort est toujours la meilleure; **b)** *Kaffee, Tee, Tabak* (*gehaltvoll*) fort; *Parfum auch* lourd; **c)** (*dick*) épais, -sse; gros, -sse; *Personen* (*beleibt*) corpulent; *pfort.* replet, -ète; **3 cm ~es Brett** planche épaisse de 3 cm; **das Brett ist 3 cm ~** la planche a 3 cm d'épaisseur; **~er Zwirn** fil fort; **das Buch ist 100 Seiten ~** le livre compte 100 pages; **~er Band** gros volume; *Personen* **~ werden** grossir; prendre de l'embonpoint; **d)** *Wind, Regen, Frost, Fieber* (*heftig*) fort; *Verkehr* grand; intense; **~er Esser, Trinker, Raucher** grand *od.* gros mangeur; grand buveur, fumeur; **~er Geruch** odeur forte; **~e Kälte** froid intense; **~e Erkältung** gros rhume; **~e Verschuldung** grand endettement; **es geht ein ~er Wind** il fait grand vent; **es besteht ~e Nachfrage nach diesem Artikel** cet article est très recherché; F **das ist ein ~es Stück!** c'est un peu fort!; voilà qui est un peu fort!; F *fig.* **das ist ~er Tobak!** elle est forte, celle-là!; c'est un peu raide!; elle est un peu raide, celle-là!; **e) 1000 Mann ~** fort de mille hommes; **wie ~ ist dieses Heer?** quelle est la force de cette armée?; combien d'hommes compte cette armée?; **2.** *adv.* fort; fortement; (*viel*) *vor e-m Verbum* beaucoup; *vor adj.* très; **~ regnen** pleuvoir fort; **~ riechen** sentir fort; **~ rauchen** fumer beaucoup; **~ besucht** très fréquenté; **~ gefragt** très recherché; **~ verschuldet** criblé, couvert de dettes; **~ hoffen** espérer fortement; *Kurse* **~ anziehen** reprendre fortement; **~ verdünnt** fortement dilué; **j-n ~ im Verdacht haben** soupçonner fortement qn.; **~ machen** rendre fort; fortifier; **Einigkeit macht ~** *prov.* l'union fait la force *prov.*

Starkasten ['ʃtaːrˌkastən] *m* nichoir *m* d'étourneaux.

Starke ['ʃtarkə] *f* ⟨~; ~n⟩ *zo.* génisse *f.*

Stärke[1] ['ʃtɛrkə] *f* ⟨~; ~n⟩ *des Mannes, Körpers etc.* (*Kraft*) force *f*; vigueur *f*; robustesse *f*; solidité *f*; *e-s Motors, Scheinwerfers, e-r Armee, der Gefühle* puissance *f*; *e-s Brettes, e-r Mauer* (*Dicke*) épaisseur *f*; grosseur *f*; *von Personen* (*Beleibtheit*) corpulence *f*; embonpoint *m*; grosseur *f*; *des Windes, Regens, Unwetters* (*Heftigkeit*) violence *f*; *des Lichtes, Verkehrs* intensité *f*; *milit.*, *e-s Heeres* force *f*; effectif *m*; *fig.* (*starke Seite*) fort *m.*

Stärke[2] ['ʃtɛrkə] *f* ⟨~⟩ *chim.* amidon *m*; fécule *f*; *für Wäsche* amidon *m*; empois *m*; 2ˌ**artig** *adj. sc.* amylacé; féculoïde; ~**faˌbrik** *f* amidonnerie *f*; féculerie *f*; ~**fabriˌkant** *m* amidonnier *m*; ~**fabrikatiˌon** *f* fabrication *f* de fécule et d'amidon; ~**geˌhalt** *m* teneur *f* en amidon, en fécule.

Stärkegrad ['ʃtɛrkəˌgraːt] *m* intensité *f.*

stärke|haltig ['ʃtɛrkəˌhaltɪç] *adj.* féculent; féculeux, -euse; 2ˌ**kleister** *m* colle *f* d'amidon; 2ˌ**lösung** *f* solution *f* d'amidon; 2ˌ**mehl** *n* amidon *m*; fécule *f.*

Stärkemessung ['ʃtɛrkəˌmɛsuŋ] *f* mesure *f* d'intensité.

stärken ['ʃtɛrkən] **I** *v/t.* ⟨h⟩ **1.** fortifier; *durch Essen, von Nahrungsmitteln auch* réconforter; *méd. auch* tonifier; *Gesundheit, Mut* affermir; *fig.* **j-m das Rückgrat ~** épauler, soutenir qn.; **2.** *Wäsche* amidonner; empeser; **II** *v/réfl.* **sich ~** se fortifier; *durch Essen u. Trinken auch* se réconforter; se restaurer; se refaire; F se retaper; **III** 2 *n* ⟨~s⟩ *der Wäsche* amidonnage *m*; empesage *m*; ~**d** *adjt.* fortifiant; réconfortant; reconstituant; *méd. auch* tonique; **~er Schlaf** sommeil réparateur; **~es Mittel** *cf.* **Stärkungsmittel.**

Stärkeverhältnis ['ʃtɛrkəfɛrˌhɛltnɪs] *n* rapport *m* des forces.

Stärke|wasser ['ʃtɛrkəˌvasər] *n* eau amidonnée; ~ˌ**wert** *m des Viehfutters* valeur *f* amidon; ~ˌ**zucker** *m chim.*, *physiol.* glucose *m.*

stark|knochig ['ʃtarkˌknɔxɪç] *adj.* osseux, -euse; bien charpenté; qui a les os solides; ~ˌ**leibig** *adj.* corpulent.

Starkstrom ['ʃtarkʃtroːm] *m élect.* courant fort; *abus.* F 'haute tension; ~ˌ**anlage** *f élect.* centrale *f* de force motrice; ~ˌ**kabel** *n élect.* câble *m* à courant fort, *abus.* F à 'haute tension; ~ˌ**leitung** *f élect.* ligne *f* à courant fort, *abus.* F à 'haute tension; ~ˌ**technik** *f élect.* technique *f* des courants forts.

Stärkung ['ʃtɛrkuŋ] *f* ⟨~; ~en⟩ *der Gesundheit, des Mutes* affermissement *m*; (*Imbiß*) collation *f*; **zur ~** pour vous réconforter; pour vous donner des forces; ~**sˌmittel** *n* fortifiant *m*; réconfortant *m*; reconstituant *m*; tonique *m*; cordial *m.*

stark|wandig ['ʃtarkˌvandɪç] *adj.* à paroi épaisse; ~ˌ**wirkend** *adjt.* **~es Abführmittel** drastique *m.*

Starlet(t) ['staːrlɛt, 'ʃtaːr-] *n* ⟨~s; ~s⟩ *Film* starlette *f.*

Starmatz ['ʃtaːrmats] F *m* ⟨~es; ~e *od.* ≈e⟩ *cf.* Star[1].

Staroperation ['ʃtaːrˀoˑpeˑratsiˑˌoːn] *f méd.* opération *f* de la cataracte.

starr [ʃtar] *adj.* raide; rigide; *Blick* fixe; *Glieder* engourdi; *Finger, Hände auch* gourd; *Felsen* abrupt; escarpé; à pic; *Gesetze, Regeln* rigide; *Charakter* raide; inflexible; intransigeant; *milit.*, *Verteidigung* statique; *Verteidigungslinie* fixe; inflexible; **~ vor Kälte** transi, glacé, engourdi, gourd de froid; **~ vor Entsetzen** pétrifié, glacé d'épouvante; **~ vor Erstaunen** stupéfait; figé par la surprise; médusé (d'étonnement); F sidéré; *Glieder* **~ werden** s'engourdir; transir (**vor** de); F *fig.* **da bin ich einfach ~** F j'en suis, reste baba; cela me la coupe; les bras m'en tombent; 2**e** *f* ⟨~⟩ *méd.* rigidité *f*; torpeur *f*; ~**en I** *v/i.* ⟨h⟩ **1. auf etw. ~**

regarder fixement qc.; **ins Leere ~** regarder dans le vide; avoir les yeux perdus dans le lointain; **entsetzt auf etw. ~** regarder qc. l'œil 'hagard; **gebannt auf etw. ~** regarder qc. comme ensorcelé, envoûté (par); **2. vor Schmutz ~** être couvert de boue, de crasse; **s-e Hände ~ vor Schmutz** il a les mains crasseuses; **das Zimmer starrt vor Schmutz** la chambre est repoussante de saleté; **von Lanzen ~** être 'hérissé de lances; **ganz Europa starrt in Waffen** l'Europe entière est 'hérissée de baïonnettes; **3.** *poét.* (*ragen*) pointer; se dresser; s'élever; **II 2en** *n* ⟨~s⟩ regard *m* fixe; **2flügelˌflugzeug** *n aviat.* avion *m* à ailes rigides, à voilure fixe; **2heit** *f* ⟨~⟩ raideur *f*; rigidité *f*; *des Blickes* fixité *f*; *der Glieder* engourdissement *m*; *des Charakters* raideur *f*; inflexibilité *f*; **2kopf** *m* entêté *m*; têtu *m*; obstiné *m*; F cabochard *m*; tête carrée; tête *f* de bois, de mule; **~ˌköpfig** *adj. cf.* ~sinnig; **2ˌköpfigˌkeit** *f* ⟨~⟩ *cf.* 2sinn; **2krampf** *m* ⟨~(e)s⟩ *méd.* tétanos *m*; contracture *f*, convulsion *f* tétanique; spasme *m* tonique; **2krampfbaˌzillus** *m méd.* bacille *m* tétanique; **2sinn** *m* ⟨~(e)s⟩ entêtement *m*; obstination *f*; opiniâtreté *f*; **~ˌsinnig** *adj.* entêté; têtu; obstiné; opiniâtre; **2sucht** *f* ⟨~⟩ *méd.* catalepsie *f*; **~ˌsüchtig** *adj. méd.* cataleptique.

Start [ʃtart] *m* ⟨~(e)s; ~e *od.* ~s⟩ *Sport* départ *m*; démarrage *m* (*beide auch fig.*); (*Startlinie*) ligne *f* de départ; *aviat.* départ *m*; envol *m*; décollage *m*; *e-s Motors* démarrage *m*; **die Pferde gehen an den ~** les chevaux se rendent sur la ligne de départ; **~ frei!** départ autorisé!; **mißlungener ~** faux départ; **fliegender (stehender) ~** départ lancé (arrêté); **gut vom ~ wegkommen, abkommen** faire un beau départ; avoir, faire un démarrage sec, un bon démarrage; bien partir; *fig.* **der ~ ins Leben** le départ dans la vie; *fig.* **er hat e-n guten ~ gehabt** il a eu un bon démarrage; **~bahn** *f aviat.* piste *f* de décollage, d'envol, de départ; *e-s Flugzeugträgers* pont *m* d'envol; **~bahnbeˌfeuerung** *f aviat.* balisage *m* de la piste d'envol; **2beˌreit** *adj.* prêt à partir; *aviat.* prêt à décoller, s'envoler; **~block** *m* ⟨~(e)s; ¨e⟩ *Schwimmsport* bloc *m*, plate-forme *f* de départ; **2en I** *v/t.* ⟨-ete, h⟩ *Sport* donner le départ; *Rakete, Satellit, Offensive* lancer; *Motor* faire démarrer; lancer; mettre en marche; *fig.*, *Unternehmen* mettre en marche, en train; F *fig.* faire démarrer; **II** *v/i.* ⟨sein⟩ partir (zu etw. pour); *Sport* prendre le départ; *aviat.* s'envoler; prendre son envol; décoller; *Motor* démarrer; partir; **III ~en** *n* ⟨~s⟩ *cf.* Start; **~ende(r)** *m* ⟨→ A⟩ *Sport* partant *m*; **~er** *m* ⟨~s; ~⟩ *Sport* starter [-ɛːr] *m*; *Auto cf.* Anlasser; **~erˌlaubnis** *f aviat.* autorisation *f* de décoller; *Sport* autorisation *f*, permission *f* de prendre le départ; **~ˌflagge** *f Sport* pavillon *m*, fanion *m* de départ; **~ˌfolge** *f Sport* ordre *m* de départ; **~geˌnehmigung** *f aviat. cf.* ~erlaubnis; **~geˌschwindigkeit** *f aviat.* vitesse *f* de décollage; **~geˌwicht** *n aviat.* poids *m* au décollage; **2klar** *adj. aviat. cf.* 2bereit; **~koˌmmando** *n Sport* commandement *m* de départ; **~konˌtrolle** *f aviat.* contrôle *m* au départ; **~ˌlänge** *f aviat.* longueur *f* de roulement au décollage; **~ˌleistung** *f aviat.* puissance *f* de *od.* au décollage; **~ˌlinie** *f Sport* ligne *f* de départ; **~loch** *n Sport* trou *m* de départ; **~maˌschine** *f Pferderennen* starting-gate *m*; **~ˌmeldung** *f aviat.* télégramme *m* de départ; **~ˌnummer** *f Sport* numéro *m* de départ; **~ˌordnung** *f Sport* ordre *m* de départ; **~pisˌtole** *f Sport* pistolet *m* de starter; **~platz** *m aviat.* point *m* de décollage; terrain *m* de départ; **~raˌkete** *f aviat.* fusée *f* de décollage; **~ˌrille** *f e-r Schallplatte* sillon *m* de départ; **~ˌschleuder** *f aviat.* catapulte *f*; **~ˌschlitten** *m aviat.* chariot *m* de catapultage; **~schub** *m aviat.* poussée *f* de décollage; **~schuß** *m Sport* signal *m* de départ; **~seil** *n Segelflug* sandow [sɑ̃do] *m* de lancement; **~siˌgnal** *n cf.* ~zeichen; **~sprung** *m Schwimmsport* plongeon *m* de départ; **~ˌstrecke** *f aviat.* course *f* de décollage; longueur *f* de roulement au décollage; distance parcourue au décollage; **~verˌbot** *n aviat.* interdiction *f* de décoller; *Sport* suspension *f*; **~ haben** être suspendu; **~verˌzögerung** *f aviat.* retard *m* au départ; **~ˌvorbereitungen** *f/pl. aviat.* préparatifs *m/pl.* de départ; **~ˌzeichen** *n* signal *m* de départ; **das ~ geben** donner le signal de départ.

Statik [ˈʃtaːtɪk, ˈstaː-] *f* ⟨~⟩ statique *f*; **~er** *m* ⟨~s; ~⟩ spécialiste *m* de la statique.

Station [ʃtatsiˈoːn] *f* ⟨~; ~en⟩ *chem.* station *f*; gare *f*; *der Straßenbahn* arrêt *m*; *rad.* station *f*; poste *m*; *im Krankenhaus* division *f*; *relig. cath.*, *des Kreuzweges* station *f*; **an jeder ~ halten** s'arrêter à toutes les stations; faire omnibus; **an der ~ vorbeifahren** F brûler la station; **auf der chirurgischen ~ liegen** F être en chirurgie; **in Paris ~ machen** faire 'halte, s'arrêter à Paris; **wetterkundliche ~** station météorologique; **freie ~ haben** être logé et nourri.

stationär [ʃtatsi·oˈnɛːr] *adj. Maschine* (*ortsfest*) fixe; *Bevölkerung, Wirtschaft, Strom* stationnaire; stable; *Meßanzeige* persistant; *méd.* **~e Behandlung** traitement avec hospitalisation.

stationier|en [ʃtatsi·oˈniːrən] *v/t.* ⟨*pas de ge-*, h⟩ *Truppen etc.* stationner; *Flugzeuge* baser; **2ung** *f* ⟨~⟩ stationnement *m*; **2ungsˌkosten** *pl.* frais *m/pl.* de stationnement; **2ungsˌstreitkräfte** *f/pl.* forces *f/pl.* de stationnement.

Stations|arzt [ʃtatsiˈoːnsˌʔartst] *m* médecin *m* chef (d'une division d'hôpital); **~geˌbäude** *n chem.* (bâtiment *m* de la) gare, station; **~ˌschwester** *f* infirmière *f* chef (d'une division d'hôpital); **~ˌvorsteher** *m chem.* chef *m* de gare, de station.

statisch [ˈʃtaːtɪʃ, ˈstaː-] *adj.* statique.

stätisch [ˈʃtɛːtɪʃ] *adj. Pferd* récalcitrant; rétif, -ive.

Statist|(in) [ʃtaˈtɪst(ɪn)] *m* ⟨~en; ~en⟩ (*f*) ⟨~; ~nen⟩ *thé.* figurant, -e *m, f*; comparse *m, f* (*beide auch fig.*); **als ~ tätig sein** faire le figurant, de la figuration; **~e'rie** *f* ⟨~; -ien⟩ *thé.* figurants *m/pl.*; comparses *m/pl.*; figuration *f*.

Statist|ik [ʃtaˈtɪstɪk, sta-] *f* ⟨~; ~en⟩ statistique *f*; **e-e ~ aufstellen** établir, dresser, élaborer une statistique; **~iker** *m* ⟨~s; ~⟩ statisticien *m*; **2isch** *adj.* statistique; de statistique; **Internationales 2es Institut** Institut International de Statistique; **2es Bundesamt** Office Fédéral des Statistiques; **etw. ~ erfassen** déterminer qc. au moyen d'une enquête statistique; **~e Erhebungen** enquêtes statistiques; **das ist ~** c'est prouvé par des statistiques, statistiquement.

Stativ [ʃtaˈtiːf] *n* ⟨~s; ~e⟩ support *m*; trépied *m*; *phot.* pied *m*; *e-s Theodoliten, phys.* statif *m*.

Stator [ˈstaːtɔr, ˈʃtaː-] *m* ⟨~s; -ˈtoren⟩ *élect.* stator *m*.

Statt [ʃtat] *f* ⟨~⟩ **an Eides ~** formellement; sans prêter serment; sans prestation de serment; sur l'honneur; **an Eides ~ erklären** déclarer formellement (sans prestation de serment); **an Kindes ~ annehmen** adopter; **an Zahlungs ~** en paiement.

statt [ʃtat] *prép.* ⟨*gén.*⟩ à la place de; au lieu de; **~ dessen** au lieu de cela; **~ meiner** à ma place; **~ e-r Antwort** pour toute réponse; au lieu de répondre; en guise de réponse; **~ mir zu helfen** au lieu, à la place de m'aider.

Stätte [ˈʃtɛtə] *f* ⟨~; ~n⟩ lieu *m*; endroit *m*; **~ der Erinnerung** lieu de souvenir; **~ der Verwüstung** lieu de dévastation; **geweihte ~** lieu consacré; sanctuaire *m*; **die heiligen ~n** les lieux saints; **keine bleibende ~ haben** mener une vie errante.

statt|finden [ˈʃtatˌfɪndən] *v/i.* ⟨*irr.*, *sép.*, -ge-, h⟩ avoir lieu; se faire; se passer; *Gottesdienst* être célébré; **~ˌgeben** *v/i.* ⟨*irr.*, *sép.*, -ge-, h⟩ *e-r Bitte* donner suite à; satisfaire à; *e-m Antrag auch* adopter, admettre, accepter (qc.); **~haft** *adj.* admissible; permis; de mise; *jur.* recevable; **nicht ~** inadmissible; **2ˌhalter** *m hist.* lieutenant général; *e-r Provinz* gouverneur *m*; *Christi* vicaire *m*; **2halte'rei** *f* ⟨~; ~en⟩ *hist.* lieutenance générale; *e-r Provinz* gouvernement *m*; **2ˌhalterˌschaft** *f* ⟨~⟩ lieutenance *f*; gouvernement *m*; *des Papstes* vicariat *m*.

stattlich [ˈʃtatlɪç] *adj. menschliche Erscheinung* de belle apparence; grand; qui a de la prestance; d'un aspect imposant; *Gebäude etc.* de belle apparence; imposant; majestueux, -euse; magnifique; *Summe, Vermögen etc.* important; considérable; **e-e ~e Anzahl** un nombre imposant; **2ˌkeit** *f* ⟨~⟩ belle apparence; grandeur *f*; prestance *f*; aspect imposant; majesté *f*; magnificence *f*; importance *f*.

statu|arisch [ʃtatuˈaːrɪʃ, sta-] *adj.* sculptural; **2e** [ˈʃtaːtu·ə, ˈstaː-] *f* ⟨~; ~n⟩ statue *f*; **2'ette** *f* ⟨~; ~n⟩ statuette *f*.

statuieren [ʃtatuˈiːrən, sta-] *v/t.* ⟨*pas de ge-*, h⟩ **ein Exempel ~** faire un exemple.

Statur [ʃtaˈtuːr] *f* ⟨~; ~en⟩ stature *f*; taille *f*; **von kleiner ~** de petite taille.

Status [ˈʃtaːtus, ˈstaː-] *m* ⟨~; ~⟩ état *m*; *rechtlicher* statut *m*; situation *f* (juridique); (*Vermögensstand*) situation *f* (financière); **die Aufrechterhaltung des ~ quo** le maintien du statu quo; **~ˌklage** *f jur.* action *f* d'état, en recherche de paternité.

Statut [ʃtaˈtuːt, sta-] *n* ⟨~(e)s; ~en⟩ statut *m*; **die ~en aufsetzen** rédiger les statuts; **durch die ~en bestimmt** statutaire; **2arisch** [-ˈtaːr-] *adj. cf.* 2engemäß; **~arˌrecht** [-ˈtaːr-] *n* droit *m* statutaire; **~enˌänderung** *f* modification *f* des statuts; **2engeˌmäß 1.** *adj.* statutaire; conforme aux statuts; **2.** *adv.* statutairement; conformément aux statuts; **2enˌwidrig** *adj.* antistatutaire; contraire aux statuts.

Stau [ʃtaʊ] *m* ⟨~(e)s; ~e⟩ engorgement *m*; *mar.* **das Wasser ist im ~** la mer est étale; **~ˌanlage** *f* barrage *m*.

Staub [ʃtaʊp] *m* ⟨~(e)s; *techn.* ~e *od.* ~̈e⟩ poussière *f*; *bot.* (*Blüten*2) pollen [-ɛn] *m*; **radioaktiver, kosmischer ~** poussière radioactive, cosmique; **~ saugen** aspirer la poussière; **~ wischen** épousseter; enlever la poussière; **~ aufwirbeln** soulever de la poussière; *fig.* **viel ~ aufwirbeln** faire beaucoup de bruit; **in ~ verwandeln** réduire en poussière; pulvériser; *fig.* **in den ~ ziehen, zerren, treten** traîner dans la boue; fouler aux pieds; **vor Gott in den ~ sinken** s'anéantir devant Dieu; *bibl.* **wieder zu ~ werden** retourner en poussière; F *fig.* **sich aus dem ~e machen** s'éclipser; décamper; déguerpir; filer; F prendre la clef des champs; gagner le large; s'esbigner; **~absaugungsˌanlage** *f techn.* groupe dépoussiéreur; **~ˌabscheider** *m techn.* séparateur *m* de poussière; **2ˌähnlich, 2ˌartig** *adj.* pulvérulent; **~ˌaufwirbelung** *f* soulèvement *m* de poussière; **2beˌdeckt** *adjt.* couvert de poussière; poussiéreux, -euse; **~beˌkämpfung** *f* lutte *f* contre la poussière; **~beˌlästigung** *f* gêne due aux poussières; **~ˌbesen** *m* époussette *f*; **~ˌbeutel** *m bot.* anthère *f*; *im Staubsauger* sac *m* à poussière; **~blatt** *n bot.* étamine *f*.

Stäubchen [ˈʃtɔʏpçən] *n* ⟨~s; ~⟩ petit grain de poussière.

staubdicht [ˈʃtaʊpdɪçt] *adj.* étanche aux poussières, à la poussière.

Staubecken [ˈʃtaʊˌbɛkən] *n* réservoir *m* (de barrage).

stauben [ˈʃtaʊbən] *v/imp.* ⟨h⟩ **es staubt** il y a, il fait de la poussière.

stäuben [ˈʃtɔʏbən] **I** *v/i.* ⟨h⟩ *Wasser* être pulvérisé, vaporisé; être dispersé en fines gouttelettes; **II** *v/réfl.* *Hühner etc.* **sich ~** prendre un bain de poussière.

Staub|explosion [ˈʃtaʊpˀɛksploˑziˑˌoːn] *f* coup *m* de poussier; **~ˌfaden** *m bot.* filet *m*; **~fang** *m techn. cf.* ~fänger; **~ˌfänger** *m* ⟨~s; ~⟩ *leicht verstaubende Möbel etc.* nid *m* à poussière; *techn.* collecteur *m* de poussière; sac *m* à poussière; **~fiˌgur** *f phys.* figure *f* de poussière, de Chladni; **~ˌfilter** *m* filtre *m* à poussière; **~ˌflocke** *f* flocon *m* de poussière; ~n *pl.* F moutons *m/pl.*; **2frei** *adj.* sans poussière; exempt de poussière; **2geˌboren** *adjt. poét.* mortel, -lle; **~geˌborene(n)** *pl.* ⟨→ A⟩ *poét.* **die ~n** les mortels; **~geˌfäß** *n bot.* étamine *f*; **~geˌhalt** *m* teneur *f* en poussière; **2ˌhaltig** *adj.* chargé de poussière(s); **2ig** *adj.* couvert de poussière; poussiéreux, -euse; poudreux, -euse; **es ist ~** il fait de la poussière; **~kamm** *m* peigne fin; **~korn** *n* grain *m* de poussière; **~ˌlappen** *m cf.* ~tuch; **~laˌwine** *f* avalanche *f* de neige poudreuse; **~ˌlunge** *f méd.* pneumoconiose *f*; **~ˌmantel** *m* cache-poussière *m*; **~ˌpinsel** *m* pinceau *m* à épousseter; **~ˌregen** *m* pluie fine; crachin *m*; bruine *f*; **~sack** *m métall.* pot *m*, bouteille *f* à poussière; *cf. auch* ~fänger; **~ˌsammler** *m techn. cf.* ~fänger; **2ˌsaugen I** *v/i.* ⟨*sép.*, -ge-, h⟩ passer l'aspirateur; **II ~ˌsaugen** *n* ⟨~s⟩ *verbal*; **~ˌsauger** *m* aspirateur *m*; **~schicht** *f* couche *f* de poussière; **~schutz** *m* pare-poussière *m*; **2ˈtrokken** *adj.* sec, sèche comme de la poussière; **~tuch** *n* chiffon *m* à épousseter; **~ˌwedel** *m* plumeau *m*; **~ˌwirbel** *m* tourbillon *m* de poussière; **~ˌwolke** *f* nuage *m* de poussière; **~ˌzucker** *m* sucre *m* glace.

stauchen [ˈʃtaʊxən] **I** *v/t.* ⟨h⟩ cogner; *Niete* écraser; *Eisenstücke* refouler; *Sack* tasser; F *fig.* **j-n ~** réprimander, chapitrer, gourmander qn.; **II 2** *n* ⟨~s⟩ *von Nieten* écrasement *m*; *von Eisenstücken* refoulement *m*; *e-s Sackes* tassement *m*.

Staudamm [ˈʃtaʊdam] *m* barrage *m*.

Staude [ˈʃtaʊdə] *f* ⟨~; ~n⟩ *bot.* sous-arbrisseau *m*; **2nˌartig** *adj. bot.* de la nature des sous-arbrisseaux; *sc.* frutescent; **~ngeˌwächs** *n bot. cf.* Staude.

Staudruck [ˈʃtaʊdrʊk] *m phys.* pression *f* dynamique; *aviat.* pression *f* aérodynamique, d'arrêt; **~ˌdüse** *f cf.* Staurohr; **~ˌmesser** *m* ⟨~s; ~⟩ *aviat. etwa* enregistreur *m* de vitesse à pression dynamique.

stauen [ˈʃtaʊən] **I** *v/t.* ⟨h⟩ *Wasser* arrêter; amasser; endiguer; retenir; barrer (un fleuve, un cours d'eau); *mar.*, *Ladung* arrimer; **II** *v/réfl.* **sich ~** *Wasser, Eis* s'amasser; *Menschenmenge auch* s'entasser; *Waren, Pakete, Briefe etc.* s'empiler; s'entasser; s'amasser; *Verkehr* s'embouteiller; s'engorger; *méd.*, *Blut* se congestionner.

Stauer [ˈʃtaʊər] *m* ⟨~s; ~⟩ *mar.* arrimeur *m*.

Stauffer|büchse [ˈʃtaʊfərˌbʏksə] *f techn.* graisseur *m* Stauffer; **~ˌfett** *n techn.* graisse consistante.

Stau|höhe [ˈʃtaʊˌhøːə] *f* 'hauteur *f* du plan d'eau; **~ˌklappe** *f* vanne *f* de barrage, de retenue; **~ˌmauer** *f* (mur *m* de) barrage *m*.

staunen [ˈʃtaʊnən] **I** *v/t.* ⟨h⟩ F *fig.* **Bauklötzer ~** être ébahi, interdit; **II** *v/i.* s'étonner (**über etw.** de qc.); être étonné (de); (*überrascht sein*) être surpris (de); *pfort.* être ébahi, interdit; **da staunst du!** F ça te la coupe!; etw. **~d betrachten** regarder qc. avec étonnement; **II 2** *n* ⟨~s⟩ étonnement *m*; surprise *f*; **in ~ versetzen** étonner; surprendre; ébahir; **aus dem ~ nicht herauskommen** aller de surprise en surprise; **ich komme aus dem ~ nicht heraus** je n'en reviens pas; **~sˌwert** *adj.* étonnant; surprenant.

Staupe[1] [ˈʃtaʊpə] *f* ⟨~; ~n⟩ *vét.* maladie *f* du jeune âge (des chiens).

Staupe[2] [ˈʃtaʊpə] *f* ⟨~; ~n⟩ *hist.* fustigation *f*.

stäupen [ˈʃtɔʏpən] **I** *v/t.* ⟨h⟩ *hist.* fustiger; **II 2** *n* ⟨~s⟩ fustigation *f*.

Staupsäule [ˈʃtaʊpˌzɔʏlə] *f hist.* pilori *m*.

Stau|punkt [ˈʃtaʊpʊŋkt] *m phys.* point *m* d'arrêt; **~rohr** *n* tube *m* de Venturi, de Pitot; venturi *m*.

Staurolith [staʊroˑˈliːt, -ˈlɪt, ʃtaʊ-] *m* ⟨~s *od.* ~en; ~e *od.* ~en⟩ *minéral.* staurolite *od.* staurotide *f*.

Stau|see [ˈʃtaʊzeː] *m* lac artificiel; réservoir *m*; **~strahlˌantrieb** *m aviat.* propulsion *f* par stato-réacteur; **~strahlˌdüse** *f aviat.* tuyère *f* de stato-réacteur; **~strahlˌtriebwerk** *n aviat.* stato-réacteur *m*; **~ˌstufe** *f hydr.* bief *m*; **~ung** *f* ⟨~; ~en⟩ accumulation *f*; entassement *m*; empilage *od.* empilement *m*; *von Wasser, Luft* (*Ansammlung*) amas *m*; *im Verkehr* embouteillage *m*; encombrement *m*; engorgement *m*; *méd.* (*Blut*2) congestion *f*; engorgement *m*; stase *f*; *mar.* (*Ver*2) arrimage *m*; **~ungsˌleber** *f méd.* foie *m* cardiaque; **~ˌwasser** *n* eaux retenues; *in e-r Schleuse* éclusée *f*; *mar.* étale *m* (de marée); **~wehr** *n* barrage *m*; **~ˌweiher** *m* réservoir *m* d'un moulin; **~werk** *n* barrage *m*.

Steak [steːk, ʃteːk] *n* ⟨~s; ~s⟩ *cuis.* bifteck *m*.

Stearin [ʃteˑaˈriːn, steˑ-] *n* ⟨~s; ~e⟩ *chim.* stéarine *f*; **~faˌbrik** *f* stéarinerie *f*; **~ˌkerze** *f*, **~ˌlicht** *n* bougie *f* (stéarique, de stéarine); **2ˌsauer** *adj. chim.* stéarique; stéarate *m* de ...; **~ˌsäure** *f chim.* acide *m* stéarique.

Steatit [steˑaˈtiːt, -ˈtɪt, ʃteˑ-] *m* ⟨~s; ~e⟩ *minéral.* stéatite *f*.

Stech|apfel [ˈʃtɛçˌˀapfəl] *m bot.* datura *m*; pomme épineuse; herbe *f* à la taupe; **~bahn** *f hist.* lice *f*; champ clos; **~ˌbecken** *n méd.* bassin *m* (de malade, de garde-robe, de lit); F plat bassin; **~ˌbeitel** *m* ciseau *m*; **~ˌeiche** *f bot. cf.* Stechpalme; **~ˌeisen** *n cf.* ~beitel.

stechen [ˈʃtɛçən] **I** *v/t.* ⟨sticht, stach, gestochen, h⟩ piquer; *Schwein* saigner; *Rasen* lever; *Spargel* couper; *Torf* extraire; tourber; *Kartenspiel, e-e Karte* couper; prendre; *Wein* tirer (avec le tâte-vin); *die Stechuhr* pointer son passage, sa route (au mouchard); **er wurde von e-r Biene gestochen** il a été piqué par une abeille; **in Kupfer ~** graver au burin sur cuivre; *fig.* F **das ist weder gehauen noch gestochen** F cela n'a ni queue ni tête; **wie gestochen schreiben** avoir une très belle écriture; avoir une écriture moulée; calligraphier; F *fig.* **ihn sticht der Hafer** le succès, la fortune lui monte à la tête, lui tourne la tête; **II** *v/i.* piquer; *méd.* picoter; *Sonne* darder; être brûlant; F taper; *Sport, bei Punktgleichheit* se départager; obtenir la décision; *Farbe* **ins Rot ~** tirer sur le rouge; *mar.* **in See ~** appareiller; prendre le large, la mer; F *fig.* **das sticht ihm in die Augen** cela lui tape dans l'œil; **nach j-m ~** porter un coup de couteau, d'épée, *etc.* à qn.; *fig.* **in ein Wespennest ~** se fourrer dans un guêpier; **III** *v/réfl.* **sich in den Finger ~** se piquer le doigt; **IV 2** *n* ⟨~s⟩ picotement *m*; *in Kupfer, Stahl* gravure *f*; *sonst verbal*; **auf Hauen u. ~ mit j-m stehen** être à couteaux tirés avec qn.; **~d** *adjt.* *Blick* perçant; *Schmerz* cuisant; lancinant; poignant; *Sonne* brûlant; ardent; *Geruch* âcre.

Stecher [ˈʃtɛçər] *m* ⟨~s; ~⟩ (*Kupfer*2) graveur *m*.

Stech|fliege [ˈʃtɛçˌfliːgə] *f zo.* mouche piqueuse; **~ˌginster** *m bot.* ajonc *m*; **~ˌheber** *m* pipette *f*; tâte-vin *m*; **~ˌkarre** *f* diable *m*; cabrouet *m*; **~ˌmücke** *f zo.* moustique *m*; cousin *m*; **~ˌpaddel** *n* pagaie *f*; **~ˌpalme** *f bot.* 'houx *m*; **~schritt** *m milit.* pas *m* de parade, de l'oie; **~uhr** *f* mouchard *m*; **~ˌzirkel** *m* compas *m* à pointes sèches.

Steck|anschluß [ˈʃtɛkˌˀanʃlʊs] *m élect.* raccordement *m*, connexion *f* à fiche(s); **~ˌbecken** *n cf.* Stechbecken; **~brief** *m* mandat *m* d'arrêt, d'amener; **e-n ~ erlassen** lancer un mandat d'arrêt, d'amener; **2ˌbrieflich** *adj. u. adv.* par mandat d'arrêt, d'amener; **j-n ~ verfolgen** lancer un mandat d'arrêt, d'amener contre qn.; **~ verfolgt werden** être recherché par la police; **~ˌdose** *f élect.* prise *f* de courant.

Stecken [ˈʃtɛkən] *m* ⟨~s; ~⟩ bâton *m*; *fig.* **Dreck am ~ haben** avoir qc. à se reprocher; avoir qc. sur la conscience.

stecken [ˈʃtɛkən] **I** *v/t.* ⟨h⟩ mettre (**in etw.** dans qc.); introduire (dans); faire entrer (dans); (*gleiten lassen*) glisser (dans); (*hineinstopfen*) F fourrer (dans); *Pfahl, Stange, in die Erde* enfoncer; ficher; planter (*auch Erbsen, Bohnen*); *Brosche, Abzeichen etc.* (*be-*

festigen) fixer, attacher, **mit e-r** *Nadel* épingler (an à); **in Brand** ~ mettre le feu à; incendier; **etw. in die Tasche** ~ mettre, glisser, F fourrer qc. dans sa poche; empocher qc.; *den Degen* **in die Scheide** ~ (r)engainer ...; **Geld in ein Unternehmen** ~ investir, placer, mettre, engager de l'argent dans une entreprise; **sich ein Ziel** ~ se proposer, se fixer, s'assigner un but; **j-m etw.** ~ faire savoir secrètement qc. à qn.; avertir qn. en sous-main de qc.; *fig.* **das wird er sich nicht hinter den Spiegel** ~ *cf.* **Spiegel 1.**; **s-e Nase in alles** ~ F fourrer son nez partout; **ins Gefängnis** ~ mettre, jeter en prison; *Vögel* **den Kopf unter die Flügel** ~ se cacher, se mettre la tête sous l'aile; **e-n Bleistift hinters Ohr** ~ se mettre un crayon à l'oreille; **er steckte die Zigarre in s-e Tasche** il glissa le cigare dans sa poche; **den Ring an den Finger** ~ passer la bague au doigt; mettre la bague à son doigt; **e-n Brief in den Briefkasten** ~ mettre une lettre à la boîte; **etw. durch etw.** ~ passer qc. à travers *od.* par qc.; **II** *v/i.* ⟨**steckt, steckte** *od.* **stak, gesteckt, h**⟩ (*sich befinden*) être; se trouver; (*befestigt sein*) être fixé, attaché (an à); tenir (à); *Pfahl, Stange, in der Erde* être enfoncé, fiché, planté (*auch Bohnen, Erbsen*) (in dans); (*hineingestopft sein*) F être fourré (in dans); **der Schlüssel steckt (in der Tür)** la clef est sur la porte, F dans la serrure; F **wo** ~ **Sie denn?** où êtes-vous donc?; F **da steckt sie!** la voilà!; F **immer zu Hause** ~ ne pas bouger de, se terrer chez soi; être casanier, -ère; F **die Kinder** ~ **den ganzen Tag bei Ihnen** les enfants passent, se tiennent toute la journée chez vous; **noch in den Kinderschuhen** ~ être encore dans l'enfance; **dahinter steckt etw.** il y a qc. là-dessous; F il y a anguille sous roche; **wer steckt dahinter?** qui est (là-)derrière?; **ich möchte nicht in s-r Haut** ~ je ne voudrais pas être dans sa peau; **tief in Schulden** ~ être fort endetté; être criblé de dettes; **in ihm steckt etw.** il a de l'étoffe; F il a qc. dans la tête, le crâne; **mit j-m unter e-r Decke** ~ être de complicité avec qn.; agir de connivence avec qn.; F être de mèche avec qn.; **voll von etw.** ~ être plein de qc.; **voller Bosheit** ~ être plein, pétri de malice; F **tief in der Arbeit** ~ être plongé dans le travail; **III** *v/réfl.* ⟨**h**⟩ **sich ein Ziel** ~ se proposer, se fixer, s'assigner un but; **sich hinter j-n** ~ faire agir qn.; **~ˌbleiben** *v/i.* ⟨*irr., sép.,* **-ge-, sein**⟩ *Fahrzeug im Schlamm, Schnee etc.* rester enfoncé (in dans); ne plus pouvoir avancer; ne pouvoir aller plus loin; être arrêté (in par); rester en panne; **im Dreck** ~ s'embourber; être embourbé; s'enliser; **in der Rede** ~ rester court; **im Halse, in der Kehle** ~ rester dans la gorge; **in den Anfängen** ~ en être resté au début; **~ˌlassen** *v/t.* ⟨*irr., sép., pas de ge-,* **h**⟩ **den Schlüssel** ~ laisser la clef sur la porte.

Steckenpferd [ˈʃtɛkənˌpfeːrt] *n der Kinder, enf.* dada *m* (*auch fig.*); *fig.* marotte *f*; violon *m* d'Ingres; *das, wovon man gern spricht* cheval *m* de bataille; *fig.* **jeder hat sein** ~ chacun a son dada; chaque fou a sa marotte; *fig.* **sein ~ reiten** enfourcher son dada.

Stecker [ˈʃtɛkər] *m* ⟨~s; ~⟩ *élect.* fiche *f*; **~ˌfassung** *f élect.* douille-voleuse *f.*

Steck|kissen [ˈʃtɛkˌkɪsən] *n* porte-bébé *m*; **~konˌtakt** *m élect.* prise *f* de courant; **~ling** *m* ⟨~s; ~e⟩ *jard.* bouture *f*; plant *m*; **~ˌnadel** *f* épingle *f*; **etw. wie e-e** ~ **suchen** chercher qc. longtemps et partout; **~nadelˌkopf** *m* tête *f* d'épingle; **~reis** *n jard. cf.* **~ling**; **~ˌrübe** *f bot.* rutabaga *m*; **~ˌschlüssel** *m* clef *f* à tube; **~schuß** *m chir.* (blessure *f* par) balle restée dans le corps; **~ˌzwiebel** *f jard.* oignon *m* de semence.

Steepler [ˈstiːplər] *m* ⟨~s; ~⟩ steeple-chaser *m.*

Steg [ʃteːk] *m* ⟨~(e)s; ~e⟩ **1.** (*Steig*) sentier *m*; sente *f*; **Weg u.** ~ **kennen** connaître tous les détours; **2.** (*kleine Brücke*) passerelle *f*; **3.** *mus., an Saiteninstrumenten* chevalet *m*; (*Hosen*2) sous-pied *m*; *e-r Brille* arcade *f*; *e-r Kette* étai *m*; entretoise *f*; *von Profileisen* âme *f*; *bât.* entretoise *f*; *auch e-r Säge* traverse *f*; *zwischen Löchern* intervalle *m*; **4.** *impr.* lingot *m*; cale *f*; réglette *f*; garniture *f*; **~ˌkasten** *m impr.* forêt *f*; **~ˌkette** *f* chaîne *f* à étais, à entretoises, entretoisée.

Stegreif [ˈʃteːkraɪf] *m* **aus dem** ~ sans préparation; à l'improviste; au pied levé; impromptu; **etw. aus dem** ~ **machen** improviser qc.; **aus dem** ~ **sprechen** improviser; parler impromptu; **~ˌdichter(in)** *m* (*f*) improvisateur, -trice *m, f*; **~ˌdichtung** *f* improvisation *f*; **~geˌdicht** *n* impromptu *m*; **~ˌrede** *f* discours impromptu, improvisé; improvisation *f*; **~ˌspiel** *n*, **~ˌstück** *n* impromptu *m.*

Steh|aufmännchen [ˈʃteːʔaufˌmɛnçən] *n* poussah *m*; bilboquet *m* (*auch fig.*); **~bierˌhalle** *f* débit *m* de bière; bar *m.*

stehen [ˈʃteːən] **I** *v/i.* ⟨**steht, stand (du standest, ihr standet), stünde** *od.* **stände, gestanden, h,** *südd.* **sein**⟩ être, rester, se tenir debout; (*sich befinden*) être; se trouver; (*nicht weichen*) ne pas reculer; tenir (bon, ferme); (*bestehen*) exister; *Uhr* être arrêté; **ich kann kaum noch** ~ je peux à peine me tenir debout; F *fig.* je n'ai plus de jambes; *im Wasser* ~ **können** avoir pied; ~ **bleiben** rester debout; **hier steht er** le voici; **so wahr ich hier stehe** aussi vrai que je suis là; **wieviel Betten können in diesem Zimmer** ~? combien cette chambre peut-elle contenir de lits?; **er stand am Fenster** il était à la fenêtre; **wo** ~ **diese Verse?** où se trouvent ces vers?; **der Turm steht auf e-r Anhöhe** la tour se dresse, s'élève sur une 'hauteur; **die Lampe steht auf dem Schreibtisch** la lampe est sur le bureau; **die Sonne steht hoch am Himmel** le soleil est 'haut dans le ciel; **nur e-e alte Mauer stand noch** il ne restait plus qu'un vieux mur; seul un vieux mur restait encore debout; **das Haus steht noch nicht lange** il n'y a pas longtemps que cette maison a été bâtie; **solange die Welt steht** *zurückschauend* depuis que le monde existe; depuis que le monde est monde; *in die Zukunft schauend* tant que le monde est monde; tant que le monde durera; **das Geschäft steht u. fällt mit ihm** toute l'affaire repose sur lui; *gr.* **der Artikel steht ...** on emploie l'article ...; **der Konjunktiv steht nach folgenden Verben** les verbes suivants régissent le subjonctif; **der Dativ steht auf die Frage „wem"** le datif répond à la question «à qui»; **wie steht der Dollar?** à quel taux est le dollar?; quel est le change du dollar?; *von Kleidern etc.* **j-m gut (schlecht)** ~ aller, seoir bien (mal) à qn.; **Rosa steht den Blonden** le rose va aux blondes; **das steht Ihnen vortrefflich** cela vous sied à merveille; **das steht ihr überhaupt nicht** F cela lui va comme un tablier à une vache; **gerade** ~ se tenir droit; *Wohnung* **leer** ~ être vide, vacant, inoccupé; *Gegenstand* **fest** ~ être fixe; ne pas être branlant; **schief** ~ pencher; ne pas être d'aplomb; **gut (schlecht)** ~ être en bon (mauvais) état; aller bien (mal); **die Saat steht gut** les semences lèvent, poussent bien; *Tür etc.* **offen** ~ être ouvert; **das Geld steht sicher** le placement de cet argent est tout à fait sûr; **sich gut** ~ vivre dans l'aisance; avoir de quoi vivre; **sich gut bei etw.** ~ trouver son compte à qc.; **sich auf 3000 Mark** ~ disposer de 3000 marks; avoir un traitement de ...; avoir ... de revenu; **das wird ihm** *od.* **ihn teuer zu** ~ **kommen** cela lui reviendra, coûtera cher; *die Sache* **steht so, daß ...** en est arrivée au point que ...; **so steht's also?** en sommes-nous là?; **so wie die Dinge** ~ dans ces circonstances; **so wie die Dinge nun einmal** ~ au point où nous en sommes; **wie steht das Spiel?** où en est le match?; **das Spiel steht 2 zu 3** le match en est à 2 à 3; **das Spiel steht 1 zu 1** le match en est à un but partout; **es steht geschrieben** il est écrit; **was steht auf dem Plakat?** qu'est-ce qu'il y a d'écrit sur l'affiche?; **es steht nun einmal so da** ce qui est écrit est écrit; **da steht's** (*in diesem Buch*) c'est là; le voilà; **auf dem Denkmal steht ...** le monument porte ...; **so wie er ging u. stand** tel qu'il était; **ich weiß nicht, wo mir der Kopf steht** je ne sais où donner de la tête; **es steht zu erwarten, daß ...** on peut s'attendre à ce que ... (+ *subj.*); **es steht zu befürchten** il est à craindre; **Modell** ~ servir de modèle (j-m à qn.); **Posten** ~ être de faction, en sentinelle; **Schlange** ~ faire la queue; **Pate** ~ être parrain, marraine; *fig.* parrainer (bei etw. qc.); **s-n Mann** ~ payer de sa personne; être à la hauteur de sa tâche; tenir sa place (au combat); **j-m Rede u. Antwort** ~ rendre compte à qn.; répondre à qn.; **ein Gewitter steht am Himmel** il y a de l'orage dans l'air; **auf eigenen Füßen** ~ être indépendant; voler de ses propres ailes; *Argument* **auf schwachen Füßen** ~ ne pas tenir debout; ne pas être solide; manquer de fondement; **auf gutem (schlechtem) Fuße mit j-m** ~ être en bons (mauvais) termes avec qn.; **auf den Zehenspitzen** ~ être, rester, demeurer sur la pointe des pieds; **auf dem Spiel** ~ être en jeu; **Schweißperlen standen ihm auf der Stirn** des gouttes de sueur perlaient, ruisselaient sur son front; **die Aktien** ~ **auf ...** les actions sont à ...; **auf dem Kopf** ~ être renversé; **auf e-r Liste** ~ figurer sur une liste; *das Barometer* **steht auf Regen ...** est à la pluie; *Signal etc.* **auf „Halt"** ~ être à l'arrêt; *Zeiger* **auf 3 Uhr** ~ marquer 3 heures; **darauf steht der Tod** c'est défendu sous peine de mort; **darauf** ~ **hundert Mark Belohnung** il y aura cent marks de récompense; **auf dem Programm** ~ être au programme; **auf j-s Seite** ~ être du parti de qn.; **es steht bei Ihnen, zu ...** (+ *inf.*) vous êtes libre de ... (+ *inf.*); libre à vous de ... (+ *inf.*); **es steht nicht bei mir, zu ...** (+ *inf.*) il ne dépend pas de moi de ... (+ *inf.*); **bei j-m Geld** ~ **haben** avoir de l'argent placé chez qn.; F **das steht mir bis hierher** j'en ai jusque-là; j'en ai par-dessus la tête; *fig.* hinter j-m ~ *fig.* être derrière qn.; soutenir qn.; *das Adverb* **steht hinter dem Verb** ... se met après le verbe; **in Blüte** ~ être en fleurs; **in Flammen** ~ être en flammes; **im Widerspruch** ~ zu être en contradiction avec; **in der Zeitung** ~ être dans le journal; **im Briefwechsel** ~ **mit j-m** être en correspondance avec qn.; **j-m im Wege** ~ barrer la route à qn.; être dans *od.* sur le chemin de qn.; *fig.* faire obstacle à qn.; contrarier qn.; contrecarrer les projets de qn.; **in schlechtem Ruf** ~ avoir mauvaise réputation; **mit j-m in Verbindung** ~ être en relations avec qn.; **bei j-m in Arbeit** ~ travailler chez qn.; être en service chez qn.; **davon steht nichts in dem Brief** la lettre n'en dit rien; **Tränen standen ihm in den Augen** il avait les larmes aux yeux; ses yeux étaient remplis de larmes; **das steht nicht in meiner Macht** ce n'est pas en mon pouvoir; **es steht nicht in meiner Absicht** il n'est pas, il n'entre pas dans mes intentions; **in** *od.* **im Verdacht** ~, **zu** ... (+ *inf.*) être soupçonné, suspect de ... (+ *inf.*); F **sich die Beine in den Bauch** ~ attendre longuement; **ich stehe nicht allein mit meiner Meinung** je ne suis pas seul de mon avis; **wie steht's mit ihm?** comment vont ses affaires?; *mit e-m Kranken* comment va-t-il?; **es steht schlecht mit ihm** ses affaires vont mal; *mit e-m Kranken* il va mal; **wie steht es mit s-m Prozeß?** où en est-il de *od.* avec son procès?; **wie steht's mit Ihrer Gesundheit?** comment va la santé?; **(sich) gut mit j-m** ~ être bien avec qn.; être en bons termes avec qn.; **mit j-m nicht besonders gut** ~ être en froid avec qn.; **nach Süden** ~ *Wind* être orienté au sud; *Wetterfahne* être tourné vers le sud; **danach steht mein Sinn** c'est à cela que j'aspire; **über den Dingen** ~ être au-dessus de la situation, des choses; **über (unter) j-m** ~ être supérieur (inférieur) à qn.; être le supérieur (l'inférieur) de qn.; **um j-n herum** ~ entourer qn.; **unter Wasser** ~ être inondé; **unter Waffen** ~ être sous les armes; **unter j-s Leitung** ~ être sous la direction de qn.; **vor der vollendeten Tatsache** ~ être placé, se trouver devant le fait accompli; **vor der Verwirklichung** ~ être à la veille de la réalisation, d'être réalisé; **er steht mir immer vor Augen** il est toujours présent à *od.* devant mes yeux; **zu j-m** ~ tenir à qn.; **zu s-m Wort** ~ tenir sa parole, sa promesse; **die Haare** ~ **ihm zu Berge** les cheveux se dressent sur sa tête; **j-m zur Seite** ~ seconder, assister, soutenir qn.; *e-e Summe etc.* **zur Verfügung** ~ être disponible; **j-m zur Verfügung** ~ être à la disposition de qn.; **j-m zu Diensten** ~ être aux ordres de qn.; **alles steht zu Ihren Diensten** tout est à votre disposition; **was steht zu Diensten?** qu'y a-t-il pour votre service?; **zur Debatte** ~ être discuté; être mis en discussion; **zum Verkauf** ~ être à vendre; **II** 2 *n* ⟨~s⟩ station *f* debout; *meist verbal*; **das** ~ **fällt ihm schwer** il ne peut pas rester longtemps debout; **im ~ schlafen** dormir debout; **zum** ~ **bringen** arrêter; stopper; *Angriff* enrayer; *Truppen* réussir à arrêter; **zum ~ kommen** s'arrêter; *Truppen* s'accrocher au terrain; se ressaisir; **~ˌbleiben** *v/i.* ⟨*irr.*, *sép.*, -ge-, sein⟩ *Mensch, Auto, Uhr* s'arrêter; *Mensch* (*keine Fortschritte machen*) ne pas progresser; rester au même point; rester stationnaire; **drei Fehler sind stehengeblieben** trois fautes ont échappé, sont restées; **ein Schirm ist stehengeblieben** un parapluie a été oublié; on a laissé, oublié un parapluie; **wo sind wir stehengeblieben?** où en sommes-nous (restés)?; **plötzlich** ~ F s'arrêter pile; **~d** *adjt.* (*nicht liegend*) debout; *Ventil* vertical; *Fahrzeug, Zug* à l'arrêt; *Heer* permanent; *milit., Ziel* fixe; **~e Gewässer** eaux stagnantes, dormantes; **~e Redensart** locution consacrée, toute faite, courante; **~e Gewerbe** métiers sédentaires; **~en Fußes** sur-le-champ; immédiatement; de ce pas; incontinent; **~ˌlassen** *v/t.* ⟨*irr.*, *sép.*, *pas de ge-*, *im Passiv* -ge-, h⟩ laisser; *Speise* laisser là; ne pas toucher (à); *Schirm etc.* laisser; oublier; *Fehler* laisser passer, échapper; *Geschriebenes an der Tafel* ne pas effacer; **den Bart** ~ laisser pousser, croître sa barbe; **j-n** ~ planter là qn.; P plaquer qn.; laisser tomber qn.; **alles stehen- u. liegenlassen** quitter tout; P plaquer tout.

Steher [ˈʃteːər] *m* ⟨~s; ~⟩ *Sport* stayer *m*; **~ˌrennen** *n Radsport* course *f* derrière moto; *Pferderennen* course *f* de fond.

Steh|kragen [ˈʃteːˌkraːgən] *m* col, collet montant; **~ˌlager** *n techn.* crapaudine *f*; palier vertical; **~ˌlampe** *f* lampadaire *m*; **~ˌleiter** *f* échelle *f* double.

stehlen [ˈʃteːlən] **I** *v/t. u. v/i.* ⟨**stiehlt, stahl, stöhle** *od.* **stähle, gestohlen,** h⟩ voler; dérober; soustraire; *bibl.* **du sollst nicht ~!** tu ne déroberas point!; *fig.* F **dem lieben Herrgott die Zeit, den Tag** ~ F ne pas faire œuvre de ses dix doigts; flâner; paresser; musarder; s'amuser à des riens; perdre son temps à des riens; P tirer, battre sa flemme; **j-m die Zeit** ~ faire perdre son temps à qn.; **ich muß mir die Zeit dazu förmlich** ~ j'en suis réduit à voler le temps pour le faire; F **er kann mir gestohlen bleiben** je me moque de lui; F qu'il aille au diable; P je me fiche, fous pas mal de lui; **gestohlenes Gut** larcin *m*; **II** *v/réfl.* **sich ins Haus** ~ s'introduire, glisser furtivement, à la dérobée dans la maison; **sich aus dem Haus** ~ sortir furtivement, à la dérobée, s'échapper de la maison; **sich in j-s Vertrauen** ~ capter la confiance de qn.; **III** 2 *n* ⟨~s⟩ vol *m*.

Steh|platz [ˈʃteːplats] *m* place *f* debout; *thé. auch* promenoir *m*; **~pult** *n* pupitre *m* pour écrire debout; **~satz** *m impr.* F marbre *m*; conserve *f*; **~verˌmögen** *n fig., Sport, milit.* endurance *f*.

Steiermärk|er(in) [ˈʃtaɪərˌmɛrkər(ɪn)] *m* ⟨~s; ~⟩ (*f*) ⟨~; ~nen⟩ Styrien, -nne *m, f*; **2isch** *adj.* styrien, -nne; de la Styrie.

steif [ʃtaɪf] *adj.* raide; rigide; inflexible; *Glieder, als dauernder Zustand* raide; *vor Kälte* engourdi; *Hände, Finger auch* gourd; *Gelenke* ankylosé; *physiol., Penis* raide; en érection; *Kragen* empesé; *Hut* dur; melon; *Brei* épais, -sse; consistant; *Grog* fort; *fig. in der Bewegung* (*linkisch*) gauche; raide; lourd; sans grâce; *im Benehmen* compassé; (*gezwungen*) contraint; guindé; (*förmlich*) cérémonieux, -euse; ~ **werden** se raidir; *Gelenke* s'ankyloser; *Glieder* s'engourdir; *méd.* **~er Hals** torticolis *m*; *mar.* **~e Brise** forte, jolie brise; *mar.* **~er Wind** grand frais; ~ **u. fest behaupten, daß** ... prétendre avec obstination que ...; soutenir opiniâtrement, F mordicus que ...; **2e** *f* ⟨~; ~n⟩ **1.** *cf.* **2heit**; **2.** *für Wäsche* empois *m*; *für Stoffe* encollage *m*; apprêt *m*; *charp.* (*Stütze*) étai *m*; étançon *m*; étrésillon *m*; **~en I** *v/t.* ⟨h⟩ *Wäsche* empeser; amidonner; *fig.* **j-m den Nacken** ~ encourager qn.; affermir qn. dans sa résolution; **II 2en** *n* ⟨~s⟩ amidonnage *m*; empesage *m*; **~ˌhalten** *v/t.* ⟨*irr.*, *sép.*, -ge-, h⟩ *fig.* F **die Ohren** ~ ne pas perdre courage; se tenir bien; *fig.* **den Nacken** ~ tenir tête; tenir bon; ne pas céder; garder sa position; se maintenir; **2heit** *f* ⟨~⟩ raideur *f*; ridigité *f*; *der Gelenke* ankylose *f*; *fig., in der Bewegung* gaucherie *f*; raideur *f*; *im Benehmen* contrainte *f*; **2ˌleinen** *n cout.* bougran *m*; **2ˌwerden** *n* raidissement *m*; *physiol., des Penis* érection *f*.

Steig [ʃtaɪk] *m* ⟨~(e)s; ~e⟩ sentier *m*; sente *f*; **~ˌbügel** *m* étrier *m* (*auch anat.*); **~bügelˌriemen** *m* étrivière *f*; **~e** *f* ⟨~; ~n⟩ **1.** (*steile Fahrstraße*) côte *f*; montée *f*; F coup *m* de cul; **2.** *für Obst* cageot *m*; **~ˌeisen** *n* crampon *m*; grappin *m*; *am Schornstein* échelon *m* (en fer).

steigen [ˈʃtaɪgən] **I** *v/i.* ⟨**steigt, stieg, gestiegen, sein**⟩ monter; *auf e-n Berg* gravir; *auf e-n Baum, auf das Dach* (*klettern*) grimper (sur); *Flugzeug* prendre de la hauteur; s'élever; monter; *Pferd* se cabrer; *Fieber, Barometer* monter; *Nebel, Temperatur* s'élever; *Wasser* monter; être en crue; *fig.* (*zunehmen*) s'accroître; *Preise, Kurse* monter; 'hausser; être en 'hausse; F *fig. Feier, Fest* (*stattfinden*) avoir lieu; **auf e-n Berg** ~ gravir une, faire l'ascension d'une montagne; **auf die Leiter** ~ monter à l'échelle; **aufs Pferd** ~ monter à cheval; *fig.* F **j-m aufs Dach** ~ donner, taper sur les doigts à qn.; **aus dem Auto** ~ descendre de (la) voiture; **aus dem Bett** ~ sortir, sauter du lit; **aus dem Fenster** ~ sortir, sauter par la fenêtre; **durch das Fenster** ~ passer, entrer, sortir par la fenêtre; **ins Bad** ~ se mettre au bain; entrer dans le bain; **ins Bett** ~ se mettre au lit; **in den Keller** ~ descendre à la cave; F **ins Examen** ~ passer, subir un examen; **in den Wagen** ~ monter en voiture; **das Blut steigt mir in den Kopf** le sang me monte à la tête; **in j-s Achtung** ~ monter dans l'estime de qn.; **die Röte stieg ihm ins Gesicht** le rouge lui monta aux joues; *Waren* **im Preis** ~ augmenter de prix; (r)enchérir; **über die Mauer** ~ passer par-dessus le mur; franchir, F *fig.* sauter, *bes. milit.* faire le mur; **vom Pferd** ~ descendre de cheval; **zu Kopfe** ~ monter à la tête; *Wein auch* entêter; être capiteux, -euse; **e-n Drachen** ~ **lassen** faire évoluer, voler un cerf-volant; *Feuerwerk* **e-e Rakete** ~ **lassen** tirer, faire partir une fusée; *Börse* **~de Tendenz** tendance à la hausse; **~de Bedeutung, Konkurrenz, Unkosten** importance, concurrence croissante; frais croissants, de plus en plus élevés; **II** 2 *n* ⟨~s⟩ montée *f*; ascension *f*; *des Wassers* crue *f*; *fig.* (*Zunahme*) accroissement *m*; augmentation *f*; *der Preise* 'hausse *f*; enchérissement *m*; *der Kurse* 'hausse *f*; montée *f*; **erneutes** ~ **der Preise u. der Löhne** nouvelle poussée, augmentation des prix et salaires; **im** ~ **befindlich** en progression.

Steiger ['ʃtaɪgər] *m* ⟨~s; ~⟩ *mines* porion *m*.

Steigerer ['ʃtaɪgərər] *m* ⟨~s; ~⟩ *bei e-r Versteigerung* enchérisseur *m*.

steiger|n ['ʃtaɪgərn] *v/t. u. v/réfl.* ⟨-(e)re, h⟩ *Preise* augmenter; faire monter, 'hausser; *Ansprüche* élever; accroître; *Miete* augmenter; 'hausser; *Leistung, Produktion* accroître; élever; augmenter; intensifier; pousser; *auf e-r Auktion* faire une offre; enchérir; *gr.* mettre au comparatif, au superlatif; **sich ~** monter; augmenter; s'intensifier; **der Schmerz steigerte sich bis zur Unerträglichkeit** la douleur s'intensifia, augmenta, grandit jusqu'à devenir insupportable; **die Geschwindigkeit ~** forcer l'allure; **2ung** *f* ⟨~; ~en⟩ *der Preise* augmentation *f*; 'hausse *f*; *der Ansprüche* élévation *f*; accroissement *m*; *der Miete* augmentation *f*; 'hausse *f*; *der Produktion, Leistung auch* intensification *f*; accroissement *m*; poussée *f*; *gr.* degrés *m/pl.* de comparaison; **2ungs,stufe** *f gr.* degré *m* de comparaison.

Steig|fähigkeit ['ʃtaɪk,fɛːɪçkaɪt] *f* ⟨~⟩ *aviat.* capacité ascensionnelle; *Auto* aptitude *f* en côte; **~flug** *m aviat.* vol ascendant; (vol *m* en) montée *f*; cabré *m*; **~ge,schwindigkeit** *f aviat.* vitesse ascensionnelle; **~,höhe** *f aviat.* plafond *m*; 'hauteur *f* d'ascension; *e-s Geschosses* portée verticale; **~,leistung** *f aviat.* puissance ascensionnelle; **~,leiter** *f* échelle *f*; **~,leitung** *f für Gas, Wasser, élect.* colonne montante; **~rad** *n in der Uhr* roue *f* de rencontre; **~rohr** *n e-r Pumpe* tuyau *m*, colonne *f* d'ascension; **~- u. 'Sinkge,schwindigkeits,messer** *m* ⟨~s; ~⟩ *aviat.* variomètre *m*; **~ung** *f* ⟨~; ~en⟩ montée *f*; rampe *f*; *e-r Straße auch* côte *f*; *e-s Kegels* conicité *f*; (*Gewinde2*) pas *m*; **starke ~** forte rampe; montée escarpée, raide; **~ in %** taux de la rampe en %; **~ungs,messer** *m* ⟨~s; ~⟩ clinomètre *m*; **~ungs,tafel** *f chem.* indicateur *m* de déclivité; **~ungs,winkel** *m* angle *m* d'inclinaison, de montée; *aviat., am Propellerblatt* pas *m* d'hélice.

steil [ʃtaɪl] *adj.* escarpé; abrupt; raide; à pic (*auch adv.*); *Flugbahn* courbe; plongeant; **~er Pfad** raidillon *m*; **~ ansteigen** *Kurve* monter en flèche; *Weg* monter à pic; *aviat.* **~ in die Höhe fliegen** monter en chandelle; **2e** *f* ⟨~⟩ *cf.* **2heit**; **2,feuer** *n milit.* tir *m* courbe, plongeant, sous un grand angle, vertical; **2feuerge,schütz** *n milit.* canon *m*, pièce *f* à tir courbe; **2flug** *m aviat.* (montée *f* en) chandelle *f*; **2hang** *m* escarpement *m*; pente *f* raide, abrupte, escarpée; **2heit** *f* ⟨~⟩ raideur *f*; *e-s Abhangs* rapidité *f*; **2,kurve** *f aviat.* virage *m* à la verticale; **2,küste** *f* falaise *f*; **2paß** *m Fußball* passe *f* en chandelle; **2schrift** *f* écriture droite; **2,ufer** *n* rive escarpée; **2wand** *f im Gebirge* paroi *f*, versant *m* à pic.

Stein [ʃtaɪn] *m* ⟨~(e)s; ~e⟩ pierre *f*; (*Kiesel2*) caillou *m*; *im Steinobst* noyau *m*; *bei e-m Brettspiel* pion *m*; *beim Domino* domino *m*; *méd.* calcul *m*; concrétion *f*; *kurz für* (*Edel2*) pierre précieuse; (*Grab2*) pierre tombale; (*Gedenk2*) monument *m*; (*Bau2*) pierre *f* à bâtir; **behauener, geschliffener, polierter ~** pierre taillée, polie; **der ~ der Weisen** la pierre philosophale; *fig.* **~ des Anstoßes** *cf.* **Anstoß**; **aus ~** de *od.* en pierre; **~ für ~** pierre à *od.* par pierre; **keinen ~ auf dem andern lassen** ne pas laisser pierre sur pierre; **j-n mit ~en werfen** jeter, lancer des pierres à qn.; *bibl.* **den ersten ~ werfen** jeter la première pierre (nach, auf à); **ein Feld von ~en säubern** épierrer un champ; **zu ~ werden** se pétrifier; *fig.* **ein Herz von ~** un cœur de pierre; **mir fällt ein ~ vom Herzen** me voilà soulagé d'un grand poids; *fig.* **j-m ~e in den Weg legen** traverser les projets de qn.; mettre des bâtons dans les roues à qn.; faire des difficultés à qn.; **über Stock u. ~** à travers champs; **es friert ~ u. Bein** il gèle à pierre fendre; **~ u. Bein schwören** F jurer ses grands dieux; *fig.* **den ~ ins Rollen bringen** lever le lièvre; *fig.* **der ~ kommt ins Rollen** le destin suit son cours; *fig.* **bei j-m e-n ~ im Brett haben** être (bien) dans la manche de qn.; être dans les bonnes grâces de qn.; avoir toutes les faveurs de qn.; *fig.* **es wird dir kein ~ aus der Krone fallen** cela ne touchera pas à ta dignité; **das könnte e-n ~ erbarmen** cela pourrait faire pleurer les pierres; **das ist ein Tropfen auf den heißen ~** c'est une goutte d'eau dans la mer; **steter Tropfen höhlt den ~** *prov.* petit à petit l'oiseau fait son nid *prov.*; **~,adler** *m zo.* aigle royal, fauve, doré; **2'alt** F *adj.* extrêmement vieux, vieille; F vieux, vieille comme les rues, comme les maisons, comme les pierres, comme le monde, comme Mathusalem; **2,artig** *adj.* de la nature de la pierre; pierreux, -euse; *minéral. sc.* lithoïde; **~axt** *f hist.* 'hache *f* de pierre; **~bank** *f* ⟨~; ⸗e⟩ banc *m* de pierre; *géol.* banc *m*, lit *m* de pierres; **~bau** *m* ⟨~(e)s; ~ten⟩ construction *f* en pierre; **~,baukasten** *m* boîte *f* de construction; **~be,kleidung** *f bât.* revêtement *m* en pierre; **~,bettung** *f Straßenbau* lit *m* de cailloux; plate-forme *f* de pierre; **~bild** *n* statue *f* de pierre; **~,bildung** *f méd.* formation *f* de concrétions pierreuses; *sc.* lithiase *f*; **~block** *m* bloc *m* de pierre; **~bock** *m zo.* bouquetin *m*; *astr.* Capricorne *m*; **~,boden** *m* sol pierreux; *bât.* dallage *m*; carrelage *m*; **~,bohrer** *m* trépan *m*; **~brech** *m* ⟨~(e)s; ~e⟩ *bot.* saxifrage *f*; **~,brecher** *m* carrier *m*; *als Maschine* concasseur *m*; **~brechge,wächse** *n/pl. bot.* saxifrag(ac)ées *f/pl.*; **~bruch** *m* carrière *f*; **~bruch,arbeiter** *m*, **~bruchbe,sitzer** *m* carrier *m*; **~,brücke** *f* pont *m* en pierre; **~butt** *m zo.* turbot *m*; **~damm** *m* digue *f* en pierre; **~druck** *m* ⟨~(e)s; ~e⟩ *impr.* lithographie *f*; **~drucke,rei** *f* lithographie *f*; **~,eiche** *f bot.* (chêne *m*) rouvre *m*; **2ern** *adj.* de *od.* en pierre; *fig. auch* insensible; de marbre; **~es Herz** cœur de pierre; **~er,weichen** *n fig.* **das ist zum ~** c'est à faire pleurer les pierres; cela crève le cœur; **~fi,gur** *f* statue *f* de pierre; **~,fliese** *f* dalle *f*; **~frucht** *f bot.* fruit *m* à noyau; *sc.* drupe *f od. m*; **~,fußboden** *m* dallage *m*; carrelage *m*; **~,garten** *m* jardin alpin; **~gut** *n* ⟨~(e)s; ~e⟩ faïence *f*; grès *m* (cérame); **2,guten** *adj.* de faïence; de grès; **~gutfa,brik** *f* faïencerie *f*; **~gutfabri,kant** *m* faïencier *m*; **~gutge,schirr** *n* (poterie *f* de) faïence *f*; **~,hagel** *m* grêle *f* de pierres; **2'hart** *adj.* dur comme (la) pierre; **~,haue** *f* pic *m*; **~,hauer** *m* tailleur *m* de pierre; **~,haufen** *m* tas *m*, monceau *m* de pierres; *fig.* ruines *f/pl.*; **e-e Stadt in e-n ~ verwandeln** raser une ville; **~huhn** *n zo.* bartavelle *f*; **2ig** *adj.* pierreux, -euse; caillouteux, -euse; (*mit kleinen Steinen besät*) rocailleux, -euse.

steinig|en ['ʃtaɪnɪgən] *v/t.* ⟨h⟩ *hist.* lapider; **2ung** *f* ⟨~; ~en⟩ lapidation *f*.

Stein|kauz ['ʃtaɪnkaʊts] *m zo.* chevêche *f*; **~kitt** *m* lithocolle *f*; **~klee** *m bot.* mélilot *m*; **~,klopfer** *m* casseur *m* de pierres; **~,kohle** *f* 'houille *f*; charbon *m* de terre; **~kohlen,asche** *f* fraisil *m*; **~kohlen,becken** *n* bassin 'houiller; **~kohlen,bergbau** *m* ⟨~(e)s⟩ charbonnages *m/pl.*; **~kohlen,bergwerk** *n* 'houillère *f*; mine *f* de houille; charbonnage *m*; **~kohlen,flöz** *n mines* couche *f*, veine *f* de houille; **~kohlenformati,on** *f géol.* carbonifère *m*; **~kohlen,gas** *n* gaz *m* de houille; **~kohlen,grube** *f cf.* **~kohlenbergwerk**; **2kohlen,haltig** *adj.* 'houilleux, -euse; **~kohlen,heizung** *f* chauffage *m* au charbon de terre; **~kohlenre,vier** *n* bassin 'houiller; **~kohlen,teer** *m* goudron *m* minéral, de houille; coaltar [kɔltaːr] *m*; **~krug** *m* cruche *f* de grès; **~,kruste** *f* croûte pierreuse; **~,kunde** *f* minéralogie *f*; lithologie *f*; **~la,wine** *f* avalanche *f* de pierres; **~,marder** *m zo.* fouine *f*; **~,meißel** *m* ciseau *m* (à pierre); *sculp.* repoussoir *m*; **~,mergel** *m minéral.* marne *f* pierreuse; **~metz** *m* ⟨~en; ~en⟩ tailleur *m* de pierre; **~,nelke** *f bot.* œillet velu; **~obst** *n* fruits *m/pl.* à noyau; **~öl** *n* pétrole *m*; naphte *m*; huile minérale; **~operati,on** *f chir. sc.* lithotomie *f*; **~,packung** *f Straßenbau* empierrement *m*; **~,pflaster** *n* pavé *m*; *mit Steinplatten* dallage *m*; carrelage *m*; **~pilz** *m bot.* cèpe *m* de Bordeaux; **~,platte** *f* dalle *f*; carreau *m*; **mit ~n auslegen** daller; carreler; **~platten,weg** *m* chemin dallé; **~,regen** *m* pluie *f* de pierres; **2'reich** F *adj.* richissime; prodigieusement, très riche; **~ sein** être un Crésus; être cousu d'or; rouler sur l'or; **~,rinne** *f* pierrée *f*; **~,säge** *f* scie *f* à pierre; **~salz** *n minéral.* sel *m* gemme; **~salz,lager** *n* dépôt *m* de sel gemme; **~,samen** *m bot.* grémil *m*; **~,sammlung** *f* collection *f* de minéraux, de pierres; **~sarg** *m* sarcophage *m*; **~schicht** *f* couche *f* de pierres; *géol.* banc *m* de pierres; **~schlag** *m im Gebirge* chute *f* de pierres; éboulement *m*; (*Schotter*) pierres concassées; *chem.* ballast *m*; **~schlagge,fahr** *f* danger *m* d'éboulement; chute *f* de pierres; **~,schleifer** *m* polisseur *m* de pierres; **~,schleuder** *f* fronde *f*; lance-pierres *m*; **~schneide,kunst** *f* (art *m* de la) gravure sur pierres fines; *sc.* glyptique *f*; **~,schneider** *m* lapidaire *m*; **~schnitt** *m cf.* **~schneidekunst**; **~,schotter** *m* pierres concassées; *chem.* ballast *m*; **mit ~ belegen** empierrer; **~schrift** *f impr.* lettres *f/pl.* onciales; **~,schüttung** *f* ⟨~⟩ empierrement *m*; **~,setzer** *m* paveur *m*; **~staub** *m* poussière *f* de pierre; **~,tafel** *f* table *f* de pierre; **~topf** *m* pot *m* de grès; **~wurf** *m* **das ist nur e-n ~ weit** ce n'est pas loin d'ici; c'est à deux pas d'ici; **~,zange** *f chir.* tenettes *f/pl.*; **~,zeichnung** *f* lithographie *f*; **~zeit** *f* ⟨~⟩ âge *m* de la pierre; **2,zeitlich** *adj.* de l'âge de la pierre; **~zer,malmer** *m* ⟨~s; ~⟩ *chir. sc.* lithotriteur *m*; **~zer,trümmerung** *f chir. sc.* lithotritie *f*; **~zeug** *n* poterie *f* de grès; gresserie *f*.

steirisch ['ʃtaɪrɪʃ] *adj. cf.* **steiermärkisch**.

Steiß [ʃtaɪs] *m* ⟨~es; ~e⟩ derrière *m*;

F croupion *m*; *méd.* siège *m*; **~bein** *n anat.* coccyx [kɔksis] *m*; **~geˌburt** *f méd.* accouchement *m* par le siège; **~ˌfüße** *m/pl. zo.* grèbes *m/pl.*; **~ˌlage** *f méd.* présentation *f* du siège; **~ˌtrommler** *péj.* F *m péj., écol.* pion *m.*

Stele ['steːlə] *f* ⟨~; ~n⟩ stèle *f.*

Stellage [ʃtɛ'laːʒə] *f* ⟨~; ~n⟩ **1.** (*Gestell*) chevalet *m*; tréteau *m*; **2.** *comm. auch* **~geˌschäft** *n* stellage *m*; opération *f* à double prime.

Stelldichein ['ʃtɛldɪçˌʔaɪn] *n* ⟨~(s); ~s⟩ rendez-vous *m*; P rancart *m*; **j-m ein ~ geben** donner un rendez-vous à qn.; **sich ein ~ geben** prendre rendez-vous; **nicht zum ~ kommen** ne pas venir à un rendez-vous; F poser un lapin à qn.; faire faux bond à qn.

Stelle ['ʃtɛlə] *f* ⟨~; ~n⟩ **1.** (*Ort*) place *f*; lieu *m*; endroit *m*; emplacement *m*; **harte ~** *in etw. Weichem* endroit dur; **rauhe ~** rugosité *f*; **an der richtigen ~** au bon endroit; *wo etw. hingehört* à sa place; **an derselben ~** au même endroit; **wenn ich an Ihrer ~ wäre** si j'étais à votre place; F si j'étais de vous; **an Ihrer ~ würde ich es tun** à votre place je le ferais; **an ~ von** à la place de; au lieu de; **Haß ist an die ~ der Liebe getreten** la haine a pris la place de, s'est substituée à, a remplacé l'amour; **an erster, letzter ~ kommen, stehen** venir en premier, en dernier lieu; venir au premier, dernier rang; **an höherer ~** en 'haut lieu; **an Ort u. ~** sur les lieux; sur place; **sich an Ort u. ~ begeben** se rendre sur place; **sich an Ort u. ~ einfinden** se trouver à l'endroit convenu; **an Ort u. ~ gelangen** arriver à destination; **an Ort u. ~ bringen** mettre à sa place; **j-n (etw.) an die ~ von j-m (von etw.) setzen** substituer qn. (qc.) à qn. (à qc.); **sich an j-s ~ setzen** se substituer à qn.; **an j-s ~ treten** prendre la place de qn.; remplacer qn.; être en lieu et place de qn.; prendre le relais; *fig.* **auf der ~!** sur-le-champ!; tout de suite!; *Rad* **sich auf der ~ drehen** patiner; **auf der ~ treten, nicht von der ~ kommen** (*auch fig.*) marquer le pas; piétiner; ne pas avancer (*alle auch fig.*); **sich nicht von der ~ rühren** ne pas bouger; **er ist nicht von der ~ zu bringen** impossible de le faire bouger, de le déloger, de lui faire quitter la place; **zur ~ sein** être présent; **zur ~!** présent!; **zur ~ schaffen** amener; *Sachen* apporter; **2.** (*Posten, Amt*) place *f*; emploi *m*; poste *m*; charge *f*; **offene, freie ~** place vacante; emploi vacant; vacance *f*; **sich um e-e ~ bewerben** solliciter une place; se mettre sur les rangs (pour obtenir une place); **j-m e-e ~ verschaffen** procurer un emploi à qn.; placer, caser qn.; **e-e ~ ausschreiben** mettre une place au concours; **e-e (freie) ~ besetzen** suppléer à une vacance; **3.** (*Behörde*) autorité *f*; bureau *m*; office *m*; organisme *m*; **sich an die zuständige ~ wenden** s'adresser à l'autorité compétente; **halbamtliche ~n** organismes semi-officiels; **4.** *in e-m Schrift- od. Musikstück* passage *m*; endroit *m*; **an anderer ~** dans un autre passage; **5.** (*Dezimal*2) décimale *f*; **diese Zahl hat drei ~n** ce nombre a trois chiffres.

stellen ['ʃtɛlən] **I** *v/t.* ⟨h⟩ (*nicht legen*) mettre debout; (*setzen, legen*) mettre; poser; placer; (*auf~*) poster; *in e-r bestimmten Ordnung* ranger; disposer; *Verbrecher, Wild* arrêter; *Fallen, Netze* tendre; *Frage* poser; *Aufgabe* imposer; donner; *Bedingungen* mettre; poser; *Termin* fixer; *Diagnose* faire; *Horoskop* dresser; *Truppenkontingent, Ersatzmann, Bürgen, Kaution* fournir; *Geiseln* livrer; fournir; remettre; *Maschine, Schraube, Uhr* régler; mettre au point; *Weiche* manœuvrer; **höher ~** placer plus 'haut; *fig.* mettre au-dessus de; préférer; *Speisen* **kalt ~** laisser refroidir; *Champagner* frapper; **warm ~** tenir (au) chaud; maintenir chaud; *Radio* **leiser ~** baisser la puissance; **von Hause aus so gestellt sein, daß man ...** être dans une situation (de fortune) qui permet de ... (+ *inf.*); **gut gestellt sein** vivre dans l'aisance; avoir de quoi vivre; **ganz auf sich gestellt** sans (l')aide, (l')appui de personne; **das wirkt gestellt** tout cela a l'air quelque peu arrangé; **e-n Antrag ~** faire une demande; *im Parlament* présenter une motion; **die Bedingung ~, daß ...** mettre pour condition que ...; **den Feind ~** engager le combat; en venir aux prises avec, accrocher l'ennemi; **j-m ein Bein ~** (*auch fig.*) faire un croche-pied à qn.; faire un croc-en-jambe à qn. (*auch fig.*); **e-e Leiter an die Wand ~** appuyer, placer, poser une échelle contre le mur; **j-n an die Wand ~** (*erschießen*) fusiller qn.; F coller qn. au mur; **j-n auf die Probe ~** mettre qn. à l'épreuve; *fig.* **das ganze Haus auf den Kopf ~** mettre tout sens dessus dessous; **in den Schuppen ~** remiser; **in den Stall ~** mettre à l'étable; établer; *Pferde* mettre à l'écurie; **den Wagen in die Garage ~** mettre sa voiture au garage; **j-m etw. in Aussicht ~** faire espérer qc. à qn.; **in Abrede ~** nier; désavouer; contester; **in Dienst ~** mettre en service; **in Rechnung ~** passer en compte; mettre, faire entrer en ligne de compte (*beide auch fig.*); **..., die wir Ihnen in Rechnung gestellt haben ...** dont nous vous avons débité; **etw. in j-s Belieben, Ermessen ~** remettre qc. à la discrétion, au jugement de qn.; **etw. in Frage ~** mettre qc. en question; *fig.* **etw. über etw. ~** estimer une chose plus qu'une autre; **etw. unter Beweis ~** administrer la preuve de qc.; **j-n unter Vormundschaft ~** mettre, placer qn. sous tutelle; **j-n vor Gericht ~** traduire qn. en justice; déférer qn. en *od.* à la justice; **vor ein Kriegsgericht gestellt werden** être traduit devant un *od.* en conseil de guerre; passer en conseil de guerre; **vor Augen ~** mettre sous les yeux; **zur Diskussion ~** mettre en discussion; **zur Schau ~** étaler; mettre à l'étalage; faire montre de; donner en spectacle; **j-n zur Rede ~** demander des explications à qn.; **j-m etw. zur Verfügung ~** mettre qc. à la disposition de qn.; *milit., den Gegner* **zum Kampf ~** obliger au combat; forcer à combattre; accrocher; **II** *v/réfl.* **sich ~ a)** (*nicht setzen*) se mettre debout; se lever; **b)** (*sich hinstellen*) se mettre; se placer; se poser; (*sich aufstellen*) se poster; s'aposter; **sich wieder ~** se remettre (quelque part); se replacer; **sich auf die Zehen ~** se dresser sur la pointe des pieds; **sich dumm ~** faire la bête; **sich krank ~** faire le malade; feindre, simuler une maladie; se faire passer pour malade; feindre, faire semblant d'être malade; **sich unwissend ~** faire l'ignorant; feindre d'ignorer qc.; **sich taub ~** faire le sourd, la sourde oreille; **sich ~** (*erscheinen*) se présenter; *milit.* répondre à l'ordre d'appel; **sich dem Gericht ~** se présenter, comparaître en justice; **sich der Polizei ~** se constituer prisonnier; **sich zum Kampf ~** faire face à l'ennemi; accepter le combat; **sich auf eigene Füße ~** se rendre indépendant; **sich mit j-m gut ~** se mettre bien avec qn.; *fig.* **sich schützend vor j-n ~** protéger qn.; prendre la défense de qn.; *fig.* **sich hinter j-n ~** se mettre du côté de qn.; prendre le parti de qn.; soutenir qn.; **sich j-m würdig an die Seite ~** se montrer digne de qn.; **wie ~ Sie sich dazu?** qu'en pensez-vous?; qu'en dites-vous?; *comm.* **sich ~ auf** s'élever à; coûter.

Stellen|angebot ['ʃtɛlənˌʔangəboːt] *n* offre *f* d'emploi; **~beˌsetzung** *f* nomination *f* à un emploi; **~beˌwerber** *m* candidat *m* à un poste; **~beˌwerbung** *f* candidature *f* à un poste; **~geˌsuch** *n* demande *f* d'emploi; **~ˌjäger** F *péj. m* coureur *m* de places; arriviste *m*; ambitieux *m*; **~ˌnachweis** *m* bureau *m* de placement; **~ˌplan** *m* organigramme *m*; *milit.* tableau *m* des effectifs; **~ˌübersicht** *f* tableau *m* des effectifs; **~verˌmittler(in)** *m (f)* placeur, -euse *m, f*; **~verˌmittlung** *f* service *m* de placement; **~verˌmittlungsbüˌro** *n* bureau *m* de placement; **2ˌweise** *adv.* par endroits; par-ci, par-là; parfois; **~ˌzulage** *f* prime *f*, indemnité *f* de fonction.

Stell|hebel ['ʃtɛlˌheːbəl] *m* levier *m* de réglage, de manœuvre; **~ˌmacher** *m* ⟨~s; ~⟩ charron *m*; **~macheˌrei** *f* ⟨~⟩ charronnage *m*; **~ˌmutter** *f* ⟨~; ~n⟩ écrou *m* de fixation, de serrage; **~rad** *n techn.* tambour *m* de réglage; *e-r Uhr* remontoir *m*; **~ring** *m* bague *f* d'arrêt, de serrage; **~ˌschlüssel** *m* clef *f* de réglage, de serrage; **~ˌschraube** *f* vis *f* de réglage.

Stellung ['ʃtɛlʊŋ] *f* ⟨~; ~en⟩ **1.** position *f*; *peint., phot., etc.* (*Körperhaltung*) *auch* pose *f*; posture *f*; *gym.* **in liegender ~** en position couchée; *fig.* **zu e-r Frage ~ nehmen** prendre position sur une question; se prononcer sur une question; **zu etw. kritisch ~ nehmen** faire la critique de qc.; critiquer qc.; **2.** (*An*2) place *f*; emploi *m*; charge *f*; poste *m*; (*Lage*) situation *f*; position *f*; **erstklassige ~** belle situation; **feste ~** emploi stable; situation *f*; **gesellschaftliche ~** position sociale; situation *f*; **rechtliche ~** condition juridique; statut *m*; **beherrschende ~** position dominante; **marktbeherrschende ~** position dominante sur le marché; **leitende ~** position dirigeante, de premier plan; poste dirigeant, de direction; **in untergeordneter ~** dans une position subalterne; en sous-ordre; **in einflußreicher ~** 'haut placé; **in ungekündigter ~** sans avoir reçu *bzw.* donné congé; **e-e ~ bekleiden** tenir une position; **sich um e-e ~ bewerben** solliciter un emploi; **s-e ~ aufgeben** quitter sa situation; **s-e ~ verlieren** perdre son emploi, sa place; **ohne ~ sein** être sans emploi, sans place; être chômeur, -euse; **er hat e-e gute ~** *auch* c'est un homme casé; **3.** *milit.* position *f*; **ausgebaute ~** position organisée, aménagée; **rückwärtige ~** position arrière; **e-e ~ beziehen** aller occuper une position; **die ~**

halten tenir la position; **e-e ~ einnehmen** prendre une position; *Geschütz* **in ~ bringen** mettre en batterie; **in ~ gehen** se mettre en batterie; *Schütze* se poster; monter en ligne; **in ~!** en batterie!; **4.** ⟨*pas de pl.*⟩ (*das Stellen*) *e-r Kaution, von Bürgen, Truppen etc.* fourniture *f*; *von Geiseln* remise *f*; **5.** (*Standort*) *e-s Geschützes* emplacement *m*; **die ~ des Verbums im Satz** la place du verbe dans la phrase; **~ˌnahme** *f* ⟨~⟩ prise *f* de position; **kritische ~** observations critiques; **sich jeder ~ enthalten** s'abstenir de tout commentaire; **mit der Bitte um ~** pour avis; **nach ~** après avis; **~sˌausbau** *m* ⟨~(e)s⟩ *milit.* organisation *f*, aménagement *m* de la position; **~sˌbau** *m* ⟨~(e)s⟩ *milit.* construction *f* de fortifications de campagne; travaux *m/pl.* de campagne; **~sˌkrieg** *m milit.* guerre *f* de position, de tranchées; **2sˌlos** *adj.* sans emploi; sans place; réduit au chômage; **~sˌlose(r)** *f* (*m*) ⟨→ A⟩ chômeur, -euse *m,f*; **~(s)ˌsuchende(r)** *f* (*m*) ⟨→ A⟩ celui, celle qui cherche un emploi; solliciteur, -euse *m, f* d'un emploi; **~sˌwechsel** *m e-s Angestellten* changement *m* de place, d'emploi; *milit.* changement *m* de position; déplacement *m*.

stell|vertretend [ˈʃtɛlfɛrˌtreːtənt] *adjt.* suppléant; adjoint; **~er Vorsitzender** vice-président *m*; **~er Direktor** sous-directeur *m*; **~er Geschäftsführer** cogérant *m*; **~er Generalsekretär** secrétaire général adjoint; **die ~en Außenminister** les suppléants des ministres des Affaires étrangères; **2verˌtreter(in)** *m* (*f*) remplaçant, -e *m, f*; adjoint, -e *m, f*; suppléant, -e *m, f*; représentant, -e *m, f*; substitut *m*; *relig.*, *Christi* vicaire *m*; **als ~** en qualité de suppléant; **e-n ~ schicken** envoyer un suppléant; **j-n zu s-m ~ ernennen** désigner qn. pour suppléant; **2verˌtretung** *f* remplacement *m*; suppléance *f*; représentation *f*; **in j-s ~ handeln** assurer l'intérim de qn.; suppléer, remplacer qn.; **mit der Wahrnehmung der Geschäfte in ~ für ...** beauftragt chargé des affaires en remplacement de ...; **2ˌvorrichtung** *f* dispositif *m*, appareil *m*, mécanisme *m* de réglage; **2werk** *n chem.* poste *m* d'aiguillage; **2ˌwinkel** *m charp.* fausse équerre.

Stelz|bein [ˈʃtɛltsbaın] *péj. n* jambe *f* de bois; **2ˌbeinig** *fig. adj.* guindé; affecté; maniéré; **~e** *f* ⟨~; ~n⟩ échasse *f*; **auf ~n gehen, laufen** marcher avec des échasses; *fig.* **wie auf ~n gehen** être toujours monté sur des échasses; être guindé, affecté, maniéré; **2en** *fig. v/i.* ⟨-(es)t, **sein**⟩ marcher comme sur des échasses; **~en** *f/pl.* ⟨~⟩ *zo.* motacillidés *m/pl.*; **~enˌlaufen** *n* course *f* sur échasses; **~enˌläufer(in)** *m* (*f*) celui, celle qui marche avec des échasses; **~fuß** *péj. m* jambe *f* de bois; *péj. für e-n Mann mit Holzbein* boiteux *m*.

Stemm|bogen [ˈʃtɛmˌboːgən] *m Schisport* stemm *m*; virage stemmé; **~ˌeisen** *n* fermoir *m*; ciseau *m* (de menuisier); **~ˌ(m)eißel** *m* matoir *m*; burin *m* à mater; **2en I** *v/t.* ⟨h⟩ *Gewichte etc.* (*hochwuchten*) élever; *techn.* tailler au ciseau; (*ver~*) mater; **Löcher ~** faire des trous avec le fermoir; percer au fermoir; mortaiser; **die Arme in die Seite ~** mettre les poings sur les 'hanches; **II** *v/réfl.* **sich ~** s'appuyer (auf sur; **gegen** contre); s'arc-bouter (contre); *fig.* résister, s'opposer à; **III ~en** *n* ⟨~s⟩ *techn.* taille *f* au ciseau; mortaisage *m*; matage *m*; *Sport* arraché *m*; **~kristiˌania** *m Schisport* stemchristiania *m*; **~tor** *n hydr.* porte busquée d'écluse; vanne *f*.

Stempel [ˈʃtɛmpəl] *m* ⟨~s; ~⟩ **1.** *als Instrument u. Abdruck*: *für Dokumente* cachet *m*; sceau *m*; (*Post2*) cachet *m*; timbre *m*; tampon *m*; (*Waren2*) marque *f*; estampille *f*; (*Namens2*) griffe *f*; *nur als Instrument* (*Münz2*) coin *m*; *für Edelmetalle* poinçon *m*; *nur als Abdruck auf Edelmetallen* contrôle *m*; *auf Waren* marque *f*; (*Präge2*) estampe *f*; *fig.* empreinte *f*; **der Brief trägt den ~ von Paris** cette lettre est timbrée de Paris; **etw. mit e-m ~ versehen** apposer un cachet sur qc.; timbrer qc.; *fig.* **e-r Sache s-n ~ aufdrücken** marquer qc. de son empreinte; *fig.* **den ~ der Wahrheit tragen** être marqué au coin de la vérité; **2.** *e-r Luftpumpe* piston *m*; *techn.* pilon *m*; *bot.* pistil *m*; *mines* étançon *m*; étai *m*; **~ˌbogen** *m* feuille *f* de papier timbré; **~ˌfarbe** *f* encre *f* à tampon; **2ˌfrei** *adj.* exempt du droit de timbre; **~geˌbühr** *f* (droit *m* de) timbre *m*; **~ˌgeld** F *n* allocation *f* de chômage; **~ˌkissen** *n* tampon *m* (encreur); **~ˌmarke** *f* timbre fiscal, à quittance; **~maˌschine** *f der Post* machine *f* à timbrer, à oblitérer.

stempeln [ˈʃtɛmpəln] **I** *v/t. u. v/i.* ⟨-(e)le, h⟩ timbrer; apposer le timbre, le cachet (sur); *mit dem Namensstempel* apposer sa griffe (sur); *Briefmarken* oblitérer; *Waren* estampiller; marquer; *Edelmetalle* contrôler; *Arbeitsloser* F **~ gehen** aller (se faire) pointer; être réduit au chômage, à la charge de l'assurance-chômage; vivre d'allocations de chômage; *fig.* **j-n zu etw. ~** qualifier qn. de qc.; **II 2** *n* ⟨~s⟩ timbrage *m*; *von Briefmarken* oblitération *f*; *von Waren* estampillage *m*.

Stempel|papier [ˈʃtɛmpəlpaˌpiːr] *n* papier timbré; **2ˌpflichtig** *adj.* soumis, assujetti au timbre; **~ˌschneider** *m* graveur *m* de poinçons; **~ˌständer** *m* porte-timbres *m*; **~ˌstelle** *f für Arbeitslose* bureau *m* de pointage; bureau *m* (de contrôle) de l'assurance-chômage; **~ˌsteuer** *f* droit *m* de timbre; **~ˌuhr** *f* pendule *f* de pointage; **~ung** *f* ⟨~; ~en⟩ *cf.* **stempeln II**.

Stenge [ˈʃtɛŋə] *f* ⟨~; ~n⟩ *mar.* mât *m* de hune.

Stengel [ˈʃtɛŋəl] *m* ⟨~s; ~⟩ *bot.* tige *f*; F *fig.* **fall nicht vom ~!** a) (*fall nicht herunter*) F ne te casse pas la figure, P la gueule!; P ne te fous pas la gueule par terre!; b) (*verlier nicht die Fassung*) tiens-toi bien!; **2ˌlos** *adj. bot.* sans tige; *sc.* acaule; **2ˌtragend** *adjt. bot. sc.* caulescent.

Steno [ˈʃteːnoˑ] F *f* ⟨~⟩ *Kurzwort* F sténo *f*; **~ˈgraf(in), ~graˈfie, 2graˈfieren, 2ˈgrafisch** *cf.* **~graph ...**; **~ˈgramm** *n* ⟨~s; ~e⟩ sténo(gramme) *m*; **ein ~ aufnehmen** prendre en sténo; faire un sténo(gramme); **~ˈgrammˌaufnahme** *f* prise *f* en sténo(graphie); **~ˈgrammˌblock** *m* bloc *m* sténo; **~ˈgrammˌhalter** *m* chevalet *m*; **~ˈgraph(in)** *m* ⟨~en; ~en⟩ (*f*) ⟨~; ~nen⟩ sténographe *m, f*; (*Maschinen2*) sténotypiste *m, f*; **~ˈgraphenˌdienst** *m* service *m* (de compte rendu) sténographique; **~graˈphie** *f* ⟨~; -ien⟩ sténographie *f*; (*Maschinen2*) sténotypie *f*; **2graˈphieren** *v/t.* ⟨*pas de ge-*, h⟩ sténographier; prendre en sténo; *mit der Stenographiermaschine* sténotyper; **~graˈphiermaˌschine** *f* sténotype *f*; **2ˈgraphisch** *adj.* sténographique; **~ aufnehmen** *cf.* **2graphieren**; **~karˈdie** [steˑ-, ʃteˑ-] *f* ⟨~; -ien⟩ *méd.* sténocardie *f*; **~kontoˌristin** *f* sténodactylo facturière; **~se** [steˈnoː-, ʃteˑ-] *f* ⟨~; ~n⟩ *méd.* sténose *f*; **~sekreˌtärin** *f* secrétaire *f* sténodactylo; **2ˈtherm** [steˑ-, ʃteˑ-] *adj. bot., zo.* sténotherme; **~tyˈpie** *f* ⟨~; -ien⟩ sténotypie *f*; **2tyˈpieren** *v/t.* ⟨*pas de ge-*, h⟩ sténotyper; **~tyˈpistin** *f* ⟨~; ~nen⟩ sténodactylographe *f*; F sténodactylo *f*.

Stentorstimme [ˈʃtɛntɔrˌʃtımə, ˈstɛn-] *f* voix *f* de stentor.

Step [ʃtɛp, stɛp] *m* ⟨~s; ~s⟩ claquettes *f/pl.*

Steppdecke [ˈʃtɛpˌdɛkə] *f* courtepointe *f*.

Steppe [ˈʃtɛpə] *f* ⟨~; ~n⟩ steppe *f*.

steppen¹ [ˈʃtɛpən] **I** *v/t.* ⟨h⟩ *cout.* piquer; faire des piqûres; **II 2** *n* ⟨~s⟩ *verbal*.

steppen² [ˈʃtɛpən, ˈstɛ-] *v/i.* ⟨h⟩ (*Step tanzen*) faire des claquettes.

Steppen|bewohner[ˈʃtɛpənbəˌvoːnər] *m/pl.* habitants *m/pl.* des steppes; **~ˌfuchs** *m zo.* corsac *m*; **~ˌhuhn** *n zo.* perdrix *f* des steppes.

Stepper|(in) [ˈʃtɛpər(ın)] *m* ⟨~s; ~⟩ (*f*) ⟨~; ~nen⟩ *cout.* piqueur, -euse *m, f*; **~ei** [-ˈraı] *f* ⟨~; ~en⟩ *cout.* piqûre *f*.

Steppjacke [ˈʃtɛpˌjakə] *f* blouson *m*, veste *f* piqué(e); *aviat., milit.* blouson matelassé.

Steppke [ˈʃtɛpkə] F *m* ⟨~(s); ~s⟩ *cf.* Dreikäsehoch.

Stepp|maschine [ˈʃtɛpmaˌʃiːnə] *f cout.* machine *f* à piquer; **~ˌnadel** *f cout.* aiguille *f* à piquer; **~naht** *f cout.* couture piquée; **~stich** *m cout.* point *m* de piqûre.

Step|tanz [ˈʃtɛptants, ˈstɛp-] *m cf.* Step; **~ˌtänzer(in)** *m* (*f*) danseur, -euse *m, f* à claquettes.

Sterbe|alter [ˈʃtɛrbəˌˀaltər] *n* âge *m* de décès; *Statistik* âge *m* de mortalité; **~ˌbett** *n* lit *m* de mort; **~ˌbuch** *n* registre *m* des décès; **~ˌfall** *m* (cas *m* de) décès *m*; **im ~e** en cas de décès, de mort; **~geˌbet** *n* prière *f* des agonisants; **~ˌgeld** *n* indemnité *f* (en cas) de décès; **~geldverˌsicherung** *f* assurance-décès *f*; **~geˌsänge** *m/pl.* chants *m/pl.* funèbres; **~ˌglocke** *f* glas *m*; **die ~ läuten** sonner le glas; **~ˌhaus** *n* maison *f* mortuaire; **~ˌhemd** *n* suaire *m*; linceul *m*; **~ˌhilfe** *f* **1.** *cf.* **~geld**; **2.** euthanasie *f*; **~ˌjahr** *n* année *f* de la mort, du décès; **~ˌkasse** *f* caisse *f* (en cas) de décès; **~ˌlager** *n cf.* **~bett**.

sterben [ˈʃtɛrbən] **I** *v/i.* ⟨**stirbt, starb, stürbe, gestorben, sein**⟩ mourir; *jur., adm.* décéder; *litt.* trépasser; *poét.* rendre l'âme; expirer; rendre le dernier soupir; **er (sie) ist gestorben** il (elle) est mort(e); **jung ~** mourir jeune; **kinderlos ~** mourir sans enfants; **als guter Christ ~** mourir en bon chrétien; *jur.* **früher** (*als ein anderer*), **vorher, zuerst gestorben** prédécédé; **e-s natürlichen Todes ~** mourir de sa belle mort, de mort naturelle; **e-s unnatürlichen, gewaltsamen Todes ~** mourir de mort violente; **e-s schrecklichen Todes ~** mourir d'une mort affreuse, effroyable; **Hungers ~** mourir de faim; **für den Fall, daß er ~ sollte ...** au cas où il mourrait ...; **so schnell stirbt man nicht** on ne meurt pas aussi facilement; alle Menschen müssen ~ tout homme est mortel; tous les hommes sont mortels; an e-r Krankheit ~ mourir d'une maladie; an Gift ~ mourir empoisonné; F du wirst nicht gleich daran ~ tu n'en mourras pas; woran ist er gestorben? de quoi est-il mort?; auf dem Felde der Ehre ~ mourir au champ d'honneur; aus Gram ~ mourir de chagrin; durch j-s Hand ~ mourir de la main de qn.; für das Vaterland ~ mourir pour la patrie; in den Sielen ~ mourir à la peine; über s-m Werk ~ mourir en plein ouvrage; F vor Langweile ~ mourir d'ennui; F es stirbt sich nicht so leicht mourir n'est pas aussi facile; **II** 2 *n* ⟨~s⟩ im ~ liegen être à l'article de la mort; être mourant, à l'agonie, moribond; se mourir; agoniser; wenn's zum ~ kommt à l'heure de la mort; F zum ~ langweilig *cf.* ~slangweilig; **~d** *adjt.* mourant; expirant; **2de(r)** *f* (*m*) ⟨→ A⟩ mourant, -e *m, f*; agonisant, -e *m, f*; expirant, -e *m, f*; moribond, -e *m, f*; **2s'angst** *f* angoisse mortelle; F peur bleue; **~s'krank** *adj.* malade à mourir; **~s'langweilig** *adj.* ennuyeux, -euse à mourir; mortellement ennuyeux, -euse; F à dormir debout; **2s'wort** *n*, **2s'wörtchen** *n* kein ~ sagen ne pas dire un traître mot, ne pas souffler mot (von etw. de qc.).

Sterbe|ort ['ʃtɛrbəˌʔɔrt] *m* lieu *m* de décès; **~reˌgister** *n* registre *m* des décès; **~sakraˌmente** *n/pl. égl. cath.* mit den ~n versehen administrer les derniers sacrements; die ~ erhalten recevoir les derniers sacrements; **~ˌstunde** *f* heure *f* de la mort; heure *f* suprême; dernière heure; **~ˌtafel** *f* *Statistik* table *f* de mortalité, de survie; **~ˌtag** *m* jour *m* de la mort; **~ˌurkunde** *f* acte *m* de décès; **~ˌziffer** *f* (taux *m* de) mortalité *f*; **~ˌzimmer** *n* chambre *f* mortuaire.

sterblich ['ʃtɛrplɪç] **1.** *adj.* mortel, -lle; ~e Hülle, Reste, Überreste dépouille mortelle; cendres *f/pl.*; **2.** *adv.* ~ verliebt éperdument amoureux, -euse; sich ~ blamieren se discréditer terriblement; **2e(r)** *f* (*m*) ⟨→ A⟩ mortel, -lle *m, f*; der gewöhnliche ~ le commun des mortels; **2ˌkeit** *f* ⟨~⟩ mortalité *f*; **2keitsˌziffer** *f cf.* Sterbeziffer.

Stereo ['ste:reˑoˑ, 'ʃte:-] *n* ⟨~s; ~s⟩ *Kurzwort cf.* ~typplatte, ~phonie; **~ˌaufnahme** *f*, **~ˌbild** *n phot.* prise *f*, image *f* stéréoscopique; **~che'mie** *f* stéréochimie *f*; **~emˌpfang** *m rad.* réception *f* stéréophonique; **~ˌfilm** *m* film *m* stéréoscopique, en relief, à trois dimensions; **~ˌkamera** *f phot.* appareil *m* (de prise) stéréoscopique; **~me'trie** *f* ⟨~⟩ stéréométrie *f*; **2'metrisch** *adj.* stéréométrique; **~pho'nie** *f* ⟨~⟩ stéréophonie *f*; **2'phonisch** *adj.* stéréophonique; **~photogra'phie** *f* photographie *f* stéréoscopique; stéréophotographie *f*; stéréoscopie *f*; **~ˌplatte** *f* disque *m* stéréophonique; **~ˌsendung** *f rad.* émission *f* stéréophonique; **~skop** [-'sko:p, -əs'ko:p] *n* ⟨~s; ~e⟩ stéréoscope *m*; **2skopisch** [-'sko:-, -əs'ko:-] *adj.* stéréoscopique; **2'typ** *adj. impr.* cliché; *fig.* stéréotypé; ein ~es Lächeln un sourire stéréotypé; **~'typˌdruck** *m impr.* ouvrage *m* cliché; **~ty'peur** *m* ⟨~s; ~e⟩ *impr.* clicheur *m*; **~'typgießeˌrei** *f impr.* clicherie *f*; **~ty'pie** *f* ⟨~; -ien⟩ *impr.* clichage *m*; **2ty'pieren I** *v/t.* ⟨*pas de ge-*, h⟩ *impr.* clicher; **II ~ty'pieren** *n* ⟨~s⟩ *impr.* clichage *m*; **~'typˌplatte** *f impr.* cliché *m*.

steril [ʃteˑ'ri:l, steˑ-] *adj.* stérile; **2isati'on** *f* ⟨~; ~en⟩ stérilisation *f*; **2i'sator** *m* ⟨~s; -'toren⟩ stérilisateur *m*; **~i'sieren I** *v/t.* ⟨*pas de ge-*, h⟩ stériliser; **II 2i'sieren** *n* ⟨~s⟩ *cf.* 2isation; **2i'sierappaˌrat** *m*, **2i'siergeˌrät** *n cf.* 2isator; **2i'sierung** *f* ⟨~; ~en⟩ *cf.* 2isation; **2i'tät** *f* ⟨~⟩ stérilité *f*.

Sterin [steˑ'ri:n, ʃteˑ-] *n* ⟨~s; ~e⟩ *chim.* stérol *m*.

Sterlet ['ʃtɛrlɛt] *m* ⟨~s; ~e⟩ *zo.* sterlet *m*.

Sterling ['stɛrlɪŋ, 'ʃtɛr-] *m* ⟨~s; ~e⟩ Pfund ~ ⟨*pl.* 2 Pfund ~⟩ livre *f* sterling [-iŋ]; **~-ˌBlock** *m* bloc *m* sterling.

Stern [ʃtɛrn] *m* ⟨~(e)s; ~e⟩ étoile *f* (*auch milit. als Rangabzeichen, Ordens2; zo.: Blesse; fig., Pyrotechnik, élect.*); (*sternförmiger Platz*) *auch* rond-point *m*; *Bühne, Film* (*Berühmtheit*) *auch* vedette *f*; star *f*; *astr. auch* astre *m*; ~e erster Größe étoiles de première grandeur; die ~e stehen am Himmel les étoiles brillent dans le ciel; funkelnder ~ étoile étincelante; blinkender ~ étoile étincelante, clignotante, scintillante, vacillante; die ~e glänzen les étoiles brillent; Entstehung der ~e naissance des étoiles; Einfluß der ~e influence astrale; zwischen den ~en befindlich *sc.* interstellaire; ein ~ erscheint (verschwindet) une étoile apparaît, s'allume (pâlit, s'éteint); *fig.* mein guter ~ ma bonne étoile; unter e-m guten (schlechten) ~ geboren sein être né sous une bonne (mauvaise) étoile; an s-n ~ glauben avoir foi, être confiant en son étoile; von e-m guten ~ geleitet werden être conduit, guidé par une bonne étoile; *Unternehmen etc.* unter keinem guten ~ stehen ne pas être placé sous une bonne étoile; das steht noch in den ~en geschrieben ce n'est pas pour demain; nach den ~en greifen avoir de hautes visées; viser 'haut; in den ~en lesen lire dans les étoiles; *fig.* ein ~ im Sinken *fig.* une étoile pâlissante; mit ~en verzieren étoiler; **~ˌanbeter(in)** *m* (*f*) *sc.* astrolâtre *m, f*; **~ˌanbetung** *f sc.* astrolâtrie *f*; **~anˌtenne** *f* antenne *f* en étoile; **2ˌartig** *adj.* étoilé; **2beˌsät** *adjt.* semé, criblé, parsemé d'étoiles; étoilé; constellé; **~bild** *n astr. sc.* constellation *f*; astérisme *m*; **~ˌblume** *f bot.* aster *m*; **~chen** *n* ⟨~s; ~⟩ *impr. als Verweis auf e-e Fußnote* astérisque *m*; *anstatt e-s Eigennamens* étoile *f*; *Film* starlette *f*; **~ˌdeuter** *m* ⟨~s; ~⟩ *sc.* astrologue *m*; **~deute'rei** *f* ⟨~⟩, **~ˌdeutung** *f sc.* astrologie *f*; **~-ˌDreieck-ˌAnlasser** *m* démarreur *m* en étoile-triangle; **~-ˌDreieck-ˌSchalter** *m élect.* commutateur *m*, interrupteur *m* en étoile-triangle; **~-ˌDreieck-ˌSchaltung** *f élect.* montage *m*, connexion *f* en étoile-triangle; **~enˌbahn** *f astr.* orbite *f* des astres; **~enˌbanner** *n* bannière étoilée; **2(enˌ)hell** *adj. cf.* 2klar; **~(en)ˌhimmel** *m* firmament *m*; ciel étoilé, constellé; ciel criblé, semé, parsemé d'étoiles; *poét.* voûte étoilée; **~enˌlicht** *n* ⟨~(e)s⟩ clarté *f*, lumière *f* des étoiles; **2enˌlos** *adj.* sans étoiles; **~enˌmeer** *poét. n* océan étoilé; **~enschein** *m* clarté *f* des étoiles; **~enˌzelt** *poét. n* ⟨~(e)s⟩ voûte étoilée; **~fahrt** *f Sport* rallye *m*; **2ˌförmig** *adj.* étoilé; en étoile; **~ˌforscher** *m* astronome *m*; **2geˌschaltet** *adjt. élect.* couplé, monté en étoile; **~ˌgruppe** *f astr.* constellation *f*; **~ˌgucker** F *m* ⟨~s; ~⟩ astronome *m*; **2'hagelbe'soffen**, **2'hagel'blau**, **2'hagel'voll** F *adj.* F ivre mort; soûl comme une grive, une bourrique; **~ˌhaufen** *m astr.* nébuleuse *f*; **2hell** *adj. cf.* 2klar; **~ˌhimmel** *m cf.* ~(en)-himmel; **~jahr** *n astr.* année sidérale; **~ˌkabel** *n tél.* câble *m* à paires en étoile; **~ˌkarte** *f astr.* carte *f* céleste; mappemonde *f* céleste; **~kataˌlog** *m* catalogue *m* des étoiles; **2klar** *adj.* étoilé; es ist ~ on voit briller les étoiles; **~ˌkunde** *f* ⟨~⟩ *sc.* astronomie *f*; **2ˌkundig** *adj.* versé dans l'astronomie; **~ˌkundige(r)** *f* (*m*) ⟨→ A⟩ celui, celle qui est versé(e) dans l'astronomie; **~ˌmiere** *f* ⟨~; ~n⟩ *bot.* stellaire *f*; **~ˌmotor** *m* moteur *m* en étoile; **~ˌnebel** *m astr.* galaxie *f*; **~punkt** *m élect.* point *m* neutre; **~rad** *n* roue étoilée; **~raˌkete** *f Pyrotechnik* étoile *f*; **~ˌschaltung** *f élect.* montage *m*, connexion *f* en étoile; **~ˌschnuppe** *f* ⟨~; ~n⟩ étoile filante; *sc.* astéroïde *m*; **~schnuppenˌregen** *m* pluie *f* d'étoiles filantes; **~ˌstunde** *fig. f* heure étoilée; **~sysˌtem** *n astr. sc.* galaxie *f*; **~ˌtafel** *f* table *f* astronomique; **~tag** *m astr.* jour sidéral; **~ˌwarte** *f* observatoire *m*; **~zeit** *f astr.* heure sidérale.

Sterz [ʃtɛrts] *m* ⟨~es; ~e⟩ *der Vögel* croupion *m*; (*Pflug2*) manche *m*; mancheron *m*.

stet [ʃte:t] *adj. Vorwürfe etc.* (*andauernd*) incessant; continuel, -lle; permanent; perpétuel, -lle; *Fleiß etc.* (*beharrlich*) constant; assidu; ~e Treue fidélité à toute épreuve; ~er Tropfen höhlt den Stein *prov.* petit à petit l'oiseau fait son nid *prov.*

Stethoskop [steˑtoˑ'sko:p, ʃteˑ-] *n* ⟨~s; ~e⟩ *méd.* stéthoscope *m*.

stetig ['ʃte:tɪç] *adj. cf.* stet; *math.* continu; **2ˌkeit** *f* ⟨~⟩ continuité *f*; (*Fortdauer*) permanence *f*; (*Beharrlichkeit*) constance *f*; assiduité *f*.

stets [ʃte:ts] *adv.* toujours.

Steuer¹ ['ʃtɔyər] *n* ⟨~s; ~⟩ *mar. abus. für* Ruder; *aviat.* gouvernail *m*; *Auto* volant *m* (de direction); *fig.* gouvernail *m*; sich ans ~ setzen prendre le volant; am ~ sitzen tenir le volant; *fig.* das ~ herumwerfen virer de bord; renverser la vapeur.

Steuer² ['ʃtɔyər] *f* ⟨~; ~n⟩ impôt *m*; contribution *f*; *in dieser Bedeutung nur pl.* charges *f/pl.*; *auf Waren* taxe *f*; (*Abgabe*) droit *m* (*par ex.* de succession, d'enregistrement, *etc.*); (in)direkte ~n contributions (in)directes; impôts (in)directs; fällige ~ impôt échu, exigible; progressive ~ impôt progressif; e-e ~ erheben lever, percevoir un impôt; die ~n senken alléger, réduire les impôts; von der ~ absetzen déduire de l'impôt; die ~ stunden accorder un sursis pour le paiement de l'impôt; prolonger le délai de paiement d'une dette fiscale; die zuviel entrichtete ~ zurückzahlen rembourser le trop-perçu; e-e ~ veranlagen établir l'assiette d'un impôt; mit e-r ~ belegen frapper, grever d'un impôt; der ~ unterliegen être redevable, imposable; die ~ hinterziehen frauder le fisc; se soustraire à l'impôt; Auswirkung e-r ~ incidence d'un impôt; Erhebung e-r ~ perception d'un impôt; Ertrag e-r ~ produit d'un impôt; Heranziehung zur ~ assujettissement à l'impôt; **~ˌabkommen** *n* arrangement fiscal; convention fiscale; **~ˌabzug** *m* retenue fiscale, d'impôt; **~ˌangleichung** *f* harmonisation fiscale; **~ˌanschlag** *m* assiette *f* de l'impôt; ~ˌ**aufkommen** *n* produit *m* des impôts; rendement *m* de l'impôt; ressources fiscales; **gesamtes** ~ total d'impôts; ~ˌ**aufsicht** *f* contrôle fiscal; ~ˌ**ausfall** *m* moins-perçu *m* d'impôts; moins-value fiscale; déficit *m* des recouvrements fiscaux; ~ˌ**ausgleich** *m* péréquation [-kwa-] *f* des impôts; ♀ˌ**bar** *adj.* (*lenkbar*) gouvernable; maniable; ~**barˌkeit** *f* ⟨~⟩ (*Lenkbarkeit*) docilité *f* (aux gouvernes); maniabilité *f*; ~**beˌamte** (-r) *m* agent *m*, fonctionnaire *m* des contributions; ~**beˌfreiung** *f* exemption, exonération fiscale, d'impôts; franchise *f* de droits; dégrèvement total; ♀**beˌgünstigt** *adjt.* ~ **sein** bénéficier, jouir d'un avantage fiscal; ~**beˌgünstigung** *f* avantage fiscal; ~ˌ**beiˌtreibung** *f* recouvrement *m* d'impôts; ~**beˌlastung** *f* charges fiscales; ~**beˌmessungsˌgrundlage** *f* assiette *f* de l'impôt; ~**beˌrater** *m* conseiller fiscal; ~**beˌrechnung** *f* calcul *m* de l'impôt; ~**beˌscheid** *m* feuille *f* d'impôts; ~**beˌstimmung** *f* disposition fiscale; ~**beˌtrag** *m* montant *m* de l'impôt; ~**beˌtrug** *m* fraude fiscale; ~**biˌlanz** *f* bilan fiscal; ~ˌ**bord** *n* ⟨~(e)s; ~e⟩ *mar.* tribord *m*; ~**differenˌzierung** *f* différenciation *f* des impôts; ~ˌ**druck** *m* ⟨~(e)s⟩ pression fiscale; ~ˌ**eingänge** *m/pl.* rentrées fiscales, d'impôts; ~ˌ**einkommen** *n* revenu fiscal; ~ˌ**einˌnahmen** *f/pl.* recettes fiscales, d'impôts; ~ˌ**einnehmer** *m* percepteur *m* (des impôts); ~ˌ**einschätzung** *f* imposition *f*; établissement *m* de l'assiette de l'impôt; ~**elekˌtrode** *f élect.* électrode *f* de contrôle; ~**erˌhebung** *f* perception *f* des impôts; ~**erˌhöhung** *f* augmentation *f*, relèvement *m* des impôts; ~**erˌklärung** *f* déclaration *f* d'impôt; **e-e** ~ **abgeben** remettre une déclaration d'impôt; ~**erˌlaß** *m* détaxe *f*; détaxation *f*; dégrèvement *m*; **j-m** ~ **gewähren** détaxer, dégrever qn.; ~**erˌleichterung** *f* allégement fiscal, d'impôt; ~**erˌmäßigung** *f* réduction *f* d'impôt; décote *f*; ~**erˌmittlung** *f* méthode *f* d'imposition; ~**erˌrechˌnung** *f* calcul *m* de l'impôt; ~**erˌstatˌtung** *f* remboursement *m* d'impôts; ~**erˌtrag** *m* produit *m* des impôts; ~ˌ**fahndung** *f* enquête fiscale; ~ˌ**fehlˌbetrag** *m* déficit fiscal; ~ˌ**festsetˌzung** *f* établissement *m* de l'assiette de l'impôt; ~ˌ**flucht** *f* ⟨~⟩ évasion fiscale; ~ˌ**forderung** *f* créance fiscale; ♀ˌ**frei** *adj.* exempt, franc (franche), exonéré d'impôt; net, -tte de tout impôt; non imposable; ~ˌ**freibeˌtrag** *m* montant exempt d'impôts; abattement *m* à la base; ~ˌ**freigrenze** *f* seuil *m* d'imposition; ~ˌ**freiheit** *f* ⟨~⟩ exemption *f*, exonération *f* d'impôts; franchise *f* d'imposition; immunité fiscale; ~**freˌquenz** *f élect.* fréquence *f* pilote; ~ˌ**gegenstand** *m cf.* Steuerobjekt; ~**geˌheimnis** *n* secret fiscal; ~**geˌrät** *n élect.* mécanisme *m* de commande; ~**geˌrechtigkeit** *f* équité *f* en matière fiscale; ~**geˌsetz** *n* loi fiscale; ~**geˌsetzgebung** *f* législation fiscale; ~ˌ**gleichheit** *f* égalité fiscale, devant l'impôt; ~ˌ**grundlage** *f* base *f* de l'imposition; assiette fiscale; ~ˌ**gruppe** *f* catégorie *f* d'imposition; ~ˌ**gutschein** *m hist.* bon fiscal, d'impôt; ~ˌ**hebel** *m* levier *m* de commande; ~**hinterˌzieher** *m* ⟨~s; ~⟩ fraudeur *m* du fisc, de l'impôt; ~**hinterˌziehung** *f* fraude fiscale; dissimulation *f* d'impôts; ~ˌ**hoheit** *f* droit *m* d'imposition; ~ˌ**jahr** *n* année fiscale; exercice fiscal; ~ˌ**karte** *f* carte *f*, fiche *f* d'impôt; ~ˌ**klasse** *f* catégorie *f* d'impôt, d'imposition; ~ˌ**knüppel** *m aviat.* manche *m* à balai; ~ˌ**kraft** *f* capacité fiscale, contributive; possibilités fiscales; ~ˌ**kurswert** *m* valeur *f* d'évaluation fiscale; ~ˌ**last** *f* charge(s) fiscale(s); fardeau fiscal; ♀ˌ**lich** *adj.* fiscal; **in** ~**er Hinsicht** en matière fiscale, d'impôts; ~**e Erfassung** imposition *f*; ~ **begünstigt sein** *cf.* ♀begünstigt; ~ˌ**liste** *f* rôle *m* d'imposition; ~ˌ**mahnung** *f* sommation *f* (du percepteur); ~ˌ**mann** *m* ⟨~(e)s; ~er *od.* -leute⟩ *mar.* pilote *m*; timonier *m*; *e-s Ruderbootes* barreur *m*; ~**mannsˌmaat** *m mar.* quartier-maître timonier; ~ˌ**marke** *f* timbre fiscal; ~**meˌthode** *f* méthode fiscale.

steuern [ˈʃtɔʏərn] **I** *v/t.* ⟨-(e)re, h⟩ *mar.* gouverner; *als Lotse* piloter; *bei Angabe der Richtung* diriger; conduire; *aviat.* piloter; *Auto* conduire; *techn.* commander; manœuvrer; *élect.* contrôler; régler; commander; *fig.* gouverner; conduire; **II** *v/i.* ⟨sein⟩ *mar.* gouverner; (*fahren*) faire route (nach vers); *fig.* **wohin steuert die deutsche Politik?** où conduit la politique allemande?; **e-r Sache** ~ ⟨h⟩ (*Einhalt tun*) réprimer qc.; remédier à qc.; *vorbeugend* parer à qc.; **III** ♀ *n* ⟨~s⟩ *mar., aviat.* pilotage *m*; *e-s Autos* conduite *f*; *techn.* commande *f*; *élect.* contrôle *m*; réglage *m*; commande *f*.

Steuer|nachforderung [ˈʃtɔʏərˌnaːxfɔrdəruŋ] *f* rappel *m* d'impôt, de droits; ~ˌ**nachlaß** *m* dégrèvement *m*; détaxe *f*; **e-n** ~ **gewähren** dégrever, détaxer (j-m qn.); ~**obˌjekt** *n* objet *m*, matière *f* imposable; ~ˌ**ordnung** *f* régime fiscal; ~ˌ**pacht** *f hist.* affermage *m* des impôts; ~ˌ**pächter** *m hist.* fermier *m* (général); ~**pauˌschale** *f* forfait *m* d'impôt; ~ˌ**pfändung** *f* saisie fiscale; ~ˌ**pflicht** *f* obligation fiscale; assujettissement *m* à l'impôt; devoir fiscal; ♀ˌ**pflichtig** *adj.* imposable; contribuable; redevable; soumis, assujetti à l'impôt; ~ˌ**pflichtige(r)** *m* ⟨→ A⟩ contribuable *m*; redevable *m*; ~**poliˌtik** *f* politique fiscale; ~**progressiˌon** *f* progressivité *f* de l'impôt; ~ˌ**prüfung** *f* vérification fiscale; ~ˌ**quelle** *f* source *f* d'impôt; ~ˌ**rad** *n Auto* volant *m*; *mar.* roue *f* du gouvernail; ~ˌ**recht** *n* droit fiscal; **Steuer- u. Abgabenrecht** fiscalité *f*; ~**reˌform** *f* réforme fiscale; ~**reˌgister** *n* registre *m* des contributions; ~ˌ**richtlinien** *f/pl.* principes *m/pl.* d'imposition; ~ˌ**rolle** *f cf.* Steuerliste; ~ˌ**rückerˌstattung** *f cf.* Steuererstattung; ~ˌ**rücklage** *f* réserve *f* pour les impôts; ~ˌ**rückstände** *m/pl.* arrérages *m/pl.*, reliquat *m* d'impôts; ~ˌ**rückverˌgütung** *f*, ~ˌ**rückzahlung** *f cf.* Steuererstattung; ~ˌ**ruder** *n mar.* gouvernail *m*; ~ˌ**sache** *f* **in** ~**n** en matière d'impôts; ~ˌ**sachverˌständige(r)** *m* expert fiscal; ~ˌ**satz** *m* taux *m* d'imposition; ~ˌ**schalter** *m élect.* combinateur *m*; ~ˌ**schraube** *f* **die** ~ **anziehen** serrer la vis des impôts; augmenter les impôts, les charges fiscales; ~ˌ**schuld** *f* dette fiscale, d'impôt; **Entstehung e-r** ~ naissance d'une dette fiscale; ~ˌ**schuldner** *m* contribuable *m*; redevable *m*; débiteur *m* d'impôt; ~ˌ**sender** *m rad.* émetteur *m* pilote; ~ˌ**senkung** *f* réduction *f* d'impôt; ~ˌ**soll** *n* ressources fiscales théoriques; ~ˌ**spannung** *f élect.* tension *f* de contrôle, de commande; ~ˌ**staffelung** *f* progressivité *f* de l'impôt; imposition progressive; ~ˌ**strafe** *f* pénalité, amende fiscale; ~ˌ**strafrecht** *n* droit répressif en matière fiscale; ~ˌ**straftat** *f* infraction fiscale; ~ˌ**stufe** *f* échelon *m* d'imposition; ~ˌ**stundung** *f* sursis *m* au paiement des impôts; ~**subˌjekt** *n* contribuable *m*; ~**sysˌtem** *n* système fiscal, de taxation; ~**taˌbelle** *f* barème *m* de l'impôt; ~**taˌrif** *m* taux *m* d'imposition, de l'impôt; ~ˌ**träger** *m* contribuable *m*; ~**überˌtretung** *f* infraction fiscale; ~**überˌwälzung** *f* ⟨~⟩ *etwa* déplacement *m* de la charge fiscale (*par ex.* du producteur sur le consommateur); ~**umˌgehung** *f* évasion fiscale.

Steuerung [ˈʃtɔʏəˌruŋ] *f* ⟨~; ~en⟩ **1.** *als Handlung cf.* steuern III; **2.** (*Steuermechanismus*) *mar., aviat.* (appareil *m* de) gouverne *f*; *Auto* direction *f*; *techn.* commande *f*; appareil *m* de manœuvre.

Steuer|veranlagung [ˈʃtɔʏərfɛrˌʔanlaːguŋ] *f* établissement *m* de l'assiette de l'impôt; ~**verˌgehen** *n* infraction fiscale; ~**verˌgünstigung** *f* avantage fiscal; faveur fiscale; ~**verˌpachtung** *f hist.* affermage *m* des impôts; ~**verˌteilung** *f* répartition *f* des impôts; ~**verˌwaltung** *f* administration fiscale; ~**voˌrauszahlung** *f* acompte provisionnel d'impôts; paiement anticipé d'impôts; ~ˌ**vorrecht** *n* privilège fiscal; ~ˌ**vorteil** *m* avantage fiscal; ~ˌ**welle** *f techn.* arbre *m* de commande; ~ˌ**wert** *m* valeur *f* imposable; ~ˌ**wesen** *n* fiscalité *f*; ~ˌ**zahler** *m* ⟨~s; ~⟩ contribuable *m*; ~ˌ**zahlung** *f* paiement *m*, versement *m* des impôts; ~ˌ**zeichen** *n* timbre fiscal; ~ˌ**zuschlag** *m* surtaxe fiscale; supplément *m* d'impôt.

Steven [ˈʃteːvən] *m* ⟨~s; ~⟩ *mar.* (*Vorder*♀) étrave *f*; (*Achter*♀) étambot *m*.

Steward [ˈstjuːərt, ˈʃtjuː-] *m* ⟨~s; ~s⟩ *mar.* steward *m*; ~**eß** *f* ⟨~; -ssen⟩ *mar.* stewardess *f*; *aviat.* hôtesse *f* de l'air.

stibitzen [ʃtiˈbɪtsən] F *v/t.* ⟨-(es)t, *pas de ge-*, h⟩ F chiper; escamoter; P carotter; calotter.

Stich [ʃtɪç] *m* ⟨~(e)s; ~e⟩ *m* **1.** *e-r Biene, Mücke etc.* piqûre *f*; *e-r Wanze, e-s Flohes* morsure *f*; *mit dem Messer, Dolch etc.* coup *m* (de couteau); *fig.* ~ **halten** tenir bon, debout; résister à l'examen; **im** ~ **lassen** abandonner; **j-n im** ~ **lassen** laisser qn. dans l'embarras; faire faux bond à qn.; délaisser qn.; F laisser tomber qn.; planter là qn.; laisser qn. en plan; fausser compagnie à qn.; P plaquer qn.; **sein Gedächtnis ließ ihn im** ~ sa mémoire lui fit défaut; **2.** *cout.* point *m*; **weite (enge)** ~**e machen** coudre à grands (petits) points; **3.** (*stechender Schmerz*) point *m*; élancement *m*; douleur lancinante; ~**e in der Seite** points de côté; *fig.* **es gab ihr jedesmal e-n** ~ **ins Herz, wenn ...** cela lui donnait chaque fois un coup au cœur lorsque ...; **4.** *fig.* (*boshafte Bemerkung*) allusion malveillante, désobligeante; pointe *f*; F coup *m* de bec, d'épingle; **j-m e-n** ~ **versetzen** F donner un coup de bec, d'épingle à qn.; **5.** (*Kupfer*♀, *Stahl*♀) gravure *f*; **6.** *Kartenspiel* pli *m*; levée *f*; **e-n** ~ **machen** faire un pli, une levée; **alle** ~**e machen** faire un capot; **keinen** ~ **machen** être capot; **7. e-n** ~ **haben** *Bier, Wein* être piqué, aigre, acide, *sc.* acescent; *Milch* être aigre; F *von Personen* F avoir un grain de folie; P être piqué, timbré; *fig.* **e-n** ~ **ins Geniale haben** avoir un grain de génie; *Farben* **e-n** ~ **ins Blaue haben**

tirer sur le bleu; **8.** *mar.* nœud *m*; *bât.* flèche *f*; *Walzwerk* (*Durchgang*) passe *f*; **~bahn** *f chem.* embranchement *m*; **~blatt** *n am Degen* coquille *f*; garde *f*; **~ˌbeitel** *m techn.* bédane *m*.

Stichel [ˈʃtɪçəl] *m* ⟨~s; ~⟩ burin *m*; ciselet *m*; poinçon *m*.

Stichelei [ˌʃtɪçəˈlaɪ] *f* ⟨~; ~en⟩ **1.** F (*Nähen*) couture *f*; (*Sticken*) broderie *f*; **2.** *fig.* taquinerie *f*; F coups *m/pl.* d'épingle, de bec.

Stichel|haar [ˈʃtɪçəlˌhaːr] *n* jarre *od.* jard *m*; ∿ˌ**haarig** *adj.* jarreux, -euse; jarré.

stichel|n [ˈʃtɪçəln] *v/i.* ⟨-(e)le, h⟩ **1.** F (*nähen*) coudre; (*sticken*) broder; **2.** *fig.* taquiner; F donner des piques, des coups d'épingle, de bec; ∿ˌ**rede** *f cf.* Stichelei **2.**

stich|fest [ˈʃtɪçfɛst] *adj. fig. Gründe* irréfutable; inattaquable; **hieb- u.** ~ *cf.* hieb...; ∿ˌ**flamme** *f* jet *m* de flamme; flamme pointue; (*Zündflamme*) veilleuse *f*; *beim Schweißbrenner* dard *m*; ∿ˌ**graben** *m* fossé *m* sans issue; **~ˌhaltig** *adj. Argument etc.* solide; plausible; sérieux, -euse; valable; **dagegen läßt sich nichts** ∿**es einwenden** il n'y a aucune objection valable à faire à cela; ∿ˌ**haltigˌkeit** *f* ⟨~⟩ solidité *f*; sérieux *m*; validité *f*; ∿**kampf** *m Sport* barrage *m*; ∿**kaˌnal** *m* canal *m* sans issue; ∿ˌ**kappe** *f bât.* lunette *f*.

Stichler(in) [ˈʃtɪçlər(ɪn)] *m* ⟨~s; ~⟩ (*f*) ⟨~; ~nen⟩ celui, celle qui taquine, F qui donne des coups d'épingle, de bec.

Stichling [ˈʃtɪçlɪŋ] *m* ⟨~s; ~e⟩ *zo.* épinoche *f*.

Stich|loch [ˈʃtɪçlɔx] *n bei Schmelzöfen* trou *m* de coulée; **~maß** *n techn.* calibre *m*; **~ˌprobe** *f* sondage *m*; contrôle, essai fait au 'hasard; épreuve faite au 'hasard; **~ˌsäge** *f* scie *f* à guichet; **~tag** *m* jour fixé, de référence; **~ˌwaffe** *f* arme *f* d'estoc, de pointe; **~wahl** *f* (scrutin *m* de) ballottage *m*; **~ˌweite** *f cout.* longueur *f* du point; **~wort** *n* ⟨~(e)s; ~̈er *od.* ~e⟩ *Wörterbuch etc.* mot-vedette *m*; article *m*; *thé.* réclame *f*; réplique *f*; *vereinbartes* mot *m* (convenu); **sich ein paar ~e aufschreiben, machen** prendre quelques notes; **~wortverˌzeichnis** *n* index *m*; **~ˌwunde** *f* blessure faite avec une arme pointue.

Stick|arbeit [ˈʃtɪkˌʔarbaɪt] *f* broderie *f*; ∿**en I** *v/t.* ⟨h⟩ broder; *auf Kanevas* faire de la tapisserie; **II ~en** *n* ⟨~s⟩ broderie *f*; **~eˈrei** *f* ⟨~; ~en⟩ broderie *f*; *auf Kanevas* tapisserie *f*; **~eˌrin** *f* ⟨~; ~nen⟩ brodeuse *f*; **~garn** *n* fil *m* à broder; **~ˌhusten** *m méd.* coqueluche *f*; ∿**ig** *adj. Luft* étouffant; suffocant; **~luft** *f* air suffocant, étouffant, méphitique; **~maˌschine** *f* machine *f* à broder; **~ˌmuster** *n* modèle *m*, patron *m* de broderie; **~ˌnadel** *f* aiguille *f* à broder, à tapisserie; **~ˌrahmen** *m* métier *m*, tambour *m* à broder; **~ˌseide** *f* soie *f* à broder; soie plate.

Stickstoff [ˈʃtɪkʃtɔf] *m* ⟨~(e)s⟩ *chim.* azote *m*; ∿ˌ**arm** *adj.* pauvre en azote; **~ˌdünger** *m* engrais azoté; ∿ˌ**frei** *adj.* exempt d'azote; ∿ˌ**haltig** *adj.* azoté; nitrique; **~ˌkreislauf** *m* cycle *m* de l'azote; ∿ˌ**reich** *adj.* riche en azote; **~ˌsättigung** *f* saturation *f* d'azote; **~verˌbindung** *f chim.* nitrure *m*.

stieben [ˈʃtiːbən] *v/i.* ⟨stiebt, stob *od.* stiebte, gestoben *od.* gestiebt, sein *od.* h⟩ *Funken* jaillir; *Schnee* se disperser en poussière.

Stiefbruder [ˈʃtiːfˌbruːdər] *m* demi-frère *m*; Stiefbrüder *pl.* (*Söhne e-s Vaters*) frères consanguins; (*Söhne e-r Mutter*) frères utérins.

Stiefel [ˈʃtiːfəl] *m* ⟨~s; ~⟩ (*Schaft*∿) botte *f*; (*Schnür*∿) soulier montant; chaussure montante; bottine *f*; brodequin *m*; **s-e ~ anziehen** mettre ses bottes; se botter; **s-e ~ ausziehen** ôter ses bottes; *hist.* **Spanischer ~** brodequin de torture; F *fig.* **e-n ~ vertragen** pouvoir supporter la boisson, l'alcool; F boire sec; **~ˌabsatz** *m* talon *m* de botte; **~ˌanzieher** *m* ⟨~s; ~⟩ tire-botte *m*; **~ette** [-ˈlɛtə] *f* ⟨~; ~n⟩ demi-botte *f*; **~ˌhose** *f* culotte *f* de cheval; **~ˌknecht** *m* retire-botte *m*; arrache-botte *m*; **~ˌmacher** *m* ⟨~s; ~⟩ bottier *m*; ∿**n I** *v/t. nur noch in* **gestiefelt u. gespornt** *cf.* **spornen**; **Der Gestiefelte Kater** Le Chat Botté; **II** F *v/i.* ⟨-(e)le, sein⟩ marcher à grandes enjambées; **~ˌputzer** *m* ⟨~s; ~⟩ cireur *m*; **~ˌschaft** *m* tige *f* de botte; **~ˌspanner** *m* tendeur *m*; embauchoir *m*; **~ˌstulpe** *f* revers *m* de botte.

Stiefeltern [ˈʃtiːfˌʔɛltərn] *pl.* beau-père *m* et belle-mère *f*.

Stiefelwichse [ˈʃtiːfəlˌvɪksə] *f* cirage *m*.

Stief|geschwister [ˈʃtiːfgəˌʃvɪstər] *pl.* frères *m/pl.* et sœurs *f/pl.* de deux lits; **~kind** *n cf.* **~sohn, ~tochter**; *fig.* enfant disgracié (de *od.* par la nature, de la fortune, *etc.*); *fig.* **als ~ behandeln** négliger; traiter injustement, F *fig. iron.* en parent pauvre; **~ˌmutter** *f* ⟨~; ~̈⟩ belle-mère *f*; **böse ~** marâtre *f*; **~ˌmütterchen** *n* ⟨~s; ~⟩ *bot.* pensée *f*; ∿ˌ**mütterˌlich** *adj.* de (*adv.* en) belle-mère; *péj.* de (*adv.* en) marâtre; **~ behandeln** *cf.* **(als) ~kind (behandeln)**; **~ˌschwester** *f* demi-sœur *f*; **~n** *pl.* (*Töchter e-s Vaters*) sœurs consanguines; (*Töchter e-r Mutter*) sœurs utérines; **~sohn** *m* beau-fils *m*; **~ˌtochter** *f* belle-fille *f*; **~ˌvater** *m* beau-père *m*.

stieg [ʃtiːk] *cf.* steigen.

Stiege [ˈʃtiːgə] *f* ⟨~; ~n⟩ escalier étroit; *für Obst, Gemüse* cageot *m*; *Maß* (*20 Stück*) vingtaine *f*.

Stieglitz [ˈʃtiːglɪts] *m* ⟨~es; ~e⟩ *zo.* chardonneret *m*.

Stiel [ʃtiːl] *m* ⟨~(e)s; ~e⟩ *an e-m Werkzeug etc.* manche *m*; *e-s Pinsels* 'hampe *f*; *e-r Pfanne, Blume, Frucht, e-s Blattes* queue *f*; *bot.* (*Stengel*) tige *f*; *e-s Blattes sc.* pétiole *m*; *e-r Blüte, Frucht sc.* pédoncule *m*; *Werkzeug etc.* **mit ~** emmanché; *fig.* **mit Stumpf u. ~ ausrotten** exterminer; extirper radicalement; couper à la racine; **~ˌaugen** *n/pl.* F *fig.* **~ machen** lorgner; **~blatt** *n bot.* feuille pétiolée; **~ˌbrille** *f* face-à-main *m*; **~ˌhandgraˌnate** *f milit.* grenade *f* à manche; **~loch** *n e-s Hammers* œil *m*; ∿**los** *adj.* sans manche, sans queue (*cf.* Stiel); *bot.* sans tige; *sc.* acaule; sessile; **~ˌpfanne** *f cuis.* poêle *f*; ∿ˌ**ständig** *adj. bot. sc.* caulinaire; **~stich** *m cout.* point *m* de tige.

stier [ʃtiːr] *adj. Blick* fixe.

Stier [ʃtiːr] *m* ⟨~(e)s; ~e⟩ **1.** *zo.* taureau *m*; **junger ~** taurillon *m*; *fig.* **den ~ bei den Hörnern packen** prendre le taureau par les cornes; **2.** *astr.* Taureau *m*.

stieren[1] [ˈʃtiːrən] *v/i.* ⟨h⟩ regarder fixement (auf etw. qc.).

stier|en[2] [ˈʃtiːrən] *v/i.* ⟨h⟩ *Kuh* être en chaleur; **~ig** *adj. Kuh* en chaleur; ∿ˌ**käfig** *m* toril *m*; ∿**kalb** *n* veau *m* mâle; ∿**kampf** *m* corrida *f*; course *f* de taureaux; *als Kunst* tauromachie *f*; ∿**kampfaˌrena** *f* arène *f*; ∿ˌ**kämpfer** *m* toréador *m*; torero *m*; ∿ˌ**nacken** *fig. m* cou *m* de taureau; **~ˌnackig** *fig. adj.* à cou de taureau; ∿ˌ**opfer** *n Altertum* taurobole *m*.

Sties|el [ˈʃtiːzəl] F *m* ⟨~s; ~⟩ malotru *m*; mufle *m*; rustre *m*; butor *m*; brute *f*; ∿(eˌ)**lig** F *adj.* malotru; rustre; brute.

stieß [ʃtiːs] *cf.* stoßen.

Stift[1] [ʃtɪft] *m* ⟨~(e)s; ~e⟩ *techn.* (*Pflock*) cheville *f*; goujon *m*; (*Draht*∿) goupille *f*; pointe *f*; clou *m* sans tête; broche *f*; *e-s Stiftzahnes* pivot *m*; *élect.* fiche *f*; *kurz für* (*Blei*∿, *Bunt*∿) crayon *m*; F *fig.* (*kaufm. Lehrling*) apprenti *m*; F *fig.* (*kleiner Junge*) petit bout d'homme; F gars *m*; **mit ~en befestigen** goupiller.

Stift[2] [ʃtɪft] *n* ⟨~(e)s; ~e, *auch* ~er⟩ *relig.* maison religieuse; (*Dom*∿) chapitre *m*; (*Hoch*∿) évêché *m*; (*Kloster*) couvent *m*; *par ext.* (*Altersheim*) maison *f* de retraite; hospice *m*; asile *m* de vieillards; **geistliches, weltliches, adliges ~** maison régulière, séculière, noble.

stift|en [ˈʃtɪftən] **I** *v/t.* ⟨-ete, h⟩ *Kirche, Kloster* fonder; établir; *Orden, Sekte etc.* créer; *Kerze, Kelch etc.* offrir; faire l'offrande de; *Geld* faire une offrande, une donation, un don (de); *Freiplatz etc.* fonder; instituer; créer; *Flasche Wein etc.* offrir; *Frieden* faire; rétablir; *Zwietracht* faire naître; semer; jeter; *Streit* susciter; *Aufruhr, Unruhe* fomenter; susciter; *Verwirrung* provoquer; susciter; **Brand ~** allumer un incendie; mettre le feu à; F **e-e Ehe ~** faire, réaliser un mariage; F **j-m etw. ~** (*schenken*) faire don de qc. à qn.; **II** ∿**en** *n* ⟨~s⟩ fondation *f*; établissement *m*; *e-s Ordens, e-r Sekte* création *f*; *e-s Freiplatzes etc. auch* institution *f*; **~enˌgehen** F *v/i.* ⟨*irr., sép.,* -ge-, sein⟩ déguerpir; filer; s'éclipser; décamper; P s'esbigner; ∿**er(in)** *m* ⟨~s; ~⟩ (*f*) ⟨~; ~nen⟩ fondateur, -trice *m, f*; créateur, -trice *m, f*; (*Spender*) donateur, -trice *m, f*.

Stifts|dame [ˈʃtɪftsˌdaːmə] *f*, **~ˌfräulein** *n* chanoinesse *f*; **~herr** *m* chanoine *m*; **~ˌhütte** *f bibl.* tabernacle *m* (du Seigneur); **~ˌkirche** *f* (église) collégiale *f*; *e-s Hochstifts* cathédrale *f*.

Stiftsockel [ˈʃtɪftˌzɔkəl] *m élect.* culot *m* à broches.

Stiftsschule [ˈʃtɪftsˌʃuːlə] *f* école *f* d'un chapitre.

Stiftstecker [ˈʃtɪftˌʃtɛkər] *m élect.* (contact *m* à) fiche *f*.

Stiftung [ˈʃtɪftʊŋ] *f* ⟨~; ~en⟩ *als Handlung cf.* stiften II; (*das Gestiftete*) fondation *f*; (*Anstalt*) établissement *m* de charité; **e-e wohltätige ~** une institution de bienfaisance; une œuvre de charité; **fromme ~** œuvre pie; **~sˌbrief** *m* lettre *f* de fondation; **~sˌfest** *n* (fête *f*) anniversaire *m* d'une fondation, de la fondation de ...; **~sˌfonds** *m* fondation *f*; **~sˌurkunde** *f* acte *m*, charte *f* de fondation.

Stiftzahn [ˈʃtɪfttsaːn] *m* dent *f* (artificielle) à pivot.

Stigma [ˈstɪgma, ˈʃtɪg-] *n* ⟨~s; -men *od.* ~ta⟩ stigmate *m* (*auch bot., zo.*); **~tisatiˈon** *f* ⟨~⟩ stigmatisation *f*; ∿**tiˈsieren** *v/t.* ⟨*pas de ge-*, h⟩ stigmatiser; **~tiˈsierte(r)** *f* (*m*) ⟨→ A⟩ stigmatisé, -e *m, f*; **~tiˈsierung** *f* ⟨~⟩ *cf.* **~tisation**.

Stil [ʃtiːl, stiːl] *m* ⟨~(e)s; ~e⟩ style *m*; *rhét. auch* élocution *f*; **flüssiger ~** style coulant; **lebendiger ~** style vivant; **gehobener ~** style soutenu; *Zeitrechnung* **alten ~s** (*abr.* a. St.) vieux style (*abr.* v. st.); **neuen ~s**

(*abr.* n. St.) nouveau style (*abr.* n. st.); **in großem ~, großen ~s** de grand style; **~ana,lyse** *f* analyse *f* du style; **~art** *f* style *m*; **2,bildend** *adjt.* qui forme le style; **~,blüte** *f* faute *f* drôle, amusante de langage; **~bruch** *m* rupture *f* de style.

Stilett [ʃti'ˈlɛt, sti'-] *n* ⟨~s; ~e⟩ stylet *m*.

Stil|fehler [ˈʃtiːlˌfeːlər, ˈstiːl-] *m* faute *f* de style; **~,gebung** *f* ⟨~⟩ stylisation *f*; **~ge,fühl** *n* sens *m* du style; **2ge,recht** *adj.* conforme au style; **2i'sieren** *v/t.* ⟨*pas de ge-*, h⟩ rédiger; *Kunst* styliser; **~i'sierung** *f* ⟨~; ~en⟩ stylisation *f*; **~ist** [-ˈlɪst] *m* ⟨~en; ~en⟩ styliste *m*; **~istik** [-ˈlɪs-] *f* ⟨~; ~en⟩ stylistique *f*; **2istisch** [-ˈlɪs-] *adj.* stylistique; **die ~en Feinheiten** les finesses du style; **in ~er Hinsicht** en ce qui concerne le style; quant au style; **~,kunde** *f* stylistique *f*.

still [ʃtɪl] *adj.* (*ohne Regung*) tranquille; calme (*auch Luft, See*); (*friedlich*) paisible; pacifique; (*schweigsam*) silencieux, -euse; taciturne; *géogr.* **2er Ozean** océan Pacifique; *comm.* **~er Teilhaber, Gesellschafter** commanditaire *m*; **~e Gesellschaft** société tacite; (société en) commandite *f*; **~es Geschäft** affaire calme; **~e Reserve** réserve cachée, latente, occulte; **~e Jahreszeit, Geschäftszeit** morte-saison *f*; *relig.* **2er Freitag** Vendredi saint; **2e Woche** semaine sainte; **~es Gebet** oraison mentale; *des Priesters* secrète *f*; **~e Messe** messe basse; **~e Gegend** contrée silencieuse, paisible; *fig.* **~e Ecke** coin tranquille; **~es Glück** bonheur paisible; **~e Liebe** amour secret; **~e Hoffnung** espoir secret; **in ~er Übereinkunft** en accord tacite; **~er Vorbehalt** réserve mentale; **~e Wut** colère rentrée; **~er Schmerz** douleur muette; **~es Wasser** eau dormante, stagnante; **~e Wasser sind tief** *prov.* il n'est pire eau que l'eau qui dort *prov.*; F **sich dem ~en Suff ergeben** s'adonner secrètement à l'alcool; **im ~en** en son for intérieur; (*heimlich*) secrètement; **er hofft im ~en, daß ...** il souhaite en son for intérieur que ...; il souhaite intérieurement que ...; **heimlich, ~ u. leise** secrètement; **überleg dir das in e-r ~en Stunde** réfléchis-y à tête reposée; **seid ~!** silence!; **~ davon!** n'en parlons pas!; silence là-dessus!; F motus!; **~ sein** se taire; *sich zugleich ruhig verhalten* faire silence; **sich ~ verhalten** rester tranquille; se tenir coi, -te; **~ halten** tenir ... sans bouger; ne pas bouger (en tenant qc.); **~ sitzen** ne pas bouger sur sa chaise; rester assis sans bouger; **~ werden** se calmer; **es wurde ~** il se fit un silence; le silence se fit, s'établit; **seither ist es ~ um ihn geworden** depuis, le silence s'est fait autour de lui; **~,bleiben** *v/i.* ⟨*irr.*, *sép.*, -ge-, sein⟩ rester tranquille; se tenir coi; **2e** *f* ⟨~⟩ tranquillité *f*; calme *m*; (*Friede*) paix *f*; *poét.* repos *m*; (*Stillschweigen*) silence *m*; **nächtliche ~** silence nocturne; **atemlose ~** profond silence; silence absolu, F à entendre voler une mouche; **die ~ des Waldes** le calme, le profond repos de la forêt; **die ~ vor dem Sturm** (*auch fig.*) le calme avant la tempête (*auch fig.*); **in der ~, in aller ~** secrètement; en sourdine; **die Beisetzung fand in aller ~ statt** les obsèques ont eu lieu dans la plus stricte intimité; **in aller ~ heiraten** se marier dans la plus stricte intimité, F sans tambour ni trompette; **~e** *adj.* F *cf.* **still**; **2,(l)eben** *n* ⟨~s; ~⟩ *peint.* nature morte; **~,(l)egen** *v/t.* ⟨*sép.*, -ge-, h⟩ *Betrieb, Zeche* fermer; cesser l'exploitation; faire chômer; *Eisenbahnlinie* mettre en sommeil; désaffecter; déclasser; *Verkehr* arrêter; interrompre; (*lähmen*) paralyser; immobiliser; *Hochofen* éteindre; **der Streik hat an die hundert Schiffe stillgelegt** la grève a immobilisé, paralysé une centaine de navires; **2,(l)egung** *f* ⟨~; ~en⟩ *e-s Betriebes, e-r Zeche* fermeture *f*; cessation *f* de l'exploitation; *chem.* mise *f* en sommeil; désaffectation *f*; déclassement *m*; *des Verkehrs* arrêt *m*; interruption *f*; (*Lähmung*) immobilisation *f*; paralysie *f*.

Stillehre [ˈʃtiːlˌleːrə, ˈstiːl-] *f* stylistique *f*.

still|en [ˈʃtɪlən] **I** *v/t.* ⟨h⟩ **1.** *Säugling* allaiter; donner le sein à; **2.** *Blut* étancher; *Blutung* arrêter; faire cesser; *Schmerz* apaiser; calmer; *Durst* étancher; apaiser; *Hunger* assouvir; apaiser; *fig.* *Rachedurst* assouvir; *Verlangen, Begierde* satisfaire; **j-s Durst ~** *auch* désaltérer qn.; **s-n Durst ~** se désaltérer; **II 2en** *n* ⟨~s⟩ **3.** *e-s Säuglings* allaitement *m*; **4.** *des Blutes, Durstes* étanchement *m*; *des Schmerzes, Hungers, Durstes* apaisement *m*; *des Hungers, fig. Rachedurstes* assouvissement *m*; *e-s Verlangens* satisfaction *f*; **~ e-r Blutung** *sc.* hémostase *f*; **2geld** *n* prime *f* d'allaitement; **2halte,abkommen** *n* *comm.* accord *m* moratoire; **2halte-kre,dit** *m comm.* crédit *m* moratoire; **~,halten** *v/i.* ⟨*irr.*, *sép.*, -ge-, h⟩ se tenir tranquille; **2halte,pflicht** *f jur.* obligation *f* du créancier d'interrompre ses poursuites; **2,haltung** *f* *comm.* prolongation *f*, prorogation *f* de crédits étrangers; moratoire *m*; **~,(l)iegen** *v/i.* ⟨*irr.*, *sép.*, -ge-, h⟩ se tenir tranquille; ne pas bouger; *Betrieb* être fermé; chômer; *Verkehr* être arrêté, interrompu; (*lahmgelegt sein*) être paralysé, immobilisé.

stillos [ˈʃtiːlloːs, ˈstiːl-] *adj.* sans style.

still|schweigen [ˈʃtɪlˌʃvaɪɡən] **I** *v/i.* ⟨*irr.*, *sép.*, -ge-, h⟩ (*nichts sagen, antworten*) se taire; garder le silence; (*nichts verraten*) se taire (**von etw.** de *od.* sur qc.); garder, faire le silence (sur); **II 2,schweigen** *n* silence *m*; **~ bewahren** garder, faire le silence (**über etw.** sur qc.); **j-m ~ auferlegen, gebieten** imposer silence à qn.; **etw. mit ~ übergehen, über etw. mit ~ hinweggehen** passer qc. sous silence; faire le silence sur qc.; **~-,schweigend 1.** *adjt.* tacite; **~e Zustimmung** consentement tacite; **~e Verlängerung** reconduction tacite; **2.** *advt.* tacitement; (*ohne ein Wort zu sagen*) sans mot dire; en silence; **~ in etw. einwilligen** agréer tacitement qc.; **~ verlängern** prolonger, proroger, reconduire tacitement; **etw. ~ übergehen** *cf.* **2schweigen**; **sich ~ entfernen** s'en aller sans mot dire, en silence; **~,sitzen** *v/i.* ⟨*irr.*, *sép.*, -ge-, h⟩ rester tranquille; demeurer en place; ne pas bouger; **nicht ~ können** ne (pas) pouvoir tenir en place; **2stand** *m* ⟨~(e)s⟩ arrêt *m*; *der Arbeit etc.* interruption *f*; *jur., e-s Verfahrens* suspension *f*; *e-s Betriebes, e-r Maschine* chômage *m*; *der Geschäfte* stagnation *f*; **zum ~ kommen** se trouver arrêté; s'arrêter; *Betrieb* chômer; (*lahmgelegt sein*) être paralysé, immobilisé; **zum ~ bringen** arrêter; (*lahmlegen*) paralyser; immobiliser; *Betrieb* faire chômer; **~ ist Rückgang** *prov.* ne pas avancer est reculer; stagner c'est reculer; **~,stehen** *v/i.* ⟨*irr.*, *sép.*, -ge-, h⟩ s'arrêter; (*sich nicht rühren*) ne pas bouger; demeurer en place; *Maschine etc.* être arrêté; F ne plus marcher; *Betrieb* chômer; (*lahmgelegt sein*) être paralysé, immobilisé; **nicht ~ können** ne (pas) pouvoir tenir en place; F *fig.* **da steht mir der Verstand still!** cela me (sur)passe!; F les bras m'en tombent!; *milit.* **stillgestanden!** garde à vous!; **~-,stehend** *adjt.* stationnaire; immobile; **2ung** *f* ⟨~; ~en⟩ *cf.* stillen II; **~ver,gnügt** *adjt.* intérieurement, mentalement heureux, -euse.

Stil|möbel [ˈʃtiːlˌmøːbəl, ˈstiːl-] *n/pl.* meubles *m/pl.* de style; **~,probe** *f* échantillon *m* de style; **~,übung** *f* exercice *m* de style; **2voll** *adj.* qui a du style; **2,widrig** *adj.* contraire au style (de); trahissant le style (de); **~,wörter,buch** *n* dictionnaire *m* de style.

Stimm|abgabe [ˈʃtɪmˌʔapɡaːbə] *f* vote *m*; scrutin *m*; **briefliche ~** vote par correspondance; **öffentliche ~ an der Tribüne** scrutin public à la tribune; **~,aufwand** *m* **mit großem ~** avec de grands éclats de voix; **~,bänder** *n/pl.* *anat.* cordes vocales; *sc.* ligaments *m/pl.* de la glotte; **2be,rechtigt** *adjt.* qui a (le) droit de vote, de voter; **~be,rechtigte(r)** *f* (*m*) celui, celle qui a (le) droit de vote, de voter; **die Stimmberechtigten** *pl.* les inscrits *m/pl.*; **~be,rechtigung** *f* droit *m* de vote; **~be,zirk** *m* section *f* de vote; circonscription électorale; **~,bildung** *f* phonation *f*; **~bruch** *m* mue *f* (de la voix).

Stimme [ˈʃtɪmə] *f* ⟨~; ~n⟩ voix *f*; *in bezug auf Klang u. Ton auch* organe *m*; (*Wahl2*) voix *f*; suffrage *m*; vote *m*; *mus.* voix *f*; (*Part*) partie *f*; *e-r Orgel* jeu *m* (d'orgues); **laute ~** voix forte; bon organe; verbe 'haut; **leise ~** voix faible; **tonlose ~** voix éteinte; **belegte ~** voix couverte; **kreischende ~** voix glapissante, criarde; **(nicht) bei ~ sein** (ne pas) être en voix; *fig.* **die ~ des Gewissens** la voix de la conscience; **Volkes ~, Gottes ~** *prov.* vox populi, vox Dei; voix du peuple, voix de Dieu *prov.*; **beratende ~** voix consultative; **beschließende ~** voix délibérative; **ausschlaggebende ~** voix prépondérante; **abgegebene ~n** suffrages exprimés; **ungültige ~** bulletin nul, blanc; **s-e ~ abgeben** donner sa voix, son vote, son suffrage; exprimer son vote, son suffrage; voter (**für** pour, **gegen** contre); **sich der ~ enthalten** s'abstenir (de voter); **j-m s-e ~ geben** accorder, donner sa voix, son suffrage à qn.; voter pour qn.; **die ~n sammeln** recueillir les voix; **die ~n zählen** compter les voix, les votes; dépouiller le scrutin; **mit e-r Mehrheit von ... ~n, mit ... ~n Mehrheit** par ... voix de majorité; **10 ~n erhalten, 10 ~n auf sich vereinigen** recueillir, réunir 10 voix; **mit 5 gegen 2 ~n** par cinq voix contre deux; **Sitz u. ~ haben** avoir voix au chapitre.

stimmen [ˈʃtɪmən] **I** *v/t.* ⟨h⟩ **1.** *Instrumente* accorder; **höher ~** monter; 'hausser le ton (de); **tiefer ~** baisser le ton (de); **zu hoch gestimmt** trop 'haut; **richtig gestimmt** accordé; d'accord; **falsch gestimmt** désaccordé; **2.** *fig.* **j-n traurig ~** attrister qn.; **j-n**

ernst ~ rendre qn. grave; **diese Begegnung stimmte mich nachdenklich** cette rencontre m'a laissé rêveur; **j-n froh, heiter** ~ égayer, réjouir, dérider qn.; mettre qn. de joyeuse humeur; **j-n günstig** ~ disposer qn. favorablement, en sa faveur; **j-n versöhnlich** ~ réconcilier qn.; **II** *v/i.* **3.** (*richtig sein*) être juste, exact; **das stimmt** c'est juste; c'est exact; **(das) stimmt!** (*so ist es*) c'est cela!; **die Rechnung stimmt nicht** le compte, calcul n'est pas juste; **das stimmt nicht** il y a une erreur; (*das ist nicht wahr*) ce n'est pas vrai; **da stimmt etw. nicht** il y a qc. qui ne va pas, F qui cloche; **4.** *pol.* **für j-n** ~ opiner, voter pour qn.; **III** ♀ *n* ⟨~s⟩ *von Instrumenten* accordage *od.* accordement *m.*

Stimmen|anteil [ˈʃtɪmən,ˀantaɪl] *m* proportion *f* de voix; ~,**anzahl** *f* die nötige ~ le nombre de voix nécessaires; ~,**einbuße** *f* perte *f* de voix, de suffrages; ~,**fang** *péj. m* chasse *f* aux voix; ~**ge,winn** *m* gain *m* de voix, de suffrages; ~**ge,wirr** *n* brouhaha *m*; ~,**gleichheit** *f* partage égal des voix; parité *f* des voix; **bei** ~ en cas de partage égal des voix; ~,**kauf** *m* achat *m* de voix; ~,**mehrheit** *f* majorité *f* des voix, des votes, des suffrages; **absolute (einfache, relative)** ~ majorité absolue (simple, relative) des voix; **e-e Entschließung mit** ~ **annehmen** prendre une décision à la majorité des voix; ~,**minderheit** *f* minorité *f* des voix.

Stimmenthaltung [ˈʃtɪmˀɛnt,haltʊŋ] *f* abstention *f.*

Stimmen|unterschied [ˈʃtɪmən,ˀʊntərʃiːt] *m* écart *m* de voix; ~**ver,hältnis** *n* rapport *m* des voix; ~,**zahl** *f* nombre *m* de suffrages.

Stimmer [ˈʃtɪmər] *m* ⟨~s; ~⟩ *e-s Instrumentes* accordeur *m.*

stimm|fähig [ˈʃtɪm,fɛːɪç] *adj. cf.* stimmberechtigt; ♀,**gabel** *f mus.* diapason *m*; ♀,**gebung** *f* ⟨~⟩ *physiol.* phonation *f*; ~**ge,waltig** *adj.* qui a une voix forte; ~**haft** *adj. phon.* sonore; ♀,**hammer** *m mus.* accordoir *m.*

...stimmig [...,ʃtɪmɪç] *adj. in Zssgn.* mehr~ à plusieurs voix.

Stimm|lage [ˈʃtɪm,laːgə] *f mus.* registre *m*; ♀**lich 1.** *adj.* vocal; **2.** *adv.* vocalement; quant à la voix; en ce qui concerne la voix; ♀**los** *adj. sc.* aphone; *phon.* sourd; ~,**losig,keit** *f* ⟨~⟩ *sc.* aphonie *f*; *phon.* sourdité *f*; ~,**pfeife** *f mus.* flûte *f* à accorder; diapason *m*; ~**recht** *n* droit *m* de vote, de suffrage; **allgemeines** ~ suffrage universel; **ohne** ~ sans droit de vote; **das** ~ **ausüben** voter; **kein** ~ **besitzen** être privé du droit de vote; ~,**ritze** *f anat.* glotte *f*; ~**ritzen,deckel** *m anat.* épiglotte *f*; ~**ritzen,krampf** *m méd.* spasme *m* de la glotte; ~,**schlüssel** *m mus.* accordoir *m*; ~**stock** *m mus.* âme *f*; ~,**übung** *f mus.* vocalise *f*; vocalisation *f*; ~**en machen** vocaliser; faire des vocalises; ~,**umfang** *m mus.* étendue *f.*

Stimmung [ˈʃtɪmʊŋ] *f* ⟨~; ~en⟩ état *m* d'âme; disposition *f* (de l'âme); humeur *f*; (*Atmosphäre*) atmosphère *f*; ambiance *f*; *milit., der Bevölkerung etc.* moral *m*; *Börse* tendance *f*; *peint.* tonalité *f*; effet *m*; teinte *f*; ~ **haben** *fig.* avoir de l'atmosphère, de l'ambiance; *poét.* avoir de la poésie; ~ **machen** créer une atmosphère, une ambiance; **gedämpfte, gedrückte** ~ atmosphère alourdie, pesante; **in gedrückter** ~ sein être déprimé, abattu; **in gehobener** ~ **sein** être en train, en liesse; se sentir à la fête; **guter (schlechter)** ~ **sein** être de bonne (de mauvaise) humeur; **in** ~ **kommen** s'animer; se mettre en gaieté, en train; **in** ~ **bringen** animer; mettre en train, en gaieté; **die Nachricht hat ihre** ~ **getrübt** la nouvelle a troublé leur bonne humeur; **wechselnden** ~**en unterworfen sein** avoir ses humeurs; F être lunatique; ~ **machen für ...** faire de la propagande pour ...; **allgemeine** ~ opinion publique; **in** ~ **sein, zu ...** être disposé à ...; **nicht in** ~ **sein, zu ...** ne pas être d'humeur à ...; ~**sbaro,meter** *n* baromètre *m* de l'opinion publique; ~**s,bild** *n peint., mus., poét.* impressions *f/pl.*, tableaux *m/pl.*, évocations *f/pl.* (pittoresques, sonores); ~**ska,none** F *f* animateur *m*; F boute-en-train *m*; ~**s,mache** F *péj. f* ⟨~⟩ bourrage *m* de crâne; ~**s,macher** *m* ⟨~s; ~⟩ *cf.* ~skanone; ~**s,mensch** *m* homme *m*, femme *f* impressionnable; ~**s,umschlag** *m* saute *f* d'humeur; *in der Bevölkerung* revirement *m* d'opinion (publique); *Börse* revirement *m* de tendance; ♀**s,voll** *adj.* impressionnant; qui a de l'atmosphère (*auch peint.*); *Gedicht* qui a de la poésie; ~**s,wandel** *m*, ~**s,wechsel** *m* changement *m* d'humeur, *in der Bevölkerung* d'opinion publique; *cf. auch* ~sumschlag.

Stimm|vieh [ˈʃtɪmfiː] *péj. n* cheptel électoral; ~,**wechsel** *m physiol.* mue *f* (de la voix); ~,**werkzeug** *n* organe vocal; ~,**zähler** *m* scrutateur *m*; ~,**zählung** *f* dépouillement *m* du scrutin; ~,**zettel** *m* bulletin *m* de vote; **(un)gültiger** ~ bulletin valable (nul); **e-n** ~ **in die Urne werfen** mettre, déposer un bulletin dans l'urne; **Abstimmung durch** ~ vote par bulletin.

Stimu|lans [ˈʃtiːmu·lans, ˈstiː-] *n* ⟨~; -ˈlantia *od.* -ˈlanzien⟩ stimulant *m*; ♀ˈ**lieren** *v/t.* ⟨*pas de ge-*, h⟩ stimuler; ~ˈ**lierung** *f* ⟨~; ~en⟩ stimulation *f.*

Stinkadores[1] [ʃtɪŋka'doːrɛs] F *f* ⟨~; ~⟩ mauvais cigare; ~[2] *m* ⟨~; ~⟩ fromage fort, F qui pue.

Stink|baum [ˈʃtɪŋkbaʊm] *m bot.* sterculia *m*; ~,**bombe** *f* boule puante; ♀**en** *v/i.* ⟨**stinkt, stank, gestunken,** h⟩ puer (**nach etw.** qc.); répandre, avoir une odeur infecte; sentir mauvais; P cocoter; cogner; renifler; schlinguer; fouetter; **es stinkt** cela pue; cela sent mauvais; ~ **wie die Pest** puer comme un bouc, une charogne; F *fig.* **er stinkt vor Faulheit** *cf.* ♀faul; F *fig.* **das stinkt zum Himmel** c'est inouï; c'est révoltant; cela crie vengeance; **Eigenlob stinkt** *etwa* la louange de soi est haïssable; la louange qu'on se donne sent toujours mauvais; **Geld stinkt nicht** l'argent n'a pas d'odeur; ♀**end 1.** *adjt.* puant; infect; fétide; **2.** *advt.* ~ **faul** *cf.* ♀faul; ♀ˈ**faul** F *adj.* ~ **sein** être d'une paresse incurable, inouïe; être paresseux, -euse au dernier point; F être un(e) flemmard(e), un(e) cossard(e); être d'une paresse indécrottable; avoir un (long) poil dans la main; ♀**ig** *adj. cf.* ♀end 1.; ♀ˈ**langweilig** F *adj.* ennuyeux, -euse à mourir; ~ˈ**laune** F *f* humeur exécrable; ~,**marder** *m zo.* putois *m*; ~,**morchel** *f bot.* satyre puant; *sc.* phallus [-lys] *m* impudique; ♀ˈ**reich** F *adj.* ~ **sein** F être riche comme Crésus; avoir du foin dans ses bottes; ~**tier** *n zo.* mou(f)fette *od.* mofette *f*; ~ˈ**wut** F *f* rogne *f*; humeur *f* de chien; **e-e** ~ **haben** être en rogne.

Stint [ʃtɪnt] *m* ⟨~(e)s; ~e⟩ *zo.* éperlan *m*; F *fig.* **sich freuen wie ein** ~ *cf.* Schneekönig.

Stipend|iat(in) [ʃti·pɛndi·ˈaːt(ɪn)] *m* ⟨~en; ~en⟩ (*f*) ⟨~; ~nen⟩ boursier, -ère *m, f*; ~**ium** [-ˈpɛn-] *n* ⟨~s; -ien⟩ bourse *f.*

stipp|en [ˈʃtɪpən] F *v/t.* ⟨h⟩ tremper; ♀**vi,site** F *f* visite *f* éclair; saut *m.*

Stirn [ʃtɪrn] *f* ⟨~; ~en⟩ front *m*; **hohe (niedrige)** ~ front 'haut (bas); **gewölbte (fliehende)** ~ front bombé (fuyant); **die** ~ **runzeln** froncer les sourcils; se renfrogner; *fig.* **die** ~ **bieten** faire face, faire front, tenir tête (j-m à qn.); **die** ~ **haben, zu ...** (+ *inf.*) avoir le front, l'audace, l'effronterie, F le toupet, le culot de ... (+ *inf.*); *fig.* **es steht ihm auf der** ~ **geschrieben** cela se lit sur son visage; ~,**ader** *f* veine frontale; ~**band** *n* ⟨~(e)s; ~̈er⟩ bandeau *m*; *der Nonnen* fronteau *m*; *hist., Hoheitsabzeichen* diadème *m*; ~**bein** *n anat.* (os) frontal *m*; ~,**binde** *f Hoheitsabzeichen cf.* ~band; ~,**falte** *f* pli *m* du front; ~,**fläche** *f* face frontale; ~**haar** *n* toupet *m*; ~,**höhle** *f anat.* sinus frontal; ~**höhlenent,zündung** *f*, ~**höhlenka,tarrh** *m*, ~**höhlenver,eiterung** *f méd.* sinusite *f*; ~,**lage** *f des Fötus* présentation *f* du front; ~,**lager** *n techn.* palier frontal; ~,**locke** *f* toupet *m*; ~,**muskel** *m* muscle frontal; ~**rad** *n techn.* roue dentée droite; roue dentée cylindrique; pignon droit; ~**räderge,triebe** *n* mécanisme *m* à engrenages droits; ~**reif** *m* fronteau *m*; ~,**riemen** *m am Pferdegeschirr* fronta(i)l *m*; fronteau *m*; ~,**runzeln** *n* renfrognement *m*; ~,**seite** *f bât.* front *m*; façade *f*; ~**wand** *f* mur frontal; ~,**widerstand** *m aviat.* résistance frontale, à l'avancement; ~,**wunde** *f* plaie *f* au front.

Stoa [ˈstoːa, ˈʃtoːa] *f* ⟨~⟩ *philos.* Portique *m.*

stob [ʃtoːp] *cf.* stieben.

Stöber [ˈʃtøːbər] *m* ⟨~s; ~⟩, ~,**hund** *m ch.* chien courant; ♀**n** *v/i.* ⟨-(e)re, h⟩ *Schnee* voltiger; *ch.* lever; F (*durchsuchen*) fouiller, fureter, fouiner (in dans).

Stocher [ˈʃtɔxər] *m* ⟨~s; ~⟩ tisonnier *m*; *chem.* pique-feu *m*; ♀**n** *v/i.* ⟨-(e)re, h⟩ piquer (in dans); **im Feuer** ~ tisonner; attiser le feu; **in den Zähnen** ~ se curer les dents.

Stöchiometrie [ʃtø·çi·o·me·ˈtriː, stø·-] *f* ⟨~⟩ *chim.* stœchiométrie *f.*

Stock[1] [ʃtɔk] *m* ⟨~(e)s; ~̈e⟩ **1.** bâton *m*; *dünner* baguette *f*; (*Spazier*♀) canne *f*; (*Rohr*♀) canne *f* de jonc; (*Billard*♀) queue *f*; (*Schi*♀) bâton *m* de ski; (*Berg*♀) alpenstock *m*; *der Feldmesser* jalon *m*; **am** ~ **gehen** marcher avec un bâton; *fig.* **steif wie ein** ~ raide comme un piquet; **2.** *bot.* pied *m*; (*Reb*♀) cep *m* (de vigne); (*Wurzel*♀) souche *f*; chicot *m* (d'arbre); *fig.* **über** ~ **u. Stein** à travers champs; **3.** ⟨*pl.* ~̈e *od.* ~werke⟩ (*Stockwerk*) étage *m*; **im ersten** ~ au premier étage; *das Haus* **ist vier** ~ **hoch** ... a quatre étages; **4.** (*Bienen*♀) ruche *f*; **5.** *hist.* **j-n in den** ~ **legen** mettre qn. aux fers.

Stock[2] [stɔk] *m* ⟨~s; ~s⟩ *comm., Bankwesen* capital *m*; fonds *m*; (*Vorrat*) stock *m.*

stock|blind [ˈʃtɔkˈblɪnt] F *adj.* complètement aveugle; ♀,**degen** *m* canne *f* à épée; **~'dumm** F *adj.* F archibête; bête à manger du foin, comme ses pieds, comme une oie; **~'dunkel** F *adj.* stockdunkle Nacht nuit noire; es ist ~ il fait noir comme dans un four; on n'y voit goutte; il fait noir; il fait nuit noire.

Stöckel|absatz [ˈʃtœkəlˌʔapzats] F *m* talon *m* aiguille; **~ˌschuhe** F *m/pl.* chaussures *f/pl.* à talons ʻhauts.

stocken [ˈʃtɔkən] **I** *v/i.* ⟨h⟩ **1.** s'arrêter; *Verkehr auch* se ralentir; s'interrompre; ne plus avancer; être paralysé, entravé, interrompu, arrêté, immobilisé, stoppé; *Handel* être stagnant, paralysé; se ralentir; aller, marcher au ralenti; languir; *Gespräch* tarir; s'interrompre; être interrompu (*auch Arbeit*); *Person beim Sprechen* hésiter; rester, demeurer court; *Puls, Herz* s'arrêter; cesser de battre; *Blut* se coaguler; *fig.* se figer; *Öl* se figer; *fig.* das Blut stockte ihm in den Adern son sang se figea dans ses veines; ihm stockte der Atem la respiration lui était coupée; il en eut la respiration coupée; **2.** *Wäsche, Papier, Holz* s'altérer par l'effet de l'humidité; (se) moisir; (se) chancir; *Bücher* se piquer; **II** 2 *n* ⟨~s⟩ arrêt *m*; *des Verkehrs* ralentissement *m*; interruption *f*; paralysie *f*; immobilisation *f*; *des Handels* stagnation *f*; ralentissement *m*; languissement *m*; paralysie *f*; *des Gesprächs, der Arbeit* interruption *f*; *des Pulses, Herzens* arrêt *m*; *beim Sprechen* hésitation *f*; ins ~ geraten hésiter; rester, demeurer court; **~d** *adjt.* mit ~er Stimme d'une voix hésitante.

Stock|fäule [ˈʃtɔkˌfɔʏlə] *f vit.* pourriture *f* des raisins sur pied; **2'finster** F *adj. cf.* stockdunkel; **~fisch** *m* morue séchée; merluche *f*; stockfisch *m*; **~fleck** *m* tache *f* d'humidité, de moisissure; **2ˌfleckig** *adj.* taché par l'humidité, par la moisissure; *Bücher* piqué; **2'fremd** F *adj.* complètement étranger, -ère; **~haus** *n hist.* geôle *f*; prison *f*; **~hieb** *m* coup *m* de bâton; **2ig** *adj.* gâté par l'humidité; moisi; chanci; *Getreide* échauffé; **2ka'tholisch** F *adj.* F noir; **~ˌmeister** *m hist.* geôlier *m*; **~punkt** *m des Öls* point *m* de congélation, de coagulation; **~reis** *n bot.* surgeon *m*; **~ˌrose** *f bot.* rose trémière; passerose *f*; **~schirm** *m* parapluie *m* aiguille; **~ˌschläge** *m/pl.* coups *m/pl.* de bâton; **~ˌschnupfen** *m méd.* enchifrènement *m*; *sc.* coryza sec; **~ˌschwämmchen** *n bot.* pholiote changeante; **2'steif** F *adj.* raide comme un piquet; **~ˌstrafe** *f hist.* schlague *f*; **2'taub** F *adj.* complètement sourd; F sourd comme un pot; **~ung** *f* ⟨~; ~en⟩ *cf.* stocken II; *im Straßenverkehr auch* embouteillage *m*, encombrement *m*, engorgement *m* (de la rue); **~werk** *n cf.* Stock[1] 3.; **~ˌzwinge** *f* embout *m*.

Stoff [ʃtɔf] *m* ⟨~(e)s; ~e⟩ **1.** (*Gewebe*) étoffe *f*; tissu *m*; **2.** *philos.* matière *f*; *chim., phys.* substance *f*; *Industrie* matériau *m*; tierische, pflanzliche, mineralische ~e substances animales, végétales, minérales; *fig. Wein* ein edler ~ un nectar précieux; **3.** *Literatur* (*Gegenstand*) matière *f*; sujet *m*; ~ zu etw. geben donner, fournir matière à qc.; ~ sammeln réunir le matériel; *fig.* ~ zum Lachen de quoi rire; ~ zum Lachen geben prêter à rire; **~bahn** *f* lé *m*; laize *f*; **~ˌballen** *m* balle *f* d'étoffe; **2beˌspannt** *adjt.* entoilé; **~beˌspannung** *f* entoilage *m*; **~bruch** *m* pli *m* de l'étoffe.

Stoffel [ˈʃtɔfəl] F *m* ⟨~s; ~⟩ rustre *m*; lourdaud *m*; butor *m*; **2ig** F *adj., auch* **stofflig** lourdaud.

Stoff|handschuh [ˈʃtɔfˌhantʃuː] *m* gant *m* d'étoffe; **2lich** *adj. philos.* matériel, -lle; **~lichˌkeit** *f* ⟨~⟩ *philos.* matérialité *f*; **~ˌmuster** *n* **a)** dessin *m*; **b)** échantillon *m* de tissu; **~ˌpuppe** *f* poupée *f* en étoffe; **~ˌreste** *m/pl.* restes *m/pl.*; **~ˌschuhe** *m/pl.* chaussures *f/pl.* de toile; **~tier** *n* animal *m* en peluche; **~ˌwechsel** *m physiol. sc.* métabolisme *m*; **~wechselˌkrankheit** *f*, **~wechselˌstörungen** *f/pl. méd.* troubles *m/pl.* du métabolisme basal; **~ˌzugabe** *f cout.* supplément *m* de tissu.

stöhnen [ˈʃtøːnən] **I** *v/i.* ⟨h⟩ gémir (über etw. de *od.* sur qc.); *oft péj.* geindre; **II** 2 *n* ⟨~s⟩ gémissement *m*; *oft péj.* geignement *m*.

Sto|iker [ˈʃtoːiˑkər, ˈstoː-] *m* ⟨~s; ~⟩ *philos.* stoïcien *m*; *fig.* stoïque *m*; **2isch** *adj. philos.* stoïcien, -nne; *fig.* stoïque; **~i'zismus** *m* ⟨~⟩ *philos., fig.* stoïcisme *n*.

Stol|a [ˈʃtoːla, ˈstoː-] *f* ⟨~; -len⟩ étole *f*; **~geˌbühren** *f/pl. égl. cath.* droits *m/pl.* d'étole.

Stolle [ˈʃtɔlə] *f* ⟨~; ~n⟩ *cf.* Stollen 4.

Stollen [ˈʃtɔlən] *m* ⟨~s; ~⟩ **1.** *mines* galerie *f*; **2.** *milit.* galerie souterraine; sape *f* russe; boyau-abri *m*; **3.** *an Fußballstiefeln etc., am Hufeisen* crampon *m*; **4.** *cuis.* (*Weihnachtsgebäck*) *etwa* grande brioche; gâteau *m* de Noël; **~ˌmund** *m mines* entrée *f* de la galerie; **~ˌschacht** *m mines* puits *m* d'une galerie; **~ˌsohle** *f mines* sole *f* de (la) galerie; **~ˌvortrieb** *m mines* creusement *m*, avancement *m* de galerie; **~ˌwasser** *n mines* eau *f* s'écoulant d'une galerie; **~ˌweite** *f mines* section *f* de galerie; **~ˌzimmerung** *f mines* boisage *m*; charpente *f* d'une galerie.

Stolper|draht [ˈʃtɔlpərˌdraːt] *m* fil *m* de fer tendu (au ras du sol); **~ˌmine** *f* mine *f* piégée (par fil tendu); **2n I** *v/i.* ⟨-(e)re, sein⟩ trébucher, (a)chopper (über etw. sur qc.); broncher (contre qc.); *abs.* faire un faux pas (*alle auch fig.*); bei jedem Schritt ~ broncher à chaque pas; *fig. beim Lesen* über ein Wort ~ buter sur un mot; **II ~n** *n* ⟨~s⟩ bronchement *m*; faux pas.

stolz [ʃtɔlts] **I** *adj.* fier [fjɛːr], fière (auf de); *péj.* (*hochmütig*) orgueilleux, -euse; ʻhautain; altier, -ère; glorieux, -euse (de); *Erscheinung etc.* (*stattlich, prächtig*) superbe; imposant; magnifique; majestueux, -euse; ~ wie ein Spanier fier comme Artaban; ~ wie ein Pfau fier comme un paon [pɑ̃]; ~ tun faire le fier, la fière; ~ machen (werden, sein) (s')enorgueillir (auf de); **II** 2 *m* ⟨~es⟩ fierté *f*; *péj.* (*Hochmut*) orgueil *m*; ʻhauteur *f*; morgue *f*; er ist der ~ s-s Vaters il est, fait l'orgueil, la fierté de son père; s-n ~ in etw. setzen mettre son orgueil à qc.; mettre sa fierté dans qc.; se faire un point d'honneur de … (+ *inf.*); prendre à cœur de … (+ *inf.*); se faire une fierté, un orgueil de … (+ *inf.*); falscher ~ orgueil mal placé; **~ieren** [-ˈtsiː-] *v/i.* ⟨*pas de ge-*, sein⟩ parader; se pavaner.

Stoma|titis [stoˑmaˈtiːtɪs, ʃtoˑ-] *f* ⟨~; -i'tiden⟩ *méd.* stomatite *f*; **~tolo'gie** *f* ⟨~⟩ stomatologie *f*; **2to'logisch** *adj. néol.* stomatologique.

stop [ʃtɔp, stɔp] *int.* stop! (*auch tél.*).

Stopf|büchse [ˈʃtɔpfˌbʏksə] *f techn.* presse-étoupe *m*; boîte *f* à bourrage; **~ei** *f* œuf *m* à repriser; **2en I** *v/t.* ⟨h⟩ **1.** *Strümpfe, Wäsche etc.* repriser; reprendre; ravauder; raccommoder; (*kunst~*) stopper; **2.** (*hinein~*) fourrer (dans); *Pfeife* bourrer; *Loch* boucher; *Leck* colmater; aveugler; boucher; *mit Werg* étouper; *Geflügel* (*mästen*) gaver; engraisser; empâter; *mus., Blechinstrumente* mettre la sourdine (à); *milit.* ~! cessez le feu!; gestopft voll (archi)comble; *fig.* j-m den Mund, P das Maul ~ fermer la bouche à qn.; F clouer le bec à qn.; P boucler la gueule à qn.; **II** *v/i.* **3.** *Speisen* (*sättigen*) F bourrer; (*verstopfen*) constiper; ~des Mittel (remède) astringent *m*; **III ~en** *n* ⟨~s⟩ **4.** *von Strümpfen etc.* reprise *f*; ravaudage *m*; raccommodage *m*; (*Kunst2*) stoppage *m*; **5.** *e-r Pfeife* bourrage *m*; *e-s Lecks* colmatage *m*; aveuglement *m*; bouchage *m*; *mit Werg* étoupage *od.* étoupement *m*; *des Geflügels* gavage *m*; engraissement *m*; empâtement *m*; **~er** *m* ⟨~s; ~⟩ *in e-m Strumpf etc.* reprise *f*; (*Pfeifen2*) *cf.* Pfeifenstopfer; **~eˌrin** *f* ⟨~; ~nen⟩ raccommodeuse *f*; (*Kunst2*) stoppeuse *f*; **~garn** *n* coton *m* à repriser; **~ˌmittel** *n méd. cf.* 2en II (~des Mittel); **~ˌnadel** *f* aiguille *f* à repriser; **~ˌnudel** *f für Federvieh* pâton *m*; **~pilz** *m* champignon *m* à repriser; **~ˌwolle** *f* laine *f* à repriser.

stopp [ʃtɔp] **I** *int.* stop!; **II** 2 *m* ⟨~s; ~s⟩ blocage *m*.

Stoppel [ˈʃtɔpəl] *f* ⟨~; ~n⟩ *agr.* chaume *m*; éteule *f*; (*Bart2*) poil *m* raide; *agr.* die ~n stürzen déchaumer; **~ˌacker** *m cf.* ~feld; **~ˌbart** *m* barbe *f* de plusieurs jours; **~ˌfeld** *n* chaume *m*; **~ˌhopser** F *péj. m* ⟨~s; ~⟩ **1.** (*Bauer*) F péquenot *m*; **2.** (*Infanterist*) F biffin *m*; **2ig** *adj. agr.* couvert de chaumes; *Kinn* mal rasé; **~ˌklee** *m agr.* trèfle semé dans le chaume retourné; **~ˌkorn** *n* ⟨~(e)s⟩ blé semé dans le chaume retourné; **2n I** *v/t.* ⟨-(e)le, h⟩ *Ähren* glaner; *Kartoffeln* ramasser; **II ~n** *n* ⟨~s⟩ *von Ähren* glanage *m*; *von Kartoffeln* ramassage *m*; **~ˌrübe** *f bot., agr.* navet *m*; rave *f*; turnep(s) *m*; **~ˌscheibenˌpflug** *m agr.* déchaumeuse *f* à disques; **~ˌstürzen** *n agr.* déchaumage *m*.

stopp|en [ˈʃtɔpən] **I** *v/t.* ⟨h⟩ stopper; arrêter; *Fußball auch* bloquer; *Zeit* chronométrer; **II** *v/i.* stopper; s'arrêter; **III 2en** *n* ⟨~s⟩ stoppage *m*; arrêt *m*; *des Fußballs auch* blocage *m*; **2er** *m* ⟨~s; ~⟩ *mar.* bosse *f*; *Fußball* demi-centre *m*.

Stoppler(in) [ˈʃtɔplər(ɪn)] *m* ⟨~s; ~⟩ (*f*) ⟨~; ~nen⟩ (*Ähren2*) glaneur, -euse *m, f*.

Stopp|licht [ˈʃtɔplɪçt] *n Auto* (feu *m*) stop *m*; **~preis** *m* prix bloqué; **~siˌgnal** *n cf.* ~zeichen; **~ˌstraße** *f* rue *f*, route *f* à arrêt obligatoire, avec obligation d'arrêt; **~ˌtaste** *f Tonbandgerät etc.* touche *f* d'arrêt; **~uhr** *f* chronomètre *m*; **~ˌzeichen** *n* signal *m* d'arrêt; stop *m*.

Stöpsel [ˈʃtœpsəl] *m* ⟨~s; ~⟩ bouchon *m*; tampon *m*; *tél.* fiche *f*; *fig.* F (*kleiner Junge*) gosse *m*; petit bout d'homme; petit bonhomme; **~konˌtakt** *m élect.* contact *m* à fiche; **2n** *v/t.* ⟨-(e)le, h⟩ *tél.* enficher; **~ˌschalter** *m élect.* interrupteur *m* à fiche; **~ˌsicherung** *f élect.* coupe-circuit *m*, fusible *m* à bouchon.

Stör [ʃtøːr] *m* ⟨~(e)s; ~e⟩ *zo.* esturgeon *m*.

Stör|aktion [ˈʃtøːrʔaktsiˑoːn] *f* action perturbatrice; **~ˌanfälligkeit** *f rad.* sensibilité *f* aux parasites; **~ˌangriff** *m milit.* raid [-d] *m* de harcèlement.

Storax ['sto:raks, 'ʃto:-] *m* ⟨~(es); ~e⟩ *bot.* storax *od.* styrax *m.*
Storch [ʃtɔrç] *m* ⟨~(e)s; ~̈e⟩ *zo.* cigogne *f*; **junger** ~ cigogneau *m*; F *fig.* **da brat mir e-r e-n** ~! F les bras m'en tombent!; j'en suis baba!; ~ˌ**beine** F *fig. n/pl.* F jambes *f/pl.* en fuseau; F flûtes *f/pl.*; ~(**en**ˌ)**nest** *n* nid *m* de cigogne.
Störchin ['ʃtœrçɪn] *f* ⟨~; ~nen⟩ *zo.* cigogne *f* femelle.
Storchschnabel ['ʃtɔrçˌʃna:bəl] *m* bec *m* de cigogne; *bot.* géranium [-jɔm] *m*; *Zeichengerät* pantographe *m.*
Store [ʃto:r, sto:r] *m* ⟨~s; ~s⟩ panneau *m*; rideau *m.*
stör|en ['ʃtø:rən] *v/t.* ⟨h⟩ *e-n Menschen* déranger; (*belästigen*) gêner; incommoder; importuner; ennuyer; *Ruhe, Frieden etc.* troubler; perturber; *milit.* 'harceler; *rad.* perturber; *bes. absichtlich* brouiller; **störe ich?** je vous dérange?; **lassen Sie sich nicht** ~! ne vous dérangez pas!; **stört Sie der Rauch?** la fumée vous incommode-t-elle?; *jur.* **j-n im ruhigen Besitz von etw.** ~ inquiéter qn. dans la possession de qc.; ~**end** *adjt.* (*lästig*) gênant; (*unangenehm*) fâcheux, -euse; désagréable; ≈**en**ˌ**fried** *m* ⟨~(e)s; ~e⟩ gêneur, -euse *m, f*; fâcheux, -euse *m, f*; importun, -e *m, f*; *pfort.* perturbateur, -trice *m, f*; (*Spielverderber*) rabat-joie *m*; trouble-fête *m*; ≈**er(in)** *m* ⟨~s; ~⟩ (*f*) ⟨~; ~nen⟩ *cf.* ≈**enfried**; ≈**e'rei** F *f* ⟨~; ~en⟩ dérangement perpétuel; ≈ˌ**faktor** *m rad.* facteur perturbateur; ≈**feld** *n rad.* champ *m* de brouillage, perturbateur; ≈**feld**ˌ**stärke** *f rad.* intensité *f* du champ perturbateur; ≈ˌ**feuer** *n milit.* tir *m* de harcèlement; ≈ˌ**filter** *m rad.* filtre *m* antiparasite; ≈**flug** *m milit.* vol *m*, raid [-d] *m* de harcèlement; ≈ˌ**flugzeug** *n milit.* avion *m* de pénétration; ≈**fre**ˌ**quenz** *f rad.* fréquence *f* de brouilleur; ≈**funk** *m rad.* brouillage *m*; ≈**ge**ˌ**biet** *n rad.* zone parasitée; zone *f* de perturbation, *absichtlicher Störungen* de brouillage; ≈**ge**ˌ**räusch** *n rad.* parasites *m/pl.*; bruit *m* de fond; *absichtliches* brouillage *m*; **atmosphärische** ~**e** perturbations atmosphériques; ≈**ma**ˌ**növer** *n pol.* coups *m/pl.* d'épingle.
storn|ieren [stɔr'ni:rən, ʃtɔr-] *v/t.* ⟨*pas de ge-*, h⟩ *comm.*, *Buchung* contre-passer; *Auftrag etc.* annuler; *Versicherung* ristourner; ≈**ierung** *f* ⟨~; ~en⟩, ≈**o** ['stɔr-, 'ʃtɔr-] *m od. n* ⟨~s; -ni⟩ *comm.*, *e-r Buchung* contre-passation *f*; *e-s Auftrages etc.* annulation *f*; *e-r Versicherung* ristourne *f*.
störrig ['ʃtœrɪç] *adj. cf.* **störrisch**; ≈ˌ**keit** *f* ⟨~⟩ opiniâtreté *f*; entêtement *m*; obstination *f*.
störrisch ['ʃtœrɪʃ] *adj.* récalcitrant; rétif, -ive; opiniâtre; entêté; têtu; obstiné; (*abweisend*) revêche; rébarbatif, -ive; (*unlenkbar*) intraitable.
Stör|nebel ['ʃtø:rˌne:bəl] *m*, ~**ni**ˌ**veau** *n*, ~ˌ**pegel** *m rad.* niveau *m* des perturbations, de bruit; ~**schutz** *m rad.* (dispositif *m*) antiparasite *m*; ~**schutzkonden**ˌ**sator** *m rad.* condensateur *m* antiparasite; ~ˌ**sender** *m rad.* émetteur *m* de brouillage; émetteur perturbateur; brouilleur *m*; ~ˌ**sendung** *f rad.* brouillage *m*; ~ˌ**spannung** *f rad.* tension perturbatrice, de bruit; ~ˌ**sperre** *f rad. cf.* ~schutz; ~**strom** *m rad.* courant perturbateur, parasite; ~ˌ**sucher** *m*, ~ˌ**suchgerät** *n rad.* détecteur *m* des parasites; ~ˌ**tätigkeit** *f rad.* brouillage *m.*
Störung ['ʃtø:rʊŋ] *f* ⟨~; ~en⟩ dérangement *m*; trouble *m*; *technische* perturbation *f*; dérangement *m*; *Meteorologie* perturbation *f*; *rad.* parasites *m/pl.*; *absichtliche* brouillage *m*; perturbation *f*; F friture *f* (*auch tél.*); *milit.* 'harcèlement *m*; *méd.* ~**en** *pl.* troubles *m/pl.*; **verzeihen Sie die** ~ excusez-moi de vous déranger; **atmosphärische** ~**en** perturbations atmosphériques; **zeitweise** ~ perturbation intermittente; **infolge technischer** ~**en** par suite d'incidents techniques; *rad.* **örtliche** ~**en** parasites locaux; *méd.* **nervöse** ~**en** troubles nerveux; ~ **in der Stromversorgung** panne d'alimentation; ~ **in der elektrischen Leitung** interruption dans la conduite électrique; interruption de courant; **e-e** ~ **beseitigen** éliminer une perturbation, un dérangement; dépanner (qc.); ~**s-be**ˌ**seitigung** *f rad.* élimination *f*, suppression *f* de parasites; *techn.* dépannage *m*; ~**s**ˌ**dienst** *m rad.* service *m* de détection des sources de perturbation, des sources émettrices de parasites; *tél.* service *m* de dépannage; ~**s**ˌ**feuer** *n milit. cf.* Störfeuer; ≈**s**ˌ**frei** *adj.* sans trouble; *rad.* non brouillé; sans brouillage; exempt de parasites; ~**s**ˌ**stelle** *f cf.* ~sdienst; ~**s**ˌ**suche** *f tél.* détection *f* des perturbations, des dérangements; ~**s**ˌ**suchtrupp** *m tél.*, *élect.* équipe spéciale de contrôle des lignes.
Störzeichen ['ʃtø:rˌtsaɪçən] *n rad.* signal perturbateur, brouilleur.
Stoß [ʃto:s] *m* ⟨~es; ~̈e⟩ **1.** coup *m*; *in die Rippen* (*Puff*) poussée *f*; F bourrade *f*; *beim Zusammenstoß zweier Körper* (*Erschütterung*) choc *m*; *auch beim Erdbeben* secousse *f*; *e-s Fahrzeugs* cahot *m*; *beim Schwimmen* brasse *f*; brassée *f*; *esc.* botte *f*; estocade *f*; *élect.* impulsion *f*; *techn.* saccade *f*; **j-m e-n** ~ **versetzen** porter un coup à qn.; *fig.* **s-m Herzen e-n** ~ **geben** se faire violence; s'exécuter; **die gute Federung des Wagens fängt alle Stöße auf** la bonne suspension de cette voiture amortit toutes les secousses, tous les chocs, tous les 'heurts; ~ **ins Horn, in die Trompete** coup de corne, de trompette; **2.** (*Haufen*) pile *f*; tas *m*; *von Papieren, Briefen etc.* liasse *f*; ~ **Akten** dossier *m*; **3.** *techn.* (*Verbindungsstelle*) joint *m*; jointure *f*; **4.** *cout.* bord *m*; **5.** *mines* front *m* de la galerie; ~**be**ˌ**anspruchung** *f techn.* contrainte *f* par chocs; ~ˌ**dämpfer** *m Auto* amortisseur *m*; ~ˌ**degen** *m esc.* estoc *m.*
Stößel ['ʃtø:səl] *m* ⟨~s; ~⟩ *e-s Mörsers* pilon *m*; *beim Explosionsmotor* poussoir *m.*
stoß|empfindlich ['ʃto:sˀɛmˌpfɪntlɪç] *adj.* sensible au choc; ~**en I** *v/t.* ⟨stößt, stieß, gestoßen, stoß(e)!, h⟩ **1.** pousser (*auch Billard*); *heftig* 'heurter; choquer; cogner; buter; (*anrempeln*) bousculer; *mit dem Fuß* donner un coup de pied à; *Sport, Kugel* lancer; **j-m das Messer in die Brust** ~ donner à qn. un coup de couteau dans la poitrine; **j-m den Dolch ins Herz** ~ plonger à qn. le poignard dans le cœur; **j-n in die Rippen** ~ donner une bourrade à qn.; *Tiere* **mit den Hörnern** ~ donner des coups de cornes (j-n à qn.); *fig.* **j-n mit der Nase auf etw.** ~ faire toucher qc. à qn. du doigt; mettre à qn. les points sur les i; *fig.* **j-n vor den Kopf** ~ choquer, 'heurter qn.; **j-n von sich** ~ repousser qn.; **j-n zu Boden** ~ renverser qn.; **2.** (*zer*~) piler; broyer; concasser; triturer; *zu Pulver* pulvériser; réduire en poudre; **gestoßener Zimt** cannelle pulvérisée; **II** *v/i.* **3.** *Wagen* cahoter; *Motor* cogner; *Bock* donner des coups de cornes; *esc.* pousser une botte; **nach j-m** ~ porter un coup à qn.; **mit den Hörnern** ~ donner des coups de cornes; **4.** *Grundstück, Zimmer etc.* **an etw.** ~ (*grenzen*) confiner, toucher à qc.; être attenant, contigu à qc.; être voisin de qc.; **5.** *mus.* **ins Horn** ~ donner, sonner du cor; **in die Trompete** ~ sonner de la trompette; **6.** ⟨**sein**⟩ **an** *od.* **gegen etw.** ~ (se) cogner, (se) heurter, buter contre qc.; **mit dem Fuß an** *od.* **gegen etw.** ~ 'heurter, buter du pied contre qc.; se heurter, se cogner le pied contre qc.; **mit dem Kopf an etw.** ~ donner de la tête contre qc.; se heurter la tête à qc.; *Boot* **ans Land** ~ toucher, prendre terre; accoster; **auf j-n, etw.** ~ tomber sur qn., qc.; rencontrer (par 'hasard), trouver qn., qc.; **auf Schwierigkeiten** ~ se heurter à des difficultés; **auf unerwarteten Widerstand** ~ se heurter à, rencontrer une résistance inattendue; *Raubvogel* ~ **auf** fondre sur; *Boot* **auf Grund** ~ toucher le fond; **zu j-m** ~ (re)joindre qn.; **III** *v/réfl.* **sich** ~ se heurter; se cogner; **sich an etw.** ~ se heurter, se cogner contre qc.; *fig.* (*an etw. Anstoß nehmen*) se choquer, se formaliser, se scandaliser, s'offusquer de qc.; **er stößt sich daran, daß du mitkommst** ta venue le choque; **sie stößt sich an s-m Benehmen** elle est froissée, offusquée par sa conduite; **IV** ≈**en** *n* ⟨~s⟩ poussée *f*; (*Anrempeln*) bousculade *f*; *Sport, der Kugel* lancement *m*; *Gewichtheben* épaulé *m*; *von e-m Wagen* cahotage *od.* cahotement *m*; (*Zerkleinern*) pilage *m*; broyage *m*; concassage *m.*
Stößer ['ʃtø:sər] *m* ⟨~s; ~⟩ **1.** *e-s Mörsers* pilon *m*; **2.** *zo.* épervier *m.*
Stoßerei [ˌʃto:sə'raɪ] F *f* ⟨~; ~en⟩ bousculades *f/pl.*
stoß|fest ['ʃto:sfɛst] *adj.* résistant aux chocs; ≈ˌ**festig**ˌ**keit** *f* résistance *f* aux chocs; ≈ˌ**feuer** *n milit.* tir *m* en rafale; ≈ˌ**fläche** *f* surface *f* de choc; ~**frei** *adj. u. adv.* sans chocs; ~ **anlaufen** démarrer sans à-coups; ≈**ge**ˌ**bet** *n* oraison *f* jaculatoire; **ein** ~ **zum Himmel schicken** adresser au ciel une instante prière; ~**ge**ˌ**sichert** *adjt. Uhren* (avec) antichoc; ≈ˌ**heber** *m* bélier *m* hydraulique.
stößig ['ʃtø:sɪç] *adj. von Tieren* qui donne des coups de cornes.
Stoß|kante ['ʃto:sˌkantə] *f* (re)bord *m*; ~**keil** *m milit.* pointe *f* (d'une attaque); coin *m*; ~**kraft** *f* puissance *f* de choc, *milit. auch* de combat; *phys. atom.* intensité *f* de choc; ~**ma**ˌ**schine** *f techn.* mortaiseuse *f*; ~**ra**ˌ**pier** *n esc.* fleuret *m*; ~ˌ**richtung** *f* axe *m* de poussée, d'effort; ~ˌ**seufzer** *m* profond soupir; ≈ˌ**sicher** *adj.* à l'épreuve des chocs; protégé contre les chocs; F (avec) antichoc; ~ˌ**stange** *f Auto* pare-chocs *m*; ~**thera**ˌ**pie** *f méd.* thérapie *f* de choc; ~**trupp** *m milit.* groupe *m* de choc; ~**truppunter**ˌ**nehmen** *n milit.* coup *m* de main; raid [-d] *m*; ~**ver**ˌ**kehr** *m* heures *f/pl.* de pointe; ~ˌ**waffe** *f* arme *f* d'estoc; ≈ˌ**weise** *adv.* (*in Stößen*) par piles, tas; (*ruckweise*) par chocs; par secousses;

par saccades; *milit.*, *Feuer* intermittent; **~ˌwelle** *f phys.*, *élect.* onde *f* de choc; **~ˌwirkung** *f* effet *m* de choc; **~zahn** *m der Elefanten* défense *f*; **~ˌzündung** *f milit.* amorçage *m* par le choc.

Stott|erer [ˈʃtɔtərər] *m* ⟨~s; ~⟩ *méd.* bègue *m*; *gelegentlicher* bégayeur *m*; **~e'rei** F *f* ⟨~; ~en⟩ *cf.* 2ern III; **2ern I** *v/t. u. v/i.* ⟨-(e)re, h⟩ *fig.* (*stammeln*) balbutier; bredouiller; ânonner; **II** *v/i. méd.* bégayer; **III ~ern** *n* ⟨~s⟩ *méd.* bégaiement *od.* bégayement *m*; *fig.* (*Stammeln*) balbutiement *m*; F **auf ~ kaufen** acheter à tempérament; **~reˌrin** *f* ⟨~; ~nen⟩ *méd.* bègue *f*; *gelegentliche* bégayeuse *f*.

Stra|bismus [straˈbɪsmʊs, ʃtra-] *m* ⟨~⟩ *méd.* strabisme *m*; **~bo** [ˈstrɑː-] *m* ⟨~s; ~s⟩ strabique *m*.

stracks [ʃtraks] *adv. räumlich* droit; directement; *zeitlich* de ce pas; sur-le-champ.

Stradivari [stradiˑˈvɑːriˑ] *f* ⟨~; ~(s)⟩, **~ˌgeige** *f*, **~us** *f* ⟨~; ~ *od.* -rii⟩ *mus.* stradivarius *m*.

Straf|androhung [ˈʃtrɑːfˌʔandroːʊŋ] *f* peine *f* comminatoire; **~ˌanstalt** *f* établissement *m* pénitentiaire, de détention; pénitencier *m*; (*Gefängnis*) prison *f*; *für Jugendliche* institution publique, établissement public d'éducation surveillée; **~ˌantrag** *m des Staatsanwaltes* réquisitoire *m*; *bei e-m Antragsdelikt* plainte *f*; **e-n ~ stellen** porter plainte; déposer une plainte; **e-n ~ zurückziehen** retirer une plainte; **~ˌantritt** *m* commencement *m* d'exécution d'une peine; commencement *m* de la peine; **~ˌanzeige** *f* plainte *f*; **e-e ~ erstatten** porter plainte; déposer une plainte; **~ˌarbeit** *f e-s Schülers* punition *f*; pensum [pɛ̃sɔm] *m*; **~aˌrrest** *m milit.* arrêts *m/pl.*; **~ˌaufschub** *m* sursis *m* (à l'exécution de la peine); **e-n ~ gewähren, erhalten** accorder, obtenir un sursis; **~ausschließungsˌgrund** *m* excuse *f* absolutoire; **~ˌaussetzung** *f* suspension *f* de la peine; **~ zur Bewährung** libération provisoire; **2bar** *adj.* punissable; répréhensible; pénalisable; *pfort.* criminel, -lle; **~e Handlung** délit *m*; fait délictueux; acte criminel; **sich ~ machen** être passible d'une peine; **~barˌkeit** *f* ⟨~⟩ *von Handlungen* criminalité *f*; **~bataiˌllon** *n milit.* bataillon *m* disciplinaire; **~beˌfehl** *m* procès-verbal *m* de contravention; **~beˌfugnis** *f* compétence pénale; **~beˌscheid** *m* sanction *f*; **~dienst** *m milit.* corvée *f* des hommes punis.

Strafe [ˈʃtrɑːfə] *f* ⟨~; ~n⟩ punition *f*; *bes. jur.* peine *f*; (*Geld*2) amende *f*; (*Züchtigung*) châtiment *m*; correction *f*; **bei ~ verboten** défendu sous peine d'amende; **zur ~ für ...** en punition de ...; pour pénitence de ...; **du wirst ~ bekommen** tu seras puni; **~ bezahlen müssen** devoir payer une amende; **s-e ~ abbüßen** subir sa peine; **s-e ~ absitzen** purger sa peine de prison; **e-e ~ erlassen** remettre une peine; **e-e ~ verhängen** infliger une peine; prononcer une peine, une condamnation; **e-e ~ verwirken** encourir une peine; **e-e ~ vollstrecken, vollziehen** faire exécuter une peine; **e-e ~ umwandeln** commuer une peine.

strafen [ˈʃtrɑːfən] **I** *v/t.* ⟨h⟩ punir; (*züchtigen*) châtier; corriger; **Lügen ~** démentir; **mit Verachtung ~** mépriser; **Gott straf' mich, wenn ...** Dieu me punisse, si ...; **~der Blick** regard réprobateur, plein de reproches; **~de Gerechtigkeit** justice vengeresse; **II 2** *n* ⟨~s⟩ punition *f*; châtiment *m*; correction *f*.

Straf|ende [ˈʃtrɑːfˌʔɛndə] *n* expiration *f* d'une peine; **~entˌlassene(r)** *f* (*m*) ⟨→A⟩ (détenu, -e *m, f*) libéré, -e *m, f*; **~entˌlassung** *f* libération *f*; **~erˌlaß** *m* remise *f*, rémission *f* d'une peine; **~erˌmäßigung** *f* réduction *f* de peine; **~exerˌzieren** *n milit.* pelote *f*; **~expeditiˌon** *f* expédition punitive, répressive.

straff [ʃtraf] **1.** *adj. Seil etc.* (fortement) tendu; raide; *Stil* serré; *Organisation, Disziplin, Führung etc.* sévère; rigoureux, -euse; rigide; **2.** *adv. Seil, Feder etc.* **~ anziehen, spannen** tendre fortement; raidir; bander.

straffällig [ˈʃtrɑːfˌfɛlɪç] *adj.* **~ werden** encourir une peine; **2e(r)** *f* (*m*) ⟨→A⟩ criminel, -lle *m, f*; **2ˌkeit** *f* ⟨~⟩ criminalité *f*.

straff|en [ˈʃtrafən] *v/t.* (*u. v/réfl.*) ⟨h⟩ (se) tendre; (se) raidir; (se) bander; *fig., von e-m Menschen* se raidir; se ressaisir; **2heit** *f* ⟨~⟩ *e-s Seiles etc.* (forte) tension *f*; raideur *f*; *fig. der Organisation, Disziplin, Führung etc.* sévérité *f*; rigueur *f*; rigidité *f*.

straf|frei [ˈʃtrɑːffraɪ] **1.** *adj.* impuni; **2.** *adv.* impunément; **~ ausgehen** rester impuni; **2ˌfreiheit** *f* impunité *f*; **2freiheitsgeˌsetz** *n* loi *f* d'amnistie; **2geˌbühr** *f* amende *f*; **2geˌfangene(r)** *f* (*m*) détenu, -e *m, f*; prisonnier *m*; *im Zuchthaus* reclusionnaire *od.* réclusionnaire *m*; condamné, -e *m, f* à la réclusion; **2geˌricht** *n* châtiment *m*; **göttliches ~** châtiment divin, de Dieu; **ein ~ heraufbeschwören** s'attirer un châtiment; **2geˌrichtsbarkeit** *f* juridiction, justice pénale, criminelle; **2geˌsetz** *n* loi pénale, criminelle; **2geˌsetzbuch** *n* code pénal; **2geˌsetzgebung** *f* législation pénale, criminelle; **2geˌwalt** *f* pouvoir répressif; **2ˌkammer** *f* chambre correctionnelle; **2koloˌnie** *f* colonie *f* pénitentiaire; **2kompaˌnie** *f milit.* compagnie *f* disciplinaire; **2ˌlager** *n* camp *m* pénitentiaire.

sträf|lich [ˈʃtrɛːflɪç] *adj.* impardonnable; **~er Leichtsinn, ~e Sorglosigkeit** légèreté, insouciance impardonnable; **2ling** *m* ⟨~s; ~e⟩ détenu *m*; (*Zuchthäusler*) réclusionnaire *m*; condamné, -e *m, f* à la réclusion; (*Gefangener*) prisonnier *m*; **2lingsˌkleidung** *f* tenue *f* de prisonnier, de détenu.

straf|los [ˈʃtrɑːfloːs] *adj. cf.* **straffrei**; **2ˌlosigˌkeit** *f* ⟨~⟩ *cf.* **Straffreiheit**; **2maß** *n* quantum [kwɑ̃tɔm] *m*, montant *m* de la peine; **das niedrigste (höchste) ~** le minimum (maximum) de la peine; **2ˌmaßnahme** *f* sanction *f*; **~ˌmildernd** *adjt.* **~e Umstände** circonstances atténuantes; **2ˌmilderung** *f* atténuation *f*, adoucissement *m* de peine; **~ˌmündig** *adj.* qui a l'âge de la majorité pénale; **2ˌmündigkeit** *f* majorité pénale; **2ˌporto** *n* surtaxe *f*; **2ˌpredigt** *f* réprimande *f*; F semonce *f*; **j-m e-e ~ halten** sermonner, tancer, réprimander, chapitrer, admonester, morigéner qn.; **2proˌzeß** *m* procès pénal, criminel; **2proˌzeßˌordnung** *f* code *m* d'instruction criminelle; **2punkt** *m Sport* pénalisation *f*; **e-n ~ geben** pénaliser (j-m qn.); **2raum** *m Sport* surface *f* de réparation; zone *f* de penalty; **2recht** *n* droit pénal, criminel; **~ˌrechtlich 1.** *adj.* pénal; criminel, -lle; **~e Bestimmungen** prescriptions pénales; **sich e-r ~en Verfolgung aussetzen** être passible de poursuites pénales; **2.** *adv.* **~ verfolgen** poursuivre pénalement; **2reˌgister** *n* casier *m* judiciaire; **Auszug aus dem ~** extrait du casier judiciaire; **2ˌrichter** *m* juge pénal, criminel; **2ˌsache** *f* affaire, matière, cause pénale, criminelle; **2stoß** *m Fußball etc.* (*Freistoß*) coup franc; (*Elfmeter*) penalty *m*; **2tat** *f* fait délictueux; délit *m*; acte criminel; infraction *f*; (*Verbrechen*) crime *m*; **2ˌtilgung** *f* radiation *f* d'une peine au casier judiciaire; **2ˌumwandlung** *f* commutation *f* de peine; **2verˌbüßung** *f* accomplissement *m* de la peine; **Ablauf der ~** expiration de la peine; **2verˌfahren** *n* procédure pénale, criminelle; instance pénale; **ein ~ gegen j-n einleiten** intenter des poursuites (judiciaires) à *od.* contre qn.; **2verˌfolgung** *f* poursuite pénale; **die ~ einleiten, einstellen** intenter, arrêter les poursuites pénales, judiciaires; **2verˌfügung** *f* décision pénale; procès-verbal *m* de contravention; **2verˌschärfung** *f* aggravation *f* de peine; **~verˌsetzen** *v/t.* ⟨*nur inf. u. p.p.* **strafversetzt**⟩ déplacer, muter par mesure disciplinaire; **2verˌsetzung** *f* déplacement *m*, mutation *f* par mesure disciplinaire; **2vollˌstreckung** *f*, **2vollˌziehung** *f*, **2vollˌzug** *m* exécution pénale, de la peine; **2vollˌzugsbeˌhörde** *f* autorité *f* d'exécution pénale; **2vollzugsˌordnung** *f* régime *m* pénitentiaire; **~ˌwürdig** *adj.* punissable; **2ˌzumessung** *f* fixation *f* de la peine.

Stragel [ˈʃtrɑːgəl] *m* ⟨~s; ~⟩ *bot.* astragale *m*; tragacantha *m*.

Strahl [ʃtrɑːl] *m* ⟨~(e)s; ~en⟩ rayon *m*; *phys. auch* faisceau *m*; *plötzlicher, heller* éclair *m*; (*Wasser*2) jet *m* (*auch Luft*2, *aviat.*); *dünner* filet *m*; *Geometrie* (ligne *f*) droite *f*; **einfallender ~** rayon incident; **gebrochener ~** rayon réfracté; **kosmische ~en** rayons cosmiques; **schädliche, gefährliche ~en** radiations nocives, dangereuses; **ionisierende ~en** rayonnement ionisant; **~ˌantrieb** *m aviat.* propulsion *f* par réaction; **~ˌdüse** *f* tuyère *f* d'éjection.

strahlen [ˈʃtrɑːlən] **I** *v/i.* ⟨h⟩ rayonner (*auch fig.*); *phys. auch* émettre, diffuser (des rayons); (*glänzen*) resplendir (*auch fig.*); briller; *fig.* **sein Gesicht strahlte vor Freude** son visage rayonnait, était rayonnant, était radieux, resplendissait de joie; **II 2** *n* ⟨~s⟩ rayonnement *m* (*auch fig.*).

Strahlen|analysator [ˈʃtrɑːlənʔanalyˑˌzɑːtər] *m* analyseur *m* de rayonnement; **~ˌbahn** *f* trajectoire *f* du rayon; **~beˌhandlung** *f méd.* radiothérapie *f*; actinothérapie *f*; **~beˌlastung** *f* exposition *f* aux radiations; **~bioloˌgie** *f* radiobiologie *f*; **2ˌbrechend** *adjt. phys.* réfractant; réfringent; **~ˌbrechung** *f phys.* réfraction *f*; **~ˌbündel** *n* faisceau *m* de rayons; *des Scheinwerfers* faisceau lumineux; pinceau *m*; **2d** *adjt.* rayonnant; radiant; *fig.* rayonnant; resplendissant; radieux, -euse; **~deˌtektor** *m* détecteur *m* (de radiations); **~ˌdosis** *f* dose *f* de radiations, de rayonnement; **~ˌeinfall** *m* incidence *f* des rayons; **~emˌpfindlichkeit** *f* radiosensibilité *f*; **~ˌfeld** *n* champ *m* de rayonnement; **2ˌförmig** *adj.* rayonné; radiaire; *zo., bot.* radié; **~ˌforscher** *m* radiologue *m*; radiologiste *m*; **∼ˌforschung** *f* radiologie *f*; **∼ˌgang** *m cf.* ∼bahn; **∼geˌfahren** *f/pl.* risques dus aux rayonnements; **∼geˌschädigte(r)** *m* victime *f* des radiations; **Ꝛgeˌschützt** *adjt.* à l'abri des radiations; protégé contre le rayonnement, les radiations; **∼ˌhärte** *f phys.* dureté *f* des rayons; **∼ˌheilkunde** *f méd. cf.* ∼behandlung; **∼ˌkegel** *m* cône *m* de rayons; **∼ˌkrankheit** *f cf.* ∼schädigung; **∼ˌkranz** *m*, **∼ˌkrone** *f* auréole *f* (*auch fig.*); nimbe *m*; **∼ˌmesser** *m* ⟨∼s; ∼⟩ *cf.* Strahlungsmesser; **∼ˌmessung** *f* radiométrie *f*; actinométrie *f*; **∼ˌpilz** *m bot.* actinomycès *od.* actinomycète *m*; **∼pilzˌkrankheit** *f* ⟨∼⟩ *méd.* actinomycose *f*; **∼ˌschädigung** *f* radiolésion *f*; lésions causées par, dues à des radiations; **∼ˌschutz** *m* protection *f* contre les radiations; *als Vorrichtung* écran protecteur, paroi protectrice (contre les radiations); **∼ˌschutzanzug** *m* combinaison *f* antiradiations; **Ꝛˌsicher** *adj.* à l'épreuve des radiations; **∼ˌsicherheitsˌmaßnahmen** *f/pl.* mesures *f/pl.* de protection contre les radiations; **∼theraˌpie** *f cf.* ∼behandlung; **∼ˌtierchen** *n/pl. zo.* radiolaires *m/pl.*; **∼ˌwirkung** *f* effet *m* des radiations; **∼zerˌsetzung** *f* décomposition *f* par les radiations.

Strahler [ˈʃtraːlər] *m* ⟨∼s; ∼⟩ *phys.* émetteur *m*; source rayonnante; (*Wärme*Ꝛ) radiateur *m*; geschlossener (offener) ∼ source (non) scellée; teilweise abgeschirmter ∼ source partiellement blindée.

Strahl|motor [ˈʃtraːlˌmoːtər] *m aviat.* propulseur *m*, moteur *m* à réaction; réacteur *m*; **∼ˌpumpe** *f techn.* éjecteur *m*; **∼rohr** *n* lance *f* d'incendie; **∼ˌröhre** *f* lampe *f* à faisceau électronique; **∼stein** *m minéral. sc.* actinote *f*; **∼strom** *m* courant *m* de faisceau; **∼ˌtriebwerk** *n* réacteur *m*; **∼turˌbine** *f* turbo-réacteur *m*.

Strahlung [ˈʃtraːluŋ] *f* ⟨∼; ∼en⟩ (ir)radiation *f*; rayonnement *m*; émission *f* (de rayons); Gefährdung durch ∼ risque d'irradiation; infrarote ∼ radiations infrarouges; kosmische ∼ rayonnement cosmique; schwarze ∼ rayonnement de corps noir; **∼sˌdämpfung** *f phys. atom.* affaiblissement *m* par rayonnement; **∼sˌdichte** *f* densité *f* de rayonnement; **∼sˌdruck** *m* ⟨∼(e)s⟩ pression *f* de rayonnement; **Ꝛsˌdurchlässig** *adj.* perméable aux rayons; **∼senerˌgie** *f* énergie rayonnante, rayonnée, de rayonnement; **∼sˌfeld** *n cf.* Strahlenfeld; **Ꝛsˌfrei** *adj.* exempt de radiations, de rayonnement; **∼sˌgürtel** *m* ceinture *f* de radiations; **∼sˌkühlung** *f* refroidissement *m* par radiation; **∼sˌmesser** *m* ⟨∼s; ∼⟩ radiomètre *m*; ratemètre *m*; dosimètre *m*; ionomètre *m*; électroscope *m*; actinomètre *m*; **∼sˌwärme** *f* chaleur rayonnante, de rayonnement; **∼sˌwirkung** *f* effet radioactif; **∼sˌzone** *f* zone *f* de radiations.

Strähn|e [ˈʃtrɛːnə] *f* ⟨∼; ∼n⟩ (*Haar*Ꝛ) mèche *f* (de cheveux); ∼ Garn écheveau *m* de fil; e-e weiße ∼ im Haar une mèche blanche dans les cheveux; **Ꝛig** *adj.* en mèches; *Rohwolle* mécheux, -euse.

Stramin [straˈmiːn] *m* ⟨∼s; ∼e⟩ canevas *m*.

stramm [ʃtram] **1.** *adj.* (*straff*) (fortement) tendu; (*fest*) serré; (*kräftig*) robuste; ∼er Bursche vigoureux, solide gaillard; F costaud *m*; ∼er Soldat rude soldat; ∼e Haltung allure, attitude militaire; in ∼er Haltung le corps tendu; **2.** *adv.* ∼ anziehen *Schraube* serrer à bloc; bloquer; ∼ arbeiten travailler dur; **∼ˌstehen** *v/i.* ⟨*irr.*, *sép.*, -ge-, h⟩ *milit.* être au garde-à-vous; **∼ˌziehen** *v/t.* ⟨*irr.*, *sép.*, -ge-, h⟩ tendre; raidir; bander; F *fig.* j-m die Hosen ∼ donner une correction à qn.; rosser qn.; flanquer une rossée à qn.; *cf. auch* Prügel².

Strampel|höschen [ˈʃtrampəlˌhøːsçən] *n etwa* barboteuse *f*; **Ꝛn** *v/i.* ⟨-(e)le, h⟩ F gigoter; F *beim Radfahren* (*treten*) pédaler; sich bloß ∼ se découvrir (en gigotant).

Strand [ʃtrant] *m* ⟨∼(e)s; ∼̈e⟩ plage *f*; rivage *m* de la mer; *auch an e-m See, Fluß* (*sandiges Ufer*) grève *f*; *mar.* côte *f*; am ∼ sur *od.* à la plage; *mar.* auf ∼ laufen, geraten (s')échouer; être rejeté à la côte; **∼ˌanzug** *m* costume *m* de plage; **∼bad** *n* plage *f*; **∼batteˌrie** *f milit.* batterie côtière; **∼burg** *f* château *m* de sable; **Ꝛen I** *v/i.* ⟨-ete, sein⟩ *mar.* (s')échouer (*auch fig.*); **II ∼en** *n* ⟨∼s⟩ échouement *m*; **∼gut** *n* épaves *f/pl.* maritimes; **∼ˌhafer** *m bot.* élyme *m*; **∼hoˌtel** *n* hôtel *m* de la plage; **∼kleid** *n* robe *f* de plage; **∼korb** *m* fauteuil-cabine *m* (en osier); **∼ˌläufer** *m zo.* maubèche *f*; **∼ˌordnung** *f* règlement côtier; **∼promeˌnade** *f* promenade *f*; **∼ˌräuber** *m* naufrageur *m*; **∼recht** *n* droit *m* d'épave; **∼ˌschnecke** *f zo.* littorine *f*; bigorneau *m*; vignot *m*; **∼trift** *f cf.* ∼gut; **∼ung** *f* ⟨∼; ∼en⟩ *cf.* Ꝛen II; **∼ˌvögel** *m/pl. zo.* oiseaux littoraux; **∼ˌwärter** *m* surveillant *m* de la plage; **∼weg** *m* chemin côtier.

Strang [ʃtraŋ] *m* ⟨∼(e)s; ∼̈e⟩ corde *f*; *zum Anschirren von Zugtieren* trait *m* (de harnais); *anat.* cordon *m*; *chem.* voie *f*; *élect.*, *tél.* ligne *f*; *von Garn* écheveau *m*; *chem.* toter ∼ voie en cul-de-sac; j-n zum Tode durch den ∼ verurteilen condamner qn. à la pendaison; *fig.* wenn alle Stränge reißen au pis aller; *fig.* über die Stränge schlagen, hauen (dé)passer les bornes, la mesure; exagérer; y aller trop fort; faire des extravagances, des folies, F des escapades, des frasques; *fig.* am gleichen ∼ ziehen tirer sur la même corde; *fig.* être attelé à la même tâche; **∼ˌpresse** *f techn.* boudineuse *f*; **∼ˌpressen** *n techn.* boudinage *m*; extrusion *f*.

Strangu|lation [ʃtraŋguˈlatsiˈoːn, straŋ-] *f* ⟨∼⟩ strangulation *f*; **Ꝛˈlieren** *v/t.* ⟨*pas de ge-*, h⟩ étrangler; **∼ˈlierung** *f* ⟨∼⟩ *cf.* ∼lation.

Strapaz|e [ʃtraˈpaːtsə] *f* ⟨∼; ∼n⟩ fatigue *f*; peine *f*; man sieht ihm die ∼n der Reise nicht an il ne porte pas les traces des fatigues du voyage; an ∼n gewöhnt rompu à la fatigue; e-e ∼ sein être très fatigant; **Ꝛenˌreich** *adj.* fatigant; épuisant; pénible; éreintant; 'harassant; dur; **∼ier...** [-ˈtsiːr-] *in Zssgn. von Sachen* d'usage; **Ꝛieren** [-ˈtsiː-] *v/t.* ⟨*pas de ge-*, h⟩ fatiguer; 'harasser; *Kleidung* abîmer; **Ꝛierˌfähig** [-ˈtsiːr-] *adj. Stoff* résistant; solide; **Ꝛiˈös** *adj. cf.* Ꝛenreich.

Straß [ʃtras] *m* ⟨∼ *od.* -sses; -sse⟩ stras(s) *m*.

Straße [ˈʃtraːsə] *f* ⟨∼; ∼n⟩ *e-s Ortes* rue *f*; voie publique; (*Fahrdamm*) chaussée *f*; (*Land*Ꝛ, *Fahr*Ꝛ) route *f*; *géogr.* (*Meerenge*) détroit *m*; ∼ von Messina Détroit de Messine; ∼ von Dover Pas *m* de Calais; gewölbte ∼ route bombée; kurvenreiche ∼ route sinueuse, en lacets; gesperrte ∼ rue barrée; gut befahrbare ∼ route carrossable; belebte (abgelegene) ∼ rue fréquentée, animée, passante (écartée); unbefestigte ∼ route non revêtue; vereiste, verschneite ∼ route verglacée, enneigée; auf der ∼ dans la rue; auf offener ∼ en pleine rue; sur la voie publique; über die ∼ gehen, die ∼ überqueren traverser la rue; in e-e ∼ einbiegen prendre une rue; tourner dans une rue; von der ∼ auflesen ramasser dans la rue; s-e ∼ ziehen aller son chemin; der Mann der ∼, der einfache Mann von der ∼ l'homme de la rue; in e-r ∼ wohnen habiter (dans) une rue; das Fenster geht nach der ∼ la fenêtre donne sur la rue; ∼ frei! dégagez la route!; auf die ∼ setzen, werfen *Arbeiter* F mettre sur le pavé, sur le sable; flanquer à la porte; *Mieter* jeter, mettre à la rue; auf der ∼ liegen, stehen (*arbeitslos sein*) chômer; F être sur le pavé, sur le sable; auf die ∼ gehen *aus Protest* descendre dans la rue; *Frau* se prostituer; se livrer à la prostitution; F faire le trottoir; *fig.* immer auf der ∼ liegen être toujours par voies et chemins, par monts et par vaux, en voyage.

Straßen|anlage [ˈʃtraːsənˌˀanlaːgə] *f* tracé *m* d'une route; **∼ˌanzug** *m* costume *m* de ville; **∼ˌarbeiten** *f/pl.* travaux *m/pl.* (en cours); **∼ˌarbeiter** *m* cantonnier *m*; **∼ˌausbesserung** *f cf.* ∼instandsetzung; **∼ˌbahn** *f* tramway *m*; F tram *m*; **∼bahndeˌpot** *n* dépôt *m* de tram(way); **∼ˌbahner** *m* ⟨∼s; ∼⟩ traminot *m*; **∼bahnˌführer** *m* wattman *m*; conducteur *m* (de tramway); **∼bahnˌhaltestelle** *f* arrêt *m* du tram(way); **∼bahnˌlinie** *f* ligne *f* de tram(way); **∼bahnˌnetz** *n* réseau *m* de tram(way)s; **∼bahnˌschaffner** *m* receveur *m* (de tramway); **∼bahnˌschiene** *f* rail *m* de tram(way)s; **∼bahnverˌkehr** *m* circulation *f* de tram(way)s; **∼bahnˌwagen** *m* tram (-way) *m*; **∼ˌbau** *m* ⟨∼(e)s; ∼ten⟩ construction *f* des routes; **∼ˌbauamt** *n* service *m* des ponts et chaussées; **∼ˌbauarbeiten** *f/pl.* travaux *m/pl.* de viabilité; **∼ˌbauingeniˌeur** *m* ingénieur *m* des ponts et chaussées; **∼baumaˌschinen** *f/pl.* machines *f/pl.* pour construction de routes, pour chantiers routiers; **∼ˌbaustelle** *f* chantier *m* (routier); **∼beˌlag** *m* tapis routier; **∼beˌleuchtung** *f* éclairage *m* des rues; **∼beˌnutzer** *m* usager *m* de la route; **∼beˌnutzungsgeˌbühr** *f* péage *m*; **∼beˌschaffenheit** *f* état *m* de la route; **∼ˌbiegung** *f* tournant *m*; virage *m*; coude *m*; **∼ˌbrücke** *f* pont-route *m*; **∼ˌdamm** *m* chaussée *f*; **∼ˌdecke** *f* revêtement *m* routier, de la route, de la chaussée; **∼ˌecke** *f* coin *m* de rue; tournant *m*; **∼ˌeinmündung** *f* débouché *m*; embranchement *m* de rues; **∼ˌfeger** *m* ⟨∼s; ∼⟩ *cf.* ∼kehrer; **∼ˌflucht** *f* alignement *m*; **∼ˌfront** *f* front *m*; façade *f*; **∼ˌführung** *f* tracé *m* de la route; **∼ˌgabel(ung)** *f* bifurcation *f*; **Ꝛgeˌbunden** *adjt.* lié aux routes; **∼ˌglätte** *f* Achtung ∼! attention, route glissante!; **∼ˌgraben** *m* fossé *m*; **∼ˌhandel** *m* commerce ambulant; **∼ˌhändler** *m* marchand ambulant; camelot *m*; colporteur *m*; **∼inˌstandsetzung** *f* réfection *f* de la route; **∼ˌjunge** *m* gamin *m*; polisson *m*; (petit) voyou *m*; garnement *m*; **∼ˌkampf** *m milit.* combat *m* de rues; **∼ˌkarte** *f* carte routière; ~ˌ**kehrer** *m* ⟨~s; ~⟩ balayeur *m*; (é)boueur *m*; ~ˌ**kehricht** *m cf.* ~schmutz; ~ˌ**kehrmaˌschine** *f* balayeuse *f*; ~ˌ**kleid** *n* robe *f* de ville; ~**konˌtrolle** *f* contrôle routier; ~**konˌtrollpunkt** *m* point *m* de contrôle routier; ~ˌ**kreuzer** F *m* F *iron.* char *m* d'assaut; cruiser *m* (de la route); ~ˌ**kreuzung** *f* carrefour *m*; croisée *f*, croisement *m* de rues, de routes; ~ˌ**lage** *f Auto* tenue *f* de route; **e-e gute ~ haben** tenir bien la route; ~**laˌterne** *f* réverbère *m*; ~ˌ**mädchen** *n* fille publique; ~**musiˌkant** *m* musicien ambulant; ~ˌ**netz** *n* réseau routier; ~ˌ**pflaster** *n* pavé *m*; ~ˌ**rand** *m* accotement *m*; **Tausende von Menschen säumten die Straßenränder** des milliers de gens se tenaient sur les accotements; ~ˌ**raub** *m* brigandage *m*; ~ˌ**räuber** *m* brigand *m*; détrousseur *m*; voleur *m* de grand chemin; ~ˌ**reinigung** *f* nettoyage *m* des rues; *Amt* service *m* de la voirie; ~ˌ**reinigungsmaˌschine** *f* arroseuse-balayeuse *f*; ~ˌ**rennen** *n Sport* course *f* sur route; ~ˌ**renner** *m Sport* routier *m*; coureur *m* cycliste sur route; ~ˌ**rennstrecke** *f Sport* piste routière; ~ˌ**sammlung** *f* quête *f*, collecte *f* sur la voie publique; ~ˌ**sänger** *m* chanteur ambulant; *cf. auch* ~musikant; ~ˌ**schild** *n* plaque *f* de rue; ~ˌ**schmutz** *m* crotte *f*; boue *f*; ~ˌ**schuhe** *m/pl.* chaussures *f/pl.* de ville; ~ˌ**seite** *f e-s geparkten Wagens* côté *m* chaussée; côté *m* circulation; *e-s Hauses* côté *m* rue; ~ˌ**sperre** *f* barrage routier, de rue; ~**transˌport** *m* transport routier, par route; ~ˌ**tunnel** *m* tunnel routier; ~**überˌführung** *f* passage supérieur; ~ˌ**übergang** *m* passage *m*; **genagelter ~** passage clouté; ~ˌ**unterˌführung** *f* passage souterrain, inférieur; ~**verˌhältnisse** *n/pl. cf.* ~zustand; ~**verˌkauf** *m* vente *f* sur la voie publique; ~**verˌkehr** *m* circulation routière; trafic routier; ~**verˌkehrsˌamt** *n etwa* service *m* des Mines; ~**verˌkehrsˌordnung** *f* code *m* de la route; ~**verˌkehrsˌschild** *n* panneau *m* de signalisation routière; ~**verˌstopfung** *f* embouteillage *m*; encombrement *m*; ~**verˌzeichnis** *n* indicateur *m*, nomenclature *f* des rues; ~ˌ**wölbung** *f* bombage *m* de la route; ~ˌ**zoll** *m hist.* péage *m*; ~ˌ**zustand** *m* état *m* des routes; ~ˌ**zustandsbeˌricht** *m im Radio* bulletin *m* des routes.

Strateg|e [ʃtraˈteːgə, stra-] *m* ⟨~n; ~n⟩ stratège *m*; ~**ie** [-ˈgiː] *f* ⟨~; -ien⟩ stratégie *f*; 2**isch 1.** *adj.* stratégique; ~**e Bomberflotte** flotte stratégique de bombardiers; **2.** *adv.* ~ **wichtig** d'importance stratégique; ~ **gefährdetes Gebiet** zone stratégiquement exposée.

Strati|fikation [ʃtratiˑfiˑkatsiˑˈoːn, stra-] *f* ⟨~; ~en⟩ *géol.* stratification *f*; ~**graˈphie** *f* ⟨~⟩ stratigraphie *f*; 2ˈ**graphisch** *adj.* stratigraphique.

Stratosphär|e [ʃtratoˑˈsfɛːrə, stratosˈfɛː-] *f* ⟨~⟩ *f* stratosphère *f*; ~**enbaˌllon** *m* ballon *m* stratosphérique; ~**enˌflug** *m* vol *m* stratosphérique; ~**enˌflugzeug** *n* avion *m* stratosphérique; 2**isch** *adj.* stratosphérique.

Stratus(wolke) [ˈʃtraːtus(ˌvɔlkə), ˈstraː-] *m* ⟨~; -ti⟩ (*f*) stratus *m*.

sträuben [ˈʃtrɔʏbən] **I** *v/t.* ⟨h⟩ *Haare, Federn, Fell* dresser; ʻhérisser; **II** *v/réfl.* **sich ~** *Haare, Federn, Fell* se dresser; se hérisser; *fig., von Menschen abs.* se raidir; se roidir; se hérisser; être, se montrer récalcitrant; **sich gegen etw. ~** résister, se refuser, répugner, s'opposer à qc.; (se) regimber contre qc.; **da ~ sich e-m die Haare** c'est à faire dresser les cheveux sur la tête; **die Feder sträubt sich, so etw. zu schreiben** la plume se refuse à écrire de pareilles choses; **III** 2 *n* ⟨~s⟩ *der Haare, Federn, des Fells* ʻhérissement *m*; *fig.* raidissement *m*; résistance *f*; **da hilft kein ~** toute résistance est inutile; il n'y a pas à y résister; il faut en passer par là.

Strauch [ʃtraux] *m* ⟨~(e)s; ¨~er⟩ arbrisseau *m*; *niedriger* arbuste *m*; (*Busch*) buisson *m*; 2ˌ**artig** *adj. bot.* arbustif, -ive; frutescent; ~ˌ**dieb** *m* chenapan *m*.

straucheln [ˈʃtrauxəln] *v/i.* ⟨-(e)le, sein⟩ trébucher; broncher; faire un faux pas (*alle auch fig.*); *fig.* faillir.

Strauch|erbse [ˈʃtrauxˌʔɛrpsə] *f bot.* pois nain; ~**formatiˌon** *f* végétation arbustive; 2**los** *adj.* sans arbrisseaux ni arbustes; **baum- u. ~e Gegend** région aride; ~**werk** *n* broussailles *f/pl.*

Strauß¹ [ʃtraus] *m* ⟨~es; ~e⟩ *zo.* (F **Vogel**) ~ autruche *f*; *cf. auch* Vogel-Strauß-Politik.

Strauß² [ʃtraus] *m* ⟨~es; ¨~e⟩ **1.** (*Blumen*2) bouquet *m*; **ein ~ Rosen** un bouquet de roses; **e-n ~ pflücken** cueillir un bouquet; **e-n ~ binden** faire un bouquet; **2.** *st. s.* (*Zwist*) lutte *f*; combat *m*; querelle *f*; rencontre *f*; **e-n ~ ausfechten** vider une querelle.

Sträußchen [ˈʃtrɔʏsçən] *n* ⟨~s; ~⟩ petit bouquet.

Straußen|ei [ˈʃtrausənˌʔaɪ] *n* œuf *m* d'autruche; ~ˌ**farm** *f* autrucherie *f*; parc *m* d'élevage d'autruches; ~ˌ**feder** *f* plume *f* d'autruche.

Strauß|gras [ˈʃtrausgraːs] *n bot.* agrostide *f*; agrostis *m*; ~ˌ**vögel** *m/pl. zo.* ratites *m/pl.*

Strazze [ˈʃtratsə, ˈstra-] *f* ⟨~; ~n⟩ *comm.* brouillon *m*; minute *f*.

Streb [ʃtreːp] *m* ⟨~(e)s; ~e⟩ *mines* taille *f*; ~**bau** *m* ⟨~(e)s⟩ *mines* exploitation *f* par grandes tailles.

Strebe [ˈʃtreːbə] *f* ⟨~; ~n⟩ *charp.* étrésillon *m*; étai *m*; étançon *m*; arc-boutant *m*; contre-boutant *m*; contrefort *m*; contre-fiche *f*; soutien *m*; appui *m*; support *m*; **mit ~n abstützen** étrésillonner; étayer; étançonner; arc-bouter; ~ˌ**balken** *m charp.* chevalet *m*; ~ˌ**bogen** *m bât.* arc-boutant *m*; ~ˌ**mauer** *f bât.* contrefort *m*; mur *m* de soutien.

streben [ˈʃtreːbən] **I** *v/i.* ⟨h, *doublé d'une indication de déplacement* sein⟩ **nach etw. ~** chercher à, s'efforcer d'atteindre qc.; tendre, aspirer à qc.; viser, ambitionner, rechercher qc.; **die Pflanzen ~ zum Licht** les plantes tendent, s'élancent, s'orientent vers la lumière; *poét.* **zum Himmel ~** s'élever, s'élancer vers le ciel; *phys.* **nach dem Mittelpunkt ~de Kraft** *sc.* force centripète; **II** 2 *n* ⟨~s⟩ tendance *f* (**nach etw.** à qc.); aspiration *f* (vers); visées *f/pl.* (à); efforts *m/pl.* (pour … + *inf.*); (*Ehrgeiz*) ambition *f* (à … + *inf.*); **mein ganzes ~ wird darauf gerichtet sein, zu …** (+ *inf.*) tous mes efforts tendront à … (+ *inf.*).

Strebepfeiler [ˈʃtreːbəˌpfaɪlər] *m bât.* contrefort *m*; arc-boutant *m*.

Streber [ˈʃtreːbər] *péj. m* ⟨~s; ~⟩ misérable ambitieux, -euse *m, f*; arriviste *m, f*; ~**ei** [-ˈraɪ] *péj. f* ⟨~⟩ *cf.* ~tum; 2ˌ**haft** *péj. adj.* misérablement ambitieux, -euse; arriviste; ~ˌ**tum** ⟨~(e)s⟩ *péj. n* arrivisme *m*.

Strebewerk [ˈʃtreːbəˌvɛrk] *n bât.* contreforts *m/pl.*

strebsam [ˈʃtreːpzaːm] *adj.* ambitieux, -euse; (*eifrig*) zélé; (*fleißig*) appliqué; 2ˌ**keit** *f* ⟨~⟩ ambition *f*; (*Eifer*) zèle *m*; (*Fleiß*) application *f*.

Streck|bank [ˈʃtrɛkbaŋk] *f* ⟨~; ¨~e⟩ *hist. Folterwerkzeug* chevalet *m* de torture; 2**bar** *adj.* extensible; *métall.* ductile; étirable; ~**barˌkeit** *f* ⟨~⟩ extensibilité *f*; ductilité *f*; ~**bett** *n chir.* lit *m* orthopédique.

Strecke [ˈʃtrɛkə] *f* ⟨~; ~n⟩ **1.** (*Entfernung*) distance *f*; *zurückzulegende* trajet *m*; parcours *m*; traite *f*; **e-e ~ zurücklegen** parcourir une distance; faire un trajet, un parcours; faire du chemin; **e-e gute ~ Wegs** F un bon bout de chemin; une bonne trotte; **er ging e-n Teil der ~ zu Fuß** il a fait une partie du chemin, du trajet à pied; **gestern haben wir e-e ~ von 250 km zurückgelegt** hier nous avons couvert un trajet, une distance, fait une traite de 250 km; **2.** *chem.* (*Eisenbahnlinie*) ligne *f*; voie *f*; (*Fahrt*) trajet *m*; parcours *m*; **auf der ~ Berlin—München** sur la ligne Berlin—Munich; **zweigleisige ~** ligne à double voie; **elektrifizierte ~** ligne électrifiée; **die ~ ist frei** la voie est libre; **auf freier ~** en rase campagne; **die ~ (von) P. (nach) M. ist sehr interessant** le trajet de P. à M. est très intéressant; **der Zug legt die ~ P.—M. in 9 Stunden zurück** le train couvre la distance P.—M. en 9 heures; *aviat.* **planmäßig beflogene ~** ligne régulière; **3.** *mines* galerie *f*; voie *f*; **4.** *math.* (ligne) droite *f*; **5.** *Sport* parcours *m*; *gelegentlich auch* circuit *m*; **6.** *ch.* tableau *m* de chasse; **zur ~ bringen** *Wild* tuer; abattre; *fig.* faire mordre la poussière (j-n à qn.); *fig.* **auf der ~ bleiben** rester sur le carreau.

Streckeisen [ˈʃtrɛkˌʔaɪzən] *n techn.* filière *f* d'étirage.

strecken [ˈʃtrɛkən] **I** *v/t.* ⟨h⟩ *Arme, Beine* étendre; tendre; allonger; étirer; *métall.* étirer; laminer; *Vorräte, Sauce etc.* allonger; **j-n zu Boden ~** étendre qn. sur le carreau; terrasser qn.; **die Waffen ~** mettre bas les armes; se rendre; **die Glieder ~** s'étirer; F **alle viere von sich ~** se retrouver les quatre fers en l'air; **in gestrecktem Galopp** à bride abattue; au grand galop; **II** *v/réfl.* **sich ~** s'étirer; s'étendre; s'allonger; **sich ins Gras ~** s'allonger, s'étendre dans l'herbe; *von Pferden* **sich im Lauf ~** aller ventre à terre; *fig.* **sich nach der Decke ~** se restreindre; vivre selon ses moyens; **III** 2 *n* ⟨~s⟩ extension *f* (*auch chir.*); allongement *m* (*auch von Vorräten*); *métall.* étirage *m*; laminage *m*.

Strecken|arbeiter [ˈʃtrɛkənˌʔarbaɪtər] *m chem.* ouvrier *m* de la voie; terrassier *m*; ~ˌ**aufseher** *m chem.* surveillant *m* de la voie; ~ˌ**ausschalter** *m élect.* interrupteur *m* (de section); ~**beˌgehung** *f chem.* tournée *f* du surveillant de la voie, d'inspection des voies; ~**beˌlastung** *f chem.* intensité *f* du trafic (sur une ligne); ~ˌ**flieger** *m aviat.* pilote *m* de ligne; ~ˌ**flug** *m aviat.* ligne aérienne; ~ˌ**führung** *f chem.* tracé *m* de la ligne; ~ˌ**karte** *f chem.* carte *f* de parcours; ~ˌ**läufer** *m chem. cf.* ~wärter; ~**marˌkierung** *f* signalisation *f*; ~ˌ**netz** *n chem.* réseau *m* de lignes; ~**reˌkord** *m Sport* record m de distance; ~siˌgnal n chem. signal m de pleine voie (entre stations); ~ˌwärter m chem. garde-voie m; 2ˌweise adv. par-ci, par-là; par places.

Strecker [ˈʃtrɛkər] m ⟨~s; ~⟩ anat. cf. Streckmuskel.

Streck|festigkeit [ˈʃtrɛkˌfɛstɪçˌkaɪt] f techn. résistance f à l'allongement; ~ˌgrenze f techn. limite f élastique, d'allongement, d'étirage; ~ˌhammer m techn. aplatissoir(e) m (f); ~ˌlage f gym. position f (aux) jambes étendues; ~ˌleiter f hist. cf. Streckbank; ~ˌmuskel m anat. (muscle) extenseur m; ~ung f ⟨~; ~en⟩ cf. strecken III; ~verˌband m chir. appareil m à extension continue; ~ˌwalze f métall. cylindre m d'étirage, lamineur.

strehl|en [ˈʃtreːlən] v/t. ⟨h⟩ techn., Gewinde peigner; 2er m ⟨~s; ~⟩ peigne m (à fileter).

Streich [ʃtraɪç] m ⟨~(e)s; ~e⟩ 1. (Schlag) coup m; mit der Hand F tape f; j-m e-n ~ versetzen porter, donner, F flanquer un coup à qn.; j-m e-n tödlichen ~ versetzen porter un coup mortel à qn.; auf e-n ~ d'un seul coup; von e-m ~e fällt keine Eiche prov. Paris ne s'est pas fait en un jour prov.; 2. (Schabernack) tour m; dummer ~ sottise f; bêtise f; folie f; leichtsinniger, übermütiger, unüberlegter ~ folie f; étourderie f; escapade f; frasque f; fredaine f; incartades f/pl.; lustiger ~ bonne plaisanterie; tour plaisant; bon tour; farce f; schlechter ~ mauvais, vilain tour; méchanceté f; gelungener ~ tour réussi; er hat manchen ~ gemacht F il en a fait de belles; er hat noch ganz andere ~e gemacht il en a fait bien d'autres; er macht immer solche ~e il n'en fait jamais d'autres; j-m e-n ~ spielen jouer un tour à qn.; faire une niche à qn.; j-m e-n üblen ~ spielen jouer un mauvais tour à qn.

Streich|balken [ˈʃtraɪçˌbalkən] m charp. chevêtre m; ~blech n, ~brett n agr., am Pflug versoir m.

streicheln [ˈʃtraɪçəln] I v/t. ⟨-(e)le, h⟩ j-n ~ caresser qn.; II 2 n ⟨~s⟩ caresses f/pl.

streichen [ˈʃtraɪçən] I v/t. ⟨streicht, strich, gestrichen, h⟩ 1. mit Farbe (an~) peindre; peinturer; (be~) enduire (mit de); frisch gestrichen! peinture fraîche!; attention à la peinture!; die Tür muß frisch gestrichen werden la porte doit être repeinte; 2. (schmieren) mettre; étendre; Butter aufs Brot ~ étendre, mettre, tartiner du beurre sur le pain; beurrer le pain; tartiner le pain de beurre; 3. (aus~) radier; rayer; (durch~) biffer; barrer; raturer; (tilgen) supprimer; effacer; comm., Auftrag etc. annuler; von der Liste ~ rayer, radier de la liste; Nichtzutreffendes bitte ~ biffez les mentions inutiles; ~ Sie diesen Absatz des Briefes supprimez ce passage de la lettre; 4. sich den Bart ~ se caresser la barbe; caresser sa barbe; sich die Haare aus dem Gesicht ~ écarter les cheveux de son visage; gestrichen voll plein à ras (bord); 5. mar. die Flagge ~ amener le pavillon; die Segel ~ amener, carguer les voiles; fig. baisser pavillon; s'incliner; se rendre; capituler; die Ruder ~ scier, freiner à la rame, à l'aviron; 6. text., Wolle carder; II v/i. 7. mit der Hand über etw. ~ passer la main sur qc.; er strich ihr zärtlich über die Haare il caressa tendrement sa chevelure; j-m über die Wange ~ caresser la joue à qn.; 8. géol. être dirigé, se diriger (nach vers); 9. ⟨sein⟩ Vögel passer; voler; der Hund streicht um das Haus le chien rôde autour de la maison; III 2 n ⟨~s⟩ 10. mit Farbe peinture f; 11. (Aus2) radiation f; biffage od. biffement m; suppression f; effacement m; comm. annulation f; 12. text., der Wolle cardage m; 13. géol. direction f (d'une couche, d'un filon); sonst verbal.

Streich|er [ˈʃtraɪçər] m/pl. mus. (instruments m/pl. à) cordes f/pl.; ~garn n text. fil m de laine cardée; ~holz n allumette f; ~holzˌschachtel f boîte f d'allumettes; ~instruˌment n mus. instrument m à cordes; ~ˌkäse m fromage mou, à tartiner; ~konˌzert n mus. concert m d'instruments à cordes; ~ˌlinie f géol. direction horizontale; ~maß n charp. trusquin m; ~muˌsik f musique f d'instruments à cordes; ~orˌchester n mus. orchestre m (d'instruments) à cordes; ~quarˌtett n mus. quatuor m à cordes; ~ˌrichtung f géol. cf. ~linie; ~ˌriemen m cuir m à repasser; ~ung f ⟨~; ~en⟩ in e-m Text etc. rature f; biffure f; effaçure f; als Handlung cf. streichen III, 11.; ~ˌwolle f text. laine cardée.

Streif [ʃtraɪf] m ⟨~(e)s; ~e⟩ cf. ~en; ~band n ⟨~(e)s; ≈er⟩ Post unter ~ sous bande; ~e f ⟨~; ~n⟩ milit., Polizei ronde f; patrouille f; ~en m ⟨~s; ~⟩ aus Stoff, Papier bande f; aus Metall lamelle f; languette f; ruban m; im Stoff raie f; rayure f; minéral. strie f; F kurz für (Film2) F pellicule f; bande f; F fig. er lehnt alles ab, was ihm nicht in den ~ paßt il refuse tout ce qui ne rentre pas dans ses cordes.

streifen [ˈʃtraɪfən] v/t. u. v/i. ⟨h⟩ 1. etw. ~, an etw. ~ effleurer, friser, frôler qc.; den Boden ~ raser le sol; die Kugel hat ihn gestreift la balle l'a effleuré; sein verstohlener Blick streifte mich son regard furtif m'effleura, me frôla; fig. er hat dieses Thema nur gestreift il n'a fait qu'effleurer ce sujet; die Ärmel in die Höhe ~ retrousser les manches; den Ring vom Finger ~ ôter la bague de son doigt; die Handschuhe von den Fingern ~ retirer ses gants; se déganter; die Blätter von e-m Zweig ~ effeuiller une branche; 2. nur v/i. ⟨sein⟩ (umher~) vagabonder, rôder, flâner (durch die Felder dans les champs).

Streifen|dienst [ˈʃtraɪfənˌdiːnst] m Polizei patrouille f; ~ˌwagen m voiture f de la patrouille, de ronde de la police.

Streif|hieb [ˈʃtraɪfhiːp] m coup (de sabre, etc.) rasant, qui ne fait qu'effleurer; 2ig adj. rayé; minéral. strié; ~licht n jour frisant; échappée f de lumière; fig. remarque f; ~er auf etw. werfen faire des remarques sur qc.; ~schuß m éraflure f; ~zug m randonnée f; excursion f; milit. raid [-d] m; incursion f.

Streik [ʃtraɪk] m ⟨~(e)s; ~s⟩ grève f; wilder ~ grève spontanée, non contrôlée, P sauvage; politischer, sozialer ~ grève politique, sociale; unbefristeter ~ grève illimitée; in den ~ treten se mettre en grève; faire grève; den ~ ausrufen lancer l'ordre de grève; sich im ~ befinden être en grève; e-n ~ auslösen déclencher une grève; von e-m ~ betroffen werden être touché, affecté par une grève; ~ˌaufruf m appel m à la grève; ~ˌausschuß m comité m de grève; ~beˌfehl m ordre m de grève; den ~ zurücknehmen révoquer l'ordre de grève; contremander la grève; ~beˌwegung f mouvement m de grève; ~ˌbrecher m briseur m de grève; F jaune m; renard m; ~ˌdrohung f menace f de grève; 2en v/i. ⟨h⟩ (in Streik treten) se mettre en grève; faire grève; (im Streik sein) être en grève; F fig. von e-m Gerät etc. ne pas fonctionner, F marcher; F fig. mein Magen streikt mon estomac se rebelle, refuse; F fig. ich streike je renonce; 2end adjt. en grève; gréviste; ~ende(r) f (m) ⟨→ A⟩ gréviste m, f; ~geˌfahr f danger m de grève; die ~ abwenden écarter le danger de grève; ~ˌgegner m non-gréviste m; ~ˌkasse f fonds m de grève; ~ˌleitung f comité m de grève; ~lohn m allocation f de grève; ~paˌrole f mot m d'ordre de grève; ~ˌposten m piquet m de grève; ~recht n droit m de grève; ~ˌwache f cf. ~posten; ~ˌwelle f vague f de grèves.

Streit [ʃtraɪt] m ⟨~(e)s; ~e⟩ querelle f (über au sujet de); (Zank) altercation f; démêlé m; über Rechte, Kompetenzen contestation f; (Meinungs2) différend m; (Wort2) dispute f; discussion f; gelehrter controverse f; (Konflikt) conflit m; jur. litige m; procès m; st. s., poét. (Kampf) lutte f; combat m; häuslicher ~ querelle de ménage; mit j-m im ~ liegen se quereller avec qn.; avoir des démêlés avec qn.; être en conflit avec qn.; être en désaccord avec qn.; F avoir maille à partir avec qn.; mit j-m ~ anfangen s'attaquer à qn.; chercher querelle, F noise à qn.; mit j-m in ~ geraten se prendre de querelle avec qn. (über au sujet de); immer ~ suchen ne chercher que plaies et bosses; e-n ~ vom Zaun brechen chercher une querelle d'Allemand; e-n ~ beilegen accommoder, arranger, apaiser un conflit, un différend; régler une querelle, un différend; vider un différend, une affaire; F e-n ~ begraben enterrer un différend; mit sich selbst im ~e liegen être en désaccord avec soi-même; ~axt f hist. 'hache f d'armes; francisque f; fig. die ~ begraben enterrer la hache de guerre; remettre l'épée au fourreau; quitter le sentier de la guerre 2bar adj. belliqueux, -euse; (kampflustig) querelleur, -euse.

streiten [ˈʃtraɪtən] I v/i. ⟨streitet, stritt, gestritten, h⟩ (zanken) se quereller (mit j-m avec qn.; über etw. au sujet de qc.); mit Worten se disputer (avec qn.); être en dispute (avec qn.); st. s., poét. (kämpfen) lutter; combattre; se battre; ich will nicht mit Ihnen ~ je ne veux pas me disputer avec vous; II v/réfl. sich mit j-m ~ se quereller avec qn.; sich um etw. ~ se disputer qc.; se quereller pour od. au sujet de od. à cause de qc.; fig. sich um des Kaisers Bart ~ avoir une querelle d'Allemand; (se) disputer à propos de bottes; darüber läßt sich ~ c'est discutable; il y a du pour et du contre; III 2 n ⟨~s⟩ cf. Streit; ~d adjt. jur. die ~en Parteien les parties adverses, plaidantes; relig. die ~e Kirche l'Église militante.

Streiter|(in) [ˈʃtraɪtər(ɪn)] m ⟨~s; ~⟩ (f) ⟨~; ~nen⟩ st. s. (Kämpfer) combattant, -e m, f; champion m; défenseur m; militant m; ~ei [-ˈraɪ] péj. f ⟨~; ~en⟩ querelles f/pl.; disputes f/pl.; endlose ~ F disputaillerie f.

Streit|fall [ˈʃtraɪtfal] m conflit m; désaccord m; différend m; jur. litige *m*; cas litigieux; e-n ~ vor Gericht bringen porter un différend en justice; e-n ~ gütlich beilegen terminer un désaccord, un différend à l'amiable; **~ˌfrage** *f* différend *m*; question litigieuse, controversée; point litigieux; internationale ~n différends internationaux; **~ˌgegenstand** *m jur.* objet *m* en litige, du litige; **~geˌnossen** *m/pl. jur.* parties jointes; litisconsorts *m/pl.*; **~geˌspräch** *n* débat *m*; discussion *f*; **~ˌhammel** F *m* querelleur *m*; ergoteur *m*; F mauvais coucheur; disputailleur *m*; **~ˌhammer** *m hist.* masse *f* d'armes; maillotin *m*; **2ig** *adv.* j-m etw. ~ machen disputer, contester qc. à qn.; j-m den Rang ~ machen disputer la préséance à qn.; **~igˌkeiten** *f/pl.* contestations *f/pl.*; différends *m/pl.*; querelles *f/pl.*; conflits *m/pl.*; **~ˌkräfte** *f/pl. milit.* forces *f/pl.* (armées); armée *f*; **~lust** *f* esprit querelleur; **2ˌlustig** *adj.* querelleur, -euse; **~macht** *f* ⟨~⟩ *cf.* ~kräfte; **~obˌjekt** *n cf.* ~gegenstand; **~punkt** *m* point litigieux; **~roß** *n hist.* cheval *m* de bataille; destrier *m*; **~ˌsache** *f jur.* objet litigieux, en litige, du litige; procès *m*; ~n *pl.* contentieux *m*; **~schrift** *f* écrit *m* polémique; **~sucht** *f* ⟨~⟩ humeur querelleuse; esprit *m* querelleur, de chicane; **2ˌsüchtig** *adj.* querelleur, -euse; F *péj.* disputailleur, -euse; chicaneur, -euse; **~ˌwagen** *m hist.* char *m* de guerre; **~wert** *m jur.* valeur litigieuse, en litige.

streng [ʃtrɛŋ] **1.** *adj.* sévère; rigoureux, -euse; *Sitten* austère; (*genau*) strict; exact; *Kälte* rigoureux, -euse; *Winter auch* rude; inclément; *Geruch, Geschmack* âcre; âpre; ~e Bestrafung punition sévère; ~e Disziplin discipline sévère, stricte, rigoureuse, rigide; ~e Diät régime sévère; ~er Katholik catholique strict; ~er Verweis blâme de rigueur; im ~sten Winter au plus fort de l'hiver; im ~sten Sinne des Wortes au pied de la lettre; à la lettre; dans toute la force du terme; nach den ~sten Grundsätzen d'après les principes les plus stricts; **2.** *adv.* mit j-m ~ verfahren traiter qn. avec sévérité; user de rigueur avec qn.; traiter qn. sévèrement; être dur pour qn.; j-n ~ erziehen élever qn. sévèrement, à la dure; j-n ~ bestrafen punir qn. sévèrement, rigoureusement; ~, ~stens, aufs ~ste verboten strictement, formellement, rigoureusement, absolument défendu, interdit; défense absolue de ...; ~ geheim très secret, secrète; ~ vertraulich strictement confidentiel, -lle; ~ befolgen observer strictement; suivre (qc.) à la lettre; ~ überwachen, bewachen surveiller étroitement; sich ~ an e-e Vorschrift halten s'en tenir strictement au règlement; **2e** *f* ⟨~⟩ sévérité *f*; rigueur *f*; *der Sitten* austérité *f*; *des Geruchs, Geschmacks* âpreté *f*; *der Kälte* rigueur *f*; *des Winters auch* rudesse *f*; inclémence *f*; unerbittliche ~ rigueur impitoyable; mit aller ~ avec la dernière rigueur; **~ˌflüssig** *adj. métall.* réfractaire; **~geˌnommen** *advt.* à proprement parler; à vrai dire; **~ˌgläubig** *adj.* orthodoxe; **2ˌgläubigˌkeit** *f* orthodoxie *f*.

Strenze ['ʃtrɛntsə] *f* ⟨~; ~n⟩ *bot.* astrance *f*.

Strepto|kokkus [strɛpto·'kɔkus, ʃtrɛp-] *m* ⟨~; -kken⟩ *méd.* streptocoque *m*; **~my'cin** *n* ⟨~s⟩ *méd.* streptomycine *f*.

Streu [ʃtrɔʏ] *f* ⟨~; ~en⟩ litière *f*.

Streu|büchse ['ʃtrɔʏˌbʏksə] *f* saupoudroir *m*; **~ˌdüse** *f* tuyère *f* de dispersion, de diffusion; **2en I** *v/t.* ⟨h⟩ (r)épandre; éparpiller; disséminer; *Salz, Pfeffer, Zucker etc.* auf etw. ~ saupoudrer qc. de ...; Samen ~ semer; Blumen auf den Weg ~ répandre des fleurs sur un chemin; parsemer, joncher le chemin de fleurs; *fig.* j-m Sand in die Augen ~ *cf.* Sand; **II** *v/i. Gewehr, élect.* disperser; **~ˌfaktor** *m phys.* coefficient *m* de dispersion; **~feld** *n* champ *m* de dispersion; **~ˌfeuer** *n milit.* tir dispersé; **~ˌfläche** *f* zone *f* de dispersion; **~gut** *n auf Straßen* gravier *m*; **~licht** *n phys.* lumière diffuse.

streun|en ['ʃtrɔʏnən] F *v/i.* ⟨sein⟩ vagabonder; errer; rôder; **2er** F *m* ⟨~s; ~⟩ vagabond *m*.

Streu|pflicht ['ʃtrɔʏpflɪçt] *f* obligation *f* pour les riverains de répandre du sable, du gravier, *etc.* en cas de gel; **~salz** *n* sel *m*; **~sand** *m* sable *m*; **~ˌsiedlung** *f* habitat dispersé; **~ˌstrahlen** *m/pl.* rayons dispersés, diffusés; **~ˌstrahlung** *f* rayonnement dispersé, diffusé, de diffusion; radiation diffusée; **~ung** *f* ⟨~; ~en⟩ *phys.* dispersion *f*; *bei der Werbung, phys. atom.* diffusion *f*; **~ungsˌkegel** *m e-r Waffe* cône *m* de dispersion; *e-s Lautsprechers* cône *m* de diffusion; **~ungskoeffiziˌent** *m* coefficient *m* de dispersion, de diffusion; **~ungsˌwinkel** *m* angle *m* de dispersion, de diffusion; **~ˌzucker** *m* sucre *m* en poudre; sucre *m* semoule.

strich [ʃtrɪç] *cf.* streichen.

Strich [ʃtrɪç] *m* ⟨~(e)s; ~e⟩ **1.** trait *m*; ligne *f*; raie *f*; (*Quer2*) barre *f*; e-n ~ unter etw. machen souligner qc.; *unter e-e Addition* tirer un trait; *fig.* tirer un trait, faire une croix sur qc.; en finir avec qc.; *fig.* j-m e-n ~ durch die Rechnung machen déranger, contrecarrer, traverser les projets de qn.; *fig. etw.* mit knappen ~en, in großen, groben ~en *schildern, zeichnen etc.* à grands traits; ~ für ~ trait pour trait; F *fig.* sie ist nur noch ein ~ elle est sèche comme un coup de trique; *in e-r Zeitung* unter dem ~ en feuilleton; F au rez-de-chaussée; *Geiger* e-n weichen ~ haben avoir un coup d'archet doux; ~ mit der Bürste coup de brosse; **2.** ⟨*pas de pl.*⟩ *Richtung der Fasern des Holzes* fil *m*; *e-s Felles, Tuches* poil *m*; sens *m*; nach dem ~ dans le sens du poil, *bei Holz* du fil; gegen den ~ à contre-poil; à rebrousse-poil; à rebours; *bei Holz* à rebours; à contre-fil; gegen den ~ bürsten, kämmen rebrousser; *text.* dem Tuch den ~ geben tuiler le drap; F *fig.* das geht mir gegen, wider den ~ cela me répugne, me contrarie, F me chiffonne, P me turlupine; *fig.* j-n nach ~ u. Faden verprügeln administrer une bonne raclée à qn.; **3.** *der Vögel* volée *f*; passage *m*; *der Schnepfen* passée *f*; F *fig.* auf den ~ gehen faire le trottoir, P le tapin; tapiner; F *fig.* j-n auf dem ~ haben avoir une dent contre qn.; avoir qn. dans le nez; **~ˌätzung** *f impr.* cliché *m* au trait; **~ˌeinteilung** *f* graduation *f*; **2eln** *v/t.* ⟨-(e)le, h⟩ 'hachurer; gestrichelt *Linie* discontinu; **~eˌlung** *f* ⟨~; ~en⟩ 'hachure *f*; **~ˌfeuer** *n milit.* tir progressif; **~ˌmädchen** F *n* prostituée *f*; F pierreuse *f*; respectueuse *f*; horizontale *f*; **~ˌmarke** *f* repère *m*; **~ˌmaße** *n/pl.* règles *f/pl.*, rubans *m/pl.*, *etc.* gradué(e)s; **~ˌplatte** *f techn.* plateau gradué, réticulé; **~ˌpunkt** *m gr.* point-virgule *m*; **~ˌregen** *m* pluies éparses; grains *m/pl.*; **~ˌskala** *f* échelle graduée; **~ˌvögel** *m/pl. zo.* oiseaux *m/pl.* de passage; **2ˌweise** *adv.* par endroits; **~ˌzeichnung** *f* dessin *m* au trait; **~zeit** *f der Vögel* (temps *m* de) passage *m*.

Strick [ʃtrɪk] *m* ⟨~(e)s; ~e⟩ corde *f*; F *fig.* (*Lausejunge*) garnement *m*; galopin *m*; vaurien *m*; wenn alle ~e reißen au pis aller; à la rigueur; en désespoir de cause; *fig.* j-m e-n ~ aus etw. drehen déformer, dénaturer le sens des actes, paroles de qn. (pour le perdre); F da kann ich mir gleich den ~ nehmen je n'ai plus qu'à me passer la corde au cou; im Hause des Gehängten soll man nicht vom ~ sprechen *prov.* il ne faut pas parler de corde dans la maison d'un pendu.

Strick|arbeit ['ʃtrɪkˌʔarbaɪt] *f* tricot(age) *m*; **~ˌbeutel** *m* sac *m* à ouvrage; **2en I** *v/t.* ⟨h⟩ tricoter; **II ~en** *n* ⟨~s⟩ tricotage *m*; **~er(in)** *m* ⟨~s; ~⟩ (*f*) ⟨~; ~nen⟩ tricoteur, -euse *m, f*; **~e'rei** *f* ⟨~; ~en⟩ tricotage *m*; **~garn** *n* fil *m* à tricoter; **~ˌhandschuhe** *m/pl.* gants tricotés; **~ˌjacke** *f* gilet *m* de laine tricoté, en tricot; **~kleid** *n* robe tricotée, de tricot; **~ˌleiter** *f* échelle *f* de corde; **~maˌschine** *f* machine *f* à tricoter; tricoteuse *f*; **~ˌmuster** *n* point *m* de tricot; **~ˌnadel** *f* aiguille *f* à tricoter; **~strumpf** *m* tricotage *m*; **~ˌwaren** *f/pl.* tricotages *m/pl.*; articles tricotés, en tricot; **~ˌweste** *f* gilet tricoté; **~ˌwolle** *f* laine *f* à tricoter; **~zeug** *n* tricot(age) *m*.

Stridulationsorgan [stri·du·latsi·'o:nsʔɔrˌgɑ:n, ʃtri·-] *n zo. mancher Insekten* appareil *m* stridulatoire.

Striegel ['ʃtri:gəl] *m* ⟨~s; ~⟩ étrille *f*; **2n I** *v/t.* ⟨-(e)le, h⟩ étriller; panser; F *fig.* rudoyer; F *fig.* gestriegelt u. gebügelt tiré à quatre épingles; **II ~n** *n* ⟨~s⟩ pansage *m*.

Striem|e ['ʃtri:mə] *f* ⟨~; ~n⟩, **~en** *m* ⟨~s; ~⟩ vergetures *f/pl.*; raie *f*; marque *f* de coup; **2ig** *adj.* vergeté; rayé; marqué de coups.

striezen ['ʃtri:tsən] F *v/t.* ⟨-(es)t, h⟩ brimer.

strikt [strɪkt, ʃtrɪkt] *adj.* rigoureux, -euse; strict; **~e** *adv.* rigoureusement; strictement.

Striktur [ʃtrɪk'tu:r, strɪk-] *f* ⟨~; ~en⟩ *méd.* rétrécissement *m*.

Stringer ['ʃtrɪŋər] *m* ⟨~s; ~⟩ *mar.* serre *f*; vaigre *f*.

Strippe ['ʃtrɪpə] F *f* ⟨~; ~n⟩ (*Schnur*) ficelle *f*; cordon *m*; corde *f*; (*Schuhband*) lacet *m*; *an Stiefeln* tirant *m*; F sich an die ~ hängen téléphoner; dauernd an der ~ hängen F être toujours pendu au téléphone.

strittig ['ʃtrɪtɪç] *adj.* (*umstritten*) litigieux, -euse; (*bestreitbar*) discutable; contestable; controversable; ~er Punkt point litigieux, de litige.

Stroboskop [stro·bo·'sko:p, ʃtro·bɔs'ko:p] *n* ⟨~s; ~e⟩ *opt.* stroboscope *m*; **2isch** *adj.* stroboscopique.

Stroh [ʃtro:] *n* ⟨~(e)s⟩ paille *f*; (*Dach2*) *auch* chaume *m*; mit ~ ausstopfen remplir de paille; empailler; mit ~ umwickeln, abdecken entourner, recouvrir, garnir de paille; (em)pailler; *fig.* leeres ~ dreschen raconter des bêtises; F jaboter; F *fig.* ~ im Kopf haben avoir la tête vide, creuse; **~ˌballen** *m* balle *f* de paille; **~ˌbesen** *m* balai *m* de paille; **~ˌbinder** *m agr.* lieuse *f*, botteleuse *f* de paille; **2blond** *adj.* blond (de couleur) paille; ~ˌ**blume** *f bot.* immortelle *f*; ~**bund** *n* botte *f* de paille; ~**dach** *n* (toit *m* de) chaume *m*; 2ˈ**dumm** F *adj.* F bête à manger du foin; bouché à l'émeri; ~ˌ**fackel** *f* brandon *m*; 2ˌ**farben** *adj.* (couleur) paille; paillé; ~ˌ**feuer** *fig. n* feu *m* de paille; ~ˌ**flechter(in)** *m* (*f*) (r)empailleur, -euse *m, f*; ~**geˌflecht** *n* paille nattée; entrelacs *m* de paille; 2**gelb** *adj.* jaune paille; ~ˌ**häcksler** *m* ⟨~s; ~⟩ *agr.* 'hache-paille *m*; ~**halm** *m* brin *m* de paille; fétu *m*; *zum Trinken* paille *f*; *fig.* sich an e-n ~ klammern se raccrocher aux branches; s'accrocher à toutes les branches, à la moindre branche; ~ˌ**haufen** *m* tas *m* de paille; ~**hut** *m* chapeau *m* de paille; canotier *m*; *für Frauen auch* paille *f*; ~ˌ**hülse** *f* paillon *m*; ~ˌ**hütte** *f* chaumière *f*; *in heißen Ländern* paillote *f*; 2**ig** *adj.* fade; *Spargel etc.* fibreux, -euse; ~**kopf** F *m* niais *m*; benêt *m*; F cruche *f*; ~ˌ**lager** *n* (lit *m* de) paille *f*; ~**mann** *fig. m* ⟨~(e)s; ⸗er⟩ homme *m* de paille; prête-nom *m*; *Kartenspiel* mort *m*; *cf. auch* ~puppe; ~ˌ**matte** *f* natte *f* de paille; paillasson *m*; ~ˌ**miete** *f agr.* meule *f* de paille; ~**mist** *m agr.* fumier pailleux, de paille; ~ˌ**pappe** *f* carton-paille *m*; ~ˌ**presse** *f agr.* presse *f* à paille; ~ˌ**puppe** *f als Vogelscheuche* épouvantail *m*; bonhomme *m* de paille; *bei Schießübungen etc.* mannequin *m*; ~**sack** *m* paillasse *f*; F gerechter, heiliger ~! nom d'une pipe!; mazette!; sacrebleu!; ~**schicht** *f* couche *f* de paille; ~ˌ**schober** *m* pailler *m*; ~ˌ**schütte** *f* litière *f*; ~**seil** *n* corde *f*, lien *m* de paille; ~ˌ**teller** *m* dessous *m* de plat (en paille); ~**wein** *m* vin *m* de paille; ~**wisch** *m* bouchon *m* de paille; torchon *m*; *in Frankreich zum Zeichen e-r Beschlagnahmung* brandon *m*; ~ˌ**witwe** F *f* femme *f* dont le mari est en voyage; ~ˌ**witwer** F *m* mari *m* dont la femme est en voyage; ich bin ~ ma femme est absente, en voyage; ~(ˌ**zell)stoff** *m* pâte *f* de paille; ~**zelluˌlose** *f* cellulose *f* à paille.

Strolch [ʃtrɔlç] *m* ⟨~(e)s; ~e⟩ (*Landstreicher*) vagabond *m*; trimardeur *m*; (*Lump*) gueux *m*; voyou *m*; apache *m*; 2**en** *v/i.* ⟨sein⟩ vagabonder; errer çà et là; rôder; P trimarder.

Strom [ʃtroːm] *m* ⟨~(e)s; ⸗e⟩ (*Fluß*) fleuve *m*; *im Meer* (*Strömung*) courant *m*; *élect.* courant *m*; *phys. auch* flux *m*; *fig.*, *von Tränen* torrent *m*; (*Menschen*2) flot *m* (humain); foule *f*; multitude *f*; breiter ~ fleuve large; reißender ~ fleuve rapide; mit dem ~ schwimmen nager avec le courant; suivre le courant; *fig.* se laisser aller au courant (du monde); *cf. auch* schwimmen; gegen den ~ schwimmen nager à contre-courant; nager contre le courant; *fig.* aller, marcher contre le courant; *cf. auch* schwimmen; sich vom ~ treiben lassen se laisser porter par le courant; aller à vau-l'eau; es regnet in Strömen il pleut à verse, à torrents; Ströme von Blut flots de sang; der Wein floß in Strömen le vin coula à flots; *élect.* den ~ einschalten fermer le circuit; den ~ abschalten interrompre le courant; couper le circuit; unter ~ sous tension; ~ˌ**abfall** *m élect.* chute *f* de courant; ~ˌ**abgabe** *f élect.* distribution *f* d'énergie électrique; *e-s Dynamos* débit *m* (de courant); ~ˌ**ableitung** *f élect.* dérivation *f* (de courant); ~ˌ**abnahme** *f élect.* diminution *f*, abaissement *m* de courant; *von e-m Dynamo* collection *f* du courant; *durch die Verbraucher* prise *f* de courant; ~ˌ**abnehmer** *m Straßenbahn etc.* trolley *m*; *Motor* balai *m*; (*Verbraucher*) consommateur *m*, récepteur *m* de courant; abonné *m* à l'électricité; ~**abnehmerˌbügel** *m élect.* étrier *m* de prise de courant; *elektr. Lokomotive* pantographe *m*; 2ˈ**ab(wärts)** *adv.* en aval; ~ fahren descendre le courant, le fleuve; ~ˌ**aufnahme** *f e-s Geräts* absorption *f* de courant; *e-s Akkumulators* taux *m* de charge; 2ˈ**auf(wärts)** *adv.* en amont; ~ fahren remonter le courant, le fleuve; ~ˌ**ausfall** *m élect.* panne *f* de courant; ~**beˌdarf** *m* besoins *m/pl.* d'énergie électrique; ~**beˌgrenzer** *m* ⟨~s; ~⟩ *élect.* limiteur *m* de courant; ~**beˌlastung** *f élect.* charge *f* (de courant); ~**bett** *n* lit *m* d'un fleuve; ~ˌ**dichte** *f élect.* densité *f* de courant; ~ˌ**durchgang** *m élect.* passage *m* de courant; ~ˌ**einheit** *f élect.* unité *f* de courant; ~**emˌpfindlichkeit** *f élect.* sensibilité *f* au courant.

strömen [ˈʃtrøːmən] *v/i.* ⟨sein⟩ couler (à flots); *Licht* se répandre; *Blut* se porter, affluer (à); *Menschenmenge* se diriger (nach vers); affluer (à); aus dem Saal ~ sortir de la salle; in den Saal ~ entrer dans la salle; ~der Regen pluie torrentielle, battante.

Stromenge [ˈʃtroːmˌˀɛŋə] étranglement *m* du fleuve.

Stromer [ˈʃtroːmər] F *m* ⟨~s; ~⟩ vagabond *m*; chemineau *m*; trimardeur *m*; 2**n** F *v/i.* ⟨-(e)re, sein⟩ vagabonder; P trimarder.

Strom|erzeuger [ˈʃtroːmˀɛrˌtsɔʏgər] *m élect.* génératrice *f*; ~**erˌzeugung** *f élect.* production *f* de courant; ~**erˌzeugungsaggreˌgat** *n élect.* groupe générateur, électrogène; 2ˌ**führend** *adjt. élect.* conducteur, -trice; chargé; parcouru par le courant; ~**geˌbiet** *n* bassin *m* d'un fleuve; ~ˌ**kabel** *n élect.* câble *m* (électrique); ~**kreis** *m élect.* circuit *m*; ~**liefeˌrant** *m élect.* fournisseur *m* de courant; ~ˌ**lieferung** *f élect.* fourniture *f* de courant; ~ˌ**linie** *f phys.* ligne *f* de courant; ~**linienˌform** *f* forme *f* aérodynamique; e-r Karosserie ~ geben caréner une carrosserie; 2**linienˌförmig** *adj.* aérodynamique; caréné; profilé; effilé; ~**linienˌwagen** *m* voiture *f* à profil aérodynamique; 2**los** *adj. élect.* sans courant; ~ˌ**menge** *f élect.* die gelieferte ~ la puissance débitée; ~ˌ**messer** *m* ⟨~s; ~⟩ *élect.* ampèremètre *m*; ~**netz** *n élect.* réseau *m*; secteur *m*; ~ˌ**quelle** *f élect.* source *f* de courant; ~ˌ**rechnung** *f* note *f* d'électricité; ~ˌ**regelung** *f élect.* réglage *m* de courant; ~ˌ**regler** *m élect.* régulateur *m* de courant; ~ˌ**richter** *m élect.* redresseur *m*, convertisseur *m* de courant; ~ˌ**richtung** *f élect.* sens *m* du courant; ~ˌ**rückgeˌwinnung** *f élect.* récupération *f* du courant; ~ˌ**schiene** *f élect.* rail conducteur, de contact; ~ˌ**schnelle** *f* ⟨~; ~n⟩ rapide *m*; ~ˌ**schwankung** *f élect.* fluctuation *f*, variation *f* de (l'intensité du) courant; 2ˌ**sparend** *adjt. élect.* ~es Gerät économiseur *m* de courant; ~ˌ**sperre** *f élect.* coupure *f*, interruption *f* de courant; ~ˌ**spitze** *f élect.* pointe *f* de courant; ~ˌ**stange** *f Straßenbahn* perche *f* du trolley; die ~ ist abgesprungen la perche du trolley a sauté; ~ˌ**stärke** *f élect.* intensité *f* du courant; ampérage *m*; ~**stärkeˌmesser** *m* ⟨~s; ~⟩ *élect.* ampèremètre *m*; ~ˌ**störung** *f élect.* panne *f* de courant; ~**stoß** *m élect.* impulsion *f*; coup *m* de courant; ~**und** ˈ**Schiffahrtspoliˌzei** *f* police fluviale.

Strömung [ˈʃtrøːmuŋ] *f* ⟨~; ~en⟩ courant *m* (*auch fig.*); *phys.* fluide *m*; flux *m*; reißende ~ cours *m* rapide; ~**sgeˌtriebe** *n Auto* changement *m* de vitesse hydraulique; ~**sˌlehre** *f* dynamique *f* des fluides; ~**sˌmesser** *m* ⟨~s; ~⟩ débitmètre *m*; ~**sˌwandler** *m* ⟨~s; ~⟩ *cf.* ~getriebe.

Strom|unterbrecher [ˈʃtroːmˀuntərˌbrɛçər] *m élect.* interrupteur *m*; coupe-circuit *m*; disjoncteur *m*; ~**unterˌbrechung** *f élect.* interruption *f*, coupure *f* du courant, du circuit; ~**verˌbrauch** *m élect.* consommation *f* de courant, d'énergie électrique; ~**verˌbraucher** *m élect.* consommateur *m* d'électricité; ~**verˌlust** *m élect.* perte *f* de courant; ~**verˌsorgung** *f élect.* alimentation *f* en courant; ~**verˌsorgungsgeˌbiet** *n élect.* rayon *m*, région *f* desservi(e); ~**verˌstärkung** *f élect.* amplification *f* de courant; ~**verˌteilung** *f élect.* distribution *f* de courant; ~ˌ**wandler** *m* ⟨~s; ~⟩ *élect.* transformateur *m* de courant; ~ˌ**wechsel** *m élect.* inversion *f* de courant; alternance *f*; ~ˌ**wender** *m* ⟨~s; ~⟩ *élect.* commutateur *m*; inverseur *m*; ~ˌ**wendung** *f élect.* commutation *f*; inversion *f*; ~ˌ**zuführung** *f élect.* conducteur *m* d'alimentation; amenée *f*, arrivée *f* de courant; ~**zweig** *m élect.* dérivation *f*.

Strontium [ˈstrɔntsiˑum, ˈʃtrɔn-] *n* ⟨~s⟩ *chem.* strontium *m*.

Strophan|thin [stroˑfanˈtiːn, ʃtroˑ-] *n* ⟨~s⟩ *phm.* strophantine *f*; ~**thus** [-ˈfan-] *m* ⟨~; ~⟩ *bot.* strophante *m*.

Stroph|e [ˈʃtroːfə] *f* ⟨~; ~n⟩ strophe *f*; *e-s Liedes* couplet *m*; 2**isch** *adj.* divisé en strophes.

Stropp [ʃtrɔp] *m* ⟨~(e)s; ~s⟩ *mar.* élingue *f*; estrope *od.* étrope *f*.

strotzen [ˈʃtrɔtsən] *v/i.* ⟨-(es)t, h⟩ regorger (von de); être regorgeant (de); déborder (de); être débordant (de); *von Gesundheit auch* éclater (de); von Gold u. Silber ~ être chamarré d'or et d'argent; ~**d** *adjt.* regorgeant; débordant; *Vegetation* luxuriant.

strubbel|ig [ˈʃtrubəˌlɪç] F *adj. Haar* ébouriffé; emmêlé; en désordre; échevelé; embroussaillé; en broussailles; 2**kopf** F *m* ébouriffé *m*.

strubblig [ˈʃtrublɪç] F *adj. cf.* strubbelig.

Strudel [ˈʃtruːdəl] *m* ⟨~s; ~⟩ tourbillon *m* (*auch fig.*); remous *m*; 2**ig** *adj.* tourbillonnant; bouillonnant; 2**n I** *v/i.* ⟨-(e)le, h⟩ tourbillonner; bouillonner; **II** ~**n** *n* ⟨~s⟩ tourbillonnement *m*; bouillonnement *m*; ~ˌ**würmer** *m/pl. zo.* turbellariés *m/pl.*

Struktur [ʃtrukˈtuːr, struk-] *f* ⟨~; ~en⟩ structure *f*; *écon. auch* organisation *f*; soziale ~ structure sociale; seelische ~ psychisme *m*; ~**aˈlismus** *m ling.* structuralisme *m*; ~**anaˌlyse** *f* analyse *f* de structure; ~ˌ**änderung** *f* changement *m* de (la) structure, *écon. néol.* structurel; *écon.* modification, transformation structurelle; 2**beˌdingt** *adjt. écon. néol.* structurel, -lle; 2**ell** [-ˈrɛl] *adj.* structurel, -lle; ~e Arbeitslosigkeit chômage structurel; ~ˌ**formel** *f chim.* formule développée, de constitution; **2ieren** [-'riː-] *v/t.* ⟨*pas de ge-*, h⟩ structurer; **~isome|rie** *f chim.* isomérie *f* de structure; **~|wandel** *m* changement *m* de (la) structure, *néol.* structurel.

Strumpf [ʃtrumpf] *m* ⟨~(e)s; ~̈e⟩ **1.** bas *m*; *oft abus. für* (*Socke*) chaussette *f*; nahtloser ~ bas sans couture; s-e, die Strümpfe anziehen mettre, enfiler ses bas; s-e, die Strümpfe ausziehen ôter, enlever, retirer ses bas; ein Paar Strümpfe une paire de bas; F *fig.* sich auf die Strümpfe machen partir; F filer; décamper; P s'esbigner; **2.** (*Glüh2*) manchon *m* à incandescence; **~band** *n* ⟨~(e)s; ~̈er⟩ jarretière *f*; **~fa|brik** *f* fabrique *f* de bas; bonneterie *f*; **~fabri|kant** *m* fabricant *m* de bas; bonnetier *m*; **~|halter** *m* jarretelle *f*; **~halter|gürtel** *m* porte-jarretelles *m*; ceinture *f*; **~|hose** *f* collant(s) (*m/pl.*); **~indus|trie** *f* bonneterie *f*; **~|waren** *f/pl.* bonneterie *f*; **~waren|händler (-in)** *m* (*f*) marchand, -e *m, f* de bas; bonnetier, -ère *m, f*; **~wirke|rei** *f* bonneterie *f*.

Strunk [ʃtruŋk] *m* ⟨~(e)s; ~̈e⟩ trognon *m*.

struppig ['ʃtrupɪç] *adj. Bart, Haar* hirsute; 'hérissé'; *cf. auch* strubbelig.

struwwel|ig ['ʃtruvəˌlɪç] F *adj. cf.* strubbelig; **2|kopf** F *m cf.* Strubbelkopf; **2|peter** *m* ⟨~s; ~⟩ Pierre l'Ébouriffé.

Strychnin [stryç'niːn, ʃtrʏç-] *n* ⟨~s⟩ *chim.* strychnine [-k-] *f*; **~|säure** *f chim.* acide *m* strychnique; strychnol *m*; **~ver|giftung** *f méd.* empoisonnement *m* par la strychnine.

Strychnos ['strʏçnɔs, 'ʃtrʏç-] *m* ⟨~⟩ *bot.* strychnos [-k-] *m*; **~|samen** *m* noix *f* vomique.

Stuartkragen ['stuːartˌkrɑːgən, 'ʃtuː-] *m* col montant.

Stubben ['ʃtubən] *m* ⟨~s; ~⟩ souche *f*.

Stübchen ['ʃtyːpçən] *n* ⟨~s; ~⟩ petite chambre; chambrette *f*.

Stube ['ʃtuːbə] *f* ⟨~; ~n⟩ chambre *f*; pièce *f*; gute ~ salon *m*.

Stuben|älteste(r) ['ʃtuːbənˌˀɛltəstə(r)] *m* ⟨→ A⟩ *milit.* chef *m* de chambrée; **~a|rrest** *m milit.* consigne *f*; ~ haben être aux arrêts; *Kind* être en retenue; j-m ~ geben consigner qn.; **~be|legschaft** *f milit.* chambrée *f*; **~|dienst** *m milit.* ~ haben être de service dans la chambre; F être de chambrée; **~|fliege** *f zo.* mouche *f* domestique; **~ge|lehrsamkeit** *f* érudition *f* livresque; **~ge|lehrte(r)** *m* esprit *m* livresque; homme *m*, savant *m* de cabinet; **~ge|meinschaft** *f milit.* chambrée *f*; **~ge|nosse** *m* camarade *m* de chambre, *milit. auch* de chambrée; **~|hocker** *m* casanier *m*; F pantouflard *m*; **~kame|rad** *m cf.* ~genosse; **~|luft** *f* air confiné; **~|mädchen** *n* femme *f* de chambre; **2|rein** *adj. Hund* propre.

Stubsnase ['ʃtupsˌnɑːzə] *f cf.* Stupsnase.

Stuck [ʃtuk] *m* ⟨~(e)s⟩ stuc *m*.

Stück [ʃtʏk] *n* ⟨~(e)s; ~e *bzw.* 5 ~⟩ (*abr.* St.) *als Ganzes od. Teil e-s Ganzen* pièce *f*; *abgetrenntes* morceau *m*; tronçon *m*; *abgesprungenes* éclat *m*; *aus e-m Buch, Kapitel etc.* passage *m*; partie *f*; fragment *m*; *thé.*, *e-r Sammlung* pièce *f*; *mus.* morceau *m*; *e-r Mauer* pan *m*; *Vieh* tête *f*; *auch Geflügel, Wild* pièce *f*; *Land, Weg, Schnur* bout *m*; *Börse* ~e *pl.* titres *m/pl.*; valeurs *f/pl.*; ein ~ Fleisch un morceau de viande; ein ~ Kuchen un morceau de gâteau; ein kleines ~ Land un bout de terrain; un lopin de terre; une parcelle de terre, de terrain; ein ~ Seife un morceau de savon; in ~e reißen déchirer en morceaux; in ~e schneiden couper en morceaux; in ~e schlagen mettre en morceaux; briser; in ~e gehen se briser; aus e-m ~ tout d'une pièce; d'une seule pièce; d'un seul tenant; *techn. néol.* monobloc (*inv.*); ~ für ~ pièce par pièce; *fig.* de point en point; in allen ~en en tous points; in vielen ~en sous beaucoup de rapports; à beaucoup d'égards; F ein hübsches ~ Geld une somme rondelette; une belle, jolie somme; ein schweres ~ Arbeit un dur travail; une rude tâche; zwei Mark das ~ deux marks (la) pièce; F (ein) ~er zehn environ dix; une dizaine; aus freien ~en de son plein gré; de bon gré; de son propre mouvement; volontairement; spontanément; F das ist ein starkes ~ c'est (trop) fort; c'est un peu fort, F raide; große ~e auf j-n halten faire grand cas de qn.; F sich große ~e einbilden avoir une 'haute opinion de soi; F sich ein tolles ~ leisten F en faire de belles; F *péj.* ein freches ~ une effrontée; une insolente.

Stuckarbeit ['ʃtukˌˀarbaɪt] *f* ouvrage *m* en stuc; stucs *m/pl.*

Stück|arbeit ['ʃtʏkˌˀarbaɪt] *f cf.* Akkordarbeit; **~|arbeiter(in)** *m* (*f*) *cf.* Akkordarbeiter; **~chen** *n* ⟨~s; ~⟩ petit morceau; brin *m*; *Papier, Bindfaden etc.* bout *m*; j-n ein ~ begleiten accompagner qn. un petit bout de chemin.

Stuckdecke ['ʃtukˌdɛkə] *f* plafond *m* en stuc.

Stück|ekonto ['ʃtʏkəˌkɔnto·] *n Bankwesen* compte *m* de titres; **2eln I** *v/t.* ⟨-(e)le, h⟩ **1.** morceler; sectionner; tronçonner; **2.** *cout.* assembler plusieurs morceaux; coudre plusieurs morceaux ensemble; **II ~eln** *n* ⟨~s⟩, **~e|lung** *f* ⟨~; ~en⟩ **3.** morcellement *m*; sectionnement *m*; tronçonnement *m*; **4.** *cout.* assemblage *m* de plusieurs morceaux; **5.** *Bankwesen nur* ~elung *von Wertpapieren, Banknoten* coupures *f/pl.*; **~(en)|zucker** *m* sucre *m* en morceaux; **~ever|zeichnis** *n Bankwesen* bordereau *m* de titres; **~faß** *n je nach Gegend* pièce *f*; barrique *f*; fût *m*; tonneau *m*; **~fracht** *f* prix *m* de transport par unité; **~gut** *n* colis *m*; **~gut|sendung** *f* expédition *f* de colis séparés; **~gutta|rif** *m* tarif *m* par colis; **~gutver|frachtung** *f mar.* affrètement *m* à la cueillette; **~gutver|kehr** *m* trafic *m* des colis séparés, isolés; **~|kohle** *f* gros charbon; (charbon *m*) tout-venant *m*; **~|leistung** *f e-r Maschine etc.* débit *m*; **~|liste** *f* liste détaillée; liste-inventaire *f*; **~lohn** *m* salaire *m* aux pièces, à la pièce; ~ bezahlen payer aux pièces; **~|pforte** *f mar.* sabord *m*; **~preis** *m* prix *m* à la pièce; *comm.* prix *m* de l'unité; **~ver|kauf** *m comm.* (vente *f* au) détail *m*; **2|weise 1.** *adj. comm.* au détail (*auch adv.*); **2.** *adv.* pièce par pièce; morceau par morceau; par morceaux; (*im Akkord*) à la pièce; aux pièces; (*langsam*) petit à petit; **~werk** *fig. n* ouvrage décousu; ~ sein être incomplet, -ète; unser Wissen ist ~ notre savoir est plein de lacunes; **~zahl** *f* nombre *m* de pièces; **~zeit** *f techn.* temps *m* d'usinage; **~|zinsen** *pl. Bankwesen* intérêts courus, accrus, intercalaires, intérimaires; **~|zucker** *m cf.* ~(en)zucker.

Student(in) [ʃtu·'dɛnt(ɪn)] *m* ⟨~en; ~en⟩ (*f*) ⟨~; ~nen⟩ étudiant, -e *m, f*; *e-r techn. Hochschule etc.* élève *m, f*; ~ der Naturwissenschaften, Medizin, Rechte étudiant en sciences, en médecine, en droit; ~ der Philosophischen Fakultät étudiant en lettres; ewiger ~ éternel étudiant.

Studenten|austausch [ʃtu·'dɛntənˌˀaustauʃ] *m* échange *m* d'étudiants; **~|ausweis** *m* carte *f* d'étudiant; **~|blume** *f bot.* œillet *m*, rose *f* d'Inde; *sc.* tagète *m*; **~|futter** *n in Frankreich im Restaurant serviert als Dessert* mendiant *m*; **~|haus** *n* maison *f* d'étudiants; **~|heim** *n* foyer *m* d'étudiants; **~|jahre** *n/pl.* années *f/pl.* d'études; temps *m* des études; séjour *m* à l'université; **~|leben** *n* vie estudiantine, d'étudiant; **~|lied** *n* chanson *f* d'étudiant; **~|mütze** *f* casquette *f* d'étudiant; **~|schaft** *f* ⟨~; ~en⟩ étudiants *m/pl.*; **~|sprache** *f* argot *m* des étudiants; **~|streich** *m* tour *m* d'étudiant(s); **~|tum** *n* ⟨~(e)s⟩ mœurs *f/pl.*, vie *f* des étudiants; **~ver|bindung** *f* association *f* d'étudiants; **~|viertel** *n* quartier *m* des étudiants; *in Paris* Quartier Latin; **~|werk** *n* œuvres *f/pl.* en faveur des étudiants; **~|wohnheim** *n cf.* ~heim; **~|zeit** *f cf.* ~jahre.

studentisch [ʃtu·'dɛntɪʃ] *adj.* estudiantin; d'étudiant(s); ~e Verbindung, Korporation *cf.* Studentenverbindung; die ~e Jugend la jeunesse estudiantine.

Studie ['ʃtuːdiə] *f* ⟨~; ~n⟩ étude *f*; **~n** *pl. von* Studium *u.* Studie.

Studien|assessor(in) ['ʃtuːdi·ənˀaˌsɛsɔr, (-ˌsoːrɪn)] *m* (*f*) *in Deutschland etwa* professeur *m* (débutant); **~|beihilfe** *f* allocation *f* d'études; **~di|rektor(in)** *m* (*f*) *in Deutschland etwa* directeur, -trice *m, f*; **~|fach** *n* matière *f*; spécialité *f*; branche *f*; **~|fahrt** *f* voyage *m* d'études; **~|freund(in)** *m* (*f*) camarade *m, f* d'études; **~|gang** *m* cours *m* des études; **~ge|bühren** *f/pl.* droits *m/pl.* universitaires; **~ge|nosse** *m cf.* ~freund; **~|gruppe** *f* groupe *m* d'études; **2|halber** *adv.* pour faire des études; **~|jahre** *n/pl.* années *f/pl.* d'études; temps *m* des études; séjour *m* à l'université; **~kommissi|on** *f* commission *f* d'études, d'enquête; **~|kreis** *m* cercle *m* d'études; **~|plan** *m* programme *m*, plan *m* de cours, *m*, organisation *f* des études; **~|rat** *m*, **~|rätin** *f* professeur *m*; **~referen|dar(in)** *m* (*f*) *in Deutschland etwa* professeur *m* stagiaire; **~|reise** *f cf.* ~fahrt; **~|tag** *m* journée *f* d'études; **~|zeit** *f* études *f/pl.*; *cf. auch* ~jahre.

studier|en [ʃtu·'diːrən] **I** *v/t. u. v/i.* ⟨*pas de ge-*, h⟩ étudier; *abs.* faire ses études; être étudiant; Mathematik ~ étudier les mathématiques; Jura ~ faire son droit; was studiert er? qu'étudie-t-il?; à quelle faculté est-il inscrit?; F den Fahrplan ~ F étudier l'horaire; ein studierter Mann un homme qui a fait ses études; **II 2en** *n* ⟨~s⟩ étude(s) *f* (*pl.*); Probieren geht über ~ *prov.* expérience passe science; **2ende(r)** *f* (*m*) ⟨→ A⟩ *cf.* Student(in); **2|stube** *f* cabinet *m* de travail; **2te(r)** *f* (*m*) ⟨→ A⟩ homme *m*, femme *f* qui a fait ses études; **2|zimmer** *n cf.* 2stube.

Studiker ['ʃtuːdi·kər] F *m* ⟨~s; ~⟩ *cf.* Student.

Studio [ˈʃtuːdiˑoˑ] *n* ⟨~s; ~s⟩ studio *m*.
Studiosus [ʃtuˑdiˑˈoːzus] F *m* ⟨~; -si *od.* -sen⟩ *cf.* Student.
Studium [ˈʃtuːdiˑum] *n* ⟨~s; -ien⟩ étude(s) *f* (*pl.*); **Studien treiben** se livrer à des études; **sich dem ~ widmen** se livrer, s'adonner, se consacrer, s'appliquer à l'étude (e-r Sache de qc.); **sein ~ abschließen** achever ses études; **abgeschlossenes ~** études sanctionnées par un diplôme.
Stufe [ˈʃtuːfə] *f* ⟨~; ~n⟩ *e-r Treppe* marche *f*; degré *m*; *bât.* (*Aufsatz*) gradin *m*; *fig.*, *e-r Rangfolge* degré *m*; échelon *m*; rang *m*; *mus.* intervalle *m*; *techn.*, *bei Pumpen, Turbinen, Raketen* étage *m*; *géol.*, *im Gelände* terrasse *f*; *mines* échantillon *m* de minerai; **Achtung, ~!** attention à la marche!; *fig.* **~ um ~, von ~ zu ~** de degré en degré; par degrés; d'échelon en échelon; progressivement; **höchste ~** *der Ehren, des Glücks etc.* faîte *m*; comble *m*; **mit j-m auf gleicher ~ stehen** être au niveau de qn.; **j-n mit j-m auf e-e** *od.* **auf die gleiche ~ stellen** mettre qn. au niveau de qn.; **du kannst dich nicht mit ihm auf e-e ~ stellen** tu ne peux pas te mesurer avec lui; **~nˌbreite** *f bât.* giron *m*; **~nˌdach** *n bât.* toit *m* à gradins; **~nˌfolge** *fig. f* gradation *f*; échelle *f*; **2nˌförmig 1.** *adj.* étagé; en gradins; **2.** *adv.* **~ angeordnete Sitzreihen** gradins *m/pl.*; **~ anordnen** étager; **~ ansteigen** s'étager; **~nˌhärtung** *f métall.* trempe étagée; **~nˌkeil** *m Photometrie* coin gradué; **~nkonˌtakt** *m élect.* contacteur *m* à plots; **~nˌlandschaft** *f géol.* paysage *m* en terrasses; **~nˌleiter** *fig. f* échelle *f*; échelons *m/pl.*; hiérarchie *f*; échelonnement *m*; **2nˌlos** *adv. techn.* (à réglage) continu; sans paliers; **~npyraˌmide** *f* pyramide *f* à gradins; **~nraˌkete** *f* fusée *f* à plusieurs étages; **~nˌschalter** *m élect.* commutateur *m* à plots; **~nˌscheibe** *f techn.* cône *m*, poulie *f* à gradins; **~ntaˌrif** *m* tarif échelonné; barème *m*; **~ntransforˌmator** *m élect.* transformateur *m* à plots; **~nˌwähler** *m élect.* contacteur *m* à plots; **2nˌweise 1.** *adj.* graduel, -lle; progressif, -ive; **~r Abbau der Zollschranken** suppression progressive des barrières douanières; **2.** *adv.* par degrés; par échelons; par graduation; graduellement; progressivement; **~nˌwiderstand** *m élect.* résistance *f* à plots; rhéostat *m*; **~nˌwirkung** *f techn.* action *f*, effet *m* échelonné(e); **~nˌzahl** *f techn.* nombre *m* de gradins, *élect.* de plots.
Stuhl [ʃtuːl] *m* ⟨~(e)s; ~e⟩ chaise *f* (*auch techn.*); siège *m*; *méd.* (*Stuhlgang*) selle *f*; **der Apostolische, Heilige, Päpstliche ~** le Saint-Siège; *Freimaurerei* **Meister vom ~** vénérable *m*; **elektrischer ~** chaise électrique; **durch den elektrischen ~ hinrichten** électrocuter; **Hinrichtung durch den elektrischen ~** électrocution *f*; **vor dem ~ des Richters** devant le juge; *fig.* **sich zwischen zwei Stühle setzen** s'asseoir entre deux chaises; F *fig.* **j-m den ~ vor die Tür setzen** mettre qn. à la porte; rompre toute relation avec qn.; **~bein** *n* pied *m* de chaise; **~drang** *m physiol.* besoin pressant (d'aller à la selle); *méd.* épreintes *f/pl.*; **~ˌfeier** *f* ⟨~⟩ *égl. cath.* **Petri ~** fête de la chaise de saint Pierre; **~ˌflechter(in)** *m* (*f*) *mit Stroh* (r)empailleur, -euse *m*, *f* (de chaises); *mit Rohr* canneur, -euse *m*, *f*; **2ˌfördernd** *adjt. méd.* laxatif, -ive; **~es Mittel** laxatif *m*; **~gang** *m* ⟨~(e)s⟩ selle *f*; *sc.* défécation *f*; **~ haben** aller à la selle; avoir des selles; **keinen ~ haben** être constipé; **~geˌricht** *n* tribunal *m* de la Sainte-Vehme; **~ˌkissen** *n* coussin *m* (de chaise); **~ˌlehne** *f* dos(sier) *m* de chaise; **~ˌmacher** *m* ⟨~s; ~⟩ chaisier *m*; **~sitz** *m* siège *m* d'une chaise; **~verˌhaltung** *f méd.* constipation *f*; **~verˌmieterin** *f* chaisière *f*; **~ˌzäpfchen** *n phm.* suppositoire *m*; **~zwang** *m méd. sc.* épreintes *f/pl.*; ténesme *m*.
Stuka [ˈʃtuːka, ˈʃtu-] *m* ⟨~s; ~s⟩ *aviat.* stuka *m*; *cf. auch* Sturzkampfflugzeug.
Stukka|teur [ʃtukaˈtøːr] *m* ⟨~s; ~e⟩ stucateur *m*; **~ˈtur** *f* ⟨~; ~en⟩ (ouvrage *m* en) stuc *m*; stucs *m/pl.*
Stulle [ˈʃtulə] F *f* ⟨~; ~n⟩ tartine *f*.
Stulpe [ˈʃtulpə] *f* ⟨~; ~n⟩ *allg.* retroussis *m*; *am Ärmel* revers *m*; manchette *f*; *am Stiefel* revers *m*; *am Handschuh* crispin *m*; *lange* rebras *m*.
stülpen [ˈʃtylpən] *v/t.* ⟨h⟩ **den Helm auf den Kopf ~** mettre, enfoncer son casque sur sa tête.
Stulp|(en)ärmel [ˈʃtulp(ən)ˌˀɛrməl] *m* manche *f* à revers; **~enˌstiefel** *m* botte *f* à revers; **~ˌhandschuh** *m* gant *m* à revers, à crispin, à rebras.
Stülpnase [ˈʃtylpˌnaːzə] *f* nez retroussé.
stumm [ʃtum] *adj.* muet, -tte; (*schweigsam*) silencieux, -euse; taciturne; *thé.* **~e Rolle** rôle muet, de figurant; *fig.* **~e Klage** plainte muette; F **~ wie ein Fisch** muet, -tte comme une carpe; **sich ~ stellen** faire le muet; F *fig.* **~ machen** (*töten*) réduire au silence; **~ bleiben** rester silencieux, -euse; **~ werden** devenir muet, -tte; perdre la parole; **2ˌabstimmung** *f rad.* réglage silencieux.
Stummel [ˈʃtuməl] *m* ⟨~s; ~⟩ (*Bleistift2, Kerzen2*) bout *m*; (*Zigarren2, Zigaretten2*) *auch* F mégot *m*; P clope *m*; **~ˌpfeife** *f* pipe courte; F brûle-gueule *m*; **~ˌschwanz** *m* queue courte; *wenn abgeschnitten* queue raccourcie, écourtée.
Stumm|e(r) [ˈʃtumə(r)] *f* (*m*) ⟨→ A⟩ muet, -tte *m*, *f*; **~ˌfilm** *m* film muet; **~heit** *f* ⟨~⟩ mutisme *m*; (*Schweigen*) silence *m*.
Stumpen [ˈʃtumpən] *m* ⟨~s; ~⟩ (*Hut2*) cône *m*, cloche *f* de feutre; *Zigarre* cigare *m* suisse.
Stümper [ˈʃtympər] F *m* ⟨~s; ~⟩ bousilleur, -euse *m*, *f*; gâcheur, -euse *m*, *f*; bâcleur, -euse *m*, *f*; F savetier *m*; savate *f*; *schlechter Spieler* F mazette *f*; **~ei** [-ˈraɪ] F *f* ⟨~; ~en⟩ bousillage *m*; bâclage *m*; **2ˌhaft** F **1.** *adj.* bousillé; gâché; bâclé; **2.** *adv.* comme un bousilleur, un apprenti, etc. (*cf.* Stümper); **2n** F **I** *v/i.* ⟨-(e)re, h⟩ bousiller; gâcher; bâcler; P saveter; savater; **auf dem Klavier ~** tapoter du piano; pianoter; **auf der Geige ~** racler du violon; **II ~n** *n* ⟨~s⟩ bousillage *m*; bâclage *m*.
stumpf [ʃtumpf] *adj. Messer, Schere etc.* (*nicht scharf*) émoussé; *Nadel, Degen etc.* (*nicht spitz*) sans pointe; épointé; non pointu; émoussé; *Winkel* obtus; *Kegel, Pyramide* tronqué; *Zähne* usée; *durch Säure* agacé; *Nase* épaté; plat; aplati; écrasé; camus; *Seide* mat; terne; *Reim* masculine; *fig.*, *Sinne* émoussé; *Mensch* hébété; abruti; stupide; insensible; *Blick* indifférent; apathique; morne; **~ machen** émousser (*auch fig.*); épointer; *fig.* hébéter; abrutir; **~ werden** s'émousser (*auch fig.*); *fig.* s'abrutir; *fig.* **~ für** fermé à; inaccessible à; insensible à.
Stumpf [ʃtumpf] *m* ⟨~(e)s; ~e⟩ (*Baum2*) souche *f*; chicot *m*; *e-r Kerze* bout *m*; *von Gliedmaßen* moignon *m*; (*Zahn2*) chicot *m*; *fig.* **mit ~ u. Stiel ausrotten** *cf.* Stiel.
Stumpf|heit [ˈʃtumpfhaɪt] *f* ⟨~⟩ *geistige* hébétement *m*; hébétude *f*; abrutissement *m*; (*Teilnahmslosigkeit*) indifférence *f*; apathie *f*; (*Unempfindlichkeit*) insensibilité *f*; **2ˌschweißen** *v/t.* ⟨*insép. od. sép.*, -ge-, h⟩ *techn.* souder par rapprochement; **~ˌschweißung** *f* ⟨~; ~en⟩ *techn.* soudure *f* par rapprochement; **~sinn** *m* ⟨~(e)s⟩ stupidité *f*; hébétude *f*; hébétement *m*; abrutissement *m*; **2ˌsinnig** *adj.* stupide; hébété; abruti; **~ werden** s'abrutir; **~ˌwerden** *n* perte *f* du tranchant; *der Zähne durch Säure* agacement *m*; **2ˌwink(e)lig** *adj.* obtusangle.
Stündchen [ˈʃtyntçən] F *n* ⟨~s; ~⟩ F petite heure; moment *m*.
Stunde [ˈʃtundə] *f* ⟨~; ~n⟩ (*abr.* St., Std., Stde.) heure *f*; (*Weg2*) lieue *f*; (*Todes2*) *cf.* Stündlein; (*Unterrichts2*) leçon *f*; cours *m*; **e-e ganze ~** une heure entière; **e-e halbe ~** une demi-heure; **anderthalb ~n** une heure et demie; **alle halben ~n** toutes les demi-heures; **e-e volle,** F **geschlagene ~** une heure pleine; **e-e ~ lang** une heure durant; **zwei ~n hintereinander** deux heures de suite; **von ~ zu ~** d'heure en heure; **von Stund an, ab** dès cette heure; dès ce moment; dès maintenant; à partir de ce moment; **zur ~** à l'heure qu'il est; **bis zur ~** jusqu'à maintenant; **zu jeder ~** à toute heure; **in vorgerückter ~** à une heure avancée; **zu später ~** à une heure tardive; **in der elften ~** à onze heures; *fig.* **in zwölfter ~** au dernier moment; **zur vereinbarten ~** à l'heure dite; **zu gelegener ~** à propos; **zu ungelegener ~** mal à propos; à une heure indue; **in e-r schwachen ~** dans un moment de faiblesse; **s-e ~ ist gekommen, hat geschlagen** *cf.* Stündlein; **~n geben** donner des leçons (**außer dem Hause** à domicile; F courir le cachet); *in der Schule* **~ halten** faire la classe; **die ~ ist aus** la leçon est finie; **bei j-m ~n nehmen** prendre des leçons de *od.* chez qn.
stunden [ˈʃtundən] *v/t.* ⟨-ete, h⟩ **j-m e-e Summe ~** accorder à qn. un délai de paiement; **die Steuer ~** accorder un sursis pour le paiement de l'impôt.
Stunden|buch [ˈʃtundənˌbuːx] *n* livre *m* d'heures; **~ˌdurchschnitt** *m* moyenne *f* horaire; **~geˌbet** *n égl. cath.* **~e** *pl.* heures canoniales; **~ˌgeld** *n* honoraires *m/pl.*; cachet *m*; **~geˌschwindigkeit** *f* vitesse *f* horaire; **die mittlere ~** la moyenne horaire; **~ˌglas** *n* sablier *m*; **~hoˌtel** *n* hôtel *m* de passe; **~kiloˌmeter** *m* kilomètre-heure *m* (*abr.* km/h); **zehn ~** dix kilomètres à l'heure; **2ˌlang 1.** *adj.* qui dure des heures (entières); **2.** *adv.* pendant, durant des heures; des heures entières; **~ˌleistung** *f* rendement *m*, *e-r Pumpe etc.* débit *m* horaire; **~ˌlohn** *m* salaire *m* horaire; **im ~ arbeiten** travailler à l'heure; **~ˌplan** *m* emploi *m* du temps; horaire *m*; **~ˌsatz** *m* taux *m* horaire; **~ˌschlag** *m* **mit dem ~** au son de la cloche; *fig.* à l'heure sonnante; **~verˌdienst** *m* gain *m* horaire; **2ˌweise** *adv.* à l'heure; par heure; **~ˌwinkel** *m astr.* angle *m* horaire; **~ˌzeiger** *m*

aiguille *f* des heures; ~ˌ**zettel** *m* relevé *m* des heures de travail.

Stünd|lein [ˈʃtʏntlaɪn] *n* ⟨~s; ~⟩ sein letztes ~ hat geschlagen, ist gekommen sa dernière heure a sonné, est venue; 2**lich** *adv.* d'heure en heure; d'une heure à l'autre; par heure; dreimal ~ trois fois par heure; j-n ~ erwarten attendre qn. d'une heure à l'autre.

Stundung [ˈʃtʊndʊŋ] *f* ⟨~; ~en⟩, ~**s-ˌfrist** *f* délai *m* de paiement; ~**sge-ˌsuch** *n* demande *f* de délai.

Stunk [ʃtʊŋk] F *m* ⟨~s⟩ querelle *f*; F grabuge *m*; ~ machen chercher querelle; (*sich beschweren*) élever des réclamations.

stupid|(e) [ʃtuˑˈpiːt, stuˑ- (-ˈpiːdə)] *adj.* stupide; *cf. auch* stumpfsinnig; 2**iˈtät** *f* ⟨~; ~en⟩ stupidité *f*; *cf. auch* Stumpfsinn.

Stups [ʃtʊps] F *m* ⟨~es; ~e⟩ poussée *f*; bourrade *f*; 2**en** F *v/t.* ⟨-(es)t, h⟩ pousser; donner une bourrade (à); ~ˌ**nase** F *f* nez retroussé.

stur [ʃtuːr] F *adj.* lourd d'esprit; obstiné; entêté; têtu; ~er Bock tête de mule; ~ wie ein Panzer têtu comme une mule, un âne; 2**heit** F *f* ⟨~⟩ lourdeur *f* d'esprit; obstination *f*; entêtement *m*.

Sturm [ʃtʊrm] *m* ⟨~(e)s; ≈e⟩ tempête *f*; (*Orkan*) ouragan *m*; (*Unwetter*) tourmente *f*; (*Gewitter*2) orage (*alle auch fig.*); *fig. der Gefühle etc.* tumulte *m*; impétuosité *f*; fougue *f*; *milit.* assaut *m*; charge *f*; *Sport* (*die Stürmer*) avants *m/pl.*; ~ der Entrüstung tempête, explosion d'indignation; die Stille vor dem ~ le calme avant la tempête (*auch fig.*); die Vorboten des ~s les signes avant-coureurs, les prodromes de la tempête (*auch fig.*); *fig.* die Stürme des Lebens les tempêtes, orages, tourmentes, bourrasques de la vie; ~ im Wasserglas tempête dans un verre d'eau; *hist.* ~ auf die Bastille prise de la Bastille; *bibl.* wer Wind sät, wird ~ ernten qui sème le vent récolte la tempête; *litt.* ~ und Drang Sturm und Drang; ~ läuten sonner le tocsin; im ~ nehmen prendre … d'assaut; *fig.* im ~ rapidement; d'emblée; er nahm ihr Herz im ~ son cœur se rendit aux premiers assauts; ~ laufen donner l'assaut (auf etw. à qc.); *fig.* gegen etw. ~ laufen combattre qc. vigoureusement; se dresser contre qc.; ~**abˌteilung** (*abr.* SA) *f hist.* section *f* d'assaut; ~ˌ**angriff** *m milit.* assaut *m*; charge *f*; ~**artilleˌrie** *f milit.* artillerie *f* d'assaut; ~**ball** *m mar.* ballon annonciateur de tempête; ~**bataiˌllon** *n milit.* bataillon *m* d'assaut; ~**bö** *f mar.* rafale *f*; ~**bock** *m hist.* bélier *m*; ~**boot** *n milit.* bateau *m* d'assaut.

stürmen [ˈʃtʏrmən] **I** *v/t.* ⟨h⟩ *milit.* donner l'assaut à; attaquer; assaillir; *hist. mit Leitern* escalader; (*im Sturm nehmen*) prendre … d'assaut; *hist.*, *Bilder* briser; **II** *v/i.* ⟨sein⟩ *milit.* donner l'assaut; attaquer (*auch Sport*); F (*rennen*) courir; s'élancer; se précipiter; **III** *v/imp.* ⟨h⟩ es stürmt il fait de la tempête; il fait un vent furieux; la tempête fait rage; es stürmt u. schneit nous avons une tempête de neige; **IV** 2 *n* ⟨~s⟩ *cf.* Sturm; 2**de(r)** *m* ⟨→A⟩ *milit.* die ~n les assaillants *m/pl.*

Stürmer [ˈʃtʏrmər] *m* ⟨~s; ~⟩ *Sport* avant *m*; ~ˌ**reihe** *f Sport* ligne *f* d'avants.

Sturmesbrausen [ˈʃtʊrməsˌbrauzən] *n poét.* mugissement *m* de la tempête.

sturm|fest [ˈʃtʊrmfɛst] *adj.* résistant aux vents; qui résiste à la tempête, à l'orage; 2**flut** *f* raz *m* de marée; ~**frei** *adj.* F ~e Bude chambre indépendante; 2**geˌpäck** *n milit.* paquetage *m* d'assaut; 2**geˌschütz** *n milit.* canon *m* d'assaut; 2**geˌwehr** *n milit.* fusil *m* d'assaut; fusil-mitrailleur *m*; 2**ˌglocke** *f* tocsin *m*; 2ˌ**haube** *f hist.* casque *m*; 2**hut** *m* ⟨~(e)s⟩ *bot.* aconit *m*.

stürmisch [ˈʃtʏrmɪʃ] *adj.* **1.** orageux, -euse; tempétueux, -euse; *See etc.* agité par la tempête; *mar.* ~es Wetter gros temps; ~es Meer mer démontée, orageuse, ʻhouleuse; **2.** *fig.* (*ungestüm*) impétueux, -euse; fougueux, -euse; *Auseinandersetzung* tumultueux, -euse; orageux, -euse; tempétueux, -euse; turbulent; ~er Beifall applaudissements frénétiques; tempête, rafale, tonnerre d'applaudissements; er wurde ~ begrüßt on le salua avec un impétueux, fougueux, tumultueux enthousiasme; ce fut une réception tumultueuse; nicht so ~! doucement!; F tout doux!; piano!

Sturm|kanone [ˈʃtʊrmkaˌnoːnə] *f milit.* canon *m* d'assaut; ~**koˌlonne** *f milit.* colonne *f* d'assaut; ~**laˌterne** *f* lampe-tempête *f*; lanterne-tempête *f*; ~**lauf** *m* assaut *m*; ~ˌ**läuten** *n* tocsin *m*; ~ˌ**leiter** *f* échelle *f* d'assaut; ~-ˌ**möwe** *f zo.* goéland *m*; ~ˌ**panzer** *m milit.* char *m* d'assaut; 2**reif** *adj. milit.* mûr pour l'assaut; ~ˌ**riemen** *m* jugulaire *f*; mentonnière *f*; ~ˌ**schaden** *m* dégâts causés par la tempête; ~ˌ**schießen** *n milit.* tir *m* d'assaut; ~ˌ**schritt** *m milit.* pas *m* de charge; F *fig.* pas *m* (de) gymnastique, de course; ~ˌ**segel** *n mar.* tourmentin *m*; ~**siˌgnal** *n mar.* signal *m* de tempête, *milit.* d'assaut; ~**solˌdat** *m milit.* assaillant *m*; ~**trupp** *m milit.* groupe *m*, détachement *m* d'assaut; ~ˌ**vögel** *m/pl. zo.* oiseaux--tempête *m/pl.*; ~ˌ**warnung** *f mar.* avertissement *m* (de menace) de tempête; ~ˌ**welle** *f milit.* vague *f* d'assaut; ~**wind** *m* vent impétueux, violent; rafale *f*; bourrasque *f*; ~ˌ**zeichen** *n* signal annonciateur de tempête (*auch fig.*); *fig.* signe *m* avant-coureur de tempête.

Sturz [ʃtʊrts] *m* ⟨~es; ≈e⟩ chute *f* (*auch fig.*); *e-r Dynastie, Regierung etc.* renversement *m*; écroulement *m*; effondrement *m*; *der Kurse* effondrement *m*; chute, baisse soudaine; F dégringolade *f*; *bât.* ⟨*pl.* ~e⟩ (*Fenster*2, *Tür*2) linteau *m*; (*Rad*2) carrossage *m*; *der Speichen* écuanteur *f*; tiefer ~ chute de très haut; ~ vom Pferde chute de cheval; die Gewalt des ~es mildern amortir la chute; *Regierung, Minister* zum ~ bringen renverser; ~ˌ**acker** *m agr.* champ labouré; ~**bach** *m* torrent *m*; ravine *f*.

stürzen [ˈʃtʏrtsən] **I** *v/t.* ⟨-(es)t, h⟩ faire tomber; précipiter; *Regierung* renverser; faire tomber; *Gefäß etc.* renverser (sens dessus dessous); retourner; *Pudding* démouler; *Acker* labourer; *Brachfeld* jachérer; j-n in e-n Abgrund ~ précipiter qn. dans un abîme; j-n ins Elend ~ plonger qn. dans la misère; j-n ins Verderben ~ ruiner, perdre qn.; *auf Kisten* nicht ~ ne pas renverser; **II** *v/i.* ⟨sein⟩ tomber; faire une chute; auf der Treppe ~ faire une chute dans l'escalier; aus dem Fenster ~ tomber de la fenêtre; vom Pferd ~ tomber de cheval; zu Boden ~ tomber par terre; zu Tode ~ faire une chute mortelle; unglücklich ~ faire une chute malencontreuse; tomber malencontreusement; das Pferd ist mit ihm gestürzt le cheval s'est abattu sous lui; *poét.* die Tränen stürzten ihr aus den Augen les larmes coulaient, jaillissaient de ses yeux; **III** *v/i.* ⟨sein⟩ *u. v/réfl.* (sich) ~ se précipiter, s'élancer (auf sur); fondre (sur); se jeter (auf sur; in dans); (sich) in j-s Arme ~ se jeter dans les bras de qn.; sich ins Wasser ~ se jeter dans *od.* à l'eau; sich aus dem Fenster ~ se jeter par la fenêtre; sich in sein Schwert ~ se percer de son épée; *Tier* sich auf s-e Beute ~ se jeter, se ruer, sauter, bondir, *Adler etc.* fondre sur sa proie; sich auf den Feind ~ fondre, foncer, se jeter sur l'ennemi; sich auf j-n ~ se ruer sur qn.; aus dem Zimmer ~ s'élancer ʻhors de la chambre; ins Zimmer ~ entrer brusquement, s'engouffrer dans la chambre; sich blindlings in e-e Gefahr ~ donner tête baissée, se jeter à corps perdu dans un danger; sich in Vergnügungen, Abenteuer ~ se jeter dans les plaisirs, les aventures; sich ins Verderben ~ se ruiner; sich in Unkosten ~ se mettre en frais; sich in Schulden ~ se mettre dans des dettes; s'endetter; **IV** 2 *n* ⟨~s⟩ *cf.* Sturz.

Sturz|flug [ˈʃtʊrtsfluːk] *m aviat.* (vol *m* en) piqué *m*; zum ~ ansetzen amorcer la descente en piqué; ~**flugˌbremse** *f aviat.* frein *m* de piqué; frein *m* aérodynamique; ~**fluggeˌschwindigkeit** *f aviat.* vitesse *f* en piqué; ~**gut** *n*, ~ˌ**güter** *n/pl. chem., comm.* marchandises *f/pl.* en vrac; ~**helm** *m* casque *m* (protecteur, de protection, de pilote, de parachutiste, de motocycliste, *etc.*); ~**kampfˌbomber** *m aviat.* bombardier *m* en piqué; ~**kampfˌflugzeug** *n aviat.* (*abr.* Stuka) avion *m* de combat en piqué; stuka *m*; ~**pflug** *m agr.* charrue *f* (à jachérer); ~**see** *f*, ~ˌ**welle** *f mar.* paquet *m* de mer.

Stuß [ʃtʊs] F *m* ⟨-sses⟩ bêtises *f/pl.*; F sornettes *f/pl.*; âneries *f/pl.*; ~ reden dire, raconter des bêtises, *etc.*; F débiter, dégoiser des absurdités, des inepties [-si]; déraisonner; radoter; P débloquer.

Stut|buch [ˈʃtuːtbuːx] *n* stud-book *m*; ~**e** *f* ⟨~; ~n⟩ jument *f*; *poét.* cavale *f*; trächtige ~ jument pleine; ~**enˌfohlen** *n*, ~**enˌfüllen** *n* pouliche *f*; ~**enˌmilch** *f* lait *m* de jument; ~**eˈrei** *f* ⟨~; ~en⟩ *cf.* Gestüt.

Stütz [ʃtʏts] *m* ⟨~es⟩ *gym.* appui *m* avant; ~**arm** *m techn.* bras-support *m*; ~ˌ**balken** *m charp.* lambourde *f*; pointal *m*; étai *m*; support *m*.

Stutzbart [ˈʃtʊtsbɑːrt] *m* barbe pointue; F barbiche *f*; barbichette *f*.

Stütz|bein [ˈʃtʏtsbaɪn] *n gym.* jambe *f* d'appui; ~**e** *f* ⟨~; ~n⟩ appui *m*; soutien *m*; support *m* (*alle auch fig.*); *charp.* étai *m*; étançon *m*; étrésillon *m*; *jard.* tuteur *m*; *fig.* ~ der Hausfrau aide ménagère; ~ meines Alters F mon bâton de vieillesse; die ~n der Gesellschaft les soutiens de la société.

stutzen [ˈʃtʊtsən] **I** *v/t.* ⟨-(es)t, h⟩ (*kürzen*) raccourcir; écourter; *Haare, Bart* rafraîchir; *Flügel* rogner; *Schwanz* écourter; *Hecke* tondre; *Bäume* étêter; *nach e-r bestimmten Form* façonner; **II** *v/i. fig.* avoir un moment de surprise; s'arrêter court; hésiter; être, rester interdit; être déconcerté, interloqué, stupéfait; *Pferd* dresser les oreilles; ~ machen *cf.* stutzig (machen).

Stutzen[1] [ˈʃtʊtsən] *n* ⟨~s⟩ (*Kürzen*)

raccourcissement *m*; *der Flügel* rognement *od.* rognage *m*; *e-r Hecke* tonte *f*; *e-s Baumes* étêtement *od.* étêtage *m*; *fig.* moment *m* de surprise; hésitation *f*.

Stutzen[2] ['ʃtʊtsən] *m* ⟨~s; ~⟩ *Gewehr* carabine *f*; *techn.* manchon *m*; douille *f*; raccord *m*; tubulure *f*; (*Wadenstrumpf*) jambière *f*; *Glas* verre *m* à pied demi-bas.

stützen ['ʃtʏtsən] **I** *v/t. u. v/réfl.* ⟨-(es)t, h⟩ soutenir (*auch Preise, Markt, Währung, Unternehmen*); (s')appuyer; *bât., charp., mit Balken* étayer; étançonner; *durch Strebepfeiler* arc-bouter; buter; **den Ellbogen** *od.* **sich mit dem Ellbogen auf den Tisch** ~ appuyer le coude *od.* s'accouder sur la table; **den Kopf in die Hände** ~ prendre sa tête entre ses mains; **das Kinn in die Hand** ~ appuyer le menton sur la main; **sich auf den Stock** ~ s'appuyer sur la canne, le bâton; *fig.* **sich auf etw.** ~ s'autoriser de qc.; s'appuyer, se fonder, se baser, tabler sur qc.; **gestützt auf sein Recht** fort de son droit; **gestützt auf e-e dreißigjährige Erfahrung ...** m'(s', nous, *etc.*) appuyant, me (se, *etc.*) fondant, tablant sur, m'(s', nous, *etc.*) autorisant d'une expérience de trente ans, années ...; **II** ᘓ *n* ⟨~s⟩ *bât., charp.* soutènement *m*; étaiement *od.* étayement *od.* étayage *m*; étançonnement *m*.

Stutzer ['ʃtʊtsər] *m* ⟨~s; ~⟩ dandy *m*; snob *m*; muscadin *m*; F gandin *m*; gommeux *m*; pommadin *m*; ᘓˌ**haft** *adj.* de *od.* en (*auch adv.*) dandy, snob, *etc.* (*cf.* Stutzer); ~ˌ**tum** *n* ⟨~(e)s⟩ dandysme *m*; snobisme *m*.

Stützfläche ['ʃtʏtsˌflɛçə] *f* surface *f* d'appui.

Stutzflügel ['ʃtʊtsˌfly:gəl] *m mus.* piano *m* crapaud, demi-queue, quart de queue.

stutzig ['ʃtʊtsɪç] *adj.* ~ **werden** s'arrêter court; avoir un moment de surprise, d'hésitation; rester interdit; être surpris, déconcerté, interloqué; (*argwöhnisch werden*) prendre ombrage; ~ **machen** surprendre; déconcerter; interloquer; (*argwöhnisch machen*) donner ombrage (à).

Stütz|isolator ['ʃtʏts?i·zo·ˌlɑ:tər] *m élect.* isolateur *m* de soutien; ~ˌ**lager** *n techn.* crapaudine *f*; ~ˌ**mauer** *f bât.* mur *m* de soutènement; ~**pfahl** *m* tuteur *m* (pour poteau); ~ˌ**pfeiler** *m bât.* pilier *m* de soutien; ~ˌ**pfosten** *m cf.* ~pfahl; ~**punkt** *m* point *m* d'appui; *milit. auch* base *f*; ~**rad** *n beim Pflug* roue-support *f*; ~ˌ**stange** *f* tige-support *f*; piquet *m*; ~ˌ**übungen** *f/pl. gym.* exercices *m/pl.* d'appui avant.

Stutzuhr ['ʃtʊts?u:r] *f* pendule *f* (de cheminée).

Stützung ['ʃtʏtsʊŋ] *f* ⟨~⟩ *comm.* soutien *m*; ~**saktiˌon** *f comm.* action *f* de soutien; intervention *f*; ~**sˌkäufe** *m/pl. comm.* achats *m/pl.* pour soutenir les prix, les cours; achats *m/pl.* d'intervention; ~**skreˌdit** *m comm.* crédit *m* de soutien; ~**sˌmaßnahme** *f comm.* action *f* de soutien.

Stütz|verband ['ʃtʏtsfɛrˌbant] *m méd.* bandage *m*; ~ˌ**wechsel** *m gym.* changement *m* d'appui.

stygisch ['sty:gɪʃ, 'ʃty:-] *adj. myth.* stygien, -nne; du Styx.

Stylit [sty·'li:t, ʃty·-] *m* ⟨~en; ~en⟩ stylite *m*.

Stylographie [sty·lo·gra'fi:, ʃty·-] *f* ⟨~⟩ *impr.* stylographie *f*.

Styrax ['sty:raks, 'ʃty:-] *m* ⟨~(es); ~e⟩ *bot.* styrax *m*.

Styrol [sty·'ro:l, ʃty·-] *n* ⟨~s⟩ *chim.* styrène *m*; styrolène *m*.

Suad|a [zu·'ɑ:da] *f* ⟨~; -den⟩, ~**e** *f* ⟨~; ~n⟩ faconde *f*; volubilité *f*.

Suaheli[1] [su·a'he:li·] *m* ⟨~(s); ~(s)⟩ Souahéli *od.* Swahéli *m*; ~[2] *n* ⟨~(s)⟩ souahéli *od.* swahéli *m*.

sub..., Sub... *in Zssgn.* sub...; sous...

subaltern [zʊp?al'tɛrn] *adj.* subalterne; ᘓ**beˌamte(r)** *m* fonctionnaire *m* subalterne; ᘓ**e(r)** *m* ⟨→ **A**⟩ subalterne *m*; ᘓ**offiˌzier** *m milit.* officier *m* subalterne.

Subdiakon ['zʊpdi·aˌko:n] *m égl. cath.* sous-diacre *m*.

Subjekt [zʊp'jɛkt] *n* ⟨~(e)s; ~e⟩ *gr.* sujet *m*; *philos.* sujet pensant; *péj.* individu *m*; **übles** ~ mauvais sujet; ~**i'on** *f* ⟨~; ~en⟩ *rhét.* subjection *f*; ᘓ**iv** [-'ti:f] *adj.* subjectif, -ive; ~**i'vismus** *m* ⟨~⟩ *philos.* subjectivisme *m*; ~**ivi'tät** *f* ⟨~⟩ subjectivité *f*.

subkutan [zʊpku·'tɑ:n] *adj. méd.* sous-cutané; ~**e Injektion** injection sous-cutanée, hypodermique.

sublim [zu·'bli:m] *adj.* sublime; ᘓ**at** [-'mɑ:t] *n* ⟨~(e)s; ~e⟩ *chim.* sublimé *m*; ᘓ**ati'on** *f* ⟨~; ~en⟩ *chim.* sublimation *f*; ~**ieren** [-'mi:-] *v/t.* ⟨*pas de ge-*, h⟩ *chim., psych.* sublimer; ᘓ**ierung** [-'mi:-] *f* ⟨~; ~en⟩ *cf.* ᘓation.

sub|lunarisch [zʊplu·'nɑ:rɪʃ] *adj.* sublunaire; ~**ma'rin** *adj.* sous-marin.

Submission [zʊpmɪsi·'o:n] *f* ⟨~; ~en⟩ adjudication *f*; **durch** ~ par voie d'adjudication; **etw. in** ~ **vergeben** mettre qc. en adjudication; ~**sbeˌdingungen** *f/pl.* cahier *m* des charges; ~**sˌweg** *m* **auf dem** ~**e** par voie d'adjudication, de soumission.

Submittent [zʊpmɪ'tɛnt] *m* ⟨~en; ~en⟩ soumissionnaire *m*.

Subordi|nation [zʊp?ərdi·natsi·'o:n] *f* ⟨~⟩ *gr.* subordination *f*; ᘓ'**nieren** *v/t.* ⟨*pas de ge-*, h⟩ *gr.* subordonner.

subsi|diär [zʊpzi·di·'ɛ:r] *adj.* subsidiaire; ᘓ**dien** [-'zi:-] *n/pl.* subsides *m/pl.*

Sub|skribent [zʊpskri·'bɛnt] *m* ⟨~en; ~en⟩ souscripteur *m*; ᘓ**skri'bieren** *v/i.* ⟨*pas de ge-*, h⟩ souscrire (**auf** à); ~**skripti'on** *f* ⟨~; ~en⟩ souscription *f*; ~**skripti'onsˌliste** *f* liste *f* de souscription; ~**skripti'onsˌpreis** *m* prix *m* de souscription.

substantiell [zʊpstantsi·'ɛl] *adj.* substantiel, -lle.

Substantiv [ˌzʊpstan'ti:f, 'zʊp-] *n* ⟨~s; ~e⟩ *gr.* substantif *m*; nom *m*; ᘓ**ieren** [-'vi:-] *v/t.* ⟨*pas de ge-*, h⟩ *gr.* substantiver; ~**ierung** [-'vi:-] *f* ⟨~; ~en⟩ *gr.* substantivation *f*; ᘓ**isch** **1.** *adj.* substantif, -ive; **2.** *adv.* substantivement; comme substantif; ~**um** *n* ⟨~s; -va⟩ *cf.* Substantiv.

Substanz [zʊp'stants] *f* ⟨~; ~en⟩ substance *f*; **die** ~ **angreifen** entamer la substance; ~**erˌhaltung** *f* conservation *f* de la substance; ~ˌ**schwund** *m*, ~**verˌlust** *m* perte *f* de substance; ~**verˌzehr** *m* épuisement *m* de la substance; ~ˌ**wert** *m* valeur réelle.

substitu|ieren [zʊpsti·tu·'i:rən] *v/t.* ⟨*pas de ge-*, h⟩ substituer; remplacer; ᘓ'**ierung** *f* ⟨~; ~en⟩ substitution *f*; remplacement *m*.

Substrat [zʊp'strɑ:t] *n* ⟨~(e)s; ~e⟩ substrat(um) *m*.

subsumieren [zʊpzu·'mi:rən] *v/t.* ⟨*pas de ge-*, h⟩ comprendre, impliquer, inclure dans.

subtil [zʊp'ti:l] *adj.* subtil; ᘓ**i'tät** *f* ⟨~; ~en⟩ subtilité *f*.

Sub|trahend [zʊptra'hɛnt] *m* ⟨~en; ~en⟩ *math.* nombre *m* à soustraire; ᘓ**tra'hieren** *v/t.* ⟨*pas de ge-*, h⟩ *math.* soustraire; faire la soustraction (de); ~**trakti'on** *f* ⟨~; ~en⟩ *math.* soustraction *f*; ~**trakti'onsˌzeichen** *n math.* signe *m* de la soustraction.

subtropisch ['zʊpˌtro:pɪʃ, -'tro:-] *adj.* subtropical.

Subvention [zʊpvɛntsi·'o:n] *f* ⟨~; ~en⟩ subvention *f*; **e-e** ~ **erhalten** bénéficier d'une subvention; **e-e** ~ **gewähren** accorder, octroyer une subvention; ᘓ**ieren** [-'ni:-] *v/t.* ⟨*pas de ge-*, h⟩ subventionner; octroyer des subventions (à); ~**ierung** [-'ni:-] *f* ⟨~; ~en⟩ subvention *f*; ~**semˌpfänger** *m* bénéficiaire *m* d'une subvention; ~**spoliˌtik** *f* politique *f* des subventions.

Subvers|ion [zʊpvɛrzi·'o:n] *f* ⟨~; ~en⟩ subversion *f*; ᘓ**iv** [-'zi:f] *adj.* subversif, -ive.

Such|aktion ['zu:x?aktsi·ˌo:n] *f* recherches *f/pl.*; **e-e** ~ **einleiten** entreprendre des recherches; ~ˌ**anzeige** *f* avis *m* de recherche (d'une personne disparue); ~ˌ**arbeit** *f* recherche *f*; ~**dienst** *m* service *m* de recherches; ~**e** *f* ⟨~⟩ recherche *f*; quête *f* (*auch ch.*); **auf der** ~ **nach** à la recherche de; en quête de; **auf die** ~ **gehen, sich auf die** ~ **machen nach** aller à la recherche de; se mettre en quête de; ᘓ**en I** *v/t. u. v/i.* ⟨h⟩ chercher; (*eifrig suchen*) rechercher; (*nach j-m verlangen*) demander; (*versuchen*) chercher (zu + *inf.* à + *inf.*); tâcher, essayer (de + *inf.*); *Minen* détecter; *mar.* draguer; **nach etw.** ~ rechercher qc.; être à la recherche de qc.; être en quête de qc.; **nach Worten** ~ chercher ses mots; F **etw. wie e-e Stecknadel** ~ chercher qc. comme une aiguille dans une botte de foin; *bibl.* **suchet, so werdet ihr finden** cherchez, et vous trouverez; **ich habe, was Sie** ~ *oft* j'ai votre affaire; **Sie werden gesucht, man sucht Sie** on vous cherche, demande; F on cherche, court après vous; **was hast du hier zu** ~? que viens-tu faire ici?; **ich habe da nichts zu** ~ je n'ai rien à y faire; *in e-r Annonce* **Bäcker sucht Lehrling ...** boulanger demande, cherche apprenti ...; **j-m zu schaden** ~ chercher à faire mal, à nuire à qn.; **j-s Freundschaft** ~ chercher l'amitié de qn.; chercher à, essayer, tâcher d'obtenir l'amitié de qn.; **Anschluß** ~ chercher à se faire des relations, des amis; **Abenteuer** ~ chercher aventure; **Hilfe** ~ chercher assistance, de l'aide; **Rat bei j-m** ~ demander conseil à qn.; consulter qn.; **Schutz bei j-m** ~ chercher protection auprès de qn.; **das Weite** ~ gagner le large; *cf. auch* **gesucht**; **II** ~**en** *n* ⟨~s⟩ recherche(s) *f* (*pl.*); *ch.* quête *f*; **vergebliches** ~ recherches vaines; ~**er** *m* ⟨~s; ~⟩ **1.** chercheur *m*; **2.** *phot.* viseur *m*; *tél.* chercheur *m*; *techn., für Minen* détecteur *m*; *Auto cf.* ~**scheinwerfer**; ~**eˌrin** *f* ⟨~; ~nen⟩ chercheuse *f*; ~**geˌrät** *n techn.* détecteur *m*; ~**karˌtei** *f* fichier *m* des personnes disparues, recherchées; ~ˌ**liste** *f* liste *f* des personnes disparues, recherchées; ~ˌ**scheinwerfer** *m* projecteur *m*, phare *m* (auxiliaire) orientable, mobile; ~ˌ**stelle** *f* bureau *m* de recherches.

Sucht [zuxt] *f* ⟨~; ~e⟩ manie *f*; passion *f*; démangeaison *f*; rage *f*; F fureur *f*; *nach Betäubungsmitteln etc.* toxicomanie *f*; **die** ~, **alles zu tadeln**

la manie de blâmer tout; die ~ nach Gold, Geld la passion de *od.* pour l'or, l'argent; **~geˌfahren** *f/pl.* dangers *m/pl.* de la toxicomanie.

süchtig ['zʏçtɪç] *adj.* toxicomane; **2e(r)** *f (m)* ⟨→ A⟩ toxicomane *m, f*; **2ˌkeit** *f* ⟨~⟩ toxicomanie *f*.

Such|trupp ['zuːxtrʊp] *m milit.* équipe *f*, détachement *m* de détection; **~- u. 'Rettungsˌdienst** *m* service *m* de recherches et de sauvetage.

Sud [zuːt] *m* ⟨~(e)s⟩ *phm.* décoction *f*; *Brauerei* brassage *m*.

Süd [zyːt] *m* ⟨~(e)s⟩ (*abr.* S) sud *m*; midi *m*; (*Südwind*) ⟨~(e)s; ~e⟩ vent *m* du sud; **~'afrika** *n* l'Afrique *f* du Sud; **~afri'kaner(in)** *m (f)* Sud-Africain, -e *m, f*; **2afri'kanisch** *adj.* sud-africain; **~a'merika** *n* l'Amérique *f* du Sud; **~ameri'kaner(in)** *m (f)* Sud-Américain, -e *m, f*; **2ameri'kanisch** *adj.* sud-américain; de l'Amérique du Sud.

Sudanes|e [zuda'neːzə] *m* ⟨~n; ~n⟩, **~in** *f* ⟨~; ~nen⟩ Soudanais, -e *m, f*; **2isch** *adj.* soudanais.

süddeutsch ['zyːtdɔʏtʃ] *adj.* de l'Allemagne du Sud; **2e(r)** *f (m)* Allemand, -e *m, f* du Sud; **2land** *n* l'Allemagne *f* du Sud.

Sudel|arbeit ['zuːdəlˌʔarbaɪt] F *f*, **~ei** [-'laɪ] *f* ⟨~; ~en⟩ bousillage *m*; gâchage *m*; P saloperie *f*; cochonnerie *f*; (*Kritzelei*) griffonnage *m*; (*Geschmiere*) barbouillage *od.* barbouillis *m*; gribouillage *od.* gribouillis *m*; **~er(in)** F *m* ⟨~s; ~⟩ (*f*) ⟨~; ~nen⟩ bousilleur, -euse *m, f*; gâcheur, -euse *m, f*; (*Schmierer*) griffonneur, -euse *m, f*; barbouilleur, -euse *m, f*; gribouilleur, -euse *m, f*; **2ig** F *adj.* (*schmutzig*) sale; malpropre; (*gepfuscht*) bousillé; bâclé; gâché; P salopé; cochonné; (*geschmiert*) barbouillé; gribouillé; (*gekritzelt*) griffonné; **2n** F **I** *v/t. u. v/i.* ⟨-(e)le, h⟩ faire de la saleté; (*pfuschen*) bousiller; bâcler; gâcher; P saloper; cochonner; saveter; (*kritzeln*) griffonner; (*schmieren*) barbouiller; gribouiller; **II ~n** *n* ⟨~s⟩ *cf.* ~ei.

Süden ['zyːdən] *m* ⟨~s⟩ sud *m*; midi *m*; im ~ von au sud de; im ~ Frankreichs dans le Midi; nach ~ vers le sud; au sud; au midi; der ~ (*die südlichen Länder*) le Sud; le Midi; in den ~ fahren voyager vers le Sud, vers le Midi.

Sudetendeutsche(r) [zu'deːtənˌdɔʏtʃə(r)] *f (m)* Allemand, -e *m, f* des Sudètes.

Süd|frankreich ['zyːtˌfraŋkraɪç] *n* le midi de la France; le Midi; la France méridionale; **~franˌzose, ~ˌfranˌzösin** *m, f* Méridional, -e *m, f*; **2franˌzösisch** *adj.* du midi de la France; de la France méridionale; méridional; ~e Sprache langue du Midi; (*Provenzalisch*) provençal *m*; **~ˌfrüchte** *f/pl.* fruits *m/pl.* des pays chauds; (*Zitrusfrüchte*) agrumes *m/pl.*; **~fruchtˌhandlung** *f* magasin *m* de fruits des pays chauds; **~ˌhalbkugel** *f* hémisphère austral.

Sudhaus ['zuːthaʊs] *n Bierbrauerei* salle *f* de brassage.

Süd|italien ['zyːtʔiˌtaːliən] *n* l'Italie *f* du Sud; **~koreˌaner(in)** *m (f)* Sud-Coréen, -nne *m, f*; **2koreˌanisch** *adj.* sud-coréen, -nne; **~ˌküste** *f* côte méridionale; **~ˌlage** *f* exposition *f* au midi; **~ˌländer(in)** *m* ⟨~s; ~⟩ (*f*) ⟨~; ~nen⟩ habitant, -e *m, f* d'un pays méridional, (des pays) du Midi; **2ˌländisch** *adj.* méridional.

Sudler(in) ['zuːdlər(ɪn)] F *m* ⟨~s; ~⟩ (*f*) ⟨~; ~nen⟩ *cf.* Sudeler(in).

süd|lich ['zyːtlɪç] *adj.* du sud; du midi; méridional; *géogr.* austral; ~ von au sud de; in ~er Richtung vers le sud; au sud; au midi; ~e Halbkugel hémisphère austral; bei 40° ~er Breite par 40 degrés de latitude sud; **2licht** *n* aurore australe.

sudlig ['zuːdlɪç] F *adj. cf.* sudelig.

Süd|ost [zyːt'ʔɔst] *m* ⟨~(e)s; ~e⟩ (*abr.* SO) *Wind* vent *m* du sud-est; *Himmelsrichtung* ⟨~(e)s⟩ sud-est *m*; **~ost'asien** *n* l'Asie *f* du Sud-Est; le Sud-Est asiatique; **~'osten** *m* ⟨~s⟩ *Himmelsrichtung cf.* ~ost; **2'östlich** *adj.* sud-est; ~ von au sud-est de; **~'ostwind** *m cf.* ~ost; **~pol** ['zyːt-] *m* ⟨~s⟩ pôle *m* sud, austral, antarctique; **~po'larˌforschung** *f* exploration *f* du pôle austral; **~po'larˌländer** *n/pl.* terres australes, antarctiques; **~po'larˌmeer** *n* océan Glacial Antarctique; **~see** ['zyːt-] *f* ⟨~⟩ mers *f/pl.* du Sud; Pacifique *m* sud; **~ˌseite** ['zyːt-] *f* (côté *m* du) midi *m*; côté *m* sud, méridional; *e-s Gebirges* versant *m* sud; **~ˌstaaten** ['zyːt-] *m/pl.* États *m/pl.* du Sud; *hist.* der Krieg gegen die ~ la guerre de Sécession; **~ˌstaatler** ['zyːt-] *m/pl.* Sudistes *m/pl.*; **~süd'ost(en)** *m* (*abr.* SSO) sud-sud-est *m* (*abr.* S.-S.-E.); **~süd'west(en)** *m* (*abr.* SSW) sud-sud-ouest *m* (*abr.* S.-S.-O.); **~tiˌrol** *n* le Tyrol du Sud; **~tiˌroler(in)** *m (f)* Tyrolien, -nne *m, f* du Sud; **2tiˌrolisch** *adj.* du Tyrol du Sud; **2wärts** ['zyːt-] *adv.* vers le sud; au sud; au midi; **~'west** *m* (*abr.* SW) *Wind* vent *m* du sud-ouest; suroît *m*; *Himmelsrichtung auch* ~en sud-ouest *m* (*abr.* S.-O.); **~'wester** *m* ⟨~s; ~⟩ suroît *m*; **2'westlich** *adj.* sud-ouest; ~ von au sud-ouest de; **~'westwind** *m cf.* ~west; **~wind** ['zyːt-] *m* vent *m* du sud, du midi; *poét.* autan(s) *m* (*pl.*).

Sueskanal ['zuːɛskaˌnaːl] *m auch* **Suezkanal** *m* canal *m* de Suez.

Suff [zʊf] F *m* ⟨~(e)s⟩ ivrognerie *f*; boisson *f*; sich dem (stillen) ~ ergeben s'adonner (secrètement) à la boisson.

Süff|el ['zʏfəl] F *m* ⟨~s; ~⟩ qui aime (à) boire; **2eln** F *v/t. u. v/i.* ⟨-(e)le, h⟩ (aimer [à]) boire; **2ig** F *adj.* bon, -nne à boire; F qui se laisse boire; ~er Wein *auch* vin qui rappelle son buveur.

süffisant [zʏfi'zant] *adj.* suffisant.

Suffix [zu'fɪks] *n* ⟨~es; ~e⟩ *gr.* suffixe *m*.

Süffler ['zʏflər] F *m* ⟨~s; ~⟩ *cf.* Süffel.

Suffragette [zufra'gɛtə] *f* ⟨~; ~n⟩ *hist.* suffragette *f*.

sugge|rieren [zʊge'riːrən] *v/t.* ⟨*pas de ge-*, h⟩ suggérer; **~s'tibel** *adj.* ⟨-bl-⟩ influençable; **2stibili'tät** *f* ⟨~⟩ suggestibilité *f*; **2sti'on** *f* ⟨~; ~en⟩ suggestion *f*; **~s'tiv** *adj.* suggestif, -ive; **2s'tivˌfrage** *f* question suggestive.

Suhle ['zuːlə] *f* ⟨~; ~n⟩ *ch.* bauge *f*; souille *f*; **2n** *v/réfl.* ⟨h⟩ sich ~ se vautrer (dans sa bauge, sa souille, dans la fange).

Sühne ['zyːnə] *f* ⟨~; ~n⟩ expiation *f*; *jur.* (*Versöhnung*) conciliation *f*; **~alˌtar** *m* autel *m* expiatoire; **~ˌgeld** *n* réparation *f*; indemnité *f*; **~ˌmaßnahme** *f* sanction *f*; **2n** *v/t.* ⟨h⟩ expier; **~ˌrichter** *m* juge-conciliateur *m*; **~terˌmin** *m jur.* audience *f* de conciliation; **~verˌfahren** *n jur.* procédure *f* de conciliation; **~verˌhandlung** *f cf.* ~termin; **~verˌsuch** *m jur.* tentative *f* de conciliation.

Sühn|opfer ['zyːnˌʔɔpfər] *n* sacrifice *m* expiatoire; **~ung** *f* ⟨~⟩ expiation *f*.

Suite ['sviːtə] *f* ⟨~; ~n⟩ (*Gefolge*) suite *f* (*auch mus.*).

sukkulen|t [zʊku'lɛnt] *adj.* succulent; **2z** *f* ⟨~⟩ succulence *f*.

Sukzession [zʊktsɛsi'oːn] *f* ⟨~; ~en⟩ succession *f*; **2sbeˌrechtigt** *adj.* habilité à succéder; **~sˌstaat** *m* État successeur.

sukzessiv [zʊktsɛ'siːf] *adj.* successif, -ive; **~e** *adv.* successivement.

Sul|fat [zʊl'faːt] *n* ⟨~(e)s; ~e⟩ *chim.* sulfate *m*; **~'fid** *n* ⟨~(e)s; ~e⟩ *chim.* sulfure *m*; **~'fit** *n* ⟨~s; ~e⟩ *chim.* sulfite *m*; **~fona'mide** *n/pl. phm.* sulfamides *m/pl.*; **~fur** ['zʊl-] *n* ⟨~s⟩ *chim.* soufre *m*.

Sulky ['salkɪ] *n* ⟨~s; ~s⟩ sulky [sylki] *m*.

Sultan|(in) ['zʊltaːn, -'taːnɪn, 'zʊltanɪn] *m* ⟨~s; ~e⟩ (*f*) ⟨~; ~nen⟩ sultan, -e *m, f*; **~at** [-'naːt] *n* ⟨~(e)s; ~e⟩ sultanat *m*.

Sultanine [zʊlta'niːnə] *f* ⟨~; ~n⟩ raisin sec sans pépins.

Sülz|e ['zʏltsə] *f* ⟨~; ~n⟩ *cuis.* gelée *f* de viande; viande *f* en gelée; **2en** *v/t.* ⟨-(es)t, h⟩ *cuis. Fleisch* mettre en gelée; préparer une gelée de viande; **~wurst** *f* fromage *m* d'Italie, de tête de porc (*od.* de veau).

Sumach ['zuːmax] *m* ⟨~s; ~e⟩ *bot.* sumac *m*.

Sumer|er [zu'meːrər] *m* ⟨~s; ~⟩ Sumérien *m*; **2isch** *adj.* sumérien, -nne.

Summa ['zʊma] *f* ⟨~; -men⟩ **1.** *Scholastik* somme *f*; **2.** *cf.* Summe; 2 summarum somme totale; *fig.* somme toute; en somme; tout bien pesé; à tout prendre; **~nd** [-'mant] *m* ⟨~en; ~en⟩ *math.* terme *m*, membre *m*, élément *m* d'une somme; **2risch** [-'maːr-] *adj.* sommaire; (*kurzgefaßt*) succinct; ~es Verfahren procédure sommaire; **~ti'on** *f* ⟨~; ~en⟩ sommation *f*.

Sümmchen ['zʏmçən] *n* ⟨~s; ~⟩ petite somme; ein hübsches ~ une jolie, coquette somme; une somme rondelette.

Summe ['zʊmə] *f* ⟨~; ~n⟩ *math.* somme *f* (*auch Geld2*); total *m*; die Höhe e-r ~ le montant d'une somme; höchste (niedrigste) ~ maximum (minimum) *m*; die ganze ~ le total; le tout; große ~ forte, grosse somme; geringfügige ~ somme insignifiante; das macht e-e runde ~ cela fait un compte rond; e-e ~ abrunden, aufrunden arrondir une somme; die ~ ziehen faire la somme; additionner.

summen ['zʊmən] **I** *v/t.* ⟨h⟩ *ein Lied, e-e Melodie* fredonner; chantonner; **II** *v/i. Bienen etc.* bourdonner; *tél. auch* ronfler; **III** 2 *n* ⟨~s⟩ *e-s Liedes, e-r Melodie* fredonnement *m*; chantonnement *m*; *der Bienen* bourdonnement *m* (*auch tél.*); *tél.* ronflement *m*.

Summen|bilanz ['zʊmənbiˌlants] *f comm.* bilan *m* des comptes; **~freˌquenz** *f techn.* fréquence additionnelle; **~ˌzähler** *m* totalisateur *m*.

Summer ['zʊmər] *m* ⟨~s; ~⟩ *tél.* vibr(at)eur *m*; ronfleur *m*; **~ˌton** *m* son *m* d'un vibrateur; ton *m* de ronfleur; **~ˌzeichen** *n tél.* bourdonnement *m*.

summier|en [zʊ'miːrən] **I** *v/t.* ⟨*pas de ge-*, h⟩ *math.* totaliser; additionner; sommer; **II** *v/réfl.* sich ~ s'accumuler;

2**ung** *f* ⟨~⟩ addition *f*; sommation *f*; accumulation *f*.

Summton ['zumto:n] *m* bourdonnement *m*; ronflement *m*.

Sumpf [zumpf] *m* ⟨~(e)s; ~̈e⟩ marais *m*; marécage *m*; *fig.* fange *f*; *mines* puisard *m*; e-n ~ trockenlegen assécher, dessécher un marais, un marécage; *zo., bot.* in Sümpfen lebend, wachsend *sc.* palustre; paludique; paludéen, -nne; uligineux, -euse; uliginaire; ~ˌ**boden** *m* sol marécageux; ~ˌ**dotter**ˌ**blume** *f bot.* caltha *f* des marais; populage *m*; F souci *m* d'eau.

sumpfen ['zumpfən] F *v/i.* ⟨h⟩ traîner dans les brasseries; être un pilier de bistrot, cabaret; *cf. auch* liederlich 2. (ein ~es Leben führen).

sümpfen ['zympfən] *v/t.* ⟨h⟩ *mines* épuiser, pomper l'eau; drainer; dénoyer; *Töpferei* pétrir.

Sumpf|erz ['zumpfˀe:rts] *n minéral.* limonite *f*; fer limoneux; ~ˌ**fieber** *n méd.* fièvre paludéenne; paludisme *m*; ~**gas** *n* gaz *m* des marais; méthane *m*; ~ˌ**gegend** *f* contrée marécageuse; ~**grund** *m* terrain palustre, marécageux; ~**huhn** *n zo.* poule *f* d'eau; *fig.* F noceur *m*; P bambocheur *od.* bambochard *m*; 2**ig** *adj.* marécageux, -euse; palustre; ~**land** *n* contrée marécageuse; ~ˌ**otter** *m zo.* vison *m*; ~ˌ**pflanze** *f bot.* plante paludéenne, uligineuse, uliginaire; ~ˌ**schnepfe** *f zo.* bécassine *f* des marais; ~ˌ**vögel** *m/pl. zo.* oiseaux *m/pl.* des marais; ~ˌ**wasser** *n* eau marécageuse; ~ˌ**wiese** *f* pré marécageux.

Sums [zums] F *m* ⟨~es⟩ e-n großen ~ um etw. machen F faire beaucoup d'embarras, d'histoires, faire un tas de chichis, faire du tralala, en faire un plat à propos de qc.; mach keinen ~! ne fais pas tant d'histoires!

Sund [zunt] *m* ⟨~(e)s; ~e⟩ détroit *m*.

Sünde ['zyndə] *f* ⟨~; ~n⟩ péché *m*; *bibl. auch* iniquité *f*; kleine ~ F peccadille *f*; läßliche ~ péché véniel; e-e ~ begehen commettre un péché; s-e ~n beichten, bekennen, bereuen confesser, avouer, regretter ses péchés.

Sünden|bekenntnis ['zyndənbəˌkɛntnɪs] *n* confession *f* des péchés; ~ˌ**bock** F *m* bouc *m* émissaire; den ~ spielen müssen, als ~ dienen servir de bouc émissaire; ~**er**ˌ**laß** *m* rémission *f* des péchés; absolution *f*; ~ˌ**fall** *m* chute *f*; 2ˌ**frei** *adj.* innocent; ~'**geld** F *n* ⟨~(e)s⟩ argent fou; ~ˌ**last** *f* poids *m* des péchés; ~ˌ**leben** *n* ein ~ führen vivre dans le péché; ~ˌ**lohn** *m* salaire *m* du péché; 2ˌ**los** *adj. cf.* sündlos; ~ˌ**losigkeit** *f* ⟨~⟩ *cf.* Sündlosigkeit; ~ˌ**maß** *n* sein ~ war voll la mesure était comble; ~ˌ**pfuhl** *m* boue *f*; débauche *f*; fange *f*; ~**re**ˌ**gister** *n* F j-m sein ~ vorhalten reprocher à qn. les fautes qu'il a commises; ~ˌ**schuld** *f* péché *m*; ~**ver**ˌ**gebung** *f cf.* ~erlaß.

Sünd|er(in) ['zyndər(ɪn)] *m* ⟨~s; ~⟩ (*f*) ⟨~; ~nen⟩ pécheur *m*, pécheresse *f*; alter ~ pécheur endurci, invétéré; ~**flut** F *f* déluge *m*; *cf. auch* Sintflut; 2**haft 1.** *adj.* coupable; pécheur, pécheresse; *relig.* peccable; (*fähig zur Sünde*) enclin au péché; **2.** *adv.* F ~ teuer diablement cher, chère; ~ˌ**haftig**ˌ**keit** *f* ⟨~⟩ penchant *m* au mal; culpabilité *f*; *relig.* peccabilité *f*; 2**ig** *adj. cf.* 2haft; 2**igen I** *v/i.* ⟨h⟩ pécher; commettre un péché; an j-m ~ mal agir envers qn.; manquer à qn.; **II** ~**igen** *n* ⟨~s⟩ péchés *m/pl.*; 2**los** *adj. relig.* impeccable; ~ˌ**losig**ˌ**keit** *f* ⟨~⟩ *relig.* impeccabilité *f*.

Sunnit [zu'ni:t] *m* ⟨~en; ~en⟩ sunnite *m*.

Super¹ ['zu:pər] *m* ⟨~s; ~⟩ *cf.* Superhet(erodynempfänger); ~² F *n* ⟨~s⟩ *Benzin* super(carburant) *m*; 2ˌ**fein** *adj.* superfin; ~ˌ**festung** *f aviat.* superforteresse *f*; 2**fizi'ell** *adj. méd.* superficiel, -lle; ~ˌ**het(ero**ˌ**dynem**ˌ**pfänger)** *m* ⟨~s; ~s⟩ (*m*) (récepteur *m*) superhétérodyne *m*; ~**inten'dent** *m* ⟨~en; ~en⟩ *égl. prot.* surintendant *m*; ~**intenden'tur** *f* ⟨~; ~en⟩ *égl. prot.* surintendance *f*; ~**ior(in)** [-'pe:ri·ər, -'o:rɪn] *m* ⟨~s; -'oren⟩ (*f*) ⟨~; ~nen⟩ *égl. cath.* (père) supérieur *m*; (mère) supérieure *f*; ~'**kargo** *m* ⟨~s; ~s⟩ *mar.* subrécargue *m*; 2ˌ**klug** *adj.* par trop malin; *péj.* suffisant; présomptueux, -euse; ~**lativ** ['zu:-, 'zu·-, -'ti:f] *m* ⟨~s; ~e⟩ *gr.* superlatif *m*; F *fig.* in ~en reden parler au superlatif; 2**lativisch** ['zu:-, 'zu·-, -'ti:-] **1.** *adj. gr.* superlatif, -ive; **2.** *adv.* superlativement; ~ˌ**markt** *m* supermarché *m*; ~**natura'lismus** *m* ⟨~⟩ *philos.* supranaturalisme *m*; ~**natura'list** *m*, 2**natura'listisch** *adj.* supranaturaliste *subst. m u. adj.*; ~**o'xyd** *n chim.* peroxyde *m*; ~**phos'phat** *n agr.* superphosphate *m*; ~**revisi'on** *f* dernière révision; ~ˌ**tanker** *m mar.* pétrolier géant; bateau citerne géant.

Supinum [zu'pi:num] *n* ⟨~s; -na⟩ *gr.* supin *m*.

Suppe ['zupə] *f* ⟨~; ~n⟩ potage *m*; soupe *f*; *fig.* j-m die ~ versalzen gâter le plaisir à qn.; *fig.* ein Haar in der ~ finden être déçu par qc.; *fig.* die ~ auslöffeln müssen payer les pots cassés; *fig.* wer sich die ~ eingebrockt hat, muß sie auch auslöffeln qui casse les verres les paye; F *fig.* da hat er uns e-e schöne ~ eingebrockt F il nous a mis dans de beaux draps, dans un beau pétrin; ~**n**ˌ**fleisch** *n* (viande *f* à) pot-au-feu *m*; *gekochtes* bouilli *m*; ~**n**ˌ**grün** *n* herbes potagères; ~**n**ˌ**huhn** *n* poule *f* au pot, à cuire; ~**n**ˌ**kaspar**, ~**n**ˌ**kasper** F *m* ⟨~s; ~⟩ enfant *m* qui n'aime pas la soupe; ~**n**ˌ**kelle** *f* louche *f*; F cuiller *od.* cuillère *f* à pot; ~**n**ˌ**kräuter** *n/pl. cf.* ~ngrün; ~**n**ˌ**löffel** *m* **a)** (*Eßlöffel*) cuiller *od.* cuillère *f* à soupe; **b)** *cf.* ~nkelle; ~**n**ˌ**schüssel** *f* soupière *f*; ~**n**ˌ**teller** *m* assiette creuse; ~**nte**ˌ**rrine** *f cf.* ~nschüssel; ~**n**ˌ**topf** *m* pot-au-feu *m*; ~**n**ˌ**würfel** *m* kub [-b] *m*.

suppig ['zupɪç] *adj.* (trop) liquide; pas assez épais, -sse.

Supplement [zuple'mɛnt] *n* ⟨~(e)s; ~e⟩, ~ˌ**band** *m* ⟨~(e)s; ~̈e⟩ supplément *m*; ~ˌ**winkel** *m math.* angle *m* supplémentaire.

supponieren [zupo'ni:rən] *v/t.* ⟨*pas de ge-*, h⟩ supposer.

Support [zu'pɔrt] *m* ⟨~(e)s; ~e⟩ *techn.* support *m*.

Suppositorium [zupo·zi'to:ri·um] *n* ⟨~s; -ien⟩ *méd.* suppositoire *m*.

Sup|pression [zuprɛsi'o:n] *f* ⟨~; ~en⟩ *méd.* suppression *f*; 2**pri'mieren** *v/t.* ⟨*pas de ge-*, h⟩ *méd.* supprimer; ~**purati'on** *f* ⟨~; ~en⟩ *méd.* suppuration *f*; 2**pura'tiv** *adj. méd.* suppuratif, -ive.

Supra|naturalismus [zu·pranatu·ra'lɪsmus] *m*, 2**natura'listisch** *adj. cf.* Super...; 2**natio'nal** *adj.* supranational; ~'**porte** *f* ⟨~; ~n⟩ *bât.* dessus *m* de porte.

Supremat [zu·pre·'ma:t] *n od. m* ⟨~(e)s; ~e⟩, ~**ie** [-'ti:] *f* ⟨~; -ien⟩ *égl. cath.* suprématie [-si] *f*.

Surreal|ismus [zyre·a'lɪsmus, zu-] *m* ⟨~⟩ surréalisme *m*; ~**ist** *m* ⟨~en; ~en⟩ surréaliste *m*; 2**istisch** *adj.* surréaliste.

surren ['zurən] **I** *v/i.* ⟨h⟩ bourdonner; *Motor* ronronner; **II** 2 *n* ⟨~s⟩ bourdonnement *m*; *des Motors* ronron(nement) *m*.

Surrogat [zuro·'ga:t] *n* ⟨~(e)s; ~e⟩ succédané *m*; ersatz *m*.

suspekt [zus'pɛkt] *adj.* suspect.

suspen|dieren [zuspɛn'di:rən] *v/t.* ⟨*pas de ge-*, h⟩ suspendre (de ses fonctions); 2**si'on** *f* ⟨~; ~en⟩ suspension *f*; 2'**sorium** *n* ⟨~s; -ien⟩ *méd.* suspensoir *m*.

süß [zy:s] *adj.* doux, douce; (*gezuckert*) sucré; *Duft, Geschmack* suave; *Kind* mignon, -nne; gentil, -lle; *fig.* (*lieblich*) suave; ~e Speisen plats sucrés; ~e Mandeln amandes douces; ~er Wein vin doux; das ~e Nichtstun la douce oisiveté; le farniente; widerlich ~ trop sucré; ~ schmecken avoir un goût sucré, suave; ich trinke den Kaffee gern ~ j'aime le café sucré; ~ machen *cf.* ~en; ~ klingen flatter l'oreille; ~ träumen faire de beaux rêves; F Rache ist ~! tu me le paieras!; 2**e** *poét. f* ⟨~⟩ *cf.* 2igkeit; ~**en I** *v/t.* ⟨-(es)t, h⟩ sucrer; mettre du sucre dans; *chim., phm.* édulcorer; dulcifier; **II** 2**en** *n* ⟨~s⟩ sucrage *m*; *chim., phm.* édulcoration *f*; 2**holz** *n bot.* réglisse *f*; F *fig.* ~ raspeln flirter; conter fleurette; 2**holz**ˌ**raspler** F *m* ⟨~s; ~⟩ galant *m*; conteur *m* de fleurette; *néol.* flirteur *m*; 2**ig**ˌ**keit** *f* ⟨~; ~en⟩ douceur *f*; suavité *f*; ~en *pl.* sucreries *f/pl.*; douceurs *f/pl.*; chatteries *f/pl.*; friandises *f/pl.*; *enf.* nanan *m*; gern ~en essen aimer les sucreries, *etc.*; 2ˌ**kirsche** *f Frucht* guigne *f*; cerise douce; *Baum* guignier *m*; 2**kirschen**ˌ**baum** *m cf.* 2kirsche; 2**klee** *m bot., agr.* sainfoin *m*; ~**lich** *adj.* douceâtre *od.* douçâtre (*auch fig.*); *fig.* doucereux, -euse; mielleux, -euse; 2**lich**ˌ**keit** *f* ⟨~⟩ caractère *m* douceâtre *od.* douçâtre, doucereux; 2**maul** F *n cf.* 2schnabel; 2**most** *m* jus *m* de fruit (pasteurisé, non fermenté); ~ˌ**sauer** *adj.* aigre-doux, -douce; 2ˌ**schnabel** F *m* F friand *m* (de sucreries); bec sucré; 2ˌ**speise** *f cuis.* plat sucré; entremets *m* (sucré); dessert *m*; 2**stoff** *m* saccharine [-k-] *f*; *phm.* édulcorant *m*; 2ˌ**waren** *f/pl.* sucreries *f/pl.*; confiserie *f*; 2**warenge**ˌ**schäft** *n* magasin *m* de sucreries; confiserie *f*; 2ˌ**wasser** *n* ⟨~s; ~⟩ eau douce; 2**wasser**ˌ**fisch** *m zo.* poisson *m* d'eau douce; 2**wein** *m* vin *m* de liqueur; vin liquoreux; (vin *m*) muscat *m*.

Sutane [zu'ta:nə] *f* ⟨~; ~n⟩ *cf.* Soutane.

Sutur [zu'tu:r] *f* ⟨~; ~en⟩ *anat.* suture *f*.

Swastika(kreuz) ['svasti·ka(ˌkrɔʏts)] *f* ⟨~; -ken⟩ (*n*) svastika *od.* swastika *m*; croix gammée.

Sweater ['sve:tər] *m* ⟨~s; ~⟩ *cf.* Pullover.

Swing [svɪŋ] *m* ⟨~(s)⟩ *mus.* swing *m*.

Syenit [zy·e'ni:t, -'nɪt] *m* ⟨~s; ~e⟩ *minéral.* syénite *f*.

Sykomore [zy·ko·'mo:rə] *f* ⟨~; ~n⟩ *bot.* sycomore *m*.

Syllogis|mus [zylo·'gɪsmus] *m* ⟨~; -men⟩ *Logik* syllogisme *m*; 2**tisch** *adj.* syllogistique.

Sylph|e ['zylfə] *m* ⟨~n; ~n⟩ *od. f* ⟨~; ~n⟩, ~**ide** [-'fi:-] *f* ⟨~; ~n⟩ sylphe *m*; sylphide *f*.

Sylvester... [zʏl'vɛstər] *cf.* Silvester...
Sylvin [zʏl'viːn] *n* ⟨~s; ~e⟩ *minéral.* sylvine *f.*
Symbio|se [zʏmbi·'oːzə] *f* ⟨~; ~n⟩ *bot., zo.* symbiose *f*; **2tisch** *adj.* symbiotique.
Symbol [zʏm'boːl] *n* ⟨~s; ~e⟩ symbole *m*; **~ik** *f* ⟨~⟩ symbolique *f*; **2isch** *adj.* symbolique; **2i'sieren** *v/t.* ⟨*pas de ge-*, h⟩ symboliser; **~i'sierung** *f* ⟨~⟩ symbolisation *f*; **~ismus** [-'lɪs-] *m* ⟨~⟩ symbolisme *m*; **~ist** [-'lɪst] *m* ⟨~en; ~en⟩ symboliste *m*; **2istisch** [-'lɪs-] *adj.* symboliste.
Symmetrie [zʏme·'triː] *f* ⟨~; -ien⟩ symétrie *f*; **~ˌachse** *f math.* axe *m* de symétrie; **~ˌebene** *f math.* plan *m* de symétrie.
symmetrisch [zʏ'meːtrɪʃ] *adj.* symétrique; ~ anordnen symétriser.
Sympathie [zʏmpa'tiː] *f* ⟨~; -ien⟩ sympathie *f*; für j-n ~ empfinden sympathiser avec qn.; éprouver de la sympathie pour qn.; **~ˌkundgebung** *f* témoignage *m* de sympathie; **~ˌstreik** *m* grève *f* de sympathie, de solidarité; in ~ treten faire une grève de solidarité; se mettre en grève par solidarité.
Sympathi|kus [zʏm'pɑːti·kus] *m* ⟨~⟩ *anat.* (grand) sympathique *m*; **2sch** *adj.* sympathique; F sympa; ein ~er Kerl un brave type; ~es Nervensystem *cf.* ~kus; **2'sieren** *v/i.* ⟨*pas de ge-*, h⟩ mit j-m ~ sympathiser avec qn.
Symphonie [zʏmfo·'niː] *f*, **~konˌzert** *n*, *etc. cf.* Sinfonie ...
Symphyse [zʏm'fyːzə] *f* ⟨~; ~n⟩ *méd.* symphyse *f.*
Sympos|ion [zʏm'poːzi·ɔn, -'po·-] *n* ⟨~s; -ien⟩, **~ium** *n* ⟨~s; -ien⟩ *Tagung* réunion *f*; colloque *m*; congrès *m*; *abus.* symposion *od.* symposium *m.*
Symptom [zʏmp'toːm] *n* ⟨~s; ~e⟩ *méd.* symptôme *m* (*auch fig.*); **2atisch** [-'mɑː-] *adj.* symptomatique.
Synagoge [zʏna'goːgə, zy·-] *f* ⟨~; ~n⟩ synagogue *f.*
Synärese [zy·nɛ'reːzə, zʏn'ˀɛ-] *f* ⟨~; ~n⟩ *gr.* synérèse *f.*
Synästhesie [zy·nɛste·'ziː, zʏnˀɛ-, zʏnɛ-] *f* ⟨~; -ien⟩ synesthésie *f.*
synchron [zʏn'kroːn] *adj. phys., techn.* synchrone; **2emˌpfang** *m rad.* réception *f* synchrone; **2geˌschwindigkeit** *f techn.* vitesse *f* synchrone; **2geˌtriebe** *n techn.* boîte de vitesses synchronisée; **2isati'on** *f* ⟨~⟩ *techn.* synchronisation *f*; *e-s Films* (post-)synchronisation *f*; doublage *m*; **~i'sieren** *v/t.* ⟨*pas de ge-*, h⟩ *techn.* synchroniser; *e-n Film* (post)synchroniser; doubler; **2i'sierung** *f* ⟨~⟩ *cf.* 2isation; **2i'sierungsgeˌrät** *n élect.* synchroniseur *m*; **2i'sierungsˌschaltung** *f élect.* circuit synchronisant; **2ismus** [-'nɪs-] *m* ⟨~; -men⟩ synchronisme *m*; **~istisch** [-'nɪs-] *adj.* synchronique; **2maˌschine** *f* machine *f* synchrone; **2ˌmotor** *m élect.* moteur *m* synchrone; **2o'skop** *n* ⟨~s; ~e⟩ *élect.* synchronoscope *m*; **2ˌuhr** *f* horloge *f* électrique synchrone.
Synchrotron [zynkro·'troːn] *n* ⟨~s; ~e⟩ *phys. atom.* synchrotron *m.*
Syndikal|ismus [zʏndi·ka'lɪsmus] *m* ⟨~⟩ *pol.* syndicalisme *m*; **~ist** *m* ⟨~en; ~en⟩ syndicaliste *m*; **2istisch** *adj. pol.* syndicaliste.
Syndi|kat [zʏndi·'kɑːt] *n* ⟨~(e)s; ~e⟩ *écon.* syndicat *m*; consortium [-sjɔm] *m*; **~kus** ['zʏn-] *m* ⟨~; -diken *od.* -dizi⟩ syndic *m.*
Syndrom [zʏn'droːm] *n* ⟨~s; ~e⟩ *méd.* syndrome *m.*
synerg|etisch [zy·nɛr'geːtɪʃ, zʏnˀɛr-, zʏnɛr-] *adj.* synergique; **2ie** *f* ⟨~⟩ synergie *f.*
Synkop|e ['zʏnko·pe·] *f* ⟨~; -'kopen⟩ **1.** *gr., méd.* syncope *f*; **2.** *mus.* [zʏn-'koːpə] syncope *f*; **2ieren** [-'piː-] *v/t.* ⟨*pas de ge-*, h⟩ *mus., gr.* syncoper; **2isch** [-'koː-] *adj.* syncopal.
synodal [zy·no·'dɑːl] *adj.* synodal; **2beˌschluß** *m* décision synodale; **2e(r)** *m* ⟨→A⟩ membre *m* d'un synode; **2verˌfassung** *f* constitution *f* du synode.
Synod|e [zy·'noːdə] *f* ⟨~; ~n⟩ synode *m*; **2isch** *adj. cf.* synodal.
synonym [zy·no·'nyːm] **I** *adj.* synonyme; **II** 2 *n* ⟨~s; ~e⟩ synonyme *m*; **2ik** *f* ⟨~⟩ synonymique *f*; **~isch** *adj.* synonymique.
Synop|se [zy·'nɔpsə, zʏn'ˀɔp-, zʏ-'nɔp-] *f* ⟨~; ~n⟩ synopsis *f*; **~tiker** *m/pl.* synoptiques *m/pl.*; **2tisch** *adj.* synoptique.
synta|ktisch [zʏn'taktɪʃ] *adj.* syntaxique; **2x** ['zʏn-] *f* ⟨~⟩ syntaxe *f* (*auch als Lehrbuch*).
Synthe|se [zʏn'teːzə] *f* ⟨~; ~n⟩ synthèse *f*; **2tisch** *adj.* synthétique; ~es Verfahren procédé de synthèse, synthétique; ~ herstellen synthétiser.
Syphi|lis ['zyːfi·lɪs] *f* ⟨~⟩ *méd.* syphilis *f*; **~'litiker** *m* ⟨~s; ~⟩ syphilitique *m*; **2'litisch** *adj.* syphilitique.
Syrer ['zyːrər] *m* ⟨~s; ~⟩ *cf.* Syrier.
Syr|ier(in) ['zyːri·ər(ɪn)] *m* ⟨~s; ~⟩ (*f*) ⟨~; ~nen⟩ Syrien, -nne *m, f*; **2isch** *adj.* syrien, -nne; *hist.* die ~e Sprache, das 2e le syriaque.
System [zʏs'teːm] *n* ⟨~s; ~e⟩ système *m*; *pol. auch* régime *m*; *chim.* periodisches ~ der Elemente classification périodique des éléments; in ein ~ bringen systématiser; **~atik** [-'mɑː-] *f* ⟨~; ~en⟩ systématique *f*; **~atiker** [-'mɑː-] *m* ⟨~s; ~⟩ esprit *m* systématique, méthodique; **2atisch** [-'mɑː-] **1.** *adj.* systématique; méthodique; **2.** *adv.* systématiquement; méthodiquement; avec méthode, système; ~ arbeiten travailler systématiquement, avec méthode; ~ ordnen systématiser; **2ati'sieren** *v/t.* ⟨*pas de ge-*, h⟩ systématiser; **~ati'sierung** *f* ⟨~⟩ systématisation *f*; **2ˌlos** *adj.* sans système; **~ˌzwang** *m* réduction *f* à un système.
Systole ['zʏsto·le·, -'toːlə] *f* ⟨~; -'tolen⟩ *méd.* systole *f.*
Szenar(ium) [stse·'nɑːr(i·um)] *n* ⟨~s; ~e⟩ (*n*) ⟨~s; -ien⟩ scénario *m.*
Szen|e ['stseːnə] *f* ⟨~; ~n⟩ *thé., fig.* scène *f*; hinter der ~ derrière, dans les coulisses; in ~ setzen mettre en scène; *fig.* sich in ~ setzen se donner des airs; *fig.* j-m e-e ~ machen faire une scène à qn.; e-e häusliche ~ une scène de ménage; **~enˌwechsel** *m* changement *m* de scène; ~ auf offener Bühne changement à vue; **~e'rie** *f* ⟨~; -ien⟩ *thé.* décors *m/pl.*; **2isch** *adj.* scénique.
Szilla ['stsɪla] *f* ⟨~; -llen⟩ scille *f*; *sc.* scilla *m.*
Szintillation [stsɪntɪlatsi·'oːn] *f* ⟨~; ~en⟩ *astr.* scintillation *f*; **~sdeˌtektor** *m phys. atom.* détecteur *m* à scintillation; **~sˌzähler** *m phys. atom.* compteur *m* à scintillation; *néol. in diesem Sinne* scintillomètre *m.*

T

T, t [teː] *n* ⟨~; ~⟩ T, t *m*.
Tabak [ˈtɑːbak, ˈta-, -ˈbak] *m* ⟨~s; ~e⟩ *bot. u. Genußmittel* tabac *m*; ~ kauen chiquer; ~ **schnupfen** priser (du tabac); ~ **rauchen** fumer du tabac; F *fig.* **das ist starker** ~ F c'est raide; c'est un peu fort (de café); elle est raide, forte celle-là; ~ˌ**bau** *m* ⟨~(e)s⟩ culture *f* du tabac; ~ˌ**blatt** *n* feuille *f* de tabac; ~ˌ**handel** *m* commerce *m* de tabac; ~ˌ**händler** *m* débitant *m* de tabac; buraliste *m*; ~**indusˌtrie** *f* industrie *f* du tabac; ~ˌ**laden** *m* bureau *m*, débit *m* de tabac; ~**monoˌpol** *n* monopole *m* du tabac; ~ˌ**pflanze** *f* tabac *m*; ~ˌ**pflanzer** *m* planteur *m* de tabac; ~ˌ**pflanzung** *f* plantation *f* de tabac; ~ˌ**qualm** *m* épaisse fumée de tabac; ~ˌ**rauch** *m* fumée *f* de tabac; ~**sˌbeutel** *m* blague *f* à tabac; ~ˌ**schnupfer(in)** *m* ⟨~s; ~⟩ (*f*) ⟨~; ~nen⟩ priseur, -euse *m, f*; ~**sˌdose** *f* tabatière *f*; ~**skoˌllegium** *n* ⟨~s⟩ *hist.* club *m* de fumeurs; ~**sˌpfeife** *f* pipe *f*; ~ˌ**steuer** *f* impôt *m* sur le tabac; ~ˌ**waren** *f/pl.* tabacs *m/pl.*
tabell|arisch [tabɛˈlɑːrɪʃ] *adj. u. adv.* sous forme de table(au); ~**ariˈsieren** *v/t.* ⟨*pas de ge-*, h⟩ mettre, présenter sous forme de table(au); 2**ariˈsierung** *f* ⟨~⟩ mise *f*, disposition *f*, présentation *f* en tableaux, tables; 2**e** [-ˈbɛ-] *f* ⟨~; ~n⟩ tableau *m*; table *f*; barème *m*; 2**enˌform** [-ˈbɛ-] *f* in ~ sous forme de table(au); ~**enˌförmig** [-ˈbɛ-] *adj. u. adv. cf.* ~arisch; 2**ierer** *m* ⟨~s; ~⟩ employé desservant une tabulatrice; 2**iermaˌschine** *f* tabulatrice *f*.
Tabernakel [tabɛrˈnɑːkəl] *n od. m* ⟨~s; ~⟩ *égl. cath.* tabernacle *m*.
Tablett [taˈblɛt] *n* ⟨~(e)s; ~e *od.* ~s⟩ plateau *m*.
Tablette [taˈblɛtə] *f* ⟨~; ~n⟩ *phm.* comprimé *m*; ~**nˌröhrchen** *n* tube *m* de comprimés.
tabu [ˈtɑːbuˑ, taˈbuː] **I** *adj.* ⟨*prädikativ*⟩ tabou; **II** 2 *n* ⟨~s; ~s⟩ tabou *m*; ~ˈ**ieren** *v/t.* ⟨*pas de ge-*, h⟩ rendre tabou.
tabula rasa [ˈtɑːbuˑla ˈrɑːza] ~ machen faire table rase (mit etw. de qc.).
Tabulator [tabuˑˈlɑːtɔr] *m* ⟨~s; -ˈtoren⟩ *Schreibmaschine* tabulateur *m*.
Tabulatur [tabuˑlaˈtuːr] *f* ⟨~; ~en⟩ *mus.* tablature *f*.
Tacho|graph [taxoˑˈgrɑːf] *m* ⟨~en; ~en⟩ tachygraphe *m*; ~ˈ**meter** *n*, F *auch m* ⟨~s; ~⟩ *techn.* compte-tours *m*; *sc.* tachymètre *m*; *Fahrzeug* compteur *m*, indicateur *m* de vitesse; ~ˈ**meterˌstand** *m beim Fahrzeug* kilométrage *m* (indiqué par le compteur).
Tachy|graph [taxyˑˈgrɑːf] *m* ⟨~en; ~en⟩ *cf.* Tachograph; ~**graˈphie** *f* ⟨~; -ien⟩ *Altertum* tachygraphie *f*; 2ˈ**graphisch** *adj.* tachygraphique; ~ˈ**meter** *n* ⟨~s; ~⟩ tachymètre *m*; ~**meˈtrie** *f* ⟨~⟩ tachymétrie *f*.
taciteisch [tatsiˑˈteːɪʃ], 2 *adj.* de Tacite.
Täcks [tɛks] *m* ⟨~es; ~e⟩ *cord.* semence *f*.
Tadel [ˈtɑːdəl] *m* ⟨~s; ~⟩ blâme *m*; (*Mißbilligung*) réprobation *f*; désapprobation *f*; (*Rüge*) réprimande *f*; censure *f*; critique *f*; (*Vorwurf*) reproche *m*; *Schule* mauvaise note; mauvais point; **(un)gerechter** ~ blâme (im)mérité; réprimande (im-)méritée; **ohne** ~ sans défaut; **der Ritter ohne Furcht und** ~ le chevalier sans peur et sans reproche; **e-n scharfen** ~ **erteilen** infliger un blâme; adresser une sévère réprimande; **sich j-s** ~ **zuziehen** s'attirer, encourir le blâme, la réprobation, les reproches, la critique de qn.; **ihn trifft kein** ~ on ne peut rien lui reprocher; il est irréprochable; il n'est pas répréhensible; 2ˌ**frei** *adj. cf.* 2los; 2ˌ**haft** *adj. cf.* 2nswert; 2ˌ**los 1.** *adj.* sans défauts; irréprochable; impeccable; parfait; *pfort.* merveilleux, -euse; **2.** *adv.* impeccablement; irréprochablement; parfaitement; merveilleusement; à merveille; *Kleidungsstück* ~ **sitzen** aller parfaitement, F comme un gant; 2**n I** *v/t.* ⟨-(e)le, h⟩ blâmer (**wegen etw.** de qc.); (*mißbilligen*) réprouver; désapprouver; (*rügen*) réprimander; censurer; critiquer; (*vorwerfen*) reprocher; **j-n wegen etw.** ~, **etw. an j-m** ~ reprendre qn. de qc.; reprocher qc. à qn.; réprimander, blâmer qn. de qc.; **an allem etw. zu** ~ **finden** trouver à redire à tout; **II** ~**n** *n* ⟨~s⟩ *cf.* Tadel; 2**nd** *adjt.* réprobateur, -trice; désapprobateur, -trice; improbateur, -trice; de réprobation; de désapprobation; 2**nsˌwert** *adj.* blâmable; reprochable; censurable; critiquable; ~**sˌantrag** *m im Parlament* motion *f* de blâme; ~ˌ**sucht** *f* ⟨~⟩ manie *f* de tout critiquer; 2ˌ**süchtig** *adj.* qui a la manie de tout critiquer; qui trouve à redire à tout.
Tadler(in) [ˈtɑːdlər(ɪn)] *m* ⟨~s; ~⟩ (*f*) ⟨~; ~nen⟩ censeur *m*; désapprobateur, -trice *m, f*; improbateur, -trice *m, f*.
Tafel [ˈtɑːfəl] *f* ⟨~; ~n⟩ table *f*; *aus Stein, Metall* plaque *f*; *aus Holz* panneau *m*; (*Schild*) écriteau *m*; (*Wand*2) tableau noir; (*Schiefer*2) ardoise *f*; *zur Illustration in Büchern* planche *f*; (*Tabelle, Zahlen*2) table *f*; (*Tisch*) table *f*; **e-e** ~ **Schokolade** une tablette de chocolat; **die** ~ **schmücken** orner la table; **die** ~ **decken** mettre le couvert; **die** ~ **abdecken** desservir; ôter le couvert; **die** ~ **aufheben** donner le signal de se lever de table; F *fig.* lever le siège; ~ˌ**apfel** *m* pomme *f* de table, à couteau, à dessert; ~ˌ**aufsatz** *m* surtout *m* (de table); ~ˌ**band** *m* ⟨~(e)s; ~̈e⟩ volume *m* de planches; ~ˌ**berg** *m géogr.* montagne *f* à plateau; ~ˌ**bild** *n peint.* panneau peint; ~ˌ**birne** *f* poire *f* de table, à couteau, à dessert; ~ˌ**butter** *f* beurre *m* de table; 2ˌ**fertig** *adj.* prêt à servir; ~ˌ**form** *f* **in** ~ en plaques; en tables; 2ˌ**förmig** *adj.* tabulaire; en forme de table, de plaque; ~ˌ**freuden** *f/pl.* plaisirs *m/pl.* de la table; ~**geˌbirge** *n géogr.* montagne *f* à plateau; ~**geˌrät** *n*, ~**geˌschirr** *n* service *m* de table; vaisselle *f*; ~ˌ**glas** *n* verre *m* en feuilles; verres plats.
Täfelholz [ˈtɛːfəlˌhɔlts] *n* boisage *m*.
Tafel|klavier [ˈtɑːfəlklaˌviːr] *n mus.* piano carré; ~ˌ**land** *n géogr.* plateau *m*; mesa *f*; ~ˌ**lappen** *m* chiffon *m*; ~ˌ**leim** *m* colle *f* en plaque; ~ˌ**leuchter** *m* chandelier *m* de table; ~**maleˌrei** *f peint.* peinture *f* sur panneau de bois; ~**muˌsik** *f* musique légère (exécutée pendant un repas).
tafeln [ˈtɑːfəln] *v/i.* ⟨-(e)le, h⟩ banqueter; festoyer; faire bonne chère, un festin; *oft einfach* tenir table; être à table.
täfeln [ˈtɛːfəln] **I** *v/t.* ⟨-(e)le, h⟩ boiser; lambrisser; **II** 2 *n* ⟨~s⟩ boisage *m*; lambrissage *m*.
Tafel|obst [ˈtɑːfəlˌˀoːpst] *n* fruits *m/pl.* de table, à dessert; ~ˌ**öl** *n* huile *f* de table; ~ˌ**runde** *f* tablée *f*; *des Königs Artus* Table ronde; ~ˌ**salz** *n* sel *m* de table; ~ˌ**schwamm** *m* éponge *f*; ~ˌ**schmuck** *m* décoration *f* de table; ~ˌ**silber** *n* argenterie *f*; ~ˌ**tuch** *n* nappe *f*.
Täfelung [ˈtɛːfəˌlʊŋ] *f* ⟨~; ~en⟩ boiserie *f*; lambris *m*; *als Handlung cf.* täfeln II.
Tafel|waage [ˈtɑːfəlˌvɑːgə] *f* balance *f* à plateaux; ~ˌ**wagen** *m* chariot plat; ~ˌ**wein** *m* vin *m* de table; ~ˌ**werk** *n cf.* Täfelung.
Taft [taft] *m* ⟨~(e)s; ~e⟩ taffetas *m*; ~**band** *n* ⟨~(e)s; ~̈er⟩ ruban *m* de taffetas; 2**en** *adj.* de taffetas; ~**kleid** *n* robe *f* en taffetas.
Tag [tɑːk] *m* ⟨~(e)s; ~e⟩ jour *m*; *als Dauer* journée *f*; **alle** ~**e** tous les jours; **jeden** ~ chaque jour; tous les jours; journellement; (*in sehr kurzer Zeit*) d'un jour à l'autre; **den ganzen** ~ toute la journée; **ich haben den ganzen** ~ **nichts gegessen** je n'ai rien mangé de (toute) la journée; **den ganzen** ~ **über** pendant la journée; toute la journée; du matin au soir; à longueur de journée; **den lieben langen** ~ F toute la sainte journée; **zwei**

~e **lang** deux jours (durant); pendant deux jours; **ganze** ~e **lang** (pendant) des jours entiers, des journées entières; **dieser** ~e ces jours-ci; **e-s (schönen)** ~**es** un (beau) jour; **an e-m schönen** ~**e** par une belle journée; **e-n** ~ **um den andern** un jour sur deux; tous les deux jours; **binnen drei** ~**en** dans *od.* sous les trois jours; **am** ~**e** de jour; (pendant) le jour; pendant la journée; (*bei Tageslicht*) au (grand) jour; **am** ~**e ...** (+ *gén.*) le jour de ...; **am gleichen** ~**e** le même jour; **noch an diesem Tage** ce jour même; **an e-m dieser** ~**e** un de ces jours; **am nächsten, folgenden** ~**e, am** ~**e darauf, tags darauf** le lendemain; le jour d'après, suivant; **am** ~**e nach ...** le lendemain de ...; **am** ~**e vor ...** la veille de ...; **am** ~**e zuvor, tags zuvor** la veille; le jour précédent; **an jenem, an dem betreffenden** ~**e** ce jour-là; **am hellen** ~**e** en plein jour; **auf den** ~ **genau** jour pour jour; **bis auf den heutigen** ~ jusqu'à ce jour; jusqu'(à) aujourd'hui; **auf s-e alten** ~**e** sur ses vieux jours; **bei** ~**e** *cf.* **am** ~**e**; ~ **für** ~ jour après jour; au jour le jour; **in unseren** ~**en** de nos jours; **in vierzehn** ~**en** dans quinze jours; **heute in acht** ~**en** (d')aujourd'hui en huit; **morgen in vierzehn** ~**en** demain en quinze; **in wenigen** ~**en** dans peu de jours; **in den nächsten** ~**en** prochainement; **seit dem** ~**e, an dem ...** du jour où ...; **heute über acht** ~**e** d'aujourd'hui en huit; *mines* **über** ~**e** à la surface; au jour; à ciel ouvert; **unter** ~**e** au fond; **von** ~ **zu** ~ de jour en jour; **von e-m** ~ **zum andern** d'un jour à l'autre; du jour au lendemain; **vom ersten** ~**e** an du premier jour; **gestern vor vierzehn** ~**en** il y a eu quinze jours hier; **vor acht** ~**en** il y a huit jours; **ein sonniger** ~ un jour ensoleillé; **ein trüber** ~ un jour couvert; *fig.* **schwarzer** ~ jour sombre; **freier** ~ jour libre; **der Jüngste** ~ le jour du jugement dernier; **was ist heute für ein** ~? quel jour sommes-nous aujourd'hui?; **es vergeht kein** ~, **ohne daß ...** il ne se passe pas un jour sans que ... (+ *subj.*); ~ **u. Nacht** nuit et jour; **ein Unterschied wie** ~ **u. Nacht** une différence du tout au tout, comme le jour et la nuit; **e-n** ~ **festlegen, bestimmen, vereinbaren, verabreden** prendre jour (**für** pour); fixer un jour (pour); **gute** ~**e haben** être à son aise; **er hat heute s-n schlechten** ~ c'est aujourd'hui son mauvais jour; F aujourd'hui il est mal luné; **s-n guten** ~ **haben** être dans un, son bon jour; **sich e-n guten** ~ **machen** se donner du bon temps; **sie hat bessere** ~**e gesehen** elle a connu des jours meilleurs; **es ist (heller)** ~ il fait (grand) jour; **es wird** ~ le jour point, se lève; il commence à faire jour; **der** ~ **geht zur Neige** le jour décline, tire à sa fin; **es ist noch** ~ il fait encore jour; **es ist noch früh am** ~**e** il est encore grand matin; **morgen ist wieder ein** ~ demain il fera jour; *fig.* **in den** ~ **hinein** sans réflexion; **in den** ~ **hineinleben** vivre au jour le jour; **bis in den** ~ **hinein schlafen** faire la grasse matinée; *fig.* **an den** ~ **kommen** se faire jour; se révéler; paraître au grand jour; *Geheimnis* éclater; **an den** ~ **bringen** mettre au (grand) jour; révéler; faire connaître; **an den** ~ **legen** manifester; **es kommt doch alles an den** ~ tout finit par se savoir; **guten** ~! bonjour!; **j-m guten** ~ **sagen** dire bonjour à qn.; **j-m e-n guten** ~ **wünschen** donner, souhaiter le bonjour à qn.; F **dem lieben Gott den** ~ **(die** ~**e) stehlen** F tirer sa flemme; **kein** ~ **gleicht dem andern** les jours se suivent mais ne se ressemblent pas; **jeder** ~ **hat s-e (eigene) Plage** *prov.* à chaque jour suffit sa peine *prov.*; **man soll den** ~ **nicht vor dem Abend loben** *prov.* tel qui rit vendredi, dimanche pleurera *prov.*; **es ist noch nicht aller** ~**e Abend** qui vivra verra; 2**'aus** *adv.* ~, **tagein** jour par *od.* après jour; chaque jour; tous les jours; 2**blind** *adj.* aveugle le jour; *sc.* nyctalope; ~ˌ**blindheit** *f sc.* nyctalopie *f.*

Tage|bau ['tɑːgəˌbaʊ] *m* ⟨~(e)s⟩ *mines* exploitation *f* à ciel ouvert; ~ˌ**blatt** *n* (journal) quotidien *m*; ~ˌ**buch** *n* journal *m* (intime); *comm.* livre-journal *m*; ~ˌ**dieb** *m* fainéant *m*; F flemmard *m*; ~ˌ**gelder** *n/pl.* indemnités journalières.

tagein [tɑːk'ˀaɪn] *adv. cf.* **tagaus.**

tage|lang ['tɑːgəˌlaŋ] **1.** *adj.* qui dure des jours entiers, des journées entières; **2.** *adv.* des jours entiers; des journées entières; 2ˌ**lohn** *m* salaire journalier; journée *f*; **im** ~ **arbeiten** travailler à la journée; **e-m Arbeiter s-n** ~ **auszahlen** payer à un ouvrier sa journée; 2ˌ**löhner(in)** *m* ⟨~s; ~⟩ (*f*) ⟨~; ~nen⟩ journalier *m*; femme *f* de journée; 2ˌ**löhnerˌarbeit** *f* travail *m* à la journée; 2ˌ**marsch** *m Strecke* journée *f* de marche.

tagen ['tɑːgən] *v/i.* ⟨h⟩ **1. es tagt, der Morgen tagt** il se fait jour; il commence à faire jour; le jour point, se lève; **2.** *Versammlung* siéger; tenir séance; être réuni; se réunir; s'assembler; délibérer.

Tagereise ['tɑːgəˌraɪzə] *f Strecke* journée *f* de voyage.

Tages|anbruch ['tɑːgəsˌˀanbrʊx] *m* pointe *f*, naissance *f* du jour; aube *f*; **bei** ~ à la pointe, au point, au lever du jour; au petit jour; ~ˌ**angriff** *m milit.* attaque *f* de jour; ~ˌ**arbeit** *f* (travail *m* de la) journée *f*; ~ˌ**ausflug** *m* excursion *f* d'une journée; ~ˌ**auszug** *m e-r Bank* extrait *m* de compte journalier; ~**beˌfehl** *m milit.* ordre *m* du jour; ~**beˌricht** *m* rapport journalier; ~ˌ**bettdecke** *f* couvre-lit *m*; dessus-de-lit *m*; ~ˌ**creme** *f Kosmetik* crème *f* de jour; ~ˌ**dienst** *m* service *m* de jour; ~ˌ**einnahme** *f* recette *f* du jour, journalière; ~**erˌeignis** *n* événement *m* du jour; ~**erˌfolg** *m* succès *m* éphémère; ~ˌ**förderung** *f mines* extraction journalière; ~ˌ**fragen** *f/pl.* questions *f/pl.* (à l'ordre) du jour; ~**geˌricht** *n* plat *m* du jour; ~**geˌspräch** *n* nouvelle *f* du jour; **das ist** ~ tout le monde en parle; ~**geˌstirn** *n* astre *m* du jour; ~ˌ**grauen** *n* ⟨~s⟩ *cf.* ~anbruch; ~ˌ**helle** *f* ⟨~⟩ clarté *f* du jour; ~ˌ**karte** *f* carte permanente pour la journée; ~ˌ**kasse** *f thé.* bureau *m* de location; *comm. cf.* ~einnahme; ~ˌ**kino** *n* (cinéma *m*) permanent *m*; ~ˌ**kurs** *m Börse* cours *m* du jour; ~ˌ**leistung** *f e-r Maschine* rendement, débit journalier; *e-s Unternehmens* production journalière; *mines cf.* ~förderung; ~ˌ**licht** *n* (lumière *f* du) jour *m*; **bei** ~ en plein jour; **in vollem** ~ au grand jour; **etw. ans** ~ **bringen** mettre qc. au jour; révéler, faire connaître qc.; **an das** ~ **kommen** paraître au grand jour; se faire jour; se révéler; **das** ~ **erblicken** naître; voir le jour; **das** ~ **scheuen** craindre le grand jour; ~ˌ**lohn** *m* salaire journalier, à la journée; ~ˌ**losung** *f comm. cf.* ~einnahme; ~ˌ**marsch** *m cf.* Tagemarsch; ~ˌ**meldung** *f* nouvelle *f* du jour; *milit.* rapport journalier, quotidien; ~ˌ**nachrichten** *f/pl.* nouvelles *f/pl.*, événements *m/pl.* du jour; ~ˌ**neuigkeiten** *f/pl.* nouvelles *f/pl.* du jour; *in der Zeitung* actualités *f/pl.*; ~ˌ**ordnung** *f* ordre *m* du jour; **die** ~ **aufstellen** établir, dresser, élaborer l'ordre du jour; **die** ~ **annehmen** adopter l'ordre du jour; **auf die** ~ **setzen** mettre, inscrire à l'ordre du jour; **auf der** ~ **stehen** figurer à l'ordre du jour; **von der** ~ **streichen** rayer de l'ordre du jour; **ein Punkt auf der** ~ un point figurant à l'ordre du jour; **zur** ~ **übergehen, schreiten** passer à l'ordre du jour; **wir kommen zu Punkt 5 der** ~ passons à la discussion du point 5 de l'ordre du jour; l'ordre du jour appelle la discussion du point 5; **an der** ~ **sein** être à l'ordre du jour (*auch fig.*); ~ˌ**platte** *f cf.* ~gericht; ~ˌ**preis** *m comm.* prix *m* du jour; ~ˌ**presse** *f* presse quotidienne; ~**produktiˌon** *f* production journalière; ~**ratiˌon** *f* ration journalière; ~ˌ**raum** *m* salle commune; ~ˌ**satz** *m comm.* taux journalier; *in der Verpflegung cf.* ~ration; ~ˌ**schau** *f Fernsehen* journal télévisé; télé-journal *m*; ~ˌ**schicht** *f* équipe *f* de jour; ~ **haben** être de jour; ~ˌ**stempel** *m* (timbre *m*) dateur *m*; *auf e-m Brief* timbre *m*, cachet *m* de la poste; ~ˌ**umsatz** *m comm.* vente journalière; ~ˌ**urlaub** *m* permission *f* d'une journée; ~**verˌbrauch** *m* consommation journalière; ~**verˌdienst** *m* gain journalier; ~**verˌpflegung** *f* vivres *m/pl.* pour un jour; *cf. auch* ~ration; ~ˌ**wert** *m comm.* valeur *f*, cours *m* du jour; ~ˌ**zeit** *f* heure *f* du jour; **zu jeder** ~ à toute heure; ~ˌ**zeitung** *f* (journal *m*) quotidien *m*; ~ˌ**ziel** *n* objectif *m* de la journée; étape *f*; ~ˌ**zinsen** *m/pl.* intérêts journaliers.

Tagetes [ta'geːtɛs] *f* ⟨~⟩ *bot.* tagète *m*; œillet *m* d'Inde.

tage|weise ['tɑːgəˌvaɪzə] *adv.* à la journée; 2ˌ**werk** *n* tâche journalière; journée *f*; **sein** ~ **verrichten** faire sa tâche.

Tag|falter ['tɑːkˌfaltər] *m zo.* papillon *m* diurne; 2**'hell** *adj.* clair comme en plein jour; **es ist** ~ il fait (grand) jour; ~**hemd** *n* chemise *f* de jour.

täglich ['tɛːklɪç] **1.** *adj.* quotidien, -nne; journalier, -ère; de tous les jours; de chaque jour; **im** ~**en Leben** dans la vie quotidienne, journalière; *bibl.* **unser** ~ **Brot** notre pain quotidien; **2.** *adv.* tous les jours; chaque jour; journellement; (*je Tag, pro Tag*) par jour; **das kommt** ~ **vor** cela arrive tous les jours, journellement; **soundso oft** ~ tant de fois par jour.

Tag|lilie ['tɑːkˌliːlɪə] *f bot.* hémérocalle *f*; ~**marsch** *m* marche *f* de jour.

tags [tɑːks] *adv.* ~ **zuvor**, ~ **darauf** *cf.* Tag.

Tagschicht ['tɑːkʃɪçt] *f* équipe *f* de jour; ~ **haben** être de jour.

tagsüber ['tɑːksˌˀyːbər] *adv.* pendant la journée; toute la journée; (tout) le jour.

tagtäglich ['tɑːk'tɛːklɪç] **1.** *adj.* quotidien, -nne; journalier, -ère; **2.** *adv.* tous les jours; chaque jour.

Tag|- u. Nachtbetrieb ['tɑːkˀʊnt 'naxtbəˌtriːp] *m* service permanent; ~**und'nachtˌgleiche** *f* ⟨~; ~n⟩ *astr.* équinoxe *m.*

Tagung ['tɑːgʊŋ] *f* ⟨~; ~en⟩ réunion *f*; session *f*; congrès *m*; assises *f/pl.*; journées *f/pl.*; **e-e** ~ **abhalten** tenir une réunion; **an e-r** ~ **teilnehmen** participer, prendre part à une réunion;

~sˌort *m* lieu *m* de la réunion, du congrès, *etc.*; **~sˌteilnehmer(in)** *m* (*f*) participant, -e *m, f* à une réunion, un congrès, *etc.*; congressiste *m, f*.
tag|weise ['tɑːkˌvaɪzə] *adv. cf.* tageweise; **2werk** *n cf.* Tagewerk.
Taifun [taɪ'fuːn] *m* ⟨~s; ~e⟩ typhon *m*.
Taill|e ['taljə] *f* ⟨~; ~n⟩ taille *f*; *cout.* auf ~ gearbeitet ajusté; cintré; nicht auf ~ gearbeitet décintré; **~enˌumfang** *m*, **~enˌweite** *f* tour *m* de taille; **2iert** [-'jiːrt] *adjt.* cintré; nicht ~ décintré.
Takel ['tɑːkəl] *n* ⟨~s; ~⟩ *mar.* palan *m*; treuil *m*; moufle *m*; **~age** [-'lɑːʒə] *f* ⟨~; ~n⟩ *mar. cf.* ~ung; **2n** *v/t.* ⟨-(e)le, h⟩ *mar.* gréer; garnir; **~er** *m* ⟨~s; ~⟩ (a)gréeur *m*; **~ung** *f* ⟨~; ~en⟩, **~ˌwerk** *n* gréement *m*; agrès *m/pl.*; garniture *f*; (*Tauwerk*) cordages *m/pl.*
Takt [takt] *m* ⟨~(e)s; ~e⟩ *mus.* mesure *f*; *beim Tanzen, Rudern etc.* cadence *f*; *Automation, am Fließband* opération *f*; phase *f*; *métr.* rythme *m*; cadence *f*; *Motor* (*Hub*) temps *m*; *fig.* (*Zartgefühl*) tact *m*; discrétion *f*; savoir-vivre *m*; im ~ *mus.* en mesure; *allg.* en cadence; im ~ rudern ramer en cadence; *mus.* den ~ schlagen battre la mesure; den ~ halten, im ~ bleiben *mus.* garder la mesure, *allg.* la cadence; aus dem ~ kommen *mus.* perdre la mesure, *allg.* la cadence; j-n aus dem ~ bringen *mus.* faire sortir qn. de la mesure, *allg.* de la cadence; *mus.* zwei ~e voraus sein être de deux mesures en avance; *fig.* der ~ der Maschinen le bruit régulier des machines; *fig.* ~ haben avoir du tact, du savoir-vivre; es fehlt ihm an ~ il manque de tact; F *fig.* nach ~ u. Noten (*gehörig*) vertement; copieusement; bien; comme il se doit; dûment; F drôlement; **~ˌfehler** *m* maladresse *f*; F gaffe *f*; impair *m*; **2fest** *adj. mus.* qui garde bien la mesure; F *fig.* (*sicher im Können*) compétent (in dans); F calé (en); fort (en); ferré à glace (sur); F *fig.* (*gesund*) d'une santé robuste; **~geˌfühl** *n* tact *m*; discrétion *f*; savoir-vivre *m*; délicatesse *f*; kein ~ haben manquer de tact, de savoir-vivre, *etc.*; être indiscret, -ète.
taktieren [tak'tiːrən] **I** *v/i.* ⟨*pas de ge-*, h⟩ *mus.* donner, battre, marquer la mesure; **II** 2 *n* ⟨~s⟩ battement *m* de la mesure.
Takti|k ['taktɪk] *f* ⟨~; ~en⟩ *milit.* tactique *f* (*auch fig.*); **~ker** *m* ⟨~s; ~⟩ *milit.* tacticien *m*; **2sch** *adj.* tactique; ~e Einheit unité tactique; ~er Einsatz engagement, emploi tactique; ~e Erprobung essai opérationnel, tactique.
takt|los ['taktloːs] *adj.* qui manque de tact, de savoir-vivre; sans tact; indiscret, -ète; indélicat; **2ˌlosigˌkeit** *f* ⟨~; ~en⟩ manque *m* de tact, de savoir-vivre; indiscrétion *f*; indélicatesse *f*; *cf. auch* Taktfehler; e-e ~ begehen commettre une indiscrétion, F un impair; F faire une gaffe, une boulette; gaffer; **2maß** *n mus.* mesure *f*; **~ˌmäßig 1.** *adj.* cadencé; rythmé; **2.** *adv.* en mesure; en cadence; **2ˌmesser** *m* ⟨~s; ~⟩ métronome *m*; **2ˌschlagen** *n cf.* taktieren II; **2stock** *m mus.* baguette *f* de chef d'orchestre; **2strich** *m mus.* barre *f* de mesure; **~voll** *adj.* plein de tact; discret, -ète; ~ sein avoir du tact, du savoir-vivre; faire preuve de tact, de savoir-vivre; être discret, -ète.
Tal [tɑːl] *n* ⟨~(e)s; ~̈er⟩ vallée *f*; *poét. u. in Namen* val *m*; kleines ~ vallon *m*; über Berg u. ~ par monts et par vaux; *mar.* zu ~ fahren aller en aval; descendre un cours d'eau; **2'ab(wärts)** *adv.* en descendant la vallée; *mar.* en aval.
Talar [ta'lɑːr] *m* ⟨~s; ~e⟩ robe *f*; *der Professoren* toge *f*.
tal|auf(wärts) [tɑːl'ʔaʊf(vɛrts)] *adv.* en remontant la vallée; *mar.* en amont; **2beˌwohner(in)** ['tɑːl-] *m* (*f*) habitant, -e *m, f* d'une vallée; **2ˌboden** ['tɑːl-] *m* fond *m* de vallée; **2ˌenge** ['tɑːl-] *f* étranglement *m* d'une vallée; encaissement *m*.
Talent [ta'lɛnt] *n* ⟨~(e)s; ~e⟩ talent *m* (zu de); don *m*; (*talentvoller Mensch*) talent *m*; **2iert** [-'tiːrt] *adj.* qui a du talent; talentueux, -euse; plein de talent; **2ˌlos** *adj.* sans talent; **~ˌlosigˌkeit** *f* ⟨~⟩ manque *m* de talent; **2ˌvoll** *adj. cf.* 2iert.
Taler ['tɑːlər] *m* ⟨~s; ~⟩ *hist.* thaler *m*.
Talfahrt ['tɑːlfɑːrt] *f beim Schilaufen etc.* descente *f*; *e-s Schiffes auch* avalage *m*.
Talg [talk] *m* ⟨~(e)s; ~e⟩ suif *m*; mit ~ einschmieren, einreiben suiffer; **2ˌartig** *adj.* suiffeux, -euse; *sc.* sébacé; **~ˌdrüse** *f anat.* glande sébacée; **~fett** *n* stéarine *f*; **2ig** *adj.* de suif; couvert de suif; *cf. auch* 2artig; **~licht** *n* chandelle *f*.
Tal|grund ['tɑːlgrʊnt] *m* fond *m* de vallée; **~ˌhänge** *m/pl.* pentes *f/pl.* de vallée.
Talisman ['tɑːlɪsˌman] *m* ⟨~s; ~e⟩ talisman *m*; porte-bonheur *m*.
Talje ['taljə] *f* ⟨~; ~n⟩ *mar.* palan *m*; **2n** *v/t.* ⟨h⟩ *mar.* palanquer; **~ˌreep** *n mar.* ride *f*.
Talk [talk] *m* ⟨~(e)s⟩ *minéral.* talc *m*; **2ˌartig** *adj. minéral.* talqueux, -euse; **~ˌerde** *f chim.* magnésie *f*.
Talkessel ['tɑːlˌkɛsəl] *m* cirque *m*; cuvette *f*; vallée encaissée.
talk|haltig ['talkˌhaltɪç] *adj.* talcique; **~ig** *adj. cf.* talkartig; **2ˌpuder** *m*, **2um** *n* ⟨~s⟩ (poudre *f* de) talc *m*.
Talmi(gold) ['talmiˑ(ˌgɔlt)] *n* ⟨~s⟩ (*n*) simili-or *m*; das ist ~ c'est du clinquant, du toc.
talmud|isch [tal'muːdɪʃ] *adj.* du Talmud; talmudique; **2ismus** [-'dɪs-] *m* ⟨~⟩ talmudisme *m*; **2ist** [-'dɪst] *m* ⟨~en; ~en⟩ talmudiste *m*.
Talmulde ['tɑːlˌmʊldə] *f* vallon *m*; vallonnement *m*.
Talon [ta'lõː] *m* ⟨~s; ~s⟩ *Kartenspiel* talon *m*; *comm. auch* souche *f*.
Tal|schlucht ['tɑːlʃlʊxt] *f* ravin *m*; *tiefer* gorge *f*; défilé *m*; **~schluß** *m* cirque *m*; cuvette *f*; **~ˌsenke** *f cf.* Talmulde; **~ˌsohle** *f* fond *m* de vallée; **~ˌsperre** *f* barrage *m*; **~statiˌon** *f* station inférieure, dans la vallée; **~teˌrrasse** *f* terrasse *f* de vallée; **~überˌführung** *f* viaduc *m*; **2wärts** *adv. cf.* talabwärts; **~weg** *m* chemin *m* au fond de la vallée.
Tamarinde [tama'rɪndə] *f* ⟨~; ~n⟩ *bot. Frucht* tamarin *m*; *Baum* tamarin(ier) *m*.
Tamariske [tama'rɪskə] *f* ⟨~; ~n⟩ *bot.* tamaris *od.* tamarix *m*.
Tambour ['tambuːr] *m* ⟨~s; ~e⟩ *mus., techn., milit.* tambour *m*; **~maˌjor** *m milit.* tambour-major *m*.
Tambur ['tambuːr] *m* ⟨~s; ~e⟩ tambour *m* (à broder).
Tamburin [tambuˑ'riːn] *n* ⟨~s; ~e⟩ tambourin *m*; *mit Schellen* tambour *m* de basque; (*Stickrahmen*) *cf.* Tambur.
Tampon [tãː'põː, 'tampɔn, tam'pɔŋ] *m* ⟨~s; ~s⟩ *méd.* tampon *m*; **2ieren** [tampoˑ'niː-] **I** *v/t.* ⟨*pas de ge-*, h⟩ *méd.* tamponner; **II ~ieren** [tampoˑ'niː-] *n* ⟨~s⟩ tamponnement *m*.
Tamtam [tam'tam, 'tam-] F *n* ⟨~s⟩ tam-tam *m*; ~ machen faire du tam-tam (um etw. à propos de qc.).
Tand [tant] *m* ⟨~(e)s⟩ futilités *f/pl.*; frivolités *f/pl.*; (*Flitterkram*) colifichets *m/pl.*; brimborions *m/pl.*; babioles *f/pl.*; bagatelles *f/pl.*; das ist eitler ~ ce ne sont que vanités.
Tändel|ei [ˌtɛndə'laɪ] *f* ⟨~; ~en⟩ folâtrerie *f*; batifolage *m*; (*Liebelei*) badinage *m*; *néol.* flirt(age) *m*; **2n** ['tɛn-] *v/i.* ⟨-(e)le, h⟩ folâtrer; batifoler; (*liebeln*) badiner; *néol.* flirter.
Tandem ['tandɛm] *n* ⟨~s; ~s⟩ tandem *m*; **~ˌanordnung** *f techn.* système *m* en tandem; **~ˌfahrer(in)** *m* (*f*) tandémiste *m, f*; **~ˌpumpe** *f* pompes *f/pl.* en tandem; tandem *m* de pompes.
Tändler(in) ['tɛndlər(ɪn)] *m* ⟨~s; ~⟩ (*f*) ⟨~; ~nen⟩ *néol.* flirteur, -euse *m, f*.
Tang [taŋ] *m* ⟨~(e)s; ~e⟩ *bot.* varech [-k] *m*; fucus [-ys] *m*.
Tangente [taŋ'gɛntə] *f* ⟨~; ~n⟩ *math.* tangente *f*.
tangential [taŋgɛntsiˑ'ɑːl] *adj. math.* tangentiel, -lle; **2beˌschleunigung** *f* accélération tangentielle; **2ˌebene** *f* plan tangentiel; **2ˌkraft** *f* force tangentielle.
tangieren [taŋ'giːrən] *v/t.* ⟨*pas de ge-*, h⟩ *math.* toucher; *fig. auch* concerner.
Tango ['taŋgoˑ] *m* ⟨~s; ~s⟩ tango *m*.
Tank [taŋk] *m* ⟨~(e)s; ~s⟩ réservoir *m*; citerne *f*; **2en** *v/t.* ⟨h⟩ prendre de l'essence; faire le plein (d'essence); se ravitailler en essence; F (*den Füllfederhalter füllen*) remplir (le stylo); **~er** *m* ⟨~s; ~⟩ *mar.* pétrolier *m*; tanker *m*; bateau-citerne *m*; **~erˌflotte** *f mar.* flotte *f* de pétroliers; **~ˌflugzeug** *n* avion-citerne *m*; **~ˌ(kraft)wagen** *m* camion-citerne *m*; **~ˌlöschwagen** *m* auto-pompe *f* à citerne; **~ˌsäule** *f* borne *f* d'essence; colonne *f* de distribution; distributeur *m*; **~schiff** *n mar. cf.* ~er; **~ˌstelle** *f* poste *m* d'essence; **~stellenˌwart** *m* ⟨~(e)s; ~e⟩ *cf.* ~wart; **~ˌwagen** *m chem.* wagon-citerne *m*; **~wart** *m* ⟨~(e)s; ~e⟩ pompiste *m*.
Tann [tan] *poét. m* ⟨~(e)s; ~e⟩ forêt *f* de conifères, de sapins; sapinière *f*; **~e** *f* ⟨~; ~n⟩ *bot.* sapin *m*; **2en** *adj.* de sapin; **~enˌbaum** *m* sapin *m*; *par ext.* arbre *m* de Noël; **~engeˌhölz** *n* sapinière *f*; **~enˌharz** *n* résine *f* de sapin; **~enˌholz** *n* (bois *m* de) sapin *m*; **~enˌnadel** *f* aiguille *f* de sapin; **~enˌwald** *m* sapinière *f*; **~enˌzapfen** *m bot.* pomme *f*, cône *m* de sapin.
tannieren [ta'niːrən] *v/t.* ⟨*pas de ge-*, h⟩ tanner.
Tannin [ta'niːn] *n* ⟨~s⟩ *chim.* tan(n)in *m*.
Tännling ['tɛnlɪŋ] *m* ⟨~s; ~e⟩ jeune sapin *m*.
Tannzapfen ['tanˌtsapfən] *m cf.* Tannenzapfen.
Tantal ['tantal] *n* ⟨~s⟩ *chim.* tantale *m*; **~ˌlampe** *f* lampe *f* au tantale.
Tantalusqualen ['tantalʊsˌkvɑːlən] *f/pl. fig.* supplice *m* de Tantale.
Tante ['tantə] *f* ⟨~; ~n⟩ **1.** tante *f*; *enf.* tata *f*; *als kindliche Anrede für weibl. Personen* madame ...; sag der ~ guten Tag! dis bonjour à la dame!; **2.** P (*Homosexueller*) P tante *f*; pédale *f*; tantouse *f*; tata *f*; pédoque *f*; **3.** F *verhüllend* zu ~ Meier gehen aller aux W.C.; aller aux cabinets, F au petit coin, où le roi lui-même va à pied.
Tantieme [tãtiˑ'ɛːmə] *f* ⟨~; ~n⟩ tantième *m*; *e-s Autors* droits *m/pl.* d'auteur.
Tanz [tants] *m* ⟨~es; ~̈e⟩ danse *f* (*auch als Musikstück*); (*Tanzvergnügen*) bal *m*; F *fig.* (*Zank*) querelle *f*; zum ~

gehen aller au bal; zum ~ aufspielen jouer une danse; j-n zum ~ auffordern inviter qn. à danser; sich im ~e wiegen s'abandonner au rythme de la danse; der ~ um das Goldene Kalb l'adoration du Veau d'Or; der ~ auf dem Vulkan la danse sur un volcan; *fig. poét.* der ~ der Wellen le mouvement des vagues; **~ˌabend** *m* soirée dansante; **~bar** *f* dancing [-iŋ] *m*; **~bär** *m* ours dressé, savant; **~bein** *n* F das ~ schwingen danser; **~ˌboden** *m* salle *f* de danse; **~ˌdame** *f* cavalière *f*; **~ˌdiele** *f* dancing [-iŋ] *m*; F bastringue *m*.

tänzeln ['tɛntsəln] *v/i.* ⟨-(e)le, sein⟩ sautiller; *Pferd* ⟨h⟩ piaffer.

tanzen ['tantsən] **I** *v/t.* ⟨h⟩ *u. v/i.* ⟨h *bzw.* sein⟩ danser (*auch Mücken, Buchstaben vor den Augen*); *Schiff auf den Wellen* se balancer (sur); Polka ~ danser la polka; hier wird getanzt ici on danse; ich tanze sehr gern j'aime beaucoup la danse; vor Freude um den Tisch ~ ⟨sein⟩ danser de joie autour de la table; *fig.* nach j-s Pfeife ~ *cf.* Pfeife 1.; *fig.* aus der Reihe ~ ⟨sein⟩ n'en faire qu'à sa tête; *cf. auch* Reihe; **II** 2 *n* ⟨~s⟩ danse *f*.

Tänzer(in) ['tɛntsər(ın)] *m* ⟨~s; ~⟩ (*f*) ⟨~; ~nen⟩ danseur, -euse *m, f*; cavalier, -ère *m, f*; ein guter ~ sein être bon danseur.

Tanzerei [ˌtantsə'raı] F *f* ⟨~; ~en⟩ **a)** F sauterie *f*; **b)** *péj.* danse(s) continuelle(s).

tänzerisch ['tɛntsəˌrıʃ] *adj.* de danse; de danseur, -euse.

Tanz|fest ['tantsfɛst] *n* bal *m*; **~ˌfläche** *f* piste *f* de danse; **~girl** *n* danseuse *f*; girl *f*; **~ˌgruppe** *f* troupe *f* de danseurs et de danseuses; **~herr** *m* cavalier *m*; **~kaˌpelle** *f* orchestre *m* de danse; **~ˌkarte** *f früher* carnet *m* de bal; **~kunst** *f* art *m* de la danse; **~ˌlehrer(in)** *m* (*f*) professeur *m* de danse; **~lied** *n* air *m* de danse; **~loˌkal** *n* dancing [-iŋ] *m*; *einfaches* F bastringue *m*; **~lust** *f* ⟨~⟩ envie *f* de danser; **2ˌlustig** *adj.* qui aime la danse; **~matiˌnee** *f* matinée dansante; **~meloˌdie** *f* air *m* de danse; **~muˌsik** *f* musique *f* de danse; **~orˌchester** *n* orchestre *m* de danse; **~paar** *n* couple *m* de danseurs; **~ˌpartner(in)** *m* (*f*) cavalier, -ère *m, f*; **~saal** *m* salle *f* de danse; **~schritt** *m* pas *m* de danse; **~schuh** *m* soulier *m* de bal; escarpin *m*; **~ˌschule** *f* école *f* de danse; **~ˌschüler(in)** *m* (*f*) élève *m, f* d'une école de danse; **~ˌstunde** *f* leçon *f* de danse; **~tee** *m* thé dansant; **~ˌunterricht** *m* leçons *f/pl.* de danse; **~turˌnier** *n* concours *m* de danse; **~verˌbot** *n* interdiction *f* de danser; **~verˌgnügen** *n* bal *m*; soirée dansante; *kleines* F sauterie *f*; *privates* surprise-partie *od.* surprise-party *f*; **~ˌweise** *f* air *m* de danse.

Taper|greis ['tɑːpərˌgraıs] F *m* vieillard tremblotant; **2ig** F *adj. von e-m alten Menschen* tremblotant; chancelant; (*altersschwach*) décrépit; (*unbeholfen*) maladroit; gauche; **2n** F *v/i.* ⟨-(e)re, sein⟩ marcher d'un pas chancelant.

Tapet [ta'peːt] *n* etw. aufs ~ bringen mettre qc. sur le tapis.

Tapete [ta'peːtə] *f* ⟨~; ~n⟩ papier peint; (papier *m* de) tenture *f*; papier-tenture *m*; tapisserie *f* (*auch aus Seide od. Stoff*); F *fig.* die ~ wechseln changer de milieu, d'atmosphère; **~nˌbahn** *f* pan *m* de papier peint; **~ngeˌschäft** *n* magasin *m* de tapisseries, de tentures, de papiers peints; **~nˌhändler** *m* marchand tapissier, de tapisseries, de tentures, de papiers peints; **~nˌkleister** *m* colle *f* de tapissier, à tapisser, pour papiers peints; **~nˌleiste** *f* baguette *f*; **~nˌnagel** *m* broquette *f*; **~nˌrolle** *f* rouleau *m* de papier peint; **~nˌtür** *f* porte dérobée; **~nˌwechsel** F *fig. m* changement *m* de milieu, d'atmosphère.

tapezier|en [tapeˈ'tsiːrən] **I** *v/t.* ⟨*pas de ge-*, h⟩ tapisser; **II** **2en** *n* ⟨~s⟩ pose *f* de papiers peints; tapisserie *f*; **2er** *m* ⟨~s; ~⟩ tapissier *m* (décorateur); **2erˌarbeit** *f* tapisserie *f*; **2erˌwerkstatt** *f* atelier *m* de tapissier.

Tapfen ['tapfən] *m/pl. cf.* Stapfen.

tapfer ['tapfər] **1.** *adj.* brave; vaillant; valeureux, -euse; (*mutig*) courageux, -euse; ~e Tat acte de bravoure; ~er Kerl *argot milit.* rude lascar; **2.** *adv.* vaillamment; en brave; avec bravoure; courageusement; F (*tüchtig*) bien; sich ~ schlagen se battre en brave, avec bravoure, vaillamment; sich ~ halten tenir bon; **2ˌkeit** *f* ⟨~⟩ bravoure *f*; vaillance *f*; (*Mut*) courage *m*; **2keitsmeˌdaille** *f milit. etwa* croix *f* des braves; médaille *f* de la bravoure.

Tapioka [tapiˈ'oːka] *f* ⟨~⟩ tapioca *m*; **~ˌstärke** *f* ⟨~⟩ amidon *m* de tapioca; **~ˌsuppe** *f* (potage *m* au) tapioca *m*.

Tapir ['tɑːpır] *m* ⟨~s; ~e⟩ *zo.* tapir *m*.

Tapisserie [tapısə'riː] *f* ⟨~; -ien⟩ tapisserie *f*.

tappen ['tapən] **I** *v/i.* **1.** ⟨sein⟩ (*stapfen*) marcher lourdement, d'un pas lourd; **2.** ⟨h⟩ (*tasten*) tâtonner; im Dunkeln zur Tür ~ marcher à tâtons vers la porte; *fig.* im dunkeln ~ F être encore en plein brouillard; **II** 2 *n* ⟨~s⟩ **3.** pas lourd; **4.** (*Tasten*) tâtonnement *m*.

täppisch ['tɛpıʃ] *adj.* gauche; lourd; lourdaud; F empoté.

taprig ['tɑːprıç] F *adj. cf.* taperig.

Taps [taps] F *m* ⟨~es; ~e⟩ lourdaud *m*; F empoté *m*; **2en** F *v/i.* ⟨sein⟩ (*stapfen*) *cf.* tappen 1.; **2ig** F *adj. cf.* täppisch.

Tara ['tɑːra] *f* ⟨~; -ren⟩, **~geˌwicht** *n comm.* tare *f*.

Tarantel [ta'rantəl] *f* ⟨~; ~n⟩ *zo.* tarentule *f*; *fig.* wie von der ~ gestochen comme piqué de la tarentule.

Tarantella [taran'tɛla] *f* ⟨~; ~s *od.* -llen⟩ tarentelle *f*.

Target|kern ['tɑːgıtˌkɛrn] *m phys. atom.* noyau-cible *m*; **~materiˌal** *n phys. atom.* matériau-cible *m*.

tarieren [ta'riːrən] *v/t.* ⟨*pas de ge-*, h⟩ *comm.* tarer.

Tarif [ta'riːf] *m* ⟨~s; ~e⟩ tarif *m*; e-n ~ aufstellen établir un tarif; den ~ für etw. festsetzen tarifer qc.; établir le tarif de qc.; **~ˌabkommen** *n* accord *m*, convention *f* tarifaire; **~ˌänderung** *f* changement *m* de tarification; **~ˌausschuß** *m* comité *m* tarifaire; **~beˌstimmung** *f* disposition *f* tarifaire; **~erˌhöhung** *f* augmentation *f*, majoration *f* de tarif; relèvement *m* tarifaire, de tarif; **~erˌmäßigung** *f* réduction *f* de tarif; **~ˌfestsetzung** *f* tarification *f*; **~geˌmeinschaft** *f* communauté *f* tarifaire; **~geˌstaltung** *f* tarification *f*; **2ieren** [-'fiː-] *v/t.* ⟨*pas de ge-*, h⟩ tarifer; **~ierung** [-'fiː-] *f* ⟨~; ~en⟩ tarification *f*; **~kommissiˌon** *f* commission *f* de tarification; **2lich** *adj.* tarifaire; conforme au tarif; **~ˌlohn** *m* salaire tarifé, au tarif (établi); salaire contractuel; **2ˌmäßig** *adj. cf.* 2lich; **~ˌordnung** *f* tarification *f*; règlement *m* tarifaire; **~ˌpartner** *m* cosignataire *m* d'un accord tarifaire; **~poliˌtik** *f* politique *f* tarifaire; **~ˌsatz** *m* taux *m* tarifaire; **~ˌsenkung** *f cf.* ~ermäßigung; **~ˌstreitigkeit** *f* conflit *m* de salaire, à propos de tarif (de salaire); **~strukˌtur** *f* structure *f* tarifaire; **~ˌstufen** *f/pl.* échelons *m/pl.* du tarif; **~sysˌtem** *n* système *m* tarifaire; **~taˌbelle** *f* barème *m*; **~überˌwachung** *f* contrôle *m* des tarifs; **~verˌhandlungen** *f/pl.* négociations *f/pl.* tarifaires; **~verˌtrag** *m* convention *f* (collective); accord *m* tarifaire; e-n ~ abschließen conclure, passer une convention (collective), un accord tarifaire; e-n ~ aushandeln négocier une convention (collective), un accord tarifaire.

Tarlatan ['tarlatan] *m* ⟨~s; ~e⟩ *text.* tarlatane *f*.

Tarn|anstrich ['tarnˌˀanʃtrıç] *m* peinture *f* de camouflage; **~ˌanzug** *m* vêtement *m* de camouflage; **~beˌzeichnung** *f* (langage *m*) code *m*; **~beˌzug** *m* ʻhousse *f*, bâche *f* de camouflage; **2en** **I** *v/t.* ⟨h⟩ camoufler (*auch fig.*); **II** **~en** *n* ⟨~s⟩ camouflage *m*; **~ˌfarbe** *f* teinte *f*, peinture *f* de camouflage; **~ˌkappe** *f myth.* manteau *m*, cape *f* rendant invisible; **~organisatiˌon** *f* organisation camouflée; **~ung** *f* ⟨~; ~en⟩ camouflage *m*.

Tarock [ta'rɔk] *n od. m* ⟨~s; ~s⟩ tarot(s) *m* (*pl.*); ~ spielen jouer au(x) tarot(s); **~ˌkarten** *f/pl.* cartes tarotées; tarots *m/pl.*; **~ˌspiel** *n cf.* Tarock.

Tarsus ['tarzus] *m* ⟨~; -sen⟩ *anat.* tarse *m*.

Tartar... [tar'tɑːr...] *abus. für* Tatar...

Tartarus ['tartarus] *m* ⟨~⟩ (*Weinstein*) tartre.

Tartsche ['tartʃə] *f* ⟨~; ~n⟩ *hist.* targe *f*.

Täschchen ['tɛʃçən] *n* ⟨~s; ~⟩ petite poche; pochette *f*.

Tasche ['taʃə] *f* ⟨~; ~n⟩ poche *f*; (*Westen*2) gousset *m*; (*Akten*2) serviette *f*; (*Umhänge*2) sacoche *f*; (*Hand*2) sac *m* (à main); (*Reise*2) sac *m* de voyage; (*Etui*) étui *m*; *für Schallplatten* pochette *f*; etw. in die ~ stecken mettre qc. dans sa poche, en poche; empocher qc.; F mettre qc. dans sa profonde; aus der ~ holen tirer de sa poche; etw. aus eigener ~ bezahlen payer qc. de sa poche; F en être de sa poche; in die eigene ~ arbeiten F travailler pour sa poche; *fig.* etw., j-n in der ~ haben (*sicher haben*) avoir qc. en, qn. dans sa poche; F *fig.* j-n in die ~ stecken mettre qn. dans sa poche; l'emporter sur qn.; *fig.* j-m auf der ~ liegen vivre aux crochets de qn.

Täschelkraut ['tɛʃəlˌkraut] *n* ⟨~(e)s⟩ *bot.* thlaspi *m*.

Taschen|ausgabe ['taʃənˌˀausgɑːbə] *f* édition *f* de poche; **~ˌbuch** *n* livre *m* de poche; *als Nachschlagewerk* vademecum *m*; mémento *m*; (*Notizbuch*) carnet *m*; agenda *m*; calepin *m*; **~ˌdieb(in)** *m* (*f*) pickpocket *m*; voleur, -euse *m, f* à la tire; vor ~en wird gewarnt! gare, prenez garde aux pickpockets!; **~ˌdiebstahl** *m* vol *m* à la tire; *durch Anrempeln* vol *m* à l'esbroufe; **~ˌfahrplan** *m* horaire *m* de poche; **~forˌmat** *n* format *m* de poche; **~ˌgeld** *n* argent *m* de poche; **~kaˌlender** *m* calendrier *m* de poche; agenda *m*; **~ˌkamm** *m* peigne *m* de poche; **~ˌklappe** *f* patte *f*, rabat *m* de poche; **~ˌkompaß** *m* boussole *f* de poche; **~ˌkrebs** *m zo.* tourteau *m*; **~ˌlampe** *f* lampe *f* de poche; **~ˌmacher** *m* ⟨~s; ~⟩ maroquinier *m*; **~ˌmesser** *n* couteau *m* de poche; canif *m*; **~ˌschirm** *m* tom-pouce *m*; **~ˌspiegel** *m* miroir *m* de poche; **~ˌspieler** *m* prestidigitateur *m*; **~spiele'rei** *f*, **~ˌspielerˌkunst** *f* prestidigitation *f*; **~ˌspielerˌstück** *n* tour *m* de passe-passe, de prestidigitation, d'adresse; **~ˌtuch** *n* mouchoir *m*; **~ˌuhr** *f* montre *f* de poche; **~ˌwörterbuch** *n* dictionnaire *m* de poche.

Taschevoll ['taʃəˌfɔl] *f* e-e ~ une pochée, pochetée (de).

Tasse ['tasə] *f* ⟨~; ~n⟩ tasse *f*; e-e ~ Kaffee une tasse de café; F *fig.* nicht alle ~n im Schrank haben avoir une case en moins; *cf. auch* richtig 1. (er ist nicht ganz ~ im Kopfe); **2nˌfertig** *adj.* prêt à servir; **~nˌkopf** *m* tasse *f*.

Tastatur [tasta'tu:r] *f* ⟨~; ~en⟩ clavier *m*; touches *f/pl.*

tastbar ['tastba:r] *adj.* palpable.

Taste ['tastə] *f* ⟨~; ~n⟩ touche *f*; *Klavier* die schwarzen (weißen) ~n les noires *f/pl.* (blanches *f/pl.*).

tasten ['tastən] **I** *v/i. u. v/réfl.* ⟨-ete, h⟩ *im Dunkeln* tâtonner; nach etw. ~ chercher qc. à tâtons; sich zur Tür ~ se diriger à tâtons vers la porte; sich vorwärts ~ marcher, se mouvoir à tâtons; **II** 2 *n* ⟨~s⟩ tâtonnement(s) *m* (*pl.*); **~d** *adjt.* à tâtons.

Tasten|brett ['tastənˌbrɛt] *n*, **~ˌfeld** *n cf.* Tastatur.

Taster ['tastər] *m* ⟨~s; ~⟩ *techn.* compas *m* d'épaisseur; (*Ab2*) palpeur *m*; tâteur *m*; *zur Schädelmessung* craniomètre *m*; *tél.* manipulateur *m*; *impr.*, *e-r Setzmaschine* clavier *m*; (*Setzer*) (compositeur *m*) monotypiste *m*, linotypiste *m*; *zo.* palpe *f*.

Tast|organ ['tastˀɔrˌga:n] *n* organe *m* du toucher; **~sinn** *m* ⟨~(e)s⟩ (sens *m* du) toucher *m*; sensibilité *f* tactile.

tat [ta:t] *cf.* tun.

Tat [ta:t] *f* ⟨~; ~en⟩ action *f*; acte *m*; fait *m*; (*Helden2*) exploit *m*; gute, edle ~ bonne, noble action; schlechte ~ mauvaise action; verbrecherische ~ acte criminel; mutige ~ acte de courage; *jur.* vorsätzliche ~ acte prémédité; ein Mann der ~ un homme énergique, d'action; man braucht ~en, nicht Worte il faut des actes et non des paroles; große ~en vollbringen accomplir des exploits, de hauts faits, des actes glorieux, de grandes actions; sich zu e-r ~ aufraffen se décider enfin à agir; in die ~ umsetzen réaliser; zur ~ schreiten passer à l'action, aux actes, à l'exécution; en venir à l'exécution; j-m mit Rat u. ~ zur Seite stehen, beistehen aider qn. par tous les moyens; *cf. auch* Rat 1.; den guten Willen für die ~ nehmen se contenter de la bonne intention; auf frischer ~ ertappen prendre sur le fait, en flagrant délit; *advt.* in der ~ en effet; en réalité; effectivement; de fait.

Tatar¹ [ta'ta:r] *m* ⟨~en; ~en⟩ Tartare *od.* Tatar *m*; **~²** *n* ⟨~(s); ~s⟩ (viande *f* de) bœuf 'haché cru; **~ˌbeefsteak** *n cuis. in Deutschland* bifteck *m* tartare; **~in** *f* ⟨~; ~nen⟩ Tartare *od.* Tatare *f*; **2isch** *adj.* tartare.

Tat|bericht ['ta:tbəˌrɪçt] *m* exposé *m* des faits; **~beˌstand** *m im Strafrecht* faits *m/pl.*; état *m* de faits; *im Prozeßrecht* état *m* de cause; **~bestandsˌaufnahme** *f* constat *m*; **~beˌweis** *m* preuve matérielle.

Tateinheit ['ta:tˌˀaɪnhaɪt] *f jur.* concours idéal, formel d'infractions.

Taten|drang ['ta:tənˌdraŋ] *m*, **~ˌdurst** *m* besoin *m* d'activité, d'agir; **2ˌdurstig** *adj.* avide d'activité, d'action, d'agir; **2ˌfroh** *adj.* plein d'initiative; actif, -ive; **2ˌlos 1.** *adj.* inactif, -ive; **2.** *adv.* ~ zusehen regarder sans rien faire, passivement; **~ˌlosigkeit** *f* ⟨~⟩ inactivité *f*.

Täter|(in) ['tɛ:tər(ɪn)] *m* ⟨~s; ~⟩ (*f*) ⟨~; ~nen⟩ auteur *m*; *von Verbrechen* coupable *m, f*; durch e-n unbekannten ~ par un auteur inconnu; **~ˌschaft** *f* ⟨~⟩ *jur.*, *bei e-m Verbrechen* paternité *f*; culpabilité *f*; die ~ leugnen nier être l'auteur de ...; er kann die ~ nicht leugnen il ne saurait nier sa culpabilité; der Verdacht der ~ fiel auf ihn il fut soupçonné d'être l'auteur du crime; les soupçons se portèrent sur lui.

Tatfrage ['ta:tˌfra:gə] *f jur.* question *f* de fait.

tätig ['tɛ:tɪç] *adj.* actif, -ive; agissant; effectif, -ive; (*berufs~*) actif, -ive; ~er Mensch homme actif, agissant; ~e Reue repentir agissant; ~er Glaube foi agissante; ~e Mitwirkung collaboration effective; ~en Anteil an etw. nehmen prendre une part active à qc.; ~ sein als ... travailler comme ...; die im Buchhandel 2en ceux qui œuvrent à la vente du livre; **~en** *v/t.* ⟨h⟩ *comm.*, *Geschäft*, *Kauf* réaliser; conclure; *Abschluß* effectuer; passer; **2ˌkeit** *f* ⟨~; ~en⟩ activité *f*; action *f*; (*Beschäftigung*) occupation *f*; (*Beruf*) profession *f*; fonction *f*; geistige ~ activité intellectuelle; e-e ~ ausüben exercer une activité; s-e ~ wiederaufnehmen reprendre son (ses) activité(s); e-e fieberhafte ~ entfalten déployer une activité fébrile; s-r ~ nachgehen faire son travail; nach 10jähriger ~ im gleichen Betrieb après 10 ans de service dans la même maison; in ~ treten entrer en activité, en fonction(s); (*eingreifen*) entrer en action; intervenir; in ~ setzen mettre en activité, en marche; faire marcher; *Vulkan* in ~ sein être en activité; **2keitsbeˌreich** *m* sphère *f*, domaine *m* d'activité; **2keitsbeˌricht** *m* compte rendu, rapport *m* d'activité; **2keitsˌfeld** *n* champ *m* d'activité; **2keitsˌform** *f gr.* voix active; actif *m*; **2keitsgeˌbiet** *n cf.* 2keitsfeld; **2keitsˌtrieb** *m* besoin *m* d'activité; **2keitsˌwort** *n* ⟨~(e)s; ~er⟩ *gr.* verbe *m*.

Tat|kraft ['ta:tkraft] *f* ⟨~⟩ énergie *f*; **2ˌkräftig** *adj.* énergique; actif, -ive; *Unterstützung auch* efficace.

tätlich ['tɛ:tlɪç] *adj.* ~ werden se livrer à des voies de fait (gegen j-n sur qn.); ~e Beleidigungen voies de fait; **2ˌkeiten** *f/pl.* voies *f/pl.* de fait; actes *m/pl.* de violence; violences *f/pl.*; zu ~ kommen en venir aux mains, aux coups, à des voies de fait; sich zu ~ hinreißen lassen se livrer à des voies de fait.

Tat|mensch ['ta:tmɛnʃ] *m* homme *m* énergique, d'action; **~ort** *m* lieux *m/pl.*; théâtre *m* (d'un crime); den ~ besichtigen descendre, faire une descente sur les lieux.

tätowier|en [tɛto'vi:rən] *v/t.* (*u. v/réfl.*) ⟨*pas de ge-*, h⟩ (se) tatouer; **2er** *m* ⟨~s; ~⟩ tatoueur *m*; **2te(r)** *m* ⟨→ A⟩ tatoué *m*; **2ung** *f* ⟨~; ~en⟩ tatouage *m*.

Tat|sache ['ta:tˌzaxə] *f* fait *m*; es ist (e-e) ~, daß ... il est de fait que ...; ~ ist, daß ... le fait est que ...; (das ist e-e) ~! c'est un fait!; angesichts der ~ en présence du fait; auf Grund dieser ~ de ce fait; es ist anerkannte ~ c'est un fait avéré; das ist e-e unleugbare ~ c'est un fait indéniable; offenkundige ~ fait notoire; die nackten ~n les faits bruts, seuls; vollendete ~ fait accompli; j-n vor vollendete ~ stellen mettre qn. devant un fait accompli; (zur) ~ werden devenir (une) réalité; sich den ~n beugen se rendre à l'évidence; s'incliner devant les faits; sich an die ~n halten, sich auf den Boden der ~n stellen s'en tenir aux faits, aux réalités; die ~n, auf die es ankommt les faits essentiels; als ~ hinstellen, daß ... mettre, poser en fait que ...; e-e ~ geltend machen plaider un fait; das ändert nichts an der ~, daß ... cela ne change rien au fait que ...; die ~n sprechen für sich les faits parlent d'eux-mêmes; die ~n verdrehen fausser les faits; **~sachenbeˌricht** *m* récit *m* véridique; *in Zeitungen* article *m* documentaire; **~sachenˌmensch** *m* esprit positif; **2ˌsächlich 1.** *adj.* réel, -lle; effectif, -ive; ~er Wert valeur réelle; ~er Bestand effectif *m*; **2.** *adv.* de fait; en fait; en effet; effectivement.

tätscheln ['tɛtʃəln] *v/t.* ⟨-(e)le, h⟩ caresser; tapoter; cajoler.

Tatter|ich ['tatəˌrɪç] F *m* ⟨~(e)s⟩ tremblote *f*; den ~ haben avoir la tremblote; F sucrer les fraises; **2ig** F *adj.* tremblotant; **2n** F *v/i.* ⟨-(e)re, h⟩ trembloter.

Tattersall ['tatərˌzal] *m* ⟨~s; ~s⟩ manège *m*.

tattrig ['tatrɪç] F *adj. cf.* tatterig.

Tat|umstände ['ta:tˌˀumʃtɛndə] *m/pl.* circonstances *f/pl.* de fait; dies sind die ~, soweit sie bekannt sind tels sont les faits constatés; e-e Darstellung der ~ geben exposer les faits; **~verˌdacht** *m* suspicion *f*.

Tatze ['tatsə] *f* ⟨~; ~n⟩ patte *f* (*auch* F *von Personen*); griffe *f*; **~nˌhieb** *m* coup *m* de patte, de griffe.

Tau¹ [tau] *m* ⟨~(e)s⟩ rosée *f*; es fällt ~ la rosée tombe; il tombe de la rosée; vor ~ u. Tag avant l'aube.

Tau² [tau] *n* ⟨~(e)s; ~e⟩ *mar.* cordage *m*; câble *m*; *zum Festmachen* amarre *f*.

taub [taup] *adj.* **1.** sourd; auf e-m (beiden) Ohr(en) ~ sein être sourd d'une oreille (des deux oreilles); sich ~ stellen faire la sourde oreille, le sourd; *fig.* ~ sein für *od.* gegen etw. être sourd à qc.; ~ machen rendre sourd; (wie) ~ machen assourdir; ~en Ohren predigen prêcher dans le désert; **2.** *Gliedmaßen* (*gefühllos*) engourdi; gourd; **3.** *Blüte*, *Gestein* stérile; *Ähre*, *Nuß* vide; ~e Nuß *auch* noix creuse; *mines* ~er Gang faille *f*.

Täubchen ['tɔʏpçən] *n* ⟨~s; ~⟩ petit pigeon; pigeonneau *m*; colombelle *f*; *Kosewort* mein ~ ma pigeonne.

Taube ['taubə] *f* ⟨~; ~n⟩ *zo.* pigeon *m*; *weibliche* pigeonne *f*; *junge* pigeonneau *m*; *poét.*, *bibl.* colombe *f*; wilde ~ (pigeon *m*) ramier *m*; palombe *f*; die ~n gurren les pigeons roucoulent; er wartet, daß ihm die gebratenen ~n in den Mund fliegen il attend que les alouettes lui tombent toutes rôties dans le bec; **~nˌausstellung** *f* exposition *f* de pigeons; **2nˌblau** *adj. cf.* taubengrau; **~nˌei** *n* œuf *m* de pigeon.

taubenetzt ['taubəˌnɛtst] *adj.* humide de rosée.

tauben|grau ['taubənˌgrau] *adj.* gorge-de-pigeon; **2ˌhaus** *n cf.* 2schlag; **2ˌmist** *m agr.* colombine *f*; fiente *f* de pigeon; **2ˌpaar** *n* couple *m* de pigeons; **2ˌschießen** *n* tir *m* aux pigeons; **2ˌschlag** *m* pigeonnier *m*; colombier *m*; F *fig.* das ist der reinste ~ c'est une maison où l'on entre comme dans un moulin; **2ˌzucht** *f* élevage *m* de pigeons; **2ˌzüchter** *m* éleveur *m* de pigeons.

Taube(r) ['taubə(r)] *f (m)* ⟨→ A⟩ sourd, -e *m, f.*

Tauber(ich) ['taubər(ıç)] *m* ⟨~s; ~⟩ *(m)* ⟨~(e)s; ~e⟩, *auch* **Täuber(ich)** *m* pigeon *m* mâle.

Taubheit ['tauphaıt] *f* ⟨~⟩ surdité *f; der Gliedmaßen* engourdissement *m; des Gesteins, e-r Blüte* stérilité *f.*

Täubling ['tɔʏplıŋ] *m* ⟨~s; ~e⟩ *bot.* russule *f.*

Taubnessel ['taup͵nɛsəl] *f bot.* lamier *m;* **weiße ~** lamier blanc; ortie blanche; **rote ~** lamier pourpre; ortie rouge.

taubstumm ['taupʃtum] *adj.* sourd et muet, sourde et muette; sourd-muet, sourde-muette; **≈enalpha͵bet** *n* alphabet *m* des sourds-muets; **≈en͵anstalt** *f* institution *f* des sourds-muets; **≈en͵lehrer(in)** *m (f)* instituteur, -trice *m, f* des sourds-muets; **≈en͵schule** *f* école *f* des sourds-muets; **≈en͵unterricht** *m* instruction *f* des sourds-muets; **≈e(r)** *f (m)* ⟨→ A⟩ sourd-muet *m;* sourde-muette *f;* **≈heit** *f* ⟨~⟩ *sc.* surdi-mutité *f.*

Tauch|batterie ['tauxbatə͵riː] *f élect.* pile *f* à immersion; **~boot** *n zur Tiefseeforschung* bathyscaphe *m;* **≈en I** *v/t.* ⟨h⟩ plonger, tremper (in dans); **II** *v/i.* ⟨sein *od.* h⟩ *Schwimmer, Taucher* plonger; *U-Boot auch* s'immerger; **III ~en** *n* ⟨~s⟩ *e-s Gegenstandes in e-e Flüssigkeit* plongement *m;* trempage *m; e-s Tauchers, Schwimmers* plongée *f; e-s U-Bootes auch* immersion *f;* **~er** *m* ⟨~s; ~⟩ plongeur *m; mit Taucherausrüstung* scaphandrier *m; zo.* (oiseau *m*) plongeur *m; cf.* **~vögel**; **~er͵anzug** *m* scaphandre *m;* **~er͵ausrüstung** *f* équipement *m* de scaphandrier; **~er͵glocke** *f* cloche *f* à plongeur; caisson *m* pneumatique; **~er͵helm** *m* casque *m* de scaphandrier; **~er͵kugel** *f zur Tiefseeforschung* bathysphère *f;* **≈͵fähig** *adj.* submersible; **~͵fähigkeit** *f* ⟨~⟩ submersibilité *f;* **~fahrt** *f e-s U-Bootes* navigation *f* en plongée; **~ge͵räte** *n/pl.* appareils *m/pl.* de plongée, pour plonger; **~kern** *m élect.* (noyau *m*) plongeur *m;* **~kern͵spule** *f élect.* bobine *f* à noyau plongeur; **≈klar** *adj. U-Boot* prêt à plonger; **~͵kolben** *m élect.* (noyau *m,* piston *m*) plongeur *m;* **~͵sieder** *m* ⟨~s; ~⟩ chauffe-liquide *m;* **~tank** *m e-s U-Bootes* ballast *m;* **~͵tiefe** *f* profondeur *f* (de plongée); **~ver͵such** *m* essai *m* de plongée; **~ver͵fahren** *n techn.* **im ~** par trempage; **~͵vögel** *m/pl. zo.* (oiseaux *m/pl.*) plongeurs *m/pl.;* plongeons *m/pl.;* grèbes *m/pl.;* **~zeit** *f* durée *f* de plongée.

tauen[1] ['tauən] *v/t.* ⟨h⟩ *mar., ein Schiff* touer.

tauen[2] ['tauən] **I** *v/i.* ⟨sein⟩ *u. v/imp.* ⟨h⟩ **1.** *Eis, Schnee* fondre; **der Schnee ist getaut** la neige a fondu; **es taut** il dégèle; **2.** *nur v/imp.* ⟨h⟩ **es taut** *(Tau fällt)* la rosée tombe; il tombe de la rosée; **II ≈** *n* ⟨~s⟩ **a)** dégel *m;* **b)** chute *f* de la rosée.

Tauende ['tau͵ˀɛndə] *n* bout *m* du câble.

Tauf|akt ['taufˀakt] *m cf.* **Taufhandlung**; **~͵becken** *n,* **~͵brunnen** *m* fonts baptismaux, de baptême; **~e** *f* ⟨~; ~n⟩ baptême [batɛm] *m (auch e-s Schiffes etc.);* **die ~ empfangen** recevoir le baptême; **ein Kind über die ~ halten** tenir un enfant sur les fonts baptismaux; **die ~ erteilen** conférer, donner, administrer le baptême; F *fig.* **aus der ~ heben** fonder; **≈en I** *v/t.* ⟨h⟩ *ein Kind, Schiff, e-e Glocke* baptiser; *nur Kind* conférer, donner, administrer le baptême à; F *fig. Wein* mouiller; F baptiser; **er ist auf den Namen … getauft** on lui a donné en baptême le nom de …; **II ~en** *n* ⟨~s⟩ baptême *m;* F *fig. des Weins* mouillage *m.*

Täufer ['tɔʏfər] *m* ⟨~s; ~⟩ **Johannes der ~** saint Jean-Baptiste.

taufeucht ['taufɔʏçt] *adj.* humide de rosée.

Tauf|formel ['tauf͵fɔrməl] *f relig.* liturgie baptismale, du baptême; **~͵handlung** *f* acte *m,* cérémonie *f* du baptême; **~ka͵pelle** *f* baptistère *m;* **~kind** *n cf.* **Täufling**; **~͵kissen** *n* coussin baptismal; **~͵kleid(chen)** *n* robe baptismale, de baptême.

Täufling ['tɔʏflıŋ] *m* ⟨~s; ~e⟩ enfant *m, Erwachsener* prosélyte *m* qui reçoit le baptême.

Tauf|name ['tauf͵naːmə] *m* nom *m* de baptême; prénom *m;* **~͵pate** *m* parrain *m;* **~͵patin** *f* marraine *f;* **~re͵gister** *n* registre *m* des baptêmes; (registre *m*) baptistaire *m;* **Auszug aus dem ~** extrait de baptême, baptistaire; baptistaire *m.*

taufrisch ['tau'frıʃ] *adj.* humide, frais, fraîche de rosée; *fig.* frais, fraîche comme une rose.

Tauf|schein ['taufʃaın] *m* extrait *m* baptistaire, de baptême; baptistaire *m;* **~stein** *m cf.* **Taufbecken**; **~͵wasser** *n* eau baptismale; **~͵zeuge** *m,* **~͵zeugin** *f cf.* **Taufpate, Taufpatin.**

taugen ['taugən] *v/i.* ⟨h⟩ *(geeignet sein)* être bon, -nne (zu à); être propre, apte (à); convenir (à); *(wert sein)* valoir; **nichts ~** ne rien valoir; **zu nichts ~** n'être bon, -nne, propre, apte à rien.

Taugenichts ['taugə͵nıçts] *m* ⟨~ *od.* ~es; ~e⟩ vaurien *m;* mauvais garnement, sujet; F propre *m u. f* à rien.

tauglich ['tauklıç] *adj.* bon, -nne (zu à); apte (à); propre (à); *milit.* bon pour le service; apte au service; **≈͵keit** *f* ⟨~⟩ aptitude *f;* **≈keits͵grad** *m,* **≈keits͵stufe** *f milit.* degré *m* d'aptitude; **≈keits͵zeugnis** *n* certificat *m* d'aptitude.

tauig ['tauıç] *adj.* couvert de rosée.

Taumel ['tauməl] *m* ⟨~s⟩ *(Schwindel)* vertige *m; (Überschwang der Gefühle)* ivresse *f;* enivrement *m; pfort.* délire *m;* transports *m/pl.;* **wie im ~ sein** avoir la tête qui tourne; être tout étourdi; **im ~ der Freude** ivre de joie; **~ der Begeisterung** enthousiasme délirant; **≈ig** *adj. (schwindlig)* pris de vertige; **~͵lolch** *m* ⟨~(e)s; ~e⟩ *bot.* ivraie *f;* lolium *m;* **≈n I** *v/i.* ⟨-(e)le, h, *doublé d'une indication de direction* sein⟩ chanceler; tituber; marcher d'un pas mal assuré; **zu Boden ~** chanceler et tomber; **er taumelte aus dem Zimmer** il sortit en chancelant, en titubant de la chambre; **vor Freude ~** être ivre, éperdu de joie; **II ~n** *n* ⟨~s⟩ chancellement *m;* titubation *f;* démarche chancelante, titubante.

Tau|messer ['tau͵mɛsər] *m* ⟨~s; ~⟩ *sc.* drosomètre *m;* **~͵perle** *st. s. f* goutte *f* de rosée; **~punkt** *m* point *m* de rosée, de condensation.

Tausch [tauʃ] *m* ⟨~es; ~e⟩ échange *m;* change *m; comm.* troc *m (oft auch péj.);* échange *m; (Stellen≈)* permutation *f;* **im ~ gegen …** en échange de …; **in ~ nehmen** prendre, accepter en échange; **in ~ geben** donner en échange; **beim ~ gewinnen** gagner au change; **e-n (schlechten) ~ machen** faire un (mauvais) échange; **~͵angebot** *n* offre *f* d'échange; **≈en I** *v/t.* ⟨h⟩ échanger (gegen contre); changer (contre); *comm.* troquer (contre) *(oft auch péj.); abs.* faire un échange; *e-e Stelle* permuter (mit j-m avec qn.); *fig.* **die Rollen ~** renverser les rôles; **ich möchte nicht mit ihm ~** je ne voudrais pas être à sa place; **II ~en** *n* ⟨~s⟩ *cf.* **Tausch.**

täuschen ['tɔʏʃən] **I** *v/t.* ⟨h⟩ tromper; *jur.* frauder; induire (qn.) en erreur; *Schule* frauder; tricher; *(hintergehen)* duper; tromper; abuser; *(irreführen)* donner le change à; *Sport, Gegner* feinter *(auch milit.); aus Spaß* mystifier; duper; berner; *(ent~)* décevoir; **das Äußere täuscht** les dehors sont trompeurs; **der erste Anblick täuscht** le premier coup d'œil, regard fait illusion; **er hat meine Hoffnungen, Erwartungen, mein Vertrauen getäuscht** il a déçu mes espérances, mon attente, ma confiance; **glauben Sie nicht, daß Sie uns auf diese Weise ~ konnten** ne croyez pas, par ce moyen, nous avoir donné le change; **II** *v/réfl.* **sich ~** se tromper (in sur); se méprendre (à, sur); se faire des illusions (sur); **ich kann mich ja ~** je peux me tromper; il se peut que je me trompe; **wenn ich mich nicht täusche** si je ne me trompe; **man würde sich schwer ~, wenn man glauben wollte, daß …** on s'abuserait singulièrement, on se tromperait grandement, grossièrement en croyant que …; **niemand täuscht sich über den Ernst der Lage** personne ne se fait d'illusions sur la gravité de la situation; **ich habe mich in ihm getäuscht** je me suis fait des illusions à son égard; **wir haben uns in ihm nicht getäuscht** il ne nous a pas déçus; **die beiden Packungen sind so verschieden, daß man sich nicht ~ kann** les deux emballages sont si différents qu'on ne peut s'y méprendre; **sich durch etw. ~ lassen** se laisser prendre à qc.; **darin ~ Sie sich** c'est ce qui vous trompe; c'est en cela que vous vous faites des illusions, que vous vous abusez; **III ≈** *n* ⟨~s⟩ *cf.* **Täuschung**; **~d** *adjt.* trompeur, -euse; **er sieht ihm ~ ähnlich** il lui ressemble à s'y méprendre; **e-e ~e Ähnlichkeit** une ressemblance frappante; **e-e ~e Nachahmung** une imitation d'une ressemblance frappante; **~ nachahmen** imiter à s'y méprendre, à s'y tromper.

Tausch|erei [͵tauʃə'raı] F *f* ⟨~; ~en⟩ échange *m* (continuel); **~ge͵schäft** ['tauʃ-] *n* (affaire *f,* opération *f* d')échange *m;* troc *m;* **~gut** ['tauʃ-] *n cf.* **Tauschmittel**; *fig.* monnaie *f* d'échange; **~͵handel** ['tauʃ-] *m* troc *m;* (commerce *m* d')échange *m;* **~ treiben** troquer; faire du troc; échanger.

tauschier|en [tau'ʃiːrən] *v/t.* ⟨*pas de ge-,* h⟩ damasquiner; **≈ung** *f* ⟨~⟩ damasquinage *m; als Kunst* damasquinerie *f;* damasquinure *f.*

Tausch|mittel ['tauʃ͵mıtəl] *n* moyen *m* d'échange; **~ob͵jekt** *n* objet *m* d'échange; **~͵partner** *m* (co)échangiste *m.*

Täuschung ['tɔʏʃuŋ] *f* ⟨~; ~en⟩ tromperie *f;* duperie *f;* mystification *f; jur.* fraude *f; arglistige* dol *m; in der Schule* fraude *f;* tricherie *f; (Irrtum)* erreur *f; (Illusion)* illusion *f; Sport, milit., des Gegners* feinte *f; milit.* manœuvre *f* de diversion; **optische ~** illusion d'optique; **plumpe ~** mystification grossière; **man gebe sich darüber keiner ~ hin** qu'on ne s'y trompe pas; qu'on ne se fasse pas d'illusions; **~s͵absicht** *f jur.* intention dolosive, de frauder; **~s͵angriff** *m milit.* attaque *f* de diversion; feinte *f;* **~sma͵növer** *n milit.*

manœuvre *f* de diversion; feinte *f* (*auch fig.*); **~sverˌsuch** *m jur.* tentative *f* de fraude, frauduleuse, dolosive.

Tausch|verkehr ['tauʃfɛrˌkeːr] *m* transactions *f/pl.* d'échange; **~verˌtrag** *m* contrat *m* d'échange; **~ˌware** *f* marchandise *f* d'échange; **~weg** *m* im ~ en échange; **ℒˌweise** *adv.* en échange; **~wert** *m* valeur *f* d'échange; **~ˌwirtschaft** *f* économie *f* de troc, basée sur le troc.

tausend ['tauzənt] **I** *adj. num. c.* mille; *in Jahreszahlen* mil; ~ Dank mille mercis, remerciements; ~ u. aber ~ des mille et des cents; **II** ℒ[1] *f* ⟨~; ~en⟩ (nombre *m*, chiffre *m*) mille *m*; ℒ[2] *n* ⟨~s; ~e⟩ (*tausend Stück*) mille *m*; millier *m*; zu ~en par milliers; ein halbes ~ un demi-mille (de); einige ~e des milliers (de); es geht in die ~e cela se chiffre par milliers; ~e von Menschen des milliers de gens; zu Hunderten u. ~en des mille et des cents; nicht e-r unter ~en pas un entre mille (*beim Verbum mit* ne); ~e u. aber ~e des mille et des cents; des milliers de ...; fünf vom ~ cinq pour mille; *comm.* im ~ pour mille; **ℒˌblatt** *n bot.* myriophylle *m*; **ℒer** *m* ⟨~s; ~⟩ billet *m* de mille (marks); *math.* mille *m*; **~er'lei** *adj.* ⟨*inv.*⟩ mille (et mille); ~ Dinge F mille et mille choses; **~ˌfach 1.** *adj.* (de) mille fois; ~e Vergrößerung grossissement de mille (fois); **2.** *adv.* mille fois plus; mille fois autant; de mille manières; *fig.* au centuple; **ℒˌfache(s)** *n* ⟨→ A⟩ *advt. zu übersetzen* mille fois plus; **~ˌfältig** *adj. u. adv. cf.* ~fach; **ℒˌfüß(l)er** *m* ⟨~s; ~⟩ *zo.* mille-pattes *m*; *sc.* myriapode *m*; **ℒ'güldenˌkraut** *n* ⟨~(e)s⟩ *bot.* petite centaurée; **ℒ'jahrˌfeier** *f* (fête *f* du) millénaire *m*; **~ˌjährig** *adj.* millénaire; *bibl.* das ℒe Reich le règne millénaire; *hist.* das ~e Reich le Reich de mille ans; **ℒˌkünstler** *m* prestidigitateur *m*; *fig.* débrouillard *m*; homme *m* habile à tout; **~ˌmal** *adv.* mille fois; tausend-u. aber ~ mille et mille fois; des milliers de fois; ich bitte ~ um Verzeihung! mille pardons!; **ℒ'markschein** *m* billet *m* de mille marks; **ℒˌsassa** F *m* ⟨~s; ~(s)⟩ F diable *m* d'homme; rude, sacré gaillard; drôle de lascar *m*; **ℒˌschön(chen)** *n* ⟨~s; ~e⟩ (*n*) ⟨~s; ~⟩ *bot.* pâquerette *f* double; *sc.* bellis *m*; **~ste** *adj. num. o.* der, die, das ~ ... le, la millième ...; das weiß der ℒ nicht il n'y en a pas un sur mille qui sache cela; vom Hundertsten ins ℒ kommen discourir à perte de vue; parler à bâtons rompus; **ℒstel** *n* ⟨~s; ~⟩ *m*; millième *m*; millième partie *f*; **~und'eins** *adj. num. c.* mille un; die Märchen aus Tausendundeiner Nacht les Mille et Une Nuits.

Tautolo|gie [tautoˑloˑ'giː] *f* ⟨~; -ien⟩ tautologie *f*; **ℒgisch** [-'loː-] *adj.* tautologique.

Tautropfen ['tauˌtrɔpfən] *m* goutte *f* de rosée.

Tauwerk ['tauvɛrk] *n* cordage(s) *m* (*pl.*); manœuvres *f/pl.*

Tau|wetter ['tauˌvetər] *n* dégel *m*; wir haben ~ le temps est au dégel; **~wind** *m* vent *m* de dégel.

Tauziehen ['tauˌtsiːən] *n Sport* lutte *f* à la corde; *fig.* tiraillements *m/pl.*

Taxameter [taksa'meːtər] *m* ⟨~s; ~⟩ taximètre *m*; compteur *m* (kilométrique, de taxi).

Taxation [taksatsiˑ'oːn] *f* ⟨~⟩ *cf.* Taxierung.

Taxator [tak'sɑːtər] *m* ⟨~s; -'toren⟩ taxateur *m*; estimateur *m*; vereidigter ~ commissaire-priseur *m*.

Taxe ['taksə] *f* ⟨~; ~n⟩ **1.** *Auto* taxi *m*; e-e ~ herbeirufen appeler, 'héler un taxi; **2.** (*Gebühr*) taxe *f*; droits *m/pl.*; (*festgesetzter Preis*) prix taxé; tarif *m*; (*Schätzung*) prisée *f*; taxe *f*; e-r ~ unterliegen être soumis à une taxe; ~ unter (über) dem Wert taxe au-dessous (au-dessus) de la valeur.

tax|frei ['taksfraɪ] *adj.* exempt de droits; **ℒgeˌbühren** *f/pl.* taxes *f/pl.*; **ℒgeˌwicht** *n* poids taxé.

Taxi ['taksiˑ] *n* ⟨~(s); ~(s)⟩ *cf.* Taxe 1.; **~chauˌffeur** *m* chauffeur *m* de taxi.

taxier|bar [ta'ksiːrbɑːr] *adj.* qui peut être taxé, estimé, évalué; **~en** *v/t.* ⟨*pas de ge-*, h⟩ taxer; estimer; évaluer; *bei Versteigerungen, Inventur* priser; mettre à prix; zu hoch ~ surtaxer; surestimer; zu niedrig ~ sous-estimer; sous-évaluer; **ℒer** *m* ⟨~s; ~⟩ *cf.* Taxator; **ℒung** *f* ⟨~; ~en⟩ taxation *f*; estimation *f*; évaluation *f*; *bei Versteigerungen, Inventur* prisée *f*; mise *f* à prix.

Taxi|fahrer ['taksiˑˌfɑːrər] *m cf.* Taxichauffeur; **~ˌgirl** *n* entraîneuse *f*; **~ˌstand** *m* station *f* de taxis; lieu *m* de stationnement pour taxis.

Tax|kurs ['takskʊrs] *m* cours imposé; **~preis** *m* prix fixé à dire d'expert, d'expertise.

Taxus ['taksʊs] *m* ⟨~; ~⟩ *bot.* if *m*; **~ˌhecke** *f* 'haie *f* d'ifs.

Taxwert ['taksveːrt] *m* valeur estimée, d'estimation, estimative.

Taylorsystem ['tɛɪlərzʏsˌteːm] *n* système *m* Taylor; taylorisme *m*; nach dem ~ einrichten tayloriser.

Tazette [ta'tsɛtə] *f* ⟨~; ~n⟩ *bot.* narcisse *m* des poètes; jeannette *f*.

Tb(c) [teː'beː, -'tseː] *cf.* Tuberkulose; **~-ˌkrank**, **~-ˌKranke(r)** *etc. cf.* Tuberkulose...

Teakholz ['tiːkhɔlts] *n* bois *m* de teck.

Team [tiːm] *n* ⟨~s; ~s⟩ équipe *f*; **~ˌarbeit** *f*, **~work** [-vœːk] *n* ⟨~s⟩ travail *m* en *od.* par équipe.

Technik ['tɛçnɪk] *f* ⟨~; ~en⟩ technique *f*; Zeitalter der ~ âge de la technique; die ~ des Klavierspiels la technique du piano; sein Spiel zeigt nur ~ son jeu n'est que de la technique; **~er** *m* ⟨~s; ~⟩ technicien *m*; ingénieur *m*; **~um** *n* ⟨~s; -ka *od.* -ken⟩ école *f* technique.

technisch ['tɛçnɪʃ] **1.** *adj.* technique; ~e Abteilung service technique; ~er Angestellter membre du personnel technique; ~er Ausdruck terme technique; ~e Daten caractéristiques techniques; ~e Eigenschaften des Holzes qualités industrielles du bois; ℒe Hochschule (*abr.* TH) école supérieure technique; ~er Leiter ingénieur en chef; ℒes Hilfswerk organisation des secours techniques; ~es Personal personnel technique; ~e Störung, ~es Versagen panne, défaillance mécanique; infolge ~er Störungen en raison, par suite d'incidents techniques, mécaniques; aus ~en Gründen pour des raisons matérielles; ℒe Universität (*abr.* TU) *in Deutschland* université technique; ~er Zeichner dessinateur industriel; ~e Zeichnung dessin industriel; **2.** *adv.* ein ~ begabter Mensch un homme doué pour la technique; das ist ~ unmöglich c'est matériellement impossible.

technisier|en [tɛçniˑ'ziːrən] *v/t.* ⟨*pas de ge-*, h⟩ mécaniser; **ℒung** *f* ⟨~⟩ mécanisation *f*.

Techno|kratie [tɛçnoˑkra'tiː] *f* ⟨~⟩ technocratie [-si] *f*; **~'loge** *m* ⟨~n; ~n⟩ technologue *od.* technologiste *m*; **~lo'gie** *f* ⟨~⟩ technologie *f*; **ℒ'logisch** *adj.* technologique.

Techtelmechtel [ˌtɛçtəl'mɛçtəl] F *n* ⟨~s; ~⟩ amourette *f*; passade *f*.

Teckel ['tɛkəl] *m* ⟨~s; ~⟩ *cf.* Dackel.

Teddy(bär) ['tɛdiˑ(ˌbɛːr)] *m* ⟨~s; ~s⟩ (*m*) ours *m* en peluche.

Tedeum [teˑ'deːʊm] *n* ⟨~s; ~s⟩ *mus.* Te Deum *m*.

Tee [teː] *m* ⟨~s; ~s⟩ thé *m*; *phm.* tisane *f*; infusion *f*; grüner ~ thé vert; schwarzer ~ *cf.* schwarz I; ~ trinken prendre du thé; ~ kochen, aufgießen faire du thé; den ~ ziehen lassen laisser infuser le thé; j-n zum ~ einladen inviter qn. à prendre le thé; F *fig.* abwarten u. ~ trinken laisser venir qc.; **~ˌanbau** *m* ⟨~(e)s⟩ culture *f* du thé; **~blatt** *n* feuille *f* de thé; **~brett** *n* plateau *m*; **~ˌbüchse** *f*, **~ˌdose** *f* boîte *f* à thé; **~-Ei** *n* œuf *m* à thé; **~-ˌErnte** *f* récolte *f* du thé; **~geˌbäck** *n* petits gâteaux secs; petits fours; **~geˌschirr** *n* service *m* à thé; **~haus** *n* japanisches ~ pavillon japonais; **~ˌkanne** *f* théière *f*; **~ˌkessel** *m* bouilloire *f*; **~licht** *n* bougie *f* pour chauffe-plats; **~ˌlöffel** *m* petite cuiller; **~maˌschine** *f* samovar *m*; **~ˌmischung** *f* mélange *m* de thé.

Teer [teːr] *m* ⟨~(e)s; ~e⟩ goudron *m*; **~ˌabscheider** *m chim.* séparateur *m* de goudron; **~ˌabscheidung** *f chim.* séparation *f* de goudron; **ℒˌartig** *adj.* goudronneux, -euse; **~ˌdachpappe** *f cf.* Teerpappe; **~ˌdecke** *f e-r Straße* revêtement *m* de goudron; **~destillaˌtiˌon** *f* distillation *f* de goudron; **ℒen I** *v/t.* ⟨h⟩ goudronner; *mar.* brayer; coaltarer; coaltariser; coalter; **II ~en** *n* ⟨~s⟩ goudronnage *m*; *mar.* coaltarement *m*; coaltarisation *f*; **~faˌbrik** *f* goudronnerie *f*; **~ˌfarbstoffe** *m/pl.* colorants dérivés de goudrons; **~faß** *n* tonne *f* à goudron; **ℒig** *adj.* goudronneux, -euse; **~ˌjacke** F *fig. f* marin *m*; matelot *m*; **~ˌkessel** *m* chaudière *f* à goudron; **~ˌleinwand** *f* toile goudronnée; **~maˌschine** *f* goudronneuse *f*; **~öl** *n* huile *f* de goudron.

Teerose ['teːˌroːzə] *f bot.* rose *f* thé.

Teer|pappe ['teːrˌpapə] *f* carton, papier goudronné, bitumé; **~schweleˌrei** *f* ⟨~; ~en⟩ goudronnerie *f*; **~spritzmaˌschine** *f* goudronneuse *f*; **~ˌstraße** *f* route goudronnée; **~ˌtonne** *f cf.* Teerfaß; **~ung** *f* ⟨~⟩ *cf.* teeren II.

Tee|salon ['teːzaˌlõː, -ˌlɔŋ] *m* salon *m* de thé; **~serˌvice** *n* service *m* à thé; **~sieb** *n* passe-thé *m*; **~ˌsteuer** *f* impôt *m* sur le thé; **~strauch** *m bot.* thé *m*; **~ˌtasse** *f* tasse *f* à thé; **~tisch** *m* table *f* à thé; **~ˌtrinker** *m/pl.* buveurs *m/pl.* de thé; **~ˌwagen** *m* table roulante; **~ˌwärmer** *m* ⟨~s; ~⟩ couvre-théière *m*; cosy *m*; **~ˌwasser** *n* eau *f* pour le thé.

Tegel ['teːgəl] *m* ⟨~s⟩ *géol.* marne *f*.

Teich [taɪç] *m* ⟨~(e)s; ~e⟩ étang *m*; pièce *f* d'eau; (*Fisch*ℒ) vivier *m*; den ~ ablassen vider l'étang; F *fig.* der große ~ l'Atlantique; **~ˌkolben** *m bot.* typha *m*; canne *f* de jonc; massette *f*; **~ˌrose** *f bot.* nénuphar *m*; **~ˌwirtschaft** *f* pisciculture *f*; alevinage *m*.

Teig [taɪk] *m* ⟨~(e)s; ~e⟩ pâte *f*; ausgerollter ~ abaisse *f*; den ~ kneten pétrir la pâte; den ~ rühren, schlagen tourner, faire la pâte; der ~ geht la pâte lève; **ℒig** *adj.* pâteux, -euse; *Obst* blet, -tte; **~knetmaˌschine** *f* pétrin *m* mécanique; **~ˌmasse** *f* pâte *f*; **~ˌmulde** *f* pétrin *m*; **~ˌrädchen** *n* videlle *f*; **~ˌrolle** *f* rouleau *m* à pâtisserie; ~ˌ**schaber** *m* raclette *f*; ~ˌ**waren** *f/pl.* pâtes *f/pl.* alimentaires.

Teil [taɪl] *m u. n* ⟨~(e)s; ~e⟩ *e-s Ganzen* partie *f*; *aus e-r Teilung hervorgehend* portion *f*; (*An*2) part *f*; (*Bestand*2) élément *m*; (*Einzel*2) pièce *f*; *e-s Buches* tome *m*; *jur.* (*Partei*) partie *f*; **ein ~ der Menschheit** une partie de l'humanité; **ein ~ der Versammlung stimmte dagegen** une fraction de l'assemblée vota contre; **der obere, mittlere, nördliche ~** la partie supérieure, moyenne, septentrionale; **der zweite ~ des Faust** la seconde partie du Faust; **beide ~e in e-m Band** deux tomes en un volume; **der größte ~ der Menschen** la plupart des hommes; **das beste ~** la meilleure partie; *fig.* **er hat das beste ~ erwählt** il a choisi le meilleur, la meilleure part; **ein gut ~ von ...** une bonne partie de ...; F pas mal de ...; **ein gut ~ größer** beaucoup plus grand; **es gehört ein gut ~ Frechheit zu dieser Behauptung** il faut une bonne dose d'impertinence pour oser prétendre chose pareille; **wenn er auch nichts sagt, so denkt er sich doch sein ~** bien qu'il ne dise mot, il n'en pense pas moins; **ich für mein ~** quant à moi; pour ma part; **zum ~** (*abr.* **z.T.**) en partie; partiellement; **zum großen ~** en grande partie; **zum größten ~** pour la plus grande partie; pour la plupart; **ich habe das Buch zum größten ~ gelesen** j'ai lu la plus grande partie du livre; **zu gleichen ~en** à parts égales; **zu e-m guten ~** pour une bonne part; **ich habe keinen ~ daran** je n'y suis pour rien; **schlecht zusammenpassende ~e** des pièces mal assorties; **e-e Maschine in ihre ~ zerlegen** démonter une machine pièce par pièce, en ses divers éléments, en ses diverses parties; **sein ~ beitragen** apporter sa contribution, sa part (zu à); y aller de son obole; **jeder muß sein ~ zur Linderung dieser Not beitragen** chacun doit contribuer pour sa part à soulager cette misère; *jur.* **der klagende ~** la partie plaignante; le demandeur; **der beklagte ~** la partie défenderesse; le défendeur; **der geschädigte ~** la partie lésée; **der schuldige ~** la partie coupable; le coupable; **~...** *in Zssgn. meist* partiel, -lle; **~ˌabkommen** *n* accord partiel; **~ˌabrechnung** *f* décompte partiel; **~ˌansicht** *f* vue partielle; **~ˌauftrag** *m* commande partielle; **~ˌausverkauf** *m* liquidation partielle; **2bar** *adj.* divisible; partageable; **~barˌkeit** *f* ⟨~⟩ divisibilité *f*; **~beˌgriff** *m* notion partielle; **~beˌtrag** *m* montant partiel.

Teilchen ['taɪlçən] *n* ⟨~s; ~⟩ *phys. atom.* particule *f*; corpuscule *m*; **~ˌbahn** *f phys. atom.* trajectoire *f*, orbite *m* des particules; **~beˌschleuniger** *m phys. atom.* accélérateur *m* de particules; **~ˌfluß** *m phys. atom.* flux *m* des particules; **~ˌwolke** *f phys. atom.* essaim *m* de particules; **~ˌzahl** *f phys. atom.* nombre *m* de particules; **~ˌzähler** *m phys. atom.* compteur *m* de particules.

teilen ['taɪlən] **I** *v/t. u. v/réfl.* ⟨h⟩ diviser (in en); (*auf*~, *ver*~) partager (**in** en; **unter** entre); (*trennen*) séparer; *j-s Ansicht, Meinung, Furcht, Verdacht, Schicksal* partager; *j-s Leid, Freude etc.* prendre part à; *st. s. Schiff die Wogen* fendre; **sich in etw. ~** partager qc. (**mit j-m** avec qn.); **etw. unter sich ~** se partager qc.; *Weg, Straße* **sich ~** bifurquer; *math.* **10 durch 2 ~** diviser 10 par 2; **brüderlich ~** partager en frères; **sich mit j-m in die Kosten e-r Sache ~** partager avec qn. les frais de qc.; **sich in die Verantwortung ~** partager avec qn. la responsabilité; **die Meinungen sind geteilt, man ist geteilter Meinung** les opinions sont partagées; **e-e Mauer teilt den Hof in zwei Teile** un mur sépare la cour en deux; **II** 2 *n* ⟨~s⟩ *cf.* **Teilung.**

Teilentschädigung ['taɪlˀɛntˌʃɛːdɪɡʊŋ] *f* indemnité partielle.

Teiler ['taɪlər] *m* ⟨~s; ~⟩ *math.* diviseur *m*.

Teil|erfolg ['taɪlˀɛrˌfɔlk] *m* succès partiel; **~erˌgebnis** *n* résultat partiel; **~erˌneuerung** *f* renouvellement partiel; **~finanˌzierung** *f* financement partiel, complémentaire; **~geˌbiet** *n* section *f*; branche *f*; **2ˌhaben** *v/i.* ⟨*irr.*, *sép.*, -ge-, h⟩ **an etw. ~** avoir part à qc.; prendre part à qc.; participer à qc.; avoir contribué, concouru, collaboré à qc.; *an e-m Verbrechen* tremper dans qc.; être complice de qc.; **~ˌhaber(in)** *m* ⟨~s; ~⟩ (*f*) ⟨~; ~nen⟩ *comm.* associé, -e *m, f*; **geschäftsführender ~** associé gérant; **stiller ~** bailleur *m* de fonds; commanditaire *m*; **als ~ eintreten** s'associer (à); **~ˌhaberˌschaft** *f* ⟨~⟩ *comm.* association *f* en participation; qualité *f* d'associé; **e-e ~ auflösen** dissoudre une association; **mit j-m in ~ treten, e-e ~ eingehen** s'associer avec qn.; entrer en association avec qn.; **2ˌhaftig** *adj.* **e-r Sache ~** qui participe à qc.; participant à qc.; **e-r Sache ~ werden** participer à qc.; gagner qc.; **~ˌhaftung** *f* responsabilité partielle; **~invalidiˌtät** *f* invalidité partielle; **~kreis** *m techn.* limbe *m*; cercle gradué; **~ˌleistung** *f* prestation partielle; **~ˌlieferung** *f* livraison partielle; **2möˌbliert** *adjt.* partiellement meublé; **2motoriˌsiert** *adjt.* partiellement motorisé; semi-motorisé; **~ˌnahme** *f* ⟨~⟩ participation *f* (**an etw.** à qc.); (*Mitwirkung*) collaboration *f*; coopération *f*; (*Anwesenheit*) assistance *f*; présence *f*; *an j-s Ergehen etc.* intérêt *m* (**an** pour); sympathie *f*; (*Beileid*) condoléances *f/pl.*; **in aufrichtiger ~** avec l'expression de mes (nos) plus sincères condoléances; **j-m s-e ~ ausdrücken** présenter, offrir, faire ses condoléances à qn.; **~nahmebeˌdingungen** *f/pl.* conditions *f/pl.* de participation; **2nahmebeˌrechtigt** *adjt.* qui a droit à la participation; qui est autorisé à participer (à); **~nahmebeˌrechtigung** *f* droit *m* de participation; **2nahmsˌlos** *adj.* indifférent; indolent; apathique; froid; **~nahmsˌlosigkeit** *f* ⟨~⟩ indifférence *f*; indolence *f*; apathie *f*; froideur *f*; **2nahmsˌvoll 1.** *adj.* sympathique; compatissant; **2.** *adv.* avec sympathie; **2ˌnehmen** *v/i.* ⟨*irr.*, *sép.*, -ge-, h⟩ **an etw. ~** prendre part à qc.; participer à qc.; *abs.* se mettre de la partie; (*mitwirken*) collaborer, coopérer, participer à qc.; (*beiwohnen*) assister à, être présent à qc.; *fig.*, *an j-s Ergehen, Leben etc.* s'intéresser à qc.; montrer de la sympathie pour qc.; **an j-s Freude, Leid, Sorgen ~** prendre part à la joie, à la douleur, aux soucis de qn.; **an e-r Hochzeit ~** être invité à une noce, à un mariage; être d'une noce; **an e-m Kursus ~** suivre un cours; **an e-r Versammlung ~** assister à une conférence; **2ˌnehmend 1.** *adjt.* (*mitfühlend*) sympathique; compatissant; qui porte de l'intérêt (à); **2.** *advt.* avec sympathie, intérêt; **~ˌnehmer(in)** *m* (*f*) participant, -e *m, f*; *an e-m Kongreß* congressiste *m, f*; *Sport, an e-m Wettkampf* concurrent, -e *m, f*; *an der Zwischenrunde* demi-finaliste *m, f*; *an der Endrunde* finaliste *m, f*; (*Anwesender*) assistant, -e *m, f*; *tél.* abonné, -e *m, f*; *während e-s Telephongesprächs* personne *f* en ligne; **die ~** *pl. e-r Versammlung* les assistants; l'assistance *f*; **~nehmerˌanschluß** *m tél.* poste *m* d'abonné; **~nehmerˌliste** *f* liste *f* des participants; **~nehmerˌstaat** *m* État participant; **~nehmerverˌzeichnis** *n tél.* annuaire *m* du téléphone; *cf. auch* ~nehmerliste; **~nehmerˌzahl** *f* nombre *m* des participants, des assistants; assistance *f*; **~pacht** *f* métayage *m*; colonage *m* partiaire; **~ˌpächter** *m* métayer *m*; colon *m* partiaire; **~ˌrente** *f* rente partielle.

teils [taɪls] *adv.* (en) partie; **~ in Gold, ~ in Silber** partie (en) or, partie (en) argent; (en) partie or, (en) partie argent.

Teil|schaden ['taɪlˌʃaːdən] *m* dommage partiel; **~ˌscheibe** *f techn.* disque perforé, gradué; **~ˌschuldverˌschreibung** *f* obligation partielle; **~ˌsendung** *f* envoi partiel; **~ˌstrecke** *f chem.*, *aviat.* tronçon *m*; *der Straßenbahn* section *f*; **~streik** *m* grève partielle; **~strich** *m* trait *m* de graduation, de division; **~stück** *n* section *f*.

Teilung ['taɪlʊŋ] *f* ⟨~; ~en⟩ division *f*; (*Auf*2) partage *m*; *e-s Gebietes, Landes* démembrement *m*; *biol.* segmentation *f*; *jur.* **~ unter Lebenden** partage entre vifs; **j-m bei der ~ zufallen** échoir en partage à qn.; *hist.* **~ Polens** partage de la Pologne; *biol.* **Fortpflanzung durch ~** scissiparité *f*; fissiparité *f*; **~sarˌtikel** *m gr.* article partitif; **~sˌaufstellung** *f beim Konkursverfahren* état *m* de collocation; **~sˌklage** *f jur.* action *f* en partage; **~sˌmasse** *f beim Konkurs* masse *f* de partage; **~sˌurkunde** *f* acte *m* de partage; **~sverˌhältnis** *n* rapport *m* de partage; **~sverˌtrag** *m* convention *f* de partage; **~sˌzeichen** *n math.* signe *m* de la division; **~sˌzwang** *m jur.* obligation *f* de procéder au partage.

Teil|verlust ['taɪlfɛrˌlust] *m* perte partielle; **2ˌweise 1.** *adj.* partiel, -lle; **2.** *adv.* partiellement; en partie; **ganz oder ~** en tout ou partie; **~wert** *m* valeur partielle; **~ˌzahlung** *f* paiement partiel, échelonné; **~en leisten** payer par acomptes, à tempérament; effectuer des paiements partiels; **auf ~ kaufen** acheter à tempérament; **auf Wunsch ~** facilités *f/pl.* de paiement; **~zahlungsˌbank** *f* ⟨~; ~en⟩ banque *f* de crédit à la consommation; **~zahlungsgeˌschäft** *n* **a)** vente *f* à tempérament; **b)** maison *f* de vente à crédit, accordant des facilités de paiement; **~zahlungskreˌdit** *m* financement *m* de la vente à crédit, des paiements à tempérament; **~zahlungssysˌtem** *n* système *m* de paiement par acomptes, de paiements échelonnés; **~zahlungsverˌkauf** *m* vente *f* à tempérament.

Tein [teˈiːn] *n* ⟨~s⟩ *chim.* théine *f*.

Teint [tɛ̃ː, tɛŋ] *m* ⟨~s; ~s⟩ teint *m*.

T-Eisen ['teːˌˀaɪzən] *n* fer *m* en *od.* à T.

Tektoni|k [tɛk'toːnɪk] *f* ⟨~⟩ *géol.* tectonique *f*; **2sch** *adj. géol.* tectonique.

Tektur [tɛk'tuːr] *f* ⟨~; ~en⟩ feuille rectificative.

Telefon... cf. Telephon...
Telegonie [teˑleˑgoˑˈniː] f ⟨~⟩ biol. télégonie f.
Telegraf... cf. Telegraph...
Telegramm [teˑleˑˈgram] n ⟨~s; ~e⟩ télégramme m; dépêche f; F pli m; dringendes ~ télégramme urgent; telephonisch zugestelltes ~ télégramme téléphoné; ein ~ aufgeben expédier un télégramme; ein ~ schicken envoyer un télégramme; ~aˌdresse f adresse f télégraphique; ~ˌannahme f Post guichet m des télégrammes; ~ˌanschrift f cf. ~adresse; ~ˌbote m télégraphiste m; ~formuˌlar n formulaire m, formule f de télégramme; ~geˌbühr f taxe f télégraphique; ~ˌschalter m Post cf. ~annahme; ~ˌstil m style m télégraphique (auch fig.); ~überˌmittlung f transmission f des télégrammes; ~ˌwort n mot m télégraphique.
Telegraph [teˑleˑˈgrɑːf] m ⟨~en; ~en⟩ télégraphe m.
Telegraphen|agentur [teˑleˑˈgrɑːfən-ʔagɛnˌtuːr] f agence f télégraphique; ~ˌamt n bureau m télégraphique; ~beˌamte(r) m, ~beˌamtin f télégraphiste m, f; ~büˌro n cf. ~agentur; ~ˌdienst m service m télégraphique; ~ˌdraht m fil m télégraphique; ~ˌkabel n câble m télégraphique; ~ˌleitung f ligne f télégraphique; ~ˌmast m poteau m télégraphique; ~ˌnetz n réseau m télégraphique; ~ˌstange f cf. ~mast; ~ˌwesen n télégraphie f.
Telegraph|ie [teˑleˑgraˈfiː] f ⟨~⟩ télégraphie f; drahtlose ~ télégraphie sans fil (T.S.F.); ≈ieren v/t. ⟨pas de ge-, h⟩ télégraphier (j-m à qn.); ~ieˌzeichen n/pl. code m télégraphique; ≈isch [-ˈgrɑː-] 1. adj. télégraphique; ~e Postanweisung mandat-poste télégraphique; auf ~em Wege par voie télégraphique; 2. adv. j-n ~ herbeirufen appeler qn. télégraphiquement, par télégramme; ~ antworten répondre par télégramme; Geld ~ anweisen envoyer un mandat télégraphique; ~ überweisen transmettre télégraphiquement; ~ist(in) m ⟨~en; ~en⟩ (f) ⟨~; ~nen⟩ télégraphiste m, f.
Telemark(schwung) [ˈteːləˌmark (-ˌʃvʊŋ)] m ⟨~s; ~s⟩ (m) Schisport Télémark m.
Tele|meter [teˑleˑˈmeːtər] n ⟨~s; ~⟩ télémètre m; ~objekˌtiv [ˈteː-] n téléobjectif m; ~oloˈgie f ⟨~⟩ philos. téléologie f; ≈oˈlogisch adj. philos. téléologique; ~paˈthie f ⟨~⟩ télépathie f; ≈ˈpathisch adj. télépathique.
Telephon [teˑleˑˈfoːn] n ⟨~s; ~e⟩ téléphone m; ~ haben avoir le téléphone; Sie werden am ~ verlangt 'on vous demande, appelle au téléphone; ~ˌanlage f installation f téléphonique; ~ˌanruf m appel m téléphonique; coup m de téléphone, F de fil; ~ˌanschluß m branchement m, raccordement m téléphonique; communication f téléphonique; poste m d'abonné; haben Sie ~? avez-vous le téléphone (chez vous)?; ~appaˌrat m appareil m téléphonique; ~at [-ˈnɑːt] n ⟨~(e)s; ~e⟩ cf. ~gespräch; ~ˌbuch n annuaire m du téléphone; ~ˌdraht m fil m téléphonique; ~ˌfräulein n téléphoniste f; ~geˌbühr f taxe f téléphonique; ~geˌheimnis n secret m des communications téléphoniques; ~geˌspräch n conversation f téléphonique, par téléphone; communication f, appel m téléphonique; ~ˌgrundgeˌbühr f redevance f téléphonique; ~ˌhörer m récepteur m; écouteur m; cornet m; den ~ abnehmen décrocher le récepteur, etc.; ~ie [-ˈniː] f ⟨~⟩ téléphonie f; ≈ieren [-ˈniː-] v/i. ⟨pas de ge-, h⟩ téléphoner (mit j-m à qn.; von j-m aus de chez qn.); donner un coup de téléphone, F de fil (à qn.); ≈isch 1. adj. téléphonique; ~e Mitteilung communication téléphonique; 2. adv. par téléphone; j-n ~ erreichen toucher qn. par téléphone; ~ durchsagen transmettre par téléphone; ~ist(in) [-ˈnɪst(ɪn)] m ⟨~en; ~en⟩ (f) ⟨~; ~nen⟩ téléphoniste m, f; standardiste m, f; ~ˌkabel n câble m téléphonique; ~kaˌbine f cf. ~zelle; ~ˌleitung f ligne f téléphonique; ~ˌnetz n réseau m téléphonique; ~ˌnummer f numéro m de téléphone; ~verˌbindung f communication f téléphonique; e-e ~ herstellen établir, donner une communication téléphonique; ~verˌkehr m communications f/pl. téléphoniques; trafic m téléphonique; ~ˌzelle f cabine f téléphonique; ~zenˌtrale f central m téléphonique, du téléphone.
Telephotographie [teˑleˑfoˑtoˑgraˈfiː] f téléphotographie f.
Teleskop [teˑleˑˈskoːp, -lɛsˈkoːp] n ⟨~s; ~e⟩ télescope m; ≈isch adj. télescopique.
Telex-Netz [ˈtɛlɛksˌnɛts] n (réseau m) télex m.
Teller [ˈtɛlər] m ⟨~s; ~⟩ assiette f; techn. platine f; am Schistock rondelle f; ch. oreille f (de sanglier); flacher (tiefer) ~ assiette plate (creuse); die ~ wechseln changer d'assiettes; mit dem ~ Geld einsammeln quêter, faire la quête avec la sébile; ~ˌeisen n ch. piège m à palette; ≈ˌförmig adj. en forme d'assiette; ~geˌklapper n cliquetis m d'assiettes; ~geˌricht n im Restaurant plat m; ~ˌmine f milit. mine plate; ~ˌmütze f casquette plate; ~ˌsammlung f quête f avec la sébile; ~ˌschrank m buffet m; vaisselier m; ~ˌstapel m pile f d'assiettes; ~ˌtuch n torchon m; ~ˌvoll m ⟨~; ~⟩ assiettée f; ~ˌwärmer m ⟨~s; ~⟩ chauffe-assiettes m; ~ˌwäscher m ⟨~s; ~⟩ im Restaurant plongeur m.
Tellur [tɛˈluːr] n ⟨~s⟩ chim. tellure m; ≈isch adj. géol. tellurique; ~it [-ˈriːt, -ˈrɪt] n ⟨~s; ~e⟩ chim. tellurite m; ≈ˌsauer adj. chim. tellursaures Salz tellurate m; ~ˌsäure f chim. acide m tellurique; ~ˌsilber n argent telluré.
Tempel [ˈtɛmpəl] m ⟨~s; ~⟩ temple m; F fig. j-n zum ~ hinauswerfen mettre, F flanquer qn. à la porte; ~ˌbau m ⟨~(e)s; ~ten⟩ construction f, édification f d'un temple; ~ˌdienst m culte, service divin; ~ˌherr m hist. Templier m; ~ˌraub m, ~ˌräuber m sacrilège m; ~ˌritter m hist. cf. ~herr; ~ˌschänder m, ~ˌschändung f sacrilège m.
Tempera|farbe [ˈtɛmpeˑraˌfarbə] f peint. détrempe f; mit ~ malen peindre à la détrempe; ~maleˌrei f (peinture f à la) détrempe f.
Temperament [tɛmpeˑraˈmɛnt] n ⟨~(e)s; ~e⟩ (Wesensart) tempérament m; (Schwung, Feuer) dynamisme m; ardeur f; vivacité f; entrain m; feu m; die vier ~e les quatre tempéraments; ~ haben être plein de vie; être très vif, -ive; être d'une grande vivacité; avoir beaucoup de vivacité, d'entrain, de feu, de dynamisme; ≈ˌlos adj. sans dynamisme, ardeur, vivacité, entrain, feu; phlegmatique; indolent; ~ˌlosigˌkeit f ⟨~⟩ manque m, absence f de dynamisme, d'ardeur, de vivacité, d'entrain, de feu; phlegme m; indolence f; ≈ˌvoll adj. dynamique; ardent; très vif, -ive; plein de vie, de vivacité, d'entrain.
Temperatur [tɛmpeˑraˈtuːr] f ⟨~; ~en⟩ température f (auch leichtes Fieber); mus. tempérament m; die ~ ist gestiegen, gesunken la température a monté, baissé; zulässige ~ température limite; bei gewöhnlicher ~ à la température ambiante; ~ haben avoir, faire de la température; erhöhte ~ haben avoir, faire un peu de fièvre, de température; ~ˌabfall m chute f de température; ≈ˌabhängig adj. dépendant de la température; variable avec la température; ~ˌanstieg m 'hausse f de température; élévation f, augmentation f de la température; ~ˌausgleich m compensation f de température; ≈beˌständig adj. thermostable; insensible, résistant à la température, aux écarts thermiques, aux écarts de température; ~beˌständigkeit f thermostabilité f; insensibilité f, résistance f à la température, aux variations de température; ~ˌeinfluß m influence f de la température; ~geˌfälle n gradient m thermique; chute f de température; ~koeffiziˌent m coefficient m de température; ~korrekˌtur f correction f thermique; ~ˌkurve f courbe f de température; ~ˌmeßfarben f/pl. néol. thermocouleurs f/pl.; indicateur m de température thermochrome; ~ˌmessung f mesure f de la température; thermométrie f; ~ˌregelung f contrôle m de température; ~ˌregler m thermostat m; ~ˌrückgang m baisse f de température; ~ˌschwankung f fluctuation f de température; ~ˌskala f échelle f de température; ~ˌsturz m chute f de température; ~ˌunterschied m différence f, écart m de température; ~ˌwechsel m changement m de température; ~ˌzunahme f cf. ~anstieg.
Temperenzler [tɛmpeˑˈrɛntslər] m ⟨~s; ~⟩ membre m d'une société de tempérance; tempérant m.
Temperguß [ˈtɛmpərˌgʊs] m métall. fonte f malléable.
temperieren [tɛmpeˑˈriːrən] v/t. ⟨pas de ge-, h⟩ Wein chambrer; mus. tempérer.
Temper|kohle [ˈtɛmpərˌkoːlə] f carbone m de recuit, à malléabiliser; ≈n I v/t. ⟨-(e)re, h⟩ métall. recuire; malléabiliser; II ~n n ⟨~s⟩ recuit m; néol. malléabilisation f; ~ˌofen m métall. four m à recuire, à malléabiliser.
Templer [ˈtɛmplər] m ⟨~s; ~⟩ hist. Templier m; ~ˌorden m hist. ordre m du Temple, des Templiers.
Tempo [ˈtɛmpoˑ] n ⟨~s; ~s od. -pi⟩ mus. tempo m; mouvement m; allg. (Geschwindigkeit) vitesse f; allure f; (Rhythmus) rythme m; cadence f; Sport train m; beim Schwimmen etc. (einzelne Bewegung) temps m; in rasendem ~ à une vitesse folle, vertigineuse; ~ vorlegen forcer l'allure; accélérer; ein tolles ~ vorlegen F foncer à toute allure; mener un train fou, d'enfer; das ~ vermindern ralentir l'allure; im ~ nachlassen réduire l'allure, la cadence; in langsamem ~ lentement; in vollem ~ ankommen P arriver à toute pompe; (nun aber) ~! dépêche-toi!; dépêchez-vous!; F en vitesse!

temporal [tɛmpoˑ'rɑːl] *adj.* temporel, -lle; **2ien** *pl. égl. cath.* temporel *m*; **2ˌsatz** *m gr.* proposition circonstancielle de temps; proposition temporelle.
temporär [tɛmpoˑ'rɛːr] *adj.* temporaire.
Tempus ['tɛmpʊs] *n* ⟨~; -pora⟩ *gr.* temps *m* (du verbe); **~geˌbrauch** *m gr.* emploi *m* des temps.
Tenakel [teˑ'nɑːkəl] *n* ⟨~s; ~⟩ *impr.* chevalet *m*; mordant *m*.
Tendenz [tɛn'dɛnts] *f* ⟨~; ~en⟩ tendance *f* (nach etw. hin vers qc.; *fig.* zu etw. à qc.); e-e ~ verfolgen suivre une tendance; *Börse* steigende ~ tendance à la hausse; rückläufige ~ tendance à la baisse; einheitliche ~ tendance unitaire; nicht einheitliche ~ tendance irrégulière; lustlose ~ tendance indécise; **2i'ös 1.** *adj.* tendancieux, -euse; **2.** *adv.* de parti pris; **~roˌman** *m* roman *m* à thèse; **~ˌstück** *n* pièce *f* à thèse.
Tender ['tɛndər] *m* ⟨~s; ~⟩ *chem.* tender *m*; **~ˌlok(omoˌtive)** *f chem.* locomotive-tender *f*; locomotive *f* à tender.
tendieren [tɛn'diːrən] *v/i.* ⟨*pas de ge-*, h⟩ avoir une tendance (nach vers, *fig.* à); tendre (vers *od.* à); incliner (vers *od.* à).
Tenne ['tɛnə] *f* ⟨~; ~n⟩ aire *f* (de battage).
Tennis ['tɛnɪs] *n* ⟨~⟩ tennis *m*; ~ spielen jouer au tennis; **~ˌball** *m* balle *f* de tennis; **~ˌhalle** *f* court couvert; **~ˌkleid** *n* robe *f* de tennis; **~ˌklub** *m* club *m* de tennis; **~ˌmeisterschaft** *f* championnat *m* de tennis; **~ˌplatz** *m* court *m* (de tennis); **~ˌschläger** *m* raquette *f* (de tennis); **~ˌschuhe** *m/pl.* chaussures *f/pl.* de tennis; **~ˌspiel** *n* match *m* de tennis; partie *f* de tennis; **~ˌspieler(in)** *m (f)* joueur, -euse *m, f* de tennis; **~turˌnier** *n* tournoi *m* de tennis.
Tenor[1] ['teːnɔr] *m* ⟨~s⟩ teneur *f*.
Tenor[2] [teˑ'noːr] *m* ⟨~s; -'nöre⟩ *mus.* ténor *m* (*auch Tenorsänger*); lyrischer ~ ténor lyrique; **~ˌbariton** *m mus.* baryton ténorisant; **~ˌhorn** *n mus.* cor *m* ténor; **~ist** [-'rɪst] *m* ⟨~en; ~en⟩ *cf.* Tenor[2]; **~parˌtie** *f mus.* partie *f* du ténor; **~ˌsänger** *m cf.* Tenor[2]; **~ˌschlüssel** *m mus.* clef *f* d'ut; **~ˌstimme** *f mus.* ténor *m*.
Tentakel [tɛn'tɑːkəl] *n/pl. od. m/pl. zo.* tentacules *m/pl.*
Tentamen [tɛn'tɑːmɛn] *n* ⟨~s; -mina⟩ examen *m* préalable, probatoire.
Tenuis ['teːnuˑɪs] *f* ⟨~; -ues⟩ *phon.* occlusive sourde.
Teppich ['tɛpɪç] *m* ⟨~s; ~e⟩ tapis *m* (*auch fig. von Moos etc.*); *kleiner* carpette *f*; orientalischer ~ tapis d'Orient; den ~ klopfen battre le tapis; **~ˌboden** *m* tapis *m* moquette, de sol; **~ˌbürste** *f* brosse *f* à tapis; **~ˌkehrmaˌschine** *f* brosseuse *f* à tapis; **~ˌklopfer** *m* tapette *f*; **~klopfˌstange** *f* barre *f* à (battre les) tapis; **~ˌstab** *m* tringle *f* à tapis; **~ˌstange** *f cf.* ~klopfstange; **~ˌweber** *m*, **~ˌwirker** *m* ⟨~s; ~⟩ fabricant *m* de tapis; **~wirkeˌrei** *f* ⟨~; ~en⟩ fabrique *f* de tapis.
Terebinthe [teˑreˑ'bɪntə] *f* ⟨~; ~n⟩ *bot.* térébinthe *m*.
Termin [tɛr'miːn] *m* ⟨~s; ~e⟩ **1.** terme *m*; date *f*; *comm. für e-e Zahlung* terme *m*; (*Erfüllungstag*) échéance *f*; vereinbarter ~ terme convenu; date convenue; letzter, äußerster ~ date limite; e-n ~ festlegen, festsetzen fixer un terme, une date; den ~ einhalten respecter le terme, la date; auf e-n späteren ~ verschieben ajourner; renvoyer à une date ultérieure; **2.** *jur.* (*Gerichtssitzung*) audience *f*; (*Vorladung vor Gericht*) assignation *f*; ~ haben être assigné; **~ˌbörse** *f* marché *m* à terme; **~büˌro** *n* bureau *m*, service *m* du planning; **2geˌmäß**, **2geˌrecht** *adv.* dans le délai fixé; conformément au terme fixé, à la date fixée; **~geˌschäft** *n* affaire *f*, opération *f* à terme; ~e abschließen négocier à terme; **~ˌhandel** *m* commerce *m* à terme; **~kaˌlender** *m* échéancier *m*; agenda [-ɛ̃-] *m*; **~ˌkauf** *m* achat *m* à terme; **~ˌmappe** *f* dossier *m* des pièces à représenter; **~ˌmarkt** *m* marché *m* à terme.
Terminologi|e [tɛrmiˑnoˑloˑ'giː] *f* ⟨~; -ien⟩ terminologie *f*; **2sch** [-'loː-] *adj.* terminologique.
Terminus ['tɛrmiˑnʊs] *m* ⟨~; -ni⟩ terme *m*; ~ technicus ⟨-ni technici⟩ terme technique.
Termin|verkauf [tɛr'miːnfɛrˌkauf] *m* vente *f* à terme; **~verˌlängerung** *f* prolongation *f*, prorogation *f* d'un délai, d'un terme; report *m* d'échéance; **~verˌpflichtung** *f* obligation *f*, engagement *m* à terme; **2ˌweise** *adv.* par termes; **~ˌzahlung** *f* (*termingerechte Zahlung*) paiement *m* à terme (échu); (*Zahlung in Raten*) paiement *m* par termes, par acomptes.
Termite [tɛrˌmiːtə] *f* ⟨~; ~n⟩ *zo.* fourmi blanche; termite *m*; **~nˌhügel** *m* termitière *f*; **~nˌstaat** *m* État *m* de(s) termites.
ternär [tɛr'nɛːr] *adj. chim.* ternaire.
Terpene [tɛr'peːnə] *n/pl. chim.* terpènes *m/pl.*
Terpentin [tɛrpɛn'tiːn] *n* ⟨~s; ~e⟩ *chim.* térébenthine *f*; **~ˌöl** *n chim.* essence *f* de térébenthine.
Terrain [tɛ'rɛ̃ː, -'rɛŋ] *n* ⟨~s; ~s⟩ terrain *m* (*auch fig.*); *fig.* das ~ sondieren sonder le terrain; **~ˌaufnahme** *f* levé *od.* lever *m* de terrain; **~beˌschreibung** *f* topographie *f*; **~geˌsellschaft** *f* société immobilière; **~ˌschwierigkeiten** *f/pl.* difficultés *f/pl.* du terrain; **~ˌskizze** *f* esquisse *f* topographique; **~spekulatiˌon** *f* spéculation *f* sur les terrains; **~verˌhältnisse** *n/pl.* (nature *f* du) terrain *m*.
Terrakotta [tɛra'kɔta] *f* ⟨~; -tten⟩, *auch* **Terra'kotte** *f* ⟨~; ~n⟩ terre cuite (*auch Gefäß, Bildwerk daraus*).
Terrarium [tɛ'rɑːriˑʊm] *n* ⟨~s; -ien⟩ terrarium [-jɔm] *m*.
Terrass|e [tɛ'rasə] *f* ⟨~; ~n⟩ terrasse *f*; *im Gelände auch* (*Stufe*) gradin *m*; **2enˌförmig** *adj. u. adv.* en terrasse(s); en gradins; **~enˌgarten** *m* jardin *m* en terrasses, en gradins; **~enkulˌtur** *f agr.* culture *f* en terrasses; **2ieren** [-'siː-] *v/t.* ⟨*pas de ge-*, h⟩ aménager en terrasses, en gradins.
Terrazzo [tɛ'ratsoˑ] *m* ⟨~(s); -zzi⟩ terrazzo *m*; **~ˌfußboden** *m* parquet *m* en terrazzo.
terrestrisch [tɛ'rɛstrɪʃ] *adj.* terrestre.
Terrier ['tɛriˑər] *m* ⟨~s; ~⟩ *zo.* terrier *m*.
Terrine [tɛ'riːnə] *f* ⟨~; ~n⟩ soupière *f*.
territorial [tɛriˑtoˑriˑ'ɑːl] *adj.* territorial; ~e Integrität intégrité territoriale; ~e Verteidigung défense intérieure; **2ˌansprüche** *m/pl.* revendications territoriales; **2arˌmee** *f* armée territoriale; **2geˌwalt** *f* souveraineté territoriale; **2geˌwässer** *n/pl.* eaux territoriales; **2ˌhoheit** *f* souveraineté territoriale; **2i'tät** *f* ⟨~⟩ territorialité *f*; **2i'tätsprinˌzip** *n* principe *m* de la territorialité; **2sysˌtem** *n* territorialisme *m*.
Territorium [tɛriˑ'toːriˑʊm] *n* ⟨~s; -ien⟩ territoire *m*.
Terror ['tɛrɔr] *m* ⟨~s⟩ terreur *f*; terrorisme *m*; **~ˌakt** *m* acte *m* de terreur, de terrorisme; **~ˌangriff** *m milit.* attaque aérienne sur les arrières, sur les villes ouvertes; **~ˌherrschaft** *f* dictature *f* de la terreur; **2i'sieren** *v/t.* ⟨*pas de ge-*, h⟩ terroriser; **~i'sierung** *f* ⟨~; ~en⟩, **~ismus** [-'rɪs-] *m* ⟨~⟩ terrorisme *m*; **~ist** [-'rɪst] *m* ⟨~en; ~en⟩ terroriste *m*; **2istisch** [-'rɪs-] *adj.* terroriste; de terreur.
Tertia ['tɛrtsiˑa] *f* **1.** ⟨~; -ien⟩ *in Deutschland etwa* les quatrième et cinquième classes (huitième et neuvième années scolaires) d'un lycée, collège; **2.** ⟨~⟩ *impr.* (corps *m*) seize *m*; gros romain; **~ner(in)** [-'ɑː-] *m* ⟨~s; ~⟩ (*f*) ⟨~; ~nen⟩ *in Deutschland etwa* élève *m, f* de la quatrième ou cinquième classe d'un lycée, d'un collège.
tertiär [tɛrtsiˑ'ɛːr] **I** *adj.* tertiaire (*auch géol.*); **II** 2 *n* ⟨~s⟩ *géol.* tertiaire *m*; **2formatiˌon** *f géol.* formation *f* tertiaire; **2ˌwicklung** *f élect.* enroulement *m* tertiaire.
Terz [tɛrts] *f* ⟨~; ~en⟩ *mus., esc.* tierce *f*; *mus.* große (kleine) ~ tierce majeure (mineure).
Terzerol [tɛrtsə'roːl] *n* ⟨~s; ~e⟩ pistolet *m* (de poche).
Terzett [tɛr'tsɛt] *n* ⟨~(e)s; ~e⟩ *mus.* trio *m* (de chant).
Terzine [tɛr'tsiːnə] *f* ⟨~; ~n⟩ *métr.* tercet *m*.
Tesafilm ['teːzaˌfɪlm] *m* ruban adhésif; scotch [skɔtʃ] *m*.
Tesching ['tɛʃɪŋ] *n* ⟨~s; ~e *od.* ~s⟩ carabine *f* de petit calibre.
Tesla-|Strom ['tɛslaˌʃtroːm] *m élect.* courant *m* de Tesla; **~Transforˌmator** *m* transformateur *m* de Tesla.
Test [tɛst] *m* ⟨~(e)s; ~e *od.* ~s⟩ test *m*; épreuve *f* (psychotechnique).
Testament [tɛsta'mɛnt] *n* ⟨~(e)s; ~e⟩ *jur.* testament *m*; sein ~ machen faire son testament; tester; ohne ~ sterben mourir sans avoir fait son testament; *jur.* décéder intestat; j-n in s-m ~ bedenken mettre qn. sur son testament; tester en faveur de qn.; durch ~ vermachen léguer; durch ~ verfügen disposer par testament; ein ~ eröffnen ouvrir un testament; eigenhändig geschriebenes ~ testament olographe; *relig.* Altes (Neues) ~ Ancien (Nouveau) Testament; **2arisch** [-'tɑː-] **1.** *adj.* testamentaire; **2.** *adv.* par testament; ~ verfügen disposer par testament.
Testaments|anfechtung [tɛsta'mɛntsˌʔanfɛçtʊŋ] *f* contestation *f* de *od.* du testament; **~beˌstimmung** *f* disposition *f* testamentaire; **~ˌerbe** *m*, **~ˌerbin** *f* héritier, -ère *m, f* testamentaire; **~erˌöffnung** *f* ouverture *f* de *od.* du testament; **~ˌnachtrag** *m* codicille *m*; **~verˌfügung** *f cf.* ~bestimmung; **~vollˌstrecker(in)** *m (f)* exécuteur, -trice *m, f* testamentaire; **~vollˌstreckung** *f* exécution *f* de *od.* du testament; **~ˌzusatz** *m cf.* ~nachtrag.
Testat [tɛs'tɑːt] *n* ⟨~(e)s; ~e⟩ attestation *f*; *für Studenten auch* certificat *m* de présence.
Testator [tɛs'tɑːtɔr] *m* ⟨~s; -'toren⟩ *jur.* testateur *m*.
Test|betrieb ['tɛstbəˌtriːp] *m* entre-

prise *f* pilote, type, témoin; **~bild** *n télév.* mire *f* (de réglage); **2en** *v/t.* ⟨-ete, h⟩ tester; faire un test; **~er** *m* ⟨~s; ~⟩ spécialiste *m* qui fait un test; **~flug** *m aviat.* vol *m* d'essai.

testier|en [tɛsˈtiːrən] *v/t. u. v/i.* ⟨*pas de ge-*, h⟩ **1.** (*bescheinigen*) attester; *den Besuch e-r Vorlesung etc.* certifier la présence (d'un étudiant); **2.** (*ein Testament errichten*) tester; faire un testament; **2er** *m* ⟨~s; ~⟩ *cf.* Testator; **~ˌfähig** *adj. jur.* habile à tester; **2ˌfähigˌkeit** *f* ⟨~⟩ *jur.* testabilité *f*; **~ˌunfähig** *adj. jur.* inhabile à tester.

Testikel [tɛsˈtiːkəl] *m* ⟨~s; ~⟩ *anat.* testicule *m*.

Test|methode [ˈtɛstmeˑˌtoːdə] *f cf.* ~verfahren; **~piˌlot** *m aviat.* pilote *m* d'essai; **~punkt** *m* point *m* permettant la vérification; **~ˌreihe** *f*, **~ˌserie** *f* série *f* de tests; **~ˌteilchen** *n phys. atom.* particule *m* d'épreuve; **~ung** *f* ⟨~; ~en⟩ test *m*; épreuve *f*; examen *m*; **~verˌfahren** *n* méthode *f*, procédé *m* de test.

Tetanie [teˑtaˈniː] *f* ⟨~; -ien⟩ *méd.* tétanie *f*; tétanisme *m*.

Tetanus [ˈteːtanus, ˈteˑ-] *m* ⟨~⟩ *méd.* tétanos [-oːs] *m*; **~baˌzillus** *m méd.* bacille *m* du tétanos.

Tetra|chlorkohlenstoff [teˑtraˈkloːr-ˈkoːlənˌʃtɔf] *m chim.* tétrachlorure *m* de carbone; **~ˈeder** *n* ⟨~s; ~⟩ *math.* tétraèdre *m*; **~loˈgie** *f* ⟨~; -ien⟩ tétralogie *f*.

Tetrarch [teˑˈtrarç] *m* ⟨~en; ~en⟩ *hist.* tétrarque *m*.

teuer [ˈtɔʏər] *adj. u. adv.* ⟨teurer, teuerst⟩ cher, chère; d'un prix élevé; coûteux, -euse; *fig.* cher, chère; chéri; bien-aimé; **das ist ~** c'est cher; cela coûte cher; **das ist furchtbar ~** c'est 'hors de prix; F cela coûte les yeux de la tête; **wie ~ (ist das)?** combien cela coûte-t-il, vaut-il?; quel en est le prix?; F combien ça coûte, ça vaut?; **Paris ist ein teures Pflaster, in Paris ist das Leben ~** à Paris, la vie est chère, il fait cher vivre; **das ist ein teurer Spaß** c'est une fantaisie onéreuse, dispendieuse, qui coûte cher; **teurer werden** (r)enchérir; devenir plus cher; augmenter, monter (de prix); **~ zu stehen kommen** revenir, coûter cher; *fig.* **das wird ihm ~ zu stehen kommen** il lui en coûtera cher; il le payera cher; **~ bezahlen, kaufen, verkaufen** payer, acheter, vendre cher; **sein Leben ~ verkaufen** vendre chèrement sa vie; **da ist guter Rat ~** c'est un cas bien difficile; *cf. auch* Rat 1.; **2ung** *f* ⟨~; ~en⟩ cherté *f* de la vie; 'hausse *f* des prix; renchérissement *m* des prix; (*teure Zeit*) disette *f*; pénurie *f*; **2ungsˌwelle** *f* vague *f* de hausse, de renchérissement; **2ungsˌzuschlag** *m* indemnité *f* de vie chère, de cherté de vie.

Teufe [ˈtɔʏfə] *f* ⟨~; ~n⟩ *mines* profondeur *f*.

Teufel [ˈtɔʏfəl] *m* ⟨~s; ~⟩ diable *m*; (*böser Geist*) démon *m*; F **armer ~** (*bedauernswerter Mensch*) pauvre diable, 'hère, bougre; (*mittelloser Mensch*) pauvre 'hère; miséreux *m*; F purotin *m*; *péj.* **so ein ~ von e-m Weib** ce diable de femme; cette diablesse; *er fährt, reitet etc.* F **wie der ~** comme un diable; en diable; **mit dem ~ im Bunde sein** avoir vendu son âme au diable; **~ austreiben** exorciser; **weder Tod noch ~ fürchten** ne craindre ni Dieu ni diable; F **er hat den ~ im Leibe, ihn reitet der ~** il a le diable au corps; F **der ~ ist los** le diable est déchaîné; F **er fragt den ~ danach, er kümmert sich den ~ darum** il s'en moque bien; P il s'en bat l'œil; il s'en fiche comme de sa première culotte, comme de l'an quarante; F **er muß des ~s sein** il faut qu'il ait le diable au corps; F **es müßte mit dem ~ zugehen, es müßte doch des ~s sein, der ~ müßte denn s-e Hand im Spiele haben** (, *wenn* ...) ... à moins que le diable ne s'en mêle; F **weiß der ~,** ... *par ex. wer alles da war!* seul le diable sait qui ...; F **in des ~s Küche sein** être dans une mauvaise position; F **bist du des ~s?** as-tu perdu la tête?; F **es ist alles zum ~** tout y a passé, est perdu, F fichu; F **man soll den ~ nicht an die Wand malen** il ne faut pas tenter le diable; F **das hieße, den ~ mit Beelzebub austreiben** le remède est pire que le mal; F **in der Not frißt der ~ Fliegen** faute de grives on mange des merles; F **das ist des ~s!** c'est infernal!; F **j-n zum ~ jagen** F envoyer paître qn.; F **zum ~!, zum ~ noch (ein)mal!** diable!; dame!; diantre!; bigre!; bougre!; peste!; fichtre!; sacrebleu!; mille tonnerres!; F **pfui ~!** fi donc!; F **Tod u. ~!** mille diables!; F **in drei ~s Namen!** de par tous les diables!; F **da soll doch gleich der ~ (dreinschlagen)!** P nom d'un nom, d'un chien, d'une pipe!; F **scher dich zum ~!** va-t-en au diable!; F **hol dich der ~, der ~ soll dich holen!** que le diable t'emporte!; F **zum ~ mit ihm!** (qu'il aille) au diable!; F **j-n, etw. zum ~ wünschen** envoyer qn., qc. au diable, à tous les diables; **~ˌaustreibung** *f* exorcisation *f*; exorcisme *m*; **~chen** *n* ⟨~s; ~⟩ petit diable; diablotin *m*; *phys.* **kartesianisches ~** ludion *m*; **~ei** [-ˈlaɪ] *f* ⟨~; ~en⟩ diablerie *f*; invention *f*, machination *f* diabolique; **~in** *f* ⟨~; ~nen⟩ mégère *f*; diablesse *f*.

Teufels|arbeit [ˈtɔʏfəlsˌˀarbaɪt] *f* F **das ist e-e ~** F c'est le diable à confesser; **~beˌschwörer** *m* exorciste *m*; exorciseur *m*; **~beˌschwörung** *f cf.* Teufelaustreibung; **~ˌbraten** F *m* salaud *m*; scélérat *m*; **~ˌbrut** F *f* engeance *f* diabolique; **~ˌdreck** *m phm.* assa-fœtida *f*; **~ˌkerl** F *m* diable *m* d'homme; **~ˌkirsche** *f bot.* belladone *f*; **~ˌkreis** *m* cercle vicieux; **~ˌkunst** *f* magie noire; **~ˌlist** *f* ruse *f* diabolique; **~ˌweib** F *n bewundernd* drôle *f* de diablesse, de bougresse; *péj. cf.* Teufelin; **~ˌwerk** F *n* œuvre *f* du diable; œuvre *f* diabolique.

teufen [ˈtɔʏfən] *v/t.* ⟨h⟩ *mines* foncer; creuser; avaler.

teuflisch [ˈtɔʏflɪʃ] *adj.* diabolique; infernal.

Teuton|e [tɔʏˈtoːnə] *m* ⟨~n; ~n⟩, **~in** *f* ⟨~; ~nen⟩ Teuton, -nne *m, f*; **2isch** *adj.* teuton, -nne.

Text¹ [tɛkst] *m* ⟨~es; ~e⟩ texte *m*; *zu e-m Gesangsstück* paroles *f/pl.*; *zu e-r Oper* livret *m*; libretto *m*; *zu e-r Abbildung* légende *f*; *e-r Urkunde, e-s Gesetzes* teneur *f*; *zu e-r Predigt etc.* (*Bibelstelle*) passage *m*, verset *m* (de l'Écriture); **~ mit Anmerkungen** texte annoté, avec notes; **über e-n ~ predigen** faire un sermon sur un passage, verset de la Bible; F *fig.* **j-m den ~ lesen** chapitrer, sermonner qn.; F *fig.* **weiter im ~!** continuez!; **~²** *f* ⟨~⟩ *impr.* (corps *m*) vingt *m*; **~ˌabbildung** *f* gravure *f* dans le texte; **~anaˌlyse** *f* analyse *f* de texte; **~ˌausgabe** *f* texte non annoté, sans notes; textuaire *m*; **~ˌauslegung** *f* explication *f*, interprétation *f* de texte; *égl.* exégèse *f*; **~buch** *n thé.* livret *m*; libretto *m*; **~ˌdichter** *m thé.* librettiste *m*; **2en** *v/i.* ⟨-ete, h⟩ *mus.* faire les paroles; *Werbung* rédiger le texte; **~er** *m* ⟨~s; ~⟩ *mus.* parolier *m*; *Werbung* rédacteur *m* (de textes de publicité); **2geˌmäß 1.** *adj.* conforme au texte; textuel, -lle; **2.** *adv.* conformément au texte; textuellement; **~geˌstaltung** *f* rédaction *f*; *mus.* paroles *f/pl.*

Textil|arbeiter(in) [tɛksˈtiːlˌˀarbaɪtər(ɪn)] *m* (*f*) ouvrier, -ère *m, f* de l'industrie textile; **~faˌbrik** *f* fabrique *f* de matières textiles; **~fabriˌkant** *m* fabricant *m* de matières textiles; **~ˌfasern** *f/pl.* fibres *f/pl.* textiles; **~geˌwerbe** *n cf.* ~wirtschaft; **~ien** *pl.* textiles *m/pl.*; **~indusˌtrie** *f* industrie *f* textile; **~maˌschinen** *f/pl.* machines *f/pl.* textiles; **~ˌpflanzen** *f/pl. bot.* plantes *f/pl.* textiles; **~ˌsektor** *m comm.* secteur *m* textile; **~ˌwaren** *f/pl.* textiles *m/pl.*; **~ˌwirtschaft** *f* (industrie *f* et commerce *m* des) textiles *m/pl.*

Text|interpretation [ˈtɛkstˀɪntərpreˑtatsiˑˌoːn] *f cf.* Textauslegung; **~kriˌtik** *f* critique *f* de(s) textes; **2lich 1.** *adj.* textuel, -lle; **2.** *adv.* textuellement; en ce qui concerne le texte; quant au texte; **~ˌschreiber** *m* parolier *m*; **~ˌstelle** *f* passage *m* du texte, *in der Bibel* de l'Écriture.

Textur [tɛksˈtuːr] *f* ⟨~; ~en⟩ *chim., techn.* texture *f*.

Text|vergleichung [ˈtɛkstfɛrˌglaɪçʊŋ] *f* comparaison *f* de textes; collation *f*; **~wort** *n* ⟨~(e)s; ~e⟩ *égl.* passage *m*, verset *m* de l'Écriture.

Tezett [ˈteːtsɛt, -ˈtsɛt] *n* F **bis zum ~, bis ins ~** complètement; **bis ins ~ kennen** connaître à fond.

T-förmig [ˈteːˌfœrmɪç] *adj.* en T.

Thailänd|er(in) [ˈtaɪˌlɛndər(ɪn)] *m* ⟨~s; ~⟩ (*f*) ⟨~; ~nen⟩ Thaïlandais, -e *m, f*; **2isch** *adj.* thaïlandais.

Thallium [ˈtaliˑʊm] *n* ⟨~s⟩ *chim.* thallium [-jɔm] *m*.

Thall|ophyten [taloˑˈfyːtən] *pl. bot.* thallophytes *m/pl.*; **~us** *m* ⟨~; -lli⟩ *bot.* thalle *m*.

Theater [teˑˈaːtər] *n* ⟨~s; ~⟩ théâtre *m*; (*Vorstellung*) spectacle *m*; **ins ~ gehen** aller au théâtre, au spectacle; **zum ~ gehen** se faire acteur, -trice; F monter sur les planches; faire du théâtre; F *fig.* **~ machen** faire des histoires; (*sich aufspielen*) faire l'important; se donner des airs; F *fig.* **~ spielen** jouer la comédie; F *fig.* **ein ~ um etw., j-n machen** faire grand cas de qc., de qn.; F *fig.* **das ist doch alles bloß ~** allons! ce sont des histoires; F *fig.* **es ist immer dasselbe ~** c'est toujours la même histoire; **~ˌabend** *m* soirée théâtrale; **~abonneˌment** *n* abonnement *m* au théâtre; **~agenˌtur** *f* agence *f* de théâtre; **~ˌanrecht** *n cf.* ~abonnement; **~ˌaufführung** *f* représentation théâtrale; spectacle *m*; **~beˌricht** *m* courrier *m* des spectacles; chronique théâtrale; **~beˌsuch** *m* regelmäßiger **~** fréquentation assidue du théâtre; **für die Kongreßteilnehmer ist ein ~ vorgesehen** on a prévu une représentation théâtrale pour les congressistes; **~beˌsucher(in)** *m* (*f*) spectateur, -trice *m, f*; **~ˌcoup** *m* ⟨~s; ~s⟩ coup *m* de théâtre; **~diˌrektor** *m* directeur *m* de théâtre; **~ˌferien** *pl.* relâche *m*; **~friˌseur** *m* coiffeur *m* de théâtre; **~ˌkarte** *f* billet *m* de théâtre; **~ˌkasse** *f* bureau *m* de location; **~kriˌtik** *f* critique théâtrale; **~ˌkritiker** *m* critique théâtral; **~ˌleben** *n* vie théâtrale; **~ˌmaler** *m* (peintre *m*) décorateur *m*; **~ˌprobe** *f* répétition *f*; **~ˌpublikum** *n* public *m* de théâtre; **~ˌsaal** *m* salle *f* de spectacle; **~saiˌson** *f* saison théâtrale; **~ˌschneider(in)** *m* (*f*) costumier, -ère *m, f*; **~ˌstück** *n* pièce *f* (de théâtre); **~ˌvorstellung** *f cf.* ~aufführung; **~ˌwerkstatt** *f* atelier *m* de décoration de théâtre; **~ˌwesen** *n* théâtre *m*; **~ˌwoche** *f* semaine théâtrale; **~ˌzettel** *m* programme *m*; affiche *f* de théâtre.

Theatral|ik [teˑaˈtrɑːlɪk] *f* ⟨~⟩ affectation *f*; **2isch 1.** *adj.* théâtral (*auch fig.*); scénique; *fig.* affecté; **2.** *adv. fig.* théâtralement; avec une pose, expression théâtrale; d'une manière affectée.

Theban|er(in) [teˑˈbɑːnər(ɪn)] *m* ⟨~s; ~⟩ (*f*) ⟨~; ~nen⟩ Thébain, -e *m, f*; **2isch** *adj.* thébain.

The|ismus [teˑˈɪsmus] *m* ⟨~⟩ *philos.* théisme *m*; **~ˈist** *m* ⟨~en; ~en⟩ théiste *m*; **2ˈistisch** *adj.* théiste.

Theke [ˈteːkə] *f* ⟨~; ~n⟩ comptoir *m*; F zinc *m*.

Thema [ˈteːma] *n* ⟨~s; -men *od.* ~ta⟩ *e-s Artikels, Aufsatzes, Vortrags etc.* sujet *m*; *mus.* thème *m*; motif *m*; **ein schwieriges, heikles, undankbares ~** un sujet difficile, délicat, ingrat; **ein ~ behandeln** traiter un sujet; **ein ~ erschöpfen** épuiser un sujet; **vom ~ abweichen, abschweifen** s'écarter du sujet; sortir du sujet; **das gehört nicht zum ~** c'est en dehors du sujet; **das ~ wechseln** changer de conversation, de propos; *fig.* bifurquer; **unvermittelt von e-m ~ zum andern überspringen** faire, sauter du coq à l'âne; **kehren wir zum ~ zurück** F revenons à nos moutons; **bevor ich auf das eigentliche ~ eingehe, möchte ich Ihnen sagen, daß ...** avant d'entrer en matière, avant d'aborder la matière, le sujet que je me propose de traiter, je tiens à vous dire que ...; *weil wir gerade vom Wein sprechen,* **zum ~ Wein ...** à propos de vin ...; *mus.* **Variationen über ein ~ von Haydn** variations sur un thème de Haydn; **2tisch** [-ˈmɑː-] *adj.* thématique.

Theodizee [teˑoˑdiˑˈtseː] *f* ⟨~; -een⟩ *philos.* théodicée *f*.

Theodolit [teˑoˑdoˑˈliːt] *m* ⟨~(e)s; ~e⟩ théodolite *m*.

Theokrat [teˑoˑˈkrɑːt] *m* ⟨~en; ~en⟩ théocrate *m*; **~ie** [-ˈtiː] *f* ⟨~; -ien⟩ théocratie [-si] *f*; **2isch** *adj.* théocratique.

Theolog|e [teˑoˑˈloːgə] *m* ⟨~n; ~n⟩, **~in** *f* ⟨~; ~nen⟩ théologien, -nne *m, f*; *vom e-m Theologiestudenten* étudiant, -e *m, f* en théologie; **~ie** [-ˈgiː] *f* ⟨~; -ien⟩ théologie *f*; **~ studieren** faire sa théologie; **2isch** *adj.* théologique.

Theorem [teˑoˑˈreːm] *n* ⟨~s; ~e⟩ *math.* théorème *m*.

Theor|etiker(in) [teˑoˑˈreːtɪkər(ɪn)] *m* ⟨~s; ~⟩ (*f*) ⟨~; ~nen⟩ théoricien, -nne *m, f*; **2etisch** *adj.* théorique; **~er Unterricht** instruction théorique; **~ werden** faire de la théorie; tomber dans la théorie; **2etiˈsieren** *v/i.* ⟨*pas de ge-*, h⟩ faire de la théorie; **~ie** *f* ⟨~; -ien⟩ théorie *f*; **~ u. Praxis** la théorie et la pratique; **e-e ~ aufstellen** établir une théorie; **nur in der ~** seulement en théorie, sur le papier.

Theosoph [teˑoˑˈzoːf] *m* ⟨~en; ~en⟩ *philos.* théosophe *m*; **~ie** [-ˈfiː] *f* ⟨~; -ien⟩ *philos.* théosophie *f*; **2isch** *adj.* théosophique; **2e Gesellschaft** société théosophique.

Therap|eut [teˑraˈpɔʏt] *m* ⟨~en; ~en⟩ thérapeute *m*; **~eutik** *f* ⟨~⟩ thérapeutique *f*; **2eutisch** *adj.* thérapeutique; **~ie** *f* ⟨~; -ien⟩ thérapie *f*; thérapeutique *f*; traitement *m*.

Thermal|bad [tɛrˈmɑːlˌbɑːt] *n* station thermale; **~ˌquelle** *f* source thermale; **~ˌwasser** *n* eau thermale.

Thermen [ˈtɛrmən] *f/pl. im antiken Rom* thermes *m/pl.*

Thermik [ˈtɛrmɪk] *f* ⟨~⟩ (*Wärmelehre*) chaleur *f*; thermologie *f*; *aviat.* ascendance *f*, courant *m* thermique.

thermisch [ˈtɛrmɪʃ] *adj.* thermique.

Thermitbombe [tɛrˈmiːtˌbɔmbə, -ˈmɪt-] *f milit.* bombe *f* à la thermite.

Thermo|chemie [tɛrmoˑçeˑˈmiː] *f* thermochimie *f*; **~ˌdüse** *f aviat.* stato-réacteur *m*; **~dyˈnamik** *f* thermodynamique *f*; **2eˈlektrisch** *adj.* thermo-électrique; **~elektriziˈtät** *f* thermo-électricité *f*; **~eleˈment** *n* couple *m* thermo-électrique; thermo-élément *m*; thermocouple *m*; **~ˈgraph** *m* ⟨~en; ~en⟩ thermographe *m*; **~ˈkauter** *m* ⟨~s; ~⟩ *chir.* thermocautère *m*; **~magneˈtismus** *m* thermomagnétisme *m*.

Thermometer [tɛrmoˑˈmeːtər] *n* ⟨~s; ~⟩ thermomètre *m*; **das ~ steht auf ...** le thermomètre est à ...; **~ˌsäule** *f* colonne *f* thermométrique; **~ˌstand** *m* 'hauteur *f* du thermomètre.

thermo|nuklear [tɛrmoˑnuˑkleˑˈɑːr] *adj.* thermonucléaire; **2nukleˈarˌwaffe** *f milit.* arme *f* thermonucléaire; **2ˈplaste** *pl.* matières *f/pl.* thermoplastiques; **2reˈaktor** *m phys. atom.* thermoréacteur *m*; **2ˌsäule** [ˈtɛr-] *f* pile *f* thermo-électrique.

Thermos|behälter [ˈtɛrməsbəˌhɛltər] *m* container *m* calorifique; récipient *m* thermos; **~ˌflasche** *f* (bouteille *f*) thermos *f*.

Thermo|siphokühlung [tɛrmoˑˈziːfoˑˌkyːluŋ] *f Auto* thermosiphon *m*; **~ˈstat** *m* ⟨~(e)s *od.* ~en; ~e(n)⟩ thermostat *m*; **2ˈstatisch** *adj.* thermostatique; **~ˈstrom** *m* courant *m* thermo-électrique; **~theraˈpie** *f* thermothérapie *f*; **~ˈtriebwerk** *n aviat.* thermopropulseur *m*; **~ˌzelle** [ˈtɛr-] *f cf.* Thermoelement.

thesaurier|en [teˑzauˈriːrən] *v/t.* ⟨*pas de ge-*, h⟩ thésauriser; **2ung** *f* ⟨~⟩ thésaurisation *f*.

Thesaurus [teˑˈzaurus] *m* ⟨~; -ren *od.* -ri⟩ trésor *m*.

These [ˈteːzə] *f* ⟨~; ~n⟩ thèse *f*.

Thesis [ˈteːzɪs, ˈteˑ-] *f* ⟨~; -sen⟩ *métr.* thésis *f*.

Thespiskarren [ˈtɛspɪsˌkarən] *m* chariot *m* de Thespis.

thessalisch [tɛˈsɑːlɪʃ] *adj.* de (la) Thessalie; thessalien, -nne.

Thessalonicher [tɛsaˈloːnɪçər] *m/pl. bibl.* Thessaloniciens *m/pl.*

Thomas [ˈtoːmas] *m fig.* **er ist ein ungläubiger ~** c'est un saint Thomas, un mécréant, un incrédule; **~ˌmehl** *n* ⟨~(e)s⟩ *agr.* farine *f* Thomas; **~ˌschlacke** *f métall.* scories *f/pl.* Thomas, de déphosphoration; **~ˌstahl** *m métall.* acier *m* Thomas; **~verˌfahren** *n métall.* procédé *m* Thomas.

Thom|ismus [toˑˈmɪsmus] *m* ⟨~⟩ *philos.* thomisme *m*; **~ist** *m* ⟨~en; ~en⟩ thomiste *m*; **2istisch** *adj.* thomiste.

thorak|al [toˑraˈkɑːl] *adj. sc.* thoracique; **2oˈplastik** *f* ⟨~; ~en⟩ *chir.* thoracoplastie *f*; **2ozenˈtese** *f* ⟨~; ~n⟩ *chir.* thoracentèse *f*.

Thorax [ˈtoːraks] *m* ⟨~(es); ~e⟩ *anat.* thorax *m*.

Thorium [ˈtoːriˑum] *n* ⟨~s⟩ *chim.* thorium [-jɔm] *m*.

Thromb|ose [trɔmˈboːzə] *f* ⟨~; ~n⟩ *méd.* thrombose *f*; **~us** [ˈtrɔm-] *m* ⟨~; -ben⟩ *méd.* thrombus [-bys] *m*.

Thron [troːn] *m* ⟨~(e)s; ~e⟩ trône *m* (*auch* F *fig. für Nachttopf, Abort*); **den ~ besteigen** monter sur le trône; accéder, parvenir au trône; **j-n auf den ~ erheben** mettre, installer qn. sur le trône; introniser qn.; **j-n vom ~ stoßen** détrôner qn.; *fig.* **steigen Sie herab von Ihrem ~!** descendez de votre trône, de votre 'hauteur!; condescendez!; **~beˌsteigung** *f* accession *f*, avènement *m* au trône; **2en** *v/i.* ⟨h⟩ *fig.* trôner; **~ˌerbe** *m*, **~ˌerbin** *f* héritier, -ère *m, f* du trône; **~ˌfolge** *f* succession *f* au trône; **~ˌfolger(in)** *m* ⟨~s; ~⟩ (*f*) ⟨~; ~nen⟩ successeur *m* au trône; *cf. auch* ~erbe, ~erbin; **~ˌhimmel** *m* dais *m*; baldaquin *m*; **~prätenˌdent(in)** *m* (*f*) prétendant, -e *m, f* au trône; **~ˌrede** *f* discours *m* du trône; **~ˌsaal** *m* salle *f* du trône; **~ˌsessel** *m* trône *m*; **~ˌwechsel** *m* changement *m* de règne.

Thuja [ˈtuːja] *f* ⟨~; -jen⟩ *bot.* thuya *od.* thuïa *m*.

Thulium [ˈtuːliˑum] *n* ⟨~s⟩ *chim.* thulium [-jɔm] *m*.

Thunfisch [ˈtuːnfɪʃ] *m zo.* thon *m*; **~ˌnetz** *n* thon(n)aire *m*.

Thüring|er(in) [ˈtyːˌrɪŋər(ɪn)] *m* ⟨~s; ~⟩ (*f*) ⟨~; ~nen⟩ Thuringien, -nne *m, f*; **2isch** *adj.* thuringien, -nne; de (la) Thuringe.

Thymian [ˈtyːmiˑɑːn] *m* ⟨~s; ~e⟩ *bot.* thym [tɛ̃] *m*.

Thymusdrüse [ˈtyːmusˌdryːzə] *f anat.* thymus [-s] *m*.

Tiara [tiˑˈɑːra] *f* ⟨~; -ren⟩ tiare *f*.

Tibet|er(in) [tiˑˈbeːtər(ɪn), ˈtiːbɛ-] *m* ⟨~s; ~⟩ (*f*) ⟨~; ~nen⟩ Tibétain, -e *m, f*; **2isch** *adj.* tibétain; du Tibet.

Tic [tɪk] *m* ⟨~(e)s; ~s⟩ *méd.* tic *m*.

Tick [tɪk] *m* ⟨~(e)s; ~s⟩ **1.** F *fig.* (*wunderliche Eigenart*) tic *m*; manie *f*; **e-n ~ haben** avoir un grain; **e-n ~** (*Groll*) **auf j-n haben** avoir une dent contre qn.; **2.** *cf.* Tic.

ticken [ˈtɪkən] **I** *v/i.* ⟨h⟩ *Uhr* faire tic tac; tictaquer; **II 2** *n* ⟨~s⟩ tic-tac *m*.

ticktack [ˈtɪkˈtak] **I** *int.* tic tac; **II 2**[1] *n* ⟨~s⟩ tic-tac *m*; **2**[2] *f* ⟨~⟩ *enf.* montre *f*.

tief [tiːf] **I 1.** *adj.* profond (*auch fig.*); (*niedrig*) bas, -sse (*auch mus.*); *mus.* grave; *Farben* foncé; *Teller, Schüssel* creux, -euse; *fig., zeitlich u. örtlich* (*weit vorgerückt*) bien avant dans; **wie ~ ist es?** quelle profondeur cela a-t-il?; **der Teich ist 6 m ~** l'étang a une profondeur de 6 m, a 6 m de profondeur; **~er Seufzer, Schlaf** profond soupir, sommeil; **~es Geheimnis** grand secret; profond mystère; **~es Schweigen** silence de mort; **~er Schnee** neige épaisse; **in ~er Trauer** en grand deuil; **aus ~stem Herzen** du fond du cœur; du plus profond du cœur; tout au fond du cœur; **im ~sten Frieden** en pleine paix; **~er Schmelzpunkt** bas point de fusion; **~e Stimme** voix grave; **~e Töne** notes basses; **~er Klang** son bas, grave; **~er Baß** basse profonde; **~ in der Nacht** bien avant dans la nuit; **~ im Wald, Wasser** au fond du bois, de l'eau; profondément dans le bois, dans l'eau; **~ im Innern Sibiriens** au fin fond de la Sibérie; **~ im Lande** bien avant dans le pays; **im ~sten Winter** au cœur, au fort de l'hiver; *man findet Spuren* **bis ~ ins 16. Jahrhundert** jusqu'au milieu du XVIᵉ siècle; jusque fort avant, jusque tard dans le XVIᵉ siècle; **2.** *adv.* **~ seufzen** pousser de profonds soupirs; ~ **atmen** respirer profondément; **sich ~ verbeugen** faire une profonde révérence; **Sie sitzen zu ~** vous êtes assis trop bas; ~ **eindringen** pénétrer bien avant dans; ~ **graben** creuser profondément; *e-e Straße* ~**er legen** (a)baisser le niveau de; **s-n Hut ~ ins Gesicht drücken** enfoncer son chapeau; ~ **im Schlamm stecken** être enfoncé dans la vase; ~ **in Schulden stecken** être enfoncé dans les dettes; être dans les dettes jusqu'au cou; être endetté, obéré; être criblé de dettes; ~ **verschneit** enseveli dans la neige; ~ **eingewurzelt** profondément enraciné; *fig.* **er ist ~ gesunken** il est tombé bien bas; F *fig.* **er hat zu ~ ins Glas geguckt** il a trop levé le coude; **wir fliegen sehr ~** nous volons fort bas; ~ **unten** tout en bas; tout à fait en bas; ~ **unten im Tal** au fond de la vallée; **ich beklage es aufs ~ste** je le déplore sincèrement; **e-n Ton ~er singen, spielen** descendre d'un ton; *ein Instrument* ~**er stimmen** baisser; **II 2** *n* ⟨~(e)s; ~s⟩ *Meteorologie* cyclone *m*; zone *f* de basse pression; *mar.* eau profonde; chenal *m*; **2ˌangriff** *m milit. cf.* ~**fliegerangriff**; **2bau** *m* ⟨~(e)s⟩ travaux publics; travaux souterrains, de terrassement, en sous-sol; Hoch- u. ~ bâtiment *m* et travaux publics; **2bauˌamt** *n* (service *m* des) ponts *m/pl.* et chaussées *f/pl.*; **2bauˌfirma** *f* entreprise *f* de travaux publics; **2bauingeniˌeur** *m* ingénieur *m* des ponts et chaussées; ~**be'schämt** *adjt.* profondément humilié; ~**be'trübt** *adjt.* profondément affligé; ~**be'wegt** *adjt.* profondément ému, touché; ~**'blau** *adj.* bleu foncé; **2blick** *m* perspicacité *f*; clairvoyance *f*; pénétration *f*; ~ˌ**blickend** *adjt.* perspicace; clairvoyant; pénétrant; **2ˌbohrer** *m techn.* foreuse *f* (pour grande profondeur); **2ˌbohrung** *f techn.* forage *m* à grande profondeur; **2druck** *m* ⟨~(e)s; ~e⟩ *Meteorologie* basse pression; *impr.* héliogravure *f*; F impression *f* hélio; **2druckgeˌbiet** *n* zone *f* de basse pression; **2druckrotatiˌonsmaˌschine** *f impr.* rotative *f* héliographique, pour héliogravure, F hélio; **2e** *f* ⟨~; ~n⟩ profondeur *f* (*auch fig.*); *mus.* gravité *f*; *der Stimme auch* timbre grave; *von Farben* ton foncé; (*Grund, Hintergrund*) fond *m*; (*Abgrund*) abîme *m*; **geringe ~** peu de profondeur; **2ˌebene** *f* plaine basse; ~**em'pfunden** *adjt.* profondément senti; **2engeˌstein** *n géol.* roches plutoniennes; **2enˌgliederung** *f* échelonnement *m* en profondeur; **2enˌmesser** *m* ⟨~s; ~⟩ *mar.* bathymètre *od.* bathomètre *m*; *e-s U-Bootes* manomètre *m* de profondeur; **2enˌmessung** *f* bathymétrie *od.* bathométrie *f*; **2enˌruder** *n aviat.* gouvernail *m* de profondeur; **2enˌschärfe** *f phot.* profondeur *f* de champ; **2enˌschärfenˌring** *m phot.* bague *f* de profondeur de champ; **2enˌschärfenˌskala** *f phot.* échelle *f* de profondeur de champ; **2enˌsehen** *n* ⟨~s⟩ *opt.* vision *f* en relief; **2envulkaˌnismus** *m géol.* plutonisme *m*; **2enˌwirkung** *f opt.* effet *m* de relief, *e-s Geschosses* en profondeur; *méd. von Strahlen* action *f* en profondeur; **2erˌlegung** *f* ⟨~⟩ abaissement *m* (de niveau); ~**'ernst** *adj.* très grave; **2ˌflieger** *m* avion *m* volant à très basse altitude; **2fliegerˌangriff** *m* attaque *f* à très basse altitude; **2flug** *m* vol *m* à très basse altitude; rase-mottes *m*; im ~ en rase-mottes; **2gang** *m* ⟨~(e)s⟩ *mar.* tirant *m* d'eau; **2gaˌrage** *f* garage souterrain; ~**ge'beugt** *adjt. cf.* ~**betrübt**; ~**ge'fühlt** *adjt. cf.* ~**empfunden**; ~ˌ**gehend** *adjt. mar.* à grand tirant d'eau; *fig.* profond; qui va loin; ~**geˌkühlt** *adjt.* surgelé; congelé; réfrigéré à une très basse température; ~ˌ**greifend** *adjt.* profond; ~ˌ**gründig** *adj.* profond; ~ˌ**kühlen** *v/t.* ⟨*les formes séparées des temps simples ne s'emploient pas*, -ge-, h⟩ surgeler; congeler; réfrigérer à une très basse température; **2kühlˌfach** *n* casier *m* à surgélation, pour denrées congelées; **2kühlˌtruhe** *f* congélateur *m*; réfrigérateur *m* à très basse température; **2ladeˌwagen** *m chem.* wagon *m* à plate-forme surbaissée; **2land** *n* ⟨~(e)s; ~e *od.* ~er⟩ plaine *f*; ~ˌ**liegend** *adjt.* bas, basse; **er hat ~e Augen** il a les yeux enfoncés; **2ˌofen** *m métall.* four profond, en sous-sol; **2punkt** *fig. m* point le plus bas; **2schlag** *m Boxen* coup bas; ~ˌ**schürfend** *adjt.* profond; qui va au fond des choses; ~**'schwarz** *adj.* noir profond; **2see** *f* ⟨~⟩ abysses *m/pl.*(marins); grands fonds; **2seeˌforschung** *f* recherches *f/pl.* océanographiques; **2seeˌkabel** *n* câble sous-marin; **2seeˌtiere** *n/pl.* faune abyssale, des grands fonds; ~ˌ**siedend** *adjt.* à bas point d'ébullition; **2sinn** *m* ⟨~(e)s⟩ profondeur *f* d'esprit; (*Trübsinn*) mélancolie *f*; ~ˌ**sinnig** *adj.* (d'esprit) profond; (*trübsinnig*) mélancolique; **2ˌsinnigˌkeit** *f* ⟨~⟩ *cf.* **2sinn**; **2stand** *m* ⟨~(e)s⟩ niveau le plus bas; *comm.* dépression *f*; baisse *f*; *des Wasserstandes* étiage *m*; ~ˌ**stehend** *adjt.* bas, basse; *fig. auch* inférieur; **2stwert** *m* valeur minima; *beim Wetterbericht* ~**e der vergangenen Nacht** températures les plus basses de la nuit (passée); **2tonbeˌreich** *m rad.* grave *m*; **2tonˌlautsprecher** *m* 'haut-parleur *m* pour sons graves; ~ˌ**wurzelnd** *adjt.* profondément enraciné; ~ˌ**ziehen I** *v/t.* ⟨*irr., les formes séparées des temps simples ne s'emploient pas*, -ge-, h⟩ *techn.* emboutir; **II 2ˌziehen** *n* ⟨~s⟩ *techn.* emboutissage *m* (profond).

Tiegel ['ti:gəl] *m* ⟨~s; ~⟩ *cuis.* casserole *f*; *métall., chim.* creuset *m*; *impr.* platine *f*; ~ˌ**druck** *m* ⟨~(e)s; ~e⟩ *impr.* impression *f* à platine; ~**druckˌpresse** *f impr.* machine *f* à platine; ~ˌ**guß** *m métall.* fonte *f* au creuset; ~ˌ**(guß)stahl** *m* acier fondu au creuset; ~ˌ**ofen** *m métall.* four *m* à creusets.

Tiekholz ['ti:kholts] *n cf.* Teakholz.

Tier [ti:r] *n* ⟨~(e)s; ~e⟩ animal *m*; *im Gegensatz zum Menschen* bête *f*; *ch.* biche *f*; ~**e** *pl.* espèce animale; **wildes ~** bête sauvage; **dressierte ~e** animaux savants; **männliches ~** mâle *m*; **weibliches ~** femelle *f*; **reinrassiges ~** animal de race pure; **mikroskopisch kleines ~** animalcule *m*; **das ~ im Menschen** la bête humaine; **zum ~ herabsinken** tomber dans la bestialité; descendre au niveau de la bête; **wir müssen das ~ in uns bekämpfen** nous devons combattre en nous la bête; **zum ~ machen** bestialiser; animaliser; F *fig.* **armes ~** *cf.* (armer) Teufel; F *fig.* **ein hohes ~** F un gros bonnet; un gros manitou; P une grosse légume; une huile; ~ˌ**anbeter** *m sc.* zoolâtre *m*; ~ˌ**anbetung** *f sc.* zoolâtrie *f*; ~**art** *f* espèce *f* d'animal, d'animaux; ~**arzt** *m* vétérinaire *m*; **2ˌärztlich** *adj.* vétérinaire; **2e Hochschule** école vétérinaire; ~ˌ**bändiger** (-**in**) *m* (*f*) dompteur, -euse *m, f*; ~**beˌschreibung** *f sc.* zoographie *f*; ~**bild** *n* image *f* d'un animal, d'animaux; *peint.* tableau *m* représentant un animal, des animaux; ~**buch** *n* livre *m* (amusant, instructif) sur les animaux; *im Mittelalter* bestiaire *m*; ~**chen** *n* ⟨~s; ~⟩ petit animal; petite bête; bestiole *f*; F **jedem ~ sein Pläsierchen** F à chacun son dada, sa marotte; ~ˌ**dichtung** *f* littérature *f* mettant en scène des animaux; ~ˌ**fabel** *f* fable *f* mettant en scène des animaux; ~ˌ**freund(in)** *m* (*f*) ami, -e *m, f* des animaux; ~ˌ**garten** *m* jardin *m* zoologique; ~ˌ**gattung** *f* genre *m* d'animaux; ~**geˌschichte** *f* histoire *f* de bêtes, d'animaux; ~ˌ**halter** *m* détenteur *m*, propriétaire *m* d'un animal, d'animaux; *agr.* éleveur *m* de bétail; ~ˌ**haltung** *f* détention *f*, possession *f* d'un animal, d'animaux; *agr.* élevage *m* de bétail; ~ˌ**heilkunde** *f* médecine *f* vétérinaire; thérapie animale; zoothérapie *f*; ~**heim** *n für herrenlose Tiere* fourrière *f*; *als Pension* asile *m* pour les animaux; **2isch** *adj.* animal; *fig.* bestial; brutal; ~**es Fett** graisse animale; F *fig.* ~**er Ernst** stupidité *f*; ~**kampf** *m* combat *m* de bêtes; ~ˌ**kenner(in)** *m* (*f*) connaisseur, -euse *m, f* des animaux; ~ˌ**kinder** *n/pl.* petits *m/pl.* d'animaux; ~ˌ**kohle** *f* noir animal; ~**kreis** *m astr.* zodiaque *m*; ~**kreisˌzeichen** *n* signe *m* du zodiaque; ~ˌ**kunde** *f* zoologie *f*; ~**kult** *m cf.* ~**anbetung**; ~**lazaˌrett** *n* hôpital *m* vétérinaire; ~ˌ**laute** *m/pl. cf.* ~**stimmen**; ~ˌ**leben** *n* vie animale; ~ˌ**maler** *m* animalier *m*; ~ˌ**name** *m* nom *m* d'animal; ~**park** *m cf.* ~**garten**; ~**pfleger** *m* gardien *m* d'animaux; ~**psycholoˌgie** *f* psychologie animale; ~ˌ**quäler** *m* celui, celle qui tourmente les animaux; ~**quäle'rei** *f* cruauté *f* envers les animaux; ~**reich** *n* règne animal; ~ˌ**schaden** *m* dégâts causés par des animaux; ~**schau** *f* exposition *f* d'animaux, de bestiaux; *bei e-m Zirkus etc.* ménagerie *f*; ~**schutz** *m* protection *f* des animaux; ~**schutzgeˌbiet** *n* réserve *f* zoologique; ~**schutzverˌein** *m* société protectrice des animaux; ~ˌ**seuche** *f* épizootie *f*; ~ˌ**sprache** *f* langage *m* des animaux; ~ˌ**stimmen** *f/pl.* cris *m/pl.* d'animaux; ~ **nachahmen** imiter le cri des animaux; ~**stück** *n peint. cf.* ~**bild**; ~**verˌsuch** *m* expérience faite sur des animaux; ~ˌ**wärter** *m* gardien *m* d'un jardin zoologique, d'une ménagerie; ~**welt** *f* monde, règne animal; ~**zucht** *f* élevage *m* d'animaux; *sc.* zootechnie *f*; ~ˌ**züchter** *m* éleveur *m* d'animaux; *sc.* zootechnicien *m*.

Tiger ['ti:gər] *m* ⟨~s; ~⟩ *zo.* tigre *m*; **gestreift wie ein ~** tigré; ~ˌ**fell** *n* peau *f* de tigre; ~ˌ**katze** *f zo.* chat-tigre *m*; **2n I** *v/t.* ⟨-(e)re, h⟩ tigrer; **II** F *fig. v/i.* ⟨sein⟩ F galoper; trotter; ~ˌ**schlange** *f zo.* python *m* tigre; ~ˌ**weibchen** *n* tigresse *f*.

Tilde ['tıldə] *f* ⟨~; ~n⟩ tilde *m*; *in Wörterbüchern* (*Wiederholungszeichen*) signe *m* remplaçant le mot vedette.

tilg|bar ['tılkba:r] *adj.* effaçable; *Schulden* amortissable; *Kredit auch* remboursable; *Rente* rachetable; **2barˌkeit** *f* ⟨~⟩ possibilité *f* d'effacer, *Schulden* d'amortir, *Kredit* de rembourser, *Rente* de racheter; ~**en** *v/t.* ⟨h⟩ *Spuren etc.* (*auslöschen*) effacer; faire disparaître; *aus e-m Register, e-r Liste etc.* (*streichen*) rayer; radier; supprimer; *Rente* racheter; *Schuld* amortir; éteindre; annuler; *bes. Hypothek* purger; *Kredit, Anleihe* rembourser; amortir; e-e Schuld ~ *auch* s'acquitter, se libérer d'une dette; **aus s-m Gedächtnis** ~ bannir de sa mémoire.

Tilgung ['tɪlgʊŋ] *f* ⟨~; ~en⟩ effaçage *od.* effacement *m*; radiation *f*; suppression *f*; *e-r Rente* rachat *m*; *e-r Schuld* amortissement *m*; extinction *f*; annulation *f*; *e-r Hypothek* purge *f*; *e-s Kredits, e-r Anleihe* remboursement *m*; **~sˌabkommen** *n* convention *f* d'amortissement; **~sˌanleihe** *f* emprunt *m* amortissable; **~sˌbeihilfe** *f* subvention *f* d'amortissement; **~sbeˌtrag** *m* jährlicher ~ annuité *f* d'amortissement; **~sˌdauer** *f* durée *f* d'amortissement; **~sˌfonds** *m* fonds *m* d'amortissement; **~skreˌdit** *m* crédit *m* amortissable; **~sˌplan** *m* plan *m* d'amortissement; **~sˌquote** *f* taux *m* d'amortissement; **~sˌrate** *f* jährliche ~ *cf.* ~sbetrag; **~sˌrücklage** *f* réserve *f* pour amortissements; **~sˌsatz** *m cf.* ~squote; **~sˌschuld** *f* dette *f* amortissable; **~sterˌmin** *m* date *f* d'amortissement; **~sˌzeichen** *n impr.* deleatur *m.*

Tilsiter ['tɪlˌzɪtər] *adj.* ⟨*inv.*⟩ ~ Käse (fromage *m* de) tilsit *m.*

Timokrat|ie [tiˑmoˑkra'tiː] *f* ⟨~; -ien⟩ ploutocratie *f*; **2isch** [-'kraː-] *adj.* ploutocratique.

Timo|theegras [tiˑmoˑ'teːˌgraːs, 'tiː-], **~theusgras** [-'moː-], **~thygras** [-'moː-] *n bot.* timothy *m*; fléole *f* des prés.

Tingeltangel ['tɪŋəlˌtaŋəl] F *m od. n* ⟨~s; ~⟩ bastringue *m*; P beuglant *m.*

Tinktur [tɪŋk'tuːr] *f* ⟨~; ~en⟩ *phm.* teinture *f.*

Tinnef ['tɪnɛf] F *m* ⟨~s⟩ F camelote *f*; pacotille *f*; P saloperie *f*; *cf. auch* Schund.

Tinte ['tɪntə] *f* ⟨~; ~n⟩ encre *f*; F *fig.* **in der** ~ **sitzen** F être dans le pétrin, dans de beaux, mauvais, sales draps; F *fig.* **das ist doch klar wie dicke** ~ c'est clair comme de l'eau de roche; c'est aussi clair que 2 et 2 font 4; P *fig.* **du hast wohl** ~ **gesoffen?** P tu es dingo, toqué, timbré, cinglé, maboul; **~nˌfaß** *n* encrier *m*; **~nˌfisch** *m zo.* sèche *od.* seiche *f*; **~nˌflasche** *f* bouteille *f* à (l')encre; **~nˌfleck** *m* tache *f* d'encre; F pâté *m*; **~nˌgummi** *m* gomme *f* à, pour encre; **~nˌklecks** *m cf.* ~nfleck; **~nˌlöscher** *m* buvard *m*; **~nˌstift** *m* crayon *m* encre; **~nˌwischer** *m* essuie-plume *m.*

Tip [tɪp] *m* ⟨~s; ~s⟩ F tuyau *m*; **j-m e-n** ~ **geben** F donner un tuyau à qn.; tuyauter qn.

Tippel|bruder ['tɪpəlˌbruːdər] F *m* chemineau *m*; vagabond *m*; P trimardeur *m*; **~ei** [-'laɪ] F *f* ⟨~⟩ marche *f*; **2n** F *v/i.* ⟨-(e)le, sein⟩ marcher; aller à pied; P prendre le train onze.

tipp|en ['tɪpən] **I** *v/t.* ⟨h⟩ F (*maschineschreiben*) F taper à la machine; **II** *v/i.* (*leicht berühren*) toucher du bout du doigt; (*wetten*) parier (**auf** pour); miser (sur); *in Deutschland beim Zahlenlotto u. Fußballtoto etwa* remplir la fiche de pronostics; **2ˌfehler** F *m* faute *f* de frappe; **2ˌfräulein** F *n*, **2mamˌsell** *péj.* F *f*, **2öse** [-'pøː-] F *f* ⟨~; ~n⟩, **2se** *péj.* F *f* ⟨~; ~n⟩ F dactylo *f.*

tipptopp ['tɪp'tɔp] F *adj. u. adv.* (*tadellos*) irréprochable(ment); impeccable(ment).

Tippzettel ['tɪpˌtsɛtəl] *m in Deutschland etwa* fiche *f* de pronostics.

Tirade [tiˑ'raːdə] *f* ⟨~; ~n⟩ tirade *f*; *mus.* passage *m*; trait *m.*

tirilieren [tiˑriˑ'liːrən] *v/i.* ⟨h⟩ *Vögel* gazouiller; lancer des trilles; *Lerche* tire-lirer; grisoller.

Tirol|er [tiˑ'roːlər] **I** *m* ⟨~s; ~⟩ Tyrolien *m*; **II ~er** *adj.* ⟨*inv.*⟩ du Tyrol; **~erˌhut** *m* chapeau tyrolien; **~eˌrin** *f* ⟨~; ~nen⟩ Tyrolienne *f*; **2(eˌr)isch** *adj.* tyrolien, -nne; du Tyrol.

Tisch [tɪʃ] *m* ⟨~es; ~e⟩ **1.** table *f*; **den** ~ **decken** mettre, dresser la table, le couvert; **den** ~ **abdecken** desservir; ôter le couvert; débarrasser la table; **etw. vom** ~ **nehmen** prendre qc. sur la table; **am** ~ **sitzen** être assis à la table; **sich an den** ~ **setzen** s'asseoir à la table; **sich an den gedeckten** ~ **setzen** trouver la table servie; *fig.* **grüner** ~ tapis vert; *fig.* **reinen** ~ **machen** faire table rase; *fig.* **etw. unter den** ~ **fallen lassen** passer qc. sous silence; ne pas parler de qc.; ne pas faire allusion à qc.; ne pas s'occuper de qc.; F escamoter qc.; P passer qc. à l'as; *jur.* **getrennt von** ~ **u. Bett** séparé de corps et de biens; *relig.* **zum** ~ **des Herrn gehen** s'approcher de la sainte table; F *fig.* **j-n unter den** ~ **trinken** P faire rouler qn. sous la table; saouler qn.; F *fig.* **s-e Füße, Beine unter e-n fremden** ~ **stecken** F faire le pique-assiette; **essen, was gerade auf den** ~ **kommt** manger à la fortune du pot; **2.** (*Mahlzeit*) **bei** ~ à table; **vor (nach)** ~ avant (après) le repas; **zu** ~! à table!; F à la soupe!; **zu** ~ **gehen** aller déjeuner, dîner; **sich zu** ~ **setzen** s'attabler; se mettre à table; **vom** ~ **aufstehen** sortir, se lever de table; **zu** ~ **bleiben** rester à déjeuner, à dîner; **j-n zu** ~ **laden, bitten** inviter qn. à déjeuner, à dîner; **~appaˌrat** *m tél.* téléphone *m* de table; **~bein** *n* pied *m* de table; **~ˌbesen** *m* ramasse-miettes *m*; **~beˌsteck** *n* couvert *m*; **~ˌdame** *f* voisine *f* de table; **~ˌdecke** *f zum Schmuck* tapis *m* de table; *zum Essen cf.* Tischtuch; **~ˌende** *n* **das obere (untere)** ~ le haut (bas) bout de la table; **~ˌfeuerˌzeug** *n* briquet *m* (de table); **~ˌgänger** *m* ⟨~s; ~⟩ pensionnaire *m*; **~ˌgast** *m* convive *m*; invité *m*; **~geˌbet** *n vor der Mahlzeit* bénédicité *m*; *nach der Mahlzeit* grâces *f/pl.*; **~geˌnosse** *m*, **~geˌnossin** *f* commensal, -e *m, f*; convive *m, f*; **~geˌrät** *n* service *m* de table; **~geˌschirr** *n* vaisselle *f*; **~geˌsellschaft** *f* convives *m/pl.*; tablée *f*; **~geˌspräch** *n* propos *m/pl.* de table; **~ˌglocke** *f* sonnette *f*, clochette *f* de table; **~herr** *m* voisin *m* de table; **~ˌkante** *f* bord *m* de table; **~ˌkarte** *f* carton *m* de table; **~ˌkasten** *m* tiroir *m* de table; **~ˌklappe** *f* abattant *m*; **~ˌklammer** *f* fixe-nappe *m*; **~ˌklopfen** *n* tables parlantes; **~ˌlade** *f cf.* ~kasten; **~ˌlampe** *f* lampe *f* de table; **~ˌläufer** *m* chemin *m* de table.

Tischler ['tɪʃlər] *m* ⟨~s; ~⟩ menuisier *m*; (*Kunst*2) ébéniste *m*; **~ˌarbeit** *f* menuiserie *f*; (*Kunst*2) ébénisterie *f*; **~ei** [-'raɪ] *f* ⟨~; ~en⟩ menuiserie *f*; (*Kunst*2) ébénisterie *f*; **~geˌselle** *m* ouvrier *m* menuisier, ébéniste; **~ˌhandwerk** *n*, **~ˌkunst** *f cf.* ~ei; **~ˌlehrling** *m* apprenti *m* menuisier, ébéniste; **~ˌleim** *m* colle forte; **~ˌmeister** *m cf.* Tischler; **2n** *v/i.* ⟨h⟩ menuiser; faire de la menuiserie, de l'ébénisterie; **~ˌwerkstatt** *f* (atelier *m* de) menuiserie *f*, (*Kunst*2) ébénisterie *f*; **~ˌwerkzeug** *n* outils *m/pl.* de menuisier, d'ébéniste.

Tisch|lied ['tɪʃliːt] *n* chanson *f* de table; **~ˌmesser** *n* couteau *m* de table; **~ˌnachbar(in)** *m* (*f*) voisin, -e *m, f* de table; **~ˌplatte** *f* dessus *m* de table; *zur Verlängerung des Tisches* (r)allonge *f*; **~ˌrede** *f* discours *m* de banquet; toast *m*; **~ˌrücken** *n* ⟨~s⟩ tables tournantes; **~ˌschublade** *f* tiroir *m* de table; **~teleˌphon** *n* téléphone *m* de table; **~ˌtennis** *n* tennis *m* de table; ping-pong [pinpõg] *m*; **~tuch** *n* nappe *f*; *fig.* **das** ~ **zwischen sich** (*und j-m*) **zerschneiden** rompre avec qn. pour toujours; **~ˌwäsche** *f* linge *m* de table; **~wein** *m* vin *m* ordinaire, de table; **~zeit** *f* heure *f* du repas; **~zeug** *n cf.* ~wäsche.

Titan [tiˑ'taːn] *n* ⟨~s⟩ *chim.* titane *m.*

Titan(e) [tiˑ'taːn(ə)] *m* ⟨-nen; -nen⟩ *myth.* titan *m.*

Titaneisenerz [tiˑ'taːnˌ?aɪzənˌ?eːrts] *n minéral.* minerai *m* de fer titanifère.

titanenhaft [tiˑ'taːnənˌhaft] *adj.* titanesque.

titanhaltig [tiˑ'taːnˌhaltɪç] *adj. minéral., chim.* titané; titanifère.

titanisch [tiˑ'taːnɪʃ] *adj. cf.* titanenhaft.

Titan|it [tiˑta'niːt, -'nɪt] *m* ⟨~s⟩ *minéral.* titanite *f*; **~ˌsäure** [-'taːn-] *f chim.* acide *m* titanique.

Titel ['tiːtəl] *m* ⟨~s; ~⟩ *e-r Person, e-s Buches etc.* titre *m*; *e-s Vertrages* (*Abschnitt*) titre *m*; rubrique *f*; **e-n** ~ **führen** avoir un titre; **den** ~ ... **führen** porter le titre de ...; **sich den** ~ **Graf** ... **beilegen** se donner le titre de comte ...; s'intituler comte ...; **j-n mit s-m** ~ **anreden** appeler qn. par son titre; **j-m e-n** ~ **verleihen** donner un titre à qn.; titrer qn.; **hochtrabender** ~ titre ronflant; *Sport* **e-n** ~ **innehaben** détenir un titre; **das Buch trägt den** ~ ... le livre est intitulé ...; le livre s'intitule ...; **~ˌauflage** *f impr.* ouvrage *m* dont seulement le titre est changé; **~ˌbild** *n* frontispice *m*; **~ˌblatt** *n* frontispice *m*; **~ˌbogen** *m impr.* feuille *f* du titre; **~ˌführung** *f* port *m* du titre; unbefugte ~ usurpation de titre; **~ˌhalter(in)** *m* ⟨~s; ~⟩ (*f*) ⟨~; ~nen⟩ *Sport* détenteur, -trice *m, f* du titre; **~ˌheld** *m e-s Romans, Theaterstücks* personnage principal; **~ˌinhaber(in)** *m* (*f*) *cf.* ~halter(in); **2ˌlos** *adj.* sans titre(s); **~ˌrolle** *f thé.* rôle *m* du personnage principal; **~ˌschutz** *m* protection *f* des titres; **~ˌseite** *f* page *f* de titre; **~ˌsucht** *péj. f* ⟨~⟩ manie *f* des titres; **2ˌsüchtig** *adj.* avide de titres; **2ˌtragend** *adjt.* titré; **~ˌträger** *m* titulaire *m*; **~verˌteidiger(in)** *m* ⟨~s; ~⟩ (*f*) ⟨~; ~nen⟩ défenseur *m* du titre; **~viˌgnette** *f impr.* vignette *f* du frontispice.

Tit|er ['tiːtər] *m* ⟨~s; ~⟩ *chim.* titre *m*; **~rati'on** *f* ⟨~⟩ *chim.* titrage *m*; **~rieranaˌlyse** [-'triːr-] *f chim.* analyse *f* volumétrique; **2rieren** [-'triː-] *v/t.* ⟨*pas de ge-*, h⟩ *chim.* titrer; **~rierung** [-'triː-] *f* ⟨~⟩ *chim.* titrage *m*; **~rierverˌfahren** [-'triːr-] *n chim.* procédé *m* de titrage; titrage *m*, dosage *m* volumétrique.

Titu|larbischof [tiˑtuˑ'laːrˌbɪʃɔf] *m égl. cath.* évêque *m* titulaire, in partibus; **~la'tur** *f* ⟨~; ~en⟩ titre(s) *m* (*pl.*); **2'lieren** *v/t.* ⟨*pas de ge-*, h⟩ (*betiteln*) intituler; *meist iron.* donner le titre de ... (j-n à qn.); appeler (qn.) ...; (*bezeichnen*) qualifier (**als** de); **~'lierung** *f* ⟨~; ~en⟩ qualification *f.*

Tituskopf [ˈtiːtʊsˌkɔpf] *m* cheveux *m/pl.*, coiffure *f* à la Titus.
TL-Triebwerk [teːˈɛlˌtriːpvɛrk] *n cf.* Turbinen-Luftstrahl-Triebwerk.
Toast [toːst] *m* ⟨~es; ~e *od.* ~s⟩ **1.** (*geröstete Weißbrotschnitte*) toast *m*; rôtie *f* (au beurre); tranche *f* de pain grillé; **2.** (*Trinkspruch*) toast *m*; **e-n ~ auf j-n ausbringen** porter un toast à qn.; **Ꝛen** *v/i.* ⟨-ete, h⟩ **1.** griller des tranches de pain; **2.** porter un toast (à qn.); boire à la santé (de qn.); **~er** *m* ⟨~s; ~⟩ grille-pain *m.*
Tobak [ˈtoːbak] *m* ⟨~(e)s; ~e⟩ F **das ist starker ~** F elle est raide, forte; c'est fort de tabac, de café; F **Anno ~** il y a fort longtemps; F il y a belle lurette.
tob|en [ˈtoːbən] *v/i.* ⟨h⟩ être en rage; être furieux, -euse; F rager; tempêter; pester; fulminer; vociférer; *Kinder* (*lärmen*) faire du tapage; (*herum~*) se démener; *von den Elementen* se déchaîner; être déchaîné; faire rage (*auch Schlacht*); F **~ wie ein Berserker, wie zehn nackte Wilde** F faire un tapage du tonnerre; être complètement déchaîné; **~end** *adjt.* enragé; furieux, -euse; déchaîné; *Meer* déchaîné; en furie; **Ꝛsucht** *f* ⟨~⟩ folie furieuse; frénésie *f*; **~ˌsüchtig** *adj.* fou furieux (*auch méd.*); forcené; fou, folle à lier; *méd.* frénétique; **Ꝛˌsüchtige(r)** *f* (*m*) ⟨→ A⟩ fou furieux; forcené, -e *m, f*; fou *m*, folle *f* à lier; **Ꝛsuchtsˌanfall** *m* accès *m* de folie furieuse, de frénésie; F accès *m* de fureur, de rage.
Tochter [ˈtɔxtər] *f* ⟨~; ⸚⟩ fille *f* (*auch fig.*); **heiratsfähige ~** fille bonne à marier, nubile; **höhere Töchter** jeunes demoiselles.
Töchterchen [ˈtœçtərçən] *n* ⟨~s; ~⟩ petite fille; fillette *f.*
Tochtergesellschaft [ˈtɔxtərgəˌzɛlʃaft] *f comm.* (société *f*) filiale *f.*
Töchter|heim [ˈtœçtərˌhaɪm] *n* pensionnat *m* de jeunes filles; **Ꝛˌlich** *adj.* de fille; filial.
Tochterprodukt [ˈtɔxtərproˑˌdʊkt] *n phys. atom.* produit *m* de filiation.
Töchterschule [ˈtœçtərˌʃuːlə] *f früher* **Höhere ~** école secondaire, collège *m* de jeunes filles.
Tochter|sprache [ˈtɔxtərˌʃpraːxə] *f* langue dérivée (de ...); **~ˌstadt** *f* ville *f* sœur; **~unterˌnehmen** *n* filiale *f.*
Tod [toːt] *m* ⟨~(e)s; ~e⟩ mort *f*; *st. s., poét.* trépas *m*; *jur.* décès *m*; **der Weiße ~** la mort blanche; *hist.* **der Schwarze ~** la peste; **e-s gewaltsamen ~es sterben** mourir de mort violente; **e-s natürlichen ~es sterben** mourir de mort naturelle; mourir de sa belle mort; **e-s schönen ~es sterben** faire une belle mort; **früher ~** mort prématurée; **plötzlicher ~** mort subite; **ein Kind des ~es sein** être perdu; **du bist ein Kind, ein Mann des ~es, wenn ...** tu es un homme mort, si ...; **sich den ~ holen** attraper une maladie mortelle, V la crève; **dem ~ mutig ins Auge schauen** envisager la mort avec fermeté; regarder la mort en face; **er sieht aus wie der leibhaftige ~** c'est un vrai squelette; **~ u. Teufel!** mille diables!; mille tonnerres!; morbleu!; **der Schatten des ~es** l'ombre de la mort; **ein Wettlauf mit dem ~e** une course avec la mort; **auf Leben u. ~** à la vie et à la mort; *Kampf* à mort; à outrance; *Recht* de vie et de mort; **auf den ~ nicht leiden können** 'haïr à mort, comme la mort, la peste; **für s-e Überzeugung in den ~ gehen** mourir pour ses convictions, ses idées; **das ist mir in den ~ zuwider, das kann ich in den ~ nicht leiden** je hais cela comme la peste; **mit dem ~e ringen** lutter avec la mort; être à l'agonie; agoniser; **es geht um Leben u. ~** il y va de la vie; **j-n vom ~e erretten** sauver la vie à qn.; **sich zu ~e arbeiten, schinden** se tuer à la besogne, au travail; s'échiner; **sich zu ~e ärgern** se fâcher tout rouge; P crever de dépit; **j-n zu ~e quälen** tourmenter qn. à mort; **zu ~e erschrecken** avoir une frayeur mortelle; **sich zu ~e schämen** mourir de honte; **zu ~e betrübt** mortellement affligé; **zum ~e verurteilen** condamner à mort; *Wild* **zu ~e hetzen** forcer; **ein Pferd zu ~e reiten** crever un cheval; **sich zu ~e langweilen** s'ennuyer à mort, à mourir; mourir, P crever d'ennui; **zwischen ~ u. Leben schweben** être entre la vie et la mort; **Ꝛˌbringend** *adjt.* mortel, -lle; *sc.* délétère; **Ꝛˈernst** F *adj.* très sérieux, -euse.
Todes|ahnung [ˈtoːdəsˌˀaːnʊŋ] *f* pressentiment *m* d'une, de la, de sa, *etc.* mort prochaine; **~ˌangst** *f* affres *f/pl.*, angoisses *f/pl.* de la mort; *fig.* **in e-r wahren ~ sein, in Todesängsten schweben, Todesängste ausstehen** être dans des transes mortelles; **~ˌanzeige** *f* avis *m* mortuaire; lettre *f* de faire part, faire-part *m* de décès; *bei Behörden* déclaration *f* de décès; *in der Zeitung* annonce *f* nécrologique, de décès; **~ˌart** *f* (genre *m* de) mort *f*; **~ˌblässe** *f* pâleur mortelle; **~ˌbotschaft** *f cf.* **~nachricht**; **~ˌengel** *m* ange *m* de la mort; **~erˌklärung** *f jur.* déclaration *f* judiciaire de décès; **Antrag auf ~** requête de déclaration de décès; **~ˌfall** *m* mort *f*; *jur.* décès *m*; **im ~e** en cas de mort, de décès; **~fallverˌsicherung** *f* assurance-décès *f*; assurance *f* sur la vie; **~ˌfurcht** *f* crainte *f*, peur *f* de la mort; **~geˌdanke** *m* idée *f* de mort prochaine; **sich ~n machen** songer à la mort; **~geˌfahr** *f* danger *m* de mort; **in ~ sein, schweben** être en danger de mort; **j-n aus ~ retten** sauver la vie à qn.; **~ˌjahr** *n* année *f* de la mort (de qn.); **~ˌkampf** *m* ⟨~(e)s⟩ agonie *f* (*auch fig.*); **~kandiˌdat** F *m* **a)** (*Todkranker*) moribond *m*; **b)** (*zum Tode Verurteilter*) condamné *m* à mort; **c)** *Freiwilliger, der e-n todbringenden Auftrag zu erfüllen hat* F candidat *m* au suicide; **~ˌkeim** *m* germe *m* de la mort; **Ꝛˌmutig** *adj.* méprisant, bravant la mort; **~ˌnachricht** *f* nouvelle *f* de la mort (de qn.); (*Todesanzeige*) faire-part *m* de décès; **~ˌnähe** *f* proximité *f* de la mort; **~ˌopfer** *n* mort *m*; perte *f* de vie(s) humaine(s); **~ˌpein** *f*, **~ˌqualen** *f/pl.* tourments *m/pl.* de la mort; *fig.* **Todesqualen ausstehen** souffrir mille morts; **~ˌröcheln** *n* râle *m* de l'agonie; **~ˌschauer** *m* frisson *m* de la mort; **~ˌschrecken** *m* frayeur *f* de la mort; *fig.* frayeur mortelle; **~ˌstoß** *m* coup mortel; (*Gnadenstoß*) coup *m* de grâce; **~ˌstrafe** *f* peine capitale, de mort; **bei ~** sous peine de mort; **~ˌstreich** *m cf.* **~stoß**; **~ˌstunde** *f* heure *f* de la mort; heure fatale, suprême; dernière heure; **~ˌtag** *m* jour *m* de la mort; *Jahrestag* anniversaire *m* de la mort (de qn.); **~ˌursache** *f* cause *f* de (la) mort; **~ˌurteil** *n* arrêt *m* de mort; sentence capitale; condamnation *f* à (la peine de) mort; **ein ~ vollstrecken** exécuter; mettre à mort; faire justice; **~verˌachtung** *f* mépris *m* de la mort; **sich mit ~ in die Gefahr stürzen** se jeter à corps perdu dans le danger; *fig.* **etw. mit ~ essen** manger qc. à contrecœur, en rechignant; **~verˌlangen** *n* attirance *f* de la mort; **~verˌmutung** *f jur.* présomption *f* de décès; **Ꝛˌwürdig** *adj.* digne de mort, du dernier supplice.
tod|feind [ˈtoːtˈfaɪnt] *adj.* **j-m ~ sein** être l'ennemi(e) mortel(le) de qn.; F être à couteaux tirés avec qn.; **Ꝛfeind (-in)** [ˈtoːtfaɪnt, -dɪn] *m* (*f*) ennemi, -e *m, f* mortel, -lle; **Ꝛˌfeindschaft** *f* inimitié mortelle; **~geˌweiht** *adjt.* voué à la mort; **~ˈkrank** *adj.* malade à mourir.
tödlich [ˈtøːtlɪç] **1.** *adj.* mortel, -lle; fatal; (*mörderisch*) meurtrier, -ère; *méd.* délétère; *bes. von Giften* léthifère; *Ereignis* **mit ~er Sicherheit eintreten** arriver, se produire inévitablement, inéluctablement; **2.** *adv.* mortellement; à mort; **~ verunglückt** tué dans un accident; **~ verwunden** blesser à mort, mortellement; **j-n ~ hassen** 'haïr qn. à mort; **j-n ~ beleidigen** offenser, blesser qn. mortellement; **sich ~ langweilen** s'ennuyer à mort, à mourir; mourir, P crever d'ennui.
tod|müde [ˈtoːtˈmyːdə] F *adj.* recru, rendu, accablé, *pfort.* F mort de fatigue; 'harassé; épuisé; F éreinté; P claqué; **~ˈschick** F *adj.* très chic; **~ˈsicher** F **1.** *adj.* **das ist ~** c'est absolument sûr; F c'est dans la poche; **2.** *adv.* sans aucun doute; **er kommt ~** c'est absolument sûr qu'il viendra; il viendra à coup sûr; **Ꝛˌsünde** *f relig.* péché mortel; **e-e ~ begehen** commettre un péché mortel; **~ˈunglücklich** F *adj.* extrêmement malheureux, -euse; malheureux, -euse comme les pierres.
Toga [ˈtoːga] *f* ⟨~; -gen⟩ *hist.* toge *f.*
Tohuwabohu [toˑhuˑvaˈboːhuˑ] *n* ⟨~(s); ~s⟩ chaos *m*; F tohu-bohu *m.*
Toilette [toˑaˈlɛtə] *f* ⟨~; ~n⟩ **1.** toilette *f* (*auch Toilettentisch*); **~ machen** faire sa toilette; **in großer ~** en (grande) toilette; **2.** (*Abort*) cabinets *m/pl.* (d'aisance); W.-C. *m* (*pl.*); toilette(s) *f* (*pl.*); **~narˌtikel** *m/pl.* articles *m/pl.* de toilette; **~ngarniˌtur** *f* garniture *f* de toilette; **~nˌgegenstände** *m/pl.* objets *m/pl.* de toilette; **~npaˌpier** *n* papier *m* hygiénique; **~nˌseife** *f* savon *m* de toilette; **~nˌspiegel** *m* miroir *m* de toilette; *großer* psyché *f*; **~nˌtisch** *m* toilette *f.*
toi, toi, toi [ˈtɔʏˈtɔʏˈtɔʏ] *int.* touchons du bois!; je touche du bois!
Tokaier(wein) [toˑˈkaɪər(ˌvaɪn)], *auch* **ˈTokajer(ˌwein)** *m* ⟨~s; ~⟩ (*m*) (vin *m* de) tokay *od.* tokaj [tɔkɛ] *m.*
Tokkata [tɔˈkaːta] *f* ⟨~; -ten⟩ *mus.* toccata *f* (*pl.* toccate *od.* toccatas).
Töle [ˈtøːlə] F *péj. f* ⟨~; ~n⟩ roquet *m.*
tole|rant [toˑleˑˈrant] *adj.* tolérant; **Ꝛˈranz** *f* ⟨~; *techn.* ~en⟩ tolérance *f*; **Ꝛˈranzˌdosis** *f phys. atom.* dose *f* de seuil, de tolérance, limite; **Ꝛˈranzeˌdikt** *n hist.* édit *m* de tolérance religieuse; **~ˈrieren** *v/t.* ⟨*pas de ge-*, h⟩ tolérer.
toll [tɔl] **1.** *adj. fig.* (*verrückt*) fou (fol), folle; (*rasend*) furieux, -euse; forcené; *Hund* enragé; *Beifall* délirant; frénétique; *Tempo* endiablé; infernal; d'enfer; *Film, Musik, Buch etc.* F formidable; épatant; sensationnel, -lle; *Geschichte, Angelegenheit* (*unerfreulich*) fâcheux, -euse; (*unerhört*) inouï; F **~er Einfall** (*verrückte Idee*) idée folle, extraordinaire, extravagante, saugrenue; (*fabelhafte Idee*) idée fantastique, gé-

niale, F formidable, épatante; F ~er Lärm tapage infernal; ~er Streich folie *f*; extravagance *f*; fredaine *f*; escapade *f*; incartade *f*; frasque *f*; étourderie *f*; F ~es Gelächter fou rire; F ~es Zeug reden raconter des choses absurdes; débiter des insanités; F e-e ~e Wirtschaft une vraie maison de fous; une pétaudière; F **ein ~es Weib** F une (drôle de) luronne, gaillarde, bougresse; F **ein ~er Bursche, Hecht** F un drôle de gaillard; un gai luron; un fameux lascar; un casse-cou; un risque-tout; F **es herrschte ein ~es Gedränge** il y avait un monde fou; F **ein ~es Leben führen** P mener une vie de patachon; bambocher; F **bist du ~?** as-tu perdu la tête, F la boule?; F **das 2ste dabei ist, daß** ... ce qu'il y a de plus drôle, le diable c'est que ...; **das ist zu ~** c'est trop fort; **je ~er, desto besser** plus on est, plus on rigole; **2.** *adv.* F **es ging ~ her** il y avait un entrain du diable; ils faisaient les fous; on s'amusait follement; F **es ~ treiben** aller trop loin; F **er treibt es mir zu ~** il y va trop fort; F **wie ~** comme un (vrai) possédé; F **wie ~ laufen** F courir comme un perdu, un dératé; F **sich wie ~ gebärden** F se démener comme un diable dans un bénitier; **es kommt noch ~er** il y aura mieux encore; **~dreist** *adj.* effronté; insolent; *Balzac* **~e Geschichten** contes drolatiques.

Tolle ['tɔlə] F *f* ⟨~; ~n⟩ toupet *m*; P [tignasse *f*.]

tollen ['tɔlən] *v/i.* ⟨h⟩ s'amuser follement.

Toll|heit ['tɔlhaɪt] *f* ⟨~; ~en⟩ *fig.* (*Verrücktheit, toller Streich*) extravagance *f*; absurdité *f*; insanité *f*; *pfort.* folie *f*; démence *f*; **~ˌkirsche** *f bot.* belladone *f*; **~kopf** F *m* tête folle; tête chaude; cerveau brûlé; **2ˌköpfig** F *adj.* exalté; fou (fol), folle; qui a la tête brûlée, chaude, le cerveau brûlé, la cervelle brûlée; **2kühn** *adj.* téméraire; **~ˌkühnheit** *f* témérité *f*; **~wut** *f méd., vét.* rage *f*; **2ˌwütig** *adj. méd., vét.* enragé; qui a la rage.

Tolpatsch ['tɔlpatʃ] F *m* ⟨~es; ~e⟩ maladroit *m*; F balourd *m*; lourdaud *m*; pataud *m*; empoté *m*; gros lourd; brise-tout *m*; brise-fer *m*; godiche *f*; **2ig** F *adj.* gauche; maladroit; F balourd; lourdaud; pataud; empoté; godiche; **~igˌkeit** F *f* ⟨~⟩ maladresse *f*; F balourdise *f*.

Tölpel ['tœlpəl] *m* ⟨~s; ~⟩ **1.** F *cf.* Tolpatsch; **2.** *zo.* fou *m*; **~ei** [-'laɪ] F *f* ⟨~; ~en⟩ *cf.* Tolpatschigkeit; **2ˌhaft** F *adj. cf.* tolpatschig; **sich ~ benehmen** faire des balourdises; **~ˌhaftigkeit** *f* ⟨~⟩ *cf.* Tolpatschigkeit.

Toluol [to·lu·'o:l] *n* ⟨~s⟩ *chim.* toluène *m*; *comm.* toluol *m*.

Tomate [to·'ma:tə] *f* ⟨~; ~n⟩ *bot.* tomate *f*; **~nˌmark** *n* concentré *m*, purée *f* de tomates; **~nˌsaft** *m* jus *m* de tomates; **~nsaˌlat** *m* salade *f* de tomates; **~nˌsuppe** *f* soupe *f* à la tomate.

Tombak ['tɔmbak] *m* ⟨~s⟩ *métall.* tombac *m*; **2en** *adj.* de tombac.

Tombola ['tɔmbo·la] *f* ⟨~; -len⟩ tombola *f*.

Ton^{1} [to:n] *m* ⟨~(e)s; ~e⟩ *minéral.* argile *f*; *Töpferei* (terre *f*) glaise *f*; **feuerfester ~** argile réfractaire; **gebrannter ~** terre cuite.

Ton^{2} [to:n] *m* ⟨~(e)s; ~e⟩ *mus.* ton *m* (*auch fig.*); note *f*; (*Klang*) son *m*; (*Klangfarbe*) timbre *m*; (*Farb2*) ton *m*; teinte *f*; nuance *f*; (*Betonung*) accent *m* (tonique); **hoher, schriller ~** son aigu; **tiefer ~** son grave; **in scharfem, schroffem ~** d'un ton sec; **väterlicher ~** ton paternel; **in spöttischem ~** d'un ton railleur; *fig.* **der gute ~** le bon ton; **es gehört zum guten ~, zu** ... (+ *inf.*) il est de bon ton de ... (+ *inf.*); **hier herrscht ein freimütiger ~** ici on ne se gêne pas; *mus.* **den ~ angeben** donner le ton (*auch fig.*); *fig.* donner le la; *fig.* **e-n ~ anschlagen** prendre un ton; **e-n anderen ~ anschlagen** prendre un autre ton; changer de ton; **wenn Sie in diesem ~ reden** si vous le prenez sur ce ton; **ich verbitte mir diesen ~** je vous interdis ce ton; **ich werde ihm andere Töne beibringen** je le ferai chanter sur un autre ton; **in höchsten Tönen von etw. reden** faire de grands éloges de qc.; F **große Töne spucken** se donner de grands airs; faire l'important; se pousser du col; **keinen ~ von sich geben** ne dire, F souffler, piper mot; **er brachte keinen ~ heraus** sa voix s'étrangla; **der ~ macht die Musik** c'est le ton qui fait la musique, la chanson; F **hast du Töne?, hat der Mensch Töne?** a-t-on jamais vu, entendu pareille chose?; **den ~ auf etw. legen** mettre l'accent sur qc.; appuyer sur qc.; **der ~ liegt auf** ... l'accent est sur ...; **~ˌabnehmer** *m* pick-up *m*; tête *f* de lecture; lecteur *m*; **Anschluß für ~** prise pour tourne-disques, pick-up; **~ˌangabe** *f mus.* intonation *f*; **2ˌangebend** *adjt.* qui donne le ton; **~ˌangeber(in)** *m* (*f*) celui, celle qui donne le ton dans une société; **~arm** *m* bras *m* de pick-up; **~art** *f mus.* mode *m*; tonalité *f*; ton *m*; *fig.* **in allen ~en** sur tous les tons; *fig.* **e-e andere ~ anschlagen** prendre un autre ton; changer de ton; **2ˌartig** *adj. géol.* argileux, -euse; glaiseux, -euse; *sc.* argilacé; **~ˌaufnahme** *f* prise *f* de son; enregistrement *m* sonore; **~aufnahmegeˌrät** *n* appareil enregistreur de son; **~band** *n* ⟨~(e)s; ~er⟩ ruban *m*, bande *f* magnétique; **auf ~ aufnehmen** enregistrer sur ruban, bande magnétique; **~bandˌaufnahme** *f* enregistrement *m* sur ruban, bande magnétique; **~bandgeˌrät** *n* magnétophone *m*; **~beˌreich** *m* portée *f* du son; **~ˌbildung** *f* formation *f* du son; **~ˌblende** *f rad.* régulateur *m* de tonalité; **~ˌboden** *m géol.* sol, terrain argileux; **~ˌdichter** *m* compositeur *m*; **~ˌdichtung** *f* composition musicale; poème *m* symphonique; **~druck** *m* ⟨~(e)s; ~e⟩ *impr.* impression *f* du fond.

tonen ['to:nən] *v/t.* ⟨h⟩ *phot.* virer.

tönen^{1} ['tø:nən] *v/t.* ⟨h⟩ colorer; teinter; *Zeichnung* colorier; **~**^{2} *v/i.* ⟨h⟩ (*klingen*) sonner; (*widerhallen*) résonner; retentir; **von fern tönte e-e sanfte Musik** de loin, on entendit une douce musique.

Tonerde ['to:nˌʔe:rdə] *f* terre argileuse, glaise; *chim.* alumine *f*; **essigsaure ~** acétate *m* d'aluminium.

tönern ['tø:nərn] *adj.* de (terre) glaise; d'argile; *bibl.* **Koloß auf ~en Füßen** colosse aux pieds d'argile.

Ton|fall ['to:nfal] *m* ⟨~(e)s⟩ cadence *f*; (*Akzent*) accent *m*; **~ˌfarbe** *f* timbre *m*; **~fiˌgur** *f mus.* figure *f*; **~film** *m* film parlant, sonore; **~fiˌxierbad** *n phot.* (bain *m* de) virage-fixage *m*; **~ˌfolge** *f mus.* suite *f*, succession *f* de sons; mélodie *f*; **~freˌquenz** *f* fréquence vocale, audible, musicale; **~ˌgebung** *f* ⟨~⟩ formation *f* du son; **~geˌfäß** *n* vase *m* de terre; **~geˌschirr** *n* vaisselle *f* de terre; poterie *f*; **~ˌgrube** *f* glaisière *f*; **2ˌhaltig** *adj.* argileux, -euse; *sc.* argilifère; **~ˌhöhe** *f mus.* 'hauteur *f* du ton, *phys.* du son; **2ig** *adj. cf.* tonartig.

Tonika ['to:ni·ka] *f* ⟨~; -ken⟩ *mus.* tonique *f*.

Tonikum ['to:ni·kum] *n* ⟨~s; -ka⟩ *méd., phm.* tonique *m*; fortifiant *m*.

Toningenieur ['to:nʔɪnʒe·ni·ˌø:r] *m* ingénieur *m* du son.

tonisch ['to:nɪʃ] *adj. physiol., phm.* tonique; revigorant; fortifiant.

Ton|kopf ['to:nkɔpf] *m* tête *f* sonore, de lecture; lecteur *m*; **~kunst** *f* ⟨~⟩ art musical; musique *f*; **~ˌkünstler** *m* musicien *m*; **~ˌlage** *f mus. cf.* Tonhöhe; **~ˌlager** *n minéral.* couche argileuse; **~ˌleiter** *f mus.* gamme *f*; **2los** *adj.* insonore; (*unbetont*) atone; inaccentué; non accentué; (*stumm*) muet, -tte; (*verstummt*) amuï; *Stimme* sourd; blanc, blanche; **~ˌmeister** *m* ingénieur *m* du son; **~ˌmergel** *m minéral.* marne argileuse; **~ˌmesser** *m* ⟨~s; ~⟩ *phys* sonomètre *m*; **~ˌmessung** *f phys.* sonométrie *f*; **~ˌmischer** *m* ⟨~s; ~⟩ mélangeur *m* de son; **~ˌmischpult** *n cf.* Mischpult; **~ˌmischung** *f* mixage *m*.

Tonnage [tɔ'na:ʒə] *f* ⟨~; ~n⟩ *mar.* tonnage *m*.

Tonne ['tɔnə] *f* ⟨~; ~n⟩ *Maß* (*abr.* t) tonne *f* (métrique); *mar.* tonneau *m*; *als Seezeichen* bouée *f*; balise *f*; *Gefäß* tonneau *m*; tonne *f*; (*Faß*) baril *m*; **kleine ~** tonnelet *m*; F *fig.* **e-e ~** *von e-r Frau* F une grosse mémère; **~nˌdach** *n bât.* toit *m* en berceau; **~ngeˌhalt** *m mar.* tonnage *m*; jauge *f*; **~ngeˌwölbe** *n bât.* voûte *f* en berceau; tonnelle *f*; **~nˌindex** *m mar.* indice *m* du tonnage; **~nkiloˌmeter** *m mar.* tonne-kilomètre *f*; tonne *f* kilométrique; **2nˌweise** *adv.* par tonneaux.

Ton|pfeife ['to:nˌpfaɪfə] *f* pipe *f* en terre; **~proˌjektor** *m Film* projecteur *m* sonore; **~ˌquelle** *f* source *f* sonore; **~ˌröhre** *f* tuyau *m* en terre cuite; **~satz** *m mus.* phrase *f* (musicale); **~ˌschiefer** *m minéral.* schiste argileux; **~ˌschöpfung** *f* création musicale; **~ˌsetzer** *m* compositeur *m* (de musique); **~sieb** *n rad.* filtre *m* de tonalité; **~ˌsilbe** *f* syllabe accentuée, tonique; **~ˌspektrum** *n phys.* spectre *m* acoustique; **~ˌstärke** *f* intensité *f* sonore; puissance *f* du son; **~ˌstreifen** *m Film* bande *f* sonore; **~stück** *n* morceau *m* de musique; **~ˌstufe** *f mus.* intervalle *m*.

Tonsur [tɔn'zu:r] *f* ⟨~; ~en⟩ tonsure *f*.

Ton|taube ['to:nˌtaubə] *f ch.* pigeon artificiel; **~taubenˌschießen** *n ch.* tir *m* aux pigeons artificiels; **~ˌträger** *m* support *m* de son; **~ˌumfang** *m mus.* registre *m*.

Tonung ['to:nuŋ] *f* ⟨~; ~en⟩ *phot.* virage *m*.

Tönung ['tø:nuŋ] *f* ⟨~; ~en⟩ coloration *f*; *e-r Zeichnung* coloriage *m*.

Tonuntermalung ['to:nʔuntərˌma:luŋ] *f* sonorisation *f*.

Tonus ['to:nus] *m* ⟨~⟩ *physiol.* tonus [-ys] *m*.

Ton|veränderung ['to:nfɛrˌʔɛndəruŋ] *f mus.* changement *m* de ton; modulation *f*; **~verˌstärker** *m* amplificateur *m* de son; **~ˌwaren** *f/pl.*, **~warenfabrikatiˌon** *f* poterie *f*; **~ˌwiederˌgabe** *f* reproduction *f* sonore; *e-s Radios etc.* musicalité *f*; **~ˌzeichen** *n gr.* accent *m*; **~zyˌlinder** *m élect., e-s Elements* manchon poreux.

Topas [to·'pa:s] *m* ⟨~es; ~e⟩ *minéral.* topaze *f*.

Topf [tɔpf] *m* ⟨~(e)s; ¨~e⟩ pot *m*; *irdener* pot *m* de terre; (*Koch*≈) marmite *f*; (*Nacht*≈) vase *m* de nuit; F pot *m* de chambre; *Pflanzen* in e-n ~ einsetzen empoter; aus dem ~ herausnehmen dépoter; *fig.* alles in e-n ~ werfen mettre tout dans le même sac; *fig.* das ist noch nicht in dem ~, wo's kocht l'affaire ne marche pas encore bien, n'est pas encore mûre, au point; jeder ~ findet s-n Deckel *prov.* chacun trouve chaussure à son pied *prov.*; **~ˌanfasser** *m* ⟨~s; ~⟩ F *cf.* Topflappen; **~ˌblume** *f* fleur *f* en pot.
Töpfchen [ˈtœpfçən] *n* ⟨~s; ~⟩ F (*Nachttopf*) *cf.* Topf.
Topfdeckel [ˈtɔpfˌdɛkəl] *m* couvercle *m* de pot.
Töpfer [ˈtœpfər] *m* ⟨~s; ~⟩ potier *m*; (*Keramiker*) céramiste *m*; **~ˌarbeit** *f* poterie *f*; **~ei** [-ˈraɪ] *f* ⟨~; ~en⟩ poterie *f*; **~ˌerde** *f* terre *f* à potier, à modeler; argile *f*; **~ˌhandwerk** *n* poterie *f*; **≈n** *v/i.* ⟨-(e)re, h⟩ faire de la poterie; **~ˌofen** *m* four *m* à potier; **~ˌscheibe** *f* tour *m* de potier; **~ˌton** *m cf.* ~erde; **~ˌtrog** *m* gâchoir *m*; **~ˌware** *f* poterie *f*; **~ˌwerkstatt** *f* poterie *f*.
Topf|gewächs [ˈtɔpfgəˌvɛks] *n cf.* Topfpflanze; **~ˌgucker** F *m* ⟨~s; ~⟩ F renifleur *m* de plats; *par ext.* fouineur *m*.
topfit [ˈtɔpfɪt] *adj. Sportler* en forme.
Topf|kieker [ˈtɔpfˌkiːkər] F *m* ⟨~s; ~⟩ *cf.* Topfgucker; **~ˌkuchen** *m* kouglof *od.* kugelhopf *m*; **~ˌlappen** *m* poignée *f*; **~maˌgnet** *m* électro-aimant cuirassé; **~manˌschette** *f für Blumentöpfe* cache-pot *m*; **~ˌpflanze** *f* plante *f*, fleur *f* en pot; **~ˌreiniger** *m* éponge *f* métallique, (de) nylon; frisette *f* (cuivre); **~stein** *m minéral.* pierre *f* ollaire; **~ˌstürze** *f cf.* Topfdeckel; **~voll** *m* potée *f* (de).
Topik [ˈtoːpɪk] *f* ⟨~⟩ *philos.* topique *m*.
Topinambur [toˑpiˑnamˈbuːr] *m* ⟨~s; ~s *od.* ~e⟩ *od. f* ⟨~; ~en⟩ *bot.* topinambour *m*.
topisch [ˈtoːpɪʃ] *adj. méd.* topique.
Topograph [toˑpoˑˈgraːf] *m* ⟨~en; ~en⟩ topographe *m*; **~ie** [-ˈfiː] *f* ⟨~; -ien⟩ topographie *f*; **≈isch** *adj.* topographique.
Topologie [toˑpoˑloˑˈgiː] *f* ⟨~⟩ *math.* topologie *f*.
topp [tɔp] *int.* bon!; d'accord!; va!; soit!; tope!; tope là!
Topp [tɔp] *m* ⟨~s; ~e *od.* ~s⟩ *mar.* tête *f*, pointe *f* de mât; **~mast** *m mar.* mât *m* de hune; **~ˌsegel** *n mar.* 'hunier *m*.
Tor[1] [toːr] *m* ⟨~en; ~en⟩ fou *m*; insensé *m*; sot *m*.
Tor[2] [toːr] *n* ⟨~(e)s; ~e⟩ porte *f*; *aus Latten od. Gitterstäben bestehend* barrière *f*; *Sport* but *m*; F bois *m/pl.*; *Slalom* porte *f*; ein ~ schießen marquer un but; ~! il y est!; *fig.* e-r Sache ~ u. Tür öffnen donner libre accès à qc.; **~ˌbalken** *m*, **~baum** *m* fléau *m* (de porte); barre *f* de fermeture; **~ˌbogen** *m* arceau *m*; **~ˌchance** *f Sport* chance *f*, occasion *f* de marquer un but; **~ˌeinfahrt** *f* porte cochère; **~(es-)schluß** *m fig.* kurz vor ~ juste à temps; au dernier moment; à la dernière minute.
Torf [tɔrf] *m* ⟨~(e)s⟩ tourbe *f*; ~ stechen extraire, couper, piquer la tourbe; tourber; **≈ˌartig** *adj.* tourbeux, -euse; **~ˌboden** *m* terrain tourbeux; **~ˌerde** *f* terre tourbeuse; **~ˌfeuerung** *f* chauffage *m* à la tourbe; **~geˌwinnung** *f* exploitation *f* d'une tourbière; extraction *f* de (la) tourbe; **~ˌgrube** *f* tourbière *f*; **~grubenbeˌsitzer** *m* tourbier *m*; **≈ˌhaltig**, **≈ig** *adj. cf.* ≈artig; **~ˌkohle** *f* charbon *m* de tourbe; **~ˌlager** *n* tourbière *f*.
Torflügel [ˈtoːrˌflyːgəl] *m* battant *m*; vantail *m*.
Torf|moor [ˈtɔrfmoːr] *n* marais tourbeux, à tourbe; tourbière *f*; **~moos** *n bot.* sphaigne *f*; **~mull** *m* poussier *m* de tourbe; **~ˌstechen** *n* extraction *f* de la tourbe; tourbage *m*; **~ˌstecher** *m* tourbier *m*; **~stich** *m cf.* ~stechen; *Ort* tourbière *f*; **~streu** *f* litière *f* de tourbe; **~stück** *n* motte *f* de tourbe.
Torhalle [ˈtoːrˌhalə] *f bât.* porche *m*.
Torheit [ˈtoːrhaɪt] *f* ⟨~; ~en⟩ folie *f*; bêtise *f*; sottise *f*; Alter schützt vor ~ nicht *prov.* on fait des sottises à tout âge.
Torhüter [ˈtoːrˌhyːtər] *m hist.* portier *m*; *Sport cf.* Torwart.
töricht [ˈtøːrɪçt] *adj.* fou (fol), folle; sot, -tte; insensé; *bibl.* die ~en Jungfrauen les vierges folles; **~er'weise** *adv.* follement.
Törin [ˈtøːrɪn] *f* ⟨~; ~nen⟩ folle *f*; insensée *f*; sotte *f*.
torkeln [ˈtɔrkəln] F *v/i.* ⟨-(e)le, h *doublé d'une indication de direction* sein⟩ chanceler; tituber; zigzaguer.
Tor|latte [ˈtoːrˌlatə] *f Sport* poteau *m*; montant *m*; (*Querlatte*) barre *f*; **~lauf** *m Ski* slalom *m*; **~ˌlinie** *f Sport* ligne *f* de but; **~mann** *m* ⟨~(e)s; ¨~er⟩ *cf.* Torwart.
Tornado [tɔrˈnaːdoˑ] *m* ⟨~s; ~s⟩ tornade *f*.
Tornister [tɔrˈnɪstər] *m* ⟨~s; ~⟩ ('havre)sac *m*; *der Schulkinder* cartable *m*; sac *m* d'écolier.
Torped|er [tɔrˈpeːdər] *m* ⟨~s; ~⟩ *milit.* officier *m* torpilleur; **≈ieren** [-ˈdiː-] *v/t.* ⟨*pas de ge-*, h⟩ *milit.* torpiller (*auch fig.*); **~ierung** [-ˈdiː-] *f* ⟨~⟩ *milit.* torpillage *m*.
Torpedo [tɔrˈpeːdoˑ] *m* ⟨~s; ~s⟩ *milit.*, *zo.* torpille *f*; **~ˌangriff** *m* attaque *f* à la torpille; **~ˌbahn** *f* sillage *m* de la torpille; **~ˌboot** *n* torpilleur *m*; **~ˌbootzerˌstörer** *m* contre-torpilleur *m*; destroyer *m*; **~ˌflugboot** *n* hydravion *m* torpilleur; **~ˌflugzeug** *n* avion *m* torpilleur; **~ˌjäger** *m cf.* ~bootzerstörer; **~kaˌnone** *f* lance-torpilles *m*; **~ˌkreuzer** *m* croiseur-torpilleur *m*; **~ˌrohr** *n* tube *m* lance-torpilles; **~ˌschnellboot** *n* vedette *f* rapide lance-torpilles; **~ˌ(schutz)netz** *n* filet *m* pare-torpilles; **~zerˌstörer** *m cf.* ~bootzerstörer.
Tor|pförtchen [ˈtoːrˌpfœrtçən] *n* guichet *m*; **~ˌpfosten** *m* poteau *m*; montant *m*; **~raum** *m Sport* surface *f* de but; **~schluß** *m hist.* fermeture *f* des portes; bei ~ à la fermeture des portes; *fig.* kurz vor ~ *cf.* Tor(es)schluß; **~schlußˌpanik** *fig. f* peur *f* de ne pas arriver à temps; *von e-r Frau* peur *f* de ne plus trouver à se marier; **~schuß** *m Sport* tir *m* au but; shoot [ʃut] *m* (au but); **~ˌschütze** *m Sport* marqueur *m* de but; buteur *m*.
Torsion [tɔrziˑˈoːn] *f* ⟨~; ~en⟩ *techn.* torsion *f*; **~sbeˌanspruchung** *f* effort *m* de torsion; **~sˌfestigˌkeit** *f* résistance *f* à la torsion; **~sˌmodul** *m* module *m*, coefficient *m* de torsion; **~sˌschwingungen** *f/pl.* vibrations *f/pl.* de torsion; **~sˌspannung** *f* tension *f* de torsion; **~sˌstab** *m* barre *f* de torsion; **~sˌwaage** *f* balance *f* de torsion; **~sˌwinkel** *m* angle *m* de torsion.
Torso [ˈtɔrzoˑ] *m* ⟨~s; ~s⟩ torse *m*; *fig.* fragment *m*.
Torstand [ˈtoːrʃtant] *m Sport* score *m*.
Tort [tɔrt] *m* ⟨~(e)s⟩ j-m e-n ~ antun vexer, offenser, blesser qn.; j-m etw. zum ~ tun faire qc. pour vexer, fâcher qn.
Törtchen [ˈtœrtçən] *n* ⟨~s; ~⟩ tartelette *f*.
Torte [ˈtɔrtə] *f* ⟨~; ~n⟩ tarte *f*; **~nˌboden** *m* fond *m*; croûte *f*; **~nˌform** *f* tourtière *f*; **~nˌheber** *m* pelle *f* à tarte; **~nˌplatte** *f* plat *m* à tartes; **~nˌschachtel** *f* boîte *f* à tartes; **~nˌschaufel** *f cf.* ~nheber.
Tortur [tɔrˈtuːr] *f* ⟨~; ~en⟩ *hist.* torture *f* (*auch fig.*); j-n der ~ unterwerfen (sou)mettre qn. à la torture, à la question.
Tor|wache [ˈtoːrˌvaxə] *f hist.* garde *f* de la porte (d'une ville); **~ˌwächter** *m cf.* Torhüter; *Sport cf.* ~wart; **~wart** *m* ⟨~(e)s; ~e⟩ *Sport* gardien *m* de but; goal *m*; **~ˌwärter** *m cf.* Torhüter; **~wärterˌhäuschen** *n hist.* conciergerie *f*; **~weg** *m* porte cochère; **~zoll** *m hist.* octroi *m*; droits *m/pl.* d'entrée.
tosen [ˈtoːzən] **I** *v/i.* ⟨-(es)t, h⟩ *Meer, Wildbach* mugir; bruire; gronder; *Brandung* déferler; *Sturm* être déchaîné; (*lärmen*) faire du vacarme; ~der Beifall applaudissements frénétiques; tonnerre d'applaudissements; **II** ≈ *n* ⟨~s⟩ *des Meeres etc.* mugissement *m*; bruissement *m*; grondement *m*; *der Brandung* déferlement *m*; *des Windes* déchaînement *m*; (*Lärm*) vacarme *m*.
toskanisch [tɔsˈkaːnɪʃ] *adj.* toscan; de Toscane.
tot [toːt] *adj.* mort; (*verstorben*) défunt; décédé; *mines* stérile; *Kapital* improductif, -ive; qui dort; *Farben* morne; éteint; *Augen* éteint; morne; sans vie; *Gegend, Straße etc.* désert; *Wasser* stagnant; croupissant; ~er Mann *mines* homme mort; *Schwimmen* planche *f*; ~es Gebirge roches sans minerai; *jur.* ≈e Hand main morte; *géogr.* das ≈e Meer la mer Morte; *techn.* ~er Gang jeu inutile; ~er Winkel angle mort; ~er Arm *e-s Flusses* bras mort; ~es Rennen course indécise, ex aequo; dead heat; *comm.* ~e Zeit morte-saison *f*; *rad.* ~e Zone zone de silence; ~e Sprache langue morte; *chem.* ~es Gleis voie de garage; *fig.* etw. aufs ~e Gleis schieben mettre qc. en veilleuse; ~er Punkt point mort; *fig. auch* impasse *f*; *fig.* auf *od.* an e-m ~en Punkt angelangt, angekommen sein être au point mort, dans une impasse; den ~en Punkt überwinden sortir de l'impasse; *jur.* für ~ erklären déclarer décédé; auf der Stelle ~ sein être mort, *durch Gewalt* tué sur le coup; ~ umfallen tomber raide mort; wie ~ daliegen être comme mort; être inanimé; ich war mehr ~ als lebendig j'étais plus mort(e) que vif (vive); *fig.* er ist ein ~er Mann c'est un homme fini.
total [toˑˈtaːl] **1.** *adj.* total; ~er Krieg guerre totale; der ~e Staat l'État totalitaire; **2.** *adv.* ~ vergessen haben avoir totalement, entièrement, tout à fait oublié; ~ betrunken ivre mort; **≈ˌausverkauf** *m* liquidation *f*; **≈iˈsator** *m* ⟨~s; -ˈtoren⟩ totalisateur *m*; **~iˈsieren** *v/t.* ⟨*pas de ge-*, h⟩ totaliser; **~iˈtär** *adj.* totalitaire; **≈iˈtät** *f* ⟨~⟩ totalité *f*; **≈reflexiˌon** *f phys.* réflexion totale; **≈ˌschaden** *m* perte totale; **≈ˌsumme** *f* somme totale; total *m*; **≈verˌlust** *m* perte totale.
totarbeiten [ˈtoːtˌˀarbaɪtən] *v/réfl.*

⟨-ete, *sép.*, -ge-, h⟩ sich ~ se tuer au travail, à la besogne.

Totem ['to:tɛm] *n* ⟨~s; ~s⟩, **~fiˌgur** *f* totem [-ɛm] *m*; **~ˌglaube** *m*, **~ismus** [-'mɪs-] *m* ⟨~⟩ totémisme *m*; **2istisch** [-'mɪs-] *adj.* totémique; **~ˌpfahl** *m* totem *m*.

töten ['tø:tən] **I** *v/t.* ⟨-ete, h⟩ tuer; mettre à mort; faire mourir; *bibl.* du sollst nicht ~ tu ne tueras point; *méd.* e-n Nerv ~ tuer un nerf; **II** *v/réfl.* sich ~ se tuer.

Toten|amt ['to:tənˌʔamt] *n égl. cath. cf.* ~messe; **~ˌbahre** *f* civière *f*; **~beˌschwörer** *m* nécromancien *m*; **~beˌschwörung** *f* nécromancie *f*; **~beˌstattung** *f* inhumation *f*; enterrement *m*; **~ˌbett** *n* lit *m* de mort; **2'blaß** *adj.* pâle comme un mort; d'une pâleur mortelle, livide; **~'blässe** *f* pâleur mortelle, livide, cireuse, cadavérique; teint cadavéreux; **2'bleich** *adj. cf.* 2blaß; **~ˌehrung** *f* honneurs *m/pl.* funèbres; derniers honneurs; **~ˌfeier** *f* funérailles *f/pl.*; service *m* funèbre; **~ˌfest** *n cf.* ~sonntag; **~ˌfleck** *m* tache *f* livide; **~geˌbet** *n* prière *f* pour les morts; **~geˌläut** *n* glas *m* (funèbre); **~geˌleit** *n* convoi *m*, cortège *m* funèbre; j-m das ~ geben assister aux obsèques de qn.; rendre les derniers honneurs à qn.; accompagner qn. à sa dernière demeure; **~geˌrippe** *n* squelette *m*; **~geˌruch** *m* odeur cadavéreuse; **~geˌsang** *m* chant *m* funèbre; **~ˌglocke** *f* glas *m*; **~ˌgräber** *m* fossoyeur *m*; *zo.* nécrophore *m*; **~ˌhaus** *n* maison *f* mortuaire; **~ˌhemd** *n* suaire *m*; linceul *m*; **~ˌklage** *f* plainte *f* funèbre; **~ˌkopf** *m* **1.** tête *f* de mort; **2.** *zo.* (sphinx *m*) tête-de-mort *f*; **~ˌkranz** *m*, **~ˌkrone** *f* couronne *f* (funéraire); **~ˌkult** *m* culte *m* des morts; **~ˌlied** *n* chant *m* funèbre; **~ˌliste** *f* liste *f* des morts; nécrologe *m*; **~ˌmaske** *f* masque *m* mortuaire; **~ˌmesse** *f égl. cath.* messe *f*, office *m* des morts; requiem *m*; **~ˌopfer** *n* sacrifice offert aux mânes; **~reˌgister** *n* régistre *m* des décès; **~ˌreich** *n* empire *m*, royaume *m* des morts; **~ˌschädel** *m* tête *f* de mort; **~ˌschau** *f* constatation *f* de *od.* du décès; **~ˌschein** *m* certificat *m* de décès; den ~ ausstellen délivrer le certificat de décès; **~ˌsonntag** *m égl. prot.* jour *m*, fête *f* des morts; **~ˌstadt** *f* nécropole *f*; **~ˌstarre** *f* rigidité *f* cadavérique; **2'still** *adj.* d'un silence absolu, de mort; **~'stille** *f* silence absolu, de mort; **~ˌtanz** *m* danse *f* macabre; **~ˌuhr** F *f zo.* F horloge *f* de la mort; *sc.* anobie *m*; **~ˌvogel** F *m zo.* chevèche *f*; **~ˌwache** *f* veillée *f* funèbre; die ~ halten veiller un mort.

Tote(r) ['to:tə(r)] *f (m)* ⟨→ A⟩ mort, -e *m, f*; défunt, -e *m, f*; *st. s.* trépassé, -e *m, f*.

Tot|erklärte(r) ['to:tʔɛrˌklɛ:rtə(r)] *f (m)* ⟨→ A⟩ celui, celle qu'on a déclaré(e) décédé(e); **2ˌfahren** *v/t.* ⟨*irr.*, *sép.*, -ge-, h⟩ écraser (avec un véhicule); **2geˌboren** *adjt.* mort-né; ~es Kind enfant *m, f* mort-né(e); mort-né(e) *m (f)*; F *fig.* das ist ein ~es Kind c'est une affaire, entreprise, *etc.* mort-née; **~geˌburt** *f* (enfant) mort-né *m*; Zahl der ~en mortinatalité *f*; **~geˌglaubte(r)** *f (m)* ⟨→ A⟩ (le, la) présumé(e) mort(e); **~geˌsagte(r)** *f (m)* ⟨→ A⟩ (le, la) réputé(e) mort(e); **2ˌkriegen** F *v/t.* ⟨*sép.*, -ge-, h⟩ nicht totzukriegen inusable; **2ˌlachen** F **I** *v/réfl.* ⟨*sép.*, -ge-, h⟩ sich ~ mourir de rire; **II ~ˌlachen** *n* F das ist zum ~ c'est à mourir, P à crever de rire; c'est crevant, marrant, à se tordre; **~ˌlage** *f techn.* (position *f* de *od.* au) point mort; **2ˌlaufen** *v/réfl.* ⟨*irr.*, *sép.*, -ge-, h⟩ F *fig.* das läuft sich tot cela s'arrangera de soi-même; P ça se tassera; **~ˌliegende(s)** *n* ⟨→ A⟩ *géol.* permien *m* rouge; **2ˌmachen I** *v/t.* ⟨*sép.*, -ge-, h⟩ tuer; mettre à mort; faire mourir; **II** *v/réfl.* F sich ~ *cf.* totarbeiten.

Totmannbremse ['to:tmanˌbrɛmzə] *f techn.* frein *m* de sécurité.

Toto ['to:to·] *m*, F *n* ⟨~s; ~s⟩ *Rennsport cf.* Totalisator; (*Fußball2*) *etwa* concours *m* de pronostics (de football); im ~ spielen participer au concours de pronostics (de football); **~erˌgebnisse** *n/pl.* résultats *m/pl.* du concours de pronostics (de football); **~ˌschein** *m*, **~ˌzettel** *m etwa* bulletin *m* de concours de pronostics (de football).

Tot|punkt ['to:tpuŋkt] *m techn.* point mort; **~ˌreife** *f* surmaturation *f*; **2ˌsagen** *v/t.* ⟨*sép.*, -ge-, h⟩ réputer, présumer (qn.) mort; **2ˌschießen** *v/t.* ⟨*irr.*, *sép.*, -ge-, h⟩ abattre, tuer d'un coup de feu; **~schlag** *m* ⟨~(e)s⟩ homicide *m* volontaire; meurtre *m*; F *fig.* das gibt Mord und ~ F il y aura du grabuge; **2ˌschlagen** *v/t.* ⟨*irr.*, *sép.*, -ge-, h⟩ assommer; *fig.* Zeit tuer; **~ˌschläger** *m* **1.** homicide *m* volontaire; meurtrier *m*; **2.** *als Werkzeug* assommoir *m* casse-tête *m*; **2ˌschweigen** *v/t.* ⟨*irr.*, *sép.*, -ge-, h⟩ faire silence sur; passer sous silence; étouffer; faire un black-out sur; **2ˌstellen** *v/réfl.* ⟨*sép.*, -ge-, h⟩ sich ~ faire le mort; **2ˌtreten** *v/t.* ⟨*irr.*, *sép.*, -ge-, h⟩ écraser du pied.

Tötung ['tø:tuŋ] *f* ⟨~⟩ homicide *m*; fahrlässige ~ homicide par imprudence, involontaire; vorsätzliche ~, ~ mit Vorbedacht homicide volontaire; meurtre prémédité, avec préméditation; assassinat *m*.

Toup|et [tu·'pe:] *n* ⟨~s; ~s⟩ postiche *m*; **2ieren** *v/t.* ⟨*pas de ge-*, h⟩ *Haar* crêper.

Tour [tu:r] *f* ⟨~; ~en⟩ *techn.*, *beim Tanz* tour *m*; (*Ausflug*) *auch* excursion *f*; *mit Rad, Wagen* randonnée *f*; (*Geschäftsreise*) tournée *f*; auf ~en kommen tourner à plein régime; *fig.* auf vollen ~en laufen battre son plein; F *fig.* krumme ~en machen faire des tours à gauche; faire de sales tours, coups; F *fig.* auf krumme ~en par des voies détournées; F *fig.* in e-r ~ sans cesse; F *fig.* die alte ~ le vieux système; la vieille méthode; F le vieux truc; F *fig.* auf die feine, vornehme ~ d'une façon distinguée; F *fig.* auf die stille ~ d'une façon discrète; sans que personne s'en aperçoive; F *fig.* j-n auf ~en bringen mettre qn. en colère, F en rage, en rogne; **~enˌwagen** *m* voiture *f* de tourisme; **~enˌzahl** *f* nombre *m* de tours; régime *m*; vitesse *f* de rotation; **~enˌzähler** *m* compte-tours *m*.

Tourismus [tu·'rɪsmus] *m* ⟨~⟩ tourisme *m*.

Tourist|(in) [tu·'rɪst(ɪn)] *m* ⟨~en; ~en⟩ *(f)* ⟨~; ~nen⟩ touriste *m, f*; **~enˌklasse** *f* classe *f* touriste; **~enverˌkehr** *m* tourisme *m*; **~ik** *f* ⟨~⟩ tourisme *m*; **2isch** *adj.* touristique.

Tournee [tur'ne:] *f* ⟨~; -neen *od.* ~s⟩ tournée *f*; auf ~ gehen faire une tournée; auf ~ sein être en tournée.

Toxi|kologie [tɔksi·ko·lo·'gi:] *f* ⟨~⟩ toxicologie *f*; **~kum** ['tɔ-] *n* ⟨~s; -ka⟩ toxique *m*; **~n** [-'ksi:n] *n* ⟨~s; ~e⟩ toxine *f*; **2sch** ['tɔ-] *adj.* toxique; vénéneux, -euse.

Trab [tra:p] *m* ⟨-(e)s⟩ trot *m*; ~ reiten aller au trot; in ~ setzen mettre au trot; faire trotter; im ~ au trot; in vollem ~ au grand trot; F *fig.* j-n auf (den) ~ bringen secouer, faire marcher qn.

Trabant [tra'bant] *m* ⟨~en; ~en⟩ *hist.* traban *m*; *astr.*, *fig.* satellite *m*; F *fig.* die ~en F les gosses; **~enˌsiedlung** *f* colonie *f* satellite; **~enˌstadt** *f* ville *f* satellite.

trab|en ['tra:bən] **I** *v/i.* ⟨sein⟩ trotter (*auch* F *von Menschen*); aller au trot; **II 2en** *n* ⟨~s⟩ trot *m*; **2er** *m* ⟨~s; ~⟩ trotteur *m*; steppe(u)r *m*; **2erˌbahn** *f cf.* 2rennbahn; **2erˌwagen** *m* sulky *m*; **2ˌreiten** *n* trot *m*; **2ˌrennbahn** *f* piste *f* pour les courses au trot; **2ˌrennen** *n* course *f* au trot.

Trachee [tra'xe:ə] *f* ⟨~; ~n⟩ trachée *f*.

Tracht [traxt] *f* ⟨~; ~en⟩ **1.** (*Kleidung*) costume *m*; habits *m/pl.*; mode *f*; (*Volks2*) costume régional; **2.** *Imkerei* miellée *f*; **3.** ~ Prügel correction *f*; volée *f* de coups; *cf. auch* Prügel².

trachten ['traxtən] **I** *v/i.* ⟨-ete, h⟩ nach etw. ~ aspirer, viser à qc.; rechercher qc.; j-m nach dem Leben ~ vouloir attenter aux jours de qn.; en vouloir à la vie de qn.; danach ~, etw. zu tun chercher à faire qc.; **II** 2 *n* ⟨~s⟩ aspirations *f/pl.*; visées *f/pl.*; recherche *f* (nach de); sein ganzes Sinnen (*od.* Dichten) u. ~ ist auf ... gerichtet, geht auf ... toutes ses pensées sont tournées vers ..., tendent à ...

Trachtenfest ['traxtənˌfɛst] *n* fête *f* en costumes régionaux.

trächtig ['trɛçtɪç] *adj.* pleine; *sc.* gravide; prégnante; ~ sein *auch* porter; **2ˌkeit** *f* ⟨~⟩ gestation *f*; gravidité *f*; **2keitsˌdauer** *f* durée *f* de la gestation.

Trachyt [tra'xy:t, -'xʏt] *m* ⟨~s; ~e⟩ *géol.* trachyte [trakit] *m*.

Tradition [tradi·tsi·'o:n] *f* ⟨~; ~en⟩ tradition *f*; **2ell** [-'nɛl] *adj.* traditionnel, -lle; de tradition; **2sbeˌwußt** *adj.* traditionaliste; **~sbeˌwußtsein** *n* traditionalisme *m*; **2sgeˌbunden** *adjt.* traditionaliste; ~er Mensch traditionaliste *m*; **2sgeˌmäß** *adj.* traditionnel, -lle; **~spaˌpiere** *n/pl.* *Börse* titres *m/pl.* endossables.

traf [tra:f] *cf.* treffen.

Trafo ['tra:fo·] *m* ⟨~(s); ~s⟩ *Kurzwort für* Transformator. [portatif.]

Tragaltar ['tra:kʔalˌta:r] *m* autel

Tragant(h) [tra'gant] *m* ⟨~(e)s; ~e⟩ *bot.* astragale *m*; tragacantha *m*; *Substanz dieser Pflanzen* gomme adragante, d'adragant.

Trag|bahre ['tra:kˌba:rə] *f* civière *f*; brancard *m*; **~ˌbalken** *m bât.*, *charp.* poutre maîtresse; sommier *m*; **2bar** *adj.* portatif, -ive; *Kleidung* portable; mettable; *fig.* (*erträglich*) supportable; tolérable; (*annehmbar*) acceptable; (*zulässig*) admissible; **~e** *f* ⟨~; ~n⟩ *cf.* ~bahre.

träge ['trɛ:gə] *adj.* (*faul*) paresseux, -euse; (*langsam*) lent; (*schwerfällig*) pesant; lourd; (*lässig*) indolent; *phys.* ~ Masse masse inerte; ~ machen alourdir; amollir; rendre paresseux, -euse, mou, molle.

tragen ['tra:gən] **I** *v/t.* ⟨trägt, trug, getragen, trag(e)!, h⟩ porter; (*stützen*) supporter; soutenir; *sein Schicksal etc.* (*ertragen*) supporter; subir;

Verantwortung, Titel, Namen avoir; porter; *Kosten* supporter; payer; *Früchte* porter; donner; *Baum abs.* porter, donner des fruits; produire; rapporter; fructifier; *Acker* produire; rendre; *Samen* produire; *Zinsen* porter; rapporter; *Brille, Bart, Schmuck, Kleidung* porter; **dieser Baum fängt an zu ~** cet arbre commence à produire, à rapporter; **Bedenken ~, etw. zu tun** se faire scrupule de faire qc.; avoir des scrupules de faire qc.; hésiter à faire qc.; **die Beine wollen mich nicht mehr ~** je ne tiens plus sur mes jambes; F mes jambes ne veulent, peuvent plus me porter; **das Datum vom ... ~** porter la date du ...; être daté du ...; **die Folgen ~** supporter les conséquences; **das Haar kurz ~** porter les cheveux courts; **Ketten ~** être dans les fers; *fig.* **die Nase hoch ~** porter la tête 'haute; afficher une dédaigneuse fierté; **e-r Sache Rechnung ~** tenir compte de qc.; **die Schuld an etw. ~** être la cause de qc.; **er trägt die Schuld (daran)** c'est sa faute; **Sorge ~ für** veiller à; prendre, avoir soin de; (*sich angelegen sein lassen*) s'occuper de; (*vorsorgen*) pourvoir à; **dafür Sorge ~, daß ...** veiller à ce que ... (+ *subj.*); **j-s Unterschrift ~** être revêtu de la signature de qn.; **Verlangen ~ nach etw.** avoir envie de qc.; désirer qc.; ressentir le désir de faire qc.; **e-e Regierung, die vom Vertrauen des Volkes getragen ist** un gouvernement qui peut s'appuyer sur, qui est soutenu par la confiance du peuple; **auf den Armen ~** porter dans ses bras; *fig.* **j-n auf Händen ~** couver, dorloter, choyer qn.; être aux petits soins pour qn.; **auf dem Rücken ~** porter sur son dos; **aus der Bahn getragen werden** être déporté; **bei sich ~** avoir sur soi; **den Arm in der Binde ~** avoir le bras en écharpe; **in der Hand ~** porter à la main; *st. s.* **ein Kind unter dem Herzen ~** porter un enfant dans son (ses) flanc(s); *Neuigkeiten, Gerücht etc.* **von Haus zu Haus ~** colporter; F **s-e Haut zu Markte ~** risquer sa vie, F sa peau; faire bon marché de sa peau; **zur Schau ~** faire étalage, parade, montre de; afficher; (*heucheln*) affecter; **offen zur Schau ~** montrer publiquement; **getragene Kleidungsstücke** vêtements usagés; **II** *v/i.* porter (*auch Stimme, Eis*); **schwer zu ~ haben** être lourdement chargé; *fig.* **schwer an etw. ~** être accablé de qc.; **getragene Musik** musique solennelle, grave; **~de Stimme** voix qui porte; **~de Rolle** rôle principal; **III** *v/réfl. Kleidungsstücke, Stoffe* **sich gut ~** être agréable à porter, (*haltbar sein*) résistant à l'usage; *von e-r Last* **das trägt sich schlecht** cela n'est pas commode à porter; *Unternehmen, Geschäft* **sich nicht ~** ne pas se suffire à soi-même; ne rien rapporter; **sich mit der Absicht, dem Gedanken ~, zu ...** (+ *inf.*) avoir l'intention de, se proposer de ... (+ *inf.*); **IV** ♀ *n* ⟨~s⟩ *von Kleidungsstücken, Waffen* port *m*; *sonst verbal.*

Träger ['trɛːgər] *m* ⟨~s; ~⟩ *von Lasten, Gepäck* porteur *m*; *an Kleidungsstücken* bretelle *f*; *bât.* support *m*; sommier *m*; poutre maîtresse; poutrelle *f*; *e-s Titels, Namens* porteur *m*; *der Rechtspflege, Wirtschaft etc.* représentant *m*; *e-r Idee auch* protagoniste *m*; F champion *m*; **~fre͵quenz** *f rad.* fréquence porteuse; **~͵kleid** *n* robe *f* à bretelles; **~͵lohn** *m* factage *m*; ♀͵**los** *adj. von Kleidungsstücken* sans bretelles; **~ra͵kete** *f* fusée porteuse; **~͵rock** *m* jupe *f* à bretelles; **~͵schürze** *f* tablier *m* à bretelles; **~͵strom** *m élect.* courant porteur; **~͵welle** *f rad.* onde porteuse.

Tragezeit ['trɑːgə͵tsaɪt] *f cf.* Trächtigkeitsdauer.

trag|fähig ['trɑːk͵fɛːɪç] *adj.* capable de porter; solide; ♀͵**fähig͵keit** *f* ⟨~⟩ *e-r Brücke etc.* force portante; limite *f* de charge; *e-s Balkens, von Material* résistance *f*; *des Baugrundes* solidité *f*; résistance *f*; *mar.* capacité *f*; tonnage *m*; port *m* en lourd; *Bevölkerungslehre* capacité *f* de peuplement; ♀͵**fläche** *f bât.* surface portante; *aviat.* aile *f*; voilure *f*; plan sustentateur; **freitragende ~** aile en porte à faux; **verstrebte ~** aile haubanée; ♀**flächenbe͵lastung** *f aviat.* charge *f* alaire; ♀**flächen͵kühler** *m aviat.* radiateur *m* d'aile; ♀**flächenpro͵fil** *n aviat.* profil *m* d'aile; ♀**flächenver͵eisung** *f aviat.* givrage *m* des ailes; ♀͵**flügel** *m aviat. cf.* ♀fläche; ♀**griff** *m* poignée *f* de transport; ♀**gurt** *m* bretelle *f*; sangle *f*; courroie *f*; *des Gepäckträgers* bricole *f*.

Trägheit ['trɛːkhaɪt] *f* ⟨~⟩ paresse *f*; lenteur *f*; *des Geistes* lourdeur *f*; pesanteur *f*; (*Lässigkeit*) indolence *f*; *phys.* inertie [-si] *f*; **~sge͵setz** *n phys.* loi *f* d'inertie; **~smo͵ment** *n phys.* moment *m* d'inertie.

Traghimmel ['trɑːk͵hɪməl] *m* baldaquin *m*; dais *m*.

Tragik ['trɑːgɪk] *f* ⟨~⟩ tragique *m*; **~er** *m* ⟨~s; ~⟩ tragique *m*.

tragi|komisch ['trɑːgi·͵koːmɪʃ] *adj.* tragi-comique; ♀**ko͵mödie** *f* tragi-comédie *f*.

tragisch ['trɑːgɪʃ] **1.** *adj.* tragique; **e-e ~e Wendung nehmen** tourner au tragique; **das ♀e** le tragique; **2.** *adv.* tragiquement; F **etw. ~ nehmen** prendre qc. au tragique.

Trag|joch ['trɑːkjɔx] *n* palanche *f*; **~korb** *m* 'hotte *f*; **~kraft** *f* ⟨~⟩ *cf.* Tragfähigkeit; ♀͵**kräftig** *adj. cf.* tragfähig; **~͵lager** *n techn.* palier-support *m*; **~last** *f* charge *f*; fardeau *m*.

Tragöd|e [tra'gøːdə] *m* ⟨~n; ~n⟩, **~in** *f* ⟨~; ~nen⟩ tragédien, -nne *m, f*; **~ie** *f* ⟨~; ~n⟩ tragédie *f*; **~ien͵dichter** *m* auteur *m* de tragédies; tragique *m*.

Trag|pfeiler ['trɑːk͵pfaɪlər] *m bât.* pilier *m*; **~͵riemen** *m cf.* Traggurt; **~ring** *m techn.* bague-support *f*; **~͵sattel** *m* bât *m*; **~͵schrauber** *m* ⟨~s; ~⟩ *aviat.* autogire *od.* autogyre *m*; **~seil** *n* câble porteur; *élect. auch* fil *m* de suspension; **~͵sessel** *m* chaise *f* à porteurs; **~stein** *m bât.* (*Kragstein*) console *f*; **~tier** *n* bête *f* de somme; animal *m* de bât; **~͵weite** *f e-r Schußwaffe, der Stimme, fig.* portée *f*; **~werk** *n e-r Brücke* structure portante; *aviat. auch* voilure *f*; surface portante; **~zeit** *f cf.* Trächtigkeitsdauer.

Train|er ['trɛːnər, 'treː-] *m* ⟨~s; ~⟩ *Sport* entraîneur *m*; ♀**ieren** [-'niː-] **I** *v/t.* ⟨*pas de ge-*, h⟩ entraîner; **II** *v/i.* s'entraîner (für pour); **III ~ieren** [-'niː-] *n* ⟨~s⟩, **~ing** *n* ⟨~s; ~s⟩ entraînement *m*; **~ings͵anzug** *m* tenue *f* d'entraînement; survêtement *m* de sport; **~ings͵arbeit** *f* entraînement *m*; **~ings͵lager** *n* camp *m* d'entraînement; **~ings͵lauf** *m* course *f* d'entraînement; **~ings͵spiel** *n* match *m* d'entraînement.

Trajekt [tra'jɛkt] *m od. n* ⟨~(e)s; ~e⟩, **~͵dampfer** *m*, **~͵schiff** *n* ferry-boat *m*.

Trakt [trakt] *m* ⟨~(e)s; ~e⟩ *e-s Gebäudes* aile *f*.

Trak|tat [trak'tɑːt] *m od. n* ⟨~(e)s; ~e⟩ traité *m*; tract religieux; **~'tätchen** *péj. n* ⟨~s; ~⟩ opuscule pieux; brochure *f* de propagande religieuse; tract religieux.

traktieren [trak'tiːrən] F *v/t.* ⟨*pas de ge-*, h⟩ (*plagen*) F martyriser; (*bewirten*) régaler (mit de); F gaver (de).

Traktor ['traktər] *m* ⟨~s; -'toren⟩ tracteur *m*; **~ist** [-'rɪst] *m* ⟨~en; ~en⟩ conducteur *m* de tracteur; *néol.* tractoriste *m*.

Tralje ['traljə] *f* ⟨~; ~n⟩ *mar.* barreau *m* (d'une grille).

trällern ['trɛlərn] **I** *v/t.* ⟨-(e)re, h⟩ fredonner; **II** ♀ *n* ⟨~s⟩ fredonnement *m*.

Trampel ['trampəl] F *m od. n* ⟨~s; ~⟩ lourdaud, -e *m, f*; pataud, -e *m, f*; **~͵loge** F *f thé.* poulailler *m*; paradis *m*; ♀**n** F **I** *v/i.* ⟨-(e)le, h⟩ trépigner; (*laut auftreten*) marcher d'un pas lourd; **II ~n** *n* ⟨~s⟩ trépignements *m/pl.*; pas lourds; **~͵pfad** *m* sentier *m*; piste battue; **~͵tier** *n zo.* chameau *m*; F *fig. cf.* Trampel.

trampen ['trɛmpən, 'tram-] *v/i.* ⟨sein⟩ faire de l'auto-stop; voyager par auto-stop.

Trampolin|e [trampo·'liːnə] *f* ⟨~; ~n⟩ *gym.* tremplin *m*; **~͵sprung** *m gym.* saut *m* au tremplin.

Tramp|reeder ['tramp͵reːdər, 'trɛmp-] *m mar.* armateur *m* de navires de tramping; **~schiff** *n* tramp *m*; **~͵schiffahrt** *f* tramping [-iŋ] *m*.

trampsen ['trampsən] F *v/i.* ⟨-(es)t, h⟩ *cf.* trampeln.

Tran ['trɑːn] *m* ⟨~(e)s; ~e⟩ huile *f* de poisson, *bes.* de baleine; F *fig.* **im ~ sein** (*betrunken sein*) être ivre, soûl; (*dösig sein*) être mal éveillé.

Trance [trɑ̃ːs] *f* ⟨~; ~n⟩ transe *f* médiumnique; **~͵zustand** ['trɑ̃ːsə-] *m* état *m* médiumnique.

Tranche ['trɑ̃ːʃ(ə), 'traŋʃə] *f* ⟨~; ~n⟩ *e-r Anleihe* tranche *f*.

Tranchier|besteck [trɑ̃ː'ʃiːrbə͵ʃtɛk] *n* service *m* à découper; ♀**en** *v/t.* ⟨*pas de ge-*, h⟩ découper; **~͵messer** *n* couteau *m* à découper.

Träne ['trɛːnə] *f* ⟨~; ~n⟩ larme *f*; *poét.* pleur *m*; F *fig. von e-r Flüssigkeit* (*Tropfen*) petite goutte; F larme *f*; **unter ~n** en larmes; **mit ~n in den Augen** les larmes aux yeux; **zu ~n gerührt** ému, touché aux larmes; **leicht zu ~n gerührt sein** avoir la larme facile; avoir le don des larmes; avoir toujours la larme à l'œil; **~n in die Augen treiben** exciter, arracher, tirer des larmes; faire venir, monter les larmes aux yeux; mettre la larme à l'œil; remplir les yeux de larmes; **~n vergießen** pleurer; verser, répandre des larmes; **bittere ~n vergießen** répandre des larmes amères; **heiße ~n vergießen** pleurer à chaudes larmes; **mit ~n benetzen** arroser de ses larmes; **unter ~n lächeln** sourire dans *od.* entre ses larmes; **in ~n schwimmen, zerfließen, ganz in ~n aufgelöst sein** fondre en larmes, en pleurs; être tout en larmes, en pleurs; se noyer dans les larmes, dans les pleurs; être tout éploré; **den ~n nahe sein** être au bord des larmes; **s-e ~n unterdrücken** dévorer, refouler, contenir, comprimer, contraindre, retenir ses larmes; s-e ~n trocknen sécher ses pleurs, ses larmes; j-m die ~n trocknen sécher les larmes de qn.; sich der ~n nicht erwehren können ne pouvoir se défendre de pleurer; F mit e-r ~ im Knopfloch avec un léger regret; dem werde ich keine ~ nachweinen celui-là ne me fera pas verser une larme.

tränen ['trɛːnən] **I** *v/i.* ⟨h⟩ mir ~ die Augen j'ai les larmes aux yeux; mes yeux pleurent, larmoient; **II** ♀ *n* ⟨~s⟩ *méd.* larmoiement *m*; ♀ˌ**bein** *n anat.* os lacrymal; **~beˌnetzt** *adjt.* baigné, mouillé de larmes; éploré; **~d** *adjt. bot.* ♀es Herz cœur-de-Jeannette *m*; cœur-de-Marie *m*; *sc.* dicentra *m*; ♀ˌ**drüse** *f anat.* glande lacrymale; F **auf die ~n drücken** chercher à toucher, émouvoir aux larmes; **~erˌstickt** *adjt.* mit ~er Stimme d'une voix entrecoupée de sanglots, mouillée de larmes; **~ˌfeucht** *adj. cf.* ~benetzt; ♀ˌ**flut** *f* flot *m*, déluge *m*, torrent *m* de larmes; ♀ˌ**gas** *n* gaz *m* lacrymogène; ♀**gasˌbombe** *f* bombe *f* lacrymogène; ♀ˌ**gras** *n bot.* larme-de-Job *f*; ♀**kaˌnal** *m anat.* conduit, canal lacrymal; ♀ˌ**krug** *m Altertum* vase lacrymal; fiole lacrymale; (urne *f*) lacrymatoire *m*; ~ˌ**leer**, ~ˌ**los** *adj.* sans larmes; ~es Auge œil sec; ♀ˌ**sack** *m anat.* sac lacrymal; ♀ˌ**strom** *m cf.* ♀flut; ♀ˌ**tier** F *n* gnangnan *od.* gnan-gnan *m*; nouille *f*; moule *f*; **~überˌströmt** *adjt.* noyé de larmes; *cf. auch* ~benetzt; ♀ˌ**winkel** *m anat.* larmier *m*.

Tran|funzel ['trɑːnˌfʊntsəl] F *f* lampe *f* à huile de baleine; *fig. cf.* Tränentier; **~geˌruch** *m* odeur *f* d'huile de baleine; ♀**ig** *adj. schmeckend* qui a un goût d'huile de poisson; (*Tran enthaltend*) imprégné d'huile de poisson; F *fig.* (*verschlafen*) endormi; engourdi; (*träge*) lourd; lourdaud; gnangnan.

trank [traŋk] *cf.* trinken.

Trank [traŋk] *m* ⟨~(e)s; ¨e⟩ *phm.* potion *f*; décoction *f*; (*Tee für Kranke*) infusion *f*; tisane *f*; *vét.* breuvage *m*; (*Getränk*) Speis u. ~ le boire et le manger.

Tränk|e ['trɛŋkə] *f* ⟨~; ~n⟩ abreuvoir *m*; ♀**en I** *v/t.* ⟨h⟩ **1.** *Tiere* abreuver; donner à boire; faire boire; **2.** *mit e-m Stoff* (*imprägnieren*) imbiber; imprégner; *Hölzer auch* injecter; **II ~en** *n* ⟨~s⟩ **3.** *der Tiere* abreuvage *od.* abreuvement *m*; **4.** *mit e-m Stoff* imbibition *f*; imprégnation *f*; *von Hölzern* injection *f*.

Trankopfer ['traŋkˌʔɔpfər] *n Altertum* libation *f*.

Tränk|stoff ['trɛŋkʃtɔf] *m* imprégnant *m*; compound *m*; **~ung** *f* ⟨~⟩ *cf.* tränken II.

Transaktion [transʔaktsiˈoːn] *f* ⟨~; ~en⟩ transaction *f*.

trans|alpin(isch) [transʔalˈpiːn(ɪʃ)] *adj.* transalpin; **~at'lantisch** *adj.* transatlantique.

Transept [tranˈzɛpt] *m od. n* ⟨~(e)s; ~e⟩ *bât.* transept *m*.

Transfer [transˈfeːr] *m* ⟨~s⟩ *comm.* transfert *m*; ~ˌ**abkommen** *n* accord *m* sur les transferts; ~ˌ**dienst** *m* service *m* des transferts; **~geˌbühr** *f* droit *m* de transfert; **~geˌnehmigung** *f* autorisation *f* de transfert; ♀**ierbar** [-ˈriːr-] *adj.* transférable; **~ierbarˌkeit** [-ˈriːr-] *f* ⟨~⟩ transférabilité *f*; ♀**ieren** [-ˈriː-] *v/t.* ⟨*pas de ge-*, h⟩ transférer; **~ierung** [-ˈriː-] *f* ⟨~⟩ transfèrement *m*; ~ˌ**sperre** *f* arrêt *m* des transferts.

Transfiguration [transfiˑguˑratsiˑˈoːn] *f* ⟨~⟩ *relig.* transfiguration *f*.

Transfor|mation [transfɔrmatsiˑˈoːn] *f* ⟨~; ~en⟩ transformation *f*; **~'mator** *m* ⟨~s; -'toren⟩ *élect.* transformateur *m*; F transfo *m*; **~mator(en)häuschen** [-ˈmɑːtərˌhɔʏs-, -maˈtoːrənˌhɔʏs-] *n* kiosque *m* de transformateur(s); F transformateur *m*; **~ma'torenstatiˌon** *f* station *f* de transformateurs; ♀'**mieren** *v/t.* ⟨*pas de ge-*, h⟩ transformer; **~'mierung** *f* ⟨~⟩ *cf.* ~mation.

Transfusion [transfuˑziˑˈoːn] *f* ⟨~; ~en⟩ transfusion *f* (sanguine).

Transistor [tranˈzɪstər] *m* ⟨~s; -'toren⟩ *élect.* transistor *m*; **~geˌrät** *n rad.* poste *m* à transistors; F transistor *m*.

Transit [tranˈzɪt, -ˈziːt] *m* ⟨~s; ~e⟩ *comm.* transit *m*; im ~ nach ... en transit pour ...; ~ˌ**abgabe** *f* taxe *f* de transit; **~beˌscheinigung** *f* certificat *m* de transit; ~ˌ**gut** *n* marchandises *f/pl.* en transit; ~ˌ**hafen** *m* port *m* de transit; ~ˌ**handel** *m* commerce *m* de transit; ~ˌ**händler** *m* transitaire *m*.

transitiv [tranziˑˈtiːf] *adj. gr.* transitif, -ive; ~es Verbum verbe transitif.

Transitlager [tranˈziːtˌlɑːgər, -ˈzɪt-] *n* dépôt *m* de marchandises transitaires, en *od.* de transit.

transitorisch [tranziˑˈtoːrɪʃ] *adj.* transitoire.

Transit|schein [tranˈziːtˌʃaɪn, -ˈzɪt-] *m* acquit *m* de transit; **~verˌkehr** *m* trafic *m* en transit; ~ˌ**ware** *f cf.* Transitgut; ~ˌ**zoll** *m* droits *m/pl.* de transit.

transkontinental [transkɔntiˑnɛnˈtɑːl] *adj.* transcontinental.

tran|skribieren [transkriˑˈbiːrən] *v/t.* ⟨*pas de ge-*, h⟩ transcrire; ♀**skripti'on** *f* ⟨~; ~en⟩ transcription *f*.

Transmission [transmɪsiˑˈoːn] *f* ⟨~; ~nen⟩ transmission *f*; **~sˌantrieb** *m techn.* entraînement *m* par transmission; **~sˌriemen** *m techn.* courroie *f* de transmission; **~sˌwelle** *f techn.* arbre *m* de transmission.

transmittieren [transmɪˈtiːrən] *v/t.* ⟨*pas de ge-*, h⟩ transmettre.

Transozean|dampfer [transˈʔoːtseˑɑːnˌdampfər] *m* transatlantique *m*; ~ˌ**flug** *m* vol *m* transocéanique; **~ˌflugzeug** *n* avion *m* transocéanique; ♀**isch** [-ˈɑː-] *adj.* transocéanique.

transparent [transpaˈrɛnt] **I** *adj.* transparent; **II** ♀ *n* ⟨~(e)s; ~e⟩ transparent *m*; (*Spruchband*) banderole *f*; pancarte *f*; ♀ˌ**druck** *m* ⟨~(e)s; ~e⟩ *impr.* impression transparente; ♀**paˌpier** *n* papier transparent.

Transparenz [transpaˈrɛnts] *f* ⟨~⟩ transparence *f*.

Transpir|ation [transpiˑratsiˑˈoːn] *f* ⟨~⟩ transpiration *f*; ♀**ieren** [-ˈriː-] **I** *v/i.* ⟨*pas de ge-*, h⟩ transpirer; **II ~ieren** [-ˈriː-] *n* ⟨~s⟩ *cf.* ~ation.

Transplant|ation [transplantatsiˑˈoːn] *f* ⟨~; ~en⟩ transplantation *f*; greffe *f*; ♀**ieren** [-ˈtiː-] *v/t.* ⟨*pas de ge-*, h⟩ *chir.* transplanter.

transponier|en [transpoˑˈniːrən] *v/t.* ⟨*pas de ge-*, h⟩ *mus.* transposer; ♀**ung** *f* ⟨~⟩ transposition *f*.

Transport [transˈpɔrt] *m* ⟨~(e)s; ~e⟩ transport *m*; *milit.* convoi *m*; ♀**abel** [-ˈtɑː-] *adj.* ⟨-bl-⟩ transportable; portatif, -ive; ~ˌ**anlage** *f* installation *f* de transport; ~ˌ**arbeiter** *m* ouvrier *m* (de l'industrie) des transports; ~ˌ**band** *n* ⟨~(e)s; ¨er⟩ bande transporteuse; tapis roulant; convoyeur *m*; **~beˌhälter** *m* container *m*; **~er** *m* ⟨~s; ~⟩ *mar.* transport *m*; *aviat. cf.* ~flugzeug; **~eur** [-ˈtøːr] *m* ⟨~s; ~e⟩ transporteur *m*; *math.* rapporteur *m*; ♀ˌ**fähig** *adj.* transportable; ~ˌ**firma** *f* entreprise *f* de transports, de messageries; ~ˌ**flugzeug** *n* avion *m* de transport; ~ˌ**führer** *m milit.* chef *m* de convoi; **~geˌfahr** *f* risque *m* de transport; **~geˌschäft** *n* opération *f* de transport; **~geˌsellschaft** *f* société *f* de transports; **~geˌwerbe** *n* (industrie *f* des) transports *m/pl.*; ♀**ierbar** [-ˈtiːr-] *adj.* transportable; ♀**ieren** [-ˈtiː-] *v/t.* ⟨*pas de ge-*, h⟩ transporter; ~ˌ**kette** *f* chaîne porteuse; ~ˌ**kosten** *pl.* frais *m/pl.* de transport; ~ˌ**leistung** *f* capacité *f* de transport; **~maˌschine** *f aviat. cf.* ~flugzeug; ~ˌ**mittel** *n* moyen *m* de transport; **~paˌpiere** *n/pl.* titres *m/pl.* de transport; ~ˌ**risiko** *n cf.* ~gefahr; ~ˌ**rolle** *f* transporteur *m* à rouleaux; ~ˌ**schaden** *m* avarie *f* de transport; ~ˌ**schiff** *n cf.* ~er; ~ˌ**schnecke** *f* vis transporteuse; **~unterˌnehmen** *n cf.* ~firma; **~unterˌnehmer** *m* entrepreneur *m* de transport; transporteur *m*; **~verˌlust** *m* coulage *m* de route; **~verˌsicherung** *f* assurance-transport *f*; **~voˌlumen** *n* volume *m* de transport; ~ˌ**weg** *m* voie *f* de transport; ~ˌ**wesen** *n cf.* ~gewerbe.

transsibirisch [transziˑˈbiːrɪʃ] *adj.* transsibérien, -nne; die ♀e Bahn le Transsibérien.

Transsubstantiation [transzʊpstantsiatsiˑˈoːn] *f* ⟨~⟩ *relig. cath.* transsubstantiation *f*.

Transurane [transʔuˑˈrɑːnə] *n/pl. phys. atom.* (éléments) transuraniens *m/pl.*

Tran|suse [ˈtrɑːnˌzuːzə] F *f* ⟨~; ~n⟩, ~ˌ**tüte** F *f* ⟨~; ~n⟩ endormi, -e *m, f*; engourdi, -e *m, f*; *cf. auch* Tränentier.

transversal [transvɛrˈzɑːl] *adj.* transversal; ♀**e** *f* ⟨~; ~n⟩ *math.* transversale *f*.

transzen|dent [transtsɛnˈdɛnt] *adj.* transcendant; **~den'tal** *adj.* transcendantal; ♀'**denz** *f* ⟨~⟩ transcendance *f*.

Trapez [traˈpeːts] *n* ⟨~es; ~e⟩ *gym.*, *math.* trapèze *m*; ♀ˌ**förmig** *adj.* trapézoïdal; trapéziforme; **~geˌwinde** *n techn.* filet trapézoïdal; ~ˌ**künstler (-in)** *m* (*f*) trapéziste *m, f*; **~o'eder** *n* ⟨~s; ~⟩ *Kristallographie* trapézoèdre *m*; **~o'id** *n* ⟨~(e)s; ~e⟩ *math.* trapézoïde *m*.

Trappe [ˈtrapə] *m* ⟨~n; ~n⟩, *f* ⟨~; ~n⟩ *zo.* outarde *f*.

trappeln [ˈtrapəln] **I** *v/i.* ⟨-(e)le, sein⟩ trottiner; **II** ♀ *n* ⟨~s⟩ trottinement *m*.

Trapper [ˈtrapər] *m* ⟨~s; ~⟩ trappeur *m*.

Trappist [traˈpɪst] *m* ⟨~en; ~en⟩ trappiste *m*; **~enˌkloster** *n* (couvent *m* de l'ordre de) la Trappe; **~enˌorden** *m* (ordre *m* de) la Trappe.

trapsen [ˈtrapsən] F *v/i.* ⟨~(es)t, sein⟩ marcher lourdement, d'un pas lourd.

Trara [traˈrɑː] F *n* ⟨~s⟩ ~ machen F faire des chichis, du chiqué, du tralala, de l'esbroufe, P de l'épate; viel ~ um etw. machen faire grand bruit de qc.

Traß [tras] *m* ⟨-sses; -sse⟩ *minéral.* trass *m*.

Trass|ant [traˈsant] *m* ⟨~en; ~en⟩ *comm. e-s Wechsels* tireur *m*; **~at** *m* ⟨~en; ~en⟩ *comm.* tiré *m*; payeur *m*; **~e** [ˈtrasə] *f* ⟨~; ~n⟩ tracé *m*; ♀**ieren** *v/t.* ⟨*pas de ge-*, h⟩ **1.** tracer; **2.** *comm.* tirer (auf sur); émettre (un effet);

~ierung *f* ⟨~⟩ tracé *m*; *comm.* tirage *m.*

trat [tra:t] *cf.* treten.

Tratsch [tra:tʃ] F *péj. m* ⟨~es⟩ racontars *m/pl.*; commérages *m/pl.*; F potins *m/pl.*; **~e** F *f* ⟨~; ~n⟩ F potineur, -euse *m, f*; perroquet *m*; perruche *f*; *cf. auch* Schwätzer(in); **2en** F *v/i.* ⟨h⟩ F caqueter; potiner; *cf. auch* schwatzen; **~e'rei** F *f* ⟨~; ~en⟩ F caquetage *m*; caqueterie *f*; potinage *m*; *cf. auch* Tratsch, schwatzen II.

Tratte ['tratə] *f* ⟨~; ~n⟩ *comm.* traite *f*; effet tiré; e-e ~ einziehen encaisser, recouvrer une traite; e-e ~ in Umlauf setzen, bringen mettre une traite en circulation; e-e ~ weitergeben céder une traite.

Traualtar ['trauʔalˌta:r] *m e-e Frau zum* ~ führen mener à l'autel; épouser.

Träubchen ['trɔʏpçən] *n* ⟨~s; ~⟩ grappillon *m.*

Traube ['traubə] *f* ⟨~; ~n⟩ *bot.* grappe *f*; (*Wein2*) raisin *m*; grappe *f* (de raisin); frühe ~ raisin primeur, hâtif; späte ~ raisin tardif; *fig.* die ~n zu sauer finden trouver les raisins trop verts; **~nˌblut** *poét. n* jus *m* de la treille; **~nˌernte** *f cf.* ~nlese; **2nˌförmig** *adj.* en grappe; **~nhyaˌzinthe** *f bot.* muscari *m*; **~nˌkur** *f* cure *f* de raisins; cure uvale; **~nˌlese** *f* ⟨~; ~n⟩ vendange *f*; **~nˌmost** *m* moût *m* (de raisin); **~nˌpresse** *f* pressoir *m*; **~nˌsaft** *m* jus *m* de raisin; **~nˌsäure** *f chim.* acide *m* tartrique racémique; **~nˌzucker** *m* sucre *m* de raisin; *sc.* glucose *m.*

traubig ['traubıç] *adj. cf.* traubenförmig.

trauen ['trauən] **I** *v/t.* ⟨h⟩ *Brautpaar* marier; unir; *kirchlich* bénir; donner la bénédiction nuptiale; sich ~ lassen se marier; **II** *v/i.* j-m, e-r Sache ~ faire confiance à qn.; avoir confiance en *od.* dans qc.; se fier à qn., qc.; croire qn.; j-m, e-r Sache nicht ~ se défier, se méfier de qn., qc.; ich traue der Sache nicht je ne m'y fie pas; ich traue ihm nicht über den Weg je me défie de lui; je n'ai aucune confiance en lui; s-n Augen, Ohren nicht ~ ne pas en croire ses yeux, ses oreilles; trau, schau, wem *prov.* défiance (méfiance, prudence) est mère de sûreté *prov.*; **III** *v/réfl.* sich ~ (*sich getrauen*), zu ... (+ *inf.*) oser ... (+ *inf.*); ich traue mich nicht, mitzukommen je n'ose pas vous accompagner.

Trauer ['trauər] *f* ⟨~⟩ (*Betrübnis*) affliction *f*; tristesse *f* (profonde); désolation *f*; regret *m*; *um Tote* deuil *m*; tiefe ~ grand deuil; ~ haben être en deuil; porter le deuil; ~ anlegen prendre le deuil; in tiefe ~ versetzen affliger profondément; plonger dans une profonde affliction; in ~ hüllen, versetzen endeuiller; ~ über etw. empfinden s'affliger, se désoler de qc.; *auf Todesanzeigen* in tiefer ~ (profonds) regrets; **~ˌbinde** *f* (brassard *m* de) crêpe *m*; **~ˌbotschaft** *f* nouvelle *f* du décès de qn.; *fig.* triste, funeste nouvelle *f*; **~ˌbrief** *m* lettre *f* de condoléances; **~ˌfall** *m* décès *m*; deuil *m* (dans une famille); **~ˌfeier** *f* funérailles *f/pl.*; **~ˌflor** *m* crêpe *m* (de deuil); **~geˌfolge** *n*, **~geˌleit** *n*, **~geˌmeinde** *f* convoi *m*, cortège *m* funèbre; deuil *m*; **~geˌsang** *m* chant *m* funèbre; **~ˌgottesˌdienst** *m* service *m* funèbre; **~ˌhaus** *n* maison *f* de deuil; maison *f* mortuaire; **~ˌjahr** *n* année *f* de deuil; **~ˌkleid** *n*, **~ˌkleidung** *f* deuil *m*; **~ˌkloß** F *m* F rabat-joie *m*; **~ˌmantel** *m zo.* morio *m*; **~ˌmarsch** *m mus.* marche *f* funèbre; **~muˌsik** *f* musique *f* funèbre.

trauern ['trauərn] **I** *v/i.* ⟨-(e)re, h⟩ **1.** être affligé (um de); s'affliger (de); *pfort.* être plongé dans l'affliction, dans la tristesse; um j-n ~ pleurer la mort, la perte de qn.; um *od.* über etw. ~ déplorer, regretter la perte de qc.; **2.** (*Trauer tragen*) porter le deuil; **II** 2 *n* ⟨~s⟩ affliction *f*; tristesse *f*; désolation *f*; deuil *m.*

Trauernachricht ['trauərˌna:xrıçt] *f cf.* Trauerbotschaft.

trauernd ['trauərnt] *adjt.* endeuillé; en deuil; *auf Todesanzeigen* die ~en Hinterbliebenen la famille cruellement éprouvée par la perte de ...; die 2en la famille du défunt.

Trauer|papier ['trauərpaˌpi:r] *n*, **~ˌpost** *f* papier *m* de deuil; **~ˌrand** *m* bordure *f* de deuil; mit ~ bordé, encadré de noir; F *fig.* Trauerränder an den Fingernägeln haben avoir les ongles en deuil; **~ˌschleier** *m* voile *m* de deuil; **~ˌspiel** *n thé.* tragédie *f* (*auch* F *fig.*); **~ˌtag** *m* jour *m* de deuil; *fig.* triste, funeste jour *m*; **2ˌvoll** *adj.* triste; funeste; déplorable; **~ˌweide** *f bot.* saule pleureur; **~ˌzeit** *f* (durée *f* du) deuil *m*; **~ˌzug** *m cf.* Trauergefolge.

Traufe ['traufə] *f* ⟨~; ~n⟩ égout *m*; (*Dachrinne*) gouttière *f*; F *fig.* vom Regen in die ~ kommen *cf.* Regen.

träufeln ['trɔʏfəln] **I** *v/t.* ⟨-(e)le, h⟩ verser goutte à goutte; *méd.* instiller; **II** 2 *n* ⟨~s⟩ versement *m* goutte à goutte; *méd.* instillation *f.*

Trauformel ['trauˌfɔrməl] *f égl.* formule *f* de bénédiction nuptiale.

Trauf|rinne ['traufˌrınə] *f* gouttière *f*; **~ˌröhre** *f* (tuyau *m* de) descente *f.*

Trauhandlung ['trauˌhandluŋ] *f standesamtliche* (acte *m* de) mariage *m*; *kirchliche* bénédiction *f*, cérémonie *f* nuptiale, du mariage.

traulich ['traulıç] *adj.* intime; (*anheimelnd*) où l'on est bien, à son aise; (*ungezwungen*) familier, -ère; *cf. auch* gemütlich; **2ˌkeit** *f* ⟨~⟩ intimité *f*; familiarité *f*; atmosphère *f* intime, familière.

Traum [traum] *m* ⟨~(e)s; ~e⟩ rêve *m* (*auch fig.*); *nur im Schlaf* songe *m*; F (*etwas Wunderschönes*) merveille *f*; schöner (häßlicher) ~ bon (mauvais) rêve; e-n ~ haben faire un rêve, songe; e-n ~ deuten interpréter un songe, rêve; wie im ~ comme dans un rêve; es war immer mein ~, zu ... (+ *inf.*) j'ai toujours rêvé de ... (+ *inf.*); F aus der ~! le rêve est fini!; F finie la chanson!; das war nur ein ~ ce n'était qu'un rêve, qu'une illusion; F das fällt mir nicht im ~e ein je suis loin d'y penser; cette idée ne m'effleure même pas l'esprit; Träume sind Schäume *prov. cf.* Schaum.

Trauma ['trauma] *n* ⟨~s; -men *od.* ~ta⟩ traumatisme *m*; **2tisch** [-'ma:-] *adj.* traumatique.

Traum|bild ['traumbılt] *n* rêve *m*; songe *m*; vision *f*; chimère *f*; fantôme *m*; **~buch** *n* clef *f* des songes; **~ˌdeuter(in)** *m* ⟨~s; ~⟩ (*f*) ⟨~; ~nen⟩ interprète *m, f* des songes; *sc.* oniromancien, -nne *m, f*; **~ˌdeutung** *f* interprétation *f* des songes; *sc.* oniromancie *f.*

träum|en ['trɔʏmən] **I** *v/i.* ⟨h⟩ songer; rêver (von de); (*e-n Traum haben*) faire un rêve; von etw. ~ rêver de qc.; *fig.* rêver (de) qc.; ich träumte, mir träumte, es träumte mir, daß ... j'ai rêvé que ...; ~ Sie süß! faites de beaux rêves!; mit offenen Augen ~ être perdu dans ses rêveries; F rêver les yeux ouverts, tout éveillé; être dans la lune; du träumst wohl! tu rêves!; tu n'y songes pas!; das hätte ich mir nie ~ lassen! je ne m'y serais jamais attendu!; j'étais loin d'y penser!; **II 2en** *n* ⟨~s⟩ songes *m/pl.*; rêves *m/pl.*; **2er(in)** *fig. m* ⟨~s; ~⟩ (*f*) ⟨~; ~nen⟩ rêveur, -euse *m, f*; songeur, -euse *m, f*; songe-creux *m*; esprit *m* chimérique; F pêcheur *m* de lune; **2e'rei** *f* ⟨~; ~en⟩ rêverie *f* (*auch mus.*); songerie *f*; (*Hirngespinst*) chimère *f*; *péj.* rêvasserie *f*; **~eˌrisch** *adj.* rêveur, -euse; songeur, -euse; **~er Mensch** *cf.* 2er(in).

Traum|gebilde ['traumgəˌbıldə] *n* fantasme *m*; vision *f*; illusion *f*; **~geˌsicht** *n* ⟨~(e)s; ~e⟩ vision *f*; rêve *m*; songe *m*; mirage *m*; **2haft** *adj.* comme un rêve, en rêve; **~land** *n* pays *m* imaginaire; **~ˌlandschaft** *f* paysage *m* imaginaire; **2los** *adj. u. adv.* sans rêve; **2verˌloren**, **2verˌsunken** *adjt.* perdu dans ses rêves; **~welt** *f* monde *m* imaginaire, des rêves; in e-r ~ leben vivre dans la lune.

Trauregister ['traureˑˌgıstər] *n* registre *m* des mariages.

traurig ['traurıç] *adj.* triste (über de); affligé; *pfort.* désolé; (*schwermütig*) mélancolique; *Miene* morne; *Ereignis etc.* (*betrüblich*) affligeant; attristant; contristant; désolant; (*bedauernswert*) lamentable; déplorable; pitoyable; (*armselig*) misérable; piteux, -euse; ein ~es Ende nehmen faire une triste fin, une fin tragique, pitoyable; finir mal; ein ~er Fall une affaire lamentable, pénible; ~e Zeiten tristes temps; in ~en Verhältnissen leben vivre bien misérablement; ~ werden s'attrister (über de, sur); ~ machen, stimmen attrister; contrister; *litt.* der Ritter von der ~en Gestalt le chevalier de la triste figure; **2ˌkeit** *f* ⟨~⟩ tristesse *f*; affliction *f*; (*Schwermut*) mélancolie *f.*

Trau|ring ['trauriŋ] *m* alliance *f*; **~schein** *m* acte *m* de mariage; *égl.* certificat *m* de mariage religieux.

traut [traut] *adj. poét.* (*lieb, wert*) cher, chère; bien aimé; (*behaglich*) intime; *cf. auch* gemütlich, traulich; im ~en Kreise dans l'intimité.

Traute ['trautə] F *f* ⟨~⟩ keine ~ zu etw. haben ne pas avoir le courage de faire qc.

Trau|ung ['trauuŋ] *f* ⟨~; ~en⟩ *standesamtliche* (cérémonie *f* du) mariage *m*; *kirchliche* bénédiction nuptiale; **~ˌzeuge** *m* témoin *m* du marié, *bzw.* de la mariée.

Travellerscheck ['trɛvələrˌʃɛk] *m* traveller's chèque *m*; chèque *m* de voyage.

Traverse [tra'vɛrsə] *f* ⟨~; ~n⟩ *bât.* traverse *f.*

Travestie [travɛs'ti:] *f* ⟨~; -ien⟩ *litt.* parodie *f*; **2ren** *v/t.* ⟨*pas de ge-*, h⟩ parodier; **~rung** *f* ⟨~; ~en⟩ *verbal.*

Treber ['tre:bər] *pl.* marc [ma:r] *m* (du vin); *Bierbrauerei* drêche *f*; **~ˌbranntwein** *m* marc *m*; **~ˌwein** *m* piquette *f.*

Treck [trɛk] *m* ⟨~s; ~s⟩ (*Auszug*) exode *m*; (*Zug*) convoi *m*; **2en I** *v/t.* ⟨h⟩ *mar.* 'haler; **II** *v/i.* ⟨sein⟩ s'en aller, partir en convoi; **~er** *m* ⟨~s; ~⟩ tracteur *m.*

Treff[1] [trɛf] *n* ⟨~s; ~s⟩ *Kartenspiel* trèfle *m.*

Treff[2] [trɛf] *m* ⟨~(e)s; ~e⟩ F (*Treffen, Zusammenkunft*) *cf.* treffen III.

treffen ['trɛfən] **I** *v/t. u. v/i.* ⟨trifft, traf, getroffen, h⟩ **1.** *mit e-m Schuß, Schlag etc.* (*erreichen*) toucher; atteindre; frapper; *abs.* toucher juste; *fig. den Ton, das Richtige etc.* trouver; (*erraten*) deviner; *peint.* bien saisir la ressemblance; **der Schuß hat ihn ins Bein getroffen** le coup a touché, atteint sa jambe; **ich bin getroffen** je suis blessé; *das Ziel* **nicht** ~ manquer le but; rater; **ins Schwarze** ~ mettre dans le mille; F faire mouche (*beide auch fig.*); **vom Blitz getroffen** frappé par la foudre; foudroyé; **ihn traf ein schweres Unglück** un grand malheur l'a frappé; **das hat mich tief getroffen** cela m'a touché, affecté profondément; **er fühlte sich getroffen** il se sentit touché, atteint; **dieser Vorwurf trifft mich nicht** ce reproche ne me touche pas; je n'ai aucun reproche à me faire; **diese Nachricht trifft uns unvorbereitet** cette nouvelle nous prend au dépourvu; **wen trifft die Schuld?** à qui (en est) la faute?; **das Los traf ihn** le sort tomba sur lui; **sein ganzer Zorn traf ihn** toute sa colère tomba, s'abattit sur lui; *mus., fig.* **den richtigen Ton** ~ être dans la note; trouver le ton juste; *fig.* **den Nagel auf den Kopf** ~ frapper, toucher juste; *mit e-m Geschenk, Wort etc.* **das Richtige** ~ tomber, toucher juste; **Sie haben es getroffen!** vous y êtes!; vous l'avez deviné!; c'est bien cela!; **es gut** ~ (*Glück haben*) avoir de la chance; *in den Ferien etc.* **wir haben es dort gut getroffen** nous y étions bien, convenablement logés; *peint.* **er ist gut getroffen** son portrait est bien ressemblant, réussi; **2.** (*begegnen*) rencontrer; (*vorfinden*) trouver; **raten Sie, wen ich heute getroffen habe** devinez qui j'ai rencontré aujourd'hui; **wann sind Sie zu** ~? quand êtes-vous chez vous?; quand êtes-vous visible?; quand êtes-vous à la maison?; **da trifft er viele Bekannte** le voilà en pays de connaissance; **auf j-n, etw.** ~ (*stoßen*) rencontrer qn., qc. par 'hasard; tomber sur qn., qc.; **3. Anstalten** ~ **für** … se préparer à …; prendre ses dipositions en vue de …; **e-e Entscheidung** ~ prendre une décision; **e-e Feststellung** ~ constater; **e-e Verabredung** ~ prendre (un) rendez-vous (**mit j-m** avec qn., **für** pour); **e-e Vereinbarung** ~ passer un accord; prendre un arrangement; convenir (**mit j-m über etw.** avec qn. de qc.); **Vorbereitungen** ~ **für** … se préparer à …; faire des préparatifs pour …; **Vorkehrungen** ~ **gegen** … prendre des mesures contre …; **Vorsichtsmaßregeln** ~ prendre des précautions; **e-e Wahl** ~ faire un choix; **II** *v/réfl.* **sich** ~ se rencontrer; (*sich versammeln*) se réunir; (*passen*) tomber; **unsere Blicke trafen sich** nos regards se rencontrèrent; **wir wollen uns heute abend im Theater** ~ nous avons rendez-vous ce soir au théâtre; nous sommes convenus de nous voir ce soir au théâtre; **das trifft sich gut** cela tombe bien, F à pic; **wie sich das trifft!** quelle heureuse coïncidence!; F quelle veine!; **wenn es sich so trifft** … si l'occasion se présente …; **es traf sich, daß** … il arriva que …; le hasard voulait que …; **III** ♀ *n* ⟨~s; ~⟩ (*Begegnung*) rencontre *f*; (*Zusammenkunft*) réunion *f*; (*Verabredung*) rendez-vous *m*; (*Unterredung*) entrevue *f*; *milit.* (*Gefecht*) rencontre *f*; engagement *m*; (*Kampf*) combat *m*; (*Kampflinie*) ligne *f*; **ins** ~ **führen** mener au combat; *fig. Gründe etc.* produire; mettre en avant; invoquer; faire valoir; **~d** *adjt. Wort, Antwort etc.* (*passend*) qui convient; approprié; convenable; juste; exact; *Ähnlichkeit* frappant; *peint.* ressemblant.

Treffer ['trɛfər] *m* ⟨~s; ~⟩ coup réussi; coup *m* au but; *Fußball* but *m*; *fig.* coup heureux; chance *f*; (*Gewinnlos*) billet gagnant; **e-n** ~ **erzielen** toucher le, mettre au but; *Fußball* marquer un but; **~ˌdichte** *f milit.* densité *f* des coups au but; **~ˌzahl** *f* nombre *m* des coups au but.

Treff|genauigkeit ['trɛfgəˌnaʊɪçkaɪt] *f beim Schießen* précision *f* du tir; **♀lich** *adj.* excellent; parfait; **~lichˌkeit** *f* ⟨~⟩ excellence *f*; **~platz** *m*, **~punkt** *m* (lieu *m* de) rendez-vous *m*; **♀ˌsicher** *adj. im Schießen* qui a la main sûre, l'œil juste; **~ˌsicherˌheit** *f* ⟨~⟩ justesse *f*, précision *f* de *od.* du tir.

Treib|anker ['traɪpˌʔankər] *m mar.* ancre flottante; **~ˌarbeit** *f* bosselage *m*; martelage *m*; repoussage *m*; emboutissage *m*; **~beet** *n jard.* couche *f*; **~eis** *n* glaces flottantes, à la dérive.

treiben ['traɪbən] **I** *v/t.* ⟨treibt, trieb, getrieben, h⟩ (*vorwärts*~) pousser; chasser; *zur Eile etc.* (*antreiben*) presser; *Vieh* conduire; mener; *ch.* rabattre; traquer; *Nagel, Keil, Pfahl etc.* (*einschlagen*) enfoncer; chasser; *Metalle* emboutir; bosseler; marteler; repousser; *mines, Strecke* percer; *Sport* (*be*~) faire; pratiquer; se consacrer, s'adonner, se livrer, s'appliquer à; *Sprachen* faire (*par ex.* du français); se livrer, s'adonner, s'appliquer à l'étude de; *Musik* faire; s'adonner, se consacrer à; *Gewerbe* exercer; *techn., abus.* (*an*~) entraîner; actionner; faire mouvoir; faire tourner; *jard., Blüten, Knospen* donner; pousser; **Allotria** ~ faire des siennes; **Aufwand, Luxus** ~ faire des dépenses; gaspiller; mener grand train; **unnütze Dinge** ~ s'occuper de choses frivoles; **Handel** ~ faire du commerce; **mit etw. Handel** ~ faire le commerce de qc.; **mit j-m Handel** ~ commercer avec qn.; **den Harn** ~ faire uriner; être diurétique; **Mißbrauch** ~ **mit** … abuser de …; **den Scherz, Spaß zu weit** ~ pousser la plaisanterie trop loin; **den Schweiß** ~ provoquer la sudation, la transpiration, la sueur; faire transpirer, suer; **s-n Spott mit j-m, etw.** ~ exercer sa verve aux dépens de qn., qc.; persifler qn., qc.; tourner qn., qc. en ridicule, en dérision; **sein Unwesen** ~ faire des siennes; *Geister* 'hanter (un endroit); **an die Arbeit** ~ pousser au travail; **die Dinge auf die Spitze** ~ pousser les choses trop loin, à l'extrême; *Vieh* **auf die Weide** ~ mener paître; conduire au pâturage; *fig.* **j-n in die Enge** ~ acculer, coincer qn.; serrer qn. de près; mettre qn. au pied du mur; pousser qn. dans ses derniers retranchements; **in die Flucht** ~ mettre en fuite, *milit. auch* en déroute; **das Blut, die Röte ins Gesicht** ~ faire monter le rouge au visage; *Preise* **in die Höhe** ~ (faire) 'hausser; *bei Auktionen* **etw. in die Höhe** ~ pousser qc.; **in den Tod** ~ pousser à la mort; **j-n zu etw.** ~ acculer, pousser qn. à qc.; **j-n zum Äußersten** ~ pousser qn. à bout; **die Dinge zum Äußersten** ~ pousser les choses à l'extrême; **zur Verzweiflung** ~ pousser au désespoir; **es treibt mich zu ihm** je me sens entraîné, attiré vers lui; **es treibt mich, es ihm zu sagen** je me sens poussé à le lui dire; **es treibt mich dazu** j'y suis poussé; **er treibt es zu bunt** il (y) va fort, trop loin; il exagère; **was treibst du?** que fais-tu?; **wie man's treibt, so geht's** *prov.* comme on fait son lit, on se couche; on récolte ce qu'on a semé *beide prov.*; **getriebene Arbeit** bosselure *f*; bosselage *m*; emboutissage *m*; **vom Wunsche getrieben** pressé par le désir; **II** *v/i. im Wind, auf dem Wasser* flotter au gré des vents, des flots; *Pflanzen* pousser; **wieder** ~ (*ausschlagen*) repousser; *Schiff* **vor Anker** ~ chasser sur ses ancres; **Eis treibt auf dem Fluß** la rivière charrie des glaçons; **sich** ~ **lassen** *mar.* flotter au gré du vent, des flots; *beim Schwimmen, auf dem Rücken* faire la planche; *fig.* aller à la dérive; **sich von der Menge** ~ **lassen** se laisser porter, pousser, entraîner par la foule; **wir** ~ **im Strom des Lebens** le courant de la vie nous emporte; **III** ♀ *n* ⟨~s⟩ (*Geschäftigkeit*) mouvement *m*; agitation *f*; animation *f*; *péj. e-s Menschen* agissements *m/pl.*; menées *f/pl.*; F manigances *f/pl.*; *e-s Gewerbes* exercice *m*; *e-s bestimmten Sports* pratique *f*; *von Sprachen etc.* étude *f*; occupation *f*; *von Metallen* bosselage *m*; emboutissage *m*; martelage *m*; repoussage *m*; *mines, e-r Strecke* percement *m*; *der Knospen, Blätter* pousse *f*; *ch.* battue *f*; rabattage *m*; traque *f*; **sein Tun u.** ~ ses faits et gestes; toute sa conduite; **ich habe das ganze** ~ **hier satt** j'en ai assez de la vie qu'on mène ici; **das** ~ **der Großstadt ermüdet mich** le mouvement, l'animation, l'agitation de la grande ville me fatigue; **das** ~ **der Welt** la vie; le train du monde; *litt.* le fracas du monde; **~d** *adjt.* **~e Kraft** force motrice; F moteur *m*.

Treiber ['traɪbər] *m* ⟨~s; ~⟩ (*Vieh*♀) conducteur *m*; gardien *m*; (*unbarmherziger Antreiber*) oppresseur *m*; exploiteur *m*; F négrier *m*; *bei der Treibjagd* rabatteur *m*; traqueur *m*; **~ei** [-'raɪ] *f* ⟨~; ~en⟩ (*unmäßiges Antreiben*) exploitation inhumaine; *péj.* **~en** *pl. e-s Menschen* menées *f/pl.*; agissements *m/pl.*; F manigances *f/pl.*

Treib|fäustel ['traɪpˌfɔʏstəl] *m mines* masse *f*; **~gas** *n* carburant gazeux; **~ˌhammer** *m techn.* emboutissoir *m*; marteau *m* à emboutir, à bosseler; **~haus** *n jard.* serre *f* (chaude); **~hausˌluft** *f* air *m* de serre (chaude); **~hausˌpflanze** *f* plante *f* de serre (chaude); **~holz** *n* bois flottant, *bzw.* flotté; **~jagd** *f ch.* rabattage *m*; battue *f*; traque *f*; **~ˌladung** *f e-r Rakete* charge propulsive, de propulsion; **~ˌmine** *f* mine flottante, dérivante; **~ˌmittel** *n zum Backen* levain *m*; *in Vakuumpumpen* fluide *m* moteur; **~netz** *n* filet maillant; **~öl** *n* huile lourde pour moteurs; mazout *m*; fuel-oil *m*; **~rad** *n* roue motrice; **~ˌriemen** *m* courroie *f* de transmission; **~ˌrolle** *f* poulie motrice, fixe, d'entraînement; **~sand** *m* sable mouvant; **~ˌscheibe** *f cf.* **~rolle**; **~ˌstange** *f* bielle *f* (motrice); **~stoff** *m* carburant *m*; combustible *m*; **~stoffˌlager** *n* entrepôt *m* de carburant; **~stoffˌtank** *m* réservoir *m* de carburant; **~stoffverˌbrauch** *m* consommation *f* de carburant.

Treidel ['traɪdəl] *m* ⟨~s; ~n⟩ *mar.* câble *m*, corde *f* de halage; cordelle *f*; **♀n I** *v/t.* ⟨-(e)le, h⟩ *mar.* 'haler (à la cordelle); **II ~n** *n* ⟨~s⟩ 'halage *m*; **~ˌpfad** *m*, **~ˌweg** *m* chemin *m* de halage.

Trema ['treːma] *n* ⟨~s; ~s *od.* ~ta⟩ *gr.* tréma *m.*

tremo|lieren [tre·mo·'liːrən] **I** *v/i.* ⟨*pas de ge-*, h⟩ *beim Gesang* trembl(ot)er; chevroter; *auf e-m Instrument* faire des trémolos; **II** **2'lieren** *n* ⟨~s⟩ tremblement *m*; chevrotement *m*; trémolo *m*; **2lo** ['treː-] *n* ⟨~s; ~s *od.* -li⟩ *mus.* trémolo *m.*

Tremu|lant [tre·mu·'lant] *m* ⟨~en; ~en⟩ *der Orgel* tremblant *m*; **2'lieren** *v/i.* ⟨*pas de ge-*, h⟩ *mus. cf.* tremolieren.

Trend [trɛnd] *m* ⟨~s; ~s⟩ tendance *f* (zu à).

trennbar ['trɛnbaːr] *adj.* séparable; **2ˌkeit** *f* ⟨~⟩ séparabilité *f.*

trennen ['trɛnən] **I** *v/t.* ⟨h⟩ séparer; (*loslösen*) détacher; *jur. e-n Fall vom andern* disjoindre; dissocier; *Freunde* (*entzweien*) désunir; *Wort, Silben* (*abteilen*) diviser; *tél.* couper; *élect.* déconnecter; *cout.* découdre; *Naht* défaire; *Radiogerät* gut ~ être sélectif, -ive; **die Person von der Sache** ~ séparer, distinguer la personne de la chose; **nichts soll uns** ~ que rien ne nous sépare; *Boxen* ~! break!; **getrennt leben** vivre séparé; **II** *v/réfl.* **sich** ~ se séparer; se quitter; *durch Scheidung* divorcer; **sich als gute Freunde** ~ se quitter bons amis; **sie hat sich von ihrem Mann getrennt** elle a quitté son mari; elle a divorcé; **die Ehepartner haben sich getrennt** le couple, le ménage s'est séparé, scindé, a divorcé; **III** **2** *n* ⟨~s⟩ *cf.* Trennung.

Trenn|kreis ['trɛnkraɪs] *m élect.* circuit séparateur, de découplage; **~ˌmesser** *n cout.* couteau *m* à découdre; **~potentiˌal** *n phys. atom.* potentiel *m* de séparation; **~reˌlais** *n tél.* relais *m* de coupure; **~rohr** *n phys.* tube *m* séparateur; **~ˌschalter** *m élect.* sectionneur *m*; **2scharf** *adj. rad.* sélectif, -ive; **~ˌschärfe** *f rad.* sélectivité *f*; **~schicht** *f phys. atom.* couche *f* de séparation.

Trennung ['trɛnʊŋ] *f* ⟨~; ~en⟩ séparation *f*; *jur.* disjonction *f*; dissociation *f*; *von Freunden* (*Entzweiung*) désunion *f*; *von Silben, e-s Wortes* division *f*; *tél.* coupure *f*; *élect.* déconnexion *f*; découplage *m*; rupture *f*; *pol.* ~ **der Gewalten** séparation des pouvoirs; ~ **von Kirche u. Staat** séparation de l'Église et de l'État; *jur.* ~ **von Tisch u. Bett** séparation de corps et de biens; **unter der** ~ **leiden** souffrir de la séparation; **~sentˌschädigung** *f* indemnité *f* de séparation; **~sˌfläche** *f phys.* surface *f* de séparation; **~sˌlinie** *f* ligne *f* de séparation; **~sˌschmerz** *m* douleur *f* de la séparation; **~sˌstrich** *m* tiret *m*; **~sˌwand** *f cf.* Trennwand; **~sˌzeichen** *n gr., impr.* division *f*; **~sˌzulage** *f cf.* ~sentschädigung.

Trenn|verfahren ['trɛnfɛrˌfaːrən] *n phys. atom.* processus *m* de séparation; **~verˌmögen** *n phys. atom.* pouvoir séparateur, de résolution; **~wand** *f* cloison *f*; paroi *f* de séparation; **e-e** ~ **ziehen** cloisonner; **~ˌzeichen** *n tél.* signal *m* de coupure.

Trense ['trɛnzə] *f* ⟨~; ~n⟩ bridon *m.*

Trepan [tre·'paːn] *m* ⟨~s; ~e⟩ *chir.* trépan *m*; **~ati'on** *f* ⟨~; ~en⟩ *chir.* trépanation *f*; **2ieren** [-'niː-] *v/t.* ⟨*pas de ge-*, h⟩ *chir.* trépaner.

trepp|ab [trɛp'ʔap] *adv.* en descendant l'escalier; **~'auf** *adv.* en montant l'escalier; ~, **treppab** en montant et (en) descendant l'escalier; **(immer)** ~, **treppab laufen müssen** ne faire que monter et descendre (l'escalier).

Treppe ['trɛpə] *f* ⟨~; ~n⟩ escalier *m*; *vor dem Haus* (*Frei2*) perron *m*; *mar.* échelle *f*; *Teil e-r* ~ *von e-m Absatz zum andern* volée *f*; **auf der** ~ dans l'escalier; **die** ~ **hinaufsteigen** monter, gravir, escalader, grimper l'escalier; **die** ~ **hinuntergehen** descendre l'escalier; **die** ~ **in großen Sprüngen hinuntereilen, mit ein paar Sätzen hinunterspringen** descendre l'escalier quatre à quatre; **die** ~ **führt auf den Hof** l'escalier s'ouvre, débouche sur la cour; **die** ~ **führt in den Keller** l'escalier descend, mène dans la cave; **e-e** ~, **zwei** ~**n hoch** *wohnen* au premier, au second étage; **e-e** ~ **höher ziehen** monter d'un étage; **die** ~ **benutzen** prendre (par) l'escalier; **j-n die** ~ **hinunterwerfen** jeter qn. au bas de l'escalier; précipiter qn. du haut en bas de l'escalier; F *fig.* **j-m** ~**n ins Haar schneiden** F faire des escaliers en coupant les cheveux à *od.* de qn.; **~nˌabsatz** *m vor den Wohnungstüren* palier *m*; *zwischen den Etagen* repos *m*; **~nbeˌleuchtung** *f* éclairage *m* des escaliers; *automatische* minuterie *f*; **~nˌflur** *m* palier *m*; **2nˌförmig** *adj.* en escalier; en gradins; **~ngeˌländer** *n* rampe *f*; balustrade *f* (d'escalier); **~nˌhaus** *n* cage *f* d'escalier; **~nˌläufer** *m* tapis *m* d'escalier; **~nˌpfosten** *m* montant *m* d'escalier; balustre *m* de départ; **~nˌpodest** *n od. m cf.* ~nabsatz; **~nˌspindel** *f* noyau *m* d'escalier; **~nˌstufe** *f* marche *f*, degré *m* d'escalier; **~nˌwange** *f* limon *m*; **~nˌwitz** *m* plaisanterie déplacée, de mauvais goût.

Tresor [tre·'zoːr] *m* ⟨~s; ~e⟩ (*Panzerschrank*) coffre-fort *m*; (*Stahlkammer*) chambre-forte *f*; salle *f* des coffres; **~ˌfach** *n* compartiment *m*, case *f* blindé(e); **~ˌschlüssel** *m* clef *m* du coffre-fort, de la salle des coffres, du compartiment blindé.

Trespe ['trɛspə] *f* ⟨~; ~n⟩ *bot.* brome *m.*

Tresse ['trɛsə] *f* ⟨~; ~n⟩ *cout., milit.* galon *m*; soutache *f*; *argot milit.* sardine *f*; ficelle *f*; **mit** ~**n besetzen** galonner; soutacher; **~nˌstreifen** *m/pl. milit.* galons *m/pl.*; **~nˌwinkel** *m milit.* chevron *m.*

Trester ['trɛstər] *pl.*, **~ˌbranntwein** *m*, **~ˌwein** *m cf.* Treber...

Tretauto ['treːtˌʔauto·] *n Spielzeug* auto *f* à pédales.

treten ['treːtən] **I** *v/t.* ⟨tritt, *2e pers. pl.* tretet, trat, getreten, h⟩ *vom Hahn, von männlichen Vögeln* cocher *od.* côcher; F monter (sur); *techn.* (*durch Treten betätigen*) actionner, entraîner, faire marcher, faire mouvoir avec le(s) pied(s); **j-n** ~ *versehentlich* marcher sur le pied à *od.* de qn.; *absichtlich* (*e-n Fußtritt versetzen*) donner un coup de pied à qn.; F *fig.* (*mahnen*) sommer qn. (de faire qc.); **j-n in den Bauch** ~ donner un coup de pied dans le ventre à qn.; **j-n auf den Fuß** ~ *cf.* **j-n** ~; **sich e-n Dorn in den Fuß** ~ s'enfoncer une épine dans le pied; *fig.* **etw. in den Staub, mit Füßen** ~ fouler qc. aux pieds; **die Bälge** ~ souffler à l'orgue; actionner le soufflet de l'orgue; **Pflaster** ~ battre le pavé; **Wasser** ~ *Schwimmen* surnager, flotter debout (en agitant les pieds); *Kneippkur* marcher dans l'eau froide; **e-n Weg** ~ faire, tracer un chemin (en piétinant); **II** *v/i.* ⟨sein⟩ mettre, poser le pied; marcher; (*sich hinstellen*) se mettre; se placer; *beim Radfahren* ⟨h⟩ pédaler; ~ **Sie hierhin!** venez ici!; mettez-vous ici!; ~ **Sie dorthin!** allez là!; mettez-vous là!; ~ **Sie näher!** approchez!; *zu e-m Besucher* entrez!; ~ **Sie näher an ...** approchez-vous de ...; venez plus près de ...; avancez vers ...; F *fig.* **j-m zu nahe** ~ blesser, offenser, froisser qn.; **der Gang war so voll, daß man kaum** ~ **konnte** il y avait tant de monde dans le couloir qu'on ne savait plus où mettre ses pieds; **kurz** ~ ⟨h⟩ raccourcir le pas; *fig.* réduire les dépenses; **an** *das Fenster, den Tisch etc.* ~ s'approcher de; s'avancer vers; *gr.* **die Endung tritt an den Stamm** la désinence s'ajoute au radical; **an die Spitze** ~ se mettre à la tête; **an j-s Stelle** ~ remplacer qn.; prendre la place de qn.; **auf etw.** ~ ⟨h⟩ marcher sur qc.; **auf den Balkon** ~ sortir sur le balcon; **auf die Bremse** ~ ⟨h⟩ poser le pied, appuyer sur le frein (à pédale); **j-m auf den Fuß** ~ ⟨h⟩ marcher sur le pied de qn.; **vor Ungeduld von e-m Fuß auf den andern** ~ piétiner d'impatience; **er trat auf das Geldstück, um es zu verbergen** ⟨h⟩ il mit le pied sur la pièce de monnaie pour la cacher; **j-m auf die Hacken** ~ ⟨h⟩ marcher sur les talons de qn.; F *fig.* **j-m auf die Hühneraugen, auf den Schlips** ~ ⟨h⟩ F marcher sur les pieds à qn.; *fig.* **auf j-s Seite** ~ se ranger du côté de qn.; prendre le parti de qn.; **auf der Stelle** ~ ⟨h⟩ *milit.* marquer le pas; *fig.* faire du surplace; piétiner; **der Schweiß trat ihm auf die Stirn** la sueur perla sur, inonda son front; **aus** *dem Zimmer, Haus etc.* ~ sortir de; quitter (qc.); **hinter etw.** ~ disparaître derrière qc.; **in** *ein Zimmer, Haus etc.* ~ entrer dans; **in Aktion** ~ entrer en action; *Tränen* **in die Augen** ~ venir aux yeux; **mit j-m in Briefwechsel** ~ entrer en correspondance avec qn.; **in Beziehung** ~ **zu** entrer en rapport avec; **in den Ehestand** ~ se marier; **in Erscheinung** ~ se manifester; apparaître; **in j-s Fußstapfen** ~ marcher sur les traces, pas de qn.; *milit.* **ins Gewehr** ~ prendre les armes; **in den Hintergrund** ~ *Problem, Frage* passer, être relégué au second plan; *Person* s'effacer; **ins zwanzigste Jahr** ~ entrer dans sa vingtième année; *Gesetz, Verfügung* **in Kraft** ~ entrer en vigueur; **in e-e Pfütze** ~ ⟨h⟩ marcher dans une flaque d'eau; **in den Ruhestand** ~ prendre sa retraite; **in Streik** ~ se mettre en, faire grève; **in Verbindung** ~ **mit** entrer en relation avec; **j-m in den Weg** ~ barrer le chemin à qn.; *Fluß* **über die Ufer** ~ déborder; sortir de son lit; **j-m unter die Augen** ~ paraître, se présenter devant (les yeux de) qn.; **mitten unter die Menge** ~ se mêler à la foule; **ein Wölkchen trat vor den Mond** un petit nuage passa devant la lune; **vor den Spiegel** ~ se mettre devant la glace; **zu j-m** ~ s'approcher de qn.; avancer vers qn.; se diriger vers qn.; **zur Seite** ~ se ranger, se mettre de côté; s'écarter; reculer; **III** **2** *n* ⟨~s⟩ coups *m/pl.* de pied; *sonst verbal.*

Tret|er ['treːtər] F *m/pl.* P croquenots *m/pl.*; godillots *m/pl.*; pompes *f/pl.*; barques *f/pl.*; **~ˌkurbel** *f Fahrrad* manivelle *f* du pédalier; **~ˌlager** *n Fahrrad* pédalier *m*; **~ˌmühle** *f zur Bewässerung* noria *f*; F *fig.* bagne *m*; galère *f*; collier *m* (de misère); **morgen geht's wieder in die** ~ demain il faut reprendre le collier; **~rad** *n* roue *f* à

pédale; *zur Bewässerung cf.* ~mühle; ~ˌ**roller** *m* trottinette *f*; ~ˌ**strahler** *m Fahrrad* réflecteur *m* de pédale; ~**werk** *n* noria *f*.
treu [trɔʏ] *adj. Freund, Gatte, Diener etc.* fidèle; (*ergeben*) dévoué; loyal; (*zuverlässig*) sûr; *Abbild, Wiedergabe, Schilderung etc.* (*genau*) exact; fidèle; **s-m Eide ~** fidèle à son serment; **zu ~en Händen übergeben** remettre en mains sûres; **s-m Vorhaben ~ bleiben** rester fidèle à ses projets; F **e-e ~e Seele** une personne dévouée; 2**bruch** *m* violation *f* de la foi jurée; *féod.* félonie *f*; ~ˌ**brüchig** *adj.* qui viole sa foi; *féod.* félon, -nne; 2**e** *f* ⟨~⟩ fidélité *f*; dévouement *m*; loyauté *f*; *der Wiedergabe etc.* exactitude *f*; *im Halten e-r Zusage* foi *f*; **eheliche ~** foi conjugale; **die ~ brechen** manquer à sa foi; **j-m die ~ halten** rester fidèle à qn.; **auf Treu u. Glauben** en toute bonne foi; en confiance; **üb immer Treu u. Redlichkeit** sois toujours fidèle et loyal; 2**egeˌlöbnis** *n*, 2**eid** *m* serment *m* de fidélité; 2**eˌprämie** *f* prime *f* de fidélité; 2**eraˌbatt** *m comm.* rabais *m* de fidélité; ~**erˌgeben** *adjt.* dévoué et fidèle; sincèrement dévoué; 2**eˌschwur** *m cf.* 2egelöbnis; ~**geˌsinnt** *adjt.* loyal; 2**handˌabkommen** *n pol.* accord *m* de tutelle; 2**handˌbank** *f* ⟨~; ~en⟩ banque *f* fiduciaire; 2ˌ**händer** *m* ⟨~s; ~⟩ *jur.* fidéicommissaire *m*; ~ˌ**händeˌrisch** *adj.* fiduciaire; **~ verwalten** administrer à titre fiduciaire; 2**händerˌrat** *m pol.* Conseil *m* de tutelle; 2**handgeˌbiet** *n pol.* territoire *m* sous tutelle; 2**handgeˌsellschaft** *f* société *f* fiduciaire; 2**hand(ˌschaft)** *f* ⟨~⟩ (*f*) ⟨~⟩ *jur.* fiducie *f*; *pol.* tutelle *f*; trusteeship *m*; 2**handschaftsˌrat** *m cf.* 2händerrat; 2**handsysˌtem** *n pol.* régime *m* de tutelle; 2**handverˌwaltung** *f* administration *f* fiduciaire; ~ˌ**herzig** *adj.* de bonne foi; sincère; confiant; (*offen*) franc, franche; (*arglos*) candide; (*unbefangen*) naïf, -ïve; ingénu; 2ˌ**herzigˌkeit** *f* ⟨~⟩ bonne foi; sincérité *f*; confiance *f*; franchise *f*; candeur *f*; naïveté *f*; ingénuité *f*; ~**lich** *adv.* fidèlement; loyalement; ~**los** *adj.* infidèle; déloyal; sans foi; 2ˌ**losigˌkeit** *f* ⟨~⟩ infidélité *f*; déloyauté *f*; mauvaise foi.
Triangel [ˈtriːaŋəl] *m* ⟨~s; ~⟩ *mus.* triangle *m*.
triangu|lär [triˑaŋguˑˈlɛːr] *adj.* triangulaire; 2**latiˈon** *f* ⟨~; ~en⟩ triangulation *f*; ~**ˈlieren** *v/t.* ⟨*pas de ge-*, h⟩ trianguler; faire la triangulation de; 2**ˈlierung** *f* ⟨~⟩ *cf.* 2lation.
Trias [ˈtriːas] *f* ⟨~⟩ *géol.* trias *m*; ~**formatiˌon** *f géol.* formation *f* triasique; 2**sisch** [-ˈa-] *adj.* triasique.
Tribun [triˑˈbuːn] *m* ⟨~s *od.* ~en; ~e(n)⟩ *hist.* tribun *m*.
Tribunal [triˑbuˑˈnaːl] *n* ⟨~s; ~e⟩ tribunal *m*; cour *f* de justice.
Tribunat [triˑbuˑˈnaːt] *n* ⟨~(e)s; ~e⟩ *hist.* tribunat *m*.
Tribüne [triˑˈbyːnə] *f* ⟨~; ~n⟩ tribune *f*; estrade *f*.
Tribut [triˑˈbuːt] *m* ⟨~(e)s; ~e⟩ *hist.*, *fig.* tribut *m*; *fig.* **e-r Sache ihren ~ zollen** payer tribut à qc.; 2ˌ**pflichtig** *adj. hist.* tributaire (j-m de qn.); ~ˌ**zahlung** *f hist.* payement *m* du tribut.
Trichin|e [trɪˈçiːnə] *f* ⟨~; ~n⟩ *zo.* trichine *f*; ~**enˌkrankheit** *f* ⟨~⟩ *méd.*, *vét.* trichinose *f*; ~**enˌschau** *f* inspection *f* des viandes (pour déceler la trichinose); ~**enˌschauer** *m* inspecteur *m* des viandes (pour déceler la trichinose); 2**ös** [-ˈnøːs] *adj.* trichineux, -euse; trichiné; ~**ose** [-ˈnoːzə] *f* ⟨~; ~n⟩ *cf.* ~enkrankheit.
Trichter [ˈtrɪçtər] *m* ⟨~s; ~⟩ entonnoir *m* (*auch e-r Bombe, Granate etc.*); (*Schall*2) pavillon *m*; (*Mahl*2) trémie *f*; F *fig.* **j-n auf den ~ bringen** montrer la marche à suivre à qn.; F *fig.* **auf den ~ kommen** trouver la bonne voie; ~ˌ**feld** *n milit.* champ *m* d'entonnoirs; 2ˌ**förmig** *adj.* en (forme d')entonnoir; ~ˌ**lautsprecher** *m* 'haut-parleur *m* à pavillon; ~ˌ**mündung** *f e-s Flusses* estuaire *m*; embouchure *f*; 2**n** *v/t.* ⟨-(e)re, h⟩ entonner.
Trick [trɪk] *m* ⟨~s; ~s *od.* ~e⟩ truc *m*; artifice *m*; F ficelle *f*; P combine *f*; ~ˌ**aufnahme** *f Film* trucage *od.* truquage *m*; ~**film** *m* dessins animés; ~ˌ**taste** *f Tonbandgerät* touche *f* de surimpression; ~**track** *n* ⟨~s; ~s⟩ trictrac *m*; ~ˌ**zeichner** *m* dessinateur *m* de dessins animés.
trieb [triːp] *cf.* **treiben.**
Trieb [triːp] *m* ⟨~(e)s; ~e⟩ *bot.* pousse *f*; jet *m*; *aus dem Stamm* rejeton *m*; *fig.* (*Drang*) impulsion *f*; (*Neigung*) tendance *f*; penchant *m*; inclination *f*; *natürlicher* (*Instinkt*) instinct *m*; *péj.* (*Begierde*) appétit *m*; *sc.* appétence *f*; **die sinnlichen ~e** les appétits sensuels; **der Not gehorchend, nicht dem eignen ~** obéissant à la nécessité et non à sa propre impulsion; **s-n ~en nachgeben** céder à ses instincts, *péj.* à ses appétits, *sc.* à son appétence; ~ˌ**feder** *f techn.*, *fig.* ressort *m*; *fig.* mobile *m*; 2**haft 1.** *adj.* instinctif, -ive; *péj.* qui n'obéit qu'à ses appétits, *sc.* à son appétence; **2.** *adv.* instinctivement; par instinct; d'instinct; ~ˌ**haftigkeit** *f* ⟨~⟩ caractère instinctif; ~**kraft** *f* force motrice; ~ˌ**leben** *n* vie purement instinctive; vie *f* des instincts; ~**sand** *m cf.* Treibsand; ~ˌ**wagen** *m der Straßenbahn* (auto)motrice *f*; *chem.* autorail *m*; automotrice *f*; *auf Reifen laufend* F micheline *f*; ~**wagenˌzug** *m chem.* train automoteur; ~**werk** *n techn.* mécanisme moteur; (*Getriebe*) engrenage *m*; rouages *m/pl.*; *e-r Rakete* groupe (moto)propulseur; propulseur *m*; *aviat.* réacteur *m*.
Trief|auge [ˈtriːfˌˀaugə] *n* œil chassieux; 2ˌ**äugig** *adj.* chassieux, -euse; 2**en** *v/i.* ⟨h⟩ dégoutter (**von** de); ruisseler (de); **von Schweiß ~** ruisseler de sueur; **s-e Nase trieft** le nez lui coule; son nez coule; **ihm ~ die Augen** ses yeux pleurent; les yeux lui pleurent; F *fig. péj.* **von Weisheit ~** être débordant de sagesse; 2**end 1.** *adjt.* ruisselant (d'eau, de pluie, de sueur, *etc.*); **2.** *advt.* **~ naß** trempé, dégoulinant, tout dégouttant (de pluie, d'eau); ~ˌ**nase** F *f* nez *m* qui coule, F morveux, P roupieux; 2ˌ**nasig** F *adj.* F morveux, -euse; P roupieux, -euse.
Trieur [triˑˈøːr] *m* ⟨~s; ~e⟩ *agr.* trieur *m*.
triezen [ˈtriːtsən] F *v/t.* ⟨-(es)t, h⟩ **j-n ~** F brimer, asticoter, faire marcher, faire mousser qn.
Trift [trɪft] *f* ⟨~; ~en⟩ (*Weide*) pâturage *m*; pacage *m*; *mar.* courant *m*; (*wilde Flößerei*) flottage *m*; ~**geˌrechtigkeit** *f* droit *m* de pacage, de parcours.
triftig¹ [ˈtrɪftɪç] *adj.* (*treibend*) flottant.
triftig² [ˈtrɪftɪç] *adj. Grund* valable; bien fondé; plausible; 2ˌ**keit** *f* ⟨~⟩ bien-fondé *m*.
Trigono|metrie [triˑgoˑnoˑmeˑˈtriː] *f* ⟨~⟩ trigonométrie *f*; 2**ˈmetrisch** *adj.* trigonométrique.
Trikolore [triˑkoˑˈloːrə] *f* ⟨~; ~n⟩ drapeau *m* tricolore.
Trikot¹ [triˑˈkoː, ˈtrɪkoˑ] *m* ⟨~s; ~s⟩ *text.* tricot *m*; ~**²** *n* ⟨~s; ~s⟩ tricot *m*; maillot *m*; ~**agen** [-ˈtaːʒən] *pl.* bonneterie *f*; ~ˌ**bindung** *f text.* croisement *m* de tricot; ~ˌ**waren** *f/pl. cf.* ~agen.
Triller [ˈtrɪlər] *m* ⟨~s; ~⟩ *mus.* trille *m*; F *fig.* **e-n ~ haben** avoir un grain; 2**n I** *v/i.* ⟨-(e)re, h⟩ *mus.* triller; faire un (des) trille(s); *Lerche* grisoller; F *fig.* **bei ihm trillert es wohl** il a un grain; **II ~n** *n* ⟨~s⟩ *mus.* trilles *m/pl.*; *der Lerche* grisollement *m*; ~ˌ**pfeife** *f* sifflet *m* à roulette.
Trillion [trɪliˑˈoːn] *f* ⟨~; ~en⟩ trillion *m*.
Trilogie [triˑloˑˈgiː] *f* ⟨~; -ien⟩ trilogie *f*.
Trimester [triˑˈmɛstər] *n* ⟨~s; ~⟩ trimestre *m*.
Trimeter [ˈtriːˌmeˑtər] *m* ⟨~s; ~⟩ *métr.* (vers *m*) trimètre *m*.
Trimm [trɪm] *m* ⟨~(e)s⟩ *mar.* assiette *f*; 2**en I** *v/t.* ⟨h⟩ **1.** *mar.* donner de l'assiette (à); équilibrer par arrimage; *Ladung* arrimer; **Kohlen ~** pelleter du charbon; **2.** *Hunde* tondre; écourter les poils (de); **II ~en** *n* ⟨~s⟩ **3.** *mar.* équilibrage *m* par arrimage; arrimage *m*; *der Kohlen* pelletage *m*; **4.** *der Hunde* tonte *f*; ~**er** *m* ⟨~s; ~⟩ *mar.* soutier *m*; *techn.* trimmer *m*; ~**kondenˌsator** *m* trimmer *m*; ~**tank** *m mar.* ballast *m*; waterballast *m*.
Trine [ˈtriːnə] *f* ⟨~; ~n⟩ F **dumme ~** petite sotte.
Trini|tarier [triˑniˑˈtaːriˑər] *m* ⟨~s; ~⟩ *relig.* trinitaire *m*; ~**ˈtät** *f* ⟨~⟩ *relig.* trinité *f*; ~**ˈtatis Sonntag** ~, ~**ˈtatisˌfest** *n relig.* (dimanche *m* de) la Trinité.
Trinitrotoluol [triˑniˑtroˑtoˑluˑˈoːl] *n* ⟨~s⟩ *chim.* trinitrotoluène *m*.
trink|bar [ˈtrɪŋkbaːr] *adj.* buvable; *Wasser* potable; 2ˌ**becher** *m* gobelet *m*; timbale *f*; ~**en I** *v/t. u. v/i.* ⟨trinkt, trank, getrunken, h⟩ boire; *Kaffee, Tee, Schokolade auch* prendre; *abs. von e-m Säufer* boire; être adonné à la boisson; F aimer la dive bouteille; **an e-r Quelle ~** boire à une source; **auf j-s Wohl, Gesundheit ~** boire à la santé de qn.; **aus der Flasche ~** boire à la bouteille, à même la bouteille; **aus der hohlen Hand ~** boire dans le creux de la main; **aus e-m Glas ~** boire dans un verre; **mit j-m Bruderschaft ~** fraterniser avec qn. le verre en main; **in langen Zügen ~** boire à larges, longs traits; **in kleinen Schlucken ~** boire à petites gorgées; F **gern eins ~** F aimer boire un petit verre; lever le coude; F **eins ~** boire un coup; **tüchtig ~** boire de bons coups; boire sec; F **(eins) über den Durst ~** boire plus qu'à sa soif; **sich um den Verstand ~** boire plus que de raison; s'enivrer; **sich arm ~** se ruiner à force de boire; *ein Glas, e-e Flasche* leer ~ vider; **dieser Wein läßt sich ~** ce vin se laisse boire, se boit bien, est très bon; **II** 2**en** *n* ⟨~s⟩ boire *m*; boisson *f*; **sich das ~ angewöhnen** prendre l'habitude de boire; s'habituer à la boisson; **durch vieles ~** à force de boire; 2**er (-in)** *m* ⟨~s; ~⟩ (*f*) ⟨~; ~nen⟩ buveur, -euse *m, f*; alcoolique *m, f*; *pfort.* ivrogne, -esse *m, f*; 2**erˌfürsorge** *f* lutte *f* contre l'alcoolisme; 2**erˌheilanstalt** *f*, 2**erˌheilstätte** *f* maison *f* de désintoxication pour alcooliques; ~**fest** *adj.* qui boit de bons coups; qui boit sec; 2**geˌfäß** *n* récipient *m* pour boire; 2**geˌlage**

n F beuverie *f*; 2**geld** *n* pourboire *m*; service *m*; ∼ einbegriffen service compris; 2**glas** *n* verre *m* (à boire); 2ˌ**halle** *f* buvette *f*; 2**halm** *m* paille *f*; 2**horn** *n hist.* corne *f* à boire; 2**kur** *f* cure *f* d'eau minérale; diète *f* hydrique; 2**lied** *n* chanson *f* à boire; 2**milch** *f* lait *m* de consommation; 2**napf** *m am Vogelbauer etc.* auget *m*; 2ˌ**schale** *f* coupe *f*; 2**spruch** *m* toast *m*; e-n ∼ auf j-n ausbringen porter un toast à qn.; 2ˌ**stube** *f* salle *f* de cabaret; *auf Bahnhöfen* buvette *f*; 2ˌ**wasser** *n* ⟨∼s⟩ eau *f* potable; kein ∼! eau non potable!; 2**wasserbe**ˌ**hälter** *m* réservoir *m* d'eau potable; 2**wasser**ˌ**not** *f* pénurie *f*, disette *f* d'eau potable; 2**wasserver**ˌ**sorgung** *f* approvisionnement *m* en eau potable; 2**zwang** *m* obligation *f* de boire.

Trio ['tri:o·] *n* ⟨∼s; ∼s⟩ *mus., fig.* trio *m*.

Triode [tri·'o:də] *f* ⟨∼; ∼n⟩ *élect.* triode *f*.

Triole [tri·'o:lə] *f* ⟨∼; ∼n⟩ *mus.* triolet *m*.

Triolett [tri·o·'lɛt] *n* ⟨∼(e)s; ∼e⟩ triolet *m*.

Trip [trɪp] *m* ⟨∼s; ∼s⟩ voyage *m*; randonnée *f*.

Tripelallianz ['tri:pəlʔali·ˌants] *f* Triple-Alliance *f*; Triplice *f*.

Triphthong [trɪf'tɔŋ] *m* ⟨∼s; ∼e⟩ *gr.* triphtongue *f*.

Tripp [trɪp] *m* ⟨∼s; ∼s *od.* ∼e⟩ *text.* tripe *f* (de velours).

trippeln ['trɪpəln] **I** *v/i.* ⟨-(e)le, sein⟩ marcher à petits pas; trottiner; **II** 2 *n* ⟨∼s⟩ trottinement *m*.

Tripper ['trɪpər] *m* ⟨∼s; ∼⟩ *méd.* gonorrhée *f*; blennorragie *f*; P coulante *f*; chaude-pisse *f*.

Trippsamt ['trɪpzamt] *m text. cf.* Tripp.

Triptik ['trɪptɪk], **Triptyk** [-tʏk] *n* ⟨∼s; ∼s⟩ triptyque *m*.

Triptychon ['trɪptʏçɔn] *n* ⟨∼s; -chen *od.* -cha⟩ triptyque *m*.

trist [trɪst] *adj.* triste; (*öde*) désert.

Tritium ['tri:tsi·ʊm] *n* ⟨∼s⟩ *phys. atom.* tritérium [-jɔm] *m*; tritium [-jɔm] *m*.

Triton[1] ['tri:tɔn] *n* ⟨∼s; -'tonen⟩ *phys. atom.* triton *m*; ∼[2] *m* ⟨-'tonen; -'tonen⟩ *zo.* triton *m*.

Tritt [trɪt] *m* ⟨∼(e)s; ∼e⟩ pas *m*; (*Fußtritt*) coup *m* de pied; ∼e *pl. im Schnee etc.* (*Fußspur*) trace *f* de pas; empreintes *f/pl.* de(s) pas; *Nähmaschine, Spinnrad etc.* (*Tretkurbel, Trethebel*) pédale *f*; *Webstuhl* marche *f*; *Wagen* (*Trittbrett*) marchepied *m*; (*Trittleiter*) marchepied *m*; escabeau *m*; (*Podest*) estrade *f*; e-n leichten (schweren) ∼ haben avoir une démarche légère (lourde); e-n sicheren ∼ haben marcher d'un pas ferme; ∼ fassen se mettre au pas; prendre le pas; emboîter le pas; ∼ halten garder le pas; aus dem ∼ geraten, kommen perdre le pas; wieder ∼ fassen reprendre le pas; im ∼ marschieren marcher au pas; im ∼! au pas!; ohne ∼! sans cadence!; au pas de route!; im gleichen Schritt u. ∼ du même pas; au pas; auf Schritt u. ∼ à chaque pas; j-m auf Schritt u. ∼ folgen s'attacher aux pas de qn.; suivre qn. pas à pas; j-n auf Schritt u. ∼ beobachten surveiller les allées et venues de qn.; surveiller qn. sans le quitter d'une semelle; j-m e-n ∼ versetzen donner un coup de pied à qn.; ∼**brett** *n* marchepied *m*; ∼ˌ**fläche** *f e-r Treppenstufe* giron *m*; ∼ˌ**leiter** *f* marchepied *m*; escabeau *m*.

Triumph [tri·'ʊmf] *m* ⟨∼(e)s; ∼e⟩ triomphe *m* (über sur); im ∼ en triomphe; triomphalement; e-n ∼ feiern être porté en triomphe; obtenir un triomphe; 2**al** [-'fɑ:l] *adj.* triomphal; ∼**ator** [-'fɑ:-] *m* ⟨∼s; -'toren⟩ triomphateur *m*; ∼ˌ**bogen** *m* arc *m* de triomphe; ∼**ge**ˌ**sang** *m* chant *m* de victoire, triomphe; 2**ieren** [-'fi:-] *v/i.* ⟨*pas de ge-*, h⟩ triompher (über de); die ∼de Kirche l'Église triomphante; ∼ˌ**marsch** *m* marche triomphale; ∼ˌ**pforte** *f* porte triomphale; ∼ˌ**wagen** *m* char *m* de triomphe, triomphal; ∼ˌ**zug** *m* marche *f*, entrée *f* triomphale (*auch fig.*).

Triumvirat [tri·ʊmvi·'rɑ:t] *n* ⟨∼(e)s; ∼e⟩ triumvirat *m*.

trivalent [tri·va'lɛnt] *adj. chim.* trivalent.

trivial [tri·vi·'ɑ:l] *adj.* banal; plat; usé; rebattu; 2**i'tät** *f* ⟨∼; ∼en⟩ banalité *f*; platitude *f*.

Trizeps ['tri:tsɛps] *m* ⟨∼; ∼e⟩ *anat.* triceps *m*.

trochä|isch [trɔ'xɛ:ɪʃ] *adj. métr.* trochaïque [-ka-]; 2**us** *m* ⟨∼; -äen⟩ *métr.* trochée *m*.

trocken ['trɔkən] **1.** *adj.* sec, sèche (*auch fig.*); (*dürr*) aride; *Stil, Ton, Wein* sec, sèche; *Bericht auch* sobre; austère; *Thema* aride; *Mensch* insipide; ennuyeux, -euse; fastidieux, -euse; ∼es Brot pain sec; ∼en Fußes à pied sec; ∼er Humor humour caustique; er hat e-n ∼en Humor c'est un pince-sans-rire; *vom Wetter* es ist ∼ il fait sec; e-e ∼e Kehle haben avoir la gorge sèche, le gosier sec; F *fig.* er ist noch nicht ∼ hinter den Ohren c'est un blanc-bec; F *fig.* auf dem ∼en sitzen F *fig.* être à sec; im 2en sein, sitzen être à l'abri, à couvert, au sec; auf dem 2en sein être à pied sec; F *fig.* sein Schäfchen ins ∼e bringen *cf.* Schäfchen 3.; **2.** *adv. techn.* ∼ laufen tourner à sec, sans huile; ∼ bearbeiten travailler à sec, par voie sèche; ∼ aufbewahren tenir au sec; ∼ sitzen être au sec; 2ˌ**anlage** *f techn.* séchoir *m*; sécherie *f*; 2**appa**ˌ**rat** *m* séchoir *m*; sécheur *m*; dessicateur *m*; 2**batte**ˌ**rie** *f élect.* pile sèche; 2ˌ**boden** *m* séchoir *m*; sécherie *f*; 2ˌ**dampf** *m* vapeur sèche; 2ˌ**dock** *n mar.* cale sèche; bassin *m* de radoub; 2ˌ**ei** *n* œufs *m/pl.* en poudre; 2ˌ**eis** *n* neige *f* carbonique; anhydride *m* carbonique solide; carboglace *f*; 2**ele**ˌ**ment** *n élect. cf.* 2batterie; 2ˌ**farbe** *f* couleur *f* en poudre; 2ˌ**fäule** *f* pourriture sèche; 2ˌ**futter** *n agr.* fourrage sec; 2**ge**ˌ**biet** *n géogr.* région *f* aride; 2**ge**ˌ**müse** *n* légumes secs; 2**ge**ˌ**stell** *n* séchoir *m*; 2ˌ**gleichrichter** *m élect.* redresseur sec; 2ˌ**haube** *f* casque *m* de séchage; 2ˌ**hefe** *f* levain sec; 2ˌ**heit** *f* ⟨∼⟩ sécheresse *f*; (*Dürre*) aridité *f* (*beide auch fig.*); *phys. sc.* siccité [-ks-] *f*; 2ˌ**kammer** *f* séchoir *m*; sécherie *f*; 2**kar**ˌ**toffeln** *f/pl.* pommes de terre sèches; 2ˌ**kost** *f* régime sec; ∼ˌ**legen** *v/t.* ⟨*sép.*, -ge-, h⟩ *Sumpf etc.* saigner; dessécher; assécher; mettre à sec; drainer; *Säugling* changer (un bébé); 2ˌ**legung** *f* ⟨∼⟩ saignée *f*; dessèchement *m*; assèchement *m*; drainage *m*; 2ˌ**luft** *f* air sec; 2ˌ**maß** *n* mesure sèche; 2ˌ**masse** *f* matière sèche; 2ˌ**milch** *f* lait *m* en poudre; 2ˌ**obst** *n* fruits secs; 2ˌ**ofen** *m* four *m* de séchage, à sécher; sécheur *m*; 2ˌ**platz** *m* séchoir *m*; sécherie *f*; 2**ra**ˌ**sierer** *m* ⟨∼s; ∼⟩ rasoir *m* électrique; 2ˌ**raum** *m* séchoir *m*; sécherie *f*; ∼ˌ**reiben** *v/t.* ⟨*irr., sép.*, -ge-, h⟩ essuyer; 2ˌ**reinigung** *f* nettoyage *m* à sec; 2ˌ**rudern** *n* aviron *m* sur machine à ramer; 2ˌ**schleuder** *f* essoreuse *f*; 2ˌ**schliff** *m techn.* affûtage *m* à sec; 2ˌ**schrank** *m* séchoir *m*; étuve *f*; 2ˌ**ständer** *m* séchoir *m*; *phot.* égouttoir *m*; 2ˌ**stoffe** *m/pl.* siccatifs *m/pl.*; 2ˌ**trommel** *f* tambour sécheur, de séchage; 2**ver**ˌ**fahren** *n* procédé *m* de séchage, de dessication; 2ˌ**wäsche** *f* linge pesé sec; ∼ˌ**wischen** *v/t.* ⟨*sép.*, -ge-, h⟩ essuyer; ∼ˌ**wohnen** *v/t.* ⟨*sép.*, -ge-, h⟩ e-e Wohnung ∼ F essuyer les plâtres; 2ˌ**wohner** *m/pl.* habitants *m/pl.* d'un logement neuf; 2ˌ**zeit** *f* saison sèche; 2ˌ**zelle** *f élect.* élément sec.

trockn|en ['trɔknən] **I** *v/t.* ⟨-ete, h⟩ sécher; faire sécher; *techn. im Trokkenofen* étuver; die Zeit trocknet alle Tränen le temps tarit toutes les larmes; getrocknete Feigen figues sèches; **II** *v/i.* ⟨sein⟩ *Wäsche* sécher; *Früchte, Kräuter etc.* devenir sec, sèche; se dessécher; (schnell) ∼d siccatif, -ive; **III** *v/réfl.* sich vor dem Feuer ∼ se sécher devant le feu; **IV** 2**en** *n* ⟨∼s⟩, 2**ung** *f* ⟨∼⟩ séchage *m*; *phys.* dessication *f*; etw. zum Trocknen aufhängen suspendre qc. pour le faire sécher; mettre qc. à sécher; *Wäsche auch* étendre.

Troddel ['trɔdəl] *f* ⟨∼; ∼n⟩ 'houppe *f*; gland *m*; *milit.* dragonne *f*.

Trödel ['trø:dəl] *m* ⟨∼s⟩ (*alter Kram*) vieilleries *f/pl.*; bric-à-brac *m*; friperie *f*; F fatras *m*; bazar *m*; ∼ˌ**bude** F *f* (boutique *f* de) brocanteur *m*, fripier *m*; friperie *f*; ∼**ei** [-'laɪ] F *f* ⟨∼; ∼en⟩ *verbal cf.* 2n; ∼ˌ**fritze** F *m* ⟨∼n; ∼n⟩ F lambin *m*; traînard *m*; ∼ˌ**handel** *m* brocante *f*; friperie *f*; commerce *m* de bric-à-brac; 2**ig** F *adj.* lent; F lambin; ∼ˌ**kram** F *m cf.* Trödel; ∼ˌ**laden** *m cf.* ∼bude; 2**n** F *v/i.* ⟨-(e)le, h⟩ traîner; F lanterner; lambiner; traînasser; ∼ˌ**ware** *f cf.* Trödel.

Trödler(in) ['trø:dlər(ɪn)] *m* ⟨∼s; ∼⟩ (*f*) ⟨∼; ∼nen⟩ **1.** brocanteur, -euse *m, f*; fripier, -ière *m, f*; **2.** F (*Bummler[in]*) F lambin, -e *m, f*; traînard, -e *m, f*.

trog [tro:k] *cf.* trügen.

Trog [tro:k] *m* ⟨∼(e)s; ∼̈e⟩ auge *f*; *zum Teigkneten* pétrin *m*; *für das Vieh* (*Futter*2) mangeoire *f*; *zum Tränken* abreuvoir *m*; *techn.* elektrolytischer ∼ cuve *f* à électrolyse.

Troglodyt [tro·glo·'dy:t] *m* ⟨∼en; ∼en⟩ troglodyte *m*.

Troika ['trɔʏka] *f* ⟨∼; ∼s⟩ troïka *f*.

Trojan|er(in) [tro·'jɑ:nər(ɪn)] *m* ⟨∼s; ∼⟩ (*f*) ⟨∼; ∼nen⟩ Troyen, -nne *m, f*; 2**isch** *adj.* troyen, -nne; de Troie; der 2e Krieg la guerre de Troie; das 2e Pferd le cheval de Troie.

Trokar [tro·'kɑ:r] *m* ⟨∼s; ∼e *od.* ∼s⟩ *chir.* trocart *m*.

Troll [trɔl] *m* ⟨∼(e)s; ∼e⟩ lutin *m*; [troll *m*.]

Trollblume ['trɔlˌblu:mə] *f bot.* trolle *m*; *sc.* trollius [-s] *m*.

trollen ['trɔlən] *v/réfl.* ⟨h⟩ F sich ∼ s'en aller; F décamper; déguerpir; filer; P s'esbigner; se trotter.

Trolleybus ['trɔli·ˌbʊs] *m* trolleybus *m*.

Trombe ['trɔmbə] *f* ⟨∼; ∼n⟩ trombe *f*.

Trommel ['trɔməl] *f* ⟨∼; ∼n⟩ **1.** *mus.* tambour *m*; caisse *f*; große ∼ grosse caisse; kleine ∼ caisse claire; die ∼ rühren, schlagen battre le tambour, la caisse; **2.** *techn.* tambour *m*; *des Revolvers* barillet *m*; ∼ˌ**anker** *m élect.* induit *m* en tambour; ∼ˌ**bremse** *f* frein *m* à tambour; ∼**ei** [-'laɪ] F *f* ⟨∼⟩ bruit continuel de(s) tambour(s); ∼ˌ**fell** *n mus.* peau *f* de tambour, de caisse; *anat.* tympan *m*; membrane *f* tympanique, du tympan; **~ˌfeuer** *n milit.* feu roulant (*auch fig.*); pilonnage *m*; **mit ~ belegen** pilonner; **~ˌkörper** *m mus.* fût *m* de tambour, de caisse; **~magaˌzin** *n Gewehr* magasin *m*, chargeur *m* à tambour; magasin-tambour *m*; chargeur-tambour *m*; **2n I** *v/t.* ⟨-(e)le, h⟩ *e-n Marsch etc.* battre; F *fig.* **j-n aus dem Schlaf ~** réveiller qn. en tambourinant sur la porte, en faisant du vacarme, brutalement, en fanfare; **II** *v/i.* battre le tambour, la caisse; tambouriner; **es wird getrommelt** le tambour bat; **es trommelt** on entend le (bruit du) tambour; *fig.* **der Regen trommelt an die Scheiben** la pluie tambourine sur les vitres; **nervös mit den Fingern auf den Tisch ~** tambouriner (avec les doigts) sur la table; **III ~n** *n* ⟨~s⟩ bruit *m*, roulement *m* de tambour(s); tambourinage *od.* tambourinement *m*; **~ˌrad** *n techn.* tympan *m*; **~ˌschlag** *m* son *m* du tambour; **~ˌschlegel** *m*, **~ˌstock** *m* baguette *f* de tambour; **~ˌsieb** *n* (tamis *m* en) tambour *m*; **~ˌsucht** *f* ⟨~⟩ *vét.* météorisme *m*; **~ˌwicklung** *f élect.* bobinage *m*, enroulement *m* en tambour; **~ˌwirbel** *m* roulement *m* de tambour; *kurzer* ra *m*; **unter ~** tambour battant.

Trommler ['trɔmlər] *m* ⟨~s; ~⟩ *mus.* tambour *m*.

Trompe ['trɔmpə] *f* ⟨~; ~n⟩ *bât.* trompe *f*.

Trompete [trɔm'peːtə] *f* ⟨~; ~n⟩ *mus.* trompette *f*; **(die) ~ blasen** sonner de la trompette; **die ~ an den Mund setzen** emboucher la trompette; F *fig.* **mit Pauken u. ~n durchfallen** échouer magistralement; *cf. auch* Pauke; **2n I** *v/i.* ⟨-ete, h⟩ sonner de la trompette; *Elephant* barrir; baréter; F *fig.* (*sich geräuschvoll die Nase putzen*) se moucher bruyamment; **II ~n** *n* ⟨~s⟩ son *m* de la trompette; **~nˌblume** *f bot.* narcisse *m* jaune; **~ngeˌschmetter** *n* ⟨~s⟩ éclats *m/pl.* des trompettes, des cuivres; fanfares *f/pl.*; **~nˌgold** *n com.* (*Messing*) laiton *m*; **~nˌschall** *m* son *m* des trompettes; **~nˌschnecke** *f zo.* triton *m*; **~nsiˌgnal** *n* sonnerie *f*; **~nˌstoß** *m* coup *m* de trompette; **~nˌstück** *n mus.* air *m* de trompette.

Trompeter [trɔm'peːtər] *m* ⟨~s; ~⟩ *mus.* trompette *m* (*auch e-r Jazzkapelle*); *e-s Orchesters* trompettiste *m*.

Trope ['troːpə] *f* ⟨~; ~n⟩ *rhét. cf.* Tropus.

Tropen ['troːpən] *pl. géogr.* tropiques *m/pl.*; **in den ~** sous les tropiques; **~ˌanzug** *m* tenue coloniale; **~ˌausrüstung** *f* équipement tropical (= pour résister aux températures tropicales), tropicalisé (= insensible aux températures tropicales); **2beˌständig** *adj.* tropicalisé; **2ˌfähig** *adj.* apte à vivre sous les tropiques; **2ˌfest** *adj. cf.* 2beständig; **~ˌfieber** *n méd.* malaria *f*; **~ˌhelm** *m* casque colonial; **~hygiˌene** *f* hygiène *f* des tropiques; **~institˌtut** *n* institut *m* de médecine tropicale; **~ˌkleidung** *f* vêtements coloniaux; **~ˌklima** *n* climat tropical; **~ˌkoller** *m méd.* folie *f* des tropiques; **~ˌkrankheiten** *f/pl.* maladies *f/pl.* des tropiques; **~ˌpflanzen** *f/pl.* plantes tropicales; **2ˌtauglich** *adj. cf.* 2fähig; **~ˌwelt** *f* régions tropicales; **in der ~** sous les tropiques.

Tropf [trɔpf] F *m* ⟨~(e)s; ~̈e⟩ sot *m*; benêt *m*; niais *m*; F nigaud *m*; **armer ~** pauvre diable; F pauvret *m*.

Tröpfchen ['trœpfçən] *n* ⟨~s; ~⟩ gouttelette *f*.

tröpfeln ['trœpfəln] **I** *v/t.* ⟨-(e)le, h⟩ *cf.* träufeln I; **II** *v/imp.* **es tröpfelt** il tombe des gouttes (de pluie); **III 2** *n* ⟨~s⟩ *cf.* träufeln II.

tropfen ['trɔpfən] **I** *v/t.* ⟨h⟩ *cf.* träufeln I; **II** *v/i. u. v/imp.* goutter; tomber goutte à goutte; (*herab~*) dégoutter; F dégouliner; **es tropft vom Dach** le toit dégoutte; **der Wasserhahn tropft** le robinet goutte; **der Schweiß tropft ihm von der Stirn** ⟨sein⟩ la sueur lui dégoutte du front; **II 2**[1] *n* ⟨~s⟩ (*Ein2*) *cf.* träufeln II; (*Herab2*) dégouttement *m*; **2**[2] *m* ⟨~s; ~⟩ goutte *f*; *phm.* **~** *pl.* gouttes (médicamenteuses); **~ einnehmen** prendre des gouttes; *es regnet etc.* **in großen, dicken ~** à grosses gouttes; *vom Wein* F **ein guter ~** un bon vin; un bon cru; **du hast e-n ~ an der Nase hängen** ton nez goutte; tu as la goutte au nez; *fig.* **j-n bis auf den letzten ~ Blut aussaugen** pomper, sucer qn. jusqu'à la dernière goutte; *fig. poét.* **ein ~ Wermut** *fig.* une ombre au tableau; **das ist ein ~ auf den heißen Stein, steter ~ höhlt den Stein** *cf.* Stein; **2ˌfänger** *m* ⟨~s; ~⟩ attrape-gouttes *m*; **2ˌform** *f* forme *f* de goutte; **~ˌförmig** *adj.* en forme de goutte; **~ˌweise** *adv.* par gouttes; goutte à goutte; **2ˌzähler** *m phm.* compte-gouttes *m*; *sc.* stilligoutte *m*.

Tropf|flasche ['trɔpfˌflaʃə] *f* flacon *m* compte-gouttes; **~hahn** *m* robinet *m* compte-gouttes; **2'naß** *adj. cf.* triefend (naß); **~ˌröhrchen** *n cf.* Tropfenzähler; **~stein** *m minéral.* *herabhängender* stalactite *f*; *vom Boden aufsteigender* stalagmite *f*; **2steinˌartig** *adj.* stalactitique; stalagmitique; **~steinˌbildung** *f* formation *f* stalactitique *bzw.* stalagmitique; **~steinˌhöhle** *f* grotte *f* de stalactites *bzw.* de stalagmites.

Trophäe [troˑ'fɛːə] *f* ⟨~; ~n⟩ trophée *m*.

tropisch ['troːpɪʃ] *adj.* **1.** *géogr.* tropical; **~e Hitze** chaleur tropicale, torride; **2.** *rhét.* figuré.

Tropismus [troˑ'pɪsmus] *m* ⟨~; -men⟩ *biol.* tropisme *m*.

Troposphäre [troˑpoˑ'sfɛːrə, 'troː-, 'troˑ-, -pɔs'fɛː-, -pɔsfɛ-] *f* ⟨~⟩ troposphère *f*.

Tropus ['troːpus] *m* ⟨~; -pen⟩ *rhét.* trope *m*.

Troß [trɔs] *m* ⟨-sses; -sse⟩ *milit.* train *m* (des équipages); *hist.* (*Gefolge*) suite *f*; équipage *f*.

Trosse ['trɔsə] *f* ⟨~; ~n⟩ *mar.* ('h)aussière *f*.

Troß|knecht ['trɔsknɛçt] *m hist.* valet *m* d'armée; **~schiff** *n mar.* bâtiment *m* de servitude; **~ˌwagen** *m* fourgon *m*.

Trost [troːst] *m* ⟨~es⟩ consolation *f*; réconfort *m*; **j-m ~ zusprechen** consoler qn.; **ein schwacher ~** une faible consolation; une piètre consolation; un maigre réconfort; **das ist mir ein ~** c'est une consolation pour moi; **es ist mir ein ~, zu wissen, daß ...** c'est une consolation pour moi de savoir que ...; F *fig.* **nicht recht bei ~e sein** ne pas jouir de toute sa raison; **2beˌdürftig** *adj.* qui a besoin d'être consolé, de consolation; **~brief** F *m* lettre *f* de consolation.

tröst|en ['trøːstən] *v/t. u. v/réfl.* ⟨-ete, h⟩ **j-n ~** consoler, réconforter qn. (**über etw.** de qc.); **sich ~** se consoler; **sich mit dem Gedanken ~, daß ...** se consoler à la pensée que ... *od.* de ... (+ *inf.*); **tröste dich!** ne t'en fais pas!; **~end** *adjt.* consolateur, -trice; **2er(in)** *m* ⟨~s; ~⟩ (*f*) ⟨~; ~nen⟩ consolateur, -trice *m, f*; *bibl.* **der ~** le Consolateur.

Trostfahren ['troːstˌfaːrən] *n Radsport* course *f* de consolation.

tröstlich ['trøːstlɪç] *adj.* consolant; consolateur, -trice; (*beruhigend*) rassurant.

trost|los ['troːstloːs] *adj. Anblick, Zustand, Wetter etc.* désolant; *pfort.* désespérant; **2ˌlosigˌkeit** *f* ⟨~⟩ *e-r Gegend* aspect désolant; *e-s Zustandes* caractère désolant; **2preis** *m* fiche *f*, prix *m* de consolation; **~reich** *adj.* consolant; **2spruch** *m* sentence consolante; consolation *f*.

Tröstung ['trøːstuŋ] *f* ⟨~; ~en⟩ consolation *f*.

trost|voll ['troːstfɔl] *adj. cf.* trostreich; **2wort** *n* ⟨~(e)s; ~e⟩ parole consolante, réconfortante; consolation *f*.

Trott [trɔt] *m* ⟨~(e)s; ~e⟩ trot *m*; F *fig.* traintrain *od.* train-train *m*; **s-n ~ gehen** suivre la routine; aller son petit train(-train); **es geht alles den gewohnten ~** tout va son petit train.

Trottel ['trɔtəl] F *m* ⟨~s; ~⟩ imbécile *m*; ganache *f*; **alter ~** F vieille baderne; gaga *m*; **2ˌhaft, 2ig** F *adj.* gaga; **2n** F *v/i.* ⟨-(e)le, sein⟩ *cf.* trotten.

trotten ['trɔtən] F *v/i.* ⟨-ete, sein⟩ trotter; marcher d'un pas lourd; se traîner.

Trottoir [trɔtoˑ'ɑːr] *n* ⟨~s; ~e⟩ trottoir *m*.

trotz [trɔts] **I** *prép.* ⟨*gén., rarement dat.*⟩ malgré; nonobstant; en dépit de; **~ alledem** malgré tout (cela); en dépit de tout cela; envers et contre tout; **II 2** *m* ⟨~es⟩ (*Eigensinn*) entêtement *m*; opiniâtreté *f*; obstination *f*; *e-s Kindes auch* indocilité *f*; mutinerie *f*; **aus ~** de dépit; **j-m zum ~** en dépit de qn.; **j-m etw. zum ~ tun** faire qc. à la barbe de qn.; faire qc. pour narguer qn.; **ihm zum ~** à sa barbe; **allen Hindernissen zum ~** contre vent et marée; **j-m, e-r Sache ~ bieten** braver, affronter, *auch von e-r Krankheit etc.* défier qn., qc.; **~dem I** *adv.* quand même; tout de même; toujours est-il que ... (+ *ind.*); **II** *conj. cf.* obgleich; **~en I** *v/i.* ⟨-(es)t, h⟩ **j-m, e-r Sache ~** braver, affronter, défier qn., qc.; tenir tête à qn., à qc.; faire front, faire face à qn., à qc.; *abs.* (*schmollen*) prendre un air de défi; faire la mauvaise tête; faire la moue; bouder; **II 2en** *n* ⟨~s⟩ bravade *f*; (*Schmollen*) bouderie *f*; **~ig** *adj.* qui fait la mauvaise tête; (*eigensinnig*) entêté; opiniâtre; obstiné; (*widerspenstig*) récalcitrant; buté; *ein Kind auch* indocile; mutin; **j-n ~ ansehen** regarder qn. d'un air de défi; **2'kismus** *m* ⟨~⟩ trotskisme *m*; **2'kist** *m* ⟨~en; ~en⟩ trotskiste *m*; **2kopf** *m* esprit obstiné; caractère rétif; mauvaise tête; *von Kindern* petit(e) obstiné(e); **~ˌköpfig** *adj. cf.* **~ig**.

trüb|(e) [tryːp, 'tryːbə] *adj. Flüssigkeiten* trouble; *Metalle, Augen, Spiegel, Schein etc.* (*glanzlos*) terne; *Himmel, Wetter* sombre; gris; couvert; *Stimmung* morne; *pfort.* sombre; *Gedanken* noir; mélancolique; *Ahnungen* triste; sombre; *Erfahrungen* mauvais; triste; peu encourageant; *Aussichten* sombre; peu encourageant; *Zeiten* sombre; trouble; *phm.* (*e-n Bodensatz bildend*) *sc.* féculent; **es ist ~** (*trübes Wetter*) il fait sombre, obscur; der Himmel wird ~ le ciel s'obscurcit, s'assombrit, se couvre; ~ (*glanzlos*) werden se ternir; ~ machen ternir; das Licht brennt ~ cette lumière manque d'éclat; in ~er Stimmung sein F broyer du noir; avoir le cafard; *fig.* es sieht ~ aus les perspectives ne sont pas brillantes; im ~en fischen pêcher en eau trouble; ꝰe *f* ⟨~⟩ *cf.* Trübheit.

Trubel ['tru:bəl] *m* ⟨~s⟩ agitation *f*; animation *f*; mouvement *m*; *fig.* tourbillon *m.*

trüb|en ['try:bən] *v/t.* (*u. v/réfl.*) ⟨h⟩ (se) troubler (*auch fig.*); *durch Schütteln, Umrühren* (se) brouiller; (*glanzlos machen bzw. werden*) (se) ternir; kein Wölkchen trübte den Himmel aucun nuage ne troublait, ne brouillait, n'obscurcissait le ciel; die Freude ~ troubler la joie; die Klarheit s-s Urteils wurde nie durch die Leidenschaft getrübt jamais la clarté de son jugement n'était troublée, obscurcie par la passion; er sieht aus, als könne er kein Wässerchen ~ on lui donnerait le bon Dieu sans confession; ꝰ**glas** *n* verre mat, dépoli; ꝰ**heit** *f* ⟨~⟩ aspect *m* trouble; (*Glanzlosigkeit*) ternissure *f*; ꝰ**sal** *f* ⟨~; ~e⟩ (profonde) affliction *f*; *bibl.* die Zeit der ~ les temps de détresse, de misère, d'affliction; F ~ blasen être triste; faire triste mine; F broyer du noir; avoir le cafard; ~ˌ**selig** *adj.* triste; *Mensch* qui fait triste mine; F qui broie du noir; *Wetter* pitoyable; triste; lamentable; ꝰ**sinn** *m* ⟨~(e)s⟩ tristesse *f*; *pfort.* mélancolie *f*; humeur *f* sombre; ~ˌ**sinnig** *adj.* triste; morne; sombre; mélancolique; ꝰ**ung** *f* ⟨~; ~en⟩ *cf.* ꝰheit; *sonst verbal.*

Truchseß ['truxzɛs] *m* ⟨-sses; -sse⟩ *hist.* écuyer tranchant, de cuisine.

trudeln ['tru:dəln] **I** *v/i.* ⟨-(e)le, sein⟩ *aviat.* faire la vrille; **II** ꝰ *n* ⟨~s⟩ ins ~ kommen tomber, descendre en vrille.

Trüffel ['trʏfəl] *f* ⟨~; ~n⟩ *bot.* truffe *f*; *cuis.* mit ~n truffé; ~ˌ**boden** *m* truffière *f*; ~ˌ**eiche** *f* chêne truffier; ~ˌ**leberpaˌstete** *f cuis.* pâté *m* de foie gras aux truffes; ꝰ**n** *v/t.* ⟨-(e)le, h⟩ *cuis.* garnir de truffes; truffer; ~ˌ**zucht** *f* trufficulture *f*; ~ˌ**züchter** *m* trufficulteur *m.*

trug [tru:k] *cf.* tragen.

Trug [tru:k] *st. s. m* ⟨~(e)s⟩ tromperie *f*; imposture *f*; *der Sinne* illusion *f*; Lug u. ~ mensonge et imposture; ~**bild** *n* mirage *m*; image trompeuse; apparence mensongère; illusion *f*; fantôme *m.*

trüg|en ['try:gən] *v/t.* ⟨trügt, trog, getrogen, h⟩ tromper; abuser; wenn mich meine Augen nicht ~ si mes yeux ne me trompent, ne m'abusent; wenn mich mein Gedächtnis nicht trügt si ma mémoire ne me trahit; der Schein trügt les apparences sont trompeuses; ~**eˌrisch** *adj. Schein, Glanz, Wetter etc.* trompeur, -euse; *Hoffnung auch* illusoire.

Trug|gebilde ['tru:kgəˌbɪldə] *n*, ~**geˌstalt** *f* fantôme *m*; ~**schluß** *m* fausse conclusion; *philos.* paralogisme *m*; *spitzfindiger* sophisme *m.*

Truhe ['tru:ə] *f* ⟨~; ~n⟩ coffre *m*; bahut *m.*

Trümmer ['trʏmər] *pl.* débris *m/pl.* (*auch fig.*); *e-s Gebäudes, e-r Stadt* ruines *f/pl.*; décombres *m/pl.* (*auch fig.*); in ~ gehen *Gebäude* tomber en ruines; s'effondrer; *Scheiben, Spiegel etc.* se briser, se casser en mille morceaux; in ~n auf dem Boden liegen joncher le sol de ses débris; die wütende Menge schlug alles in ~ la foule déchaînée cassa tout; ~**beˌseitigung** *f* enlèvement *m* des décombres; déblaiement *m*; ~ˌ**feld** *n* vaste amas *m* de décombres; ~ˌ**flora** *f bot.* flore *f* poussant sur les ruines, les décombres; ~**geˌstein** *n géol.* roche *f* détritique; agglomérat *m*; ~ˌ**grundstück** *n* immeuble sinistré; ~ˌ**haufen** *m* monceau *m*, amas *m* de décombres; ~ˌ**stätte** *f* ruines *f/pl.*; ~**verˌwertung** *f* utilisation *f*, récupération *f* des décombres.

Trumpf [trumpf] *m* ⟨~(e)s; ¨e⟩ *Kartenspiel* atout *m*; was ist ~? qu'est-ce qui est atout?; qu'a-t-on (re)tourné?; Pik ist ~ pique est atout; il a (re)tourné pique; F pique atout; ~ ausspielen jouer atout; s-n letzten ~ ausspielen jouer son dernier atout, sa dernière carte (*beide auch fig.*); *fig.* jouer son va-tout; *fig.* alle Trümpfe in der Hand haben avoir tous les atouts en main; *fig.* e-n ~ in der Hand haben avoir une belle balle à jouer; *fig. Mode* in diesem Sommer ist Gestreift ~ cet été, les étoffes rayées font prime, fureur; ~ˌ**farbe** *f* couleur *f* de l'atout; ~ˌ**karte** *f* atout *m.*

Trunk [truŋk] *st. s. m* ⟨~(e)s; ¨e⟩ *von Wein, Wasser* coup *m* (de); (*Getränk*) boisson *f*; dem ~ ergeben adonné à la boisson; ꝰ**en** *adj.* ~ vor Freude ivre de joie; ~ machen enivrer; ~**enˌbold** *péj. m* ⟨~(e)s; ~e⟩ ivrogne *m*; buveur *m*; P soûlard *m*; soiffard *m*; soûlo(graphe) *m*; poivrot *m*; pochard *m*; ~**enˌheit** *f* ⟨~⟩ (état *m* d')ivresse *f*, ébriété *f*; *fig.* enivrement *m*; ivresse *f*; wegen ~ am Steuer pour conduite en état d'ivresse; ~**sucht** *f* ⟨~⟩ ivrognerie *f*; alcoolisme *m*; *méd.* dipsomanie *f*; ꝰˌ**süchtig** *adj.* ivrogne, -esse; alcoolique; *méd.* dipsomane.

Trupp [trup] *m* ⟨~s; ~s⟩ troupe *f*; bande *f*; groupe *m*; (*Arbeits*ꝰ) équipe *f*; *milit.* détachement *m*; peloton *m*; ~**e** *f* ⟨~; ~n⟩ *milit.* troupe *f*; *thé. auch* compagnie *f*; *milit.* schnelle ~n éléments motorisés.

Truppen|ansammlung ['trupənˌʔanzamluŋ] *f milit.* concentration *f* de troupes; ~ˌ**arzt** *m* médecin *m* de l'unité; ~ˌ**aushebung** *f* levée *f* de troupes; recrutement *m*; ~**beˌwegungen** *f/pl.* mouvements *m/pl.* de troupes; ~ˌ**führer** *m* chef *m* (de corps); commandant *m* d'une troupe; ~ˌ**führung** *f* commandement *m* (des troupes); conduite *f* des troupes de toutes armes, des grandes unités; ~ˌ**gattung** *f* arme *f*; ~ˌ**gliederung** *f* organisation *f* des troupes; ~**kommanˌdeur** *m* chef *m* de corps; ~**koˌmmando** *n* commandement *m* de la troupe; ~**konzentratiˌon** *f cf.* ~ansammlung; ~ˌ**lager** *n* camp *m*; ~**offiˌzier** *m* officier *m* de troupe, du cadre actif; ~**paˌrade** *f*, ~ˌ**schau** *f* revue *f* (militaire); ~ˌ**stärke** *f* effectif *m*; ~ˌ**teil** *m* unité *f*; formation *f*; ~**transˌport** *m* transport *m* de troupes; convoi *m* militaire; ~**transˌporter** *m mar.* transport *m* de troupes; *aviat.* avion *m* de transport de troupes; avion transporteur de troupes; ~ˌ**übung** *f* manœuvre *f*; exercice *m*; ~ˌ**übungsˌplatz** *m* camp *m* d'instruction, de manœuvres; terrain *m* d'exercice; ~ˌ**unterkunft** *f* cantonnement *m*; casernement *m*; ~**verˌband** *m cf.* ~teil; ~**verˌband(s)ˌplatz** *m* poste *m* de secours de bataillon; ambulance *f*; ~**verˌladung** *f* embarquement *m* (en chemin de fer) de troupes; ~**verˌschiebung** *f* déplacement *m* de troupes; ~**zuˌsammenˌziehung** *f cf.* ~ansammlung.

Trupp|führer ['trupˌfy:rər] *m* chef *m* d'équipe, *milit.* de détachement, de groupe; ꝰˌ**weise** *adv.* par équipes; par bandes; par troupes; en troupe.

Trüsche ['try:ʃə] *f* ⟨~; ~n⟩ *zo.* lotte *f.*

Trust [trust, trast] *m* ⟨~es; ~e *od.* ~s⟩ trust [trœst] *m.*

Trut|hahn ['tru:thɑ:n] *m zo.* dindon *m*; coq *m* d'Inde; *junger* dindonneau *m*; ~ˌ**henne** *f zo.* dinde *f*; poule *f* d'Inde.

Trutz [truts] *m* ⟨~es⟩ sich zu Schutz u. ~ verbünden conclure une alliance offensive et défensive.

Tschako ['tʃako·] *m* ⟨~s; ~s⟩ s(c)hako *m.*

Tschech|e ['tʃɛçə] *m* ⟨~n; ~n⟩, ~**in** *f* ⟨~; ~nen⟩ Tchèque *m, f*; ꝰ**isch** *adj.* tchèque; die ~e Sprache, das ꝰe la langue tchèque; le tchèque; ~**oslo'wake** *m* ⟨~n; ~n⟩, ~**oslo'wakin** *f* ⟨~; ~nen⟩ Tchécoslovaque *m, f*; ꝰ**oslo'wakisch** *adj.* tchécoslovaque.

Tscherkess|e [tʃɛr'kɛsə] *m* ⟨~n; ~n⟩, ~**in** *f* ⟨~; ~nen⟩ Tcherkesse *m, f*; Circassien, -nne *m, f*; ꝰ**isch** *adj.* circassien, -nne.

Tschibuk [tʃi·'buk] *m* ⟨~s; ~s⟩ chibouque *f.*

tschilpen ['tʃɪlpən] *v/i.* ⟨h⟩ *Sperlinge cf.* schilpen.

Tsetsefliege ['tsɛtse·ˌfli:gə] *f zo.* (mouche *f*) tsé-tsé *f.*

T-Träger ['te:ˌtrɛ:gər] *m* fer *m* en *od.* à T.

Tuba ['tu:ba] *f* ⟨~; -ben⟩ *mus.* tuba *m*; *anat.* trompe *f.*

Tube ['tu:bə] *f* ⟨~; ~n⟩ tube *m*; *anat. cf.* Tuba; F *fig.* auf die ~ drücken F appuyer sur le champignon; mettre toute la gomme.

Tuben ['tu:bən] *pl. von* Tuba, Tube, Tubus; ~ˌ**schwangerˌschaft** *f méd.* grossesse *f* tubaire.

Tuberkel [tu'bɛrkəl] *m* ⟨~s; ~⟩ *méd.* tubercule *m*; ~**baˌzillus** *m méd.* bacille tuberculeux, de Koch, de la tuberculose.

Tuberku|lin [tu·bɛrku·'li:n] *n* ⟨~s⟩ *méd.* tuberculine *f*; ꝰ'**lös** *adj. méd.* tuberculeux, -euse; ~'**lose** *f* ⟨~; ~n⟩ *méd.* tuberculose *f*; ~'**loseˌfürsorge** *f* assistance sociale aux tuberculeux; ꝰ'**loseˌkrank** *adj. cf.* ~lös; ~'**löse(r)** *f* (*m*) ⟨→ A⟩ *méd.* tuberculeux, -euse *m, f.*

Tuberose [tu·be·'ro:zə] *f* ⟨~; ~n⟩ *bot.* tubéreuse *f.*

tubu|lär [tu·bu·'lɛ:r], ~'**lös** *adj.* tubulaire; en tube; ꝰ**s** ['tu:-] *m* ⟨~; -ben *od.* ~se⟩ tube *m.*

Tuch [tu:x] *n* ⟨~(e)s; ¨er⟩ **1.** ⟨*pl.* ~e⟩ *text. allg.* (*Gewebe*) tissu *m*; *im engeren Sinn* drap *m*; étoffe *f* (de laine); **2.** *kurz für* Halstuch, Kopftuch, Umschlag(e)tuch, Wischtuch; *fig.* auf j-n wie ein rotes ~ wirken faire voir rouge à qn.; ~ˌ**ballen** *m* pièce *f* de drap; ꝰ**en** *adj.* de drap; ~**faˌbrik** *f* draperie *f*; ~**fabriˌkant** *m* drapier *m*; ~**fabrikatiˌon** *f* draperie *f*; ~ˌ**fühlung** *f* ⟨~⟩ *milit.* contact *m* coude à coude; accoudement *m*; *fig.* contact étroit; in ~ au coude à coude; ~ nehmen s'accouder; ~ˌ**handel** *m* draperie *f*; ~ˌ**händler** *m*, ~ˌ**macher** *m* ⟨~s; ~⟩ drapier *m*; ~**rest** *m* coupon *m*; ~ˌ**schere** *f* forces *f/pl.*; ~ˌ**scherer** *m* tondeur *m* de draps.

tüchtig ['tʏçtɪç] **1.** *adj.* **a)** (*gut, leistungsfähig*) *in den meisten Fällen* bon, -nne; *Arbeiter, Handwerker auch* (*geschickt*) habile; *Beamter auch* (*fähig*) capable; *Ingenieur, Gelehrter, Arzt etc. auch* de valeur; distingué; excellent; *Offizier auch* capable; distingué; *Geschäftsmann* entendu aux *od.* en affaires; **er ist sehr ~ in s-m Fach** il est très habile, versé, qualifié, fort dans sa profession, spécialité, branche; il excelle, il est expert dans, il s'entend fort bien en *od.* à sa profession, spécialité, branche; **s-e Kinder etw. Ձes lernen lassen** donner à ses enfants une bonne formation professionnelle; faire apprendre à ses enfants qc. de solide, d'utile; faire en sorte que ses enfants acquièrent de solides connaissances; **sie wurde e-e ~e Hausfrau** elle devint fort bonne ménagère; **b)** (*gehörig*) **e-e ~e Portion** une portion respectable; F **ein ~er Schnupfen** F un rhume carabiné; **das war e-e ~e Arbeit** c'était un grand travail; **e-e ~e Ohrfeige** un bon soufflet; **2.** *adv.* (*viel*) beaucoup; bien; **~ arbeiten** travailler bien, beaucoup; abattre (bien) de la besogne; **~ mithelfen** pousser à la roue; **j-n ~ verprügeln** donner, administrer une sérieuse correction à qn.; **~ verdienen** F gagner gros; **~ essen** bien, beaucoup manger; manger copieusement; *pfort.* F manger comme quatre; **Ձ‚keit** *f* ⟨~⟩ habileté *f*; capacité *f*; aptitude *f*; qualification *f*; valeur *f*; **ein Mann von s-r ~** un homme de sa valeur; **s-e ~ ist unbestritten** personne ne conteste ses aptitudes, capacités.

Tuch|waren ['tuːx‚vaːrən] *f/pl.* draps *m/pl.*; draperie *f*; **~‚weber(in)** *m* (*f*) drapier, -ière *m, f*; **~webe‚rei** *f* draperie *f*; **~‚wirker(in)** *m* ⟨~s; ~⟩ (*f*) ⟨~; ~nen⟩ *cf.* ~weber(in); **~wirke‚rei** *f* ⟨~; ~en⟩ *cf.* ~weberei.

Tück|e ['tʏkə] *f* ⟨~; ~n⟩ malice *f*; malignité *f*; méchanceté *f*; perfidie *f*; sournoiserie *f*; **die ~ des Objekts** la malignité des choses; **Ձisch**, F **Ձsch** *adj.* malicieux, -euse; malin, maligne (*auch Krankheit*); méchant; perfide; sournois; *nur von e-m Menschen* dissimulé; **~er Blick** regard sournois, torve; **~ blicken** regarder en dessous.

Tuerei [tuːə'raɪ] F *f* ⟨~⟩ *cf.* Getue b).

Tuff [tʊf] *m* ⟨~s; ~e⟩, **~stein** *m géol.* tuf *m.*

Tüftel|arbeit ['tʏftəl‚ʔarbaɪt] F *f* travail pénible et difficile; **~ei** [-'laɪ] F *f* ⟨~; ~en⟩ **1.** (*Grübeln über etw.*) *verbal cf.* Ձn; **2.** *cf.* ~arbeit; **~er** F *m* ⟨~s; ~⟩ (*Grübler*) songe-creux *m*; (*Bastler*) bricoleur *m*; **Ձig** F *adj. Arbeit* pénible; difficile; *Mensch* (*kleinlich*) vétilleux, -euse; pointilleux, -euse; **Ձn** F *v/i.* ⟨-(e)le, h⟩ (*grübeln*) se creuser la tête, F la cervelle; (*mühsam an etw. arbeiten*) bricoler (**an etw.** sur qc.); F chipoter.

Tüft|ler ['tʏftlər] *m*, **Ձlig** *adj. cf.* Tüftel ..., tüftel ...

Tugend ['tuːgənt] *f* ⟨~; ~en⟩ vertu *f*; **aus der Not e-e ~ machen** faire de nécessité vertu; **~‚bold** F *iron. m* ⟨~(es); ~e⟩ parangon *m* de vertu; **Ձ‚haft** *adj.* vertueux, -euse; **~‚haftigkeit** *f* ⟨~⟩ vertu *f*; **~‚held** *iron. m cf.* ~bold; **~‚pfad** *m* chemin *m* de la vertu; **~‚pinsel** F *iron. cf.* ~bold; **Ձ‚sam** *adj. cf.* Ձhaft; **~‚wächter** F *iron. m* F *iron.* gardien *m* de la vertu.

Tukan ['tuːkan, -'kaːn] *m* ⟨~s; ~e⟩ *zo.* toucan *m.*

Tüll [tʏl] *m* ⟨~s; ~e⟩ *text.* tulle *m.*

Tülle ['tʏlə] *f* ⟨~; ~n⟩ *e-r Kanne* bec *m*; *am Leuchter* bobèche *f*; *techn.* douille *f.*

Tüll|fabrik ['tʏlfa‚brɪk] *f* tullerie *f*; **~fabri‚kant** *m* tulliste *m*; **~fabrikati‚on** *f*, **~indus‚trie** *f* industrie tullière; tullerie *f*; **~gar‚dine** *f* rideau *m* de tulle; **~‚schleier** *m* voile *m* de tulle; **~‚spitze** *f* dentelle *f* de tulle.

Tulpe ['tʊlpə] *f* ⟨~; ~n⟩ *bot.* tulipe *f* (*auch als Glas, Lampenglocke*); **~n‚baum** *m bot.* tulipier *m*; **~n‚beet** *n* planche *f* de tulipes; **~n‚zwiebel** *f* bulbe *m* de tulipe.

tummel|n ['tʊməln] **I** *v/t.* ⟨-(e)le, h⟩ *ein Pferd* (*bewegen*) donner du mouvement à; faire caracoler; **II** *v/réfl.* **sich ~** *Kinder* (*herumtollen*) prendre ses ébats; s'ébattre; F (*sich beeilen*) se dépêcher; se hâter; P se grouiller; **Ձ‚platz** *m für Kinder* terrain *m*, place *f* de jeu; *fig.* théâtre *m* des opérations; terrain *m* d'action (favorable).

Tümmler ['tʏmlər] *m* ⟨~s; ~⟩ *zo. Taube* (pigeon *m*) culbutant *m*; *Fisch* marsouin *m.*

Tumor ['tuːmər] *m* ⟨~s; -'moren⟩ *méd.* tumeur *f.*

Tümpel ['tʏmpəl] *m* ⟨~s; ~⟩ (*Teich*) mare *f*; (*Pfütze*) flaque *f.*

Tumult [tu'mʊlt] *m* ⟨~(e)s; ~e⟩ (*Lärm*) bruit *m*; vacarme *m*; F boucan *m*; chahut *m*; (*Aufruhr*) tumulte *m*; rassemblement tumultueux; agitation *f*; *pfort.* sédition *f*; émeute *f*; **~‚schäden** *m/pl.* dommages causés au cours de désordres publics; **~u'ant** *m* ⟨~en; ~en⟩ (*Ruhestörer*) tapageur *m*; chahuteur *m*; (*Aufrührer*) agitateur *m*; séditieux *m*; mutin *m*; **Ձu'arisch** *adj.* tapageur, -euse; tumultueux, -euse.

tun [tuːn] **I** *v/t. u. v/i.* ⟨tue, tust, tut; tat (du tat[e]st, ihr tatet); getan; tu(e)!; h⟩ **1.** (*machen*) faire; **das tut man nicht** cela ne se fait pas; **was soll ich ~?** que dois-je faire?; que voulez-vous que je fasse?; **er tut nichts als schimpfen** F il ne fait que rouspéter; **was ist zu ~?** que faire?; **was läßt sich dabei ~?** que faire à cela?; **was man auch tut, ...** quoi qu'on fasse ...; **das können Sie ~ u. auch lassen** vous êtes libre de le faire ou non; **etw. von sich aus ~** faire qc. spontanément, de son plein gré, de soi-même; **ich kann nichts dazu ~** je ne peux, puis rien y faire; je n'y peux rien; **da muß etw. getan werden** il faut agir; il faut absolument faire qc.; **nun weiß ich, was ich zu ~ habe** maintenant je sais ce qui me reste à faire; **das ist so gut wie getan** c'est comme si c'était fait, fini; c'est presque fait, fini; **das wäre getan** enfin, c'est fait; **das will getan sein** cela demande du temps, du soin; il faut qu'on s'en occupe; **damit ist es nicht getan** cela ne suffit pas; **Wasser allein tut es freilich nicht** l'eau seule ne suffit pas; **das tut's** cela suffit; **das tut es auch** cela fera aussi l'affaire; **es ist mir darum zu ~, zu ...** (+ *inf.*) il m'importe de, je tiens à ... (+ *inf.*); il m'importe que, je tiens à ce que ... (+ *subj.*); **es ist mir nur darum zu ~, zu ...** (+ *inf.*) il s'agit seulement pour moi de ... (+ *inf.*); **es ist mir sehr darum zu ~** j'y tiens beaucoup; cela m'importe beaucoup; **es ist ihm nur um das Geld zu ~** il ne se soucie que de l'argent; il ne tient qu'à, il n'en veut qu'à l'argent; il n'a en vue que, il n'ambitionne que l'argent; **was du ~ willst, tue bald** *prov.* ne remets pas à demain ce que tu peux faire le jour même *prov.*; **es mit der Angst zu ~ bekommen** commencer à, finir par avoir peur; **sein Bestes ~** faire de son mieux; **ich kann nichts Besseres ~** c'est ce que j'ai de mieux à faire; **e-n flüchtigen Blick in etw. ~** jeter un coup d'œil dans qc.; **Böses ~** faire le mal; **~ Sie mir diesen Gefallen** a) rendez-moi ce service; b) faites-moi ce plaisir; **Gutes ~** faire le bien; **j-m Gutes ~** faire du bien à qn.; **des Guten zu viel ~** exagérer; dépasser les proportions; (dé)passer la mesure; **das tut mir leid** *was ich selbst verschuldet habe* je le regrette; j'en suis fâché; *was ich über andere erfahre* cela me fait de la peine; **er tut mir leid** je le plains; **es tut mir leid, daß ...** je suis peiné, fâché que ... (+ *subj.*), de ... (+ *inf.*); **sein möglichstes ~** faire de son mieux; faire tout son possible; **s-e Schuldigkeit, das Sein(ig)e ~** faire son devoir, son possible; **j-m Unrecht ~** faire tort à qn.; **j-m weh ~** faire mal à qn.; **j-m s-n Willen ~** faire les volontés de qn.; *ein Mittel* **s-e Wirkung ~** produire son effet; **Wunder ~** faire merveille; avoir un effet merveilleux, F mirifique; **j-m etw. zuleide ~** faire du mal à qn.; **j-m etw. zuliebe ~** faire qc. pour l'amour de qn.; **2.** (*arbeiten*) faire; **er tut nichts** il ne fait rien; il ne travaille pas; **zu ~ haben** avoir à faire; avoir de la besogne; **alle Hände voll zu ~ haben** avoir beaucoup à faire; être très occupé; avoir du travail par-dessus la tête; ne savoir où donner de la tête; **ganz andere Dinge zu ~ haben** F avoir bien d'autres chats à fouetter; **3.** (*handeln*) faire; **Sie ~ gut daran, zu ...** (+ *inf.*) vous faites bien de ... (+ *inf.*); **Sie täten besser daran, zu ...** (+ *inf.*) vous feriez mieux de ... (+ *inf.*); **Sie haben gut daran getan** vous avez bien fait; c'est bien de votre part; **tue recht u. scheue niemand** *prov.* fais ce que dois, advienne que pourra *prov.*; **4.** (*zuleide ~*) faire; **der Hund tut dir nichts** le chien ne te fera rien; **niemand tut dir etw.** personne ne te fera rien; **was du nicht willst, daß man dir tu, das füg auch keinem andern zu** *prov.* ne fais pas à autrui ce que tu ne veux pas qu'on te fasse à toi-même *prov.*; **5.** (*anrichten*) faire; **was hat er denn getan?** qu'a-t-il donc fait?; **ich habe es getan** c'est moi qui l'ai fait; **tu es nicht wieder!** ne recommence pas!; **6. mit j-m zu ~ haben** (*zu schaffen haben*) avoir affaire à qn.; **ich will damit nichts zu ~ haben** *auch* je ne veux être pour rien là-dedans; je ne veux pas m'en mêler; **damit habe ich nichts zu ~** cela ne me regarde pas; **mit Ihnen habe ich nichts zu ~** je n'ai rien à faire avec vous; **es zu ~ bekommen mit j-m** avoir des ennuis, des démêlés avec qn.; **das hat mit dem, was ich sagte, nichts zu ~** cela n'a aucun rapport avec ce que j'ai dit; **das hat mit Gerechtigkeit nichts zu ~** cela n'a rien à voir avec la justice; **das hat damit nichts zu ~** cela n'a rien à y voir; **7.** (*sich stellen*) **so ~, als ob ...** feindre, faire semblant de ...; **er tut, als ob er uns nicht sieht** il feint, il fait semblant, il affecte de ne pas nous voir; **er tut immer so wichtig** il fait toujours l'important; **~ Sie doch**

nicht so! ne prenez pas ces airs-là!; **spröde ~** faire la prude; **er tut nur so** il fait semblant; ce n'est qu'apparence chez lui; **~ Sie, als wenn Sie zu Hause wären** faites comme chez vous; **8.** *mit Ortsangabe* (*wohin legen, stellen*) mettre; **tu es dorthin!** mets-le là(-bas)!; **etw. in e-e Schachtel ~** mettre qc. dans une boîte; **Salz an die Speisen ~** saler les mets; **beiseite ~** mettre de côté; **9.** (*bedeuten*) **(das) tut nichts** n'importe; ce n'est rien; cela ne fait rien; *auf e-e Entschuldigung* il n'y a pas de quoi; (il n'y a) pas de mal; **was tut das?** qu'est-ce que cela fait?; qu'importe?; **was tut's, wenn ...** qu'importe que ..., quelle importance cela a-t-il que ..., en quoi cela importe-t-il que ..., peu importe que ... (+ *subj.*); **das tut nichts zur Sache** cela ne fait, ne change rien à l'affaire; **II** *v/réfl.* F **es tut sich etw.** il se trame qc.; *wie geht's?* — F **na, es tut sich** comme ci, comme ça; F couci-couça; **III** 2 *n* ⟨~s⟩ (*Verhalten*) conduite *f*; comportement *m*; *péj.* agissements *m/pl.*; **sein ~ u. Treiben, Lassen** ses faits et gestes; **verräterisches ~** agissements perfides; **Sagen u. ~ ist zweierlei** *prov.* promettre et tenir sont deux *prov.*

Tünche ['tʏnçə] *f* ⟨~; ~n⟩ badigeon *m*; *fig.* vernis *m*; **2n I** *v/t.* ⟨h⟩ badigeonner; **II ~n** *n* ⟨~s⟩ badigeonnage *m*.

Tundra ['tʊndra] *f* ⟨~; **-dren**⟩ *géogr.* toundra *f*.

Tunes|ier(in) [tuˑ'neːziˑər(ɪn)] *m* ⟨~s; ~⟩ (*f*) ⟨~; ~nen⟩ Tunisien, -nne *m, f*; **2isch** *adj.* tunisien, -nne; de la Tunisie.

Tunichtgut ['tuːnɪçtˌguːt] *m* ⟨~ *od.* ~(e)s; ~e⟩ vaurien *m*; mauvais sujet; mauvais, franc garnement.

Tunika ['tuːniˑka] *f* ⟨~; **-ken**⟩ tunique *f*.

Tunke ['tʊŋkə] *f* ⟨~; ~n⟩ sauce *f*; **2n** *v/t.* ⟨h⟩ tremper (in dans).

tunlich ['tuːnlɪç] *adj.* opportun; **~st** *adv.* **~ bald** aussitôt que possible; le plus tôt possible; de toute urgence.

Tunnel ['tʊnəl] *m* ⟨~s; ~(s)⟩ tunnel *m*; **~ˌbau** *m* ⟨~(e)s; ~ten⟩ construction *f*, percement *m* d'un tunnel; **~eˌffekt** *m* *phys.* effet *m* tunnel.

Tunt|e ['tʊntə] F *f* ⟨~; ~n⟩ mijaurée *f*; **2ig** F *adj.* pincé; affecté; précieux, -euse.

Tüpfel ['tʏpfəl] *m od. n* ⟨~s; ~⟩ (*Punkt*) point *m*; (*kleiner Fleck*) (petite) tache *f*; *auf dem Gefieder, Fell, der Haut von Tieren, auf Stoffen* moucheture *f*; **~chen** *n* ⟨~s; ~⟩ point *m*; **das ~ auf dem i** le point sur l'i; **~ˌfarn** *m bot.* polypode *m* **2n** *v/t.* ⟨-(e)le, h⟩ moucheter.

tupfen ['tʊpfən] **I** *v/t.* ⟨h⟩ moucheter; **II** *v/i.* (*leicht berühren*) effleurer, toucher légèrement du bout du doigt (**auf etw.** qc.); *mit e-m Wattebausch etc.* tamponner; **III** 2 *m* ⟨~s; ~⟩ *cf.* **Tüpfel**; **Stoff mit blauen ~** tissus à pois bleus.

Tupfer ['tʊpfər] *m* ⟨~s; ~⟩ *méd.* tampon *m*.

Tür [tyːr] *f* ⟨~; ~en⟩ porte *f*; *e-s Autos, Wagons auch* portière *f*; **bei verschlossenen ~en** à huis clos; **~ an ~ wohnen** être porte à porte; **die ~ aufmachen, öffnen** ouvrir la porte; **die ~ zumachen, schließen** fermer la porte; **die ~ abschließen** fermer la porte à clef; **die ~ hinter sich zumachen** (re)fermer la porte derrière soi; **den Schlüssel in der ~ stecken lassen** laisser la clef sur la porte; **e-n Brief unter der ~ durchschieben** glisser une lettre sous la porte; **von ~ zu ~ gehen** aller de porte en porte; faire du porte à porte; **das spielte sich vor meiner ~ ab** cela s'est passé à ma porte; **er hat e-e Straßenbahnhaltestelle vor der ~** il a un arrêt de tram à sa porte; **j-n zur ~ geleiten** reconduire qn. à la porte; **j-m die ~ weisen**, F **j-m den Stuhl vor die ~ setzen**, **j-n vor die ~ setzen** mettre, F ficher, flanquer, P foutre qn. à la porte; *fig. e-r Sache* **Tor u. ~ öffnen** donner libre carrière à; *fig.* **alle ~en stehen ihm offen** toutes les portes lui sont ouvertes; **Politik der offenen ~** politique de la porte ouverte; *fig.* **offene ~en einrennen** enfoncer une porte ouverte; **mit der ~ ins Haus fallen** mettre les pieds dans le plat; casser les vitres; ne pas y aller par quatre chemins; **zwischen ~ u. Angel** au moment de partir; au dernier moment; en sortant; *fig.* **vor der ~ stehen** être proche, imminent; approcher; **j-m die ~ vor der Nase zuschlagen** fermer la porte au nez à *od.* de qn.; **vor verschlossene ~en kommen, verschlossene ~en finden** trouver porte close, F visage de bois; *fig.* **kehren Sie vor Ihrer eigenen ~!** F balayez devant votre porte!; occupez-vous de vos oignons!; **e-e ~ für den Verkehr sperren** condamner une porte; F **du kriegst die ~ nicht zu!** fichtre!; **~ˌangel** *f* gond *m*.

Turban ['tʊrban] *m* ⟨~s; ~e⟩ turban *m*.

Turbine [tʊr'biːnə] *f* ⟨~; ~n⟩ *techn.* turbine *f*; **~nˌanlasser** *m aviat.* démarreur *m* de turbine; **~nˌantrieb** *m* entraînement *m* à *od.* par turbine; **~nˌdampfer** *m mar.* vapeur *m* à turbine; **~ngeˌhäuse** *n* carcasse *f* de turbine; **~nˌhalle** *f* salle *f* des turbines; **~nˌläufer** *m* rotor *m* de turbine; **~n-ˌLuftstrahl-ˌTriebwerk** *n aviat.* turboréacteur *m*; **~n-Proˌpeller-ˌFlugzeug** *n* avion *m* à turbopropulseurs; **~n-Proˌpeller-ˌStrahltriebwerk** *n aviat.* turbopropulseur *m*; **~nˌrad** *n* roue *f* de turbine; **~nˌschaufel** *f* aube *f* de turbine; **~n-ˌStau-ˌStrahltriebwerk** *n aviat.* turbostatoréacteur *m*; **~n-ˌtrommel** *f* tambour *m* de turbine.

Turbo|dynamo ['tʊrboˑdyˑˌnaːmoˑ] *m* turbodynamo *f*; **~geˌbläse** *n* turbosoufflante *f*; **~geneˌrator** *m* turbogénérateur *m*; **~komˌpressor** *m* turbocompresseur *m*; **~-Prop-ˌFlugzeug** *n cf.* Turbinen-Propeller-Flugzeug; **~-ˌProp-ˌTriebwerk** *n cf.* Turbinen-Propeller-Strahltriebwerk; **~-ˌStrahlˌtriebwerk** *n cf.* Turbinen-Luftstrahl-Triebwerk; **~-ventiˌlator** *m* turboventilateur *m*.

turbulen|t [tʊrbuˑ'lɛnt] *adj.* turbulent (*auch phys.*); **2z** *f* ⟨~; ~en⟩ turbulence *f* (*auch phys.*).

Tür|drücker ['tyːrˌdrʏkər] *m* poignée *f* de porte; **~ˌeinfassung** *f* chambranle *m*; huisserie *f*; encadrement *m* de porte; **~enˌschlagen** *n* claquement *m* des portes; **~ˌflügel** *m* battant *m* de porte; vantail *m*; **~ˌfüllung** *f* panneau *m* de porte; **~griff** *m* poignée *f*, bouton *m* de porte; **~ˌhüter** *m* portier *m*.

Türk|e ['tʏrkə] *m* ⟨~n; ~n⟩, **~in** *f* ⟨~; ~nen⟩ Turc, Turque *m, f*; **~enˌbund** *m* ⟨~(e)s⟩ *bot.* martagon *m*; **~enˌsäbel** *m* cimeterre *m*.

Türkette ['tyːrˌkɛtə] *f cf.* Sicherheitskette.

Türkis [tʏr'kiːs] *m* ⟨~es; ~e⟩ *minéral.* turquoise *f*.

türkisch ['tʏrkɪʃ] *adj.* turc, turque; **auf ~e Art** à la turque; **die ~e Sprache**, **das 2e** la langue turque; le turc; **2-ˌblau** *n* bleu turquin; **2ˌrot** *n* rouge turc; rouge *m* d'Andrinople.

türkis|farben [tʏr'kiːsˌfarbən], **~-ˌgrün** *adj.* couleur turquoise.

Tür|klinke ['tyːrˌklɪŋkə] *f* bec-de-cane *m*; **~ˌklopfer** *m* 'heurtoir *m*.

Turkmen|e [tʊrk'meːnə] *m* ⟨~n; ~n⟩, **~in** *f* ⟨~; ~nen⟩ Turcoman, -e *m, f*; Turkmène *m, f*; **2isch** *adj.* turcoman.

Turm [tʊrm] *m* ⟨~(e)s; ≈e⟩ tour *f* (*auch beim Schachspiel*); *mar., milit.* tourelle *f*; *e-s U-Bootes* kiosque *m*; (*Kirch2*) clocher *m*; *fortif.* (*Festungs2*) donjon *m*; *Schwimmsport* (*Sprung2*) plongeoir *m* (à étages); *hist.* (*Schuld2*) prison *f*; cachot *m*.

Turmalin [tʊrma'liːn] *m* ⟨~s; ~e⟩ *minéral.* tourmaline *f*.

Türmatte ['tyːrˌmatə] *f* paillasson *m*; tapis-brosse *m*.

Türmchen ['tʏrmçən] *n* ⟨~s; ~⟩ tourelle *f*.

Turmbau ['tʊrmbau] *m* ⟨~(e)s; ~ten⟩ *bibl.* **der ~ zu Babel** la tour de Babel.

türmen ['tʏrmən] **I** *v/t.* (*u. v/réfl.*) ⟨h⟩ (s')entasser; (s')amonceler; (s')empiler; *Wolken* **sich ~** s'amonceler; s'amasser; s'accumuler; **II** *v/i.* ⟨sein⟩ F (*ausreißen*) s'enfuir; déguerpir; filer; s'éclipser; P s'esbigner; se trotter; *Gefangener* s'évader; *über e-e Mauer* F faire le mur.

Türmer ['tʏrmər] *m* ⟨~s; ~⟩ *hist.* gardien *m* (d'une tour); guetteur *m*.

Turm|fahne ['tʊrmˌfaːnə] *f* girouette *f*; **~ˌfalke** *m zo.* crécerelle *f*; **~geˌschütz** *n milit.* pièce *f* de tourelle; **2hoch** *adj.* très haut; *fig.* **~ überlegen** beaucoup, de loin supérieur à; **~ über jeder Verleumdung stehen** être loin au-dessus de toute calomnie; **~-ˌschwalbe** *f zo.* martinet *m*; **~ˌspitze** *f* pointe *f*, aiguille *f*, flèche *f* d'une tour, d'un clocher; **~ˌspringen** *n Schwimmsport* plongeons *m/pl.* de haut vol; **~ˌspringer(in)** *m* (*f*) *Schwimmsport* plongeur, -euse *m, f* de haut vol; **~uhr** *f* horloge *f*; **~ˌwächter** *m cf.* Türmer; **~ˌzinne** *f* créneau *m* de tour.

Turn|anzug ['tʊrnˌʔantsuːk] *m* tenue *f* de gymnastique; **2en I** *v/i.* ⟨h⟩ faire de la gymnastique; **II ~en** *n* ⟨~s⟩ gymnastique *f*; exercices *m/pl.* gymnastiques, physiques; **~er(in)** *m* ⟨~s; ~⟩ (*f*) ⟨~; ~nen⟩ gymnaste *m, f*; **~erˌriege** *f* section *f* de gymnastes; **2eˌrisch** *adj.* gymnastique; de gymnaste; **~er-ˌschaft** *f* ⟨~; ~en⟩ gymnastes *m/pl.*; **~fest** *n* fête *f* de gymnastique; **~ge-ˌräte** *n/pl.* appareils *m/pl.* de gymnastique; agrès *m/pl.*; **~ˌhalle** *f* gymnase *m*; **~hemd** *n* maillot *m* de gymnastique; **~ˌhose** *f* culotte *f* de gymnastique.

Turnier [tʊr'niːr] *n* ⟨~s; ~e⟩ *hist.* tournoi *m*; *heute* concours *m*; compétition *f*; championnat *m*; *néol.* tournoi *m*; **~ˌplatz** *m hist.* lice *f*; champ clos; **~ˌschranken** *f/pl. hist.* (barrières *f/pl.* du) champ clos.

Turn|lehrer(in) ['tʊrnˌleːrər(ɪn)] *m* (*f*) moniteur, -trice *m, f*, professeur *m* de gymnastique; **~platz** *m* terrain *m* de gymnastique, de sport; **~ˌriege** *f* section *f* de gymnastes; **~schuh** *m* soulier *m*, chaussure *f* de gymnastique; **~ˌspiele** *n/pl.* jeux sportifs; **~ˌstunde** *f* leçon *f* de gymnastique; **~ˌübung** *f* exercice *m* (de) gymnastique; exercice *m* physique; **~- und 'Sportˌlehrer** *m* professeur *m*, moniteur *m* d'éducation physique et sportive; **~ˌunterricht** *m* (enseignement *m* de la) gymnastique *f*.

Turnüre [tʊrˈnyːrə] *f* ⟨~; ~n⟩ *Mode* tournure *f*; pouf *m*; F faux-cul *m*.

Turnus [ˈtʊrnʊs] *m* ⟨~; ~se⟩ roulement *m*; **im ~** par roulement; à tour de rôle; **2geˌmäß** *adv*., **2ˌmäßig** *adj. u. adv.* par roulement; à tour de rôle.

Turn|vater [ˈtʊrnˌfaːtər] *m* F père *m* de la gymnastique; **~verˌein** *m* société *f* de gymnastique; **~wart** *m* ⟨~(e)s; ~e⟩ moniteur *m* de gymnastique; **~zeug** *n* tenue *f* de gymnaste.

Tür|öffner [ˈtyːrˌʔœfnər] *m* (dispositif *m*) ouvre-porte *m* (électromagnétique, pneumatique, *etc*.); **~ˌöffnung** *f bât.* baie *f* (d'une porte); **~ˌpfosten** *m* montant *m* de porte; **~ˌrahmen** *m* châssis *m* de porte; huisserie *f*; **~ˌriegel** *m* verrou *m* de porte; **~ˌritze** *f* fente *f* de la porte; **~schild** *n* plaque *f* de porte; **~ˌschließer** *m* ferme-porte *m*; **~ˌschließerin** *f thé.* ouvreuse *f*; **~schloß** *n* serrure *f* de porte; **~ˌschlüssel** *m* clef *f* de porte; **~ˌschwelle** *f* seuil *m* de porte; **~spalt** *m cf.* **~ritze**; **~ˌsteher** *m cf.* **Türhüter**; **~sturz** *m* ⟨~es; ~e *od.* ≈e⟩ *bât.* linteau *m* de porte.

Turtel|taube [ˈtʊrtəlˌtaʊbə] *f zo.* tourterelle *f*; **~ˌtäubchen** *n zo.* tourtereau *m*.

Tür|verkleidung [ˈtyːrfɛrˌklaɪdʊŋ] *f* chambranle *m* (de porte); **~ˌvorhang** *m* portière *f*.

Tusch [tʊʃ] *m* ⟨~es; ~e⟩ *mus.* fanfare *f*; **e-n ~ blasen** sonner une fanfare.

Tusche [ˈtʊʃə] *f* ⟨~; ~n⟩ encre *f* de Chine.

tuscheln [ˈtʊʃəln] **I** *v/i.* ⟨-(e)le, h⟩ chuchoter; **II 2** *n* ⟨~s⟩ chuchotement *m*.

tusch|en [ˈtʊʃən] **I** *v/t.* ⟨h⟩ *peint.* laver; colorier au lavis; ombrer, colorier avec de l'encre de Chine; dessiner à l'encre de Chine; **II** *v/i.* faire un lavis; **III 2en** *n* ⟨~s⟩ lavis *m*; **2ˌfarben** *f/pl.* couleurs *f/pl.* à l'eau, d'aquarelle; **2ˌkasten** *m* boîte *f* de couleurs à l'eau, d'aquarelle; **2ˌnäpfchen** *n* ⟨~s; ~⟩ godet *m*; **2ˌpinsel** *m* pinceau *m* pour aquarelle; **2stein** *m* bâton *m* d'encre de Chine; **2ˌzeichnung** *f* lavis *m*.

Tütchen [ˈtyːtçən] *n* ⟨~s; ~⟩ petit cornet; petit sac en *od.* de papier.

Tute [ˈtuːtə] F *f* ⟨~; ~n⟩ corne *f*; trompe *f*; cornet *m*.

Tüte [ˈtyːtə] *f* ⟨~; ~n⟩ cornet *m*; sac *m* en *od.* de papier; F *fig.* **~ kleben** P être en taule, cabane; F *fig.* **das kommt nicht in die ~!** non! rien à faire!

tuten [ˈtuːtən] **I** *v/i.* ⟨-ete, h⟩ corner; sonner de la corne, de la trompe, du cornet; *Schiff* donner un coup de sirène; *tél.* **es tutet** on entend le signal de raccordement; **II 2** *n* ⟨~s⟩ *tél.* signal *m* de raccordement; F *fig.* **von ~ u. Blasen keine Ahnung haben** F s'y entendre comme à ramer des choux.

Tüttelchen [ˈtʏtəlçən] F *n* ⟨~s; ~⟩ **kein ~** pas la moindre chose; pas un iota.

Tweed [tviːd] *m* ⟨~s; ~s *od.* ~e⟩ *text.* tweed *m*; **~kosˌtüm** *n* tailleur *m*, costume *m* tailleur sport de tweed.

Twinset [ˈtvɪnsɛt] *m od. n* ⟨~(s); ~s⟩ ensemble *m* pull-sweater; twin-set *m*.

Twist [tvɪst] *m* ⟨~es; ~e⟩ **1.** fil *m* de coton; **2.** *Tanz* twist *m*.

Twostep [ˈtuːstɛp] *m* ⟨~s; ~s⟩ two-step *m*.

Tympanon [ˈtʏmpanɔn] *n* ⟨~s; -na⟩ *bât.* tympan *m*.

Typ [tyːp] *m* ⟨~s; ~en⟩ *in allen deutschen Bedeutungen* type *m*.

Type [ˈtyːpə] *f* ⟨~; ~n⟩ *impr.* lettre *f*, caractère *m* (d'imprimerie); type *m*; F *fig.* **e-e komische ~** un drôle de type; un original.

typen [ˈtyːpən] **I** *v/t.* ⟨h⟩ typer; normaliser; standardiser; *néol.* typifier; **II 2** *n* ⟨~s⟩ normalisation *f*; standardisation *f*; **2beˌschränkung** *f* limitation *f* des types; **2ˌdruck** *m* ⟨~(e)s; ~e⟩ impression *f* typographique; **2ˌhebel** *m Schreibmaschine* barre *f* à caractère, porte-caractère; **2ˌschild** *n* plaque *f* signalétique.

typhös [tyˈføːs] *adj. méd.* typhoïde; typhique.

Typhus [ˈtyːfʊs] *m* ⟨~⟩ *méd.* typhus *m*; (*Fleck2*) typhus *m* exanthématique; (*Unterleibs2*) fièvre *f* typhoïde; typhoïde *f*; **2ˌartig** *adj.* typhoïde; typhoïdique; **~baˌzillus** *m* bacille *m* typhique, de la typhoïde; **~epideˌmie** *f* épidémie *f* de typhus, de la fièvre typhoïde; **~ˌimpfung** *f* vaccination *f* antityphoïdique; **2ˌkrank** *adj.* typhique; **~ˌkranke(r)** *f* (*m*) typhique *m, f*.

Typik [ˈtyːpɪk] *f* ⟨~; ~en⟩ *cf.* **Typologie**.

typisch [ˈtyːpɪʃ] *adj.* typique; caractéristique.

typisier|en [tyˑpiˑˈziːrən] *v/t.* ⟨*pas de ge-*, h⟩ *cf.* **typen I**; **2ung** *f* ⟨~; ~en⟩ *cf.* **typen II**.

Typograph [tyˑpoˑˈgraːf] *m* ⟨~en; ~en⟩ *Setzer* typographe *m*; F typo *m*; *Maschine* linotype *f*; **~ie** [-ˈfiː] *f* ⟨~; -ien⟩ typographie *f*; **2isch** *adj.* typographique.

Typologie [tyˑpoˑloˑˈgiː] *f* ⟨~; -ien⟩ typologie *f*.

Typ|schein [ˈtyːpʃaɪn] *m* certificat *m* attestant la conformité au type; **~ung** *f* ⟨~; ~en⟩ *cf.* **typen II**; **~us** *m* ⟨~; -pen⟩ type *m*.

Tyrann [tyˈran] *m* ⟨~en; ~en⟩ tyran *m*; **~ei** [-ˈnaɪ] *f* ⟨~⟩ tyrannie *f*; **~enˌherrschaft** *f cf.* **~ei**; **~enˌmord** *m*, **~enˌmörder(in)** *m* (*f*) tyrannicide *m* (*f*); **2isch** **1.** *adj.* tyrannique; **2.** *adv.* tyranniquement; en tyran; **2iˈsieren** *v/t.* ⟨*pas de ge-*, h⟩ tyranniser.

tyrrhenisch [tʏˈreːnɪʃ] *adj.* tyrrhénien, -nne.

Tz *cf.* **Tezett**.

U

U, u [uː] *n* ⟨~; ~⟩ U, u *m*; j-m ein X für ein U (vor)machen *cf.* X.

U-Bahn [ˈuːbaːn] *f Kurzwort* métro *m*; **~ˌhof** *m* station *f* de métro; **~ˌschacht** *m* bouche *f* d'air, d'aération du métro; **~ˌtunnel** *m* tunnel *m* de métro.

übel [ˈyːbəl] **I 1.** *adj.* ⟨-bl-⟩ **a)** (*schlecht*) mauvais; übler Geruch mauvaise odeur; üble Laune, Angewohnheit mauvaise humeur, habitude; üble Nachrede médisance *f*; diffamation *f*; j-n in üble Nachrede bringen médire de qn.; diffamer, dénigrer, salir qn.; üble Folgen haben avoir des conséquences fâcheuses, funestes; in e-e üble Geschichte geraten se mettre dans de mauvais, *pfort.* sales draps; P se fourrer dans une sale histoire, affaire; j-m e-n üblen Streich spielen jouer un mauvais tour à qn.; man hat ihm in der ~sten Weise mitgespielt on l'a cruellement joué, trompé; F on l'a effrontément berné, roulé; ein übler Bursche un mauvais garçon; F un triste sire; une crapule; ~ dran sein être dans une mauvaise posture, une fâcheuse position; être mal en point; das ist nicht ~ ce n'est pas mauvais, mal; F nicht ~! pas mal!; das wäre nicht ~ cela me plairait assez; ich habe nicht ~ Lust dazu j'en ai bonne, grande envie; das Üble an der Sache ist, daß ... le mal, ce qu'il y a de mauvais, de fâcheux dans cette affaire, c'est que ...; *cf. auch* schlecht 1.; **b)** (*unwohl*) mir ist, wird ~ je me sens mal; je ne me sens pas bien; j'ai mal au cœur; dabei kann e-m ~ werden cela donne la nausée; cela soulève le cœur; *cf. auch* schlecht 1.; **2.** *adv.* mal; ~ riechen sentir mauvais; etw. ~ aufnehmen, vermerken *cf.* ~nehmen; das klingt nicht ~ cela sonne fort agréablement; j-n ~ zurichten malmener qn.; j-m ~ mitspielen a) jouer un mauvais tour à qn.; b) malmener, maltraiter qn.; j-m ~ gesinnt sein vouloir du mal à qn.; wohl od. ~ bon gré, mal gré; de gré ou de force; *cf. auch* schlecht 2.; **II** 2 *n* ⟨~s; ~⟩ mal *m*; notwendiges ~ mal nécessaire; *bibl.* die Wurzel alles ~s la source de tous les maux; das ~ mit der Wurzel ausrotten, das ~ an der Wurzel packen couper le mal à sa racine; von zwei ~n das kleinere wählen de deux maux choisir le moindre; choisir le moindre mal; e-m ~ abhelfen réparer un mal; vom ~ sein nuire; être nuisible, désavantageux, -euse, préjudiciable; **2beˌfinden** *n* indisposition *f*; **~beˌraten** *adjt.* mal conseillé; **~geˌlaunt** *adjt.* de mauvaise humeur; maussade; F mal luné; pas à prendre avec des pincettes; **~geˌsinnt** *adj.* mal intentionné; **2ˌkeit** *f* ⟨~⟩ mal *m* au cœur; maux *m/pl.* de cœur; 'haut-le-cœur *m*; nausées *f/pl.*; envie *f* de vomir; ~ verursachen faire mal au cœur; soulever le cœur; donner des nausées, la nausée; ~ erregend, verursachend nauséabond; nauséeux, -euse; **~ˌlaunig** *adj.* maussade; grincheux, -euse; **~ˌnehmen** *v/t.* ⟨*irr.*, *sép.*, -ge-, h⟩ etw. ~ prendre qc. de travers, en mauvaise part, du mauvais côté; se fâcher, se formaliser de qc.; j-m etw. ~ en vouloir à qn. de qc.; tenir rigueur à qn. de qc.; Sie werden es mir nicht ~, wenn ... vous ne trouverez pas mauvais que ...; nehmen Sie es nicht übel, wenn ich Ihnen sage ... permettez-moi de vous dire ...; **~ˌnehmerisch** *adj.* susceptible; **~ˌriechend** *adjt.* malodorant; nauséabond; fétide; qui sent mauvais; puant; **~ˌschmekkend** *adjt.* de mauvais goût; **2ˌsein** *n cf.* 2keit; **2ˌstand** *m* inconvénient *m*; e-m ~ abhelfen remédier à un inconvénient; **2ˌtat** *f* mauvaise action; méfait *m*; *pfort.* forfait *m*; crime *m*; délit *m*; **2ˌtäter(in)** *m* (*f*) malfaiteur, -trice *m, f*; **~ˌwollen I** *v/i.* ⟨*irr.*, *sép.*, -ge-, h⟩ j-m ~ vouloir du mal à qn.; **II 2ˌwollen** *n* malveillance *f*; **~ˌwollend** *adjt.* malveillant.

üben [ˈyːbən] **I** *v/t.* (*u. v/réfl.*) ⟨h⟩ (s')exercer; faire des exercices; *ein Musikstück* étudier; sich in etw. ~ s'exercer, s'entraîner à (faire) qc.; Barmherzigkeit ~ pratiquer la charité; être miséricordieux, -euse (an envers); sein Gedächtnis ~ exercer sa mémoire; Geduld ~ montrer de la patience; faire preuve de patience; Gerechtigkeit ~ pratiquer la justice; Gewalt ~ user de violence; Klavier ~ s'exercer au piano; Nachsicht ~ user d'indulgence (gegen pour *od.* envers); Rache ~ se venger, tirer vengeance (an j-m de qn.); Vergeltung ~ user de représailles; Verrat ~ commettre une trahison; trahir; Zurückhaltung ~ se montrer réservé; **II** 2 *n* ⟨~s⟩ exercice(s) *m* (*pl.*).

über [ˈyːbər] **I** *prép.* ⟨*acc. bzw. dat.*⟩ **1.** *räumlich* au-dessus de; sur; (*jenseits*) au-delà de; de l'autre côté de; die Familie, die ~ uns wohnt la famille qui habite à l'étage au-dessus, qui habite au-dessus de nous; F la famille du, de dessus; der Nebel liegt ~ dem Tal le brouillard s'étend sur, recouvre la vallée; Tränen rollten ~ ihre Wangen des larmes coulèrent, roulèrent sur ses joues; das Wasser geht ihm bis ~ die Knie l'eau lui arrive, monte au-dessus des genoux; man versinkt bis ~ die Knöchel im Schnee on enfonce dans la neige jusqu'au-dessus des chevilles; ~ etw. hinweg par-dessus qc.; ~ e-e Mauer springen sauter par-dessus un mur; sie trug e-n alten Mantel ~ dem Kleid elle avait, portait un vieux manteau par-dessus sa robe; ~ Berg u. Tal par monts et par vaux; er fuhr ihr mit der Hand ~s Haar il lui passa la main sur les cheveux; man gelangt in das Dachzimmer ~ e-e schmale Treppe on arrive dans, accède à la mansarde par un petit escalier; ~ Berlin nach Hamburg à Hambourg par *od.* via Berlin; ich bin ~ Paris gekommen je suis, j'ai passé par Paris; *mines* ~ Tage au jour; à la surface; ~ e-e Brücke gehen passer, traverser un pont; ~ die Straße gehen traverser la rue; aller de l'autre côté de la rue; ~ die Grenze gehen franchir la frontière; ~ Land gehen, reisen faire un tour à la campagne; der Übergang ~ den Rhein le passage du Rhin; *Fluß* ~ die Ufer treten déborder; **2.** *zeitlich* heute ~ acht Tage (d')aujourd'hui en huit; ~s Jahr dans un an (d'ici); ~ Nacht pendant la nuit; (*plötzlich*) du jour au lendemain; er blieb ~ Nacht bei uns il a passé la nuit chez nous; ~ kurz oder lang tôt ou tard; **3.** *fig.* sur; *bei Angabe e-r Rangstufe* supérieur à; au-dessus de; Gewalt ~ j-n haben avoir de l'autorité sur qn.; ~ j-m stehen être supérieur à qn.; être le supérieur de qn.; er hat keinen ~ sich il n'a personne au-dessus de lui; ein Buch, Artikel ~ ... un livre, article sur ...; ein Sieg ~ ... une victoire sur ...; ~ den Rundfunk sprechen parler à la radio; immer ~ den Büchern sitzen, hocken être toujours sur les livres; F pâlir, sécher sur les livres; ~ der Arbeit einschlafen s'endormir sur son travail; er vergißt ~ dem Spielen s-e Arbeit le jeu lui fait oublier son travail; ~ dem Streit ... en se disputant ...; es nicht ~ sich bringen, es nicht ~s Herz bringen, zu ... (+ *inf.*) ne pas avoir le courage de ... (+ *inf.*); ne pouvoir se résoudre à ... (+ *inf.*); ~ etw. sprechen, klagen, triumphieren, urteilen *etc.*, sich ~ etw. freuen, beklagen, wundern *etc. cf. die jeweiligen Verben*; **4.** *Maß u. Zahl* au-dessus de; au-delà de; plus de; plus que; alle Männer ~ fünfzig tous les hommes au-dessus de cinquante ans; ~ dreißig (Jahre alt) sein avoir passé trente ans; avoir dépassé la trentaine; avoir plus de trente ans; alle Gehälter ~ tausend Mark tous les traitements supérieurs à mille marks; die Gepäckstücke ~ fünfzig kg les bagages excédant, dépassant cinquante kg, pesant plus de, d'un poids supérieur à cinquante kg; ~ **hundert Mark** plus de cent marks; **es fehlen ~ fünf Mark** il manque cinq marks et plus; **e-e Rechnung, ein Scheck ~ ...** un compte, un chèque de ...; ~ **alles Erwarten** au-delà de toute attente, espérance; ~ **Gebühr** plus que de raison; ~ **Verdienst** au-delà de son mérite; ~ **alle Maßen, Begriffe schön** d'une beauté incomparable; **j-n, etw. ~ alles lieben** aimer qn., qc. par-dessus tout; **es geht mir nichts ~ ...** rien n'égale à mes yeux ...; **das geht mir ~ alles** je préfère cela à toute autre chose; je mets cela au-dessus de tout; **ein guter Kaffee geht ihr ~ alles** elle préfère un bon café à n'importe quoi; il n'y a rien de tel, de comparable, de meilleur pour elle qu'un bon café; **es geht nichts ~ ein gutes Bett** il n'y a rien de tel qu'un bon lit; **das geht ~ meine Kräfte** c'est au-dessus de mes forces; **das geht ~ meinen Verstand** cela me dépasse; **5.** *bei Häufungen* sur; **Fehler ~ Fehler** faute sur faute; **einmal ~ das andere** coup sur coup; *bei Verwünschungen* **Fluch ~ dich!** sois maudit!; malheur à toi!; **II** *adv.* (*völlig*) ~ **u.** ~ tout (à fait); entièrement; ~ **u.** ~ **mit Dreck bespritzt** tout couvert de boue; éclaboussé des pieds à la tête; ~ **u.** ~ **rot werden** rougir jusqu'au blanc des yeux; **j-m in etw. ~** (*überlegen*) **sein** surpasser qn. en qc.; *milit.* **das Gewehr ~!** l'arme sur l'épaule — droite!; *zeitlich* (*während*) **den Tag ~** pendant la journée; **den ganzen Tag ~** tout le jour durant; **den Sommer ~ sind wir an der See** l'été, pendant l'été, nous vivons au bord de la mer.

überall [ˌyːbər'ʔal] *adv.* partout; en tout lieu; en tous lieux; **das erzählt man sich ~** on raconte ça partout; cela court les rues; **er ist ~ u. nirgends** il est partout et nulle part; **so ziemlich ~** un peu partout; **man kann nicht ~ zugleich sein** on ne peut, ne saurait être partout en même temps, à la fois; **~her** [-'heːr, -'ʔalˌheːr] *adv.* de partout; **~hin** [-'hɪn, -'ʔalˌhɪn] *adv.* partout; en tous sens; dans toutes les directions.

überalter|t [ˌyːbər'ʔaltərt] *adj.* frappé de vieillissement; trop vieux, vieille; **2ung** *f* vieillissement *m.*

Überangebot ['yːbərˌʔangəboːt] *n an Arbeitskräften etc.* excédent *m*; surplus *m*; pléthore *f*; *an Waren auch* offre surabondante, excessive; profusion *f*; surabondance *f*.

überanstreng|en [ˌyːbər'ʔanʃtrɛŋən] **I** *v/t.* ⟨*insép., pas de ge-,* **h**⟩ surmener; **II** *v/réfl.* **sich ~** se surmener; trop présumer de ses forces; **2ung** *f* surmenage *m.*

überantwort|en [ˌyːbər'ʔantvɔrtən] *v/t.* ⟨**-ete,** *insép., pas de ge-,* **h**⟩ remettre; (*ausliefern*) livrer; **dem Gericht ~** remettre entre les mains de la justice; **2ung** *f* ⟨~⟩ remise *f*.

Überanzug ['yːbərˌʔantsuːk] *m* survêtement *m*; surtout *m*; salopette *f*.

Überarbeit ['yːbərˌʔarbaɪt] *f cf.* **Überstunden**; **2en** F *v/i.* ⟨**-ete,** *sép.,* **-ge-, h**⟩ *cf.* **Überstunden (machen).**

überarbeit|en [ˌyːbər'ʔarbaɪtən] **I** *v/t.* ⟨**-ete,** *insép., pas de ge-,* **h**⟩ *Kunstwerk, Roman etc.* retoucher; mettre la dernière main à; F fignoler; *nur Roman, Aufsatz etc.* revoir; polir; (*umarbeiten*) remanier; **II** *v/réfl.* **sich ~** se surmener; **2ung** *f* ⟨~; **~en**⟩ **1.** *e-s Kunstwerks etc.* retouche *f*; F fignolage *m*; *e-s Romans etc.* révision *f*; polissage *m*; F fignolage *m*; (*Umarbeitung*) remaniement *m*; **2.** ⟨*pas de pl.*⟩ (*Überanstrengung*) surmenage *m.*

Überärmel ['yːbərˌʔɛrməl] *m* garde-manche *m*; fausse manche; manche *f* de lustrine.

überaus ['yːbərˌʔaus, ˌyːbər'ʔaus, 'yːbər'ʔaus] *adv.* très; extrêmement; infiniment; ~ **schön** *auch* on ne peut plus joli; ~ **leicht** *auch* ultraléger, -ère.

überbacken [ˌyːbər'bakən] **I** *v/t.* ⟨*irr., insép., pas de ge-,* **h**⟩ *cuis.* gratiner; **II** *adjt. cuis.* gratiné; au gratin.

Überbau ['yːbərˌbau] *m* ⟨~(e)s; ~e *od.* ~ten⟩ *bât.* étage saillant; construction *f* en saillie; *e-r Brücke* superstructure *f*; *philos.* superstructures *f/pl.* idéologiques.

überbauen [ˌyːbər'bauən] *v/t.* ⟨*insép., pas de ge-,* **h**⟩ *bât.* élever une construction sur; surélever.

überbeanspruch|en ['yːbərbəˌʔanʃpruxən] *v/t.* ⟨*les formes séparées des temps simples ne s'emploient pas, pas de ge-,* **h**⟩ *Mensch* surmener; surcharger; *techn., Material etc.* soumettre à des efforts excessifs; (*überbelasten*) surcharger; **2ung** *f e-s Menschen* surmenage *m*; surcharge *f* (*auch techn.*); *sonst verbal.*

überbehalten ['yːbərbəˌhaltən] *v/t.* ⟨*irr., sép., pas de ge-,* **h**⟩ *Mantel etc.* ne pas ôter; garder; *Geld etc.* (*übrigbehalten*) avoir de reste; garder.

Überbein ['yːbərˌbaɪn] *n méd. am Knochen* exostose *f*; *an Sehnen* ganglion *m*; *vét.* suros *m.*

über|bekommen ['yːbərbəˌkɔmən] *v/t.* ⟨*irr., sép., pas de ge-,* **h**⟩ **das wirst du schnell ~** tu en auras vite assez; **~beˌlasten** *v/t.* ⟨**-ete,** *les formes séparées des temps simples ne s'emploient pas, pas de ge-,* **h**⟩ surcharger; **2beˌlastung** *f* surcharge *f*; **~beˌlegt** *adjt. Raum etc.* plus que complet, -ète; F archicomble; **~beˌlichten** *v/t.* ⟨**-ete,** *les formes séparées des temps simples ne s'emploient pas, pas de ge-,* **h**⟩ *phot.* surexposer; **2beˌlichtung** *f phot.* surexposition *f*; **2beˌschäftigung** *f* suremploi *m*; **~beˌsetzt** *adjt. Raum etc. cf.* **~belegt**; *Schulklassen etc.* pléthorique; *Betrieb, mit Arbeitskräften* ~ sein avoir du personnel superflu, trop nombreux; être plus que complet, -ète; **~beˌsteuern** *v/t.* ⟨**-(e)re,** *les formes séparées des temps simples ne s'emploient pas, pas de ge-,* **h**⟩ surimposer; **2beˌsteuerung** *f* surimposition *f*; superfiscalité *f*; **~beˌtonen** *v/t.* ⟨*les formes séparées des temps simples ne s'emploient pas, pas de ge-,* **h**⟩ **etw. ~** mettre exagérément l'accent sur qc.; **2beˌtonung** *f verbal*; **~beˌwerten** *v/t.* ⟨**-ete,** *les formes séparées des temps simples ne s'emploient pas, pas de ge-,* **h**⟩ surestimer; surévaluer; **2beˌwertung** *f* surestimation *f*; surévaluation *f*.

überbiet|en [ˌyːbər'biːtən] *v/t. u. v/réfl.* ⟨*irr., insép., pas de ge-,* **h**⟩ **1.** *Versteigerung* (r)enchérir (**j-n, etw.** sur qn., qc.); surenchérir (sur); faire une surenchère (sur); **j-n um hundert Mark ~** offrir cent marks de plus que qn.; surenchérir de cent marks sur qn.; **2.** *fig.* surpasser; dépasser; surclasser; *Rekord* battre; **sich** (*selbst*) ~ se surpasser; **sich** (*selbst*) **in etw. ~** se surpasser en qc.; (*einander*) faire assaut de qc.; **j-n in etw. zu ~ suchen** faire assaut de qc. avec qn.; **sie überboten sich** (*einander*) **in Höflichkeiten** ils faisaient assaut de politesses; **diese Frechheit ist nicht zu ~** c'est une effronterie sans pareille; **nicht zu ~der Erfolg** succès imbattable; **2er** *m* surenchérisseur *m*; **2ung** *f* ⟨~⟩ surenchérissement *m*; surenchère *f*.

überbleib|en ['yːbərˌblaɪbən] F *v/i.* ⟨*irr., sép.,* **-ge-, sein**⟩ rester; être de reste; **2sel** *n* ⟨~s; ~⟩ reste *m*; restant *m*; *aus der Vergangenheit* vestiges *m/pl.*; (*Trümmer*) débris *m/pl.*; (*Rückstand*) résidu *m*; *e-r Mahlzeit* restes *m/pl.*; reliefs *m/pl.*

überblend|en [ˌyːbər'blɛndən] *v/t.* ⟨**-ete,** *insép., pas de ge-,* **h**⟩ *Film* faire un fondu enchaîné; **2ung** *f* fondu enchaîné.

Überblick ['yːbərˌblɪk] *m umfassender* coup *m* d'œil (**über** sur); vue *f* d'ensemble (de) (*auch fig.*); *zusammenfassender* (*Abriß*) résumé *m*; aperçu *m*; exposé *m* sommaire; tour *m* d'horizon; **geschichtlicher ~** historique *m*; **sich e-n ~ verschaffen** se faire une vue, une idée d'ensemble (**von etw.** de qc.); **den ~ verlieren** ne plus être capable d'avoir une vue d'ensemble (**über etw.** de qc.); ne plus être capable d'embrasser, de dominer ... (*par ex.* la situation); *über das Geschehen* être débordé (par les événements).

überblicken [ˌyːbər'blɪkən] *v/t.* ⟨*insép., pas de ge-,* **h**⟩ embrasser d'un coup d'œil; (*e-n Überblick haben*) avoir une vue d'ensemble.

überbring|en [ˌyːbər'brɪŋən] *v/t.* ⟨*irr., insép., pas de ge-,* **h**⟩ **j-m etw. ~** remettre, transmettre, porter, *zu dem Sprechenden* apporter qc. à qn.; **2er(in)** *m* ⟨~s; ~⟩ (*f*) ⟨~; ~nen⟩ porteur, -euse *m, f*; *e-s Wechsels auch* présentateur *m*; **zahlbar an ~** payable au porteur; **2erˌscheck** *m* chèque *m* au porteur; **2ung** *f* ⟨~⟩ remise *f*; transmission *f*.

überbrück|bar [ˌyːbər'brʏkbaːr] *adj. fig., Kluft* franchissable; *Gegensätze* conciliable; **~en** *v/t.* ⟨*insép., pas de ge-,* **h**⟩ *fig., Kluft* franchir; *Gegensätze* concilier; *Zeitraum* faire la soudure (entre deux choses); F joindre les deux bouts; *élect.* shunter; dériver; **2ung** *f* ⟨~⟩ *e-r Kluft* franchissement *m*; *von Gegensätzen* conciliation *f*; *e-s Zeitraums* soudure *f*; *élect.* shunt *m*; **2ungsˌ(bei)hilfe** *f* aide *f* temporaire; secours *m* d'attente; **2ungskreˌdit** *m* crédit *m* de transition, de soudure; **2ungsreˌserve** *f*, **2ungsˌvorrat** *m* volant *m* de sécurité.

überbürd|en [ˌyːbər'bʏrdən] *v/t.* ⟨**-ete,** *insép., pas de ge-,* **h**⟩ surcharger; surmener; **2ung** *f* ⟨~⟩ surcharge *f*; surmenage *m.*

Überdach ['yːbərˌdax] *n* auvent *m*; *e-s Zeltes* double-toit *m.*

überdach|en [ˌyːbər'daxən] *v/t.* ⟨*insép., pas de ge-,* **h**⟩ couvrir d'un toit; abriter; **~t** *adjt.* **1.** couvert; **~er Lagerraum** entrepôt couvert; **2.** *p.p. von* **überdenken.**

Überdampf ['yːbərˌdampf] *m* vapeur *f* excédentaire, en excédent.

überdauern [ˌyːbər'dauərn] *v/t.* ⟨**-(e)re,** *insép., pas de ge-,* **h**⟩ survivre (**etw.** à qc.).

über|decken ['yːbərˌdɛkən] F *v/t.* ⟨*sép.,* **-ge-, h**⟩ (*auflegen*) étendre (sur); **~'decken** *v/t.* ⟨*insép., pas de ge-,* **h**⟩ **etw. mit etw. ~** (*zudecken*) (re)couvrir qc. de qc.; **~'deckt** *adjt.* couvert; **2'deckung** *f* (*Zudecken*) *verbal.*

überdehnt [ˌyːbərˈdeːnt] *adjt.* trop étendu, étiré.

überdenken [ˌyːbərˈdɛŋkən] **I** *v/t.* ⟨*irr., insép., pas de ge-,* h⟩ **etw.** ~ méditer sur qc.; réfléchir à *od.* sur qc.; **II** 2 *n* méditation *f*; réflexion *f*.

überdies [ˌyːbərˈdiːs] *adv.* outre cela; en outre; de plus; d'ailleurs; au surplus; de surcroît; F par-dessus le marché.

über|dimensional [ˈyːbərdiˑmɛnziˑoˑˌnaːl] *adj. néol.* surdimensionné; *Organ* hypertrophié; 2ˌ**dosis** *f* dose trop forte, exagérée, excessive.

überdrehen [ˌyːbərˈdreːən] *v/t.* ⟨*insép., pas de ge-,* h⟩ *Schraube etc.* faire foirer; **die Schraube ist überdreht** la vis foire, est folle; F *fig.* **überdreht** trop excité.

Überdruck [ˈyːbərˌdruk] *m* ⟨~(e)s; -drücke⟩ *techn.* surpression *f*; *Dampf auch* surtension *f*; ~ˌ**anzug** *m aviat.* scaphandre *m* d'altitude.

überdrucken [ˌyːbərˈdrukən] **I** *v/t.* ⟨*insép., pas de ge-,* h⟩ *impr.* surimprimer; *Briefmarken* surcharger; **II** 2 *n* surimpression *f*; *von Briefmarken* surcharge *f*.

Überdruck|kabine [ˈyːbərˌdrukkaˌbiːnə] *f aviat.* cabine pressurisée; ~**venˌtil** *n techn.* soupape *f* de sûreté, de réduction; détendeur *m*.

Über|druß [ˈyːbərˌdrus] *m* ⟨-sses⟩ dégoût *m*; satiété *f*; **bis zum** ~ à satiété; **etw. bis zum** ~ **gehört haben** en avoir les oreilles rebattues; **er hat es mir bis zum** ~ **wiederholt** il me l'a rabâché à satiété; 2ˌ**drüssig** *adj.* **e-r Sache** ~ **sein** être ennuyé, dégoûté de qc.; **e-r Sache** ~ **werden** se dégoûter de qc.; **ich bin des Wartens** ~ je suis las, lasse d'attendre; **ich bin s-r Besuche nach u. nach** ~ **geworden** ses visites ont fini par m'ennuyer; j'ai fini par me lasser de ses visites; F j'ai fini par en avoir assez, en avoir par-dessus la tête de ses visites.

überdurchschnittlich [ˈyːbərˌdurçʃnɪtlɪç] *adj.* dépassant la moyenne; au-dessus de la moyenne; (*außergewöhnlich*) extraordinaire; ~ **begabt** d'une intelligence supérieure.

übereck [ˌyːbərˈʔɛk] *adv.* en travers; diagonalement; ~ **stellen** mettre en travers.

Über|eifer [ˈyːbərˌʔaɪfər] *m* excès *m* de zèle; 2ˌ**eifrig** *adj.* trop zélé.

übereign|en [ˌyːbərˈʔaɪgnən] *v/t.* ⟨-ete, *insép., pas de ge-,* h⟩ **j-m etw.** ~ donner, transmettre qc. à qn. en propriété; 2**ung** *f* transmission *f*, transfert *m* de la propriété.

übereil|en [ˌyːbərˈʔaɪlən] **I** *v/t.* ⟨*insép., pas de ge-,* h⟩ **etw.** ~ précipiter, 'hâter, brusquer, trop presser qc.; **II** *v/réfl.* **sich** ~ se hâter, se presser trop; ~**t** *adjt.* précipité; (*unbedacht*) inconsidéré; irréfléchi; 2**ung** *f* ⟨~⟩ précipitation *f*.

übereinander [ˌyːbərʔaɪˈnandər] *adv.* l'un sur l'autre; l'un au-dessus de, par-dessus l'autre; ~ˌ**greifen I** *v/i.* ⟨*irr., sép.,* **-ge-,** h⟩ *Dachziegel* chevaucher; s'imbriquer; **II** 2ˌ**greifen** *n* chevauchement *m*; imbrication *f*; ~ˌ**legen** *v/t.* ⟨*sép.,* **-ge-,** h⟩ mettre l'un sur l'autre; superposer; *zu e-m Haufen* entasser; ~ˌ**liegen** *v/i.* ⟨*irr., sép.,* **-ge-,** h⟩ être superposé, *in e-m Haufen* entassé; ~ˌ**schlagen** *v/t.* ⟨*irr., sép.,* **-ge-,** h⟩ *Beine* croiser; ~ˌ**setzen** *v/t.* ⟨-(es)t, *sép.,* **-ge-,** h⟩, ~ˌ**stellen** *v/t.* ⟨*sép.,* **-ge-,** h⟩ *cf.* ~**legen**.

überein|kommen [ˌyːbərˈʔaɪnˌkɔmən] **I** *v/i.* ⟨*irr., sép.,* **-ge-, sein**⟩ s'accorder; tomber, se mettre d'accord; convenir; **II** 2ˌ**kommen** *n*, 2ˌ**kunft** *f* ⟨~; ~e⟩ convention *f* (**über** sur *od.* concernant); accord *m*; arrangement *m*; **stillschweigende(s)** ~ accord tacite; **laut** ~ **mit** par convention (passée) avec; **Preis nach Übereinkunft** prix à convenir; **mit j-m ein(e)** ~ **treffen** conclure un accord, s'accorder, se mettre d'accord avec qn.; ~ˌ**stimmen** *v/i.* ⟨*sép.,* **-ge-,** h⟩ concorder; être concordant; être en harmonie; **mit etw.** ~ (*harmonieren*) s'accorder avec qc. (*auch gr.*); être en harmonie avec qc.; cadrer avec qc.; (*gleich sein*) correspondre à, être conforme à qc.; **mit j-m** ~ être d'accord avec qn. (**in** sur); **nicht mit j-m** ~ être en désaccord avec qn.; **Angebot u. Nachfrage stimmen miteinander überein** l'offre et la demande concordent; l'offre correspond à la demande; **dieser Artikel stimmt in allen Punkten mit ... überein** cet article est en tous points conforme à ...; **alle stimmen darin überein** tout le monde est d'accord là-dessus; **alle stimmen darin überein, daß ...** il est généralement admis que ...; ~ˌ**stimmend 1.** *adjt.* concordant; conforme; **nach der** ~**en Meinung der Fachleute** de l'avis unanime des experts; **2.** *advt.* ~ **mit** conformément à; en conformité avec; en harmonie avec; **man sagt** ~, **daß ...** on s'accorde à dire que ...; 2ˌ**stimmung** *f* concordance *f*; harmonie *f*; accord *m* (*auch gr.*); conformité *f*; correspondance *f*; **in** ~ **bringen mit** faire concorder avec; mettre en harmonie avec; faire accorder avec (*auch gr.*); mettre d'accord avec; conformer à; *Einnahmen mit den Ausgaben* équilibrer; **es konnte noch keine** ~ **erzielt werden** l'accord n'a pas encore pu se faire; on n'est pas encore parvenu à un accord; on n'en est pas encore venu à un accord; ~ **der Zeugenaussagen** concordance, unanimité des témoins; **in** ~ **mit** conforme, conformément à; en conformité, harmonie avec.

überempfindlich [ˈyːbərʔɛmˌpfɪntlɪç] *adj.* hypersensible; hypersensitif, -ive; d'une sensibilité excessive; (*allergisch*) allergique; 2ˌ**keit** *f* hypersensibilité *f*; hyperesthésie *f*; sensibilité excessive; (*Allergie*) allergie *f*.

Überernährung [ˈyːbərʔɛrˌnɛːruŋ] *f* excès *m* d'alimentation; suralimentation *f*.

übererregbar [ˈyːbərʔɛrˌreːkbaːr] *adj.* surexcitable; hyperémotif, -ive; 2ˌ**keit** *f* surexcitation *f*; hyperémotivité *f*.

über|essen [ˈyːbərˌʔɛsən] *v/réfl.* ⟨*irr., sép.,* **-ge-,** h⟩ **sich e-e Speise** ~ se dégoûter d'un mets (pour en avoir trop mangé); ~ˈ**essen** *v/réfl.* ⟨*irr., insép., p. p.* **übergessen,** h⟩ **sich** ~ manger trop.

über|fahren [ˈyːbərˌfaːrən] F *v/i.* ⟨*irr., sép.,* **-ge-, sein**⟩ *über e-n Fluß* traverser; passer de l'autre côté; ~ˈ**fahren** *v/t.* ⟨*irr., insép., pas de ge-,* h⟩ **1.** *Menschen, Tiere* écraser; *Signal* brûler; ~ **werden** être écrasé; se faire écraser; **paß auf, daß du nicht** ~ **wirst!** fais attention de ne pas te faire écraser, F écrabouiller!; **2.** F *fig.* **j-n** ~ (*betrügen*) F rouler qn.; 2ˌ**fahrt** [ˈyː-] *f über den Ozean* traversée *f*; *über e-n Fluß auch* passage *m*; **ruhige, stürmische** ~ traversée calme, mouvementée.

Überfall [ˈyːbərˌfal] *m* **1.** *milit.* attaque imprévue, par surprise; agression *f* (*auch von Banditen*); (*Handstreich*) coup *m* de main; *auf ein Land* agression *f*; envahissement *m* par surprise (**auf** de); invasion *f*; **bewaffneter** ~ agression à main armée; **nächtlicher** ~ agression nocturne; **2.** *hydr.* déversoir *m*; déchargeoir *m*; trop-plein *m*.

über|fallen [ˈyːbərˌfalən] *v/i.* ⟨*irr., sép.,* **-ge-, sein**⟩ **nach vorn** ~ piquer une tête; *fig.* F faire un plongeon; **nach hinten** ~ tomber à la renverse; ~ˈ**fallen** *v/t.* ⟨*irr., insép., pas de ge-,* h⟩ attaquer par surprise; assaillir; *néol.* agresser; *Land auch* envahir par surprise; (*herfallen*) fondre, tomber sur; *fig., Nacht, Unwetter etc.* (*überraschen*) surprendre; *Schlaf, Unwohlsein* (*überkommen*) prendre; *Traurigkeit etc.* s'emparer de; saisir subitement; F *mit e-r Nachricht, Neuigkeit* assaillir; **der Schlaf überfiel mich** le sommeil me prit.

über|fällig [ˈyːbərˌfɛlɪç] *adj. chem., aviat., mar.* en retard (sur l'horaire); *Wechsel* en souffrance; échu; *wer zurückerwartet wird* ~ **sein** ne pas encore être rentré, de retour; **das Flugzeug ist seit zwei Tagen** ~ on est sans nouvelles de l'avion depuis deux jours; 2**fallkoˌmmando** *n* police *f* secours; 2**fallˌrohr** *n hydr.* (tuyau *m* de) trop-plein *m*.

überfein [ˈyːbərˌfaɪn] *adj.* (*hochfein*) superfin; surfin; (*zu fein*) trop fin, raffiné; 2**eˌrung** [-ˈfaɪ-] *f* ⟨~⟩ raffinement exagéré.

überfliegen [ˌyːbərˈfliːgən] **I** *v/t.* ⟨*irr., insép., pas de ge-,* h⟩ **1.** *aviat., Land, Stadt* survoler; *Ozean, Kanal auch* traverser (en avion, en ballon, *etc.*); *Grenze* franchir (en volant); **2.** *Schriftstück* parcourir ... des yeux; **II** 2 *n aviat.* survol *m*; traversée *f* (en avion, *etc.*).

überfließen [ˈyːbərˌfliːsən] *v/i.* ⟨*irr., sép.,* **-ge-, sein**⟩ *Gefäße, Flüssigkeiten cf.* **überlaufen**; *fig.* **von etw.** ~ déborder de qc.; **vor Freude** ~ *auch* ne pouvoir contenir sa joie; ne pouvoir se contenir de joie.

überflügel|n [ˌyːbərˈflyːgəln] *v/t.* ⟨-(e)le, *insép., pas de ge-,* h⟩ *milit.* **den Feind** ~ déborder l'ennemi; *fig.* **j-n** ~ surpasser, dépasser, surclasser, devancer qn.; 2**ung** *f* ⟨~⟩ *milit.* débordement *m*; mouvement débordant.

Über|fluß [ˈyːbərˌflus] *m* ⟨-sses⟩ abondance *f* (**an** de); surabondance *f* (de); pléthore *f* (de); (*Fülle*) profusion *f*; **etw. im** ~ **haben, an etw.** ~ **haben** avoir qc. en abondance; abonder, foisonner en qc.; **im** ~ **vorhanden sein** (sur)abonder; foisonner; être abondant; **im** ~ à profusion; à foison; en abondance; **im** ~ **leben** vivre dans l'abondance, dans l'opulence; **im** ~ **schwelgen, schwimmen** nager dans l'abondance; **zu allem** ~ pour comble (de malheur, de malchance); 2ˌ**flüssig** *adj.* superflu; inutile; ~ **sein** *auch* être de trop; (*e-e unnötige Wiederholung bilden*) faire double emploi; **ich komme mir hier** ~ **vor** j'ai l'impression d'être de trop ici; **das** 2**e** le superflu; 2ˌ**flüssigerˈweise** *adv.* inutilement; ~ˌ**flüssigˌkeit** *f* ⟨~⟩ superfluité *f*.

überflut|en [ˌyːbərˈfluːtən] *v/t.* ⟨-ete, *insép., pas de ge-,* h⟩ inonder; submerger (*auch fig.*); 2**ung** *f* ⟨~; ~en⟩ inondation *f*; submersion *f*.

überforder|n [ˌyːbərˈfɔrdərn] *v/t.* ⟨-(e)re, *insép., pas de ge-,* h⟩ **j-n** ~ a) *im Preis* demander trop à qn.; F écorcher qn.; b) (*überanstrengen*) exiger, demander trop à qn.; surmener qn.; 2**ung** *f* (*Überanstrengung*) surmenage *m*.

über|fragt [ˌyːbər'frɑːgt] *p. p.* **da bin ich ~** vous m'en demandez trop; cette question est au-dessus de mes compétences, connaissances, forces, *etc.*; **2'fremdung** *f* ⟨~⟩ envahissement *m* par les étrangers; *écon.* envahissement *m* (*par ex.* de l'industrie) par les capitaux étrangers; **~'fressen** P *v/réfl.* ⟨*irr., insép., pas de ge-,* **h**⟩ *von Menschen* **sich ~** P bouffer trop; **~'frieren** *v/i.* ⟨*irr., insép., pas de ge-,* **sein**⟩ se (re)couvrir (d'une mince couche) de glace.

überführ|en [ˌyːbər'fyːrən] *v/t.* ⟨*insép., pas de ge-,* **h**⟩ **1.** *Leiche* transférer; transporter; **2.** *jur.* **j-n e-s Verbrechens ~** convaincre qn. d'(avoir commis) un crime; **2ung** *f* ⟨~⟩ **1.** *e-r Leiche* translation *f*; transfert *m*; transport *m*; **2.** *jur., e-s Verbrechers: verbal*; **3.** ⟨*pl.* **~en**⟩ *für Fußgänger* passerelle *f*; passage supérieur (*auch chem.*).

Überfülle ['yːbərˌfʏlə] *f* surabondance *f*; profusion *f*; pléthore *f*; exubérance *f*.

überfüll|en [ˌyːbər'fʏlən] *v/t.* ⟨*insép., pas de ge-,* **h**⟩ *Magen* remplir trop; surcharger; **~t** *adjt. Saal* comble; F archicomble; bondé; *Universitäten, Berufe* encombré; **sie spielten vor ~em Hause** ils ont joué devant une salle (archi)comble; **2ung** *f* surcharge *f*; *der Universitäten, e-s Berufes* encombrement *m*.

überfütter|n [ˌyːbər'fʏtərn] *v/t.* ⟨-(e)re, *insép., pas de ge-,* **h**⟩ suralimenter; gaver (mit de); gorger (de); **2ung** *f* suralimentation *f*.

Übergabe ['yːbərˌgɑːbə] *f e-s Gegenstandes, Amtes* remise *f*; transmission *f* (*auch des Stabes beim Stafettenlauf*); *pol., e-s Amtes auch néol.* passation *f* (des pouvoirs); *jur.* tradition *f*; délivrance *f*; *milit., e-r Stadt etc.* reddition *f*; capitulation *f*; **bedingungslose ~** reddition sans conditions, inconditionnelle; **zur ~ auffordern** sommer ... de se rendre; **~beˌdingungen** *f/pl. milit.* conditions *f/pl.* de reddition; **~beˌscheinigung** *f* certificat *m* de remise; **~protoˌkoll** *n* procès-verbal *m* de remise; **~verˌweigerung** *f* refus *m* de délivrance.

Übergang ['yːbərˌgaŋ] *m* **1.** (*Übergangsstelle*) passage *m*; *auf Straßen* **genagelter ~** passage clouté; **2.** *über ein Gebirge* (*das Überqueren*) passage *m* (über de); franchissement *m* (de); *chem.* **~ in e-e höhere Wagenklasse** passage à une classe supérieure; surclassement *m*; **3.** *jur.* (*Besitzwechsel*) dévolution *f*; **4.** *fig.* transition *f*; **~sbeˌstimmungen** *f/pl.* dispositions *f/pl.* transitoires; **~serˌscheinung** *f* phénomène *m* transitoire; **~sˌ(fahr)karte** *f chem.* billet *m* complémentaire de surclassement; **~sgeˌsetz** *n* loi *f* transitoire; **~sˌkleid** *n* robe *f* (de) demi-saison; **~sˌkleidung** *f* vêtements *m/pl.* (de) demi-saison; **~sˌmantel** *m* manteau *m* (de) demi-saison; **~speriˌode** *f* période *f*, époque *f* de transition, transitoire; **~sreˌgierung** *f* gouvernement *m* de transition; **~sˌstadium** *n* stade *m*, état *m*, phase *f* transitoire, de transition; **~sˌstelle** *f* passage *m*; **~sˌzeit** *f cf.* **~speriode**.

Übergardine ['yːbərgarˌdiːnə] *f* double rideau *m*.

über|geben ['yːbərˌgeːbən] F *v/t.* ⟨*irr., sép.,* **-ge-, h**⟩ **j-m ein Tuch ~** mettre, jeter un châle sur les épaules de qn.; F *fig.* **j-m eins ~** donner une gifle à qn.; **~'geben I** *v/t.* ⟨*irr., insép., pas de ge-,* **h**⟩ *Gegenstand, Amt* remettre; transmettre (*auch Stab beim Stafettenlauf*); livrer; (*aushändigen*) délivrer; *milit., Stadt* rendre; **dem Gericht ~** déférer, livrer à la justice; **dem Verkehr ~** remettre, ouvrir à la circulation; **den Flammen ~** livrer aux flammes; jeter au feu; faire un autodafé de; **II** *v/réfl.* **sich ~** vomir; **er mußte sich ~** il fut pris de vomissements; **III 2'geben** *n* **1.** *cf.* **Übergabe**; **2.** (*Erbrechen*) vomissement *m*.

Übergebot ['yːbərgəˌboːt] *n* surenchère *f*.

über|gehen ['yːbərˌgeːən] **I** *v/i.* ⟨*irr., sép.,* **-ge-, sein**⟩ **1.** (*hinübergehen*) passer de l'autre côté; **zum Feind ~** passer à l'ennemi; déserter; *pol.* **ins andere Lager ~** changer de camp, de côté, de parti; virer de bord; **2.** *Besitz etc.* **auf j-n ~** passer, se transmettre à qn.; être transmis, transféré, dévolu à qn.; **in j-s Besitz ~** passer à qn.; **in andere Hände ~** changer de main(s); **in Privatbesitz, Privathand, private Hände ~** passer en mains privées; **3. ~ zu** passer à; **zum Angriff ~** passer à l'attaque; **zur Tagesordnung ~** passer à l'ordre du jour; **4. ~ in** (*sich in etw. verwandeln*) se changer, se transformer en; *péj.* dégénérer en; *Farben* virer, tourner à; **in Fäulnis ~** (se) pourrir; se putréfier; **in Verwesung ~** se décomposer; **in Gärung ~** commencer à fermenter; *fig.* **in Fleisch u. Blut ~** entrer dans le sang; **Grün geht in Gelb über** le vert vire, tourne au jaune; **der Wortstreit ging in ein Handgemenge über** la dispute dégénéra, se transforma en bagarre; **5.** (*überfließen*) **die Augen gingen ihm über** a) ses yeux se remplirent de larmes; les larmes lui vinrent aux yeux; b) *vor Überraschung* il fut tout ébahi; **wes das Herz voll ist, des geht der Mund über** *prov.* de l'abondance du cœur la bouche parle; **II 2ˌgehen** *n zum Feind* défection *f*; désertion *f*; *in anderen Besitz cf.* **Übergang 3.**; **~'gehen** *v/t.* ⟨*irr., insép., pas de ge-,* **h**⟩ **etw. ~** (*darüber hinweggehen*) passer sur qc.; (*auslassen*) omettre qc.; (*vergessen*) oublier qc.; **j-n ~** *versehentlich* oublier qn.; *absichtlich, bei e-r Beförderung* faire (subir) un passe-droit à qn.; **mit Stillschweigen ~** passer sous silence; **2'gehung** *f* ⟨~⟩ omission *f*; oubli *m*; *bei e-r Beförderung* passe-droit *m*; *jur., rhét.* prétérition *f*.

über|genug ['yːbərgəˌnuːk] *adv.* plus qu'assez; plus qu'il ne *od.* n'en faut; plus que suffisant; (de) trop; à l'excès; surabondamment; **~geˌordnet** *adjt.* supérieur; *gr. Satz* principal; *Begriff* générique; **~geˌschnappt** F *adjt.* P timbré; toqué; dingo; maboul; cinglé; **2geˌwicht** *n* ⟨~(e)s⟩ excédent *m* de poids; poids *m* en excédent; surpoids *m*; *fig.* prépondérance *f*; prédominance *f*; supériorité *f*; suprématie [-si] *f*; *Paket, Brief* **~ haben** peser, être trop lourd; **das ~ kriegen** perdre l'équilibre; *fig.* **das ~ bekommen** l'emporter; faire pencher la balance; *fig.* **das ~ haben** prédominer; prévaloir.

über|gießen ['yːbərˌgiːsən] *v/t.* ⟨*irr., sép.,* **-ge-, h**⟩ verser (sur); (*vergießen*) répandre; faire déborder; **~'gießen** *v/t.* ⟨*irr., insép., pas de ge-,* **h**⟩ arroser (mit de).

überglasen [ˌyːbər'glɑːzən] *v/t.* ⟨-(es)t, *insép., pas de ge-,* **h**⟩ couvrir de vitres; vitrer.

über|glücklich ['yːbərˌglʏklɪç] *adj.* extrêmement heureux, -euse; **Sie machen mich ~** *auch* vous me comblez de bonheur, de joie; **~ˌgreifen I** *v/i.* ⟨*irr., sép.,* **-ge-, h**⟩ *Feuer etc.* **~ auf** envahir (qc.); se communiquer, se propager à; *Vers* enjamber sur; **in j-s Rechte ~** empiéter sur les droits de qn.; léser les droits de qn.; **II 2ˌgreifen** *n des Feuers* envahissement *m* (auf de); **2ˌgriff** *m* empiètement *m* (auf sur); **~ˌgroß** *adj.* par trop grand; de dimensions exagérées; (*gewaltig*) énorme; colossal; **2ˌgröße** *f* taille exceptionnelle; dimension spéciale; pointure *f* 'hors série; **~ˌhaben** *v/t.* ⟨*irr., sép.,* **-ge-, h**⟩ *Kleidungsstück* porter; F (*übrig haben*) avoir de reste; F **etw. ~** (*satt haben*) avoir assez de qc.; être las, -sse de qc.; être rassasié de qc.; F en avoir par-dessus la tête; en avoir plein le dos; avoir marre de qc.; **~ˌhalten** F *v/t.* ⟨*irr., sép.,* **-ge-, h**⟩ tenir sur.

Überhand|nahme [ˌyːbər'hantˌnɑːmə] *f* ⟨~⟩ *cf.* **2nehmen II**; **2ˌnehmen I** *v/i.* ⟨*irr., sép.,* **-ge-, h**⟩ *Lärm etc.* s'accroître outre mesure; augmenter trop; devenir envahissant; *Unfälle, Selbstmorde etc. auch* se multiplier à l'excès; *Unkraut, Ungeziefer* se multiplier à l'excès; grouiller; pulluler; **die Flugzeugabstürze nehmen überhand** les accidents d'aviation se multiplient dangereusement; **die Verkehrsunfälle nehmen überhand** les accidents de la route augmentent de façon inquiétante; **II ~ˌnehmen** *n* accroissement excessif; envahissement *m*; *von Unfällen, Selbstmorden etc.* multiplication excessive; *von Unkraut, Ungeziefer auch* grouillement *m*; pullulement *m*.

Über|hang ['yːbərˌhaŋ] *m von Felsen, Schneewächte* surplomb *m*; *bât. auch* avance *f*; saillie *f*; *fig.* excédent *m*; surplus *m*; (*Rest*) reste *m*; *Finanzwesen* reliquat *m* de fonds non dépensés; **2ˌhängen I** *v/t.* ⟨*sép.,* **-ge-, h**⟩ (j-m) **etw.** (*Mantel, Tasche etc.*) **~** mettre qc. sur les épaules (de qn.); **sich etw. ~** *Mantel* se jeter qc. sur les épaules; se couvrir de qc.; *Gewehr, Tasche* jeter qc. à l'épaule; **II** *v/i.* ⟨*irr., sép.,* **-ge-, h**⟩ *Felsen, Schneewächte* surplomber; *bât. auch* saillir; avancer; **2ˌhängend** *adjt.* en surplomb.

überharken [ˌyːbər'harkən] *v/t.* ⟨*insép., pas de ge-,* **h**⟩ ratisser légèrement.

überhasten [ˌyːbər'hastən] *v/t.* ⟨-ete, *insép., pas de ge-,* **h**⟩ précipiter.

überhäuf|en [ˌyːbər'hɔʏfən] *v/t.* ⟨*insép., pas de ge-,* **h**⟩ *mit Ehrungen, Geschenken, Wohltaten* combler (mit de); *mit Vorwürfen* accabler (de); *mit Arbeit, Aufgaben* surcharger (de); accabler (de); *mit Geschenken fig. péj.* gorger (de); *Tisch mit Papieren, Büchern etc.* surcharger, encombrer (de); **j-n mit Schimpfworten ~** accabler, F agonir qn. d'injures; **2ung** *f mit Ehrungen etc.* comblement *m* (mit de); *mit Arbeit etc.* surcharge *f*; *mit Papieren, Büchern etc.* encombrement *m*.

überhaupt [ˌyːbər'haupt] *adv.* (*gewöhnlich, im allgemeinen*) généralement; en général; (*besonders*) surtout; *am Anfang e-s Satzes* et surtout; *als Zusammenfassung des Vorhergegangenen* **u. ~!** en somme; somme toute; en tout état de cause; (*schließlich*) après tout; enfin; **~ nicht** pas du tout, point du tout (*mit* ne *beim Verbum*); **wenn ~** si tant est que ... (+ *subj.*); *oft unübersetzt* **gibt es ~ e-e Möglichkeit?** y a-t-il une possibilité quelconque?; y a-t-il seulement une possibilité?

über|heben ['y:bər,he:bən] F *v/t.* ⟨*irr.*, *sép.*, -ge-, h⟩ faire passer par-dessus; **~'heben I** *v/t.* ⟨*irr.*, *insép.*, *pas de ge-*, h⟩ j-n e-r Sache ~ dispenser, exempter, libérer qn. de qc.; épargner qc. à qn.; **II** *v/réfl.* sich ~ a) se faire du mal en soulevant qc.; b) (*stolz sein*) s'enorgueillir; sich e-r Sache ~ (*sich zuviel darauf einbilden*) s'enorgueillir, se prévaloir, tirer vanité de qc.; **~'heblich** *adj.* présomptueux, -euse; outrecuidant; arrogant; **2'heb-lich,keit** *f* ⟨~⟩, **2'hebung** *f* présomption *f*; outrecuidance *f*; arrogance *f*.
überheiz|en [,y:bər'haitsən] **I** *v/t.* ⟨-(es)t, *insép.*, *pas de ge-*, h⟩ trop chauffer; surchauffer; **II 2en** *n*, **2ung** *f* surchauffage *m*; surchauffe *f*.
überhin [,y:bər'hin] *adv.* (*oberflächlich*) superficiellement.
überhitz|en [,y:bər'hitsən] **I** *v/t.* ⟨-(es)t, *insép.*, *pas de ge-*, h⟩ *cf.* überheizen I; *fig.* überhitzte Gemüter esprits surchauffés; **II 2en** *n* ⟨~s⟩ *cf.* überheizen II; **2er** *m* ⟨~s; ~⟩ *techn.* surchauffeur *m*; **2ung** *f* ⟨~⟩ *cf.* überheizen II.
überhöflich ['y:bər,hø:fliç] *adj.* excessivement, très poli.
überhöh|en [,y:bər'hø:ən] *v/t.* ⟨*insép.*, *pas de ge-*, h⟩ *Kurve e-r Rennbahn od. Straße, Schiene* relever; surhausser; *fig.*, *Preise* surélever; surenchérir; surhausser; *bât.*, *Bogen, Wölbung* surhausser; **~t** *adjt.* *Preis* surélevé; surhaussé (*auch bât.*); surenchéri; Verkauf zu ~en Preisen survente *f*; **2ung** *f* ⟨~; ~en⟩ *e-r Kurve, Schiene* relèvement *m*; surhaussement *m*; *der Preise* surélévation *f*; surélèvement *m*.
über|holen ['y:bər,ho:lən] **I** *v/t.* ⟨*sép.*, -ge-, h⟩ *über e-n Fluß* faire passer sur l'autre rive; hol über! hé! (le) passeur!; *mar.* die Segel ~ changer les voiles; **II** *v/i.* *mar.*, *ein Schiff* holt über se couche sur le côté; **~'holen I** *v/t.* ⟨*insép.*, *pas de ge-*, h⟩ **1.** *im Straßenverkehr* doubler; dépasser; devancer; *fig.* (*übertreffen*) surpasser; dépasser; surclasser; devancer; prendre les devants de; F faire la pige à; *Auto* ~ wollen *auch* demander la route; **2.** *techn.*, *e-e Maschine etc.* réviser *od.* reviser; remettre à neuf, en état; **II 2'holen** *n* ⟨~s⟩ *im Verkehr* dépassement *m*; *techn.*, *e-r Maschine* révision *od.* revision *f*; remise *f* à neuf, en état; ~ verboten! défense de doubler!; dépassement interdit!; **2'holspur** *f* *cf.* 2holungsbahn; **~'holt** *adjt.* *fig.* (*veraltet*) périmé; dépassé; démodé; suranné; F vieillot, -tte; (*hinfällig*) périmé; dépassé; diese Nachricht ist schon wieder ~ *auch* cette nouvelle est déjà devancée par une autre; **2-'holung** *f* ⟨~; ~en⟩ *cf.* ~holen II; **2-'holungs,arbeiten** *f/pl.* *techn.* travaux *m/pl.* de réparation générale; **2'ho-lungs,bahn** *f* *der Autobahn* piste *f* de dépassement; **2'holungs,gleis** *n* *chem.* voie *f* de dépassement; **2'holver,bot** *n* défense *f* de doubler.
überhören [,y:bər'hø:rən] *v/t.* ⟨*insép.*, *pas de ge-*, h⟩ **1.** etw. ~ ne pas entendre qc. par inattention; *absichtlich* faire semblant de ne pas entendre qc.; faire la sourde oreille à qc.; rester sourd à qc.; das muß ich überhört haben cela m'a échappé; **2.** j-n ~ faire répéter qc. (*par ex.* une leçon) à qn.
über|irdisch ['y:bər,ʔirdiʃ] **1.** *adj.* supraterrestre; (*übernatürlich*) supranaturel, -lle; (*himmlisch*) céleste; (*göttlich*) divin; **2.** *adv.* *Kunstwerk* ~ schön divinement réussi; **~,jährig** *adj.* âgé de plus d'un an; **~kan,didelt** F *adj.* *cf.* übergeschnappt; **~,kippen** *v/i.* ⟨*sép.*, -ge-, sein⟩ perdre l'équilibre.
über|kleben ['y:bər,kle:bən] *v/t.* ⟨*sép.*, -ge-, h⟩ coller dessus, par-dessus; **~'kleben** *v/t.* ⟨*insép.*, *pas de ge-*, h⟩ etw. mit etw. ~ coller qc. sur qc.
Überkleid ['y:bər,klait] *n* vêtement *m* de dessus.
überkleiden [,y:bər'klaidən] *v/t.* ⟨-ete, *insép.*, *pas de ge-*, h⟩ mit etw. ~ revêtir de qc.
Über|kleidung ['y:bər,klaiduŋ] *f* vêtements *m/pl.* de dessus; **~'kleidung** *f* revêtement *m*.
überkleistern [,y:bər'klaistərn] *v/t.* ⟨-(e)re, *insép.*, *pas de ge-*, h⟩ *cf.* über'kleben.
über|klug ['y:bər,klu:k] *adj.* trop entendu, avisé, savant; *péj.* qui veut savoir plus que tout le monde; présomptueux, -euse; suffisant; **~-,kochen** *v/i.* ⟨*sép.*, -ge-, sein⟩ déborder (en bouillant); *Milch auch* F se sauver; *fig.* s'échauffer; sortir de ses gonds; er kocht leicht über il s'échauffe facilement; F il est soupe au lait.
überkommen [,y:bər'kɔmən] **I** *v/t.* ⟨*insép.*, *pas de ge-*, h⟩ *Zaghaftigkeit, Angst, Ekel etc.* j-n ~ s'emparer de qn.; saisir, prendre qn.; wenn man daran denkt, überkommt einen die Angst en y songeant, on est pris, saisi de peur; ein Gefühl des Neides überkam ihn un sentiment d'envie le saisit, s'empara de lui; es überkam mich die Lust, zu ... (+ *inf.*) il me prit envie de ... (+ *inf.*); **II** *adjt.* (*überliefert*) traditionnel, -lle; transmis par les (*bzw.* nos, leurs) ancêtres.
überkompensier|en ['y:bərkɔmpɛn-,zi:rən] *v/t.* ⟨*insép.*, *pas de ge-*, h⟩ surcompenser; **2ung** *f* surcompensation *f*.
über|konfessionell ['y:bərkɔnfɛsio-,nɛl] *adj.* interconfessionnel, -lle; **~-,kriegen** F *v/t.* ⟨*sép.*, -ge-, h⟩ *cf.* überbekommen.
über|laden ['y:bər,la:dən] **I** *v/t.* ⟨*irr.*, *sép.*, -ge-, h⟩ transborder; **II 2,laden** *n* transbordement *m*; **~'laden I** *v/t.* ⟨*irr.*, *insép.*, *pas de ge-*, h⟩ surcharger; sich den Magen ~ se surcharger l'estomac; surcharger son estomac; **II** *adjt.* surchargé; **2'ladenheit** *f* ⟨~⟩, **2'ladung** *f* surcharge *f*.
überlager|n [,y:bər'la:gərn] *v/t.* ⟨-(e)re, *insép.*, *pas de ge-*, h⟩ superposer; **2ung** *f* superposition *f*; interférence *f*; **2ungsem,pfänger** *m* *rad.* superhétérodyne *m*.
Überland|bahn ['y:bər,lant,ba:n, -'lant-] *f* tramway interurbain; **~,bus** *m* autobus interurbain; autocar *m*; F car *m*; **~,flug** *m* *aviat.* vol continental; **~,leitung** *f* *tél.* ligne *f* de transmission à longue distance; *élect.* ligne *f* de transport de courant à longue distance; **~,omnibus** *m* *cf.* ~bus; **~ver,kehr** *m* trafic interurbain; **~zen-,trale** *f* *élect.* centrale *f* de transport de courant à longue distance; centrale régionale.
über|lang ['y:bər,laŋ] *adj.* par trop long, longue; **2,länge** *f* excédent *m*.
überlapp|en [,y:bər'lapən] *v/réfl.* ⟨*insép.*, *pas de ge-*, h⟩ sich ~ chevaucher; **2ung** *f* ⟨~; ~en⟩ chevauchement *m*.
über|lassen ['y:bər,lasən] F *v/t.* ⟨*irr.*, *sép.*, -ge-, h⟩ (*übriglassen*) laisser; für den nächsten Tag ~ garder pour le lendemain; **~'lassen I** *v/t.* ⟨*irr.*, *insép.*, *pas de ge-*, h⟩ laisser; céder; abandonner; j-n s-m Schicksal ~ abandonner qn. à son sort; etw. dem Zufall ~ s'en remettre au hasard; sich selbst ~ sein être abandonné à soi-même, à son (propre) sort; ich überlasse es Ihnen, zu ... (+*inf.*) je vous laisse le soin de ... (+ *inf.*); je m'en remets à vous pour ... (+ *inf.*); das überlasse ich Ihnen je m'en remets à vous; das überlasse ich Ihrem Ermessen je m'en remets à votre jugement; ~ Sie das bitte mir permettez-moi de m'en charger; laissez-moi m'en occuper, je vous prie; veuillez abandonner, confier cela à mes soins; er hat mir das Haus billig ~ il m'a laissé, cédé, vendu la maison (à) bon marché; **II** *v/réfl.* sich e-r Sache ~ se livrer à qc.; sich s-m Schmerz ~ *auch* s'abîmer dans sa douleur; sich der Freude, der Verzweiflung ~ se laisser aller à la joie, au désespoir; **2'lassung** *f* ⟨~⟩ cession *f*; abandon *m*; ~ zur Nutznießung cession en usufruit.
überlast|en [,y:bər'lastən] **I** *v/t.* ⟨-ete, *insép.*, *pas de ge-*, h⟩ surcharger; *fig.*, *mit Arbeit etc.* surcharger (mit de); accabler (de); déborder (de); **II** *v/réfl.* sich mit Arbeit ~ se surcharger de travail; **~et** *adjt.* *fig.*, *mit Arbeit* surchargé (mit de); accablé (de); **2ung** *f* ⟨~; ~en⟩ surcharge *f*.
Überlauf ['y:bər,lauf] *m* trop-plein *m*; déversoir *m*.
über|laufen ['y:bər,laufən] **I** *v/i.* ⟨*irr.*, *sép.*, -ge-, sein⟩ *Gefäß, Flüssigkeit* déborder; *Kochendes auch* F se sauver; *milit.* zum Feind ~ passer à l'ennemi; déserter; **II 2,laufen** *n* débordement *m*; *milit.* défection *f*; désertion *f*; **~-'laufen I** *v/imp.* ⟨*irr.*, *insép.*, *pas de ge-*, h⟩ es überlief mich kalt, es überlief mich ein kalter Schauer cela me donna froid, un frisson; il me prit un frisson; **II** *adjt.* *von Hausierern, Bettlern, Bittstellern etc.* ~ werden être importuné, obsédé, assiégé (par qn.); ~ sein *Gegend, Ort* être envahi, inondé, submergé par trop de monde; *Arzt* être envahi, assiégé par les malades; être surchargé de malades; *Beruf* être encombré.
Über|läufer ['y:bər,lɔyfər] *m* transfuge *m*; déserteur *m*; **~lauf,rohr** *n* (tuyau *m* de) trop-plein *m*; **~lauf-ven,til** *n* soupape *f* de trop-plein.
überlaut ['y:bər,laut] **1.** *adj.* (par) trop bruyant; *Stimme* trop 'haut, fort; **2.** *adv.* trop 'haut, fort.
über|leben [,y:bər'le:bən] **I** *v/t.* ⟨*insép.*, *pas de ge-*, h⟩ j-n, etw. ~ survivre à qn., à qc.; F der wird uns noch alle ~ F il nous enterrera tous; das überlebe ich nicht c'est pour moi le coup de grâce; er wird den Winter nicht ~ il ne passera pas l'hiver; **II** *v/réfl.* *diese Einrichtungen* haben sich überlebt ... ont fait leur temps; **III 2-'leben** *n* survie *f*; **2'lebende(r)** *f* (*m*) ⟨→ A⟩ survivant, -e *m, f*; *e-r Katastrophe etc. auch* rescapé, -e *m, f*.
überlebens|groß ['y:bər,le:bəns,gro:s] *adj.* plus grand que nature; **2,größe** *f* e-e Statue in ~ une statue plus grande que nature.
Über|lebensversicherung [,y:bər'le:-bənsfɛr,ziçəruŋ] *f* assurance *f* de survie; **2'lebt** *adjt.* périmé; dépassé; démodé; ~ sein *auch* appartenir au passé.
über|legen ['y:bər,le:gən] *v/t.* ⟨*sép.*, -ge-, h⟩ mettre dessus; mettre ... sur; *Kind* fesser; donner une fessée à; **~'legen**[1] *v/t.* ⟨*insép.*, *pas de ge-*, h⟩

etw. ~ réfléchir à *od.* sur qc.; peser, considérer qc.; *abs.* délibérer; **sich etw. reiflich ~** réfléchir mûrement à qc.; peser qc.; **das Für u. Wider ~** peser le pour et le contre; **etw. hin u. her ~** considérer qc. sous tous ses aspects; retourner qc. sous toutes ses faces; **ruhig ~** réfléchir à tête reposée; **es sich zweimal ~** y regarder à deux fois; **das wäre zu ~** cela mérite réflexion; **~ Sie sich das gut!** réfléchissez mûrement!; **s-e Worte genau ~** F *fig.* tourner sa langue sept fois avant de parler; **wenn man es genau überlegt** tout bien considéré; tout compte fait; au bout du compte; **sich e-e Sache anders ~** se raviser; revenir sur une décision; **etw. niederschreiben, ohne lange zu ~** écrire qc. au courant de la plume; **ich werde es mir ~** j'y réfléchirai, penserai; F je me tâterai; **das muß man sich eben vorher ~** il faut auparavant y réfléchir; **~'legen²** *adj. u. adv.* supérieur; **j-m ~ sein** être supérieur à qn. (an, in en); devancer qn.; prévaloir sur qn.; avoir le dessus sur qn.; *nur Sport* F avoir qn.; **sich ~ fühlen** se croire supérieur; **~ wirken** avoir un air de supériorité; **zahlenmäßig ~** numériquement supérieur; **mit ~er Ruhe** avec un calme souverain; **2'legen,heit** *f* ⟨~⟩ supériorité *f* (über j-n sur qn.); **zahlenmäßige ~** supériorité numérique; **~'legt 1.** *adjt.* bien réfléchi, pesé, calculé; **2.** *advt.* avec réflexion; après mûre réflexion; **2'legung** *f* ⟨~; ~en⟩ réflexion *f*; considération *f*; délibération *f*; **~en anstellen** réfléchir (über à); **bei ruhiger ~** à tête reposée; en y réfléchissant bien; **nach reiflicher ~** après mûre délibération; après avoir mûrement réfléchi; à tout prendre; toute réflexion faite; **mit voller ~** à bon escient; **ohne ~** sans réfléchir; sans réflexion; à l'étourdie; **ohne genügende, gründliche ~** sans avoir suffisamment réfléchi; **mit ~ handeln** agir avec préméditation; **2'legungs,zeit** *f* délai *m* de réflexion.

überleit|en [ˈyːbər̩laɪtən] *v/i.* ⟨-ete, *sép.*, **-ge-**, **h**⟩ former, constituer la transition, la soudure, l'enchaînement (zu avec); enchaîner (avec); **mit diesen Worten leitete er zum zweiten Teil über** avec ces mots il enchaîna avec la seconde partie; **2ung** *f* ⟨~; ~en⟩ transition *f* (von ... zu entre); soudure *f*, enchaînement *m* (zu avec, von ... zu entre).

überlesen [ˌyːbərˈleːzən] *v/t.* ⟨*irr.*, *insép.*, *pas de ge-*, **h**⟩ *Brief (flüchtig durchlesen)* parcourir; **noch einmal ~**, *was man geschrieben hat* relire; *Fehler (beim Lesen übersehen)* sauter; omettre; passer (en lisant).

überliefer|n [ˌyːbərˈliːfərn] *v/t.* ⟨-(e)re, *insép.*, *pas de ge-*, **h**⟩ **der Nachwelt ~** transmettre à la postérité; **~t** *adjt.* traditionnel, -lle; **von den Ahnen ~** légué, transmis par les ancêtres; **2ung** *f* tradition *f*; *fig.* legs [lɛ(g)] *m*; **mündliche ~** tradition orale.

überliege|n [ˈyːbər̩liːgən] **I** *v/i.* ⟨*irr.*, *sép.*, **-ge-**, **h**⟩ *mar.*, *Schiff* donner de la bande; gîter; **II 2n** *n mar.* surestarie *f*; **2,tage** *m/pl.*, **2,zeit** *f* jours *m/pl.* de surestarie.

überlist|en [ˌyːbərˈlɪstən] *v/t.* ⟨-ete, *insép.*, *pas de ge-*, **h**⟩ duper; tromper; F attraper; **zu ~ suchen** *auch* jouer au plus fin; **2ung** *f* ⟨~⟩ duperie *f*; tromperie *f*.

überm [ˈyːbərm] F *für* **über dem**.

übermachen [ˌyːbərˈmaxən] *v/t.* ⟨*insép.*, *pas de ge-*, **h**⟩ **j-m etw. ~** *cf.* **vermachen**.

Über|macht [ˈyːbər̩maxt] *f* ⟨~⟩ supériorité *f* numérique, de forces; **mit dreifacher ~ angreifen** attaquer avec des forces triples; **der ~ weichen** céder au nombre; **2,mächtig** *adj.* trop puissant; qui dispose de forces supérieures; qui a la supériorité des forces.

über|malen [ˈyːbər̩maːlən] *v/i.* ⟨*sép.*, **-ge-**, **h**⟩ *über vorgezeichnete Linien* recouvrir les lignes tracées; peindre au-delà des lignes tracées; **~'malen** *v/t.* ⟨*insép.*, *pas de ge-*, **h**⟩ *Gemälde* recouvrir ... d'une autre peinture; (*nachbessern*) retoucher; **2'malung** *f* ⟨~; ~en⟩ (*übermalte Stelle*) repeint *m*; retouche *f*.

übermangan|sauer [ˈyːbərmaŋ̩gaːn̩zauər] *adj.* *chim.* **übermangansaures Kali** permanganate *m* de potassium; **2,säure** *f chim.* acide *m* permanganique.

übermannen [ˌyːbərˈmanən] *v/t.* ⟨*insép.*, *pas de ge-*, **h**⟩ vaincre; accabler; maîtriser; terrasser; *fig.* s'emparer de; saisir; prendre; **der Schlaf übermannte ihn** le sommeil le prit, l'a vaincu, terrassé; **die Rührung übermannte ihn** un sentiment de compassion s'empara de lui; il fut touché au cœur.

Über|maß [ˈyːbər̩maːs] *n* ⟨~es⟩ excès *m*; **im ~** à l'excès; excessivement; **ein ~ an ...** un excès de ...; **im ~ der Freude** dans sa joie démesurée; dans un excès de joie; dans un transport de joie; **2,mäßig 1.** *adj.* démesuré; excessif, -ive; exagéré; exorbitant; immodéré; **das ~e Rauchen** l'abus du tabac; *méd.* **~es Wachstum** hypertrophie *f*; **2.** *adv.* démesurément; excessivement; à l'excès; outre mesure; **~ hoher Preis** prix exorbitant, exagéré.

Übermensch [ˈyːbər̩mɛnʃ] *m* surhomme *m*; **~en,tum** *n* ⟨~(e)s⟩ surhumanité *f*; **2lich** *adj.* surhumain; **2es leisten** faire un effort surhumain.

übermitt|eln [ˌyːbərˈmɪtəln] *v/t.* ⟨-(e)le, *pas de ge-*, **h**⟩ remettre; transmettre; faire parvenir; *tél.* (re)transmettre; **2(e,)lung** *f* ⟨~⟩ remise *f*; transmission *f*; *tél.* (re)transmission *f*.

Übermodul|ation [ˈyːbərmoˑduˑlatsiˑ̩oːn] *f* surmodulation *f*; **2ieren** *v/t.* ⟨*insép.*, *pas de ge-*, **h**⟩ surmoduler.

übermorg|en [ˈyːbər̩mɔrgən] *adv.* après-demain; **~ abend** après-demain soir; **~ig** *adj.* d'après-demain.

übermüd|et [ˌyːbərˈmyːdət] *adj.* accablé, F rendu, mort de fatigue; **2ung** *f* ⟨~⟩ excès *m* de fatigue; grande fatigue.

Über|mut [ˈyːbər̩muːt] *m* (*Unbändigkeit*) pétulance *f*; (*ausgelassene Fröhlichkeit*) joie folle; turbulence *f*; **aus ~** de joie; **die Halbstarken verbogen aus ~ die Verkehrszeichen** les blousons noirs déchaînés cintrèrent les panneaux de signalisation; **2,mütig** *adj.* pétulant; exubérant de joie; d'une joie folle; **werde nicht ~!** ne sois pas effronté!; sois poli!

übern [ˈyːbərn] F *für* **über den**.

übernächst [ˈyːbər̩nɛːçst] *adj.* **der ~e Tag, am ~en Tag** le surlendemain.

übernachten [ˌyːbərˈnaxtən] *v/i.* ⟨-ete, *insép.*, *pas de ge-*, **h**⟩ passer la nuit (**bei j-m** chez qn., **im Hotel** à l'hôtel, dans un hôtel); **im Freien ~** dormir, coucher, passer la nuit à la belle étoile.

übernächtig [ˈyːbər̩nɛçtɪç] *adj.* **~ sein** être fatigué d'avoir veillé; **~ aussehen** avoir l'air pâle; avoir les yeux battus; avoir la mine défaite.

Übernachtung [ˌyːbərˈnaxtʊŋ] *f* ⟨~; ~en⟩ nuit *f* (passée à l'hôtel, dans un hôtel, chez qn.); *in e-m Hotel auch* logement *m*; **~s,geld** *n* frais *m/pl.* d'hôtel.

Übernahme [ˈyːbər̩naːmə] *f* ⟨~; ~n⟩ *e-s Geschäfts*, *e-r Schuld*, *Forderung* prise *f* en charge; reprise *f*; *e-s Besitzes* entrée *f* en possession; *e-s Amtes* entrée *f* en fonction, en charge; *e-r Arbeit* entreprise *f*; *e-s anderen Unternehmens* absorption *f*; **bei der ~ habe ich ...** en me chargeant de l'affaire j'ai ...; **~ des Kommandos** prise de commandement.

über|national [ˈyːbərnatsiˑoˑ̩naːl] *adj.* supranational; **~na,türlich** *adj.* surnaturel, -lle; (*wunderbar*) miraculeux, -euse.

über|nehmen [ˈyːbər̩neːmən] *v/t.* ⟨*irr.*, *sép.*, **-ge-**, **h**⟩ *Mantel*, *Tuch* se couvrir de; jeter ... sur ses épaules; **~'nehmen I** *v/t.* ⟨*irr.*, *insép.*, *pas de ge-*, **h**⟩ prendre; *den väterlichen Hof*, *j-s Möbel etc.* reprendre; *mar.*, *Proviant*, *Treibstoff*, *Munition* embarquer; *Passagiere auch* prendre à bord (*auch aviat.*); (*auf sich nehmen*) se charger de; prendre sur soi (de faire qc.); *Arbeit*, *Bauten* entreprendre; *Verantwortung* assumer; endosser; *Schutz* assurer; *Meinung* adopter; *Macht*, *Regierungsgewalt* assumer; *Kosten*, *Schuld*, *Prozeß* se charger de; *Sport*, *Ball* reprendre; **ein Amt ~** assumer une charge; entrer en fonction; **j-s Amt ~** succéder à qn.; prendre la succession de qn.; remplacer qn.; **die Leitung ~** prendre, se charger de la direction; **e-e Bürgschaft ~** se porter garant de; **die Garantie für etw. ~** garantir qc.; *jur.* **j-s Verteidigung ~** prendre la défense de qn.; **den Vorsitz ~** prendre la présidence; **das Weitere ~** se charger du reste; **es ~, etw. zu tun** se charger de faire qc.; prendre sur soi de faire qc.; **II** *v/réfl.* **sich ~** se surcharger (**in** *od.* **bei** *od.* **mit etw.** de qc.); (*sich zuviel zumuten*) se surmener; présumer trop de ses forces.

über|ordnen [ˈyːbər̩ˀɔrdnən] *v/t.* ⟨-ete, *sép.*, **-ge-**, **h**⟩ mettre au-dessus de; donner comme chef; *cf. auch* **übergeordnet**; **2organisati,on** *f* surorganisation *f*; **~par,teilich** *adj.* au-dessus des partis; **~,pinseln** *v/t.* ⟨-(e)le, *sép.*, **-ge-**, **h**⟩, **~'pinseln** *v/t.* ⟨-(e)le, *insép.*, *pas de ge-*, **h**⟩ peindre; peinturer; repeindre; **~,planmäßig** *adj.* supplémentaire; surnuméraire; **~,plätten** *v/t.* ⟨-ete, *sép.*, **-ge-**, **h**⟩ donner un coup de fer à; **2produkti,on** *f* surproduction *f*; *von Ländern* **mit ~** *adjt.* surproducteur, -trice.

überprüf|en [ˌyːbərˈpryːfən] *v/t.* ⟨*insép.*, *pas de ge-*, **h**⟩ réviser *od.* reviser; revoir; examiner; (*kontrollieren*) contrôler; *Gepäck auch* visiter; (*nachprüfen*) vérifier; **2ung** *f* révision *od.* revision *f*; examen *m*; contrôle *m*; *des Gepäcks etc.* visite *f*; (*Nachprüfung*) vérification *f*; **~ der Personalien** vérification d'identité.

überquellen [ˈyːbər̩kvɛlən] *v/i.* ⟨*irr.*, *sép.*, **-ge-**, **sein**⟩ déborder (**von** de) (*auch fig.*); **~de Freude** joie débordante.

überquer|en [ˌyːbərˈkveːrən] *v/t.* ⟨*insép.*, *pas de ge-*, **h**⟩ traverser; franchir; **2ung** *f* ⟨~; ~en⟩ traversée *f*; franchissement *m*.

über|ragen ['y:bər,ra:gən] *v/i.* ⟨*sép.*, -ge-, h⟩ *Balken etc.* saillir; faire saillie; être en saillie; dépasser; surplomber; **~'ragen** *v/t.* ⟨*insép.*, *pas de ge-*, h⟩ *an Größe* dépasser; être plus grand que; *fig.* surpasser; dépasser; surclasser; **j-n um Haupteslänge ~** dépasser qn. d'une tête; **~'ragend** *adjt. Persönlichkeit* éminent; **von ~er Bedeutung** d'une importance primordiale.

überrasch|en [,y:bər'raʃən] *v/t.* ⟨*insép.*, *pas de ge-*, h⟩ surprendre; prendre à l'improviste; **ich bin angenehm überrascht** cela m'est une surprise agréable; **ich bin unangenehm überrascht** je suis désagréablement surpris; **~end 1.** *adjt.* surprenant; inattendu; inopiné; **2.** *advt.* par surprise; à l'improviste; de façon inattendue; inopinément; **~ schnell** extraordinairement vite; **2ung** *f* ⟨~; ~en⟩ surprise *f*; **j-m e-e ~ bereiten** ménager une surprise à qn.; **j-m e-e unangenehme, schmerzliche ~ bereiten** réserver une surprise désagréable à qn.; **e-e unangenehme ~ verursachen** causer une déconvenue; **das war vielleicht e-e ~!** F tu parles d'une surprise, *unangenehme* d'une tuile!; **2ungs,angriff** *m milit.* attaque-surprise *f*; attaque *f* par surprise; **2ungse,ffekt** *m* effet *m* de surprise; **2ungsma,növer** *n* manœuvre *f* de surprise; **2ungsmo,ment** *n* moment *m* de surprise; facteur *m* surprise; **das ~ ausnutzen** utiliser le facteur surprise; **2ungs,tor** *n Fußball* but *m* surprise.

überrechnen [,y:bər'rɛçnən] *v/t.* ⟨-ete, *insép.*, *pas de ge-*, h⟩ supputer; faire le compte approximatif de; calculer approximativement.

überred|en [,y:bər're:dən] *v/t.* ⟨-ete, *insép.*, *pas de ge-*, h⟩ **j-n zu etw. ~, j-n ~, etw. zu tun** persuader qn. de faire qc.; décider, déterminer qn. à faire qc.; **sich ~ lassen** se laisser persuader (**etw. zu tun** de faire qc.); **2ung** *f* ⟨~⟩ persuasion *f*; **2ungs,gabe** *f* don *m* de persuasion; **2ungs,kraft** *f* force persuasive; **2ungs,kunst** *f* art *m* de persuader.

überreich ['y:bər,raiç] *adj.* extrêmement riche.

überreichen [,y:bər'raiçən] *v/t.* ⟨*insép.*, *pas de ge-*, h⟩ **j-m etw. ~** remettre, *feierlich* présenter, offrir qc. à qn.; **vom Verfasser überreicht** hommage de l'auteur.

überreichlich ['y:bər,raiçliç] **1.** *adj.* surabondant; **2.** *adv.* surabondamment; à profusion.

Überreichung [,y:bər'raiçuŋ] *f* ⟨~⟩ présentation *f*; remise *f*; *dipl.* **~ des Beglaubigungsschreibens** présentation des lettres de créance.

überreif ['y:bər,raif] *adj. Obst* trop mûr; blet, -tte; *Käse* trop avancé, fait; **2e** *f von Obst* trop grande maturité; blettissure *f*; blettissement *m*.

über|reiten [,y:bər'raitən] *v/t.* ⟨*irr.*, *insép.*, *pas de ge-*, h⟩ renverser avec un cheval; **~'reizen** *v/t.* ⟨-(es)t, *insép.*, *pas de ge-*, h⟩ surexciter; **2'reiztheit** *f* ⟨~⟩, **2'reizung** *f* surexcitation *f*; **~'rennen** *v/t.* ⟨*irr.*, *insép.*, *pas de ge-*, h⟩ renverser; *Feind* culbuter; bousculer; écraser par la force; *Stellung* submerger; prendre d'assaut et déborder.

Überrest ['y:bər,rɛst] *m* reste(s) *m* (*pl.*); **~e** *pl.* (*Trümmer*) débris *m/pl.* (*auch fig.*); ruines *f/pl.*; *aus der Vergangenheit* vestiges *m/pl.*; *géol.* détritus *m*; terrains détritiques; **sterbliche ~e** cendres *f/pl.*; restes *m/pl.*; dépouille mortelle.

Überrock ['y:bər,rɔk] *m* (*Gehrock*) redingote *f*; (*Überzieher*) pardessus *m*.

über|rollen [,y:bər'rɔlən] *v/t.* ⟨*insép.*, *pas de ge-*, h⟩ *Panzer* dépasser; **sich ~ lassen** se laisser submerger; **~'rumpeln** *v/t.* ⟨-(e)le, *insép.*, *pas de ge-*, h⟩ surprendre; prendre à l'improviste; *milit.* attaquer à l'improviste, par surprise; bousculer; culbuter; *Festung, Stellung* prendre d'emblée; enlever par un coup de main, par un débordement; **2'rumpe,lung** *f* ⟨~; ~en⟩ surprise *f*; *milit.* (attaque *f* par) surprise *f*; coup *m* de main; **~'runden** *v/t.* ⟨-ete, *insép.*, *pas de ge-*, h⟩ *Sport* prendre un tour (d'avance); doubler; **2'rundung** *f Sport néol.* doublement *m*.

übers ['y:bərs] F *für* **über das**.

übersät [,y:bər'zɛ:t] *adjt.* parsemé; *Himmel* **mit Sternen ~** parsemé d'étoiles; constellé.

übersatt ['y:bər,zat] *adj. cf.* **übersättigt**.

übersättig|en [,y:bər'zɛtigən] *v/t.* ⟨*insép.*, *pas de ge-*, h⟩ rassasier; gaver; gorger; *chim.* sursaturer; **~t** *adjt. fig.* dégoûté (**von** de); **2ung** *f* satiété *f*; *fig. auch* dégoût *m*; *chim.* sursaturation *f*.

Überschall|flug ['y:bərʃal,flu:k] *m aviat.* vol *m* supersonique; **~,flugzeug** *n* avion *m* supersonique; **~ge,schwindigkeit** *f aviat.* vitesse *f* supersonique; **~ka,nal** *m* soufflerie *f* supersonique; **~ra,keten,flugzeug** *n* avion-fusée *m* supersonique.

über|schatten [,y:bər'ʃatən] *v/t.* ⟨-ete, *insép.*, *pas de ge-*, h⟩ ombrager (*auch fig.*); **~'schätzen I** *v/t.* ⟨-(es)t, *insép.*, *pas de ge-*, h⟩ surestimer; surévaluer; **j-n ~** avoir trop bonne opinion de qn.; **s-e Kräfte ~** trop présumer de ses forces; **II** *v/réfl.* **sich ~** avoir trop bonne opinion de soi; **2'schätzung** *f* surestimation *f*; surévaluation *f*; **~ s-r selbst** présomption *f*.

Überschau ['y:bər,ʃau] *f* vue *f* d'ensemble (**über** de); *cf. auch* **Überblick, Übersicht**.

überschau|bar [,y:bər'ʃauba:r] *adj.* qui peut être embrassé, *fig. auch* saisi (par le regard, l'intelligence, l'esprit); **~e Gruppe** groupe restreint; **~en** *v/t.* ⟨*insép.*, *pas de ge-*, h⟩ jeter un coup d'œil (sur); *cf. auch* **überblicken, übersehen 1.**; *fig.* **dieser Hügel überschaut das ganze Tal** cette colline domine toute la vallée.

überschäumen ['y:bər,ʃɔymən] *v/i.* ⟨*sép.*, -ge-, sein⟩ déborder (*auch fig.*); **~de Lebensfreude** débordante joie de vivre.

Überschiebung [,y:bər'ʃi:buŋ] *f géol.* faille *f* inverse.

über|schießen ['y:bər,ʃi:sən] *v/i.* ⟨*irr.*, *sép.*, -ge-, sein⟩ **1.** *Summe* être de trop; **2.** *Flüssigkeit* déborder; **~'schießen** *v/t.* ⟨*irr.*, *insép.*, *pas de ge-*, h⟩ *milit.* tirer par-dessus (la troupe amie); **~,schießend** ['y:-] *adj. Summe, Betrag* excédent.

überschlafen [,y:bər'ʃla:fən] *v/t.* ⟨*irr.*, *insép.*, *pas de ge-*, h⟩ **etw. ~** laisser passer la nuit sur qc.; **es ~** F consulter son oreiller.

Überschlag ['y:bər,ʃla:k] *m* **1.** (*flüchtige Berechnung*) supputation *f*; estimation, évaluation approximative; (*Kosten2*) devis *m*; prévision *f* sommaire; **2.** *gym.* culbute *f*; **3.** *cout.* rabat *m*.

über|schlagen ['y:bər,ʃla:gən] **I** *v/t.* ⟨*irr.*, *sép.*, -ge-, h⟩ *Tuch* se couvrir de; jeter ... sur ses épaules; *Beine* croiser; **II** *v/i.* ⟨sein⟩ *Wellen* passer par-dessus; *Funken* jaillir; *Stimme, Blasinstrument cf.* (sich) **~schlagen**[1]; *Mensch etc.* **nach vorn ~** faire la culbute; **nach hinten ~** tomber à la renverse; **~'schlagen**[1] **I** *v/t.* ⟨*irr.*, *insép.*, *pas de ge-*, h⟩ **1.** (*e-n Überschlag machen*) supputer; estimer, évaluer approximativement; **2.** *beim Lesen* (*auslassen*) sauter; passer sur; **II** *v/réfl.* **sich ~** *Auto, Flugzeug* se retourner; capoter; F faire une pirouette; *Mensch* faire la culbute; *Reiter, Radfahrer auch* F faire un soleil, une pirouette; faire panache; *Ereignisse* se précipiter; *Stimme, Blasinstrumente* faire un couac; F *fig. iron.* **sich fast ~ vor Liebenswürdigkeit** faire assaut d'amabilité(s); **~'schlagen**[2] *adj. Wasser* tiède; tiédi; dégourdi.

Überschlaglaken ['y:bərʃla:k,la:kən] *n* drap *m* de dessus (*in Deutschland* à rabat boutonné).

überschnappen ['y:bər,ʃnapən] *v/i.* ⟨*sép.*, -ge-, sein⟩ *Schloß, Riegel* ⟨h *od.* sein⟩ sauter; *Stimme* se fausser; faire un couac; F *fig.* (*den Verstand verlieren*) P devenir marteau, cinglé.

überschneid|en [,y:bər'ʃnaidən] *v/réfl.* ⟨*irr.*, *insép.*, *pas de ge-*, h⟩ **sich ~** *Linien* se croiser; s'entrecouper; se couper; *Aufgabenbereiche* interférer; se confondre; *élect. Phasen* chevaucher; *zeitlich* coïncider; **2ung** *f* ⟨~; ~en⟩ *von Linien* intersection *f*; croisement *m*; *von Phasen* chevauchement *m*; *zeitliche* coïncidence *f* (**mit** avec).

überschnell ['y:bər,ʃnɛl] *adj.* ultra-rapide.

überschreib|en [,y:bər'ʃraibən] *v/t.* ⟨*irr.*, *insép.*, *pas de ge-*, h⟩ **1.** *comm.* (*übertragen*) reporter; *Grundstück, Besitz* transférer; transcrire; *Geld auf ein Konto* transférer; faire passer; **2.** (*betiteln*) intituler; **2ung** *f comm.* report *m*; transfert *m*; transcription *f*.

überschreien [,y:bər'ʃraiən] **I** *v/t.* ⟨*irr.*, *insép.*, *pas de ge-*, h⟩ **j-n ~** crier plus fort que qn.; couvrir la voix de qn.; **II** *v/réfl.* **sich ~** forcer sa voix; s'enrouer; F s'égosiller.

überschreit|bar [,y:bər'ʃraitba:r] *adj.* franchissable; **~en** *v/t.* ⟨*irr.*, *insép.*, *pas de ge-*, h⟩ *Grenze* franchir; *Graben auch* enjamber; *Gleise, Straße* traverser; *Kostenanschlag, Kredit, Frist, Höchstgeschwindigkeit* dépasser; *Anzahl* excéder; *Befugnisse* outrepasser; abuser de; *Gesetz* transgresser; enfreindre; *pfort.* violer; *fig., Maß* passer; **die Fünfzig überschritten haben** avoir passé la cinquantaine; **2ung** *f* ⟨~; ~en⟩ franchissement *m*; *des Kostenanschlags, Kredits etc.* dépassement *m*; *der Befugnisse* abus *m*; *des Gesetzes* transgression *f*; infraction *f*; *pfort.* violation *f*; **~ der Amtsgewalt** abus de pouvoir.

Über|schrift ['y:bər,ʃrift] *f* titre *m*; **~,schuhe** *m/pl.* caoutchoucs *m/pl.*; snow-boots *m/pl.*

überschuld|et [,y:bər'ʃuldət] *adj. fig.* criblé de dettes; *nur comm.* insolvable; **2ung** *f* ⟨~; ~en⟩ surendettement *m*; excédent passif; *nur comm.* insolvabilité *f*.

Über|schuß ['y:bər,ʃus] *m* excédent *m*; surplus *m*; surcroît *m*; **~schußge,biet** *n* région *f* excédentaire; **2,schüssig** *adj.* excédentaire; qui est en excédent; **~e Kaufkraft** excédent *m* du pouvoir d'achat.

über|schütten ['y:bər,ʃytən] *v/t.* ⟨-ete, *sép.*, -ge-, h⟩ (*vergießen*) répandre;

~'schütten *v/t.* ⟨-ete, *insép., pas de ge-*, h⟩ *mit Erde, Asche etc.* couvrir (de); *fig., mit Ehrungen, Beifall, Geschenken etc.* combler (de); *mit Geld, Geschenken auch* F *péj.* gaver, gorger (de); *mit Fragen* presser (de); *mit Vorwürfen, Schimpfwörtern etc.* accabler (de).

Überschwang ['y:bər‚ʃvaŋ] *m* ⟨~(e)s⟩ surabondance *f*; exubérance *f*; *der Gefühle, Freude, Begeisterung* débordement *m*; *der Freude auch* transport *m*.

überschwappen ['y:bər‚ʃvapən] F *v/i.* ⟨*sép.*, -ge-, sein⟩ *Gefäß, Flüssigkeit* déborder.

überschwemm|en [‚y:bər'ʃvɛmən] *v/t.* ⟨*insép., pas de ge-*, h⟩ inonder; noyer; *völlig unter Wasser setzen* submerger (*alle auch fig.*); **2ung** *f* ⟨~; ~en⟩ inondation *f* (*auch fig.*); *völlige* submersion *f*; **2ungsge‚biet** *n* région inondée.

überschwenglich ['y:bər‚ʃvɛŋlɪç] *adj. Freude, Begeisterung* excessif, -ive; débordant; (*übertrieben*) exagéré; (*überspannt*) exalté; **2‚keit** *f* ⟨~; ~en⟩ exagération *f*; (*Überspanntheit*) exaltation *f*.

Übersee ['y:bər‚ze:] ⟨*sans art.*⟩ in ~ outre-mer; Märkte in ~ marchés d'outre-mer; Export nach ~ exportation outre-mer; nach ~ gehen aller s'établir outre-mer; aus ~ d'outre-mer; Briefe für ~ lettres à destination d'outre-mer; **~‚bank** *f* ⟨~; ~en⟩ banque *f* d'outre-mer; **~‚dampfer** *m* transatlantique *m*; **~er‚zeugnis** *n* produit *m* d'outre-mer; **~ge‚biete** *n/pl.* territoires *m/pl.* d'outre-mer; **~‚handel** *m* commerce *m* d'outre-mer; **2isch** *adj.* d'outre-mer; **~‚kabel** *n* câble sous-marin, transatlantique; **~‚länder** *n/pl.* pays *m/pl.* transatlantiques, d'outre-mer; **~‚markt** *m* marché *m* d'outre-mer; **~ver‚kehr** *m* trafic *m* d'outre-mer; **~ver‚packung** *f* emballage *m* maritime.

überseh|bar [‚y:bər'ze:ba:r] *adj.* qu'on peut embrasser d'un coup d'œil; *fig.* calculable; **~en** *v/t.* ⟨*irr., insép., pas de ge-*, h⟩ **1.** *von e-m Balkon, Hügel etc. aus* embrasser, saisir d'un coup d'œil; dominer; *fig., Sachlage* avoir une vue d'ensemble de; dominer; *Schaden, Ausmaß e-r Katastrophe* mesurer l'ampleur de; saisir la portée de; **2.** *Fehler etc.* (*nicht bemerken*) ne pas voir; ne pas remarquer; sauter; laisser échapper; omettre; *mit Absicht* faire semblant de ne pas voir; fermer l'œil sur; das habe ich ~ cela m'a échappé.

überselig ['y:bər‚ze:lɪç] *adj.* très heureux, -euse; comblé de joie.

übersend|en [‚y:bər'zɛndən] *v/t.* ⟨*irr., insép., pas de ge-*, h⟩ envoyer; expédier; **2er(in)** *m* ⟨~s; ~⟩ (*f*) ⟨~; ~nen⟩ envoyeur, -euse *m, f*; expéditeur, -trice *m, f*; **2ung** *f* envoi *m*; expédition *f*.

über|setzen ['y:bər‚zɛtsən] **I** *v/t.* ⟨-(es)t, *sép.*, -ge-, h⟩ *über e-n Fluß* conduire, faire passer sur l'autre rive; **II** *v/i.* ⟨sein⟩ passer (en bateau) sur l'autre rive; **III 2‚setzen** *n* passage *m*; **~'setzen** *v/t.* ⟨-(es)t, *insép., pas de ge-*, h⟩ *in e-e andere Sprache* traduire (ins Französische en français); wörtlich ~ traduire littéralement, mot à mot; F faire du mot à mot; **2'setzer(in)** *m* ⟨~s; ~⟩ (*f*) ⟨~; ~nen⟩ traducteur, -trice *m, f*; **2'setzung** *f* ⟨~; ~en⟩ **1.** traduction *f*; *in der Schule: in die Muttersprache* version *f*; *in e-e fremde Sprache* thème *m*; freie ~ traduction libre; adaptation *f*; für die Richtigkeit der ~ pour traduction conforme; **2.** *techn.* multiplication *f*; transmission *f*; *beim Fahrrad* multiplication *f*; F développement *m*; große, kleine ~ grand, petit développement; **2'setzungsbü‚ro** *n* bureau *m* de traduction; **2'setzungs‚fehler** *m* faute *f* de traduction; **2'setzungsge‚triebe** *n techn.* boîte *f* d'engrenages; engrenage multiplicateur; **2'setzungs‚kunst** *f* art *m* de traduire; **2'setzungsma‚schine** *f* machine *f* à traduire; traducteur *m* électronique; **2'setzungs‚übung** *f* exercice *m* de traduction; **2'setzungsver‚hältnis** *n techn.* rapport *m* de transmission.

Übersicht ['y:bər‚zɪçt] *f* ⟨~; ~en⟩ coup *m* d'œil (über sur); vue *f* d'ensemble (de) (*auch fig.*); (*kurzgefaßte Darstellung*) aperçu *m*; précis *m*; (*Zusammenfassung*) résumé *m*; *des Inhalts an der Spitze e-s Kapitels* résumé *m* (sommaire); *am Anfang e-s Buches* sommaire *m*; (*Übersichtstafel*) tableau *m* synoptique; *cf. auch* Überblick.

übersichtig ['y:bər‚zɪçtɪç] *adj. méd. sc.* hypermétrope; (*alterssichtig*) presbyte; **2e(r)** *m* ⟨→ A⟩ *sc.* hypermétrope *m*; (*Alterssichtiger*) presbyte *m*; **2‚keit** *f* ⟨~⟩ *méd. sc.* hypermétropie *f*; (*Alterssichtigkeit*) presbytie [-si] *f*.

übersicht|lich ['y:bər‚zɪçtlɪç] *adj.* clair; bien disposé; distinct; *Straße* dégagé; *Gelände* où l'on s'oriente aisément; **2lich‚keit** *f* ⟨~⟩ clarté *f*; bonne disposition; der besseren ~ halber pour plus de clarté; **2s‚karte** *f* carte *f* à grande échelle; *von Bahn-, Bus-, Fluglinien* carte *f* schématique des lignes; **2s‚plan** *m* plan *m* d'ensemble; **2s‚tafel** *f* tableau *m* synoptique.

über|siedeln ['y:bər‚zi:dəln] *v/i.* ⟨-(e)le, *sép.*, -ge-, sein⟩, **~'siedeln** *v/i.* ⟨-(e)le, *insép., pas de ge-*, sein⟩ aller s'établir (nach *e-m anderen Land* en *od.* à, *e-r Stadt* à); *nur nach e-m anderen Land* émigrer (en); F transporter ses pénates (à); **2'sied(e)lung** [*auch* 'y:-] *f nach e-m anderen Land* émigration *f*; *sonst verbal*.

übersinnlich ['y:bər‚zɪnlɪç] *adj.* suprasensible; transcendant; immatériel, -lle; métaphysique; (*übernatürlich*) surnaturel, -lle.

überspann|en [‚y:bər'ʃpanən] *v/t.* ⟨*insép., pas de ge-*, h⟩ **1.** *mit Leinwand etc.* recouvrir de; **2.** (*zu sehr spannen*) tendre trop; *fig.* exagérer; outrer; *fig.* den Bogen ~ exagérer; aller trop loin; passer la mesure; F tirer trop sur la corde; **~t** *adjt. fig.* exalté; excentrique; extravagant; romanesque; **2t‚heit** *f* ⟨~⟩ exaltation *f*; excentricité *f*; extravagance *f*.

Überspannung ['y:bər‚ʃpanʊŋ] *f élect.* surtension *f*; **~s‚schalter** *m élect.* disjoncteur *m* à maxima, de surtension; **~s‚schutz** *m élect.* limiteur *m* de tension.

überspinnen [‚y:bər'ʃpɪnən] *v/t.* ⟨*irr., insép., pas de ge-*, h⟩ guiper; übersponnene Saite corde guipée.

überspielen [‚y:bər'ʃpi:lən] *v/t.* ⟨*insép., pas de ge-*, h⟩ *Fußball* dribbler; *fig.* dépasser; surpasser; surclasser; (*ausschalten*) éliminer; *Phonotechnik, von Normalplatte auf Mikroplatte* réenregistrer, reproduire (auf sur); *von Platte auf Tonband* enregistrer (sur); *Tonbandaufnahme, mit Hilfe der Tricktaste* couvrir.

über|spitzen [‚y:bər'ʃpɪtsən] *v/t.* ⟨-(es)t, *insép., pas de ge-*, h⟩ outrer; exagérer; **~'spitzt** *adjt.* outré; exagéré; **2'spitztheit** *f* ⟨~; ~en⟩, **2'spitzung** *f* ⟨~; ~en⟩ outrance *f*; exagération *f*.

Übersprechen [‚y:bər'ʃprɛçən] *n tél.* interférence mutuelle; mélange *m* de conversations; diaphonie *f*.

über|springen ['y:bər‚ʃprɪŋən] *v/i.* ⟨*irr., sép.*, -ge-, sein⟩ *Funken* jaillir; *élect.* sauter; *fig.* auf ein anderes Thema ~ sauter d'une matière à une autre; ~ auf (*sich übertragen*) se communiquer à; **~'springen** *v/t.* ⟨*irr., insép., pas de ge-*, h⟩ *Graben, Seite, Generation, Klasse* sauter.

übersprudeln ['y:bər‚ʃpru:dəln] *v/i.* ⟨-(e)le, *sép.*, -ge-, sein⟩ déborder; *fig.* von Witz ~ pétiller d'esprit; **~d** *adjt. fig.* débordant.

überstaatlich ['y:bər‚ʃta:tlɪç] *adj.* supranational.

überstanden [‚y:bər'ʃtandən] *adjt.* nach ~er Gefahr (une fois) le danger passé ...; *cf. auch* über'stehen.

überständig ['y:bər‚ʃtɛndɪç] *adj. Baum* trop vieux, vieille; qui a fait son temps.

über|stehen ['y:bər‚ʃte:ən] *v/i.* ⟨*irr., sép.*, -ge-, h⟩ *cf.* 'überragen; *cout.* déborder; dépasser; **~'stehen** *v/t.* ⟨*irr., insép., pas de ge-*, h⟩ *Operation* supporter; *schwere Zeit, Krise, Krankheit* surmonter; *Krankheit auch* réchapper de; er hat die Gefahr überstanden il est 'hors de danger; er hat es überstanden (*er ist tot*) il est mort.

überstehend ['y:bər‚ʃte:ənt] *adjt. Dach, Balken* saillant; en saillie; surplombant; *Dach auch* en auvent.

übersteigbar [‚y:bər'ʃtaɪkba:r] *adj.* surmontable; franchissable.

über|steigen ['y:bər‚ʃtaɪgən] F *v/i.* ⟨*irr., sép.*, -ge-, sein⟩ monter par-dessus; **~'steigen** *v/t.* ⟨*irr., insép., pas de ge-*, h⟩ *Gebirge* franchir; passer; *Mauer* escalader; *Hindernis, etw. auf der Erde Liegendes* surmonter; *fig., Mittel, Erwartungen, Kräfte* être, s'élever au-dessus de; (sur)passer; dépasser; excéder; das übersteigt meine Kräfte c'est au-dessus de, cela (sur)passe mes forces; das übersteigt alle Begriffe c'est inconcevable; F *fig.* (*das ist unerhört*) c'est inouï; F on n'a pas idée de cela; **2'steigung** *f e-s Gebirges* passage *m*; *e-r Mauer* escalade *f*.

übersteiger|n [‚y:bər'ʃtaɪgərn] *v/t.* ⟨-(e)re, *insép., pas de ge-*, h⟩ *Preise cf.* überhöhen; j-n ~ *bei e-r Auktion* renchérir sur qn.; **~t** *adjt. Preise cf.* überhöht; *fig., Geltungsbedürfnis etc.* exagéré; **2ung** *f der Preise cf.* Überhöhung; *bei e-r Auktion* surenchère *f*.

übersteuer|n [‚y:bər'ʃtɔʏərn] *v/t.* ⟨-(e)re, *insép., pas de ge-*, h⟩ *rad.* surmoduler; **2ung** *f rad.* surmodulation *f*.

überstimmen [‚y:bər'ʃtɪmən] *v/t.* ⟨*insép., pas de ge-*, h⟩ j-n ~ l'emporter sur qn. à la majorité des voix; mettre qn. en minorité; überstimmt werden être mis en minorité.

überstopfen [‚y:bər'ʃtɔpfən] F *v/t.* ⟨*insép., pas de ge-*, h⟩ *dünne Stellen in e-m Gewebe* reprendre; raccommoder.

über|strahlen [‚y:bər'ʃtra:lən] *v/t.* ⟨*insép., pas de ge-*, h⟩ répandre ses rayons sur; *fig.* éclipser; **~'streichen** *v/t.* ⟨*irr., insép., pas de ge-*, h⟩ enduire (mit de).

über|streifen ['y:bər‚ʃtraɪfən] *v/t.* ⟨*sép.*, -ge-, h⟩ passer, mettre sur; **2‚strom** *m élect.* excès *m* de courant; surintensité *f* de courant; **2strom‚ausschalter** *m élect.* disjoncteur *m* à maxima; **~‚strömen** *v/i.* ⟨*sép.*, -ge-, sein *od.* h⟩ *vor Freude etc.* déborder (de); mit ~der Herzlichkeit très cordialement; ~ˌ**stülpen** *v/t.* ⟨*sép.*, -ge-, h⟩ mettre par-dessus.

Überstunden [ˈyːbərˌʃtʊndən] *f/pl.* heures *f/pl.* supplémentaires; ~ machen faire des heures supplémentaires; F veiller; faire du rabiot.

überstürz|en [ˌyːbərˈʃtʏrtsən] *v/t. u. v/réfl.* ⟨-(es)t, *insép.*, *pas de ge-*, h⟩ *cf.* übereilen; **~t** *adjt. cf.* übereilt; *Flucht* éperdu; 2**ung** *f* ⟨~⟩ *cf.* Übereilung; nur keine ~! surtout pas de précipitation!; doucement!

Übertagebau [ˌyːbərˈtɑːgəˌbaʊ] *m* mine *f*, exploitation *f* à ciel ouvert.

übertäub|en [ˌyːbərˈtɔʏbən] *v/t.* ⟨*insép.*, *pas de ge-*, h⟩ couvrir; 2**ung** *f* ⟨~⟩ *verbal.*

überteuern [ˌyːbərˈtɔʏərn] *v/t.* ⟨-(e)re, *insép.*, *pas de ge-*, h⟩ *Waren* surfaire; surenchérir; j-n ~ demander trop à qn.; F écorcher, refaire qn.

übertölpel|n [ˌyːbərˈtœlpəln] *v/t.* ⟨-(e)le, *insép.*, *pas de ge-*, h⟩ duper; tromper; F attraper; rouler; estamper; empiler; sich ~ lassen P donner dans le panneau; 2**ung** *f* ⟨~; ~en⟩ duperie *f*; tromperie *f*; F estampage *m*.

übertönen [ˌyːbərˈtøːnən] *v/t.* ⟨*insép.*, *pas de ge-*, h⟩ *Lärm etc.* couvrir.

Übertrag [ˈyːbərˌtrɑːk] *m* ⟨~(e)s; ~e⟩ *Buchführung*, *auf die nächste Seite* report *m*.

übertrag|bar [ˌyːbərˈtrɑːkbɑːr] *adj. Besitz*, *Recht* transmissible; transférable; *jur. auch* cessible; *Wechsel* endossable; *Wertpapiere* négociable; *Krankheit* transmissible; communicable; (*ansteckend*) contagieux, -euse; nicht ~ intransmissible; intransférable; incessible; non négociable; *Wechsel* nominatif, -ive; 2**bar**ˌ**keit** *f* ⟨~⟩ transmissibilité *f*; *jur.* cessibilité *f*; *von Wertpapieren* négociabilité *f*; **~en I** *v/t.* ⟨*irr.*, *insép.*, *pas de ge-*, h⟩ *Besitz*, *Recht* transmettre (auf à); transférer (à); *jur. auch* céder (à); faire cession de; *Amt*, *Recht* conférer; *Befugnisse*, *Vollmacht* déléguer; *Forderung* transférer; *Wechsel* endosser; *auf die nächste Seite*, *auf das nächste Haushaltsjahr* reporter (à); *Haushaltmittel*, *auf ein anderes Kapitel* reverser (sur); virer (à); *in ein anderes Geschäftsbuch* transcrire, reporter (sur); *Kurzschrift in Langschrift* transcrire; *in e-e andere Sprache* (*übersetzen*) traduire (en); *Krankheit* transmettre; communiquer (à); *bes. von Tieren* véhiculer; *chir.*, *Haut* transplanter; *im Radio* transmettre; (radio)diffuser; (*weiter* ~) retransmettre; relayer; *im Fernsehen* téléviser; etw. auf j-s Namen ~ passer qc. au nom de qn.; j-m ein Amt ~ charger qn. d'une fonction; confier une fonction à qn.; die ihm ~en Aufgaben les fonctions qui lui sont dévolues; *Wort* in ~er Bedeutung au (sens) figuré; **II** *v/réfl.* sich ~ *Krankheit* se transmettre, *auch Erregung etc.* se communiquer (auf à); 2**er** *m* ⟨~s; ~⟩ *tél.* transformateur *m*; 2**ung** *f* ⟨~; ~en⟩ *e-s Besitzes*, *Rechtes* transmission *f*; transfert *m*; *jur. auch* cession *f*; translation *f*; *e-r Nutznießung*, *Würde* collation *f*; *von Befugnissen*, *der Vollmacht* délégation *f*; dévolution *f*; *comm.*, *e-r Forderung* transfert *m*; *e-s Wechsels* endossement *m*; *e-r Rente* réversion *f*; *e-r Hypothek* translation *f*; *in ein anderes Geschäftsbuch* transcription *f* (*auch Kurzschrift in Langschrift*); report *m* (*auch auf das nächste Haushaltsjahr*); *von Haushaltsmitteln* virement *m*; *in e-e andere Sprache* (*Übersetzung*) traduction *f*; *méd.*, *e-r Krankheit* transmission *f*; communication *f*; *techn.*, *e-r Bewegung* transmission *f*; *chir.*, *von Haut* transplantation *f*; *im Radio* transmission *f*; radiodiffusion *f*; (*Weiter*2) retransmission *f*; *im Fernsehen* transmission *f* par télévision; 2**ungs**ˌ**fehler** *m comm.*, *Buchführung* erreur *f* de report; 2**ungsge**ˌ**bühr** *f* taxe *f* de transmission; 2**ungs**ˌ**steuer** *f* droit *m* de transmission; 2**ungs**ˌ**technik** *f tél.* technique *f* de transmission; 2**ungs**ˌ**urkunde** *f* certificat *m* de transfert; 2**ungsver**ˌ**fügung** *f von Befugnissen* acte *m* de délégation; 2**ungsver**ˌ**merk** *m auf e-m Wechsel* endossement *m*; 2**ungs**ˌ**wagen** *m rad.*, *télév.* car *m*, voiture *f* de reportage.

übertrainiert [ˈyːbərtrɛːˌniːrt] *adj.* surentraîné.

übertreffen [ˌyːbərˈtrɛfən] *v/t.* ⟨*irr.*, *insép.*, *pas de ge-*, h⟩ surpasser (in en); dépasser; surclasser; dominer; être supérieur à; l'emporter sur; sich selbst ~ se surpasser; se dépasser; alles ~ *auch* être 'hors de pair, 'hors concours, 'hors ligne; das übertrifft alle Erwartungen cela dépasse toutes les prévisions; **~d** *adjt.* alles ~ suréminent.

übertreib|en [ˌyːbərˈtraɪbən] *v/t.* ⟨*irr.*, *insép.*, *pas de ge-*, h⟩ exagérer; outrer; *in e-m Bericht* grossir; F *fig.* faire mousser; (*aufschneiden*) amplifier; *abs.* F charger la palette; *cf. auch* übertrieben; 2**ung** *f* ⟨~; ~en⟩ exagération *f*; outrance *f*; amplification *f*; *rhét.* hyperbole *f*.

über|treten [ˈyːbərˌtreːtən] *v/i.* ⟨*irr.*, *sép.*, -ge-, sein⟩ *Sport*, *über e-e Linie* dépasser, outrepasser (qc.); F mordre (sur); zu j-m ~, zu j-s Partei ~ se ranger du côté, du parti de qn.; zu e-r anderen Religion ~ changer de religion; zum Katholizismus ~ se convertir au catholicisme; zum Christentum ~ embrasser le christianisme; **~ˈtreten** *v/t.* ⟨*irr.*, *insép.*, *pas de ge-*, h⟩ **1.** *Gesetz*, *Vorschrift*, *Gebot* ne pas observer; enfreindre; transgresser; contrevenir à; être en contravention avec; *pfort.* violer; **2.** sich den Fuß ~ se fouler le pied; 2ˈ**treter(in)** *m* ⟨~s; ~⟩ (*f*) ⟨~; ~nen⟩ contrevenant, -e *m*, *f*; *pfort.* violateur, -trice *m*, *f*; 2ˈ**tretung** *f* ⟨~; ~en⟩ infraction *f* (à); transgression *f*; *pfort.* violation *f*; sich e-r ~ schuldig machen se mettre en contravention; commettre une infraction; 2ˈ**tretungs**ˌ**fall** *m* im ~(e) en cas de contravention.

übertrieben [ˌyːbərˈtriːbən] *adjt.* exagéré; outré; *rhét.* hyperbolique; *Preis* exorbitant; aus ~em Eifer par (un) excès de zèle; *cf. auch* übertreiben.

Übertritt [ˈyːbərˌtrɪt] *m zu e-r anderen Religion* conversion *f*; *zu e-r anderen Partei* passage *m*.

über|trumpfen [ˌyːbərˈtrʊmpfən] *v/t.* ⟨*insép.*, *pas de ge-*, h⟩ *Kartenspiel* surcouper; *fig. cf.* übertreffen, überbieten 2.; **~ˈtünchen** *v/t.* ⟨*insép.*, *pas de ge-*, h⟩ badigeonner; *fig.* farder.

überversicher|n [ˈyːbərfɛrˌzɪçərn] *v/t.* ⟨-(e)re, *les formes séparées des temps simples ne s'emploient pas*, *pas de ge-*, h⟩ surassurer; 2**ung** *f* surassurance *f*.

übervölker|n [ˌyːbərˈfœlkərn] *v/t.* ⟨-(e)re, *insép.*, *pas de ge-*, h⟩ surpeupler; 2**ung** *f* ⟨~⟩ surpeuplement *m*; surpopulation *f*.

übervoll [ˈyːbərˌfɔl] *adj.* trop plein, rempli; ~ sein *auch* déborder (de).

übervorteil|en [ˌyːbərˈfɔrtaɪlən] *v/t.* ⟨*insép.*, *pas de ge-*, h⟩ écorcher; rançonner; F estamper; rouler; refaire; arranger; fusiller; 2**ung** *f* ⟨~⟩ écorchage *m*; rançonnement *m*; F estampage *m*.

überwach|en [ˌyːbərˈvaxən] *v/t.* ⟨*insép.*, *pas de ge-*, h⟩ surveiller; contrôler; streng ~ surveiller de près, étroitement; **~sen** [-ˈvaksən] *adjt.* ~ mit couvert de; 2**ung** *f* ⟨~⟩ surveillance *f*; contrôle *m*; strenge ~ surveillance étroite; technische ~ *der Kraftfahrzeuge* contrôle technique; ~ durch die Gesundheitsbehörden surveillance sanitaire; 2**ungs**ˌ**ausschuß** *m* commission *f* de contrôle; 2**ungs**ˌ**dienst** *m* technischer ~ (service *m* de) contrôle *m* technique; 2**ungsge**ˌ**rät** *n* appareil *m* de contrôle; 2**ungs**ˌ**stelle** *f* office *m* de contrôle; 2**ungs-Ver**ˌ**ein** *m* Technischer ~ *für den Kraftfahrzeugverkehr*, *in Deutschland* association *f* pour la surveillance technique des véhicules à moteur; *in Frankreich etwa* service *m* des Mines; F Mines *f/pl.*

überwältigen [ˌyːbərˈvɛltɪgən] *v/t.* ⟨*insép.*, *pas de ge-*, h⟩ *Gegner* vaincre; terrasser; abattre; maîtriser; *fig.*, *Nachricht*, *Ereignisse* bouleverser; retourner; accabler; *Zorn* s'emparer de; saisir; *Jammer*, *Schmerz*, *Schlaf* accabler; **~d** *adjt. Anblick etc.* imposant; grandiose; impressionnant; *Erfolg* foudroyant; grandiose; *Mehrheit*, *Zahl*, *Übermacht* écrasant; *von e-r Leistung* F nicht ~ médiocre.

überwälzen [ˌyːbərˈvɛltsən] *v/t.* ⟨*insép.*, *pas de ge-*, h⟩ *Kosten* incorporer (auf die Preise aux prix); *Steuerlast* répercuter (dans les prix); faire supporter (auf den Verbraucher par le consommateur).

Überweg [ˈyːbərˌveːk] *m für Fußgänger* passage *m* (pour piétons); genagelter ~ passage clouté.

überweis|en [ˌyːbərˈvaɪzən] *v/t.* ⟨*irr.*, *insép.*, *pas de ge-*, h⟩ *zur Entscheidung* remettre; *im Parlament* renvoyer; *Geld* virer; transférer; faire passer; auf j-s Konto ~ virer au compte de qn.; durch die Post, die Bank ~ virer par la poste, la banque; an den zuständigen Ausschuß ~ renvoyer à la commission compétente; 2**ung** *f im Parlament* renvoi *m*; *durch die Bank etc.* virement *m*; transfert *m*; e-e ~ vornehmen effectuer, opérer, faire un virement; telegraphische ~ mandat, transfert, virement télégraphique; vorherige ~ transfert préalable; ~ durch Sammelscheck virement par chèque multiple; 2**ungs**ˌ**auftrag** *m* ordre *m*, mandat *m* de virement; 2**ungsformu**ˌ**lar** *n* formule *f* de virement; 2**ungsge**ˌ**bühr** *f* droit *m* de transfert; 2**ungs**ˌ**scheck** *m* chèque *m* de virement; 2**ungsver**ˌ**kehr** *m* virements *m/pl.*

überwendlich [ˌyːbərˈvɛntlɪç] **1.** *adj. cout.* ~e Naht surjet *m*; **2.** *adv.* ~ nähen coudre en surjet; surjeter.

über|werfen [ˈyːbərˌvɛrfən] *v/t.* ⟨*irr.*, *sép.*, -ge-, h⟩ *Mantel*, *Tuch* jeter ... sur ses épaules; **~ˈwerfen** *v/réfl.* ⟨*irr.*, *insép.*, *pas de ge-*, h⟩ sich mit j-m ~ se brouiller avec qn.

Überwert [ˈyːbərˌveːrt] *m* plus-value *f*.

überwiegen [ˌyːbərˈviːgən] *v/t. u. v/i.* ⟨*irr.*, *insép.*, *pas de ge-*, h⟩ (*vorherrschen*) prédominer; être prépondérant; avoir la prépondérance; prévaloir (sur *od.* contre); etw. ~ l'emporter sur qc.; **~d 1.** *adjt.* prépondérant; ~e Mehrheit forte majorité; **2.** *advt.* principalement.

überwind|en [ˌyːbərˈvɪndən] **I** *v/t.*

⟨*irr.*, *insép.*, *pas de ge-*, h⟩ *Gegner*, *Scham*, *Scheu etc.* vaincre; l'emporter (sur); triompher (de); *Hindernis*, *Schwierigkeit*, *Scham etc.* surmonter; *cf. auch* überwunden; **II** *v/réfl.* sich ~ se vaincre; se faire violence; (*es über sich gewinnen*) faire un effort sur soi-même (etw. zu tun pour faire qc.); **⁀er** *m* ⟨~s; ~⟩ vainqueur *m*; triomphateur *m*; **⁀ung** *f e-s Gegners* victoire *f*, triomphe *m* remporté(e) sur; nach ~ vieler Schwierigkeiten après avoir surmonté beaucoup de difficultés; es gehört viel ~ dazu, zu ... (+ *inf.*) il faut avoir un grand empire sur soi-même pour ... (+ *inf.*); das hat mich viel ~ gekostet cela m'a coûté; es kostet ihn ~, zu ... (+ *inf.*) il lui en coûte de ... (+ *inf.*).

überwinter|n [ˌyːbərˈvɪntərn] **I** *v/t.* ⟨-(e)re, *insép.*, *pas de ge-*, h⟩ conserver pendant l'hiver; **II** *v/i.* *Truppen*, *Schiffe* hiverner; *Pflanzen* survivre, résister à l'hiver; **⁀ung** *f* ⟨~⟩ conservation *f* pendant l'hiver; *von Truppen*, *Schiffen* hivernage *m*.

überwölben [ˌyːbərˈvœlbən] *v/t.* ⟨*insép.*, *pas de ge-*, h⟩ *bât.* couvrir d'une voûte; voûter.

überwucher|n [ˌyːbərˈvuːxərn] *v/t.* ⟨-(e)re, *insép.*, *pas de ge-*, h⟩ envahir (*auch fig.*); étouffer; **⁀ung** *f* envahissement *m*.

überwunden [ˌyːbərˈvʊndən] *adjt.* *Standpunkt* dépassé; abandonné.

Überwurf [ˈyːbərˌvʊrf] *m hist.* himation *m*.

Über|zahl [ˈyːbərˌtsaːl] *f* (*Mehrzahl*) majorité *f*; (*Übermacht*) supériorité *f* numérique; in der ~ sein avoir la supériorité numérique; être supérieur en nombre; être en majorité; être, avoir la majorité; *nur milit.* être en forces supérieures; der ~ weichen céder au nombre.

überzählen [ˌyːbərˈtsɛːlən] *v/t.* ⟨*insép.*, *pas de ge-*, h⟩ *sein Geld* (re)compter.

überzählig [ˈyːbərˌtsɛːlɪç] *adj.* en excédent; en trop; en surnombre; *Personal* surnuméraire; *milit.* 'hors cadres.

über|zeichnen [ˈyːbərˌtsaɪçnən] F *v/i.* ⟨-ete, *sép.*, -ge-, h⟩ *über den Rand*, *über e-e vorgezeichnete Linie* dépasser (les lignes tracées); **~ˈzeichnen** *v/t.* ⟨-ete, *insép.*, *pas de ge-*, h⟩ e-e Anleihe ~ dépasser, surpasser le montant d'une souscription à un emprunt.

überzeug|en [ˌyːbərˈtsɔʏɡən] **I** *v/t.* ⟨*insép.*, *pas de ge-*, h⟩ j-n von etw. ~ convaincre, persuader qn. de qc.; überzeugt sein, daß ... être convaincu, persuadé que ...; avoir la conviction que ...; von etw. voll u. ganz, felsenfest überzeugt sein F croire qc. dur comme fer; ein überzeugter Christ un chrétien convaincu; **II** *v/réfl.* sich von etw. ~ se convaincre de qc.; sich mit eigenen Augen von etw. ~ s'assurer de qc. par ses propres yeux; wenn Sie es nicht glauben wollen, ~ Sie sich selbst! si vous ne le croyez pas, allez-y voir!; sich von den Tatsachen ~ lassen se rendre à l'évidence (des faits); **~end 1.** *adjt.* convaincant; persuasif, -ive; *Argument* convaincant; concluant; **2.** *advt.* ~ wirken emporter conviction; ~ sprechen parler d'une façon convaincante, persuasive; **⁀ung** *f* ⟨~; ~en⟩ conviction *f*; persuasion *f*; aus ~ par conviction; der eigenen ~ zuwider contraire à ses convictions; nach s-r ~ leben, handeln vivre, agir d'après ses convictions; s-r ~ treu bleiben rester fidèle à ses convictions; ich habe die ~ gewonnen, daß ... j'ai acquis la conviction que ...; in der ~, zu ... (+ *inf.*) convaincu, avec la conviction de ... (+ *inf.*); etw. im Brustton der ~ sagen dire qc. ancré au rocher de sa conviction; **⁀ungsˌkraft** *f* ⟨~⟩ force convaincante; *nur e-s Menschen* force *f* de persuasion.

über|ziehen [ˈyːbərˌtsiːən] *v/t.* ⟨*irr.*, *sép.*, -ge-, h⟩ **1.** *Kleid*, *Mantel* mettre par-dessus; ziehen Sie schnell ein Kleid über! passez, mettez vite une robe!; **2.** j-m eins ~ administrer une correction à qn.; donner un coup de bâton à qn.; F flanquer une fessée à qn.; **~ˈziehen I** *v/t.* ⟨*irr.*, *insép.*, *pas de ge-*, h⟩ **1.** *mit Leder*, *Stoff etc.* (re-)couvrir (mit de); *techn.* revêtir, envelopper (de); *mit e-r Lack- od. Farbschicht* enduire (de); *ein Bett* frisch ~ mettre de nouveaux draps; changer les draps; mettre des draps propres; **2.** *fig.* ein Land mit Krieg ~ envahir un pays; porter la guerre dans un pays; **3.** *comm.* ein Konto ~ mettre un compte à découvert; **4.** *aviat.* décrocher; cabrer; **II** *v/réfl.* der Himmel überzieht sich (mit Wolken) le ciel se couvre; **III ⁀ˈziehen** *n aviat.* décrochage *m*; cabrage *m*; perte *f* de vitesse; *e-s Kontos cf.* Überziehung.

Überzieher [ˈyːbərˌtsiːər] *m* ⟨~s; ~⟩ pardessus *m*; paletot *m*.

Über|ziehung [ˌyːbərˈtsiːʊŋ] *f* *e-s Kontos* (mise *f* à) découvert *m*; **~ˈziehungskreˌdit** *m* crédit *m* à découvert; **~ˈziehungsprovisiˌon** *f* commission *f* de crédit en compte courant; **⁀ˈzogen** *adjt.* *Konto* à découvert; *aviat.* ~er Flugzustand position de décrochage; F sehr von sich ~ sein avoir une 'haute opinion de soi; P se gober.

überzücht|en [ˌyːbərˈtsʏçtən] *v/t.* ⟨-ete, *insép.*, *pas de ge-*, h⟩ supersélectionner; sélectionner à outrance; **⁀ung** *f* supersélection *f*; sélection *f* à outrance.

überzuckern [ˌyːbərˈtsʊkərn] *v/t.* ⟨-(e)re, *insép.*, *pas de ge-*, h⟩ *cuis.* saupoudrer de sucre.

Überzug [ˈyːbərˌtsuːk] *m aus Leder*, *Stoff etc.* couverture *f* (aus de); *techn.* revêtement *m*; enveloppe *f*; chemise *f*; *für Möbel* 'housse *f*; *von Lack*, *Farbe* enduit *m*; couche *f*.

übler [ˈyːblər] (*comp. von* übel) **1.** *adj.* pire; **2.** *adv.* pis.

üblich [ˈyːplɪç] *adj.* (*gebräuchlich*) usuel, -lle; d'usage; *bes. von Wörtern* usité; (*gewöhnlich*) habituel, -lle; normal; (*durch die Sitte geheiligt*) reçu; ~er Preis prix habituel, courant; ~er Zinssatz taux d'intérêt usuel, habituel; ~er Lohn salaire normal; zu den ~en Bedingungen aux conditions habituelles; auf dem ~en diplomatischen Wege par la voie diplomatique normale; F der ~e Quatsch F la salade habituelle; das ist so ~ c'est l'usage; cela se fait; das ist in Frankreich nicht ~ cela ne se fait pas en France; es ist ~, daß ... il est de règle que ... (+ *subj.*); wie ~ comme d'habitude, d'usage, de règle; das ist nicht mehr ~ c'est 'hors d'usage; c'est désuet, -ète; c'est tombé en désuétude.

U-Boot [ˈuːboːt] *n* sous-marin *m*; submersible *m*; **~-ˌAbwehr** *f*, **~-Beˌkämpfung** *f* lutte anti-sous-marine; défense *f* contre les sous-marins; **~-ˌBunker** *m* abri bétonné pour sous-marins; **~-ˌFalle** *f* piège *m* à sous-marin(s); **~-Geˌfahr** *f* péril sous-marin; **~-ˌHafen** *m* base *f* de sous-marins; **~-ˌHorchdienst** *m* détection sous-marine; **~-ˌJäger** *m* chasseur *m* de sous-marins; **~-Kommanˌdant** *m* commandant *m* de sous-marin; **~-ˌKrieg** *m* guerre sous-marine; **~-ˌMann** *m* sous-marinier *m*; **~-ˌSperre** *f* barrage anti-sous-marin; **~-ˌStützpunkt** *m cf.* ~-Hafen; **~-ˌWaffe** *f* arme, force sous-marine; **~-ˌWerft** *f* chantier *m* de construction de sous-marins.

übrig [ˈyːbrɪç] *adj.* de reste; restant; mein ~es Geld le reste de mon argent; im ~en Europa dans le reste de l'Europe; das ~e le reste; das ~e können Sie sich denken vous pouvez deviner le reste; ein ~es tun faire davantage; die ~en les autres; ~ sein rester; être de reste; ~ haben avoir ... de reste; *fig.* für j-n etw. ~ haben avoir un faible pour qn.; im ~en au reste; au surplus; en outre; **~beˌhalten** *v/t.* ⟨*irr.*, *sép.*, *pas de ge-*, h⟩ avoir de reste; *absichtlich* garder; conserver; ich habe *ein Pfund* ~ il m'en reste ...; **~ˌbleiben** *v/i.* ⟨*irr.*, *sép.*, -ge-, sein⟩ rester; être de reste; es blieb mir nichts anderes übrig, als mich zu empfehlen il ne me restait rien d'autre à faire que de prendre congé; il ne me restait plus qu'à prendre congé; **~ens** *adv.* du reste; d'ailleurs; F au demeurant; **~ˌlassen** *v/t.* ⟨*irr.*, *sép.*, -ge-, h⟩ laisser (de reste); *beim Essen* nichts ~ ne rien laisser; tout manger; faire place nette, *iron.* table rase; zu wünschen ~ laisser à désirer.

Übung [ˈyːbʊŋ] *f* ⟨~; ~en⟩ exercice *m*; entraînement *m*; pratique *f*; *gym.* (*Turn⁀*) exercice *m*; *mus.* (*Finger⁀*, *Übungsstück*) étude *f*; *milit.* (*Truppen⁀*) manœuvre *f*; (*Wehr⁀*) période *f* militaire, de rappel, d'instruction; aus der ~ kommen perdre l'habitude; in der ~ bleiben s'entretenir (la main); conserver l'entraînement, la pratique, l'exercice, la main, *etc.*; in der ~ sein, ~ haben avoir l'expérience, la pratique, l'habitude; ich habe zu wenig ~ j'ai trop peu de pratique, d'exercice, d'entraînement; es fehlt mir nur an ~ ce n'est que la pratique qui me manque; il ne me manque que la pratique; ~ macht den Meister *prov.* c'est en forgeant qu'on devient forgeron *prov.*

Übungs|arbeit [ˈyːbʊŋsˌˀarbaɪt] *f*, **~ˌaufgabe** *f* exercice *m*; **~ˌball** *m Boxen cf.* Punchingball; **~ˌbuch** *n* livre *m* d'exercices; **~ˌflug** *m aviat.* vol *m* d'entraînement; **~ˌflugzeug** *n* avion *m* d'entraînement, d'instruction; avion-école *m*; **~geˌlände** *n* terrain *m* d'entraînement, d'exercice, *milit.* d'instruction; *cf. auch* ~platz; **~geˌschoß** *n milit.* obus *m* d'exercice; **⁀ˈhalber** *adv.* pour des raisons d'exercice, d'entraînement; **~ˌheft** *n* cahier *m* d'exercices, de brouillon(s); **~ˌkampf** *m Boxen cf.* Sparringskampf; **~ˌlager** *n milit.* camp *m* d'entraînement, d'instruction; **~ˌmarsch** *m milit.* marche *f* (d'exercice, d'entraînement); **~munitiˌon** *f milit.* munitions *f/pl.* d'exercice, à blanc; mit ~ schießen tirer à blanc; **~ˌpartner** *m Boxen cf.* Sparringspartner; **~ˌplatz** *m milit.* champ *m*, terrain *m* de manœuvre; terrain *m* d'instruction, d'entraînement; **~ˌschanze** *f Schisport* tremplin *m* d'entraînement; **~ˌschießen** *n* tir *m* d'instruction; **~ˌspiel** *n* match *m*, partie *f* d'entraînement; **~ˌstück** *n* exercice *m*; *mus.* étude *f*; **~ˌstunde** *f* heure *f* d'exercice; **~ˌzeit** *f* temps *m*

d'exercice; ~ˌ**zweck** *m* but *m* de l'exercice; für ~e pour des exercices.
U-Eisen ['uːˌʔaɪzən] *n* ⟨~s; ~⟩ fer *m* à *od.* en U.
Ufer ['uːfər] *n* ⟨~s; ~⟩ *e-s Flusses, Sees* bord *m*; rivage *m*; rive *f*; *erhöhtes e-s Flusses* berge *f*; am ~ der Seine au bord de la Seine; sur les berges de la Seine; über die ~ treten déborder; sortir de son lit; ans ~ spülen (re)jeter sur le rivage; ~ˌ**bahn** *f* chemin *m* de fer riverain; ~ˌ**bau** *m* ⟨~(e)s; ~ten⟩ endiguement *m*; ~**beˌfestigung** *f* consolidation *f* des bords, rives, berges; ~ˌ**böschung** *f* berge *f*; 𝔖ˌ**los** *adj. fig.* illimité; sans limites; *Debatte* sans fin; interminable; *Pläne* à perte de vue; *Pläne* ins ~e gehen donner, déboucher dans le chimérique; ~ˌ**mauer** *f* quai *m*; ~**promeˌnade** *f* promenade *f* (le long d'un fleuve, d'un lac); ~ˌ**schutzˌbauten** *m/pl.* digues *f/pl.*; ~ˌ**schwalbe** *f zo.* hirondelle *f* de rivage; ~ˌ**straße** *f* route riveraine.
uff [ʊf] *int.* ouf!
U-förmig ['uːˌfœrmɪç] *adj.* en U.
Uhr [uːr] *f* **1.** ⟨~; ~en⟩ (*Armband*𝔖) bracelet-montre *m*; montre-bracelet *f*; *dafür meist nur* montre *f*; (*Taschen*𝔖) montre *f*; (*Pendel*𝔖, *Stutz*𝔖) pendule *f*; (*Turm*𝔖) horloge *f*; goldene ~ montre en or; nach der ~ sehen regarder l'heure; F consulter sa montre; die ~ stellen mettre la montre, pendule, *etc.* à l'heure; die ~ vorstellen, zurückstellen avancer, retarder la montre, pendule, *etc.*; meine ~ geht richtig ma montre va juste; meine ~ geht falsch ma montre ne va pas juste; meine ~ geht vor, nach ma montre avance, retarde; die ~ geht zehn Minuten vor, nach la montre, pendule, *etc.* avance, retarde de dix minutes; die ~ ist stehengeblieben, steht la montre, pendule, *etc.* s'est arrêtée, est arrêtée; *fig.* s-e ~ ist abgelaufen sa dernière heure est venue; il va mourir; **2.** ⟨*inv.*⟩ *zur Angabe der Tagesstunde* heure *f*; wieviel ~ ist es?, was ist die ~? quelle heure est-il?; wissen Sie, wieviel ~ es ist? savez-vous l'heure qu'il est, quelle heure il est?; um wieviel ~? à quelle heure?; es ist ein, vier ~ il est une heure, quatre heures; es ist zwölf ~ (*mittags*) il est midi, (*nachts*) minuit; halb vier (~) trois heures et demie; es ist Punkt zwei ~ il est deux heures précises; ~ˌ**armband** *n* ⟨~(e)s; ~er⟩ bracelet *m* (pour montre); ~ˌ**deckel** *m* couvercle *m* de montre; ~**enfaˌbrik** *f* horlogerie *f*; ~**enfabriˌkant** *m* horloger *m*; ~**engeˌschäft** *n*, ~**enˌhandel** *m* horlogerie *f*; ~**enindusˌtrie** *f* industrie horlogère; horlogerie *f*; ~**enverˌgleich** *m* réglage *m* des montres; ~ˌ**feder** *f* ressort *m* de montre; ~**geˌhänge** *n* breloques *f/pl.*; ~**geˌhäuse** *n* boîtier *m* de montre; ~**geˌwicht** *n* poids *m* de l'horloge; ~**glas** *n* verre *m* de montre; ~ˌ**kette** *f* chaîne *f* de montre; ~ˌ**macher(in)** *m* ⟨~s; ~⟩ (*f*) ⟨~; ~nen⟩ horloger, -ère *m, f*; ~**mache'rei** *f* ⟨~⟩, ~**macherˌkunst** *f* horlogerie *f*; ~ˌ**pendel** *n* balancier *m*; ~ˌ**schlüssel** *m* clef *f* de montre, de pendule; ~ˌ**tasche** *f* gousset *m*; ~**werk** *n* mouvement *m*; rouages *m/pl.* d'une montre, *etc.*; ~ˌ**zeiger** *m* aiguille *f* de montre; ~**zeigerˌsinn** *m* im ~ dans le sens des aiguilles d'une montre; entgegen dem ~ en sens inverse des aiguilles d'une montre; ~**zeit** *f* heure *f*; die ~ vergleichen prendre l'heure.
Uhu ['uːhuˑ] *m* ⟨~s; ~s⟩ *zo.* grand duc.
Ukas ['uːkas] *m* ⟨~ses; ~se⟩ ukase *m*.
Ukelei ['uːkəˌlaɪ] *m* ⟨~s; ~e *od.* ~s⟩ *zo.* ablette *f*.
Ukrain|er(in) [uˑkra'iːnər(ɪn), -'kraɪ-] *m* ⟨~s; ~⟩ (*f*) ⟨~; ~nen⟩ Ukrainien, -nne *m, f*; 𝔖**isch** *adj.* ukrainien, -nne.
UK-Stellung [uː'kɑːˌʃtɛlʊŋ] *f milit.* affectation spéciale.
UKW [uːkɑː'veː] *abr. für* Ultrakurzwellen ondes ultra-courtes; fréquence modulée; ~-**Anˌtenne** *f* antenne *f* pour fréquence modulée; F antenne FM; ~-**Beˌreich** *m* gamme *f* de fréquence modulée, des ondes ultra-courtes; F gamme FM; ~-**Emˌpfänger** *m* récepteur *m* à modulation de fréquence, à ondes ultra-courtes; ~-ˌ**Sender** *m* émetteur *m* à modulation de fréquence, d'ondes ultra-courtes.
Ulan [uˑ'lɑːn] *m* ⟨~en; ~en⟩ *hist.*, *milit.* 'uhlan *m*; lancier *m*; ~**ka** [-'laŋ-] *f* ⟨~; ~s⟩ *hist.*, *milit.* veste *f* de uhlan.
Ulk [ʊlk] F *m* ⟨~(e)s; ~e⟩ plaisanterie *f*; facétie [-si] *f*; F blague *f*; rigolade *f*; *der Studenten* canular *m*; ~ machen faire des plaisanteries; plaisanter; se livrer à des facéties; F faire des blagues; blaguer; rigoler; 𝔖**en** F *v/i.* ⟨h⟩ *cf.* Ulk (machen); 𝔖**ig** F *adj.* drôle; F rigolo, -ote; désopilant; P bidonnant; tordant.
Ulme ['ʊlmə] *f* ⟨~; ~n⟩ *bot.* orme *m*; junge ~ ormeau *m*; *als Setzling* ormille *f*; ~**nˌwäldchen** *n* ormaie *f*.
Ulster ['ʊlstər] *m* ⟨~s; ~⟩ ulster *m*.
ultimat|iv [ʊltiˑma'tiːf] *adj.* in ~er Form sous la forme d'un ultimatum; sous forme d'ultimatum; 𝔖**um** [-'mɑː-] *n* ⟨~s; ~ten *od.* ~s⟩ ultimatum [-ɔm] *m*; ein ~ stellen envoyer un ultimatum.
ultimo ['ʊltiˑmoˑ] **I** *adv.* (*abr.* ult.) *comm.* ~ März fin mars; **II** 𝔖 *m* ⟨~s; ~s⟩ dernier jour du mois; fin *f* du mois; *des laufenden Monats* fin *f* courant; per ~ à fin de mois; 𝔖-ˌ**Abrechnung** *f comm.* liquidation *f* de fin de mois; 𝔖ˌ**fälligkeit** *f comm.* échéance *f* de fin de mois; 𝔖**liquidatiˌon** *f*, 𝔖**reguˌlierung** *f comm.* liquidation *f* de fin de mois; 𝔖ˌ**wechsel** *m* traite *f* à fin de mois; lettre *f* de change fin courant.
Ultra|kurzwellen ['ʊltraˌkʊrtsˌvɛlən, -'kʊrts-] *f/pl.*, ~**kurzˌwellenanˌtenne** [-ˌkʊrts-, -'kʊrts-] *etc. cf.* UKW ...; 𝔖**ma'rin I** *adj.* outremer; **II** ~**ma'rin** *n* ⟨~s⟩ *peint.* outremer *m*; 𝔖**mo'dern** *adj.* ultramoderne; 𝔖**mon'tan** *adj. hist.* ultramontain; ~**mon'tane(r)** *m* ⟨→ A⟩ *hist.* ultramontain *m*; ~**monta'nismus** *m* ⟨~⟩ *hist.* ultramontanisme *m*; 𝔖ˌ**rot I** *adj.* infrarouge; **II** ~ˌ**rot** *n* infrarouge *m*; ~**s** *m/pl. pol.* ultras *m/pl.*; ~ˌ**schall** *m* ⟨~(e)s⟩ ultra-son(s) *m* (*pl.*); ~**schallˌechoˌlot** *n* sondeur *m* à ultra-sons; ~**schallˌechoˌlotung** *f* sondage *m* ultra-sonique; ~ˌ**schallgeˌrät** *n* appareil *m* ultra-sonique; ~**schallˌheilverˌfahren** *n méd.* ultrasonothérapie *f*; thérapeutique *f*, thérapie *f* par ondes ultra-sonores; ~**schallˌschwingungen** *f/pl.* vibrations *f/pl.* ultra-sonores, ultra-son(iques); ~ˌ**schalltheraˌpie** *f cf.* ~schallheilverfahren; ~**schallˌwelle** *f* onde *f* ultra-sonore; ~**schallˌwellenfreˌquenz** *f* fréquence *f* ultra-acoustique; ~ˌ**strahlung** *f* rayonnement *m* cosmique; rayons *m/pl.* cosmiques; 𝔖**vioˌlett I** *adj.* ultraviolet, -tte; **II** ~**vioˌlett** *n* ultraviolet *m*.
um [ʊm] **I** *prép.* ⟨*acc.*⟩ **1.** *örtlich* autour de; ~ ein Haus herumgehen faire le tour d'une maison; tourner autour d'une maison; die Kinder standen ~ ihn herum les enfants l'entouraient; ein Graben läuft ~ die Stadt un fossé entoure la ville; ~ die Ecke biegen tourner au coin de la rue; ein Tuch ~ den Hals binden se mettre un foulard autour du cou; die Frauen ~ Goethe Gœthe et les femmes; es dreht sich alles ~ ihn tout tourne, gravite autour de lui; er ist immer ~ sie il est toujours autour d'elle, avec elle; j-m ~ den Hals fallen se jeter au cou de qn.; mir ist schwer ~s Herz j'en ai gros sur le cœur; *Sie wissen nicht*, wie mir ~s Herz ist ... ce que je (res)sens; *ich spreche*, wie mir ~s Herz ist ... à cœur ouvert; ~ sich schauen regarder autour de soi; **2.** *zeitlich* (*ungefähr*) sur; vers; *bestimmt* à; ~ die sechste Stunde sur les, vers six heures; ~ elf (Uhr) à onze heures; ~ elf herum vers onze heures; ~ die Mitte des Jahrhunderts vers le milieu du siècle; ~ diese Zeit à cette époque; vers ce temps-là; **3.** (*bezüglich auf*) sich ~ j-n ängstigen être inquiet, -ète sur le sort de qn.; sich ~ j-n mühen se donner beaucoup de peine pour qn.; das hat er nicht ~ ihn verdient il ne l'a pas mérité de sa part; wie steht's ~ ihn? où en est-il?; es ist ~ ihn geschehen c'en est fait de lui; es tut mir leid ~ ihn cela me fait de la peine pour lui; ~ etw. wissen avoir connaissance de qc.; être au courant de qc.; es ist e-e ernste Sache ~ das Sterben c'est une chose sérieuse que la mort; **4.** *Beweggrund* pour; à cause de; ~ ... willen pour l'amour de; par amour pour; par égard pour; j-n ~ s-r Güte willen lieben aimer qn. pour sa bonté; ~ Gottes willen pour l'amour de Dieu; ~ des, F ~ Himmels willen au nom du ciel; *was tut man nicht* ~ des lieben Friedens willen ... pour avoir la paix, par amour de la paix; ~ unserer guten bisherigen Beziehungen willen en considération des, eu égard aux bonnes relations que nous avons eues, entretenues jusqu'ici; ~ seinetwillen par amour pour lui; pour l'amour de lui; par égard pour lui; es ist schade ~ das Geld quel dommage pour l'argent; **5.** *bezeichnet den Lohn, Preis, e-n Verlust* pour; de; *oft unübersetzt*; ~ Lohn arbeiten travailler pour un salaire; ~ Geld spielen jouer (pour) de l'argent; was tut man nicht ~s liebe Geld que ne fait-on pas pour de l'argent; es ist ihm nur ~ das Geld zu tun il ne s'intéresse qu'à l'argent; ~ jeden, keinen Preis à tout, à aucun prix; es geht ~ Leben od. Tod, es geht ~s Ganze il y va de la vie; nicht ~ alles in der Welt pour rien au monde (*mit* ne *beim Verbum*); Auge ~ Auge, Zahn ~ Zahn œil pour œil, dent pour dent; ~ zehn Mark wetten parier dix marks; ~ etw. kämpfen lutter pour qc.; ~ etw. betrügen frustrer de qc.; ~ etw. kommen perdre qc.; ~ dein Geld bist du gekommen *auch* tu en es pour ton argent; tu peux faire ton deuil de l'argent; j-n ~ etw. bringen faire perdre qc. à qn.; **6.** *bezeichnet e-n Unterschied, Abstand* de; ~ ein Jahr älter d'un an plus âgé; ~ die Hälfte größer plus grand de moitié; er ist ~ e-n Kopf größer als ... il a la tête de plus que ...; sich ~ ... verrechnen se tromper de ...; ~ so größer d'au-

tant plus grand; ~ **so besser, schlimmer!** tant mieux, pis!; ~ **so mehr** d'autant plus; raison de plus; ~ **so mehr, als** ... d'autant plus que ...; ~ **so weniger, als** ... d'autant moins que ...; ~ **wieviel mehr ist er zu beklagen** combien plus faut-il le plaindre; ~ **so weniger müssen Sie hingehen** raison de plus pour ne pas y aller; ~ **sechs Mark billiger** de six marks meilleur marché; **er ist** ~ **nichts besser geworden** il ne s'est amélioré en rien; ~ **ein Haar wäre er gestürzt** il s'en est fallu d'un cheveu qu'il ne tombât; il a failli tomber; **7.** *bezeichnet e-e Aufeinanderfolge* **Schlag** ~ **Schlag** coup pour coup; **Tag** ~ **Tag** jour par *od.* après jour; **e-r** ~ **den andern** l'un après l'autre; **e-n Tag** ~ **den andern** tous les deux jours; un jour sur deux; **II** *conj.* ~ **zu** ... (+ *inf.*) pour ... (+ *inf.*); afin de ... (+ *inf.*); ~ **Ihnen zu beweisen, daß** ... pour vous prouver que ...; **III** *adv.* ~ **u.** ~ tout autour; de tous côtés; de toutes parts; à la ronde; (*ganz u. gar*) totalement; absolument; **die Zeit ist** ~ le temps est révolu; **das Jahr ist** ~ l'année est finie.

um|adressieren ['ʊmʔadrɛˌsiːrən] *v/t.* ⟨*sép., pas de ge-*, h⟩ changer l'adresse (etw. de qc.); **ℒadreˌssierung** *f* ⟨~; ~en⟩ changement *m* d'adresse; **~ˌändern** *v/t.* ⟨-(e)re, *sép.*, -ge-, h⟩ changer; transformer; modifier; apporter des modifications à; **ℒˌänderung** *f* changement *m*; transformation *f*; modification *f*; **~ˌarbeiten** *v/t.* ⟨-ete, *sép.*, -ge-, h⟩ *Garderobe* transformer; *Buch, Aufsatz etc.* remanier; *gänzlich* refondre; **ℒˌarbeitung** *f* ⟨~; ~en⟩ *der Garderobe* transformation *f*; *e-s Buches etc.* remaniement *m*; *völlige* refonte *f*.

umarm|en [ˌʊm'ʔarmən] *v/t.* (*u. v/réfl.*) ⟨*insép., pas de ge-*, h⟩ (s')embrasser; *von Liebenden* (s')étreindre; serrer dans ses bras; **ℒung** *f* ⟨~; ~en⟩ *zwischen Verwandten, Freunden* embrassement *m*; *zweier Liebender* étreinte *f*; *zwischen sich fernstehenden Menschen, vor Begeisterung, Freude* embrassade *f*; accolade *f*.

Umbau ['ʊmbaʊ] *m* ⟨~(e)s; ~e *od.* ~ten⟩ *e-s Gebäudes, thé.* transformation *f*; *um ein altes Gebäude* bâtiments *m/pl.* (qui entourent un autre); **wegen** ~ **geschlossen** fermé pour cause de transformation; **ℒen** *v/t.* ⟨*sép.*, -ge-, h⟩ transformer; **ℒen** [-'baʊ-] *v/t.* ⟨*insép., pas de ge-*, h⟩ *ein anderes Gebäude* entourer de bâtiments.

um|behalten ['ʊmbəˌhaltən] *v/t.* ⟨*irr., sép., pas de ge-*, h⟩ garder sur soi; **~beˌnennen** *v/t.* ⟨*irr., sép., pas de ge-*, h⟩ débaptiser [-bati-]; **ℒbeˌnennung** *f néol.* débaptisation [-bati-] *f*.

Umber ['ʊmbər] *m* ⟨~s; ~n⟩, **~ˌfisch** *m zo.* ombrine *f*.

um|besetzen ['ʊmbəˌzɛtsən] *v/t.* ⟨-(es)t, *sép., pas de ge-*, h⟩ *thé.* **die Rollen** ~ changer la distribution des rôles; **ℒbeˌsetzung** *f thé.* **die** ~ **der Rollen** le changement dans la distribution des rôles; **~ˌbetten** *v/t.* ⟨-ete, *sép.*, -ge-, h⟩ *Fluß* faire couler dans un autre lit; détourner le cours (de); dériver; dévier; *Kranken* changer de lit; *Toten* exhumer pour l'enseveler ailleurs; **ℒˌbettung** *f e-s Kranken* changement *m* de lit; *besser verbal*; *e-s Flusses auch* détournement *m*; dérivation *f*; déviation *f*; **~ˌbiegen** *v/t.* (*u. v/réfl.*) ⟨*irr., sép.*, -ge-, h⟩ (se) replier; *Ecken von Papier, Kragen* casser; (*krümmen*) (se) recourber; **~ˌbilden** *v/t.* ⟨-ete, *sép.*, -ge-, h⟩ transformer; *fig.* réorganiser; *Kabinett, Regierung* remanier; **ℒˌbildung** *f* transformation *f*; *fig.* réorganisation *f*; *des Kabinetts etc.* remaniement *m*; **~ˌbinden** *v/t.* ⟨*irr., sép.*, -ge-, h⟩ *Schlips, Halstuch, Schürze etc.* mettre; **~ˌblasen** *v/t.* ⟨*irr., sép.*, -ge-, h⟩ renverser ... d'un souffle; **~ˌblättern** *v/t. u. v/i.* ⟨-(e)re, *sép.*, -ge-, h⟩ tourner une page; **~ˌblicken** *v/réfl.* ⟨*sép.*, -ge-, h⟩ **sich** ~ regarder autour de soi; (*zurückblicken*) tourner la tête; **sich nach etw.** ~ se retourner sur qc.

Umbra ['ʊmbra] *f* ⟨~⟩ *minéral.* (terre *f* d')ombre *f*.

umbrausen [ˌʊm'braʊzən] *v/t.* ⟨-(es)t, *insép., pas de ge-*, h⟩ *poét.* mugir autour de.

um|brechen ['ʊmˌbrɛçən] *v/t.* ⟨*irr., sép.*, -ge-, h⟩ abattre; *agr.* défoncer; défricher; *Wiese* labourer; retourner; **~'brechen** *v/t.* ⟨*irr., insép., pas de ge-*, h⟩ *impr.* mettre en pages.

umbringen ['ʊmˌbrɪŋən] **I** *v/t.* ⟨*irr., sép.*, -ge-, h⟩ tuer; faire mourir; (*ermorden*) assassiner; **II** *v/réfl.* **sich** ~ se tuer; se suicider; *st. s.* mettre fin à ses jours; F *fig.* **sich für j-n** ~ se mettre en quatre pour qn.

Umbruch ['ʊmbrʊx] *m agr.* défoncement *od.* défonçage *m*; défrichement *od.* défrichage *m*; *e-r Wiese* labourage *m*; retournement *m*; *impr.* mise *f* en pages; *fig.* révolution *f*; **~korrekˌtur** *f* lecture *f* en bon; **~redakˌteur** *m* rédacteur *m* au marbre, qui fait le marbre, chargé de la mise en pages.

um|buchen ['ʊmˌbuːxən] *v/t.* ⟨*sép.*, -ge-, h⟩ *Buchführung* passer, transférer ... d'un compte à un autre; **ℒˌbuchung** *f* transfert *m* d'un compte à un autre; **~ˌdecken** *v/t.* ⟨*sép.*, -ge-, h⟩ *Tisch* changer les couverts; *Dach* refaire; **~ˌdenken** *v/i.* ⟨*irr., sép.*, -ge-, h⟩ orienter autrement sa pensée; **~ˌdeuten** *v/t.* ⟨-ete, *sép.*, -ge-, h⟩ donner un autre sens, une autre interprétation à; **ℒˌdeutung** *f* interprétation différente; **~diriˌgieren** *v/t.* ⟨*sép., pas de ge-*, h⟩ faire changer de direction; **~dispoˌnieren** *v/i.* ⟨*sép., pas de ge-*, h⟩ disposer autrement.

umdrängen [ˌʊm'drɛŋən] *v/t.* ⟨*insép., pas de ge-*, h⟩ presser de tous côtés; assiéger.

umdrehen ['ʊmˌdreːən] **I** *v/t.* ⟨*sép.*, -ge-, h⟩ tourner; **j-m den Hals** ~ F tordre le cou à qn.; *fig.* **den Spieß** ~ *cf.* **Spieß**; **j-m die Worte im Munde** ~ déformer, dénaturer le sens des mots de qn.; **er dreht jeden Pfennig um, ehe er ihn ausgibt** il réfléchit longuement avant d'acheter qc.; **II** *v/réfl.* **sich** ~ se retourner (nach vers *od.* du côté de); F *fig.* **sich im Grabe** ~ F bondir, se retourner dans sa tombe; **da dreht sich e-m das Herz im Leibe um** cela fait bondir le cœur.

Umdrehung [ˌʊm'dreːʊŋ] *f mot.* tour *m*; *um e-e Achse* rotation *f*; *um e-n Mittelpunkt* révolution *f*; **~sgeˌschwindigkeit** *f* vitesse *f* de rotation; **~sˌzahl** *f* nombre *m* de tours; **~sˌzähler** *m* compte-tours *m*.

Umdruck ['ʊmdrʊk] *m* ⟨~(e)s; ~e⟩ *impr.* réimpression *f*.

umdüstert [ˌʊm'dyːstərt] *adj.* obscurci; assombri.

umeinander [ˌʊmʔaɪ'nandər] *adv.* l'un autour de l'autre; les uns autour des autres.

umerzieh|en ['ʊmʔɛrˌtsiːən] *v/t.* ⟨*irr., sép., pas de ge-*, h⟩ rééduquer; **ℒung** *f* rééducation *f*.

umfächeln [ˌʊm'fɛçəln] *v/t.* ⟨-(e)le, *insép., pas de ge-*, h⟩ *poét.* caresser.

um|fahren ['ʊmˌfaːrən] **I** *v/t.* ⟨*irr., sép.*, -ge-, h⟩ renverser (avec une voiture); **II** *v/i.* ⟨**sein**⟩ faire un détour (en voiture); **~'fahren** *v/t.* ⟨*irr., insép., pas de ge-*, h⟩ faire le tour (de); contourner; *mar. cf.* **um'schiffen**.

Umfahrt ['ʊmfart] *f* détour *m*.

umfallen ['ʊmˌfalən] **I** *v/i.* ⟨*irr., sép.*, -ge-, **sein**⟩ tomber; se renverser; *fig.* changer subitement d'avis, d'idées; *pol.* lâcher son parti; retourner sa veste; F tourner casaque; **tot** ~ tomber mort; **II** ℒ *n* chute *f*; **zum** ~ **müde sein** tomber de sommeil, de fatigue; F être rendu de fatigue.

Umfang ['ʊmfaŋ] *m* ⟨~(e)s⟩ *e-s Baumstammes, Kreises etc.* circonférence *f*; *math. auch* périmètre *m*; périphérie *f*; *e-r Stadt* périmètre *m*; (*Ausdehnung*) étendue *f*; *cout.* tour *m*; *e-s Buches* grosseur *f*; longueur *f*; *e-s Begriffs* extension *f*; *e-r Stimme* registre *m*; volume *m*; étendue *f*; *fig.* (*Ausmaß*) mesure *f*; étendue *f*; ampleur *f*; *des Exports etc.* volume *m*; chiffre *m*; importance *f* (*auch e-s Schadens*); *e-s Unternehmens* envergure *f*; **wir können die Frage noch nicht in ihrem ganzen** ~ **übersehen** il ne nous est pas encore possible d'embrasser la question dans toute son étendue, ampleur; **wir können die Fabrikation nur in kleinerem** ~ **aufrechterhalten** nous ne pouvons maintenir la fabrication que dans une mesure restreinte, sur une échelle réduite; **in angemessenem** ~ dans une mesure raisonnable; **in großem** ~ en grande partie; **in welchem** ~? dans quelle mesure?; F **er hat e-n ganz schönen** ~ il a un bon embonpoint.

umfangen [ˌʊm'faŋən] *v/t.* ⟨*irr., insép., pas de ge-*, h⟩ embrasser; *von Dunkelheit, Nebel etc.* entourer; environner.

umfangreich ['ʊmfaŋˌraɪç] *adj. Werk* volumineux, -euse; gros, -sse; *fig., Nachforschungen, Kenntnisse, Studien etc.* étendu; vaste; ample; *Briefwechsel* large; F *Person* gros, -sse; d'embonpoint.

umfärben ['ʊmˌfɛrbən] *v/t.* ⟨*sép.*, -ge-, h⟩ reteindre.

umfass|en [ˌʊm'fasən] *v/t.* ⟨-ßt, *insép., pas de ge-*, h⟩ *Knie* (*umschlingen*) étreindre; enlacer; enserrer; *milit., feindl. Stellung* envelopper; encercler; cerner; *fig.* (*in sich begreifen*) embrasser; comprendre; contenir; comporter; **~end** *adjt. Kenntnisse* étendu; approfondi; vaste; *Maßnahmen* vaste; **ein ~es Geständnis ablegen** faire, passer des aveux complets; **ℒung** *f milit.* mouvement enveloppant; enveloppement *m*; encerclement *m*; **ℒungsbeˌwegung** *f milit.* mouvement enveloppant; **ℒungsmaˌnöver** *n milit.* manœuvre enveloppante, d'enveloppement.

um|flattern [ˌʊm'flatərn] *v/t.* ⟨-(e)re, *insép., pas de ge-*, h⟩ voltiger autour de; *Bänder etc.* flotter autour de; **~'flechten** *v/t.* ⟨*irr., insép., pas de ge-*, h⟩ tresser ... autour de; **~'fliegen** *v/t.* ⟨*irr., insép., pas de ge-*, h⟩ voler autour de; *um zu umgehen* contourner; **~'fließen** *v/t.* ⟨*irr., insép., pas de ge-*, h⟩ entourer de ses eaux; couler autour de; **~'flort** *adjt. Augen* voilé; **~'fluten** *v/t.* ⟨-ete, *insép., pas de ge-*, h⟩ entourer, environner de ses flots.

umform|en ['ʊmˌfɔrmən] *v/t.* ⟨*sép.*, -ge-, h⟩ transformer; *élect.* convertir (in en); ℒ**er** *m élect.* convertisseur *m*; ℒ**erˌanlage** *f élect.* groupe convertisseur; ℒ**ung** *f élect.* transformation *f*.

Umfrage ['ʊmˌfrɑːgə] *f* enquête *f*; sondage *m*; ~ **halten** faire une enquête, un sondage; ℒ**n** *v/i.* ⟨*sép.*, -ge-, h⟩ *cf.* Umfrage (halten).

umfried|en [ˌʊm'friːdən] *v/t.* ⟨-ete, *insép.*, *pas de ge-*, h⟩, ~**igen** *v/t.* ⟨*insép.*, *pas de ge-*, h⟩ clôturer; clore; entourer d'une clôture, enceinte; ℒ**(ig)ung** *f* ⟨~; ~en⟩ clôture *f*; enceinte *f*.

umfüll|en ['ʊmˌfʏlən] *v/t.* ⟨*sép.*, -ge-, h⟩ *in ein anderes Gefäß* transvaser; ℒ**ung** *f* transvasement *m*.

Um|gang ['ʊmgaŋ] *m* **1.** *e-s Menschen* (*Verkehr*) fréquentations *f/pl.*; rapports *m/pl.*; relations *f/pl.*; commerce *m*; **mit j-m ~ haben, pflegen** avoir, entretenir des relations, rapports avec qn.; frayer avec qn.; fréquenter qn.; avoir commerce avec qn.; **schlechten ~ haben** avoir de mauvaises fréquentations; **das ist kein ~ für dich** ce n'est pas une fréquentation pour toi; **er ist im ~ sehr liebenswürdig** il est d'un commerce très agréable; **der ~ mit Gebildeten** le commerce avec des esprits cultivés; **Erfahrung im ~ mit Menschen haben** avoir l'expérience, l'usage du monde; **im ~ mit Untergebenen** dans les rapports avec les subordonnés; **2.** *égl. cath.* procession *f*; *bât.* (*Chor*ℒ) déambulatoire *m*; ℒˌ**gänglich** *adj.* sociable; d'un commerce agréable; liant; ~ˌ**gänglichˌkeit** *f* ⟨~⟩ sociabilité *f*; ~**gangsˌformen** *f/pl.* ~ **haben** avoir du savoir-vivre, de la civilité; **er hat keine ~** il manque de savoir-vivre, de civilité, d'usage; ~**gangsˌsprache** *f* langage courant, familier; ℒ**gangsˌsprachlich** *adj.* familier, -ère; du langage courant, familier.

um|garnen [ˌʊm'garnən] *v/t.* ⟨*insép.*, *pas de ge-*, h⟩ **j-n ~** prendre qn. dans ses filets; F entortiller, enjôler qn.; ~**'gaukeln** *v/t.* ⟨-(e)le, *insép.*, *pas de ge-*, h⟩ voltiger autour de.

um|geben ['ʊmˌgeːbən] *v/t.* ⟨*irr.*, *sép.*, -ge-, h⟩ *Mantel, Tuch* jeter, mettre … sur les épaules (de qn.); ~**'geben I** *v/t.* ⟨*irr.*, *insép.*, *pas de ge-*, h⟩ *mit Menschen, Liebe, Fürsorge* entourer (mit de); *e-e Stadt* (*umschließen*) *in weiterem Umkreis* environner; *mit e-r Mauer etc.* (en)ceindre; enclore; clôturer; **II** *v/réfl.* **sich** *mit Künstlern etc.* ~ s'entourer (de).

umgebogen ['ʊmgəˌboːgən] *adjt.* replié; *Kragenecken* cassé.

Umgebung [ˌʊm'geːbʊŋ] *f* ⟨~; ~en⟩ (*Umwelt*) milieu *m*; ambiance *f*; (*e-n Menschen umgebende Personen*) entourage *m*; *e-r Stadt* alentours *m/pl.*; environs *m/pl.*; abords *m/pl.*; F parages *m/pl.*

Umgegend ['ʊmˌgeːgənt] *f* ⟨~⟩ *cf.* Umgebung (*e-r Stadt*).

um|gehen ['ʊmˌgeːən] *v/i.* ⟨*irr.*, *sép.*, -ge-, sein⟩ **1.** *Gerücht* circuler; faire le tour; **2.** (*als Geist spuken*) revenir; **es geht in diesem Schloß um** il y a des revenants dans ce château; ce château est 'hanté; **3.** (*e-n Umweg machen*) faire un détour; **4. mit j-m ~** (*verkehren*) *cf.* (mit j-m) Umgang (haben, pflegen); **er weiß mit Menschen umzugehen** il connaît bien le monde; **mit Kindern umzugehen wissen** savoir s'y prendre avec les enfants; **mit etw. umzugehen wissen** savoir manier qc.; savoir se servir de qc.; avoir l'habitude de qc.; se connaître à qc.; **er weiß mit Pferden umzugehen** il a l'habitude du cheval; il s'y entend avec les chevaux; **mit etw. ~** manipuler, manier qc.; **mit Geld leichtsinnig ~** manier l'argent sans discernement; **mit etw. sparsam ~** être économe de qc.; économiser, épargner qc.; **großzügig mit etw. ~** ne pas épargner qc.; **mit e-m Plan ~** nourrir, rouler un projet dans sa tête; **er geht mit dem Gedanken um, zu …** (+ *inf.*) il a l'intention de, il caresse le projet de, il songe à … (+ *inf.*); ~**'gehen** *v/t.* ⟨*irr.*, *insép.*, *pas de ge-*, h⟩ **1.** *Hindernis* (con)tourner; *Feind auch* déborder; *Schwierigkeit* éviter; *Gesetz* (con)tourner; éluder; esquiver; **2.** (*darum herumgehen*) contourner; faire le tour de.

umgehend ['ʊmˌgeːənt] **1.** *adj.* (*sofortig*) immédiat; **mit ~er Post** par retour du courrier; **2.** *adv.* immédiatement; ~ **antworten** répondre par retour du courrier.

Umgehung [ˌʊm'geːʊŋ] *f* ⟨~⟩ *e-s Hindernisses, des Feindes* contournement *m*; ~**sˌbahn** *f chem.* ligne *f* de contournement; ~**sbeˌwegung** *f milit.* mouvement tournant; ~**smaˌnöver** *n milit.* manœuvre débordante; ~**sˌmarsch** *m milit.* marche tournante; ~**sˌstraße** *f* route *f*, voie *f* de contournement.

umgekehrt ['ʊmgəˌkeːrt] **1.** *adj.* renversé; (*entgegengesetzt*) inverse; **im ~en Falle** à l'inverse; **in ~er Richtung** en sens inverse; **in ~er Reihenfolge** dans l'ordre inverse; **in ~em Verhältnis** en raison inverse; **mit ~em Vorzeichen** de signe contraire (*auch fig.*); ~**!** au contraire!; c'est tout le contraire!; **2.** *adv.* inversement; **und ~** et vice versa [vise-].

umgestalt|en ['ʊmgəˌʃtaltən] *v/t.* ⟨-ete, *sép.*, *p.p.* **umgestaltet**, h⟩ transformer; *fig.* réorganiser; ℒ**ung** *f* transformation *f*; *fig.* réorganisation *f*.

umgewandelt ['ʊmgəˌvandəlt] *adjt.* **er ist wie ~** il est comme métamorphosé.

umgewöhnen ['ʊmgəˌvøːnən] *v/réfl.* ⟨*sép.*, *p.p.* **umgewöhnt**, h⟩ **sich ~** se réhabituer; s'habituer de nouveau à.

umgießen ['ʊmˌgiːsən] **I** *v/t.* ⟨*irr.*, *sép.*, -ge-, h⟩ transvaser; *métall.* refondre; **II** ℒ *n* transvasement *m*; *métall.* refonte *f*.

umgittern [ˌʊm'gɪtərn] *v/t.* ⟨-(e)re, *insép.*, *pas de ge-*, h⟩ entourer d'une grille.

umgraben ['ʊmˌgrɑːbən] **I** *v/t.* ⟨*irr.*, *sép.*, -ge-, h⟩ *jard.* retourner; bêcher; **II** ℒ *n* bêchage *m*.

umgrenz|en [ˌʊm'grɛntsən] *v/t.* ⟨-(es)t, *insép.*, *pas de ge-*, h⟩ (*umgeben*) environner; entourer; *fig.*, *Befugnisse etc.* délimiter; circonscrire; ℒ**ung** *f* ⟨~; ~en⟩ *von Befugnissen* délimitation *f*; (*Umfriedung*) clôture *f*; enceinte *f*.

umgruppier|en ['ʊmgrʊˌpiːrən] *v/t.* ⟨*sép.*, *pas de ge-*, h⟩ regrouper; grouper autrement; ℒ**ung** *f* ⟨~; ~en⟩ regroupement *m*.

um|gürten ['ʊmˌgʏrtən] *v/réfl.* ⟨-ete, *sép.*, -ge-, h⟩ **sich das Schwert ~** ceindre son épée; ~**'gürten** *v/réfl.* ⟨-ete, *insép.*, *pas de ge-*, h⟩ **sich mit dem Schwert ~** ceindre son épée.

umhaben ['ʊmˌhɑːbən] F *v/t.* ⟨*irr.*, *sép.*, -ge-, h⟩ *Tuch, Schürze* porter; **sie hatte ein Tuch um** elle avait, portait, était couverte, enveloppée d'un châle.

umhacken ['ʊmˌhakən] **I** *v/t.* ⟨*sép.*, -ge-, h⟩ *Baum* abattre à la hache; **II** ℒ *n* abattage *m*.

umhals|en [ˌʊm'halzən] *v/t.* ⟨-(es)t, *insép.*, *pas de ge-*, h⟩ *cf.* **umarmen**; F sauter au cou de qn.; ℒ**ung** *f* ⟨~; ~en⟩ *cf.* Umarmung.

Umhang ['ʊmhaŋ] *m* pèlerine *f*; cape *f*; capuchon *m*.

um|hängen ['ʊmˌhɛŋən] *v/t.* ⟨*sép.*, -ge-, h⟩ **1.** *Mantel* jeter … sur ses épaules *od.* sur les épaules de qn.; endosser; *Gewehr, Tasche* mettre … à l'épaule, *quer über die Schulter* en bandoulière; **etw. umgehängt tragen** porter qc. en bandoulière; *fig.* **e-r Sache ein Mäntelchen ~** voiler, pallier, travestir qc.; **2.** *Bilder* suspendre ailleurs; ~**'hängen** *v/t.* ⟨*insép.*, *pas de ge-*, h⟩ suspendre autour de.

Umhänge|riemen ['ʊmˌhɛŋəˌriːmən] *m* bandoulière *f*; ~ˌ**tasche** *f* musette *f*; sacoche *f*; *ch.* gibecière *f*; carnier *m*.

umhauen ['ʊmˌhauən] *v/t.* ⟨*irr.*, *sép.*, -ge-, h⟩ abattre à la hache, à coups de hache; F *fig. Ausdruck des Erstaunens* renverser.

umhegen [ˌʊm'heːgən] *v/t.* ⟨*insép.*, *pas de ge-*, h⟩ soigner; dorloter.

umher|blicken [ʊm'heːrˌblɪkən] *v/i.* ⟨*sép.*, -ge-, h⟩ regarder de tous côtés; promener ses regards tout autour; regarder tout autour (de soi); ~ˌ**bummeln** F *v/i.* ⟨-(e)le, *sép.*, -ge-, sein⟩ *cf.* **herumbummeln**; ~ˌ**fahren I** *v/t.* ⟨*irr.*, *sép.*, -ge-, h⟩ **j-n ~** promener qn. en voiture, en bateau; **II** *v/i.* ⟨sein⟩ se promener en voiture, *etc.*; ~ˌ**flattern** *v/i.* ⟨-(e)re, *sép.*, -ge-, sein⟩ voltiger çà et là; ~ˌ**fliegen** *v/i.* ⟨*irr.*, *sép.*, -ge-, sein⟩ voler çà et là; *Blätter* s'envoler; ~ˌ**führen** *v/t.* ⟨*sép.*, -ge-, h⟩ *cf.* herumführen I, 1. b; ~ˌ**gehen** *v/i.* ⟨*irr.*, *sép.*, -ge-, sein⟩ aller çà et là; se promener; déambuler; ~ˌ**irren**, ~ˌ**kriechen**, ~ˌ**liegen**, ~ˌ**reisen**, ~ˌ**schleichen**, ~ˌ**schlendern** *cf.* herum…; ~ˌ**schweifen** *v/i.* ⟨*sép.*, -ge-, sein⟩ errer; vagabonder; **s-e Blicke ~ lassen** promener ses regards; laisser errer, planer ses regards; ~ˌ**springen** *v/i.* ⟨*irr.*, *sép.*, -ge-, sein⟩ gambader; cabrioler; s'ébattre; ~ˌ**streichen** *v/i.* ⟨*irr.*, *sép.*, -ge-, sein⟩ rôder; ~ˌ**streifen** *v/i.* ⟨*sép.*, -ge-, sein⟩ rôder; vagabonder; ~ˌ**wandern** *v/i.* ⟨-(e)re, *sép.*, -ge-, sein⟩ errer; vagabonder; **in der Welt ~** courir le monde; ~ˌ**ziehen** *v/i.* ⟨*irr.*, *sép.*, -ge-, sein⟩ *cf.* herumziehen I.

umhinkönnen [ʊm'hɪnˌkœnən] *v/i.* ⟨*irr.*, *sép.*, -ge-, h⟩ **nicht ~, zu …** (+ *inf.*) **a)** (*sich nicht enthalten können*) ne pouvoir se retenir, s'empêcher de … (+ *inf.*); **b)** (*müssen*) ne pas pouvoir (se permettre de) ne pas … (+ *inf.*); être obligé de … (+ *inf.*).

umhören ['ʊmˌhøːrən] *v/réfl.* ⟨*sép.*, -ge-, h⟩ **sich nach etw. ~** se renseigner sur qc.; questionner à la ronde au sujet de qc.

umhüll|en [ˌʊm'hʏlən] *v/t.* ⟨*insép.*, *pas de ge-*, h⟩ envelopper, recouvrir, entourer (**mit etw.** de qc.); *mit Papier* emballer (de); *mit e-m Schleier* voiler; ℒ**ung** *f* ⟨~; ~en⟩ enveloppement *m*; recouvrement *m*; *mit Papier* emballage *m*; (*Hülle*) enveloppe *f*; (*Verpackung*) emballage *m*.

umjubeln [ˌʊm'juːbəln] *v/t.* ⟨-(e)le, *insép.*, *pas de ge-*, h⟩ **j-n ~** fêter qn.

Umkehr ['umke:r] *f* ⟨~⟩ retour *m* (*auch fig.*); (*Sinnesänderung*) conversion *f*; **sich zur ~ entschließen** se décider au retour; **den Feind zur ~ zwingen** forcer l'ennemi à *od.* de se retirer, battre en retraite, rebrousser chemin; *fig.* **er gelobte ~ u. Besserung** il jura de s'amender, se corriger; **2ˌbar** *adj. phys., opt.* réversible; *phot.* inversible; **~ˌbild** *n opt.* image renversée; **~ˌdienst** *m phot.* service *m* de développement inversible; **2en I** *v/t.* ⟨*sép.*, -ge-, h⟩ *Taschen etc.* (re)tourner; *phys., opt., mus., math., Bruch* renverser; *gr., Wortfolge* inverser; intervertir; *phot.* inverser; *fig.* **alles, das ganze Haus ~,** *um etw. zu suchen* mettre tout, toute la maison sens dessus dessous; *cf. auch* **umgekehrt; II** *v/i.* ⟨sein⟩ retourner (en arrière); s'en retourner; rebrousser chemin; faire demi-tour; revenir sur ses pas; **III** *v/réfl.* **sich ~** (*sich umdrehen*) se (re)tourner; **~ˌfilm** *m phot.* film *m* inversible; **~ˌmotor** *m techn.* moteur *m* réversible; **~ˌpunkt** *m opt.* point *m* d'inversion; **~ˌspiegel** *m opt.* miroir *m* d'inversion, de renversement; **~ung** *f* ⟨~; ~en⟩ *phys., opt., mus., math.* renversement *m*; inversion *f* (*auch gr., phot.*).

umkippen ['umˌkɪpən] **I** *v/t.* ⟨*sép.*, -ge-, h⟩ *Faß etc.* renverser; culbuter; *Lore* faire basculer; **II** *v/i.* ⟨sein⟩ perdre l'équilibre; se renverser; *Wagen, Waggon* verser; se retourner; se renverser; *Auto auch* capoter; *Boot* chavirer; F *fig.* (*die Meinung ändern*) *cf.* **umfallen I**; F (*ohnmächtig werden*) s'évanouir; défaillir; F tourner de l'œil; tomber dans les pommes; P tomber en dig(ue)-dig(ue); **mit dem Stuhl ~** se renverser avec sa chaise; faire la culbute avec sa chaise.

umklammer|n [ˌum'klamərn] **I** *v/t.* ⟨-(e)re, *insép., pas de ge-*, h⟩ étreindre; enlacer; serrer; s'accrocher, se cramponner (**etw.** à qc.); *milit., Feind* encercler; **II** *v/réfl.* **sich ~** s'enlacer; s'étreindre; *Boxer* s'accrocher; se tenir enlacés; **2ung** *f* ⟨~; ~en⟩ étreinte *f*; *milit.* encerclement *m*; *Boxkampf* (*Clinch*) accrochage *m*.

umklappen ['umˌklapən] *v/t.* ⟨*sép.*, -ge-, h⟩ rabattre.

um|kleiden ['umˌklaɪdən] **I** *v/t.* ⟨-ete, *sép.*, -ge-, h⟩ **j-n ~** mettre d'autres vêtements à qn.; changer (les vêtements de) qn.; **II** *v/réfl.* **sich ~** se changer; changer de vêtements; **III 2ˌkleiden** *n* ⟨~s⟩ changement *m* de vêtements; **~'kleiden** *v/t.* ⟨-ete, *insép., pas de ge-*, h⟩ **mit etw. ~** revêtir, couvrir de qc.; **mit schwarzem Tuch ~** draper de noir.

Umkleideraum ['umklaɪdəˌraum] *m* vestiaire *m*.

Umkleidung [ˌum'klaɪduŋ] *f* ⟨~; ~en⟩ revêtement *m*; draperie *f*.

umknicken ['umˌknɪkən] **I** *v/t.* ⟨*sép.*, -ge-, h⟩ *Ecken etc.* (re)plier; casser; **II** *v/i.* ⟨sein⟩ se (re)plier; se casser; (**mit dem Fuß**) **~** se fouler le pied.

umkommen ['umˌkɔmən] *v/i.* ⟨*irr., sép.*, -ge-, sein⟩ *bei e-m Unfall etc.* périr (**bei** dans); mourir (dans); perdre la vie (dans); être tué (dans); *Nahrungsmittel* (*verderben*) se gâter; se perdre; F *fig. vor Hitze, Langerweile etc.* mourir (de).

umkränz|en [ˌum'krɛntsən] *v/t.* ⟨-(es)t, *insép., pas de ge-*, h⟩ couronner (**mit** de); **2ung** *f* ⟨~⟩ couronnement *m*.

Umkreis ['umkraɪs] *m math.* cercle circonscrit; circonférence *f*; **im ganzen ~** tout à la ronde; **im ~ von zehn Metern** dans un rayon de dix mètres.

umkreisen [ˌum'kraɪzən] *v/t.* ⟨-(es)t, *insép., pas de ge-*, h⟩ tourner, rôder autour de; *Vögel, Flugzeug* voler autour de; décrire des cercles autour de.

umkrempeln ['umˌkrɛmpəln] *v/t.* ⟨-(e)le, *sép.*, -ge-, h⟩ *Ärmel* retrousser; F *fig.* changer, transformer de fond en comble; réorganiser.

Umlad|ebahnhof ['umla:dəˌba:nho:f] *m* gare *f* de transbordement; **~eˌgebühr** *f* frais *m/pl.* de transbordement; **~eˌgut** *n* marchandise *f* à transborder; **2en** *v/t.* ⟨*irr., sép.*, -ge-, h⟩ *Waren, Güter* transborder; **~eˌplatz** *m* lieu *m* de transbordement; **~er** *m* ⟨~s; ~⟩ transbordeur *m*; **~ung** *f* transbordement *m*.

Umlage ['umˌla:gə] *f von Kosten* répartition *f* (**auf** entre); (*Beitrag*) prélèvement *m*; **Aufkommen aus ~n** produit de prélèvement.

um|lagern ['umˌla:gərn] **I** *v/t.* ⟨-(e)re, *sép.*, -ge-, h⟩ *Waren* changer ... de place, d'entrepôt; stocker ailleurs; **II 2ˌlagern** *n* changement *m* de place, d'entrepôt; **~'lagern** *v/t.* ⟨-(e)re, *insép., pas de ge-*, h⟩ *milit., Stadt* assiéger; faire le siège de; *fig. von Reportern etc.* assiéger.

Umlauf ['umlauf] *m des Geldes* circulation *f*; rotation *f*; roulement *m*; *astr.* révolution *f*; cours *m*; tour *m*; *adm.* (*Rundschreiben*) circulaire *f*; *méd.* panaris *m*; **Geld im ~** monnaie ayant cours, en circulation; **im ~ sein** être en circulation; circuler; *nur Geld* avoir cours; *Gerücht* courir; **in ~ bringen, setzen** mettre en circulation; faire circuler; *nur Geld* émettre; *Falschgeld* écouler; *Gerücht* faire courir; répandre; **~ˌbahn** *f astr.* orbite *f*; *e-n künstlichen Satelliten* **auf e-e ~ bringen** mettre, placer sur orbite.

um|laufen ['umˌlaufən] **I** *v/t.* ⟨*irr., sép.*, -ge-, h⟩ **j-n, etw. ~** renverser qn., qc.; **II** *v/i.* ⟨sein⟩ **1.** *Geld, Schreiben* circuler; *Gerücht* courir; **2.** (*e-n Umweg machen*) faire un détour; **~'laufen** *v/t.* ⟨*irr., insép., pas de ge-*, h⟩ faire le tour de; contourner.

umlauf|end ['umˌlaufənt] *adjt. Banknoten* en circulation; en cours; **~e Winde** vents variables; **2ˌförderer** *m* transporteur *m* (à ruban, à courroie, *etc.*); **2geˌschwindigkeit** *f des Geldes* vitesse *f* de circulation; (vitesse *f* de) rotation *f*; *astr.* vitesse *f* de révolution; **2kapiˌtal** *n* capital circulant; fonds *m* (*pl.*) de roulement; **2ˌmittel** *n/pl. cf.* **2vermögen**; **2ˌrad** *n Auto* pignon *m* planétaire; **2(ˌräder)geˌtriebe** *n Auto* (*Planetengetriebe*) engrenage *m* planétaire; **2ˌseil** *n* câble *m* sans fin; **2sˌzeit** *f astr.* révolution *f*; **2verˌmögen** *n* fonds *m* (*pl.*) de roulement.

Umlaut ['umlaut] *m ling.* métaphonie *f*; inflexion *f* vocalique; *Laut selbst* voyelle infléchie; **2en** *v/t.* ⟨-ete, *sép.*, -ge-, h⟩ *ling.* infléchir.

Umlege|kalender ['umle:gəkaˌlɛndər] *m* (bloc *m*) éphéméride *f*; **~ˌkragen** *m* col rabattu.

um|legen ['umˌle:gən] *v/t.* ⟨*sép.*, -ge-, h⟩ *Mantel* jeter, mettre (sur ses épaules, sur les épaules de qn.); *Kette* s'orner de; mettre (autour de son cou, du cou de qn.); *Kragen* rabattre; plier; *Karten* (re)tourner; *Schiffsschornstein etc.* (*zum Liegen bringen*) coucher; (*anders hinlegen*) poser autrement; changer la position de; (*woandershin legen*) changer de place; déplacer; *zeitlich* (*verlegen*) remettre (**auf** à); *Kosten* répartir (**auf** entre); *landwirtschaftl. Grundbesitz, städt. Bauland* remembrer; F (*töten*) tuer; F descendre; P estourbir; P (*zu Boden werfen*) terrasser; abattre; *Fußball* faucher; **~'legen** *v/t.* ⟨*insép., pas de ge-*, h⟩ *cuis.* **mit etw. ~** garnir tout autour, entourer de qc.

Umlegung ['umˌle:guŋ] *f* ⟨~; ~en⟩ *der Kosten* répartition *f*; *landwirtschaftl. Grundbesitzes, städt. Baulandes* remembrement *m*.

umleit|en ['umˌlaɪtən] *v/t.* ⟨-ete, *sép.*, -ge-, h⟩ *Verkehr, Fluß* détourner; dévier; *nur Verkehr* dérouter; **2ung** *f des Verkehrs* déviation *f*; déroutement *m*; *e-s Flusses* détournement *m*; déviation *f*.

um|lenken ['umˌlɛŋkən] *v/t. u. v/i.* ⟨*sép.*, -ge-, h⟩ tourner; **~ˌlernen** *v/i.* ⟨*sép.*, -ge-, h⟩ *in bezug auf Fakten* remettre ses connaissances à jour; réviser ses connaissances; *in bezug auf die Anschauungsweise, Denkungsart* changer sa façon de penser; orienter autrement sa pensée; changer d'idée; **~ˌliegend** *adj. Häuser, Berge etc.* environnant; circonvoisin; **die ~en Ortschaften** *auch* les villages d'alentour.

umlodern [ˌum'lo:dərn] *v/t.* ⟨-(e)re, *insép., pas de ge-*, h⟩ *Flammen* entourer; environner.

ummachen ['umˌmaxən] F *v/t.* ⟨*sép.*, -ge-, h⟩ *Kette, Schürze* mettre.

ummantel|n [ˌum'mantəln] *v/t.* ⟨-(e)le, *insép., pas de ge-*, h⟩ *techn., élect.* enrober; revêtir; envelopper; gainer; **2ung** *f* ⟨~; ~en⟩ enrobage *m*; (*Hülle*) revêtement *m*; enveloppe *f*; gaine *f*; *élect. auch* blindage *m*.

ummauern [ˌum'mauərn] *v/t.* ⟨-(e)re, *insép., pas de ge-*, h⟩ entourer d'un mur, de murs.

ummod|eln ['umˌmo:dəln] *v/t.* ⟨-(e)le, *sép.*, -ge-, h⟩ modifier; transformer; réorganiser; **2(e)lung** *f* ⟨~; ~en⟩ modification *f*; transformation *f*; réorganisation *f*.

ummünz|en ['umˌmyntsən] *v/t.* ⟨-(es)t, *sép.*, -ge-, h⟩ refondre; refrapper; **2ung** *f* ⟨~⟩ refonte *f*; *sonst verbal.*

umnacht|et [ˌum'naxtət] *adj. Geist* troublé; **er ist geistig ~** il est fou, détraqué, déséquilibré; c'est un fou, détraqué, déséquilibré, aliéné; **2ung** *f* ⟨~⟩ **geistige ~** aliénation mentale; folie *f*; **er ist in geistiger ~ gestorben** il est mort fou.

umnebeln [ˌum'ne:bəln] *v/t.* ⟨-(e)le, *insép., pas de ge-*, h⟩ couvrir, envelopper d'un brouillard; *fig., Geist* troubler.

um|nehmen ['umˌne:mən] *v/t.* ⟨*irr., sép.*, -ge-, h⟩ *Mantel, Tuch* s'envelopper de; **2organisatiˌon** *f cf.* **2organisierung**; **~organiˌsieren** *v/t.* ⟨*sép., pas de ge-*, h⟩ réorganiser; **2organiˌsierung** *f* réorganisation *f*; **~orienˌtieren** *v/réfl.* ⟨*sép., pas de ge-*, h⟩ **sich ~** se réorienter; **2orienˌtierung** *f* réorientation *f*; **~ˌpacken** *v/t.* ⟨*sép.*, -ge-, h⟩ changer l'emballage de; *Koffer* refaire.

um|pflanzen ['umˌpflantsən] **I** *v/t.* ⟨-(es)t, *sép.*, -ge-, h⟩ *jard.* transplanter; replanter; **II 2ˌpflanzen** *n jard.* transplantation *f*; replantage *m*; **~'pflanzen** *v/t.* ⟨-(es)t, *insép., pas de ge-*, h⟩ *mit Blumen, Bäumen etc.* entourer de.

umpflügen ['umˌpfly:gən] **I** *v/t.* ⟨*sép.*, -ge-, h⟩ *agr.* labourer; **II 2** *n* labourage *m*.

umpolen ['umˌpo:lən] **I** *v/t.* ⟨*sép.*, -ge-,

h⟩ *élect.* inverser les pôles (de); inverser, renverser la polarité (de); **II** 2 *n* ⟨~s⟩ inversion *f* des pôles; inversion *f*, renversement *m* de la polarité.
umpräg|en ['umˌprɛːgən] *v/t.* ⟨*sép.*, -ge-, h⟩ *cf.* ummünzen; **2ung** *f* Ummünzung.
umquartier|en ['umkvarˌtiːrən] *v/t.* ⟨*sép.*, *pas de ge-*, h⟩ j-n ~ loger qn. ailleurs; faire changer qn. de logement; *Truppen* faire changer qn. de cantonnement; **2ung** *f* ⟨~; ~en⟩ *verbal.*
um|rahmen ['umˌraːmən] **I** *v/t.* ⟨*sép.*, -ge-, h⟩ *Bild* changer ... de cadre; **II** 2ˌ**rahmen** *n* ⟨~s⟩ changement *m* de cadre; **~'rahmen** *v/t.* ⟨*insép.*, *pas de ge-*, h⟩ encadrer (*auch fig.*); **2'rahmung** *f* ⟨~; ~en⟩ encadrement *m* (*auch fig.*).
umrand|en [ˌum'randən] *v/t.* ⟨-ete, *insép.*, *pas de ge-*, h⟩ border; encadrer; **schwarz** ~ border, encadrer de noir; **2ung** *f* ⟨~; ~en⟩ bordure *f*; encadrement *m*.
umrangieren ['umrɑ̃ːˌʒiːrən, -raŋ-] *v/t.* ⟨*sép.*, *pas de ge-*, h⟩ *chem.* changer ... de voie.
umranken [ˌum'raŋkən] *v/t.* ⟨*insép.*, *pas de ge-*, h⟩ entourer, recouvrir (de son feuillage).
umräumen ['umˌrɔʏmən] *v/t.* ⟨*sép.*, -ge-, h⟩ refaire l'arrangement, la disposition des meubles (de); *abs.* disposer les meubles autrement.
umrechn|en* ['umˌrɛçnən] *v/t.* ⟨-ete, *sép.*, -ge-, h⟩ convertir; **2ung** *f* conversion *f*; **2ungsˌfaktor** *m* facteur *m* de conversion; **2ungsˌkurs** *m* cours *m* de conversion; **2ungstaˌbelle** *f* barème *m*, table *f* de conversion; **2ungsverˌhältnis** *n* taux *m* de conversion.
umreisen [ˌum'raɪzən] *v/t.* ⟨-(es)t, *insép.*, *pas de ge-*, h⟩ **er hat dreimal die Welt umreist** il a fait trois fois le tour du monde.
um|reißen ['umˌraɪsən] *v/t.* ⟨*irr.*, *sép.*, -ge-, h⟩ renverser; *Bäume* abattre; *Haus* démolir; **~'reißen** *v/t.* ⟨*irr.*, *insép.*, *pas de ge-*, h⟩ tracer les contours (de); ébaucher; esquisser (*auch fig.*); **fest umrissene Pläne** projets bien tracés, établis.
um|reiten ['umˌraɪtən] **I** *v/t.* ⟨*irr.*, *sép.*, -ge-, h⟩ renverser, culbuter ... avec son cheval; **II** *v/i.* ⟨**sein**⟩ faire un détour (à cheval); **~'reiten** *v/t.* ⟨*irr.*, *insép.*, *pas de ge-*, h⟩ faire (à cheval) le tour de.
umrennen ['umˌrɛnən] *v/t.* ⟨*irr.*, *sép.*, -ge-, h⟩ renverser (en courant).
Umrichter ['umˌrɪçtər] *m élect.* mutateur *m*; convertisseur *m für Wechselstrom* de fréquence, *für Gleichstrom* de tension.
umringen [ˌum'rɪŋən] *v/t.* ⟨*insép.*, *pas de ge-*, h⟩ entourer; **von Feinden umringt** entouré, environné d'ennemis; encerclé, cerné par les ennemis.
Umriß ['umrɪs] *m* contour(s) *m* (*pl.*); silhouette *f*; linéaments *m/pl.*; *math.*, *e-r Figur* tracé *m*; (*Skizze*) ébauche *f*; esquisse *f* (*beide auch fig.*); croquis *m*; *in der Dunkelheit* **nur die Umrisse der Häuser erkennen** ne distinguer que les contours, les silhouettes des maisons; *fig.* **in groben, großen Umrissen schildern** tracer, brosser à grands traits; **~ˌzeichnung** *f* ébauche *f*; esquisse *f*; croquis *m*.
umrühren ['umˌryːrən] **I** *v/t.* ⟨*sép.*, -ge-, h⟩ remuer; agiter; *große Menge in e-m Bottich etc.* brasser; **II** 2 *n* remuage *m*; brassage *m*.
umrüst|en ['umˌrʏstən] *v/t.* ⟨-ete, *sép.*, -ge-, h⟩ moderniser, réadapter, réorganiser l'armement; **2ung** *f* modernisation *f*, réadaptation *f*, réorganisation *f* de l'armement.
ums [ums] F *für* **um das**.
um|sacken ['umˌzakən] *v/t.* ⟨*sép.*, -ge-, h⟩ mettre dans un autre sac; **~ˌsägen** *v/t.* ⟨*sép.*, -ge-, h⟩ *Baum* scier; **~ˌsatteln I** *v/t.* ⟨-(e)le, *sép.*, -ge-, h⟩ *Pferd* mettre une autre selle à; **II** *v/i.* F *fig.* (*den Beruf wechseln*) changer de profession, de métier; *Student* passer à une autre faculté; **III** 2ˌ**satteln** *n e-s Pferdes* changement *m* de selle; F *fig.* (*Berufswechsel*) changement *m* de profession, de métier, *e-s Studenten* de faculté.
Umsatz ['umzats] *m comm.* chiffre *m* d'affaires; (volume *m* des) transactions, opérations commerciales; ventes *f/pl.*; **e-n großen ~ erzielen** réaliser un chiffre d'affaires élevé; **die Umsätze sind gestiegen, gesunken** les transactions, opérations ont augmenté, diminué; **~anaˌlyse** *f* analyse *f* des ventes; **~beˌsteuerung** *f* taxation *f* du chiffre d'affaires; **~beˌteiligung** *f* participation *f* au chiffre d'affaires; **~ˌprämie** *f* prime *f* sur le chiffre d'affaires; **~proviˌsiˌon** *f* commission *f* sur le chiffre d'affaires; **~ˌrückgang** *m* baisse *f* du chiffre d'affaires; **~ˌsteigerung** *f* accroissement *m*, augmentation *f* du chiffre d'affaires; accroissement *m* du volume des affaires; **~ˌsteuer** *f* taxe *f* sur le chiffre d'affaires.
umsäumen [ˌum'zɔʏmən] *v/t.* ⟨*insép.*, *pas de ge-*, h⟩ *fig.* border.
umschalt|en ['umˌʃaltən] *v/t.* ⟨-ete, *sép.*, -ge-, h⟩ *élect.* commuter; *Stromrichtung* inverser; *techn.*, *Maschine* renverser la marche (de); *rad.* changer de longueur d'onde; F *fig. gedanklich, auf ein anderes Thema* aiguiller sa pensée sur une autre voie; changer le cours de ses idées; F aiguiller; *rad.*, *télév.* **wir schalten um nach Berlin** nous donnons, passons, laissons l'antenne à Berlin; nous vous mettons en communication avec Berlin; **2er** *m élect.* commutateur *m*; *für die Stromrichtung* inverseur *m*; *an der Schreibmaschine* touche *f* des majuscules; 2ˌ**hebel** *m élect.* levier *m* du commutateur, *techn.* de renversement de marche; **2reˌlais** *n élect.* relais *m* de commutation; **2sysˌtem** *n élect.* système *m* de commutation; 2ˌ**stöpsel** *m élect.* fiche *f* de commutation; 2ˌ**taste** *f an der Schreibmaschine cf.* **2er**; **2ung** *f élect.* commutation *f*; *der Stromrichtung* inversion *f*; *e-r Maschine* renversement *m* de la marche (de); *rad.* changement *m* de longueur d'onde; ~ **auf Empfang, auf Senden** commutation pour réception, émission.
umschatten [ˌum'ʃatən] *v/t.* ⟨-ete, *insép.*, *pas de ge-*, h⟩ ombrager.
Umschau ['umʃau] *f* ~ **halten** regarder autour de soi; **nach etw. ~ halten** chercher qc.; **2en** *v/réfl.* ⟨*sép.*, -ge-, h⟩ **sich ~** regarder autour de soi; (*zurückblicken*) tourner la tête; **sich in der Welt ~** voir le monde.
umschaufeln ['umˌʃaufəln] **I** *v/t.* ⟨-(e)le, *sép.*, -ge-, h⟩ *Korn* pelleter; remuer à la pelle; **II** 2 *n* ⟨~s⟩ pelletage *m*.
umschicht|en ['umˌʃɪçtən] *v/t.* ⟨-ete, *sép.*, -ge-, h⟩ *fig.* bouleverser, renverser l'ordre établi; **~ig** *adv.* alternativement; à tour de rôle; tour à tour; **2ung** *f* **soziale ~** regroupement, bouleversement social.
um|schiffen ['umˌʃɪfən] *v/t.* ⟨*sép.*, -ge-, h⟩ (*umladen*) transborder; **~'schiffen** *v/t.* ⟨*insép.*, *pas de ge-*, h⟩ circumnaviguer [-kɔm-]; naviguer autour de; *Kap* doubler.
Um|schiffung ['umˌʃɪfuŋ] *f* ⟨~⟩ transbordement *m*; **~'schiffung** *f* ⟨~; ~en⟩ circumnavigation [-kɔm-] *f* (von de); périple *m* autour de.
Umschlag ['umʃlaːk] *m* **1.** (*Brief*2) enveloppe *f*; pli *m*; (*Buch*2) jaquette *f*; *für Bücher, Hefte* (*Schutz*2) chemise *f*; couverture *f*; **im ~** sous pli, enveloppe; **in verschlossenem ~** sous pli, enveloppe fermé(e); **e-n Brief in e-n ~ stecken** mettre une lettre sous enveloppe; **e-n ~ zukleben** coller une enveloppe; **2.** *méd.* compresse *f*; enveloppement *m*; (*Brei*2) cataplasme *m*; **warmer ~** *auch* fomentation *f*; **feuchter ~** enveloppement, fomentation humide; **3.** *comm.*, *von Gütern* transbordement *m*; *von Kapital, des Lagerbestandes* roulement *m*; rotation *f*; **4.** *an Kleidungsstücken* (*umgeschlagener Rand*) repli *m*; ourlet *m*; *an e-r Hose* rabat *m*; bas relevé; revers *m* (au bas); *Klempnerei* pli *m*; rabattement *m*; **5.** *fig.*, *der Witterung*, *öffentlichen Meinung etc.* changement subit; revirement *m*; *in der Geschichte* péripétie [-si] *f*; **~ˌanlagen** *f/pl.*, **~ˌeinrichtungen** *f/pl. in e-m Hafen* installations *f/pl.* portuaires de transbordement; **~ˌeisen** *n Klempnerei* tranche *f*; **2en I** *v/t.* ⟨*irr.*, *sép.*, -ge-, h⟩ *Tuch etc.* mettre; *Kragen, Nagel* rabattre; *Klempnerei auch* plier; *Ärmel* retrousser; *Buchseite* tourner; *Bäume* (*fällen*) abattre; *Güter* (*umladen*) transborder; **II** *v/i.* ⟨**sein**⟩ *Boot* chavirer; *Wetter, Meinung etc.* (se) changer subitement; *Wind, Glück* tourner; *Wein* tourner (à l'aigre); **in etw. ~** tourner en qc.; *in etw. Schlechtes* dégénérer en qc.; **ins Gegenteil ~** se renverser; **III ~en** *n der Ärmel* retroussement *m*; *der Güter cf.* **Umschlag 3.**; *e-s Bootes* chavirement *m*; *des Wetters, der Meinung etc. cf.* **Umschlag 5.**; *des Weins* altération *f*; **~(e)ˌtuch** *n* châle *m*; **~ˌhafen** *m* port *m* de transbordement; **~ˌkosten** *pl.* frais *m/pl.* de transbordement; **~maˌschine** *f Klempnerei* plieuse *f*; **~ˌplatz** *m* place *f*, centre *m*, port *m* de transbordement; **~verˌkehr** *m* trafic *m* de transbordement.
umschleichen [ˌum'ʃlaɪçən] *v/t.* ⟨*irr.*, *insép.*, *pas de ge-*, h⟩ rôder autour de.
umschließ|en [ˌum'ʃliːsən] *v/t.* ⟨*irr.*, *insép.*, *pas de ge-*, h⟩ entourer; enclore; **2ung** *f* enceinte *f*; clôture *f*.
umschling|en [ˌum'ʃlɪŋən] *v/t.* (*u. v/réfl.*) ⟨*irr.*, *insép.*, *pas de ge-*, h⟩ (s')enlacer; (s')étreindre; **j-n mit beiden Armen ~** étreindre, enlacer qn. dans ses bras; **2ung** *f* ⟨~; ~en⟩ enlacement *m*; étreinte *f*.
umschmeicheln [ˌum'ʃmaɪçəln] *v/t.* ⟨-(e)le, *insép.*, *pas de ge-*, h⟩ flatter; cajoler; *péj.* flagorner; flatter avec servilité.
umschmeißen ['umˌʃmaɪsən] F *v/t.* ⟨*irr.*, *sép.*, -ge-, h⟩ renverser; jeter à terre; *fig.*, *Plan* mettre ... par terre; F *fig.*, *von Alkohol* enivrer; soûler; *von e-r Nachricht etc.* **das schmeißt mich um** cela me renverse, me stupéfie, F me sidère; F ça m'époustoufle, m'épate.
umschmelz|en ['umˌʃmɛltsən] *v/t.* ⟨*irr.*, *sép.*, -ge-, h⟩ refondre; **2ung** *f* refonte *f*.
umschnallen ['umˌʃnalən] *v/t.* ⟨*sép.*

-ge-, h⟩ *Gürtel, Koppel* boucler; *Degen* ceindre.

um|schreiben ['ʊmˌʃraɪbən] *v/t.* ⟨*irr.*, *sép.*, -ge-, h⟩ *Brief, Aufsatz* récrire; *auf ein anderes Blatt, in ein anderes Register* transcrire; *Besitz, Hypothek* (*übertragen*) transférer; transmettre; **~'schreiben** *v/t.* ⟨*irr.*, *insép.*, *pas de ge-*, h⟩ *in Ermangelung des richtigen Ausdrucks* user d'une circonlocution, périphrase; exprimer par une périphrase; *Befugnisse etc.* (*umgrenzen*) délimiter; circonscrire; définir; **~'schreibend** *adjt.* périphrastique.

Um|schreibung ['ʊmˌʃraɪbʊŋ] *f in ein anderes Register* transcription *f*; *e-s Besitzes* transfert *m*; transmission *f*; *jur.* translation *f*; **~'schreibung** *f für e-n Ausdruck* circonlocution *f*; périphrase *f*; (*Umgrenzung*) délimitation *f*; définition *f*.

Umschrift ['ʊmʃrɪft] *f* **1.** **phonetische ~** transcription *f* phonétique; **2.** *e-r Münze* légende *f*.

umschuld|en ['ʊmˌʃʊldən] *v/t.* ⟨-ete, *sép.*, -ge-, h⟩ *Anleihe, Schuld* convertir; **♀ung** *f* ⟨~⟩ conversion *f*.

umschul|en ['ʊmˌʃuːlən] *v/t.* ⟨*sép.*, -ge-, h⟩ *Schulkind* envoyer à une autre école; faire changer d'école; *Berufstätige* reconvertir; réadapter, rééduquer professionnellement; faire apprendre un nouveau métier, une nouvelle profession (à); **♀ung** *f e-s Kindes* changement *m* d'école; *e-s Berufstätigen* reconversion *f*; réadaptation, rééducation professionnelle; **♀ungsˌkursus** *m* cours *m* de réadaptation, rééducation professionnelle.

umschütten ['ʊmˌʃʏtən] *v/t.* ⟨-ete, *sép.*, -ge-, h⟩ *Glas* (*umwerfen*) renverser; *in ein anderes Gefäß* transvaser.

um|schwärmen [ˌʊm'ʃvɛrmən] *v/t.* ⟨*insép.*, *pas de ge-*, h⟩ *von Mücken* voltiger autour de; *Menschen* (*verehren*) adorer; **~'schweben** *v/t.* ⟨*insép.*, *pas de ge-*, h⟩ planer autour de.

Umschweife ['ʊmˌʃvaɪfə] *pl.* **ohne ~** sans ambages; sans détours; **~ machen** prendre des détours; **keine ~ machen** *auch* ne pas y aller par quatre chemins; etw. **ohne ~ sagen** dire qc. sans ambages, sans détours; aller droit au fait, au but; ne pas l'envoyer dire à qn.

umschwenken ['ʊmˌʃvɛŋkən] *v/i.* ⟨*sép.*, -ge-, sein⟩ F *fig.* (*die Gesinnung wechseln*) changer d'opinion; virer de bord; F changer son fusil d'épaule; tourner casaque, sa veste.

umschwirren [ˌʊm'ʃvɪrən] *v/t.* ⟨*insép.*, *pas de ge-*, h⟩ *Vögel, Insekten* voleter autour de; *Schwalben* siffler, *Insekten* bourdonner autour de.

Umschwung ['ʊmʃvʊŋ] *m* changement subit, brusque; revirement *m*; (*Umwälzung*) renversement *m*; révolution *f*; (*Schicksalswende*) péripétie [-si] *f*; aléa *m*.

umsegel|n [ˌʊm'zeːgəln] *v/t.* ⟨-(e)le, *insép.*, *pas de ge-*, h⟩ *cf.* **um'schiffen**; **♀ung** *f* ⟨~; ~en⟩ *cf.* **Um'schiffung**.

umsehen ['ʊmˌzeːən] *v/réfl.* ⟨*irr.*, *sép.*, -ge-, h⟩ **sich ~** regarder autour de soi; (*zurückblicken*) tourner la tête; regarder derrière soi; **sich an e-m Ort ~** reconnaître un lieu; **sich in der Stadt ~** visiter la ville; faire un tour dans la ville; **er hat sich in der Welt umgesehen** il a vu le monde, du pays; F il a beaucoup navigué; il a roulé sa bosse; **sich nach etw., j-m ~** (*suchen*) chercher qc., qn.; (*zurückblicken*) chercher qc., qn. des yeux; F *fig.* **der wird sich noch mal ~** il verra bientôt les difficultés; **im ♀** (*im Nu*) en un clin d'œil.

umsein ['ʊmzaɪn] F *v/i.* ⟨*irr.*, *sép.*, -ge-, sein⟩ *Zeit* (*abgelaufen sein*) être révolu, *Frist* expiré; **wenn das Jahr um ist ...** l'année finie ...

umseitig ['ʊmˌzaɪtɪç] *adj. u. adv.* au verso.

umsetz|bar ['ʊmzɛtsˌbaːr] *adj. comm.*, *Geld* convertible; (*zu Geld zu machen*) réalisable; (*marktfähig*) négociable; **♀barˌkeit** *f* ⟨~⟩ convertibilité *f*; négociabilité *f*; **~en I** *v/t. u. v/réfl.* ⟨-(es)t, *sép.*, -ge-, h⟩ *an e-e andere Stelle* changer de place (*auch v/i.*); déplacer; *Pflanzen* transplanter; *Zug* faire passer d'une voie à une autre; changer de voie; (*anders setzen*) mettre, disposer autrement; *mus.*, *in e-e andere Tonart* transposer; *impr.* recomposer; (*umwandeln*) **~ in** *Geld in Tabak, Alkohol etc.* convertir en; *Stärke in Zucker* (*auch v/réfl.*) (se) transformer, (se) convertir, (se) changer en; *comm.*, *Waren* placer; vendre; écouler; (*zu Geld machen*) réaliser; convertir en argent; **in die Tat ~** réaliser; traduire en acte; **II ♀en** *n comm.*, *von Waren* placement *m*; vente *f*; écoulement *m*; (*Flüssigmachen*) réalisation *f*; conversion *f* en argent; *cf. auch* **♀ung**; **♀ung** *f* ⟨~; ~en⟩ (*Versetzen*) changement *m* de place; *jard.* transplantation *f*; *mus.* transposition *f*; *impr.* recomposition *f*; (*Umwandeln*) conversion *f* (*auch comm.*), transformation *f* (in en).

Umsichgreifen ['ʊmzɪçˌgraɪfən] *n* extension *f*; propagation *f*; envahissement *m*.

Umsicht ['ʊmzɪçt] *f* circonspection *f*; prudence *f*; précaution *f*; **mit ~** avec circonspection, réflexion, prudence; prudemment; **♀ig 1.** *adj.* circonspect; prudent; précautionneux, -euse; **2.** *adv.* *cf.* (**mit**) **Umsicht**; **~igˌkeit** *f* ⟨~⟩ *cf.* **Umsicht**.

umsied|eln ['ʊmˌziːdəln] *v/t.* ⟨-(e)le, *sép.*, -ge-, h⟩ *Bevölkerungsgruppen* transférer; transplanter; réétablir; réinstaller; **♀ler** *m* personne déplacée, réétablie, réinstallée; **♀lerˌlager** *n* camp *m* de personnes déplacées; **♀lung** *f* transfert *m* (de population); transplantation *f*; réétablissement *m*; réinstallation *f*; **♀lungsˌbeihilfen** *f/pl.* indemnités *f/pl.* de réinstallation, de réétablissement.

umsinken ['ʊmˌzɪŋkən] *v/i.* ⟨*irr.*, *sép.*, -ge-, sein⟩ tomber; s'affaisser; **vor Müdigkeit ~** tomber de fatigue.

umsonst [ʊm'zɔnst] *adv.* (*kostenlos*) pour rien; gratuitement; gratis; à titre gracieux; F pour des prunes; à l'œil; (*vergebens*) en vain; vainement; inutilement; **ganz ~** en pure perte; **alles war ~** tout fut inutile; **sich ~ bemühen** perdre son temps, sa peine; **etw. ganz ~ getan haben** en être pour ses frais, sa peine; **nicht ~ ...** (*nicht ohne Grund*) ce n'est pas sans motif, sans raison (que ...).

umsorgen [ˌʊm'zɔrgən] *v/t.* ⟨*insép.*, *pas de ge-*, h⟩ **j-n ~** entourer qn. de ses soins.

um|spannen ['ʊmˌʃpanən] *v/t.* ⟨*sép.*, -ge-, h⟩ *élect.* transformer; **~'spannen** *v/t.* ⟨*insép.*, *pas de ge-*, h⟩ *geistig* (*umfassen*) embrasser; dominer; **mit den Händen, Armen ~** étreindre avec ses mains, dans ses bras.

Umspann|er ['ʊmˌʃpanər] *m élect.* transformateur *m* (de tension); **~ˌleistung** *f élect.* puissance *f* de transformation; **~statiˌon** *f élect.* station *f* de transformation; **~ung** *f élect.* transformation *f*; **~ˌwerk** *n cf.* **~station**.

umspielen [ˌʊm'ʃpiːlən] *v/t.* ⟨*insép.*, *pas de ge-*, h⟩ *Fußball* dribbler; *poét.* *von e-m Lächeln* s'allumer, fleurir, flotter, glisser (**den Mund** sur les lèvres); *von Wellen cf.* **umspülen**.

umspinnen [ˌʊm'ʃpɪnən] *v/t.* ⟨*irr.*, *insép.*, *pas de ge-*, h⟩ entourer de fils; *Draht* guiper.

um|springen ['ʊmˌʃprɪŋən] *v/i.* ⟨*irr.*, *sép.*, -ge-, sein⟩ *Wind* sauter; **mit j-m** (*rücksichtslos*) **~** traiter qn. cavalièrement, sans égards; se jouer de qn.; **~'springen** *v/t.* ⟨*irr.*, *insép.*, *pas de ge-*, h⟩ **j-n ~** sauter, bondir, gambader autour de qn.

umspulen ['ʊmˌʃpuːlən] **I** *v/t.* ⟨*sép.*, -ge-, h⟩ rebobiner; *phot.*, *Film* rembobiner; **II ♀** *n* rebobinage *m*; rembobinage *m*.

umspülen [ˌʊm'ʃpyːlən] *v/t.* ⟨*insép.*, *pas de ge-*, h⟩ baigner; arroser.

Umspultaste ['ʊmʃpuːlˌtastə] *f Tonband* touche *f* de rebobinage, d'enroulement.

Umstand ['ʊmʃtant] *m* **1.** circonstance *f*; (*Einzelheit*) détail *m*; **unter Umständen** le cas échéant; si les circonstances s'y prêtent; (*vielleicht*) peut-être; (*eventuell*) éventuellement; **unter allen Umständen** en tout cas; à tout prix; **unter keinen Umständen** en aucun cas, à aucun prix, sous aucun prétexte (*mit* ne *beim Verbum*); **unter solchen Umständen** dans de telles circonstances; **unter den gleichen Umständen** toutes choses égales; **unter den gegebenen, derzeitigen Umständen** dans l'état actuel des choses; au point où en sont les choses; **die näheren Umstände** les détails; **durch glückliche Umstände** par un heureux concours de circonstances; **infolge unvorhergesehener Umstände** par suite de circonstances imprévues; **unter den denkbar besten Umständen** dans les meilleures conditions possibles; *jur.* **mildernde, erschwerende Umstände** circonstances atténuantes, aggravantes; **j-m mildernde Umstände zubilligen** accorder à qn. des circonstances atténuantes; **das kommt auf die Umstände an** cela dépend; **was mich am meisten ärgert, ist der ~, daß...** ce qui m'irrite le plus, c'est que...; **man muß diesem besonderen ~ Rechnung tragen** il faut tenir compte de cette circonstance particulière, de ce fait; **diese Maßnahmen werden durch den ~ gerechtfertigt, daß...** ces mesures se justifient par le fait que...; **in andern Umständen sein** (*schwanger sein*) être enceinte; **2.** *nur pl.* **Umstände** (*Förmlichkeiten*) façons *f/pl.*; cérémonies *f/pl.*; embarras *m/pl.*; manières *f/pl.*; F chichis *m/pl.*; **ohne Umstände** sans façon; **ohne viel Umstände** sans autre forme de procès; tout bonnement; sans plus de façon; F tout de go; **nicht viel Umstände machen** ne pas faire beaucoup de façons, de manières, *etc.*; **ich möchte Ihnen keine Umstände machen** je ne voudrais pas vous causer de l'embarras, du dérangement; **das ist mit vielen Umständen verbunden, das macht viele Umstände** c'est lié à beaucoup de difficultés.

umständ|ehalber ['ʊmʃtɛndəˌhalbər] *adv.* en raison de, par suite de circonstances; **~lich** *adj.* (*mit Umständen verknüpft*) qui comporte trop de difficultés; compliqué; (*unbequem*) malcommode; incommode; embarrassant; *von Personen* qui complique les choses inutilement; *par ext., im Arbeiten* (*übergenau*) trop minutieux [-sjøː], -euse, pointilleux, -euse; *Erklärungen* (*weitschweifig*) prolixe; **es wäre zu ~, zu ...** (+ *inf.*) il serait trop long de ... (+ *inf.*); **er macht alles furchtbar ~** il complique terriblement les choses; tout ce qu'il fait a l'air terriblement compliqué; **um Ihnen diese ~en Buchungen zu ersparen...** pour vous éviter toute complication d'écritures ...; **das ist zu ~** c'est trop compliqué; **Ꝏlich,keit** *f* ⟨~⟩ *von Erklärungen* prolixité *f*.

Umstands|bestimmung ['ʊmʃtantsbə,ʃtɪmʊŋ] *f gr.* complément circonstanciel; **~,kasten** F *m cf.* **~krämer**; **~,kleid** *n* robe *f* pour femme enceinte, de grossesse; **~,kleidung** *f* vêtement *m* de grossesse, pour (la) future maman; **~,krämer** F *m* personne pointilleuse, vétilleuse; pédant *m*; celui, celle qui complique les choses inutilement; **er ist ein ~** *auch* il est le père des difficultés; **~,satz** *m gr.* proposition circonstancielle; **~,wort** *n* ⟨-(e)s; ꞉er⟩ *gr.* adverbe *m*.

umstechen [,ʊm'ʃtɛçən] *v/t.* ⟨*irr., insép., pas de ge-,* h⟩ *Naht* arrêter.

um|stehen [,ʊm'ʃteːən] *v/t.* ⟨*irr., insép., pas de ge-,* h⟩ entourer; **~,stehend** ['ʊm-] **1.** *adjt.* **im ~en, auf der ~en Seite** à la page suivante *bzw.* précédente; **Ꝏes, das Ꝏe** ce qui est déjà dit à la page précédente, plus 'haut; **die Ꝏen** les personnes présentes; l'assistance *f*; **2.** *advt.* **~** au verso.

Umsteige|fahrschein ['ʊmʃtaɪgə,faːrʃaɪn] *m*, **~,karte** *f* billet *m*, ticket *m* de correspondance; **Ꝏn** *v/i.* ⟨*irr., sép.,* -ge-, sein⟩ changer (de train, de voiture, *etc.*); **muß ich nach ... ~?** faut-il changer pour ...?; **~r** F *m* F correspondance *f*; **~stati,on** *f* station *f* de correspondance.

um|stellen ['ʊm,ʃtɛlən] **I** *v/t.* ⟨*sép.,* -ge-, h⟩ *Möbel etc.* placer, disposer autrement; changer ... de place; déplacer; (*anders ordnen*) changer l'ordre de; *gr., Wörter, impr., Satz* transposer; *math.* renverser; *sc.* permuter; *Mannschaft* (*umbilden*) réorganiser; *Betrieb* regrouper; *auf e-e neue Produktion* réadapter (auf à); *Wertpapiere* convertir; **auf Goldwährung ~** adopter l'étalon-or; **auf elektrischen Betrieb ~** électrifier; **auf maschinellen Betrieb ~** mécaniser; **auf Kraftbetrieb ~** motoriser; **II** *v/réfl.* **sich ~** s'adapter (à une nouvelle situation); **~'stellen** *v/t.* ⟨*insép., pas de ge-,* h⟩ *Verbrecher, Haus* entourer; cerner; encercler; *ch.* cerner; traquer.

Umstellung ['ʊm,ʃtɛlʊŋ] *f von Möbeln* changement *m* de place; déplacement *m*; *gr., impr.* transposition *f*; *math.* renversement *m*; *sc.* permutation *f*; *e-r Mannschaft* réorganisation *f*; *e-s Betriebes* regroupement *m*; *auf e-e neue Produktion* réadaptation *f*; reconversion *f*; *von Wertpapieren* conversion *f*; **~ auf Goldwährung** adoption *f* de l'étalon-or; **~ auf elektrischen Betrieb** électrification *f*; **~ auf maschinellen Betrieb** mécanisation *f*; **~ auf Kraftbetrieb** motorisation *f*; **~ der Produktion** reconversion, réadaptation de la production; **~ der Wirtschaft** reconversion économique; **~s,beihilfe** *f* aide *f* à la reconversion; **~s,kosten** *pl.* frais *m/pl.* de reconversion.

umsteuer|n ['ʊm,ʃtɔʏərn] *v/t.* ⟨-(e)re, *sép.,* -ge-, h⟩ *techn.* renverser la marche; **Ꝏung** *f* renversement *m*, changement *m* de marche.

umstimmen ['ʊm,ʃtɪmən] *v/t.* ⟨*sép.,* -ge-, h⟩ **j-n ~** faire changer qn. d'avis; retourner l'opinion de qn.; F convertir qn.

umstoß|en ['ʊm,ʃtoːsən] **I** *v/t.* ⟨*irr., sép.,* -ge-, h⟩ *Glas, Stuhl etc.* renverser; *fig., Plan* renverser; bouleverser; *Vertrag, Urteil, Bestimmung* annuler; rescinder; casser; *Testament* invalider; **II Ꝏen** *n* renversement *m*; *fig. auch* **Ꝏung** *f* ⟨~⟩ *e-s Plans* renversement *m*; bouleversement *m*; *e-s Vertrages etc.* annulation *f*; rescindement *m*; rescision *f*; cassation *f*; *e-s Testaments* invalidation *f*.

umstrick|en [,ʊm'ʃtrɪkən] *fig. v/t.* ⟨*insép., pas de ge-,* h⟩ circonvenir; enjôler; F entortiller; **Ꝏung** *f* ⟨~; ~en⟩ enjôlement *m*.

umstritten [,ʊm'ʃtrɪtən] *adjt. Frage etc.* discuté; controversé; contesté.

umstülpen ['ʊm,ʃtʏlpən] *v/t.* ⟨*sép.,* -ge-, h⟩ renverser; *Taschen* retourner; *Ärmel* retrousser; *fig.* bouleverser; renverser; F chambarder.

Um|sturz ['ʊmʃtʊrts] *m pol.* renversement *m*; bouleversement *m*; subversion *f*; révolution *f*; P chambardement *m*; **~sturzbe,strebungen** *f/pl.* tendances subversives; **~sturzbe,wegung** *f* mouvement subversif, révolutionnaire; **Ꝏ,stürzen I** *v/t.* ⟨-(es)t, *sép.,* -ge-, h⟩ renverser; bouleverser; **II** *v/i.* ⟨sein⟩ tomber à la renverse; se renverser; *Baum* s'abattre; *Wagen* verser; se retourner; **~,stürzler(in)** *m* ⟨~s; ~⟩ (*f*) ⟨~; ~nen⟩ esprit subversif; révolutionnaire *m, f*; P chambardeur, -euse *m, f*; **Ꝏ,stürzle,risch** *adj.* subversif, -ive; révolutionnaire.

umtanzen [,ʊm'tantsən] *v/t.* ⟨-(es)t, *insép., pas de ge-,* h⟩ danser autour de.

umtaufen ['ʊm,taufən] *v/t.* ⟨*sép.,* -ge-, h⟩ débaptiser [-bati-] (in en).

Umtausch ['ʊmtauʃ] *m* ⟨~es⟩ échange *m*; *von Wertpapieren* conversion *f*; **~ zum Nennwert** conversion au pair; **zwecks ~** pour échange; **... sind vom ~ ausgeschlossen ...** ne sont ni repris ni échangés; **Ꝏ,bar** *adj.* échangeable; *Wertpapiere* convertible; **~bar,keit** *f* ⟨~⟩ *von Wertpapieren* convertibilité *f*; **Ꝏen** *v/t.* ⟨*sép.,* -ge-, h⟩ échanger (**für** pour, **gegen** contre); *Wertpapiere* convertir; **~,frist** *f* délai *m* d'échange; **~,stelle** *f* bureau *m* d'échange.

umtopfen ['ʊm,tɔpfən] **I** *v/t.* ⟨*sép.,* -ge-, h⟩ *jard.* dépoter; rempoter; **II Ꝏ** *n* ⟨~s⟩ dépotage *od.* dépotement *m*; rempotage *m*.

umtosen [,ʊm'toːzən] *v/t.* ⟨-(es)t, *insép., pas de ge-,* h⟩ tempêter, faire rage autour de; *Brandung* déferler autour de.

umtreiben ['ʊm,traɪbən] *v/t.* ⟨*irr., sép.,* -ge-, h⟩ **sein schlechtes Gewissen treibt ihn um** sa mauvaise conscience lui enlève tout repos.

Umtriebe ['ʊm,triːbə] *m/pl.* menées *f/pl.*; machinations *f/pl.*; F manigances *f/pl.*

Umtrunk ['ʊmtrʊŋk] *m* coup bu à la ronde.

umtun ['ʊmtuːn] **I** F *v/t.* ⟨*irr., sép.,* -ge-, h⟩ *Schürze, Tuch* mettre; *Tuch um die Schultern* jeter sur; **II** *v/réfl.* **sich nach etw., j-m ~** chercher qc., qn.

umwachsen [,ʊm'vaksən] *adjt.* entouré (mit de).

umwälz|en ['ʊm,vɛltsən] *v/t.* ⟨-(es)t, *sép.,* -ge-, h⟩ *Stein* rouler; *fig.* bouleverser; révolutionner; **~end** *adjt.* révolutionnaire; qui fait époque; **Ꝏung** *f* ⟨~; ~en⟩ *fig.* bouleversement *m*; révolution *f*.

umwandel|bar ['ʊm,vandəl,baːr] *adj.* transformable; *auch Wertpapiere* convertible; convertissable; *Strafe* commuable; *chim.* transmuable; **Ꝏbar,keit** *f* ⟨~⟩ convertibilité *f*; *e-r Strafe* commuabilité *f*; *chim.* transmuabilité *f*; **~n I** *v/t.* ⟨-(e)le, *sép.,* -ge-, h⟩ changer (in en); transformer (en) (*auch e-e Gesellschaft, ein Unternehmen*); *Wertpapiere* convertir (en); *Strafe* commuer (en); *chim., phys. atom.* transmu(t)er; *relig.* transsubstantier; **II** *v/réfl.* **sich ~** se transformer (in en); se convertir (en); changer (en); *biol.* se métamorphoser; **Ꝏung** *f* changement *m*; transformation *f* (*auch e-r Gesellschaft, e-s Unternehmens*); *von Wertpapieren, e-r Anleihe* conversion *f*; *e-r Strafe* commutation *f*; *chim., phys. atom.* transmutation *f*; *relig.* transsubstantiation *f*; **Ꝏungspro,zeß** *m* processus [-ys] *m* de transformation; *biol.* métamorphose *f*.

Umwandlung ['ʊm,vandlʊŋ] *f cf.* Umwandelung.

umwechs|eln ['ʊm,vɛksəln] *v/t.* ⟨-(e)le, *sép.,* -ge-, h⟩ changer; **Ꝏ(e)lung** *f* ⟨~⟩ change *m*; **Ꝏ(e)lungs,kurs** *m cf.* Wechselkurs.

Umweg ['ʊmveːk] *m* détour *m*; *fig. auch* moyen détourné; biais *m*; **e-n ~ machen** faire un détour; *fig.* **~e machen** biaiser; *fig.* **auf ~en** indirectement; par des moyens détournés; en *od.* de biais; en biaisant; **ohne ~e** directement; sans détours.

um|wehen ['ʊm,veːən] *v/t.* ⟨*sép.,* -ge-, h⟩ *vom Wind* renverser; **~'wehen** *v/t.* ⟨*insép., pas de ge-,* h⟩ souffler autour de; *poét.* caresser de son souffle.

Umwelt ['ʊmvɛlt] *f* milieu *m*; ambiance *f*; monde environnant; **Ꝏbe,dingt** *adjt.* conditionné par le milieu; **~be,dingungen** *f/pl.* conditions ambiantes; **~,einfluß** *m* influence *f* du milieu.

umwenden ['ʊm,vɛndən] **I** *v/t.* ⟨*irr., sép.,* -ge-, h⟩ tourner; **II** *v/réfl.* **sich ~** se retourner; tourner la tête.

umwerben [,ʊm'vɛrbən] *v/t.* ⟨*irr., insép., pas de ge-,* h⟩ **j-n ~** courtiser qn.; faire la cour à qn.; se montrer assidu auprès de qn.; s'empresser autour de qn.; rechercher qn.

umwerfen ['ʊm,vɛrfən] *v/t.* ⟨*irr., sép.,* -ge-, h⟩ renverser; *Mantel* jeter sur ses épaules; F *fig. von e-r Nachricht* (*erschüttern*) bouleverser; renverser; retourner; **~d** F *adjt.* bouleversant; renversant; F époustouflant.

umwert|en ['ʊm,veːrtən] *v/t.* ⟨-ete, *sép.,* -ge-, h⟩ *Bankwesen* réévaluer; *philos.* renverser les valeurs (de); **Ꝏung** *f* réévaluation *f*; *philos.* renversement *m* des valeurs; transvaluation *f*.

umwick|eln [,ʊm'vɪkəln] **I** *v/t.* ⟨-(e)le, *insép., pas de ge-,* h⟩ envelopper (**mit** de); **mit Stroh ~** empailler; *cuis.* **mit Speck ~** barder; **II Ꝏeln** *n*, **Ꝏ(e)lung** *f* enveloppement *m*; *mit Stroh* empaillement *m*; *mit Speck* bardage *m*.

umwinden [,ʊm'vɪndən] *v/t.* ⟨*irr., insép., pas de ge-,* h⟩ enlacer (**mit** de); *mit Girlanden, Kränzen* ceindre (*auch poét. die Stirn*).

umwittert [,ʊm'vɪtərt] *adjt.* **von Gefahren ~** entouré de dangers; **von Geheimnis ~** mystérieux, -euse.

umwoben [,ʊm'voːbən] *adjt.* **von Sagen ~** entouré de légendes.

umwogen [ˌʊmˈvoːɡən] *poét. v/t.* ⟨*insép.*, *pas de ge-*, h⟩ battre ... de ses flots.

umwohnend [ˈʊmˌvoːnənt] *adj.* du voisinage; d'alentour; des environs; die 2en les voisins; les gens du voisinage.

umwölken [ˌʊmˈvœlkən] **I** *v/t.* ⟨*insép.*, *pas de ge-*, h⟩ *fig.* assombrir; **II** *v/réfl.* sich ~ *Himmel* se couvrir (de nuages); s'assombrir (*auch fig.*).

umwühlen [ˈʊmˌvyːlən] *v/t.* ⟨*sép.*, -ge-, h⟩ fouiller; bouleverser (en fouillant); retourner; *vom Wildschwein, Feld* labourer; F retourner.

umzäun|en [ˌʊmˈtsɔʏnən] *v/t.* ⟨*insép.*, *pas de ge-*, h⟩ entourer d'une clôture; clôturer; enclore; **2ung** *f* ⟨~; ~en⟩ (*Zaun*) clôture *f*; enclos *m*.

um|ziehen [ˈʊmˌtsiːən] **I** *v/t.* ⟨*irr.*, *sép.*, -ge-, h⟩ *ein Kind* changer (un enfant); changer les vêtements de; mettre d'autres vêtements à; **II** *v/réfl.* sich ~ se changer; changer de vêtements; **III** *v/i.* ⟨sein⟩ déménager; **~ˈziehen** *v/réfl.* ⟨*irr.*, *insép.*, *pas de ge-*, h⟩ sich ~ *Himmel cf.* umwölken II.

umzing|eln [ˌʊmˈtsɪŋəln] *v/t.* ⟨-(e)le, *insép.*, *pas de ge-*, h⟩ encercler; cerner; *Festung* investir; **2(e)lung** *f* ⟨~⟩ encerclement *m*; *e-r Festung* investissement *m*.

Umzug [ˈʊmtsuːk] *m* **1.** déménagement *m*; **2.** (*Festzug*) cortège *m*; *in Kostümen auch* cavalcade *f*; **~sˌkosten** *pl.* frais *m/pl.* de déménagement; **~sˌkostenverˌgütung** *f* indemnité *f* de déménagement; **~sˌtag** *m* jour *m* de déménagement; **~sterˌmin** *m* date *f* du, fixée pour le déménagement.

umzüngeln [ˌʊmˈtsʏŋəln] *v/t.* ⟨-(e)le, *insép.*, *pas de ge-*, h⟩ *Flammen* lécher.

unabänderlich [ˌʊnʔapˈʔɛndərlɪç, ˈʊn-] *adj. Gesetz, Klausel* invariable; immuable; non modifiable; *Entschluß* irrévocable; *Urteil auch* irréformable; mein Entschluß steht ~ fest ma décision est irrévocable; **2ˌkeit** *f* ⟨~⟩ invariabilité *f*; immuabilité *f*; *e-s Entschlusses* irrévocabilité *f*.

unabdingbar [ˌʊnʔapˈdɪŋbaːr, ˈʊn-] *adj. Recht* inaliénable; (*wesentlich notwendig*) indispensable; absolument nécessaire; **2ˌkeit** *f* ⟨~⟩ *e-s Rechts* inaliénabilité *f*; nécessité absolue.

un|abgefertigt [ˌʊnˈʔapɡəˌfɛrtɪçt] *adj.* non expédié; *Person an e-m Schalter* non encore servi; **~ˈabgeˌkocht** *adj.* non bouilli.

unabhängig [ˈʊnʔapˌhɛŋɪç] **1.** *adj.* indépendant; *Land* wirtschaftlich ~ autarcique; von j-m ~ sein ne pas dépendre de qn.; **2.** *adv.* ~ von ... indépendamment de ...; **2ˌkeit** *f* ⟨~⟩ indépendance *f*; wirtschaftliche ~ *e-s Landes auch* autarcie *f*; **2keitserˌklärung** *f hist.* déclaration *f* d'indépendance; **2keitsˌkrieg** *m hist.* guerre *f* d'indépendance; **2keitsˌtag** *m* jour *m*, anniversaire *m* d'indépendance.

unabkömmlich [ˈʊnʔapˌkœmlɪç, -ˈkœm-] *adj.* indispensable; indisponible; non disponible; *milit. auch* en sursis d'appel; **2e(r)** *m* ⟨→ A⟩ *milit. im Zivilberuf* affecté spécial; indispensable *m*; **2ˌkeit** *f* ⟨~⟩ indispensabilité *f*; non-disponibilité *f*; *milit., im Zivilberuf* affectation spéciale; **~ˌstellen** *v/t.* ⟨*sép.*, -ge-, h⟩ *milit.* classer affecté spécial; **2ˌstellung** *f milit.* affectation spéciale.

unab|lässig [ˌʊnʔapˈlɛsɪç, ˈʊn-] **1.** *adj.* continuel, -lle; perpétuel, -lle; incessant; **2.** *adv.* continuellement; perpétuellement; sans cesse; incessamment; sans relâche; **~lösbar, ~löslich** [-ˈløːs-, ˈʊn-] *adj.* non détachable; *comm., Hypothek etc.* non rachetable; non amortissable; non remboursable; *Anleihe* consolidé.

unabsehbar [ˌʊnʔapˈzeːbaːr, ˈʊn-] **1.** *adj. Weite* immense; *Folgen* imprévisible; incalculable (*auch Schaden*); dont on ne peut mesurer la portée, l'ampleur (*auch Schaden*); **2.** *adv. Ebene* sich ~ erstrecken s'étendre à perte de vue; **2ˌkeit** *f* ⟨~⟩ immensité *f*.

unabsetzbar [ˌʊnʔapˈzɛtsbaːr, ˈʊn-] *adj.* inamovible; **2ˌkeit** *f* inamovibilité *f*.

unabsichtlich [ˈʊnʔapˌzɪçtlɪç] **1.** *adj.* non intentionnel, -lle; non prémédité; involontaire; **2.** *adv.* sans intention, préméditation; involontairement; **2ˌkeit** *f* absence *f* d'intention, de préméditation.

unab|tretbar [ˌʊnʔapˈtreːtbaːr] *adj.* incessible; intransférable; non transférable; **~weisbar, ~weislich** [-ˈvaɪs-, ˈʊn-] *adj.* irréfragable; impérieux, -euse; pressant.

unabwendbar [ˌʊnʔapˈvɛntbaːr, ˈʊn-] *adj.* inévitable; inéluctable; **2ˌkeit** *f* ⟨~⟩ nécessité inévitable; inéluctabilité *f*.

unachtsam [ˈʊnˌʔaxtzaːm] *adj.* inattentif, -ive; (*nachlässig*) négligent; (*zerstreut*) distrait; (*unbesonnen*) étourdi; **2ˌkeit** *f* inattention *f*; inadvertance *f*; (*Zerstreutheit*) distraction *f*; (*Unbesonnenheit*) étourderie *f*; aus ~ par inadvertance.

unähnlich [ˈʊnˌʔɛːnlɪç] *adj.* dissemblable; peu ressemblant; **2ˌkeit** *f* dissemblance *f*.

unanfechtbar [ˌʊnʔanˈfɛçtbaːr, ˈʊn-] *adj.* inattaquable; incontestable; **2ˌkeit** *f* incontestabilité *f*.

unan|gebracht [ˈʊnʔanɡəˌbraxt] *adj. Wort, Bemerkung* déplacé; inconvenant; intempestif, -ive; peu convenable; mal à propos; 'hors de propos; *Sparsamkeit* mal placé; peu indiqué; *Milde* déplacé; peu indiqué; 'hors de saison; **~geˌbrochen** *adj. Packung* non entamé; intact; **~geˌfochten** **1.** *adj.* incontesté; ~ lassen laisser tranquille; **2.** *adv.* tranquillement; **~geˌkleidet** **1.** *adj.* non habillé; **2.** *adv.* en déshabillé; en négligé; **~geˌmeldet** **1.** *adj.* inattendu; **2.** *adv.* sans prévenir; sans s'annoncer; sans se faire annoncer; à l'improviste.

unangemessen [ˈʊnʔanɡəˌmɛsən] *adj.* inadéquat [-kwa]; *Ausdruck auch* impropre; incongru; *cf. auch* unangebracht; *Summe etc.* immodéré; déraisonnable; **2ˌheit** *f e-s Ausdrucks* impropriété *f*; inconvenance *f*; incongruité *f*.

unangenehm [ˈʊnʔanɡəˌneːm] *adj.* désagréable; (*mißlich*) déplaisant; embarrassant; (*ärgerlich*) fâcheux, -euse; ennuyeux, -euse; F embêtant; wenn es Ihnen nicht ~ ist si cela ne vous déplaît pas; e-e ~e Überraschung bereiten *auch* causer une déconvenue; er hat etw. 2es an sich il a qc. qui déplaît; j-m etw. 2es sagen dire des choses désagréables à qn.; das 2e ist, daß ... l'ennui c'est que ...; das berührt mich ~ cela me fait une impression pénible.

unan|gesehen [ˈʊnʔanɡəˌzeːən] **I** *adv.* sans le (la *od.* les) regarder; **II** *prép.* ⟨*gén. od. acc.*⟩ *adm.* (*ohne Rücksicht auf*) sans égards pour; **~geˌtastet** *adj.* intact; etw. ~ lassen ne pas toucher à qc.

unan|greifbar [ˌʊnʔanˈɡraɪfbaːr, ˈʊn-] *adj.* inattaquable; **~nehmbar** [-ˈneːm-, ˈʊn-] *adj.* inacceptable; irrecevable.

Unannehmlichkeit [ˈʊnʔanˌneːmlɪçˌkaɪt] *f* désagrément *m*; ennui *m*; F embêtement *m*; sich ~en aussetzen s'exposer à des désagréments; sich ~en zuziehen s'attirer des désagréments; j-m ~en bereiten causer, attirer des ennuis, des désagréments à qn.

unansehnlich [ˈʊnʔanˌzeːnlɪç] *adj.* peu apparent; de mauvaise apparence; de peu d'apparence; laid; *Mensch auch* qui ne paie pas de mine; diese Verpackung ist ~ cet emballage a mauvaise apparence, n'a pas très bonne apparence, n'est pas très engageant; **2ˌkeit** *f* mauvaise apparence; laideur *f*.

unanständig [ˈʊnʔanˌʃtɛndɪç] *adj. Witz etc.* inconvenant; indécent; malséant; polisson, -nne; choquant; *auch von Personen, e-r Handlungsweise* déshonnête; malhonnête; **2ˌkeit** *f* inconvenance *f*; indécence *f*; malséance *f*; polissonnerie *f*; déshonnêteté *f*; malhonnêteté *f* (*beide auch von Personen, e-r Handlungsweise*).

unanstößig [ˈʊnʔanˌʃtøːsɪç] *adj.* qui n'a rien de choquant.

unantastbar [ˌʊnʔanˈtastbaːr, ˈʊn-] *adj.* inviolable; intangible; *jur.* insaisissable; **2ˌkeit** *f* ⟨~⟩ inviolabilité *f*; intangibilité *f*; *jur.* insaisissabilité *f*.

unanwendbar [ˈʊnʔanˌvɛntbaːr] *adj.* inapplicable; **2ˌkeit** *f* inapplicabilité *f*.

unappetitlich [ˈʊnʔapeˌtiːtlɪç] *adj.* peu appétissant, ragoûtant; dégoûtant; (*unsauber*) malpropre; **2ˌkeit** *f* ⟨~⟩ extérieur peu appétissant, ragoûtant; (*Unsauberkeit*) malpropreté *f*.

Unart[1] [ˈʊnʔart] *f* mauvaise manière; (*üble Angewohnheit*) vilaine habitude; (*ungehöriges Betragen*) inconvenance *f*; grossièreté *f*; (*Unhöflichkeit*) impolitesse *f*; désobligeance *f*; *e-s Kindes* méchanceté *f*; s-e ~en ablegen se corriger de ses mauvaises habitudes; **~**[2] F *m* ⟨~(e)s; ~e⟩ (*unartiges Kind*) méchant garçon; méchante fille; petit garnement; petite garce; **2ig** *adj. Kind* méchant; mal élevé; *Erwachsener* qui manque de savoir-vivre, aux bons usages; (*unhöflich*) impoli; désobligeant; peu aimable; grossier, -ère; **~igˌkeit** *f cf.* Unart[1].

un|artikuliert [ˈʊnʔartiˑkuˑˌliːrt] *adj.* inarticulé; **~äsˌthetisch** *adj.* peu esthétique.

unauf|dringlich [ˈʊnʔaufˌdrɪŋlɪç] *adj.* discret, -ète; *nur Mensch* effacé; **~ˌfällig** **1.** *adj.* discret, -ète; peu spectaculaire; qui passe inaperçu; *Charakter, Äußeres e-s Menschen* effacé; **2.** *adv.* discrètement; sans se faire remarquer; **~ˌfindbar** *adj.* introuvable; **~geˌfordert** *adv.* sans y avoir été engagé, invité; (*aus eigenem Antrieb*) de son propre mouvement, chef; (*spontan*) spontanément; **~geˌklärt** *adj.* non encore éclairci; **~geˌlöst** *adj.* non dissous; **~haltbar, ~haltsam** [-ˈhalt-, ˈʊn-] **1.** *adj.* qu'on ne peut arrêter; irrésistible; **2.** *adv.* sans qu'on le (la, *etc.*) puisse arrêter; irrésistiblement; **~hörlich** [-ˈhøːr-, ˈʊn-] **1.** *adj.* ininterrompu; **2.** *adv.* sans fin; sans discontinuer; sans interruption; (*immer*) toujours; *cf. auch* unablässig; **~lösbar** [-ˈløːs-, ˈʊn-] *adj.* indissoluble (*auch chim.*); *chim., math.* insoluble; **2lösbarkeit** [-ˈløːs-, ˈʊn-] *f* ⟨~⟩ indissolubilité *f* (*auch chim.*); *chim., math.* insolubilité *f*; **~löslich** [-ˈløːs-, ˈʊn-] *adj. cf.* **~lösbar.**

unaufmerksam [ˈʊnʔaufˌmɛrkzaːm] *adj.* inattentif, -ive; (*zerstreut*) distrait; **2ˌkeit** *f* manque *m* d'attention; inattention *f*; distraction *f*.

unaufrichtig [ˈʊnʔaufˌrɪçtɪç] *adj.* insincère; *pfort.* faux, fausse; *Verhalten auch* oblique; **~ sein** *auch* être de mauvaise foi; F ne pas être franc, franche du collier; **2ˌkeit** *f* manque *m* de sincérité, de franchise; *pfort.* fausseté *f*.

unaufschiebbar [ˌʊnʔaufˈʃiːpbaːr, ˈʊn-] *adj.* qu'on ne peut remettre, différer, renvoyer; (*dringend*) pressant; urgent; **2ˌkeit** *f* ⟨~⟩ urgence *f*.

unaus|bleiblich [ˌʊnʔausˈblaɪplɪç, ˈʊn-] *adj.* infaillible; immanquable; (*unvermeidlich*) inévitable; inéluctable; F fatal; **das war ~** F cela devait arriver comme mars en carême; **~denkbar** [-ˈdɛŋk-, ˈʊn-] *adj.* inimaginable; impensable.

unausführbar [ˈʊnʔausˌfyːrbaːr] *adj.* inexécutable; impraticable; irréalisable; infaisable; (*unmöglich*) impossible; **2ˌkeit** *f* impossibilité *f* d'exécuter, de pratiquer, de réaliser (qc.); impraticabilité *f*.

unaus|gebildet [ˈʊnʔausgəˌbɪldət] *adj.* qui n'est pas développé; *zo., bot.* rudimentaire; (*ohne Ausbildung*) sans formation (professionnelle); *milit. Rekruten* sans instruction; non instruit; non formé; **~geˌführt** *adj.* inexécuté; **~geˌfüllt** *adj.* qui n'a pas été rempli; *Quittung etc.* en blanc; *Mensch, zeitlich* inoccupé; qui a trop de temps libre.

unausgeglichen [ˈʊnʔausgəˌglɪçən] *adj. Haushalt* déséquilibré; *Charakter* mal équilibré; instable; inconstant; tourmenté; **2ˌheit** *f des Haushalts* déséquilibre *m*; *des Charakters* manque *m* d'équilibre; instabilité *f*; inconstance *f*.

unaus|gegoren [ˈʊnʔausgəˌgoːrən] *fig. adj.* non mûri; **~geˌsetzt** *adj. u. adv. cf.* **unablässig, unaufhörlich; ~geˌsprochen** *adj.* inexprimé.

unaus|löschlich [ˌʊnʔausˈlœʃlɪç, ˈʊn-] *adj. Eindruck etc.* indélébile; ineffaçable; **~rottbar** [-ˈrɔt-, ˈʊn-] *adj.* indéracinable; inextirpable; **~sprechbar** [-ˈʃprɛç-, ˈʊn-] *adj.* imprononçable; **~sprechlich** [-ˈʃprɛç-, ˈʊn-] **1.** *adj. Glück, Elend* inexprimable; indicible; ineffable; **2.** *adv.* infiniment; extrêmement; on ne peut plus; **~stehlich** [-ˈʃteː-, ˈʊn-] *adj.* insupportable; (*widerwärtig*) odieux, -euse; F assommant; **er ist mir ~** F c'est ma bête noire; **ein ~er Mensch** F une scie; un casse-pieds; un raseur; **~tilgbar** [-ˈtɪlk-, ˈʊn-] *adj. cf.* **~löschlich; ~weichlich** [-ˈvaɪç-, ˈʊn-] *adj.* inévitable; inéluctable.

unbändig [ˈʊnˌbɛndɪç] **1.** *adj. Kind etc.* indomptable; indocile; intraitable; *Lachen* incoercible; effréné; *Freude etc. auch* (*ungestüm*) pétulant; *Zorn, Lachen* fou (fol), folle; **2.** *adv.* (*sehr*) très; énormément; **~ lachen** F rire comme un bossu; **2ˌkeit** *f* ⟨~⟩ *e-s Kindes* indocilité *f*; *des Lachens* incoercibilité *f*; *der Freude auch* pétulance *f*.

unbarmherzig [ˈʊnbarmˌhɛrtsɪç] *adj.* impitoyable; sans pitié; (*hart*) dur; (*grausam*) cruel, -lle; **2ˌkeit** *f* (*Härte*) dureté *f*; (*Grausamkeit*) cruauté *f*.

unbe|absichtigt [ˈʊnbəʔapˌzɪçtɪçt] **1.** *adj.* non voulu; non intentionné; non intentionnel, -lle; involontaire; **2.** *adv.* sans intention; involontairement; **~ˌachtet 1.** *adj.* inaperçu; *Warnung* non observé; dont on n'a pas tenu compte (*auch Einwand*); **2.** *adv.* sans qu'on y fît attention; sans se faire remarquer; **~ lassen** ne pas faire, prêter attention à; **e-n Einwand, e-e Warnung ~ lassen** passer outre à une objection, à un avertissement; ne pas tenir compte d'une objection, d'un avertissement; **~ˌanstandet 1.** *adj.* incontesté; **2.** *adv.* sans contestation, contredit, opposition; **~ˌantwortet** *adj.* **~ bleiben** rester sans réponse; **~ˌarbeitet** *adj. wissenschaftliches Thema* qui n'a pas été traité; *techn.* brut; cru; non usiné; non ouvré; **~ˌaufsichtigt** *adj.* non surveillé; sans surveillance; **~ˌbaut** *adj. agr.* inculte; non cultivé; vierge; *Baugelände* non bâti; vague.

unbedacht [ˈʊnbəˌdaxt] *adj.* irréfléchi; inconsidéré; (*leichtsinnig*) étourdi; léger, -ère; **~erˈweise** *adv.* inconsidérément; étourdiment; à la légère; **~sam** *adj. cf.* **unbedacht; ~samerˈweise** *adv. cf.* **~erweise; 2samˌkeit** *f* ⟨~⟩ irréflexion *f*; inconsidération *f*; (*Leichtsinn*) étourderie *f*; légèreté *f*.

unbedeckt [ˈʊnbəˌdɛkt] *adj.* découvert; **mit ~em Kopf** tête découverte, nue; nu-tête.

unbedenklich [ˈʊnbəˌdɛŋklɪç] **1.** *adj.* qui n'offre, ne présente aucune difficulté, aucun inconvénient; **2.** *adv.* sans hésiter; sans inconvénient; sans danger, risque, crainte; **2keitsˌzeugnis** *n* certificat *m*, attestation *f* (autorisant qc. *od.* à faire qc.).

unbedeutend [ˈʊnbəˌdɔʏtənt] *adj.* insignifiant; (*ohne Wichtigkeit*) sans importance; peu important; de peu d'importance; (*gering*) petit; futile; **~er Zwischenfall** incident mineur, insignifiant, *etc.*; **2ˌheit** *f* ⟨~⟩ insignifiance *f* (*auch e-s Menschen*); peu *m* d'importance; futilité *f*.

unbe|dingt [ˈʊnbəˌdɪŋt, -ˈdɪŋt] **1.** *adj. Vertrauen, Zuverlässigkeit, Bettruhe etc.* absolu; *Gehorsam* inconditionnel, -lle; strict; **2.** *adv.* (*auf jeden Fall*) en tout cas; dans tous les cas; absolument; **nicht ~** pas forcément; **~einflußt** [ˈʊn-, -ˈʔaɪn-] *adj.* non influencé; **~einträchtigt** [ˈʊn-, -ˈʔaɪn-] *adj.* sans être lésé dans ses intérêts; intact; **~endet** [ˈʊn-, -ˈʔɛn-] *adj.* inachevé; **~fähigt** [ˈʊn-, -ˈfɛː-] *adj.* qui n'a pas les qualités requises; incapable; **~fahrbar** [ˈʊn-, -ˈfaːr-] *adj.* impraticable; non carrossable.

unbefangen [ˈʊnbəˌfaŋən] *adj.* **1.** (*unvoreingenommen*) non prévenu; sans prévention; sans préjugé; (*unparteiisch*) impartial; **2.** (*natürlich*) naturel, -lle; (*harmlos*) ingénu; naïf, -ïve; candide; **2ˌheit** *f* (*Unvoreingenommenheit*) absence *f* de préventions; (*Unparteilichkeit*) impartialité *f*; (*Natürlichkeit*) naturel *m*; ingénuité *f*; naïveté *f*; candeur *f*.

unbe|festigt [ˈʊnbəˌfɛstɪçt] *adj. milit.* non fortifié; ouvert; *Straße* non macadamisé; **~ˌfleckt** *adj. fig.* sans tache; pur; vierge; *égl. cath.* **die 2e Empfängnis** l'Immaculée Conception; **~ˌfriedigend** *adj.* peu satisfaisant; (*nicht ausreichend*) insuffisant; **~beˌfriedigt** *adj.* insatisfait; mécontent; **... hat mich ~ gelassen** je suis peu satisfait de ...; **2ˌfriedigtˌheit** *f* ⟨~⟩ insatisfaction *f*; mécontentement *m*; **~ˌfristet** *adj.* de durée illimitée.

unbefugt [ˈʊnbəˌfuːkt] *adj.* non autorisé; *jur.* incompétent; **~es Tragen der Uniform** port illégal d'uniforme; **2en Zutritt verboten!** entrée interdite aux personnes étrangères au service; **~erˈweise** *adv.* sans autorisation.

unbe|gabt [ˈʊnbəˌgaːpt] *adj.* sans talents; peu doué; **~ˌglaubigt** *adj.* inauthentique; **~ˌglichen** *adj. Rechnung* impayé; non réglé; en souffrance; **~greiflich** [-ˈgraɪf-, ˈʊn-] *adj.* incompréhensible; inconcevable; **es ist mir ~, wie das geschehen konnte** je ne peux pas m'expliquer comment cela a pu arriver; **das ist mir ~** *auch* je m'y perds; **das 2e dabei ist, daß ...** ce qui est incompréhensible, c'est que ...; **~grenzt** [-ˈgrɛntst, ˈʊn-] *adj.* illimité; **zeitlich ~** sans limitation de temps; **~ˌgründet** *adj.* sans, dépourvu de fondement; non fondé; injustifié; **~ˌhaart** *adj. bot.* glabre; sans poils; sans duvet.

Unbehag|en [ˈʊnbəˌhaːgən] *n* malaise *m*; gêne *f*; **2lich** *adj.* incommode; inconfortable; *fig.* gêné; **~es Gefühl** sentiment de malaise; **sich ~ fühlen** se sentir mal à l'aise; **~lichˌkeit** *f cf.* **Umbequemlichkeit.**

unbe|hauen [ˈʊnbəˌhauən] *adj.* brut; non taillé; **~helligt** [-ˈhɛ-, ˈʊn-] *adj. u. adv.* non importuné; sans être importuné; **j-n ~ lassen** laisser qn. en paix, tranquille; **~ bleiben** ne pas être incommodé, importuné; **~ˌherrscht** *adj.* qui ne sait pas se maîtriser, se dominer; **2ˌherrschtheit** *f* manque *m* de maîtrise de soi(-même); **~hindert** [ˈʊn-, -ˈhɪn-] **1.** *adj.* libre; **~e Sicht** vue parfaite; **2.** *adv.* librement; sans être empêché; sans (rencontrer d')obstacles; sans encombre, entraves; **~ˌholfen** *adj.* maladroit; gauche; emprunté; (*plump*) lourd; F godiche; empoté; **2ˌholfenˌheit** *f* ⟨~⟩ maladresse *f*; gaucherie *f*; (*Plumpheit*) lourdeur *f*; **~irrbar** [-ˈɪr-, ˈʊn-] *adj.* inébranlable; imperturbable; ferme; sûr; **~irrt** [-ˈɪrt, ˈʊn-] *adv.* sans se laisser détourner (de sa voie); sans se laisser déconcerter, troubler; **~ s-n Weg gehen** suivre tout droit son chemin.

unbekannt [ˈʊnbəˌkant] *adj.* inconnu; ignoré; (*namenlos*) obscur; (*s-n Namen verschweigend*) anonyme; **der 2e Soldat** le Soldat Inconnu; **~es Gesicht** figure, F tête nouvelle; **~en Aufenthalts** sans domicile connu; **~ verzogen** parti sans laisser d'adresse; **gänzlich ~** ni vu ni connu; **ich bin hier ~** je suis étranger, -ère ici; **das ist mir ~** cela m'est inconnu; je l'ignore; je n'en sais rien; **es wird dir nicht ~ sein, daß ...** tu ne peux ignorer, tu n'es pas sans savoir que ...; *math., fig.* **~e Größe** inconnue *f*; *jur.* **Anzeige gegen 2** plainte contre X; **2e(r)** *f* (*m*) inconnu, -e *m, f* (*f auch math., fig.*); **~erˈweise** *adv.* sans être connu; **grüßen Sie Ihren Bruder ~** mes compliments à votre frère bien que je n'aie pas le plaisir de le connaître; **2e(s)** *n* ⟨→ A⟩ inconnu *m*.

unbe|kleidet [ˈʊnbəˌklaɪdət] *adj.* nu; **~ˌkömmlich** *adj. Speisen* qui ne convient pas; indigeste; **~ˌkümmert 1.** *adj.* insouciant; sans soucis; **seien Sie ~** ne vous mettez pas en peine; ne vous faites pas de soucis; **2.** *adv.* sans (se faire de) soucis; **2ˌkümmertˌheit** *f* ⟨~⟩ insouciance *f*; **~ˌladen** *adj.* non chargé; *auch adv.* sans charge, chargement; à vide; **~ˌlastet** *adj.* non chargé; *Grundstück* non grevé d'hypothèques; **~ˌlaubt** *adj. bot.* sans feuilles;

sc. aphylle; ~ₗ**lebt** *adj.* sans vie; inanimé; mort; *Straße auch* peu fréquenté; ~**lehrbar** [-ˈleːr-, ˈʊn-] *adj.* incorrigible; ~ₗ**lesen** *adj.* qui a peu lu; 2ₗ**lesen**ₗ**heit** *f* manque *m* de lecture; ~ₗ**leuchtet** *adj.* non éclairé; obscur; ~ₗ**lichtet** *adj. phot.* non exposé, impressionné; vierge; ~ₗ**liebt** *adj.* qui n'est pas aimé; **beim Volk** ~ impopulaire; **sich** ~ **machen** se faire détester; *beim Volk* se rendre impopulaire; 2ₗ**liebtheit** *f beim Volk* impopularité *f*; ~ₗ**lohnt** *adj.* non récompensé; sans récompense; ~ₗ**mannt** *adj. aviat.* sans pilote; *Raumfahrt* non habité; *mar.* déséquipé; désarmé; ~ₗ**merkt** *adv.* sans être remarqué; inaperçu; ~ **bleiben** passer inaperçu; échapper à l'attention; **er trat** ~ **ein** il fit une entrée discrète, inaperçue, non remarquée; ~ₗ**mittelt** *adj.* sans biens, fortune; peu aisé; *pfort.* indigent; ~**nommen** [-ˈnə-, ˈʊn-] *adj.* **es ist, bleibt Ihnen** ~, **zu** ... (+ *inf.*) vous serez toujours libre de ..., libre à vous de ... (+ *inf.*); ~ₗ**nutzt** *adj.* inutilisé; inemployé; dont on ne se sert pas; (*neu*) neuf, neuve; ~ₗ**obachtet** *adj.* inobservé; ~ₗ**quem** *adj.* incommode; mal commode; inconfortable; *fig.* (*lästig*) gênant; désagréable; **Sie sitzen** ~ vous êtes mal assis; 2ₗ**quemlich**ₗ**keit** *f* incommodité *f*; manque *m* de confort; ~**rechen**ₗ**bar** [-ˈrɛ-, ˈʊn-] *adj.* incalculable; *fig.* imprévisible; *Mensch* déconcertant; **er ist ganz** ~ on ne peut jamais prévoir ce qu'il fera, comment il réagira; 2**rechenbar**ₗ**keit** [-ˈrɛ-, ˈʊn-] *f* ⟨~⟩ impossibilité *f* de calculer, de prévoir qc.; ~ₗ**rechtigt** *adj. Personen* non autorisé; *Forderungen* non fondé; injustifié; ~ₗ**rechtigter**ˈ**weise** *adv.* sans autorisation; sans justification; ~ₗ**ritten** *adj.* non monté; à pied; ~ₗ**rücksichtigt** *adj.* qui n'a pas été pris en considération; **etw.** ~ **lassen** ne pas tenir compte de qc.

unberufen [ₗʊnbəˈruːfən, ˈʊn-] *int.* ~, **toi, toi, toi!** touchons du bois!

unberühr|bar [ˈʊnbəₗryːrbaːr] *adj.* intangible; **die** 2**en** (*Parias*) les intouchables; 2**bar**ₗ**keit** *f* ⟨~⟩ intangibilité *f*; ~**t** *adj.* qui n'a pas été touché; (*unversehrt*) intact; *junges Mädchen, Natur* vierge; **etw.** ~ **lassen** ne pas toucher à qc.; *im Gespräch* passer qc. sous silence; 2**theit** *f* ⟨~⟩ *e-s Mädchens, der Natur* virginité *f*.

unbeschadet [ʊnbəˈʃaːdət, ˈʊn-] *prép.* ⟨*gén.*⟩ sans préjudice de; sans faire tort à; (*trotz*) nonobstant; ~ **anderweitiger Bestimmungen** nonobstant toute clause contraire.

unbe|schädigt [ˈʊnbəₗʃɛːdɪçt] *adj.* non endommagé; intact; ~ₗ**schäftigt** *adj.* inoccupé; sans occupation; désœuvré; 2ₗ**schäftigt**ₗ**heit** *f* ⟨~⟩ manque *m* d'occupation; désœuvrement *m*; ~ₗ**scheiden** *adj.* immodeste; 2ₗ**scheiden**ₗ**heit** *f* manque *m* de modestie; immodestie *f*; ~ₗ**schlagen** *adj. Pferd* non ferré; ~ₗ**schnitten** *adj. bibl.* incirconcis; ~ₗ**scholten** *adj.* intègre; d'une réputation intacte; irréprochable; *jur.* sans antécédents judiciaires; 2ₗ**scholten**ₗ**heit** *f* ⟨~⟩ intégrité *f*; réputation intacte; ~ₗ**schrankt** *adj. Bahnübergang* non gardé; ~ₗ**schränkt** *adj.* illimité; *Herrscher* absolu; **mit** ~**er Haftung** à responsabilité illimitée; 2ₗ**schränktheit** *f* étendue illimitée; ~ₗ**schreiblich 1.** *adj.* indescriptible; *cf. auch* unaussprechlich 1.; *Benehmen, Frechheit* inqualifiable; **2.** *adv. cf.* unaussprechlich 2.; ~ₗ**schrieben** *adj. Blatt, Seite* blanc, blanche; ~ **lassen** laisser en blanc; *fig.* **er ist ein** ~**es Blatt** on ne peut rien dire de lui; ~ₗ**schützt** *adj.* sans défense, protection; ~ₗ**schwert** *adj.* non chargé; *fig.* non grevé de charges; *Gewissen* net, -tte; (*unbekümmert*) sans souci; insouciant; libre de tout souci; *iron.* ~ **von jeder Sachkenntnis** qui n'a aucune notion des choses; 2ₗ**schwertheit** *f* ⟨~⟩ *des Gewissens* netteté *f*; (*Unbekümmertheit*) insouciance *f*; ~ₗ**seelt** *adj.* sans âme; inanimé; ~ₗ**sehen** *adv.* sans examen; sans l'avoir vu; tel quel, telle quelle; ~ₗ**setzt** *adj.* inoccupé; non occupé; (*leer*) vide; *Stelle, Posten* vacant; ~**e Stelle** *auch* vacance *f*; ~ **sein** vaquer; ~ₗ**siegbar** *adj.* invincible; 2ₗ**siegbar**ₗ**keit** *f* ⟨~⟩ invincibilité *f*; ~ₗ**siegt** *adj.* invaincu; ~ₗ**soldet** *adj.* non rétribué, rémunéré; bénévole; ~ₗ**sonnen** *adj.* inconsidéré; irréfléchi; (*leichtsinnig*) étourdi; léger, -ère; ~ **handeln** agir à la légère; 2ₗ**sonnene(r)** *f* (*m*) ⟨→ A⟩ étourdi, -e *m, f*; écervelé, -e *m, f*; F hurluberlu, -e *m, f*; 2ₗ**sonnen**ₗ**heit** *f* irréflexion *f*; (*Leichtsinn*) étourderie *f*; légèreté *f*; ~ₗ**sorgt** *adj.* sans souci; **seien Sie** ~! soyez tranquille!; **seien Sie deswegen** ~! ne vous mettez pas en souci, en peine pour cela!; ne vous mettez pas martel en tête pour cela!; F ne vous en faites pas!; ~ₗ**ständig** *adj. Wetter, Charakter, Mensch* inconstant; instable; (*veränderlich*) changeant; variable; *Mensch* versatile; inégal; chancelant; *in der Liebe* volage; ~**er Mensch** F girouette *f*; 2ₗ**ständig**ₗ**keit** *f* inconstance *f*; instabilité *f*; variabilité *f*; *nur e-s Menschen* versatilité *f*; inégalité *f*; humeur changeante; ~**stätigt** [ˈʊn-, -ˈʃtɛː-] *adj. Nachricht* non confirmé; ~**en Meldungen zufolge** selon des informations non confirmées; ~**stechlich** [-ˈʃtɛç-, ˈʊn-] *adj.* incorruptible; intègre; 2**stechlich**ₗ**keit** [-ˈʃtɛç-, ˈʊn-] *f* incorruptibilité *f*; intégrité *f*; ~**stellt** [ˈʊn-, -ˈʃtɛlt] *adj. Waren* non commandé; sans ordre; *agr. Feld* non labouré; en friche; inculte.

unbestimm|bar [ₗʊnbəˈʃtɪmbaːr, ˈʊn-] *adj.* indéterminable; indéfinissable; *philos.* **das** 2**e** le vague; ~**t** [ˈʊn-] *adj.* indéterminé (*auch math.*); indéfini (*auch gr.*); vague; (*unsicher*) incertain; **auf** ~**e Zeit** pour un temps indéterminé; **etw. auf** ~**e Zeit vertagen** ajourner qc. sine die; 2**theit** *f* indétermination *f*; vague *m*; 2**theitsprin**ₗ**zip** *n phys. atom.* **Heisenbergsches** ~ principe *m* d'incertitude de Heisenberg.

unbe|straft [ˈʊnbəₗʃtraːft] *adj.* impuni; non puni; ~**streitbar** [-ˈʃtraɪt-, ˈʊn-] *adj.* incontestable; indéniable; indiscutable; 2**streitbar**ₗ**keit** [-ˈʃtraɪt-, ˈʊn-] *f* ⟨~⟩ incontestabilité *f*; ~**stritten** [ˈʊn-, -ˈʃtrɪ-] *adj.* incontesté; ~**teiligt** [-ˈtaɪ-, ˈʊn-] *adj.* étranger, -ère (**an etw.** à qc.); *am Gewinn* non intéressé (à); (*gleichgültig*) indifférent; **an etw.** ~ **sein** *auch* ne pas prendre part, participer à qc.; ne pas être en cause dans qc.; F n'y être pour rien; 2**teiligt**ₗ**heit** [-ˈtaɪ-, ˈʊn-] *f* ⟨~⟩ (*Gleichgültigkeit*) manque *m* d'intérêt; indifférence *f*; ~ₗ**tont** *adj.* non accentué; atone; ~**trächtlich** [-ˈtrɛçt-, ˈʊn-] *adj.* peu considérable; *cf. auch* **unbedeutend**; ~ₗ**treten** *adj. Weg* non battu.

unbeugsam [ₗʊnˈbɔʏkzaːm, ˈʊn-] *adj. Wille, Energie* inflexible; 2ₗ**keit** *f* ⟨~⟩ inflexibilité *f*.

unbe|völkert [ˈʊnbəₗfœlkərt] *adj.* non peuplé; inhabité; ~ₗ**wacht** *adj.* non surveillé; sans surveillance; *Bahnübergang* non gardé; ~ₗ**waffnet** *adj.* non armé; sans armes; désarmé; ~ₗ**waldet** *adj.* non boisé; ~ₗ**wandert** *adj.* peu versé (**in** dans); ~**weglich** [ˈʊn-, -ˈveːk-] *adj.* immobile; *Gesicht, Miene* impassible; ~**e Güter** biens immobiliers, immeubles; immeubles *m/pl.*; 2**weglich**ₗ**keit** [ˈʊn-, -ˈveːk-] *f* immobilité *f*; ~ₗ**wegt** *adj.* immobile; *Gesicht, Miene* impassible; ~ₗ**wehrt** *st. s. adj. cf.* ~**waffnet**; *Stadt* non fortifié; ouvert; ~ₗ**weibt** *adj.* célibataire; ~ₗ**weint** *adj.* qui n'est pas pleuré, regretté; ~**weisbar** [-ˈvaɪs-, ˈʊn-] *adj.* improuvable; indémontrable; 2**weisbar**ₗ**keit** [-ˈvaɪs-, ˈʊn-] *f* ⟨~⟩ impossibilité *f* de prouver, de démontrer (qc.); ~**wiesen** [ˈʊn-, -ˈviː-] *adj.* non prouvé, démontré; ~**wirtschaftet** [-ˈvɪrt-, ˈʊn-] *adj. Waren* non rationné; ~**wohnbar** [-ˈvoːn-, ˈʊn-] *adj.* inhabitable; ~ₗ**wohnt** *adj.* inhabité; (*leerstehend*) vide; *für den Augenblick* vacant; *Gegend* (*verödet*) désert; ~ₗ**wußt 1.** *adj.* inconscient; (*unwillkürlich*) involontaire; machinal; (*instinktiv*) instinctif, -ive; **das ist mir ganz** ~ je n'en sais rien; **das** 2**e** l'inconscient; **2.** *adv.* inconsciemment; involontairement; machinalement; instinctivement; ~ˈ**zahlbar** *adj.* impayable; *fig.* merveilleux, -euse; ~ₗ**zahlt** *adj. Rechnung* impayé; non réglé; *Arbeit* non salarié; *Urlaub* non payé; ~**zähmbar** [-ˈtsɛːm-, ˈʊn-] *adj.* indomptable; ~**zeugt** [ˈʊn-, -ˈtsɔʏkt] *adj.* non attesté; ~**zwingbar** [-ˈtsvɪŋ-, ˈʊn-] *adj.* invincible; *Festung* imprenable; inexpugnable; 2**zwingbar**ₗ**keit** [-ˈtsvɪŋ-, ˈʊn-] *f* ⟨~⟩ invincibilité *f*; ~**zwinglich** [-ˈtsvɪŋ-, ˈʊn-] *adj. cf.* ~**zwingbar**; ~ₗ**zwungen** *adj.* invaincu.

unbiegsam [ˈʊnₗbiːkzaːm] *adj.* inflexible.

Unbilden [ˈʊnₗbɪldən] *f/pl.* **die** ~ **der Witterung** les intempéries *f/pl.*; l'inclémence *f* du temps.

Unbildung [ˈʊnₗbɪldʊŋ] *f* manque *m* de culture, d'éducation, d'instruction.

Unbill [ˈʊnbɪl] *f* ⟨~; **-bilden**⟩ iniquité *f*; injustice *f*; (*Unrecht*) tort *m*; 2**ig** *adj.* peu équitable; inique; injuste; ~**ig**ₗ**keit** *f cf.* Unbill.

unblutig [ˈʊnₗbluːtɪç] *adj.* non sanglant; sans effusion de sang (*auch adv.*).

unbotmäßig [ˈʊnboːtₗmɛːsɪç] *adj.* insubordonné; 2ₗ**keit** *f* insubordination *f*.

unbrauchbar [ˈʊnbraʊxbaːr] *adj.* inutilisable (*auch von Personen*); non en état de servir; qui n'est bon, -nne à rien; *Personen* (*untauglich*) inapte (**für** à); ~ **machen** mettre 'hors d'usage; *Geschütz* démonter; 2ₗ**keit** *f* état *m* inutilisable; *e-s Menschen* inaptitude *f*; 2ₗ**machung** *f* ⟨~⟩ mise *f* 'hors d'usage; destruction *f*; *e-s Geschützes* démontage *m*.

unbußfertig [ˈʊnbuːsₗfɛrtɪç] *adj. relig.* impénitent; 2ₗ**keit** *f* impénitence *f*.

unchristlich [ˈʊnₗkrɪstlɪç] *adj.* peu chrétien, -nne; indigne d'un chrétien.

und [ʊnt] *conj.* et; *bei negativer Verbindung* ne ... ni ... ni; **kein Brot** ~ **kein Geld haben** n'avoir ni pain ni argent; *beim comp.* **immer größer** ~ **größer** de plus en plus grand; ~ **über** ~ **über** complètement; **nach** ~ **nach** peu à peu; **durch** ~ **durch** de part en part; **mehr**

~ mehr de plus en plus; (je) **zwei ~ zwei** deux à deux; **~ so fort** (*abr.* usf.), **~ so weiter** (*abr.* usw.) et ainsi de suite; et cætera (*abr.* etc.); **~ and(e)re(s)** (*abr.* **u. a.**) et autres; **~ and(e)re(s) mehr** (*abr.* **u.a.m.**) et d'autres encore; **~ dergleichen mehr** (*abr.* **u. dergl. m.**) et ainsi de suite; **~ zwar** à savoir; c'est-à-dire; *poét.* **~ so geschah's** et cela se fit; c'est ce qui arriva; (**na**) **~?**, **~ dann?** et après?; et puis?; et alors?; F **der ~ Angst haben!** lui, avoir peur!; **~ dabei noch** ..., **~ selbst dann noch** ... et encore ...; **~ damit gute Nacht!** sur ce, bonne nuit!; **sei so gut ~ schreibe ihm** fais-moi le plaisir de lui écrire; **lauf hin ~ sage es ihm!** cours le lui dire!; **geh ~ hole mir ...!** va me chercher ...!

Undank ['undaŋk] *m* ingratitude *f*; **grober ~** grande ingratitude; **j-m mit ~ lohnen** payer qn. d'ingratitude; **nur ~ ernten** ne récolter que de l'ingratitude; **mit ~ belohnt werden** être payé d'ingratitude; **~ ist der Welt Lohn** *prov. cf.* Lohn 2.; **2bar** *adj.* ingrat (*auch Aufgabe, Arbeit etc.*); **~ gegen j-n sein, sich j-m gegenüber ~ zeigen, erweisen** se montrer, être ingrat envers qn.; faire preuve d'ingratitude envers qn.; **~ˌbare(r)** *f* (*m*) ⟨→ A⟩ ingrat, -e *m, f*; **~barˌkeit** *f* ingratitude *f*.

un|datiert ['undaˌtiːrt] *adj.* non daté; sans date; **~definierbar** [-'niːr-, 'un-] *adj.* indéfinissable; **~deklinierbar** [-'niːr-, 'un-] *adj. gr.* indéclinable.

undenk|bar [ˌun'dɛŋkbaːr] *adj.* inimaginable; impensable; **~lich** *adj.* **seit ~en Zeiten** de temps immémorial.

un|deutlich ['unˌdɔytlıç] *adj. Umrisse etc.* indistinct; imprécis; indécis; vague; *Schrift* peu lisible; illisible; *Aussprache* inintelligible; imcompréhensible; *Laut* inarticulé; *phot.* flou; *Vorstellung, Erinnerung* confus; vague; indistinct; obscur; *fig.* flou; **~ sprechen** parler entre ses dents; F mâchonner; **schnell u. ~ sprechen** F bredouiller; **2ˌdeutlichˌkeit** *f* imprécision *f*; manque *m* de netteté; *e-s Photos* flou *m*; **~deutsch** *adj.* qui n'est pas allemand; peu allemand; peu digne d'un Allemand; **~dicht** *adj.* qui joint mal; inétanche; (*durchlässig*) perméable; *Faß, Hahn* **~ sein** fuir; avoir une fuite; **2ˌdichte** *f*, **2ˌdichtigˌkeit** *f* inétanchéité *f*; fuite *f*.

Undine [un'diːnə] *f myth.* ondine *f*.

Unding ['undıŋ] *n* ⟨~(e)s; ~e⟩ absurdité *f*; non-sens *m*.

un|diszipliniert ['undıstsiˑpliˑˌniːrt] *adj.* indiscipliné; **2disziplıˌniertheit** *f* ⟨~⟩ manque *m* de discipline; **~draˌmatisch** *adj.* peu dramatique; **~ˌduldsam** *adj.* intolérant; **2ˌduldsamˌkeit** *f* intolérance *f*.

undurch|dringlich [ˌundurç'drıŋlıç, 'un-] *adj.* impénétrable (*auch fig.*); **~es Gesicht** *auch* visage fermé; **2dringlichˌkeit** [-'drıŋ-, 'un-] *f* impénétrabilité *f*; **~führbar** [-'fyːr-, 'un-] *adj.* inexécutable; impraticable; infaisable.

undurchlässig ['undurçˌlɛsıç] *adj.* imperméable.

undurchschaubar [ˌundurç'ʃaubaːr, 'un-] *adj. fig.* impénétrable; *Charakter* fermé.

undurchsichtig ['undurçˌzıçtıç] *adj.* opaque; *fig. cf.* undurchschaubar; **2ˌkeit** *f* opacité *f*.

uneben ['unˌˀeːbən] *adj.* inégal; qui n'est pas plan; *Weg* raboteux, -euse; âpre; *Gelände* accidenté; F *fig.* (**das ist**) **nicht ~** ce n'est pas mauvais; (ce n'est) pas mal; **das ist gar nicht so ~** ce n'est pas si mal que ça; c'est plutôt joli; c'est assez joli; **~ˌbürtig** *adj.* de naissance, de condition, de valeur inférieure; **2ˌheit** *f* ⟨~; ~en⟩ inégalité *f*; *e-s Weges auch* aspérité *f*; *des Geländes* accident *m*; **~en** *pl. fig. im Stil* fautes *f/pl.*

unecht ['unˀɛçt] *adj. Edelsteine, Schmuck* faux, fausse; en simili; (*nachgemacht*) imité; *von Edelmetallen* simil(i)...; *Haar, Bart* postiche; *Text, Urkunde* inauthentique; apocryphe; **~er Schmuck** fausse bijouterie; F toc *m*; **~es Silber** similargent *m*; **~es Gold** similor *m*; *math.* **~er Bruch** nombre fractionnaire; **2heit** *f* fausseté *f*; *von Texten, Urkunden* inauthenticité *f*.

unedel ['unˌˀeːdəl] *adj.* ignoble; (*gemein*) vulgaire; *Metalle* commun.

unehelich ['unˌˀeːəlıç] *adj. Kind* illégitime; naturel, -lle; **2ˌkeit** *f* illégitimité *f*.

Unehr|e ['unˌˀeːrə] *f* déshonneur *m*; **j-m zur ~ gereichen, j-m ~ machen** déshonorer qn.; ne pas faire honneur à qn.; faire déshonneur à qn.; **2enˌhaft** *adj.* déshonorant; malhonnête; **2erˌbietig** *adj.* irrévérencieux, -euse; irrespectueux, -euse; **sich ~ gegen j-n benehmen** manquer de respect à qn.; **~erˌbietigkeit** *f* irrévérence *f*; manque *m* de respect; **2lich** *adj.* malhonnête; déloyal; faux, fausse; (*unaufrichtig*) insincère; de mauvaise foi; **~lichˌkeit** *f* fausseté *f*; insincérité *f*; mauvaise foi.

uneigennützig ['unˌˀaıgənˌnʏtsıç] **1.** *adj.* désintéressé; **2.** *adv.* avec désintéressement; **2ˌkeit** *f* désintéressement *m*.

uneigentlich ['unˌˀaıgəntˌlıç] *adj.* impropre; **im ~en Sinne**, *advt.* **~** au (sens) figuré.

unein|bringlich [ˌunˀaın'brıŋlıç, 'un-] *adj. Geschäft* qui ne rapporte rien; qui n'est pas rentable; non profitable; non lucratif, -ive; *Forderung* inexigible; irrécouvrable; **~geˌlöst** ['un-] *adj. Wechsel* non honoré; en souffrance; **~geˌschränkt** ['un-] *adj.* illimité; sans restriction, réserve (*auch adv.*); intégral; *Macht* absolu; **~geˌstanden** ['un-] *adj.* inavoué; **~geˌweiht** ['un-] *adj.* non initié; **~ˌheitlich** ['un-] *adj.* non homogène, uniforme; qui manque d'homogénéité, d'uniformité, d'unité.

uneinig ['unˌˀaınıç] *adj.* désuni, en désaccord (**mit j-m** avec qn.); **noch mit sich selbst ~ sein** être encore irrésolu; **~ sein** ne pas s'accorder; **~ werden** se désunir; se désaccorder; se diviser; **mit j-m über etw. ~ sein** être, se trouver en désaccord avec qn. sur qc.; **2ˌkeit** *f* désunion *f*; désaccord *m*; (*Meinungsverschiedenheit*) dissentiment *m*; divergence *f* d'opinion; diversité *f* des opinions; (*Spaltung*) division *f*.

uneinnehmbar [ˌunˀaın'neːmbaːr, 'un-] *adj. milit.* imprenable; inexpugnable.

uneins ['unˀaıns] *adj.* **~ sein** *cf.* uneinig.

un|elastisch ['unˀeˑˌlastıʃ] *adj.* non élastique; sans élasticité; **~eleˌgant** *adj.* inélégant.

unempfänglich ['unˀɛmˌpfɛŋlıç] *adj.* insensible, inaccessible (**für** à); *méd.* peu réceptif, -ive (à); non prédisposé (à); **~ für Musik** *auch* fermé à la musique; **2ˌkeit** *f* insensibilité *f*; *méd.* non-réceptivité *f* (**für** à); résistance *f* (à); immunité *f* (à).

unempfindlich ['unˀɛmˌpfıntlıç] *adj. Farbe, Stoff etc.* insensible (**gegen** à); *fig. auch* impassible; *chim.* indifférent (à); *méd. Körperteile, durch Nervenlähmung* engourdi; *durch Betäubungsmittel* insensibilisé; **~ machen** insensibiliser; **2ˌkeit** *f* insensibilité *f* (*auch méd.*); *fig. auch* impassibilité *f*; *chim.* indifférence *f*.

unendlich [ˌun'ˀɛntlıç] **1.** *adj.* infini (*auch math.*); *Weite* (*unermeßlich*) immense; **~e Mühe haben** avoir toutes les peines du monde; **2.** *adv.* infiniment; **~ klein** infiniment petit; infinitésimal; **ich bin Ihnen ~ dankbar** je vous suis infiniment reconnaissant; **2e(s)** *n* ⟨→ A⟩ infini *m*; **im ~n** à l'infini; **das geht ins ~** cela va à l'infini; **bis ins ~ fortsetzen** continuer sans fin, à l'infini; **2ˌkeit** *f* infinité *f*; (*Unermeßlichkeit*) immensité *f*.

unentbehrlich [ˌunˀɛnt'beːrlıç, 'un-] *adj.* indispensable; **sich ~ machen** se rendre indispensable; **sich für ~ halten** se croire indispensable; F *iron.* faire la mouche du coche; **2ˌkeit** *f* nécessité absolue.

unent|deckt ['unˀɛntˌdɛkt, -'dɛkt] *adj.* non découvert; **~geltlich** [-'gɛlt-, 'un-] **1.** *adj.* gratuit; bénévole; **2.** *adv.* gratuitement; gratis; bénévolement; à titre bénévole, gracieux; **~rinnbar** [-'rın-, 'un-] *adj.* inévitable.

unentschieden ['unˀɛntˌʃiːdən] **I 1.** *adj.* indécis; (*noch schwebend*) pendant; non encore tranché; **2.** *adv.* en suspens; **etw. ~ lassen** laisser qc. en suspens; *Sport* **~ spielen** faire match nul; **II 2** *n* ⟨~s; ~⟩ *Sport* égalité *f* de points; match nul; **2ˌheit** *f* indécision *f*.

unentschlossen ['unˀɛntˌʃlɔsən] *adj.* irrésolu; indécis; hésitant; **ich bin noch ~** *auch* j'hésite encore; je n'ai pas encore pris de décision; **2ˌheit** *f* irrésolution *f*; indécision *f*; hésitation *f*.

unentschuld|bar [ˌunˀɛnt'ʃultbaːr, 'un-] *adj.* inexcusable; impardonnable; **~igt** ['un-] **1.** *adj.* **~es Fehlen** absence injustifiée, non excusée; **2.** *adv.* **~ fehlen** être absent sans (avoir fourni d')excuses.

unent|wegt [ˌunˀɛnt'veːkt, 'un-] **1.** *adj.* inébranlable; imperturbable; **2.** *adv. cf.* unablässig 2., unaufhörlich 2.; **~wickelt** [-'vı-, 'un-] *adj.* qui n'est pas encore (suffisamment) développé; *Film* non (encore) développé; **~'wirrbar** *adj.* inextricable; **~'zifferbar** *adj.* indéchiffrable.

uner|beten ['unˀerˌbeːtən] *adj.* inopportun; mal venu; **~bittlich** [-'bıt-, 'un-] *adj.* inexorable; inflexible; (*erbarmungslos*) impitoyable; sans pitié; implacable; **2bittlichˌkeit** [-'bıt-, 'un-] *f* ⟨~⟩ inexorabilité *f*; inflexibilité *f*; implacabilité *f*; **~ˌfahren** *adj.* inexpérimenté (in dans); novice; **2ˌfahrenˌheit** *f* inexpérience *f*; manque *m* d'expérience; **~findlich** [-'fınt-, 'un-] *adj.* inexplicable; inconcevable; incompréhensible; inimaginable; (*rätselhaft*) énigmatique; **~forschlich** [-'fɔrʃ-, 'un-] *adj.* inexplorable; *fig.* insondable; impénétrable; **2forschlichˌkeit** [-'fɔrʃ-, 'un-] *fig. f* ⟨~⟩ insondabilité *f*; impénétrabilité *f*; **~ˌforscht** *adj.* inexploré; **~ˌfreulich** *adj.* peu réjouissant; désagréable; déplaisant; fâcheux, -euse; (*betrüblich*) affligeant; *Szene* pénible; **~füllbar** [-'fʏl-, 'un-] *adj. Wunsch* irréalisable; chimérique; **~ˌfüllt** *adj. Leben* non rempli; *Pflicht* non accompli; *Wunsch* irréalisé; inexaucé; non exaucé; **~ bleiben** ne pas s'accomplir; rester inexaucé; **~ˌgiebig** *adj.* improductif, -ive; d'un rendement médiocre; **2ˌgiebigˌkeit** *f* improductivité *f*; rendement *m* médiocre; **~gründlich** [-ˈgrʏnt-, ˈʊn-] *adj. cf.* ~forschlich (*fig.*); **2gründlich,keit** [-ˈgrʏnt-, ˈʊn-] *f* ⟨~⟩ *cf.* 2forschlichkeit; **~,heblich** *adj.* insignifiant; peu important; (*gering*) petit; *cf. auch* **unbedeutend**; **nicht ~** assez, très grand; **2,heblich,keit** *f* insignifiance *f*; peu *m* d'importance; **~,hofft** *adj.* inespéré.

uner|hört [ˈʊnˀɛr,høːrt] *adj. Bitte* inexaucé; non exaucé; **~ bleiben** rester inexaucé; **~ˈhört** *adj.* (*unglaublich*) inouï; *Reichtum etc.* (*sagenhaft*) fabuleux, -euse; formidable; *Preise* exorbitant; **das ist ~!** c'est inouï!; ça n'a pas de nom!; F on n'a pas idée de cela!

uner|kannt [ˈʊnˀɛr,kant] *adv.* sans être reconnu; incognito; **~klärlich** [-ˈklɛːr-, ˈʊn-] *adj.* inexplicable; **~läßlich** [-ˈlɛs-, ˈʊn-] *adj.* indispensable; de rigueur; de première nécessité; d'une nécessité absolue; *Bedingung auch* sine qua non; **es ist ~, daß** ... il est indispensable que ...; **~ sein** *auch* être de toute nécessité; **~,laubt** *adj.* illicite; **mit ~en Mitteln** par des moyens illicites; **~er Nachdruck e-s Werkes** édition clandestine d'un ouvrage; *milit.* **~e Entfernung** *von der Truppe* absence illégale, sans autorisation; **~er Waffenbesitz** détention illégale d'armes; **~,ledigt** *adj. Arbeit* inachevé; non terminé; en souffrance; *Rechnung cf.* **unbezahlt**; *Aufträge* en carnet; en portefeuille; **~ bleiben** rester en suspens; **~meßlich** [-ˈmɛs-, ˈʊn-] *adj.* immense; énorme; incommensurable; (*unendlich*) infini; **2meßlich,keit** [-ˈmɛs-, ˈʊn-] *f* ⟨~⟩ immensité *f*; grandeur *f* énorme; incommensurabilité *f*; **~müdlich** [-ˈmyːt-, ˈʊn-] **1.** *adj.* infatigable; inlassable; **2.** *adv.* sans se lasser; **2müdlich,keit** [-ˈmyːt-, ˈʊn-] *f* ⟨~⟩ zèle *m* infatigable; **~,örtert** *adj.* qui n'a pas été discuté; non débattu; **~ lassen** ne pas discuter, débattre; **~,probt** *adj.* non éprouvé; **~,quicklich** *adj. cf.* **unerfreulich**; **~reichbar** [-ˈraɪç-, ˈʊn-] *adj.* 'hors d'atteinte; inaccessible; 'hors de ma (sa, *etc.*) portée; **2reichbar,keit** [-ˈraɪç-, ˈʊn-] *f* ⟨~⟩ inaccessibilité *f*; **~,reicht** *adj.* inégalé; sans égal; sans pareil, -lle; 'hors ligne; **~sättlich** [-ˈzɛt-, ˈʊn-] *adj.* insatiable [-sja-] (*auch fig.*); vorace; **2sättlich,keit** [-ˈzɛt-, ˈʊn-] *f* ⟨~⟩ insatiabilité [-sja-] *f* (*auch fig.*); voracité *f*; **~,schlossen** *adj.* inexploré; inexploité; **~schöpflich** [-ˈʃœpf-, ˈʊn-] *adj.* inépuisable; (*unversiegbar*) intarissable; **~,schrocken** *adj.* intrépide; impavide; **~ sein** *auch* F n'avoir pas froid aux yeux; **2,schrocken,heit** *f* ⟨~⟩ intrépidité *f*; **~schütter,lich** [-ˈʃʏ-, ˈʊn-] *adj.* inébranlable; imperturbable; impavide; (*fest*) ferme; **2schütterlich,keit** [-ˈʃʏ-, ˈʊn-] *f* ⟨~⟩ imperturbabilité *f*; fermeté *f* inébranlable; **~schwinglich** [-ˈʃvɪŋ-, ˈʊn-] *adj. Waren etc.* 'hors de prix; *Preise* exorbitant; prohibitif, -ive; inabordable; trop élevé; F énorme; **~setzlich** [-ˈzɛts-, ˈʊn-] *adj. Personen, Sachen* irremplaçable; *Verlust* irréparable; **2setzlich,keit** [-ˈzɛts-, ˈʊn-] *f* ⟨~⟩ impossibilité *f* de remplacer, de réparer; *besser verbal*; **~sprießlich** [-ˈʃpriːs-, ˈʊn-] *adj.* peu profitable; peu avantageux, -euse; infructueux, -euse; (*unangenehm*) désagréable; **~träglich** [-ˈtrɛːk-, ˈʊn-] *adj.* insupportable; intolérable; *nur von Personen* F assommant; **~,wähnt** *adj.* non mentionné; etw. **~ lassen** passer qc. sous silence; **ich möchte nicht ~ lassen, daß** ... je voudrais encore mentionner, signaler que ...; **~,wartet 1.** *adj.* inattendu; (*unvorhergesehen*) imprévu; (*unverhofft*) inespéré; (*unvermutet*) inopiné; (*plötzlich*) soudain; **auf e-e ~e Schwierigkeit stoßen** tomber sur, se heurter à une difficulté inattendue, imprévue; F tomber sur un os; **2.** *adv.* à l'improviste; inopinément; soudainement; **~ eintreffen** arriver à l'improviste, F sans crier gare; **das kommt mir sehr ~** je ne m'y attendais pas; **~weisbar**, **~weislich** [-ˈvaɪs-, ˈʊn-] *adj.* qui ne peut être prouvé; indémontrable; **~,widert** *adj.* **~e Liebe** amour non partagé; **~ bleiben** rester sans réponse; **mein Besuch blieb ~** on ne m'a pas rendu ma visite; **~,wünscht 1.** *adj.* indésirable; *Besuch* importun; dont on se serait bien passé; **2.** *adv.* à contretemps; mal à propos; **~,zogen** *adj.* mal élevé.

unfähig [ˈʊn,fɛːɪç] *adj.* incapable (**zu etw.** de qc.); inapte (à); inhabile (à) (*auch jur.*); **2,keit** *f* ⟨~⟩ incapacité *f*; inaptitude *f*; inhabileté *f*; *jur.* inhabilité *f*.

unfair [ˈʊnfɛːr] *adj.* déloyal; irrégulier, -ère.

Unfall [ˈʊnfal] *m* accident *m*; **e-n ~ haben, erleiden** avoir un accident; **tödlicher ~, ~ mit tödlichem Ausgang** accident mortel; **gegen ~ versichern** assurer contre les accidents; **~,anzeige** *f* déclaration *f* d'accident; **~er,mittlung** *f* enquête *f* sur l'accident; **2,frei** *adj. u. adv.* sans (avoir eu d')accident; **Schadenfreiheitsrabatt für ~es Fahren** bonus *m* de bon conducteur; **~ge,fahr** *f* risque *m* d'accident(s); **~,hilfe** *f* premiers secours; **~ko,mmando** *n* police *f* secours; **~,meldung** *f cf.* ~anzeige; **~,ort** *m* lieu *m* de l'accident; **~proto,koll** *n* constat *m* d'accident; **~,rente** *f* rente-accident *f*; **~,schutz** *m* protection *f* contre les accidents; **~stati,on** *f* poste *m* de secours; **~sta,tistik** *f* statistique *f* des accidents; **~,tod** *m* mort accidentelle; **~ver,hütung** *f* prévention *f* des accidents; **~ver,hütungs,vorschriften** *f/pl.* règlement *m* pour la protection contre les accidents du travail; prescriptions *f/pl.* en matière d'accidents du travail; **~ver,letzte(r)** *f (m)* accidenté, -e *m,f*; **~ver,sicherung** *f* assurance *f* contre les accidents; **~,wagen** *m* ambulance *f*; **~,ziffer** *f* nombre *m*, chiffre *m* des accidents.

unfaß|bar [ʊnˈfasbaːr, ˈʊn-] *adj.* incompréhensible; inconcevable; **2bar,keit** *f* ⟨~⟩ incompréhensibilité *f*; **~lich** *adj. cf.* ~bar; **2lich,keit** *f cf.* 2barkeit.

unfehlbar [ʊnˈfeːlbaːr, ˈʊn-] **1.** *adj.* infaillible; **kein Mensch ist ~** nul n'est infaillible; **2.** *adv.* à coup sûr; immanquablement; **2,keit** *f* infaillibilité *f*.

un|fein [ˈʊnfaɪn] *adj. Benehmen, Bemerkung etc.* peu délicat; indélicat; inconvenant; *Sitten* peu raffiné; *Vorgehen* inélégant; sans tact; **~fern** *adv.* **~ des Hauses** *od.* **~ von dem Hause** non loin de la maison; à proximité de la maison; à peu de distance de la maison; **~,fertig** *adj. péj. fig.* (*unreif*) non mûr; manquant de maturité; *Mensch auch* trop jeune.

Un|flat [ˈʊnflaːt] *m* ⟨~(e)s⟩ immondices *f/pl.*; ordures *f/pl.* (*auch fig.*); saleté *f* (*auch fig.*); **2,flätig** *adj.* sale; ordurier, -ère; obscène; **~,flätig,keit** *f* ⟨~; ~en⟩ saleté *f*; obscénité *f*.

un|folgsam [ˈʊn,fɔlkzaːm] *adj.* indocile; désobéissant; **2,folgsam,keit** *f* indocilité *f*; désobéissance *f*; **~,förmig** *adj.* informe; (*mißgestaltet*) difforme; mal fait; *Mensch* balourd; gros, -sse; **~e Masse** masse informe; **2,förmig,keit** *f* ⟨~⟩ difformité *f*; **~,förmlich** *adj.* **1.** *cf.* ~förmig; **2.** (*ohne Förmlichkeit*) sans façon; peu conventionnel, -lle; **~fran,kiert 1.** *adj.* non affranchi; en port dû; **2.** *adv.* sans affranchir; sans être affranchi; en port dû; **~fran,zösisch** *adj.* qui n'est pas français; peu digne d'un Français; **~frei** *adj. Brief, Paket cf.* ~frankiert; *fig.* qui n'est pas libre; *innerlich* (*gehemmt*) qui a des complexes; *Altertum* esclave; *féod.* (*leibeigen*) serf, serve; **2,freiheit** *f* manque *m*, absence *f* de liberté; (*Knechtschaft*) esclavage *m*; **~frei,willig 1.** *adj.* involontaire; **2.** *adv.* involontairement; malgré soi; **~,freundlich** *adj.* peu aimable; inamical; peu accueillant; peu bienveillant; (*ungefällig*) désobligeant; disgracieux, -euse; (*abweisend*) rébarbatif, -ive; brusque; *Wetter* gris; maussade; inclément; **j-m ~ begegnen** être désobligeant envers qn.; **j-n ~ behandeln** traiter qn. sans aménité; **j-n ~ empfangen** faire un mauvais accueil à qn.; **2,freundlich,keit** *f* mauvaise grâce; désobligeance *f*; manières *f/pl.* peu aimables; *des Wetters* inclémence *f*.

Unfriede(n) [ˈʊn,friːdə(n)] *m* discorde *f*; (*Zwist*) dissension *f*; zizanie *f*; mésintelligence *f*; brouille *f*.

unfruchtbar [ˈʊn,frʊxtbaːr] *adj. Boden* infécond; infertile; stérile (*alle auch fig.*); ingrat; *bot., zo., méd.* stérile; *Jahr* infructueux, -euse (*auch fig.*); **~ machen** stériliser; **2,keit** *f des Bodens, fig.* infécondité *f*; infertilité *f*; stérilité *f* (*auch bot., zo., méd.*); **2,machung** *f* ⟨~⟩ stérilisation *f*.

Unfug [ˈʊnfuːk] *m* ⟨~(e)s⟩ bêtise *f*; frasque *f*; algarade *f*; **~ treiben** faire des bêtises, des frasques, des algarades; *jur.* **grober ~** scandale *m*; esclandre *m*; trouble *m* de l'ordre public; *jur.* **beschimpfender ~** sacrilège *m*; profanation *f*.

un|fundiert [ˈʊnfʊn,diːrt] *adj. Schulden* flottant; non consolidé; **~ga,lant** *adj.* peu galant; non courtois; **~gangbar** [ˈʊn-, -ˈgaŋ-] *adj. Weg* impraticable, inutilisable (pour les piétons).

Ungar|(in) [ˈʊŋgar(ɪn)] *m* ⟨~n; ~n⟩ (*f*) ⟨~; ~nen⟩ 'Hongrois, -e *m,f*; **2isch** *adj.* 'hongrois; **die ~e Sprache, das 2e** la langue 'hongroise; le hongrois; **~,wein** *m* vin *m* de Hongrie.

ungastlich [ˈʊn,gastlɪç] *adj.* inhospitalier, -ère; **2,keit** *f* inhospitalité *f*; manque *m* d'hospitalité.

unge|achtet [ˈʊngə,ˀaxtət, -ˈˀax-] *prép.* ⟨*gén.*⟩ malgré; nonobstant; en dépit de; sans égard pour; au mépris de; **~ahndet** [ˈʊn-, -ˈˀaːn-] *adj.* impuni; **~ahnt** [ˈʊn-, -ˈˀaːnt] *adj.* insoupçonné; inattendu; imprévu; dont on ne se doutait pas; **~e Möglichkeiten** possibilités insoupçonnées; **~,bahnt** *adj. Weg* non frayé; **~,bändigt** *adj.* indompté; **~,bärdig** *adj. Kind* sauvage; mutin; récalcitrant; **sich ~ benehmen** se montrer récalcitrant; regimber; **~,beten 1.** *adj.* non invité; **~er Gast** intrus *m*; malvenu *m*; importun *m*; **2.** *adv.* sans avoir été prié, invité; **~,beugt** *adj.* qui ne s'est pas laissé abattre; indompté; **~,bildet** *adj.* inculte; illettré; sans culture, éducation, formation, instruction; **~,bleicht** *adj.* non blanchi; **~e Leinwand** toile écrue; **~,boren** *adj.* **noch ~** encore à naître; **~,brannt** *adj. Kaffee* vert; *Ziegel* cru;

~ˌbräuchlich *adj.* inusité; désuet, -ète; rare; ~ **werden** tomber en désuétude; **~ˌbraucht** *adj.* inutilisé; non encore utilisé; inemployé; tout neuf, toute neuve; **~ˌbrochen** *adj. fig.* non abattu.

Ungebühr [ˈʊngəˌbyːr] *f* ⟨~⟩ *vor Gericht* outrage *m*; offense *f*; **2lich 1.** *adj.* peu convenable, convenant; inconvenant; indu; incongru; **2.** *adv.* de façon inconvenante, incongrue; indûment; incongrûment; **~lichˌkeit** *f* inconvenance *f*; incongruité *f*; inconduite *f*.

ungebunden [ˈʊngəˌbʊndən] *adj.* (*frei*) libre (de tout lien); (*ledig*) célibataire; *Preis* libre; non réglementé; *Buch* non relié; **~e Rede** prose *f*; **2ˌheit** *f* liberté *f*.

unge|dämpft [ˈʊngəˌdɛmpft] *adj.* non amorti; **~ˌdeckt** *adj. comm.* à découvert; *Scheck, Wechsel* sans provision; non provisionné; *milit.* sans abri; sans protection; découvert; à découvert; *Sport* démarqué; **~e Ausgaben** découvert *m*; **~ˌdient** *adj. milit.* qui n'a pas fait son service militaire; **~er Jahrgang** classe n'ayant pas fait de service militaire, n'ayant pas été appelée; **2ˌdiente(r)** *m* ⟨→ A⟩ celui qui n'a pas fait son service militaire; **~ˌdruckt** *adj.* non imprimé.

Ungeduld [ˈʊngəˌdʊlt] *f* impatience *f*; **vor ~ brennen** brûler d'impatience; **vor ~ vergehen** se morfondre; **2ig 1.** *adj.* impatient; **2.** *adv.* impatiemment; avec impatience; **~ machen** impatienter; faire perdre patience; énerver; **~ werden** s'impatienter; **~ige(r)** *f* (*m*) ⟨→ A⟩ impatient, -e *m, f*.

unge|eignet [ˈʊngəˌˀaɪgnət] *adj. Sachen* impropre (zu, für à); inapproprié (à); *Person auch* inapte (à); non qualifié (pour); incompétent (pour); *Zeit, Augenblick* inopportun; **~fähr** [ˈʊn-, -ˈfɛːr] **1.** *adj.* approximatif, -ive; **2.** *adv.* approximativement; à peu près; environ; **das kostet ~ zehn Mark** *auch* cela coûte dix marks ou qc. d'approchant; **~ dreißig** une trentaine; **das war es ~, was er mir sagte** voilà à peu (de chose) près ce qu'il m'a dit; **~ so ist es** c'est cela à peu de chose près; **von ~** par 'hasard; fortuitement; **~fährdet** [ˈʊn-, -ˈfɛːr-] *adv.* sans danger; **~ˌfährlich** *adj.* non dangereux, -euse; *ohne negative Folgen für die Gesundheit etc.* inoffensif, -ive; **~es Experiment, Mittel** expérience inoffensive, remède inoffensif; **~ˌfällig** *adj.* peu complaisant; désobligeant; **2ˌfälligˌkeit** *f* manque *m* de complaisance; désobligeance *f*; **~ˌfälscht** *adj.* non falsifié; *Produkte* pur; naturel, -lle; **~ˌfärbt** *adj. Haar, Wolle* non teint; *Flüssigkeit, Glas, Lebensmittel* non coloré, teinté; **~ˌfaßt** *adj. Edelstein* non monté; **~ˌflügelt** *adj. zo.* sans ailes; *sc.* aptère; **~ˌformt** *adj.* informe; **~ˌfragt** *adv.* sans avoir été demandé; **~ˌfrühstückt** *adv.* à jeun; **~ˌfüge** *adj.* (*plump*) grossier, -ère; *cf. auch* **unförmig**; **~ˌfügig** *adj.* peu souple; *von Personen auch* peu accommodant; *Kind* indocile; **~ˌgessen 1.** *adj.* (*nicht gegessen*) non mangé; **2.** *adv.* (*ohne gegessen zu haben*) sans avoir mangé; **~ˌgoren** *adj.* non fermenté; **~er Wein** *auch* vin bourru; **~ˌhalten** *adj.* (*ärgerlich*) dépité; fâché, mécontent, *pfort.* indigné (über de); **über j-n, etw. ~ sein** être fâché contre qn., de qc.; **über etw. ~ werden** se fâcher, *pfort.* s'indigner de qc.; **~ˌheißen** *adv.* sans (en avoir reçu l')ordre; de sa propre initiative; de son (propre) chef; **~ˌheizt** *adj.* non chauffé; **~ˌhemmt 1.** *adj.* qui n'est pas entravé; libre; **2.** *adv.* sans entraves; librement; *cf. auch* **hemmungslos**; **~ˌheuchelt** *adj.* sans feinte; (*aufrichtig*) sincère.

ungeheuer [ˈʊngəˌhɔʏər, -ˈhɔʏ-] **I 1.** *adj.* (~ *groß*) monstrueux, -euse; colossal; énorme; F formidable; *Tiefe* prodigieux, -euse; énorme; inouï; *Verantwortung* énorme; *Wucht* effroyable; effrayant; *Anstrengung* énorme; inouï; *Erfolg, Wirkung* prodigieux, -euse; énorme; *Wirkung auch* P bœuf; *Wissen, Reichtum, Weite* vaste; immense; *Wissen auch* prodigieux, -euse; *Reichtum auch* inouï; **2.** *adv.* extrêmement; énormément; **II 2** *n* ⟨~s; ~⟩ monstre *m* (*auch fig. von e-m Menschen*); **~ˌlich** *adj.* monstrueux, -euse; inouï; (*empörend*) révoltant; **2lichˌkeit** *f* ⟨~; ~en⟩ monstruosité *f*; énormité *f*.

unge|hindert [ˈʊngəˌhɪndərt] **1.** *adj.* libre; **~en Zutritt haben zu ...** avoir libre accès à ...; **2.** *adv.* librement; sans être empêché; **~hobelt** [ˈʊn-, -ˈhoː-] *adj. Brett* non raboté; brut; *fig.* grossier, -ère; impoli; F **~er Patron** rustre *m*; mufle *m*; goujat *m*; F ours mal léché; **~ˌhörig 1.** *adj. Betragen* inconvenant; peu convenant; malséant; *Antwort, Bemerkung* fâcheux, -euse; intempestif, -ive; incongru; (*frech*) insolent; **2.** *adv.* de façon inconvenante; **2ˌhörigˌkeit** *f* ⟨~; ~en⟩ inconvenance *f*; malséance *f*; *e-r Antwort etc.* incongruité *f*; (*Frechheit*) insolence *f*; **~ˌhorsam I** *adj.* désobéissant; *Kind auch* indocile; insoumis; *milit.* insubordonné; **II 2ˌhorsam** *m* désobéissance *f*; insoumission *f*; *e-s Kindes auch* indocilité *f*; *milit.* insubordination *f*; **~ˌhört** *adv.* sans être, sans avoir été entendu.

Ungeist [ˈʊngaɪst] *m* ⟨~es⟩ esprit malfaisant.

unge|kämmt [ˈʊngəˌkɛmt] *adj.* non peigné; *Wolle* non cardé; **~ˌklärt** *adj.* non éclairci; obscur; *Lage* confus; *Frage* indécis; en suspens; **~ˌkocht** *adj.* non cuit; (*roh*) cru; **~ˌkündigt** *adj.* **in ~er Stellung sein** être encore, toujours en place; ne pas avoir reçu *bzw.* donné son congé; **~ˌkünstelt** *adj.* non affecté; sans affectation (*auch adv.*); non recherché; (*einfach*) simple; (*natürlich*) naturel, -lle; **2ˌkünsteltˌheit** *f* ⟨~⟩ simplicité *f*; naturel *m*; **~ˌkürzt 1.** *adj. Text* non abrégé; complet, -ète; intégral; *Summe, Betrag* (*ohne Abzug*) sans déduction (*auch adv.*); entier, -ère; **2.** *adv.* complètement; intégralement; dans son entier; en entier; **~ˌladen** *adj. élect., Waffe* non chargé; *Gast cf.* **ungebeten 1.**; **~ˌläufig** *adj. Wort, Ausdruck* qui n'est pas familier, -ère à qn.; (*selten*) assez rare; peu usité; **~ˌläutert** *adj.* non purifié, affiné; **~ˌlegen 1.** *adj. Zeitpunkt* indu; inopportun; *Besuch* importun; **zu ~er Stunde** à une heure indue; **2.** *adv.* mal à propos; à contretemps; **j-m ~ kommen** déranger qn.; incommoder qn.; **das kommt sehr ~** c'est fâcheux; **diese Reise kommt mir höchst ~** ce voyage ne m'arrange point, me dérange; **2ˌlegenˌheit** *f* **j-m ~en machen, bereiten** (*Mühe bereiten*) incommoder, importuner, déranger qn.; (*Verdruß bereiten*) causer de l'embarras, des ennuis, des désagréments à qn.; **~ˌlegt** *adj.* F *fig.* **sich um ~e Eier kümmern** s'occuper de choses, d'affaires inactuelles, non encore actuelles; **~ˌlehrig** *adj.* réfractaire; **~ˌlenk** *adj.* (*linkisch*) gauche; maladroit; **~ˌlenkig** *adj.* peu souple; (*steif*) raide; **2ˌlenkigˌkeit** *f* manque *m* de souplesse; raideur *f*; **~ˌlernt** *adj. Arbeiter* non qualifié; **~ˌlesen 1.** *adj.* non (encore) lu; **2.** *adv.* **e-n Brief ~ zurückgeben** rendre une lettre sans l'avoir lue; **~ˌlogen** *adv.* F **das kostet ~ ...** ça coûte effectivement ...; **~ˌlöscht** *adj.* non éteint; **~er Kalk** chaux vive; **~ˌlöst** *adj. Problem* irrésolu; **~ bleiben** rester entier, -ère; **2ˌmach** *st. s. n* ⟨~(e)s; ~e⟩ (*Unbequemlichkeit*) incommodité *f*; (*Mühseligkeit*) fatigues *f/pl.*; (*Unannehmlichkeit*) désagréments *m/pl.*; ennuis *m/pl.*; inconvénients *m/pl.*; (*Mißgeschick*) revers *m/pl.* de fortune; **~ˌmahlen** *adj.* non moulu; **~ˌmäß** *adj.* non conforme à; **~mein** [ˈʊn-, -ˈmaɪn] **1.** *adj.* (*außergewöhnlich*) extraordinaire; prodigieux, -euse; (*ungewöhnlich*) peu commun; **2.** *adv.* (*sehr*) très; énormément; extrêmement; **~ˌmessen** *adj. Ansprüche, Forderungen* **ins 2e gehen** s'accroître à l'excès, outre mesure; être illimité, démesuré, immodéré; **~ˌmischt** *adj.* pur; **~ˌmünzt** *adj.* non monnayé; **~ˌmütlich** *adj. Ort* peu engageant; peu confortable; où l'on se sent mal à l'aise; *Person* peu sympathique; F dangereux, -euse; *Wetter* vilain; *Situation* pénible; **2ˌmütlichˌkeit** *f* manque *m* de confort; **~ˌnannt** *adj.* qui n'est pas nommé; anonyme; **er möchte ~ bleiben** il veut rester anonyme; il désire garder l'anonymat; **~ˌnau** *adj.* inexact; imprécis; *Übersetzung* infidèle; **2ˌnauigˌkeit** *f* inexactitude *f*; imprécision *f*; *der Übersetzung* infidélité *f*; **~niert** [ˈʊnʒeˑ-, -ʒeˑˈniːrt] *adj. u. adv.* sans gêne; sans façon; libre(ment); **2niertheit** [ˈʊnʒeˑ-, -ʒeˑˈniːrt-] *f* ⟨~⟩ sans-gêne *m*; **~nießbar** [ˈʊn-, -ˈniːs-] *adj. Speisen* immangeable; *Getränke* imbuvable; *verdorbene Nahrungsmittel, Pilze* non comestible; incomestible; F *Personen* (*unausstehlich*) insupportable; F imbuvable; **2nießbarˌkeit** [ˈʊn-, -ˈniːs-] *f* impossibilité *f* de manger, de boire qc.; **~ˌnügend 1.** *adj.* insuffisant; *Leistung* peu satisfaisant; **etw. für ~ erachten** juger qc. insuffisant; **2.** *adv.* insuffisamment; **~ˌnutzt, ~ˌnützt 1.** *adj.* inutilisé; **2.** *adv.* **die Zeit ~ verstreichen lassen** laisser passer le temps sans en profiter; **~ˌordnet** *adj.* non rangé; sans ordre; en désordre (*beide auch adv.*); **in ~en Verhältnissen leben** vivre dans le désordre; *Kind* vivre à l'abandon, dans le laisser-aller; **~ˌpflastert** *adj.* non pavé; **~ˌpflegt** *adj.* négligé; **2ˌpflegtheit** *f* aspect négligé; **~ˌpflügt** *adj. agr.* non labouré; **~ˌprägt** *adj. cf.* **~münzt**; **~ˌrächt 1.** *adj.* impuni; **2.** *adv.* impunément; **das soll nicht ~ bleiben** cela sera vengé; je me (m'en) vengerai; j'en tirerai vengeance.

ung(e)rade [ˈʊngəˌraːdə, -ˌgraː-] *adj. Zahl* impair.

ungeraten [ˈʊngəˌraːtən] *adj. Kind* qui a mal tourné.

ungerecht [ˈʊngəˌrɛçt] *adj.* injuste; inique; inéquitable; **~ˌfertigt** *adj.* non justifié; injustifié; **2igˌkeit** *f* injustice *f*; iniquité *f*; **e-e schreiende ~** une injustice criante, flagrante; **diese ~ schreit zum Himmel** cette injustice crie vengeance.

unge|regelt ['ʊngəˌreːgəlt] *adj.* non réglé; ein **~es Leben führen** mener une vie déréglée; **~ˌreimt** *adj.* non rimé; *fig.* (*sinnlos*) absurde; inepte; saugrenu; F **~es Zeug** propos farfelus, absurdes, *etc.*; F **~es Zeug reden** raconter, débiter des balivernes; **2ˌreimtheit** *fig. f* ⟨~; ~en⟩ absurdité *f*; ineptie [-si] *f*.

ungern ['ʊngɛrn] *adv.* à regret; à contrecœur; de mauvaise grâce; contre son (mon, *etc.*) gré; à son (mon, *etc.*) corps défendant; **gern oder ~** bon gré, mal gré; **ich sehe es ~, daß** ... je vois avec déplaisir, il me déplaît, je vois d'un mauvais œil que ...; je n'aime pas (à) voir que ...

unge|rufen ['ʊngəˌruːfən] *adv.* sans être appelé; **~ˌrügt** *adv.* **das kann nicht ~ bleiben** on ne peut laisser passer cela (sans le blâmer); **~ˌrührt** *adj.* impassible; sans émotion (*auch adv.*); froid; **er sah ~ dem traurigen Schauspiel zu** il resta impassible, froid à la vue de ce triste spectacle; **~ˌrupft** *adv.* F *fig.* **~ davonkommen** s'en tirer sans perte; **nicht ~ davonkommen** y laisser des plumes; **~ˌrüstet** *adj.* non armé, préparé; **~ˌsagt** *adj.* **etw. ~ lassen** ne pas dire qc.; s'abstenir de dire qc.; passer qc. sous silence; **das darf nicht ~ bleiben** il faut en parler; **~ˌsalzen** *adj.* non salé; **~ˌsattelt** *adj.* non sellé; **~ˌsättigt** *adj. chim.* non saturé; **~ˌsäuert** *adj. Brot* sans levain; azyme; **~ˌsäumt 1.** *adj. cout.* non ourlé; **2.** *adv. cf.* **unverzüglich**; **~ˌschält** *adj.* non pelé; *Gerste* non mondé; **~ˌschehen** *adj.* **das läßt sich nicht ~ machen, das kann man nicht ~ machen, Geschehenes kann man nicht ~ machen** ce qui est fait est fait.

Ungeschick ['ʊngəˌʃɪk] *n* ⟨~(e)s⟩ *cf.* **~lichkeit**; *fig.* F **~ läßt grüßen!** ah! que vous êtes (tu es) maladroit!; **~lichˌkeit** *f* maladresse *f*; inhabileté *f*; (*linkisches Wesen*) gaucherie *f*; *im Verhalten anderen gegenüber* bévue *f*; F gaffe *f*; boulette *f*; **e-e ~ begehen** faire une bévue, F gaffe, boulette; *im Gespräch* mettre les pieds dans le plat; **2t** *adj.* maladroit; inhabile (zu à); (*linkisch*) gauche; F empoté; **Sie stellen sich ~ an** vous vous y prenez mal; **~tˌheit** *f cf.* **~lichkeit**.

unge|schlacht ['ʊngəˌʃlaxt] *adj.* grossier, -ère; rude; lourdaud; rustaud; **~er Mensch** lourdaud *m*; rustre *m*; rustaud *m*; **2ˌschlachtheit** *f* ⟨~⟩ grossièreté *f*; rudesse *f*; **~ˌschlechtlich** *adj. biol.* asexué; **~e Fortpflanzung** reproduction asexuée; **~ˌschliffen** *adj. Steine* non taillé; brut; *fig.* impoli; grossier, -ère; malappris; mal dégrossi; rustre; rustaud; *litt. st. s.* incivil; *cf. auch* **ungehobelt** (*fig.*); **2ˌschliffenˌheit** *fig. f* impolitesse *f*; grossièreté *f*; *litt.*, *st. s.* incivilité *f*; **~ˌschmälert** *adj.* entier, -ère; intégral; **~ˌschminkt** *adj.* sans fard (*auch fig.*); non fardé; *fig.* **~e Wahrheit** vérité toute crue; **j-m die ~e Wahrheit sagen** dire à qn. crûment la vérité; **2ˌschminktheit** *fig. f* ⟨~; ~en⟩ crudité *f*; **~ˌschoren** *adj. u. adv. fig.* **lassen Sie mich ~!** laissez-moi en paix, tranquille!; **~ davonkommen** s'en tirer sans dommage; **~ˌschrieben** *adj. Gesetz* non écrit; **~ˌschult** *adj.* non instruit; **~ˌschützt** *adj. milit.* sans défense, appui; non protégé; *auch gegen Wind u. Wetter* sans abri; exposé; **~ˌschwächt** *adj.* **mit ~en Kräften** avec toutes ses forces; dans toute sa force; **~ˌsellig** *adj.* insociable; *pfort. fig.* sauvage; farouche; **2ˌselligˌkeit** *f* insociabilité *f*; *pfort. fig.* sauvagerie *f*; **~ˌsetzlich** *adj.* illégal; illégitime; **2ˌsetzlichˌkeit** *f* illégalité *f*; illégitimité *f*; **~ˌsittet 1.** *adj.* incivil; **2.** *adv.* **sich ~ benehmen** se comporter incivilement; **~ˌstalt** *adj.* difforme; disgracié; **~ˌstaltet** *adj.* informe; **~ˌstärkt** *adj. Wäsche* non empesé, amidonné; **~ˌstempelt** *adj.* non timbré; *Briefmarke* non oblitéré; **~ˌstielt** *adj. Werkzeuge* sans manche; *bot.* sans tige; **~ˌstillt** *adj. Hunger* inassouvi; inapaisé; *Durst auch* non étanché; *Verlangen, Sehnsucht* inassouvi; **~ˌstört 1.** *adj.* non troublé; *jur.* **~er Besitz** possession paisible; **2.** *adv.* en paix; sans être dérangé, troublé; **2ˌstörtheit** *f* ⟨~⟩ paix *f*; tranquillité *f*; **~ˌstraft 1.** *adj.* impuni; **2.** *adv.* impunément.

ungestüm ['ʊngəˌʃtyːm] **I** *adj.* impétueux, -euse; fougueux, -euse; (*heftig*) véhément; violent; (*unbändig*) pétulant; (*lärmend*) bruyant; turbulent; **etw. ~ verlangen** réclamer qc. à cor et à cri; **II 2** *n* ⟨~(e)s⟩ impétuosité *f*; fougue *f*; (*Heftigkeit*) véhémence *f*; violence *f*; (*Unbändigkeit*) pétulance *f*; (*lärmendes Wesen*) turbulence *f*; **mit ~** *etw. beginnen etc.* à corps perdu.

unge|sund ['ʊngəˌzʊnt] *adj.* (*der Gesundheit schädlich*) malsain (*auch fig. von Wirtschaftsverhältnissen etc.*); nocif, -ive; *Aussehen* maladif, -ive; *Luft, Ort, Wohnung* insalubre; *Literatur etc.* morbide; **allzuviel ist ~** l'excès en tout est nuisible; **~ˌtan** *adj.* **etw. ~ lassen** ne pas faire qc.; **~ˌteilt** *adj.* non divisé, partagé; *jur.* indivis; *fig.*, *Beifall, Bewunderung, Zustimmung etc.* unanime; **~ˌtreu** *adj.* infidèle; déloyal; **~ˌtrübt** *fig. adj.* serein; *Freude auch* pur; sans mélange; *Glück auch* sans nuage; inaltéré.

Ungetüm ['ʊngəˌtyːm] *n* ⟨~(e)s; ~e⟩ monstre *m* (*auch fig.*).

unge|übt ['ʊngəˌʔyːpt] *adj.* inexercé; **2ˌübtheit** *f* manque *m* d'exercice; **~ˌwandt** *adj.* (*ungeschickt*) maladroit; inhabile; *körperlich* gauche; lourd; *im Benehmen* gauche; empoté; **2ˌwandtheit** *f* maladresse *f*; inhabileté *f*; *körperliche* gaucherie *f* (*auch im Benehmen*); lourdeur *f*; **~ˌwaschen** *adj. Wäsche etc.* non lavé; (*schmutzig*) sale; *Wolle* en suint; P *fig.* **~es Maul** langue impudente, insolente, impertinente; F *fig.* **~es Zeug reden** dire des absurdités; **~ˌwiegt** *adv.* F **ich werde ~ schlafen** F on n'aura pas besoin de me bercer.

ungewiß ['ʊngəˌvɪs] *adj.* incertain; (*unbestimmt*) indécis; (*zweifelhaft*) douteux, -euse; **im ungewissen sein, lassen, bleiben** être, laisser, rester dans l'incertitude; **aufs ungewisse** au 'hasard; **es ist noch ~, ob er kommen wird** *auch* on ne sait pas encore s'il viendra; **das Ungewisse** l'incertain *m*; **Reise ins Ungewisse** voyage dans l'incertain; **2heit** *f* incertitude *f*; doute *m*.

Ungewitter ['ʊngəˌvɪtər] *n* violent orage; tempête *f*; *fig.* orage *m*; bourrasque *f*; tempête *f*; **das ~ brach über ihn herein** la tempête, la bourrasque, l'orage s'abattit sur lui.

unge|wöhnlich ['ʊngəˌvøːnlɪç] **1.** *adj.* extraordinaire; peu commun; insolite; inhabituel, -lle; (*seltsam*) étrange; **ein ~er Schritt** une démarche insolite; **2.** *adv.* extraordinairement; étrangement; **~ groß** d'une taille, stature exceptionnelle; **~ ernst für sein Alter** d'un sérieux bien rare, peu commun pour son âge; **2ˌwöhnlichˌkeit** *f* chose *f*, caractère *m* insolite, extraordinaire; (*Seltsamkeit*) étrangeté *f*; **~ˌwohnt** *adj.* inaccoutumé; **2ˌwohntheit** *f* ⟨~⟩ manque *m* d'habitude; **~ˌwollt 1.** *adj.* non voulu; involontaire; **2.** *adv.* involontairement; sans intention; **~ˌzählt** *adj.* innombrable; **~ˌzähmt** *adj.* non apprivoisé; *fig.* effréné.

Ungeziefer ['ʊngəˌtsiːfər] *n* ⟨~s; ~⟩ vermine *f*; insectes *m/pl.* nuisibles; F *iron.* (*Läuse, Wanzen*) habitants *m/pl.*; **~beˌkämpfung** *f* lutte *f* contre la vermine, les insectes nuisibles.

unge|ziemend ['ʊngəˌtsiːmənt] *adj.* peu convenable; inconvenant; **~ˌziert** *adj.* sans affectation (*auch adv.*); (*natürlich*) naturel, -lle; **~ˌzogen** *adj. Kind* indocile; désobéissant; *pfort.* méchant; *vom Benehmen Erwachsener* impoli; *pfort.* (*frech*) insolent; impertinent; **2ˌzogenˌheit** *f* ⟨~; ~en⟩ *e-s Kindes* indocilité *f*; désobéissance *f*; *pfort.* méchanceté *f*; *e-s Erwachsenen* impolitesse *f*; (*Frechheit*) insolence *f*; impertinence *f*; **~ˌzügelt** *adj. fig.* sans frein; effréné; **~ˌzwungen 1.** *adj. Benehmen* non affecté; non guindé; dégagé; aisé; désinvolte; (*natürlich*) naturel, -lle; *Unterhaltung* naturel, -lle; sans façons; **~es Wesen** manières aisées; aisance *f* des manières; **2.** *adv.* sans contrainte, affectation, façons; avec désinvolture, aisance; **2ˌzwungenˌheit** *f* absence *f* d'affectation; aisance *f* (des manières); désinvolture *f*; *e-r Unterhaltung* caractère naturel, dégagé, libre.

Unglaub|e ['ʊnˌglaubə] *m relig.* manque *m* de foi; incrédulité *f*; incroyance *f*; **2haft** *adj. cf.* **unglaubwürdig**.

ungläubig ['ʊnˌglɔʏbɪç] **1.** *adj.* incrédule; (*skeptisch*) sceptique; *relig.* incroyant; mécréant; infidèle; **er ist ein ~er Thomas** *cf.* **Thomas**; **2.** *adv.* **~ lächeln** sourire d'un air incrédule; avoir un sourire sceptique; **2e(r)** *f* (*m*) incrédule *m, f*; *relig.* incroyant, -e *m, f*; mécréant, -e *m, f*; infidèle *m, f*; **2ˌkeit** *f* incrédulité *f*; scepticisme *m*.

unglaub|lich ['ʊnˌglauplɪç, -'glaup-] *adj.* incroyable; (*unerhört*) inouï; invraisemblable; **das grenzt ans Unglaubliche** cela confine à l'invraisemblable, l'invraisemblance; **das ist ~!** c'est à ne pas y croire!; (*empörend*) c'est invraisemblable, inouï!; **~ˌwürdig** *adj.* incroyable; peu digne de foi; qui n'est pas digne de foi; (*zweifelhaft*) douteux, -euse; **e-e ~e Geschichte** une histoire à dormir debout; **2ˌwürdigˌkeit** *f* incrédibilité *f*; *besser* caractère *m* incroyable, invraisemblable.

ungleich ['ʊnglaɪç] **1.** *adj. Größe, Kampf, Kräfte etc.* inégal; (*verschieden*) différent; *Brüder etc.* (*unähnlich*) dissemblable; *Paar* (*verschiedenartig*) disparate; mal assorti; *Schuhe, Handschuhe* (*nicht zusammengehörig*) dépareillé; déparié; **2.** *adv. vor comp.* infiniment; beaucoup; **~ schöner** infiniment, beaucoup plus beau, belle; **~ˌartig** *adj.* de nature différente; *sc.* hétérogène; **2ˌflügler** *m/pl. zo.* hétéroptères *m/pl.*; **~ˌförmig** *adj.* de forme différente; non uniforme; dissemblable; inégal; **2heit** *f* inégalité *f*; différence *f*; *sc.* hétérogénéité *f*; (*Unähnlichkeit*) dissemblance *f*; *e-s Paares* (*Verschiedenartigkeit*) disparité *f*;

~ˌ**mäßig** *adj.* inégal; irrégulier, -ère; 𝔖ˌ**mäßig**ˌ**keit** *f* inégalité *f*; irrégularité *f*; ~ˌ**seitig** *adj. Dreieck* scalène.

Unglimpf ['ʊnglɪmpf] *m* ⟨~(e)s⟩ *st. s.* (*Schimpf*) injure *f*; insulte *f*; 𝔖**lich** *adj.* sans égards (*auch adv.*); (*schimpflich*) injurieux, -euse.

Unglück ['ʊnglʏk] *n* ⟨~(e)s; ~e⟩ malheur *m*; *im Leben e-s Menschen auch* adversité *f*; fortune *f* adverse; mauvaise fortune; infortune *f*; malchance *f*; revers *m*; (*Unglücksfall*) accident *m*; *chem.*, *avjat.*, *mar.* catastrophe *f*; (*Schiffs*𝔖) *auch* sinistre *m*; *furchtbares, von dem ein Land, e-e Gegend heimgesucht wird* calamité *f*; désastre *m*; *beim Spiel cf.* Pech 2.; j-n ins ~ **stürzen** précipiter qn. dans le malheur; causer la ruine de qn.; j-n ins ~ **bringen** faire le malheur de qn.; j-m ~ **bringen** porter malheur à qn.; **vom ~ verfolgt** poursuivi par le malheur, la malchance; **im ~ zu Hilfe kommen** secourir dans l'infortune; **treu im Glück u. im ~** fidèle dans la bonne comme dans la mauvaise fortune; **dieser Stein bringt ~** cette pierre porte malheur, est un porte-malheur; **welch ein ~!** quel malheur!; **es ist ein ~, daß ...** c'est un malheur que ...; **das ist weiter kein ~** il n'y a pas grand mal; le grand malheur!; **zum ~** par malheur; malheureusement; par malchance; **zu allem ~** pour comble de malheur; **zu meinem ~** pour mon malheur; F **er sitzt da wie ein Häufchen ~** il est là comme un pauvre malheureux; **ein ~ kommt selten allein** *prov.* un malheur ne vient jamais seul; 𝔖ˌ**bringend** *adjt.* funeste; 𝔖**lich 1.** *adj.* malheureux, -euse; *Person auch* infortuné; malchanceux, -euse; *Einfall, Beispiel etc.* malencontreux, -euse; (*verhängnisvoll*) funeste; fatal; ~**e Hand** main malheureuse; **e-e ~e Wahl treffen** faire un choix malheureux, malencontreux; **2.** *adv.* ~ **spielen** jouer de malheur; F avoir la guigne, du guignon, de la déveine; être en guignon; ~ **machen** rendre malheureux, -euse; ~**liche(r)** *f*(*m*) infortuné, -e *m, f*; malheureux, -euse *m, f*; 𝔖**licher**ˌ**weise** *adv.* malheureusement; par malheur, malchance; ~**s**ˌ**bote** *m* messager *m* de malheur; 𝔖ˌ**selig** *adj.* malheureux, -euse; *nur von Dingen* funeste; désastreux, -euse; ~**s**ˌ**fall** *m* accident *m*; ~**s**ˌ**kind** *n*, ~**s**ˌ**mensch** *m*, ~**s**ˌ**rabe** F *m* enfant *m* du malheur; malchanceux, -euse *m, f*; P déveinard *m*; ~**s**ˌ**tag** *m* jour *m* de malheur; jour *m* néfaste, funeste; mauvais jour; ~**s**ˌ**wurm** F *m* F pauvre créature *f*; *cf. auch* ~skind; ~**s**ˌ**zahl** *f* chiffre *m* porte-malheur; 𝔖**ver**ˌ**heißend** *adjt.* qui annonce, promet des malheurs.

Ungnade ['ʊnˌgnaːdə] *f* ⟨~⟩ disgrâce *f*; **in ~ fallen** tomber en disgrâce; **bei j-m in ~ fallen** tomber en disgrâce auprès de qn.; perdre les bonnes grâces de qn.; **sich j-s ~ zuziehen** encourir la disgrâce de qn.; **sich j-m auf Gnade u. ~ ergeben** s'en remettre à la générosité, se livrer à la merci de qn.

ungnädig ['ʊnˌgnɛːdɪç] **1.** *adj.* peu bienveillant; défavorable; peu gracieux, -euse; (*schlecht gelaunt*) de mauvaise humeur; mal disposé; **2.** *adv.* avec humeur; de *od.* avec mauvaise grâce; **etw. ~ aufnehmen** se montrer irrité de qc.

ungrade ['ʊnˌgraːdə] *adj. cf.* ungerade.

ungültig ['ʊnˌgʏltɪç] *adj.* non valable; *Geld* sans valeur; qui n'a pas cours; *Stimme, Stimmzettel* nul, -lle; *jur.* invalide; **für ~ erklären, ~ machen** annuler; *jur.* invalider; infirmer; casser; ~ **werden** se périmer; **durch Verjährung ~ geworden** prescrit; 𝔖ˌ**keit** *f* invalidité *f*; non-validité *f*; nullité *f*; caducité *f*; 𝔖ˌ**keitser**ˌ**klärung** *f* déclaration *f* d'invalidité; annulation *f*; invalidation *f*; 𝔖ˌ**machung** *f* ⟨~⟩ invalidation *f*; annulation *f*; 𝔖ˌ**werden** *n* péremption *f*.

Ungunst ['ʊngʊnst] *f* défaveur *f*; *der Witterung* inclémence *f*; **zu j-s ~en** au préjudice de qn.; au détriment de qn.; au désavantage de qn.; aux dépens de qn.; **zu meinen ~en** à mon préjudice.

ungünstig ['ʊnˌgʏnstɪç] **1.** *adj. Wetter, Bescheid etc.* défavorable; *Urteil, Position, Handelsabschluß* (*nachteilig*) désavantageux, -euse; **die Verhältnisse liegen ~** les circonstances sont défavorables; **im ~sten Falle** au pis aller; en mettant les choses au pire; **2.** *adv.* défavorablement; désavantageusement; **sich ~ auf etw. auswirken** influencer qc. défavorablement; avoir des répercussions défavorables.

ungut ['ʊnguːt] *adj.* **nichts für ~!** ne vous en déplaise!; ne m'en veuillez pas!; soit dit sans offense, sans vouloir vous offenser!; F sans rancune!

unhaltbar ['ʊnˌhaltbaːr, -'halt-] *adj. Zustände* insupportable; intenable; intolérable; *Behauptung* insoutenable; *milit., Stellung* indéfendable; intenable; *Sport, Ball néol.* imparable; 𝔖ˌ**keit** *f e-r Behauptung* impossibilité *f* de soutenir, maintenir; fragilité *f* (d'un argument).

un|handlich ['ʊnˌhantlɪç] *adj.* peu maniable; *Paket etc.* encombrant; volumineux, -euse; ~**har**ˌ**monisch** *adj.* peu harmonieux, -euse; inharmonieux, -euse; discordant; *mus. auch* inharmonique.

Unheil ['ʊnhaɪl] *n* malheur *m*; mal *m*; *pfort.* désastre *m*; ~ **anrichten, stiften** causer des malheurs; être cause d'un malheur, de malheurs; faire le mal; 𝔖**bar** ['ʊn-, -'haɪl-] *adj. Krankheit, Kranker* incurable; inguérissable; *fig.* irrémédiable; irréparable; ~ **geisteskrank** incurablement aliéné; ~**bar**ˌ**keit** ['ʊn-, -'haɪl-] *f* incurabilité *f*; 𝔖ˌ**bringend** *adjt.* qui porte malheur; funeste, *pfort.* fatal (**für** à); 𝔖ˌ**schwanger** *st. s. adj.* gros, -sse de malheurs; funeste; 𝔖ˌ**stiftend** *adjt.* qui cause des malheurs; ~ˌ**stifter(in)** *m* (*f*) artisan, -e *m, f* de malheurs; être *m* néfaste; 𝔖**ver**ˌ**kündend** *adjt.* de mauvais augure; sinistre; 𝔖ˌ**voll** *adj.* funeste; néfaste; sinistre; maléfique.

unheimlich ['ʊnˌhaɪmlɪç] **1.** *adj.* inquiétant; qui donne le frisson; *pfort.* lugubre; funèbre; ~**er Mensch** individu inquiétant, peu rassurant, étrange; ~**es Gefühl** sinistre pressentiment; **von ~er Größe** grand à faire peur; **ihm wurde ~ zumute** il sentait l'angoisse le gagner, le saisir, s'emparer de lui; il eut peur; il se sentait mal à l'aise; **2.** *adv.* F (*sehr*) énormément; comme tout; **er ist ~ beschlagen** F il est calé comme tout (in en); il est ferré à glace (sur).

unheizbar ['ʊnˌhaɪtsbaːr] *adj.* ~**es Zimmer** pièce non chauffable, sans (système de) chauffage.

unhöflich ['ʊnˌhøːflɪç] *adj.* impoli; discourtois; (*ungefällig*) désobligeant; disgracieux, -euse; *litt., st. s.* incivil; 𝔖ˌ**keit** *f* impolitesse *f*; discourtoisie *f*; manque *m* de courtoisie; (*Ungefälligkeit*) désobligeance *f*; *litt., st. s.* incivilité *f*.

unhold ['ʊnhɔlt] **I** *adj.* peu gracieux, -euse; **II** 𝔖 *m* ⟨~(e)s; ~e⟩ esprit malin; démon *m*; *fig., von e-m Menschen* monstre *m*; (*Wüstling*) sadique *m*.

unhörbar ['ʊnˌhøːrbaːr, -'høːr-] *adj.* imperceptible (à l'oreille); inaudible; *phys.* infrasonore.

unhygienisch ['ʊnhy·gi·ˌeːnɪʃ] *adj.* peu, non hygiénique; antihygiénique.

Uni ['u·ni·, 'uːni·] *f* ⟨~; ~s⟩ F *Kurzwort für* **Universität.**

uni [y·'niː] *adj. Stoff etc.* (*einfarbig*) uni.

unieren [u·'niːrən] *v/t.* ⟨*pas de ge-*, h⟩ *relig.* unir.

unifizier|en [u·ni·fi·'tsiːrən] *v/t.* ⟨*pas de ge-*, h⟩ uniformiser; standardiser; *Anleihen* consolider; 𝔖**ung** *f* ⟨~⟩ uniformisation *f*; standardisation *f*; *von Anleihen* consolidation *f*.

uniform [u·ni·'fɔrm] **I** *adj.* uniforme; **II** 𝔖 *f* ⟨~; ~en⟩ uniforme *m*; tenue *f* (militaire); **die ~ anziehen** revêtir l'uniforme; *fig.* (*Soldat werden*) endosser l'uniforme; ~**ieren** [-'miː-] *v/t.* ⟨*pas de ge-*, h⟩ faire revêtir l'uniforme; *fig.* uniformiser; **uniformiert** en uniforme; 𝔖**ierung** [-'miː-] *f* ⟨~⟩ uniformisation *f*; 𝔖**i'tät** *f* ⟨~⟩ uniformité *f*; 𝔖ˌ**träger** *m/pl.* gens *m/pl.* en uniforme.

unigefärbt [y·'niːgəˌfɛrpt] *adj.* uni.

Unikat [u·niː'kaːt] *n* ⟨~(e)s; ~e⟩ seul et unique exemplaire.

Unikum ['uːni·kʊm] *n* ⟨~s; -ka *od.* ~s⟩ chose *f* unique en son genre; *von e-m Buch* exemplaire *m* unique; (*Seltenheit*) rareté *f*; *von e-m Menschen* homme singulier; drôle *m* d'homme, F de type; oiseau rare; unique *m* en son genre.

unilateral [ˌu·ni·late·'raːl, 'uː-] *adj.* unilatéral.

uninteress|ant ['ʊnˀɪnte·rɛˌsant] *adj.* peu, non intéressant; sans intérêt; dépourvu d'intérêt; ~**iert** *adj.* désintéressé (**an etw.** à qc.); qui ne s'intéresse pas (à); qui ne montre aucun intérêt (pour); **ich bin daran ~** cela ne m'intéresse pas; 𝔖**iert**ˌ**heit** *f* ⟨~⟩ désintéressement *m*; défaut *m*, manque *m* d'intérêt.

Union [u·ni·'oːn] *f* ⟨~; ~en⟩ *égl., pol., écon.* union *f*; ~**ist** [-'nɪst] *m* ⟨~en; ~en⟩ *égl., pol.* unioniste *m*.

unipolar [ˌu·ni·po·'laːr] *adj. élect.* unipolaire; 𝔖**i'tät** *f élect. néol.* unipolarité *f*; 𝔖**ma**ˌ**schine** *f élect.* génératrice *f* unipolaire.

unisoliert ['ʊnˀi·zo·ˌliːrt] *adj.* non isolé; sans isolation, *élect. auch* isolement.

unisono [u·ni·'zoːno·, -'soː-] **I** *adv. mus.* à l'unisson; **II** 𝔖 *n* ⟨~s; ~s *od.* -ni⟩ *mus.* unisson *m*.

Unitar|ier [u·ni·'taːri·ər] *m* ⟨~s; ~⟩ *égl.* unitaire *m*; unitarien *m*; 𝔖**isch** *adj.* unitaire; ~**ismus** [-'rɪs-] *m* ⟨~⟩ *égl., pol.* unitarisme *m*.

universal [u·ni·vɛr'zaːl] *adj.* universel, -lle; 𝔖... *in Zssgn. meist* universel, -lle; 𝔖ˌ**erbe**, 𝔖ˌ**erbin** *m, f* héritier, -ère *m, f* universel(le); 𝔖**ge**ˌ**nie** *n* génie universel; 𝔖**ge**ˌ**schichte** *f* histoire universelle; 𝔖**ismus** [-'lɪs-] *m* ⟨~⟩ universalisme *m*; 𝔖**i'tät** *f* ⟨~⟩ universalité *f*; 𝔖ˌ**lexikon** *n* encyclopédie *f*; 𝔖ˌ**mittel** *n* remède universel; panacée *f*; 𝔖ˌ**motor** *m* moteur universel;

2ˌschraubenˌschlüssel *m* clef universelle; **2ˌzange** *f* pince universelle.
universell [uˑniˑvɛrˈzɛl] *adj. cf.* universal.
Universität [uˑniˑvɛrziˑˈtɛːt] *f* ⟨~; ~en⟩ université *f*; **auf der ~ sein** suivre les cours à l'université; étudier à l'université; **~sbiblioˌthek** *f* bibliothèque *f* universitaire, de l'université; **~sˌferien** *pl. cf.* Semesterferien; **~sgeˌbäude** *n* université *f*; **~sinstiˌtut** *n* institut *m* universitaire; **~sˌklinik** *f* centre hospitalier, clinique *f* universitaire; **~sˌlaufbahn** *f* carrière *f* universitaire; **~sˌlehrer** *m*, **~sproˌfessor** *m* professeur *m* d'université; universitaire *m*; **~sˌstadt** *f* ville *f* universitaire; **~sˌstudium** *n* études *f/pl.* universitaires.
Universum [uˑniˑˈvɛrzʊm] *n* ⟨~s⟩ univers *m*.
Unk|e [ˈʊŋkə] *f* ⟨~; ~n⟩ *zo.* crapaud *m*; F *fig.* prophète *m* de malheur; pessimiste *m*; **2en** F *v/i.* ⟨h⟩ prédire des malheurs; **man soll nicht immer ~** il ne faut pas toujours peindre les choses en noir.
unkenntlich [ˈʊnˌkɛntlɪç] *adj.* méconnaissable; **(sich) ~ machen** (se) rendre méconnaissable; **2ˌkeit** *f* ⟨~⟩ **bis zur ~** *entstellt, verstümmelt* au point de le, la (les) rendre méconnaissable(s).
Unkenntnis [ˈʊnˌkɛntnɪs] *f* ⟨~⟩ ignorance *f*; **j-n in ~ lassen** laisser qn. dans l'ignorance (**über etw.** de qc.); ne pas informer qn. (de qc.); **~ vorschützen** invoquer, alléguer l'ignorance; prétendre ignorer (qc.); **aus ~** par ignorance; **~ des Gesetzes schützt nicht vor Strafe** nul n'est censé ignorer la loi.
unkeusch [ˈʊnkɔʏʃ] *adj.* impudique; **~ leben** vivre dans l'impudicité; **2ˌheit** *f* impudicité *f*; manque *m* de pudeur.
unkindlich [ˈʊnˌkɪntlɪç] *adj.* qui n'est pas d'un enfant; qui ne convient pas à un enfant; *Gesichtsausdruck* vieillot, -tte.
unkirchlich [ˈʊnˌkɪrçlɪç] *adj.* peu, non attaché à l'Église, aux pratiques de l'Église; non pratiquant.
unklar [ˈʊnklaːr] *adj. Gesagtes, Geschriebenes* qui n'est pas clair; qui manque de clarté; peu clair; vague; *Stil, Bericht etc. auch* (*verworren*) embrouillé; confus; (*dunkel*) obscur; F *péj.* fumeux, -euse; *Vorstellung* vague; **j-n im ~en lassen** laisser qn. dans le vague, l'incertitude, l'ignorance; **im ~en sein** être dans le vague, l'incertitude; **etw. im ~en lassen** ne pas tirer qc. au clair; ne pas se prononcer clairement sur qc.; **es ist mir ~, wie er das machen konnte** j'ignore, je ne vois pas, je ne comprends pas, je n'arrive pas à comprendre comment il a pu faire cela; **sich ~ ausdrücken** s'exprimer d'une façon peu claire, confuse, *etc.*; F parler hébreu; **2ˌheit** *f* manque *m* de clarté; *fig.* obscurité *f*; confusion *f*.
unkleidsam [ˈʊnˌklaɪtzaːm] *adj.* peu seyant; qui sied, va mal.
unklug [ˈʊnkluːk] *adj.* imprudent; maladroit; impolitique; pas très intelligent; (*unbesonnen*) irréfléchi; étourdi; déraisonnable; **2ˌheit** *f* imprudence *f*; maladresse *f*; (*Unbesonnenheit*) irréflexion *f*; étourderie *f*.
un|kollegial [ˈʊnkoleˑgiˑˌaːl] *adj.* qui ne se fait pas entre collègues; peu confraternel, -lle; inamical; **~kompliˌziert** *adj.* peu compliqué; (*einfach*) simple; **~kontroˌllierˌbar** *adj.* incontrôlable; **~konverˌtierbar** *adj.* inconvertible; **~ˌkörperlich** *adj.* incorporel, -lle; immatériel, -lle; **2ˌkörperlichˌkeit** *f* ⟨~⟩ incorporéité *f*; immatérialité *f*; *relig.* incorporalité *f*; **~koˌrrekt** *adj.* incorrect [-ɛkt]; **~es Verhalten** comportement incorrect; incorrection *f* (de conduite); **2koˌrrektheit** *f* incorrection *f*.
Unkosten [ˈʊnˌkɔstən] *pl.* frais *m/pl.*; dépenses *f/pl.*; *jur.* dépens *m/pl.*; **kleine, unvorhergesehene ~** faux frais; petits, menus frais; **steigende ~** frais croissants, progressifs; **abzugsfähige ~** frais déductibles; **abzüglich der ~** moins les frais; **nach Abzug aller ~** tous frais déduits; **für die ~ aufkommen** supporter les frais; subvenir aux frais; **die ~ berechnen** porter les frais en compte; compter, inclure les frais; **als ~ buchen** passer aux frais; comptabiliser sous les frais; **die ~ tragen** faire face aux dépenses; *cf. auch* **für die ~ aufkommen**; **mit ~ verbunden sein** entraîner des frais; faire, occasionner des frais, des dépenses; **sich in ~ stürzen** se mettre en frais; F mettre les petits plats dans les grands; **~ˌaufstellung** *f* état *m* des frais; **~ˌbeitrag** *m* contribution *f*, participation *f* aux frais; **~beˌrechnung** *f* calcul *m* des frais, des dépenses; **~ˌkonto** *n* compte *m* des frais généraux; **~ˌumlage** *f* répartition *f*, affectation *f*, imputation *f* des frais; **~verˌgütung** *f* remboursement *m* des frais.
Unkraut [ˈʊnkraʊt] *n* ⟨~(e)s; ⸗er⟩ mauvaise herbe; *poét.* ivraie *f*; **~ jäten** sarcler; F **~ vergeht, verdirbt nicht** F *iron.* à la mauvaise graine il n'arrive jamais rien; **~beˌkämpfung** *f* lutte *f* contre les mauvaises herbes; **~beˌkämpfungsˌmittel** *n* herbicide *m*; **~ˌegge** *f* *agr.* scarificateur *m*; **~verˌtilgung** *f* destruction *f* des mauvaises herbes; **~verˌtilgungsˌmittel** *n cf.* ~bekämpfungsmittel.
un|kriegerisch [ˈʊnˌkriːgərɪʃ] *adj.* peu guerrier, -ère; **~kultiˌviert** *adj.* *Boden* inculte; *Person auch* non cultivé; peu cultivé; *fig.* barbare; **2kulˌtur** *f* manque *m* de culture; barbarie *f*; **~kündbar** [ˈʊn-, -ˈkʏnt-] *adj. Vertrag* qui ne peut être résilié; *Stellung* permanent; *Richter* inamovible; *Anleihe* non remboursable; consolidé (*auch Schuld*); *Rente* perpétuel, -lle; **~ˌkundig** *adj.* ignorant (**e-r Sache** qc.); **e-r Sache ~ sein** ignorer qc.; **er ist des Weges ~** il ne connaît pas le chemin; **des Französischen ~ sein** ne pas savoir, posséder le français; **des Schreibens u. Lesens ~** analphabète; illettré; **~ˌkünstlerisch** *adj.* peu artistique.
unlängst [ˈʊnlɛŋst] *adv.* naguère; dernièrement; il y a peu de temps; il n'y a pas longtemps; récemment; l'autre jour; depuis peu; **sein Bruder ist ~ aus Amerika zurückgekehrt** son frère est revenu d'Amérique depuis peu.
un|lauter [ˈʊnˌlaʊtər] *adj. Charakter* déloyal; *Wettbewerb auch* illicite; *Geschäft* véreux, -euse; malpropre; **mit ~en Mitteln** par des moyens déloyaux; **2ˌlauterˌkeit** *f* déloyauté *f*; **~ˌleidlich** *adj.* déplaisant; insupportable; (*mißmutig*) de mauvaise humeur; F mal luné; **~ˌlenksam** *adj.* difficile à conduire; indocile; intraitable; **~leserˌlich** [ˈʊn-, -ˈleː-] **1.** *adj.* illisible; indéchiffrable; **2.** *adv.* illisiblement; **~ schreiben** *auch* F écrire comme un chat; **2ˌleserlichˌkeit** *f* illisibilité *f*; **~ˌleugbar** [ˈʊn-, -ˈlɔʏk-] *adj.* indéniable; évident; (*unbestreitbar*) incontestable; **2leugbarˌkeit** [ˈʊn-, -ˈlɔʏk-] *f* ⟨~⟩ évidence *f*; incontestabilité *f*.
unlieb [ˈʊnliːp] *adj.* **es ist mir nicht ~, das zu erfahren** je suis content d'apprendre cela; **~ensˌwürdig** *adj.* peu aimable; disgracieux, -euse; désobligeant; **2ensˌwürdigkeit** *f* désobligeance *f*; **~ˌsam** *adj.* désagréable; fâcheux, -euse.
un|liniert [ˈʊnliˑˌniːrt] *adj.* non réglé; **2ˌlogik** F *f* manque *m* de logique; illogisme *m*; **~ˌlogisch** *adj.* illogique.
unlös|bar [ˈʊnˌløːsbaːr, -ˈløːs-] *adj.* *Ehe* indissoluble; *Problem, Rätsel* insoluble; *Aufgabe* insurmontable; **~ miteinander verbunden sein** être indissolublement lié(e)s entre eux (elles); **2barˌkeit** *f* *der Ehe* indissolubilité *f*; *e-s Rätsels* insolubilité *f*; **~lich** *adj. chim.* insoluble; **2lichˌkeit** *f chim.* insolubilité *f*.
Unlust [ˈʊnlʊst] *f* ⟨~⟩ déplaisir *m*; (*Überdruß*) ennui *m*; (*Abneigung*) aversion *f*; **mit ~** sans enthousiasme, envie; avec déplaisir, aversion; à contrecœur; **s-e ~ überwinden** surmonter son aversion; **~geˌfühl** *n* sentiment *m* de déplaisir; **2ig 1.** *adj.* qui a peu d'envie de faire qc.; (*mißgestimmt*) maussade; chagrin; morose; **2.** *adv.* (*widerwillig*) à contrecœur; *cf. auch* (mit) Unlust.
un|magnetisch [ˈʊnmaˌgneːtɪʃ] *adj.* antimagnétique; non magnétique; **~maˌnierlich 1.** *adj.* qui n'a pas de bonnes manières, de savoir-vivre; **2.** *adv.* **~ essen** ne pas avoir de bonnes manières, de savoir-vivre à table; ne pas savoir se tenir (convenablement) à table; **~ˌmännlich** *adj.* peu viril; *péj.* (*weibisch*) efféminé; **2ˌmännlichˌkeit** *f* caractère efféminé, peu viril; **2maß** *n* excès *m*; **2ˌmasse** *f* quantité *f*, F masse *f* énorme (de); **~maßgeblich** [ˈʊn-, -ˈgeːp-] *adj.* qui ne constitue pas une règle, norme; qui ne fait pas loi, autorité; qui ne peut prétendre à servir de norme, à faire loi; *Urteil* incompétent; **nach meiner ~en Meinung, Ansicht** à mon humble opinion, avis; **~ˌmäßig 1.** *adj.* immodéré; démesuré; énorme; (*übertrieben*) excessif, -ive; *im Genuß* intempérant; **2.** *adv.* **~ essen** manger outre mesure, plus que de raison; **2ˌmäßigˌkeit** *f* démesure *f*; excès *m*; *im Genuß* intempérance *f*; **~ im Essen** intempérance de table; **~meˌlodisch** *adj.* non mélodieux, -euse; **2ˌmenge** *f cf.* 2masse.
Unmensch [ˈʊnmɛnʃ] *m* monstre *m*; brute *f*; **ich bin kein ~** je ne suis pas de bronze, de bois; **2lich** [ˈʊn-, -ˈmɛnʃ-] **1.** *adj.* inhumain; cruel, -lle (**gegen j-n** envers qn.); barbare; **2.** *adv.* **j-n ~ behandeln** traiter qn. inhumainement, cruellement, avec cruauté; **~lichˌkeit** [ˈʊn-, -ˈmɛnʃ-] *f* inhumanité *f*; cruauté *f*; barbarie *f*.
un|merklich [ˌʊnˈmɛrklɪç, ˈʊn-] **1.** *adj.* insensible; imperceptible; **2.** *adv.* insensiblement; imperceptiblement; sans qu'il y paraisse; **~meßbar** [ˈʊn-, -ˈmɛs-] *adj.* immensurable; **~methodisch** [ˈʊn-, -ˈtoː-] *adj. u. adv.* sans méthode; **~miliˌtärisch** [ˈʊn-] *adj.* non, peu militaire; **~mißverständlich** [ˈʊn-, -ˈʃtɛnt-] **1.** *adj.* clair; non équivoque; **2.** *adv.* clairement; sans équivoque; sans ambages; **~mittelbar** [ˈʊn-] **1.** *adj.* immédiat; direct [-ɛkt]; **~e Gefahr** danger imminent;

in der ~en Nachbarschaft à proximité; **2.** *adv.* ~ bevorstehen être imminent; ich stand ~ vor ... j'étais à deux pas de ...; ~ danach immédiatement, aussitôt après; **~möˌbliert** ['ʊn-] *adj.* non meublé; sans meubles; **~moˌdern** ['ʊn-], **~ˌmodisch** ['ʊn-] *adj.* passé de mode; démodé; unmodern werden se démoder.

unmöglich ['ʊnˌmøːklɪç, -'møːk-] **1.** *adj.* impossible; ganz, rein, schlechterdings, F platterdings ~ absolument impossible; *litt.* de toute impossibilité; es ist mir ~, zu ... (+ *inf.*) il m'est impossible de ... (+ *inf.*); das ist ~! c'est impossible!; F (il n'y a) pas moyen!; sich ~ machen se rendre impossible, F imbuvable; **2.** *adv.* ich kann es ~ tun il m'est impossible de le faire; sich ~ benehmen avoir une conduite impossible; 2e(s) *n* ⟨→ A⟩ impossible *m*; ~s leisten faire l'impossible; ~s verlangen demander l'impossible, F la lune; ~s tun wollen F vouloir prendre la lune avec ses dents; man kann von niemandem (etw.) ~s verlangen à l'impossible nul n'est tenu; 2ˌ**keit** *f* impossibilité *f*; ein Ding der ~ chose impossible, F infaisable.

un|moralisch ['ʊnmoˑˌraːlɪʃ] *adj.* immoral; **~motiˌviert** *adj.* sans motif, fondement; gratuit; **~ˌmündig** *adj.* *jur.* mineur; **2ˌmündigˌkeit** *f jur.* minorité *f*; **~musiˌkalisch** *adj.* ~ sein ne pas être musicien, -nne; ne rien entendre à la musique; **2musikaliˌtät** *f* ⟨~⟩ manque *m* de sens musical; **2mut** *m* mauvaise humeur; humeur chagrine, renfrognée; morosité *f*; maussaderie *f*; *cf. auch* Ärger IIa; **~ˌmutig** *adj.* de mauvaise humeur; morose; maussade; chagrin; avec humeur (*auch adv.*); **~nachahmlich** ['ʊn-, -'aːm-] *adj.* inimitable; **2nachahmlichˌkeit** ['ʊn-, -'aːm-] *f* ⟨~⟩ caractère *m* inimitable (de qc.); impossibilité *f* d'imiter (qc.); **~ˌnachgiebig** *adj.* inflexible; intransigeant; dur; intraitable; **2ˌnachgiebigˌkeit** *f* inflexibilité *f*; intransigeance *f*; dureté *f*; **~ˌnachsichtig** *adj.* sévère; sans indulgence (*auch adv.*); impitoyable; **2ˌnachsichtigˌkeit** *f* sévérité *f*; **~'nahbar** *adj.* inaccessible; inabordable; 'hautain; **2'nahbarˌkeit** *f* ⟨~⟩ inaccessibilité *f*; **~naˌtürlich 1.** *adj.* peu naturel, -lle; (*geziert*) affecté; guindé; (*gezwungen*) contraint; ~ sein *auch* mentir à la vérité; **2.** *adv.* d'une façon peu naturelle, affectée, guindée, contrainte; contre nature; **2naˌtürlichˌkeit** *f* manque *m* de naturel; affectation *f*; **~norˌmal** *adj.* anormal; **~noˌtiert** *adj.* *Börse* incoté; non coté; **~ˌnötig** *adj.* inutile; superflu; **~ˌnötigerˌweise** *adv.* inutilement; sans nécessité; pour rien; **~nütz** *adj.* inutile; vain; superflu; qui ne sert à rien; ~e Arbeit *auch* travail perdu; ~es Zeug (*Plunder*) inutilités *f/pl.*; fatras *m*; ~es Gerede, Zeug paroles oiseuses; futilités *f/pl.*; bêtises *f/pl.*; **~ˌnützerˌweise** *adv. cf.* ~nötigerweise.

UNO|-Dienststellen ['uːnoˑˌdiːnstʃtelən] *f/pl.* services onusiens; **~-ˌMitglieder** *n/pl.* membres *m/pl.* de l'O.N.U.; *néol.* onusiens *m/pl.*

unord|entlich ['ʊnˌʔɔrdəntˌlɪç] **1.** *adj.* *Zimmer, Schrank etc.* en désordre; *Person* désordonné; qui n'a pas d'ordre; débraillé; *Lebenswandel* déréglé; irrégulier, -ère; désordonné; **2.** *adv.* désordonnément; sans ordre; en désordre; **2entlichˌkeit** *f* manque *m* d'ordre; **2nung** *f* désordre *m*; (*Durcheinander*) pêle-mêle *m*; F méli-mélo *m*; pagaille (pagaye) *f*; in ~ bringen mettre en désordre; déranger; bouleverser; *Verwaltung* désorganiser; in ~ geraten, kommen se déranger; se désorganiser; j-m die Haare in ~ bringen décoiffer qn.

un|organisch ['ʊnʔɔrˌgaːnɪʃ] *adj. cf.* anorganisch; **~orthoˌdox** *adj.* peu, non orthodoxe; **~paar, ~ˌpaarig** *adj.* impair; **2paarˌhufer** *m/pl.*, **2paarˌzeher** *m/pl. zo.* périssodactyles *m/pl.*; **~pädaˌgogisch** *adj.* peu, non pédagogique; *pfort.* antipédagogique; **~parlamenˌtarisch** *adj.* contraire aux usages parlementaires; **~parˌteiisch 1.** *adj.* impartial; **2.** *adv.* impartialement; sans parti pris; sans partialité; avec impartialité; **2parˌteiische(r)** *f* (*m*) ⟨→ A⟩ impartial, -e *m, f*; **2parˌteilichˌkeit** *f* impartialité *f*; **~ˌpassend** *adj.* *Zeitpunkt* mal choisi; inopportun; qui ne convient pas; *Ausdruck* impropre; *Betragen* non convenable; inconvenable; *Bemerkung auch* incongru; déplacé; mal à propos; 'hors de saison, de propos; **~passierbar** ['ʊn-, -'siːr-] *adj.* *Paß, Straße, Furt* impraticable; **~ˌpäßlich** *adj.* indisposé; souffrant; **2ˌpäßlichˌkeit** *f* ⟨~⟩ indisposition *f*; **~perˌsönlich** *adj. gr., fig.* impersonnel, -lle; *fig. von e-r Person* froid; distant; **2perˌsönlichˌkeit** *f* ⟨~⟩ caractère impersonnel; **~ˌpfändbar** *adj.* insaisissable; **2ˌpfändbarkeit** *f* insaisissabilité *f*; **~philoˌsophisch** *adj.* peu, non philosophique; **~poˌetisch** *adj.* peu poétique; **~poˌlitisch** *adj.* non politique; apolitique; **~popuˌlär** *adj.* impopulaire; **2populariˌtät** *f* impopularité *f*; **~ˌpraktisch** *adj.* peu pratique; *Person auch* maladroit; **~produkˌtiv** *adj.* improductif, -ive; **2produktiviˌtät** *f* improductivité *f*; **~proportioˌniert** *adj.* disproportionné; **~ˌpünktlich** *adj.* non ponctuel, -lle; inexact; **2ˌpünktlichˌkeit** *f* manque *m* de ponctualité; inexactitude *f*; **~qualifiˌzierbar** *adj.* inqualifiable; **~quiˌttiert** *adj.* non acquitté; **~raˌsiert** *adj.* non rasé.

Unrast ['ʊnrast] *f* ⟨~⟩ agitation *f* fébrile, continuelle; *innere* inquiétude *f*; trouble intérieur.

Unrat ['ʊnraːt] *m* ⟨~(e)s⟩ immondices *f/pl.*; ordures *f/pl.*; déchets *m/pl.*; (*Fäkalien*) vidanges *f/pl.*; (*Kot*) excréments *m/pl.*

un|rationell ['ʊnratsiˑoˑˌnɛl] *adj.* irrationnel, -lle; **~ˌratsam** *adj.* qu'on ne peut conseiller; à déconseiller; pas à conseiller; **~reaˌlistisch** *adj.* peu réaliste.

unrecht ['ʊnrɛçt] **I** *adj.* mauvais (*adv.* mal); *Zeitpunkt* inopportun; *Brief etc.* in ~e Hände kommen, gelangen tomber dans des mains étrangères; ne pas être remis en main(s) propre(s); Sie sind am ~en Platz vous n'êtes pas à la place qui vous convient; *fig.* auf dem ~en Wege sein être sur la mauvaise voie; auf ~e Gedanken kommen finir par avoir de mauvaises pensées, idées; *fig.* an die ~e Tür klopfen frapper à la mauvaise porte; se tromper d'adresse; zur ~en Zeit dans un moment inopportun; inopportunément; mal à propos; das ist ~! c'est mal!; ~ haben avoir tort; j-m ~ tun, geben faire, donner tort à qn.; ich habe Ihnen ~ getan j'ai eu tort avec vous; er hat ~ bekommen on ne lui a pas donné raison; du hast ~ daran getan, zu ... (+ *inf.*) tu as mal fait de ... (+ *inf.*); ~ handeln agir mal; an den 2en kommen s'être mal adressé; se tromper d'adresse; ~ Gut gedeiht nicht *prov.* bien mal acquis ne profite jamais; **II** 2 *n* ⟨~(e)s⟩ injustice *f*; tort *m*; Recht u. ~ le bien et le mal; ~ leiden être victime d'une injustice; souffrir une injustice; es geschieht ihm ~ on n'est pas juste envers lui; on lui a fait tort; im ~ sein avoir tort; être dans son tort; j-m schweres ~ (an)tun causer un tort grave à qn.; j-m ein ~ zufügen faire tort à qn.; mit *od.* zu ~ à tort; injustement; nicht zu ~ non sans raison; zu Recht oder ~ à tort ou à raison; zu ~ verlangt indûment exigé; sich ins ~ setzen se mettre dans son tort; besser ~ leiden als ~ tun *prov.* mieux vaut souffrir l'injustice que (de) la commettre *prov.*; **~ˌmäßig 1.** *adj.* illégitime; **2.** *adv.* ~ erworben mal acquis; sich etw. ~ aneignen usurper qc.; **~ˌmäßigerˌweise** *adv.* illégitimement; **2ˌmäßigkeit** *f* illégitimité *f*.

un|redlich ['ʊnˌreːtlɪç] *adj.* malhonnête; déloyal; **2ˌredlichˌkeit** *f* malhonnêteté *f*; manque *m* de probité; improbité *f*; déloyauté *f*; **~reˌell** *adj. comm.* malhonnête; déloyal; trompeur, -euse; **~ˌregelˌmäßig** *adj.* irrégulier, -ère; *Lebensweise* déréglé; **2ˌregelˌmäßigkeit** *f* irrégularité *f* (*auch fig.*); *in der Lebensweise* dérèglement *m*; e-e ~ begehen, sich ~en zuschulden kommen lassen commettre une (des) irrégularité(s); **~reif** *adj.* non mûr; qui n'est pas mûr (*beide auch fig.*); *Früchte auch* vert; *Personen* qui manque de maturité; trop jeune; **2ˌreife** *f* manque *m* de maturité (*auch fig.*); **~rein** *adj.* *Wasser, Gedanken, Tier* impur; (*schmutzig*) malpropre; sale; *mus.* ~er Ton son faux; das 2e le brouillon; ins ~e schreiben écrire au brouillon; **2ˌreinheit** *f* impureté *f*; malpropreté *f*; saleté *f*; **~ˌreinlich** *adj.* malpropre; **2ˌreinlichˌkeit** *f* malpropreté *f*; **~renˌtabel** *adj.* non rentable; **2rentabiliˌtät** *f* non-rentabilité *f*; **~ˌrettbar** *adv.* ~ verloren sein être perdu sans remède; **~ˌrichtig** *adj.* *Angaben, Darstellung, Wiedergabe etc.* qui n'est pas juste; (*falsch*) faux, fausse; incorrect; (*ungenau*) inexact; *Folgerung, Behauptung* (*irrig*) erroné; *Zitat, Redensart* (*fehlerhaft*) fautif, -ive; **2ˌrichtigˌkeit** *f* fausseté *f*; incorrection *f*; inexactitude *f*; **~ˌritterlich** *adj.* peu chevaleresque; peu galant.

Unruh ['ʊnruː] *f* ⟨~; ~en⟩ *e-r Uhr* balancier *m*; **~e** *f* ⟨~; ~n⟩ inquiétude *f*; trouble *m*; alarme(s) *f* (*pl.*); anxiété *f*; *nach außen hin sichtbare* nervosité *f*; *auf der Straße, im Haus etc.* agitation *f*; bruit *m*; mouvement bruyant; rumeur *f*; perturbation *f*; *pol.* ~en *pl.* troubles *m/pl.*; désordres *m/pl.*; quälende ~ torturante inquiétude; diese ewige ~ cette agitation, perturbation continuelle, perpétuelle; in ~ sein être inquiet, -ète; in ~ geraten s'inquiéter, s'alarmer, se troubler (wegen de); e-e große ~ bemächtigte sich s-r il fut en proie à de grandes alarmes; ich bin Ihretwegen sehr in ~ je suis très inquiet, -ète à votre sujet; *von e-m Besuch etc.* viel ~ ins Haus bringen apporter le trouble, la perturbation dans la maison; **~(e)ˌherd** *m* foyer *m* de troubles; **~(e)ˌstifter** *m von e-m Menschen in e-r Gemeinschaft, e-m Kind in e-r Klasse etc.* facteur *m* de désordre, de troubles; (*Ruhestörer*) perturbateur *m*; *pol.* fauteur *m* de troubles, de désordre; agitateur *m*; boutefeu *m*; **2ig** *adj.* *innerlich* inquiet, -ète; anxieux, -euse; troublé; *äußerlich sichtbar* (*nervös*) nerveux, -euse; *Kinder* (*immer in Bewegung*) remuant; (*lärmend*) turbulent; tapageur, -euse; bruyant; *Straße, Land, Volk, Leben etc.* agité; mouvementé; *See* agité; 'houleux, -euse; **~er Geist** esprit remuant; **unsere ~e Welt** notre monde agité, mouvementé, en effervescence; **~ werden** s'inquiéter; se troubler; s'alarmer; s'agiter; *adv.* **~ schlafen** avoir un sommeil agité.

unrühmlich ['un,ry:mlıç] **1.** *adj.* peu glorieux, -euse; **2.** *adv.* sans gloire.

Unruh|stifter ['unru:,ʃtıftər] *m cf.* Unruh(e)stifter; **2,voll** *adj. poét.* plein d'inquiétude.

unrund ['unrunt] **1.** *adj. techn.* ovalisé; **2.** *adv.* **~ laufen** ne pas tourner rond.

uns [uns] *pr/pers.* nous; *als dat. des pr. abs.* à nous; **ein Freund von ~** un de nos amis; F un ami à nous; **er gehört zu ~** il est des nôtres; **das gehört ~** c'est à nous; **grüßen Sie ihn von ~ allen** saluez-le de notre part (à tous).

unsach|gemäß ['unzaxgə,mɛ:s] **1.** *adj. Verpackung, Behandlung* non idoine, convenable; non *od.* mal approprié; *Darstellung, Bericht* peu conforme aux faits; peu objectif, -ive; **2.** *adv.* **~ verpacken, lagern, behandeln** mal emballer, entreposer; maltraiter; **~lich** *adj.* non objectif, -ive; subjectif, -ive; **2lich,keit** *f* manque *m* d'objectivité; subjectivité *f*.

un|sagbar [,un'za:kba:r], **~'säglich 1.** *adj. Leid, Elend, Schmerz* indicible; *Freude* ineffable; **2.** *adv.* **j-n ~ lieben** aimer qn. à la folie.

un|sanft ['unzanft] *adv.* sans douceur; brutalement; **~,sauber** *adj.* malpropre; *fig., Geschäft, Handel etc.* malhonnête; sale; **2,sauber,keit** *f* malpropreté *f*; *fig.* malhonnêteté *f*; **~,schädlich** *adj.* inoffensif, -ive; anodin; **~ machen** mettre 'hors d'état de nuire (*auch Person*); *Gift etc.* neutraliser; *Munition* (*entschärfen*) désamorcer; **2,schädlich,keit** *f* innocuité *f*; **2,schädlich,machung** *f* ⟨~⟩ mise *f* 'hors d'état de nuire; *e-s Giftes etc.* neutralisation *f*; *von Munition* (*Entschärfung*) désamorçage *m*; **~scharf** *adj. phot., opt.* flou; imprécis; indécis; *Umrisse* mal défini; *rad.* **~e Trennung** manque de sélectivité; **2,schärfe** *f phot., opt.* flou *m*; imprécision *f*; manque *m* de netteté; **2,schärferelati,on** *f phys. atom.* relation *f* d'indétermination; **~schätzbar** ['un-, -'ʃɛts-] *adj.* inestimable; inappréciable; **2schätzbar,keit** ['un-, -'ʃɛts-] *f* ⟨~⟩ valeur *f* inestimable; **~,scheinbar** *adj.* de peu d'apparence; **2,scheinbar,keit** *f* ⟨~⟩ peu *m* d'apparence; **~,schicklich** *adj. cf.* unanständig, ungehörig; **2,schicklich,keit** *f cf.* Unanständigkeit, Ungehörigkeit; **~,schlagbar** *adj.* imbattable.

Unschlitt ['unʃlıt] *n* ⟨~(e)s; ~e⟩ suif *m*; **~,kerze** *f* chandelle *f* (de suif).

un|schlüssig ['un,ʃlysıç] *adj.* irrésolu; indécis; perplexe; (*zaudernd*) hésitant; **~ sein** hésiter; **2,schlüssig,keit** *f* ⟨~⟩ irrésolution *f*; indécision *f*; perplexité *f*; hésitation *f*; **~,schmackhaft** *adj.* sans goût; (*schal*) fade; insipide; **~schön** *adj.* qui n'est pas beau, belle; peu gracieux, -euse; disgracieux, -euse; (*häßlich*) laid.

Unschuld ['unʃult] *f* ⟨~⟩ *jur.* innocence *f*; non-culpabilité *f*; (*sittliche Reinheit*) innocence *f*; (*Arglosigkeit*) candeur *f*; ingénuité *f*; *e-s Mädchens* (*Keuschheit*) virginité *f*; **s-e ~ beweisen** prouver son innocence; **s-e ~ beteuern** plaider non coupable; **s-e Hände in ~ waschen** s'en laver les mains; **Weiß ist die Farbe der ~** le blanc est la couleur de l'innocence; F **die gekränkte ~ spielen** jouer (à) l'innocent et (à) l'offensé; F **~ vom Lande** ingénue *f*; Agnès *f*; **e-m Mädchen die ~ rauben** déflorer une jeune fille; **2ig** *adj.* innocent (**an etw.** de qc.); non coupable; (*arglos*) candide; ingénu; (*sittlich rein*) innocent; *von e-m jungen Mädchen, Mann* vierge; F puceau, pucelle; *Vergnügen* (*harmlos*) innocent; inoffensif, -ive; **an etw. ~ sein** *auch* n'y être pour rien; en avoir les mains nettes; **j-n für ~ erklären** innocenter qn.; **j-n für ~ halten** tenir qn. pour innocent; **~ wie ein Lamm** innocent comme l'enfant qui vient de naître; **~ige(r)** *f* (*m*), **~s,lamm** F *péj. n* innocent, -e *m, f*; **~s,miene** *f* air innocent, d'innocence; **2s,voll** *adj.* innocent; plein d'innocence.

unschwer ['unʃve:r] *adj.* (*nur als Prädikat*) *u. adv.* facile(ment); aisé(ment); qui n'est pas difficile; sans difficulté; sans peine; **das ist ~ zu erraten** c'est facile à deviner.

Unsegen ['un,ze:gən] *m* (*Fluch*) malédiction *f*.

unselbständig ['unzɛlp,ʃtɛndıç] *adj. Mensch, in s-m Wesen, Tun* qui dépend trop des autres; sans initiative; *Künstler* qui manque de personnalité, d'originalité; impersonnel, -lle; **~e Erwerbspersonen** salariés *m/pl.*; **~e Arbeit** travail fait avec l'aide, l'assistance d'un autre; **er arbeitet noch ganz ~** il est encore incapable de s'en tirer, de travailler tout seul, de se passer d'aide, de conseil; **2,keit** *f* manque *m* d'indépendance, d'initiative, *e-s Künstlers* de personnalité, d'originalité; (*Abhängigkeit*) dépendance *f* (vis-à-vis de).

unselig ['un,ze:lıç] *adj.* funeste; fatal; malencontreux, -euse; **2er!** oh! malheureux!

unser ['unzər] **I** *pr/pers.* (*gén.*) de nous; **erbarme dich ~** ayez pitié de nous; **wir** *od.* **es waren ~ vier** nous étions (au nombre de) quatre; **er gedenkt ~** il pense à nous; il se souvient de nous; **II** *pr/poss.* **1.** *adjektivisch* (*f u. pl.* **~e**) notre; *pl.* nos; **Vater ~, der du bist** ... Notre père qui êtes ...; **der Sieg ist ~** la victoire est à nous; **~es Erachtens** (*abr.* **u. E.**) à notre avis; **2.** *substantivisch* **~er, ~e, ~es** *bzw.* **der, die, das ~(ig)e** *le bzw.* la nôtre; *ist das euer Haus?* **das ist ~es** c'est la nôtre; **das Uns(e)re, Uns(e)rige** nos biens; **die Unser(e)n, Unsren, Uns(e)rigen** les nôtres; **wir haben das Uns(e)re, Uns(e)rige getan** nous avons fait notre devoir, notre possible; nous avons fait ce qui était en notre pouvoir, de notre mieux; **~'einer, ~'eins** *adv.* nous autres; des gens comme nous; les gens de ma, de notre condition; **~(er)'seits** *adv.* de notre côté; de notre part; *wenn vorausgeht, daß auch andere schon etwas Ähnliches getan haben* à notre tour; **~(e)s'gleichen** *adv.* des gens comme nous; **~t'halben, ~t'wegen, (um) ~t'willen** *adv.* pour nous; à cause de nous.

unsicher ['un,zıçər] *adj.* incertain; peu sûr; (*zweifelhaft*) douteux, -euse (*auch comm. von e-r Forderung, e-m Wechsel*); *Sache, Angelegenheit, Unternehmen* incertain; aléatoire; *Posten, Existenz* précaire; *Gedächtnis* infidèle; *Gang, Hand, Stand, auf den Füßen* mal assuré; *Gang auch* incertain; vacillant; *Blick* fuyant; *Stimme* tremblant; chevrotant; *Straße, Gebiet* (*gefahrvoll*) peu sûr; peu rassurant; périlleux, -euse; dangereux, -euse; **~es Gebiet** *auch* zone d'insécurité; *Gegend etc.* **~ machen** *von e-r Gruppe* infester (*auch fig.* F *iron.*); *von e-m Einzelnen* rendre peu sûr; **j-n ~ machen** troubler qn.; faire perdre toute assurance à qn.; *Lage etc.* **~ sein** F branler dans le manche; F **das ist ein ~er Kantonist** on ne peut pas compter sur lui; **2,heit** *f* incertitude *f*; manque *m* de sûreté; *der Existenz* précarité *f*; *des Gedächtnisses* infidélité *f*; *beim Gehen, der Hand* manque *m* d'assurance; *auf e-r Straße, in e-r Gegend* insécurité *f*, péril *m*, danger *m* (régnant sur une route, dans une région); **2,heits,faktor** *m* facteur *m* d'incertitude; élément *m* d'insécurité.

unsichtbar ['un,zıçtba:r] *adj.* invisible; **~e Tinte** encre *f* sympathique; **mit bloßem Auge ~** imperceptible à l'œil nu; **sich ~ machen** F s'éclipser; **2,keit** *f* invisibilité *f*.

unsichtig ['un,zıçtıç] *adj.* peu clair; à visibilité limitée.

Unsinn ['unzın] *m* ⟨~(e)s⟩ non-sens *m*; insanité *f*; absurdité(s) *f* (*pl.*); (*Narrheit*) folie *f*; extravagance *f*; (*dummes Zeug*) bêtises *f/pl.*; insanités *f/pl.*; balivernes *f/pl.*; F bourdes *f/pl.* **das ist (barer, blanker, glatter, reiner) ~** cela n'a pas de sens commun; c'est absurde; cela n'a ni queue ni tête, ni rime ni raison; c'est idiot; **alles ~!** balivernes, chansons que tout cela!; **ach, was! ~!** F zut (alors)!; **mach keinen ~!** ne fais pas de bêtises!; **~ reden,** F **verzapfen** déraisonner; radoter; dire, raconter des insanités, des bêtises, des bourdes; divaguer; extravaguer; F dérailler; déménager; **2ig** *adj.* insensé; absurde; déraisonnable; extravagant; fou (fol), folle; **es wäre ~, zu behaupten, daß** ... il serait absurde de prétendre que ...; F **~e Freude** joie énorme, folle; F **~es Geld kosten** coûter un argent fou; **2iger,weise** *adv.* **~ etw. tun** avoir la folie de faire qc.; **~ig,keit** *f* absurdité *f*; extravagance *f*.

Unsitt|e ['un,zıtə] *f* mauvaise habitude; **2lich** *adj.* immoral; **~lich,keit** *f* ⟨~; ~en⟩ immoralité *f*; *als Handlung* acte immoral.

un|soldatisch ['unzəl,da:tıʃ] *adj.* peu militaire; **~so,lid(e)** *adj. Mensch* peu sérieux, -euse; léger, -ère; *Leben auch* non rangé; déréglé; *Ware* de mauvaise qualité; *Geschäft, Unternehmen* peu sérieux, -euse; qui n'inspire pas confiance; *pfort.* malhonnête; **~,sorgfältig** *adj.* peu soigné; sans soin (*auch adv.*); F bâclé; **e-e Arbeit ganz ~ machen** F bâcler un travail; expédier un travail en cinq sec; **~sor,tiert** *adj.* non assorti; **~sozi,al** *adj.* non social; peu social; contre le sens social; qui manque de sens social; antisocial; **~,sportlich** *adj.* peu, non sportif, -ive; *pfort.* antisportif, -ive.

unsr|e ['unzrə] *pr/poss. cf.* unser II; **~er'seits** *adv. cf.* unser(er)seits; **~es'gleichen** *adv. cf.* unser(e)sgleichen; **~ige** *pr/poss. cf.* unser II 2.

un|stabil ['unʃta,bi:l] *adj.* instable; **2stabili,tät** *f* instabilité *f*; **~starr** *adj. aviat.* **~es System** système souple; **~,statthaft** *adj.* inadmissible; non permis; défendu.

unsterblich ['un,ʃtɛrplıç] *adj.* immortel, -lle; **(sich) ~ machen** (s')immortaliser; *adv.* F **sich ~ blamieren** se discréditer énormément; **die 2en** *pl.* les immortels *m/pl.*; **2keit** *f* immortalité *f*.

Unstern ['ʊnʃtɛrn] *m* ⟨~(e)s⟩ mauvaise étoile.

unstet ['ʊnʃte:t], **~ig** *adj. Mensch, Wesen* inconstant; versatile; changeant; mobile; d'humeur vagabonde; *Leben* vagabond; errant; nomade; *Blick* fuyant; *math.* discontinu; **ein ~es Leben führen** *auch* mener une vie de bohème; vagabonder; **~ umherirren** errer comme une âme en peine; **2ig,keit** *f* inconstance *f*; versatilité *f*; humeur vagabonde, changeante; *math.* discontinuité *f*.

un|stillbar [,ʊn'ʃtɪlba:r, 'ʊn-] *adj. Durst* inapaisable; inextinguible; *Sehnsucht, Verlangen* insatiable; inextinguible; **~,stimmig** ['ʊn-] *adj.* en désaccord (**über etw.** sur qc.); **2,stimmig,keit** ['ʊn-] *f* ⟨~; ~en⟩ (*Uneinigkeit*) désaccord *m*; divergence *f* d'idées; différend *m*; (*Widerspruch*) contradiction *f*; (*Fehler*) erreur *f*; irrégularité *f*; (*Abweichung*) écart *m*; **~,stofflich** ['ʊn-] *adj.* immatériel, -lle; **~sträflich** ['ʊn-, -'ʃtrɛ:f-] *adj. Mensch, Leben* irréprochable; intègre; **2sträflich,keit** ['ʊn-, -'ʃtrɛ:f-] *f* ⟨~⟩ intégrité *f*; **~streitig** ['ʊn-, -'ʃtraɪ-] *adv.* sans contredit, conteste; incontestablement.

Unsumme ['ʊn,zʊmə] *f* somme *f* énorme.

un|symmetrisch ['ʊnzy,me:trɪʃ] *adj.* sans symétrie; asymétrique; dissymétrique; **~sym,pathisch** *adj.* peu sympathique; antipathique; **~syste,matisch** *adj.* non systématique; **~tad(e)lig** ['ʊn-, -'ta:d(ə)-] *adj.* irréprochable; impeccable; irrépréhensible.

Untat ['ʊnta:t] *f* forfait *m* atroce; crime monstrueux.

un|tätig ['ʊn,tɛ:tɪç] **1.** *adj.* inactif, -ive; dans l'inaction; (*müßig*) oisif, -ive; désœuvré; sans occupation; **2.** *adv.* **~ zusehen, wie der Verletzte verblutet** regarder passivement, sans rien faire le blessé perdre son sang; **2,tätig,keit** *f* ⟨~⟩ *augenblickliche* inaction *f*; *dauernde* inactivité *f*; (*Müßiggang*) oisiveté *f*; désœuvrement *m*; manque *m* d'occupation; **~,tauglich** *adj. Mensch* inapte (**zu** à); incapable (de); *auch Gegenstand* impropre (à); inutilisable (pour); *milit.* **~ für den Wehrdienst** inapte, impropre au service militaire; *milit.* **als ~ entlassen** réformer; **2,tauglich,keit** *f* inaptitude *f* (**zu** à); incapacité *f* (de); impropriété *f* (à); **körperliche ~** incapacité physique; **~ zum Wehrdienst** inaptitude au service militaire; **wegen ~ entlassen** réformer; **wegen ~ entlassener Soldat** réformé *m*; **~teilbar** [-'taɪl-, 'ʊn-] *adj.* indivisible; **ein ~es Ganzes** un tout indivisible; **2'teilbar,keit** *f* indivisibilité *f*.

unten ['ʊntən] *adv.* en bas; au-dessous; **ich warte ~** j'attends en bas; **dort ~** là-bas; **hier ~** ici en bas; (*auf dieser Welt*) ici-bas; **siehe ~** (*abr.* **s.u.**) voir ci-dessous; **oben u. ~** en 'haut et en bas; **von oben bis ~** du haut en bas; *bespritzt etc.* complètement; *e-n Menschen betrachten* des pieds à la tête; *ein Haus durchsuchen* de fond en comble; **von ~ bis oben** de bas en 'haut; **von ~** d'en bas; **weiter ~** plus bas; **nach ~** vers le bas; **~ an etw.** au bas, au pied de qc.; **er hat von ~ auf gedient** il a passé par tous les échelons; *milit.* il est sorti du rang; *als Vermerk auf Kisten* **~!** bas!; F *fig.* **ich wußte kaum noch, was oben u. (was) ~ war** tout était dans ma tête pêle-mêle, confus; **~'an** *adv.* au bas bout; **~ sitzen** occuper le bas bout de la table; avoir la dernière place; **~'durch** *adj.* F *fig.* **er ist ~** il a perdu tout crédit; on ne veut plus le voir, avoir affaire avec lui; c'est fini avec lui; F il est grillé; **~er,wähnt**, **~ge,nannt** *adjt.* mentionné, nommé ci-dessous; **~'her** *adv.* **von ~** d'en bas; **~'hin** *adv.* **nach ~** vers le bas; **~,stehend** *adjt.* mentionné ci-dessous; **~ finden Sie unsere Abrechnung** vous trouverez ci-dessous, ci-après notre décompte; au bas de la présente, vous trouverez notre décompte.

unter ['ʊntər] **I** *prép.* ⟨*acc. bzw. dat.*⟩ **1.** *räumlich* sous; (*unterhalb*) au-dessous de; **~ der Erde** sous terre; *mines* **~ Tage** au fond; **~ demselben Dach wohnen** habiter, vivre sous le même toit; **er wohnt ~ mir** il habite au-dessous de moi; **~ Wasser schwimmen** nager sous l'eau, entre deux eaux; **~ Wasser setzen** inonder; **~ freiem Himmel** en plein air; *nachts* à la belle étoile; **~ der Bank hervorziehen** tirer de dessous le banc; *in e-r Zeitung* **~ dem Strich** en feuilleton; *mar.* **~ Segel gehen** mettre à la voile; faire voile; **~ die Waffen rufen** appeler sous les armes; **~ dem dreißigsten Grad nördlicher Breite** par *od.* à trente degrés de latitude nord; **~ die Unkosten setzen** porter aux frais généraux; **~ „Arm"** (*in e-m Wörterbuch*) **lesen wir ...** à l'article «Arm» nous lisons ...; **was verstehst du ~ ...?** qu'entends-tu par ...?; F **~ e-n Hut bringen** mettre d'accord; **2.** *zeitlich* à; sous; pendant; **~ dem heutigen Datum** à la date d'aujourd'hui; **~ der Regierung Ludwigs XVI.** sous le règne de Louis XVI; **~ Tags** pendant la journée; durant le jour; **3.** *Unterschreitung e-r Grenze* au-dessous de; **Kinder ~ acht Jahren** enfants au-dessous de huit ans; **nicht ~ hundert Mark** pas à moins de cent marks (*mit ne beim Verbum*); **das ist ~ aller Kritik**, F **Kanone** c'est au-dessous de tout; **~ dem Preis** au-dessous du prix; **etw. ~ hundert** un peu moins de cent; quelque cent; **fünf Grad ~ Null** cinq degrés sous zéro, au-dessous de zéro; **4.** *Vorstellung e-r Rangordnung, Unterordnung* au-dessous de; sous; **~ s-m Stand heiraten** se marier au-dessous de sa condition; se mésallier; se marier avec une personne de condition inférieure; **das ist ~ meiner Würde** c'est indigne de moi; je ne m'abaisserai pas à cela; **~ s-r Leitung** sous sa direction; **etw.** (*Betrieb etc.*) **~ sich haben** avoir la direction de qc.; avoir qc. sous sa direction; diriger qc.; avoir la haute main sur qc.; **~ j-m stehen** venir après qn.; être inférieur à qn.; **Sie glauben, ich stehe tief ~ Ihnen** vous me tenez fort au-dessous de vous; **~ dem Gesetz stehen** être soumis à la loi; **~ (dem Befehl von) ...** sous le commandement, les ordres de ...; **5.** *Art u. Weise* à; sous; dans; **~ großen Schmerzen** avec de cruelles douleurs; dans de grandes souffrances; **~ Glockengeläut** au son des cloches; **~ Tränen lächeln** sourire à travers ses larmes; **~ falschem Namen** sous un faux nom; **~ dem Deckmantel der Liebe** sous le couvert de l'amour; **~ dem Eindruck dieser Nachricht** sous le coup de cette nouvelle; **~ ärztlicher Aufsicht** sous contrôle médical; **~ vier Augen** entre quatre yeux; en tête-à-tête; seul à seul; **~ englischer Flagge** sous pavillon anglais; *chim., phys.* **~ Aussendung von Heliumkernen** avec émission d'hélions; **~ der e-n Bedingung, daß ...** à la seule condition que ...; **~ diesen, solchen Umständen** dans ces circonstances; cela étant; **~ dem Vorbehalt, daß ...** sous réserve que ...; **~ e-m Vorwand** sous un prétexte; **~ Ausschluß der Öffentlichkeit** à huis clos; **~ Umständen** éventuellement; le cas échéant; **6.** (*zwischen*) parmi; entre; au nombre de; au rang de; au milieu de; **~ Freunden** entre amis; **~ uns** entre nous; **mitten ~ uns** au milieu de nous; **~ uns gesagt** entre nous soit dit; F de vous à moi; **das bleibt ~ uns** que cela reste entre nous; **wir werden ganz ~ uns sein** F nous serons entre nous, en petit comité; **~ anderem** entre autres (choses); **~ der Menge** dans la foule; **sich ~ die Menge mischen** se mêler à la foule; **~ den Zuschauern sitzen** être placé, se trouver parmi les spectateurs; **~ meinen Papieren** parmi, dans mes papiers; **~ fünf nicht e-r, der ...** sur cinq pas un qui ...; **er war ~ ihnen** il était du nombre; **Hölderlin gehört ~ die Klassiker** Hölderlin appartient aux, doit être rangé parmi les classiques; **wenn das ~ die Leute kommt, ...** si la chose s'ébruite ...; **~ die Räuber fallen**, **geraten** tomber entre les *od.* aux mains de brigands; **II 2** *m* ⟨~s; ~⟩ *Kartenspiel* valet *m*.

Unter|abteilung ['ʊntərˀap,taɪlʊŋ] *f* subdivision *f*; sous-section *f*; **~,arm** *m anat.* avant-bras *m*; **~,art** *f bot., zo.* sous-espèce *f*; variété *f*; **~,bau** *m* ⟨~(e)s; ~ten⟩ *bât.* (*Fundament*) fondation *f*; fondement *m*; sous-œuvre *m*; (*Grundmauern*) soubassement *m*; *e-s histor. Gebäudes, das auf e-m anderen errichtet wurde* substruction *f*; *chem.* infrastructure *f*.

unterbauen [,ʊntər'baʊən] *v/t.* ⟨*insép., pas de ge-,* h⟩ *bât., fig.* reprendre en sous-œuvre; étayer (mit de).

Unter|belastung ['ʊntərbə,lastʊŋ] *f élect.* charge partielle, incomplète; sous-charge *f*; **2be,lichten** *v/t.* ⟨-ete, *les formes séparées des temps simples ne s'emploient pas, pas de ge-,* h⟩ *phot.* sous-exposer; **~be,lichtung** *f phot.* sous-exposition *f*; **~be,schäftigung** *f* sous-emploi *m*; **2be,setzt** *adjt.* **~ sein** manquer du personnel nécessaire; **~,bett** *n* lit *m* de dessous; **2be,werten** *v/t.* ⟨-ete, *les formes séparées des temps simples ne s'emploient pas, pas de ge-,* h⟩ sous-estimer; **~be,wertung** *f* sous-estimation *f*; **2be,wußt** *adj.* subconscient; **~be,wußtsein** *n* subconscient *m*; subconscience *f*.

unterbiet|en [,ʊntər'bi:tən] *v/t.* ⟨*irr., insép., pas de ge-,* h⟩ offrir, vendre (qc.) à des prix inférieurs (à); *Rekord* battre; **2ung** *f* ⟨~; ~en⟩ vente *f* à des prix inférieurs (à).

Unterbilanz ['ʊntərbi,lants] *f comm.* bilan *m* déficitaire; **e-e ~ haben** être en déficit.

unter|binden [,ʊntər'bɪndən] *v/t.* ⟨*irr., insép., pas de ge-,* h⟩ *méd.* ligaturer; *Verkehr* arrêter; interrompre; couper; *Vorhaben etc.* empêcher; juguler; faire cesser; *biol. Entwicklung* inhiber; **2'bindung** *f méd.* ligature *f*; *des Verkehrs* arrêt *m*; *fig.* jugulation *f*; **~'bleiben** *v/i.* ⟨*irr., insép., pas de ge-,*

sein⟩ (*nicht getan werden*) ne pas être fait; (*nicht geschehen*) ne pas avoir lieu; (*aufhören*) cesser; (*nicht wieder eintreten*) ne plus se reproduire; **ich hoffe, das wird in Zukunft ~** j'espère que cela ne se reproduira plus, qu'on ne recommencera pas; **das hätte ~ können** on aurait pu s'en dispenser; **die Sache ist unterblieben** la chose en est restée là, n'est pas faite.

Unterboden ['untər,bo:dən] *m bot.* sous-sol *m.*

unterbrech|en [,untər'brɛçən] *v/t. u. v/réfl.* ⟨*irr.*, *insép.*, *pas de ge-*, **h**⟩ interrompre; *Arbeit* (*nicht fortsetzen*) *auch* discontinuer; *Arbeit, Sitzung, Diskussion etc.* (*aussetzen*) suspendre; *Leitung* couper; *Strom auch* interrompre; déconnecter; **sich ~** *beim Sprechen* s'interrompre; **Sie dürfen die Fahrt beliebig oft ~** il vous est permis de vous arrêter, d'interrompre le voyage autant de fois que vous le désirez; **≗er** *m élect.* interrupteur *m*; trembleur *m*; vibrateur *m*; **≗ung** *f* ⟨~; ~en⟩ interruption *f* (*auch élect., jur.*); discontinuation *od.* discontinuité *f*; *zeitweilige* suspension *f*; *élect.* coupure *f*; **ohne ~** sans interruption, s'arrêter, s'interrompre, discontinuer; de façon continue; continûment; **mit ~en** par intermittence; **nach zweijähriger ~** après un intervalle de deux ans; **entschuldigen Sie die ~!** excusez(-moi, -nous) de vous interrompre!

unter|breiten [,untər'braıtən] *v/t.* ⟨-ete, *insép.*, *pas de ge-*, **h**⟩ *Plan, Vorschlag, Gesuch* présenter; soumettre; **≗'breitung** *f* ⟨~⟩ présentation *f*; soumission *f.*

unter|bringen ['untər,brıŋən] *v/t.* ⟨*irr.*, *sép.*, **-ge-**, **h**⟩ *Gepäck, Sachen etc.* (*verstauen*) mettre; ranger; serrer; caser; *Personen* (*beherbergen*) héberger; loger (*auch*: *e-e Wohnung geben*); trouver un logis (à); (*Obdach geben*) abriter; mettre à l'abri; (*e-e Stellung verschaffen*) placer; caser; procurer un emploi (à); trouver une place, un emploi (à); *milit.* cantonner; *Vieh* établer; *Waren, Geld, Anleihe* placer; *Waren auch* caser; **in e-m Krankenhaus ~** hospitaliser; **anderswo ~** reloger; **sein Kind bei e-r Tante ~** mettre, placer son enfant chez une tante; **s-e Sachen im Koffer ~** caser, ranger ses affaires dans la valise; **Baracken bauen, um die Flüchtlinge unterzubringen** construire des baraquements pour abriter les refugiés; **das Büro ist in e-r ehemaligen Fabrik untergebracht** le bureau est aménagé dans une ancienne usine; **≗,bringung** *f* ⟨~⟩ *von Personen, Geld, Waren etc.* placement *m*; *von Personen* (*Beherbergung*) hébergement *m*; logement *m*; *milit. auch* cantonnement *m*; **~ in e-m Krankenhaus** hospitalisation *f*; **~'brochen** *p. p. von* unterbrechen; **≗,buxe** F *f* ⟨~; ~n⟩ *cf.* Unterhose; **~,chlorig** *adj. chim.* hypochloreux, -euse; **≗,deck** *n mar.* pont inférieur.

unterderhand [,untərdər'hant] *adv.* en sous-main; en cachette; clandestinement.

unterdes(sen) [,untər'dɛs(ən)] *adv.* entre-temps; en attendant; dans l'intervalle; sur ces entrefaites.

Unterdruck ['untər,druk] *m* ⟨~(e)s; ≈e⟩ *techn.* dépression *f.*

unterdrück|en [,untər'drykən] *v/t.* ⟨*insép.*, *pas de ge-*, **h**⟩ *Gefühl, Zorn, Gähnen* réprimer; retenir; contenir; refouler; *Schluchzen, Lachen, Aufschrei* (*ersticken*) étouffer; *Aufstand* réprimer; *Volk* opprimer; subjuguer; **≗er** *m* oppresseur *m.*

Unterdruckkammer ['untərdruk,kamər] *f techn.* caisson *m*, chambre *f* à dépression.

Unterdrück|te [,untər'dryktə] *pl.* ⟨→ A⟩ **die ~n** les opprimés *m/pl.*; **~ung** *f* ⟨~⟩ *e-s Aufstands* répression *f*; *e-s Gefühls etc.* refoulement *m*; *e-s Schreis etc.* étouffement *m*; *e-s Volkes* oppression *f*; subjugation *f.*

Unterdruckventil ['untərdrukvɛn,ti:l] *n techn.* soupape *f* de dépression.

untere ['untərə] *adj.* ⟨*attributiv*⟩ inférieur; (*niedere*) bas, -sse; (*unter etw. anderem gelegen*) d'en bas; de dessous; **der ~ Teil** la partie inférieure; le bas; **der ~ Stadtteil** la ville basse; **die ~n Stellen der Verwaltung** les bas emplois de l'administration; **die ~n Klassen** *der Gesellschaft* les classes inférieures; les basses classes; *e-r höheren Schule* les classes inférieures; *e-r Volksschule* les petites classes; **die ~n Zimmer** les chambres d'en bas, de dessous.

untereinander[1] ['untər?aı,nandər] *adv.* l'un(e) au-dessous de l'autre.

untereinander[2] [,untər?aı'nandər] *adv.* entre eux (nous, *etc.*); (*gegenseitig*) mutuellement; réciproquement; **sich ~ helfen** s'entraider; s'aider mutuellement, les un(e)s les autres; **~ tauschen** échanger mutuellement; **~,mengen** *v/t.* ⟨*sép.*, **-ge-**, **h**⟩, **~,mischen** *v/t.* ⟨*sép.*, **-ge-**, **h**⟩ mélanger.

Untereinheit ['untər,?aınhaıt] *f milit.* unité subordonnée.

unterentwick|elt ['untər?ɛnt,vıkəlt] *adj.* sous-développé; **die ~en Länder** les pays sous-développés; **≗lung** *f* sous-développement *m.*

unterernähr|en ['untər?ɛr,nɛ:rən] *v/t.* ⟨*les formes séparées des temps simples ne s'emploient pas, pas de ge-*, **h**⟩ sous-alimenter; nourrir insuffisamment; **~t** *adjt.* sous-alimenté; **≗ung** *f* sous-alimentation *f*; nutrition, alimentation insuffisante; *méd.* hypotrophie *f.*

Unterfaden ['untər,fa:dən] *m cout.* fil *m* de dessous.

unterfangen [,untər'faŋən] **I** *v/t.* ⟨*irr.*, *insép.*, *pas de ge-*, **h**⟩ *bât.* reprendre en sous-œuvre; étayer; soutenir; **II** *v/réfl.* **sich ~, etw. zu tun** oser faire, entreprendre qc.; s'aviser de faire qc.; avoir l'audace, le front, F le toupet, le culot de faire qc.; **III ≗** *n* entreprise audacieuse; coup *m* d'audace; audace *f.*

unterfassen ['untər,fasən] F **I** *v/t.* ⟨-ßt, *sép.*, **-ge-**, **h**⟩ j-n **~** prendre le bras de qn.; **untergefaßt gehen** aller bras dessus, bras dessous; **II** *v/réfl.* **sich ~** se donner le bras.

unterfertig|en [,untər'fɛrtıgən] *v/t.* ⟨*insép.*, *pas de ge-*, **h**⟩ *adm., Schriftstück* signer; parapher; soussigner; souscrire; **≗te(r)** *m* ⟨→ A⟩ soussigné *m*; signataire *m.*

Unterflur... [,untər'flu:r...] *in Zssgn.* en sous-sol; en contre-bas; souterrain; **~hy,drant** *m* prise d'eau, bouche d'incendie (souterraine); **~,motor** *m* moteur incorporé au, logé dans le plancher.

unterführen [,untər'fy:rən] *v/t.* ⟨*insép.*, *pas de ge-*, **h**⟩ *Verkehrsweg* faire passer au-dessous.

Unterführer ['untər,fy:rər] *m milit.* chef *m* d'une petite unité.

Unterführung [,untər'fy:ruŋ] *f* passage inférieur, en dessous; *chem.*, *im Bahnhof* (passage) souterrain *m.*

Unter|funktion ['untərfuŋktsi,o:n] *f physiol.* fonctionnement déficient; **~,futter** *n cout.* doublure *f.*

unterfüttern [,untər'fytərn] *v/t.* ⟨-(e)re, *insép.*, *pas de ge-*, **h**⟩ *cout.* doubler (mit de).

Untergang ['untər,gaŋ] *m der Gestirne* coucher *m*; *mar.*, *e-s Schiffes* naufrage *m*; perte *f*; *e-s Menschen, e-s Unternehmens* (*Zugrundegehen*) ruine *f*; perte *f*; *litt.* naufrage *m*; *e-s Reiches, e-r Familie, e-s Geschlechts etc.* déclin *m*; décadence *f*; *plötzlicher* chute *f*; **s-m ~ entgegengehen** courir à sa perte, à sa ruine; **~ der Welt** fin *f* du monde.

untergär|ig ['untər,gɛ:rıç] *adj. Bier* à fermentation basse; **≗ung** *f* fermentation basse.

Unter|gattung ['untər,gatuŋ] *f Systematik* sous-genre *m*; **~'gebene(r)** *f (m)* ⟨→ A⟩ subordonné, -e *m, f*; subalterne *m, f*; inférieur, -e *m, f*; **≗ge,hakt** *advt.* **~ gehen** *cf.* unterfassen I.

untergehen ['untər,ge:ən] *v/i.* ⟨*irr.*, *sép.*, **-ge-**, **sein**⟩ *Gestirne* se coucher; décliner; disparaître sous *od.* à l'horizon; *mar.*, *Schiff* couler bas, à fond, à pic; aller au fond (de l'eau); sombrer; faire naufrage; *litt.* s'enfoncer, s'abîmer dans les flots; *Gegenstand im Wasser* couler; être englouti (par les flots); *Mensch im Wasser* se noyer; couler à pic; *fig. Reich, Geschlecht etc.* (*zugrunde gehen*) décliner; sombrer; aller à sa ruine, à sa perte; périr; *Worte im Lärm etc.* (*sich verlieren*) se perdre; être couvert, étouffé (in par); **er ist mit der Titanic untergegangen** il a coulé (à pic) avec le Titanic; il périt lors du naufrage du Titanic; *mar.* **mit Mann u. Maus ~** périr corps et biens.

untergeordnet ['untərgə,?ɔrdnət] *adjt.* subordonné; subalterne; *Fragen, Probleme etc.* (*zweitrangig*) secondaire; **in ~er Stellung** en sous-ordre; **~e Stellen** services subordonnés, subalternes; **von ~er Bedeutung** d'importance secondaire; de moindre importance.

Unter|geschoß ['untərgə,ʃɔs] *n* (*Erdgeschoß*) rez-de-chaussée *m*; **~ge,senk** *n Schmiede* étampe inférieure; matrice *f*; **~ge,stell** *n* support *m*; socle *m*; base *f*; *e-s Wagens cf.* Fahrgestell; P *fig.* **sie hat ein schönes ~** P elle est bien roulée; **~ge,wand** *st. s. n* vêtement *m* de dessous; **~ge,wicht** *n* ⟨~(e)s⟩ manque *m* de poids; insuffisance *f* de poids.

unter|graben ['untər,gra:bən] *v/t.* ⟨*irr.*, *sép.*, **-ge-**, **h**⟩ *agr.*, *jard.* **Dung ~** enfouir le fumier; **~'graben** *v/t.* ⟨*irr.*, *insép.*, *pas de ge-*, **h**⟩ *Autorität, Ansehen, Gesundheit* miner; saper; détériorer; *Gesundheit auch* ruiner; *Ansehen auch* nuire à; porter atteinte à; **≗'grabung** *f fig.* (travail *m* de) sape *f*; détérioration *f.*

Untergrund ['untər,grunt] *m* ⟨~(e)s⟩ *agr.* sous-sol *m*; *peint.*, *impr.* fond *m*; **~bahn** *f* (chemin *m* de fer) métropolitain *m*; F métro *m*; chemin de fer souterrain; **~be,wässerung** *f agr.* irrigation souterraine; **~be,wegung** *f pol.* mouvement clandestin; clandestinité *f*; **~,lockerer** *m* ⟨~s; ~⟩ *agr.* (charrue *f*) sous-soleuse *f*; **~,lockerung** *f agr.* sous-solage *m*; **~organisati,on** *f pol.* organisation clandestine; ~ˌ**packer** *m agr.* rouleau compresseur.

Unter|gruppe [ˈʊntərˌɡrʊpə] *f* sous-groupe(ment) *m*; 2ˌ**haken** *v/t. u. v/réfl.* ⟨*sép.*, -ge-, h⟩ *cf.* **unterfassen**; 2ˌ**halb** *prép.* ⟨*gén.*⟩ au-dessous de; *bei Flüssen* en aval de.

Unterhalt [ˈʊntərˌhalt] *m* ⟨~(e)s⟩ entretien *m*; subsistance *f*; **j-s ~ bestreiten, für j-s ~ sorgen, aufkommen** subvenir aux besoins de qn.; *jur.* **für den ~** *par ex. der geschiedenen Frau, des Kindes* **aufkommen** payer une pension alimentaire (à); **zum ~ beitragen** participer, contribuer à l'entretien; **sich s-n ~ verdienen** gagner sa vie; **s-n ~ bestreiten** subvenir à ses besoins; **s-n ~ haben** avoir de quoi vivre; **Beschäftigung gegen freien ~** emploi au pair.

unterhalt|en [ˈʊntərˌhaltən] F *v/t.* ⟨*irr.*, *sép.*, -ge-, h⟩ tenir ... dessous; ~**en** [-ˈhal-] **I** *v/t.* ⟨*irr.*, *insép.*, *pas de ge-*, h⟩ **1.** *Person* (*Unterhalt geben*) entretenir; avoir à sa charge; subvenir aux besoins de; nourrir; *jur.* alimenter; payer une pension alimentaire (à); *Gebäude, Maschinen etc.* (*instand halten*) entretenir; tenir, conserver en bon état; **ein Feuer ~** entretenir un feu; veiller à ce que le feu ne s'éteigne pas; **ein Heer ~** entretenir une armée; **Beziehungen zu j-m ~** entretenir, maintenir des relations avec qn.; **2.** (*amüsieren, die Zeit vertreiben*) divertir; amuser; distraire; **II** *v/réfl.* **sich mit j-m über etw. ~** s'entretenir avec qn. de qc.; **sich mit etw. ~** (*amüsieren*) s'amuser, se divertir de qc.; **mit diesem Spiel kann sich das Kind stundenlang ~** l'enfant peut s'amuser pendant des heures à ce jeu; à ce jeu, l'enfant peut s'occuper, s'amuser pendant des heures; **wir haben uns gut ~** nous nous sommes bien divertis, amusés; ~**end** *adjt.*, ~**sam** *adj.* amusant; divertissant; distrayant.

Unterhalts|anspruch [ˈʊntərhaltsˌʔanʃprʊx] *m* droit *m* à l'entretien; 2**beˌdürftig** *adj.* nécessiteux, -euse; ~ˌ**beihilfe** *f* allocation *f* de subsistance; ~ˌ**beitrag** *m* contribution *f* alimentaire; 2**beˌrechtigt** *adj.* ayant droit à l'entretien; ~**beˌrechtigte(r)** *f* (*m*) personne *f* qui a droit à l'entretien, à une pension alimentaire; ~**emˌpfänger** *m* bénéficiaire *m* d'une pension alimentaire; allocataire *m*; ~ˌ**forderung** *f* créance *f* alimentaire; ~ˌ**geld** *n* pension *f* alimentaire; ~**geˌwährung** *f* prestation *f* d'entretien; versement *m* d'une pension alimentaire; ~ˌ**klage** *f jur.* demande *f* de pension alimentaire; action *f* alimentaire; ~ˌ**kläger** *m jur.* demandeur *m* d'une pension alimentaire; ~ˌ**kosten** *pl.* frais *m/pl.* d'entretien; ~ˌ**pflicht** *f* obligation *f* alimentaire, d'entretien; **sich der ~ entziehen** se soustraire à son obligation alimentaire; 2ˌ**pflichtig** *adj.* **~ sein** avoir le devoir d'entretien; être obligé à l'entretien; être tenu de fournir l'entretien; ~ˌ**pflichtige(r)** *m* ⟨→ A⟩ débiteur *m* alimentaire; ~ˌ**rente** *f* pension *f* alimentaire; ~ˌ**zahlung** *f* (paiement *m* de la) pension *f* alimentaire.

Unterhaltung [ˌʊntərˈhaltʊŋ] *f* ⟨~⟩ **1.** *e-s Gebäudes etc.* entretien *m*; maintien *m* en bon état; **2.** ⟨*pl.* ~en⟩ (*Gespräch*) conversation *f*; (*Vergnügen*) amusement *m*; divertissement *m*; distraction *f*; **die ~ allein bestreiten** faire les frais de la conversation; ~**sˌabend** *m* bunter ~ soirée récréative, de variétés; ~**sˌbeilage** *f* supplément *m* littéraire; feuilleton *m*; ~**sˌfilm** *m* film amusant, récréatif; ~**skonˌzert** *n* concert *m* de musique légère; ~**sˌkosten** *pl. für ein Gebäude* frais *m/pl.*, dépenses *f/pl.*, coût *m* d'entretien; ~**slekˌtüre** *f* lecture amusante, récréative; ~**sliteraˌtur** *f* littérature amusante, récréative; ~**smuˌsik** *f* musique légère; ~**sproˌgramm** *n* programme amusant, récréatif; ~**sroˌman** *m* roman amusant, récréatif; ~**sˌteil** *m cf.* ~**sbeilage**.

unter|handeln [ˌʊntərˈhandəln] *v/i.* ⟨-(e)le, *insép.*, *pas de ge-*, h⟩ négocier (**über etw.** qc.); entrer en négociation; *milit.* parlementer; 2ˌ**händler** [ˈʊn-, -ˈhɛn-] *m* négociateur *m*; *milit.* parlementaire *m*; 2ˈ**handlung** *f* négociation *f*; pourparlers *m/pl.*; **in ~en treten** entrer en négociation, en pourparlers; entamer des négociations, des pourparlers; **in ~en stehen** poursuivre des négociations; être en pourparlers.

Unterhaus [ˈʊntərˌhaʊs] *n* ⟨~es⟩ *in England* Chambre *f* des Communes; **im ~** aux Communes; ~ˌ**mitglied** *n* membre *m* des Communes.

Unterhemd [ˈʊntərˌhɛmt] *n* gilet *m* (de corps).

unterhöhlen [ˌʊntərˈhøːlən] *v/t.* ⟨*insép.*, *pas de ge-*, h⟩ miner; saper; *durch Wasser* dégravoyer; affouiller; creuser.

Unterholz [ˈʊntərˌhɔlts] *n* ⟨~es⟩ sous-bois *m*; taillis *m*; fourré *m*.

Unterhörfrequenz [ˌʊntərˈhøːrfreˑˌkvɛnts] *f phys.* fréquence *f* infra-audible, infra-acoustique.

Unter|hose [ˈʊntərˌhoːzə] *f* caleçon *m*; *kurze* slip *m*; 2ˌ**irdisch** *adj.* souterrain; ~**es Gewölbe**, ~**er Bau** souterrain *m*; ~**e Festungsanlage** casemate *f*; ouvrage *m* en sous-sol; **~ verlegen** *Fabriken* enterrer; *Leitung auch* mettre en souterrain; **zur Hälfte ~ angelegt** à demi enterré; ~**iˌtalien** *n* l'Italie inférieure; ~ˌ**jacke** *f* camisole *f*; *wollene* (gilet *m* de) flanelle *f*.

unterjoch|en [ˌʊntərˈjɔxən] *v/t.* ⟨*insép.*, *pas de ge-*, h⟩ subjuguer; assujettir; asservir; 2**ung** *f* ⟨~⟩ subjugation *f*; assujettissement *m*; asservissement *m*.

Unterkaliber|geschoß [ˈʊntərkaˌliːbərɡəˌʃɔs] *n* projectile sous-calibré; ~**munitiˌon** *f* munitions *f/pl.* de calibre réduit.

unterkeller|n [ˌʊntərˈkɛlərn] *v/t.* ⟨-(e)re, *insép.*, *pas de ge-*, h⟩ *bât.* munir d'une cave; ~**t** *adjt.* muni d'une cave; avec cave(s); **~ sein** être sur cave; 2**ung** *f* ⟨~⟩ *bât.* construction *f* sur cave; *sonst verbal.*

Unter|kiefer [ˈʊntərˌkiːfər] *m anat.* mâchoire inférieure; *sc.* maxillaire inférieur; ~ˌ**kleid** *n* combinaison *f*; ~ˌ**kleider** *n/pl.*, ~ˌ**kleidung** *f* sous-vêtements *m/pl.*; (vêtements *m/pl.* de) dessous *m/pl.*

unterkommen [ˈʊntərˌkɔmən] **I** *v/i.* ⟨*irr.*, *sép.*, -ge-, sein⟩ (*Unterkunft finden*) trouver un logis, à se loger, F à se caser; (*Obdach finden*) trouver un abri; (*Stellung finden*) trouver une place, une situation, un emploi, à se placer; F (trouver à) se caser; **II** 2 *n* ⟨~s⟩ *als Handlung verbal*; (*Obdach*) *cf.* **Unterkunft**.

Unterkörper [ˈʊntərˌkœrpər] *m* partie inférieure du corps.

unter|kriechen [ˈʊntərˌkriːçən] F *v/i.* ⟨*irr.*, *sép.*, -ge-, sein⟩ chercher abri; *fig.* **er sucht ein Plätzchen, wo er ~ kann** il cherche à se caser, se glisser quelque part; ~ˌ**kriegen** *v/t.* ⟨*sép.*, -ge-, h⟩ l'emporter sur; **laß dich nicht ~!** tiens ferme, bon!

unterkühl|en [ˌʊntərˈkyːlən] *v/t.* ⟨*insép.*, *pas de ge-*, h⟩ refroidir à l'excès; *méd. Körper* refroidir au-dessous de la température normale; *phys.* produire la surfusion; 2**ung** *f* refroidissement *m* à l'excès; *méd.* hypothermie *f*; *phys.* surfusion *f*.

Unterkunft [ˈʊntərˌkʊnft] *f* ⟨~; -künfte⟩ (*Logis*) logis *m*; logement *m*; gîte *m*; (*Obdach*) abri *m*; *im Gebirge* refuge *m*; *milit.*, *normale* quartier(s) *m* (*pl.*); *behelfsmäßige* cantonnement *m*; **j-m ~ bieten, gewähren** héberger, loger qn.; **freie ~ u. Verpflegung haben** avoir table et logis; être logé et nourri; ~**sˌhaus** *n*, ~**sˌhütte** *f* refuge *m* (alpin).

Unterlage [ˈʊntərˌlaːɡə] *f* **1.** *aus Stroh, Kork etc.* couche *f* (inférieure); support *m*; base *f*; *in e-m Kinderbett, für e-n Kranken* alaise (alèze, alèse) *f*; (*Schreib*2) sous-main *m*; *techn.* support *m*; appui *m*; *arb.*, *beim Pfropfen* porte-greffe *m*; **2.** (*Beleg*) pièce justificative, à l'appui; document *m*; ~**n** *pl.* dossier *m*; documentation *f*; documents *m/pl.*; ~**n beibringen** produire des pièces; **beizubringende ~n** pièces, documents à produire, à fournir; **nach Prüfung der ~n** sur le vu des pièces; ~**n sammeln** rassembler de la documentation; constituer un dossier; se documenter; **die ~n zusammenstellen** réunir la documentation.

Unterland [ˈʊntərˌlant] *n* ⟨~(e)s⟩ bas pays; (*Ebene*) plaine *f*.

Unterlaß [ˈʊntərˌlas] *m* **ohne ~** sans cesse; sans relâche; sans arrêt; sans discontinuité; continuellement.

unterlass|en [ˌʊntərˈlasən] *v/t.* ⟨*irr.*, *insép.*, *pas de ge-*, h⟩ omettre (*auch jur.*); négliger; (*sich enthalten*) s'abstenir de; **ich werde nicht ~, zu ...** (+ *inf.*) je ne manquerai pas de ... (+ *inf.*); 2**ung** *f* ⟨~; ~en⟩ omission *f* (*auch jur.*); défaut *m*; 2**ungsˌstraftat** *f jur.* délit *m* d'omission; 2**ungsˌsünde** *f relig.* péché *m* d'omission.

Unterlauf [ˈʊntərˌlaʊf] *m* ⟨~(e)s⟩ *e-s Flusses* cours inférieur.

unterlaufen [ˌʊntərˈlaʊfən] **I** *v/t.* ⟨*irr.*, *insép.*, *pas de ge-*, h⟩ *Gegner beim Ringkampf etwa* attraper, saisir par en bas; **II** *v/i.* ⟨sein⟩ **es ist ein Fehler ~** il s'(y) est glissé une faute; **mir ist ein Fehler ~** j'ai fait, commis une faute; **III** *adjt.* **mit Blut ~** ecchymosé [ɛki-].

unter|legen [ˈʊntərˌleːɡən] *v/t.* ⟨*sép.*, -ge-, h⟩ mettre, placer, glisser dessous (*auch ein Stück Pappe od. Holz unter ein wackliges Möbelstück*); *fig.*, *j-s Worten e-n anderen Sinn etc.* prêter; attribuer; **e-r Melodie e-n Text ~** mettre des paroles sur un air; **e-m Huhn Eier zum Brüten ~** donner des œufs à couver à une poule; faire couver une poule; ~ˈ**legen I** *v/t.* ⟨*insép.*, *pas de ge-*, h⟩ *mit Stoff, Spitze etc.* garnir (de); **II** *adjt.* **j-m ~ sein** être inférieur à qn.; *cf. auch* **unterliegen**; 2ˈ**legene(r)** *f* (*m*) ⟨→ A⟩ vaincu, -e *m, f*; 2ˈ**legenˌheit** *f* ⟨~⟩ infériorité *f*; **zahlenmäßige ~** infériorité numérique.

Unter|legklotz [ˈʊntərˌleːkˌklɔts] *m* cale *f*; ~ˌ**legˌscheibe** *f* rondelle *f*; ~ˌ**leib** *m anat.* bas-ventre *m*; *sc.* abdomen [-ɛn] *m*; ~ˌ**leibsˌkrankheit**

f méd. maladie abdominale, du bas--ventre; **~liefeˌrant** *m* sous-traitant *m*.

unterliegen [ˌʊntərˈliːgən] *v/i.* ⟨*irr.*, *insép.*, *pas de ge-*, **sein**⟩ *im Kampf, Wettstreit* succomber (à); avoir le dessous; *e-r Bestimmung, Steuer, dem Zoll etc.* être soumis à; *e-r Geldstrafe, abus. Steuer* être passible de; *adm.* **j-s Zuständigkeit ~** relever de qn.; **das unterliegt keinem Zweifel** cela ne souffre aucun doute; cela ne souffre pas le moindre doute; **er ist unterlegen** il a succombé; *cf. auch* **unterlegen II**; **dem Wechsel, Wandel ~** être sujet, -tte à changement.

Unter|lippe [ˈʊntərˌlɪpə] *f anat.* lèvre inférieure; **~liˌzenz** *f* sous-licence *f*.

unterm [ˈʊntərm] F *für* **unter dem**.

untermal|en [ˌʊntərˈmaːlən] *v/t.* ⟨*insép., pas de ge-*, **h**⟩ donner la couche de fond (à); *peint., Leinwand* apprêter; **mit Musik ~** donner un fond musical (à); *Film* **mit Ton ~** sonoriser; **Ձung** *f* ⟨~; ~en⟩ *als Handlung* application *f* de la couche de fond; *als Resultat* couche *f* de fond; support *m*; apprêt *m*; (*Ton*Ձ) sonorisation *f*; **musikalische ~** fond musical; musique *f* de fond.

Untermann [ˈʊntərˌman] *m* ⟨~(e)s; ~er⟩ *Artistik* acrobate porteur.

untermauer|n [ˌʊntərˈmaʊərn] *v/t.* ⟨-(e)re, *insép.*, *pas de ge-*, **h**⟩ *bât.* maçonner un soutènement; reprendre en sous-œuvre; consolider; étayer (*auch fig.*); *fig.* **e-e Behauptung mit Beispielen ~** étayer d'exemples une affirmation; apporter des exemples à l'appui d'une affirmation; **Ձung** *f* ⟨~⟩ reprise *f* en sous-œuvre; consolidation *f*; étayage (étaiement) *m* (*auch fig.*); *nur Resultat* soutènement *m*.

unter|mengen [ˈʊntərˌmɛŋən] *v/t.* ⟨*sép.*, -ge-, **h**⟩ **etw. ~** mêler une chose à une autre; **~ˈmengen** *v/t.* ⟨*insép., pas de ge-*, **h**⟩ **etw. mit etw. ~** mélanger, mêler deux choses (*par ex.* le sucre et la farine); mélanger une chose à *od.* avec une autre.

Untermensch [ˈʊntərˌmɛnʃ] *m* sous--homme *m*; brute *f*.

Untermiete [ˈʊntərˌmiːtə] *f* sous--location *f*; **in ~ wohnen** être sous--locataire; **~r(in)** *m* (*f*) sous-locataire *m, f*.

unterminieren [ˌʊntərmiˑˈniːrən] *v/t.* ⟨*insép., pas de ge-*, **h**⟩ miner; saper (*beide auch fig.*).

unter|mischen [ˈʊntərˌmɪʃən] *v/t.* ⟨*sép.*, -ge-, **h**⟩, **~ˈmischen** *v/t.* ⟨*insép., pas de ge-*, **h**⟩ *cf.* **untermengen**.

untern [ˈʊntərn] F *für* **unter den**.

unternehm|en [ˌʊntərˈneːmən] **I** *v/t.* ⟨*irr., insép., pas de ge-*, **h**⟩ *Reise, Ausflug etc.* entreprendre; **~** (*versuchen*), **etw. zu tun** essayer de faire qc.; chercher à faire qc.; **zu vielerlei ~** embrasser trop d'affaires; **II Ձen** *n* ⟨~s; ~⟩ entreprise *f* (*auch comm.*); opération *f*; **staatliches ~** entreprise d'État; **gemeinnütziges ~** entreprise d'utilité publique; **~end** *adjt.* entreprenant; qui a l'esprit d'entreprise; **Ձensˌausschuß** *m* comité *m* d'entreprise; **Ձensˌform** *f* forme *f* d'entreprise; **Ձenskonzentratiˌon** *f*, **Ձenszuˌsammenˌschluß** *m* concentration *f* des entreprises; entente industrielle; **Ձer(in)** *m* ⟨~s; ~⟩ (*f*) ⟨~; ~nen⟩ entrepreneur, -euse *m, f*; **Ձergeˌwinn** *m* bénéfice *m* d'entrepreneur; **Ձerˌhaftung** *f* responsabilité *f* de l'entrepreneur; **Ձerorganisatiˌon** *f* organisation patronale; **Ձerˌtum** *n* ⟨~(e)s⟩ entrepreneurs *m/pl.*; patronat *m*; **freies ~** libre entreprise; **Ձerverˌband** *m* syndicat patronal; **Ձerzuˌsammenˌschluß** *m* entente industrielle; **Ձung** *f* ⟨~; ~en⟩ *cf.* **~en II**; **Ձungsˌgeist** *m*, **Ձungsˌlust** *f* esprit *m* d'entreprise, d'initiative; initiative *f*; allant *m*; **~ungsˌlustig** *adj. cf.* **~end**.

Unteroffizier [ˈʊntərˀɔfiˑˌtsiːr] *m milit. im Gegensatz zu Mannschaften u. Offizieren* sous-officier *m*; *argot milit.* sous-off *m*; *der Marine* officier marinier; *als bestimmter Dienstgrad der Unteroffiziere, bei Infanterie* sergent *m*; *bei Artillerie, Kavallerie* maréchal *m* des logis; **~ vom Dienst** *Infanterie* sergent de semaine; *Artillerie, Kavallerie* maréchal des logis de semaine; **~(s)ˌanwärter** *m* candidat *m* sous-officier.

unterordn|en [ˈʊntərˌˀɔrdnən] *v/t.* (*u. v/réfl.*) ⟨-ete, *sép.*, -ge-, **h**⟩ (se) subordonner (à); (se) placer sous les ordres de; *Wünsche etc.* subordonner, soumettre (à); *gr.* **~de Konjunktion** conjonction de subordination; *cf. auch* **untergeordnet**; **Ձung** *f* ⟨~⟩ subordination *f* (*auch gr.*); soumission *f*.

Unter|pacht [ˈʊntərˌpaxt] *f* sous-bail *m* (*pl.* sous-baux); sous-ferme *f*; **in ~ geben, nehmen** sous-(af)fermer; **~ˌpächter(in)** *m* (*f*) sous-fermier, -ère *m, f*; **~ˌpfand** *n* gage *m*; **~ˌpflasterˌbahn** *f* tramway partiellement souterrain, (à voie) en contre-bas; **Ձˌpflügen** *v/t.* ⟨*sép.*, -ge-, **h**⟩ *agr.* enfouir, enterrer à la charrue; **~ˌprima** *f in Deutschland* 'huitième classe (douzième année scolaire) d'un lycée, collège; **~priˌmaner(in)** *m* (*f*) *in Deutschland* élève *m, f* de la huitième classe d'un lycée, collège; **~produktiˌon** *f* sous-production *f*; production déficitaire.

Unterredung [ˌʊntərˈreːdʊŋ] *f* ⟨~; ~en⟩ entretien *m*.

Unterricht [ˈʊntərˌrɪçt] *m* ⟨~(e)s⟩ *den man erteilt* enseignement *m*; leçons *f/pl.*; cours *m/pl.*; (*Schul*Ձ) classe *f*; *den man genießt* instruction *f*; **~ in Staatsbürgerkunde** instruction civique; **~ in Fremdsprachen** enseignement des langues étrangères; **~ erteilen, geben** enseigner; donner des leçons, des cours; faire la classe; **~ nehmen** prendre des leçons (**bei j-m** auprès de qn.); **französischen ~ geben** donner des leçons, donner, faire des cours de français; enseigner le français; **den ~ versäumen** manquer la classe; **heute nachmittag fällt der ~ aus** cet après--midi il n'y aura pas classe; **im ~** en classe; **er gibt guten ~** il enseigne bien.

unterrichten [ˌʊntərˈrɪçtən] **I** *v/t.* ⟨-ete, *insép., pas de ge-*, **h**⟩ **1.** (*Unterricht erteilen*) enseigner; donner des leçons; faire des cours; *abs.* faire la classe; **j-n in etw. ~** enseigner qc. à qn.; donner à qn. des leçons de qc.; apprendre qc. à qn.; instruire qn. dans qc.; **2.** (*informieren*) **j-n über** *od.* **von etw. ~** informer, instruire qn. de qc.; mettre qn. au courant de qc.; *warnend* avertir qn. de qc.; *im voraus* prévenir qn. de qc.; (*j-m Auskunft geben*) renseigner qn. sur qc.; **über etw. unterrichtet sein** être au fait, au courant de qc.; *abs.* F être à la page; **in unterrichteten Kreisen** dans les milieux bien informés; **II** *v/réfl.* **sich über etw. ~** s'informer de qc.; se renseigner sur qc.; se mettre au courant de qc.

Unterrichts|anstalt [ˈʊntərrɪçtsˌˀanʃtalt] *f* établissement *m* d'enseignement; institution *f* scolaire; école *f*; **~ˌbriefe** *m/pl.* enseignement *m* par correspondance; **französische ~** français *m* par correspondance; **~ˌfach** *n* matière *f*; discipline *f*; **~ˌfilm** *m* film *m* scolaire, éducatif; **~ˌgegenstand** *m* matière *f* (à enseigner, d'enseignement); **~meˌthode** *f* méthode *f* d'enseignement (**für Sprachen** des langues); **~miˌnister** *m* ministre *m* de l'éducation nationale, de l'instruction publique; **~minisˌterium** *n* ministère *m* de l'éducation nationale, de l'instruction publique; **~ˌplan** *m* programme *m* d'enseignement; **~ˌraum** *m* (salle *f* de) classe *f*; **~ˌstunde** *f* leçon *f*; cours *m*; classe *f*; **~verˌfahren** *n cf.* **~methode**.

Unterrichtung [ˌʊntərˈrɪçtʊŋ] *f* ⟨~⟩ information *f*; (*Belehrung*) instruction *f*; **zu Ihrer ~** à titre d'information; à titre indicatif.

Unterrock [ˈʊntərˌrɔk] *m* combinaison *f*; (*Halbrock*) jupon *m*.

unters [ˈʊntərs] F *für* **unter das**.

untersag|en [ˌʊntərˈzaːgən] *v/t.* ⟨*insép., pas de ge-*, **h**⟩ interdire; défendre; *von amtlicher Seite* prohiber; **das Betreten des Flugplatzes ist untersagt** il est interdit de, défense de pénétrer sur l'aérodrome; **Ձung** *f* ⟨~⟩ interdiction *f*; défense *f*; *von amtlicher Seite* prohibition *f*.

Untersatz [ˈʊntərˌzats] *m für heiße Schüsseln, Gläser etc.* dessous *m* de plat, de verre, *etc.*; *aus Filz, Bast etc. auch* F rond *m*; *für Gläser, Blumentöpfe* soucoupe *f*; *bât.* (*Stützwerk*) soutien *m*; appui *m*; socle *m*; *Logik* mineure *f*.

Unterschallgeschwindigkeit [ˈʊntərˌʃalgəˌʃvɪndɪçkaɪt] *f aviat.* vitesse *f* subsonique, infrasonique.

unterschätz|en [ˌʊntərˈʃɛtsən] *v/t.* ⟨-(es)t, *insép.*, *pas de ge-*, **h**⟩ *Entfernung, Kräfte etc.* sous-estimer; sous-évaluer; *Person auch* faire trop peu de cas de; **Ձung** *f* sous-estimation *f*; sous-évaluation *f*.

unterscheid|bar [ˌʊntərˈʃaɪtbaːr] *adj.* qu'on peut distinguer; *sc.* discernable; **~en I** *v/t.* ⟨*irr., insép., pas de ge-*, **h**⟩ **1.** (*deutlich sehen*) distinguer; **2.** (*auseinanderhalten*) distinguer (**von** de); *néol.* discriminer (**etw. von etw. anderem** qc. et qc.); discerner (de); (*e-n Unterschied machen*) faire une différence, une discrimination, établir une distinction (**zwischen** entre); (*den Unterschied hervorheben*) différencier; **es wird nicht unterschieden zwischen ...** il n'est pas fait de distinction entre ...; **II** *v/réfl.* **sich ~** se distinguer (**von** de); différer (de); se différencier (de); **erklären Sie mir, worin sich diese zwei Sorten ~** dites-moi en quoi ces deux sortes se distinguent l'une de l'autre, diffèrent, se différencient; **sich deutlich von etw. ~** être clairement distinct de qc.; se distinguer nettement de qc.; **~end** *adjt.* distinctif, -ive; *néol.* discriminatoire; **Ձung** *f* ⟨~; ~en⟩ distinction *f*; discrimination *f*; discernement *m*; différenciation *f*; **Ձungsˌfähigkeit** *f cf.* **Ձungsvermögen**; **Ձungsˌfarbe** *f* couleur distinctive; **Ձungsˌkraft** *f cf.* **Ձungsvermögen**; **Ձungsˌmerkmal** *n* marque distinctive; signe distinctif, caractéristique; caractéristique *f*; **Ձungsverˌmögen** *n* discernement *m*.

Unter|schenkel ['untər,ʃɛŋkəl] *m anat.* jambe *f*; **~,schicht** *f* couche inférieure; *géol.* substrat(um) *m.*

unterschieb|en ['untər,ʃiːbən] *v/t.* ⟨*irr., sép.*, -ge-, h⟩ **1.** *Kissen, Stuhl etc.* glisser, fourrer dessous; **2.** *auch* [,untər'ʃiːbən] ⟨*irr., insép., pas de ge-*, h⟩ *Kind, Testament, Urkunde etc.* substituer; *jur.* supposer; j-m **etw.** (*Absicht, Äußerung, Behauptung etc.*) ~ attribuer, supposer faussement qc. à qn.; **2ung** *f* ⟨~; ~en⟩ substitution *f*; *jur.* supposition *f* (e-s **Kindes** d'enfant); fausse attribution.

Unterschied ['untər,ʃiːt] *m* ⟨~(e)s; ~e⟩ différence *f*; (*Unterscheidung*) distinction *f*; **soziale ~e** inégalités sociales; **feiner ~** nuance *f*; **zum ~ von, im ~ zu** à la différence de; par opposition à; **ohne ~** sans distinction; indistinctement; indifféremment; sans exception; **ohne ~ der Nationalität, Rasse** sans distinction de nationalité, de race; **e-n ~ machen** faire une différence (**zwischen** entre); **ich sehe keinen ~** je ne (*od.* n'y) vois aucune différence; **das macht keinen ~** cela ne fait aucune différence; **... aber mit dem ~, daß ... ...** mais à la différence que ...; **es ist ein ~, ob du es sagst oder er** ce n'est pas la même chose lorsqu'il dit cela ou lorsque tu le dis toi-même; **das ist ein ~ wie Tag u. Nacht** c'est le jour et la nuit; **2en** *adjt.* différent; distinct; **2lich 1.** *adj.* différent; différentiel, -lle; *benachteiligend* discriminatoire; **~e Sätze** taux différentiels; **2.** *adv.* différemment; **~ behandeln** discriminer; faire une discrimination; **2s,los** *adv.* indistinctement; sans distinction, exception.

Unterschlag ['untər,ʃlaːk] *m impr.* bas *m* de page; **2en** ['un-] *v/t.* ⟨*irr., sép.*, -ge-, h⟩ *Beine* croiser; **mit untergeschlagenen Beinen** les jambes croisées; **2en** [-'ʃlaː-] *v/t.* ⟨*irr., insép., pas de ge-*, h⟩ *Gelder* soustraire; détourner; *jur.* divertir; distraire; *im Zivilrecht auch* receler (recéler); *Nachricht* cacher; dissimuler; taire; *Urkunde, Testament* supprimer; *Brief* intercepter; **~ung** *f* ⟨~; ~en⟩ *von Geldern* soustraction *f*; détournement *m*; *jur.* divertissement *m*; distraction *f*; *im Zivilrecht auch* recel *m*; *öffentlicher Gelder* malversation *f*; péculat *m*; concussion *f*; déprédation *f*; *e-s Testaments* suppression *f*; *von Briefen* interception *f*; *e-r Nachricht* dissimulation *f*; *sonst verbal.*

Unterschleif ['untər,ʃlaɪf] *m* ⟨~(e)s; ~e⟩ *cf.* Unterschlagung.

Unterschlupf ['untər,ʃlupf] *m* ⟨~(e)s; ~̈e⟩ (*Zufluchtsort*) refuge *m*; (*Obdach*) abri *m*; (*Versteck*) cache *f*; cachette *f*; j-m **~ gewähren** donner abri à qn.; abriter qn.; *e-m Verbrecher* receler qn.; **2en** *v/i.* ⟨*sép.*, -ge-, **sein**⟩ trouver un abri, un refuge (bei j-m chez qn.).

unterschreiben [,untər'ʃraɪbən] *v/t.* ⟨*irr., insép., pas de ge-*, h⟩ signer; apposer sa signature, son paraphe au-dessous de; *billigend* souscrire; *fig.* (*gutheißen*) souscrire, consentir, adhérer à; (*zustimmen*) approuver; **blanko ~** signer en blanc; **eigenhändig unterschrieben** signé de sa propre main; **von j-m unterschrieben sein** être signé de la main de qn., par qn.; porter la signature de qn.

unterschreiten [,untər'ʃraɪtən] *v/t.* ⟨*irr., insép., pas de ge-*, h⟩ *Voranschlag* rester inférieur à; *Betrag* ne pas atteindre; *techn., Druck etc.* descendre au-dessous de.

Unterschrift ['untər,ʃrɪft] *f* signature *f*; *billigende* souscription *f*; (*Bild2*) légende *f*; **eigenhändige ~** signature autographe, de sa propre main; **e-e ~ beglaubigen** légaliser une signature; **etw. durch ~ beglaubigen** attester, certifier qc. par signature; **e-e ~ fälschen, nachahmen** falsifier, contrefaire une signature; **s-e ~ unter etw. setzen** apposer sa signature au bas de qc.; **mit s-r ~ versehen** revêtir de sa signature; **zur ~ vorlegen** soumettre, présenter à la signature; **j-s ~ tragen** porter la signature de qn.; **e-e ~ erschleichen** extorquer une signature; **für die Richtigkeit der ~** pour certification matérielle de la signature; **~en,mappe** *f* chemise *f* pour les pièces, le courrier à signer; **~,probe** *f* spécimen [-ɛn] *m* de signature; **~sbe,fugnis** *f* pouvoir *m* de la signature; **~sbe,glaubigung** *f* légalisation *f* de signature; **2sbe,rechtigt** *adj.* autorisé à signer; **~sbe,rechtigung** *f* droit *m* de signer; **~s,fälschung** *f* falsification *f* de signature.

Unterschuß ['untər,ʃus] *m* déficit *m.*

unterschwef(e)lig ['untər,ʃveːf(ə)lɪç] *adj. chim.* **~e Säure** acide hyposulfureux.

Untersee|boot ['untərzeː,boːt] *n mar. cf.* U-Boot(...); **2isch** *adj.* sous-marin.

Unterseite ['untər,zaɪtə] *f* dessous *m.*

Untersekunda [,untərze·'kunda] *f in Deutschland* sixième classe (dixième année scolaire) d'un lycée, collège; **~ner(in)** [-'daː-] *m* (*f*) *in Deutschland* élève *m, f* de la sixième classe d'un lycée, collège.

unter|setzen ['untər,zɛtsən] *v/t.* ⟨-(es)t, *sép.*, -ge-, h⟩ mettre dessous; **~'setzen** *v/t.* ⟨-(es)t, *insép., pas de ge-*, h⟩ (*mischen*) mêler (mit avec).

Untersetzer ['untər,zɛtsər] *m für Schüsseln, Blumentöpfe etc. cf.* Untersatz.

unter|setzt [,untər'zɛtst] *adj. Gestalt* trapu; ramassé; **2'setztheit** *f* ⟨~⟩ taille trapue, ramassée; **2'setzung** *f* ⟨~; ~en⟩ *techn.* démultiplication *f*; réduction *f*; **2'setzungsge,triebe** *n techn.* réducteur *m* de vitesse; démultiplicateur *m*; **2'setzungsver,hältnis** *n techn.* rapport *m* de démultiplication, de réduction.

untersinken ['untər,zɪŋkən] *v/i.* ⟨*irr., sép.*, -ge-, **sein**⟩ *Schiff etc. cf.* untergehen.

Unterspannung ['untər,ʃpanuŋ] *f* sous-tension *f*; *Gerät* **mit ~ arbeiten** fonctionner en sous-tension.

unterspül|en [,untər'ʃpyːlən] **I** *v/t.* ⟨*insép., pas de ge-*, h⟩ dégravoyer; affouiller; déchausser; dégrader; saper; miner; ronger; **II 2en** *n* ⟨~s⟩, **2ung** *f* ⟨~; ~en⟩ dégravoiement *od.* dégravoîment *m*; affouillement *m*; déchaussement *od.* déchaussage *m*; dégradation *f.*

unterst ['untərst] *adj.* ⟨*attributiv*⟩ (*sup. von* **untere**) le plus bas; la plus basse; **der, das 2e** le dernier; **die 2e** la dernière; **das 2e zuoberst kehren** mettre tout sens dessus dessous.

Unterstaatssekretär [,untər'ʃtaːtsze·kre·,tɛːr] *m* sous-secrétaire *m* d'État.

Unter|stadt ['untər,ʃtat] *f* ville basse; **~,stand** *m* abri *m* (*auch milit.*); *milit., unter der Erde* abri *m* de tranchée; tranchée-abri *f*; *ausgebauter* abri bétonné; *argot milit.* cagna *f*; gourbi *m.*

unter|stehen ['untər,ʃteːən] *v/i.* ⟨*irr., sép.*, -ge-, h *od.* **sein**⟩ *beim Regen* être à l'abri; **~'stehen I** *v/i.* ⟨*irr., insép., pas de ge-*, h⟩ j-m **~** être subordonné à qn.; être le subordonné de qn.; être sous les ordres de qn.; être placé sous l'autorité de qn.; dépendre de qn.; relever de qn.; **dem deutschen Recht ~** relever des lois allemandes; **II** *v/réfl.* **sich ~, etw. zu tun** oser faire qc.; se permettre, s'aviser, avoir l'audace de faire qc.; *Drohung* **~ Sie sich!** venez-y voir!

unter|stellen ['untər,ʃtɛlən] **I** *v/t.* ⟨*sép.*, -ge-, h⟩ mettre dessous; *zum Schutz* mettre à l'abri; *Wagen* remiser; garer; *Möbel* mettre en garde; **II** *v/réfl. bei Regen* **sich ~** se mettre à l'abri; s'abriter; **III 2,stellen** *n* ⟨~s⟩ mise *f* à l'abri, à couvert; *e-s Wagens* garage *m*; *besser verbal*; **~'stellen I** *v/t.* ⟨*insép., pas de ge-*, h⟩ **1.** (*unterordnen*) subordonner à; placer, mettre sous les ordres de; *Truppen* affecter (à); j-m **unterstellt sein** *cf.* unter'stehen I; **2.** j-m **etw. ~** (*fälschlich etw. von j-m behaupten*) imputer, attribuer faussement, à tort qc. à qn.; **3.** (*vorläufig annehmen, den Fall setzen*) présumer; supposer; **II** *v/réfl.* **sich** j-m, **j-s Befehl ~** se mettre, se placer sous les ordres de qn.; **2'stellung** *f* (*Unterordnung*) subordination *f*; *von Truppen* affectation *f*; *fig.* (*falsche Behauptung*) imputation *f*; (*vorläufige Annahme*) présomption *f*; supposition *f*; *sc.* hypothèse *f.*

unterstreich|en [,untər'ʃtraɪçən] *v/t.* ⟨*irr., insép., pas de ge-*, h⟩ souligner (*auch fig.*); *fig.* mettre en relief, en vedette; faire ressortir; F monter en épingle; **2ung** *f* soulignement *m.*

unterstreuen ['untər,ʃtrɔYən] *v/t.* ⟨*sép.*, -ge-, h⟩ **den Pferden Stroh ~** faire la litière aux chevaux.

Unter|strömung ['untər,ʃtrøːmuŋ] *f* courant *m* de fond; **~,stufe** *f* degré inférieur; premier cycle; *Schule* basses classes.

unterstützen [,untər'ʃtʏtsən] *v/t.* ⟨-(es)t, *insép., pas de ge-*, h⟩ *Person, Antrag, Gesuch* appuyer; soutenir; *Personen* secourir (*auch finanziell*); aider; assister; *finanziell* subventionner; *Eifer, Fleiß etc.* soutenir; encourager; **die Bedürftigen, Arbeitslosen ~** secourir les, donner des secours aux indigents, chômeurs; **werden Sie mich ~, wenn ich diesen Vorschlag der Generalversammlung unterbreite?** est-ce que vous m'appuierez, me soutiendrez, m'accorderez votre appui si je soumets cette proposition à l'assemblée générale?; **j-n mit Geld ~** aider qn. de ses deniers, de son argent; **j-n mit Rat u. Tat ~** aider qn. par tous les moyens; **sich gegenseitig ~** s'entraider.

Unterstützung [,untər'ʃtʏtsuŋ] *f* ⟨~; ~en⟩ *von Menschen, e-s Antrags etc.* appui *m*; soutien *m*; *von Menschen* secours *m* (*auch finanzielle*); (*Hilfe*) aide *f*; assistance *f*; *finanzielle* subvention *f*; subside *m*; *soziale* allocation *f*; **moralische ~** appui, soutien moral; **gegenseitige ~** assistance mutuelle; **staatliche ~** assistance publique; j-m **~** (*Hilfe*) **gewähren** prêter aide, assistance, son secours à qn.; aider, assister qn.; **mit j-s ~** avec l'aide de qn.; **e-e ~ beziehen** bénéficier d'un secours, d'une allocation; **~s,anspruch** *m* droit *m* à une aide, à l'assistance, à un secours; **2sbe,dürftig** *adj.* qui a besoin de secours, d'être secouru; nécessiteux, -euse; indigent; **~sem,pfänger(in)** *m* (*f*) allocataire *m, f*; bénéficiaire *m, f* de l'assistance, du secours; **~s,fonds** *m* fonds *m* de secours, d'assistance; ~sˌ**gelder** *n/pl.* subsides *m/pl.*; *von der auszahlenden Kasse aus gesehen* fonds *m/pl.* d'assistance; *vom Staat aus gesehen* fonds *m/pl.* de subvention; ~**sgeˌsuch** *n* demande *f* de secours; ~**sˌkasse** *f* caisse *f* de secours; *auf Gegenseitigkeit* caisse mutuelle de secours; ~**sˌpflicht** *f* obligation *f* de porter assistance, de secourir, de venir en aide.

untersuchen [ˌuntərˈzuːxən] *v/t.* ⟨*insép.*, *pas de ge-*, h⟩ examiner (*auch méd.*); (*nachprüfen*) vérifier; contrôler; inspecter; *durch e-n Sachverständigen* expertiser; *Ursachen e-r Katastrophe etc.* rechercher; *Fall* examiner; étudier; *Frage*, *wissenschaftlich* étudier; *Boden*(*beschaffenheit*) sonder; explorer; *Gepäck am Zoll* visiter; *chim.* analyser; *jur.* rechercher; faire des recherches sur; instruire; enquêter sur; **ärztlich untersucht werden** être examiné par le médecin; subir un examen médical.

Untersuchung [ˌuntərˈzuːxuŋ] *f* ⟨~; ~en⟩ examen *m* (*auch méd.*); (*Nachprüfung*) vérification *f*; contrôle *m*; inspection *f*; *durch e-n Sachverständigen* expertise *f*; *e-s Vorfalls, der Ursachen e-s Unglücks etc.* recherche *f*; enquête *f*; *wissenschaftliche* recherche *f*; étude *f*; *der Bodenbeschaffenheit* sondage *m*; exploration *f*; *des Gepäcks am Zoll* visite *f*; *chim.* analyse *f*; *jur.* instruction *f*; enquête *f*; **ärztliche** ~ examen médical; **vertrauensärztliche** ~ examen médical par le médecin-conseil; contre-visite médicale; **polizeiliche** ~ enquête policière; **strenge** ~ enquête serrée; **e-e** ~ **anstellen** faire un examen, une recherche (**über etw.** de qc.); *jur.* mener une enquête (sur); *wissenschaftliche* faire une étude (sur); **e-e** ~ **einleiten** ouvrir une enquête; ~**sˌausschuß** *m* commission *f* d'enquête; ~**sgeˌfangene(r)** *f* (*m*) prévenu, -e *m, f*; ~**sgeˌfängnis** *n* maison *f* d'arrêt; ~**sˌhaft** *f* détention préventive; prévention *f*; **in** ~ **sein, sich in** ~ **befinden** être en prévention; **in** ~ **genommen werden** être mis en prévention; **die** ~ **anrechnen** tenir compte de la détention préventive; ~**sˌhäftling** *m cf.* ~sgefangene(r); ~**skommissiˌon** *f cf.* ~sausschuß; ~**sˌrichter** *m jur.* juge *m* d'instruction; magistrat instructeur.

Untertag(e)|arbeiter [ˌuntərˈtaːgəˌˀarbaɪtər, -ˈtaːk-] *m mines* mineur *m* de fond; ~ˌ**bau** *m* ⟨~(e)s⟩ *mines* exploitation *f* au fond.

untertan [ˈuntərˌtaːn] **I** *adj.* **j-m** ~ **sein** être soumis à qn.; obéir à qn.; **sich ein Volk** ~ **machen** assujettir un peuple; **II** 2**(in)** *m* ⟨~s *od.* ~en; ~en⟩ (*f*) ⟨~; ~nen⟩ sujet, -tte *m, f*.

untertänig [ˈuntərˌtɛːnɪç] *adj.* **1.** *cf.* untertan I; **2.** (*ergeben*) humble; *früher, jetzt nur noch iron.* ~**ster Diener** très humble, très obéissant serviteur; *früher, jetzt nur noch iron.* **ich bitte** ~**st** … je demande très humblement …; 2ˌ**keit** *f* ⟨~⟩ **1.** sujétion *f*; soumission *f*; **2.** (*Ergebenheit*) humilité *f*.

untertariflich [ˈuntərtaˌriːflɪç] *adj.* inférieur au tarif.

Untertasse [ˈuntərˌtasə] *f* soucoupe *f*; **fliegende** ~ soucoupe volante.

untertauchen [ˈuntərˌtauxən] **I** *v/i.* ⟨*sép.*, **-ge-**, **sein**⟩ plonger; faire le plongeon; *fig.*, *in der Menge, Großstadt etc.* disparaître; **II** 2 *n* ⟨~s⟩ *e-s Schwimmers* plongeon *m*; *fig.* disparition *f*.

Unter|teil [ˈuntərˌtaɪl] *m od. n* partie inférieure; bas *m*; dessous *m*; *techn.* embase *f*; 2ˈ**teilen** *v/t.* ⟨*insép.*, *pas de ge-*, h⟩ subdiviser; ~ˈ**teilung** *f* subdivision *f*.

Unter|temperatur [ˈuntərtɛmpeˑraˌtuːr] *f méd.* hypothermie *f*; ~ˈ**tertia** [-tsiˑa] *f in Deutschland* quatrième classe (huitième année scolaire) d'un lycée, collège; ~**tertiˈaner(in)** *m* (*f*) *in Deutschland* élève *m, f* de la quatrième classe d'un lycée, collège; ~ˌ**titel** *m impr.* sous-titre *m*; *Film* **in Originalfassung mit** ~**n** en version originale sous-titrée; ~ˌ**ton** *m* ⟨~(e)s; ~e⟩ *mus.* harmonique inférieur; *fig.* **ein** ~ **von Spott** une pointe d'ironie; un rien de causticité; 2ˌ**treten** *v/i.* ⟨*irr.*, *sép.*, **-ge-**, **sein**⟩ se mettre à l'abri, à couvert; ~ˌ**tritt** *m cout.* patte *f* de dessous; sous-patte *f*.

untertunnel|n [ˌuntərˈtunəln] *v/t.* ⟨-(e)le, *insép.*, *pas de ge-*, h⟩ percer, faire passer un tunnel sous …; 2**ung** *f* ⟨~⟩ percement *m* d'un tunnel sous …

unter|vermieten [ˈuntərfɛrˌmiːtən] *v/t.* ⟨-ete, *les formes séparées des temps simples ne s'emploient pas*, *pas de ge-*, h⟩ sous-louer; donner en sous-location; relouer; 2**verˌmieter(in)** *m* (*f*) sous-loueur, -euse *m, f*; 2**verˌmietung** *f* sous-location *f*; relocation *f*; ~**verˌpachten** *v/t.* ⟨-ete, *les formes séparées des temps simples ne s'emploient pas*, *pas de ge-*, h⟩ sous-affermer; donner à sous-ferme; 2**verˌpächter(in)** *m* (*f*) sous-bailleur, -euse *m, f*; 2**verˌpachtung** *f* sous-affermage *m*; ~**verˌsichern** *v/t.* ⟨-(e)re, *les formes séparées des temps simples ne s'emploient pas*, *pas de ge-*, h⟩ assurer pour une somme inférieure à la valeur; assurer insuffisamment; sous-assurer; 2**verˌsicherung** *f* assurance insuffisante; insuffisance *f* d'assurance; sous-assurance *f*; 2ˈ**völkerung** *f* ⟨~⟩ sous-peuplement *m*.

unterwander|n [ˌuntərˈvandərn] *v/t.* ⟨-(e)re, *insép.*, *pas de ge-*, h⟩ s'infiltrer dans; *pol.* noyauter; 2**ung** *f* infiltration *f*; *pol.* noyautage *m*.

unterwärts [ˈuntərˌvɛrts] *adv.* en bas; en dessous; vers le bas.

Unterwäsche [ˈuntərˌvɛʃə] *f* linge *m* de corps; sous-vêtements *m/pl.*; *der Damen* dessous *m/pl.*; lingerie *f*.

unterwaschen [ˌuntərˈvaʃən] *v/t.* ⟨*irr.*, *insép.*, *pas de ge-*, h⟩ *cf.* **unterspülen I**.

Unterwasser... [ˌuntərˈvasər] *in Zssgn. meist* sous-marin; ~ˌ**bombe** *f milit.* grenade sous-marine; ~ˌ**brenner** *m techn.* chalumeau *m* pour travaux sous l'eau; ~ˌ**fahrt** *f e-s U-Boots* marche *f*, navigation *f* en plongée; ~ˌ**gründung** *f bât.* fondation *f* sous l'eau; ~ˌ**horchgerät** *n* appareil *m* d'écoute sous-marine; hydrophone *m*; ~**maˌssage** *f méd.* massage *m* sous l'eau; ~**munitiˌon** *f* munitions anti-sous-marines; ~ˌ**ortungsgeˌrät** *n* appareil *m* de détection sous-marine; asdic *m*; sonar *m*; ~ˌ**pumpe** *f* pompe immergée; ~ˌ**schallˌanlage** *f*, ~ˌ**schallemˌpfänger** *m* hydrophone *m*; ~ˌ**(see)streitˌkräfte** *f/pl. milit.* forces sous-marines; ~ˌ**setzen** *n* noyage *m*; inondation *f*; ~ˌ**teil** *m e-s Schiffes* œuvres vives; ~ˌ**zünder** *m* fusée *f* hydrostatique.

unterwegs [ˌuntərˈveːks] *adv.* en chemin; chemin faisant; en route; en cours de route; *Fahrzeug* ~ **liegenbleiben** tomber en panne; **der Arzt ist schon** ~ le médecin est déjà en chemin, est déjà parti (pour venir ici); **immer** ~ **sein** être toujours par monts et par vaux.

unterweis|en [ˌuntərˈvaɪzən] *v/t.* ⟨*irr.*, *insép.*, *pas de ge-*, h⟩ **j-n in etw.** ~ instruire qn. dans qc.; initier qn. à qc.; montrer à qn. comment faire qc.; enseigner qc. à qn.; 2**ung** *f* ⟨~; ~en⟩ instruction *f*; initiation *f*; enseignement *m*; ~ **im christlichen Glauben** formation chrétienne.

Unterwelt [ˈuntərˌvɛlt] *f myth.* enfers *m/pl.*; (*Verbrecherwelt*) milieu *m*; monde *m* interlope; pègre *f*; bas-fonds *m/pl.*

unter|werfen [ˌuntərˈvɛrfən] **I** *v/t.* ⟨*irr.*, *insép.*, *pas de ge-*, h⟩ **1.** *Volk etc.* (*unterjochen*) soumettre; assujettir; asservir; subjuguer; **2. etw. e-r Prüfung** ~ soumettre qc. à l'examen; faire l'épreuve de qc.; éprouver qc.; **II** *v/réfl.* **sich** ~ se soumettre; **sich e-m Urteil** ~ se soumettre, déférer à un jugement; **sich j-s Schiedsspruch** ~ s'en tenir à l'arbitrage de qn.; 2ˈ**werfung** *f* ⟨~⟩ assujettissement *m*; asservissement *m*; subjugation *f*; soumission *f*; ~ˈ**worfen** *adjt.* soumis (à); **der Mode** ~ **sein** dépendre de la mode; **Wechselfällen** ~ exposé, sujet, -tte à des vicissitudes; ~ˈ**wühlen** *v/t.* ⟨*insép.*, *pas de ge-*, h⟩ miner; ~ˈ**würfig** *adj.* soumis; humble; *péj.* servile; obséquieux, -euse; F plat; rampant; 2ˈ**würfigˌkeit** *f* ⟨~⟩ soumission *f*; humilité *f*; *péj.* servilité *f*; obséquiosité *f*.

Unterzähne [ˈuntərˌtsɛːnə] *m/pl.* dents *f/pl.* du bas.

unterzeichn|en [ˌuntərˈtsaɪçnən] *v/t.* ⟨-ete, *insép.*, *pas de ge-*, h⟩ signer; *billigend* souscrire; 2**er(in)** *m* (*f*) signataire *m, f*; soussigné, -e *m, f*; **die** ~ **verpflichten sich** … les soussignés, signataires s'engagent à …; 2**erˌstaat** *m* État *m* signataire; 2**ete(r)** *f* (*m*) ⟨→ A⟩ **ich** ~ je soussigné, -e; 2**ung** *f* ⟨~⟩ signature *f*; *billigende* souscription *f*; … **steht allen Staaten zur** ~ **u. zum Beitritt offen** … reste ouvert à la signature et à l'adhésion de tous les États.

Unterzeug [ˈuntərˌtsɔʏk] F *n* ⟨~(e)s⟩ sous-vêtements *m/pl.*; vêtements *m/pl.* de dessous.

unter|ziehen [ˈuntərˌtsiːən] *v/t.* ⟨*irr.*, *sép.*, **-ge-**, h⟩ *Kleidungsstücke* mettre par-dessous; *bât.*, *Balken* mettre dessous; ~ˈ**ziehen** *v/t. u. v/réfl.* ⟨*irr.*, *insép.*, *pas de ge-*, h⟩ **etw. e-r Prüfung** ~ *cf.* **unterwerfen I, 2.**; **sich e-r Sache** ~ se soumettre à qc.; *Arbeit etc.* (*auf sich nehmen*) se charger de qc.; prendre qc. sur soi; **sich e-r Operation** ~ se soumettre à, subir une opération; **sich e-r Kur** ~ faire une cure; **sich e-r Prüfung** ~ subir, passer un, se soumettre à un examen.

Unterzug [ˈuntərˌtsuːk] *m bât.* poutre *f*; longeron *m*; solive transversale.

untief [ˈuntiːf] *adj.* peu profond; 2**e** *f* **1.** *mar.* (*seichte Stelle*) bas-fond *m*; 'haut-fond *m*; (*Sandbank*) banc *m* de sable; *in e-m Fluß* ensablement *m*; **2.** (*unergründliche Tiefe*) abîme *m*; abysse *m*.

Untier [ˈuntiːr] *n* monstre *m* (*auch fig.*).

un|tilgbar [ˌunˈtɪlkbaːr, ˈun-] *adj.* *Spuren* ineffaçable; indélébile; *Schulden* non amortissable; *Hypothek* non rachetable; ~**tragbar** [-ˈtraːk-, ˈun-] *adj.* insupportable; intolérable; 2**tragbarˌkeit** [-ˈtraːk-, ˈun-] *f* ⟨~⟩ impossibilité *f* de supporter, tolérer qc.; *besser verbal*; ~**trennbar** [-ˈtrɛn-, ˈun-] *adj.* inséparable; indissoluble; 2**trennbarˌkeit** [-ˈtrɛn-, ˈun-] *f* inséparabilité *f*; indissolubilité *f*.

untreu ['untrɔʏ] *adj.* infidèle; s-n Gewohnheiten ~ **werden** déroger à ses habitudes; s-m Versprechen ~ **werden** manquer à sa promesse, à sa foi; e-r Idee ~ **werden** renier, trahir une idée; s-r Frau ~ **werden** faire des infidélités à sa femme; tromper sa femme; **sich selbst** ~ **werden** se renier; s'écarter de ses principes; se démentir; **2e** *f* infidélité *f*; *jur.* abus *m* de confiance; malversation *f*; ~ im Amt prévarication *f*.

un|tröstlich [ˌun'trøːstlıç, 'un-] *adj.* inconsolable; désolé; **~trüglich** [-'tryːk-, 'un-] *adj.* qui ne trompe pas; infaillible; (*sicher*) sûr; certain; indubitable.

un|tüchtig ['unˌtʏçtıç] *adj.* incapable (zu de); inapte (à); **2ˌtüchtigˌkeit** *f* incapacité *f*; inaptitude *f*; **2ˌtugend** *f* défaut *m*; (*üble Gewohnheit*) mauvaise habitude; *pfort.* vice *m*; **~ˌtunlich** *adj.* (*unzweckmäßig*) non indiqué, recommandé; qui est à déconseiller; (*unpassend*) inopportun.

unüber|brückbar [ˌunʔyːbər'brʏkbaːr, 'un-] *adj. fig.*, *Kluft* infranchissable; *Gegensätze* inconciliable; insurmontable; **~ˌlegt** ['un-] *adj.* *cf.* unbedacht; **2ˌlegtheit** ['un-] *f* ⟨~⟩ *cf.* Unbedachtsamkeit; **~prüfbar** [-'pryːf-, 'un-] *adj.* invérifiable; incontrôlable; **~sehbar** [-'zeː-, 'un-] *adj.* immense; *Schaden* incalculable; *Folgen* imprévisible; **2sehbarˌkeit** [-'zeː-, 'un-] *f* ⟨~⟩ immensité *f*; **~setzbar** [-'zɛts-, 'un-] *adj.* intraduisible; **~setzt** [-'zɛtst, 'un-] *adj.* non traduit; **~ˌsichtlich** ['un-] *adj.* peu clair; embrouillé; (*verwickelt*) compliqué; *Gelände* sans vue (dégagée); *Stelle, Straßenecke, Kurve* à mauvaise visibilité; **2ˌsichtlichˌkeit** ['un-] *f* caractère embrouillé, peu clair; *e-r Kurve etc.* manque *m* de visibilité; **~tragbar** [-'traːk-, 'un-] *adj.* incessible; intransmissible; intransférable; *Eigentum* incommutable; **2tragbarˌkeit** [-'traːk-, 'un-] *f* incessibilité *f*; intransmissibilité *f*; intransférabilité *f*; *des Eigentums* incommutabilité *f*; **~trefflich** [-'trɛf-, 'un-] *adj.* insurpassable; (*unvergleichlich*) incomparable; inégalable; **~troffen** ['un-, -'trɔ-] *adj.* inégalé; **~windlich** [-'vınt-, 'un-] *adj.* *Schwierigkeiten, Abneigung etc.* insurmontable; invincible (*auch Gegner*); *Festung* imprenable; inexpugnable; **2windlichˌkeit** [-'vınt-, 'un-] *f* ⟨~⟩ invincibilité *f*.

unum|gänglich [unʔum'gɛŋlıç, 'un-] *adj.* indispensable; inévitable; inéluctable; de toute nécessité; **~schränkt** [-'ʃrɛŋkt, 'un-] *adj.* *Herrscher, Gewalt* absolu; souverain; **~stößlich** [-'ʃtøːs-, 'un-] *adj.* *Prinzipien* immuable; *Entschluß, Entscheidung* irrévocable; indiscutable; péremptoire; **das steht** ~ **fest** c'est irrévocable, indiscutable, F mathématique; **2stößlichˌkeit** [-'ʃtøːs-, 'un-] *f* ⟨~⟩ *von Prinzipien* immuabilité *f*; irrévocabilité *f*; **~stritten** [-'ʃtrı-, 'un-] *adj.* incontesté; **~wunden** ['un-, -'vun-] *adv.* *etw. sagen* franchement; sans détour; net(tement); crûment; (*rückhaltlos*) sans réserve; catégoriquement; F sans ambages; carrément; sans y aller par quatre chemins; sans mâcher les mots.

ununterbrochen ['unʔuntərˌbrɔxən, -'brɔ-] **1.** *adj.* ininterrompu; continuel, -lle; (*fortlaufend*) continu; suivi; (*unaufhörlich*) incessant; **2.** *adv.* sans interruption; continuellement; sans cesse; sans discontinuer; sans relâche.

unver|änderlich [ˌunfɛr'ʔɛndərlıç, 'un-] *adj.* invariable (*auch gr.*); inchangeable; immuable; inaltérable; (*beständig*) constant; stable; fixe; **2'änderlichˌkeit** *f* invariabilité *f* (*auch gr.*); immuabilité *f*; immutabilité *f*; inaltérabilité *f*; (*Beständigkeit*) constance *f*; stabilité *f*; fixité *f*; **~'ändert** *adj.* inchangé; inaltéré; (qui est) toujours le (la) même; qui n'a pas changé; (*in derselben Gestalt*) tel quel, telle quelle; **etw.** ~ **lassen** laisser qc. dans le même état; **~'antwortlich** *adj.* *Personen* irresponsable; *Verhalten etc.* (*unverzeihlich*) impardonnable; inexcusable; **2'antwortlichˌkeit** *f* ⟨~⟩ *e-r Person* irresponsabilité *f*; **~'arbeitet** ['un-] *adj.* *techn.* *cf.* unbearbeitet; *fig.* *Gedanke etc.* mal assimilé, F digéré; **~'äußerlich** *adj.* inaliénable; **2'äußerlichkeit** *f* inaliénabilité *f*; **~'besserlich** *adj.* incorrigible; inamendable; *Trinker* invétéré; impénitent; **er ist** ~ *auch* F il mourra dans sa peau; **~'bindlich 1.** *adj.* **a)** qui n'engage, n'oblige à rien; n'impliquant, ne comportant aucune obligation; **~er Richtpreis** prix indicatif; **b)** (*unfreundlich*) non liant; peu aimable; **2.** *adv.* sans engagement, obligation; **wir führen Ihnen die Maschine** ~ **vor** nous vous présentons la machine sans engagement de votre part; **~'blümt 1.** *adj.* cru; **2.** *adv.* crûment; sans déguisement; sèchement; *cf. auch* unumwunden; **2'blümtheit** *f* ⟨~⟩ franchise brutale; crudité *f*; **~'braucht** *adj.* *Kräfte* inépuisé; frais, fraîche; **~'brüchlich** *adj.* *Treue etc.* à toute épreuve; indéfectible; inaltérable; inébranlable; **~'bürgt** *adj.* *Nachricht* non garanti; non confirmé; sujet, -tte à caution; inauthentique; non authentique; **~'dächtig** *adj.* non suspect; qui n'éveille pas de soupçons, la défiance; **~'daulich** *adj.* indigeste (*auch fig.*); **~'daut** *adj.* non digéré; *fig.* mal assimilé, F digéré; **~'derblich** *adj.* non périssable; inaltérable; incorruptible; **~'dient** *adj.* immérité; qui n'est pas mérité; *Strafe etc.* (*ungerecht*) injuste; **~'dienter'maßen**, **~'dienter'weise** *adv.* sans l'avoir mérité; *gestraft etc. werden* injustement; à tort; **~'dorben** *adj.* qui n'est pas gâté, corrompu; *fig.* non dépravé; (*gesund*) sain; (*rein*) pur; innocent; candide; **2'dorbenˌheit** *f fig.* pureté *f*; innocence *f*; candeur *f*; **~'drossen 1.** *adj.* infatigable; (*beharrlich*) assidu; persévérant; (*geduldig*) patient; **2.** *adv.* sans se lasser, se rebuter; infatigablement; avec assiduïté, persévérance, patience; patiemment; **2'drossenˌheit** *f* patience *f* inlassable, à toute épreuve; (*Beharrlichkeit*) assiduité *f*; persévérance *f*; **~ˌdünnt** ['un-] *adj.* *Flüssigkeit* non dilué; *Getränk* non coupé; **~'eheˌlicht** *adj.* non marié; célibataire; *jur.* **die ~e N.** la demoiselle N.; **~'eidigt** *adj.* in(as)sermenté; non assermenté; insermentaire; **~'einbar** *adj.* incompatible, inconciliable (mit avec); **2'einbarˌkeit** *f* ⟨~⟩ incompatibilité *f*; inconciliabilité *f*; **~'fälscht** *adj.* non falsifié; (*echt*) authentique; *Wein* non frelaté, F trafiqué, baptisé; **~'fänglich** *adj.* (en apparence) non captieux [-psjø], -euse, fallacieux, -euse, spécieux, -euse; (*harmlos*) anodin; (*keinen Verdacht erregend*) qui n'éveille pas de soupçons; **2'fänglichkeit** *f* ⟨~⟩ apparence anodine, non captieuse, fallacieuse, spécieuse; **~ˌfroren** ['un-] *adj.* effronté; insolent; impudent; sans gêne (*auch adv.*); F qui a du toupet, du culot; **2'frorenheit** *f* ⟨~⟩ effronterie *f*; insolence *f*; impudence *f*; sans-gêne *m*; F toupet *m*; culot *m*; **~'gänglich** *adj.* *Ruhm, Schönheit* impérissable; (*unsterblich*) immortel, -lle; **2'gänglichˌkeit** *f* immortalité *f*; **~'gessen** *adj.* inoublié; dont le souvenir demeure; **~'geßlich** *adj.* inoubliable; (*unauslöschlich*) ineffaçable; **das wird mir** ~ **bleiben** je ne l'oublierai jamais; **~'gleichlich 1.** *adj.* incomparable; sans pareil, -lle; sans égal; (*einzig*) unique (en son genre); (*alles übertreffend*) 'hors ligne, classe; 'hors (de) pair; **2.** *adv.* ~ **schön** incomparablement beau, belle; **~'hältnisˌmäßig** *adv.* ~ **hohe Preise** prix disproportionnés, 'hors de proportion, démesurés, excessifs; ~ **groß, hoch** démesurément grand, 'haut; ~ **klein** très petit; **~'heiratet** *adj.* non marié; célibataire; *von e-m Mädchen* ~ **bleiben** rester fille, demoiselle; **~ˌhofft** ['un-] **1.** *adj.* inespéré; inattendu; inopiné; (*unvorhergesehen*) imprévu; **ein ~er Fund** une (bonne) aubaine; **2.** *adv.* à l'improviste; **diese Nachricht kam uns ganz** ~ nous ne nous attendions pas à cette nouvelle; ~ **kommt oft** *prov.* les choses arrivent quand on, au moment où l'on s'y attend le moins; **~'hohlen 1.** *adj.* non caché, déguisé; (*offen*) ouvert; **2.** *adv.* sans déguisement; ouvertement; net(tement); franchement; **~'käuflich** *adj.* (*nicht absetzbar*) invendable; non vendable; (*nicht zu verkaufen*) pas à vendre; 'hors vente, commerce; **~'kauft** *adj.* non vendu; invendu; **~e Exemplare** invendus *m/pl.*; **~e Exemplare haben** bouillonner; **~'kennbar 1.** *adj.* qu'on ne saurait méconnaître; évident; **2.** *adv.* évidemment; à ne pas s'y tromper; **~'letzlich** *adj.* invulnérable (durch à); (*unantastbar*) inviolable; **2'letzlichˌkeit** *f* ⟨~⟩ invulnérabilité *f*; inviolabilité *f*; **~ˌletzt** *adj. u. adv.* sans blessure(s); indemne [ɛ̃dɛmn]; sain et sauf, saine et sauve; **bei e-m Unfall** ~ **bleiben** sortir indemne d'un accident; **~'lierbar** *adj.* qui ne peut se perdre, être perdu; imperdable; **~'mählt** *adj.* *cf.* **~heiratet**; **~'meidbar**, **~'meidlich** *adj.* inévitable; inéluctable; F forcé; fatal; ~ **sein** *auch* F être de rigueur; **~'mindert** *adj.* **der Sturm tobte mit ~er Heftigkeit** la tempête continua à faire rage; **~ˌmittelt** ['un-] **1.** *adj.* soudain; brusque; **2.** *adv.* soudain; brusquement; à brûle-pourpoint; F tout de go; **2ˌmögen** ['un-] *n* ⟨~s⟩ incapacité *f*; impuissance *f* (*auch jur.*); *jur.* impossibilité *f* d'exécuter une prestation; insolvabilité *f*; **~ˌmögend** ['un-] *adj.* **1.** incapable (zu de); impuissant (à); **2.** *jur.* (*ohne Vermögen*) sans fortune; non fortuné; **2ˌmögensˌfall** ['un-] *m jur.* **im ~e** en cas d'insolvabilité; **~ˌmutet** ['un-] **1.** *adj.* inopiné; inattendu; (*unvorhergesehen*) imprévu; **2.** *adv.* inopinément; à l'improviste; **2ˌnunft** ['un-] *f* manque *m* de raison, de bon sens; déraison *f*; **~ˌnünftig** ['un-] *adj.* déraisonnable; **das war** ~ **von dir** (là) tu as manqué de bon sens, de sens commun; **~'öffentlicht** *adj.* inédit; **~ˌpackt** *adj.* non emballé; sans emballage; nu; **~'richtet** *adj.* qui n'a pas été fait, exécuté; **~'richteterˌdinge**, **~'richteterˌsache** *adv.* ~ abziehen, zurückkehren s'en retourner, s'en aller comme on est venu; F s'en retourner, revenir bredouille; **~'rückbar** *adj.* *Ziel* fixe;

Tatsache etc. immuable; **unser Ziel bleibt** ~ notre but reste toujours le même, inchangé; **das steht** ~ **fest** cela est absolument sûr, définitif; ~ˌ**schämt** ['un-] *adj.* impudent; effronté; insolent; impertinent; *Lüge* audacieux, -euse; *Preise* exorbitant; ~ **sein** *auch* F avoir du culot, du toupet; être culotté; **Sie sind ein** ~**er Kerl!** vous êtes un impudent!; 2ˌ**schämtheit** *f* ⟨~; ~en⟩ impudence *f*; effronterie *f*; insolence *f*; impertinence *f*; **die** ~ **besitzen, zu ...** (+ *inf.*) avoir le front de ... (+ *inf.*); ~'**schließbar** *adj.* qu'on ne peut fermer à clef; ~'**schlossen** *adj.* non fermé; ~'**schuldet** *adj.* (*ohne Schulden*) non endetté; qui n'est pas endetté; (*ohne eigene Schuld*) sans qu'il y ait de ma (ta, sa, *etc.*) faute (*auch adv.*); ~ˌ**sehens** ['un-] *adv.* à l'improviste; ~'**sehrt** *adj.* (*unbeschädigt*) non endommagé; sans dommage; *Siegel etc.* intact; *Personen* (*unverletzt*) indemne [ɛ̃dɛmn]; (*wohlbehalten*) sain et sauf, saine et sauve; ~'**sichert** *adj.* non assuré; ~'**siegbar**, ~'**sieglich** *adj.* intarissable; ~'**siegelt** *adj.* non cacheté; ~'**söhnlich** *adj.* irréconciliable; implacable; 2'**söhnlich**ˌ**keit** *f* ⟨~⟩ irréconciliabilité *f*; implacabilité *f*; ~ˌ**sorgt** ['un-] *adj.* sans moyens d'existence; 2ˌ**stand** *m* déraison *f*; (*Torheit*) sottise *f*; F bêtise *f*; ~ˌ**standen** ['un-] *adj.* incompris; (*verkannt*) méconnu; **sich** ~ **fühlen** se sentir méconnu; ~'**ständig** *adj.* peu raisonnable; ~'**ständlich** *adj.* (*unbegreiflich*) incompréhensible; inintelligible; *Text, Gedicht etc.* (*dunkel*) obscur; *Worte* (*undeutlich*) indistinct; 2'**ständlich**ˌ**keit** *f* incompréhensibilité *f*; inintelligibilité *f*; *fig.* obscurité *f*; 2'**ständnis** *n* manque *m* de compréhension; incompréhension *f*; **er stieß überall auf** ~ il se heurta partout à l'incompréhension; ~'**steuert** *adj.* non imposé; ~'**sucht** *adj.* **nichts** ~ **lassen, um zu ...** (+ *inf.*) ne rien négliger pour ..., tenter l'impossible pour ..., essayer de, épuiser tous les moyens pour ... (+ *inf.*); ~'**teilt** *adj.* non distribué; ~'**träglich** *adj.* (*zänkisch*) querelleur, -euse; intraitable; d'humeur difficile; peu accommodant; insociable; **er ist** ~ *auch* il a mauvais caractère; F c'est un mauvais coucheur; 2'**träglich**ˌ**keit** *f* humeur querelleuse, peu accommodante, difficile; insociabilité *f*; F mauvais caractère; ~'**tretbar** *adj.* indéfendable; insoutenable; ~ˌ**wandt** ['un-] **1.** *adj. Blick* fixe; **2.** *adv.* fixement; j-n ~ **ansehen** ne pas quitter qn. des yeux; fixer qn. du regard; regarder qn. fixement; **s-e Blicke** ~ **auf etw. richten** fixer ses regards sur qc.; ~'**wechsel**ˌ**bar** *adj.* sur quoi on ne peut se tromper, se méprendre; ~'**welklich** *adj.* inflétrissable; *fig., poét., Schönheit etc.* impérissable; toujours jeune; ~'**wendbar** *adj.* inemployable; inutilisable; ~'**wertbar** *adj.* inexploitable; non récupérable; ~'**weslich** *adj.* imputrescible; 2'**weslich**ˌ**keit** *f* ⟨~⟩ imputrescibilité *f*; ~'**wischbar** *adj.* ineffaçable; indélébile; ~'**wundbar** *adj.* invulnérable; 2'**wundbar**ˌ**keit** *f* invulnérabilité *f*; ~'**wüstlich** *adj. Stoff, Material etc.* inusable; *Maschine etc. auch* indestructible; F increvable; *Humor, Laune* inaltérable; imperturbable; *Gesundheit* inaltérable; à toute épreuve; F de fer; *Mensch* F increvable; ~'**zagt 1.** *adj.* qui ne se décourage pas; (*mutig*) courageux, -euse; brave; *pfort.* intrépide; **2.** *adv.* sans se décourager; courageusement; avec courage; *pfort.* intrépidement; 2'**zagtheit** *f* (*Mut*) courage *m*; *pfort.* intrépidité *f*; ~'**zeihlich** *adj.* impardonnable; inexcusable; ~'**zinslich** *adj.* non porteur, -euse d'intérêts; non productif, -ive d'intérêts; qui ne rapporte pas d'intérêts; ~**es Darlehen** prêt gratuit, sans intérêts; ~'**zollt** *adj.* (*zollfrei*) en franchise (de douane); (*noch nicht verzollt*) non dédouané; douane due; (*noch im Zollverschluß*) en entrepôt; ~'**züglich** *adv.* immédiatement; sans désemparer; sans retard; sans délai; sur-le-champ; tout de suite.

unvoll|endet ['unfɔlˌˀɛndət, -ˌlɛn-] *adj.* inachevé; non terminé; ~ˌ**kommen** *adj.* imparfait; (*mangelhaft*) défectueux, -euse; 2ˌ**kommen**ˌ**heit** *f* imperfection *f*; défectuosité *f*; ~ˌ**ständig** *adj.* incomplet, -ète; *gr., Verb* défectif, -ive; 2ˌ**ständig**ˌ**keit** *f* état incomplet, *gr.* caractère défectif (de qc.).

unvor|bereitet ['unfoːrbəˌraɪtət] **1.** *adj.* non préparé; improvisé; **2.** *adv.* sans préparation; à l'impromptu; à l'improviste; au pied levé; (*unversehens*) au dépourvu; *Ereignis etc.* **j-n völlig** ~ **treffen** prendre qn. au dépourvu; ~ **sprechen** parler impromptu; improviser; ~ˌ**denklich** *adj.* **seit** ~**en Zeiten** de temps immémoriaux; de temps immémorial; ~ˌ**einge**ˌ**nommen** *adj.* non prévenu; sans préjugé; exempt de préjugés; sans idées préconçues; ~**er Beobachter** observateur non prévenu, sans prévention; 2ˌ**einge**ˌ**nommenheit** *f* absence *f* de préjugés, de préventions, d'idées préconçues; ~'**herseh**ˌ**bar** *adj.* imprévisible; ~'**herge**ˌ**sehen** *adj.* imprévu; **falls** ~**e Umstände eintreten sollten** en cas d'imprévu; ~**e Umstände ausgenommen** sauf imprévu; ~**schrifts**ˌ**mäßig** [-'foːr-] **1.** *adj.* contraire aux instructions; contraire au règlement; non réglementaire; **2.** *adv.* contrairement aux instructions, au règlement; d'une façon non réglementaire, contraire au règlement; ~ˌ**sichtig** *adj.* imprudent; mal avisé; (*unüberlegt*) inconsidéré; étourdi; 2ˌ**sichtig**ˌ**keit** *f* ⟨~; ~en⟩ imprudence *f*; (*Unüberlegtheit*) inconsidération *f*; étourderie *f*; **aus** ~ par imprudence; ~'**stell**ˌ**bar** *adj.* inimaginable; **das ist** ~ *auch* cela passe l'imagination; ~**teil**ˌ**haft** *adj.* désavantageux, -euse.

unwägbar [ˌun'vɛːkbaːr, 'un-] *adj. sc.* impondérable; 2**keit** *f* ⟨~⟩ *sc.* impondérabilité *f*.

unwahr ['unvaːr] *adj. Geschichte, Bericht etc.* faux, fausse; (*lügenhaft*) mensonger, -ère; menteur, -euse; (*erlogen*) controuvé; ~ **sein** *auch litt.* mentir à, trahir la vérité; ~ˌ**haftig** *adj.* insincère; faux, fausse; menteur, -euse; 2ˌ**haftig**ˌ**keit** *f* ⟨~⟩ insincérité *f*; manque *m* de véracité; fausseté *f*; 2**heit** *f* contre-vérité *f*; (*Lüge*) mensonge *m*; faussetés *f/pl.*; **die** ~ **sagen** mentir; ~ˌ**scheinlich** *adj.* invraisemblable; improbable; **es ist** ~, **daß ...** il est improbable que ... (+ *subj.*); 2ˌ**scheinlich**ˌ**keit** *f* invraisemblance *f*; (caractère *m*) invraisemblable *m* (de); improbabilité *f*.

unwandelbar [ˌun'vandəlˌbaːr, 'un-] *adj. st. s. Treue, Liebe etc.* inaltérable; inébranlable; constant; 2**keit** *f* ⟨~⟩ inaltérabilité *f*; constance *f*.

unwegsam ['unˌveːkzaːm] *adj. Gelände etc.* impraticable; 2ˌ**keit** *f* ⟨~⟩ impraticabilité *f*.

unweiblich ['unˌvaɪplɪç] *adj.* peu féminin; *péj.* hommasse.

unweigerlich [ˌun'vaɪgərlɪç] **1.** *adj.* inévitable; inéluctable; nécessaire; F fatal; **2.** *adv.* inévitablement; inéluctablement; F forcément; fatalement; (*sicher*) à coup sûr; infailliblement; immanquablement.

unweit ['unvaɪt] *adv. cf.* **unfern.**

Unwert ['unveːrt] *m* ⟨~(e)s⟩ peu *m* de valeur; non-valeur *f*.

Unwesen ['unˌveːzən] *n* ⟨~s⟩ **sein** ~ **treiben** *Verbrecherbande etc.* infester (**an e-m Ort** un lieu); semer, causer des troubles (dans un lieu); *Geister* 'hanter (un lieu).

unwesentlich ['unˌveːzəntlɪç] *adj.* non essentiel, -lle; peu important; (*nebensächlich*) secondaire; accessoire.

Unwetter ['unˌvɛtər] *n* orage *m*; tempête *f*; bourrasque *f*; tourmente *f*; *bes. auf See* gros temps; tempête *f*; ~**ver**ˌ**sicherung** *f* assurance *f* contre les intempéries; *meist* (*Hagelversicherung*) assurance *f* contre la grêle.

unwichtig ['unˌvɪçtɪç] *adj.* peu important; sans importance; (*belanglos*) insignifiant; futile; 2ˌ**keit** *f* insignifiance *f*; futilité *f*.

unwider|legbar [ˌunviːdər'leːkbaːr, 'un-] *adj.* irréfutable; *sc.* irréfragable; irrécusable; *Beweis auch* victorieux, -euse; *Argument* invincible; péremptoire; sans conteste; sans contestation possible; **etw.** ~ **beweisen** prouver qc. d'une façon irréfutable, péremptoire, F par a plus b; 2'**legbar**ˌ**keit** *f* ⟨~⟩ irréfutabilité *f*; ~'**leglich** *adj. cf.* ~**legbar**; ~'**ruflich** *adj.* irrévocable; ~**e Entscheidung** *auch* décision sans appel; 2'**ruflich**ˌ**keit** *f* ⟨~⟩ irrévocabilité *f*; ~'**sprochen** *adv.* **etw.** ~ **lassen** accepter qc. sans (opposer de) contradiction; **etw. nicht** ~ **lassen** ne pas laisser dire qc. sans contredire, sans opposer un *od.* de démenti; ~'**stehlich** *adj.* irrésistible; 2'**stehlich**ˌ**keit** *f* ⟨~⟩ irrésistibilité *f*; force *f*, puissance *f* irrésistible.

unwiederbringlich [ˌunviːdər'brɪŋlɪç] *adj. Verlust* irréparable; irrémédiable; ~ **verloren** perdu à jamais, sans nul secours, sans retour; irrémédiablement perdu.

Unwill|e ['unˌvɪlə] *m* indignation *f*; dépit *m*; (*Zorn*) colère *f*; ~**n erregen** provoquer l'indignation; exciter la colère; **mit** ~**n** à contrecœur; de mauvaise grâce; avec répugnance; 2**ig 1.** *adj.* indigné (**über** de); ~ **werden** se fâcher; se mettre en colère; **über etw., j-n** ~ **werden** s'indigner de qc., qn.; **2.** *adv. cf.* (**mit**) ~**e(n)**; ~ **den Kopf schütteln** 'hocher la tête d'un air indigné; 2ˌ**kommen** *adj.* qui tombe mal; qui arrive mal à propos; importun; (*unerwünscht*) indésirable; 2ˌ**kürlich 1.** *adj.* instinctif, -ive; (*ungewollt*) involontaire; machinal; **2.** *adv.* instinctivement; malgré soi; involontairement; sans le savoir; machinalement.

unwirklich ['unˌvɪrklɪç] *adj.* irréel, -lle; fantastique; 2ˌ**keit** *f* irréalité *f*.

unwirksam ['unˌvɪrkzaːm] *adj.* inefficace; inopérant; *méd.* inactif, -ive; *jur.* (*rechts*~) non valable, valide; invalide; nul, -lle; 2ˌ**keit** *f* inefficacité *f*; *méd.* inactivité *f*; *jur.* invalidité *f*; nullité *f*.

unwirsch ['unvɪrʃ] *adj.* (*barsch*) brusque; bourru; rébarbatif, -ive; renfrogné; 'hargneux, -euse; (*verdrießlich*) maussade; de mauvaise humeur;

j-n ~ abweisen rebuter qn.; F envoyer promener qn.

unwirtlich ['ʊn͵vɪrtlɪç] *adj.* inhospitalier, -ère; peu accueillant; ♀͵**keit** *f* ⟨~⟩ inhospitalité *f*; caractère inhospitalier.

unwirtschaftlich ['ʊn͵vɪrtʃaftlɪç] *adj.* peu économique; peu, non rentable; ♀͵**keit** *f* non-rentabilité *f*.

unwissen|d ['ʊn͵vɪsənt] *adj.* ignorant (in etw. en qc.); sehr ~ ignare; er ist sehr ~ c'est un ignare; ♀͵**heit** *f* ⟨~⟩ ignorance *f*; j-n in ~ lassen laisser qn. dans l'ignorance; j-s ~ ausnützen exploiter l'ignorance de qn.; ~-͵**schaftlich** *adj.* non, peu scientifique; ♀͵**schaftlich͵keit** *f* ⟨~⟩ manque *m* d'esprit scientifique; ~**tlich** *adv.* sans s'en rendre compte; sans le savoir; à son (mon, ton, *etc.*) insu.

unwohl ['ʊnvo:l] *adj.* mir ist ~, ich fühle mich ~ je suis indisposé; je ne me sens pas bien; je me porte mal; je suis mal à l'aise, à mon aise; *Frauen* ~ sein être indisposée; avoir ses règles; ♀**sein** *n* indisposition *f* (*auch der Frauen*); malaise *m*.

unwohnlich ['ʊn͵vo:nlɪç] *adj.* peu confortable; inconfortable.

unwürdig ['ʊn͵vʏrdɪç] *adj.* indigne (e-r Sache de qc.); in ~er Weise indignement; ♀͵**keit** *f* ⟨~⟩ indignité *f*.

Un|zahl ['ʊntsa:l] *f* ⟨~⟩ nombre infini, énorme; infinité *f*; F légion *f*; ♀͵**zählig** *adj.* innombrable; en nombre infini; ~e Male mille et mille fois; er hat ~e Fehler gemacht *auch* il a fait un nombre incalculable de fautes.

unzähmbar [͵ʊn'tsɛ:mba:r] *adj.* indomptable; qui ne se laisse pas apprivoiser.

unzart ['ʊntsart] *adj.* qui manque de délicatesse; sans tact; (*rauh*) rude.

Unze ['ʊntsə] *f* ⟨~; ~n⟩ *in England, hist.* once *f*.

Unzeit ['ʊntsaɪt] *f* zur ~ mal à propos; à contretemps; 'hors de saison; ♀-**ge͵mäß** *adj.* inactuel, -lle; démodé; ♀**ig** *adj.* intempestif, -ive; inopportun; (*zu früh*) prématuré; *Obst* vert.

unzer|brechlich ['ʊntsɛr͵brɛçlɪç] *adj.* incassable; ~'**legbar** *adj.* non démontable; *chim.* indécomposable; ~'**reißbar** *adj.* indéchirable; ~'**störbar** *adj.* indestructible; ♀'**störbar͵keit** *f* ⟨~⟩ indestructibilité *f*; ~'**trennlich** *adj.* inséparable; ♀'**trennliche(n)** *m/pl.* ⟨→ A⟩ *zo.* inséparables *m/pl.*; ♀'**trennlich͵keit** *f* ⟨~⟩ inséparabilité *f*.

Unzial|buchstabe [ʊntsi'a:l͵bu:xʃta:bə] *m*, ~**e** *f* ⟨~; ~n⟩ *impr.* (lettre) onciale *f*; caractère oncial; ~͵**schrift** *f impr.* écriture onciale.

unziem|end ['ʊn͵tsi:mənt], ~**lich** *adj.* peu convenable; inconvenant; indécent; *Antwort, Bemerkung* incongru; déplacé; ♀**lich͵keit** *f* ⟨~⟩ inconvenance *f*; indécence *f*; *e-r Antwort auch* incongruité *f*.

unzivilisiert ['ʊntsi·vi·li·͵zi:rt] *adj.* non civilisé; *pfort.* barbare.

Unzucht ['ʊntsʊxt] *f* ⟨~⟩ impudicité *f*; lubricité *f*; luxure *f*; paillardise *f*; *bibl.* fornication *f*; gewerbsmäßige ~ prostitution *f*; ~ treiben commettre un attentat à la pudeur, aux mœurs; se prostituer; se livrer à la prostitution; *bibl.* forniquer; ~ mit Kindern treiben commettre un attentat à la pudeur sur des enfants, sur la personne d'un enfant; der ~ preisgeben prostituer.

unzüchtig ['ʊn͵tsʏçtɪç] *adj.* impudique; lascif, -ive; lubrique; luxurieux, -euse; paillard; (*schmutzig*) obscène; (*unanständig*) licencieux, -euse; Vornahme ~er Handlungen attentat à la pudeur; ~e Schriften publications obscènes, pornographiques; ♀͵**keit** *f* ⟨~⟩ impudicité *f*; lubricité *f*; lascivité *f*; obscénité *f*.

unzufrieden ['ʊntsu·͵fri:dən] *adj.* mécontent (mit de); peu satisfait, non satisfait, insatisfait (de); ♀**e(r)** *f* (*m*) ⟨→ A⟩ mécontent, -e *m, f*; ♀͵**heit** *f* mécontentement *m*; insatisfaction *f*; déplaisir *m*.

unzu|gänglich ['ʊntsu:͵gɛŋlɪç] *adj. fig. von Personen* inaccessible (für à); (*schwer umgänglich*) inaccessible; inabordable; intraitable; ♀͵**gänglich͵keit** *f* ⟨~⟩ inaccessibilité *f*; ~͵**länglich** *adj.* insuffisant; ♀͵**länglich͵keit** *f* ⟨~⟩ insuffisance *f*; ~͵**lässig** *adj.* inadmissible; *jur.* irrecevable; non recevable; (*unerlaubt*) illicite; ♀͵**lässigkeit** *f* ⟨~⟩ inadmissibilité *f*; *jur.* irrecevabilité *f*; ~'**mutbar** *adj.* qui ne peut être exigé; déraisonnable; impudent; ~͵**rechnungs͵fähig** *adj.* incapable de discernement; qui agit sans discernement; *jur.* irresponsable; qui ne jouit pas de toutes ses facultés mentales, de la plénitude de ses facultés mentales; (*geistesgestört*) imbécile; ♀-͵**rechnungs͵fähigkeit** *f* ⟨~⟩ manque *m* de discernement; *jur.* irresponsabilité *f*; (*Geistesgestörtheit*) imbécillité *f*; ~͵**reichend** *adj.* insuffisant; ~͵**sammen͵hängend** *adj.* incohérent; décousu; ~͵**ständig** *adj.* incompétent; sich für ~ erklären se déclarer incompétent; déclarer son incompétence; se récuser; ein Gericht für ~ erklären dessaisir un tribunal; ♀-͵**ständigkeit** *f* incompétence *f*; ~-͵**stellbar** *adj. als Postvermerk* destinataire introuvable; ~e Sendung envoi ne pouvant être remis en mains propres; envoi en souffrance; envoi tombé au rebut; falls ~, an Absender zurück si inconnu à l'adresse, prière de retourner à l'expéditeur; ♀͵**stellbar͵keit** *f* ⟨~⟩ *von Postsendungen* impossibilité *f* (pour la poste) de remettre (un envoi) à son destinataire; Verfügungen des Absenders bei ~ dispositions de l'expéditeur en cas de non-remise; ~'**träglich** *adj.* désavantageux, -euse; *für die Gesundheit* (*ungesund*) malsain; *Speisen* (*nicht bekömmlich*) difficile à digérer; indigeste; ♀'**träglich͵keiten** *f/pl.* inconvénients *m/pl.*; ~͵**treffend** *adj.* inexact; non pertinent; ~**ver͵lässig** *adj.* sur qui, sur quoi on ne peut compter; *Personen, Uhr, Waage etc.* inexact; *Gedächtnis* infidèle; *Nachricht(enquelle)* peu sûr; douteux, -euse; er ist ~ on ne peut compter sur lui; on ne peut se fier à lui; ♀**ver͵lässig͵keit** *f e-s Menschen* manque *m* de sérieux, *e-r Nachrichtenquelle* de sûreté; *von Personen, e-r Uhr, Waage etc.* inexactitude *f*; *des Gedächtnisses* infidélité *f*.

unzweckmäßig ['ʊntsvɛk͵mɛ:sɪç] *adj.* (*unangebracht*) inopportun; qui ne convient pas; peu convenable; (*ungeeignet*) impropre; inapproprié; mal approprié; ♀͵**keit** *f* inopportunité *f*; (*Ungeeignetheit*) impropriété *f*.

unzweideutig ['ʊn͵tsvaɪdɔʏtɪç] **1.** *adj.* non équivoque; sans ambiguïté; (*klar*) clair; net, -tte; *philos.* univoque; **2.** *adv.* sans équivoque, ambiguïté; clairement; nettement; ♀͵**keit** *f* ⟨~⟩ non-ambiguïté *f*; clarté *f*; netteté *f*.

unzweifelhaft ['ʊn͵tsvaɪfəl͵haft] **1.** *adj.* indubitable; **2.** *adv.* indubitablement; à n'en pas douter; sans aucun doute.

üppig ['ʏpɪç] *adj.* **1.** *im Wachstum: Vegetation* luxuriant; exubérant; abondant; riche; *Bart, Haarwuchs* abondant; luxuriant; nourri; touffu; dru; **2.** *Mahl* (*schwelgerisch*) plantureux, -euse; copieux, -euse; *Leben* opulent; voluptueux, -euse; fastueux, -euse; luxueux, -euse; somptueux, -euse; **3.** *Formen, Busen* (*schwellend*) opulent; replet, -ète; rondelet, -tte; grassouillet, -tte; dodu; *iron.* plantureux, -euse; **4.** F (*übermütig*) insolent; werde mir nicht zu ~! ne le prends pas sur ce ton!; er wird zu ~ il devient insolent; il ne se gêne plus; ♀͵**keit** *f* ⟨~⟩ **1.** *des Wachstums* luxuriance *f*; exubérance *f*; richesse *f*; abondance *f*; **2.** *in der Lebensführung* (*Fülle*) opulence *f*; luxe *m*; somptuosité *f*; **3.** *der Formen* opulence *f*; **4.** F (*Übermut*) insolence *f*.

Ur [u:r] *m* ⟨~(e)s; ~e⟩ *zo.* aurochs [ɔrɔk] *m*; urus *m*; ure *m*.

Ur|abstimmung ['u:r͵ʔapʃtɪmʊŋ] *f* référendum [-ɔm] *m*; ~͵**adel** *m* noblesse *f* d'extraction, de vieille souche; ~͵**ahn(e)** *m* (*f*) (*Urgroßvater, Urgroßmutter*) bisaïeul, -e *m, f*; (*Vorfahr*) ancêtre *m, f*; die ~en *pl.* les aïeux, ancêtres; nos pères.

uralaltaisch [u·'ra:lʔal'ta:ɪʃ] *adj.* ~e Sprachen langues ouralo-altaïques.

uralisch [u·'ra:lɪʃ] *adj.* ouralien, -nne; ~e Sprachen langues ouraliennes.

uralt ['u:rʔalt] *adj.* très vieux, vieille; (*e-r alten Zeit angehörend*) très ancien, -nne; F vieux, vieille comme le monde, les pierres, les rues, Mathusalem; *Baum* séculaire; seit ~en Zeiten, von ~ers her de temps immémorial, immémoriaux; F das ist ~ F cela date du, remonte au déluge.

Urämi|e [u·rɛ'mi:] *f* ⟨~⟩ *méd.* urémie *f*; ♀**sch** [-'rɛ:-] *adj.* urémique.

Uran [u·'ra:n] *n* ⟨~s⟩ *chim.* uranium [-jɔm] *m*.

Uranate [u·ra'na:tə] *n/pl. chim.* uranates *m/pl.*

Uran|elemente [u·'ra:nʔe·le·͵mɛntə] *n/pl. chim.* uranides *m/pl.*; ~͵**erze** *n/pl.* minerais *m/pl.* d'uranium; uranides *m/pl.*

Ur|anfang ['u:r͵ʔanfaŋ] *m* origine première; principe *m*; ♀**an͵fänglich** *adj.* primitif, -ive; primordial.

Uran|gehalt [u·'ra:ngə͵halt] *m chim.* teneur *f* en uranium; ♀͵**haltig** *adj.* uranifère.

Uraniden [u·ra'ni:dən] *n/pl. chim.* uranides *m/pl.*

Uran|ier [u·'ra:ni·ər] *sc. m* ⟨~s; ~⟩ uraniste *m*; ~**indus͵trie** *f* industrie *f* uranique.

Urani|smus [u·ra'nɪsmʊs] *sc. m* ⟨~⟩ uranisme *m*; ~**st** *m* ⟨~en; ~en⟩ *cf.* Uranier; ~**t** *m* ⟨~s; ~e⟩ *minéral.* uranite *f*.

Uran|kern [u·'ra:n͵kɛrn] *m phys. atom.* noyau *m* d'uranium; ~**o͵xyd** *n chim.* urane *m*; ~**pech͵erz** *n minéral.* uraninite *f*; pechblende *f*; ~͵**reihe** *f phys. atom.* famille *f* (radioactive) de l'uranium; ~͵**salz** *n chim.* uranate *m*; ~͵**säure** *f chim.* acide *m* uranique; ~͵**stab** *m phys. atom.* barre *f*, barreau *m* d'uranium; ~**ver͵bindung** *f chim.* composé *m* d'uranium; ~͵**vorkommen** *n* gisement *m* uranifère.

Urate [u·'ra:tə] *n/pl. chim.* urates *m/pl.*

uraufführ|en ['u:rʔauf͵fy:rən] *v/t.* ⟨*les formes séparées des temps simples ne s'emploient pas*, -ge-, h⟩ jouer, *thé. auch* représenter pour la première fois; créer; ≈**ung** *f* première *f*; création *f*.

urban [ʊrˈbaːn] *adj.* civil; courtois; poli; qui a de l'urbanité; ≈**iˈtät** *f* ⟨~⟩ urbanité *f*.

urbar [ˈuːrbaːr] *adj.* cultivable; ~ machen défricher; mettre en culture; ≈ˌ**machung** *f* ⟨~⟩ défrichage *od.* défrichement *m*; mise *f* en culture.

Ur|bedeutung [ˈuːrbəˌdɔʏtʊŋ] *f* sens primitif; ~**beˌvölkerung** *f*, ~**beˌwohner** *m/pl.* premiers habitants; aborigènes *m/pl.*; autochtones *m/pl.*; ~**bild** *n* original *m*; prototype *m*; archétype [arketip] *m*; ~ˌ**christen** *m/pl.* chrétiens primitifs; ~ˌ**christentum** *n* christianisme primitif; ≈ˌ**christlich** *adj.* paléochrétien, -nne; ≈**deutsch** *adj.* essentiellement, foncièrement, bien allemand; F allemand cent pour cent; ≈ˌ**eigen** *adj.* qui est bien à qn.; absolument original; bien personnel, -lle; ~ˌ**einwohner** *m/pl. cf.* ~bevölkerung; ~ˌ**eltern** *pl.* unsere ~ nos premiers parents; nos aïeux; nos pères; ~ˌ**enkel(in)** *m (f)* arrière-petit-fils *m*; arrière-petite-fille *f*.

Ureter [uˈreːtər] *m* ⟨~s; -ˈteren⟩ *anat.* urètre *m*.

Urethane [ureˈtaːnə] *n/pl. chim.* uréthanes *m/pl.*

Ur|fassung [ˈuːrˌfasʊŋ] *f* version, composition primitive, originale; texte primitif, original; ~ˌ**fehde** *f im Mittelalter* serment *m* de ne pas se venger; ~ schwören renoncer par serment à toute guerre privée; ~**form** *f* forme primitive; *cf. auch* Urbild; ~**geˌbirge** *n géol.* terrain primitif; *sc.* archéen *m*; ≈**geˌmütlich** *adj. Ort* très, extrêmement confortable; *Person* très, extrêmement agréable; ~**geˌschichte** *f* préhistoire *f*; ≈**geˌschichtlich** *adj.* préhistorique; ~**geˌstein** *n* roche primitive; ~**großˌeltern** *pl.* bisaïeuls *m/pl.*; arrière-grands-parents *m/pl.*; ~**großˌmutter** *f* bisaïeule *f*; arrière-grand-mère *f*; ~**großˌonkel** *m* arrière-grand-oncle *m*; ~**großˌtante** *f* arrière-grand-tante *f*; ~**großˌvater** *m* bisaïeul *m*; arrière-grand-père *m*; ~**grund** *m* cause première.

Urheber|(in) [ˈuːrˌheːbər(ɪn)] *m* ⟨~s; ~⟩ *(f)* ⟨~; ~nen⟩ auteur *m* (*auch e-s literarischen Werkes*); *e-s Werkes der bildenden Kunst* créateur, -trice *m, f*; *e-s Werkes der Tonkunst* compositeur *m*; ~ˌ**recht** *n* droit *m* d'auteur (*auch e-s Komponisten*); *e-s Autors auch* propriété *f* littéraire; copyright *m*; *e-s Künstlers auch* propriété *f* artistique; ~ˌ**schaft** *f* ⟨~⟩ qualité *f* d'auteur, de créateur, -trice.

Urin [uˈriːn] *m* ⟨~s; ~e⟩ *physiol.* urine *f*; ~ lassen uriner; ~ˌ**glas** *n* urinal *m*; ≈**ieren** [-ˈniː-] *v/i.* ⟨*pas de ge-*, h⟩ uriner; ~**unterˌsuchung** *f méd.* uroscopie *f*.

Ur|kirche [ˈuːrˌkɪrçə] *f* Église primitive; ≈ˈ**komisch** extrêmement, très comique, drôle; F tordant; P gondolant; marrant; bidonnant; ~**kraft** *f* force *f* élémentaire.

Urkund|e [ˈuːrˌkʊndə] *f* ⟨~; ~n⟩ document *m*; acte *m*; instrument *m*; pièce *f* (justificative); titre *m*; e-e ~ **ausstellen** rédiger, expédier un acte; établir, rédiger un document; passer un acte; instrumenter; e-e ~ **fälschen** altérer, falsifier un document; e-e ~ **vorlegen** produire un titre, une pièce justificative; **etw.** mit ~n **belegen** documenter qc.; **amtliche** ~ pièce officielle; acte, titre authentique; **notarielle** ~ acte notarié, passé devant notaire; **standesamtliche** ~ acte de l'état civil; ~**enbeˌweis** *m* preuve *f* documentée; documentation *f*; ~**enˌfälscher** *m* faussaire *m*, falsificateur, -trice *m, f* (de documents); ~**enˌfälschung** *f* faux *m* en écriture; falsification *f* de document; ~**enˌforscher** *m* chartiste *m*; ~**enˌlehre** *f* diplomatique *f*; ~**enmateriˌal** *n* documentation *f*; ~**enˌsammlung** *f* cartulaire *m*; ~**enunterˌschlagung** *f* soustraction *f* de documents; ~**enˌvorlage** *f* production *f* de documents; *vor Gericht* représentation *f* d'acte; ~**enˌwerk** *n cf.* ~ensammlung; ≈**lich** *adj.* documentaire; authentique; ~ **belegen** documenter; ~ **beweisen** prouver par un acte, document authentique; ~ **dessen habe ich** ... en foi de quoi j'ai ...; ~**sbeˌamte(r)** *m* fonctionnaire habilité à dresser un document (authentique); *bei Gericht* greffier *m*; ~**sperˌson** *f* officier ministériel.

Urlaub [ˈuːrlaʊp] *m* ⟨~(e)s; ~e⟩ congé *m*; (*Ferien*) vacances *f/pl.*; *milit.* permission *f*; F perme *f*; ~ **nehmen** prendre un congé, *milit.* une permission; **in** ~ **gehen, fahren** aller, partir en congé, en vacances, *milit.* en permission; ~ **haben, auf** *od.* **in** *od.* **im** ~ **sein** avoir congé; être en congé, en vacances, *milit.* en permission; ~ **beantragen** demander un congé, *milit.* une permission; **vierwöchiger** ~ congé de quatre semaines; mois *m* de congé; **(un)bezahlter** ~ congé (non) payé; ~**er** *m* ⟨~s; ~⟩ vacancier *m*; *milit.* permissionnaire *m*; ~**erˌzug** *m milit.* train *m* de permissionnaires; ~**sˌabgeltung** *f* indemnité compensatrice de congé; ~**sˌanspruch** *m* ~ haben avoir droit à un congé, *milit.* à une permission; ~**sˌantritt** *m* **bei** ~ au moment de prendre le congé, *milit.* la permission; ≈**sbeˌrechtigt** *adj.* ayant droit au congé; ~**sˌgeld** *n* prime *f* de vacances; ~**sgeˌsuch** *n* demande *f* de congé, *milit.* de permission; ~**sˌliste** *f* liste *f* des congés, *milit.* des permissions; ~**sˌmonat** *m* mois *m* de congé; ~**sˌort** *m* lieu *m* de vacances; ~**sˌplan** *m e-s Betriebes* tour *m* des congés; ~**sˌreise** *f* voyage *m* de vacances; ~**sˌreisende(r)** *f (m)* vacancier, -ère *m, f*; ~**sˌschein** *m milit.* titre *m* de permission; ~**sˌsperre** *f milit.* suspension *f* des permissions; ~**sˌtag** *m* jour *m* de congé, *milit.* de permission; ~**sverˌlängerung** *f* prolongation *f* du congé, *milit.* de permission; ~**sˌwochen** *f/pl.* semaines *f/pl.* de congé; *cf. auch* ~szeit; ~**sˌzeit** *f* congé *m*; vacances *f/pl.*; *milit.* permission *f*.

Ur|laut [ˈuːrlaʊt] *m* son primitif; ~**maß** *n* étalon *m*; ~**mensch** *m* premier homme; homme primitif, préhistorique; primitif *m*; ~ˌ**mutter** *f* ⟨~⟩ notre mère *f* à tous.

Urne [ˈʊrnə] *f* ⟨~; ~n⟩ (*Wahl*≈) urne *f* (électorale); (*Aschen*≈) urne *f* (cinéraire, funéraire); ~**nˌgrab** *n* tombe *f* à urne(s).

Uro|bilin [uroˑbiˑˈliːn] *n* ⟨~s⟩ *chim.* urobiline *f*; ≈**geniˈtal** *adj.* urogénital; génito-urinaire; ~**geniˈtalsysˌtem** *n méd.* appareil urogénital, génito-urinaire; ~ˈ**loge** *m* ⟨~n; ~n⟩ *méd.* urologue *m*; ~**loˈgie** *f* ⟨~⟩ *méd.* urologie *f*; ~ˈ**meter** *n* ⟨~s; ~⟩ *méd.* uromètre *m*; uréomètre *m*; urinomètre *m*; ~**skoˈpie** *f* ⟨~; -ien⟩ *méd.* uroscopie *f*.

urplötzlich [ˈuːrˈplœtslɪç] **1.** *adj.* soudain; subit; **2.** *adv.* soudain(ement); subitement; tout à coup; **das kam** ~ cela arriva complètement à l'improviste.

Urprodukt [ˈuːrproˑˌdʊkt] *n* matière première; ~**iˈon** *f* production *f* de matières premières.

Urquell [ˈuːrkvɛl] *m fig.* source *f*; origine *f*.

Ursache [ˈuːrˌzaxə] *f* cause *f*; (*Grund*) raison *f*; (*Anlaß*) sujet *m*; matière *f*; **ich habe alle** ~ **zu befürchten, daß** ... j'ai de bonnes raisons de craindre que ...; **keine** ~! *beim Danken* (il n'y a) pas de quoi!; je vous en prie!; F de rien!; *bei e-r Entschuldigung* (il n'y a) pas de mal!; vous êtes tout pardonné!; **kleine** ~**n, große Wirkungen** *prov.* petites causes, grands effets *prov.*

ursächlich [ˈuːrˌzɛçlɪç] *adj.* causal; ~**er Zusammenhang** causalité *f*; ≈ˌ**keit** *f* ⟨~⟩ causalité *f*.

Ur|schleim [ˈuːrʃlaɪm] *m biol.* protoplasme *m*; ~**schrift** *f* original *m*; *jur., e-r Urkunde* minute *f*; (*Handschrift*) autographe *m*; ≈ˌ**schriftlich** *adj.* en original; (en) autographe; j-m etw. ~ **schicken** envoyer l'original de qc. à qn.; ~ˌ**sprache** *f* langue primitive.

Ursprung [ˈuːrʃprʊŋ] *m* origine *f*; (*Herkunft*) provenance *f*; (*Quelle*) source *f*; (*Entstehung*) naissance *f*; s-n ~ **haben in**... provenir de ...; tirer son origine de ...; avoir pris naissance dans ...; avoir sa source dans ...; **Waren fremden** ~**s** marchandises d'origine étrangère.

ursprünglich [ˌuːrˈʃprʏŋlɪç] **1.** *adj.* **a)** (*anfänglich*) originel, -lle; originaire; d'origine; initial; primitif, -ive; primordial; **b)** (*originell*) original; **c)** (*unverbildet*) naturel, -lle; spontané; primesautier, -ère; **2.** *adv.* (*anfangs*) originellement; originairement; à l'origine; initialement; primitivement; (*zuerst*) d'abord; ≈ˌ**keit** *f* ⟨~⟩ (*Originalität*) originalité *f*; (*Frische*) naturel *m*; spontanéité *f*; caractère naturel, spontané, primesautier.

Ursprungs... [ˈuːrʃprʊŋs...] *in Zssgn.* d'origine; ~ˌ**angabe** *f* indication *f* d'origine; ~**beˌscheinigung** *f cf.* ~zeugnis; ~**beˌzeichnung** *f cf.* ~angabe; ~ˌ**land** *n* pays *m* d'origine; ~ˌ**nachweis** *m* preuve *f*, justification *f* d'origine; ~ˌ**ort** *m* lieu *m* d'origine; ~**verˌmerk** *m cf.* ~angabe; ~ˌ**zeugnis** *n* certificat *m* d'origine.

Ur|stoff [ˈuːrʃtɔf] *m* matière première; ~**stromˌtal** *n* vallée *f* glaciaire.

Ursulinerin [ʊrzuˑˈliːnəˌrɪn] *f* ⟨~; ~nen⟩ *égl. cath.* ursuline *f*.

Urteil [ˈʊrtaɪl] *n* ⟨~s; ~e⟩ **1.** *allg.* jugement *m*; opinion *f*; avis *m*; **sich ein** ~ **bilden** se faire une opinion (sur); **ein gesundes** ~ **haben** avoir un jugement sain; **sein** ~ **abgeben über etw.** donner son jugement, son avis sur qc.; **sich ein** ~ **erlauben** se permettre un jugement (über sur); **mit s-m** ~ **zurückhalten** suspendre son jugement; **ein** ~ **über etw. fällen** porter, émettre, prononcer un jugement sur qc.; se prononcer sur qc.; **ich enthalte mich des** ~**s darüber** je m'abstiens de toute opinion à ce sujet; **auf sein** ~ **kann man etw. geben** son opinion vaut qc.; **darüber maße ich mir kein** ~ **an** je ne prétends pas juger cette affaire; **kein** ~ **haben** manquer de jugement; **nach dem** ~ **von Sachverständigen** à dire d'experts; au dire des experts; **sich selbst sein** ~ **sprechen** prononcer sa propre condamnation; j-m das ~ sprechen juger qn.; **2.** *jur.* jugement *m*; *e-s höheren Gerichtshofes* arrêt *m*; *e-s Geschworenengerichts* sentence *f*; *der Geschworenen* verdict *m*; décision *f*; **rechtskräftiges** ~ jugement ayant force de chose jugée, passé en force de chose jugée; jugement définitif; **vollstreckbares** ~ jugement exécutoire; **willkürliches** ~ jugement arbitraire; ~ **in Abwesenheit des Angeklagten** jugement par contumace; **ein** ~ **fällen, verkünden** prononcer, rendre un jugement, un arrêt, un verdict; faire le prononcé d'un jugement; **ein** ~ **bestätigen** confirmer un jugement; **ein günstiges** ~ **erwirken** obtenir gain de cause; **ein** ~ **aufheben** casser, annuler, infirmer, invalider un jugement; **ein** ~ **abändern** modifier, réformer un jugement; **ein** ~ **anerkennen** acquiescer, accepter un jugement; **ein** ~ **anfechten** attaquer un jugement; **ein** ~ **vollstrecken** exécuter un jugement; **gegen ein** ~ **Berufung einlegen** appeler, faire appel d'un jugement; **gegen das** ~ **kann Berufung eingelegt werden** le jugement est susceptible d'appel; **sich dem** ~ **unterwerfen** se soumettre au jugement.

urteilen ['ʊrˌtaɪlən] *v/i.* ⟨h⟩ juger (über de); porter un jugement (sur); **wie urteilst du über sein Können?** comment juges-tu son savoir-faire?; **nach s-n Reden, Worten zu** ~ ... à l'en croire ...; **nach den Nachrichten zu** ~ ... à en juger par les nouvelles ...; **darüber kann er nicht** ~ cela n'est pas de sa compétence; ~ **Sie selbst** jugez vous-même; à vous de juger; **nach dem Schein** ~ juger sur *od.* d'après les apparences.

Urteils|abänderung ['ʊrtaɪlsˌʔapʔɛndərʊŋ] *f* réformation *f* d'un jugement; **~ˌanfechtung** *f* contestation *f* d'un jugement; **~ˌaufhebung** *f* cassation *f*, annulation *f*, déclaration *f* en nullité, invalidation *f* d'un jugement; **~beˌgründung** *f* attendus *m/pl.*, considérants *m/pl.* (d'un jugement); **2ˌfähig** *adj.* capable de juger, de discernement; **~ˌfähigkeit** *f* ⟨~⟩ jugement *m*; (*Unterscheidungsvermögen*) discernement *m*; **mangelnde** ~ manque, défaut de discernement; **~ˌkraft** *f* *cf.* ~fähigkeit; **2ˌreif** *adj.* prêt, en état à être jugé; **~ˌspruch** *m* jugement *m*; sentence *f*; arrêt *m*; verdict *m*; **~verˌkündung** *f* prononcé *m* du jugement; **~verˌmögen** *n* *cf.* ~fähigkeit; **~vollˌstreckung** *f* exécution *f* du jugement.

Ur|text ['uːrtɛkst] *m* (texte) original *m*; version originale; **~ˌtierchen** *n/pl.* protozoaires *m/pl.*; **2ˌtümlich** *adj.* primitif, -ive; archaïque; *cf. auch* ursprünglich (*unverbildet*); **~ˌtyp(us)** *m* *cf.* Urbild.

Uruguay|er(in) [uˑruˑguˑ'ɑːjər(ɪn)] *m* ⟨~s; ~⟩ (*f*) ⟨~; ~nen⟩ Uruguayen, -nne *m, f*; **2isch** *adj.* uruguayen, -nne.

Urur|ahn ['uːr'ʔuːrʔɑːn] *m* trisaïeul *m*; **~ˌenkel(in)** *m* (*f*) descendant, -e *m, f* de la quatrième génération; F arrière-arrière-petit-fils *m*; arrière-arrière-petite-fille *f*; **~großˌmutter** *f* trisaïeule *f*; F arrière-arrière-grand-mère *f*; **~großˌvater** *m* trisaïeul *m*; F arrière-arrière-grand-père *m*.

Urväter ['uːrˌfɛːtər] *m/pl.* ancêtres *m/pl.*; premiers pères; **2lich** *adj.* des premiers pères; des ancêtres; **~ˌzeit** *f* temps primitifs; époques primitives; **seit ~en** de temps immémoriaux.

ur|verwandt ['uːrfɛrˌvant] *adj. Sprachen* d'origine commune; **2verˌwandtschaft** *f der Sprachen* communauté *f* d'origine; **2ˌvogel** *m Paläontologie* archæoptéryx *od.* archéoptéryx [-k-] *m*; **2volk** *n* peuple primitif; **2wahl** *f* élection *f* primaire, directe, du premier degré; **2ˌwähler** *m* électeur *m* primaire, du premier degré; **2wald** *m* forêt *f* vierge; **2welt** *f* monde primitif, préhistorique; **~ˌweltlich** *adj.* primitif, -ive; préhistorique; **~ˌwüchsig** *adj.* primitif, -ive; natif, -ive; *fig.* naturel, -lle; naïf, naïve; **~e Kraft** force, robustesse native, primitive; **~e Sprache** langue robuste, naturelle, rude; **2ˌwüchsigˌkeit** *f* ⟨~⟩ robustesse native; *fig.* naturel *m*; naïveté *f*; **2zeit** *f* temps primitifs, préhistoriques; **2ˌzelle** *f biol.* cellule primitive; **2ˌzeugung** *f* génération spontanée; **2ˌzustand** *m* état primitif, initial; **2zweck** *m* but initial, primitif.

Usance [yˑ'zɑ̃ːs] *f* ⟨~; ~n⟩ *comm.* usage *m*; **2ˌmäßig** *adv.* comme d'usage; d'après l'usage; **~nˌhandel** *m Bankwesen* commerce *m* de change.

Uso ['uːzoˑ] *m* ⟨~s⟩ *cf.* Usus; **~ˌwechsel** *m comm.* traite *f* d'usage; *oft für* traite *f* à trente jours.

usuell [uˑzuˑ'ɛl] *adj.* d'usage; usuel, -lle; habituel, -lle.

Usur|pation [uˑzʊrpatsiˑ'oːn] *f* ⟨~; ~en⟩ usurpation *f*; **~'pator** *m* ⟨~s; -'toren⟩ usurpateur *m*; **2'pieren** *v/t.* ⟨*pas de ge-*, h⟩ usurper.

Usus ['uːzʊs] *m* ⟨~⟩ usage *m*; coutume *f*; habitude *f*; **das ist hier so** ~ c'est l'usage, l'habitude ici.

Utensilien [uˑtɛn'ziːliˑən] *pl.* ustensiles *m/pl.*

Uterus ['uːteˑrʊs] *m* ⟨~; -ri⟩ *anat.* utérus [-s] *m*.

Utilitar|ier [uˑtiˑliˑ'tɑːriˑər] *m* ⟨~s; ~⟩ utilitaire *m*; **~ismus** [-'rɪs-] *m* ⟨~⟩ utilitarisme *m*; **~ist** [-'rɪst] *m* ⟨~en; ~en⟩ *cf.* ~ier; **2istisch** [-'rɪs-] *adj.* utilitaire.

Utopie [uˑtoˑ'piː] *f* ⟨~; -ien⟩ utopie *f*.

Utop|ien [uˑ'toːpiˑən] *n* ⟨~s⟩ Utopie *f*; **2isch** *adj.* utopique.

Utopist [uˑtoˑ'pɪst] *m* ⟨~en; ~en⟩ utopiste *m*.

Uvula ['uːvuˑla] *f* ⟨~; -lae⟩ *anat.* [uvule *f*.]

Uz [uːts] F *m* ⟨~es; ~e⟩ (*Neckerei*) taquinerie *f*; (*Fopperei*) mystification *f*; raillerie *f*; F mise *f* en boîte; **2en** F *v/t.* ⟨-(es)t, h⟩ j-n ~ taquiner, mystifier, railler qn.; F mettre qn. en boîte; se payer la tête de qn.; faire grimper, marcher qn.; chiner, charrier qn.; **~e'rei** F *f* ⟨~; ~en⟩ *cf.* Uz.

V

V, v [faʊ] *n* ⟨~; ~⟩ V, v [ve] *m*.
va banque [va'bɑ̃:k, -'baŋk] ~ **spielen** risquer tout, le tout pour le tout; jouer son va-tout.
Vabanquespiel [va'bɑ̃:kˌʃpi:l, -'baŋk] *n* ⟨~(e)s⟩ *fig.* entreprise risquée; **das ist ein** ~ c'est vraiment risquer le tout pour le tout, jouer le tout pour le tout, son va-tout.
Vacheleder ['vaʃˌle:dər] *n* (peau *f* de) vache *f*.
Vachettenleder [va'ʃɛtənˌle:dər] *n* vachette *f*.
Vademekum [vade·'me:kʊm] *n* ⟨~s; ~s⟩ vade-mecum *od.* vademecum *m*.
vag [vɑ:k] *adj. cf.* **vage.**
Vagabund|(in) [vaga'bʊnt, -'bʊndɪn] *m* ⟨~en; ~en⟩ *(f)* ⟨~; ~nen⟩ vagabond, -e *m, f*; **~enˌleben** *n* vagabondage *m*; vie vagabonde; **~enˌtum** *n* ⟨~(e)s⟩ vagabondage *m*; **2ieren** [-'di:-] **I** *v/i.* ⟨*pas de ge-*, **sein**⟩ vagabonder; **II ~ieren** [-'di:-] *n* ⟨~s⟩ vagabondage *m*; **2ierend** [-'di:-] *adjt. élect.* ~**e Ströme** courants vagabonds.
Vagant [va'gant] *m* ⟨~en; ~en⟩ *hist.* étudiant, clerc vagabond; goliard *m*; **~enˌlieder** *n/pl.* chansons *f/pl.* goliardiques.
vag|e ['vɑ:gə] *adj.* vague; **2heit** *f* ⟨~⟩ vague *m*.
Vagin|a [va'gi:na] *f* ⟨~; -nen⟩ *anat.* vagin *m*; **2al** [-'nɑ:l] *adj.* vaginal; **~ismus** [-'nɪs-] *m* ⟨~⟩ *méd.* vaginisme *m*.
vakan|t [va'kant] *adj.* vacant; libre; inoccupé; **2z** *f* ⟨~; ~en⟩ vacance *f*; place vacante; poste vacant.
Vakat ['vɑ:kat] *n* ⟨~(s); ~s⟩ *impr.* feuillet blanc; page blanche.
Vakublitz ['vɑ:ku·ˌblɪts] *m* *phot.* lampe-éclair *f*; (lampe *f*) flash *m*.
Vakuole [vaku·'o:lə] *f* ⟨~; ~n⟩ *biol.* vacuole *f*.
Vakuum ['vɑ:ku·ʊm] *n* ⟨~s; -kua⟩ *phys.* vide *m*; **ein** ~ **erzeugen** faire, produire un vide; **absolutes** ~ vide absolu; **~ˌanlage** *f techn.* installation *f* de vide; **~apparaˌtur** *f techn.* appareillage *m* de vide; **2ˌdicht** *adj.* étanche au vide; **~ˌmeßröhre** *f techn., phys.* cellule *f*, jauge *f* de mesure; **~ˌmeter** *n* ⟨~s; ~⟩ *phys.* manomètre *m*; **~phyˌsik** *f* physique *f* du vide; **~ˌpumpe** *f* pompe *f* à vide; **~ˌröhre** *f phys.* conduite *f* de vide, sous vide; **~ˌtechnik** *f* technique *f* du vide; **~verˌfahren** *n* procédé *m* de vide; **~verˌpackung** *f* emballage *m* sous vide.
Vakzin [vak'tsi:n] *n* ⟨~s; ~e⟩ *méd. cf.* **Impfstoff; ~ati'on** *f* ⟨~; ~en⟩ *méd. cf.* **Impfung, Schutzimpfung; ~e** *f* ⟨~; ~n⟩ *méd. cf.* **Impfstoff; 2ieren** [-'ni:-] *v/t.* ⟨*pas de ge-*, **h**⟩ *méd. cf.* **impfen, schutzimpfen; ~ierung** [-'ni:-] *f* ⟨~; ~en⟩ *méd. cf.* **Impfung, Schutzimpfung.**
Valenz [va'lɛnts] *f* ⟨~; ~en⟩ *chim.* valence *f*.
Valeur [va'lø:r] *m* ⟨~s; ~s⟩ *peint.* valeur *f*.
Valor|en [va'lo:rən] *pl.* valeurs *f/pl.*; objets *m/pl.* de valeur; **~enverˌsicherung** *f* assurance *f* des bijoux et objets de collection; **~isati'on** *f* ⟨~; ~en⟩ *écon.* valorisation *f*; **2i'sieren** *v/t.* ⟨*pas de ge-*, **h**⟩ *écon.* valoriser; **~i'sierung** *f* ⟨~; ~en⟩ *cf.* **~isation.**
Valuta [va'lu:ta] *f* ⟨~; -ten⟩ (*Währungsgeld*) monnaie étrangère; devise *f* (étrangère); change *m*; **deckungsfähige, hochwertige** ~ monnaie, devise forte; **~ˌanleihe** *f* emprunt libellé en monnaie étrangère; **~ˌdumping** [-ˌdam-] *m* dumping *m* (par dépréciation) du change; **~entˌwertung** *f* dépréciation *f* de *od.* du change; **~ˌforderung** *f* créance *f* en devises étrangères, en unité de monnaie étrangère, en monnaie de compte étrangère; **~geˌschäft** *n* opération *f* de change, sur des devises, en monnaie étrangère; **~geˌwinn** *m* bénéfice *m* (sur une opération) de change; **~ˌguthaben** *n* avoir *m* en devises, en monnaie étrangère; **~ˌklausel** *f* clause *f* de la valeur fournie; **~kreˌdit** *m* crédit *m* en devises étrangères; **~ˌkurs** *m* cours *m* du change; **~noˌtierung** *f* cote *f* des changes; cotation *f* des monnaies étrangères; **~paˌpier** *n* titre, effet libellé en monnaie étrangère; titre, effet étranger; **~ˌrisiko** *n* risque *m* de perte au change; risque *m* monétaire; **2ˌschwach** *adj.* à monnaie dépréciée, faible; **~spekulatiˌon** *f* spéculation *f* sur les changes; **2ˌstark** *adj.* à monnaie appréciée, forte; **~verˌsicherung** *f* assurance *f* contre les risques de perte au change.
Valuten [va'lu:tən] *f/pl.* coupons *m/pl.* de titres étrangers, de titres libellés en monnaie étrangère.
valutier|en [valu·'ti:rən] *v/t.* ⟨*pas de ge-*, **h**⟩ évaluer; **2ung** *f* ⟨~; ~en⟩ évaluation *f*.
Valvation [valvatsi·'o:n] *f* ⟨~; ~en⟩ estimation *f*, fixation *f* de la valeur; évaluation *f*.
Vamp [vɛmp] *m* ⟨~s; ~s⟩ *Film* vamp *f*.
Vampir ['vampi:r, -'pi:r] *m* ⟨~s; ~e⟩ *zo.* vampire *m* (*auch fig.*).
Vanadi|n [vana'di:n] *n* ⟨~s⟩, **~um** [-'nɑ:-] *n* ⟨~s⟩ *chim.* vanadium [-jɔm] *m*; **~umˌsäure** [-'nɑ:-] *f chim.* acide *m* vanadique; **~umˌstahl** [-'nɑ:-] *m* acier *m* au vanadium.
Vandal|e [van'dɑ:lə], **2isch** *etc. cf.* **Wandale, wandalisch** *etc.*
Vanille [va'nɪljə] *f* ⟨~⟩ *bot.* vanillier *m*; vanille *f* (*auch als Gewürz*); **~(n)ˌeis** *n* glace *f* à la vanille; **~(n)schokoˌlade** *f* chocolat *m* vanillé, à la vanille; **~ˌschote** *f* gousse *f* de vanille; **~ˌstange** *f* bâton *m* de vanille; **~ˌzucker** *m* sucre vanillé.
Vanillin [vanɪ'li:n] *n* ⟨~s⟩ *chim.* vanilline *f*.
Varia ['vɑ:ri·a] *pl.* varia *m/pl.*; **2bel** [-'ɑ:-] *adj.* ⟨-bl-⟩ variable; *comm.* **variable Kosten** coûts variables; **~bili'tät** *f* ⟨~⟩ variabilité *f*; **~ble** [-'ɑ:-] *f* ⟨→ A⟩ *math.* variable *f*.
Variante [vari·'antə] *f* ⟨~; ~n⟩ variante *f*.
Variation [vari·atsi·'o:n] *f* ⟨~; ~en⟩ *mus., math., biol., astr.* variation *f*; **2sˌfähig** *adj.* variable; **~sˌfähigˌkeit** *f* ⟨~⟩ variabilité *f*.
Varietät [vari·e·'tɛ:t] *f* ⟨~; ~en⟩ variété *f*.
Varieté [vari·e·'te:] *n* ⟨~s; ~s⟩ music-hall *m*; **~ˌkünstler(in)** *m (f)* artiste *m, f* de music-hall; **~ˌsänger(in)** *m(f)* chanteur, -euse *m, f* de music-hall; **~theˌater** *n cf.* **Varieté; ~ˌvorstellung** *f* représentation *f* de music-hall; spectacle varié, de variétés.
variieren [vari·'i:rən] *v/t. u. v/i.* ⟨*pas de ge-*, **h**⟩ varier.
vari|kös [vari·'kø:s] *adj. méd.* variqueux, -euse; **2ko'zele** *f* ⟨~; ~n⟩ *méd.* varicocèle *m od. f*.
Variometer [vari·o·'me:tər] *n* ⟨~s; ~⟩ *phys., aviat.* variomètre *m*.
Varusschlacht ['vɑ:rʊsˌʃlaxt] *f* *hist.* bataille *f* du Teutoburger Wald, de la forêt de Teutoburg.
Vasall|(in) [va'zal(ɪn)] *m* ⟨~en; ~en⟩ *(f)* ⟨~; ~nen⟩ *féod.* vassal, -e *m, f*; **~enˌdienst** *m féod.* vasselage *m*; **~enˌeid** *m féod.* hommage féodal; **~enˌpflicht** *f féod.* devoir *m* de vassal; **~enˌstaat** *m* État vassal, tributaire, satellite; **~enˌtum** *n* ⟨~(e)s⟩ *féod.* vasselage *m*; **2isch** *adj.* vassal.
Vase ['vɑ:zə] *f* ⟨~; ~n⟩ vase *m*.
Vasektomie [vazɛkto·'mi:] *f* ⟨~; -ien⟩ *chir.* vasectomie *f*.
Vaselin [vaze·'li:n] *n* ⟨~s⟩, **~e** *f* ⟨~⟩ vaseline *f*.
vasenförmig ['vɑ:zənˌfœrmɪç] *adj.* en forme de vase; vasiforme.
vaskul|ar [vasku·'lɑ:r] *adj. biol., anat.* vasculaire; vasculeux, -euse; **2arisati'on** *f* ⟨~⟩ *biol., anat.* vascularisation *f*; **~ös** [-'lø:s] *adj. cf.* **~ar.**
vasomotorisch [vazo·mo·'to:rɪʃ] *adj.* vaso-moteur, -trice; ~**e Nerven** (nerfs) vaso-moteurs *m/pl*.
Vater ['fɑ:tər] *m* ⟨~s; ⸚⟩ père *m* (*auch fig.*); P paternel *m*; **Ihr Herr** ~ Mon-

sieur votre père; sein leiblicher ~ son propre père; sein vermeintlicher ~ son père putatif; unsere Väter nos pères, ancêtres, aïeux; er ist ganz der ~ c'est tout le portrait de son père; c'est tout à fait son père; F c'est son père tout craché; nach dem ~ schlagen ressembler à son père; vom ~ auf den Sohn de père en fils; der Heilige ~ le Saint-Père; himmlischer ~ Dieu le Père; zu s-n Vätern versammelt werden mourir; wie der ~, so der Sohn tel père, tel fils; ~ˌ**auge** *n* œil, regard paternel; ~ˌ**freuden** *f/pl.* joies *f/pl.* de la paternité, d'être père; ~ˌ**gut** *n jur.* patrimoine *m*; ~ˌ**haus** *n* maison paternelle; ~ˌ**herz** *n* (le) cœur *m* d'un père; (un) cœur *m* de père; ~ˌ**land** *n* ⟨~es; ¨er⟩ patrie *f*; pays *m* (natal); 2ˌ**ländisch** *adj.* de la patrie; du pays; national; patriotique.

Vaterlands|liebe ['fa:tərlantsˌli:bə] *f* amour *m* de la patrie; patriotisme *m*; 2ˌ**liebend** *adjt.* patriote; 2ˌ**los** *adj.* sans patrie; ~**verˌräter** *m* traître *m* à son pays; ~**verˌteidiger** *m* défenseur *m* de la patrie.

väterlich ['fɛ:tərˌlɪç] **1.** *adj.* paternel, -lle; F *iron.* paterne; ~e Gewalt puissance paternelle; Verwirkung der ~en Gewalt déchéance de la puissance paternelle; das ~e Handwerk le métier de son père; ein ~er Freund un ami qui est pour moi (lui, nous, *etc.*) comme un père; **2.** *adv.* comme un père; ~**erˌseits** *adv.* du côté paternel; Großvater ~ aïeul paternel.

Vater|liebe ['fa:tərˌli:bə] *f* amour paternel; 2ˌ**los** *adj.* sans père; orphelin de père; ~ˌ**mord** *m* parricide *m*; ~ˌ**mörder** *m* **1.** parricide *m*; **2.** *fig.* F col *m* à manger de la tarte; ~ˌ**name** *m* nom *m* (patronymique); ~ˌ**recht** *n* droit *m* de père; patriarcat *m*; ~ˌ**schaft** *f* ⟨~⟩ paternité *f*; außereheliche, uneheliche ~ paternité naturelle, 'hors mariage; Anerkennung der ~ reconnaissance de paternité; Nichtanerkennung der ~ désaveu de paternité; Ermittlung, Feststellung der ~ recherche de la paternité; Vermutung der ~ présomption de paternité; die ~ e-s Kindes anerkennen reconnaître la paternité d'un enfant; ~**schaftsˌklage** *f*, ~**schaftsproˌzeß** *m* action *f* en recherche de paternité.

Vätersitte ['fɛ:tərˌzɪtə] *f* tradition, coutume ancestrale.

Vater|sname ['fa:tərsˌna:mə] *m cf.* Vatername; ~ˌ**stadt** *f* ville natale; ~ˌ**stelle** *f* bei j-m ~ vertreten tenir lieu de père à qn.; ~ˌ**tag** *m* fête *f* des pères; ~'**unser** *n* ⟨~s; ~⟩ *relig.* pater *m*; oraison dominicale; F Notre Père *m*; ein ~ beten dire un pater.

Vati ['fa:ti·] F *m* ⟨~s; ~s⟩ papa *m.*

vatikan|isch [vati·'ka:nɪʃ] *adj.* du Vatican; *nur f* vaticane; 2e Bibliothek bibliothèque vaticane; Vaticane *f*; 2ˌ**stadt** *f* (cité *f* du) Vatican *m.*

Vegetabi|lien [ve·ge·ta'bi:li·ən] *pl.* végétaux *m/pl.*; 2**lisch** *adj.* végétal.

Vegetar|ianer(in) [ve·ge·tari·'a:nər(-ɪn)] *m* ⟨~s; ~⟩ *(f)* ⟨~; ~nen⟩ *cf.* Vegetarier(in).

Vegetar|ier(in) [ve·ge·'ta:ri·ər(ɪn)] *m* ⟨~s; ~⟩ *(f)* ⟨~; ~nen⟩ végétarien, -nne *m, f*; 2**isch** *adj.* végétarien, -nne; ~e Lebensweise régime végétarien; végétarisme *m*; ~**ismus** [-'rɪs-] *m* ⟨~⟩ végétarisme *m*; strenger ~ végétalisme *m.*

Vegetation [ve·ge·tatsi·'o:n] *f* ⟨~; ~en⟩ végétation *f*; ~**sˌkunde** *f* phytosociologie *f.*

vege|tativ [ve·ge·ta'ti:f] *adj.* végétatif, -ive; ~es Nervensystem système neuro-végétatif; ~'**tieren** *fig. v/i.* ⟨*pas de ge-*, h⟩ végéter; vivoter.

vehemen|t [ve·he·'mɛnt] *adj.* véhément; 2**z** *f* ⟨~⟩ véhémence *f.*

Vehikel [ve·'hi:kəl] F *n* ⟨~s; ~⟩ *von e-m Pferdewagen, Auto* F guimbarde *f*; *von e-m Auto* F (vieille) bagnole *f*; tacot *m*; clou *m* (*auch von e-m Fahrrad*).

Veilchen ['faɪlçən] *n* ⟨~s; ~⟩ *bot.* violette *f*; 2ˌ**blau** *adj.* violet, -tte; ~ˌ**blau** *n* violet *m*; ~ˌ**duft** *m* odeur *f* de violettes; ~**geˌwächse** *n/pl. bot.* violacées *f/pl.*; ~ˌ**stock** *m bot.* pied *m* de violette; ~ˌ**strauß** *m* bouquet *m* de violettes; ~ˌ**wurzel** *f* a) racine *f* de violette; b) racine *f* d'iris de Florence.

Veitstanz ['faɪtstants] *m méd.* danse *f* de Saint-Guy; chorée *f*; vom ~ befallen choréique.

Vektor ['vɛktər] *m* ⟨~s; -'toren⟩ *phys.*, *math.* vecteur *m*; ~ˌ**feld** *n* champ vectoriel; ~**funktiˌon** *f* fonction vectorielle; ~ˌ**größe** *f* grandeur, quantité vectorielle; ~ˌ**linie** *f* ligne *f* de feux; ~ˌ**rechnung** *f* calcul vectoriel.

Velin(papier) [ve·'li:n(paˌpi:r), ve·'lɛ̃:(-)] *n* ⟨~s⟩ (*n*) (papier *m*) vélin *m.*

Velours [və'lu:r, ve·-] *m* ⟨~; ~⟩ *text.* velours *m*; moquette *f*; ~ˌ**teppich** *m* tapis *m* de velours; moquette *f.*

Velum ['ve:lum] *n* ⟨~s; -la⟩ *égl. cath.* pale *f*; *anat.* voile *m*; ~ **palatinum** voile du palais.

Vendetta [vɛn'dɛta] *f* ⟨~; -tten⟩ vendetta [vɑ̃-] *f.*

Vene ['ve:nə] *f* ⟨~; ~n⟩ *anat.* veine *f*; ~**nˌblut** *n* sang veineux; ~**nentˌzündung** *f méd.* phlébite *f.*

venerisch [ve·'ne:rɪʃ] *adj. méd.* vénérien, -nne; ~e Krankheiten maladies vénériennes.

Venezian|er(in) [ve·ne·tsi·'a:nər(ɪn)] *m* ⟨~s; ~⟩ *(f)* ⟨~; ~nen⟩ Vénitien, -nne *m, f*; 2**isch** *adj.* vénitien, -nne.

Venezolan|er(in) [ve·ne·tso·'la:nər(-ɪn)] *m* ⟨~s; ~⟩ *(f)* ⟨~; ~nen⟩, 2**isch** *adj. cf.* Venezuel...

Venezuel|er(in) [ve·ne·tsu·'e:lər(ɪn)] *m* ⟨~s; ~⟩ *(f)* ⟨~; ~nen⟩ Vénézuélien, -nne *m, f*; 2**isch** *adj.* vénézuélien, -nne.

venös [ve·'nø:s] *adj. méd., anat.* veineux, -euse.

Ventil [vɛn'ti:l] *n* ⟨~s; ~e⟩ *techn.* soupape *f*; clapet *m*; vanne *f*; *élect., des Luftschlauches* valve *f*; *mus.* piston *m.*

Ventilation [vɛnti·latsi·'o:n] *f* ⟨~⟩ ventilation *f*; aérage *m*; ~**sˌanlage** *f* dispositif *m*, installation *f* de ventilation; ~**sappaˌrat** *m* ventilateur *m*; ~**sˌlöcher** *n/pl.* trous *m/pl.* d'aérage, d'aération.

Ventilator [vɛnti·'la:tər] *f* ⟨~s; -'toren⟩ ventilateur *m.*

Ventil|einstellung [vɛn'ti:lˌ'aɪnʃtɛluŋ] *f* réglage *m* de soupape; ~ˌ**feder** *f* ressort *m* de soupape; ~ˌ**hub** *m* course *f* de soupape.

ventilier|en [vɛnti·'li:rən] **I** *v/t.* ⟨*pas de ge-*, h⟩ ventiler; aérer; *fig.* examiner (avec soin); **II** 2**en** *n* ⟨~s⟩, 2**ung** *f* ⟨~⟩ *cf.* Ventilation.

Ventil|kegel [vɛn'ti:lˌke:gəl] *m* cône *m* de soupape; ~ˌ**kipphebel** *m* culbuteur *m*; ~ˌ**kolben** *m* piston *m* à soupape; ~ˌ**schaft** *m* tige *f* de soupape; ~ˌ**sitz** *m* siège *m* de soupape; ~ˌ**stößel** *m* poussoir *m* de soupape; ~ˌ**teller** *m* tête *f* de soupape; champignon *m.*

Venus|berg ['ve:nusˌbɛrk] *m anat.* mont *m* de Vénus; pénil *m*; ~ˌ**haar** *n bot.* cheveux *m/pl.* de Vénus; capillaire *m* de Montpellier; *sc.* adiante *od.* adiantum *m.*

veraasen [fɛr'ʔa:zən] F *v/t.* ⟨*pas de ge-*, h⟩ gaspiller; *Geld auch* dissiper; dilapider.

verabfolg|en [fɛr'ʔapˌfɔlgən] *v/t.* ⟨*pas de ge-*, h⟩ donner; délivrer; remettre; *Medizin* administrer; *Schläge, Prügel* administrer; donner; 2**ung** *f* ⟨~⟩ délivrance *f*; livraison *f*; remise *f*; *e-r Medizin* administration *f.*

verabred|en [fɛr'ʔapˌre:dən] **I** *v/t.* ⟨-ete, *pas de ge-*, h⟩ (*abmachen*) convenir (etw. de qc.); se mettre d'accord (sur qc.); se concerter, s'entendre (à propos de qc.); sie haben es vorher verabredet F ils se sont donné le mot; **II** *v/réfl.* sich mit j-m ~ (*ein Treffen ausmachen*) prendre (un) rendez-vous avec qn. (für pour); sich ~ (*etw. abmachen*) *cf. v/t.*; ~**et** *adjt.* convenu; zum ~en Zeitpunkt au moment convenu; wie ~ comme convenu; de concert; mit j-m ~ sein avoir rendez-vous avec qn.; 2**ung** *f* ⟨~; ~en⟩ (*Treffen*) rendez-vous *m*; (*Abmachung*) convention *f*; entente *f*; accord *m*; e-e ~ mit j-m treffen (*e-e Abmachung treffen*) se concerter avec qn.; (*ein Treffen vereinbaren*) prendre (un) rendez-vous avec qn.; ich habe noch e-e ~ j'ai encore un rendez-vous; du mußt dich an unsere ~ halten tu dois t'en tenir à notre convention, accord.

verab|reichen [fɛr'ʔapˌraɪçən] *v/t.* ⟨*pas de ge-*, h⟩ donner; *Medizin* administrer; *Tracht Prügel* donner; administrer; 2ˌ**reichung** *f* ⟨~⟩ *e-r Medizin* administration *f*; ~ˌ**säumen** *v/t.* ⟨*pas de ge-*, h⟩ négliger; omettre; (*vergessen*) oublier; ~ˌ**scheuen** *v/t.* ⟨*pas de ge-*, h⟩ détester; abhorrer; avoir en horreur; abominer; exécrer; ~ˌ**scheuensˌwert** *adj.* détestable; abominable; exécrable; 2ˌ**scheuung** *f* ⟨~⟩ horreur *f*; aversion *f*; abomination *f*; exécration *f*; ~ˌ**scheuungsˌwürdig** *adj. cf.* ~scheuenswert; ~ˌ**schieden I** *v/t.* ⟨-ete, *pas de ge-*, h⟩ **1.** *Gäste* remercier (au départ); *Botschafter* congédier; **2.** (*entlassen*) congédier; renvoyer; donner son congé à; *Beamte, Offiziere* rayer des cadres; mettre en congé, à la retraite; *nur milit.* réformer; mettre à la réforme; *Truppen* licencier; démobiliser; **3.** *Gesetz, Haushaltsplan* voter; adopter; **II** *v/réfl.* sich von *od.* bei j-m ~ prendre congé de qn.; faire ses adieux à qn.; 2ˌ**schiedung** *f* ⟨~⟩ *e-s Beamten, Offiziers* mise *f* à la retraite, en congé, *nur milit.* à la réforme; réforme *f*; *von Truppen* licenciement *m*; démobilisation *f*; *e-s Gesetzes etc.* vote *m*; adoption *f.*

verachten [fɛr'ʔaxtən] *v/t.* ⟨-ete, *pas de ge-*, h⟩ mépriser; faire fi (de); (*geringschätzen*) dédaigner; *Gefahr, Tod* mépriser; braver; F das ist nicht zu ~ ce n'est pas à dédaigner; ~**sˌwert** *adj.* méprisable; *cf. auch* verächtlich.

Verächter(in) [fɛr'ʔɛçtər(ɪn)] *m* ⟨~s; ~⟩ *(f)* ⟨~; ~nen⟩ contempteur, -trice *m, f*; détracteur, -trice *m, f.*

verachtfachen [fɛr'ʔaxtˌfaxən] *v/t.* ⟨*pas de ge-*, h⟩ octupler.

verächtlich [fɛr'ʔɛçtlɪç] **1.** *adj. Ton, Blick* (*geringschätzig*) méprisant; dédaigneux, -euse; *Handlung, Gesinnung, Mensch* (*Verachtung verdienend*) méprisable; vil; abject; **2.** *adv.* ~ machen rendre méprisable; avilir; dénigrer; j-n ~ behandeln traiter qn. avec dédain, de haut en bas; 2ˌ**machung** *f* ⟨~⟩ offense *f* (des Gerichts à la cour).

Verachtung [fɛr'ʔaxtʊŋ] *f* ⟨~⟩ mépris *m*; dédain *m*; **j-n mit ~ strafen** accabler qn. de son mépris.

veralber|n [fɛr'ʔalbərn] *v/t.* ⟨-(e)re, *pas de ge-*, h⟩ ridiculiser; **2ung** *f* ⟨~; ~en⟩ *verbal.*

verallgemeiner|n [fɛrˌʔalgə'maɪnərn] *v/t.* ⟨-(e)re, *pas de ge-*, h⟩ généraliser; **2ung** *f* ⟨~; ~en⟩ généralisation *f*.

veralt|en [fɛr'ʔaltən] *v/i.* ⟨-ete, *pas de ge-*, **sein**⟩ vieillir; se démoder; tomber en désuétude; *Mode* passer; **~et** *adjt.* vieilli; *Ansicht, Sitte, Gesetz, Mode, Ausdruck* (*überholt*) suranné; désuet, -ète; tombé en désuétude; *Bauart etc.* (*unmodern*) démodé; passé de mode; **~e Ausdrucksweise** archaïsme *m*.

Veranda [ve'randa] *f* ⟨~; -den⟩ véranda *f*.

veränder|lich [fɛr'ʔɛndərˌlɪç] *adj.* variable (*auch gr., math.*); *Wetter auch* instable; changeant; **2ˌliche** *f* ⟨→ A⟩ *math.* variable *f*; **2lichˌkeit** *f* ⟨~⟩ variabilité *f*; instabilité *f*; **~n I** *v/t.* ⟨-(e)re, *pas de ge-*, h⟩ changer; modifier; transformer; *radikal* métamorphoser; *Gesichtszüge, Stimme durch Leiden, Erregung etc.* (*entstellen*) altérer; **II** *v/réfl.* **sich ~** changer; se modifier; se transformer; *Gesichtszüge, Stimme* s'altérer; *beruflich* changer de place, de position, d'emploi; **sich zu s-m Vorteil (Nachteil) ~** se transformer à son (dés)avantage; **2ung** *f* ⟨~; ~en⟩ changement *m*; modification *f*; transformation *f*; *der Gesichtszüge, Stimme, nachteilige* altération *f*; *radikale* métamorphose *f*; **berufliche ~** changement de place, de position, d'emploi; **strukturelle ~** changement de structure; modification structurelle; **e-e ~ erfahren** subir un changement; **mit ihm ist e-e große ~ vorgegangen** il a changé, s'est transformé du tout au tout, complètement; **bei uns ist e-e ~ eingetreten** un changement, une transformation est intervenu(e) chez nous; **nicht jede ~ ist e-e Verbesserung** toute transformation n'est pas (forcément) une amélioration.

verängstigt [fɛr'ʔɛŋstɪçt] *adjt.* apeuré; qui est en proie à la peur; qui est pris de peur; effaré; effarouché; effrayé; (*eingeschüchtert*) intimidé.

veranker|n [fɛr'ʔaŋkərn] *v/t.* ⟨-(e)re, *pas de ge-*, h⟩ *mar., Mauern, fig.* ancrer; **2ung** *f* ⟨~⟩ ancrage *m*.

veranlag|en [fɛr'ʔanˌlaːgən] *v/t.* ⟨*pas de ge-*, h⟩ **j-n ~** taxer, imposer qn.; établir l'assiette de l'impôt de qn.; **die Steuern ~** établir l'assiette de l'impôt; **~t** *adjt.* **1. getrennt ~e Ehegatten** époux taxés séparément; **2. für etw. ~ sein** avoir des (pré)dispositions, des capacités, de grands talents pour qc.; avoir le don de qc.; **gut, schlecht ~ sein** être bien, mal doué; **verbrecherisch ~ sein** avoir des prédispositions au crime; **er ist künstlerisch ~** il a des (pré)dispositions pour les arts; **2ung** *f* ⟨~; ~en⟩ **1.** (*Steuer2*) établissement *m* de l'assiette de l'impôt; taxation *f*; imposition *f*; évaluation *f*, fixation *f* de l'impôt; **~ zur Einkommenssteuer** assiette de l'impôt sur le revenu; **2.** *fig.* talent *m* (**für** pour); don *m* (de); (pré)disposition *f* (à) (*auch méd.*); capacités *f/pl.*; **2ungsˌgrundlage** base *f* d'imposition; **~ungsˌpflichtig** *adj.* **~es Einkommen** revenu passible de l'impôt; **2ungsˌsatz** *m* taux *m* d'imposition; **2ungsˌzeitraum** *m* période *f* imposable.

veranlass|en [fɛr'ʔanˌlasən] *v/t.* ⟨-ßt, *pas de ge-*, h⟩ **j-n zu etw. ~** porter, engager, amener, déterminer qn. à qc.; **etw. ~** ordonner qc.; donner l'ordre de faire qc.; faire faire qc.; **~ Sie, bitte, daß er kommt** veuillez le faire venir; **ich sehe mich veranlaßt, zu ...** (+ *inf.*) je me vois obligé, contraint de ... (+ *inf.*); **sich zu etw. veranlaßt fühlen** se sentir amené à qc.; **das hat mich zu dem Glauben veranlaßt, daß ...** cela m'a porté, poussé, incité à, cela m'a fait croire que ...; **es war sehr richtig von Ihnen, daß Sie uns zu diesen Erklärungen veranlaßten** vous avez très bien fait de provoquer ces explications de notre part; **2ung** *f* ⟨~⟩ cause *f* (**zu etw.** de qc.); (*Anlaß*) sujet *m*; matière *f*; (*Beweggrund*) motif *m*; (*Antrieb*) impulsion *f*; instigation *f*; initiative *f*; **~ zu etw. geben** fournir matière à qc.; donner matière, sujet, motif, lieu à qc.; **wir haben keinerlei ~, es zu tun** nous n'avons aucune raison, aucun motif de le faire; **alle ~ haben, zu ...** (+ *inf.*) avoir tout lieu de ... (+ *inf.*); **auf ~ von ...** sur l'ordre, l'intervention, l'initiative de ...; par l'impulsion, à la diligence, l'instigation de ...; *adm.* **zur weiteren ~, mit der Bitte um weitere ~** à toutes fins utiles; pour suite à donner; **ohne ~** sans raison (valable).

veranschaulich|en [fɛr'ʔanˌʃaulɪçən] **I** *v/t.* ⟨*pas de ge-*, h⟩ **etw. an e-m Beispiel, Bild ~** illustrer, concrétiser qc., faire saisir, comprendre qc., rendre qc. vivant, sensible, mettre qc. en évidence, en lumière par un exemple, un dessin; **II** *v/réfl.* **sich etw. ~** se représenter concrètement qc.; **2ung** *f* ⟨~⟩ illustration *f*, concrétisation *f* (par des exemples, des dessins).

veranschlag|en [fɛr'ʔanˌʃlaːgən] *v/t.* ⟨*pas de ge-*, h⟩ estimer; évaluer; taxer; **etw. zu hoch ~** surfaire, surestimer, surévaluer qc.; **etw. zu niedrig ~** sous-estimer, sous-évaluer qc.; **2ung** *f* ⟨~⟩ estimation *f*; évaluation *f*; taxation *f*.

veranstalt|en [fɛr'ʔanˌʃtaltən] *v/t.* ⟨-ete, *pas de ge-*, h⟩ *Fest* arranger; organiser; donner; *Umzug, Ausstellung* organiser; *Kongreß auch* arranger; *Umfrage* faire; mener; **2er(in)** *m* ⟨~s; ~⟩ (*f*) ⟨~; ~nen⟩ organisateur, -trice *m, f*; *e-s Wettkampfes auch* promoteur, -trice *m, f*; *e-s Festes auch* ordonnateur, -trice *m, f*; **2ung** *f* ⟨~⟩ **1.** (*Organisation*) arrangement *m*; organisation *f*; **2.** ⟨*pl.* ~en⟩ (*Feier*) fête *f* (scolaire, syndicale, *etc.*); *sportliche, kulturelle* manifestation *f*; *sportliche auch* réunion *f*.

verantwort|en [fɛr'ʔantˌvɔrtən] **I** *v/t.* ⟨-ete, *pas de ge-*, h⟩ **etw. ~** répondre de qc.; prendre, assumer la responsabilité de qc.; justifier qc.; **das kann ich nicht ~** je ne peux pas en répondre; **II** *v/réfl.* **sich wegen etw. ~** se justifier de qc. (**bei j-m** auprès de qn.); **sich vor Gericht ~** se justifier devant le tribunal; **~lich** *adj.* responsable (**für** de); (*rechenschaftspflichtig*) comptable (**j-m für etw.** de qc. envers qn.); **~e Stellung** position, charge, poste comportant des responsabilités; F poste de responsabilité; **j-n für etw. ~ machen** rendre qn. responsable de qc.; s'en prendre à qn. de qc.; **j-n für das Mißlingen ~ machen** rejeter l'échec sur qn.; **j-m für etw. ~ sein** (devoir) répondre à qn. de qc.; **er ist mir dafür ~** il m'en répond; **für etw. ~ zeichnen** signer comme responsable de qc.; *par ext.* prendre, assumer la responsabilité de qc.; **für j-n ~ sein** avoir charge d'âme; **2liche(r)** *f* (*m*) ⟨→ A⟩ responsable *m, f*; **2lichˌkeit** *f* ⟨~⟩ responsabilité *f*; **2ung** *f* ⟨~⟩ responsabilité *f* (**für** de); (*Rechtfertigung*) justification *f*; **die ~ für etw. übernehmen** prendre, assumer, endosser la responsabilité de qc.; **die ~ für etw. ablehnen** décliner la responsabilité de qc.; **die ~ auf j-n abwälzen** rejeter la responsabilité sur qn.; **tun Sie es auf meine ~** faites-le sous ma responsabilité; **er ist sich s-r ~ bewußt** il est conscient de sa responsabilité; **sich in die ~ teilen** prendre part à la responsabilité, sa part de responsabilité; **j-n zur ~ ziehen** demander compte à qn. (**für etw.** de qc.); **~ungsbeˌwußt** *adj.* conscient de sa responsabilité; qui se sent responsable; **2ungsbeˌwußtsein** *n* conscience *f* de sa responsabilité; sentiment *m* de responsabilité; **2ungsˌfreude** *f* goût *m* de la responsabilité; **~ungsˌfreudig** *adj.* qui a le goût de la responsabilité; prêt à prendre, assumer la responsabilité (de); **2ungsgeˌfühl** *n* sentiment *m* de responsabilité; **~ungsˌlos** *adj.* irresponsable; sans responsabilité; léger, -ère; **2ungsˌlosigkeit** *f* ⟨~⟩ irresponsabilité *f*; légèreté *f*; **~ungsˌvoll** *adj.* plein de responsabilité; **~er Posten** poste comportant des responsabilités; F poste de responsabilité.

veräppeln [fɛr'ʔɛpəln] F *v/t.* ⟨-(e)le, *pas de ge-*, h⟩ **j-n ~** railler qn.; se moquer de, F blaguer, chiner qn.; mettre qn. en boîte; se payer la tête de qn.

verarbeit|en [fɛr'ʔarbaɪtən] *v/t.* ⟨-ete, *pas de ge-*, h⟩ (*als Material verwenden*) employer, utiliser (**zu etw.** à qc., pour faire qc.); *Eisen, Rohstoffe etc.* (*bearbeiten*) transformer; travailler; ouvrer; traiter; façonner; manufacturer; usiner; *fig., Eindrücke, Gedanken, Lektüre etc.* digérer; assimiler; *physiol., Nahrung im Körper* élaborer; **~end** *adjt.* **~e Industrie** industrie transformatrice, de transformation, manufacturière; **~et** *adjt.* **~e Hände** mains calleuses, rudes, dures, de travailleur manuel; **2ung** *f* ⟨~⟩ (*Verwendung*) emploi *m*; *von Eisen, Rohstoffen etc.* transformation *f*; traitement *m*; façonnage *m*; usinage *m*; *fig., von Eindrücken, Gedanken etc.* assimilation *f*; *physiol., von Speisen im Körper* élaboration *f*; **~ landwirtschaftlicher Erzeugnisse** transformation, traitement de produits agricoles; **2ungsbeˌtrieb** *m* entreprise *f* de transformation; **2ungsˌort** *m* lieu *m* de transformation, d'usinage; **2ungsˌpreis** *m* prix *m* de transformation, d'usinage, de façon; **2ungsˌstufe** *f* phase *f* de (la) transformation.

verargen [fɛr'ʔargən] *v/t.* ⟨*pas de ge-*, h⟩ **j-m etw. ~** en vouloir à qn. de qc.; prendre qc. en mauvaise part; **ich verarge es Ihnen nicht** je ne vous en veux pas; **das kann mir niemand ~** personne ne peut m'en vouloir.

verärger|n [fɛr'ʔɛrgərn] *v/t.* ⟨-(e)re, *pas de ge-*, h⟩ irriter; fâcher; dépiter; vexer; **2ung** *f* ⟨~⟩ irritation *f*; dépit *m*.

verarm|en [fɛr'ʔarmən] *v/i.* ⟨*pas de ge-*, **sein**⟩ s'appauvrir; *pfort.* tomber dans l'indigence, la misère; **2ung** *f* ⟨~⟩ appauvrissement *m*; **ein Volk der ~ preisgeben** réduire un peuple au paupérisme.

verarzten [fɛr'ʔartstən] F *v/t.* ⟨-ete,

pas de ge-, h⟩ soigner; *fig.*, *Publikum* (*abfertigen*) servir; (*sich vornehmen u. zurechtweisen*) faire une remontrance à; F passer un savon à.

verästel|n [fɛrˈˀɛstəln] *v/réfl.* ⟨-(e)le, *pas de ge-*, h⟩ **sich** ~ se ramifier; **2ung** *f* ⟨~; ~en⟩ ramification *f*.

verätz|en [fɛrˈˀɛtsən] *v/t.* ⟨-(es)t, *pas de ge-*, h⟩ *méd.*, *Haut* brûler à l'acide, aux acides; **2ung** *f* ⟨~; ~en⟩ *méd.* brûlure *f* par acide(s).

verauktionier|en [fɛrˀauktsiˑoˑˈniːrən] *v/t.* ⟨*pas de ge-*, h⟩ mettre, vendre aux enchères; **2ung** *f* ⟨~⟩ vente *f* aux enchères.

verausgab|en [fɛrˈˀausˌgaːbən] **I** *v/t.* ⟨*pas de ge-*, h⟩ dépenser; *fig.*, *Kräfte auch* épuiser; **II** *v/réfl.* **sich** ~ *geldlich* dépenser tout (son argent); F se mettre à sec; *physisch* se dépenser; s'épuiser; **er hat sich völlig verausgabt** il s'est dépensé sans compter; **2ung** *f* ⟨~⟩ dépense *f*; *physische auch* épuisement *m*.

verauslag|en [fɛrˈˀausˌlaːgən] *v/t.* ⟨*pas de ge-*, h⟩ *Geld* débourser; avancer; **2ung** *f* ⟨~⟩ déboursement *m*.

Veräußer|er [fɛrˈˀɔysərər] *m* ⟨~s; ~⟩ *jur.* aliénateur, -trice *m, f*; vendeur, -euse *m, f*; **2ˌlich** *adj. jur.* aliénable; **2ˌlichen I** *v/t.* ⟨*pas de ge-*, h⟩ rendre superficiel, -lle; **II** *v/i.* ⟨sein⟩ devenir superficiel, -lle; **~lichˌkeit** *f* ⟨~⟩ *jur.* aliénabilité *f*; **2ˌlicht** *adjt.* (*oberflächlich*) superficiel, -lle; **2n** *v/t.* ⟨-(e)re, *pas de ge-*, h⟩ aliéner; (*verkaufen*) vendre; monnayer; **~ung** *f* ⟨~⟩ aliénation *f*; (*Verkauf*) vente *f*; **~ungsgeˌnehmigung** *f* autorisation *f* d'aliénation; **~ungsˌrecht** *n* droit *m* d'aliénation; **~ungsverˌbot** *n* interdiction *f* d'aliénation, d'aliéner, de vendre.

Verb [vɛrp] *n* ⟨~s; ~en⟩ *cf.* **Verbum.**

verbacken [fɛrˈbakən] *v/t.* ⟨*irr.*, *pas de ge-*, h⟩ *Mehl* employer.

verbal [vɛrˈbaːl] *adj.* verbal; **2adjekˌtiv** *n gr.* adjectif verbal; **2inˌjurie** *f* injure *f*; invective *f*; outrage *m*, offense *f* par paroles; **2ismus** [-ˈlɪs-] *m* ⟨~⟩ verbalisme *m*.

verballhornen [fɛrˈbalˌhɔrnən] *v/t.* ⟨*pas de ge-*, h⟩ défigurer; estropier; F massacrer.

Verbal|note [vɛrˈbaːlˌnoːtə] *f dipl.* note verbale; **~ˌsubstantiv** *n gr.* substantif verbal.

Verband [fɛrˈbant] *m* ⟨~(e)s; ⸚e⟩ **1.** *méd.* pansement *m*; bandage *m*; **e-n ~ anlegen** appliquer un pansement, un bandage; mettre un pansement; **den ~ abnehmen** enlever le pansement; défaire le bandage; **2.** *von Körperschaften, Vereinen* (*Zusammenschluß*) association *f*; union *f*; fédération *f*; syndicat *m*; **sich e-m ~ anschließen** s'affilier à une association, à un syndicat, *etc.*; **3.** *milit.* formation *f*; unité *f*; *aviat.* **im ~ fliegen** voler en formation; *mar.* **im ~ fahren** naviguer de conserve, en formation; **4.** *bât.* appareil *m*; *charp.* assemblage *m*; **~sˌflug** *m aviat.* vol *m* en formation; **~(s)ˌgaze** [-zə] *f méd.* gaze *f* hydrophile, à pansement; **~sˌkasse** *f* caisse *f* d'une association, d'un syndicat, *etc.*; **~(s)ˌkasten** *m méd.* boîte *f* de pansement; **~sˌleitung** *f* direction *f*, bureau *m* de l'association, du syndicat, *etc.*; **~sˌmitglied** *n* membre *m* d'une association, d'un syndicat, *etc.*; **~(s)ˌmull** *m méd. cf.* **~(s)gaze**; **~(s)ˌpäckchen** *n méd.* sachet *m* de pansement; pansement individuel; **~(s)ˌplatz** *m milit.* poste *m* de secours; **~sˌpreis** *m* prix fixé par une association, un syndicat, *etc.*; **~(s)ˌstelle** *f milit.* poste *m* de secours; **~(s)ˌstoff** *m méd.* pansement *m*; **~sˌtag** *m* congrès *m* d'une association, d'un syndicat, *etc.*; **~staˌrif** *m* tarif syndical; **~(s)ˌtasche** *f méd.* trousse *f*, boîte *f* à pansements; **~(s)ˌwatte** *f méd.* ouate *f* à pansement; coton *m* hydrophile; **~sˌzeichen** *n* marque syndicale; label *m*; **~(s)ˌzeug** *n* ⟨~(e)s⟩ *méd.* nécessaire *m*, matériel *m* de pansement; *cf. auch* **~(s)tasche**; **~sˌziel** *n* but poursuivi par l'association, par le syndicat, *etc.*; **~(s)ˌzimmer** *n méd.* salle *f* de pansement.

verbann|en [fɛrˈbanən] *v/t.* ⟨*pas de ge-*, h⟩ bannir; proscrire (*beide auch fig.*); exiler; **j-n auf e-e Insel ~** bannir, exiler qn. sur une île; **2te(r)** *f* (*m*) ⟨→ A⟩ banni, -e *m, f*; proscrit, -e *m, f*; exilé, -e *m, f*; **2ung** *f* ⟨~⟩ bannissement *m*; proscription *f*; exil *m*; **lebenslängliche ~** relégation *f*; **in der ~ leben** vivre dans la proscription, en exil; **in der ~ sein** être en exil; **in die ~ schicken** envoyer en exil; **2ungsˌort** *m* exil *m*.

verbarrikadieren [fɛrbariˑkaˈdiːrən] *v/t.* (*u. v/réfl.*) ⟨*pas de ge-*, h⟩ (se) barricader.

verbauen [fɛrˈbauən] *v/t.* ⟨*pas de ge-*, h⟩ **1. a)** **j-m die Aussicht ~** masquer, boucher la vue de qn., F d'une maison (par une construction); **e-n Durchgang ~** obstruer, boucher le passage (par des constructions); **b)** *fig.* boucher; fermer; **2.** *Geld* dépenser ... à bâtir; *Material* utiliser, consommer ... à bâtir; **3.** (*falsch bauen*) mal bâtir.

verbauern [fɛrˈbauərn] F *v/i.* ⟨-(e)re, *pas de ge-*, sein⟩ devenir rustre, balourd, paysan; prendre des habitudes grossières; perdre l'habitude du monde.

verbeamt|en [fɛrbəˈˀamtən] *v/t.* ⟨-ete, *pas de ge-*, h⟩ fonctionnariser; *néol.* bureaucratiser; **2ung** *f* ⟨~⟩ fonctionnarisation *f*; *néol.* bureaucratisation *f*.

verbeißen [fɛrˈbaɪsən] **I** *v/t.* ⟨*irr.*, *pas de ge-*, h⟩ *Schmerz* cacher; réprimer; contenir; étouffer; **sich das Lachen ~** se mordre les lèvres pour ne pas rire; **sich das Lachen nicht ~ können** ne pouvoir s'empêcher de rire; **s-n Ärger ~** ronger son frein; **sich e-e Antwort ~** se mordre la langue; tenir sa langue; **II** *v/réfl.* **sich ~** *bes. von Jagdhunden* ne plus pouvoir démordre; *fig.*, *von Personen* **sich in etw. ~** s'acharner à qc.

Verbene [vɛrˈbeːnə] *f* ⟨~; ~n⟩ *bot.* verveine *f*; **~ngeˌwächse** *n/pl. bot.* verbénacées *f/pl*.

verberg|en [fɛrˈbɛrgən] **I** *v/t.* ⟨*irr.*, *pas de ge-*, h⟩ **1.** cacher (**etw. vor j-m** qc. à qn.); dissimuler; *jur.*, *Verbrecher* receler; (*den Blicken entziehen*) dérober à la vue; *Tränen* dissimuler; *Schmerz*, *Erregung* cacher; dissimuler; **vor aller Augen ~** cacher à tous les regards; **sein Gesicht in den Händen ~** cacher sa figure dans ses mains; **2. j-m etw. ~** (*verheimlichen*) celer, dissimuler, taire qc. à qn.; **II** *v/réfl.* **sich ~** se cacher (**vor j-m** de qn.); se dissimuler; se dérober à la vue; **2ung** *f* ⟨~⟩ dissimulation *f*; *jur.* recèlement *m*; *sonst verbal.*

Verbesser|er [fɛrˈbɛsərər] *m* ⟨~s; ~⟩ (*Welt2*) réformateur *m*; F redresseur *m* de tort; **2n I** *v/t.* ⟨-ssere *od.* -ßre, *pas de ge-*, h⟩ améliorer; rendre meilleur; *Boden* bonifier; amender; *Fehler* (*berichtigen*) corriger; *Erfindung*, *Maschine etc.* (*vervollkommnen*) perfectionner; (*bessernd umgestalten*) réformer; **s-e finanzielle Lage ~** améliorer sa situation financière, pécuniaire; **die Beziehungen zu e-m Land ~** améliorer les relations avec un pays; **durchgesehene u. verbesserte Auflage** édition revue et corrigée; **II** *v/réfl.* **sich ~** s'améliorer; *bei e-m Fehler* se corriger; *beim Sprechen* se reprendre; *beruflich* **sich ~ wollen** chercher une meilleure place, situation; **er hat sich verbessert** il a trouvé une meilleure place, situation; **~ung** *f* ⟨~; ~en⟩ amélioration *f*; *des Bodens* amendement *m*; bonification *f*; *von Fehlern* correction *f*; *Schule* (*verbesserte Arbeit*) corrigé *m*; (*Vervollkommnung*) perfectionnement *m*; (*verbessernde Umgestaltung*) réforme *f*; **2ungsˌfähig** *adj.* susceptible d'amélioration(s), de perfectionnement; **~ungsˌvorschlag** *m* proposition *f* pour l'amélioration, le perfectionnement (de qc.); proposition *f* visant à améliorer, perfectionner (qc.).

verbeten [fɛrˈbeːtən] *cf.* **verbitten.**

verbeug|en [fɛrˈbɔygən] *v/réfl.* ⟨*pas de ge-*, h⟩ **sich ~** s'incliner (**vor j-m** devant qn.); faire la *od.* sa révérence; **2ung** *f* ⟨~; ~en⟩ inclination *f*; révérence *f*; **e-e leichte ~ machen** faire une légère inclination.

verbeulen [fɛrˈbɔylən] *v/t.* ⟨*pas de ge-*, h⟩ bosseler; bossuer; cabosser.

verbiegen [fɛrˈbiːgən] **I** *v/t.* (*u. v/réfl.*) ⟨*irr.*, *pas de ge-*, h⟩ (se) fausser; gauchir; (se) tordre; (se) déformer; (se) contourner; (se) voiler; *Holz*, *Plastik* (se) déjeter; **II 2** *n* ⟨~s⟩ gauchissement *m*; torsion *f*; déformation *f*; contournement *m*; voilement *m*.

verbiester|n [fɛrˈbiːstərn] F *v/réfl.* ⟨-(e)re, *pas de ge-*, h⟩ **sich ~** s'embrouiller; s'enchevêtrer; **~t** *adjt.* F (*verwirrt*) confus; (*verärgert*) irrité; fâché; vexé.

verbieten [fɛrˈbiːtən] *v/t.* ⟨*irr.*, *pas de ge-*, h⟩ défendre; interdire; *von amtlicher Seite* prohiber; *Zeitung* interdire; supprimer; *Lehre*, *Buch* proscrire; *Buch auch* mettre à l'index; **j-m das Haus ~** défendre (l'entrée de) la maison à qn.; **den Zutritt zu etw. ~** consigner qc.; **das verbietet sich von selbst** cela s'interdit de soi-même; **j-m den Mund, das Wort ~** défendre à qn. de parler; **Betteln u. Hausieren verboten** la mendicité et le colportage sont interdits, défendus; **Rauchen verboten** défense de fumer; *cf. auch* **verboten.**

verbilden [fɛrˈbɪldən] *v/t.* ⟨-ete, *pas de ge-*, h⟩ *fig.* mal former; fausser, déformer l'esprit (de).

verbildlich|en [fɛrˈbɪltlɪçən] *v/t.* ⟨*pas de ge-*, h⟩ *cf.* **veranschaulichen; 2ung** *f* ⟨~⟩ *cf.* **Veranschaulichung.**

Verbildung [fɛrˈbɪldʊŋ] *f* déformation *f* de l'esprit; fausse culture de l'esprit.

verbillig|en [fɛrˈbɪlɪgən] *v/t.* ⟨*pas de ge-*, h⟩ diminuer, réduire le prix (de); **zu verbilligten Preisen** à des prix réduits; **verbilligter Tarif** tarif, taux réduit; **verbilligte Fahrkarte** billet à prix réduit; **2ung** *f* ⟨~; ~en⟩ diminution *f*, réduction *f* du prix (de).

verbimsen [fɛrˈbɪmzən] F *v/t.* ⟨-(es)t, *pas de ge-*, h⟩ **j-n ~** rosser qn.; donner une correction à qn.; F étriller qn.; P flanquer une raclée, volée à qn.; sonner qn.

verbinden [fɛrˈbɪndən] **I** *v/t.* ⟨*irr.*, *pas de ge-*, h⟩ **1.** *Wunde*, *Verletzten* panser; *Augen* (*zubinden*) bander; **2.** *zwei od. mehrere Dinge* (*zusammenfügen*), *Personen* (*vereinigen*) lier (mit avec; *fig.* à); joindre (à); unir (à *od.* avec; *fig. nur* à); réunir (à); associer (à); allier (à *od.* avec) (*für métall. nur* avec); attacher (à); *zwei Städte durch Bahnlinie, zwei Flüsse durch Kanal etc.* relier; raccorder; unir; réunir; **gleiche Interessen verbanden sie schnell miteinander** des intérêts, des goûts identiques les unirent rapidement; leur communauté d'intérêts, de goûts les lia, unit, associa vite; **das Angenehme mit dem Nützlichen ~** joindre l'utile à l'agréable; **Klugheit mit Stärke ~** allier la force à *od.* avec la prudence; *jur.* **zwei Klagen miteinander ~** joindre deux instances; *von Personen* **eng mit j-m verbunden sein** être lié étroitement à *od.* avec qn.; *von Dingen* **eng mit etw. verbunden sein** être lié étroitement à qc.; se lier étroitement à qc.; **wir sind auf Gedeih u. Verderb miteinander verbunden** nous sommes unis pour le meilleur et pour le pire; **dieser Stoff verbindet die Eigenschaften der Zellulose mit denen des Gummis** cette matière allie les propriétés de la cellulose à celles du caoutchouc, réunit les propriétés de la cellulose et (celles) du caoutchouc; **schöne Erinnerungen ~ mich mit dieser Stadt** de beaux souvenirs m'attachent à cette ville; **mit dieser Stelle sind folgende Vorteile verbunden** ce poste comporte les avantages suivants; **mit Kosten verbunden sein** entraîner des frais, dépenses; **ich bin Ihnen dafür sehr verbunden** (*dankbar*) je vous en suis fort obligé, reconnaissant; **3.** *chim.* combiner (mit avec); *élect.* raccorder; connecter; brancher; *charp.* assembler; *tél.* mettre en communication (mit avec); établir, donner la communication (avec); **~ Sie mich mit ...** donnez-moi la, mettez-moi en communication avec ...; **j-n falsch ~** donner une mauvaise communication, F un faux, mauvais numéro à qn.; **falsch verbunden** mal raccordé, branché; il y a erreur (de communication, de numéro); **II** *v/réfl.* **sich ~** se lier (mit avec); se joindre (à); s'unir (à *od.* avec); s'associer (à qc.; à *od.* avec qn.); s'allier (à *od.* avec) (*für métall. nur* avec); *chim.* se combiner (à *od.* avec); **sich ehelich ~** s'unir par les liens du mariage; **sich geschäftlich mit j-m ~** s'associer avec qn.; **damit verbindet sich mir e-e schöne Erinnerung** cela me rappelle un beau souvenir; **damit verbindet sich die Vorstellung ...** à cela s'attache l'idée ...; **bei ihr verbindet sich Schönheit mit Klugheit** la beauté chez elle s'allie à *od.* avec l'intelligence; **~d** *adjt.* **~er Text, ~e Worte** texte, paroles de liaison; **~e Musik** liaison sonore.

verbindlich [fɛrˈbɪntlɪç] *adj.* **1.** (*verpflichtend*) obligatoire; **etw. für ~ erklären** rendre qc. obligatoire; **für j-n ~ sein** lier, engager qn.; **2.** (*liebenswürdig*) obligeant; complaisant; courtois; **~es Wesen** obligeance *f*; complaisance *f*; **etw. ≗es sagen** dire des paroles obligeantes, aimables, courtoises, des politesses; **~ lächeln** sourire aimablement, avec prévenance, complaisance; **~sten Dank, ich danke ~st** tous mes remerciements; je vous suis très obligé; **≗ˌkeit** *f* ⟨~; ~en⟩ **1.** *der Verträge, Gesetze* caractère *m* obligatoire; **2.** (*Liebenswürdigkeit*) obligeance *f*; manière obligeante; complaisance *f*; **j-m ~en sagen** dire des politesses à qn.; **3.** *comm.* obligation *f*; engagement *m*; **e-e ~ eingehen** contracter une obligation; assumer, contracter un engagement; **s-n ~en nachkommen, s-e ~en erfüllen, einhalten** s'acquitter de, satisfaire à, faire honneur à, remplir, respecter ses obligations, engagements; **s-e ~en nicht einhalten, nicht erfüllen, s-n ~en nicht nachkommen** manquer à ses obligations, engagements; **sich e-r ~ entziehen** se soustraire, se dérober à une obligation.

Verbindung [fɛrˈbɪndʊŋ] *f* ⟨~; ~en⟩ **1.** *von Menschen u. Dingen* liaison *f* (*auch milit.*); jonction *f* (*auch jur. zweier Prozesse*); (ré)union *f*; connexion *f*; alliance *f*; communication *f* (*auch milit.*); *menschliche* (*Beziehung*) relation *f*; rapport *m*; commerce *m*; communication *f*; contact *m*; **eheliche ~** union conjugale; **e-e eheliche ~ mit j-m eingehen** se marier avec qn.; **in ~ mit ...** conjointement avec ...; en liaison avec ...; *milit.* **rückwärtige ~en** liaisons arrières; **~ halten mit ...** maintenir, assurer la liaison avec ...; **die ~ herstellen** donner, établir la liaison, une communication, des contacts; **mit j-m in ~ treten, mit j-m ~ aufnehmen** entrer en relations, en rapport, en communication, en contact avec qn.; prendre contact avec qn.; F *néol.* contacter qn.; **sich mit j-m in ~ setzen** se mettre en relations, en communication, en contact, en rapport, en liaison avec qn.; F *néol.* contacter qn.; s'aboucher avec qn.; prendre langue avec qn.; **mit j-m in ~ stehen** être en relations, en contact, en rapport, en liaison, en communication avec qn.; *brieflich* correspondre, entretenir une correspondance avec qn.; **wir haben gar keine ~ mehr miteinander** nous n'avons plus aucun rapport ensemble; **alle ~en mit j-m abbrechen** cesser tout rapport avec qn.; **j-n mit etw.** (*par ex. e-m Ereignis*) **in ~ bringen** mettre qn. en rapport avec qc.; **gute ~en haben** avoir de bonnes relations; **studentische ~** *etwa* association *f* d'étudiants; **2.** (*Verkehrs≗*) communication *f*; **die ~ mit der Stadt ist sehr gut** les communications avec la ville sont excellentes; **3.** *tél.* communication *f*; **e-e ~ herstellen** établir, donner une communication; **e-e ~ haben** avoir une communication; **die ~ unterbrechen, trennen** rompre la communication; **falsche ~** erreur de communication; F faux numéro; **4.** *chim. als Handlung u. deren Resultat* combinaison *f* (*auch math.*); *nur Resultat* composé *m*; combiné *m*; **e-e ~ eingehen mit** se combiner, entrer en combinaison avec; **5.** *élect.* connexion *f*; raccordement *m*; *techn.* jonction *f*; raccordement *m*; raccord *m*; *charp.* assemblage *m*; **~sˌbahn** *f chem.* ligne *f* de jonction, de raccordement; **~sˌdienst** *m milit.* service *m* de liaison; **~sˌdraht** *m élect.* fil *m* de connexion, de raccordement; **~sˌgang** *m* galerie *f* de communication; couloir *m*; **~sˌglied** *n* raccord *m*; **~sˌgraben** *m milit.* boyau *m* (de communication); **~sˌkabel** *n élect.* câble *m* de jonction, de raccord(ement); **~skaˌnal** *m* canal *m* de jonction; **~sˌklemme** *f élect.* borne *f* de connexion; plot *m* de raccordement; serre-fils *m*; **~skoˌmmando** *n milit.* détachement *m* de liaison; **~sˌleitung** *f élect.* ligne *f* de jonction, de connexion; *für Gas, Wasser* conduite *f* de raccordement; **~sˌlinie** *f* ligne *f* de communication; **~sˌmann** *m* ⟨-(e)s; ≗er *od.* -leute⟩ *milit.* homme *m*, agent *m* de liaison; **~soffiˌzier** *m milit.* officier *m* de liaison; **~sˌplatte** *f* plaque *f* d'assemblage; **~sˌrohr** *n* tube *m*, tuyau *m* de communication, de jonction; **~sˌschnur** *f élect.* cordon *m* de branchement, de raccordement; **~sˌschraube** *f* vis *f*, boulon *m* d'assemblage; **~sˌstab** *m milit.* mission *f* de liaison; **~sˌstange** *f* barre *f* de raccordement; **~sˌstecker** *m élect.* fiche *f* de connexion, de raccordement; **~sˌstelle** *f* point *m* de jonction, de raccordement; assemblage *m*; **~sˌstraße** *f* route *f* de communication; **~sˌstück** *n* raccord *m*; **~sˌtrupp** *m milit. cf.* ~skommando; **~sˌtür** *f* porte *f* de communication; **~sˌwärme** *f chim.* chaleur *f* de combinaison; **~sˌweg** *m* voie *f* de communication; **~sˌwesen** *n* associations *f/pl.* d'étudiants.

verbissen [fɛrˈbɪsən] *adjt.* *Gegner* acharné; opiniâtre; *Wut* rentré; *Gesicht* aigri; **~ verteidigen** défendre âprement, avec âpreté, opiniâtreté, acharnement; **≗ˌheit** *f* ⟨~⟩ acharnement *m*.

verbitten [fɛrˈbɪtən] *v/réfl.* ⟨*irr., pas de ge-,* h⟩ **sich etw. ~** défendre à qn. de faire qc.; ne pas tolérer qc.; ne pas laisser passer qc.; **das verbitte ich mir für die** *od.* **in Zukunft!, das möchte ich mir verbeten haben!** que cela ne vous arrive plus!

verbitter|n [fɛrˈbɪtərn] *fig. v/t.* ⟨-(e)re, *pas de ge-,* h⟩ aigrir; rendre amer, -ère; *litt.* abreuver d'amertume; **j-m das Leben ~** rendre la vie amère à qn.; **~t** *adjt.* aigri; **≗ung** *f* ⟨~⟩ aigreur *f*; amertume *f*.

verblassen [fɛrˈblasən] *v/i.* ⟨-ßt, *pas de ge-,* sein⟩ *Sterne, Tinte, Schrift etc.* pâlir; *Tinte auch* s'effacer; *Farben auch* passer; *Stoff* perdre sa couleur; se faner; se défraîchir; passer; *fig., Wortbedeutung* s'affaiblir; s'adoucir; *Erinnerung* s'effacer; **~ lassen** *Farben, Stoffe* défraîchir; *Farben, Erinnerung* effacer.

verblättern [fɛrˈblɛtərn] *v/t.* ⟨-(e)re, *pas de ge-,* h⟩ *Buchseite* perdre (en feuilletant) la page où l'on était.

verbläuen [fɛrˈblɔʏən] **I** *v/t.* ⟨*pas de ge-,* h⟩ bleuir; **II** *v/i.* ⟨sein⟩ devenir bleu.

Verbleib [fɛrˈblaɪp] *m* ⟨~(e)s⟩ **über s-n ~, über den ~ dieser Papiere ist nichts bekannt** on ne sait pas où il se trouve, où sont ces papiers; **≗en I** *v/i.* ⟨*irr., pas de ge-,* sein⟩ (*bleiben*) rester; demeurer; (*verharren*) persister; **~ wir dabei, lassen wir es dabei ~** restons-en là; demeurons-en là; **es verbleibt dabei** tout reste comme devant, comme convenu; **er verbleibt bei s-r Meinung** il persiste dans son opinion; *Briefschluß*: *mit besten Grüßen* **verbleibe ich Ihr ...** j'ai l'honneur d'être votre dévoué serviteur, *etc.* ...; **die ~de Summe, der ~de Betrag** le restant; **II ~en** *n* ⟨~s⟩ *im Dienst, in Haft, der Truppen im Lande etc.* maintien *m*; **es wird dabei sein ~ haben** les choses en resteront là.

verbleichen [fɛrˈblaɪçən] *v/i.* ⟨**verbleicht, verblich, verblichen, sein**⟩ *cf.* **verblassen.**

verbleien [fɛrˈblaɪən] *v/t.* ⟨*pas de ge-,* h⟩ *techn.* plomber.

verblend|en [fɛrˈblɛndən] *v/t.* ⟨**-ete,** *pas de ge-,* **h**⟩ **1.** *fig., durch Leidenschaft, Haß, Ehrgeiz etc.* aveugler; *durch äußeren Glanz, Reichtum,*

Schönheit etc. éblouir; **2.** *bât.* recouvrir; revêtir; ᘐˌ**klinker** *m bât.* carreau *m*, brique *f* (recuite) de revêtement; ᘐˌ**stein** *m bât.* pierre *f* de revêtement; ᘐ**ung** *f* ⟨⁓⟩ *fig.* aveuglement *m*; éblouissement *m*; *bât.* revêtement *m*.

verbleuen [fɛrˈblɔʏən] F *v/t.* ⟨*pas de* **ge-, h**⟩ *cf.* **verbimsen.**

verblichen [fɛrˈblɪçən] *p. p. von* **verbleichen**; ᘐ**e(r)** *f (m)* ⟨→ A⟩ défunt, -e *m, f*.

verblöd|en [fɛrˈbløːdən] **I** *v/t.* ⟨-ete, *pas de ge-*, **h**⟩ hébéter; abêtir; abrutir; F crétiniser; **II** *v/i.* ⟨**sein**⟩ s'abêtir; s'abrutir; devenir stupide; ᘐ**ung** *f* ⟨⁓⟩ abêtissement *m*; abrutissement *m*; hébétement *m*.

verblüff|en [fɛrˈblʏfən] *v/t.* ⟨*pas de* **ge-, h**⟩ déconcerter; décontenancer; démonter; ahurir; confondre; stupéfier; abasourdir; ébahir; F épater; sidérer; renverser; estomaquer; éberluer; époustoufler; ébaubir; **verblüfft sein** être interdit, ébahi, démonté, ahuri, F sidéré, épaté, *etc.*; *auch* F rester baba, penaud, pantois; ⁓**end** *adjt.* déconcertant; ahurissant; stupéfiant; *néol.* abasourdissant; F épatant; ébouriffant; renversant; estomaquant; ᘐ**tˌheit** *f* ⟨⁓⟩, ᘐ**ung** *f* ⟨⁓⟩ stupéfaction *f*; perplexité *f*; consternation *f*; ahurissement *m*; F ébahissement *m*; épatement *m*; *néol.* abasourdissement *m*.

verblühen [fɛrˈblyːən] **I** *v/i.* ⟨*pas de* **ge-, sein**⟩ défleurir; (*welken*) se faner; se flétrir; *fig.* **verblühte Schönheit** beauté défraîchie, fanée, flétrie; **II** ᘐ *n* ⟨⁓**s**⟩ défleuraison *od.* défloraison *f*; **im** ⁓ **sein** commencer à se faner, se flétrir (*auch fig. von e-r Schönheit*).

verblümt [fɛrˈblyːmt] *advt.* **etw.** ⁓ **sagen** dire qc. à mots couverts, en termes voilés, à demi-mot.

verblut|en [fɛrˈbluːtən] *v/i.* ⟨*pas de ge-*, **sein**⟩ (*u. v/réfl.* ⟨**h**⟩) **(sich)** ⁓ perdre tout son sang; mourir exsangue; *méd.* mourir d'une hémorragie; *fig.*, *Truppen bei e-m Angriff* s'épuiser; ᘐ**ung** *f* ⟨⁓⟩ mort *f* par hémorragie.

verbocken [fɛrˈbɔkən] F *v/t.* ⟨*pas de* **ge-, h**⟩ (*falsch machen*) F gâcher.

verbogen [fɛrˈboːgən] *cf.* **verbiegen.**

verbohr|en [fɛrˈboːrən] F *v/réfl.* ⟨*pas de* **ge-, h**⟩ **sich in etw.** ⁓ s'obstiner dans qc.; *fig.* ne pas démordre de qc.; ⁓**t** F *adjt.* obstiné; ᘐ**tˌheit** F *f* ⟨⁓⟩ obstination *f*.

verbolzen [fɛrˈbɔltsən] *v/t.* ⟨-(es)t, *pas de* **ge-, h**⟩ boulonner; fixer par des boulons.

verborgen[1] [fɛrˈbɔrgən] *v/t.* ⟨*pas de* **ge-, h**⟩ (*leihen*) prêter; donner en prêt.

verborgen[2] [fɛrˈbɔrgən] *adjt.* caché; *Tür, Treppe* dérobé; secret, -ète; *Talent* obscur; *Kräfte* occulte; *Kräfte, Krankheit* latent; ⁓ **halten** cacher (**etw. vor j-m** qc. à qn.); **j-n** ⁓ **halten** cacher qn.; *jur.* receler qn.; **sich** ⁓ **halten** se cacher; **im** ⁓**en bleiben** rester dans l'ombre, dans l'obscurité; **im** ᘐ**en leben** vivre retiré, dans l'ombre, la retraite, l'obscurité; **im** ⁓**en** en cachette; F en catimini; *cf. auch* **verbergen**; ᘐˌ**heit** *f* ⟨⁓⟩ ombre *f*; obscurité *f*; **in der** ⁓ **leben** *cf.* **verborgen** (**im** ᘐ**en leben**).

Verbot [fɛrˈboːt] *n* ⟨⁓(e)s; ⁓e⟩ défense *f*; interdiction *f*; *von amtlicher Seite* prohibition *f*; ᘐ**en** *adjt.* défendu; interdit; prohibé; ⁓**e Fahrtrichtung** sens interdit; ⁓**e Zeitung** journal supprimé, interdit, frappé d'interdiction; F *fig.* **das sieht** ⁓ **aus!** ça jure, détonne!; ⁓**sˌschild** *n* ⟨⁓(e)s; ⁓er⟩, ⁓**sˌtafel** *f* panneau *m* d'interdiction; ⁓**sˌzeichen** *n* signal *m* d'interdiction.

verbracht [fɛrˈbraxt] *cf.* **verbringen.**

verbräm|en [fɛrˈbrɛːmən] *v/t.* ⟨*pas de* **ge-, h**⟩ garnir, border, enjoliver de fourrure; ᘐ**ung** *f* ⟨⁓; ⁓**en**⟩ garniture *f*, bordure *f*, enjolivement *m* de fourrure.

verbrannt [fɛrˈbrant] *cf.* **verbrennen.**

Verbrauch [fɛrˈbraux] *m* ⟨⁓(e)s⟩ consommation *f* (**an** de); ⁓ **pro Kopf** consommation par tête, par personne; **tatsächlicher, errechneter, übermäßiger** ⁓ consommation effective, chiffrée, excessive; **Steigerung des** ⁓**s** augmentation, développement de la consommation; **den** ⁓ **anregen** stimuler, encourager la consommation; ᘐˌ**bar** *adj. jur.* ⁓**e Güter** biens consomptibles; ᘐ**en** *v/t.* ⟨*pas de ge-*, **h**⟩ consommer; employer; user; (*aufbrauchen*) épuiser; *fig.* user; **Sie** ⁓ **zu viel Papier** vous usez trop de papier; F *fig.* **man muß ihn** ⁓ **wie er ist** il faut le prendre tel qu'il est; *cf. auch* ᘐt; ⁓**er(in)** *m* ⟨⁓**s**; ⁓⟩ (*f*) ⟨⁓; ⁓**nen**⟩ consommateur, -trice *m, f* (*auch élect.*); ⁓**erˌfestpreis** *m* prix *m* fixe à la consommation, au consommateur; ⁓**ergeˌnossenschaft** *f* coopérative *f* de consommation; ⁓**erˌgruppe** *f* catégorie *f*, groupe *m* de consommateurs; ⁓**erˌhöchstpreis** *m* prix maximum à la consommation, au consommateur; ⁓**erˌland** *n* pays consommateur; ⁓**erˌpreis** *m* prix *m* à la consommation, au consommateur; ⁓**erˌschaft** *f* ⟨⁓⟩ consommateurs *m/pl.*; ⁓**erˌschutz** *m* protection *f* du consommateur; ⁓**erverˌband** *m* syndicat *m*, groupement *m* de consommateurs; ⁓**sˌabgabe** *f* impôt *m*, taxe *f*, droit *m* de consommation, à la consommation, sur les objets de consommation; ⁓**sˌgüter** *n/pl.* biens *m/pl.* de consommation; ⁓**sˌgüterindusˌtrie** *f* industrie *f* des biens de consommation; ⁓**sˌlenkung** *f* orientation *f* de la consommation; ⁓**sˌregelung** *f* (*Rationierung*) rationnement *m*; ⁓**sˌrückgang** *m* diminution *f*, recul *m*, baisse *f* de la consommation; ⁓**sˌschätzung** *f* évaluation *f* de la consommation; ⁓**sˌsektor** *m* secteur *m* de (la) consommation; ⁓**sˌstand** *m* niveau *m* de la consommation; ⁓**sˌsteigerung** *f* augmentation *f* de la consommation; ⁓**(s)ˌsteuer** *f cf.* ⁓**sabgabe**; ⁓**svoˌlumen** *n* volume *m* de la consommation; ⁓**sˌzunahme** *f* accroissement *m*, augmentation *f* de la consommation; ᘐ**t** *adjt. fig.*, *Mensch, Kräfte* épuisé; usé; *Stimme* cassé; *Luft* vicié; confiné.

verbrechen [fɛrˈbrɛçən] *v/t.* ⟨*irr., pas de ge-*, **h**⟩ **1.** F *von e-m Kind etc.* **er hat etw. verbrochen** (*angestellt*) il a commis un méfait; il a fait du mal; F **was hat er denn schon wieder verbrochen?** quel méfait, F crime a-t-il encore commis?; F qu'a-t-il encore fabriqué?; **ich habe nichts verbrochen** je n'ai rien fait de mal; **2.** F *fig. Gedicht etc.* F fabriquer.

Verbrechen [fɛrˈbrɛçən] *n* ⟨⁓**s**; ⁓⟩ crime *m* (*auch fig.*); **schändliches, scheußliches, gemeines** ⁓ crime odieux, abominable, crapuleux; **widernatürliches** ⁓ crime contre nature; ⁓ **gegen den Frieden, die Menschlichkeit** crime contre la paix, l'humanité; ⁓ **aus Leidenschaft** crime passionnel; **ein** ⁓ **begehen, verüben** commettre un crime; **e-s** ⁓**s überführt werden** être reconnu coupable d'un crime; **bei der Begehung e-s** ⁓**s mitwirken** être complice d'un crime; **Hang zum** ⁓ prédisposition au crime.

Verbrecher|(in) [fɛrˈbrɛçər(ɪn)] *m* ⟨⁓**s**; ⁓⟩ (*f*) ⟨⁓; ⁓**nen**⟩ criminel, -lle *m, f*; malfaiteur, -trice *m, f*; gangster *m*; *jur.* délinquant, -e *m, f*; **politischer** ⁓ délinquant politique; **jugendlicher** ⁓ mineur délinquant; ⁓ˌ**album** *n bei der Polizei* album *m* de photographies de criminels; ⁓ˌ**bande** *f* bande *f* de malfaiteurs; gang *m*; ⁓**geˌsicht** *n* mine *f* patibulaire; ᘐ**isch** *adj.* criminel, -lle; **in** ⁓**er Absicht** avec intention criminelle; ⁓**e Handlung** action criminelle; ⁓ˌ**jagd** *f* chasse *f* à l'homme; ⁓ˌ**kneipe** *f* bouge *m*; taverne *f* (de brigands); ⁓**koloˌnie** *f* colonie *f* pénitentiaire; ⁓**physiognoˌmie** *f* figure *f*, mine *f* patibulaire; ⁓ˌ**tum** *n* ⟨⁓(e)s⟩ criminels *m/pl.*; criminalité *f*; banditisme *m*; gangstérisme *m*; ⁓ˌ**viertel** *n* quartier *m* des malfaiteurs, des apaches, de la pègre; ⁓ˌ**welt** *f* pègre *f*; milieu *m*; bas-fonds *m/pl.*

verbreit|en [fɛrˈbraɪtən] *v/t.* (*u. v/réfl.*) ⟨-ete, *pas de ge-*, **h**⟩ *Nachricht* (se) répandre; (se) propager; colporter; diffuser; divulguer; *Gerücht* (se) propager; (se) disséminer; faire courir; *Ideen* (se) répandre; (se) propager; semer; *Krankheit* (se) propager; *Furcht, Schrecken* (se) répandre; semer; *Geheimnis* divulguer; *Gestank* (se) répandre; (s')exhaler; *Flugblätter* distribuer; *vom Radio* diffuser; **durch Radio** ⁓ radiodiffuser; diffuser par radio; **diese Meinung ist sehr verbreitet** cette opinion est très répandue, fréquente; *fig.* **sich über etw.** ⁓ (*par ex. über ein Thema*) s'étendre sur qc.; ᘐ**er(in)** *m* ⟨⁓**s**; ⁓⟩ (*f*) ⟨⁓; ⁓**nen**⟩ *von Nachrichten, Gerüchten etc.* propagateur, -trice *m, f*; divulgateur, -trice *m, f*; semeur, -euse *m, f* (d'idées, de fausses nouvelles).

verbreiter|n [fɛrˈbraɪtərn] *v/t.* ⟨-(e)re, *pas de ge-*, **h**⟩ élargir; ᘐ**ung** *f* ⟨⁓⟩ élargissement *m*.

Verbreitung [fɛrˈbraɪtʊŋ] *f* ⟨⁓⟩ *von Nachrichten, Gerüchten* propagation *f*; diffusion *f*; divulgation *f*; *e-r Pflanzenart, Rasse etc.* propagation *f*; ⁓ **durch Radio** radiodiffusion *f*; ⁓**sgeˌbiet** *n zo., bot.* habitat *m*.

verbrenn|bar [fɛrˈbrɛnˌbaːr] *adj.* combustible; ᘐ**barˌkeit** *f* ⟨⁓⟩ combustibilité *f*; ⁓**en I** *v/t.* ⟨*irr., pas de ge-*, **h**⟩ brûler; *Leichen* incinérer; *Abfälle auch* calciner; *Kleid etc. mit e-r Zigarette* griller; **zu Asche** ⁓ réduire en cendres; **den Braten** ⁓ **lassen** laisser brûler le rôti; **bei lebendigem Leibe verbrannt werden** être brûlé(e) vif (vive); *fig.* **alle Schiffe hinter sich** ⁓ brûler tous ses vaisseaux; **sich die Finger** ⁓ se brûler les doigts (*auch fig.*); *fig.* **sich den Mund, die Zunge** ⁓ avoir, dire un mot malheureux; s'attirer des désagréments par ses indiscrétions; **von der Sonne verbrannt** 'hâlé, basané, bronzé (par le soleil); **II** *v/i.* ⟨**sein**⟩ brûler; se consumer (par le feu); **bei lebendigem Leibe** ⁓ être brûlé(e) vif (vive); **III** *v/réfl.* **sich** ⁓ se brûler; ᘐ**ung** *f* ⟨⁓; ⁓**en**⟩ **1.** combustion *f*; (*Leichen*ᘐ) crémation *f*; incinération *f* (*auch von Abfällen*); *hist.* (*Feuertod*) (supplice *m* du) F bûcher *m*; *chim.* **explosionsartige** ⁓ déflagration *f*; **2.** *méd.* brûlure *f*; ᘐ**ungsˌdruck** *m techn.* pression *f* de combustion; ᘐ**ungsˌgas** *n techn.* gaz *m* de la combustion; ᘐ**ungsˌkammer** *f mot.* chambre *f* de combustion;

2ungs‚motor *m* moteur *m* à combustion interne, à explosion; **2ungs‚ofen** *m für Leichen* four *m* crématoire; *für Abfälle* incinérateur *m*; **2ungspro‚dukt** *n* produit *m* de combustion; **2ungspro‚zeß** *m* combustion *f*; **2ungs‚rückstände** *m/pl.* résidus *m/pl.* de combustion; **2ungstur‚bine** *f* turbine *f* à combustion interne; **2ungs‚vorgang** *m cf.* 2ungsprozeß; **2ungs‚wärme** *f* chaleur *f* de combustion.

verbriefen [fɛr'briːfən] *v/t.* ⟨*pas de ge-*, h⟩ reconnaître, garantir, assurer par écrit; **verbrieftes Recht** droit, privilège reconnu par écrit, *fig.*, *par ext.* depuis longtemps; **verbriefte Schuld** dette assurée par un titre.

verbringen [fɛr'brɪŋən] *v/t.* ⟨*irr.*, *pas de ge-*, h⟩ *Zeit* (*zubringen*) passer; (*vergeuden*) gaspiller; gâcher.

verbrochen [fɛr'brɔxən] *cf.* **verbrechen.**

verbrüder|n [fɛr'bryːdərn] *v/réfl.* ⟨-(e)re, *pas de ge-*, h⟩ **sich ~** fraterniser (**mit j-m** avec qn.); **2ung** *f* ⟨~; ~en⟩ fraternisation *f*; **2ungs‚fest** *n* fête *f* de fraternisation.

verbrühen [fɛr'bryːən] *v/t.* (*u. v/réfl.*) ⟨*pas de ge-*, h⟩ (se) brûler; (s')échauder.

verbuch|en [fɛr'buːxən] *v/t.* ⟨*pas de ge-*, h⟩ comptabiliser; passer en écritures, en compte; passer écriture de; *fig.* enregistrer; **etw. als Einnahme ~** inscrire, coucher qc. en recette; **auf e-m Konto ~** inscrire à un compte; **2ung** *f* ⟨~⟩ comptabilisation *f*; passation *f* en écritures, en compte; inscription *f*.

verbuddeln [fɛr'budəln] F *v/t.* ⟨-(e)le, *pas de ge-*, h⟩ enterrer; enfouir.

Verbum ['vɛrbum] *n* ⟨~s; -ba⟩ *gr.* verbe *m*; **starkes ~** verbe fort.

verbumfideln [fɛr'bum‚fiːdəln] F *v/t.* ⟨-(e)le, *pas de ge-*, h⟩ *Geld* (*vergeuden*) dissiper; gaspiller; gâcher; *Verabredung* (*vergessen*) oublier; *Gegenstand* (*verlieren*) perdre; (*verlegen*) égarer; (*verderben*) gâcher.

verbummeln [fɛr'buməln] F **I** *v/t.* ⟨-(e)le, *pas de ge-*, h⟩ *Zeit* (*vergeuden*) perdre; gaspiller; gâcher; *Verabredung etc.* (*vergessen*) oublier; *Gegenstand* (*verlieren*) perdre; égarer; **II** *v/i.* ⟨**sein**⟩ passer son temps à ne rien faire; perdre, gâcher son temps; **verbummelter Student** étudiant désordonné, paresseux; **verbummeltes Genie** génie déchu.

Verbund... [fɛr'bunt] *in Zssgn. techn.* compound; **~‚anordnung** *f techn.* installation *f* compound; **~dy‚namo** *m élect.* génératrice *f*, dynamo *f* compound; **2en** *adjt. cf.* **verbinden**; *milit.* **~e Waffen** armes combinées, opérant en liaison; *milit.* **~e Ausbildung** formation, instruction interarmes; *milit.* **~e Operationen** opérations combinées, interarmes, d'ensemble.

verbünden [fɛr'byndən] *v/réfl.* ⟨-ete, *pas de ge-*, h⟩ **sich ~** s'allier (**mit** à *od.* avec); se liguer; se coaliser; se confédérer.

Verbundenheit [fɛr'bundən‚haɪt] *f* ⟨~⟩ solidarité *f*; (*Zuneigung*) affection *f*; attachement *m*; *als Briefschluß* **in herzlicher ~ Ihr ...** bien affectueusement vôtre ...

Verbündete(r) [fɛr'byndətə(r)] *f* (*m*) ⟨→ A⟩ allié, -e *m, f*; coalisé, -e *m, f*; confédéré, -e *m, f*.

Verbund|glas [fɛr'bunt‚glaːs] *n* verre *m* «Triplex»; verre *m* sandwich; **~ma‚schine** *f techn.* machine *f* compound; **~‚motor** *m techn.* moteur *m* compound, à excitation composée; **~‚stahl** *m* acier *m* compound; **~unter‚nehmen** *n écon.* entreprise intégrée; **~‚wirtschaft** *f écon.* concentration verticale; groupement *m* de centrales électriques, de centrales d'électricité.

verbürgen [fɛr'byrgən] *v/réfl.* ⟨*pas de ge-*, h⟩ **sich für etw. ~** cautionner, garantir qc.; se porter garant de qc.; répondre de qc.; **sich für j-n ~** cautionner qn.; être caution de qn.; se porter garant, caution pour, se rendre garant, caution de qn.; **verbürgt** *Nachricht* authentique; de source sûre; de source bien informée.

verbürgerlich|en [fɛr'byrgər‚lɪçən] **I** *v/t.* ⟨*pas de ge-*, h⟩ embourgeoiser; **II** *v/i.* ⟨**sein**⟩ s'embourgeoiser; **2ung** *f* ⟨~⟩ embourgeoisement *m*.

verbürgt [fɛr'byrkt] *adjt. cf.* **verbürgen.**

verbüß|en [fɛr'byːsən] *v/t.* ⟨-(es)t, *pas de ge-*, h⟩ *Strafe* subir; purger; **2ung** *f* ⟨~⟩ *verbal*.

verbuttern [fɛr'butərn] *v/t.* ⟨-(e)re, *pas de ge-*, h⟩ **1.** *Milch* transformer en beurre; **2.** F *fig.* (*vergeuden*) gaspiller; gâcher; dissiper.

vercharter|n [fɛr'ʃartərn] *v/t.* ⟨-(e)re, *pas de ge-*, h⟩ *Schiff* fréter; **2ung** *f* ⟨~⟩ frètement *m*.

verchrom|en [fɛr'kroːmən] *v/t.* ⟨*pas de ge-*, h⟩ chromer; **2ung** *f* ⟨~⟩ chromage *m*.

Verdacht [fɛr'daxt] *m* ⟨~(e)s⟩ soupçon *m*; suspicion *f*; défiance *f*; **begründeter ~** suspicion fondée, justifiée; **bloßer ~** simple conjecture; **dringender ~** sérieux soupçons; **bei hinreichendem ~** en cas de soupçons justifiés; **~ schöpfen** concevoir des soupçons, de la défiance; devenir soupçonneux, -euse; **~ erregen** éveiller, exciter, inspirer des soupçons; **j-n in ~ bringen** jeter la suspicion sur qn.; faire soupçonner qn.; rendre qn. suspect; **in ~ kommen** éveiller, provoquer les soupçons; se rendre suspect; **j-n im ~ haben** soupçonner, suspecter qn.; **j-n wegen e-r Sache in ~ haben** soupçonner qn. de qc.; tenir qn. pour suspect de qc.; tenir qn. en suspicion de qc.; **im ~ des Diebstahls stehen** être soupçonné de vol; **er steht im ~, zu ...** (+ *inf.*) il est soupçonné de ... (+ *inf.*); **sich e-m ~ aussetzen** s'exposer à la suspicion, aux soupçons; **j-s ~ bestätigen** fortifier les soupçons de qn.; **er wurde unter dem ~ des Diebstahles festgenommen** soupçonné de vol, il fut arrêté; **über allen ~ erhaben** au-dessus, 'hors de tout soupçon; 'hors de cause.

verdächtig [fɛr'dɛçtɪç] *adj.* suspect; *Benehmen* soupçonnable; *Angelegenheit* douteux, -euse; louche; **(sich) ~ machen** (se) rendre suspect; **e-e ~e Person** un suspect; **~e Elemente** des suspects; **die Sache, das kommt mir ~ vor** il y a du louche là-dedans; F cela ne me semble pas très catholique; **~en** *v/t.* ⟨*pas de ge-*, h⟩ **j-n ~** suspecter, (faire) soupçonner qn. (**e-r Sache** de qc.); **2e(r)** *f* (*m*) ⟨→ A⟩ suspect, -e *m, f*; **2ung** *f* ⟨~; ~en⟩ suspicion *f*; soupçon *m*.

Verdachts|gründe [fɛr'daxts‚gryndə] *m/pl.* motifs *m/pl.* de suspicion; **~mo‚ment** *n* point suspect; **~per‚son** *f cf.* **Verdächtige(r).**

verdammen [fɛr'damən] *v/t.* ⟨*pas de ge-*, h⟩ maudir; *relig. auch* damner; réprouver; *fig.* (*verurteilen, nicht gutheißen*) condamner; **Gott verdamm' mich!** (que) le diable m'emporte!

verdämmen [fɛr'dɛmən] *v/t.* ⟨*pas de ge-*, h⟩ *mines* fermer par une digue; barrer.

verdamm|enswert [fɛr'damənsˌveːrt] *adj.* maudissable; *relig.* damnable; réprouvable; *fig.* (*zu verurteilend*) condamnable; **2nis** *f* ⟨~⟩ *relig.* **ewige ~** damnation éternelle; **~t 1.** *adjt.* maudit; *relig.* damné; réprouvé; F *für Personen u. Dinge* satané, F sacré (*vorangestellt*); **~ in alle Ewigkeit** maudit pour l'éternité; **~e Seele** âme damnée; damné, -e *m, f*; **das ist deine ~e Pflicht u. Schuldigkeit** ce n'est que ton devoir; **ein ~er Kerl** un sacré, fieffé, satané coquin; *Fluch* **~!**, **~ u. zugenäht!**, **~ nochmal!** au diable!; peste!; nom de nom!; diantre!; fichtre!; flûte!; zut!; mince alors!; **2.** *advt.* F (*ungemein*) diablement; **2te(r)** *f* (*m*) ⟨→ A⟩ maudit, -e *m, f*; *relig.* damné, -e *m, f*; réprouvé, -e *m, f*; **2ung** *f* ⟨~⟩ *relig.* réprobation *f*; *fig.* (*Verurteilung*) condamnation *f*.

verdampf|en [fɛr'dampfən] **I** *v/t.* ⟨*pas de ge-*, h⟩ évaporer; vaporiser; **II** *v/i.* ⟨**sein**⟩ s'évaporer; se vaporiser; **2er** *m techn.* évaporateur *m*; **2ung** *f* ⟨~⟩ évaporation *f*; vaporisation *f*; **2ungs‚anlage** *f techn.* installation *f* d'évaporation, de vaporisation; **2ungs‚kühlung** *f* refroidissement *m* par évaporation; **2ungs‚punkt** *m* point *m* d'évaporation, de vaporisation; **2ungstempera‚tur** *f* température *f* d'évaporation, de vaporisation; **2ungs‚wärme** *f* chaleur *f* d'évaporation, de vaporisation.

verdanken [fɛr'daŋkən] *v/t.* ⟨*pas de ge-*, h⟩ **j-m etw. ~** devoir qc. à qn.; être redevable de qc. à qn.

verdarb [fɛr'darp] *cf.* **verderben.**

verdattert [fɛr'datərt] F *adj. cf.* **verblüffen (verblüfft sein).**

verdau|en [fɛr'dauən] *v/t.* ⟨*pas de ge-*, h⟩ digérer; *fig. auch* assimiler; **~lich** *adj.* digestible; **leicht ~ sein** être facile à digérer; être de digestion facile; F être digeste; **schwer ~ sein** être indigeste; **2lich‚keit** *f* ⟨~⟩ digestibilité *f*; **2ung** *f* ⟨~⟩ digestion *f*; **schlechte ~** digestion difficile; *méd.* dyspepsie *f*; **an schlechter ~ Leidende(r)** dyspeptique (dyspeptique) *m, f*; **die ~ förderndes Mittel** digestif *m*; **2ungsappa‚rat** *m anat.* appareil digestif; **2ungsbe‚schwerden** *f/pl.* troubles digestifs, de la digestion; indigestion *f*; **2ungs‚mittel** *n* digestif *m*; **2ungsor‚gane** *n/pl. anat.* organes digestifs, de la digestion; **2ungs‚säfte** *m/pl. physiol.* sucs digestifs; **2ungs‚schnaps** *m* digestif *m*; **2ungsspa‚ziergang** *m* promenade digestive; **2ungs‚störungen** *f/pl. cf.* 2ungsbeschwerden; **2ungs‚vorgang** *m physiol.* processus digestif; **2ungs‚werkzeuge** *n/pl. cf.* 2ungsorgane.

Verdeck [fɛr'dɛk] *n* ⟨~(e)s; ~e⟩ *mar.* pont supérieur; *Auto* capote *f*.

verdecken [fɛr'dɛkən] *v/t.* ⟨*pas de ge-*, h⟩ (*zudecken*) couvrir; (*einhüllen*) envelopper; *Hut, Schleier ein Gesicht* couvrir; (*dem Blick entziehen*) masquer; cacher; dérober à la vue; *milit.* défiler; *fig.* **mit verdeckten Karten spielen** cacher, déguiser son jeu; **verdeckte Knopfleiste** boutonnage sous patte; *milit.* **verdeckte Feuerstellung** position de batterie défilée.

verdenken [fɛr'dɛŋkən] *v/t.* ⟨*irr.*, *pas de ge-*, h⟩ **j-m etw. nicht ~ (können)**

ne pas (pouvoir) en vouloir à qn. de qc.

Verderb [fɛr'dɛrp] *m* ⟨~(e)s⟩ ruine *f*; perte *f*; **auf Gedeih u.** ~ pour le meilleur et pour le pire; **2en I** *v/t.* ⟨**verdirbt, verdarb, verdürbe, verdorben, h**⟩ gâter; corrompre; altérer; abîmer; avarier; *Luft* infecter; vicier; *Gesundheit* miner; altérer; *fig., moralisch, sittlich* corrompre; dépraver; pervertir; détériorer; **sich die Augen** ~ s'abîmer, se gâter la vue; s'abîmer les yeux; **sich den Magen** ~ se donner une indigestion; se déranger, se délabrer, s'abîmer, F se détraquer l'estomac; **sich sein Leben** ~ gâcher sa vie; **j-m die Freude, den Spaß** ~ gâter, troubler la joie, le plaisir de qn. (*aber* on lui a gâté, troublé sa joie, *etc.*); **die Preise** ~ gâter, F gâcher les prix, le métier; **es mit j-m** ~ perdre les bonnes grâces de qn.; gâter les rapports avec qn.; **es mit niemand** ~ **wollen** vouloir ménager tout le monde, F la chèvre et le chou; **böse Beispiele** ~ **gute Sitten** *prov.* les mauvaises compagnies corrompent les bonnes mœurs *prov.*; **II** *v/i.* ⟨**sein**⟩ *Lebensmittel, Speisen etc.* se gâter; se corrompre; s'altérer; s'abîmer; s'avarier; (*in Fäulnis übergehen*) pourrir; *fig., sittlich* se corrompre; **Unkraut verdirbt nicht** *cf.* **Unkraut**; **III** ~**en** *n* ⟨~**s**⟩ (*Untergang*) perte *f*; ruine *f*; *relig.* perdition *f*; **j-n ins** ~ **stürzen** perdre qn.; **j-n ins** ~ **bringen** conduire, entraîner qn. à sa perte, sa ruine; **j-n an den Rand des** ~**s bringen** conduire qn. à deux doigts de sa perte; **ins** ~ **rennen** courir à sa perte; **2en|bringend** *adj.* fatal; funeste; ~**er(in)** *m* ⟨~**s**; ~⟩ (*f*) corrupteur, -trice *m, f*; **2|lich** *adj. Lebensmittel, Waren* périssable; *fig., Einfluß etc.* corrupteur, -trice; malfaisant; (*schädlich*) nuisible; pernicieux, -euse; (*verhängnisvoll*) fatal; funeste; ~**|nis** *f* ⟨~; ~**se**⟩ corruption *f*; perversion *f*; dépravation *f*; dissolution *f*; avilissement *m*; **2t** *adj. st. s. sittlich* corrompu; pervers; dépravé; (*lasterhaft*) vicieux, -euse; *Text* défectueux, -euse; ~**t|heit** *f* ⟨~⟩ *sittliche* corruption *f*; dépravation *f*; perversité *f*; immoralité *f*; vice *m*.

verdeutlich|en [fɛr'dɔʏt|lɪçən] *v/t.* ⟨*pas de ge-*, **h**⟩ rendre clair; élucider; (mieux) expliquer; **2ung** *f* ⟨~⟩ élucidation *f*; explication *f*.

verdeutsch|en [fɛr'dɔʏtʃən] *v/t.* ⟨*pas de ge-*, **h**⟩ traduire en allemand; **2ung** *f* ⟨~; ~**en**⟩ traduction *f* en allemand.

verdicht|bar [fɛr'dɪçt|baːr] *adj. phys.* condensable; ~**en I** *v/t.* ⟨-ete, *pas de ge-*, **h**⟩ *phys., Flüssigkeit, Gas* condenser; comprimer; *chim.* concentrer; *techn., Formsand* serrer; *milit., Feuer* intensifier; **II** *v/réfl.* **sich** ~ *phys.* se condenser (*auch fig.*); se comprimer; *chim.* se concentrer; *Rauch, Nebel* s'épaissir; devenir plus dense, épais, -sse; *fig., Verdacht* se fortifier; *auch Gerücht* prendre corps; s'accréditer; **2er** *m* ⟨~**s**; ~⟩ *techn., phys.* compresseur *m*; **2ung** *f* ⟨~⟩ *phys.* condensation *f*; compression *f*; *chim.* concentration *f*; *techn., von Formsand* serrage *m*; **2ungs|grad** *m phys.* degré *m* de compression; **2ungsver|hältnis** *n* rapport *m*, taux *m* de compression; **2ungs|wärme** *f* chaleur *f* de compression; **2ungs|zündung** *f Dieselmotor* allumage *m* par compression.

verdick|en [fɛr'dɪkən] *v/t.* (*u. v/réfl.*) ⟨*pas de ge-*, **h**⟩ (s')épaissir; **2ung** *f* ⟨~; ~**en**⟩ épaississement *m*.

verdien|en [fɛr'diːnən] *v/t.* ⟨*pas de ge-*, **h**⟩ *Geld, Lebensunterhalt* gagner; *Lob, Tadel, Anerkennung, Aufmerksamkeit etc.* mériter; être digne de; **s-n Lebensunterhalt** ~ gagner sa vie; subvenir à ses besoins; **gut** ~ gagner bien (sa vie); avoir un bon salaire; être bien rémunéré, rétribué; F gagner gros; **an e-m Geschäft** ~ faire, réaliser un bénéfice sur une affaire; retirer un profit d'une affaire; **bei** *od.* **an diesem Geschäft verdiene ich hundert Mark** cette affaire me rapporte cent marks (de bénéfice); *fig.* **sich die Sporen** ~ *cf.* **Sporn**; **dieses Buch verdient gelesen zu werden** ce livre mérite d'être lu; **sich um j-n, etw. verdient machen** faire beaucoup pour qn., qc.; bien mériter de qc.; **sich um das Vaterland verdient machen** bien mériter de la patrie; **das habe ich nicht um Sie verdient** je n'ai pas mérité cela de votre part; *von Strafe, Unglück* **das hat er verdient** il l'a bien mérité; F il ne l'a pas volé; *cf. auch* **verdient**; **2er(in)** *m* (*f*) personne *f* gagnant de l'argent; celui, celle qui gagne sa vie, qui subvient aux besoins de la famille; **kleiner** ~ gagne-petit *m*.

Verdienst[1] [fɛr'diːnst] *m* ⟨~**es**; ~**e**⟩ (*Lohn*) gain *m*; rétribution *f*; (*Gewinn*) gain *m*; profit *m*; bénéfice *m*; **e-n kleinen** ~ **haben** gagner peu; avoir un maigre salaire; être un gagne-petit; **ich tue es nicht um des** ~**es willen** je ne le fais pas pour l'appât du gain, par appât du gain; ~[2] *n* ⟨~**es**; ~**e**⟩ mérite *m*; **die** ~**e dieses Mannes um die Stadt** les services rendus par cet homme à la ville; **es ist sein** ~**, daß ...** c'est à lui que revient le mérite de ... (+ *inf.*); **sich das** ~ **für e-e Sache zuschreiben, das** ~ **für etw. für sich in Anspruch nehmen** s'attribuer, s'octroyer le mérite de qc.; *ungerechtfertigterweise* se donner les gants de qc.; **sich etw. als** ~ **anrechnen** se faire un mérite de qc.; **j-s** ~**e um etw. anerkennen** apprécier les mérites de qn. en ce qui concerne qc.; ~**|ausfall** *m* perte *f* de gain; manque *m* à gagner; ~**be|scheinigung** *f* relevé *m* de salaire; ~**|einbuße** *f cf.* ~**ausfall**; ~**|grenze** *f* plafond *m*; ~**|kreuz** *n* croix *f* pour services rendus; **großes** ~ grand-croix du mérite; **2lich** *adj.* méritoire; **2|los** *adj.* qui ne gagne rien; *fig.* sans mérite; ~**me|daille** *f* médaille *f* pour services rendus; ~**|möglichkeit** *f* possibilité *f* de gain; ~**|orden** *m* ordre *m* du mérite; décoration *f* pour services rendus; ~**|spanne** *f* marge *f* bénéficiaire, de bénéfice; **2|voll** *adj.* méritoire; *Person* méritant.

verdient [fɛr'diːnt] *adjt. cf.* **verdienen**; **ein** ~**er Mann** un homme de mérite; **s-n** ~**en Lohn erhalten** être traité selon ses mérites; ~**er'maßen**, ~**er'weise** *adv.* selon ses (tes, *etc.*) mérites; comme il (elle, *etc.*) l'a (l'avait, *etc.*) mérité.

Verdikt [vɛr'dɪkt] *n* ⟨~(e)s; ~**e**⟩ verdict *m*.

verdingen [fɛr'dɪŋən] *v/réfl.* ⟨**verdingt, verdingte, verdungen** *od.* **verdingt, h**⟩ **sich (bei) j-m** ~ s'engager au service de qn.; se placer chez qn.

verdinglichen [fɛr'dɪŋ|lɪçən] *v/t.* ⟨*pas de ge-*, **h**⟩ concrétiser.

verdolmetsch|en [fɛr'dɔl|mɛtʃən] *v/t.* ⟨*pas de ge-*, **h**⟩ traduire; **2ung** *f* ⟨~⟩ traduction *f*.

verdonnern [fɛr'dɔnərn] F *v/t.* ⟨-(e)re, *pas de ge-*, **h**⟩ condamner (zu à).

verdopp|eln [fɛr'dɔpəln] *v/t. u. v/réfl.* ⟨-(e)le, *pas de ge-*, **h**⟩ doubler; *fig., s-e Bemühungen, s-n Eifer etc.* redoubler; **2(e|)lung** *f* ⟨~⟩ doublage *m*; doublement *m*; *fig.* redoublement *m*; *élect., math.* duplication *f*; *e-s Konsonanten, e-r Silbe* doublement *m*; réduplication *f*.

verdorben [fɛr'dɔrbən] *adjt. Lebensmittel* gâté; abîmé; corrompu; avarié; pourri; *fig., sittlich* corrompu; dépravé; pervers; **e-n** ~**en Magen haben** avoir une indigestion; F avoir l'estomac gâté, délabré, détraqué; *fig.* **durch u. durch** ~ pourri jusqu'aux moelles; *cf. auch* **verderben**; **2|heit** *f* ⟨~⟩ *cf.* **Verderbtheit**.

verdorren [fɛr'dɔrən] **I** *v/i.* ⟨*pas de ge-*, **sein**⟩ se dessécher; **II 2** *n* ⟨~**s**⟩ dessèchement *m*.

verdraht|en [fɛr'draːtən] *v/t.* ⟨-ete, *pas de ge-*, **h**⟩ câbler; **2ung** *f* ⟨~⟩ câblage *m*; **2ungs|plan** *m* schéma *m* de câblage.

verdräng|en [fɛr'drɛŋən] *v/t.* ⟨*pas de ge-*, **h**⟩ *Wasser, Gas, Luft* déplacer; *aus e-r Stellung, e-m Amt* évincer; chasser; écarter; repousser; supplanter; déloger; F éjecter; dégommer; *aus e-r Wohnung* déloger; chasser; expulser; *Maschinen die Handarbeit etc.* supplanter; supprimer; *milit., aus der Stellung* déloger; débusquer; expulser; *psych., Gefühle* refouler; **j-n aus s-m Besitz** ~ déposséder qn.; **2ung** *f* ⟨~⟩ *von Wasser, Gas, Luft* déplacement *m*; *aus e-r Stellung* éviction *f*; supplantation *f*; délogement *m*; F éjection *f*; dégommage *m*; *aus e-r Wohnung* délogement *m*; expulsion *f*; *milit.* délogement *m*; expulsion *f*; *psych.* refoulement *m*; *der Handarbeit durch die Maschinen etc.* supplantation *f*; suppression *f*; ~ **aus dem Besitz** dépossession *f*.

verdreck|en [fɛr'drɛkən] F **I** *v/t.* ⟨*pas de ge-*, **h**⟩ salir; **II** *v/i.* ⟨**sein**⟩ se salir; ~**t** *adjt.* sali; (*schmutzig*) sale.

verdreh|en [fɛr'dreːən] *v/t.* (*u. v/réfl.*) **1.** (se) tordre; *Augen* rouler; *Schlüssel* fausser; **sich den Hals** ~ se tordre le cou; *fig.* **j-m den Kopf** ~ tourner la tête à qn.; **2.** *Sinn, Wahrheit* altérer; dénaturer; fausser; déformer; donner une entorse à; **das Recht** ~ (con)tourner la loi; **die Tatsachen** ~ fausser, déformer les faits; ~**t** *adjt.* F *Ansichten* absurde; biscornu; *Person* fou (fol), folle; P toqué; timbré; maboul; cinglé; ~**er Mensch** tête à l'envers; **2t|heit** F *f* ⟨~⟩ travers *m/pl.* (d'esprit); folie *f*; *der Ansichten* absurdité *f*; esprit biscornu; **2ung** *f* ⟨~; ~**en**⟩ torsion *f*; contorsion *f*; *der Augen* roulement *m*; *fig., der Wahrheit* altération *f*; dénaturation *f*; déformation *f*; entorse *f*; fausse interprétation; *des Rechts* contournement *m*; *besser verbal*; **2ungsbe|anspruchung** *f*, **2ungs|festigkeit** *f etc. cf.* **Torsions...**

verdreifach|en [fɛr'draɪ|faxən] *v/t. u. v/réfl.* ⟨*pas de ge-*, **h**⟩ tripler; **2ung** *f* ⟨~⟩ triplement *m*.

verdreschen [fɛr'drɛʃən] F *v/t.* ⟨*irr., pas de ge-*, **h**⟩ rouer de coups; rosser; F étriller.

verdrieß|en [fɛr'driːsən] *v/t.* ⟨-(es)t, **verdrießt, verdroß, verdrösse, verdrossen, h**⟩ contrarier; vexer; ennuyer; chagriner; dépiter; fâcher; **keine Mühe soll mich** ~ je n'épargnerai pas ma peine; **ich lasse es mich nicht** ~ je ne me laisse pas rebuter; je ne me rebute pas; ~**|lich** *adj.* (*mürrisch*) chagrin; mécontent; renfrogné;

de mauvaise humeur; (*unerquicklich*) contrariant; ennuyant; ennuyeux, -euse; fastidieux, -euse; désagréable; fâcheux, -euse; vexant; ~ **aussehen** F faire un nez; faire grise mine; P faire la gueule; **≈lichˌkeit** *f* ⟨~; ~en⟩ (*Mißmut*) (mauvaise) humeur *f*; chagrin *m*; (*Unannehmlichkeit*) contrariété *f*; ennui *m*; désagrément *m*.

verdrill|en [fɛrˈdrɪlən] *v/t.* ⟨*pas de ge-*, **h**⟩ tordre; torsader; **≈ung** *f* ⟨~⟩ torsion *f*; *néol.* toronnage *m*.

verdroß [fɛrˈdrɔs] *cf.* **verdrießen**.

verdrossen [fɛrˈdrɔsən] **1.** *adjt.* (*mürrisch*) maussade; chagrin; de mauvaise humeur; (*unlustig*) dégoûté de tout; las, -sse; **2.** *advt.* à contrecœur; de mauvaise grâce; **≈ˌheit** *f* ⟨~⟩ (*Mißmut*) chagrin *m*; (mauvaise) humeur *f*; (*Unlust*) déplaisir *m*; lassitude *f*.

verdrucken [fɛrˈdrʊkən] *v/t.* ⟨*pas de ge-*, **h**⟩ imprimer incorrectement; **das ist verdruckt** c'est une faute d'impression.

verdrück|en [fɛrˈdrʏkən] F **I** *v/t.* ⟨*pas de ge-*, **h**⟩ manger; F avaler; P se taper; bouffer; boulotter; **II** *v/réfl.* **sich** ~ disparaître; s'esquiver; F s'éclipser; filer à l'anglaise; s'évaporer; **≈ung** *f* ⟨~⟩ F **in** ~ **geraten** se mettre dans une situation désagréable, dans l'embarras, F dans le pétrin; F **in** ~ **sein** être dans une situation désagréable, dans l'embarras, F dans le pétrin.

Verdruß [fɛrˈdrʊs] *m* ⟨-**sses**; -**sse**⟩ (*Ärger*) dépit *m*; chagrin *m*; ennui(s) *m* (*pl.*); contrariété *f*; déplaisir *m*; mécontentement *m*; déboire *m*; **j-m** ~ **bereiten, machen** chagriner qn.; *cf. auch* **verdrießen**; **j-m zum** ~ en dépit de qn.

verdübeln [fɛrˈdyːbəln] *v/t.* ⟨-(**e**)**le**, *pas de ge-*, **h**⟩ cheviller.

verduften [fɛrˈdʊftən] F *v/i.* ⟨-**ete**, *pas de ge-*, **sein**⟩ (*u. v/réfl.* ⟨**h**⟩) (**sich**) ~ *cf.* **verdrücken II**.

verdumm|en [fɛrˈdʊmən] *v/t.* ⟨*pas de ge-*, **h**⟩ *u. v/i.* ⟨**sein**⟩ *cf.* **verblöden**; **≈ung** *f* ⟨~⟩ *cf.* **Verblödung**.

verdunk|eln [fɛrˈdʊŋkəln] **I** *v/t.* ⟨-(**e**)**le**, *pas de ge-*, **h**⟩ (*dunkler machen*) obscurcir; assombrir; (*abdunkeln*) obscurcir; *Luftschutz* camoufler, voiler les lumières; *astr.* éclipser; *fig.*, *Tatbestände* obscurcir; camoufler; maquiller; *j-s Ruhm etc.* assombrir; éclipser; effacer; **II** *v/réfl.* **sich** ~ *Himmel* s'obscurcir; s'assombrir; **≈(e)ˌlung** *f* ⟨~⟩ obscurcissement *m*; assombrissement *m*; *Luftschutz* camouflage *m* des lumières; black-out *m*; *von Tatbeständen* obscurcissement *m*; camouflage *m*; **≈(e)lungsgeˌfahr** *f jur.* danger *m* de collusion; **≈(e)lungspaˌpier** *n* papier *m* opaque.

verdünn|en [fɛrˈdʏnən] *v/t.* ⟨*pas de ge-*, **h**⟩ *Flüssigkeit* diluer; *Wein* couper; F baptiser; *Sauce* allonger; *chim.* atténuer; *Luft* raréfier; **~i'sieren** F *v/réfl.* ⟨*pas de ge-*, **h**⟩ **sich** ~ *cf.* **verdrücken II**; **≈ung** *f* ⟨~⟩ *e-r Flüssigkeit* dilution *f*; *des Weins* coupage *m*; *e-r Sauce* allongement *m*; *chim.* atténuation *f*; *der Luft* raréfaction *f*.

verdunsten [fɛrˈdʊnstən] *v/i.* ⟨-**ete**, *pas de ge-*, **sein**⟩ s'évaporer; ~ **lassen** évaporer.

verdünsten [fɛrˈdʏnstən] *v/t.* ⟨-**ete**, *pas de ge-*, **h**⟩ évaporer; vaporiser; volatiliser.

Verdunstung [fɛrˈdʊnstʊŋ] *f* ⟨~⟩ évaporation *f*.

Verdünstung [fɛrˈdʏnstʊŋ] *f* ⟨~⟩ évaporation *f*; vaporisation *f*; volatilisation *f*.

Verdunstungs|kälte [fɛrˈdʊnstʊŋsˌkɛltə] *f* froid dû à l'évaporation; **~ˌkühlung** *f* refroidissement *m* par évaporation.

verdursten [fɛrˈdʊrstən] *v/i.* ⟨-**ete**, *pas de ge-*, **sein**⟩ mourir de soif.

verdusseln [fɛrˈdʊsəln] F **I** *v/t.* ⟨-(**e**)**le**, *pas de ge-*, **h**⟩ oublier; **II** *v/i.* ⟨**sein**⟩ *cf.* **verblöden**.

verdüstern [fɛrˈdyːstərn] *v/t.* (*u. v/réfl.*) ⟨-(**e**)**re**, *pas de ge-*, **h**⟩ (s')assombrir (*auch fig.*); (s')obscurcir; *Gemüt, Verstand* **sich** ~ sombrer dans la folie.

verdutzt [fɛrˈdʊtst] F *adj.* ~ (**sein**) *cf.* **verblüffen**; **≈ˌheit** *f* ⟨~⟩ *cf.* **Verblüfftheit**.

verebben [fɛrˈʔɛbən] *v/i.* ⟨*pas de ge-*, **sein**⟩ diminuer, décroître, tomber peu à peu; *Flut* descendre.

vered|eln [fɛrˈʔeːdəln] **I** *v/t.* ⟨-(**e**)**le**, *pas de ge-*, **h**⟩ *arb.*, *jard.* greffer; *métall.* affiner; raffiner; *Rohstoffe, Zwischenprodukte* transformer; *fig.*, *Sitten etc.* épurer; purifier; raffiner; relever; améliorer; ennoblir (*auch Menschen*); **II** *v/réfl.* **sich** ~ s'ennoblir; **≈(e)ˌlung** *f* ⟨~⟩ *arb.*, *jard.* greffe *f*; greffage *m*; *métall.* affinage *m*; raffinage *m*; *von Rohstoffen etc.* transformation *f*; finissage *m*; *fig.* épuration *f*; épurement *m*; purification *f*; raffinement *m*; amélioration *f*; *der Menschen* ennoblissement *m*; **≈(e)lungserˌzeugnis** *n* produit transformé, amélioré; **≈(e)lungsinduˌstrie** *f* industrie *f* d'affinage, de finissage, de transformation; industrie transformatrice; **≈(e)lungsproˌdukt** *n cf.* **≈(e)lungserzeugnis**; **≈(e)lungsproˌzeß** *m* processus *m* d'affinage, de finissage, de transformation; **≈(e)lungsverˌfahren** *n* procédé *m* d'affinage, de finissage, de transformation; **≈(e)lungsverˌkehr** *m* importation *f* et réexportation *f* de produits transformés, améliorés.

verehelich|en [fɛrˈʔeːəˌlɪçən] *v/réfl.* ⟨*pas de ge-*, **h**⟩ **sich** ~ se marier; **Berta N., verehelichte O.** Berthe N., épouse O.; **≈ung** *f* ⟨~⟩ mariage *m*.

verehr|en [fɛrˈʔeːrən] *v/t.* ⟨*pas de ge-*, **h**⟩ vénérer; révérer; (*anbeten*) adorer; **Verehrte Anwesende!** Mesdames et Messieurs!; **j-m etw.** ~ faire hommage à qn. de qc.; faire cadeau, présent de qc. à qn.; **≈er(in)** *m* ⟨~**s**; ~⟩ (*f*) ⟨~; ~**nen**⟩ admirateur, -trice *m, f*; (*Anbeter*) adorateur, -trice *m, f*; *e-s Mädchens* soupirant *m*; F amoureux *m*; **≈ung** *f* ⟨~⟩ vénération *f*; (*Anbetung*) adoration *f*; culte *m*; **~ungsˌwürdig** *adj.* vénérable; adorable.

vereidig|en [fɛrˈʔaɪˌdɪgən] *v/t.* ⟨*pas de ge-*, **h**⟩ **j-n** ~ assermenter qn.; faire prêter serment à qn.; **~t** *adjt.* assermenté; juré; **≈ung** *f* ⟨~⟩ prestation *f* de serment.

Verein [fɛrˈʔaɪn] *m* ⟨~(**e**)**s**; ~**e**⟩ association *f*; société *f*; union *f*; club [klœb] *m*; **eingetragener** ~ société enregistrée; **gemeinnütziger** ~ association d'utilité publique; **wohltätiger** ~ association charitable; société de bienfaisance; **im** ~ **mit** avec le concours de; en collaboration avec.

vereinbar [fɛrˈʔaɪnˌbaːr] *adj.* compatible, conciliable (**mit** avec); **~en** *v/t.* ⟨*pas de ge-*, **h**⟩ **1. etw.** ~ convenir de qc.; tomber, se mettre d'accord sur qc.; s'entendre sur qc.; *vertraglich* stipuler qc.; **e-n Tag** ~ fixer un jour; **ein Treffen mit j-m** ~ convenir d'un rendez-vous avec qn.; prendre (un) rendez-vous avec qn.; **2. sich nicht mit etw.** ~ **lassen** ne pas être compatible avec qc.; être incompatible avec qc.; **etw. nicht mit s-m Gewissen** ~ **können** ne pas pouvoir prendre qc. sur soi, sur sa conscience; **~t** *adjt.* convenu; **zum ~en Zeitpunkt** à l'heure convenue, dite, fixée; **wie** ~ comme convenu; **wenn nichts anderes** ~ **ist** sauf convention contraire; **≈ung** *f* ⟨~; ~**en**⟩ convention *f*; accord *m*; *vertragliche* stipulation *f*; **mündliche** ~ convention verbale; **ausdrückliche** ~ convention expresse, explicite; accord exprès; **stillschweigende** ~ convention, accord tacite; **finanzielle** ~ arrangement financier; **e-e** ~ **treffen** faire un accord (**über etw.** sur qc.); convenir (de qc.); **zu e-r** ~ **kommen** tomber d'accord (**über etw.** sur qc.); **sich an e-e** ~ **halten** s'en tenir à une convention; **laut** ~ comme convenu; **~ungsgeˌmäß** *adv.* comme convenu.

vereinen [fɛrˈʔaɪnən] *v/t. u. v/réfl.* ⟨*pas de ge-*, **h**⟩ *cf.* **vereinigen, vereint**.

vereinfach|en [fɛrˈʔaɪnˌfaxən] *v/t.* ⟨*pas de ge-*, **h**⟩ simplifier; **≈ung** *f* ⟨~; ~**en**⟩ simplification *f*.

vereinheitlich|en [fɛrˈʔaɪnhaɪtˌlɪçən] *v/t.* ⟨*pas de ge-*, **h**⟩ uniformiser; unifier; standardiser; **≈ung** *f* ⟨~⟩ uniformisation *f*; unification *f*; standardisation *f*.

vereinig|en [fɛrˈʔaɪˌnɪgən] **I** *v/t.* ⟨*pas de ge-*, **h**⟩ **1.** (*zusammenfassen*) réunir (**mit** à); unir (à *od.* avec); associer (à); *Unternehmen, Gesellschaften* fusionner; *pol.* unifier; *gegensätzliche Tendenzen, Interessen* concilier; *Schönheit mit Klugheit etc.* allier, unir, joindre, associer (à); *Mächte, Völker, Parteien* coaliser; liguer; (con)fédérer; **2. sich nicht mit etw.** ~ **lassen** *cf.* **vereinbaren 2.**; **II** *v/réfl.* **sich** ~ se réunir (**mit** avec); s'unir (avec); s'associer (à *od.* avec); (*sich verbünden*) s'allier, se coaliser, se liguer (**gegen** contre); se (con)fédérer; *Anmut mit Geist* s'allier, s'unir, se joindre, s'associer (**mit** à); *Unternehmen, Gesellschaften* fusionner; *Flüsse* confluer (**mit** avec); se joindre; se rejoindre; **~t** *adjt.* **die ≈en Staaten (von Amerika)** les États-Unis (d'Amérique); **die ≈e Arabische Republik** la République Arabe Unie; **das ≈e Königreich von Großbritannien u. Nordirland** le Royaume-Uni de Grande-Bretagne et d'Irlande du Nord; **≈ung** *f* ⟨~⟩ **1.** réunion *f*; union *f*; association *f*; *von Unternehmen, Gesellschaften* fusion *f*; *pol.* unification *f*; *gegensätzlicher Tendenzen, Interessen* conciliation *f*; *von Flüssen* confluence *f*; *Stelle des Zusammenfließens* confluent *m*; **2.** ⟨*pl.* ~**en**⟩ (*Verein, Zusammenschluß*) association *f*; union *f*; société *f*; confédération *f*; **≈ungsˌfreiheit** *f* liberté *f* d'association; liberté syndicale.

vereinnahm|en [fɛrˈʔaɪnˌnaːmən] *v/t.* ⟨*pas de ge-*, **h**⟩ encaisser; **≈ung** *f* ⟨~; ~**en**⟩ encaissement *m*.

vereinsam|en [fɛrˈʔaɪnˌzaːmən] *v/i.* ⟨*pas de ge-*, **sein**⟩ devenir solitaire; s'isoler; **~t** *adjt.* esseulé; seul; solitaire; isolé; abandonné de tout le monde; **≈ung** *f* ⟨~⟩ isolement *m*.

Vereins|bruder [fɛrˈʔaɪnsˌbruːdər] *m* camarade *m* de club; **~geˌsetz** *n* loi *f* sur les associations; **~ˌhaus** *n cf.* **~lokal**; **~kameˌrad** *m cf.* **~bruder**; **~ˌkasse** *f* caisse *f* de l'association; **~loˌkal** *n* club *m*; **~ˌmeier** F *péj.* *m* ⟨~**s**; ~⟩ celui, celle qui a la manie de l'association; **~meieˌrei** F *péj. f* ⟨~⟩ manie *f* de l'association; **~ˌmitglied** *n* membre *m* d'une association; **~ˌraum** *m* salle *f* d'un club, d'une association; **~ˌrecht** *n* droit *m* d'association; **~ˌsatzung** *f* statuts *m/pl.* d'une association, d'une société; **~verˌmögen** *n* biens *m/pl.* d'une association; **~ˌvorsitzende(r)** *m* président *m* de l'association, de la société; **~ˌvorstand** *m* direction *f*, comité directeur de l'association, de la société; **~ˌwesen** *n* associations *f/pl.*; **~ˌzimmer** *n cf.* ~raum.

vereint [fɛrˈˀaɪnt] *adjt.* **brüderlich ~** fraternellement uni; **mit ~en Kräften** tous ensemble; **ℒe Nationen** Nations Unies.

vereinzel|n [fɛrˈˀaɪntsəln] *v/t.* ⟨-(e)le, *pas de ge-*, h⟩ isoler; *jard., agr.* démarier; éclaircir; repiquer; transplanter; **~t** *adjt.* isolé; (*~ auftretend, nachweisbar*) sporadique; **ℒung** *f* ⟨~⟩ isolement *m*; *jard., agr.* démariage *m*; éclaircissage *m*; repiquage *m*; transplantation *f*; **ℒungsmaˌschine** *f agr.* démarieuse *f*.

vereis|en [fɛrˈˀaɪzən] **I** *v/t.* ⟨-(es)t, *pas de ge-*, h⟩ *chir.* insensibiliser, anesthésier localement (par le froid); **II** *v/i.* ⟨**sein**⟩ *Flüsse etc.* geler; (se) prendre (en glace); *Straßen* se couvrir de verglas; *aviat.* givrer; **~t** *adjt. Straßen* verglacé; *Gewässer* pris par les glaces; *aviat.* givré; **ℒung** *f* ⟨~⟩ *aviat.* givrage *m*; *sonst verbal*; **ℒungsgeˌfahr** *f aviat.* danger *m* de givrage.

vereit|eln [fɛrˈˀaɪtəln] *v/t.* ⟨-(e)le, *pas de ge-*, h⟩ *j-s Pläne* déjouer; faire échouer; réduire à néant; faire échec à; anéantir; contrecarrer; faire avorter; F torpiller; *Absichten, ein Attentat* faire échouer; déjouer; contrecarrer; **j-s Pläne ~** *auch* F démonter les batteries de qn.; **ℒ(eˌ)lung** *f* ⟨~⟩ *von Plänen* mise *f* en échec; anéantissement *m*; F torpillage *m*; *sonst verbal.*

vereiter|t [fɛrˈˀaɪtərt] *adj.* abcédé; **ℒung** *f* ⟨~; ~en⟩ transformation *f* en abcès; (*Geschwür*) abcès *m*.

verekeln [fɛrˈˀeːkəln] *v/t.* ⟨-(e)le, *pas de ge-*, h⟩ **j-m etw. ~** dégoûter qn. de qc.

verelend|en [fɛrˈˀeːˌlɛndən] *v/i.* ⟨-ete, *pas de ge-*, **sein**⟩ s'appauvrir; tomber dans la misère; **ℒung** *f* ⟨~⟩ appauvrissement *m*.

verenden [fɛrˈˀɛndən] *v/i.* ⟨-ete, *pas de ge-*, **sein**⟩ succomber; mourir; crever.

vereng|en [fɛrˈˀɛŋən] *v/t.* (*u. v/réfl.*) ⟨*pas de ge-*, h⟩, **~ern** *v/t.* (*u. v/réfl.*) ⟨-(e)re, *pas de ge-*, h⟩ (se) rétrécir; (se) resserrer; (s')étrangler; **ℒ(eˌr)ung** *f* ⟨~; ~en⟩ rétrécissement *m*; resserrement *m*; étranglement *m*.

vererb|en [fɛrˈˀɛrbən] **I** *v/t.* ⟨*pas de ge-*, h⟩ **j-m** *od.* **auf j-n etw. ~** laisser, léguer qc. à qn.; *als Erbanlage auch* transmettre qc. à qn. (par héritage); **II** *v/réfl.* **sich ~** *Vermögen* se léguer; *Veranlagung, Krankheit etc.* se transmettre héréditairement (auf j-n à qn.); *Besitz etc.* sich auf j-n ~ passer à qn. par voie de succession; **~ˌlich** *adj.* héréditaire; **~t** *adjt.* héréditaire; **ℒung** *f* ⟨~⟩ hérédité *f*; *e-r Veranlagung, Krankheit auch* transmission *f* héréditaire; **ℒungsˌforscher** *m* généticien *m*; **ℒungsgeˌsetz** *n* loi *f* de l'hérédité; **ℒungsˌlehre** *f* génétique *f*; **ℒungstheoˌrie** *f* doctrine *f*, théorie *f* de l'hérédité.

verewig|en [fɛrˈˀeːˌvɪgən] *v/t.* (*u. v/réfl.*) ⟨*pas de ge-*, h⟩ *Zustand etc.* (s')éterniser; (se) perpétuer; *Namen etc.* (*unsterblich machen*) (s')immortaliser; F **sich ~** (*s-n Namen irgendwo einritzen, einschreiben*) s'immortaliser (en gravant son nom sur un mur, un monument, dans l'écorce d'un arbre, *etc.*); **ℒung** *f* ⟨~⟩ éternisation *f*; perpétuation *f*; (*Unsterblichmachung*) immortalisation *f*.

verfahren [fɛrˈfaːrən] **I** *v/t.* ⟨*irr.*, *pas de ge-*, h⟩ *Geld* dépenser ... en trajets, en voyages, en métro, *etc.*; *Zeit* perdre ... en trajets, *etc.*; **II** *v/i.* ⟨**sein**⟩ (*vorgehen*) procéder; agir; **mit etw. schlecht ~** user mal de qc.; **mit j-m schlecht ~** agir mal envers qn.; **nachsichtig, mit Nachsicht ~** user d'indulgence; **mit j-m streng ~** se montrer sévère à l'égard de qn.; user de rigueur avec qn.; **nicht gerade glimpflich ~** F ne pas y aller de main morte; *bei e-m Experiment* **unter gleichen Bedingungen ~** opérer toutes conditions égales, dans des conditions égales, identiques; **III** *v/réfl.* **sich ~** se tromper de chemin, de route; s'égarer; se fourvoyer; **IV** *adjt.* F **die Sache ist völlig ~** l'affaire est mal engagée, F embarquée, P embringuée; **V ℒ** *n* ⟨~s; ~⟩ **1.** (*Vorgehen*) procédé *m*; manière *f* d'agir; *oft péj.* pratique *f*; **2.** (*Arbeitsweise*) méthode *f*; *techn., chim.* procédé *m*; **verbessertes ~** méthode améliorée; **überholtes ~** procédé dépassé; méthode périmée; **patentiertes ~** procédé breveté; **ein ~ anwenden, einführen** appliquer, introduire un procédé; mettre un procédé en application; **3.** *jur.* procédure *f*; **gerichtliches, steuerrechtliches, beschleunigtes, vereinfachtes ~** procédure judiciaire, fiscale, accélérée, sommaire; **anhängiges ~** procédure en instance; **ein ~ einleiten, eröffnen** engager, introduire, ouvrir une procédure; **das ~ aussetzen** suspendre la procédure; **das ~ einstellen** arrêter la procédure, les poursuites; **ein ~ wiederaufnehmen** réouvrir, reprendre une procédure; **ℒsˌablauf** *m jur.* déroulement *m* de la procédure; **ℒsˌabschnitt** *m jur.* stade *m*, phase *f* de la procédure; **ℒsˌantrag** *m jur.* motion *f* de procédure; **ℒsˌeinstellung** *f jur.* arrêt *m*, *zeitweilige* suspension *f* de la procédure; **ℒsˌfrist** *f jur.* délai *m* de procédure; **ℒsˌfrage** *f jur.* question *f* de procédure; **ℒsˌkosten** *pl. jur.* frais *m/pl.* de procédure; **ℒsˌmangel** *m jur.* vice *m* de procédure; **ℒsˌordnung** *f jur.* règlement *m* de procédure; **ℒsˌrecht** *n jur.* droit *m* de procédure; **~sˌrechtlich** *adj. jur.* **~e Frage** question de procédure; **aus ~en u. sachlichen Gründen** pour des raisons de procédure et de fond; **ℒsˌtechnik** *f* technique *f* des procédés; **ℒsˌvorschrift** *f jur.* disposition *f*, prescription *f* de procédure; **ℒsˌweise** *f cf.* verfahren V 1. u. 2.

Verfall [fɛrˈfal] *m* ⟨~(e)s⟩ *von Gebäuden* ruine *f*; dégradation *f*; délabrement *m*; *e-s Reiches etc.* ruine *f*; décadence *f*; déclin *m*; dépérissement *m*; désorganisation *f*; *völliger* décrépitude *f*; (*Entartung*) dégénération *f*; dégénérescence *f*; *der Sitten* corruption *f*; dissolution *f*; *der Kunst* décadence *f*; dépérissement *m*; *e-s Vermögens* ruine *f*; déconfiture *f*; *der Kräfte* déclin *m*; dégradation *f* (physique); déchéance *f* (physique); dépérissement *m*; *pfort.* décrépitude *f*; *méd.* marasme *m*; *comm.*, *e-s Wechsels* échéance *f*; terme *m*; *e-s Anspruchs, Pfandes* déchéance *f*; **bei ~** à l'échéance; à l'expiration; à terme échu; **vor ~** avant le terme, l'échéance; par anticipation; **~ˌbuch** *n comm.* échéancier *m*; **~ˌdatum** *n comm.* date *f* de l'échéance.

verfallen [fɛrˈfalən] **I** *v/i.* ⟨*irr.*, *pas de ge-*, **sein**⟩ *Gebäude* tomber en ruine; se délabrer; *Reich etc.* tomber en décadence; se désorganiser; dépérir; (*entarten*) dégénérer; *Kranker, Kräfte* dépérir; décliner; s'affaiblir; *comm.*, *Wechsel* (*fällig werden*) échoir; venir à l'échéance, à terme; *Fahrkarten, Marken etc.* (*ungültig werden*) se périmer; être périmé; (*ablaufen*) expirer; **j-m, e-m Laster ~** devenir l'esclave de qn., d'un vice; *beschlagnahmte Güter* **dem Staat ~** revenir, être dévolu, appartenir à l'État, au fisc; **auf etw. ~** s'aviser de qc.; avoir l'idée de qc.; s'imaginer qc.; **wer wäre darauf ~!** qui aurait pensé, songé à cela!; **auf den wäre ich nicht ~** je n'aurais pas pensé à celui-là; **wie konnte er nur darauf ~?** d'où a bien pu lui venir cette idée?; **in den Fehler ~, zu ...** (+ *inf.*) tomber dans l'erreur, commettre la faute de ... (+ *inf.*); **in den alten Fehler ~** retomber dans la même faute, erreur, les mêmes errements; **in den alten Ton ~** reprendre son ancien ton, son ancienne façon de parler; **in den alten Schlendrian ~** retomber dans la routine; **in ein altes Laster ~** retomber dans son vice; s'adonner de nouveau à, redevenir la proie de son vice; **dem Trunk ~** tomber dans l'ivrognerie; **in Trübsinn ~** tomber, sombrer dans la mélancolie; **in tiefes Schweigen ~** s'enfoncer, s'abîmer dans un profond silence; **II** *adjt. Gebäude* délabré; menaçant ruine; caduc, -uque; *comm.* échu; *Anspruch* déchu; caduc, -uque; *Fahrkarte etc.* (*abgelaufen*) expiré; (*ungültig geworden*) périmé; *fig.* **j-m, e-m Laster ~ sein** être l'esclave de qn., d'un vice; **dem Tode ~ sein** être voué à la mort; **der Hölle ~ sein** être condamné aux peines éternelles; *Kranker etc.* **~ aussehen** avoir un visage amaigri, décharné.

Verfall|klausel [fɛrˈfalˌklauzəl] *f* clause *f* de déchéance; clause *f* commissoire; **~serˌklärung** *f* déchéance *f*; **~serˌscheinung** *f* symptôme *m* de décadence; **~ˌtag** *m* (jour *m* de l')échéance *f*; terme *m*; **den ~ aufschieben** reculer l'échéance; **Aufschub des ~s** report d'échéance; **~ˌzeit** *f* terme *m*; échéance *f*.

verfälsch|en [fɛrˈfɛlʃən] *v/t.* ⟨*pas de ge-*, h⟩ *Nahrungsmittel, Getränke* falsifier; dénaturer; frelater; altérer; *Getränke, Wein* F trafiquer; *Arzneien* adultérer; *Banknoten* falsifier; F truquer; P maquiller; *Text* falsifier; fausser; dénaturer; altérer; *Gedanken* fausser; dénaturer; déformer; défigurer; trahir; travestir; **ℒer** *m* falsificateur *m*; faussaire *m*; **ℒung** *f* ⟨~⟩ *von Nahrungsmitteln, Getränken* falsification *f* (*auch fig.*); dénaturation *f* (*auch fig.*); frelatage *m*; *von Getränken* altération *f* (*auch fig.*); *von Arzneien* adultération *f* (*auch fig.*); *von Banknoten* falsification *f*; F truquage *m*; P maquillage *m*; *e-s Gedankens* déformation *f*; défiguration *f*.

verfangen [fɛrˈfaŋən] **I** *v/i.* ⟨*irr.*, *pas de ge-*, h⟩ *Trost, Ermahnungen, Mittel etc.* **nicht ~** ne pas faire effet, impression (bei j-m sur qn.); F ne pas prendre (sur); **II** *v/réfl.* **sich** ~ s'empêtrer, s'embrouiller (in dans) (*auch fig.*); *Wind* s'engouffrer (dans); *fig.*, *in Lügen, Widersprüchen* s'enferrer, s'enchevêtrer, s'entortiller, F s'embourber, s'emberlificoter (in dans).

verfänglich [fɛr'fɛŋˌlɪç] *adj.* *Frage* captieux, -euse; insidieux, -euse; embarrassant; *écol.* ~e **Frage** F colle *f*; 2ˌ**keit** *f* ⟨~⟩ ce qu'il y a de captieux, d'insidieux, d'embarrassant dans qc.; caractère captieux, insidieux, embarrassant.

verfärben [fɛr'fɛrbən] *v/réfl.* ⟨*pas de ge-*, **h**⟩ **sich** ~ changer de couleur.

verfass|en [fɛr'fasən] *v/t.* ⟨-ßt, *pas de ge-*, **h**⟩ *Gedicht, Buch etc.* composer; écrire; *Zeitungsartikel, Aufsatz auch* rédiger; *Urkunde* dresser; 2**er(in)** *m* ⟨~**s**; ~⟩ (*f*) ⟨~; ~**nen**⟩ auteur *m*; **vom** ~ **überreicht** hommage de l'auteur; 2**erkata**ˌ**log** *m* catalogue-auteurs *m*; 2**er**ˌ**schaft** *f* ⟨~⟩ paternité *f* (littéraire); 2**ung** *f* ⟨~⟩ **1.** *e-s Theaterstückes etc.* composition *f*; *e-s Zeitungsartikels* rédaction *f*; **2.** ⟨*pl.* ~**en**⟩ *pol.* constitution *f*; **e-m Land e-e** ~ **geben** donner une constitution à, constitutionnaliser un pays; **den Eid auf die** ~ **ablegen** prêter serment (d'obéissance) à la constitution; **in Übereinstimmung mit der** ~ constitutionnellement; conformément à la constitution; en accord avec la constitution; **3.** *körperliche* (*Zustand*) condition *f* physique; F forme *f*; *seelische* disposition d'esprit; moral *m*; état *m* psychique; **in guter** ~ **sein** être en bonne condition physique; F être très en forme, en pleine forme; **in schlechter** ~ **sein, in keiner guten** ~ **sein** *auch* F ne pas être dans son assiette; ~**ung**ˌ**gebend** *adjt.* constituant; ~**e Versammlung** assemblée constituante; **Mitglied e-r** ~**en Versammlung** constituant *m*.

Verfassungs|änderung [fɛr'fasuŋs-ˌʔɛndəruŋ] *f* modification *f* de *od.* à la constitution; amendement constitutionnel, à la constitution; révision constitutionnelle, de la constitution; ~**be**ˌ**schwerde** *f* recours constitutionnel; ~ˌ**bruch** *m* violation *f* de la constitution; ~ˌ**eid** *m* serment *m* à la constitution; 2ˌ**feindlich** *adj.* hostile à la constitution; ~**ge**ˌ**richt** *n* tribunal constitutionnel; ~**ge**ˌ**richtsbar**ˌ**keit** *f* juridiction constitutionnelle; ~**kon**ˌ**flikt** *m* conflit constitutionnel; ~ˌ**krise** *f* crise constitutionnelle; 2ˌ**mäßig** *adj.* constitutionnel, -lle; ~ˌ**mäßig**ˌ**keit** *f* ⟨~⟩ constitutionnalité *f*; ~ˌ**recht** *n* droit constitutionnel; ~**re**ˌ**form** *f* réforme constitutionnelle; ~**revisi**ˌ**on** *f cf.* ~**änderung**; ~ˌ**schutz** *m* protection *f* de la constitution; ~ˌ**staat** *m* État constitutionnel; ~ˌ**streit** *m* controverse *f* sur, à propos de la constitution; ~ˌ**urkunde** *f* constitution *f*; acte constitutionnel; ~**ver**ˌ**rat** *m* atteinte *f* à la sûreté intérieure de l'État; 2ˌ**widrig** *adj.* inconstitutionnel, -lle; anticonstitutionnel, -lle; contraire à la constitution; ~ˌ**widrigkeit** *f* ⟨~⟩ inconstitutionnalité *f*.

verfaulen [fɛr'faulən] **I** *v/i.* ⟨*pas de ge-*, **sein**⟩ pourrir; se gâter; se putréfier; se décomposer; **II** 2 *n* putréfaction *f*; décomposition *f*.

verfecht|en [fɛr'fɛçtən] *v/t.* ⟨*irr.*, *pas de ge-*, **h**⟩ combattre, se battre pour; *Lehre* se faire le champion de; *Ansicht, Meinung* soutenir; *Recht* défendre; **j-s Sache** ~ plaider la cause de qn.; 2**er** *m* défenseur *m*; champion *m*; 2**ung** *f* ⟨~⟩ défense *f*.

verfehl|en [fɛr'feːlən] *v/t.* ⟨*pas de ge-*, **h**⟩ *Person, Ziel, Beruf etc.* F manquer; rater; louper; *Weg, Tür* se tromper de; **s-n Zweck** ~ F manquer son but, coup; **s-e Wirkung** ~ demeurer sans effet; F rater, manquer son effet; **die Wirkung auf das Publikum nicht** ~ prendre, porter sur le public; **nicht** ~, **zu** ... (+ *inf.*) ne pas manquer, laisser de ... (+ *inf.*); ~**t** *adjt.* (*falsch*) faux, fausse; (*unangebracht*) non indiqué; 2**ung** *f* ⟨~; ~**en**⟩ manquement *m*; faute *f* (morale); *jur.* infraction *f*; délit *m*.

verfeind|en [fɛr'faɪndən] *v/t.* (*u. v/réfl.*) ⟨-ete, *pas de ge-*, **h**⟩ (se) brouiller; 2**ung** *f* ⟨~⟩ brouillerie *f*; brouille *f*.

verfeiner|n [fɛr'faɪnərn] *v/t.* (*u. v/réfl.*) ⟨-(e)re, *pas de ge-*, **h**⟩ *Sitten, Geschmack, Formen etc.* (se) raffiner; (s')affiner; (se) polir; (s')épurer; (s')améliorer; 2**ung** *f* ⟨~; ~**en**⟩ raffinement *m*; épurement *m*; amélioration *f*.

verfem|en [fɛr'feːmən] *v/t.* ⟨*pas de ge-*, **h**⟩ mettre au ban, 'hors la loi; proscrire; ~**t** *fig. adjt.* mal vu, jugé; regardé d'un mauvais œil; 2**ung** *f* ⟨~; ~**en**⟩ proscription *f*.

verfertig|en [fɛr'fɛrˌtɪgən] *v/t.* ⟨*pas de ge-*, **h**⟩ faire; fabriquer; manufacturer; *bes.* *Kleider* confectionner; 2**er** *m* ⟨~**s**; ~⟩ fabricant *m*; *wenn kein besonderer Name für das Gewerbe besteht* faiseur *m* (*par ex.* de meubles d'art); 2**ung** *f* ⟨~⟩ fabrication *f*; *bes. von Kleidern* confection *f*.

verfestig|en [fɛr'fɛstɪgən] *v/t.* (*u. v/réfl.*) ⟨*pas de ge-*, **h**⟩ *chim.* (se) solidifier; *Werkstoffe* (se) durcir; 2**ung** *f* ⟨~⟩ *chim.* solidification *f*; *von Werkstoffen* durcissement *m*.

verfett|en [fɛr'fɛtən] *v/i.* ⟨-ete, *pas de ge-*, **sein**⟩ *méd.* dégénérer en graisse; 2**ung** *f* ⟨~⟩ dégénérescence graisseuse; *sc.* adipose *f*; adiposité *f*.

verfeuern [fɛr'fɔʏərn] *v/t.* ⟨-(e)re, *pas de ge-*, **h**⟩ **1.** *Holz, Kohle* (*verbrauchen*) consommer; brûler; **2.** (*ins Feuer werfen*) brûler; mettre, jeter au *od.* dans le feu.

verfilm|en [fɛr'fɪlmən] *v/t.* ⟨*pas de ge-*, **h**⟩ *Roman* mettre, porter à l'écran; tirer un film de; 2**ung** *f* ⟨~; ~**en**⟩ mise *f* à l'écran; (*Bearbeitung für den Film*) adaptation *f* cinématographique; 2**ungs**ˌ**rechte** *n/pl.* droits *m/pl.* d'adaptation cinématographique.

verfilz|en [fɛr'fɪltsən] **I** *v/t.* ⟨-(es)t, *pas de ge-*, **h**⟩ feutrer; **II** *v/i.* ⟨**sein**⟩ *Wolle* se feutrer; *Haare* se coller; ~**t** *adjt.* *Wolle* feutré; *Haare* embroussaillé; enchevêtré; emmêlé; 2**ung** *f* ⟨~; ~**en**⟩ feutrage *m*.

verfinster|n [fɛr'fɪnstərn] *v/t.* (*u. v/réfl.*) ⟨-(e)re, *pas de ge-*, **h**⟩ (s')obscurcir; (s')assombrir (*auch fig. vom Gesicht*); *astr.* (s')éclipser; 2**ung** *f* ⟨~; ~**en**⟩ obscurcissement *m*; *astr.* éclipse *f*.

verfitzen [fɛr'fɪtsən] F *v/t.* (*u. v/réfl.*) ⟨-(**es**)**t**, *pas de ge-*, **h**⟩ *Fäden, Garn etc.* (se) mêler; (s')emmêler (*auch Haare*); enchevêtrer.

verflachen [fɛr'flaxən] *v/i.* ⟨*pas de ge-*, **sein**⟩ *fig.*, *Leben, Gedanke* devenir plat, superficiel, -lle; tomber dans la platitude; s'affadir.

verflachsen [fɛr'flaksən] F *v/t.* ⟨-(**es**)**t**, *pas de ge-*, **h**⟩ *cf.* **necken, veralbern, verspotten**.

Verflachung [fɛr'flaxuŋ] *f* ⟨~⟩ affadissement *m*.

verflecht|en [fɛr'flɛçtən] *v/t.* (*u. v/réfl.*) ⟨*irr.*, *pas de ge-*, **h**⟩ *Bänder, Zweige* (s')enlacer; (s')entrelacer; *écon. pol.*, *Unternehmen* concentrer; former, constituer, grouper en cartel, en trust; *fig.* **in etw. verflochten sein** *cf.* **verwickelt**; 2**ung** *f* ⟨~; ~**en**⟩ enlacement *m*; entrelacement *m*; *écon. pol.*, *von Märkten etc.* interpénétration *f*; *auch von Unternehmen* interdépendance *f*; interconnexion *f*; *nur von Unternehmen* concentration *f* en cartel, en trust; *néol.* cartellisation *f*.

verfliegen [fɛr'fliːgən] **I** *v/i.* ⟨*irr.*, *pas de ge-*, **sein**⟩ *Zeit* passer vite; fuir; s'enfuir; s'envoler; *Zorn, Ärger etc.* se dissiper; passer; *chim.* s'évaporer; se volatiliser; *Duft* se perdre; **II** *v/réfl.* ⟨**h**⟩ **sich** ~ *aviat.* s'égarer (en volant); perdre la direction, l'orientation; se tromper de direction.

verfließen [fɛr'fliːsən] *v/i.* ⟨*irr.*, *pas de ge-*, **sein**⟩ *Tage, Wochen* s'écouler; passer; *Farben, Begriffe* (**ineinander**) ~ s'interpénétrer; se fondre; se mélanger; *pfort.* se confondre; *Umrisse, Grenzen* s'estomper; se confondre; **auf diesem Papier verfließt die Tinte** ce papier boit l'encre; **zwei Jahre sind verflossen** deux années se sont écoulées, ont passé; *cf. auch* **verflossen**.

verflixt [fɛr'flɪkst] F **I** *adj. u. int.* F fichu; maudit; satané; sacré; **e-e** ~**e Geschichte** F une sale, fichue, satanée affaire, histoire; **dieser** ~**e Kerl!** F ce satané, sacré, fieffé coquin!; ~! F peste!; sapristi!; sacristi!; diable!; saperlipopette!; fichtre!; ~ **nochmal!**, ~ **u. zugenäht!** F (sacré) nom de nom!; mince alors!; flûte!; zut (alors)!; **II** *adv.* (*verteufelt*) F diablement; bougrement; bigrement; **das ging** ~ **schnell** F ça passa bougrement vite.

verflochten [fɛr'flɔxtən] *cf.* **verflechten**.

verflogen [fɛr'floːgən] *cf.* **verfliegen**.

verflossen [fɛr'flɔsən] *adjt.* passé; ~**es Jahr** l'année passée; **in längst** ~**en Zeiten** dans les temps depuis longtemps révolus; F **der** ~**e Bürgermeister** l'ancien maire; le maire précédent; F **ihr** 2**er** son ex-ami; son ancien ami.

verfluch|en [fɛr'fluːxən] *v/t.* ⟨*pas de ge-*, **h**⟩ maudire; *fig.* anathématiser; ~**t I** *adjt. u. int.* maudit; F *fig. cf.* **verflixt I**; ~!, ~ **nochmal!**, ~ **u. zugenäht!** *cf.* **verflixt I**; **II** *advt. cf.* **verflixt II**; 2**te(r)** *m* ⟨→ **A**⟩ anathème *m*; maudit, -e *m, f*.

verflüchtig|en [fɛr'flʏçˌtɪgən] *v/t.* (*u. v/réfl.*) ⟨*pas de ge-*, **h**⟩ *chim.* (se) volatiliser; (s')évaporer; F *fig.* **sich** ~ (*sich davonmachen*) F se volatiliser; s'évaporer; s'éclipser; s'esquiver; filer à l'anglaise; 2**ung** *f* ⟨~⟩ *chim.* volatilisation *f*; évaporation *f*.

Verfluchung [fɛr'fluːxuŋ] *f* ⟨~; ~**en**⟩ malédiction *f*; *fig.* anathème *m*.

verflüssig|en [fɛr'flʏsɪgən] *v/t.* (*u. v/réfl.*) ⟨*pas de ge-*, **h**⟩ *Gase* (se) liquéfier; *Dampf* (se) condenser; 2**er** *m* ⟨~**s**; ~⟩ *techn. für Gase* liquéfacteur *m*; *für Dampf* condenseur *m*; 2**ung** *f* ⟨~⟩ *von Gasen* liquéfaction *f*; *von Dampf* condensation *f*.

Verfolg [fɛr'fɔlk] *m* ⟨~(e)s⟩ **im** ~ **e-r Sache** au cours de qc.; 2**en** *v/t.* ⟨*pas de ge-*, **h**⟩ *Flüchtenden, Feind, Tier, Radsport* poursuivre; *hartnäckig* pourchasser; donner la chasse à; *ch.*,

Wild forcer; *ungerecht, grausam, politisch* persécuter; *jur.* poursuivre; *Spur, Ereignisse, Rede etc.* suivre; *Zweck, Absicht, Ziel* poursuivre; *Politik auch* mener; suivre; *Vorgänge (beobachten)* observer; *j-n, mit Bitten, s-r Eifersucht etc.* obséder; accabler; poursuivre; **mit den Augen ~** suivre des yeux; **e-e Sache weiter ~** *aktiv* donner suite à qc.; *beobachtend* suivre qc. (de près); **dieser Gedanke verfolgt mich** cette idée m'obsède, me poursuit, me harcèle; **das Unglück verfolgt ihn** le malheur le poursuit, s'attache à ses pas; **j-n gerichtlich ~** actionner, poursuivre qn. devant les tribunaux; **strafrechtlich ~** poursuivre pénalement; **~er(in)** *m* ⟨~s; ~⟩ *(f)* ⟨~; ~nen⟩ *e-s Flüchtenden* poursuivant *m*; *grausame(r)* persécuteur, -trice *m, f*; **~erˌgruppe** *f Radsport, beim Verfolgungsrennen* groupe *m*, peloton *m* de poursuivants; **~te(r)** *f (m)* ⟨→ A⟩ *aus politischen, rassischen etc. Gründen* persécuté, -e *m, f*; **~ung** *f* ⟨~; ~en⟩ *e-s Flüchtenden, e-s Zwecks, e-r Absicht, Politik, beim Verfolgungsrennen* poursuite *f (auch jur.)*; *grausame, politische, rassische* persécution *f*; *von Ereignissen, Vorgängen* observation *f*; **die ~ aufnehmen** entamer la poursuite; **~en ausgesetzt sein** être persécuté; **grausamen ~en ausgesetzt sein** subir de cruelles persécutions; **strafrechtlicher ~ unterliegen** être passible de poursuites pénales; **~ungsˌrecht** *n* droit *m* de poursuite; **~ungsˌrennen** *n Radsport* poursuite *f*; **~ungsˌwahn** *m* délire *m*, manie *f* de la persécution.

verform|bar [fɛr'fɔrmˌbɑːr] *adj.* déformable; *Metalle auch* malléable; **2barˌkeit** *f* ⟨~⟩ aptitude *f* à la déformation; *von Metallen auch* malléabilité *f*; **~en** *v/t.* (*u. v/réfl.*) ⟨*pas de ge-*, **h**⟩ (se) déformer; **2ung** *f* ⟨~; ~en⟩ déformation *f*.

verfracht|en [fɛr'fraxtən] *v/t.* ⟨-ete, *pas de ge-*, **h**⟩ *mar., Schiff* fréter; donner en location; *Waren* charger; *auf ein Schiff* embarquer; F *Gepäck etc. (verstauen)* caser; *Personen* envoyer; F expédier; **2er** *m mar.* fréteur *m*; **2ung** *f* ⟨~⟩ *mar.* frètement *m*; *von Waren* chargement *m*; *auf ein Schiff* embarquement *m*.

verfranzen [fɛr'frantsən] F *v/réfl.* ⟨-(es)t, *pas de ge-*, **h**⟩ **sich ~** *cf.* **verirren**; *aviat. cf.* **verfliegen II**.

verfremd|en [fɛr'frɛmdən] *v/t.* ⟨-ete, *pas de ge-*, **h**⟩ *in der Literatur* donner (à qc.), imprimer (à qc.) un caractère artificiel, étranger à la réalité; **2ung** *f* ⟨~⟩ *verbal*.

verfressen [fɛr'frɛsən] F **I** *v/t.* ⟨*irr., pas de ge-*, **h**⟩ **sein ganzes Geld ~** dépenser tout son argent en (faisant) bonne chère; **II** *adjt.* glouton, -nne; *cf. auch* **gefräßig**; **2ˌheit** F *f* ⟨~⟩ *cf.* **Gefräßigkeit**.

verfroren [fɛr'froːrən] *adj.* frileux, -euse.

verfrüht [fɛr'fryːt] *adj.* prématuré.

verfüg|bar [fɛr'fyːkˌbɑːr] *adj.* disponible; **~e Gelder, Mittel** disponibilités *f/pl.*; **2barˌkeit** ⟨~⟩ *f* disponibilité *f*; **~en I** *v/t.* ⟨*pas de ge-*, **h**⟩ *(anordnen)* ordonner; arrêter; décréter; *(entscheiden)* décider; *jur. abs.* disposer; **letztwillig, testamentarisch ~** léguer; disposer par testament; **es wird ferner verfügt, daß ...** il est en outre ordonné que ...; **II** *v/i.* **über etw. ~** disposer de qc.; avoir la disposition de qc.; **frei, anderweitig ~** disposer librement, autrement; **III** *v/réfl.* **sich ~** se rendre **(nach** à); **2ung** *f* ⟨~; ~en⟩ *amtliche (Anordnung)* ordonnance *f*; ordre *m*; arrêt *m*; décret *m*; *(Entscheidung)* décision *f*; *über etw.* disposition *f (auch jur.)*; *jur.* injonction *f*; **einstweilige ~** ordonnance provisoire; *jur.* ordonnance de référé; **letztwillige ~** disposition testamentaire, de dernière volonté; **e-e ~ erlassen** rendre une ordonnance; **zur ~ stellen** mettre à la disposition (j-m de qn.); *milit., Truppen auch* affecter à; **zur ~ stehen** être à la disposition (j-m de qn.); **zur ~ haben** avoir à sa disposition; **etw. zu j-s ~ halten** tenir qc. à la disposition de qn.; **ich stehe zu Ihrer ~** je suis à votre disposition, à vos ordres; **ich stehe Ihnen gleich zur ~** je suis à vous dans un instant; **je nach der zur ~ stehenden Zeit, soweit Zeit zur ~ steht** selon le temps disponible; **~ungsbeˌrechtigt** *adj.* autorisé à disposer; **2ungsbeˌrechtigung** *f* autorisation *f* de disposer; **2ungsbeˌschränkung** *f* limitation *f* du droit de disposer; restriction *f* du pouvoir de disposer; **2ungsgeˌwalt** *f* pouvoir *m*, droit *m* de disposer, de disposition; **die ~ über etw. haben** avoir la disposition, le droit de disposer de qc.; **2ungsˌrecht** *n* droit *m* de disposition, de disposer; **2ungsˌweg** *m* **auf dem ~e** par voie de décret; par voie administrative.

verführ|en [fɛr'fyːrən] *v/t.* ⟨*pas de ge-*, **h**⟩ **j-n ~** séduire qn.; *nur zu schlechtem Tun (verleiten)* suborner qn.; **j-n zu etw. ~** induire, entraîner, pousser, inciter qn. à qc. *od.* à faire qc.; **j-n zu e-m unsoliden Lebenswandel** *etc.* **~** débaucher, corrompre, pervertir qn.; **sie ließ sich durch die niedrigen Preise zu zahlreichen Käufen ~** elle se laissa tenter par les bas prix à faire de nombreux achats; **2er(in)** *m* ⟨~s; ~⟩ *(f)* ⟨~; ~nen⟩ séducteur, -trice *m, f*; *nur zu schlechtem Tun* suborneur, -euse *m, f*; corrupteur, -trice *m, f*; **~eˌrisch** *adj.* séducteur, -trice; séduisant; F engageant; **e-e ~e Schönheit, Frau** une beauté, femme séduisante; **2ung** *f* ⟨~; ~en⟩ séduction *f*; *zu schlechtem Tun, bes. jur.* subornation *f*; **~ zur Unzucht** excitation à la débauche; **~ Minderjähriger** détournement de mineurs; **2ungsˌkunst** *f* art *m* de séduire, de la séduction.

verfünffachen [fɛr'fynfˌfaxən] *v/t.* ⟨*pas de ge-*, **h**⟩ quintupler.

ver|futtern [fɛr'futərn] *v/t.* ⟨-(e)re, *pas de ge-*, **h**⟩ *agr.* **das Vieh ~** ruiner son bétail par un fourrage, une nourriture inapproprié(e), inadéquat(e); **~'füttern** *v/t.* ⟨-(e)re, *pas de ge-*, **h**⟩ *Heu etc. (als Futter verbrauchen)* consommer ... en fourrage; *(als Futter geben)* donner ... comme fourrage.

Vergabe [fɛr'gɑːbə] *f e-r Stelle* attribution *f*; **~ öffentlicher Arbeiten** adjudication *f* de travaux publics; marché *m* de travaux publics; **~ e-s Auftrags** passation *f* d'un marché; **freihändige ~** marché de gré à gré; **~ zu Festpreisen, Pauschalpreisen** adjudication, marché à forfait.

vergaffen [fɛr'gafən] F *v/réfl.* ⟨*pas de ge-*, **h**⟩ **sich in j-n ~** s'éprendre, s'amouracher, *fig.* s'engouer, s'enticher, F se toquer de qn.

vergäll|en [fɛr'gɛlən] *v/t.* ⟨*pas de ge-*, **h**⟩ *Alkohol etc.* dénaturer; *fig., Freude* F gâter; empoisonner; **j-m das Leben ~** rendre la vie amère à qn.; F empoisonner la vie à qn.; **2ung** *f* ⟨~⟩ *von Alkohol* dénaturation *f*.

vergaloppieren [fɛrˌgalɔ'piːrən] F *v/réfl.* ⟨*pas de ge-*, **h**⟩ **sich ~** se fourvoyer; F se mettre le doigt dans l'œil; P se foutre dedans; se gourer.

vergangen [fɛr'gaŋən] *adjt. Zeit* passé; écoulé; **~e Woche** la semaine passée, dernière; **2ˌheit** *f* ⟨~⟩ passé *m*; temps passé (*beide auch gr.*); **in die ~ zurückblicken** jeter un coup d'œil rétrospectif, en arrière, sur le passé.

vergänglich [fɛr'gɛŋˌlɪç] *adj.* passager, -ère; *Schönheit* éphémère; périssable; *Glück, alles Irdische* fragile; précaire; *Freuden* fugace; fugitif, -ive; **2ˌkeit** *f* ⟨~⟩ caractère passager, éphémère; *des Glücks, alles Irdischen* précarité *f*; fragilité *f*; fugacité *f*.

vergas|en [fɛr'gɑːzən] *v/t.* ⟨-(es)t, *pas de ge-*, **h**⟩ *chim., techn.* gazéifier; *Menschen* gazer (*auch Gelände*); *agr., Ungeziefer* fumiger; *mot., im Vergaser* carburer; **2er** *m* ⟨~s; ~⟩ *mot.* carburateur *m*; **2erˌbrand** *m mot.* feu *m* dans le carburateur; **2erˌdüse** *f mot.* gicleur *m*; **2ergeˌhäuse** *n mot.* corps *m* du carburateur.

vergaß [fɛr'gɑːs] *cf.* vergessen.

Vergasung [fɛr'gɑːzuŋ] *f* ⟨~; ~en⟩ *chim., techn.* gazéification *f*; *agr., von Ungeziefer* fumigation *f*; *mot., im Vergaser* carburation *f*; *von Menschen, Gelände: verbal*; **~sˌmittel** *n agr.* (produit *m*, substance *f*) fumigène *m*.

vergatter|n [fɛr'gatərn] *v/t.* ⟨-(e)re, *pas de ge-*, **h**⟩ **1.** *(mit e-m Gatter versehen)* palissader; **2.** *milit., Wachsoldaten* rassembler... au son du tambour, du clairon, de la trompette *bzw.* par un commandement; **2ung** *f* ⟨~; ~en⟩ **1.** *verbal*; **2.** *milit.* son *m* du tambour, du clairon, de la trompette, commandement *m* (pour rassembler les soldats de la garde).

vergeb|en [fɛr'geːbən] **I** *v/t.* ⟨*irr., pas de ge-*, **h**⟩ **1.** *(verzeihen)* pardonner (j-m etw. qc. à qn.); *Sünden* remettre; **2.** donner; *Amt, Stelle auch* attribuer; *öffentliche Arbeiten, Lieferungen* adjuger; *Auftrag* passer; *Stelle* **zu ~ haben** disposer de; **zu ~ sein** être libre, vacant, inoccupé; *von e-m Mädchen* **schon ~ sein** avoir déjà accordé sa main à qn.; **3. s-r Ehre, Würde etw. ~** compromettre son honneur, sa dignité; **sich etw. ~** se compromettre; **sich nichts ~** être jaloux, -ouse de son honneur; garder son honneur intact; **damit vergibt er sich nichts** avec cela il ne se compromettra pas; **du vergibst dir nichts, wenn du es tust** tu ne te déshonoreras pas en le faisant; **4.** *Kartenspiel* **die Karten ~** se tromper en donnant; mal donner; **die Karten sind ~** il y a maldonne; **II** *v/réfl.* **sich ~** *beim Austeilen der Karten cf.* **I 4.**; **~ens** *adv. u. prädikatives adj.* en vain; vainement; inutilement; **alles ist ~** tout est vain; **~ etw. tun** *oft* avoir beau faire qc.; **ich habe ~ gesucht** j'ai eu beau chercher; **~ˌlich 1.** *adj.* vain; inutile; infructueux, -euse; **~e Mühe**, F **Liebesmühe** peine perdue; **2.** *adv. cf.* **~ens**; **sich ~ bemühen** perdre sa peine; **2lichˌkeit** *f* ⟨~⟩ inutilité *f*; **2ung** *f* ⟨~⟩ **1.** *(Verzeihung)* pardon *m*; *der Sünden* rémission *f*; remise *f*; **ich bitte um ~** je vous demande pardon; **2.** *e-r Stelle, e-s Amtes, öffentlicher Arbeiten, von Lieferungen, e-s Auftrags cf.* **Vergabe**.

vergegenständlichen [fɛr'geːgənˌʃtɛntlɪçən] *v/t.* ⟨*pas de ge-*, **h**⟩ objectiver; concrétiser.

vergegenwärtigen [fɛr'geːgənˌvɛrtɪgən] **I** *v/t.* ⟨*pas de ge-*, **h**⟩ remettre à l'esprit; remémorer; rappeler (à la mémoire); *Ereignisse auch* retracer; **II** *v/réfl.* **sich etw.** ~ se représenter qc.; se remettre qc. devant les yeux; *Ereignisse auch* se retracer qc.

vergehen [fɛr'ge:ən] **I** *v/i.* ⟨*irr., pas de ge-,* **sein**⟩ *Zeit* passer; s'écouler; *Schmerz etc.* (*nachlassen*) passer; s'en aller; diminuer; se calmer; (*verschwinden*) disparaître; *Schönheit* s'évanouir; s'effacer; *Zorn, Ärger* se dissiper; *Duft* se perdre; **vor Angst, Scham** ~ mourir, défaillir de peur, de honte; **vor Ungeduld** ~ se ronger, être dévoré, brûler d'impatience; **vor Kummer** ~ mourir, se consumer, se ronger de chagrin; **vor Hunger, Durst, Kälte** ~ mourir de faim, de soif, de froid; **das Lachen ist ihr vergangen** elle en a perdu le rire; **mir ist die Lust dazu vergangen** j'en ai perdu l'envie; **der Appetit ist mir vergangen** j'ai perdu l'appétit; **ihm verging Hören u. Sehen** *cf.* **hören** II, **sehen** III; **er fährt so schnell, daß e-m Hören u. Sehen vergeht** il file à une vitesse vertigineuse; **II** *v/réfl.* ⟨h⟩ **sich** ~ *abs.* commettre une faute; pécher (**gegen** contre); **sich gegen j-n** ~ manquer à qn.; **sich gegen das Gesetz** ~ transgresser, violer, enfreindre la loi; **sich an j-m** ~ *tätlich* porter la main sur qn.; *an e-r Frau* (*vergewaltigen*) violer qn.; **III** ♀ *n* ⟨~s; ~⟩ faute *f*; manquement *m*; *jur.* délit *m*; *geringfügiges* (*Übertretung*) infraction *f*; contravention *f*.

vergeistig|en [fɛr'gaɪstɪgən] *v/t.* ⟨*pas de ge-,* **h**⟩ spiritualiser; sublimer; **♀ung** *f* ⟨~; ~en⟩ spiritualisation *f*; sublimation *f*.

vergelt|en [fɛr'gɛltən] *v/t.* ⟨*irr., pas de ge-,* **h**⟩ **j-m etw.** ~ (*j-n für etw. belohnen*) récompenser qn. de qc.; **etw. mit etw.** ~ rendre qc. pour qc.; **wie kann ich Ihnen das** ~? *auch* comment pourrais-je m'acquitter envers vous?; **vergelt's Gott!** Dieu vous le rende!; **Gutes mit Bösem** ~ rendre le mal pour le bien; **Gleiches mit Gleichem** ~ rendre la pareille; *fig.* rendre à qn. la monnaie de sa pièce; **♀ung** *f* ⟨~; ~en⟩ (*Belohnung*) récompense *f*; (*Rache*) revanche *f*; représailles *f/pl.*; rétorsion *f*; *hist., pol., völkerrechtlich* talion *m*; ~ **üben** prendre sa revanche; user de représailles; **zur** ~ en revanche; **♀ungsˌangriff** *m milit.* attaque *f* de représailles; **♀ungsˌfeuer** *n milit.* tir *m* de représailles; **♀ungsˌmaßnahme** *f* (mesure *f* de) représailles *f/pl.*, rétorsion *f*; **♀ungsˌschlag** *m cf.* ♀ung; **♀ungsˌwaffe** *f milit.* arme *f* de représailles; **♀ungsˌzölle** *m/pl.* droits *m/pl.* de rétorsion, de représailles.

vergesellschaft|en [fɛrgə'zɛlˌʃaftən] **I** *v/t.* ⟨-ete, *pas de ge-,* **h**⟩ **a)** transformer, mettre en société; **b)** *Produktionsmittel* socialiser; **II** *v/réfl.* **sich** ~ se réunir en société; s'associer; **♀ung** *f* ⟨~; ~en⟩ **a)** transformation *f*, mise *f* en société; **b)** socialisation *f*.

vergessen [fɛr'gɛsən] **I** *v/t.* (*u. v/réfl.*) ⟨-(es)t, **vergißt, vergaß, vergessen, h**⟩ (s')oublier; omettre; **darüber vergaß er, Lebewohl zu sagen** il en oublia de faire ses adieux; **ach, daß ich (es) nicht vergesse, ...** j'y pense, à propos ...; **s-e Pflicht** ~ manquer, faillir à son devoir; ~ **machen** effacer; **das Wichtigste** ~ omettre l'essentiel; ~ **Sie nicht, zu ...** (+ *inf.*) n'omettez pas de ... (+ *inf.*); **etw.** ~ **sein lassen** F passer la main, l'éponge sur qc.; **er vergißt darüber Essen u. Trinken** F il en perd le boire et le manger; **das vergißt sich leicht** cela s'oublie facilement; **das werde ich dir nicht** ~ tu peux être sûr que je m'en souviendrai; **II** ♀ *n* ⟨~s⟩ oubli *m*; **♀ˌheit** *f* ⟨~⟩ oubli *m*; **in** ~ **geraten, kommen** tomber dans l'oubli; être oublié; **der** ~ **entreißen** tirer de l'oubli; **j-n in** ~ **bringen** faire oublier qn.

vergeßlich [fɛr'gɛsˌlɪç] *adj.* oublieux, -euse; distrait; **er ist sehr** ~ *auch* il manque de mémoire; F il a une tête de linotte; **♀keit** *f* ⟨~⟩ oubli *m*; distraction *f*; manque *m* de mémoire; **aus** ~ par oubli, distraction.

vergeud|en [fɛr'gɔʏdən] *v/t.* ⟨-ete, *pas de ge-,* **h**⟩ *Zeit, Geld, Kräfte, Energie* gaspiller; dissiper; gâcher; prodiguer; *nur Geld* dilapider; **♀er(in)** *m* ⟨~s; ~⟩ (*f*) ⟨~; ~nen⟩ gaspilleur, -euse *m, f*; dissipateur, -trice *m, f*; prodigue *m, f*; *von Geld* dilapidateur, -trice *m, f*; **♀ung** *f* ⟨~⟩ gaspillage *m*; dissipation *f*; gâchage *m*; prodigalité *f*; *nur von Geld* dilapidation *f*.

vergewaltig|en [fɛrgə'valˌtɪgən] *v/t.* ⟨*pas de ge-,* **h**⟩ *Personen, Gesetz, Sprache* faire violence à; violenter; *e-e Frau* violer; violenter; **♀ung** *f* ⟨~; ~en⟩ violence *f* (faite à); *e-r Frau* viol *m*.

vergewissern [fɛrgə'vɪsərn] *v/réfl.* ⟨-(e)re, *pas de ge-,* **h**⟩ **sich e-r Sache, j-s** ~ s'assurer de qc., qn.; **sich** ~, **daß ..., ob ...** s'assurer, contrôler, vérifier que ..., si ...; **seien Sie dessen vergewissert** soyez-en sûr.

vergießen [fɛr'gi:sən] *v/t.* ⟨*irr., pas de ge-,* **h**⟩ *Wasser, Kaffee etc.* répandre; *Blut auch* verser; faire couler; **e-e Träne** ~ verser une larme; **heiße Tränen** ~ pleurer à chaudes larmes.

vergift|en [fɛr'gɪftən] **I** *v/t.* ⟨-ete, *pas de ge-,* **h**⟩ empoisonner; *méd.* intoxiquer; *fig.* envenimer; **II** *v/réfl.* **sich** ~ s'empoisonner; *méd.* s'intoxiquer; *nur als Selbstmord* prendre du poison; **♀ung** *f* ⟨~; ~en⟩ empoisonnement *m*; *méd.* intoxication *f*; *durch Schlangenbiß* envenimement *m* (*auch fig.*); envenimation *f*; **♀ungserˌscheinung** *f méd.* symptôme *m* d'intoxication.

vergilben [fɛr'gɪlbən] *v/i.* ⟨*pas de ge-,* **sein**⟩ *Papier* jaunir.

vergipsen [fɛr'gɪpsən] *v/t.* ⟨-(es)t, *pas de ge-,* **h**⟩ sceller au plâtre; plâtrer.

Vergißmeinnicht [fɛr'gɪsmaɪnˌnɪçt] *n* ⟨~(e)s; ~e⟩ *bot.* myosotis *m*; F ne-m'oubliez-pas *m*; oreille-de-souris *f*; herbe *f* d'amour.

vergittern [fɛr'gɪtərn] *v/t.* ⟨-(e)re, *pas de ge-,* **h**⟩ pourvoir d'une grille; grillager; *mit e-m Holzgitter cf.* **vergattern 1.**

verglas|bar [fɛr'gla:sˌba:r] *adj. techn.* vitrifiable; **~en I** *v/t.* ⟨-(es)t, *pas de ge-,* **h**⟩ *techn.* vitrifier; *Fenster* vitrer; **II** *v/i.* ⟨**sein**⟩ *techn.* se vitrifier; **♀ung** *f* ⟨~; ~en⟩ *techn.* vitrification *f*; *von Fenstern* vitrage *m*.

Vergleich [fɛr'glaɪç] *m* ⟨~(e)s; ~e⟩ **1.** (*Vergleichung*) comparaison *f*; parallèle *m*; **e-n** ~ **ziehen, anstellen** établir une comparaison; établir, tracer un parallèle; **von etw. e-n** ~ **ziehen zu ...** mettre qc. en comparaison avec ...; comparer une chose à *od.* avec une autre; **den** ~ **aushalten, dem** ~ **standhalten** soutenir la comparaison (**mit** avec); **im** ~ **zu ...** en comparaison de ...; comparé à ...; comparativement à ...; **das ist nichts im** ~ **mit** *od.* **zu ...** ce n'est rien en comparaison de ...; **der** ~ **fiel zu unseren Gunsten aus** la comparaison tourna à notre avantage; **dieser** ~ **hinkt** c'est une comparaison boiteuse; c'est une mauvaise comparaison; comparaison n'est pas raison; **2.** *zur Beilegung e-s Streites* accommodement *m*; arrangement *m*; accord *m*; compromis *m*; transaction *f*; *zur Abwendung e-s Konkurses* concordat *m*; règlement *m* judiciaire; **gerichtlicher** ~ compromis; transaction judiciaire; **gütlicher** ~ accord amiable; arrangement amiable, à l'amiable, de gré à gré; **zu e-m** ~ **kommen** en venir à un arrangement, un accommodement, un compromis, un accord; *cf. auch* **vergleichen** II 2.; **e-n** ~ **schließen** *cf.* **vergleichen** II 2.; **e-n Streit durch** ~ **beilegen** arranger, accommoder un différend; *die Angelegenheit* **kommt zum** ~ ... est en voie d'accommodement; **sich auf e-n** ~ **einlassen** consentir à, accepter un compromis, un arrangement, une transaction, *etc.*; **ein magerer** ~ **ist besser als ein fetter Prozeß** *cf.* **Prozeß** 1.; **♀ˌbar** *adj.* comparable (**mit** à); semblable; similaire; **~barˌkeit** *f* ⟨~⟩ *néol.* comparabilité *f*; *besser verbal*; **♀en I** *v/t.* ⟨*irr., pas de ge-,* **h**⟩ comparer (**mit** à, *bei genauem Vergleich* avec); faire le parallèle, la comparaison (avec); *Texte* collationner; conférer; **sich** ~ **lassen** être comparable (à); entrer en comparaison (avec); **nicht zu** ~ **sein** ne pas soutenir la comparaison (avec); **nichts kann mit ... verglichen werden** rien n'égale ...; **verglichen mit ...** en comparaison de ...; *als Verweis* **vergleiche Seite ...** voir (aussi) page ...; **II** *v/réfl.* **sich mit j-m** ~ **1.** se comparer à, avec qn.; **2.** *bei e-m Streit* s'arranger, transiger, s'accommoder avec qn.; conclure un accord, un accommodement, un arrangement, une transaction, faire, arriver à un compromis avec qn.; **III ~en** *n* ⟨~s⟩ comparaison *f*; *von Texten* collation *f*; collationnement *m*; **♀end** *adjt.* comparatif, -ive; *Sprachwissenschaft etc.* comparé; **~e Übersicht** tableau, état comparatif.

Vergleichs|angebot [fɛr'glaɪçsˌʔangəˌbo:t] *n* offre *f* de règlement; **♀beˌreit** *adj.* ~ **sein** être prêt à s'arranger; se montrer prêt à faire un compromis; **~biˌlanz** *f* bilan *m* d'ouverture du règlement judiciaire; **~erˌöffnung** *f* ouverture *f* du règlement judiciaire; **~ˌgläubiger** *m* créancier *m* concordataire; **~ˌjahr** *n* année *f* de comparaison, de référence; **~ˌmasse** *f* masse *f* du règlement judiciaire; **~ˌmaßstab** *m* base *f*, critère *m*, terme *m* de comparaison; **~ˌordnung** *f* code *m* du règlement judiciaire; **~ˌpunkt** *m* point *m* de comparaison; **~terˌmin** *m* audience *f* de compromis; **~verˌfahren** *n* procédure *f* de concordat, concordataire; **die Eröffnung des ~s beantragen** demander le règlement judiciaire; **~verˌsuch** *f* tentative *f* de conciliation; **~verˌtrag** *m* compromis *m*; **~verˌwalter** *m* syndic *m* du concordat; administrateur *m* du règlement judiciaire; **~ˌvorschlag** *m* proposition transactionnelle, d'accord; **~ˌweg** *m* **auf dem ~e** par voie d'accommodement; à l'amiable; **♀ˌweise** *adv.* par comparaison; comparativement; **~ˌwert** *m* valeur *f* de comparaison; **~ˌzahl** *f* chiffre comparatif; **~ˌzeit(raum)** *f* (*m*) période *f* de référence, correspondante.

Vergleichung [fɛr'glaɪçʊŋ] *f* ⟨~; ~en⟩ *cf.* **vergleichen** III.

vergletscher|n [fɛr'glɛtʃərn] *v/i.* ⟨-(e)re, *pas de ge-,* **sein**⟩ se changer en glacier; **♀ung** *f* ⟨~; ~en⟩ formation *f* de glaciers.

verglimmen [fɛr'glɪmən] *v/i.* ⟨*irr., pas de ge-*, sein⟩ s'éteindre peu à peu.

verglühen [fɛr'glyːən] *v/i.* ⟨*pas de ge-*, sein⟩ *cf.* verglimmen.

vergnügen [fɛr'gnyːgən] **I** *v/t.* ⟨*pas de ge-*, h⟩ amuser; divertir; **II** *v/réfl.* sich mit etw. ~ s'amuser, se divertir à *od.* avec qc.; **III** 2 *n* ⟨~s; ~⟩ **1.** (*Freude*) plaisir *m*; amusement *m*; joie *f*; (*Zerstreuung*) distraction *f*; kindliches ~ plaisir enfantin; herrliches, königliches ~ F plaisir de roi; mit (dem größten) ~ avec (le plus grand) plaisir; zum ~ par plaisir; etw. zum ~ tun faire qc. pour son (bon) plaisir, pour s'amuser, se distraire; ~ machen, schaffen faire plaisir; ~ an etw. finden prendre plaisir à qc.; ~ darin finden, zu ... (+ *inf.*) trouver du plaisir à ... (+ *inf.*); sich ein ~ aus etw. machen se faire un plaisir, une fête de qc.; wenn es Ihnen ~ macht F si le cœur vous en dit; F *fig. iron.* das ~ hat nicht lange gedauert cela n'a pas fait long feu; viel ~! bon amusement, divertissement!; bonne distraction!; amusez-vous bien!; *iron.* je vous en souhaite!; mit wem habe ich das ~ zu sprechen? à qui ai-je le plaisir de parler?; **2.** (*festliche Veranstaltung*) (petite) fête *f*; (*Tanz*2) sauterie *f*; (*unterhaltende Veranstaltung*) *am Nachmittag* matinée récréative; *am Abend* soirée récréative.

vergnüg|lich [fɛr'gnyːkˌlɪç] *adj.* amusant; plaisant; réjouissant; ~t *adjt.* gai; joyeux, -euse; *Miene* réjoui; 2tˌheit *f* ⟨~⟩ gaîté *od.* gaieté *f.*

Vergnügung [fɛr'gnyːgʊŋ] *f* ⟨~; ~en⟩ **1.** *cf.* vergnügen III 2.; **2.** *pl.* ~en plaisirs *m/pl.*; amusements *m/pl.*; divertissements *m/pl.*; distractions *f/pl.*; ~sˌausschuß *m* comité *m* des fêtes; ~sˌdampfer *m* bateau *m* de plaisance; *in Paris auch* bateau-mouche *m*; ~sˌfahrt *f cf.* ~sreise; ~sloˌkal *n* cabaret *m*; (*Nachtlokal*) boîte *f* de nuit; ~sˌpark *m* parc *m* d'attractions; ~sˌort *m* lieu *m* de plaisir; ~sˌreise *f* voyage *m* d'agrément; ~sˌreisende(r) *f* (*m*) touriste *m, f*; ~sˌstätte *f cf.* ~slokal; ~sˌsteuer *f* taxe *f* sur les spectacles et divertissements; droit *m* des pauvres; ~sˌsucht *f* ⟨~⟩ goût *m*, passion *f*, *pfort.* rage *f* des plaisirs; 2sˌsüchtig *adj.* avide de plaisirs; adonné aux plaisirs; ~er Mensch viveur *m*; F noceur *m.*

vergold|en [fɛr'gɔldən] *v/t.* ⟨-ete, *pas de ge-*, h⟩ dorer (*auch fig.*); 2er *m* ⟨~s; ~⟩ doreur *m*; 2erˌpresse *f für Bucheinbände* presse *f* à dorer; 2ung *f* ⟨~; ~en⟩ *als Handlung* dorage *m*; dorure *f*; *als Goldüberzug* dorure *f*; die ~ von etw. entfernen dédorer qc.; die ~ verlieren se dédorer.

vergönnen [fɛr'gœnən] *v/t.* ⟨*pas de ge-*, h⟩ permettre; *cf. auch* gönnen; es war mir nicht mehr vergönnt, zu ... (+ *inf.*) je n'avais plus le plaisir de ... (+ *inf.*).

vergotten [fɛr'gɔtən] *v/t.* ⟨-ete, *pas de ge-*, h⟩ diviniser; déifier.

vergötter|n [fɛr'gœtərn] *v/t.* ⟨-(e)re, *pas de ge-*, h⟩ **1.** *cf.* vergotten; **2.** adorer; *fig.* porter aux nues; *péj.* idolâtrer; 2ung *f* ⟨~; ~en⟩ **1.** *cf.* Vergottung; **2.** adoration *f*; *péj.* idolâtrie *f.*

Vergottung [fɛr'gɔtʊŋ] *f* ⟨~⟩ divinisation *f*; déification *f.*

vergraben [fɛr'grɑːbən] **I** *v/t.* ⟨*irr., pas de ge-*, h⟩ enterrer; enfouir; *fig.* sie vergrub ihr Gesicht in beide(n) Hände(n) elle enfonça, cacha son visage dans ses mains; **II** *v/réfl.* sich ~ *Tiere* se terrer; F *fig. Menschen* (*sich völlig zurückziehen*) se terrer; se cloîtrer; se claquemurer; s'enfermer; s'isoler; sich in s-e Bücher ~ s'ensevelir, s'enterrer dans ses livres; **III** 2 *n* enfouissement *m.*

vergräm|en [fɛr'grɛːmən] *v/t.* ⟨*pas de ge-*, h⟩ *ch.*, *Wild* effaroucher; ~t *adjt. Gesicht* rongé de chagrin.

vergreifen [fɛr'graɪfən] *v/réfl.* ⟨*irr., pas de ge-*, h⟩ sich ~ (*sich irren*) se méprendre; sich im Ton ~ parler sur un *od.* d'un ton déplacé; sich in den Mitteln ~ employer de mauvais moyens, des moyens inadéquats, inappropriés; sich an etw. ~ s'attaquer à qc.; toucher à qc.; sich an fremdem Eigentum ~ *auch* se saisir des, mettre la main sur les biens d'autrui; sich an j-m ~ porter la main sur qn.; frapper qn.; *an e-m Mädchen* (*vergewaltigen*) violer (qn.).

vergreis|en [fɛr'graɪzən] *v/i.* ⟨-(es)t, *pas de ge-*, sein⟩ *path.*, *Bevölkerung* vieillir; 2ung *f* ⟨~⟩ *path.* sénescence *f*; *der Bevölkerung* vieillissement *m.*

vergriffen [fɛr'grɪfən] *p.p. von* vergreifen; *Buch* (*ausverkauft*) épuisé.

vergröbern [fɛr'grøːbərn] *v/t.* ⟨-(e)re, *pas de ge-*, h⟩ rendre plus grossier, -ère.

vergrößer|n [fɛr'grøːsərn] **I** *v/t.* ⟨-(e)re, *pas de ge-*, h⟩ agrandir (*auch Geschäft*); *Kapital, Schulden* (*vermehren*) accroître; augmenter; *Vermögen auch* F arrondir; *opt.* grossir; grandir; *phot.* agrandir; **II** *v/réfl.* sich ~ s'agrandir (*auch Geschäft, Familie*); *Kapital, Schulden* s'accroître; augmenter; *Bekanntenkreis* grandir; s'agrandir; F *fig.* sich ~ (*e-e größere Wohnung beziehen*) F s'agrandir; ~nd *adjt.* stark ~e Lupe loupe très grossissante, à fort grossissement; 2ung *f* ⟨~; ~en⟩ agrandissement *m* (*auch phot., e-s Geschäfts*); *des Kapitals etc.* (*Vermehrung*) accroissement *m*; augmentation *f*; *opt.* grossissement *m*; grandissement *m*; hundertfache ~ grossissement cent (fois), au centuple; 2ungsappaˌrat *m phot.* agrandisseur *m*; 2ungsˌglas *n opt.* loupe *f*; verre grossissant.

vergroßstädtern [fɛr'groːsˌʃtɛtərn] *v/i.* ⟨-(e)re, *pas de ge-*, sein⟩ devenir une grande ville, agglomération; *Mensch* devenir (un) citadin.

vergucken [fɛr'gʊkən] F *v/réfl.* ⟨*pas de ge-*, h⟩ sich in j-n ~ *cf.* vergaffen.

Vergünstigung [fɛr'gʏnstɪˌgʊŋ] *f* ⟨~; ~en⟩ faveur *f*; (*Vorteil*) avantage *m*; (*Vorrecht*) privilège *m*; *comm.* rabais *m*; *chem.* ~en *pl.* facilités *f/pl.* (de voyage); ~en genießen jouir de privilèges; bénéficier, profiter de certaines faveurs; ~sˌklausel *f* clause préférentielle; ~sˌzoll *m* droit préférentiel.

vergüt|en [fɛr'gyːtən] *v/t.* ⟨-ete, *pas de ge-*, h⟩ **1.** *Arbeit, Leistung* (*bezahlen*) payer; rémunérer; j-m etw. (*Schaden, Verlust*) ~ dédommager, indemniser qn. de qc.; j-m die Auslagen ~ rembourser qn. de ses frais; **2.** *métall.* traiter; *opt.* traiter; F bleuter; 2ung *f* ⟨~; ~en⟩ **1.** *der Arbeit, e-r Leistung* paiement *m*; rémunération *f*; *e-s Schadens, Verlustes* dédommagement *m*; indemnisation *f*; (*Summe*) indemnité *f*; compensation *f*; *der Auslagen* remboursement *m*; **2.** *métall.* traitement *m*; *opt. auch* fluoration *f*; F bleutage *m*; 2ungsˌstahl *m* acier (trempé et) revenu, traité.

verhaft|en [fɛr'haftən] *v/t.* ⟨-ete, *pas de ge-*, h⟩ j-n ~ arrêter qn.; *jur.* appréhender qn.; mettre qn. sous mandat de dépôt; ~et *adjt.* e-r Sache ~ sein être attaché à qc.; 2ete(r) *f* (*m*) ⟨→ A⟩ détenu, -e *m, f*; 2ung *f* ⟨~; ~en⟩ arrestation *f*; *jur.* prise *f* de corps; 2ungsˌwelle *f* vague *f* d'arrestations.

verhagelt [fɛr'hɑːgəlt] *adjt. Ernte* ~ sein être dévasté par la grêle; F *fig.* ihm ist die Petersilie ~ *cf.* Petersilie.

verhallen [fɛr'halən] *v/i.* ⟨*pas de ge-*, sein⟩ *Ton* se perdre; expirer; *fig.* sein Ruf darf nicht ungehört ~ son appel ne doit pas rester sans écho.

verhalten [fɛr'haltən] **I** *v/t.* ⟨*irr., pas de ge-*, h⟩ *Atem, Urin* retenir; *Tränen, Schmerz, Lachen* contenir; réprimer; *Groll, Ärger* rentrer; refouler; *Schritt* ralentir; **II** *v/réfl.* sich ~ **1.** *Personen* (*sich benehmen*) se conduire, se comporter (gegen j-n à l'égard de qn., avec qn., envers qn.); sich ruhig ~ se tenir, rester tranquille; sich abwartend ~ rester dans l'expectative; sich passiv ~ rester passif, -ive; avoir une attitude passive; ich weiß nicht, wie ich mich dabei *od.* dazu ~ soll je ne sais pas comment me conduire, me comporter dans cette affaire; je ne sais pas quelle attitude prendre; **2.** *Angelegenheit* wie verhält sich die Sache? qu'en est-il de l'affaire?; où en est l'affaire?; es verhält sich so il en est ainsi; die Sache verhält sich ganz anders l'affaire est tout autre; es verhält sich mit ... ebenso wie mit ... il en est de ... comme de ...; es verhält sich ebenso mit ... il en est de même de ...; *math.* a verhält sich zu b wie ... a est à b comme ...; sich umgekehrt ~ wie ... être inversement proportionnel, -lle à ...; **III** *adjt. Lachen, Freude, Trauer* contenu; *Groll* rentré; refoulé; **IV** 2 *n* ⟨~s⟩ **1.** *méd., des Urins* rétention *f*; **2.** *e-s Menschen* (*Betragen*) conduite *f*; comportement *m*; attitude *f*; ungehöriges ~ inconduite *f*; mustergültiges ~ conduite exemplaire; einwandfreies, korrektes, richtiges ~ tenue, conduite correcte; 2ˌheit *f* ⟨~⟩ die ~ der Freude la joie contenue; 2sˌforschung *f* éthologie *f*; behaviourisme *m*; 2spsycholoˌgie *f* psychologie *f* du comportement; 2sˌweise *f der Tiere* comportement *m.*

Verhältnis [fɛr'hɛltˌnɪs] *n* ⟨~ses; ~se⟩ **1.** *zu j-m* (*Beziehung*) rapport *m*; relation *f*; in freundschaftlichem ~ zu j-m stehen avoir des rapports, relations d'amitié avec qn.; sie stehen nur in dienstlichem ~ zueinander, sie haben nur ein dienstliches ~ zueinander ils n'ont entre eux que des rapports de service; **2.** (*Größen*2) proportion *f*; im ~ zu en proportion de; à, *selten* en raison de; proportionnellement à; par rapport à; (*im Vergleich zu*) en comparaison de; par comparaison à; *abs.* im ~ au prorata; en *od.* à proportion; proportionnellement; toute proportion gardée; im ~ 1 zu 3 dans le rapport 1 à 3; im richtigen ~ zu en juste proportion avec; in umgekehrtem ~ zu en raison inverse de; inversement proportionnel, -lle à; in ein richtiges ~ setzen zu proportionner à; zu etw. in direktem ~ stehen être en raison directe de qc.; im ~ stehend zu proportionné à; in keinem ~ stehend zu disproportionné à; in keinem ~ stehen zu ne pas être proportionné à; **3.** (*Liebes*2) liaison *f*; *Person* (*Liebste*) amie *f*; F chérie *f*; P poule *f*; **4.** ~se *pl.* situation *f*; conditions *f/pl.*; (*Vermögenslage*) moyens *m/pl.*; situation financière; (*Umstände*) circonstances *f/pl.*; Einblick in j-s

~se haben connaître la situation de qn.; in guten ~sen leben avoir une bonne situation; être dans une situation aisée; in ärmlichen ~sen leben vivre pauvrement, dans la gêne; aus kleinen, einfachen, bescheidenen ~sen stammen être d'origine modeste, humble; être d'humble origine; über s-e ~se leben vivre au-dessus de ses moyens; s-e ~se gestatten ihm solche Ausgaben nicht ses moyens ne lui permettent pas, sa situation financière ne lui permet pas de pareilles dépenses; bei uns liegen die ~se anders als in ... chez nous les conditions de vie sont différentes de celles de ...; unter solchen ~sen dans ces conditions, circonstances; dans cet état de choses; wie die ~se liegen ... telles que les choses se présentent ...; die Macht der ~se war stärker als er les circonstances ont été plus fortes que lui; unter dem Zwang der ~se sous la contrainte des circonstances; **~ˌanteil** *m* quote-part *f*; **2ˌmäßig** **1.** *adj.* relatif, -ive; proportionnel, -lle; **2.** *adv.* relativement; proportionnellement; toute proportion gardée; **~ˌwahl** *f* vote, scrutin proportionnel; **~ˌwahlrecht** *n*, **~ˌwahlsystem** *n* représentation proportionnelle (*abr.* R.P.); F proportionnelle *f*; erpéisme *m*; **~ˌwort** *n* ⟨~(e)s; ~er⟩ *gr.* préposition *f*; **~ˌzahl** *f Statistik* nombre proportionnel, relatif; rapport *m*.

Verhaltungs|maßregeln [fɛrˈhaltʊŋs-ˌmaːsreːgəln] *f/pl.* instructions *f/pl.*; directives *f/pl.*; *milit. auch* consignes *f/pl.*; **~ˌweise** *f* ligne *f* de conduite; conduite *f* à tenir, marche *f* à suivre (im Falle von *od.* + *gén.* en cas de).

verhandeln [fɛrˈhandəln] *v/i.* ⟨-(e)le, *pas de ge-*, h⟩ über etw. ~ négocier qc.; traiter qc. *od.* de qc.; discuter, débattre qc.; conférer de qc. (*alle* mit j-m avec qn.); *abs.* être en pourparlers; *jur.* gerichtlich ~ procéder par-devant un tribunal; über e-n Preis ~ débattre un prix.

Verhandlung [fɛrˈhandˌlʊŋ] *f* ⟨~; ~en⟩ négociation *f*; discussion *f*; débats *m/pl.* (*auch jur.*); conférence *f*; pourparlers *m/pl.*; *jur.* audience *f*; öffentliche ~ audience publique; diplomatische ~en négociations diplomatiques; langwierige ~en négociations laborieuses, ardues; *pol.* ~en auf höchster Ebene pourparlers à l'échelon, au niveau le plus élevé; ~en aufnehmen, in ~en treten, eintreten entamer, engager des négociations; entrer en négociations, en pourparlers; die ~en abbrechen (wiederaufnehmen) interrompre, suspendre (reprendre, renouer) les négociations; die ~en vertagen ajourner, remettre les négociations; ~en führen mener des négociations, des pourparlers, des débats; *jur.* zur ~ kommen venir à l'audience; **~sbeˌginn** *m* ouverture *f* des débats (*auch jur.*); **2sbeˌreit** *adj.* prêt à négocier; **~sbeˌreitschaft** *f verbal*; ~ zeigen être prêt à négocier; **~sbeˌricht** *m* compte rendu des négociations, des débats, de séance; **~s-beˌvollmächtigte(r)** *m* plénipotentiaire *m*; **~sˌgegenstand** *m* objet *m* des négociations; **~sgeˌschick** *n* habileté *f* à négocier, à mener des négociations; **~sˌgrundlage** *f* base *f* de discussion; **~sˌort** *m* lieu *m* des négociations, des débats (*auch jur.*); **~sˌpause** *f jur.* suspension *f* d'audience; **~sˌpartner** *m* négociateur *m*; partie *f*; interlocuteur *m*; partenaire *m*; **~sprotoˌkoll** *n* procès-verbal *m* des débats, des délibérations; *jur.* procès-verbal *m* des débats, d'audience; **~sˌpunkt** *m* point *m* (principal), chef *m* des négociations; **~s-ˌraum** *m* salle *f* des débats, des séances; **2sˌreif** *adj.* mûr pour la négociation; *jur.* prêt à être plaidé; en état; **~sˌsaal** *m cf.* **~sraum**; *jur.* salle *f* d'audience; **~sˌschluß** *m* clôture *f* des débats (*auch jur.*); **~sˌtag** *m jur.* jour *m* d'audience, des débats; **~sterˌmin** *m jur.* date fixée pour l'audience, pour les débats; e-n ~ anberaumen fixer, assigner, désigner un jour pour les débats; **~s-ˌtisch** *m* table *f* de conférence; *fig.* am ~ par des négociations; **~sˌvollmacht** *f* pleins pouvoirs pour négocier; **~sˌweg** *m* auf dem ~e par voie de négociations; **~sˌweise** *f oft péj.* tractation *f*.

verhangen [fɛrˈhaŋən] *adj. Himmel* nuageux; sombre; gris.

verhängen [fɛrˈhɛŋən] *v/t.* ⟨*pas de ge-*, h⟩ **1.** *Fenster* masquer; boucher; recouvrir (mit de); **2.** etw. über j-n ~ décréter, ordonner qc. contre qn.; e-e Strafe über j-n ~ frapper qn. d'une peine; prononcer une peine contre qn.; infliger une peine à qn.; die Todesstrafe über j-n ~ condamner qn. à mort; den Belagerungszustand ~ décréter, proclamer l'état de siège; e-e Sperre ~ mettre, imposer l'embargo.

Verhängnis [fɛrˈhɛŋˌnɪs] *n* ⟨~ses; ~se⟩ fatalité *f*; sort fatal; destinée fatale; malheur *m*; es war ein ~, daß ... c'était une fatalité que ...; das war sein ~ cela lui a été fatal; **2ˌvoll** *adj.* fatal; néfaste; funeste; lourd de conséquences.

verhängt [fɛrˈhɛŋt] *adjt.* mit ~en Zügeln à bride abattue.

Verhängung [fɛrˈhɛŋʊŋ] *f* ⟨~⟩ ~ des Belagerungszustandes proclamation *f* de l'état de siège; ~ der Todesstrafe condamnation *f* à mort; *sonst verbal.*

verharmlos|en [fɛrˈharmˌloːzən] *v/t.* ⟨-(es)t, *pas de ge-*, h⟩ minimiser; **2ung** *f* ⟨~; ~en⟩ *verbal.*

verhärmt [fɛrˈhɛrmt] *adj.* dévoré, marqué par le chagrin; consumé de chagrin.

verharren [fɛrˈharən] **I** *v/i.* ⟨*pas de ge-*, h *od.* sein⟩ rester; demeurer; auf, bei, in etw. ~ persévérer, persister dans qc.; in Schweigen ~ demeurer, rester silencieux, -euse; persister dans son silence, son mutisme; **II** 2 *n* ⟨~s⟩ persévérance *f*; persistance *f* (auf, bei, in etw. dans qc.).

verharschen [fɛrˈharʃən] **I** *v/i.* ⟨*pas de ge-*, sein⟩ *Schnee* durcir; *Wunde* se cicatriser; **II** 2 *n* ⟨~s⟩ *des Schnees* durcissement *m*; *e-r Wunde* cicatrisation *f*.

verhärt|en [fɛrˈhɛrtən] **I** *v/t.* (*u. v/réfl.*) ⟨-ete, *pas de ge-*, h⟩ *fig.*, *Herz etc.* (s')endurcir; *Positionen*, *Fronten* sich ~ se durcir; se raidir; **II** *v/i.* ⟨sein⟩ *méd.*, *Geschwulst* (se) durcir; s'indurer; **2ung** *f* ⟨~; ~en⟩ *fig.* endurcissement *m*; *der Fronten* durcissement *m*; raidissement *m*; *méd.* induration *f*; (*verhärtete Stelle*) durillon *m*; cal *m*; callosité *f*.

verharzen [fɛrˈhaːrtsən] **I** *v/t.* ⟨-(es)t, *pas de ge-*, h⟩ *techn.* résinifier; résiner; **II** *v/i.* ⟨sein⟩ *techn.* se résinifier.

verhaspeln [fɛrˈhaspəln] **I** *v/t.* ⟨-(e)le, *pas de ge-*, h⟩ *Garn* emmêler; **II** *v/réfl.* F *fig.* sich ~ s'embrouiller.

verhaßt [fɛrˈhast] *adj.* odieux, -euse; détesté; sich ~ machen se rendre odieux, -euse (bei j-m à qn.); se faire 'haïr (de qn.); er ist mir ~ je le déteste; das ist mir ~ j'ai cela en horreur; j-m ~ sein *auch* F être la bête noire de qn.

verhätschel|n [fɛrˈhɛtʃəln] *v/t.* ⟨-(e)le, *pas de ge-*, h⟩ *Kind* choyer; gâter; dorloter; F chouchouter; élever ... dans du coton; **2ung** *f* ⟨~; ~en⟩ dorlotement *m*; gâterie(s) *f* (*pl.*).

Verhau [fɛrˈhaʊ] *m od. n* ⟨~(e)s; ~e⟩ *milit.* abattis *m* (d'arbres); (*Draht*2) réseau *m* de barbelés.

verhauen [fɛrˈhaʊən] F **I** *v/t.* ⟨*irr.*, *pas de ge-*, h⟩ **1.** j-n ~ (*verprügeln*) rouer qn. de coups; F rosser, *fig.* étriller qn.; **2.** *écol.*, *Arbeit* rater; P louper; **II** *v/réfl.* sich ~ (*sich gröblich irren*) se tromper; se méprendre.

verheben [fɛrˈheːbən] *v/réfl.* ⟨*irr.*, *pas de ge-*, h⟩ sich ~ se donner un tour de reins.

verheddern [fɛrˈhɛdərn] F *v/t. u. v/réfl.* ⟨-(e)re, *pas de ge-*, h⟩ *cf.* verhaspeln.

verheer|en [fɛrˈheːrən] *v/t.* ⟨*pas de ge-*, h⟩ ravager; dévaster; détruire; désoler; **~end** *adjt.* dévastateur, -trice; destructeur, -trice; F (*furchtbar*) affreux, -euse; catastrophique; **2ung** *f* ⟨~; ~en⟩ ravage *m*; dévastation *f*; destruction *f*; désolation *f*; ~en anrichten faire des ravages.

verheft|en [fɛrˈhɛftən] *v/t.* ⟨-ete, *pas de ge-*, h⟩ *Buchbinderei* transposer les feuilles (ein Buch d'un livre); dieses Buch ist verheftet ce livre a des feuilles transposées; **2ung** *f* ⟨~⟩ transposition *f* de feuilles.

verhehl|en [fɛrˈheːlən] *st. s.* **I** *v/t.* ⟨*pas de ge-*, h⟩ cacher, dissimuler, celer (j-m etw. qc. à qn.); **II** *v/réfl.* sich etw. ~ se dissimuler qc.; **2ung** *f* ⟨~; ~en⟩ dissimulation *f*.

verheil|en [fɛrˈhaɪlən] *v/i.* ⟨*pas de ge-*, sein⟩ *Wunde* se fermer; (se) guérir; (*vernarben*) se cicatriser; **2ung** *f* guérison *f*; (*Vernarbung*) cicatrisation *f*.

verheimlich|en [fɛrˈhaɪmˌlɪçən] *v/t.* ⟨*pas de ge-*, h⟩ tenir secret, -ète, cacher, dissimuler, celer, (*verschweigen*) taire (j-m etw., etw. vor j-m qc. à qn.); **2ung** *f* ⟨~; ~en⟩ dissimulation *f*.

verheirat|en [fɛrˈhaɪˌraːtən] **I** *v/t.* ⟨-ete, *pas de ge-*, h⟩ marier (mit avec *od.* à); donner en mariage (à); **II** *v/réfl.* sich ~ se marier (mit j-m avec qn.); F *iron.* convoler (en justes noces); sich wieder ~ se remarier; *nur von e-r Frau* F convoler (en secondes noces); sich unter s-m Stand ~ se mésallier; faire une mésalliance; **~et** *adjt.* (*abr.* verh.) marié; F *fig.* ich bin ja nicht mit ihm verheiratet je ne suis pas marié avec lui; **2ete(r)** *f* (*m*) ⟨→ A⟩ marié, -e *m, f*; homme marié; femme mariée; **2ung** *f* ⟨~; ~en⟩ mariage *m*.

verheiß|en [fɛrˈhaɪsən] *st. s. v/t.* ⟨*irr.*, *pas de ge-*, h⟩ promettre; **2ung** *f* ⟨~; ~en⟩ promesse *f*; *bibl.* das Land der ~ la Terre promise; **~ungsˌvoll** *adj.* plein de promesses; prometteur, -euse.

verhelfen [fɛrˈhɛlfən] *v/i.* ⟨*irr.*, *pas de ge-*, h⟩ j-m zu etw. ~ aider qn. à obtenir qc.; faire avoir qc. à qn.; procurer qc. à qn.; j-m zu s-m Recht ~ faire obtenir raison à qn.; aider qn. à obtenir justice; faire rendre justice à qn.; j-m zu e-r Frau ~ aider qn. à trouver une femme; e-r Sache zum Siege ~ aider à faire triompher qc.

verherrlich|en [fɛrˈhɛrˌlɪçən] *v/t.* ⟨*pas de ge-*, **h**⟩ glorifier; magnifier; **2ung** *f* ⟨~; ~en⟩ glorification *f*.
verhetz|en [fɛrˈhɛtsən] *v/t.* ⟨-(es)t, *pas de ge-*, **h**⟩ exciter, dresser (**gegen j-n** contre qn.); attiser la haine (contre qn.); **2ung** *f* ⟨~; ~en⟩ excitation *f*.
verheuer|n [fɛrˈhɔʏərn] *v/t.* ⟨-(e)re, *pas de ge-*, **h**⟩ *mar.*, *Schiff* fréter; **2ung** *f* ⟨~; ~en⟩ frètement *m*.
verhex|en [fɛrˈhɛksən] *v/t.* ⟨-(es)t, *pas de ge-*, **h**⟩ ensorceler; envoûter; enchanter; jeter un sort sur; F *fig.* **das ist wie verhext** c'est comme ensorcelé; on dirait que le diable s'en mêle; c'est comme un fait exprès; **2ung** *f* ⟨~; ~en⟩ ensorcellement *m*; envoûtement *m*; enchantement *m*.
verhimmeln [fɛrˈhɪməln] F *v/t.* ⟨-(e)le, *pas de ge-*, **h**⟩ *fig.* adorer; F porter aux nues.
verhinder|n [fɛrˈhɪndərn] *v/t.* ⟨-(e)re, *pas de ge-*, **h**⟩ empêcher; mettre obstacle, un empêchement à; entraver; *Unglück* (*zuvorkommen*) prévenir; **dienstlich verhindert sein** être empêché par son service; être retenu pour une raison de service; **verhindert sein, an … teilzunehmen** être empêché, ne pas être en mesure de prendre part à …; **2ung** *f* ⟨~; ~en⟩ empêchement *m*; **2ungsˌfall** *m* **im ~e** en cas d'empêchement.
verhochdeutschen [fɛrˈhoːxˌdɔʏtʃən] *v/t.* ⟨*pas de ge-*, **h**⟩ traduire en 'haut allemand.
verhoffen [fɛrˈhɔfən] *v/i.* ⟨*pas de ge-*, **h**⟩ *ch.* s'arrêter et flairer.
verhohlen [fɛrˈhoːlən] *adjt.* (*verborgen*) dissimulé; sournois.
verhöhn|en [fɛrˈhøːnən] *v/t.* ⟨*pas de ge-*, **h**⟩ railler; bafouer; persifler; se moquer de; tourner en dérision; F blaguer; chiner; se payer la tête de; faire des gorges chaudes de; brocarder; lancer des brocards à; **2ung** *f* ⟨~; ~en⟩ raillerie *f*; persiflage *m*; moquerie *f*.
verhohnepipel|n [fɛrˈhoːnəˌpiːpəln] F *v/t.* ⟨-(e)le, *pas de ge-*, **h**⟩ *cf.* **verhöhnen**; **2ung** *f* ⟨~; ~en⟩ *cf.* **Verhöhnung**.
verhökern [fɛrˈhøːkərn] F *v/t.* ⟨-(e)re, *pas de ge-*, **h**⟩ brader; P bazarder.
verholen [fɛrˈhoːlən] **I** *v/t.* ⟨*pas de ge-*, **h**⟩ *mar.*, *Schiff* touer; 'haler; déhaler; **II** *v/i.* *Schiff* se touer; se déhaler; **III 2** *n* ⟨~s⟩ touage *m*; 'halage *m*; déhalage *m*.
verholfen [fɛrˈhɔlfən] *cf.* **verhelfen**.
verholz|en [fɛrˈhɔltsən] **I** *v/t.* ⟨-(es)t, *pas de ge-*, **h**⟩ F *fig. cf.* **verprügeln**; **II** *v/i.* ⟨**sein**⟩ *bot.* se lignifier; **2ung** *f* ⟨~; ~en⟩ *bot.* lignification *f*.
Verhör [fɛrˈhøːr] *n* ⟨~(e)s; ~e⟩ *des Angeklagten* interrogatoire *m*; *der Zeugen* audition *f*; **ein ~ mit j-m anstellen, j-n ins ~ nehmen, j-n e-m ~ unterziehen** *cf.* **2en I**; **j-n e-m strengen ~ unterziehen** soumettre qn. à un interrogatoire serré; F tenir qn. sur la sellette; **2en I** *v/t.* ⟨*pas de ge-*, **h**⟩ **j-n ~** *Angeklagten* interroger qn.; faire subir un interrogatoire à qn.; soumettre qn. à un interrogatoire; *Zeugen* entendre qn.; procéder à l'interrogatoire, l'audition de qn.; **II** *v/réfl.* **sich ~** entendre de travers; mal entendre; mal saisir.
verhüll|en [fɛrˈhʏlən] **I** *v/t.* ⟨*pas de ge-*, **h**⟩ *Standbild, Gesicht etc.* voiler; recouvrir d'un drap, d'un voile, *etc.*; *fig.* voiler; cacher; dissimuler; **II** *v/réfl.* **sich ~** se voiler; **~t** *adjt.* **in ~en Worten** en termes voilés; à mots couverts; par euphémisme; d'une manière euphémique; euphémiquement; **e-e kaum ~e Drohung** une menace à peine voilée; **2ung** *f* ⟨~; ~en⟩ *verbal*.
verhundertfachen [fɛrˈhʊndərtˌfaxən] *v/t.* (*u. v/réfl.*) ⟨*pas de ge-*, **h**⟩ (se) centupler.
verhungern [fɛrˈhʊŋərn] *v/i.* ⟨-(e)re, *pas de ge-*, **sein**⟩ mourir de faim; **j-n ~ lassen** laisser qn. mourir de faim; **ganz verhungert aussehen** avoir l'air affamé.
verhunz|en [fɛrˈhʊntsən] F *v/t.* ⟨-(es)t, *pas de ge-*, **h**⟩ gâter; saboter; *fig.* gâcher; F bousiller; bâcler; massacrer; P louper; saloper; cochonner; (mal) torcher; torcher à la diable; *Text, Musikstück auch fig.* estropier; *Sprache fig.* estropier; écorcher; **2ung** F *f* ⟨~; ~en⟩ sabotage *m*; *fig.* gâchage *m*; F *fig.* bousillage *m*; bâclage *m*; massacre *m*; *der Sprache fig.* écorchement *m*; *besser verbal*.
verhurt [fɛrˈhuːrt] F *adj.* qui fait des excès sexuels.
verhüten [fɛrˈhyːtən] *v/t.* ⟨-ete, *pas de ge-*, **h**⟩ empêcher; *Unglück* prévenir; *Schaden* parer à; **das verhüte Gott!** à Dieu ne plaise!; **was Gott ~ möge** Dieu m'en préserve.
verhütt|en [fɛrˈhʏtən] *v/t.* ⟨-ete, *pas de ge-*, **h**⟩ *Erz* traiter; fondre; **2ung** *f* ⟨~⟩ traitement *m* (métallurgique); fonte *f*; opération *f* sidérurgique.
Verhütung [fɛrˈhyːtʊŋ] *f* ⟨~⟩ empêchement *m*; (*Vorbeugung*) prévention *f*; *méd. sc.* prophylaxie *f*; **Maßnahmen zur ~ von … treffen** prendre des mesures préventives contre …; **~ von Arbeitsunfällen** prévention des accidents du travail; **~s…** *in Zssgn.* préventif, -ive; *méd. sc.* prophylactique; **~sˌmaßnahme** *f* mesure préventive; **~sˌmittel** *n* préservatif *m*; moyen, *chemischer Natur* produit contraceptif, anticonceptionnel.
verhutzelt [fɛrˈhʊtsəlt] *adj.* ratatiné.
Verifi|kation [veˑriˑfiˑkatsiˑˈoːn] *f* ⟨~; ~en⟩ vérification *f*; **2ˈzieren** *v/t.* ⟨*pas de ge-*, **h**⟩ vérifier; **~ˈzierung** *f* ⟨~⟩ *cf.* **~kation**.
verinnerlich|en [fɛrˈʔɪnərˌlɪçən] *v/t.* ⟨*pas de ge-*, **h**⟩ intérioriser; **2ung** *f* ⟨~⟩ intériorisation *f*.
verirr|en [fɛrˈʔɪrən] *v/réfl.* ⟨*pas de ge-*, **h**⟩ **sich ~** s'égarer; se perdre; se fourvoyer; **~t** *adjt.* **~es Schaf** brebis égarée; **~e Kugel** balle perdue; **2ung** *fig. f* ⟨~; ~en⟩ égarement *m*; fourvoiement *m*; aberration *f*; erreur *f*.
Veris|mus [veˑˈrɪsmʊs] *m* ⟨~⟩ vérisme *m*; **~t** *m* ⟨~en; ~en⟩, **2tisch** *adj.* vériste *subst. m u. adj.*
verjagen [fɛrˈjaːgən] *v/t.* ⟨*pas de ge-*, **h**⟩ chasser.
verjähr|bar [fɛrˈjɛːrˌbaːr] *adj.* *jur.* prescriptible; **2barˌkeit** *f* ⟨~⟩ *jur.* prescriptibilité *f*; **~en** *v/i.* ⟨*pas de ge-*, **sein**⟩ *jur.* se prescrire; *nicht weiter verfolgtes Verfahren, nicht eingeforderte Schuld* se périmer; **in 30 Jahren ~** se prescrire par 30 ans; **alle Ansprüche ~ in zwei Jahren** il y a prescription de tous les droits après, au bout de deux ans; tous les droits s'éteignent par prescription au bout de, après deux ans; **2ung** *f* ⟨~⟩ *jur.* prescription *f* (extinctive); *e-s nicht weiter verfolgten Verfahrens, e-r nicht eingeforderten Schuld* péremption *f*; **die ~ unterbrechen** interrompre la prescription; **die ~ beginnt mit der Entstehung des Anspruches** la prescription commence à courir du jour où est formulée la prétention; **der ~ unterliegen** être soumis à la prescription; encourir la prescription; (*erlöschen*) s'éteindre par la prescription; **2ungsˌfrist** *f jur.* délai *m* de prescription; **Ablauf der ~** expiration de la prescription; **vor Ablauf der ~** avant l'expiration de la prescription *od.* du délai de prescription.
verjubeln [fɛrˈjuːbəln] F *v/t.* ⟨-(e)le, *pas de ge-*, **h**⟩ *Geld* gaspiller; gâcher; dissiper; dilapider.
verjüng|en [fɛrˈjʏŋən] **I** *v/t.* ⟨*pas de ge-*, **h**⟩ **1.** (*jünger machen*) rajeunir (*auch Bevölkerung, Personal*); **2.** *im Maßstab* réduire; **in verjüngtem Maßstab** en petit; en raccourci; **3.** *Säule* amincir; effiler; *Tunnel, Gang* rétrécir; diminuer de section; **II** *v/réfl.* **sich ~** (se) rajeunir; *Säule* s'amincir; s'effiler; *Tunnel, Gang* se rétrécir; **2ung** *f* ⟨~; ~en⟩ rajeunissement *m* (*auch der Bevölkerung, des Personals*); *im Maßstab* réduction *f*; *e-r Säule* amincissement *m*; *e-s Tunnels, Ganges* rétrécissement *m*; **2ungsˌbad** *n fig.* bain *m* de jouvence; **2ungsˌkur** *f* cure *f* de rajeunissement, *fig. u. iron.* de jouvence; **2ungsˌmittel** *n* moyen *m* de se rajeunir.
verjuxen [fɛrˈjʊksən] F *v/t.* ⟨-(es)t, *pas de ge-*, **h**⟩ *cf.* **verjubeln**.
Verkabelung [fɛrˈkaːbəˌlʊŋ] *f* ⟨~⟩ câblage *m*.
verkalben [fɛrˈkalbən] *v/i.* ⟨*pas de ge-*, **h**⟩ *Kühe* avorter.
verkalk|en [fɛrˈkalkən] **I** *v/t.* ⟨*pas de ge-*, **h**⟩ *chim., techn.* calciner; **II** *v/i.* ⟨**sein**⟩ *méd.* se scléroser; F *fig.* vieillir; s'encroûter; **2ung** *f* ⟨~; ~en⟩ *chim.* calcination *f*; *physiol.* calcification *f*; *méd.* sclérose *f*; F *fig.* vieillissement *m*; encroûtement *m*.
verkalkulieren [fɛrˌkalkuˑˈliːrən] F *v/réfl.* ⟨*pas de ge-*, **h**⟩ **sich ~** se tromper dans ses calculs (*auch fig.*).
verkannt [fɛrˈkant] *adjt.* méconnu.
verkappt [fɛrˈkapt] *adj.* *Spion etc.* déguisé; F camouflé.
verkapsel|n [fɛrˈkapsəln] **I** *v/t.* ⟨-(e)le, *pas de ge-*, **h**⟩ *Flaschen* capsuler; **II** *v/réfl.* **sich ~** *méd.* s'enkyster; **2ung** *f* ⟨~; ~en⟩ *von Flaschen* capsulage *m*; *méd.* enkystement *m*.
verkarsten [fɛrˈkarstən] *v/i.* ⟨-ete, *pas de ge-*, **sein**⟩ devenir rocheux, -euse, stérile.
verkäs|en [fɛrˈkɛːzən] *v/i.* ⟨-(es)t, *pas de ge-*, **sein**⟩ se caséifier; **2ung** *f* ⟨~⟩ caséification *f*.
verkästen [fɛrˈkɛstən] **I** *v/t.* ⟨-ete, *pas de ge-*, **h**⟩ *mines* cuveler; **II 2** *n* ⟨~s⟩ cuvelage (cuvellement) *m*.
verkatert [fɛrˈkaːtərt] F *adj.* **~ sein** P être vaseux, -euse; avoir mal aux cheveux; avoir la gueule de bois.
Verkauf [fɛrˈkauf] *m* vente *f*; (*Absatz*) débit *m*; écoulement *m*; placement *m*; **zwangsweiser ~** vente forcée; **~ in Automaten** vente par distributeurs automatiques; **~ gegen bar** vente au comptant; **~ in Bausch u. Bogen** marché à forfait; vente en bloc; **~ nach dem Gewicht** vente au poids; **~** (*der Ernte*) **auf dem Halm** vente sur pied; **~ unter der Hand** vente en sous-main; **~ netto Kasse** vente au comptant d'usage; **~ zu herabgesetzten Preisen** vente au rabais; **~ zu stark herabgesetzten Preisen** vente de soldes; braderie *f*; **~ zu Schleuderpreisen** vente à vil prix; **~ zu überhöhten Preisen** vente à des prix surfaits; survente *f*; **~ auf offener Straße** vente sur la voie publique; **~**

über die Straße vente à emporter; ~ auf Teilzahlung vente à tempérament; ~ mit Verlust vente à perte; ~ unter dem Wert vente à perte; zum ~ anbieten offrir en vente; zum ~ zulassen admettre à la vente; zum ~ freigeben autoriser la vente de ...; zum ~ stellen mettre, exposer en vente; zum ~ bestimmt à vendre; en vente; Verkäufe tätigen opérer des transactions; conclure des marchés; 2en *v/t.* (*u. v/réfl.*) ⟨*pas de ge-*, h⟩ (se) vendre; placer; *Besitz* réaliser; zu ~ à vendre; j-m etw. ~, etw. an j-n ~ vendre qc. à qn.; bestens ~ vendre au mieux; billig ~ vendre à bon marché; gegen bar ~ vendre comptant; einzeln ~ vendre au détail; détailler; stückweise ~ vendre à la pièce, à l'unité; zwangsweise ~ mettre en vente forcée; mit Gewinn ~ vendre avec profit; mit Verlust ~ vendre à perte; unter dem Preis ~ vendre au-dessous du prix; zum Preise von ... ~ vendre au prix de ...; zu jedem Preis ~ vendre à tout prix; zu herabgesetzten Preisen ~ vendre au rabais; auf Rechnung ~ vendre sur facture; für fremde Rechnung ~ vendre pour le compte d'autrui, de tiers; zu Schleuderpreisen ~ vendre à vil prix; zum Schrottwert ~ vendre au prix de la ferraille, comme ferraille; zum Selbstkostenpreis ~ vendre au prix coûtant; auf offener Straße ~ vendre sur la voie publique; über die Straße ~ pratiquer la vente à emporter; teuer ~ vendre cher; sein Leben teuer ~ vendre chèrement sa vie; sich leicht, schwer ~ se vendre facilement, difficilement; *cf. auch* verkäuflich; F *fig.* j-n für dumm ~ prendre qn. pour un imbécile; F *fig.* wir sind verraten u. verkauft nous sommes perdus.

Verkäufer|(in) [fɛrˈkɔʏfər(ɪn)] *m* (*f*) vendeur, -euse *m, f*; *in Warenhäusern auch* demoiselle *f* de magasin; *nur m* F calicot *m*; *in Paris, von Modeartikeln* midinette *f*; *jur., e-s Besitzes* vendeur *m*; venderesse *f*; **~ˌmarkt** *m* marché *m* de vendeurs; marché vendeur.

verkäuflich [fɛrˈkɔʏfˌlɪç] *adj.* vendable; commercialisable; négociable; *Besitz* réalisable; (*zu verkaufen*) à vendre; leicht ~ de vente facile, aisée; d'écoulement facile; facile à vendre, à placer, à écouler; de bon débit; de bonne vente; schwer ~ de vente, de placement, d'écoulement difficile; difficile à vendre, à placer, à écouler.

Verkaufs|abteilung [fɛrˈkaufsˀapˌtaɪlʊŋ] *f* service *m* de vente; **~ˌangebot** *n* offre *f* de vente; **~ˌauftrag** *m* ordre *m* de vente; **~ˌaussichten** *f/pl.* perspectives *f/pl.* de vente; **~ˌausstellung** *f* vente-exposition *f*; **~autoˌmat** *m* distributeur *m* automatique; **~beˌdingungen** *f/pl.* conditions *f/pl.* de vente; **~beˌrechtigung** *f* autorisation *f* de vente; **~beˌschränkung** *f* restriction *f* de vente; **~ˌbude** *f* échoppe *f*; boutique *f*; stand [-d] *m*; **~büˌro** *n* bureau *m* de vente; **~erˌlös** *m* produit *m* de la vente; **~ˌfachmann** *m* expert *m* en matière de vente; **~ˌfläche** *f* surface *f* de vente; **~ˌförderung** *f* encouragement *m* à la vente; promotion *f* des ventes; **~geˌnehmigung** *f cf.* ~berechtigung; **~geˌnossenschaft** *f* coopérative *f* de vente; **~karˌtell** *n* cartel *m* de vente; **~konˌtrolle** *f* contrôle *m* des ventes; **~ˌlager** *n* magasin *m* de vente; **~ˌleiter** *m* chef *m*, directeur *m* de vente; directeur *m* des ventes; **~ˌleitung** *f* direction *f* des ventes; **~meˌthode** *f* méthode *f* de vente; **~ˌmöglichkeit** *f* possibilité *f* de vente; **~monoˌpol** *n* monopole *m* de vente; **~ˌniederˌlage** *f cf.* ~lager; **~organisatiˌon** *f* organisation *f* de vente; **~persoˌnal** *n* personnel vendeur; vendeurs *m/pl.* et vendeuses *f/pl.*; **~ˌplan** *m* plan *m* de(s) vente(s); **~poliˌtik** *f* politique *f* de vente; **~ˌpreis** *m* prix *m* de vente; **~ˌraum** *m* salle *f* de vente; *e-s Warenhauses, Supermarktes cf.* ~fläche; **~ˌrecht** *n* droit *m* de vente; **~ˌschlager** *m* article *m* à grand succès; **~ˌstand** *m cf.* ~bude; **~ˌstelle** *f in e-m Betrieb, e-r Kaserne* économat *m*; *für Postwertzeichen, Bier etc.* débit *m*; **~ˌtechnik** *f* technique *f* de la vente; **~ u. ˈEinkaufsgeˌnossenschaft** *f* coopérative *f* d'achat et de vente; **~ˌurkunde** *f* acte *m* de vente; **~verˌbot** *n* interdiction *f* de vente; **~verˌtrag** *m* contrat *m* de vente; **~ˌwerbung** *f* publicité *f* de vente; **~ˌwert** *m* valeur *f* de vente; **~ˌzeit** *f* heures *f/pl.* d'ouverture pour la vente; **~ˌziffern** *f/pl.* chiffres *m/pl.* de vente; **~ˌzwang** *m* obligation *f* de vendre.

Verkehr [fɛrˈkeːr] *m* ⟨~(e)s⟩ **1.** (*Straßen2*) circulation *f*; trafic *m*; (*Beförderung, Transport*) transports *m/pl.*; *von Geld, Gütern* (*Umlauf*) circulation *f*; *chem., Post* service *m*; (*Handels2*) trafic commercial; échanges commerciaux; öffentlicher ~ transports publics; regelmäßiger ~ trafic régulier; service régulier (de transport); ligne régulière; bargeldloser ~ virements *m/pl.*; mouvement *m* des capitaux par virement; den ~ einstellen suspendre le trafic; den ~ umleiten détourner, dévier la circulation; um den starken ~ zu bewältigen pour répondre aux besoins du trafic; in den ~ (*Umlauf*) bringen mettre en circulation; im ~ (*Umlauf*) sein être en circulation; aus dem ~ ziehen *Briefmarken, Geld etc.* retirer de la circulation; *Schiff, Lokomotive etc.* retirer du service; *Straße, Bahnlinie* dem ~ übergeben livrer, ouvrir à la circulation; für den ~ gesperrt fermé à la circulation; **2.** *mit j-m* rapports *m/pl.*; relations *f/pl.*; (*Umgang*) commerce *m*; (*Geschlechts2*) rapports sexuels; commerce charnel; außerehelicher ~ rapports illégitimes; ehelicher ~ rapports conjugaux; mit j-m ~ haben avoir des rapports sexuels avec qn.; mit j-m in ~ stehen être en, avoir des relations avec qn.; avoir commerce avec qn.; fréquenter qn.; F frayer avec qn.; mit j-m in brieflichem ~ stehen correspondre avec qn.; être en correspondance, en relations épistolaires avec qn.; keinen ~ haben, pflegen ne voir personne; vivre retiré; das ist kein ~ für dich ce n'est pas une fréquentation pour toi; 2en **I** *v/t.* ⟨*pas de ge-*, h⟩ *fig.*, *Trauer in Freude etc.* transformer (in en); **II** *v/i.* **1.** *chem., Post* circuler; *regelmäßig* desservir (nach e-m Ort un lieu); **2.** in e-m Haus ~ fréquenter une maison; mit j-m ~ avoir des rapports, des relations avec qn.; être en relations avec qn.; avoir commerce avec qn.; fréquenter qn.; F frayer avec qn.; *geschlechtlich* avoir des rapports sexuels avec qn.; brieflich mit j-m ~ correspondre avec qn.; mit niemandem ~ ne voir personne; bei j-m ~ fréquenter qn.; **III** *v/réfl.* sich ins Gegenteil ~ se transformer, *pfort.* dégénérer en son contraire.

Verkehrs|abwicklung [fɛrˈkeːrsˌˀapvɪklʊŋ] *f* écoulement *m* du trafic; **~ˌader** *f* artère *f*; axe routier; **~ˌampel** *f* feux *m/pl.* (de signalisation); **~ˌamt** *n* **1.** *Behörde* service *m* des Mines; F Mines *f/pl.*; **2.** (*~verein*) syndicat *m* d'initiative; office *m* de tourisme; **~beˌdingungen** *f/pl.* conditions *f/pl.* de circulation; **~beˌdürfnisse** *n/pl.* nécessités *f/pl.*, exigences *f/pl.* du trafic; **~beˌschränkung** *f* restriction *f*, limitation *f* du trafic; **~beˌtrieb** *m* entreprise *f* de transport; die öffentlichen ~e les transports publics; **~büˌro** *n cf.* ~amt 2.; **~ˌdichte** *f* densité *f* du trafic; **~disziˌplin** *f* discipline *f* sur la route; **~erˌziehung** *f cf.* ~unterricht; **~ˌflieger** *m* pilote *m* de ligne; **~ˌflugzeug** *n* avion *m* de ligne; **~geˌsetz** *n* loi relative à la circulation routière; **~geˌwerbe** *n* (industrie *f* des) transports *m/pl.*; **~ˌhindernis** *n* obstacle *m* à la circulation; **~ˌinsel** *f* refuge *m* (pour piétons); **~ˌknotenˌpunkt** *m* nœud *m* de communication; **~konˌtrolle** *f* contrôle *m* de la circulation; **~ˌlärm** *m* vacarme *m* de la circulation; **~ˌlinie** *f* voie *f* de communication; **~miˌnister** *m* ministre *m* des Transports; **~minisˌterium** *n* ministère *m* des Transports; **~ˌmittel** *n* moyen *m* de transport; **~ˌnetz** *n* réseau *m* de communications; **~ˌordnung** *f* code *m* de la route; règlement *m* de la circulation; **~poliˌtik** *f* politique *f* des transports; **~poliˌzei** *f* police routière, de la route; **~poliˌzist** *m*, **~ˌposten** *m* agent *m* de la circulation; **~ˌrecht** *n* législation *f* sur les transports et communications; **~ˌregel** *f* règle *f* de la circulation; ~n *pl.* code *m* de la route; **~ˌregelung** *f* réglementation *f* de la circulation, du trafic; **2ˌreich** *adj. Straße* fréquenté; animé; ~e Zeit *cf.* ~spitze; **~ˌschild** *n* panneau *m* de signalisation (routière); **~ˌschutzmann** *m cf.* ~polizist; **2ˌschwach** *adj. Straße* peu fréquenté, animé; ~e Zeit heures creuses, de faible trafic; **~ˌsicherheit** *f* sécurité *f* de la circulation; **~ˌsperre** *f* suspension *f*, arrêt *m* (provisoire) de la circulation; **~ˌspitze** *f* heures *f/pl.* de pointe, de trafic intense; **2stark** *adj.* ~e Zeit *cf.* ~spitze; **~staˌtistik** *f* statistique *f* des transports et communications; **~ˌstauung** *f* encombrement *m*; F embouteillage *m*; **~ˌstillegung** *f cf.* ~sperre; **~ˌstockung** *f cf.* ~stauung; **~ˌstörung** *f* interruption *f* du trafic; **~ˌstraße** *f* voie *f* de communication; **~ˌstreife** *f* patrouille routière; **~ˌstreik** *m* grève *f* des transports; **~ˌsünder** *m* contrevenant *m* à la circulation; **~ˌsünderkarˌtei** F *f cf.* ~zentralkartei; **~taˌrif** *m* tarif *m* de transport; **~ˌteilnehmer** *m* usager *m* de la route; **~ˌtote(r)** *f* (*m*) victime *f* de la route; **~ˌturm** *m* tour(elle) *f* de signalisation routière; **~überˌwachung** *f* surveillance *f* de la circulation; **~ˌunfall** *m* accident *m* de la route; **~unterˌnehmen** *n cf.* ~betrieb; **~ˌunterricht** *m* enseignement *m* du code de la route; instruction *f* en matière de circulation; **~verˌbindung** *f* communication *f*; **~verˌein** *m cf.* ~amt 2.; **~verˌhältnisse** *n/pl. cf.* ~bedingungen; **~ˌvorschriften** *f/pl.* code *m* de la route; **~ˌweg** *m* voie *f* de communication; **~ˌwert** *m* valeur courante; **~ˌwesen** *n* transports *m/pl.*;

ℒ**ˌwidrig** *adj.* contraire au code de la route; en contravention avec le code de la route; **~ˌzählung** *f* recensement *m* de la circulation; **~ˌzeichen** *n* signal *m*; *cf. auch* **~schild**; **~zenˌtralkarˌtei** *f* fichier *m* des délinquants de la route; casier *m* des contraventions de circulation.

verkehrt [fɛrˈkeːrt] *adj. u. adv. Bild etc.* (*umgekehrt*) à l'envers; retourné; *Vorstellung, Auffassung etc.* (*falsch*) faux, fausse; absurde; **die ~e Seite** *e-s Stoffes* l'envers *m*; **~e Welt** monde renversé, à l'envers; **den ~en Weg gehen** se tromper de chemin; prendre le mauvais chemin; **etw. ~ machen** faire qc. de travers; **etw. ~ anfangen** s'y prendre mal, de travers; prendre l'affaire par le mauvais bout; **~ antworten** répondre de travers; **etw. ~ auffassen** prendre qc. à l'envers, à rebours; *Kleidungsstücke* **~ anziehen** mettre ... à l'envers; **du hast deinen Hut ~ aufgesetzt** tu as mis ton chapeau à l'envers; F **Kaffee ~** plus de lait que de café; F **das ist gar nicht so ~** ce n'est pas si absurde, insensé que cela en a l'air; F **der ist ~, ~ herum** (*homosexuell*) F c'en est un (de la pédale); c'est une tante, tapette, tantouse; ℒ**ˌheit** *f* ⟨~; ~en⟩ travers *m* (de l'esprit); absurdité *f*.

Verkehrung [fɛrˈkeːrʊŋ] *f* ⟨~; ~en⟩ **die ~ ins Gegenteil** la transformation en son contraire.

verkeilen [fɛrˈkaɪlən] **I** *v/t.* ⟨*pas de ge-*, **h**⟩ **1.** *techn.* caler; claveter; *Schienen* coincer; **2.** F **j-n ~** *cf.* **verhauen I 1.**; **II** ℒ *n* ⟨~s⟩ *techn.* calage *m*; clavetage *m*; *von Schienen* coincement *m*.

verkenn|en [fɛrˈkɛnən] *v/t.* ⟨*irr., pas de ge-*, **h**⟩ *j-n* méconnaître; *den Ernst der Lage auch* se tromper sur; **wir wollen nicht ~, daß** *er auch manches Gute geschaffen hat* il faut bien reconnaître que ...; **ihre Absicht war nicht zu ~** il n'y avait pas à se tromper, à se méprendre sur ses intentions; *cf. auch* **verkannt**; ℒ**ung** *f* ⟨~⟩ méconnaissance *f*.

verkett|en [fɛrˈkɛtən] *v/t.* ⟨*-ete, pas de ge-*, **h**⟩ *fig.* enchaîner; ℒ**ung** *f* ⟨~; ~en⟩ *fig.* enchaînement *m*; **unglückliche ~ von Umständen** malencontreux concours de circonstances.

verketzer|n [fɛrˈkɛtsərn] *v/t.* ⟨*-(e)re, pas de ge-*, **h**⟩ (*schmähen*) diffamer; décrier; discréditer; dénigrer; ℒ**ung** *f* ⟨~; ~en⟩ diffamation *f*; dénigrement *m*.

verkiesel|n [fɛrˈkiːzəln] *v/t.* ⟨*-(e)le, pas de ge-*, **h**⟩ *minéral.* silicifier; ℒ**ung** *f* ⟨~⟩ silicification *f*.

verkitschen [fɛrˈkɪtʃən] *v/t.* ⟨*pas de ge-*, **h**⟩ *etwa* gâter le style (etw. de qc.).

verkitt|en [fɛrˈkɪtən] *v/t.* ⟨*-ete, pas de ge-*, **h**⟩ mastiquer; *Loch* boucher ... au mastic; *Ritzen e-s Ofens* luter; ℒ**ung** *f* ⟨~⟩ masticage *m*; lutation *f*; lutage *m*.

verklag|en [fɛrˈklɑːɡən] *v/t.* ⟨*pas de ge-*, **h**⟩ *jur.* **j-n ~** porter plainte contre qn.; intenter une action (judiciaire) contre qn.; intenter un procès à qn.; traduire qn. devant les tribunaux; actionner qn.; **j-n wegen etw. ~** poursuivre qn. pour *od.* en qc.; **j-n auf Schadenersatz ~** poursuivre qn. en dommages-intérêts; **~t** *adjt.* **~e Partei** partie défenderesse; ℒ**te(r)** *f* (*m*) ⟨→ A⟩ défendeur, -deresse *m, f*.

verklammen [fɛrˈklamən] *v/i.* ⟨*pas de ge-*, **sein**⟩ *Finger* (*vor Kälte erstarren*) s'engourdir (de froid).

verklammern [fɛrˈklamərn] *v/t.* ⟨*-(e)re, pas de ge-*, **h**⟩ cramponner; fixer ... avec des crampons.

verklapsen [fɛrˈklapsən] F *v/t.* ⟨*-(es)t, pas de ge-*, **h**⟩ *cf.* **verkohlen I 2.**; **sich nicht ~ lassen** ne pas se laisser prendre pour un imbécile.

verklaren [fɛrˈklɑːrən] *v/t.* ⟨*pas de ge-*, **h**⟩ *mar.* faire un rapport de mer; dresser un procès-verbal des avaries.

verklär|en [fɛrˈklɛːrən] *v/t.* (*u. v/réfl.*) ⟨*pas de ge-*, **h**⟩ *bibl.* (se) transfigurer; *fig., Gesicht* (s')éclairer; **~t** *adjt. bibl.* transfiguré; *fig., Gesicht* (*strahlend*) radieux, -euse; rayonnant.

Verklarung [fɛrˈklɑːrʊŋ] *f mar.* ⟨~; ~en⟩ rapport *m* de mer; procès-verbal *m* des avaries.

Verklärung [fɛrˈklɛːrʊŋ] *f* ⟨~; ~en⟩ *bibl.* transfiguration *f*.

verklatschen [fɛrˈklatʃən] F *écol. v/t.* ⟨*pas de ge-*, **h**⟩ F moucharder.

verklausulier|en [fɛrklauzuˈliːrən] *v/t.* ⟨*pas de ge-*, **h**⟩ *Vertrag* restreindre par des clauses; *allg.* (*unverständlich machen*) formuler de façon incompréhensible; ℒ**ung** *f* ⟨~; ~en⟩ restriction *f* par des clauses.

verkleben [fɛrˈkleːbən] *v/t.* ⟨*pas de ge-*, **h**⟩ coller; boucher à la colle, avec une pâte; *chir., Wunde* agglutiner.

verklecksen [fɛrˈklɛksən] F *v/t.* ⟨*-(es)t, pas de ge-*, **h**⟩ tacher.

verkleid|en [fɛrˈklaɪdən] *v/t.* ⟨*-ete, pas de ge-*, **h**⟩ **1.** (*auch v/réfl.*) (se) déguiser (**als** en); (se) travestir (en); (*kostümieren*) (se) costumer; **2.** *mit Holz, Blech etc.* revêtir (**mit** de); couvrir (de); *mit Holz* (*täfeln*) boiser; lambrisser; *techn., innen* chemiser; *Schacht mit Holzwänden* boiser; cuveler; ℒ**ung** *f* ⟨~; ~en⟩ **1.** déguisement *m*; travestissement *m* (*beide auch*: *Kostüm*); (*Kostüm*) travesti *m*; costume *m*; **2.** *mit Holz, Blech etc.* revêtement *m*; (*Täfelung*) boiserie *f*; lambrissage *m*; *techn., innere* chemisage *m*; *mines* boisage *m*; cuvelage *od.* cuvellement *m*; *an e-m Fenster- od. Türrahmen* chambranle *m*.

verkleiner|n [fɛrˈklaɪnərn] *v/t.* ⟨*-(e)re, pas de ge-*, **h**⟩ rapetisser; réduire (*auch Maßstab, phot.*); amoindrir; diminuer; *fig., j-s Verdienste etc.* (*herabsetzen*) amoindrir; diminuer; déprécier; rabaisser; ravaler; *j-s Ansehen* dénigrer, discréditer (qn.); ℒ**ung** *f* ⟨~; ~en⟩ rapetissement *m*; réduction *f* (*auch vom Maßstab, phot.*); amoindrissement *m*; diminution *f* (*beide auch fig.*); *fig.* dépréciation *f*; rabaissement *m*; dénigrement *m*; ℒ**ungsˌform** *f gr.* diminutif *m*.

verkleistern [fɛrˈklaɪstərn] F *v/t.* ⟨*-(e)re, pas de ge-*, **h**⟩ *cf.* **verkleben**; *fig.* replâtrer.

verklemmen [fɛrˈklɛmən] **I** *v/t.* ⟨*pas de ge-*, **h**⟩ *techn.* coincer; claveter; serrer; **II** *v/réfl. Tür etc.* **sich ~** (se) coincer; **III** ℒ *n* ⟨~s⟩ *techn.* coincement *m*; clavetage *m*; serrage *m*.

verklingen [fɛrˈklɪŋən] *v/i.* ⟨*irr., pas de ge-*, **sein**⟩ *fig.* se perdre; mourir; s'évanouir; *Ton* **~ lassen** laisser mourir.

verkloppen [fɛrˈklɔpən] F *v/t.* ⟨*pas de ge-*, **h**⟩ **1.** *cf.* **verhauen I 1.**; **2.** (*verkaufen*) P bazarder.

verknacken [fɛrˈknakən] F *v/t.* ⟨*pas de ge-*, **h**⟩ **j-n zu drei Monaten Gefängnis ~** P coller, foutre, flanquer trois mois de prison à qn.

verknacksen [fɛrˈknaksən] F *v/réfl.* ⟨*-(es)t, pas de ge-*, **h**⟩ **sich den Fuß ~** se fouler le pied.

verknall|en [fɛrˈknalən] **I** *v/t.* ⟨*pas de ge-*, **h**⟩ *Munition, Pulver* épuiser; **II** *v/réfl.* F **sich in j-n ~** *cf.* **vergaffen**; **~t** *adjt.* F **in j-n ~ sein** être fou, folle de qn.; *fig.* être entiché, engoué de qn.; F raffoler, se toquer de qn.; F *fig.* avoir le béguin pour qn.

verknapp|en [fɛrˈknapən] *v/i.* ⟨*pas de ge-*, **sein**⟩ se raréfier; devenir rare; ℒ**ung** *f* ⟨~; ~en⟩ pénurie *f* (an de); rareté *f*.

verknecht|en [fɛrˈknɛçtən] *v/t.* ⟨*-ete, pas de ge-*, **h**⟩ assujettir; réduire en esclavage; asservir; ℒ**ung** *f* ⟨~; ~en⟩ assujettissement *m*.

verkneifen [fɛrˈknaɪfən] F *v/t. u. v/réfl.* ⟨*irr., pas de ge-*, **h**⟩ *Lachen, Schmerz cf.* **verbeißen I**; **sich nicht ~ können, zu ...** (+ *inf.*) ne pouvoir s'empêcher de ... (+ *inf.*); **sich etw. ~ müssen** devoir renoncer à qc.; devoir se passer de qc.

verkniffen [fɛrˈknɪfən] *adjt.* **ein ~es Gesicht** un air pincé.

verknöcher|n [fɛrˈknœçərn] *v/i.* ⟨*-(e)re, pas de ge-*, **sein**⟩ *physiol.* s'ossifier; F *fig. Mensch* F s'encroûter; **~t** *adjt.* F *Mensch* F encroûté; ℒ**ung** *f* ⟨~; ~en⟩ *physiol.* ossification *f*; F *fig. e-s Menschen* F encroûtement *m*.

verknorpeln [fɛrˈknɔrpəln] *v/i.* ⟨*-(e)le, pas de ge-*, **sein**⟩ devenir cartilagineux, -euse.

verknoten [fɛrˈknoːtən] *v/t.* ⟨*-ete, pas de ge-*, **h**⟩ nouer.

verknüpf|en [fɛrˈknʏpfən] *v/t.* ⟨*pas de ge-*, **h**⟩ nouer; (*verbinden*) lier (**mit** à); combiner (avec); associer (à); joindre (à); attacher (à); (*verketten*) enchaîner; **mit Schwierigkeiten verknüpft** sein être accompagné de, présenter des, être lié à des difficultés; **die Sache ist mit Schwierigkeiten verknüpft** *auch* l'affaire n'ira pas sans mal; ℒ**ung** *f* ⟨~; ~en⟩ liaison *f*; jonction *f*; (*Verkettung*) enchaînement *m*.

verknusen [fɛrˈknuːzən] F *v/t.* ⟨*-(es)t, pas de ge-*, **h**⟩ **j-n nicht ~ können** ne pouvoir supporter qn.; F avoir qn. en grippe; ne pouvoir sentir, P blairer qn.; P *fig.* ne pas encaisser qn.

verkochen [fɛrˈkɔxən] **I** *v/t.* ⟨*pas de ge-*, **h**⟩ (*beim Kochen verbrauchen*) consommer (à la cuisine); **II** *v/i.* ⟨**sein**⟩ *Wasser, Brühe* se réduire, s'évaporer à la cuisson.

verkohl|en [fɛrˈkoːlən] **I** *v/t.* ⟨*pas de ge-*, **h**⟩ **1.** carboniser; **2.** F *fig.* **j-n ~** monter un bateau à qn.; F se payer la tête de qn.; **II** *v/i.* ⟨**sein**⟩ se carboniser; ℒ**ung** *f* ⟨~⟩ carbonisation *f*.

verkok|en [fɛrˈkoːkən] *v/t.* ⟨*pas de ge-*, **h**⟩ cokéfier; ℒ**ung** *f* ⟨~⟩ cokéfaction *f*.

verkommen [fɛrˈkɔmən] **I** *v/i.* ⟨*irr., pas de ge-*, **sein**⟩ *Garten, Besitz etc.* être laissé à l'abandon; *Gebäude* se délabrer; *Speisen, Lebensmittel* pourrir; se gâter; *Mensch* tomber dans la déchéance; F tomber bien bas, au ruisseau; tourner mal; se laisser glisser; **etw. ~ lassen** laisser qc. à l'abandon; **II** *adjt. Besitz* laissé à l'abandon; *Gebäude* délabré; *Speisen, Lebensmittel* pourri; gâté; *Mensch* dépravé; dévoyé; ℒ**ˌheit** *f e-s Menschen* déchéance *f*; dépravation *f*.

verkonsumieren [fɛrkɔnzuˈmiːrən] F *v/t.* ⟨*pas de ge-*, **h**⟩ manger; F dévorer; avaler; P boulotter.

verkopp|eln [fɛrˈkɔpəln] *v/t.* ⟨*-(e)le, pas de ge-*, **h**⟩ accoupler; ℒ**(e)ˌlung** *f* accouplement *m*.

verkorken [fɛrˈkɔrkən] *v/t.* ⟨*pas de ge-*, **h**⟩ *Flasche* boucher.

verkorks|en [fɛrˈkɔrksən] F *v/t.* ⟨*-(es)t,*

pas de ge-, h⟩ gâter; gâcher; F bousiller; *cf. auch* **verhunzen; sich den Magen** ~ se gâter l'estomac; se donner une indigestion; **~t** *adjt.* **e-e ~e Angelegenheit** une affaire mal engagée; **e-n ~en Magen haben** avoir l'estomac gâté, délabré.

verkörnen [fɛr'kœrnən] *v/t.* ⟨*pas de ge-*, h⟩ granuler.

verkörper|n [fɛr'kœrpərn] *v/t.* ⟨-(e)re, *pas de ge-*, h⟩ personnifier; incarner; **~t** *adjt.* ~ in personnifié, incarné en; **2ung** *f* ⟨~; ~en⟩ personnification *f*; incarnation *f*.

verköstig|en [fɛr'kœstɪgən] *v/t.* ⟨*pas de ge-*, h⟩ nourrir; donner des repas (à); **2ung** *f* ⟨~⟩ nourriture *f*; *cf. auch* Beköstigung.

verkrach|en [fɛr'kraxən] F *v/réfl.* ⟨*pas de ge-*, h⟩ **sich mit j-m** ~ se brouiller avec qn.; **~t** *adjt. Unternehmen, Bank* en faillite; *Student etc.* raté; **~e Existenz** raté *m*.

verkraften [fɛr'kraftən] F *v/t.* ⟨-ete, *pas de ge-*, h⟩ **etw. nicht** ~ **können** *physisch* ne pouvoir supporter, endurer qc.; *geistig* ne pouvoir assimiler, F digérer qc.; **die Stadt kann den Verkehr nicht mehr** ~ la ville ne peut plus absorber le trafic.

verkramen [fɛr'kra:mən] F *v/t.* ⟨*pas de ge-*, h⟩ égarer.

verkrampf|en [fɛr'krampfən] *v/réfl.* ⟨*pas de ge-*, h⟩ **sich** ~ se crisper; **~t** *adjt.* crispé; *fig.* (*unnatürlich*) peu naturel, -lle; *Lächeln* contraint; **2ung** *f* ⟨~; ~en⟩ crispation *f*.

verkriechen [fɛr'kri:çən] *v/réfl.* ⟨*irr.*, *pas de ge-*, h⟩ **sich** ~ *Tiere* se fourrer (**in ein Loch** dans un trou); rentrer (dans); *Menschen* (*sich verstecken*) se cacher; se terrer; se tapir (in dans); **die Sonne verkriecht sich hinter den Wolken** le soleil disparaît, se cache derrière les nuages; F *fig.* **sich vor j-m** ~ **müssen** être bien inférieur à qn.

verkrümeln [fɛr'kry:məln] F *v/réfl.* ⟨-(e)le, *pas de ge-*, h⟩ **sich** ~ *Geld* fondre; *fig.* se volatiliser; *Gäste, Menschenmenge* s'en aller petit à petit, les uns après les autres; (*sich heimlich davonmachen*) s'esquiver; F s'éclipser; filer à l'anglaise.

verkrümm|en [fɛr'krymən] *v/réfl.* ⟨*pas de ge-*, h⟩ se déformer; *Wirbelsäule* dévier; **2ung** *f* ⟨~; ~en⟩ déformation *f*; *der Wirbelsäule* déviation *f*.

verkrüppelt [fɛr'krypəlt] *adj. Mensch* estropié; *Bäume* rabougri; **2e(r)** *f* (*m*) ⟨→ A⟩ estropié, -e *m, f*.

verkrust|en [fɛr'krustən] *v/i.* ⟨-ete, *pas de ge-*, sein⟩ se couvrir d'une croûte; s'incruster; **2ung** *f* ⟨~; ~en⟩ incrustation *f*.

verkühlen [fɛr'ky:lən] *v/réfl.* ⟨*pas de ge-*, h⟩ **sich** ~ prendre froid, un refroidissement; se refroidir; s'enrhumer; F *fig.* attraper un rhume, refroidissement.

verkümmer|n [fɛr'kymərn] **I** *v/i.* ⟨-(e)re, *pas de ge-*, sein⟩ *Pflanzen, Menschen* s'étioler; se rabougrir (*beide auch fig.*); dépérir; languir (*auch fig.*); *physiol., Glieder, Organe* s'atrophier (*auch fig.*); **II 2n** *n* ⟨~s⟩, **2ung** *f* ⟨~; ~en⟩ *von Pflanzen, Menschen* étiolement *m*; rabougrissement *m* (*beide auch fig.*); dépérissement *m*; *physiol.* atrophie *f* (*auch fig.*).

verkünd|en [fɛr'kyndən] *v/t.* ⟨-ete, *pas de ge-*, h⟩ **1.** *jur., Urteil* prononcer; **2.** *cf.* **~igen**; **2er** *m* ⟨~s; ~⟩ *des Evangeliums* prédicateur *m*; **~igen** *v/t.* ⟨*pas de ge-*, h⟩ annoncer; faire savoir; *öffentlich* publier; proclamer; *Evangelium* prêcher; *Gesetz* promulguer; **2i|gung** *f* ⟨~; ~en⟩ annonce *f*; *öffentliche* publication *f*; proclamation *f*; *e-s Gesetzes* promulgation *f*; *relig.* **Mariä** ~ l'Annonciation *f* (*auch das Fest*); **die** ~ **des Evangeliums** la prédication de l'Évangile; **2ung** *f* ⟨~; ~en⟩ **1.** *jur., des Urteils* prononcé *m*; prononciation *f*; **2.** *cf.* **2igung**.

verkupfer|n [fɛr'kupfərn] *v/t.* ⟨-(e)re, *pas de ge-*, h⟩ *techn.* cuivrer; **2ung** *f* ⟨~; ~en⟩ cuivrage *m*.

verkupp|eln [fɛr'kupəln] *v/t.* ⟨-(e)le, *pas de ge-*, h⟩ *techn. cf.* verkoppeln; *fig. péj.* **zwei Menschen miteinander** ~ réunir, *péj.* accoupler deux personnes; **2(e)|lung** *f techn. cf.* Verkopp(e)lung; *fig. péj.* accouplement *m*.

verkürz|en [fɛr'kyrtsən] **I** *v/t.* ⟨-(es)t, *pas de ge-*, h⟩ *cout., Kleidungsstück* raccourcir; écourter; *milit., Front* raccourcir; *Zeit* raccourcir; abréger (*auch Leben*); réduire; diminuer; **j-m die Zeit** ~ faire passer le temps à qn.; **sich die Zeit** ~ s'amuser, se divertir (**mit etw.** en faisant qc.); **um sich die Zeit zu** ~ F *fig.* pour tuer le temps; **verkürzte Arbeitszeit** durée de travail réduite; **II** *v/réfl.* **sich** ~ *Zeit* se raccourcir; se réduire; diminuer; **2ung** *f* ⟨~; ~en⟩ *cout.* raccourcissement *m* (*auch der Front, der Zeit*); réduction *f*; diminution *f*; *sonst verbal.*

verlachen [fɛr'laxən] *v/t.* ⟨*pas de ge-*, h⟩ (se) rire, se moquer (**etw., j-n** de qc., qn.).

Verlade|anlage [fɛr'la:də,ˀanla:gə] *f* installation *f* de chargement, *bes. mar.* d'embarquement; **~,bahnhof** *m* gare *f* de chargement, d'embarquement; **~,brücke** *f* pont roulant; portique *m* de chargement, *bes. mar.* d'embarquement; **~,bühne** *f* plate-forme *f* de chargement, *bes. mar.* d'embarquement; **~,hafen** *m* port *m* de chargement, d'embarquement; **~,kai** *m* quai *m* d'embarquement; **~,kosten** *pl.* frais *m/pl.* de chargement, *bes. mar.* d'embarquement; **~,kran** *m* grue *f* (de chargement, *bes. mar.* d'embarquement); **2n** *v/t.* ⟨*irr., pas de ge-*, h⟩ charger (**auf** sur); *bes. mar.* embarquer; **~,platz** *m* point *m*, lieu *m* de chargement, *bes. mar.* d'embarquement; **~r** *m* ⟨~s; ~⟩ chargeur *m*; **~,schein** *m* feuille *f* de chargement, d'expédition; **~stati,on** *f* *cf.* **~bahnhof**; **~,stelle** *f cf.* **~platz**.

Verladung [fɛr'la:duŋ] *f* ⟨~; ~en⟩ chargement *m*; *bes. mar.* embarquement *m*.

Verlag [fɛr'la:k] *m* ⟨~(e)s; ~e⟩ maison *f* d'édition; éditions *f/pl.*; éditeur *m*; *Buch* **in** ~ **nehmen** éditer; **dieses Buch erscheint im** ~ ... ce livre paraît chez ...; **in welchem** ~ **erscheint dieses Buch?** *auch* qui est l'éditeur de, qui a édité ce livre?

verlager|n [fɛr'la:gərn] **I** *v/t.* ⟨-(e)re, *pas de ge-*, h⟩ *Schwergewicht* déplacer (*auch fig.*); *Unternehmen* déplacer; transférer; *Kunstgegenstände im Kriegsfall* évacuer; mettre en sûreté; **II** *v/réfl.* **sich** ~ *Schwergewicht* se déplacer (*auch fig.*); **2ung** *f* ⟨~⟩ *des Schwergewichts* déplacement *m*; *e-s Unternehmens auch* transfert *m*; *von Kunstgegenständen* évacuation *f*; mise *f* en sûreté.

Verlags|anstalt [fɛr'la:ksˀan,ʃtalt] *f* *cf.* Verlag; **~,buchhandel** *m* commerce *m* de l'édition; édition *f*; **~,buchhändler** *m* libraire-éditeur *m*; **~,buchhandlung** *f* librairie *f* d'édition; **~er,scheinung** *f* publication *f*; titre *m*; **~,haus** *n cf.* Verlag; **~kata,log** *m* catalogue *m* des publications (d'une maison d'édition); **~,kosten** *pl.* frais *m/pl.* d'édition, de publication; **~,recht** *n* droit *m* d'édition; **~si,gnet** *n cf.* **~zeichen**; **~ver,trag** *m* contrat *m* d'édition; **~,wesen** *n* édition *f*; **~,zeichen** *n* marque *f* de l'éditeur.

verlanden [fɛr'landən] *v/i.* ⟨-ete, *pas de ge-*, sein⟩ *Seen* se dessécher.

verlangen [fɛr'laŋən] **I** *v/t.* ⟨*pas de ge-*, h⟩ demander; requérir; exiger; (*wollen*) vouloir; *Recht* réclamer; revendiquer; **das Wort** ~ demander la parole; **etw. von j-m** ~ demander qc. à qn.; exiger, vouloir qc. de qn.; **von j-m** ~, **etw. zu tun** demander à qn. de faire qc.; **e-e Entschuldigung** ~ demander, exiger des excuses; **Unmögliches** ~ demander l'impossible; **Sie werden am Telephon verlangt** *auch* on vous appelle au téléphone; **das ist zuviel verlangt** c'est trop exiger; **dazu wird mehr verlangt** cela exige qc. de plus; **dieses Unternehmen verlangt Mut** cette entreprise exige, requiert du courage; **was** ~ **Sie für das Buch?** combien voulez-vous pour ce livre?; **II** *v/i.* **nach etw.** ~ désirer vivement qc.; avoir grande envie de qc.; **der Kranke verlangt nach dem Arzt** le malade réclame le médecin; **III** *v/imp.* **es verlangt mich, ihn wiederzusehen** il me tarde de le revoir; **mich verlangt nach ihm** je désire vivement, ardemment le voir; **IV 2** *n* ⟨~s⟩ **1.** (*Forderung*) demande *f*; exigence *f*; *e-s Rechts* réclamation *f*; revendication *f*; **auf** ~ **vorzeigen** montrer, exhiber sur demande; **auf allgemeines** ~ à la demande générale; **etw. auf j-s** ~ **tun** faire qc. à *od.* sur la demande de qn.; **2.** (*Sehnsucht*) désir *m*; **nach etw.** ~ **haben, tragen** désirer qc.; être animé du désir de qc.; **das sehnliche** ~ **der Völker nach Frieden** le désir ardent des peuples pour la paix; **kein** ~ **haben, zu ...** (+ *inf.*) ne pas avoir envie de ... (+ *inf.*).

verlänger|n [fɛr'lɛŋərn] *v/t.* ⟨-(e)re, *pas de ge-*, h⟩ *Kleidungsstück* allonger; rallonger; *milit., Front* allonger; étirer; *Straße, Aufenthalt, Sitzung, Spielzeit* prolonger; *Ausweis, Gültigkeitsdauer, zeitlich auch* proroger; renouveler; *Vertrag* reconduire; renouveler; *cuis., Sauce* allonger; **stillschweigend** ~ reconduire, renouveler tacitement; **2ung** *f* ⟨~; ~en⟩ **1.** *e-s Kleidungsstükkes* (r)allongement *m*; *e-r Straße* prolongement *m*; *zeitliche* prolongation *f*; prorogation *f*; *e-s Vertrages* reconduction *f*; renouvellement *m*; **stillschweigende** ~ tacite reconduction; renouvellement tacite; **2.** (*Verlängerungsstück*) (r)allonge *f*; **2ungs,klausel** *f e-s Vertrages* clause *f* de reconduction; **2ungs,schnur** *f élect.* rallonge *f*; **2ungs,stück** *n* (r)allonge *f*; *e-s Wechsels* allonge *f*.

verlangsam|en [fɛr'laŋ,za:mən] *v/t.* ⟨*pas de ge-*, h⟩ *Schritt etc.* ralentir; *Tempo auch* réduire; **2ung** *f* ⟨~⟩ ralentissement *m*; réduction *f* (de la vitesse).

verläppern [fɛr'lɛpərn] F **I** *v/t.* ⟨-(e)re, *pas de ge-*, h⟩ *Geld* gaspiller; **II** *v/réfl. Mensch* **sich** ~ se disperser.

verlaschen [fɛr'laʃən] **I** *v/t.* ⟨*pas de ge-*, h⟩ *techn.* éclisser; **II 2** *n* ⟨~s⟩ éclissage *m*.

Verlaß [fɛr'las] *m* ⟨-sses⟩ **es ist kein** ~ **auf ihn** on ne peut compter sur lui; on ne peut se fier à lui; on ne peut faire fond sur lui.

verlassen [fɛr'lasən] **I** *v/t.* ⟨*irr., pas de ge-*, h⟩ *Haus, Stadt* quitter; *j-n* (*im*

Stich lassen) abandonner; délaisser; **das Zimmer** ~ sortir de, *Kranker nach langer Krankheit* quitter la chambre; **s-e Familie böswillig** ~ abandonner, délaisser sa famille; *milit., fig.* **s-n Posten** ~ abandonner, déserter son poste; **s-e Kraft, sein Gedächtnis verließ ihn** sa force, sa mémoire l'a trahi, abandonné; **II** *v/réfl.* **sich auf j-n, etw.** ~ compter sur qn., qc.; s'en rapporter, se fier, s'en remettre à qn., qc.; **Sie können sich darauf** ~ vous pouvez y compter; **III** *adjt.* abandonné; délaissé; (*allein*) tout seul; *Haus* (*nicht mehr bewohnt*) inhabité; *Gegend* désert; **er fühlte sich ganz** ~ il se sentait délaissé, abandonné, (tout) seul, solitaire; **von Gott u. aller Welt** ~ abandonné de Dieu et des hommes; F *fig.* **von allen guten Geistern** ~ privé de tout bon sens; **IV** 2 *n* ‹~s› abandon *m*; délaissement *m*; **böswilliges** ~ **der Familie** abandon de famille, du foyer; 2ˌ**heit** *f* ‹~› abandon *m*; délaissement *m*; **das Gefühl der** ~ le sentiment d'être abandonné, délaissé; sentiment *m* d'abandon, de délaissement.

verläßlich [fɛr'lɛsˌlɪç] *adj.* sur qui, quoi on peut compter; sûr; 2ˌ**keit** *f* ‹~› sûreté *f*; *besser verbal.*

verläster|n [fɛr'lɛstərn] *v/t.* ‹-(e)re, *pas de ge-*, h› diffamer; dénigrer; 2**ung** *f* diffamation *f*; dénigrement *m*.

Verlaub [fɛr'laup] *m* **mit** ~ avec votre permission; sauf votre respect.

Verlauf [fɛr'lauf] *m e-r Angelegenheit* cours *m*; *e-r Krankheit auch* marche *f*; évolution *f*; *e-r Straße, Grenze, Linie* tracé *m*; *e-r Kurve auch* allure *f*; **weiterer** ~ suite *f*; développement *m*; **glücklicher** ~ (*Ausgang*) heureuse issue; heureux dénouement; *zeitlich* **im** ~ **e-s Jahres** au cours d'une année; **nach** ~ **von drei Tagen** au bout de trois jours; **im** ~ **der nächsten vierzehn Tage** dans la quinzaine qui suit; **der natürliche** ~ **der Dinge** le cours naturel des choses; *Krankheit etc.* **e-n normalen** ~ **nehmen** suivre son cours normal; **berichten Sie uns über den weiteren** ~ **dieser Sache** racontez-nous, dites-nous la suite de cette affaire; **der** ~ **der Dinge hat mir recht gegeben** le cours des événements a justifié mes prévisions; **e-n guten, schlechten** ~ **nehmen** tourner bien, mal; prendre une bonne, mauvaise tournure; 2**en I** *v/i.* ‹*irr., pas de ge-*, **sein**› *Angelegenheit* (*vor sich gehen*) se passer; (*sich entwickeln*) se développer; *Krankheit auch* évoluer; *Wasser* s'écouler; *Grenze* courir; aller; *Farben* se fondre; **der Abend verlief wie erwartet** la soirée se passa, se déroula comme prévu; **wie ist die Sache** ~? comment la chose s'est-elle passée?; **die Krankheit verläuft normal** la maladie évolue normalement, prend son cours normal; **die Straße verläuft schnurgerade** la rue s'étire en ligne droite; **der Fußweg verläuft auf halber Höhe** le sentier longe, suit la côte à mi-hauteur; **die Operation ist tödlich** ~ l'opération a eu une issue mortelle, fatale; *fig.* **im Sande** ~ *fig.* finir en queue de poisson; échouer; F s'enliser; **II** *v/réfl.* ‹h› **sich** ~ *Wasser* s'écouler; *Menschenmenge auch* se disperser; (*sich verirren*) s'égarer; se perdre; se tromper de chemin; se fourvoyer; *Bach, Spur* **sich im Sande** ~ se perdre dans le sable; *Weg* **sich im Walde** ~ se perdre, finir dans la forêt.

verlaust [fɛr'laust] *adj.* pouilleux, -euse; couvert de poux; F habité.

verlautbar|en [fɛr'lautˌbaːrən] *v/t.* ‹*pas de ge-*, h› *u. v/i.* ‹**sein**› *adm.* communiquer; **es verlautbart, daß** ... on dit, le bruit court que ...; ~ **lassen, daß** ... faire connaître, communiquer, proclamer, porter à la connaissance du public que ...; 2**ung** *f* ‹~; ~en› communication *f*; **amtliche** ~ communiqué officiel.

verlauten [fɛr'lautən] *v/i.* ‹-ete, *pas de ge-*, **sein**› (*bekannt werden*) s'ébruiter; transpirer; **wie verlautet** à ce qu'on dit; **es verlautet, daß** ... *cf.* verlautbaren; **aus Gewerkschaftskreisen verlautet, daß** ... de source syndicale on apprend que ...; **nichts davon** ~ **lassen** n'en souffler mot; n'en rien laisser transpirer.

verleben [fɛr'leːbən] *v/t.* ‹*pas de ge-*, h› *Ferien etc.* passer; *Geld* gaspiller.

verlebt [fɛr'leːpt] *adj.* usé, consumé (par la débauche, par une vie de plaisirs); ~ **aussehen** avoir un visage marqué par la débauche, le plaisir.

verlegen[1] [fɛr'leːgən] **I** *v/t.* ‹*pas de ge-*, h› *räumlich, Schwerpunkt* déplacer; *Sitz e-r Gesellschaft, Geschäft, Wohnsitz* transférer; *zeitlich* remettre, repousser, ajourner (**auf** à); *Handlung e-s Romans* situer, transposer, placer (**in, nach** à, en; **ins Mittelalter** au moyen âge); *Gleise, Rohre, Leitungen* poser; *Bücher* éditer; publier; *Brille, Schlüssel etc.* (*an die falsche Stelle legen*) égarer; *Geld* (*auslegen*) avancer; *Leitungen* **in die Erde** ~ enterrer; *Truppen* ~ **nach** ... déplacer, acheminer vers ...; **in e-e andere Garnison** ~ changer ... de garnison; **j-m den Weg** ~ barrer, couper le chemin à qn.; **II** *v/réfl.* **sich auf etw.** ~ *auf Malerei, Musik etc.* s'adonner, se consacrer, s'appliquer à qc.; *aufs Bitten* recourir à qc.; avoir recours à qc.; **III** 2 *n* ‹~s› *räumliches* déplacement *m*; *des Wohnsitzes, Geschäfts etc.* transfert *m*; *zeitliches* remise *f* (**auf** à); ajournement *m*; *von Gleisen, Rohren* pose *f*; *von Büchern* édition *f*; publication *f*.

verlegen[2] [fɛr'leːgən] *adj.* embarrassé; gêné; (*verwirrt*) confus; perplexe; *Lächeln* contraint; ~ **machen** embarrasser; **um etw.** ~ **sein** être en peine de qc.; **um e-n Ausweg nie** ~ **sein** n'être jamais à court d'expédients; F avoir plusieurs cordes à son arc; **um e-e Antwort nicht** ~ **sein** avoir réponse à tout; n'être jamais pris de court; n'être jamais en peine d'une réponse; être prompt à la riposte; **um Geld** ~ **sein** être à court d'argent; avoir besoin d'argent; 2ˌ**heit** *f* ‹~› embarras *m*; gêne *f*; (*Verwirrung*) confusion *f*; perplexité *f*; **j-n in** ~ **bringen** mettre qn. dans l'embarras; embarrasser qn.; **in** ~ **kommen, geraten** se trouver embarrassé; **in** ~ **sein** être embarrassé; *geldlich* être à court d'argent; **j-m aus der** ~ **helfen** tirer qn. d'embarras; *fig.* tendre la perche à qn.; *fig.* F dépanner qn.

Verleger [fɛr'leːgər] *m* ‹~s; ~› éditeur *m*; 2**isch** *adj.* d'éditeur; ~ˌ**zeichen** *n cf.* Verlagszeichen.

Verlegung [fɛr'leːgʊŋ] *f* ‹~› *cf.* verlegen[1] III.

verleiden [fɛr'laɪdən] *v/t.* ‹-ete, *pas de ge-*, h› **j-m etw.** ~ faire perdre à qn. le goût de qc.; dégoûter qn. de qc.

Verleih [fɛr'laɪ] *m* ‹~(e)s; ~e› location *f*; *von Filmen auch* distribution *f*; 2**en** *v/t.* ‹*irr., pas de ge-*, h› **1.** (*leihen*) prêter; *für Geld* (*vermieten*) louer; **2.** *Kraft, Anmut, Würde* (*geben*) donner; *von seiten Gottes* (*begaben*) douer de; *Amt, Titel* conférer; *Würde* élever à; *Rechte* concéder; octroyer; *Preis* décerner; attribuer; **j-m e-n Orden** ~ décorer qn.; décerner une décoration à qn.; **Gesetzeskraft** ~ faire entrer, mettre en vigueur; **j-m Mut** ~ donner du courage à qn.; ~**er(in)** *m* ‹~s; ~› (*f*) ‹~; ~nen› prêteur, -euse *m, f*; *gegen Geld* (*Vermieter*) loueur, -euse *m, f*; *von Filmen* distributeur *m*; ~**ung** *f* ‹~› prêt *m*; *für Geld* (*Vermietung*) louage *m*; location *f*; *e-r Würde* élévation *f*; *e-s Rechts* concession *f*; octroi *m*; *e-s Preises* attribution *f*; *e-s Ordens* remise *f*; *e-s akademischen Grades* collation *f*; ~**ungsˌurkunde** *f* acte *m* de concession.

verleit|en [fɛr'laɪtən] *v/t.* ‹-ete, *pas de ge-*, h› **j-n zu etw.** ~ entraîner, engager, encourager, inciter, provoquer, pousser qn. à qc. (*od.* à faire qc.); (*verführen*) séduire; **zum Irrtum** ~ induire en erreur; **sich** ~ **lassen** se laisser entraîner; **wer hat dich dazu verleitet?** *auch* qui t'y a engagé?; 2**ung** *f* ‹~› entraînement *m*, encouragement *m*, incitation *f*, provocation *f* (**zu etw.** à qc. *od.* à faire qc.); ~ **zum Meineid** incitation à faire un faux serment.

verlernen [fɛr'lɛrnən] *v/t.* ‹*pas de ge-*, h› **etw.** ~ désapprendre qc.; oublier qc.

verles|en [fɛr'leːzən] **I** *v/t.* ‹*irr., pas de ge-*, h› **1.** *Text, Schriftstück* faire la lecture (de); donner lecture (de); lire (à haute voix); **die Namen** ~ faire l'appel nominal; **2.** *Salat, Spinat* éplucher; *Erbsen* trier; **II** *v/réfl.* **sich** ~ se tromper en lisant; **III** 2**en** *n* **1.** *e-s Schriftstücks cf.* 2ung; **2.** *von Salat etc.* épluchage *m*; *von Erbsen* triage *m*; 2**ung** *f* ‹~› *e-s Schriftstücks* lecture *f* (à haute voix); ~ **der Namen** appel nominal; **nach der** ~ après lecture; lecture faite.

verletz|bar [fɛr'lɛtsˌbaːr] *adj.* vulnérable; 2**barˌkeit** *f* ‹~› vulnérabilité *f*; ~**en** *v/t.* (*u. v/réfl.*) ‹-(es)t, *pas de ge-*, h› (se) blesser; léser; *fig.* (*kränken*) blesser; offenser; vexer; froisser; 'heurter; choquer; F offusquer; *Stolz, Eigenliebe* blesser; *Pflicht, Anstand* manquer à; *Gesetz* violer (*auch Neutralität, Luftraum*); enfreindre; contrevenir à; **s-e Amtspflicht** ~ prévariquer; **j-s Ehre** ~ porter atteinte à l'honneur de qn.; **leicht verletzt** légèrement blessé; *fig.* (*leicht gekränkt*) sensible; susceptible; **schwer verletzt** gravement, grièvement blessé; ~**end** *adjt. Bemerkung, Worte* blessant; offensant; *jur.* attentatoire; ~ˌ**lich** *adj. cf.* ~bar; 2**te(r)** *f* (*m*) ‹→ A› blessé, -e *m, f*; 2**ung** *f* ‹~; ~en› *méd.* blessure *f*; *auch jur.* lésion *f*; *fig.* (*Kränkung*) offense *f*; froissement *m*; *der Ehre, des Anstandes* atteinte *f* (portée à); *e-s Gesetzes* violation *f* (*auch der Neutralität, des Luftraums*); infraction *f* (à); contravention *f*; ~ **s-r Amtspflicht** prévarication *f*; forfaiture *f*; ~ **des Briefgeheimnisses, der beruflichen Schweigepflicht** violation du secret de la correspondance, du secret professionnel; ~ **der militärischen Sicherheit** atteinte à la sécurité militaire; ~ **der öffentlichen Moral** offense, outrage à la morale publique.

verleugn|en [fɛr'lɔygnən] *v/t. u. v/réfl.* ‹-ete, *pas de ge-*, h› renier (*auch bibl.*); (*nicht als das Seine anerkennen*) désavouer; **j-n** ~ désavouer qn.; **sich selbst** ~ se renier; *bibl.* faire abnégation de soi-même; **ihre Natur verleugnete sich nicht** sa nature ne se démentit pas; **sich ~ lassen** faire dire qu'on est absent; **2ung** *f* ⟨~⟩ reniement *m* (*auch bibl.*); désaveu *m.*

verleumd|en [fɛrˈlɔʏmdən] *v/t.* ⟨-ete, *pas de ge-*, h⟩ calomnier; diffamer; décrier; dénigrer; médire (de); **2er (-in)** *m* ⟨~s; ~⟩ (*f*) ⟨~; ~nen⟩ calomniateur, -trice *m, f*; diffamateur, -trice *m, f*; dénigreur *m*; médisant, -e *m, f*; détracteur, -trice *m, f*; **~eˌrisch** *adj. von Personen u. Sachen* calomniateur, -trice; détracteur, -trice; médisant; *nur von Sachen* calomnieux, -euse; diffamatoire; **in ~er Weise** calomnieusement; **2ung** *f* ⟨~; ~en⟩ calomnie *f*; diffamation *f*; dénigrement *m*; détraction *f*; médisance *f*; **2ungsˌfeldzug** *m*, **2ungskamˌpagne** *f* campagne *f* de calomnies; **2ungsˌklage** *f jur.* plainte *f* en diffamation.

verlieb|en [fɛrˈliːbən] *v/réfl.* ⟨*pas de ge-*, h⟩ **sich in j-n ~** devenir, tomber amoureux, -euse de qn.; s'éprendre de qn.; **sich auf den ersten Blick in j-n ~** avoir le coup de foudre pour qn.; F **sich hoffnungslos, bis über die Ohren in j-n ~** devenir éperdument amoureux, -euse de qn.; *cf. auch* **vergaffen**; **~t** *adjt.* amoureux, -euse (in de); épris (de); **sterblich ~ sein** être éperdument amoureux, -euse; mourir d'amour; F être très emballé; être (un) mordu; **in e-e Idee ~ sein** être toqué, entiché d'une idée; ne pas démordre d'une idée; **~e Augen machen** faire les yeux doux; **~es Paar** couple d'amoureux; **2te(r)** *f* (*m*) ⟨→ A⟩ amoureux, -euse *m, f*; **2tˌheit** *f* ⟨~⟩ amour *m*; passion *f.*

verlier|en [fɛrˈliːrən] **I** *v/t. u. v/i.* ⟨**verliert, verlor, verloren,** h⟩ *Gegenstand, Prozeß, Krieg, Kopf, Nerven, Mut etc.* perdre; *Bäume* **die Blätter ~** *auch* se dégarnir de ses, leurs feuilles; *Uhr* **pro Tag fünf Minuten ~** retarder de cinq minutes par jour; **um keine Zeit zu ~** pour ne pas perdre de temps; **mit j-m s-n besten Freund ~** perdre en *od.* avec qn. son meilleur ami; **darüber brauchen wir kein Wort zu ~** il est inutile de parler de cela; **s-e Gültigkeit ~** cesser d'être valable; **die Fassung ~** perdre contenance; se décontenancer; **die Geduld, den Mut ~** perdre patience, courage; **aus den Augen ~** perdre de vue; **nichts zu ~ haben** n'avoir rien à perdre; **an etw. ~** perdre sur qc.; **an Boden ~** perdre du terrain; **an Wert ~** perdre de sa valeur; se déprécier; F *fig.* **er hat hier nichts verloren** il n'a rien à chercher ici; *cf. auch* **verloren**; **II** *v/réfl.* **sich ~** se perdre (in dans); (*verschwinden*) disparaître; *Spuren* s'effacer; *Duft* s'évaporer; *in Träumereien, Betrachtungen* s'égarer (in dans); *Menschenmenge* se disperser; *Farben* passer; **sich in Einzelheiten ~** se perdre, se noyer dans des détails; **III 2en** *n* ⟨~s⟩ perte *f*; **2er(in)** *m* ⟨~s; ~⟩ (*f*) ⟨~; ~nen⟩ perdant, -e *m, f.*

Verlies [fɛrˈliːs] *n* ⟨~es; ~e⟩ (cul *m* de) basse-fosse *f*; cachot *m*; oubliettes *f/pl.*

verloben [fɛrˈloːbən] *v/réfl.* ⟨*pas de ge-*, h⟩ **sich ~** se fiancer (mit à *od.* avec).

Verlöbnis [fɛrˈløːpˌnɪs] *n* ⟨~ses; ~se⟩ *st. s. cf.* **Verlobung.**

verlob|t [fɛrˈloːpt] *adjt.* fiancé; **2te(r)** *f* (*m*) ⟨→ A⟩ fiancé, -e *m, f*; **2ung** *f* ⟨~; ~en⟩ fiançailles *f/pl.*; **die ~ aufheben, lösen** rompre les fiançailles; **2ungsˌanzeige** *f* faire-part *m* de fiançailles; *in e-r Zeitung* annonce *f* de fiançailles; **2ungsˌring** *m in Frankreich* bague *f* de fiançailles; *in Deutschland* alliance *f* (portée à la main gauche).

verlock|en [fɛrˈlɔkən] *v/t.* ⟨*pas de ge-*, h⟩ attirer; engager; tenter; séduire; **~end** *adjt.* tentant; séduisant; F engageant; **2ung** *f* ⟨~; ~en⟩ attrait *m*; tentation *f*; séduction *f*; **e-r ~ nachgeben** céder à une tentation, séduction.

verlodern [fɛrˈloːdərn] *v/i.* ⟨-(e)re, *pas de ge-*, sein⟩ s'éteindre lentement.

verlogen [fɛrˈloːgən] *adj. Person* menteur, -euse; **2ˌheit** *f* ⟨~⟩ *e-r Person* habitude *f* de mentir; penchant *m* au mensonge.

verlohnen [fɛrˈloːnən] *v/réfl. u. v/imp.* ⟨*pas de ge-*, h⟩ **es verlohnt die Mühe nicht, es verlohnt sich der Mühe nicht** cela n'en vaut pas la peine; **es verlohnt sich nicht hinzugehen** cela ne vaut pas la peine d'y aller; **das verlohnt sich** cela vaut la peine, F le coup; *cf. auch* **lohnen II.**

verloren [fɛrˈloːrən] *adjt.* perdu; *bibl.* **der 2e Sohn** l'enfant prodigue; *bibl.* **~e Schafe** brebis égarées; *cuis.* **~e Eier** œufs pochés; **~e Mühe** peine perdue; **~er Zuschuß** versement à fonds perdu; **auf ~em Posten stehen** défendre une cause perdue; être dans une situation désespérée; être perdu; **etw. ~ geben** regarder qc. comme perdu; **das Spiel ~ geben** se tenir pour battu; abandonner la partie; *von e-m Menschen* **~ sein** être aux abois, à bout, réduit à la dernière extrémité; **jetzt ist alles ~** P *fig.* c'est la fin des haricots; **~ˌgehen** *v/i.* ⟨*irr., sép.*, -ge-, sein⟩ se perdre; s'égarer.

verlöschen¹ [fɛrˈlœʃən] *v/t.* ⟨*pas de ge-*, h⟩ (*auslöschen*) éteindre; (*tilgen*) effacer.

verlöschen² [fɛrˈlœʃən] *v/i.* ⟨**verlischt, verlosch, verloschen, sein**⟩ *Kerze* s'éteindre.

verlos|en [fɛrˈloːzən] *v/t.* ⟨-(es)t, *pas de ge-*, h⟩ mettre en loterie; **2ung** *f* ⟨~; ~en⟩ (mise *f* en) loterie *f*; tombola *f*; **e-e ~ veranstalten** organiser une loterie, tombola.

verlöt|en [fɛrˈløːtən] *v/t.* ⟨-ete, *pas de ge-*, h⟩ souder; F *fig.* **e-n ~** boire un coup; **2ung** *f* ⟨~⟩ soudage *m*; soudure *f.*

verlottern [fɛrˈlɔtərn] F *v/i.* ⟨-(e)re, *pas de ge-*, sein⟩ *Mensch cf.* **verkommen I**; *Sachen* être laissé à l'abandon.

verludern [fɛrˈluːdərn] F **I** *v/t.* ⟨-(e)re, *pas de ge-*, h⟩ *Geld* gaspiller; **II** *v/i.* ⟨sein⟩ *Mensch cf.* **verkommen I.**

verlumpen [fɛrˈlumpən] F *v/i.* ⟨*pas de ge-*, sein⟩ *Mensch cf.* **verkommen I.**

Verlust [fɛrˈlust] *m* ⟨~es; ~e⟩ perte *f*; *comm. auch* déficit *m*; *von Rechten* déchéance *f*; privation *f*; *techn.* (*Abgang*) déchet *m*; *an Energie* déperdition *f*; dissipation *f*; *élect.* fuite *f*; perditance *f*; **~ der bürgerlichen Ehrenrechte** perte, déchéance, privation des droits civiques; dégradation civique; **schwere ~e zufügen, beibringen** infliger, faire subir, faire essuyer de lourdes pertes (j-m à qn.); **e-n ~ erleiden** éprouver, subir, essuyer une perte; **reiner ~** perte nette, sèche; **ein schwerer ~** une grosse perte; **mit ~ arbeiten, verkaufen** travailler, vendre à perte; **~e (mit sich) bringen** entraîner des pertes; **e-n ~ ausgleichen, decken** compenser, couvrir une perte; *adm.* **in ~ geraten** se perdre; s'égarer; **~ˌanzeige** *f* déclaration *f*, avis *m* de perte; **2ˌarm** *adj. élect.* à faibles pertes; **~biˌlanz** *f comm.* bilan *m* déficitaire; **2ˌbringend** *adjt.* entraînant, apportant une perte; déficitaire; à perte; **~geˌschäft** *n comm.* transaction *f*, opération *f* à perte; affaire *f* déficitaire.

verlustieren [fɛrlusˈtiːrən] F *v/réfl.* ⟨*pas de ge-*, h⟩ **sich ~** s'amuser; se divertir.

verlustig [fɛrˈlustɪç] *adj.* **e-r Sache ~ gehen** perdre qc.; être privé de qc.; déchoir de qc.; **s-r Rechte ~ sein** être déchu de ses droits; **j-n s-r Rechte für ~ erklären** déclarer qn. déchu de ses droits.

Verlust|jahr [fɛrˈlustˌjaːr] *n comm.* année *f*, exercice *m* déficitaire; **~ˌkonto** *n comm.* compte *m* des pertes; **~konˌstante** *f phys., élect.* constante *f* de dissipation; **~ˌliste** *f milit.* liste *f* des pertes; **~ˌquote** *f comm.* pourcentage *m* de pertes; **2ˌreich** *adj. Schlacht* sanglant; *Angriff* coûteux, -euse; *comm., Jahr* déficitaire; **~- u. Geˈwinnˌkonto** *n*, **~- u. Geˈwinnˌrechnung** *f* compte *m* des profits et pertes; **~ˌvortrag** *m comm.* report *m* des pertes; **~ˌziffer** *f milit.* chiffre *m* des pertes.

vermachen [fɛrˈmaxən] *v/t.* ⟨*pas de ge-*, h⟩ **j-m etw. ~** laisser par testament, léguer qc. à qn.

Vermächtnis [fɛrˈmɛçtˌnɪs] *n* ⟨~ses; ~se⟩ legs [lɛ(g)] *m* (*auch fig.*); testament *m*; **ein ~ aussetzen** faire un legs; **geistiges ~** héritage, testament spirituel; **~ˌnehmer** *m* légataire *m.*

vermahlen [fɛrˈmaːlən] *v/t.* ⟨*irr., pas de ge-*, h⟩ moudre.

vermähl|en [fɛrˈmɛːlən] **I** *v/t.* ⟨*pas de ge-*, h⟩ marier (mit à *od.* avec); **II** *v/réfl.* **sich mit j-m ~** se marier avec qn.; épouser qn.; **~t** *adjt.* marié; **die 2en** les mariés; **2ung** *f* ⟨~; ~en⟩ mariage *m*; **2ungsˌanzeige** *f* faire-part *m* de mariage; *in e-r Zeitung* annonce *f* de mariage.

vermahn|en [fɛrˈmaːnən] *v/t.* ⟨*pas de ge-*, h⟩ **j-n ~** donner un avertissement à qn.; faire des remontrances à qn.; **2ung** *f* avertissement *m*; remontrance *f.*

vermaledeit [fɛrˌmaleˈdaɪt] F *adjt.* maudit.

vermännlichen [fɛrˈmɛnˌlɪçən] *v/t.* ⟨*pas de ge-*, h⟩ masculiniser; viriliser.

vermark|en [fɛrˈmarkən] *v/t.* ⟨*pas de ge-*, h⟩ (a)borner; **2ung** *f* ⟨~⟩ abornement *m*; bornage *m.*

vermasseln [fɛrˈmasəln] F *v/t.* ⟨-ßle *od.* -ssele, *pas de ge-*, h⟩ *fig.* gâcher; F *fig.* bousiller; P louper; *cf. auch* **verhunzen.**

Vermassung [fɛrˈmasuŋ] *f* ⟨~; ~en⟩ *fig. pol.* brassage *m* de masses; nivellement *m.*

vermauer|n [fɛrˈmauərn] *v/t.* ⟨-(e)re, *pas de ge-*, h⟩ *Fenster* murer; maçonner; **2ung** *f* ⟨~; ~en⟩ murage *m*; maçonnage *m.*

vermehr|en [fɛrˈmeːrən] **I** *v/t.* ⟨*pas de ge-*, h⟩ augmenter; accroître; *Vermögen auch* F arrondir; *an Zahl* multiplier (*auch biol.*); (*fortpflanzen*) propager; **II** *v/réfl.* **sich ~** (s')augmenter; s'accroître; *an Zahl* se multiplier (*auch biol.*); (*sich fortpflanzen*) se propager; **sich rasch u. stark ~** foisonner; pulluler; **2ung** *f* ⟨~⟩ augmentation *f*; accroissement *m*; *an Zahl* multiplication *f* (*auch biol.*); (*Fortpflanzung*) propagation *f*; **rasche u. starke ~** foisonnement *m*; pullulement *m*; **2ungsˌbau** *m* ⟨~(e)s⟩ *agr.* multiplication *f* de semences; **2ungsˌfaktor** *m* facteur *m* de multiplication.

vermeid|bar [fɛrˈmaɪtˌbaːr] *adj.* évitable; **~en** *v/t.* ⟨*irr., pas de ge-,* h⟩ éviter; *pfort.* fuir; *geschickt* esquiver; éluder; **das ist nicht zu ~** c'est inévitable; F il faut en passer par là; **~ˌlich** *adj. cf.* **~bar**; **2ung** *f* ⟨~⟩ *verbal.*

vermein|en [fɛrˈmaɪnən] *v/t.* ⟨*pas de ge-,* h⟩ croire; penser; s'imaginer; présumer; **~tˌlich** *adj.* prétendu; présumé; soi-disant; *jur.* **~er Vater, ~es Kind** père, enfant putatif.

vermelden [fɛrˈmɛldən] *v/t.* ⟨-ete, *pas de ge-,* h⟩ F **du hast hier gar nichts zu ~** tu n'as rien à dire, à faire ici.

vermeng|en [fɛrˈmɛŋən] *v/t.* (*u. v/réfl.*) ⟨*pas de ge-,* h⟩ (se) mêler (**mit** avec); (se) mélanger; **2ung** *f* ⟨~⟩ mélange *m.*

vermenschlich|en [fɛrˈmɛnʃˌlɪçən] *v/t.* ⟨*pas de ge-,* h⟩ humaniser; représenter, mettre à l'image de l'homme; **2ung** *f* ⟨~⟩ humanisation *f*; *sc.* anthropomorphisme *m.*

Vermerk [fɛrˈmɛrk] *m* ⟨~(e)s; ~e⟩ note *f*; mention *f*; remarque *f*; **den ~ tragen** porter la mention; **2en** *v/t.* ⟨*pas de ge-,* h⟩ noter; prendre note (de); mentionner; **etw. am Rande ~** noter, mentionner qc. en marge; *fig.* **etw. übel ~** prendre qc. en mauvaise part; se formaliser de qc.; F s'offusquer de qc.; **j-m etw. übel ~** en vouloir à qn. pour qc.

vermessen[1] [fɛrˈmɛsən] **I** *v/t.* ⟨*irr., pas de ge-,* h⟩ mesurer; *Land* arpenter; relever; faire le levé (lever) de; *Holz* métrer; cuber; **II** *v/réfl.* **sich ~** se tromper en mesurant; **sich ~, etw. zu tun** avoir l'audace, F le toupet, P le culot de faire qc.

vermessen[2] [fɛrˈmɛsən] *adj.* (*tollkühn*) téméraire; *Person* (*anmaßend*) présomptueux, -euse; outrecuidant; **2ˌheit** *f* ⟨~⟩ témérité *f*; (*Anmaßung*) présomption *f*; outrecuidance *f.*

Vermesser [fɛrˈmɛsər] *m* ⟨~s; ~⟩ arpenteur *m.*

Vermessung [fɛrˈmɛsʊŋ] *f* ⟨~; ~en⟩ mesurage *m*; *arp.* arpentage *m*; (re-)levé *m*; lever *m*; **~sˌamt** *n* service *m* topographique; **~sˌarbeit** *f* (travail *m* d')arpentage *m*; **~singeniˌeur** *m* arpenteur-géomètre *m*; géomètre-arpenteur *m*; géomètre *m*; **~skompaˌnie** *f* *milit.* compagnie *f* du service topographique; **~sˌkunde** *f* géodésie *f*; **~sˌpunkt** *m* point *m* de repérage; **~sˌschiff** *n* navire *m* hydrographique; **~sˌtruppen** *f/pl. milit.* unités *f/pl.* topographiques, cartographiques; **~sˌwesen** *n* arpentage *m*; géodésie *f.*

vermiesen [fɛrˈmiːzən] F *v/t.* ⟨-(es)t, *pas de ge-,* h⟩ *cf.* **verleiden.**

vermiet|bar [fɛrˈmiːtˌbaːr] *adj.* qui peut être loué; **~en** *v/t.* ⟨-ete, *pas de ge-,* h⟩ louer; donner en location; donner à loyer; *mar.* fréter; **2er(in)** *m* (*f*) loueur, -euse *m, f*; *mar.* fréteur *m*; **2ung** *f* ⟨~; ~en⟩ location *f*; louage *m*; *mar.* frètement *m.*

verminder|n [fɛrˈmɪndərn] *v/t.* (*u. v/réfl.*) ⟨-(e)re, *pas de ge-,* h⟩ diminuer (*auch v/i.*); (se) réduire; (s')amoindrir; (s')atténuer; **2ung** *f* diminution *f*; réduction *f*; amoindrissement *m*; abaissement *m*; atténuation *f.*

verminen [fɛrˈmiːnən] **I** *v/t.* ⟨*pas de ge-,* h⟩ *milit.* miner; **II 2** *n* ⟨~s⟩ minage *m.*

vermisch|en [fɛrˈmɪʃən] *v/t.* (*u. v/réfl.*) ⟨*pas de ge-,* h⟩ (se) mélanger; *Rassen auch* (se) croiser; *cf. auch* **mischen I**; **~t** *adjt.* **~e Schriften** mélanges littéraires; miscellanées *f/pl.*; *in Zeitungen* **~e Nachrichten, 2es** faits divers; **2ung** *f* mélange *m*; *der Rassen auch* croisement *m*; *fig.* brassage *m.*

vermissen [fɛrˈmɪsən] *v/t.* ⟨-ßt, *pas de ge-,* h⟩ *Brille, Schlüssel etc.* ne pas retrouver; *Person* remarquer l'absence de; *bedauernd* regretter l'absence de; souffrir de l'absence, de l'éloignement, de la disparition de; F s'ennuyer de; *e-n Toten, etw. Verlorenes* regretter; **wir haben dich vermißt** tu nous as manqué; tu nous as fait défaut; **etw.** (*Geschmack, Anstand etc.*) **~ lassen** manquer de qc.

vermißt [fɛrˈmɪst] *adjt.* disparu; *milit.* **~ werden** être manquant; manquer à l'appel; *im Krieg* avoir disparu; **als ~ gemeldet** porté disparu; **2e(r)** *f* (*m*) ⟨→ A⟩ disparu, -e *m, f.*

vermitt|eln [fɛrˈmɪtəln] **I** *v/t.* ⟨-(e)le, *pas de ge-,* h⟩ *Stelle etc.* (*verschaffen*) procurer (par son entremise); *Anleihe* négocier; *Zusammenkunft* ménager; arranger; *Bild, Eindruck, Kenntnisse, Wissen* donner; **ein Geschäft ~** mettre dans une affaire les deux parties en rapport, présence; intervenir dans une affaire en qualité d'intermédiaire; procurer une affaire; *von e-r Arbeitsvermittlungsstelle* **e-e Stelle ~** indiquer une place, un emploi; faire l'intermédiaire dans la recherche d'un emploi; **II** *v/i.* servir de médiateur, -trice (**bei, in** dans; **zwischen** entre); intervenir (dans); s'entremettre (dans); **zwischen zwei** (*sich streitenden*) **Personen ~** faire le, servir de médiateur entre deux personnes; concilier deux personnes; **~els(t)** *prép.* ⟨*gén.*⟩ au moyen de; **2ler(in)** *m* (*f*) médiateur, -trice *m, f*; intermédiaire *m, f*; entremetteur, -euse *m, f*; *an der Börse* remisier *m*; courtier *m*; *in e-m Streit* (*Schlichter*) conciliateur, -trice *m, f*; **2lergeˌbühr** *f* commission *f*; **2ˌlung** *f* ⟨~; ~en⟩ **1.** entremise *f*; médiation *f*; intervention *f* (médiatrice); *pol.* bons offices; *e-r Anleihe* négociation *f*; *in e-m Streit* (*Schlichtung*) conciliation *f*; **durch j-s ~, durch (die) ~ von j-m** par l'entremise de qn.; par l'intermédiaire de qn.; par le truchement de qn.; **ohne s-e ~** sans passer par lui; sans son truchement, intermédiaire, entremise; **durch Ihre freundliche ~** par votre aimable intervention; **s-e ~ anbieten** offrir son entremise, *pol.* ses bons offices; **sich der ~ j-s bedienen** se servir de l'entremise de qn.; **2.** *tél. cf.* **2lungsstelle**; **2lungsˌangebot** *n* offre *f* de médiation, *bei Streitigkeiten auch* de conciliation; **2lungsˌausschuß** *m bei Streitigkeiten* commission *f*, comité *m* de médiation, de conciliation; **2lungsbüˌro** *n* agence *f* (*par ex.* de placement, de logement, *etc.*); **2lungsgeˌbühr** *f cf.* **2lergebühr**; **2lungsgeˌschäft** *n* affaire *f* d'intermédiaire; affaire *f* pour le compte de tiers; **2lungsˌstelle** *f tél.* central *m* (téléphonique); *in e-m Betrieb etc.* (*Zentrale*) standard *m* (téléphonique); **2lungsverˌsuch** *m bei Streitigkeiten* tentative *f* de conciliation; **2lungsˌvorschlag** *m* proposition *f* de conciliation.

vermöbeln [fɛrˈmøːbəln] F *v/t.* ⟨-(e)le, *pas de ge-,* h⟩ **1.** (*verkaufen*) P bazarder; **2.** (*verhauen*) rouer de coups; F *fig.* étriller; rosser.

vermocht [fɛrˈmɔxt] *cf.* **vermögen.**

vermodern [fɛrˈmoːdərn] **I** *v/i.* ⟨-(e)re, *pas de ge-,* **sein**⟩ pourrir; se décomposer; se putréfier; tomber en putréfaction; **II 2** *n* ⟨~s⟩ décomposition *f*; putréfaction *f.*

vermöge [fɛrˈmøːgə] *st. s. prép.* ⟨*gén.*⟩ grâce à; (*kraft*) en vertu de.

vermögen [fɛrˈmøːgən] *st. s. v/t.* ⟨*irr., pas de ge-,* h⟩ **~, etw. zu tun** pouvoir faire qc.; être capable de faire qc.; **alles über j-n** *od.* **bei j-m ~** pouvoir tout auprès de qn.; **sie vermag viel bei ihm, über ihn** elle a une grande influence sur lui.

Vermögen [fɛrˈmøːgən] *n* ⟨~s; ~⟩ **1.** (*das Können*) pouvoir *m*; *geistiges* faculté *f*; capacité *f*; **das steht nicht in meinem ~** cela n'est pas en mon pouvoir; **nach s-m ~** selon ses capacités; **nach bestem ~** de son mieux; **2.** (*Besitz*) fortune *f*; bien *m*; **bewegliches ~** fortune mobilière; biens meubles, mobiliers; **unbewegliches ~** fortune immobilière; biens immeubles; **elterliches ~** patrimoine *m*; **~ haben** avoir de la fortune, du bien; être riche, bien à l'aise, *fig.* cossu; F *fig.* avoir du foin dans ses bottes; **kein ~ besitzen** être sans fortune; **~ erwerben** faire fortune; **ein ~ erwerben, verdienen** acquérir, gagner une fortune; **sein ~ verlieren** perdre sa fortune, son avoir; **ein ~ anlegen** placer une fortune; **ein ~ hinterlassen** laisser une fortune (en héritage); **sein ~ flüssigmachen** réaliser sa fortune, ses biens; **ein ~ verwalten** gérer une fortune.

vermögend [fɛrˈmøːgənt] **1.** *adj.* (*wohlhabend*) fortuné; aisé; riche; qui a des moyens, de la fortune; **2.** *adjt.* (*cf.* **vermögen**) **viel ~** puissant; influent.

Vermögens|abgabe [fɛrˈmøːgənsˌʔapgaːbə] *f* prélèvement *m* sur la fortune; **~ˌabschätzung** *f* évaluation *f* de la fortune; **~ˌabtretung** *f* cession *f* de bien(s); **~ˌanfall** *m* dévolution *f* de patrimoine, de bien(s); **~ˌanlage** *f* placement *m* de la fortune; investissement *m* de biens; **~ˌanmeldung** *f* déclaration *f* de la fortune; **~ˌaufsicht** *f* surveillance *f* des biens; contrôle *m* des biens, des fortunes; **~ˌaufstellung** *f* état *m*, inventaire *m* des biens; **~ˌballung** *f* accumulation *f*, concentration *f* de capitaux; **~beˌstand** *m* avoir *m*; biens *m/pl.*; **~beˌstandteil** *m* élément *m* de la fortune; **~beˌsteuerung** *f* imposition *f* de la fortune; **~beˌwegung** *f* mouvement *m* de capitaux; **~ˌbildung** *f* formation *f* de la fortune; **~ˌeinziehung** *f* confiscation *f* de biens; **~erˌklärung** *f cf.* **~anmeldung**; **~erˌtrag** *m* revenu *m* de la fortune; profit *m*; rendement *m* du capital; **~konˌtrolle** *f cf.* **~aufsicht**; **~ˌlage** *f* situation financière, de fortune; **~ˌmehrung** *f* accroissement *m* de la fortune, du capital; **~ˌnachweis** *m cf.* **~anmeldung**; **~ˌrechte** *n/pl.* droits patrimoniaux; **~ˌschichtung** *f* répartition *f* de la fortune; **~ˌstand** *m* situation *f*, état *m* de fortune; **~ˌsteuer** *f* impôt *m* sur la fortune; **~ˌübersicht** *f* *Konkursverfahren* rapport *m* sur la situation générale des biens (du failli); **~überˌtragung** *f* cession *f*, transfert *m* de biens; **~überˌwachung** *f cf.* **~aufsicht**; **~ˌumschichtung** *f* déplacement *m* des fortunes; **~verˌfall** *m* déconfiture *f*; écroulement *m* d'une fortune; **~verˌhältnisse** *n/pl. cf.* **~lage**; **~verˌlust** *m* perte *f* de fortune; revers *m* de fortune; perte pécuniaire, financière; **~verˌwalter** *m* gérant *m*, administrateur *m* de biens, de fortune; **~verˌwaltung** *f* gestion *f*, administration *f* des biens, de la fortune, du patrimoine; **~verˌzeichnis** *n cf.* **~aufstellung**; **~ˌwerte** *m/pl.* valeurs *f/pl.* de *od.* en capital; **~ˌzuwachs** *m* accroissement *m* de la fortune; **~ˌzuwachsˌsteuer** *f* impôt *m* sur l'accroissement de la fortune.

vermottet [fɛr'mɔtət] *adj.* mité; rongé, mangé des mites.

vermumm|en [fɛr'mʊmən] F *v/t.* (*u. v/réfl.*) ⟨*pas de ge-*, **h**⟩ (se) déguiser; (se) masquer; *bei Kälte* (*warm anziehen*) (s')emmitoufler; **2ung** F *f* ⟨~; ~**en**⟩ déguisement *m*; travesti *m*.

vermurksen [fɛr'mʊrksən] F *v/t.* ⟨-**(es)t**, *pas de ge-*, **h**⟩ (*verpfuschen*) *cf.* **verhunzen.**

vermut|en [fɛr'mu:tən] *v/t.* ⟨-**ete**, *pas de ge-*, **h**⟩ présumer; supposer; conjecturer; se douter de; (*argwöhnen*) soupçonner; **ich vermutete schon, daß** … je me doutais déjà que …; **wer hätte das vermutet!** qui s'en serait douté!; qui aurait cru cela!; **~ˌlich 1.** *adj.* présumé; probable; **der ~e Erbe** l'héritier présomptif; **2.** *adv.* vraisemblablement; probablement; il est à présumer que … (+ *fut. de l'ind.*); selon toute apparence; F censément; **2ung** *f* ⟨~; ~**en**⟩ présomption *f*; supposition *f*; conjecture *f*; (*Argwohn*) soupçon *m*; **reine ~** pure supposition; **~en anstellen** faire, former des conjectures (**über** sur); conjecturer (sur).

vernachlässig|en [fɛr'nɑ:xˌlɛsɪgən] *v/t.* ⟨*pas de ge-*, **h**⟩ négliger; laisser à l'abandon; prendre peu de soin de; **2ung** *f* ⟨~; ~**en**⟩ négligence *f*; (*Verwahrlosung*) abandon *m*; manque *m* de soin(s).

vernagel|n [fɛr'nɑ:gəln] *v/t.* ⟨-**(e)le**, *pas de ge-*, **h**⟩ clouer; **~t** *adjt.* F *fig.* **~ sein** (*beschränkt sein*) être borné; F *fig.* avoir l'esprit bouché.

vernähen [fɛr'nɛ:ən] *v/t.* ⟨*pas de ge-*, **h**⟩ *Garn* employer … à coudre; *Faden* (*verstechen*) arrêter.

vernarb|en [fɛr'narbən] *v/i.* ⟨*pas de ge-*, **sein**⟩ *Wunde* se cicatriser (*auch fig.*); **2ung** *f* ⟨~⟩ cicatrisation *f*.

vernarr|en [fɛr'narən] *v/réfl.* ⟨*pas de ge-*, **h**⟩ **sich in j-n ~** *cf.* **vergaffen**; **in j-n, etw. vernarrt sein** *cf.* **verknallt**; **2tˌheit** *f* ⟨~⟩ entichement *m*; engouement *m*; toquade *f*.

vernaschen [fɛr'naʃən] *v/t.* ⟨*pas de ge-*, **h**⟩ *sein Geld* dépenser … en friandises.

vernebel|n [fɛr'ne:bəln] *v/t.* ⟨-**(e)le**, *pas de ge-*, **h**⟩ *milit.* couvrir de, camoufler par du brouillard artificiel; dissimuler par là, voiler à l'aide de fumée; entourer d'un nuage de fumée; *fig.* obscurcir; embrouiller; **2ung** *f* ⟨~; ~**en**⟩ *milit.* établissement *m* d'un rideau de fumée; camouflage *m* par brouillard artificiel; *fig.* obscurcissement *m*.

vernehm|bar [fɛr'ne:mˌbɑ:r] *adj.* perceptible (à l'oreille); audible; **2barˌkeit** *f* ⟨~⟩ perceptibilité *f* (d'un son); audibilité *f*; **~en I** *v/t.* ⟨*irr.*, *pas de ge-*, **h**⟩ **1.** (*hören*) entendre; percevoir; (*erfahren*) apprendre; **ich habe vernommen** j'ai appris; j'ai ouï, j'ai entendu dire; **wie man vernimmt** à ce qu'on dit; **2.** *jur. cf.* **verhören I**; **II 2en** *n* ⟨~**s**⟩ **dem ~ nach** à ce qu'on dit; **~ˌlich** *adj. Stimme* distinct; clair; intelligible; **2ung** *f* ⟨~; ~**en**⟩ *jur. cf.* **Verhör**; **~ungsˌfähig** *adj.* en état d'être interrogé; en état de déposer.

verneig|en [fɛr'naɪgən] *v/réfl.* ⟨*pas de ge-*, **h**⟩ **sich ~** *cf.* **verbeugen**; **2ung** *f cf.* **Verbeugung.**

vernein|en [fɛr'naɪnən] *v/t.* ⟨*pas de ge-*, **h**⟩ *Frage* répondre négativement (à); faire une réponse négative; *auf e-e Frage* dire (que) non; répondre (que) non, par la négative; *Sinn des Lebens etc.* (*leugnen*) nier; *gr.* mettre à la forme négative; **~end** *adjt.* négatif, -ive; *gr. auch* privatif, -ive; **2er(in)** *m* ⟨~**s**; ~⟩ (*f*) ⟨~; ~**nen**⟩ négateur, -trice *m*, *f*; **2ung** *f* ⟨~; ~**en**⟩ négation *f*; négative *f*; **2ungsˌfall** *m* **im ~e** en cas de réponse négative; **2ungsparˌtikel** *f gr.* particule négative; privatif *m*; **2ungsˌsatz** *m gr.* (proposition) négative *f*.

vernicht|en [fɛr'nɪçtən] *v/t.* ⟨-**ete**, *pas de ge-*, **h**⟩ *Feind, Stadt etc.* écraser; anéantir; foudroyer; (*zerstören*) détruire; *Bauten* démolir; *fig.* ruiner; (*ausrotten*) exterminer; *Hoffnung, Pläne* réduire à néant; anéantir; annihiler; **~end** *adjt.* destructeur, -trice; exterminateur, -trice; *Kritik, Urteil* impitoyable; *Schlag* décisif, -ive; *Blick* foudroyant; **2ung** *f* ⟨~; ~**en**⟩ *des Feindes etc.* anéantissement *m* (*auch fig.*); écrasement *m*; (*Zerstörung*) destruction *f*; *von Bauten* démolition *f*; (*Ausrottung*) extermination *f*; *fig. von Plänen, Hoffnungen* annihilation *f*; **2ungsˌfeuer** *n milit.* tir *m* d'anéantissement; **2ungsˌkrieg** *m* guerre *f* d'extermination; **2ungsˌlager** *n* camp *m* d'extermination; **2ungsprotoˌkoll** *n bei der Vernichtung von Urkunden etc.* procès-verbal *m* de destruction; **2ungsˌschlacht** *f* bataille *f* d'anéantissement; **2ungsˌwille** *m*, **2ungsˌwut** *f* rage *f* de destruction.

vernick|eln [fɛr'nɪkəln] *v/t.* ⟨-**(e)le**, *pas de ge-*, **h**⟩ nickeler; **2(e)lung** *f* ⟨~⟩ nickelage *m*.

verniedlich|en [fɛr'ni:tˌlɪçən] *v/t.* ⟨*pas de ge-*, **h**⟩ minimiser; **2ung** *f* ⟨~; ~**en**⟩ minimisation *f*.

verniet|en [fɛr'ni:tən] *v/t.* ⟨-**ete**, *pas de ge-*, **h**⟩ *techn.* river; riveter; **2ung** *f* ⟨~⟩ rivure *f*; rivetage *m*.

Vernunft [fɛr'nʊnft] *f* ⟨~⟩ raison *f*; (*gesunder Menschenverstand*) bon sens; *philos.* (*Begriffsvermögen*) entendement *m*; intellect *m*; intelligence *f*; **zur ~ bringen** mettre à la raison, au pas; **wieder zur ~ bringen** ramener à la raison; **~ annehmen** entendre raison; se mettre, se rendre à la raison; **wieder zur ~ kommen, wieder ~ annehmen** revenir à la raison; F retrouver ses esprits; **2beˌgabt** *adj.* doué de raison; raisonnable; **~ˌehe** *f* mariage *m* de raison.

Vernünftel|ei [fɛrˌnʏnftə'laɪ] *péj. f* ⟨~; ~**en**⟩ raisonnement trop subtil; ratiocination *f*; **2n** *péj.* **I** *v/i.* ⟨-**(e)le**, *pas de ge-*, **h**⟩ subtiliser; ratiociner; user d'arguties [-si]; **II ~n** *n* ⟨~**s**⟩ *cf.* **~ei.**

vernunft|gemäß [fɛr'nʊnftgəˌmɛ:s] *adj.* conforme à la raison; raisonnable; rationnel, -lle; logique; **2ˌglaube** *m* rationalisme *m*; **2ˌgläubige(r)** *m* rationaliste *m*; **2ˌgrund** *m* motif *m* raisonnable; **auf Vernunftgründe hören** entendre raison; **2ˌheirat** *f cf.* **Vernunftehe.**

vernünftig [fɛr'nʏnftɪç] *adj.* raisonnable; *Urteil, Haltung, Wahl etc. auch* (*überlegt*) sensé; judicieux, -euse; *von Kindern* sage; réfléchi; **sei doch ~!** sois donc raisonnable!; **~ reden** parler raisonnablement; **~ denken, urteilen** raisonner juste.

vernunft|mäßig [fɛr'nʊnftˌmɛ:sɪç] *adj.* rationnel, -lle; **2ˌmensch** *m* homme *m* de raison; **2ˌrecht** *n* droit naturel; **2ˌschluß** *m philos.* syllogisme *m*; **~ˌwidrig** *adj.* contraire à la raison; déraisonnable; irrationnel, -lle; absurde; **2ˌwidrigkeit** *f* ⟨~⟩ absurdité *f*.

vernuten [fɛr'nu:tən] *v/t.* ⟨-**ete**, *pas de ge-*, **h**⟩ *techn.* rainer.

veröd|en [fɛr'ˀø:dən] **I** *v/t.* ⟨-**ete**, *pas de ge-*, **h**⟩ dévaster; changer en désert; (*entvölkern*) dépeupler; (*verheeren*) désoler; **II** *v/i.* ⟨**sein**⟩ devenir désert; (*sich entvölkern*) se dépeupler; **2ung** *f* ⟨~⟩ dévastation *f*; désolation *f*; (*Entvölkerung*) dépeuplement *m*.

veröffentlich|en [fɛr'ˀœfəntˌlɪçən] *v/t.* ⟨*pas de ge-*, **h**⟩ publier; rendre public, -que; *Gesetz* promulguer; **2ung** *f* ⟨~; ~**en**⟩ publication *f*; **zur ~ freigeben** *e-s Gesetzes* promulgation *f*; **zur ~ freigeben** permettre, autoriser la publication; **amtliche ~** publication officielle; **2ungsˌrecht** *n* droit *m* de publication.

Veronika [ve'ro:ni·ka] *f* ⟨~; -**ken**⟩ *bot.* véronique *f*.

verordn|en [fɛr'ˀɔrdnən] *v/t.* ⟨-**ete**, *pas de ge-*, **h**⟩ *behördlich* ordonner; décréter; *méd.* ordonner; prescrire; **2ung** *f* ⟨~; ~**en**⟩ *behördliche* ordonnance *f*; décret *m*; *méd.* ordonnance *f*; prescription *f*; **e-e ~ erlassen** rendre une ordonnance, un décret; **2ungsˌblatt** *n* Journal officiel; **2ungsˌweg** *m* **auf dem ~e** par ordonnance, décret.

verpachten [fɛr'paxtən] *v/t.* ⟨-**ete**, *pas de ge-*, **h**⟩ affermer; donner à bail, à ferme; amodier.

Verpächter(in) [fɛr'pɛçtər(ɪn)] *m* (*f*) affermateur, -trice *m*, *f*; bailleur *m*; bailleresse *f*; amodiateur, -trice *m*, *f*.

Verpachtung [fɛr'paxtʊŋ] *f* affermage *m*; location *f*, louage *m* à bail, à ferme; amodiation *f*.

verpack|en [fɛr'pakən] *v/t.* ⟨*pas de ge-*, **h**⟩ emballer; empaqueter; **2ung** *f* emballage *m*; empaquetage *m*; **mangelhafte ~** emballage défectueux; **seemäßige ~** emballage maritime; **wiederverwendbare ~** emballage récupérable; **~ zur einmaligen Verwendung** emballage perdu; **zuzüglich ~** emballage en sus; **2ungsˌart** *f* mode *m* d'emballage; **2ungsgeˌwicht** *n* tare *f*; **2ungsˌkosten** *pl.* frais *m/pl.* d'emballage; **2ungsmaˌschine** *f* machine *f* à emballer, à empaqueter; **2ungsmateriˌal** *n* matériel *m* d'emballage.

verpäppeln [fɛr'pɛpəln] F *v/t.* ⟨-**(e)le**, *pas de ge-*, **h**⟩ *cf.* **verhätscheln.**

verpassen [fɛr'pasən] *v/t.* ⟨-**ßt**, *pas de ge-*, **h**⟩ **1.** *Zug etc.* manquer; F rater; louper; *Gelegenheit auch* laisser échapper; **2.** F *fig. Uniform etc.* (*aushändigen*) donner; attribuer; F **j-m eins ~** donner, porter, P administrer un coup, flanquer, foutre un gnon à qn.; F **eins verpaßt kriegen** recevoir un coup, P un gnon; P encaisser un gnon.

verpatzen [fɛr'patsən] F *v/t.* ⟨-**(es)t**, *pas de ge-*, **h**⟩ *cf.* **verhunzen.**

verpennen [fɛr'pɛnən] F *v/t.* ⟨*pas de ge-*, **h**⟩ *Zeit* F passer … à roupiller.

verpest|en [fɛr'pɛstən] *v/t.* ⟨-**ete**, *pas de ge-*, **h**⟩ *Luft* empester; infecter; empuantir; empoisonner (*alle auch fig.*); **2ung** *f* ⟨~⟩ empuantissement *m*; empoisonnement *m* (*auch fig.*).

verpetzen [fɛr'pɛtsən] F *v/t.* ⟨-**(es)t**, *pas de ge-*, **h**⟩ *cf.* **verklatschen.**

verpfänd|en [fɛr'pfɛndən] *v/t.* ⟨-**ete**, *pas de ge-*, **h**⟩ mettre en gage; engager (au crédit municipal); mettre au mont-de-piété; F mettre, porter au clou; porter chez ma tante; *jur.* donner en nantissement; **sein Wort ~** engager sa parole; **2ung** *f* mise *f* en gage; engagement *m*; *jur.* nantissement *m*.

verpfeifen [fɛr'pfaɪfən] F *v/t.* ⟨*irr.*, *pas de ge-*, **h**⟩ trahir; dénoncer; vendre; P donner; *écol. cf.* **verklatschen**; **s-e**

Komplicen ~ P se mettre à table; accoucher; manger le morceau.

verpflanz|en [fɛr'pflantsən] *v/t.* ⟨-(**es**)t, *pas de ge-*, **h**⟩ *jard.* transplanter (*auch fig.*); **Ձung** *f* transplantation *f* (*auch fig.*); *chir. von Haut* greffe *f*.

verpfleg|en [fɛr'pfle:gən] *v/t.* ⟨*pas de ge-*, **h**⟩ nourrir; alimenter; *milit.* approvisionner; ravitailler; faire subsister; **Ձung** *f* ⟨~⟩ nourriture *f*; alimentation *f*; *milit.* approvisionnement *m*; ravitaillement *m*; subsistance *f*; vivres *m/pl.*; (*Ration*) ration *f*; in ~ **stehen** se trouver en subsistance; **freie Unterkunft** u. ~ nourri et logé; table et logis; **bei j-m in** ~ **sein** être nourri par qn.; être en pension chez qn.

Verpflegungs|amt [fɛr'pfle:guŋs-ˌʔamt] *n milit.* Intendance *f*; service *m* des subsistances; **~ˌausgabe** *f milit.* distribution *f* des subsistances, des vivres, du ravitaillement; **~ˌbombe** *f milit.* container *m* de produits alimentaires; **~deˌpot** *n milit.* dépôt *m* de subsistances, de vivres; **~emˌpfang** *m milit.* réception *f* des subsistances, des vivres; **~ˌkosten** *pl.* frais *m/pl.* d'entretien; **~ˌlage** *f* situation *f* en vivres; **~ˌlager** *n cf.* ~depot; **~magaˌzin** *n* magasin *m* de vivres; **~ˌmindestˌsatz** *m milit.* ration *f* de base; **~offiˌzier** *m milit.* officier *m* d'approvisionnement; **~ˌsatz** *m* ration *f*; **~ˌstärke** *f milit.* effectif *m* des rationnaires, des subsistants; **~ˌstelle** *f milit.* poste *m*, centre *m* de ravitaillement; **~ˌtruppen** *f/pl. milit.* compagnies *f/pl.* de ravitaillement de l'Intendance; **~ˌwagen** *m milit.* voiture *f* d'approvisionnement; **~ˌwesen** *n milit.* service *m* des subsistances; **~ˌzulage** *f* indemnité *f* de subsistance, d'alimentation.

verpflicht|en [fɛr'pflɪçtən] *v/t. u. v/réfl.* ⟨-ete, *pas de ge-*, **h**⟩ **j-n zu etw.** ~ obliger, engager, *pfort.* astreindre qn. à qc.; faire à qn. une obligation de (+ *inf.*); **sich zu etw.** ~ s'engager à qc.; **zu etw. verpflichtet sein** *auch* être tenu à qc., de faire qc.; **dazu bin ich nicht verpflichtet** je n'y suis pas obligé; **j-n (zu Dank)** ~ obliger qn.; **j-m (zu Dank) verpflichtet sein** être l'obligé de qn.; avoir à qn. de l'obligation; **sich vertraglich** ~ s'engager par contrat; **das verpflichtet zu nichts** cela n'engage à rien; **er vermeidet alles, was ihn** ~ **könnte** il évite tout ce qui pourrait l'engager; *Schauspieler* **an ein Theater, nach Berlin** ~ engager à un théâtre, à Berlin; **zum Stillschweigen verpflichtet sein** être tenu de se taire; **Adel verpflichtet** *prov.* noblesse oblige *prov.*; **~end** *adjt.* obligatoire; **Ձung** *f* ⟨~; ~en⟩ obligation *f*; engagement *m*; *comm.* ~en *pl. auch* redevances *f/pl.*; (*Obliegenheit*) charge *f*; (*Pflicht*) devoir *m*; **moralische** ~ devoir moral, de conscience; **einseitige** ~ obligation unilatérale; **vertragliche** ~ engagement contractuel; **e-e** ~ **eingehen, übernehmen** prendre, contracter, assumer une obligation, un engagement; **s-n ~en nachkommen, s-e ~en erfüllen** s'acquitter de, satisfaire à, remplir ses obligations, ses engagements; *comm. auch* s'acquitter de ses redevances; **s-e ~en nicht einhalten, erfüllen, s-n ~en nicht nachkommen** manquer à ses obligations, ses engagements; **sich e-r** ~ **entziehen** se dérober à une obligation; **sich von e-r** ~ **befreien** se dégager d'une obligation; se libérer d'un engagement; **~en gegenüber j-m haben** être l'obligé de qn.

verpfuschen [fɛr'pfuʃən] F *v/t.* ⟨*pas de ge-*, **h**⟩ *cf.* **verhunzen.**

verpichen [fɛr'pɪçən] **I** *v/t.* ⟨*pas de ge-*, **h**⟩ poisser; **II** Ձ *n* ⟨~**s**⟩ poissement *m*; *besser verbal.*

verpimpeln [fɛr'pɪmpəln] F *v/t.* (*u. v/réfl.*) ⟨-(e)le, *pas de ge-*, **h**⟩ (se) rendre douillet, -tte.

verplanen [fɛr'pla:nən] **I** *v/t.* ⟨*pas de ge-*, **h**⟩ (*in den Haushaltsplan aufnehmen*) inscrire au budget; *Geld* attribuer aux, répartir pour divers projets; **II** *v/réfl.* F **sich** ~ se tromper dans ses plans, ses projets.

verplappern [fɛr'plapərn] F **I** *v/t.* ⟨-(e)re, *pas de ge-*, **h**⟩ *péj. cf.* **verplaudern; II** *v/réfl.* **sich** ~ se trahir, F *fig.* se couper (en bavardant).

verplaudern [fɛr'plaudərn] *v/t.* ⟨-(e)re, *pas de ge-*, **h**⟩ **die Zeit** ~ passer son temps à bavarder, F à jaser.

verplempern [fɛr'plɛmpərn] F **I** *v/t.* ⟨-(e)re, *pas de ge-*, **h**⟩ *Geld* dépenser follement, mal à propos; *fig.* gâcher (*auch Zeit*); gaspiller (*auch Kräfte*); dissiper; **II** *v/réfl.* **sich** ~ s'amouracher sottement.

verpön|en [fɛr'pø:nən] *v/t.* ⟨*pas de ge-*, **h**⟩ réprouver; voir d'un mauvais œil; **~t** *adjt.* vu d'un mauvais œil; mal vu; **das ist allgemein** ~ c'est unanimement réprouvé.

verprass|en [fɛr'prasən] **I** *v/t.* ⟨-ßt, *pas de ge-*, **h**⟩ *Geld, Vermögen* dissiper … en débauches; gaspiller; *fig.* gâcher; **II** Ձ**en** *n* ⟨~**s**⟩, Ձ**ung** *f* ⟨~⟩ dissipation *f*; gaspillage *m*.

verproletarisieren [fɛrproˑleˑtariˑ'zi:rən] *v/t.* ⟨*pas de ge-*, **h**⟩ (*u. v/i.* ⟨**sein**⟩) (se) prolétariser.

verproviantier|en [fɛrproˑviˑan'ti:rən] *v/t.* (*u. v/réfl.*) ⟨*pas de ge-*, **h**⟩ (se) ravitailler; (s')approvisionner; Ձ**ung** *f* ⟨~⟩ ravitaillement *m*; approvisionnement *m*.

verprügeln [fɛr'pry:gəln] *v/t.* ⟨-(e)le, *pas de ge-*, **h**⟩ rouer de coups; F *fig.* étriller; rosser; P passer à tabac.

verpuffen [fɛr'pufən] *v/i.* ⟨*pas de ge-*, **sein**⟩ fuser; *fig.*, *Wirkung etc.* se perdre (en fumée).

verpulvern [fɛr'pulvərn] F *v/t.* ⟨-(e)re, *pas de ge-*, **h**⟩ *Geld cf.* **verplempern.**

verpumpen [fɛr'pumpən] F *v/t.* ⟨*pas de ge-*, **h**⟩ prêter.

verpupp|en [fɛr'pupən] *v/réfl.* ⟨*pas de ge-*, **h**⟩ *zo.* **sich** ~ se changer en chrysalide, en nymphe; Ձ**ung** *f* ⟨~⟩ *zo.* changement *m* en chrysalide, en nymphe.

verpusten [fɛr'pu:stən] F *v/réfl.* ⟨-ete, *pas de ge-*, **h**⟩ **sich** ~ reprendre haleine.

Verputz [fɛr'puts] *m* crépi *m*; Ձ**en I** *v/t.* ⟨-(**es**)t, *pas de ge-*, **h**⟩ *Haus* crépir; F *fig.* (*essen*) F dévorer; **II ~en** *n e-s Hauses* crépissage *m*.

verqualmt [fɛr'kvalmt] *adj.* envahi par une fumée épaisse; *cf. auch* **verräuchert.**

verquasseln [fɛr'kvasəln] F **I** *v/t.* ⟨-ßle *od.* -ssele, *pas de ge-*, **h**⟩ *Zeit cf.* **verplaudern; II** *v/réfl.* **sich** ~ *cf.* **verplappern II.**

verquer [fɛr'kve:r] *adv.* F **das ist** (mir) ~ **gegangen** c'est allé de travers; cela a mal marché; F j'ai raté le coup; j'ai manqué mon coup.

verquick|en [fɛr'kvɪkən] *v/t.* ⟨*pas de ge-*, **h**⟩ *chim.* amalgamer (*auch fig.*); *fig.* combiner; Ձ**ung** *f* ⟨~; ~en⟩ *chim.* amalgamation *f*; *fig.* combinaison *f*; mélange *m*.

verquollen [fɛr'kvɔlən] *adjt. Holz, Augen* gonflé.

verrammeln [fɛr'raməln] *v/t.* ⟨-(e)le, *pas de ge-*, **h**⟩ *Tür* barricader.

verramschen [fɛr'ramʃən] *v/t.* ⟨*pas de ge-*, **h**⟩ brader; P bazarder.

verrannt [fɛr'rant] *adjt.* **in e-e Idee** ~ **sein** être obstiné, s'obstiner dans une idée; *fig.* ne pas démordre d'une idée.

Verrat [fɛr'ra:t] *m* ⟨~(e)s⟩ trahison *f*; *féod., jetzt iron. od. archaisierend* félonie *f*; traîtrise *f*; ~ **militärischer Geheimnisse** divulgation de secrets militaires; ~ **üben** commettre une trahison; **e-n** ~ **an j-m begehen** trahir qn.; Ձ**en I** *v/t.* ⟨*irr., pas de ge-*, **h**⟩ trahir (*auch fig.*); *Geheimnis* dévoiler; révéler; livrer; *s-e Komplicen cf.* **verpfeifen**; *fig.* dénoter; **s-e Miene verriet e-e große Bestürzung** sa mine trahit un grand étonnement; **dieses Werk verrät e-e große Begabung** cet ouvrage dénote un grand talent; F *fig.* ~ **u. verkauft** perdu; **II** *v/réfl.* **sich** ~ se trahir; (*sich offenbaren*) se révéler; (*s-e wahren Absichten durchblicken lassen*) laisser passer le bout de l'oreille.

Verräter|(in) [fɛr'rɛ:tər(ɪn)] *m* ⟨~**s**; ~⟩ (*f*) ⟨~; ~**nen**⟩ traître, -esse *m, f*; *féod., jetzt iron. od. archaisierend* félon, -nne *m, f*; **~ei** [-'raɪ] *f* ⟨~; ~en⟩ *cf.* **Verrat**; (*Treulosigkeit*) perfidie *f*; Ձ**isch 1.** *adj.* traître, -esse; *féod., jetzt iron. od. archaisierend* félon, -nne; perfide; **2.** *adv.* traîtreusement; par traîtrise; en traître; Ձ**ischer'weise** *adv. cf.* Ձisch 2.

verrauchen [fɛr'rauxən] **I** *v/t.* ⟨*pas de ge-*, **h**⟩ *Geld* dépenser … à fumer; **II** *v/i.* ⟨**sein**⟩ *fig., Zorn* se dissiper; passer; tomber; ~ **lassen** laisser passer.

verräuchert [fɛr'rɔyçərt] *adj. Zimmer, Kneipe* enfumé; *cf. auch* **verqualmt.**

verrechn|en [fɛr'rɛçnən] **I** *v/t.* ⟨-ete, *pas de ge-*, **h**⟩ (*aufrechnen*) compter; faire le compte de; (*ausgleichen*) compenser; **wir** ~ **das später** on comptera cela plus tard; on fera le compte (de cela) plus tard; **II** *v/réfl.* **sich** ~ se tromper dans son calcul (*auch fig.*); faire une faute, une erreur de calcul; *nur fig.* F se mettre, se fourrer le doigt dans l'œil; Ձ**ung** *f* (*Ausgleich*) compensation *f*; *zwischen zwei Staaten* clearing *m*; **innerbetriebliche** ~ virements internes.

Verrechnungs|abkommen [fɛr'rɛçnuŋsˌʔapkɔmən] *n* accord *m* de compensation, de clearing; **~ˌeinheit** *f* unité *f* de compte, de clearing; **~ˌfonds** *m* fonds *m* de compensation; **~geˌschäft** *n* opération *f* de compensation, de clearing; **~ˌkammer** *f* chambre *f* de compensation; **~ˌkasse** *f* caisse *f* de compensation; **~ˌkonto** *n* compte *m* de clearing; **~ˌkurs** *m* cours *m* de clearing; **~ˌscheck** *m* chèque barré, de virement; **~ˌstelle** *f* office *m* de compensation; **~verˌfahren** *n* procédure *f* de compensation; **~ˌweg** *m* **im** ~ par voie de compensation.

verrecken [fɛr'rɛkən] P *v/i.* ⟨*pas de ge-*, **sein**⟩ crever; **nicht ums** Ձ à aucun prix.

verregnet [fɛr're:gnət] *adj. Veranstaltung* troublé, gâté par la pluie; *Ernte* détruit par la pluie; **~er Sommer** été pluvieux, F pourri.

verreiben [fɛr'raɪbən] *v/t.* ⟨*irr., pas de ge-*, **h**⟩ étendre en frottant; *phm.* triturer; (bien) broyer.

verreisen [fɛr'raɪzən] **I** *v/t.* ⟨-(**es**)t, *pas*

de ge-, h⟩ *Geld* dépenser ... en voyages; **II** *v/i.* ⟨sein⟩ partir, aller en voyage; (oft) verreist sein être (souvent) en voyage.

verreißen [fɛr'raɪsən] F *v/t.* ⟨*irr., pas de ge-*, h⟩ *j-n, Theaterstück* critiquer impitoyablement; *fig.* démolir; F *fig.* déchirer ... à belles dents.

verrenk|en [fɛr'rɛŋkən] *v/t.* ⟨*pas de ge-*, h⟩ **sich den Arm ~** se luxer, se disloquer, se démettre, se déboîter le bras; F *fig.* **sich den Hals nach j-m, etw. ~** F se tordre le cou pour voir qn., qc.; **2ung** *f* ⟨~; ~en⟩ *méd.* luxation *f*; dislocation *f*; déboîtement *m*; F *fig.* **~en machen** se contorsionner; faire des contorsions.

verricht|en [fɛr'rɪçtən] *v/t.* ⟨-ete, *pas de ge-*, h⟩ faire; exécuter; accomplir; s'acquitter de; **sein Gebet ~** faire sa prière; **s-e Notdurft ~** faire ses besoins; **2ung** *f* exécution *f*; accomplissement *m*; (*Obliegenheit*) travail *m*.

verriegel|n [fɛr'ri:gəln] *v/t.* ⟨-(e)le, *pas de ge-*, h⟩ verrouiller; fermer au verrou; *milit.* bloquer; verrouiller; **2ung** *f* ⟨~; ~en⟩ verrouillage *m* (*auch milit.*).

verringer|n [fɛr'rɪŋgərn] **I** *v/t.* ⟨-(e)re, *pas de ge-*, h⟩ amoindrir; diminuer; réduire; abaisser; **die Geschwindigkeit ~** réduire la vitesse; **II** *v/réfl.* **sich ~** diminuer; s'amoindrir; *Abstand, Vorsprung* s'amenuiser; *Notenumlauf* se contracter; **2ung** *f* ⟨~; ~en⟩ amoindrissement *m*; diminution *f*; réduction *f*; abaissement *m*; *des Notenumlaufs* contraction *f*.

verrinnen [fɛr'rɪnən] *v/i.* ⟨*irr., pas de ge-*, sein⟩ *Wasser* s'écouler; *Zeit auch* s'enfuir.

Verriß [fɛr'rɪs] *m thé.* critique *f* impitoyable; *fig.* démolition *f* en règle.

verroh|en [fɛr'ro:ən] *v/i.* ⟨*pas de ge-*, sein⟩ devenir grossier, -ère, brutal, une brute; **2ung** *f* ⟨~⟩ *verbal.*

verrohr|en [fɛr'ro:rən] *v/t.* ⟨*pas de ge-*, h⟩ *techn.* tuber; **2ung** *f* ⟨~⟩ tubage *m*.

verrosten [fɛr'rɔstən] *v/i.* ⟨-ete, *pas de ge-*, sein⟩ (se) rouiller (*auch fig.*).

verrott|en [fɛr'rɔtən] *v/i.* ⟨-ete, *pas de ge-*, sein⟩ (se) pourrir; se décomposer; se putréfier; **2ung** *f* ⟨~⟩ décomposition *f*; putréfaction *f*.

verrucht [fɛr'ru:xt] *adj.* infâme; scélérat; (*gottlos*) impie; **~er Mensch** scélérat *m*; **~e Tat** forfait *m*; **2,heit** *f* ⟨~⟩ infamie *f*; scélératesse *f*; noirceur *f*; (*Gottlosigkeit*) impiété *f*.

verrücken [fɛr'rʏkən] **I** *v/t.* (*u. v/réfl.*) ⟨*pas de ge-*, h⟩ (se) déplacer; **II 2** *n* ⟨~s⟩ déplacement *m*.

verrückt [fɛr'rʏkt] *adj. péj.* (*geistesgestört*) fou (fol), folle; F *péj.* détraqué; fêlé; P toqué; timbré; cinglé; marteau; dingo; maboul; F *fig. Einfall, Person* (*verdreht*) fou (fol), folle; insensé; singulier, -ère; bizarre; extravagant; *nur Einfall* absurde; **~e Idee** idée folle, insensée, absurde, *etc.*; folie *f*; **~ werden, machen** devenir, rendre fou, folle; **das macht mich ganz ~** *auch* P c'est à me faire tourner en bourrique; **wie ~ arbeiten** travailler d'arrache-pied; **nach j-m, etw. ganz ~ sein** raffoler de qn., qc.; **ich werd' ~!** les bras m'en tombent!; **2e(r)** *f* (*m*) ⟨→ A⟩ *péj.* (*Geistesgestörter*) fou *m*; folle *f*; P toqué, -e *m, f*; timbré, -e *m, f*; cinglé, -e *m, f*; F *fig.* fou *m*; folle *f*; insensé, -e *m, f*; **so handelt nur ein ~r** il faut être fou pour agir ainsi; il n'y a qu'un fou qui puisse faire cela; **2,heit** *f* ⟨~; ~en⟩ folie *f* (*auch fig.*); **2,werden** *n* ⟨~s⟩ F **das ist zum ~** c'est à devenir fou, folle.

Verruf [fɛr'ru:f] *m* **in ~ bringen** discréditer; décrier; jeter le discrédit sur; *nur Person* perdre (qn.) de réputation; **in ~ kommen** tomber en discrédit; **2en** *adj.* mal famé; décrié; interlope; de mauvaise réputation.

verrühren [fɛr'ry:rən] *v/t.* ⟨*pas de ge-*, h⟩ mêler, mélanger en remuant.

verrußen [fɛr'ru:sən] **I** *v/t.* ⟨-(es)t, *pas de ge-*, h⟩ encrasser de suie; **II** *v/i.* ⟨sein⟩ s'encrasser de suie.

verrutschen [fɛr'rutʃən] *v/i.* ⟨*pas de ge-*, sein⟩ se déplacer.

Vers [fɛrs] *m* ⟨~es; ~e⟩ vers *m*; (*Strophe*) couplet *m*; strophe *f*; (*Bibel2, Gesangbuch2*) verset *m*; **in Verse bringen** mettre en vers; versifier; *fig.* **ich kann mir keinen ~ darauf** *od.* **daraus machen** je ne vois pas à quoi cela rime.

versachlich|en [fɛr'zax,lɪçən] *v/t.* ⟨*pas de ge-*, h⟩ objectiver; **2ung** *f* ⟨~⟩ objectivation *f*.

versacken [fɛr'zakən] *v/i.* ⟨*pas de ge-*, sein⟩ sombrer; couler bas, à pic; F *fig., Mensch cf.* **verkommen I**; *milit., feindlicher Vorstoß* être stoppé.

versag|en [fɛr'za:gən] **I** *v/t.* ⟨*pas de ge-*, h⟩ *Hilfe, Gehorsam* refuser; **j-m e-e Bitte ~** refuser d'accéder à la prière de qn.; **die Beine versagten mir den Dienst** mes jambes me refusaient tout service, me manquaient; **sich nichts ~** ne rien se refuser; **er mußte sich alles ~** il devait se priver de tout; **ich kann es mir nicht ~, zu ...** (+ *inf.*) je ne puis me défendre de ... (+ *inf.*); **ich kann dieser Tat meine Bewunderung nicht ~** je ne puis m'empêcher d'admirer cette action; **II** *v/i. Stimme, Kräfte* manquer; *Schußwaffe* rater; *Bremse* céder; lâcher; *Motor* rester en panne; P flancher; *Maschine* ne pas fonctionner, F marcher; *Person, Polizei, Regierung* faillir à sa tâche; ne pas être à la hauteur de sa tâche; ne pas remplir sa tâche; **die Knie versagten ihm** ses genoux se dérobaient sous lui; *Mensch* **gänzlich in etw. ~** être nul, -lle en qc.; **wenn alle Mittel ~ ...** (ce n'est qu')en désespoir de cause ...; **III 2en** *n* ⟨~s⟩ *e-s Menschen, der Bremsen etc.* défaillance *f*; *techn.* (*Panne*) panne *f*; **menschliches ~** défaillance humaine; **technisches ~** incident technique; **2er** *m* ⟨~s; ~⟩ *techn.* raté *m*; F *Person auch* F fruit sec; **2ung** *f* ⟨~⟩ *e-r Bitte, e-s Wunsches* refus *m* d'accéder à; rejet *m* (de).

Versakzent ['fɛrsˀak,tsɛnt] *m* accent *m* métrique.

Versal(buchstabe) [vɛr'za:l(,bu:x-ʃta:bə)] *m* ⟨~s; ~ien⟩ (*m*) *impr.* grande capitale; F grande cap.

versalzen [fɛr'zaltsən] *v/t.* ⟨-(es)t, *pas de ge-*, h⟩ *cuis.* trop saler; *fig.* avoir (eu) la main lourde; *fig.* (*verderben*) gâter.

versammeln [fɛr'zaməln] *v/t.* (*u. v/réfl.*) ⟨-(e)le, *pas de ge-*, h⟩ (s')assembler; *bes. von ständigen Versammlungen* (se) rassembler; (se) réunir; *poét.* **zu s-n Vätern versammelt werden** aller rejoindre les mânes de ses ancêtres.

Versammlung [fɛr'zamluŋ] *f* assemblée *f*; *mehr privaten Charakters* réunion *f*; (*Massen2, Volks2*) meeting *m*; **beratende, gesetzgebende, verfassunggebende ~** assemblée consultative, législative, constituante; **öffentliche ~** réunion publique; **e-e ~ abhalten** tenir une assemblée, une réunion; **e-e ~ einberufen** convoquer, réunir une assemblée; **bei e-r ~ den Vorsitz führen** présider une assemblée; **e-r ~ beiwohnen, an e-r ~ teilnehmen** assister, participer à une assemblée, réunion; **j-n aus der Mitte e-r ~ wählen** élire qn. pris au sein d'une assemblée; **~s,freiheit** *f* liberté *f* de réunion; **~slo,kal** *n cf.* **~sraum**; **~s,ort** *m*, **~s,platz** *m* lieu *m* de réunion; **~s,raum** *m* salle *f* de réunion; **~s,recht** *n* droit *m* de réunion; **~sver,bot** *n* interdiction *f* de se réunir; **~s,zimmer** *n cf.* **~sraum**.

Versand [fɛr'zant] *m* ⟨~(e)s⟩ expédition *f*; envoi *m*; **~...** *in Zssgn.* d'expédition; d'envoi; **~ab,teilung** *f* service *m* d'expédition; **~,anzeige** *f* avis *m* d'expédition; **~,bahnhof** *m* gare expéditrice, d'expédition; **~be,hälter** *m néol.* conteneur *od.* container *m*; **~,beutel** *m* enveloppe-sac *f*; **2be,reit** *adj. cf.* **versandfertig**.

versanden [fɛr'zandən] *v/i.* ⟨-ete, *pas de ge-*, sein⟩ s'ensabler.

versand|fertig [fɛr'zant,fɛrtɪç] *adj.* prêt à être expédié, pour l'expédition; **2ge,schäft** *n*, **2,handel** *m* commerce *m* d'expédition; *cf. auch* **2haus**; **2,haus** *n* maison *f* d'expédition; **2,kosten** *pl.* frais *m/pl.* d'expédition.

Versandung [fɛr'zanduŋ] *f* ⟨~; ~en⟩ ensablement *m*.

Versart ['fɛrsˀart] *f* genre *m* de vers; mètre *m*.

Versatz [fɛr'zats] *m* ⟨~es⟩ *mines* remblai *m*; remblayage *m*; **~,amt** *n* mont-de-piété *m*; crédit municipal; F clou *m*; (ma) tante; **~,stück** *n thé.* décoration *f* mobile; praticable *m*.

versauen [fɛr'zauən] P *v/t.* ⟨*pas de ge-*, h⟩ (*besudeln*) salir; souiller; (*verderben*) abîmer; gâter; (*verpfuschen*) saboter; *fig.* gâcher; F *fig.* bâcler; bousiller; massacrer; P louper; *cf. auch* **verhunzen**.

versauern [fɛr'zauərn] *fig. v/i.* ⟨-(e)re, *pas de ge-*, sein⟩ s'aigrir; s'encroûter; se rouiller.

versaufen [fɛr'zaufən] P **I** *v/t.* ⟨*irr., pas de ge-*, h⟩ *Geld* dépenser ... à boire, à la boisson; **s-n Verstand ~** s'abrutir à boire; *cf. auch* **versoffen**; **II** *v/i.* ⟨sein⟩ se noyer.

versäum|en [fɛr'zɔʏmən] *v/t.* ⟨*pas de ge-*, h⟩ *Zug* manquer (*auch Schule*); rater; *Gelegenheit auch* laisser échapper; perdre (*auch Zeit*); *Pflicht, Appell, Schule* manquer à; **~, etw. zu tun** manquer, négliger, omettre, oublier de faire qc.; **es ist keine Zeit zu ~** il n'y a point de temps à perdre; **ich habe nichts zu ~** je n'ai rien de pressant à faire; **da haben Sie nichts versäumt** vous n'avez rien perdu; **die versäumte Zeit einholen** regagner, rattraper le temps perdu; **2nis I** *n* ⟨~ses; ~se⟩ (*versäumte Zeit*) perte *f* de temps; (*Unterlassung*) négligence *f*; omission *f*; oubli *m*; *Schule* absence *f*; **ein ~ nachholen** réparer un oubli; **II** *f* ⟨~; ~se⟩ *jur.* contumace *f*; **2nis,liste** *f* liste *f* des absents; **2nis,urteil** *n jur.* jugement *m* par contumace, par défaut; **2nisver,fahren** *n jur.* procédure *f* par défaut; **2ung** *f* ⟨~⟩ *verbal.*

Versbau ['fɛrsbau] *m* ⟨~(e)s⟩ métrique *f*; versification *f*.

verschachern [fɛr'ʃaxərn] F *v/t.* ⟨-(e)re, *pas de ge-*, h⟩ vendre; se défaire de; P bazarder.

verschachtel|t [fɛr'ʃaxtəlt] *adjt. Satz* compliqué; *péj.* enchevêtré; F entortillé; **2ung** *f* ⟨~; ~en⟩ *écon. pol.* interdépendance *f* d'entreprises; formation *f* de trust(s); cartellisation *f*.

verschaffen [fɛrˈʃafən] *v/t.* ⟨*pas de ge-*, h⟩ j-m etw. ~ procurer qc. à qn.; *Unterredung* ménager; sich etw. ~ se procurer qc.; sich Geltung, Respekt ~ se faire respecter; s'imposer; sich Gewißheit ~ s'assurer (über etw. de qc.); sich Genugtuung ~ exiger réparation, des excuses; sich e-n Vorteil ~ obtenir un avantage; sich Gehör ~ se faire écouter; sich selbst Recht ~ se venger d'une injustice; se faire justice (à soi-même).

verschal|en [fɛrˈʃɑːlən] *v/t.* ⟨*pas de ge-*, h⟩ revêtir (mit de); *bât.*, *Fußboden* planchéier; *beim Betonieren* coffrer; *mines* cuveler; boiser; **2ung** *f* ⟨~; ~en⟩ revêtement *m*; *bât.*, *des Fußbodens* planchéiage *m*; *beim Betonieren* coffrage *m*; *mines* cuvelage *od.* cuvellement *m*; boisage *m*.

verschämt [fɛrˈʃɛːmt] **1.** *adj.* 'honteux, -euse; timide; (*verlegen*) confus; gêné; ~er Armer pauvre 'honteux, qui cache sa misère; **2.** *adv.* d'un air timide; **2heit** *f* ⟨~⟩ 'honte *f*; timidité *f*; confusion *f*; gêne *f*.

verschandel|n [fɛrˈʃandəln] F *v/t.* ⟨-(e)le, *pas de ge-*, h⟩ (*verunstalten*) déparer; défigurer; F massacrer; **2ung** *f* défiguration *f*; F massacre *m*.

verschanz|en [fɛrˈʃantsən] *v/t.* (*u. v/réfl.*) ⟨-(es)t, *pas de ge-*, h⟩ *milit.* (se) retrancher; sich ~ hinter ... (*auch fig.*) se retrancher derrière ... (*auch fig.*); **2ung** *f* ⟨~⟩ retranchement *m*.

verschärf|en [fɛrˈʃɛrfən] *v/t.* (*u. v/réfl.*) ⟨*pas de ge-*, h⟩ *Strafe, Gegensätze, Lage, Spannungen* (s')aggraver; *Gegensätze auch* (s')accentuer; (se) renforcer (*auch Kontrolle, Bestimmungen, Maßnahmen*); *Tempo* (s')accélérer; forcer; **2ung** *f e-r Strafe, der Lage etc.* aggravation *f*; *der Gegensätze, Kontrolle, Bestimmungen etc.* renforcement *m*; *des Tempos* accélération *f*.

verscharren [fɛrˈʃarən] *v/t.* ⟨*pas de ge-*, h⟩ enfouir; enterrer.

verschätzen [fɛrˈʃɛtsən] *v/réfl.* ⟨-(es)t, *pas de ge-*, h⟩ sich ~ se tromper dans son estimation, son calcul; mal calculer; faire, commettre une erreur de calcul, d'appréciation.

verscheiden [fɛrˈʃaɪdən] *st. s.* **I** *v/i.* ⟨*irr.*, *pas de ge-*, sein⟩ expirer; trépasser; décéder; mourir; rendre l'âme; **II** 2 *n* trépas *m*; décès *m*; mort *f*.

verschenken [fɛrˈʃɛŋkən] **I** *v/t.* ⟨*pas de ge-*, h⟩ donner en cadeau; faire cadeau, présent, don (de); offrir; ich habe nichts zu ~ je n'ai rien à donner; *fig.* er verschenkt nichts F il ne donne pas ses coquilles; **II** *v/réfl.* sich ~ se donner (à).

verscherzen [fɛrˈʃɛrtsən] *v/t.* ⟨-(es)t, *pas de ge-*, h⟩ (sich) etw. ~ perdre qc. par sa faute, par sa folie, de gaieté de cœur; *Glück, Jugend* gâcher; gaspiller.

verscheuchen [fɛrˈʃɔʏçən] *v/t.* ⟨*pas de ge-*, h⟩ effaroucher; faire fuir; chasser (*auch fig., Sorgen*).

verscheuern [fɛrˈʃɔʏərn] F *v/t.* ⟨-(e)re, *pas de ge-*, h⟩ *cf.* verschachern.

verschick|en [fɛrˈʃɪkən] *v/t.* ⟨*pas de ge-*, h⟩ *Einladungen, Prospekte, Kinder, Erholungsbedürftige* envoyer; *Waren* expédier; **2ung** *f* ⟨~⟩ envoi *m*; expédition *f*.

verschieb|bar [fɛrˈʃiːpˌbɑːr] *adj.* mobile; à coulisse; coulissant; baladeur, -euse; **2eˌanlage** *f chem.* installation *f* de triage; **2eˌbahnhof** *m chem.* gare *f* de triage; **2eˌgleis** *n chem.* voie *f* de triage; **~en** *v/t.* (*u. v/réfl.*) ⟨*irr.*, *pas de ge-*, h⟩ *räumlich* (se) déplacer; (se) désajuster; décaler; *chem.* garer; manœuvrer; *Truppen* déplacer; *Waren* trafiquer de; *zeitlich* (*aufschieben*) (se) remettre (auf à); renvoyer (à); reporter (à); repousser (à); décaler (à); différer; ajourner (à); *Termin* reculer; der Verband hat sich verschoben le pansement a glissé, s'est déplacé, n'est plus en place; *bei e-m Knochenbruch* der Knochen hat sich verschoben l'os fracturé s'est déplacé, désajusté; um acht Tage ~ remettre, renvoyer à 'huitaine; verschiebe nicht auf morgen, was du heute kannst besorgen *prov.* ne remets pas à demain, au lendemain ce que tu peux faire le jour même *prov.*; **2ung** *f räumliche* déplacement *m* (*auch von Truppen*); décalage *m*; *techn., math.* translation *f*; désajustement *m*; *chem.* manœuvre *f*; *von Waren* trafic *m*; *zeitliche* remise *f*; report *m*; décalage *m*; ajournement *m*.

verschieden[1] [fɛrˈʃiːdən] *cf.* verscheiden.

verschieden[2] [fɛrˈʃiːdən] **1.** *adj. in Farbe, Größe etc.* différent; (*unähnlich*) dissemblable; (*sich deutlich unterscheidend*) distinct; *Meinungen* (*auseinandergehend*) divergent; (*mannigfaltig*) varié; *nur im pl.* ~e (*diverse*) divers; ~ sein *auch* différer; varier; von Fall zu Fall ~ sein différer, varier d'un cas à l'autre; ~er Meinung sein différer d'opinion, d'avis; être d'un avis différent; zu ~en Malen à plusieurs reprises; plus d'une fois; an ~en Orten en divers lieux; bei ~en Gelegenheiten en diverses occasions; ~e Käsesorten fromages variés; das ist ~ (*das kommt ganz darauf an*) c'est selon; cela dépend; **2.** *adv.* différemment; d'une manière différente; de différentes manières; **~ˌartig** *adj.* d'espèce, de nature différente; de caractère différent; divers; varié; dissemblable; *sc.* hétérogène; (*nicht zusammenpassend*) disparate; (*entgegengesetzt*) opposé; **2ˌartigˌkeit** *f* ⟨~⟩ nature différente; dissemblance *f*; (*Mannigfaltigkeit*) variété *f*; diversité *f*; (*Ungleichheit*) disparité *f*; *sc.* hétérogénéité *f*.

Verschiedene(r) [fɛrˈʃiːdənə(r)] *f* (*m*) ⟨→ A⟩ trépassé, -e *m, f*; défunt, -e *m, f*.

verschieden|erlei [fɛrˈʃiːdənərˈlaɪ] *adj.* ⟨*inv.*⟩ de différentes espèces; différent(e)s; divers(es); auf ~ Art de différentes manières; **2e(s)** *n* ⟨→ A⟩ différentes choses; bien des choses; toutes sortes de choses; *als Zeitungsrubrik* faits divers; *auf e-r Tagesordnung* questions diverses; F da hört doch ~s auf! c'est le comble!; **~ˌfarbig** *adj.* de différentes couleurs; de couleurs variées; **2ˌheit** *f* ⟨~; ~en⟩ différence *f*; dissemblance *f*; *pfort.* disparité *f*; *der Meinungen* divergence *f*; (*Mannigfaltigkeit*) variété *f*; diversité *f*; **~tˌlich** *adv.* à plusieurs, diverses, différentes reprises; plus d'une fois; en diverses circonstances.

verschießen [fɛrˈʃiːsən] **I** *v/t.* ⟨*irr.*, *pas de ge-*, h⟩ *mit Schußwaffen* tirer; *Pfeile* décocher; *Munition* (*aufbrauchen*) épuiser; *impr.* transposer; *fig.* sein Pulver unnütz ~ tirer sa poudre aux moineaux; **II** *v/i.* ⟨sein⟩ *Farben* (*verbleichen*) passer; se faner; *Stoffe* se décolorer; se déteindre; **III** *v/réfl.* sich ~ épuiser ses munitions; F *fig.* sich in j-n ~ *cf.* vergaffen.

verschiff|en [fɛrˈʃɪfən] *v/t.* ⟨*pas de ge-*, h⟩ transporter par eau; (*verladen*) embarquer; mettre, charger à bord; **2ung** *f* ⟨~⟩ transport *m* par eau; (*Verladung*) embarquement *m*; chargement *m* (à bord); **2ungsˌhafen** *m* port *m* d'embarquement; **2ungsˌkosten** *pl.* frais *m/pl.* d'embarquement; **2ungspaˌpiere** *n/pl.* connaissements *m/pl.*

verschilfen [fɛrˈʃɪlfən] *v/i.* ⟨*pas de ge-*, sein⟩ se couvrir de joncs.

verschimmeln [fɛrˈʃɪməln] *v/i.* ⟨-(e)le, *pas de ge-*, sein⟩ (se) moisir.

verschlack|en [fɛrˈʃlakən] *v/i.* ⟨*pas de ge-*, sein⟩ se scorifier; s'encrasser; se crasser; **2ung** *f* ⟨~; ~en⟩ scorification *f*; (en)crassement *m*.

verschlafen [fɛrˈʃlɑːfən] **I** *v/t.* ⟨*irr.*, *pas de ge-*, h⟩ *Tag, Vormittag* passer ... à dormir; die Zeit ~ (*verpassen*) se lever, se réveiller trop tard; s-n Rausch ~ cuver son vin; ich habe den Zug ~ je me suis réveillé trop tard pour (attraper) le train; **II** *v/réfl.* sich ~ *cf.* die Zeit ~; **III** *adjt.* (*schlaftrunken*) mal réveillé; encore tout endormi; somnolent.

Verschlag [fɛrˈʃlɑːk] *m* réduit *m*; cagibi *m*; appentis *m*; débarras *m*.

verschlagen[1] [fɛrˈʃlɑːgən] **I** *v/t.* ⟨*irr.*, *pas de ge-*, h⟩ *mit Brettern* (*abtrennen*) cloisonner; séparer ... par une cloison; *Kisten, Fässer, mit Nägeln* (*zunageln*) clouer; *Seite im Buch, Ball* perdre; *mar.*, *Schiff* drosser; j-m den Atem ~ couper la respiration à qn.; j-m die Sprache ~ interloquer qn.; das verschlug mir die Sprache *auch* j'en restai stupéfait, P baba; P ça me la coupa; *durch die Ereignisse* ~ werden nach échouer à (*par ex.* Paris), en (*par ex.* France), dans (*par ex.* un village); durch den Sturm wurden wir nach Norwegen ~ la tempête nous jeta sur les côtes de Norvège; **II** *v/i. Mittel etc.* nicht ~ (*nicht wirken*) ne pas agir; n'avoir aucun effet; das verschlägt wenig, nichts cela ne fait rien; il n'y a pas de mal; peu importe; qu'importe; n'importe.

verschlagen[2] [fɛrˈʃlɑːgən] *adj. Wasser* tiède; *Person* rusé; astucieux, -euse; malin, maligne (P maline); sournois; ein ~er Mensch une fine mouche; un roublard; **2ˌheit** *f* ⟨~⟩ ruse *f*; astuce *f*; malice *f*; sournoiserie *f*; rouerie *f*.

verschlammen [fɛrˈʃlamən] *v/i.* ⟨*pas de ge-*, sein⟩ s'envaser.

verschlämmen [fɛrˈʃlɛmən] *v/t.* (*u. v/réfl.*) ⟨*pas de ge-*, h⟩ (se) remplir de vase, de limon; (s')envaser.

Verschlammung [fɛrˈʃlamʊŋ] *f* ⟨~; ~en⟩, **Verschlämmung** *f* ⟨~; ~en⟩ envasement *m*.

verschlampen [fɛrˈʃlampən] F **I** *v/t.* ⟨*pas de ge-*, h⟩ laisser à l'abandon; *fig.* gâcher; P mettre la pagaille dans; **II** *v/i.* ⟨sein⟩ se négliger; se laisser aller.

verschlechter|n [fɛrˈʃlɛçtərn] *v/t.* (*u. v/réfl.*) ⟨-(e)re, *pas de ge-*, h⟩ (se) détériorer; (s')aggraver; *wirtschaftl., polit. Lage néol.* (se) dégrader; *Zustand e-s Kranken etc.* (*verschlimmern*) empirer (*auch für v/réfl.*); sich ~ *Wetter* se gâter; *Person, beruflich* être moins bien payé; nehmen Sie diese neue Stelle nicht an; Sie würden sich ~ n'acceptez pas cette nouvelle place, vous perdriez au change; **2ung** *f* ⟨~; ~en⟩ détérioration *f*; aggravation *f*; *der wirtschaftl. u. polit. Lage néol.* dégradation *f*; *im Zustand e-s Kranken verbal.*

verschleier|n [fɛrˈʃlaɪərn] *v/t.* (*u. v/réfl.*) ⟨-(e)re, *pas de ge-*, h⟩ (se) voiler (*auch fig.*); *fig.* déguiser; travestir; masquer; enrober; pallier; *Bilanz* maquiller; truquer; camoufler (*auch milit.*); *Vermögenswerte* dissimuler; **~t** *adjt. Blick, Augen* voilé; **2ung** *f* ⟨~; ~en⟩ *der Bilanz fig.* maquillage *m*; truquage *m*; camouflage *m* (*auch milit.*); *von Vermögenswerten* dissimulation *f*; **2ungsmaˌnöver** *n milit.* manœuvre *f* de camouflage; **2ungsˌtaktik** *f milit.* tactique *f* de camouflage.

verschleifen [fɛrˈʃlaɪfən] *v/t.* ⟨*pas de ge-*, h⟩ *Töne* couler.

verschleim|en [fɛrˈʃlaɪmən] *v/t.* ⟨*pas de ge-*, h⟩ (*u. v/i.*) ⟨sein⟩ *méd.* (s')engorger; *Geschützrohr* (s')encrasser; **verschleimt sein** avoir la poitrine embarrassée, prise; **2ung** *f* ⟨~;~en⟩ *méd.* engorgement *m*; *des Geschützrohres* encrassement *m*.

Verschleiß [fɛrˈʃlaɪs] *m* ⟨~es; ~e⟩ usure *f* (*auch von Kleidern*); **2en I** *v/t.* ⟨-(es)t, verschleißt, verschliß, verschlissen, h⟩ user; abîmer; *Kleider auch* élimer; **II** *v/i.* ⟨sein⟩ *u. v/réfl.* s'user; s'abîmer; **III ~en** *n* ⟨~s⟩ *cf.* Verschleiß; **2ˌfest** *adj.* résistant à l'usure; **~ˌfestigkeit** *f*, **~ˌhärte** *f* résistance *f* à l'usure, à l'abrasion; **~ˌprüfung** *f* essai *m* à l'usure (par frottement), à l'abrasion; **~ˌteil** *n* pièce *f* d'usure, de fatigue; **~ˌwiderstand** *m cf.* **~festigkeit**.

verschlemmen [fɛrˈʃlɛmən] *v/t.* ⟨*pas de ge-*, h⟩ *cf.* **verprassen**.

verschlepp|en [fɛrˈʃlɛpən] *v/t.* ⟨*pas de ge-*, h⟩ *Menschen* déporter; déplacer; (*entführen*) enlever; *bes. Kinder* kidnapper; *von Tieren* **etw. ~** porter, traîner qc. quelque part, dans un coin; *Krankheit* traîner (en ne la soignant pas); *Prozeß, Verhandlungen etc.* faire traîner; traîner ... en longueur; retarder; *abs.* atermoyer; **2te(r)** *f* (*m*) ⟨→ A⟩ personne déplacée; déporté, -e *m, f*; **2ung** *f* ⟨~; ~en⟩ *von Menschen* déportation *f*; déplacement *m*; (*Entführung*) enlèvement *m*; *bes. von Kindern* kidnapping *m*; *zeitliche* retardement *m*; atermoiement *m*; *pol.* obstruction *f*; **2ungsmaˌnöver** *n* manœuvre *f* dilatoire; *pol.* obstruction *f*; **2ungspoliˌtik** *f*, **2ungsˌtaktik** *f pol.* obstructionnisme *m*.

verschleuder|n [fɛrˈʃlɔydərn] *v/t.* ⟨-(e)re, *pas de ge-*, h⟩ *Waren* vendre à vil prix, à perte; solder; P bazarder; *bes. im Straßenverkauf* brader; *sein Vermögen* dissiper; gaspiller; dilapider; *fig.* gâcher; **2ung** *f* ⟨~⟩ *von Waren* vente *f* à vil prix; *im Straßenverkauf* braderie *f*; *des Vermögens* dissipation *f*; gaspillage *m*; dilapidation *f*.

verschließ|bar [fɛrˈʃliːsˌbaːr] *adj.* qui ferme, fermant, à fermer à clef; qu'on peut fermer à clef; **~en I** *v/t.* ⟨*irr.*, *pas de ge-*, h⟩ *Tür* fermer à clef; *Öffnung* obturer; boucher; **etw. in den Schreibtisch ~** enfermer, serrer qc. dans le bureau; *Kummer etc.* **in sich ~** cacher; renfermer en soi-même; **sein Herz dem Mitleid ~** fermer son cœur à la pitié; *fig.* **die Augen vor etw. ~** fermer les yeux devant qc.; *cf. auch* **verschlossen**; **II** *v/réfl.* **sich e-r Sache ~** se fermer, se refuser, être inaccessible à qc.; **sich dem Fortschritt ~** se fermer, se refuser, être fermé au progrès; **Sie können sich diesen Tatsachen nicht ~** vous ne pouvez vous refuser, fermer les yeux à l'évidence, aller à l'encontre de l'évidence; **sich vor j-m ~** se cacher de qn.; **III 2en** *n* fermeture *f*.

verschlimm|bessern [fɛrˈʃlɪmˌbɛsərn] *v/t.* ⟨-ssere *od.* -ßre, *pas de ge-*, h⟩ défigurer, estropier, F massacrer (dans l'intention d'améliorer); **~ern** *v/t.* (*u. v/réfl.*) ⟨-(e)re, *pas de ge-*, h⟩ empirer (*auch für v/réfl.*); (s')aggraver; **2eˌrung** *f* ⟨~; ~en⟩ aggravation *f*; *vorübergehende, e-r Krankheit* exacerbation *f*.

verschlingen [fɛrˈʃlɪŋən] **I** *v/t.* ⟨*irr.*, *pas de ge-*, h⟩ **1.** (*gierig hinunterschlucken*) avaler; engloutir; dévorer (*auch fig., Geld, ein Buch*); **das verschlingt viel Geld** c'est un gouffre; **j-n mit den Augen ~** dévorer qn. des yeux; **2.** (*auch v/réfl.*) *Bänder etc.* (s')entrelacer; (s')enlacer; (se) nouer; (s')entortiller; **II 2** *n* ⟨~s⟩ **3.** engloutissement *m*; **4.** enlacement *m*; entortillement *od.* entortillage *m*.

verschlissen [fɛrˈʃlɪsən] *adjt.* usé; abîmé; râpé; élimé.

verschlossen [fɛrˈʃlɔsən] *adjt. Tür* fermé (à clef); clos; *Person* renfermé; peu communicatif, -ive; peu ouvert; trop réservé; taciturne; **~er Brief** lettre close; **in ~em Umschlag** sous pli fermé; **bei** *od.* **hinter ~en Türen** à huis clos; **vor ~er Tür stehen** F se casser le nez sur la porte de qn.; **2ˌheit** *f* ⟨~⟩ *e-s Menschen* caractère renfermé; extrême réserve *f*; taciturnité *f*.

verschlucken [fɛrˈʃlʊkən] **I** *v/t.* ⟨*pas de ge-*, h⟩ avaler (*auch fig.*); *Silben, Wörter* manger; **das** (*beabsichtigte*) **Wort ~** F ravaler sa salive, son compliment; **II** *v/réfl.* **sich ~** avaler de travers.

verschlungen [fɛrˈʃlʊŋən] *cf.* **verschlingen**.

Verschluß [fɛrˈʃlʊs] *m* fermeture *f*; obturateur *m* (*auch phot.*); (*Schloß*) serrure *f*; *an e-m Schmuckstück, e-m alten Buch* fermoir *m*; *an e-m Geschütz, e-m Gewehr* culasse *f*; **etw. unter ~ haben, halten** avoir, garder qc. sous clef; **etw. unter ~ nehmen** serrer qc.

verschlüssel|n [fɛrˈʃlʏsəln] *v/t.* ⟨-ßle *od.* -ssele, *pas de ge-*, h⟩ chiffrer; **2ung** *f* ⟨~; ~en⟩ chiffrement *m*.

Verschluß|kappe [fɛrˈʃlʊsˌkapə] *f des Füllfederhalters* capuchon *m*; **~ˌlaut** *m phon.* occlusive *f*; **~ˌsache** *f* document secret, confidentiel; **~ˌschraube** *f* vis *f* de fermeture, d'obturation; bouchon fileté; **~ˌvorrichtung** *f cf.* **Verschluß**.

verschmachten [fɛrˈʃmaxtən] **I** *v/i.* ⟨-ete, *pas de ge-*, sein⟩ languir; se consumer (vor de); **vor Durst ~** mourir de soif; **II 2** *n* ⟨~s⟩ langueur *f*.

verschmäh|en [fɛrˈʃmɛːən] *v/t.* ⟨*pas de ge-*, h⟩ dédaigner; faire fi de; **2ung** *f* refus dédaigneux; dédain *m*.

verschmelz|en [fɛrˈʃmɛltsən] *fig. v/t.* ⟨*irr.*, *pas de ge-*, h⟩ (*u. v/i.*) ⟨sein⟩ (se) fondre (**mit** avec *od.* à); (s')unir (à); (s')amalgamer (avec); *Parteien, Gesellschaften* fusionner (avec) (*auch v/i.*); **2ung** *f* ⟨~⟩ union *f*; fusion *f*; fusionnement *m*.

verschmerzen [fɛrˈʃmɛrtsən] *v/t.* ⟨-(es)t, *pas de ge-*, h⟩ se consoler (**etw.** de qc.); prendre son parti (de qc.); supporter.

verschmieren [fɛrˈʃmiːrən] *v/t.* ⟨*pas de ge-*, h⟩ **1.** *Öffnung* boucher (**mit Lehm** avec de l'argile); *Fugen* jointoyer; **2.** (*schmutzig machen*) souiller; graisser; *Papier* barbouiller.

verschmitzt [fɛrˈʃmɪtst] *adj.* futé; fin; rusé; F madré; *cf. auch* **pfiffig**; **~ lächeln** sourire malicieusement, d'un air malicieux; **2ˌheit** *f* ⟨~⟩ esprit madré, futé; ruse *f*; finesse *f*; *cf. auch* **Pfiffigkeit**.

verschmoren [fɛrˈʃmoːrən] *v/i.* ⟨*pas de ge-*, sein⟩ *cuis.* trop cuire.

verschmutzen [fɛrˈʃmʊtsən] *v/t.* ⟨-(es)t, *pas de ge-*, h⟩ (*u. v/i.*) ⟨sein⟩ (se) salir; (s')encrasser.

verschnauf|en [fɛrˈʃnaʊfən] *v/i. u. v/réfl.* ⟨*pas de ge-*, h⟩ reprendre haleine; respirer; souffler; faire une pause, une 'halte; **~ lassen** laisser souffler; **2ˌpause** F *f* pause *f*, 'halte *f* pour souffler, reprendre son souffle.

verschneiden [fɛrˈʃnaɪdən] **I** *v/t.* ⟨*irr.*, *pas de ge-*, h⟩ *Bäume, Hecke* tailler; couper; *Wein* couper; *cout., Stoff, Kleid* mal couper; gâter (en coupant); F *fig.* massacrer; *Tiere* (*kastrieren*) châtrer; castrer; *männliche Tiere auch* bistourner; *Hunde, Katzen auch* couper; **II 2** *n e-r Hecke* taille *f*; coupe *f*; *des Weins* coupage *m*; (*Kastrierung*) castration *f*.

verschneit [fɛrˈʃnaɪt] *adjt.* couvert de neige; enneigé.

Verschnitt [fɛrˈʃnɪt] *m* ⟨~(e)s⟩ *Getränk* coupage *m*; **2en** *cf.* **verschneiden**; **~ene(r)** *m* ⟨→ A⟩ castrat *m*; châtré *m*; eunuque *m*.

verschnörkel|n [fɛrˈʃnœrkəln] *v/t.* ⟨-(e)le, *pas de ge-*, h⟩ orner, charger de fioritures; **2ung** *f* ⟨~; ~en⟩ fioritures *f/pl*.

verschnupf|en [fɛrˈʃnʊpfən] F *v/t.* ⟨*pas de ge-*, h⟩ **j-n ~** vexer, contrarier, fâcher qn.; **~t** *adjt.* enrhumé; F *fig.* vexé; contrarié; fâché.

verschnür|en [fɛrˈʃnyːrən] *v/t.* ⟨*pas de ge-*, h⟩ *Paket etc.* ficeler; **2ung** *f* ⟨~; ~en⟩ ficelage *m*.

verschoben [fɛrˈʃoːbən] *cf.* **verschieben**.

verschollen [fɛrˈʃɔlən] *adj.* disparu; dont on n'a plus de nouvelles depuis longtemps; **er ist ~** *auch* on ignore ce qu'il est devenu; **als ~ gelten** être considéré comme, *milit.* porté disparu; *jur.* **für ~ erklären** déclarer disparu, l'absence; **2e(r)** *f* (*m*) ⟨→ A⟩ disparu, -e *m, f*; **2ˌheit** *f* ⟨~⟩ *jur.* disparition *f*; absence *f* (prolongée); **2heitserˌklärung** *f jur.* déclaration *f* de disparition, d'absence.

verschonen [fɛrˈʃoːnən] *v/t.* ⟨*pas de ge-*, h⟩ **j-n, etw. ~** épargner, ménager qn., qc.; **j-n mit etw. ~** épargner qc. à qn.; F (*nicht behelligen*) F faire grâce à qn. de qc.

verschönen [fɛrˈʃøːnən] *v/t. u. v/réfl.* ⟨*pas de ge-*, h⟩ *cf.* **verschönern**.

verschöner|n [fɛrˈʃøːnərn] *v/t.* (*u. v/réfl.*) ⟨-(e)re, *pas de ge-*, h⟩ (s')embellir; *Aufenthalt etc.* agrémenter; **2ung** *f* ⟨~; ~en⟩ embellissement *m*; **2ungsˌrat** F *iron. m* ⟨~(e)s; ~e⟩ F figaro *m*; **2ungsverˌein** *m etwa* société *f* d'embellissement urbain; syndicat *m* d'initiative.

Verschonung [fɛrˈʃoːnʊŋ] *f* ⟨~⟩ ménagement *m*.

verschossen [fɛrˈʃɔsən] *adjt. Farbe* passé; fané; *Stoff* décoloré; F *fig.* **in j-n ~ sein** *cf.* **verknallt**.

verschrammen [fɛrˈʃramən] *v/t.* ⟨*pas de ge-*, h⟩ *Möbel* rayer; érafler; égratigner; **verschrammt sein** être rayé, éraflé, égratigné; avoir des rayures, éraflures, égratignures.

verschränken [fɛrˈʃrɛŋkən] *v/t.* ⟨*pas de ge-*, h⟩ *Arme* croiser; **mit verschränkten Armen** les bras croisés.

verschraub|en [fɛr'ʃraubən] **I** *v/t.* ⟨*pas de ge-*, **h**⟩ visser; boulonner; **II 2en** *n* vissage *m*; boulonnage *m*; **2ung** *f* ⟨**~**; **~en**⟩ fermeture *f*, assemblage *m*, raccord *m*, raccordement *m* à vis; bouchon fileté; boulonnage *m*; *als Handlung cf.* **~**en II.

verschreib|en [fɛr'ʃraɪbən] **I** *v/t.* ⟨*irr.*, *pas de ge-*, **h**⟩ **1.** *Medikament* ordonner; prescrire; **2.** *Papier, Tinte* consommer; employer; **II** *v/réfl.* **sich ~** faire une faute d'orthographe; mal orthographier; *litt.* faire un lapsus calami; F écrire de travers; **sich e-r Sache (mit Leib u. Seele) ~** se donner, se consacrer, se dévouer, se vouer (corps et âme) à qc.; **sich dem Teufel ~** se vendre, se donner au diable; vendre son âme au diable; **2ung** *f méd.* ordonnance *f*; prescription *f*.

verschrie(e)n [fɛr'ʃriː(ə)n] *adj.* mal famé; décrié; **als Geizhals ~ sein** jouir de la réputation d'être (un) avare; passer pour (un) avare.

verschroben [fɛr'ʃroːbən] *adj. Mensch, Ansichten* bizarre; extravagant; fantasque; excentrique; F farfelu; *Ansichten auch* F biscornu; **2heit** *f* ⟨**~**; **~en**⟩ bizarrerie *f*; excentricité *f*; extravagance *f*.

verschrot|en [fɛr'ʃroːtən] *v/t.* ⟨**-ete**, *pas de ge-*, **h**⟩ *Getreide* égruger; *Malz* moudre; **2ung** *f* ⟨**~**⟩ égrugeage *m*; *von Malz verbal*.

verschrott|en [fɛr'ʃrɔtən] *v/t.* ⟨**-ete**, *pas de ge-*, **h**⟩ casser, (dé)couper, démolir pour la ferraille; **2ung** *f* ⟨**~**⟩ cassage *m*, découpage *m* pour la ferraille.

verschrumpeln [fɛr'ʃrumpəln] *v/i.* ⟨**-(e)le**, *pas de ge-*, **sein**⟩, **verschrumpfen** *v/i.* ⟨*pas de ge-*, **sein**⟩ se ratatiner; se racornir.

verschüchtern [fɛr'ʃʏçtərn] *v/t.* ⟨**-(e)re**, *pas de ge-*, **h**⟩ intimider; effaroucher.

verschuld|en [fɛr'ʃuldən] **I** *v/t.* ⟨**-ete**, *pas de ge-*, **h**⟩ **etw. ~** être (la) cause de qc.; être, se rendre responsable de qc.; causer, occasionner qc.; **II 2en** *n* ⟨**~s**⟩ faute *f*; **eigenes, fremdes ~** faute personnelle, d'autrui; **grobes, geringes ~** faute grossière, légère; **durch sein eigenes ~** par sa propre faute; **das ist sein ~** c'est sa faute; **ohne mein ~** sans qu'il y ait de ma faute; **er hat sein Unglück selbst verschuldet** il est l'artisan de son propre malheur; **~et** *adjt.* (*tief in Schulden*) endetté; criblé, grevé, couvert de dettes; obéré; **2ung** *f* ⟨**~**⟩ endettement *m*.

verschul|en [fɛr'ʃuːlən] *v/t.* ⟨*pas de ge-*, **h**⟩ *jard.* repiquer; transplanter; **2ung** *f jard.* repiquage *m*; transplantation *f*.

verschütt|en [fɛr'ʃʏtən] *v/t.* ⟨**-ete**, *pas de ge-*, **h**⟩ *Wasser etc.* répandre; *Menschen etc., bei e-m Unglück* ensevelir; *fig.* rendre impossible; détruire; anéantir; ruiner; F *fig.* **es bei** *od.* **mit j-m ~** perdre les bonnes grâces de qn.; n'être plus en bons termes avec qn.; se brouiller avec qn.; **~gehen** F *v/i.* ⟨*irr.*, *sép.*, **-ge-**, **sein**⟩ *Personen* se perdre; disparaître; *Sachen* s'égarer; **2ung** *f* ⟨**~**⟩ *von Menschen* ensevelissement *m*.

verschwägert [fɛr'ʃvɛːgərt] *adj.* **~ sein** être parent par alliance; être allié par mariage.

verschwatzen [fɛr'ʃvatsən] *v/t.* ⟨**-(es)t**, *pas de ge-*, **h**⟩ *Zeit* passer ... à causer.

verschweig|en [fɛr'ʃvaɪgən] **I** *v/t.* ⟨*irr.*, *pas de ge-*, **h**⟩ **etw. ~** taire qc. (**j-m** à qn.); se taire sur qc.; passer qc. sous silence; se garder de parler de qc. (à qn.); rester muet, -tte sur qc.; dissimuler, cacher qc. (à qn.); *jur.* **e-e Tatsache ~** dissimuler un fait; **nichts ~ u. nichts hinzufügen** ne rien dissimuler ni (rien) ajouter; **ich habe nichts zu ~** je n'ai rien à dissimuler, cacher; *cf. auch* **verschwiegen**; **II 2en** *n*, **2ung** *f* ⟨**~**⟩ silence *m* (gardé sur qc.); *jur.* dissimulation *f*; réticence *f*; **arglistiges Verschweigen** dissimulation dolosive.

verschweißen [fɛr'ʃvaɪsən] *v/t.* ⟨**-(es)t**, *pas de ge-*, **h**⟩ *techn. cf.* **schweißen I.**

verschwelen [fɛr'ʃveːlən] *v/t.* ⟨*pas de ge-*, **h**⟩ *u. v/i.* ⟨**sein**⟩ *cf.* **schwelen.**

verschwend|en [fɛr'ʃvɛndən] *v/t.* ⟨**-ete**, *pas de ge-*, **h**⟩ *Geld, Kräfte, Mühe etc.* prodiguer; *Geld* dissiper; dilapider; *auch Zeit, Zucker, Mehl etc.* gaspiller; gâcher; **Sie ~ Ihre Zeit an e-n Unwürdigen** vous prodiguez votre temps à, vous sacrifiez votre temps pour, vous perdez votre temps avec qn. qui n'en vaut pas la peine; **2er(in)** *m* ⟨**~s**; **~**⟩ (*f*) ⟨**~**; **~nen**⟩ prodigue *m, f*; dissipateur, -trice *m, f*; gaspilleur, -euse *m, f*; dépensier, -ère *m, f*; *bes. öffentlicher Gelder* dilapidateur, -trice *m, f*; **~erisch 1.** *adj.* prodigue (mit de); dissipateur, -trice; gaspilleur, -euse; dilapidateur, -trice; dépensier, -ère; **ein ~es Leben führen** mener une vie dépensière, de dissipation; vivre dans la dissipation; mener grand train; vivre sur un grand pied; mener la vie à grandes guides; **in ~er Fülle** à profusion; **2.** *adv.* à profusion; avec prodigalité; **~ mit etw. umgehen** être prodigue de qc.; **2ung** *f* ⟨**~**; **~en**⟩ prodigalité *f*; *von Geld* dissipation *f*; *bes. öffentlicher Gelder* dilapidation *f*; *auch von Zeit, Zucker, Mehl etc.* gaspillage *m*; **2ungssucht** *f* ⟨**~**⟩ prodigalité *f*; **~ungssüchtig** *adj.* prodigue.

verschwiegen [fɛr'ʃviːgən] *adjt. Person* discret, -ète; *Plätzchen* secret, -ète; caché; retiré; à l'abri des indiscrets, des regards; **~ wie ein Grab** muet, -tte comme une tombe; **2heit** *f* ⟨**~**⟩ discrétion *f*; **j-m etw. unter dem Siegel der ~ mitteilen** confier qc. à qn. sous le sceau du secret; **2heitspflicht** *f* obligation *f* au secret professionnel.

verschwimmen [fɛr'ʃvɪmən] *v/i.* ⟨*irr.*, *pas de ge-*, **sein**⟩ *Umrisse* s'estomper; devenir flou; *Buchstaben etc. vor den Augen* se brouiller; *Farben* se fondre; *ineinander* se confondre; **alles verschwimmt vor meinen Augen** tout se brouille devant mes yeux; *cf. auch* **verschwommen.**

verschwind|en [fɛr'ʃvɪndən] **I** *v/i.* ⟨*irr.*, *pas de ge-*, **sein**⟩ *Menschen, Dinge* disparaître; *nur Menschen* (*sich davonmachen*) *fig.* F se perdre; s'évanouir; s'éclipser; se volatiliser; *Fleck etc.* s'en aller; disparaître; se passer; partir; **spurlos ~** disparaître sans laisser de traces; **geschickt ~ lassen** escamoter; F **verschwinde!** déguerpis!; retire-toi, P tire-toi de là!; F **er muß einmal ~** il doit aller au petit coin; **II 2en** *n* disparition *f*; **~end 1.** *adjt.* minime; **2.** *advt.* **~ klein** infiniment petit; **2fahrgestell** *n*, **2fahrwerk** *n aviat.* train *m* d'atterrissage escamotable.

verschwister|t [fɛr'ʃvɪstərt] *adj.* **~ sein** être frères; être sœurs; être frère(s) et sœur(s); *fig.* être lié, uni intimement, fraternellement; **2ung** *fig. f* ⟨**~**; **~en**⟩ union fraternelle.

verschwitzen [fɛr'ʃvɪtsən] *v/t.* ⟨**-(es)t**, *pas de ge-*, **h**⟩ *Kleid, Hemd* souiller de sueur; F *fig.* (*vergessen*) oublier.

verschwommen [fɛr'ʃvɔmən] *adjt. Umrisse, phot.* flou; *Vorstellungen auch* indécis; confus; vague; imprécis; F nébuleux, -euse; *Farben* fondu; *peint.* estompé; **2heit** *f* ⟨**~**⟩ *der Umrisse, phot.* flou *m*; *der Vorstellungen auch* confusion *f*; vague *m*; imprécision *f*; *des Fernsehbildes* entrelacement *m*.

verschwören [fɛr'ʃvøːrən] *v/réfl.* ⟨*irr.*, *pas de ge-*, **h**⟩ **sich gegen j-n ~** se conjurer contre qn.; comploter contre qn.; **sich mit j-m gegen j-n, etw. ~** conspirer, comploter avec qn. contre qn., qc.; **alles hat sich gegen mich verschworen** tout s'est ligué, tout conspire contre moi.

Verschworene(r) [fɛr'ʃvoːrənə(r)] *f*(*m*) ⟨→ **A**⟩ *cf.* **Verschwörer(in).**

Verschwör|er(in) [fɛr'ʃvøːrər(ɪn)] *m* ⟨**~s**; **~**⟩ (*f*) ⟨**~**; **~nen**⟩ conspirateur, -trice *m, f*; comploteur *m*; conjuré, -e *m, f*; *Leiter e-r Verschwörung* conjurateur, -trice *m, f*; **~erbande** *f* bande *f* de conspirateurs, comploteurs; **~ung** *f* ⟨**~**; **~en**⟩ conjuration *f*; conspiration *f*; complot *m*; *fig., nicht politisch* machination *f*; **e-e ~ anzetteln** tramer, machiner, ourdir une conspiration, une conjuration, un complot; **e-e ~ aufdecken** dévoiler, révéler une conspiration, *etc.*

verschwunden [fɛr'ʃvundən] *cf.* **verschwinden.**

versechsfachen [fɛr'zɛksˌfaxən] *v/t.* (*u. v/réfl.*) ⟨*pas de ge-*, **h**⟩ (se) sextupler.

versehen [fɛr'zeːən] **I** *v/t.* ⟨*irr.*, *pas de ge-*, **h**⟩ **1. j-n mit etw. ~** (*versorgen*) pourvoir, fournir, munir, nantir qn. de qc.; *Hut mit e-r Feder etc.* (*ausstatten*) garnir (de); *Brief mit e-r Adresse etc.* munir, pourvoir (de); **mit s-r Unterschrift ~** signer; **mit e-r Vollmacht ~** investir de pleins pouvoirs, d'une procuration; **mit Möbeln ~** meubler; *comm.* **mit Akzept ~** revêtir de l'acceptation; *égl. cath.* **j-n (mit den Sterbesakramenten) ~** administrer les derniers sacrements à qn.; **mit Vorräten, Lebensmitteln ~** ravitailler; approvisionner; **die Empfangsscheine, die nicht mit unserem Stempel ~ sind** les récépissés ne portant pas notre marque, cachet, sur lesquels on n'a pas appliqué notre marque, cachet; **schicken Sie uns das Formular mit Ihrer Unterschrift ~ zurück** veuillez nous retourner le formulaire revêtu, muni de votre signature; **2.** *Amt* remplir; *Dienst auch* faire; accomplir; assurer; *Pfarramt* desservir; *Haushalt, Küche etc.* s'occuper de; faire; avoir la charge de; **er hat s-n Dienst gewissenhaft ~** il a consciencieusement fait, accompli son service; **die Schiffe, die den Dienst zwischen ... u. ... ~** les bateaux qui assurent le service entre ... et ...; **j-s Amt, Dienst ~** remplir les fonctions de qn.; remplacer qn.; **3. etw. ~** (*falsch machen*) se tromper; faillir (à); **hier ist viel ~ worden** ici on a commis beaucoup de fautes, d'erreurs; **II** *v/réfl.* **4. sich mit etw. ~** se pourvoir, se fournir, se munir, se nantir de qc.; *mit Lebensmitteln, Vorräten* s'approvisionner; se ravitailler; **5. sich ~** (*sich irren*) se tromper; se méprendre; faire une bévue; **ehe man**

sich's versieht quand on s'y attend le moins; avant qu'on y ait pris garde; **ehe ich mich's versah** avant de m'en apercevoir; **III** ♀ *n* ⟨~s; ~⟩ (*Irrtum*) erreur *f*; méprise *f*; bévue *f*; (*Unachtsamkeit*) inadvertance *f*; négligence *f*; **aus** ~ *cf.* ~tlich; **~tˌlich** *adv.* par mégarde; par inadvertance; par méprise; par négligence.

Versehgang [fɛrˈzeːˌgaŋ] *m égl. cath. verbal*: en allant administrer les derniers sacrements à ...; en allant chez ... pour lui administrer les derniers sacrements.

Versehrt|ensport [fɛrˈzeːrtənˌʃpɔrt] *m* gymnastique *f* pour mutilés; **~e(r)** *m* ⟨→ A⟩ invalide *m*; mutilé *m*; **~ˌheit** *f* ⟨~⟩ invalidité *f*.

verseif|en [fɛrˈzaɪfən] *v/t.* ⟨*pas de ge-*, **h**⟩ (*u. v/i.* ⟨**sein**⟩) *chim.* (se) saponifier; ♀**ung** *f* ⟨~⟩ saponification *f*.

Verseinschnitt [ˈfɛrsˌʔaɪnʃnɪt] *m métr. cf.* Zäsur.

Versemacher [ˈfɛrzəˌmaxər] *m* ⟨~s; ~⟩ *péj.* poétereau *m*; rimailleur *m*; faiseur *m* de vers.

versend|en [fɛrˈzɛndən] *v/t.* ⟨*irr., pas de ge-*, **h**⟩ envoyer; expédier; **ins Ausland** ~ exporter; ♀**ung** *f* ⟨~⟩ envoi *m*; expédition *f*; ~ **ins Ausland** exportation *f*.

versengen [fɛrˈzɛŋən] *v/t.* ⟨*pas de ge-*, **h**⟩ *u. v/i.* ⟨**sein**⟩ brûler; F griller; *beim Bügeln* roussir; **sich die Haare** ~ se roussir les cheveux.

versenk|bar [fɛrˈzɛŋkˌbaːr] *adj. Nähmaschine, Orchester etc.* escamotable; ♀ˌ**bühne** *f thé.* plateau *m* escamotable; **~en I** *v/t.* ⟨*pas de ge-*, **h**⟩ *Tote, Kabel etc.* immerger; *Schiff* couler; envoyer par le fond; *das eigene Schiff durch Anbohren* saborder; *techn., Schraube* enfoncer; noyer; encastrer; *mar.* **sich selbst** ~ se saborder; **II** *v/réfl. fig.* **sich in etw.** ~ se plonger, s'abîmer, s'absorber dans qc.; ♀**ung** *f von Toten, Kabeln etc.* immersion *f*; *e-s Schiffes verbal*; *durch Anbohren* sabordage *m*; *e-r Schraube* enfoncement *m*; *thé.* trappe *f*; dessous *m/pl.*; *fig.* F **in der** ~ **verschwinden** (*spurlos verschwinden*) disparaître; *Star, Berühmtheit* tomber dans l'oubli.

Versepos [ˈfɛrsˌʔeːpɔs] *n* épopée *f* en vers.

Verseschmied [ˈfɛrzəˌʃmiːt] *péj. m cf.* Versemacher.

versessen [fɛrˈzɛsən] *adj.* **auf etw.** ~ **sein** avoir grande envie de qc.; être avide de qc.; être acharné à qc.; F être engoué de qc.; **auf Süßigkeiten** ~ **sein** être gourmand; ♀ˌ**heit** *f* ⟨~⟩ grande envie (**auf** de); avidité *f* (de); acharnement *m* (à); F engouement *od.* engoûment *m* (pour).

versetz|en [fɛrˈzɛtsən] *v/t.* (*u. v/réfl.*) ⟨-(es)t, *pas de ge-*, **h**⟩ **1.** *räumlich* déplacer; changer ... de place; *Bäume* transplanter; *Beamte* déplacer; muter; nommer à un autre poste; changer d'affectation; *Schüler* faire passer dans une classe supérieure; *impr., Buchstaben, Wörter* transposer; *gedanklich, in e-e andere Zeit, an e-n anderen Ort* (se) transporter; *bât., Fugen e-s Mauerwerks, Ziegelsteine* contrarier; *Schüler* **versetzt werden** passer dans une classe supérieure; **nicht versetzt werden** devoir redoubler la classe; ~ **Sie sich in meine Lage** mettez-vous à ma place; **2.** *fig.* (*in e-e andere Lage, e-n anderen Zustand bringen*) mettre; **in den Ruhestand** ~ mettre à la retraite; **in Anklagezustand** ~ mettre en accusation; **in Schwingung** ~ faire vibrer; **j-n in die Lage** ~, **zu** ... (+ *inf.*) mettre qn. à même, donner à qn. la possibilité de ... (+ *inf.*); **j-n in Angst** ~ faire peur à qn.; effrayer qn.; **in Bestürzung** ~ consterner; plonger dans la consternation; porter la confusion dans (*par ex.* une ville); **3.** *im Leihhaus* engager; mettre en gage; mettre au mont-de-piété, au crédit municipal; P mettre, porter au clou; porter chez ma tante; **4.** *Flüssigkeiten* (*vermischen*) mélanger (**mit** avec); **5.** *Eingang, Öffnung* (*versperren*) barrer, boucher, obstruer (**mit** avec); **6.** (*erwidern*) repartir; répliquer; **7. j-m e-n Hieb, Schlag, Stoß** ~, F **j-m eins** *od.* **e-n** ~ donner, porter, *pfort.* assener un coup, P flanquer un gnon à qn.; F **eins** *od.* **e-n versetzt kriegen** recevoir un coup, P un gnon, un marron, une châtaigne; *fig.* **j-m den Todesstoß** ~ donner le coup de grâce à qn.; *fig.* F **j-m eins** ~ donner un coup de griffe, de dent à qn.; **8.** F **j-n** ~ (*vergeblich warten lassen*) faire défaut à qn.; F faire faux bond à qn.; poser un lapin à qn.; laisser, faire sécher qn.; ♀**ung** *f* ⟨~; ~en⟩ **1.** *räumliche* déplacement *m*; changement *m* de place; *von Bäumen* transplantation *f*; *von Beamten* déplacement *m*; mutation *f*; changement *m* de poste, d'affectation; *Schule* passage *m* (dans une classe supérieure); *impr., von Buchstaben* transposition *f*; **2.** ~ **in den Ruhestand** mise *f* à la retraite; ~ **in den Anklagezustand** mise *f* en accusation; **3.** *von Gegenständen im Leihhaus* engagement *m*; mise *f* en gage; **4.** *von Flüssigkeiten mit anderen Stoffen* mélange *m*; **5.** *e-r Öffnung* barrage *m*; ♀**ungsˌarbeit** *f Schule* composition *f* de passage; ♀**ungsˌzeichen** *n mus.* accident *m*.

verseuch|en [fɛrˈzɔʏçən] *v/t.* ⟨*pas de ge-*, **h**⟩ *Luft, Wasser, ein Gebiet* infecter (*auch fig.*); *radioaktiv* contaminer; *mit Minen* infester; ♀**ung** *f* ⟨~⟩ infection *f* (*auch fig.*); *radioaktive* contamination *f*; ♀**ungsˌmeßgerät** *n* appareil *m* de mesure de la contamination.

Versfuß [ˈfɛrsfuːs] *m métr.* pied *m*.

versicher|bar [fɛrˈzɪçərˌbaːr] *adj.* assurable; ♀**er** *m* ⟨~s; ~⟩ assureur *m*; **~n I** *v/t.* ⟨-(e)re, *pas de ge-*, **h**⟩ **1.** *Haus etc.* assurer (**gegen** contre); **sein Leben** ~ assurer sa vie (**mit** pour); s'assurer sur la vie (pour); **2.** (*beteuern*) assurer; affirmer; protester (de); **seien Sie meiner Ergebenheit versichert** soyez assuré, soyez sûr de mon dévouement; **seien Sie dessen versichert** soyez-en assuré; comptez-y; je vous assure; **ich kann dir** ~, **daß** ... je peux te donner l'assurance que ...; **eidesstattlich** ~ affirmer sous (la foi du) serment; **II** *v/réfl.* **sich** ~ s'assurer (**gegen** contre); prendre une assurance (contre); **sich e-r Sache, e-r Person** ~ s'assurer de qc., de qn.; **sich mit** *10 000 Mark* ~ s'assurer pour une somme de ...; **versichere dich vorher s-r Zustimmung** assure-toi auparavant de son accord; ♀**te(r)** *f* (*m*) ⟨→ A⟩ assuré, -e *m, f*; **freiwillig** ~ assuré, -e volontaire; ♀**ung** *f* **1.** assurance *f* (**gegen** contre); **freiwillige** ~ assurance facultative, volontaire; **laufende** ~ assurance en cours; **abgelaufene** ~ assurance arrivée à expiration, échue, périmée; ~ **auf Gegenseitigkeit, mit Gewinnbeteiligung** assurance mutuelle, avec participation aux bénéfices; ~ **auf den Erlebensfall** assurance de survie; **e-e** ~ **abschließen** contracter, conclure une assurance; **aus e-r** ~ **ausscheiden** cesser d'appartenir, d'être affilié à une assurance; **2.** (*Beteuerung*) affirmation *f*; **eidesstattliche** ~ affirmation sous (la foi du) serment; **die feierliche** ~ **abgeben, daß** ... assurer solennellement que ...; **j-m die** ~ **geben, daß** ... donner à qn. l'assurance que ...; **die** ~ **erhalten, daß** ... obtenir (de qn.) l'assurance que ...

Versicherungs|ablauf [fɛrˈzɪçərʊŋsˌʔaplauf] *m* expiration *f* du contrat d'assurance; **~ˌabschluß** *m* conclusion *f* d'un contrat d'assurance, d'une assurance; **~aˌgent** *m* courtier *m*, agent *m* d'assurances; **~ˌanspruch** *m* droit *m* à l'assurance; **~ˌanstalt** *f* institution *f*, établissement *m* d'assurances; *cf. auch* ~gesellschaft; **~ˌantrag** *m* demande *f* d'assurance; **~ˌaufsichtsbeˌhörde** *f* autorité *f* de contrôle des assurances; **~beˌdingungen** *f/pl.* conditions *f/pl.* d'assurance; **~beˌginn** *m* date à laquelle le contrat d'assurance prend effet; **~ˌbeitrag** *m zur Sozialversicherung* cotisation *f*; **~beˌrater** *m* assureur-conseil *m*; **~beˌtrag** *m cf.* ~summe; **~beˌtrug** *m* escroquerie *f* à l'assurance; **~ˌdauer** *f* durée *f* du contrat d'assurance; **~ˌfachmann** *m* assureur-expert *m*; ♀ˌ**fähig** *adj.* assurable; **~ˌfall** *m* sinistre *m*; **~ˌform** *f* type *m* d'assurance; **~ˌgeber** *m cf.* Versicherer; **~ˌgegenstand** *m* objet *m* de l'assurance; **~geˌschäft** *n* opération *f*, affaire *f* d'assurance; **~geˌsellschaft** *f* compagnie *f*, société *f* d'assurances; **~geˌwerbe** *n* branche *f* des assurances; **~geˌwinn** *m* bénéfice *m* d'une société d'assurances; **~ˌgrenze** *f* plafond *m* de l'assurance; **~ˌjahr** *n* année *f* d'assurance; **~ˌkarte** *f Sozialversicherung* carte *f* d'assuré, d'immatriculation; **~ˌleistung** *f* prestation *f* d'assurance; *im Schadensfall* règlement *m*, indemnité *f* de sinistre; **~ˌmakler** *m* courtier *m* d'assurances; **~ˌmarke** *f* timbre *m* d'assurance sociale; **~ˌnehmer(in)** *m* (*f*) preneur, -euse *m, f* d'assurance; assuré, -e *m, f*; **~obˌjekt** *n cf.* ~gegenstand; *bei e-r Schadensversicherung* risque assuré; **~ˌpflicht** *f* assurance *f* obligatoire; obligation *f* de s'assurer; assujettissement *m* à l'assurance; ♀ˌ**pflichtig** *adj.* assujetti à l'assurance; **~ˌpflichtige(r)** *f* (*m*) ⟨→ A⟩ assujetti, -e *m, f* à l'assurance; **~poˌlice** *f* police *f* d'assurance; **~ˌprämie** *f* prime *f* d'assurance; **~ˌrecht** *n* droit *m*, législation *f* en matière d'assurance; **~ˌrückkauf** *m* rachat *m* d'une assurance; **~ˌsachverˌständige(r)** *m cf.* ~fachmann; **~ˌschein** *m* police *f* d'assurance; **~ˌschutz** *m* couverture *f*, garantie *f* de l'assurance; **~ˌsumme** *f* somme assurée; **~ˌträger** *m* organisme *m* d'assurance; organisme assureur; assureur *m*; **~ˌumfang** *m* étendue *f* de l'assurance; **~verˌtrag** *m* contrat *m* d'assurance; **~verˌtreter** *m cf.* ~agent; **~ˌwert** *m* valeur assurée; **~ˌwesen** *n* assurances *f/pl.*; **~ˌzeit** *f* période assurée, d'assurance; **~ˌzwang** *m* assujettissement *m* obligatoire à une assurance; obligation *f* de s'assurer; **~ˌzweig** *m* branche *f* d'assurance.

versicker|n [fɛrˈzɪkərn] *v/i.* ⟨-(e)re, *pas de ge-*, **sein**⟩ s'infiltrer (dans); s'écouler par infiltration; disparaître, se perdre en s'infiltrant; 2**ung** *f* ⟨~⟩ écoulement *m* par infiltration.

versieben [fɛr'ziːbən] F *v/t.* ⟨*pas de ge-*, **h**⟩ (*verderben*) gâcher; bâcler; F bousiller; (*vergessen*) oublier; omettre; **es bei j-m ~** *cf.* **verschütten.**

versiegbar [fɛr'ziːkˌbaːr] *adj.* tarissable.

versiegel|n [fɛr'ziːgəln] *v/t.* ⟨-(e)le, *pas de ge-*, **h**⟩ *Brief, Paket* cacheter; *gerichtlich* sceller; mettre, apposer les scellés (sur); mettre sous scellés; *Parkett* vitrifier; 2**ung** *f* ⟨~⟩ *e-s Briefes etc.* apposition *f* d'un cachet, d'un sceau; *gerichtliche* apposition *f* des scellés; *e-s Parkettbodens* vitrification *f*.

versiegen [fɛr'ziːgən] **I** *v/i.* ⟨*pas de ge-*, **sein**⟩ (se) tarir; s'épuiser (*beide auch fig.*); **~ lassen** tarir (*auch fig.*); **II** 2 *n* ⟨~s⟩ tarissement *m*; **~d** *adjt.* tarissant; *fig.* **nie ~** intarissable.

versiert [vɛr'ziːrt] *adj.* **in etw. ~ sein** être versé, expert dans qc.; 2ˌ**heit** *f* ⟨~⟩ *verbal.*

Versifi|kation [vɛrziˑfiˑkatsiˑ'oːn] *f* ⟨~; ~en⟩ versification *f*; 2'**zieren** *v/t.* ⟨*pas de ge-*, **h**⟩ versifier; ~'**zierung** *f* ⟨~⟩ *cf.* **~kation.**

Versilber|er [fɛr'zɪlbərər] *m* ⟨~s; ~⟩ argenteur *m*; 2**n I** *v/t.* ⟨-(e)re, *pas de ge-*, **h**⟩ argenter; F *fig.* (*zu Geld machen*) faire argent (**etw.** de qc.); réaliser; commercialiser; **II ~n** *n* ⟨~s⟩, **~ung** *f* ⟨~⟩ argenture *f*; F *fig.* (*Veräußerung*) réalisation *f*; conversion *f* en espèces.

versimpel|n [fɛr'zɪmpəln] F *v/i.* ⟨-(e)le, *pas de ge-*, **sein**⟩ s'abêtir; s'abrutir; 2**ung** F *f* ⟨~; ~en⟩ abêtissement *m*; abrutissement *m*.

versinken [fɛr'zɪŋkən] *v/i.* ⟨*irr.*, *pas de ge-*, **sein**⟩ **1.** *im Schlamm, Schnee, Sand, Wasser* (s')enfoncer; *im Sand, Schlamm auch* s'enliser; *Schiff* sombrer; couler (bas, à fond); être englouti, submergé (*auch Gegenstände*); s'engloutir, s'abîmer dans les flots; **bis zu den Knien im Schnee ~** (s')enfoncer jusqu'aux genoux dans la neige; **die versunkene Glocke** la cloche engloutie; **versunkene Stadt** ville engloutie par les flots, disparue sous les eaux; *fig., vor Scham* **in den Boden ~** rentrer sous terre; **2.** *fig.* **in etw. ~** s'abîmer, se perdre, *pfort.* s'ensevelir dans qc.; s'abandonner à qc.; *cf. auch* **versunken 2.**

versinnbildlich|en [fɛr'zɪnbɪltˌlɪçən] *v/t.* ⟨*pas de ge-*, **h**⟩ symboliser; représenter symboliquement; 2**ung** *f* ⟨~⟩ symbolisation *f*.

versinnlich|en [fɛr'zɪnlɪçən] *v/t.* ⟨*pas de ge-*, **h**⟩ rendre sensible, palpable; matérialiser; 2**ung** *f* ⟨~⟩ matérialisation *f*.

Version [vɛrziˑ'oːn] *f* ⟨~; ~en⟩ version *f*.

versippt [fɛr'zɪpt] *adjt.* allié; *cf. auch* **verschwägert.**

versitzen [fɛr'zɪtsən] *v/t.* ⟨*irr.*, *pas de ge-*, **h**⟩ **s-e Zeit ~** perdre son temps à attendre; **sein Kleid ~** froisser sa robe (en restant assise).

versklav|en [fɛr'sklaːvən] *v/t.* ⟨*pas de ge-*, **h**⟩ rendre esclave (*auch fig.*); réduire en esclavage; asservir; 2**ung** *f* ⟨~⟩ asservissement *m*.

Vers|kunst ['fɛrskʊnst] *f* ⟨~⟩ (art *m* de la) versification *f*; art *m* poétique; poésie *f*; ~ˌ**lehre** *f* (théorie *f* de la) versification *f*; métrique *f*; ~ˌ**macher** *m* ⟨~s; ~⟩ *cf.* **Versemacher**; **~maß** *n métr.* mesure *f*; mètre *m*.

Verso ['vɛrzoˑ] **I** *n* ⟨~s; ~s⟩ verso *m*; **II** 2 *adv.* au verso.

versoffen [fɛr'zɔfən] P **1.** *p. p. cf.* **versaufen**; *mines* noyé; **2.** *adjt.* ivrogne; **ein ~er Kerl** un ivrogne, P soûlard, soûlaud, soûlot, poivrot; **~es Gesicht** P trogne enluminée; 2ˌ**heit** P *f* ⟨~⟩ ivresse *f*; ivrognerie *f*; P soûlographie *f*.

versohlen [fɛr'zoːlən] F *v/t.* ⟨*pas de ge-*, **h**⟩ **j-m das Fell ~, j-n ~** F tanner le cuir à qn.; *cf. auch* **verhauen I 1., verprügeln.**

versöhn|en [fɛr'zøːnən] *v/t.* (*u. v/réfl.*) ⟨*pas de ge-*, **h**⟩ (se) réconcilier (mit avec); concilier; F (se) raccommoder; **die schöne Umgebung versöhnt mich mit der Stadt** les beaux environs me réconcilient avec la ville; **sich mit j-m ~** *auch* faire la paix avec qn.; **~end** *adjt.* **das ~e Wort** le mot de la réconciliation; 2**er(in)** *m* ⟨~s; ~⟩ (*f*) ⟨~; ~nen⟩ réconciliateur, -trice *m, f*; ~ˌ**lich** *adj.* conciliant; conciliable; conciliateur, -trice; accommodant; *nur Person* prompt à pardonner; 2**lich**ˌ**keit** *f* ⟨~⟩ caractère, esprit conciliant; conciliation *f*; **zur ~ ermahnen** exhorter à la conciliation; 2**ung** *f* ⟨~; ~en⟩ (ré)conciliation *f*; F raccommodement *m*; **Geist der ~** esprit conciliant, de conciliation; **e-e ~ zwischen den Parteien herbeiführen** amener une réconciliation entre les parties; 2**ungs**ˌ**feier** *f*, 2**ungs**ˌ**fest** *n* fête *f* de la réconciliation; 2**ungs**ˌ**kuß** *m* baiser *m* de réconciliation; 2**ungs**ˌ**tag** *m der Juden* fête *f* des Expiations; 2**ungs**ˌ**tod** *m Christi* sacrifice *m* expiatoire; 2**ungs**ˌ**werk** *n* œuvre *f* de réconciliation; *Christi cf.* 2**ungstod.**

versonnen [fɛr'zɔnən] *adj.* rêveur, -euse; songeur, -euse; pensif, -ive; méditatif, -ive; *auch adv.* perdu dans ses rêves; 2ˌ**heit** *f* ⟨~⟩ humeur rêveuse; esprit rêveur, pensif.

versorg|en [fɛr'zɔrgən] *v/t. u. v/réfl.* ⟨*pas de ge-*, **h**⟩ **j-n mit etw. ~** pourvoir, munir, nantir, fournir qn. de qc.; fournir qc. à qn.; *mit Vorräten, Lebensmitteln, Munition* approvisionner qn. en *od.* de qc.; ravitailler qn.; *Stadt mit Strom, Wasser, Gas* distribuer ... (à); *Maschine mit Strom etc.* alimenter (en); *Familie* (*unterhalten*) entretenir; avoir l'entretien de; subvenir aux besoins de; avoir la charge de; *Kinder* (*beruflich unterbringen*) établir; F caser; *auch Ehefrau* assurer l'avenir de; *Küche, Haushalt* (*besorgen*) s'occuper de; prendre, avoir soin de (*auch Kranke, Kinder etc.*); **sich mit etw. ~** se pourvoir, se munir, se nantir de qc.; *mit Vorräten etc.* s'approvisionner de *od.* en qc.; se ravitailler; **s-e Kinder sind versorgt** ses enfants ont une situation, position assurée, F sont casés; 2**er(in)** *m* ⟨~s; ~⟩ (*f*) ⟨~; ~nen⟩ celui, celle qui entretient (la famille), qui a l'entretien, la charge de (la famille), qui subvient aux besoins de (la famille); soutien *m* de famille; **~t** *adjt.* (*von Sorgen niedergedrückt*) miné, marqué par le chagrin, le souci; 2**ung** *f* ⟨~⟩ fourniture *f* (**mit** de); *mit Lebensmitteln, Vorräten, Munition* approvisionnement *m*; ravitaillement *m*; *mit Strom, Wasser, Gas* distribution *f*; *e-r Maschine mit Strom* alimentation *f*; *e-r Familie* entretien *m*; charge *f*; *berufliche der Kinder* établissement *m*; *von Kranken, Kindern etc.* soins *m/pl.* (donnés à); *von Hinterbliebenen, der Kriegsopfer etc.* assistance *f* (à); (*Alters*2) prévoyance *f*; (pension *f* de) retraite *f*; *milit.* assistance-retraite *f*.

Versorgungs|anspruch [fɛr'zɔrgʊŋsˌʔanʃprʊx] *m* droit *m* à une rente, à une pension; *milit., von Soldaten auf Zeit* droit *m* à une place (dans l'administration), à un emploi civil; ~ˌ**anstalt** *f für Alte, Sieche* maison *f* de refuge; asile *m*; hospice *m*; ~ˌ**basis** *f milit.* base *f* de ravitaillement; 2**be**ˌ**rechtigt** *adj.* ayant droit à une rente, une pension; bénéficiaire de l'aide sociale, d'une pension; *milit., Soldaten auf Zeit* ayant droit à une place (dans l'administration), à un emploi civil; **~be**ˌ**triebe** *m/pl.* services publics; **~be**ˌ**züge** *m/pl.* pension *f* de retraite; ~ˌ**dienst** *m milit.* service *m* logistique, de ravitaillement et d'entretien; **~e** *pl.* services *m/pl.*; ~ˌ**einheit** *f milit.* unité *f* des services; **~em**ˌ**pfänger(in)** *m* (*f*) pensionné, -e *m, f*; (*Unterstützungs*2) allocataire *m, f*; ~ˌ**engpaß** *m* soudure *f*, passe *f* difficile (dans les approvisionnements); ~ˌ**flugzeug** *n milit.* (avion *m*) ravitailleur *m*; ~ˌ**fonds** *m* fonds *m* de prévoyance, d'assistance, de secours, de retraites et pensions; **~ge**ˌ**setz** *n* loi relative aux pensions de guerre; loi *f* de prévoyance; ~ˌ**güter** *n/pl.* biens *m/pl.* d'approvisionnement, de consommation; ~ˌ**hafen** *m milit.* port *m* de ravitaillement; ~ˌ**krise** *f* crise *f* dans les approvisionnements; ~ˌ**lage** *f* situation *f* de l'approvisionnement; ~ˌ**lager** *n milit.* centre *m* de ravitaillement; ~ˌ**lücke** *f* insuffisance *f* de l'approvisionnement; ~ˌ**netz** *n élect.* réseau *m*; secteur *m*; ~ˌ**plan** *m* plan *m* d'approvisionnement; ~ˌ**quelle** *f* source *f* d'approvisionnement; ~ˌ**rente** *f* pension *f*; rente *f*; **~ für Kriegsopfer** pension de victime de la guerre; ~ˌ**schiff** *n milit.* ravitailleur *m*; ~ˌ**stützpunkt** *m milit. cf.* **~basis**; ~ˌ**truppen** *f/pl.* unités *f/pl.* de soutien logistique; services *m/pl.*; ~ˌ**weg** *m milit.* canal *m* d'acheminement logistique; 2ˌ**wichtig** *adj.* important pour l'approvisionnement; ~ˌ**wirtschaft** *f* (secteur *m* de l')approvisionnement *m*; *für Gas, Wasser, Strom* (secteur *m* de la) distribution *f*.

verspachteln [fɛr'ʃpaxtəln] F *v/t.* ⟨-(e)le, *pas de ge-*, **h**⟩ F bouffer; boulotter.

verspann|en [fɛr'ʃpanən] *v/t.* ⟨*pas de ge-*, **h**⟩ 'haubaner; 2**ung** *f* 'haubanage; 2**ungs**ˌ**kabel** *n* 'hauban *m*.

verspät|en [fɛr'ʃpɛːtən] *v/réfl.* ⟨-ete, *pas de ge-*, **h**⟩ **sich ~** se mettre en retard; venir trop tard; s'attarder; être en retard (**um** de); **sich bei j-m ~** s'attarder chez qn.; **~et** *adjt.* tardif, -ive; **~e Ankunft** arrivée retardée; **sich ~ haben** être en retard (**um** de); 2**ung** *f* ⟨~; ~en⟩ retard *m*; **e-e Stunde ~** une heure de retard; **mit ~ abfahren, eintreffen** partir, arriver en retard; **die ~ wieder einholen** rattraper, regagner son retard; **wir haben ~** nous sommes en retard; nous avons du retard; 2**ungs**ˌ**zuschlag** *m* pénalité *f* de retard.

verspeisen [fɛr'ʃpaɪzən] *v/t.* ⟨-(es)t, *pas de ge-*, **h**⟩ manger; consommer.

verspekulieren [fɛrˌʃpeˑkuˑ'liːrən] **I** *v/t.* ⟨*pas de ge-*, **h**⟩ perdre en spéculant, dans de mauvaises spéculations; **II** *v/réfl.* **sich ~** *allg.* faire un faux calcul; *an der Börse* manquer une spéculation; faire une mauvaise spéculation, de mauvaises affaires.

versperr|en [fɛrˈʃpɛrən] *v/t.* ⟨*pas de ge-*, h⟩ *Straße, Weg etc.* barrer; obstruer; barricader; *Aussicht* masquer; boucher; obstruer; j-m **den Weg ~** barrer, couper le chemin à qn.; **Ƨung** *f* barrage *m*.

verspiel|en [fɛrˈʃpiːlən] **I** *v/t.* ⟨*pas de ge-*, h⟩ *Zeit* passer … à jouer; *Geld* perdre … au jeu; **II** *v/i. fig.* perdre; **er hat bei mir verspielt** il n'est plus dans mes bonnes grâces; **(es) bei j-m verspielt haben** avoir perdu les bonnes grâces de qn.; **~t** *adjt. Kind* distrait; folâtre; F musard; *fig. Kunst, Bauwerk etc.* frivole; trop décoré.

verspiller|n [fɛrˈʃpɪlərn] *v/i.* ⟨-(e)re, *pas de ge-*, **sein**⟩ *Pflanzen* s'étioler; **Ƨung** *f* ⟨~⟩ étiolement *m*.

verspinnen [fɛrˈʃpɪnən] **I** *v/t.* ⟨*irr., pas de ge-*, h⟩ employer … à filer; *cf. auch* **versponnen**; **II** *v/réfl. Seidenraupe* **sich ~** s'entourer d'un cocon.

verspleiß|en [fɛrˈʃplaɪsən] *v/t.* ⟨*irr., pas de ge-*, h⟩ *Kabel* épisser; **Ƨung** *f* ⟨~⟩ épissure *f*.

versplint|en [fɛrˈʃplɪntən] *v/t.* ⟨-ete, *pas de ge-*, h⟩ goupiller; **Ƨung** *f* ⟨~⟩ goupillage *m*.

versponnen [fɛrˈʃpɔnən] **1.** *p.p. cf.* **verspinnen**; **2.** *adjt. fig.* ~ in absorbé dans.

verspott|en [fɛrˈʃpɔtən] *v/t.* ⟨-ete, *pas de ge-*, h⟩ se moquer, se gausser, se railler de; railler; (*verhöhnen*) persifler; bafouer; **Ƨung** *f* ⟨~; ~en⟩ moquerie *f*; raillerie *f*; persiflage *m*.

versprech|en [fɛrˈʃprɛçən] **I** *v/t.* ⟨*irr., pas de ge-*, h⟩ promettre (j-m **etw.** qc. à qn.; **j-m, etw. zu tun** à qn. de faire qc.); **hoch u. heilig ~** promettre solennellement; **goldene Berge ~** promettre monts et merveilles; **mehr ~, als man halten kann** F promettre plus de beurre que de pain; **er verspricht leicht etw.** il n'en est pas à une promesse près; *fig.* **das Wetter verspricht gut zu werden** le temps est prometteur; **s-e Miene verspricht nichts Gutes** son air ne promet rien de bon; **sich viel von etw. ~** attendre beaucoup de qc.; mettre de grandes espérances en qc.; **ich verspreche mir nicht viel davon** je n'en espère, attends pas grand-chose; je n'en attends pas beaucoup; **II** *v/réfl.* **sich ~** se tromper en parlant; faire un lapsus linguæ, F un cuir; **er hat sich versprochen** la langue lui a fourché; **III Ƨen** *n* ⟨~s; ~⟩ promesse *f*; *beim Sprechen* lapsus *m* linguæ; F cuir *m*; **ein ~ halten, einlösen** tenir une, s'acquitter d'une promesse; **sein ~ zurücknehmen** revenir sur sa promesse; **sein ~ nicht halten** manquer à sa promesse; **j-m ein ~ abnehmen** faire promettre qc. à qn.; **Ƨung** *f* ⟨~; ~en⟩ promesse *f*; **große ~en machen** promettre monts et merveilles; **leere ~en** promesses en l'air; eau bénite de la cour.

versprengl|en [fɛrˈʃprɛŋən] *v/t.* ⟨*pas de ge-*, h⟩ disperser; **versprengte Truppen** troupes séparées, coupées du gros de l'armée; **Ƨte(r)** *m* ⟨→ A⟩ isolé *m*; égaré *m*; **Ƨung** *f* ⟨~⟩ dispersement *m*; dispersion *f*.

verspritzen [fɛrˈʃprɪtsən] *v/t.* ⟨-es)t, *pas de ge-*, h⟩ faire jaillir; (*verschütten*) verser; faire gicler; *Gift* lancer.

versproch(e)nermaßen [fɛrˈʃprɔx(ə)nərˈmaːsən] *adv.* comme promis.

verspüren [fɛrˈʃpyːrən] *v/t.* ⟨*pas de ge-*, h⟩ *Schmerz, Müdigkeit* sentir; ressentir; éprouver; **Hunger, Durst ~** avoir faim, soif.

verstaatlich|en [fɛrˈʃtaːtˌlɪçən] *v/t.* ⟨*pas de ge-*, h⟩ *Privatunternehmen* nationaliser; étatiser; *in den Volksdemokratien* socialiser; *kirchliche Güter* séculariser; *Schulen* laïciser; **Ƨung** *f* ⟨~; ~en⟩ *von Privatunternehmen* nationalisation *f*; étatisation *f*; *in den Volksdemokratien* socialisation *f*; *kirchlicher Güter* sécularisation *f*; *von Schulen* laïcisation *f*.

verstädter|n [fɛrˈʃtɛːtərn] *v/t.* ⟨-(e)re, *pas de ge-*, h⟩ (*u. v/i.* ⟨**sein**⟩) (s')urbaniser; **Ƨung** *f* ⟨~⟩ urbanisation *f*; **zu weit getriebene ~** superurbanisation *f*.

verstähl|en [fɛrˈʃtɛːlən] *v/t.* ⟨*pas de ge-*, h⟩ aciérer; **Ƨung** *f* ⟨~⟩ aciérage *m*.

Verstand [fɛrˈʃtant] *m* ⟨~(e)s⟩ *im Gegensatz zu Herz u. Gemüt* (*Geist*) esprit *m*; *im Gegensatz zu Instinkt* intelligence *f*; *philos.* intellect *m*; (*Vernunft*) raison *f*; bon sens [-s]; sens [-s] commun; (*Begriffsvermögen*) entendement *m*; (*Urteilsfähigkeit*) jugement *m*; discernement *m*; **e-n klaren, durchdringenden ~ haben** avoir l'esprit clair, pénétrant, perspicace; avoir de la perspicacité; avoir une intelligence claire, pénétrante; **den ~ schärfen** affiner l'esprit, l'intelligence; **den ~ verlieren** perdre la raison; n'avoir plus toute sa tête, son bon sens; n'être plus dans son bon sens; **er ist nicht recht bei ~** il n'a pas toute sa tête; il a l'esprit troublé; **bei klarem ~ kann man so nicht urteilen** il est impossible d'exprimer un tel jugement, quand on possède toute sa raison; il faut ne plus avoir toute sa tête, sa raison pour (en) juger ainsi; **bei vollem ~ sein** avoir toute sa raison, sa lucidité; **etw. mit ~ tun** faire qc. intelligemment; F **etw. mit ~ essen** savourer qc.; **ohne ~ reden** déraisonner; **ohne Sinn u. ~** sans rime ni raison; **weder Sinn noch ~ haben** n'avoir ni rime ni raison; **das geht über meinen ~** cela me dépasse; **j-n um den ~ bringen** faire perdre la raison à qn.; **zu ~ kommen** parvenir à l'âge de raison; (*vernünftig werden*) devenir raisonnable; **wieder zu ~ kommen** revenir à la raison; recouvrer sa raison; **j-n wieder zu ~ bringen** mettre qn. à la raison; F **mehr Glück als ~ haben** avoir plus de chance que de science; avoir une chance imméritée; P avoir une veine de cocu; F **da steht mir der ~ still** F j'en suis pantois; les bras m'en tombent.

Verstandes|kraft [fɛrˈʃtandəsˌkraft] *f* ⟨~⟩ faculté intellectuelle; **Ƨˌmäßig** *adj.* logique; rationnel, -lle; **~ˌmensch** *m* homme positif; esprit logique, rationnel; cérébral *m*; **~ˌschärfe** *f* pénétration *f* d'esprit; perspicacité *f*; sagacité *f*; lucidité *f*.

verständig [fɛrˈʃtɛndɪç] *adj.* (*vernünftig*) raisonnable; sensé; sage; (*einsichtig*) compréhensif, -ive; (*gescheit*) intelligent; judicieux, -euse; **das ~e Alter** l'âge de raison; **~en** *v/t. u. v/réfl.* ⟨*pas de ge-*, h⟩ **j-n von etw. ~** informer qn. de qc.; faire connaître, savoir qc. à qn.; communiquer qc. à qn.; *im voraus* prévenir qn. de qc.; *warnend* avertir qn. de qc.; **sich mit j-m ~** s'entendre, tomber d'accord avec qn. (**über etw.** sur qc.); se concerter, s'arranger, s'aboucher avec qn.; *im Ausland etc.* **sich ~** (*sich verständlich machen*) se faire comprendre; **Ƨˌkeit** *f* ⟨~⟩ bon sens [-s]; sagesse *f*; compréhension *f*; **Ƨung** *f* ⟨~⟩ (*Benachrichtigung*) information *f*; communication *f*; avertissement *m*; (*Übereinkunft*) entente *f*; accord *m*; arrangement *m*; rapprochement *m*; *tél.* audition *f*; réception *f*; **mangelhafte ~** difficulté d'audition; **die ~ mit den Eingeborenen war nicht leicht** nous avons eu quelque peine à nous faire comprendre des indigènes; la conversation avec les indigènes était assez laborieuse; **zu e-r ~ kommen** s'entendre; **~ungsbeˌreit** *adj.* prêt à s'entendre; **Ƨungsbeˌreitschaft** *f* **~ zeigen** être, se montrer prêt à s'entendre; **Ƨungsˌfriede(n)** *m* paix basée sur la compréhension, l'entente; **Ƨungsˌgrundlage** *f* base *f*, terrain *m* d'entente; **Ƨungsˌmittel** *n* moyen *m* de se faire comprendre; **Ƨungspoliˌtik** *f* politique *f* d'entente; **Ƨungsˌwille** *m* volonté *f* de s'entendre; **Ƨungsˌwunsch** *m* désir *m* de s'entendre.

verständlich [fɛrˈʃtɛntˌlɪç] *adj.* **1.** (*deutlich hörbar*) intelligible; **sich ~ machen** se faire entendre; **2.** (*begreiflich*) compréhensible; (*klar*) clair; net, -tte; (*faßlich*) facile à comprendre; **allgemein ~** à la portée de tout le monde; **leicht ~** facile à comprendre, à concevoir; **sich ~ machen** se faire comprendre; **j-m etw. ~ machen** expliquer, faire comprendre, faire saisir qc. à qn.; **sich ~ ausdrücken** s'exprimer d'une manière claire; **~er'weise** *adv.* ce qui est bien compréhensible, concevable; **Ƨˌkeit** *f* ⟨~⟩ intelligibilité *f*; clarté *f*; netteté *f*; compréhensibilité *f*.

Verständnis [fɛrˈʃtɛntˌnɪs] *n* ⟨~ses⟩ compréhension *f*; intelligence *f*; entendement *m*; **mit ~ zuhören** écouter avec compréhension; **ein Bemühen zu gegenseitigem ~** un effort de compréhension mutuelle; **zum ~ dieses Textes braucht es …** pour l'intelligence de, pour comprendre ce texte, il faut …; **das ~ für die Dichtung kommt ihnen erst später** l'intelligence de la poésie ne leur vient que plus tard; **~ für j-n haben** comprendre qn.; **~ für etw. haben** comprendre qc.; avoir l'intelligence, l'entendement de qc. (*par ex.* des affaires); avoir le sens de qc. (*par ext.* de la musique); **er hat kein ~ dafür** il ne comprend pas ces choses-là; il n'y entend rien; **er hatte ~ für meine Schwächen** il comprenait mes faiblesses; il avait une indulgence compréhensive, une indulgente compréhension pour mes faiblesses; **zum besseren ~** pour mieux (vous) faire comprendre; **Ƨˌinnig** *adj.* **j-m e-n ~en Blick zuwerfen** lancer à qn. un regard entendu, d'intelligence; **j-m ~ die Hand drücken** donner à qn. une poignée de main significative; **Ƨˌlos** *adj.* qui ne comprend pas; qui manque de compréhension pour qc.; qui n'a pas l'intelligence, le sentiment de qc.; **er blickte mich ~ an** il me regarda sans comprendre; **~ˌlosigˌkeit** *f* ⟨~⟩ manque *m* de compréhension, d'intelligence; **Ƨˌvoll** *adj.* compréhensif, -ive; plein de compréhension.

verstänkern [fɛrˈʃtɛŋkərn] F *v/t.* ⟨-(e)re, *pas de ge-*, h⟩ empester; empuantir.

verstärk|en [fɛrˈʃtɛrkən] **I** *v/t.* ⟨*pas de ge-*, h⟩ *Mauer, Wall etc.* renforcer (*auch zahlenmäßig*; *phot.*); fortifier; *rad., élect.* amplifier; *milit., Feuer* intensifier; *fig., Eindruck, Zweifel* renforcer; augmenter; accroître; **II**

v/réfl. sich ~ fig., Eindruck, Zweifel etc. se renforcer; augmenter; s'accroître; 2er m ⟨~s; ~⟩ rad. amplificateur m; tél. répéteur m; phot. renforçateur m; 2erˌamt n tél. station f d'amplification, de répéteurs; 2erˌanlage f rad., tél., élect. installation f d'amplification; 2erˌröhre f rad. lampe amplificatrice, d'amplification; 2erˌschaltung f élect. circuit m d'amplification; 2erˌstufe f rad., tél., élect. étage amplificateur, d'amplification; 2ung f renforcement m (auch zahlenmäßige; phot.); rad., élect. amplification f; milit., des Feuers intensification f; taktische renfort m; fig. augmentation f; accroissement m; 2ungsbatteˌrie f milit. batterie f de renfort; élect. élément m supplémentaire; 2ungsˌfeuer n milit. tir m, feu m de renfort; 2ungsˌgrad m élect. degré m, coefficient m d'amplification; 2ungsˌpfeiler m bât. contrefort m; 2ungsproˌfil n, 2ungsˌrippe f techn. nervure f de renforcement; 2ungsˌtruppe f milit. troupe f de renfort; unité f de renfort, renforcement; ~n pl. renforts m/pl.

verstaub|en [fɛrˈʃtaubən] v/i. ⟨pas de ge-, sein⟩ se couvrir de poussière; s'empoussiérer; ~t adjt. couvert de poussière; poussiéreux, -euse; fig. suranné; démodé.

verstauch|en [fɛrˈʃtauxən] v/t. ⟨pas de ge-, h⟩ sich den Fuß ~ se faire, se donner une entorse (au pied); se fouler le pied; sich den Fuß verstaucht haben avoir le pied foulé; 2ung f ⟨~; ~en⟩ entorse f; foulure f.

verstauen [fɛrˈʃtauən] I v/t. ⟨pas de ge-, h⟩ mettre; placer; caser; mar. cf. stauen I; II 2 n mar. cf. Stauung.

verstechen [fɛrˈʃtɛçən] v/t. ⟨irr., pas de ge-, h⟩ cout., Faden arrêter.

Versteck [fɛrˈʃtɛk] n ⟨~(e)s; ~e⟩ cachette f; cache f; für Räuber etc. réduit m; P planque f; ~ spielen jouer à cache-cache; 2en v/t. (u. v/réfl.) ⟨pas de ge-, h⟩ (se) cacher (vor j-m à qn.); (se) dissimuler; P (se) planquer; fig. sich vor j-m ~ müssen être surpassé, surclassé de loin par qn.; 2 spielen cf. Versteck; ~ˌspiel n (jeu m de) cache-cache m; 2t adjt. caché; dissimulé; fig. latent; secret, -ète; sournois; ~e Anspielungen insinuations f/pl.; mots couverts; ~er Vorwurf reproche indirect; ~e Angriffe attaques sournoises, déguisées, voilées, en dessous; insinuations malveillantes; ~e Reserven fonds secrets; réserves occultes, latentes; (sich) ~ halten (se) tenir caché; (se) dissimuler; ~tˌheit fig. f ⟨~; ~en⟩ sournoiserie f.

verstehen [fɛrˈʃteːən] I v/t. ⟨irr., pas de ge-, h⟩ 1. (hören, begreifen) entendre; comprendre; (begreifen) concevoir; saisir; P piger; tél. ich verstehe Sie schlecht je vous entends, comprends mal; ich habe kein Wort verstanden je n'ai pas compris un (pfort. traître) mot; man kann sein eigenes Wort nicht ~ on ne s'entend plus; nichts ~ von ... ne rien comprendre, entendre à ...; (keine Ahnung haben) n'avoir aucune idée, notion de; verstanden? compris?; vous y êtes?; y êtes-vous?; m'a-t-on compris?; est-ce clair?; P pigé?; ich verstehe! je comprends!; wenn ich recht verstanden habe si j'ai bien compris; was versteht man unter ...? qu'entend-on par ...?; qu'est-ce qu'on entend par ...?; zu ~ geben donner à, laisser, faire entendre (j-m etw. qc. à qn.); insinuer (qc. à qn.); will man dadurch zu ~ geben, daß ...? est-ce à dire que ...?; Sie ~ mich falsch vous vous méprenez sur le sens de mes paroles; nicht ~ wollen faire la sourde oreille; ne vouloir rien entendre; ~ Sie mich recht! entendez-moi bien!; ein solches Vorgehen kann man nicht ~ (begreifen) un pareil procédé ne peut se concevoir; wir ~ Ihre Gründe nous comprenons, concevons vos raisons; 2. (gelernt haben, wissen) savoir; (kennen) connaître; s-e Sache, sein Handwerk ~ connaître, savoir son métier; etw. von der Sache ~ être du métier; ich verstehe nichts davon je ne m'y connais pas; je n'y comprends, entends rien; nicht viel davon ~ F ne pas en savoir lourd, bien long; nichts von Musik ~ n'entendre rien à la musique; was ~ Sie davon! qu'en savez-vous!; Französisch ~ comprendre le français; Spaß ~ entendre la plaisanterie; es ~, zu ... (+ inf.) s'entendre à ..., savoir ... (+ inf.); II v/réfl. sich mit j-m gut ~ bien s'entendre avec qn.; sie ~ sich gut miteinander ils s'accordent bien, vivent en bonne intelligence; (das) versteht sich! naturellement!; bien entendu!; c'est naturel!; ça se comprend!; das versteht sich von selbst cela va sans dire; cela va de soi; die Preise ~ sich frei Haus les prix s'entendent franco domicile; sich auf etw. ~ savoir qc.; s'entendre, se connaître à, en qc.; s'y entendre, s'y connaître à, en qc.; sich zu etw. ~ consentir, condescendre, se prêter à qc.; ~ wir uns recht! entendons-nous!

versteif|en [fɛrˈʃtaɪfən] I v/t. ⟨pas de ge-, h⟩ bât. étayer; renforcer; entretoiser; techn. nervurer; cout. entoiler; II v/réfl. sich ~ Widerstand etc. (se) raidir; se renforcer; Börse devenir lourd; s'alourdir; Preise se raffermir; fig. sich auf etw. ~ s'obstiner, s'entêter dans qc. (od. à faire qc.); F ne pas démordre de qc.; 2ung f ⟨~; ~en⟩ 1. bât. étayage od. étayement od. étaiement m; renforcement m (auch fig.); entretoisement m; fig. raidissement m; auf etw. obstination f, entêtement m (dans qc.); der Börse alourdissement m; der Preise raffermissement m; 2. bât. (Strebe) étai m; entretoise f; techn. (Rippe) nervure f.

versteigen [fɛrˈʃtaɪgən] v/réfl. ⟨irr., pas de ge-, h⟩ Bergsteiger sich ~ s'égarer, se perdre, se fourvoyer (en faisant l'ascension de ...); fig. sich zu etw. ~ aller jusqu'à faire qc.; er verstieg sich zu der Behauptung, daß ... il alla jusqu'à prétendre que ...

Versteiger|er [fɛrˈʃtaɪgərər] m ⟨~s; ~⟩ commissaire-priseur m; jur. licitant m; 2n v/t. ⟨-(e)re, pas de ge-, h⟩ vendre aux enchères, à l'encan; jur., Häuser liciter; auf dem Großmarkt vendre à la criée; ~ung f vente f aux enchères, à l'encan; mise f aux enchères; jur. licitation f; auf dem Großmarkt (vente f à la) criée f; etw. zur ~ bringen mettre qc. aux enchères; cf. auch 2n; zur ~ kommen être mis, vendu aux enchères; etw. bei e-r ~ erstehen acheter qc. aux enchères; ~ungserˌlös m produit m d'une vente aux enchères; ~ungsloˌkal n salle f des ventes; ~ungsterˌmin m date f de la mise aux enchères.

versteiner|n [fɛrˈʃtaɪnərn] v/t. ⟨-(e)re, pas de ge-, h⟩ (u. v/i. ⟨sein⟩) (se) pétrifier; fig. wie versteinert dastehen rester, être là comme pétrifié, médusé; 2ung f ⟨~; ~en⟩ pétrification f; (zu Stein Gewordenes) fossile m.

verstell|bar [fɛrˈʃtɛlˌbaːr] adj. réglable; ajustable; Fahrradlenker à position réglable; ~en I v/t. ⟨pas de ge-, h⟩ régler; ajuster; modifier le réglage; (von der Stelle rücken) déplacer; changer de place; (in Unordnung bringen) déranger; mettre en désordre; Apparat, Uhr (falsch stellen) dérégler; Weg, Durchgang etc. (versperren) barrer; Stimme, Schrift (unkenntlich machen) déguiser; rendre méconnaissable; II v/réfl. sich ~ user de dissimulation; faire semblant; feindre; jouer la comédie; sich zu ~ wissen savoir feindre; 2proˌpeller m aviat. hélice f à pas variable; 2ung f der Stimme, Schrift déguisement m; (Heuchelei) dissimulation f; feinte f; simulation f; faux semblant; hypocrisie f; 2ungsˌkunst f art m de feindre, de dissimuler; dissimulation f; hypocrisie f.

verstepp|en [fɛrˈʃtɛpən] v/i. ⟨pas de ge-, sein⟩ se transformer en steppe; 2ung f ⟨~⟩ transformation f en steppe.

versterben [fɛrˈʃtɛrbən] v/i. ⟨irr., pas de ge-, sein⟩ er verstarb am ..., er ist am ... verstorben il est mort le ...; cf. auch verstorben.

versteuer|n [fɛrˈʃtɔʏərn] v/t. ⟨-(e)re, pas de ge-, h⟩ etw. ~ payer l'impôt sur qc.; 2ung f ⟨~⟩ paiement m de l'impôt (sur qc.).

verstiegen [fɛrˈʃtiːgən] 1. p.p.. cf. versteigen; 2. adjt. (überspannt) excentrique; bizarre; cf. auch verschroben; 2ˌheit fig. f ⟨~; ~en⟩ excentricité f; bizarrerie f; cf. auch Verschrobenheit.

verstimm|en [fɛrˈʃtɪmən] v/t. ⟨pas de ge-, h⟩ Instrument désaccorder; fig. j-n ~ donner de l'humeur à qn.; fâcher, irriter, contrarier, indisposer qn.; ~t adjt. das Klavier ist ~ le piano (s')est désaccordé; e-n ~en Magen haben avoir l'estomac dérangé, F barbouillé, détraqué; fig. ~ sein être de mauvaise humeur; n'être pas dans son assiette; être fâché, irrité, contrarié, renfrogné; 2tˌheit f ⟨~⟩, 2ung f ⟨~⟩ fig. (Mißstimmung) (mauvaise) humeur f.

verstockt [fɛrˈʃtɔkt] adj. 1. (stockfleckig) moisi; 2. fig. endurci; obstiné; entêté; F buté; 2ˌheit fig. f ⟨~⟩ endurcissement m (du cœur); obstination f; entêtement m.

verstohlen [fɛrˈʃtoːlən] 1. adj. Blick etc. furtif, -ive; dérobé; F en coulisse; 2. adv. furtivement; à la dérobée; F en douce, coulisse; ~ lächeln auch rire sous cape, dans sa barbe; ~ auf etw. blicken F guigner qc.

verstopf|en [fɛrˈʃtɔpfən] v/t. ⟨pas de ge-, h⟩ boucher; Rohre auch engorger; obstruer; encrasser; Ritzen calfeutrer; mit e-m Stöpsel tamponner; mit Werg étouper; Verkehrswege encombrer; embouteiller; comm., Markt encombrer; fig. congestionner; engorger; méd. constiper; 2ung f ⟨~; ~en⟩ (das Verstopfen) bouchage m; von Ritzen calfeutrage m; mit e-m Stöpsel tamponnement m; mit Werg étoupement od. étoupage m; (das Verstopftsein) von Rohren engorgement m (auch fig., des Marktes); obstruction f; encrassement m; der Verkehrswege encombrement m (auch des Marktes); embouteillage m; des Marktes saturation f; fig. congestion f; méd. constipation f; an ~ leiden, e-e ~ bekommen être constipé.

verstorben [fɛrˈʃtɔrbən] *adjt.* mort; trépassé; *bes. jur.* décédé; défunt; **meine ~e Mutter** feu ma mère; ma feue mère; ma mère défunte; ma défunte mère; **2e(r)** *f* (*m*) ⟨→ A⟩ défunt, -e *m, f*; **die ~n** les morts; les trépassés; les personnes décédées.

verstört [fɛrˈʃtøːrt] *adj.* effaré; bouleversé; chaviré; troublé; *Miene* 'hagard; **ganz ~ aussehen** avoir l'air 'hagard; **2ˌheit** *f* ⟨~⟩ effarement *m*; bouleversement *m*; trouble *m*; air 'hagard.

Verstoß [fɛrˈʃtoːs] *m* faute *f* (**gegen** contre); manquement *m*, infraction *f*, *jur.* dérogation *f* (à); **2en I** *v/t.* ⟨*irr., pas de ge-,* **h**⟩ (*von sich weisen*) repousser; *s-e Frau* répudier; **~ aus** ... chasser, expulser de ...; **von allen ~** réprouvé; **II** *v/i.* **gegen etw. ~** pécher contre qc.; manquer, déroger à qc.; **gegen die guten Sitten ~** enfreindre les, contrevenir aux bonnes mœurs; **gegen die Disziplin ~** manquer à la discipline; **gegen das Gesetz ~** violer, enfreindre la loi; contrevenir à la loi; transgresser la loi; F donner une entorse à la loi; **~ene(r)** *f* (*m*) ⟨→ A⟩ réprouvé, -e *m, f*; **~ung** *f* ⟨~; ~en⟩ expulsion *f*; *s-r Frau* répudiation *f*.

verstreb|en [fɛrˈʃtreːbən] *v/t.* ⟨*pas de ge-,* **h**⟩ *bât.* étrésillonner; entretoiser; étançonner; contreficher; **2ung** *f* ⟨~; ~en⟩ *als Handlung* étrésillonnement *m*; entretoisement *m*; étançonnement *m*; (*Strebe*) étrésillon *m*; entretoise *f*; étançon *m*; contre-fiche *f*.

verstreichen [fɛrˈʃtraɪçən] **I** *v/t.* ⟨*irr., pas de ge-,* **h**⟩ **1.** (*streichend verteilen*) étendre; **2. die Fugen ~** boucher les joints; jointoyer; **II** *v/i.* ⟨**sein**⟩ *Tage, Wochen* passer; s'écouler; F filer; **e-e Frist ~ lassen** laisser expirer un délai.

verstreuen [fɛrˈʃtrɔʏən] **I** *v/t.* ⟨*pas de ge-,* **h**⟩ éparpiller; disperser; répandre; **in alle Winde ~** semer à tous vents; **II 2** *n* ⟨~s⟩ éparpillement *m*; dispersion *f*.

verstricken [fɛrˈʃtrɪkən] **I** *v/t.* ⟨*pas de ge-,* **h**⟩ *Wolle* employer ... en tricotant; *fig.* **j-n in etw. ~** empêtrer qn. dans qc.; **II** *v/réfl. fig.* **sich in etw. ~** s'empêtrer dans qc.

verstümm|eln [fɛrˈʃtʏməln] *v/t.* (*u. v/réfl.*) ⟨-(e)le, *pas de ge-,* **h**⟩ (se) mutiler; (s')estropier; *fig., Text* mutiler; estropier; tronquer; défigurer; **2(e)ˌlung** *f* ⟨~; ~en⟩ mutilation *f*; estropiement *m* (*beide auch fig.*); *fig.* défiguration *f*.

verstummen [fɛrˈʃtʊmən] **I** *v/i.* ⟨*pas de ge-,* **sein**⟩ devenir muet, -tte; se taire; *Geräusch* cesser; s'arrêter; *phon.* s'amuïr; disparaître, tomber (phonétiquement); **II 2** *n* ⟨~s⟩ *e-s Geräusches* cessation *f*; *phon.* amuïssement *m*; disparition *f*; **zum ~ bringen** faire taire; réduire au silence.

Versuch [fɛrˈzuːx] *m* ⟨~(e)s; ~e⟩ essai *m*; tentative *f*; (*Experiment*) expérience *f*; (*Probe*) épreuve *f*; **erster ~** coup d'essai; **strafbarer ~** tentative criminelle; **letzter ~** dernier essai; suprême effort; **~e anstellen** faire des essais (**mit** de); expérimenter (**mit etw.** qc.); **e-n ~ machen, unternehmen** faire un essai; faire, tenter une expérience; *fig.* F tenter le coup; **e-n ~ mit j-m, etw. machen** (*auf Probe nehmen*) essayer de qn., qc.; prendre qn., qc. à l'essai; **den ~ machen, etw. zu tun** tâcher, essayer, tenter de faire qc.; **2en I** *v/t. u. v/réfl.* ⟨*pas de ge-,* **h**⟩ **1.** essayer; (*sich bemühen*) tenter; tâcher; **sich an** *od.* **in etw. ~** s'essayer à qc.; **es mit etw. ~** tâter de qc.; **es mit e-m Handwerk ~** tâter d'un métier; F *iron.* **es mit der Ehe ~** F tâter du mariage; **es mit Güte ~** recourir à l'indulgence; **sich auf allen Gebieten ~** essayer, tâter de tout; **sein Glück, Heil ~** tenter la fortune, sa chance; **es mit j-m ~** essayer de qn.; tenter un essai avec qn.; **alles ~** F tenter le tout pour le tout; **etw. nochmals ~** F revenir à la charge; **s-e Kräfte an e-m Werk ~** essayer ses forces à une œuvre; **~, etw. zu tun** tâcher, tenter, essayer de faire qc.; *cf. auch* **versucht**; **2.** *Speisen* (*kosten*) essayer; goûter à *od.* de; tâter de; *Getränke* essayer; déguster; **3. j-n ~** tenter qn.; **ich bin versucht, es zu tun** je suis tenté de le faire; **II ~en** *n von Speisen* essai *m*; *von Getränken* dégustation *f*; essai *m*; **~er(in)** *m* ⟨~s; ~⟩ (*f*) ⟨~; ~nen⟩ tentateur (*bes. bibl.*: *der Teufel*), -trice *m, f*.

Ver'suchs... *in Zssgn.* d'essai; expérimental; d'expérience; **~ˌanstalt** *f* station *f* d'essai; **~baˌllon** *m* ballon-sonde *m*; ballon *m* d'essai (*auch fig.*); **~ˌbühne** *f thé.* studio *m*; **~ˌfeld** *n* champ *m* d'expériences; **~geˌlände** *n* terrain *m* d'expériences; **~ˌgut** *n agr.* ferme expérimentale; **~kaˌninchen** *fig. n*, **~karˌnickel** *fig. n* cobaye *m*; **~laboraˌtorium** *n* laboratoire *m* d'expériences; **~perˌson** *f* sujet *m* d'expériences; F *cf.* **~karnickel**; **~reˌaktor** *m phys. atom.* réacteur expérimental, d'essai; pile expérimentale; **~ˌreihe** *f* série *f* d'essais, d'expériences; **~ˌstadium** *n* phase *f* d'essai; **~statiˌon** *f* station *f* d'essai; **~ˌstrecke** *f chem.* trajet *m*, parcours *m* d'essais; *mines* station *f* d'essai; **~ˌtier** *n* animal *m* de laboratoire, d'expériences; F cobaye *m*; **2ˌweise** *adv.* à titre d'essai; à titre expérimental; pour faire un essai; **~ˌzweck** *m* **zu ~en** en vue d'expériences.

versucht [fɛrˈzuːxt] *adjt. jur.* **~er Diebstahl, Betrug, ~e Bestechung** tentative *f* de vol, de fraude, de corruption.

Versuchung [fɛrˈzuːxʊŋ] *f* ⟨~; ~en⟩ tentation *f*; **in ~ führen** tenter; induire en tentation; **der ~ widerstehen, nachgeben, unterliegen** résister, céder, succomber à la tentation; **in ~ geraten, kommen, zu** ... (+ *inf.*) être tenté de ... (+ *inf.*); **ich konnte der ~ nicht widerstehen** *auch* c'était plus fort que moi.

versumpf|en [fɛrˈzʊmpfən] *v/i.* ⟨*pas de ge-,* **sein**⟩ se transformer en marais; devenir marécageux, -euse; *fig.* F tomber dans la débauche, la déchéance; tomber bien bas; se corrompre; **2ung** *f* ⟨~⟩ transformation *f* en marais.

versündig|en [fɛrˈzʏndɪgən] *v/réfl.* ⟨*pas de ge-,* **h**⟩ **sich an j-m, etw. ~** pécher contre qn., qc.; se rendre coupable envers qn.; **sich an Gott ~** offenser Dieu; **2ung** *f* ⟨~; ~en⟩ péché *m* (**an** contre); **~ an Gott** offense *f* à Dieu.

versunken [fɛrˈzʊŋkən] **1.** *p.p. cf.* **versinken** 1.; **2.** *adjt. fig.* **~ in** absorbé dans *od.* par; plongé dans; **in Gedanken ~** plongé dans ses pensées; **2ˌheit** *fig. f* ⟨~⟩ absorption *f* (**in** dans); *besser verbal.*

versüß|en [fɛrˈzyːsən] *v/t.* ⟨-(es)t, *pas de ge-,* **h**⟩ adoucir; *chim., phm.* dulcifier; édulcorer (*auch fig.*); *fig.* **die (bittere) Pille ~** dorer la pilule; **das Leben ~** embellir la vie; rendre la vie plus douce; **sich das Leben ~** F se la couler douce; **2ung** *f* ⟨~⟩ adoucissement *m* (*auch fig.*); *chim., phm.* dulcification *f*; édulcoration *f*.

versweise [ˈfɛrsˌvaɪzə] *adv.* par vers, couplets; vers par vers.

vertäfel|n [fɛrˈtɛːfəln] *v/t.* ⟨-(e)le, *pas de ge-,* **h**⟩ *cf.* **täfeln**; **2ung** *f cf.* **Täfelung**.

vertag|en [fɛrˈtaːgən] *v/t.* (*u. v/réfl.*) ⟨*pas de ge-,* **h**⟩ (s')ajourner (**auf** à); (se) renvoyer (à); remettre (à); reporter (à); repousser (à); *pol.* proroger; **auf unbestimmte Zeit ~** ajourner sine die; **2ung** *f* ajournement *m*; renvoi *m* (à); remise *f* (à); *pol.* prorogation *f*.

vertan [fɛrˈtaːn] *cf.* **vertun**.

vertändeln [fɛrˈtɛndəln] *v/t.* ⟨-(e)le, *pas de ge-,* **h**⟩ **die Zeit ~** passer son temps à des bagatelles, des futilités, des niaiseries; gaspiller son temps; baguenauder; flâner.

vertäuen [fɛrˈtɔʏən] *v/t.* ⟨*pas de ge-,* **h**⟩ *Schiff* amarrer.

vertausch|bar [fɛrˈtaʊʃˌbaːr] *adj.* échangeable; permutable; **2barˌkeit** *f* ⟨~⟩ permutabilité *f*; **~en** *v/t.* ⟨*pas de ge-,* **h**⟩ (é)changer, troquer (**für, gegen, mit** contre); (*umstellen*) permuter; (*verwechseln*) prendre l'un pour l'autre; **die Rollen ~** renverser, intervertir les rôles; **man hat s-n Mantel vertauscht** on a échangé par erreur, involontairement, accidentellement son manteau contre un autre; on a donné par erreur son manteau à qn. d'autre; *cf. auch* **verwechseln**; **2ung** *f* ⟨~⟩ échange *m*; changement *m*; (*Umstellung*) permutation *f*; *der Rollen* renversement *m*; interversion *f*; (*Verwechselung*) échange *m* involontaire, accidentel, par erreur.

vertausendfachen [fɛrˈtaʊzəntˌfaxən] *v/t.* ⟨*pas de ge-,* **h**⟩ rendre mille fois plus grand; multiplier par mille, milliers, *par ext.* à l'infini.

verteidig|en [fɛrˈtaɪdɪgən] *v/t.* (*u. v/réfl.*) ⟨*pas de ge-,* **h**⟩ (se) défendre; plaider (pour qn.); *These* soutenir; **j-n ~** *durch e-e Verteidigungsschrift* faire l'apologie de qn.; *jur.* **e-e Sache ~** plaider une cause; **2er** *m* ⟨~s; ~⟩ défenseur *m*; *jur. auch* avocat plaidant; *Fußball* arrière *m*; **amtlich bestellter ~** avocat (désigné, commis) d'office; **2ung** *f* ⟨~; ~en⟩ *mit Worten od. Waffen* défense *f* (*auch jur., Fußball*); *e-r These* soutenance *f*; **die ~ übernehmen** se charger de, prendre la défense (**j-s** de qn.); **die ~ niederlegen** renoncer à la défense; **etw. zu j-s ~ vorbringen** alléguer qc. pour la défense de qn.; **in der ~** sur la défensive; **in die ~ gehen** se mettre en défense; **in die ~ drängen** acculer à la défensive.

Verteidigungs... [fɛrˈtaɪdɪgʊŋs...] *in Zssgn.* de défense; défensif, -ive; **~ˌanlagen** *f/pl. milit.* défenses *f/pl.*; **~ˌausschuß** *m* commission *f* de la Défense nationale; **~ˌbeitrag** *m* contribution *f* à la défense commune; **~ˌbündnis** *n* alliance défensive; **~geˌmeinschaft** *f* **Europäische ~** (*abr.* EVG) Communauté Européenne de Défense (*abr.* C.E.D.); **~ˌgürtel** *m* périmètre défensif; **~ˌkrieg** *m* guerre défensive; **~miˌnister** *m* ministre *m* de la Défense (nationale); **~minisˌterium** *n* ministère *m* de la Défense (nationale); **~ˌlinie** *f milit.* ligne *f* de défense; **~ˌrede** *f jur.* plaidoirie *f*; plaidoyer *m*; *fig. auch* apologie *f*;

~ˌ**schlacht** *f milit.* bataille défensive; ~ˌ**schrift** *f* écrit *m* apologétique; apologie *f*; ~ˌ**stellung** *f milit.* position défensive; in ~ en défense; sur la défensive; ~**sysˌtem** *n* système défensif; (*Befestigungen*) défenses *f/pl.*; ~ˌ**waffe** *f* arme défensive; ~ˌ**werke** *n/pl. milit.* ouvrages défensifs; défenses *f/pl.*; ~ˌ**werkzeuge** *n/pl.* défenses *f/pl.*; ~ˌ**zustand** *m* état *m* de défense; in ~ setzen mettre en état de défense.

verteil|bar [fɛrˈtaɪlˌbaːr] *adj.* distribuable; ~**en** *v/t.* (*u. v/réfl.*) ⟨*pas de ge-,* h⟩ (*austeilen*) distribuer (an à); (*aufteilen*) partager, (se) répartir (**auf, unter** entre); *über e-e Fläche* (*verstreuen*) (s')éparpiller; (se) disperser; *Geschwür* **sich** ~ se résoudre; se résorber; **etw. auf mehrere Jahre** ~ répartir, étaler qc. sur plusieurs années; *peint.* **Licht u. Schatten richtig** ~ répartir correctement les lumières et les ombres; **Süßigkeiten an die Kinder** ~ distribuer des bonbons aux enfants; 2**er** *m* ⟨~s; ~⟩ *Auto, élect.* distributeur *m*; *tél.* répartiteur *m*; *auf Schriftstücken* liste *f* des destinataires; 2**erˌbahnhof** *m* gare *f* de triage; 2**erˌfinger** *m Auto* doigt *m* de distribution; 2**erˌkasten** *m élect.* boîte *f* de distribution; 2**erˌnetz** *n élect.* réseau *m*, secteur *m* (de distribution); 2**erˌtafel** *f élect.* tableau *m* de distribution; 2**erzenˌtrale** *f élect.* centrale *f* de distribution; 2**ung** *f* (*Austeilung*) distribution *f*; (*Aufteilung*) partage *m*; répartition *f*; *über e-e Fläche* (*Verstreuen*) dispersion *f*; ~ **der Kosten** répartition des frais; **gleichmäßige** ~ **der Steuerlasten** péréquation *f* des charges fiscales; ~ **der Regenfälle** régime *m* des pluies; 2**ungsˌmodus** *m* mode *m* de répartition; 2**ungsˌplan** *m* plan *m* de répartition; 2**ungsˌquote** *f* quota *m* de répartition; 2**ungsˌschlüssel** *m* indice *m*, barème *m* de répartition.

verteuer|n [fɛrˈtɔʏərn] *v/t.* ⟨-(e)re, *pas de ge-,* h⟩ rendre plus cher; renchérir; 2**ung** *f* renchérissement *m*.

verteufelt [fɛrˈtɔʏfəlt] **1.** *adj.* satané; endiablé; **ein** ~**er Kerl** un diable d'homme; **2.** *adv.* F (*sehr*) F diablement; bougrement; bigrement.

vertief|en [fɛrˈtiːfən] **I** *v/t.* ⟨*pas de ge-,* h⟩ rendre plus profond; approfondir (*auch fig. Thema, Kenntnisse, Wissen*); creuser davantage, plus avant; **II** *v/réfl.* **sich** ~ devenir plus profond; se creuser; *fig.* **sich in etw.** ~ se plonger, s'enfoncer dans qc.; ~**t** *adjt. fig.* ~ in plongé, enfoncé, absorbé dans; 2**ung** *f* ⟨~; ~en⟩ *als Handlung* approfondissement *m*; (*Grube*) creux *m*; enfonçure *f*; renfoncement *m*; cavité *f*; *im Gelände* dépression *f*; *sculp.* ~**en ausmeißeln** fouiller (in etw. qc.).

vertier|en [fɛrˈtiːrən] *v/i.* ⟨*pas de ge-,* sein⟩ s'abrutir; 2**ung** *f* ⟨~⟩ abrutissement *m*.

vertikal [vɛrtiˈkaːl] *adj.* vertical; 2**e** *f* ⟨→ A⟩ verticale *f*.

vertilg|en [fɛrˈtɪlgən] *v/t.* ⟨*pas de ge-,* h⟩ exterminer; extirper; anéantir; détruire; F (*verspeisen*) consommer; 2**ung** *f* extermination *f*; extirpation *f*; anéantissement *m*; destruction *f*; F (*Verspeisen*) consommation *f*.

vertippen [fɛrˈtɪpən] F **I** *v/t.* ⟨*pas de ge-,* h⟩ taper de travers; **II** *v/réfl.* **sich** ~ faire une faute de frappe.

verton|en [fɛrˈtoːnən] *v/t.* ⟨*pas de ge-,* h⟩ mettre en musique; 2**ung** *f* ⟨~; ~en⟩ mise *f* en musique; adaptation musicale.

vertrackt [fɛrˈtrakt] F *adj.* (*verwickelt*) compliqué; embrouillé; (*ärgerlich, peinlich*) désagréable; fâcheux, -euse; embarrassant.

Vertrag [fɛrˈtraːk] *m* ⟨~(e)s; ~̈e⟩ *privatrechtlicher* contrat *m*; *zwischenstaatlicher* traité *m*; (*Abkommen*) accord *m*; (*Vereinbarung*) convention *f*; (*Abmachung, Pakt*) pacte *m*; **zweiseitige Verträge** traités bilatéraux; **e-n** ~ **aufsetzen** dresser, rédiger un contrat; **e-n** ~ **schließen** passer, conclure un contrat; conclure un accord, un traité; faire un pacte; **e-n** ~ **kündigen** dénoncer, résilier un contrat; dénoncer un traité; **e-n** ~ **unterzeichnen** souscrire un contrat; signer un traité; **e-n** ~ **brechen** rompre un contrat, un traité; **von e-m** ~ **zurücktreten** résilier un contrat; **e-m** ~ **beitreten** adhérer à un traité; **von dem** ~ **abweichen** déroger au contrat; **durch** ~ **gebunden sein** être lié par contrat.

vertragen [fɛrˈtraːgən] **I** *v/t.* ⟨*irr., pas de ge-,* h⟩ (*aushalten*) supporter; endurer; **viel** ~ **können** *seelisch u. körperlich* être endurci; F avoir la peau dure; *mit dem Magen* F avoir un estomac d'autruche; **nicht viel** ~ **können** *körperlich* ne pas être endurant; avoir une santé délicate; *mit dem Magen* avoir l'estomac délicat, fragile; *alkoholische Getränke* ne pouvoir boire beaucoup (d'alcool); supporter mal (l'alcool); **diese Pflanzen** ~ **die Kälte nicht** ces plantes ne supportent pas, craignent le froid; **er verträgt keinen Spaß** il ne supporte, n'entend pas la plaisanterie; il est susceptible; **II** *v/réfl.* **sich** ~ *Personen* se supporter; s'accorder (**mit j-m** avec qn.); *Sachen* (*zueinander passen*) être compatible (**mit** avec); aller, marcher ensemble; **sich nicht** ~ *Personen* ne pouvoir se supporter, se souffrir; *Sachen* jurer (*abs. od.* avec); **sich wieder mit j-m** ~ se réconcilier, se raccommoder avec qn.; **sich gut miteinander** ~ vivre bien ensemble; vivre en bonne intelligence, harmonie; bien s'entendre; **die Farben Grün und Blau** ~ **sich nicht** le vert jure avec le bleu; **sein Vorgehen verträgt sich nicht mit s-n Grundsätzen** ses procédés ne cadrent pas, ne sont pas compatibles, sont en désaccord, jurent avec ses principes; **könnt ihr euch denn nicht e-e Stunde lang** ~? vous ne pouvez donc pas rester une heure sans vous quereller?

vertraglich [fɛrˈtraːkˌlɪç] **1.** *adj.* contractuel, -lle; **2.** *adv.* par contrat; ~ **vereinbaren** convenir par contrat; **innerhalb der** ~ **vereinbarten Frist** dans les délais prévus au *od.* par le *od.* dans le contrat.

verträglich [fɛrˈtrɛːkˌlɪç] *adj.* conciliant; accommodant; traitable; (*friedfertig*) pacifique; doux, douce; *Speisen* (*verdaulich*) digestible; 2ˌ**keit** *f* ⟨~⟩ caractère accommodant; esprit conciliant, arrangeant; *von Speisen* digestibilité *f*.

Vertrags|abschluß [fɛrˈtraːksˌˀapʃlʊs] *m* passation *f*, conclusion *f* d'un contrat; *pol.* conclusion *f* d'un traité; 2ˌ**ähnlich** *adj.* quasi contractuel, -lle; ~ˌ**änderung** *f* modification *f* du contrat; ~ˌ**ansprüche** *m/pl.* prétentions contractuelles; droits contractuels; ~**beˌginn** *m* entrée *f* en vigueur du contrat; ~**beˌstimmung** *f* clause *f* du contrat; ~ˌ**bruch** *m* rupture *f* de contrat, *pol.* de traité; 2ˌ**brüchig** *adj.* qui a rompu le contrat, *pol.* le traité.

vertragschließend [fɛrˈtraːkˌʃliːsənt] *adjt.* contractant; ~**e Partei** partie contractante; 2**e(r)** *m* ⟨→ A⟩ contractant *m*; partie contractante.

Vertrags|entwurf [fɛrˈtraːksˀɛntˌvʊrf] *m* projet *m* de contrat, *pol.* de traité; ~ˌ**freiheit** *f* liberté *f* de contracter; ~ˌ**gegenstand** *m* objet *m* du contrat; 2**geˌmäß 1.** *adj.* conforme au contrat, *pol.* au traité; contractuel, -lle; **2.** *adv.* conformément au contrat, au traité; ~ˌ**grundlage** *f* base *f* du contrat; ~ˌ**hafen** *m hist.* port conventionnel; ~ˌ**klage** *f jur.* action contractuelle; ~ˌ**land** *n* pays contractant; 2ˌ**mäßig** *adj. u. adv. cf.* 2gemäß; ~ˌ**partner** *m* contractant *m*; partie contractante; ~ˌ**preis** *m* prix contractuel; ~ˌ**recht** *n* législation *f* en matière de contrats; ~ˌ**strafe** *f* peine contractuelle, conventionnelle; ~ˌ**streitigkeit** *f* différend contractuel; ~**sysˌtem** *n* **zweiseitiges** ~ système *m* d'accords bilatéraux; ~ˌ**treue** *f* fidélité *f* à un contrat, *pol.* traité; ~ˌ**urkunde** *f* (document *m* de) contrat *m*, *pol.* traité *m*; ~**verˌbindlichkeit** *f* obligation contractuelle; ~**verˌletzung** *f* violation *f* d'un contrat, *pol.* d'un traité; ~ˌ**werk** *n* contrat *m*; *pol.* traité *m*; 2ˌ**widrig** *adj.* contraire au contrat, *pol.* au traité.

vertrauen [fɛrˈtraʊən] *v/i.* ⟨*pas de ge-,* h⟩ **j-m** ~ avoir confiance en qn.; **auf j-n, etw.** ~ se fier à qn., qc.; se confier à *od.* en qn., qc.; mettre sa confiance en qn., qc.; **er vertraut zu sehr auf s-e eigene Kraft** il se confie trop en, il présume (trop) de ses propres forces.

Vertrauen [fɛrˈtraʊən] *n* ⟨~s⟩ **1.** confiance *f*; ~ **haben** avoir confiance (in *od.* zu en, *wenn Artikel folgt* dans); se fier (à); **j-m sein** ~ **schenken** accorder sa confiance à qn.; **sein** ~ **setzen in** mettre, placer sa confiance en; **j-s** ~ **gewinnen, verlieren** gagner, perdre la confiance de qn.; **das** ~ **verlieren** perdre confiance; **j-s** ~ **genießen** avoir la confiance de qn.; **volles** ~ **genießen** jouir de l'entière confiance; ~ **erwecken, einflößen** inspirer (la) confiance; **sich in j-s** ~ **schleichen** capter la confiance de qn.; **j-m sein** ~ **entziehen** retirer sa confiance à qn.; **j-s** ~ **mißbrauchen** abuser de la confiance de qn.; **der Regierung das** ~ **aussprechen** voter la confiance au gouvernement; **im** ~ **auf deine Güte** confiant en ta bonté; **2.** *bei Mitteilungen* confidence *f*; **im** ~ en confidence; confidemment; confidentiellement; **im** ~ **gesagt** (soit dit) entre nous; F de vous à moi; **j-m etw. im** ~ **sagen** dire qc. confidentiellement à qn.; **j-n ins** ~ **ziehen** mettre qn. dans la confidence; 2**erˌweckend** *adjt.* qui inspire (la) confiance.

Vertrauens|arzt [fɛrˈtraʊənsˌˀartst] *m* médecin-conseil *m*; ~**beˌweis** *m* preuve *f* de confiance; ~ˌ**bruch** *m* abus *m* de confiance; indiscrétion *f*; ~ˌ**frage** *f pol.* **die** ~ **stellen** poser la question de confiance; ~ˌ**kundgebung** *f* manifestation *f*, preuve *f* de confiance; ~ˌ**leute** *pl. von* ~mann; ~ˌ**mann** *m* ⟨~(e)s; ~̈er *od.* -leute⟩ homme *m* de confiance; ~**perˌson** *f* personne *f* de confiance; ~ˌ**posten** *m* poste *m* de confiance; ~ˌ**sache** *f* affaire *f*, question *f* de confiance; 2ˌ**selig** *adj.* trop confiant; d'une confiance aveugle; crédule; **~ˌselig-ˌkeit** *f* ⟨~⟩ confiance *f* aveugle; crédulité *f*; **~ˌstellung** *f* place *f*, poste *m* de confiance; **2ˌvoll** *adj.* confiant; plein de confiance; **wenden Sie sich ~ an ihn** adressez-vous en toute confiance à lui; **~ˌvotum** *n pol.* vote *m* de confiance; **2ˌwürdig** *adj.* digne de (toute) confiance; sûr.

vertrauern [fɛrˈtraʊərn] *v/t.* ⟨-(e)re, *pas de ge-*, h⟩ **sein Leben ~** passer sa vie dans la tristesse, dans l'affliction, dans le deuil.

vertraulich [fɛrˈtraʊˌlɪç] **1.** *adj.* intime; familier, -ère; **~e Mitteilung** communication confidentielle; confidence *f*; **j-m ~e Mitteilungen machen** faire des confidences à qn.; F tuyauter qn.; **streng ~** strictement, rigoureusement confidentiel, -lle; **2.** *adv.* **j-m etw. ~ mitteilen** faire confidence de qc. à qn.; **etw. ~ behandeln** traiter qc. confidentiellement; **er tut sehr ~** il affecte la familiarité, un air familier; **2ˌkeit** *f* ⟨~; ~en⟩ intimité *f*; familiarité *f*; *e-r Mitteilung* caractère confidentiel; **sich j-m gegenüber ~en herausnehmen** se permettre des familiarités, des privautés avec qn.

verträum|en [fɛrˈtrɔymən] *v/t.* ⟨*pas de ge-*, h⟩ *Zeit* passer ... à rêver; **~t** *adjt.* rêveur, -euse; perdu dans son rêve; *Ort* idyllique; **2theit** *f* ⟨~⟩ rêverie *f*; F rêvasserie *f*.

vertraut [fɛrˈtraʊt] *adj.* intime; familier, -ère; **ein ~er Freund** un (ami) intime; **~er Umgang** intimité *f*; **mit j-m auf ~em Fuße stehen** être intime avec qn.; être en relations intimes avec qn.; **diese Dinge sind mir seit meiner Kindheit ~** ces choses me sont familières depuis mon enfance; **mit etw. ~ sein** connaître qc. à fond; (*damit auf dem Laufenden sein*) être au fait de qc.; **(sich) mit etw. ~ machen** (se) familiariser avec qc.; *mit dem Inhalt e-r Akte etc.* (*aufs Laufende bringen*) (se) mettre au fait, au courant, prendre connaissance de qc.; **2e(r)** *f (m)* ⟨→ A⟩ confident, -e *m, f*; intime *m, f*; familier *m*; **2ˌheit** *f* ⟨~⟩ intimité *f*; familiarité *f*; **~ mit etw.** profonde, bonne connaissance de qc.; connaissance approfondie de qc.

vertreib|en [fɛrˈtraɪbən] *v/t.* ⟨*irr.*, *pas de ge-*, h⟩ **1.** chasser, expulser **(aus** de); *aus e-r Stellung* déloger; *milit. auch* débusquer; *Sorgen, Kummer etc.* chasser; dissiper; faire passer; *Zeit* faire passer; *Schnupfen, Fieber* faire passer; chasser; **j-n aus s-m Besitz ~** déposséder qn.; *jur.* évincer qn.; **sich die Zeit ~** faire passer, F tuer le temps; **sich die Zeit mit etw. ~** s'amuser à faire qc.; **2.** *comm.* (*verkaufen*) vendre; débiter; *im Hausierhandel, Zeitungen* colporter; **3.** *peint.*, *Farben* fondre; **2ung** *f* ⟨~; ~en⟩ expulsion *f* **(aus** de); *aus e-r Stellung* délogement *m* (*auch milit.*); *aus e-m Besitz* dépossession *f*; *jur.* éviction *f*; évincement *m*.

vertret|bar [fɛrˈtreːtˌbaːr] *adj.* *Standpunkt etc.* défendable; soutenable; justifiable; *jur.* **~e Sachen** choses fongibles; **2barˌkeit** *f* ⟨~⟩ *jur.* fongibilité *f*; **~en** *v/t.* ⟨*irr.*, *pas de ge-*, h⟩ *im Urlaub, Krankheitsfall etc.* remplacer; suppléer; *ein Land, e-e Firma, j-s Interessen etc.* représenter; *Firma auch* avoir la représentation de; *e-e Meinung, e-n Standpunkt* défendre; soutenir; **bei j-m Vaterstelle ~** tenir lieu de père à qn.; **j-s Sache ~** prendre fait et cause pour qn.; *vor Gericht* plaider la cause de qn.; **die Ansicht, Meinung, Auffassung, den Standpunkt ~, daß** ... être d'avis que ...; **e-e andere Ansicht ~** être d'un autre avis; penser différemment; **ich vertrete nicht Ihre Ansicht** je ne suis pas de votre avis; **welche Ansicht ~ Sie?** quel est votre avis? (**über** sur, au sujet de); **etw. ~ müssen, zu ~ haben** répondre de qc.; être responsable de qc.; *comm.*, *auf dem Markt* **nicht ~ sein** manquer; faire défaut; **sich den Fuß ~** se fouler le pied; F **sich die Beine, Füße ~** F se dégourdir les jambes; **j-m den Weg ~** barrer le chemin, la route à qn.; **2er(in)** *m* ⟨~s; ~⟩ *(f)* ⟨~; ~nen⟩ *e-s Landes, e-r Firma* représentant, -e *m, f*; *pol. auch* délégué, -e *m, f*; *comm. auch* agent *m*; (*Stell2*) remplaçant, -e *m, f*; suppléant, -e *m, f*; *jur.*, *des Staatsanwalts* substitut *m*; **2ung** *f* ⟨~; ~en⟩ *für e-n Kollegen etc.* (*Stell2*) remplacement *m*; suppléance *f*; intérim *m*; *e-s Landes, e-r Firma* représentation *f*; *comm.* agence *f*; **die ~ für j-n übernehmen** assumer, assurer l'intérim, le remplacement de qn.; **in ~** par délégation; par intérim; **~ungsbeˌrechtigt** *adj.* autorisé à représenter; **~ungsˌweise** *adv.* en remplacement (de).

Vertrieb [fɛrˈtriːp] *m comm.* vente *f*; débit *m*; écoulement *m*; placement *m*; *von Zeitungen, im Hausierhandel* colportage *m*.

Vertriebene(r) [fɛrˈtriːbənə(r)] *f (m)* ⟨→ A⟩ personne déplacée; expulsé, -e *m, f*.

Vertriebs|abteilung [fɛrˈtriːpsˀapˌtaɪlʊŋ] *f* service *m* de vente; **~geˌsellschaft** *f* société *f* de vente; **~ˌkosten** *pl.* frais *m/pl.* de distribution, de vente; **~ˌleiter** *m* chef *m* de vente; **~ˌrecht** *n* droit *m* de vente; **~ˌstelle** *f* comptoir *m* de vente.

vertrimmen [fɛrˈtrɪmən] F *v/t.* ⟨*pas de ge-*, h⟩ *cf.* **verhauen, verprügeln.**

vertrinken [fɛrˈtrɪŋkən] *v/t.* ⟨*irr.*, *pas de ge-*, h⟩ **sein Geld ~** dépenser son argent à boire.

vertrocknen [fɛrˈtrɔknən] **I** *v/i.* ⟨-ete, *pas de ge-*, sein⟩ sécher; se dessécher; **II 2** *n* dessèchement *m*.

vertrödeln [fɛrˈtrøːdəln] F *v/t.* ⟨-(e)le, *pas de ge-*, h⟩ **die Zeit ~** perdre, gâcher son temps; baguenauder; flâner.

vertröst|en [fɛrˈtrøːstən] **I** *v/t.* ⟨-ete, *pas de ge-*, h⟩ **j-n ~** consoler qn.; faire prendre patience à qn.; *iron.* bercer, repaître, amuser qn. de belles promesses; *Gläubiger auch* F lanterner; promener; **j-n auf etw. ~** faire espérer qc. à qn.; *bei e-m Wunsch* **j-n auf später ~** renvoyer qn. à plus tard; **II** *v/réfl.* **sich ~** se nourrir d'espoir; se repaître d'espérances; **2ung** *f* ⟨~; ~en⟩ vaine(s) promesse(s); fausse espérance.

vertrottel|n [fɛrˈtrɔtəln] F *v/i.* ⟨-(e)le, *pas de ge-*, sein⟩ s'abrutir; P devenir gâteux, -euse; **~t** F *adjt.* P gâteux, -euse.

vertrust|en [fɛrˈtrustən, -ˈtra-] *v/t.* ⟨-ete, *pas de ge-*, h⟩ truster; **2ung** *f* ⟨~; ~en⟩ formation *f* de trust.

vertun [fɛrˈtuːn] **I** *v/t.* ⟨*irr.*, *pas de ge-*, h⟩ dissiper; gaspiller; gâcher; **II** *v/réfl.* F **sich ~** se tromper.

vertuschen [fɛrˈtʊʃən] F *v/t.* ⟨*pas de ge-*, h⟩ *Fehler* cacher; dissimuler; *Skandal etc.* étouffer; masquer; camoufler; pallier.

verübeln [fɛrˈˀyːbəln] *v/t.* ⟨-(e)le, *pas de ge-*, h⟩ **j-m etw. ~** en vouloir à qn. de qc.; tenir rigueur à qn. de qc.

verüb|en [fɛrˈˀyːbən] *v/t.* ⟨*pas de ge-*, h⟩ *Verbrechen* commettre; accomplir; *jur.* perpétrer; *Grausamkeit* exercer; **2ung** *f* accomplissement *m*; *jur.* perpétration *f*.

verulken [fɛrˈˀʊlkən] *v/t.* ⟨*pas de ge-*, h⟩ se moquer de; railler; blaguer.

verunglimpf|en [fɛrˈˀʊnˌglɪmpfən] *v/t.* ⟨*pas de ge-*, h⟩ diffamer; calomnier; décrier; dénigrer; *pfort.* injurier; **2ung** *f* ⟨~; ~en⟩ diffamation *f*; calomnie *f*; dénigrement *m*; *pfort.* injure *f*.

verunglück|en [fɛrˈˀʊnˌglʏkən] *v/i.* ⟨*pas de ge-*, sein⟩ **1.** avoir un accident; être victime d'un accident; **tödlich ~** périr dans un accident; **mit dem Auto, Flugzeug ~** avoir un accident d'auto, de voiture, d'avion; être victime d'un accident d'auto, de voiture, d'avion; **2.** F *fig.* (*mißglücken*) rater; **~t** *adjt.* *im Verkehr* accidenté; **2te(r)** *f (m)* ⟨→ A⟩ accidenté, -e *m, f*; victime *f* (d'un accident).

verunkraut|et [fɛrˈˀʊnˌkraʊtət] *adj.* *agr.*, *jard.* couvert de mauvaises herbes; envahi par les mauvaises herbes; **2ung** *f* ⟨~⟩ envahissement *m* par les mauvaises herbes.

verunreinig|en [fɛrˈˀʊnˌraɪnɪgən] *v/t.* ⟨*pas de ge-*, h⟩ salir; souiller; *Wasser, Luft* polluer; *nur Luft* infecter; *bibl.*, *Tempel* profaner; **2ung** *f* souillure *f*; *von Wasser, Luft* pollution *f*; *der Luft* infection *f*; *bibl.* profanation *f*.

verunstalt|en [fɛrˈˀʊnʃtaltən] *v/t.* ⟨-ete, *pas de ge-*, h⟩ déparer; (*häßlich machen*) enlaidir; *Gesicht* défigurer; **die Narben ~ sein Gesicht** les cicatrices le défigurent; **~et** *adjt.* contrefait; **2ung** *f* ⟨~; ~en⟩ enlaidissement *m*; *des Gesichts* défiguration *f*.

veruntreu|en [fɛrˈˀʊnˌtrɔyən] *v/t.* ⟨*pas de ge-*, h⟩ détourner; soustraire; **2er(in)** *m* ⟨~s; ~⟩ *(f)* ⟨~; ~nen⟩ déprédateur, -trice *m, f*; concussionnaire *m*; **2ung** *f* ⟨~; ~en⟩ détournement *m*; soustraction *f*; *bes. öffentlicher Gelder* déprédation *f*; malversation *f*; *durch Beamte* concussion *f*; exaction *f*.

verunzieren [fɛrˈˀʊnˌtsiːrən] *v/t.* ⟨*pas de ge-*, h⟩ *cf.* **verunstalten.**

verursachen [fɛrˈˀuːrˌzaxən] *v/t.* ⟨*pas de ge-*, h⟩ causer; *Schmerzen, Aufregung etc.* produire; provoquer; *Schwierigkeiten, Zwischenfall etc.* (*Anlaß geben*) susciter; faire naître; donner lieu à; *Kosten* occasionner; entraîner.

verurteil|en [fɛrˈˀʊrˌtaɪlən] *v/t.* ⟨*pas de ge-*, h⟩ condamner (**zu** à) (*auch fig.*); **in Abwesenheit ~** condamner par contumace, par défaut; **zum Tode ~** condamner à mort; **zu e-m Jahr Gefängnis ~** condamner à une année de prison; *fig.* **zum Scheitern verurteilt** condamné, voué à l'échec; **2te(r)** *f (m)* ⟨→ A⟩ condamné, -e *m, f*; **in Abwesenheit ~** contumace *od.* contumax *m*; **2ung** *f* condamnation *f*.

vervielfältig|en [fɛrˈfiːlˌfɛltɪgən] *v/t.* (*u. v/réfl.*) ⟨*pas de ge-*, h⟩ (se) multiplier; *phot.*, *impr.* reproduire; *Schriftstück* polycopier; ronéotyper; (*abziehen*) tirer (à la polycopie, à la ronéo); **2er** *m* ⟨~s; ~⟩ *cf.* **2ungsapparat**; **2ung** *f* ⟨~; ~en⟩ multiplication *f*; *phot.*, *impr.* reproduction *f*; *von Schriftstücken* polycopie *f*; (*Abziehen*) tirage *m* (à la polycopie, à la ronéo); **2ungsappaˌrat** *m* duplicateur *m*; machine *f* à polycopier; F ronéo *f*; **2ungsˌrecht** *n* droit *m* de reproduction; ≈ungsverˌfahren *n* polycopie *f*.

vervierfachen [fɛrˈfiːrˌfaxən] *v/t.* (*u. v/réfl.*) ⟨*pas de ge-*, h⟩ (se) quadrupler.

vervollkommn|en [fɛrˈfɔlˌkɔmnən] *v/t.* (*u. v/réfl.*) ⟨-ete, *pas de ge-*, h⟩ (se) perfectionner (in dans); **≈ung** *f* ⟨~⟩ perfectionnement *m*; **~ungsˌfähig** *adj.* perfectible; **≈ungsˌfähigkeit** *f* ⟨~⟩ perfectibilité *f*.

vervollständig|en [fɛrˈfɔlˌʃtɛndɪgən] *v/t.* ⟨*pas de ge-*, h⟩ compléter; **≈ung** *f* ⟨~⟩ complétement *od.* complètement *m*.

verwachs|en [fɛrˈvaksən] **I** *v/i.* ⟨*irr.*, *pas de ge-*, sein⟩ **1.** (*zuwachsen*) *Wunde* se fermer; se cicatriser; *Ritzen in e-r Baumrinde* se (re)fermer (en croissant); **2.** miteinander ~ (*zusammenwachsen*) se réunir (en poussant); *nur bot.*, *beim Veredeln* s'entregreffer; **II** *v/réfl.* ⟨h⟩ sich ~ (*mit dem Wachsen verschwinden*) disparaître avec le temps, en croissant; **III** *adjt.* **1.** *méd.* ~ mit adhérent à; *fig.* mit j-m, etw. ~ sein être intimement, étroitement lié, attaché à qn., qc.; **2.** (*mißgestaltet*) *Mensch* mal bâti; contrefait; difforme; (*bucklig*) bossu; *Baum* tortu; rabougri; **≈ene(r)** *f* (*m*) ⟨→ A⟩ (*Buckelige[r]*) bossu, -e *m, f*; **≈ung** *f* ⟨~; ~en⟩ *méd.* adhérence *f*.

verwackelt [fɛrˈvakəlt] *adjt. phot.*, *Bild* tremblé; bougé.

Verwahr [fɛrˈvaːr] *m* in ~ geben, nehmen *cf.* ≈en I, ~ung; **≈en I** *v/t.* ⟨*pas de ge-*, h⟩ (bien) garder; (*wegschließen*) enfermer à, mettre sous clef; serrer; zu ~ geben, nehmen donner, laisser, prendre ... en garde; mettre, prendre ... en dépôt; **II** *v/réfl.* sich gegen etw. ~ protester, se défendre contre qc.; **~er** *m* ⟨~s; ~⟩ dépositaire *m*; gardien *m*; **≈ˌlosen** *v/i.* ⟨-(es)t, *pas de ge-*, sein⟩ être négligé; être laissé à l'abandon; *Mensch, sittlich* déchoir; tomber bien bas; ~ lassen négliger; laisser à l'abandon; **≈ˌlost** *adjt.* négligé; (laissé) à l'abandon; *Mensch, sittlich* déchu; dépravé; démoralisé; **~ˌlosung** *f* ⟨~⟩ négligence *f*; abandon *m*; *sittliche e-s Menschen* dépravation *f*; démoralisation *f*; **~ˌsam** *m* ⟨~s⟩ in ~ geben, nehmen *cf.* ~ung; **~ung** *f* garde *f*; dépôt *m*; in ~ geben donner, laisser... en garde; mettre ... en dépôt; in ~ nehmen prendre ... en garde, en dépôt; in ~ haben garder; être le dépositaire de; ~ gegen etw. einlegen protester contre qc.; former opposition à qc.; **~ungsˌanstalt** *f* maison *f*, établissement *m* d'internement; **~ungsˌort** *m* dépôt *m*; **~ungsverˌtrag** *m* contrat *m* de dépôt.

verwaist [fɛrˈvaɪst] *adjt.* orphelin; *fig.* délaissé; abandonné; seul; esseulé.

verwalken [fɛrˈvalkən] F *v/t.* ⟨*pas de ge-*, h⟩ *cf.* verhauen, verprügeln.

verwalt|en [fɛrˈvaltən] *v/t.* ⟨-ete, *pas de ge-*, h⟩ administrer; gérer; régir; *Amt* exercer; **≈er(in)** *m* ⟨~s; ~⟩ (*f*) ⟨~; ~nen⟩ administrateur, -trice *m, f*; gérant, -e *m, f*; (*Guts≈*) régisseur *m*; intendant *m*; treuhänderischer ~ administrateur fiduciaire, séquestre; e-n ~ einsetzen désigner un administrateur; **≈ung** *f* ⟨~; ~en⟩ administration *f*; gestion *f*; régie *f*; *e-s Amtes* exercice *m*.

Verˌwaltungs... *in Zssgn.* d'administration; administratif, -ive; **~ˌakt** *m* acte administratif; **~ˌangestellte(r)** *f* (*m*) employé, -e *m, f* de l'administration; **~appaˌrat** *m* appareil administratif; **~ˌausgaben** *f/pl.* dépenses administratives; **~ˌausschuß** *m* commission administrative; comité *m* d'administration; **~beˌamte(r)** *m* fonctionnaire administratif, de l'administration; **~beˌhörde** *f* autorité administrative; direction *f*; **~beˌreich** *m* ressort *m*; **~beˌzirk** *m* district administratif; circonscription administrative; **~ˌdienst** *m* service administratif; **~geˌbäude** *n* bâtiment administratif; **~geˌbühr** *f* taxe *f*; **~geˌricht** *n* tribunal administratif; **~geˌrichtsbarˌkeit** *f* juridiction administrative; **~ˌgremium** *n* organisme *m* de gestion; **~ˌkosten** *pl.* frais *m/pl.* d'administration; **≈ˌmäßig** *adj.* administratif, -ive; ~ unterstehen dépendre au point de vue administratif; **~offiˌzier** *m milit.* officier *m* d'administration; *mar.* commissaire *m*; **~ˌrat** *m* ⟨~(e)s; ~e⟩ conseil *m* d'administration; **~ˌrecht** *n* droit administratif; **≈ˌrechtlich 1.** *adj.* de droit administratif; **2.** *adv.* du, au point de vue du droit administratif; administrativement; **~reˌform** *f* réforme administrative; **~schiˌkanen** *f/pl.* chinoiseries administratives; **~ˌsitz** *m* siège *m* de l'administration centrale; **~ˌsprache** *f* langage administratif; **~ˌstelle** *f* (bureau *m* de l')administration *f*; **~ˌstreitverˌfahren** *n* procédure contentieuse administrative; **≈ˌtechnisch** *adj.* administratif, -ive; **~verˌeinbarung** *f* arrangement administratif; **~verˌfahren** *n* procédure administrative; **~ˌvorschrift** *f* prescription administrative; **~ˌweg** *m* auf dem ~(e) administrativement; par (la) voie administrative; den ~ einhalten suivre la filière administrative; **~ˌwesen** *n* administration *f*; **~ˌzentrum** *n e-r Stadt* centre administratif; **~ˌzweig** *m* branche *f* de l'administration.

verwamsen [fɛrˈvamzən] F *v/t.* ⟨-(es)t, *pas de ge-*, h⟩ *cf.* verhauen, verprügeln.

verwand|elbar [fɛrˈvandəlˌbaːr] *adj.* transformable; *in e-n anderen Stoff* convertible; transmu(t)able; **~eln** *v/t.* (*u. v/réfl.*) ⟨-(e)le, *pas de ge-*, h⟩ (se) changer (in en); (se) transformer (en); *myth., fig., zo.* (se) métamorphoser (en); *in e-n anderen Stoff, bes. Alchimie* convertir (en); transmu(t)er (en); *relig., Brot u. Wein in Leib u. Blut Christi* transsubstantier; in Asche, in e-n Schutthaufen ~ réduire en cendres; ne faire de qc. qu'un amas de ruines, de décombres; in Staub ~ réduire en poussière; *fig.* sie ist wie verwandelt elle a tout à fait changé; ich fühle mich wie verwandelt je me sens tout transformé, métamorphosé; **≈ˌlung** *f* changement *m*; transformation *f*; *myth., fig., zo.* métamorphose *f*; *bes. Alchimie* conversion *f*; transmutation *f*; réduction *f* (en poussière, en cendres); *relig.* transsubstantiation *f*; *thé.* changement *m* de décors; **≈lungsˌkünstler** *m* illusionniste *m*; prestidigitateur *m*.

verwandt[1] [fɛrˈvant] *cf.* verwenden.

verwandt[2] [fɛrˈvant] *adj.* parent (mit de); allié; *fig., Anschauungen etc.* apparenté; analogue; semblable; ressemblant; ~e Sprachen langues apparentées; er ist mit mir ~ il est mon parent, de mes parents; nous sommes parents; wir sind nahe, weitläufig ~ nous sommes proches parents, parents éloignés; wie sind Sie mit ihm ~? de quel côté êtes-vous parents?; mütterlicherseits ~ parent du côté maternel; *fig., Malerei u. Dichtkunst* sind miteinander ~ il existe une certaine parenté entre ...; **≈e(r)** *f* (*m*) ⟨→ A⟩ parent, -e *m, f*; naher ~r proche parent; entfernter ~r parent éloigné; die ~n *pl.* la parenté; la famille; **≈enbeˌsuch** *m* visite *f* de parents; **≈enˌehe** *f* mariage *m* entre parents; **≈ˌschaft** *f* ⟨~; ~en⟩ (*das Verwandtsein*) parenté *f*; alliance *f*; *fig.* analogie *f*; ressemblance *f*; affinité *f* (*auch chim.*); (*die Verwandten*) *cf.* ≈e(r); **~ˌschaftlich 1.** *adj.* de parent; **2.** *adv.* en parent; **≈schaftsˌgrad** *m* degré *m* de parenté; **≈schaftsverˌhältnis** *n* parenté *f*.

verwanzt [fɛrˈvantst] *adjt.* plein de punaises; F habité.

verwarn|en [fɛrˈvarnən] *v/t.* ⟨*pas de ge-*, h⟩ avertir; *Sport* donner un avertissement (à); **≈ung** *f* avertissement *m* (*auch Sport*); gebührenpflichtige ~ avertissement taxé; *abus.* contravention *f*.

verwaschen [fɛrˈvaʃən] *adj. Farben* délavé; *Muster, Kleidungsstück etc.* décoloré; *fig.* indécis; imprécis; vague.

verwässern [fɛrˈvɛsərn] *v/t.* ⟨-ssere *od.* -ßre, *pas de ge-*, h⟩ mettre trop d'eau dans; *fig.* délayer; affadir; F délaver; édulcorer.

verwechs|eln [fɛrˈvɛksəln] *v/t.* ⟨-(e)le, *pas de ge-*, h⟩ confondre (mit avec); prendre l'un pour l'autre; *cf. auch* vertauschen; die Namen ~ confondre les noms; wir haben unsere Hüte verwechselt nous avons échangé, F *iron.* troqué involontairement, accidentellement, par erreur nos chapeaux; nous avons confondu nos chapeaux; ich habe Sie mit Herrn X verwechselt je vous ai pris pour Monsieur X; je vous ai confondu avec Monsieur X; sie sehen sich zum ≈ ähnlich ils se ressemblent à s'y méprendre; **≈(e)ˌlung** *f* ⟨~; ~en⟩ confusion *f*; (*Vertauschung*) échange *m* involontaire, accidentel; (*Irrtum*) erreur *f*; méprise *f*; F quiproquo [kiproko] *m*.

verwegen [fɛrˈveːgən] *adj.* téméraire; (*kühn*) audacieux, -euse; 'hardi; (*waghalsig*) osé; **≈e(r)** *m* ⟨→ A⟩ téméraire *m*; risque-tout *m*; **≈ˌheit** *f* ⟨~⟩ témérité *f*; audace *f*; 'hardiesse *f*.

verwehen [fɛrˈveːən] **I** *v/t.* ⟨*pas de ge-*, h⟩ *vom Wind* emporter; chasser; *Rauch* (*zerteilen*) dissiper; *Spur* effacer; vom Schnee verweht couvert de neige; *Straßen* obstrué par la neige; vom Sand verweht ensablé; **II** *v/i.* ⟨sein⟩ se dissiper; (*verstreut werden*) être dispersé.

verwehr|en [fɛrˈveːrən] *v/t.* ⟨*pas de ge-*, h⟩ *st. s.* j-m etw. ~ interdire, défendre à qn. de faire qc.; empêcher qn. de faire qc.; **≈ung** *f* ⟨~⟩ interdiction *f*; défense *f*.

Verwehung [fɛrˈveːʊŋ] *f* ⟨~; ~en⟩ (*Schnee≈*) congère *f*.

verweichlich|en [fɛrˈvaɪçˌlɪçən] *v/t.* ⟨*pas de ge-*, h⟩ (*u. v/i.* ⟨sein⟩) (s')amollir; (s')efféminer; **~t** *adjt.* amolli; efféminé; mou (mol), molle; **≈ung** *f* ⟨~⟩ amollissement *m*.

verweiger|n [fɛrˈvaɪgərn] *v/t.* ⟨-(e)re, *pas de ge-*, h⟩ refuser (j-m etw. qc. à qn.); etw. glatt ~ refuser qc. tout net; j-m den Gehorsam ~ refuser l'obéissance à qn.; désobéir à qn.; **≈ung** *f* refus *m*; **≈ungsˌfall** *m* im ~(e) en cas de refus.

verweilen [fɛrˈvaɪlən] **I** *v/i. u. v/réfl.* ⟨*pas de ge-*, h⟩ (*stehenbleiben*) s'arrêter; rester; demeurer; *längere Zeit* (*sich aufhalten*) séjourner; *fig.* **bei etw.** (*par ex. e-m Gedanken etc.*) ~ s'arrêter à, sur qc.; **sich** ~, **zu lange** ~ s'attarder; **II** 2 *n* ⟨~s⟩ arrêt *m*; *längeres* séjour *m*.

verweint [fɛr'vaɪnt] *adj.* ~**e Augen haben**, ~ **aussehen** avoir les yeux gonflés de larmes, gonflés d'avoir pleuré.

Verweis [fɛr'vaɪs] *m* ⟨~es; ~e⟩ **1.** (*Rüge*) réprimande *f* (*auch als disziplinarische Strafe*); blâme *m*; rappel *m* à l'ordre; remontrance *f*; semonce *f*; avertissement *m*; **j-m e-n** ~ **erteilen** réprimander qn. (**wegen etw.** pour qc.); blâmer qn. (de qc.); **sich e-n** ~ **zuziehen** encourir un blâme; **2.** (*Hinweis*) renvoi *m* (**auf** à); référence *f*.

verweisen[1] [fɛr'vaɪzən] *v/t.* ⟨*irr.*, *pas de ge-*, **h**⟩ **j-m etw.** ~ réprimander qn. pour qc.; blâmer qn. de qc.; reprocher qc. à qn.

verweis|en[2] [fɛr'vaɪzən] *v/t.* ⟨*irr.*, *pas de ge-*, **h**⟩ renvoyer (**an**, **auf** à); adresser (à); **des Landes** ~ expulser (du pays); exiler; bannir; **von der Schule** ~ renvoyer de l'école; *jur.* **an das Schwurgericht** ~ renvoyer devant les assises; 2**ung** *f* renvoi *m* (**an**, **auf** à); (*Ausweisung*) expulsion *f*; bannissement *m*; ~ **von der Schule** renvoi de l'école; 2**ungs**ˌ**karte** *f* fiche *f* de renvoi.

verwelken [fɛr'vɛlkən] **I** *v/i.* ⟨*pas de ge-*, **sein**⟩ se faner; se flétrir; **II** 2 *n* flétrissure *f*.

verweltlich|en [fɛr'vɛltˌlɪçən] **I** *v/t.* ⟨*pas de ge-*, **h**⟩ *kirchliches Eigentum, Klöster etc.* séculariser; *Unterricht, Schulen* laïciser; **II** *v/i.* ⟨**sein**⟩ prendre un caractère profane, laïque; 2**ung** *f* ⟨~⟩ *kirchlichen Eigentums etc.* sécularisation *f*; *des Unterrichts, der Schulen* laïcisation *f*.

verwend|bar [fɛr'vɛntˌbaːr] *adj.* employable; utilisable; 2**bar**ˌ**keit** *f* ⟨~⟩ utilité *f* pratique; ~**en I** *v/t.* ⟨*irr.*, *pas de ge-*, **h**⟩ employer, utiliser (**für**, **zu** à); *techn.* appliquer; *Zeit, Mühe* consacrer (**auf**, **an** à); *Fleiß auch* appliquer (à); *Summe* affecter (à) (*auch Person, beruflich*); *Geld* dépenser (pour); **viel Sorgfalt auf etw.** ~ mettre, apporter beaucoup de soin à qc.; **II** *v/réfl.* **sich für j-n** ~ s'employer, s'entremettre pour qn.; intervenir, intercéder pour *od.* en faveur de qn. (**bei j-m** auprès de qn.); 2**ung** *f* emploi *m*; utilisation *f*; *e-r Summe, berufliche e-s Menschen* affectation *f*; (*Fürsprache*) entremise *f*, intervention *f*, intercession *f* (**zugunsten j-s** en faveur de qn.); **keine** ~ **für etw. haben** ne pas avoir d'emploi pour qc.; ne pas pouvoir employer qc.; *milit.* **zur besonderen** ~ pour des missions spéciales; 2**ungsbe**ˌ**reich** *m* domaine *m*, champ *m* d'utilisation, d'emploi, d'application; ~**ungs**ˌ**fähig** *adj.* utilisable; *milit.*, *Soldat* bon pour le service; apte au service; **nicht** ~ inutilisable; 'hors d'état de servir; *milit.* impropre, inapte au service militaire; 2**ungs**ˌ**möglichkeit** *f* possibilité *f* d'utilisation; 2**ungs**ˌ**ort** *m* **am** ~ à pied d'œuvre; 2**ungs**ˌ**zweck** *m* emploi prévu; **für alle** ~**e** à toutes fins; à tous usages.

verwerf|en [fɛr'vɛrfən] **I** *v/t.* ⟨*irr.*, *pas de ge-*, **h**⟩ *Plan* rejeter; repousser; écarter; (*mißbilligen*) désavouer; *Lehre auch* réprouver; *pfort.* condamner; *bibl.*, *von Gott* **j-n** ~ réprouver qn.; *cf. auch* **verworfen**; **II** *v/i. vét.* avorter; **III** *v/réfl. Holz* **sich** ~ gauchir; se déjeter; **IV** 2**en** *n vét.* avortement *m*; ~ˌ**lich** *adj. Handlung, Mittel etc.* répréhensible; blâmable; condamnable; *pfort.* (*abscheulich*) abominable; (*ruchlos*) scélérat; 2**lich**ˌ**keit** *f* ⟨~⟩ nature *f* répréhensible, blâmable, condamnable; 2**ung** *f* ⟨~; ~**en**⟩ *e-s Plans* rejet *m*; *e-r Lehre* réprobation *f* (*auch bibl.*); condamnation *f*; *géol.* faille *f*.

verwert|bar [fɛr'veːrtˌbaːr] *adj.* utilisable; *Altmaterial* récupérable; ~**en** *v/t.* ⟨-ete, *pas de ge-*, **h**⟩ utiliser; *Altmaterial* récupérer; *Patent, Erfindung etc.* exploiter; mettre en valeur; *Wertpapiere, Pfand* réaliser; 2**ung** *f* utilisation *f*; *von Altmaterial* récupération *f*; *e-s Patents, e-r Erfindung etc.* exploitation *f*; mise *f* en valeur; *von Wertpapieren, Pfändern* réalisation *f*; 2**ungsge**ˌ**nossen**ˌ**schaft** *f agr.* coopérative *f* de transformation; 2**ungsge**ˌ**sellschaft** *f* société *f* d'exploitation.

verwesen[1] [fɛr'veːzən] *v/i.* ⟨-(es)t, *pas de ge-*, **sein**⟩ se décomposer; se putréfier.

verwes|en[2] [fɛr'veːzən] *st. s.* *v/t.* ⟨-(es)t, *pas de ge-*, **h**⟩ (*verwalten*) administrer; gérer; 2**er** *m* ⟨~s; ~⟩ administrateur *m*; vicaire *m*.

verwes|lich [fɛr'veːsˌlɪç] *adj.* putrescible; 2**lich**ˌ**keit** *f* ⟨~⟩ putrescibilité *f*; 2**ung** *f* ⟨~⟩ décomposition *f*; putréfaction *f*; **in** ~ **übergehen** entrer, tomber en putréfaction; 2**ungsge**ˌ**ruch** *m* miasme *m*; 2**ungspro**ˌ**zeß** *m* putréfaction *f*.

verwetten [fɛr'vɛtən] *v/t.* ⟨-ete, *pas de ge-*, **h**⟩ *Geld* perdre ... en pariant, à faire des paris; F **Kopf u. Kragen** ~ risquer tout; jouer le tout pour le tout, son va-tout.

verwichsen [fɛr'vɪksən] F *v/t.* ⟨-(es)t, *pas de ge-*, **h**⟩ **1.** *cf.* **verhauen**, **verprügeln**; **2.** *cf.* **verjubeln**.

verwick|eln [fɛr'vɪkəln] *v/t.* (*u. v/réfl.*) ⟨-(e)le, *pas de ge-*, **h**⟩ *Garn* (s')embrouiller; (s')entortiller; (s')emmêler; (s')enchevêtrer; *fig.* **sich in Widersprüche** ~ s'empêtrer, s'embrouiller, s'enchevêtrer dans des contradictions; **j-n in etw.** ~ engager, impliquer, envelopper, F embarquer qn. dans une affaire; ~**elt** *adjt. Angelegenheit etc.* compliqué; complexe; embrouillé; ~ **machen** compliquer; embrouiller; ~**er werden** se compliquer; **in etw.** ~ **sein** être engagé, impliqué, enveloppé, F embarqué, tremper dans une affaire; **das ist e-e** ~**e Geschichte** F c'est la bouteille à l'encre; 2**(e)**ˌ**lung** *f des Garns* entortillement *m*; enchevêtrement *m*; *in e-e Angelegenheit* implication *f* (**in** dans); *politische, kriegerische, von Umständen* complication *f*; confusion *f*; embrouillement *m*; *thé.* intrigue *f*; nœud *m*; imbroglio *m*.

verwiesen [fɛr'viːzən] *cf.* **verweisen**.

verwilder|n [fɛr'vɪldərn] *v/i.* ⟨-(e)re, *pas de ge-*, **sein**⟩ *Tiere* (re)devenir sauvage; *Felder, Gärten, Kinder* être (laissé) à l'abandon; être négligé; *Personen, äußerlich* ne pas prendre soin de sa personne; se négliger; *moralisch, Sitten* se dépraver; ~ **lassen** *Kinder* négliger l'éducation (de); *Gärten, Felder* laisser sans culture, à l'abandon; ~**t** *adjt. Tiere* devenu sauvage, farouche; *Gärten* inculte; abandonné; laissé à l'abandon; *Kinder* indiscipliné; indomptable; *Sitten* dépravé; *Sprache* barbare; 2**ung** *f* ⟨~⟩ *von Tieren* retour *m* à l'état sauvage; *von Gärten* abandon *m*; état sauvage; *der Sitten, moralische* dépravation *f*.

verwind|en [fɛr'vɪndən] *v/t.* ⟨*irr.*, *pas de ge-*, **h**⟩ **1. etw. nicht** ~ **können** ne pas (pouvoir) surmonter qc., se consoler de qc.; **den Schmerz** ~ surmonter, vaincre la douleur; **er wird es so bald nicht** ~ il s'en ressentira longtemps; **2.** *techn.* (*verdrehen*) tordre; (*verformen*) fausser; voiler; gauchir (*auch aviat.*); 2**ung** *f techn.* distorsion *f*; voilement *m*; gauchissement *m* (*auch aviat.*); 2**ungs**ˌ**klappe** *f aviat.* aileron *m*.

verwirken [fɛr'vɪrkən] *v/t.* ⟨*pas de ge-*, **h**⟩ *Recht, Anspruch* perdre; **ein Recht verwirkt haben** *auch* être déchu d'un droit; **sein Leben** ~ risquer, encourir la peine de mort; **sein Leben verwirkt haben** avoir mérité la mort.

verwirklich|en [fɛr'vɪrkˌlɪçən] *v/t.* (*u. v/réfl.*) ⟨*pas de ge-*, **h**⟩ (se) réaliser; (*in Erfüllung gehen*) s'accomplir; 2**ung** *f* ⟨~⟩ réalisation *f*.

Verwirkung [fɛr'vɪrkʊŋ] *f* ⟨~⟩ *e-s Rechts, Anspruchs* perte *f*; déchéance *f*.

verwirr|en [fɔr'vɪrən] *v/t.* (*u. v/réfl.*) ⟨*pas de ge-*, **h**⟩ *Fäden, Garn etc.* (s')embrouiller (*auch Begriffe, Sinne*); (s')entortiller; (s')emmêler; (s')enchevêtrer; *Haar* mettre en désordre; déranger; (s')emmêler; (se) confondre; *fig.* **sich** ~ s'embrouiller; F s'emberlificoter; **j-n** ~ embrouiller, confondre, troubler, embarrasser, déconcerter, décontenancer, dérouter qn.; ~**end** *adjt.* troublant; ~**t** *adjt.* embrouillé; confus; déconcerté; **j-n** ~ **machen** *cf.* (**j-n**) ~**en**; **ganz** ~ **aussehen** avoir l'air égaré, F tout drôle, chose; **er macht e-n ganz** ~ **mit s-m Gerede** il vous abasourdit, étourdit, assomme, rend fou avec son bavardage; *cf. auch* **verworren**; 2**ung** *f* ⟨~; ~**en**⟩ confusion *f*; désarroi *m*; trouble *m*; déroute *f*; embarras *m*; (*Unordnung*) désordre *m*; **fürchterliche** ~ déroute affreuse; **in** ~ en désarroi; dans le désarroi; ~ **stiften** provoquer la confusion, le trouble; **j-n in** ~ **bringen** *cf.* (**j-n**) ~**en**; **etw. in** ~ **bringen** jeter le désordre dans qc.; **in** ~ **geraten** s'embrouiller; se troubler; se déconcerter; se décontenancer; s'embarrasser.

verwirtschaft|en [fɛr'vɪrtˌʃaftən] *v/t.* ⟨-ete, *pas de ge-*, **h**⟩ dissiper; gaspiller; dépenser inconsidérément; 2**ung** *f* ⟨~⟩ dissipation *f*; gaspillage *m*.

verwischen [fɛr'vɪʃən] *v/t.* (*u. v/réfl.*) ⟨*pas de ge-*, **h**⟩ *Spur, Eindruck* (s')effacer; *Pastellmalerei* estomper; *mit Tinte Geschriebenes, versehentlich* effacer à demi, maculer, barbouiller en passant la main, *etc.* dessus; *Unterschiede, Grenzen etc.* **sich** ~ disparaître; s'estomper; s'atténuer.

verwitter|n [fɛr'vɪtərn] *v/i.* ⟨-(e)re, *pas de ge-*, **sein**⟩ se décomposer; s'effriter (sous l'influence de l'air); se désagréger; être rongé par le temps; se dégrader; *minéral.*, *chim.* (s')effleurir; tomber en efflorescence; 2**ung** *f* décomposition *f*; effritement *m*; désagrégation *f*; dégradation *f*; *minéral.*, *chim.* efflorescence *f*.

verwitwet [fɛr'vɪtvət] *adj.* veuf, -ve; *von fürstlichen Witwen* douairière.

verwoben [fɛr'voːbən] *adj.* **eng miteinander** ~ **sein** être étroitement unis, entrelacés; 2ˌ**heit** *f* ⟨~⟩ union étroite; entrelacement *m*.

verwöhnen [fɛr'vøːnən] *v/t.* (*u. v/réfl.*)

⟨*pas de ge-*, h⟩ (se) gâter; choyer; (se) dorloter; im Essen ~ faire des petits plats (à qn.); rendre difficile sur le manger, la nourriture.

verwohnt [fɛr'voːnt] *adj. Wohnung, Zimmer* défraîchi.

verwöhn|t [fɛr'vøːnt] *adjt.* gâté; für den ~en Raucher pour le fumeur le plus exigeant; **2t,heit** *f* ⟨~⟩ habitudes *f/pl.* de personne gâtée, d'enfant gâté; **2ung** *f* ⟨~⟩ gâterie *f.*

verworfen [fɛr'vɔrfən] *adjt.* vil; abject; infâme; dépravé; **2e(r)** *m* ⟨→ A⟩ *bibl.* réprouvé *m*; **2,heit** *f* ⟨~⟩ abjection *f*; infamie *f*; dépravation *f*; bassesse *f.*

verworren [fɛr'vɔrən] *adjt.* embrouillé; confus; ~e Stimmen rumeur *f*; ~e Lage situation confuse; ~es Zeug reden divaguer; déraisonner; F battre la breloque; ~er Kopf cervelle embrouillée; esprit confus, embrouillé; **2,heit** *f* ⟨~⟩ embrouillement *m*; confusion *f*; désordre *m* (des idées).

verwund|bar [fɛr'vʊnt,baːr] *adj.* vulnérable; **2bar,keit** *f* ⟨~⟩ vulnérabilité *f*; **~en** *v/t.* ⟨-ete, *pas de ge-*, h⟩ blesser (*auch fig. mit Worten*).

verwunder|lich [fɛr'vʊndər,lɪç] *adj.* étonnant; surprenant; étrange; es ist nicht ~, daß ... rien d'étonnant (à ce) que ...; **~n I** *v/t.* ⟨-(e)re, *pas de ge-*, h⟩ étonner; surprendre; émerveiller; das ist nicht zu ~ ce n'est pas étonnant, surprenant; es wäre nicht zu ~, wenn ... on ne s'étonnerait pas si ... (*od.* de ... + *inf.*); das verwundert mich gar nicht cela ne m'étonne, surprend pas; **II** *v/réfl.* sich ~ s'étonner (über de); être étonné, surpris (de); **2ung** *f* ⟨~⟩ étonnement *m*; surprise *f*; voller ~ plein d'étonnement; in ~ geraten s'étonner (über de); in ~ setzen frapper d'étonnement; ich komme aus der ~ nicht heraus je n'en reviens pas.

Verwund|etenabtransport [fɛr'vʊndətən,ʔaptransport] *m* transport *m* vers l'arrière de blessés; **~eten,abzeichen** *n* insigne *m*, médaille *f* des blessés; **~eten,sammel,stelle** *f* point *m* de rassemblement des blessés; poste *m* de réception des blessés; **~etentrans,port** *m* transport *m* de blessés; **~ete(r)** *f* (*m*) ⟨→ A⟩ blessé, -e *m, f*; **~ung** *f* ⟨~; ~en⟩ blessure *f*; (*Wunde*) plaie *f.*

verwunschen [fɛr'vʊnʃən] *adj.* enchanté.

verwünsch|en [fɛr'vʏnʃən] *v/t.* ⟨*pas de ge-*, h⟩ **1.** (*verfluchen*) maudire; **2.** *cf.* verzaubern; **~t** *int.* malédiction!; peste!; *cf. auch* verflixt; ~ sei diese Reise! maudit soit ce voyage!; **2ung** *f* ⟨~; ~en⟩ **1.** (*Verfluchung*) malédiction *f*; imprécation *f*; ~en gegen j-n ausstoßen lancer, proférer des malédictions, des imprécations contre qn.; **2.** *cf.* Verzauberung.

verwurz|eln [fɛr'vʊrtsəln] *fig. v/i.* ⟨-(e)le, *pas de ge-*, sein⟩ s'enraciner, prendre racine, s'implanter (in dans); mit der Heimat fest verwurzelt sein être profondément attaché à son sol natal; tief verwurzelt sein in avoir de profondes racines dans; **2(e),lung** *f* ⟨~⟩ enracinement *m.*

verwüst|en [fɛr'vyːstən] *v/t.* ⟨-ete, *pas de ge-*, h⟩ ravager; dévaster; désoler; **2ung** *f* ⟨~; ~en⟩ ravage *m*; dévastation *f*; désolation *f*; ~en anrichten faire des ravages.

verzag|en [fɛr'tsaːgən] **I** *v/i.* ⟨*pas de ge-*, h⟩ perdre courage; se décourager; se laisser abattre; *pfort.* (*verzweifeln*) désespérer; **II 2en** *n* ⟨~s⟩ découragement *m*; abattement *m*; **~t** *adjt.* découragé; abattu; *pfort.* désespéré; ~ werden tomber dans le découragement; *cf. auch* ~en I; ~ machen décourager; **2t,heit** *f* ⟨~⟩ *cf.* ~en II.

verzählen [fɛr'tsɛːlən] *v/réfl.* ⟨*pas de ge-*, h⟩ sich ~ se tromper en comptant; sich um zwei ~ se tromper de deux.

verzahn|en [fɛr'tsaːnən] **I** *v/t.* ⟨*pas de ge-*, h⟩ *techn.* (*ineinanderfügen*) endenter; *charp.* adenter; **II** *v/réfl.* sich (*ineinander*) ~ s'engrener (*auch fig.*); **III 2en** *n techn.* endentement *m*; engrènement *m*; **2ung** *f* ⟨~; ~en⟩ **1.** *cf.* ~en III; **2.** *techn.* denture *f*; dents *f/pl.*; *charp.* adent *m*; *fig.* engrenage *m.*

verzapf|en [fɛr'tsapfən] *v/t.* ⟨*pas de ge-*, h⟩ *Getränke* débiter; *charp.* cheviller; assembler à tenon (et mortaise); F *fig.* Unsinn ~ débiter des bêtises, des âneries; **2ung** *f* ⟨~; ~en⟩ *von Getränken* débit *m*; *charp.* chevillage *m*; assemblage *m* à tenon (et mortaise).

verzärtel|n [fɛr'tsɛːrtəln] *v/t.* ⟨-(e)le, *pas de ge-*, h⟩ amollir; choyer; dorloter; *Kind auch* gâter; **2ung** *f* ⟨~⟩ amollissement *m*; dorlotement *m*; *e-s Kindes auch* gâterie *f.*

verzauber|n [fɛr'tsaubərn] *v/t.* ⟨-(e)re, *pas de ge-*, h⟩ enchanter; ensorceler; ~ in changer en; **2ung** *f* ⟨~; ~en⟩ enchantement *m*; ensorcellement *m.*

verzäun|en [fɛr'tsɔʏnən] *v/t.* ⟨*pas de ge-*, h⟩ entourer d'une clôture; **2ung** *f* ⟨~⟩ clôture *f.*

verzechen [fɛr'tsɛçən] *v/t.* ⟨*pas de ge-*, h⟩ *Geld* dépenser ... à boire; *Zeit* passer ... à boire.

verzehnfachen [fɛr'tseːn,faxən] *v/t.* (*u. v/réfl.*) ⟨*pas de ge-*, h⟩ décupler.

Verzehr [fɛr'tseːr] *m* ⟨~(e)s⟩ consommation *f*; **2en I** *v/t.* ⟨*pas de ge-*, h⟩ (*essen*) consommer; *fig. sein Vermögen* dépenser; F manger; *von Fieber, e-r Krankheit* consumer; *von Kummer, Gram, e-r Krankheit* ronger; miner; *von e-r Leidenschaft* dévorer; consumer; **II** *v/réfl.* sich ~ *vor Kummer, Gram etc.* se consumer, se ronger, se miner (vor de); **2end** *fig. adjt.* qui consume; **~ung** *f* ⟨~⟩ consommation *f*; **~,zwang** *m* obligation *f* de consommation.

verzeichn|en [fɛr'tsaɪçnən] *v/t.* ⟨-ete, *pas de ge-*, h⟩ **1.** *peint.* (*falsch zeichnen*) mal dessiner; mal reproduire; *Charakter, Gestalt in e-m Roman* mal tracer, décrire, esquisser; défigurer; *opt.* déformer; *peint.* verzeichnet sein *auch* être disproportionné; être mal réussi; être raté; **2.** (*aufzeichnen*) noter; prendre note de; mettre par écrit; consigner; (*registrieren*) enregistrer; *Kurse* coter; auf e-r Liste ~ inscrire sur une liste; auf e-r Liste verzeichnet sein figurer sur une liste; *fig., Erfolg, Siege, Gewinne etc.* ~ können, zu ~ haben pouvoir enregistrer; **2is** *n* ⟨~ses; ~se⟩ (*Liste*) liste *f*; état *m*; relevé *m*; tableau *m*; bordereau *m*; répertoire *m*; (*Register*) registre *m*; ein ~ anlegen dresser une liste, un état, un registre; faire un relevé; dresser, établir un répertoire; **2ung** *f fig.* (*Entstellung*) défiguration *f*; *opt.* déformation *f*; distorsion *f.*

verzeih|en [fɛr'tsaɪən] *v/t.* ⟨*irr., pas de ge-*, h⟩ pardonner (j-m etw. qc. à qn.); (*entschuldigen*) excuser; ~ Sie!, Sie werden ~! pardon!; pardonnez-moi!; excusez-moi!; **~,lich** *adj.* pardonnable; (*entschuldbar*) excusable; **2ung** *f* ⟨~⟩ pardon *m*; j-n um ~ bitten demander pardon à qn.; ~! pardon!

verzerr|en [fɛr'tsɛrən] *v/t.* (*u. v/réfl.*) ⟨*pas de ge-*, h⟩ *Bild, Ton* (se) déformer; (se) distordre; *Bild auch* (*entstellen*) défigurer (*auch fig.*); *Gesichtszüge* (se) décomposer; *Gesicht, vor Schmerz* sich krampfhaft ~ se crisper; se convulser; **2ung** *f e-s Bildes, Tons* déformation *f*; distorsion *f*; *e-s Bildes auch* (*Entstellung*) défiguration *f* (*auch fig.*); *der Gesichtszüge* décomposition *f*; contorsion *f.*

verzett|eln [fɛr'tsɛtəln] **I** *v/t.* ⟨-(e)le, *pas de ge-*, h⟩ **1.** *Geld, Kräfte* éparpiller; disperser; gaspiller; **2.** (*auf Zettel aufnehmen*) mettre sur fiches; **II** *v/réfl.* sich ~ éparpiller ses forces; **2(e),lung** *f* ⟨~⟩ *von Geld, Kräften* éparpillement *m*; dispersion *f*; gaspillage *m*; (*Aufnahme auf Zettel*) mise *f* sur fiches.

Verzicht [fɛr'tsɪçt] *m* ⟨~(e)s; ~e⟩ renonciation *f* (auf etw. à qc.); résignation *f* (de qc.); abandon *m* (de qc.); *bes. relig., philos.* renoncement *m* (à qc.); *jur.* désistement *m* (de qc.); auf etw. ~ leisten *cf.* 2en; **2en** *v/i.* ⟨-ete, *pas de ge-*, h⟩ auf etw. ~ renoncer à qc.; résigner qc.; *jur.* se désister de qc.; *Sport* (*s-e Meldung zurücknehmen*) déclarer forfait; auf s-n Vorteil ~ faire abnégation de ses intérêts; auf etw. nicht ~ können (*ohne etw. nicht auskommen können*) ne savoir se passer de qc.; **~er,klärung** *f* déclaration *f* de renonciation; **~,leistung** *f cf.* Verzicht.

verziehen¹ [fɛr'tsiːən] **I** *v/t.* ⟨*irr., pas de ge-*, h⟩ **1.** das Gesicht ~ grimacer; faire une (des) grimace(s); *bei Unzufriedenheit etc.* faire la grimace; faire la moue; den Mund ~ tordre la bouche; den Mund zu e-m geringschätzigen Lächeln ~ rire du bout des lèvres; ohne e-e Miene zu ~ sans sourciller; **2.** ein Kind ~ gâter, mal élever un enfant; **3.** *jard., junge Pflanzen, Rüben* démarier; éclaircir; **II** *v/i.* ⟨sein⟩ (*wegziehen*) déménager; changer de logement, de domicile, de résidence; unbekannt verzogen parti sans laisser d'adresse; **III** *v/réfl.* sich ~ *techn.* se voiler; se fausser; *Holz, Brett* se déjeter; gauchir; *Gewitter, Wolken, Schmerz, Menschenmenge* se dissiper; *Geschwulst* disparaître; tomber; *Geschwür* se résoudre; se résorber; *Gesicht* sich krampfhaft ~ se crisper; se convulser; F *fig.* sich ~ (*sich davonmachen*) s'en aller; F déguerpir; P ficher le camp; **IV 2** *n jard., von Pflanzen, Rüben* démariage *m*; éclaircissage *m*; *des Holzes* déjettement *m*; gauchissement *m*; *nach e-m anderen Ort* déménagement *m*; changement *m* de logement, de domicile, de résidence.

verziehen² [fɛr'tsiːən] *cf.* verzeihen.

verzier|en [fɛr'tsiːrən] *v/t.* ⟨*pas de ge-*, h⟩ orner; décorer (*auch cuis.*); parer; *mit Zieraten* enjoliver; agrémenter; ornementer; *Buch, mit Vignetten etc., bât., Giebel* historier; *Kleidungsstück etc. durch Besatz* garnir; **2ung** *f* ⟨~; ~en⟩ **1.** (*das Verzieren*) décoration *f*; enjolivement *m*; ornementation *f*; *durch Besatz* garnissage *m*; **2.**

(*Schmuck, das Verzierende*) ornement *m* (*auch bât., rhét.*); décoration *f*; parure *f*; (*Zierat*) enjolivement *m*; *kleine* enjolivure *f* (*auch auf Geschützrohren, Waffen*); (*Besatz*) garniture *f*; *mus.* ~en *pl.* fioritures *f/pl.*; agréments *m/pl.*

verzimmer|n [fɛr'tsɪmərn] *v/t.* ⟨-(e)re, *pas de ge-*, h⟩ revêtir de charpente; *mines, Schacht* cuveler; boiser; 2ung *f* revêtement *m* de charpente; *mines* cuvelage *od.* cuvellement *m*; boisage *m*.

verzink|en [fɛr'tsɪŋkən] I *v/t.* ⟨*pas de ge-*, h⟩ *métall.* zinguer; galvaniser (au zinc); *charp.* assembler en queue d'aronde; II 2en *n* ⟨~s⟩ *métall.* zingage *m*; *charp.* assemblage *m* en queue d'aronde; 2er *m* ⟨~s; ~⟩ *métall.* zingueur *m*.

verzinn|en [fɛr'tsɪnən] I *v/t.* ⟨*pas de ge-*, h⟩ étamer; II 2en *n* ⟨~s⟩ étamage *m*; 2er *m* ⟨~s; ~⟩ étameur *m*; 2ung *f* ⟨~; ~en⟩ *als Resultat* étamure *f*.

verzins|bar [fɛr'tsɪnsˌbaːr] *adj. cf.* ~lich; ~en I *v/t.* ⟨-(es)t, *pas de ge-*, h⟩ etw. ~ payer les intérêts de qc.; II *v/réfl.* sich ~ rapporter des intérêts; porter intérêt; être productif, -ive d'intérêt(s); sich mit 6⁰/₀ ~ rapporter six pour cent; ~ˌlich *adj.* productif, -ive d'intérêt(s); à intérêt(s); ~e Anleihe emprunt à intérêts; ~e Anlage placement productif d'intérêts; ~ anlegen placer à intérêts; 2ung *f* ⟨~⟩ paiement *m* des intérêts; (*Ertrag*) rapport *m*; intérêts *m/pl.*

verzogen [fɛr'tsoːgən] I *p. p. cf.* verziehen[1]; II *adjt. Kind* gâté.

verzöger|n [fɛr'tsøːgərn] I *v/t.* ⟨-(e)re, *pas de ge-*, h⟩ retarder; (*aufschieben*) différer; (*in die Länge ziehen*) traîner en longueur; II *v/réfl.* sich ~ se retarder (um de); (*sich in die Länge ziehen*) se traîner en longueur; (*auf sich warten lassen*) se faire attendre; ~nd *adjt.* retardateur, -trice; 2ung *f* retard *m*; retardement *m*; *phys.* décélération *f*; *néol.* retardation *f*; e-e ~ erfahren, erleiden subir un retard; keine ~ dulden ne souffrir aucun retard; 2ungsgeˌfecht *n milit.* combat retardateur, de retardement; action retardatrice; 2ungsimˌpuls *m phys.* impulsion décélératrice; 2ungsˌtaktik *f* tactique *f* de retardement.

verzoll|en [fɛr'tsɔlən] *v/t.* ⟨*pas de ge-*, h⟩ dédouaner; payer la douane, les droits de douane sur; acquitter les droits de douane sur; haben Sie etw. zu ~? avez-vous qc. à déclarer?; 2ung *f* ⟨~⟩ dédouanement *m*; paiement *m*, acquittement *m* des droits de douane; zur ~ anmelden demander le dédouanement.

verzück|en [fɛr'tsʏkən] *v/t.* ⟨*pas de ge-*, h⟩ ravir; plonger dans l'extase, dans le ravissement; ~t *adjt.* extasié; en extase; *relig.* ~ werden être ravi, en extase; 2ung *f* ⟨~; ~en⟩ ravissement *m*; extase *f*; in ~ geraten tomber en extase; über etw. in ~ geraten s'extasier sur qc.

Verzug [fɛr'tsuːk] *m* ⟨~(e)s⟩ 1. retard *m*; (*Aufschub*) délai *m*; *jur.* demeure *f*; in ~ sein être en retard (mit de); *jur.* in ~ setzen mettre en demeure; in ~ bringen retarder; mit den Steuern in ~ geraten, kommen se mettre en retard, prendre du retard dans le paiement de ses impôts; ohne ~ sans retard; sans délai; immédiatement; es ist Gefahr im ~ a) il y a péril en la demeure; b) (*es droht Gefahr*) un danger menace; 2. (*Liebling*) sie ist der ~ der ganzen Familie elle est l'enfant gâtée, chérie de toute la famille; ~sˌstrafe *f* pénalité *f* pour retard; ~sˌzinsen *pl.* intérêts *m/pl.* moratoires; ~sˌzuschlag *m* supplément *m* pour retard.

verzweif|eln [fɛr'tsvaɪfəln] *v/i.* ⟨-(e)le, *pas de ge-*, sein⟩ désespérer (an etw. de qc.); *abs.* se désespérer; es ist zum 2 c'est à désespérer; c'est désespérant; ~elt 1. *adjt.* désespéré; ~er Entschluß résolution, parti extrême; in ~er Lage sein être aux abois; wie ein 2er en désespéré; 2. *adv.* (*höchst*) extrêmement; ~ wenig extrêmement, très peu; 2(e)ˌlung *f* ⟨~⟩ désespoir *m*; ein Akt der ~ un acte de désespoir; etw. aus ~ tun faire qc. en désespoir de cause; j-n zur ~ bringen mettre qn. au désespoir; désespérer qn.; in ~ geraten se désespérer; mit dem Mut der ~ kämpfen se battre avec l'énergie du désespoir; 2(e)lungsˌtat *f* acte *m* de désespoir; geste désespéré.

verzweig|en [fɛr'tsvaɪgən] *v/réfl.* sich ~ se ramifier (*auch fig.*); 2ung *f* ⟨~; ~en⟩ ramification *f*.

verzwickt [fɛr'tsvɪkt] F *adj.* compliqué; inextricable; embrouillé; 2ˌheit F *f* ⟨~; ~en⟩ complication *f*; inextricabilité *f*; embrouillement *m*.

Vesper ['fɛspər] *f* ⟨~; ~n⟩ 1. *égl. cath.* vêpres *f/pl.*; *hist.* die Sizilianische ~ les Vêpres siciliennes; 2. (*Nachmittagsimbiß*) goûter *m*; collation *f*; casse-croûte *m*; ~ˌbild *n* Pietà *f*; ~ˌbrot *n* goûter *m*; collation *f*; casse-croûte *m*; sein ~ essen goûter; manger sa collation, son casse-croûte; ~ˌglocke *f*, ~ˌläuten *n* cloche *f* des vêpres; 2n *v/i.* ⟨-(e)re, h⟩ goûter; ~ˌstunde *f*, ~ˌzeit *f* a) *égl. cath.* heure *f* des vêpres; b) heure *f* du goûter.

Vestalin [vɛs'taːlɪn] *f* ⟨~; ~nen⟩ vestale *f*.

Vestibül [vɛstiˑ'byːl] *n* ⟨~s; ~e⟩ vestibule *m*.

Vesuvian [veˑzuˑviˑ'aːn] *m* ⟨~s; ~e⟩ *minéral.* vésuvianite *f*; vésuvienne *f*; idocrase *f*.

Veteran [veˑteˑ'raːn] *m* ⟨~en; ~en⟩ vétéran *m*.

Veterinär [veˑteˑriˑ'nɛːr] *m* ⟨~s; ~e⟩ vétérinaire *m*; ~ˌarzt *m* médecin *m* vétérinaire; ~mediˌzin *f* médecine *f* vétérinaire; ~offiˌzier *m milit.* officier *m* vétérinaire; ~ˌwesen *n* service *m* vétérinaire.

Veto ['veːtoˑ] *n* ⟨~s; ~s⟩ veto *m*; absolutes, aufschiebendes ~ veto absolu, suspensif; ein ~ einlegen mettre, opposer son veto (gegen à); ~ˌrecht *n* droit *m* de veto; ein ~ besitzen disposer d'un droit de veto.

Vettel ['fɛtəl] *f* ⟨~; ~n⟩ *péj.* alte ~ (*schmutziges Weib*) P vieille salope; (*böses Weib*) F (vieille, sale) garce *f*; chipie *f*.

Vetter ['fɛtər] *m* ⟨~s; ~n⟩ cousin *m*; 2ˌlich *adj.* de cousin; ~nˌheirat *f* mariage *m* entre cousin et cousine; ~(n)ˌschaft *f* ⟨~⟩ a) qualité *f* de cousin; F cousinage *m*; b) *coll.* les cousins *m/pl.*; ~nˌwirtschaft *péj. f* ⟨~⟩ népotisme *m*.

Vexier|bild [vɛ'ksiːrˌbɪlt] *n* dessin-devinette *m*; 2en *v/t.* ⟨*pas de ge-*, h⟩ (*necken*) taquiner; (*irreführen*) mystifier; berner; ~ˌschloß *n* serrure *f* à secret, à combinaison; ~ˌspiegel *m* miroir *m* à surprises, déformant.

V-|Form ['faufɔrm] *f Tragflügel* forme *f* de dièdre; ~ˌförmig *adj.* en (forme de) dièdre; ~e Anordnung disposition en V.

via ['viːa] *advt. comm.* ~ Paris par, via Paris.

Viadukt [viˑa'dʊkt] *m* ⟨~(e)s; ~e⟩ viaduc *m*.

Viatikum [viˑ'aːtiˑkʊm] *n* ⟨~s; -ka *od.* -ken⟩ *égl. cath.* viatique *m*.

Vibraphon [viˑbra'foːn] *n* ⟨~s; ~e⟩ *mus.* vibraphone *m*.

Vibration [viˑbratsiˑ'oːn] *f* ⟨~; ~en⟩ vibration *f*; *phys.* oscillation *f*; ~sˌaufnehmer *m élect.* capteur *m* de vibrations; ~sgalvanoˌmeter *n élect.* galvanomètre *m* à lame vibrante, de résonance; ~smaˌssage *f* massage *m* vibratoire; ~sˌmesser *m* ⟨~s; ~⟩ vibromètre *m*; ~sˌspule *f élect.* bobine *f* à trembleur.

Vibrator [viˑ'braːtər] *m* ⟨~s; -'toren⟩ vibrateur *m*.

vibrieren [viˑ'briːrən] I *v/i.* ⟨*pas de ge-*, h⟩ vibrer; osciller; II 2 *n* ⟨~s⟩ vibration(s) *f* (*pl.*); oscillation *f*; trépidation *f*.

Viecherei [ˌfiːçə'raɪ] *f* ⟨~; ~en⟩ F 1. (*Gemeinheit, Roheit*) barbarie *f*; monstruosité *f*; 2. *cf.* Schinderei 2.

Vieh [fiː] *n* ⟨~(e)s⟩ *coll.* bétail *m*; bestiaux *m/pl.*; (*unvernünftiges Tier*) bête *f*; *fig.*, *von Menschen* brute *f*; lebendes ~ bétail vivant, sur pied; das große, kleine ~ le gros, menu bétail; zwanzig Stück ~ vingt têtes de bétail; ~ halten nourrir, élever du bétail; das ~ auf die Weide treiben conduire le bétail au pâturage; mener paître le bétail; das arme ~! la pauvre bête!; er benimmt sich wie ein ~ il se conduit comme une brute; dumm wie das liebe ~ bête à manger du foin; wie ~ zusammengepfercht sein être parqués, entassés comme des bestiaux; P du ~! P espèce d'abruti!; zum ~ machen (werden) (s')abrutir; ~ˌauftrieb *m* animaux livrés à la boucherie; ~ˌausstellung *f* concours-exposition *m* de bétail; ~beˌstand *m* cheptel *m*; ~ˌfliege *f zo.* (*Bremse*) taon [tɑ̃] *m*; ~ˌfutter *n* fourrage *m*; ~ˌfütterung *f* affouragement *m*; ~ˌhalter *m* éleveur *m* (de bétail); ~ˌhaltung *f* élevage *m* (de bétail); ~ˌhandel *m* commerce *m* de bétail; ~ˌhändler *m* marchand *m* de bestiaux; ~ˌherde *f* troupeau *m*; ~hof *m* abattoir *m*; 2isch *adj.* brutal; bestial; ~markt *m* marché *m* aux bestiaux; ~mast *f* engraissement *m* des bestiaux; ~pacht *f* (bail *m* à) cheptel *m*; ~ˌpächter *m* cheptelier *m*; ~salz *n* sel gris, non raffiné; ~ˌschaden *m* dégât causé par le bétail; ~ˌschwemme *f* abreuvoir *m*; ~ˌseuche *f vét.* épizootie *f*; ~ˌseuchenbeˌkämpfung *f* lutte *f* contre les épizooties; ~ˌseuchengeˌsetz *n* loi *f* contre les épizooties; ~stall *m* étable *f*; ~stand *m* cheptel *m*; ~ˌsterben *n* mortalité *f* du bétail; ~ˌtränke *f* abreuvoir *m*; ~transˌporter *m*, ~transˌportˌwagen *m* bétaillère *f*; ~ˌtreiben *n* conduite *f* des bestiaux; ~ˌtreiber *m* vacher *m*; bouvier *m*; ~verˌsicherung *f* assurance *f* contre la mortalité du bétail; ~ˌwagen *m chem.* wagon *m* à bestiaux; ~ˌweide *f* pâturage *m*; pacage *m*; ~ˌwirtschaft *f* production animale; ~ˌzählung *f* recensement *m* du bétail; ~zeug F *n* animaux *m/pl.*; ~zucht *f* élevage *m* (de bétail, de bestiaux); ~ treiben élever du bétail, des bestiaux; faire de l'élevage; ~ˌzüchter *m* éleveur *m* (de bétail); ~ˌzüchterverˌband *m* association *f* d'éleveurs (de bestiaux); 2zucht-

ˌ**treibend** *adjt.* qui élève des bestiaux; qui fait de l'élevage (de bestiaux).

viel [fiːl] *pr/ind. u. adv.* ⟨**mehr, meist**⟩ beaucoup (de); bien (de); nombre de …; quantité de …; **1.** *vor subst.* **~e Freunde** beaucoup d'amis; **~e Male** souvent; **~ Geld** beaucoup d'argent; **~ Geld verdienen** *auch* F gagner gros; **das ~e Geld** tout cet argent; **trotz s-s ~en Geldes** malgré tout son argent, tout l'argent qu'il possède; **die ~en Menschen, die …** le grand nombre de personnes qui …; les nombreuses personnes qui …; **~e andere** bien d'autres; **hier ist es auch nicht ~ anders** il en est à peu près de même ici; **durch das ~e Arbeiten …** à force de travailler …; **durch ~ Fleiß** à force d'application; **~ Glück!** bonne chance!; **~en Dank!** merci beaucoup, bien!; grand merci!; **~ Vergnügen!** bon amusement!; F je vous en souhaite!; **~ Wesens von etw. machen** faire grand bruit de qc.; **2.** *vor Zahlen* **~e hundert (Menschen)** des centaines (de personnes); **3.** *mit Verben* **er hat ~ gelesen** il a beaucoup lu; **~ kosten** coûter cher; **was frag' ich ~ nach Geld** que m'importe l'argent; je me soucie bien de l'argent!; **4.** *vor comp.* **~ besser** bien meilleur; **~ schöner** bien plus beau, belle; **~ schlimmer** bien pire; **~ mehr** beaucoup plus; **er ist ~ größer als ich** il est (de) beaucoup plus grand que moi; **ich bleibe ~ lieber zu Hause** j'aime bien, beaucoup mieux rester chez moi; **5.** *substantivisch* **~e** beaucoup; bien des gens; **~es** bien des choses; **in ~em** à beaucoup d'égards; **um ~es größer** de beaucoup plus grand; **das will ~ heißen, besagen** ce n'est pas rien; cela en dit long; **sich ~ einbilden auf etw.** faire grand cas de qc.; **darüber wäre noch ~es zu sagen** il y aurait bien des choses à dire là-dessus; **es kamen ihrer ~e** il en vint beaucoup; **nicht ~** pas beaucoup, F pas grand-chose (*beim Verb* ne); **das will nicht ~ sagen** cela ne veut pas dire grand-chose; c'est peu de chose; **es ist nicht ~ los damit** F ce n'est pas fameux; **es hätte nicht ~ gefehlt, so …** il s'en fallut de peu que … (ne) … (+ *subj.*); peu s'en fallut que … (ne) … (+ *subj.*); il ne s'en est pas fallu de beaucoup que … (ne) … (+ *subj.*); **sich nicht ~ aus etw. machen** ne pas faire grand cas de qc.; **6.** *mit näherer Bestimmung* **ein bißchen ~, etw. ~, ein wenig ~** un peu trop, beaucoup; **gleich ~** (tout) autant (l'un que l'autre); **sehr ~** beaucoup; **sehr ~ Geld** énormément d'argent; **sehr ~e** bien des gens; **sehr ~e andere** bien d'autres; **das braucht sehr ~ Zeit** cela exige énormément, beaucoup de temps; **so ~, daß …** tant que …; tellement que …; F **der hat so ~ Geld!** il a tant, tellement d'argent!; **so ~e Male wie nötig** autant de fois que ce sera nécessaire; **soundso ~** tant (et tant); **so ~ ist gewiß** cela au moins est sûr; **es braucht unendlich ~ Geduld, um …** (+ *inf.*) il faut infiniment de patience pour … (+ *inf.*); **ziemlich ~** assez; **ziemlich ~ Geld** assez d'argent; **zu ~** par trop; **~ zuviel** beaucoup trop; **~ zuwenig** beaucoup trop peu; **~ zu einfach** bien trop simple; **7.** (*oft*) **er ist ~ bei s-n Eltern** il est souvent chez ses parents; **wir gingen ~ spazieren** nous allions souvent nous promener.

viel|armig [ˈfiːlˌˀarmɪç] *adj.* à plusieurs bras, *Leuchter* branches; **~ˌbändig** *adj.* en beaucoup de volumes; **~beˌschäftigt** *adjt.* très affairé; fort occupé; **~beˌsprochen** *adjt.* dont on parle beaucoup; dont il est beaucoup parlé; dont il est question partout; **~ˌblättrig** *adj. bot.* multifolié; *von Blüten* polypétale; **~ˌdeutig** *adj.* qui a plusieurs sens; (*doppeldeutig*) à double sens; ambigu, -uë; équivoque; **2ˌdeutigˌkeit** *f* ⟨~⟩ ambiguïté *f*; **2eck** *n* ⟨~(e)s; ~e⟩ *math.* polygone *m*; **~ˌeckig** *adj. math.* polygonal; **2ˌehe** *f* polygamie *f*; **~erˈlei** *adj.* ⟨*inv.*⟩ toutes sortes de; divers; **er hat mir ~ erzählt** il m'a raconté bien des choses, toutes sortes de choses, beaucoup de choses; **auf ~ Arten** de diverses manières; **~erˌörtert** *adjt. cf.* **~besprochen**; **~fach 1.** *adj.* multiple; (*wiederholt*) multiplié; réitéré; **auf ~en Wunsch** à la demande générale; **~er Millionär** multimillionnaire *m*; **2.** *adv.* souvent; fréquemment; **2ˌfache(s)** *n* ⟨→ A⟩ multiple *m*; **um ein ~s größer** considérablement plus grand; **2fachˌkabel** *n élect.* câble *m* multiple; **2fachˌschalter** *m élect.* commutateur *m* multiple; **2fachˌschaltung** *f élect.* connexion *f* multiple; **2falt** *f* ⟨~⟩ multiplicité *f*; **~ˌfältig** *adj.* multiple; (*mannigfaltig*) divers; varié; **2ˌfältigˌkeit** *f* ⟨~⟩ multiplicité *f*; (*Mannigfaltigkeit*) diversité *f*; variété *f*; **~ˌfarbig** *adj.* multicolore; polychrome; **2ˌfarbigˌkeit** *f* polychromie *f*; **2flach** *n* ⟨~(e)s; ~e⟩ *math.* polyèdre *m*; **~ˌflächig** *adj. math.* polyèdre; **2ˌflächner** *m* ⟨~s; ~⟩ *cf.* **2flach**; **2fraß** *m zo.* glouton *m*; F *fig.* glouton *m*; goinfre *m*; **2ˌfüßer** *m/pl. zo.* myriapodes *od.* myriopodes *m/pl.*; **~geˌliebt** *adjt.* bien-aimé; **~geˌnannt** *adjt.* souvent nommé; (*berühmt*) renommé; **~geˌprüft** *adjt.* fort éprouvé; qui a beaucoup souffert; **~geˌreist** *adjt.* qui a beaucoup voyagé; qui a vu beaucoup de pays; **~geˌstaltig** *adj.* multiforme; polymorphe; (*verschiedenartig*) varié; **2götteˈrei** *f* ⟨~⟩ polythéisme *m*; **2heit** *f* ⟨~⟩ multiplicité *f*; pluralité *f*; (*Menge*) multitude *f*; quantité *f*; **~ˌköpfig** *adj.* à plusieurs têtes; *Familie etc.* nombreux, -euse.

vielleicht [fiˈlaɪçt] *adv.* peut-être; (*etwa*) par hasard; **Sie haben ~ recht** vous pourriez bien avoir raison; **glauben Sie ~ …?** croyez-vous par hasard …?; **bist du ~ krank?** F tu ne serais pas malade, des fois?

viel|malig [ˈfiːlˌmaːlɪç] *adj.* souvent répété, réitéré; (*häufig*) fréquent; **~mal(s)** *adv.* bien des fois; souvent; *pfort.* mille fois; **ich bitte ~ um Entschuldigung** mille pardons!; **er läßt Sie ~ grüßen** il vous fait ses compliments; **er läßt ~ grüßen** bien des choses de sa part; **danke ~!** mille mercis, remerciements!; merci bien!; merci beaucoup!; **2männeˈrei** *f* ⟨~⟩ polyandrie *f*; **~mehr** [-ˈmeːr, ˈviːl-] *adv.* plutôt; (*im Gegenteil*) au contraire; **~ˌphasig** *adj. élect.* polyphasé; **~ˌpolig** *adj. élect.* multipolaire; **~ˌsagend** *adjt.* qui dit beaucoup; qui en dit long; expressif, -ive; (*bedeutungsvoll*) significatif, -ive; **~ˌsamig** *adj. bot.* polysperme; **2ˌschreiber** *m* polygraphe *m*; *péj.* écrivassier *m*; F écrivailleur *m*; **~ˌseitig** *adj.* (*verschiedenartig*) varié; multiple; *Begabung, Wissen* étendu; vaste; **~ interessierter Mensch** esprit très cultivé; **auf ~en Wunsch** à la demande générale; **2ˌseitigˌkeit** *f* ⟨~⟩ variété *f*; *geistige* étendue *f*; **~ˌsilbig** *adj.* polysyllabe; polysyllabique; **~ˌsprachig** *adj.* polyglotte; **~ˌstimmig** *adj.* à plusieurs voix; polyphonique; **2ˌstimmigˌkeit** *f* ⟨~⟩ polyphonie *f*; **2stoffˌmotor** *m* moteur *m* polycarburant; **~ˈtausendˌmal** *adv.* des milliers de fois; **~umˌworben** *adjt.* très sollicité; **~verˌmögend** *adjt.* très puissant; qui peut beaucoup; **~verˌsprechend** *adjt.* qui promet; prometteur, -euse; plein de promesses; **2weibeˈrei** *f* ⟨~⟩ polygamie *f*; **2zahl** *f* multiplicité *f*; pluralité *f*.

vier [fiːr] **I** *adj. num. c.* quatre; **unter ~ Augen** entre quatre yeux; en tête à tête; **je ~ u. ~** quatre à quatre; **zu ~en, zu ~t** à quatre; F **auf allen ~en kriechen, gehen** marcher à quatre pattes; F **alle ~e von sich strecken** s'étendre de tout son long, tout de son long; s'écrouler, s'affaler épuisé; F **in meinen ~ Wänden** chez moi; F entre mes quatre murs; F **setz dich auf deine ~ Buchstaben!** assieds-toi!; **immer ~ Stufen auf einmal nehmen** monter, descendre l'escalier quatre à quatre; **um halb ~ (Uhr)** à trois heures et demie; **~ Wochen** un mois; **II 2** *f* ⟨~; ~en⟩ quatre *m*; *Schule* **e-e ~ haben, geschrieben haben** avoir la note «passable»; **~ˌarmig** *adj.* à quatre bras; *Leuchter* à quatre branches; **2ˌbeiner** F *m* ⟨~s; ~⟩ *cf.* **Vierfüß(l)er**; **~ˌbeinig** *adj.* à quatre pieds; *zo.* à quatre pattes; quadrupède; **2blatt** *n bât., Ornament* quatre-feuilles *m*; **~ˌblätt(e)rig** *adj.* à quatre feuilles; quadrifolié; **~dimensioˌnal** *adj.* à quatre dimensions; **~ˌdüsig** *adj. aviat.* **~es Flugzeug** quadriréacteur *m*; **2eck** *n* ⟨~(e)s; ~e⟩ carré *m*; *math.* quadrilatère *m*; **~ˌeckig** *adj.* carré; quadrangulaire.

Vierer [ˈfiːrər] *m* ⟨~s; ~⟩ **1.** quatre *m*; **2.** *Rudersport* yole *f* à quatre rameurs; F quatre *m*; **~ˌbob** *m* bobsleigh *m* à quatre; **~konfeˌrenz** *f* conférence *f* à quatre, quadripartite; **2ˈlei** *adj.* ⟨*inv.*⟩ de quatre espèces; **auf ~ Art** de quatre manières (différentes); **~ˌzug** *m cf.* **Viergespann**.

vier|fach [ˈfiːrfax] *adj.* quadruple; **~ zusammenlegen** plier en quatre; **2ˌfache(s)** *n* ⟨→ A⟩ quadruple *m*; **~ˌfältig** *adj. cf.* **~fach**; **2ˌfältige(s)** *n* ⟨→ A⟩ *cf.* **2fache(s)**; **2ˈfarbenˌdruck** *m* ⟨~(e)s; ~e⟩ *impr.* impression *f* en quatre couleurs; quadrichromie *f*; **2ˈfarbenˌstift** *m* porte-mine *m* à quatre couleurs; **2ˈfelderˌwirtschaft** *f agr.* assolement quadriennal; **2flach** *n* ⟨~(e)s; ~e⟩ *math.* tétraèdre *m*; **~ˌflächig** *adj.* tétraèdre; **2ˌflächner** *m* ⟨~s; ~⟩ *cf.* **2flach**; **~ˌflügelig** *adj. aviat., Propeller* à quatre pales; **2fürst** *m hist.* tétrarque *m*; **~ˌfüßig** *adj. zo.* à quatre pattes; quadrupède; **2ˌfüß(l)er** *m* ⟨~s; ~⟩ *zo.* quadrupède *m*; **2gangeˌtriebe** *n Auto* boîte *f* à quatre vitesses; **2geˌspann** *n* attelage *m* de quatre chevaux; *hist.* quadrige *m*; **~geˌstrichen** *adj. mus.* **~e Note** note *f* de la région six; **2ˌhänder** *m* ⟨~s; ~⟩ *zo.* quadrumane *m*; **~ˌhändig** *adj. zo.* quadrumane; *mus.* à quatre mains; **~ spielen** jouer à quatre mains; **~ˈhundert** *adj. num. c.* quatre cent(s); **2ˈjahresˌplan** *m* plan quadriennal; **~ˌjährig** *adj.* **a)** âgé de quatre ans; **b)** de *od.* qui dure quatre ans; quadriennal; **2kant** *m* ⟨~(e)s; ~e⟩ *techn.* carré *m*; **2kantˌeisen** *n* fer carré, à quatre pans; **2kantˌfeile** *f* lime carrée; **2kantˌholz** *n* bois équarri; **~ˌkantig** *adj.* à quatre pans; carré; quadrangulaire; *Holz* **~ behauen, schneiden** équarrir; **2kantˌkopf** *m* tête carrée; *der Revolverdrehbank* tourelle carrée; **2kantˌmutter** *f* ⟨~; ~n⟩ écrou carré, à quatre pans; **2kantˌschlüssel** *m* clef carrée; **2kantˌstahl** *m* acier carré, à quatre pans; **2ling** *m* ⟨~s; ~e⟩ *milit.* canon *m* à quatre tubes; **2ˌlinge** *pl.* quadruplé(e)s *m (f) pl.*; **2'mächtekonfeˌrenz** *f cf.* Viererkonferenz; **2'mächtestaˌtut** *n* statut *m* quadripartite; **~mal** *adv.* quatre fois; **~ soviel** quatre fois autant; le quadruple; **~ˌmalig** *adj.* quatre; **nach ~er Aufforderung** après quatre sommations; **2ˌmaster** *m* ⟨~s; ~⟩ *mar.* quatre-mâts *m*; **~moˌtorig** *adj.* à quatre moteurs; quadrimoteur; **~es Flugzeug** (avion) quadrimoteur *m*; **~ˌphasig** *adj. élect.* tétraphasé; **~ˌpolig** *adj. élect.* tétrapolaire; **~proˌzentig** *adj.* à quatre pour cent; **2rad** *n* quadricycle *m*; **2radˌantrieb** *m Auto* propulsion *f* à quatre roues; traction *f* sur les quatre roues; **2radˌbremse** *f Auto* frein *m* sur les quatre roues; **~ˌräd(e)rig** *adj.* à quatre roues; **2'röhrengeˌrät** *n rad.* poste *m* à quatre lampes; **~ˌschrötig** *adj.* carré; trapu; F taillé à coups de hache; **2ˌschrötigˌkeit** *f* ⟨~⟩ carrure massive, robuste; **~ˌseitig** *adj.* à quatre côtés, pans; quadrilatéral; quadrilatère; **~ˌsilbig** *adj.* quadrisyllabique; **2ˌsilb(l)er** *m* ⟨~s; ~⟩ *métr.* quadrisyllabe *m*; **2ˌsitzer** *m* ⟨~s; ~⟩ voiture *f* à quatre places; *aviat.* quadriplace *m*; **~ˌsitzig** *adj.* à quatre places; **2ˌspänner** *m* ⟨~s; ~⟩ voiture *f* à quatre chevaux; **~ˌspännig** *adj.* attelé de quatre chevaux; **~ fahren** aller à quatre chevaux; **~ˌstellig** *adj. Zahl* de quatre chiffres; **~ˌstimmig** *adj. mus.* à quatre voix; **~ˌstöckig** *adj.* de *od.* à quatre étages; **~ˌstrahlig** *adj. aviat.* **~es Flugzeug** *cf.* **vierdüsig**; **~ˌstrophig** *adj.* de *od.* à quatre strophes, couplets; **~ˌstufig** *adj. Rakete* à *od.* de quatre étages; **~ˌstündig** *adj.* de quatre heures; **~ˌtägig** *adj.* de quatre jours; **2taktˌmotor** *m Auto* moteur *m* à quatre temps; **~'tausend** *adj. num. c.* quatre mille; **~t** *adv.* **zu ~** *cf.* **vier I**; **~te** *adj. num. o.* quatrième; **der ~, den, am ~n (4.) Januar** le quatre (4) janvier; **~s Kapitel** chapitre quatre; **im ~n Kapitel** au quatrième chapitre; **Heinrich IV. (der 2)** Henri IV (quatre); **~ˌteilen I** *v/t.* ⟨h⟩ *hist.* écarteler; **II** *v/réfl. fig.* **sich ~** se mettre en quatre; **III 2ˌteilen** *n hist.* écartèlement *m*; **~ˌteilig** *adj. bot.* quadriparti(te).

Viertel ['fɪrtəl] **I** *n* ⟨~s; ~⟩ **1.** quart *m*; *es ist* **(ein) ~ vor eins** *od.* **drei ~ eins** une heure moins le quart; **(ein) ~ nach eins** *od.* **(ein) ~ zwei** une heure et, un quart; **2.** *e-r Stadt, des Mondes, e-s Apfels* quartier *m*; **II 2** *adj.* **ein ~ Meter** un quart de mètre; **~fiˌnale** *n Sport* quart *m* de finale; **~'jahr** *n* trimestre *m*; trois mois *m/pl.*; **drei ~e** neuf mois; **2ˌjährig** *adj.* de trois mois; **2ˌjährlich 1.** *adj.* trimestriel, -lle; **2.** *adv.* trimestriellement; par trimestre; **~'jahrsbeˌricht** *m* rapport trimestriel; **~'jahrsˌrate** *f* terme trimestriel; **~'jahrsˌschrift** *f* revue trimestrielle; **~ˌliter** *n* quart *m* de litre; **~ˌmeter** *n* vingt-cinq centimètres *m/pl.*; **2n** *v/t.* ⟨-(e)le, h⟩ partager en quatre; **~ˌnote** *f mus.* noire *f*; **~ˌpause** *f mus.* soupir *m*; **~'pfund** *n* quart *m* (de livre); **~'stunde** *f* quart *m* d'heure; **2ˌstündig** *adj.* d'un quart d'heure; **2ˌstündlich** *adj.* tous les quarts d'heure; **~ˌton** *m* quart *m* de ton; **~'zentner** *m* vingt-cinq livres *f/pl.*

viertens ['fi:rtəns] *adv.* quatrièmement; en quatrième lieu; quarto.

vierund|neunzig [ˌfi:rˀʊnt'nɔʏntsɪç] *adj. num. c.* quatre-vingt-quatorze; **2'sechzigstelˌnote** *f mus.* quadruple [kwa-] croche *f*; **~'siebzig** *adj. num. c.* soixante-quatorze.

Vierung ['fi:rʊŋ] *f* ⟨~; ~en⟩ *bât., e-r Kirche* croisée *f* du transept.

Vier|vierteltakt [ˌfi:r'fɪrtəlˌtakt] *m mus.* (mesure *f* à) quatre-quatre *m*; **2ˌwertig** ['fi:r-] *adj. chim.* tétravalent; **2ˌzehig** ['fi:r-] *adj. zo.* tétradactyle.

vierzehn ['fɪrtse:n] *adj. num. c.* quatorze; **~ Tage** quinze jours; **etwa ~ Tage** une quinzaine; **~ˌtägig** *adj.* de quinze jours; **~te** *adj. num. o.* quatorzième; **der ~, den** *od.* **am ~n (14.) Juli** le quatorze (14) juillet; **Ludwig XIV. (der 2)** Louis XIV (quatorze); **2tel** *n* ⟨~s; ~⟩ quatorzième *m*.

Vierzeil|er ['fi:rˌtsaɪlər] *m* ⟨~s; ~⟩ quatrain *m*; **2ig** *adj.* **~es Gedicht** *cf.* **~er**.

vierzig ['fɪrtsɪç] **I** *adj. num. c.* quarante; **die ~er Jahre** les années quarante; **in den ~er Jahren** dans les années quarante; **etwa, gegen, rund ~ (Personen)** une quarantaine (de personnes); **er ist bald ~ (Jahre alt)** il approche de, il frise la quarantaine; **Mitte der 2(er)** entre quarante et cinquante; **der Mensch über 2** l'homme qui a passé la quarantaine; **in die 2 kommen** aller sur la quarantaine; **in den 2ern sein** avoir passé la quarantaine; **II 2** *f* ⟨~; ~en⟩ quarante *m*; **2er(in)** *m* ⟨~s; ~⟩ *(f)* ⟨~; ~nen⟩ quadragénaire [kwa-] *m, f*; **2erˌjahre** *n/pl.* **in den ~n** dans la quarantaine; **~ˌjährig** *adj.* (âgé) de quarante ans; quadragénaire; **~ste** *adj. num. o.* quarantième; **2stel** *n* ⟨~s; ~⟩ quarantième *m*; **2'stundenˌwoche** *f* semaine *f* de quarante heures.

Vierzylinder(motor) [ˌfi:rtsi·'lɪndər(ˌmo:tər)] *m* moteur *m* à quatre cylindres.

Vietnames|e [vi·ɛtna'me:zə], **~in** *m* ⟨~n; ~n⟩ *f* ⟨~; ~nen⟩ Vietnamien, -nne *m, f*; **2isch** *adj.* vietnamien, -nne.

Vigil [vi·'gi:l] *f* ⟨~; ~ien⟩ *égl. cath.* vigile *f*. [vignette *f*.]

Vignette [vɪn'jɛtə] *f* ⟨~; ~n⟩ *impr.*

Vigogne(wolle) [vi·'gɔnjə(ˌvɔlə)] *f* ⟨~; ~n⟩ *(f) text.* vigogne *f*.

Vikar [vi·'ka:r] *m* ⟨~s; ~e⟩ *égl. cath.* vicaire *m*; **~i'at** *n* ⟨~(e)s; ~e⟩ *égl. cath.* vicariat *m*.

Viktoria [vɪk'to:ri·a] *hist.* **~ schießen** tirer des salves de victoire; **~ rufen** crier victoire; **~nisch** [-ri·'ɑ:-] *adj.* **~e Zeit** ère victorienne.

Vikunja [vi·'kunja] *f* ⟨~; -jen⟩ *zo.* (lama *m*) vigogne *f*; **~ˌwolle** *f cf.* Vigogne(wolle).

Villa ['vɪla] *f* ⟨~; -llen⟩ villa *f*.

Villen|besitzer(in) ['vɪlənbəˌzɪtsər(-ɪn)] *m (f)* propriétaire *m, f* d'une villa; **~ˌviertel** *n* quartier *m* de villas.

Viola[1] [vi·'o:la] *f* ⟨~; -len⟩ *mus. hist.* viole *f*; *(Bratsche)* alto *m*; **~**[2] ['vi:o·la] *f* ⟨~; Vi'olen⟩ *bot.* violette *f*; *sc.* viola *f*.

violett [vi·o·'lɛt] **I** *adj.* violet, -tte; **II 2** *n* ⟨~s⟩ violet *m*; **ins ~e spielend** violacé; **ins ~e spielen** (se) violacer; tirer sur le violet.

Violin... [vi·o·'li:n...] *in Zssgn. cf.* Geigen...; **~e** *f* ⟨~; ~n⟩ *mus.* violon *m*; **~ist(in)** [-'nɪst(ɪn)] *m* ⟨~en; ~en⟩ *(f)* ⟨~; ~nen⟩ violoniste *m, f*; **~ˌkonzert** *n* concerto *m* pour violon; *e-s Solisten* récital *m* de violon; **~ˌschlüssel** *m mus.* clef *f* de sol; **~ˌsolo** *n* solo *m* de violon; **~virtuˌose** *m*, **~virtuˌosin** *f* violoniste *m, f* virtuose; virtuose *m, f* du violon.

Violoncell [vi·o·lən'tʃɛl] *n* ⟨~s; ~e⟩ *mus.* violoncelle *m*; **~ist(in)** [-'lɪst(ɪn)] *m* ⟨~en; ~en⟩ *(f)* ⟨~; ~nen⟩ violoncelliste *m, f*; **~o** *n* ⟨~s; ~s *od.* -lli⟩ *cf.* Violoncell.

Viper ['vi:pər] *f* ⟨~; ~n⟩ *zo.* vipère *f*.

Viren ['vi:rən] *pl. von* **Virus**.

Virginia [vɪr'gi:ni·a, -'dʒi:-] *f* ⟨~; ~s⟩ cigare *m* de Virginie; **~ˌtabak** *m* virginie *m*.

viril [vi·'ri:l] *adj.* viril; **2i'tät** *f* ⟨~⟩ virilité *f*.

virtuell [vɪrtu·'ɛl] *adj.* virtuel, -lle.

virtuos [vɪrtu·'o:s] **1.** *adj.* qui fait preuve de virtuosité; **2.** *adv.* avec virtuosité; **2e, 2in** *m* ⟨~n; ~n⟩, *f* ⟨~; ~nen⟩ virtuose *m, f*; **~enˌhaft** *adj.* de *(adv.* en) virtuose; **2enˌtum** *n* ⟨~(e)s⟩, **2i'tät** *f* ⟨~⟩ virtuosité *f*.

virulen|t [vi·ru·'lɛnt] *adj.* virulent; **2z** *f* ⟨~⟩ virulence *f*.

Virus ['vi:rus] *n*, F *m* ⟨~; -ren⟩ virus [-ys] *m*; **~ˌforschung** *f* virologie *f*; **~ˌkrankheit** *f* virose *f*; **2ˌtötend** *adjt.* virulicide.

Visa ['vi:za] *pl. von* **Visum**.

Visage [vi·'zɑ:ʒə] *péj. f* ⟨~; ~n⟩ P **e-e dreckige ~ haben** P avoir une sale gueule, une sale bobine.

Visavis [vi:za'vi:] *n* ⟨~; ~⟩ vis-à-vis *m*.

Visen ['vi:zən] *pl. von* **Visum**.

Visier [vi·'zi:r] *n* ⟨~s; ~e⟩ *am Gewehr* 'hausse *f*; *hist., am Helm* visière *f*; *fig.* **mit offenem ~ kämpfen** F s'affronter ouvertement, loyalement; **~beˌreich** *m* zone *f* de visée; **~ˌebene** *f* plan *m* de mire; **~ˌeinrichtung** *f* appareil *m*, dispositif *m* de pointage, de visée; **2en** *v/t.* ⟨*pas de ge-*, h⟩ **1.** *Paß* viser; **2.** *abs. (zielen)* viser; *cf. auch* **anvisieren**; **3.** *(ausmessen)* ajuster; *Hohlmaße* jauger; **~ˌfernrohr** *n* lunette *f* de tir, de visée; **~ˌkimme** *f* cran *m* de mire; œilleton *m* (de hausse); **~ˌkorn** *n* guidon *m*; **~ˌlinie** *f* ligne *f* de mire, de visée; **~ˌstab** *m* jauge *f*; **~ˌwinkel** *m* angle *m* de mire.

Vision [vi·zi·'o:n] *f* ⟨~; ~en⟩ vision *f*; **2är** [-'nɛ:r] *adj.* visionnaire; **~sˌachse** *f (Sehachse)* axe visuel, optique.

Visitation [vi·zi·tatsi·'o:n] *f* ⟨~; ~en⟩ *(Durchsuchung)* visite *f*; *(Besichtigung) auch* inspection *f (beide auch égl.)*; **~sˌrecht** *n* droit *m* de visite.

Visitator [vi·zi·'tɑ:tər] *m* ⟨~s; -'toren⟩ inspecteur *m*.

Visite [vi·'zi:tə] *f* ⟨~; ~n⟩ *e-s Arztes* visite *f (auch* F *für kurzer Besuch)*; **~nˌkarte** *f* carte *f* (de visite); **~nˌkartenetui** *n*, **~nˌkartenˌtäschchen** *n* porte-cartes *m*.

visitieren [vi·zi·'ti:rən] *v/t.* ⟨*pas de ge-*, h⟩ *(durchsuchen)* visiter; contrôler; fouiller; *(besichtigen)* faire l'inspection de; inspecter.

viskos [vɪs'ko:s] *adj.* visqueux, -euse; **2e** *f* ⟨~⟩ viscose *f*; **2i'meter** *n* ⟨~s; ~⟩ viscosimètre *m*; **2i'tät** *f* ⟨~⟩ viscosité *f*.

Vistawechsel ['vɪstaˌvɛksəl] *m comm.* lettre *f* de change à vue.

visuell [vi·zu·'ɛl] *adj.* visuel, -lle.

Visum ['vi:zum] *n* ⟨~s; -sa *od.* -sen⟩

visa *m*; ein ~ erteilen donner, délivrer un visa.

vital [viˑˈtɑːl] *adj.* vital; *Person* plein de vitalité; **2ismus** [-ˈlɪs-] *m* ⟨~⟩ vitalisme *m*; **2iˈtät** *f* ⟨~⟩ vitalité *f*.

Vitamin [viˑtaˈmiːn] *n* ⟨~s; ~e⟩ vitamine *f*; mit ~en anreichern vitaminer; **2ˌarm** *adj.* pauvre en vitamines; **~geˌhalt** *m* teneur *f* en vitamines; **2ˌhaltig** *adj.* vitaminé; **2(is)ieren** [-ˈniː-, -ˈziː-] *v/t.* ⟨*pas de ge-*, h⟩ vitaminer; **~ˌmangel** *m* carence *f* de vitamines; **~ˌmangelˌkrankheit** *f* avitaminose *f*; **2ˌreich** *adj.* riche en vitamines; **~taˌblette** *f* comprimé *m* de vitamines.

Vitrine [viˑˈtriːnə] *f* ⟨~; ~n⟩ vitrine *f*.

Vitriol [viˑtriˑˈoːl] *n* ⟨~s; ~e⟩ *chim.* vitriol *m*; mit ~ bespritzen vitrioler; **2ˌartig** *adj.* vitriolique; **2ˌhaltig** *adj.* vitriolé.

Vivarium [viˑˈvɑːriˑum] *n* ⟨~s; -ien⟩ vivarium [-jɔm] *m*.

vivat [ˈviːvat] **I** *int.* vive ...!; **II** 2 *n* ⟨~s; ~s⟩ vivat *m*; ein ~ auf j-n ausbringen faire applaudir qn.

Vivi|sektion [viˑviˑzɛktsiˑˈoːn] *f* ⟨~; ~en⟩ vivisection *f*; **2seˈzieren** *v/t.* ⟨*pas de ge-*, h⟩ soumettre ... à la vivisection; pratiquer la vivisection sur ...

Vize|admiral [ˈfiːtsəˀatmiˑˌrɑːl] *m mar.* vice-amiral *m* d'escadre; **~ˌkanzler** *m* vice-chancelier *m*; **~ˌkönig** *m* vice-roi *m*; **~ˌkonsul** *m* vice-consul *m*; **~präsiˌdent** *m* vice-président *m*.

Viztum [ˈfɪtstuːm, ˈviːts-] *m* ⟨~(e)s; ~e⟩ *féod.* vidame *m*.

Vlies [fliːs] *n* ⟨~es; ~e⟩ toison *f*; lainage *m*; das Goldene ~ la Toison d'or.

Vogel [ˈfoːgəl] *m* ⟨~s; ⸗⟩ oiseau *m*; ~ Strauß autruche *f*; Vögeln nachstellen, Vögel fangen prendre des oiseaux; *fig.* ein loser, lockerer ~ un évaporé, insouciant; un caractère, esprit léger; *fig.* lustiger ~ gai luron; joyeux compère; *fig.* seltener ~ oiseau rare; *fig.* komischer ~ F drôle de type, de gaillard, P de lascar, de coco, de pistolet; *fig.* den ~ abschießen décrocher la timbale; F e-n ~ haben *fig.* F avoir une araignée au plafond; avoir le timbre fêlé; P être timbré, toqué, cinglé, piqué; friß ~, oder stirb! marche ou crève!; **~ˌbauer** *n* cage *f* (d'oiseau); **~beerˌbaum** *m bot.* sorbier *m*; **~ˌbeere** *f bot. Frucht* sorbe *f*; *Baum* sorbier *m*.

Vögelchen [ˈføːgəlçən] *n* ⟨~s; ~⟩ oiselet *m*; oisillon *m*.

Vogel|dreck [ˈfoːgəlˌdrɛk] *m* fiente *f* d'oiseau(x); **~ˌdunst** *m* ⟨~es⟩ *ch.* cendrée *f*; dragée *f*; **~ˌei** *n* œuf *m* d'oiseau.

Vog(e)ler [ˈfoːg(ə)lər] *m* ⟨~s; ~⟩ *cf.* Vogelfänger.

Vogel|fang [ˈfoːgəlˌfaŋ] *m* oisellerie *f*; *mit der Lockpfeife* pipée *f*; **~ˌfänger** *m* ⟨~s; ~⟩ oiseleur *m*; **~ˌflug** *m* vol *m* des oiseaux; **~ˌfraß** *m agr.* dégâts causés par les oiseaux; **2ˌfrei** *adj. hist.* 'hors la loi; für ~ erklären mettre 'hors la loi; proscrire; **~fußˌklee** *m bot.* ornithopus *m*; **~ˌfutter** *n* graines *f/pl.* pour les oiseaux; **~geˌsang** *m* chant *m* des oiseaux; ramage *m*; **~ˌhandel** *m* oisellerie *f*; **~ˌhändler** *m* oiselier *m*; marchand *m* d'oiseaux; **~ˌhandlung** *f* oisellerie *f*; **~ˌhaus** *n* volière *f*; **~ˌhecke** *f* oisellerie *f*; **~ˌkäfig** *m* cage *f*; *großer* volière *f*; **~ˌkenner** *m* connaisseur, -euse *m, f* des oiseaux; **~ˌkirsche** *f bot. Baum* merisier *m*; *Frucht* merise *f*; **~ˌkunde** *f* ⟨~⟩ ornithologie *f*; **~ˌkundige(r)** *m* ⟨→ A⟩ *cf.* ~kenner; **~ˌleim** *m* glu *f*; **~ˌmiere** *f bot.* mouron blanc des oiseaux; *sc.* stellaria *m* media; **~ˌmist** *m cf.* Vogeldreck.

vögeln [ˈføːgəln] P *v/i.* ⟨-(e)le, h⟩ F faire l'amour; P baiser; tirer un coup.

Vogel|napf [ˈfoːgəlˌnapf] *m*, **~ˌnäpfchen** *n* ⟨~s; ~⟩ auget *m*; **~ˌnest** *n* nid *m* d'oiseau; **~perspekˌtive** *f* ⟨~⟩, **~ˌschau** *f* ⟨~⟩ aus der ~ à vol d'oiseau; **~ˌscheuche** *f* épouvantail *m* (*auch fig.*); **~ˌschießen** *n* tir *m* aux oiseaux; **~ˌschutz** *m* protection *f* des oiseaux; **~ˌstellen** *n* ⟨~s⟩ *cf.* Vogelfang; **~ˌsteller** *m* ⟨~s; ~⟩ *cf.* Vogelfänger; **~ˌstimmen** *f/pl.* cris *m/pl.* d'oiseaux; die ~ nachahmen contrefaire, imiter le cri des oiseaux; **~-ˈStraußPoliˌtik** *f* ⟨~⟩ politique *f* de l'autruche (treiben pratiquer); **~ˌwarte** *f* station *f* ornithologique; **~ˌwelt** *f* monde *m* des oiseaux; *poét.* gent ailée; **~ˌzucht** *f* oisellerie *f*; *sc.* aviculture *f*; **~ˌzüchter** *m* oiselier *m*; *sc.* aviculteur *m*; **~ˌzug** *m* migration *f* des oiseaux.

Vogler [ˈfoːglər] *m* ⟨~s; ~⟩ *cf.* Vog(e)ler; Heinrich der ~ Henri l'Oiseleur.

Vogt [foːkt] *m* ⟨~(e)s; ⸗e⟩ *hist.* (*Schirmherr*) patron *m*; *e-s Klosters* avoué *m*; (*Amtmann*) bailli *m*; prévôt *m*; (*Schloß2*) intendant *m*; **~ei** [-ˈtaɪ] *f* ⟨~; ~en⟩ *hist.* avouerie *f*; baillage *m*; prévôté *f*; (*Schloß2*) intendance *f*.

Voile [voˑˈɑːl] *m* ⟨~; ~s⟩ *text.* voile *m*.

Vokabel [voˑˈkɑːbəl] *f* ⟨~; ~n⟩ mot *m* (d'une langue étrangère); ~n lernen apprendre des mots (d'une langue étrangère); **~ˌschatz** *m* ⟨~es⟩ vocabulaire *m* (d'une langue étrangère apprise).

Vokabular(ium) [voˑkabuˑˈlɑːr(iˑum)] *n* ⟨~s; ~e⟩ (*n*) ⟨~s; -ien⟩ vocabulaire *m*.

Vokal [voˑˈkɑːl] *m* ⟨~s; ~e⟩ voyelle *f*; **~ˌanlaut** *m* voyelle initiale; **~ˌauslaut** *m* voyelle finale; **~isatiˈon** *f* ⟨~; ~en⟩ vocalisation *f* (*auch mus.*); **2isch** *adj.* vocalique; **~ise** [-ˈliː-] *f* ⟨~; ~n⟩ *mus.* vocalise *f*; **2iˈsieren I** *v/t.* ⟨*pas de ge-*, h⟩ *Konsonanten* vocaliser; **II** *v/i. mus.* vocaliser; **~iˈsierung** *f* ⟨~; ~en⟩ *cf.* ~isation; **~muˌsik** *f* musique vocale.

Vokativ [ˈvoˑkatiːf] *m* ⟨~s; ~e⟩ *gr.* vocatif *m*.

Volant [voˑˈlɑ̃ː, -ˈlaŋ] *m* ⟨~s; ~s⟩ *am Kleid* volant *m*.

Volk [fɔlk] *n* ⟨~(e)s; ⸗er⟩ peuple *m*; (*Nation*) nation *f*; *von Bienen* colonie *f*; *ch. von Rebhühnern* compagnie *f*; das auserwählte ~ le peuple élu; das gemeine, einfache ~ les petites gens; le menu peuple; le populaire; F le populo; F *fig.* das junge ~ la jeunesse; F *fig.* das kleine ~ le petit monde; das fahrende ~ les saltimbanques; die Masse des ~es le gros du peuple; ~ in Waffen nation armée, sous les armes; ein Mann aus dem ~e un homme du peuple; beim ~e beliebt populaire; zum ~ sprechen 'haranguer le peuple; viel ~(s) beaucoup de monde; **2arm** *adj.* peu peuplé.

Völkchen [ˈfœlkçən] *n* ⟨~s; ~⟩ *fig.* ein lustiges ~ une joyeuse société; une troupe joyeuse.

Völker|beschreibung [ˈfœlkərbəˌʃraɪbuŋ] *f sc.* ethnographie *f*; **~ˌbund** *m* ⟨~(e)s⟩ *hist.* Société *f* des Nations (*abr.* S.D.N.); **~ˌbundsˌrat** *m* conseil *m* de la Société des Nations; **~ˌbundsverˌsammlung** *f* assemblée *f* de la Société des Nations; **~ˌfreundschaft** *f* amitié *f* entre les peuples; **~ˌfriede(n)** *m* paix internationale, entre les peuples; **~ˌkunde** *f* ⟨~⟩ *sc.* ethnologie *f*; beschreibende ~ *cf.* ~beschreibung; **~ˌkundler** *m* ⟨~s; ~⟩ ethnologue *od.* ethnologiste *m*; **2ˌkundlich** *adj.* ethnologique; **~ˌmord** *m* génocide *m*; **~psycholoˌgie** *f* psychologie *f* des peuples; **~ˌrecht** *n* ⟨~(e)s⟩ droit international, des gens; **~ˌrechtler** *m* ⟨~s; ~⟩ spécialiste *m* du droit international; **2ˌrechtlich** *adj.* de *od.* du droit international; **~ˌrechtsˌbruch** *m*, **~ˌrechtsverˌletzung** *f* violation *f* du droit des gens; **~ˌschaft** *f* ⟨~; ~en⟩ peuplade *f*; **~ˌschlacht** *f bei Leipzig* bataille *f* des nations; **2verˌbindend** *adjt.* qui rapproche les peuples; **~verˌsöhnung** *f* réconciliation *f*, rapprochement *m* des peuples; **~verˌständigung** *f* entente *f*, rapprochement *m* des peuples; **~ˌwanderung** *f* migration *f* des peuples; *hist.* grandes invasions (des Barbares).

völkisch [ˈfœlkɪʃ] *adj.* national; racial; *im engeren Sinne* nationaliste; raciste.

volkreich [ˈfɔlkraɪç] *adj.* très peuplé; populeux, -euse.

Volks|abstimmung [ˈfɔlksˌˀapʃtɪmuŋ] *f* plébiscite *m*; référendum [-ɔm] *m*; durch e-e ~ entscheiden décider par un référendum; **~ˌaktie** *f* action *f* populaire; **~ˌaufstand** *m* insurrection *f* (populaire); **~ˌaufwiegler** *m* agitateur *m*; démagogue *m*; **~ˌausgabe** *f* édition *f* populaire; **~ˌbank** *f* ⟨~; ~en⟩ banque *f* populaire; **~beˌfragung** *f* consultation *f* populaire; *cf. auch* ~abstimmung; **~beˌgehren** *n* initiative *f* populaire; plébiscite *m*; demande *f* de référendum; **~beˌlustigungen** *f/pl.* réjouissances publiques; **~biblioˌthek** *f cf.* ~bücherei; **~ˌbildung** *f* éducation *f* populaire; **~buch** *n* livre *m* populaire; (*Sagenbuch*) recueil *m* de légendes populaires; **~bücheˌrei** *f* bibliothèque *f* populaire; **~chaˌrakter** *m* caractère national; **~demokraˌtie** *f* démocratie *f* populaire; **~ˌdichte** *f* densité *f* démographique; **~ˌdichter** *m* poète *m* populaire; **~ˌdichtung** *f* poésie *f* populaire; **2ˌeigen** *adj.* nationalisé; 2er Betrieb entreprise nationalisée; **~ˌeigentum** *n* propriété nationale; ins ~ überführen nationaliser; **~ˌeinkommen** *n* revenu national; **~entˌscheid** *m cf.* ~abstimmung; **~erˌhebung** *f* soulèvement national; **~erˌziehung** *f* éducation nationale; **~etymoloˌgie** *f* étymologie *f* populaire; **~feind** *m* ennemi *m* du peuple; **2ˌfeindlich** *adj.* hostile au peuple; **~fest** *n* **a)** fête *f* populaire; **b)** fête nationale; **~freund** *m* ami *m* du peuple; **~front** *f* front *m* populaire; **~ˌganze(s)** *n* ⟨→ A⟩ das ~ le peuple entier; **~ˌgarten** *m* jardin public; **~geˌnosse** *m*, **~geˌnossin** *f* concitoyen, -nne *m, f*; compatriote *m, f*; **~geˌrichtshof** *m hist.* Tribunal du Peuple; **~geˌsang** *m* chant *m* populaire; **~geˌsundheit** *f* santé publique, du peuple; **~ˌglaube** *m* croyance *f* populaire; **~ˌgruppe** *f* groupe *m* ethnique; fremde ~ groupe allogène; **~gunst** *f* popularité *f*; **~ˌhaufe(n)** *m* foule *f*; multitude *f*; **~heer** *n* armée nationale; **~held** *m* 'héros national; **~ˌherrschaft** *f* souveraineté *f* du peuple; démocratie [-si] *f*; **~ˌhochschule** *f etwa* université *f* populaire; **~ˌküche** *f* soupe *f* populaire; **~ˌkunde** *f* ⟨~⟩ folklore *m*; **~ˌkundler** *m* ⟨~s; ~⟩

folkloriste *m*; 2ˌ**kundlich** *adj.* folklorique; ~**kunst** *f* art *m* folklorique, populaire; ~ˌ**leben** *n* vie *f* du peuple; ~**lied** *n* chanson *f* populaire, folklorique; ~ˌ**märchen** *n* conte *m* populaire; ~ˌ**masse** *f* masse *f* (populaire); ~ˌ**meinung** *f* opinion publique; ~ˌ**menge** *f* foule *f*; multitude *f*; masse *f*; ~**mund** *m* ⟨~(e)s⟩ im ~ dans la bouche du peuple; dans le langage populaire; ~**muˌsik** *f* musique *f* populaire; ~**parˌtei** *f* parti *m* populaire; ~**poliˌzei** *f* police *f* populaire; ~ˌ**redner** *m* orateur *m* populaire; tribun *m*; ~**reˌgierung** *f* gouvernement *m* populaire; ~**repuˌblik** *f* république *f* populaire; ~ˌ**sage** *f* légende *f* populaire; ~**schicht** *f* couche sociale; classe *f*; ~ˌ**schule** *f* école *f* primaire; ~ˌ**schüler(in)** *m* (*f*) élève *m, f* d'école primaire; ~**schulˌlehrer(in)** *m* (*f*) instituteur, -trice *m, f*; ~**schulˌunterricht** *m*, ~**schulˌwesen** *n* enseignement *m* primaire; ~ˌ**sitte** *f* coutume nationale; ~**souveräniˌtät** *f* souveraineté *f* du peuple; ~**sport** *m* sport *m* populaire; ~ˌ**sprache** *f* langue *f* vulgaire; langage *m* populaire, du peuple; ~**staat** *m* État *m* populaire; ~**stamm** *m* tribu *f*; ~ˌ**stimme** *f* voix *f* du peuple; ~ˌ**stimmung** *f* esprit public; ~**stück** *n* *thé.* pièce *f* populaire; ~**sturm** *m hist.* Volkssturm *m*; ~**tanz** *m* danse *f* populaire, folklorique; ~**theˌater** *n* théâtre *m* populaire; ~**tracht** *f* costume national; ~ˌ**trauerˌtag** *m* jour *m* de deuil national; ~**triˌbun** *m hist.* tribun *m* du peuple; ~**tum** *n* ⟨~(e)s⟩ nationalité *f*; 2ˌ**tümlich** *adj.* populaire; (*dem Volkstum gemäß*) national; ~ˌ**tümlichˌkeit** *f* ⟨~⟩ popularité *f*; ~**überˌlieferung** *f* tradition *f* populaire; ~**verˌbundenheit** *f* ⟨~⟩ attachement *m* au peuple; ~**verˌmögen** *n* fortune nationale; ~**verˌsammlung** *f* réunion *f* populaire; meeting *m*; ~**verˌtreter(in)** *m* (*f*) représentant, -e *m, f* du peuple; député *m*; ~**verˌtretung** *f* représentation nationale; députés *m/pl.*; ~ˌ**weise** *f mus.* air *m* populaire; ~**wirt** *m* économiste *m*; ~ˌ**wirtschaft** *f* économie nationale, politique; ~ˌ**wirtˌschaftler** *m* ⟨~s; ~⟩ *cf.* ~wirt; 2ˌ**wirtˌschaftlich** *adj.* politico-économique; ~**wirtschaftsˌlehre** *f* économie *f* politique; ~**wohl** *n* bien public; ~ˌ**wohlstand** *m* bien-être public; ~**wut** *f* fureur *f* du peuple; ~ˌ**zählung** *f* recensement *m* de la population (vornehmen effectuer); ~ˌ**zugehörigkeit** *f* origine *f* ethnique.

voll [fɔl] **1.** *adj.* **a)** plein; (*gefüllt*) rempli (von de); *bis zum Rand* comble; bondé (*auch fig.*); ein ~es Glas un verre plein, bien rempli; ~er Geldbeutel bourse bien garnie; *thé.* ein ~es Haus une salle comble; ein ~es Haus machen faire salle comble; war es sehr ~? y avait-il beaucoup de monde?; F der Saal war gerappelt ~ la salle était bondée, F archicomble; F brechend ~ F plein à craquer; *fig.* das Maß ist ~ la mesure est comble; gestrichen ~, ~ bis an den Rand plein à ras bord, F à ras; ~(er) Wasser plein d'eau; *Arbeit* ~(er) Fehler plein, criblé de fautes; ~(er) Freude, Bewunderung rempli de joie, d'admiration; ~(er) Angst plein d'inquiétude; ein Leben ~er Sorgen une vie pleine de soucis; des Lobes ~ sein être plein de louanges (über j-n pour qn., à l'adresse de qn.); alle Hände ~ zu tun haben avoir beaucoup de besogne sur les bras; er hat den Kopf ~er Pläne il a la tête pleine, remplie de projets; F die Nase ~ haben en avoir plein le dos; F ~ sein (*satt sein*) être rassasié; avoir l'estomac plein; P avoir la panse pleine; (*betrunken sein*) être ivre, F soûl, plein, P bourré; aus ~em Herzen du fond du cœur; aus ~er Brust, aus ~em Halse à gorge déployée; aus dem ~en schöpfen, wirtschaften puiser, dépenser largement; *fig.* F ne pas être gêné dans les entournures; in ~er Arbeit en plein travail; in ~en Zügen à longs traits; mit ~en Händen à pleines mains; mit ~en Segeln à pleines voiles; mit ~em Munde sprechen parler la bouche pleine; mit ~er Stimme à pleine voix; *bibl.* wes das Herz ~ ist, des geht der Mund über la bouche parle de l'abondance du cœur; **b)** (*bedeckt mit*) ~(er) Flecke, Staub couvert de taches, de poussière; die Wiese war ~ von Blumen le pré était couvert de fleurs; **c)** *von Körperformen* arrondi; replet, -ète; rondelet, -tte; ein ~es Gesicht une figure pleine, ronde; un visage replet, rempli; ~er Busen sein rebondi; ~e Arme bras potelés, bien en chair; ~es Haar chevelure épaisse, touffue; **d)** (*ganz, vollständig*) complet, -ète; entier, -ère; ~e Adresse adresse complète; ~er Erfolg succès complet; die ~e Summe la somme entière, totale; ~er Preis prix fort, sans remise, sans réduction; ~er Tarif plein tarif; den ~en Fahrpreis bezahlen payer place entière; ein ~es Dutzend une bonne douzaine; ~es Vertrauen entière confiance; ~es Einverständnis plein consentement; die ~e Wahrheit sagen dire toute la vérité; die ~e Gewißheit haben, daß … avoir l'entière certitude que …; ~e zwei Wochen deux semaines entières; ~e acht Tage 'huit jours pleins, bien comptés; ein ~es Jahr lang toute une année; ~e zwanzig Jahre vingt ans accomplis; *Uhr* nur die ~en Stunden schlagen ne sonner que les heures; der Mond ist ~ c'est (la) pleine lune; bei ~er Besinnung sein avoir toute sa connaissance; in ~er Höhe bezahlt payé intégralement; in ~em Umfange dans toute son étendue; in ~er Größe grandeur nature(lle); in ~em Ernst très sérieusement; in ~er Rüstung en armes; in ~em Lauf en pleine course; in ~er Fahrt en pleine vitesse; in ~er Blüte stehen être tout en fleur; in ~em Gange sein, auf ~en Touren laufen battre son plein; in ~em Trab au grand trot; im ~sten Sinne des Wortes dans toute l'acception, la force du terme; mit ~em Recht à juste titre; à bon droit; de plein droit; mit ~er Lautstärke à plein volume; **2.** *adv.* ~ u. ganz pleinement; entièrement; tout à fait; *Name etc.* ~ ausgeschrieben en toutes lettres; ~ eingezahlt *Kapital* entièrement versé; *Aktien* entièrement libéré; ~ einzahlen payer complètement; ~ ausnützen utiliser à plein; ~ verantwortlich pleinement, entièrement responsable; *Uhr* ~ schlagen sonner l'heure; ~ zur Geltung kommen pouvoir donner toute sa mesure; etw. ~ würdigen apprécier qc. à sa juste valeur; ~ für etw. einstehen répondre pleinement de qc.; se déclarer entièrement, pleinement responsable de qc.; *fig.* F j-n nicht für ~ nehmen ne pas prendre qn. au sérieux; F j-m die Ohren ~ schreien *fig.* rompre, F casser les oreilles à qn.; F j-m die Hucke ~ lügen en faire accroire à qn.; F monter un bateau, le coup à qn.; den Mund ~ nehmen en (*de ses exploits*) avoir la bouche pleine; se faire mousser; faire le fanfaron; fanfaronner; 2ˌ**achse** *f* essieu plein, massif; 2ˌ**aktie** *f* action libérée; 2(**l**)**ast** *f* ⟨~⟩ *élect.* pleine charge; unter ~ anlaufen démarrer à pleine charge.

vollauf ['fɔlʔauf, -'ʔauf] *adv.* largement; entièrement; complètement; (*reichlich*) en abondance; abondamment; er ist ~ beschäftigt, er hat ~ zu tun il est complètement occupé; das genügt ~ cela suffit largement.

vollaufen ['fɔlˌlaufən] *v/i.* ⟨*irr., sép.*, -ge-, sein⟩ se remplir; F *fig.* sich ~ lassen F se soûler.

voll|automatisch ['fɔlʔautoˑˌmaːtɪʃ] *adj.* entièrement automatique; 2**automatiˌsierung** *f* automatisation totale; *néol.* automation *f*; 2**bad** *n* bain complet; 2**bart** *m* grande barbe; e-n ~ tragen porter la barbe, toute sa barbe; ~**beˌlastet** *adjt.* en pleine charge; ~**beˌschäftigt** *adjt.* pleinement occupé; 2**beˌschäftigung** *f* plein emploi; 2**beˌsitz** *m* im ~ s-r Kräfte dans la plénitude, en pleine possession de ses forces; im ~ s-r geistigen Kräfte dans la plénitude de ses facultés intellectuelles; 2**blut** *n*, 2ˌ**blüter** *m* ⟨~s; ~⟩ pur sang; ~ˌ**blütig** *adj. méd.* sanguin; *fig.* plein de vitalité; 2ˌ**blütigˌkeit** *f* ⟨~⟩ *früher méd.* pléthore *f*; 2**blutˌpferd** *n cf.* 2blut.

voll|bringen [ˌfɔl'brɪŋən] **I** *v/t.* ⟨*irr., insép., pas de ge-*, h⟩ accomplir; *Leistung* réaliser; *bibl.* es ist vollbracht! tout est accompli!; **II** 2'**bringen** *n*, 2'**bringung** *f* ⟨~⟩ accomplissement *m*; réalisation *f*.

Voll|dampf ['fɔldampf] *m* ⟨~(e)s⟩ mit ~ à toute vapeur; ~ˌ**dünger** *m agr.* engrais complet.

vollend|en [ˌfɔl'ʔɛndən] *v/t.* ⟨-ete, *insép., pas de ge-*, h⟩ achever; finir; terminer; mener à bien; accomplir; ~**et** *adjt.* **1.** achevé; accompli; ~e Tatsache fait accompli; nach *od.* mit ~em sechzigsten Lebensjahr à soixante ans révolus, accomplis; **2.** (*vollkommen*) parfait; consommé; e-e ~e Schönheit une beauté parfaite, achevée; ~er Künstler artiste consommé; F das ist ~er Unsinn c'est une parfaite bêtise.

vollends ['fɔlɛnts] *adv.* entièrement; tout à fait; das wird ihn ~ zugrunde richten cela achèvera de le ruiner; cela l'achèvera; F du bist wohl ~ verrückt geworden tu dois être devenu complètement fou.

Vollendung [fɔl'ʔɛndʊŋ] *f* achèvement *m*; accomplissement *m*; (*Vollkommenheit*) perfection *f*; fini *m*; mit *od.* nach ~ des sechzigsten Lebensjahres *cf.* vollendet 1.; vor der ~, der ~ entgegengehend près d'être achevé.

voller ['fɔlər] **I** *comp. von* **voll**; **II** *mit gén.* (*voll von*) plein de *cf.* **voll 1.**, a).

Völlerei [ˌfœlə'raɪ] *f* ⟨~; ~en⟩ intempérance *f*; F bombance *f*; *im Trinken* ivrognerie *f*.

Volleyball ['vɔliˑˌbal] *m* ⟨~(e)s⟩ volley-ball [vɔlɛbol] *m*; ~ˌ**spieler(in)** *m* (*f*) joueur, -euse *m, f* de volley-ball; *néol.* volleyeur, -euse [vɔlɛjœːr] *m, f*.

Voll|fettkäse ['fɔlfɛtˌkɛːzə] *m* fromage gras; 2ˌ**fressen** P *v/réfl.* ⟨*irr., sép.*, -ge-, h⟩ sich ~ F s'empiffrer; P se bourrer; se remplir la panse.

vollführen [fɔl'fy:rən] *v/t.* ⟨*insép., pas de ge-*, h⟩ *Lärm, Spektakel* faire.
voll|füllen ['fɔlˌfylən] *v/t.* ⟨*sép.*, -ge-, h⟩ remplir; *abs.* faire le plein (mit etw. de qc.); **2gas** *n* ⟨~es⟩ mit ~ à pleins gaz (*auch fig.*); ~ geben mettre tous les gaz, F toute la gomme; F appuyer à fond sur le champignon; mit ~ fahren rouler à pleins gaz; **~geˌfressen** *adjt. péj.* repu; **2geˌfühl** *n* im ~ s-r Würde en pleine conscience de sa dignité; pleinement conscient de sa dignité; **2geˌnuß** *m* im ~ von ... en pleine jouissance de ...; **~geˌpfropft** *adjt.* comble; bourré; bondé; *cf. auch* vollpfropfen; **~geˌstopft** *adjt. cf.* ~gepfropft, vollstopfen; **2geˌwicht** *n* poids exigé, juste; **~ˌgießen** *v/t.* ⟨*irr., sép.*, -ge-, h⟩ remplir; **~ˌgültig** *adj.* pleinement valable; **~er Beweis** preuve irrécusable; **2ˌgültigˌkeit** *f* parfaite validité; **2gummiˌreifen** *m* bandage plein; **2idiˌot** F *m* F parfait idiot.
völlig ['fœlıç] **1.** *adj.* entier, -ère; total; (*vollständig*) complet, -ète; absolu; ~e Unkenntnis der Sachlage méconnaissance parfaite, entière, totale des choses; ~e Gleichheit égalité absolue; **2.** *adv.* entièrement; totalement; complètement; absolument; (*ganz u. gar*) tout à fait; de fond en comble; ~ ungerechtfertigt absolument injustifié.
voll|inhaltlich ['fɔlˌʔınhaltlıç] *adj.* (*u. adv.*) intégral(ement); **~ˌjährig** *adj.* majeur; ~ werden atteindre sa majorité; j-n für ~ erklären émanciper qn.; **2ˌjährigˌkeit** *f* ⟨~⟩ majorité *f*; **2ˌjährigkeitserˌklärung** *f* émancipation *f*; **2ˌkaskoverˌsicherung** *f Auto* assurance *f* tous risques; **2kerf** *m* ⟨~(e)s; ~e⟩ *zo.* imago *f*; **2ˌkettenˌfahrzeug** *n* véhicule chenillé; **2klang** *m* pleine sonorité; **~ˌkleckern** F **I** *v/t.* ⟨-(e)re, *sép.*, -ge-, h⟩ tacher; **II** *v/réfl.* sich ~ se tacher en mangeant.
vollkommen [fɔl'kɔmən] **1.** *adj.* parfait; (*vollendet*) achevé; consommé; accompli; F (*vollständig*) *cf.* völlig 1.; **2.** *adv.* F *cf.* völlig 2.; **2ˌheit** *f* ⟨~⟩ perfection *f*.
Voll|kornbrot ['fɔlkɔrnˌbro:t] *n* pain complet; **~kraft** *f* ⟨~⟩ in der ~ des Lebens à la fleur de l'âge; **2ˌmachen** *v/t.* ⟨*sép.*, -ge-, h⟩ **1.** *Gefäß* remplir; *Summe* parfaire; compléter; arrondir; um das Unglück vollzumachen pour comble de malheur; **2.** F *auch v/réfl.* (sich) ~ ([*sich*] *beschmutzen*) (se) salir; (se) souiller; die Hosen ~ faire dans ses culottes; **~macht** *f* ⟨~; ~en⟩ pouvoir *m* (*auch die Urkunde darüber*); plein(s) pouvoir(s); mandat *m*; *jur.* procuration *f* (*auch die Urkunde darüber*); unbeschränkte ~ plein pouvoir; blanc-seing *m*; *fig.* F carte blanche; in ~ par procuration; kraft ~ par délégation; notariell beglaubigte ~ procuration légalisée par notaire; schriftliche ~ procuration sous seing privé; s-e ~ vorlegen, vorzeigen produire, exhiber sa procuration; j-m ~ erteilen, j-n mit ~ ausstatten donner procuration à qn.; conférer, déléguer, délivrer une procuration à qn.; habiliter qn.; nommer qn. fondé de pouvoir; investir, munir qn. de (pleins) pouvoirs; s-e ~en überschreiten excéder, outrepasser ses pouvoirs; Abgrenzung der ~en délimitation des pouvoirs; **~machtˌgeber** *m* mandant *m*; **~machtserˌteilung** *f* délégation *f* de pouvoir(s); délivrance *f* de la procuration; **~machtsˌinhaber** *m* mandataire *m*; fondé *m* de pouvoir(s); **~machtsˌurkunde** *f* pouvoir *m*; procuration *f*; **~milch** *f* lait entier, non écrémé; **~ˌmitglied** *n* membre *m* de plein droit; **~mond** *m* pleine lune; es ist ~, wir haben ~ c'est (la) pleine lune; nous sommes à la pleine lune; **~mondgeˌsicht** F *n* F tête *f* de lune; **2motoriˌsiert** *adjt.* entièrement motorisé; **2ˌpacken** *v/t.* ⟨*sép.*, -ge-, h⟩ *Person, Wagen* charger (mit de); *Koffer* remplir (de); F bourrer (de); **~pensiˌon** *f* pension complète; **~pensioˌnär** *m* pensionnaire *m*; **2ˌpfropfen** *v/t.* ⟨*sép.*, -ge-, h⟩ remplir, bourrer (mit de); *fig.* sich den Kopf mit etw. ~ se bourrer la tête de qc.; **2reif** *adj. Früchte* bien mûr; **~ˌrente** *f* rente entière; pension complète, à cent pour cent; **2ˌsauen** P *v/t.* (*u. v/réfl.*) ⟨*sép.*, -ge-, h⟩ (se) salir; (se) souiller; **2ˌsaufen** *v/réfl.* ⟨*irr., sép.*, -ge-, h⟩ P sich ~ F se soûler; **2ˌsaugen** *v/réfl.* ⟨*irr., sép.*, -ge-, h⟩ sich ~ s'imbiber (mit de); **2ˌschenken** *v/t.* ⟨*sép.*, -ge-, h⟩ remplir (jusqu'au bord); **~schiff** *n mar.* trois-mâts *m*; **2ˌschlagen** *v/t.* ⟨*irr., sép.*, -ge-, h⟩ F sich den Bauch ~ F s'empiffrer; P se remplir la panse; se remplir; s'en mettre plein la lampe; **2schlank** *adj.* rondelet, -tte; replet, -ète; grassouillet, -tte; potelé; **2ˌschmieren** F *v/t.* ⟨*sép.*, -ge-, h⟩ couvrir ... de gribouillages, de griffonnages; **2ˌschreiben** *v/t.* ⟨*irr., sép.*, -ge-, h⟩ *Seite* remplir; **~ˌsitzung** *f* séance plénière; **2ˌspritzen** *v/t.* (*u. v/réfl.*) ⟨-(es)t, *sép.*, *-ge-*, h⟩ (s')arroser; (s')asperger; *durch ein vorbeifahrendes Auto* éclabousser; **~spur** *f* ⟨~⟩ *chem.* voie normale; **~spurˌbahn** *f chem.* ligne *f* à voie normale; **2ˌspurig** *adj.* à voie normale; **2ˌständig** **1.** *adj.* complet, -ète; (*ganz*) entier, -ère; total; (*ungekürzt*) intégral; ~e Adresse adresse complète; ~e Angaben indications complètes; ~er Text, Wortlaut texte intégral; **2.** *adv.* complètement; entièrement; totalement; intégralement; en entier; tout à fait; ~ machen compléter; ~ besetzt sein être au complet; mit etw. ~ einverstanden sein être entièrement, tout à fait d'accord avec qc.; *neugebautes Haus* ~ fertig *auch* F fin prêt; **~ˌständigˌkeit** *f* ⟨~⟩ intégralité *f*; intégrité *f*; (*Lückenlosigkeit*) perfection *f*; keinen Anspruch auf ~ erheben ne pas prétendre à la perfection; ~ anstreben viser à la perfection; der ~ halber pour compléter (qc.); **2ˌstopfen I** *v/t.* ⟨*sép.*, -ge-, h⟩ remplir, bourrer (mit de); *fig. mit Wissen* gaver; bourrer; **II** *v/réfl.* sich ~ se bourrer (mit de) (*auch fig.*).
vollstreck|bar [fɔl'ʃtrɛkba:r] *adj. jur.* exécutoire; **~en** *v/t.* ⟨*insép., pas de ge-*, h⟩ *jur.* exécuter; mettre à exécution; das Todesurteil an j-m ~ exécuter qn.; **2er** *m* exécuteur *m*; **2ung** *f* exécution *f*; **2ungsbeˌamte(r)** *m* huissier *m*; **2ungsbeˌfehl** *m* mandat *m*, ordre *m* d'exécution; (mandat *m*) exécutoire *m*; **2ungsgeˌricht** *n* tribunal *m* d'exécution, chargé de l'exécution; **2ungsˌklausel** *f* formule *f*, clause *f* exécutoire; **2ungsˌkosten** *pl.* frais *m/pl.* d'exécution; **2ungsˌschutz** *m* protection *f*, défense *f* (des parties) en matière d'exécution; **2ungsˌtitel** *m* titre *m* exécutoire; **2ungsˌurteil** *n* jugement *m* d'exequatur; **2ungsverˌfahren** *n* procédure *f* d'exécution; **2ungsˌweg** *m* voie *f* d'exécution.
voll|synchronisiert ['fɔlzynkroˑniˑˌzi:rt] *adjt.* entièrement synchronisé; **~ˌtanken** *v/t.* ⟨*sép.*, -ge-, h⟩ faire le plein (de); **~ˌtönend** *adjt.* sonore; **2ˌtreffer** *m* coup *m* au but; **~ˌtrinken** *v/réfl.* ⟨*irr., sép.*, -ge-, h⟩ sich ~ F se soûler; **~ˌtrunken** *adj.* ivre mort; **2ˌtrunkenˌheit** *f* ivresse *f*; **2verˌsammlung** *f* assemblée plénière; **2ˌwaise** *f* orphelin, -e *m, f* de père et (de) mère; **~ˌwertig** *adj.* qui a toute sa valeur; de pleine valeur; **~ˌzählig** **1.** *adj.* complet, -ète; (ganz) ~ sein être au (grand) complet; **2.** *adv.* ~ machen compléter; wir hoffen, daß unsere Mitglieder ~ erscheinen werden nous espérons qu'aucun de nos membres ne manquera à l'appel; nous comptons sur la présence de tous nos membres; **2ˌzähligˌkeit** *f* ⟨~⟩ *verbal*; **~ˌzeichnen** *v/t.* ⟨-ete, *sép.*, -ge-, h⟩ couvrir ... de dessins.
vollzieh|en [fɔl'tsi:ən] **I** *v/t.* ⟨*irr., insép., pas de ge-*, h⟩ accomplir; effectuer; (*ausführen*) exécuter; mettre à exécution; *Ehe* consommer; ~de Gewalt pouvoir exécutif; **II** *v/réfl.* sich ~ s'accomplir; se faire; s'effectuer; **2er** *m* ⟨~s; ~⟩ *cf.* Vollstrecker; **2ung** *f* accomplissement *m*; (*Ausführung*) exécution *f*; *der Ehe* consommation *f*.
Vollzug [fɔl'tsu:k] *m* ⟨~(e)s⟩ *cf.* Vollziehung; **~sbeˌhörde** *f* autorité *f* d'exécution; **~sbeˌstimmungen** *f/pl.* prescriptions *f/pl.* pour l'exécution; **~sgeˌwalt** *f* pouvoir exécutif; **~sˌmeldung** *f* compte rendu d'exécution; **~sˌordnung** *f* règlement *m* d'exécution.
Volontär|(in) [voˑlɔn'tɛ:r(ın)] *m* ⟨~s; ~e⟩, (*f*) ⟨~; ~nen⟩ stagiaire *m, f*; **~ˌzeit** *f* stage *m*.
volontieren [voˑlɔn'ti:rən] *v/i.* ⟨*pas de ge-*, h⟩ faire un stage.
Volt [vɔlt] *n* ⟨~ *od.* ~(e)s; ~⟩ *élect.* volt *m*; **~aeleˌment** *n élect.* élément *m* voltaïque, de Volta.
Voltairianer [vɔltɛriˑ'a:nər] *m* ⟨~s; ~⟩ voltairien *m*.
volta|isch ['vɔltaʔıʃ] *adj. élect.* voltaïque; de Volta; **2'meter** *n* ⟨~s; ~⟩ *élect.* voltamètre *m*.
Voltampere [vɔltʔam'pɛ:r] *n élect.* voltampère *m*.
Volt|e ['vɔltə] *f* ⟨~; ~n⟩ *Reitkunst* volte *f*; **2i'gieren** [-'ʒi:-] **I** *v/i.* ⟨*pas de ge-*, h⟩ voltiger; faire de la voltige; **II** **~i'gieren** *n* ⟨~s⟩ voltige *f*.
Voltmeter ['vɔltˌme:tər] *n* ⟨~s; ~⟩ *élect.* voltmètre *m*.
Volum|einheit [voˑ'lu:mˌʔaınhaıt] *f* unité *f* de volume; **~en** *n* ⟨~s; ~ *od.* -mina⟩ volume *m*; **2etrisch** [-'me:-] *adj.* volumétrique; **~geˌwicht** *n* poids spécifique; **2i'nös** *adj.* volumineux, -euse; **~proˌzent** *n* pour cent *m* en volume.
Voluntarismus [voˑluntaˑ'rısmus] *m* ⟨~⟩ *philos.* volontarisme *m*.
Volute [voˑ'lu:tə] *f* ⟨~; ~n⟩ *bât.* volute *f*.
vom [fɔm] *cf.* von.
von [fɔn] *prép.* ⟨*dat.*⟩ **1.** *örtlich* de; vom Bahnhof kommen venir de la gare; vom Lande stammen être originaire de la campagne; etw. vom Tisch nehmen prendre qc. sur la table; nehmen Sie das vom Tisch weg ôtez cela de (dessus) la table; ich komme von meiner Mutter je viens de chez ma mère; von ... ab, von ... an depuis ...; dès ...; ~ Anfang an dès le début, le départ; ~ diesem Fenster aus hat man e-e schöne Aussicht on a une belle vue de cette fenêtre; ~ ... bis ... de ... à ...; vom Anfang bis zum Ende, ~ Anfang bis Ende du début à la fin; *Sie gehen nach Paris*? ich komme ~ da ... j'en viens; ~ Osten nach Westen

de l'est à l'ouest; ~ **oben** d'en 'haut; ~ **oben bis unten** de haut en bas; ~ **unten** d'en bas; ~ **unten nach oben** de bas en 'haut; ~ **vorn** de *od.* par devant; de face; ~ **hinten** de *od.* par derrière; ~ **der Seite** de côté; de profil; ~ **beiden Seiten** des deux côtés; ~ **Ort zu Ort** d'un lieu, d'un endroit à l'autre; ~ **Tür zu Tür gehen** faire le porte-à-porte; aller de porte en porte; ~ **Land zu Land** de pays en pays; ~ **Fall zu Fall** suivant les cas; **2.** *zeitlich* de; dès; depuis; à partir de; ~ **früh bis spät** du matin au soir; depuis le matin jusqu'au soir; ~ **Montag bis Freitag** de lundi à vendredi; ~ **Stunde zu Stunde** d'heure en heure; ~ **Zeit zu Zeit** de temps en temps; de temps à autre; ~ **neuem** de *od.* F à nouveau; ~ **heute an** à partir d'aujourd'hui; ~ **nun an** désormais; dorénavant; ~ **da an** dès lors; depuis lors; ~ **Kind auf**, ~ **klein auf**, ~ **Jugend auf** depuis *od.* dès l'enfance; ~ **alters her**, ~ **jeher** de tout temps; **Ihr Brief ~ vor drei Wochen** votre lettre d'il y a trois semaines; **3.** *Herkunft* de; *Ursache, beim Passiv* par; de; **ein Gedicht ~** ... un poème de ...; **ein Gruß ~ meiner Mutter** le bonjour de ma mère; ~ **Gottes Gnaden** par la grâce de Dieu; *Königtum* de droit divin; **er ist müde ~ dem weiten Weg** le long chemin l'a fatigué; **ungeduldig vom langen Warten** rendu impatient par une longue attente; **geschlagen werden ~** ... être battu par ...; **er wird ~ allen s-n Freunden geliebt** il est aimé de tous ses amis; F ~ **wegen** à cause de; ~ **Amts wegen** d'office; **er ist ~ Natur aus kränklich** il a toujours été maladif; **4.** *Eigenschaft, Maß* de; **klein ~ Gestalt** de petite taille; **ein Mann ~ Welt** un homme du monde; **ein Mann vom Fach** un spécialiste; **ein Buch ~ Rang** un livre de qualité; **ein Künstler ~ Format** un artiste de classe; **ein Kind ~ zehn Jahren** un enfant de dix ans; **das ist ~ Nutzen** cela est utile; **was sind Sie ~ Beruf?** quelle est votre profession?; **nicht ~ Dauer** peu durable; **dieser Schuft ~ e-m Wirt!** ce coquin d'aubergiste!; **ein Prachtstück ~ e-m Hirsch** un cerf magnifique; ~ **Grund auf** de fond en comble; radicalement; **5.** *stoffliche Herkunft* en; **ein Ring ~ Gold** une bague en or; **6.** *statt gén.* de; **König ~ Preußen** roi de Prusse; **ein Freund ~ mir** un de mes amis; un ami à moi; **das Schicksal ~ Millionen Menschen** le sort de millions d'hommes; **die Umgebung ~ Paris** les environs de Paris; **die Anwendung ~ Penicillin** l'emploi de la pénicilline; **7.** *Teil e-s Ganzen* de; **e-r ~ uns** l'un de nous *od.* d'entre nous; ~ **(den) Frauen waren nur da** ... en fait de femmes, il n'y avait que ...; ~ **zehn Stimmen acht bekommen** recevoir 'huit sur dix des suffrages; **ich behalte fünf Mark ~ dieser Summe zurück** je retiens cinq marks sur cette somme; **vom Hundert** pour cent; F **sind Sie auch ~ der Partie?** en serez-vous?; **ich begreife nichts ~ dem, was Sie mir sagen** je ne comprends rien à ce que vous me dites; **8.** (*von seiten*) de la part de; à; **das ist nicht schön ~ ihm** ce n'est pas bien de sa part; **das ist sehr freundlich ~ Ihnen** c'est bien aimable à vous, de votre part; ~ **mir aus** (*meinetwegen*) pour ma part; **9.** *Adelsbezeichnung* de; **Baron, Herr ~ X** le baron, Monsieur de X; F **er schreibt sich „von"** son nom prend la particule (nobiliaire); **~ei'nander** *adv.* l'un de l'autre; **~'nöten** *adj.* ~ **sein** être nécessaire; être d'une nécessité urgente; **~'statten** *adv.* **gut ~ gehen** bien avancer, marcher.

vor [fo:r] **I** *prép.* ⟨*dat. bzw. acc.*⟩ **1.** *örtlich* devant; avant; à; ~ **dem** *bzw.* ~ **das Haus** devant la maison; **plötzlich stand ich ~ ihm** je me trouvai tout à coup devant lui, en face de lui; **bis ~ die Stadt begleiten** accompagner jusqu'à la ville; ~ **den Richter treten** paraître devant le juge; *Schiff* ~ **Anker legen** mettre à l'ancre; ~ **den Küsten Frankreichs** devant les, au large des côtes de France; ~ **aller Augen verborgen** soustrait à tous les regards; ~ **j-s Augen** a) devant les yeux de qn.; b) *fig.* sous les yeux de qn.; **wir sind ~ dem Gesetz alle gleich** nous sommes tous égaux devant la loi; ~ **sich gehen** avoir lieu; se faire; **niemand wußte, was eigentlich ~ sich ging** personne ne savait au juste ce qui se passait; **den See ~ sich haben** avoir le lac en face; *fig.* ~ **der Tür sein** être proche; F être à la porte; **j-n ~ die Tür setzen** mettre qn. à la porte; *gr. Adjektiv* ~ **od. hinter dem Substantiv stehen** être placé avant ou après le substantif; précéder ou suivre le substantif; ~ *s-m Untergang, e-m Ereignis etc.* **stehen** être à la veille de ...; **den Hut ~ j-m ziehen** se découvrir devant qn.; **Hut ab ~ e-m solchen Manne** saluons bien bas un tel homme; **2.** *zeitlich* avant; il y a; ~ **Sonnenaufgang** avant l'aurore; ~ **Tage** avant le jour; **ein Tag ~** ... un jour avant ...; **der Tag ~ dem Fest** la veille de la fête; ~ **j-m da sein** précéder qn.; **er war e-e Stunde ~ ihm gekommen** il l'avait précédé d'une heure; **fünf Minuten ~ vier (Uhr)** quatre heures moins cinq; ~ **acht** (*schon vergangenen*) **Tagen** il y a 'huit jours; ~ (*Ablauf von*) **acht Tagen** avant 'huit jours; ~ **Zeiten** au temps jadis; ~ **kurzem** il y a peu de temps; dernièrement; récemment; ~ **der Zeit alt werden** vieillir prématurément; **heute ~ e-m Jahr** ... il y a aujourd'hui un an que ...; **3.** *Rang* ~ **allem**, ~ **allen Dingen** avant tout; avant toute chose; **den Vorrang ~ j-m haben** avoir le pas sur qn.; **Gnade ~ Recht ergehen lassen** préférer miséricorde à justice; **Gewalt geht ~ Recht** la force prime le droit; **4.** (*gegen, für*) ~ **etw. geschützt, sicher, in Sicherheit sein** être à l'abri de qc.; **Schutz ~ dem Wind** abri contre le vent; ~ **Kälte schützen** protéger contre le froid; préserver du froid; **sein Herz ~ etw. verschließen** fermer son cœur à qc.; **Abscheu ~ etw. haben** avoir une *od.* de l'aversion pour *od.* contre qc.; **Achtung ~ dem Alter** respect de la vieillesse; **Achtung ~ j-m haben** avoir du respect pour qn.; **Furcht ~ etw. haben, sich ~ etw. fürchten** avoir peur de qc.; craindre qc.; **sich ~ etw. hüten** se garder de qc.; *ich habe keine Geheimnisse* ~ **Ihnen** ... pour vous; **5.** *Ursache* de; ~ **Freude weinen** pleurer de joie; ~ **Kälte zittern** trembler de froid; ~ **dem Hochwasser fliehen** fuir la crue; **II** *adv.* ~! avancez!; **nach wie ~** après comme avant; **ich glaube nach wie ~, daß** ... je persiste à croire que ...; **das ist nach wie ~ zu teuer** c'est toujours trop cher; **da sei Gott ~!** Dieu nous en préserve!; **~'ab** *adv. cf.* **zuerst, zunächst 2.**; **2ˌabend** veille *f*; **2ˌahnung** *f* pressentiment *m*; **2ˌalpen** *f/pl. géogr.* Préalpes *f/pl.*

voran [fo'ran] *adv.* en tête; en avant; devant; (nur) ~! en avant!; **immer langsam ~!** F doucement!; piano!; **~ˌbringen** *v/t.* ⟨*irr., sép.*, -ge-, h⟩ faire avancer; **~ˌeilen** *v/i.* ⟨*sép.*, -ge-, sein⟩ prendre les devants; **j-m ~** devancer qn.; précéder qn.; **~ˌgehen** *v/i.* ⟨*irr., sép.*, -ge-, sein⟩ précéder; marcher devant, en tête; prendre les devants; *Arbeit* avancer; (*den Vorrang haben*) primer; **gehen Sie voran!** passez devant!; passez le premier, la première!; après vous (monsieur, madame)!; **j-m** (*örtlich*), **e-r Sache** (*zeitlich*) ~ devancer, précéder qn., qc.; **mit gutem Beispiel ~** donner le bon exemple (j-m à qn.); **es geht mit ihm ~** il fait des progrès; **~ˌgehend** *adjt.* précédent; **im ~en** dans ce qui précède; **~ˌkommen** *v/i.* ⟨*irr., sép.*, -ge, -sein⟩ avancer.

Vorankündigung ['fo:rˌˀankyndɪgʊŋ] *f* préavis *m*.

voranlaufen [fo'ranˌlaufən] *v/i.* ⟨*irr., sép.*, -ge-, sein⟩ *cf.* voraneilen.

Voranmeldung ['fo:rˌˀanmɛldʊŋ] *f* préavis *m*.

voranschicken [fo'ranˌʃɪkən] *v/t.* ⟨*sép.*, -ge-, h⟩ **j-n ~** envoyer qn. devant, en avant; faire prendre les devants à qn.

Voranschlag ['fo:rˌˀanʃla:k] *m* évaluation *f*; *bes. bât.* (*Kosten2*) devis *m*; (*Haushalts2*) prévisions *f/pl.* budgétaires.

voran|schreiten [fo'ranˌʃraɪtən] *v/i.* ⟨*irr., sép.*, -ge-, sein⟩ marcher devant; marcher en tête; marcher à la tête (de); *Arbeit* avancer; **~ˌstellen** *v/t.* ⟨*sép.*, -ge-, h⟩ mettre, placer en tête (de); **~ˌtreiben** *v/t.* ⟨*irr., sép.*, -ge-, h⟩ (faire) avancer; accélérer; activer; pousser.

Voranzeige ['fo:rˌˀantsaɪgə] *f* préavis *m*; avis *m* préliminaire, préalable; avertissement *m* préalable.

Vorarbeit ['fo:rˌˀarbaɪt] *f* travail *m* préparatoire; préparatifs *m/pl.*; travaux *m/pl.* préliminaires; **2en I** *v/t.* ⟨-ete, *sép.*, -ge-, h⟩ **e-n freien Tag ~** remplacer (en travaillant) d'avance un jour de congé; **II** *v/i.* (*die Vorarbeiten machen*) faire les travaux préparatoires de qc.; *fig.* **j-m ~** préparer les voies à qn.; **III** *v/réfl.* **sich ~** se frayer un chemin; *milit.* avancer; progresser; s'approcher peu à peu des positions; **~er(in)** *m* (*f*) contremaître, -esse *m, f*.

vorauf [fo'rauf] *adv. cf.* voran; voraus; **~ˌgehen** *v/i.* ⟨*irr., sép.*, -ge-, sein⟩ *cf.* vorangehen, vorausgehen.

voraus [fo'raus] **I** *adv. örtlich* en avant; *zeitlich* ~, **im ~** d'avance; par avance; à l'avance; (*vorzeitig*) par anticipation; **mit Dank im ~** avec mes remerciements anticipés; **s-m Alter, Jahrhundert ~ sein** devancer son âge, son siècle; être en avance sur son âge, son siècle; avoir de l'avance sur son âge, son siècle; **II 2** *m* ⟨~⟩ *cf.* Vorerbe²; **2abˌteilung** *f milit.* détachement avancé; **~ˌahnen** *v/t.* ⟨*sép.*, -ge-, h⟩ pressentir; avoir le pressentiment (de); **~beˌdingen** *v/t.* ⟨*irr., sép.*, *pas de ge-*, h⟩ *cf.* vorbedingen; **~beˌrechnen** *v/t.* ⟨-ete, *sép.*, *pas de ge-*, h⟩ calculer, évaluer d'avance; **2beˌrechnung** *f* estimation *f*; évaluation *f*; **~beˌstellen** *v/t.* ⟨*sép.*, *pas de ge-*, h⟩ *cf.* vorbestellen; **2beˌstellung** *f cf.* Vorbestellung; **~beˌzahlen** *v/t.* ⟨*sép.*, *pas de ge-*, h⟩ *cf.* ~zahlen; **2beˌzahlung** *f cf.* 2zahlung; **~ˌeilen** *v/i.* ⟨*sép.*, -ge-, sein⟩ *cf.* voraneilen; **~ˌfahren** *v/i.* ⟨*irr., sép.*, -ge-, sein⟩ partir avant les autres; partir devant;

prendre les devants; **~ˌgehen** *v/i.* ⟨*irr.*, *sép.*, -ge-, sein⟩ aller, marcher devant; prendre les devants; j-m (*örtlich*), e-r Sache (*zeitlich*) ~ précéder, devancer qn., qc.; **gehen Sie ~, wir kommen nach** allez toujours, nous vous rejoindrons; **es ging ihm der Ruf ~, daß er ... ist** on savait d'avance qu'il avait la réputation d'être ...; **~ˌgehend** *adjt.* précédent; antérieur; antécédent; im ~en *cf.* **vorangehend**; **≈ˌgehende(s)** *n* ⟨→ A⟩ ce qui précède; **~geˌsetzt** *cf.* ~setzen; **~ˌhaben** *v/t.* ⟨*irr.*, *sép.*, -ge-, h⟩ etw. vor j-m ~ avoir un avantage sur qn.; avoir sur qn. l'avantage de qc.; l'emporter sur qn. par qc.; **er hat viel vor uns voraus** il nous dépasse de loin; **~ˌlaufen** *v/i.* ⟨*irr.*, *sép.*, -ge-, sein⟩ *cf.* voraneilen; **≈ˌleistung** *f* prestation anticipée, préalable; **≈ˌnahme** *f* ⟨~; ~n⟩ anticipation *f*; **~ˌnehmen** *v/t.* ⟨*irr.*, *sép.*, -ge-, h⟩ anticiper; **~ˌplanen** *v/i.* ⟨*sép.*, -ge-, h⟩ faire des projets d'avenir; **~ˌreisen** *v/i.* ⟨-(es)t, *sép.*, -ge-, sein⟩ *cf.* ~fahren; **~ˌreiten** *v/i.* ⟨*irr.*, *sép.*, -ge-, sein⟩ partir à cheval avant les autres; **≈ˌsage** *f* ⟨~; ~n⟩ prédiction *f*; pronostics *m/pl.*; **~ˌsagen** *v/t.* ⟨*sép.*, -ge-, h⟩ prédire; pronostiquer; **≈ˌschau** *f* prévoyance *f*; prévision *f*; **~ˌschauen** *v/t.* ⟨*sép.*, -ge-, h⟩ prévoir; **~ˌschauend** *adjt.* prévoyant; **~ˌschicken** *v/t.* ⟨*sép.*, -ge-, h⟩ envoyer devant, d'avance; j-n ~ *auch* faire prendre les devants à qn.; **e-e Bemerkung ~** faire une remarque préliminaire; **ich muß hier ~, daß ...** je dois, au préalable, vous faire remarquer, observer que ...; **es muß dabei vorausgeschickt werden, daß ...** ici une observation, remarque préalable s'impose; c'est que ...; **~ˌsehen** *v/t.* ⟨*irr.*, *sép.*, -ge-, h⟩ prévoir; **das war vorauszusehen** c'était à prévoir; on pouvait le prévoir; **~ˌsetzen** *v/t.* ⟨-(es)t, *sép.*, -ge-, h⟩ supposer; présupposer; présumer; **vorausgesetzt, daß ...** à condition que ...; pourvu que ...; supposé que ... (*alle* + *subj.*); **≈ˌsetzung** *f* ⟨~; ~en⟩ supposition *f*; présupposition *f*; (*Hypothese*) hypothèse *f*; (*Vorbedingung*) condition *f*; **unter der ~, daß ...** *cf.* ~setzen (**vorausgesetzt, daß ...**); **unter der stillschweigenden ~, daß ...** étant implicitement entendu que ... (+ *fut.*); **wesentliche ~** condition essentielle; **den ~en entsprechen, die ~en erfüllen** satisfaire, répondre aux exigences; **etw. zur ~ haben** présupposer, nécessiter qc.; **von ganz falschen ~en ausgehen** partir de données complètement fausses, erronées; **an bestimmte ~en gebunden sein** être lié à certaines conditions; **≈ˌsicht** *f* ⟨~⟩ prévision *f*; prévoyance *f*; **aller ~ nach** selon toutes prévisions; **in weiser ~** par mesure de prudence, de précaution; **mangelnde ~** défaut de prévoyance; imprévoyance *f*; imprévision *f*; **in der ~, daß ...** en prévision de ...; **~ˌsichtlich 1.** *adj.* probable; **2.** *adv.* probablement; comme il est à prévoir; selon toute probabilité; **≈ˌtruppen** *f/pl. milit.* unités avancées; **~ˌwerfen** *v/t.* ⟨*irr.*, *sép.*, -ge-, h⟩ **große Ereignisse werfen ihre Schatten voraus** *cf.* Schatten; **~ˌwissen** *v/t.* ⟨*irr.*, *sép.*, -ge-, h⟩ savoir d'avance; avoir la prescience de; **~ˌzahlen** *v/t.* ⟨*sép.*, -ge-, h⟩ payer d'avance; **≈ˌzahlung** *f* paiement *m* d'avance, anticipé; **e-e ~ leisten** faire un paiement par anticipation; effectuer un paiement anticipé.

Vorazität [voˑratsiˑ'tɛːt] *f* ⟨~⟩ voracité *f*.

Vorbau ['foːrbaʊ] *m* ⟨~(e)s; ~ten⟩ *bât.* partie saillante, avancée; avant-corps *m*; encorbellement *m*; F *fig.* (*Brust*) P balcon *m*; **≈en** *v/t.* ⟨*sép.*, -ge-, h⟩ *bât.* bâtir devant (une autre construction); (*vorspringend bauen*) bâtir en saillie; *fig.* **e-r Sache ~** obvier, parer à qc.; prévenir qc.; **der kluge Mann baut vor** l'homme prudent prend ses précautions.

Vor|bedacht ['foːrbəˌdaxt] *m* préméditation *f*; **mit ~** avec préméditation; délibérément; de propos délibéré (*oft péj.*); **~beˌdeutung** *f* présage *m*; **gute, schlechte ~** bon, mauvais augure; **≈beˌdingen** *v/t.* ⟨*irr.*, *sép.*, *pas de ge-*, h⟩ stipuler d'avance; **~beˌdingung** *f* condition *f* préliminaire, préalable; première condition; **alle ~en erfüllen** satisfaire à toutes les conditions préalables; **etw. zur ~ für etw. machen** faire de qc. une condition primordiale; **~beˌhalt** *m* ⟨~(e)s; ~e⟩ réserve *f*; restriction *f*; **unter (allem) ~** sous toutes réserves; **ohne ~** sans réserve, restriction; purement et simplement; **unter dem ~, daß ...** sous réserve que ... (+ *subj.*); sauf à ... (+ *inf.*); **unter üblichem ~** sous les réserves d'usage; **unter ~ meiner Rechte** sans préjudice de mes droits; réserve faite de mes droits; **unter ~ eingehender Prüfung** sous bénéfice d'inventaire; **geheimer, innerer ~** restriction mentale; **~e machen** faire des réserves; **≈beˌhalten I** *v/t.* ⟨*irr.*, *sép.*, *pas de ge-*, h⟩ j-m etw. ~ réserver, ménager qc. à qn.; **Irrtum ~** sauf erreur; **Änderungen ~** sous réserve de modifications; **unvorhergesehene Umstände ~** sauf imprévu; **alle Rechte ~** tous droits réservés; **II** *v/réfl.* **sich ~, zu ...** (+ *inf.*) se réserver de ... (+ *inf.*); **sich das Recht ~, zu ...** (+ *inf.*) se réserver le droit de ... (+ *inf.*); **sich e-e Entscheidung ~** réserver sa décision; **≈beˌhaltlich** *prép. mit gén.* sous réserve de; sauf; **~ anderer Vereinbarungen** sauf stipulations contraires; **≈beˌhaltlos 1.** *adj.* inconditionnel, -lle; sans réserve; sans restriction (*beide auch adv.*); **2.** *adv.* inconditionnellement; purement et simplement; **~beˌhaltsˌgut** *n jur.* biens réservés; **~beˌhaltsˌklausel** *f* clause *f* de réserve, sauvegarde; réserve *f*.

vorbei [foːr'baɪ, fɔr-] *adv.* **1.** *zeitlich* passé; fini; **die Ferien sind ~** les vacances sont passées; **als er kam, war alles ~** quand il arriva, tout était fini; **es ist 8 Uhr ~** il est 'huit heures passées; **~ ist ~** le passé est le passé; **es ist mit ihm ~** c'en est fait de lui; il est fini; c'est un homme fini; **~!** fini!; **2.** *örtlich* **ich kann nicht ~** je ne puis passer; **ich muß ~** il faut que je passe; **lassen Sie mich ~** laissez-moi passer; **ich möchte gerne ~** puis-je passer?; **~beˌnehmen** F *v/réfl.* ⟨*irr.*, *sép.*, *pas de ge-*, h⟩ **sich ~** se conduire mal; **~ˌeilen** *v/i.* ⟨*sép.*, -ge-, sein⟩ passer en toute 'hâte (an devant); **~ˌfahren** *v/i.* ⟨*irr.*, *sép.*, -ge-, sein⟩ passer (an devant, à côté de, près de); **im ≈ en passant**; **~ˌfließen** *v/i.* ⟨*irr.*, *sép.*, -ge-, sein⟩ **an etw. ~** couler au pied de qc., le long de qc.; **~ˌflitzen** F *v/i.* ⟨-(es)t, *sép.*, -ge-, sein⟩ passer en trombe, comme un bolide (an devant); **~ˌführen** *v/i.* ⟨*sép.*, -ge-, h⟩ *Weg* passer (an devant, à côté de); **~ˌgehen** *v/i.* ⟨*irr.*, *sép.*, -ge-, sein⟩ passer (an devant, à côté de, près de); *Schuß* manquer, rater le but; F taper à côté; **er geht unter meinem Fenster ~** il passe sous ma fenêtre; **er geht an den schönsten Auslagen ~** il passe devant les plus belles vitrines sans les voir, sans leur prêter attention; F **geh auf dem Rückweg kurz bei ihm ~** en revenant, fais donc un saut chez lui; **im ≈ en passant**; **~ˌkommen** *v/i.* ⟨*irr.*, *sép.*, -ge-, sein⟩ passer (an etw., j-m devant qc., qn.; **bei j-m** chez qn.); **nur auf e-n Sprung bei j-m ~** ne faire qu'un saut chez qn.; **≈ˌmarsch** *m milit.* défilé *m*; **~marˌschieren** *v/i.* ⟨*sép.*, *pas de ge-*, sein⟩ *milit.* défiler (an devant); **~ˌreden** *v/i.* ⟨-ete, *sép.*, -ge-, h⟩ **aneinander ~** ne pas tenir le même langage; parler sans s'entendre; **an den Dingen ~** être à côté de la question; **~ˌsausen** F *v/i.* ⟨-(es)t, *sép.*, -ge-, sein⟩ *cf.* ~flitzen; **~ˌschießen** *v/i.* ⟨*irr.*, *sép.*, -ge-, h⟩ **1.** manquer, rater le but; F taper à côté; **2.** F *fig.* ⟨sein⟩ passer comme une flèche, un trait (an devant); **~ˌschlagen** *v/i.* ⟨*irr.*, *sép.*, -ge-, h⟩ rater, manquer son coup; F taper à côté; **~ˌwerfen** *v/i.* ⟨*irr.*, *sép.*, -ge-, h⟩ manquer, rater le but (en jetant); **~ˌziehen** *v/i.* ⟨*irr.*, *sép.*, -ge-, sein⟩ passer (an devant, à côté de, près de); *bei e-m Aufmarsch cf.* ~marschieren.

Vor|bemerkung ['foːrbəˌmɛrkʊŋ] *f* remarque *f*, note *f* préliminaire, liminaire; avertissement *m*; **≈beˌnannt** *adjt.* susdit; précité; susmentionné; mentionné ci-dessus; **~beˌratung** *f* délibération *f* préparatoire; **≈beˌreiten** *v/t. u. v/réfl.* ⟨-ete, *sép.*, *pas de ge-*, h⟩ (se) préparer (auf à); s'apprêter à; **auf alles vorbereitet sein** être prêt à tout; **auf etw.** (*e-e Prüfung*, *Unterrichtsstunde etc.*) **vorbereitet sein** être prêt pour qc.; **große Dinge bereiten sich vor** de grands événements se préparent; **darauf war er nicht vorbereitet** il ne s'y attendait pas; **≈beˌreitend** *adjt.* préparatoire; préliminaire.

Vorbereitung ['foːrbəˌraɪtʊŋ] *f* ⟨~; ~en⟩ préparation *f* (auf etw. à qc.); **~en zu e-r Reise treffen** faire des préparatifs de départ; **in ~ sein** être en préparation; se préparer; **die ~en sind beendet** les préparatifs sont terminés; **~sˌanstalt** *f* établissement *m* préparatoire; **~sˌarbeiten** *f/pl.* travaux *m/pl.* préparatoires; **~sˌdienst** *m etwa* stage *m*; **~sˌfeuer** *n milit.* tir(s) *m* (*pl.*) de préparation; **~sgeˌfecht** *n milit.* combat *m* préparatoire; **~sˌhandlungen** *f/pl. jur.* préparatifs *m/pl.* délictueux; **~sˌklasse** *f* classe *f* préparatoire; **~sˌkurs(us)** *m*, **~sˌlehrgang** *m* cours *m* préparatoire; **~sˌschule** *f* école *f* préparatoire; **~sˌstadium** *n* phase *f* préparatoire; **~sˌzeit** *f* temps *m* de préparation; *cf. auch* ~sdienst.

Vor|berge ['foːrˌbɛrgə] *m/pl. géogr.* contreforts *m/pl.*; **~beˌricht** *m* rapport *m* préliminaire; **~beˌscheid** *m* communication *f*, avis *m* préliminaire; **~beˌsprechung** *f* pourparlers *m/pl.* préliminaires; premiers pourparlers; **≈beˌstellen** *v/t.* ⟨*sép.*, *pas de ge-*, h⟩ commander d'avance; retenir; *Plätze* louer d'avance; réserver (*auch Zimmer*); **~beˌstellung** *f* commande *f* préalable; *von Plätzen* location *f*; réservation *f* (*auch von Zimmern*); ≈**beˌstraft** *adj. jur.* qui a déjà subi une condamnation; F qui a un casier judiciaire (chargé); **er ist noch nicht** ~ il a un casier judiciaire vierge; **nicht** ~ sans antécédents judiciaires; ~**beˌstrafte(r)** *f* (*m*) ⟨→ A⟩ *jur.* récidiviste *m, f*; *mehrfach* ~ titulaire *m, f* de plusieurs condamnations; repris *m* de justice; ~**beˌstrafung** *f jur.* condamnation antérieure; ≈ˌ**beten** *v/t.* ⟨-ete, *sép.*, -ge-, h⟩ *abs.* réciter les prières devant les fidèles; ~ˌ**beter** *m* celui qui récite les prières devant les fidèles; ≈ˌ**beugen I** *v/t.* (*u. v/réfl.*) ⟨*sép.*, -ge-, h⟩ (se) pencher en avant; **II** *v/i.* **e-r Sache** ~ obvier, parer à qc.; prévenir qc. (*auch méd.*); prendre des précautions contre qc.; ≈ˌ**beugend** *adjt.* préventif, -ive; *méd. auch* prophylactique; ~ˌ**beugung** *f* prévention *f*; *méd. auch* prophylaxie *f*; **zur** ~ préventivement; ~ˌ**beugungsˌmaßnahmen** *f/pl.* mesures préventives, *méd. auch* prophylactiques; ~ˌ**beugungsˌmittel** *n méd.* remède *m* prophylactique; ~**bild** *n* modèle *m*; exemple *m*; **als** ~ **dienen** servir de modèle; **j-n zum** ~ **nehmen** prendre qn. pour modèle; prendre modèle sur qn.; se modeler sur qn.; **nach dem** ~ **von** à l'exemple de; ≈ˌ**bilden** *v/t.* ⟨-ete, *sép.*, -ge-, h⟩ préfigurer; (*vorbereiten*) préparer; ≈ˌ**bildlich** *adj.* exemplaire; modèle; ~ˌ**bildlichkeit** *f* caractère *m* exemplaire; ~ˌ**bildung** *f* formation *f* (préparatoire); (*Vorbereitung*) préparation *f*; ≈ˌ**binden** *v/t.* ⟨*irr.*, *sép.*, -ge-, h⟩ *Schürze* mettre; ≈ˌ**bohren I** *v/t.* ⟨*sép.*, -ge-, h⟩ percer un avant-trou (de centrage); **II** *v/i. iron.* F **bei j-m** ~ *cf.* **vorfühlen**; ~ˌ**bohrer** *m für Holz* ébauchoir *m*; amorçoir *m*; avant-clou *m*; *für Metalle* mèche *f*; foret *m*; ~ˌ**börse** *f* marché *m* libre; ≈ˌ**börslich** *adj.* en marché libre; ~ **notiert** coté au marché libre, avant l'ouverture de la Bourse; ~ˌ**bote** *m* avant-coureur *m*; précurseur *m*; (*Vorzeichen*) (signe *m*) avant-coureur *m*, précurseur *m*; signe annonciateur; *méd.* prodrome *m*; symptôme *m* avant-coureur, précurseur, annonciateur; ≈ˌ**bringen I** *v/t.* ⟨*irr.*, *sép.*, -ge-, h⟩ *Wünsche, Anliegen* présenter; exprimer; *Klagen auch* formuler; *Forderungen* présenter; soumettre; *Entschuldigungen* fournir; produire (*beide auch für Beweise*); présenter; mettre en avant; alléguer; *Gründe etc.* (*anführen*) alléguer; *Angelegenheit etc.* (*zur Sprache bringen*) mettre sur le tapis; mettre en discussion; (*äußern*) dire; énoncer; émettre; *Plan* avancer; **etw. zu j-s Verteidigung** ~ alléguer qc. pour la défense de qn.; **wer hat noch etw. vorzubringen?** qui est-ce qui a encore qc. à dire?; **II** ~ˌ**bringen** *n von Wünschen, Klagen, Forderungen, Entschuldigungen* présentation *f*; *von Beweisen* production *f*; *von Gründen etc.* allégation *f*; ~ˌ**bühne** *f thé.* avant-scène *f*; ≈ˌ**christlich** *adj.* avant l'ère chrétienne; ~**e Zeit** époque avant Jésus-Christ; ~**dach** *n* auvent *m*; avant-toit *m*; ≈**daˌtieren** *v/t.* ⟨*sép.*, *pas de ge-*, h⟩ (*mit e-m früheren Datum versehen*) antidater; (*mit e-m späteren Datum versehen*) postdater.

vordem [foːrˈdeːm, ˈfoːr-] *adv.* jadis; autrefois.

Vorder|achse [ˈfɔrdərˌˀaksə] *f* essieu *m* avant; ~ˌ**ansicht** *f* vue *f* de face; ~ˌ**asien** *n géogr.* le Proche-Orient; ~ˌ**bein** *n zo.* jambe *f*, patte *f* de devant; patte antérieure; ~ˌ**deck** *n mar.* gaillard *m* d'avant; plage *f* avant; devant *m* du pont.

vorder(e) [ˈfɔrdər(ə)] *adj.* ⟨*attributiv*⟩ de devant; *bes. von Körperteilen* antérieur; **die** ~**en Reihen** les premiers rangs; ~**e Seite** devant *m*; **der** ≈**e Orient** le Proche-Orient; ~**er Kotflügel** aile avant; **die** ≈**en** les premiers; *milit.* ~**ste Linie** première ligne; ~**ster Graben** tranchée de première ligne.

Vorder|flügel [ˈfɔrdərˌflyːgəl] *m bei Kerbtieren* aile antérieure, de devant; ~ˌ**front** *f bât.* façade *f*; face antérieure, de devant; devant *m*; ~ˌ**fuß** *m zo.* pied *m*, patte *f* antérieur(e), de devant; ~**geˌstell** *n e-s Pferdewagens* avant-train *m*; ~ˌ**grund** *m* devant *m*; *thé.*, *phot.*, *fig.* premier plan; **im** ~ sur le devant; au premier plan; *fig.* **in den** ~ **treten** se mettre au premier plan, en vedette, en évidence, en avant; se faire remarquer, voir; **im** ~ **stehen** être au premier plan, en vedette; **in den** ~ **stellen** mettre en avant, au premier plan, en vedette; ≈ˌ**gründig** *adj. fig.* superficiel, -lle; apparent; ~ˌ**hand** *f* ⟨~⟩ *des Pferdes* avant-main *m*; avant-train *m*.

vorderhand [ˈfɔrdərˈhant] *adv.* pour le moment; en attendant.

Vorder|haus [ˈfɔrdərˌhaus] *n* maison *f* de devant; ~ˌ**indien** *n géogr.* l'Inde *f*; ~ˌ**kiemer** *m/pl. zo.* prosobranches *m/pl.*; ~ˌ**lader** *m* ⟨~s; ~⟩ *hist.* arme *f* se chargeant par la bouche; ≈ˌ**lastig** *adj.* lourd de l'avant; ~ˌ**lauf** *m des Hasen* jambe, patte antérieure, de devant; ~ˌ**mann** *m* ⟨~(e)s; ¨er⟩ **1.** homme *m* qu'on a devant soi; homme *m* qui précède; *im ersten Glied* chef *m* de file; ~ **halten** se maintenir en file; **auf** ~ **stehen** être en file; F *fig.* **j-n auf** ~ **bringen** mettre qn. au pas; **2.** *comm.* cédant *m*; *bei Wechseln* endosseur précédent; ~ˌ**mast** *m mar.* mât *m* de misaine; ~ˌ**pfote** *f* patte antérieure, de devant; ~ˌ**rad** *n* roue *f* avant; ~**radˌantrieb** *m* traction *f* avant; ~**radˌbremse** *f* frein *m* avant; ~ˌ**reihe** *f* premier rang; ~ˌ**seite** *f bât. cf.* **Vorderfront**; *e-r Münze, Medaille* face *f*; avers *m*; *impr. e-s Blattes, Bogens* recto *m*; **auf der** ~ au recto; ~ˌ**sitz** *m im Auto* siège *m* avant; ≈**st** *adj.* (*sup. von* **vordere**) le (la) plus avancé(e); le premier; la première; *cf. auch* **vorder(e)**; ~ˌ**steven** *m mar.* étrave *f*; ~ˌ**teil** *n od. m* devant *m*; ~ˌ**tür** *f* porte *f* avant; ~ˌ**zähne** *m/pl.* dents *f/pl.* de devant; ~ˌ**zimmer** *n* chambre *f* de devant.

vor|drängen [ˈfoːrˌdrɛŋən] *v/réfl.* ⟨*sép.*, -ge-, h⟩ **sich** ~ se faufiler (pour passer) devant; se pousser en avant; jouer des coudes; *fig.* se mettre en avant, en évidence, en vedette; ~ˌ**drehen I** *v/t.* ⟨*sép.*, -ge-, h⟩ *techn.* ébaucher, dégrossir (au tour); **II** ≈ˌ**drehen** *n* ébauchage *m*, dégrossissage *m* (au tour); ~ˌ**dringen I** *v/i.* ⟨*irr.*, *sép.*, -ge-, sein⟩ avancer; *milit.* gagner du terrain; progresser; **II** ≈ˌ**dringen** *n* ⟨~s⟩ avance *f*; progression *f*; ~ˌ**dringlich** *adj.* très urgent; prioritaire; d'extrême urgence; qui a la priorité; **etw.** ~ **behandeln** donner la priorité à qc.; ≈ˌ**dringlichˌkeit** *f* priorité *f*; première urgence; ≈**druck** *m* ⟨~(e)s; ~e⟩ formulaire *m*; formule *f*; ~ˌ**ehelich** *adj.* prénuptial; ~ˌ**eilen** *v/i.* ⟨*sép.*, -ge-, sein⟩ *cf.* **voraneilen**; ~ˌ**eilig 1.** *adj.* précipité; prématuré; (*unüberlegt*) inconsidéré; irréfléchi; étourdi; ~**e Schlüsse ziehen** tirer des conclusions prématurées; **2.** *adv.* précipitamment; trop vite; à la légère; à l'étourdie; **nicht so** ~! pas tant de précipitation!; pas si vite!; F doucement!; piano!; ~ **urteilen** être trop prompt dans ses jugements; ≈ˌ**eiligˌkeit** *f* ⟨~⟩ précipitation *f*; étourderie *f*.

voreinander [ˌfoːrˀaɪˈnandər] *adv.* **sich** ~ **fürchten** avoir peur l'un de l'autre; **keine Geheimnisse** ~ **haben** ne pas avoir de secrets l'un pour l'autre.

voreingenommen [ˈfoːrˀaɪngəˌnɔmən] *adj.* prévenu (**gegen** contre; **für** pour; en faveur de); qui est plein de préjugés; qui a du parti pris; ≈ˌ**heit** *f* prévention *f*; parti pris; idée préconçue; préjugé *m*.

Voreltern [ˈfoːrˌˀɛltərn] *pl.* ancêtres *m/pl.*; *weniger entfernt* aïeux *m/pl.*; **unsere** ~ *auch* nos pères; nos devanciers; nos prédécesseurs.

vorenthalt|en [ˈfoːrˀɛntˌhaltən] *v/t.* ⟨*irr.*, *sép.*, *pas de ge-*, h⟩ **j-m etw.** ~ retenir (injustement) qc. à qn.; priver qn. de qc.; **j-m die Wahrheit** ~ cacher, dissimuler la vérité à qn.; ≈**ung** *f* retenue *f* (injuste); *jur.* rétention *f*.

Vor|entscheidung [ˈfoːrˀɛntˌʃaɪdʊŋ] *f* décision *f* préalable, préliminaire; *jur.* (*Präjudiz*) décision préjudicielle; *Sport* demi-finale *f*; ~**entˌwurf** *m* avant-projet *m*; ~ˌ**erbe**[1] *m*, ~ˌ**erbin** *f* héritier, -ère *m, f* par préciput; ~ˌ**erbe**[2] *n jur.* préciput *m*; ≈ˈ**erst** *adv.* (*zunächst*) d'abord; (*vorläufig*) pour le moment; (*vor allem*) avant tout(es choses); en premier lieu; premièrement; (*vorher*) au préalable; préalablement; ≈**erˌwähnt** *adjt.* mentionné ci-dessus; susmentionné; susdit; précité; ≈**erˌzählen** *v/t.* ⟨*sép.*, *pas de ge-*, h⟩ F *péj.* **j-m etw.** ~ raconter, débiter qc. à qn.; ≈ˌ**essen** F *v/i.* ⟨*irr.*, *sép.*, **geg-**, h⟩ déjeuner (*bzw.* dîner, souper) avant les autres; ~**eˌxamen** *n* examen *m* préalable, préliminaire; ~**fahr** *m* ⟨~en; ~en⟩ ancêtre *m*; aïeul *m*; die ~en *pl. cf.* **Voreltern**; ≈ˌ**fahren** *v/i.* ⟨*irr.*, *sép.*, -ge-, sein⟩ **bei j-m** ~ arrêter sa voiture devant la porte de qn.; **den Wagen** ~ **lassen** faire venir la voiture; **der Wagen ist vorgefahren** la voiture est devant la porte; **vorgefahren kommen** arriver en voiture; **j-n** ~ **lassen** céder, laisser le passage à qn.; laisser qn. doubler; se laisser doubler; ~**fahrt** *f* ⟨~⟩, ~**fahrtsˌrecht** *n* ⟨~(e)s⟩ priorité *f*; ~ **haben** avoir (la) priorité (**vor** sur); ~**fahrtsˌregel** *f* règle *f* de priorité; ~**fahrtsˌstraße** *f* route *f* à priorité; ~**fall** *m* incident *m*; affaire *f*; (*Begebenheit*) événement *m*; *méd.* prolapsus *m*; ≈ˌ**fallen** *v/i.* ⟨*irr.*, *sép.*, -ge-, sein⟩ (*passieren*) arriver; se passer; se produire; *unvermutet* survenir; *méd.* sortir; se déplacer; **tun Sie, als ob nichts vorgefallen wäre** faites comme si de rien n'était; **heute ist nichts Besonderes vorgefallen** aujourd'hui, il ne s'est rien passé de particulier; ≈ˌ**faseln** *v/t.* ⟨-(e)le, *sép.*, -ge-, h⟩ F **j-m etw.** ~ *cf.* ≈**flunkern**; ~ˌ**feier** *f* prélude *m* d'une fête; ~**feld** *n milit.* glacis *m*; avancées *f/pl.*; ~**finanˌzierung** *f* préfinancement *m*; ≈ˌ**finden** *v/t.* ⟨*irr.*, *sép.*, -ge-, h⟩ trouver (à son arrivée); ≈ˌ**flunkern** *v/t.* ⟨-(e)re, *sép.*, -ge-, h⟩ F **j-m etw.** ~ en conter (de belles) à qn.; F monter un bateau, le coup à qn.; ~ˌ**fluter** *m* ⟨~s; ~⟩ fossé *m* de drainage; émissaire *m*; ~ˌ**frage** *f* question *f* préalable, *jur.* préjudicielle; ~ˌ**freude** *f* joie anticipée; **die** ~ **auf etw. haben** se réjouir (d'avance) à la pensée de qc.; 2ˌ**fristig** *adj.* anticipé; *auch adv.* d'avance; avant le terme; par anticipation; ~ˌ**frühling** *m* début *m*, commencement *m*, premiers jours du printemps; 2ˌ**fühlen** *v/i.* ⟨*sép.*, -ge-, h⟩ pressentir (bei j-m qn.); sonder (qn.); effectuer un sondage (auprès de qn.); F tâter le terrain (auprès de qn.); tâter (qn.); ~**führˌdame** *f* mannequin *m*; 2ˌ**führen** *v/t.* ⟨*sép.*, -ge-, h⟩ *zur Schau, Prüfung (zeigen)* présenter; *Maschinen, Apparate* démontrer; faire une démonstration de; *Zeugen* produire; faire paraître; *Film* présenter; *im engeren Sinne* projeter; *Platten* faire entendre; **j-n dem Richter** ~ amener qn. devant le juge; ~ˌ**führer(in)** *m (f)* démonstrateur, -trice *m, f*; *e-s Films* opérateur, -trice *m, f*; ~**führˌraum** *m* salle *f* de démonstration; (*Film*2) salle *f* de projection; *im engeren Sinne* cabine *f* de projection; ~ˌ**führung** *f zur Schau, Prüfung* présentation *f*; *von Maschinen, Apparaten* démonstration *f*; *von Zeugen* production *f*; *von Filmen* présentation; *im engeren Sinne* projection *f*; *von Platten* audition *f*; ~ˌ**führungsappaˌrat** *m* appareil *m* de démonstration; ~ˌ**führungsbeˌfehl** *m jur.* mandat *m* d'amener; ~ˌ**führungsgeˌrät** *n cf.* ~führungsapparat; ~ˌ**führungsˌraum** *m cf.* ~führraum; ~ˌ**gabe** *f Sport* 'handicap [ɑ̃dikap] *m*; ~ˌ**gabeˌrennen** *n* 'handicap [ɑ̃dikap] *m*; ~**gang** *m* (*Hergang*) marche *f*; cours *m*; déroulement *m*; *chim., techn., méd.* processus *m*; (*Natur*2) phénomène *m*; (*Ereignis*) événement *m*; (*Zwischenfall*) incident *m*; affaire *f*; (*Sachverhalt*) faits *m/pl.*; *adm.* (*Akten*) dossier *m*; **erzählen Sie uns den** ~ racontez-nous ça, comment la chose s'est passée; **über bestimmte Vorgänge befragt werden** être interrogé sur certains faits; ~ˌ**gänger(in)** *m* ⟨~s; ~⟩ *(f)* ⟨~; ~nen⟩ *im Amt etc.* devancier, -ère *m, f*; prédécesseur *m*; ~ˌ**garten** *m* jardin(et) *m* devant la maison; 2ˌ**gaukeln** *v/t.* ⟨-(e)le, *sép.*, -ge-, h⟩ F **j-m etw.** ~ faire miroiter qc. aux yeux de qn.; 2ˌ**geben** *v/t.* ⟨*irr., sép.*, -ge-, h⟩ **1. e-n Zettel zum Redner** ~ faire passer, du fond de la salle, une fiche au conférencier; **2.** *Sport Punkte* rendre; *Meter auch* 'handicaper [ɑ̃dikape] (qn. de ... mètres); donner un 'handicap de; **3.** *fig.* (*behaupten*) prétendre; (*vorschützen*) prétexter; prendre prétexte de; *Gründe (anführen)* alléguer; (*heucheln*) feindre; **er gab vor, (ein) Offizier zu sein** *auch* il se fit passer pour (un) officier; ~**geˌbirge** *n* cap *m*; promontoire *m*; (*Vorberge*) contreforts *m/pl.*; 2ˌ**geblich 1.** *adj.* prétendu; soi-disant; supposé; **2.** *adv.* à ce qu'on prétend; 2**geˌfaßt** *adjt.* ~**e Meinung** opinion préconçue; préjugé *m*; parti pris; prévention *f*; ~**geˌfecht** *n milit., fig.* escarmouche *f*; (premier) accrochage *m*; 2**geˌfertigt** *adjt.* préfabriqué; ~**geˌfühl** *n* pressentiment *m*; 2ˌ**gehen I** *v/i.* ⟨*irr., sép.*, -ge-, sein⟩ **1.** (*vorausgehen*) aller devant; aller en avant; prendre les devants; *Uhr* avancer; **2.** (*vorwärtsgehen*) avancer; *milit. auch* progresser; ~ **auf ...** marcher sur ...; **zum Angriff** ~ passer à l'attaque; **3.** (*den Vorrang haben*) avoir la préférence, la priorité; avoir le pas (sur); passer le premier, la première; **diese Arbeit geht jeder anderen vor** ce travail passe avant tout, tous les autres; **die Arbeit geht vor!** le travail d'abord!; **4.** (*geschehen*) se passer; **5.** (*handeln*) agir; procéder; **gegen etw.** ~ prendre des mesures contre qc.; **mit größter Strenge** ~ procéder avec, user de la plus grande rigueur; **gegen j-n gerichtlich** ~ porter plainte contre qn.; intenter une action à *od.* contre qn.; procéder contre qn.; **II** ~ˌ**gehen** *n milit.* (*Vormarsch*) avance *f*; progression *f*; marche *f* en avant; mouvement *m* en avant; (*Handlungsweise*) manière *f* d'agir; procédé *m*; 2**geˌkocht** *adjt.* précuit; 2**geˌlagert** *adjt.* situé devant; ~**geˌlände** *n* avant-terrain *m*; *milit. cf.* ~**feld**; ~**geˌlege** *n techn. mit Riemenscheiben* transmission *f*; renvoi *m*; *mit Zahnrädern* réducteur *m* de vitesse; engrenage *m*; 2**geˌnannt** *adjt. cf.* 2erwähnt; ~**geˌricht** *n cuis.* entrée *f*; 'hors-d'œuvre *m*; 2**geˌrückt** *adjt. Stunde, Alter* avancé; **zu** ~**er Stunde** tard dans la soirée; *cf. auch* **vorrücken**; ~**geˌschichte** *f* préhistoire *f*; *e-r Angelegenheit, e-s Ereignisses* faits antécédents, précédents; antécédents *m/pl.*; 2**geˌschichtlich** *adj.* préhistorique; ~**geˌschmack** *m* avant-goût *m*; 2**geˌschoben** *adjt. Posten* avancé; *cf. auch* **vorschieben**; 2**geˌschrieben** *adjt.* prescrit; ~**e Aufgabe** tâche imposée; **in der** ~**en Form** dans les formes prescrites; ~**es Formblatt** formule légale; ~ **sein** être de rigueur; être obligatoire; 2**geˌschritten** *adjt. cf.* 2gerückt; 2**geˌsehen** *adjt.* prévu; ~! attention!; prenez garde!; gare!; *cf. auch* **vorsehen**; 2**geˌsetzt** *adjt.* **die** ~**e Behörde** l'autorité supérieure; ~**geˌsetzte(r)** *f (m)* ⟨→ A⟩ supérieur, -e *m, f*; chef *m*; 2ˌ**gestern** *adv.* avant-hier; 2ˌ**gestrig** *adj.* d'avant-hier; **der** ~**e Tag** l'avant-veille *f*; 2ˌ**greifen** *v/i.* ⟨*irr., sép.*, -ge-, h⟩ anticiper (**auf** sur); **j-m** ~ prévenir, devancer les intentions de qn.; (*tun, was diesem gebührt*) empiéter sur les droits de qn.; ~**griff** *m* anticipation *f*; 2ˌ**haben I** *v/t.* ⟨*irr., sép.*, -ge-, h⟩ **1.** *Schürze etc.* porter; **2. etw.** ~ (*sich damit beschäftigen*) s'occuper de qc.; **3.** (*planen*) projeter; avoir en vue; avoir l'intention, le dessein de ... (+ *inf.*); se proposer de ... (+ *inf.*); compter faire; **Böses** ~ avoir quelque mauvais dessein; **was haben Sie heute abend vor?** que comptez-vous faire ce soir?; **heute abend habe ich nichts vor** je suis libre ce soir; **heute abend habe ich schon etw. vor** ce soir je suis déjà pris, retenu; **II** ~ˌ**haben** *n* ⟨~s; ~⟩ projet *m*; plan *m*; dessein *m*; intention *f*; ~ˌ**hafen** *m* avant-port *m*; ~ˌ**halle** *f* vestibule *m*; *thé.* foyer *m*; *im Gericht, Bahnhof* salle *f* des pas perdus; *bes. e-r Kirche* porche *m*; ~**halt** *m mus.* retard *m*; 2ˌ**halten I** *v/t.* ⟨*irr., sép.*, -ge-, h⟩ *Hand vor den Mund etc.* tenir, mettre devant; *fig.* **j-m etw.** ~ reprocher, remontrer qc. à qn.; faire une remontrance à qn. sur qc. *od.* à propos de qc.; **II** *v/i.* **1.** *Erholung, gute Vorsätze* **nicht lange** ~ ne pas avoir un long effet; **dieses Essen hält nicht lange vor** ce repas ne soutient pas longtemps; **2.** *milit. bei e-m beweglichen Ziel* viser en avant du but; ~ˌ**haltung** *f* **j-m** ~**en machen** faire des reproches, des remontrances à qn.; ~**hand** *f* ⟨~⟩ *des Pferdes cf.* **Vorderhand**; *beim Spiel* **die** ~ **haben** avoir la main; **wer hat die** ~**?** à qui la main?; *beim Tennis cf.* ~**handschlag**; *comm. cf.* **Vorkaufsrecht.**

vorhanden [ˌfoːrˈhandən] *adj.* existant; (*gegenwärtig*) présent; actuel, -lle; (*verfügbar*) disponible; ~ **sein** exister; subsister; (*sich vorfinden*) se trouver; **es ist nichts mehr davon** ~ il n'en reste plus rien; 2ˌ**sein** *n* existence *f*; présence *f*.

Vor|handschlag [ˈfoːrhantˌʃlaːk] *m Tennis* coup droit; ~**hang** *m* rideau *m* (*auch thé.*); (*Roll*2) store *m*; (*Tür*2) portière *f*; *thé.* **eiserner** ~ *cf.* **eisern**; **die Vorhänge vorziehen** fermer les rideaux; **der** ~ **fällt (geht auf)** le rideau tombe, se baisse (se lève); *Schauspieler* **zehn Vorhänge haben** être rappelé dix fois; 2ˌ**hängen** *v/t.* ⟨*sép.*, -ge-, h⟩ (sus)pendre devant; **ein Schloß** ~ mettre un cadenas (à); ~**hängeˌschloß** *n* cadenas *m*; **mit e-m** ~ **verschließen** cadenasser; ~**haut** *f anat.* prépuce *m*; ~**hemd** *n* plastron *m*.

vorher [ˈfoːrheːr, -ˈheːr] *adv.* (*zuvor*) avant; au préalable; préalablement; précédemment; antérieurement; auparavant; (*früher*) plus tôt; (*im voraus*) à l'avance; par avance; d'avance; **am Abend** ~ la veille au soir; **der** *od.* **am Tag** ~ la veille; le jour avant, précédent; **kurz** ~ peu (de temps) avant; **wie** ~ comme avant; ~**beˌstellen** *v/t.* ⟨*sép., pas de ge-*, h⟩ *cf.* **vorbestellen**; ~**beˌstimmen** *v/t.* ⟨*sép., pas de ge-*, h⟩ déterminer, fixer d'avance; prédéterminer; préfixer; préétablir; *relig.* prédestiner; 2**beˌstimmung** *f* détermination *f*, fixation *f* préalable, d'avance; prédétermination *f*; *relig.* prédestination *f*; ~ˌ**gehen** *v/i.* ⟨*irr., sép.*, -ge-, sein⟩ **e-r Sache** ~ *cf.* vorausgehen; ~ˌ**gehend** *adjt. cf.* **vorausgehend**; **aus dem** 2**en folgt, daß ...** il résulte de ce qui précède que ...; ~**ig** *adj.* précédent; antérieur; préalable; (*ehemalig*) ancien, -nne.

Vorherr|schaft [ˈfoːrˌhɛrʃaft] *f* prédominance *f*; prépondérance *f*; suprématie [-si] *f*; (*Hegemonie*) hégémonie *f*; 2**schen I** *v/i.* ⟨*sép.*, -ge-, h⟩ prédominer; prévaloir; **II** ~**schen** *n* ⟨~s⟩ prédominance *f*; prépondérance *f*; 2**schend** *adjt.* prédominant; prépondérant.

Vorher|sage [foːrˈheːrˌzaːgə] *f cf.* **Voraussage**; *des Wetters* prévisions *f/pl.*; 2ˌ**sagen** *v/t.* ⟨*sép.*, -ge-, h⟩ *cf.* **voraussagen**; 2ˌ**sehen** *v/t.* ⟨*irr., sép.*, -ge-, h⟩ *cf.* **voraussehen**; 2ˌ**wissen** *v/t.* ⟨*irr., sép.*, -ge-, h⟩ *cf.* **vorauswissen.**

vor|hin [ˈfoːrhɪn] *adv.* (*eben erst*) tout à l'heure; à l'instant; *oft verbal* **du hast mir** ~ **gesagt ...** tu viens de me dire ...; ~**hisˌtorisch** *adj.* préhistorique; 2**hof** *m* avant-cour *f*; cour *f* d'entrée; *e-r Kirche* parvis *m*; *anat., des Herzens* oreillette *f*; *des Ohres* vestibule *m*; 2ˌ**hölle** *f relig.* limbes *m/pl.*; 2**hut** *f milit.* avant-garde *f*; ~**ig** *adj.* précédent; antérieur; *Jahr, Monat (vergangen)* passé; dernier, -ère; **im** ~**en** *cf.* **vorangehend**; 2**inˌstanz** *f* première instance; instance précédente; 2**jahr** *n* année précédente, passée; ~ˌ**jährig** *adj.* de l'année précédente, passée; ~ˌ**jammern** *v/t.* ⟨-(e)re, *sép.*, -ge-, h⟩ j-m etw. ~ importuner qn. de ses lamentations; 2ˌ**kammer** *f anat.*, *des Herzens* oreillette *f*; *techn.*, *des Dieselmotors* chambre *f* de précombustion; 2**kampf** *m bei e-m Boxkampf etc.* combat *m* préliminaire, en lever de rideau; 2ˌ**kämpfer(in)** *m (f)* champion, -nne *m, f*; pionnier *m*; ~ˌ**kauen** *v/t.* ⟨*sép.*, -ge-, h⟩ j-m etw. ~ mâcher qc. à qn. (*auch* F *fig.*); 2**kauf** *m jur.* préemption *f*; 2**kaufsˌpreis** *m* prix *m* de préemption; 2**kaufsˌrecht** *n* droit *m* de préemption; 2ˌ**kehrung** *f* ⟨~; ~en⟩ mesure *f*; disposition *f*; ~en *pl.* préparatifs *m/pl.*; ~en **treffen** prendre des mesures, des dispositions; faire ses préparatifs; 2ˌ**kenntnisse** *f/pl.* connaissances *f/pl.* préliminaires; notions *f/pl.* (préalables); **einige** ~ **im Spanischen** quelques notions d'espagnol; ~ˌ**klassisch** *adj.* préclassique; ~ˌ**knöpfen** *v/t.* ⟨*sép.*, -ge-, h⟩ F **sich j-n** ~ F passer un savon à qn.; ~ˌ**kochen** *v/i.* ⟨*sép.*, -ge-, h⟩ *für den nächsten Tag* préparer le repas d'avance; *im engeren Sinne* faire subir une première cuisson; ~ˌ**kohlen** *v/t.* ⟨*sép.*, -ge-, h⟩ F **j-m etw.** ~ *cf.* **vorflunkern**; 2**koˌmmando** *n milit.* détachement *m* précurseur (chargé de préparer le campement); ~ˌ**kommen I** *v/i.* ⟨*irr.*, *sép.*, -ge-, sein⟩ (*sich ereignen*) se passer; arriver; se produire; avoir lieu; *Fall* (*sich darbieten*) se présenter; (*sich finden*) se trouver; se voir; se rencontrer; *Pflanzen, Tiere* habiter; vivre; exister; (*erscheinen*) sembler; paraître; **die Unfälle, die vorgekommen sind** les accidents qui se sont produits; **das kommt bei ihm nicht vor** cela ne lui arrive pas; **was ist vorgekommen?** que s'est-il passé?; qu'est-il arrivé?; **das kommt alle Tage vor** cela se voit, se rencontre tous les jours; **dieser Fall kommt selten vor** ce cas se présente rarement; **wenn das wieder vorkommt** si cela se répète; **daß mir so etw. nicht wieder vorkommt!** que cela ne se reproduise pas!; que cela ne m'arrive plus!; **es könnte** ~, **daß ...** il se pourrait, il pourrait se faire que ... (+*subj.*); **so etw. ist mir noch nicht vorgekommen** ça ne s'est jamais vu; je n'ai jamais rien vu de semblable, de pareil; c'est inouï; **das kann** ~ cela peut arriver; **dieser Laut kommt im Deutschen nicht vor** ce son n'existe pas, ne se trouve pas en allemand; **j-m** ~ **wie** faire à qn. l'effet de; **es kommt mir vor, als ob ...** il me semble que ...; **wie kommst du mir vor!** tu as l'air bien singulier, drôle; **er kommt mir bekannt vor** il me semble que je le connais; j'ai l'impression de le connaître; **II** *v/réfl.* **sich** ~ **wie ...** se croire (*acc.*); **er kommt sich wunder wie gescheit vor** il se croit bien intelligent; **er kommt sich wunder wie wichtig vor** il fait bien l'important; **III** 2ˌ**kommen** *n von Pflanzen* habitat *m*; *von Kohle, Öl etc.* gisement *m*; *chim.*, *von irgendwelchen Stoffen* présence *f*; ~ˌ**kommendenˌfalls** *adv. adm.* le cas échéant; 2ˌ**kommnis** *n* ⟨~ses; ~se⟩ événement *m*; incident *m*; affaire *f*; 2**kost** *f cf.* **Vorgericht**; ~ˌ**kragen** *v/i.* ⟨*sép.*, -ge-, h⟩ *bât.* être en saillie; saillir.

Vorkriegs... ['foːrkriːks...] *in Zssgn.* d'avant-guerre; ~ˌ**preis** *m* prix *m* d'avant-guerre; ~ˌ**stand** *m* niveau *m* d'avant-guerre; ~**verˌhältnisse** *n/pl.* situation *f* d'avant-guerre; ~ˌ**zeit** *f* (époque *f* d')avant-guerre *m od. f.*

vor|kühlen ['foːrˌkyːlən] *v/t.* ⟨*sép.*, -ge-, h⟩ faire subir une réfrigération préalable; *néol.* préréfrigérer; ~ˌ**laden** *v/t.* ⟨*irr.*, *sép.*, -ge-, h⟩ convoquer; *vor Gericht* assigner; *als Zeuge auch* citer; *vor e-e höhere Instanz* intimer; 2ˌ**ladung** *f* convocation *f*; *vor Gericht* assignation *f*; citation *f*; *vor e-e höhere Instanz* intimation *f*; 2ˌ**ladungsbeˌfehl** *m* mandat *m* de comparution; assignation *f* à comparaître; 2ˌ**ladungsˌschreiben** *n* assignation *f*; 2ˌ**ladungsˌzettel** *m* exploit *m* d'assignation; 2ˌ**lage** *f* (*Muster*) modèle *m*; *e-r Urkunde etc.* (*Vorzeigen*) présentation *f*; production *f*; exhibition *f*; *pol.* (*Gesetzes*2) projet *m* de loi; *chim.* récipient *m*; *Fußball* passe *f*; *Schilauf* position penchée en avant; **zahlbar bei** ~ payable à vue, à présentation; **gegen** ~ contre présentation; 2**land** *n* ⟨~(e)s⟩ *e-s Deiches* terrain *m* au-delà de la digue; ~ˌ**lassen** *v/t.* ⟨*irr.*, *sép.*, -ge-, h⟩ j-n ~ *beim Anstehen in e-r Schlange* laisser qn. passer devant; (*empfangen*) recevoir qn.; laisser entrer qn.; **vorgelassen werden** *auch* obtenir une audience; 2**lauf** *m beim Destillieren* premier produit (d'une distillation); alcool *m* de tête; *Sport* (course *f*) éliminatoire *f*; *e-s Geschützrohres nach dem Rückstoß* rentrée *f* en batterie; ~ˌ**laufen** *v/i.* ⟨*irr.*, *sép.*, -ge-, sein⟩ *cf.* **voranlaufen**; 2ˌ**läufer** *m* précurseur *m*; ~ˌ**läufig 1.** *adj.* provisoire; temporaire; intérimaire; ~e **Entscheidung** ordonnance de référé; **2.** *adv.* provisoirement; pour le moment; en attendant; ~**laut** *adj.* qui parle avant son tour; qui parle sans y être invité; qui se mêle de ce qui ne le concerne, regarde pas; impertinent; 2ˌ**leben** *n* passé *m*; *jur.* antécédents *m/pl.*; *philos.* vie antérieure.

Vorlege|gabel ['foːrleːgəˌgaːbəl] *f* grande fourchette; ~ˌ**löffel** *m* grande cuiller [-ɛːr]; ~ˌ**messer** *n* couteau *m* à découper; 2**n I** *v/t.* ⟨*sép.*, -ge-, h⟩ *Klotz, Stein etc.* mettre, placer devant; *Schloß* mettre; *Riegel auch* tirer; *bei Tisch, Speisen* servir; *Vollmacht, Urkunde etc.* présenter; produire; exhiber; *zur Begutachtung* soumettre; *zur Ansicht* présenter; montrer; *Frage* poser; *Fußball* passer; **zur Unterschrift** ~ présenter ... à la signature; **dem Parlament e-n Gesetzesentwurf** ~ saisir le Parlement d'un projet de loi; F *fig.* **ein tolles Tempo** ~ aller, rouler un train d'enfer; **II** *v/réfl.* **sich** ~ se pencher en avant; **III** ~**n** *n von Urkunden etc. cf.* **Vorlage**; ~**r** *m* ⟨~s; ~⟩ (*Bett*2) descente *f* de lit; *für die Badewanne* tapis *m*, descente *f* de bain; ~ˌ**schloß** *n* cadenas *m*.

Vor|legung ['foːrˌleːgʊŋ] *f* ⟨~⟩ *von Urkunden etc. cf.* **Vorlage**; ~ˌ**leistung** *f* prestation *f* préalable; ~ˌ**leistungsˌpflicht** *f* obligation *f* d'exécuter une prestation préalable.

vorles|en ['foːrˌleːzən] **I** *v/t.* ⟨*irr.*, *sép.*, -ge-, h⟩ **j-m etw.** ~ lire qc. à qn.; donner lecture de qc. à qn.; **II** 2**en** *n* lecture *f* (à 'haute voix); 2**er(in)** *m (f)* lecteur, -trice *m, f*; 2**ung** *f* cours *m*; *einmalige, e-s Gastprofessors etc.* conférence *f*; ~**en halten** faire des cours (**über** sur); ~**en hören, besuchen** suivre des cours; **e-e** ~ **belegen** s'inscrire à un cours; 2**ungsˌplan** *m* horaire *m* des cours; 2**ungsverˌzeichnis** *n* programme *m* des cours.

vorletzt ['foːrlɛtst] *adj.* ⟨*attributiv*⟩ avant-dernier, -ère; ~e **Silbe** (syllabe *f*) pénultième *f*.

Vorliebe ['foːrˌliːbə] *f* ⟨~⟩ prédilection *f* (**für** pour); préférence *f* (pour); **e-e besondere** ~ **für ... haben** avoir une préférence marquée, une prédilection pour ...; **mit** ~ de préférence.

vorliebnehmen [foːr'liːpˌneːmən] *v/i.* ⟨*irr.*, *sép.*, -ge-, h⟩ **mit etw.** ~ se contenter de qc.; **er nimmt mit dem vorlieb, was gerade vorhanden ist, was es gerade gibt** il se contente de ce qu'il y a; il mange à la fortune du pot.

vorliegen ['foːrˌliːgən] *v/i.* ⟨*irr.*, *sép.*, -ge-, h⟩ *ein Gesuch etc.* **j-m** ~ avoir été présenté à qn.; **zur Prüfung** ~ être à l'examen; **es liegen Gründe vor ...** il y a des raisons ...; on a des raisons ...; **es liegt nichts Besonderes vor** il n'y a rien de particulier; **was liegt denn gegen ihn vor?** qu'est-ce qu'on lui reproche?; **es liegt nichts gegen ihn vor** on n'a rien à lui reprocher; ~**d** *adjt.* présent; **im** ~**en Falle** dans ce cas; en ce cas; dans le cas présent, dont il est question, dont il s'agit; en l'espèce.

vorlügen ['foːrˌlyːgən] *v/t.* ⟨*irr.*, *sép.*, -ge-, h⟩ **j-m etw.** ~ dire des mensonges à qn.

vorm [foːrm] F *für* **vor dem**.

vor|machen ['foːrˌmaxən] *v/t.* ⟨*sép.*, -ge-, h⟩ *Brett etc.* mettre devant; **j-m etw.** ~ montrer, faire voir à qn. comment s'y prendre; F *um ihn zu täuschen* en conter, en faire accroire à qn.; **wir wollen uns nichts** ~! soyons francs!; parlons ouvertement!; 2**macht(ˌstellung)** *f* prépondérance *f*; hégémonie *f*; prédominance *f*; 2ˌ**magen** *m zo.* panse *f*; ~ˌ**malig** *adj.* ancien, -nne; d'autrefois; de jadis; ~**mals** *adv.* anciennement; autrefois; jadis; 2**mann** *m* ⟨~(e)s; ~er⟩ *cf.* **Vorarbeiter, Vordermann 2., Vorgänger**; 2**mars** *m mar.* 'hune *f* de misaine; 2**marsch** *m milit.* marche *f* en avant; avance *f*; progression *f*; ~**marˌschieren** *v/i.* ⟨*sép.*, *pas de ge-*, sein⟩ *milit.* avancer; progresser; ~ˌ**merken** *v/t.* ⟨*sép.*, -ge-, h⟩ noter; prendre note de; *Datum* retenir; *Zimmer, Platz* réserver; **sich** ~ **lassen** se faire inscrire (**für** pour); 2**merkkaˌlender** *m* calendrier *m* mémorandum; agenda *m*; 2ˌ**merkung** *f* ⟨~; ~en⟩ note *f*; *von Zimmern, Plätzen* réservation *f*; *im Grundbuch* prénotation *f*; ~**miliˌtärisch** *adj.* prémilitaire; ~e **Ausbildung** instruction prémilitaire; préparation militaire; 2**mitˌtag** *m* matin *m*; (*ganze* ~*szeit*) matinée *f*; **am** ~, **im Laufe des** ~**s** dans la matinée; **heute** 2 ce matin; **morgen** 2 demain matin; ~**mitˌtägig** *adj.* du matin; de la matinée; ~ˌ**mittags** *adv.* dans la matinée; *bei der Uhrzeit* du matin; 2**mittagsˌstunden** *f/pl.* **in den** ~ dans la matinée; 2**mittagsˌunterricht** *m* classes *f/pl.* du matin; 2**mittagsˌzeit** *f* matinée *f*; 2ˌ**monat** *m* mois précédent.

Vormund ['foːrmʊnt] *m* ⟨~(e)s; ~e *od.* ~er⟩ *von Kindern* tuteur, -trice *m, f*; *von Erwachsenen* curateur, -trice *m, f*; **e-n** ~ **bestellen** installer un tuteur, un curateur; ~**sbeˌstellung** *f* constitution *f* de tuteur, de curateur; ~ˌ**schaft** *f* ⟨~⟩ tutelle *f*; *bei Erwachsenen* curatelle *f*; **unter** ~ **stehen, stellen** être, mettre en *od.* sous tutelle, curatelle; **die** ~ **übernehmen** (accepter de) se charger de la tutelle, curatelle; 2ˌ**schaftlich** *adj.* de tutelle; de tuteur; tutélaire; ~**schaftsgeˌricht** *n* tribunal *m* des tutelles; ~**schaftsˌrat** *m* ⟨~(e)s; ~e⟩ conseil *m* de tutelle; ~**schaftsˌrichter** *m* juge *m* des tutelles; ~-

schaftsˌsache *f* affaire *f* de tutelle, de curatelle.

vorn[1] [fɔrn] **I** *adv.* devant; (*an der Spitze*) en tête; **nach ~ heraus wohnen** loger sur le devant; *Zimmer* **nach ~ liegen, nach ~ hinaus gehen** donner sur la rue; **von ~** par-devant; de *od.* en face; de front; (*von Anfang*) dès le début; par le début, le commencement; (*von neuem*) de nouveau; **wieder von ~ anfangen** commencer de nouveau; recommencer par le début; repartir à zéro; **von ~ bis hinten** d'un bout à l'autre; de bout en bout; **~ im Buch** en tête du livre; **nach ~ gehen** se porter en avant; **nach ~ geneigt** penché en avant; F **ich kann nicht ~ u. hinten zugleich sein** je ne peux pas être partout; F **er fehlt mir hinten u. ~e** il me manque partout; F *péj.* **jetzt heißt es nur noch Herr Baron hinten, Herr Baron ~e** F aujourd'hui on lui donne du baron long comme le bras; **II** ♀ *n* ⟨~⟩ **das ~ u. Hinten** l'avant et l'arrière.

vorn[2] [fɔːrn] F *für* **vor den**.

Vornahme ['foːrˌnɑːmə] *f* ⟨~; ~n⟩ (*Ausführung*) exécution *f*; accomplissement *m*.

Vorname ['foːrˌnɑːmə] *m* prénom *m*; (*Taufname*) nom *m* de baptême; F petit nom.

vorn|an [fɔrnˀ'an, 'fɔrn-] *adv.* à la tête; **~e** F *für* **vorn**[1].

vornehm ['foːrneːm] *adj.* **1.** distingué; *nur von Personen* d'un rang élevé; de qualité; *Stadtviertel, Häuser* aristocratique; élégant; *Gesinnung* noble; **die ~en Leute, die ♀en** les gens distingués; la haute volée; F *fig.* le gratin; le dessus du panier; **die ~e Welt** le (grand, beau) monde; **ein ~es Aussehen haben** avoir grand air; avoir un air distingué, de distinction; **dazu ist er zu ~** il est trop grand seigneur pour cela; **~ tun** se donner de grands airs; prendre des airs de distinction; jouer au grand seigneur, à la grande dame; **2.** (*erste*) **die ~ste Pflicht** le premier devoir; **die ~ste Aufgabe** la première tâche.

vornehmen ['foːrˌneːmən] *v/t.* ⟨*irr.*, *sép.*, -ge-, h⟩ **1.** *Schürze* mettre; **2.** *Arbeit etc.* entreprendre; s'occuper de; (*darangehen*) se mettre à; F attaquer; *Veränderung* faire; *Untersuchung, Prüfung* procéder à; faire; *Umgruppierung* opérer; *Berichtigungen* apporter; *Überweisung* effectuer; opérer; **wer sich zuviel vornimmt, führt nichts richtig aus** qui trop embrasse, mal étreint *prov.*; F **sich j-n ~** reprendre, gourmander, admonester qn.; faire la leçon à qn.; *cf. auch* **vorknöpfen**; **j-n ~** (*prüfen*) examiner qn.; **3. sich etw. ~** se proposer de faire qc.; se promettre de faire qc.; projeter qc.

Vornehmheit ['foːrneːmˌhaɪt] *f* ⟨~⟩ distinction *f*; *e-s Stadtviertels etc.* élégance *f*; *der Gesinnung* noblesse *f*.

vornehmlich ['foːrˌneːmlɪç] *adv.* surtout; avant tout; principalement; particulièrement.

Vornehmtuerei ['foːrneːmtuːəˌraɪ] F *péj. f* ⟨~⟩ grands airs; airs *m/pl.* de grand seigneur, de grande dame.

vorneigen ['foːrˌnaɪgən] *v/t.* (*u. v/réfl.*) ⟨*sép.*, -ge-, h⟩ (se) pencher, (s')incliner en avant.

vorne|über [ˌfɔrnəˀ'yːbər] F *für* **vornüber**; **~'überge,beugt** F *für* **vornübergebeugt**; **~weg** ['fɔrnəˌvɛk, -'vɛk] F *für* **vornweg**.

vornherein ['fɔrnhɛˌraɪn] *adv.* **von ~** dès le début; de prime abord; tout d'abord; a priori.

vornotieren ['foːrnoˑˌtiːrən] *v/t.* ⟨*sép.*, *pas de ge-*, h⟩ *cf.* **vormerken**.

vorn|über [ˌfɔrnˀ'yːbər] *adv.* la tête la première; **~'übergeˌbeugt** *adjt.* penché en avant; **~weg** ['fɔrnvɛk, -'vɛk] *adv.* en tête.

Vorordner ['foːrˌˀɔrdnər] *m* classeur *m* provisoire, trieur, pour le premier tri; dossier *m* pour pièces à classer.

Vorort ['foːrˀɔrt] *m* banlieue *f*; agglomération suburbaine; **in e-m ~ wohnen** habiter dans la, en banlieue; **~ˌbahn** *f chem.* ligne *f* de banlieue; **~beˌwohner(in)** *m* (*f*) habitant, -e *m, f* de banlieue; F banlieusard, -e *m, f*; **~ˌstrecke** *f chem.* ligne *f* de banlieue; **~verˌkehr** *m* service *m* de banlieue; trafic suburbain; **~ˌzug** *m chem.* train *m* de banlieue.

Vorplatz ['foːrplats] *m vor e-m großen Gebäude* esplanade *f*; *e-r Kirche* parvis *m*; F *e-r Wohnung* vestibule *m*; entrée *f*; *im Treppenhaus* palier *m*.

Vorposten ['foːrˌpɔstən] *m milit., fig.* avant-poste *m*; poste avancé; **~geˌfecht** *n* combat *m*, escarmouche *f* d'avant-postes; **~ˌkette** *f* cordon *m* d'avant-postes; **~ˌlinie** *f* ligne *f* d'avant-postes; **~ˌstellung** *f* position *f* d'avant-poste.

Vor|prämie ['foːrˌprɛːmiˑə] *f Börse* prime *f* à la hausse; ♀**ˌpreschen** *v/i.* ⟨*sép.*, -ge-, sein⟩ se précipiter, se ruer en avant; **~ˌprüfung** *f* examen *m* préalable, préliminaire; *Sport* (épreuve *f*) éliminatoire *f*; ♀**ˌquasseln** *v/t.* ⟨-ssele *od.* -ßle, *sép.*, -ge-, h⟩ F *écol. cf.* **vorsagen**; ♀**ˌquatschen** *v/t.* ⟨*sép.*, -ge-, h⟩ F *cf.* **vorerzählen**; ♀**ˌragen** *v/i.* ⟨*sép.*, -ge-, h⟩ émerger; *bât. cf.* **vorkragen**; **~rang** *m* ⟨~(e)s⟩ prééminence *f*; préséance *f*; priorité *f*; préférence *f*; **den ~ vor j-m haben** avoir la préséance, la priorité, le pas sur qn.; passer avant qn.; **j-m den ~ lassen** céder le pas à qn.; **den ~ einräumen** accorder la priorité; **vor etw. den ~ haben** primer qc.; **j-n mit ~ abfertigen** accorder un tour de faveur à qn.; ♀**ˌrangig 1.** *adj.* prioritaire; **2.** *adv.* en premier lieu; en priorité; **~rangˌstellung** *f* prééminence *f*.

Vorrat ['foːrrɑːt] *m* ⟨~(e)s; ~e⟩ provisions *f/pl.*; (*Reserve*) réserve *f*; *comm.* stock *m*; *an Devisen* fonds *m*; **im ~** en réserve; **~ an Brot, Futtermitteln** provisions de pain, de fourrage; **unsere Vorräte waren ausgegangen** nos provisions étaient épuisées; **sich e-n ~ von etw. anlegen** faire provision de qc.; *comm.* stocker qc.; *comm.* **e-n ~ anlegen** constituer un stock; **den ~ angreifen** entamer le stock; **auf ~ arbeiten** travailler pour le stock; **auf ~ kaufen** stocker (qc.); **solange der ~ reicht** jusqu'à épuisement du stock.

vorrätig ['foːrˌrɛːtɪç] *adj.* disponible; *comm.* en stock; en magasin; *Bücher* en rayon; **~ bei** *allen Buchhändlern* en vente, se trouve chez ...; **etw. ~ haben, halten** avoir, tenir qc. en stock, en magasin; **diesen Artikel haben wir immer ~** *auch* nous suivons cet article.

Vorrats|bildung ['foːrrɑːtsˌbɪlduŋ] *f comm.* stockage *m*; **~beˌhälter** *m* réservoir *m*; **~ˌhaus** *n* entrepôt *m*; magasin *m*; **~ˌkammer** *f* chambre *f* à provisions; *große* magasin *m*; **~ˌkäufe** *m/pl.* **~ tätigen** effectuer des achats de stockage; **~ˌkeller** *m* cave *f* à provisions; **~ˌlager** *n* stock *m*; **~ˌraum** *m cf.* **~kammer**; **~ˌschrank** *m* garde-manger *m*; **~ˌwirtschaft** *f* stockage *m*.

Vor|raum ['foːrraum] *m* antichambre *f*; (*Warteraum*) salle *f* d'attente; *e-r Wohnung* entrée *f*; ♀**ˌrechnen** *v/t.* ⟨-ete, *sép.*, -ge-, h⟩ **j-m etw. ~** faire le compte de qc. à qn.; (*aufzählen*) énumérer, détailler qc. à qn.; **ich kann Ihnen leicht ~, was ich dabei verdiene** je puis facilement vous faire le compte de ce que j'y gagne; **~recht** *n* privilège *m*; *ausschließliches* prérogative *f*; **ein ~ genießen** jouir d'un privilège; **ein ~ gewähren, einräumen** accorder, concéder un privilège; **~ˌrede** *f e-s Buches* préface *f*; *kürzere* avant-propos *m*; (*Einleitung zur Hauptrede*) préambule *m*; **e-e ~ zu e-m Buch schreiben** préfacer un livre; ♀**ˌreden** *v/t.* ⟨-ete, *sép.*, -ge-, h⟩ *péj.* **j-m etw. ~** en conter, en faire accroire à qn.; **ich lasse mir nichts ~** je ne m'en laisse pas conter; **~ˌredner(in)** *m* (*f*) orateur, -trice *m, f* précédent(e); **mein (geehrter) ~** l'orateur qui m'a précédé; ♀**ˌreiten I** *v/t.* ⟨*irr.*, *sép.*, -ge-, h⟩ *Pferd* présenter; **II** *v/i.* ⟨sein⟩ prendre les devants (avec son cheval); **j-m ~** (*das Reiten zeigen*) montrer, apprendre à qn. à aller à cheval; **~ˌreiter** *m* piqueur *m*; ♀**ˌrichten I** *v/t.* ⟨-ete, *sép.*, -ge-, h⟩ préparer; apprêter; **II ~ˌrichten** *n* préparation *f*; **~ˌrichtung** *f* **1.** dispositif *m*; mécanisme *m*; appareil *m*; **2. ~en zu etw. treffen** faire ses préparatifs de qc.; *cf. auch* **~richten II**; ♀**ˌrücken I** *v/t.* ⟨*sép.*, -ge-, h⟩ *Stuhl, Uhrzeiger etc.* avancer; **II** *v/i.* ⟨sein⟩ (s')avancer (*auch Zeit*); *milit. auch* progresser; **~ auf** ... avancer vers ...; *Truppen* **~ lassen** faire avancer; *cf. auch* **vorgerückt**; **III ~ˌrükken** *n* avance *f*; *milit. auch* progression *f*; ♀**ˌrufen** *v/t.* ⟨*irr.*, *sép.*, -ge-, h⟩ appeler; **~ˌrunde** *f Sport* éliminatoire *f*.

vors [foːrs] F *für* **vor das**.

Vor|saal ['foːrzɑːl] *m* antichambre *f*; (*Wartesaal*) salle *f* d'attente; *des Gerichts, Parlaments* salle *f* des pas perdus; ♀**ˌsagen** *v/t.* ⟨*sép.*, -ge-, h⟩ **j-m etw. ~** dire qc. pour le faire répéter à qn.; *bes. écol.* souffler qc. à qn.; **~ˌsager(in)** *m* ⟨~s; ~⟩, (*f*) ⟨~; ~nen⟩ souffleur, -euse *m, f*; **~saiˌson** *f* avant-saison *f*; **~ˌsänger** *m in der Kirche* chantre *m*; **~satz** *m* (*Entschluß*) résolution *f*; (*Plan*) dessein *m*; projet *m*; (*Absicht*) intention *f*; *bes. jur.* (*Vorbedacht*) préméditation *f*; **gute Vorsätze haben, fassen** avoir, prendre de bonnes résolutions; **s-m ~ treu bleiben** rester fidèle à sa résolution; persister dans sa résolution; **mit dem ~, zu ...** (+ *inf.*) avec l'intention de ... (+ *inf.*); **mit ~** à dessein; de propos délibéré; exprès; *jur.* avec préméditation; **der Weg zur Hölle ist mit guten Vorsätzen gepflastert** *prov.* l'enfer est pavé de bonnes intentions *prov.*; **~satzˌblatt** *n in e-m Buch* page *f* de garde; **~satzgeˌrät** *n élect.* adaptateur *m*; raccord *m*; ♀**ˌsätzlich 1.** *adj.* intentionnel, -lle; voulu; *bes. jur.* prémédité; **2.** *adv. cf.* (mit) **~satz**; **~satzˌlinse** *f phot.* bonnette *f*; **~satzpaˌpier** *n e-s Buches* feuille *f*, feuillet *m* de garde; **~ˌschäler** *m* ⟨~s; ~⟩ *agr.* rasette *f*; ♀**ˌschalten** *v/t.* ⟨-ete, *sép.*, -ge-, h⟩ *élect.* monter, raccorder, mettre en série; **~schaltˌwiderstand** *m élect.* résistance additionnelle, en série; **~schau** *f Film, rad., télév.* aperçu *m* du programme; (*Vorfilme*) avant-

-programme *m*; **~schein** *m* zum ~ kommen paraître; apparaître; se montrer; venir au jour; zum ~ bringen faire (ap)paraître; mettre au jour; *aus s-n Taschen etc.* sortir; er kam nicht wieder zum ~ il ne reparut plus; **2ˌschicken** *v/t.* ⟨*sép.*, -ge-, h⟩ *cf.* voranschicken; *Truppen* faire avancer; **2ˌschieben** *v/t.* ⟨*irr.*, *sép.*, -ge-, h⟩ *Riegel* pousser; tirer; mettre; *milit.*, *Linien* avancer; *Grenzen* repousser; *fig.*, *als Vorwand* se retrancher derrière; mettre en avant; prétexter; *Gründe* invoquer; *fig.* j-n ~ *als Dekkung* mettre qn. en avant; se retrancher derrière qn.; *fig.* j-m e-n Riegel ~ arrêter qn. dans ses projets; e-r Sache e-n Riegel ~ *cf.* Riegel 1.; *cf. auch* vorgeschoben; **2ˌschießen I** *v/t.* ⟨*irr.*, *sép.*, -ge-, h⟩ *Geld* avancer; prêter; **II** *v/i.* ⟨sein⟩ s'élancer en avant; **~schiff** *n mar.* proue *f*; avant *m*.

Vorschlag ['foːrʃlaːk] *m* proposition *f*; (*Anerbieten*) offre *f*; *mus.* appoggiature *f*; e-n ~ machen faire une proposition; e-n ~ annehmen, ablehnen adopter, repousser une proposition; auf ~ von ... sur la proposition de ...; ich kann Ihrem ~ nicht zustimmen je ne puis accéder à, souscrire à, me ranger à, accepter votre proposition; ein ~ zur Güte une tentative de conciliation; etw. in ~ bringen *cf.* 2en; **2en** *v/t.* ⟨*irr.*, *sép.*, -ge-, h⟩ proposer; (*empfehlen*) recommander; suggérer; (*anbieten*) offrir; *j-n, für e-n Posten* (*benennen*) proposer (für pour); présenter (pour *od.* à); **~ˌhammer** *m* marteau *m* à devant; **~sˌliste** *f für Beförderungen* tableau *m* d'avancement; **~sˌrecht** *n für e-n Posten* droit *m* de présentation.

vor|schleifen ['foːrˌʃlaɪfən] **I** *v/t.* ⟨*irr.*, *sép.*, -ge-, h⟩ dégrossir (à la meule); **II 2ˌschleifen** *n*, **2ˌschliff** *m* dégrossissage *od.* dégrossissement *m* (à la meule); **2schlußˌrunde** *f Sport* demi-finale *f*; **~ˌschmecken** *v/i.* ⟨*sép.*, -ge-, h⟩ *Gewürz* avoir un goût prédominant; prédominer; **~ˌschneiden** *v/t.* ⟨*irr.*, *sép.*, -ge-, h⟩ *techn.*, *Gewinde* ébaucher; dégrossir; **2ˌschneider** *m techn.*, *für Gewinde* taraud *m* d'ébauchage; **~schnell 1.** *adj.* trop prompt; précipité; irréfléchi; inconsidéré; étourdi; **2.** *adv.* trop vite; précipitamment; sans réfléchir; à la légère; à l'étourdie; **~ˌschreiben** *v/t.* ⟨*irr.*, *sép.*, -ge-, h⟩ **1.** *Buchstaben, die man nachher austuschen, aussticken etc. will* tracer; *was ein Kind abschreiben soll* écrire des modèles de lettres, de mots; faire des modèles d'écriture; **2.** (*befehlen*) prescrire; ordonner; imposer; *Gesetz, Vertrag* stipuler; exiger; ich lasse mir nichts ~ je n'ai d'ordres à recevoir de personne; er läßt sich nichts ~ *auch* il n'en fait qu'à sa tête; *cf. auch* vorgeschrieben.

Vorschrift ['foːrʃrɪft] *f* prescription *f*; (*Bestimmung*) règlement *m*; (*Anweisung*) instruction *f*; directive *f*; ordre *m*; ordonnance *f*; die ~en genau beachten observer strictement les instructions, les prescriptions; an keinerlei ~ gebunden sein être libre de ses actes; laut polizeilicher ~ selon les ordonnances de la police; geltende ~en réglementation en vigueur; ~ sein être de rigueur; e-r ~ zuwiderhandeln contrevenir à un règlement; enfreindre une prescription; den ~en entsprechen être conforme aux instructions; *phm.* nach ~ selon la formule; ich lasse mir keine ~en machen je n'ai d'ordres à recevoir de personne; **2sˌmäßig 1.** *adj.* conforme aux instructions; réglementaire; en bonne et due forme (*auch adv.*); ~e Papiere haben avoir des papiers en règle; **2.** *adv.* conformément aux instructions; suivant, selon les prescriptions, instructions; **2sˌwidrig** *adj.* contraire aux instructions, au règlement.

Vor|schub ['foːrʃuːp] *m* **1.** j-m ~ leisten aider, assister, secourir qn.; prêter main-forte à qn.; e-r Sache ~ leisten favoriser qc.; **2.** *techn.* avance *f*; avancement *m*; **~schuh** *m cord.* empeigne *f*; **2ˌschuhen** *v/t.* ⟨*sép.*, -ge-, h⟩ *cord.* remonter; **~ˌschule** *f* école *f* préparatoire; *fig.* école *f*; **2ˌschulisch** *adj.* préscolaire; **~ˌschulung** *f* formation *f* préparatoire.

Vorschuß ['foːrʃʊs] *m* avance *f*; acompte *m*; zinsloser ~ avance sans intérêts; ~ auf den Lohn avance, acompte sur le salaire; e-n ~ gewähren, geben accorder, faire une avance; **~beˌwilligung** *f* octroi *m* d'une avance; **~diviˌdende** *f* dividende *m* provisoire, d'attente; **~geˌwährung** *f cf.* ~bewilligung; **~ˌhöchstgrenze** *f* plafond *m* des avances; **~ˌleistung** *f* avance *f*; **~ˌlorbeeren** *m/pl.* F ~ austeilen louer, féliciter qn. d'avance; **2ˌweise** *adv.* à titre d'avance; **~ˌzahlung** *f* paiement provisionnel.

vor|schützen ['foːrˌʃʏtsən] **I** *v/t.* ⟨-(es)t, *sép.*, -ge-, h⟩ prétexter; se retrancher derrière; mettre en avant; *Gründe* alléguer; invoquer; sein Alter ~ s'excuser sur son âge; Unwissenheit ~ feindre, affecter l'ignorance, d'ignorer; **II 2ˌschützen** *n* ⟨~s⟩ *von Gründen* allégation *f*; **~ˌschwatzen** *v/t.* ⟨-(es)t, *sép.*, -ge-, h⟩ j-m etw. ~ en conter à qn.; **~ˌschweben** *v/i.* ⟨*sép.*, -ge-, h⟩ mir schwebt etw. ganz anderes vor j'ai une tout(e) autre idée; mir schwebt e-e andere Lösung vor j'ai en vue, je songe à, je médite une autre solution; mir schwebt vor, zu ... (+ *inf.*) j'ai vaguement l'intention de ... (+ *inf.*); was mir vorgeschwebt hat ce que j'avais en vue; wie es mir vorschwebte comme je me représentais la chose; **~ˌschwindeln** *v/t.* ⟨-(e)le, *sép.*, -ge-, h⟩ j-m etw. ~ en faire accroire à qn.; faire accroire qc. à qn.; F conter des blagues, des sornettes à qn.; **~ˌsehen I** *v/t.* ⟨*irr.*, *sép.*, -ge-, h⟩ prévoir; für j-n ~ réserver, prévoir pour qn.; destiner à qn.; dieser Fall ist im Gesetz nicht vorgesehen ce cas n'a point été prévu par la loi; **II** *v/réfl.* sich ~ prendre garde (vor à); *abs.* se tenir sur ses gardes; se précautionner (contre); prendre ses précautions (contre); sieh dich vor! prends garde!; attention!; gare!; (*sei wachsam*) sois prudent, vigilant!; mit ihm muß man sich ~ avec lui, il faut se tenir sur ses gardes, il faut ouvrir l'œil, il faut être prudent; il faut prendre certaines précautions avec lui; *cf. auch* vorgesehen; **2ˌsehung** *f* ⟨~⟩ Providence *f* (divine); **~ˌsetzen** *v/t.* ⟨-(es)t, *sép.*, -ge-, h⟩ *Fuß* mettre, porter en avant; *e-n Stuhl etc.* avancer; *Stein bei e-m Brettspiel* faire avancer; *vor e-n anderen Gegenstand* mettre, placer, poser devant; *Speisen* servir; (*anbieten*) offrir; darf ich Ihnen etw. ~? peut-on vous offrir qc.?

Vorsicht ['foːrzɪçt] *f* prudence *f*; (*Umsicht*) circonspection *f*; précaution *f*; mit ~ vorgehen procéder avec précaution, prudence; ~ walten lassen agir avec circonspection; j-n zur ~ ermahnen exhorter qn. à la prudence; mit aller gebotenen ~ avec toute la prudence requise; avec toutes les précautions nécessaires; ~! attention!; prenez garde!; gare!; ~ am Zug! attention au départ!; ~! Stufe! attention à la marche!; *auf Kisten* ~! nicht stürzen! attention! tenir debout!; ~! frisch gestrichen! attention à la peinture!; F er ist mit ~ zu genießen *cf.* vorsehen (mit ihm muß man sich ~); ~ ist die Mutter der Weisheit, F der Porzellankiste *prov.* prudence est mère de sûreté *prov.*; ~ ist besser als Nachsicht *prov.* mieux vaut prévenir que guérir; **2ig 1.** *adj.* prudent; circonspect; précautionneux, -euse; sei ~! prends garde!; attention!; gare!; bei ~er Schätzung F au bas mot; **2.** *adv.* prudemment; avec circonspection, prudence, précaution; précautionneusement; ~ zu Werke gehen user de précaution; **~igˌkeit** *f* ⟨~⟩ *cf.* Vorsicht; **2sˌhalber** *adv.* par (mesure de) précaution; **~sˌmaßnahme** *f* mesure *f* de précaution; ~n treffen prendre ses précautions.

Vor|signal ['foːrzɪˌgnaːl] *n chem.* signal *m* d'avertissement; **~ˌsilbe** *f* préfixe *m*; **2ˌsingen** *v/t.* ⟨*irr.*, *sép.*, -ge-, h⟩ j-m etw. ~ chanter qc. à qn.; **2sintˌflutlich** F *fig. adj.* antédiluvien, -nne; **~sitz** *m* ⟨~es⟩ présidence *f*; bei e-r Versammlung den ~ führen, haben avoir, assurer la présidence d'une, présider une assemblée; unter dem ~ von sous la présidence de; den ~ übernehmen prendre la présidence; **~ˌsitzende(r)** *f* (*m*) ⟨→ A⟩ président, -e *m, f*; zweiter, stellvertretender ~r vice-président *m*; **~ˌsommer** *m* début *m*, commencement *m*, premiers jours de l'été; **~ˌsorge** *f* ⟨~⟩ prévoyance *f*; précaution *f*; ~ treffen tout prévoir (für pour); pourvoir (à); prendre les précautions nécessaires (contre); dafür ~ treffen, daß ... prendre les précautions nécessaires pour que ... (+ *subj.*); für e-n Notfall ~ treffen pourvoir à, parer à toute éventualité; **2ˌsorgen** *v/i.* ⟨*sép.*, -ge-, h⟩ *cf.* ~sorge (treffen); **2ˌsorglich 1.** *adj.* prévoyant; **2.** *adv.* par précaution; **~spann** *m* ⟨~(e)s; ~e⟩ chevaux *m/pl.* de renfort; *beim Film* générique *m*; *e-s Zeitungsartikels* chapeau *m*; *fig.* j-m ~ leisten aider qn.; prêter main-forte à qn.; **2ˌspannen** *v/t.* ⟨*sép.*, -ge-, h⟩ *Pferde* atteler; *Tuch etc.* (*vor etw. spannen*) tendre devant (qc.); **~spannlokomoˌtive** *f chem.* locomotive *f* de renfort; **~spannˌpferd** *n* cheval *m* de renfort; **~ˌspannung** *f bât.* précontrainte *f*; *élect.* tension *f* auxiliaire, d'accélération, d'amorçage, de polarisation; **~ˌspeise** *f cuis.* entrée *f*; 'hors-d'œuvre *m*; **2ˌspiegeln** *v/t.* ⟨-(e)le, *sép.*, -ge-, h⟩ j-m etw. ~ faire miroiter qc. à qn., aux yeux de qn.; donner des illusions à qn.; **~ˌspiegelung** *f* tromperie *f*; ~ falscher Tatsachen altération *f* des faits; propos, récit mensonger; etw. unter ~ falscher Tatsachen erlangen obtenir qc. par des faits inventés; **~spiel** *n mus.* prélude *m* (*auch fig.*); (*Ouvertüre*) ouverture *f*; *thé.* prologue *m*; lever *m* de rideau; *Sport* match *m* préliminaire, en lever de rideau; **2ˌspielen** *v/t.* ⟨*sép.*, -ge-, h⟩ j-m etw. ~ jouer qc. devant *od.* à qn.; **2ˌspinnen** *v/t.* ⟨*irr.*, *sép.*, -ge-, h⟩ *text.* filer en gros; **~spinnmaˌschine** *f text.* métier *m* à filer en gros; **2ˌsprechen I** *v/t.* ⟨*irr.*, *sép.*, -ge-, h⟩ j-m etw. ~ dire, prononcer qc. pour le faire répéter (par qn.); apprendre à qn. à prononcer qc.; **II** *v/i.* **bei j-m ~** aller, venir trouver qn.; faire une démarche auprès de qn.; **≈ˌspringen** *v/i.* ⟨*irr.*, *sép.*, **-ge-, sein**⟩ s'élancer en avant; *bât.* faire saillie; saillir; avancer; (*am Rande vorstehen*) déborder; **≈ˌspringend** *adjt.* saillant; proéminent (*beide auch vom Kinn*); **~e Kante** arête en saillie; **~sprung** *m* **1.** *bât.* saillie *f* (*auch im Fels*); avance *f*; projecture *f*; **e-n ~ bilden** *cf.* ≈springen; **2.** *Sport, fig.* avance *f* (**vor** sur); avantage *m* (sur); **e-n ~ gewinnen** prendre de l'avance; *Sport* **e-n ~ vor j-m gewinnen** devancer, distancer qn.; F décrocher, décramponner qn.; **~ von drei Metern, Längen** avance de trois mètres, longueurs; **~ˌstadium** *n* stade *m* préliminaire; **~stadt** *f* faubourg *m*; **~ˌstädter(in)** *m* (*f*) faubourien, -nne *m, f*; **≈ˌstädtisch** *adj.* du (des) faubourg(s); faubourien, -nne; suburbain; **~stadtˌkino** *n* cinéma *m* de quartier populaire; **~stadttheˌater** *n* théâtre *m* de quartier populaire.

Vorstand ['foːrʃtant] *m Gesamtheit* comité directeur, de direction; *e-s Unternehmens* direction *f*; *e-r Partei* bureau *m*; *Einzelperson* directeur *m*; président *m*; chef *m*; **~sˌmitglied** *n* membre *m* d'un comité directeur, de direction; **~sˌsitzung** *f* séance *f* du comité directeur, de direction; **~sˌwahl** *f* élection *f* du comité de direction, *e-r Partei* du bureau.

Vorsteck|er ['foːrˌʃtɛkər] *m techn.* clavette *f*; goupille *f*; **~ˌkeil** *m* clavette *f*; **~ˌpflock** *m*, **~ˌstift** *m* goupille *f*.

vorsteh|en ['foːrˌʃteːən] *v/i.* ⟨*irr.*, *sép.*, **-ge-, h**⟩ **1.** *Zähne* être plantée(s) en avant; *Kinn* saillir; être proéminent; *bât.* saillir; être en saillie; avancer; *über den Rand* déborder; dépasser; **2.** *e-m Amt etc.* avoir la direction de; diriger; être à la tête de; être préposé à; *Frau* **dem Hause ~** conduire, gouverner la maison; **~end** *adjt. cf.* **vorspringend**; *in e-m Text* précédent; **das ≈e** ce qui précède; **im ~en** dans ce qui précède; **aus dem ≈en** de ce qui précède; **~es Kinn** menton saillant, proéminent; F menton en galoche; **≈er(in)** *m* ⟨~s; ~⟩, (*f*) ⟨~; ~nen⟩ directeur, -trice *m, f*; préposé, -e *m, f*; chef *m*; (*Gemeinde≈*) maire *m*; *e-s kleinen Postamts* receveur *m*; **≈erˌdrüse** *f anat.* prostate *f*; **≈ˌhund** *m ch.* chien *m* d'arrêt.

vorstell|bar ['foːrʃtɛlˌbaːr] *adj.* imaginable; **kaum ~** à peine imaginable; inimaginable; **~en** *v/t.* (*u. v/réfl.*) ⟨*sép.*, **-ge-, h**⟩ **1.** (*vor etw. hinstellen*) (se) placer, (se) mettre devant; **2.** (*weiter vorrücken*) avancer (*auch Uhr*); mettre, placer en avant; **3. j-n j-m ~** présenter qn. à qn.; **sich j-m ~** se présenter à qn.; **sich j-m ~ lassen** se faire présenter à qn.; **darf ich Ihnen Herrn ... ~?** permettez-moi de vous présenter Monsieur ...; puis-je vous présenter Monsieur ...?; **4.** *thé.* représenter, tenir le rôle de; jouer; *fig.* F **er will was Großes ~** il fait l'important; **er stellt etw. vor** il a de la prestance; il représente bien; **5.** (*bedeuten*) signifier; **was soll das ~?** qu'est-ce que cela signifie?; **6. sich etw. ~** se représenter, s'imaginer, se figurer qc.; se faire une idée de qc.; **stellen Sie sich meine Enttäuschung vor!** figurez-vous, imaginez-vous ma déception!; **was stellen Sie sich vor!** qu'allez-vous vous imaginer!; **stellen Sie sich vor, wie gräßlich!** figurez-vous quelle horreur!; **stellen Sie sich das (ein)mal vor!** F vous voyez cela d'ici!; **stell dir vor: ...** figure-toi: ...; **ich kann mir dich nicht als Direktor ~** je ne te vois pas (comme) directeur; **ich kann mir nicht ~, daß ...** je ne puis m'imaginer que ...; **das hätte ich mir nicht vorgestellt** je ne m'y serais pas attendu; je ne m'en serais pas douté; **~ig** *adj.* **bei e-r Behörde ~ werden** *schriftlich* adresser une réclamation à une autorité; *persönlich* se présenter en personne à une autorité pour réclamer; **≈ung** *f* **1.** *e-s Menschen* présentation *f*; **persönliche ~** présentation personnelle; **2.** *thé.* représentation *f*; spectacle *m*; *im Kino* séance *f* (de cinéma); **keine ~** (il y a) relâche; **3.** (*Begriff*) idée *f*; notion *f*; **verschwommene ~** vague idée, notion; **sich e-e falsche ~ von etw. machen** se faire une fausse idée de qc.; **über alle ~ schön** beau, belle au-delà de ce qu'on peut imaginer; **das geht über alle ~** cela passe l'imagination; c'est inimaginable; **4. ~en** *pl.* (*Vorhaltungen*) représentations *f/pl.*; **j-m ~en machen** faire des représentations à qn.; **≈ungsˌkraft** *f* ⟨~⟩, **≈ungsverˌmögen** *n* ⟨~s⟩ imagination *f*.

Vor|steven ['foːrˌʃteːvən] *m mar. cf.* **Vordersteven**; **~stich** *m cout.* point *m* de devant; **~stoß** *m milit.* attaque brusquée; brusque poussée *f* en avant; raid [rɛd] *m*; *cout.* débord *m*; dépassant *m*; passepoil *m*; liséré *m*; *fig.* essai *m*; tentative *f*; *milit.* **e-n ~ unternehmen** faire, pousser une pointe; pousser, lancer une attaque; **e-n ~ in den Weltraum unternehmen** faire une incursion dans le cosmos; **e-n ~ in unerforschtes Gebiet unternehmen** se risquer dans un terrain encore inexploré; **≈ˌstoßen** *v/i.* ⟨*irr.*, *sép.*, **-ge-, sein**⟩ *milit.* pousser en avant, s'avancer (**bis** jusqu'à); faire, pousser une pointe (**auf** en direction de); *in feindliches Gebiet* pénétrer profondément, s'avancer très avant (**in** dans); **~ˌstrafe** *f jur.* condamnation antérieure; **~n** *pl.* casier judiciaire (non vierge); antécédents *m/pl.* (judiciaires); **keine ~n haben** avoir un casier judiciaire vierge; **viele ~n haben** avoir un casier judiciaire très chargé; **≈ˌstrecken** *v/t.* ⟨*sép.*, **-ge-, h**⟩ *Arm* tendre; étendre; allonger; *Kopf, Hand, fig. Geld* avancer; **~ˌstudien** *f/pl.* études *f/pl.* préliminaires; **~ˌstufe** *f* premier degré; (*Anfangsgründe*) éléments *m/pl.*; *Lehrgang* cours *m* élémentaire; **≈ˌstürmen** *v/i.* ⟨*sép.*, **-ge-, sein**⟩ *milit.* **~ gegen** s'élancer à l'assaut de; **zum Angriff ~** se ruer à l'attaque; **≈ˌstürzen** *v/i.* ⟨-(es)t, *sép.*, **-ge-, sein**⟩ se jeter, s'élancer, se ruer en avant; **≈sündˌflutlich** F *adj. cf.* **vorsintflutlich**; **~tag** *m* veille *f*; **am ~** la veille; **≈ˌtanzen** *v/t.* ⟨-(es)t, *sép.*, **-ge-, h**⟩ **j-m e-n Walzer ~** danser une valse devant qn.; **~ˌtänzer(in)** *m* (*f*) premier danseur; première danseuse; **≈ˌtäuschen** *v/t.* ⟨*sép.*, **-ge-, h**⟩ simuler; feindre; **~ˌtäuschung** *f* simulation *f*; feinte *f*.

Vorteil ['foːrtail] *m* avantage *m*; (*Gewinn*) profit *m*; bénéfice *m*; gain *m*; **~e bieten** présenter des avantages; **die Vor- u. Nachteile** les avantages et les inconvénients; **es sind Vor- u. Nachteile dabei** F *auch* il y a à prendre et à laisser; il y a à boire et à manger; **nur s-n eigenen ~ suchen** ne rechercher que son propre intérêt, son profit; **sich zu s-m ~ verrechnen** se tromper à son profit; **sich e-n ~ verschaffen** obtenir un avantage; **s-n ~ wahrnehmen, ausnützen** profiter de son avantage; **sich auf s-n ~ verstehen, auf s-n ~ bedacht sein** bien entendre, défendre ses intérêts; **~ aus etw. ziehen** tirer avantage, profit, parti de qc.; retirer du profit, du gain de qc.; profiter, bénéficier de qc.; **zum ~ von** au bénéfice, au profit, en faveur, à l'avantage de; **er ist im ~** l'avantage est pour lui, de son côté; il bénéficie d'un avantage; **er hat sich zu s-m ~ verändert** il a changé à son avantage; **das gereicht ihm zum ~** c'est à son avantage; c'est avantageux pour lui; **≈ˌhaft 1.** *adj.* avantageux, -euse (**für** pour); (*gewinnbringend*) profitable; (*einbringlich*) lucratif, -ive; *Angebot* (*günstig*) favorable; **~ für das Geschäft a)** avantageux pour les affaires, dans l'affaire; **b)** avantageux pour la maison, l'entreprise; **zu ~em Preis** à un prix intéressant, avantageux, favorable; **~er sein** valoir mieux; **2.** *adv.* avantageusement; **etw. ~ verkaufen** vendre qc. avantageusement, à son avantage; **etw. am ~esten verkaufen** vendre qc. le plus avantageusement possible; vendre qc. au mieux; **sie ist ~ gekleidet** ses vêtements l'avantagent beaucoup.

Vortrag ['foːrtraːk] *m* ⟨~(e)s; ⸗e⟩ **1.** conférence *f*; (*mündlicher Bericht*) rapport *m*; **e-n ~ halten** faire une conférence (**über** sur); **bei s-m Chef zum ~ sein** faire, présenter son rapport au chef; **2.** *e-r Dichtung* récitation *f*; déclamation *f*; *mus.* exécution *f*; interprétation *f*; (*~sweise*) diction *f*; élocution *f*; **3.** *comm.* solde *m*; report *m*; **~ auf neue Rechnung** report à nouveau; **≈en** *v/t.* ⟨*irr.*, *sép.*, **-ge-, h**⟩ *s-n Fall, s-e Angelegenheit etc.* (*darlegen*) exposer; (*Bericht erstatten*) rapporter; *Dichtung* dire; réciter; déclamer; *mus.* exécuter; interpréter; *Lied* chanter; *milit.*, *Angriff* porter loin (**in** dans); *comm.* reporter; **den Saldo auf neue Rechnung ~** reporter le solde à nouveau; **~ende(r)** *f* (*m*) ⟨→ A⟩ conférencier, -ère *m, f*; (*Berichterstatter*) rapporteur *m*; **~sˌart** *f cf.* Vortrag 2.; **~sˌfolge** *f* programme *m*; **~sˌkunst** *f* art *m* de la déclamation; **~sˌkünstler(in)** *m* (*f*) diseur, -euse *m, f*; déclamateur *m*; **~sˌreihe** *f* cycle *m* de conférences; **~sˌreise** *f* tournée *f* de conférences; **~sˌsaal** *m* salle *f* de conférences; **~sˌweise** *f cf.* Vortrag 2.; **~sˌzeichen** *n/pl. mus.* signes *m/pl.* d'expression (nuances, mouvement, caractère); **~sˌzyklus** *m cf.* ~sreihe.

vortrefflich [foːr'trɛflɪç] **1.** *adj.* excellent; (*auserlesen*) exquis; (*vollkommen*) parfait; **2.** *adv.* excellemment; parfaitement; à la perfection; de premier ordre; (*wunderbar*) à merveille; **≈ˌkeit** *f* ⟨~⟩ excellence *f*; perfection *f*.

vor|treiben ['foːrˌtraibən] *v/t.* ⟨*irr.*, *sép.*, **-ge-, h**⟩ *mines, Stollen* percer; creuser; faire; mener; **≈ˌtreppe** *f* perron *m*; **~ˌtreten** *v/i.* ⟨*irr.*, *sép.*, **-ge-, sein**⟩ faire un pas en avant; (s')avancer; *aus der Reihe heraus* sortir du rang, des rangs; **≈trieb** *m aviat.* propulsion *f*; **≈triebsˌkraft** *f aviat.* force *f* de propulsion; **≈tritt** *m* ⟨~(e)s⟩ préséance *f*; **den ~ vor j-m**

haben avoir la préséance, le pas sur qn.; j-m **den** ~ **lassen** céder le pas à qn.; 2**trupp** *m milit.* (tête *f* d')avant-garde *f*; ~ˌ**turnen** *v/i.* ⟨*sép.*, -ge-, h⟩ montrer des exercices gymnastiques; 2ˌ**turner(in)** *m* (*f*) moniteur, -trice *m*, *f* (de gymnastique).

vorüber [fo·'ryːbər] *adv.* passé; *Regen* ~ **sein** avoir cessé; ~ˌ**gehen** *v/i.* ⟨*irr.*, *sép.*, -ge-, sein⟩ *örtlich u. zeitlich* passer; **an j-m, etw.** ~ passer devant qn., qc.; **im** 2 en passant; ~ˌ**gehend** *adjt. Schmerz*, *Erscheinung* (*von kurzer Dauer*) passager, -ère; éphémère; *Schließung e-s Geschäfts etc.* (*zeitweilig*) temporaire; (*nur für e-e Übergangszeit geltend*) transitoire; provisoire; ~ **in der Hauptstadt sein** être de passage dans la capitale; **die** 2**en** les passants; *Wetter* ~**e Aufheiterung** éclaircie *f*; ~ˌ**ziehen** *v/i.* ⟨*irr.*, *sép.*, -ge-, sein⟩ passer (an devant).

Vor|übung ['foːrˌʔyːbuŋ] *f* exercice *m* préparatoire; ~**unterˌsuchung** *f jur.* instruction *f* préalable, préliminaire, préparatoire.

Vorurteil ['foːrˌʔurtaɪl] *n* préjugé *m*; **die herrschenden** ~**e** les préjugés régnants; **in** ~**en befangen sein** être rempli, imbu de préjugés; 2**sˌfrei**, 2**sˌlos** *adj.* exempt de, sans préjugés; ~**sˌlosigkeit** *f* ⟨~⟩ objectivité *f*; liberté *f* d'esprit.

Vor|väter ['foːrˌfɛːtər] *m/pl. cf.* Voreltern; ~**verˌeinbarung** *f* convention *f* préliminaire; ~**verˌfahren** *n cf.* ~verhandlung; ~**verˌgangenheit** *f* ⟨~⟩ *gr.* plus-que-parfait *m*; passé antérieur; ~**verˌhandlung** *f jur.* procédure *f* d'instruction préliminaire, préparatoire; préliminaires *m/pl.* (*auch allg.*); ~**verˌkauf** *m* ⟨~(e)s⟩ *thé.* location *f*; **im** ~ en location; ~**verˌkaufsˌkasse** *f*, ~**verˌkaufsˌstelle** *f* (bureau *m* de) location *f*; 2**verˌlegen** *v/t.* ⟨*sép.*, *pas de ge-*, h⟩ *Termin*, *milit.*, *Stellung* avancer; *milit.*, *Feuer* allonger; ~**verˌstärker** *m rad.* amplificateur *m* d'entrée; préamplificateur *m*; ~**verˌstärkung** *f rad.* préamplification *f*; ~**verˌsuch** *m* essai *m*, expérience *f* préliminaire; 2**vorˌgestern** *adv.* il y a trois jours; 2ˌ**vorig** *adj.* avant-dernier, -ère; 2**vorˌletzt** *adj.* antépénultième; *gr.* ~**e Silbe** (syllabe) antépénultième *f*; 2ˌ**wagen** *v/réfl.* ⟨*sép.*, -ge-, h⟩ **sich** ~ oser avancer; **sich zu weit** ~ s'avancer trop; ~**wahl** *f* premier tour de scrutin; *tél.*, *techn.* présélection *f*; ~ˌ**wähler** *m tél.*, *techn.* présélecteur *m*; ~**wählˌnummer** *f tél.* numéro *m* de présélection; ~**wahlˌstufen** *f/pl. techn.* étages *m/pl.* de présélection; ~**wand** *m* ⟨~(e)s; ~e⟩ prétexte *m*; **etw. zum** ~ **nehmen** prendre prétexte de qc.; **als** ~ **dienen** servir de prétexte; **etw. als** ~ **angeben** alléguer qc. comme prétexte; prétexter qc.; **unter dem** ~ **von (, daß ...)** sous prétexte de (que ...); 2ˌ**wärmen I** *v/t.* ⟨*sép.*, -ge-, h⟩ *Teller*, *Schüsseln etc.* réchauffer (préalablement, au préalable); *techn.* (ré)chauffer (préalablement, au préalable); **II** ~ˌ**wärmen** *n* réchauffage *m* préliminaire, préalable; ~ˌ**wärmer** *m* ⟨~s; ~⟩ *techn.* réchauffeur *m*; économiseur *m*.

vorwärts ['foːrvɛrts, 'fɔr-] *adv.* en avant; ~! en avant!; allons! (allez)!; partons! (partez)!; en route!; ~ **gehen** marcher, aller en avant; **sich** ~ **bewegen** avancer; ~ˌ**bringen** *v/t.* ⟨*irr.*, *sép.*, -ge-, h⟩ (*fördern*) faire avancer, progresser; 2ˌ**gang** *m Auto* marche *f* avant; ~ˌ**gehen** *v/i.* ⟨*irr.*, *sép.*, -ge-, sein⟩ avancer; progresser; **gut** ~ aller bon train; ~ˌ**kommen I** *v/i.* ⟨*irr.*, *sép.*, -ge-, sein⟩ avancer; progresser; faire des progrès; *im Leben* faire son chemin; **II** 2ˌ**kommen** *n* avancement *m*; progrès *m*.

vorweg [foːr'vɛk] *adv.* par avance; d'avance; à l'avance; par anticipation; 2ˌ**nahme** *f* ⟨~⟩ anticipation *f*; (*Erhebung im voraus*) prélèvement *m*; ~ˌ**nehmen** *v/t.* ⟨*irr.*, *sép.*, -ge-, h⟩ anticiper; (*im voraus erheben*) prélever.

vor|weisen ['foːrˌvaɪzən] *v/t.* ⟨*irr.*, *sép.*, -ge-, h⟩ montrer; faire voir; *Ausweis*, *Urkunden* présenter; produire; exhiber; 2ˌ**weisung** *f* présentation *f*; production *f*; exhibition *f*; 2**welt** *f* ⟨~⟩ monde primitif; ~ˌ**weltlich** *adj.* du monde primitif; antédiluvien, -nne; ~ˌ**werfen** *v/t.* ⟨*irr.*, *sép.*, -ge-, h⟩ *Truppen* lancer en avant; **e-m Tier etw.** ~ jeter qc. à un animal; **j-m etw.** ~ reprocher qc. à qn.; **sie haben sich gegenseitig nichts vorzuwerfen** ils n'ont rien à se reprocher mutuellement; ils se valent; 2**werk** *n fortif.* ouvrage avancé; ~ˌ**wiegen** *v/i.* ⟨*irr.*, *sép.*, -ge-, h⟩ prédominer; être prépondérant, prédominant; ~ˌ**wiegend 1.** *adjt.* prédominant; prépondérant; **2.** *advt.* surtout; pour la plupart; 2**witz** *m* ⟨~es⟩ curiosité indiscrète; indiscrétion *f*; (*Naseweisheit*) impertinence *f*; ~ˌ**witzig** *adj.* trop curieux, -euse; indiscret, -ète; (*naseweis*) impertinent; 2**wort** *n* ⟨~(e)s; ~e⟩ avant-propos *m*; préface *f*; **zu e-m Buch ein** ~ **schreiben** préfacer un livre; 2**wurf** *m* reproche *m*; (*Tadel*) blâme *m*; réprobation *f*; (*Thema*) sujet *m*; **j-m Vorwürfe machen** faire des reproches à qn.; **j-m etw. zum** ~ **machen** reprocher qc. à qn.; **er macht es ihr zum** ~ il lui en fait (le) reproche; ~**wurfsˌvoll 1.** *adj.* plein de reproches; (*tadelnd*) réprobateur, -trice; **in** ~**em Ton** sur un ton réprobateur, de reproche; **2.** *adv.* d'un air de reproche; sur un ton réprobateur, de reproche; ~ˌ**zählen** *v/t.* ⟨*sép.*, -ge-, h⟩ **j-m etw.** ~ compter qc. à qn.; énumérer qc. à qn.; 2ˌ**zeichen** *n math.*, *élect.* signe *m*; *mus.* altération *f*; *fig.* signe précurseur, avant-coureur; (*Omen*) présage *m*; augure *m*; **unter guten** ~ sous de bons auspices; *math.*, *élect.* **mit umgekehrtem** ~ de signe contraire (*auch fig.*); ~ˌ**zeichnen** *v/t.* ⟨-ete, *sép.*, -ge-, h⟩ *Stickmuster etc.* tracer (*auch fig.*); **j-m etw.** (*Nachzuzeichnendes*) ~ dessiner, tracer un modèle à qn.; *fig.* **sein Weg war ihm von Jugend an vorgezeichnet** sa voie était tracée depuis sa jeunesse; 2ˌ**zeichnung** *f* (*das Vorzeichnen*) traçage *m*; *Stickerei* tracé *m*; *mus.* armure *f*; armature *f*; ~ˌ**zeigen** *v/t.* ⟨*sép.*, -ge-, h⟩ *cf.* ~weisen; 2**zeit** *f* **in der grauen** ~ dans les temps les plus reculés; dans la nuit des temps.

vorzeiten [foːr'tsaɪtən] *adv.* jadis; autrefois.

vor|zeitig ['foːrˌtsaɪtɪç] **1.** *adj.* prématuré; anticipé; **2.** *adv.* avant le temps; avant l'heure; avant terme; ~ˌ**ziehen** *v/t.* ⟨*irr.*, *sép.*, -ge-, h⟩ *Vorhang* tirer; *Möbelstück etc.* (*vorrücken*) avancer; *Truppen* faire avancer; *Front* porter en avant; repousser; *fig.* (*den Vorzug geben*) préférer; ~, **etw. zu tun** préférer faire qc.; **vorzuziehen sein** être préférable; 2**zenˌsur** *f* censure *f* préalable, préventive; 2ˌ**zimmer** *n* antichambre *f*; **j-n im** ~ **warten lassen** faire faire antichambre à qn.; 2**zimmerˌdame** *f* secrétaire particulière.

Vorzug[1] ['foːrtsuːk] *m* préférence *f*; (*Vorrang*) priorité *f*; (*Vorrecht*) privilège *m*; (*vorzügliche Eigenschaft*) avantage *m*; mérite *m*; supériorité *f*; **j-m, e-r Sache den** ~ **geben** donner, accorder la préférence à qn., qc.; préférer qn., qc.; **den** ~ **haben, zu ...** (+ *inf.*) avoir l'avantage de ... (+ *inf.*); **der** ~ **dieses Verfahrens besteht darin, daß ...** l'avantage, la supériorité de ce procédé consiste en ce que ...; **sie hat auch ihre Vorzüge** elle a aussi ses bons côtés; **sie hat auch viele Vorzüge** elle a aussi bien des qualités; **ich habe nicht den** ~, **ihn zu kennen** je n'ai pas l'avantage de le connaître; **den** ~ **genießen, haben** jouir de la, avoir la préférence (vor j-m sur qn.).

Vorzug[2] ['foːrtsuːk] *m chem.* train *m* supplémentaire (précédant le régulier).

vorzüglich [foːr'tsyːklɪç, 'foːr-] **1.** *adj.* excellent; insigne; supérieur; **ganz** ~ exquis; **von** ~**er Qualität** de première qualité; de qualité supérieure; ~**er als ...** supérieur à ...; *Briefschluß* **mit** ~**er Hochachtung** avec l'expression de ma parfaite considération; veuillez agréer l'expression de ma considération distinguée; **2.** *adv.* excellemment; à merveille; admirablement; 2ˌ**keit** *f* ⟨~⟩ excellence *f*; qualité *f* (supérieure); supériorité *f*.

Vorzugs|aktie ['foːrtsuːksˌʔaktsi·ə] *f* action préférentielle, privilégiée, de préférence, de priorité; ~**beˌhandlung** *f* traitement préférentiel, de faveur; ~**diviˌdende** *f* dividende privilégié, prioritaire; ~ˌ**gläubiger** *m* créancier privilégié; ~ˌ**karte** *f* billet *m* de faveur; ~ˌ**klausel** *f* clause préférentielle; ~ˌ**kurs** *m* cours préférentiel; ~ˌ**preis** *m* prix *m* de faveur; ~**raˌbatt** *m* remise *f* de faveur; ~ˌ**recht** *n* droit *m* de priorité, de préférence, préférentiel; privilège *m*; ~ˌ**stellung** *f* position privilégiée; ~**taˌrif** *m* tarif préférentiel, de faveur; 2ˌ**weise** *adv.* de préférence; ~ˌ**zoll** *m* droit préférentiel.

Vorzündung ['foːrˌtsʏnduŋ] *f Auto* avance *f* à l'allumage.

Vota ['voːta], '**Voten** *pl. von* Votum.

Votiv|bild [vo·'tiːfˌbɪlt] *n* tableau votif; ex-voto *m*; ~ˌ**gabe** *f* offrande votive; ~**kaˌpelle** *f* chapelle votive; ~ˌ**kirche** *f* église votive; ~ˌ**messe** *f* messe votive; ~ˌ**tafel** *f cf.* ~bild.

Votum ['voːtum] *n* ⟨~s; -ten *od.* -ta⟩ vote *m*; suffrage *m*; voix *f*; **sein** ~ **abgeben** voter; donner sa voix.

vulgär [vul'gɛːr] *adj.* vulgaire, trivial; 2ˌ**ausdruck** *m* mot *m*, terme *m* vulgaire; 2**laˌtein** *n* latin *m* vulgaire; 2ˌ**sprache** *f* langue *f* vulgaire.

Vulgata [vul'gaːta] *f* ⟨~⟩ **die** ~ la Vulgate.

Vulkan [vul'kaːn] *m* ⟨~s; ~e⟩ volcan *m*; **erloschener** ~ volcan éteint; ~ˌ**ausbruch** *m* éruption *f* volcanique; ~ˌ**fiber** *f techn.* fibre vulcanisée; 2**isch** *adj.* volcanique.

Vulkanisier|anstalt [vulkani·'ziːrˌʔanʃtalt] *f* atelier *m* de vulcanisation; 2**en** *v/t.* ⟨*pas de ge-*, h⟩ *techn.* vulcaniser; ~**ung** *f* ⟨~⟩ vulcanisation *f*.

Vulkan|ismus [vulka'nɪsmus] *m* ⟨~⟩ *géol.* volcanisme *m*; ~ˌ**kunde** [-'kaːn-] *f* ⟨~⟩ volcanologie *f*.

W

W, w [veː] *n* ⟨~; ~⟩ *Buchstabe* W, w *m* [dubləve].

Waadt|länder(in) ['vɑːtˌlɛndər(ɪn), 'vat-] *m* ⟨~s; ~⟩ (*f*) ⟨~; ~nen⟩ Vaudois, -e *m, f*; **≈ˌländisch** *adj.* vaudois.

Waage ['vɑːɡə] *f* ⟨~; ~n⟩ balance *f*; (*Brücken≈, Hebel≈*) bascule *f*; *astr.* Balance *f*; *gym.* planche *f*; équilibre horizontal; *hist.* **öffentliche ~** poids public; *fig.* **die ~ halten** contrebalancer, équilibrer (j-m, e-r Sache qn., qc.); faire contrepoids (à); **sich die ~ halten** se contrebalancer; s'équilibrer; **~ˌbalken** *m* fléau *m* de la balance; **~ˌgeld** *n hist.* droit *m* de pesage; **~ˌmeister** *m hist.* préposé *m* au poids public; **≈ˌrecht** *adj.* horizontal; de niveau; **~ˌrechte** *f* ⟨→ A⟩ horizontale *f*; **~ˌschneide** *f* couteau *m* de balance.

Waag|schale ['vɑːkˌʃɑːlə] *f* plateau *m*, bassin *m* de balance; **auf die ~ legen** mettre dans la balance; *fig.* **etw. in die ~ werfen** jeter qc. dans la balance; *fig.* **schwer in die ~ fallen** peser lourd dans la balance; **s-e Worte auf die ~ legen** peser ses mots; **~scheit** *n e-s Pferdewagens* palonnier *m* (d'attelage).

wabb|(e)lig ['vab(ə)lɪç] F *adj.* mou (mol), molle; flasque; gélatineux, -euse; *menschliches Fleisch* mollasse; **~eln** F *v/i.* ⟨-(e)le, h⟩ trembloter.

Wabe ['vɑːbə] *f* ⟨~; ~n⟩ rayon *m* de miel; **~nˌhonig** *m* miel *m* en rayons; **~nˌkühler** *m techn.* radiateur *m* à nid(s) d'abeilles.

wach [vax] *adj.* éveillé; *fig. auch* vif, vive; **~ sein** être (r)éveillé; **~ werden** s'éveiller; se réveiller; **~ machen** (r)éveiller; **~ liegen** ne pas trouver le sommeil; **~ rütteln** (secouer pour) réveiller; **er ist nicht ~ zu kriegen** on n'arrive pas à le réveiller; **in meinen ~en Nächten** dans mes nuits blanches, d'insomnie; **er beobachtet alles mit ~en Sinnen** il observe tout avec une vigilante perspicacité; **~e Sinne haben** avoir des sens aiguisés.

Wach|ablösung ['vaxˌʔapløːzuŋ] *f milit.* relève *f* de la garde; **~ˌaufzug** *m milit.* garde montante; **~bataiˌllon** *n milit.* bataillon *m* de garde; **~boot** *n* patrouilleur *m*; **~dienst** *m* service *m* de garde; **~e** *f* ⟨~; ~n⟩ (*Wachdienst*) garde *f*; faction *f*; *mar.* quart *m*; vigie *f*; (*Wachposten*) garde *f*; factionnaire *m*; sentinelle *f*; (*Wachlokal*) corps *m* de garde; poste *m* (de garde, de police); *bei e-m Kranken, Toten* (*Wachen*) veille *f*; veillée *f*; **aufziehende, abziehende ~** garde montante, descendante; **auf ~ sein, stehen, ~ haben** être de garde, de faction; monter la garde; *mar.* être de quart; **auf ~ ziehen** prendre la garde; **die ~ ablösen** relever la garde; **~en aufstellen** poster des sentinelles; **j-n auf die ~, zur ~ bringen** conduire qn. au poste; **~ 'raus!** aux armes!; **bei e-m Kranken ~ halten** veiller un malade; **~ halten** veiller (über sur); (*auf der Lauer sein*) faire le guet; **≈en I** *v/i.* ⟨h⟩ veiller; être éveillé; ne pas dormir; **~ über** veiller sur; **bei j-m ~** veiller qn.; **halb schlafend, halb ~d** entre la veille et le sommeil; **II ~en** *n* ⟨~s⟩ veille *f*; **~ˌfeuer** *n milit.* feu *m* de bivouac; **≈ˌhabend** *adj.* de garde; de faction; *mar.* de quart; **~ˌhabende(r)** *m* ⟨→ A⟩ homme *m* de garde, de faction, *mar.* de quart; **≈ˌhalten** *v/t.* ⟨*irr., sép.,* -ge-, h⟩ *Interesse etc.* maintenir; soutenir; **~hund** *m* chien *m* de garde; **~kompaˌnie** *f milit.* compagnie *f* de garde; **~loˌkal** *n milit.* corps *m* de garde; poste *m* (de garde, de police); **~ˌmannschaft** *f milit.* (hommes *m/pl.* de) garde *f*; **~offiˌzier** *m milit.* officier *m* de garde, *mar.* de quart.

Wacholder [va'xɔldər] *m* ⟨~s; ~⟩ **1.** *bot.* genévrier *m*; F genièvre *m*; **2.** *cf.* **~branntwein**; **~ˌbeere** *f bot.* (baie *f* de) genièvre *m*; **~ˌbranntwein** *m*, **~ˌschnaps** *m* (eau-de-vie *f* de) genièvre *m*; **~ˌstrauch** *m bot. cf.* Wacholder 1.

Wach|parade ['vaxpaˌrɑːdə] *f* parade *f* de la garde montante; **~ˌposten** *m* poste *m* de garde; factionnaire *m*; sentinelle *f*; **≈ˌrufen** *v/t.* ⟨*irr., sép.,* -ge-, h⟩ *Vergangenes* (*in Erinnerung bringen*) évoquer; rappeler; remémorer; *Interesse* provoquer; *Gefühle* susciter; faire naître; éveiller; **≈ˌrütteln** *v/t.* ⟨-(e)le, *sép.,* -ge-, h⟩ tirer brutalement de sa léthargie; alarmer.

Wachs [vaks] *n* ⟨~es; ~e⟩ cire *f*; (*Schi≈*) fart *m*; **mit ~ einreiben** cirer; *Schier* farter; *fig.* **sie ist (wie) ~ in s-n Händen** c'est une cire molle entre ses mains; **~ˌabdruck** *m* empreinte *f* sur cire.

wachsam ['vaxzɑːm] *adj.* vigilant; *milit., fig.* sur le qui-vive; **~ sein** (*auf der Hut sein*) être sur ses gardes; ouvrir l'œil; **ein ~es Auge auf etw., j-n haben** avoir l'œil (ouvert) sur qc., qn.; tenir, avoir qc., qn. à l'œil; **≈ˌkeit** *f* ⟨~⟩ vigilance *f*.

Wachs|bildnerei ['vaksbɪltnəˌraɪ] *f* ⟨~⟩ céroplastique *od.* céroplastie *f*; **≈'bleich** *adj.* pâle comme la cire; cireux, -euse; **~ˌblume** *f bot.* **1.** hoya *od.* hoyer *m*; **fleischige ~** hoya carnosa; **2.** cérinthe *f*; **~ˌbohne** *f bot.* 'haricot *m* jaune, beurre.

wachsen[1] ['vaksən] **I** *v/i.* ⟨-(es)t, **wächst, wuchs, gewachsen, wachs(e)!, sein**⟩ croître; *Menschen, Tiere* grandir; *Pflanzen, Bart, Nägel,* F *für Kinder* pousser; *Pflanzen* venir; *Bevölkerung, Vermögen, Ansehen etc.* (*zunehmen*) augmenter; s'accroître; *Stadt* (*sich ausdehnen*) s'étendre; se développer; *Werk* avancer; se développer; **gerade, schief ~** pousser tout droit, de travers; **krumm gewachsen** tortu; **in die Höhe ~** monter; **in die Breite ~** s'étendre; s'élargir; prendre de l'ampleur; *Mensch* **gut gewachsen** bien bâti; bien fait (de sa personne); **sich den Bart ~ lassen** laisser pousser sa barbe; **die Rebe wächst in den nördlichen Ländern nicht** la vigne ne vient, croît, prospère pas dans les pays du nord; **der Abstand zwischen den beiden Wagen wuchs zusehends** la distance entre les deux voitures augmentait, s'accroissait à vue d'œil; **das Kind war ihr ans Herz gewachsen** elle s'était prise d'affection pour l'enfant; elle était très attachée à l'enfant; elle aimait l'enfant; *fig.* **es ist Gras darüber gewachsen** il y a longtemps, F belle lurette qu'on n'y pense plus, que c'est oublié; F *fig.* **er hört das Gras ~** c'est un malin; **die Arbeit wächst mir über den Kopf** je suis débordé de travail; **j-m über den Kopf ~** devenir plus grand que qn.; *auch fig.* dépasser, surpasser qn.; **e-r Sache gewachsen sein** être à la hauteur de qc.; **j-m gewachsen sein** être de taille, de force à se mesurer avec qn.; **II ≈** *n* ⟨~s⟩ croissance *f*; *fig.* (*Zunehmen*) augmentation *f*; accroissement *m*; *e-s Werkes* développement *m*.

wachsen[2] ['vaksən] **I** *v/t.* ⟨-(es)t, h⟩ (*mit Wachs einreiben*) cirer; enduire de cire; *Schier* farter; **II ≈** *n* ⟨~s⟩ cirage *m*; *der Schier* fartage *m*.

wachsend ['vaksənt] *adjt.* croissant; grandissant (*beide auch fig.*).

wächsern ['vɛksərn] *adj.* (*aus Wachs*) en *od.* de cire; *fig., Blässe etc.* de cire; cireux, -euse.

Wachs|figur ['vaksfiˌguːr] *f* figurine *f*, *lebensgroße* figure *f* en *od.* de cire; **~fiˌgurenkabiˌnett** *n* cabinet *m* de figures de cire; **≈'gelb** *adj.* jaune comme cire; cireux, -euse; **~ˌkerze** *f*, **~ˌlicht** *n* ⟨~(e)s; ~er⟩ bougie *f*; *in Kirchen* cierge *m*; **~maleˌrei** *f* peinture *f* à l'encaustique; **~maˌtrize** *f* stencil *m*; *e-r Schallplatte* disque *m* en cire; **~paˌpier** *n* papier ciré; **~ˌperle** *f* perle *f* en cire; **~ˌpuppe** *f* poupée *f* en cire; **~stock** *m* ⟨~(e)s; ≈e⟩ rat *m* de cave; **~ˌstreichholz** *n*, **~ˌstreichhölzchen** *n* allumette-bougie *f*; **~ˌtafel** *f im Altertum, zum Schreiben* tablette *f*.

Wachstube ['vaxˌʃtuːbə] *f cf.* Wachlokal.

Wachstuch ['vakstuːx] *n* toile cirée.

Wachstum ['vakstuːm] *n* ⟨~(e)s⟩

croissance *f*; développement *m*; *der Pflanzen* végétation *f*; pousse *f*; *von Wein* mein eigenes ~ de mon cru; **2s-ˌfördernd** *adjt.* favorable à la croissance; **2sˌhemmend** *adjt.* défavorable à la croissance; **~shorˌmon** *n* auxine *f*; **~sˌjahre** *n/pl.* (années *f/pl.* de la) croissance; **~sˌkrise** *f* crise *f* de croissance; **~sˌstörung** *f* trouble *m* de croissance; **~sˌziffer** *f der Bevölkerung* taux *m* d'accroissement.

wachs|weich ['vaks'vaıç] *adj.* mollet, -tte; **2ˌzieher** *m* ⟨~s; ~⟩ cirier *m*; **2-ziheˌrei** *f* ⟨~⟩ fabrication *f* de(s) bougies; **2ˌzündhölzchen** *n cf.* Wachsstreichholz.

Wacht [vaxt] *poét. f* ⟨~; ~en⟩ garde *f*.

Wächte ['vɛçtə] *f* ⟨~; ~n⟩ corniche *f*; amas *m* de neige en surplomb.

Wachtel ['vaxtəl] *f* ⟨~; ~n⟩ *zo.* caille *f*; junge ~ cailleteau *m*; die ~ schlägt la caille margotte, margaude, carcaille, courcaille; **~ˌhund** *m*, **~ˌhündin** *f zo.* épagneul, -e *m, f*; **~ˌkönig** *m zo.* roi *m* des cailles; râle *m* des genêts; **~ˌruf** *m*, **~ˌschlag** *m* cri *m* de la caille; carcaillat *od.* courcaillet *m*; **~ˌstrich** *m ch.* passage *m* de cailles.

Wächter|(in) ['vɛçtər(ın)] *m* ⟨~s; ~⟩ (*f*) ⟨~; ~nen⟩ garde *m*; gardien, -nne *m, f*; (*Nacht2*) gardien *m*, veilleur *m* de nuit; *e-r Wach- u. Schließgesellschaft* vigile *m*; **~ˌhäuschen** *n milit.* guérite *f*; *für e-n Nachtwächter etc.* cabane *f*.

Wacht|feuer ['vaxtˌfɔyər] *n*, **2ˌhabend**, **~ˌhabende(r)**, **~ˌhund**, **~kompaˌnie**, **~loˌkal**, **~ˌmannschaft** *cf.* Wach...; **~ˌmeister** *m Polizei* brigadier *m*; **~offiˌzier**, **~paˌrade**, **~ˌposten** *cf.* Wach...

Wachtraum ['vaxtraum] *m* rêve éveillé.

Wacht|schiff ['vaxtʃıf] *n cf.* Wachboot; **~ˌstube** *cf.* Wachlokal; **~turm** *m fortif.* beffroi *m*; échauguette *f*; *heute, milit.* mirador *m*.

Wach- u. Schließgesellschaft [ˌvaxʔunt'ʃli:sgəˌzɛlʃaft] *f etwa* société *f* de surveillance (nocturne) des biens privés.

Wach|vergehen ['vaxfɛrˌge:ən] *n* violation *f* de consignes (du service de garde); **~ˌvorgesetzte(r)** *m* chef *m* de poste; **~ˌvorschriften** *f/pl.* consignes *f/pl.* du service de garde; **~ˌzeiten** *f/pl.* heures *f/pl.* de veille.

wackel|ig ['vakəˌlıç] *adj.* branlant (*auch Zahn*); vacillant; *Stuhl, Tisch* boiteux, -euse; *élect., Kontakt* mauvais; intermittent; *Hufeisen* qui loche; *Kind, Kranker, alter Mensch* ~ auf den Beinen stehen flageoler; F *fig.* ~ stehen branler dans le manche; (*vor dem Bankrott stehen*) craquer; **2konˌtakt** *m élect.* mauvais contact; contact intermittent; **~n I** *v/i.* ⟨-(e)le, h⟩ *Dinge* branler (*auch Zahn*); vaciller; *Menschen* (*schwanken*) chanceler; *Tisch* boiter; être boiteux, -euse; *élect., Kontakt* être mauvais, intermittent; *Hufeisen* locher; *techn.* (*schlagen*) flotter; mit dem Kopf ~ branler, dodeliner de la tête; mit dem Stuhl ~ se balancer sur sa chaise; mit den Hüften ~ se balancer (sur ses 'hanches); se dandiner; se déhancher; se tortiller; tortiller des 'hanches; F er brüllt, daß die Wände ~ il 'hurle à faire trembler les murs; **II 2n** *n* ⟨~s⟩ branlement *m*; vacillation *f*; *e-s Tisches* boitement *m*; *alle besser verbal*; das ~ mit dem Kopf le dodelinement de la tête.

wacker ['vakər] **1.** *adj.* (*rechtschaffen*) brave; honnête; probe; (*tüchtig*) brave; (*mutig*) vaillant; courageux, -euse; **2.** *adv.* bravement; courageusement; comme il faut; sich ~ halten se conduire en brave.

wacklig ['vaklıç] *adj. cf.* wackelig.

Wade ['va:də] *f* ⟨~; ~n⟩ *anat.* mollet *m*; **~nˌbein** *n anat.* péroné *m*; **~nˌkrampf** *m* crampe *f* (de la jambe); **~nˌmuskel** *m anat.* muscle péronier; **~nˌstrumpf** *m* chaussette *f* demi-bas; bas *m* de sport.

Wadi ['va:di·] *n* ⟨~s; ~s⟩ oued [wɛd] *m*.

Waffe ['vafə] *f* ⟨~; ~n⟩ arme *f*; in ~n, unter ~n sous les armes; das Volk in ~n la nation armée; mit blanker ~ à l'arme blanche; mit der ~ in der Hand l'arme à la main; zu den ~n rufen appeler aux armes, sous les drapeaux; zu den ~n greifen prendre les armes; von den ~n Gebrauch machen faire usage des armes; die ~n sprechen lassen recourir, avoir recours aux armes; die ~n strecken déposer, mettre bas, rendre les armes; capituler; *fig.* baisser pavillon; j-m die ~n abnehmen désarmer qn.; e-e ~ richten auf ... braquer une arme sur ...; *fig.* j-n mit s-n eigenen ~n schlagen battre qn. avec ses propres armes; rétorquer les arguments de qn.

Waffel ['vafəl] *f* ⟨~; ~n⟩ gaufre *f*; *kleine* gaufrette *f*; (*Eis2*) cornet *m* de glace; **~ˌeisen** *n* gaufrier *m*; moule *m* à gaufres.

Waffen|appell ['vafənʔaˌpɛl] *m milit.* revue *f* d'armes; **~beˌsitz** *m* (unerlaubter) ~ détention *f* (illégale) d'armes; **~ˌbruder** *m* frère *m*, compagnon *m* d'armes; **~ˌbrüderschaft** *f* fraternité *f* d'armes; **~ˌdienst** *m* service *m* militaire; **~faˌbrik** *f* manufacture *f*, fabrique *f* d'armes; armurerie *f*; **~fabriˌkant** *m* fabricant *m* d'armes; armurier *m*; **~fabrikatiˌon** *f* fabrication *f* d'armes; **2fähig** *adj.* en état de porter les armes; **~ˌfarbe** *f milit.* couleur distinctive de l'arme; **~ˌfett** *n* graisse *f* pour armes; **~ˌgang** *m* passe *f* d'armes; **~ˌgattung** *f milit.* arme *f*; bei welcher ~ dient er? à quelle arme appartient-il?; **~geˌbrauch** *m* emploi *m*, usage *m* des armes; **~geˌfährte** *m cf.* ~bruder; **~geˌklirr** *n*, **~geˌtöse** *n* cliquetis *m* d'armes; bruit *m* des armes; **~geˌwalt** *f* ⟨~⟩ force *f* des armes; force armée; mit ~ par la force des armes; **~ˌglück** *n* sort *m*, fortune *f* des armes; **~ˌhandel** *m* trafic *m* d'armes; **~ˌhändler** *m* armurier *m*; *illegaler* trafiquant *m* d'armes; **~ˌhandlung** *f* armurerie *f*; **~ˌhandwerk** *n* métier *m* des armes; **~ˌherstellung** *f cf.* ~fabrikation; **~ˌhilfe** *f* assistance *f* militaire; **~ˌkammer** *f* magasin *m* d'armes; **~-ˌlager** *n* dépôt *m* d'armes; **~ˌlieferung** *f* fourniture *f* d'armes; **2ˌlos** *adj.* sans armes; désarmé; **~ˌmeister** *m milit.* chef armurier; **~meisteˌrei** *f* ⟨~; ~en⟩ *milit.* armurerie *f*; **~offiˌzier** *m milit.* officier *m* des armes et munitions; **~ˌpflege** *f* entretien *m* des armes; **~ˌprüfung** *f* contrôle *m* technique des armes; **~ˌrock** *m* tunique *f*; **~ˌruhe** *f* suspension *f* d'armes, des hostilités; trêve *f*; **~ˌruhm** *m* gloire *f* militaire, des armes; **~ˌsammlung** *f* collection *f* d'armes; panoplie *f*; **~-ˌschein** *m* (permis *m* de) port *m* d'armes; **~ˌschmied** *m* armurier *m*; **~-ˌschmiede** *f* armurerie *f*; **~ˌschmuggel** *m* contrebande *f* d'armes; **~ˌschule** *f* école *f* d'armes; **~ˌstillstand** *m* armistice *m*; **~ˌstillstandsbeˌdingungen** *f/pl.* conditions *f/pl.* de l'armistice; **~ˌstillstandskommissiˌon** *f* commission *f* d'armistice; **~ˌstillstandsverˌhandlungen** *f/pl.* pourparlers *m/pl.* d'armistice; **~ˌstillstandsverˌtrag** *m* convention *f* d'armistice; **~-ˌtechnik** *f* technique *f* de l'armement; **~ˌtragen** *n* port *m* d'armes; **~ˌträger** *m* homme armé, d'armes; **~ˌübung** *f* exercice *m* militaire.

waffnen ['vafnən] *v/t. u. v/réfl.* ⟨-ete, h⟩ *cf.* bewaffnen; *fig. cf.* wappnen.

wägbar ['vɛ:kba:r] *adj.* pondérable; **2ˌkeit** *f* ⟨~⟩ pondérabilité *f*.

Wage|hals ['va:gəˌhals] *m* téméraire *m*; risque-tout *m*; casse-cou *m*; **~ˌmut** *m* audace *f*; témérité *f*; goût *m* du risque; esprit *m* d'entreprise; **2ˌmutig** *adj.* audacieux, -euse; téméraire; qui a l'esprit d'entreprise.

wagen ['va:gən] **I** *v/t.* ⟨h⟩ oser (etw. zu tun faire qc.); (*aufs Spiel setzen*) risquer; 'hasarder; aventurer; es ~, etw. zu tun se hasarder, s'aventurer à faire qc.; es ~ se hasarder; s'aventurer; faire le saut; F risquer le paquet, le coup; alles ~ (um alles zu gewinnen) risquer le tout pour le tout; es mit etw. ~ essayer de qc.; es mit j-m ~ (*es mit j-m versuchen*) essayer de qn.; ich würde es nicht ~ je ne m'y risquerais, 'hasarderais pas; ~ Sie es (einmal! osez donc!; F chiche!; wer wagt, gewinnt *prov.* la fortune sourit aux audacieux *prov.*; wer nicht wagt, der nicht gewinnt *prov.* qui ne risque rien n'a rien *prov.*; *cf. auch* gewagt; **II** *v/réfl.* sich ~ in (*ein Haus etc.*) s'aventurer, se risquer, se hasarder dans; sich an j-n ~ oser s'attaquer à qn.; oser se mesurer avec qn.; sich an ein Geschäft ~ se risquer dans une affaire; sich nicht aus dem Haus ~ ne pas se risquer 'hors de chez soi; sich unter die Leute ~ oser paraître dans le monde; **III** 2 *n* ⟨~s⟩ risque *m*.

Wagen ['va:gən] *m* ⟨~s; ~⟩ (*Pferde2, Auto*) voiture *f*; (*Auto*) F bagnole *f*; (*Leiter2*) chariot *m*; *auf zwei Rädern* charrette *f*; *jede Art von ~, für Kampf u. Spiel im Altertum, fig.* char *m*; *chem.* wagon *m*; (*Personen2*) voiture *f*; *techn., der Schreibmaschine* chariot *m*; *astr.* der Große (Kleine) ~ la Grande (Petite) Ourse; F er hat e-n schicken ~ F il a une belle, chouette bagnole; im ~ mitführen avoir à bord de sa voiture; *fig.* F j-m an den ~ fahren froisser qn.

wägen ['vɛ:gən] **I** *fig. v/t.* ⟨wägt, wog, gewogen, h; *parfois conjugaison faible*⟩ peser; soupeser; mesurer; **II** 2 *n* ⟨~s⟩ pesée *f*.

Wagen|abteil ['va:gənʔapˌtaıl] *n chem.* compartiment *m*; **~ˌachse** *f* essieu *m*; **~ˌachskiloˌmeter** *m chem.* essieu-kilomètre *m*; **~ˌaufbau** *m* carrosserie *f*; **~ˌbau** *m* ⟨~(e)s⟩ charronnage *m*; carrosserie *f*; **~ˌbauer** *m* ⟨~s; ~⟩ charron *m*; carrossier *m*; **~ˌbaum** *m* flèche *f*; **~beˌsitzer** *m* possesseur *m*, propriétaire *m* de voiture; **~beˌstand** *m cf.* ~park; **~ˌburg** *f hist.* barricade *f* de chariots; **~ˌdecke** *f cf.* ~plane; **~-ˌdeichsel** *f* timon *m*; **~ˌfenster** *n* glace *f*; **~ˌführer** *m der Straßenbahn* wattman [watman] *m* (*pl.* wattmen); *von e-m Autobus* conducteur *m*; chauffeur *m*; **~geˌrassel** *n* roulement *m* des voitures; **~geˌstell** *n* train *m* de voiture; *Auto* châssis *m*; **~ˌhalle** *f* garage *m*; **~ˌhebeˌbühne** *f* élévateur *m*; **~-ˌheber** *m* cric *m*; vérin *m*; **~ˌkasten** *m* coque *f*; caisse *f*; corps *m*; carrosserie *f*; **~kiloˌmeter** *m chem.* wagon-kilomètre *m*; **~ˌklasse** *f chem.* classe *f*; **~koˌlonne** *f* convoi *m*; **~ˌkupplung** *f* *chem.* attelage *m*; ~ˌ**ladung** *f* voiturée *f*; voiture *f*; *chem.* wagonnée *f*; ~ˌ**leiter** *f e-s Leiterwagens* ridelle *f*; ~ˌ**lenker** *m Altertum* conducteur *m* d'un char; ~**materiˌal** *n chem.* matériel roulant; ~ˌ**meister** *m chem.* visiteur *m*; ~**paˌpiere** *n/pl.* papiers *m/pl.* de bord; ~ˌ**park** *m* ⟨~(e)s⟩ parc *m* automobile, roulant; *chem.* matériel roulant; parc *m* (de wagons); ~ˌ**pferd** *n* cheval *m* de trait; ~ˌ**pflege** *f* entretien *m* de la voiture; ~ˌ**plane** *f* bâche *f*; banne *f*; ~ˌ**reihe** *f cf.* ~schlange; ~ˌ**rennen** *n Altertum* course *f* de chars; ~ˌ**schlag** *m* portière *f*; ~ˌ**schlange** *f* file *f* de voitures; ~ˌ**schmiere** *f frische* graisse *f* (consistante); vieux oing; *alte verschmutzte* cambouis *m*; ~ˌ**schuppen** *m* remise *f*; garage *m*; dépôt *m*; ~ˌ**spur** *f* ornière *f*; ~ˌ**standgeld** *n chem.* surtaxe *f* de dépassement des délais de chargement ou d'enlèvement; ~ˌ**tür** *f* portière *f*; ~**verˌdeck** *n* capote *f*; ~ˌ**wäsche** *f* lavage *m* de la voiture; ~ˌ**wechsel** *m chem.* changement *m* de voiture; ~ˌ**winde** *f cf.* ~heber.

Wagestück ['vaːgəˌʃtʏk] *n* entreprise 'hasardeuse; coup osé, d'audace.

Waggon [va'gõː, -'gɔŋ] *m* ⟨~s; ~s⟩ wagon *m*; ~ˌ**bau** *m* ⟨~(e)s⟩ construction *f* de wagons; ~**faˌbrik** *f* atelier *m* de construction de matériel ferroviaire; ~ˌ**ladung** *f* wagonnée *f*; ᘔˌ**weise** *adv.* par wagons.

waghalsig ['vaːkˌhalzɪç] *adj.* téméraire; 'hasardeux, -euse; audacieux, -euse; aventureux, -euse; ᘔˌ**keit** *f* ⟨~⟩ témérité *f*.

Wagnerianer(in) [vaːknəri'aːnər] *m* ⟨~s; ~⟩ (*f*) ⟨~; ~nen⟩ wagnérien, -nne *m, f*.

Wag|nis ['vaːknɪs] *n* ⟨~ses; ~se⟩ risque *m*; entreprise 'hasardeuse, aventureuse, risquée; **sich auf ein ~ einlassen** se risquer dans une entreprise 'hasardeuse; ~**stück** *n cf.* Wagestück.

Wahl [vaːl] *f* ⟨~; ~en⟩ **1.** ⟨*pas de pl.*⟩ (*Auswahl*) choix *m*; *zwischen zwei Dingen* alternative *f*; *notgedrungene, e-s Themas bei e-r Prüfung etc.* option *f*; *comm.* **erster ~** de premier choix; **das Mädchen s-r ~** l'élue de son cœur; **die ~ haben** avoir le choix; **die ~ haben zwischen ...** avoir à choisir entre ...; **keine ~ haben** n'avoir pas le choix; **keine andere ~ haben, als zu ...** (+ *inf.*) ne pas avoir d'autre choix que de ... (+ *inf.*); **es bleibt keine ~** il n'y a pas à choisir; **nach ~, frei nach ~** au choix; **s-e ~ treffen** faire son choix; **j-m die ~ lassen** laisser le choix à qn.; **du hast die ~** tu n'as qu'à choisir, faire ton choix; **e-e gute, schlechte ~ treffen** faire un bon, mauvais choix; **s-e ~ fiel auf ...** son choix s'est porté sur ...; **j-s ~ billigen** approuver le choix de qn.; **j-n vor die ~ stellen** obliger qn. à choisir; **vor die ~ gestellt, entweder zu ... oder zu ...** dans *od.* devant l'alternative de ... ou de ...; **da kann man wirklich sagen: wer die ~ hat, hat die Qual** on peut vraiment dire qu'il a (que nous avons, que vous avez, *etc.*) l'embarras du choix; **2.** *e-s Abgeordneten, Präsidenten etc.* élection *f*; vote *m*; scrutin *m*; **geheime ~** scrutin secret; **~ durch Zuruf** vote par acclamation; **~ mit Namensaufruf** vote par appel nominal; **~ durch Handaufheben** vote à main levée; **(in-)direkte ~** scrutin, suffrage (in)direct; **zur ~ schreiten** procéder à une élection; *im engeren Sinne* aller aux urnes; **zur ~ stehen** être sur les rangs; **sich zur ~ aufstellen lassen** se laisser mettre sur les rangs; **sich zur ~ stellen** se porter candidat; poser sa candidature; **j-n zur ~ vorschlagen** proposer qn. pour une élection, comme candidat; proposer l'élection, la nomination de qn.; **die ~ annehmen** accepter l'élection; ~**akt** *m* élection *f*; ~ˌ**aufruf** *m* manifeste électoral; ~ˌ**ausgang** *m* résultat *m* des élections; ~ˌ**ausschuß** *m* comité électoral; ~ˌ**ausweis** *m* carte *f* d'électeur, -trice.

wählbar ['vɛːlbaːr] *adj.* éligible; **nicht ~** inéligible; **wieder ~** rééligible; ᘔˌ**keit** *f* ⟨~⟩ éligibilité *f*.

Wahl|beeinflussung ['vaːlbəˌˀaɪnflʊsʊŋ] *f* pression électorale; ᘔ**beˌrechtigt** *adj.* **~ sein** avoir le droit de vote; ~**beˌrechtigte(r)** *m* électeur inscrit; ~**beˌrechtigung** *f* droit *m* de vote; ~**beˌstechung** *f* corruption électorale; ~**beˌteiligung** *f* participation électorale; ~**beˌzirk** *m* circonscription électorale; ~**broˌschüre** *f* brochure électorale; ~ˌ**bündnis** *n* apparentement *m*; **ein ~ eingehen** s'apparenter (mit à); ~**büˌro** *n* bureau *m* de vote.

wähl|en ['vɛːlən] **I** *v/t.* ⟨h⟩ (*aus~*) choisir; *notgedrungen* opter (pour); *durch Abstimmung* élire; *pol.* voter (j-n pour qn.); *Beruf* embrasser; *Telephonnummer* former; composer; *pol.* **nicht ~** s'abstenir; **den rechten Augenblick ~** choisir le bon moment; **~ Sie!** à votre choix!; **j-n zum Anführer ~** prendre qn. pour chef; **j-n zum König ~** élire qn. roi; **j-n in den Bundestag ~** élire, porter qn. au Bundestag; **j-n einstimmig, mit Stimmenmehrheit ~** élire qn. à l'unanimité, à la majorité des voix; *cf. auch* **gewählt**; **II** ᘔ**en** *n* ⟨~s⟩ *cf.* Wahl; ᘔ**er(in)** *m* ⟨~s; ~⟩ (*f*) ⟨~; ~nen⟩ électeur, -trice *m, f*; votant, -e *m, f*; *tél.* sélecteur *m*.

Wahl|erfolg ['vaːlˀɛrˌfɔlk] *m* succès électoral; ~**erˌgebnis** *n* résultat *m* des élections.

wählerisch ['vɛːləˌrɪʃ] *adj.* difficile (im Essen sur la nourriture); **~ sein** être difficile; faire le *bzw.* la difficile, le délicat *bzw.* la délicate, la fine bouche.

Wähler|kartei ['vɛːlərkarˌtaɪ] *f* fichier, registre électoral; ~ˌ**liste** *f* liste électorale; ~ˌ**schaft** *f* ⟨~⟩ corps électoral; électeurs *m/pl.*; ~ˌ**scheibe** *f tél.* cadran *m*; ~ˌ**stimme** *f* voix *f*; suffrage *m*; ~**verˌsammlung** *f* réunion électorale; ~**verˌzeichnis** *n cf.* ~liste.

Wahl|fach ['vaːlfax] *n* matière facultative, à option; ~ˌ**fälschung** *f* fraude électorale; ~ˌ**feldzug** *m* campagne électorale; ~ˌ**freiheit** *f* liberté *f* de vote; ᘔ**frei** *adj.* facultatif, -ive; ~**gang** *m* tour *m* de scrutin; ~**geˌheimnis** *n* secret *m* du vote; ~**geˌsetz** *n* loi électorale; ~ˌ**handlung** *f cf.* Wahlakt; ~ˌ**heimat** *f* patrie *f* d'adoption; ~ˌ**helfer** *m* assesseur *m* (pour les élections); scrutateur *m*; ~**kaˌbine** *f* isoloir *m*; ~**kamˌpagne** *f cf.* ~feldzug; ~**kampf** *m* lutte électorale; ~**koalitiˌon** *f* coalition électorale; ~**kreis** *m cf.* Wahlbezirk; ~ˌ**leiter** *m* président *m* du comité, du bureau électoral; ~ˌ**liste** *f cf.* Wählerliste; ~**loˌkal** *n* bureau *m* de vote; ᘔ**los** *adv.* sans choisir; sans discernement; au hasard; ~**mann** *m* ⟨~(e)s; ≈er⟩ délégué *m*; ~**maˌnöver** *n/pl.* manœuvres électorales; ~ˌ**müdigkeit** *f* abstentionnisme *m*; ~ˌ**niederlage** *f* défaite électorale; ~ˌ**ordnung** *f* règlement électoral; modalités électorales, d'élection; ~**ort** *m* lieu *m* de vote; ~**periˌode** *f* législature *f*; ~**pflicht** *f* vote *m* obligatoire; ~**plaˌkat** *n* affiche électorale; ~**proˌgramm** *n* programme électoral; plate-forme électorale; ~**propaˌganda** *f* propagande électorale; ~ˌ**prüfung** *f* validation *f*; vérification *f* du scrutin; ~**recht** *n* ⟨~(e)s⟩ *aktives* droit *m* de vote; électorat *m*; *passives* éligibilité *f*; *objektives* droit électoral; **allgemeines ~** suffrage universel; **das ~ ausüben** exercer son droit de vote; ~ˌ**rede** *f* discours électoral; ~ˌ**redner** *m* orateur *m* de réunion électorale; ~**reˌform** *f* réforme électorale; ~**resulˌtat** *n cf.* Wahlergebnis; ~**schein** *m etwa* certificat *m* permettant de voter en dehors de son bureau de vote normal; ~**schlacht** *f* bataille électorale; ~ˌ**schwindel** *m* fraude électorale; ~**sieg** *m* victoire électorale; ~**spruch** *m* devise *f*; ~ˌ**stimme** *f* voix *f*; suffrage *m*; ~**sysˌtem** *n* système électoral; régime électoral; mode *m* de votation, de scrutin; ~**tag** *m* jour *m* de l'élection, du vote, du scrutin; ~ˌ**umtriebe** *m/pl.* manœuvres électorales; ~ˌ**urne** *f* urne électorale; ~**verˌfahren** *n* mode *m* de votation, de scrutin; ~**verˌlauf** *m* **ruhiger ~** élections sans incident; ~**verˌsammlung** *f* réunion électorale; ~**verˌsprechungen** *f/pl.* promesses électorales; ~**verˌwandtschaft** *f chim.* affinité *f*; *fig.* ~en *pl.* affinités électives; ~ˌ**vorgang** *m* opération électorale; ~ˌ**vorschlag** *m* liste *f* de candidats, de candidatures; **e-n ~ einreichen** présenter une liste; ~ˌ**vorstand** *m* bureau électoral; comité électoral; ~ˌ**vorsteher** *m* président *m* du bureau de vote, d'un comité électoral; ᘔˌ**weise** *adv.* facultativement; au choix; ~ˌ**zelle** *f* isoloir *m*; ~ˌ**zettel** *m* bulletin *m* de vote.

Wahn [vaːn] *m* ⟨~(e)s⟩ illusion *f*; idée fausse; (*Irrtum*) erreur *f*; (*Verblendung*) aveuglement *m*; (*Torheit*) folie *f*; *méd.* délire *m*; folie *f*; manie *f*; **in e-m ~ befangen sein** vivre dans l'illusion; se faire des illusions; se bercer d'illusions; **der ~ verfliegt** les illusions s'envolent; **den ~ zerstören** détruire les illusions (de qn.); désillusionner (qn.); **religiöser ~** délire, folie mystique; ~**bild** *n* chimère *f*; fantôme *m*; mirage *m*; hallucination *f*.

wähnen ['vɛːnən] *v/t. u. v/réfl.* ⟨h⟩ croire (à tort, faussement); (*sich einbilden*) s'imaginer; se figurer.

Wahn|gebilde ['vaːngəˌbɪldə] *n* chimère *f*; fantôme *m*; ~**sinn** *m* ⟨~(e)s⟩ *méd.* aliénation mentale; dérangement cérébral; folie *f*; démence *f* (*beide auch fig.*); **in ~ verfallen** tomber dans la *od.* en démence, dans la folie; perdre la raison; *fig.* **das ist heller ~** c'est de la pure folie; **es wäre ~, so zu handeln** ce serait (de la) folie d'agir ainsi; ᘔˌ**sinnig 1.** *adj.* fou (fol), folle; insensé; dément; démentiel, -lle (*alle auch fig.*); aliéné; F *fig.* (*sehr groß*) énorme; *Schmerzen, Angst etc.* effroyable; **~ werden** devenir fou, folle (*auch fig.*); tomber dans la *od.* en démence; **~ machen** rendre fou, folle (*auch fig.*); **du bist ja ~!** tu es fou!; **es ist zum ᘔwerden** c'est à devenir fou, à en perdre la raison; **2.** *adv.* follement; F **~ verliebt in j-n sein** aimer qn. à la folie; F **~ viel zu tun haben** avoir un travail fou; ~ˌ**sinnige(r)** *f* (*m*) ⟨→ A⟩ fou *m*; folle *f*; aliéné, -e *m, f*; dément, -e *m, f*; insensé, -e *m, f*; F *fig.* **sich wie ein(e) ~(r) gebärden** F se démener comme un diable dans un bénitier; ~**verˌbrechen** *n* délit putatif; ~ˌ**vorstellung** *f* hallucination *f*; fantasme *m*; ~**witz** *m*

⟨~es⟩ folie *f*; démence *f*; déraison *f*; absurdité *f*; **2ˌwitzig** *adj.* fou (fol), folle; démentiel, -lle; déraisonnable; absurde; **~es Unterfangen** folle aventure.

wahr [vaːr] *adj.* vrai; (*wirklich*) véritable; (*echt*) authentique; **ein ~er Freund** un vrai, véritable ami; **e-e ~e Geschichte** une histoire véritable; **es ist ein ~es Vergnügen** c'est un vrai plaisir; **es ist kein ~es Wort daran, es ist kein Wort davon ~** il n'y a pas un mot de vrai là-dedans; **der ~e Grund** la véritable raison; **der ~e Sachverhalt** le véritable état des choses; **der ~e Wert** la valeur réelle; **nach s-m ~en Wert** à sa juste valeur; **im ~sten Sinne des Wortes** dans toute l'acception du terme; **sein ~es Gesicht zeigen** montrer son vrai visage; jeter le masque; **etw. für ~ halten** tenir qc. pour vrai; croire qc.; prendre qc. au sérieux; ajouter foi à qc.; **etw. ~ machen** réaliser qc.; **~ werden** se réaliser; **~ sprechen** dire vrai, la vérité; **sich als ~ herausstellen** se vérifier; se confirmer; **s-e Behauptung erwies sich als ~** son assertion se révéla véridique; **nicht ~?** (n'est-il) pas vrai?; n'est-ce pas?; **so ~ ich lebe!, so ~ ich hier stehe!** aussi vrai que je vis, que je suis ici!; **so ~ mir Gott helfe!** Dieu me vienne en aide!; **das 2e** le vrai; **etw. 2es wird schon daran sein** il doit avoir du vrai là-dedans.

wahren ['vaːrən] *v/t.* ⟨h⟩ *Interessen* protéger; sauvegarder; veiller à; *Rechte* défendre; *Geheimnis* garder; conserver; *Anschein, Form* sauver; sauvegarder; *Standpunkt* maintenir.

währen ['vɛːrən] *st. s. v/i.* ⟨h⟩ durer; **es kann noch lange ~, bis ...** il peut se passer encore bien du temps, il passera bien de l'eau sous les ponts, avant que ... (+ *subj.*); **es währte nicht lange, so brach der Krieg aus** la guerre ne tarda pas à éclater; **was lange währt, wird endlich gut** *prov.* tout vient à point à qui sait attendre *prov.*; **ewig ~d** éternel, -lle; perpétuel, -lle.

während ['vɛːrənt] **I** *prép.* ⟨*gén.*⟩ pendant; durant; *nach e-r nég. oft* de; **ich habe ihn ~ des ganzen Tages nicht gesehen** je ne l'ai pas vu de la journée; **II** *conj.* pendant que ... (+ *ind.*); tandis que ... (+ *ind.*); (*wohingegen*) tandis que ..., alors que ..., cependant que ... (+ *ind.*); **~'dem, ~'des, ~'dessen** *adv.* pendant, durant ce temps.

wahrhaben ['vaːrˌhaːbən] *v/t.* ⟨*nur inf.*⟩ **etw. nicht ~ wollen** ne pas vouloir convenir de, admettre qc.

wahrhaft ['vaːrhaft] **1.** *adj.* véridique; sincère; de bonne foi; **2.** *adv.* (*wirklich*) réellement; vraiment; véritablement; **~ig 1.** *adj. cf.* **wahrhaft 1.**; **2.** *adv.* vraiment; *als Beteuerung* **~!** vraiment!; ma foi!; **~?** vraiment?; **2igˌkeit** *f* ⟨~⟩ véracité *f*; sincérité *f*; bonne foi.

Wahrheit ['vaːrhaɪt] *f* ⟨~; ~en⟩ vérité *f*; **die nackte ~** la pure vérité; **die ungeschminkte ~** la vérité sans fard, toute nue; **die ~ sagen, sprechen** dire vrai; **um die ~ zu sagen** à dire la vérité; pour dire vrai; à vrai dire; **der ~ die Ehre geben** rendre hommage à la vérité; **von der ~ abweichen, abgehen** s'écarter de la, déformer la vérité; **ohne Umschweife die ~ sagen** dire la vérité sans détours, sans ambages; **ich muß Ihnen die ~ sagen** je vous dois la vérité; **j-m gehörig, ordentlich die ~ sagen** *auch* dire à qn. ses quatre vérités, son fait; **die ~ liegt in der Mitte** la vérité est entre les deux, au milieu; **in ~** en vérité; en réalité; **der ~ gemäß** conformément à la vérité; **~sbeˌweis** *m* preuve *f* (de la vérité); **den ~ antreten** prouver la vérité; prouver la véracité (de dires); **2sgeˌmäß, 2sgeˌtreu 1.** *adj.* conforme, fidèle à la vérité; vrai; véridique; **2.** *adv.* conformément à la vérité; objectivement; fidèlement; **~sˌliebe** *f* amour *m* de la vérité; véracité *f*; **2sˌliebend** *adjt.* véridique; sincère; de bonne foi; **~sˌsucher** *m* celui qui cherche la vérité.

wahrlich ['vaːrlɪç] **1.** *adv.* en vérité; **2.** *int.* **~!** vraiment!; ma foi!

wahrnehm|bar ['vaːrneːmˌbaːr] *adj.* perceptible; (*hörbar*) audible; (*sichtbar*) visible; (*fühlbar*) sensible; **2barˌkeit** *f* ⟨~⟩ perceptibilité *f*; (*Hörbarkeit*) audibilité *f*; (*Sichtbarkeit*) visibilité *f*; **~en** *v/t.* ⟨*irr., sép.*, -ge-, h⟩ percevoir; (*hören*) entendre; (*sehen*) voir; (*bemerken*) remarquer; s'apercevoir de; *flüchtig* apercevoir; *Gelegenheit etc.* (*nützen*) profiter de; saisir; *Interessen* veiller à; sauvegarder; défendre; **die Geschäfte ~** être chargé de l'expédition des affaires; **2ung** *f* ⟨~; ~en⟩ perception *f*; *philos.* aperception *f*; *von Interessen* sauvegarde *f*; **mit der ~ der Geschäfte beauftragt** chargé de l'expédition des affaires; **mit der ~ unserer Interessen betraut** chargé de veiller à nos intérêts; chargé de sauvegarder, de défendre nos intérêts; **2ungsverˌmögen** *n* ⟨~s⟩ perception *f*.

wahrsag|en ['vaːrˌzaːgən] **I** *v/i.* ⟨*insép. u. sép.*, ge- *u.* -ge-, h⟩ prédire l'avenir; dire la bonne aventure; **aus der Hand, den Handlinien ~** lire les lignes de la main; **aus den Karten ~** tirer les cartes; **aus dem Kaffeesatz ~** lire l'avenir dans le marc de café; **sich ~ lassen** se faire dire la bonne aventure; **II 2en** *n* ⟨~s⟩ prédiction *f* de l'avenir; divination *f*; **~ aus der Hand, den Handlinien** chiromancie *f*; **2er(in)** *m* ⟨~s; ~⟩ (*f*) ⟨~; ~nen⟩ devin, -eresse *m, f*; diseur, -euse *m, f* de bonne aventure; **~ aus der Hand, den Handlinien** chiromancien, -nne *m, f*; (*Kartenleger[in]*) tireur, -euse *m, f* de cartes; **2e'rei** *f* ⟨~⟩ *cf.* **~en II**.

wahrscheinlich [vaːr'ʃaɪnlɪç, 'vaːr-] **1.** *adj.* vraisemblable; probable; **2.** *adv.* vraisemblablement; probablement; sans doute; **höchst ~** selon toute vraisemblance; **2ˌkeit** *f* ⟨~; ~en⟩ vraisemblance *f*; probabilité *f*; **aller ~ nach** selon toute vraisemblance; **2keitsˌgrad** *m* degré *m* de probabilité; **2keitsˌrechnung** *f* calcul *m* des probabilités.

Wahrspruch ['vaːrʃprux] *m* verdict *m*.

Wahrung ['vaːrʊŋ] *f* ⟨~⟩ *der Interessen* protection *f*; sauvegarde *f*; défense *f*; *e-s Standpunkts* maintien *m*; **unter ~ der Grundsätze** sans porter atteinte aux principes; **unter ausdrücklicher ~ unserer Rechte** sous toute réserve quant à nos droits; **unter ~ des gegenseitigen Standpunktes** chacun restant sur ses positions.

Währung ['vɛːrʊŋ] *f* ⟨~; ~en⟩ valeur *f* monétaire; monnaie *f*; étalon *m* monétaire; **harte ~** monnaie forte; **stabile ~** monnaie stable; **~s...** *in Zssgn. meist* monétaire; **~sˌabkommen** *n* accord *m* monétaire; **~sˌabwertung** *f* dévaluation *f*; **~sˌausgleich** *m* égalisation *f* des changes; **~sˌausgleichsˌfonds** *m* fonds *m* d'égalisation des changes; **~sˌbank** *f* ⟨~; ~en⟩ banque *f* d'émission; **~sˌeinheit** *f* unité *f* monétaire; **~sˌfonds** *m* fonds *m* monétaire; **~sgeˌbiet** *n* zone *f* monétaire; **~sˌkrise** *f* crise *f* monétaire; **~spariˌtät** *f* parité *f* monétaire; **~spoliˌtik** *f* politique *f* monétaire; **~sreˌform** *f* réforme *f* monétaire; **~sreˌserve** *f* réserve *f* monétaire; **~sspekulatiˌon** *f* spéculation *f* sur les monnaies; **~sstabiliˌtät** *f* stabilité *f* monétaire; **~ssysˌtem** *n* système *m* monétaire; **~sˌumstellung** *f* conversion *f* monétaire; **~sverˌfall** *m* dépréciation *f* monétaire; **~sverˌhältnis** *n* rapport *m*, taux *m* du change; **~szerˌfall** *m*, **~szuˌsammenˌbruch** *m* effondrement *m* monétaire, de la monnaie.

Wahrzeichen ['vaːrˌtsaɪçən] *n* marque *f* (distinctive); signe *m* (distinctif); (*Sinnbild*) emblème *m*; *e-r Stadt* symbole *m*.

Waid [vaɪt] *m* ⟨~(e)s; ~e⟩ *bot.* pastel *m*; guède *f*; *sc.* isatis *m*.

waid..., Waid... *ch. in Zssgn. cf.* weid..., Weid...

Waise ['vaɪzə] *f* ⟨~; ~n⟩ orphelin, -e *m, f*; *cf. auch* Halbwaise, Vollwaise; **~nˌgeld** *n* pension *f* de réversion à l'orphelin; **~nˌhaus** *n* orphelinat *m*; **~nˌkind** *n cf.* Waise; **~nˌknabe** *m* orphelin *m*; F *fig.* **er ist ein ~** il n'a aucune expérience; il est naïf; F *fig.* **er ist ein ~ gegen ihn** il ne lui arrive pas à la cheville; **~nˌmädchen** *n* orpheline *f*; **~nˌrente** *f* pension *f* d'orphelin.

Wal [vaːl] *m* ⟨~(e)s; ~e⟩ *zo.* baleine *f*; *junger* baleineau *m*; **~e** *pl. sc.* cétacés *m/pl.*

Walach|en [va'laxən] *m/pl.* Valaques *m/pl.*; **2isch** *adj.* valaque.

Wald [valt] *m* ⟨~(e)s; ⸗er⟩ forêt *f*; *kleinerer* bois *m*; *poét.* sylve *f*; **im tiefen ~** au fin fond de la forêt, des bois; au plus épais de la forêt; au plus profond des bois; **dichter ~** forêt touffue; **lichter ~** forêt claire; **er sieht den ~ vor lauter Bäumen nicht** les arbres lui cachent la forêt; **wie man in den ~ hineinruft, so schallt es wieder heraus** *prov.* telle demande, telle réponse; **~ˌameise** *f zo.* **rote ~** fourmi *f* rouge; **~aneˌmone** *f bot.* anémone *f* des bois; **~ˌarbeiter** *m* ouvrier forestier; **~bau** *m* ⟨~(e)s⟩ sylviculture *f*; **~baum** *m bot.* arbre forestier; **2beˌdeckt** *adjt.* boisé; **~ˌbeere** *f bot.* airelle *f*; myrtille *f*; **~beˌwohner** *m/pl. poét.* habitants *m/pl.*, hôtes *m/pl.* des bois; **~ˌblöße** *f* clairière *f*; **~ˌblume** *f bot.* fleur *f* sylvestre; **~ˌboden** *m* sol forestier; **~brand** *m* incendie *m* de forêt.

Wäldchen ['vɛltçən] *n* ⟨~s; ~⟩ petit bois; bosquet *m*; boqueteau *m*; *poét.* bocage *m*.

Waldeinsamkeit ['valtˌʔaɪnzaːmkaɪt] *f* solitude *f* de la forêt.

Waldens|er [val'dɛnzər] *m/pl. relig.* Vaudois *m/pl.*; **2isch** *adj.* vaudois.

Walderdbeere ['valtˌʔeːrtbeːrə] *f bot. Beere* fraise *f*, *Pflanze* fraisier *m* des bois.

Waldes|dunkel ['valdəsˌdʊŋkəl] *poét. n* ombres *f/pl.* de la forêt; forêt ombreuse; **~ˌfrische** *poét. f* fraîcheur *f* des bois; **~ˌrauschen** *poét. n* bruissement *m* de la forêt.

Wald|fläche ['valtˌflɛçə] *f* aire forestière; surface boisée; **~ˌfrevel** *m* délit forestier; **~geˌbiet** *n* zone boisée; **~geˌbirge** *n* montagnes boisées;

~ˌgegend *f* contrée boisée; **~geist** *m* ⟨**~es**; **~er**⟩ *myth.* sylvain *m*; **~geˌlände** *n* terrain boisé; **~ˌglöckchen** *n* *bot.* campanule *f* des bois; **~gott** *n* *myth.* divinité *f* sylvestre; **~ˌgöttin** *f* *myth.* nymphe *f* des bois; dryade *f*; **~ˌgrenze** *f* limite *f* d'arbres; **~haar** *n* *bot.* laîche *f*; *sc.* carex *m*; **~horn** *n* cor *m* de chasse; **~ˌhühner** *n/pl. zo.* tétraonidés *m/pl.*; **~ˌhüter** *m* garde forestier; **2ig** *adj.* boisé; **~kaˌpelle** *f* chapelle *f* en pleine forêt; **~kauz** *m* *zo.* chat-ʻhuant *m*; ʻhulotte *f*; **~ˌkiefer** *f* *bot.* pin *m* sylvestre; **~kulˌtur** *f* sylviculture *f*; **~land** *n* terrain boisé; **~lauf** *m* cross-country *m*; F cross *m*; **~ˌlichtung** *f* clairière *f*; **~maus** *f* *zo.* mulot *m*; **~ˌmeister** *m* *bot.* aspérule odorante; petit muguet; **~mensch** *m* homme *m* des bois; **~ˌnymphe** *f* *myth.* *cf.* ~göttin; **~ˌohreule** *f* *zo.* moyen duc; **~ˌpflanzen** *f/pl. bot.* plantes *f/pl.* sylvestres; **~rand** *m* orée *f*; lisière *f* de la forêt, du bois; **~ˌrebe** *f* *bot.* clématite *f*; **2reich** *adj.* boisé; riche en forêts, en bois; **~ˌreichtum** *m* richesse *f* en forêts; **~saum** *m* *cf.* ~rand; **~ˌschaden** *m* dégât, dommage causé à des forêts; **~ˌschnepfe** *f* *zo.* bécasse commune; **~schrat** *m* *cf.* ~geist; **~ˌschule** *f* école *f* de plein air; **~streu** *f* litière *f* de fanes; **~strich** *m* étendue *f* de forêt; **~stück** *n* parcelle boisée; boqueteau *m*; **~ung** *f* ⟨~; ~en⟩ *cf.* Wald; **~ˌvögel** *m/pl. zo.* oiseaux *m/pl.* des bois; *sc.* sylvains *m/pl.*; **2wärts** *adv.* vers le bois; du côté de la forêt; **~weg** *m* chemin forestier; *als Spazierweg* sentier *m* à travers la forêt; **~ˌwirtschaft** *f* sylviculture *f*; économie forestière; **~ˌzone** *f* zone boisée.

Wal|fang [ˈvɑːlfaŋ] *m* pêche *f* à la baleine; **~fangˌboot** *n* baleinière *f*; **~ˌfänger** *m* ⟨**~s**; **~**⟩ baleinier *m*; *Schiff cf.* ~fangboot; **~fangˌflotte** *f* flotte baleinière; **~fangˌmutterschiff** *n* baleinier *m*; **~fangˌschiff** *n* *cf.* ~fangboot, ~fangmutterschiff; **~fisch** [ˈval-] *m* *cf.* Wal.

Walis|er(in) [vaˈliːzər(ɪn)] *m* ⟨**~s**; **~**⟩ (*f*) ⟨~; ~nen⟩ Gallois, -e *m*, *f*; **2isch** *adj.* gallois.

walk|en [ˈvalkən] **I** *v/t.* ⟨**h**⟩ *text.* fouler; F *fig.* rosser; rouer de coups; **II 2en** *n* ⟨**~s**⟩ foulage *m*; **2er** *m* ⟨**~s**; **~**⟩ **1.** *text.* fouleur *m*; **2.** *zo.* foulon *m*; **2ˌerde** *f* terre *f* à foulon; **2eˈrei** *f* ⟨~; ~en⟩ foulerie *f*; **2maˌschine** *f* foulerie *f*; foulon *m*; *für Filz* fouleuse *f*; **2ˌmühle** *f* *text.* (moulin *m* à) foulon *m*; foulerie *f*.

Walküre [valˈkyːrə] *f* ⟨~; ~n⟩ *myth.* Walkyrie *f*.

Wall[1] [val] *m* ⟨~(e)s; ⸗e⟩ *fortif.* rempart *m*; *par ext.* (*Befestigungsanlage*) fortification *f*; (*Erdaufschüttung*) remblai *m*; levée *f* de terre.

Wall[2] [val] *m* ⟨~(e)s; ~ *od.* ~e *bzw.* 2 ~⟩ *Fischhandel* ein ~ Heringe quatre-vingts ʻharengs.

Wallach [ˈvalax] *m* ⟨~(e)s; ~e⟩ (cheval *m*) ʻhongre *m*.

wallen [ˈvalən] **I** *v/i.* ⟨**h**⟩ (*sich wellenförmig bewegen*) ondoyer; onduler; *Fahnen, Gewänder etc. auch* flotter; *Gewässer, siedende Flüssigkeiten* bouillonner; *siedende Flüssigkeiten, Blut in den Adern* bouillir; **II 2** *n* ⟨**~s**⟩ mouvement *m* ondoyant; ondulations *f/pl.*; (*Brodeln, Sieden*) bouillonnement *m*.

wall|fahren [ˈvalˌfɑːrən] *v/i.* ⟨*conjugaison faible*, **sein**⟩ *cf.* ~fahrten; **2ˌfahrer(in)** *m* (*f*) pèlerin, -e *m*, *f*; **2fahrt** *f* pèlerinage *m*; **~ˌfahrten** *v/i.* ⟨**-ete, sein**⟩ **nach Jerusalem ~** aller, se rendre en pèlerinage à Jérusalem; faire le pèlerinage de Jérusalem; **2fahrtsˌkirche** *f* église *f* de pèlerinage; **2fahrtsˌort** *m* (lieu *m* de) pèlerinage *m*.

Wallgraben [ˈvalˌgrɑːbən] *m* fossé *m* du rempart.

Wallis|er [ˈvaliˑzər] **I** *m* ⟨**~s**; **~**⟩, **~eˌrin** *f* ⟨~; ~nen⟩ Valaisan, -nne *m*, *f*; **II ~er** *adj.* ⟨*inv.*⟩, **2isch** *adj.* du Valais; valaisan, -nne.

Wallon|e [vaˈloːnə], **~in** *m* ⟨~n; ~n⟩, *f* ⟨~; ~nen⟩ Wallon, -nne *m*, *f*; **2isch** *adj.* wallon, -nne.

Wallung [ˈvaluŋ] *f* ⟨~; **~en**⟩ bouillonnement *m*; (*Sieden*) ébullition *f*; *chim.* effervescence *f* (*alle auch fig.*); *méd.*, *des Blutes* (*Blutandrang*) congestion *f*; *fig.* (*Erregung*) émotion *f*; agitation *f*; **in ~ bringen** mettre en ébullition, en effervescence (*auch fig.*); faire bouillonner; *fig.* (*erregen*) émouvoir; agiter; **in ~ geraten** bouillonner; entrer en ébullition; *fig.* s'émouvoir; s'agiter; s'échauffer, bouillir (*beide auch vom Blut*).

Walm [valm] *m* ⟨~(e)s; ~e⟩ *bât.* croupe *f* (de comble); **~dach** *n* *bât.* toit *m* en croupe.

Walnuß [ˈvalnʊs] *f* noix *f*; **~ˌbaum** *m* *bot.* noyer *m*; **~ˌbutter** *f* beurre *m* de noix; **~ˌöl** *n* huile *f* de noix; **~ˌschale** *f* coquille *f* de noix; *äußere, grüne* brou *m*.

Walöl [ˈvɑːlˀøːl] *n* huile *f* de baleine.

Walpurgisnacht [valˈpʊrgɪsˌnaxt] *f* nuit *f* de Walpurgis; *myth.* (*Hexensabbat auf dem Blocksberg*) sabbat *m* des sorcières.

Wal|rat [ˈvalrɑːt] *m* *od.* *n* ⟨~(e)s⟩ blanc *m* de baleine; **~roß** *n* *zo.* morse *m*; cheval marin; **~speck** [ˈvɑːl-] *m* lard *m* de baleine.

Walstatt [ˈvɑːlʃtat] *poét.* *f* ⟨~; ⸗en⟩ champ *m* de bataille.

walten [ˈvaltən] **I** *v/i.* ⟨**-ete, h**⟩ *Frieden, Ruhe etc.* régner (**über** sur); *Kräfte auch* agir; exister; *Hausfrau im Haus* gouverner, diriger (la maison); commander (dans la maison); **j-n ~ lassen** laisser faire, agir qn.; **Gott ~ lassen** laisser faire le Ciel; **Gnade, Milde ~ lassen** user de clémence; **Gerechtigkeit ~ lassen** être juste; **Gott läßt s-e Gnade ~ über** … Dieu accorde ses grâces à …; **s-s Amtes ~** faire son devoir; remplir son office; **mit etw. schalten u. ~** disposer de qc. à sa guise; **j-n schalten u. ~ lassen** laisser faire qn. à sa guise; **das walte Gott!** ainsi soit-il!; **unter den ~den Umständen** dans les circonstances présentes; **II 2** *n* ⟨**~s**⟩ *der Natur, von Kräften* règne *m*; action *f*; *im Haus* gouvernement *m*.

Waltiere [ˈvɑːlˌtiːrə] *n/pl. zo. cf.* Wal.

Walz|blech [ˈvaltsblɛç] *n* plaque laminée; tôle *f*; **~druck** *m* ⟨~(e)s⟩ pression *f* de laminage; **~e** *f* ⟨~; ~n⟩ *e-r Walzstraße* cylindre *m*; *techn. auch* rouleau *m* (*auch Acker2*); tambour *m*; *Straßenbau* rouleau compresseur; *fig.* F **auf die ~ gehen** P aller sur le trimard; **auf der ~ sein** P être sur le trimard; trimarder; **~ˌeisen** *n* fer laminé.

walzen[1] [ˈvaltsən] **I** *v/t.* ⟨**-(es)t, h**⟩ cylindrer; *im Walzwerk* laminer; *Straße* cylindrer; passer au rouleau; *Acker* rouler; **II** *v/i.* ⟨**sein**⟩ F *fig.* (*auf Wanderschaft sein*) F rouler sa bosse; *cf. auch* **Walze (auf der ~ sein)**; **III 2** *n* ⟨**~s**⟩ cylindrage *m* (*auch der Straße*); *von Metallen* laminage *m*; *des Ackers* roulage *m*.

walzen[2] [ˈvaltsən] *v/i.* ⟨**-(es)t, h**⟩ valser; danser une valse.

wälzen [ˈvɛltsən] **I** *v/t.* ⟨**-(es)t, h**⟩ *Stein, Baumstamm etc.* rouler; *Bücher* compulser; *Probleme, gesprächsweise* agiter; remuer; *Probleme, Gedanken, im Kopf* ruminer; *cuis.* **in Mehl ~** rouler, passer dans la farine; **die Schuld auf j-n ~** rejeter, faire retomber la faute sur qn.; **II** *v/réfl.* **sich ~** se rouler; **sich schlaflos im Bett ~** se tourner et retourner dans le lit sans dormir; **sich im Schmutz ~** se vautrer dans la boue; F **sich vor Lachen ~** F se tordre de rire; **III 2** *n* ⟨**~s**⟩ roulement *m*; F **das ist zum ~** F c'est tordant; c'est à pouffer de rire.

walzen|förmig [ˈvaltsənˌfœrmɪç] *adj.* cylindrique; **2ˌpresse** *f* *techn.* presse *f* à cylindres.

Walzer [ˈvaltsər] *m* ⟨**~s**; **~**⟩ valse *f*; **~ tanzen** faire, danser une valse; valser.

Wälzer [ˈvɛltsər] F *m* ⟨**~s**; **~**⟩ F gros bouquin.

Walzer|musik [ˈvaltsərmuˑˌziːk] *f* valse *f*; air *m* de valse; **~ˌtänzer(in)** *m* (*f*) valseur, -euse *m*, *f*; **~ˌtakt** *m* *mus.* rythme *m* de valse.

Walz|gerüst [ˈvaltsgəˌrʏst] *n* cage *f* de laminoir; **~gut** *n* pièce *f* à laminer.

Wälzlager [ˈvɛltsˌlɑːgər] *n* *techn.* palier *m* à rouleaux.

Walz|maschine [ˈvaltsmaˌʃiːnə] *f* laminoir *m*; **~stahl** *m* acier laminé; **~ˌstraße** *f*, **~werk** *n* laminoir *m*; **~werkerˌzeugnis** *n* produit laminé.

Wamme [ˈvamə] *f* ⟨~; ~n⟩, **Wampe** [ˈvampə] *f* ⟨~; ~n⟩ *beim Rind* fanon *m*; *beim Hirsch* ʻhampe *f*; F *fig.* (*Wanst*) F bedon *m*; bedaine *f*; panse *f*.

Wams [vams] *n* ⟨**~es**; **⸗er**⟩ *hist.* pourpoint *m*.

wamsen [ˈvamzən] F *v/t.* ⟨**-(es)t, h**⟩ rosser; rouer de coups.

wand [vant] *cf.* **winden**.

Wand [vant] *f* ⟨~; ⸗e⟩ *e-s bewohnten Raumes* mur *m* (*auch fig.*); (*Scheide2*) cloison *f*; *e-s Gefäßes, Zeltes, anat., des Magens etc.* paroi *f*; (*Fels2*) paroi *f* (de rocher); *mines* paroi *f*; roche *f*; **spanische ~** paravent *m*; **schalldichte ~** cloison insonore; **durch e-e ~ trennen** cloisonner; **~ an ~ leben** être voisins; habiter, être porte à porte; F **die vier Wände** (*das Zuhause*) le chez-soi (chez-moi, *etc.*); F **in meinen vier Wänden** chez moi; F entre mes quatre murs; **j-m nur die nackten Wände lassen** ne laisser à qn. que ses quatre murs; **weiß wie e-e ~** pâle comme un mort, un linceul; **j-n an die ~ stellen** (*erschießen*) mettre, coller qn. au mur; **j-n an die ~ drücken** acculer qn. au mur; *fig.* éliminer qn.; passer sur le corps de qn.; F **j-n an die ~ spielen** surclasser, dominer qn.; **mit dem Kopf gegen die ~ rennen** se cogner la tête contre le mur, au mur; donner de la tête contre le mur; *fig.* **mit dem Kopf durch die ~ wollen** vouloir donner de la tête contre un mur, contre les murs; vouloir l'impossible; **die Wände haben Ohren** les murs ont des oreilles; **den Teufel an die ~ malen** parler de malheur; F **es ist, um an den Wänden hochzugehen!** c'est à se taper la tête contre un mur; c'est à désespérer; *fig.* F **für die Wände reden, predigen** prêcher dans le désert, à des sourds; F *fig.*

hier wackelt die ~! ici, il y a qc. de sensationnel!; ici, on peut voir ce qu'on n'a jamais vu!; F *fluchen, schreien etc.* **daß die Wände wackeln ...** à faire trembler les murs.

Wandal|e [van'dɑːlə] *m* ⟨~n; ~n⟩ Vandale *m*; *fig.* vandale *m*; **2isch** *adj.* vandalique; *fig.* vandale; **~ismus** [-'lɪs-] *m* ⟨~⟩ vandalisme *m*.

Wand|anstrich ['vant,ˀanʃtrɪç] *m* peinture *f*; **~appa,rat** *m tél.* appareil mural; **~arm** *m* applique *f*; **~be,hang** *m* tapisserie *f*; **~be,kleidung** *f hölzerne* lambris *m*; boiserie *f*; *allg.* revêtement *m* (mural); **~be,leuchtung** *f* applique *f*; **~be,spannung** *f* tenture *f*; **~brett** *n* étagère *f*; **~bild** *n* tableau mural; **~dekorati,on** *f* décoration murale.

Wandel ['vandəl] *m* ⟨~s⟩ (*Wechsel*) changement *m*; *radikaler* transformation *f*; (*Lebens2*) conduite *f*; vie *f*; **~ schaffen** amener du changement; apporter des modifications **(in etw.** à qc.); **hier muß ~ geschaffen werden** il faut que cela change; **Handel u. ~ blühen wieder auf** les affaires reprennent; **~,anleihe** *f comm.* emprunt *m* convertible, convertissable; **2,bar** *adj.* (*veränderlich*) variable; (*unbeständig*) inconstant; instable; changeant; versatile; **~bar,keit** *f* ⟨~⟩ (*Veränderlichkeit*) variabilité *f*; (*Unbeständigkeit*) inconstance *f*; instabilité *f*; humeur changeante; versatilité *f*; **~,gang** *m* couloirs *m/pl.*; *thé.* foyer *m*; *im Saalinnern* promenoir *m*; **~ge,schäft** *n comm.* marché *m* à option; **~,halle** *f* salle *f* des pas perdus; **2n I** *v/t.* ⟨-(e)le, h⟩ (*ver~*) changer (in en); transformer (en); **II** *v/i.* ⟨sein⟩ (*bedächtig spazieren*) déambuler; faire les cent pas; cheminer; se promener; **auf dem Pfad der Tugend ~** suivre le chemin de la vertu; F *fig.* **~des Lexikon** dictionnaire vivant; F *fig.* **~de Leiche** cadavre vivant; **III** *v/réfl.* **sich ~** changer (in en); *radikal* se transformer (en); **es hat sich vieles gewandelt** bien des choses ont changé; **ihre Liebe hat sich in Haß gewandelt** son amour s'est changé, transformé en 'haine; **~obligati,on** *f*, **~,schuldver,schreibung** *f comm.* obligation *f* convertible en action; **~,stern** *m astr. cf.* Planet.

Wander|arbeiter ['vandər,ˀarbaɪtər] *m* travailleur saisonnier; **~,ausrüstung** *f* équipement *m* touristique, d'excursionniste; **~,ausstellung** *f* exposition itinérante, ambulante; **~,blöcke** *m/pl. géol.* blocs *m/pl.* erratiques; **~büche,rei** *f* bibliothèque ambulante; **~,bühne** *f* théâtre ambulant; troupe ambulante; tournée *f*; **~,düne** *f* dune mouvante; **~er** *m* ⟨~s; ~⟩ excursionniste *m*; voyageur *m* (à pied); touriste *m*; **~,fahrt** *f* excursion *f*; **~,falke** *m zo.* faucon pèlerin; **~ge,werbe** *n* commerce ambulant; colportage *m*; porte-à-porte *m*; **~ge,werbe,schein** *m* permis *m* de commerce ambulant, de colportage; **~ge,werbe,treibende(r)** *m* marchand ambulant, forain; colporteur *m*; **~,heuschrecke** *f zo.* criquet migrateur, pèlerin; F *abus.* sauterelle *f*; **~,jahre** *n/pl.* années *f/pl.* de voyage; **~,karte** *f* carte routière; **~,leben** *n* vie *f* nomade, vagabonde; **~,lied** *n* chanson *f* de route; **~,lust** *f* goût *m* du voyage; humeur voyageuse, vagabonde; **2,lustig** *adj.* d'humeur voyageuse, vagabonde; **2n** *v/i.* ⟨-(e)re, sein⟩ excursionner; faire une (des) excursion(s); aller, voyager (à pied); *Vögel, Völker* émigrer; *Düne* se déplacer; *phys., Ionen* se déplacer; progresser; cheminer; *Wolken* errer; *Gedanken* errer; vagabonder; **durch Frankreich ~** parcourir la France à pied; **in die Fremde ~** émigrer; s'expatrier; *poét.* **mit j-m durchs Leben ~** *poét.* faire avec qn. le voyage de la vie; F **ins Gefängnis ~** échouer en prison; **alle diese Sachen wanderten ins Leihhaus** tous ces objets prirent le chemin du, *iron.* échouèrent au mont-de-piété; **2nd** *adjt.* migrateur, -trice; migratoire; (*umherziehend*) ambulant; (*nomadisch*) nomade; *phys., Ionen* migratoire; progressif, -ive; mobile; **~,niere** *f méd.* rein flottant; **~po,kal** *m Sport* challenge *m*; **~,prediger** *m* prédicateur *m* (itinérant); **~,preis** *m Sport* challenge *m*; **~,ratte** *f zo.* surmulot *m*; **~,schaft** *f* ⟨~⟩ voyage *m* (à pied); *hist., von Handwerksburschen* tour *m* (de France, *etc.*); **auf ~ sein** faire son tour de France, *etc.*; *fig.* être en voyage; voyager; **~,schau** *f cf.* **~ausstellung**; **~,schrift** *f* réclame *f* à texte lumineux mobile; *mit Tagesnachrichten* journal lumineux; **~s,mann** *m* ⟨~(e)s; -leute⟩ *cf.* **~er**; **~,sport** *m* sport *m* pédestre; marche *f*, footing [futiŋ] *m* (organisé[e]); **~,stab** *m* bâton *m*; *fig.* **den ~ ergreifen** prendre son bâton de pèlerin, de voyageur; se mettre en route; **~,trieb** *m* instinct migrateur; **~,truppe** *f cf.* **~bühne**; **~ung** *f* ⟨~; ~en⟩ (*Ausflug*) excursion *f*; marche *f*; tour *m*; F virée *f*; *von Völkern, Tieren* migration *f* (*auch der Bevölkerung e-s Landes*); *phys., von Ionen* migration *f*; progression *f*; mobilité *f*; *hist., der Handwerksburschen* tour *m* (de France, *etc.*); **~ungsbe,wegung** *f Bevölkerungsstatistik* mouvement *m* migratoire; **~ungspoli,tik** *f* politique *f* migratoire; **~,vogel** *m Jugendbewegung etwa* mouvement *m* scout; scoutisme *m*; *einzelnes Mitglied etwa* éclaireur, -euse *m, f*; (boy-)scout *m*; **~,weg** *m* sentier *m* pédestre; **~,welle** *f phys.* onde progressive; **~,zirkus** *m* cirque ambulant.

Wand|flächenreklame ['vantflɛçənreˑ,klɑːmə] *f* publicité, réclame murale; **~,fliese** *f* carreau *m* (de mur); **~ge,mälde** *n* peinture murale; fresque *f*; **~ge,stell** *n* étagère *f*; **~ka,lender** *m* calendrier *m* (mural); **~,karte** *f* carte murale; **~,lampe** *f* applique *f*; **~,leiter** *f* échelle murale.

Wandler ['vandlər] *m* ⟨~s; ~⟩ *élect.* transformateur *m*.

Wandleuchter ['vant,lɔyçtər] *m* applique *f*.

Wandlung ['vandlʊŋ] *f* ⟨~; ~en⟩ changement *m*; *radikale* transformation *f*; *relig. cath.* transsubstantiation *f*; **e-e ~ erfahren** subir un changement; **2s,fähig** *adj.* transformable; *von e-m Schauspieler* à métamorphoses.

Wand|malerei ['vantmɑːlə,raɪ] *f* peinture murale; **~,pfeiler** *m bât.* pilastre *m*; **~schirm** *m* écran *m*; (*spanische Wand*) paravent *m*; **~schrank** *m* placard *m*; **~schmuck** *m* décor mural; **~,spiegel** *m* trumeau *m*; **~,stärke** *f* épaisseur *f* de paroi; **~,tafel** *f* tableau noir; **~,täfelung** *f* lambris *m*.

wandte ['vantə] *cf.* wenden.

Wand|teller ['vant,tɛlər] *m* assiette décorative; **~,teppich** *m* tapisserie *f*; **~tisch** *m* console *f*; **~uhr** *f* pendule, horloge murale; cartel *m*.

Wandung ['vandʊŋ] *f* ⟨~; ~en⟩ paroi *f*.

Wand|vase ['vant,vɑːzə] *f* applique florale; vase-applique *m*; **~ver,kleidung** *f* revêtement *m*; *hölzerne* lambris *m*; boiserie *f*; **schallschluckende ~** revêtement insonore; **~,zeitung** *f* journal mural.

Wange ['vaŋə] *f* ⟨~; ~n⟩ *st. s.* (*Backe*) joue *f*; *e-r Treppe* limon *m*; *techn.* jumelle *f*; flasque *m*; *e-r Presse* montant *m*; *e-s Gewölbes* extrados *m*; **~ an ~** joue contre joue; **mit glühenden ~n** le feu aux joues; **das Blut stieg ihr in die ~n** la rougeur lui monta au visage; **~n,bein** *n anat.* os *m* malaire; zygoma *m*; **~n,rot** *n* rouge *m*.

Wankel|mut ['vaŋkəl,muːt] *m* inconstance *f*; versatilité *f*; irrésolution *f*; indécision *f*; flottements *m/pl.*; **2,mütig** *adj.* inconstant; versatile; irrésolu; indécis; flottant; **~,mütig,keit** *f* ⟨~⟩ *cf.* **~mut**.

wanken ['vaŋkən] **I** *v/i.* ⟨h⟩ chanceler; vaciller; branler; *Knie* flageoler; *Boden* se dérober; *fig.* **~d werden** *in s-n Überzeugungen etc.* chanceler; vaciller; fléchir; être ébranlé; **~d machen** ébranler; **nicht ~ noch weichen** ni fléchir ni faiblir; tenir ferme; tenir bon; F tenir le coup; **die Knie ~ ihm** ses jambes le trahissent, lui manquent, se dérobent sous lui; **II 2n** ⟨~s⟩ vacillement *m*; branlement *m*; fléchissement *m*; **ins** *od.* **zum ~ bringen** ébranler; **ins ~ geraten** être ébranlé.

wann [van] *adv.* quand; **seit ~?** depuis quand?; **bis ~?** jusqu'à quand?; **dann u. ~** de temps à autre; de temps en temps; **es sei, ~ es wolle** n'importe quand; en quelque temps que ce soit.

Wanne ['vanə] *f* ⟨~; ~n⟩ baquet *m*; bassine *f*; cuve *f*; (*Bade2*) baignoire *f*; *Auto* (*Öl2*) carter *m* d'huile; **~n,bad** *n* bain *m* (en baignoire).

Wanst [vanst] *m* ⟨~es; ⸚e⟩ *zo.* panse *f*; P (*Bauch*) F bedaine *f*; bedon *m*; P panse *f*; P **sich den ~ vollschlagen** P se remplir la panse; s'en mettre plein le ventre, la panse, le bedon.

Wanten ['vantən] *f/pl. mar.* 'haubans *m/pl.*

Wanze ['vantsə] *f* ⟨~; ~n⟩ *zo.* punaise *f*; **~n,nest** *fig. n* nid *m* à punaises; **~n,stich** *m* piqûre *f* de punaise.

Wapiti [va'piːtiˑ] *m* ⟨~(s); ~s⟩, **~,hirsch** *m zo.* wapiti *m*.

Wappen ['vapən] *n* ⟨~s; ~⟩ armoiries *f/pl.*; armes *f/pl.*; blason *m*; **im ~ führen** porter dans ses armes, son blason; **~,bild** *n* symbole *m*; **~,buch** *n* armorial *m*; **~,dichtung** *f* blason *m*; **~er,klärung** *f* blasonnement *m*; **~,feld** *n* champ *m* de l'écu; quartier *m*; **~,kenner** *m* armoriste *m*; héraldiste *m*; **~,kunde** *f* ⟨~⟩ (science *f*) héraldique *f*; blason *m*; **~,maler** *m* armoriste *m*; peintre *m* d'armoiries; **~,schild** *m* blason *m*; écu *m*; écusson *m*; **~,spruch** *m* devise *f*; **~,tier** *n* animal *m* héraldique.

wappnen ['vapnən] *v/réfl.* ⟨-ete, h⟩ *fig.* **sich mit Geduld ~** s'armer de patience; **sich gegen etw. ~** s'armer contre qc.

warb [varp] *cf.* werben.

Ware ['vɑːrə] *f* ⟨~; ~n⟩ marchandise *f*; **einheimische ~** marchandise nationale, intérieure, indigène; **erstklassige, hochwertige ~** marchandise de premier choix, de première qualité; **leicht verderbliche ~** denrée *f* périssable; **schlechte ~** camelote *f*; pacotille *f*; **bewirtschaftete ~n** marchandises rationnées, contingentées;

eingegangene ~n arrivages *m/pl.*; ~n des täglichen Bedarfs marchandises d'usage courant; e-e ~ absetzen vendre, écouler, débiter une marchandise; e-e ~ anbieten offrir une marchandise; faire l'offre d'une marchandise; faire une offre de marchandise; e-e ~ anpreisen vanter une marchandise; faire l'article (pour une marchandise); in ~n bezahlen payer en nature, en marchandise(s); e-e ~ auf den Markt bringen mettre un produit sur le marché, dans le circuit, en vente; lancer un article; sich mit ~n eindecken (re)faire son stock; s'approvisionner; s-e ~ an den Mann zu bringen wissen savoir faire valoir sa marchandise.

Waren|absatz ['va:rən,ʔapzats] *m* débit *m* de marchandises; **~,angebot** *n* offre *f* de marchandises; **~,aufzug** *m* monte-charge *m*; **~,ausfuhr** *f* exportation *f* (de marchandises); **~,ausgänge** *m/pl.* sorties *f/pl.*; **~,ausgangs,buch** *n* livre *m* des sorties; **~,austausch** *m* échanges commerciaux; **~auto,mat** *m* distributeur *m* automatique de marchandises; **~,ballen** *m* balle *f*; **~be,darf** *m* besoins *m/pl.* en marchandises; **~be,gleitschein** *m* bordereau *m* accompagnant la marchandise; **~be,hälter** *m* container *m*; **~be,stand** *m* stock *m*; fonds *m* de marchandises; marchandises *f/pl.* en stock; **~be,stands,aufnahme** *f* inventaire *m* des marchandises; **~be,stellbuch** *n* carnet *m* de commandes; **~be,wirtschaftung** *f* rationnement *m* des produits; contingentement *m* des marchandises; **~be,zeichnung** *f* désignation *f* des marchandises; **~,börse** *f* bourse *f* de commerce, de marchandises; **~,einfuhr** *f* importation *f* (de marchandises); **~,eingang** *m* arrivage *m*; entrée *f* de marchandises; **~,eingangs,buch** *n* livre *m* d'entrées; **~,einkauf** *m* achat *m* de marchandises; **~,einlagerung** *f* (em)magasinage *m* de marchandises; **~,einsender** *m* consignateur *m*; **~,ein- u. -,ausgang** *m* entrée *f* et sortie *f* des marchandises; **~em,pfänger** *m* consignataire *m*; **~,forderung** *f* créance *f* en *od.* sur marchandises; **~,gattung** *f* catégorie *f*, espèce *f* de marchandises; **~,haus** *n* (grand) magasin *m*; **~haus,diebstahl** *m* vol *m* à l'étalage; **~,kenntnis** *f* connaissance *f* des marchandises; **~kontingen,tierung** *f* contingentement *m* de marchandises; **~kon,trolle** *f* contrôle *m* des marchandises; **~kon,troll,stelle** *f* service *m* de contrôle des marchandises; **~,korb** *m* *Preisstatistik etwa* panier *m* type; (articles *m/pl.* servant à déterminer l')indice *m* du coût de la vie; **~kre,dit** *m* crédit commercial; avance *f* sur marchandises; **~,kunde** *f* ⟨~⟩ étude *f*, connaissance *f* des marchandises; **~,lager** *n* dépôt *m* de marchandises; entrepôt *m*; *cf. auch* ~bestand; **~liefe,rant** *m* fournisseur *m* (de marchandises); **~,lieferung** *f* fourniture *f*, livraison *f* de marchandises; **~,markt** *m* marché *m* (des marchandises); **~,muster** *n* échantillon *m*; spécimen [-ɛn] *m*; **~,niederlage** *f cf.* ~lager; **~par,tie** *f* lot *m* de marchandises; **~,probe** *f cf.* ~muster; **~,rechnung** *f* facture *f*; **~,schein** *m* warrant *m*; **~,schuld** *f* dette *f* sur marchandises; dette commerciale; **~,sendung** *f* envoi *m* de marchandises; **~,speicher** *m* entrepôt *m*; magasin *m* de stockage de marchandises; *im Hafen* dock *m*; **~,stapel** *m* pile *f* d'articles; **~,steuer** *f* impôt *m* sur les marchandises; **~,überschuß** *m* excédent *m* de marchandises; **~,umsatz** *m* chiffre *m* de ventes; **~,umschlag** *m* rotation *f* des stocks; **~ver,kehr** *m* échange commercial; circulation *f*, trafic *m* des marchandises; **~ver,knappung** *f* raréfaction *f* de marchandises; **~ver,zeichnis** *n* nomenclature *f*, liste *f* des marchandises; *mit Preisangabe* prix courant; **~,vorrat** *m* stock *m*; réserve *f*, fonds *m* de marchandises; **~,wechsel** *m* effet commercial; traite commerciale; **~,wert** *m* valeur *f* des marchandises; **~,zeichen** *n* marque *f* de fabrique; eingetragenes ~ marque déposée; **~,zeichen,anmeldung** *f* déclaration *f* de marque de fabrique; **~,zeichen,eintragung** *f* enregistrement *m* de marque; **~,zeichen,schutz** *m* protection *f* des marques de fabrique; **~,zoll** *m* douane *f*; **~,zustellung** *f* factage *m*.

warf [varf] *cf.* werfen.

warm [varm] **1.** *adj.* ⟨≈er, ≈st⟩ chaud; *fig.* (*herzlich*) chaleureux, -euse; ~e Kleidung vêtements chauds, qui tiennent chaud; ~er Regen pluie chaude; ~e Länder pays chauds; ~e Farben, Töne couleurs chaudes, tons chauds; ~e Worte paroles chaleureuses; ~er Empfang accueil chaleureux; es ist ~ il fait chaud; mir ist ~ j'ai chaud; weder ~ noch kalt sein *Speisen etc.* n'être ni chaud ni froid; *fig.*, *Personen* être indifférent; ~ werden s'échauffer (*auch fig.*); *fig.*, *an e-m Ort* (*heimisch werden*) s'acclimater (à); *fig.* mit j-m nicht ~ werden ne pas s'entendre, sympathiser avec qn.; etw. ≈es essen, trinken manger, boire qc. de chaud; **2.** *adv.* chaudement; *fig.* chaleureusement; ~ machen *Wasser, Speisen* faire chauffer; ~ baden prendre un bain chaud; ~ essen, trinken, auftragen manger, boire, servir chaud; *Speisen* ~ stellen mettre au chaud; ~ angezogen sein être vêtu chaudement; (sich) ~ anziehen (s')habiller chaudement; ~ halten *Speisen* tenir au chaud; *von Kleidern* tenir chaud; sich ~ halten se tenir chaud; sich ~ laufen (*beim Laufen warm werden*) s'échauffer à courir; (*laufen, um sich zu erwärmen*) se réchauffer en marchant; *fig.* ~ sitzen F avoir les pieds au chaud; j-n ~ empfehlen recommander qn. chaudement, chaleureusement; **≈beet** *n jard.* couche chaude; **≈bier** *n* bière chaude; **≈,blüter** *m/pl. zo.* homéothermes *m/pl.*; **~,blütig** *adj.* à sang chaud; *sc.* homéotherme.

Wärme ['vɛrmə] *f* ⟨~⟩ chaleur *f* (*auch fig.*); *Zustand* chaud *m*; *phys.* calorique *m*; milde ~ douce chaleur; spezifische ~ chaleur spécifique; ~ aufnehmen absorber de la chaleur; ~ abgeben dégager, céder de la chaleur; zwei Grad ~ deux degrés de chaleur, au-dessus de zéro; F deux au-dessus; *fig.* mit ~ avec chaleur; chaudement; chaleureusement; **~,abgabe** *f* cession *f*, dégagement *m*, émission *f* de chaleur; **~,ableitung** *f* élimination *f* de chaleur; **~,aufnahme** *f* absorption *f* thermique, de chaleur; **~,ausdehnung** *f* dilatation *f* thermique; **~,ausnutzung** *f* utilisation *f* de la chaleur; **~,austausch** *m* échange *m* de chaleur; **~,austauscher** *m* échangeur *m* de chaleur; **~be,darf** *m* besoin *m* de chaleur, calorifique; **≈be,ständig** *adj.* résistant à la chaleur; **~be,ständigkeit** *f* résistance *f* à la chaleur; **~be,wegung** *f* agitation *f* thermique; **~,dämmung** *f* ⟨~⟩ *cf.* ~isolierung; **~,einheit** *f phys.* unité *f* de chaleur; *sc.* calorie *f*; **≈em,pfindlich** *adj.* sensible à la chaleur; **~ener,gie** *f* énergie *f* calorifique; **~ent,wicklung** *f* dégagement *m* de chaleur; **~ent,zug** *m* absorption *f* de chaleur; **≈er,zeugend** *adjt.* calorifique; thermogène; **~er,zeugung** *f* dégagement *m*, production *f* de chaleur; *physiol.* calorification *f*; **~ge,fälle** *n* chute *f* de température; gradient *m* thermique; **~,grad** *m* degré *m* de chaleur; température *f*; **~,halle** *f* chauffoir *m*; **≈iso,lierend** *adjt.* calorifuge; **~iso,lierung** *f néol.* calorifugation *f*; *néol.* calorifugeage *m*; isolation *f* thermique; **~kapazi,tät** *f* capacité *f* calorifique; **~kraft,lehre** *f* thermodynamique *f*; **~,kraftma,schinen** *f/pl.* moteurs *m/pl.* thermiques; **~,kraftwerk** *n* centrale *f* thermique; **~,lehre** *f* ⟨~⟩ thermologie *f*; **~,leiter** *m* conducteur *m* de chaleur; **~,leit,fähigkeit** *f* ⟨~⟩ conductibilité *f* thermique; **~,leitung** *f* conduction *f* thermique, de chaleur; **~,leitzahl** *f* coefficient *m* de conductibilité thermique; **~,mauer** *f aviat.* mur *m* de chaleur; **~me,chanik** *f* thermodynamique *f*; **~,menge** *f* quantité *f* de chaleur; **~,messer** *m* ⟨~s; ~⟩ calorimètre *m*; **~,messung** *f* calorimétrie *f*; thermométrie *f*.

wärmen ['vɛrmən] *v/t.* (*u. v/réfl.*) ⟨h⟩ (se) (ré)chauffer.

Wärme|pumpe ['vɛrmə,pumpə] *f* pompe *f* thermique; **~,quelle** *f* source *f* de chaleur; **~,regler** *m* thermorégulateur *m*; (*Thermostat*) thermostat *m*; **~,schutz** *m* isolation *f* calorifuge; protection *f* thermique; **~,schutzstoff** *m* calorifuge *m*; isolant *m* calorifique; **~,speicher** *m* récupérateur *m*; **~,strahlung** *f* rayonnement *m* thermique; radiation *f* de chaleur; **~,strömung** *f* flux *m* de chaleur; **~,technik** *f* ⟨~⟩ thermotechnique *f*; **~theo,rie** *f* théorie *f* de la chaleur; kinetische ~ théorie cinétique de la chaleur; **~,übergang** *m*, **~über,tragung** *f* transmission *f* de chaleur; **~ver,brauch** *m* consommation *f* de chaleur; **~ver,lust** *m* perte *f*, déperdition *f* de chaleur; **~,wert** *m* valeur *f* thermique; **~,wirkung** *f* effet *m* thermique; **~,wirkungs,grad** *m* rendement *m* thermique; **~,wirtschaft** *f* économie *f* calorifique; **~,zähler** *m* compteur *m* thermique; **~,zufuhr** *f* amenée *f*, adduction *f* de chaleur.

Wärmflasche ['vɛrm,flaʃə] *f* bouillotte *f*.

Warm|front ['varmfrɔnt] *f Meteorologie* front chaud; **≈,halten** *v/t.* ⟨*irr.*, *sép.*, -ge-, h⟩ F sich j-n ~ cultiver les bonnes grâces de qn.; **~,halte,platte** *f cf.* Wärmplatte; **~haus** *n jard.* serre chaude et humide; **≈,herzig** *adj.* chaleureux, -euse; **~,herzig,keit** *f* ⟨~⟩ chaleur *f*.

Wärmkruke ['vɛrm,kru:kə] *f* ⟨~; ~n⟩ *cf.* Wärmflasche.

warm|laufen ['varm,laufən] **I** *v/i.* ⟨*irr.*, *sép.*, -ge-, sein⟩ *techn.* s'échauffer; den Motor ~ lassen laisser chauffer le moteur; **II** **≈,laufen** *n techn.* échauffement *m*; **≈luft** *f* air chaud; **≈luft,heizung** *f* chauffage *m* (central) à air chaud.

Wärm|ofen ['vɛrm,ʔo:fən] *m* réchauffoir *m*; **~,platte** *f* chauffe-plats *m*.

Warmverformung ['varmfɛrˌfɔrmʊŋ] *f techn.* façonnage *m* à chaud.

Warmwasser|bereiter [ˌvarm'vasərbəˌraɪtər] *m* ⟨~s; ~⟩ chauffe-eau *m*; **~ˌheizung** *f* chauffage *m* (central) à eau chaude; **~ˌleitung** *f* conduite *f* d'eau chaude; **~ˌspeicher** *m* chauffe-eau *m* (à accumulation); **~verˌsorgung** *f* ravitaillement *m* en eau chaude.

Warn|anlage ['varnˌʔanlaːgə] *f* dispositif *m* avertisseur; **~dienst** *m* service *m* d'alerte; **2en** *v/t.* ⟨h⟩ j-n vor e-r Gefahr ~ avertir, prévenir qn. d'un danger; j-n vor j-m ~ mettre qn. en garde contre qn.; ich warne Sie vor ihm méfiez-vous de lui, je vous avertis!; vor Taschendieben wird gewarnt! attention, prenez garde aux pickpockets!; s-e **~de** Stimme erheben lancer un avertissement; **~licht** *n* signal lumineux; (*Blinklicht*) feu *m* clignotant; **~ˌmeldeˌdienst** *m* service *m* d'alerte; **~netz** *n* réseau *m* avertisseur; **~ruf** *m* cri *m* d'alarme; **~schild** *n* panneau *m*, plaque *f* d'avertissement, de danger; **~schuß** *m* coup tiré en l'air; *mar.* coup *m* de semonce; e-n ~ abgeben tirer en l'air; *mar.* tirer un coup de semonce; **~siˌgnal** *n* signal *m* avertisseur; **~streik** *m* grève *f* d'avertissement; **~ˌtafel** *f* panneau *m* d'avertissement, de danger; **~ung** *f* ⟨~; ~en⟩ avertissement *m*; (*Wink*) avis *m*; wohlgemeinte ~ avertissement charitable; ohne vorherige ~ sans avis, avertissement préalable; sans crier gare; j-m e-e ~ erteilen adresser un avertissement à qn.; e-e ~ beherzigen écouter, entendre, respecter un avertissement; e-e ~ in den Wind schlagen faire fi d'un avertissement; lassen Sie sich das e-e ~ sein, zur ~ dienen que cela vous serve d'avertissement, de leçon; tenez-vous-le pour dit; à bon entendeur salut!; das soll mir e-e ~ sein je me le tiens pour dit; me voilà bien averti!; **~ˌzeichen** *n* signal *m* de danger.

Warp[1] [varp] *m od. n* ⟨~s; ~e⟩ *text.* fil *m* de chaîne.

Warp[2] [varp] *m* ⟨~(e)s; ~e⟩ *mar.* filin *m* de touage; **2en** *v/t.* ⟨h⟩ *mar.* touer; **~ˌschiffahrt** *f* touage *m*.

Warrant [va'rant, 'vɔrənt] *m* ⟨~s; ~s⟩ *comm.* warrant *m*.

Warte ['vartə] *f* ⟨~; ~n⟩ tour *f* de guet; *fig.* von hoher ~ d'un point de vue élevé; F vu de Sirius.

Warte|frist ['vartəˌfrɪst] *f* délai *m* d'attente; **~ˌgeld** *n* traitement *m* d'attente, de disponibilité; **~ˌhalle** *f*, **~ˌhäuschen** *n an Autobus-, Straßenbahnhaltestellen* abri-refuge *m*.

warten ['vartən] **I** *v/t.* ⟨-ete, h⟩ *Kinder, Kranke* soigner; garder; avoir, prendre soin de; *Maschinen, Haus etc.* entretenir; **II** *v/i.* attendre; auf j-n ~ attendre qn.; ungeduldig auf j-n ~ F attendre après qn.; auf sich ~ lassen se faire attendre; er läßt immer auf sich ~ il se fait toujours attendre; il n'est jamais prêt; lange auf sich ~ lassen se faire longtemps attendre; bien tarder à venir; lange ~ attendre longtemps; *fig.* F faire le pied de grue; P faire le poireau; poireauter; j-n vergeblich ~ lassen F poser un lapin à qn.; da können Sie lange ~!, F da können Sie ~, bis Sie schwarz werden! vous pouvez toujours attendre!; ~ bis … attendre que … (+ *subj.*); bis drei Uhr ~ attendre jusqu'à trois heures; bis morgen ~ attendre à *od.* jusqu'à demain; warte nur! attends un peu!; warte, wenn ich dich erwische! gare! si je t'y reprends, que je t'y reprenne!; mit etw. ~ différer, retarder, remettre, repousser qc.; worauf ~ wir noch? qu'attendons-nous là?; que faisons-nous là?; *iron.* F auf dich haben wir noch gewartet! il ne manquait plus que toi!; *iron.* F darauf habe ich nur gewartet! je vous y attendais!; **III** 2 *n* ⟨~s⟩ attente *f*; ich bin des ~s müde je suis las, -sse d'attendre; nach langem ~ après avoir longtemps attendu.

Wärter(in) ['vɛrtər(ɪn)] *m* ⟨~s; ~⟩ (*f*) ⟨~; ~nen⟩ gardien, -nne *m, f*; surveillant, -e *m, f*; *bei Kranken* garde-malade *m, f*.

Warteraum ['vartəˌraum] *m* salle *f* d'attente.

Wärterhäuschen ['vɛrtərˌhɔʏsçən] *n kleines, hölzernes* guérite *f*; *größeres, aus Stein* maisonnette *f* du gardien.

Warte|saal ['vartəˌzaːl] *m chem.* salle *f* d'attente; **~ˌstand** *m* ⟨~(e)s⟩ *e-s Beamten* disponibilité *f*; Beamter im ~ fonctionnaire en disponibilité; in den ~ versetzen mettre en disponibilité; **~ˌzeit** *f* période *f* d'attente; **~ˌzimmer** *n e-s Arztes* salon *m* d'attente.

Wartturm ['varttʊrm] *m* beffroi *m*; échauguette *f*.

Wartung ['vartʊŋ] *f* ⟨~⟩ *e-s Kranken, Kindes etc.* soins *m/pl.* (donnés à …); *von Maschinen, e-s Hauses etc.* entretien *m*; die tägliche ~ l'entretien journalier; **~sˌdienst** *m* service *m* d'entretien; **~sˌkosten** *pl.* frais *m/pl.* d'entretien; **~spersoˌnal** *n* personnel *m* d'entretien.

warum [va'rʊm] *adv.* pourquoi; pour quelle raison; ~ nicht? pourquoi pas?; *ich kaufe nichts davon* u. ich weiß ~ … et pour cause; *Wunsch* ~ bin ich nicht zwanzig Jahre alt! que n'ai-je vingt ans!; ~? (*wozu auch*) à quoi bon!

Warze ['vartsə] *f* ⟨~; ~n⟩ *méd.* verrue *f*; *anat.* (*Brust2*) mamelon *m*; bout *m* du sein; **2nˌartig** *adj.* verruqueux, -euse; **2nˌförmig** *adj.* mamillaire; mamelonné; **~nˌfortsatz** *m anat.* apophyse *f* mastoïde (du temporal); **~nˌhof** *m anat.* aréole *f* (du mamelon); **~nˌschwein** *n zo.* phacochère *m*.

warzig ['vartsɪç] *adj.* verruqueux, -euse.

was [vas] **I** *pr/i.* **1.** *allein u. betont* quoi; *unbetont*: *nom.* que; F qu'est-ce qui; *acc.* que; qu'est-ce que; ~ denn? quoi donc?; F *unhöflich* ~? quoi?; *höflich* vous dites?; vous disiez?; ~, schon wieder! quoi, encore!; F mit ~? (*womit*) avec quoi?; F von ~? (*wovon*) de quoi?; ~ (soll ich) tun? quoi faire?; que faire?; ~ Sie nicht sagen! que dites-vous là!; ~ gibt es Schöneres als … quoi (*od.* qu'y a-t-il) de plus beau que … (*mit folgendem subst.*), que de … (*mit folgendem inf.*); ~ ist los? qu'y a-t-il?; que se passe-t-il?; ~ gibt es Neues? quoi (*od.* qu'y a-t-il) de nouveau?; ~ stört dich? qu'est-ce qui te gène?; ~ führt Sie her? qu'est-ce qui vous amène?; F *fig.* quel bon vent vous amène?; ~ bekommen Sie? que désirez-vous?; F qu'est-ce que vous désirez?; ich möchte lieber wer weiß ~ tun j'aimerais mieux faire tout autre chose, tout au monde (als que de … + *inf.*); ~ geschah? qu'arriva-t-il?; ~ soll aus mir werden? que deviendrai-je?; ~ ist, ~ fehlt Ihnen denn? qu'avez-vous donc?; ~ ist das? qu'est-ce que cela?; F qu'est-ce que c'est que ça?; ~ ist dein Vater? qu'est-ce qu'il est, ton père?; **2.** ~ für ein(e) quel(le); quel genre de; quelle espèce de; ~ für ein Künstler! quel artiste!; F mit ~ für e-m Werkzeug arbeitet er? avec quel genre d'outil travaille-t-il?; ~ für ein Mann, glauben Sie, ist es? quel homme pensez-vous que ce soit?; **3.** (*wieviel*) ~ kostet dieser Schal? combien (coûte) cette écharpe?; que coûte cette écharpe?; F ~ ist die Uhr? quelle heure est-il?; ~ er nicht alles verlangt! que ne demande-t-il pas!; **4.** *in Ausrufen* que; F ~ haben wir gelacht! avons-nous ri!; F ~ er schön singt! qu'il chante bien!; ach ~! bah!; pensez-vous!; F ~ (*warum*) lachst du? pourquoi ris-tu?; qu'as-tu à rire?; **II** *pr/rel. nom.* ce qui; *acc.* ce que; ich weiß, ~ dich betrübt je sais ce qui t'afflige; ich weiß, ~ du willst je sais ce que tu veux; … ~ ich bereue … ce dont je me repens; … ~ ich erwartet habe … ce à quoi je m'attendais; *math.* ~ zu beweisen war ce qu'il fallait démontrer; F c.q.f.d.; das Wenige, ~ … le peu que …; alles, ~ … tout ce qui *bzw.* que …; nichts, ~ … rien qui *bzw.* que …; das Einzige, ~ … la seule chose qui *bzw.* que …; ~ noch mehr, noch schlimmer ist qui plus, pis est; es koste, ~ es wolle coûte que coûte; F er läuft, ~ er kann il court tant qu'il peut; ~ mich betrifft quant à moi; ~ auch immer quoi que (+ *subj.*); ~ er auch immer sagen mag … quoi qu'il dise …; il aura beau dire …; ~ für e-e Meinung er auch haben mag quelle que soit l'opinion qu'il ait; ~ für ein Buch er auch lesen mag quel que soit le livre qu'il lise; **III** *pr/ind.* F (*etwas*) das ist ~ anderes c'est autre chose; ~ Neues? quoi de nouveau, de neuf?; ~ anderes qc. d'autre; ich habe dir ~ zu sagen j'ai qc. à te dire; na, so ~! c'est incroyable!; hat man schon so ~ gesehen! a-t-on jamais vu *od. st.s.* vit-on jamais pareille chose?; a-t-on jamais rien vu *od. st.s.* vit-on jamais rien de pareil?

Wasch|anlage ['vaʃˌʔanlaːgə] *f techn.* laverie *f*; lavoir *m*; *für Autos* poste *m* de lavage; station *f* service; **~ˌanstalt** *f* blanchisserie *f*; *wo man selbst mit e-r Maschine waschen kann néol.* laverie *f*; *wo man selbst mit der Hand waschen kann* lavoir *m*; **~autoˌmat** *m* machine *f* à laver (entièrement) automatique; **2bar** *adj.* lavable; **~bär** *m zo.* raton laveur; **~ˌbecken** *n* (cuvette *f* de) lavabo *m*; **~benˌzin** *n* benzine *f*; *techn.* essence *f*; **~ˌblau** *n* bleu *m*; **~ˌbottich** *m cf.* **~bütte**; **~brett** *n* planche *f* à laver; batte *f*; **~ˌbütte** *f* baquet *m*; cuvier *m*; cuve *f* à lessive.

Wäsche ['vɛʃə] *f* ⟨~; ~n⟩ **1.** (*Waschen*) blanchissage *m*; lavage *m* (*auch techn.*); große ~ lessive *f*; kleine ~ savonnage *m*; (große) ~ haben faire la lessive; in der ~ sein être à la lessive; (*in der Wäscherei*) être au blanchissage; in die ~ geben donner à la lessive; (*in die Wäscherei*) envoyer au blanchissage; **2.** (*Wäschestücke*) linge *m*; reine ~ linge propre, blanc; schmutzige ~ linge sale; die ~ wechseln changer de linge; frische, saubere, reine ~ anziehen mettre du linge propre; ~ zum Trocknen aufhängen mettre du linge à sécher; *fig.* s-e schmutzige ~ zu Hause, nicht in der Öffentlichkeit waschen laver son linge sale en famille; **~beˌschließerin** *f* ⟨~; ~nen⟩ *in e-m Hotel etc.*

lingère *f*; ~ˌ**beutel** *m* sac *m* à linge (sale).

waschecht [ˈvaʃʔɛçt] *adj.* résistant au lavage; *Jargon der Farbenindustrie* solide au lavage; *comm.* grand, bon teint; *fig.* ein ~er Berliner un Berlinois cent pour cent, pur sang, de bon aloi.

Wäsche|fabrik [ˈvɛʃəfaˌbriːk] *f* fabrique *f* d'articles de lingerie; ~**fabriˌkant** *m* fabricant *m* en lingerie, d'articles de lingerie; ~**geˌschäft** *n* magasin *m* de blanc; ~ˌ**handel** *m* lingerie *f*; ~ˌ**kammer** *f* lingerie *f*; ~ˌ**klammer** *f* pince *f* à linge; ~ˌ**knopf** *m* bouton *m* (de lingerie); ~ˌ**leine** *f* corde *f* à linge; ~ˌ**mangel** *f* calandre *f*.

waschen [ˈvaʃən] **I** *v/t.* (*u. v/réfl.*) ⟨wäscht, wusch, gewaschen, wasch(e)!, h⟩ (se) laver (*auch Auto, techn.*); *Wäsche auch* blanchir; *mit Lauge* lessiver; passer à la lessive; *abs.* faire la lessive; das Geschirr ~ laver, faire la vaisselle; mit Wasser ~ laver à l'eau; *fig.* ich wasche meine Hände in Unschuld je m'en lave les mains; e-e Hand wäscht die andere *prov.* une main lave l'autre *prov.*; F *fig.* j-m den Kopf ~ F savonner, laver la tête à qn.; passer un savon à qn.; F e-e Backpfeife, die sich gewaschen hat F une gifle magistrale; mit allen Wassern gewaschen sein *cf.* Wasser; **II** ♀ *n* ⟨~s⟩ lavage *m* (*auch e-s Autos, techn.*); *von Wäsche* blanchissage *m*; lessive *f*; *beim Friseur* ~ u. Legen un shampooing et une mise en plis.

Wäsche|pfahl [ˈvɛʃəˌpfaːl] *m* poteau *m*; ~ˌ**puff** *m* panier *m*, coffre *m* à linge (sale).

Wäscher|(in) [ˈvɛʃər(ɪn)] *m* ⟨~s; ~⟩ (*f*) ⟨~; ~nen⟩ laveur, -euse *m, f*; *von Wäsche auch* blanchisseur, -euse *m, f*; ~**ei** [-ˈraɪ] *f* ⟨~; ~en⟩ blanchisserie *f*.

Wäsche|rolle [ˈvɛʃəˌrɔlə] *f cf.* Wäschemangel; ~ˌ**sack** *m* sac *m* à linge (sale); ~ˌ**schleuder** *f* essoreuse *f* (centrifuge); ~ˌ**schrank** *m* armoire *f* (à linge); ~ˌ**stampfer** *m* laveuse *f*; F ventouse *f*; ~ˌ**stapel** *m* pile *f* de linge; ~ˌ**stärke** *f* amidon *m*; ~ˌ**stütze** *f* perche *f* (à linge); ~ˌ**tinte** *f* encre *f* indélébile; ~ˌ**topf** *m* lessiveuse *f*; ~ˌ**trockenˌplatz** *m*, ~ˌ**trockenˌständer** *m* séchoir *m*.

Wasch|faß [ˈvaʃfas] *n* cuvier *m*; cuve *f* à lessive; ~**frau** *f* blanchisseuse *f*; ~ˌ**handschuh** *m* gant *m* de toilette; F main *f*; ~**haus** *n* lavoir *m*; buanderie *f*; ~ˌ**kessel** *m* chaudière *f* (à lessive, de buanderie); ~**kleid** *n* robe *f* lavable; ~**korb** *m* panier *m* à linge; manne *f*; ~ˌ**küche** *f* buanderie *f*; *aviat.* F (*dicker Nebel*) purée *f* de pois; ~ˌ**lappen** *m* gant *m*, main *f* de toilette; F *fig. von e-m Menschen* F nouille *f*; lavette *f*; chiffe *f*; ~ˌ**lauge** *f* lessive *f*; eau savonneuse; ~ˌ**leder** *n* peau *f* de chamois; ~**maˌschine** *f* machine *f* à laver (vollautomatische entièrement automatique, halbautomatische semi-automatique); *techn.* laveuse *f* mécanique, électrique; ~ˌ**mittel** *n* lessive *f*; détergent *m*; détersif *m*; ~**platz** *m* lavoir *m* (public); ~ˌ**pulver** *n* lessive *f*, savon *m* en poudre; ~**raum** *m* lavabo *m*; cabinet *m* de toilette; ~**saˌlon** *m* blanchisserie *f*; *néol.* laverie *f* automatique; ~**samt** *m* velours *m* lavable; ~ˌ**schüssel** *f* cuvette *f*; ~ˌ**seide** *f* soie *f* lavable; ~ˌ**seife** *f* savon *m* de Marseille, de ménage; ~**tag** *m* jour *m* de lessive; ~**tisch** *m* table *f* de toilette; ~**trog** *m cf.* ~faß; ~ˌ**trommel** *f der Waschmaschine* tambour laveur; ~**ung** *f* ⟨~; ~en⟩ *relig.* ablution *f*; lavement *m*; ~ˌ**wanne** *f* baquet *m*; *cf. auch* ~faß; ~ˌ**wasser** *n* ⟨~s⟩ eau *f* pour la toilette, la lessive; *in dem man sich gewaschen hat* eau *f* de toilette; ~**weib** F *péj. n* bavard, -e *m, f*; *nur für e-e Frau* commère *f*; ~ˌ**zettel** *m Buchhandel* prière *f* d'insérer; ~**zeug** *n* nécessaire *m* de toilette; ~ˌ**zuber** *m cf.* ~faß, Waschbütte.

Wasser [ˈvasər] *n* ⟨~s; ~ *u. in Zssgn. auch* ⸗⟩ eau *f*; fließendes ~ eau courante; stehendes ~ eau dormante, stagnante; hartes ~ eau dure, crue; weiches ~ eau douce, non calcaire; geweihtes ~ eau bénite; *chim.* schweres ~ eau lourde; Kölnisch(es) ~ eau de Cologne; ins ~ gehen, springen se jeter à *od.* dans l'eau; mit ~ waschen laver à l'eau; F übers große ~ fahren F traverser la mare aux ʻharengs; unter ~ sous l'eau; entre deux eaux; unter ~ schwimmen nager sous l'eau, entre deux eaux, en plongée; unter ~ setzen inonder; submerger; unter ~ stehen être inondé, submergé; zu Lande u. zu ~ par terre et par mer; sur terre et sur mer; *Rettungsboote* zu ~ bringen mettre à l'eau; *beim Schwimmen* ~ schlucken F boire un coup, une tasse; Blut u. ~ schwitzen suer sang et eau; da läuft e-m das ~ im Munde zusammen cela fait venir l'eau à la bouche; l'eau en vient à la bouche; F das trinkt sich wie ~ cela se boit comme du petit-lait; bis dahin wird noch viel ~ den Rhein, Main, die Donau, Spree *etc.* hinunterfließen d'ici là il passera bien de l'eau, beaucoup d'eau sous les ponts; das ~ in die Augen treiben faire monter les larmes aux yeux; *méd.* ~ in den Beinen haben être atteint d'hydropisie aux jambes; avoir des jambes hydropiques; *physiol.* sein ~ ~ abschlagen, ~ lassen uriner; *Perlen, Edelsteine* von reinstem ~ de la plus belle eau (*auch fig.*: reinsten ~s); *Strümpfe* F *fig.* ~ ziehen faire des plis; *fig.* j-m das ~ abgraben saper, miner la position de qn.; *fig.* ~ in s-n Wein gießen mettre de l'eau dans son vin; *fig.* das ist ~ auf s-e Mühle c'est de l'eau à son moulin; *fig.* j-m nicht das ~ reichen können ne pas arriver à la cheville de qn.; *fig.* nahe am ~ gebaut haben avoir la larme facile; *fig.* bei ~ u. Brot sitzen être au pain sec et à l'eau; *fig.* ein Schlag ins ~ un coup d'épée dans l'eau; *Pläne* F ins ~ fallen, zu ~ werden tomber dans l'eau; tourner, s'en aller en eau de boudin; aller à vau-l'eau; *fig.* mit allen ~n gewaschen sein être rusé, madré, roué, un vieux routier; avoir plus d'un tour dans son sac; *fig.* sich über ~ halten surnager; se maintenir à flot; *fig.* j-n über ~ halten sauver qn. du naufrage; ~ hat keine Balken *prov.* l'onde est perfide; stille ~ sind tief *prov.* il n'est pire eau que l'eau qui dort *prov.*; ~ˌ**abfluß** *m* écoulement *m* des eaux; *als Vorrichtung* trou *m*, orifice *m* d'écoulement; ♀ˌ**abstoßend**, ♀ˌ**abweisend** *adjt.* hydrofuge; ~ˌ**ader** *f* veine *f* d'eau; ~ˌ**amsel** *f zo.* merle *m* d'eau; cincle plongeur; ~ˌ**anschluß** *m* prise *f* d'eau; ♀ˌ**arm** *adj.* pauvre en eau; aride; ~ˌ**arm** *m* bras *m* de rivière, de mer; ~ˌ**armut** *f* pauvreté *f* en eau; disette *f*, manque *m* d'eau; ♀ˌ**aufsaugend** *adjt.* hydrophile; ~ˌ**aufspeicherung** *f* accumulation *f* des eaux; ~ˌ**bad** *n chim.*, *cuis.* bain-marie *m*; ~ˌ**ball** *m Sport* water-polo *m*; ~**baˌssin** *n cf.* ~becken; ~ˌ**bau** *m* ⟨~(e)s; ~ten⟩ construction *f* hydraulique; ~**bauingeniˌeur** *m* hydraulicien *m*; ~**bauˌkunst** *f* architecture *f* hydraulique; ~ˌ**becken** *n* bassin *m*; *im Garten* pièce *f* d'eau; ~**beˌdarf** *m* besoin *m* en eau; ~**beˌhälter** *m* réservoir *m* d'eau; ~**beˌhandlung** *f méd. cf.* Wasserheilverfahren; ~ˌ**blase** *f* bulle *f* d'eau; *an Händen u. Füßen* ampoule *f*; F cloque *f*; ~ˌ**bombe** *f milit.* grenade *f* anti-sous-marins; grenade sous-marine; ~ˌ**bruch** *m méd.* hydrocèle *f*; ~ˌ**büffel** *m zo.* arni *m*.

Wässerchen [ˈvɛsərçən] *n* ⟨~s; ~⟩ *fig.* er sieht aus, als könne er kein ~ trüben on lui donnerait le bon Dieu sans confession.

Wasser|dampf [ˈvasərˌdampf] *m* vapeur *f* d'eau; ♀ˌ**dicht** *adj.* à l'épreuve de l'eau; imperméable; *mar.*, *techn.* étanche; ~ sein *auch* ne pas prendre l'eau; ~ machen *Stoff* imperméabiliser; *mar.*, *techn.* rendre étanche; étancher; ~ˌ**druck** *m* ⟨~(e)s⟩ pression *f* de l'eau; *techn.*, *durch Kompressor erzeugter* pression *f* hydraulique; ~ˌ**dunst** *m cf.* ~dampf; ♀ˌ**durchlässig** *adj.* perméable; ~ˌ**durchlässigˌkeit** *f* ⟨~⟩ perméabilité *f*; ~ˌ**eimer** *m* seau *m*; ~ˌ**einbruch** *m mines* coup *m* d'eau; ~**entˌhärtung** *f* adoucissement *m* de l'eau; ~**entˌhärtungsˌanlage** *f* adoucisseur *m*; ♀**entˌziehend** *adjt.* déshydratant; ~**entˌziehung** *f* déshydratation *f*; ~ˌ**faden** *m bot.* conferve *f*; ~ˌ**fahrt** *f* promenade *f* sur l'eau; ~ˌ**fahrzeug** *n* bateau *m*; embarcation *f*; ~ˌ**fall** *m* cascade *f*; chute *f* (d'eau); *großer* cataracte *f*; *fig.* F wie ein ~ reden F jacasser comme une pie; ~ˌ**farbe** *f* **a)** couleur *f* d'eau; **b)** *peint.* détrempe *f*; aquarelle *f*; (*Deckfarbe*) gouache *f*; ~ˌ**farbenmaleˌrei** *f* peinture *f* à l'aquarelle, en détrempe, à la gouache; ~ˌ**farne** *m/pl. bot.* hydroptérides *f/pl.*; ~ˌ**feder** *f bot.* hottonie *f*; ♀ˌ**fest** *adj.* résistant à l'eau; ~ˌ**fläche** *f* surface *f* de l'eau; *breite, ruhige* nappe *f*, plan *m* d'eau; ~ˌ**flasche** *f* carafe *f* (à eau); ~ˌ**fleck** *m* tache *f* d'eau; ~ˌ**floh** *m zo.* puce *f* aquatique; *sc.* daphnie *f*; ~ˌ**flughafen** *m* base *f* d'hydravions; hydrobase *f*; ~ˌ**flugzeug** *n* hydravion *m*; ~ˌ**flut** *f* inondation *f*; *pfort.* déluge *m*; ♀ˌ**führend** *adjt.* aquifère; ~ˌ**garbe** *f bot. cf.* ~feder; ~ˌ**gas** *n* gaz *m* à l'eau; ~**geˌfäßsysˌtem** *n vieler Stachelhäuter* appareil *m* ambulacraire; ~**geˌhalt** *m* teneur *f* en eau; humidité *f*; ~ˌ**geist** *m* ⟨~(e)s; ~er⟩ *myth.* génie *m* des eaux; ondin, -e *m, f*; ♀**geˌkühlt** *adjt.* refroidi à (l')eau *od.* par eau; ~ˌ**geld** *n* taxe *f* de consommation d'eau; ~ˌ**geusen** *m/pl. hist.* Gueux *m/pl.* de la mer; ~ˌ**glas** *n* **1.** verre *m* à eau; *fig.* Sturm im ~ tempête dans un verre d'eau; **2.** *chim.* ⟨*pas de pl.*⟩ silicate *m* de potasse, de soude; ~ˌ**graben** *m* fossé *m* (rempli d'eau); *agr.* rigole *f*; saignée *f*; ~ˌ**hahn** *m* robinet *m* (à *od.* d'eau); ♀ˌ**haltig** *adj.* aqueux, -euse; aquifère; *chim.* hydraté; ~ˌ**harnruhr** *f méd.* diabète *m* insipide; ~ˌ**heilverˌfahren** *n méd.* hydrothérapie *f*; ♀ˈ**hell** *adj.* limpide, clair comme de l'eau; incolore; ~ˌ**helm** *m bot. cf.* Wasserschlauch 2.; ~ˌ**höhe** *f* niveau *m* de l'eau; ~ˌ**hose** *f* trombe *f* (d'eau); ~ˌ**huhn** *n zo.* poule *f* d'eau; *sc.* foulque *f*.

wässerig [ˈvɛsəˌrɪç] *adj.* aqueux, -euse; aquifère; *Wein* faible; plat; éventé; *fig.* j-m den Mund ~ machen faire venir l'eau à la bouche de qn. (*aber* cela lui fait venir ...).

Wasser|jungfer ['vasərˌjuŋfər] f 1. zo. libellule f; demoiselle f; 2. in Märchen u. Sagen cf. ~jungfrau; ~ˌjungfrau f myth. ondine f; ~ˌkäfer m/pl. zo. coléoptères m/pl. aquatiques; ~ˌkanne f broc [-o] m; ~ˌkante f côte f; région côtière; ~ˌkessel m chaudière f; in der Küche bouilloire f; ~kloˌsett n water--closet m; W.-C. m; ~ˌkopf m méd. hydrocéphalie f; Person hydrocéphale m; ∽ˌköpfig adj. méd. hydrocéphale; ~ˌkraft f énergie f, force f hydraulique; ~kraftˌlehre f hydrodynamique f; ~kraftmaˌschine f moteur m hydraulique; ~ˌkraftwerk n centrale f, usine f hydro-électrique; ~ˌkran m chem. grue f d'alimentation; F manche f; ~ˌkrug m cruche f; großer jarre f; ~ˌkühlung f refroidissement m à (l')eau od. par eau; ~kulˌtur f culture f hydroponique; ~ˌkunde f ⟨~⟩ hydrologie f; ~ˌkunst f grandes eaux; jeux m/pl. d'eau; ~ˌkur f méd. cure f, traitement m hydrothérapique; ~ˌlache f flaque f d'eau; ~ˌlauf m cours m d'eau; ~ˌläufer m zo. Vogel bécasseau m; sc. tringa m; Käfer gerris m; F araignée f d'eau; ~ˌleitung f im Hause conduite f d'eau; (Wasserhahn) robinet m (d'eau); (Aquädukt) aqueduc m; ~ˌleitungsˌrohr n tuyau m de (la) conduite d'eau; ~ˌlilie f bot. nénuphar m; ~ˌlinie f mar. ligne f de flottaison; ~ˌlinse f bot. lentille f d'eau; ~ˌloch n trou rempli d'eau; ∽ˌlöslich adj. soluble dans l'eau; ~ˌmangel m manque m, disette f, pénurie f d'eau; ~ˌmann m ⟨~(e)s⟩ astr. Verseau m; méd. ~sche Reaktion réaction de Wassermann; ~ˌmantel m techn. chemise f d'eau; ~ˌmarke f niveau m de l'eau; ~ˌmassen f/pl. masses f/pl. d'eau; eaux f/pl.; ~meˌlone f bot. pastèque f; melon m d'eau; ~ˌmesser m ⟨~s; ~⟩ compteur m à od. d'eau; ~ˌmeßkunst f hydrométrie f; ~ˌmine f milit. mine sous--marine; ~ˌmühle f moulin m à eau.

wassern ['vasərn] I v/i. ⟨-ssere od. -ßre, h od. sein⟩ aviat. amerrir od. amérir; II ∽ n ⟨~s⟩ amerrissage od. amérissage m.

wässern ['vɛsərn] I v/t. ⟨-ssere od. -ßre, h⟩ faire tremper; détremper; Heringe dessaler; phot. laver; II v/i. tremper; fig. mir wässert der Mund danach cela me fait venir l'eau à la bouche; III ∽ n ⟨~s⟩ trempage m; von Heringen dessalage m; phot. lavage m.

Wasser|nabel ['vasərˌnaːbəl] m bot. écuelle f d'eau; sc. hydrocotyle f; ~ˌnixe f myth. ondine f; ~ˌnuß f bot. macle od. macre f; châtaigne f d'eau; ~ˌnymphe f myth. nymphe f; naïade f; ~ˌoberfläche f surface f de l'eau; an der ~ à fleur d'eau; ~ˌpest f bot. élodée f; ~ˌpfeife f narguilé od. narghilé m; ~ˌpflanzen f/pl. bot. plantes f/pl. aquatiques; ~ˌpocken f/pl. méd. cf. Windpocken; ~poliˌzei f police fluviale; ~ˌpolster n techn. matelas m d'eau; ~ˌprimel f bot. cf. Wasserfeder; ~ˌprobe f échantillon m d'eau; hist. ordalie f de l'eau; ~ˌpumpe f pompe f à eau; ~ˌquelle f source f (d'eau); ~ˌrad n roue f hydraulique; ~ˌratte f zo. rat m d'eau; F fig. mordu, -e m, f de la nage, de la natation; alte ~ (Seemann) vieux loup de mer; ~ˌrecht n ⟨~(e)s⟩ jur. droit m des eaux et cours d'eau; ∽ˌreich adj. abondant, riche en eau; ~ˌreinigung f purification f, épuration f de l'eau; ~ˌrinne f rigole f; goulotte od. goulette f; ~ˌrohr n tuyau m, conduit m, conduite f d'eau; ~rohrˌbruch m rupture f de la conduite d'eau; ~rohrˌkessel m techn. chaudière f tubulaire; ~ˌrose f bot. cf. Seerose; ~ˌrübe f bot., agr. navet m; rave f; turnep(s) m; ~ˌsack m e-r Heizung poche f d'eau stagnante; retenue f d'eau; ~ˌsäule f colonne f d'eau; ~ˌschaden m dégât(s) causé(s) par l'eau; ~ˌschaufel f um Wasser aus e-m Boot zu schaufeln écope f; ~ˌscheide f ligne f de partage des eaux; ~ˌscheu f crainte f, horreur f de l'eau; sc., méd. hydrophobie f; méd. cf. Tollwut; ∽ˌscheu adj. ~ sein craindre l'eau; avoir peur de l'eau; avoir l'eau en horreur; sc., méd. être hydrophobe; ~ˌschi m cf. ~ski; ~ˌschlange f zo. serpent m d'eau; couleuvre f d'eau douce, à collier; ~ˌschlauch m 1. outre f à eau; zum Sprengen etc. tuyau m souple, flexible; 2. bot. utriculaire f; ~schlauchgeˌwächse n/pl. bot. utriculariacées od. utriculariées f/pl.; ~ˌschloß n château entouré d'eau; ~ˌschutzpoliˌzei f cf. ~polizei; ~ˌseite f côté m de l'eau; ~ˌski [-ˌʃiː] m ski m nautique (auch Sport); patin m; ~skorpiˌon m zo. scorpion m d'eau; sc. nèpe f; ~ˌspeicher m réservoir m d'eau; ~ˌspeier m ⟨~s; ~⟩ bât. gargouille f; ~ˌspiegel m niveau m d'eau; ~ˌspiele n/pl. jeux m/pl. d'eau; ~ˌspinne f zo. araignée f aquatique; sc. argyronète f; ~ˌsport m sport m nautique; ~ˌspülung f chasse f d'eau; ~ˌstand m 'hauteur f, niveau m de l'eau, d'eau; ~standsˌanzeiger m indicateur m de niveau d'eau; fluviomètre m; fluviographe m; ~standsˌmarke f marque f (indiquant le niveau d'eau); ~standsˌmesser m ⟨~s; ~⟩ cf. ~standsanzeiger; ~ˌstelle f point m d'eau; ~ˌstiefel m botte f imperméable; ~ˌstoff m chim. hydrogène m; ~stoffˌbombe f bombe f H, à hydrogène; ~stoffˌgas n chim. (gaz m) hydrogène m; ∽stoffˌhaltig adj. chim. hydrogéné; ~stoffˌkern m phys. atom. noyau m d'hydrogène; ~ˌstoffperoˌxyd n chim. cf. ~stoffsuperoxyd; ~stoffˌsäure f chim. hydracide m; ~stoffˌsuperoˌxyd n chim. eau oxygénée; ~ˌstoffverˌbindung f chim. hydrure m; ~ˌstrahl m jet m d'eau; fig. wie ein kalter ~ wirken faire l'effet d'une douche (froide); ~strahlˌpumpe f techn. trompe f à eau; ~strahlˌregler m techn. brise-jet m; ~ˌstraße f voie f navigable; voie, artère fluviale; ~ˌstraßenˌnetz n réseau m de voies navigables; ~ˌstrudel m remous m; tourbillon m; ~ˌsucht f ⟨~⟩ méd. hydropisie f; ∽ˌsüchtig adj. méd. hydropique; ~ˌsuppe f soupe f à l'eau; ~ˌtank m réservoir m d'eau; ~ˌtiefe f profondeur f de l'eau; ~ˌtiere n/pl. zo. animaux m/pl. aquatiques; ~ˌtonne f baril m, cuve f (à eau); ~ˌtopf m pot m à eau; ~ˌträger m porteur m d'eau; ~transˌport m transport m par eau; ~ˌtreten n beim Schwimmen etwa nage f sur place; ~ˌtretrad n pédalo m; ~ˌtrog m auge f; abreuvoir m; ~ˌtropfen m goutte f d'eau; ~turˌbine f turbine f hydraulique; ~ˌturm m château m d'eau; ~ˌuhr f compteur m à eau; hist. horloge f à eau; clepsydre f; ~- u. 'Landˌflugzeug n avion m amphibie; ∽ˌundurchˌlässig adj. imperméable.

Wasserung ['vasəˌruŋ] f ⟨~; ~en⟩ aviat. cf. wassern II.

Wässerung ['vɛsəˌruŋ] f ⟨~; ~en⟩ cf. wässern III.

Wasser|verbrauch ['vasərfɛrˌbraux] m consommation f d'eau; ~verˌdrängung f mar. déplacement m; ~verˌsorgung f alimentation f, approvisionnement m en eau; ~verˌteilung f distribution f d'eau; ~verˌunreinigung f pollution f des eaux; ~ˌvögel m/pl. zo. oiseaux m/pl. aquatiques; ~ˌvorrat m provision f d'eau; mar. ~ einnehmen faire le plein d'eau (douce); ~ˌwaage f niveau m d'eau; niveau m à bulle d'air; ~ˌwagen m citerne f; ~ˌwanze f zo. punaise f d'eau; ~ˌweg m auf dem ~e par eau; ~ˌwelle f beim Friseur mise f en plis; ~ˌwerfer m der Polizei lance f d'arrosage; ~ˌwerk n usine f de distribution d'eau; städtische ~e service m des eaux; ~ˌwiderstand m résistance f hydrodynamique; ~ˌwirtschaft f ⟨~⟩ secteur m économique des eaux; ~ˌzähler m compteur m à eau; ~ˌzeichen n im Papier filigrane m; ~zirkulatiˌon f circulation f d'eau; ~ˌzuführung f, ~ˌzuleitung f adduction f, amenée f d'eau.

wäßrig ['vɛsrɪç] adj. cf. wässerig.

waten ['vaːtən] v/i. ⟨-ete, sein⟩ im Wasser, Schlamm patauger (in dans); durch e-n Bach ~ passer, traverser un ruisseau à gué.

Waterkant ['vaːtərˌkant] f ⟨~⟩ cf. Wasserkante.

watsch|(e)lig ['vatʃ(ə)ˌlɪç] F adj. dégingandé; ~eln F I v/i. ⟨-(e)le, sein⟩ Enten etc. aller; marcher; Menschen marcher comme un canard; marcher en se dandinant; se dandiner (en marchant); II ∽eln n ⟨~s⟩ dandinement m.

Watt¹ [vat] n ⟨~(e)s; ~en⟩ mar. sable mouillé; géogr. cf. Wattenmeer.

Watt² [vat] n ⟨~(e)s; ~⟩ élect. watt m.

Watte ['vatə] f ⟨~; ~n⟩ ouate f; (Verband∽) auch coton m hydrophile; (Polster∽) auch ouatine f; mit ~ füttern ouater; ouatiner; ~ˌbausch m tampon m d'ouate od. de ouate; ~ˌfutterˌstoff m ouatine f.

Watten|fischerei ['vatənfɪʃəˌraɪ] f pêche f dans le Waddenzee; ~ˌmeer n Waddenzee m; mer f des Wadden.

Watte|pfropfen ['vatəˌpfrɔpfən] m bouchon m d'ouate (od. de ouate), de coton; ∽'weich adj. ouateux, -euse; doux, douce comme de l'ouate.

wattieren [va'tiːrən] I v/t. ⟨pas de ge-, h⟩ ouater; ouatiner; II ∽ n ⟨~s⟩ verbal.

Watt|leistung ['vatˌlaɪstuŋ] f élect. puissance f efficace, réelle, en watts; ~'meter n ⟨~s; ~⟩ élect. wattmètre m; ~ˌstunde f élect. watt-heure m; ~verˌbrauch m élect. puissance, énergie consommée, absorbée; ~ˌzahl f wattage m.

Wau [vau] m ⟨~(e)s; ~e⟩ bot. réséda m; gaude f.

Wauwau ['vauvau, -'vau] enf. m ⟨~s; ~s⟩ toutou m.

Web|art ['veːpˀart] f tissage m; ~eˌleine f mar. enfléchure f.

weben ['veːbən] I v/t. ⟨webt, webte od. st. s. wob, gewebt od. st. s. gewoben, h⟩ tisser (auch von der Spinne); II v/i. fig. alles, was da lebt u. webt tout ce qui a vie et mouvement sur la terre; III ∽ n ⟨~s⟩ tissage m.

Weber ['veːbər] Psychophysik ~sches Gesetz loi f de Weber.

Weber|(in) ['veːbər(ɪn)] m ⟨~s; ~⟩ (f) ⟨~; ~nen⟩ tisserand, -e m, f; in Fabriken tisseur, -euse m, f; zo. cf. ~vogel; ~ˌbaum m ensouple f; ~ˌdistel f bot. chardon m à foulon; ~ei [-'raɪ] f ⟨~; ~en⟩ als Betrieb u. Herstellung tissage m; als Handwerk u. Geschäft tisseranderie f; ~ˌeinschlag m, ~ˌeintrag m trame f; ~ˌhandwerk n cf. ~ei; ~-

ˌ**kamm** *m* peigne *m* de tisserand; rot *m od.* ros *m*; ~ˌ**knecht** *m zo.* faucheur *od.* faucheux *m*; ~ˌ**knoten** *m* nœud plat, de tisserand; ~ˌ**schiffchen** *n* navette *f* (de tisserand); ~ˌ**vogel** *m zo.* tisserin *m*.

Web|fehler [ˈveːpˌfeːlər] *m* défaut *m* de tissage; ~ˌ**kante** *f* lisière *f*; ~ˌ**schiffchen** *n cf.* Weberschiffchen; ~**stuhl** *m* métier *m* (à tisser); mechanischer ~ métier mécanique; ~ˌ**waren** *f/pl.* tissus *m/pl.*; textiles *m/pl.*

Wechsel [ˈvɛksəl] *m* ⟨~s; ~⟩ changement *m*; *von Beamten, Personal* mutation *f*; *in der Stimmung etc.* (*Umschwung*) revirement *m*; *bei regelmäßiger Wiederkehr, der Jahreszeiten* retour *m*; (*Veränderung*) variation *f*; (*Austausch*) échange *m*; (*Geld*2) change *m*; (*monatliche Zuwendung*) allocation mensuelle; *comm.* lettre *f* de change; effet *m* (de commerce); traite *f*; *Sport* relais *m*; *ch.* passée *f*; in der Leitung des Unternehmens ist ein ~ eingetreten la direction de l'entreprise a subi une mutation; *comm.* akzeptierter, angenommener ~ traite acceptée; effet accepté; bankfähiger, börsenfähiger, begebbarer ~ effet, traite négociable; begebener ~ effet négocié; diskontfähiger ~ effet, papier escomptable; eigener, trockener ~ billet à ordre; geplatzter ~ effet protesté; gezogener ~ effet tiré; traite *f*; lettre de change; kurzfristiger, langfristiger ~ effet court, long; effet, papier à courte, longue échéance; nicht eingelöster, notleidender, überfälliger ~ effet impayé, en souffrance; auf den Inhaber lautender ~ effet au porteur; e-n ~ ausstellen émettre une lettre de change; tirer une traite (auf j-n sur qn.); e-n ~ akzeptieren, annehmen accepter un effet, une traite; e-n ~ begleichen, einlösen, honorieren honorer un effet, une lettre de change; für e-n ~ bürgen avaliser un effet; donner aval à un effet; e-n ~ diskontieren escompter une traite; e-n ~ prolongieren, sperren proroger, bloquer un effet; e-n ~ zu Protest gehen lassen faire protester un effet, une traite; ~**abˌteilung** *f* service *m* du portefeuille; ~ˌ**agio** *n* commission *f* de banque sur traite; ~**akˌzept** *n*, ~ˌ**annahme** *f* acceptation *f* d'un effet, d'une lettre de change; ~ˌ**annehmer** *m* accepteur *m* d'une traite; ~ˌ**aussteller** *m* émetteur *m*, tireur *m* d'un effet, d'une lettre de change; ~ˌ**ausstellung** *f* émission *f* d'un effet, d'une traite, d'une lettre de change; ~ˌ**bad** *n méd.* bain alterné, alternativement chaud et froid; ~ˌ**balg** *m* petit monstre; (*untergeschobenes Kind*) enfant supposé; ~~**beˌgebung** *f* négociation *f* d'une traite; ~**beˌgriff** *m* corrélatif *m*; ~**beˌwegung** *f phys.* mouvement alternatif; ~**beˌziehung** *f* rapport mutuel; corrélation *f*; ~ˌ**buch** *n* livre *m* d'effets; ~ˌ**bürge** *m* avaliste *m*; avaliseur *m*; donneur *m* d'aval; ~ˌ**bürgschaft** *f* aval *m*; ~ leisten avaliser une traite; ~**disˌkont** *m* escompte *m* des effets; ~**domiziˌlierung** *f* domiciliation *f* d'un effet, d'une traite; ~ˌ**einlösung** *f* paiement *m* d'un effet, de la lettre de change; ~ˌ**fälle** *m/pl.* ~ des Lebens vicissitudes *f/pl.*; ~ˌ**fälscher** *m* émetteur *m* de fausses traites; faussaire *m* de lettre de change; ~ˌ**fälschung** *f* falsification *f* de traites; ~ˌ**fieber** *n méd.* fièvre intermittente; ~ˌ**folge** *f* alternance *f*; ~ˌ**forderung** *f* créance *f* sur traite; effet *m* à recevoir; ~ˌ**geber** *m cf.* ~aussteller; ~ˌ**geld** *n* (*Kleingeld*) monnaie *f*; ~**geˌsang** *m* chant alterné; antienne *f*; ~**geˌschäft** *n* change *m*; affaire *f*, opération *f* de change; ~**geˌspräch** *n* dialogue *m*; ~**geˌtriebe** *n techn.* boîte *f* de vitesses; ~ˌ**gläubiger** *m* créancier *m* d'une lettre de change; 2ˌ**haft** *adj.* instable; changeant; ~ˌ**inhaber** *m* porteur *m* de l'effet; détenteur *m* d'une lettre de change; ~**inˌkasso** *n* encaissement *m* d'effets, de traites; ~ˌ**jahre** *n/pl. der Frau* retour *m* d'âge; âge *m* critique; *méd.* ménopause *f*; ~ˌ**klage** *f* action *f* en paiement d'un effet; ~ˌ**kurs** *m* cours *m* du change; ~ˌ**lombard** *m* avance *f* sur effet.

wechseln [ˈvɛksəln] **I** *v/t. u. v/i.* ⟨-(e)le, h⟩ *Wetter, Stimmung etc.* changer; *Kleider, Wäsche, Stellung, Farbe, Namen, Wohnung, Besitzer, Gang beim Auto etc.* changer de; *Worte, Blicke* échanger; *ch.* changer de lieu; ~ mit changer de; (*abwechseln*) alterner avec; Geld ~ faire de la monnaie; *in ausländische Geldsorten* changer de l'argent; faire le change; können Sie mir hundert Mark ~? pouvez-vous (me) changer cent marks?; avez-vous pour cent marks de monnaie?; pouvez-vous me donner la monnaie de cent marks?; *bei der Trauung* die Ringe ~ échanger les alliances; den Besitzer ~ *auch* passer dans *od.* en d'autres mains; die Wohnung ~ *auch* déménager; die Kleider ~ *auch* se changer; über die Grenze ~ franchir, traverser la frontière; *ch.* über den Weg ~ traverser le chemin; Briefe ~ échanger des lettres; être en correspondance (mit j-m avec qn.); correspondre (avec); *Kind* die Zähne ~ faire sa seconde dentition; perdre ses dents de lait; ohne viel Worte zu ~ sans faire, tenir de longs discours; **II** 2 *n* ⟨~s⟩ changement *m*; (*Tausch*) change *m*; échange *m*; (*Ab*2) alternance *f*; Wäsche zum ~ linge de rechange; ~**d** *adjt. Wetter, Stimmung* changeant; instable; mit ~em Erfolg, Glück avec des fortunes diverses.

Wechsel|nehmer [ˈvɛksəlˌneːmər] *m* preneur *m* d'une lettre de change, d'un effet; ~ˌ**obligo** *n* engagement *m* par lettre de change; effets *m/pl.* à payer; 2ˌ**polig** *adj. élect.* hétéropolaire; ~**prolongatiˌon** *f cf.* ~verlängerung; ~**proˌtest** *m* protêt *m* d'un effet; ~**provisiˌon** *f* commission *f* (bancaire) sur effets; ~**proˌzeß** *m jur.* procédure *f* sur effets de commerce, sur billets à ordre; ~ˌ**rahmen** *m* passe-partout *m*; ~ˌ**rechnung** *f* calcul *m* de l'escompte; ~ˌ**recht** *n* droit cambial, du change; ~ˌ**rede** *f* dialogue *m*; ~ˌ**reime** *m/pl.* rimes croisées; ~**reiteˌrei** *f* émission *f* de billets de complaisance; F cavalerie *f*; ~ˌ**richter** *m élect.* ondulateur *m*; onduleur *m*; ~ˌ**schalter** *m élect.* (commutateur *m*) inverseur *m*; ~ˌ**schuld** *f* dette *f* par acceptation; dette fondée sur une lettre de change; ~ˌ**schuldner** *m* débiteur *m* d'une lettre de change; tiré *m*; 2ˌ**seitig** *adj.* mutuel, -lle; réciproque; ~ˌ**seitigˌkeit** *f* ⟨~⟩ mutualité *f*; réciprocité *f*; ~ˌ**spesen** *pl.* frais *m/pl.* de change; ~ˌ**sprechanlage** *f tél.* interphone *m*; 2ˌ**ständig** *adj. bot.* alterne; en quinconce; ~ˌ**steuer** *f* impôt *m*, taxe *f* sur les lettres de change; ~ˌ**strom** *m élect.* courant alternatif; ~**stromgeneˌrator** *m élect.* alternateur *m*; ~**stromˌgleichrichter** *m élect.* redresseur *m* de courant alternatif; ~**stromˌmotor** *m élect.* moteur *m* (à courant) monophasé, à courant alternatif; ~**stromtelegraˌphie** *f* télégraphie *f* à courant alternatif; ~ˌ**stube** *f* bureau *m* de change; ~ˌ**tierchen** *n zo.* amibe *f*; ~**überˌtragung** *f* cession *f*, transmission *f* d'une lettre de change; ~ˌ**umlauf** *m* circulation *f* d'effets; ~ˌ**umsatz** *m e-r Bank* mouvement *m* du portefeuille-effets; ~**verˌbindlichkeit** *f* engagement *m* par lettre de change; ~**verˌkehr** *m* circulation *f* des lettres de change; ~**verˌlängerung** *f* prorogation *f* d'une lettre de change; ~**verˌpflichtung** *f cf.* ~verbindlichkeit; 2ˌ**voll** *adj. Leben* riche en péripéties [-pesi]; sujet, -tte à de fréquents changements, à des vicissitudes; (*bewegt*) agité; mouvementé; 2ˌ**weise** *adv.* réciproquement; (*abwechselnd*) alternativement; tour à tour; ~ˌ**winkel** *m math.* angle *m* alterne; ~ˌ**wirkung** *f* action *f* réciproque; interaction *f*; ~ˌ**zahlung** *f* paiement *m* par effet, par lettre de change.

Wechsler [ˈvɛkslər] *m* ⟨~s; ~⟩ *comm.* changeur *m* (*auch e-s Plattenspielers*); cambiste *m*.

wecken [ˈvɛkən] **I** *v/t.* ⟨h⟩ éveiller (*auch fig.*); réveiller; *Interesse* éveiller; susciter; provoquer; *alte Erinnerungen* réveiller; *Neugier* éveiller; **II** 2 *n* ⟨~s⟩ réveil *m*.

Wecker [ˈvɛkər] *m* ⟨~s; ~⟩ réveil *m*; réveille-matin *m*; (*Weckvorrichtung*) sonnerie *f*; den ~ auf drei Uhr stellen mettre le réveil à trois heures; F *fig.* j-m auf den ~ gehen, fallen taper sur les nerfs à qn.; gêner qn.; F casser les pieds à qn.; tomber sur le système à qn.; ~ˌ**uhr** *f cf.* Wecker.

Weckglas [ˈvɛkglaːs] *n cf.* Einmachglas.

Weck|ruf [ˈvɛkruːf] *m* réveil *m*; ~ˌ**mittel** *n cf.* Anregungsmittel.

Weda [ˈveːda] *m* ⟨~(s); -den *od.* ~s⟩ Véda *m*.

Wedel [ˈveːdəl] *m* ⟨~s; ~⟩ (*Fliegen*2) chasse-mouches *m*; (*Staub*2) plumeau *m*; (*Weih*2) goupillon *m*; *bot. der Farnkräuter, Palmen* fronde *f*; *ch.* queue *f*; 2**n I** *v/t.* ⟨-(e)le, h⟩ den Staub von den Büchern ~ épousseter les livres; die Fliegen vom Gesicht ~ chasser les mouches du visage; **II** *v/i.* j-m ~ (*fächeln*) éventer qn.; (*die Fliegen vertreiben*) chasser les mouches à qn.; mit dem Fächer ~ s'éventer; mit dem Schwanz ~ remuer, agiter la queue.

weder [ˈveːdər] *conj.* ~ ... noch ... ni ... ni ... (*mit* ne *beim Verb*); ~ du noch ich ni moi, ni toi.

wedisch [ˈveːdɪʃ] *adj.* védique.

Weg [veːk] *m* ⟨~(e)s; ~e⟩ chemin *m*; voie *f* (*beide auch fig.*); route *f*; trajet *m*; *in e-m Garten, Park* allée *f*; (*Besorgung*) course *f*; öffentlicher ~ voie publique; ein holpriger ~ un chemin raboteux, accidenté; un mauvais chemin (accidenté); *fig.* Gottes ~e les voies du Seigneur; der ~ des Lasters, der Tugend, des Ruhms la route, le chemin du vice, de la vertu, de la gloire; der ~ zum Erfolg le chemin, la route du succès; ein Stück ~ un bout de chemin; ~ u. Steg kennen connaître tous les tours et détours; ... ist zwei Stunden ~s von hier entfernt ... est à deux heures d'ici; on met deux heures pour aller d'ici à ...; der ~ nach ... le chemin de ...; sich e-n ~ durch ... bahnen s'ouvrir, se frayer un chemin à travers ...; der kürzeste ~ le chemin le plus court; **den kürzesten ~ einschlagen** prendre au plus court; **e-n kürzeren ~ einschlagen** prendre un raccourci; **e-n ~ einschlagen, benutzen** prendre, suivre un chemin; **e-n falschen ~ einschlagen, gehen** se tromper de chemin; prendre un mauvais chemin; prendre une mauvaise route (*auch fig.*); *fig.* prendre une mauvaise voie; **j-m den ~ weisen** montrer le chemin, la route à qn.; *fig.* montrer la route, la voie, la marche à suivre à qn.; *fig.* **s-n ~ gehen** faire son chemin; arriver; **s-s ~es gehen,** *fig.* **(still) s-n ~ gehen** aller, suivre son chemin; *fig.* **j-m den ~ ebnen** frayer la voie, le chemin à qn.; *fig.* **krumme ~e gehen** suivre une mauvaise voie, pente, un mauvais chemin; *fig.* **keine krummen ~e gehen** aller droit son chemin; *fig.* **ich sehe keinen anderen ~, die Sache in Ordnung zu bringen** je ne vois pas d'autre moyen de régler cette affaire; *fig.* **es bleibt Ihnen kein anderer ~ mehr offen** il ne vous reste plus d'autre parti à prendre; **Mittel u. ~e finden, suchen, zu ...** (+ *inf.*) trouver, chercher des moyens de ... (+ *inf.*); **neue ~e im Erwachsenenunterricht** orientations nouvelles de, méthodes nouvelles pour l'enseignement des adultes; *Ausbildung etc.* **den ~ öffnen zu ...** donner accès à ...; **~e besorgen** faire des courses; **geh deiner ~e!** passe ton chemin!; **er kam des ~es** il vint à passer; **woher des ~s?** d'où venez-vous?; *fig.* **lassen Sie ihn s-r ~e gehen!** laissez-le!; F **damit hat es gute ~e** rien ne presse; ce n'est pas urgent, pour demain; F ça n'urge pas; **am ~e** sur le chemin; sur le bord du chemin; **auf dem ~e** (*unterwegs*) en route; en chemin; chemin faisant; *fig.* (*durch*) par la voie de; **auf dem ganzen ~e** tout le long du chemin; pendant tout le trajet; **auf dem ~e nach ...** en allant à ...; sur le chemin de ...; en route pour ...; **auf dem ~e von ...** en venant de ...; sur le trajet de ...; *fig.* **auf diesem ~e** par ce moyen; de la sorte; **auf diplomatischem ~e** par la voie diplomatique; **auf friedlichem ~e** par des moyens pacifiques; **auf gesetzlichem ~e** par la voie légale; **auf gütlichem ~e** à l'amiable; **auf chemischem ~e** par la voie chimique; par des procédés chimiques; chimiquement; **auf dem ~e der Besserung sein** être en voie de rétablissement, de guérison; *fig.* **auf dem (besten) ~e sein, zu ...** (+ *inf.*) être en passe de ... (+ *inf.*); **auf halbem ~e** à mi-chemin; *fig.* **auf halbem ~e stehenbleiben** s'arrêter à mi-chemin; **j-m auf halbem ~e entgegengehen** aller au devant, à la rencontre de qn.; *fig.* **j-m auf halbem ~e entgegenkommen** faire la moitié du chemin vers qn.; **auf dem kürzesten ~e** par la voie la plus directe; **auf schnellstem ~e** par la voie la plus rapide; **auf dem richtigen ~e** sur la bonne voie (*auch fig.*); **auf den falschen ~ geraten** se fourvoyer (*auch fig.*); *fig.* faire fausse route; *fig.* **wieder auf den richtigen ~ bringen** remettre sur le bon, droit chemin; **sich auf den ~ machen** se mettre en route, en chemin; **das liegt nicht auf meinem ~e** ce n'est pas sur ma route; **j-m etw. mit auf den ~ geben** donner qc. à qn. pour son voyage; **aus dem ~e!** ôtez-vous de là!; **j-m aus dem ~ gehen** (se ranger pour) faire place à qn.; laisser passer qn.; *fig.* éviter, fuir qn.; **e-r Frage aus dem ~e gehen** éluder, esquiver une question; **j-n aus dem ~ räumen** se débarrasser de qn.; écarter, évincer, balayer qn.; (*töten*) liquider qn.; **j-m im ~e stehen, sein** gêner qn.; *fig.* contrarier qn.; faire obstacle à qn.; **sich selbst im ~e stehen** agir contre ses propres intérêts; **j-m in** *od.* **über den ~ laufen** se trouver sur le chemin de qn.; tomber sur qn.; **j-m Hindernisse, Steine in den ~ legen** susciter des embarras à qn.; entraver la marche de qn.; créer des difficultés à qn.; semer, mettre des obstacles sur la route de qn.; contrecarrer qn.; **etw. in die ~e leiten** préparer qc.; **sich j-m in den ~ stellen** barrer le chemin à qn.; **j-m nicht über den ~ trauen** n'avoir aucune confiance en qn.; *fig.* **vom rechten ~ abkommen** sortir du droit chemin.

weg [vɛk] **I** *adv.* (*fort*) parti; (*verschwunden*) disparu; (*verlegt*) égaré; **~ ist er!** le voilà parti; **der Zug ist ~** le train est parti; (*entfernt*) **das Haus liegt weit ~ von der Straße** la maison est loin, est éloignée, est fort à l'écart de la route; *Stein, Kugel, Flugzeug etc.* **über j-n ~** *fliegen* par-dessus la tête de qn.; **frisch von der Leber ~** franchement; F *fig.* **ganz ~ sein** être enthousiasmé, P emballé; **über etw. ~ sein** (*etw. überwunden haben*) avoir surmonté qc.; être indifférent à qc.; être au dessus de qc.; F **hintereinander ~** de suite; F **in e-m ~** sans discontinuer; **II** *int.* **~ da!** ôtez-vous de là!; (en) arrière!; au large!; **Kopf ~!** gare à la tête!; **Hände ~!** n'y touche(z) pas!; *fig.* F bas les pattes!; **~ damit!** enlève *bzw.* enlevez cela!; fais *bzw.* faites disparaître cela!; enlève-moi *bzw.* enlevez-moi ça!

weg|arbeiten ['vɛkˌʔarbaɪtən] *v/t.* ⟨-ete, *sép.*, -ge-, h⟩ **alles ~** liquider tout le travail; faire table rase; **~ˌätzen** *v/t.* ⟨-(es)t, *sép.*, -ge-, h⟩ enlever à l'eau-forte; *métall.* décaper (à l'acide); *chir.* cautériser; **~beˌgeben** *v/réfl.* ⟨*irr.*, *sép.*, *pas de ge-*, h⟩ **sich ~** s'en aller; partir; **~beˌkommen** *v/t.* ⟨*irr.*, *sép.*, *pas de ge-*, h⟩ **etw. ~** *Fleck etc.* parvenir à enlever qc.; F (*verstehen*) (finir par) comprendre qc.; F **e-n Schlag ~** recevoir un coup.

Weg|bereiter ['veːkbəˌraɪtər] *m* pionnier *m*; **~beˌschaffenheit** *f* état *m* du chemin.

weg|blasen ['vɛkˌblaːzən] *v/t.* ⟨*irr.*, *sép.*, -ge-, h⟩ enlever en soufflant; souffler; *Schmerzen etc.* F **sie sind wie weggeblasen** on dirait que le vent les a emporté(e)s; **~ˌbleiben** *v/i.* ⟨*irr.*, *sép.*, -ge-, sein⟩ **1.** ne pas venir; manquer; ne pas assister (**von e-r Versammlung** à une réunion); **(nicht) lange ~** (ne pas) tarder à revenir; **2.** F (*ohnmächtig werden*) s'évanouir; perdre connaissance; **3.** F **ihm blieb die Spucke weg** il était ébahi, épaté, F sidéré, ébaubi; il en resta baba, pantois, penaud; **~ˌblicken** *v/i.* ⟨*sép.*, -ge-, h⟩ détourner les yeux.

Wegbreit ['veːkbraɪt] *m* ⟨~(e)s; ~e⟩ *bot. cf.* Wegerich.

weg|bringen ['vɛkˌbrɪŋən] *v/t.* ⟨*irr.*, *sép.*, -ge-, h⟩ *Sachen* emporter; *Personen* emmener; (*befördern*) transporter; *e-n Fleck* ôter; enlever; **er ist nicht von hier wegzubringen** on ne peut pas le faire bouger d'ici; **~ˌdenken** *v/t.* ⟨*irr.*, *sép.*, -ge-, h⟩ **etw. ~** faire abstraction de qc.; **er ist aus meinem Leben nicht mehr wegzudenken** je ne peux plus m'imaginer une vie sans lui; **~ˌdrängen** *v/t.* ⟨*sép.*, -ge-, h⟩, **~ˌdrücken** *v/t.* ⟨*sép.*, -ge-, h⟩ repousser; écarter; chasser; **~ˌdürfen** *v/i.* ⟨*irr.*, *sép.*, -ge-, h⟩ avoir la permission de s'en aller.

Wege|bau ['veːgəˌbau] *m* ⟨~(e)s; ~ten⟩ construction *f* des routes; **~bauˌamt** *n* ponts *m/pl.* et chaussées *f/pl.*; voirie *f*; **~bauˌmeister** *m* ingénieur *m* des ponts et chaussées; **~beˌschaffenheit** *f* état *m* des voies et chemins; **~ˌbreite** *f bot. cf.* Wegerich; **~ˌgeld** *n* péage *m*.

wegeilen ['vɛkˌʔaɪlən] *v/i.* ⟨*sép.*, -ge-, sein⟩ s'en aller, partir à la hâte; se hâter de partir.

Wegeinfassung ['veːkˌʔaɪnfasʊŋ] *f* bordure *f* d'une allée.

Wege|karte ['veːgəˌkartə] *f* carte routière; **~ˌlagerer** *m* ⟨~s; ~⟩ brigand *m*; voleur *m* de grands chemins.

wegen ['veːgən] *prép.* ⟨*gén.*, F *auch dat.*⟩ à cause de; pour cause de; pour; (*infolge*) par suite de; **~ Diebstahls einsperren** emprisonner pour vol; **~ Todesfall geschlossen** fermé pour cause de décès; **von Amts, Rechts ~** d'office, de droit; F **von ~!** penses-tu!

Wege|netz ['veːgəˌnɛts] *n* réseau routier; **~ˌrecht** *n* législation *f*, décrets *m/pl.* concernant la voie publique; **~ˌrich** *m* ⟨~s; ~e⟩ *bot.* plantain *m*.

weger|n ['veːgərn] *v/t.* ⟨-(e)re, h⟩ *mar.* vaigrer; **2ung** *f* ⟨~; ~en⟩ *mar.* vaigrage *m*.

weg|essen ['vɛkˌʔɛsən] *v/t.* ⟨*irr.*, *sép.*, -geg-, h⟩ manger (la part de qn.); **~ˌfahren I** *v/t.* ⟨*irr.*, *sép.*, -ge-, h⟩ *Sachen* emporter, *Personen* emmener (en voiture, *etc.*); **II** *v/i.* ⟨sein⟩ partir (en voiture, *etc.*); *Zug* **j-m vor der Nase ~** passer sous le nez de qn. (*aber* le train lui est passé sous le nez); **2fall** *m* suppression *f*; *adm.* **in ~ bringen** supprimer; **in ~ kommen** être supprimé; **~ˌfallen** *v/i.* ⟨*irr.*, *sép.*, -ge-, sein⟩ être supprimé; **~ lassen** supprimer; **~ˌfangen** *v/t.* ⟨*irr.*, *sép.*, -ge-, h⟩ prendre; intercepter; **~ˌfegen** *v/t.* ⟨*sép.*, -ge-, h⟩ balayer; **~ˌfischen** *v/t.* ⟨*sép.*, -ge-, h⟩ F *fig.* **j-m etw.** F souffler qc. à qn.; **j-m etw. vor der Nase ~** enlever qc. au nez, à la barbe de qn.; **~ˌfliegen** *v/i.* ⟨*irr.*, *sép.*, -ge-, sein⟩ s'envoler; partir; *Sachen* être emporté par le vent; **~ˌfressen** *v/t.* ⟨*irr.*, *sép.*, -ge-, h⟩ manger, dévorer (la part d'un autre animal); **~ˌführen** *v/t.* ⟨*sép.*, -ge-, h⟩ emmener.

Weggabel(ung) ['veːkˌgaːbəl(ʊŋ)] *f(f)* bifurcation *f*; fourche *f*.

Weg|gang ['vɛkgaŋ] *m* ⟨~(e)s⟩ départ *m*; **beim ~** au départ; en partant; **2ˌgeben** *v/t.* ⟨*irr.*, *sép.*, -ge-, h⟩ donner; (*sich entledigen*) se débarrasser, se défaire de; *Sohn etc.* (*in Pension geben*) mettre en pension; **2ˌgehen** *v/i.* ⟨*irr.*, *sép.*, -ge-, sein⟩ s'en aller; (*abreisen*) partir; (*hinausgehen*) sortir; *Waren* se vendre; s'écouler; s'enlever; **über etw. ~** passer par-dessus qc.; *fig.* passer sur qc.; **beim** *od.* **im 2** en partant; au départ; F **geh mir damit weg!** je ne veux rien (en) savoir!; **geh mir weg mit ihm!** ne me parle pas de lui!; *Waren* F **~ wie warme Semmeln** se vendre, s'écouler, *etc.* comme des petits pains.

Weggenosse ['veːkgəˌnɔsə] *m* compagnon *m* de route.

weg|gießen ['vɛkˌgiːsən] *v/t.* ⟨*irr.*, *sép.*, -ge-, h⟩ jeter; **~ˌhaben** *v/t.* ⟨*irr.*, *sép.*, -ge-, h⟩ **er möchte ihn, es gern** ~ il voudrait bien l'éloigner; F **etw.** ~ être intelligent; F **es** ~ avoir compris; F **e-n** ~ avoir bu un coup de trop; F **die Ruhe** ~ F avoir du souffle, de l'estomac; F **er hat sein Fett weg** il a reçu son savon; F il s'est fait moucher, P engueuler; ~ˌ**hängen** *v/t.* ⟨*sép.*, -ge-, h⟩ pendre, mettre ailleurs; *Garderobe während des Sommers bzw. Winters* (*verwahren*) serrer; ranger; ~ˌ**heben** *v/t.* ⟨*irr.*, *sép.*, -ge-, h⟩ enlever; ~ˌ**helfen** *v/i.* ⟨*irr.*, *sép.*, -ge-, h⟩ **j-m** ~ aider qn. à partir; **j-m über etw.** ~ aider qn. à passer par-dessus qc.; **j-m über e-e schwere Zeit** ~ aider qn. à franchir, passer une période difficile; ~ˌ**hinken** *v/i.* ⟨*sép.*, -ge-, sein⟩, ~ˌ**humpeln** *v/i.* ⟨-(e)le, *sép.*, -ge-, sein⟩ s'éloigner, s'en aller en boitant; ~ˌ**jagen** *v/t.* ⟨*sép.*, -ge-, h⟩ chasser; ~ˌ**karren** *v/t.* ⟨*sép.*, -ge-, h⟩ brouetter; emporter à la brouette; transporter à la *od.* dans *od.* sur une brouette; ~ˌ**kehren** *v/t.* ⟨*sép.*, -ge-, h⟩ balayer; ~ˌ**kommen** *v/i.* ⟨*irr.*, *sép.*, -ge-, sein⟩ partir; s'en aller; (*abhanden kommen*) s'égarer; **machen Sie, daß Sie** ~! allez-vous-en!; **ich mache, daß ich wegkomme** F je me sauve; *fig.* **über etw.** ~ (*etw. verwinden*) surmonter qc.; *fig.* **bei etw. gut, schlecht** ~ s'en tirer bien, mal; *bei e-r Verteilung* être bien, mal partagé; ~ˌ**kratzen** *v/t.* ⟨-(es)t, *sép.*, -ge-, h⟩ gratter; enlever, faire disparaître en grattant.

Wegkreuzung ['veːkˌkrɔʏtsʊŋ] *f* croisement *m*; carrefour *m*; croisée *f* de chemins.

weg|kriechen ['vɛkˌkriːçən] *v/i.* ⟨*irr.*, *sép.*, -ge-, sein⟩ s'éloigner en rampant; ~ˌ**kriegen** *v/t.* ⟨*sép.*, -ge-, h⟩ *Fleck cf.* **wegbekommen, wegbringen**; F **es** ~ (finir par) comprendre.

wegkundig ['veːkˌkʊndɪç] *adj.* qui connaît les chemins.

weg|lassen ['vɛkˌlasən] *v/t.* ⟨*irr.*, *sép.*, -ge-, h⟩ laisser partir; (*auslassen*) omettre; *absichtlich* supprimer; retrancher; *math.* négliger; ♀ˌ**lassung** *f* ⟨~; ~en⟩ (*Auslassung*) omission *f*; *absichtliche* suppression *f*; élimination *f*; ~ˌ**laufen** *v/i.* ⟨*irr.*, *sép.*, -ge-, sein⟩ s'éloigner en courant; (*davonlaufen*) se sauver; s'enfuir; F décamper; **Hals über Kopf** ~ s'enfuir à toutes jambes; ~ˌ**legen** *v/t.* ⟨*sép.*, -ge-, h⟩ mettre de côté; (*verwahren*) ranger; ~ˌ**leugnen** *v/t.* ⟨-ete, *sép.*, -ge-, h⟩ nier; ~ˌ**loben** *v/t.* ⟨*sép.*, -ge-, h⟩ F **j-n** ~ louer (hypocritement) qn. (auprès de qn.) pour s'en débarrasser; ~ˌ**locken** *v/t.* ⟨*sép.*, -ge-, h⟩ attirer.

weglos ['veːkloːs] *adj.* sans chemins.

wegmachen ['vɛkˌmaxən] *v/t.* ⟨*sép.*, -ge-, h⟩ ôter; enlever; faire partir.

Weg|marke ['veːkˌmarkə] *f* marque *f*; ~ˌ**messer** *m* ⟨~s; ~⟩ (h)odomètre *m*; ~ˌ**messung** *f* (h)odométrie *f*.

weg|müssen ['vɛkˌmʏsən] *v/i.* ⟨*irr.*, *sép.*, -ge-, h⟩ devoir partir; être obligé de partir; ♀ˌ**nahme** *f* ⟨~; ~n⟩ enlèvement *m*; (*Entwendung*) soustraction *f*; (*Beschlagnahme*) saisie *f*; *milit.* réquisition *f*; *verbotener Waren* confiscation *f*; ~ˌ**nehmen** *v/t.* ⟨*irr.*, *sép.*, -ge-, h⟩ ôter; enlever; (*entwenden*) prendre; soustraire; dérober; F chiper; barboter; (*beschlagnahmen*) saisir; *milit.* réquisitionner; *verbotene Waren* confisquer; **viel Platz, Zeit** ~ prendre beaucoup de place, de temps; ~ˌ**packen** *v/t.* ⟨*sép.*, -ge-, h⟩ ranger; enfermer; ~ˌ**pusten** F *v/t.* ⟨-ete, *sép.*, -ge-, h⟩ chasser, pousser (en soufflant); ~ˌ**putzen** F *v/t.* ⟨-(es)t, *sép.*, -ge-, h⟩ (*aufessen*) F liquider; ~**raˌdieren** *v/t.* ⟨*sép.*, *pas de ge-*, h⟩ gratter; effacer; gommer; ~ˌ**raffen** *v/t.* ⟨*sép.*, -ge-, h⟩ ramasser; enlever; F rafler; *durch Krankheit* emporter; enlever; faucher.

Wegrand ['veːkrant] *m* **am** ~ sur le bord, au bord du chemin.

weg|räumen ['vɛkˌrɔʏmən] *v/t.* ⟨*sép.*, -ge-, h⟩ ranger; enfermer; *Schutt* déblayer; *Hindernis* écarter; faire disparaître; ~ˌ**reißen** *v/t.* ⟨*irr.*, *sép.*, -ge-, h⟩ arracher; enlever de force; *Häuser etc.* démolir; ~ˌ**reiten** *v/i.* ⟨*irr.*, *sép.*, -ge-, sein⟩ s'en aller, partir (à cheval); ~ˌ**rennen** *v/i.* ⟨*irr.*, *sép.*, -ge-, sein⟩ *cf.* **weglaufen**; ~ˌ**rücken I** *v/t.* ⟨*sép.*, -ge-, h⟩ déplacer; **von etw.** ~ écarter de qc.; **II** *v/i.* ⟨sein⟩ se ranger; faire place; ~ˌ**rufen** *v/t.* ⟨*irr.*, *sép.*, -ge-, h⟩ appeler; ~ˌ**schaffen I** *v/t.* ⟨*sép.*, -ge-, h⟩ *Sachen* enlever; emporter; transporter; *Personen* emmener; éloigner; enlever; *milit.*, *Verwundete* évacuer; *Schutt, Erde* déblayer; **II** ♀ˌ**schaffen** *n* enlèvement *m*; transport *m*; éloignement *m*; *milit.* évacuation *f*; ~ˌ**schaufeln** *v/t.* ⟨-(e)le, *sép.*, -ge-, h⟩ pelleter; enlever à la pelle.

Wegscheide ['veːkˌʃaɪdə] *f* (*Kreuzung*) croisée *f*; croisement *m* (de chemins); (*Gabelung*) bifurcation *f*.

weg|schenken ['vɛkˌʃɛŋkən] *v/t.* ⟨*sép.*, -ge-, h⟩ faire cadeau (de); distribuer; ~ˌ**scheren** F *v/réfl.* ⟨*sép.*, -ge-, h⟩ **sich** ~ F filer; déguerpir; décamper; ficher le camp; P se tirer; foutre le camp; ~ˌ**scheuchen** *v/t.* ⟨*sép.*, -ge-, h⟩ effaroucher; chasser; mettre en fuite (en effarouchant); ~ˌ**schicken** *v/t.* ⟨*sép.*, -ge-, h⟩ faire partir; envoyer; expédier; (*entlassen*) renvoyer; donner congé à; ~ˌ**schieben** *v/t.* ⟨*irr.*, *sép.*, -ge-, h⟩ repousser; écarter (en poussant); ~ˌ**schleichen** *v/i.* ⟨*irr.*, *sép.*, -ge-, sein⟩ *u. v/réfl.* ⟨h⟩ se dérober, s'esquiver (à pas de loup, à pas feutrés); s'éclipser; F filer en douce, à l'anglaise; ~ˌ**schleppen** *v/t.* ⟨*sép.*, -ge-, h⟩ *Dinge* emporter; transporter; *Personen* emmener de force; enlever; transporter (**nach** à); déporter (à); ~ˌ**schleudern** *v/t.* ⟨-(e)re, *sép.*, -ge-, h⟩ lancer (au loin); ~ˌ**schließen** *v/t.* ⟨*irr.*, *sép.*, -ge-, h⟩ mettre sous clef; serrer; enfermer; ~ˌ**schmeißen** F *v/t.* ⟨*irr.*, *sép.*, -ge-, h⟩ jeter; *als unbrauchbar* rejeter; mettre au rebut, F au rancart; se défaire, se débarrasser de; F balancer; ~ˌ**schnappen** *v/t.* ⟨*sép.*, -ge-, h⟩ 'happer; attraper; F *fig.* **j-m etw. vor der Nase** ~ chiper, souffler qc. au nez, à la barbe de qn.

Wegschnecke ['veːkˌʃnɛkə] *f zo.* limace *f*.

weg|schneiden ['vɛkˌʃnaɪdən] *v/t.* ⟨*irr.*, *sép.*, -ge-, h⟩ couper; ~ˌ**schütten** *v/t.* ⟨-ete, *sép.*, -ge-, h⟩ jeter; ~ˌ**schwemmen** *v/t.* ⟨*sép.*, -ge-, h⟩ emporter; ~ˌ**schwimmen** *v/i.* ⟨*irr.*, *sép.*, -ge-, sein⟩ *Dinge* être emporté par le courant; *Menschen, Tiere* s'éloigner (à la nage); ~ˌ**sehen** *v/i.* ⟨*irr.*, *sép.*, -ge-, h⟩ détourner les yeux; *fig.* **über etw.** ~ fermer les yeux sur qc.; ~ˌ**sehnen** *v/réfl.* ⟨*sép.*, -ge-, h⟩ **sich** ~ désirer ardemment partir; ~ˌ**setzen I** *v/t.* ⟨-(es)t, *sép.*, -ge-, h⟩ mettre de côté; **von etw.** ~ éloigner, écarter de qc.; **II** *v/i.* ⟨sein *od.* h⟩ **über e-n Graben** ~ sauter par-dessus un fossé; **III** *v/réfl. fig.* **sich über etw.** ~ se mettre au-dessus de qc.; se moquer de qc.

Wegsperre ['veːkˌʃpɛrə] *f* barrage *m*.

weg|spülen ['vɛkˌʃpyːlən] *v/t.* ⟨*sép.*, -ge-, h⟩ *vom Wasser* emporter; ~ˌ**stecken** *v/t.* ⟨*sép.*, -ge-, h⟩ (*beiseite tun*) mettre de côté; (*verbergen*) cacher; ~ˌ**stehlen I** *v/t.* ⟨*irr.*, *sép.*, -ge-, h⟩ dérober; **II** *v/réfl.* **sich** ~ *cf.* **wegschleichen**; ~ˌ**stellen** *v/t.* ⟨*sép.*, -ge-, h⟩ mettre ailleurs; **von etw.** ~ éloigner, écarter de qc.; ~ˌ**sterben** *v/i.* ⟨*irr.*, *sép.*, -ge-, sein⟩ mourir (avant qn.); ~**stiˌbitzen** F *v/t.* ⟨-(es)t, *sép.*, *pas de ge-*, h⟩ F chiper; P calotter; barboter; piquer; ~ˌ**stoßen** *v/t.* ⟨*irr.*, *sép.*, -ge-, h⟩ repousser.

Wegstrecke ['veːkˌʃtrɛkə] *f in bezug auf die Entfernung* trajet *m*; *in bezug auf die Beschaffenheit* parcours *m*; (*Abschnitt*) bout *m*, tronçon *m* de chemin; **j-n e-e kurze** ~ **begleiten** faire un bout de chemin avec qn.

wegstreichen ['vɛkˌʃtraɪçən] *v/t.* ⟨*irr.*, *sép.*, -ge-, h⟩ biffer; raturer; supprimer; *Haare* relever.

Wegstunde ['veːkˌʃtʊndə] *f* lieue *f*.

weg|tragen ['vɛkˌtraːgən] *v/t.* ⟨*irr.*, *sép.*, -ge-, h⟩ emporter; enlever; ~ˌ**treiben I** *v/t.* ⟨*irr.*, *sép.*, -ge-, h⟩ chasser; **II** *v/i.* ⟨sein⟩ **mit dem Strom** ~ être emporté par le courant; ~ˌ**treten** *v/i.* ⟨*irr.*, *sép.*, -ge-, sein⟩ se retirer; *milit.* rompre les rangs; ~! rompez (les rangs)!; ~ **lassen** faire rompre les rangs; F *iron.* **geistig weggetreten sein** être distrait, absent, F dans la lune; ~**tun** *v/t.* ⟨*irr.*, *sép.*, -ge-, h⟩ (*wegnehmen*) ôter; enlever; (*beiseite tun*) mettre de côté; (*verwahren*) ranger; (*wegwerfen*) *cf.* **wegschmeißen**.

Weg|überführung ['veːkʔyːbərˌfyːrʊŋ] *f* passage supérieur, au-dessus; ~ˌ**übergang** *m* passage *m* à niveau; ~**unterˌführung** *f* passage inférieur, souterrain, au-dessous, en dessous.

weg|wälzen ['vɛkˌvɛltsən] *v/t.* ⟨-(es)t, *sép.*, -ge-, h⟩ *Stein* enlever (en roulant); rouler; ~ˌ**waschen** *v/t.* ⟨*irr.*, *sép.*, -ge-, h⟩ laver.

Wegwarte ['veːkˌvartə] *f bot.* chicorée *f* sauvage.

wegwehen ['vɛkˌveːən] **I** *v/t.* ⟨*sép.*, -ge-, h⟩ *vom Wind* emporter; **II** *v/i.* ⟨sein⟩ être emporté par le vent.

weg|weisend ['veːkˌvaɪzənt] *adj. fig.* qui ouvre des perspectives; ♀ˌ**weiser** *m* ⟨~s; ~⟩ poteau, panneau indicateur.

weg|wenden ['vɛkˌvɛndən] *v/t.* (*u. v/réfl.*) ⟨*irr.*, *sép.*, -ge-, h⟩ (se) détourner; ~ˌ**werfen I** *v/t.* ⟨*irr.*, *sép.*, -ge-, h⟩ jeter; *als unbrauchbar cf.* **wegschmeißen**; *Geld* (*verschwenden*) prodiguer; **II** *v/réfl.* **sich** ~ s'abaisser; s'avilir; ~ˌ**werfend 1.** *adjt.* dédaigneux, -euse; méprisant; **mit e-r** ~**en Handbewegung** d'un geste dédaigneux, de mépris; **2.** *advt.* avec dédain; avec mépris; ~ˌ**wischen** *v/t.* ⟨*sép.*, -ge-, h⟩ essuyer; effacer; ~ˌ**wünschen I** *v/t.* ⟨*sép.*, -ge-, h⟩ **j-n** ~ souhaiter le départ de qn.; **II** *v/réfl.* **sich** ~ souhaiter (de) partir; ~ˌ**zaubern** *v/t.* ⟨-(e)re, *sép.*, -ge-, h⟩ escamoter.

Weg|zehrung ['veːkˌtseːrʊŋ] *st. s. f* provisions *f/pl.* de voyage; *relig. cath.* viatique *m*; ~ˌ**zeichen** *n* marque *f*; repère *m*; indication *f*.

weg|zerren ['vɛkˌtsɛrən] *v/t.* ⟨*sép.*, -ge-, h⟩ arracher; tirer de force; ~ˌ**ziehen I** *v/t.* ⟨*irr.*, *sép.*, -ge-, h⟩ enlever; **II** *v/i.* ⟨sein⟩ (*umziehen*) déménager; *Vögel* émigrer; partir; **⁀zug** *m* déménagement *m*; *der Vögel* départ *m*.

weh [veː] **I** *adj. u. adv.* j-m ~ tun faire mal à qn.; *fig.* affliger qn.; **der Kopf tut mir ~** j'ai mal à la tête; **wo tut es dir ~?** où as-tu mal?; F **e-n ~en Finger haben** avoir mal au doigt; **es ist mir ~ ums Herz** j'ai le cœur gros, serré; **mir wird ~ ums Herz** mon cœur se serre; **das tut mir in der Seele ~** cela me déchire le cœur; j'en suis désolé, navré; **II** *int.* **o ~!** aïe!; hélas!; misère!; **au ~!** aïe!; ahi!; **~ mir!** pauvre de moi!; *drohend* **~(e) ihm!** malheur à lui!; **ach u. ~ schreien** pousser des cris lamentables; jeter les 'hauts cris; se lamenter.

Weh [veː] *n* ⟨~(e)s; ~e⟩ (*Leid*) mal *m*; (*Schmerz*) douleur *f*; (*Unglück*) malheur *m*; **mit Ach u. ~** en se lamentant; *fig.* à grand-peine; avec bien des difficultés, de la peine; **da hilft ihm kein Ach u. ~** il a beau se lamenter; **das Wohl u. ~e** le sort; le bonheur ou le malheur; **über j-s Wohl u. ~e entscheiden** faire le bonheur ou le malheur de qn.; décider du sort de qn.

wehe [ˈveːə] *cf.* weh.

Wehe [ˈveːə] *f* ⟨~; ~n⟩ *cf.* Schneewehe.

Wehen [ˈveːən] *f/pl. méd.* douleurs *f/pl.*, travail *m* de l'enfantement; **in den ~ liegen** être dans les douleurs, *litt.* en gésine.

wehen [ˈveːən] **I** *v/t.* ⟨h⟩ (*wehend tragen*) emporter; chasser; **II** *v/i. Wind* souffler; *Fahnen etc.* flotter; **es weht stark, es weht ein starker Wind** le vent souffle avec violence; **es weht ein kalter Wind** il souffle un vent froid; un vent froid souffle; *fig.* **es weht ein neuer Geist durch die Politik** un esprit nouveau souffle en politique; *fig.* **er weiß, woher der Wind weht** il sait prendre le vent; **mit ~den Fahnen** avec drapeaux déployés; **III ⁀** *n* ⟨~s⟩ souffle *m*.

Weh|geschrei [ˈveːgəˌʃraɪ] *n* lamentations *f/pl.*; **~ˌklage** *f* plaintes *f/pl.*; lamentations *f/pl.*; gémissement(s) *m* (*pl.*); **⁀ˌklagen** *v/i.* ⟨h⟩ se plaindre; se lamenter; gémir; geindre; **⁀ˌleidig** *adj.* gémisseur, -euse; pleurnicheur, -euse; F pleurnichard; geignard; *Stimme auch* dolent; **~ˌleidigˌkeit** *f* ⟨~⟩ ton *m*, mine *f* geignard(e), pleurnichard(e); **~mut** *f* ⟨~⟩ (douce) mélancolie *f*; **⁀ˌmütig** *adj.* mélancolique; **⁀muts-ˌvoll** *adj.* plein de mélancolie; mélancolique.

Wehr[1] [veːr] *f* ⟨~; ~en⟩ *litt., bibl.* défense *f*; (*Waffen*) armes *f/pl.* (défensives); (*Bollwerk*) rempart *m*; **~ u. Waffen** armes; **in ~ u. Waffen** en armes; sur pied de guerre; **sich zur ~ setzen** se défendre; se mettre en défense, sur la défensive; résister.

Wehr[2] [veːr] *n* ⟨~(e)s; ~e⟩ *hydr.* barrage *m*.

Wehr|beauftragte(r) [ˈveːrbəˌʔaufˌtraːktə(r)] *m in Deutschland etwa* commissaire *m* parlementaire auprès des forces armées; **~ˌbeitrag** *m* contribution *f* à la défense commune; **~beˌreich** *m* région *f* militaire; **~beˌreichskoˌmmando** *n* commandement *m* de (la) région militaire; **~dienst** *m* service *m* militaire; **den ~ ableisten** faire son service militaire; F faire son temps (de service), son service; **aus dem ~ entlassen werden** être réformé; être rayé des contrôles de l'armée; **im ~ stehen** être sous les drapeaux; faire son service militaire; **~dienstverˌweigerer** *m* ⟨~s; ~⟩ *cf.* Kriegsdienstverweigerer.

wehren [ˈveːrən] **I** *v/réfl.* ⟨h⟩ **sich ~** se défendre; se mettre en défense; (*Widerstand leisten*) résister; **sich mit aller Macht, mit Händen u. Füßen ~** se défendre de toutes ses forces (*auch fig.*); se défendre à coups de pied et (à coups) de poing; opposer une vive résistance (*auch fig.*); **sich s-r Haut ~** défendre sa vie, F sa peau; *fig.* bien se défendre; **II** *v/t. u. v/i. litt., bibl.* **j-m etw. ~** empêcher qn. de faire qc.; défendre qc. à qn.; **e-r Sache ~** s'opposer à qc.; **wer will's mir ~?** qui m'en empêchera?

Wehr|ersatzbehörden [ˈveːrʔɛrˌzatsbəˌhœrdən] *f/pl. in Deutschland* autorités chargées du recrutement et des réserves; **~erˌsatzˌwesen** *n* recrutement *m* et réserves *f/pl.*; **~erˌtüchtigung** *f* préparation *f* militaire; **~erˌziehung** *f* formation *f* militaire; **~eˌtat** *m* budget *m* de la défense nationale; **⁀ˌfähig** *adj.* bon pour le service militaire; apte au service militaire; *vom Alter her gesehen* en âge de porter les armes; **~gang** *m fortif.* chemin *m* de ronde; **~geˌhänge** *n*, **~geˌhenk** *n* ⟨~(e)s; ~e⟩ *hist.* baudrier *m*; **~geist** *m* esprit *m* de défense; **~geˌsetz** *n cf.* ~pflichtgesetz; **~geˌsetzˌgebung** *f* législation relative à l'organisation de l'armée; **⁀haft** *adj.* qui peut se défendre; en état de se défendre; (*mannhaft*) vaillant; **j-n ~ machen** armer qn.; **~ˌhoheit** *f* souveraineté *f* militaire; **~ˌkirche** *f hist.* église fortifiée; **~kraft** *f* ⟨~⟩ force *f*, potentiel *m* militaire; **~kraftzerˌsetzung** *f* démoralisation *f* de la troupe; **~kreis** *m cf.* Wehrbereich; **⁀los** *adj.* sans armes; désarmé; sans défense (*auch Tiere*); 'hors d'état, incapable de se défendre; (*schwach*) faible; **j-n ~ machen** désarmer qn.; **~ˌlosigˌkeit** *f* ⟨~⟩ manque *m* d'armes, de moyens de défense; impuissance *f* à se défendre; incapacité *f* de se défendre; (*Schwäche*) faiblesse *f*; **~macht** *f* ⟨~⟩ forces armées; armée *f*; *hist.* **die deutsche ~** l'armée allemande; la Wehrmacht; **~macht(s)ˌangehörige(r)** *m hist.* membre *m* des forces armées allemandes, de la Wehrmacht; **~macht(s)beˌricht** *m hist.* communiqué *m* du commandement suprême des forces armées; F communiqué *m* (militaire); **~paß** *m* livret *m* militaire; **~pflicht** *f* ⟨~⟩ service *m* militaire obligatoire; **s-e ~ ableisten** faire son service (militaire); **s-r ~ genügen** satisfaire aux obligations militaires; **j-n aus der ~ entlassen** dégager qn. de toute obligation militaire; **~pflichtgeˌsetz** *n* loi *f* sur le service militaire (obligatoire); **⁀ˌpflichtig** *adj.* astreint au service militaire; mobilisable; **in ~em Alter** en âge de servir (dans l'armée), d'être appelé sous les drapeaux; **~ˌpflichtige(r)** *m* ⟨→ A⟩ citoyen astreint au service militaire; conscrit *m*; **~recht** *n* ⟨~(e)s⟩ droit *m* militaire; **~sold** *m* prêt *m*; solde *f*; **~ˌstammbuch** *n* livret *m* matricule; **~ˌstammkarte** *f* fiche *f* signalétique et des services; **~ˌstammrolle** *f* rôle *m*, registre *m* de recrutement; **~ˌstrafgeˌsetz** *n* code pénal militaire; **⁀ˌtauglich** *adj.* apte au service militaire; bon pour le service armé; **~ˌtauglichˌkeit** *f* aptitude *f* au service militaire, armé; **⁀ˌtüchtig** *adj. cf.* ⁀tauglich; **~ˌtüchtigˌkeit** *f cf.* ~tauglichkeit; **~ˌübung** *f* période *f* militaire; **~en machen** faire des périodes; **⁀ˌunfähig, ⁀ˌuntauglich** *adj.* inapte, impropre au service militaire, armé; **~ˌvorlage** *f im Parlament* projet *m* de loi militaire; **~ˌwesen** *n* affaires *f/pl.* militaires; **~ˌwirtschaft** *f* ⟨~⟩ économie *f* de guerre; **~ˌwissenschaft** *f* science *f* militaire, de la guerre; art *m* militaire.

Wehweh [veˈveː] *n* ⟨~s⟩, **~chen** *n* ⟨~s; ~⟩ *enf.* bobo *m*.

Weib [vaɪp] *n* ⟨~(e)s; ~er⟩ **1.** *poét., bibl.* femme *f*; (*Gattin*) épouse *f*; **j-m s-e Tochter zum ~e geben** donner sa fille en mariage à qn.; **j-n zum ~e nehmen** épouser qn.; **ein ~ nehmen** prendre (une) femme; se marier; **~ u. Kind haben** avoir femme et enfant; avoir charge de famille; être chargé de famille; **2.** *péj.* **schmutziges, häßliches ~** maritorne *f*; **klatschsüchtiges ~** commère *f*; **ein böses ~** une mégère; *fig.* un dragon; P un chameau; *von e-m Mann* **er ist ein altes ~** P c'est une poule mouillée; **Die lustigen ~er von Windsor** Les joyeuses commères de Windsor; **~chen** *n* ⟨~s; ~⟩ *zo.* femelle *f*.

Weiber|art [ˈvaɪbərˌʔart] *péj. f* manière *f* des femmes; **~ˌfeind** *m sc.* misogyne *m*; **~ˌfeindschaft** *f sc.* misogynie *f*; **~geˌschrei** *péj. n* criaillerie *f* des femmes; **~geˌschwätz** *péj. n*, **~geˌwäsch** *péj. n* F commérages *m/pl.*; **~ˌheld** *péj. m* homme *m* à femmes; coureur *m* de femmes, de cotillons, de jupons; F coureur *m*; *pfort.* trousseur *m* de jupons, de cotillons; **~ˌherrschaft** *péj. f cf.* ~regiment; **~ˌklatsch** *péj. m cf.* ~geschwätz; **~ˌknecht** *péj. m* damoiseau *m*; godelureau *m*; **~ˌlaune** *f* caprice *m* de femme; **~ˌlist** *f* ruse *f* de femme; **~regiˌment** *péj. n* domination *f* des femmes; **~ˌvolk** *péj. n* femmes *f/pl.*

weib|isch [ˈvaɪbɪʃ] *péj. adj.* efféminé; (de) femme; **ein ~er Mann** un efféminé; **~ machen (werden)** (s')efféminer; **⁀lein** *n* ⟨~s; ~⟩ F **Männlein u. ~** hommes et femmes; **~lich** *adj.* féminin (*auch gr.*); *bot., zo.* femelle; **~e Arbeitskräfte** main-d'œuvre féminine; **~e Beschäftigungen** occupations de femme; **⁀lichˌkeit** *f* ⟨~⟩ nature féminine; féminité *f*; *coll.* **die ~** les femmes; **die holde ~** le beau sexe.

Weibsbild [ˈvaɪpsbɪlt] *péj. n* F créature *f*; garce *f*; femelle *f*; P chameau *m*.

Weibsen [ˈvaɪpsən] *péj. n* ⟨~s; ~⟩ *coll.* **die ~** les femmes *f/pl.*

Weibs|leute [ˈvaɪpsˌlɔʏtə] F *pl.* femmes *f/pl.*; **~perˌson** *f*, **~stück** *n péj. cf.* Weibsbild.

weich [vaɪç] *adj. Käse, Brot, Butter, méd. Geschwür etc.* mou (mol), molle; *Sitz, Stoff, Farbe etc.* moelleux, -euse; *Brot, Stoff* mollet, -tte; *Haut, Luft, Wasser, Eisen* doux, douce; *Kragen etc.* (*geschmeidig*) souple; *Bett* moelleux, -euse; mollet, -tte; doux, douce; douillet, -tte; *Töne, Melodie* doux, douce; suave; *Stimme auch* tendre; moelleuse; *Frucht* fondant; *Holz* tendre; *Ei* à la coque; mollet; *peint., Umrisse* flou; *mus., Anschlag, Bogenstrich* délicat; *Haut etc.* (*zart*) tendre; délicat; *Gemüt, Herz* tendre; sensible; facile à émouvoir; *anat.* **~er Gaumen** voile *m* du palais; **~ wie Seide** doux, douce comme la soie; **im ~en Gras** dans l'herbe tendre; **ein ~es Herz in rauher Schale** un cœur d'or sous une rude écorce; **sich ~ an-**

fühlen être doux au toucher; ~ **werden** devenir mou, molle; s'amollir; *fig.* (*gerührt werden*) s'attendrir; ~ **machen** rendre mou, molle; amollir; *Stahl* détremper; *techn.*, *Kautschuk etc.* plastifier; *fig.* **j-n ~ stimmen** attendrir, toucher qn.; **mir wird ganz ~ ums Herz** je me sens ému; F *fig.* **j-n ~ machen** (*nachgiebig machen*) amener qn. à céder, à lâcher du lest; F *fig.* ~ **werden** (*sich rühren lassen*) s'attendrir; s'émouvoir; se laisser toucher, émouvoir, attendrir; (*nachgeben*) céder; F *fig.* **nur nicht ~ werden!** ne cédez pas!; *fig.* **er ist ~ wie Wachs** c'est une cire molle; on le manie comme de la cire; **~e Landung auf dem Mond** atterrissage en douceur sur la lune.

Weichbild ['vaɪçbɪlt] *n e-r Stadt* banlieue *f*; périmètre urbain.

Weiche¹ ['vaɪçə] *f* ⟨~; ~n⟩ *chem.* aiguille [-gɥij] *f*; aiguillage [-gɥij-] *m*; **e-e ~ stellen** manœuvrer, faire desservir une aiguille; aiguiller; faire un aiguillage; **die ~ umstellen** annuler l'aiguillage; renverser l'aiguille, l'aiguillage.

Weiche² ['vaɪçə] *f* ⟨~; ~n⟩ **1.** *anat. meist* ~n *pl.* flancs *m/pl.*; **2.** *Brauerei* cuve *f* de trempe; trempoire *f*.

Weicheisen ['vaɪçˌˀaɪzən] *n métall.* fer doux.

weichen¹ ['vaɪçən] *v/i.* ⟨sein⟩ tremper; ~ **lassen** faire tremper.

weichen² ['vaɪçən] **I** *v/i.* ⟨weicht, wich, gewichen, sein⟩ céder (vor devant); reculer (devant); *milit.* fléchir (devant); **nicht wanken noch ~** ne pas reculer d'un pouce; tenir ferme, bon, F le coup; **nicht von der Stelle ~** ne pas céder (un pouce de terrain); ne pas reculer; (*sich nicht rühren*) ne pas quitter sa place; ne pas bouger; **j-m nicht von der Seite ~** ne pas quitter qn. d'une semelle; suivre qn. comme son ombre; **j-m ~** faire place à qn.; céder la place à qn.; se retirer devant qn.; **vor der Überzahl ~** céder, reculer devant le nombre; **der Gewalt ~** céder à la *od.* devant la violence; **der Boden wich unter s-n Füßen** le terrain s'affaissa sous ses pas, pieds; **alles Blut war aus ihren Wangen gewichen** elle avait (soudain) pâli; elle était devenue pâle; *die malerischen Gäßchen* **müssen dem gesteigerten Verkehr ~** ... doivent faire place à l'accroissement de la circulation, à la circulation croissante, accrue; **II** 2 *n* ⟨~s⟩ recul *m*; *milit.* recul *m*; repli *m*; **j-n zum ~ bringen** faire céder, reculer, fléchir qn.

Weichen|hebel ['vaɪçənˌheːbəl] *m chem.* levier *m* d'aiguille, de manœuvre d'une aiguille; **~laˌterne** *f chem.* lanterne *f* d'aiguille, de changement de voie; **~siˌgnal** *n chem.* signal *m* de branchement, d'aiguillage; **~ˌsteller** *m* ⟨~s; ~⟩ *chem.* aiguilleur *m*; **~ˌstellung** *f chem.* aiguillage *m* (*auch fig.*); **falsche ~** erreur d'aiguillage; **~ˌwärter** *m cf.* ~steller; **~ˌzunge** *f chem.* lame *f* d'aiguille.

Weich|faserpflanzen ['vaɪçfaːzərˌpflantsən] *f/pl.* plantes *f/pl.* à fibre fine; **~ˌflügler** *m/pl. zo. cf.* ~käfer; **~ˌfutter** *n agr.* aliments pâteux; **2geˌkocht** *adjt. Ei* à la coque; mollet; **~geˌstein** *n géol.* roches *f/pl.* tendres; **2ˌglühen** *v/t.* ⟨*sép.*, -ge-, h⟩ *métall.* recuire; **~harz** *n* résine molle; **~heit** *f* ⟨~⟩ *e-s Bettes, Sessels etc.* moelleux *m*; *des Wassers, der Luft, e-s Stoffes, der Stimme, e-r Sprache* douceur *f*; *des Gemütes auch* sensibilité *f*; tendresse *f* (*auch der Stimme*); *des Stils, e-s Stoffes* mollesse *f*; *mus., des Anschlags, Bogenstrichs* délicatesse *f*; (*Geschmeidigkeit*) souplesse *f*; **2ˌherzig** *adj.* (au cœur) tendre; sensible; (*mitfühlend*) compatissant; **~ˌherzigˌkeit** *f* ⟨~⟩ tendresse *f* du cœur; sensibilité *f*; **~-holz** *n* bois *m* tendre; **~ˌkäfer** *m/pl. zo.* cantharides *f/pl.*; **~ˌkäse** *m* fromage mou; **2lich** *péj. adj.* mou (mol), molle; douillet, -tte; mollasse; efféminé; **~lichˌkeit** *péj. f* ⟨~⟩ mollesse *f*; **~ling** *péj. m* ⟨~s; ~e⟩ efféminé *m*; douillet *m*; sybarite *m*; F femmelette *f*; (*Feigling*) P poule mouillée; **~lot** *n techn.* soudure *f* tendre, à l'étain; **2-ˌlöten I** *v/t.* ⟨-ete, *sép.*, -ge-, h⟩ *techn.* souder à l'étain; **II ~ˌlöten** *n techn.* soudage *m*, soudure *f* à l'étain, tendre; **~ˌmacher** *m* ⟨~s; ~⟩, **~ˌmachungsˌmittel** *n techn.* plastifiant *m*; **~manˌganˌerz** *n minéral. cf.* Braunstein; **~meˌtall** *n* métal mou.

Weichsel ['vaɪksəl] *f* ⟨~; ~n⟩ *bot. cf.* ~kirsche; **~ˌholz** *n* bois *m* de griottier; **~ˌkirsche** *f bot. Baum* griottier *m*; *Frucht* griotte *f*; **~ˌzopf** *m* plique *f* (polonaise).

Weich|teile ['vaɪçˌtaɪlə] *n/pl. anat.* parties molles; **~ˌtiere** *n/pl. zo.* mollusques *m/pl.*; **~ˌwerden** *n* (r)amollissement *m*; *fig.* attendrissement *m*.

Weide¹ ['vaɪdə] *f* ⟨~; ~n⟩ *bot.* saule *m*; (*Korb*2) osier *m*.

Weide² ['vaɪdə] *f* ⟨~; ~n⟩ (*Vieh*2) pâturage *m*; pacage *m*; pâture *f*; herbage *m*; **auf die ~ führen, treiben** mener paître; mettre au pâturage, au pacage, à l'herbage, en pâture; **~ˌfläche** *f* terrain(s) *m(pl.)*, terre(s) *f(pl.)* en pâturage(s), en herbage(s); **~ˌland** *n* pâturage(s) *m(pl.)*; herbages *m/pl.*

weiden ['vaɪdən] **I** *v/t.* ⟨-ete, h⟩ *Vieh* (*weiden lassen*) faire paître, pâturer; pacager; herbager; *fig.* **s-e Augen an etw. ~** repaître ses yeux de qc.; **II** *v/i.* paître; pâturer; pacager; brouter (l'herbe); **III** *v/réfl. fig.* **sich an etw. ~** se repaître, se délecter de qc.; **IV** 2 *n* ⟨~s⟩ *des Viehs* pâturage *m*; pacage *m*; herbagement *m*; *vom Vieh* (*Futtersuchen*) pâture *f*.

Weiden|baum ['vaɪdənˌbaum] *m bot. cf.* Weide¹; **~ˌbusch** *m* saule *m* en arbuste; **~geˌbüsch** *n*, **~geˌhölz** *n* saulaie *f*; saussaie *f*; oseraie *f*; **~ˌgerte** *f* verge *f* de saule; **~geˌwächse** *n/pl. bot.* salicacées *f/pl.*; **~ˌkätzchen** *n bot.* chaton *m* de saule; **~ˌkorb** *m* panier *m* d'osier; **~ˌröschen** *n* ⟨~s; ~⟩ *bot.* épilobe *m*; **~ˌrute** *f cf.* ~gerte; *Korbflechterei* (verge *f* d')osier *m*.

Weide|platz ['vaɪdəˌplats] *m cf.* Weide²; **~ˌrecht** *n* droit *m* de pacage, de pâturage.

Weiderich ['vaɪdəˌrɪç] *m* ⟨~s⟩ *bot.* salicaire *f*; **~geˌwächse** *n/pl. bot.* lythracées *f/pl.*

Weidewirtschaft ['vaɪdəˌvɪrtʃaft] *f* ⟨~⟩ *agr.* exploitation *f* de(s) pâturages.

weidgerecht ['vaɪtgəˌrɛçt] *adj. u. adv.* en vrai chasseur; selon les règles de la chasse; conforme *bzw.* conformément aux usages de (la) vénerie.

Weidicht ['vaɪdɪçt] *n* ⟨~(e)s; ~e⟩ *cf.* Weidengebüsch.

weidlich ['vaɪtlɪç] *adv.* (*gehörig, tüchtig*) comme il faut; copieusement; à cœur joie.

Weid|loch ['vaɪtlɔx] *n ch.* anus [-ys] *m*; **~mann** *m* ⟨~(e)s; ⁓er⟩ chasseur *m*; **2ˌmännisch** *adj.* de (*adv.* en) chasseur; **~er Brauch** usage de la chasse; **~manns'heil** *n* ~! bonne chasse!; **~-mannsˌsprache** *f* langage *m* des chasseurs; **~ˌmesser** *n* couteau *m* de chasse; **~sack** *m ch.* **1.** gibecière *f*; carnier *m*; **2.** estomac *m* (du sanglier); **~werk** *n* chasse *f*; vénerie *f*; **2wund** *adj.* blessé (dans le ventre, à mort).

weiger|n ['vaɪgərn] *v/réfl.* ⟨-(e)re, h⟩ **sich ~, etw. zu tun** refuser de faire qc.; se refuser à faire qc.; **2ung** *f* ⟨~; ~en⟩ refus *m*; **2ungsˌfall** *m* **im ~(e)** en cas de refus; **2ungsˌgrund** *m* motif *m* de refus.

Weih [vaɪ] *m* ⟨~(e)s; ~e⟩ *zo.* **1.** *sc.* circus *m*; **2.** *cf.* Gabelweihe.

Weih|becken ['vaɪˌbɛkən] *n égl. cath.* bénitier [-itje] *m*; **~bild** *n égl. cath.* ex-voto *m*; **~ˌbischof** *m égl. cath.* évêque *m* auxiliaire.

Weihe¹ ['vaɪə] *f* ⟨~; ~n⟩ consécration *f*; *e-r Kirche auch* dédicace *f*; (*kirchliche Einsegnung*) bénédiction *f*; *e-s Priesters* ordination *f*; *e-s Bischofs, Königs* sacre *m*; *fig.* (*erhabene Feststimmung*) solennité *f*; **die niederen ~n** les ordres mineurs; **die ~n empfangen** être ordonné prêtre; **j-m die ~n erteilen** ordonner qn. prêtre; conférer les ordres à qn.; *fig.* **e-r Sache die rechte ~ verleihen** rendre qc. solennel, -elle.

Weihe² ['vaɪə] *f* ⟨~; ~n⟩ *zo. cf.* Weih.

weihen ['vaɪən] **I** *v/t.* (*u. v/réfl.*) ⟨h⟩ (se) vouer; (se) consacrer; *égl. cath. Brot, Wasser* (*segnen*) bénir; *die Hostie* consacrer; *Altar, Kirche auch* dédier; **j-n zum Bischof ~** sacrer qn. évêque; **j-n zum Priester ~** ordonner qn. prêtre; **II** 2 *n* ⟨~s⟩ *cf.* Weihe¹.

Weiher ['vaɪər] *m* ⟨~s; ~⟩ étang *m*; (*Fisch*2) vivier *m*.

Weihe|rede ['vaɪəˌreːdə] *f* discours inaugural; **~ˌstunde** *f* cérémonie *f*; solennité *f*; **2ˌvoll** *adj.* solennel, -lle.

Weih|gabe ['vaɪˌgaːbə] *f*, **~geˌschenk** *n égl. cath.* offrande *f*.

Weihnacht ['vaɪnaxt] *f* ⟨~⟩ *cf.* ~en II; **2en I** *v/imp.* ⟨-ete, h⟩ **es weihnachtet** Noël approche; **II ~en** *n* ⟨~⟩ *od. pl.* Noël *m*; **zu ~** à Noël; **fröhliche ~!** joyeux Noël!; **2lich** *adj.* de Noël.

Weihnachts|abend ['vaɪnaxtsˌˀaːbənt] *m* veille *f* de Noël; **~ˌbaum** *m* arbre *m* de Noël; **~beˌscherung** *f* distribution *f* des cadeaux de Noël; **~ˌbrauch** *m* coutume *f* de Noël; **~-ˌfeier** *f* célébration *f* de la fête de Noël; **~ˌferien** *pl.* vacances *f/pl.* de Noël; **~ˌfest** *n* fête *f* de Noël; la Noël; **~geˌschenk** *n* cadeau *m* de Noël; F (petit) noël *m*; *in Frankreich oft zu Neujahr* étrennes *f/pl.*; **~gratifikatiˌon** *f* gratification *f* de Noël; **~ˌkrippe** *f* crèche *f* de Noël; **~ˌlied** *n* cantique *m*, chant *m* de Noël; noël *m*; **~ˌmann** *m* ⟨~(e)s; ⁓er⟩ père *m* Noël; *iron.* F **noch an den ~ glauben** croire encore au père Noël; **~ˌmarkt** *m* foire *f* de Noël; **~ˌtag** *m* (jour *m* de) Noël *m*; **~ˌwoche** *f* semaine *f* de Noël; **~ˌzeit** *f* temps *m* de Noël.

Weihrauch ['vaɪraux] *m Harz* encens *m*; *Rauch* (fumée *f*, vapeur *f* de l')encens *m*; *fig.* **j-m ~ streuen** encenser qn.; donner des coups d'encensoir à qn.; brûler de l'encens à qn.; **~ˌbaum** *m bot.* arbre *m* thurifère; *sc.* boswellie *f*; boswellia *m*.

weihräuchern ['vaɪˌrɔʏçərn] **I** *v/i.* ⟨-(e)re, h⟩ brûler de l'encens; encenser; **II** 2 *n* ⟨~s⟩ encensement *m*.

Weih|rauchfaß ['vaɪrauxˌfas] *n* encensoir *m*; **~ung** *f* ⟨~; ~en⟩ *cf.* Weihe¹; **~ˌwasser** *n* ⟨~s⟩ eau bénite; **etw. mit ~ besprengen** asperger qc. d'eau bénite; **~wasserˌbecken** *n*, **~wasserˌkes-**

sel *m* bénitier [-itje] *m*; **~ˌwedel** *m* goupillon *m*; aspersoir *m*.

weil [vaɪl] *conj.* parce que; *bei gleichem Subjekt auch* pour (+ *inf. passé*); *er ist krank*, **~ er zu viel gegessen hat** ... pour avoir trop mangé.

Weilchen [ˈvaɪlçən] *n* ⟨~s; ~⟩ petit moment.

Weile [ˈvaɪlə] *f* ⟨~⟩ moment *m*; quelque temps; (un) certain laps de temps; **e-e ganze, geraume ~** assez longtemps; un temps assez long; un bon, long moment; **e-e (kleine) ~** un (petit) moment; quelque temps; *bibl.* **über e-e kleine ~** peu (de temps) après; **damit hat es gute ~** rien ne presse; ce n'est pas urgent; F ça n'urge pas; **es ist schon e-e ~ her, daß** ... il y a quelque temps que ...; **es ist schon e-e ganze, gute ~ her, daß** ... il y a beau temps, F belle lurette que ...; **vor e-r kleinen ~** il y a peu de temps (que); **gut Ding will ~ haben** *prov.* il ne faut rien précipiter; il ne faut pas précipiter les choses; **eile mit ~!** hâte-toi lentement!

weilen [ˈvaɪlən] *st. s. v/i.* ⟨h⟩ séjourner; rester; s'arrêter; demeurer; *fig.* **er weilt nicht mehr unter uns** il n'est plus parmi nous; il nous a quittés.

Weiler [ˈvaɪlər] *m* ⟨~s; ~⟩ 'hameau *m*.

Wein [vaɪn] *m* ⟨~(e)s; ~e⟩ vin *m*; *bot.* (*~rebe*) vigne *f*; (*Traube*) raisin *m*; **billiger, einfacher ~** vin ordinaire; **junger ~** vin nouveau; **leichter ~** vin léger; **naturreiner, herber ~** vin naturel, sec; **offener ~** vin en carafe, au verre; **schwerer ~** vin lourd, fort, capiteux, qui a du corps, corsé; **verschnittener ~** vin de coupage; *bot.* **wilder ~** vigne sauvage, vierge; lambrusque *f od.* lambruche *f*; **~ vom Faß** vin (tiré) au fût, à la barrique; vin à la tireuse; **der Gott des ~es** le dieu de la treille; **~ bauen** cultiver la vigne; *fig.* **Wasser in s-n ~ gießen** *cf.* **Wasser**; *fig.* **j-m reinen, klaren ~ einschenken** dire à qn. la vérité crue; **~bau** *m* ⟨~(e)s⟩ viticulture *f*; culture *f* de la vigne; industrie *f* viticole; **~ treiben** cultiver la vigne; **~ˌbauer** *m* ⟨~s *od.* ~n; ~n⟩ vigneron *m*; *im großen* viticulteur *m*; **~baugeˌbiet** *n* région *f* vinicole; **~bauˌkunde** *f* ⟨~⟩ *sc.* œnologie *f*; **~ˌbecher** *m* gobelet *m* à vin; **~ˌbeere** *f* grain *m* de raisin; **~ˌbeißer** *m* ⟨~s; ~⟩ dégustateur *m*; piqueur *m* de vin; **~beˌreitung** *f* vinification *f*; œnotechnique *f*; **~berg** *m* vigne *f*; vignoble *m*; **~berg(s)beˌsitzer** *m cf.* **~bauer**; **~bergˌschnecke** *f* *zo.* escargot *m* de Bourgogne; **~blatt** *n* feuille *f* de vigne; **~ˌblüte** *f* fleur *f* de la vigne; *Zeit* fleuraison *f od.* floraison *f* de la vigne; **~brand** *m* eau-de-vie *f* (de vin); cognac *m*.

wein|en [ˈvaɪnən] **I** *v/i.* ⟨h⟩ pleurer; verser des larmes; **~ über** ... pleurer sur ...; **um j-n ~** pleurer (la perte de) qn.; **vor Freude ~** pleurer de joie; **heftig ~** pleurer à chaudes larmes; **sich die Augen rot ~** pleurer toutes les larmes de son corps; **II 2en** *n* ⟨~s⟩ pleurs *m/pl.*; larmes *f/pl.*; **j-n zum ~ bringen** faire pleurer qn.; arracher des larmes à qn.; **dem ~ nahe sein** être près de pleurer; être au bord des larmes; **~erˌlich** *adj.* pleureur, -euse; F *péj.* pleurnicheur, -euse; pleurnichard; pleurard; *Ton, Stimme etc. auch* larmoyant; **~ tun** pleurnicher; **2erlichˌkeit** *f* ⟨~⟩ F pleurnicherie *f*.

Wein|ernte [ˈvaɪnˌʔɛrntə] *f* vendange *f*; **~erˌtrag** *m* production *f* viticole; **~ˌessig** *m* vinaigre *m* (de vin); **~faß** *n* tonneau *m* à vin; **~ˌflasche** *f* bouteille *f* à vin; **~fleck** *m* tache *f* de vin; **~ˌgarten** *m* vigne *f*; **~ˌgärtner** *m* vigneron *m*; **~ˌgegend** *f* région *f* viticole, vinicole, de vignobles; **~geist** *m* ⟨~(e)s; ~e⟩ esprit-de-vin *m*; **~geˌländer** *n* treille *f*; **~glas** *n* verre *m* à vin; **~gut** *n* domaine *m* viticole; clos *m*; **~ˌhandel** *m* commerce *m* de vin(s); **~ˌhändler** *m* marchand *m* de vin(s); *Großhändler* négociant *m* en vins; **~ˌhandlung** *f* débit *m* de vin; commerce *m*, comptoir *m* de vins (au détail); **~ˌheber** *m* tâte-vin *m*; **~ˌhefe** *f* lie *f* de vin; **~ˌhügel** *m* coteau planté de vignes; **~jahr** *n* **gutes ~** bonne année pour le vin; année *f* de bon vin; **~ˌkanne** *f* pot *m* à vin; **~kaˌraffe** *f* carafon *m* (de *od.* à vin); **~ˌkarte** *f* carte *f* des vins; **~ˌkeller** *m* cave *f* à vin; *oft zu ebener Erde* cellier *m*; **~ˌkellner** *m* sommelier *m*; **~ˌkelter** *f* pressoir *m*; **~ˌkenner** *m* connaisseur *m* en vins.

Weinkrampf [ˈvaɪnkrampf] *m méd.* crise *f* de larmes; pleurs *m/pl.* spasmodiques.

Wein|krug [ˈvaɪnkruːk] *m* cruche *f* à vin; *großer* broc [bro] *m*; **~ˌlager** *n* entrepôt *m* de vins; chai(s) [ʃɛ] *m*; **~land** *n* pays *m* viticole, vinicole, de vignobles; **~laub** *n* feuillage *m* de la vigne; pampres *m/pl.*; **~ˌlaube** *f* treille *f*; **~ˌlaune** *f* **in ~** gris; F éméché; *cf. auch* **2selig**; **~ˌlese** *f* vendange(s) *f* (*pl.*); **Zeit der ~** vendanges *f/pl.*; **~ halten** faire la (les) vendange(s); vendanger; **~ˌleser(in)** *m* (*f*) vendangeur, -euse *m, f*; **~leseˌzeit** *f* (saison *f* des) vendanges *f/pl.*; **~lied** *n* chanson *f* bachique; **~loˌkal** *n* taverne *f*; **~markt** *m* marché *m* aux vins; **~ˌniederlage** *f* entrepôt *m* de vins; **~ˌpresse** *f* pressoir *m*; **~ˌprobe** *f* échantillon *m* de vin; (*das Probieren*) dégustation *f* (de vin); **~ˌranke** *f* sarment *m*; vrille *f* de vigne; *par ext.* (*grüner Zweig*) pampre *m*; **~ˌrebe** *f bot.* vigne *f*; (*Rebstock*) cep *m* de vigne; *poét.* pampre *m*; **~ˌreisende(r)** *m* représentant *m* en vins; **2rot** *adj.* vineux, -euse; (couleur) lie de vin; **~ˌsäure** *f chim.* acide *m* tartrique; **~ˌschenke** *f* cabaret *m*; **~schlauch** *m* outre *f* à vin; **~ˌschmekker** *m* ⟨~s; ~⟩ dégustateur *m*; piqueur *m* de vin; tâte-vin *m*; **2ˌselig** *adj. iron.* qui est dans les vignes du Seigneur; **~stein** *m* ⟨~(e)s⟩ *chim.* tartre *m*; **~steinˌsäure** *f chim. cf.* **~säure**; **~ˌsteuer** *f* impôt *m* sur les vins; **~stock** *m* (pied *m*, cep *m* de) vigne *f*; **~ˌstube** *f* taverne *f*; **~ˌtraube** *f* (grappe *f* de) raisin *m*; **~ˌtrinker** *m* buveur *m* de vin; **~ˌvorrat** *m oft* cave *f*; **e-n guten ~ haben** avoir une bonne cave; **~ˌwaage** *f* œnomètre *m*; **~zwang** *m* obligation *f* de prendre du vin.

weise [ˈvaɪzə] *adj.* sage; (*lebensklug*) avisé; (*vorsichtig*) prudent.

Weise [ˈvaɪzə] *f* ⟨~; ~n⟩ **1.** manière *f*; façon *f*; méthode *f*; **auf alle mögliche ~** de toutes les manières possibles; **auf alte ~** suivant la vieille méthode; **auf diese ~** de cette manière; **auf die e-e od. andere ~** de façon ou d'autre; **auf gleiche ~** de la même manière, façon; **auf jede ~** de toute façon; **auf meine ~** à ma manière; **auf solche ~** de la sorte; **auf welche ~?** de quelle manière, façon?; **in alter ~** comme autrefois; **in der ~, daß** ... de manière, de façon que ... (*final*: *subj.*); de *od.* en sorte que ... (*final*: *subj.*); **in gewohnter ~** comme d'habitude; comme de coutume; comme à l'accoutumée; **in keiner ~** en aucune manière, façon (*beim Verb mit* ne); nullement (*beim Verb mit* ne); *als abweisende Antwort* pas du tout!; **er gab uns in liebenswürdiger ~ Auskunft** il eut l'amabilité de nous renseigner; **jeder nach s-r ~** chacun à sa guise, façon, à son gré; **die Art u. ~, wie er das macht** sa façon, manière de faire cela; **2.** *mus.* air *m*; mélodie *f*; **volkstümliche ~** air populaire; **lustige ~** air gai.

Weisel [ˈvaɪzəl] *m* ⟨~s; ~⟩ reine *f* (des abeilles).

weisen [ˈvaɪzən] *v/t.* ⟨-(es)t, **weist, wies, gewiesen,** h⟩ *Weg* montrer; indiquer; **j-m die Tür ~** montrer la porte à qn.; mettre qn. à la porte; **~ an** (*verweisen*) adresser, renvoyer à; *Uhr* (*-zeiger*) **auf zwölf ~** indiquer midi; **aus der Schule ~** expulser de l'école; **j-n in die Schranken ~** remettre qn. à sa place; *Magnetnadel* **nach Norden ~** montrer, indiquer le nord; **etw. von der Hand, von sich ~** repousser, rejeter qc.; *Sport* **vom Feld ~** expulser du terrain.

Weise(r) [ˈvaɪzə(r)] *f* (*m*) ⟨→ A⟩ sage *m*; **der Stein der ~n** la pierre philosophale; *bibl.* **die drei ~n aus dem Morgenlande** les Rois mages.

Weisheit [ˈvaɪshaɪt] *f* ⟨~; ~en⟩ sagesse *f*; (*Wissen*) savoir *m*; science *f*; *bibl.* **die ~ Salomos** le Livre de la Sagesse, Sapience; F **mit s-r ~ zu Ende sein** être au bout de son latin; *iron.* F **die ~ mit Löffeln gegessen haben** avoir la science infuse; *iron.* F **er hat die ~ nicht mit Löffeln gegessen** F il n'a pas inventé le fil à couper le beurre, la poudre (à canon); **der ~ letzter Schluß** le dernier recours; F **behalte deine ~ für dich!** ne t'en mêle pas!; **Vorsicht ist die Mutter der ~** *cf.* **Vorsicht**; **2sˌvoll** *adj.* plein de sagesse; **~sˌzahn** *m* dent *f* de sagesse.

weislich [ˈvaɪslɪç] *adv.* sagement; prudemment; **~ handeln** bien faire.

weismachen [ˈvaɪsˌmaxən] F *v/t.* ⟨*sép.*, -ge-, h⟩ **j-m etw. ~** faire accroire qc. à qn.; **ich lasse mir das nicht ~** F je ne marche pas; **das machen Sie andern weis!** à d'autres!

weiß [vaɪs] **I** *adj.* blanc, blanche; **~e Kohle** 'houille blanche; *comm.* **2e Woche** semaine du blanc; **das 2e Haus** la Maison Blanche; **~es Blutkörperchen** globule blanc; leucocyte *m*; **die 2e Frau** la Dame blanche; *fig.* **ein ~er Rabe** un oiseau rare; un merle blanc; **~ wie Schnee, wie e-e Wand** blanc, blanche comme neige, comme un linge; **ganz ~ im Gesicht sein** être tout pâle; *fig.* **e-e ~e Weste haben** avoir une réputation intacte; avoir les mains nettes; *fig.* **schwarz auf ~** noir sur blanc; par écrit; **~ gekleidet sein** être vêtu, habillé de blanc; **~ machen, werden** blanchir; **sich** (*mit Farbe etc.*) **~ machen** prendre du blanc; **~ gerben** mégir; mégisser; **~ kleiden** habiller de blanc; **das 2e im Auge** le blanc de l'œil; **II 2** *n* ⟨~(es)⟩ blanc *m*; couleur blanche; **in ~ gekleidet** vêtu de blanc.

weissag|en [ˈvaɪsˌzaːgən] *v/t.* ⟨*insép.*, ge-, h⟩ prophétiser; prédire; présager; **~end** *adjt.* prophétique; **2er(in)** *m* ⟨~s; ~⟩ (*f*) ⟨~; ~nen⟩ prophète *m*; prophétesse *f*; **2ung** *f* ⟨~; ~en⟩ prophétie [-si] *f*; prédiction *f*.

Weiß|birke [ˈvaɪsˌbɪrkə] *f bot.* bouleau blanc; **~blech** *n* fer-blanc *m*; tôle étamée; **~blechˌwaren** *f/pl.* ferblanterie *f*; **~bleiˌerz** *n minéral.* cérusite *f*; **~buch** *n pol.* Livre blanc; **~ˌbuche** *f bot.* charme *m*; **~dorn** *m* ⟨~(e)s; ~e⟩

bot. aubépine *f*; *sc.* cratægus *m*; **~e** *f* ⟨~⟩ blancheur *f*; **≈en I** *v/t.* ⟨-(es)t, h⟩ blanchir; badigeonner; **II ~en** *n* ⟨~s⟩ blanchiment *m*; badigeonnage *m*; **~e(r)** *f* (*m*) ⟨→ A⟩ blanc *m*, blanche *f*; **~ˌfische** *m/pl. zo.* poissons blancs; **~fluß** *m méd.* pertes blanches; *sc.* leucorrhée *f*; **≈geˌkleidet** *adjt.* vêtu de blanc; **≈gelb** *adj.* jaune pâle, blanchâtre; isabelle; **~ˌgerber** *m* mégissier *m*; **~gerbe'rei** *f* mégisserie *f*; **~ˌglühen** *n* incandescence *f*; chauffe *f* à blanc; **≈ˌglühend** *adjt.* chauffé à blanc; incandescent; **~glut** *f métall.* incandescence *f*; blanc incandescent; **bis zur ~ bringen** chauffer à blanc; F *fig.* **j-n bis zur ~ reizen, j-n in ~ bringen** chauffer qn. à blanc; **~gold** *n* or blanc; **≈grau** *adj.* gris pâle; **≈ˌhaarig** *adj.* aux *od.* à cheveux blancs; chenu; **~ˌkäse** *m* fromage blanc; **~klee** *m bot.* trèfle blanc, rampant; **~kohl** *m*, **~kraut** *n bot.* chou blanc; **≈lich** *adj.* blanchâtre; **~ˌlinge** *m/pl. zo. Schmetterlinge sc.* piéridés *m/pl.*; *Fische cf.* **~fische**; **~mehl** *n* farine blanche; **~meˌtall** *n* métal blanc; alliage blanc; **≈ˌnähen I** *v/i.* ⟨*sép.*, -ge-, h⟩ faire de la lingerie; **II ~ˌnähen** *n* lingerie *f*; **~ˌnäherin** *f* lingère *f*; **~ˌpappel** *f bot.* peuplier blanc (de Hollande); **~ˌrusse** *m*, **~ˌrussin** *f* **a)** *ethnologisch* Biélorussien, -nne *m, f*; **b)** *pol.* Russe blanc, blanche; **≈ˌrussisch** *adj.* biélorussien, -nne; **≈ˌseiden** *adj.* de *od.* en soie blanche; **~sticke'rei** *f* broderie blanche; **~ˌtanne** *f bot.* sapin argenté; **~ˌwaren** *f/pl.* blanc *m*; **~warengeˌschäft** *n* magasin *m* de blanc; **~ˌwäsche** *f* linge blanc; **≈ˌwaschen** *v/t.* ⟨*nur inf. u. p. p.* **weißgewaschen**⟩ *fig.* **j-n ~** innocenter, disculper, F blanchir qn.; *fig.* **sich ~** se disculper; se justifier; F se blanchir; **~wein** *m* vin blanc; **~wurst** *f etwa* boudin blanc; **~wurz** *f* ⟨~⟩ *bot.* sceau-de-Salomon *m*; *sc.* polygonatum *m od.* polygonate *m*.

Weistum ['vaɪstuːm] *n* ⟨~(e)s; ~er⟩ *jur.* coutume(s) *f* (*pl.*); coutumier *m*.

Weisung ['vaɪzʊŋ] *f* ⟨~; ~en⟩ instruction *f*; directive *f*; consigne *f* (*auch milit.*); (*Befehl*) ordre *m*; **~en einholen** demander des instructions, des directives; **~en erteilen** donner des instructions, des directives; **sich an ~en halten** suivre les instructions; **≈sgeˌmäß** *adv.* selon les instructions; conformément aux instructions, aux ordres.

weit [vaɪt] **1.** *adj.* (*ausgedehnt*) large; étendu; grand; *Plätze, Räume* (*geräumig*) spacieux, -euse; *Ebene* (*unermeßlich*) vaste; immense; *Kleidungsstücke* large; ample; *Reise, Weg* long, longue; **die ~e Welt, das ~e Meer** le vaste monde, la vaste mer; *fig.* **ein ~es Gewissen** une conscience élastique; **im ~esten Sinne des Wortes** dans toute l'acception du terme; **das ist ein ~er Begriff** a) c'est un concept large; b) *iron.* c'est une conception trop vague; *fig.* F **~ vom Schuß sein** être 'hors de danger, 'hors d'atteinte; *fig. alle Herzen* **wurden ~ …** se dilatèrent; **in ~er Ferne** tout au loin; *fig.* **das liegt noch in ~em Feld, in ~er Ferne** c'est encore bien éloigné; *Kleider* **zu ~ sein** *auch* avoir trop d'ampleur; **der Mantel ist mir zu ~** *auch* je flotte dans mon manteau; **2.** *adv.* loin; **~ entfernt von …** loin de …; *fig.* **~ davon entfernt, zu …** (+ *inf.*) (bien) loin de … (+ *inf.*); tant s'en faut que … (+ *subj.*); **gleich ~ entfernt von …** à égale distance de …; **~ weg** (*in der Ferne*) au loin; dans le lointain; **das ist ~ weg von hier** c'est loin d'ici; *zeitlich* **~ zurückliegend** lointain; **~ gefehlt!** ce n'est pas ça du tout!; **~ verbreitet** très répandu; *Tür* **~ offenstehen** être toute grande ouverte; **das ist ~ hergeholt** c'est tiré par les cheveux; **~ u. breit** partout; (loin) à la ronde; tout alentour; **~ schöner, leichter, schwieriger** bien *od.* beaucoup plus agréable, facile, difficile; **~ mehr** beaucoup plus; **bei ~em (der größte)** de loin, de beaucoup (le plus grand); **bei ~em nicht** tant s'en faut; **er ist bei ~em nicht so …** *auch* il n'est pas, à beaucoup près, si …; **bei ~em nicht vollständig** loin d'être complet, -ète; **von ~em** de loin; à distance; F **es ist nicht ~ her damit, mit ihm** cela, il ne vaut pas grand-chose; **er ist ~ über fünfzig** il a largement dépassé, il a de beaucoup passé la cinquantaine; **er ist so ~ genesen, daß …** il est suffisamment rétabli pour … (+ *inf.*); **er ging so ~, uns zu sagen, daß …** il a été jusqu'à nous dire que …; *die Verzweiflung* **kann e-n so ~ bringen, daß …** … peut vous porter jusqu'à … (+ *inf.*); **das könnte zu ~ führen** cela pourrait mener trop loin; **man sieht nicht zwei Schritte ~** on n'y voit pas à deux pas; **zwei Kilometer ~** à (une distance de) deux kilomètres; **wie ~ haben wir es noch?** y a-t-il encore loin?; **wir haben nicht ~ nach Hause** il n'y a pas loin d'ici chez nous; **wie ~ wollen Sie uns begleiten?** jusqu'où voulez-vous nous accompagner?; **wie ~ ist es nach …?** quelle distance, combien de kilomètres y a-t-il d'ici à …?; **ist es ~ von hier nach dem** *od.* **bis zum Bahnhof?** y a-t-il loin d'ici (à) la gare?; **es ist ~** il y a loin (von … nach de … à); **es ist nicht mehr ~** ce n'est plus loin; vous allez arriver; **wie ~ bist du?** où en es-tu?; **wie ~ bist du mit deiner Arbeit?** où en es-tu de *od.* avec ton travail?; où en est ton travail?; **~ vom Thema abkommen, abschweifen** être loin du sujet; se perdre dans des digressions; **die Augen ~ aufmachen** faire, ouvrir de grands yeux; ouvrir les yeux tout grands; *Meinungen* **~ auseinandergehen** diverger radicalement; **es ~ bringen** aller loin; faire son chemin; (bien) réussir; **~ gehen** aller loin (*auch fig.*); **das geht zu ~** c'en est trop; les choses vont trop loin; ça va trop loin; c'est trop fort; **~ mit etw. kommen** aller loin avec qc.; *iron.* **er wird nicht sehr ~ damit kommen** il ne le portera pas bien loin; il n'ira pas très loin avec ça; **es ist ~ mit ihm gekommen** il est tombé bien bas; voilà où il en est!; **ist es so ~ mit dir gekommen?** en es-tu là?; **er ist noch nicht ~ gekommen** il n'est pas encore (bien) loin; **~ reichen** porter loin; **~ sehen** voir loin (*auch fig.*); **etw. zu ~ treiben** outrer, exagérer les choses; pousser les choses trop loin; **es zu ~ treiben** aller trop loin; passer les bornes; **j-n ~ übertreffen, j-m ~ überlegen sein** surpasser qn. de loin, de beaucoup; être bien supérieur à qn.; **~ von sich weisen** rejeter; **~'ab** *adv.* loin d'ici, de là; **~'aus** *adv.* (*bei weitem*) de loin; de beaucoup; **≈blick** *m* vues *f/pl.* larges; clairvoyance *f*; prévoyance *f*; **~ˌblickend** *adjt.* à vues larges; qui voit loin; clairvoyant; prévoyant.

Weite ['vaɪtə] *f* ⟨~; ~n⟩ largeur *f*; *e-s Kleidungsstückes* ampleur *f*; *e-s Weges* longueur *f*; (*weiter Raum*) vaste espace *m*; (*Ferne*) lointain *m*; **lichte ~** *e-s Rohres* diamètre intérieur; lumière *f*; *cf. auch* **licht 3.**; **in die ~ ziehen** partir au loin.

weiten ['vaɪtən] *v/t.* (*u. v/réfl.*) ⟨-ete, h⟩ *Schuhe, Handschuhe* (s')élargir; (s')agrandir; *Öffnung* (s')évaser; *fig. Pupillen, Brust* se dilater.

weiter ['vaɪtər] (*comp. von* **weit**) **1.** *zur Bezeichnung e-s Grades mit adj. od. adv.* plus; **~ entfernt** plus loin, éloigné; **~ oben** plus 'haut; *in e-m Text* ci-dessus; **~ unten** plus bas; *in e-m Text* ci-dessous; **~ vorn** plus loin vers l'avant; plus en avant; **im ~en Sinne** au sens large; par extension; **~ gehen** (als j) aller plus loin (que qn.); **~ machen, werden** *cf.* **weiten**; **2.** *zur Bezeichnung der Fortsetzung* **~!, nur ~!** continuez!; allez toujours!; **nicht ~!** arrêtez!; **hören Sie ~!** écoutez encore, ce n'est pas tout; écoutez la suite!; **~ niemand** personne d'autre (*mit* ne *beim Verb*); **~ nichts?** c'est tout?; pas plus?; **nichts ~!** rien de plus!; voilà tout!; **u. ~?, was ~?** et quoi encore?; et puis?; et après?; **u. so ~** (*abr.* **usw.**) et ainsi de suite; et cætera (*abr.* etc.); **~ habe ich nichts zu sagen** je n'ai plus rien à ajouter; **wir haben ~ nichts mehr zu tun, als …** nous n'avons plus autre chose, plus rien d'autre à faire qu'à …; il ne nous reste plus qu'à …; **was willst du noch ~?** que veux-tu encore, de plus?; **das hat ~ nichts auf sich** cela ne tire pas à conséquence; **das hat ~ nichts zu sagen** cela ne veut rien dire; **das ist ~ kein Unglück** il n'y a pas grand mal; ce n'est pas grave; *iron.* la belle affaire!; **3.** *als attributives adj.* (*sonstig*) autre; (*später*) ultérieur; **~e Tatsachen** d'autres faits; des faits nouveaux; **ohne ~e Erklärungen** sans autres explications; **alle ~en Forderungen** toutes les prétentions ultérieures; **ohne ~en Aufschub** sans plus attendre; **ohne ~e Umstände** sans plus de façons; **~e Auskunft bei …** pour plus de, pour plus amples renseignements s'adresser à …; *adm.* **zur ~en Veranlassung** pour suite à donner; **~e 7000 Soldaten** 7000 autres soldats; 7000 soldats de plus.

'weiter… *in Zssgn. mit Verben, wenn die Fortdauer e-r Handlung od. e-s Zustandes ausgedrückt wird meist* continuer à (faire qc.); **~beˌfördern** *v/t.* ⟨-(e)re, *sép., pas de ge-*, h⟩ réexpédier; **≈beˌförderung** *f* réexpédition *f*; **~beˌstehen** *v/i.* ⟨*irr., sép., pas de ge-*, h⟩ continuer d'exister; subsister; *cf. auch* **fortbestehen**; **~ˌbilden** *v/t. u. v/réfl.* ⟨-ete, *sép.*, -ge-, h⟩ *cf.* **fortbilden**; **≈ˌbildung** *f* formation *f* complémentaire; *cf. auch* **Fortbildung**; **~ˌbringen** *v/t.* ⟨*irr., sép.*, -ge-, h⟩ avancer; **das bringt mich nicht ~** cela ne m'avancera guère; **~ˌdenken** *v/i.* ⟨*irr., sép.*, -ge-, h⟩ réfléchir aux suites; songer à l'avenir; **~emˌpfehlen** *v/t.* ⟨*irr., sép., pas de ge-*, h⟩ recommander; **~entˌwickeln I** *v/t.* ⟨-(e)le, *sép., pas de ge-*, h⟩ développer; *Erfindung* perfectionner; **II** *v/réfl.* **sich ~** *cf.* **fortentwickeln II**; **≈entˌwicklung** *f cf.* **Fortentwicklung**; **~erˌzählen** *v/t.* ⟨*sép., pas de ge-*, h⟩ continuer à raconter; (*ausplaudern*) *cf.* **weitersagen**.

Weitere(s) ['vaɪtərə(s)] *n* ⟨→ A⟩ **das ~** ce qui suit; la suite; le reste; **das ~ siehe …** pour plus de, pour plus amples détails, voir …; **im ≈n** par la suite; **alles ~ mündlich** le reste verbalement; **alles ~ findet sich** pour le reste, on verra bien; des **~n enthoben sein** n'avoir rien d'autre à faire; n'avoir à s'occuper de rien d'autre; **das ~ übernehmen** se charger du reste; **u. so alles ~** et le reste à l'avenant; **des 2n erfahren wir, daß** ... on nous informe en outre, aussi que ...; **bis auf 2s** jusqu'à nouvel ordre; jusqu'à plus ample informé; (*vorläufig*) provisoirement; **ohne 2s** sans façon; sans plus; sans formalité; sans autre forme de procès; tout simplement.

weiter|fahren ['vaɪtərˌfaːrən] *v/i.* ⟨*irr., sép.*, -ge-, sein⟩ continuer sa route; **~!** circulez!; **~ˌfliegen** *v/i.* ⟨*irr., sép.*, -ge-, sein⟩ continuer son vol; **2ˌflug** *m* continuation *f* du vol; **~ˌführen** *v/t.* ⟨*sép.*, -ge-, h⟩ continuer; *Arbeit auch* poursuivre; *cf. auch* fortführen 2.; (*weiterbringen*) *cf.* weiterbringen; **2ˌführung** *f* ⟨~⟩ continuation *f*; *e-r Arbeit auch* poursuite *f*; *cf. auch* Fortführung; **2ˌgabe** *f* ⟨~⟩ transmission *f*; *tél.* retransmission *f*; **~ˌgeben** *v/t.* ⟨*irr., sép.*, -ge-, h⟩ transmettre; (*herumreichen*) faire passer, circuler; *tél.* retransmettre; **~ˌgehen** *v/i.* ⟨*irr., sép.*, -ge-, sein⟩ poursuivre, continuer son chemin; (*fortfahren*) continuer; *Arbeit* (*vorangehen*) continuer; se poursuivre; **~!** circulez!; **so kann es nicht ~** ça ne peut pas durer comme ça; **~ˌhelfen** *v/i.* ⟨*irr., sép.*, -ge-, h⟩ j-m ~ aider qn. (à faire qc.); F donner un coup de main à qn.; **~'hin** *adv.* (*außerdem*) en outre; de plus; encore; (*in Zukunft*) à l'avenir; désormais; **~ˌkämpfen** *v/i.* ⟨*sép.*, -ge-, h⟩ poursuivre la lutte; **~ˌkommen I** *v/i.* ⟨*irr., sép.*, -ge-, sein⟩ avancer; **II 2ˌkommen** *n* avancement *m*; **~ˌkönnen** F *v/i.* ⟨*irr., sép.*, -ge-, h⟩ *cf.* ~fahren, ~gehen; *beim Reden* **nicht ~** (*steckenbleiben*) rester court; **ich kann nicht mehr weiter** *mit meinen Kräften* je n'en peux plus; **~ˌleben I** *v/i.* ⟨*sép.*, -ge-, h⟩ *cf.* fortleben; **II 2ˌleben** *n* ⟨~s⟩ *cf.* Fortleben; **~ˌleiten** *v/t.* ⟨-ete, *sép.*, -ge-, h⟩ transmettre; *tél.* retransmettre; **2ˌleitung** *f* transmission *f*; *tél.* retransmission *f*; **~ˌlesen** *v/t.* ⟨*irr., sép.*, -ge-, h⟩ continuer à lire; **~ˌmachen** *v/t.* ⟨*sép.*, -ge-, h⟩ continuer; **~ˌreichen** *v/t.* ⟨*sép.*, -ge-, h⟩ *cf.* ~geben; **2ˌreise** *f* ⟨~⟩ continuation *f* du voyage; **auf der ~** en continuant le voyage; **~ˌreisen** *v/i.* ⟨-(es)t, *sép.*, -ge-, sein⟩ continuer, poursuivre son voyage; **~ˌsagen** *v/t.* ⟨*sép.*, -ge-, h⟩ redire; rapporter; répéter; colporter; **~ˌschicken** *v/t.* ⟨*sép.*, -ge-, h⟩ *cf.* weiterbefördern; **~ˌspielen** *v/t. u. v/i.* ⟨*sép.*, -ge-, h⟩ continuer à jouer, le jeu.

Weiterungen ['vaɪtəˌrʊŋən] *f/pl.* (*Schwierigkeiten*) difficultés *f/pl.*; complications *f/pl.*; (*lästige Folgen*) suites, conséquences fâcheuses.

weiter|verarbeiten ['vaɪtərfɛrˌˀarbaɪtən] *v/t.* ⟨-ete, *sép.*, *pas de ge-*, h⟩ traiter; usiner; **~verˌarbeitend** *adjt.* **~e Industrie** industrie de finition, finissage; **2verˌarbeitung** *f* traitement *m*; usinage *m*; transformation *f*; **~verˌbreiten** *v/t.* ⟨-ete, *sép.*, *pas de ge-*, h⟩ *Nachricht* répandre; propager; divulguer; colporter; **2verˌbreitung** *f* propagation *f*; divulgation *f*; colportage *m*; **~verˌfolgen** *v/t.* ⟨*sép.*, *pas de ge-*, h⟩ poursuivre; **2verˌkauf** *m* revente *f*; **~verˌkaufen** *v/t.* ⟨*sép.*, *pas de ge-*, h⟩ revendre; **~verˌmieten** *v/t.* ⟨-ete, *sép.*, *pas de ge-*, h⟩ sous-louer; **2verˌmietung** *f* sous-location *f*; **2verˌsicherung** *f* **freiwillige ~** assurance facultative, volontaire; **~ˌwollen** F *v/i.* ⟨*irr., sép.*, -ge-, h⟩ vouloir continuer son chemin, sa route; **~ˌwursteln** F *v/i.* ⟨-(e)le, *sép.*, -ge-, h⟩ continuer son train-train habituel; **~ˌzahlen** *v/t.* ⟨*sép.*, -ge-, h⟩ continuer à payer; **~ˌziehen** *v/i.* ⟨*irr., sép.*, -ge-, sein⟩ continuer son chemin, sa route.

Weite(s) ['vaɪtə(s)] *n* ⟨→ A⟩ F **das ~ suchen** s'enfuir; prendre, gagner le large; prendre la clef des champs.

weit|gehend ['vaɪtˌgeːənt] **1.** *adjt.* large; étendu; vaste; **~e Beschränkung** restriction notable; **~es Verständnis** grande, large compréhension; **2.** *advt.* largement; amplement; **etw. ~ berücksichtigen** tenir amplement, largement compte de qc.; **~ ändern** changer radicalement; **~geˌreist** *adjt.* qui a beaucoup voyagé; **~geˌsteckt** *adjt.* **~e Ziele haben** viser 'haut; avoir de hautes visées; **~ˌgreifend** *adjt.* vaste; **~'her** *adv.* de loin; **~ˌherzig** *adj.* large; généreux, -euse; libéral; tolérant; **2ˌherzigˌkeit** *f* ⟨~⟩ largesse *f*; générosité *f*; libéralité *f*; tolérance *f*; **~'hin, ~hi'naus** *adv.* au loin; **~ sichtbar** visible au loin, de loin, à longue distance; qui peut être vu de loin; **~ˌläufig 1.** *adj. Gebäude* étendu; spacieux, -euse; *pfort.* vaste; *Schrift* espacé; *Verwandter* éloigné; *Erklärungen, Schilderung* (*ausführlich*) détaillé; circonstancié; (*zu genau*) minutieux, -euse; *cf. auch* weitschweifig; **2.** *adv. bauen* (très) spacieusement; *schreiben* d'une façon espacée; *schildern* en détail; tout au long; **sie sind ~ verwandt** ils sont parents éloignés; **2ˌläufigˌkeit** *f* ⟨~⟩ *e-s Gebäudes* dimensions *f/pl.*; *der Schrift* espacement *m*; *e-r Schilderung* étendue *f*; longueur *f*; *cf. auch* Weitschweifigkeit; **~ˌmaschig** *adj.* à grandes mailles; **~ˌräumig** *adj.* vaste; ample; sur de grands espaces; **~ˌreichend** *adjt. Geschütz* à longue portée; *Vollmachten etc.* étendu; *Einfluß* grand; *Verbindungen* d'une grande portée; **~ˌschauend** *adjt. cf.* weitblickend; **~ˌschichtig** *adj. fig.* vaste; **2schuß** *m Fußball* tir lointain; **~ˌschweifig** *adj. Erklärungen, Schilderung* prolixe; long, longue; interminable; **2ˌschweifigˌkeit** *f* ⟨~; ~en⟩ *e-r Schilderung* prolixité *f*; longueur *f*; **~ˌsichtig** *adj. méd. cf.* übersichtig; *fig.* prévoyant; **2ˌsichtige(r)** *m* ⟨→ A⟩ *cf.* Übersichtige(r); **2ˌsichtigˌkeit** *f* ⟨~⟩ *méd. cf.* Übersichtigkeit; *fig.* prévoyance *f*; **2ˌspringer (-in)** *m* (*f*) *Sport* sauteur, -euse *m*, *f* en longueur; **2sprung** *m Sport* saut *m* en longueur; **~ˌtragend** *adjt.* d'une grande portée; *Geschütz* à longue portée.

Weitung ['vaɪtʊŋ] *f* ⟨~; ~en⟩ *von Schuhen, Handschuhen* élargissement *m*; agrandissement *m*; *e-r Öffnung* évasement *m*.

weit|verbreitet ['vaɪtfɛrˌbraɪtət] *adjt.* très répandu; *Pflanze, Ansicht auch* commun; *Ansicht, Irrtum* courant; **~verˌzweigt** *adjt.* très ramifié; très étendu; à ramifications très étendues; **2winkelobjekˌtiv** *n phot.* objectif *m* (à) grand angle.

Weizen ['vaɪtsən] *m* ⟨~s⟩ *bot., agr.* blé *m*; froment *m*; **türkischer ~** blé de Turquie, d'Espagne; maïs *m*; *fig.* **sein ~ blüht** ses affaires marchent bien, sont florissantes; la fortune lui sourit; *bibl., fig.* **die Spreu vom ~ sondern** *cf.* Spreu; **~ˌanbauˌfläche** *f* terres emblavées; emblavure *f*; **~ˌbrot** *n* pain *m* de froment; **~ˌernte** *f* moisson *f*; **~ˌfeld** *n* champ *m* de blé, de froment; **~ˌgrieß** *m* semoule *f* de blé; **~ˌkeime** *m/pl.* germes *m/pl.* de blé; **~ˌkorn** *n* ⟨~(e)s; ~̈er⟩ grain *m* de blé; **~ˌmehl** *n* farine *f* de froment, de blé; **feinstes ~** fleur *f* de farine; **~ˌschrot** *n, m agr.* froment égrugé.

welch [vɛlç] **I** *pr/i. u. adj. verbunden* quel, -lle; *unverbunden* lequel, laquelle; **~er Mann?** quel homme?; **~e Frau?** quelle femme?; **um ~e Zeit?** à quelle heure?; **aus ~em Grund?** pour quelle raison?; **mit ~em Recht?** de quel droit?; **~er Erfolg, ~ ein Erfolg!** quel succès!; *st. s.* **~es sind s-e Gründe?** quelles sont ses raisons?; **~e dieser** *od.* **von diesen Damen?** laquelle de ces dames?; **~er von beiden?** lequel, qui des deux?; **II** *pr/rel.* **a)** *nom. m u. f, sg. u. pl.* qui; *zur Vermeidung e-s Doppelsinnes bisweilen* lequel, laquelle; **b)** *dat.* auquel, à laquelle, *etc.*; *mit Bezug auf Personen auch* à qui; *die Dame,* **~er wir geschrieben haben** ... à laquelle, à qui nous avons écrit; **c)** *acc.* que; *nach prép.* lequel, laquelle; *mit Bezug auf Personen bisweilen auch* qui; **III** *pr/ind.* **a) ~ ... auch immer** quel, quelle que ... (+ *subj.*); *vor subst.* quelque (*pl.* quelques) que ... (+ *subj.*); **~es auch immer Ihre Gründe sein mögen** quelles que soient vos raisons; **~e Fehler er auch haben mag** quelques défauts qu'il ait; **b)** F *im positiven Sinne* (*etwas*) en; *haben Sie Brot?* **ich habe ~es** j'en ai; **~e** (*einige*) quelques-uns, quelques-unes; **hier sind ~e, die nicht bezahlt haben** il y en a ici qui n'ont pas payé; **~erˌart, ~ergeˌstalt, ~er'lei** *adv.* de quelle manière, nature, espèce; **~ sie auch seien** quels qu'ils soient; **welcherart auch s-e Gründe sein mögen** de quelque nature que soient ses raisons; quelles que soient ses raisons; quelle que soit la nature de ses raisons; **~erˌweise** *adv.* **~ auch immer** de quelque façon que ... (+ *subj.*).

Welf [vɛlf] *m* ⟨~(e)s; ~e⟩ *od. n* ⟨~(e)s; ~er⟩ *cf.* Welpe.

Welf|e ['vɛlfə] *m* ⟨~n; ~n⟩ *hist.* guelfe *m*; **2isch** *adj.* guelfe.

welk [vɛlk] *adj.* fané; (*ganz verblüht*) flétri (*beide auch fig.*); **~ machen** faner; flétrir; **~ werden** *cf.* ~en; **~en** *v/i.* ⟨sein⟩ se faner; se flétrir (*beide auch fig.*).

Well|baum ['vɛlbaum] *m am Mühlrad etc.* arbre *m*; *am Glockenstuhl* mouton *m*; **~blech** *n* tôle ondulée; **~blechˌdach** *n* toit *m* de tôle ondulée.

Welle ['vɛlə] *f* ⟨~; ~n⟩ vague *f* (*auch fig., milit.*); *sanfte* onde *f*; *wild bewegte* flot *m*; *hohe, alles mit sich fortreißende* lame *f*; *phys.* onde *f*; *techn.* arbre *m*; *gym.* soleil *m*; **~n** *pl. im Haar* ondulations *f/pl.* (*auch Bodenwellen*); **von den ~n verschlungen werden** être englouti par les flots; **die ~n brechen sich** les lames déferlent; *poét.* **sich den ~n anvertrauen** se confier à l'onde, au flot; *fig.* **e-e ~ der Begeisterung** une vague d'enthousiasme; **die Begeisterung schlug hohe ~n** c'était du délire; **die ~n des Gefühls** les élans du cœur; *im Verkehr* **grüne ~** feux coordonnés; F **die grüne ~ haben** avoir toujours le feu vert, la voie libre; *phys., rad.* **kurze, lange, mittlere, ultrakurze ~n** ondes courtes, longues (*auch* grandes ondes), moyennes, ultracourtes; **stehende ~** onde stationnaire.

wellen ['vɛlən] **I** *v/t. u. v/réfl.* ⟨h⟩ onduler; **gewelltes Haar** cheveux ondulés; **II 2** *n* ⟨~s⟩ ondulation *f*.

Wellen|anzeiger [ˈvɛlənˌʔantsaɪgər] *m* détecteur *m* d'ondes; 2ˌ**artig** *adj. cf.* 2**förmig**; ~ˌ**ausbreitung** *f phys.* propagation *f* des ondes; ~ˌ**bad** *n* piscine *f* à vagues artificielles; ~**beˌreich** *m rad.* gamme *f* d'ondes; bande *f* de fréquences; ~ˌ**berg** *m mar.* sommet *m* d'une vague; *phys.* crête *f* d'onde; ~**beˌwegung** *f* mouvement *m* ondulatoire; ondulation *f*; ~ˌ**brecher** *m mar.* brise-lames *m*; ~**erˌzeuger** *m phys.* générateur *m* d'ondes; ~ˌ**filter** *m phys.* filtre *m* d'ondes; ~ˌ**form** *f phys.* forme *f* d'onde; 2ˌ**förmig** *adj.* onduleux, -euse; ondoyant; *phys. sc.* ondulatoire; ~e Bewegung *cf.* ~bewegung; ~ˌ**gang** *m* ⟨~(e)s⟩ *mar.* 'houle *f*; es ist hoher ~ la mer roule des vagues; la mer est grosse; ~**geˌschwindigkeit** *f phys.* vitesse *f* de propagation des ondes; ~**geˌstalt** *f cf.* ~form; ~ˌ**länge** *f rad.* longueur *f* d'onde; ~ˌ**linie** *f* ligne ondulée; ondulation *f*; ~**meˌchanik** *f* mécanique *f* ondulatoire; ~ˌ**messer** *m* ⟨~s; ~⟩ ondemètre *m*; ~ˌ**reiten** *n mit Boot* aquaplane *m*; *ohne Boot* surf *m*; ~ˌ**reiter** *m mit Boot* aquaplaniste *m*; *ohne Boot* surfer *m*; ~ˌ**schalter** *m rad.* commutateur *m* (de longueur) d'ondes; commutateur *m* de bande; ~ˌ**schlag** *m* choc *m* des vagues; (*Brandung*) ressac *m*; déferlement *m* des vagues, flots; ~ˌ**schlitten** *m* hydroglisseur *m*; hydroplane *m*; ~ˌ**schreiber** *m* ondographe *m*; ~ˌ**sieb** *n cf.* ~filter; ~ˌ**sittich** *m zo.* perruche *f*; ~ˌ**stoß** *m phys.* impulsion *f*, choc *m* d'ondes; ~ˌ**strom** *m élect.* courant *m* ondulatoire, ondulé; ~ˌ**tal** *n mar.* creux *m* d'une vague; *phys.* creux *m* de l'onde; vallée *f* d'onde; ~**theoˌrie** *f* ~ des Lichtes théorie *f* ondulatoire de la lumière; ~**verˌteilung** *f rad.* distribution *f*, répartition *f* des fréquences; ~ˌ**zapfen** *m techn.* tourillon *m* de l'arbre.

wellern [ˈvɛlərn] *v/t.* ⟨-(e)re, h⟩ *bât.* torcher; bousiller.

Wellfleisch [ˈvɛlflaɪʃ] *n* porc bouilli.

wellig [ˈvɛlɪç] *adj.* onduleux, -euse; ondulé; ondulant; *Gelände* accidenté; vallonné; mamelonné.

Well|papier [ˈvɛlpaˌpiːr] *n* papier ondulé; ~ˌ**pappe** *f* carton ondulé; ~**rad** *n phys.* (*Winde*) treuil *m*.

Welpe [ˈvɛlpə] *m* ⟨~n; ~n⟩ (*junger Hund*) jeune chien *m*; chiot *m*; (*junger Wolf*) louveteau *m*; (*junger Fuchs*) renardeau *m*.

Wels [vɛls] *m* ⟨~es; ~e⟩ *zo.* silure *m*.

welsch [vɛlʃ] *adj. hist.* roman; italien, -nne; français; *par ext.* étranger, -ère; *meist péj.* ein 2er un Velche *od.* Welche; *meist péj.* die 2en les Velches *od.* Welches; les peuples romans; die ~e Schweiz la Suisse romande; 2**kohl** *m* chou pommé frisé; chou *m* de Milan; 2**korn** *n* ⟨~(e)s⟩ *agr. cf.* Mais; 2**kraut** *n* ⟨~(e)s⟩ *cf.* 2kohl; 2**land** *n* ⟨~(e)s⟩ *bes. im Mittelalter* l'Italie *f*; 2ˌ**schweizer** *m* Suisse romand; ~ˌ**schweizerisch** *adj.* de la Suisse romande.

Welt [vɛlt] *f* ⟨~; ~en⟩ monde *m* (*auch fig.*); (*Weltall*) univers *m*; (*Erde*) terre *f*; (*Weltkugel*) globe *m* (terrestre); die weite ~ le vaste monde; die Alte, Neue ~ l'ancien, le nouveau continent, monde; die (über)sinnliche ~ le monde (supra)sensible; die geistige ~ le monde intellectuel; die gelehrte ~ le monde savant; les milieux scientifiques; *pol.* die westliche ~ le monde occidental; l'Occident; *pol.* die Freie ~ le monde libre; die vornehme ~ le grand monde; die ganze ~ le monde entier; alle ~ (*alle Leute*) tout le monde; *fig.* die böse ~ les méchants; verkehrte ~ monde à l'envers; die ~ des Kindes le monde des enfants; die ~ des Dichters l'univers poétique; die ~ der Träume le monde des rêves; die ~ im Kleinen, Großen microcosme *m*, macrocosme *m*; e-e ~ von Vorurteilen, Feinden une foule de préjugés, d'ennemis; die Güter dieser ~ les biens de ce monde; solange die ~ besteht depuis que le monde existe, est monde; die ~ steht Kopf c'est le monde renversé; der ~ entsagen renoncer au monde; am Ende der ~ au bout du monde; bis ans Ende der ~ jusqu'au bout du monde; auf der ~ sur terre; au monde; auf die ~ kommen, das Licht der ~ erblicken venir au monde; voir le jour; naître; aus der ~ scheiden quitter ce (bas) monde; e-e Sache aus der ~ schaffen liquider, régler, arranger une affaire désagréable, fâcheuse; diese Sache muß aus der ~ geschafft werden il faut en finir avec cette affaire; aus der ~ (*entlegen*) sein être très éloigné; so geht es in der ~, das ist der Lauf der ~ ainsi va le monde; um alles in der ~ nicht, nicht um die ~ pour rien au monde; was in aller ~ ... que diable (*par ex.* fait-il ici)!; in alle ~ zerstreut dispersé aux quatre coins du monde; *relig.* in der ~ leben vivre dans le siècle, dans le monde; im Urteil der ~ aux yeux de tout le monde; sich in der ~ umgesehen haben F avoir vu du pays; F mit Gott u. aller ~ Streit suchen chercher querelle à tout le monde; e-e Reise um die ~ machen faire le tour du monde; von aller ~ verlassen abandonné de tous; sich von der ~ abschließen se retrancher, se retirer du monde; ein Mann von ~ un homme du monde, qui a du savoir-vivre; wenig von der ~ kennen avoir peu voyagé; F *iron.* n'avoir vu que son clocher; vor aller ~ aux yeux de tout le monde; zur ~ bringen mettre au monde; 2ˌ**abgeschieden**, 2ˌ**abgewandt** *adjt.* retiré; isolé; ~ˌ**achse** *f* axe *m* du monde; ~**aˈgrarˌmarkt** *m* marché mondial de produits agricoles; ~**all** *n* univers *m*; ~ˌ**alter** *n* âge *m* du monde; 2ˌ**anschaulich** *adj.* idéologique; ~ˌ**anschauung** *f* conception *f* du monde; (*Ideologie*) idéologie *f*; ~ˌ**ausfuhr** *f* exportations mondiales; ~ˌ**ausstellung** *f* exposition universelle; ~**bank** *f* ⟨~⟩ (*Internationale Bank für Wiederaufbau u. Entwicklung*) Banque Internationale pour la Reconstruction et le Développement (*abr.* B.I.R.D.); 2**beˌkannt** *adj.* de renommée universelle; universellement connu; connu de tout le monde; 2**beˌrühmt** *adj.* célèbre dans le monde entier; fameux, -euse; ~**beˌrühmtheit** *f* célébrité mondiale; ~**beˌschreibung** *f sc.* cosmographie *f*; ~ˈ**beste(r)** *f* (*m*) ⟨→ A⟩ *Sport* recordman *m*, recordwoman *f* du monde; ~ˈ**bestleistung** *f*, ~ˈ**bestzeit** *f Sport* record mondial; ~**beˌvölkerung** *f* population mondiale; ~**beˌwegung** *f* mouvement mondial; ~**bild** *n* image *f* du monde; ~**blatt** *n* journal mondialement connu; ~**brand** *m* conflagration universelle; ~ˌ**bühne** *f* théâtre *m*, scène *f* du monde; ~**bund** *m* union internationale; ~ˌ**bürger(in)** *m* (*f*) citoyen, -nne *m*, *f* du monde; cosmopolite *m*, *f*; F *fig.* ein kleiner ~ ist angekommen la terre compte un habitant de plus; 2ˌ**bürgerlich** *adj.* cosmopolite; ~ˌ**bürgerˌtum** *n* cosmopolitisme *m*; ~ˌ**chronik** *f* chronique mondiale; ~ˌ**dame** *f* femme *f* du monde; grande dame; mondaine *f*; ~**enˌbildung** *f sc.* cosmogonie *f*; ~**enˌbummler** *m* globe-trotter *m*; ~ˌ**ende** *n* ⟨~s⟩ fin *f* du monde; 2**entˌrückt** *adjt.* retranché, isolé du monde; ~**entˌstehung** *f* formation *f* de l'univers; origines *f*/*pl.* du monde; ~**enˌwende** *f* ère nouvelle; tournant *m* de l'histoire; ~**erˌeignis** *n* événement mondial; 2**erˌfahren** *adj.* qui connaît le monde; qui a l'expérience du monde, de la vie; ~**erˌfahrung** *f* expérience *f* du monde; ~**erˌfolg** *m* succès mondial.

Weltergewicht [ˈvɛltərgəˌvɪçt] *n*, ~**ler** *m* ⟨~s; ~⟩ *Boxen* poids *m* welter; poids mi-moyen.

Welt|eroberer [ˈvɛltʔɛrˌʔoːbərər] *m* conquérant *m* du monde; 2**erˌschütternd** *adjt.* qui ébranle le monde entier; ~**erˌzeugung** *f* production mondiale; ~ˌ**firma** *f* maison *f* de réputation mondiale; ~**flucht** *f* ⟨~⟩ fuite *f* du monde; ~ˈ**flüchtlingsˌjahr** *n* année mondiale du réfugié; 2**fremd** *adj.* étranger, -ère à ce monde; sans expérience du monde; naïf, naïve; ingénu; ~ˌ**fremdheit** *f* inexpérience *f* (du monde); naïveté *f*; ingénuité *f*; ~ˌ**friede(n)** *m* paix *f* du monde; *pol.* paix mondiale, *philos.* universelle; ~ˈ**frontkämpferˌbund** *m* fédération mondiale des anciens combattants; ~**geˌbäude** *n* univers *m*; cosmos *m*; ~ˌ**geistliche(r)** *m égl. cath.* prêtre séculier; ~ˌ**geistlichkeit** *f égl. cath.* clergé séculier; ~ˌ**geltung** *f* réputation, renommée mondiale, universelle; ~**geˌricht** *n* jugement dernier; ~**geˌrichtshof** *m* Cour Internationale de Justice; ~**geˌschichte** *f* ⟨~⟩ histoire universelle; 2**geˌschichtlich** *adj.* de l'histoire universelle; ~es Ereignis événement historique d'importance mondiale; ~**geˈsundheitsorganisatiˌon** *f* ⟨~⟩ Organisation Mondiale de la Santé (*abr.* O.M.S.); 2**geˌwandt** *adj.* habitué au monde; ~**geˌwandtheit** *f* habitude *f* du monde; ~**geˈwerkschaftsˌbund** *m* fédération syndicale mondiale; ~ˌ**handel** *m* commerce mondial; échanges internationaux; ~ˌ**handelsvoˌlumen** *n* volume *m* du commerce mondial, des échanges internationaux; ~ˌ**handelsˌstraßen** *f*/*pl.* routes commerciales mondiales; ~ˌ**herrschaft** *f* ⟨~⟩ hégémonie mondiale; domination *f* du monde; ~ˈ**hilfsˌsprachen** *f*/*pl.* langues internationales; ~ˈ**höchstleistung** *f Sport cf.* Weltbestleistung; ~ˈ**jugendfest** *n* festival mondial de la jeunesse; ~ˌ**karte** *f* mappemonde *f*; planisphère *m* (terrestre); ~ˌ**kenntnis** *f* connaissance *f*, expérience *f* du monde; ~**kind** *n* homme *m*, femme *f* qui aime la vie; ~ˈ**kirchenrat** *m* ⟨~(e)s⟩ conseil *m* œcuménique des Églises; 2**klug** *adj.* qui a une large expérience du monde; prudent; ~ˌ**klugheit** *f* expérience *f* du monde, des choses de la vie; prudence *f*; sagesse *f* pratique; *bibl.* sagesse *f* du siècle; ~**konˌgreß** *m* congrès mondial; ~**konjunkˌtur** *f* conjoncture mondiale; ~**krieg** *m* guerre mondiale; der Erste ~ la Première Guerre Mondiale; la Grande Guerre; der Zweite ~ la

Seconde Guerre Mondiale; **~ˌkugel** globe *m* (terrestre); **~ˌlage** *f* situation mondiale; **~lauf** *m* train *m* du monde; **2lich** *adj.* du monde; de ce monde; mondain; (*irdisch*) terrestre; temporel, -lle; (*nicht kirchlich*) séculier, -ère; laïque; profane; ~e Musik musique profane; ~e Macht pouvoir temporel; ~e Gerichtsbarkeit juridiction séculière; die ~en Behörden les autorités séculières; **~lichˌkeit** *f* ⟨~⟩ mondanité *f*; *von Schulen* laïcité *f*; (*weltliche Macht*) pouvoir temporel; **~literaˌtur** *f* littérature universelle; **~macht** *f* puissance mondiale; **~mann** *m* ⟨~(e)s; -leute⟩ homme *m* du (grand) monde; mondain *m*; **2ˌmännisch** *adj.* d'homme du (grand) monde; mondain; ~es Wesen aisance mondaine; **~ˌmarke** *f comm.* marque *f* (de renommée) mondiale; **~markt** *m* ⟨~(e)s⟩ marché mondial; **~marktˌpreis** *m* prix mondial; **~meer** *n* océan *m*; **~ˌmeinung** *f* opinion mondiale; **~ˌmeister(in)** *m* (*f*) *Sport* champion, -nne *m, f* du monde; **~ˌmeisterschaft** *f Sport* championnat *m* du monde; **~ˌmeisterˌtitel** *m Sport* titre *m* de champion du monde; **~mensch** *m cf.* ~kind; **2ˌmüde** *adj.* las, -sse de ce monde, du monde; **~'nachrichtenverˌein** *m* Union Internationale des Télécommunications (*abr.* U.I.T.); **2ˌoffen** *adj.* cosmopolite; **~ˌöffentlichˌkeit** *f* monde *m*; opinion mondiale; **~organisatiˌon** *f* organisation mondiale; **~poliˌtik** *f* politique mondiale; **~'postverˌein** *m* Union Postale Universelle; **~'preisniˌveau** *n* niveau mondial des prix; **~ˌpriester** *m égl. cath. cf.* ~geistliche(r); **~produktiˌon** *f* production mondiale; **~rang** *m* ⟨~(e)s⟩ rang *m*, format *m*, classe *f* international(e); **~ˌrätsel** *n* énigme *f* de l'univers; **~raum** *m* ⟨~(e)s⟩ univers *m*; espace *m* cosmique; espaces *m/pl.* interstellaires, sidéraux, extra-terrestres; espace(s) *m* (*pl.*) interplanétaire(s); espace intersidéral; **~raumˌfahrer** *m* astronaute *m*; cosmonaute *m*; **~raumˌfahrt** *f* astronautique *f*; navigation interplanétaire; vol spatial; **~raumˌkapsel** *f* capsule *f*; vaisseau spatial; **~raumraˌkete** *f* fusée *f* interplanétaire; engin spatial; **~raumˌschiff** *n* astronef *m*; aéronef *m*, vaisseau *m* interplanétaire; **~raumstatiˌon** *f* station *f* interplanétaire, cosmique; **~reich** *n* empire *m*; **~ˌreise** *f* tour *m* du monde; **~reˌkord** *m* record mondial; **~rekordˌinhaber** *m*, **~reˌkordler** *m* ⟨~s; ~⟩, **~reˌkordˌmann** *m* ⟨~(e)s; ~er *od.* -leute⟩ détenteur *m* du record mondial; **~religiˌonen** *f/pl.* religions *f/pl.* du monde; **~ruf** *m* ⟨~(e)s⟩ renommée, réputation universelle, mondiale; **~schmerz** *m* ⟨~es⟩ mal *m* du siècle; spleen *m*; **~ˌseele** *f* ⟨~⟩ âme *f* du monde, de l'univers; **~ˌsprache** *f* langue universelle; **~stadt** *f* métropole *f*; **2ˌstädtisch** *adj.* métropolitain; **~ˌstellung** *f* position *f* dans le monde; **~teil** *m* partie *f* du monde; (*Erdteil*) continent *m*; **~'tierschutzverˌein** *m* Fédération Mondiale pour la Protection des Animaux; **~toˌnnage** *f mar.* tonnage mondial; **2umˌfassend** *adjt.* universel, -lle; global; **~umˌseg(e)lung** *f* circumnavigation *f*; **~umˌsegler** *m* circumnavigateur *m*; **2umˌspannend** *adjt. cf.* 2umfassend; **~ˌuntergang** *m* fin *f* du monde; **~'uraufˌführung** *f* première mondiale; **~verˌband** *m* union internationale; **~verˌbesserer** *m* ⟨~s; ~⟩ réformateur *m* du monde; **~verˌein** *m* organisation internationale; **~verˌkehr** *m* commerce international; relations internationales; **~'währungsˌfonds** *m* (*Internationaler Währungsfonds*) Fonds Monétaire International; **2weit** *adj.* mondial; universel, -lle; **~'wetterˌdienst** *m* Organisation Météorologique Mondiale (*abr.* O.M.M.); **~ˌwirtschaft** *f* économie mondiale; **~'wirtschaftskonfeˌrenz** *f* conférence économique internationale; **~'wirtschaftsˌkrise** *f* crise économique mondiale; **~ˌwunder** *n* die sieben ~ les sept merveilles du monde.

wem [veːm] *pr/i.* (*dat. von* wer) à qui?; von ~? de qui?; mit ~? avec qui?; **2fall** *m gr.* datif *m*.

wen [veːn] **I** *pr/i.* (*acc. von* wer) qui?; qui est-ce que?; für ~? pour qui?; **II** *pr/ind.* F ich höre ~ kommen j'entends qn. venir; ~ man auch wählen mag ... quel que (quelle que) soit celui (celle) qu'on choisisse ...

Wend|e¹ ['vɛndə], **~in** *m* ⟨~n; ~n⟩, *f* ⟨~; ~nen⟩ Wende *od.* Venède *m, f*.

Wende² ['vɛndə] *f* ⟨~; ~n⟩ tour *m*; (*Biegung*) tournant *m* (*auch fig., zeitlich*); (*Änderung*) changement *m*; *gym.* saut latéral facial; es wird e-e ~ eintreten les choses vont changer; wir stehen an der ~ e-r neuen Zeit nous allons entrer dans une ère nouvelle; nous nous trouvons au tournant, à la fin d'une époque; um die ~ des 19. Jahrhunderts vers la fin du XIXe siècle; aux alentours de 1900; **~ˌboje** *f mar.* bouée *f* de virage; **~ˌfähnchen** *n*, **~ˌflagge** *f Reitsport etc.* fanion *m* de virage; fanion-limite *m*; **~geˌtriebe** *n techn.* (mécanisme *m*) inverseur *m*; **~ˌhals** *m zo.* torcol *m*; **~ˌkreis** *m Auto* rayon *m* de braquage; *astr., géogr.* tropique *m* (des Krebses du Cancer, des Steinbocks du Capricorne).

Wendel ['vɛndəl] *f* ⟨~; ~n⟩ (*Schraubenlinie*) hélice *f*; *élect.* filament *m*; **~ˌfeder** *f techn.* ressort hélicoïdal, spiral, à boudin; **~ˌtreppe** *f* escalier *m* en colimaçon, en hélice, à vis, en spirale; escalier tournant.

Wende|mantel ['vɛndəˌmantəl] *m* manteau *m* réversible; **~ˌmarke** *f Sport* marque *f* de virage; *mar.* bouée *f* de virage; **~maˌschine** *f agr., für Heu* faneuse *f*.

wenden ['vɛndən] **I** *v/t.* ⟨wendet, wendete *od.* wandte, gewendet *od.* gewandt, h⟩ *Braten, Buchseite etc.* tourner; *Stoff, Anzug* retourner; *Gefährt* faire tourner; *Heu* faner; *Schritte, Blicke* diriger; bitte ~! (*abr.* b.w.) tournez, s'il vous plaît (*abr.* t.s.v.p.); *fig.* du kannst es drehen u. ~, wie du willst tu peux retourner l'affaire comme tu voudras; viel Geld an etw. ~ mettre, dépenser beaucoup d'argent à qc.; Kräfte, Zeit an *od.* auf etw. ~ consacrer ses forces, son temps à qc.; viel Mühe an etw. ~ se donner du mal pour qc.; *st. s.* die Waffe gegen sich selbst ~ retourner son arme contre soi; nach rechts, links ~ tourner à droite, à gauche; s-e Schritte nach ... ~ diriger ses pas vers ...; se diriger vers ...; kein Auge von j-m ~ ne pas quitter qn. des yeux; F couver qn. des yeux; s-e Blicke zum Himmel ~ tourner ses regards vers le ciel; den Blick zur Seite ~ détourner le regard, les yeux; **II** *v/i.* ⟨*conjugaison faible*⟩ *Wagen, Flugzeug, Schwimmer* tourner; virer; *Schiff* virer de bord; **III** *v/réfl.* sich ~ se tourner; se retourner; nun muß sich alles ~ à présent, tout va changer; *fig., péj.* sich zu drehen u. zu ~ wissen F savoir nager dans toutes les eaux; *fig.* das Blatt hat sich gewendet la chance a tourné; les choses ont changé de face, ont tourné; sich an j-n ~ s'adresser à qn.; recourir à qn.; avoir recours à qn.; faire appel à qn.; sich gegen j-n ~ se (re)tourner contre qn.; diriger ses attaques contre qn.; sich zum Guten ~ bien tourner; sich zur Flucht ~ prendre la fuite; s'enfuir; sich zur Tür ~ se diriger vers la porte; **IV** 2 *n* ⟨~s⟩ *cf.* Wendung.

Wende|pflug ['vɛndəˌpfluːk] *m agr.* charrue *f* réversible; **~ˌplatz** *m für Wagen* rond-point *m*; **~ˌpol** *m élect.* pôle *m* auxiliaire, de commutation; **~ˌpunkt** *m astr.* point solsticial; *math., e-r Kurve* point *m* d'inflexion; *fig.* tournant *m*; e-n ~ bedeuten marquer un tournant; an e-m entscheidenden ~ angelangt sein être à un tournant décisif.

wendig ['vɛndɪç] *adj.* (très) maniable; facile à manœuvrer; *fig.* qui a une grande facilité d'adaptation; souple; ein ~er Bursche F un débrouillard; ~ sein savoir s'adapter à toutes les situations; savoir se retourner; F être (un) débrouillard; **2ˌkeit** *f* ⟨~⟩ maniabilité *f*; *fig.* faculté *f* d'adaptation; souplesse *f*; F débrouillardise *f*.

wendisch ['vɛndɪʃ] *adj.* wende.

Wendung ['vɛndʊŋ] *f* ⟨~; ~en⟩ tour *m*; *aviat., Auto, Schwimmer* virage *m*; *mar.* virement *m* de bord; *milit.* (*Schwenkung*) conversion *f*; *esc.* volte *f*; *gr.* (*Rede2*) tournure *f*; locution *f*; expression *f*; *fig.* tour *m*; changement *m*; tournure *f*; revirement *m*; *plötzliche, völlige* retournement *m*; scharfe ~ virage serré; e-e ~ vollführen, machen faire un virage; tourner; virer; changer de direction; *mar.* virer de bord; *fig.* es hat sich e-e ~ vollzogen un revirement s'est produit; e-r Sache e-e andere ~ geben donner, faire prendre une autre tournure, un autre tour à qc.; dem Gespräch e-e andere ~ geben détourner la conversation; amener la conversation sur un autre sujet; changer de conversation; changer de thème; e-e andere ~ nehmen prendre une autre tournure; changer de face; e-e unerwartete ~ nehmen prendre un tour inattendu; e-e gute ~, e-e ~ zum Besser(e)n nehmen bien tourner; prendre une bonne tournure; *Zustand e-s Kranken* s'améliorer; e-e schlechte ~, e-e ~ zum Schlechtern nehmen mal tourner; prendre une mauvaise tournure; *Zustand e-s Kranken* s'aggraver; e-e tragische ~ nehmen tourner au tragique; *bei e-r Krankheit* ~ zum Besser(e)n amélioration *f*; ~ zum Schlechtern aggravation *f*; *gr.* stehende ~ tournure figée; expression toute faite; *péj.* F cliché *m*.

Wenfall ['veːnfal] *m gr.* accusatif *m*.

wenig ['veːnɪç] **I** *pr/ind. u. adv.* peu (de); ne ... guère; pas beaucoup (de); ein ~ un peu; quelque peu (de); ein ~ Wasser un peu d'eau; ein klein ~ un petit peu; ein ganz klein ~ un tout petit peu; ~ od. viel peu ou prou; sei es auch noch so ~, u. wenn es noch so ~ ist tant soit peu; si peu que ce soit; ~, aber gut peu mais bon; die ~en

Augenblicke les rares moments; **das ~e Geld** le peu d'argent; **sein ~es Geld** le peu d'argent qu'il a; **die ~en Male, die** ... le petit nombre de fois que ...; **die ~en Menschen, die** ... les quelques, les rares personnes qui ...; le peu de personnes qui ...; **es ist nur ~e Schritte von hier entfernt** c'est à deux pas d'ici; **in ~en Worten** en deux, en quelques mots; **mit ~ Mühe** sans grande peine; **~ Zeit haben** avoir peu de temps; disposer de peu de temps; **e-e ~ glückliche Wahl** un choix peu heureux; **sich um etw. ~ kümmern** ne guère se soucier de qc.; **es fehlte ~, so hätte er mir e-e Ohrfeige gegeben** peu s'en est fallu qu'il, il s'en est fallu de peu qu'il ne m'ait donné une gifle; **~ gerechnet** tout au moins; à tout le moins; pour le moins; **es liegt mir ~ daran** peu m'importe; **wenn er nur ein ~ arbeitet, wird er Erfolg haben** pour peu qu'il travaille, il réussira; **ein ~ schneller** un peu plus vite; **~e** peu de; **nicht ~e** F pas mal de; **einige ~e** un petit nombre de; **das ist e-r von den ~en, die** ... c'est un des rares qui ...; **wie es nur ~e gibt** comme il y en a peu; **die ~en, die übrigblieben** le peu qu'il en restait; **das ~e** le peu (de); **mein ~es** le peu que j'ai; **mit ~em auskommen** se tirer d'affaire avec des moyens réduits; **um ein ~es** *zu haben sein* pour peu de chose; à bon marché; **II 2** *n* ⟨~s; ~⟩ **viele ~ machen ein Viel** *prov.* les petits ruisseaux font les grandes rivières *prov.*; **~er** (*comp. von* **wenig**) moins; **viel ~** bien moins; **nicht ~ als** pas moins que, *vor Zahlen* de (*mit* ne *beim Verb*); **nichts ~ als** rien moins que (*mit* ne *beim Verb*); **~ als nichts** moins que rien; **~ denn je** moins que jamais; **immer ~** de moins en moins; **mehr od. ~** plus ou moins; **nicht mehr u. nicht ~** ni plus ni moins; **je mehr..., desto ~** ... plus ... moins ...; **um so ~, als** ... d'autant moins que...; **10 ~ 4** 10 moins 4; **eins ~** un de moins; **in ~ als fünf Minuten** en moins de cinq minutes; **der e-e mehr, der andere ~** qui plus, qui moins; **~ werden** diminuer; s'amoindrir; se réduire; *er ist arm,* **um so ~ darf er verschwenden** ... raison de plus pour ne pas gaspiller; **2ˌkeit** *f* ⟨~⟩ F *iron.* **meine ~** ma modeste personne; mon humble personne; **was meine ~ betrifft, so habe ich** ... en ce qui me concerne, quant à moi, pour ce qui est de moi j'ai ...; **~st** (*sup. von* **wenig**) **das ~e, am ~en** le moins; **die ~en Menschen** un très petit nombre de personnes; **die ~en wissen das** très rares sont ceux qui le savent; **das ist das ~e, was Sie tun können** c'est (bien) le moins que vous puissiez faire; **das ~e, was man sagen kann** le moins qu'on puisse dire; **~stens** *adv.* au moins; du moins; pour le moins; tout au moins; à tout le moins.

wenn [vɛn] **I** *conj. zeitlich* quand; (*dann wenn, zur Zeit wo*) lorsque; (*falls*) si; **sagen Sie es ihm, ~ er kommt** dites-le-lui, quand *od.* lorsqu'il viendra; **~ ich es wüßte, würde ich es Ihnen sagen** si je le savais, je vous le dirais; *bei wiederholter conj.* que (*mit ind., wenn es* lorsque *u.* quand *vertritt; mit subj., wenn es* si *vertritt*); **~ man krank ist u. (~ man) zu sterben fürchtet** quand on est malade et qu'on a peur de mourir; **~ der Feind uns angriffe u. wir besiegt würden** ... si l'ennemi nous attaquait et que nous fussions vaincus ...; **~ es so ist, ~ es an dem ist, ~ es der Fall ist, daß** ... si tant est que ... (+ *subj.*); F **~ nicht, denn nicht!** si cela ne doit pas être, tant pis!; **~ ja** dans l'affirmative; **~ Sie erst einmal in Paris sind** ... une fois à Paris ...; **~ man ihn hört, sollte man glauben** ... à l'entendre, on croirait ...; **es ist nicht gut, ~ man zu viel schläft** il n'est pas bon de trop dormir; **~ ich Ihnen die Wahrheit sagen soll** à vous parler franchement; **jedesmal ~** chaque fois que; toutes les fois que; **~ anders** si toutefois; **außer ~** excepté si; **~ auch** (*wenngleich*) quoique, bien que ... (+ *subj.*); **~ er auch mein Freund ist, so** ... bien qu'il, quoiqu'il soit mon ami ...; tout en étant mon ami ...; *wenn das Subjekt des Nebensatzes zugleich Subjekt od. Objekt des Hauptsatzes ist auch* tout ... que ... (+ *ind.*); **~ er auch der Chef ist** ... tout chef qu'il est ...; **~ er auch noch wenig bewandert ist in** ... si peu versé qu'il soit dans ...; **~ es auch noch so wenig ist** si petite, quelque insignifiante que soit la quantité; **~ er auch noch so reich ist** si riche qu'il soit; tout riche qu'il est; **~ er doch käme!** que ne vient-il!; je voudrais qu'il vienne!; **~ Sie doch früher gekommen wären!** que n'êtes-vous venu plus tôt!; **~ erst einmal** ... une fois que ...; lorsque ...; quand ...; **selbst ~, u. ~** même si ... (+ *ind.*); même en ... (+ *p.pr.*); même en supposant, admettant que ... (+ *subj.*); quand (bien) même ... (+ *cond.*); **selbst ~ ich es könnte** quand même je le pourrais; **~ nicht** à moins que ... (+ *subj.*) (*mit* ne *beim Verb*); *bei gleichen Subjekten* à moins de ... (+ *inf.*); **~ nicht heute, so doch (wenigstens) morgen** sinon aujourd'hui, si ce n'est aujourd'hui, du moins demain; **~ nichts dazwischenkommt** à moins d'(un) événement imprévu; sauf imprévu; **~schon, dennschon** puisqu'il le faut, allons-y!; **na, ~schon!** qu'importe!; **II 2** *n* ⟨~s; ~⟩ **ein ~ od. ein Aber** un si ou un mais; F **nach vielen ~ u. Aber** F après bien des si et des mais; après bien des hésitations; après beaucoup d'hésitation; **~'gleich, ~schon** *conj.* quoique (+ *subj.*); bien que (+ *subj.*); même si (+ *ind.*).

Wenzel ['vɛntsəl] *m* ⟨~s; ~⟩ *Kartenspiel* valet *m.*

wer [veːr] **I** *pr/i.* qui?; qui est-ce qui?; **~ ist da?** qui est là?; F qui est-ce?; **~ da?** qui va là?; *milit.* qui vive?; **~ von uns?** qui d'entre nous?; lequel, laquelle d'entre nous?; **~ von beiden?** lequel des deux?; **~ ist größer, P. od. R.?** lequel est le plus grand, P. ou R.?; **~ noch?** qui encore?; **~ kommt denn alles?** quelles sont les personnes qui viendront?; **~ anders als du?** qui d'autre que toi, sinon toi?; **II** *pr/rel.* qui; celui, celle qui; *bibl.* **~ Ohren hat zu hören, der höre** que ceux qui ont des oreilles entendent; **~ wagt, (der) gewinnt** *prov.* la fortune sourit aux audacieux *prov.*; **~ andern e-e Grube gräbt, fällt selbst hinein** *prov.* tel est pris qui croyait prendre *prov.*; **III** *pr/ind.* **~ auch immer** quiconque; **~ es auch sei** qui que ce soit; quel qu'il soit; **es mag kommen, ~ (da) will** vienne qui voudra; F **ist ~** (*jemand*) **gekommen?** quelqu'un est-il venu?; F **ist ~ da?** y a-t-il qn.?; F **~ sein** être qn.

¹**Werbe...** *in Zssgn.* de publicité; publicitaire; *cf. auch* Reklame...; **~abˌteilung** *f* service *m* de publicité; **~aˌgent** *m* agent *m* de publicité; **~agenˌtur** *f* agence *f* de publicité; **~aktiˌon** *f cf.* ~feldzug; **~arˌtikel** *m* article *m* de publicité; **~beˌrufe** *m/pl.* professions *f/pl.* de la branche publicitaire; **~ˌdienst** *m* service *m* de publicité; **~ˌdrucksache** *f* imprimé *m* publicitaire; **~eˌtat** *m* budget *m* de publicité; **~exemˌplar** *n* exemplaire *m* de publicité; **~ˌfachmann** *m* publicitaire *m*; expert *m* en publicité; **~ˌfeldzug** *m* campagne *f* de publicité; **~ˌfernsehen** *n* publicité télévisée; **~ˌfilm** *m* film *m* publicitaire, de publicité; **~ˌfläche** *f* panneau *m* publicitaire; panneau-réclame *m*; **~ˌfonds** *m* fonds *m* de publicité; **~ˌfunk** *m* publicité radio-diffusée; émissions *f/pl.* publicitaires; **~geˌschenk** *n* cadeau-réclame *m*; **~ˌgraphik** *f* art *m* de la publicité commerciale; **~ˌgraphiker(in)** *m* (*f*) dessinateur, -trice *m, f* publicitaire, en publicité; **~ˌkosten** *pl.* frais *m/pl.* de publicité; **2ˌkräftig** *adj.* ayant une efficacité publicitaire; **~ˌleiter** *m* chef *m* de publicité; **~materiˌal** *n* matériel *m* de publicité; **~ˌmittel** *n* moyen *m* de publicité.

werben ['vɛrbən] **I** *v/t. u. v/i.* ⟨**wirbt, warb, würbe, geworben, h**⟩ *Mitglieder, Arbeitskräfte, Nachwuchs etc.* (*anwerben*) recruter; *milit. auch* enrôler; *hist., durch List od. Gewalt* racoler; *Arbeitskräfte auch* embaucher; engager; **Mitglieder für e-n Verein ~** recruter des membres pour une association; **Kunden ~** chercher des clients; attirer les clients; se faire une clientèle; *durch Vertreter* prospecter la clientèle; **für etw. ~** faire de la réclame, de la publicité pour qc.; **um j-n, etw. ~** rechercher qn., qc.; **um j-s Gunst ~** *auch* briguer, solliciter les faveurs de qn.; **um ein Mädchen ~, um die Hand e-s Mädchens ~** demander, rechercher une jeune fille en mariage; prétendre à, demander la main d'une jeune fille; **II 2** *n* ⟨~s⟩ *cf.* Werbung.

Werbe|nummer ['vɛrbəˌnumər] *f* numéro *m* de publicité; **~plaˌkat** *n* placard *m*, affiche *f* publicitaire; **~ˌpreis** *m* prix-réclame *m.*

Werber ['vɛrbər] *m* ⟨~s; ~⟩ embaucheur *m*; *hist.* (sergent *m*) recruteur *m*; *péj.* racoleur *m*; *comm.* agent *m* de publicité.

Werbe|schild ['vɛrbəˌʃilt] *n* panneau *m* publicitaire; panneau-réclame *m*; **~ˌschrift** *f* brochure *f* publicitaire; notice *f*; prospectus *m*; **~ˌsendung** *f rad.* émission *f* publicitaire; **~ˌspruch** *m* slogan *m* (de publicité, publicitaire); **~sysˌtem** *n milit.* système *m* de recrutement, *péj.* de racolage; **~ˌtätigkeit** *f* propagande *f*; activité *f* publicitaire; **~ˌtechnik** *f* technique *f* publicitaire, de publicité; **~ˌtext** *m* texte *m* publicitaire; **~ˌtexter** *m* rédacteur *m* publicitaire, de textes de publicité; **~ˌtrommel** *f* **die ~ rühren** faire une réclame tapageuse; *fig.* battre la grosse caisse; **~verˌkauf** *m* vente-réclame *f*; **~ˌwesen** *n* publicité *f*; réclame *f*; **2ˌwirksam** *adj. cf.* **werbekräftig**; **~ˌwoche** *f* semaine *f* de réclame, publicitaire; **~ˌzwecke** *m/pl.* fins *f/pl.* publicitaires, de publicité.

Werbung ['vɛrbʊŋ] f ⟨~; ~en⟩ milit. enrôlement m; recrutement m; hist., durch List od. Gewalt racolage m; von Arbeitskräften embauche f; embauchage m; engagement m; recrutement m (auch von Mitgliedern, Nachwuchs etc.); comm. publicité f; réclame f; propagande f (auch pol.); (das Freien) demande f en mariage; gezielte ~ publicité sélective; irreführende ~ publicité fallacieuse, déloyale, mensongère; reißerische ~ publicité tapageuse; Auswüchse der ~ débauche de publicité; Abneigung gegen die ~ dégoût de la publicité; aversion contre od. pour la publicité; tendances anti-publicitaires; ~ in der Presse publicité dans la, par la, par voie de presse; ~ in der Luft publicité aérienne; **~sˌkosten** pl. frais m/pl. publicitaires, de publicité.

Werda ['veːrda] n ⟨~(s); ~s⟩, **~ˌruf** m qui-vive m.

Werdegang ['veːrdəˌgaŋ] m e-s Menschen etc. (Entwicklung) développement m; évolution f; beruflicher carrière f; techn. procédé m de fabrication; cf. auch werden III.

werden ['veːrdən] I v/i. ⟨wird, wurde od. poét. ward, würde, geworden, werd(e)!, sein⟩ 1. devenir; (entstehen) naître; (commencer d')être; man weiß nicht, was noch ~ mag on ne sait pas ce qui peut arriver; was nicht ist, kann noch ~ prov. cela peut toujours se faire, arriver, se produire, etc.; 2. mit prép. aus Kindern ~ Leute les enfants deviennent des hommes, deviennent grands; aus dir wird nichts on ne fera jamais rien de toi; tu ne feras jamais rien (de bon); was wird aus ihm? que devient-il?; was soll aus ihm ~? que va-t-il devenir?; aus ihm kann noch was ~ il arrivera à qc.; il deviendra qn.; il sera qn.; il fera son chemin; il parviendra à qc.; il a de l'étoffe; was soll daraus ~? qu'en adviendra-t-il?; daraus wird nichts il n'en sera rien; il n'en sortira rien; cela n'aboutira à rien; aus nichts wird nichts prov. on ne fait rien de od. avec rien prov.; was ist mit diesem Brief geworden? qu'est-il advenu de cette lettre?; zu etw. ~ se changer, se transformer en qc.; zum Gespött ~ devenir un objet de risée; devenir la risée de…; zu Staub ~ tomber en poussière; zu nichts ~ se réduire à rien; s'en aller en fumée; Schnee zu Wasser ~ fondre; st.s. se résoudre en eau; j-m zur Last ~ être, devenir à charge à qn.; zum Sprichwort ~ passer en proverbe; 3. mit subst. u. adj. als Prädikat Arzt ~ devenir, se faire médecin; Geistlicher ~ auch prendre la soutane; Kaufmann ~ entrer dans le commerce; Schauspieler ~ auch monter sur les planches, péj. les tréteaux; Soldat ~ se faire soldat; entrer dans l'armée; wir lassen ihn Tischler ~ nous en ferons un menuisier; Leutnant ~ (befördert werden) passer sous-lieutenant; Gewohnheit ~ devenir une habitude; alt ~ vieillir; se faire vieux, vieille; ärger ~ empirer; arm ~ s'appauvrir; bekannt ~ se divulguer; mit j-m bekannt ~ faire la connaissance de qn.; sich e-r Sache bewußt ~ prendre conscience de qc.; blind ~ perdre la vue; böse ~ se fâcher; Rauch, Nebel immer dichter ~ devenir de plus en plus dense, épais; einig ~ s'entendre; enger ~ se rétrécir; mit etw. fertig ~ venir à bout de qc.; geringer ~ s'amoindrir; gesund ~ se rétablir; es wird noch alles gut ~ tout s'arrangera; handgemein ~ en venir aux mains; es wird hell nach trübem Wetter le temps s'éclaircit; am Morgen il commence à faire jour; an j-m irre ~ ne plus savoir que penser de qn.; katholisch ~ devenir, se faire catholique; krank ~ tomber malade; persönlich ~ en venir aux remarques, allusions personnelles; das Wetter ist schön geworden le temps s'est mis au beau; selten ~ se faire rare; ungebräuchlich ~ tomber en désuétude; für andere Zusammenstellungen cf. die betreffenden Adjektiva; wie wird die Ernte? la récolte sera-t--elle bonne?; 4. F (sich gestalten, entwickeln) durch anderer Zutun devenir; durch eigenes Zutun se faire; die Sache wird l'affaire se fera; es wird schon ~ patience, cela va venir, se fera; wird's? F ça y est?; es wird F ça va y être; ça vient; na, wird's bald? eh bien, c'est pour quand, est-ce pour bientôt?; y en a-t-il encore pour longtemps?; das Bild wird le tableau prend tournure; der Kranke wird wieder … se remet, se rétablit; bibl. es werde Licht! que la lumière soit!; 5. als v/imp. es muß anders ~ il faut que cela change; es wird kalt il commence à faire froid; es ist Mode geworden, daß … c'est devenu la mode de … (+ inf.); es wird Nacht la nuit tombe; es wird Tag le jour se lève, commence à poindre; il fait jour; es wird jetzt früh dunkel le jour baisse de bonne heure maintenant; es wird Sommer, Winter l'été, l'hiver arrive, approche; morgen wird es ein Jahr, daß … il y aura un an demain que …; es wird spät il se fait tard; es wird höchste Zeit, daß wir aufbrechen il est grand temps de se mettre en route; mir wird schlecht je ne me sens pas bien; mir wird angst u. bange je commence à avoir peur; du kannst dir denken, wie mir zumute wurde … ce que j'éprouvais; II v/aux. ⟨p. p. worden⟩ 6. zur Bildung des fut. u. cond. ich werde es ihm (gleich) sagen je le lui dirai (je vais le lui dire); er würde es mir gesagt haben il me l'aurait dit; Vermutung er wird es nicht gehört haben il ne l'aura pas entendu; Sie ~ das Buch gelesen haben vous avez sans doute lu ce livre; es wird ihm doch nichts passiert sein? j'espère qu'il ne lui est rien arrivé; 7. zur Bildung des Passivs être; geliebt ~ être aimé; sie ist geliebt worden elle a été aimée; ihm wurde der Preis zuerkannt le prix lui fut décerné; il s'est vu décerner le prix; zur Vermeidung von Zweideutigkeiten das Haus wird abgerissen on démolit la maison; das wird kalt getrunken cela se boit froid; ihm wurden zwei Pferde gestohlen on lui vola deux chevaux; il eut deux chevaux (de) volés; III ♀ n ⟨~s⟩ philos. devenir m; (Entstehen) naissance f; (Bildung) formation f; (Entwicklung) développement m; évolution f; (Wachsen) croissance f; im ~ sein être en train de se faire; noch im ~ sein ne faire encore que de naître; par ext. se développer; dieses Werk ist noch im ~ cette usine va encore se développer, est encore en plein développement; **~d** adjt. naissant; solche Steuern gefährden ~e Unternehmen de tels impôts compromettent les entreprises naissantes; e-e ~e Mutter une femme enceinte; une future maman.

Werder ['vɛrdər] m od. n ⟨~s; ~⟩ îlot m.

Werfall ['veːrfal] m gr. nominatif m.

werfen ['vɛrfən] I v/t. u. v/i. ⟨wirft, warf, würfe, geworfen, h⟩ Stein, Ball etc. jeter; Stein, Ball, Speer, Diskus etc. (schleudern) lancer (auch Bomben); von Tieren (Junge) ~ mettre bas; auf Kisten nicht ~! fragile!; mar. Anker ~ jeter l'ancre; mouiller; Falten ~ faire des plis; bibl. das Los ~ tirer au sort (über etw. qc.); Schatten ~ projeter de l'ombre, son ombre; faire ombre; Truppen an die Front ~ acheminer vers le, jeter au front; j-m Beleidigungen an den Kopf ~ jeter des injures à la face de qn.; fig. ein Auge auf etw. ~ jeter son dévolu sur qc.; e-n Blick auf etw. ~ jeter un regard sur qc.; ein günstiges, ungünstiges, kein gutes, ein schlechtes Licht auf j-n, etw. ~ montrer, faire paraître qn., qc. sous un jour favorable, défavorable, sous un mauvais jour; aufs Papier ~ jeter, coucher, mettre sur le papier; e-n Verdacht auf j-n ~ rendre qn. suspect; j-n aus dem Hause ~ mettre qn. à la porte; F flanquer qn. dehors; milit. aus e-r Stellung ~ déloger; débusquer; etw. aus dem Fenster ~ jeter qc. par la fenêtre; j-n ins Gefängnis ~ mettre qn. en prison; etw. ins Feuer ~ jeter qc. au feu, dans le feu; frische Truppen in die Schlacht ~ jeter, lancer … dans la bataille; die Tür ins Schloß ~ claquer la porte; e-n Brief in den Kasten ~ mettre … à la boîte; fig. etw. in die Waagschale ~ jeter qc. dans la balance; den Kopf in die Höhe ~ relever brusquement la tête; fig. die Flinte ins Korn ~ perdre courage; abandonner la partie; jeter le manche après la cognée prov.; fig. alles in e-n Topf ~ ne pas faire de distinction; F mettre tout dans le même sac; über den Haufen ~ renverser; culbuter; F chambarder; fig. bouleverser; über Bord ~ jeter par-dessus bord (auch fig.); jeter à la mer; fig. se débarrasser de; Mantel über die Schultern ~ jeter … sur les épaules; mit Geld um sich ~ dépenser sans compter; mit Schimpfwörtern um sich ~ se répandre en injures; F cracher des injures; zu Boden ~ renverser; fig. accabler; II v/réfl. sich ~ se jeter; Holz se déjeter; gauchir; sich j-m an den Hals ~ se jeter au cou de qn.; sich auf die Knie ~ tomber, se jeter à genoux; sich aufs Pferd ~ sauter à cheval; fig. sich auf etw. ~ se jeter dans qc.; sich j-m in die Arme ~ se jeter dans les bras de qn.; F sich in die Kleider ~ s'habiller à la hâte; fig. sich in die Brust ~ se pavaner; se rengorger; sich j-m zu Füßen ~ se jeter aux pieds de qn.; III ♀ n ⟨~s⟩ lancement m; projection f; von Tieren mise f bas; von Holz gauchissement m.

Werfer ['vɛrfər] m ⟨~s; ~⟩ milit. lance-fusées m; lance-roquettes m; Person lanceur m.

Werft [vɛrft] f ⟨~; ~en⟩ chantier naval, maritime; chantier m de constructions navales; **~ˌarbeiter** m ouvrier m d'un chantier naval.

Werg [vɛrk] n ⟨~(e)s⟩ étoupe f.

Wergeld ['veːrgɛlt] n hist. wergeld m.

Werk [vɛrk] n ⟨~(e)s; ~e⟩ hinsichtlich des Hervorgebrachten ouvrage m; hinsichtlich des Hervorbringers œuvre f; (Arbeit) travail m; besogne f; (Unternehmen) entreprise f; techn. (Mechanismus) mécanisme m; (Uhr♀) mouvement m; (Fabrik) usine f; fabrique f; wenn ein Eigenname vorangeht auch ateliers m/pl.; établissements m/pl.;

fortif. ouvrage *m*; ausgewählte, sämtliche ~e œuvres choisies, complètes; *relig.* gute ~e bonnes œuvres; ein gutes ~ tun faire une bonne œuvre; ein frommes ~ tun faire œuvre pie; ~e der Barmherzigkeit, der Nächstenliebe actes de charité; in Worten u. ~en sündigen pécher en paroles et en actes; das ~ weniger Augenblicke l'œuvre de quelques instants; das ~ e-s Augenblicks l'affaire d'un moment; das ~ krönen être le couronnement de, couronner l'œuvre; das ~ lobt den Meister à l'œuvre on connaît l'artisan; das ist dein ~! c'est ton œuvre!; ab ~ départ usine; am ~ sein être à l'œuvre; ans ~! à l'œuvre!; ans ~ gehen, Hand ans ~ legen, sich ans ~ machen se mettre à l'œuvre, à l'ouvrage, à la besogne; ins ~ setzen (*verwirklichen*) réaliser; mettre en œuvre, en pratique; geschickt zu ~e gehen s'y prendre habilement; (zu) rasch zu ~e gehen aller (trop) vite en besogne; vorsichtig zu ~e gehen user de précautions; procéder avec précaution; **~bank** *f* ⟨~; ⸗e⟩ établi *m*; **~chen** *n* ⟨~s; ~⟩ *impr.* petit ouvrage; opuscule *m*; plaquette *f*; **~druck** *m* ⟨~(e)s; ~e⟩ labeur *m*; **2en** *v/i.* ⟨h⟩ travailler; (*sich eifrig zu schaffen machen*) s'affairer; **~geˌrechtigkeit** *f relig.* justice qu'on croit méritée par ses bonnes œuvres; fausse dévotion; **~ˌleute** *pl.* ouvriers *m/pl.*; **~ˌmeister** *m* contremaître *m*; **~(s)ˌangehörige(r)** *m* membre *m* du personnel de l'entreprise; **~(s)ˌanlagen** *f/pl.* installations industrielles; **~(s)ˌarzt** *m* médecin *m* de l'entreprise; **~(s)bücheˌrei** *f* bibliothèque *f* de l'entreprise; **~ˌschriften** *f/pl. impr.* caractères courants, ordinaires, de labeur, de texte; **~ˌschule** *f* centre *m* de formation professionnelle d'entreprise; atelier-école *m*; centre *m* d'apprentissage d'une usine; **~schutz** *m* police intérieure d'entreprise; **~(s)diˌrektor** *m* chef *m* d'entreprise; **2(s)ˌeigen** *adj.* appartenant à l'entreprise; ~e Bahnanlage chemin de fer d'entreprise; ~e Verkaufsstelle économat d'entreprise; ~e Wohnung logement appartenant à l'entreprise, d'entreprise; **~(s)ˌeinrichtung** *f* soziale ~en œuvres sociales d'entreprise; **~(s)ˌfeuerwehr** *f* corps *m* de (sapeurs-)pompiers d'usine; **~(s)film** *m* film *m* documentaire sur une entreprise; **~(s)ˌfürsorge** *f* service social d'entreprise; **~(s)ˌfürsorgerin** *f* assistante sociale d'entreprise; **~(s)geˌmeinschaft** *f* personnel *m* d'une entreprise; **~(s)ˌhalle** *f* 'hall *m* d'usine; atelier *m*; **~(s)kameˌrad** *m* camarade *m* de travail, d'usine; **~(s)kanˌtine** *f* cantine ouvrière, d'entreprise; **~(s)ˌkinderˌgarten** *m* crèche *f* d'usine; **~(s)ˌküche** *f* cuisine *f* d'entreprise; *cf. auch* ~(s)kantine; **~(s)ˌleiter** *m* chef *m* d'entreprise; **~(s)ˌleitung** *f* direction *f* de l'entreprise, de l'usine; **~(s)spioˌnage** *f* espionnage industriel; **~statt** *f* ⟨~; -stätten⟩, **~ˌstätte** *f* atelier *m*; **~stattˌleiter** *m* chef *m* d'atelier; **~stattmonˌtage** *f* montage *m* à l'atelier; **~stattˌwagen** *m* camion-atelier *m*; **~stattˌzeichnung** *f* épure *f*; F bleu *m*; **~stein** *m bât.* pierre *f* de taille; **~stoff** *m* matériau *m*; matériel *m*; **~stofferˌmüdung** *f* fatigue *f* du matériel; **~stoffˌprüfung** *f* essai *m* des matériaux; **~stück** *n* pièce *f* (à usiner); **~stuˌdent(in)** *m* (*f*) étudiant-ouvrier *m*; étudiante-ouvrière *f*; **~(s)ˌwohnung** *f cf.* 2(s)eigen; **~(s)ˌzeitung** *f* journal *m* d'entreprise; **~tag** *m* jour *m* ouvrable, non férié; arbeitsfreier ~ jour chômé; **2tags** *adv.* les jours ouvrables; en semaine; **~tagsˌkleidung** *f* vêtements *m/pl.* de tous les jours; **2ˌtätig** *adj.* actif, -ive; die ~e Bevölkerung, die 2en la population active; **~tisch** *m cf.* ~bank; **~ˌunterricht** *m etwa* travail manuel (à l'école); **~verˌkehr** *m* transport *m* pour compte propre.

Werkzeug ['vɛrktsɔʏk] *n* ⟨~(e)s; ~e⟩ outil *m*; instrument *m* (*auch fig.*); *physiol.* organe *m*; *fig.* gefügiges ~ instrument docile; (sich) mit den nötigen ~en versehen, ausstatten (s')outiller; **~ˌausgabe** *f* distribution *f* de l'outillage; **~ˌausrüstung** *f* outillage *m*; **~beˌhälter** *m*, **~ˌkasten** *m* boîte *f*, coffre *m* à outils; **~ˌhalter** *m* porte-outil *m*; **~ˌlager** *n* magasin *m* de l'outillage; **~ˌmacher** *m* ⟨~s; ~⟩ outilleur *m*; **~maˌschine** *f* machine-outil *f*; **~ˌsatz** *m* jeu *m* d'outils; **~ˌschlosser** *m* outilleur *m*; **~ˌschrank** *m* armoire *f* à outils; **~ˌstahl** *m* acier *m* (à) outils; **~ˌtasche** *f* trousse *f* à outils; *am Fahrrad* sacoche *f*.

Wermut ['veːrmuːt] *m* ⟨~(e)s⟩ *Wein* vermouth *m*; *bot.* absinthe *f*; *fig.* amertume *f*; **~sˌbecher** *m fig.* coupe *f* d'amertume; **~sˌtropfen** *m fig.* goutte *f* d'amertume; **~ˌwein** *m* vermouth *m*.

Werst [vɛrst] *f* ⟨~; ~en *bzw.* 5 ~⟩ verste *f*.

wert [veːrt] **I** *adj.* (*lieb, teuer*) cher, chère; (*geehrt*) honoré; (*würdig*) digne; ~er Freund cher ami; ~er Herr cher monsieur; wie ist Ihr ~er Name? à qui ai-je l'honneur de parler?; Ihr ~es Schreiben vom ... votre honorée du ...; er ist mir lieb u. ~ je l'aime et je l'estime; das ist nicht der Rede ~ ça ne vaut pas la peine d'en parler; das ist nicht der Mühe ~ cela n'en vaut pas la peine; das ist aller Achtung ~ c'est très respectable; er ist es nicht ~, daß man ... il ne mérite pas, il n'est pas digne qu'on ...; *fig.* er ist keinen Schuß Pulver ~ il ne vaut pas la corde pour le pendre; das ist keinen roten Heller ~ cela ne vaut pas un sou; das ist nicht viel ~ cela ne vaut pas grand-chose; das ist mir viel ~ j'y attache du prix; j'y tiens beaucoup; das ist schon viel ~ c'est un (grand) point (d')acquis; mehr ~ sein, als ... valoir plus que ...; *mit folgender Zahlenangabe* valoir plus de ...; *fig.* valoir mieux que ...; **II** 2 *m* ⟨~(e)s; ~e⟩ valeur *f*; (*Preis*) prix *m*; Muster ohne ~ échantillon sans valeur; geistiger ~ valeur spirituelle; Umwertung aller ~e renversement *m* des valeurs; im ~e von ... d'une valeur de ...; das behält immer s-n ~ cela vaut toujours son prix; cela conserve toujours sa valeur; ~ haben avoir de la valeur; von großem ~ de grande valeur; von geringem ~ de peu de valeur; im ~ sinken, an ~ verlieren perdre de sa valeur; diminuer de valeur; se dévaluer; se déprécier; im ~ steigen, an ~ gewinnen valoir plus, davantage; augmenter de valeur; nach s-m wahren ~ beurteilen juger à sa juste valeur; großen ~ auf etw. legen attacher une grande valeur à qc.; tenir beaucoup à qc.; accorder une grande importance, du prix à qc.; faire grand cas de qc.; e-r Sache keinen großen ~ beilegen, keinen großen ~ auf etw. legen n'accorder aucune valeur, aucun prix à qc.; ne faire aucun cas de qc.; ne pas faire grand cas de qc.; **~ˌachten** *v/t.* ⟨-ete, *sép.*, -ge-, h⟩ estimer; faire grand cas de; **2ˌangabe** *f* valeur déclarée; déclaration *f* de valeur; **2ˌarbeit** *f* travail qualifié; **2ˌaufstockung** *f* valorisation *f*; **2beˌrichtigung** *f comm.* réévaluation *f*; **~beˌständig** *adj. Ware* de valeur stable, fixe; *Währung* stabilisé; **2beˌständigkeit** *f* stabilité *f* de la valeur; **2beˌstimmung** *f* estimation *f*; évaluation *f*; taxation *f*; **2brief** *m* lettre chargée; pli chargé; lettre *f* de valeur déclarée; **2ˌeinbuße** *f* perte *f* de valeur; **2ˌeinheit** *f* unité *f* de valeur; **~en** *v/t.* ⟨-ete, h⟩ estimer; évaluer; taxer; *Sport* pointer; **2erˌmittlung** *f* évaluation *f*; **2ˌfestsetzung** *f* fixation *f* de la valeur; **2ˌgegenstand** *m* objet *m* de valeur; **~ˌhalten** *v/t.* ⟨*irr.*, *sép.*, -ge-, h⟩ *cf.* wertschätzen; **2heˌrabsetzung** *f* dépréciation *f*.

...wertig [...ˌveːrtɪç] *in Zssgn. mit Zahlwörtern chim.* ...valent.

Wertigkeit ['veːrtɪçˌkaɪt] *f* ⟨~⟩ *chim.* valence *f*.

wert|los ['veːrtloːs] *adj.* sans valeur; de nulle valeur; dénué de valeur; das ist für mich ~ *auch* cela ne me sert à rien; **2ˌlosigˌkeit** *f* ⟨~⟩ non-valeur *f*; peu *m* de valeur; **2ˌmarke** *f* bon *m*; **~ˌmäßig** **1.** *adj.* d'après la valeur; basé sur la valeur; **2.** *adv.* en ce qui concerne la valeur; **2ˌmaßstab** *m*, **2ˌmesser** *m* ⟨~s; ~⟩ critère *m*, mesure *f* (de la valeur); das ist der ~ für ... cela donne la mesure de ...; **2ˌminderung** *f* dépréciation *f*; diminution *f* de la valeur; moins-value *f*; **2paˌket** *n* colis *m* avec valeur déclarée; **2paˌpier** *n* valeur *f*; effet *m*; titre *m*; **2papierˌanlage** *f* placement *m* en valeurs; **2papierˌbörse** *f*, **2papierˌhandel** *m*, **2papierˌmarkt** *m etc. cf.* Effekten...; **2ˌsachen** *f/pl.* objets *m/pl.* de valeur; **2sachenverˌsicherung** *f* assurance *f* pour objets de valeur; **~ˌschaffend** *adjt.* productif, -ive; **~ˌschätzen** *v/t.* ⟨-(es)t, *sép.*, -ge-, h⟩ estimer; faire grand cas de; **2ˌschätzung** *f* estime *f* (pour); **2ˌschwankung** *f* fluctuation *f* de la valeur; **2ˌsendung** *f* envoi *m* avec valeur déclarée; **2ˌsteigerung** *f* augmentation *f*, accroissement *m* de la valeur; plus-value *f*; **2stück** *n cf.* Wertgegenstand; **2ung** *f* ⟨~; ~en⟩ estimation *f*; évaluation *f*; taxation *f*; *Sport* pointage *m*; **2ˌurteil** *n* jugement *m* de valeur; **2verˌlust** *m* perte *f* de valeur; **2verˌminderung** *f*, **2verˌringerung** *f cf.* 2minderung; **~voll** *adj.* précieux, -euse; (sehr) ~ de (grande) valeur; de (grand) prix; ~er Mensch personne de (grande) valeur (morale); **2zeichenpaˌpier** *n* papier filigrané, à filigrane; **2zoll** *m* droit *m*, taxe *f* de douane ad valorem; **2ˌzuwachs** *m* plus-value *f*; accroissement *m* de la valeur; **2ˌzuwachsˌsteuer** *f* impôt *m* sur la plus-value.

Werwolf ['veːrvɔlf] *m myth.* loup-garou *m*.

wes [vɛs] *poét. cf.* wessen.

Wesen ['veːzən] *n* ⟨~s⟩ **1.** (*natürliche Art, Weise, sich zu geben u. zu benehmen*) nature *f*; caractère *m*; naturel *m*; air *m*; das liegt in s-m ~ c'est dans sa nature, dans son caractère; c'est son naturel; ein hochfahrendes ~ haben être arrogant, 'hautain; mürrisches ~ naturel chagrin; caractère, air maussade, rébarbatif; gesetztes ~ air, caractère posé; gezwungenes ~ manières contraintes; air affecté, compassé; freundliches ~ manières affables, aimables; kindisches ~ puérilité *f*; bäurisches ~ rusticité *f*; tierisches ~ bestialité *f*; **2.** ⟨*pl.* ~⟩ (*Lebe*2, *Geschöpf*) être *m*; **menschliches** ~ être humain; **höheres** ~ être supérieur; **das Höchste** ~ l'Être suprême; **es war kein lebendes** ~ **zu sehen** on ne voyait âme qui vive; F **armes** ~ pauvre créature *f*; F **ein freundliches** ~ une personne, F un type agréable; F **ein weibliches** ~ une femme; **3.** (*das wahre, innere Sein*) nature *f* (réelle); essence *f*; *philos.* entité *f*; **s-m inneren** ~ **nach** dans son essence; **das** ~ **der Dinge** la nature des choses; **das gehört zum** ~ **der Sache** c'est essentiel; cela fait partie intégrante, c'est dans l'essence de la chose; **es gehört zum** ~ **der Liebe, daß man eifersüchtig ist** la jalousie tient à l'essence même, est dans la nature même de l'amour; **am** ~ **der Sache wird nichts geändert** dans son essence, pour l'essentiel il n'y a rien de changé à la chose, la chose ne subit pas de changement; **4.** (*Tun u. Treiben*) **sein** ~ **treiben** F faire des siennes; *von Geistern* 'hanter (un lieu); F **wo treibt er jetzt sein** ~? où est-il, vit-il maintenant?; **viel** ~**s von etw. machen** faire grand bruit de qc.; faire du tapage autour de qc.; faire beaucoup d'histoires pour qc.; **er macht nicht viel** ~**s** (*Umstände*) il ne fait point de façons (**mit j-m** avec qn.); 2ˌ**haft** *adj.* (*artbestimmend*) déterminant; réel, -lle; substantiel, -lle; ~ˌ**heit** *f* ⟨~⟩ essence *f*; *philos.* entité *f*; 2ˌ**los** *adj.* irréel, -lle; inexistant; vain; chimérique; ~ˌ**losigkeit** *f* ⟨~⟩ irréalité *f*; inexistence *f*; ~**s**ˌ**art** *f* nature *f*; caractère *m*; **die französische** ~ *auch* le tempérament français; 2**s**ˌ**eigen** *adj.* typique; spécifique; caractéristique; ~**s**ˌ**einheit** *f relig.* consubstantialité *f*; 2**s**ˌ**fremd** *adj.* étranger, -ère à la nature (de); 2**s**ˌ**gleich** *adj.* identique; de même nature; ~**s**ˌ**gleichheit** *f* identité *f*; ~**s**ˌ**zug** *m* trait *m* caractéristique; 2**t**ˌ**lich 1.** *adj.* essentiel, -lle; substantiel, -lle; constitutif, -ive; (*grundlegend*) fondamental; *Bestandteil, Element* (*Teil e-s Ganzen bildend*) intégrant; constitutif, -ive; constituant; (*bedeutend*) considérable; important; sensible; ~**e Herabsetzung** réduction considérable; ~**es Merkmal** élément essentiel; **die** ~**en Punkte** les points essentiels; l'essentiel *m*; ~**er Unterschied** différence fondamentale; **das ist sehr** ~ c'est très important; **e-n** ~**en Bestandteil von etw. bilden** former, faire partie intégrante de qc.; **das** 2**e** l'essentiel *m*; le principal; la substance; *fig.* la quintessence; le suc; la moelle; le fond; **im** ~**en** en substance; **nichts** 2**es** rien d'important, de spécial, de particulier; **2.** *adv.* très; beaucoup; bien; ~ **größer** beaucoup *od.* bien plus grand; ~ **billiger** beaucoup moins cher, chère; bien meilleur marché.

Wesfall [ˈvɛsfal] *m gr.* génitif *m*.

weshalb [vɛsˈhalp] *adv. fragend u. relativisch* pourquoi; pour quelle raison.

Wesir [veˈziːr] *m* ⟨~(e)s; ~e⟩ vizir *m*.

Wespe [ˈvɛspə] *f* ⟨~; ~n⟩ *zo.* guêpe *f*; ~**n**ˌ**nest** *n* guêpier *m*; nid *m* de guêpes; *fig.* **in ein** ~ **stechen** remuer, soulever une sale affaire; ~**n**ˌ**stich** *m* piqûre *f* de guêpe; ~**n**ˌ**taille** *f* taille *f* de guêpe.

wessen [ˈvɛsən] *pr/i.* (*gén. von* **wer** *u.* **was**) ~ **Sohn ist er?** de qui est-il le fils?; ~ **Mantel ist das?** à qui est ce manteau?; ~ **klagt man dich an?** de quoi t'accuse-t-on?; ~ **Schuld ist es?** à qui la faute?; **in** ~ **Haus wohnst du?** dans la maison de qui habites-tu?; *relativisch* ~ **er mich anklagt** ce dont il m'accuse.

West [vɛst] *m* ⟨~(e)s⟩ (*abr.* W) *cf.* Westen, Westwind; ~ˈ**afrika** *n géogr.* l'Afrique occidentale; ~**-Ber**ˌ**lin** *n pol.* Berlin-Ouest *m*; 2**deutsch** *adj. géogr., pol.* de l'Allemagne occidentale; ~**-**ˌ**deutsche(r)** *f* (*m*) Allemand, -e *m, f* de l'Ouest; ~ˌ**deutschland** *n géogr., pol.* l'Allemagne occidentale.

Weste [ˈvɛstə] *f* ⟨~; ~n⟩ gilet *m*; *fig.* **e-e weiße, reine, saubere** ~ **haben** n'avoir rien à se reprocher; F être blanc, blanche comme neige.

Westen [ˈvɛstən] *m* ⟨~s⟩ (*abr.* W) *géogr., astr., mar.* ouest *m* (*abr.* O.); occident *m*; couchant *m*; *pol.* **der** ~ l'Occident; l'Ouest; *géogr.* **im** ~ **von** ... à l'ouest de ...

Westen|futter [ˈvɛstənˌfutər] *n* doublure *f* de gilet; ~ˌ**tasche** *f* poche *f* de gilet; (*Uhrentasche*) gousset *m*; *fig.* **etw. wie s-e** ~ **kennen** connaître qc. comme sa poche.

Western [ˈvɛstərn] *m* ⟨~(s); ~⟩ western *m*.

West|europa [ˈvɛstˀɔʏˈroːpa] *n géogr.* l'Europe occidentale; 2**euro**ˈ**päisch** *adj.* de l'Europe occidentale; *pol.* 2**e Union** (*abr.* WEU) Union de l'Europe Occidentale (*abr.* U.E.O.); 2**e Zeit** (*abr.* WEZ) heure de l'Europe occidentale (*abr.* H.E.O.); ~ˈ**fale** *m* ⟨~n; ~n⟩, ~ˈ**fälin** *f* ⟨~; ~nen⟩ Westphalien, -nne *m, f*; 2ˈ**fälisch** *adj.* westphalien, -nne; de (la) Westphalie; **der** 2**e Friede(n)** la paix de Westphalie; ~**-**ˌ**front** *f milit.* front *m* ouest; 2**ger**ˌ**manisch** *adj. hist.* germanique occidental; ~ˌ**goten** *m/pl. hist.* Wisigoths *od.* Visigoths *m/pl.*; ~ˌ**goten**ˌ**reich** *n hist.* empire *m* wisigoth *od.* visigoth, des Wisigoths *od.* Visigoths; 2ˌ**gotisch** *adj.* wisigoth *od.* visigoth; ~**-**ˈ**indien** *n* les Indes occidentales; 2ˈ**indisch** *adj.* des Indes occidentales; ~**-**ˌ**küste** *f* côte occidentale; 2**lich** *adj.* occidental; de l'ouest; d'ouest; ~ **von** ... à l'ouest de ...; ~ˌ**mächte** *f/pl. pol.* puissances occidentales; ~**mark** *f* **1.** mark occidental; **2.** *hist.* marche *f* de l'ouest; ~**nord**ˈ**west** *m* (*abr.* WNW) *Himmelsrichtung* ouest-nord-ouest *m* (*abr.* O.-N.-O.); *Wind* vent *m* d'ouest-nord-ouest; ~**nord**ˈ**westen** *m Himmelsrichtung cf.* ~**nordwest**; ~ˌ**preußen** *n géogr.* la Prusse occidentale; 2ˌ**römisch** *adj.* **das** 2**e Reich** l'empire d'Occident; ~ˌ**seite** *f* côté *m* ouest, occidental; ~ˌ**sektor** *m pol.* secteur occidental; ~**süd**ˈ**west** *m* (*abr.* WSW) *Himmelsrichtung* ouest-sud-ouest (*abr.* O.-S.-O.); *Wind* vent *m* d'ouest-sud-ouest; ~**süd**ˈ**westen** *m Himmelsrichtung cf.* ~**südwest**; ~**wall** *m hist.* ligne *f* Siegfried; 2**wärts** *adv.* vers l'ouest; vers l'occident; ~**wind** *m* vent *m* d'ouest.

weswegen [ˌvɛsˈveːgən] *cf.* weshalb.

Wettannahme [ˈvɛtˌˀannaːmə] *f* (bureau *m* de) pari mutuel.

Wettbewerb [ˈvɛtbəˌvɛrp] *m* ⟨~(e)s; ~e⟩ concours *m*; *comm.* concurrence *f*; compétition *f*; **freier** ~ libre (jeu de la) concurrence; **unlauterer** ~ concurrence déloyale; **in** ~ **stehen** se trouver, être en concurrence (**mit j-m** avec qn.); faire concurrence (à qn.); concurrencer (qn.); **in** ~ **treten** entrer en concurrence, en compétition (**mit j-m** avec qn.); **den** ~ **verfälschen** fausser la concurrence; **dem** ~ **standhalten** soutenir la concurrence; **an e-m** ~ **teilnehmen** prendre part à un concours; ~**sbe**ˌ**dingung** *f* condition concurrentielle; ~**sbe**ˌ**schränkung** *f* restriction *f* à la concurrence; 2**s**ˌ**fähig** *adj.* capable d'entrer en concurrence (**mit** avec); capable de faire concurrence (à); concurrentiel, -lle; *néol.* compétitif, -ive; ~**s**ˌ**fähigkeit** *f* capacité concurrentielle; aptitude *f* à la concurrence; ~**s**ˌ**freiheit** *f* liberté *f* de (la) concurrence; ~**s**ˌ**klausel** *f* clause *f* de non-concurrence; 2**sneu**ˌ**tral** *adv.* **sich** ~ **verhalten** ne pas influencer la concurrence; ~**s**ˌ**ordnung** *f* réglementation *f* de la concurrence; ~**sver**ˌ**bot** *n* interdiction *f* de concurrence; ~**s**ˌ**wirtschaft** *f* économie concurrentielle.

Wett|büro [ˈvɛtbyˑˌroː] *n* (bureau *m* du) pari mutuel; F P.M.U. *m*; ~**e** *f* ⟨~; ~n⟩ pari *m*; gageure [-ʒyːr] *f*; **die** ~ **annehmen** accepter, soutenir le pari; **e-e** ~ **eingehen, abschließen** faire un pari; parier; **was gilt die** ~? que pariez-vous?; **die** ~ **soll gelten, die** ~ **gilt** je tiens le pari; je parie!; F chiche! (parions!); **die** ~ **verlieren** perdre le pari; **um die** ~ à l'envi; à qui mieux mieux; **um die** ~ **arbeiten** rivaliser d'ardeur au travail; ~ˌ**eifer** *m* émulation *f*; *pfort.* rivalité *f*; 2ˌ**eifern** *v/i.* ⟨-(e)re, *insép.*, ge-, h⟩ **mit j-m in etw.** ~ rivaliser de qc. avec qn.; faire assaut de qc. (*par ex.* de politesses, d'amabilités, d'esprit, *etc.*) avec qn.; ~ˌ**einsatz** *m* gage *m*; 2**en** *v/t. u. v/i.* ⟨-ete, h⟩ parier; faire un pari; **um zehn Mark** ~ parier dix marks; **zehn gegen eins** ~ parier dix contre un; **ich wette hundert gegen eins, daß** ... je parie cent contre un que ...; il y a cent à parier contre un que ...; **ich möchte** ~, **ich wollte** ~, **daß** ... je parierais bien que ...; **ich wette, daß** ... je parie que ...; F ~, **daß** ... gageons que ...; ~? parions?; on parie?; **ich wette darauf** j'en fais le pari; **ich wette meinen Kopf, daß** ... je mettrais, donnerais ma tête à couper que ...; **ich wette, daß Sie es nicht können** je vous défie de le faire; *fig.* **so haben wir nicht gewettet** cela ne fait pas mon compte.

Wetter[1] [ˈvɛtər] *n* ⟨~s; ~⟩ **1.** temps *m*; conditions *f/pl.* atmosphériques, météorologiques; **veränderliches** ~ temps variable; **bei Wind u.** ~ par tous les temps; **es ist schönes, schlechtes** ~ il fait beau, mauvais temps; le temps est beau, mauvais; **wir bekommen anderes** ~ le temps va changer; **bei günstigem** ~ si le temps le permet; **was ist heute für** ~? quel temps fait-il aujourd'hui?; comment est le temps aujourd'hui?; **was haben wir heute für** ~? quel temps avons-nous aujourd'hui?; **was für** ~ **bringen Sie mit?** quel temps nous apportez-vous?; **nach dem** ~ **sehen** regarder le temps (qu'il fait); **das** ~ **wird wieder schön** le temps se remet au beau; **das** ~ **verspricht gut zu werden** le temps est prometteur; **bei schönem** ~ par beau temps; **vom** ~ **sprechen** parler de la pluie et du beau temps; *fig.* **um gut** ~ **bitten** demander pardon à qn.; présenter ses excuses; **2.** (*Unwetter*) orage *m*; **ein** ~ **zieht herauf** un orage se prépare; **das** ~ **bricht los** l'orage éclate; **3.** *mines* (*Luftbeschaffenheit*) air *m*; **schlagende** ~ grisou *m*; **matte** ~ air lourd, méphitique.

Wetter[2] [ˈvɛtər], ~**in** *m* ⟨~s; ~⟩, *f* ⟨~; ~nen⟩ parieur, -euse *m, f*.

Wetter|abzugsstrecke [ˈvɛtərˌˀaptsuːksˌʃtrɛkə] *f mines* (voie *f* de) sortie *f* d'air; ~ˌ**amt** *n* office *m* météorologique; ~ˌansage *f cf.* ~bericht; ~ˌanzeiger *m mines* détecteur *m* de grisou; ~ˌaussichten *f/pl.* prévisions *f/pl.* météorologiques; temps *m* probable; *als Zeitungsrubrik* le temps qu'il fera; ~beˌdingungen *f/pl.* conditions *f/pl.* météorologiques; ~beˌobachtung *f* observation *f* météorologique; ~beˌricht *m* bulletin *m* météorologique; ~ˌbesserung *f* amélioration *f* du temps; 2beˌständig *adj.* résistant aux intempéries; ~beˌständigkeit *f* résistance *f* aux intempéries; 2beˌstimmend *adjt.* ~ sein influencer le temps; ~ˌdach *n* abri *m*; *an e-m Haus* auvent *m*; appentis *m*; ~ˌdienst *m* service météorologique; F météo *f*; ~ˌecke F *f* coin *m* où il pleut beaucoup; ~ˌfahne *f* girouette *f* (*auch fig.*); 2ˌfest *adj.* résistant, *Mensch* habitué aux intempéries; ~ˌfrosch *m* F *cf.* Laubfrosch; *fig. iron.* (*Meteorologe*) *cf.* ~prophet; ~ˌfühligkeit *f* ⟨~⟩ sensibilité *f* aux variations atmosphériques; ~ˌführung *f mines* aérage *m*; ~ˌhahn *m* coq *m* (de clocher); girouette *f* (en forme de coq); 2ˌhart *adj.* endurci; ~ˌkarte *f* carte *f* météorologique; ~ˌkunde *f* météorologie *f*; 2ˌkundig *adj.* qui sait prévoir le temps; versé dans la météorologie; ~ˌlage *f* situation *f* météorologique, atmosphérique; 2ˌleuchten **I** *v/imp.* ⟨-ete, h⟩ es wetterleuchtet il fait des éclairs de chaleur; **II** ~ˌleuchten *n* ⟨~s⟩ éclairs *m/pl.* de chaleur; *sc.* fulguration *f*; ~ˌloch *n* point *m* de l'horizon d'où viennent les pluies et les orages; ~ˌmantel *m* imperméable *m*; ~ˌmeldung *f* information *f* météorologique; 2n **I** *v/imp.* ⟨-(e)re, h⟩ es wettert il fait de l'orage; **II** *v/i.* (*schimpfen*) pester; tempêter; fulminer; invectiver (*alle* gegen, über contre); ~proˌgnose *f cf.* ~vorhersage; ~proˌphet F *iron. m* F *iron.* Monsieur Météo; baromètre *m*; ~propheˌzeiung *f cf.* ~vorhersage; ~ˌschacht *m mines* puits *m* d'aérage; ~ˌschaden *m* dégât causé par l'orage; ~ˌscheide *f* limite *f* météorologique; ~ˌseite *f* côté exposé aux intempéries; côté *m* de l'ouest, du nord-ouest; ~statiˌon *f cf.* ~warte; ~ˌsturz *m* chute brutale, brusque du baromètre; chute *f* de température; forte dépression barométrique; ~ˌumschlag *m* brusque changement *m* de temps; ~verˌhältnisse *n/pl.* conditions *f/pl.* météorologiques; ~verˌschlechterung *f* aggravation *f* du temps; ~voˌraussage *f*, ~vorˌhersage *f* prévisions *f/pl.* météorologiques, du temps; ~ˌwarte *f* station *f* météorologique; observatoire *m* (météorologique); ~ˌwechsel *m* changement *m* de temps; 2ˌwendisch *adj.* inconstant; changeant; versatile; F lunatique; ~ˌwolken *f/pl.* nuées *f/pl.* d'orage.

Wett|fahrt ['vɛtfɑːrt] *f* course *f*; ~geˌsang *m* concours *m* de chant; ~geˌschäft *n* paris *m/pl.*; ~kampf *m* compétition *f*; concours *m*; épreuve *f*; ~ˌkämpfer(in) *m* (*f*) concurrent, -e *m, f*; rival, -e *m, f*; ~lauf *m* course *f* (*auch fig.*); ~ mit dem Tode lutte *f* de vitesse avec la mort; 2ˌlaufen *v/i.* ⟨*nur inf.*⟩ courir (pour voir qui arrivera le premier); ~ˌläufer(in) *m* (*f*) concurrent, -e *m, f*; 2ˌmachen *v/t.* ⟨*sép.*, -ge-, h⟩ (*wiedergutmachen*) réparer; (*ausgleichen*) compenser; ~ˌnachrichten *f/pl.* résultats *m/pl.* des courses; *in Radio u. Zeitung auch* rubrique *f* des courses; 2ˌrennen **I** *v/i.* ⟨*nur inf.*⟩ *cf.* 2laufen; **II** ~ˌrennen *n cf.* ~lauf; ~ˌrudern *n* course *f* d'aviron; ~ˌrüsten *n* course *f* aux armements; ~schuld *f* dette *f* de pari mutuel; ~ˌschwimmen *n* course *f* à la nage; ~spiel *n* match *m*; ~streit *m* concours *m*; lutte *f*; *fig.* rivalité *f*; émulation *f*; edler ~ noble émulation; sich mit j-m in e-n ~ einlassen entrer en compétition, rivalité avec qn.

wetz|en ['vɛtsən] **I** *v/t.* ⟨-(es)t, h⟩ *Messer, Sense* aiguiser (*auch Schnabel*); affiler; *Werkzeuge* affûter; **II** *v/i.* ⟨sein⟩ F (*rennen*) courir; **III** 2en *n* ⟨~s⟩ aiguisage *m*; affilage *m*; affûtage *m*; 2stahl *m* fusil *m* (du boucher); affiloir *m*; 2stein *m* pierre *f* à aiguiser; queux *f* (à faux).

Weymouthskiefer ['vaɪmuːtsˌkiːfər, 'vɛɪməs-] *f bot.* pin *m* Weymouth.

Whisky ['vɪskiˑ] *m* ⟨~s; ~s⟩ whisky *m*.

Whist [vɪst] *n* ⟨~es⟩ whist *m*; mit j-m ~ spielen jouer au whist, faire une partie de whist avec qn.

wich [vɪç] *cf.* weichen².

Wichs [vɪks] F *m* ⟨~es; ~e⟩ tenue *f*; sich in ~ werfen se mettre en grande tenue; F se mettre sur son trente-et-un; in vollem ~ en grande tenue; ~ˌbürste *f zum Auftragen der Wichse* brosse *f* à (étendre le) cirage; *zum Blankputzen* brosse *f* à reluire; ~e *f* ⟨~; ~n⟩ **1.** cirage *m*; crème *f* (pour chaussures); cirage-crème *m*; **2.** F *fig.* (*Prügel*) F volée *f*; rossée *f*; P raclée *f*; dégelée *f*; frottée *f*; *cf. auch* Prügel²; 2en **I** *v/t.* ⟨-(es)t, h⟩ **1.** *Schuhe* cirer; **2.** F *fig.* (*prügeln*) F rosser; *cf. auch* prügeln I; **II** ~en *n* ⟨~s⟩ *der Schuhe* cirage *m*.

Wicht [vɪçt] *m* ⟨~(e)s; ~e⟩ (*Kobold*) lutin *m*; (*Zwerg*) gnome *m*; *fig. péj.* créature *f*; individu *m*; erbärmlicher, elender ~ (*Schuft*) misérable *m*; coquin *m*; canaille *f*; gredin *m*; (*Feigling*) pleutre *m*; armer ~ pauvre diable *m*, bougre *m*, hère *m*; junger ~ gringalet *m*; blanc bec; jeune freluquet *m*; kleiner ~ bout *m* d'homme; nabot *m*; (*Kind*) F mioche *m*; gosse *m*; (*Frechdachs*) petit diable; F diablotin *m*.

Wichte ['vɪçtə] *f* ⟨~; ~n⟩ *phys.* poids *m* spécifique.

Wichtelmännchen ['vɪçtəlˌmɛnçən] *n* lutin *m*; gnome *m*.

wichtig ['vɪçtɪç] *adj.* important; *Entscheidung* (*gewichtig, folgenschwer*) grave; *Bestandteil* (*wesentlich*) essentiel, -lle; gleich ~ d'égale importance; höchst ~ de la plus 'haute importance; ~ sein être important; importer; das ist mir sehr ~ cela m'importe beaucoup; es ist mir sehr ~, daß ... il m'importe beaucoup que ...; ~ nehmen prendre au sérieux; ~ tun, sich ~ machen faire l'important; se donner de grands airs; poser; faire le fanfaron; crâner; se vanter; F faire le gros dos; faire de l'esbroufe; mit ~er Miene d'un air important; e-e ~e Miene annehmen se donner des airs importants, des airs d'importance; das 2e l'important *m*; 2eres zu tun haben F avoir bien d'autres chats à fouetter; das 2ste le plus important; l'essentiel *m*; das 2ste zuerst erledigen aller au plus pressé; 2ˌkeit *f* ⟨~⟩ importance *f*; von großer ~ d'une grande importance; von ~ sein importer; nicht von ~ sein être insignifiant; e-r Sache ~ beimessen accorder de l'importance à une chose; 2ˌtuer *m* ⟨~s; ~⟩ personne *f* qui fait l'important, qui se donne de grands airs; poseur, -euse *m, f*; fanfaron, -nne *m, f*; crâneur, -euse *m, f*; vantard, -e *m, f*; F esbroufeur *m*; 2tue'rei *f* ⟨~⟩ grands airs (qu'on se donne); étalage *m* de grands airs; fanfaronnade *f*; crânerie *f*; vanterie *f*; vantardise *f*; F esbroufe *f*; ~ˌtuerisch *adj.* qui fait l'important; qui se donne de grands airs; poseur, -euse; fanfaron, -nne; crâneur, -euse; vantard.

Wicke ['vɪkə] *f* ⟨~; ~n⟩ *bot.* vesce *f*; (*Garten*2) pois *m* de senteur; F *fig.* in die ~n gehen F être fichu.

Wickel ['vɪkəl] *m* ⟨~s; ~⟩ (*Knäuel*) peloton *m*; pelote *f*; (*Locken*2) bigoudi *m*; *aus Papier* papillote *f*; *méd.* enveloppement *m*; F j-n beim ~ kriegen, nehmen prendre, saisir qn. au collet; ~gaˌmasche *f* (bande *f*) molletière *f*; ~ˌkind *n* bébé *m*; F poupon *m*; ~koˌmmode *f cf.* ~tisch; ~maˌschine *f techn.* bobineuse *f* (mécanique); bobinoir *m*; 2n **I** *v/t.* (*u. v/réfl.*) ⟨-(e)le, h⟩ (se) rouler; (s')enrouler; *élect.* bobiner; *Draht* enrouler; bobiner; *Zigarren, Knäuel* faire; *Wolle* pelotonner; mettre ... en pelote; faire une pelote de; *Locken* papilloter; *abs.* faire, se mettre des bigoudis, des papillotes; *Säugling* emmailloter; langer; *méd., verstauchtes Glied* soutenir par un bandage; mettre un bandage à; e-n Gegenstand aus etw. ~ déballer, dé(sen)velopper qc.; sortir qc. de son emballage; e-n Gegenstand in etw. ~ envelopper qc. dans qc.; in Papier ~ emballer; sich in e-e Decke ~ s'enrouler, s'envelopper dans une couverture; etw. um etw. ~ (en)rouler qc. autour de qc.; j-n um den Finger ~ mener qn. par le bout du nez; er ist um den Finger zu ~, man kann ihn um den Finger ~ *auch* il est souple comme un gant; F da sind Sie aber schief gewickelt! F vous vous mettez, P fourrez le doigt dans l'œil; **II** ~n *n* ⟨~s⟩ enroulement *m*; *e-s Säuglings* emmaillotement *m*; ~ˌschwanz *m zo.* queue prenante, préhensile; ~ˌtisch *m* table *f* à langer; ~ˌtuch *n* lange *m* (de laine); ~ung *f* ⟨~; ~en⟩ *cf.* Wicklung.

Wickl|er ['vɪklər] *m* ⟨~s; ~⟩ **1.** bobineur *m*; **2.** *zo. Raupe* tordeuse *f*; *pl. Schmetterlinge* tortricidés *m/pl.*; ~erin *f* ⟨~; ~nen⟩ bobineuse *f*; ~ung *f* ⟨~; ~en⟩ *élect.* bobinage *m*; enroulement *m*.

Widder ['vɪdər] *m* ⟨~s; ~⟩ *zo.*, *altes Belagerungswerkzeug* bélier *m*; *astr.* Bélier *m*; ~chen *n* ⟨~s; ~⟩ *zo. sc.* zygène *f*; sphinx-bélier *m*.

wider ['viːdər] *prép.* ⟨*acc.*⟩ contre; ~ meinen Willen malgré moi; contre mon gré, ma volonté; ~ (alles) Erwarten contre toute attente; ~ besseres Wissen de mauvaise foi; frauduleusement; das Für u. 2 le pour et le contre; ~ˌborstig F *adj.* récalcitrant; rétif, -ive; 2ˌchrist *m* Antéchrist *m*; 2ˌdruck *m* ⟨~(e)s; ~e⟩ *impr.* retiration *f*; impression *f* du verso; ~ei'nander *adv.* l'un contre l'autre; ~'fahren *v/i.* ⟨*irr., insép., pas de ge-*, sein⟩ arriver; advenir; j-m Gerechtigkeit ~ lassen rendre justice à qn.; ~ˌhaarig F *adj. cf.* ~borstig; 2ˌhaken *m an e-m Pfeil, e-r Harpune etc.* barbe *f*; mit ~ versehen barbelé; 2ˌhall *m* ⟨~(e)s; ~e⟩ écho *m*; retentissement *m*; résonance *f* (*alle auch fig.*); *phys.* retour *m*; *fig.* ~ finden trouver de l'écho; e-n ~ finden in ... avoir de l'écho, un retentissement dans ...; keinen ~ finden ne pas avoir d'écho, de retentissement; ~ˌhallen *v/i.* ⟨*sép.*, -ge-, h⟩ retentir (*auch fig.*); 2ˌhalt *m* ⟨~(e)s⟩ appui *m*; 2ˌklage *f jur.* demande reconventionnelle; 2-

ˌ**lager** *n* contrefort *m*; *e-r Brücke* culée *f*; but(t)ée *f*; *e-s Gewölbes* culée *f* d'arc-boutant.

widerleg|bar [ˌviːdərˈleːkbaːr] *adj.* réfutable; **~en** *v/t.* ⟨*insép.*, *pas de ge-*, h⟩ réfuter; *pfort.* battre en brèche; **Ձung** *f* ⟨~; ~en⟩ réfutation *f.*

wider|lich [ˈviːdərˌlɪç] *adj.* rebutant; repoussant; répugnant; dégoûtant; écœurant; ~ **süß** douceâtre; doucereux, -euse; **ein ~er Kerl** un type dégoûtant, repoussant, écœurant; **Ձlichˌkeit** *f* ⟨~⟩ dégoût *m* qu'inspire qn., qc.; caractère rebutant; **~naˌtürlich** *adj.* contre nature; pervers; **~e Unzucht** débauche contre nature; **Ձnaˌtürlichˌkeit** *f* perversité *f*; **Ձˌpart** *m* ⟨~(e)s; ~e⟩ (*Gegner*) adversaire *m*; **j-m ~ bieten, geben** faire opposition à qn.; tenir tête à qn.

widerraten [ˌviːdərˈraːtən] *v/t.* ⟨*irr.*, *insép.*, *pas de ge-*, h⟩ **j-m etw. ~** déconseiller qc. à qn.; dissuader qn. de qc., de faire qc.

wider|rechtlich [ˈviːdərˌrɛçtlɪç] *adj.* contraire au droit, à la loi, à la justice; (*ungesetzlich*) illégal; **sich etw. ~ aneignen** s'arroger, usurper qc.; s'approprier qc.; **Ձˌrechtlichˌkeit** *f* illégalité *f*; **Ձˌrede** *f* réplique *f*; contradiction *f*; **ohne ~** sans réplique(r), rechigner, discussion, discuter; **Ձˌrist** *m zo.* garrot *m*; **Ձˌruf** *m e-r Verfügung etc.* révocation *f*; abrogation *f*; *e-r Behauptung* rétractation *f*; désaveu *m*; dédit *m*; *e-r Nachricht* démenti *m*; *e-s Befehls* contrordre *m*; *péj. des Gesagten* palinodie *f*; **bis auf ~** jusqu'à nouvel ordre.

widerruf|en [ˌviːdərˈruːfən] *v/t.* ⟨*irr.*, *insép.*, *pas de ge-*, h⟩ *Verfügung etc.* révoquer; abroger; *Behauptung* rétracter; désavouer; se dédire de; *Nachricht* démentir; *Befehl* annuler; contremander; *abs.* se rétracter; se dédire; **~ˌlich** *adj.* révocable; rétractable; **Ձlichˌkeit** *f* ⟨~⟩ révocabilité *f.*

Wider|sacher [ˈviːdərˌzaxər] *st. s. m* ⟨~s; ~⟩ adversaire *m, f*; ennemi, -e *m, f*; *bibl.* Ennemi *m*; **~ˌschein** *m* reflet *m.*

widersetz|en [ˌviːdərˈzɛtsən] *v/réfl.* ⟨-(es)t, *insép.*, *pas de ge-*, h⟩ **sich ~** résister (j-m, e-r Sache à qn., qc.); s'opposer (à); (*nicht gehorchen*) refuser d'obéir (à); désobéir (à); (*sich auflehnen*) regimber, se révolter, se rebeller (contre); aller à l'encontre (de); **sich der Polizei ~** résister à la police; **sich e-m Plan ~** s'opposer à un projet; **~lich** *adj.* récalcitrant; (*ungehorsam*) désobéissant; *pfort.* rebelle; *Kind* indocile; *gegen Vorgesetzte* insubordonné; réfractaire; insoumis; **Ձlichˌkeit** *f* ⟨~; ~en⟩ insubordination *f*; insoumission *f*; résistance *f* (à l'autorité); (*Ungehorsam*) désobéissance *f*; *e-s Kindes* indocilité *f.*

Wider|sinn [ˈviːdərˌzɪn] *m* ⟨~(e)s⟩ contresens *m*; (*Unsinn*) absurdité *f*; non-sens *m*; **Ձˌsinnig** *adj.* absurde; insensé; déraisonnable; qui n'a pas de sens commun; **~ˌsinnigˌkeit** *f* ⟨~; ~en⟩ *cf.* **~sinn**; **Ձˌspenstig** *adj.* récalcitrant; rétif, -ive; rebelle (*auch Haar*); (*unlenksam*) indocile; intraitable; (*aufsässig*) réfractaire; mutin; insoumis; désobéissant; **~ sein** se montrer récalcitrant, *etc.*; regimber; **~ˌspenstige(r)** *f* (*m*) ⟨→ A⟩ récalcitrant, -e *m, f*; réfractaire *m*; **Der ~n Zähmung** La Mégère Apprivoisée; **~ˌspenstigˌkeit** *f* ⟨~; ~en⟩ humeur récalcitrante; indocilité *f*; (*Aufsässigkeit*) mutinerie *f*; (*Ungehorsam*) désobéissance *f*; **Ձˌspiegeln** *v/t.* (*u. v/réfl.*) ⟨-(e)le, *sép.*, -ge-, h⟩ (se) refléter; (se) réfléchir; **~ˌspiel** *n* contraire *m*; opposé *m.*

widersprechen [ˌviːdərˈʃprɛçən] **I** *v/i.* ⟨*irr.*, *insép.*, *pas de ge-*, h⟩ *j-s Grundsätzen, der Wahrheit, den Tatsachen etc.* (*im Widerspruch stehen zu*) être contraire (à); contredire (qc.); être en contradiction (avec); être incompatible (avec); *e-m Tadel, Vorwurf, e-r Behauptung etc.* (*sich dagegen verwahren*) protester contre; **j-m ~** contredire, contrarier qn.; **einander ~** se contredire; être en contradiction; **II** *v/réfl.* **sich ~** se contredire; être en contradiction (avec); **er widerspricht sich in s-n Antworten** *auch* F *fig.* il se coupe dans ses réponses; **III Ձ** *n cf.* **Widerspruch**; **~d** *adjt.* contradictoire; qui contredit (qn., qc.).

Wider|spruch [ˈviːdərˌʃprux] *m* contradiction *f*; opposition *f*; (*Einspruch*) protestation *f* (*auch jur.*); *philos.* antinomie *f*; **ein ~ in sich** une contradiction en soi, dans les termes; **e-n ~ enthalten** impliquer une contradiction; **sich in Widersprüche verwickeln** s'empêtrer dans des contradictions; **~ erheben** protester; élever une protestation; **heftigen ~ bei j-m hervorrufen** provoquer une violente opposition de la part de qn.; **auf heftigen ~ stoßen** se heurter à une forte opposition; **im ~ stehen mit** être contraire à; être en contradiction, en opposition, être incompatible avec; contredire (qc.); **im ~ zu** contraire à; **ohne ~** sans contestation, opposition, discussion; sans protester, discuter; **Ձˌsprüchlich** *adj.* contradictoire; *philos.* antinomique; **~sprüchlichˌkeit** *f* ⟨~; ~en⟩ contradiction *f*; *philos.* antinomie *f*; **~spruchsˌgeist** *m* ⟨~(e)s⟩ esprit *m* de contradiction; **Ձspruchsˌlos** *adv. cf.* (ohne) **~spruch**; **Ձspruchsˌvoll** *adj.* plein de contradictions; contradictoire; **~ˌstand** *m* résistance *f* (**gegen** à) (*auch phys.*, *élect.*, *milit.*); opposition *f* (**gegen** à); **erbitterter ~** résistance acharnée; **elektrischer ~** résistance électrique; *élect.* **spezifischer ~** résistance spécifique; résistivité *f*; **bewaffneter, passiver, hinhaltender ~** résistance armée, passive, retardatrice; **~ gegen die Staatsgewalt** résistance à la force publique; **~ leisten** opposer de la résistance (à); résister (à) (*auch Material etc.*); faire résistance (à); **bewaffneten ~ leisten** se défendre les armes à la main; **keinerlei ~ leisten** ne faire, n'opposer aucune résistance (à); **ohne ~ zu leisten** sans offrir la moindre résistance (à); **auf ~ stoßen** trouver de la résistance; **den ~ brechen** briser, surmonter, forcer, vaincre la résistance; **der ~ versteift sich** la résistance se raidit; **~ˌstandsbeˌwegung** *f* mouvement *m* de résistance; *in Frankreich 1940—1944* Résistance *f*; maquis *m*; **sich der ~ anschließen** entrer dans la Résistance; prendre le maquis; **Ձstandsˌfähig** *adj.* résistant; capable de résistance; *Material, Person* robuste; **~standsˌfähigkeit** *f* ⟨~⟩ résistance *f*; *des Materials, e-s Menschen* robustesse *f*; **körperliche ~** *auch* endurance *f* physique; **~standsˌkämpfer** *m* résistant *m*; *in Frankreich 1940—1944 auch* maquisard *m*; **~standsˌkraft** *f* (force *f* de) résistance *f*; **Ձstandsˌlos** *adv.* sans (offrir de) résistance; **~standsˌmesser** *m* ⟨~s; ~⟩ *élect.* ohmmètre *m*; **~ˌstandsmoˌment** *n phys.*, *élect.* moment, couple résistant; **~standsˌnest** *n milit.* nid *m* de résistance; **~standsˌofen** *m techn.* four *m* à résistance(s) électrique(s); four *m* électrique; **~standsˌwille** *m* **den ~n brechen** annihiler la volonté de résistance; **~standsˌzentrum** *n milit.* centre *m* de résistance.

widerstehen [ˌviːdərˈʃteːən] *v/i.* ⟨*irr.*, *insép.*, *pas de ge-*, h⟩ **1.** (*Widerstand leisten*) résister (à); s'opposer (à); **der Versuchung nicht ~ können** succomber à la tentation; **ich konnte der Versuchung nicht ~** *auch* c'était plus fort que moi; **2.** (*zuwider sein*) répugner (à); **diese Speise widersteht mir** ce mets me répugne.

Widerstoß [ˈviːdərˌʃtoːs] *m bot.* statice *f, m.*

widerstreben [ˌviːdərˈʃtreːbən] **I** *v/i.* ⟨*insép.*, *pas de ge-*, h⟩ résister (à); s'opposer (à); (*zuwider sein*) répugner (à); **es widerstrebt mir, zu ...** (+ *inf.*) il me répugne de ... (+ *inf.*); je répugne à ... (+ *inf.*); **II Ձ** *n* résistance *f*; opposition *f*; (*Widerwille*) répugnance *f*; **mit ~** *cf.* **~d**; **~d** *advt.* à contrecœur; de mauvaise grâce.

Widerstreit [ˈviːdərˌʃtraɪt] *m* conflit *m*; contradiction *f*; **im ~ stehen mit** être en conflit, en contradiction avec; *cf. auch* **widerstreiten**.

widerstreiten [ˌviːdərˈʃtraɪtən] *v/i.* ⟨*irr.*, *insép.*, *pas de ge-*, h⟩ être contraire (à); s'opposer (à); aller contre; être en opposition, en conflit (avec); **~d** *adjt.* opposé; contradictoire; *Meinungen* divergent.

wider|wärtig [ˈviːdərˌvɛrtɪç] *adj.* désagréable; fâcheux, -euse; contrariant; F embêtant; (*abstoßend*) repoussant; répugnant; dégoûtant; écœurant; **Ձˌwärtigˌkeit** *f* ⟨~; ~en⟩ ce qu'il y a de désagréable, de fâcheux, *etc.* dans qc.; **~en** *pl.* (*Unannehmlichkeiten*) contrariétés *f/pl.*; désagréments *m/pl.*; déboires *m/pl.*; contretemps *m/pl.*; **Ձˌwille** *m* répugnance *f* (**gegen** pour); (*Ekel*) dégoût *m* (pour); (*Abneigung*) aversion *f* (pour, contre); antipathie *f* (pour); **mit ~n** *cf.* **~willig**; **e-n ~n haben gegen ...** éprouver une aversion, un dégoût, *etc.* pour ...; **~n empfinden** témoigner de la répugnance (pour); F renâcler (à); **e-n ~n fassen gegen etw., j-n** prendre qc., qn. en aversion; **mit ~n essen** F manger du bout des dents; **~ˌwillig** *adv.* à contrecœur; avec répugnance; de mauvaise grâce; à son (mon, *etc.*) corps défendant.

widm|en [ˈvɪtmən] **I** *v/t.* ⟨-ete, h⟩ *Zeit, Leben etc.* consacrer; vouer; *Buch* dédier; **j-m s-e Zeit ~** *auch* donner son temps à qn.; **II** *v/réfl.* **sich** *e-r Sache, e-m Menschen* **~** se consacrer, se dévouer (à); *nur e-r Sache* s'appliquer, s'adonner (à); **Ձung** *f* ⟨~; ~en⟩ dédicace *f*; *Buch* **mit e-r ~ versehen** dédicacer.

widrig [ˈviːdrɪç] *adj.* **1.** *Wind* contraire; *Geschick auch* adverse; **~e Umstände** adversités *f/pl.*; **2.** *cf.* **widerlich**; **~enˈfalls** *adv.* dans le cas contraire; sinon; autrement; faute de quoi; **Ձˌkeit** *f* ⟨~; ~en⟩ **1.** **~en** *pl.* (*Unannehmlichkeiten*) *cf.* **Widerwärtigkeit(en)**; **2.** *cf.* **Widerlichkeit**.

wie [viː] **I** *adv. u. conj.* **1.** *fragend* comment; de quelle manière, façon; *e-n Grad der Eigenschaft angebend meist* combien; **~ geht's?** comment allez-vous?; comment vas-tu?; F comment ça va, marche?; **~ kommt es,**

daß ...? comment se fait-il que ...?; d'où vient que ...?; ~ kam das? comment est-ce arrivé?; comment cela s'est-il produit?; ~ komme ich zu dieser Ehre? d'où me vient cet honneur?; ~ könnte es denn anders sein! comment pourrait-il en être autrement!; ~ ist Ihr Name? comment vous appelez-vous?; quel est votre nom?; ~ ist Ihr werter Name? *cf.* wert; ~ alt sind Sie? quel âge avez-vous?; ~ breit, hoch, lang ist *dieses Zimmer*? de quelle largeur, 'hauteur, longueur est ...?; quelle est la largeur, hauteur, longueur de ...?; ~ lange? combien de temps?; ~ lange sind Sie schon hier? depuis quand êtes-vous déjà ici?; ~ lange sollen wir noch warten? jusqu'à quand devons-nous attendre?; combien de temps devons-nous attendre?; jusqu'à quand attendrons-nous?; ~ oft? combien de fois?; ~ spät ist es? quelle heure est-il?; ~ teuer? quel est le prix?; F et combien?; ~ teuer ist dieses Buch? combien (coûte) ce livre?; ~ weit bist du mit deiner Arbeit? où en es-tu de *od.* avec ton travail?; ~ weit bist du? où en es-tu?; ~ weit ist es nach ...? quelle distance y a-t-il d'ici à ...?; ~ weit gehen wir? jusqu'où allons-nous?; ~ bitte?, ~ sagten Sie? vous disiez?; *oft nur* monsieur?; madame?; ~ gefällt es Ihnen in ...? vous plaisez-vous à ...?; ~ meinen Sie das? que voulez-vous dire par là?; qu'entendez-vous par là?; ~ wäre es, wenn Sie die Arbeit machten? et si vous, vous faisiez le travail?; *Frage e-s Verkäufers* ~ wäre es mit Spargel? voulez-vous des asperges?; et les asperges, vous n'en prenez pas?; **2.** *in Ausrufen* comme; que; combien; ~ glücklich ich bin! comme, que, combien je suis heureux, -euse!; ~ oft! que de fois!; ~ schade! quel dommage!; ~ schön! que, comme c'est beau!; ~ leicht läßt man sich täuschen! comme on, qu'on se laisse aisément tromper!; ~ mancher ... que de gens ...; combien (de gens) ...; ~ froh war ich! quelle fut ma joie!; ~ tapfer er sich verteidigt! avec quelle bravoure il se défend!; ~ siehst du aus! eh bien, te voilà joli!; F tu as bonne mine!; *fährt er schnell*? F u. ~! ah, oui, alors!; er sagte uns, ~ sehr er bedaure, daß ... il nous a dit combien il regrettait que ...; **3.** *in Vergleichen* comme; schön ~ ein Engel beau comme un ange; er denkt ~ du il pense comme toi; sich ~ ein Verzweifelter wehren se défendre en désespéré, désespérément; so groß ~ ... aussi grand que ...; ~ der Vater, so der Sohn tel père, tel fils; so bald ~ möglich le plus tôt possible; ~ so oft in der Geschichte ... comme cela arrive si souvent dans l'histoire ...; ein Mann ~ er un homme comme lui, tel que lui; so ~ ich bin tel, -lle que je suis; er sieht aus ~ ein Bettler il a l'air d'un mendiant; er ist so gut ~ taub il est sourd ou à peu près, ou peut s'en faut, ou presque; on peut dire qu'il est sourd; eins ist so gut ~ das andere l'un vaut l'autre; F c'est tout comme; Dichter ~ Goethe, Schiller ... des poètes tels que Goethe, Schiller ...; ~ sich's gehört comme il faut; ~ es gerade kommt comme cela se trouve, se présente; ~ es recht u. billig ist comme de juste; ~ man mir gesagt hat à ce qu'on m'a dit; ~ ich glaube à ce que je crois; ~ die Sachen jetzt stehen dans l'état actuel des choses; ich weiß schon, ~ das ist je sais ce qu'il en est; schlau ~ er ist, wird er sich zu helfen wissen rusé comme il est, en homme rusé qu'il est, il saura bien se tirer d'affaire; ~ du mir, so ich dir *prov.* à bon chat bon rat *prov.*; ~ gewonnen, so zerronnen *prov.* ce qui vient de la flûte s'en va par le tambour *prov.*; **4.** *erklärend* comme; ~ gesagt comme je l'ai déjà dit; comme déjà dit; comme je viens de le dire; ~ du siehst comme tu le vois; ~ man es nimmt selon le point de vue; **5.** *zeitlich* (*als*) au moment où; comme; lorsque; ~ er aufwachte ... au moment où, lorsqu'il se réveilla ...; ich sah, ~ er aufstand je le vis se lever; **6.** *verallgemeinernd, einräumend* ~ schlau sie auch sein mögen tout rusés qu'ils sont ...; quelque, pour, si rusés qu'ils soient ...; ~ dem auch sei quoi qu'il en soit; ~ schwer es mich auch ankommt quoi qu'il m'en coûte; ~ auch immer de quelque manière, façon que ce soit; ... u. ~ sie alle heißen mögen ... et qui sais-je encore; **II** 2 *n* ⟨~s; ~⟩ das ~ le comment; auf das ~ kommt es an **a**) c'est le ton qui fait la chanson, la musique; **b**) c'est la manière (de faire, d'agir, *etc.*) qui importe.

Wiedehopf ['vi:də,hɔpf] *m* ⟨~(e)s; ~e⟩ *zo.* 'huppe *f*.

wieder ['vi:dər] *adv.* de nouveau; à nouveau; encore (une fois); *bei Verben oft nur durch das Präfix* re... *ausgedrückt*; wie! schon ~! quoi! encore!; da bin ich ~! me voilà de retour!; F me revoilà!; ich bin gleich ~ da je ne fais qu'aller et venir; nie ~! jamais plus!; immer ~, ~ u. ~ sans fin; continuellement; hin u. ~ de temps en temps; de temps à autre; ~ einmal une fois de plus; das Wetter wird ~ schön le temps se remet au beau; für nichts u. ~ nichts absolument pour rien; ~ abdrucken réimprimer; ~ abschreiben recopier; ~ anpassen réadapter; *Fäden* ~ anknüpfen rattacher.

Wieder|abdruck [,vi:dər'ʔapdruk] *m impr.* réimpression *f*; 2'ab,geben *v/t.* ⟨*irr., sép.* (er gibt wieder ab), -ge-, h⟩ restituer; 2'ab,treten *v/t.* ⟨*irr., sép.* (er tritt wieder ab), -ge-, h⟩ rétrocéder; ~'ab,tretung *f* rétrocession *f*; ~'anfang *m cf.* Wiederbeginn; 2'an,knüpfen *v/t.* ⟨*sép.* (er knüpft wieder an), -ge-, h⟩ *Beziehungen* renouer; ~'an,knüpfung *f von Beziehungen* renouement *m*; ~'an,näherung *f pol.* rapprochement *m*; ~'an,passung *f* réadaptation *f*; ~'aufbau *m* ⟨~(e)s⟩ reconstruction *f*; réédification *f* (*auch fig.*); *fig.* reconstitution *f*; ~ der Wirtschaft *auch* restauration *f* de l'économie; ~'aufbau,arbeiten *f/pl.* travaux *m/pl.* de reconstruction, de réédification; ~'aufbau,darlehen *n* prêt *m* de reconstruction, de réinstallation; 2'auf,bauen *v/t.* ⟨*sép.* (er baut wieder auf), -ge-, h⟩ *Staat, Wirtschaft etc.* reconstituer; ~'aufbau,plan *m* plan *m* de redressement, reconstruction; ~'aufbaupro,gramm *n* programme *m* de reconstruction; ~'aufbau,werk *n* œuvre *f* de reconstruction; 2'auf,blühen **I** *v/i.* ⟨*sép.* (er blüht wieder auf), -ge-, sein⟩ *Wirtschaft, Künste etc.* refleurir; renaître; **II** ~'auf,blühen *n fig.* renaissance *f*; *der Wirtschaft auch* regain *m* d'activité; ~'auf,forstung *f* reboisement *m*; 2'auf,frischen *v/t.* ⟨*sép.* (er frischt wieder auf), -ge-, h⟩ *Kenntnisse* rafraîchir; ~'auf,führung *f thé.* reprise *f*; 2'auf,füllen *v/t.* ⟨*sép.* (er füllt wieder auf), -ge-, h⟩ *Konto, Fonds* réapprovisionner; *Vorräte, Fonds* reconstituer; ~'auf,füllung *f e-s Kontos, Fonds* réapprovisionnement *m*; *der Vorräte, e-s Fonds* reconstitution *f*; 2'auf,heben *v/t.* ⟨*irr., sép.* (er hebt wieder auf), -ge-, h⟩ *Verordnung etc.* annuler; abroger; ~'auf,hebung *f e-r Verordnung etc.* annulation *f*; abrogation *f*; 2'auf,kommen **I** *v/i.* ⟨*irr., sép.* (er kommt wieder auf), -ge-, sein⟩ *Brauch, Mode etc.* se rétablir (*auch von e-m Kranken*); revenir; renaître; reparaître; réapparaître; *iron.* ressusciter; **II** ~'auf,kommen *n e-s Brauchs, e-r Mode etc.* retour *m*; renaissance *f*; réapparition *f*; *iron.* résurrection *f*; *e-s Kranken* rétablissement *m*; 2'auf,laden *v/t.* ⟨*irr., sép.* (er lädt wieder auf), -ge-, h⟩ *Batterie* recharger; 2'auf,leben **I** *v/i.* ⟨*sép.* (er lebt wieder auf), -ge-, sein⟩ *Handel, Wirtschaft etc.* reprendre; se rétablir; se remettre en train; se ranimer; se raviver; *Künste, Wissenschaften, Wirtschaft* se raviver; *cf. auch* 2aufblühen; *Brauch cf.* 2aufkommen; *Kampf, Streit etc.* reprendre; **II** ~'auf,leben *n* ⟨~s⟩ *von Handel, Wirtschaft etc.* reprise *f*; rétablissement *m*; remise *f* en train; *der Künste, Wissenschaften etc. cf.* ~aufblühen; *e-s Brauchs etc. cf.* ~aufkommen; *der Kämpfe, e-s Streits* reprise *f*; ~'auf,nahme *f von Verhandlungen etc.* reprise *f*; *jur., e-s Verfahrens auch* (*Revision*) révision *od.* revision *f*; *in e-e Organisation* réintégration *f*; ~'auf,nahmever,fahren *n jur.* (procédure *f* de) révision *od.* revision *f*; 2'auf,nehmen *v/t.* ⟨*irr., sép.* (er nimmt wieder auf), -ge-, h⟩ *Arbeit, Beziehungen* reprendre; *in e-e Organisation* réintégrer; 2'auf,richten *v/t.* ⟨-ete, *sép.* (er richtet wieder auf), -ge-, h⟩ *verzweifelten Menschen* réconforter; ~'auf,richtung *f e-s verzweifelten Menschen verbal*; 2'auf,rüsten *v/t.* ⟨-ete, *sép.* (er rüstet wieder auf), -ge-, h⟩ réarmer; ~'auf,rüstung *f* réarmement *m*; ~'aufstieg *m der Wirtschaft etc.* redressement *m*; relance *f*; *e-s Staates* relèvement *m*; 2'auf,suchen *v/t.* ⟨*sép.* (er sucht wieder auf), -ge-, h⟩ faire une nouvelle visite (à); 2'auf,tauchen *v/i.* ⟨*sép.* (er taucht wieder auf), -ge-, sein⟩ *Gerücht, Mensch* reparaître; réapparaître; 2'auf,treten **I** *v/i.* ⟨*irr., sép.* (er tritt wieder auf), -ge-, sein⟩ *Krankheit etc.* reparaître; réapparaître; *thé.* rentrer en scène; **II** ~'auf,treten *n* réapparition *f*; *thé.* rentrée *f* (en scène); 2'aus,brechen *v/i.* ⟨*irr., sép.* (er bricht wieder aus), -ge-, sein⟩ *Krieg, Seuche* éclater de nouveau; recommencer; reprendre; *nur vom Kriege* se rallumer; *Gefangene* s'échapper à nouveau; ~'ausbruch *m des Krieges, e-r Seuche* reprise *f*; recommencement *m*; *méd.* recrudescence *f*; ~'ausfuhr *f comm.* réexportation *f*; 2'aus,führen *v/t.* ⟨*sép.* (er führt wieder aus), -ge-, h⟩ *comm.* réexporter.

Wieder|beginn ['vi:dərbə,gın] *m* recommencement *m*; reprise *f*; ~ des Schulunterrichts, der Schule rentrée *f* des classes; 2be,kommen *v/t.* ⟨*irr., sép., pas de ge-*, h⟩ recouvrer; rentrer en possession de; er hat es ~ *auch* on le lui a rendu; **⁓beˌleben** *v/t.* ⟨*sép.*, *pas de ge-*, h⟩ *Ertrunkenen etc.* rappeler à la vie; ranimer; réanimer; revivifier; *Künste, Wirtschaft etc.* ranimer; raviver; faire revivre; revivifier; ressusciter; **~beˌlebung** *f e-s Ertrunkenen etc.* rappel *m* à la vie; ranimation *f* (*auch fig.*); réanimation *f*; revivification *f* (*auch fig.*); *der Wirtschaft auch* redressement *m*; reprise *f*; **~beˌlebungsverˌsuch** *m* tentative *f* de ranimation, pour ranimer; **⁓beˌschaffen** *v/t.* ⟨*sép.*, *pas de ge-*, h⟩ remplacer; **~beˌschaffung** *f* remplacement *m*; **~beˌschaffungsˌkosten** *pl.* frais *m/pl.* de remplacement; **⁓beˌsetzen** *v/t.* ⟨-(es)t, *sép.*, *pas de ge-*, h⟩ *Land* réoccuper; **~beˌsetzung** *f* réoccupation *f*; **⁓beˌwaffnen** *v/t.* ⟨-ete, *sép.*, *pas de ge-*, h⟩ réarmer; **~beˌwaffnung** *f* réarmement *m*; **⁓ˌbringen** *v/t.* ⟨*irr.*, *sép.*, -ge-, h⟩ rapporter; (*zurückgeben*) rendre; restituer; j-n ~ ramener qn.; **~ˌdruck** *m* ⟨~(e)s; ~e⟩ *impr.* réimpression *f*.

wiederein|bringen [ˌviːdərˈˀaɪnˌbrɪŋən] *v/t.* ⟨*irr.*, *sép.* (er bringt wieder ein), -ge-, h⟩ *Verlust* réparer; récupérer; **~ˌfallen** *v/i. u. v/imp.* ⟨*irr.*, *sép.* (er fällt wieder ein), -ge-, sein⟩ es wird mir ~ je m'en (res)souviendrai; **~ˌfangen** *v/t.* ⟨*irr.*, *sép.* (er fängt wieder ein), -ge-, h⟩ *Bienenschwarm* recueillir; *Flüchtling* rattraper; reprendre; **~ˌfinden** *v/réfl.* ⟨*irr.*, *sép.* (er findet sich wieder ein), -ge-, h⟩ sich ~ se retrouver; **⁓fuhr** *f comm.* réimportation *f*; **~ˌführen** *v/t.* ⟨*sép.* (er führt wieder ein), -ge-, h⟩ *Brauch etc.* rétablir; réintroduire; *comm.* réimporter; **⁓ˌführung** *f* rétablissement *m*; réintroduction *f*; **~ˌgliedern** *v/t.* ⟨-(e)re, *sép.* (er gliedert wieder ein), -ge-, h⟩ réintégrer (in dans); **⁓ˌgliederung** *f* réintégration *f* (in dans); **~ˌkerkern** *v/t.* ⟨-(e)re, *sép.* (er kerkert wieder ein), -ge-, h⟩ réincarcérer; **⁓ˌkerkerung** *f* réincarcération *f*; **~ˌlösen** *v/t.* ⟨-(es)t, *sép.* (er löst wieder ein), -ge-, h⟩ *Pfand* dégager (ses bijoux, *etc.*); retirer (un gage); **⁓ˌlösung** *f* dégagement *m*; retrait *m*; **⁓ˌnahme** *f milit.* reprise *f*; **~ˌnehmen** *v/t.* ⟨*irr.*, *sép.* (er nimmt wieder ein), -ge-, h⟩ *milit.* reprendre; **~ˌpacken** *v/t.* ⟨*sép.* (er packt wieder ein), -ge-, h⟩ rempaqueter; remballer; **~ˌschiffen** *v/t.* ⟨*sép.* (er schifft wieder ein), -ge-, h⟩ rembarquer; **⁓ˌschiffung** *f* rembarquement *m*; **~ˌschlafen** *v/i.* ⟨*irr.*, *sép.* (er schläft wieder ein), -ge-, sein⟩ *Briefwechsel etc.* être suspendu, arrêté; *fig.* tomber, être en sommeil; **~ˌsetzen** *v/t.* ⟨-(es)t, *sép.* (er setzt wieder ein), -ge-, h⟩ *in sein Amt* réintégrer (in dans); remettre à sa place; rétablir (dans); *jur.*, *in s-e Rechte* restituer (dans); *pol.* restaurer; in den Besitz ~ remettre en possession; **⁓ˌsetzung** *f in sein Amt* réintégration *f*; rétablissement *m*; *jur.* restitution *f* (in den vorigen Stand en entier); *pol.* restauration *f*; ~ in den Besitz remise *f* en possession; **~ˌstellen I** *v/t.* ⟨*sép.* (er stellt wieder ein), -ge-, h⟩ *Arbeiter, Angestellte* réemployer; réintégrer (*auch Beamte*); *néol.* réembaucher; *Dienstboten* rengager; **II** *v/réfl.* sich ~ reparaître; réapparaître; **⁓ˌstellung** *f* ⟨~⟩ *von Arbeitern, Angestellten* réemploi *m*; réintégration *f* (*auch von Beamten*); F réembauchage *m*; *von Dienstboten* rengagement *m*; **~ˌtreten** *v/i.* ⟨*irr.*, *sép.* (er tritt wieder ein), -ge-, sein⟩ rentrer; *milit.* (se) rengager; *Offizier* reprendre du service; **⁓tritt** *m milit.* rentrée *f* (in die Armee en service, dans l'armée).

wiederer|greifen [ˈviːdərˀɛrˌgraɪfən] *v/t.* ⟨*irr.*, *sép.*, *pas de ge-*, h⟩ *Flüchtling cf.* wiedereinfangen; **⁓ˌgreifung** *f e-s Flüchtlings* reprise *f*; **~ˌhalten** *v/t.* ⟨*irr.*, *sép.*, *pas de ge-*, h⟩ *cf.* wiederbekommen; **~ˌkennen I** *v/t. u. v/réfl.* ⟨*irr.*, *sép.*, *pas de ge-*, h⟩ reconnaître; sich ~, einander ~ se reconnaître; er ist nicht wiederzuerkennen il est méconnaissable; **II ⁓ˌkennen** *n*, **⁓ˌkennung** *f* reconnaissance *f*; *philos.* récognition *f*; **~ˌlangen** *v/t.* ⟨*sép.*, *pas de ge-*, h⟩ recouvrer; récupérer; *Unabhängigkeit, Freiheit* retrouver; die Gesundheit ~ recouvrer la santé; das Bewußtsein ~ reprendre connaissance; revenir à soi; **⁓ˌlangung** *f* recouvrement *m*; récupération *f*; **~ˌöffnen** *v/t.* ⟨-ete, *sép.*, *pas de ge-*, h⟩ *Feindseligkeiten* reprendre; **⁓ˌöffnung** *f e-s Geschäftes* réouverture *f*; *der Feindseligkeiten* reprise *f*; **~ˌscheinen I** *v/i.* ⟨*irr.*, *sép.*, *pas de ge-*, sein⟩ reparaître; réapparaître; **II ⁓ˌscheinen** *n* réapparition *f*; **~ˌstatten** *v/t.* ⟨-ete, *sép.*, *pas de ge-*, h⟩ restituer; *Geld* rembourser; **⁓ˌstattung** *f* restitution *f*; *von Geld* remboursement *m*; **~ˌstehen** *v/i.* ⟨*irr.*, *sép.*, *pas de ge-*, sein⟩ se relever; renaître; ressusciter; **~ˌwachen I** *v/i.* ⟨*sép.*, *pas de ge-*, sein⟩ *Natur etc.* se réveiller; **II ⁓ˌwachen** *n* réveil *m*; **~ˌwecken** *v/t.* ⟨*sép.*, *pas de ge-*, h⟩ réveiller; ranimer; ressusciter; **~ˌzählen** *v/t.* ⟨*sép.*, *pas de ge-*, h⟩ redire; répéter.

wiederfinden [ˈviːdərˌfɪndən] *v/t.* (*u. v/réfl.*) ⟨*irr.*, *sép.*, -ge-, h⟩ (se) retrouver.

wiederflottmachen [ˌviːdərˈflɔtˌmaxən] *fig. v/t.* ⟨*sép.* (er macht wieder flott), -ge-, h⟩ renflouer; remettre à flot.

Wieder|gabe [ˈviːdərˌgaːbə] *f* (*Zurückerstattung*) restitution *f*; (*Nachbildung*) reproduction *f*; *e-s Ausdrucks in e-r fremden Sprache* (*Übersetzung*) traduction *f*; naturgetreue ~ reproduction fidèle; tongetreue ~ reproduction 'haute fidélité; wörtliche ~ traduction littérale; **~ˌgabeˌtaste** *f e-s Tonbandgeräts* touche *f* d'écoute, de reproduction; **~ˌgabeˌtreue** *f* 'haute fidélité; **⁓ˌgeben** *v/t.* ⟨*irr.*, *sép.*, -ge-, h⟩ (*zurückgeben*) rendre; restituer; redonner; (*nachbilden*) reproduire; (*übersetzen*) traduire; rendre; wörtlich ~ (*übersetzen*) traduire mot à mot; *was j. gesagt hat* répéter mot pour mot; falsch ~ déformer; dénaturer; **~geˌburt** *f* renaissance *f*; *relig.* régénération *f*; *philos.* palingénésie *f*; **⁓geˌwinnen** *v/t.* ⟨*irr.*, *sép.*, *p.p.* wiedergewonnen, h⟩ regagner; recouvrer; F rattraper; *techn.* récupérer; **~geˌwinnung** *f techn.* récupération *f*; **⁓ˌgrüßen** *v/t.* ⟨-(es)t, *sép.*, -ge-, h⟩ j-n ~ rendre son salut à qn.

wiedergutmach|en [ˌviːdərˈguːtˌmaxən] *v/t.* ⟨*sép.* (er macht wieder gut), -ge-, h⟩ réparer; compenser; indemniser; das ist nicht wiedergutzumachen c'est irréparable; das Unrecht ~ redresser les torts; **⁓ung** *f* ⟨~; ~en⟩ réparation *f*; compensation *f*; indemnisation *f*; **⁓ungsˌanspruch** *m* droit *m* à réparation, à indemnisation; **⁓ungskommissiˌon** *f* commission *f* des réparations; **⁓ungsˌzahlung** *f* paiement *m* des réparations.

wiederhaben [ˈviːdərˌhaːbən] F *v/t.* ⟨*irr.*, *sép.*, -ge-, h⟩ recouvrer; être de nouveau en possession de; F *nur im inf.* ravoir.

wiederher|richten [ˌviːdərˈheːrˌrɪçtən] *v/t.* ⟨-ete, *sép.* (er richtet wieder her), -ge-, h⟩ remettre en ordre; *Gebäude* réparer; restaurer; remettre en état; *Straße* refaire; **~ˌstellen** *v/t.* ⟨*sép.* (er stellt wieder her), -ge-, h⟩ *Verbindung, Kranken etc.* rétablir; *Gebäude, Kräfte etc.* restaurer; réparer; *Frieden* ramener; *Kranker* er ist wiederhergestellt il a recouvré la santé; il est rétabli; **⁓ˌstellung** *f e-r Verbindung, e-s Kranken* rétablissement *m*; *e-s Gebäudes, der Kräfte etc.* restauration *f*; réparation *f*; *e-r Straße etc.* réfection *f*; **⁓stellungsˌkosten** *pl. bât.* frais *m/pl.* de restauration, de réfection.

wiederholen¹ [ˈviːdərˌhoːlən] *v/t.* ⟨*sép.*, -ge-, h⟩ (*zurückholen*) aller reprendre, rechercher.

wiederhol|en² [ˌviːdərˈhoːlən] *v/t.* (*u. v/réfl.*) ⟨*insép.*, *pas de ge-*, h⟩ (se) répéter; *Befehl, Forderung* (*noch einmal geben, stellen*) réitérer; renouveler; *Gelerntes* repasser; réviser *od.* reviser; *etwas bereits Gesagtes* kurz ~ résumer; récapituler; das läßt sich nicht ~ **a)** cela ne se répète pas; **b)** cela ne peut se refaire; **~t** *adjt.* répété; réitéré; renouvelé; ~, zu ~en Malen à plusieurs reprises; maintes fois; **⁓ung** *f* ⟨~; ~en⟩ répétition *f*; *e-s Befehls, e-r Forderung* réitération *f*; renouvellement *m*; *von etwas Gelerntem* répétition *f*; révision *od.* revision *f*; *thé.*, *mus.* reprise *f*; kurze ~ *von etwas bereits Gesagtem* résumé *m*; récapitulation *f*; **⁓ungsˌfall** *m* im ~(e) en cas de récidive; **⁓ungsˌkurs(us)** *m* cours *m* de révision *od.* revision; **⁓ungsˌzeichen** *n mus.* signe *m* de reprise.

Wiederhören [ˈviːdərˌhøːrən] *n tél.* auf ~! au revoir!; à la prochaine fois!; *rad. auch* à la prochaine émission!

Wiederin|besitznahme [ˌviːdərˀɪnbəˈzɪtsˌnaːmə] *f* rentrée *f* en possession (de); **~beˈtriebˌnahme** *f* remise *f* en service, en activité; **~ˈdienstˌstellung** *f* remise *f* en service; **~ˈgangˌsetzung** *f* remise *f* en marche; **~ˈkraftˌsetzung** *f* remise *f* en vigueur; **~ˈkraftˌtreten** *n* rentrée *f* en vigueur; **~ˈstandˌsetzung** *f* remise *f* en état; réparation *f*; réfection *f*; **~ˈstandsetzungsˌkosten** *pl.* frais *m/pl.* de remise en état.

wieder|käuen [ˈviːdərˌkɔʏən] **I** *v/t.* ⟨*sép.*, -ge-, h⟩ *zo.* ruminer; remâcher; F *fig.* rabâcher; **II ⁓ˌkäuen** *n* ⟨~s⟩ *zo.* rumination *f*; F *fig.* rabâchage *od.* rabâchement *m*; **⁓ˌkäuer** *m/pl zo.* ruminants *m/pl.*; **⁓ˌkauf** *m* rachat *m*; réméré *m*; auf ~ verkaufen vendre à réméré; **~ˌkaufen** *v/t.* ⟨*sép.*, -ge-, h⟩ racheter; **⁓ˌkäufer** *m* racheteur *m*; acheteur *m* à (pacte de) réméré; **⁓kaufsˌpreis** *m* prix *m* du réméré, de rachat; **⁓kaufsˌrecht** *n* droit *m* de réméré, de rachat; **⁓kaufsˌvorbehalt** *m* clause *f* de réméré, de reprise, de rachat; **⁓ˌkehr** *f* ⟨~⟩ retour *m*; regelmäßige ~ retour périodique; **~ˌkehren** *v/i.* ⟨*sép.*, -ge-, sein⟩ revenir; retourner; *Dinge* (*sich wiederholen*) se répéter; diese Gelegenheit kehrt nie mehr wieder cette occasion ne se représentera jamais, ne se représentera plus jamais; regelmäßig ~d périodique; ~de Leistungen prestations périodiques; ~ˌ**kommen** *v/i.* ⟨*irr., sép.,* -ge-, sein⟩ revenir; ich komme gleich wieder! je reviens à l'instant!; das kommt nie wieder on ne (re-)verra plus jamais cela; F der soll mir nur ~! F qu'il vienne donc s'y frotter!; 2ˌ**kunft** *f* ⟨~⟩ retour *m*; 2ˌ**nahme** *f* ⟨~⟩ reprise *f*; ~ˌ**nehmen** *v/t.* ⟨*irr., sép.,* -ge-, h⟩ reprendre; ~ˌ**sagen** *v/t.* ⟨*sép.,* -ge-, h⟩ redire; répéter; ~ˌ**sehen** I *v/t.* ⟨*irr., sép.,* -ge-, h⟩ revoir; II 2ˌ**sehen** *n* revoir *m*; auf ~! au revoir!; au plaisir de vous revoir!; auf (ein) baldiges ~! à bientôt!; 2ˌ**taufe** *f relig.* second baptême; 2ˌ**täufer** *m relig.* anabaptiste *m*; ~ˌ**tun** *v/t.* ⟨*irr., sép.,* -ge-, h⟩ refaire; répéter; recommencer; ich werde es nicht ~ je ne le ferai plus.

wiederum ['viːdəˌrum] *adv.* **1.** (*nochmals*) à *od.* de nouveau; derechef; **2.** (*hingegen*) d'un autre côté; d'autre part; en revanche; par contre.

wieder|vereinigen ['viːdərfɛrˌʔaɪnɪgən] *v/t.* ⟨*sép., pas de ge-,* h⟩ réunir; *pol.* réunifier; 2**verˌeinigung** *f* réunion *f*; *pol.* réunification *f*; ~**verˌgelten** *v/t.* ⟨*irr., sép., pas de ge-,* h⟩ rendre la pareille; 2**verˌgeltung** *f* revanche *f*; (*Vergeltungsmaßnahmen*) représailles *f/pl.*; *hist.* talion *m*; ~**verˌheiraten** *v/réfl.* ⟨-ete, *sép., pas de ge-,* h⟩ sich ~ se remarier; F *oft iron. bes. von e-r Frau* convoler en secondes noces; 2**verˌheiratung** *f* remariage *m*; second mariage; 2**verˌkauf** *m* revente *f*; vente *f* à réméré; ~**verˌkaufen** *v/t.* ⟨*sép., pas de ge-,* h⟩ revendre; 2**verˌkäufer** *m* revendeur *m*; vendeur *m* à réméré; ~**verˌmieten** *v/t.* ⟨-ete, *sép., pas de ge-,* h⟩ relouer; sous-louer; 2**verˌmietung** *f* relocation *f*; sous-location *f*; ~**verˌwenden** *v/t.* ⟨-ete, *sép., pas de ge-,* h⟩ réemployer; réutiliser; 2**verˌwendung** *f* réemploi *m*; réutilisation *f*; ~**verˌwerten** *v/t.* ⟨-ete, *sép., pas de ge-,* h⟩ récupérer; réutiliser; 2**verˌwertung** *f* récupération *f*; réutilisation *f*; 2ˌ**wahl** *f* réélection *f*; ~ˌ**wählbar** *adj.* rééligible; 2ˌ**wählbarˌkeit** *f* rééligibilité *f*; ~ˌ**wählen** *v/t.* ⟨*sép.,* -ge-, h⟩ réélire.

wiederzu|lassen [ˌviːdər'tsuːˌlasən] *v/t.* ⟨*irr., sép.* (er läßt wieder zu), -ge-, h⟩ réadmettre; 2ˌ**lassung** *f* réadmission *f*; ~ˌ**stellen** *v/t.* ⟨*sép.* (er stellt wieder zu), -ge-, h⟩ (*zurückschicken*) retourner; 2ˌ**stellung** *f* retour *m*.

Wiege ['viːgə] *f* ⟨~; ~n⟩ berceau *m* (*auch fig., e-s Geschützrohres*); von der ~ an dès le berceau; von der ~ bis zur Bahre du berceau à la tombe; in der ~ liegen être au berceau; s-e ~ stand in Wien il est né à Vienne; Mainz ist die ~ der Buchdruckerkunst Mayence est le berceau de l'imprimerie, des arts graphiques; F *fig.* das hat man ihm nicht an der ~ gesungen il ne l'a pas trouvé, reçu dans son berceau.

Wiege|geld ['viːgəˌgɛlt] *n* taxe *f* de pesage; ~ˌ**meister** *m* peseur *m*.

Wiegemesser ['viːgəˌmɛsər] *n* 'hachoir *m* (berçoir).

wiegen¹ ['viːgən] **I** *v/t.* ⟨wiegt, wog, gewogen, h⟩ (*abwiegen*) peser; knapp ~ peser juste; **II** *v/i.* peser; avoir un poids de; *fig.* être d'un poids de; schwerer ~ als ... peser plus lourd que ...; *fig.* être d'un plus grand poids que ...; être d'un poids supérieur à ...; *fig.* schwer ~ être d'un grand poids; *fig.* nicht schwer ~ être de peu de poids; **III** 2 *n* ⟨~s⟩ pesage *m*; pesée *f*.

wiegen² ['viːgən] **I** *v/t.* (*u. v/réfl.*) ⟨h⟩ **1.** *Kind* bercer; (*leicht schaukeln*) (se) balancer; (se) bercer; in den Schlaf ~ bercer (pour endormir); endormir en berçant; sich in den Hüften ~, e-n ~den Gang haben se dandiner; se déhancher; *fig.* sich in falschen Hoffnungen ~ se bercer de faux espoirs, d'illusions; sich in Sicherheit ~ se croire en sûreté, en sécurité; j-n in Sicherheit ~ donner à qn. l'illusion de la sécurité; *cf. auch* gewiegt; **2.** *cuis.* 'hacher; **II** 2 *n* ⟨~s⟩ bercement *m*; balancement *m*.

Wiegen|druck ['viːgənˌdruk] *m impr.* ⟨~(e)s; ~e⟩ incunable *m*; ~ˌ**fest** *n* anniversaire *m*; ~**laˌfette** *f milit.* affût *m* à berceau; ~ˌ**lied** *n* berceuse *f*.

Wiege|platz ['viːgəˌplats] *m Pferderennen* pesage *m*; ~ˌ**schein** *m*, ~ˌ**zettel** *m* bulletin *m* de pesage.

wiehern ['viːərn] **I** *v/i.* ⟨-(e)re, h⟩ 'hennir; F *fig.* (*laut lachen*) rire bruyamment, aux éclats, à gorge déployée; **II** 2 *n* ⟨~s⟩ 'hennissement *m*.

Wiek [viːk] *f* ⟨~; ~en⟩ baie *f*.

Wiener|(in) ['viːnər(ɪn)] **I** *m* ⟨~s; ~⟩ (*f*) ⟨~; ~nen⟩ Viennois, -e *m, f*; **II** ~ *adj.* ⟨*inv.*⟩ de Vienne; viennois; ~ Walzer valse viennoise; *cuis.* ~ Schnitzel escalope viennoise; 2**isch** *adj. cf.* ~ II.

wienern ['viːnərn] F *v/t.* ⟨-(e)re, h⟩ faire briller; astiquer.

wies [viːs] *cf.* weisen.

Wiese ['viːzə] *f* ⟨~; ~n⟩ pré *m*; prairie *f*; auf der ~ sur *od.* dans le pré.

Wiesel ['viːzəl] *n* ⟨~s; ~⟩ *zo.* belette *f*.

Wiesen|bach ['viːzənˌbax] *m* ruisseau *m* qui arrose une prairie; ~ˌ**bau** *m* ⟨~(e)s⟩ *cf.* ~wirtschaft; ~ˌ**blume** *f* fleur *f* des prés; ~ˌ**grund** *m* vallon herbeux; ~ˌ**klee** *m bot.* trèfle commun (des prés); ~ˌ**knarrer** *m* ⟨~s; ~⟩ *zo. cf.* Wachtelkönig; ~ˌ**knopf** *m bot.* sanguisorbe *f*; pimprenelle *f*; ~ˌ**knöterich** *m bot.* bistorte *f*; ~ˌ**kräuter** *n/pl. bot.* herbes *f/pl.* des prés; ~ˌ**kresse** *f bot. cf.* ~schaumkraut; ~ˌ**land** *n* prairie *f*; ~ˌ**raute** *f bot.* pigamon *m*; *sc.* thalictrum *m*; ~ˌ**schaumkraut** *n bot.* cardamine *f*; cresson *m* des prés; ~ˌ**tal** *n* vallée herbeuse; ~ˌ**wirtschaft** *f* culture *f*, exploitation *f* des prés; *sc.* praticulture *f*.

wieso [vi'zoː] *adv.* comment cela?; ~ denn? comment donc?

wieviel [vi'fiːl, 'viː-] *adv.* combien (de); ~ Einwohner hat die Stadt? combien d'habitants a la ville?; combien la ville a-t-elle d'habitants?; ~ einfacher wäre es, ...! que, combien, comme ce serait plus simple ...!; ~ verlorene Mühe! que de peine perdue!; ~ Uhr ist es? quelle heure est-il?; ~**er'lei** *adj.* ⟨*inv.*⟩ combien de sortes; ~ˌ**mal** *adv.* combien de fois; ~**te** *adj.* den ~n haben wir heute? quel jour, F le combien sommes-nous aujourd'hui?; der ~ ist er? quelle place a-t-il?; F le combien est-il?; der ~ Band? quel volume?

wie|weit [viː'vaɪt] *adv. cf.* inwieweit; ~'**wohl** *conj.* bien que (+ *subj.*); quoique (+ *subj.*).

Wiking ['viːkɪŋ] *m* ⟨~s; ~er⟩ *hist.* die ~er les Vikings *m/pl.*; ~**erˌschiff** *n hist.* drakkar *m*.

wild [vɪlt] *adj.* **1.** sauvage (*auch zo., bot.*); *Tier* (*nicht gezähmt*) non apprivoisé; *Völker* sauvage; primitif, -ive; barbare; non civilisé; *agr., jard.* inculte; (*ungepflegt*) peu soigné; *Bart* 'hirsute; *Haar* (*zerzaust*) ébouriffé; *bot.* ~er Wein *cf.* Wein; ~e Rose églantine *f*; *méd.* ~es Fleisch excroissance *f* (de chair); *mines* ~es Gestein roche stérile; *agr.* ~er Boden terre inculte; ~e Tiere (*Raubtiere*) fauves *m/pl.*; bêtes féroces; ~e Gegend contrée sauvage; der 2e Westen le Far West; ~ wachsen croître, pousser à l'état sauvage; **2.** *fig.* (*zügellos*) effréné; déchaîné; débridé; indompté; *Leben* déréglé; désordonné; irrégulier, -ère; *Sitten* brutal; grossier, -ère; *Blick* farouche; féroce; ~e Phantasie imagination effrénée, débridée; ~er Kampf combat furieux, impétueux; ~e Leidenschaft passion fougueuse, effrénée; ~es Meer mer furieuse, déchaînée; **3.** *Kinder etc.* (*lärmend*) turbulent; bruyant; ~es Geschrei cris de sauvages; ~e Flucht fuite précipitée; die 2e Jagd la chasse infernale; seid nicht so ~! ne faites pas tant de bruit!; es ging alles ~ durcheinander tout était pêle-mêle; **4.** *fig.* (*wütend*) furieux, -euse; en colère; *Pferd* farouche; emballé; emporté; ~ werden s'emporter; s'emballer; devenir furieux, -euse; se mettre en colère; *Pferd* s'effaroucher; ~ machen mettre en colère; *Pferd* effaroucher; ~ um sich schlagen frapper à tort et à travers; distribuer des coups à l'aveuglette; se battre furieusement; ganz ~ sein auf ... raffoler de; s'emballer pour; **5.** (*ordnungswidrig*) ~e Ehe union libre; faux ménage; ~er Streik grève spontanée, non-organisée; ~es Parken stationnement, parcage irrégulier.

Wild [vɪlt] *n* ⟨~(e)s⟩ *coll.* gibier *m*; *einzelnes Tier* bête *f*; *cf. auch* Hochwild, Kleinwild, Rotwild, Schwarzwild; *cuis.* gibier *m*; venaison *f*; ~**bach** *m* torrent *m*; ~**bachverˌbauung** *f* aménagement *m* du torrent; canalisation *f* des eaux torrentielles; ~**bad** *n* source thermale; ~**bahn** *f ch.* gros gibier d'un terrain de chasse; ~**beˌstand** *m* gibier *m* (dans une forêt); ~ˌ**beuter** *m/pl.* peuples *m/pl.* vivant de la chasse; ~**bret** *n* ⟨~s⟩ gibier *m*; venaison *f*; ~**dieb** *m* braconnier *m*; 2ˌ**dieben** *v/i.* ⟨h⟩ *cf.* 2ern; ~**diebe'rei** *f ch.* braconnage *m*; ~ˌ**diebstahl** *m cf.* ~dieberei; ~ˌ**ente** *f zo.* canard *m* sauvage; ~**e(r)** *f* (*m*) ⟨→ A⟩ sauvage *m, f*; *fig.* sich wie ein ~r gebärden se démener comme un possédé, un diable, un fou; *Kinder* F toben wie zehn nackte ~ F faire le diable à quatre; ~**e'rei** *f* ⟨~; ~en⟩ *cf.* ~dieberei; ~**erer** *m* ⟨~s; ~⟩ *cf.* ~dieb; 2**ern I** *v/i.* ⟨-(e)re, h⟩ *ch.* braconner (*auch Hund*); **II** ~**ern** *n* ⟨~s⟩ *ch.* braconnage *m*; ~ˌ**esel** *m zo.* âne *m* sauvage; ~**fang** *m* petit diable; petite diablesse; jeune étourdi, -e *m, f*; ~**fleisch** *n* gibier *m*; venaison *f*; ~ˌ**flora** *f cf.* ~pflanzen; 2'**fremd** F *adj.* entièrement étranger, -ère; ich bin hier ~ je ne connais personne ici; ~ˌ**fütterung** *f* affouragement *m* du gibier; ~**gans** *f zo.* oie *f* sauvage; ~ˌ**garten** *m cf.* ~gehege; ~ˌ**gatter** *n ch.* clôture *f* (d'un parc à gibier); ~**geˌhege** *n ch.* parc *m*, réserve *f*, enclos *m* à gibier; ~**geˌruch** *m* odeur *f* de gibier; ~**geˌschmack** *m* goût *m* de gibier, de faisandé; ~ˌ**grube** *f ch.* chausse-trape *f*; ~ˌ**hafer** *m bot.* folle avoine; ~ˌ**heger** *m* ⟨~s; ~⟩ *ch.* garde-chasse *m*; ~**heit** *f* ⟨~⟩ nature *f*, caractère *m*, aspect *m*, état *m* sauvage; (*Roheit*) sauvagerie *f*; barbarie *f*; férocité *f*; brutalité *f*; (*Ungestüm*) fougue *f*; emportement *m*; turbulence *f*; ~ˌ**hüter** *m cf.* ~heger; ~**kalb** *n ch.* faon [fã] *m*; ~**kaˌninchen**

n zo. lapin *m* de garenne; **~ˌkanzel** *f ch.* affût perché; **2ˌlebend** *adjt.* ~e Tiere animaux vivant en liberté; **~ˌleder** *n* (peau *f* de) daim *m*, chamois *m*; *par ext.* cuir chamoisé; **~ˌlederˌhandschuh** *m* gant *m* de daim, de chamois; **2ˌledern** *adj.* en (peau de) daim, chamois; **~lederˌschuh** *m* soulier *m* de daim, de chamois; **~ling** *m* ⟨~s; ~e⟩ *arb.* sauvageon *m*; *Tier* animal *m* sauvage; *Mensch* (homme *m*) sauvage *m*; **~nis** *f* ⟨~; ~se⟩ (*Einöde*) contrée *f* sauvage, déserte, inculte; *par ext.* désert *m*; (*wild wuchernde Pflanzenwelt*) nature *f*, végétation *f* vierge, sauvage; **~park** *m cf.* ~gehege; **~ˌpflanzen** *f/pl.* plantes *f/pl.* agrestes; végétation *f* sauvage; **~ˌpflege** *f ch.* protection *f* et affouragement *m* du gibier; **2reich** *adj.* giboyeux, -euse; **2roˈmantisch** F *adj.* très romantique; **~sau** *f zo.* laie *f*; **~ˌschaden** *m ch.* dégât(s) causé(s) par le gibier; dégâts *m/pl.* du gibier; **~schütz** *m* ⟨~en; ~en⟩ *cf.* ~dieb; **~schwein** *n zo.* sanglier *m*; **~schweinsˌkopf** *m* ʻhure *f* du sanglier; **~spur** *f ch.* piste *f*, trace *f* du gibier; **~ˌtaube** *f zo.* ramier *m*; **2ˌwachsend** *adjt. bot.* sauvage; agreste; **~ˌwasser** *n* torrent *m*; **~ˌwechsel** *m ch.* passée *f*; **~ˈwest** *m* Far West *m*; **~ˈwestˌfilm** *m* western *m*; **~zaun** *m cf.* ~gatter.

Wilhelm [ˈvɪlhɛlm] *m* F *fig.* den dikken ~ (*od.* Willem) markieren jouer au grand seigneur; **~inisch** [-ˈmiːn-] *adj.* ~es Zeitalter ère wilhelmienne.

Wille [ˈvɪlə] *m* ⟨~ns; ~n⟩ volonté *f*; (*Wollen*) vouloir *m*; (*Absicht*) intention *f*; dessein *m*; ausdrücklicher ~ volonté expresse; Letzter ~ dernières volontés; testament *m*; der ~ zur Macht la volonté de puissance; freier ~ libre arbitre *m*; es war dein freier ~ zu kommen tu es venu de ton propre gré, de (ton) plein gré, de ta propre initiative; aus freiem ~n de son propre gré, chef; de bon gré; spontanément; guter, böser ~ bonne, mauvaise volonté; s-n guten ~n zeigen témoigner de sa bonne volonté; den guten ~n für die Tat nehmen se contenter de la bonne intention; Mensch guten ~ns homme de bonne volonté; voll guten ~ns sein, den besten ~n haben être plein de bonne volonté; beim besten ~n avec la meilleure volonté (du monde); ich habe beim besten ~n nicht kommen können avec la meilleure volonté, il m'a été impossible de venir; 2ns sein, zu ... (+ *inf.*) avoir l'intention de ... (+ *inf.*); (*wollen*) vouloir ... (+ *inf.*); ich habe den festen ~n, mich zu bessern j'ai la ferme intention de me corriger; s-n ~n durchsetzen imposer sa volonté; arriver à ses fins; s-n ~n haben wollen vouloir agir à sa guise; vouloir en faire à sa tête; j-m s-n ~n lassen laisser faire qn. à sa guise; laisser faire à qn. ses quatre volontés; j-m s-n ~n tun faire ce que qn. veut; faire les volontés de qn.; es war ja dein eigener ~ tu l'as voulu; du sollst deinen ~n haben ce sera comme tu voudras; auf s-m ~n bestehen s'obstiner; s'entêter; gegen j-s ~n contre la volonté, le gré de qn.; gegen *od.* wider meinen ~n malgré moi; en dépit de moi; mit ~n à dessein; exprès; nach s-m ~n suivant, selon sa volonté; um ... 2n pour l'amour de; um Gottes 2n, um (des) Himmels 2n *cf.* um 4.; ich mußte wider ~n lachen j'ai ri malgré moi, sans le vouloir; j-m zu ~n sein accéder à la volonté de qn.; *cf. auch* j-m s-n ~n tun; *relig.* dein ~ geschehe que votre volonté soit faite; des Menschen ~ ist sein Himmelreich *prov. cf.* Himmelreich; wo ein ~ ist, ist auch ein Weg *prov.* vouloir, c'est pouvoir *prov.*

Willen [ˈvɪlən] *m* ⟨~s; ~⟩ *cf.* Wille; **2ˌlos** *adj.* sans volonté; *psych.* aboulique; (*schwach*) faible; *fig.* ~es Werkzeug instrument docile; **~ˌlosigkeit** *f* ⟨~⟩ manque *m*, absence *f* de volonté; *psych.* aboulie *f*; (*Schwäche*) faiblesse *f*.

Willens|akt [ˈvɪlənsˌʔakt] *m* acte *m* de volonté; *philos.* volition *f*; **~ˌänderung** *f* changement *m* de volonté; **~ˌanspannung** *f* effort *m* de volonté; **~ˌäußerung** *f* (manifestation *f* de la) volonté *f*; **~beˌstimmung** *f in e-m Testament* disposition *f* testamentaire; **~ˌbildung** *f* formation *f* de la volonté; **~erˌklärung** *f* déclaration *f* de volonté; acte *m* déclaratoire de volonté; **~ˌfreiheit** *f* libre arbitre *m*; **~ˌkraft** *f* ⟨~⟩ (force *f* de) volonté *f*; énergie *f*; **~ˌkundgebung** *f cf.* ~äußerung; **~ˌlähmung** *f* inhibition *f* de la volonté; **~ˌlenkung** *f* suggestion *f*; **2ˌschwach** *adj.* faible; **~ˌschwäche** *f* faiblesse *f* (de volonté); **2ˌstark** *adj.* énergique; **~ˌstärke** *f* ⟨~⟩ *cf.* ~kraft.

willentlich [ˈvɪləntˌlɪç] *adv.* à dessein; exprès; volontairement; wissentlich u. ~ à bon escient et de propos délibéré.

willfahren [vɪlˈfɑːrən] *st. s. v/i.* ⟨willfahrt, willfahrte, willˈfahrt *bzw.* geˈwillfahrt, h⟩ j-m in etw. ~ concéder qc. à qn.; der Bitte j-s ~ se rendre, condescendre, acquiescer, déférer à la demande de qn.

will|fährig [ˈvɪlˌfɛːrɪç] **1.** *adj. péj.* complaisant; docile; **2.** *adv.* complaisamment; docilement; avec complaisance, docilité; **2fährigˌkeit** *f* ⟨~⟩ *péj.* complaisance *f*, docilité *f* (répréhensible); **2ˈfahrung** *f* ⟨~⟩ acquiescement *m*; **~ig 1.** *adj.* de bonne volonté; (*folgsam*) obéissant; docile; j-m ein ~es Ohr leihen prêter une oreille complaisante à qn.; écouter qn. favorablement; bei j-m ein ~es Ohr finden avoir l'audience de qn.; avoir l'oreille de qn.; *bibl.* der Geist ist ~, aber das Fleisch ist schwach l'esprit est plein de bonne volonté, mais la chair est faible; **2.** *adv.* volontiers; de bonne volonté; de bonne grâce; etw. ~ tun faire qc. volontiers, de bon cœur; **2igˌkeit** *f* ⟨~⟩ bonne volonté; (*Folgsamkeit*) obéissance *f*; docilité *f*.

Willkomm [ˈvɪlkɔm, -ˈkɔm] *m* ⟨~s; ~e⟩, **~en I** *n od. m* ⟨~s; ~⟩ bienvenue *f*; j-m ein(en) ~ zurufen souhaiter la bienvenue à qn.; saluer l'arrivée de qn.; **II 2en** [-ˈkɔm] *adj.* bienvenu; (*gern gesehen*) bien vu; (*angenehm*) agréable; (*gelegen*) qui vient à propos; seien Sie mir ~! soyez le (la) bienvenu(e); j-n ~ heißen souhaiter la bienvenue à qn.; ein ~er Gast un hôte bienvenu; er ist mir immer ~ il est toujours bien vu chez moi; il m'est toujours agréable de le voir; sa visite m'est toujours agréable; *Abwechslung etc.* sehr ~ sein arriver à propos; venir à point; F tomber, arriver à pic; **~ensˌgruß** [-ˈkɔm] *m* souhait *m*, salut *m* de bienvenue; **~ensˌtrunk** [-ˈkɔm-] *m* verre *m* de bienvenue.

Willkür [ˈvɪlkyːr] *f* ⟨~⟩ arbitraire *m*; acte *m* arbitraire; **~ˌakt** *m* acte *m* arbitraire; **~ˌherrschaft** *f* règne *m* de l'arbitraire; despotisme *m*; tyrannie *f*; **2lich 1.** *adj.* arbitraire; **2.** *adv.* arbitrairement; sans motif; **~lichˌkeit** *f* ⟨~; ~en⟩ caractère *m* arbitraire; *cf. auch* ~akt.

wimmeln [ˈvɪməln] **I** *v/i. u. v/imp.* ⟨-(e)le, h⟩ fourmiller, grouiller (von de); (*im Überfluß vorhanden sein*) foisonner; pulluler; es wimmelt von Kaninchen im Wald, der Wald wimmelt von Kaninchen les lapins foisonnent dans la forêt; la forêt grouille, fourmille, pullule de lapins; s-e Arbeit wimmelt von Fehlern son travail est plein de fautes; **II 2** *n* ⟨~s⟩ fourmillement *m*; grouillement *m*; foisonnement *m*; pullulation *f*; pullulement *m*.

Wimmer [ˈvɪmər] *m* ⟨~s; ~⟩ nœud *m* (dans le bois).

wimmern [ˈvɪmərn] **I** *v/i.* ⟨-(e)re, h⟩ geindre, gémir (vor Schmerzen de douleur); se plaindre doucement; **II 2** *n* ⟨~s⟩ plaintes *f/pl.*; gémissements *m/pl.*

Wimpel [ˈvɪmpəl] *m* ⟨~s; ~⟩ fanion *m*; banderole *f*; *mar.* guidon *m*; flamme *f*.

Wimper [ˈvɪmpər] *f* ⟨~; ~n⟩ cil *m* (*auch bot.*); ohne mit der ~ zu zucken sans sourciller; sans broncher; **~infuˌsorien** *n/pl. cf.* ~tierchen; **~nˌtusche** *f* crème *f* pour cils; **~ˌtierchen** *n/pl. zo.* infusoires ciliés; *sc.* paramécies *f/pl.*

Wind [vɪnt] *m* ⟨~(e)s; ~e⟩ **1.** vent *m* (*auch techn.*, *bei e-r Orgel*); lauer, sanfter ~ vent doux; stürmischer ~ vent soufflant en tempête; böiger ~ vent à grains, à rafales; *mar.* günstiger, widriger ~ vent favorable, contraire; schwache bis mäßige ~e vents faibles à modérés; umspringende ~e sautes *f/pl.* de vent; schneller als der ~ plus vite que le vent; bei ~ u. Wetter par tous les temps; par n'importe quel temps; der ~ weht le vent souffle; es geht ein starker ~ il fait un grand vent; der ~ frischt auf, flaut ab le vent se lève, mollit; der ~ legt sich, springt um le vent tombe, tourne; ~ machen faire du vent (mit dem Fächer avec l'éventail); ~ u. Wellen preisgegeben à la merci des vents et des flots; *Schiff* dem ~ preisgegeben sein flotter au gré du vent; hart am ~ segeln aller, naviguer, tenir au plus près du vent; aller à la bouline; an den ~ gehen lofer; gegen den ~ segeln aller contre le vent; faire route vent debout; den ~ gegen sich haben avoir vent debout; guten, günstigen ~ haben, den ~ im Rücken haben, vor dem ~ segeln avoir vent arrière; avoir le vent en poupe, dans le dos; mit dem ~ segeln aller selon le vent; *Fahne* im ~ flattern flotter au vent; in alle (vier) ~e zerstreut dispersé à tous les vents, aux quatre vents, aux quatre coins; vom ~e verweht emporté par le vent; *bibl.* wer ~ sät, wird Sturm ernten qui sème le vent, récolte la tempête; **2.** *fig.* viel ~ machen (*sich wichtig tun*) faire l'important; se donner de l'importance; (*aufschneiden*) hâbler; gasconner; fanfaronner; faire le gascon, le fanfaron; j-m ~ vormachen mentir à, tromper qn.; hier weht ein anderer ~ ici les choses marchent autrement; wissen, woher der ~ weht, kommt savoir prendre le vent; savoir d'où vient le vent; j-m den ~ aus den Segeln nehmen désarmer qn.; couper l'herbe sous le(s) pied(s) de qn. (*aber*: on lui a coupé ...); von etw. ~ bekommen avoir vent de qc.; flairer qc.; er hat sich den ~ um die Nase wehen lassen il a vu du pays; in den ~ reden prêcher aux sourds, dans le désert; das ist alles in den ~ geredet *auch* autant en emporte le vent; F c'est comme si on chantait; etw. in den ~ schlagen jeter qc. au vent; ne tenir aucun compte de qc.; se moquer de qc.; faire fi de qc.; sich nach dem ~e drehen, s-n Mantel nach dem ~ hängen *fig.* tourner à tous les vents; aller selon le vent; biaiser; tourner comme une girouette; **3.** *ch.* vent *m*; (*Witterung*) flair *m*; **4.** *physiol.* (*Blähung*) vent *m*; flatulence *f*; flatuosité *f*; **~ˌabdrift** *f mar., aviat.* dérive due au vent; **~ˌänderung** *f* changement *m* de vent; **~ˌbeutel** *m Gebäck* chou *m* (mit Schlagsahne à la crème); échaudé *m*; *fig.* F (*leichtsinniger Mensch*) évaporé *m*; écervelé *m*; étourdi *m*; F tête *f* en l'air; hurluberlu *m*; (*Großsprecher*) fanfaron *m*; gascon *m*; 'hâbleur *m*; **~beute'lei** F *f* ⟨~; ~en⟩ fanfaronnades *f/pl.*; gasconnades *f/pl.*; 'hâblerie *f*; **~ˌblüter** *m/pl. bot.* plantes *f/pl.* anémophiles; **~bruch** *m* chablis *m*; **~ˌbüchse** *f cf.* Luftgewehr; **~ˌdrehung** *f* changement *m* de vent; *mar.* saute *f* de vent; **~druck** *m* pression *f* du vent, *im Hochofen* de soufflage; **~ˌdüse** *f* tuyère *f* (à vent).

Winde ['vɪndə] *f* ⟨~; ~n⟩ **1.** *bot.* liseron *m*; **2.** *techn.* cric *m*; (*Seil♀*) treuil *m*; (*Schrauben♀*) vérin *m*; *mar.* cabestan *m*; guindal *od.* guindeau *m*.

Windei ['vɪntˀaɪ] *n der Vögel* œuf 'hardé.

Windel ['vɪndəl] *f* ⟨~; ~n⟩ couche *f*; in ~n wickeln emmailloter; noch in den ~n liegen être encore au maillot, dans les langes (*auch fig.*); **♀'weich** *adj.* F j-n ~ schlagen battre qn. vertement, comme plâtre; *fig.* F secouer les puces à qn.

winden[1] ['vɪndən] **I** *v/i.* ⟨-ete, h⟩ *ch.*, *vom Jagdhund u. vom Wild* prendre le vent; flairer; **II** *v/imp.* es windet il fait du vent; le vent souffle; il vente.

winden[2] ['vɪndən] **I** *v/t.* ⟨windet, wand, gewunden, h⟩ tordre; (*mehrmals herumdrehen*) tortiller; *Kränze* faire; tresser; j-m etw. aus den Händen ~ arracher qc. des mains de qn. (*aber*: on lui arracha ...); *Lasten* in die Höhe ~ 'hisser; faire monter; lever; *mar. auch* guinder; etw. um die Stirn ~ ceindre le front de qc.; Blumen zu Kränzen ~ faire, tresser des couronnes de fleurs; *cf. auch* gewunden; **II** *v/réfl.* sich ~ se tordre; (*sich mehrmals herumdrehen*) se tortiller; *Bach, Weg* serpenter; sich durch etw. ~ se faufiler à travers qc.; sich um etw. ~ s'enrouler, s'enlacer autour de qc.; sich vor Schmerzen ~ se tordre de douleur; *fig.* er windet sich wie ein Aal *cf.* Aal; *fig.* er mag sich drehen u. ~ wie er will ... il a beau se débattre ...; il a beau faire ...; il a beau s'agiter, se démener comme un diable dans un bénitier ...

Winden|gewächse ['vɪndəngəˌvɛksə] *n/pl. bot.* convolvulacées *f/pl.*; **~ˌschwärmer** *m zo.* sphinx *m* du liseron.

Windepflanzen ['vɪndəˌpflantsən] *f/pl. bot. cf.* Schlingpflanzen.

Wind|erhitzer ['vɪntˀɛrˌhɪtsər] *m* ⟨~s; ~⟩ *techn.* réchauffeur *m* d'air; appareil *m* Cowper; **~erosiˌon** *f géol.* érosion éolienne.

Windeseile ['vɪndəsˌˀaɪlə] *f fig.* mit ~ comme le vent; *Nachricht* sich mit ~ verbreiten se propager comme une traînée de poudre.

Wind|fahne ['vɪntˌfaːnə] *f cf.* Wetterfahne; **~fang** *m bât.* tambour *m*; *e-s Hochofens* évent *m*; **~fangˌtür** *f* porte *f* de tambour; **♀fest** *adj.* résistant au vent; **♀geˌschützt** *adjt.* à l'abri du vent; **~geˌschwindigkeit** *f* vitesse *f* du vent; **~ˌharfe** *f cf.* Äolsharfe; **~hauch** *m* souffle *m* de vent; **~ˌhose** *f* trombe *f*; **~hund** *m zo.* lévrier *m*; *junger* levron *m*; F *fig.* (*leichtsinniger Mensch*) *cf.* Windbeutel; **~ˌhündin** *f zo.* levrette *f*; *junge* levronne *f*; **♀ig** *adj.* **1.** venteux, -euse; exposé au vent; battu par les vents; es ist ~ il fait du vent; il y a du vent; il vente; es ist sehr ~ il fait grand vent; ein sehr ~er Tag un jour de grand vent; bei ~em Wetter par un temps de grand vent; **2.** F *fig.* *Mensch* évaporé; écervelé; F qui n'a pas de plomb dans la tête; qui n'a pas de cervelle; *Sache* dangereux, -euse; délicat; scabreux, -euse; **~ˌjacke** *f* anorak *m*; **~kaˌnal** *m* soufflerie *f*; tunnel *m* aérodynamique; *der Orgel* porte-vent *m*; **~ˌkarte** *f* carte *f* des vents; **~ˌkasten** *m der Orgel* sommier *m*; **~ˌkessel** *m techn.* réservoir *m* à air; **~ˌklappe** *f e-s Blasebalgs* soupape *f*; clapet *m*; **~kraftˌanlage** *f* (installation) éolienne *f*; **~ˌlade** *f der Orgel cf.* ~kasten; **~ˌleitung** *f techn.* porte-vent *m*; conduite *f* d'amenée d'air; **~licht** *n* fanal *m*; **~ˌmacher** *m* ⟨~s; ~⟩ F *fig.* (*Wichtigtuer*) vantard *m*; 'hâbleur *m*; fanfaron *m*; **~mache'rei** *f* ⟨~⟩ F *fig.* (*Wichtigtuerei*) vantardise *f*; 'hâblerie *f*; fanfaronnade *f*; **~ˌmesser** *m* ⟨~s; ~⟩ anémomètre *m*; **~ˌmessung** *f* anémométrie *f*; **~ˌmotor** *m* moteur éolien; éolienne *f*; aéromoteur *m*; **~ˌmühle** *f* moulin *m* à vent; *fig.* gegen ~n kämpfen se battre contre des moulins à vent; **~ˌmühlenˌflügel** *m* aile *f* de moulin à vent; **~ˌpocken** *f/pl. méd.* varicelle *f*; **~ˌpumpe** *f* (pompe *f*) éolienne *f*; **~rad** *n* éolienne *f*; **~ˌrichtung** *f* direction *f* du vent; **~ˌrichtungsˌanzeiger** *m* anémoscope *m*; **~ˌröschen** *n* ⟨~s; ~⟩ *bot.* anémone *f*; **~ˌrose** *f* rose *f* des vents; **~sack** *m mar., aviat.* manche *f* à air; **~sˌbraut** *poét. f* rafale *f*; bourrasque *f*; **~ˌschaden** *m* dégât(s) causé(s) par le vent; **~ˌschatten** *m* côté *m* sous le vent, abrité du vent; **♀schief** F *adj.* déjeté; gauchi; tout de travers; *Gebäude* penché; incliné; ~ werden se déjeter; **♀ˌschlüpfig**, **♀ˌschnittig** *adj.* aérodynamique; caréné; **~schutz** *m jard., agr.* brise-vent *m*; abri *m* contre le vent; **~schutzˌscheibe** *f Auto* pare-brise *m*; **~ˌseite** *f* côté exposé au vent; côté *m* du vent; **~ˌsichter** *m* ⟨~s; ~⟩ *agr.* séparateur *m* à vent; tarare *m*; **~ˌskala** *f* échelle *f* (anémométrique de) Beaufort; **~spiel** *n zo. cf.* ~hund, ~hündin; **~ˌstärke** *f* force *f*, intensité *f* du vent; **♀still** *adj.* calme; es ist ~ il fait un temps calme; **~ˌstille** *f* calme *m*; *vorübergehende bei e-m Sturm* accalmie *f*; völlige ~ calme plat; bei völliger ~ par vent nul; **~stoß** *m* coup *m* de vent; rafale *f*; bourrasque *f*; **~strich** *m der Windrose* aire *f* de vent; rhumb [rõb] *m*.

Windung ['vɪndʊŋ] *f* ⟨~; ~en⟩ *e-s Weges, Flusses etc.* tour *m*; détour *m*; courbe *f*; contour *m*; repli *m*; *e-r Spirale* spire *f*; *e-r Schlange* anneau *m*; repli *m*; *anat.* circonvolution *f*; ~en *pl. e-r Straße* lacets *m/pl.*; *auch e-s Flusses* sinuosités *f/pl.*; méandres *m/pl.*; **~sˌzahl** *f* nombre *m* de spires.

Wink [vɪŋk] *m* ⟨~(e)s; ~e⟩ signe *m*; *fig.* (*Andeutung*) avis *m*; avertissement *m*; F tuyau *m*; (*Hinweis*) conseil *m*; j-m e-n ~ geben faire signe à qn.; *nur mit den Augen* cligner de l'œil à qn.; *fig.* avertir qn.; F tuyauter qn.; F ein ~ mit dem Zaunpfahl une invite, F un appel du pied (geben faire); das war ein ~ von oben c'était un signe, un avertissement du ciel; ich habe Ihren ~ verstanden j'ai compris votre avertissement, F votre tuyau; er gab ihm e-n ~, er solle gehen il lui fit signe de s'en aller; praktische ~e zur Behandlung von ... conseils pratiques pour le traitement de ...; *fig.* folgen Sie dem ~ Ihres Herzens suivez les suggestions de votre cœur.

Winkel ['vɪŋkəl] *m* ⟨~s; ~⟩ *math.* angle *m*; *techn. cf.* ~haken, ~maß; *milit., am Ärmel* chevron *m*; *fig.* (*Ecke*) coin *m*; *verborgener* recoin *m*; *des Herzens* repli *m*; *math.* rechter, spitzer, stumpfer, gestreckter ~ angle droit, aigu, obtus, plat; toter ~ angle mort; *fig.* entlegener ~ coin retiré, perdu; im entlegensten ~ Deutschlands au fin fond de l'Allemagne; alle Ecken u. ~ tous les coins et recoins; Glück im ~ bonheur tranquille; **~ˌabweichung** *f Ballistik* écart *m* angulaire; **~advoˌkat** *péj. m* avocat *m* de bas étage; avocaillon *m*; avocassier *m*; **~bankiˌer** *péj. m* banquier véreux; **~beˌschleunigung** *f Ballistik* accélération *f* angulaire; **~ˌblatt** *péj. n* feuille *f* de chou; **~ˌbörse** *péj. f* bourse *f* noire; **~ˌeisen** *n techn.* équerre *f* en fer; cornière *f*; **~funktiˌon** *f math.* fonction *f* trigonométrique; **~geˌschwindigkeit** *f Ballistik* vitesse *f* angulaire; **~ˌhaken** *m charp.* équerre *f*; *impr.* composteur *m*; **~halˌbierende** *f* ⟨→ A⟩ *math.* bissectrice *f*; **♀ig** *adj.* à angles; (*e-n Winkel bildend*) angulaire; *Gasse etc.* (*mit vielen Winkeln*) à coins et recoins; (*gewunden*) tortueux, -euse; sinueux, -euse; **~ˌkneipe** *péj. f* cabaret mal famé; P bistro(t) *m*; caboulot *m*; **~ˌmakler** *péj. m* courtier *m* marron; **~ˌmaß** *n charp., techn.* équerre *f*; **~ˌmesser** *m* ⟨~s; ~⟩ *math.* rapporteur *m*; *arp.* graphomètre *m*; goniomètre *m* (*auch Ballistik*); **~ˌmessung** *f* goniométrie *f*; **~ˌprisma** *n arp.* équerre *f* d'arpenteur; **♀ˌrecht** *adj.* à angle droit; d'équerre; rectangulaire; **~verˌschiebung** *f math.* déplacement *m* angulaire; **~ˌzüge** *fig. m/pl.* détours *m/pl.*; biais *m/pl.*; méandres *m/pl.*; tergiversations *f/pl.*; ~ machen biaiser; tergiverser; louvoyer; prendre des biais, des détours; user de tergiversations; F prendre la, s'échapper par la tangente.

winken ['vɪŋkən] *v/i.* ⟨h⟩ faire signe (mit de); *mar., milit.* (*signalisieren*) faire des signaux optiques; *fig., von Glück, Erfolg etc.* (*sich bieten*) s'offrir; mit dem Taschentuch ~ agiter son mouchoir; j-m zum Abschied ~ faire des signes d'adieu à qn. j-n zu sich ~, j-m ~, heranzukommen faire signe à qn. d'approcher; es ~ ihm große Vorteile de grands avantages l'attendent; il a de grands avantages en perspective.

Winker ['vɪŋkər] *m* ⟨~s; ~⟩ *mar., milit.* (*Signalgeber*) signaleur *m*; *Auto* indicateur *m* de (changement de) direction; clignotant *m*; *früher* flèche indicatrice, mobile, de direction; **~ˌflagge** *f mar.* pavillon *m* de signaux à bras.

winklig ['vɪŋklɪç] *adj. cf.* winkelig.

Wink|signal ['vɪŋkzɪˌgnaːl] *n*, **~spruch** *m*, **~ˌzeichen** *n mar.* signal *m* à bras.

Winsel|ei [ˌvɪnzə'laɪ] F *f* ⟨~; ~en⟩ *cf.* ♀n II; **♀n** ['vɪn-] **I** *v/i.* ⟨-(e)le, h⟩ gémir; geindre; *péj.* pleurnicher;

Hund 'hurler; pousser des cris plaintifs; **II ~n** ['vɪn-] *n* ⟨~s⟩ gémissements *m/pl.*; *péj.* pleurnicheries *f/pl.*; *e-s Hundes* 'hurlement *m*; cris plaintifs.

Winter ['vɪntər] *m* ⟨~s; ~⟩ hiver *m*; **ein strenger ~** un hiver rigoureux; **im ~** en hiver; **den ~ über** durant l'hiver; **Sommer wie ~** été comme hiver; **mitten im ~** au milieu, au cœur, au plus fort de l'hiver; **den ~ überstehen** résister à l'hiver; **~ˌabend** *m* soir *m*, soirée *f* d'hiver; **~ˌanzug** *m* costume *m* d'hiver; **~ˌapfel** *m* pomme *f* d'hiver; **~ˌarbeitsˌlosigkeit** *f* chômage hivernal; **~ˌaster** *f bot.* chrysanthème *m*; **~ˌaufenthalt** *m* séjour *m* d'hiver; **~ˌaufschlag** *m comm.* majoration *f* pour la saison d'hiver; **~ˌausrüstung** *f milit.* équipement *m* d'hiver; **~beˌdarf** *m* provisions *f/pl.* d'hiver; **~beˌstellung** *f agr.* hivernage *m*; **~ˌbirne** *f* poire *f* d'hiver; **~ˌfahrplan** *m chem. etc.* horaire *m* d'hiver; **~ˌfeldzug** *m milit.* campagne *f* d'hiver; **2ˌfest** *adj.* résistant à l'hiver, au froid d'hiver; **~ˌfrucht** *f agr. cf.* **~getreide**; *arb.* fruit *m* d'hiver; **~ˌfutter** *n* fourrage *m* d'hiver; **~ˌgarten** *m* jardin *m* d'hiver; **~ˌgast** *m* hivernant, -e *m, f*; **~ˌgerste** *f agr.* escourgeon *od.* écourgeon *m*; orge *f* d'hiver; **~geˌtreide** *n agr.* céréales *f/pl.* d'hiver; semis *m* d'automne; semences *f/pl.* d'hiver; **~ˌgrün** *n* ⟨~s⟩ *bot.* (*immergrüne Pflanzen*) plantes vertes; **~ˌhaar** *n zo.* poil *m*, pelage *m*, toison *f* d'hiver; **~ˌhafen** *m mar.* port *m* d'hiver; hivernage *m*; **~ˌhafer** *m agr.* avoine *f* d'hiver; **~ˌhalbjahr** *n* semestre *m* d'hiver; **~ˌhandschuhe** *m/pl.* gants *m/pl.* d'hiver; **2ˌhart** *adj. cf.* **2fest**; **~ˌkälte** *f* froid *m* d'hiver; **~karˌtoffel** *f agr.* pomme de terre tardive, d'hiver; **~ˌkleid** *n* robe *f* d'hiver; **~ˌkleidung** *f* vêtements *m/pl.* d'hiver; **~ˌkohl** *m bot.* chou vert; **~ˌkorn** *n agr. cf.* **~getreide**; **~ˌkurgast** *m* hivernant, -e *m, f*; **~ˌkurort** *m* station hivernale, d'hiver; **~ˌlandschaft** *f* paysage hivernal, d'hiver; **2lich 1.** *adj.* d'hiver; de l'hiver; hivernal; **2.** *adv.* comme en hiver; **~ˌling** *m* ⟨~s; ~e⟩ *bot.* (h)ellébore *m* d'hiver; elléborine *f*; *sc.* éranthe *od.* éranthis *m*; **~ˌmantel** *m* manteau *m* d'hiver; **~ˌmode** *f* mode *f* d'hiver; **~ˌmonat** *m* mois *m* d'hiver; **~monˌsun** *m* mousson *f* d'hiver; **2n** *v/imp.* ⟨-(e)re, h⟩ **es wintert** c'est l'hiver; voilà l'hiver; **~ˌobst** *n* fruits *m/pl.* d'hiver; **~olympiˌade** *f* olympiade *f* d'hiver; **~ˌpelz** *m zo. cf.* **~haar**; **~ˌpflanze** *f bot.* plante hivernale, hibernale, hiémale, d'hiver; **~quarˌtier** *n milit.* quartier *m* d'hiver; **die ~e beziehen** prendre ses quartiers d'hiver; **~ˌreise** *f* voyage *m* en hiver; **~ˌsaat** *f agr.* semailles *f/pl.* d'automne; **~ˌsachen** *f/pl. cf.* **~kleidung**; **~sˌanfang** *m* commencement *m* de l'hiver; **~ˌschlaf** *m zo.* sommeil hivernal, hiémal, hibernal; hibernation *f*; **den ~ halten** hiberner; **~ˌschlußverˌkauf** *m comm.* soldes *m/pl.* (de fin) d'hiver; **~seˌmester** *n cf.* **~halbjahr**; **~ˌsonne** *f* soleil *m* d'hiver; **~ˌsonnenˌwende** *f* solstice *m* d'hiver; **~ˌspiele** *n/pl.* **Olympische ~** jeux *m/pl.* Olympiques d'hiver; **~ˌsport** *m* sports *m/pl.* d'hiver; **~sportˌplatz** *m* station *f* de sports d'hiver; **~sportˌzug** *m* train *m* de neige; **~ˌstern** *m bot. cf.* **~ling**; **2sˌüber** *adv.* durant l'hiver; **~(s)ˌzeit** *f* ⟨~⟩ hiver *m*; **~ˌtag** *m* jour *m*, journée *f* d'hiver; **~ung** *f* ⟨~⟩ *agr. cf.* **~getreide**; **~uniˌform** *f milit.* tenue *f* d'hiver; **~ˌurlaub** *m* vacances *f/pl.* d'hiver *od.* en hiver; **~ˌvorrat** *m* provision(s) *f(pl.)* pour l'hiver; **~ˌweizen** *m* blé *m*, froment *m* d'hiver; **~ˌwetter** *n* temps *m* d'hiver; **~ˌzeit** *f* ⟨~⟩ *cf.* **~(s)zeit**; *Uhrzeit* heure *f* d'hiver; **~ˌzeug** *n cf.* **~kleidung**.

Winzer ['vɪntsər] *m* ⟨~s; ~⟩ vigneron *m*; viticulteur *m*; **~ˌfest** *n* fête *f* des vendanges; **~geˌnossenschaft** *f* coopérative *f* viticole, vinicole.

winzig ['vɪntsɪç] *adj.* tout petit; extrêmement petit; minuscule; minime; *Zimmer, Fenster, Tür, Einkommen etc.* exigu, -guë; (*unbedeutend*) insignifiant; **~es Männchen** petit bout d'homme; **2ˌkeit** *f* ⟨~⟩ extrême petitesse *f*; exiguïté *f*.

Wipfel ['vɪpfəl] *m* ⟨~s; ~⟩ cime *f*; sommet *m*.

Wipp|e ['vɪpə] *f* ⟨~; ~n⟩ bascule *f*; balançoire *f*; *hist. cf.* **~galgen**; *mar.* cartahu *m*; **2en I** *v/i.* ⟨h⟩ se balancer; *auf der Wippe auch* jouer à la bascule, à la balançoire; *Vogel* **mit dem Schwanz ~** remuer, balancer la queue; **II ~en** *n* ⟨~s⟩ balancement *m*; *auf der Wippe auch* jeu *m* de bascule, de balançoire; **~er** *m* ⟨~s; ~⟩ *mines* culbuteur *m*; **~ˌgalgen** *m hist.* estrapade *f*.

wir [viːr] *pr/pers.* nous; **~ sind es** c'est nous; **~, die ~ arbeiten** nous qui travaillons; **~ Deutschen** nous autres Allemands; **~ Armen** nous, les pauvres; *fig.* pauvres de nous.

Wirbel ['vɪrbəl] *m* ⟨~s; ~⟩ *phys., in Wasser, Luft etc.* tourbillon *m* (*auch fig.*); remous *m/pl.*; *fig.* trouble *m*; *anat.* vertèbre *f*; *der Haare* épi *m* (de cheveux); *mus., zum Spannen von Saiten* cheville *f*; *auf Schlaginstrumenten* roulement *m* (de tambour); *an Türen, Fenstern, zum Schließen* tourniquet *m*; **~beˌwegung** *f* tourbillon *m*; tourbillonnement *m*; **~ˌbogen** *m anat.* lame *f* de la vertèbre; **2ig** *adj.* tourbillonnant; tournoyant; *par ext.* (*wild*) turbulent; fougueux, -euse; **das macht mich ganz ~ im Kopf** cela m'étourdit; **~kaˌnal** *m anat.* canal vertébral, médullaire; **~ˌkasten** *m mus.* chevillier *m*; **~ˌknochen** *m anat.* vertèbre *f*; **~ˌkörper** *m anat.* (corps *m* de la) vertèbre *f*; **2ˌlos** *adj.* invertébré; **~ˌlose(n)** *pl.* ⟨→ A⟩ *zo.* invertébrés *m/pl.*; **2n I** *v/t.* ⟨-(e)le, h⟩ faire tournoyer, tourbillonner; **II** *v/i.* ⟨h, *doublé d'une indication de direction* **sein**⟩ *Staub etc.* tourbillonner; tournoyer; *mus., auf der Trommel* ⟨h⟩ exécuter, faire un roulement (de tambour); **die Trommeln ~** les tambours battent; **mir wirbelt der Kopf** la tête me tourne; **III ~n** ⟨~s⟩ tourbillonnement *m*; tournoiement *m*; *mus., auf der Trommel* roulement *m* (de tambour); **~ˌsäule** *f anat.* colonne vertébrale; **~stromˌbremse** *f techn.* frein *m* à courants de Foucault; **~ˌströme** *m/pl. élect.* courants *m/pl.* tourbillonnaires, de Foucault; **~stromˌkreis** *m élect.* circuit *m* de courants de Foucault; **~ˌstromverˌlust** *m élect.* perte *f* par courants parasites, de Foucault; **~stromˌwärme** *f élect.* chaleur produite par des courants de Foucault; **~ˌsturm** *m* cyclone *m*; **~ˌtiere** *n/pl. zo.* vertébrés *m/pl.*; **~ˌwind** *m* tourbillon *m*; F *fig.* **wie ein ~ dahergefegt kommen** arriver en trombe.

wirblig ['vɪrblɪç] *adj. cf.* **wirbelig**.

wirk|en ['vɪrkən] **I** *v/t.* ⟨h⟩ **1.** (*tun*) faire; **Gutes ~** faire du bien; **Großes ~** faire de grandes choses; **Wunder ~** faire merveille, des merveilles, des miracles; F avoir un effet mirifique, mirobolant; **2.** *Wirkwaren* tricoter; **II** *v/i.* **3.** agir (**auf** sur); opérer (sur); (*wirksam sein*) être efficace; faire (de l')effet; (*Wirkung ausüben*) avoir de l'effet (**auf** sur); faire, produire son effet; (*Eindruck machen*) faire impression; (*Anklang finden*) prendre (sur); (*den Zweck erreichen*) porter; atteindre son but; **beruhigend ~** être calmant; être d'un effet calmant; **schädlich ~** avoir des effets nocifs, nuisibles; **lächerlich ~** produire un effet ridicule; être ridicule; **gut, schlecht ~** (*sich gut, schlecht ausnehmen*) faire, produire bon, mauvais effet; **die Arznei hat gewirkt** le remède a agi; le remède a produit, a fait de l'effet; **als Bremse ~** jouer le rôle de frein (*auch fig.*); **durch sein (gutes) Beispiel ~** s'imposer par l'exemple; **aus der Ferne ~** agir à distance; **~ wollen** viser à l'effet, à faire de l'effet; **auf j-n ~ wie ...** faire à qn. l'effet de ...; **nachteilig auf etw. ~** produire un effet nuisible sur qc.; **das hat auf ihn gewirkt** cela a fait impression sur lui; **4.** (*e-e Tätigkeit ausüben*) exercer son activité; **als Arzt ~** exercer la médecine; **an e-r Schule als Lehrer ~** être instituteur, professeur dans une école; **III 2en** *n* ⟨~s⟩ action *f*; opération *f*; (*Tätigkeit*) activité *f*; *von Wirkwaren* tricotage *m*; **~end** *adjt.* agissant; opérant; efficace; *philos.* **~e Ursache** cause efficiente; **2enerˌgie** *f élect.* énergie active; **2er(in)** *m* ⟨~s; ~⟩ *(f)* ⟨~; ~nen⟩ tricoteur, -euse *m, f*; **2e'rei** *f* ⟨~; ~en⟩ tricotage *m*; *Werkstatt auch* tricoterie *f*; **2ˌleistung** *f élect.* puissance réelle, active, efficace; **2leistungsverˌbrauch** *m élect.* consommation *f* en watts; **2ˌleitwert** *m élect.* conductance *f*.

wirklich ['vɪrklɪç] **1.** *adj.* (*tatsächlich*) réel, -lle; positif, -ive; (*echt*) véritable; vrai; (**~** *vorhanden*) effectif, -ive; **~er Wert** valeur réelle; véritable valeur; **2.** *adv.* réellement; en réalité; positivement; véritablement; vraiment; effectivement; en effet; de fait; **~?** vraiment?; est-ce bien vrai?; **~ nicht?** vraiment pas?; **es ist ~ so** il en est vraiment ainsi; **ist das ~ wahr?** est-ce bien vrai?; **das haben Sie gesagt, ~?** vous avez dit cela, vrai?; ..., sérieusement?; **ich muß ~ zugeben, daß ...** force m'est d'admettre que ...; **2ˌkeit** *f* ⟨~⟩ réalité *f*; **die rauhe ~** la dure réalité; **in ~** en réalité; **~ werden** se réaliser; **2keitsˌform** *f gr.* indicatif *m*; **~keitsˌfremd** *adj.* peu réaliste; qui n'a pas le sens des réalités; **~keitsgeˌtreu** *adj.* réaliste; **~keitsˌnah** *adj.* réaliste; **2keitsˌnähe** *f* réalisme *m*; **2keitsˌsinn** *m* sens *m* des réalités; réalisme *m*; **~ˌmachen** *v/t.* ⟨*sép.*, -ge-, h⟩ réaliser.

Wirkmaschine ['vɪrkmaˌʃiːnə] *f* métier *m*, machine *f* à bonneterie.

wirksam ['vɪrkzaːm] *adj.* efficace; (*wirkend*) actif, -ive; (*kräftig*) énergique; puissant; **gegen etw. ~ sein** agir contre qc.; être bon, -nne pour qc.; **~ sein** faire (de l')effet; être efficace; **~ werden** prendre effet; **2ˌkeit** *f* ⟨~⟩ efficacité *f*; activité *f*; *e-s Medikaments auch* vertu *f*.

Wirkstoff ['vɪrkʃtɔf] *m* agent *m*.

Wirkung ['vɪrkʊŋ] *f* ⟨~; ~en⟩ effet *m*; **nachteilige, heilsame ~** effet préjudiciable, salutaire; *jur.* **aufschiebende ~** effet suspensif; **mit soforti-**

ger ~ avec effet immédiat; mit ~ vom ersten März prenant effet, avec effet (à partir *od.* à compter) du premier mars; s-e ~ tun faire, produire son effet; ~ ausüben auf ... avoir de l'effet sur ...; e-e entscheidende ~ haben produire un effet décisif; keine ~ haben, ohne ~ bleiben rester, être sans effet; s-e ~ verfehlen manquer, rater son effet; die ~ verlieren devenir inopérant; auf ~ bedacht sein *cf.* wirken II 3. (~ wollen); kleine Ursachen, große ~en *prov.* à petites causes grands effets; **~sbeˌreich** *m* zone *f* d'action; sphère *f* d'activité, d'influence; *von Waffen* portée effective; **~sˌdauer** *f* durée *f* de l'effet; persistance *f*; **~sˌfeld** *n* champ *m* d'activité; **~sˌgrad** *m* (degré *m* d')efficacité *f*; *e-r Maschine* rendement *m*; **~sˌkraft** *f* efficacité *f*; *e-s Medikaments auch* vertu *f*; **~sˌkreis** *m* rayon *m* d'action; *cf. auch* ~sbereich, ~sfeld; **2sˌlos** *adj.* sans effet; inefficace; inopérant; ~ bleiben rester sans effet; ne faire aucun effet; **~sˌlosigkeit** *f* ⟨~⟩ inefficacité *f*; **~sˌquantum** *n phys.* constante *f* de Planck; **~sverˌmögen** *n* virtualité *f*; **2sˌvoll** *adj.* efficace; plein d'effet; **~sˌweise** *f* manière *f* d'opérer; mode *m* d'action; fonctionnement *m*; **~sˌwiderstand** *m élect.* résistance effective.

Wirkwaren [ˈvɪrkˌvɑːrən] *f/pl.* tricotages *m/pl.*; bonneterie *f*; **~indusˌtrie** *f* bonneterie *f*.

wirr [vɪr] *adj.* confus; embrouillé; *Haar* en désordre; (*durcheinander*) désordonné; sens dessus dessous; pêle-mêle; F en pagaye (pagaïe, pagaille); ganz ~ im Kopf sein avoir les idées confuses; avoir la tête à l'envers; ~es Zeug reden déraisonner; divaguer; battre la campagne; ~es Durcheinander *cf.* 2warr; **2en** *pl. politische* troubles *m/pl.*; *des Krieges, der Nachkriegszeit etc.* désordre *m*; confusion *f*; pêle-mêle *m*; chaos [kao] *m*; **2kopf** *m* esprit confus, embrouillé; **2nis** *f* ⟨~; ~se⟩, **2sal** *n* ⟨~(e)s; ~e⟩ embrouillement *od.* embrouillage *m*; imbroglio *m*; (*Verwirrung*) confusion *f*; *pfort.* chaos [kao] *m*; **2warr** *m* ⟨~s⟩ pêle-mêle *m*; confusion totale; chaos [kao] *m*; F pagaye *od.* pagaïe *od.* pagaille *f*; gabegie *f*; gâchis *m*; fouillis *m*; tohu-bohu *m*; (em)brouillamini *m*; capharnaüm [-ɔm] *m*.

Wirsing(kohl) [ˈvɪrzɪŋ(ˌkoːl)] *m* ⟨~s⟩ (*m*) *bot.* chou frisé; chou *m* (de) Milan.

Wirt(in) [ˈvɪrt(ɪn)] *m* ⟨~(e)s; ~e⟩ (*f*) ⟨~; ~nen⟩ **1.** (*Gast2*) patron, -nne *m, f* (d'un hôtel, d'un restaurant, *etc.*); *e-s Gasthofes* hôtelier, -ère *m, f*; aubergiste *m, f*; *e-s Speisehauses* restaurateur, -trice *m, f*; *e-s Cafés* patron, -nne *m, f*; propriétaire *m, f*; *e-r Schenke* cabaretier, -ère *m, f*; cafetier, -ère *m, f*; F *fig.* die Rechnung ohne den ~ machen compter sans son hôte; **2.** (*Haus2*) propriétaire *m, f*; (*Zimmervermieter*) logeur, -euse *m, f*; (*Gastgeber*) hôte, -sse *m, f*; (*Hausherr*) maître, -sse *m, f* de maison; den ~ machen, spielen faire les honneurs de la maison; **3.** *nur m bot., zo. cf.* Wirtspflanze, Wirtstier.

Wirtel [ˈvɪrtəl] *m* ⟨~s; ~⟩ *bot.* verticille *m*.

wirtlich [ˈvɪrtlɪç] *adj.* (*gastlich*) hospitalier, -ère; accueillant.

Wirtschaft [ˈvɪrtʃaft] *f* ⟨~⟩ **1.** économie *f*; freie ~ économie libre, libérale; gelenkte ~ économie dirigée; dirigisme *m*; gewerbliche ~ économie industrielle; einheimische ~ économie nationale; zentralgeleitete ~ économie dirigée, planifiée; wettbewerbsfähige ~ économie compétitive; Störungen in der ~ perturbations de l'économie; Umstellung der ~ reconversion économique; Wiederbelebung der ~ reprise économique, de la vie économique, de l'activité économique; **2.** (*Haushalt*) ménage *m*; die ~ führen, besorgen tenir le ménage; gouverner la maison; j-m die ~ führen tenir le ménage de qn.; **3.** ⟨*pl.* ~en⟩ (*Gast2*) restaurant *m*; café *m*; bar *m*; **4.** (*Land2*) ferme *f*; exploitation *f* agricole; **5.** F (*Unordnung*) désordre *m*; F pagaye (pagaïe, pagaille) *f*; das ist e-e saubere, schöne, tolle ~ F c'est une belle pagaye (pagaïe, pagaille); c'est du propre; c'est une vraie foire; *fig.* polnische ~ pétaudière *f*; dieser Besuch hat uns viel ~ gemacht F cette visite nous a donné beaucoup de tintouin; mach nicht solche ~! ne fais pas tant d'histoires!; **2en** *v/i.* ⟨-ete, h⟩ travailler; (*herum~*) s'affairer; (*Haushalt führen*) tenir le ménage; gouverner la maison; (*verwalten*) administrer; gérer; gut, schlecht ~ bien, mal administrer, gérer (mit etw. qc.); sparsam ~ gérer de façon économique; aus dem vollen ~ ne pas regarder à la dépense; n'avoir pas besoin de compter étroitement; dépenser largement; **~er** *m* ⟨~s; ~⟩ économe *m*; *bes. auf e-m Landgut* régisseur *m*; (*Verwalter*) gérant *m*; administrateur *m*; intendant *m*; **~eˌrin** *f* ⟨~; ~nen⟩ gouvernante *f*; *fig.* e-e gute ~ une femme qui gouverne bien sa maison; **~ler** *m* ⟨~s; ~⟩ économiste *m*; **2ˌlich** *adj.* économique; (*geldlich*) pécuniaire; financier, -ère; (*haushälterisch*) économe; ménager, -ère; (*rentabel*) rentable; **~lichˌkeit** *f* ⟨~⟩ rentabilité *f*.

Wirtschafts... [ˈvɪrtʃafts...] *in Zssgn.* économique; **~ˌabkommen** *n* accord *m* économique; **~ˌablauf** *m* rythme *m* de l'activité économique; fonctionnement *m* de l'économie; processus *m* économique; **~ˌabordnung** *f* délégation *f* économique; **~akadeˌmie** *f* institut *m* d'études économiques; **~ˌamt** *n hist.* office *m* de ravitaillement; **~ˌaufschwung** *m* essor *m*, redressement *m* économique; **~ˌausschuß** *m* commission *f* économique; *e-s Betriebes* comité *m* mixte de production; conseil *m* économique; **~ˌausweitung** *f* expansion *f* économique; **~baroˌmeter** *n* baromètre *m* économique; **~beˌlebung** *f* regain *m*, relance *f* de l'activité économique; redressement *m*, reprise *f* économique; **~beˌrater** *m* conseiller *m* économique; **~beˌreich** *m* secteur *m* économique; **~beˌsprechungen** *f/pl.* pourparlers *m/pl.* économiques; **~beˌziehungen** *f/pl.* relations *f/pl.* économiques; **~ˌblock** *m* ⟨~(e)s; ⸗e⟩ bloc *m* économique; **~ˌbuch** *n* livre *m* de ménage; **~delegatiˌon** *f cf.* ~abordnung; **~demokraˌtie** *f* démocratie [-si] *f* économique; économie libérale; **~ˌdenken** *n* pensée *f* économique; **~ˌeinheit** *f* unité *f* économique; **~entˌwicklung** *f* développement *m* économique; **~expansiˌon** *f cf.* ~ausweitung; **~exˌperte** *m* économiste *m*; expert *m* en économie, économique; **~ˌförderung** *f* encouragement *m* à *od.* de l'économie; **~ˌform** *f* système *m* économique; **~ˌfrage** *f* question *f* économique; **~ˌfreiheit** *f* liberté *f* économique; **~ˌführer** *m* dirigeant *m* de l'économie; **~ˌführung** *f* gestion *f* économique; **~geˌbäude** *n/pl.* communs *m/pl.*; **~geˌbiet** *n* région *f*, zone *f* économique; **~geˌfälle** *n* disparité *f* économique; **~geˌfüge** *n* structure *f* économique; **~ˌgeld** *n* argent *m* de ménage; **~geˌmeinschaft** *f* Europäische ~ (*abr.* EWG) Communauté Économique Européenne (*abr.* C.E.E.); **~geograˌphie** *f* géographie *f* économique; **~geˌschichte** *f* histoire *f* de l'économie; **~geˌsetz** *n* loi *f* économique; **~ˌgüter** *n/pl.* biens *m/pl.* économiques; **~ˌhilfe** *f* aide *f*, assistance *f* économique; **~informatiˌonen** *f/pl.* informations *f/pl.* économiques; **~inteˌresse** *n* intérêt *m* économique; **~ˌjahr** *n* exercice *m*; **~ˌkarte** *f Landkarte* carte *f* économique; **~kommisˌsiˌon** *f* commission *f* économique; **~konfeˌrenz** *f* conférence *f* économique; **~konˌtrolle** *f* contrôle *m* économique; **~korresponˌdent** *m e-r Zeitung* correspondant *m* économique; **~kreˌdit** *m* crédit *m* à l'économie; **~ˌkreise** *m/pl.* sphères *f/pl.*, milieux *m/pl.* économiques; **~ˌkrieg** *m* guerre *f* économique; **~ˌkrise** *f* crise *f* économique; **~ˌlage** *f* situation *f* économique; **~ˌleben** *n* vie *f* économique; **~ˌlehre** *f* doctrine *f* économique; **~ˌlenkung** *f* dirigisme *m* économique; économie dirigée; **~ˌmacht** *f* puissance *f* économique; **~miˌnister** *m* ministre *m* de l'Économie, des affaires économiques; **~minisˌterium** *n* ministère *m* de l'Économie, des affaires économiques; **~niˌveau** *n* niveau *m* de l'économie, économique; **~ˌordnung** *f* ordre *m* économique; Wirtschafts- u. Sozialordnung organisation économique et sociale; **~organisatiˌon** *f* organisation *f* économique; **~ˌplan** *m* plan *m* économique; **~ˌplanung** *f* planification *f* économique; planning *m*; **~poliˌtik** *f* politique *f* économique; **2poˌlitisch** *adj.* politico-économique; **~potentiˌal** *n* potentiel *m* économique; **~ˌpresse** *f* presse *f* économique; **~proˌblem** *n* problème *m* économique; **~proˌzeß** *m* processus *m* économique; **~ˌprüfer** *m* expert-comptable *m*; *bei Handelsgesellschaften* vérificateur *m* des comptes; commissaire *m* aux comptes; **~ˌprüfung** *f* vérification *f* de la gestion et des comptes; **~ˌrat** *m* ⟨~(e)s; ⸗e⟩ conseil *m* économique; Europäischer ~ Organisation Européenne de Coopération Économique (*abr.* O.E.C.E.); Wirtschafts- u. Sozialrat Conseil Économique et Social; **~ˌräume** *m/pl.* zones *f/pl.*, territoires *m/pl.*, régions *f/pl.*, espaces *m/pl.* (constituant des unités) économiques; *e-s Hotels etc.* communs *m/pl.*; **~redakˌteur** *m e-r Zeitung* rédacteur *m* économique; **~reˌform** *f* réforme *f* économique; **~ˌrückgang** *m* récession *f* économique; **~sachverˌständige(r)** *m cf.* ~experte; **~ˌsektor** *m* secteur *m* économique; **~spioˌnage** *f* espionnage *m* économique; **~ˌsprache** *f* langage *m* économique; **~stabiliˌtät** *f* stabilité *f* économique; **~staˌtistik** *f* statistique *f* économique; **~strukˌtur** *f* structure *f* économique; **~sysˌtem** *n* système *m* économique; **~ˌteil** *m e-r Zeitung* rubrique *f* économique; **~theoˌrie** *f* théorie *f* économique; ~**uniˌon** *f*, ~**verˌband** *m* union *f* économique; ~**verˌbindungen** *f/pl.* relations *f/pl.* économiques; ~**verˌeinbarung** *f* entente *f* économique; ~**verˌeinigung** *f* association *f* économique; ~**verˌfall** *m* déclin *m* économique; ~**verˌflechtung** *f* interpénétration *f* de l'économie; ~**verˌhältnisse** *n/pl.* situation *f* économique; conditions économiques existantes; ~**verˌhandlungen** *f/pl.* négociations commerciales; ~**verˌkehr** *m* échanges *m/pl.* économiques; **zwischenstaatlicher** ~ échanges internationaux; ~ˌ**vorhaben** *n* projet *m* économique; ~ˌ**vorschau** *f* prévisions *f/pl.* économiques; ~ˌ**wachstum** *n* croissance *f* économique; ~ˌ**welt** *f* monde *m* économique; ~ˌ**wissenschaft** *f* science *f* économique, de l'économie; *néol.* économique *f*; ~ˌ**wissenschaftler** *m* économiste *m*; ~ˌ**wunder** *n* miracle *m* économique; ~ˌ**zentrum** *n* centre *m* économique; ~ˌ**zweig** *m* branche *f* économique.

Wirts|haus ['vɪrtshaʊs] *n* café *m*; cabaret *m*; (*Gasthof*) auberge *f*; **immer im** ~ **sitzen** être un pilier de bistrot, de cabaret; ~ˌ**leute** *pl. von* Wirt; ~ˌ**pflanze** *f bot.*, *e-s Schmarotzers* hôte *m*; ~ˌ**stube** *f* salle *f* d'auberge, de café, de cabaret; ~**tier** *n zo.*, *e-s Schmarotzers* hôte *m*.

Wisch [vɪʃ] *m* ⟨~es; ~e⟩ *péj.* (*beschriebenes, bedrucktes Papier, Schriftstück*) chiffon *m* (de papier); P papelard *m*.

wisch|en ['vɪʃən] *v/t.* ⟨h⟩ essuyer; *peint.* (*ver*~) estomper; **Staub** ~ ôter la poussière; **den Staub von etw.** ~ épousseter qc.; **sich den Schweiß von der Stirn** ~ essuyer la sueur de son front; **sich den Mund** ~ s'essuyer la bouche (**mit etw.** avec qc.); ≈**er** *m* ⟨~s; ~⟩ *peint.* estompe *f*; *Auto* (*Scheiben*≈) essuie-glace *m*; *milit.*, *zum Reinigen des Geschützrohres* écouvillon *m*; F *fig.* (*Rüffel, Verweis*) F savon *m*; ≈ˌ**lappen** *m* torchon *m*; chiffon *f*; lavette *f*; *für den Fußboden* serpillière *f*.

Wischtuch ['vɪʃtuːx] *n cf.* Wischlappen.

Wisent ['viːzɛnt] *m* ⟨~(e)s; ~e⟩ *zo.* bison *m*.

Wismut ['vɪsmuːt] *n* ⟨~(e)s⟩ *chim.* bismuth *m*; ≈**en** *adj.* de bismuth; ~ˌ**erz** *n* minerai *m* de bismuth; ~ˌ**glanz** *m* bismuth sulfuré; bismuthine *f*; ≈ˌ**haltig** *adj.* bismuthifère; ~**oˌxyd** *n chim.* oxyde *m* de bismuth.

wispern ['vɪspərn] **I** *v/i.* ⟨-(e)re, h⟩ parler tout bas; susurrer; chuchoter; **II** ≈ *n* ⟨~s⟩ susurrement *m*; chuchotement *m*.

Wißbegier|(de) ['vɪsbəˌgiːr(də)] *f* envie *f*, désir *m* de s'instruire, d'apprendre, de savoir; ≈**ig** *adj.* avide de s'instruire, d'apprendre, de savoir.

wissen ['vɪsən] **I** *v/t.* ⟨**ich weiß, du weißt, er weiß, ihr wißt; wußte; wüßte; gewußt; wisse!;** h⟩ savoir; **was weiß ich?** que sais-je?; **wer weiß?** qui sait?; **weiß Gott!** Dieu (le) sait!; **ich wüßte nicht; nicht, daß ich wüßte; daß ich nicht wüßte** pas que je sache; **soviel ich weiß** autant que je sache; **er ist krank, wie Sie** ~ il est malade comme vous savez; vous savez bien qu'il est malade; **nichts, soviel ich weiß** rien que je sache; **sie geht mit uns, damit du es nur weißt** elle nous accompagne, pour que tu le saches; **Sie** ~ **doch wohl, daß ...** vous n'êtes pas sans savoir que ...; **Sie müssen** ~ ... sachez ...; **ich weiß nicht wer (was, wie)** je ne sais qui (quoi, comment); **dann wäre ich jetzt wer weiß wo** je serais à présent Dieu sait où; **das weiß ja jedes Kind** c'est élémentaire; tout le monde le sait; **das weiß die ganze Welt** cela court les rues; **das braucht niemand zu** ~ cela ne regarde personne; c'est mon secret; **das möchte ich wohl** ~ c'est ce que je me demande; j'aimerais bien le savoir; ~ **Sie es genau?** en êtes-vous bien sûr?; **das weiß er am besten** il est bien placé pour le savoir; **ich weiß nichts davon** je n'en sais rien; **rein gar nichts** ~ ne savoir rien de rien; **ich möchte gern** ~ je voudrais bien savoir; **ich weiß nicht recht** je ne sais (pas) au juste; **man kann nie** ~ sait-on jamais?; **gut, daß ich es weiß** c'est bon à savoir; *als Einleitung für e-n Vorschlag* **weißt du was?** écoute (nous allons ...); sais-tu ce qu'il faut faire?; **ich weiß schon** je (le) sais déjà; je suis au courant; **nicht** ~, **daß ...** ne pas savoir que ...; ignorer que ...; **ich weiß sehr wohl, daß ...** je n'ignore pas que ... (+ *ind.*); **da man weiß, daß ...** étant donné que ...; **man will** ~, **daß ...** on dit, le bruit court que ...; **ich wüßte niemand, der ...** je ne sache personne qui ... (+ *subj.*); **weißt du noch, als ...** te rappelles-tu le temps où ...; **j-n etw.** ~ **lassen** faire savoir qc. à qn.; **etw. getan** ~ **wollen** vouloir que qc. se fasse; **etw. zu** ~ **bekommen** apprendre qc.; **etw. von j-m** *od.* **durch j-n** ~ savoir qc. par qn.; **etw. über j-n** ~ savoir qc. sur le compte de qn.; **über** *od.* **von etw.** ~ savoir qc.; **vieles (darüber)** ~ en savoir long; **von** *od.* **um etw.** ~ avoir connaissance de qc.; **er weiß von keiner Sorge** il ne connaît aucun souci; il n'a jamais eu de soucis; **dort weiß man vom Winter nichts** on n'y connaît pas d' *od.* l'hiver; **ich will von ihm nichts** ~ je ne veux pas entendre parler de lui; **davon will er nichts** ~ a) il dit, prétend qu'il n'en sait rien; b) il n'en veut rien savoir; il ne veut pas en entendre parler; **sich zu benehmen** ~ savoir se conduire; **zu leben** ~ savoir vivre, se rendre la vie agréable; **sich nicht zu helfen** ~ ne pas savoir se tirer d'affaire; ne pas savoir s'y prendre; **sich keinen Rat** ~ ne savoir que faire; **weder ein noch aus** ~ ne plus savoir comment s'en tirer; ne plus savoir que faire; être à bout d'expédients; *vor Arbeit* ne (pas) savoir où donner de la tête; **j-m Dank** ~ savoir gré à qn. (**für** de); **über etw. Bescheid** ~ être au courant, au fait de qc.; **über j-n Bescheid** ~ connaître qn.; **mit** *od.* **in etw. Bescheid** ~ s'y connaître, se connaître en *od.* à qc.; savoir s'y prendre; **er weiß in dem Haus Bescheid** il connaît la maison; F **Bescheid** ~ F la connaître; **II** ≈ *n* ⟨~s⟩ savoir *m*; (*Kenntnisse*) connaissances *f/pl.*; **ein großes** ~ **haben** avoir un savoir étendu; avoir de vastes connaissances; **unverdautes** ~ savoir mal digéré; **mit s-m** ~ **ist es nicht weit her** sa science se réduit à peu de chose; **ohne mein** ~ à mon insu; **mit j-s** ~ au vu et au su de qn.; **er hat es mit** ~ **s-r Eltern getan** ses parents savaient qu'il le faisait; il l'a fait au su de ses parents; **meines** ~**s** à ma connaissance; à ce que je sais; autant que je sache; **mit** ~ **u. Willen** sciemment; à bon escient; de propos délibéré; délibérément; **nach bestem** ~ **u. Gewissen** en toute conscience; en toute honnêteté; **wider besseres** ~ contre sa conviction intime; contre sa propre conviction; avec mauvaise foi; **er spricht wider besseres** ~ (**u. Gewissen**) il dit le contraire de ce qu'il sait; *loc.* ~ **ist Macht** savoir, c'est pouvoir; ~**d** *adjt. Blick, Lächeln* entendu; ≈**de(r)** *f* (*m*) ⟨→ A⟩ (*Eingeweihte[r]*) initié, -e *m, f*.

Wissenschaft ['vɪsənˌʃaft] *f* ⟨~; ~en⟩ science *f*; **angewandte** ~**en** sciences appliquées; **die exakten** ~**en** les sciences exactes; ~**ler** *m* ⟨~s; ~⟩ savant *m*; homme *m* de science; *an der Universität* (*Natur*≈) F scientifique *m*; ≈**lich** *adj.* scientifique; ~**lichˌkeit** *f* ⟨~⟩ caractère *m*, esprit *m* scientifique; ~**sˌlehre** *f philos.* théorie *f* de la science.

Wissens|drang ['vɪsənsˌdraŋ] *m*, ~ˌ**durst** *m cf.* Wißbegier(de); ≈ˌ**durstig** *adj. cf.* wißbegierig; ~**geˌbiet** *n* (branche *f* de la) science; ~ˌ**lücken** *f/pl.* lacunes *f/pl.*; ~ˌ**trieb** *m cf.* Wißbegier(de); ≈ˌ**wert** *adj.* qui vaut la peine d'être connu; (*interessant*) intéressant; ~ˌ**zweig** *m* branche *f* du savoir, des connaissances humaines; science *f*.

wissentlich ['vɪsəntˌlɪç] **1.** *adj.* intentionnel, -lle; **2.** *adv.* en connaissance de cause; intentionnellement; sciemment; à bon escient; de propos délibéré; délibérément.

wittern ['vɪtərn] *v/t.* ⟨-(e)re, h⟩ *ch.* flairer; éventer (*beide auch fig.*); *abs.* prendre le vent; *fig.* P renifler; *fig.* **e-e Gefahr** ~ flairer, éventer, P renifler un danger; **er wittert überall Verrat** il flaire partout la trahison; **Morgenluft** ~ sentir un vent favorable.

Witterung ['vɪtəˌrʊŋ] *f* ⟨~; ~en⟩ **1.** *ch.* (*Geruchssinn*) flair *m*; (*Geruch des Wildes*) vent *m*; fumet *m*; odeur *f*; senteur *f*; ~ **von e-m Tier haben** avoir le vent d'un, flairer un animal; **2.** (*Wetter*) temps *m*; **feuchte, warme** ~ temps humide, chaud; **veränderliche, wechselnde** ~ temps variable; **bei jeder** ~ par tous les temps; **bei günstiger** ~ si le temps le permet; ~**sˌeinflüsse** *m/pl.* influences *f/pl.* atmosphériques; ~**sˌschäden** *m/pl.* dégâts causés par le mauvais temps; ~**sˌumschlag** *m*, ~**sˌumschwung** *m* changement *m* (subit) du temps; ~**sˌunbilden** *pl.* intempéries *f/pl.*; ~**sverˌhältnisse** *n/pl.* conditions *f/pl.* atmosphériques, météorologiques.

Witwe ['vɪtvə] *f* ⟨~; ~n⟩ veuve *f*; ~**nˌblume** *f bot.* (fleur *f* de) veuve *f*; *sc.* knautia *m*; ~**nˌgeld** *n* pension *f* de veuve; ~**nˌkasse** *f* caisse *f* de secours, d'assistance aux veuves; ~**npensiˌon** *f* pension *f* de veuve; ~**nˌrente** *f* rente *f* de veuve; ~**nˌschaft** *f* ⟨~⟩, ~**nˌstand** *m* ⟨~(e)s⟩, ~**nˌtum** *n* ⟨~(e)s⟩ veuvage *m*; ~**nˌvögel** *m/pl. zo.* veuves *f/pl.*; ~**r** *m* ⟨~s; ~⟩ veuf *m*; ~**rˌleben** *n* vie *f* de veuf; ~**rˌschaft** *f* ⟨~⟩, ~**rˌstand** *m* ⟨~(e)s⟩, ~**rˌtum** *n* ⟨~(e)s⟩ veuvage *m*.

Witz [vɪts] *m* ⟨~es; ~e⟩ histoire *f* (pour rire); F blague *f*; (*witziger Einfall*) trait *m*, mot *m* d'esprit; bon mot; mot *m* pour rire; saillie *f*; pointe *f*; (*Scherz*) plaisanterie *f*; F blague *f*; *hist.* (*witziger Geist*) esprit *m*; **sprudelnder** ~ feu *m* d'artifice; esprit pétillant; **zweideutiger** ~ calembour *m* équivoque; plaisanterie scabreuse; gaudriole *f*; **unanständiger** ~ plaisanterie, propos malhonnête; bon mot grivois; **derber** ~ propos corsé; gaillardise *f*; gauloiserie *f*; **fauler** ~ mauvaise plaisanterie;

quolibet [kɔlibɛ] *m*; lazzi [ladsi, lazi] *m*; e-n ~ **erzählen** F en raconter une bien bonne; raconter une blague; **~e machen, reißen** faire des plaisanteries, de bons mots; F en raconter de (bien) bonnes; **faule ~e machen** faire des plaisanteries déplacées, des lazzi(s); **das ist doch wohl nur ein ~?** mais c'est une plaisanterie, F une blague?; *fig.* **mach keine ~e!** ne raconte pas d'histoires, F de blagues!; *fig.* **das ist ein ~!** c'est ridicule!; *fig.* **das ist ja gerade der ~** voilà le hic!; *fig.* **der ~ der Sache** le piquant de la chose; **~blatt** *n* journal amusant, humoristique, satirique; **~bold** F *m* ⟨~(e)s; ~e⟩ diseur *m* de bons mots; F farceur *m*; blagueur *m*; plaisantin *m*; fumiste *m*; **~e'lei** *péj. f* ⟨~; ~en⟩ plaisanterie *f* de mauvais goût; fade raillerie *f*; calembours *m/pl.*; manie *f* de faire de l'esprit; **2eln** *v/i.* ⟨-(e)le, h⟩ faire des plaisanteries; F raconter des blagues; **über etw. ~** plaisanter à propos de qc.; *péj.* se moquer, se railler de qc.; railler qc.; **2ig** *adj. Person* spirituel, -lle; *Geschichte, Buch etc.* plaisant; piquant; **~er Einfall** trait *m* d'esprit; saillie *f*; pointe *f*; **das ist ~** cela ne manque pas de sel; **~ sein wollen** se piquer d'esprit; vouloir faire le, jouer au plaisant; *iron.* **wie ~!** quel esprit!; **2los** *adj.* (qui est) sans saveur; insipide; fade; (*zwecklos*) sans intérêt; sans objet; inutile; **~wort** *n* ⟨~(e)s; ~e⟩ bon mot; mot *m* pour rire; mot *m* d'esprit.

wo [vo:] **I** *adv.* **a)** *interrogativ u. relativ*: *örtlich u. zeitlich* où; *zeitlich nach e-m adv. der Zeit u. nach e-m subst. mit art. défini auch* que; **in e-r Zeit, ~ ...** en un temps où ...; **zur Zeit, ~ ...** du temps que ...; au temps où ...; **zur Zeit, ~ das geschah** à l'époque où cela s'est passé; **jetzt, ~ ...** maintenant que ...; **~ anders als hier ...?** où ... sinon ici?; **~ ist er durchgekommen?** par où est-il, a-t-il passé?; **~ auch immer** où que ... (+ *subj.*); **da, ~ ich wohne** là où je demeure; **b)** *indefinit* F (*irgendwo*) quelque part; **ach ~!** il s'en faut (de) beaucoup!; **i ~!** penses-tu!; pensez-vous!; **II** *conj.* **~ nicht** sinon; **~ möglich** si possible; si c'est possible; s'il est possible; **~ irgend möglich** si faire se peut; **III 2** *n* ⟨~⟩ **es kommt auf das ~ an** il s'agit de savoir où.

woanders [vo:'ʔandərs] *adv.* (*anderswo*) ailleurs; **mit s-n Gedanken ganz ~ sein** être absent; être dans la lune; **~'hin** *adv.* ailleurs; autre part.

Wobbel|er ['vɔbələr] *m* ⟨~s; ~⟩ *phys., rad.* wobbulateur *m*; balayeur *m*; **~fre,quenz** *f* fréquence *f* de wobbulation, de balayage; **2n I** *v/i.* ⟨-(e)le, h⟩ *phys., rad.* wobbuler; balayer; **II ~n** *n* ⟨~s⟩ wobbulation *f*; balayage *m*.

wobei [vo:'baɪ] *adv. interrogativ u. relativ*: *Übersetzung hängt ganz vom Kontext ab; oft durch gérondif oder gar nicht zu übersetzen*; à l'occasion de quoi; à quoi; en quoi; par quoi; où; **~ ist er stehengeblieben?** où en est-il resté?; **~ mir einfällt** ce qui, circonstance qui me rappelle; **~ es sein Bewenden hatte** et on en resta là.

Woche ['vɔxə] *f* ⟨~; ~n⟩ **1.** semaine *f*; *relig.* **die Stille ~** la Semaine sainte; *comm.* **Weiße ~** semaine du blanc; **diese ~** cette semaine; **(die) letzte, vergangene ~** la semaine passée; **(die) nächste, kommende ~** la semaine prochaine; **vor drei ~n** il y a trois semaines; **in** *od.* **über drei ~n** dans trois semaines; **jede zweite ~** toutes les deux semaines; tous les quinze jours; **zweimal die ~** deux fois par semaine; **~ für ~** chaque semaine; semaine après semaine; **2.** *méd.* **~n** *pl.* (*Wochenbett*) couches *f/pl.*; **in den ~n sein** être en, faire ses couches; **in die ~n kommen** accoucher.

Wochen... ['vɔxən...] *in Zssgn.* hebdomadaire; de (la) semaine; **~,abschluß** *m comm.* balance *f*, bilan *m* hebdomadaire; **~,arbeit** *f* travail *m* hebdomadaire, de la semaine; **~,arbeits,stunden** *f/pl.* heures *f/pl.* de travail hebdomadaire; **~,ausgabe** *f* édition *f* hebdomadaire; **~,ausweis** *m e-r Bank cf.* **~abschluß**; **~be,richt** *m* rapport *m*, compte rendu *m* hebdomadaire; **~,bett** *n méd.* couches *f/pl.*; **~bett,fieber** *n méd.* fièvre puerpérale; **~bi,lanz** *f comm. cf.* **~abschluß**; **~,blatt** *n* feuille *f* hebdomadaire; **~,einnahme** *f comm.* recette *f* de la semaine; **~,ende** *n* fin *f* de semaine; week-end [wikɛnd] *m*; **am ~** en fin de semaine; **~ machen** faire la semaine anglaise; **~end,haus** *n* maison *f* de week-end; **~,fluß** *m méd.* lochies *f/pl.*; **~,geld** *n*, **~,hilfe** *f* secours *m*, allocation *f* de maternité; **~,karte** *f* carte *f* (d'abonnement) hebdomadaire; **2,lang 1.** *adj.* qui dure des semaines entières; **2.** *adv.* (pendant) des semaines entières; à longueur de semaines; **~,lohn** *m* salaire *m* hebdomadaire, de la semaine; semaine *f*; **s-n ~ erhalten** recevoir, toucher sa semaine; **~,lohnem,pfänger** *m* salarié *m* (payé) à la semaine; **~,markt** *m* marché *m* hebdomadaire; **~produkti,on** *f* production *f* hebdomadaire; **~,schau** *f* ⟨~; ~en⟩ *im Kino, télév.* actualités *f/pl.* (de la semaine); *télév. auch* actualités télévisées (de la semaine); la semaine télévisée; **~,schrift** *f* revue *f*, publication *f* hebdomadaire; **~,tag** *m* jour *m* de semaine; (*Werktag*) jour *m* ouvrable; **2,tags** *adv.* tous les jours de semaine; en semaine.

wöchentlich ['vœçəntˌlɪç] **1.** *adj.* de chaque semaine; hebdomadaire; **2.** *adv.* toutes les semaines; chaque semaine; **zweimal ~** bi-hebdomadairement; deux fois par semaine; **dreimal ~** trois fois par semaine.

Wochen|übersicht ['vɔxənˌʔy:bərzɪçt] *f* revue *f* de la semaine; aperçu *m* hebdomadaire; **~ver,dienst** *m* gain *m* hebdomadaire; **2,weise** *adv.* par semaine; **~,zeitschrift** *f* revue *f* hebdomadaire; **~,zeitung** *f* (journal *m*) hebdomadaire *m*; F hebdo *m*.

Wöchnerin ['vœçnəˌrɪn] *f* ⟨~; ~nen⟩ femme *f* en couches; accouchée *f*; **~nen,heim** *n* maternité *f*.

Wodka ['vɔtka] *m* ⟨~s; ~s⟩ vodka *f*.

wo|durch [vo:'durç] *adv.* **a)** *interrogativ* par quoi?; par quel moyen?; **b)** *relativ* par où; par lequel, laquelle; le moyen par lequel; **~'fern** *conj.* si toutefois; si tant est que ... (+ *ind.*); pourvu que ... (+ *subj.*); **~ nicht** à moins que ... ne ... (+ *subj.*); **~'für** *adv.* **a)** *interrogativ* pour quoi?; **~ ist das gut?** à quoi cela sert-il?; à quoi cela est-il bon?; **~ halten Sie mich?** pour qui me prenez-vous?; **b)** *relativ* pour lequel, laquelle; *tauschend* en échange de quoi; **er ist nicht das, ~ er sich ausgibt** il n'est pas ce qu'il veut paraître.

wog [vo:k] *cf.* **wägen, wiegen**[1].

Woge ['vo:gə] *f* ⟨~; ~n⟩ vague *f* (*auch fig.*); *wild bewegte* flot *m* (*auch fig.*); *hohe, alles mit sich fortreißende mar.* lame *f*; **wilde ~n** mer déchaînée; *fig.* **~n der Begeisterung** des torrents, vagues d'enthousiasme; **die ~n der Erregung glätteten sich bald** la vague d'émotion s'apaisa bientôt; *cf. auch* **Welle**.

wogegen [vo:'ge:gən] *adv.* **a)** *interrogativ* contre quoi?; **b)** *relativ* contre quoi; contre lequel, laquelle.

wogen ['vo:gən] **I** *v/i.* ⟨h⟩ *Meer, Ähren, Kornfeld etc.* ondoyer; onduler; *Meer auch* rouler des vagues; être agité, ʻhouleux, -euse; *fig., Menschenmenge* ondoyer; *Busen* palpiter; **hin u. her ~** flotter; ondoyer; **II 2** *n* ⟨~s⟩ ondoiement *m*; ondulation *f*; *des Meeres auch* agitation *f*; *des Busens* palpitation *f*; **~d** *adjt. Meer, Menschenmenge* agité; ʻhouleux, -euse; *Ähren, Kornfeld, Meer* ondoyant; ondulant; *Busen* palpitant; **die ~e Menge** la foule ʻhouleuse.

wo|her [vo:'he:r] *adv. interrogativ u. relativ* d'où(?); *nur pr/i.* de quel côté?; **~ soll ich das wissen?** d'où *od.* comment le saurais-je?; **~ kommt es, daß ...?** d'où vient que ...?; **ich weiß nicht, ~ das kommt** j'ignore d'où cela vient; **~'hin** *adv. interrogativ u. relativ* où.

wohingegen [ˌvo:hɪn'ge:gən] *conj.* tandis que ...; alors que ...

wohl [vo:l] *adj. u. adv.* bien; (*bei guter Gesundheit*) bien; bien portant; (*wahrscheinlich*) probablement; sans doute; *einräumend* (*zwar*) bien; il est vrai; *comp.* **~er** mieux; *sup.* **am ~sten** le mieux; **~ oder übel** bon gré, mal gré; **mir ist am ~sten, wenn ...** je suis le plus à mon aise quand ...; **sich's ~ sein lassen** F se donner du bon temps; se prélasser; se la couler douce; **mir ist ~** je me sens bien (portant); **mir ist nicht ~** je ne me sens pas bien; je me sens mal; je me trouve mal; je me sens mal à l'aise; je ne me sens pas à l'aise; **mir ist jetzt ~er** je me sens mieux maintenant; **sich ~ befinden** aller bien; se porter bien; **~ aussehen** avoir bonne mine; **~ bekomm's!** (*zum Wohle*) à votre santé!; (*guten Appetit*) bon appétit!; *iron.* grand bien vous fasse!; **leben Sie ~!** adieu!; F **gehab dich ~!** porte-toi bien!; **(ich) wünsche (Ihnen), ~ zu schlafen** je vous souhaite une bonne nuit; **ich weiß ~** je sais bien; je n'ignore pas; **es sind ~ drei Jahre her, daß ...** il y a environ trois ans que ...; **das wird ~ der letzte sein** c'est sans doute, c'est probablement le dernier; **er ist ~ krank** il semble qu'il soit malade; **es ist ~ so** il faut croire qu'il en est ainsi; **du irrst ~** il me semble que tu te trompes; **das ist ~ möglich** c'est bien possible; **das ist ~ nicht möglich** cela n'est guère possible; **Sie sind ~ müde?** vous êtes fatigué, je pense; **wie geht's ihm ~?** je me demande comment il va; **ob er ~ kommen wird?** je me demande s'il viendra; F **du bist ~ verrückt geworden!** tu n'es pas fou, par ʻhasard?; **~ dem, der ...** heureux celui qui ...; **~ ihm, daß er ...** c'est un bonheur pour lui qu'il ... (+ *subj.*); **nun ~!** eh bien!

Wohl [vo:l] *n* ⟨~(e)s⟩ bien *m*; (*Glück*) bonheur *m*; (*Heil*) salut *m*; (*Gedeihen*) bien-être *m*; prospérité *f*; **das leibliche ~** le bien-être; **das allgemeine ~** la prospérité générale; **das öffentliche ~** le bien public, commun; **auf j-s ~ trinken** boire à la santé de qn.; **auf Ihr ~!, zum ~!** à votre santé!; *Antwort* à la vôtre; **j-m auf ~ u. Wehe ausgeliefert sein** être livré à la merci de qn.; über ~ u. Wehe e-s Menschen entscheiden décider du sort de qn.; mein ~ u. Wehe hängt davon ab mon sort en dépend.

wohlan [voːˈlan, voːlˈʔan] *int.* eh bien!; allons!

wohl|abgewogen [ˈvoːlʔapgəˌvoːgən] *adjt.* bien pesé; **~anˌständig** *adj. Mädchen etc.* décent; de bonnes mœurs, manières; qui a du savoir-vivre; *Betragen etc.* décent; bienséant; **≈anˌständigˌkeit** *f* décence *f*; bonnes mœurs; savoir-vivre *m*; bienséance *f*.

wohlauf [voːlˈʔauf, voːˈlauf] **I** *adj.* **er ist ~** il se porte bien; il va bien; il est bien portant; **II** *int.* **~!** *cf.* wohlan.

wohl|bedacht [ˈvoːlbəˌdaxt] *adjt.* bien réfléchi; **alles ~** tout bien considéré; tout bien pesé; toute réflexion faite; après avoir mûrement réfléchi; **≈beˌfinden** *n* bien-être *m*; (bonne) santé *f*; **~beˌgründet** *adjt.* bien fondé; solide; **≈beˌhagen** *n* (sentiment *m* de) bien-être *m*; aise *f*; **~beˌhalten** *adj.* sain et sauf; saine et sauve; *von Sachen* bien conservé; en bon état; **~beˌkannt** *adj.* bien connu; **~beˌleibt** *adj.* corpulent; replet, -ète; **~ sein** *auch* avoir de l'embonpoint; **≈beˌleibtheit** *f* corpulence *f*; embonpoint *m*; **~beˌschaffen** *adj.* bien conditionné; **~beˌstallt** *adjt.* bien en place; bien, solidement établi; **~beˌstellt** *adjt.* bien monté, installé; **~beˌwandert** *adj.* très versé (in dans); **~durchˌdacht** *adjt.* mûrement réfléchi; **≈erˌgehen** *n* bien-être *m*; prospérité *f*; (*Glück*) bonheur *m*; (*Gesundheit*) santé *f*; **~erˌwogen** *adjt.* bien considéré; *cf. auch* ~bedacht; **~erˌworben** *adjt.* bien acquis; légitime; **~erˌzogen** *adjt.* bien élevé; de bonne éducation.

Wohlfahrt [ˈvoːlfaːrt] *f* ⟨~⟩ prospérité *f*; salut *m*; F (*öffentliche Fürsorge*) assistance publique; **~sˌamt** *n cf.* Fürsorgeamt; **~sˌausschuß** *m hist.* comité *m* de salut public; **~sˌeinrichtung** *f* institution *f* de bienfaisance; *cf. auch* Fürsorgeeinrichtung; **~s-emˌpfänger** *m cf.* Fürsorgeempfänger; **~sˌmarke** *f* timbre(-poste) *m* de bienfaisance; **~sorganisatiˌon** *f* organisation *f* de bienfaisance; **~sˌpostwertzeichen** *n cf.* ~smarke; **~sˌpflege** *f cf.* Fürsorge (öffentliche ~); **~sˌpfleger(in)** *m* (*f*) *cf.* Fürsorger (-in); **~sˌstaat** *m* État social; **~s-unterˌstützung** *f* allocation *f* de l'assistance publique.

wohl|feil [ˈvoːlfaɪl] **1.** *adj.* bon marché; **~er** meilleur marché; **am ~sten** au plus bas prix; le meilleur marché; **2.** *adv.* à bon marché; à bon compte; **≈feilˌheit** *f* ⟨~⟩ bon marché; **~geˌartet** *adjt.* d'un bon naturel; **~geˌbaut** *adjt.* bien fait; bien bâti; bien proportionné; *nur von e-r Frau* F bien tournée, P foutue, roulée; **≈geˌfallen** *n* ⟨~s⟩ plaisir *m*; satisfaction *f*; **sein ~ an etw. haben** trouver son plaisir à qc.; prendre plaisir à qc.; F **sich in ~ auflösen a)** se terminer à la satisfaction générale; **b)** (*zunichte werden*) n'aboutir à rien; F finir en queue de poisson; tourner, s'en aller en eau de boudin; **~geˌfällig 1.** *adj. Blick* satisfait; content; **2.** *adv.* avec plaisir, satisfaction, contentement; **≈geˌfühl** *n* sentiment *m* de bien-être; **~geˌlitten** *adjt.* bien vu; **~gemeint** [ˈvoːlgəˌmaɪnt, ˈvoːlgəˈmaɪnt] *adjt.* bien intentionné; *Rat* amical; charitable; **~geˌmerkt** *int.* bien entendu!; **~geˌmut** *adj.* gai; de bonne humeur; **~geˌnährt** *adjt.* bien nourri; **~geˌordnet** *adjt.* bien ordonné; bien réglé; **~geˌraten** *adjt.* bien fait; réussi; *Kind* bien élevé; **≈geˌruch** *m* parfum *m*; odeur *f* agréable; senteur *f*; **≈geˌschmack** *m* bon goût; goût *m* agréable; **~geˌsetzt** *adjt.* in **~er Rede** en termes choisis; **~geˌsinnt** *adj.* **j-m ~ sein** être bien intentionné à l'égard de qn.; **~geˌstalt** *adj. cf.* ~gebaut; **~geˌtan** *adjt.* bien fait; **~geˌzielt** *adjt. Schuß* bien placé; au but; **~ˌhabend** *adj.* aisé; à l'aise; **≈habenˌheit** *f* ⟨~⟩ aisance *f*; **~ig** *adj.* qui se sent à son aise; *Wärme etc.* (*angenehm*) agréable; **≈klang** *m* ⟨~(e)s⟩ harmonie *f*; son harmonieux; *gr.* euphonie *f*; **~ˌklingend** *adjt.* harmonieux, -euse; mélodieux, -euse; *gr.* euphonique; **≈laut** *m cf.* ≈klang; **~ˌlautend** *adjt. cf.* ~klingend; **≈ˌleben** *n* ⟨~s⟩ vie aisée; vie *f* d'opulence; aisance *f*; **~ˌmeinend** *adjt.* bien intentionné; (*wohlwollend*) bienveillant; **~ˌriechend** *adjt.* d'une odeur agréable; odorant; odoriférant; parfumé; **~ˌschmekkend** *adjt.* qui a bon goût; savoureux, -euse; *pfort.* délicieux, -euse; **≈sein** *n* ⟨~s⟩ bien-être *m*; **zum ~!** à votre santé!; *Antwort* à la vôtre; **≈stand** *m* ⟨~(e)s⟩ prospérité *f*; aisance *f*; opulence *f*; **im ~ leben** vivre dans l'aisance; *pfort.* nager dans l'opulence; **≈tat** *f* **1.** bienfait *m*; **j-m ~en erweisen** faire du bien à qn.; **2.** (*Annehmlichkeit*) agrément *m*; **bei solcher Hitze ist ein Bad e-e wahre ~** par une pareille chaleur un bain est un véritable délice; **≈ˌtäter(in)** *m* (*f*) bienfaiteur, -trice *m*, *f*; **~ˌtätig** *adj.* bienfaisant; (*mildtätig*) charitable; **≈tätigˌkeit** *f* ⟨~⟩ bienfaisance *f*; charité *f*; **der ~ sind keine Schranken gesetzt** *cf.* Schranke; **≈tätigkeitsˌfest** *n* fête *f* de bienfaisance; **≈tätigkeitskonˌzert** *n* concert *m* de bienfaisance; **≈tätigkeitsverˌein** *m* société *f*, association *f* de bienfaisance; **≈tätigkeitsˌvorstellung** *f thé.* représentation *f* de bienfaisance; **~ˌtuend** *adjt.* qui fait du bien; bienfaisant; (*angenehm*) agréable; (*lindernd*) qui soulage; **~tun** *v/i.* ⟨*irr., sép.,* -ge-, h⟩ (*gut handeln*) bien faire; faire le bien; **j-m ~** faire du bien à qn.; **das tut (e-m) wohl** cela (vous) fait du bien; **das ist wohlgetan** c'est bien fait; **~überˌlegt** *adjt. cf.* wohlbedacht; **~unterˌrichtet** *adjt.* bien informé; **~verˌdient** *adjt.* bien mérité; juste; **≈verˌhalten** *n* bonne conduite; **~verstanden** [ˈvoːlfərˌʃtan-, ˈvoːlfərˈʃtan-] *adjt.* bien entendu; **~verˌwahrt** *adjt.* bien gardé; bien conservé; **~weislich** [ˈvoːlˌvaɪs-, ˈvoːlˈvaɪs-] *adv.* très sagement; prudemment; **er hat es ~ nicht getan** il s'est bien gardé de le faire; **~ˌwollen I** *v/i.* ⟨*irr., sép.,* -ge-, h⟩ **j-m ~** vouloir du bien à qn.; **II ≈ˌwollen** *n* ⟨~s⟩ bienveillance *f*; **j-m ~ bezeugen** témoigner de la bienveillance à qn.; **~ˌwollend** *adjt.* bienveillant; **~e Neutralität** neutralité bienveillante.

Wohn|baracke [ˈvoːnbaˌrakə] *f* baraque *f* (d'habitation); **~bau** *m* ⟨~(e)s; ~ten⟩ construction *f*, immeuble *m* à usage d'habitation; **~bauˌförderung** *f* encouragement *m* à la construction de logements; **~ˌbauten** *pl. von* ~bau; **~beˌzirk** *m* quartier *m* à immeubles d'habitation; *vornehmer* quartier résidentiel; **~beˌvölkerung** *f* population résidentielle; **~block** *m* ⟨~(e)s; ~s⟩ grand immeuble d'habitation; pâté *m* de maisons; îlot *m* de maisons; **~ˌdichte** *f* densité résidentielle; degré *m* d'occupation; **~ˌeinheit** *f* unité *f* d'habitat.

wohnen [ˈvoːnən] **I** *v/i.* ⟨h⟩ habiter; loger, être logé (bei j-m chez qn.); demeurer; *ständig* être domicilié; *offiziell* résider; **in der Stadt ~** habiter la *od.* en ville; **auf dem Lande ~** habiter (à) la campagne; **in der Provinz ~** habiter la *od.* en province; **im Hotel ~** loger à l'hôtel; **möbliert ~** loger, vivre en meublé, en garni; **zusammen ~** cohabiter; **II ≈** *n* ⟨~s⟩ habitation *f*.

Wohn|fläche [ˈvoːnˌflɛçə] *f* surface *f* habitable; **~geˌbäude** *n cf.* ~haus; **~geˌbiet** *n* quartier *m*, zone *f* à immeubles d'habitation; zone résidentielle; *vornehmes e-r Stadt* quartier résidentiel; **~geˌmeinde** *f* commune *f* (du lieu) de résidence, de domicile; **≈haft** *adj.* demeurant; habitant; *ständig* domicilié; établi; *offiziell* résidant; **~haus** *n* bâtiment *m*, immeuble *m* d'habitation; *e-s Landgutes* maison *f* d'habitation; **~heim** *n* foyer *m*; **~ˌküche** *f* chambre-cuisine *f*; **~kulˌtur** *f* ⟨~⟩ aménagement *m*, confort *m* de l'habitat; style *m* d'habitation; **~ˌlage** *f* **Haus in günstiger ~** maison bien située; **~ˌlaube** *f* cabanon *m*; **≈lich** *adj.* confortable; commode; **~lichˌkeit** *f* ⟨~⟩ confort *m*; commodité *f*; **~ort** *m* domicile *m*; résidence *f*; **s-n ~ wechseln** changer de domicile, de résidence; **~ortˌwechsel** *m* changement *m* de domicile, de résidence; **~raum** *m* pièce *f*; local *m* d'habitation; (*Wohnfläche*) surface *f* habitable; **~raumbeˌwirtschaftung** *f* rationnement *m* des logements, de l'habitation; **~raumˌdichte** *f* densité *f* par pièce habitable; **~raumˌhilfe** *f Lastenausgleich* indemnité *f* de réinstallation; **~recht** *n* droit *m* d'habiter, de résider; **~ˌsiedlung** *f* colonie *f*; **~sitz** *m cf.* ~ort; **ehelicher ~** domicile conjugal; **fester, ständiger ~** domicile fixe; **zweiter ~** résidence secondaire; **mit ~ in** demeurant à; **keinen festen ~ haben** n'avoir pas de domicile fixe; **e-n Ort als ~ wählen** élire domicile dans un endroit; **s-n ~ haben** *cf.* wohnen; **s-n ~ aufschlagen, nehmen** élire domicile, établir son domicile, sa résidence (in à); **s-n ~ wechseln** *cf.* ~ort; **~sitzˌwechsel** *m cf.* ~ortwechsel; **~ˌstätte** *f* habitation *f*; demeure *f*; **~ˌstraße** *f* rue *f* à immeubles d'habitation; **~ˌstube** *f* living-room *m*; pièce *f*, salle *f* de séjour; salon *m*.

Wohnung [ˈvoːnʊŋ] *f* ⟨~; ~en⟩ logement *m*; habitation *f*; *größere* appartement *m*; (*Heim*) chez-soi *m*; 'home *m*; (*Wohnort*) domicile *m*; résidence *f*; demeure *f*; **möblierte ~** appartement meublé; **e-e ~ mieten** louer, prendre un appartement; **e-e ~ vermieten** louer un appartement; donner un appartement en location; **~ mit allem Komfort** appartement (avec) tout (le) confort; **e-e ~ aufgeben, räumen, aus e-r ~ ziehen** quitter un appartement; déménager; **e-e ~ beziehen, in e-e ~ ziehen** emménager; **s-e ~ wechseln** changer de logement, d'appartement, de domicile, de résidence; **Neuvermählten e-e ~ einrichten** installer, emménager des jeunes mariés; **freie Kost u. ~ haben** être nourri et logé; **~sˌamt** *n* office *m*, service *m* du logement; **~s-änderung** *f cf.* ~swechsel; **~s-ˌangabe** *f* adresse *f*; **~sˌbau** *m* ⟨~(e)s⟩

construction *f* de logements; **sozialer ~** habitations à bon marché, à loyer modéré (H.L.M.); **~sˌbauˌdarlehen** *n* prêt *m* à la construction de logements; **~sˌbaugeˌnossenschaft** *f* coopérative *f* de construction d'habitations; **~sˌbauˌhilfe** *f* aide *f* à la construction de logements; **~sˌbaugeˌsetz** *n* loi *f* sur la construction de logements; **~sˌbauˌprämie** *f* prime *f* à la construction de logements; **~sˌbauproˌgramm** *n* programme *m* de construction de logements; **~sbeˌdarf** *m* besoins *m/pl.* de logements; **~sˌeinrichtung** *f* ameublement *m*; mobilier *m*; **~sˌfrage** *f* problème *m* du logement; **~sˌgeld(ˌzuschuß)** *n* (*m*) indemnité *f* de logement; allocation-logement *f*; **~sˌinhaber(in)** *m* (*f*) (*Besitzer*[*in*]) propriétaire *m*, *f* d'appartement; (*Mieter*[*in*]) locataire *m*, *f*; **2sˌlos** *adj.* sans domicile; sans demeure; **~sˌmangel** *m* manque *m*, pénurie *f* de logements; **~sˌmarkt** *m* marché *m* du logement; **~sˌmiete** *f* loyer *m*; terme *m*; **~sˌnachweis** *m* agence *f* de location de logements; **~sˌnot** *f* crise *f* du logement; *cf. auch* **~smangel**; **~spoliˌtik** *f* politique *f* du logement; **~sproˌblem** *n cf.* **~sfrage**; **~sˌrecht** *n* droit *m* de jouissance, d'occupation des lieux; **~sˌsuche** *f* recherches *f/pl.* d'un logement; **~sˌsuchende(r)** *f* (*m*) ⟨→ A⟩ celui, celle qui cherche un logement; **~sˌtausch** *m* échange *m* de logements; **~sˌwechsel** *m* changement *m* de logement, de domicile, de résidence; **~sˌzwangswirtschaft** *f cf.* Wohnraumbewirtschaftung.

Wohn|verhältnisse ['voːnfɛrˌhɛltnɪsə] *n/pl.* conditions *f/pl.* d'habitation, de logement; habitat *m*; **~ˌviertel** *n* quartier *m* d'habitation, *bes. vornehmes* résidentiel; **~ˌwagen** *m* roulotte *f*; *Camping* caravane *f*; remorque *f* (de camping); **~wagenˌanhänger** *m* remorque *f* (de camping); **~ˌzimmer** *n cf.* Wohnstube; **~zweck** *m* **Gebäude zu ~en** immeuble à usage d'habitation.

Woilach ['vɔʏlax] *m* ⟨~s; ~e⟩ couverture *f* de selle.

Woiwod|e [vɔʏ'voːdə] *m* ⟨~n; ~n⟩ voïvode *m*; **~ˌschaft** *f* ⟨~; ~en⟩ voïvodie *f*.

wölb|en ['vœlbən] *v/t.* (*u. v/réfl.*) ⟨h⟩ *bât.* (se) voûter; cintrer; *Straße* (se) bomber; **2stein** *m bât.* voussoir *od.* vousseau *m*; **2ung** *f* ⟨~; ~en⟩ *bât.* (*Gewölbe*) voûte *f*; cintre *m*; (*gewölbte Form*) voussure *f*; *e-r Straße* bombement *m*.

Wolf [vɔlf] *m* ⟨~(e)s; ~e⟩ *zo.* loup *m*; *junger* louveteau *m*; *méd.* (*Haut*2) écorchure *f*; *sc.* excoriation *f*; *text.* (*Reiß*2) loup *m*; *cuis.* (*Fleisch*2) 'hachoir *m*; 'hache-viande *m*; **das Fleisch durch den ~ drehen** passer la viande au 'hachoir, au 'hache-viande; 'hacher la viande; *méd.* **sich e-n ~ laufen** s'écorcher en marchant; *fig.* **~ im Schafspelz** loup devenu berger; loup habillé en berger; F **hungrig wie ein ~** *cf.* Wolfshunger; *fig.* **mit den Wölfen heulen** 'hurler avec les loups; **wenn man vom ~ spricht, ist er nicht weit** *prov.* quand on parle du loup, on en voit la queue.

wölf|en ['vœlfən] *v/i.* ⟨h⟩ *zo.* louveter; mettre bas; **2in** *f* ⟨~; ~nen⟩ *zo.* louve *f*; **~isch** *adj.* de loup; comme un loup.

Wolfram ['vɔlfram] *n* ⟨~s⟩ *chim.* tungstène [tɛ̃kstɛn] *m*; wolfram *m*; **~ˌerze** *n/pl. minéral.* minerais *m/pl.* de tungstène; tungstides *m/pl.*; **2ˌhaltig** *adj.* tungsténifère; **~it** [-'miːt, -'mɪt] *m* ⟨~s⟩ *minéral.* tungstate *m*; wolframite *f*; **~karˌbid** *n* carbure *m* de tungstène; **~ˌsäure** *f chim.* acide *m* tungstique; **~ˌstahl** *m* acier *m* au tungstène.

Wolfs|eisen ['vɔlfsˌʔaɪzən] *n ch.* chausse-trape *f*; **~ˌfalle** *f*, **~ˌgrube** *f ch.*, *milit.* piège *m* à loup; **~hund** *m zo.* chien-loup *m*; **~ˌhunger** F *m* F faim *f* de loup; **e-n ~ haben** avoir une faim de loup; **~ˌjagd** *f* chasse *f* aux loups; **~ˌmilch** *f bot.* euphorbe *f*.

Wolfspitz ['vɔlfʃpɪts] *m zo. cf.* Wolfshund.

Wolfsrachen ['vɔlfsˌraxən] *m méd.* bec-de-lièvre *m*; gueule-de-loup *f*.

Wolke ['vɔlkə] *f* ⟨~; ~n⟩ nuage *m* (*auch fig.*); *sehr hohe* nue *f* (*auch poét.*); (*Gewitter*2, *Regen*2) nuée *f* (*auch fig.*); *in Flüssigkeiten* (*flockige Trübung*) suspension *f*; flocons *m/pl.*; *méd.*, *im Urin* nubécule *f*; *fig.* **dunkle ~n** (*drohende Gefahr*) **am Horizont** nuages noirs à l'horizon; **die ~n ziehen, jagen am Himmel** les nuages courent, chassent dans le ciel; **die ~n ballen, türmen sich** les nuages s'amassent; **bis an die ~n** jusqu'aux nuages; **~n von Staub** nuages de poussière; *fig.* **e-e ~ von Tüll** une nuée, un nuage de tulle; *fig.* **e-e ~ von Heuschrecken, Mücken** une nuée, un nuage de sauterelles, de moustiques; F *fig.* **aus allen ~n fallen** tomber des nues, de son 'haut; **~nˌbank** *f* ⟨~; ~e⟩ banc *m* de nuages; **~nˌbildung** *f* formation *f* des nuages; **~nˌbruch** *m* pluie torrentielle, diluvienne; **2nbruchˌartig** *adj.* **~er Regen** *cf.* **~bruch**; **~nˌdecke** *f* ⟨~⟩ couche *f* de nuages; plafond nuageux, de nuages; **geschlossene ~** couche épaisse de nuages; **~nˌfetzen** *m/pl.* lambeaux *m/pl.* de nuages; **~nˌgrenze** *f* **obere ~** limite supérieure des nuages; **~nˌhimmel** *m* ciel nuageux; **~nˌhöhe** *f aviat.* plafond *m*; **~nˌkratzer** F *m* gratte-ciel *m*; **~n'kuckucksˌheim** *n* ⟨~(e)s⟩ **im ~ leben** vivre dans un monde imaginaire, en Utopie, dans la lune; être, planer dans les nuages; **2nˌlos** *adj. Himmel* sans nuages; (*heiter*) serein; pur; dégagé; **~nˌmeer** *n* mer *f* de nuages; **~nˌschicht** *f* couche *f* de nuages; **~nˌschleier** *m* voile *m* de nuages; **~nˌwand** *f* mur *m* de nuages; **~nˌzug** *m* marche *f*, passage *m* des nuages.

wolkig ['vɔlkɪç] *adj.* couvert de nuages; nuageux, -euse.

Woll|appen ['vɔlˌlapən] *m* chiffon *m* de laine; **~ˌarbeiter(in)** *m* (*f*) lainier, -ère *m*, *f*; **2ˌartig** *adj.* laineux, -euse; **~baum** *m bot.* arbre *m* lanigère; bombax *m*; fromager *m*; **~ˌ(l)läuse** *f/pl.* pucerons *m/pl.* lanigères; **~baumgeˌwächse** *n/pl. bot.* malvacées *f/pl.*; **~ˌblume** *f bot. cf.* Wollgras; **~ˌbörse** *f* bourse *f* de la laine; **~ˌdecke** *f* couverture *f* de laine; **~e** *f* ⟨~; ~n *od.* Wollarten⟩ laine *f*; *e-s Schafes* (*Roh*2) lainage *m*; toison *f*; *ch.*, *des Hasen etc.* poil *m*; **reine ~** pure laine; *fig.* **in der ~ sitzen** être, vivre comme un coq en pâte; F *fig.* **j-n in (die) ~ bringen** faire enrager qn.; *pfort.* mettre qn. en fureur, en rage, F en boule; F *fig.* **in die ~ geraten** s'exciter; s'emballer; F *fig.* **sich in die ~ kriegen, sich in der ~ haben** se prendre de querelle (mit j-m avec qn.); avoir une querelle (avec qn.); se brouiller; F *fig.* **viel Geschrei u. wenig ~** beaucoup de bruit pour rien.

wollen[1] ['vɔlən] *adj.* de *od.* en laine.

wollen[2] ['vɔlən] **I** *v/aux.*, *v/t.*, *v/i.* ⟨will, willst, will; wollte (*auch subj. prétérit*); gewollt; wolle!; h⟩ **1.** vouloir; (*die Absicht haben*) avoir la volonté de; avoir l'intention de; se proposer de; penser faire (qc.); compter faire (qc.); (*verlangen*) demander; exiger; **ganz wie Sie ~** (tout) comme vous voudrez; **davon will ich nichts wissen** je n'en veux rien savoir; **was ~ Sie von mir?** que me voulez-vous?; qu'attendez-vous de moi?; **lieber ~** aimer mieux; préférer; **diese Pflanzen ~ viel Wasser** ces plantes exigent, demandent beaucoup d'eau; **zu wem ~ Sie?** qui demandez-vous?; qui cherchez-vous?; **ich wollte, es wäre schon Sonntag** je voudrais que ce soit (*od.* que ce fût) déjà dimanche; **dem sei, wie ihm wolle** quoi qu'il en soit; **es sei, wer es wolle ...** qui que ce soit ...; **sei es, was es wolle** quoi que ce soit; **wie gern ich auch wollte** quelque envie que j'en aie (*od.* que j'en eusse); **man mag ~ od. nicht** bon gré, mal gré; **du hast es so gewollt** tu l'as voulu!; **ich habe helfen ~** F j'ai voulu aider; **wer will, der kann** vouloir, c'est pouvoir; **hier ist nichts mehr zu ~** il n'y a plus rien à faire; **das will ich meinen!** je crois bien!; je te (vous) crois!; **ich will gerne glauben, daß ...** j'aime à croire que ...; **das will ich hoffen** j'espère bien; **das will mir nicht gefallen** je vois cela d'un mauvais œil; décidément, cela ne me plaît pas; **mir will scheinen, daß ...** il me semble que ... (+ *ind.*); je serais tenté de croire que ... (+ *ind.*); **das will etw. heißen, sagen,** bedeuten c'est quelque chose; **das will nicht viel sagen** cela ne signifie pas grand-chose; **das will nichts sagen, heißen, bedeuten** cela ne veut rien dire; cela n'a pas d'importance; c'est peu de chose; ce(la) n'est rien; cela n'importe pas; **von etw. nichts hören ~** ne pas vouloir entendre parler de qc.; **wir ~ sehen** nous verrons; **das will überlegt sein** cela demande réflexion; **das will vorsichtig gemacht werden** cela demande à être fait avec prudence; **ich will es nicht gehört haben** je ne veux pas entendre cela; je ne veux pas que tu répètes cela; **ich will nichts gesagt haben** alors je n'ai rien dit; F mettons que je n'ai(e) rien dit; **2.** (*behaupten*) prétendre; **er will es gesehen haben** il prétend l'avoir vu; **er will ein Kenner sein** il prétend être un connaisseur; il se pique d'être (un) connaisseur; **3.** (*im Begriff sein*) aller; être sur le point de; **es will Nacht werden** il va faire nuit; **ich wollte gerade abreisen** j'allais partir; j'étais sur le point de partir; **4.** *in Wunschsätzen* **so Gott will, will's Gott** s'il plaît à Dieu; **das wolle Gott!** plaise, plût à Dieu!; **das wolle Gott verhüten!** à Dieu ne plaise!; Dieu m'en (nous en) garde!; **5.** *mit weggelassenem inf. der Bewegung* **wo willst du hin?** où veux-tu aller?; **er will fort** il veut partir; **er will ins Bett** il veut aller au lit; **er will mit** il veut t'(nous, *etc.*) accompagner; il veut aller avec toi (nous, *etc.*); **das will mir nicht in den Kopf** cela n'entre pas dans ma tête; je n'arrive pas à comprendre cela; **meine Beine ~ nicht mehr** mes jambes ne veulent plus me porter, me trahissent, m'abandonnent; **hoch hinaus** ~ avoir de hautes visées; avoir de grandes prétentions; **II** ♀ *n* ⟨~s⟩ vouloir *m*; (bonne) volonté *f*; *philos.* volition *f*.

Woll|fabrikation ['vɔlfabri·katsi·ˌoːn] *f* lainerie *f*; **~ˌfaser** *f* fibre *f* de laine; **~fett** *n* suint *m*; **~filz** *m* feutre *m* de laine; **~garn** *n* fil *m*, filé *m* de laine; **~geˌwebe** *n* tissu *m* de laine; lainage *m*; **~gras** *n bot.* linaigrette *f*; *sc.* ériophorum *m*; **~haar** *n einzelnes* brin *m* de laine; (*wolliges Haar*) cheveux crépus, cotonnés, moutonnés; laine *f*; **~ˌhandel** *m* commerce *m* des laines; **~handˌkrabbe** *f zo.* dromie *f*; **~ˌhändler** *m* lainier *m*; **♀ig** *adj.* laineux, -euse; (*flockig*) cotonneux, -euse; *Haar* crépu; cotonné; moutonné; *Stoff* (*weich*) moelleux, -euse; *bot., zo.* lanifère; lanigère; (*behaart*) velu; **~indusˌtrie** *f* industrie lainière; **~ˌjacke** *f* veste *f* de *od.* en laine; cardigan *m*; **~kamm** *m* carde *f*; **~ˌkämmer(in)** *m* ⟨~s; ~⟩ (*f*) ⟨~; ~nen⟩ cardeur, -euse *m, f*; **~kämmeˌrei** *f* carderie *f*; **~kämmaˌschine** *f* carde *f*; cardeuse *f*; peigneuse *f*; pilette *f*; **~ˌkleidung** *f* vêtements *m/pl.* en laine; lainages *m/pl.*; **~ˌknäuel** *m, n* pelote *f* de laine; **~ˌkratze** *f cf.* ~kämmaschine; **~kraut** *n* ⟨~es⟩ *bot.* molène *f*; **~ˌkrempel** *f cf.* ~kämmaschine; **~markt** *m* marché lainier, de la laine; **~produktiˌon** *f* production lainière; **~ˌsachen** *f/pl.* lainages *m/pl.*; **~schweiß** *m* suint *m*; **~spinneˌrei** *f* filature *f* de laine; lainerie *f*; **~stoff** *m* étoffe *f* de laine; lainage *m*; **~strumpf** *m* bas *m* de laine; **~ˌtiere** *n/pl.* bêtes *f/pl.* à laine.

Woll|ust ['vɔl(l)ʊst] *f* ⟨~⟩ volupté *f* (*auch fig.*); *fig.* délice *m*; délices *f/pl.*; *péj.* luxure *f* (*bes. bibl.*); lascivité *od.* lasciveté *f*; débauche *f*; libertinage *m*; **mit** ~ voluptueusement; avec délice; **♀üstig** *adj.* voluptueux, -euse; *péj.* luxurieux, -euse; libidineux, -euse; lascif, -ive; débauché; libertin; **~üstˌling** *péj. m* ⟨~(e)s; ~e⟩ luxurieux *m*; libidineux *m*; débauché *m*; libertin *m*; F paillard *m*.

Woll|waren ['vɔlˌvaːrən] *f/pl.* articles *m/pl.* en laine; lainages *m/pl.*; lainerie *f*; **~warenˌhändler(in)** *m* (*f*) lainier, -ère *m, f*; **~warenˌhandlung** *f* lainerie *f*; **~ˌwäsche(ˌrei)** *f* lavage *m* des laines, des toisons; **~webeˌrei** *f* tissage *m* de laine; **~ˌweste** *f* gilet *m* de laine; **~zeug** *n* lainage *m*.

wo|mit [voːˈmɪt] *adv.* **a)** *interrogativ* avec quoi?; ~ **beschäftigt ihr euch?** de quoi vous occupez-vous?; ~ **kann ich Ihnen dienen?** qu'y a-t-il pour votre service?; en quoi puis-je vous servir?; **b)** *relativ* avec quoi; avec lequel, laquelle; ~ **ich nicht sagen will, daß ...** par là je ne veux pas dire que ...; **das ist's,** ~ **ich nicht zufrieden bin** voilà ce dont je ne suis pas content; **~'möglich** *adv.* peut-être; **~'nach** *adv.* **a)** *interrogativ* après quoi?; (*gemäß*) sur quoi?; d'après quoi?; selon quoi?; ~ **fragt er?** qu'est-ce qu'il demande?; ~ **schmeckt das?** quel goût cela a-t-il?; **b)** *relativ* après quoi; sur quoi; d'après quoi; (d')après lequel, laquelle.

Wonne ['vɔnə] *f* ⟨~; ~n⟩ grande joie; délice *m*; enchantement *m*; ravissement *m*; **in eitel** ~ **schwimmen** nager dans la joie; **~geˌfühl** *n* sentiment *m* de délice; *cf. auch* Wonne; **~ˌmonat** *m*, **~ˌmond** *m* mois *m* de mai; **♀ˌtrunken** *adj.* ivre de joie; au comble de la joie; *pfort.* en extase; **♀ˌvoll** *adj. cf.* wonnig.

wonnig ['vɔnɪç] *adj.* délicieux, -euse; exquis; enchanteur, -eresse; ravissant.

wo|ran [voːˈran] *adv.* **a)** *interrogativ* à quoi?; ~ **denkst du?** à quoi penses-tu?; ~ **ist er gestorben?** de quoi est-il mort?; **b)** *relativ* à quoi; auquel, à laquelle; **bei ihm weiß man nie,** ~ **man ist** avec lui on ne sait jamais à quoi s'en tenir, où on en est; **~'rauf** *adv.* **a)** *interrogativ* sur quoi?; ~ **wartest du?** qu'attends-tu?; ~ **sinnst du?** que médites-tu?; **b)** *relativ* sur quoi; sur lequel, laquelle; *zeitlich* ... ~ **der junge Mann erwiderte** ... et le jeune homme de répondre; ... à quoi le jeune homme répondit; ~ **alle weggingen** après quoi, sur quoi tout le monde partit; **~'raus** *adv.* **a)** *interrogativ* (*aus welchem Stoff*) de quoi?; en quoi?; *Herkunft* d'où?; **b)** *relativ* (ce) dont; duquel, de laquelle; *Herkunft* d'où; ~ **man schließen kann** ... d'où l'on, de quoi on peut déduire ...; **~'rein** *adv.* **a)** *interrogativ* dans quoi?; où?; **b)** *relativ* dans quoi; dans lequel, laquelle; où.

worfeln ['vɔrfəln] *v/t.* ⟨-(e)le, h⟩ *Getreide* vanner.

worin [voːˈrɪn] *adv.* **a)** *interrogativ* en quoi?; dans quoi?; où?; ~ **besteht der Unterschied?** en quoi consiste la différence?; où est la différence?; **b)** *relativ* en quoi; dans quoi; où; dans lequel, laquelle.

Wort [vɔrt] *n* ⟨~(e)s; ~er *bzw.* ~e⟩ **1.** ⟨*pl.* ~er⟩ *einzelnes* mot *m*; *gr. auch* vocable *m*; (*Ausdruck*) terme *m*; expression *f*; **zusammengesetztes** ~ mot composé; **veraltetes** ~ archaïsme *m*; **neues** ~ néologisme *m*; **im wahrsten Sinne des** ~**es** dans toute l'acception du terme; **das passende** ~ le mot qui convient; le mot adéquat, approprié, juste; **2.** ⟨*pl.* ~e⟩ (*das ausgesprochene* ~, *Rede*) mot *m*; parole *f*; **geistreiches, kluges** ~ mot spirituel; **in angemessenen** ~**en** en termes convenables; **große, hochtrabende** ~**e** grands mots; **das sind nur schöne, leere** ~**e** ce ne sont que des mots, de belles paroles; (rien que) des mots!; F **ce n'est que du vent**; **daran ist kein wahres** ~ il n'y a pas un mot de vrai là-dedans; **das ist mein letztes** ~ c'est mon dernier mot; **das letzte** ~ (*die Entscheidung*) **haben** avoir le dernier mot; **er muß immer das letzte** ~ **haben** il veut toujours avoir le dernier mot; **j-m gute** ~**e geben** donner, prodiguer de bonnes paroles à qn.; **ein gutes** ~ **für j-n einlegen** intercéder pour qn.; **ein offenes** ~ **mit j-m reden** parler ouvertement à qn.; avoir une explication franche avec qn.; **ein ernstes** ~ **mit j-m reden** parler sérieusement à qn.; dire un mot, deux mots à qn.; **die Magie des** ~**es** la magie des mots; **des** ~**es mächtig sein** avoir le don de la parole; **das soll ein** ~ **sein!, das ist ein** ~**!** voilà qui s'appelle parler!; **glaube ihm kein** ~**!** ne crois rien de ce qu'il dit!; **kein** ~ **mehr!** pas un mot de plus!; **kein** ~ **weiter davon!** n'en parlons plus!; brisons là!; **genug der** ~**e!** trêve de paroles, de discours!; assez parlé, discuté, causé!; **ein** ~ **gibt das andere** un mot amène, entraîne l'autre; et de fil en aiguille; **ich verstehe kein** ~ **davon** je n'y entends mot; je n'y comprends rien; **er macht e-n Lärm, daß man sein eigenes** ~ **nicht versteht** il fait un tel bruit qu'on ne s'entend pas (parler); **ein Mann, ein** ~ un homme d'honneur n'a qu'une parole; **sein** ~ **brechen** manquer à sa parole; (**sein**) ~ **halten** tenir (sa) parole; **j-s** ~ **haben** avoir la parole de qn.; **sein** ~ **zurücknehmen** reprendre sa parole; revenir sur sa parole; se dédire; **das** ~ **ist mir entschlüpft** le mot m'a échappé; **etw. mit keinem** ~ **berühren** ne (pas) souffler mot de qc.; **es war mit keinem** ~ **davon die Rede** il n'en a absolument pas été question; **kein** ~ **über etw. verlieren** ne rien dire sur qc.; **ein** ~ **über etw. fallen lassen** toucher un mot de qc.; **s-e** ~**e abwägen** peser ses mots; **das große** ~ **führen** avoir le verbe 'haut; **das** ~ **haben** avoir la parole; **das** ~ **hat** ... la parole est à ...; **sich zum** ~ **melden, ums** ~ **bitten** demander la parole; **das** ~ **ergreifen** prendre la parole; **j-m das** ~ **erteilen, entziehen** donner, retirer la parole à qn.; **nicht viele** ~**e machen** être bref, brève; **j-m, e-r Sache das** ~ **reden** parler en faveur de qn., de qc.; défendre la cause de qn., de qc.; **die** ~**e verschlucken** manger ses mots; **ohne ein** ~ **zu sagen** sans mot dire; sans souffler mot; **ein** ~ **mitzureden haben** avoir son (mon, *etc.*) mot à dire; avoir voix au chapitre; **ein** ~ **in die Unterhaltung einwerfen** lancer un mot, intervenir dans la conversation; **kein** ~ **vom Gespräch verlieren** ne pas perdre un mot de la conversation; **das** ~ **liegt mir auf der Zunge** j'ai le mot sur (le bout de) la langue; **j-m die** ~**e im Munde verdrehen, herumdrehen** déformer les paroles de qn.; **er hat mir das** ~ **aus dem Munde genommen** c'est ce que j'allais dire; F **man muß ihm jedes** ~ **aus der Nase ziehen** on doit lui arracher les mots; il faut lui tirer les vers du nez; **jedes** ~ **auf die Goldwaage legen** *bei sich selbst fig.* tourner sept fois sa langue avant de parler; *bei anderen* prendre les paroles de qn. au pied de la lettre; F **hast du** ~**e!** a-t-on jamais vu pareille chose!; **auf ein** ~**!** un mot, s'il vous plaît!; **auf mein** ~**!** (ma) parole d'honneur!; ma parole!; **auf Ihre** ~**e hin** sur la foi de vos paroles; **aufs** ~ **gehorchen** obéir au premier mot, au doigt et à l'œil, à la baguette; **j-m aufs** ~ **glauben** croire qn. sur parole; **auf j-s** ~ **viel geben** faire grand cas des paroles de qn.; tenir compte des paroles de qn.; **bei diesen** ~**en** à ces mots; **bei s-m** ~ **bleiben** n'avoir qu'une parole; **beim** ~ **nehmen** prendre au mot; ~ **für** ~ mot à mot; mot pour mot; **nicht für Geld u. gute** ~**e** pas pour tout l'or du monde (*mit* ne *beim Verb*); *30 Mark* **in** ~**en** en toutes lettres; **in wenigen** ~**en** en peu de mots; **in gewählten** ~**en** en termes choisis; **in** ~**e fassen** formuler; **j-m ins** ~ **fallen** couper la parole à qn.; interrompre qn.; **in** ~ **u. Schrift** par la parole et par la plume; par des discours et des articles; **e-e Sprache in** ~ **u. Schrift beherrschen** savoir, pouvoir parler et écrire couramment une langue; **er brach in die** ~**e aus** il s'écria; **mit e-m** ~ en un mot; bref; **mit dürren** ~**en** sèchement; **mit anderen** ~**en** en d'autres termes; **mit (schönen)** ~**en abspeisen** payer de mots, de belles paroles; **mit** ~**en spielen** jouer sur les mots; **j-n mit s-n eigenen** ~**en schlagen** retourner contre qn. ses propres arguments; **ein Mann von** ~ **sein** être homme de parole; **nicht zu** ~**e kommen** ne pas parvenir à placer un mot; **nicht zu** ~**e kommen lassen** ne pas laisser parler; **3.** ⟨*pas de pl.*⟩ *bibl.* **das** ~ la parole; (*zweite Person der heiligen*

Dreieinigkeit) le Verbe; das ~ Gottes la parole de Dieu; *bibl.* das ~ ward Fleisch le Verbe s'est fait chair; *bibl.* im Anfang war das ~ au commencement était le Verbe, *seltener* la Parole; **4.** ⟨*pl.* ~e⟩ (*Ausspruch*) *kürzeres* mot *m*; *bedeutsames* parole *f*; geflügelte ~e mots célèbres; paroles historiques; dictons *m/pl.*; **5.** ⟨*pl.* ~e⟩ ~e *pl. zu e-m Lied* paroles *f/pl.*

Wort|ableitung ['vɔrtˌˀaplaɪtʊŋ] *f* dérivation *f* des mots; **~ˌatlas** *m* atlas *m* linguistique; **2arm** *adj. Sprache* pauvre; **~ˌarmut** *f* pauvreté *f* en, pénurie *f* de mots; **~art** *f gr.* catégorie *f*, classe *f* de mots; partie *f* du discours; **~ˌaufwand** *m* mit großem ~ à grand renfort de mots; avec redondance, prolixité; avec un déluge de mots; **~beˌdeutung** *f* signification *f* des mots; **~beˌdeutungsˌlehre** *f* sémantique *f*; **~ˌbildung** *f* formation *f* des mots; **~ˌblindheit** *f méd.* cécité verbale; **~bruch** *m* manquement *m* à la parole donnée; manque *m* de parole; **2ˌbrüchig** *adj.* qui manque à sa parole; qui manque de parole; ~ werden manquer à sa parole.

Wörtchen ['vœrtçən] *n* ⟨~s; ~⟩ petit mot; *gr.* (*Partikel*) particule *f*; ein ~ mitzureden haben avoir son (mon, *etc.*) mot à dire; avoir voix au chapitre.

Wortemacher ['vɔrtəˌmaxər] *péj. m* ⟨~s; ~⟩ beau parleur; phraseur *m*; faiseur *m* de mots; **~ei** [-'raɪ] *péj. f* ⟨~; ~en⟩ verbiage *m*; phraséologie *f*; grands mots; *cf. auch* Wortgeklingel.

Wörterbuch ['vœrtərˌbuːx] *n* dictionnaire *m*; *kurzgefaßtes, sehr kleinen Formats u. Umfangs* vocabulaire *m*; *zu e-m bestimmten Schriftsteller, e-m bestimmten Wissensgebiet, auch kurzgefaßtes Schulwörterbuch der alten Sprachen* lexique *m*.

Worterklärung ['vɔrtˀɛrˌklɛːrʊŋ] *f* définition *f* du mot; étymologie *f*.

Wörterverzeichnis ['vœrtərfɛrˌtsaɪçnɪs] *n* vocabulaire *m*; *mit Erklärungen* glossaire *m*; *zu e-m bestimmten Autor, e-m bestimmten Sachgebiet* lexique *m*.

Wort|familie ['vɔrtfaˌmiːliˑə] *f gr.* famille *f* de mots; **~feld** *n ling.* champ *m* sémantique; **~ˌfolge** *f gr.* ordre *m* des mots; **~form** *f* forme *f* d'un mot; **~ˌforschung** *f* recherches *f/pl.* étymologiques; étymologie *f*; **~ˌführer** *m* porte-parole *m*; organe *m*; **~ˌfülle** *f* abondance *f*, flot *m* de paroles; *péj.* verbosité *f*; verbiage *m*; redondance *f*; faconde *f*; prolixité *f*; **~geˌbühr** *f tél.* taxe *f*, tarif *m* par mot; **~geˌfecht** *n* joute *f* oratoire; dispute *f*; débat *m*; **~geˌklingel** *péj. n* phrases creuses, ronflantes; mots creux, ronflants; grands mots; verbiage *m*; phraséologie *f*; **~geograˌphie** *f* géographie *f* linguistique; **~geˌpränge** *péj. n* termes pompeux; grands mots; redondances *f/pl.*; *cf. auch* ~geklingel; **~geˌschichte** *f* histoire *f* d'un mot; **2geˌtreu** **1.** *adj.* littéral; fidèle; **2.** *adv.* littéralement; fidèlement; à la lettre; au pied de la lettre; **2geˌwandt** *adj.* qui a la parole facile; (*beredt*) éloquent; disert; **~gut** *n* vocabulaire *m*; **2ˌhabend** *adj.* qui a la parole; (*vorsitzend*) qui préside; **2karg** *adj.* avare de paroles; taciturne; **~kargˌheit** *f litt.* taciturnité *f*; **~ˌklasse** *f gr.* classe *f* de mots; **~ˌklauber** *péj. m* ⟨~s; ~⟩ éplucheur *m* de mots; ergoteur *m*; coupeur *m* de cheveux en quatre; **~klaube'rei** *péj. f* chicane *f*, ergotage *m*, ergoterie *f* sur des mots; *sc.* logomachie *f*; **~laut** *m* ⟨~(e)s⟩ texte *m*; teneur *f* (d'un texte); der ~ des Urteils le libellé du jugement; nach dem ~ des Vertrages aux termes du contrat; im vollen ~ zitieren citer in extenso; e-e Note folgenden ~s: ... une note ainsi conçue: ...; **~ˌlehre** *f* lexicologie *f*.

Wört|lein ['vœrtlaɪn] *n* ⟨~s; ~⟩ *cf.* Wörtchen; **2lich** **1.** *adj.* littéral; textuel, -lle; *gr.* ~e Rede discours direct; ~es Zitat citation textuelle, littérale; **2.** *adv.* littéralement; textuellement; à la lettre; au pied de la lettre; mot à mot; mot pour mot; etw. ~ nehmen prendre qc. à la lettre, au pied de la lettre; ~ übersetzen traduire littéralement, mot pour mot.

Wort|liste ['vɔrtˌlɪstə] *f* index *m*; liste *f* de mots; nomenclature *f*; **2los** *adv.* sans mot dire; sans souffler mot; **~ˌprägung** *f* création *f* de nouveaux mots; **~ˌrätsel** *n* logogriphe *m*; **~reˌgister** *n* index *m*; **2reich** *adj.* riche; *Stil* abondant; *péj.* redondant; prolixe; verbeux, -euse; **~ˌreichtum** *m* ⟨~(e)s⟩ abondance *f* de mots; *péj. cf.* ~schwall; **~ˌsammlung** *f* glossaire *m*; **~schatz** *m* ⟨~es⟩ vocabulaire *m*; **~schwall** *péj. m* flot *m* de paroles; cascade *f* de mots; verbosité *f*; verbiage *m*; redondance *f*; **~spiel** *n* jeu *m* de mots; calembour *m*; **~stamm** *m gr.* radical *m*; **~ˌstellung** *f gr.* ordre *m* des mots; (*Stellung e-s Wortes*) place *f* du mot (dans la phrase); **~streit** *m* (*Streit über Worte*) querelle *f* de mots; (*Streit mit Worten*) dispute *f*; discussion *f*; **~verˌdreher(in)** *péj. m* ⟨~s; ~⟩ (*f*) ⟨~; ~nen⟩ celui, celle qui déforme les mots, les propos de qn.; **~verˌdrehung** *f* altération *f* du sens d'un mot; déformation *f* des paroles de qn.; **~verˌstümmelung** *f* mutilation *f* des mots; **~wahl** *f* choix *m* des mots; **~ˌwechsel** *m* altercation *f*; vive discussion; dispute *f*; es kam zu e-m ~ zwischen ... il y a eu un vif échange de propos entre ...; **~witz** *m cf.* ~spiel; **2'wörtlich** *adv.* mot à mot; mot pour mot.

wo|rüber [ˌvoː'ryːbər] *adv.* **a)** *interrogativ* sur quoi?; au sujet de quoi?; de quoi?; ~ redet er? de quoi parle-t-il?; ~ lachst du? de quoi ris-tu?; ~ fahren Sie? par où passez-vous?; **b)** *relativ* sur quoi; sur lequel, laquelle; duquel, de laquelle; (ce) dont; ~ ich sehr ärgerlich war ce dont je fus bien fâché; **~'rum** *adv. interrogativ u. relativ* de quoi(?); ~ handelt es sich? de quoi s'agit-il?; **~'runter** *adv.* **a)** *interrogativ* sous quoi?; ~ hatte er sich versteckt? sous quoi s'était-il caché?; **b)** *relativ* sous quoi; sous lequel, laquelle; parmi lesquels, lesquelles; **~'selbst** *adv.* où; **~'von** *adv.* **a)** *interrogativ* de quoi?; d'où?; **b)** *relativ* de quoi; duquel, de laquelle; dont; d'où; **~'vor** *adv.* **a)** *interrogativ* devant quoi?; de quoi?; ~ fürchtest du dich? de quoi as-tu peur?; **b)** *relativ* devant quoi; de quoi; devant lequel, laquelle; duquel, de laquelle; (ce) dont; **~'zu** *adv.* **a)** *interrogativ* à quoi?; (*warum*) pourquoi?; à quoi bon?; dans quel but?; à quelle fin?; ~ dient das? à quoi cela sert-il?; ~ das? à quoi bon cela?; pourquoi faire?; **b)** *relativ* à quoi; auquel, à laquelle; etw., ~ ich Ihnen nicht rate chose que je ne vous conseille pas; ~ noch kommt, daß ... ajoutons à cela que ...; **c)** *indefinit* F wir müssen uns ~ entschließen il faut prendre un parti (quelconque).

wrack [vrak] **I** *adj. mar., Schiff* (*beschädigt*) endommagé; sinistré; avarié; (*unbrauchbar*) inutilisable; *Ware* de rebut; **II 2** *n* ⟨~(e)s; ~e *od.* ~s⟩ *mar.* épave *f* (*auch e-s abgestürzten Flugzeugs*); bateau naufragé; *von e-m Flugzeug, e-m Auto* carcasse *f*; F *fig., von e-m Menschen* épave *f*; débris *m*; loque *f*.

wricken ['vrɪkən], *auch* **'wriggen** *v/t.* ⟨h⟩ *mar., Boot* godiller.

wring|en ['vrɪŋən] *v/t.* ⟨wringt, wrang, gewrungen, h⟩ *Wäsche* tordre; *mit e-r Wringmaschine* essorer; **2maˌschine** *f* essoreuse *f* (à main).

Wucher ['vuːxər] *m* ⟨~s⟩ usure *f*; ~ treiben faire de l'usure; pratiquer l'usure; se livrer à l'usure; **~beˌdingungen** *f/pl.* conditions *f/pl.* usuraires; Darlehen unter ~ prêt usuraire; **~ˌblume** *f bot.* chrysanthème *m*.

Wucherei [ˌvuːxə'raɪ] *f* ⟨~; ~en⟩ usure *f*.

Wucher|er ['vuːxərər] *m* ⟨~s; ~⟩, **~in** *f* ⟨~; ~nen⟩ usurier, -ère *m, f*; **~geˌschäft** *n* marché *m*, opération *f* usuraire; **~geˌwinn** *m* gain *m*, bénéfice *m* usuraire; **~ˌhandel** *m* marché *m* usuraire; **2isch** *adj.* usuraire; **~kreˌdit** *m* crédit *m* usuraire; **2n I** *v/i.* ⟨-(e)re, h⟩ **1.** *Pflanzen* se reproduire rapidement; pulluler (*auch fig.*); foisonner; proliférer; *fig.* se propager; *méd.* proliférer; former des tumeurs, des végétations, des excroissances; **2.** mit etw. ~ *cf.* Wucher (treiben); *fig.* mit s-m Pfunde ~ faire valoir son talent; **II ~n** *n* ⟨~s⟩ **3.** *von Pflanzen* reproduction *f* rapide; pullulement *m*; foisonnement *m*; prolifération *f*; **4.** (*Wucherei*) usure *f*; **~ˌpreis** *m* prix *m* usuraire, d'usurier; **~ung** *f* ⟨~; ~en⟩ *méd.* prolifération *f* (anormale); tumeur *f*; végétation *f*; excroissance *f*; *bot.* excroissance *f*; prolifération *f* (anormale); **~ˌzinsen** *m/pl.* intérêts *m/pl.* usuraires; zu ~ leihen prêter à usure.

wuchs [vuːks] *cf.* wachsen[1].

Wuchs [vuːks] *m* ⟨~es; ⁓e⟩ (*Wachstum*) croissance *f*; accroissement *m*; (*Gestalt*) taille *f*; stature *f*; von hohem, schlankem ~ de haute taille; de taille svelte; **~stoff** *m biol.* phytohormone *f*.

Wucht [vuxt] *f* ⟨~; ~en⟩ **1.** *phys.* (*Bewegungsenergie*) énergie *f* cinétique; *fig.* (*Gewicht*) poids *m*; (*Kraft*) force *f*; (*Heftigkeit*) violence *f*; (*Druck*) pression *f*; mit voller ~ de toute sa force; de tout son poids; avec violence; violemment; **2.** F (*große Menge*) grande quantité; masse *f*; *Essen* (*Portion*) portion *f*; F e-e ~ Prügel *cf.* Prügel[2]; F das ist 'ne ~! F c'est épatant!; **2en I** *v/t.* ⟨-ete, h⟩ soulever (avec peine); arracher du sol; **II** *v/i.* peser lourdement, de tout son poids (auf sur); F (*schwer arbeiten*) F trimer; P turbiner; boulonner; **2ig** *adj.* (*mächtig wirkend*) imposant; massif, -ive; (*kraftvoll*) énergique; *Schlag* violent.

Wühl|arbeit ['vyːlˌˀarbaɪt] *f pol.* agitation *f* politique subversive; menées subversives; travail *m* de sape; **2en I** *v/i.* ⟨h⟩ fouiller (in dans); *Wühlmäuse, Maulwurf etc.* fouir; *Wildschweine* fouger; *fig., pol.* (*die Gemüter aufrühren*) faire de l'agitation subversive; agiter, exciter les esprits; sich in die Erde ~ se terrer; s'enfouir dans le sol; *fig.* in e-r Wunde noch ~ retourner le fer dans la plaie; *Schmerz, Gift etc.* in den Gedärmen, Eingeweiden ~ déchirer les entrailles; **II ~en** *n* ⟨~s⟩ fouilles *f/pl.*; fouissement *m*; *fig., pol.*

cf. ~arbeit; **~er** *m* ⟨~s; ~⟩ *zo.* (animal) fouisseur *m*; *pol.* agitateur subversif; **~e'rei** F *f* ⟨~; ~en⟩ *pol. cf.* ~arbeit; **2eˌrisch** *adj. pol.* subversif, -ive; séditieux, -euse; **~maus** *f zo.* rat fouisseur; campagnol *m*.

Wulst [vʊlst] *m* ⟨~es; ~̈e⟩ bourrelet *m*; *bât.* boudin *m*; tore *m*; coussinet *m*; échine *f*; *e-s Reifens* talon *m*; *anat.* bourrelet *m*; protubérance *f*; **2ig** *adj.* qui forme un bourrelet; à bourrelet; **~e Lippen** lèvres épaisses, charnues; **~ˌreifen** *m* pneu *m* à talon.

wund [vʊnt] *adj.* blessé; écorché; *sc.* excorié; meurtri; **sich die Füße ~ laufen** s'écorcher les pieds en marchant, par la marche; **(sich) ~ reiben** (s')écorcher; (s')excorier; *fig.* F **sich die Finger ~ schreiben** écrire à s'engourdir les doigts, à en avoir les doigts gourds; *ch.* **ein Tier ~ schießen** blesser une bête; **~e Stelle** blessure *f*; plaie *f*; meurtrissure *f*; écorchure *f*; *sc.* excoriation *f*; *fig.* côté faible, sensible; *fig.* **den Finger auf die ~e Stelle legen, den ~en Punkt berühren** mettre le doigt sur la plaie; *fig.* **~er Punkt** point faible, névralgique; **2ˌbalsam** *m* (baume *m*) vulnéraire *m*; **2-brand** *m méd.* gangrène *f*; **2e** *f* ⟨~; ~n⟩ blessure *f*; (*Wundfläche*) plaie *f* (*beide auch fig.*); **leichte, schwere ~** blessure légère, grave; **e-e ~ verbinden** panser une blessure; **die ~ heilt, vernarbt** la blessure se ferme, se cicatrise; **e-e ~ behandeln** soigner une plaie; **an s-n ~n sterben, s-n ~n erliegen** mourir de, succomber à ses blessures; *fig.* **tiefe ~n schlagen** faire, infliger de profondes blessures; *fig.* **e-e alte ~ wieder aufreißen** rouvrir une blessure, une plaie; *fig.* **in e-r ~ noch wühlen** *cf.* wühlen I; *fig.* **Balsam auf e-e ~ träufeln** verser, répandre du baume sur une blessure.

Wunder ['vʊndər] *n* ⟨~s; ~⟩ *religiöses, überirdisches* miracle *m* (*auch fig.*); (*Bewunderungswürdiges*) merveille *f*; (*durch s-e Seltenheit, Ausmaße Erstaunliches*) prodige *m*; phénomène *m*; *relig.* **die ~ Jesu** les miracles de Jésus-Christ; **an ~ glauben** croire aux miracles; **es geschehen keine ~ mehr** il n'y a plus de miracles; *relig.* **~ tun** faire des miracles; **das grenzt an ein ~** cela tient du miracle, du prodige, du merveilleux; **wie durch ein ~** comme par miracle; **es ist ein ~, daß ...** c'est un miracle que ... (+ *subj.*); **die ~ der Natur, der Technik** les merveilles de la nature, de la technique; **~ an Tapferkeit, Mut, Ausdauer verrichten** accomplir des prodiges de vaillance, de courage, d'endurance; **ein ~ an Schönheit** une beauté merveilleuse, extraordinaire; *fig.* **~ tun, wirken** faire merveille, des merveilles, des miracles; **das ist ein wahres ~** c'est vraiment une merveille; **das ist kein ~** (*das ist nicht zu verwundern*) ce n'est pas étonnant; quoi d'étonnant (à cela)?; **ist das ein ~, wenn er müde ist?** faut-il s'étonner qu'il soit fatigué?; **das ist kein ~ bei ...** (*par ex. s-r Ausdauer, s-r Gesundheit etc.*) rien d'étonnant avec ...; **was ~, daß ...** faut-il s'étonner que ... (+ *subj.*), de ce que ... (+ *ind.*); quoi d'étonnant que ... (+ *subj.*); F **sein blaues ~ erleben** être désenchanté, déçu, désagréablement surpris; *advt.* **2 was denken, glauben, meinen** s'imaginer des choses extraordinaires; **ich dachte 2 was** je m'attendais à qc. de merveilleux; **er denkt 2, was er tut** il croit faire merveille; il s'imagine faire qc. d'extraordinaire; **sich 2 was einbilden** s'imaginer Dieu sait quoi; **er bildet sich 2 was darauf ein** il en est tout fier; **2ˌbar 1.** *adj.* (*übernatürlich*) miraculeux, -euse; qui tient du miracle, du prodige, du merveilleux; (*erstaunlich*) merveilleux, -euse; prodigieux, -euse; étonnant; surprenant; phénoménal; formidable; F épatant; (*bewundernswert*) admirable; (*herrlich*) magnifique; **2.** *adv.* merveilleusement; à merveille; admirablement; magnifiquement; **2barer'weise** *adv.* par miracle; **~ˌbare(s)** *n* ⟨→ A⟩ merveilleux *m*; **das grenzt ans ~** cela tient du miracle, du prodige, du merveilleux; **~ˌblume** *f bot.* belle-de-nuit *f*; *sc.* nyctage *m*; **~ˌding** *n* chose merveilleuse; prodige *m*; **~e von j-m, etw. erzählen** dire des merveilles de qn., de qc.; **~ˌdoktor** *péj. m* guérisseur *m*; charlatan *m*; **~geˌschichte** *f* histoire miraculeuse, merveilleuse; **~ˌglaube** *m* croyance *f* aux miracles; **2ˌgläubig** *adj.* qui croit aux miracles; **2'hübsch** *adj.* ravissant; merveilleusement joli; charmant; **~ˌkind** *n*, **~ˌknabe** *m* (enfant *m*) prodige *m*; **~ˌland** *n* pays *m* des merveilles; **2ˌlich** *adj.* bizarre; étrange; singulier, -ère; original; F **~er Kauz, Heiliger** drôle de bonhomme; (homme) singulier *m*, bizarre *m*, original *m*; **~lichˌkeit** *f* ⟨~; ~en⟩ bizarrerie *f*; étrangeté *f*; singularité *f*; originalité *f*; **~ˌmittel** *n* remède universel; panacée *f*; **2n** *v/t. u. v/réfl.* ⟨-(e)re, h⟩ **sich über etw. ~** s'étonner de qc.; être surpris de qc.; **das wundert mich** cela m'étonne, me surprend; **das sollte mich ~** cela m'étonnerait; **das wundert mich nicht im geringsten** cela ne m'étonne pas le moins du monde; **es wundert mich, zu hören, daß ...** je suis étonné d'apprendre que ...; **es sollte mich doch ~, wenn er käme** je serais bien étonné qu'il vienne; **ich kann mich nicht genug darüber ~** je n'en reviens pas; *von e-m anderen gesagt* **er konnte sich nicht genug (darüber) ~** il cria (au) miracle; **2ˌnehmen** *v/t.* ⟨*irr.*, *sép.*, -ge-, h⟩ **es nimmt nicht wunder, daß ...** ce n'est pas étonnant que ... (+ *subj.*); **es nimmt mich wunder, daß ...** je suis étonné, surpris que ... (+ *subj.*), de ce que ... (+ *ind.*); *cf. auch* 2n; **2ˌsam** *adj.* (*seltsam*) étrange; (*eigentümlich*) singulier, -ère; **2'schön 1.** *adj.* merveilleusement beau, belle; merveilleux, -euse; ravissant; magnifique; admirable; **2.** *adv.* merveilleusement; à merveille; magnifiquement; admirablement; **~ˌtäter** *m* thaumaturge *m*; F faiseur *m* de miracles; **2ˌtätig** *adj.* miraculeux, -euse; **~ˌtier** F *fig. n* phénomène *m*; **2ˌvoll 1.** *adj.* merveilleux, -euse; magnifique; admirable; **2.** *adv.* merveilleusement; à merveille; magnifiquement; admirablement; **~ˌwaffe** *f* arme prodigieuse; **~ˌwelt** *f* monde merveilleux; **~ˌwerk** *n* merveille *f*; **2ˌwirkend** *adjt.* qui produit des miracles, des effets prodigieux, miraculeux; *relig.* miraculeux, -euse.

Wund|fieber ['vʊntˌfiːbər] *n méd.* fièvre *f* traumatique; **~ˌfläche** *f* plaie *f*; **2geˌlaufen** *adjt.* écorché (par une marche prolongée); **~ˌhaken** *m chir.* écarteur *m*; **~ˌklammer** *f chir.* agrafe *f*; **~klee** *m bot.* anthyllide *f*; anthyllis *f* vulnéraire; trèfle *m* jaune; **~kraut** *n bot.* (herbe *f*) vulnéraire *f*; **2ˌliegen** *v/réfl.* ⟨*irr.*, *sép.*, -ge-, h⟩ **sich ~** s'écorcher à force d'être couché; **~mal** *n* ⟨~(e)s; ~e⟩ cicatrice *f*; *relig.* **die ~e Christi** les stigmates de Jésus-Christ; **~ˌmittel** *n méd.* vulnéraire *m*; **~naht** *f chir.* suture *f*; **~ˌpflaster** *n méd.* emplâtre *m* vulnéraire; **~rand** *m méd.* lèvres *f/pl.* d'une plaie; **~ˌsalbe** *f méd.* onguent *m* vulnéraire; **~sein** *n* écorchure *f*; *sc.* excoriation *f*; **~ˌstarrkrampf** *m méd.* tétanos *m* traumatique.

Wunsch [vʊnʃ] *m* ⟨~es; ~̈e⟩ (*erfüllbares höfliches Verlangen von andern, Streben nach etw. Erfüllbarem für sich selbst*) désir *m*; (*Äußerung e-r Hoffnung nach e-r Gabe des Schicksals od. überirdischer Mächte zu eignen u. anderer Gunsten*) souhait *m*; vœu *m*; **e-n ~ äußern, aussprechen** formuler un désir, un vœu; **j-m e-n ~ erfüllen** exaucer le vœu de qn.; combler le désir de qn.; répondre, satisfaire au désir de qn.; **j-s Wünschen entgegenkommen** aller au-devant des désirs de qn.; **sich nach j-s Wünschen richten** se conformer aux désirs de qn.; **den ~ hegen, zu ...** (+ *inf.*) éprouver le désir de ... (+ *inf.*); **von dem ~ beseelt, geleitet, zu ...** (+ *inf.*) animé du désir de ... (+ *inf.*); **j-m jeden ~ von den Augen ablesen** être aux petits soins auprès de qn.; prévenir tous les désirs de qn.; **am Ziel s-r Wünsche sein** avoir atteint, obtenu ce qu'on désirait; voir ses désirs comblés; **mein sehnlichster, innigster ~** mon vœu le plus cher, le plus ardent; **haben Sie noch e-n ~?** désirez-vous encore qc.?; *ein solches Haus* **war schon lange mein ~** ... était depuis longtemps l'objet de mes désirs; **es war schon immer mein ~, mitzukommen** j'ai toujours désiré venir avec vous; *iron.* **ein frommer ~** un pieux désir; **beste Wünsche** meilleurs vœux; **meine besten Wünsche begleiten dich** mes meilleurs vœux t'accompagnent; **mit den besten Wünschen zum Jahreswechsel** avec mes (nos) meilleurs vœux de bonne année; **ich danke Ihnen für Ihre guten Wünsche** je vous remercie de vos bons vœux, souhaits; **auf ~** sur demande; **auf j-s ~** à la demande de qn.; **auf allgemeinen ~** à la demande générale; **nach ~** à souhait; au gré de mes (tes, *etc.*) désirs; **ihr geht alles nach ~** tout marche selon ses désirs; pour elle, tout marche à souhait; tout lui réussit, sourit; **~bild** *n* idéal *m*.

Wünschelrute ['vʏnʃəlˌruːtə] *f* baguette *f* de coudrier, de sourcier, divinatoire; **mit der ~ gehen** chercher une source; **~nˌgänger** *m* ⟨~s; ~⟩ sourcier *m*.

wünschen ['vʏnʃən] *v/t.* ⟨h⟩ désirer; souhaiter; **ich wünsche mir zu Weihnachten ein Fahrrad** je voudrais avoir une bicyclette pour mon noël; **ich wünschte mir einige tausend Mark mehr** je voudrais avoir quelques milliers de marks de plus; **ich wünsche euch schönes Wetter** j'espère que vous aurez, je vous souhaite d'avoir du beau temps; **ich wünschte, der Winter wäre vorüber** je voudrais que l'hiver soit passé; **j-m alles Gute, Glück ~** former des vœux pour la prospérité, le bonheur de qn.; **ich wünsche es (Ihnen) von Herzen** je le désire (je vous le souhaite) de tout mon cœur; **ich wünsche, wohl geruht zu haben** j'espère que vous avez passé une bonne nuit, que vous avez bien dormi; **(ich wünsche Ihnen) gute Besserung!, e-e gute**

Reise!, viel Glück!, alles Gute! prompt rétablissement!; bon voyage!; bonne chance!; toutes sortes de bonnes choses!; j-m e-n guten Morgen, Abend ~ souhaiter le bonjour, le bonsoir à qn.; j-m e-e gute Nacht ~ souhaiter une bonne nuit à qn.; ich wünsche, wohl zu schlafen! bonne nuit!; es wäre zu ~, daß ... il serait souhaitable, à souhaiter que ...; (viel) zu ~ übriglassen laisser (beaucoup) à désirer; wie Sie ~ comme vous voulez, voudrez; *im Laden* ~ Sie sonst noch etwas? et avec cela, monsieur *bzw.* madame?; j-n zum Teufel ~ envoyer qn. au diable; **~sˌwert** *adj.* désirable; souhaitable.

Wunsch|form [ˈvʊnʃfɔrm] *f gr.* optatif *m*; **2geˌmäß** *adv.* selon votre (vos), ton (tes), *etc.* désir(s); conformément à votre (vos), ton (tes), *etc.* désir(s); **~konˌzert** *n rad.* concert *m* des auditeurs; **2los** *adv.* ~ glücklich parfaitement heureux, -euse; **~satz** *m gr.* proposition optative; **~traum** *m* beau rêve; chimère *f*; **~ˌzettel** *m* liste *f* de ce qu'on voudrait, désirerait avoir (pour son noël, ses étrennes).

wupp [vʊp], **~dich I** *int.* vlan!; 'hop!; **II 2dich** *m* ⟨~s; ~s⟩ F in *od.* mit e-m ~ d'un seul trait; F en cinq sec; en un tournemain; en un rien de temps; le temps de dire ouf.

wurde [ˈvʊrdə] *cf.* werden.

Würde [ˈvʏrdə] *f* ⟨~; ~n⟩ dignité *f*; (*Hoheit*) noblesse *f*; majesté *f*; die ~ des Menschen la dignité de l'homme; ~ bewahren garder sa dignité; etw. mit ~ tragen subir qc. avec dignité, noblesse; s-r ~ etw. vergeben compromettre sa dignité; ich halte es für unter meiner ~, zu ... (+ *inf.*) je trouve au-dessous de moi, je considère au-dessous de ma dignité, de mon rang, je considère comme indigne de moi de ... (+ *inf.*); j-m e-e ~ verleihen revêtir qn. d'une dignité; conférer une dignité à qn.; zu den höchsten ~n erheben élever aux plus 'hautes dignités; in Amt u. ~n sein, stehen être arrivé (aux honneurs); occuper de hautes fonctions; unter aller ~ au-dessous de tout; **2ˌlos** *adj.* indigne; sans dignité; dépourvu de dignité; **~ˌlosigkeit** *f* ⟨~⟩ manque *m* de noblesse, dignité; **~nˌträger** *m* dignitaire *m*; geistlicher ~ dignitaire ecclésiastique, de l'Église; **2ˌvoll 1.** *adj.* digne; noble; majestueux, -euse; plein de dignité, de noblesse; **2.** *adv.* avec dignité, noblesse, majesté.

würdig [ˈvʏrdɪç] *adj.* digne (e-r Sache de qc.); *Greis etc.* (*ehrwürdig*) respectable; vénérable; sich e-r Sache ~ erweisen se montrer digne de qc.; er ist dessen nicht ~ il n'en est pas digne; il ne l'a pas mérité; **~en** *v/t.* ⟨h⟩ juger, estimer digne (e-r Sache de qc.); *j-s Verdienste etc.* reconnaître; apprécier; etw. zu ~ wissen savoir apprécier qc.; j-n e-r Sache ~ juger, estimer qn. digne de qc.; honorer qn. de qc.; j-n keiner Antwort ~ ne pas daigner répondre à qn.; j-n keines Blickes ~ ne pas daigner regarder qn.; j-n keines Wortes ~ ne pas daigner adresser la parole à qn.; **2ˌkeit** *f* ⟨~⟩ nach Verdienst u. ~ selon les mérites; **2ung** *f* ⟨~; ~en⟩ appréciation *f*.

Wurf [vʊrf] *m* ⟨~(e)s; ⸗e⟩ **1.** (*das Werfen*) jet *m*; lancement *m*; lancer *m*; *beim Spiel, Würfeln* coup *m*; *phys., Ballistik* projection *f*; zum ~ ausholen prendre son élan pour le lancement, le lancer; ~ aus dem Stand lancement, lancer de pied ferme; den ersten ~ haben *beim Kegeln* avoir la boule; *beim Würfeln* avoir le dé; e-n guten ~ tun faire un coup heureux; e-n großen ~ tun réussir un gros coup, un coup de maître; *fig.* alles auf e-n ~ setzen tout miser sur un coup; F mettre tous ses œufs dans le même panier; **2.** *von Tieren* (*das Werfen*) mise *f* bas; (*die Jungen*) portée *f*; **~ˌangel** *f beim Fischen* ligne *f* de lancer; **~ˌanker** *m mar.* ancre *f* de touée, de jet.

Würfel [ˈvʏrfəl] *m* ⟨~s; ~⟩ dé *m*; *math.* cube *m*; hexaèdre *m*; falsche ~ dés pipés; ~ spielen jouer aux dés; *fig.* die ~ sind gefallen les dés sont jetés; le sort en est jeté; *cuis. Speck etc.* in ~ schneiden couper en petits carrés, cubes; **~ˌbecher** *m* cornet *m* à dés; **~ˌbein** *n anat.* os *m* cuboïde; **~ˌform** *f* forme *f* cubique; **2ˌförmig** *adj.*, **2ig** *adj.* cubique; **~ˌinhalt** *m math.* cubage *m*; den ~ berechnen évaluer le volume d'un cube, le cubage; **~kapiˌtell** *n bât.* chapiteau *m* cubique; **2n I** *v/t. u. v/i.* ⟨-(e)le, h⟩ jouer aux dés; um etw. ~ jouer qc. aux dés; sechs Augen, e-e Sechs ~ amener, jouer, tourner le six; **II ~n** *n* ⟨~s⟩, **~ˌspiel** *n* jeu *m* de dés; **~ˌspieler(in)** *m* (*f*) joueur, -euse *m, f* de dés; **~ˌzucker** *m* sucre *m* en morceaux.

Wurf|geschoß [ˈvʊrfgəˌʃɔs] *n* projectile *m*; **~ˌhammer** *m Sport* marteau *m*; **~ˌkörper** *m cf.* ~geschoß; **~kreis** *m Sport* cercle *m* (pour le lancer); **~ˌlinie** *f* trajectoire *f*; **~maˌschine** *f hist.* baliste *f*; catapulte *f*; *ch., für Wurftauben* projecteur *m*; **~netz** *n Fischfang* épervier *m*; **~ˌschlinge** *f cf.* Lasso; **~ˌsendung** *f* envoi publicitaire collectif; **~speer** *m*, **~spieß** *m* javelot *m*; dard *m*; **~ˌtaube** *f* pigeon artificiel; **~taubenˌschießen** *n* tir *m* aux pigeons artificiels; **~ˌweite** *f* longueur *f*, distance *f* d'un jet; portée *f* de lancement, d'un jet.

Würg|egriff [ˈvʏrgəˌgrɪf] *m Judo* étranglement *m*; **2en I** *v/t. u. v/i.* ⟨h⟩ j-n ~ prendre, serrer, saisir qn. à la gorge; *poét., bibl.* (*er~*) étrangler qn.; an etw. ~ avoir du mal à manger, à avaler qc.; dieser Bissen würgt ihn, er würgt an diesem Bissen ce morceau l'étouffe, lui bouche le gosier; *fig.* an e-r Arbeit ~ suer sang et eau pour venir à bout d'un travail; *abs. vor dem Erbrechen* ~ avoir des nausées; avoir envie de vomir; **II ~en** *n* ⟨~s⟩ efforts *m/pl.* pour avaler, pour vomir; (*Neigung zum Erbrechen*) nausée *f*; *fig.* F mit Hängen u. ~ à grand-peine; **~ˌengel** *m bibl.* ange exterminateur; **~er** *m* ⟨~s; ~⟩ étrangleur *m*; *zo.* pie-grièche *f*; *bot.* orobanche *f*.

Wurm[1] [vʊrm] *m* ⟨~(e)s; ⸗er⟩ *allg., zo.* ver *m*; *zo., méd.* (*Eingeweide2*) helminthe *m*; *méd.* (*Spul2*) ascaris *od.* ascaride *m*; (*Finger2*) *cf.* Fingerentzündung; *vét., beim Pferd* farcin *m*; *fig.* (*elender Wicht*) vermisseau *m*; *fig.* nagender ~ ver rongeur; *Kinder* Würmer haben avoir des vers; von Würmern zerfressen mangé aux, piqué des vers; vermoulu; sich winden wie ein ~ se tordre comme un ver; F *fig.* da ist der ~ drin il y a qc. de louche, de boiteux là-dedans; c'est une affaire suspecte, véreuse; F *fig.* j-m die Würmer aus der Nase ziehen tirer les vers du nez à qn.; **~**[2] F *fig. n* ⟨~(e)s; ⸗er⟩ das arme ~ (*hilflose Kind*) ce pauvre petit (être); cette pauvre petite; ce(tte) pauvre gosse; F ce(tte) pauvret(te); **2ˌabtreibend** *adjt. méd.* vermifuge; *sc.* helminthicide; **2artig** *adj. bât.* ~e Verzierung vermiculage *m*; vermiculure *f*.

Würmchen [ˈvʏrmçən] *n* ⟨~s; ~⟩ vermisseau *m*; F *fig.* (*hilfloses Kind*) *cf.* Wurm[2].

wurm|en [ˈvʊrmən] F *v/t.* ⟨h⟩ tracasser; tourmenter; *pfort.* ronger; F chiffonner; P turlupiner; das wurmt mich cela me ronge, me tracasse, *etc.*; **2farn** *m bot.* fougère *f* mâle; **~ˌförmig** *adj.* vermiculaire; vermiforme; helminthoïde; **2ˌfortsatz** *m anat.* appendice *m* vermiculaire; **2fortsatzentˌzündung** *f méd. cf.* Blinddarmentzündung; **2fraß** *m* vermoulure *f*; **2ˌkrankheiten** *f/pl. méd.* maladies causées par des vers; *sc.* helminthiases *od.* helminthiasis *f/pl.*; **2ˌkunde** *f* ⟨~⟩ helminthologie *f*; **2kraut** *n bot.* herbe *f* vermifuge; **2loch** *n* piqûre *f* de vers; vermoulure *f*; **2mehl** *n* vermoulure *f*; **2ˌmittel** *n méd.* vermifuge *m*; (ant-) helminthique *m*; **2ˌsame(n)** *m phm.* semen-contra *m*; **2stich** *m cf.* 2loch; **~ˌstichig** *adj. Holz* piqué des vers; vermoulu; *Obst* véreux, -euse; piqué; *Holz* ~ werden se vermouler; se piquer; **~ˌtreibend** *adjt. cf.* wurmabtreibend; **2ˌzüngler** *m* ⟨~s; ~⟩ *zo.* caméléon *m*.

Wurscht [vʊrʃt] F *f* ⟨~; ⸗e⟩ *cf.* Wurst; **2e'gal** F *adj. cf.* wurstegal; **2ig** F *adj. cf.* wurstig.

Wurst [vʊrst] *f* ⟨~; ⸗e⟩ saucisse *f*; (*Schnitt2*) saucisson *m*; *cf. auch* Blutwurst, Bratwurst, Mettwurst, Schlackwurst; *fig.* (*Wurstförmiges*) boudin *m*; ~ machen faire de la saucisse, du saucisson; F *fig.* ~ wider ~ *cf.* wie I, 3 (~ du mir, so ich dir); *fig.* mit der ~ nach der Speckseite werfen *cf.* Speckseite; F *fig.* jetzt geht es um die ~ c'est le moment décisif; c'est maintenant que cela se décide; F *fig.* das ist mir Wurs(ch)t cela m'est égal; je m'en moque; *cf. auch* schnuppe; **~blatt** F *n* feuille *f* de chou; **~brot** *n* sandwich *m*; **~ˌbrühe** *f* bouillon *m* de saucisses.

Würstchen [ˈvʏrstçən] *n* ⟨~s; ~⟩ saucisse *f*; F *fig.* petit bonhomme; Frankfurter ~ saucisse de Francfort; warme ~ saucisses *f/pl.*; **~ˌbude** *f*, **~ˌstand** *m etwa* friterie *f*.

Wurst|darm [ˈvʊrstdarm] *m* boyau *m* à saucisse; **2e'gal** F *adj.* das ist mir ~ *cf.* Wurst (das ist mir ~), schnuppe; **~e'lei** F *f* ⟨~; ~en⟩ bricolage *m*; (*Schluderei*) bousillage *m*; bâclage *m*; **2eln** F *v/i.* ⟨-(e)le, h⟩ bricoler; (*schludern*) bousiller; bâcler; (*trödeln*) traîner; lanterner; lambiner; (*im alten Schlendrian weitermachen*) poursuivre, continuer son train-train habituel; **2en** *v/i.* ⟨-ete, h⟩ faire des saucisses, du saucisson; **~ˌende** *n* bout *m* de saucisse, de saucisson; **~faˌbrik** *f* fabrique *f* de saucisse(s), saucisson(s); **~fabrikatiˌon** *f* fabrication *f* de saucisse(s), saucisson(s); **~fleisch** *n*, **~ˌfüllung** *f* chair *f* à saucisse(s), à saucisson(s); **2ig** F *adj.* indifférent; insouciant; **~igˌkeit** F *f* ⟨~⟩ indifférence *f*; insouciance *f*; F je-m'en-fichisme *m*; **~ˌkessel** *m* chaudière *f* à saucisses; **~ˌmasse** *f cf.* ~fleisch; **~ˌpelle** F *f* peau *f* (de la saucisse); **~ring** *m* chapelet *m* de saucisses, de saucissons; **~ˌscheibe** *f* tranche *f* de saucisson; **~ˌwaren** *f/pl.* saucisses *f/pl.* et saucissons *m/pl.*; charcuterie *f*; **~ˌzipfel** *m cf.* ~ende.

Württemberg|er(in) ['vʏrtəmˌbɛrgər (-ɪn)] *m* ⟨~s; ~⟩ *(f)* ⟨~; ~nen⟩ Wurtembergeois, -e *m, f*; **2isch** *adj.* du *od.* de Wurtemberg; wurtembergeois.

Wurtzit [vʊr'tsiːt, -'tsɪt] *m* ⟨~s; ~e⟩ *minéral.* wurtzite *f.*

Würze ['vʏrtsə] *f* ⟨~; ~n⟩ condiment *m*; assaisonnement *m* (*beide auch fig.*); (*Gewürz*) épice *f*; *Bierbrauerei* moût *m*; *fig.* sel *m*; saveur *f*; piquant *m.*

Wurzel ['vʊrtsəl] *f* ⟨~; ~n⟩ *bot.* racine *f* (*auch der Haare, Zähne, Fingernägel, e-s Wortes, math., fig.*); *anat.* (*Hand2*) poignet *m*; (*Fuß2*) tarse *m*; *fig.* (*Ursprung*) cause *f*; source *f*; *bot.* kleine ~ radicelle *f*; **~(n) schlagen** (*auch fig.*) prendre racine; s'enraciner (*beide auch fig.*); **~n treiben** pousser, jeter des racines; **tiefe ~n schlagen** jeter de profondes racines; **mit der ~ ausreißen** déraciner; *math.* **zweite, dritte ~** racine carrée, cubique; **die (zweite) ~ ziehen aus** extraire la racine carrée de; *fig.* **die ~ allen Übels** la racine, la cause, la source du mal; **das Übel an** *od.* **bei der ~ packen** prendre le mal à sa racine; **das Übel mit der ~ ausrotten** couper le mal à sa racine; **~beˌhandlung** *f Zahnmedizin* traitement *m* de la racine; **~ˌbildung** *f bot.* radication *f*; **~ˌbrand** *m bot., agr.* pythium [-jəm] *m* de la betterave.

Würzelchen ['vʏrtsəlçən] *n* ⟨~s; ~⟩ *bot.* radicelle *f*; (*Wurzelkeim*) radicule *f.*

wurzel|echt ['vʊrtsəlˌˀɛçt] *adj. bot.* franc de pied; **2expoˌnent** *m math.* exposant *m* de la racine; **~ˌfressend** *adjt.* radicivore; rhizophage; **2ˌfüßer** *m/pl. zo.* rhizopodes *m/pl.*; **2geˌwächse** *n/pl. bot.* racinage *m*; **2ˌhaar** *n bot.* poil absorbant; **2ˌhaube** *f bot.* coiffe *f*; **~ig** *adj.* plein de racines; **2ˌkeim** *m bot.* radicule *f*; **2ˌknolle** *f der Kartoffel* tubercule *m*; *der Zwiebel* bulbe *m*; **~ˌlos** *adj. bot.* sans racine; *fig.* sans attaches; déraciné; **2ˌmann** *m* ⟨~(e)s; ⁓er⟩, **2ˌmännchen** *n* mandragore *f*; **~n** *v/i.* ⟨-(e)le, h⟩ *bot.* avoir pris racine; (s')être enraciné; *fig.* **in etw. ~** avoir sa racine dans qc.; **2ˌschoß** *m*, **2ˌschößling** *m bot.* drageon *m*; surgeon *m*; talle *f*; **2ˌspitzenresektiˌon** *f Zahnmedizin* résection apicale; **2ˌstand** *m bot.* radication *f*; **~ˌständig** *adj. bot.* radical; **2ˌstock** *m bot.* rhizome *m*; **2ˌwerk** *n bot.* racines *f/pl.*; système *m* radiculaire; **2ˌzeichen** *n math.* radical *m*; **2ˌziehen** *n math.* extraction *f* d'une racine.

würz|en ['vʏrtsən] **I** *v/t.* ⟨-(es)t, h⟩ *Speisen* assaisonner, épicer (*beide auch fig.*) (mit de); relever; *fig.* truffer (de); **II 2en** *n* ⟨~s⟩ assaisonnement *m*; **~ig** *adj.* épicé; assaisonné; relevé; piquant; savoureux, -euse; *dem Geruch nach* aromatique; **~los** *adj.* non épicé, assaisonné, relevé; fade; sans goût; **2stoff** *m* condiment *m*; **2wein** *m* vin *m* aromatique.

wusch [vuːʃ] *cf.* **waschen.**

Wuschel|haar ['vʊʃəlˌhaːr] F *n* (*krauses Haar*) cheveux crépus, bouclés, frisés; (*zerzaustes Haar*) cheveux ébouriffés; **2ig** F *adj.* (*zerzaust*) ébouriffé; **~ˌkopf** F *m* (*Lockenkopf*) tête bouclée; (*zerzauster Kopf*) tête ébouriffée.

wußte ['vʊstə] *cf.* **wissen.**

Wust [vuːst] F *m* ⟨~es⟩ amas *m*, tas *m* (confus); pêle-mêle *m*; ramassis *m*; fatras *m*; F fouillis *m.*

wüst [vyːst] *adj.* **1.** (*öde*) désert; (*unbebaut*) inculte; (*verödet*) désolé; *bibl. von der Erde* **~ u. leer** sans forme et vide; **2.** (*wirr*) confus; (*unordentlich*) en désordre; **ein ~es Durcheinander** un fouillis inextricable; **3.** (*ausschweifend*) débauché; libertin; déréglé; dissolu; **ein ~es Leben führen** vivre dans la débauche; **4.** (*grob, wild*) rude; sauvage; **2e** *f* ⟨~; ~n⟩ désert *m* (*auch fig.*); **zur ~ machen** dévaster; *fig.* **das Schiff der ~** (*Kamel*) le vaisseau du désert; *fig.* F **j-n in die ~ schicken** F limoger, débarquer qn.; **~en** F *v/i.* ⟨-ete, h⟩ **mit etw. ~** gaspiller qc.; **2enbeˌwohner** *m/pl.* habitants *m/pl.* du désert; **2e'nei** *f* ⟨~; ~en⟩ contrée *f* désertique, sauvage; **2enˌfuchs** *m zo.* renard *m* des sables; *sc.* fennec *m*; **2enˌklima** *n* climat *m* désertique; **2enˌkönig** *poét.* *m* roi *m* du désert; **2enˌlandschaft** *f* paysage *m* désertique; **2enˌpflanzen** *f/pl. bot.* plantes *f/pl.* désertiques; **2enˌtiere** *n/pl.* animaux *m/pl.* du désert; **2enˌwind** *m* vent *m* du désert; **2enˌzone** *f* zone *f* désertique; **2ling** *m* ⟨~s; ~e⟩ débauché *m*; libertin *m*; F noceur *m*; P bambocheur *od.* bambochard *m.*

Wut [vuːt] *f* ⟨~⟩ fureur *f*; furie *f*; rage *f*; (*Zorn*) colère *f*; *vét. cf.* **Tollwut**; *fig., des Sturmes* violence *f*; **in blinder ~** dans une colère noire, bleue; **e-e ~ auf j-n haben** être furieux, -euse, être en rage contre qn.; **vor ~ beben** trembler de rage; **vor ~ schäumen, kochen, schnauben** écumer de rage; F fumer; F **vor ~ platzen** F crever de rage; **in ~ geraten** entrer, se mettre en fureur; enrager; se déchaîner; éclater; s'emporter; **j-n in ~ bringen** faire enrager qn.; *pfort.* mettre qn. en fureur; exaspérer qn.; **s-e ~ an j-m auslassen** passer sa fureur, sa colère sur qn.; **~ˌanfall** *m*, **~ˌausbruch** *m* accès *m* de fureur, de rage.

wüten ['vyːtən] **I** *v/i.* ⟨-ete, h⟩ être en fureur, en furie, en rage; F rager; *Sturm, Feuer etc.* faire rage; *Meer* être déchaîné; être en furie; (*Verwüstungen anrichten*) faire des, exercer ses ravages; *Sturm, Seuchen* sévir; **II 2** *n* ⟨~s⟩ rage *f*; fureur *f*; **~d** *adj.* furieux, -euse (*auch Kampf, Schmerz etc.*); *fig.* enragé; *pfort.* furibond; **~ werden** *cf.* **Wut (in ~ geraten)**; **j-n ~ machen** *cf.* **Wut (j-n in ~ bringen)**; **auf j-n ~ sein** *cf.* **Wut (e-e ~ auf j-n haben).**

wut|entbrannt ['vuːtˀɛntˌbrant] *adjt.* enflammé de colère; **~erˌfüllt** *adjt.* furieux, -euse; enragé.

Wüter(ich) ['vyːtər(ɪç)] *m* ⟨~s; ~⟩ (*m*) ⟨~(e)s; ~e⟩ forcené *m*; furieux *m*; fou furieux; (*grausamer Mensch*) être *m* féroce; (*blutdürstiger Tyrann*) tyran *m* sanguinaire.

Wut|geheul ['vuːtgəˌhɔʏl] *n* 'hurlement *m* de rage; **~geˌschrei** *n* cris *m/pl.* de rage; **2ˌschäumend, 2ˌschnaubend** *adjt.* écumant de rage; **2verˌzerrt** *adjt. Gesicht* grimaçant de rage.

X, Y

X, x [ɪks] *n* ⟨~; ~⟩ X, x [iks] *m*; **j-m ein X für ein U vormachen** faire accroire qc. à qn.; F faire prendre à qn. des vessies pour des lanternes; **Herr X** monsieur X.

X-Achse ['ɪksˌˀaksə] *f math.* axe *m* des x, des abscisses.

Xanthin [ksan'tiːn] *n* ⟨~s⟩ *chim.* xanthine *f.*

Xanthippe [ksan'tɪpə] *fig. f* ⟨~; ~n⟩ femme *f* acariâtre; mégère *f*; 'harpie *f.*

Xanthophyll [ksantoˑ'fʏl] *n* ⟨~s⟩ *chim.* xanthophylle *f.*

X-|Beine ['ɪksˌbaɪnə] *n/pl.* jambes cagneuses, en X; **~ haben** avoir des jambes cagneuses, en X; **~ˌbeinig** *adj.* cagneux, -euse; **2be'liebig** *adj.* **e-e ~e Zahl** n'importe quel chiffre; un chiffre quelconque; **jeder ~e** n'importe qui; **etwas 2es** n'importe quoi.

Xenien ['kseːniˑən] *f/pl. poét.* xénies *f/pl.*

Xenon ['kseːnɔn] *n* ⟨~s⟩ *chim.* xénon *m.*

xero|phil [kseˑroˑ'fiːl] *adj.* xérophile; **2'phyt** *m* ⟨~en; ~en⟩ *bot.* xérophyte *f.*

x-|fach ['ɪksfax] *adj.* multiple; **2ˌfache(s)** *n* ⟨→ A⟩ multiple *m*; **~ˌförmig** *adj.* en (forme de) X; **2ˌHaken** *m* crochet *m* à tableaux; **~mal** *adv.* **ich habe es ihm ~ gesagt** je le lui ai dit je ne sais combien de fois; **2ˌStrahlen** *m/pl. cf.* **Röntgenstrahlen**; **~te** *adj.* nième; **zum ~n Male, zum ~nmale** pour la nième fois.

Xylograph [ksyˑloˑ'graːf] *m* ⟨~en; ~en⟩ xylographe *m*; **~ie** [-'fiː] *f* ⟨~; -ien⟩ xylographie *f*; **2isch** *adj.* xylographique.

Xylol [ksyˑ'loːl] *n* ⟨~s⟩ *chim.* xylène *m*; xylol *m.*

Xylophon [ksyˑloˑ'foːn] *n* ⟨~s; ~e⟩ *mus.* xylophone *m.*

Xylose [ksyˑ'loːzə] *f* ⟨~⟩ *chim.* xylose *m.*

Y, y ['ʏpsiˑlɔn] *n* ⟨~; ~⟩ Y, y [igrɛk] *m.*

Y-Achse ['ʏpsiˑlɔnˌˀaksə] *f math.* axe *m* des y, des ordonnées.

Yak [jak] *m* ⟨~s; ~s⟩ *zo.* ya(c)k *m.*

Yamswurzel ['jamsˌvʊrtsəl] *f bot.* igname *f*; *sc.* dioscorée *f*; *Frucht* tubercule *m* d'igname.

Yankee ['jɛŋkiˑ] *m* ⟨~s; ~s⟩ yankee *m.*

Yard [jaːrt] *n* ⟨~s; ~s *bzw.* 5 ~(s)⟩ yard *m.*

Yawl [jɔːl] *f* ⟨~; ~e *od.* ~s⟩ *mar.* yawl [jɔːl] *m.*

Yeti ['jeːtiˑ] *m* ⟨~s; ~s⟩ yéti *m.*

Ysop ['iːzɔp] *m* ⟨~s; ~e⟩ *bot.* hysope *f.*

Ytter|bium [ʏ'tɛrbiˑʊm] *n* ⟨~s⟩ *chim.* ytterbium [-jəm] *m*; **~ˌerde** ['ʏtərˌˀeːrdə] *f chim., minéral.* yttria *m.*

Yttrium ['ʏtriˑʊm] *n* ⟨~s⟩ *chim.* yttrium [-jəm] *m.*

Yucca ['jʊka] *f* ⟨~; ~s⟩, *auch* **'Yukka** *bot.* yucca *m.*

Z

Z, z [tsɛt] *n* ⟨~; ~⟩ Z, z [zɛd] *m*; **von A bis Z** du commencement (jusqu')à la fin; d'un bout à l'autre; entièrement.
zack [tsak] *int.* F **~, ~!** F et en vitesse!; et que ça saute!
Zack [tsak] F *m* **j-n, etw. auf ~ bringen** (re)mettre qn., qc. dans la bonne voie; **auf ~ sein** *cf.* **Draht (auf ~ sein)**.
Zäckchen ['tsɛkçən] *n* ⟨~s; ~⟩ denticule *m*; *cout.* languette *f*; *an Spitzen, Zackenlitze* picot *m*.
Zacke ['tsakə] *f* ⟨~; ~n⟩, **~n** *m* ⟨~s; ~⟩ *e-s Sterns* pointe *f*; branche *f*; *e-r Krone, e-s Berges* dent *f*; *cout.* dent *f*; languette *f*; *cf. auch* **Zäckchen**; *fig.* F (*Nase*) P blaze *m*; blair(e) *m*; pif *m*; F **deswegen fällt dir keine ~ aus der Krone** tu n'en perdras pas ta dignité.
zacken ['tsakən] *v/t.* ⟨h⟩ garnir, munir, armer de pointes; denteler; déchiqueter; **2ˌlinie** *f* ligne *f* en zigzag; dentelure *f*; **2ˌlitze** *f cout.* passement *m*, galon *m*, soutache *f* dentelé(e); **2ornaˌment** *n bât.* dentelure *f*; **2ˌrand** *m* dentelure *f*; engrêlure *f*.
zackig ['tsakɪç] *adj.* garni, muni, armé de pointes; denté; déchiqueté; *Wappen* engrêlé; *bât.* crénelé; *zo., bot.* dentelé; F *fig.* (*schneidig*) d'allure militaire; *nur für Personen* F pète-sec *od.* pètesec (*inv.*).
zag [tsaːk] *st. s. adj. cf.* **~haft; ~en I** *st. s. v/i.* ⟨h⟩ (*zaudern*) hésiter; être irrésolu; manquer de courage, d'entrain, *litt.* de cœur; **II 2en** *n* ⟨~s⟩ hésitation *f*; manque *m* de courage, d'entrain, *litt.* de cœur; **mit Zittern u. ~** avec hésitation; en tremblant; **~haft 1.** *adj.* (*ängstlich*) craintif, -ive; peureux, -euse; timoré; pusillanime; (*scheu*) timide; (*zögernd*) hésitant; irrésolu; **2.** *adv. cf.* **~en II (mit Zittern u. 2)**; **2ˌhaftigˌkeit** *f* ⟨~⟩, **2heit** *f* ⟨~⟩ (*Ängstlichkeit*) pusillanimité *f*; (*Schüchternheit*) timidité *f*; (*Unentschlossenheit*) irrésolution *f*.
zäh [tsɛː] *adj.* tenace (*auch fig.*); *Flüssigkeit* épais, -sse; visqueux, -euse; glaireux, -euse; *Fleisch* dur; coriace; *fig.* (*hartnäckig*) opiniâtre; coriace; *Fleiß, Ausdauer* (*beharrlich*) persévérant; (*ausdauernd*) endurant; **ein ~er Gegner** un adversaire tenace, opiniâtre, coriace; **ein ~es Leben haben** avoir la vie dure; **~ an e-r Ansicht festhalten** tenir fermement à une opinion; ne pas démordre d'une opinion; **~ˌflüssig** *adj.* visqueux, -euse; **2ˌflüssigˌkeit** *f* ⟨~⟩ viscosité *f*; **2igˌkeit** *f* ⟨~⟩ ténacité *f* (*auch fig.*); *e-r Flüssigkeit cf.* **2flüssigkeit**; *von Fleisch* dureté *f*; *fig.* (*Hartnäckigkeit*) opiniâtreté *f*; (*Beharrlichkeit*) persévérance *f*; (*Ausdauer*) endurance *f*.
Zahl [tsaːl] *f* ⟨~; ~en⟩ nombre *m*; (*Ziffer*) chiffre *m*; **(un)gerade ~** nombre (im)pair; **ganze ~** nombre entier; **gemischte ~** nombre fractionnaire; **dreistellige ~** nombre de *od.* à trois chiffres; **die genaue ~** le chiffre, nombre exact; **e-e annähernde ~** un chiffre approximatif; **e-e hohe ~** un chiffre élevé; **trockene (Sprache der) ~en** sec langage des chiffres; **zehn an der ~** au nombre de dix; **es sind ihrer wenig an der ~** ils sont en petit nombre; **an ~ überlegen** supérieur en nombre; numériquement supérieur; **in großer ~** en grand nombre; **in runden ~en** en chiffres ronds; **um die ~ vollzumachen** pour faire nombre; **das Eigenschaftswort richtet sich in ~ u. Geschlecht …** l'adjectif s'accorde en genre et en nombre …; **s-e Sammlung übertrifft die Ihre an ~, nicht an Wert** sa collection dépasse la vôtre en quantité, non en qualité; **diese ~en reden e-e deutliche Sprache** ces chiffres sont éloquents.
Zählapparat ['tsɛːlˀapaˌraːt] *m techn. cf.* **Zähler 2.**
zahlbar ['tsaːlbaːr] *adj.* payable (**in drei Monaten** à trois mois; **bei Sicht** à vue; **bei Fälligkeit** à (l')échéance; **bei Lieferung** à la livraison; **an die Order von** à l'ordre de; **an den Überbringer** au porteur).
zähl|bar ['tsɛːlbaːr] *adj.* dénombrable; **2blatt** *n* feuille *f* de recensement.
zählebig ['tsɛːˌleːbɪç] *adj.* qui a la vie dure.
zahlen ['tsaːlən] **I** *v/t. u. v/i.* ⟨h⟩ payer; **bar ~** payer comptant; **im voraus, pränumerando ~** payer par anticipation, à l'avance, d'avance; **nachträglich, postnumerando ~** payer ultérieurement, postérieurement, après coup; **in Raten ~** payer par acomptes, à tempérament; **was habe ich zu ~?** combien vous dois-je?; **dreißig Mark zu ~ haben** être redevable, débiteur de trente marks; avoir trente marks à payer; **Kellner, ~!** garçon, l'addition (, s'il vous plaît)!; *fig.* **Lehrgeld ~** *cf.* **Lehrgeld; II 2** *n* ⟨~s⟩ paiement *od.* payement *m*.
zählen ['tsɛːlən] *v/t. u. v/i.* ⟨h⟩ compter; (*sich belaufen auf*) se monter, s'élever à; *die Bevölkerung etc.* dénombrer; recenser; faire le dénombrement, le recensement de; *pol.* **die Stimmen ~** dénombrer les voix; dépouiller le scrutin; *Dorf* **dreihundert Einwohner ~** compter trois cents habitants; **zwanzig Jahre ~** avoir vingt ans; *iron.* compter vingt printemps; **auf j-n ~** compter sur qn.; faire fond sur qn.; **~ zu** compter parmi; compter au nombre de; appartenir à; **das zählt nicht** cela ne compte pas; **s-e Tage sind gezählt** ses jours sont comptés; F **er kann nicht bis drei ~** il n'est pas très malin; il n'a pas inventé la poudre, le fil à couper le beurre; *fig.* **ehe man bis drei ~ konnte** en un clin d'œil.
Zahlen|angaben ['tsaːlənˌˀangaːbən] *f/pl.* données *f/pl.* numériques; **~ˌbeispiel** *n* exemple *m* numérique; **2d** *adjt.* payant; **~ˌfolge** *f* suite *f*, série *f* de nombres; **~geˌdächtnis** *n* mémoire *f* des chiffres, des nombres; **~ˌlotto** *n etwa* loterie *f*; **2ˌmäßig 1.** *adj.* numérique; **~e Überlegenheit** supériorité numérique; **~es Verhältnis** proportion numérique; **2.** *adv.* **j-m ~ überlegen sein** être numériquement supérieur à qn.; **~ erfaßbar** numériquement évaluable; **~materiˌal** *n* indications *f/pl.* numériques; **~ˌreihe** *f cf.* **~folge**; **~ˌschloß** *n* cadenas *m bzw.* serrure *f* à combinaison; **~sysˌtem** *n* système *m* arithmétique; **~ˌtafel** *f* tableau *m* numérique; **~verˌhältnis** *n* rapport *m* numérique; **~ˌwert** *m* valeur *f* numérique.
Zahler(in) ['tsaːlər(ɪn)] *m* ⟨~s; ~⟩ (*f*) ⟨~; ~nen⟩ payeur, -euse *m, f*; **guter, schlechter ~** bon, mauvais payeur, F payant; P bonne, mauvaise paye; **er ist ein säumiger ~** c'est un payeur négligent; il est (un peu) lent à payer.
Zähler ['tsɛːlər] *m* ⟨~s; ~⟩ **1.** *Person* compteur *m*; **2.** *für Strom, Gas, techn.* compteur *m*; **3.** *math.* numérateur *m*; **~in** *f* ⟨~; ~nen⟩ compteuse *f*.
Zähl|kandidat ['tsɛːlkandiˌdaːt] *m pol. etwa* candidat-test *m*; **~ˌkarte** *f cf.* **Zählblatt**.
Zahl|karte ['tsaːlˌkartə] *f Post* mandat-carte *m*; **~ˌkellner** *m etwa* garçon-encaisseur *m*; garçon *m* qui encaisse, qui fait l'addition; **2los** *adj.* innombrable; **~ˌmeister** *m milit.* (officier *m*) payeur *m*; trésorier *m*; *mar.* commissaire *m*; **~meiste'rei** *f* ⟨~; ~en⟩ *milit.* trésorerie *f*; **2reich 1.** *adj.* nombreux, -euse; nombre de; **2.** *adv.* en (grand) nombre.
Zählrohr ['tsɛːlroːr] *n phys.* tube *m* compteur; compteur *m* Geiger.
Zahl|stelle ['tsaːlˌʃtɛlə] *f* caisse *f*; service *m*, bureau *m* de paiement; **~tag** *m* (jour *m* de) paye *f*; *e-s Wechsels* échéance *f*; **~tisch** *m* bureau-caisse *m*.
Zahlung ['tsaːlʊŋ] *f* ⟨~; ~en⟩ paiement *od.* payement *m*; **bargeldlose, fällige, gestaffelte, gestundete, laufende, sofortige, überfällige ~** paiement par virement, échu, échelonné, différé, courant, immédiat, en souffrance; **regelmäßig wiederkehrende ~** paiement périodique; **einmalige ~**

versement unique; gegen ~ von ... contre paiement de ...; e-e ~ leisten faire, effectuer un paiement; die ~ ablehnen, verweigern refuser de payer; die ~en einstellen cesser, suspendre les paiements; an ~s Statt en paiement; in ~ nehmen, geben prendre, donner en paiement; zur ~ vorlegen présenter au paiement; zur ~ auffordern sommer de payer.

Zählung ['tsɛ:luŋ] *f* ⟨~; ~en⟩ comptage *m*; *der Bevölkerung* recensement *m*; dénombrement *m* (*auch der Stimmen*); *der Stimmen* dépouillement *m* (du scrutin).

Zahlungs|abkommen ['tsa:luŋsˌʔapkɔmən] *n* accord *m* de paiement; **~ˌangebot** *n* offre *f* de paiement, de règlement; **~ˌanweisung** *f* mandat *m* de paiement; **~ˌaufforderung** *f* invitation *f* à payer; sommation *f* de payer; mise *f* en demeure; **~ˌaufschub** *m* moratoire *m*; **~ˌauftrag** *m* ordre *m* de paiement; *cf. auch* ~anweisung; **~beˌdingungen** *f/pl.* conditions *f/pl.* de paiement, de règlement; modalités *f/pl.* de paiement; **~beˌfehl** *m jur.* commandement *m* d'huissier; sommation *f* par huissier; **~beˌleg** *m* récépissé *m* de paiement; **~beˌstätigung** *f* quittance *f*; acquit *m*; **~biˌlanz** *f* balance *f* des comptes, des paiements; **~ˌeingang** *m* rentrée *f* des paiements; **~ˌeinstellung** *f* cessation *f*, suspension *f* des paiements; **~emˌpfänger** *m* bénéficiaire *m* d'un paiement; **~erˌleichterungen** *f/pl.* facilités *f/pl.* de paiement; **~erˌmächtigung** *f* autorisation *f* de paiement; **2ˌfähig** *adj.* solvable; **~ˌfähigkeit** *f* ⟨~⟩ solvabilité *f*; **~ˌfrist** *f* délai *m* de paiement (verlängern prolonger, proroger); **~geˌschäfte** *n/pl.* opérations *f/pl.* de paiement; **~ˌklausel** *f* clause *f* de paiement; **2ˌkräftig** *adj.* ~ sein avoir du répondant; F avoir les reins solides; **~ˌmittel** *n* moyen *m* de paiement; gesetzliches ~ monnaie légale; **~ˌort** *m* lieu *m* de paiement; **~ˌpflichtige(r)** *m* ⟨→ A⟩ débiteur *m* d'un paiement; **~ˌrückstand** *m* retard *m* dans le paiement; Zahlungsrückstände *pl.* arriérés *m/pl.* de paiement; **~ˌschwierigkeiten** *f/pl.* difficultés *f/pl.* de paiement (haben éprouver); **~ˌsperre** *f*, **~ˌstopp** *m* blocage *m* des paiements; **~sysˌtem** *n* système *m* de paiement; **~terˌmin** *m* date *f*, jour *m* de paiement; **2ˌunfähig** *adj.* insolvable; ~ sein être insolvable, en faillite; ~ werden tomber en faillite; sich für ~ erklären déposer son bilan; **~ˌunfähigkeit** *f* insolvabilité *f*; **~uniˌon** *f* Europäische ~ (*abr.* EZU) Union Européenne des Paiements (*abr.* U.E.P.); **~verˌbindlichkeit** *f* obligation *f* de paiement, de payer; **~verˌbot** *n* opposition *f* au, interdiction *f* de paiement; **~verˌkehr** *m* paiements *m/pl.*; opérations *f/pl.* de paiement; bargeldloser ~ virements *m/pl.*; paiements *m/pl.* par virement; internationaler ~ paiements internationaux; **~verˌpflichtungen** *f/pl.* obligations *f/pl.*; engagements *m/pl.*; **~verˌsprechen** *n* promesse *f* de payer; **~verˌweigerung** *f* refus *m* de payer; **~verˌzug** *m* retard *m* dans le paiement; **~ˌweise** *f* mode *m* de paiement.

Zählwerk ['tsɛ:lvɛrk] *n* (mécanisme *m*) compteur *m*.

Zahl|wert ['tsa:lve:rt] *m* valeur *f* numéraire; **~wort** *n* ⟨~(e)s; ≈er⟩ *gr.* adjectif numéral; nom *m* de nombre; **~ˌzeichen** *n* chiffre *m*.

zahm [tsa:m] *adj.* *Tier* apprivoisé; *fig. von Personen* (*gefügig*) docile; traitable; souple; (*sanft*) doux, douce; ~ werden s'apprivoiser.

zähm|bar ['tsɛ:mba:r] *adj.* apprivoisable; domptable; **~en** *v/t.* ⟨h⟩ *Tier* apprivoiser; (*bändigen*) dompter; (*zu e-m Haustier machen*) domestiquer; *wildes Pferd* réduire; *fig.* maîtriser; *Leidenschaften auch* refréner.

Zahmheit ['tsa:mhaɪt] *f* ⟨~⟩ docilité *f*; douceur *f*.

Zähmung ['tsɛ:muŋ] *f* ⟨~⟩ *von Tieren* apprivoisement *m*; (*Bändigung*) domptage *m*; (*Umwandlung in ein Haustier*) domestication *f*; *fig., der Leidenschaften* refrènement *m*; der Widerspenstigen ~ *cf.* Widerspenstige(r).

Zahn [tsa:n] *m* ⟨~(e)s; ≈e⟩ dent *f* (*auch e-r Säge, e-s Zahnrades*); sich die Zähne putzen se laver, se nettoyer, se brosser les dents; *Kind* Zähne bekommen faire ses dents; gute Zähne haben avoir de bonnes dents, une bonne denture; sich e-n ~ ziehen lassen se faire arracher, extraire une dent; j-m den ~ ziehen (*j-m e-e törichte Absicht ausreden*) dissuader, détourner qn. d'une idée folle; die Zähne verlieren perdre ses dents; *Kamm, Säge* s'édenter; sich e-n ~ ausbrechen s'ébrécher une dent; j-m e-n ~ ausbrechen casser une dent à qn.; *e-r Säge etc.* die Zähne ausbrechen édenter (une scie); sich die Zähne in Ordnung bringen lassen se faire soigner les dents; *techn.* mit Zähnen versehen *cf.* zähnen; die Zähne zusammenbeißen serrer les dents; F mit den Zähnen klappern claquer des dents; mit den Zähnen knirschen grincer des dents; *Hund* die Zähne fletschen montrer les crocs; bis an die Zähne bewaffnet armé jusqu'aux dents; zwischen den Zähnen murmeln parler entre ses dents; marmotter; marmonner; bredouiller; F bafouiller; F *fig.* j-m auf den ~ fühlen sonder qn.; tâter le pouls de qn.; sonder les intentions de qn.; F *fig.* Haare auf den Zähnen haben savoir se défendre; avoir bec et ongles; n'avoir pas froid aux yeux; F *fig.* j-m die Zähne zeigen montrer les dents à qn.; F *fig.* sich die Zähne an etw. ausbeißen se casser les dents sur qc.; F *fig.* die Zähne nicht auseinanderkriegen garder le silence; F ne pas desserrer les dents; P ne (pas) piper mot; F *fig.* das ist nur für den, das reicht für e-n hohlen ~ il n'y en a que pour une dent creuse; F *fig.* e-n ~ draufhaben mener un, rouler à un train d'enfer; *fig.* der ~ der Zeit les ravages, les outrages du temps; **~arzt** *m*, **~ˌärztin** *f* (chirurgien *m*) dentiste *m, f*; **2ˌärztlich** *adj.* de *od.* du dentiste; dentaire; **~arztˌpraxis** *f* cabinet *m* dentaire; **~ˌausfall** *m* chute *f* des dents; **~beˌhandlung** *f* soins *m/pl.* dentaires; **~bein** *n* ⟨~(e)s⟩ *anat.* ivoire *m*; dentine *f*; **~beˌlag** *m cf.* Zahnstein; **~bettˌschwund** *m méd. cf.* Zahnfleischschwund; **~ˌbildung** *f physiol.* dentition *f*; **~ˌbürste** *f* brosse *f* à dents.

Zähnchen ['tsɛ:nçən] *n* ⟨~s; ~⟩ denticule *m*; (*Kinder*2) F quenotte *f*.

Zahn|creme ['tsa:nkre:m] *f cf.* Zahnpasta; **~ˌdurchbruch** *m physiol.* dentition *f*.

Zähne|fletschen ['tsɛ:nəˌflɛtʃən] *n* ⟨~s⟩ *verbal* (*cf.* Zahn); **~ˌklappern** *n* claquement *m* de dents; **~ˌknirschen** *n* grincement *m* de dents; **2ˌknirschend** *advt.* en grinçant des dents.

zähneln ['tsɛ:nəln] *v/t.* ⟨-(e)le, h⟩ *cf.* zähnen.

zahnen ['tsa:nən] I *v/i.* ⟨h⟩ *Kinder* faire ses dents; II 2 *n* ⟨~s⟩ dentition *f*.

zähnen ['tsɛ:nən] *v/t.* ⟨h⟩ *techn.* denter; endenter; (*zacken*) denteler.

Zahn|ersatz ['tsa:nʔɛrˌzats] *m* dents artificielles; (*Prothese*) prothèse *f* dentaire; dentier *m*; **~ˌfäule** *f méd.* carie *f* dentaire; **~ˌfieber** *n méd.* fièvre *f* de dentition; **~ˌfistel** *f méd.* fistule *f* dentaire; **~fleisch** *n anat.* gencive(s) *f* (*pl.*); **~fleischentˌzündung** *f méd. sc.* gingivite *f*; **~fleischˌschwund** *m méd.* déchaussement *m* des dents; **2ˌförmig** *adj.* dentiforme; *sc.* odontoïde; **~ˌfüllung** *f cf.* ~plombe; **~geˌschwür** *n méd.* abcès *m* de la gencive; *sc.* parulie *f*; **~hals** *m anat.* collet *m* d'une dent; **~ˌheilkunde** *f* odontologie *f*; art *m* dentaire; **~ˌhöhle** *f anat.* alvéole *m* dentaire; **~ˌkaries** *f cf.* ~fäule; **~ˌklinik** *f* institut *m* dentaire; **~ˌkrankheit** *f* maladie *f* des dents; **~kranz** *m techn.* couronne dentée; **~krem** *f* (F *auch m*) *cf.* ~pasta; **~ˌkrone** *f anat.* couronne *f* d'une dent; **~ˌkupplung** *f techn.* couplage *m* par engrenage; **~laut** *m phon.* dentale *f*; **~ˌlilie** *f bot.* erythrone *m*; **2los** *adj.* sans dents; dépourvu de dents; édenté; **~ˌlücke** *f* brèche *f* entre les dents; dent ébréchée; creux *m* entre les dents (*auch techn.*); **~mediˌzin** *f cf.* ~heilkunde; **~mark** *n anat.* pulpe *f* dentaire; **~nerv** *m anat.* nerf *m* dentaire; **~ˌpasta** *f* ⟨~; -sten⟩, **~ˌpaste** *f* (*pâte f*) dentifrice *m*; Tube ~ tube *m* de dentifrice; **~ˌpflege** *f* soins *m/pl.* dentaires; hygiène *f* dentaire; **~pflegeˌmittel** *n* produit *m* d'hygiène dentaire; **~ˌplombe** *f* plombage *m*; obturation *f*; **~proˌthese** *f* prothèse *f* dentaire; dentier *m*; **~ˌpulver** *n* poudre *f* dentifrice; **~putzˌglas** *n* verre *m* à dents; **~rad** *n techn.* roue dentée; *kleines* pignon *m*; **~radˌantrieb** *m techn.* entraînement *m* par engrenages; **~radˌbahn** *f* chemin *m* de fer à crémaillère; **~radgeˌtriebe** *n techn.* engrenage *m*; train *m*, boîte *f* d'engrenages; **~ˌreihe** *f* obere, untere ~ denture supérieure, inférieure; dentier supérieur, inférieur; **2ˌreinigend** *adjt.* dentifrice; **~schmelz** *m* émail *m* des dents; **~schmerz** *m* mal *m* de dent; *sc.* odontalgie *f*; ~en haben avoir mal aux dents; wahnsinnige ~en rage *f* de dents; (gut) gegen ~en odontalgique (*m auch* Mittel gegen ~en); **~schnekke** *f zo.* dentale *f*; **~schnitt** *m bât.* denticule *m*; **~schutz** *m der Boxer* protège-dents *m*; **~ˌseife** *f* savon *m* dentifrice; **~ˌspiegel** *m* miroir *m* dentaire; **~ˌstange** *f techn.* crémaillère *f*; **~stein** *m* ⟨~(e)s⟩ tartre *m* dentaire; **~ˌstocher** *m* cure-dent *m*; **~stumpf** *m* chicot *m*; **~ˌtechniker** *m* mécanicien-dentiste *m*; **~ung** *f* ⟨~; ~en⟩ *techn.* denture *f*; **~ˌwale** *m/pl. zo.* denticètes *m/pl.*; **~ˌwechsel** *m* seconde dentition; **~weh** *n cf.* ~schmerz; **~wurz** *f* ⟨~⟩ *bot.* dentaire *f*; **~ˌwurzel** *f anat.* racine *f* de la dent; **~ˌzange** *f* davier *m*; **~ˌziehen** *n* extraction *f* (de dent); **~ˌzwischenˌräume** *m/pl.* interstices *m/pl.* dentaires.

Zander ['tsandər] *m* ⟨~s; ~⟩ *zo.* sandre *m, oft auch f*.

Zange ['tsaŋə] *f* ⟨~; ~n⟩ (*Kneif*2, *Beiß*2) tenaille(s) *f* (*pl.*); *des Hufschmieds* tricoises *f/pl.*; (*Flach*2) pince *f* (plate); *méd.* (*Geburts*2) forceps *m*; *zo., zangenartiger Körperteil* pinces *f/pl.*;

fig., milit. **in die ⁓ nehmen** prendre en tenaille; F *fig.* **nicht mit der ⁓ anzufassen sein** ne pas être à prendre avec des pincettes; **⁓nbeˌwegung** *f milit.* mouvement *m* de tenaille; **⁓ngeˌburt** *f méd.* accouchement *m* au forceps, aux fers.

Zank [tsaŋk] *m* ⟨⁓(e)s⟩ querelle *f*; démêlé *m*; (*Wortwechsel*) dispute *f*; (*lebhafte Auseinandersetzung*) altercation *f*; F prise *f* de bec; chamaillerie *f*; *um Kleinigkeiten* F bisbille *f*; **in diesem Haus gibt es nur ⁓ u. Streit** on ne cesse de se quereller, de se disputer, F de se chamailler dans cette maison; **⁓ˌapfel** *m* ⟨⁓s⟩ pomme *f* de discorde; **Ƨen** *v/réfl.* ⟨h⟩ **sich (mit j-m) ⁓** se disputer, se quereller, F se chamailler (avec qn.); F avoir une prise de bec avec qn.; **sich um etw. ⁓** se disputer qc., pour qc., à propos de qc.

Zänker(in) [ˈtsɛŋkər(ɪn)] *m* ⟨⁓s; ⁓⟩ (*f*) ⟨⁓; ⁓nen⟩ querelleur, -euse *m, f*; F mauvais coucheur.

Zankerei [ˌtsaŋkəˈraɪ] F *f* ⟨⁓; ⁓en⟩ querelles continuelles; disputes *f/pl.* sans fin; F chamailleries *f/pl.*

Zänkereien [ˌtsɛŋkəˈraɪən] *f/pl.* F bisbilles *f/pl.*

zänkisch [ˈtsɛŋkɪʃ] *adj.* querelleur, -euse; acariâtre; ʻhargneux, -euse; **⁓es Weib** F ʻharpie *f*; P garce *f*; chipie *f*; chameau *m*; **⁓es Wesen** humeur *f*, caractère *m* acariâtre.

Zank|sucht [ˈtsaŋkzuxt] *f* ⟨⁓⟩ esprit querelleur; humeur querelleuse, batailleuse; **Ƨˌsüchtig** *adj.* querelleur, -euse.

Zäpfchen [ˈtsɛpfçən] *n* ⟨⁓s; ⁓⟩ **1.** *anat.* luette *f* (du palais); *sc.* uvule *f*; **2.** *méd.* suppositoire *m*; **⁓-R** [-ˌʔɛr] *n phon.* r *m* uvulaire.

Zapfen [ˈtsapfən] *m* ⟨⁓s; ⁓⟩ *e-s Fasses* bouchon *m*; bonde *f*; bondon *m*; broche *f*, tape *f* (*auch e-s Rohres*); *techn.* tenon *m* (*auch charp.*); cheville *f*; goujon *m*; goupille *f*; (*Dreh*Ƨ) pivot *m*; (*Lager*Ƨ) tourillon *m*; *bot.* cône *m*; strobile *m*; *der Kiefer auch* pomme *f* (de pin).

zapfen [ˈtsapfən] **I** *v/t.* ⟨h⟩ *Wein, Bier* tirer (au tonneau); **II** Ƨ *n* ⟨⁓s⟩ tirage *m* (au tonneau).

Zapfen|ausschnitt [ˈtsapfənˌʔausʃnɪt] *m charp. cf.* **⁓loch**; **⁓ˌlager** *n techn.*, *e-s Lagerzapfens* palier *m*; *e-s Drehzapfens* crapaudine *f*; cuvette *f*; **⁓ˌloch** *n charp.* mortaise *f*; **⁓ˌstreich** *m milit.* couvre-feu *m*; *zum Abschluß e-s Manövers etc.* retraite *f*; **den ⁓ blasen** sonner le couvre-feu, la retraite; **Ƨˌtragend** *adjt. bot.* conifère.

Zapf|säule [ˈtsapfˌzɔʏlə] *f für Benzin cf.* **⁓stelle**; **⁓ˌstelle** *f für Benzin* pompe *f* à essence; distributeur *m* d'essence; *für Wasser* prise *f* d'eau.

zappel|ig [ˈtsapəˌlɪç] *adj.* frétillant; remuant; (*ungeduldig*) impatient; (*nervös*) nerveux, -euse; **⁓n I** *v/i.* ⟨-(e)le, h⟩ frétiller; s'agiter; *mit den Beinen* F gigoter; **vor Ungeduld ⁓** frétiller d'impatience; F *fig.* **j-n ⁓ lassen** laisser, faire languir qn.; F tenir la dragée ʻhaute à qn.; **II Ƨn** *n* ⟨⁓s⟩ frétillement *m*; **Ƨˌphilipp** F *m* ⟨⁓s; ⁓e *od.* ⁓s⟩ enfant *m* qui remue, frétille, gigote sans cesse.

Zar|(in) [ˈtsaːr(ɪn)] *m* ⟨⁓en; ⁓en⟩ (*f*) ⟨⁓; ⁓nen⟩ tsar, -ine *m, f*; **⁓enˌtum** *n* ⟨⁓(e)s⟩ tsarisme *m*.

Zarewitsch [tsaˈreːvɪtʃ] *m* ⟨⁓(e)s; ⁓e⟩ tsarévitch *m*.

Zarge [ˈtsargə] *f* ⟨⁓; ⁓n⟩ *e-r Schachtel* corps *m* (de boîte); *e-s Fensters, e-r Tür* châssis *m*; cadre *m*; encadrement *m*; *e-s Plattenspielers* socle *m*; *e-s Saiteninstruments* éclisse *f*.

zaristisch [tsaˈrɪstɪʃ] *adj.* tsariste.

zart [tsart] *adj.* tendre (*auch Fleisch, Farben*); *Haut, Hände, Gesundheit, Empfindung, Hauch* délicat; *Stimme, Klang, Melodie, Hauch* doux, douce; *Gewebe* fin; ténu; *Körper* frêle; (*zerbrechlich*) fragile (*auch Gesundheit*); (*leicht*) léger, -ère (*auch Hauch*); (*schwach*) faible; **das ⁓e Geschlecht** (*die Frauen*) le sexe faible; **im ⁓en Alter** en bas âge; **vom ⁓esten Kindesalter an** dès l'âge le plus tendre; **etw. ⁓ behandeln** manipuler qc. délicatement; **j-n ⁓ behandeln** traiter qn. avec ménagement; **⁓beˌsaitet** *adj.* qui a l'âme tendre; **⁓ˈblau** *adj.* bleu tendre; **⁓ˌfühlend** *adjt.* délicat; (*taktvoll*) qui a un grand tact; d'un tact parfait; **Ƨgeˌfühl** *n* ⟨⁓(e)s⟩ délicatesse *f* (de sentiment); sentiment délicat; tact *m*; **⁓ˌgliedrig** *adj.* qui a les membres délicats; **Ƨheit** *f* ⟨⁓⟩ *der Haut, Empfindung etc.* délicatesse *f*; *der Stimme, e-r Melodie etc.* douceur *f*; *e-s Gewebes* finesse *f*; (*Zerbrechlichkeit*) fragilité *f*; (*Schwäche*) faiblesse *f*; *des Fleisches* tendreté *f*.

zärtlich [ˈtsɛrtlɪç] **1.** *adj.* tendre; affectueux, -euse; **2.** *adv.* **j-n ⁓ lieben** aimer qn. tendrement; **j-n ⁓ anblicken** regarder qn. tendrement, d'un air tendre; **Ƨkeit** *f* ⟨⁓; ⁓en⟩ tendresse *f*; affection *f*; **⁓en** *pl.* caresses *f/pl.*; **Ƨkeitsbeˌdürfnis** *n* besoin *m* de tendresse.

zartrosa [ˈtsartˈroːza] *adj.* rose tendre.

Zäsium [ˈtsɛːziˑʊm] *n* ⟨⁓s⟩ *chim.* cæsium *od.* césium [-jɔm] *m*.

Zaster [ˈtsastər] F *m* ⟨⁓s⟩ *cf.* **Moneten.**

Zäsur [tsɛˈzuːr] *f* ⟨⁓; ⁓en⟩ *métr.* césure *f*.

Zauber [ˈtsaubər] *m* ⟨⁓s; ⁓⟩ charme *m*; envoûtement *m*; enchantement *m*; (*zauberische Wirkung*) effet *m* magique (*alle auch fig.*); sortilège *m*; *fig.* magie *f*; prestige *m*; **den ⁓ lösen, bannen** rompre, ôter, lever le charme; rompre l'enchantement; F *fig.* **fauler ⁓!** chansons, balivernes que tout cela!; **⁓ˌbuch** *n* livre *m* de magie; grimoire *m*.

Zauberei [ˌtsaubəˈraɪ] *f* ⟨⁓; ⁓en⟩ (*das Zaubern*) enchantement *m*; envoûtement *m*; ensorcellement *m*; (*Zauberkunst*) magie *f*; sortilège *m*; sorcellerie *f* (*auch fig.*); **⁓ treiben** user de charmes, d'enchantement(s), de sortilèges; pratiquer la magie, la sorcellerie, l'envoûtement; recourir à des sortilèges.

Zauber|er [ˈtsaubərər] *m* ⟨⁓s; ⁓⟩, **⁓in** *f* ⟨⁓; ⁓nen⟩ magicien, -nne *m, f*; enchanteur, -teresse *m, f*; sorcier, -ère *m, f* (*auch fig.*); **⁓ˌflöte** *f* **die ⁓** la Flûte enchantée; **⁓ˌformel** *f* formule *f* magique, d'envoûtement; **Ƨˌhaft** *adj. fig.* (*wunderschön*) enchanteur, -teresse; ravissant; merveilleux, -euse; **Ƨisch** *adj.* magique; enchanté; enchanteur, -teresse; féerique; prestigieux, -euse; **⁓ˌkraft** *f* pouvoir *m*, vertu *f* magique; **Ƨˌkräftig** *adj.* magique; **⁓ˌkunst** *f* magie *f*; (*Taschenspielerkunst*) prestidigitation *f*; **Zauberkünste** *pl.* tours *m/pl.* de magicien, *des Zauberkünstlers* de prestidigitateur, de prestidigitation, d'adresse; **⁓ˌkünstler** *m* prestidigitateur *m*; illusionniste *m*; **⁓ˌlehrling** *m* apprenti sorcier; **⁓ˌmantel** *m* cape *f* magique; **⁓ˌmittel** *n* charme *m*; sortilège *m*; **Ƨn I** *v/t.* ⟨-(e)re, h⟩ *von e-m Zauberkünstler* **etw. aus der Tasche ⁓** faire sortir qc. de sa poche comme par enchantement; **j-m etw. in die Tasche ⁓** faire passer qc. comme par enchantement dans la poche de qn.; **II** *v/i.* user de charmes, d'enchantement(s), de sortilèges; pratiquer la magie, la sorcellerie; *von e-m Zauberkünstler* faire des tours d'adresse, de prestidigitation; **⁓ können** être magicien, -nne, sorcier, -ère (*auch fig.*); **III ⁓n** *n* ⟨⁓s⟩ pratique *f* de la magie, de la sorcellerie; enchantements *m/pl.*; *e-s Zauberkünstlers* tours *m/pl.* d'adresse, de prestidigitation; **⁓ˌreich** *n* pays enchanté; **⁓ˌring** *m* anneau *m* magique; **⁓ˌschlag** *m fig.* **wie mit e-m ⁓e** comme par enchantement; **⁓ˌschloß** *n* château enchanté; **⁓ˌspiegel** *m* miroir *m* magique; **⁓ˌspruch** *m* formule *f* magique; incantation *f*; **⁓ˌstab** *m* baguette *f* magique; **⁓ˌstück** *n* tour *m* de magicien, *e-s Zauberkünstlers* de prestidigitateur, de prestidigitation, d'adresse; **⁓ˌtrank** *m* breuvage *m* magique; philtre *m*; **⁓ˌwerk** *n cf.* **Zauberei**; **⁓ˌwort** *n* ⟨⁓(e)s; ⁓e⟩ parole *f* magique.

Zaubrer(in) [ˈtsaubrər(ɪn)] *m* ⟨⁓s; ⁓⟩ (*f*) ⟨⁓; ⁓nen⟩ *cf.* **Zauberer, Zauberin.**

Zauderei [ˌtsaudəˈraɪ] *f* ⟨⁓⟩ *cf.* **zaudern II.**

Zauder|er [ˈtsaudərər] *m* ⟨⁓s; ⁓⟩, **⁓in** *f* ⟨⁓; ⁓nen⟩ esprit hésitant, indécis, irrésolu; *der e-e günstigere Gelegenheit abwartet* temporisateur, -trice *m, f*; F barguigneur *m*; **Ƨn I** *v/i.* ⟨-(e)re, h⟩ hésiter (**etw. zu tun** à faire qc.); (*zögern*) tarder (à); (*abwarten*) temporiser; F barguigner; (*unentschlossen sein*) être indécis, irrésolu; **ohne zu ⁓** sans hésiter, F barguigner; **nicht gezaudert!** pas d'hésitation!; **II ⁓n** *n* ⟨⁓s⟩ hésitation *f*; (*Unentschlossenheit*) indécision *f*; irrésolution *f*; (*Abwarten*) temporisation *f*; **da hilft kein ⁓** il n'y a pas à hésiter.

Zaudrer(in) [ˈtsaudrər(ɪn)] *m* ⟨⁓s; ⁓⟩ (*f*) ⟨⁓; ⁓nen⟩ *cf.* **Zauderer, Zauderin.**

Zaum [tsaum] *m* ⟨⁓(e)s; ⁓̈e⟩ bride *f*; *fig. auch* frein *m*; **e-m Pferd den ⁓ anlegen** brider un cheval; mettre la bride à un cheval; *fig. s-e Leidenschaften, Begierden* **im ⁓ halten** contenir; dominer; maîtriser; mettre un frein à; **s-e Zunge im ⁓ halten** tenir sa langue; **sich (selbst) im ⁓ halten** se dominer; **j-n im ⁓ halten** tenir la bride ʻhaute à qn.

zäumen [ˈtsɔʏmən] *v/t.* ⟨h⟩ brider; mettre la bride (à).

Zaumzeug [ˈtsaumtsɔʏk] *n* bride *f*.

Zaun [tsaun] *m* ⟨⁓(e)s; ⁓̈e⟩ clôture *f*; enclos *m*; *aus Pfählen* palissade *f*; **lebender ⁓** ʻhaie *f*; *fig.* **e-n Streit vom ⁓ brechen** faire, chercher une querelle d'Allemand; **⁓gast** F *m* resquilleur *m*; **⁓ˌkönig** *m zo. sc.* troglodyte *m*; *abus.* roitelet *m*; **⁓ˌlücke** *f* trouée *f*; **⁓pfahl** *m* pieu *m*; palis *m*; F *fig.* **ein Wink mit dem ⁓** *cf.* **Wink**; **⁓ˌrebe** *f bot.* chèvrefeuille *m*; **⁓ˌrübe** *f bot.* bryone *f*; **⁓ˌweide** *f bot.* troène *m*; **⁓ˌwinde** *f bot.* liseron *m* des ʻhaies.

zausen [ˈtsauzən] *v/t.* ⟨-(es)t, h⟩ **j-n bei den Haaren ⁓, j-m die Haare ⁓** tirer les cheveux à qn.; *fig.* **das Leben hat ihn arg gezaust** la vie l'a durement éprouvé.

Zebaoth [ˈtseːbaɔt] *pl. bibl.* **der Herr ⁓** Dieu Sabaoth *od.* Sebaoth.

Zebra [ˈtseːbra] *n* ⟨⁓s; ⁓s⟩ *zo.* zèbre *m*; **Ƨˌartig** *adj.* **⁓ gestreift** zébré; **⁓ˌstreifen** *m/pl.* zébrure *f*; *auf der Straße* passage *m* pour piétons.

Zebu [ˈtseːbuˑ] *m* ⟨⁓s; ⁓s⟩ *zo.* zébu *m*.

Zech|bruder [ˈtsɛçˌbruːdər] F *m* buveur *m*; F compagnon *m* de la dive bouteille; (*Betrunkener*) P poivrot *m*; pochard *m*; **~ˌbummel** *m* e-n ~ machen faire la tournée des Grands Ducs; **~e** *f* ⟨~; ~n⟩ **1.** (*Wirtshausrechnung*) addition *f*; *zu zahlender Anteil* écot *m*; (*Verzehr*) consommation *f*; **s-e ~ bezahlen** payer son écot; *par ext.* payer l'addition, la consommation; **um die ~ spielen** jouer la consommation; **die ~ prellen** partir sans payer; F resquiller; planter un drapeau; *fig.* **die ~ bezahlen** faire les frais (de); payer les pots cassés; **2.** *mines* mine *f* de charbon; charbonnage *m*; (*Steinkohlen2*) 'houillère *f*; **e-e ~ stillegen** cesser, arrêter l'exploitation d'une mine; **2en I** *v/i.* ⟨h⟩ boire (copieusement); F chopiner; P pinter; lamper; picoler; (*ein Gelage halten*) F godailler; bambocher; P faire ribote; **II ~en** *n* ⟨~s⟩ beuverie *f*; F libations *f/pl.*; P bamboche *f*; ribote *f*; **~enˌbahn** *f mines* chemin de fer minier; **~enˌhof** *m* carreau *m* de la mine; **~enˌkoks** *m* coke *m* métallurgique; **~enˌteer** *m* goudron *m* de coke; **~enverˌwaltung** *f* administration *f* de la mine; **~er** *m* ⟨~s; ~⟩ *cf.* **~bruder**; **~eˈrei** *f* ⟨~; ~en⟩, **~geˌlage** *n cf.* **2en II**.

Zechinen [tsɛˈçiːnən] P *pl. cf.* Moneten.

Zech|kumpan [ˈtsɛçkumˌpaːn] *m* F copain *m* de bistrot; **~ˌpreller** *m* F resquilleur *m*; **er ist ein ~** il a filé, il est parti sans payer; F il a fait de la resquille; **~prelleˌrei** *f* grivèlerie *f*; F resquille *f*; **auf ~ ausgehen** griveler; **~schuld** *f* **~en haben** avoir des dettes de bistrot, cabaret; **~stein** *m* ⟨~(e)s⟩ *minéral.* zechstein *m*.

Zecke [ˈtsɛkə] *f* ⟨~; ~n⟩ *zo.* tique *f*; *sc.* ixode *m*.

Zedent [tseˑˈdɛnt] *m* ⟨~en; ~en⟩ *comm.* cédant *m*.

Zeder [ˈtseːdər] *f* ⟨~; ~n⟩ *bot.* cèdre *m*; **~nˌholz** *n* (bois *m* de) cèdre *m*; **~nˌwald** *m* forêt *f* de cèdres.

zedier|bar [tseˑˈdiːrˌbaːr] *adj.* cessible; **~en I** *v/t.* ⟨*pas de ge-*, h⟩ céder; faire cession (de); **II 2en** *n* ⟨~s⟩ cession *f*.

Zedrach [ˈtseːdrax] *m* ⟨~s⟩ *bot.* mélia *m*; azédarac(h) *m*.

Zeh [tseː] F *m* ⟨~(e)s; ~en⟩ *cf.* Zehe.

Zehe [ˈtseːə] *f* ⟨~; ~n⟩ *von Menschen* orteil *m*; *von Menschen u. Tieren* doigt *m* de pied; *von Knoblauch* gousse *f*; **große ~** (gros) orteil; gros doigt; **kleine ~** petit orteil; petit doigt; **sich auf die ~n stellen** se mettre, se dresser sur la pointe des pieds; **auf den ~n gehen** marcher sur la pointe des pieds; **j-m auf die ~n treten** (*auch fig.*) marcher sur le pied de qn.; *fig.* marcher sur les pieds de qn. (*aber in beiden Fällen* il lui a marché sur ...); vexer qn.; **~nˌgänger** *m/pl. zo.* digitigrades *m/pl.*; **~nˌspitze** *f* **auf ~n** sur la pointe des pieds; (*sehr leise*) à pas de loup; à pas feutrés.

zehn [tseːn] **I** *adj. num. c.* dix; **die 2 Gebote** les dix commandements; le Décalogue; **etwa ~** une dizaine (de); **Zeitraum von ~ Tagen** décade *f*; **wir sind zu ~en** *od.* **zehnt** nous sommes dix; **es ist halb ~** il est neuf heures et demie; *fig.* **sich etw. an den ~ Fingern abzählen können** pouvoir prévoir qc.; *fig.* **sich alle ~ Finger nach etw. lecken** se lécher les doigts de qc.; **II 2** *f* ⟨~; ~en⟩ (nombre *m*, chiffre *m*) dix *m*; **2eck** *n* ⟨~(e)s; ~e⟩ *math.* décagone *m*; **~ˌeckig** *adj.* à dix côtés; *sc.* décagonal; **2ˌender** *m* ⟨~s; ~⟩ *ch.* cerf *m* (à) dix cors; **2er** *m* ⟨~s; ~⟩ *math.* dizaine *f*; F pièce *f* de dix pfennigs; billet *m* de dix marks; **~erˌlei** *adj.* ⟨*inv.*⟩ de dix espèces; dix sortes de; **2erˌpackung** *f* paquet *m* de dix; **2erˌreihe** *f math.* colonne *f* des dizaines; **2erˌstelle** *f math.* dizaine *f*; **2ersysˌtem** *n* système décimal; **~fach**, **~ˌfältig** *adj.* décuple; *adv.* dix fois autant; **das Zehnfache** le décuple; **2ˈfingersysˌtem** *n Schreibmaschine* système *m* à dix doigts; **2ˌflächner** *m* ⟨~s; ~⟩ *math.* décaèdre *m*; **~ˌfüßig** *adj. zo.* à dix pattes; *sc.* décapode; **2ˌfüß(l)er** *m/pl. zo. sc.* décapodes *m/pl.*; **2ˈjahresˌplan** *m* plan décennal; **~ˌjährig** *adj.* **1.** (âgé) de dix ans; **2.** de *od.* qui dure dix ans; décennal; **2kampf** *m Sport* décathlon *m*; **2ˌkämpfer** *m Sport* athlète *m* du décathlon; *néol.* décathlonien *m*; **~ˌköpfig** *adj. Familie* de dix têtes; **~mal** *adv.* dix fois; **~ˌmalig** *adj.* répété dix fois; **2ˈmarkschein** *m* billet *m* de dix marks; **2ˈmeterˌbrett** *n e-s Sprungturms* plate-forme *f* de dix mètres; **2ˈpfennigˌstück** *n* pièce *f* de dix pfennigs; **~proˌzentig** *adj.* à dix pour cent; **2ˌsilber** *m* ⟨~s; ~⟩ *métr.* décasyllabe *m*; **~ˌsilbig** *adj.* de dix syllabes; *sc.* décasyllab(iqu)e; **~ˌstündig** *adj.* de dix heures; **~ˌtägig** *adj.* de dix jours; **~ˈtausend** *adj. num. c.* dix mille; F **die oberen 2** les deux cents familles; **~te I** *adj. num. o.* dixième; **~s Kapitel** chapitre dix; dixième chapitre; **der** (*od.* den, am) **~(n)** (10.) **Oktober** le dix (10) octobre; **II 2te** *m* ⟨~n; ~n⟩ *hist.* dîme *f*; **den ~n geben, erheben, fordern** payer, prendre, lever la dîme; **~ˌteilig** *adj.* composé de dix parties; divisé en dix (parties); **2ˌteilung** *f* division décimale; **2tel** *n* ⟨~s; ~⟩ dixième *m*; **~tens** *adv.* dixièmement; en dixième lieu, position; **~ˌwöchig** *adj.* de dix semaines; **~ˌzeilig** *adj.* de dix lignes.

zehr|en [ˈtseːrən] *v/i.* ⟨h⟩ **1. von etw. ~** vivre sur qc., *fig.* de qc.; **von s-n Vorräten ~** vivre sur ses provisions; **von s-m Fett ~** vivre sur ses réserves, F sur sa graisse; *fig.* **von den Erinnerungen, s-m Ruhm ~** vivre de ses souvenirs, de sa gloire; **2.** *Seeluft, das Baden etc.* (*mager machen*) faire maigrir; *Kummer, Sorge etc.* **an j-m ~** miner, ronger, consumer qn.; **2geld** *n*, **2ˌpfennig** *m* viatique *m*.

Zeichen [ˈtsaɪçən] *n* ⟨~s; ~⟩ signe *m*; *wahrnehmbares, verabredetes* signal *m*; (*Kenn2*) marque *f*; (*Merk2*) repère *m*; (*Namens2*) sigle *m*; (*An2*) indice *m*; *méd.*, *fig.* symptôme *m*; *sinnbildliches, e-r Würde etc.* insignes *m/pl.*; (*Beweis*) preuve *f*; témoignage *m*; (*Vor2*) augure *m*; présage *m*; *chim.*, *math.* symbole *m*; *astr.* signe *m*; **akustisches ~** signal acoustique, audible; **das ~ des Kreuzes** le signe de la croix; **ein ~ des Himmels** un signe, avertissement du ciel; **ein ~ von Gesundheit** un signe de santé; **die ~ der Zeit** les signes des temps; *comm.* **Ihr ~** votre référence; **ein ~ mit dem Kopf geben** faire signe de la tête; faire un signe de tête; **das ~ zum Aufbruch geben** donner le signal du départ; **j-m ein ~ geben, etw. zu tun** faire signe à qn. de faire qc.; **sich durch ~ verständigen** se faire comprendre par (des) signes; *gr.* **die ~** (*Satz2*) **setzen** mettre (les signes de) la ponctuation; **das ist ein gutes, schlechtes ~** c'est de bon, mauvais augure; c'est bon, mauvais signe; **er ist s-s ~s Schmied** il est forgeron (de son état, de son métier); **das ist ein sicheres ~, daß er vor drei Stunden noch lebte** c'est un indice certain qu'il vivait encore il y a trois heures; **er empfing mich mit allen ~ der Hochachtung** il me reçut avec toutes les marques de son estime; **als** *od.* **zum ~ meiner Dankbarkeit, Freundschaft** en *od.* comme signe, témoignage de ma reconnaissance, de mon amitié; **auf ein ~** à un signal donné; sur un signal; **im ~ des Steinbocks, des wirtschaftlichen Aufschwungs** sous le signe du capricorne, de la haute conjoncture; **zum ~, daß ...** pour montrer, prouver que ...; (pour *od.* comme) preuve que ...; **~appaˌrat** *m cf.* **~maschine**; **~ˌblock** *m* ⟨~(e)s; **~e** *od.* **~s**⟩ bloc *m* de papier à dessin; **~ˌbrett** *n* planche *f* à dessin; **~büˌro** *n* bureau *m* de dessin; **~ˌdeuter** *m* augure *m*; devin *m*; **~ˌdeutung** *f* divination *f*; **~ˌdreieck** *n* équerre *f* à dessin; **~erˌklärung** *f auf den Landkarten* légende *f*; **~ˌfeder** *f* plume *f* à dessin; **~ˌgebung** *f* ⟨~⟩ signalisation *f*; **~ˌgeld** *n* monnaie *f* fiduciaire; **~geˌrät** *n* nécessaire *m* à dessiner; **~ˌheft** *n* cahier *m* à dessin; **~ˌkohle** *f* fusain *m*; **~ˌkunst** *f* (art *m* du) dessin *m*; **~ˌlehrer(in)** *m* (*f*) professeur *m* de dessin; **~maˌschine** *f* appareil *m* à dessiner; **~ˌmappe** *f* carton *m* à dessin; **~materiˌal** *n* matériel *m*, accessoires *m/pl.* pour le dessin; **~paˌpier** *n* papier *m* à dessin; **~ˌrolle** *f* registre *m* des marques (de fabrique); **~ˌsaal** *m* salle *f* de dessin; **~ˌschutz** *m* protection *f* des marques (de fabrique); **~ˌsetzung** *f* ⟨~⟩ ponctuation *f*; **~ˌsprache** *f* langage *m* par signes, par gestes; **~ˌstift** *m* crayon *m* à dessin; **~ˌstunde** *f* leçon *f* de dessin; **~ˌtisch** *m* table *f* à dessin(er); **~ˌtrickfilm** *m* dessin animé; **~ˌunterricht** *m* leçons *f/pl.* de dessin; **~utenˌsilien** *pl. cf.* **~gerät**, **~material**; **~ˌvorlage** *f* modèle *m* (de dessin).

zeichn|en [ˈtsaɪçnən] **I** *v/t. u. v/i.* ⟨-ete, h⟩ dessiner; *Linie etc.* tracer; *Wäsche etc.* marquer; (*unter~*) signer; *Geldsumme bei e-r Sammlung, e-e Anleihe* souscrire; *ch.*, *vom Wild* marquer le coup; *fig.*, *Sorge, Erschöpfung* **j-n ~** marquer qn.; **im verkleinerten Maßstabe ~** dessiner à échelle réduite; **nach der Natur, dem Leben ~** dessiner d'après nature; **freihändig ~** dessiner à main levée; **mit Kreide ~** dessiner à la craie; *auf e-r Sammelliste* **tausend Mark ~** souscrire pour mille marks; **e-e Anleihe ~** souscrire à un emprunt; **für etw. verantwortlich ~** prendre, avoir la responsabilité de qc.; **vom Tode gezeichnet** marqué par la mort; *Schmetterling* **schön gezeichnet** bien, joliment dessiné; **II 2en** *n* ⟨~s⟩ dessin *m*; *e-r Linie etc.* traçage *m*; *e-r Geldsumme, e-r Anleihe* souscription *f*; **technisches ~** dessin industriel; **2er(in)** *m* ⟨~s; ~⟩ (*f*) ⟨~; ~nen⟩ dessinateur, -trice *m, f*; *e-r Anleihe etc.* souscripteur *m*; **technischer ~** dessinateur industriel; **~eˌrisch 1.** *adj.* de dessin; de dessinateur, -trice; **~es Talent** talent(s) de dessinateur, -trice; **2.** *adv.* au point de vue du dessin; comme dessin; **er ist ~ begabt** il est doué pour le dessin; **2ung** *f* ⟨~; ~en⟩ **1.** ⟨*pas de pl.*⟩ (*das Zeichnen*) *cf.* **~en II**; **zur ~ auflegen** mettre en souscription; **2.** (*gezeichnetes Bild*) dessin *m*; **technische ~** dessin industriel; *Schmetterling* **e-e schöne ~ haben** avoir un beau dessin.

Zeichnungs|angebot [ˈtsaɪçnuŋsˌʔangəboːt] *n comm.* offre *f*, prospectus *m* de souscription; **~ˌaufforderung** *f comm.* avis *m* de souscription; **~beˌdingungen** *f/pl. comm.* conditions *f/pl.* de souscription; **~beˌfugnis** *f* droit *m* de signer, de signature; **Über-**

tragung der ~ délégation de (la) signature; ≈be,rechtigt *adj.* autorisé à signer; ~ sein *auch* avoir la signature; **~be,trag** *m comm.* montant *m* d'une souscription; **~formu,lar** *n cf.* ~schein; **~,frist** *f comm.* délai *m* de souscription; **~,schein** *m* bulletin *m*, formulaire *m* de souscription; **~,vollmacht** *f* pouvoir *m* de signer.

Zeigefinger ['tsaɪgə,fɪŋər] *m* index *m*.

zeig|en ['tsaɪgən] **I** *v/t. u. v/i.* ⟨h⟩ montrer; faire voir; (*an den Tag legen*) faire paraître; (*zur Schau stellen*) étaler; *den Weg etc.* (*angeben*) indiquer; *e-n Film* passer; *Mut, Geduld etc.* (*beweisen*) faire preuve de; (dé)montrer; (*bezeugen*) témoigner; *durch sein Benehmen* faire acte de; auf j-n ~ montrer, indiquer, désigner qn.; mit Fingern auf j-n ~ montrer qn. du, *péj.* au doigt; *Kompaß(nadel)* nach Norden ~ indiquer, montrer le nord; *Uhr(zeiger)* auf 12 Uhr ~ marquer, indiquer midi; ~, was man kann donner sa mesure; montrer son savoir-faire; s-e Freude ~ manifester sa joie; der Angeklagte zeigte Unruhe l'accusé montrait, trahissait de la nervosité; **II** *v/réfl.* sich ~ se montrer; se produire; (*erscheinen*) paraître; apparaître; faire acte de présence; (*sich erweisen*) faire preuve de; (*sich offenbaren*) se manifester; das wird sich bald ~ cela se verra sous peu; es zeigte sich, daß ... on voyait que ...; il se trouvait que ...; es wird sich ~, ob ... le temps nous apprendra si ...; nous verrons si ...; ≈er *m* ⟨~s; ~⟩ aiguille *f*; *an Meßinstrumenten auch* index *m*; ≈er,ausschlag *m* déviation *f* de l'aiguille; ≈e,stock *m* baguette *f*.

zeihen ['tsaɪən] *st. s. v/t.* ⟨zeiht, zieh, geziehen, h⟩ j-n e-r Lüge ~ accuser qn. de mensonge.

Zeile ['tsaɪlə] *f* ⟨~; ~n⟩ ligne *f*; *von Häusern* rangée *f*; file *f*; *télév.* ligne *f* d'exploration, d'image, d'analyse; eingerückte ~ alinéa *m*; neue ~! à la ligne!; e-e neue ~ anfangen aller, mettre à la ligne; auf der dritten ~ von unten à la troisième ligne en commençant par le, en partant du bas; *impr.* die ~n eng (weit) halten serrer (chasser, espacer) les lignes; nach ~n bezahlen payer à la ligne; *péj.* ~n schinden tirer à la ligne; j-m ein paar ~n schreiben écrire quelques, deux lignes à qn.; zwischen die ~n schreiben interligner; das zwischen zwei ~n Geschriebene l'interligne *m*; l'entre-ligne *m*; *fig.* zwischen den ~n lesen lire entre les lignes.

Zeilen|abstand ['tsaɪlən,ʔapʃtant] *m* interligne *m*; entre-ligne *m*; *télév.* distance *f* entre les lignes d'exploration; **~,abtastung** *f télév.* analyse *f*, exploration *f* par lignes; **~,breite** *f télév.* largeur *f* de la ligne; **~,einsteller** *m Schreibmaschine* levier *m* de réglage d'interligne; **~fre,quenz** *f télév.* fréquence *f* de lignes; **~,gießma,schine**, **~,gußma,schine** *f impr.* linotype *f*; **~hono,rar** *n* rémunération *f* à la ligne; ~ bekommen être payé à la ligne; **~,länge** *f impr.* justification *f*; **~,schalthebel** *m Schreibmaschine* levier *m* d'interligne; **~,schinder** *péj. m* F *péj.* pondeur *m* de lignes; **~,setzma,schine** *f impr.* linotype *f*; **~,sprungver,fahren** *n télév.* analyse entrelacée; **~transfor,mator** *m télév.* convertisseur *m* de définition; transformateur *m* de lignes; **~über,lappung** *f télév.* recouvrement *m* de lignes; ≈**,weise** *adv.* par lignes; ~ bezahlen payer à la ligne; **~,zahl** *f* lignage *m*; *télév.* définition *f*; nombre *m* de lignes d'exploration; mit hoher ~ à 'haute définition; **~,zwischenraum** *m cf.* ~abstand.

Zeisig ['tsaɪzɪç] *m* ⟨~(e)s; ~e⟩ *zo.* tarin *m*; *fig.* lockerer ~ (*leichtfertiger Mensch*) *cf.* Windbeutel; ≈**,grün** *adj.* vert de tarin.

Zeit [tsaɪt] *f* ⟨~; ~en⟩ **1.** ⟨*pas de pl.*⟩ *philos.* temps *m*; ~ u. Raum le temps et l'espace; ~ u. Ewigkeit le temps et l'éternité; die ~ arbeitet für uns le temps travaille pour nous; die ~ wird es lehren qui vivra verra; die ~ heilt Wunden *prov.* le temps panse, cicatrise bien des blessures; spare in der ~, so hast du in der Not *prov.* il faut garder une poire pour la soif; mit der ~ pflückt man Rosen *prov.* tout vient à point à qui sait attendre; **2.** ⟨*pas de pl.*⟩ *über die man verfügt* temps *m*; die ~ vergeht le temps passe, s'écoule; die ~ drängt le temps presse; ~ gewinnen, vergeuden gagner, gaspiller du temps; die ~ totschlagen tuer le temps; ~ verlieren perdre du *od.* son temps; es ist keine ~ zu verlieren il n'y a pas de temps à perdre; die versäumte ~ einholen rattraper le temps perdu; keine (freie) ~ haben n'avoir pas de temps (libre); keine ~ haben, etw. zu tun ne pas avoir le temps, le loisir de faire qc.; ich habe genug ~ j'ai bien le temps; es ist genug ~ nous avons encore du temps; nous avons bien le temps; das hat noch ~, damit hat es noch ~ ce n'est pas urgent; cela ne presse, F n'urge pas; das hat noch ~ bis morgen nous pouvons remettre, renvoyer cela à demain; es ist ~, zu ... (+ *inf.*) il est temps de ... (+ *inf.*); es ist ~, daß ... il est temps que ... (+ *subj.*); es ist hohe, höchste ~ il n'est que temps; il est grand temps; es war die höchste ~ il était grand temps; F il était moins une; j-m ~ lassen donner du temps à qn.; sich ~ lassen, nehmen prendre son temps; er gönnt sich kaum ~ zum Essen il prend à peine le temps de manger; viel ~ brauchen, um zu ... (+ *inf.*) avoir besoin de beaucoup de temps pour ...; rester longtemps à ... (+ *inf.*); viel ~ kosten, in Anspruch nehmen exiger, prendre beaucoup de temps; diese Arbeit erfordert viel ~ *auch* c'est un travail de longue haleine; freie ~ loisir *m* (zu de); sich freie ~ nehmen s'accorder des loisirs; prendre du bon temps; die ~ mit Lesen verbringen, sich die ~ mit Lesen vertreiben passer le *od.* son temps à lire; j-m die ~ vertreiben faire passer le temps à qn.; ihm wird die ~ lang il trouve le temps long; le temps lui paraît long; il s'ennuie; *Sport* die ~ nehmen chronométrer (von etw. qc.); du meine ~!, du liebe ~! ah, mon Dieu!; bonté divine!; die ganze ~ über pendant tout ce temps; einige ~ später quelque temps après; *comm.* auf ~ à terme; Beamter auf ~ fonctionnaire sous contrat temporaire; auf unbestimmte ~ verschieben ajourner sine die; auf einige ~ pour quelque temps; auf kurze ~ pour peu de temps; *comm.* à court terme; auf kurze ~ verreisen entreprendre un voyage de courte durée; in kurzer ~ (*schnell*) en peu de temps; (*bald*) sous peu; avant peu; in nächster ~ prochainement; in letzter ~ ces derniers temps; im Laufe der ~, mit der ~ avec le temps; à la longue; nach einiger ~ quelque temps après; seit einiger ~ depuis quelque temps; seit langer ~ depuis longtemps; von ~ zu ~ de temps en temps; de temps à autre; vor kurzer ~ il y a peu de temps; vor langer ~ il y a longtemps; vor einiger ~ il y a quelque temps; ~ ist Geld *prov.* le temps, c'est de l'argent; wer nicht kommt zur rechten ~, der muß sehn, was übrigbleibt *prov.* qui va à la chasse perd sa place *prov.*; verlorene ~ läßt sich nicht aufholen le temps perdu ne se rattrape pas; **3.** (*Zeitalter*) temps *m*; époque *f*; période *f*; ère *f*; siècle *m*; âge *m*; die ~ Karls des Großen le temps, l'époque, le siècle de Charlemagne; die ~ der Reformation, der Renaissance l'époque de la Réforme, de la Renaissance; e-e ~ des Niedergangs une période de décadence; die vorgeschichtliche ~ l'âge, les temps, les siècles préhistorique(s); die gute alte ~ le bon vieux temps; *vor dem ersten Weltkrieg* la belle époque; die neue ~ les temps modernes; l'ère, l'époque moderne; la période contemporaine; schlechte, schwere ~en temps durs, difficiles; er ging s-r ~ voran il devança son siècle, son temps; hinter s-r ~ zurück sein, zurückbleiben retarder; être en retard sur son temps; mit der ~ gehen être de son temps; marcher avec son temps; mit der ~ Schritt halten F être à la page; *Gebäude etc.* aus der ~ der Renaissance stammen dater de, remonter à la Renaissance; für alle ~en pour toujours; à jamais; für die ~ bis zu ... pour la période allant jusqu'à ...; in unserer ~, in der heutigen ~ de nos jours; in alten ~en au temps jadis; autrefois; wir leben in e-r ~ der Unsicherheit nous vivons dans une ère, période d'insécurité; seit der frühesten ~ depuis l'époque la plus reculée; um welche ~? à quelle époque?; *cf. auch unter* 4.; um diese ~ vers cette époque; vor ~en jadis; autrefois; il y a bien longtemps; zu allen ~en en tout temps; de tout temps; à toutes les époques; toujours; zu keiner ~ en nul temps, jamais (*mit ne beim Verb*); zu meiner ~ de mon temps; zu s-r ~ en son temps; (*zu s-n Lebzeiten*) de son vivant; zur ~ (+ *gén.*) à l'époque (de); au temps (de); andere ~en, andere Sitten *prov.* autres temps, autres mœurs *prov.*; **4.** (*Zeitpunkt*) moment *m*; date *f*; heure *f*; (*Jahreszeit*) saison *f*; mitteleuropäische ~ (*abr.* MEZ) heure de l'Europe centrale; *comm.* die stille ~ la morte saison; die ~ der Weinlese le temps, l'époque, la saison des vendanges; *rad.* (wir geben Ihnen) die genaue ~ (nous vous donnons) l'heure exacte; e-e ~ festsetzen fixer une heure, une date; ich glaubte die ~ gekommen, zu ... (+ *inf.*) j'ai cru le moment venu de ... (+ *inf.*); jetzt ist keine ~ dazu ce n'est pas le moment; es gibt ~en, wo ich mich sehr wohl fühle il y a des moments où je me sens très bien; wir sind nicht an die ~ gebunden nous ne sommes pas liés par l'heure; es ist an der ~, zu ... (+ *inf.*) le moment est venu de ... (+ *inf.*); il est temps de ... (+ *inf.*); in der ~, da *od.* wo ... dans le temps où ...; pendant que ...; in der ~ von eins bis drei de une à trois heures;

in der ~ vom ersten bis zehnten Januar du premier au dix janvier; ich habe mich in der ~ geirrt je me suis trompé d'heure; ich werde mich in der ~ nach Ihnen richten je me guiderai sur vous; je m'adapterai à votre horaire, emploi du temps; *st. s.* mes heures seront les vôtres; **seit der ~, von der ~ an** dès lors; depuis lors; depuis ce temps-là; à partir de ce moment; um welche ~? (*um wieviel Uhr*) à quelle heure?; **morgen um dieselbe ~** demain à la même heure; **um die ~ der Ernte** vers le temps de la moisson; **nächstes Jahr um diese ~** l'année prochaine à cette date, à la même époque; **vor der ~** avant le temps (fixé, prévu); avant terme; prématurément; trop tôt; **zur ~** (*gegenwärtig*) en ce moment; pour l'instant; momentanément; actuellement; à présent; présentement; maintenant; (*rechtzeitig*) à temps; **zur rechten ~** au bon moment; en temps utile, opportun; (*wie gerufen*) à propos; F à pic; **zu ungelegener ~** à contretemps; mal à propos; **zu unpassender ~** à une heure indue; **zu nachtschlafender ~** tard dans la nuit; **zur festgesetzten ~** à l'heure dite; au moment fixé, prévu; à l'heure fixée, convenue; **zu gleicher ~, zur selben ~** au même moment; à la même époque; (*gleichzeitig*) en même temps; simultanément; **zu jener ~** à ce moment; **zu jeder ~** en tout temps; toujours; (*zu jeder Stunde*) à toute heure; **alles zu s-r ~** chaque chose en son temps; il y a un temps pour tout; tout vient en son temps; **5.** (*Frist*) délai *m*; **innerhalb der vorgeschriebenen ~** dans le délai prescrit; **laß mir noch drei Tage ~** donne-moi encore un délai de trois jours; **in kürzester ~** dans le plus bref délai; **es sind schon zwei Tage über die ~** le terme, le délai est déjà dépassé de deux jours; **6.** *gr.* (*Tempus*) temps *m*; **die zusammengesetzten ~en** les temps composés.

zeit [tsaɪt] *prép.* ⟨*gén.*⟩ **~ s-s Lebens** pendant toute sa vie; sa vie durant.

Zeit|abschnitt ['tsaɪtˌʔapʃnɪt] *m* période *f*; époque *f*; temps *m*; **~ˌabstand** *m* intervalle *m* (de temps); **in regelmäßigen Zeitabständen** périodiquement; **~ˌalter** *n* âge *m*; siècle *m*; époque *f*; temps *m*; ère *f*; **das christliche ~** l'ère chrétienne; **das goldene ~** le siècle, l'âge d'or; **in unserem ~** à l'ère, à l'époque où nous sommes; de nos jours; **~ˌangabe** *f* date *f*; **ohne ~** sans date; **~ˌansage** *f* *im Radio* heure exacte; *Telephon* service *m* de l'heure; **~ˌaufnahme** *f* *phot.* pose *f*; **~ˌaufwand** *m* sacrifice *m* de temps; dépense *f* de temps; temps *m* (consacré à); **ℒbeˌdingt** *adjt.* conditionné par le temps; **ℒbeˌgrenzt** *adjt.* qui est limité dans le temps; **~beˌgriff** *m* notion *f* de *od.* du temps; **~beˌrechnung** *f* calcul *m* du temps; **~beˌstimmung** *f* *gr.* complément *m* (circonstanciel) de temps; **~beˌwußtsein** *n cf.* **~begriff**; **~bild** *n* tableau *m* (des mœurs) d'une époque; **~ˌbombe** *f* *milit.* bombe *f* à retardement; **~ˌdauer** *f* durée *f*; période *f*; temps *m*; laps *m* de temps; **~ˌdehner** *m* ⟨~s; ~⟩ *e-r Filmkamera* dispositif *m* de ralenti; **~dokuˌment** *n* document *m* de l'époque; **~druck** *m* ⟨~(e)s⟩ **unter ~ (stehen)** (être) pressé par le temps; **~ˌeinheit** *f* unité *f* de temps; **~ˌeinteilung** *f* division *f* du temps; (*Zeitanwendung*) emploi *m* du temps; *néol.* minutage *m*; **er hat gar keine ~** il n'a pas d'emploi régulier de son temps; **~enˌfolge** *f* *gr.* concordance *f* des temps; **~enˌwende** *f* tournant *m* d'une époque; **~erˌeignis** *n* événement *m* du jour; **~erˌsparnis** *f* économie *f* de temps; **~ˌfaktor** *m* facteur *m* temps; **~ˌfolge** *f* chronologie *f*; ordre *m* chronologique; **~form** *f* *gr.* temps *m*; **~fracht** *f* *mar.* fret *m* à temps, à terme; **~ˌfrage** *f* question *f*, affaire *f* de temps; **das ist nur e-e ~** ce n'est qu'une question de temps; **~n** *pl.* questions, problèmes d'actualité; **~funk** *m* *im Radio* actualités *f/pl.* du jour, de la semaine; **ℒgeˌbunden** *adjt.* lié au temps; **~geist** *m* ⟨~(e)s⟩ esprit *m* du temps, du siècle; **ℒgeˌmäß** *adj.* moderne; actuel, -lle; (*angebracht*) opportun; **nicht mehr ~** 'hors de saison; inopportun; **~geˌnosse** *m*, **~geˌnossin** *f* contemporain, -e *m, f*; **ℒgeˌnössisch** *adj.* contemporain; **~geˌschäft** *n* *comm.* marché *m*, opération *f* à terme; **~geˌschehen** *n* événements *m/pl.* du jour; *im Radio* **aus dem ~** les actualités; **~geˌschichte** *f* ⟨~⟩ histoire contemporaine; **~geˌschmack** *m* goût *m* du jour, de l'époque; **~geˌwinn** *m* économie *f*, gain *m* de temps; **ℒig 1.** *adj.* tôt; **am ~en Nachmittag** tôt dans l'après-midi; **2.** *adv.* tôt; de bonne heure; **ℒigen** *v/t.* ⟨h⟩ *Erfolge etc.* produire; **~ˌkarte** *f* (carte *f* d')abonnement *m*; **e-e ~ kaufen, nehmen** prendre un abonnement; s'abonner (à); **~karten,inhaber(in)** *m (f)* abonné, -e *m, f*; **~kauf** *m* *comm.* marché *m* à terme; **~konˌstante** *f* constante *f* de temps; **~konˌtrolle** *f* chronométrage *m*; **~lang** *f* **e-e ~** pendant quelque temps; un certain temps; **das währt nur e-e ~** cela n'a qu'un temps; **~lauf** *m* ⟨~(e)s; -läuf(t)e⟩ cours *m* du temps; **Zeitläuf(t)e** *pl.* circonstances *f/pl.*; conjoncture(s) *f* (*pl.*); **bei den heutigen Zeitläuften** par les temps qui courent; **ℒˌlebens** *adv.* durant toute ma (sa, *etc.*) vie; ma (sa, *etc.*) vie durant; **ℒlich** *adj.* temporel, -lle; de ce monde; (*irdisch*) terrestre; (*vergänglich*) passager, -ère; périssable; **~e Reihenfolge** ordre chronologique; **~ zusammenfallen** coïncider (mit avec); **~ begrenzt** temporaire; **das ℒe segnen** rendre son âme à Dieu; mourir; **~lichˌkeit** *f* ⟨~⟩ *philos.* temporalité *f*; **~lohn** *m* salaire *m* à temps; **ℒlos** *adj.* *philos.* intemporel, -lle; *Kleidung etc.* qui n'est pas conditionné par la mode, le goût du jour, l'époque; **~ˌlose** *f* ⟨~; ~n⟩ *bot. cf.* **Herbstzeitlose**; **~ˌlosigˌkeit** *f* *philos.* intemporalité *f*; **~ˌlupe** *f* ⟨~⟩ *cf.* **~dehner**; **mit der ~** au ralenti; **~lupenˌaufnahme** *f* prise *f* de vues au ralenti; F ralenti *m*; **in ~** au ralenti; **~lupenˌtempo** *n* **im ~** au ralenti; **~ˌmangel** *m* manque *m* de temps; **aus ~** faute de temps; **~maß** *n* *mus.* mouvement *m*; **~ˌmesser** *m* ⟨~s; ~⟩ chronomètre *m*; *phys. auch* compteur *m* de temps; **~ˌmessung** *f* (*Meßkunst*) chronométrie *f*; (*das Messen*) chronométrage *m* (*auch Sport*); **ℒnah** *adj.* actuel, -lle; **~ˌnehmer** *m* chronométreur *m*; **~not** *f* ⟨~⟩ **in ~ sein** être pressé par le temps; **~pacht** *f* bail *m* temporaire; **~plan** *m* emploi *m* du temps; horaire *m*; **~proˌblem** *n* problème actuel, du jour; **~punkt** *m* moment *m*; date *f*; **zu e-m späteren ~** à une date ultérieure; **zu e-m früheren ~** à une date plus rapprochée; **den ~ für etw. festlegen** prendre date pour qc.; **zu e-m festgesetzten ~** à un moment déterminé; **von dem ~ an, wo...** dès, depuis le moment, à partir du moment où...; **den günstigen, richtigen ~ verpassen** manquer, rater l'occasion; **~ˌraffer** *m* ⟨~s; ~⟩ *e-r Filmkamera* dispositif *m* d'accélération; *néol.* accélérateur *m*; **~rafferˌaufnahme** *f* *Film* accéléré *m*; **ℒˌraubend** *adjt.* qui exige, prend beaucoup de temps; *Arbeit auch* de longue haleine; **~raum** *m* période *f*; laps *m*, espace *m* de temps; **~ˌrechnung** *f* chronologie *f*; **christliche ~** ère chrétienne; **~reˌlais** *n* *élect.* relais temporisé; **~ˌrente** *f* annuité *f*; **~ˌschalter** *m* *élect.* commutateur, interrupteur à temps; minuterie *f*; **~ˌschreiber** *m* *techn.* chronographe *m*; **~schrift** *f* revue *f*; périodique *m*; magazine *m*; **~sinn** *m* ⟨~(e)s⟩ *cf.* **~begriff**; **~ˌspanne** *f* *cf.* **~raum**; **ℒˌsparend** *adjt.* qui épargne du temps; **~ˌspiegel** *m* miroir *m* du temps; **~stil** *m* style *m* d'époque; **~ˌstudie** *f* étude *f* des temps; **~ˌstück** *n* *thé.* pièce *f* de circonstance; **~ˌtafel** *f* tableau *m* chronologique; **~ˌumstände** *m/pl.* circonstances *f/pl.*; conjonctures *f/pl.*

Zeitung ['tsaɪtʊŋ] *f* ⟨~; ~en⟩ journal *m*; *als Zeitungstitel auch* gazette *f*; **e-e ~ beziehen** être abonné à un journal; **e-e ~ abbestellen** se désabonner à un journal; **durch die ~, durch Veröffentlichung in der ~** par voie de presse; par la voie des journaux; **e-e Annonce in e-e ~ setzen** insérer, mettre une annonce dans un journal.

Zeitungs|abonnement ['tsaɪtʊŋsʔabɔn(ə)ˌmɑ̃ː, -ˌmaŋ] *n* abonnement *m* à un journal; **~aboˌnnent** *m* abonné *m* à un journal; **~ˌanzeige** *f* annonce *f*; **~arˌtikel** *m* article *m* de journal; **~ˌausschnitt** *m* coupure *f* de journal; extrait *m* de presse, de journal; **~ˌausschnittbüˌro** *n* agence *f* d'extraits de journaux, de presse; **~ˌausträger(in)** *m (f)* porteur, -euse *m, f* de journaux; **~beˌrichterˌstatter** *m* reporter [-ɛːr] *m*; **~beˌzug** *m* ⟨~(e)s⟩ abonnement *m* à un journal; **~ˌbude** *f* *cf.* **~kiosk**; **~druckeˌrei** *f* imprimerie *f* de journaux; **~ˌdrucksache** *f* imprimé *m* périodique; **~ˌente** *f* F canard *m*; bobard *m*; **~ˌfrau** *f* porteuse *f* de journaux; *cf. auch* **~händlerin, ~verkäuferin**; **~ˌgeld** *n* abonnement *m* (à un journal); **~ˌhalter** *m* porte-journaux *m*; **~ˌhändler(in)** *m (f)* marchand, -e *m, f* de journaux; *cf. auch* **~verkäufer(in)**; **~inseˌrat** *n* annonce *f* (dans un journal); **~ˌjunge** *m* porteur *m* de journaux; **~kiˌosk** *m* kiosque *m* à journaux; **~korresponˌdent** *m* correspondant *m* d'un journal; **~ˌleser** *m* lecteur *m* de journaux; **~ˌmann** *m* ⟨~(e)s; ~er⟩ *cf.* **~austräger, ~händler, ~verkäufer**; **~noˌtiz** *f* nouvelle *f* de presse; **~paˌpier** *n* papier-journal *m*; **~redakˌteur** *m* rédacteur *m* de journal; **~redaktiˌon** *f* rédaction *f* d'un journal; **~reˌklame** *f* publicité-presse *f*; **~roˌman** *m* roman-feuilleton *m*; **~ˌschreiber** *péj.* *m* journaliste *m* au rabais, P à la manque; **~ˌspanner** *m* *cf.* **~halter**; **~ˌstand** *m* *cf.* **~kiosk**; **~ˌstil** *m* style *m* journalistique; **~verˌkäufer(in)** *m (f)* vendeur, -euse *m, f* de journaux; *der die Schlagzeilen ausruft* crieur *m* de journaux; F aboyeur *m*; ~**ver,lag** *m* maison *f* d'édition d'un journal; ~**ver,leger** *m* éditeur *m* d'un journal; ~,**werbung** *f cf.* ~reklame; ~,**wesen** *n* ⟨~s⟩ journalisme *m*; presse *f*; ~,**wissenschaft** *f* science *f* du journalisme.

Zeit|unterschied ['tsaɪt,ˀuntərʃiːt] *m* différence *f* de temps; ~**ver,geudung** *f* gaspillage *m* de temps; ~**ver,hältnisse** *n/pl. cf.* Zeitumstände; ~**ver,lust** *m* perte *f* de temps; temps perdu; ohne ~ sans perdre de temps; sans délai; ~**ver,schwendung** *f cf.* ~vergeudung; ~**ver,sicherung** *f* assurance *f* à temps, à terme; ~**ver,treib** *m* ⟨~(e)s; ~e⟩ passe-temps *m*; amusement *m*; divertissement *m*; zum ~ pour passer le temps; pour se distraire; ~,**vorsprung** *m* avance *f* (de temps) (gegenüber j-m sur qn.); 2,**weilig** *adj.* temporaire; 2,**weise** *adv.* quelquefois; par moments; par intervalles; temporairement; ~**wert** *m* valeur actuelle; ~**wort** *n* ⟨~(e)s; ~er⟩ *gr.* verbe *m*; ~,**zeichen** *n im Radio* signal *m*, top *m* horaire; ~,**zone** *f* fuseau *m* horaire; ~,**zünder** *m milit.* fusée *f* à retardement; Bombe mit ~ bombe à retardement.

zelebrieren [tseˑleˑ'briːrən] *v/t.* ⟨*pas de ge-*, h⟩ célébrer.

Zelle ['tsɛlə] *f* ⟨~; ~n⟩ (*Kloster*2, *Gefängnis*2), *phot.*, *aviat.*, *biol.* cellule *f*; *pol. auch* noyau *m*; *der Bienenwaben auch* alvéole *m*; *der Akkumulatorenbatterie* élément *m*; (*Fernsprech*2) cabine *f* téléphonique; *pol.* ~n bilden in etw. noyauter qc.; *pol.* Durchsetzung mit ~n noyautage *m*.

Zelleib ['tsɛllaɪp] *m cf.* Zellkörper.

Zellen|anhäufung ['tsɛlən,ˀanhɔʏfuŋ] *f biol.* amas *m* de cellules; ~,**aufbau** *m biol.* constitution *f* de la cellule; ~,**bildung** *f biol.* formation *f* de la cellule; *pol.* noyautage *m*; ~**ge,fangene(r)** *m* prisonnier *m*, détenu *m* au régime cellulaire; ~**ge,fängnis** *n* prison *f* cellulaire; ~**ge,webe** *n biol. cf.* Zellgewebe; ~**ge,wölbe** *n bât.* voûte réticulée; ~,**haft** *f* réclusion *f* cellulaire; détention *f* en cellule; ~,**kühler** *m Auto* radiateur *m* à nid(s) d'abeilles; ~,**lehre** *f* ⟨~⟩ *biol.* cytologie *f*; ~**struk,tur** *f biol.* structure *f* cellulaire; ~**theo,rie** *f biol.* théorie *f* cellulaire; ~,**wagen** *m* voiture *f* cellulaire.

Zell|faser ['tsɛl,faːzər] *f* cellulose *f*; ~**ge,webe** *n biol.* tissu *m* cellulaire; ~**ge,websent,zündung** *f méd.* phlegmon *od.* flegmon *m*; cellulite *f*; ~**glas** *n* ⟨~es⟩ cellophane *f*; ~**horn** *n* ⟨~(e)s⟩ *cf.* Zelluloid; 2**ig** *adj. biol.* celluleux, -euse; cellulaire; ~**kern** *m biol.* noyau *m* de la cellule; nucléus *m*; ~,**knoten** *m biol.* nœud *m* cellulaire; ~,**körper** *m biol.* corps *m* cellulaire; ~**mem,bran** *f biol.* membrane *f* cellulaire.

Zellophan [tsɛloˑ'faːn] *n* ⟨~s⟩ cellophane *f*; ~,**beutel** *m* sac *m*, sachet *m* de cellophane; ~,**hülle** *f*, ~,**umschlag** *m* enveloppe *f* de cellophane.

Zell|plasma ['tsɛl,plasma] *n biol.* protoplasme *m*; ~**stoff** *m* cellulose *f*; ~**stoff,brei** *m* pâte *f* de cellulose; ~**stoffa,brik** *f* fabrique *f* de cellulose; ~**stoffindus,trie** *f* industrie *f* de la cellulose, de matières plastiques cellulosiques; ~,**teilung** *f biol.* division *f* cellulaire.

zellular [tsɛluˑ'laːr] *sc. adj.* cellulaire; 2**patholo,gie** *f* pathologie *f* cellulaire.

Zellu|loid [tsɛluˑloˑ'iːt, -'lɔʏt] *n* ⟨~(e)s⟩ celluloïd(e) *m*; ~'**lose** *f* ⟨~; ~n⟩ cellulose *f*.

Zell|wand ['tsɛlvant] *f biol. cf.* Zellmembran; ~,**wolle** *f* ⟨~⟩ laine *f* cellulosique; fibranne *f*.

Zelot [tseˑ'loːt] *m* ⟨~en; ~en⟩ zélateur *m*; *hist.*, *bei den Juden* zélote *m*; ~**entum** *n* ⟨~(e)s⟩ *hist.*, *bei den Juden* zélotisme *m*; 2**isch** *adj.* zélé; fanatique.

Zelt[1] [tsɛlt] *n* ⟨~(e)s; ~e⟩ tente *f*; ein ~ aufschlagen dresser, planter une tente; ein ~ abbrechen (re)plier une tente; im ~ schlafen coucher sous la tente; F *fig.* s-e ~e aufschlagen s'établir (in à); F *fig.* s-e ~e abbrechen lever le camp; décamper; déguerpir; F transporter ses pénates ailleurs.

Zelt[2] [tsɛlt] *m* ⟨~(e)s⟩ (*Paßgang*) amble *m*.

Zelt|ausrüstung ['tsɛlt,ˀausrʏstuŋ] *f* matériel *m* de camping; ~**bahn** *f* toile *f* de tente; ~**bau** *m* ⟨~(e)s⟩ dressage *m* d'une tente; ~,**boden** *m* tapis *m* de sol; ~**dach** *n* (toit *m* d'une) tente *f*; *bât.* toit *m* en pavillon; 2**en I** *v/i.* ⟨-ete, h⟩ faire du camping; camper; **II** ~**en** *n* ⟨~s⟩ camping *m*.

Zelter ['tsɛltər] *m* ⟨~s; ~⟩ *hist.* palefroi *m*; (*Paßgänger*) cheval *m* qui va l'amble.

Zelt|lager ['tsɛlt,laːgər] *n* camping *m*; camp *m* de toile; *milit.* camp *m* de tentes; ~,**leben** *n* ⟨~s⟩ vie *f* de campeurs; ~,**leine** *f* cordeau *m* de tente; ~,**leinwand** *f* toile *f* à voile, de tente; ~,**liege** *f* lit *m* de camp; lit *m* pliable; ~**pflock** *m* piquet *m* de tente; ~,**plane** *f* bâche *f*; ~**platz** *m* terrain *m* de camping; ~**sack** *m* sac *m* (pour tente); ~**stadt** *f cf.* ~lager; ~,**stange** *f* mât *m* de tente; ~**stock** *m* ⟨~(e)s; ~e⟩ support *m* de tente; ~**stoff** *m cf.* ~leinwand; ~,**stütze** *f cf.* ~stock.

Zement [tseˑ'mɛnt] *m* ⟨~(e)s; ~e⟩ *Baustoff* ciment *m*; *der Zähne* cément *m*; ~ anrühren faire, gâcher du ciment; schnellbindender ~ ciment à prise rapide; ~,**arbeiter** *m* cimentier *m*; ~**fa,brik** *f* cimenterie *f*; ~,**faser,platte** *f* plaque *f* en fibrociment; ~,**fußboden** *m* plancher cimenté.

zementier|en [tseˑmɛn'tiːrən] **I** *v/t.* ⟨*pas de ge-*, h⟩ cimenter (*auch fig.*); *métall.* cémenter; **II** 2**en** *n* ⟨~s⟩ cimentation *f*; *métall.* cémentation *f*; 2,**ofen** *m métall.* four *m* à cémenter, de cémentation; 2,**pulver** *n métall.* poudre *f* cémentatoire, de cémentation; cément *m*; 2**ung** *f* ⟨~; ~en⟩ *cf.* ~en II.

Zementit [tseˑmɛn'tiːt, -'tɪt] *m* ⟨~s⟩ *minéral.* cémentite *f*.

Zement|mörtel [tseˑ'mɛnt,mœrtəl] *m* mortier *m* au ciment; ~,**ofen** *m* four *m* à ciment; ~,**sack** *m* sac *m* de ciment; ~,**silo** *m* silo *m* de ciment; ~,**stahl** *m métall.* acier cémenté, de cémentation; ~,**tiegel** *m métall.* creuset *m* à cémenter; ~,**werk** *n* cimenterie *f*.

Zenit [tseˑ'niːt] *m* ⟨~(e)s⟩ *astr.* zénith *m* (*auch fig.*); die Sonne steht im ~ le soleil est au zénith.

zensieren [tsɛn'ziːrən] *v/t.* ⟨*pas de ge-*, h⟩ *Presse*, *Film* soumettre à la censure; *in der Schule* noter; donner une note à; mit „gut" zensiert sein avoir la note 15 (sur 20).

Zensor ['tsɛnzər] *m* ⟨~s; -'soren⟩ censeur *m*.

Zensur [tsɛn'zuːr] *f* ⟨~; ~en⟩ censure *f*; *Schule* note *f*; ~**en,buch** *n* carnet *m*, cahier *m* de notes; ~**enkonfe,renz** *f* conférence *f* (pour la fixation des notes); ~,**stelle** *f* censure *f*; ~**ver,merk** *m* avis *m* de la censure.

Zensus ['tsɛnzus] *m* ⟨~; ~⟩ cens [-s] *m*; recensement *m*.

Zentaur [tsɛn'taur] *m* ⟨~en; ~en⟩ *myth.* centaure *m*.

Zentenar [tsɛnteˑ'naːr] *m* ⟨~s; ~e⟩ centenaire *m*; ~,**feier** *f*, ~**ium** *n* ⟨~s; -ien⟩ (fête *f* du) centenaire *m*.

zentesimal [tsɛnteˑziˑ'maːl] *adj.* centésimal; 2,**waage** *f* balance centésimale.

Zentifolie [tsɛntiˑ'foːliˑə] *f* ⟨~; ~n⟩ *bot.* rose *f* à cent feuilles.

Zenti|grad [tsɛntiˑ'graːt] *n* centigrade *m*; ~'**gramm** *n* centigramme *m*; ~'**liter** *n* centilitre *m*; ~'**meter** *n od. m* centimètre *m*; ~'**meter,maß** *n* centimètre *m*.

Zentner ['tsɛntnər] *m* ⟨~s; ~⟩ (*abr.* Ztr.) demi-quintal *m* (métrique); 50 kg; ~**ge,wicht** *n* poids *m* d'un demi-quintal (métrique); ~,**last** *fig. f* fardeau accablant; 2,**schwer** *fig. adj.* accablant; das liegt mir ~ auf dem Herzen cela me pèse sur le cœur.

zentral [tsɛn'traːl] *adj.* central; ~e Lage situation centrale; 2'**afrika** *n géogr.* l'Afrique centrale; 2**a'merika** *n géogr.* l'Amérique centrale; 2'**asien** *n géogr.* l'Asie centrale; 2,**ausschuß** *m* commission centrale; comité central; 2,**bank** *f* ⟨~; ~en⟩ banque centrale; 2**be,hörde** *f* administration centrale; 2**e** *f* ⟨~; ~n⟩ centrale *f*; *tél.* central *m*; 2**ge,walt** *f* pouvoir central; 2,**heizung** *f* chauffage central.

Zentrali|sation [tsɛntraliˑzatsiˑ'oːn] *f* ⟨~⟩ centralisation *f*; 2'**sieren** *v/t.* ⟨*pas de ge-*, h⟩ centraliser; ~'**sierung** *f* ⟨~⟩ *cf.* ~sation.

Zentralis|mus [tsɛntra'lɪsmus] *m* ⟨~⟩ centralisme *m*; 2**tisch** *adj.* centraliste.

Zentral|komitee [tsɛn'traːlkoˑmiˑ,teː] *n* (*abr.* ZK) comité central; ~,**kraft** *f phys. cf.* Zentrifugalkraft, Zentripetalkraft; ~,**nervensys,tem** *n* système nerveux central; ~**or,gan** *n* organe central; ~**re,gierung** *f* gouvernement central; ~,**schmierung** *f techn.* graissage central, à oléo-compresseur; ~,**stelle** *f* service, office central; ~**ver,band** *m* association centrale; ~,**werkstatt** *f* atelier principal.

zentrier|en [tsɛn'triːrən] *v/t.* ⟨*pas de ge-*, h⟩ centrer; 2,**scheibe** *f* disque *m* à centrer, de centrage; 2**ung** *f* ⟨~⟩ centrage *m*.

zentrifugal [tsɛntriˑfuˑ'gaːl] *adj.* centrifuge; 2,**kraft** *f phys.* force *f* centrifuge; 2,**pumpe** *f* pompe *f* centrifuge.

Zentri|fuge [tsɛntriˑ'fuːgə] *f* ⟨~; ~n⟩ centrifugeur *m*; *seltener* centrifugateur *m*; centrifugeuse *f*; essoreuse *f*; (*Milch*2) écrémeuse *f*; 2**fu'gieren** *v/t.* ⟨*pas de ge-*, h⟩ centrifuger.

zentripetal [tsɛntriˑpeˑ'taːl] *adj.* centripète; 2,**kraft** *f phys.* force *f* centripète.

zentrisch ['tsɛntrɪʃ] *adj.* central.

Zentrum ['tsɛntrum] *n* ⟨~s; -tren⟩ centre *m*; *hist.*, *pol.* Centre *m*; ~,**bohrer** *m* foret *m*, mèche *f* à centre; ~**spar,tei** *f* ⟨~⟩ *hist.*, *pol.* (parti *m* du) Centre *m*.

Zentu|rie [tsɛn'tuːriˑə] *f* ⟨~; ~n⟩ *hist.* centurie *f*; ~**rio** *m* ⟨~s; -'onen⟩ *hist.* centurion *m*.

Zeolith [tseˑoˑ'liːt, -'lɪt] *m* ⟨~s; ~e⟩ *minéral.* zéolit(h)e *f*.

Zephir ['tseːfɪr] *m* ⟨~s⟩ *auch* **Zephyr** [-fʏr] *poét.* zéphyr *m*.

Zeppelin [tsɛpə'liːn] *m* ⟨~s; ~e⟩ *aviat.* zeppelin *m*; dirigeable *m*.

Zepter ['tsɛptər] *n* ⟨~s; ~⟩ sceptre *m*.

Zer [tse:r] *n* ⟨~s⟩ *chim.* cérium [-jɔm] *m.*

zer|beißen [tsɛr'baɪsən] *v/t.* ⟨*irr., pas de ge-,* h⟩ casser avec les dents; croquer; **~'bersten** *v/i.* ⟨*irr., pas de ge-,* sein⟩ éclater; voler en éclats; (*platzen*) crever.

Zerberus ['tsɛrbe·rus] *fig. m* ⟨~; ~se⟩ F *fig.* cerbère *m.*

zer|beulen [tsɛr'bɔʏlən] *v/t.* ⟨*pas de ge-,* h⟩ bosseler; F cabosser; **~'bomben** *v/t.* ⟨*pas de ge-,* h⟩ *milit.* détruire par les bombes; **~'brechen I** *v/t.* ⟨*irr., pas de ge-,* h⟩ *Geschirr* briser; casser; mettre en pièces, en morceaux; *fig.* sich den Kopf ~ se casser la tête; F se creuser la tête, la cervelle; **II** *v/i.* ⟨sein⟩ se casser; se briser; **~'brechlich** *adj.* cassant; fragile (*auch als Aufschrift auf Kisten*); *litt.* frangible; **Ձ'brechlich|keit** *f* ⟨~⟩ fragilité *f*; *litt.* frangibilité *f*; **~'brochen** *adjt.* cassé; brisé; **~'bröckeln I** *v/t.* ⟨-(e)le, *pas de ge-,* h⟩ *Brot etc.* émietter; *Gestein, Erde* effriter; **II** *v/i.* ⟨sein⟩ s'émietter; s'effriter; **III Ձ'bröckeln** *n* émiettement *m*; **~'drücken I** *v/t.* ⟨*pas de ge-,* h⟩ écraser; *Kleid* (*zerknittern*) froisser; chiffonner; friper; **II Ձ'drücken** *n* écrasement *m*; (*Zerknittern*) froissement *m*, chiffonnage *m* (*besser verbal*).

Zerealien [tse·re·'ɑ:li·ən] *f/pl.* céréales *f/pl.*

zerebral [tse·re·'brɑ:l] *adj.* cérébral.

Zeremo|nie [tse·re·mo·'ni:, -'mo:ni·ə] *f* ⟨~; -ien⟩ cérémonie *f*; **Ձni'ell I** *adj.* cérémonieux, -euse; plein de cérémonie, de solennité; **II ~ni'ell** *n* ⟨~s; ~e⟩ cérémonial *m.*

Zeremonienmeister [tse·re·'mo:ni·ən|maɪstər] *m* maître *m* des cérémonies.

zeremoniös [tse·re·mo·ni·'ø:s] *adj. cf.* zeremoniell I.

Zeresin [tse·re·'zi:n] *n* ⟨~s⟩ *chim.* cérésine *f.*

zerfahren [tsɛr'fɑ:rən] **I** *v/t.* ⟨*irr., pas de ge-,* h⟩ *Weg, Straße* défoncer; **II** *adjt. Weg, Straße* défoncé; *Mensch* (*zerstreut*) distrait; étourdi; **Ձ|heit** *f* ⟨~⟩ *e-s Menschen* distraction *f*; étourderie *f.*

Zerfall [tsɛr'fal] *m* ⟨~(e)s⟩ *e-s Gebäudes, Reiches etc.* ruine *f*; délabrement *m*; dislocation *f*; *nur fig.* décadence *f*; *chim.* décomposition *f*; désagrégation *f*; dissociation *f*; *phys. atom.* désintégration *f*; **Ձen I** *v/i.* ⟨*irr., pas de ge-,* sein⟩ *Gebäude, Reich* tomber en ruine; se délabrer; se disloquer; *nur fig.* tomber en décadence; *chim.* se décomposer; se désagréger; se dissocier; *phys. atom.* se désintégrer; *Roman etc.* in mehrere Teile ~ se diviser, se décomposer en plusieurs parties; *fig.* er ist mit s-n Freunden, mit der ganzen Welt ~ il (s')est brouillé avec ses amis, avec le monde entier; *fig.* mit sich selbst ~ sein être en lutte avec soi-même; **II ~en** *n cf.* Zerfall; **~sener|gie** *f phys. atom.* énergie *f* de désintégration; **~ser|scheinung** *f* symptôme *m* de ruine, de décadence, *phys. atom.* de désintégration; *chim.* symptôme *m*, phénomène *m* de décomposition, de désagrégation, de dissociation; **~s|kette** *f cf.* ~sreihe; **~skon|stante** *f phys. atom.* constante *f* de désintégration; **~spro|dukt** *n phys. atom.* produit *m* de désintégration; **~s|reihe** *f phys. atom.* filiation, famille radioactive; série *f* de désintégration; radioaktive ~ série radioactive; **~s|teilchen** *n phys. atom.* particule *f* de désintégration; **~s|wärme** *f phys. atom.* chaleur *f* de désintégration radioactive.

zer|fasern [tsɛr'fɑ:zərn] **I** *v/t.* ⟨-(e)re, *pas de ge-,* h⟩ effiler; effilocher; **II** *v/i.* ⟨sein⟩ s'effiler; s'effilocher; **Ձ'fase|rung** *f* ⟨~⟩ effilage *m*; effilochage *od.* effilochement *m*; **~'fetzen I** *v/t.* ⟨-(es)t, *pas de ge-,* h⟩ mettre en lambeaux; déchirer; *Papier auch* lacérer; *von e-m Geschoß* déchiqueter; **II Ձ'fetzen** *n* ⟨~s⟩ déchirement *m*; lacération *f*; *durch ein Geschoß* déchiquetage *m*; **~'fleddert** F *adj. Buch* fatigué; usé; **~'fleischen** *v/t.* (*u. v/réfl.*) ⟨*pas de ge-,* h⟩ (se) déchirer (*auch fig.*); **Ձ'fleischung** *f* ⟨~⟩ déchirement *m* (*auch fig.*); **~'fließen** *v/i.* ⟨*irr., pas de ge-,* sein⟩ fondre; se liquéfier; *fig.* in Tränen ~ fondre en larmes; *fig.* in Mitleid ~ être fortement touché de pitié; s'apitoyer vivement, fortement; **~'fressen** *v/t.* ⟨*irr., pas de ge-,* h⟩ ronger; manger; *chim.* corroder; von Motten ~ dévoré, rongé par les, mangé aux mites; mité; **~'furcht** *adj. Stirn, Gesicht* ridé; sillonné de rides; **~'gehen I** *v/i.* ⟨*irr., pas de ge-,* sein⟩ fondre; (*sich auflösen*) se dissoudre; *Butter* ~ lassen (faire) fondre; **II Ձ'gehen** *n* fonte *f*; **~'gliedern** *v/t.* ⟨-(e)re, *pas de ge-,* h⟩ analyser; disséquer; *gr., Satz* décomposer; démembrer; **Ձ'gliede|rung** *f* ⟨~⟩ analyse *f*; dissection *f*; *e-s Satzes* décomposition *f*; démembrement *m*; **~'hacken I** *v/t.* ⟨*pas de ge-,* h⟩ 'hacher; couper en morceaux; **II Ձ'hacken** *n* 'hachage *od.* 'hachement *m*; **Ձ'hacker** *m* ⟨~s; ~⟩ *élect.* vibr(at)eur *m*; **~'hauen** *v/t.* ⟨*irr., pas de ge-,* h⟩ couper en deux; tailler, mettre en pièces; trancher.

Zerium ['tse:ri·um] *n* ⟨~s⟩ *chim cf.* Zer.

zer|kauen [tsɛr'kauən] *v/t.* ⟨*pas de ge-,* h⟩ broyer avec les dents; mâcher; triturer; **Ձ'kleinerer** *m* ⟨~s; ~⟩ *techn.* concasseur *m*; broyeur *m*; **~'kleinern** *v/t.* ⟨-(e)re, *pas de ge-,* h⟩ concasser; broyer; *agr.* die Schollen ~ émotter; **Ձ'kleine|rung** *f* ⟨~⟩ concassage *m*; broyage *od.* broiement *m*; *agr.* ~ der Schollen émottage *od.* émottement *m*; **Ձ'kleinerungsma|schine** *f cf.* Ձkleinerer; **~'klüftet** *adj.* crevassé; fissuré; *Küste* déchiqueté; **~'knallen** *v/i.* ⟨*pas de ge-,* sein⟩ exploser; faire explosion; éclater; crever; se briser; **~'knautschen** F *v/t.* ⟨*pas de ge-,* h⟩ *cf.* ~knüllen; **~'knirscht** *adj.* contrit; **Ձ'knirschtheit** *f* ⟨~⟩, **Ձ'knirschung** *f* ⟨~⟩ contrition *f*; **~'knittern** *v/t.* ⟨-(e)re, *pas de ge-,* h⟩ *cf.* ~knüllen; F *fig.* zerknittert *cf.* ~knirscht; **~'knüllen** *v/t.* ⟨*pas de ge-,* h⟩ froisser; chiffonner; friper; **~'kochen I** *v/t.* ⟨*pas de ge-,* h⟩ faire trop cuire; *zu Brei* réduire en bouillie; **II** *v/i.* ⟨sein⟩ être réduit en bouillie; das Fleisch ist zerkocht la viande est en charpie; **~'körnen** *v/t.* ⟨*pas de ge-,* h⟩ *cf.* granulieren; **~'kratzen** *v/t.* ⟨-(es)t, *pas de ge-,* h⟩ égratigner; rayer; *mit Nägeln, Krallen* griffer; **~'krümeln** *v/t.* ⟨-(e)le, *pas de ge-,* h⟩ émietter; **~'lassen** *v/t.* ⟨*irr., pas de ge-,* h⟩ *Butter, Fett* (faire) fondre; **~'legbar** *adj. Maschine etc.* démontable; *chim.* décomposable; **~'legen** *v/t.* ⟨*pas de ge-,* h⟩ *Maschine etc.* démonter; *chim., gr.* décomposer; analyser; *gr.* scinder; *Wild, Fleisch* dépecer; découper; débiter; in zwei Teile ~ diviser en deux; **Ձ'legung** *f* ⟨~⟩ *e-r Maschine* démontage *m*; *chim., gr.* décomposition *f*; analyse *f*; *gr. verbal*; *von Wild, Fleisch* dépècement *od.* dépeçage *m*; découpage *m*; débitage *m*; ~ in zwei Teile division en deux; **~'lesen** *adj. Buch* usé; fatigué; **~'löchern** *v/t.* ⟨-(e)re, *pas de ge-,* h⟩ percer de trous; **~'löchert** *adjt.* criblé de trous; **~'lumpt** *adj.* en lambeaux; en guenilles; en loques; déguenillé; F dépenaillé; **~'mahlen** *v/t.* ⟨*irr., pas de ge-,* h⟩ moudre; **~'malmen** *v/t.* ⟨*pas de ge-,* h⟩ écraser (*auch fig.*); broyer; *fig.* anéantir; foudroyer; **Ձ'malmung** *f* ⟨~⟩ écrasement *m* (*auch fig.*); broyage *od.* broiement *m*; *fig.* anéantissement *m*; **~'martern** *v/t.* ⟨-(e)re, *pas de ge-,* h⟩ sich das Gehirn ~ F se creuser la tête, la cervelle; **~'mürben** *v/t.* ⟨*pas de ge-,* h⟩ user; décourager; abattre; démoraliser; **Ձ'mürbung** *f* ⟨~⟩ usure *f*; démoralisation *f*; **Ձ'mürbungs|krieg** *m* guerre *f* d'usure; **~'nagen** *v/t.* ⟨*pas de ge-,* h⟩ ronger.

Zeroplastik [tse·ro·'plastɪk] *f* céroplastie *od.* céroplastique *f.*

Zerotinsäure [tse·ro·'ti:n|zɔʏrə] *f chim.* acide *m* cérotique.

zer|pflücken [tsɛr'pflʏkən] *v/t.* ⟨*pas de ge-,* h⟩ *Blume* effeuiller; *fig.* éplucher; **~'platzen I** *v/i.* ⟨-(es)t, *pas de ge-,* sein⟩ crever; éclater; voler en éclats; (*explodieren*) exploser; faire explosion; **II Ձ'platzen** *n* éclatement *m*; (*Explosion*) explosion *f*; **~'quetschen I** *v/t.* ⟨*pas de ge-,* h⟩ écraser (*auch Kartoffeln*); broyer; *Oliven* détriter; **II Ձ'quetschen** *n*, **Ձ'quetschung** *f* écrasement *m*; broyage *od.* broiement *m*; *von Oliven* détritage *m.*

Zerrbild ['tsɛrbɪlt] *n* caricature *f*; charge *f.*

zer|reden [tsɛr're:dən] *v/t.* ⟨-ete, *pas de ge-,* h⟩ etw. ~ *etwa* nuire à qc. en en parlant trop; **~'reiben I** *v/t.* ⟨*irr., pas de ge-,* h⟩ *Farben etc.* triturer; broyer; *zu Pulver* pulvériser; **II Ձ'reiben** *n* trituration *f*; broyage *od.* broiement *m*; *zu Pulver* pulvérisation *f*; **~'reißbar** *adj.* pouvant être déchiré; qu'on peut déchirer; **~'reißen I** *v/t.* ⟨*irr., pas de ge-,* h⟩ déchirer; *Papier auch* lacérer; *Stoff auch* mettre en lambeaux; *Schuhsohlen* user; *Faden* casser; rompre; *chir.* dilacérer; *durch ein Geschoß* déchiqueter; *fig.* das zerreißt mir das Herz cela me fend le cœur; **II** *v/i.* ⟨sein⟩ se déchirer; *Faden* casser; *Kabel* casser; se rompre; **III Ձ'reißen** *n* déchirement *m* (*auch chir.*); *von Papier auch* lacération *f*; *e-s Fadens, Kabels* rupture *f* (*auch chir.*); *chir.* dilacération *f*; *durch ein Geschoß* déchiquetage *m*; **Ձ'reiß|festigkeit** *f techn., text.* résistance *f* à la rupture; **Ձ'reißma|schine** *f* machine *f* d'essais à la rupture; **Ձ'reiß|probe** *f techn., text.* épreuve *f* de rupture par traction; essai *m* à la rupture par traction; *fig.* épreuve poussée à outrance; **Ձ'reißver|such** *m text. cf.* Ձreißprobe.

zerren ['tsɛrən] **I** *v/t. u. v/i.* ⟨h⟩ tirer (an etw. sur qc.); (*hin- u. her*~) tirailler; j-n aus dem Bett ~ arracher qn. de son lit; *fig.* etw. an die Öffentlichkeit ~ jeter qc. en pâture à l'opinion publique; *fig.* etw. in den Schmutz ~ traîner qc. dans la boue; *fig.* j-n vor Gericht ~ traîner qn. devant les tribunaux; **II Ձ** *n* ⟨~s⟩ tiraillement *m.*

zer|rinnen [tsɛr'rɪnən] *v/i.* ⟨*irr., pas de ge-,* sein⟩ (se) fondre (*auch fig.*); *fig., Vermögen, Geld* s'écouler; se dissiper; s'évanouir; in Nichts ~ s'évanouir; se réduire à rien; das Geld zerrinnt ihm unter den Fingern l'argent lui file entre les doigts, lui fond dans les mains; wie gewonnen, so zerronnen *prov.* ce qui vient de la flûte s'en va par le tambour *prov.*; **~'rissen** *adjt.* déchiré (*auch fig.*); *cf. auch* zerreißen; **ℒ'rissenˌheit** *fig. f* ⟨~⟩ déchirement *m*; conflits intérieurs; *e-s Landes auch* division(s) *f* (*pl.*) interne(s); discorde *f*; désunion *f*.

Zerr|spiegel ['tsɛrˌʃpi:gəl] *m* miroir déformant; **~ung** *f* ⟨~; ~en⟩ *méd.* claquage *m*.

zer|rupfen [tsɛr'rupfən] *v/t.* ⟨*pas de ge-*, h⟩ *Blume* effeuiller; **~'rütten** *v/t.* ⟨-ete, *pas de ge-*, h⟩ *Staat, Finanzen* désorganiser; ébranler; bouleverser; disloquer; ruiner; *Ehe* désunir; *Gesundheit* ruiner; altérer; délabrer; *Geist* détraquer; déranger; in zerrütteten Verhältnissen leben mener une vie désordonnée; **ℒ'rüttung** *f* ⟨~⟩ *e-s Staates, der Finanzen* désorganisation *f*; ébranlement *m*; bouleversement *m*; dislocation *f*; ruine *f*; *e-r Ehe* désunion *f*; *der Gesundheit* ruine *f*; altération *f*; délabrement *m*; *geistige* détraquement *m*; dérangement *m*; **~'sägen I** *v/t.* ⟨*pas de ge-*, h⟩ scier; *Baumstamm auch* débiter à la scie; **II ℒ'sägen** *n* sciage *m*; **~'schellen** *v/i.* ⟨*pas de ge-*, sein⟩ *Schiff* se briser; se fracasser; *Flugzeug* s'écraser (am Boden au sol); **~'schlagen I** *v/t.* ⟨*irr., pas de ge-*, h⟩ *Geschirr etc.* briser; casser; *Organisation* démanteler; der Hagel hat das Korn ~ la grêle a 'haché le blé; **II** *v/réfl.* sich ~ *Handel* échouer; rater; *Pläne, Angelegenheit* être réduit à néant; *Hoffnungen* s'effondrer; **III** *adjt.* ich fühle mich wie ~, ich bin an allen Gliedern wie ~, alle Glieder sind mir wie ~ je me sens tout rompu, courbatu, courbaturé, moulu, brisé; **ℒ'schlagenˌheit** *f* ⟨~⟩ (*große Müdigkeit*) grande fatigue, lassitude; courbature *f*; **~'schleißen** *v/t.* ⟨*irr., pas de ge-*, h⟩ user; **~'schlissen** *adjt.* usé; râpé; **~'schmeißen** F *v/t.* ⟨*irr., pas de ge-*, h⟩ casser; briser; **~'schmettern** *v/t.* ⟨-(e)re, *pas de ge-*, h⟩ fracasser; écraser; *durch ein Geschoß* déchiqueter; zerschmetterte Glieder membres disloqués; **ℒ'schmetteˌrung** *f* ⟨~⟩ fracassement *m*; écrasement *m*; **~'schneiden I** *v/t.* ⟨*irr., pas de ge-*, h⟩ couper (en morceaux, en tranches); découper; tailler; trancher; **II ℒ'schneiden** *n* découpage *m*; **~ˌschnipp(s)eln** F *v/t.* ⟨-(e)le, *pas de ge-*, h⟩ (dé)couper en petits morceaux; déchiqueter; **~'schossen** *adj.* troué, criblé, percé de balles; *Dorf, Haus* détruit par la mitraille; *Glied* déchiqueté; **~'schrammen** *v/t.* ⟨*pas de ge-*, h⟩ couvrir d'égratignures, de rayures; **~'setzen** *v/t.* (*u. v/réfl.*) ⟨-(es)t, *pas de ge-*, h⟩ *chim.* (se) décomposer; (se) désagréger; (se) dissoudre; *fig.* décomposer; désagréger; *Armee auch* démoraliser; **ℒ'setzung** *f* ⟨~⟩ *chim.* décomposition *f*; désagrégation *f* (*beide auch fig.*); dissolution *f*; *fig. der Armee* démoralisation *f*; **ℒ'setzungserˌscheinung** *f* symptôme *m* de décomposition; **ℒ'setzungsˌmittel** *n chim.* agent *m* de décomposition; **ℒ'setzungsproˌdukt** *n* produit *m* de décomposition; **ℒ'setzungsproˌzeß** *m chim.* processus *m* de décomposition; **~'spanen** *v/t.* ⟨*pas de ge-*, h⟩ *techn.* usiner; **ℒ'spanung** *f* ⟨~⟩ *techn.* usinage *m*; **~'speilen** *v/t.* ⟨*pas de ge-*, h⟩, **~'spellen** *v/t.* ⟨*pas de ge-*, h⟩, **~'spleißen** *v/t.* ⟨*irr., pas de ge-*, h⟩ fendre; **~'splittern I** *v/t.* ⟨-(e)re, *pas de ge-*, h⟩ faire voler en éclats; *chir., Knochen* fracasser; *Grundbesitz* morceler; *fig., s-e Kräfte* éparpiller; disperser; **II** *v/i.* ⟨sein⟩ voler en éclats; **III** *v/réfl. fig.* sich ~ s'éparpiller; se disperser; **ℒ'splitteˌrung** *f* ⟨~⟩ *e-s Knochens* fracassement *m*; *von Grundbesitz* morcellement *m*; *fig.* éparpillement *m*; dispersion *f*; **~'sprengen** *v/t.* ⟨*pas de ge-*, h⟩ faire éclater, exploser, sauter; *Menschenmenge* disperser; *milit. auch* mettre en déroute; **~'springen** *v/i.* ⟨*irr., pas de ge-*, sein⟩ se briser; se rompre; se casser; (*zerplatzen*) éclater; voler en éclats; *fig.* das Herz will mir ~ mon cœur se fend; der Kopf will mir ~ ma tête éclate; **~'stampfen I** *v/t.* ⟨*pas de ge-*, h⟩ concasser; broyer; *Kartoffeln* écraser; pilonner; *in e-m Mörser* piler; *zu Pulver* pulvériser; réduire en poudre; *Feld, Boden* piétiner; fouler (aux pieds); **II ℒ'stampfen** *n* concassage *m*; broyage *od.* broiement *m*; *von Kartoffeln* écrasement *m*; pilonnage *m*; *in e-m Mörser* pilage *m*; *zu Pulver* pulvérisation *f*; **~'stäuben** *v/t.* ⟨*pas de ge-*, h⟩ pulvériser; vaporiser; *néol.* atomiser; **ℒ'stäuber** *m* ⟨~s; ~⟩ pulvérisateur *m*; vaporisateur *m*; *néol.* atomiseur *m*; *techn. auch* diffuseur *m*; *für Pulver* poudreuse *f*; **ℒ'stäubung** *f* ⟨~⟩ pulvérisation *f*; vaporisation *f*; *néol.* atomisation *f*; **~'stechen** *v/t.* ⟨*irr., pas de ge-*, h⟩ couvrir de piqûres; ganz zerstochen sein être tout couvert de piqûres; **~'stieben** *v/i.* ⟨*irr., pas de ge-*, sein⟩ se pulvériser; s'en aller en poussière; *Menschenmenge* se disperser (en tous sens); **~'störbar** *adj.* destructible; **ℒ'störbarˌkeit** *f* ⟨~⟩ destructibilité *f*; **~'stören** *v/t.* ⟨*pas de ge-*, h⟩ détruire; *Gebautes* démolir; raser; abattre; *fig. Glück, Hoffnung* ruiner; **~'störend** *adjt.* destructeur, -trice; destructif, -ive; **ℒ'störer** *m* **1.** destructeur *m*; **2.** *mar.* destroyer [-ojœ:r] *m*; contre-torpilleur *m*; *aviat.* chasseur-bombardier *m*; (avion *m*) destroyer *m*; **ℒ'störeˌrin** *f* destructrice *f*; **~'störeˌrisch** *adj. cf.* ~störend; **ℒ'störung** *f* destruction *f*; démolition *f*; *fig.* ruine *f*; **ℒ'störungsˌtrieb** *m* penchant *m* à détruire, à *od.* pour la destruction; **ℒ'störungsˌwerk** *n* (œuvre *f* de) destruction *f*; **ℒ'störungsˌwut** *f* rage *f* de destruction; vandalisme *m*; **~'stoßen I** *v/t.* ⟨*irr., pas de ge-*, h⟩ broyer; concasser; *im Mörser* piler; pilonner; *zu Pulver* pulvériser; **II ℒ'stoßen** *n* broyage *od.* broiement *m*; concassage *m*; *im Mörser* pilage *m*; pilonnage *m*; *zu Pulver* pulvérisation *f*; **~'streuen** *v/t.* (*u. v/réfl.*) ⟨*pas de ge-*, h⟩ **1.** (*auseinandertreiben, auseinandergehen*) (se) disperser; (s')éparpiller; (se) disséminer; *Licht* (se) diffuser; *fig., Bedenken, Zweifel* dissiper; **2.** (*ablenken*) (se) distraire; (se) divertir; (s')amuser; **~'streut** *adjt.* **1.** dispersé; éparpillé; disséminé; (*vereinzelt*) épars; in alle Winde ~ dispersé, éparpillé à tous les vents, aux quatre coins de la terre; *opt.* ~es Licht lumière diffuse; **2.** (*mit den Gedanken abwesend*) distrait; préoccupé; dissipé; **ℒ'streutheit** *f* ⟨~⟩ distraction *f*; préoccupation *f* (d'esprit); dissipation *f*; inattention *f*; inadvertance *f*; **ℒ'streuung** *f* **1.** (*das Zerstreuen*) dispersion *f*; éparpillement *m*; dissémination *f*; *des Lichts* diffusion *f*; *fig., von Bedenken etc.* dissipation *f*; **2.** (*Ablenkung*) distraction *f*; diversion *f*; (*Belustigung*) divertissement *m*; amusement *m*; ~ suchen chercher de la distraction; **3.** *cf.* ℒstreutheit; **ℒ'streuungsˌlinse** *f opt.* lentille divergente; **~'stückeln** *v/t.* ⟨-(e)le, *pas de ge-*, h⟩ mettre en morceaux; découper; dépecer; déchiqueter; *Grundbesitz* dépecer; morceler; *Land auch* démembrer; **ℒ'stückeˌlung** *f* découpage *m*; dépècement *od.* dépeçage *m*; *von Grundbesitz* morcellement *m*; *e-s Landes auch* démembrement *m*; **~'teilen** *v/t.* (*u. v/réfl.*) ⟨*pas de ge-*, h⟩ (se) diviser (en plusieurs parties); *Wogen* (se) fendre; *Gewölk* (se) disperser; (s')éparpiller; *Nebel* (se) dissiper; *méd., Geschwulst* (se) résoudre; **~'teppern** F *v/t.* ⟨-(e)re, *pas de ge-*, h⟩ *cf.* ~schmeißen.

Zertifi|kat [tsɛrtifi'ka:t] *n* ⟨~(e)s; ~e⟩ certificat *m*; **ℒ'zieren** *v/t.* ⟨*pas de ge-*, h⟩ certifier.

zer|trampeln [tsɛr'trampəln] *v/t.* ⟨-(e)le, *pas de ge-*, h⟩ *cf.* ~treten; **~'trennen** *v/t.* ⟨*pas de ge-*, h⟩ *Kleid* découdre; défaire; démonter; **~'treten** *v/t.* ⟨*irr., pas de ge-*, h⟩ écraser (du pied); *Rasen, Beet* piétiner; fouler (aux pieds); **~'trümmern** *v/t.* ⟨-(e)re, *pas de ge-*, h⟩ briser; fracasser; (*zerstören*) détruire; démolir; écraser; *phys. atom.* désintégrer; scinder; fissionner; **ℒ'trümmerung** *f* ⟨~⟩ bris *m*; fracassement *m*; (*Zerstörung*) destruction *f*; démolition *f*; écrasement *m*; *phys. atom.* désintégration *f*; fission *f*.

Zervelatwurst [tsɛrvə'la:tˌvurst, zɛr-] *f* cervelas *m*.

zer|wirken [tsɛr'vɪrkən] *v/t.* ⟨*pas de ge-*, h⟩ *ch.* (*häuten*) écorcher; enlever la peau; (*zerlegen*) dépecer; découper; **~'wühlen** *v/t.* ⟨*pas de ge-*, h⟩ fouiller; F farfouiller; *Bett* mettre en désordre; bouleverser; **ℒ'würfnis** *n* ⟨~ses; ~se⟩ différend *m*; désunion *f*; désaccord *m*; F brouille(rie) *f*; **~'zausen** *v/t.* ⟨-(es)t, *pas de ge-*, h⟩ j-m die Haare ~, j-n ~ décheveler, ébouriffer, défriser, décoiffer qn.; embrouiller les cheveux de qn.; **~'zupfen** *v/t.* ⟨*pas de ge-*, h⟩ effilocher.

Zession [tsɛsi'o:n] *f* ⟨~; ~en⟩ *jur.* cession *f*; **~ar** [-'na:r] *m* ⟨~s; ~e⟩ cessionnaire *m*.

Zeter ['tse:tər] *n* F ~ u. Mord(io) schreien protester avec véhémence, véhémentement; jeter les 'hauts cris; **~geˌschrei** F *n* 'hauts cris; tollé *m*; ein ~ anstimmen jeter les 'hauts cris; **ℒmordio I** *nur in* F ~ schreien *cf.* Zeter; **II ~'mordio** F *n* ⟨~s⟩ *cf.* ~geschrei; **ℒn** F *v/i.* ⟨-(e)re, h⟩ criailler.

Zettel ['tsɛtəl] *m* ⟨~s; ~⟩ bout *m* de papier; *beschriebener* billet *m*; (*Notiz*ℒ) fiche *f*; *der auf Straßen, in Häusern verteilt wird* (*Reklame*ℒ) prospectus *m*; (*Anschlag*ℒ) affiche *f*; placard *m*; *kleiner* affichette *f*; papillon *m*; *Weberei* (*Kette*) chaîne *f*; ~ einordnen cataloguer, classer des fiches; e-n ~ ausfüllen remplir une fiche; ~ anschlagen afficher; apposer, coller, placarder des affiches; **~ˌankleben** *n* affichage *m*; ~ verboten défense d'afficher; **~karˌtei** *f*, **~ˌkasten** *m* fichier *m*; **~kataˌlog** *m* catalogue *m* sur fiches; **~ˌkram** *péj. m* paperasse *f*; **~ˌstecher** *m* pique-notes *m*.

Zeug [tsɔʏk] *n* ⟨~(e)s; ~e⟩ **1.** *kurz für* (*Handwerks*ℒ) outils *m/pl.*; (*Gerät*) ustensiles *m/pl.*; (*Ausrüstung*) équipement *m*; matériel *m*; F attirail *m*; fourbi *m*; *allg.* F (*Sachen*) affaires *f/pl.*; *péj.* (*Plunder*) F fatras *m*; bazar *m*; F *fig.* was das ~ hält tant qu'on peut; tant et plus; *fig.* sich ins ~ legen faire de gros efforts; faire tout ce qu'on peut; s'y mettre avec ardeur; P s'y coller; en mettre un coup; **sich für etw. ins ~ legen** militer pour qc.; **sich für j-n ins ~ legen** faire le pont, la courte échelle à qn.; F **allerhand ~(s)** toutes sortes de choses; F **dummes ~** bêtises *f/pl.*; insanités *f/pl.*; radotage *m*; chansons *f/pl.*; F **dummes ~ reden** dire des bêtises; radoter; P débloquer; F **ungereimtes ~ reden** dire des balivernes; déraisonner; divaguer; battre la campagne, F la breloque; **2.** *fig.* **er hat das ~ zu e-m Künstler** il a l'étoffe d'un artiste; **er hat das ~ dazu** il en a l'étoffe; **3.** (*Stoff*) étoffe *f*; tissu *m*; F (*Kleider*) vêtements *m/pl.*; habits *m/pl.*; F **sein ältestes ~ anziehen** F mettre ses vieilles nippes; F *fig.* **j-m etw. am ~e flicken** F chercher des poux à qn.; **~amt** *n milit.* arsenal *m*; **~druck** *m* ⟨~(e)s; ~e⟩ *text.* impression *f* sur étoffe.

Zeug|e ['tsɔʏgə] *m* ⟨~n; ~n⟩, **~in** *f* ⟨~; ~nen⟩ témoin *m*; **glaubwürdiger ~** témoin digne de foi; **~ von etw. sein** être témoin de qc.; **Sie sind ~, daß ich ...** vous êtes témoin que je ...; **Gott ist mein ~** Dieu m'(en) est témoin; **den Himmel zum ~n anrufen** prendre le ciel à témoin; **vor ~n** devant témoin(s); **im Beisein von ~n** en présence de témoins; **j-n als ~n anrufen, j-n als ~n benennen** invoquer le témoignage de qn.; prendre qn. à témoin; appeler qn. en témoignage; **j-n zum ~n nehmen** prendre qn. pour témoin; **~n benennen, stellen** constituer, produire des témoins; **~n zuziehen** appeler des témoins; **als ~ benannt werden** être appelé en témoignage; **als ~ aussagen** déposer comme témoin; porter témoignage; témoigner (**gegen j-n** contre qn.; **vor Gericht** en justice); **e-n ~n ablehnen** récuser un témoin; **e-n ~n vereidigen** faire prêter serment à un témoin; assermenter un témoin; **e-n ~n vernehmen** entendre un témoin; **als ~ hören** entendre en témoignage; **als ~ vorladen** citer comme témoin; appeler en qualité de témoin; appeler en témoignage; **~n einander gegenüberstellen** confronter des témoins; *fig.* **~n der Vergangenheit** témoins du passé.

zeugen[1] ['tsɔʏgən] *v/t.* ⟨h⟩ *biol.* (*hervorbringen*) procréer; engendrer.

zeugen[2] ['tsɔʏgən] *v/i.* ⟨h⟩ *jur.* déposer (**für j-n** en faveur de qn.; **gegen j-n** contre qn.); témoigner (**für j-n** pour qn.; **gegen j-n** contre qn.); rendre témoignage (**für j-n** à, pour qn.); *fig.* **von etw. ~** témoigner de qc.; rendre témoignage de qc.; attester, démontrer, prouver qc.; être la preuve de qc.

Zeugen|aufruf ['tsɔʏgən,ˀaufru:f] *m jur.* appel *m* des témoins; **~,aussage** *f* déposition *f* du témoin, des témoins; témoignage *m*; **sich widersprechende ~n** témoignages contradictoires; **~be,einflussung** *f*, **~be,stechung** *f* subornation *f* de témoins; **~be,weis** *m* preuve testimoniale, par témoins; **~,eid** *m* serment prêté par un témoin; **~ge,bühr** *f* indemnité *f* de témoin; **~,schaft** *f* ⟨~⟩ qualité *f* de témoin; **~,stand** *m* barre *f* des témoins; **~ver,nehmung** *f* audition *f* des témoins.

Zeughaus ['tsɔʏkhaus] *n* arsenal *m*.

Zeugin ['tsɔʏgɪn] *f* ⟨~; ~nen⟩ *cf.* Zeuge.

Zeugma ['tsɔʏgma] *n* ⟨~s; ~s *od.* ~ta⟩ *gr.* zeugma *m*.

Zeugnis ['tsɔʏknɪs] *n* ⟨~ses; ~se⟩ **1.** (*schriftliche Bescheinigung*) certificat *m*; attestation *f*; *in der Schule* livret *m* scolaire; carnet *m* de notes; notes *f/pl.*; *e-r Prüfung* diplôme *m*; **ärztliches ~** certificat médical; **er hat ein gutes ~** il a de bonnes notes; *fig.* **ich kann ihm nur das beste ~ ausstellen** je ne peux dire que du bien de lui; **ein ~ ausstellen, vorlegen** délivrer, produire un certificat; **2.** (*bezeugende Aussage*) témoignage *m*; *jur.* déposition *f*; **von etw. ~ ablegen** rendre (un) témoignage de qc.; *jur. auch* témoigner de qc.; **falsches ~ ablegen** rendre un faux témoignage; **sich auf j-s ~ berufen** s'en rapporter au témoignage de qn.; **~,ablegung** *f jur.* déposition *f*; témoignage *m*; **~,abschrift** *f* copie *f* de certificat; **~,heft** *n Schule* livret *m* scolaire; **~,pflicht** *f jur.* obligation *f* de témoigner; **~ver,weigerung** *f jur.* refus *m* de témoigner; **~ver,weigerungs,recht** *n jur.* droit *m* de refuser un témoignage, de refus de témoigner.

Zeugs [tsɔʏks] F *n* ⟨~⟩ choses *f/pl.*; affaires *f/pl.*; (*Plunder*) fatras *m*; bazar *m*; fourbi *m*; bataclan *m*.

Zeugung ['tsɔʏgʊŋ] *f* ⟨~⟩ *biol.* procréation *f*; génération *f*; reproduction *f*; engendrement *m*; **~s,akt** *m* acte *m* de procréation; *sc.* coït *m*; **2s,fähig** *adj.* apte à la génération, à la reproduction, à procréer; **~s,fähigkeit** *f* ⟨~⟩ capacité procréatrice, génératrice, de procréer, d'engendrer; **~s,glied** *n* membre viril; **~s,kraft** *f* puissance procréatrice, génératrice, de procréation; pouvoir procréateur, générateur, de procréation; **~sor,gane** *n/pl. anat.* organes générateurs; **~s,trieb** *m* instinct sexuel; **2s,unfähig** *adj.* incapable de procréer; inapte à procréer, à la génération, à la reproduction.

Zibet ['tsi:bɛt] *m* ⟨~s⟩ civette *f*; **~,katze** *f zo.* civette *f*; *sc.* zibet *m*.

Ziborium [tsi'bo:riˑʊm] *n* ⟨~s; -ien⟩ *égl. cath.* ciboire *m*.

Zichorie [tsɪ'ço:riˑə] *f* ⟨~; ~n⟩ *bot.* chicorée *f* (*auch als Kaffeezusatz*); **~nka,ffee** *m* café *m* à la chicorée; *péj.* chicorée *f*; **~n,wurzel** *f* racine *f* de chicorée.

Zick|e ['tsɪkə] *f* ⟨~; ~n⟩ *cf.* Ziege; F *fig.* (**dumme**) **~n machen** faire des tours, des siennes, des incartades; **mach keine ~n!** (ne fais) pas d'histoires!; **~el(chen)** *n* ⟨~s; ~(n)⟩ (*n*) ⟨~s; ~⟩ chevreau *m*; chevrette *f*; cabri *m*; F biquet, -tte *m, f*; **2eln** *v/i.* ⟨-(e)le, h⟩ chevret(t)er *od.* chevroter; F biqueter; **~lein** *n* ⟨~s; ~⟩ *cf.* ~el(chen).

Zickzack ['tsɪktsak] *m* ⟨~(e)s; ~e⟩ zigzag *m*; **im ~ laufen, 2 laufen** marcher en zigzag; zigzaguer; **2,förmig** *adj.* en zigzag; zigzagué; **~,kurs** *m pol.* politique *f* en zigzag; *mar.* route *f* en zigzag; **im ~ fahren** zigzaguer; **~,linie** *f* (ligne *f* en) zigzag *m*; **~,muster** *n* ornement *m* à zigzags; *bât.* chevron *m*; **~,stich** *m cout.* point *m* de zigzag; **~,weg** *m* chemin *m* en zigzag.

Zider ['tsi:dər] *m* ⟨~s⟩ cidre *m*.

Ziege ['tsi:gə] *f* ⟨~; ~n⟩ *zo.* chèvre *f*; F bique *f*; **~n** *coll.* caprins *m/pl.*; espèce caprine; **kleine, junge ~** *cf.* Zickel (-chen); P *péj.* **e-e alte ~** une vieille bique; F **e-e dumme ~** F une cruche, godiche; F **e-e neugierige ~ sein** être curieux, -euse comme une chouette.

Ziegel ['tsi:gəl] *m* ⟨~s; ~⟩ brique *f*; (*Dach*2) tuile *f*; **~ brennen** cuire des briques; **~,bau** *m* ⟨~(e)s; ~ten⟩ construction *f* en briques; **~,brennen** *n* cuite *f* des briques, *von Dachziegeln* des tuiles; **~,brenner** *m* cuiseur *m*; *par ext. cf.* Ziegeleiarbeiter; **~brenne,rei** *f cf.* Ziegelei; **~,dach** *n* toit *m* de tuiles.

Ziegelei [,tsi:gə'laɪ] *f* ⟨~; ~en⟩ briqueterie *f*; *für Dachziegel* tuilerie *f*; **~,arbeiter** *m* (ouvrier *m*) briquetier *m*, *von Dachziegeln* tuilier *m*; **~be,sitzer** *m* briquetier *m*; *e-r Dachziegelei* tuilier *m*.

Ziegel|mauer ['tsi:gəl,mauər] *f* mur *m* en briques; **~,mehl** *n* brique pilée; farine *f*, poussière *f*, poudre *f* de brique; **~,ofen** *m* four *m* à briques, *für Dachziegel* à tuiles; **~,pflaster** *n* pavé *m*, pavage *m* en briques; **~,presse** *f* presse *f* à briques; **~,rohbau** *m* maçonnerie *f* brute en briques; briquetage *m*; **2,rot** *adj.* rouge brique; briqueté; **~,schutt** *m* briquaillons *m/pl.*; **~,stein** *m* brique *f*; **~,streicher** *m* briquetier mouleur; **~,stück** *n* briquaillon *m*; **~,wand** *f* cloison *f* de *od.* en briques.

Ziegen|bart ['tsi:gən,ba:rt] *m* barbiche *f*, barbe *f* de chèvre, de bouc; *von Menschen* impériale *f*; bouc *m*; barbiche *f*; F barbichette *f*; *bot.* clavaire *f*; **~,bock** *m* bouc *m*; **~,böckchen** *n* ⟨~s; ~⟩ chevreau *m*; cabri *m*; F biquet *m*; **~,fleisch** *n* viande *f* de chèvre; **~,hirt(in)** *m* (*f*) chevrier, -ère *m, f*; **~,käse** *m* fromage *m* de chèvre; chevrotin *m*; **~,mist** *m* crotte *f* de chèvre; **~,lamm** *n cf.* Zickel (-chen); **~,leder** *n* chevreau *m*; **~,milch** *f* lait *m* de chèvre; **~,melker** *m zo.* engoulevent *m*; **~,peter** *m* ⟨~s; ~⟩ *méd.* oreillons *m/pl.*; *sc.* parotidite *f*; **~,stall** *m* chèvrerie *f*.

Ziegler ['tsi:glər] *m* ⟨~s; ~⟩ *cf.* Ziegelbrenner; *par ext.* Ziegeleiarbeiter.

Zieh|brunnen ['tsi:,brunən] *m* puits *m*; **~,eisen** *n* filière *f*; **~,eltern** *pl.* (parents) nourriciers *m/pl.*

ziehen ['tsi:ən] **I** *v/t.* ⟨zieht, zog, gezogen, h⟩ tirer; *Wagen, Schlitten* traîner; *Pflug* tirer; *Furchen* creuser; tracer; *Gräben* faire; creuser; *Pflanzen* cultiver; *Mauer, Wand* élever; construire; *Wäscheleine* tendre; *Hut* ôter; enlever; *fig.* tirer; *Geldbörse, Brieftasche* tirer; *techn., Geschützrohr, Gewehrlauf* rayer; *Metalle* étirer; tréfiler; filer; *e-n Stein beim Spiel* jouer; *math., Wurzel* extraire (aus de); *Zahn auch* arracher (*auch Möhren, Rüben*); *Linie, Parallele* tirer; tracer; mener; *fig., Lehre* tirer, dégager (aus de); *Tee* **~ lassen** laisser infuser; *Farbe, Asphalt etc.* **Blasen ~** former des boursouflures; **den Degen ~** tirer l'épée; dégainer; **Fratzen ~** faire des grimaces; grimacer; *Klebstoff* **Fäden ~** filer; *fig.* **ein (schiefes) Gesicht ~** faire la grimace; **den kürzeren ~** jouer perdant; avoir le dessous; **das Große Los ~** tirer le gros lot; *fig.* **alle Register ~** recourir à, utiliser tous les moyens; **e-n Vergleich, e-e Parallele ~** faire, établir une comparaison, un parallèle; **Wasser ~** *Schuhe* prendre l'eau; F *Strümpfe* faire des plis; **j-n am Arm ~** tirer qn. par le bras; **j-n an** *od.* **bei den Haaren ~** tirer qn. par les cheveux; **j-n am Ohr ~** tirer qn. par l'oreille; tirer l'oreille à qn.; **j-n an sich ~** tirer qn. à soi; attirer qn.; *Obstbäume* **am Spalier ~** palisser; **die Aufmerksamkeit, die Blicke auf sich ~** attirer l'attention, les regards sur soi; *Perlen* **auf e-n Faden ~** enfiler; **j-n auf die Seite ~** prendre qn. à part; **j-n auf s-e**

Seite ~ s'attacher qn.; attacher qn. à son parti; *Wein* **auf Flaschen** ~ mettre en bouteilles; embouteiller; *milit.* **auf Wache** ~ prendre la garde; *comm.* **e-n Wechsel auf j-n** ~ tirer une traite sur qn.; ~ **aus** tirer de; (*herausnehmen*) sortir de; (*zurücknehmen*) retirer de; **etw. aus der Tasche** ~ sortir qc. de sa poche; **etw. aus dem Verkehr** ~ retirer qc. de la circulation; **e-n Nagel aus der Wand** ~ tirer, arracher un clou du mur; **Nutzen aus etw.** ~ tirer profit de qc.; exploiter qc.; **Schlüsse aus etw.** ~ tirer des conclusions de qc.; **daraus ziehe ich den Schluß, daß** ... je conclus de là que ...; j'en déduis, conclus que ...; **etw. durch etw.** ~ passer qc. par qc.; **etw. in Betracht, Erwägung** ~ prendre qc. en considération; **die Stirn in Falten** ~ froncer les sourcils; **in die Höhe** ~ lever; (*hochraffen*) relever; retrousser; *Last* guinder; 'hisser; *Eimer e-s Ziehbrunnens* remonter; **ins Lächerliche** ~, F **durch den Kakao** ~ tourner en ridicule; ridiculiser; *fig.* **in die Länge** ~ traîner en longueur; *fig.* **in den Schmutz** ~ traîner dans la boue; **ins Vertrauen** ~ mettre dans la confidence, dans le secret; **in Zweifel** ~ mettre en doute; **nach sich** ~ (*zur Folge haben*) entraîner; être suivi de; comporter; *ein Kleidungsstück* **über das andere** ~ mettre ... par-dessus l'autre; *fig.* **j-m das Fell über die Ohren** ~ F écorcher qn.; *ein Kleidungsstück* **unter das andere** ~ mettre ... par-dessous l'autre; **den Ring vom Finger** ~ retirer, enlever la bague de son doigt; **vor Gericht** ~ appeler en justice; F traîner devant les tribunaux; **j-n zu Boden** ~ faire tomber qn.; **j-n zu Rate** ~ consulter qn.; **j-n zur Rechenschaft, Verantwortung** ~ demander compte, raison à qn. (über de); **II** *v/i.* **1.** ⟨h⟩ *Ofen, Pfeife, Zigarre* (*Zug haben*) tirer; *Theaterstück etc.* (*Anziehungskraft ausüben*) prendre sur, attirer le public; avoir de l'attrait pour; avoir du succès; plaire; **an etw.** ~ tirer sur qc.; *Schachspiel* **mit dem König** ~ jouer le roi; *fig.* **der Name zieht** le nom attire le public; **dieser Trick zieht nicht mehr** c'est un truc usé, qui ne prend plus; **das zieht bei mir nicht** cela ne prend pas avec moi; **2.** ⟨sein⟩ *Völkerstämme, Zugvögel* (*wandern*) partir (**nach** pour); émigrer (**nach** vers, en); passer (**in andere Länder** dans d'autres pays); *Menschen* (*umziehen*) déménager; **s-e Straße, s-s Weges** ~ aller son chemin; **gezogen kommen** venir; **die Wolken** ~ **schnell** les nuages courent vite; F **laß ihn** ~! laisse-le s'en aller!; qu'il s'en aille!; **aufs Land** ~ aller à la campagne; **auf ein anderes Zimmer** ~ changer de chambre; **aus der Wohnung** ~ déménager; changer de logement; **durchs Land** ~ passer par, traverser le pays; *poét.* **durch die Lande** ~ voyager par monts et par vaux; *fig.* **gegen j-n zu Felde** ~ se déchaîner contre qn.; partir en guerre contre qn.; **in den Krieg, ins Feld** ~ partir pour la guerre; **in die weite Welt** ~ partir pour le vaste monde; **in die Fremde** ~ partir pour l'étranger; **in e-e Wohnung, ein Haus** ~ emménager; **in die Stadt** ~ aller s'installer, s'établir en ville; aller habiter la ville; **das Gewitter zieht nach Westen** l'orage s'en va, se retire, se dirige vers l'ouest; **über Land** ~ faire un tour à la campagne; **übers Meer** ~ traverser la mer; **zu j-m** ~ aller habiter avec *od.* chez qn.; **III** *v/réfl.* **sich** ~ *Gebirge, Ebene* (*sich erstrecken*) s'étendre (**bis** jusqu'à; **durch** à travers); *Holz* (*sich werfen*) gauchir; se déjeter; se gondoler; **sich geschickt aus der Affäre** ~ se tirer élégamment, adroitement d'affaire; F s'échapper, filer par la tangente; tirer son épingle du jeu; *mus.* **dieses Motiv zieht sich durch die ganze Oper** ce thème revient fréquemment au cours de tout l'opéra; *fig.* **sich in die Länge** ~ traîner en longueur; **IV** *v/imp.* **es zieht hier** il y a un courant d'air ici; **es zieht durch diese Tür** il vient un courant d'air par cette porte; **es zieht mich in die Ferne, nach Süden** j'ai la nostalgie des pays lointains, du midi; **V** ℒ *n* ⟨~s⟩ tirage *m* (*auch von Metallen*); traction *f*; *e-s Wagens, Schlittens* (re)montage *m*; traînage *m*; *von Furchen* ouverture *f*; *von Gräben* creusage *od.* creusement *m*; *von Pflanzen* culture *f*; *e-r Mauer, Wand* construction *f*; élévation *f*; *der Wäscheleine verbal*; *e-s Geschützrohres, Gewehrlaufes* rayage *m*; *von Metallen* étirage *m*; tréfilage *m*; tréfilerie *f*; *math., e-r Wurzel* extraction *f*; *e-s Zahnes auch* arrachement *m*; *von Möhren, Rüben* arrachage *m*; *e-r Linie, Parallele* tracement *m*; *besser verbal*; *der Vögel* migration *f*; passage *m*; (*Um*ℒ) déménagement *m*; (*Luftzug*) vent *m* coulis; courant *m* d'air; *méd.* (*ziehender Schmerz*) *cf.* ~d; **~d** *adjt. méd.* ~er **Schmerz** douleur lancinante; élancements *m/pl.*; tiraillements *m/pl.*

Zieher ['tsiːər] *m* ⟨~s; ~⟩ *comm.* tireur *m.*

Zieh|feder ['tsiːˌfeːdər] *f cf.* Reißfeder; **~harˌmonika** *f* accordéon *m*; **~hund** *m früher* chien *m* de trait; **~kind** *n* enfant *m* en nourrice; **~ˌleute** *pl.* déménageurs *m/pl.*; **~maˌschine** *f für Metalle* étireuse *f*; tréfilerie *f*; **~ˌmutter** *f* ⟨~; ⸗⟩ nourrice *f*; **~ˌpflaster** *n méd. cf.* Zugpflaster.

Ziehung ['tsiːuŋ] *f* ⟨~; ~en⟩ *Lotterie* tirage *m*; **~sˌliste** *f* résultats *m/pl.* du tirage; liste *f* des (numéros) gagnants; **~sˌtag** *m* jour *m* du tirage.

Ziehvater ['tsiːˌfaːtər] *m* père nourricier.

Ziel [tsiːl] *n* ⟨~(e)s; ~e⟩ but *m*; objectif *m*; *e-r Reise* but *m*; (*Bestimmungsort*) destination *f*; *Sport* arrivée *f* (*auch als Markierung*); (*Ziellinie*) ligne *f* d'arrivée; (*Zielscheibe*) cible *f*; *comm.* terme *m*; *fig.* but *m*; objectif *m*; objet *m*; fins *f/pl.*; visées *f/pl.*; (*Grenze*) borne *f*; **ohne Maß u.** ~ outre mesure; **weder Maß noch** ~ **kennen** ne pas connaître de bornes; *beim Schießen* **das** ~ **treffen** toucher, atteindre le but; **das** ~ **verfehlen** manquer, rater le but; *milit.* **das** ~ **erkennen** repérer l'objectif; *Einschuß* **im** ~ **liegen** être au but, F en plein dans le mille; **sich etw. als** *od.* **zum** ~ **nehmen** se proposer qc. comme objectif; *fig.* **sich ein** ~ **setzen, stecken** se proposer, se fixer un but; **sich ein hohes** ~ **stecken** avoir de hautes visées; viser 'haut; **ein** ~ **verfolgen** poursuivre un but; **das** ~ **erreichen** atteindre le (*mühsam* au) but; **sein** ~ **erreichen** (*s-n Willen durchsetzen*) arriver à ses fins; **das** ~ **im Auge behalten** ne pas perdre de vue son objectif, but; **das** ~ **s-r Wünsche erreichen** réaliser ses désirs; toucher au but; **am** ~ **s-r Wünsche sein** être au comble de ses désirs; **gerade aufs** ~ **losgehen** ne pas y aller par quatre chemins; **mit unbekanntem** ~ **verreisen** partir pour une destination inconnue; **s-m Leben war frühzeitig ein** ~ **gesetzt** sa vie a été brève; **über das** ~ **hinausschießen** (dé)passer les bornes; exagérer; **zum** ~ **führen** aboutir; **zu keinem** ~ **führen** n'aboutir à rien; **zum** *od.* **ans** ~ **gelangen, kommen** parvenir au but; atteindre le but; **glücklich ans** ~ **gelangen, kommen** F arriver à bon port; **zum** ~ **gelangen** (*Erfolg haben*) réussir; **zum** ~ **haben** avoir pour but, pour objet; **wer langsam geht, kommt auch zum** ~ *prov.* avec le temps on arrive à tout; *Sport* **durchs** ~ **gehen** franchir la ligne d'arrivée; **als erster durchs** ~ **gehen** arriver (le) premier; franchir le premier la ligne d'arrivée; **als dritter durchs** ~ **gehen** *auch* être placé troisième; *comm.* **auf drei Monate** ~ à trois mois; **auf** ~ **verkaufen** vendre à terme; **mit kurzem** ~ à brève échéance; **~ˌangabe** *f milit.* indication *f* de l'objectif; **~ˌansprache** *f milit.* désignation *f*, détermination *f* de l'objectif; **~ˌauffindung** *f milit.* découverte *f* des objectifs; **~ˌaufnahme** *f milit.* prise *f* (photographique) de l'objectif; **~ˌbahnhof** *m* gare *f* destinataire, de destination, d'arrivée; **~band** *n* ⟨~(e)s; ⸗er⟩ *Sport* ligne *f* d'arrivée; **~beˌreich** *m milit.* zone *f* de l'objectif; ℒ**beˌwußt** *adj.* conscient du but à atteindre; **~ˌdreieck** *n milit.* triangle *m* de tir; ℒ**en I** *v/i.* ⟨h⟩ **auf j-n** ~ viser qn.; mettre, coucher qn. en joue; **auf den Kopf, aufs Herz** ~ viser à la tête, au cœur; *fig.* **das ist auf mich gezielt** je suis visé; c'est à moi que cela s'adresse; F c'est une pierre dans mon jardin; **II ~en** *n* ⟨~s⟩ visée *f*; ℒ**end** *adjt. gr.* ~**es Zeitwort** verbe transitif; **nicht** ~**es Zeitwort** verbe intransitif; **~ˌfehler** *m* faute *f* de visée, de tir; **~ˌfernrohr** *n* lunette *f* viseur, de visée, de tir; **~flug** *m aviat.* (vol *m* en) homing *m*; vol *m* au but (radioguidé); **~ˌflugzeug** *n aviat. milit.* avion-cible *m*; **~geˌbiet** *n milit.* zone *f*, terrain *m* des objectifs; **~geˌnauigkeit** *f* précision *f* du tir; **~geˌrade** *f Sport* dernière ligne droite; **~geˌrät** *n* appareil *m* de visée; viseur *m*; **~ˌkamera** *f Sport* caméra *f* pour la photo-finish; **~kauf** *m comm.* achat *m* à crédit; **~ˌlandung** *f aviat.* atterrissage *m* de précision; **~ˌlinie** *f* ligne *f* de mire; *Sport* ligne *f* d'arrivée; ℒ**los** *adj. u. adv.* sans but; **~ˌlosigˌkeit** *f* ⟨~⟩ manque *m* de but; **~ort** *m* lieu *m* de destination; **~ˌpfosten** *m Pferderennen* poteau *m* d'arrivée; **~ˌphoto** *n*, **~photograˌphie** *f Sport* photo-finish *f*; **~punkt** *m* point *m* de mire; but *m*; objectif *m*; **~ˌrichter** *m Sport* juge *m* à l'arrivée; **~ˌscheibe** *f* cible *f*, point *m* de mire; **die** ~ **des Spottes sein** être le point de mire, la cible des moqueries; être en butte aux railleries; **als** ~ **des Spottes dienen** *auch* servir de tête de Turc; **~schiff** *n mar. milit.* bateau-cible *m*; **~ˌschleppflugzeug** *n aviat. milit.* avion *m* traîne-cible; **~ˌsetzung** *f* ⟨~; ~en⟩ but visé; **~ˌsicherheit** *f* adresse *f*, habileté *f* au tir; précision *f* (du tir); *fig.* détermination *f*; ℒ**ˌstrebig** *adj.* qui poursuit son but résolument; qui est conscient de son but; **~ˌstrebigkeit** *f* ⟨~⟩ ambition soutenue; détermination *f*; ℒ**ˌsuchend** *adjt. Torpedo etc.* à tête chercheuse; **~ˌsuchkopf** *m e-s Torpedos* tête chercheuse; **~ˌvor-**

richtung *f* dispositif *m* de mire; *cf. auch* ~gerät.

ziemen [ˈtsiːmən] *v/imp. u. v/réfl.* ⟨h⟩ convenir; être convenable; être de mise; **es ziemt sich für ein junges Mädchen nicht, zu** ... (+ *inf.*), **es ziemt sich nicht, daß ein junges Mädchen** ... il ne convient pas à une jeune fille de ... (+ *inf.*); il ne convient pas qu'une jeune fille... (+ *subj.*).

Ziemer [ˈtsiːmər] *m* ⟨~s; ~⟩ *Wild* (*Lendenstück*) cimier *m*; *Pferd, Ochse* (*männliches Glied*) verge *f*; (*Ochsen*2) nerf *m* de bœuf.

ziemlich [ˈtsiːmlɪç] **1.** *adj.* assez; assez considérable; **e-e ~e Anzahl** un assez grand nombre (de); un nombre assez considérable (de); **er hat ein ~es Vermögen** il a une fortune assez considérable; **das ist e-e ~e Frechheit** c'est une assez grande impertinence; **2.** *adv.* assez; passablement; (*ungefähr*) à peu près; **~ gut** assez bon, -nne; assez bien; passable(ment); **~ oft** assez souvent; **~ viel Leute** pas mal de gens, monde; **so ~ dasselbe** à peu près la même chose; **er ist so ~ in meinem Alter** il est à peu près du même âge que moi; **so ~ überall** un peu partout.

ziepen [ˈtsiːpən] F **I** *v/t.* ⟨h⟩ **j-n an den Haaren ~** tirer les cheveux à *od.* de qn.; **II** *v/i. Vogel* (*piepen*) pépier.

Zier [tsiːr] *f* ⟨~⟩ *st. s., poét. cf.* ~de; **~ˌaffe** *péj. m* gandin *m*; faquin *m*; gommeux *m*; **~at** *m* ⟨~(e)s; ~e⟩ ornement *m*; enjolivement *m*; décoration *f*; **kleiner ~** enjolivure *f*; **~baum** *m* arbre *m* d'ornement, d'agrément; **~ˌbuchstabe** *m* lettre ornée, grise, montante, historiée; lettrine *f*; **~de** *f* ⟨~; ~n⟩ ornement *m*; décoration *f*; (*Putz*) parure *f*; *fig.* honneur *m*; **zur ~ dienen** orner; *fig.* **sie ist die ~ ihres Geschlechts** elle est l'honneur de son sexe; *fig.* **j-m, e-r Sache (nicht) zur ~ gereichen** (ne pas) faire honneur à qn., qc.; **2en I** *v/t.* ⟨h⟩ orner (mit de); décorer (de); parer (de); **II** *v/réfl.* **sich ~** affecter des airs de réserve; minauder; faire des simagrées; faire des façons, des manières; (*sich affektiert sträuben*) faire le dédaigneux, la dédaigneuse, le (la) dégoûté(e), le (la) difficile; être affecté; *bes. bei Tisch* faire la petite, la fine bouche; *nur von Frauen* faire la mijaurée, la minaudière, la pimbêche; *cf. auch* **geziert**; **~eˈrei** *péj. f* ⟨~; ~en⟩ affectation *f*; manières affectées; façons *f/pl.*; manières *f/pl.*; simagrées *f/pl.*; mignardises *f/pl.*; minauderie(s) *f(pl.)*; **~fisch** *m* poisson *m* d'agrément; **~ˌgarten** *m* jardin *m* d'agrément; **~geˌwächs** *n cf.* ~pflanze; **~ˌgiebel** *m bât.* gâble *m*; **~ˌgräser** *n/pl.* herbes d'ornement, ornementales; **~ˌleiste** *f* moulure *f*; *impr.* fleuron *m*; vignette *f*; **~n** *pl. am Auto* chromes *m/pl.*; **2lich** *adj.* gracile; délicat; fin; *Bewegung etc.* (*anmutig*) gracieux, -euse; (*allerliebst*) mignon, -nne; *Schrift* fin; délié; **~lichˌkeit** *f* ⟨~⟩ gracilité *f*; délicatesse *f*; finesse *f*; (*Anmut*) grâce *f*; **~ˌnagel** *m* clou *m* de tapissier; **~ˌpflanze** *f* plante ornementale, d'ornement, d'agrément; **~ˌpuppe** *péj. f* minaudière *f*; mijaurée *f*; pimbêche *f*; **~schrift** *f* lettres ornées, historiées; **~ˌschürze** *f* petit tablier; **~stich** *m cout.* point *m* de fantaisie; **~strauch** *m* arbuste ornemental, d'ornement, d'agrément; **~stück** *n* ornement *m*.

Ziest [tsiːst] *m* ⟨~es; ~e⟩ *bot.* stachys [-kis] *m*; épiaire *m*.

Ziffer [ˈtsɪfər] *f* ⟨~; ~n⟩ **1.** (*abr.* Ziff.) chiffre *m*; **arabische, römische ~n** chiffres arabes, romains; **in ~n** en chiffres; **mit ~n bezeichnen** chiffrer; numéroter; **e-e Zahl mit drei ~n** un nombre de *od.* à trois chiffres; **2.** *e-s Paragraphen* (*bezeichneter Punkt, Absatz*) alinéa *m*; **~ˌblatt** *n* cadran *m*; **leuchtendes ~** cadran lumineux; **~(n)ˌkasten** *m impr.* casse *f*; *einzelner* cassetin *m*; **2nˌmäßig** *adj.* en chiffres.

-zig [tsɪç] F *adj.* ⟨*inv., attributiv*⟩ (*sehr viel, unzählig*) **es waren ~ Leute da** il y avait là je ne sais combien de gens.

Zigarette [tsi·gaˈrɛtə] *f* ⟨~; ~n⟩ cigarette *f*; P sèche *f*; cibiche *f*; **~ mit (ohne) Mundstück** cigarette avec (sans) bout; **ein Päckchen ~n** un paquet de cigarettes; **e-e ~ rauchen, drehen** fumer, rouler une cigarette; **sich e-e ~ anzünden**, F **sich e-e ~ ins Gesicht stecken** s'allumer une cigarette.

Zigaretten|automat [tsi·gaˈrɛtən-ˀauto·ˌmaːt] *m* distributeur *m* de cigarettes; **~etuˌi** *n* étui *m* à cigarettes; porte-cigarettes *m*; *für ein ganzes Zigarettenpäckchen* étui *m* pour (un) paquet de cigarettes; **~faˌbrik** *f* manufacture *f* des tabacs; **Arbeiterin in e-r ~** cigarière *f*; **~ˌlänge** *f* F **auf e-e ~** *zu j-m kommen, gehen etwa* le temps de fumer une cigarette; **~ˌmarke** *f* marque *f* de cigarettes; **~maˌschine** *f* moule *m* à cigarettes; **~ˌpackung** *f* paquet *m* de cigarettes; **~paˌpier** *n* papier *m* à cigarettes; **~ˌpause** *f* F **e-e ~ einlegen** faire une courte ʻhalte, pause (pour fumer une cigarette); **~ˌraucher** *m* fumeur *m* de cigarettes; **~ˌschachtel** *f* boîte *f* de cigarettes; **~ˌspitze** *f* fume-cigarette *m*; *abus.* porte-cigarette *m*; **~ˌstummel** *m* bout *m* de cigarette; F mégot *m*; P clope *f*; **~ˌtabak** *m* tabac *m* à cigarettes; **~ˌtöter** *m* ⟨~s; ~⟩ pilon *m* de cendrier.

Zigarillo [tsi·gaˈrɪl(j)o·] *m od. n* ⟨~s; ~s⟩ cigarillo *m*; cigarito *m*; *meist nur im pl.* **~s** ninas *od.* niñas *m/pl.*; senoritas *od.* señoritas *m/pl.*

Zigarre [tsi·ˈgarə] *f* ⟨~; ~n⟩ cigare *m*; F *fig.* **j-m e-e ~ verpassen** F passer un savon à qn.; ramasser qn.; P engueuler, enguirlander qn.; F *fig.* **e-e ~ verpaßt bekommen** F recevoir un savon; se faire ramasser, P engueuler, enguirlander.

Zigarren|abschneider [tsi·ˈgarən-ˌˀapʃnaɪdər] *m* coupe-cigares *m*; **~ˌanzünder** *m* allume-cigare *m*; **~ˌasche** *f* cendres *f/pl.* de cigare; **~etuˌi** *n* étui *m* à cigares; porte-cigares *m*; **~faˌbrik** *f* manufacture *f* des tabacs; **Arbeiterin in e-r ~** cigarière *f*; robeuse *f*; **~ˌhändler** *m* débitant *m* de tabac; buraliste *m*; **~ˌkiste** *f* boîte *f* de (*bzw.* à) cigares; **~ˌladen** *m* bureau *m*, débit *m* de tabac; **~ˌspitze** *f* fume-cigare *m*; *abus.* porte-cigare *m*; *die mit der Schere abgeschnitten wird* bout *m* de cigare; **~ˌschere** *f* coupe-cigares *m*; **~ˌstummel** *m* bout *m* de cigare; F mégot *m*; **~ˌtabak** *m* tabac *m* à cigares; **~ˌtasche** *f cf.* ~etui.

Zigeuner|(in) [tsi·ˈgɔʏnər(ɪn)] *m* ⟨~s; ~⟩ (*f*) ⟨~; ~nen⟩ bohémien, -nne *m, f*; gitan, -e *m, f*; *péj.* romanichel, -lle *m, f*; F romani *m*; *ungarische(r)* tzigane *od.* tsigane *m, f*; **~ˌfrau** *f cf.* ~in; **2ˌhaft, 2isch** *adj.* de (*adv.* en) bohémien, -nne; *péj.* de (*adv.* en) romanichel, -lle; vagabond; **~kaˌpelle** *f* orchestre *m* tzigane *od.* tsigane; **~ˌlager** *n* campement *m* de bohémiens; **~ˌleben** *n* ⟨~s⟩ vie *f* des bohémiens; *fig.* vie vagabonde; **~ˌmädchen** *n* jeune bohémienne *f*; **~muˌsik** *f* musique *f* tzigane *od.* tsigane; **~ˌsprache** *f* langue *f* des bohémiens; **~ˌstamm** *m* tribu *f* de bohémiens; **~ˌtum** *n* ⟨~(e)s⟩ monde *m* des bohémiens; **~ˌvolk** *n* bohémiens *m/pl.*; **~ˌwagen** *m* roulotte *f* de bohémiens; **~ˌweib** *n cf.* ~in.

zigmal [ˈtsɪçmaːl] F *adv. cf.* x-mal.

Zikade [tsi·ˈkaːdə] *f* ⟨~; ~n⟩ *zo.* cigale *f*.

Zimbel [ˈtsɪmbəl] *f* ⟨~; ~n⟩ *mus.* cymbale *f*.

Zimbern [ˈtsɪmbərn] *m/pl. hist. cf.* Kimbern.

Zimmer [ˈtsɪmər] *n* ⟨~s; ~⟩ pièce *f*; *bes.* (*Schlaf*2) chambre *f*; *großes* salle *f*; **möbliertes ~** chambre meublée, garnie; **ineinandergehende ~** chambres communicantes, contiguës, attenantes; **~ mit separatem Eingang** chambre indépendante; **~ nach vorn heraus** pièce, chambre donnant sur la rue; **~ zu vermieten** chambre à louer; **das ~ aufräumen, machen** faire la chambre; **das ~ hüten** garder la chambre; **~anˌtenne** *f* antenne intérieure; **~ˌarbeit** *f* charpenterie *f*; **~baroˌmeter** *n* baromètre *m* d'appartement; **~beˌstellung** *f* réservation *f*, (*Mieten*) location *f* d'une chambre; **~ˌdecke** *f* plafond *m*; **~ei** [-ˈraɪ] *f* ⟨~⟩ *cf.* ~handwerk; **~ˌeinrichtung** *f* meubles *m/pl.*; ameublement *m*; **~er** *m* ⟨~s; ~⟩ *cf.* ~mann; **~ˌflucht** *f* enfilade *f* de pièces; **~geˌselle** *m* (compagnon *m*) charpentier *m*; **~gymˌnastik** *f* gymnastique *f* en chambre; **~ˌhandwerk** *n* métier *m* de charpentier; charpenterie *f*; **~ˌherr** *m* locataire *m* (en garni); **~ˌholz** *n* bois *m* de charpente, de construction; **~ˌkellner** *m* garçon *m* d'étage; **~ˌlautstärke** *f Radio* **auf ~ stellen** mettre en sourdine; **~ˌlinde** *f bot.* sparmania *m*; **~ˌling** *m* ⟨~s; ~e⟩ *mines* boiseur *m*; charpentier *m* mineur; **~ˌmädchen** *n* femme *f* de chambre; **~ˌmann** *m* ⟨~(e)s; -leute⟩ charpentier *m*; F *fig.* **j-m zeigen, wo der ~ das Loch gelassen hat** F flanquer qn. à la porte; *cf. auch* Loch 1.; **~mannsˌaxt** *f* cognée *f* à équarrir; ʻhache *f* de charpentier; **~ˌmeister** *m* (maître *m*) charpentier *m*; **~ˌmieter(in)** *m* (*f*) locataire *m, f* (en garni); **2n I** *v/t. u. v/i.* ⟨-(e)re, h⟩ charpenter; *abs.* faire de la charpente; F *Tisch, Regal, Boot* confectionner; faire; *mines* cuveler; boiser; **II ~n** *n* ⟨~s⟩ charpenterie *f*; *mines cf.* ~ung; **~ˌnachbar(in)** *m* (*f*) voisin, -e *m, f*; **~ˌofen** *m* poêle [pwal] *m*; **~ˌpflanze** *f bot.* plante *f* d'appartement; **~ˌplatz** *m* chantier *m*; **~poˌlier** *m* contremaître *m* (charpentier); **~ˌtanne** *f bot.* araucaria *m*; **~temperaˌtur** *f* température *f* d'appartement; *herrschende* (*Raumtemperatur*) température ambiante; **~theˌater** *n* théâtre *m* de poche; **~thermoˌmeter** *n* thermomètre *m* d'appartement; **~ung** *f* ⟨~; ~en⟩ *mines* cuvelage *m*; boisage *m*; **~verˌmieter(in)** *m* (*f*) logeur, -euse *m, f*; **~ˌwerkstatt** *f* atelier *m* de charpentier; charpenterie *f*.

zimperlich [ˈtsɪmpərˌlɪç] *adj.* **1.** douillet, -tte; qui a soin de sa petite santé; F qui s'écoute; **~ tun** faire le (la) douillet(te); **2.** *nur von Frauen* (*prüde*) prude; (*geziert*) affecté; mignard;

2ˌ**keit** *f* ⟨∼⟩ **1.** *etwa* soins, soucis exagérés de sa petite santé, de sa personne; F crainte *f* du moindre bobo; **2.** *nur von Frauen* pruderie *f*; (*Geziertheit*) affectation *f*; mignardise *f*.
Zimt [tsımt] *m* ⟨∼(e)s; ∼e⟩ **1.** cannelle *f*; gemahlener ∼ poudre de cannelle; **2.** F *fig.* (*Unsinn*) bêtises *f/pl.*; radotage *m*; ∼**aldeˌhyd** *m chim.* aldéhyde *m* cinnamique; ∼**baum** *m bot.* cannelier *m*; ∼ˌ**blüte** *f comm.* clou *m* de cinna(mo)me; 2ˌ**farben** *adj.* couleur de cannelle; ∼ˌ**rinde** *f* écorce *f* du cannelier; cannelle *f*; ∼**rindenˌöl** *n* essence *f* d'écorce de cannelier; essence *f* du cannelier; huile essentielle de cannelle; ∼ˌ**stange** *f* bâton *m* de cannelle.
Zineraria [tsiˑneˈraːriˑa] *f* ⟨∼; -ien⟩, **Zineˈrarie** *f* ⟨∼; ∼n⟩ *bot.* cinéraire *f*.
Zingulum [ˈtsıŋguˑlum] *n* ⟨∼s; ∼s *od.* -la⟩ *égl. cath.* ceinture *f*.
Zink[1] [tsıŋk] *m* ⟨∼(e)s *od.* ∼en; ∼e *od.* ∼en⟩ *mus. cf.* Zinke 3.
Zink[2] [tsıŋk] *n* ⟨∼(e)s⟩ *chim., métall.* zinc [zɛ̃g] *m*; ∼**amalˌgam** *n* amalgame *m* de zinc; ∼ˌ**arbeiter** *m* (ouvrier *m*) zingueur *m*; ∼ˌ**ätzung** *f* zincographie *f*; zincogravure *f*; ∼**blech** *n* tôle *f* de zinc; zinc laminé; *Dach* mit ∼ decken zinguer; ∼ˌ**blende** *f minéral.* blende *f*; zinc sulfuré; ∼ˌ**blume** *f chim.* fleurs *f/pl.* de zinc; oxyde *m* de zinc; ∼**dach** *n* toit couvert en zinc; ∼**druck** *m* ⟨∼(e)s; ∼e⟩ *cf.* ∼ätzung.
Zinke [ˈtsıŋkə] *f* ⟨∼; ∼n⟩ **1.** *e-r Gabel, Forke, e-s Kamms* dent *f*; *e-r Gabel, Forke auch* fourchon *m*; **2.** *charp.* queue *f* d'aronde; **3.** *mus.* cornet *m*; **4.** *auf Spielkarten* (*Zeichen*) marque *f*.
Zinken [ˈtsıŋkən] *m* ⟨∼s; ∼⟩ *cf.* Zinke 1.; F (*große Nase*) P éteignoir *m*; grand blaze, blair(e), pif, tarin.
zinken[1] [ˈtsıŋkən] *adj.* de *od.* en zinc.
zinken[2] [ˈtsıŋkən] *v/t.* ⟨h⟩ *Spielkarten* biseauter.
Zink|erz [ˈtsıŋkʔeːrts] *n minéral.* minerai *m* de zinc; ∼**gelb** *n* jaune *m* de zinc; ∼ˌ**grube** *f* mine *f* de zinc; 2ˌ**haltig** *adj.* zincifère; zincique; ∼ˌ**hütte** *f* zinguerie *f*; ∼**leˌgierung** *f* alliage *m* au zinc; ∼**oˌxyd** *n chim.* oxyde *m* de zinc; *minéral.* zincite *f*; ∼ˌ**platte** *f* (plaque *f* de) zinc *m*; ∼ˌ**puder** *m phm.* poudre *f* de zinc; ∼ˌ**salbe** *f phm.* pommade *f* (à l'oxyde) de zinc; ∼**spat** *m minéral.* carbonate *m* de zinc; ∼**sulˌfat** *n chim.* sulfate *m* de zinc; ∼**sulˌfid** *n chim.* sulfure *m* de zinc; ∼ˌ**überzug** *m* couche *f* de zinc; ∼**verˌgiftung** *f méd.* intoxication *f* par le zinc; ∼ˌ**wanne** *f* bassine *f*, *kleine* cuvette *f* en zinc; *als Badewanne* baignoire *f* en zinc; ∼**weiß** *n chim.* blanc *m* de zinc.
Zinn [tsın] *n* ⟨∼(e)s⟩ *chim., métall.* étain *m*; ∼**amalˌgam** *n* amalgame *m* stannique; tain *m*.
Zinne [ˈtsınə] *f* ⟨∼; ∼n⟩ créneau *m*; mit ∼n versehen créneler; ∼**nˌkranz** *m* crénelage *m*; couronnement crénelé.
zinnern [ˈtsınərn] *adj.* en *od.* d'étain.
Zinn|erz [ˈtsınʔeːrts] *n* minerai *m* d'étain; ∼**fiˌgur** *f* étain *m*; ∼ˌ**folie** *f* feuille *f* d'étain; ∼**geˌschirr** *n* vaisselle *f*, poterie *f* d'étain; étain *m*; ∼ˌ**gießer** *m* étainier *m*; fondeur *m* d'étain; ∼**gießeˌrei** *f* fonderie *f* d'étain; ∼**guß** *m* fonte *f* d'étain; 2ˌ**haltig** *adj.* stannifère.
Zinnie [ˈtsıniˑə] *f* ⟨∼; ∼n⟩ *bot.* zinnia *m*.
Zinn|kies [ˈtsınkiːs] *m minéral.* pyrite *f* d'étain; stannine *f*; ∼**kraut** *n* ⟨∼(e)s⟩ *bot.* prêle *f* des champs; queue-de-cheval *f*; ∼**krug** *m* cruche *f*, broc *m* d'étain; ∼**leˌgierung** *f* alliage *m* d'étain.
Zinnober [tsıˈnoːbər] *m* ⟨∼s⟩ *minéral.* ⟨*pl.* ∼⟩ cinabre *m*; *peint. auch* vermillon *m*; F *fig.* mach keinen ∼ ne fais pas tant de façons, d'histoires, d'embarras, F de chichis; F *fig.* der ganze ∼ tout le fourbi; 2ˌ**rot I** *adj.* rouge de cinabre; **II** ∼ˌ**rot** *n peint. cf.* Zinnober.
Zinn|oxyd [ˈtsınʔɔˌksyːt] *n chim.* oxyde *m* stannique, d'étain; ∼**oxyˌdul** *n chim.* protoxyde *m* d'étain; oxyde stanneux; ∼**sand** *m minéral.* sable *m* stannifère; ∼**salz** *n chim.* chlorure stanneux; ∼ˌ**schüssel** *f* plat *m* d'étain; ∼**solˌdat** *m* soldat *m* de plomb; ∼**stein** *m* ⟨∼(e)s⟩ *minéral.* cassitérite *f*; ∼**sulˌfid** *n chim.* sulfure *m* d'étain; ∼ˌ**teller** *m* assiette *f* d'étain; ∼**verˌbindung** *f chim.* combinaison *f* d'étain.
Zinnwaldit [tsınvalˈdiːt, -ˈdıt] *m* ⟨∼s⟩ *minéral.* zinnwaldite *f*.
Zins [tsıns] *m* ⟨∼es; ∼en⟩ **1.** *féod.* cens [-s] *m*; redevance *f*; *bibl.* impôt *m*; tribut *m*; **2.** *auf Kapital, meist pl.* ∼en intérêts *m/pl.*; zu hohen ∼en à gros intérêts; aufgelaufene ∼en intérêts échus et accumulés; fällige ∼en intérêts dus, échus; jährliche ∼en intérêts annuels; ∼en bringen, abwerfen, tragen porter, produire, rapporter des intérêts; auf ∼en leihen prêter à intérêt; die ∼en abheben toucher les intérêts; die ∼en anstehen lassen accumuler les intérêts; faire fructifier les intérêts; die ∼en zum Kapital schlagen joindre les intérêts au capital; die ∼en kapitalisieren capitaliser les intérêts; die ∼en ausrechnen calculer les intérêts; die ∼en zahlen servir les intérêts; von den ∼en leben vivre de ses rentes; *fig.* j-m etw. mit ∼en, mit ∼ u. Zinseszins zurückzahlen, heimzahlen rendre qc. à qn. avec usure; ∼ˌ**abkommen** *n* convention *f* d'intérêts; ∼ˌ**abschnitt** *m cf.* ∼schein; ∼ˌ**ausfall** *m* perte *f* d'intérêts; 2**bar** *adj.* **a)** *cf.* 2pflichtig; **b)** *cf.* 2bringend; ∼ˌ**bauer** *m* ⟨∼n; ∼n⟩ *féod.* fermier censier; ∼ˌ**bogen** *m* feuille *f* de coupons; 2ˌ**bringend** *adjt.* produisant, comportant, rapportant des intérêts; productif, -ive d'intérêts; ∼ anlegen placer à intérêts; ∼e Kapitalanlage placement à intérêts; ∼ˌ**einbuße** *f cf.* ∼ausfall; ∼**en** *m/pl. cf.* Zins 2.; ∼**enˌausfall** *m cf.* ∼ausfall; ∼**enbeˌrechnung** *f* calcul *m* des intérêts; ∼**enˌdienst** *m* service *m* des intérêts; ∼**enˌlast** *f* charge *f* des intérêts; ∼**erˌhöhung** *f* relèvement *m* du taux d'intérêt; augmentation *f* des intérêts; ∼**erˌmäßigung** *f* réduction *f* du taux d'intérêt; réduction *f* des intérêts; ∼**erˌtrag** *m* produit *m* de l'intérêt, du loyer de l'argent; ∼**esˌzins** *m* intérêts composés; ∼**esˌzinsˌrechnung** *f* calcul *m* des intérêts composés; ∼ˌ**forderung** *f* créance *f* d'intérêts; intérêts dus; ∼ˌ**formel** *f* formule *f* d'intérêts; 2**frei** *adj.* **1.** sans intérêts; ne portant pas intérêts; *vom Standpunkt des Zinspflichtigen aus gesehen* exempt d'intérêts; ∼es Kapital capital non productif d'intérêts; **2.** *féod.* exempt du cens; allodial; ∼ˌ**freiheit** *f féod.* allodialité *f*; ∼**fuß** *m* taux *m* d'intérêt; loyer *m* de l'argent; Höhe des ∼es niveau, 'hauteur du taux d'intérêt; gesetzlicher, vereinbarter ∼ taux d'intérêt légal, conventionnel; ∼**fußerˌhöhung** *f cf.* ∼erhöhung; ∼**geˌnuß** *m* jouissance *f* d'intérêts; ∼ˌ**groschen** *m bibl.* denier *m*; ∼**gut** *n féod.* censive *f*; ∼**heˌrabsetzung** *f cf.* ∼ermäßigung; ∼**herr** *m féod.* seigneur censier; ∼ˌ**klausel** *f* clause *f* d'intérêts; ∼**last** *f cf.* ∼enlast; ∼ˌ**leute** *pl. féod.* censitaires *m/pl.*; 2**los** *adj.* sans intérêts; non productif, -ive d'intérêts; ∼**pflicht** *f féod.* obligation *f* de payer le cens, le tribut; 2ˌ**pflichtig** *adj.* assujetti au service de l'intérêt; *féod.* censitaire; tributaire; ∼ˌ**pflichtige(r)** *m* ⟨→ A⟩ personne assujettie au service de l'intérêt; ∼ˌ**rechnung** *f* calcul *m* des intérêts; ∼ˌ**rückstände** arrérages *m/pl.* d'intérêts; ∼**satz** *m cf.* ∼fuß; den ∼ erhöhen, heraufsetzen, senken, herabsetzen augmenter, élever, réduire le taux d'intérêt; ∼**schein** *m* coupon *m* d'intérêt; ∼**scheinˌbogen** *m cf.* ∼bogen; ∼**schuld** *f* dette *f* de l'intérêt; intérêt dû; ∼ˌ**senkung** *f cf.* ∼ermäßigung; ∼ˌ**staffel** *f* échelle *f* d'intérêts; ∼**taˌbelle** *f* table *f* des intérêts; ∼ˌ**tage** *m/pl. bei der Zinsrechnung* nombre *m* de jours portant intérêts; ∼**terˌmin** *m* terme *m*; jour *m* où l'on paye les intérêts; 2ˌ**tragend** *adjt. cf.* 2bringend; ∼ˌ**umwandlung** *f* conversion *f* des intérêts; ∼**verˌlust** *m cf.* ∼ausfall; ∼ˌ**wucher** *m* intérêts *m/pl.* usuraires; ∼ˌ**zahlung** *f* paiement *m* des intérêts.
Zion|ismus [tsiˑoˑˈnısmus] *m* ⟨∼⟩ sionisme *m*; ∼**ist** *m* ⟨∼en; ∼en⟩, 2**istisch** *adj.* sioniste *subst. m u. adj.*
Zipfel [ˈtsıpfəl] *m* ⟨∼s; ∼⟩ *e-s Tuches* coin *m*; pointe *f* (*auch der Zipfelmütze, e-s Landes*); *e-s Kleides, Rockes* pan *m*; *e-s Sackes* oreille *f*; *der Wurst* bout *m*; F *fig.* etw. beim rechten ∼ anfassen prendre qc. par le bon bout; ∼ˌ**mütze** *f* bonnet *m* à pointe; *als Nachtmütze* bonnet *m* de nuit, de coton.
Zipperlein [ˈtsıpərˌlaın] *n* ⟨∼s⟩ *méd.* goutte *f*.
Zirbe [ˈtsırbə] *f* ⟨∼; ∼n⟩ *bot. cf.* Zirbelkiefer.
Zirbel [ˈtsırbəl] *f* ⟨∼; ∼n⟩ *bot. cf.* ∼kiefer; ∼ˌ**drüse** *f anat.* glande pinéale; épiphyse *f*; ∼ˌ**kiefer** *f bot.* (pin *m*) cembro(t) *m*; arol(l)e *m*; ∼ˌ**nuß** *f bot.* pignon *m*.
zirka [ˈtsırka] *adv.* (*abr.* ca.) environ.
Zirkass|ier(in) [tsırˈkasiˑər(ın)] *m* ⟨∼s; ∼⟩ (*f*) ⟨∼; ∼nen⟩ *cf.* Tscherkesse; 2**isch** *adj. cf.* tscherkessisch.
Zirkel [ˈtsırkəl] *m* ⟨∼s; ∼⟩ **1.** *Instrument* compas *m*; mit dem ∼ e-n Kreis schlagen décrire, tracer un cercle au compas; *Entfernung* mit dem ∼ abgreifen, abstecken compasser; **2.** (*Kreislinie*) cercle *m*; die Quadratur des ∼s la quadrature du cercle; **3.** *von Personen* cercle *m*; club *m*; ∼ˌ**kasten** *m* boîte *f* de compas; 2**n** *v/t.* ⟨-(e)le, h⟩ *cf.* abzirkeln; ∼ˌ**schluß** *m* cercle vicieux; ∼ˌ**spitze** *f* pointe *f* d'un compas.
Zirkon [tsırˈkoːn] *m* ⟨∼s; ∼e⟩ *minéral.* zircon *m*; ∼ˌ**erde** *f chim.* arséniate *m* de zirconium; zircone *f*; ∼**ium** *n* ⟨∼s⟩ *chim.* zirconium [-jəm] *m*; ∼**oˌxyd** *n chim.* zircone *f*.
zirku|lar [tsırkuˑˈlaːr], ∼ˈ**lär** *adj.* circulaire; 2**latiˈon** *f* ⟨∼⟩ circulation *f*; ∼ˈ**lieren** *v/i.* ⟨*pas de ge-, h*⟩ circuler.
Zirkum|flex [tsırkumˈflɛks] *m* ⟨∼es; ∼e⟩ *gr.* (accent *m*) circonflexe *m*; 2**poˈlar** *adj.* circumpolaire *od.* circompolaire; ∼**poˈlarˌstern** *m astr.* étoile *f* circumpolaire.
Zirkus [ˈtsırkus] *m* ⟨∼; ∼se⟩ cirque *m*; F *fig. péj.* théâtre *m*; comédie *f*; in den ∼ gehen aller au cirque; ∼**diˌrektor** *m* directeur *m* de *od.* du cirque; ∼ˌ**pferd**

n cheval *m* de cirque; ~ˌ**reiter(in)** *m* (*f*) écuyer, -ère *m, f*; ~ˌ**wagen** *m* roulotte *f* (d'un cirque); ~ˌ**zelt** *n* tente *f* du cirque.

Zirpe ['tsɪrpə] *f* ⟨~; ~n⟩ *zo. cf.* Zikade; 2**n I** *v/i.* ⟨h⟩ *Zikaden* chanter; *Grillen auch* grésiller; *junge Vögel* pépier; **II** ~**n** *n* ⟨~s⟩ *der Zikaden* chant *m*; *der Grillen auch* grésillement *m*; *junger Vögel* pépiement *m*.

Zirrhose [tsɪ'roːzə] *f* ⟨~; ~n⟩ *méd.* cirrhose *f*.

Zirro|kumulus [tsɪroˑ'kuːmuˑlus] *m* cirro-cumulus *m*; ~'**stratus** [-'straː-] *m* cirro-stratus *m*.

Zirrus ['tsɪrus] *m* ⟨~; ~ *od.* -rren⟩, ~ˌ**wolke** *f* cirrus *m*.

zirzensisch [tsɪr'tsɛnzɪʃ] *adj. Altertum* ~e Spiele jeux du cirque.

zisalpinisch [tsɪsˀal'piːnɪʃ] *adj.* cisalpin.

Zischel|ei [ˌtsɪʃə'laɪ] F *f* ⟨~; ~en⟩ chuchotement *m*; 2**n** ['tsɪ-] **I** *v/t. u. v/i.* ⟨-(e)le, h⟩ chuchoter; **II** ~**n** ['tsɪ-] *n* ⟨~s⟩ *cf.* ~ei.

zisch|en ['tsɪʃən] **I** *v/t.* ⟨h⟩ F *fig.* e-n ~ F boire un coup; P siffler un verre; siroter; se rincer la dalle; **II** *v/i. Dampf, Gänse, Schlangen* siffler; *Dampf auch* chuinter; *überkochendes Wasser, siedendes Fett* grésiller; *zum Zeichen des Unwillens etwa* chuter; **III** 2**en** *n* ⟨~s⟩ *von Dampf, Gänsen, Schlangen* sifflement *m*; *von Dampf auch* chuintement *m*; *von überkochendem Wasser, siedendem Fett* grésillement *m*; 2**laut** *m phon.* ~e *pl.* sifflantes *f/pl.* et chuintantes *f/pl.*

Zise|leur [tsiˑzeˑ'løːr] *m* ⟨~s; ~e⟩ ciseleur *m*; ~'**lierˌarbeit** *f* ciselure *f*; 2'**lieren I** *v/t.* ⟨*pas de ge-*, h⟩ ciseler; **II** ~'**lieren** *n* ⟨~s⟩ ciselure *f*; ~'**lierer** *m* ⟨~s; ~⟩ *cf.* ~leur; ~'**lierung** *f* ⟨~; ~en⟩ ciselure *f*.

Zissoide [tsɪsoˑ'iːdə] *f* ⟨~; ~n⟩ *math.* cissoïde *f*.

Zisterne [tsɪs'tɛrnə] *f* ⟨~; ~n⟩ citerne *f*; ~**n**ˌ**wasser** *n* ⟨~s⟩ eau *f* de citerne.

Zisterzienser [tsɪstɛrtsiˑ'ɛnzər] *m* ⟨~s; ~⟩ cistercien *m*; ~**ab**ˌ**tei** *f* abbaye *f* de cisterciens; ~ˌ**kloster** *n* couvent *m* de cisterciens; ~ˌ**mönch** *m* cistercien *m*; ~ˌ**orden** *m* ordre *m* de Cîteaux, des cisterciens.

Zist|rose ['tsɪstˌroːzə] *f*, ~ˌ**röschen** *n* ⟨~s; ~⟩ *bot.* ciste *m*.

Zitadelle [tsiˑta'dɛlə] *f* ⟨~; ~n⟩ citadelle *f*.

Zitat [tsiˑ'taːt] *n* ⟨~(e)s; ~e⟩ citation *f*; ~**en**ˌ**lexikon** *n* dictionnaire *m* de citations; ~**en**ˌ**schatz** *m* fonds *m* de citations.

Zither ['tsɪtər] *f* ⟨~; ~n⟩ *mus.* cithare *f*; die ~ spielen jouer de la cithare; ~ˌ**spieler(in)** *m* (*f*) cithariste *m, f*.

zitieren [tsiˑ'tiːrən] **I** *v/t.* ⟨*pas de ge-*, h⟩ *Autor etc.* citer; *jur. auch* assigner; **II** 2 *n* ⟨~s⟩ citation *f*; *jur. auch* assignation *f*.

Zitrat [tsiˑ'traːt] *n* ⟨~(e)s; ~e⟩ *chim.* citrate *m*; sel *m* citrique.

Zitrin [tsiˑ'triːn] *m* ⟨~s; ~e⟩ *minéral.* citrine *f*.

Zitronat [tsiˑtroˑ'naːt] *n* ⟨~(e)s; ~e⟩ citronnat *m*.

Zitrone [tsiˑ'troːnə] *f* ⟨~; ~n⟩ *bot. Frucht* citron *m*; *Baum od. Strauch* citronnier *m*; e-e ~ auspressen presser un citron; mit ~ citronné; ~**n**ˌ**baum** *m bot.* citronnier *m*; ~**n**ˌ**eis** *n* glace *f* au citron; ~**n**ˌ**falter** *m zo.* papillon citrin; 2**n**ˌ**gelb I** *adj.* couleur citron; jaune citron; citrin; **II** ~**n**ˌ**gelb** *n* jaune *m* citron; ~**n**ˌ**kraut** *n bot. cf.* ~nmelisse; ~**nli**ˌ**kör** *m* citronnelle *f*; ~**n-limo**ˌ**nade** *f* citronnade *f*; ~**nme**ˌ**lisse** *f bot.* citronnelle *od.* citronelle *f*; mélisse officinale; ~**n**ˌ**öl** *n* citron *m*; ~**n**ˌ**presse** *f* presse-citron(s) *m*; ~**n**ˌ**saft** *m* jus *m* de citron; ~**n**ˌ**säure** *f chim.* acide *m* citrique; ~**n**ˌ**schale** *f* écorce *f* de citron; zeste *m* du citron; ~**n**ˌ**scheibe** *f* rondelle *f*, tranche *f* de citron.

Zitrusfrüchte ['tsiˑtrusˌfryçtə] *f/pl.* agrumes *m/pl.*

Zitter|aal ['tsɪtərˌˀaːl] *m zo.* gymnote *m*; ~ˌ**fische** *m/pl. zo.* poissons *m/pl.* électriques; trembles *m/pl.*; ~ˌ**gras** *n bot.* brize *f*; amourette *f*; 2**ig** *adj.* tremblotant; e-e ~e Schrift une écriture tremblée; 2**n I** *v/i.* ⟨-(e)re, h⟩ trembler; *Greis, Licht* (*ein wenig* ~) trembloter; *vor Kälte, Angst, Erregung* trembler; frémir; frissonner; *Wände, Fensterscheiben* trembler; vibrer; trépider; vor Freude ~ tressaillir de joie; vor Kälte ~ trembler, frémir, frissonner de froid; an allen Gliedern, am ganzen Leibe ~ frémir, trembler de tous ses membres, de tout son corps; frémir de la tête aux pieds; ~ bei dem Gedanken an etw. frémir à la pensée de qc.; um j-s Leben ~ trembler, craindre pour la vie de qn.; vor j-m ~ trembler devant qn.; avoir peur de qn.; **II** ~**n** *n* ⟨~s⟩ *vor Kälte, Angst, Erregung, Wut etc.* tremblement *m*; frémissement *m*; frissonnement *m*; *leichtes* tremblotement *m*; *vor Freude auch* tressaillement *m*; *der Wände, Fensterscheiben* vibrations *f/pl.*; trépidation *f*; mit ~ u. Zagen en tremblant; 2**nd** *adjt.* tremblant; tremblotant; mit ~er Stimme d'une voix trembl(ot)ante; ~ˌ**pappel** *f bot.* tremble *m*; ~ˌ**rochen** *m zo.* torpille *f*; ~ˌ**wels** *m zo.* silure *m* électrique; *sc.* malaptérure *m*; malaptérus *m*.

zittrig ['tsɪtrɪç] *adj. cf.* zitterig.

Zitwer ['tsɪtvər] *m* ⟨~s; ~⟩ *bot.* zédoaire *f*; ~ˌ**samen** *m bot., phm.* semence *f* de zédoaire; ~ˌ**wurzel** *f bot. cf.* Zitwer.

Zitze ['tsɪtsə] *f* ⟨~; ~n⟩ *am Euter der Kühe, Ziegen* trayon *m*; tette *f*; *bei anderen Säugetieren* tétine *f*.

zivil [tsiˑ'viːl] **I** *adj.* civil; *Preise* modéré; ~e Dienststelle service civil; ~er Ersatzdienst service civil de remplacement; **II** 2 *n* ⟨~s⟩ tenue civile; in ~ en civil; F en pékin; ~ anziehen se mettre en civil; ~ tragen être en civil; 2ˌ**angelegenheiten** *f/pl.* affaires civiles; 2**ange**ˌ**stellte(r)** *m* employé civil; 2ˌ**anzug** *m* tenue civile; 2**be**ˌ**darf** *m* besoins civils; 2**be**ˌ**hörde** *f* autorité civile; 2**be**ˌ**völkerung** *f* population civile; civils *m/pl.*; 2**be**ˌ**ruf** *m* er ist Tischler im ~ il est menuisier dans le civil; 2**cou**ˌ**rage** *f* courage *m* civique, de ses opinions; 2ˌ**ehe** *f* mariage civil; 2**ge**ˌ**richt** *n* tribunal civil; 2**ge**ˌ**richtsbarkeit** *f* juridiction, justice civile; 2**ge**ˌ**setzbuch** *n* code civil.

Zivilisation [tsiˑviˑliˑzatsiˑ'oːn] *f* ⟨~; ~en⟩ civilisation *f*; ~**s**ˌ**krankheiten** *f/pl.* maladies *f/pl.* de la civilisation, apportées, engendrées par la civilisation.

zivilisatorisch [tsiˑviˑliˑza'toːrɪʃ] *adj.* civilisateur, -trice.

zivilisier|bar [tsiˑviˑliˑ'ziːrˌbaːr] *adj.* civilisable; qui peut être civilisé; ~**en** *v/t.* ⟨*pas de ge-*, h⟩ civiliser.

Zivilist [tsiˑviˑ'lɪst] *m* ⟨~en; ~en⟩ civil *m*; F pékin *m*.

Zivil|kammer [tsiˑ'viːlˌkamər] *f jur.* chambre civile; ~ˌ**kleidung** *f* habit civil; tenue civile; in ~ en civil; ~ˌ**luftfahrt** *f* aviation civile, commerciale; ~**per**ˌ**son** *f* civil *m*; ~ˌ**recht** *n* ⟨~(e)s⟩ droit civil; 2ˌ**rechtlich** *adj.* de droit civil; j-n ~ verfolgen poursuivre qn. civilement; ~ˌ**richter** *m* juge civil; ~ˌ**sache** *f jur.* cause, affaire, matière civile; procès civil; in ~n en matière civile; ~**se**ˌ**nat** *m jur.* chambre civile; ~ˌ**stand** *m* civils *m/pl.*; ~ˌ**trauung** *f* mariage civil; ~**ver**ˌ**teidigung** *f* défense civile; ~**ver**ˌ**waltung** *f* administration civile.

Zobel ['tsoːbəl] *m* ⟨~s; ~⟩ *zo.* zibeline *f*; ~ˌ**pelz** *m* (fourrure *f* de) zibeline *f*.

Zodiakallicht [tsoˑdiˑa'kaːlˌlɪçt] *n* ⟨~(e)s⟩ *astr.* lumière zodiacale.

Zodiakus [tsoˑ'diːakus] *m* ⟨~⟩ *astr.* zodiaque *m*.

Zofe ['tsoːfə] *f* ⟨~; ~n⟩ femme *f* de chambre; servante *f*; *thé.* soubrette *f*.

zog [tsoːk] *cf.* ziehen.

zögern ['tsøːgərn] **I** *v/i.* ⟨-(e)re, h⟩ hésiter (etw. zu tun à faire qc.); tarder (à); mit der Antwort ~ hésiter, tarder à répondre; er zögerte nicht lange il n'hésita pas longtemps; **II** 2 *n* ⟨~s⟩ hésitation *f*; ohne ~ sans hésiter; sans (la moindre) hésitation; nach anfänglichem ~ après avoir hésité au début; ~**d 1.** *adjt.* hésitant; ~en Schrittes d'un pas hésitant; **2.** *advt.* avec hésitation.

Zögling ['tsøːklɪŋ] *m* ⟨~s; ~e⟩ (*Schüler*) élève *m, f*; (*Erziehungsbefohlener*) pupille *m, f*.

Zölestin [tsøˑlɛs'tiːn] *m* ⟨~s; ~e⟩ *minéral.* célestine *f*.

Zölibat [tsøˑliˑ'baːt] *n od. m* ⟨~(e)s⟩ *relig.* célibat *m*; im ~ lebend célibataire.

Zoll[1] [tsɔl] *m* ⟨~(e)s; ~⟩ *altes Maß* pouce *m*.

Zoll[2] [tsɔl] *m* ⟨~(e)s; ¨e⟩ *Behörde* douane *f*; *Abgabe* droits *m/pl.* de douane; *hist.* (*Wege*2, *Brücken*2) péage *m*; *fig.* tribut *m*; ~ zahlen payer les droits de douane; beim ~ angeben déclarer à la douane; beim ~ abfertigen dédouaner; mit e-m ~ belasten frapper, grever d'un droit de douane; e-n ~ erheben prélever un droit de douane; dem ~ unterliegen être soumis aux droits de douane; ~ˌ**abbau** *m* suppression progressive des barrières douanières; ~**abando**ˌ**nnierung** *f* ⟨~⟩ abandon *m* de la marchandise à la douane; ~ˌ**abfertigung** *f* dédouanement *m*; accomplissement *m* des formalités douanières; ~**abfertigungs**ˌ**stelle** *f* (bureau *m* de) douane *f*; ~ˌ**abkommen** *n* accord douanier; Allgemeines Zoll- u. Handelsabkommen (*abr.* GATT) Accord Général sur les Tarifs Douaniers et le Commerce; ~ˌ(**l**)**ager** *n* entrepôt douanier; ~**amt** *n* (bureau *m* de) douane *f*; 2ˌ**amtlich** *adj.* ~e Abfertigung dédouanement *m*; ~e Bescheinigung certificat de douane; ~ abfertigen dédouaner; procéder aux formalités douanières; ~ˌ**anschluß** *m* enclave douanière; ~ˌ**ausland** *n*, ~ˌ**ausschluß** *m* territoire *m* 'hors de la ligne douanière; ~ˌ**bahnhof** *m* gare douanière; ~**be**ˌ**amte(r)** *m* douanier *m*; ~**be**ˌ**gleitschein** *m* acquit-à-caution *m*; ~**be**ˌ**hörde** *f* (administration *f* des) douanes *f/pl.*; douane *f*; ~**be**ˌ**schränkung** *f* restriction douanière; ~**be**ˌ**zirk** *m* circonscription douanière; ~ˌ**boot** *n* vedette *f* de la douane; ~ˌ**breit** *m fig.* keinen ~ nachgeben ne pas céder d'un pouce; ~**deklarati**ˌ**on** *f cf.* Zollerklärung; ~ˌ**einfuhrer**ˌ**klärung** *f* déclaration *f* d'entrée en douane; ~ˌ**einfuhr**ˌ**schein** *m* acquit *m* d'entrée en douane; ~ˌ**einnahmen**

f/pl. recettes douanières; ~ˌ**einnehmer** *m hist.* receveur *m* de la douane; *an Brücken, Wegen* péager *m.*

zollen ['tsɔlən] *v/t.* ⟨h⟩ j-m Bewunderung ~ avoir de l'admiration pour qn.; admirer qn.; j-m Achtung ~ avoir, témoigner du respect pour qn.; respecter qn.; j-m Beifall ~ applaudir qn.; der Natur ihren Tribut ~ payer son tribut à la nature.

Zoll|erhöhung ['tsɔlˀɛrˌhøːʊŋ] *f* relèvement *m*, augmentation *f*, majoration *f* des droits de douane; ~**erˌklärung** *f* déclaration *f* en douane; ~**erˌleichterungen** *f/pl.* facilités douanières; simplifications *f/pl.* des formalités douanières; ~**erˌmäßigung** *f* réduction *f* des droits de douane; ~ˌ**fahndung** *f* recherche *f* de la fraude en douane; ~ˌ**fahndungsˌstelle** *f* service *m* d'enquêtes de la douane; ~ˌ**festsetzung** *f* tarification douanière; ~ˌ**flagge** *f* pavillon *m* de la douane; ~**formaliˌtäten** *f/pl.* formalités douanières; die ~ erledigen accomplir, remplir les formalités douanières; 2**frei** *adj. u. adv.* exempt de droits de douane; en franchise douanière; ~ eingeführt werden entrer en franchise; ~e Einfuhr entrée en franchise; ~ˌ**freiheit** *f* franchise douanière; ~**geˌbiet** *n* territoire douanier; zone douanière; ~**geˌbühren** *f/pl. cf.* Zoll²; 2**geˌbunden** *adjt.* ~e Ware marchandise soumise à un régime douanier; ~**geˌsetz** *n* loi douanière; ~**geˌsetzgebung** *f* législation douanière; ~**gut** *n* marchandise *f* sous douane; ~ˌ**hafen** *m* port douanier; ~**haus** *n* douane *f*; ~**hinterˌziehung** *f* fraude douanière; ~ˌ**hoheit** *f* souveraineté douanière; ~ˌ**inhaltserˌklärung** *f* déclaration *f* en douane; ~ˌ**(l)inie** *f* ligne douanière; ~ˌ**inland** *n* territoire douanier, national; ~**inspektiˌon** *f* inspection *f* de la douane; ~**inˌspektor** *m* inspecteur *m* des douanes; ~**konˌtrolle** *f* visite douanière; contrôle douanier, de douane; ~**krieg** *m* guerre *f* des tarifs douaniers.

Zöllner ['tsœlnər] *m* ⟨~s; ~⟩ *bibl.* publicain *m*; F (*Zollbeamter*) douanier *m.*

Zoll|niederlage ['tsɔlˌniːdərlaːgə] *f cf.* Zollager; ~**paˌpiere** *n/pl.* documents douaniers; ~**paˌssierschein** *m* passavant *m*; 2ˌ**pflichtig** *adj.* soumis, assujetti aux droits de douane; passible d'un droit de douane; ~**poliˌtik** *f* politique douanière; ~ˌ**quittung** *f* reçu *m* de douane; acquit *m* de payement des droits de douane; ~ˌ**recht** *n* droit douanier; ~ˌ**rückvergütung** *f* remboursement *m*, ristourne *f* des droits d'entrée; drawback *m*; ~**satz** *m* tarif douanier; Angleichung der Zollsätze harmonisation des tarifs douaniers; ~**schein** *m* acquit *m* de douane; *Passierschein* passavant *m*; ~**schiff** *n mar.* patache *f*; ~ˌ**schranke** *f* barrière douanière; ~ˌ**schuppen** *m* entrepôt douanier, de douane; ~**schutz** *m* protection douanière; ~ˌ**senkung** *f* abaissement *m*, réduction *f* des droits de douane; ~ˌ**speicher** *m cf.* ~schuppen; ~**statiˌon** *f*, ~ˌ**stelle** *f* (bureau *m*, poste *m* de) douane *f*; ~**stock** *m* ⟨~(e)s; ≈e⟩ mètre pliant; ~ˌ**straße** *f* route douanière; ~**sysˌtem** *n* régime douanier; ~**taˌrif** *m* tarif douanier; ~**uniˌon** *f* union douanière; ~**verˌein** *m hist.* der Deutsche ~ l'Union douanière allemande; le Zollverein; ~**verˌgehen** *n* délit *m*, infraction *f* de douane; ~**verˌschluß** *m* unter ~ en entrepôt; unter ~ lassen laisser à l'entrepôt; ~**verˌtrag** *m* traité *m* de douane; ~**verˌwaltung** *f* administration douanière, des douanes; ~ˌ**vorschrift** *f* prescription *f*, règlement *m* de douane; ~**wert** *m* valeur constatée en douane; ~ˌ**wesen** *n* ⟨~s⟩ régime douanier; douane(s) *f* (*pl.*).

Zone ['tsoːnə] *f* ⟨~; ~n⟩ *géogr., astr., chem., Post etc.* zone *f*; *pol., in der Bundesrepublik kurz für* zone *f* d'occupation soviétique; *géogr.* gemäßigte ~ zone tempérée; heiße, tropische ~ zone tropicale; entmilitarisierte ~ zone démilitarisée; ~**nˌeinteilung** *f Post, chem.* division *f* en zones; ~**nˌgrenze** *f* limite *f* de zone; *pol., in Deutschland* frontière *f* entre l'Allemagne de l'ouest et celle de l'est; ~**ntaˌrif** *m* tarif *m* par zone.

Zönobit [tsøˑnoˑ'biːt] *m* ⟨~en; ~en⟩ cénobite *m.*

Zoo [tsoː] *m* ⟨~(s); ~s⟩ *Kurzform* F zoo *m*; ~**beˌsucher** *m/pl.* visiteurs *m/pl.* du zoo; ~**diˌrektor** *m* directeur *m* du *bzw.* d'un jardin zoologique.

Zoo|graphie [tsoˑoˑgra'fiː] *f* ⟨~; -ien⟩ zoographie *f*; ~**la'trie** *f* ⟨~; -ien⟩ zoolâtrie *f*; ~**'lith** *m* ⟨~s; ~e⟩ zoolit(h)e *m*; ~**'loge** *m* ⟨~n; ~n⟩ zoologue *m*; zoologiste *m*; ~**lo'gie** *f* ⟨~⟩ zoologie *f*; 2**'logisch** *adj.* zoologique; 2er Garten jardin zoologique; ~**to'mie** *f* ⟨~⟩ zootomie *f.*

Zopf [tsɔpf] *m* ⟨~(e)s; ≈e⟩ natte *f*; tresse *f*; *als Gebäck* tresse *f*; brioche nattée; *e-s Baumes* cime *f*; *Haar* in Zöpfe flechten tresser; natter; tresser en nattes; *fig.* alter ~ vieille coutume, méthode, *etc.*; das ist ein alter ~ c'est suranné, démodé; ~ˌ**halter** *m* barrette *f*; 2**ig** *adj.* (*rückständig*) suranné; démodé; *in der Literatur* rococo; ~**peˌrücke** *f* perruque *f* à queue; ~**stil** *m* ⟨~(e)s⟩ *in der Literatur* style *m* rococo; ~**zeit** *f* ⟨~⟩ *hist.* époque *f* de la perruque à queue.

Zorn [tsɔrn] *m* ⟨~(e)s⟩ colère *f*; irritation *f*; *poét.* courroux *m*; heiliger ~ sainte colère; blaß vor ~ blême de colère; in ~ geraten se mettre en colère; s'irriter; se fâcher; s'emporter; se laisser aller à la colère; F s'emballer; leicht in ~ geraten avoir la tête près du bonnet; F monter comme une soupe au lait; s-n ~ an j-m auslassen décharger sa colère, sa bile sur qn.; *poét.* die Schalen des ~s über j-n ausgießen déverser les flots de sa colère sur qn.; s-m ~ Luft machen donner libre cours à sa colère; j-n in ~ bringen mettre qn. en colère; irriter qn.; fâcher qn.; etw. im ~ tun faire qc. sous l'effet de la colère; ~ˌ**ader** *f* die ~n schwollen ihm an il devint rouge de colère; il devint furieux; F la moutarde lui monta au nez; ~ˌ**ausbruch** *m* accès *m* de colère; emportement *m*; 2**entˌbrannt**, 2ˌ**glühend** *adjt.* bouillant de colère; 2**ig** *adj. Person* en colère; fâché; *poét., st. s.* courroucé; *Blick* chargé de colère; *Handbewegung* de colère; ~ werden *cf.* (in) Zorn (geraten); ~ sein être en colère; ~ machen *cf.* (j-n in) Zorn (bringen); ~ˌ**röte** *f* rouge *m* de la colère.

Zot|e ['tsoːtə] *f* ⟨~; ~n⟩ grivoiserie *f*; gravelure *f*; polissonnerie *f*; *pfort.* obscénité *f*; saleté *f*; ordure *f*; ~n reißen dire des grivoiseries, des obscénités, *etc.*; tenir des propos graveleux, orduriers; en conter des vertes (et des pas mûres); ~**enˌreißer** *m* personne *f* qui se plaît à dire des obscénités, des saletés, *etc.*; 2**ig** *adj.* polisson, -nne; grivois; graveleux, -euse; *pfort.* obscène; sale; ordurier, -ère.

Zotte ['tsɔtə] *f* ⟨~; ~n⟩ **1.** ~n *pl.* (*Darm*2) villosités intestinales; **2.** *cf.* Zottel.

Zottel ['tsɔtəl] *f* ⟨~; ~n⟩ touffe *f* de cheveux, *bei Tieren* de poils; ~ˌ**bär** *m* ours velu; ~ˌ**bart** *m* barbe *f* 'hirsute; ~ˌ**haar** *n* cheveux embroussaillés, ébouriffés; 2**ig** *adj. cf.* zottig.

zottig ['tsɔtɪç] *adj. Haar* embroussaillé; en broussaille; ébouriffé; emmêlé; *Bart* 'hirsute; *Fell* velu; qui a des poils assez longs; qui a de longs poils.

zu [tsuː] **I** *prép.* ⟨*dat.*⟩ **1.** *örtlich, auf die Frage wo u. wohin* à; (*in j-s Wohnung*) chez; (*in j-s Nähe*) (au)près de; (*in Richtung nach j-m, etw. hin*) vers; ~r Schule gehen aller à l'école; ~ Bett gehen aller, se mettre au lit; (aller) se coucher; der Weg ~m Bahnhof, *fig.* ~m Erfolg le chemin de la gare, du succès; die Tür ~m Garten la porte donnant sur le jardin; ~ den Akten au dossier; von Haus ~ Haus de maison en maison; ~ Grabe tragen porter en terre; sich j-m ~ Füßen werfen se jeter aux pieds de qn.; *Wein* ~ Kopfe steigen monter à la tête; ~ Boden fallen tomber à terre; ~m Fenster hinauswerfen jeter par la fenêtre; ~r Tür hineinschauen entrouvrir la porte (pour regarder, dire qc., *etc.*); ~ s-n Eltern fahren se rendre chez ses parents; kommen Sie ~ uns venez chez nous; venez nous voir; bei j-m ~ Besuch sein être en visite chez qn.; sich ~ j-m setzen s'asseoir à côté de qn., (au)près de qn.; ~ Hause à la maison; chez soi; ~ ebener Erde au ras du sol; de plain-pied; ~ beiden Seiten der Seine des deux côtés, sur les deux rives de la Seine; ~r Linken, ~r linken Seite à gauche; du côté gauche; der Dom ~ Köln la cathédrale de Cologne; *Karl VI. wurde* ~ Reims *gekrönt* … à Reims; der Gasthof ~m goldenen Löwen l'auberge du Lion d'Or; ~ Wasser u. ~ Lande sur terre et sur mer; ~m Gipfel hinaufsteigen monter vers le sommet; ~ Tal fließen couler vers la vallée; **2.** *zeitlich* à; de; en; ~ Mittag à midi; ~ Ostern à Pâques; ~ gleicher Zeit en même temps; von Tag ~ Tag de jour en jour; von Zeit ~ Zeit de temps en temps; de temps à autre; ~ Anfang au commencement; au début; ~m Schluß finalement; en conclusion; ~ Ende gehen toucher à sa fin; ~r Zeit en ce moment; actuellement; ~r Zeit der Kreuzzüge au *od.* du temps, à l'époque des croisades; ~ s-r Zeit en son temps; (*zu s-n Lebzeiten*) de son vivant; ~ meiner Zeit de mon temps; ~ e-r Zeit, da … en *od.* dans un temps où …; ~r Stunde en ce moment; pour le moment, l'instant; **3.** *Art u. Weise* à; par; en; pour; ~ Fuß, Pferde à pied, à cheval; ~ Schiff en bateau; par (voie d')eau; ~m Glück par bonheur; heureusement; ~ allem Übel pour comble de malheur; par-dessus le marché; ~m Teil en partie; ~r Hälfte à moitié; j-m ~m Trotz en dépit de qn.; ~ meinem großen Erstaunen à mon grand étonnement; etw. ~r Genüge haben avoir suffisamment, assez de qc.; avoir qc. en suffisance; mir ist nicht ~m Lachen je n'ai point envie de rire; es steht nicht ~m besten mit ihm *mit e-m Kranken* sa santé n'est pas florissante, des meilleures; il ne va pas très bien; *mit e-m Geschäftsmann etc.* ses affaires ne sont pas florissantes; ~ dreien, ~ dritt à trois; au nombre de trois; ~

Hunderten, Dutzenden par centaines, douzaines; zum ersten premièrement; ~m erstenmal pour la première fois; *bei Versteigerungen* ~m ersten, ~m zweiten u. ~m dritten! une fois, deux fois, trois fois (adjugé)!; **4.** *Verhältnis* à; ~ zwei Mark das Pfund à deux marks la livre; drei verhält sich ~ sechs wie fünf ~ zehn trois est à six ce que cinq est à dix; im Verhältnis eins ~ drei dans la proportion de un à trois; *Fußball* fünf ~ drei gewinnen gagner par cinq à trois; im Vergleich ~ en comparaison de; im Gegensatz ~ par opposition à; **5.** *Ziel, Zweck* à; pour; ~ diesem Zweck dans ce but; à cette fin; à cet effet; ~ deinem Besten pour ton bien; mir ~m Schaden à mon préjudice; taugen ~ être bon, -nne pour; bestimmen ~ destiner à; Stoff ~ e-m Kleid de l'étoffe pour une robe; heißes Wasser ~m Waschen de l'eau chaude pour laver; ~r Frau nehmen épouser; sich ~m Krieg rüsten s'armer pour la guerre; ~m Beispiel (*abr.* z. B.) par exemple (*abr.* par ex.); *bibl.* Gott schuf den Menschen ihm ~m Bilde Dieu créa l'homme à son image; ~r Freude aller à la joie de tous; ~m Dank en reconnaissance; ~ Hilfe! au secours!; viel Glück ~m neuen Jahr! meilleurs vœux pour la nouvelle année!; **6.** *Ergebnis e-r Tätigkeit* en; ~ Staub werden tomber en poussière; ~ Pulver zerstoßen réduire en poudre; pulvériser; ~ Eis werden se transformer en glace; ~m Offizier befördert werden être promu officier; ~m Künstler geboren un artiste-né; ~m Wortführer ernennen désigner comme porte-parole; sich j-n ~m Feind machen se faire un ennemi de qn.; j-n ~m Narren haben se moquer de qn.; **7.** *Verbindung* avec; Weißwein ~m Fisch trinken boire du vin blanc avec le poisson; ~ allen Mahlzeiten Brot essen manger du pain à tous les repas; blau paßt gut ~ blondem Haar le bleu va bien avec les cheveux blonds; **8.** *mit inf.* de; à; Haus ~ verkaufen maison à vendre; Zimmer ~ vermieten chambre à louer; ich habe ~ arbeiten j'ai à travailler; er braucht nicht mehr ~ kommen il n'a plus besoin de venir; ohne es ~ wissen sans le savoir; um mich ~ täuschen pour me tromper; ist Herr X ~ sprechen? peut-on voir M. X?; ein kaum ~ erfüllender Wunsch un souhait à peine réalisable; das ~ verkaufende Haus la maison à vendre; **II** *adv.* **1.** *vor adj. u. adv.* trop; ~ groß trop grand; ~ sehr, ~ viel trop; ~ wenig trop peu; **2.** *bezeichnet die Richtung* nach Norden ~ vers le nord; der Heimat ~ vers le pays natal; nach der Straße ~ du côté de la rue; auf mich ~ vers moi; dans ma direction; **3.** *zeitlich* ab u. ~ de temps en temps; de temps à autre; parfois; **4.** F (*geschlossen*) die Tür ist ~ la porte est fermée; er bekommt das Fenster nicht ~ il ne parvient pas à fermer la fenêtre; (die) Tür ~! fermez *bzw.* ferme la porte!; **5.** F mach ~! dépêche-toi!; nur ~!, immer ~! allez!; allez toujours!; allez-y!

zualler|erst [tsu·ˈˀalərˈˀeːrst] *adv.* en tout premier lieu; avant tout; tout d'abord; ~ˈ**letzt** *adv.* en tout dernier lieu.

zuarbeit|en [ˈtsuːˌˀarbaɪtən] *v/i.* ⟨-ete, *sép.*, -ge-, h⟩ aider, assister (en faisant les menus travaux); 2**eˌrin** *f cout.* petite main.

Zuave [tsu·ˈɑːvə] *m* ⟨~n; ~n⟩ zouave *m.*

zu|ballern [ˈtsuːˌbalərn] F *v/t.* ⟨-(e)re, *sép.*, -ge-, h⟩ *Tür* claquer; ~ˌ**bauen** *v/t.* ⟨*sép.*, -ge-, h⟩ fermer par une (*od.* des) construction(s); *Aussicht* boucher (la vue).

Zubehör [ˈtsuːbəˌhøːr] *n od. m* ⟨~(e)s; ~e⟩ accessoires *m/pl.*; *was zur Ausübung e-s Handwerks nötig ist* (*Material*) fournitures *f/pl.*; ein Haus mit allem ~ verkaufen vendre une maison avec tous ses accessoires, avec toutes ses dépendances, *jur.* avec toutes ses circonstances et dépendances; ~ˌ**teil** *n* ⟨~(e)s; ~e⟩ accessoire *m.*

zu|beißen [ˈtsuːˌbaɪsən] *v/i.* ⟨*irr.*, *sép.*, -ge-, h⟩ mordre; ˈhapper; ~**beˌkommen** *v/t.* ⟨*irr.*, *sép.*, *pas de ge-*, h⟩ **1.** *Fenster etc.* parvenir à fermer; **2.** (*als Zugabe erhalten*) recevoir en plus, en sus; ~**beˌnannt** *adj.* surnommé; dit.

Zuber [ˈtsuːbər] *m* ⟨~s; ~⟩ baquet *m*; cuveau *m*; *zum Baden* tub [tœb] *m.*

zubereit|en [ˈtsuːbəˌraɪtən] *v/t.* ⟨-ete, *sép.*, *pas de ge-*, h⟩ *Speisen* préparer; apprêter; faire; accommoder; 2**ung** *f* préparation *f*; apprêt *m.*

Zubettgehen [tsu·ˈbɛtˌgeːən] *n* coucher *m*; beim ~ en se couchant.

zu|billigen [ˈtsuːˌbɪlɪgən] *v/t.* ⟨*sép.*, -ge-, h⟩ accorder; octroyer; concéder; 2ˌ**billigung** *f* octroi *m*; concession *f*; ~ˌ**binden** *v/t.* ⟨*irr.*, *sép.*, -ge-, h⟩ fermer (en liant); ~ˌ**bleiben** *v/i.* ⟨*irr.*, *sép.*, -ge-, sein⟩ rester fermé; ~ˌ**blinzeln** *v/i.* ⟨-(e)le, *sép.*, -ge-, h⟩ j-m ~ faire signe de l'œil à qn.; cligner de l'œil à qn.

zubring|en [ˈtsuːˌbrɪŋən] *v/t.* ⟨*irr.*, *sép.*, -ge-, h⟩ **1.** *jur.* (*einbringen*) apporter; das zugebrachte Vermögen les apports *m/pl.*; **2.** die Zeit mit etw. ~ passer le temps à (faire) qc.; die Nacht im Freien ~ passer la nuit à la belle étoile; **3.** *Koffer, Tür* (nicht) ~ (ne pas) parvenir à fermer; 2**er** *m* ⟨~s; ~⟩ **1.** *techn.* appareil *m*, couloir *m* d'alimentation; chargeur *m* automatique; *milit.*, *Soldat* pourvoyeur *m*, servant *m* (d'une pièce); **2.** *zur Autobahn* route *f*, voie *f* d'accès; **3.** *aviat.* desserte *f* (vers une ligne principale); *cf. auch* 2erbus; 2**erˌbus** *m zum Flughafen* autocar *m* assurant la desserte, la liaison aéroport-ville; 2**erˌdienst** *m* service *m* de raccordement, de liaison, de correspondance; desserte *f* (*par ex.* entre la ville et l'aéroport, entre une usine et les localités voisines, avoisinantes); 2**erindusˌtrie** *f* industrie *f* auxiliaire, d'accessoires; 2**erˌstraße** *f cf.* 2er 2.; 2**erverˌkehr** *m* desserte *f* vers une ligne principale; *zum Flughafen* liaison *f* aéroport-ville.

Zubrot [ˈtsuːbroːt] *n* garniture *f.*

zubrüllen [ˈtsuːˌbrʏlən] *v/t.* ⟨*sép.*, -ge-, h⟩ j-m etw. ~ crier, ˈhurler qc. à qn.

Zubuße [ˈtsuːˌbuːsə] *f* supplément *m*; surtaxe *f*; contribution *f* supplémentaire.

zubuttern [ˈtsuːˌbutərn] F *v/t.* ⟨-(e)re, *sép.*, -ge-, h⟩ (*zuschießen*) fournir un supplément (de).

Zucht [tsuxt] *f* ⟨~; ~en⟩ **1.** *von Tieren* (*Auf*2) élevage *m*; *von Pflanzen* culture *f*; (*aufgezogene Tiere, Pflanzen*) élèves *m/pl.*; **2.** ⟨*pas de pl.*⟩ (*Schul*2, *Mannes*2) discipline *f*; strenge ~ discipline sévère; in ~ nehmen discipliner; sich selbst in ~ nehmen se discipliner; s'imposer une discipline rigoureuse; an ~ u. Ordnung gewöhnen discipliner (qn.); former, rompre (qn.) à la discipline; faire respecter la discipline (par qn.); in ~ halten maintenir la discipline; faire respecter la discipline (à); F das ist ja e-e tolle, schöne ~! voilà de jolies manières, mœurs!; ~ˌ**auswahl** *f* sélection *f* de l'élevage; ~ˌ**bulle** *m cf.* Zuchtstier; ~ˌ**eber** *m* verrat *m.*

zücht|en [ˈtsʏçtən] *v/t.* ⟨-ete, h⟩ *Tiere* élever; *Pflanzen, Perlen* cultiver; 2**er(in)** *m* ⟨~s; ~⟩ (*f*) ⟨~; ~nen⟩ *von Tieren* éleveur, -euse *m, f*; *von Pflanzen* jardinier, -ère *m, f*; horticulteur, -trice *m, f*; pépiniériste *m*; 2**erverˌbände** *m/pl.* associations *f/pl.* d'éleveurs.

Zucht|geflügel [ˈtsuxtgəˌflyːgəl] *n* volaille *f* d'élevage; ~**haus** *n* maison *f* de réclusion; (prison *f*, maison *f*) centrale *f*; maison *f*, prison *f* (centrale) de force; (*Zuchthausstrafe*) réclusion *f*; *früher* travaux forcés; im ~ sitzen purger une peine de réclusion; lebenslänglich(es) ~ réclusion, *früher* travaux forcés à perpétuité; zu zehn Jahren ~ verurteilen condamner à dix ans de réclusion, *früher* de travaux forcés; ~ˌ**häusler(in)** *m* ⟨~s; ~⟩ (*f*) ⟨~; ~nen⟩ réclusionnaire *m, f*; *früher* forçat *m*; ~**hausˌstrafe** *f* (peine *f* de la) réclusion *f*; *früher* (peine *f* des) travaux forcés; ~**hengst** *m* étalon *m.*

züchtig [ˈtsʏçtɪç] *adj.* honnête; (*keusch*) chaste; pudique; vertueux, -euse; décent.

züchtigen [ˈtsʏçtɪgən] *v/t.* ⟨h⟩ châtier; corriger; (*strafen*) punir.

Züchtigkeit [ˈtsʏçtɪçˌkaɪt] *f* ⟨~⟩ honnêteté *f*; (*Keuschheit*) chasteté *f*; pudicité *f*; vertu *f*; décence *f.*

Züchtigung [ˈtsʏçtɪguŋ] *f* ⟨~; ~en⟩ châtiment *m*; correction *f*; (*Bestrafung*) punition *f*; körperliche ~ châtiment corporel; ~**sˌrecht** *n* droit *m* de châtiment, de correction.

zucht|los [ˈtsuxtloːs] *adj.* indiscipliné; 2ˌ**losigˌkeit** *f* ⟨~⟩ indiscipline *f*; 2ˌ**mittel** *n* moyen *m* de correction; 2ˌ**perle** *f* perle *f* de culture; 2ˌ**rute** *f* verge *f*; férule *f*; *fig.* fléau *m*; châtiment *m*; 2**sau** *f* truie *f*; 2**schaf** *n* brebis reproductrice; 2**stier** *m* taureau reproducteur; 2ˌ**stute** *f* (jument *f*) poulinière *f*; 2ˌ**tiere** *n/pl.* animaux reproducteurs.

Züchtung [ˈtsʏçtuŋ] *f* ⟨~⟩ *von Tieren* élevage *m*; *von Pflanzen* culture *f*; ~**smeˌthode** *f* procédé *m*, méthode *f* d'élevage.

Zucht|vieh [ˈtsuxtfiː] *n cf.* Zuchttiere; ~**wahl** *f* künstliche, natürliche ~ sélection artificielle, naturelle.

zuckel|n [ˈtsukəln] F *v/i.* ⟨-(e)le, sein⟩ aller au petit trot; trottiner; aller doucement; 2ˌ**trab** F *m* petit trot.

zucken [ˈtsukən] **I** *v/t. u. v/i.* ⟨h⟩ tressaillir; faire un mouvement brusque; *krampfhaft* avoir des spasmes, mouvements convulsifs; *sterbende Tiere* palpiter; *Blitz* jaillir; die Achseln ~, mit den Achseln ~ ˈhausser les épaules; mit den Augen(lidern) ~ clignoter des yeux; ohne mit der Wimper zu ~ sans sourciller; er hat nicht gezuckt il n'a pas fait le moindre mouvement; il n'a pas bronché, remué, bougé; **II** 2 *n* ⟨~s⟩ tressaillement *m*; mouvement *m* brusque; *krampfhaftes* convulsion *f*; palpitation *f*; *méd.* tic nerveux; ~**d** *adjt.* convulsif, -ive; palpitant.

zücken [ˈtsʏkən] *v/t.* ⟨h⟩ *Schwert* tirer; *Brieftasche etc.* sortir.

Zucker ['tsʊkər] *m* ⟨~s; ~ *od.* ~sorten⟩ sucre *m*; ein Stück ~ un morceau de sucre; F un sucre; **brauner** ~ sucre roux; cassonade *f*; mit ~ süßen sucrer; ~ in etw. tun sucrer qc.; mit ~ bestreuen saupoudrer de sucre; sich ~ nehmen F se sucrer; *méd.* ~ haben être diabétique; **~beˌstimmung** *f méd.* dosage *m* du glucose, F du sucre; **~ˌbildung** *f chim.* saccharification *f*; *méd., physiol.* glycogénie *f*; **~ˌbörse** *f* bourse *f* du sucre; **~ˌdose** *f* sucrier *m*; **~ˌerbsen** *f/pl. bot.* pois gourmands, mange-tout; mange-tout *m/pl.*; **~faˌbrik** *f* sucrerie *f*; **~fabriˌkant** *m* sucrier *m*; **~geˌhalt** *m* teneur *f* en sucre, *physiol.* en glucose; *chim.* titre *m* saccharimétrique; **~ˌguß** *m* glace *f*; mit ~ glacé; **2ˌhaltig** *adj.* saccharifère; saccharin; **~ˌhandel** *m* commerce *m* des sucres; **~ˌhut** *m* pain *m* de sucre; **2ig** *adj.* sucré; **~indusˌtrie** *f* industrie sucrière; **~ˌkand(is)** F *m* ⟨~(e)s⟩ (*m*) sucre candi; **2ˌkrank** *adj. méd.* diabétique; **~ˌkranke(r)** *f* (*m*) *méd.* diabétique *m, f*; **~ˌkrankheit** *f* diabète *m* (sucré); **~ˌlöffel** *m* cuiller *f* à sucre; **~ˌmarkt** *m* marché *m* du sucre; **~meˌlone** *f bot.* (melon *m*) sucrin *m*; **~ˌmeßgerät** *n*, **~ˌmesser** *m* ⟨~s; ~⟩ *chim.* saccharimètre *m*; **~ˌmessung** *f chim.* saccharimétrie *f*; **2n** **I** *v/t.* ⟨-(e)re, h⟩ sucrer; *Wein auch* chaptaliser; **II** **~n** *n* ⟨~s⟩ sucrage *m*; *des Weins auch* chaptalisation *f*; **~ˌpflanzung** *f*, **~planˌtage** *f* plantation *f* de cannes à sucre; **~ˌplätzchen** *n* pastille *f*; **~raffineˌrie** *f* raffinerie *f* de sucre; **~ˌrohr** *n bot.* canne *f* à sucre; **~rohrˌsaft** *m* suc *m* de canne; **~ˌrübe** *f bot.* betterave sucrière, à sucre; **~ˌrübenˌanbau** *f* culture *f* de la betterave sucrière; **~ˌrübenˌgegend** *f* région sucrière; **~ˌrübenˌsaft** *m cf.* ~saft; **~ˌruhr** *f méd.* glucosurie *f*; **~ˌsaft** *m* jus sucré; **~ˌsäure** *f chim.* acide *m* saccharique, saccharinique; **~ˌschale** *f cf.* ~dose; **~ˌschoten** *f/pl. bot. cf.* ~erbsen; **~ˌsteuer** *f* impôt *m* sur le sucre; **~ˌstoff** *m* principe saccharin; **~ˌspiegel** *m des Blutes* taux *m* de sucre; **2'süß** *adj.* sucré; *fig.* doucereux, -euse; mielleux, -euse; ~ tun être tout sucre et tout miel; **~verˌbindungen** *f/pl. chim.* saccharates *m/pl.*; **~ˌwaren** *f/pl.* sucreries *f/pl.*; confiserie(s) *f*(*pl.*); **~ˌwasser** *n* ⟨~s⟩ eau sucrée; **~ˌwerk** *n cf.* ~waren; **~ˌwirtschaftsˌjahr** *n* campagne sucrière; **~ˌzange** *f* pince *f* à sucre; **~ˌzeug** *n cf.* ~waren.

zuckrig ['tsʊkrɪç] *adj. cf.* zuckerig.

Zuckung ['tsʊkʊŋ] *f* ⟨~; ~en⟩ convulsion *f*; palpitation *f*; tressaillement *m*; mouvement *m* brusque.

zudecken ['tsuːˌdɛkən] **I** *v/t.* ⟨*sép.*, -ge-, h⟩ couvrir (mit de); *fig.* (*vertuschen*) étouffer; escamoter; mit dem Mantel der Liebe ~ recouvrir du voile de l'amour; mit e-m Deckel ~ mettre un couvercle sur; fermer; *jard.* mit Stroh, Mist ~ enchausser; **II** *v/réfl.* sich ~ se couvrir (mit de).

zudem [tsu'deːm] *adv.* (*überdies*) en outre; au surplus; (*übrigens*) du reste; au reste; d'ailleurs.

zu|diktieren ['tsuːdɪkˌtiːrən] *v/t.* ⟨*sép.*, *pas de ge-*, h⟩ *Strafe* infliger; *iron.* octroyer; **2drang** *m* affluence *f*; afflux *m* (de); foule *f*; **~ˌdrehen** *v/t.* ⟨*sép.*, -ge-, h⟩ *Hahn etc.* fermer; j-m den Rücken ~ tourner le dos à qn.

zudringlich ['tsuːˌdrɪŋlɪç] *adj.* importun; indiscret, -ète; j-m gegenüber ~ werden importuner qn.; ~ sein être importun; être un(e) importun(e), un fâcheux (une fâcheuse), F un casse-pieds; être collant; **2ˌkeit** *f* ⟨~; ~en⟩ importunité *f*; indiscrétion *f*.

zudrücken ['tsuːˌdrʏkən] *v/t.* ⟨*sép.*, -ge-, h⟩ fermer (en pressant); *e-m Toten* die Augen ~ fermer les yeux (à); *fig.* ein Auge bei etw. ~ (*es nicht sehen wollen*) fermer les yeux sur qc.; (*es nicht so genau nehmen*) se montrer, être indulgent; se montrer accommodant; F ne pas y regarder de si près.

zueign|en ['tsuːˌˀaɪgnən] *v/t.* ⟨-ete, *sép.*, -ge-, h⟩ j-m etw. ~ adjuger, attribuer qc. à qn.; *ein Buch etc.* dédier qc. à qn.; **2ung** *f* attribution *f*; adjudication *f*; (*Widmung*) dédicace *f*.

zueinander [ˌtsuˑˀaɪ'nandər] *adv.* ~ kommen (aller) se voir; ~ **passen** aller bien ensemble; *zwei Dinge, die ein Paar bilden* faire la paire; nicht ~ passen jurer; *Farben auch* détonner; seid gut ~! soyez bons les uns pour les autres!; **~ˌfinden** *v/i.* ⟨*irr.*, *sép.*, -ge-, h⟩ se trouver; **~geˌsellen** *v/réfl.* ⟨*sép.*, zueinandergesellt, h⟩ sich ~ se joindre.

zuerkenn|en ['tsuːˀɛrˌkɛnən] *v/t.* ⟨*irr.*, *sép.*, *pas de ge-*, h⟩ attribuer; *Preis, Belohnung auch* décerner; *Strafe* infliger; *jur.*, *Besitz* adjuger; **2ung** *f* attribution *f*; *jur.* adjudication *f*.

zuerst [tsu'ˀeːrst] *adv.* (*als erster*) le premier; la première; (*an erster Stelle*) d'abord; premièrement; en premier lieu; (*vor allem übrigem*) avant tout; gleich ~ dès le commencement; er kam ~ il était le premier à venir; ~ etw. tun *oft* commencer par faire qc.; ~ lesen, dann übersetzen lire d'abord, traduire ensuite; ~ verstand ich nicht, was er meinte, aber dann ... d'abord je ne compris pas ce qu'il voulait dire, mais ensuite ...; *im Laden* wer kommt ~ dran? à qui le tour?

zuerteil|en ['tsuːˀɛrˌtaɪlən] *v/t.* ⟨*sép.*, *pas de ge-*, h⟩ adjuger; **2ung** *f* adjudication *f*.

zufächeln ['tsuːˌfɛçəln] *v/t.* ⟨-(e)le, *sép.*, -ge-, h⟩ j-m Luft, Kühlung ~ éventer qn.; sich Luft ~ s'éventer.

zufahr|en ['tsuːˌfaːrən] *v/i.* ⟨*irr.*, *sép.*, -ge-, sein⟩ dem Dorf, der Stadt ~ aller (en voiture) vers le village, la ville; *mar.* auf die Küste ~ se diriger vers la côte; fahr zu! allons, vite!; continue!; vas-y!; **2t** *f* accès *m*; *zu e-m Gebäude, Palast* avenue *f*; **2tsˌstraße** *f* voie *f*, route *f* d'accès; **~n** *pl.* accès *m/pl.*; approches *f/pl.*; **2tsˌweg** *m* chemin *m* d'accès.

Zufall ['tsuːfal] *m* 'hasard *m*; Spiel des ~s jeu, caprice du hasard; Werk des ~s effet du hasard; blinder ~ fatalité aveugle; glücklicher ~ heureux 'hasard; heureuse rencontre; chance *f*; welch glücklicher ~! quelle chance, F veine!; durch ~ par 'hasard; durch e-n reinen, bloßen ~ par pur 'hasard; der ~ wollte es, daß ... le hasard a voulu que ... (+ *subj.*); etw. dem ~ überlassen remettre, livrer, laisser qc. au hasard; es dem ~ überlassen s'en remettre au hasard; darüber mag der ~ entscheiden! que le hasard en décide!

zufallen ['tsuːˌfalən] *v/i.* ⟨*irr.*, *sép.*, -ge-, sein⟩ **1.** *Tür, Deckel etc.* se fermer brusquement; die Augen fallen mir zu je tombe de sommeil; **2.** *durch Erbschaft, bei e-r Verteilung* j-m ~ échoir, revenir à qn.; mir ist die Aufgabe zugefallen, zu ... (+ *inf.*) la tâche m'incomba de ... (+ *inf.*); on m'a imparti la tâche de ... (+ *inf.*); mir ist der Reichtum nicht einfach zugefallen, *ich habe ihn mir erarbeitet* la fortune ne m'est pas tombée du ciel ...

zufällig ['tsuːˌfɛlɪç] **1.** *adj.* accidentel, -lle; occasionnel, -lle; fortuit; *philos.* contingent; **2.** *adv.* par 'hasard; accidentellement; occasionnellement; fortuitement; d'aventure; rein ~ par pur 'hasard; ~ etw. tun venir à faire qc.; mein Bruder kam ~ vorbei mon frère vint à passer; Leute, die ich ~ gut kannte des gens que je me trouvais bien connaître; ob ~ oder absichtlich si c'est *od.* que ce soit par 'hasard ou à dessein, accidentellement ou à dessein; **~er'weise** *adv. cf.* zufällig 2.; **2ˌkeit** *f* ⟨~; ~en⟩ 'hasard *m*; contingence *f*.

Zufalls... ['tsuːfals...] *in Zssgn. cf.* 2bedingt; **2beˌdingt** *adjt.* dû, due au hasard; aléatoire; **~beˌkanntschaft** *f* connaissance fortuite, de rencontre; **~erˌfindung** *f* découverte due au hasard; **~ˌtor** *n Fußball* but chanceux; **~ˌtreffer** *m* coup au but chanceux, dû au hasard.

zu|fassen ['tsuːˌfasən] *v/i.* ⟨-ßt, *sép.*, -ge-, h⟩ saisir; empoigner; *fig.* (*mithelfen*) aider; F mettre la main à la pâte; (*die Gelegenheit ergreifen*) saisir l'occasion; zugefaßt! allons, au travail!; **~ˌfliegen** *v/i.* ⟨*irr.*, *sép.*, -ge-, sein⟩ *Tür* se fermer brusquement; *aviat.*, *e-m Ort* voler vers; *fig.* venir comme par enchantement; mir ist ein Kanarienvogel zugeflogen un canari s'est réfugié chez moi; alle Herzen flogen ihm zu il gagna tous les cœurs; *er braucht sich nicht anzustrengen*, es fliegt ihm alles (nur so) zu ... il apprend, assimile tout sans difficulté, avec facilité, aisément; **~ˌfließen** *v/i.* ⟨*irr.*, *sép.*, -ge-, sein⟩ *Fluß* couler vers; *fig.* affluer; in das Becken fließt dauernd frisches Wasser zu de l'eau fraîche coule, arrive continuellement dans le bassin; dem Hilfsfonds flossen große Summen zu de grosses sommes affluèrent au fonds de secours.

Zuflucht ['tsuːfluxt] *f* refuge *m*; asile *m*; ~ suchen, finden bei j-m chercher, trouver refuge, asile auprès de *od.* chez qn.; zu j-m s-e ~ nehmen se réfugier auprès de *od.* chez qn.; zu etw. s-e ~ nehmen se réfugier dans qc.; recourir, avoir recours, faire appel à qc.; e-e ~ finden *litt.* trouver un port de salut; trouver à se faire héberger; **~sˌhafen** *m mar.* port *m* de refuge; *fig. cf.* ~sort; **~sˌort** *m*, **~sˌstätte** *f* (lieu *m* de) refuge *m*; asile *m* retraite *f*; port *m* de salut.

Zufluß ['tsuːflus] *m* (*Zufließen*) affluence *f*; afflux *m* (*beide auch fig.*); Zuflüsse *pl.* (*Nebenflüsse*) affluents *m/pl.*; der See hat keinen ~ le lac n'a pas d'affluent.

zuflüstern ['tsuːˌflʏstərn] *v/t.* ⟨-(e)re, *sép.*, -ge-, h⟩ j-m etw. ~ souffler, chuchoter qc. à l'oreille de qn.

zufolge [tsu'fɔlgə] *prép.* ⟨*nachstehend mit dat.*, *vorangehend mit gén.*⟩ par suite de; en vertu de; (*gemäß*) suivant; d'après; conformément à; Ihrem Befehl ~ conformément à votre ordre.

zufrieden [tsu'friːdən] *adj.* content (mit de); (*~gestellt*) satisfait (de); ein stiller u. ~er Mensch un homme tranquille et satisfait; ich bin es ~ je le veux bien; soit, j'y consens; je ne demande pas mieux; nicht ~ damit, daß ... non content de ... (+ *inf.*); **~ˌgeben** *v/réfl.* ⟨*irr.*, *sép.*, -ge-, h⟩

sich mit etw. ~ se contenter de qc.; prendre son parti de qc.; se résigner à qc.; **2ˌheit** *f* ⟨~⟩ contentement *m*; satisfaction *f*; **zur allgemeinen** ~ à la satisfaction générale; ~ **geht über Reichtum** *prov.* contentement passe richesse *prov.*; **~ˌlassen** *v/t.* ⟨*irr., sép.*, -ge-, h⟩ j-n ~ laisser qn. tranquille, en paix; **~ˌstellen** *v/t.* ⟨*sép.*, -ge-, h⟩ j-n ~ contenter, satisfaire qn.; **~ˌstellend** *adjt.* satisfaisant; **2ˌstellung** *f* satisfaction *f*.

zu|frieren ['tsuːˌfriːrən] *v/i.* ⟨*irr., sép.*, -ge-, sein⟩ geler complètement; se prendre (en glace); prendre; **der See ist zugefroren** le lac s'est pris (en glace), a *od.* est pris; **~ˌfügen** *v/t.* ⟨*sép.*, -ge-, h⟩ *Schaden, Verluste etc.* causer; *Böses, Leid* faire; *Niederlage* infliger; **2fuhr** *f* ⟨~; ~en⟩ *von Luft, Dampf, Gas etc.* amenée *f*; arrivée *f*; *von Wasser auch* adduction *f*; *von Waren* arrivage *m*; apport *m*; *von Lebensmitteln* (*Versorgung*) approvisionnement *m*; ravitaillement *m*; vivres *m/pl.*; **e-r Stadt die ~ abschneiden** couper les approvisionnements, le ravitaillement, les vivres à une ville; **~ˌführen** *v/t.* ⟨*sép.*, -ge-, h⟩ *Luft etc.* amener (*auch Menschen*); conduire; (*beschicken*) alimenter; *Luft auch* introduire; *e-m Becken etc.* **frisches Wasser** ~ alimenter en eau fraîche; **e-m Kranken künstliche Nahrung** ~ alimenter artificiellement un malade; **dem Hengst die Stute** ~ amener, conduire la jument à l'étalon; **s-r Bestrafung** ~ punir; **s-r Bestimmung** ~ amener à sa destination; **j-n j-m** ~ amener qn. à qn.; **2ˌführung** *f* **1.** (*das Zuführen*) amenée *f*; *von Wasser auch* adduction *f*; (*Beschickung*) alimentation *f*; *von Luft auch* introduction *f*; **2.** *als Vorrichtung cf.* 2führungsdraht, 2führungskabel *etc.*; **2führungsˌdraht** *m* fil *m* d'amenée, d'alimentation; **2führungsˌkabel** *n* câble *m* d'amenée, d'alimentation; **2führungsˌleitung** *f* conduit *m*, conduite *f* d'amenée, d'alimentation; **2führungsˌrohr** *n* tuyau *m* d'amenée, d'alimentation; **2führungsˌschlauch** *m* tuyau *m* souple d'amenée, d'alimentation.

Zug [tsuːk] *m* ⟨~(e)s; ¨~e⟩ **1.** *chem.* train *m*; *ohne Lokomotive, der U-Bahn* rame *f* (de wagons, de métro); **fahrplanmäßiger, eingelegter** ~ train régulier, supplémentaire; **liegengebliebener** ~ train en détresse; **der ~ nach** ... le train pour *od.* de ...; **der ~ aus** ... le train de ...; **mit dem** ~ par le train; **mit dem ~ fahren, den ~ nehmen** voyager, aller en train, en chemin de fer; prendre le train; **j-n an den ~ bringen** conduire, accompagner qn. au train; **den ~ verpassen** manquer, F rater le train; **der ~ hat Verspätung** le train a du retard; **e-n ~ zusammenstellen** former un train; **den ~ einfahren lassen** permettre l'entrée du train; **2.** *von Personen* colonne *f*; file *f*; procession *f*; *feierlicher* cortège *m*; *milit. Untergliederung* section *f*; *von Vögeln* volée *f*; bande *f*; vol *m*; passage *m*; *von Pferden* (*Gespann*) attelage *m*; *von Ochsen* couple *m*; paire *f*; **3.** (*das Ziehen*) marche *f*; (*Feld2*) campagne *f*; expédition *f*; (*Durch2, Übergang*) passage *m*; *von Vögeln, Heringen* passage *m*; *von Vögeln nach dem Süden* migration *f*; *der Wolken* marche *f*; passage *m*; cours *m*; **der ~ der Zehntausend** *hist.* la retraite des Dix Mille; **4.** ⟨*pas de pl.*⟩ (*Zugluft*) courant *m* d'air; vent *m* coulis; **im ~ sitzen, stehen** être dans le courant d'air; **5.** ⟨*pas de pl.*⟩ *bei Öfen* tirage *m*; (*Luftkanal*) tuyau *m*, canal *m* d'aération; **der Ofen hat keinen** ~ le poêle ne tire pas, n'a pas assez de tirage, d'air; *fig.* **da ist kein** ~ (*Schwung*) **drin** cela manque d'entrain, d'élan, de verve; **er hat s-e Klasse gut im** ~ il a sa classe bien en main; **in ~ sein, bringen** être, mettre en train; **wenn er im ~(e) ist, kann ihn nichts aufhalten** quand il est en train, rien ne l'arrête; **so recht im ~(e), im besten ~(e) sein** être bien en train; **6.** *des Gesichts, Charakters, der Schrift* trait *m*; *fig.* (*Eigentümlichkeit*) trait *m* caractéristique; **ein grausamer** ~ un trait de cruauté; **ein schöner ~ von ihm** un beau trait de caractère de sa part; **s-e Züge haben sich kaum verändert** ses traits n'ont, son visage n'a guère changé; **das ist ein ~ der Zeit** c'est un trait caractéristique de l'époque; c'est un signe du temps; **7.** *fig.* (*Strich*) trait *m*; **in kurzen, knappen Zügen** en peu de mots; **in großen Zügen** à grands traits; **in** *od.* **mit e-m ~, auf e-n** ~ tout d'un trait; d'un seul trait; **im ¨~e der Neugestaltung** au cours de la réorganisation; **8.** *Schachspiel* coup *m*; trait *m*; **den ersten ~ haben** avoir le (premier) trait; **Sie sind am** ~ c'est à vous de jouer; **in drei Zügen matt** mat en trois coups; *fig.* **nicht zum ¨~e kommen** ne pas pouvoir agir, se manifester; ~ **um** ~ du tac au tac; donnant, donnant; **9.** ⟨*pas de pl.*⟩ *fig.* (*Trieb*) **dem ¨~e des Herzens folgen** suivre l'impulsion, la voix du cœur; (*Trend*) **der ~ nach dem Süden** la tendance à aller vers le midi, sud; **10.** *beim Trinken* coup *m*; trait *m*; gorgée *f*; *beim Rauchen* bouffée *f*; **e-n ~ tun** boire un coup; **auf e-n ~ leeren** vider d'un (seul) trait; **in langen Zügen trinken** boire à longs traits, à grandes gorgées; F **e-n guten ~ haben** F bien lever le coude; avoir une bonne descente; **die Luft in vollen Zügen einatmen** aspirer l'air à pleins poumons; *fig.* **etw. in vollen Zügen genießen** jouir pleinement de qc.; **in den letzten Zügen liegen** être à l'agonie; F *fig.* être aux abois; **11.** *mus.* registre *m*; *techn.* (*Zugkraft*) traction *f*; tension *f*; *im Gewehrlauf, Kanonenrohr* rayure *f*; *an e-m Stiefel* élastique *m*; *an e-r Kapuze etc.* coulisse *f*; *bei Büromöbeln* (*Schublade*) tiroir *m*.

Zugabe ['tsuːˌgaːbə] *f comm.* supplément *m* (*auch e-s Künstlers*); prime *f*; (*mitgelieferter Gebrauchsgegenstand*) cadeau-réclame *m*; *e-s Künstlers* morceau *m* de musique (chanson *f*, poème *m*, *etc.*) en supplément, 'hors programme; **als** ~ *comm.* en prime; en supplément; par-dessus le marché; comme cadeau(-réclame); *von e-m Künstler* en supplément; 'hors programme.

Zug|abstand ['tsuːkˌʔapʃtant] *m chem.*, *zeitlicher* espacement *m*, intervalle *m* entre les trains; **~abˌteil** *n chem.* compartiment *m*.

Zugang ['tsuːgaŋ] *m* (*Eingangsweg*) accès *m*; entrée *f*; abord *m*; approche *f*; *zu e-m Gebäude* (*Zufahrtsweg*) avenue *f*; (*Zutritt*) accès *m*; *fig. von Personen in e-m Hotel etc.* arrivée *f*; (*Zuwachs*) augmentation *f*; accroissement *m*; apport *m*; *comm.* entrée *f*; rentrée *f* (*auch auf e-m Konto*); (*Waren2*) arrivage *m*; *e-r Bibliothek* (*Neuerwerbung*) nouvelle acquisition; ouvrage nouvellement acquis; rentrée *f*; **Zugänge** *pl. von Personen* arrivées *f/pl.*; nouveaux venus; *in e-m Krankenhaus auch* nouveaux (malades) *m/pl.*; **(freier) ~ zum Meer** (libre) accès à la mer; ~ **zu j-m haben** avoir accès auprès de qn.; **sich ~ verschaffen** se procurer accès (zu à); ~ **haben, finden, gewähren** avoir, trouver, donner accès (zu à).

zugänglich ['tsuːˌgɛŋlɪç] *adj.* accessible (für à); abordable (à) (*beide auch fig.*); **leicht, schwer ~ sein** être d'un accès facile, difficile; être d'un abord facile, difficile (*auch fig.*); **jedermann, der breiten Öffentlichkeit** ~ accessible à tout le monde; **der Allgemeinheit** ~ ouvert au public; **für jedermann ~ machen** rendre accessible à tout le monde; populariser; vulgariser; **die Masse ist vernünftiger Überlegung (nicht)** ~ la foule est (in)accessible au raisonnement; **e-m guten Rat ~ sein** être accessible à un bon conseil; accepter volontiers un bon conseil; **2ˌkeit** *f* ⟨~⟩ accessibilité *f*; abord *m* facile.

Zugangs|straße ['tsuːgaŋsˌʃtraːsə] *f*, **~ˌweg** *m* voie *f* d'accès.

Zug|anker ['tsuːkˌʔaŋkər] *m bât.* tirant *m*; **~arˌtikel** *m comm.* article-réclame *m*; article *m* en réclame; **~band** *n* ⟨~(e)s; ¨~er⟩ tirant *m*; **~beˌanspruchung** *f techn.* effort *m* de traction; **~beˌeinflussung** *f chem. etwa* répétition *f* des signaux sur la machine; **~beˌgleitpersoˌnal** *n*, **~beˌgleitung** *f chem.* personnel *m* du train; **~beˌlastung** *f techn.* charge *f* de traction, de tension; **~ˌbrücke** *f* pont-levis *m*; **~ˌdichte** *f chem.* fréquence *f* des trains; **~'druckkraft** *f techn.* effort *m*, force *f* de traction-compression.

zugeben ['tsuːˌgeːbən] *v/t.* ⟨*irr., sép.*, -ge-, h⟩ (*hinzufügen*) ajouter (*auch cout.*); *comm.* donner en sus, en plus, par-dessus le marché, en supplément, en prime, comme cadeau(-réclame); *Künstler* jouer (un morceau), chanter (une chanson), réciter (des vers), *etc.* ... 'hors programme; donner ... en supplément; *fig.* (*einräumen*) admettre; convenir de; concéder; (*eingestehen*) avouer; reconnaître; (*gestatten*) accorder; permettre; consentir à; **unumwunden** ~ admettre ingénument; **geben Sie es nur zu!** convenez-en!; avouez-le!; **wie jedermann zugibt** de l'aveu de tout le monde; **zugegeben, daß** ... admettons que, en admettant que, F mettons que ... (+ *subj.*); **zugegeben!** d'accord!; je le veux bien!

zuge|dacht ['tsuːgəˌdaxt] *adjt.* **dieses Buch war ihm** ~ ce livre lui était destiné; **~ˌdeckt** *adjt. cf.* zudecken; **~ˌfroren** *adjt. cf.* zufrieren.

zugegeben ['tsuːgəˌgeːbən] *p.p.* ~, **daß** ...; ~! *cf.* **zugeben**; **~er'maßen** *adv.* comme il a été admis, reconnu.

zugegen [tsuˈgeːgən] *adv.* **bei etw.** ~ **sein** être présent, assister à qc.; **persönlich ~ sein** être présent en personne.

zugehen ['tsuːˌgeːən] *v/i.* ⟨*irr., sép.*, -ge-, sein⟩ **1.** *Tür, Koffer* (se) fermer; **2. auf j-n, etw.** ~ aller, se diriger, s'avancer vers qn., qc.; **gehen Sie nur zu!** avancez, continuez toujours!; **es geht auf den Winter zu** l'hiver est proche; on va vers, on s'approche de l'hiver; *Weg* **nach der Stadt** ~ conduire, mener à la ville; *Arbeit* dem Ende ~ toucher à sa fin; **3.** *Gegenstand* spitz ~ se terminer en pointe; **4.** *Sendung* j-m ~ (lassen) (faire) parvenir à qn.; **5.** *fig.* (*geschehen*) arriver; se passer; se faire; wie geht es zu, daß ...? comment se fait-il que ...?; wie geht das zu? comment cela se fait-il?; wie ist das zugegangen? comment cela est-il arrivé, s'est-il passé?; es geht sonderbar zu in dieser Welt il se passe d'étranges choses en ce monde; das geht nicht mit rechten Dingen zu ce n'est pas naturel, normal; es müßte nicht mit rechten Dingen ~, es müßte mit dem Teufel ~, wenn es uns nicht gelänge nous réussirons, à moins que le diable ne s'en mêle; il faudrait que le diable s'en mêle pour que nous ne réussissions pas; es müßte komisch ~, wenn ... il serait étrange que ... (+ *subj.*); es ging sehr lustig zu c'était gai; on s'amusait beaucoup; so geht es nun einmal zu im Kriege à la guerre comme à la guerre.

zugehör|en ['tsuːgəˌhøːrən] *st. s. v/i.* ⟨*sép.*, zugehört, h⟩ appartenir (à); *als Teil* faire partie (de); **~ig** *adjt.* afférent (à); se rapportant (à); appartenant (à); qui appartient (à); qui fait partie (de); **2igˌkeit** *f* ⟨~⟩ appartenance *f* (zu à); politische ~ *auch* couleur *f*, *st.s.* allégeance *f* politique.

zugeknöpft ['tsuːgəˌknœpft] *adjt.* boutonné; F *fig.* (*verschlossen*) réservé; renfermé; F boutonné; (*nicht freigebig*) F regardant; pingre; radin; ladre; rapiat; chien; chiche; **2ˌheit** F *fig. f* ⟨~⟩ (*Verschlossenheit*) extrême réserve *f*; (*Knauserigkeit*) pingrerie *f*.

Zügel ['tsyːgəl] *m* ⟨~s; ~⟩ rêne *f*; bride *f* (*beide auch fig.*); *am Zaum der Wagenpferde auch* guide *f*; e-m Pferd die ~ anlegen mettre la bride à, brider un cheval; ein Pferd am ~ führen mener un cheval par la bride; e-m Pferd in die ~ fallen arrêter net un cheval; mit verhängtem ~ à bride abattue; à toute bride; *fig.* die ~ der Regierung in Händen haben tenir les rênes du gouvernement; *fig.* die ~ in die Hand nehmen prendre les rênes; *fig.* die ~ anziehen serrer la bride; *fig.* die ~ fest in der Hand halten tenir les rênes, la bride; *fig.* j-m die ~ locker, schießen lassen lâcher la bride, les rênes à qn.; *fig.* s-n Leidenschaften die ~ schießen lassen lâcher la bride, donner libre cours à ses passions.

zugelassen ['tsuːgəˌlasən] *adjt.* admis; autorisé; *amtlich, gerichtlich von Personen* accrédité; agréé; *amtlich von Preisen, Tarifen* homologué; *cf. auch* zulassen.

Zugelastizität ['tsuːk?eˑlastiˑtsiˌtɛːt] *f techn.* élasticité *f* à la traction.

Zügel|hand ['tsyːgəlˌhant] *f e-s Reiters* main *f* de la bride; **2ˌlos** *adj.* sans bride; *fig.* effréné; déchaîné; sans frein; licencieux, -euse; **~ˌlosigkeit** *fig. f* ⟨~⟩ licence *f*; dérèglement *m*; **2n I** *v/t.* ⟨-(e)le, h⟩ *Pferd* serrer la bride (à); tenir la bride 'haute (à); *fig.* brider; refréner; maîtriser; dompter; dominer; réprimer; contenir; mettre un frein (à); **II** *v/réfl.* sich ~ se contenir; se maîtriser; **~ung** *fig. f* ⟨~⟩ refrènement *m*.

Zugemüse ['tsuːgəˌmyːzə] *n cuis.* garniture *f* de légume(s).

zugenäht ['tsuːgəˌnɛːt] F *int.* verflixt u. ~!, verflucht u. ~! zut alors!; P nom de Dieu, d'une pipe!; sacrebleu!

Zugende ['tsuːkˌ?ɛndə] *n chem.* queue *f* du train.

zugeneigt ['tsuːgəˌnaɪkt] *adjt. cf.* zuneigen, zugetan.

Zugentgleisung ['tsuːk?ɛntˌglaɪzʊŋ] *f chem.* déraillement *m*.

Zugereiste(r) ['tsuːgəˌraɪstə(r)] *f* (*m*) ⟨→ A⟩ nouveau venu; nouvelle venue.

zu|gesellen ['tsuːgəˌzɛlən] **I** *v/t.* ⟨*sép.*, zugesellt, h⟩ associer (à); adjoindre (à); joindre (à); **II** *v/réfl.* sich j-m ~ se joindre, s'associer à qn.; **~geˌsichert** *adjt.* garanti; promis; *cf. auch* zusichern; **~geˌspitzt** *adjt.* pointu; en pointe; *fig. Lage* critique; tendu; in ~er Form en termes acérés; *cf. auch* zuspitzen; **~geˌstanden** *p. p.* ~, daß ... *cf.* zugeben (zugegeben, daß ...); **~geˌstandener'maßen** *adv. cf.* zugegebenermaßen; **2geˌständnis** *n* concession *f*; weitgehendes ~ large concession; gewisse Zugeständnisse machen y mettre du sien; **~geˌstehen** *v/t.* ⟨*irr.*, *sép.*, zugestanden, h⟩ (*bewilligen*) accorder; *Rechte* concéder; (*zugeben*) admettre; avouer; convenir de; reconnaître; **~geˌtan** *adj.* j-m ~ sein avoir de l'affection, de l'attachement, de la sympathie pour qn.; affectionner qn.; *cf. auch* zutun I; **2geˌwanderte** *m/pl. in der Bundesrepublik Deutschland* réfugiés *m/pl.*; **2geˌwinn** *m jur.* acquêt *m*; **2geˌwinngeˌmeinschaft** *f jur.* communauté *f* d'acquêts, réduite aux acquêts; **2geˌzogene(r)** *f* (*m*) ⟨→ A⟩ nouveau venu; nouvelle venue.

Zug|feder ['tsuːkˌfeːdər] *f* ressort *m* de traction; **2fest** *adj. techn.* résistant à la traction; **~ˌfestigkeit** *f techn.* résistance *f* à la traction; **~ˌfolge** *f chem.* fréquence *f* des trains; **2frei** *adj.* à l'abri des courants d'air; **~ˌführer** *m chem.* chef *m* de train; *milit.* chef *m* de section; **~funk** *m chem.* téléphone *m* à bord du train; **~ˌgattung** *f chem.* catégorie *f* de train(s); **~gurt** *m am Pferdegeschirr* bricole *f*; **~ˌhaken** *m* crochet *m* d'attelage.

zugießen ['tsuːˌgiːsən] *v/t.* ⟨*irr.*, *sép.*, -ge-, h⟩ *Flüssigkeit* ajouter; remettre; *ein Loch etc.* (*füllen*) combler; remplir; boucher.

zugig ['tsuːgɪç] *adj.* exposé aux courants d'air; hier ist es ~ il y a des courants d'air ici.

zügig ['tsyːgɪç] **1.** *adj.* rapide; der Verkehr ist ~ le trafic est fluide, s'écoule vite; **2.** *adv.* vite; rapidement; sans arrêt; sans interruption; ~ fahren aller bon train; die Arbeit schreitet ~ fort le travail avance bien; ~ arbeiten abattre de la besogne; **2ˌkeit** *f* ⟨~⟩ rapidité *f*.

Zug|kette ['tsuːkˌkɛtə] *f* chaîne *f* de traction, *chem.* d'attelage; **~ˌklappe** *f am Kamin* registre *m*; tablier *m*; *e-r Zugbrücke* tablier *m*; **~konˌtrolle** *f chem.* contrôle *m* du train; **~kraft** *f* (effort *m*, force *f* de) traction *f*; *e-s Motors* force *f* d'entraînement, *e-s Magneten* d'attraction; *fig.* (*Anziehungskraft*) (force *f* d')attraction *f*; tierische, motorische ~ traction *f* animale, mécanique; *fig.* e-e starke ~ ausüben auf exercer une puissante attraction sur; **2ˌkräftig** *fig. adj.* qui attire le public; qui prend sur le public; à succès; **~es** Stück pièce à succès; **~kraftˌmesser** *m* ⟨~s; ~⟩ *phys.* dynamomètre *m* de traction.

zugleich [tsuˑ'glaɪç] *adv.* en même temps (mit mir que moi); (*im gleichen Augenblick*) (tout) à la fois; alle ~ tous à la fois; man kann nicht überall ~ sein *auch* F on ne peut être à la fois au four et au moulin.

Zug|leine ['tsuːkˌlaɪnə] *f am Pferdegeschirr* trait *m*; **~ˌleistung** *f techn.* puissance *f*, force *f* de traction; **~loch** *n e-s Ofens* ventouse *f*; évent *m*; **~luft** *f* ⟨~⟩ courant *m* d'air; vent *m* coulis; **~maˌschine** *f* tracteur *m*; **~maˌschinenˌanhänger** *m* remorque *f* pour tracteur; **~materiˌal** *n chem.* matériel roulant; **~meldeˌdienst** *m chem.* signalisation *f*; **~ˌmittel** *n* **1.** *méd.* épispastique *m*; vésicant *m*; vésicatoire *m*; **2.** *fig.* attraction *f*; F clou *m*; **~ˌnummer** *f* **1.** *chem.* numéro *m* du train; **2.** *fig. cf.* ~mittel 2.; **~ˌochse** *m* bœuf *m* de trait; **~persoˌnal** *n chem.* personnel *m* du train; **~pferd** *n* cheval *m* de trait; **~ˌpflaster** *n méd.* (emplâtre *m*) vésicant *m*, épispastique *m*, vésicatoire *m*; **~poˌsaune** *f mus.* trombone *m* à coulisse; **~ˌprobe** *f techn.* essai *m*, épreuve *f* de traction; **~ˌregler** *m am Kamin* régulateur *m* de tirage; *cf. auch* Zugklappe.

zugreifen ['tsuːˌgraɪfən] *v/i.* ⟨*irr.*, *sép.*, -ge-, h⟩ prendre; *Polizei* mettre la main dessus, F au collet; *bei Tisch* se servir; (*die Gelegenheit ergreifen*) saisir l'occasion; (*mit Hand anlegen*) mettre la main à l'œuvre, à l'ouvrage, F à la pâte; mit beiden Händen ~ ne pas se faire prier.

Zugriemen ['tsuːkˌriːmən] *m* courroie *f* de traction; *am Pferdegeschirr cf.* Zuggurt.

Zugriff ['tsuːgrɪf] *m* (*Ergreifen*) prise *f*; mainmise *f*; ~ der Polizei arrestation *f*; prise de corps; sich dem ~ der Polizei entziehen se soustraire à la police, à l'arrestation.

zugrunde [tsuˑ'grʊndə] *adv.* ~ gehen périr; succomber; ~ legen prendre pour base; ~ liegen être à la base (de); être le fondement (de); ~ richten perdre; ruiner; abîmer; sich ~ richten se perdre; se ruiner; aller à la ruine; j-n vollends ~ richten achever (la ruine de, de ruiner) qn.; **2ˌlegung** *f* ⟨~⟩ unter ~ von ... en prenant pour base ...; **~ˌliegend** *adjt.* qui est à la base (de).

Zug|säge ['tsuːkˌzɛːgə] *f* scie *f* passe-partout; **~ˌsalbe** *f méd.* onguent vésicant, vésicatoire, épispastique; **~ˌschaffner** *m chem.* contrôleur *m*; **~ˌschalter** *m élect.* interrupteur *m* à tirette; **~ˌschlepper** *m cf.* Zugmaschine; **~seil** *n* (câble *m* de) remorque *f*; *e-r Schwebebahn* câble tracteur; **~seilˌantriebsˌscheibe** *f e-r Schwebebahn* poulie *f* d'entraînement du câble tracteur; **~ˌstange** *f* tirant *m*; barre *f* de traction, *chem.* d'attelage; **~ˌstiefel** *m* bottine *f* à élastique; **~ˌstreife** *f milit.* patrouille *f* de contrôle des trains; **~stück** *n thé.* pièce *f* à succès; F clou *m*; **~tier** *n* bête *f* de trait.

zugucken ['tsuːˌgʊkən] F *v/i.* ⟨*sép.*, -ge-, h⟩ *cf.* zusehen.

Zugunglück ['tsuːkˌ?ʊnglʏk] *n chem.* accident *m* de chemin de fer.

zugunsten [tsuˑ'gʊnstən] *prép.* ⟨*gén.*⟩ en faveur de; au profit de.

zugute [tsuˑ'guːtə] *adv.* j-m etw. ~ halten tenir compte à qn. de qc.; j-m ~ kommen profiter, servir à qn.; j-m etw. ~ kommen lassen disposer de qc. en faveur de qn.; j-m etw. ~ tun offrir qc. à qn.; (*ihn bewirten*) régaler qn.; sich etw. ~ tun s'offrir, se payer qc.; s'offrir, faire un (petit) extra; sich auf e-e Sache etw. ~ tun tirer vanité de qc.

Zug|verband ['tsu:kfɛrˌbant] *m chir. cf.* Streckverband; **~verˌbindung** *f chem.* communication *f* ferroviaire; (*Anschluß*) correspondance *f*; **~verˌkehr** *m chem.* trafic *m* ferroviaire; **~verˌmögen** *n cf.* Zugkraft; **~verˌspätung** *f chem.* retard *m* du train; **~vieh** *n* bêtes *f/pl.* de trait, de labour; **~ˌvogel** *m* oiseau migrateur, de passage; **~ˌvorrichtung** *f* dispositif *m* de traction; **~ˌwaage** *f am Pferdewagen* volée *f*; **2ˌweise** *adv.* par troupes; en colonnes; *milit.* par sections; **~ˌwiderstand** *m cf.* Zugfestigkeit; **~ˌwind** *m cf.* Zugluft; **~ˌwinde** *f techn.* palan *m*; **~ˌwinkel** *m techn.* angle *m* de traction; **~zuˌsammenˌsetzung** *f*, **~zuˌsammenˌstellung** *f chem.* composition *f* d'un train, d'une rame.

zu|haben ['tsu:ˌha:bən] F *v/i.* ⟨*irr., sép.*, -ge-, h⟩ *Geschäfte* être fermé; **~ˌhaken** *v/t.* ⟨*sép.*, -ge-, h⟩ agrafer; **~ˌhalten I** *v/t.* ⟨*irr., sép.*, -ge-, h⟩ *Tür etc.* tenir fermé; fermer; *Öffnung etc.* boucher; sich die Ohren, die Nase ~ se boucher les oreilles, le nez; **II** *v/i.* auf etw. ~ aller droit vers qc.; *mar., aviat.* mettre le cap sur qc.; **2ˌhälter** *m* ⟨~s; ~⟩ souteneur *m*; F alphonse *m*; maquereau *m*; marlou *m*; P mec *m*; mac *m*; **2hälte'rei** *f* ⟨~⟩, **2hälterˌwesen** *n* ⟨~s⟩ maquerellage *m*; P maquereautage *m*; **2ˌhaltung** *f am Türschloß* gâchette *f*; **~ˌhängen** *v/t.* ⟨*sép.*, -ge-, h⟩ (re)couvrir d'un rideau, d'une toile, *etc.*; **~ˌhauen I** *v/t.* ⟨*irr., sép.*, -ge-, h⟩ (*hauend zurichten*) façonner à la hache; *Steine* tailler; **II** *v/i.* (*zuschlagen*) tüchtig ~ ne pas y aller de main morte; F ne pas y aller avec le dos de la cuiller; **III 2ˌhauen** *n* façonnage *od.* façonnement *m* à la hache; *der Steine* taille *f*.

zuhauf [tsu'ˈhauf] *adv.* en tas; en foule.

Zuhause [tsu'ˈhauzə] *n* ⟨~⟩ chez-soi (chez-moi, *etc.*) *m*; 'home *m*; er hat kein ~ il n'a pas de chez-soi, de chez-lui, de foyer; ein nettes ~ un chez-soi, un intérieur coquet.

zuheilen ['tsu:ˌhaɪlən] *v/i.* ⟨*sép.*, -ge-, sein⟩ *Wunde* se fermer; (*vernarben*) se cicatriser; wieder ~ se refermer.

Zuhilfenahme [tsu'ˈhɪlfəˌna:mə] *f* ⟨~⟩ unter (ohne) ~ von ... avec (sans) le secours de ...; en s'aidant de ... (sans s'aider de ...).

zu|hinterst [tsu'ˈhɪntərst] *adv.* tout au bout; **~'höchst** *adv.* **1.** (*ganz oben*) (tout) au-dessus; **2.** (*in höchstem Grade*) très; extrêmement.

zu|hören ['tsu:ˌhø:rən] *v/i.* ⟨*sép.*, -ge-, h⟩ j-m, e-r Erzählung ~ écouter qn., un récit; **2ˌhörer(in)** *m* (*f*) auditeur, -trice *m, f*; **2hörerˌschaft** *f* auditoire *m*; auditeurs *m/pl.*

zuinnerst [tsu'ˈʔɪnərst] *adv.* tout à l'intérieur; tout au fond.

zu|jauchzen ['tsu:ˌjauxtsən] *v/i.* ⟨-(es)t, *sép.*, -ge-, h⟩, **~ˌjubeln** *v/i.* ⟨-(e)le, *sép.*, -ge-, h⟩ j-m ~ acclamer qn.; ovationner qn.; accueillir qn. par des ovations; **~ˌkaufen** *v/t.* ⟨*sép.*, -ge-, h⟩ acheter en plus, en sus, en supplément, encore (zu de); **~ˌkehren** *v/t.* ⟨*sép.*, -ge-, h⟩ tourner (vers); j-m das Gesicht ~ présenter le visage à qn.; être tourné face à qn.; j-m den Rücken ~ tourner le dos à qn.; **~ˌkitten** *v/t.* ⟨-ete, *sép.*, -ge-, h⟩ fermer, boucher avec du mastic; cimenter; **~ˌklappen I** *v/t.* ⟨*sép.*, -ge-, h⟩ *Deckel* fermer; rabattre; *Wagentür* claquer; **II** *v/i.* ⟨sein⟩ *Deckel* se fermer; *Wagentür* claquer; **~ˌkleben** *v/t.* ⟨*sép.*, -ge-, h⟩ coller; *Umschlag* cacheter; **~ˌklinken** *v/t.* ⟨*sép.*, -ge-, h⟩ *Tür* fermer au loquet; **~ˌknallen I** *v/t.* ⟨*sép.*, -ge-, h⟩ *Tür* (faire) claquer; **II** *v/i.* ⟨sein⟩ claquer; se fermer brusquement; **~ˌknöpfen I** *v/t.* ⟨*sép.*, -ge-, h⟩ boutonner; *cf. auch* zugeknöpft; **II 2ˌknöpfen** *n* ⟨~s⟩ zum ~ à boutons; **~ˌkommen** *v/i.* ⟨*irr., sép.*, -ge-, sein⟩ **1.** auf j-n ~ s'avancer, aller, venir vers qn.; venir à qn.; die Dinge auf sich ~ lassen laisser venir les choses; attendre les événements; **2.** j-m etw. ~ lassen faire parvenir, passer qc. à qn.; (*zuteil werden lassen*) donner qc. à qn.; **3.** j-m ~ (*gebühren*) revenir à qn.; être dû, due à qn.; *als Aufgabe* incomber à qn.; das kommt mir von Rechts wegen zu cela me revient de droit; es kommt euch nicht zu (*ziemt euch nicht*), zu ... (+ *inf.*) il ne vous appartient pas, ce n'est pas à vous de ... (+ *inf.*); **~ˌkorken** *v/t.* ⟨*sép.*, -ge-, h⟩ *Flasche* boucher; wieder ~ reboucher; **2kost** *f cuis.* garniture *f*; **~ˌkriegen** F *v/t.* ⟨*sép.*, -ge-, h⟩ *Tür cf.* zubekommen.

Zukunft ['tsu:kunft] *f* ⟨~⟩ avenir *m*; *gr.* futur *m*; in ~ à l'avenir; (*von jetzt ab*) désormais; dorénavant; (*in der Folge*) dans, par la suite; in naher ~ dans un proche avenir; in ferner ~ dans un avenir lointain; für s-e ~ sorgen, s-e ~ sichern assurer son avenir; ~ haben avoir de l'avenir; e-e glänzende ~ vor sich haben avoir un brillant avenir devant soi; die ~ wird es lehren qui vivra verra.

zukünftig ['tsu:ˌkynftɪç] **1.** *adj.* futur; à venir; **2.** *adv. cf.* (in) Zukunft; **2e(r)** F *f* (*m*) ⟨→ A⟩ futur, -e *m, f*.

Zukunfts|aussichten ['tsu:kunftsˌausziçtən] *f/pl.* perspectives *f/pl.* d'avenir; **~ˌbild** *n* image *f* de l'avenir; **~muˌsik** F *f*, **~ˌpläne** *m/pl.* projets *m/pl.* (d'avenir); **2ˌreich** *adj.* qui a de l'avenir; prometteur, -euse; **~roˌman** *m* roman *m* d'anticipation; **~ˌstaat** *m* État *m* de l'avenir; **2ˌträchtig**, **2ˌvoll** *adj. cf.* 2reich.

zu|lächeln ['tsu:ˌlɛçəln] *v/i.* ⟨-(e)le, *sép.*, -ge-, h⟩ j-m ~ sourire à qn.; adresser un sourire à qn.; **2ˌladung** *f mar.* charge *f*, poids *m* utile; charge marchande, payante; **2ˌlage** *f* (*Erhöhung*) augmentation *f*, majoration *f*, supplément *m* (de salaire, de traitement, *etc.*); *für Kinderreiche etc.* allocation *f*; *für gefährliche, schmutzige, ungesunde Arbeit etc.* prime *f*, indemnité *f* (für de); j-m e-e ~ geben augmenter (le salaire, le traitement, *etc.* de) qn.

zulande [tsu'ˈlandə] *adv.* bei uns ~ chez nous; dans ce pays-ci.

zu|langen ['tsu:ˌlaŋən] *v/i.* ⟨*sép.*, -ge-, h⟩ **1.** (*nehmen*) prendre; *bei Tisch* se servir; tüchtig ~ se servir copieusement; ne pas se gêner; **2.** (*ausreichen*) suffire; **~ˌlänglich** *adj.* suffisant; **2ˌlänglichˌkeit** *f* ⟨~⟩ suffisance *f*; **~ˌlassen** *v/t.* ⟨*irr., sép.*, -ge-, h⟩ **1.** F *Tür* laisser fermé; **2.** *zu e-r Prüfung, e-m Amt etc.* admettre; *Auto* (zum Verkehr) ~ autoriser à circuler; **3.** (*erlauben*) permettre; tolérer; (*mit etw. verträglich sein*) supporter; keinen Zweifel, keine andere Möglichkeit ~ ne laisser subsister aucun doute, aucune autre possibilité; verschiedene Auslegungen ~ comporter, permettre plusieurs interprétations; e-e Ausnahme ~ faire une exception; **4.** (*den Zutritt erlauben*) das Publikum wird nicht zugelassen le public n'est pas admis, n'entre pas; **~ˌlässig** *adj.* admis; admissible; (*erlaubt*) permis; F de mise; *jur., Beweis, Antrag* recevable; ~e Geschwindigkeit vitesse admise, autorisée; ~e Höchstgeschwindigkeit limite *f* de vitesse; vitesse *f* limite; nicht ~ sein être interdit; **2ˌlässigkeit** *f* ⟨~⟩ admissibilité *f*; *jur.* recevabilité *f*.

Zulassung ['tsu:ˌlasuŋ] *f* ⟨~; ~en⟩ *zu e-r Prüfung, e-m Amt etc.* admission *f*; (*Ermächtigung*) autorisation *f*; *e-s Wagens zum Verkehr* immatriculation *f*; *vom techn. Standpunkt* réception *f*; *par ext.* (*~skarte*) permis *m* de circulation; *in Frankreich* carte *f* grise; *zur Ausübung e-s Gewerbes* (*Konzession*) licence *f*; *Wertpapier* ~ zur amtlichen Notierung admission à la cote; *comm., Ware* ~ zum freien Verkehr autorisation d'entrée sur le marché intérieur; zollfreie ~ admission en franchise de douane; *jur.* ~ als Anwalt autorisation de plaider; admission au barreau; **~sˌalter** *n* âge *m* d'admission; **~sˌantrag** *m* demande *f* d'admission; **~sˌausschuß** *m* commission *f* d'admission; **~sbeˌdingungen** *f/pl.* conditions *f/pl.* d'admission; **~sbeˌschränkung** *f* restriction *f* d'admission; **~sgeˌbühren** *f/pl.* droit *m* d'admission, *Auto* d'immatriculation; **~sgeˌsuch** *n cf.* ~santrag; **~sˌkarte** *f Auto etc. cf.* ~sschein; **~sˌnummer** *f Auto* numéro *m* d'immatriculation; **~sˌprüfung** *f* examen *m* d'admission, probatoire; **~sˌschein** *m Auto etc.* permis *m* de circulation; *in Frankreich* carte grise; **~sˌschild** *n Auto* plaque *f* d'immatriculation, de police; **~sˌstelle** *f für Autos, etwa* bureau *m* d'immatriculation, de délivrance des permis de circulation, *in Frankreich* des cartes grises; *Börse* commission *f* pour l'admission des valeurs à la cote; **~sverˌfahren** *n* procédure *f* d'admission; **~svoˌraussetzungen** *f/pl. cf.* ~sbedingungen.

Zu|lauf ['tsu:lauf] *m* ⟨~(e)s⟩ *von Menschen* (*Andrang*) affluence *f*; concours *m*; afflux *m* (de gens, de visiteurs, *etc.*); großen ~ haben *Veranstaltung* être très fréquenté, couru; *Geschäft, Arzt* avoir une grande clientèle; avoir la vogue, la cote; **2ˌlaufen** *v/i.* ⟨*irr., sép.*, -ge-, sein⟩ *Wasser in ein Becken etc.* arriver, couler (dans); *Pyramide etc.* spitz ~ se terminer en pointe; auf j-n ~ courir à *od.* vers qn.; F lauf zu! dépêche-toi!; uns ist ein Hund zugelaufen un chien s'est réfugié chez nous; zugelaufener Hund chien recueilli; chien égaré s'étant réfugié chez qn.; **2ˌlegen I** *v/t.* ⟨*sép.*, -ge-, h⟩ **1.** (*hinzufügen*) ajouter; mettre en plus; *bei e-m Geschäft* (*draufzahlen*) y aller, en (re)mettre de sa poche; faire l'appoint; vendre à perte; (*Gehalt erhöhen*) augmenter (le salaire, le traitement, qn.); **2.** sich etw. ~ (*anschaffen*) acheter qc.; se procurer qc.; F *e-e Freundin etc.* se payer, s'offrir qn.; F sich e-e Frau ~ prendre femme; F sich e-n Schmerbauch ~ prendre de l'embonpoint; F sich e-e neue Frisur ~ adopter une nouvelle coiffure; **II** *v/i. beim Laufen* (*das Tempo steigern*) forcer, augmenter l'allure; forcer, hâter, presser le pas; se dépêcher; F allonger; *Sport* augmenter la vitesse; accélérer le train, l'allure.

zuleide [tsu'ˈlaɪdə] *adv.* j-m etw. ~ tun faire du mal à qn.

zu|leiten ['tsuːˌlaɪtən] *v/t.* ⟨-ete, *sép.*, -ge-, h⟩ *Wasser, Strom etc.* amener; *e-r Person, Behörde* (*weitergeben*) transmettre; faire parvenir à; *Gesuch, Vorschlag* adresser; **2ˌleiter** *m cf.* 2leitungs...; **2ˌleitung** *f* **1.** *von Strom* amenée *f*; *von Wasser auch* adduction *f*; **2.** *cf.* 2leitungs...; **3.** (*Weitergabe*) transmission *f*; **2leitungsˌdraht** *m élect.* fil *m* d'amenée; **2leitungsˌkabel** *n élect.* câble *m*, conducteur *m* d'alimentation, d'amenée; **2leitungs-kaˌnal** *m* adducteur *m*; **2leitungs-ˌrohr** *n* conduite *f*, tuyau *m* d'amenée, d'arrivée, d'alimentation.

zuletzt [tsuˑ'lɛtst] *adv.* (*zum letzten Mal*) pour la dernière fois; (*am Ende*) à la fin; en dernier lieu; finalement; (*schließlich*) au bout du compte; en fin de compte; (*endlich*) enfin; (*als der, die letzte*) ~ **kommen** arriver le dernier, la dernière; ~ **doch etw. tun** bien finir par faire qc.; **ich habe ihn ~ am Dienstag gesehen** je l'ai vu pour la dernière fois mardi.

zuliebe [tsuˑ'liːbə] *adv.* **j-m ~** pour l'amour de qn.

Zulu ['tsuːluˑ] *m* ⟨~(s); ~(s)⟩ Zoulou *m*; **~ˌfrau** *f* Zouloue *f*; **~ˌsprache** *f* langue zouloue.

zum [tsuˑm, tsʊm] *zusammengezogen aus* zu dem; *cf.* zu.

zumachen ['tsuːˌmaxən] **I** *v/t.* ⟨*sép.*, -ge-, h⟩ *Tür, Fenster* fermer; *Brief* cacheter; *Flasche* boucher; *Jacke* boutonner; **die Tür hinter sich ~** fermer la porte sur soi; **die ganze Nacht kein Auge ~** ne pas fermer l'œil de (toute) la nuit; passer une nuit blanche; *st. s.* **die Augen ~** (*sterben*) fermer les yeux; **II** *v/i.* F **mach zu!** dépêche-toi!; P grouille-toi!; magne-toi!

zumal [tsuˑ'mɑːl] **I** *adv.* (*besonders*) surtout; particulièrement; principalement; **II** *conj.* ~ (da) ... d'autant plus que ...

zumauern ['tsuːˌmauərn] *v/t.* ⟨-(e)re, *sép.*, -ge-, h⟩ murer; maçonner; *Tür, Fenster* condamner.

zumeist [tsuˑ'maɪst] *adv.* le plus souvent; pour la plupart; la plupart du temps.

zumessen ['tsuːˌmɛsən] *v/t.* ⟨*irr.*, *sép.*, -ge-, h⟩ **j-m etw. ~** mesurer qc. à qn.; *Strafe* infliger; **j-m s-n Teil (von etw.) ~** donner sa part, sa portion (de qc.) à qn.

zumindest [tsuˑ'mɪndəst] *adv.* au moins; pour le moins.

zumutbar ['tsuːmuːtˌbɑːr] *adj.* raisonnable.

zumute [tsuˑ'muːtə] *adv.* **mir ist wohl, übel ~** je me sens bien, mal à l'aise; **wie ist Ihnen ~?** comment vous sentez-vous?; **ihm ist dabei, bei der Sache nicht wohl ~** dans cette affaire il n'est pas à son aise; **mir ist ganz jämmerlich ~** je suis mal en point; **ihr könnt euch denken, wie mir ~ war** vous pouvez vous imaginer ce que je ressentis, l'impression que cela me fit; **mir ist nicht danach ~** je n'y suis pas disposé; **mir ist ganz sonderbar ~** je me sens très drôle, F tout, -e chose.

zumut|en ['tsuːˌmuːtən] *v/t.* ⟨-ete, *sép.*, -ge-, h⟩ **j-m etw. ~** demander, exiger qc. à qn.; **das kann man ihm nicht ~** on ne peut pas lui demander cela; **sich zuviel ~** présumer de ses forces; **2ung** *f* ⟨~; ~en⟩ exigence, demande impudente; impudence *f*; **das ist e-e starke ~** c'est une impudence, une proposition, exigence, demande impudente; F il faut avoir de l'aplomb, P du culot pour demander cela.

Zumvorscheinkommen [tsuˑm'foːr-ʃaɪnˌkɔmən] *n* apparition *f*.

zunächst [tsuˑ'nɛçst] *adv.* **1.** *örtlich* **der Tür ~** tout près de la porte; **2.** *zeitlich* (*im Augenblick, vorerst*) pour le moment; pour l'instant; (*zuerst*) tout d'abord; en premier lieu; avant tout; **2ˌliegende(s)** *n* ⟨→ A⟩ **das ~** a) la première chose à faire; b) la première chose qui se présente à l'esprit.

zu|nageln ['tsuːˌnɑːgəln] *v/t.* ⟨-(e)le, *sép.*, -ge-, h⟩ clouer; **~ˌnähen** *v/t.* ⟨*sép.*, -ge-, h⟩ fermer (en cousant); coudre; **2ˌnahme** *f* ⟨~; ~n⟩ augmentation *f*; accroissement *m*; *der Kriminalität etc. auch* extension *f*; progression *f*; recrudescence *f*; *des Verkehrs auch* intensification *f*; *des Vermögens, Reichtums* agrandissement *m*; **2ˌname** *m* nom *m* de famille; (*Beiname*) surnom *m*; (*Spitzname*) sobriquet *m*.

Zünd... ['tsʏnt...] *in Zssgn. techn. meist* d'allumage; **~appaˌrat** *m* appareil *m* d'allumage; **~ˌblättchen** *n* amorce *f*; **~ˌeinstellung** *f* réglage *m* de l'allumage.

zünden ['tsʏndən] **I** *v/t.* ⟨-ete, h⟩ allumer; mettre le feu à; enflammer; *Elektronik* amorcer; **II** *v/i.* s'allumer; s'enflammer; prendre feu; F prendre; *fig.* **bei j-m ~** enflammer, électriser qn.; **~d** *adjt. Rede, Worte* enflammé.

Zunder ['tsʊndər] *m* ⟨~s; ~⟩ amadou *m*; *métall., beim Schmieden, Walzen* battitures *f/pl.*; F *fig.* (*Prügel*) rossée *f*; raclée *f*; **das brennt wie ~** cela brûle comme de l'amadou; F *fig.* **j-m ~ geben** rosser qn.; F flanquer une bonne raclée, fessée à qn.; *argot milit.* **es gibt ~** F il va y avoir du grabuge; on va recevoir des pruneaux; P ça va barder.

Zünder ['tsʏndər] *m* ⟨~s; ~⟩ *in Sprengkörpern* fusée *f*; détonateur *m*; amorce *f*; *techn.* (*Zündvorrichtung*) allumeur *m*; **den ~ (ein)stellen** régler la fusée; **~ˌ(ein)stellung** *f* réglage *m* de la fusée.

Zünd|flamme ['tsʏntˌflamə] *f cf.* Stichflamme; **~ˌfolge** *f mot.* ordre *m* d'allumage; **~ˌfunke** *m* étincelle *f* d'allumage; **~geˌschwindigkeit** *f* vitesse *f* d'inflammation, de propagation de la flamme; **~holz** *n*, **~ˌhölzchen** *n* allumette *f*; **~holzˌschachtel** *f* boîte *f* d'allumettes; **~ˌhütchen** *n* amorce *f*; **~ˌkabel** *n* câble *m* d'allumage; **~ˌkapsel** *f* détonateur *m*; **~ˌkerze** *f mot.* bougie *f* (d'allumage); **~kerzenelekˌtrode** *f mot.* électrode *f* des bougies; **~kerzengeˌhäuse** *n mot.* corps *m* de bougie (d'allumage); **~kerzenˌschlüssel** *m mot.* clef *f* à bougie (d'allumage); **~ˌladung** *f* charge *f* d'amorçage; **~maˌgnet** *m* magnéto *f* (d'allumage); **~ˌmasse** *f für Zündhölzer* composition *f* inflammable; **~ˌnadel** *f* aiguille *f*; **~nadelgeˌwehr** *n hist.* fusil *m* à aiguille; **~paˌtrone** *f Dieselmotor* amorce *f*; papier nitré; **~ˌpfanne** *f bei alten Handfeuerwaffen* bassinet *m*; **~ˌplättchen** *n cf.* Zündblättchen; **~punkt** *m* point *m* d'allumage; **~schloß** *n* serrure *f* de contact; **~ˌschlüssel** *m* clef *f* de contact; **~schnur** *f* (cordeau *m*, cordon *m*) bickford *m*; mèche *f* (lente); **~ˌschraube** *f* vis *f* porte-amorce; **~ˌspannung** *f* tension *f* d'allumage, *bei Spektrallampen* d'amorçage; **~ˌspule** *f* bobine *f* d'allumage; **~stoff** *m* matière *f* inflammable; *fig.* cause *f*, litige *m* susceptible de provoquer une conflagration, un conflit armé; élément *m* de conflagration; **~temperaˌtur** *f* température *f* d'allumage, d'inflammation; **~ung** *f* ⟨~; ~en⟩ inflammation *f*; mise *f* à feu; allumage *m*; *in Spektrallampen* amorçage *m*; *Auto* allumage *m*; **Einstellung der ~** réglage de l'allumage; **die ~ ausschalten** couper l'allumage, le contact; **~ durch Schlag** mise à feu, allumage par percussion; **~verˌteiler** *m Auto* distributeur *m*, tête *f* d'allumage; allumeur *m*; **~ˌvorrichtung** *f* (dispositif *m*, tête *f* d')allumage *m*; allumeur *m*.

zunehmen ['tsuːˌneːmən] **I** *v/t.* ⟨*irr.*, *sép.*, -ge-, h⟩ *beim Stricken, e-e Masche* ajouter; *abs.* augmenter le nombre des mailles; **II** *v/i.* augmenter (an de); (*anwachsen*) s'accroître; grandir; *Vermögen, Reichtum auch* s'agrandir; *Übel* s'aggraver; *Verkehr* augmenter; s'accroître; s'intensifier; *Tage* (s')allonger; rallonger; augmenter; *Mond* croître; être dans sa phase croissante, dans son croissant; *Person* (*dicker werden*) grossir; F engraisser; **drei Pfund ~** prendre trois livres; F engraisser de trois livres; **an Gewicht ~** augmenter de, prendre du poids; **an Kräften ~** prendre des forces; **an Weisheit ~** grandir en sagesse; **III 2** *n cf.* Zunahme; **der Mond ist im ~** la lune est dans sa phase croissante, dans son croissant; **~d** *adjt.* **~er Mond** lune *f* dans sa phase croissante; phase croissante de la lune; croissant *m* de (la) lune; **wir haben ~en Mond** la lune est dans sa phase croissante, dans son croissant, à son premier quartier; **in ~em Maße** de plus en plus; **mit ~em Alter** à mesure qu'on avance en âge; **~e Gewitterneigung** aggravation orageuse; **es wird ~ kälter** il fait de plus en plus froid.

zuneig|en ['tsuːˌnaɪgən] *v/t. u. v/réfl.* ⟨*sép.*, -ge-, h⟩ incliner à *od.* vers (*auch fig.*); **ich neige der Ansicht zu, daß ...** j'incline à *od.* vers l'opinion, à penser que ...; **sich dem** *od.* **s-m Ende ~** tirer à sa fin; **2ung** *f* inclination *f*; affection *f*; attachement *m*; sympathie *f*; **zu j-m ~ fassen** se prendre d'affection pour qn.; prendre qn. en affection.

Zunft [tsʊnft] *f* ⟨~; ⸗e⟩ *hist.* corporation *f*; corps *m* de métier; *fig.* monde *m*; *péj.* clique *f*; coterie *f*; *fig.* **er ist von der ~** il est du métier; **~brief** *m hist.* statuts *m/pl.* d'un corps de métier; privilèges *m/pl.*; **~geist** *m* ⟨~(e)s⟩ esprit *m* de corps; **~geˌbräuche** *m/pl. hist.* coutumes corporatives; us *m/pl.* et coutumes *f/pl.* des corps de métier, des corporations; **~haus** *n hist.* maison commune, siège *m* de la corporation, du corps de métier.

zünftig ['tsʏnftɪç] **1.** *adj. fig.* (*fachmännisch*) de spécialiste; compétent; (*echt, wie es sein soll*) vrai; véritable; (*tüchtig*) bon, -nne; *Kleidung* (*gehörig, zweckentsprechend*) approprié; adéquat [-kwa]; F *Ohrfeige* bon, -nne; magistral; F *Schnupfen* F carabiné; **2.** *adv.* **~ gemacht** fait comme par un spécialiste; **~ gekleidet** vêtu comme il faut, de façon appropriée, adéquate.

Zunft|meister ['tsʊnftˌmaɪstər] *m hist.* maître juré d'une corporation, d'un corps de métier; **~ˌrolle** *f cf.* Zunftbrief; **~ˌwappen** *n hist.* armes *f/pl.* d'une corporation, d'un corps de métier; **~ˌwesen** *n* ⟨~s⟩ *hist.* régime corporatif, des corporations; corporations *f/pl.*; **~zwang** *m hist.* obligation *f* de se faire recevoir dans un corps de métier.

Zunge ['tsʊŋə] *f* ⟨~; ~n⟩ **1.** *anat.* langue *f* (*auch fig., cuis.*); *méd.* **belegte ~**

langue chargée; **mit der ~ anstoßen** zézayer; **mit der ~ schnalzen** (faire) claquer la langue; **j-m die ~ herausstrecken** tirer la langue à qn.; **mir klebt die ~ am Gaumen** j'ai la gorge sèche; *fig.* **e-e feine ~ haben** avoir le bec fin; être un fin gourmet, F un bec fin; **e-e scharfe, spitze ~ haben** avoir la langue bien affilée; **e-e böse ~ haben** être, avoir une mauvaise, méchante langue; être, avoir une langue de vipère; **böse ~n behaupten, daß** ... de méchantes, mauvaises langues prétendent que ...; **e-e schwere ~ haben** avoir la langue épaisse, pâteuse; **sich auf die ~ beißen** se mordre la langue (*auch fig.*); **s-e ~ im Zaum halten** savoir tenir sa langue; être discret, -ète; **j-m die ~ lösen** délier la langue à qn.; faire parler qn.; **das Herz auf der ~ haben, tragen** avoir le cœur sur les lèvres; **das Wort liegt mir auf der ~** j'ai le mot sur le bout de la langue; **2.** *e-s Volkes* (*Sprache*) langue *f*; *bibl.* **in fremden ~n reden** parler des langues étrangères; **alle Länder deutscher ~** tous les pays de langue allemande; partout où l'on parle (l')allemand; **3.** *e-r Schnalle* ardillon *m*; *e-s Schuhs* (*Lasche*) languette *f*; *mus.* anche *f*; *e-r Waage* languette *f*; (*Zeiger*) aiguille *f*.

züngeln ['tsʏŋəln] *v/i.* ⟨-(e)le, h⟩ *Schlange* darder sa langue; siffler; *Flammen* s'élever; **an etw. ~** lécher qc.

Zungen|bändchen ['tsʊŋənˌbɛntçən] *n anat.* filet *m*, frein *m* de la langue; **~ˌbein** *n anat.* (os *m*) hyoïde *m*; **~beˌlag** *m physiol.* enduit *m* de la langue; **~entˌzündung** *f méd. sc.* glossite *f*; **2ˌfertig** *adj.* disert; qui a la langue bien pendue (*oft péj.*); qui a de la faconde (*oft péj.*); volubile; qui parle avec volubilité; qui a la parole facile; **~ˌfertigkeit** *f* ⟨~⟩ faconde *f*; volubilité *f*; **2ˌförmig** *adj.* linguiforme; **~ˌhalter** *m méd.* abaisse-langue *m*; **~ˌkrebs** *m méd.* cancer *m* de la langue; **~ˌlaut** *m phon.* linguale *f*; **~ˌmuskel** *m anat.* muscle lingual; **~ˌnerv** *m* nerf lingual; **~ˌpfeife** *f e-r Orgel* tuyau *m* à anche; **~ˌprobe** *f* dégustation *f*; **~-R** *n phon.* r *m* alvéolaire; F r roulé; **~reˌgister** *n Orgel* jeu *m* d'anche; **~ˌrücken** *m anat.* face supérieure, dorsale, dos *m* de la langue; **~ˌschlag** *m infolge Alkoholgenuß* bredouillement *m*; *mus.*, *beim Blasinstrumentenspiel* coup *m* de langue; *fig.* **e-n guten ~ haben** avoir la langue bien pendue; **~ˌspitze** *f* pointe *f*, bout *m* de la langue; **~ˌvorfall** *m méd. sc.* glossocèle *f*.

Zünglein ['tsʏŋlaɪn] *n* ⟨~s; ~⟩ *an der Waage* languette *f*; (*Zeiger*) aiguille *f*; *fig.* **das ~ an der Waage sein** faire pencher la balance.

zunichte [tsuˑ'nɪçtə] *adv. Pläne, Hoffnungen* **~ machen** anéantir; détruire; ruiner; réduire à néant; (*vereiteln*) déjouer; **~ werden** s'anéantir; s'écrouler; se réduire, être réduit à néant.

zunicken ['tsuːˌnɪkən] *v/i.* ⟨*sép.*, -ge-, h⟩ **j-m freundlich ~** faire un signe de tête amical à qn.

zunutze [tsuˑ'nʊtsə] *adv.* **sich etw. ~ machen** profiter, tirer profit de qc.; mettre qc. à profit.

zuoberst [tsuˑ'ˀoːbərst] *adv.* tout en haut; **das Unterste ~ kehren** mettre tout sens dessus dessous.

zu|ordnen ['tsuːˌˀɔrdnən] *v/t.* ⟨-ete, *sép.*, -ge-, h⟩ *e-r Sache* classer (dans); *e-r Person* adjoindre; attribuer; *Begriffe, e-r Gruppe* ranger, classer (sous); **2ˌordnung** *f* coordination *f*; *e-r Person* adjonction *f*; attribution *f*; *e-s Begriffs* classement *m*; **~ˌpacken** *v/i.* ⟨*sép.*, -ge-, h⟩ *cf.* zugreifen.

zupaß [tsuˑ'pas], F **zu'passe** *adv.* **das kommt mir gut ~** cela m'arrange bien; cela arrive à point, à propos; cela tombe bien, F à pic.

zupf|en ['tsʊpfən] **I** *v/t.* ⟨h⟩ **1.** tirer; *Zupfinstrumente* pincer; **j-n am Ärmel ~** tirer qn. par la manche; **j-n am Ohr(läppchen) ~** tirer l'oreille à *od.* de qn.; **2.** *Fäden aus e-m Stoff* (*herausziehen*) tirer; *Unkraut* sarcler; *Wolle* éplucher; **Scharpie ~** faire de la charpie; **II 2en** *n* ⟨~s⟩ *von Zupfinstrumenten* pincement *m*; *von Wolle* épluchage *m*; *sonst verbal*; **2ˌgeige** F *f mus.* guitare *f*; **2instruˌment** *n mus.* instrument *m* à cordes pincées.

zuprosten ['tsuːˌproːstən] *v/i.* ⟨-ete, *sép.*, -ge-, h⟩ **j-m ~** boire, lever son verre à la santé de qn.; inviter qn. à lever son verre.

zur [tsuːr, tsʊr] *zusammengezogen aus* zu der; *cf.* zu.

zuraten ['tsuːˌraːtən] **I** *v/i.* ⟨*irr.*, *sép.*, -ge-, h⟩ **j-m ~** conseiller, recommander qc. à qn. *od.* à qn. de faire qc.; **ich will dir weder zu- noch abraten** je ne veux ni te conseiller ni te déconseiller (cela *od.* de faire cela); **II 2** *n* **auf sein ~** sur son conseil.

Zurateziehung [tsuˑ'raːtəˌtsiːʊŋ] *f* consultation *f*.

zuraunen ['tsuːˌraʊnən] *v/t.* ⟨*sép.*, -ge-, h⟩ *cf.* **zuflüstern**.

Zürcher ['tsʏrçər] *cf.* Züricher.

Zurdispositionstellung [tsuˑrdɪspoˑziˑtsiˑ'oːnˌʃtɛlʊŋ] *f* mise *f* en disponibilité.

zurechn|en ['tsuːˌrɛçnən] *v/t.* ⟨-ete, *sép.*, -ge-, h⟩ *Zinsen zum Kapital etc.* ajouter; *e-n Künstler etc.* **den Modernen ~** compter parmi les modernes; **2ung** *f* **unter ~ aller Kosten** en y ajoutant tous les frais; **~ungsˌfähig** *adj.* capable de discerner, de discernement; responsable de ses actes; **~es Alter** âge de raison; **nicht ~** qui ne jouit pas de toutes, de la plénitude de ses facultés mentales; non entièrement responsable; *cf. auch* **unzurechnungsfähig**; **2ungsˌfähigkeit** *f* ⟨~⟩ discernement *m*; responsabilité *f* de ses actes; pleine jouissance de ses facultés mentales; **verminderte ~** responsabilité diminuée, réduite, atténuée.

zurecht|biegen [tsuˑ'rɛçtˌbiːgən] F *v/t.* ⟨*irr.*, *sép.*, -ge-, h⟩ *Angelegenheit* (*bereinigen*) arranger; **~ˌfinden** *v/réfl.* ⟨*irr.*, *sép.*, -ge-, h⟩ **sich ~** (pouvoir) s'orienter (*auch auf e-r Karte, im Fahrplan etc.*); se reconnaître; trouver son chemin; **sich wieder ~** se retrouver; **ich finde mich hier nicht mehr zurecht** *auch* je suis perdu, désorienté ici; je m'y perds; **du mußt lernen, dich in der Welt allein zurechtzufinden** tu dois apprendre à t'orienter, à te débrouiller (tout seul) dans le monde; **~ˌkommen** *v/i.* ⟨*irr.*, *sép.*, -ge-, sein⟩ **1.** (*zur rechten Zeit kommen*) venir, arriver à temps, à l'heure; **2. mit etw. ~** (*fertig werden*) venir à bout de qc.; **mit j-m ~** (parvenir à) s'arranger avec qn.; **er mag sehen, wie er damit zurechtkommt** qu'il s'arrange; **wie kommt er zurecht?** comment se tire-t-il d'affaire?; **~ˌlegen** *v/t.* ⟨*sép.*, -ge-, h⟩ préparer; tenir prêt; *fig.* **sich e-e Entschuldigung ~** tenir, avoir une excuse toute prête, en réserve; **ich habe mir den Fall so zurechtgelegt** (*erklärt*) je me suis expliqué le cas de la façon suivante: ...; **~ˌmachen I** *v/t.* ⟨*sép.*, -ge-, h⟩ arranger; préparer; apprêter; *Salat, Bett, Zimmer* faire; *Geschichte, Ausrede, Erklärung* inventer; *von e-r Frau* **gut zurechtgemacht sein** être bien maquillée; **II** *v/réfl.* **sich ~** se préparer, s'apprêter (für, zu à); *Frauen* se maquiller; **sich ein wenig ~** faire un brin de toilette; **~ˌrücken** *v/t.* ⟨*sép.*, -ge-, h⟩ ranger; arranger; *Brille* rajuster; *Krawatte* arranger; *fig.* **j-m den Kopf ~** faire entendre raison à qn.; ramener, mettre qn. à la raison; **~ˌsetzen** *v/t.* ⟨-(es)t, *sép.*, -ge-, h⟩ ranger; arranger; *Brille, fig. cf.* **~rücken**; **~ˌstellen** *v/t.* ⟨*sép.*, -ge-, h⟩ ranger; arranger; **~ˌweisen** *v/t.* ⟨*irr.*, *sép.*, -ge-, h⟩ **j-n ~** blâmer qn.; faire des remontrances à qn.; remettre qn. à sa place; réprimander qn.; faire la morale à qn.; morigéner, moraliser qn.; **2ˌweisung** *f* blâme *m*; remontrance *f*; mercuriale *f*; réprimande *f*.

zureden ['tsuːˌreːdən] **I** *v/i.* ⟨-ete, *sép.*, -ge-, h⟩ **j-m (gut) ~** exhorter qn. (etw. zu tun à faire qc.); parler à qn. pour l'encourager (à faire qc.); chercher à persuader qn. (de faire qc.); **II 2** *n* exhortations *f/pl.*; encouragements *m/pl.*; instances *f/pl.*; **auf vieles ~ s-r Freunde** sur les instances de ses amis; **trotz allem ~, trotz allen, alles ~s** en dépit des, malgré les exhortations.

zureichen ['tsuːˌraɪçən] **I** *v/t.* ⟨*sép.*, -ge-, h⟩ (*geben*) **j-m etw. ~** tendre, présenter, passer qc. à qn.; **II** *v/i.* (*genügen*) suffire; **~d** *adjt.* suffisant.

zureit|en ['tsuːˌraɪtən] **I** *v/t.* ⟨*irr.*, *sép.*, -ge-, h⟩ *Pferd* dresser (en le montant); **II** *v/i.* ⟨sein⟩ **auf j-n, etw. ~** aller, s'avancer, se diriger vers qn., qc. à cheval; **tüchtig ~** mener vivement son cheval; mener son cheval bon train; **III 2en** *n e-s Pferdes* dressage *m*; **2er** *m* dresseur *m* de chevaux; écuyer *m*.

Züricher ['tsyːrɪçər] **I** *m* ⟨~s; ~⟩ Zurichois [-kwa] *m*; **II** *adj.* ⟨*inv.*⟩ de Zurich; zurichois; **~in** *f* ⟨~; ~nen⟩ Zurichoise *f*.

zuricht|en ['tsuːˌrɪçtən] **I** *v/t.* ⟨-ete, *sép.*, -ge-, h⟩ **1.** (*zubereiten*) apprêter; préparer; *techn.* (*behauen, behobeln, befeilen, beschneiden, zusägen etc.*) unir; dégauchir; ébaucher; dresser; (*einrichten*) ajuster; *Holz* débiter; *Stoff* apprêter; parer; *Leder* corroyer; parer; habiller; *cuis.*, *Geflügel, Wild, Braten, Fisch* habiller; *impr.* mettre en train; **2.** F *iron.* **etw. schön ~** (*beschädigen*) endommager, abîmer, *iron.* arranger qc.; (*beschmutzen*) salir, souiller qc.; *iron.* mettre qc. dans un bel état; F **j-n schlimm, übel ~** arranger qn. de belle façon, manière; mettre qn. dans un bel état; maltraiter qn.; **II 2en** *n cf.* 2ung; **2er** *m techn.* apprêteur *m*; *Gerberei* corroyeur *m*; pareur *m*; habilleur *m*; *text.* pareur *m*; **2ung** *f* apprêt *m* (*auch von Stoffen*); préparation *f*; *techn.* dégauchissement *m*; ajustage *od.* ajustement *m*; *von Leder* corroyage *m*; habillage *m* (*auch cuis.*); *impr.* mise *f* en train.

zuriegeln ['tsuːˌriːgəln] *v/t.* ⟨-(e)le, *sép.*, -ge-, h⟩ verrouiller; fermer au verrou.

zürnen ['tsʏrnən] **I** *v/i.* ⟨h⟩ être en colère, être fâché, irrité (**wegen e-r Sache** de qc.; **j-m** contre qn.); **j-m wegen etw. ~** en vouloir à qn. de qc.; **II 2** *n* ⟨~s⟩ colère *f*; *litt.* courroux *m*.

zurren [ˈtsʊrən] **I** *v/t.* ⟨h⟩ *mar.* amarrer; **II** 2 *n* ⟨~s⟩ amarrage *m.*
Zurruhesetzung [tsuˑrˈruːəˌzɛtsʊŋ] *f* ⟨~⟩ mise *f* à la retraite.
Zurschaustellung [tsuˑrˈʃaʊˌʃtɛlʊŋ] *f* exhibition *f*; étalage *od.* étalement *m*; *péj.* parade *f*; F affichage *m.*
zurück [tsuˑˈrʏk] *adv.* en arrière; *fig. ellip.* (*~geblieben*) arriéré; déficient; *ellip.* (*~gekehrt*) de retour; ~! (en) arrière!; **ein paar Jahre ~** quelques années en arrière; **hin u. ~** aller et retour; **~ zur Natur!** retour à la nature!; **an Absender ~** retour à l'envoyeur, l'expéditeur; *Schüler* **er ist im Englischen sehr ~** il est très en retard, déficient, faible en anglais; **hinter s-r Zeit ~** sein être en retard, retarder sur son temps; **er ist noch nicht ~** il n'est pas encore de retour; **ich bin gleich wieder ~** F je ne fais qu'aller et (re)venir; **es gibt kein 2 mehr** les jeux sont faits; quand le vin est tiré, il faut le boire; **~beˌgeben** *st. s. v/réfl.* ⟨*irr., sép., pas de ge-* h⟩ **sich ~** retourner; **~beˌgleiten** *v/t.* ⟨-ete, *sép., pas de ge-,* h⟩ reconduire; **~beˌhalten** *v/t.* ⟨*irr., sép., pas de ge-,* h⟩ retenir; *unrechtmäßigerweise* détenir; (*reservieren*) réserver; **2beˌhaltung** *f* ⟨~; ~en⟩ rétention *f*; retenue *f*; *unrechtmäßige* détention *f*; **2beˌhaltungsˌrecht** *n jur.* droit *m* de rétention; **~beˌkommen** *v/t.* ⟨*irr., sép., pas de ge-,* h⟩ récupérer; recouvrer; rentrer en possession de; F ravoir; **ich habe das Buch ~** on m'a rendu le livre; **ich bekomme noch Geld zurück** vous me devez encore de l'argent; **sein Geld ~** *auch* rentrer dans son argent, dans ses fonds; **~beˌrufen** *v/t.* ⟨*irr., sép., pas de ge-,* h⟩ rappeler; (*absetzen*) révoquer; **2beˌrufung** *f* rappel *m*; révocation *f*; **~ˌbeugen** *v/t.* ⟨*sép.,* -ge-, h⟩ pencher en arrière; *Kopf* renverser (en arrière); **~ˌbiegen** *v/t.* ⟨*irr., sép.,* -ge-, h⟩ courber (en arrière); recourber; replier; **~ˌbilden** *v/réfl.* ⟨-ete, *sép.,* -ge-, h⟩ **sich ~** se résorber; *Organ* s'atrophier; **~ˌbleiben I** *v/i.* ⟨*irr., sép.,* -ge-, sein⟩ **1.** (*nicht Schritt halten*) rester en arrière; rester derrière les autres; être distancé (**hinter den andern** par les autres); traîner; *Schüler in s-n Leistungen* être dépassé, distancé (par les autres); rester en retard (sur les autres), derrière les autres; *élect. bei der Phasenverschiebung* être déphasé en arrière; **weit ~** F être à la traîne; **s-e Leistungen blieben hinter meinen Erwartungen zurück** il est resté en deçà de ce que j'attendais de lui; il n'a pas répondu à mes espérances; **hinter s-r Zeit ~** rester en retard sur son temps; retarder sur son temps; **zurückgeblieben** arriéré; déficient; **2.** (*dableiben*) rester (*auch von e-m Leiden nach e-r Krankheit*); (*übrigbleiben*) rester; être de reste; subsister; **als Waise ~** rester orphelin; **als Pfand ~** rester en gage; **II 2ˌbleiben** *n* retard *m*; **~ˌbleibend** *adjt. chim., phys.* résiduel, -lle; *élect. auch* remanent; **~ˌblicken** *v/i.* ⟨*sép.,* -ge-, h⟩ porter ses regards en arrière; jeter un regard en arrière; regarder en arrière (*auch fig.*); *fig.* jeter un regard rétrospectif (**auf** sur); regarder, considérer rétrospectivement (qc.); **~ˌbringen** *v/t.* ⟨*irr., sép.,* -ge-, h⟩ rapporter; *Person, Gefährt* ramener (*auch fig.*); **ins Leben ~** rappeler à la vie; **die Krankheit hat das Kind in s-r Entwicklung zurückgebracht** la maladie a retardé le développement de cet enfant; **~ˌdämmen** *v/t.* ⟨*sép.,* -ge-, h⟩ *Wasser, Flut* empêcher ... d'avancer; repousser; refouler; **~daˌtieren** *v/t.* ⟨*sép., pas de ge-,* h⟩ antidater; **~ˌdenken** *v/i.* ⟨*irr., sép.,* -ge-, h⟩ se rappeler le passé; **an etw., j-n ~** se rappeler qc., qn.; **soweit man ~ kann** de mémoire d'homme; **soweit ich ~ kann** du plus loin qu'il me souvienne; d'aussi loin qu'il m'en souvienne; autant qu'il m'en souvienne; **~ˌdrängen I** *v/t.* ⟨*sép.,* -ge-, h⟩ repousser; refouler (*auch fig.*); *fig.* réprimer; **II 2ˌdrängen** *n* refoulement *m* (*auch fig.*); **~ˌdrehen** *v/t.* ⟨*sép.,* -ge-, h⟩ tourner en arrière, en sens contraire; **das Rad der Geschichte ~** renverser, remonter le cours de l'histoire; faire revivre une époque passée; **~ˌdürfen** *v/i.* ⟨*irr., sép.,* -ge-, h⟩ *ellip.* avoir la permission de retourner, de revenir; **~ˌeilen** *v/i.* ⟨*sép.,* -ge-, sein⟩ retourner, rentrer à la hâte, en (toute) 'hâte; se hâter de retourner, rentrer; **~erˌbitten** *v/t.* ⟨*irr., sép., pas de ge-,* h⟩ redemander; **~erˌhalten** *v/t.* ⟨*irr., sép., pas de ge-,* h⟩ *cf.* **~bekommen**; **~erˌinnern** *v/réfl.* ⟨-(e)re, *sép., pas de ge-,* h⟩ **sich an etw. ~** *cf.* **~denken**; **~erˌobern** *v/t.* ⟨-(e)re, *sép., pas de ge-,* h⟩ *milit.* reconquérir (**vom Feind** sur l'ennemi); reprendre (*beide auch fig.*); **~erˌstatten** *v/t.* ⟨-ete, *sép., pas de ge-,* h⟩ rendre; restituer; *Auslagen* rembourser; **2erˌstattung** *f* restitution *f*; *von Auslagen* remboursement *m*; **~erˌwarten** *v/t.* ⟨-ete, *sép., pas de ge-,* h⟩ attendre le retour de; **~erˌwerben** *v/t.* ⟨*irr., sép., pas de ge-,* h⟩ réacquérir; **~ˌfahren I** *v/t.* ⟨*irr., sép.,* -ge-, h⟩ ramener (en voiture); **II** *v/i.* ⟨sein⟩ retourner, rentrer (en voiture, train, *etc.*); *fig. vor Schreck, Entsetzen* reculer brusquement; **~ˌfallen** *v/i.* ⟨*irr., sép.,* -ge-, sein⟩ **1.** (*zurückbleiben*) rester en arrière; être distancé, dépassé (par) (*auch Sport*); *Sport* **auf den dritten Platz ~** rétrograder à la troisième place; **um e-e Länge ~** être distancé d'une longueur; **2.** *Lichtstrahlen* (*zurückgeworfen werden*) être renvoyé, reflété, réfléchi; *fig. Vorwurf etc.* **auf j-n ~** retomber, rejaillir sur qn.; **3.** *Güter etc.* **an j-n ~** revenir à qn.; **4.** *fig.* ~ in retomber, redonner dans; **in denselben, in den alten Fehler ~** *auch* avoir une rechute; **~ˌfinden** *v/i. u. v/réfl.* ⟨*irr., sép.,* -ge-, h⟩ (**sich**) **~** retrouver son chemin; *fig.* **zu sich selbst ~** se retrouver; faire un retour sur soi-même; **zur alten Vertrautheit ~** retrouver, reprendre l'ancienne familiarité; **zu den alten Freunden ~** retourner à, revenir à, aller retrouver ses anciens amis; **~ˌfliegen** *v/i.* ⟨*irr., sép.,* -ge-, sein⟩ *Personen* rentrer, retourner (en avion); *Flugzeug* rentrer; retourner; **~ˌfließen I** *v/i.* ⟨*irr., sép.,*- ge-, sein⟩ refluer; **II 2ˌfließen** *n* reflux *m*; **~ˌfluten I** *v/i.* ⟨-ete, *sép.,* -ge-, sein⟩ refluer (*auch fig.*); **II 2ˌfluten** *n* reflux *m*; **~ˌfordern** *v/t.* ⟨-(e)re, *sép.,* -ge-, h⟩ redemander; réclamer; demander la restitution de; *Rechte* revendiquer; **2ˌforderung** *f* réclamation *f*; *von Rechten* revendication *f*; **~ˌführen** *v/t.* ⟨*sép.,* -ge-, h⟩ ramener; reconduire; *fig.* **auf etw. ~** ramener, *Grund* attribuer, imputer à qc.; **sich ~ lassen auf** se ramener à; remonter à; **der Unfall ist auf Nachlässigkeit zurückzuführen** *auch* l'accident est dû à la négligence; **auf die einfachste Formel ~** réduire à sa plus simple expression; **auf s-n wahren Wert ~** réduire à sa juste valeur; **2ˌgabe** *f* ⟨~⟩ *cf.* **Rückgabe**; **~ˌgeben** *v/t.* ⟨*irr., sép.,* -ge-, h⟩ rendre; redonner; (*wieder herausgeben*) restituer; (*antworten*) riposter; répliquer; **~geˌblieben** *adjt. fig.* arriéré; déficient; *cf. auch* **~bleiben**; **~ˌgehen I** *v/i.* ⟨*irr., sép.,* -ge-, sein⟩ (s'en) retourner; *auf demselben Weg* rebrousser chemin; revenir sur ses pas; *Feind* reculer; *Preise* baisser; *Zahl der Geburten, Todesfälle etc.* baisser; être en (voie de) régression; *Umsatz, Einnahmen* diminuer; *Kurse* baisser; reculer; rétrograder; perdre du terrain; *Handel, Geschäfte* péricliter; fléchir; marquer un fléchissement; *Flut, Hochwasser* baisser; se retirer; *Schwellung* diminuer; se résorber; se dégonfler; (se) désenfler; *Fieber* tomber; décliner; *fig.* **~ auf** remonter à; *in der Zeit* **weiter ~** remonter plus 'haut; **~ lassen** *Waren, Gesuch* renvoyer; retourner; *Schwellung* dégonfler; désenfler; *Fieber* faire tomber, décliner; **II 2ˌgehen** *n* retour *m*; *des Feindes* recul *m*; *der Preise, Kurse, des Hochwassers* baisse *f*; *der Kurse, Zahl der Geburten etc.* recul *m*; régression *f*; *der Einnahmen* diminution *f*; *sonst verbal*; **~geˌleiten** *v/t.* ⟨-ete, *sép.,* zurückgeleitet, h⟩ reconduire; raccompagner; **2geˌstellte(r)** *m* ⟨→ A⟩ *milit.* sursitaire *m*; **~geˌwinnen** *v/t.* ⟨*irr., sép.,* zurückgewonnen, h⟩ regagner; *techn.* récupérer; *cf. auch* **~erobern**; **~geˌzogen** *adjt.* retiré; solitaire; **ein ~es Leben führen** mener une vie retirée, solitaire; vivre retiré; ne voir personne; **2geˌzogenheit** *f* ⟨~⟩ retraite *f*; solitude *f*; vie retirée, solitaire; **~ˌgreifen** *v/i.* ⟨*irr., sép.,* -ge-, h⟩ **auf etw. ~** remonter à qc.; (*zurückkommen*) en revenir à qc.; **weiter ~** reprendre de plus 'haut, de plus loin; **~ˌhaben** F *v/t.* ⟨*irr., sép.,* -ge-, h⟩ F ravoir; **~ˌhalten I** *v/t.* ⟨*irr., sép.,* -ge-, h⟩ *Sendung, Personen* retenir (*auch Tränen*); *unrechtmäßigerweise* détenir; *Gefühle* contenir; réprimer; **j-n von e-m übereilten Schritt ~** empêcher qn. de commettre un acte, geste irréfléchi; **II** *v/i.* **mit etw. ~** retenir qc.; (*verbergen*) cacher, dissimuler qc.; **mit s-m Urteil ~** suspendre son jugement; **mit s-r Meinung ~** réserver son opinion; **mit dem Lob nicht ~** ne pas ménager ses éloges; **III** *v/réfl.* **sich ~** se retenir; (*sich zügeln*) se contenir; (*zurückhaltend sein*) rester sur la réserve; être réservé, retenu; **sich vorsichtig ~** se tenir sur ses gardes; **IV 2ˌhalten** *n e-r Sendung* retenue *f*; *bes. jur.* rétention *f*; *e-r Person* retenue *f*; **~ˌhaltend** *adjt.* réservé; réticent; retenu; discret, -ète; effacé; **sich ~ zeigen** se montrer réservé; *cf. auch* **2haltung (üben)**; **2ˌhaltung** *f* **1.** réserve *f*; réticence *f*; retenue *f*; discrétion *f*; effacement *m*; **~ üben, sich ~ auferlegen** mettre, témoigner de la réserve, réticence; être réservé, retenu; **2.** *cf.* **~halten IV**; **~ˌholen** *v/t.* ⟨*sép.,* -ge-, h⟩ aller rechercher, reprendre; **~ˌjagen I** *v/t.* ⟨*sép.,* -ge-, h⟩ refouler; chasser; **II** *v/i.* ⟨sein⟩ retourner, rentrer au galop; **~ˌkämmen** *v/t.* ⟨*sép.,* -ge-, h⟩ *Haar* peigner en arrière; **~ˌkaufen** *v/t.* ⟨*sép.,* -ge-, h⟩ racheter; **~ˌkehren** *v/i.* ⟨*sép.,* -ge-, sein⟩ retourner; revenir; **nach Hause ~** rentrer (chez soi, à la maison); **auf**

s-n Posten ~ reprendre son poste; er ist aus dem Krieg nicht zurückgekehrt il n'est pas revenu, rentré de la guerre; **~ˌklappen** v/t. ⟨sép., -ge-, h⟩ replier; **~ˌkommen** v/i. ⟨irr., sép., -ge-, sein⟩ revenir; être de retour; fig. auf etw. ~ im Gespräch, in e-m Vortrag etc. revenir sur qc.; reparler de qc.; faire retour sur qc.; auf e-n früheren Plan, Vorschlag etc. (zurückgreifen) en revenir à qc.; Gespräch retomber sur qc.; **~ˌkönnen** v/i. ⟨irr., sép., -ge-, h⟩ ellip. (zurückkehren können) pouvoir retourner; (zurückweichen können) pouvoir reculer; fig. nachdem man e-e Entscheidung gefällt hat etc. pouvoir se rétracter, se reprendre; ich kann jetzt nicht mehr zurück il faut maintenant que je m'exécute; **~ˌlassen** v/t. ⟨irr., sép., -ge-, h⟩ laisser (auch Spur, Narbe, etc.); abandonner; Sport hinter sich ~ (überholen) distancer; dépasser; ellip. j-n ~ (zurückkehren lassen) laisser qn. s'en retourner; permettre à qn. de retourner; **≈ˌlassung** f ⟨~⟩ abandon m; unter ~ ... (+ gén.) en laissant ... (qc.); **~ˌlaufen** v/i. ⟨irr., sép., -ge-, sein⟩ retourner (en courant); **~ˌlegen** v/t. ⟨sép., -ge-, h⟩ **1.** Kopf mettre, placer en arrière; retirer; **2.** (beiseitelegen) mettre de côté, en réserve; (reservieren) réserver; Geld ~ mettre de l'argent de côté; abs. faire des économies; **3.** Weg faire; Strecke couvrir (auch Sport); parcourir; effectuer; **4.** auf s-n Platz ~ remettre à sa place; **~ˌlehnen** v/réfl. ⟨sép., -ge-, h⟩ sich im Sessel ~ se renverser dans son fauteuil; **~ˌmelden** v/t. u. v/réfl. ⟨-ete, sép., -ge-, h⟩ j-n (sich) ~ annoncer le retour de qn. (son retour); milit. sich vom Urlaub ~ se présenter au retour de son congé; se faire porter rentrant; **~ˌmüssen** v/i. ⟨irr., sép., -ge-, h⟩ ellip. von Personen être obligé de retourner; von Sachen das Buch muß heute noch in die Bibliothek zurück il faut aujourd'hui sans faute rendre le livre à la bibliothèque; der Tisch muß ein Stück zurück il faut reculer un peu la table; **≈ˌnahme** f ⟨~; ~n⟩ von verkauften Waren reprise f; e-r Beleidigung rétraction f; e-s gegebenen Wortes, Versprechens dédit m; e-r Kündigung révocation f; milit., der Front repli m; cf. auch ≈ziehung; **~ˌnehmen** v/t. ⟨irr., sép., -ge-, h⟩ verkaufte Ware reprendre; milit., Front retirer; Beleidigung rétracter; se dédire de; Versprechen, gegebenes Wort retirer; rétracter; se désister de; das Gesagte ~ se rétracter; se dédire; cf. auch ~ziehen I; **~ˌpfeifen** v/t. ⟨irr., sép., -ge-, h⟩ rappeler par des coups de sifflet; fig. rappeler à l'ordre; **~ˌprallen I** v/i. ⟨sép., -ge-, sein⟩ rebondir; fig. vor Schreck ~ reculer d'effroi; **II ≈ˌprallen** n ⟨~s⟩ rebondissement m; **~ˌrechnen** v/t. ⟨-ete, sép., -ge-, h⟩ sortir, retirer du compte; **~ˌreichen I** v/t. ⟨sép., -ge-, h⟩ (zurückgeben) rendre; **II** v/i. fig. in e-e frühe Zeit remonter (à); **~ˌreisen** v/i. ⟨-(es)t, sép., -ge-, sein⟩ faire le voyage de retour; rentrer; repartir; **~ˌreiten** v/i. ⟨irr., sép., -ge-, sein⟩ s'en retourner (à cheval); **~ˌrücken** v/t. ⟨sép., -ge-, h⟩ reculer; **~ˌrudern I** v/t. ⟨-(e)re, sép., -ge-, h⟩ ramener (en barque); **II** v/i. ⟨sein⟩ s'en retourner (en ramant); **~ˌrufen** v/t. ⟨irr., sép., -ge-, h⟩ rappeler; faire revenir; ins Leben ~ rappeler, ramener à la vie; faire revivre; sich etw. ins Gedächtnis ~ se rappeler qc.; j-m etw. ins Gedächtnis ~ rappeler, remémorer qc. à qn.; rappeler qc. à la mémoire de qn.; **~ˌschaffen** v/t. ⟨sép., -ge-, h⟩ ramener; rapporter; **~ˌschallen** v/i. ⟨sép., -ge-, h⟩ être renvoyé, répercuté en écho; **~ˌschalten** v/t. ⟨-ete, sép., -ge-, h⟩ Auto abs. rétrograder; in den zweiten Gang ~ rétrograder, revenir, repasser, descendre en seconde; **~ˌschaudern** v/i. ⟨-(e)re, sép., -ge-, sein⟩ reculer d'effroi; **~ˌschauen** v/i. ⟨sép., -ge-, h⟩ cf. ~blicken; **~ˌscheuchen** v/t. ⟨sép., -ge-, h⟩ faire fuir, chasser en effarouchant; **~ˌscheuen** v/i. ⟨sép., -ge-, sein⟩ reculer (vor etw. devant qc.); **~ˌschicken** v/t. ⟨sép., -ge-, h⟩ renvoyer; nur Sachen retourner; réexpédier; **~ˌschieben** v/t. ⟨irr., sép., -ge-, h⟩ repousser; **~ˌschlagen I** v/t. ⟨irr., sép., -ge-, h⟩ Feind repousser; refouler; Bettdecke rejeter; Schleier relever; Kapuze rabattre; Ball renvoyer; das Verdeck ~ décapoter la voiture; **II** v/i. **1.** die Flammen schlagen zurück il y a des retours de flamme; **2.** fig. (ein Argument zurückgeben) riposter; **~ˌschleichen** v/i. ⟨irr., sép., -ge-, sein⟩ (s'en) retourner à pas de loup, à pas feutrés; **~ˌschleppen** v/t. ⟨sép., -ge-, h⟩ ramener; rapporter; **~ˌschleudern** v/t. ⟨-(e)re, sép., -ge-, h⟩ **a)** renvoyer (en lançant); rejeter; **b)** lancer en arrière; **~ˌschneiden** v/t. ⟨irr., sép., -ge-, h⟩ Bäume, Sträucher rabattre; **~ˌschnellen** v/i. ⟨sép., -ge-, sein⟩ rebondir; Feder se débander; se détendre; **~ˌschrauben** v/t. ⟨sép., -ge-, h⟩ fig., Ansprüche rabattre de; réduire; mettre une sourdine à; **~ˌschrecken I** v/t. ⟨sép., -ge-, h⟩ Drohungen, der Gedanke an e-e Trennung etc. j-n ~ faire reculer qn.; intimider, effrayer qn.; **II** v/i. ⟨schreckt od. schrickt zurück, schreckte od. schrak zurück, zurückgeschreckt od. -geschrocken, sein⟩ reculer (vor etw. devant qc.); s'effrayer (de); vor nichts ~ auch ne craindre ni Dieu ni diable; **~ˌschreiben** v/t. ⟨irr., sép., -ge-, h⟩ faire réponse, répondre (par écrit); **~ˌschwimmen** v/i. ⟨irr., sép., -ge-, sein⟩, **~ˌsegeln** v/i. ⟨-(e)le, sép., -ge-, sein⟩ s'en retourner (à la nage, à la voile); **~ˌsehen** v/i. ⟨irr., sép., -ge-, h⟩ cf. ~blicken; **~ˌsehnen** v/réfl. ⟨sép., -ge-, h⟩ sich ~ désirer ardemment s'en retourner; aspirer au retour; avoir le mal du pays; sich nach etw. ~ regretter qc.; **~ˌsenden** v/t. ⟨irr., sép., -ge-, h⟩ cf. ~schicken; **~ˌsetzen I** v/t. ⟨-(es)t, sép., -ge-, h⟩ **1.** Möbelstück etc. reculer; repousser; Auto manœuvrer en marche arrière; etw. an s-n Platz ~ remettre qc. à sa place; **2.** Waren vendre au rabais, à prix réduit; Preise baisser; réduire; **3.** fig. j-n ~ traiter qn. avec moins d'égards que d'autres; traiter qn. injustement, F en parent pauvre; durch Bevorzugung e-s Minderberechtigten désavantager qn.; sich zurückgesetzt fühlen se sentir, F s'estimer traité avec moins d'égards que d'autres, injustement, F en parent pauvre; s'estimer la victime d'un passe-droit; **II** v/réfl. ich setze mich e-e Reihe weiter zurück je vais m'asseoir une rangée plus loin; **III ≈ˌsetzen** n ⟨~s⟩ e-s Autos manœuvre f en marche arrière; cf. auch ≈setzung; **≈ˌsetzung** f ⟨~; ~en⟩ **1.** der Ware vente f au rabais, à prix réduit; der Preise baisse f; réduction f; **2.** fig. manque m d'égards; (Ungerechtigkeit) injustice f; durch Bevorzugung e-s Minderberechtigten passe-droit m; über ~ klagen se plaindre d'un passe-droit; **~ˌsinken** v/i. ⟨irr., sép., -ge-, sein⟩ se laisser tomber en arrière; **~ˌspielen** v/t. ⟨sép., -ge-, h⟩ Ball renvoyer; **~ˌspringen** v/i. ⟨irr., sép., -ge-, sein⟩ faire un bond, saut en arrière; (zurückprallen) rebondir; bât. rentrer; **~ˌstecken** v/t. ⟨sép., -ge-, h⟩ in die Brieftasche, e-n Umschlag etc. remettre; fig. abs. en rabattre; cf. auch ~schrauben; **~ˌstehen** v/i. ⟨irr., sép., -ge-, h⟩ Haus être en retrait; (j-m den Vorrang lassen) céder le pas (hinter j-m à qn.); hinter j-m, etw. ~ (schlechter sein) le céder à qn., qc.; être inférieur à qn., qc.; ~ müssen devoir renoncer (à); devoir attendre; **~ˌstellen** v/t. ⟨sép., -ge-, h⟩ mettre en arrière; reculer; repousser; Uhr retarder (um de); für später (aufheben, beiseite stellen) mettre de côté; réserver; mettre en réserve; milit., Wehrdienstpflichtigen ajourner; mettre ... en sursis; accorder un sursis à; zeitlich, Vorhaben renvoyer, remettre à plus tard; ajourner; fig., s-e eigenen Interessen (hintansetzen) reléguer au second plan; laisser de côté; Buch etc. (an s-n Platz) ~ remettre à sa place; **≈ˌstellung** f zeitliche, e-s Vorhabens renvoi m, remise f à plus tard; ajournement m; e-s Wehrdienstpflichtigen ajournement m; sursis m (d'incorporation); sonst verbal; **~ˌstoßen** v/t. ⟨irr., sép., -ge-, h⟩ (von sich stoßen) repousser; **~ˌstrahlen** v/t. ⟨sép., -ge-, h⟩ phys. réfléchir; refléter; renvoyer; réverbérer; **≈ˌstrahlung** f phys. réfléchissement m; réflexion f; renvoi m; réverbération f; **~ˌstreichen** v/t. ⟨irr., sép., -ge-, h⟩ Haar ramener en arrière (avec la main); **~ˌstreifen** v/t. ⟨sép., -ge-, h⟩ Ärmel retrousser; **~ˌströmen** v/i. ⟨sép., -ge-, sein⟩ Wasser, Menschenmenge refluer; **~ˌtaumeln** v/i. ⟨-(e)le, sép., -ge-, sein⟩ reculer en vacillant, chancelant; **~telegraˌphieren** v/t. u. v/i. ⟨sép., pas de ge-, h⟩ répondre par télégramme; **~ˌtragen** v/t. ⟨irr., sép., -ge-, h⟩ reporter; (wieder hintragen) rapporter; (wieder mit fortnehmen) remporter; **~ˌtreiben** v/t. ⟨irr., sép., -ge-, h⟩ repousser; refouler; Vieh ramener; **~ˌtreten** v/i. ⟨irr., sép., -ge-, sein⟩ faire un pas en arrière; reculer; bât. rentrer; fig. (verzichten) renoncer (à); se désister (de); s'effacer; Wünsche, Interessen (hintangesetzt werden) être relégué au second plan; être laissé de côté; Regierung, Minister démissionner; donner sa démission; von e-m Unternehmen se retirer de; von e-m Kauf se dédire de; se dégager de; résilier (qc.) (auch von e-m Vertrag); von s-m Amt, Posten ~ se démettre de sa charge; résigner ses fonctions; démissionner; donner sa démission; zugunsten von ... ~ se désister en faveur de ...; bescheiden vor j-m ~ (j-m den Vorrang lassen) céder le pas à qn.; s'effacer devant qn.; er trat zurück, um sie vorbeigehen zu lassen il s'écarta pour la laisser passer; ~! reculez!; faites place!; rangez-vous!; milit. ins Glied ~ rentrer dans le rang; Fluß in sein Bett ~ rentrer dans son lit; **~ˌtun** v/t. ⟨irr., sép., -ge-, h⟩ Buch etc. remettre à sa place; e-n Schritt ~ faire un pas en arrière; **~überˌsetzen** v/t. ⟨-(es)t, *sép., pas de ge-*, h⟩ *cf.* rückübersetzen; 2**überˌsetzung** *f cf.* Rückübersetzung; **~verˌfolgen** *v/t.* ⟨*sép., pas de ge-*, h⟩ remonter jusqu'à l'origine de; **~verˌgüten** *v/t.* ⟨-ete, *sép., pas de ge-*, h⟩ rembourser; **~verˌlangen** *v/t.* ⟨*sép., pas de ge-*, h⟩ *cf.* ~fordern; **~verˌlegen** *v/t.* ⟨*sép., pas de ge-*, h⟩ *zeitlich* reculer; *milit., Feuer* raccourcir; **~verˌsetzen I** *v/t.* ⟨-(es)t, *sép., pas de ge-*, h⟩ *Schüler* faire redoubler; faire descendre dans une classe inférieure; faire rétrograder; **II** *v/réfl.* **sich ~** in se reporter à; **~verˌweisen** *v/t.* ⟨*irr., sép., pas de ge-*, h⟩ renvoyer (an, auf à); 2**verˌweisung** *f* renvoi *m* (à); **~ˌweichen I** *v/i.* ⟨*irr., sép.*, -ge-, sein⟩ reculer; fléchir; lâcher pied; se retirer; (*nachgeben*) céder; **II** 2**ˌweichen** *n* ⟨~s⟩ recul *m*; retraite *f*; **~ˌweisen** *v/t.* ⟨*irr., sép.*, -ge-, h⟩ *Geschenk* refuser; *Bitte, Vorschlag, Vorwurf* repousser; rejeter; *Richter, Zeugen* récuser; *comm., Wechsel* retourner; *Argument* réfuter; 2**ˌweisung** *f e-s Geschenks* refus *m*; *e-r Bitte etc.* rejet *m*; *e-s Richters, Zeugen* récusation *f*; **~ˌwenden** *v/réfl.* ⟨*irr., sép.*, -ge-, h⟩ **sich ~** se retourner; **~ˌwerfen I** *v/t.* ⟨*irr., sép.*, -ge-, h⟩ rejeter (*auch Kopf*); *Ball* renvoyer; *phys., Lichtstrahlen* réfléchir; refléter; réverbérer, renvoyer (*auch Schall*); *Schall* répercuter; *milit., Feind* repousser; refouler; rejeter; *fig., in der Entwicklung, im Vorwärtskommen* 'handicaper; désavantager; **II** 2**ˌwerfen** *n* rejet *m*; *des Balls* renvoi *m* (*auch phys.*); *phys.* réfléchissement *m*; réflexion *f*; réverbération *f*; répercussion *f*; *milit.* refoulement *m*; *sonst verbal*; **~ˌwirken** *v/i.* ⟨*sép.*, -ge-, h⟩ réagir (auf sur); **~ˌwollen** *v/i.* ⟨*irr., sép.*, -ge-, h⟩ *ellip.* **a)** vouloir (s'en) retourner; **b)** vouloir reculer; **~ˌwünschen** *v/t.* ⟨*sép.*, -ge-, h⟩ etw. ~ souhaiter le retour de qc.; **~ˌzahlen** *v/t.* ⟨*sép.*, -ge-, h⟩ rembourser; rendre; *fig.* payer de retour; 2**ˌzahlung** *f* remboursement *m*; **~ˌziehen I** *v/t.* ⟨*irr., sép.*, -ge-, h⟩ *Hand, Kopf, Menschen, Bewerbung, Angebot, Truppen* retirer; *Klage auch* abandonner; se désister de; *Auftrag* révoquer (*auch Kündigung*); annuler; *Vorschlag* rétracter; *Beschwerde* renoncer à; *milit., Posten* replier; *Sport* **s-e Meldung ~** déclarer forfait; **II** *v/i.* ⟨sein⟩ *Zugvögel* repasser; **an e-n Ort ~** retourner dans un lieu; **in s-e alte Wohnung ~** reprendre son ancien logement; **III** *v/réfl.* **sich ~** se retirer (von de); (*in den Ruhestand treten*) prendre sa retraite; *von anderen Menschen, der Welt* se retirer (du monde); s'isoler; *von e-m Kauf, Vertrag etc.* se dédire de; *milit.* se retirer; se replier; reculer; **sich ~** battre en retraite; **sich kämpfend ~** se replier en combattant; faire de l'action retardatrice; battre en retraite; **sich zur Beratung ~** se retirer pour délibérer; **sich von der Bühne ~** quitter, abandonner la scène; **sich ins Privatleben ~** rentrer dans la vie privée; **sich vom Getümmel der Welt ~** se retirer de l'agitation du monde; **sich völlig ~** se séquestrer; se claquemurer; se cloîtrer; **sich aufs Land ~** F aller planter ses choux; *cf. auch* ~**gezogen**; 2**ˌzieher** *m cf.* Rückzieher; 2**ˌziehung** *f e-r Bewerbung etc.* retrait *m*; *e-r Klage auch* abandon *m*; désistement *m*; *e-s Auftrags* révocation *f* (*auch e-r Kündigung*); annulation *f*; *e-s Vorschlags* rétractation *f*.

Zuruf ['tsu:ru:f] *m* appel *m*; acclamation *f*; cri *m*; **Abstimmung durch ~** vote par acclamation; **durch ~ abstimmen** voter par acclamation; 2**en** *v/t.* ⟨*irr., sép.*, -ge-, h⟩ **j-m etw. ~** crier qc. à qn.

zurüst|en ['tsu:ˌrʏstən] *v/t.* ⟨-ete, *sép.*, -ge-, h⟩ préparer; apprêter; 2**ung** *f* préparation *f*; préparatifs *m/pl.*

Zurverfügungstellung [tsuˑrfɛr'fy:gʊŋˌʃtɛlʊŋ] *f adm.* mise *f* à la disponibilité.

Zusage ['tsu:ˌzɑ:gə] *f auf e-e Einladung* acceptation *f*; (*Einwilligung*) consentement *m*; assentiment *m*; (*Versprechen*) promesse *f*; **bindende ~** engagement *m*; **e-e bindende ~ geben** s'engager; 2**n I** *v/t.* ⟨*sép.*, -ge-, h⟩ **j-m etw. ~** promettre qc. à qn.; **er hat sein Kommen zugesagt** il a confirmé sa venue; il a promis de venir; *abs. auf e-e Einladung* ~ accepter (une invitation); **j-m etw. auf den Kopf ~** dire ouvertement qc. à qn.; accuser qn. ouvertement de qc.; **ich habe ihm auf den Kopf zugesagt, daß er gelogen hat** je lui ai dit ouvertement, tout net qu'il avait menti; **II** *v/i.* **j-m ~** (*gefallen, nach j-s Geschmack sein*) être au goût de qn.; plaire, convenir à qn.; **das sagt mir nicht zu** *auch* cela ne me dit rien; 2**nd** *adjt.* ~**e Antwort** réponse affirmative.

zusammen [tsuˑ'zamən] *adv.* ensemble; (*gemeinsam*) de compagnie; de concert; (*im ganzen*) en tout; au total; **alle ~** tous ensemble; **das macht ~ zehn Mark** cela fait en tout, au total dix marks; **sie haben ~ ein Buch geschrieben** ils ont écrit un livre ensemble, en collaboration; **die beiden Brüder besitzen ~ tausend Mark** les deux frères possèdent mille marks ensemble, F à eux deux; **er besitzt mehr als alle anderen ~** il est plus riche que tous les autres réunis; 2**ˌarbeit** *f* ⟨~⟩ collaboration *f*; coopération *f*; **enge ~** collaboration étroite; **gedeihliche ~** coopération prospère; **in ~ mit** en collaboration avec; **die internationale ~ fördern** encourager la coopération internationale; **~ˌbacken** *v/i.* ⟨*sép.*, -ge-, sein *od.* h⟩ se coller l'un à l'autre; s'agglutiner; s'agglomérer; **~ˌballen I** *v/t.* ⟨*sép.*, -ge-, h⟩ *Papier* mettre … en boule; **II** *v/réfl.* **sich ~** *Wolken* s'amasser; s'amonceler; s'accumuler (*alle auch fig.*); *Menschenmassen* s'entasser; se concentrer; *phys., techn.* s'agglomérer; 2**ˌballung** *f der Wolken* amoncellement *m*; accumulation *f*; *der Menschenmassen* entassement *m*; concentration *f*; *phys., techn.* agglomération *f*; 2**ˌbau** *m* ⟨~(e)s; ~e⟩ *techn.* assemblage *m*; montage *m*; **~ˌbauen** *v/t.* ⟨*sép.*, -ge-, h⟩ *techn.* assembler; monter; **wieder ~** rassembler; remonter; **~ˌbeißen** *v/t.* ⟨*irr., sép.*, -ge-, h⟩ *Zähne* serrer; **~beˌkommen** *v/t.* ⟨*irr., sép., pas de ge-*, h⟩ parvenir à réunir; *Geld* **genug ~** trouver assez (de); **~ˌbetteln** *v/t.* ⟨-(e)le, *sép.*, -ge-, h⟩ ramasser en mendiant; **~ˌbinden** *v/t.* ⟨*irr., sép.*, -ge-, h⟩ lier; joindre; *zu e-m Bündel* faire un paquet de; **~ˌbleiben** *v/i.* ⟨*irr., sép.*, -ge-, sein⟩ rester ensemble; **~ˌborgen** *v/t.* ⟨*sép.*, -ge-, h⟩ emprunter de tous côtés; **~ˌbrauen I** *v/t.* ⟨*sép.*, -ge-, h⟩ F *Getränk etc.* préparer; F confectionner; **er hat uns ein komisches Getränk zusammengebraut** il nous a fait une drôle de mixture; **II** *v/réfl. Gewitter* **sich ~** se préparer; se former; *fig.* **da braut sich etw. zusammen** il se trame qc.; **~ˌbrechen I** *v/i.* ⟨*irr., sép.*, -ge-, sein⟩ s'effondrer; s'écrouler; crouler (*alle auch fig.*); *Person, vor Schwäche, Überarbeitung etc.* s'effondrer; s'affaisser; *milit., Angriff* échouer; être brisé; *comm.* faire faillite; **II** 2**ˌbrechen** *n cf.* 2bruch; **~ˌbringen** *v/t.* ⟨*irr., sép.*, -ge-, h⟩ parvenir à réunir; *Materialien* (r)amasser; rassembler; réunir; *Geld* (*aufbringen*) trouver; mobiliser; *Personen* (*in Kontakt bringen*) mettre en contact, en relation; aboucher; (*einander näherbringen*) rapprocher; *wenn man etwas berichten will* F **ich bringe es nicht mehr so genau zusammen** je ne me rappelle plus tous les détails; 2**ˌbruch** *m* effondrement *m*; écroulement *m* (*beide auch fig.*); *e-s Menschen vor Erschöpfung etc. verbal fig.* débâcle *f* (*auch milit.*); ruine *f*; déconfiture *f*; **wirtschaftlicher ~** krach [krak] *m* économique; **geschäftlicher ~** banqueroute *f*; faillite *f*; **~ˌdrängen** *v/t. u. v/réfl.* ⟨*sép.*, -ge-, h⟩ (se) serrer; (se) presser; (s')entasser; F (s')encaquer; **wie die Heringe zusammengedrängt** F encaqués comme des 'harengs; *zeitlich, von Ereignissen* **es drängte sich alles in den letzten fünf Tagen zusammen** tout arriva, se fit les cinq derniers jours; **~ˌdrehen** *v/t.* ⟨*sép.*, -ge-, h⟩ *zwei Schnüre etc.* torsader; tortiller; **~ˌdrücken** *v/t.* ⟨*sép.*, -ge-, h⟩ presser; serrer; comprimer; *Pappschachtel* écraser; **~ˌfahren** *v/i.* ⟨*irr., sép.*, -ge-, sein⟩ *Autos, Züge cf.* ~stoßen; *fig. vor Schreck* sursauter; tressaillir; **~ˌfallen I** *v/i.* ⟨*irr., sép.*, -ge-, sein⟩ (*einstürzen*) s'effondrer; s'écrouler (*beide auch* **in sich ~** *von e-r Behauptung*); crouler (*alle auch fig.*); tomber en ruine; *Ballon* se dégonfler; *Teig* tomber; s'affaisser (*beide auch* **in sich ~**); *zeitlich, zwei Ereignisse* coïncider; *fig.* **er ist durch die Krankheit ziemlich zusammengefallen** il est assez amaigri, marqué par la maladie; **II** 2**ˌfallen** *n* effondrement *m*; écroulement *m*; *des Ballons* dégonflement *m*; *des Teigs* affaissement *m*; *zeitliches* coïncidence *f*; **~ˌfalten** *v/t.* ⟨-ete, *sép.*, -ge-, h⟩ plier; **~ˌfassen** *v/t.* ⟨-ßt, *sép.*, -ge-, h⟩ (*vereinigen*) réunir; rassembler; concentrer; centraliser; intégrer; grouper (zu en); *Gesagtes etc.* **noch einmal kurz ~** résumer; donner un résumé (de); récapituler; ramasser en quelques mots; **in e-m Ausdruck ~** englober dans un seul terme; **~ˌfassend** *adjt.* sommaire; **noch einmal kurz ~** récapitulatif, -ive; ~**e Darstellung** résumé *m*; ~**e Wiederholung** récapitulation *f*; 2**ˌfassung** *f* (*Vereinigung*) réunion *f*; rassemblement *m*; concentration *f*; centralisation *f*; intégration *f*; groupement *m*; **kurze ~** *von bereits Gesagtem* résumé *m*; récapitulation *f*; **e-e ~ geben** faire un résumé; *cf. auch* ~**fassen**; **~ˌfegen** *v/t.* ⟨*sép.*, -ge-, h⟩ balayer (pour ramasser); **~ˌfinden** *v/i.* ⟨*irr., sép.*, -ge-, h⟩ se retrouver; se réunir; **~ˌflechten** *v/t.* ⟨*irr., sép.*, -ge-, h⟩ tresser; entrelacer; **~ˌflicken** *v/t.* ⟨*sép.*, -ge-, h⟩ rapiécer; **~ˌfließen** *v/i.* ⟨*irr., sép.*, -ge-, sein⟩ *Flüsse* confluer; se joindre; se réunir; 2**ˌfluß** *m von Flüssen* confluent *m*; jonction *f*; réunion *f*; **~ˌfügen** *v/t.* (*u. v/réfl.*) ⟨*sép.*, -ge-, h⟩ (se) joindre; (se) réunir; (s')unir; *techn., einzelne Teile* assembler; monter; 2**ˌfügung** *f* jonction *f*; réunion *f*; union *f*; *techn.* assemblage *m*; montage *m*; **~ˌführen** *v/t.* ⟨*sép.*, -ge-, h⟩ réunir; 2**ˌführung** *f* réunion *f*; **~ˌgeben** *v/t.* ⟨*irr., sép.*, -ge-, h⟩ *Braut-*

leute marier; unir; **~ˌgehen** *v/i.* ⟨*irr.*, *sép.*, -ge-, sein⟩ (*passen*) aller ensemble; (*schrumpfen*) se rétrécir; (*sich schließen*) se fermer; (*gemeinsame Sache machen*) faire cause commune; s'accorder; F frayer ensemble; **~geˌhören** *v/i.* ⟨*sép.*, zusammengehört, h⟩ être ensemble; aller ensemble; (*füreinander bestimmt sein*) être fait l'un pour l'autre; *nur von Personen, Tieren, Pflanzen* être de la même famille; *Sachen, die ein Paar bilden* faire la paire; s'apparier; *Gemälde etc.* faire pendant; **~geˌhörig** *adj.* allant ensemble; *von Sachen, die ein Paar bilden* allant de pair; faisant la paire; *von Personen, Tieren, Pflanzen* de la même famille; (*gleichartig*) homogène; **2geˌhörigkeit** *f* ⟨~⟩ parenté *f*; affinité *f* de nature; (*Gleichartigkeit*) homogénéité *f*; **2geˌhörigkeitsgeˌfühl** *n* solidarité *f*; **2geˌkochte(s)** *n* ⟨→ A⟩ *cuis.* plat *m* unique; pot-au-feu *m*; F *péj.* ratatouille *f*; **~geˌsetzt** *adjt.* composé; **~geˌwürfelt** *adj.* *Mobiliar* de bric et de broc; e-e bunt ~e Gesellschaft une société très bigarrée, hétéroclite; **~ˌgießen** *v/t.* ⟨*irr.*, *sép.*, -ge-, h⟩ mêler; **~ˌhaben** *v/t.* ⟨*irr.*, *sép.*, -ge-, h⟩ *Summe* avoir recueilli, rassemblé, collecté, trouvé; **2ˌhalt** *m fig.* cohésion *f*; solidarité *f*; *phys. cf.* Kohäsion; der ~ des Westens la cohésion de l'Occident; **~ˌhalten I** *v/t.* ⟨*irr.*, *sép.*, -ge-, h⟩ *Gruppe von Kindern etc.* tenir ensemble; *sein Geld* ménager; *zwei Dinge, um sie zu vergleichen* rapprocher; comparer; **II** *v/i.* tenir (ferme) ensemble; *fig.*, *Menschen* être solidaires; s'entraider; *zwei Freunde* être bons camarades; F wie Pech u. Schwefel ~ *cf.* Pech, Schwefel; **2ˌhang** *m* liaison *f* (mit avec); connexion *f*; connexité *f*; lien *m*; (*Beziehung*) rapport *m*; relation *f*; (*Verkettung*) suite *f*; (*Kontinuität*) continuité *f*; *e-s Textes* contexte *m*; innerer ~ *von Gedanken, Ideen* cohérence *f*; ursächlicher ~ relation, rapport de cause à effet; lien de causalité; relation entre la cause et l'effet; zwischen den beiden Ereignissen besteht ein ~ les deux événements sont en étroite liaison, connexion; ich sehe keinen ~ je ne vois pas de rapport, connexion; zwei Dinge im ~ sehen voir une chose en rapport, relation, connexion avec une autre; sein Name wurde in ~ mit den jüngsten Geschehnissen genannt on a cité son nom en rapport, en liaison avec les récents événements; *Geschichte* keinen ~ haben ne pas avoir d'unité, de rapport entre les diverses parties; être incohérent; keinen ~ haben mit ..., in keinem ~ stehen mit ... n'avoir aucun rapport avec ...; être sans rapport avec ...; in ~ bringen lier (mit à); établir un rapport (entre deux choses); mettre en rapport, en relation (avec); etw. im ~ erzählen raconter qc. méthodiquement, d'une façon cohérente; in welchem ~? à quel propos?; im ~ mit ... à propos de ...; in diesem ~ dans cet ordre d'idées; sous ce rapport; à ce propos; *Wort, Satz* aus dem ~ reißen séparer, sortir, isoler du contexte; aus dem ~ kommen, den ~ verlieren perdre le fil; ohne ~ reden parler d'une façon décousue, incohérente; parler sans suite; **~ˌhängen I** *v/t.* ⟨*sép.*, -ge-, h⟩ suspendre, mettre l'un (au-)près de l'autre; **II** *v/i.* ⟨*irr.*, *sép.*, -ge-, h⟩ être lié, attaché (mit à); tenir (à); se rattacher (à); *Räume* communiquer; être contigus, contiguës; *fig.* (*in Beziehung stehen*) avoir des rapports (avec); être en rapport (avec); tenir (à); das hängt mit s-r Krankheit ~ *auch* c'est une conséquence de sa maladie; erzählen Sie mir doch, wie die Geschichte zusammenhing mettez-moi un peu au courant de cette histoire; *Freunde, Freundinnen* wie Kletten ~ être inséparables, très ami(e)s; **~ˌhängend** *adjt.* lié; rattaché; *Räume* contigu, contiguë; *fig.* (*in innerem Zusammenhang stehend*) cohérent; (*fortlaufend*) continu (*auch milit. von der Front*); suivi; (*zueinander in Beziehung stehend*) connexe (*auch jur. von Strafsachen*); ~ erzählen raconter méthodiquement, d'une façon cohérente; **~hang(s)ˌlos** *adj.* sans suite; décousu; incohérent; **2hang(s)ˌlosigkeit** *f* ⟨~⟩ manque *m* de suite; décousu *m*; incohérence *f*; **~ˌhauen** F *v/t.* ⟨*irr.*, *sép.*, -ge-, h⟩ *Gegner, milit.* tailler ... en pièces; *bei e-r Schlägerei* démolir; F mettre en capilotade; *Arbeit, Artikel, Aufsatz etc.* bâcler; **~ˌheften I** *v/t.* ⟨-ete, *sép.*, -ge-, h⟩ *mit e-r Heftklammer* agrafer; *Buchbinderei* brocher; *cout.* faufiler; assembler (en faufilant); **II 2ˌheften** *n Buchbinderei* brochage *m*; *cout.* faufilage *m*; faufilure *f*; **~ˌholen** *v/t.* ⟨*sép.*, -ge-, h⟩ aller chercher; rassembler; **~ˌkauern** *v/réfl.* ⟨-(e)re, *sép.*, -ge-, h⟩ sich ~ s'accroupir; se blottir; se pelotonner; **~ˌkaufen** *v/t.* ⟨*sép.*, -ge-, h⟩ acheter à tort et à travers; (*anhäufen*) amasser; von überallher ~ acheter de tous côtés; **~ˌketten** *v/t.* ⟨-ete, *sép.*, -ge-, h⟩ enchaîner ensemble; **~ˌkitten** *v/t.* ⟨-ete, *sép.*, -ge-, h⟩ cimenter; **~ˌklammern** *v/t.* ⟨-(e)re, *sép.*, -ge-, h⟩ *mit e-r Büroklammer* agrafer; **2ˌklang** *m* accord *m*; concert *m*; harmonie *f*; consonance *f*; **~ˌklappbar** *adj.* pliant; **~ˌklappen I** *v/t.* ⟨*sép.*, -ge-, h⟩ *Stuhl etc.* (re)plier; *Taschenmesser* refermer; **II** *v/i.* ⟨sein⟩ F (*schlappmachen*) s'affaisser; tomber de fatigue; (*in Ohnmacht fallen*) s'évanouir; avoir une syncope; **~ˌklauben** *v/t.* ⟨*sép.*, -ge-, h⟩ ramasser; **~ˌkleben I** *v/t.* ⟨*sép.*, -ge-, h⟩ coller; agglutiner; **II** *v/i.* ⟨h *od.* sein⟩ coller; être collé; s'agglutiner; être agglutiné; **III 2ˌkleben** *n* collage *m*; agglutination *f*; **~ˌklingen** *v/i.* ⟨*irr.*, *sép.*, -ge-, h⟩ conson(n)er; former, donner une consonance, un accord; **~ˌkneifen** *v/t.* ⟨*irr.*, *sép.*, -ge-, h⟩ serrer; *Augen* cligner (des yeux); **~ˌknüllen** *v/t.* ⟨*sép.*, -ge-, h⟩ *Papier* froisser; friper; chiffonner; **~ˌknüpfen** *v/t.* ⟨*sép.*, -ge-, h⟩ nouer; **~ˌkochen** *v/t.* ⟨*sép.*, -ge-, h⟩ cuire ensemble; **~ˌkommen** *v/i.* ⟨*irr.*, *sép.*, -ge-, sein⟩ *Personen* (*sich versammeln*) s'assembler; se réunir; (*sich treffen*) se rencontrer; se voir; *Dinge* (*sich anhäufen*) s'amasser; s'entasser; s'accumuler; mit j-m ~ rencontrer qn.; in regelmäßigen Zeitabständen ~ se réunir périodiquement; wir kommen ja wieder zusammen nous sommes (gens) de revue; on se reverra; es ist so viel Geld zusammengekommen, daß ... on a ramassé, recueilli, collecté tant d'argent que ...; **~ˌkrachen** *v/i.* ⟨*sép.*, -ge-, sein⟩ s'effondrer; s'écrouler; crouler; **~ˌkrampfen** *v/réfl.* ⟨*sép.*, -ge-, h⟩ sich ~ se contracter convulsivement; se crisper; **~ˌkratzen** *v/t.* ⟨-(es)t, *sép.*, -ge-, h⟩ F sein letztes Geld ~ F gratter, racler les fonds de tiroir; **2ˌkunft** *f* ⟨~; ~e⟩ *vieler Personen* réunion *f*; assemblée *f*; *bes. von zwei Personen* rencontre *f*; entrevue *f*; *verabredete* rendez-vous *m*; e-e ~ von ... herbeiführen ménager une entrevue entre ...; **~ˌläppern** F *v/réfl.* ⟨-(e)re, *sép.*, -ge-, h⟩ sich ~ s'amasser petit à petit; **~ˌlaufen I** *v/i.* ⟨*irr.*, *sép.*, -ge-, sein⟩ *Personen* (*sich ansammeln*) accourir, s'assembler, se réunir en foule; (*e-n Auflauf bilden*) s'attrouper; *Farben* se confondre; *Milch* se cailler; se coaguler; *Linien* in e-m Punkt ~ converger vers *od.* sur, se réunir, se rencontrer en un point; F *fig.* da läuft e-m das Wasser im Munde zusammen *cf.* Wasser; *fig.* alle Fäden laufen in s-r Hand zusammen il tient les fils dans sa main; **II 2ˌlaufen** *n der Milch* coagulation *f*; **~ˌleben I** *v/réfl.* ⟨*sép.*, -ge-, h⟩ sie haben sich gut zusammengelebt ils se sont bien accoutumés l'un à l'autre; **II 2ˌleben** *n* ⟨~s⟩ vie commune; vie *f* en commun; cohabitation *f*; **~ˌlegbar** *adj.* pliant; **~ˌlegen** *v/t.* ⟨*sép.*, -ge-, h⟩ mettre ensemble; *Tischtuch* (*zusammenfalten*) plier; *abs.* (*Geld* ~) se cotiser; *Unternehmen* fusionner; *Grundstücke* réunir; regrouper; *agr.* remembrer; *Aktien* regrouper; consolider; alles auf e-n Haufen ~ mettre tout en tas; **2ˌlegung** *f* ⟨~; ~en⟩ *von Unternehmen* fusion *f*; *von Grundstücken* réunion *f*; regroupement *m*; *agr.* remembrement *m*; *von Aktien* regroupement *m*; consolidation *f*; **~ˌleihen** *v/t.* ⟨*irr.*, *sép.*, -ge-, h⟩ sich e-e Summe ~ réunir une somme en empruntant de tous côtés; **~ˌleimen** *v/t.* ⟨*sép.*, -ge-, h⟩ coller; **~ˌlesen** *v/t.* ⟨*irr.*, *sép.*, -ge-, h⟩ ramasser; **~ˌlöten** *v/t.* ⟨-ete, *sép.*, -ge-, h⟩ souder; **~ˌnageln** *v/t.* ⟨-(e)le, *sép.*, -ge-, h⟩ clouer; **~ˌnähen** *v/t.* ⟨*sép.*, -ge-, h⟩ coudre; **~ˌnehmen I** *v/t.* ⟨*irr.*, *sép.*, -ge-, h⟩ ramasser; rassembler; (all) s-e Kräfte ~ rassembler, réunir (toutes) ses forces; faire un effort sur soi-même; allen Mut ~ faire un effort sur soi-même; F prendre son courage à deux mains; s-e Gedanken bei etw. ~ consacrer, apporter toute son attention à qc.; nun nimm doch deine Gedanken zusammen! pense donc à ce que tu fais!; alles zusammengenommen à tout prendre; **II** *v/réfl.* sich ~ faire un effort sur soi-même; (*sich beherrschen*) se contenir; (*sich fassen*) se ressaisir; se reprendre; **~ˌpacken** *v/t.* ⟨*sép.*, -ge-, h⟩ mettre en paquet; empaqueter; emballer; *im Geschäft* darf ich alles ~? voulez-vous que je fasse un seul paquet de tout cela?; **~ˌpassen** *v/i.* ⟨-ßt, *sép.*, -ge-, h⟩ *Personen, Dinge* aller bien ensemble; s'accorder; *Farben, Dinge* bien cadrer (avec); *nur Personen* se convenir; *techn.*, *zwei Teile* s'adapter l'un à l'autre; *Farben* nicht ~ jurer; **~ˌpferchen** *v/t.* ⟨*sép.*, -ge-, h⟩ *Menschen* F entasser; encaquer; empiler; *péj.* parquer; **2ˌprall** *m* choc *m* (*auch fig.*, *milit.*); 'heurt *m* (*auch fig.*); **~ˌprallen** *v/i.* ⟨*sép.*, -ge-, sein⟩ se heurter; s'entrechoquer; *Autos, Züge* entrer en collision (mit avec) (*auch aviat.*); tamponner (qc.); télescoper (qc.); se tamponner; se télescoper; **~ˌpressen** *v/t.* ⟨-ßt, *sép.*, -ge-, h⟩ *cf.* ~drücken; **~ˌpumpen** F *v/t.* ⟨*sép.*, -ge-, h⟩ *cf.* ~borgen; **~ˌraffen I** *v/t.* ⟨*sép.*, -ge-, h⟩ ramasser à la hâte; **II** *v/réfl.* sich ~ *cf.* ~nehmen II; **~ˌrechnen** *v/t.* ⟨-ete, *sép.*, -ge-, h⟩ additionner; totaliser; faire le total (de); alles zusammengerechnet au total; *fig.* au bout du compte; en fin de compte; au résultat; **~ˌreimen I** *v/t.* ⟨*sép.*, -ge-, h⟩ *fig.*

sich etw. ~ a) s'expliquer qc.; b) s'imaginer des choses qui n'existent pas; **II** *v/réfl. fig.* **wie reimt sich das zusammen?** à quoi cela rime-t-il?; **das reimt sich nicht zusammen** cela ne rime à rien; **~ˌreißen** *v/réfl.* ⟨*irr., sép.,* -ge-, h⟩ **sich ~** faire un effort sur soi-même; **~ˌrollen I** *v/t.* ⟨*sép.,* -ge-, h⟩ enrouler; *mar.,* *Tau* lover; **II** *v/réfl.* **sich ~** s'enrouler; *Schlange* s'enrouler sur soi-même; se lover; *Hund, Katze etc.* se pelotonner; se mettre en boule; *Mensch auch* se recroqueviller; se mettre en chien de fusil; **~ˌrotten** *v/réfl.* ⟨-ete, *sép.,* -ge-, h⟩ **sich ~** s'attrouper; s'ameuter; **2ˌrottung** *f* ⟨~; ~en⟩ attroupement *m*; **~ˌrücken I** *v/t.* ⟨*sép.,* -ge-, h⟩ rapprocher; **II** *v/i.* ⟨sein⟩ *um j-m Platz zu machen* se serrer; **~ˌrufen** *v/t.* ⟨*irr., sép.,* -ge-, h⟩ convoquer; réunir; assembler; **~ˌsacken** *v/i.* ⟨*sép.,* -ge-, sein⟩ s'affaisser; *Reifen* se dégonfler; **~ˌscharen** *v/réfl.* ⟨*sép.,* -ge-, h⟩ **sich ~** se rassembler; s'attrouper; **~ˌscharren** *v/t.* ⟨*sép.,* -ge-, h⟩ (r)amasser; **2ˌschau** *f* ⟨~⟩ synthèse *f*; **~ˌschiebbar** *adj.* télescopique; **~ˌschieben** *v/t.* ⟨*irr., sép.,* -ge-, h⟩ rapprocher; *Stativ, Fernrohr* faire coulisser (l'un dans l'autre); **~ˌschießen** *v/t.* ⟨*irr., sép.,* -ge-, h⟩ abattre, détruire à coups de fusil, *mit Artillerie* à coups de canon; écraser au canon; pilonner; *nur Menschen* abattre, massacrer à coups de fusil; **~ˌschlagen I** *v/t.* ⟨*irr., sép.,* -ge-, h⟩ *Zeitung* plier; *Hacken* claquer; *charp.* monter; **die Hände ~** battre des mains; *fig.* **die Hände über dem Kopf ~** *vor Entrüstung* lever les bras au ciel; *vor Erstaunen* (en) être tout stupéfait; F **j-n ~** accabler qn. de coups; F mettre qn. en capilotade; *fig.* P démolir qn.; **vor Wut alles ~** de rage démolir tout; **II** *v/i.* ⟨sein⟩ se heurter; s'entrechoquer; **die Wellen schlugen über ihm, über s-m Kopf zusammen** les vagues passèrent sur lui, lui passèrent par-dessus la tête, l'engloutirent; **~ˌschließen** *v/réfl.* ⟨*irr., sép.,* -ge-, h⟩ **sich ~** s'associer; se réunir; se grouper; *Unternehmen* fusionner; *pol., zu e-m Bund* se fédérer; **sich zu e-m Berufsverband ~** se syndiquer; **2ˌschluß** *m* association *f*; réunion *f*; groupement *m*; *von Unternehmen* fusion *f*; *pol., zu e-m Bundesstaat* fédération *f*; **~ zu e-m Berufsverband** association, réunion, groupement en syndicat; **~ˌschmelzen I** *v/t.* ⟨*irr., sép.,* -ge-, h⟩ *métall.* fondre ensemble; **II** *v/i.* ⟨sein⟩ fondre; *fig. auch* diminuer; s'amincir; se réduire; **~ˌschmieden** *v/t.* ⟨-ete, *sép.,* -ge-, h⟩ souder en forgeant; *fig.* réunir; **~ˌschnüren** *v/t.* ⟨*sép.,* -ge-, h⟩ ficeler; *fig.* **die Angst schnürt ihm die Kehle zusammen** *cf.* zuschnüren; **~ˌschrauben** *v/t.* ⟨*sép.,* -ge-, h⟩ visser; *mit Bolzen* boulonner; **~ˌschreiben** *v/t.* ⟨*irr., sép.,* -ge-, h⟩ (*in e-m Wort schreiben*) écrire en un mot; *aus anderen Büchern* compiler; *péj.* **viel ~** écrivailler; écrivasser; **was der Mann alles zusammenschreibt!** quel écrivassier, écrivailleur que cet homme!; **sich ein Vermögen ~** devenir riche, s'enrichir par ses publications; **was hast du da wieder für Unsinn zusammengeschrieben!** quelles bêtises as-tu écrites là!; **~ˌschrumpfen** *v/i.* ⟨*sép.,* -ge-, sein⟩ se ratatiner; se rétrécir; se recroqueviller; *fig.* fondre; diminuer; se réduire; s'amincir; **~ˌschustern** F *v/t.* ⟨-(e)re, *sép.,* -ge-, h⟩ rapiécer; rapetasser; **~ˌschütten** *v/t.* ⟨-ete, *sép.,* -ge-, h⟩ mettre ensemble; mélanger; **~ˌschweißen** *v/t.* ⟨*sép.,* -ge-, h⟩ souder (*auch fig.*); **2ˌsein** *n* entrevue *f*; rencontre *f*; (*Zusammenleben*) *cf.* 2leben II; **~ˌsetzen I** *v/t.* ⟨-(es)t, *sép.,* -ge-, h⟩ mettre ensemble; *aus mehreren Bestandteilen* composer (aus de); (*aneinanderfügen*) joindre; *techn.* assembler; monter; *milit.* **die Gewehre ~** former les faisceaux; F *fig.* **aus lauter Vorurteilen zusammengesetzt sein** être farci de préjugés; **II** *v/réfl.* **sich ~** (*sich zueinandersetzen*) s'asseoir ensemble; s'asseoir l'un auprès de l'autre, côte à côte; (*zusammenkommen*) se rencontrer; se réunir; **sich ~ aus** (*bestehen*) se composer de; **2ˌsetzung** *f* ⟨~; ~en⟩ composition *f* (*auch gr.*); *chim. auch* constitution *f*; (*Zusammenfügung*) jonction *f*; *techn.* assemblage *m*; montage *m*; (*das Zusammengesetzte*) composé *m* (aus de); **~ˌsinken** *v/i.* ⟨*irr., sép.,* -ge-, sein⟩ (**in sich**) ~ s'affaisser; (*einstürzen*) s'effondrer; s'écrouler; crouler; *Ballon* s'affaisser; se dégonfler; **~ˌsitzen** *v/i.* ⟨*irr., sép.,* -ge-, h⟩ être (assis) ensemble; **~ˌsparen** *v/t.* ⟨*sép.,* -ge-, h⟩ amasser petit à petit; économiser; **~ˌsperren** *v/t.* ⟨*sép.,* -ge-, h⟩ enfermer ensemble; **2ˌspiel** *n* ⟨~(e)s⟩ *Sport* jeu *m* d'équipe; (*Kombinieren*) combinaison *f*; *e-r Schauspielergruppe, e-s Orchesters* jeu *m* d'ensemble; **~ˌspielen** *v/i.* ⟨*sép.,* -ge-, h⟩ **mit j-m ~** être le partenaire de qn.; **~ˌstauchen** F *v/t.* ⟨*sép.,* -ge-, h⟩ **j-n ~** *cf.* abkanzeln; **~ˌstekken I** *v/t.* ⟨*sép.,* -ge-, h⟩ *mit Nadeln* attacher ensemble avec des épingles; *zwei Verlängerungsschnüre* raccorder; *fig.* **die Köpfe ~** se parler à l'oreille; chuchoter; **II** *v/i. fig. Personen* **immer ~** être toujours ensemble; **~ˌstehen** *v/i.* ⟨*irr., sép.,* -ge-, h⟩ être ensemble; *fig.* se prêter mutuellement assistance; s'entraider; F se serrer les coudes; **~ˌstellen** *v/t.* ⟨*sép.,* -ge-, h⟩ *räumlich* mettre ensemble; *Sendung, Programm, Menü etc.* composer (*auch chem.*: *Zug*); établir; *Zeitung* faire; confectionner; *aus Büchern* (*kompilieren*) compiler; *Farben etc.,* (*passend ~*) assortir; combiner; *Blumenstrauß* monter; *Unterlagen* rassembler; réunir; *Rechnung, Übersicht* établir; *Liste* établir; dresser; *in e-r Tabelle* réunir; *übersichtlich* (*anordnen*) arranger; **nach Gruppen ~** grouper; **nach Klassen ~** classer; classifier; **2ˌstellung** *f e-r Sendung, e-s Programms etc.* composition *f* (*auch e-s Zuges*); établissement *m* (*auch e-r Rechnung, Übersicht, Liste*); *der Unterlagen* réunion *f* (*auch in e-r Tabelle*); *e-r Zeitung verbal*; *aus Büchern* compilation *f*; *passende, von Farben etc.* assortiment *m*; combinaison *f*; *übersichtliche* (*Anordnung*) arrangement *m*; (*Liste*) liste *f*; (*Tabelle*) table *f*; tableau *m*; **~ nach Gruppen** groupement *m*; **~ nach Klassen** classement *m*; classification *f*; **~ˌstoppeln** F *v/t.* ⟨-(e)le, *sép.,* -ge-, h⟩ rapetasser; **das ist zusammengestoppelt** c'est fait de toutes pièces, de bric et de broc; **2ˌstoß** *m* choc *m* (*auch milit., fig.*); 'heurt *m* (*auch fig.*); *chem., Auto* collision *f* (*auch fig.*); tamponnement *m*; télescopage *m*; rencontre *f* (brutale); accrochage *m* (*auch milit.*); F carambolage *m*; *aviat., mar.* abordage *m*; collision *f*; *fig.* conflit *m*; **~ˌstoßen** *v/i.* ⟨*irr., sép.,* -ge-, sein⟩ s'entrechoquer; se heurter (*beide auch fig.*); se choquer; *chem., Auto* entrer en collision (mit avec; *auch aviat., mar.*); tamponner (mit etw. qc.); télescoper (qc.); se tamponner; se rencontrer (brutalement); se télescoper; *mar.* aborder (mit etw. qc.); s'aborder; *zwei Grundstücke etc.* confiner; être contigu, contiguë; se toucher; **~ˌstreichen** *v/t.* ⟨*irr., sép.,* -ge-, h⟩ *Text* faire des coupures (dans); écourter; **~ˌströmen** *v/i.* ⟨*sép.,* -ge-, sein⟩ *Menschen* affluer; **~ˌstückeln** *v/t.* ⟨-(e)le, *sép.,* -ge-, h⟩ *cout.* rapiécer; **~ˌstürzen** *v/i.* ⟨-(es)t, *sép.,* -ge-, sein⟩ s'effondrer; s'écrouler; crouler; **~ˌsuchen** *v/t.* ⟨*sép.,* -ge-, h⟩ ramasser (de tous côtés); recueillir; *fig. cf.* ~tragen; **~ˌtragen** *v/t.* ⟨*irr., sép.,* -ge-, h⟩ ramasser; *fig. Stoff, Material für e-n Aufsatz etc.* réunir; rassembler; recueillir; *aus Büchern* compiler; **~ˌtreffen I** *v/i.* ⟨*irr., sép.,* -ge-, sein⟩ *Personen* se rencontrer; *zeitlich* coïncider; **mit j-m ~** rencontrer qn.; **II 2ˌtreffen** *n* rencontre *f*; *zeitliches* coïncidence *f*; **~ von Umständen** concours *m* de circonstances; **~ˌtreiben** *v/t.* ⟨*irr., sép.,* -ge-, h⟩ *Vieh* rassembler; *ch.* rabattre; **~ˌtreten** *v/i.* ⟨*irr., sép.,* -ge-, sein⟩ *Ausschuß etc.* se réunir; se rassembler; **2ˌtritt** *m* réunion *f*; **~ˌtrommeln** F *v/t.* ⟨-(e)le, *sép.,* -ge-, h⟩ rassembler; **~ˌtun** *v/t. u. v/réfl.* ⟨*irr., sép.,* -ge-, h⟩ (se) grouper; (se) rassembler; (se) réunir; (se) joindre; s'associer; **sich zu dreien ~** se mettre à trois (**um etw. zu tun** pour faire qc.); **~ˌwachsen** *v/i.* ⟨*irr., sép.,* -ge-, sein⟩ *méd., bot.* se joindre; se souder; **~ˌwirken I** *v/i.* ⟨*sép.,* -ge-, h⟩ coopérer; concourir; **II 2ˌwirken** *n* efforts combinés; coopération *f*; concours *m*; **~ˌwohnen** *v/i.* ⟨*sép.,* -ge-, h⟩ cohabiter; **~ˌzählen** *v/t.* ⟨*sép.,* -ge-, h⟩ *cf.* ~rechnen; **~ˌziehen I** *v/t.* ⟨*irr., sép.,* -ge-, h⟩ contracter (*auch gr.*); *Augenbrauen* froncer; *Metall etc.* rétracter; contracter; *Truppen* réunir; rassembler; concentrer; *jur., Strafen* confondre; *Netz, Schlinge etc.* resserrer; *Summen* additionner; *gr.* **zusammengezogen werden** se contracter; **II** *v/i.* ⟨sein⟩ *in e-e Wohnung* aller demeurer, habiter ensemble; *von e-m Paar* se mettre en ménage; **III** *v/réfl.* **sich ~** se contracter; *krampfhaft* se crisper; *Metall etc.* se rétracter; se contracter; *Gewitter* se former; se préparer; *Wolken* s'assembler; **~ˌziehend** *adjt. méd.* astringent; **~es Mittel** astringent *m*; **2ˌziehung** *f* contraction *f* (*auch gr.*); *von Metall auch* rétraction *f*; retrait *m*; *der Truppen* réunion *f*; rassemblement *m*; concentration *f*; *jur., von Strafen* confusion *f*; *e-s Netzes etc.* resserrement *m*; *von Summen* addition *f*; **~ˌzucken** *v/i.* ⟨*sép.,* -ge-, sein⟩ tressaillir.

Zusatz ['tsuːzats] *m* (*das Zusetzen*) addition *f*; adjonction *f*; (*das Zugesetzte*) *auch* additif *m*; *zu e-m Gesetz* additif *m*; complément *m*; annexe *f*; *zu e-m Vertrag auch* avenant *m*; *zu e-m Manuskript auch* ajout(é) *m*; *zu e-m Brief* post-scriptum *m*; *zu e-m Testament* codicille *m*; complément *m*; (*hinzugefügte Anmerkung*) note additionnelle; **Zusätze** *am Ende e-s Buches* addenda *m*; *Produkt* **mit e-m ~ von ...** avec un additif, une adjonction, addition de ...; **ohne schädliche Zusätze** sans adjonctions, additions préjudiciables, nuisibles (à la santé), nocives; **~ˌabkommen** *n* accord complémentaire, additionnel; **in e-m ~ behandelt werden** faire l'objet d'un accord complémentaire; **~aggre,gat** *n techn.* groupe *m* de machines d'appoint; **~,antrag** *m* amendement *m*; **~ar,tikel** *m* article additionnel; **~,ausrüstung** *f* équipement *m* complémentaire, supplémentaire; **~batte,rie** *f élect.* batterie *f* auxiliaire; **~be,dingung** *f* condition *f* supplémentaire; **~be,stimmung** *f* prescription, disposition additionnelle; **~be,trag** *m* somme *f*, montant *m* complémentaire; montant additionnel; supplément *m*; **~er,klärung** *f* déclaration additionnelle, complémentaire; **~,forderung** *f* exigence *f* supplémentaire; **~ge,rät** *n* appareil *m*, dispositif *m* complémentaire; **~,haushalt** *m Finanzwesen* collectif *m* budgétaire; **~,karte** *f* carte *f* complémentaire; **~,klausel** *f* clause surajoutée, additionnelle; **~,kosten** *pl.* frais *m/pl.*, charges *f/pl.* supplémentaires; **~,kräfte** *f/pl.* forces *f/pl.* supplémentaires; **~kre,dit** *m* crédit additionnel, supplémentaire; **~,leistung** *f* prestation *f* complémentaire.

zusätzlich ['tsu:,zɛtslɪç] **1.** *adj.* supplémentaire; additionnel, -lle; (*ergänzend*) complémentaire; *techn.* auxiliaire; **2.** *adv.* en plus; de plus; au surplus; en outre.

Zusatz|lohn ['tsu:zats,lo:n] *m* salaire *m* d'appoint; **~,motor** *m techn.* moteur *m* d'appoint, auxiliaire; **~,nahrung** *f* nourriture *f* complémentaire, supplémentaire; **~pa,tent** *n* brevet *m* complémentaire, d'addition; **~,prämie** *f* surprime *f*; prime *f* supplémentaire; **~proto,koll** *n* protocole additionnel; **~,rente** *f* retraite *f* complémentaire; **~,steuer** *f* supplément *m* d'impôt; impôt *m* supplémentaire; **~,stoff** *m* produit *m* d'addition; **~,strafe** *f* peine *f* accessoire; **~ver,einbarung** *f* accord additionnel, complémentaire; convention additionnelle, annexe; **~ver,gütung** *f* indemnité *f* complémentaire; **~ver,sicherung** *f* assurance *f* supplémentaire, complémentaire; **~ver,trag** *m* avenant *m*; contrat additionnel, annexe.

zuschanden [tsu'ʃandən] *adv.* ~ machen endommager; abîmer; ruiner; gâter; *Pläne* déjouer; faire échouer; *Hoffnungen* décevoir; détruire; ruiner; anéantir; briser; ~ **werden** s'abîmer; *Pläne* (*scheitern*) échouer; *Hoffnungen* être déçu, détruit, ruiné, anéanti, brisé; *bibl.* (*umkommen*) périr; être perdu; *Pferd* ~ **reiten** crever.

zu|schanzen ['tsu:,ʃantsən] F *v/t.* ⟨-(es)t, *sép.*, -ge-, h⟩ j-m etw. ~ procurer qc. à qn.; **~,scharren** *v/t.* ⟨*sép.*, -ge-, h⟩ *Loch etc.* remplir; combler; refermer.

zuschauen ['tsu:,ʃauən] *v/i.* ⟨*sép.*, -ge-, h⟩ regarder; assister (à); être spectateur, -trice (bei etw. de qc.); j-m (bei etw.) ~ regarder faire qn.

Zuschauer|(in) ['tsu:,ʃauər(ɪn)] *m* ⟨~s; ~⟩ (*f*) ⟨~; ~nen⟩ spectateur, -trice *m, f*; **die Zuschauer** (*Publikum*) *auch* F la galerie; **~,menge** *f* spectateurs *m/pl.*; public *m*; F galerie *f*; **~,plätze** *m/pl.* places *f/pl.* des spectateurs; **~,raum** *m* salle *f* de spectacle; **~tri,büne** *f* tribune *f* du public, des spectateurs.

zu|schaufeln ['tsu:,ʃaufəln] *v/t.* ⟨-(e)le, *sép.*, -ge-, h⟩ combler, remplir, boucher (à la pelle); *Grab* refermer; **~,schicken** *v/t.* ⟨*sép.*, -ge-, h⟩ j-m etw. ~ envoyer, expédier qc. à qn.; faire parvenir qc. à qn.; **~,schieben** *v/t.* ⟨*irr.*, *sép.*, -ge-, h⟩ *Schublade etc.* fermer; j-m etw. ~ *Buch, Glas* pousser qc. vers qn.; *fig.* (*j-m etw. zukommen lassen*) faire passer qc. à qn.; procurer qc. à qn.; *Unangenehmes* se décharger de qc. sur qn.; **j-m die Schuld** ~ imputer la faute à qn.; rejeter la faute sur qn.; **j-m die Schuld an etw.** ~ imputer à qn. la faute de qc.; **j-m die ganze Schuld** ~ mettre tous les torts sur le compte, F sur le dos de qn.; **~,schießen I** *v/t.* ⟨*irr.*, *sép.*, -ge-, h⟩ **Geld** ~ (*beisteuern*) contribuer (à qc. pour une certaine somme); **sie hat hundert Mark zugeschossen** elle (y) a contribué pour cent marks; F *fig.* **j-m wütende Blicke** ~ lancer des regards furieux à qn.; **II** *v/i.* ⟨sein⟩ **auf j-n** ~ se précipiter vers qn.

Zuschlag ['tsu:ʃla:k] *m* (*Preisaufschlag*) supplément *m* (*auch chem.*); surtaxe *f* (*auch Post*); (*Erhöhung*) augmentation *f*; majoration *f*; *auf Auktionen, bei öffentlichen Ausschreibungen* adjudication *f*; *bât.* (*Zusatz*) addition *f*; adjonction *f*; *métall. auch* (*Flußmittel*) fondant *m*; **e-n** ~ **erheben** prélever une surtaxe; surtaxer; ~ **für Feiertagsarbeit** supplément (de salaire) pour travail (pendant) un jour férié; *auf Versteigerungen* **durch** ~ **erhalten** obtenir par adjudication; **auf etw. den** ~ **erteilen** adjuger qc.; **2en I** *v/t.* ⟨*irr.*, *sép.*, -ge-, h⟩ *Tür* fermer violemment, brusquement; (faire) claquer; *Buch* fermer; *Ball* lancer; *Summe* (*aufschlagen*) augmenter; majorer; *auf Auktionen, bei öffentlichen Ausschreibungen* j-m etw. ~ adjuger qc. à qn.; **dem Meistbietenden** ~ adjuger au plus offrant; **II** *v/i.* (*drauflosschlagen*) porter, allonger, F flanquer un coup, des coups; frapper (*auch Gehilfe des Schmieds*); *Tür* ⟨sein⟩ se fermer violemment, brusquement; claquer; *Auktionator* frapper le coup de marteau final; **kräftig** ~ ne pas y aller de main morte; **er schlägt immer gleich zu** il a la main leste.

Zuschläger ['tsu:,ʃlɛ:gər] *m Schmiede* frappeur *m*.

zuschlag|(s)frei ['tsu:ʃla:k(s),fraɪ] *adj. chem.* sans supplément; **2(s)ge,bühr** *f* surtaxe *f*; **2,hammer** *m Schmiede* masse *f*; marteau *m* à devant; **2(s)-,karte** *f chem.* supplément *m*; **~(s)-,pflichtig** *adj.* soumis à une surtaxe, *chem.* à un supplément; **2(s),prämie** *f* surprime *f*.

zu|schließen ['tsu:,ʃli:sən] *v/t.* ⟨*irr.*, *sép.*, -ge-, h⟩ *Tür etc.* fermer à clef; **~,schmeißen** F *v/t.* ⟨*irr.*, *sép.*, -ge-, h⟩ *Tür etc. cf.* zuschlagen I; **~,schnallen** *v/t.* ⟨*sép.*, -ge-, h⟩ boucler; **~,schnappen** *v/i.* ⟨*sép.*, -ge-, sein⟩ *Tür* s'enclencher; *Taschenmesser* se refermer; *Hund etc.* (*beißen*) ⟨h⟩ mordre.

Zuschneide|kunst ['tsu:ʃnaɪdə,kunst] *f cout.* coupe *f*; **~,kursus** *m cout.* cours *m* de coupe; **2n I** *v/t.* ⟨*irr.*, *sép.*, -ge-, h⟩ *cout.* couper; *Holz* débiter; *Bretter, Balken* façonner; tailler; équarrir; *Blech* (dé)couper; **nach e-m Schnittmuster** ~ couper sur patron; *fig.* **das Programm war auf Kinder zugeschnitten** le programme était prévu, agencé, conçu pour les enfants; **II ~n** *n cout.* coupe *f*; *von Holz* débitage *m*; *von Brettern, Balken* façonnage *od.* façonnement *m*; équarrissage *m*; *von Blech* découpage *m*; **~r(in)** *m* (*f*) *cout.* coupeur, -euse *m, f*; **~'rei** *f cout.* atelier *m* de coupe; **~,schere** *f* forces *f/pl.*; ciseaux *m/pl.* de tailleur, de couturière; **~,tisch** *m* établi *m*.

zu|schneien ['tsu:,ʃnaɪən] *v/i.* ⟨*sép.*, -ge-, sein⟩ se couvrir de neige; **2-,schnitt** *m e-s Kleides* coupe *f*; façon *f*; *fig.* façon *f*; mode *m*; genre *m*; *oft nicht zu übersetzen*; **~,schnüren I** *v/t.* ⟨*sép.*, -ge-, h⟩ *Paket* ficeler; *Schuhe* lacer; **j-m die Kehle** ~ étrangler qn.; *fig.* **die Angst schnürte ihm die Kehle zu** la peur l'étreignit, le prit, saisit, tint, serra à la gorge; **II 2-,schnüren** *n* ficelage *m*; *der Schuhe* laçage *m*; **~,schrauben** *v/t.* ⟨*sép.*, -ge-, h⟩ *Deckel* visser; *Dose* fermer; **~,schreiben** *v/t.* ⟨*irr.*, *sép.*, -ge-, h⟩ **1.** j-m etw. ~ attribuer qc. à qn.; (*zur Last legen*) imputer qc. à qn.; **er hat es sich selbst zuzuschreiben, wenn** ... il n'a qu'à s'en prendre à lui-même, si ...; c'est bien sa propre faute, si ...; **dieser Umstand war e-m Mangel zuzuschreiben, der** ... ce fait était dû, imputable à un défaut qui ...; **2.** **j-m e-e Summe** ~ porter une somme au compte de qn.; **dieser Betrag wird dem Reservefonds zugeschrieben** ce montant est affecté, attribué au fonds de réserve; **~-,schreien** *v/t.* ⟨*irr.*, *sép.*, -ge-, h⟩ j-m etw. ~ crier qc. à qn.; **~,schreiten** *v/i.* ⟨*irr.*, *sép.*, -ge-, sein⟩ **auf j-n** ~ s'avancer, se diriger vers qn.; **2-,schrift** *f* lettre *f*; **dieser Artikel hat uns so zahlreiche ~en eingetragen, daß** ... cet article nous a valu un si riche courrier que ...

zuschulden [tsu'ʃuldən] *adv.* **sich etw.** ~ **kommen lassen** se rendre coupable de qc.

Zuschuß ['tsu:ʃus] *m* aide *f*; secours *m*; subside *m*; *staatlicher* subvention *f*; *comm.* supplément *m*; versement *m* supplémentaire; *impr.* (main *f* de) passe *f*; ~ **aus öffentlichen Mitteln** subvention sur les fonds publics; **e-n** ~ **gewähren** octroyer une subvention; allouer une somme, aide, *etc.*; **~be,trieb** *m* entreprise subventionnée, ayant besoin de subvention(s); **~,bogen** *m impr.* feuille *f* en surnombre; (main *f* de) passe *f*; **~ge-,biet** *n* région *f* déficitaire, ayant besoin d'aide, de subvention(s), demandant une aide financière.

zu|schustern ['tsu:,ʃu:stərn] F *v/t.* ⟨-(e)re, *sép.*, -ge-, h⟩ **j-m etw.** ~ donner en cachette qc. à qn.; **~-,schütten** *v/t.* ⟨-ete, *sép.*, -ge-, h⟩ *Graben* combler; remblayer; *Flüssigkeit* (*hinzufügen*) ajouter; **~,sehen** *v/i.* ⟨*irr.*, *sép.*, -ge-, h⟩ regarder; assister (à); être spectateur, -trice de; **j-m (bei etw.)** ~ regarder faire qn.; *fig.* **noch e-e Weile** ~ (*abwarten*) attendre encore un peu; ~, **daß ...** (*darauf achten*) veiller à ce que ..., faire en sorte que ..., avoir soin que ... (+ *subj.*); **sieh zu, daß du nicht fällst** prends garde de (ne pas) tomber; fais attention à ne pas tomber; **tatenlos** ~, **wenn** ... rester passif, -ive, inactif, -ive lorsque ...; **soll ich da ruhig** ~? dois-je rester spectateur passif devant pareille chose?; dois-je tolérer pareille chose?; **bei genauerem, näherem 2** à y regarder de plus près; lorsqu'on y regarde de plus près; **~,sehends** *adv.* à vue d'œil; visiblement; **er wird** ~ **dicker** il grossit à vue d'œil; **~,senden** *v/t.* ⟨*irr.*, *sép.*, -ge-, h⟩ *cf.* zuschicken; **2,sendung** *f* envoi *m*; **~,setzen I** *v/t.* ⟨-(e)t, *sép.*, -ge-, h⟩ **1.** *cuis.*, *das Essen etc.* mettre sur le feu; **2.** *Geld* (*einbüßen*), *auch abs.* perdre; essuyer, éprouver une perte; F en être de sa poche; F *fig.* **nichts zuzusetzen haben** ne pas avoir de réserves; **3. e-r Sache etw. ~** (*beimischen*) ajouter une chose à une autre; **II** *v/i.* **j-m ~** presser qn. (mit de); *mit Fragen etc.* (*belästigen*) importuner qn. (de); *pfort.* tourmenter, tracasser qn.; *e-e Krankheit* éprouver qn.; *Hitze, Rauch, schlechte Luft etc.* incommoder qn.; **j-m mit Bitten ~** obséder qn. par *od.* de, accabler qn. de ses sollicitations, instances; **j-m hart ~** (*ihn in die Enge treiben*) acculer qn.; *bei e-m Verhör auch* F cuisiner qn.; **~ˌsichern** *v/t.* ⟨-(e)re, *sép.*, -ge-, h⟩ **j-m etw. ~** assurer, garantir qc. à qn.; **2ˌsicherung** *f* assurance *f*; garantie *f*.

Zuspätkommende(r) [tsu·ˈʃpɛːtˌkɔməndə(r)] *f* (*m*) ⟨→ A⟩ retardataire *m, f*.

Zu|speise [ˈtsuːˌʃpaɪzə] *f cf.* Zukost; **2ˌspielen** *v/t.* ⟨*sép.*, -ge-, h⟩ *Ball* passer; servir; **2ˌspitzen I** *v/t.* ⟨-(es)t, *sép.*, -ge-, h⟩ tailler en pointe; effiler; *Nadeln* appointir; appointer; *fig.* aiguiser; **II** *v/réfl.* **sich ~** se terminer en pointe; *fig., Lage* devenir critique; arriver à son point critique; s'aggraver; empirer; **~ˌspitzung** *f* ⟨~⟩ *fig., der Lage* aggravation *f*; **2ˌsprechen I** *v/t.* ⟨*irr., sép.*, -ge-, h⟩ **1. j-m Trost ~** apporter des consolations à qn.; consoler qn.; **j-m Mut ~** remonter le courage à *od.* de qn.; redonner du cœur à qn.; encourager qn.; exhorter qn.; **j-m begütigend ~** prodiguer des paroles d'apaisement à qn.; apaiser qn.; **2. j-m etw. ~** (*zuerkennen*) attribuer, adjuger, *Preis* décerner qc. à qn.; **II** *v/i.* **e-r Speise, e-m Gericht gut ~** F faire honneur à un plat; **der Flasche tüchtig ~** boire copieusement; F faire honneur à la bouteille; caresser la bouteille; **2ˌspringen** *v/i.* ⟨*irr., sép.*, -ge-, sein⟩ **auf j-n ~** courir à *od.* vers qn.; s'élancer vers qn.; **~ˌspruch** *m* **1.** (*Trost*) consolation *f*; (*Ermunterung*) encouragement *m*; exhortation *f*; *e-s Geistlichen* assistance *f*; **geistlicher ~** assistance morale, spirituelle; **2.** (*Zulauf*) affluence *f*; **guten ~ haben** *Veranstaltung* être très fréquenté; *Arzt, Geschäft etc.* avoir une grosse clientèle; *nur Geschäft* être bien achalandé; **3.** *Artikel etc.* **~** (*Anklang*) **finden** plaire; être du goût de; être recherché, demandé; **~ˌstand** *m* état *m*; **körperlicher, seelischer ~** état physique, d'âme; **ursprünglicher ~** état antérieur; **in gutem ~** en bon état; **in neuwertigem ~** à l'état de neuf; **das Haus war in e-m traurigen ~** la maison était dans un triste état, dans un état pitoyable; **im ~ der Trunkenheit** en état d'ivresse; **in demselben ~** (*unverändert*) tel(le) quel(le); *von e-m Kranken* **sein ~ ist ernst** son état est sérieux; **das sind unhaltbare Zustände** c'est un état de choses intenable; **Zustände sind das!, das sind Zustände** (F **wie im alten Rom**)!, **sind das Zustände!** quelle pagaïe *od.* pagaille!; F **wenn man das sieht, könnte man Zustände kriegen** F on pourrait devenir fou, folle en voyant cela; F **das ist doch kein ~!** ce n'est pas une situation!; ça ne peut pas continuer ainsi!

zustande [tsu·ˈʃtandə] *adv.* **etw. ~ bringen** venir à bout de qc.; réussir dans qc. (*od.* à faire qc.); réaliser qc.; **etw. nicht ~ bringen** *auch* échouer dans qc.; *Reise, Konferenz etc.* **~ kommen** se faire; avoir lieu; se réaliser; *Gesetz* passer; **es ist keine Einigung ~ gekommen** on n'est parvenu à aucun accord; **e-e Einigung ~ bringen** parvenir à un accord; **2ˌbringen** *n*, **2ˌkommen** *n* réalisation *f*; *meist verbal.*

zuständig [ˈtsuːˌʃtɛndɪç] *adj.* compétent; **~e Behörde** autorité compétente; **sich an die ~e Dienststelle wenden** s'adresser au service compétent, à l'autorité compétente; **sich für (nicht) ~ erklären** se déclarer (in-)compétent; *jur.* **für etw. ~ sein** connaître de qc.; **dafür ist er ~** c'est, cela relève de sa compétence; cela rentre dans ses attributions; **dafür ist er nicht ~** cela sort de sa compétence, de ses attributions; **2ˌkeit** *f* ⟨~⟩ compétence *f*; attributions *f/pl.*; *jur.* **örtliche, sachliche ~** compétence locale, matérielle; **in j-s ~ fallen** être du ressort, de la compétence de qn.; rentrer dans la compétence de qn.; **nicht in j-s ~ fallen** sortir de la compétence de qn.; **2keitsbeˌreich** *m* ressort *m*; **~keitsˌhalber** *adv.* pour (des) raisons de compétence; **2keitsˌstreit** *m* conflit *m* de compétence.

Zustands|änderung [ˈtsuːʃtantsˌʔɛndərʊŋ] *f phys., chim.* changement *m* d'état; **~ˌgleichung** *f phys.* équation *f* d'état.

zustatten [tsu·ˈʃtatən] *adv.* **j-m ~ kommen** être d'un grand secours à qn.; servir, profiter à qn.; (*gelegen kommen*) venir à propos, à point à qn.

zu|stecken [ˈtsuːˌʃtɛkən] *v/t.* ⟨*sép.*, -ge-, h⟩ **1.** fermer avec une (des) épingle(s); **2. j-m etw. ~** passer, glisser qc. à qn.; donner qc. en cachette à qn.; **~ˌstehen** *v/i.* ⟨*irr., sép.*, -ge-, h⟩ **j-m ~** revenir à qn.; appartenir à qn.; être à qn.; être, relever de la compétence de qn.; **das steht mir von Rechts wegen zu** cela me revient de droit; **das steht ihm nicht zu** *auch* il n'y a pas droit; **es steht mir nicht zu, zu ...** (+ *inf.*) il ne m'appartient pas de ... (+ *inf.*); **~ˌsteigen** *v/i.* ⟨*irr., sép.*, -ge-, sein⟩ monter en cours de voyage, de route; **ist noch j zugestiegen?** qn. est(-il) monté?; les billets, s'il vous plaît!; j'ai déjà vu votre billet, Monsieur (Mademoiselle, *etc.*)?

Zustell|bezirk [ˈtsuːʃtɛlbəˌtsɪrk] *m Post* secteur *m* de distribution; **~ˌdienst** *m Post* service *m* de factage, de distribution; **2en** *v/t.* ⟨*sép.*, -ge-, h⟩ **1.** *Tür etc.* barricader; obstruer; condamner; **2.** *cuis., Essen* mettre sur le feu; **3.** *Post etc.* remettre (à domicile); distribuer; *Waren* livrer à domicile; *jur., Ladung etc.* signifier; notifier; **j-m die Kündigung ~** signifier son congé à qn.; **~er** *m* ⟨~s; ~⟩ *Post* facteur *m*; **~geˌbühr** *f Post* (droit *m* de) factage *m*; **~ˌpostamt** *n* bureau (de poste) distributeur; **~ung** *f der Post* remise *f* (à domicile); distribution *f*; factage *m*; *von Waren* livraison *f* à domicile; *jur.* signification *f*; notification *f*; **~ungsbeˌamte(r)** *m jur.* huissier *m*; **~ungsbeˌscheinigung** *f Post* récépissé *m* de remise; accusé *m* de réception; **~ungsˌkosten** *pl. jur.* frais *m/pl.* de signification, de notification; **~ungsˌurkunde** *f cf.* ~ungsbescheinigung.

zusteuern [ˈtsuːˌʃtɔʏərn] **I** *v/t.* ⟨-(e)re, *sép.*, -ge-, h⟩ contribuer (à) (**hundert Mark** pour cent marks); **II** *v/i.* ⟨h *od.* sein⟩ **auf etw. ~** se diriger vers qc.; prendre la direction de qc.; *mar. auch* mettre le cap sur qc.

zustimm|en [ˈtsuːˌʃtɪmən] *v/i.* ⟨*sép.*, -ge-, h⟩ être, se déclarer d'accord (avec); consentir (à); donner son consentement, son assentiment, son adhésion (à); approuver, agréer (qc.); acquiescer (à); **ausdrücklich, stillschweigend ~** consentir expressément, tacitement; **j-m ~** être de l'avis de qn.; être du même avis que qn.; **~end 1.** *adjt.* approbateur, -trice; approbatif, -ive; (*bejahend*) affirmatif, -ive; **2.** *advt.* avec approbation; approbativement; (*bejahend*) affirmativement; **~ nicken** faire un signe d'assentiment de la tête; incliner la tête en signe d'approbation; **2ung** *f* consentement *m*; assentiment *m*; adhésion *f*; approbation *f*; agrément *m*; acquiescement *m*; **ausdrückliche, stillschweigende ~** consentement exprès, tacite; **elterliche ~** autorisation paternelle; **mit ~ aller** du consentement de tous; **zu etw. s-e ~ geben** donner son approbation à qc.; approuver qc.; *cf. auch* ~en.

zu|stopfen [ˈtsuːˌʃtɔpfən] *v/t.* ⟨*sép.*, -ge-, h⟩ *Loch etc.* boucher; *mit Werg* étouper; *Riß, Loch in e-m Kleidungsstück* repriser; raccommoder; ravauder; **~ˌstöpseln** *v/t.* ⟨-(e)le, *sép.*, -ge-, h⟩ boucher; **~ˌstoßen I** *v/t.* ⟨*irr., sép.*, -ge-, h⟩ *Tür etc.* fermer (en poussant); pousser pour fermer; **II** *v/i.* **1.** ⟨sein⟩ **j-m ~** (*widerfahren*) arriver, survenir à qn.; **2.** *esc.* porter une botte; **der Mörder stieß mehrmals zu** l'assassin frappa à plusieurs reprises; **~ˌstreben** *v/i.* ⟨*sép.*, -ge-, h⟩ **e-m Ziel ~** tendre vers *od.* à un but; s'efforcer d'atteindre un but; **der Stadt ~** ⟨sein⟩ se diriger, s'avancer vers la ville; **2ˌstrom** *m* afflux *m*; affluence *f*; **~ˌströmen** *v/i.* ⟨*sép.*, -ge-, sein⟩ affluer (vers) (*auch Menschen*); **~ˌstürzen** *v/i.* ⟨-(es)t, *sép.*, -ge-, sein⟩ **auf j-n ~** se précipiter vers qn.; *um j-n zu schlagen* se précipiter, se jeter, se ruer sur qn.; **~ˌstutzen** *v/t.* ⟨-(es)t, *sép.*, -ge-, h⟩ façonner; *Baum* tailler; *fig., Stück für die Bühne etc.* arranger; adapter.

zutage [tsu·ˈtaːgə] *adv.* **~ bringen, fördern** mettre au jour; révéler; rendre évident, manifeste; **~ treten** paraître au grand jour; apparaître; se révéler; se manifester; **offen, klar ~ liegen** être évident, manifeste.

Zutaten [ˈtsuːˌtaːtən] *f/pl. cuis.* ingrédients *m/pl.*; *cout.* fournitures *f/pl.*

zuteil [tsu·ˈtaɪl] *adv. Ehre, Auszeichnung etc.* **j-m ~ werden** être accordé, octroyé, donné à qn.; **j-m ~ werden lassen** (faire) accorder, octroyer, donner à qn.

zuteil|en [ˈtsuːˌtaɪlən] *v/t.* ⟨*sép.*, -ge-, h⟩ donner; attribuer; adjuger; assigner; impartir; *Menschen e-r Dienststelle etc.* (*einsatzmäßig unterstellen*) affecter (à) (*auch milit.*); *Begleiter, Dolmetscher* (*beigeben*) adjoindre; attribuer; *Waren* rationner; contingenter; répartir; attribuer; **2ung** *f* **1.** attribution *f*; adjudication *f*; assignation *f*; *zu e-r Dienststelle etc.* affectation *f* (à) (*auch milit.*); *e-s Begleiters, Dolmetschers* adjonction *f*; attribution *f*; *von Waren* rationnement *m*; contingentement *m*; répartition *f*; attribution *f*; **2.** (*Kontingent*) contingent *m*; (*Ration*) ration *f*.

zutiefst [tsu·ˈtiːfst] *adv.* très profondément; *Vorwurf etc.* **j-n ~ treffen** toucher, piquer qn. au vif.

zu|tragen [ˈtsuːˌtraːgən] **I** *v/t.* ⟨*irr., sép.*, -ge-, h⟩ apporter; *fig. péj.* (*be-*

richten) rapporter; **II** *v/réfl.* sich ~ (*ereignen*) se passer; arriver; se produire; 2ˌ**träger(in)** *fig. m* ⟨~s; ~⟩ (*f*) ⟨~; ~nen⟩ rapporteur, -euse *m, f*; F mouchard, -e *m, f*; 2**träge'rei** *fig. f* ⟨~; ~en⟩ F mouchardage *m*; ~ˌ**träglich** *adj.* profitable (à); utile (à); bon, -nne (pour); salutaire; der Gesundheit ~ *auch* qui fait du bien (à la santé).

zutrau|en ['tsu:ˌtrauən] **I** *v/t.* ⟨*sép.*, -ge-, h⟩ j-m **etw.** ~ croire qn. capable de qc.; ich traue ihm nicht viel Gutes zu je n'ai pas très bonne opinion de lui; je n'attends pas grand-chose de bon de lui; ist ihm e-e solche Tat zuzutrauen? est-il capable d'une telle action?; ich hätte ihm mehr Klugheit zugetraut je l'aurais cru plus intelligent; sich, s-n Kräften zuviel ~ présumer de ses forces, de ses talents; surestimer ses forces, ses talents; sich nicht viel ~ se défier de ses forces, de ses talents; das traue ich mir nicht zu je n'ai pas le courage d'entreprendre cela; **II** 2**en** *n* ⟨~s⟩ confiance *f* (zu en); ich habe kein ~ zu ihm je n'ai pas confiance en lui; ~ zu j-m fassen prendre confiance en qn.; ~**lich** *adj.* plein de confiance; confiant; familier, -ère; 2**lich**ˌ**keit** *f* ⟨~⟩ confiance *f*; familiarité *f*.

zutreffen ['tsu:ˌtrɛfən] *v/i.* ⟨*irr.*, *sép.*, -ge-, h⟩ être exact, juste; (*übereinstimmen*) concorder (avec); *Bemerkung etc. auch* être pertinent, concluant; das trifft durchaus zu c'est absolument exact; das könnte ~ cela pourrait bien être vrai, juste; das dürfte wohl nicht ganz ~ cela pourrait bien ne pas être tout à fait vrai, juste; dasselbe trifft für ihn zu il en est de même pour lui; das trifft für alle Schulen zu c'est valable, cela vaut pour toutes les écoles; cela s'applique à toutes les écoles; ~**d** *adjt.* exact; juste; *Bemerkung auch* pertinent; concluant; ~**den'falls** *adv.* dans l'affirmative; 2**de(s)** *n* ⟨→ A⟩ ~s bitte unterstreichen souligner la mention valable; *cf. auch* Nichtzutreffendes.

zu|treiben ['tsu:ˌtraɪbən] **I** *v/t.* ⟨*irr.*, *sép.*, -ge-, h⟩ den Jägern das Wild ~ rabattre le gibier (vers *od.* sur les chasseurs); **II** *v/i.* ⟨sein⟩ *mar.* den Klippen ~ être poussé, chassé vers les écueils; ~ˌ**trinken** *v/i.* ⟨*irr.*, *sép.*, -ge-, h⟩ j-m ~ inviter qn. à boire, à lever son verre; 2**tritt** *m* ⟨~(e)s⟩ accès *m*; entrée *f*; freier ~ entrée libre, gratuite; kein ~!, ~ verboten! entrée interdite!; défense d'entrer!; Unbefugten ist der ~ verboten entrée interdite aux personnes étrangères au service; freien ~ haben avoir ses entrées (zu etw. dans qc.; zu j-m chez qn.); zu etw. ~ erlangen, sich zu etw. ~ verschaffen obtenir l'entrée à qc.; se faire admettre, s'introduire dans qc.; j-m ~ gewähren admettre, laisser entrer qn.; j-m keinen ~ gewähren refuser sa porte à qn.; ~**tun I** *v/t.* ⟨*irr.*, *sép.*, -ge-, h⟩ **1.** F (*hinzufügen*) ajouter; **2.** (*schließen*) die ganze Nacht kein Auge ~ ne pas fermer l'œil de (toute) la nuit; *cf. auch* zugetan; **II** 2**tun** *n* (*Mitwirkung*) ohne ~ ... (+ *gén.*) sans entremise, intervention, intercession (de); ohne mein ~ sans que j'y sois pour rien; ~ˌ**tu(n)lich** *adj. cf.* zutraulich.

zu|ungunsten [tsu'ˀʊnˌgʊnstən] *prép.* ⟨*gén.*⟩ au préjudice de; ~'**unterst** *adv.* tout en bas; tout au fond; sous tous les autres; das Oberste ~ kehren mettre tout sens dessus dessous.

zuverlässig ['tsu:fɛrˌlɛsɪç] *adj.* sur qui, sur quoi on peut compter; sûr; digne de confiance; éprouvé; à toute épreuve; *Nachricht* certain; authentique; *Maschine etc.* de fonctionnement sûr; *Arbeit*, *Arbeiter* consciencieux, -euse; der Mann ist durchaus ~ cet homme mérite une confiance absolue, est absolument digne de confiance; c'est un homme à qui l'on peut se fier, sur qui l'on peut absolument compter; aus ~er Quelle de source sûre; *Nachricht* nicht ganz ~ sujet, -tte à caution; 2**keit** *f* ⟨~⟩ sûreté *f*; *e-r Nachricht* certitude *f*; authenticité *f*; *techn. néol.* fiabilité *f*; 2**keits**ˌ**prüfung** *f techn.* épreuve *f* de bon fonctionnement.

Zuversicht ['tsu:fɛrˌzɪçt] *f* ⟨~⟩ confiance *f*; assurance *f*; (ferme) espoir *m*; die feste ~ haben, daß ..., der festen ~ sein, daß ... avoir le ferme espoir que ...; voll(er) ~ plein de confiance, d'espoir, d'assurance; ich bin voll(er) ~ je suis confiant, plein de confiance (*par ex.* dans ma réussite); nichts kann meine ~ erschüttern rien ne peut ébranler ma confiance; 2**lich 1.** *adj.* plein de confiance, d'espoir, d'assurance (*auch adv.*); confiant; **2.** *adv.* avec confiance, assurance; ~**lich**ˌ**keit** *f* ⟨~⟩ *cf.* Zuversicht.

zuviel [tsu'fi:l] **I** *adv.* trop (de); viel ~ beaucoup trop; mehr als ~ tant et plus; das ist ~ en voilà trop; c'en est trop; e-r ~ un de trop; sich ~ zumuten présumer de ses forces; es wird ihm jetzt alles ~ c'est trop maintenant pour lui; tout lui est maintenant à charge; das ist des Guten ~ c'en est trop; des Guten ~ tun aller trop loin; exagérer; was ~ ist, ist ~ ce qui est trop est trop; besser ~ als zuwenig plutôt trop que pas assez; F *fig.* ~ kriegen F perdre toute contenance; bondir de colère; devenir fou, folle; **II** 2 *n* ⟨~s⟩ excès *m*.

zu|vor [tsu'fo:r] *adv.* (*zuerst*) d'abord; auparavant; pour commencer; (*vorher*) au préalable; préalablement; kurz ~ peu de temps avant; wie ~ comme avant; ~'**vorderst** *adv.* tout à l'avant; tout au premier plan; ~'**vörderst** *adv.* en tout premier lieu; premièrement; d'abord; avant tout; auparavant.

zuvorkommen [tsu'fo:rˌkɔmən] *v/i.* ⟨*irr.*, *sép.*, -ge-, sein⟩ j-m ~ prévenir, devancer qn.; e-r Sache ~ prévenir qc.; obvier à qc.; e-m Einwand ~ prévenir une objection; ~**d** *adj.* prévenant; obligeant; empressé; complaisant; j-n ~ behandeln traiter qn. avec prévenance; se montrer prévenant, empressé auprès de qn.; 2ˌ**heit** *f* ⟨~; ~en⟩ prévenance *f*; obligeance *f*; complaisance *f*.

zuvortun [tsu'fo:rˌtu:n] *v/t.* ⟨*irr.*, *sép.*, -ge-, h⟩ es j-m ~ surpasser qn. (in etw. en qc.).

Zuwachs ['tsu:vaks] *m* ⟨~es⟩ accroissement *m*; augmentation *f*; surcroît *m* (an de); *Verein etc.* e-n ~ von fünfzig Mitgliedern im Jahr haben s'accroître, augmenter de cinquante membres par an; F die Familie M. hat ~ bekommen il y a une naissance chez les M.; F la famille M. a augmenté, s'est accrue, agrandie d'une unité; *Kleidungsstück etc.* auf ~ en prévision de la croissance; 2**en** *v/i.* ⟨*irr.*, *sép.*, -ge-, sein⟩ *Wunde* se fermer; se cicatriser; *Vermögen* s'accroître; augmenter; grandir; der Weg wächst allmählich zu la végétation finit en croissant par boucher, recouvrir le chemin; ~ˌ**rate** *f* taux *m* d'accroissement, de croissance, de progression; ~ˌ**steuer** *f* impôt *m* sur l'accroissement de valeur.

Zuwand|(e)rer ['tsu:ˌvandərər] *m/pl.* immigrants *m/pl.*; 2**ern** *v/i.* ⟨-(e)re, *sép.*, -ge-, sein⟩ immigrer; ~**e**ˌ**rung** *f* immigration *f*; afflux *m* de population.

zuwarten ['tsu:ˌvartən] **I** *v/i.* ⟨-ete, *sép.*, -ge-, h⟩ attendre patiemment; (*untätig abwarten*) temporiser; **II** 2 *n* temporisation *f*.

Zuwasserlassen [tsu'vasərˌlasən] *n der Rettungsboote etc.* mise *f* à l'eau.

zuwege [tsu've:gə] *adv.* etw. ~ bringen venir à bout de qc.; mener qc. à bonne fin; réussir à faire qc.; faire aboutir qc.; mit etw. ~ kommen se tirer d'affaire avec qc.; venir à bout de qc.; F gut ~ sein être bien portant.

zuweilen [tsu'vaɪlən] *adv.* parfois; quelquefois; de temps en temps; de temps à autre.

zuweis|en ['tsu:ˌvaɪzən] *v/t.* ⟨*irr.*, *sép.*, -ge-, h⟩ donner; attribuer; adjuger; assigner; impartir; *Menschen, e-r Dienststelle etc.* affecter (à); *e-m Geschäft* Kunden ~ adresser des clients (à); j-m e-n Aufenthaltsort ~ assigner à qn. un lieu de séjour; 2**ung** *f* attribution *f*; adjudication *f*; assignation *f*; affectation *f*.

zuwend|en ['tsu:ˌvɛndən] **I** *v/t.* ⟨*irr.*, *sép.*, -ge-, h⟩ tourner (vers); j-m den Rücken ~ tourner le dos à qn.; j-m das Gesicht ~ être tourné vers qn.; j-m s-e ganze Liebe ~ donner tout son amour, toute son affection à qn.; e-r Sache s-e Aufmerksamkeit ~ porter, fixer son attention sur qc.; s-e Bemühungen e-r Sache ~ tourner ses efforts vers *od.* sur qc.; j-m etw. ~ donner, procurer, faire avoir qc. à qn.; **II** *v/réfl.* sich j-m ~ se tourner vers qn.; sich e-m Ort ~ tourner ses pas vers un endroit; sich e-r Sache ~ passer à qc.; procéder à qc.; (*sich widmen*) se consacrer, se dévouer à qc.; 2**ung** *f* (*Beihilfe*) aide *f*; subside *m*; *staatliche* subvention *f*; allocation *f*; (*Schenkung*) don *m*; donation *f*; (*Geschenk*) présent *m*; cadeau *m*; *jur. auch* disposition *f*; unentgeltliche ~ disposition gratuite.

zuwenig [tsu'veːnɪç] *adv.* trop peu; viel ~ bien (trop) peu; besser zuviel als ~ *cf.* zuviel.

zuwerfen ['tsu:ˌvɛrfən] *v/t.* ⟨*irr.*, *sép.*, -ge-, h⟩ **1.** j-m etw. ~ jeter, lancer qc. à qn.; *fig.* j-m Blicke ~ lancer des regards à qn.; j-m e-e Kußhand ~ envoyer un baiser à qn.; **2.** *Tür* fermer violemment; (faire) claquer; **3.** *Graben* remplir; remblayer; combler.

zuwider [tsu'vi:dər] *adj.* e-r Sache ~ sein être contraire à qc.; es ist ihr ~, das zu tun il lui répugne de faire cela; elle répugne à faire cela; diese Speise ist ihm ~ ce mets lui répugne, le dégoûte; il a ce mets en horreur; ce mets lui inspire de la répugnance; sie ist ihm ~ elle lui est antipathique, lui déplaît, le dégoûte, lui répugne, lui inspire de la répugnance; il l'a en horreur, en aversion; er ist mir in den Tod ~ c'est ma bête noire; ~ˌ**handeln** *v/i.* ⟨-(e)le, *sép.*, -ge-, h⟩ den Vorschriften ~ contrevenir, déroger, manquer, désobéir aux, enfreindre, violer, transgresser les, être en contradiction avec les règlements; 2ˌ**handelnde(r)** *f* (*m*) ⟨→ A⟩ contrevenant, -e *m, f*; 2ˌ**handlung** *f* contravention *f*; dérogation *f*; infraction *f*; violation *f*; transgression *f*; ~ˌ**laufen** *v/i.* ⟨*irr., sép.*, -ge-, sein⟩ être contraire à; aller à l'encontre de.

zu|winken ['tsuːˌvɪŋkən] *v/i.* ⟨*sép.*, -ge-, h⟩ j-m ~ *auf der Straße* saluer qn. (en faisant un signe avec la main); (*j-m ein Zeichen machen*) faire signe de la main, de la tête à qn.; ~ˌ**zahlen** *v/t.* ⟨*sép.*, -ge-, h⟩ payer … en sus, en plus, en supplément; *abs.* payer un supplément; ~ˌ**zählen** *v/t.* ⟨*sép.*, -ge-, h⟩ ajouter; 2ˌ**zahlung** *f* paiement *m* en sus, en plus, supplémentaire.

zuzeiten [tsu·'tsaɪtən] *adv. cf.* zuweilen

zuzieh|en ['tsuːˌtsiːən] **I** *v/t.* ⟨*irr., sép.*, -ge-, h⟩ *Vorhang* tirer; fermer; *Knoten* serrer; *Sachverständigen* faire appel à; *Arzt auch* consulter; appeler … en consultation; j-n zu etw. ~ appeler, inviter qn. à assister, à prendre part à qc.; sich etw. ~ *Haß, Zorn e-s Menschen, Unannehmlichkeiten* s'attirer qc.; *Tadel, Strafe auch* encourir qc.; *Krankheit* contracter, F attraper qc.; dadurch hat er sich den Tod zugezogen ce fut la cause de sa mort; cela lui a coûté la vie; **II** *v/i.* ⟨sein⟩ er ist vor kurzem zugezogen il vient de s'établir ici; 2**ung** *f* ⟨~⟩ ~ von Sachverständigen appel *m* aux experts; unter ~ … (+ *gén.*) *Personen* assisté de …; *Ihrer Spesen etc.* compte tenu de …; plus … (+ *acc.*).

Zu|zug ['tsuːtsuːk] *m* établissement *m*; arrivée *f*; entrée *f*; (*Einwanderung*) immigration *f*; (*Zustrom*) afflux *m*; *milit.* renfort *m*; ~ von Mittellosen afflux de gens sans ressources; 2ˌ**züglich** *adv. u. prép.* ⟨*gén.*⟩ en plus; en sus; ~ Ihrer Spesen plus vos frais; vos frais en plus, en sus; ~**zugs-erˌleichterungen** *f/pl.* facilités *f/pl.* d'établissement (dans une nouvelle résidence); ~**zugsgeˌnehmigung** *f* autorisation *f* d'établissement, de résidence; ~**zugsˌsperre** *f* défense *f* d'établissement; 2ˌ**zwinkern** *v/i.* ⟨-(e)re, *sép.*, -ge-, h⟩ j-m ~ cligner de l'œil à qn.; faire un clin d'œil, lancer un coup d'œil à qn.

zwacken ['tsvakən] F *v/t.* ⟨h⟩ pincer (ins Bein à la jambe); *fig.* j-n (zwicken u.) ~ (*plagen*) tourmenter, ‘harceler qn.

Zwang [tsvaŋ] *m* ⟨~(e)s⟩ contrainte *f*; (*Gewalt*) violence *f*; force *f*; (*Druck*) pression *f*; *jur.* coercition *f*; (*Hemmung*) gêne *f*; *méd.* obsession *f*; äußerer, moralischer ~ contrainte extérieure, morale; unter dem ~ der Verhältnisse sous la contrainte des circonstances; aus ~ par contrainte; e-n ~ auf j-n ausüben exercer une contrainte, pression sur qn.; user de contrainte envers qn.; ~ anwenden user de contrainte; dem ~ gehorchen obéir à la contrainte, violence, force; sich dem ~ widersetzen résister à la contrainte, violence, force; j-m ~ antun, auferlegen user de contrainte envers qn.; contraindre, forcer qn.; faire violence à qn.; (*hemmen*) gêner qn.; sich ~ antun, auferlegen se contraindre; se faire violence; (*sich gehemmt geben*) se gêner; sich keinen ~ antun, auferlegen ne pas se gêner; n'être pas gêné; être sans gêne; F *iron.* tun Sie Ihren Gefühlen keinen ~ an! ne vous gênez pas!

zwang [tsvaŋ] *cf.* zwingen.

zwängen ['tsvɛŋən] **I** *v/t.* ⟨h⟩ in etw. ~ faire entrer de force dans qc.; presser, serrer dans qc.; durch etw. ~ faire passer de force à travers qc.; **II** *v/réfl.* sich durch e-e Öffnung ~ passer de force à travers une ouverture; sich in ein überfülltes Abteil ~ entrer de force dans un compartiment bondé.

Zwang|lauf ['tsvaŋlauf] *m techn.* circulation forcée; 2**los** *adj.* sans contrainte; sans façon; sans cérémonies; sans gêne (*alle auch adv.*); *von Personen u. ihrem Benehmen* naturel, -lle; das Werk erscheint in ~er Folge l'ouvrage sera publié en livraisons paraissant à intervalles irréguliers, variables; wir kommen heute abend ~ bei X zusammen nous nous réunissons sans cérémonies, sans façon ce soir chez X; ~ˌ**losigˌkeit** *f* ⟨~⟩ absence *f* de contrainte, de façons, de cérémonies, de gêne.

Zwangs|abgabe ['tsvaŋsˌʔapgaːbə] *f* taxe *f* obligatoire; ~ˌ**ablieferung** *f* livraison *f* obligatoire; ~ˌ**abtretung** *f* cession forcée; expropriation *f*; ~ˌ**anleihe** *f* emprunt forcé; ~ˌ**arbeit** *f* travaux forcés; ~ˌ**arbeiter** *m* forçat *m*; ~ˌ**aufenthalt** *m* résidence forcée, assignée; ~ˌ**aushebung** *f* recrutement forcé; ~ˌ**ausweisung** *f* expulsion *f*; ~ˌ**beitreibung** *f* recouvrement *m* par contrainte; ~ˌ**beitritt** *m* affiliation forcée, obligatoire; ~**beˌurlaubung** *f* mise *f* en congé d'office; ~**beˌwirtschaftung** *f* contingentement *m*; rationnement *m*.

Zwangschiene ['tsvaŋˌʃiːnə] *f chem.* contre-rail *m*.

Zwangs|erziehung ['tsvaŋsʔɛrˌtsiːʊŋ] *f* éducation *f* dans une maison de redressement, de correction; ~**erˌziehungsˌanstalt** *f* maison *f* de redressement, *früher* de correction; ~**geˌfühle** *n/pl. méd., psych.* sentiments *m/pl.* d'obsession; ~**haft** *f* contrainte *f* par corps; ~ˌ**handlung** *f méd., psych.* impulsion motrice, obsessionnelle, névrotique; ~ˌ**herrschaft** *f* tyrannie *f*; despotisme *m*; ~**hypoˌthek** *f* hypothèque *f* judiciaire; ~ˌ**jacke** *f* camisole *f* de force; ~**kauf** *m* achat *m* obligatoire; ~**kollektiˌvierung** *f* collectivisation forcée; ~ˌ**krankheit** *f méd. cf.* ~neurose; ~**kurs** *m* cours forcé; ~ˌ**lage** *f* (*Notlage*) nécessité *f*; in e-r ~ handeln agir par contrainte; j-n in die ~ versetzen, etw. zu tun mettre qn. dans la nécessité de faire qc.; 2ˌ**läufig 1.** *adj.* forcé; obligatoire; (*unvermeidlich*) inévitable; (*notwendig*) nécessaire; die ~e politische Entwicklung l'évolution politique inévitable; **2.** *adv.* forcément; inévitablement; nécessairement; de (toute) nécessité; par nécessité; par la force des choses; ~ˌ**läufigkeit** *f* ⟨~⟩ force *f* des choses; ~**liquidatiˌon** *f* liquidation forcée; ~ˌ**maßnahme** *f* mesure *f* de rigueur, de coercition, coercitive, répressive; ~ˌ**mittel** *n* moyen coercitif, de contrainte; ~**neuˌrose** *f méd.* névrose obsessionnelle; obsession *f*; ~**pensioˌnierung** *f* mise *f* à la retraite d'office; retraite forcée; ~ˌ**räumung** *f* expulsion *f*; évacuation forcée; ~**rekruˌtierung** *f cf.* Zwangsaushebung; ~ˌ**sparen** *n* épargne forcée; ~**verˌanlagung** *f* imposition *f* d'office; ~**verˌfahren** *n* procédure coercitive, de contrainte; ~**verˌgleich** *m* concordat *m*; arrangement forcé; ~**verˌkauf** *m* vente forcée; ~**verˌschickung** *f* déportation *f*; ~**verˌsicherte(r)** *m* assuré *m* obligatoire; ~**verˌsicherung** *f* assurance *f* obligatoire; 2**verˌsteigern** *v/t.* ⟨*nur inf. u. p.p.* zwangsversteigert, h⟩ etw. ~ vendre qc. par exécution forcée; ~**verˌsteigerung** *f* vente forcée aux enchères; vente *f* par licitation; ~**verˌwalter** *m* séquestre *m*; Einsetzung e-s ~s mise sous séquestre; ~**verˌwaltung** *f* séquestre *m*; etw. unter ~ stellen mettre qc. sous *od.* en séquestre; ~**vollˌstreckung** *f* exécution forcée; die ~ betreiben procéder à l'exécution forcée; saisir-exécuter; saisir-arrêter; ~ˌ**vorstellung** *f méd., psych.* idée obsessionnelle, fixe; obsession *f*; 2ˌ**weise 1.** *adj.* par contrainte; forcé; obligatoire; ~ Erfüllung exécution par voie de contrainte; ~r Verkauf vente forcée; **2.** *adv.* par contrainte; de *od.* par force; *jur.* par coercition; ~ pensioniert werden être mis à la retraite d'office; j-n ~ vorführen amener qn. de force; ~ˌ**wirtschaft** *f* ⟨~⟩ économie dirigée; dirigisme *m*; Abbau der ~ suppression graduelle du contrôle.

zwanzig ['tsvantsɪç] **I** *adj. num. c.* vingt; etwa ~, gegen ~, rund ~ une vingtaine (de); in den ~er Jahren dans les années vingt; mit 2 à vingt ans; Mitte der 2(er) entre vingt et trente ans; in den 2ern sein avoir (dé)passé sa vingtième année; avoir entre vingt et trente ans; **II** 2 *f* ⟨~; ~en⟩ vingt *m*; 2**er(in)** *m* ⟨~s; ~⟩ (*f*) ⟨~; ~nen⟩ homme *m*, femme *f*, personne *f* de vingt ans; ~**er-'lei** *adj.* ⟨*inv.*⟩ de vingt espèces; ~ˌ**fach**, ~ˌ**fältig** *adj.* vingt fois autant; vingt fois plus (*beide auch adv.*); vingtuple; das Zwanzigfache le vingtuple; 2ˌ**flächner** *m* ⟨~s; ~⟩ *math.* icosaèdre *m*; ~ˌ**jährig** *adj.* (âgé) de vingt ans; qui dure, de vingt ans; ~ˌ**mal** *adv.* vingt fois; 2'**markschein** *m* billet *m* de vingt marks; 2'**pfennigˌmarke** *f* timbre *m* de vingt pfennigs; ~**ste** *adj. num. o.* vingtième; der (den, am) ~(n) (20.) März le vingt (20) mars; 2**stel** *n* ⟨~s; ~⟩ vingtième *m*; ~**stens** *adv.* vingtièmement; en vingtième lieu.

zwar [tsvaːr] *adv. einräumend, meist mit folgendem „aber“* certes; en effet; il est vrai; à la vérité; en vérité; à vrai dire; er ist ~ reich, aber sehr geizig il est riche, c'est vrai, mais très avare; und ~ et pour préciser; c'est-à-dire; *vor Aufzählungen* (à) savoir; *wir wollen es versuchen* u. ~ so … et voici comment; *oft unübersetzt* er hat sich verletzt, u. ~ so schlimm, daß … il s'est blessé si grièvement que …

Zweck [tsvɛk] *m* ⟨~(e)s; ~e⟩ but *m*; fin *f*; objet *m*; *e-s Gebäudes etc.* usage *m*; destination *f*; (*Funktion*) fonction *f*; (*Sinn*) sens *m*; Räume für gewerbliche ~e locaux à usage commercial; das Gebäude ist für militärische ~e vorgesehen le bâtiment est destiné à des services de l'armée; der Mensch macht die Natur s-n ~en dienstbar l'homme asservit, domestique la nature; Stiftung für wohltätige ~e fondation de bienfaisance; für e-n wohltätigen ~ bestimmt sein être destiné à une œuvre humanitaire, de bienfaisance; das Geld ist nicht für den vorgesehenen ~ verwendet worden cet argent n'a pas été employé suivant la destination prévue, à l'usage prévu; der ~ dieses Schreibens ist … l'objet de la présente est …; la présente a pour objet …; e-m ~ dienen servir à qc.; e-m guten ~ dienen servir à, être destiné à, avoir des buts louables; dieser Apparat dient keinem anderen ~ cet appareil n'a pas d'autre destination, affectation; e-n ~ verfolgen poursuivre un but; s-n ⁓ erreichen, verfehlen atteindre, manquer son but; s-n ⁓ erfüllen remplir sa fonction; être utile; sein ⁓ u. Ziel ist ... il a pour but, objet ...; welchen ⁓ hat es, zu ... (+ *inf.*) à quoi sert-il de ... (+ *inf.*); das hat keinen ⁓ cela ne sert à rien; c'est sans objet; c'est inutile, insensé; es hat wenig ⁓ hinzugehen y aller n'a guère de sens; für besondere ⁓e à des fins spéciales; zu unerlaubten ⁓en à des fins, usages illicites; zu welchem ⁓? à quelle fin?; dans quel dessein?; dans quelle intention?; dans quel but?; pour quoi faire?; zu diesem ⁓ à cette fin; dans ce dessein; dans cette intention; à cet effet; zu dem ⁓, etw. zu tun dans le dessein, l'intention de faire qc.; zum ⁓e ... (+ *gén.*) en vue de ...; afin de ...; pour ...; F das ist der ⁓ der Übung voilà pourquoi on le fait; der ⁓ heiligt die Mittel *prov.* la fin justifie les moyens; **⁓bau** *m* ⟨⁓(e)s; ⁓ten⟩ construction *f* purement utilitaire; **2beˌstimmt** *adjt.* affecté, destiné à des fins déterminées; **⁓beˌstimmung** *f* affectation *f*; destination *f*; **2beˌtont** *adjt.* utilitaire; **2ˌdienlich** *adj. adm.* (*nützlich*) utile; *cf. auch* zweckmäßig; ⁓e Hinweise renseignements utiles; **⁓ˌdienlichˌkeit** *f* utilité *f*; *cf. auch* Zweckmäßigkeit.

Zwecke ['tsvɛkə] *f* ⟨⁓; ⁓n⟩ punaise *f*; *cord.* pointe *f*; clou *m* à brodequin.

zweck|entfremdet ['tsvɛkˀɛntˌfrɛmdət] *adjt.* désaffecté; **2entˌfremdung** *f* désaffectation *f*; **⁓entˌsprechend** *adjt.* conforme (*advt.* conformément) au but; (*passend*) approprié; convenable; adéquat; (*nützlich*) utile; **⁓frei** *adj.* non affecté; **⁓geˌbunden** *adjt.* affecté, destiné à des fins déterminées; **⁓geˌmäß** *adj. u. adv. cf.* ⁓entsprechend; **2ˌlehre** *f philos.* téléologie *f*; **⁓los** *adj.* inutile; ⁓ sein ne servir à rien; être sans objet, inutile, insensé; **2ˌlosigˌkeit** *f* ⟨⁓⟩ inutilité *f*; **⁓ˌmäßig 1.** *adj.* convenable; approprié; adéquat; (*praktisch*) pratique; (*nützlich*) utile; (*angebracht*) opportun; expédient; indiqué; à propos; **2.** *adv.* de façon convenable, appropriée, *etc.*; convenablement; **2ˌmäßigˌkeit** *f* ⟨⁓⟩ convenance *f*; utilité *f*; opportunité *f*; aus Gründen der ⁓ pour des raisons d'opportunité, de convenance; e-e Frage der ⁓ une question de convenance; **2mäßigkeitserˌwägungen** *f/pl.* considérations *f/pl.* d'opportunité; **2propaˌganda** *f* propagande tendancieuse; **⁓s** *prép.* ⟨*gén.*⟩ en vue de; pour; afin de; **2ˌsparen** *n* épargne *f* (à des fins) utilitaire(s); **2stil** *m bât.* style *m* sobre, purement utilitaire; **2ˌursache** *f philos.* cause finale; **2verˌband** *m in Deutschland* association *f*, groupement *m* intercommunal(e); **2verˌmögen** *n* patrimoine *m* d'affectation; **⁓voll** *adj. cf.* ⁓mäßig; **⁓ˌwidrig** *adj.* contraire au but; impropre; inapproprié; inadéquat; (*unzeitig*) inopportun; mal à propos.

zwei [tsvaɪ] **I** *adj. num. c.* deux; zu ⁓en, zu ⁓t à deux; sie ist Mutter ⁓er Kinder elle est mère de, elle a deux enfants; es ist halb ⁓ il est une heure et demie; jedes Ding hat (s-e) ⁓ Seiten chaque médaille a son revers; **II** 2 *f* ⟨⁓; ⁓en⟩ deux *m*; **2ˌachser** *m* ⟨⁓s; ⁓⟩ véhicule *m* à deux essieux; **⁓ˌachsig** *adj.* à deux essieux; biaxial; **⁓ˌadrig** *adj. élect., Kabel* bifilaire; à deux conducteurs; **⁓ˌarmig** *adj.* à deux bras, *Leuchter* branches; **⁓aˌtomig** *adj.* diatomique; **⁓ˌbändig** *adj.* en deux volumes; **⁓ˌbasisch** *adj. chim.* bibasique; **2bein** *n* bipied *m*; **⁓ˌbeinig** *adj.* à deux jambes, pattes; *sc.* bipède; dipode; **2bettˌzimmer** *n* chambre *f* à deux lits; **⁓ˌblätt(e)rig** *adj. bot.* à deux feuilles; *sc.* bifolié; diphylle; **⁓ˌblütig** *adj. bot.* à deux fleurs; *sc.* biflore; **2bund** *m* ⟨⁓(e)s⟩ *hist.* Duplice *f*; **2ˌdecker** *m* ⟨⁓s; ⁓⟩ *aviat.* biplan *m*; **⁓ˌdeutig** *adj.* à double sens, entente; ambigu, -ë; équivoque (*auch péj.*); (*verdächtig*) louche; *Hotel* borgne; e-e ⁓e Rolle spielen jouer un double rôle; ⁓er Witz plaisanterie équivoque; **2ˌdeutigˌkeit** *f* ⟨⁓; ⁓en⟩ ambiguïté *f*; équivoque *f* (*auch péj.*); **⁓dimensioˌnal** *adj.* à deux dimensions; **⁓ˌdrähtig** *adj.* bifilaire; **2'drittelˌmehrheit** *f* mit ⁓ à la majorité des deux tiers; **2er** *m* ⟨⁓s; ⁓⟩ *Ruderboot* canot *m* à deux rameurs; deux *m*; **2erˌbob** *m* bobsleigh *m* à deux; **⁓er'lei** *adj.* ⟨*inv.*⟩ de deux espèces; das ist ⁓ ce sont deux choses différentes; F ça fait deux; auf ⁓ Weise de deux manières différentes; ⁓ Reden führen souffler le chaud et le froid; Sagen u. Tun ist ⁓ *prov.* dire et faire sont deux; **⁓fach** *adj.* double; deux fois autant; deux fois plus (*beide auch adv.*); in ⁓er Ausfertigung en double, en deux exemplaires; das 2e le double; **2'fadenˌlampe** *f élect.* lampe *f* à deux filaments; **2fa'milienˌhaus** *n* maison *f* pour deux familles; **2'farbenˌdruck** *m* ⟨⁓(e)s; ⁓e⟩ *impr.* impression *f* bicolore, en deux couleurs; **⁓ˌfarbig** *adj.* de deux couleurs; bicolore.

Zweifel ['tsvaɪfəl] *m* ⟨⁓s; ⁓⟩ doute *m*; ohne ⁓ (*sicherlich*) sans aucun doute; *cf. auch* zweifellos; ohne jeden ⁓ sans aucun doute; incontestablement; sans conteste; das unterliegt keinem ⁓, das ist über jeden ⁓ erhaben, darüber besteht kein ⁓ il n'y a pas de doute à ce sujet; cela est 'hors de doute; cela ne peut être mis en doute; es unterliegt keinem ⁓, daß ... il est 'hors de doute, il est indubitable, incontestable que ... (+ *ind.*); etw. im ⁓ lassen laisser qc. en doute; j-n über etw. im ⁓ lassen laisser qn. dans le doute, dans l'incertitude au sujet de qc.; ⁓ haben, hegen avoir des doutes (hinsichtlich, wegen etw. sur qc.); im ⁓ sein über *od.* wegen etw. être dans le doute au sujet de qc.; in ⁓ ziehen mettre, révoquer en doute; mir kommen ⁓ il me vient des doutes; es besteht kein ⁓ an deinem guten Willen on ne doute pas de ta bonne volonté; darüber besteht nicht der geringste, leiseste ⁓ il n'y a pas l'ombre d'un doute à ce sujet.

Zweifelderwirtschaft [tsvaɪ'fɛldərˌvɪrtʃaft] *f* ⟨⁓⟩ *agr.* assolement biennal, à deux cultures.

zweifel|haft ['tsvaɪfəlˌhaft] *adj.* (*ungewiß*) douteux, -euse; incertain; *Vergnügen etc.* (*fragwürdig*) problématique; *Individuum, Aussehen etc.* (*verdächtig*) suspect; louche; *Nachricht* sujet, -tte à caution; ⁓es Unterfangen entreprise douteuse; etw. ⁓ machen jeter le doute sur qc.; es scheint mir recht ⁓, ob *od.* daß ... il me semble, il est fort douteux que ... (+ *subj.*); **⁓ˌlos** *adv.* sans aucun doute; indubitablement; incontestablement; **⁓n I** *v/i.* ⟨-(e)le, h⟩ an etw. ⁓ douter de qc.; ich zweifle, daß er kommt je doute qu'il vienne; ich zweifle nicht, daß er die Wahrheit gesagt hat je ne doute pas qu'il n'ait dit la vérité; zweifeln Sie, daß er kommt? doutez-vous qu'il (ne) vienne?; daran ist nicht zu ⁓ c'est 'hors de doute; **II** 2n *n* ⟨⁓s⟩ doute *m*; **2sˌfall** *m* im ⁓(e) en cas de doute; **⁓s'ohne** *adv. cf.* ⁓los; **2ˌsucht** *f* ⟨⁓⟩ manie *f* de douter de tout; *cf. auch* Skepsis; **⁓ˌsüchtig** *adj.* qui a la manie de mettre tout en doute, de douter de tout; *cf. auch* skeptisch.

zwei|fenstrig ['tsvaɪˌfɛnstrɪç] *adj.* à deux fenêtres; **⁓ˌflächig** *adj.* à deux faces; **⁓ˌflammig** *adj. Herd* à deux feux.

Zweifler|(in) ['tsvaɪflər(ɪn)] *m* ⟨⁓s; ⁓⟩ (*f*) ⟨⁓; ⁓nen⟩ esprit dubitatif; sceptique *m, f*; *litt.* pyrrhonien, -nne *m, f*; **2isch** *adj.* dubitatif, -ive; sceptique; *litt.* pyrrhonien, -nne.

zwei|flügelig ['tsvaɪˌfly:gəlɪç] *adj.* à deux ailes; *zo.* diptère; *Propeller* bipale; **2ˌflügler** *m/pl. zo.* diptères *m/pl.*; **2'frontenˌkrieg** *m* guerre *f* sur deux fronts; **⁓ˌfüßig** *adj. cf.* zweibeinig; **2ˌfüßler** *m* ⟨⁓s; ⁓⟩ *zo. sc.* bipède *m*.

Zweig [tsvaɪk] *m* ⟨⁓(e)s; ⁓e⟩ (*Ast*) branche *f* (*auch fig.*); *Teil des Astes* rameau *m*; *abgehauene* grüne ⁓e *bes. poét.* ramée *f*; F *fig.* auf keinen grünen ⁓ kommen ne pas réussir; ne pas faire fortune.

zweigängig ['tsvaɪˌgɛŋɪç] *adj. Schraube* à deux pas.

Zweig|anstalt ['tsvaɪkˌˀanʃtalt] *f* succursale *f*; **⁓bahn** *f chem.* embranchement *m*; ramification *f*; ligne *f* secondaire; **⁓bank** *f* ⟨⁓; ⁓en⟩ succursale *f* de banque; **⁓beˌtrieb** *m*, **⁓büˌro** *n* succursale *f*; filiale *f*.

zwei|geschlechtig ['tsvaɪgəˌʃlɛçtɪç] *adj.* hermaphrodite; bissexué; bissexuel, -lle; **⁓geˌschossig** *adj.* à deux étages; *Brücke etc.* à voies superposées; **2geˌspann** *n* attelage *m* à deux chevaux; *fig.* ein gutes ⁓ sein faire un bon tandem; **⁓geˌstrichen** *adj. mus.* ⁓e Note note de la région quatre; **⁓geˌteilt** *adj.* ⁓e Stadt ville coupée en deux, scindée.

Zweig|geschäft ['tsvaɪkgəˌʃɛft] *n* succursale *f*; filiale *f*; **⁓geˌsellschaft** *f* société, compagnie affiliée.

Zweigitterröhre [tsvaɪ'gɪtərˌrø:rə] *f élect.* lampe *f* à double grille; bigrille *f*.

Zweiglein ['tsvaɪklaɪn] *n* ⟨⁓s; ⁓⟩ ramuscule *m*; (*Reis*) brindille *f*.

zweigleisig ['tsvaɪˌglaɪzɪç] *adj. chem.* à double voie; **2ˌkeit** *f* ⟨⁓⟩ *chem.* système *m* à double voie.

Zweigleitung ['tsvaɪkˌlaɪtʊŋ] *f élect.* dérivation *f*; ligne *f* de branchement.

zweigliedrig ['tsvaɪˌgli:drɪç] *adj. zo.* biarticulé; *math.* binôme.

Zweig|linie ['tsvaɪkˌli:nˑə] *f cf.* Zweigbahn; **⁓niederlassung** *f cf.* Zweiggeschäft; **⁓statiˌon** *f chem.* station *f* de bifurcation *f*; **⁓ˌstelle** *f* succursale *f*; *tél.* poste *m* supplémentaire; **⁓stelˌlenˌnetz** *n* réseau *m* de succursales; **⁓ˌstrecke** *f chem.* embranchement *m*.

zwei|händig ['tsvaɪˌhɛndɪç] *adj.* à deux mains (*auch mus.*); *sc.* bimane; **⁓ˌhäusig** *adj. bot.* dioïque; **2heit** *f* ⟨⁓⟩ dualité *f*; **⁓ˌhöckerig** *adj.* à deux bosses; **⁓ˌhörnig** *adj.* bicorne; **2ˌhufer** *m/pl. zo.* fissipèdes *m/pl.*; bisulques *od.* bisulces *m/pl.*; **⁓'hundert** *adj. num. c.* deux cents; **2ˌhundert'jahrˌfeier** *f* bicentenaire *m*; **⁓ˌjährig** *adj.* **a)** (âgé) de deux ans; **b)** de, qui dure deux ans; *Amtszeit* biennal; *bot., Pflanzen* bisannuel, -lle; **⁓ˌjährlich** *adj.* qui revient tous les deux ans; bisannuel, -lle; biennal; **2'kammersysˌtem** *n pol.* bicamérisme *m*; **2kampf** *m* combat singulier; duel *m* (*auch jur.*); rencontre *f*; j-n zum ~ (heraus)fordern provoquer qn. en duel; **2ˌkeimˌblättrige** *f/pl.* ⟨→ A⟩ *bot.* dicotylédones *od.* dicotylédonées *f/pl.*; **2ˈkindersysˌtem** *n* système familial à deux enfants; **~ˌköpfig** *adj.* à deux têtes; à double tête; *sc.* bicéphale; **~ˌlappig** *adj.* à deux lobes; *bot.* bilobé; **2ˈleiterˌkabel** *n élect.* câble *m* bifilaire, à deux conducteurs; **~mal** *adv.* deux fois; ~ im Jahr, ~ jährlich *erscheinend* semestriel, -lle; ~ im Monat, ~ monatlich bimensuel, -lle; ~ in der Woche, ~ wöchentlich deux fois par semaine; bihebdomadaire; ~ am Tag, ~ täglich biquotidien, -nne; es sich nicht ~ sagen lassen ne pas se le laisser répéter, faire dire deux fois; *fig.* ne pas se faire tirer l'oreille; sich etw. ~ überlegen y regarder à deux fois; **~ˌmalig** *adj.* qui se fait deux fois; (*wiederholt*) répété; **2ˈmarkˌstück** *n* pièce *f* de deux marks; **2ˌmaster** *m* ⟨~s; ~⟩ *mar.* deux-mâts *m*; brick *m*; **~ˈmonatig** *adj.* de, qui dure deux mois; **~ˈmonatlich** *adj.* bimestriel, -lle; **~moˌtorig** *adj.* bimoteur; ~es Flugzeug bimoteur *m*; **2parˈteiensysˌtem** *n pol.* bipartisme *m*; **2ˈpfennigˌstück** *n* pièce *f* de deux pfennigs; **2ˈphasenˌstrom** *m élect.* courant diphasé; **~ˌphasig** *adj. élect.* biphasé; diphasé; **~ˌpolig** *adj.* bipolaire; **2polˌröhre** *f élect.* diode *f*; **2polˌschaltung** *f élect.* bipôle *m*; **2rad** *n* véhicule *m* à deux roues; Zweiräder *pl.* F deux-roues *m/pl.*; **2radindusˌtrie** *f* industrie *f* du cycle et du motocycle; **~ˌräd(e)rig** *adj.* à deux roues; **2ˌreiher** *m* ⟨~s; ~⟩ *Anzug* complet croisé; **~ˌreihig** *adj. Anzug* croisé; **2ˈröhrenemˌpfänger** *m rad.* (poste) récepteur *m* à deux lampes; **2samˌkeit** *poét. f* ⟨~⟩ vie *f* à deux, en commun; **~ˌschläf(e)rig** *adj. Bett* à deux personnes; **~ˌschneidig** *adj.* à deux tranchants; *fig.* ein ~es Schwert une épée, une arme à double tranchant, à deux tranchants; **~ˌseitig** *adj.* bilatéral; *Vertrag* biparti(te); *Schriftstück* de deux pages; ~er Stoff étoffe réversible; **~ˌsilbig** *adj.* de deux syllabes; *sc.* dissyllab(iqu)e; ~es Wort dissyllabe *m*; **2ˌsitzer** *m* ⟨~s; ~⟩ voiture *f* à deux places; *aviat.* biplace *m*; offener ~ roadster *m*; **~ˌsitzig** *adj.* à deux sièges, places; *aviat.* biplace; **~ˌspaltig** *adj. impr.* à deux colonnes; **2ˌspänner** *m* ⟨~s; ~⟩ voiture *f* à deux chevaux; **~ˌspännig** *adj.* attelé de deux chevaux; ~ fahren rouler en voiture à deux chevaux; **2spitz** *m* bicorne *m*; **~ˌsprachig** *adj.* bilingue; en deux langues; **2ˌsprachigˌkeit** *f* ⟨~⟩ bilinguisme *m*; **~ˌspurig** *adj.* à deux voies; à double voie; **~ˌstellig** *adj. Zahl* de deux chiffres; **~ˌstimmig** *adj. mus.* à deux voix, parties; ~er Gesang chant à deux voix; **~ˌstöckig** *adj.* à deux étages; **~ˌstufig** *adj.* à deux étages; **~ˌstündig** *adj.* de deux heures; **~ˌstündlich** *adj.* toutes les deux heures.

zweit [tsvaɪt] zu ~ *cf.* zwei.

zwei|tägig [ˈtsvaɪˌtɛːgɪç] *adj.* **a)** (âgé) de deux jours; **b)** de, qui dure deux jours; **2ˌtakter** *m* ⟨~s; ~⟩ *Kurzform cf.* 2taktmotor; **2taktgeˌmisch** *n* mélange *m* (pour) deux temps; **2taktˌmotor** *m* moteur *m* à deux temps; **2taktˌöl** *n* huile *f* pour (moteur à) deux temps.

zweit|ältest [ˈtsvaɪtˌʔɛltəst] *adj.* cadet, -tte; deuxième; second; puîné; **2ˌälteste(r)** *f (m)* ⟨→ A⟩ cadet, -tte *m, f*; deuxième *m, f*; second, -e *m, f*; puîné, -e *m, f*.

zweitausend [ˈtsvaɪˈtaʊzənt] *adj. num. c.* deux mille.

Zweit|ausfertigung [ˈtsvaɪtˌʔaʊsfɛrtɪgʊŋ] *f* duplicata *m*; double *m*; copie *f*; *jur.* ampliation *f*; **2best** *adj.* deuxième; **~ˌbeste(r)** *f (m)* ⟨→ A⟩ deuxième *m, f*.

zweite [ˈtsvaɪtə] *adj. num. o.* second; *bei weiterer Folge* deuxième; der (am, den) ~(n) (2.) des Monats le deux (2) du mois; ~s Frühstück casse-croûte *m*; ~r Chef sous-chef *m*; der 2 Weltkrieg la seconde guerre mondiale; die ~ Besetzung *e-s Stückes* les doublures *f/pl.*; ~r Artikel article deux; ~s Kapitel chapitre deux; deuxième chapitre; Heinrich II. (der 2) Henri II (deux); ein ~r Napoleon un autre, second Napoléon; das 2 Gesicht la double, seconde vue; aus ~r Hand de seconde main; Vetter ~n Grades cousin au second degré; sich zum ~n Mal verheiraten se marier en secondes noces; an ~r Stelle en second; in ~r Linie en second lieu; die ~ Geige spielen *mus.* jouer comme deuxième violon; être deuxième violon; *fig.* tenir, jouer le second rôle; être toujours au second plan; zum ~n *cf.* zweitens.

zweiteil|ig [ˈtsvaɪˌtaɪlɪç] *adj.* en deux parties; composé de deux parties; divisé en deux; *Badeanzug, Kleid* en deux pièces; *bot.* biparti(te); **2ung** *f* division *f* en deux parties; *bot.* bipartition *f*.

zweitens [ˈtsvaɪtəns] *adv.* secondement; deuxièmement; en second lieu; secundo (*geschrieben* 2°).

zweit|geboren [ˈtsvaɪtgəˌboːrən] *adj.* puîné; second; cadet, -tte; **~ˌjüngst** *adj.* avant-dernier, -ère; **2ˌjüngste(r)** *f (m)* ⟨→ A⟩ avant-dernier *m*; avant-dernière *f*; **~ˌklassig** *adj. Ware* de seconde qualité; de qualité inférieure; *fig. péj.* de deuxième qualité, classe, catégorie; **~ˌletzt** *adj.* avant-dernier; avant-dernière; **2ˌmädchen** *n* deuxième femme *f* de ménage.

Zwei|tonner [ˈtsvaɪˌtɔnər] *m* ⟨~s; ~⟩ *Lastkraftwagen* deux-tonnes *m*; **2ˌtourig** *adj.* à deux tours.

zweit|rangig [ˈtsvaɪtˌraŋɪç] *adj. Frage, Problem etc.* secondaire; de second ordre; subsidiaire; *fig. péj. cf.* zweitklassig; alles andere ist ~ tout le reste vient en second (ordre), est secondaire, est d'importance secondaire; **2schrift** *f cf.* Zweitausfertigung.

Zweiunddreißig|erformat [ˈtsvaɪʔʊntˈdraɪsɪgərfɔrˌmaːt] *n* ⟨~(e)s⟩ *impr.* in-trente-deux *m*; **~stelˌnote** *f mus.* triple croche *f*; **~stelˌpause** *f mus.* 'huitième *m* de soupir.

Zweiviertelˌtakt [tsvaɪˈfɪrtəlˌtakt] *m mus.* deux-quatre *m*.

Zwei|weggleichrichter [ˈtsvaɪveːkˌglaɪçrɪçtər] *m élect.* redresseur *m* à deux alternances; **~wegˌhahn** *m techn.* robinet *m* à deux voies; **~wegverˌstärker** *m élect.* amplificateur *m* duplex; **2ˌwertig** *adj. chim.* bivalent; **~ˌwertigˌkeit** *f* ⟨~⟩ bivalence *f*; **~zack** *m* ⟨~(e)s; ~e⟩ *agr.* bident *m*; **2ˌzackig** *adj.* à deux dents, fourchons; *bot.* bifurqué; **~zahn** *m bot.* bident *m*; **~ˌzeiler** *m* ⟨~s; ~⟩ distique *m*; **2ˌzeilig** *adj.* de deux lignes; **~ˈzimmerˌwohnung** *f* appartement *m* de deux pièces; F deux-pièces *m*; **~zyˈlinder(ˌmotor)** *m (m)* moteur *m* à deux cylindres; bicylindre *m*.

Zwerchfell [ˈtsvɛrçfɛl] *n anat.* diaphragme *m*; *fig.* das ~ erschüttern désopiler (la rate); **2erˌschütternd** *fig. adjt.* désopilant.

Zwerg|(in) [tsvɛrk, ˈtsvɛrgɪn] *m* ⟨~(e)s; ~e⟩ *(f)* ⟨~; ~nen⟩ nain, -e *m, f*; pygmée *m* (*beide auch myth., fig.*); **~baum** *m* arbre nain; **~ˌbohne** *f bot.* 'haricot nain; **2(enˌ)haft** *adj.* nain; **~enˌhaftigkeit** *f* ⟨~⟩ extrême petitesse *f*; **~huhn** *n zo.* poule naine; **2ig** *adj. cf.* 2(en)haft; **~ˌkiefer** *f bot.* pin *m* des montagnes; **~ˌpalme** *f bot.* palmier nain; **~ˌpudel** *m zo.* caniche nain; **~ˌrasse** *f* race naine; **~ˌröhre** *f élect.* tube *m*, lampe *f* miniature; **~ˌvölker** *n/pl.* Pygmées *m/pl.*; populations naines; peuples *m/pl.* de nains; **~wuchs** *m* nanisme *m*.

Zwetsch(g)e [ˈtsvɛtʃ(g)ə] *f* ⟨~; ~n⟩ *bot.* quetsche [kwɛtʃ] *f*; **~nˌbaum** *m bot.* quetschier *m*; **~nˌmus** *n* confiture *f* de quetsches; **~nˌschnaps** *m*, **~nˌwasser** *n* ⟨~s; ~⟩ (eau-de-vie *f* de) quetsche *f*.

Zwickel [ˈtsvɪkəl] *m* ⟨~s; ~⟩ *e-r Hose* chanteau *m*; *am Strumpf* petit coin; *am Handschuh* fourchette *f*; *bât.* (*Hänge2*) pendentif *m*; (*Bogen2*) écoinçon *m*.

zwick|en [ˈtsvɪkən] F **I** *v/t.* ⟨h⟩ pincer; *fig.* j-n ~ (*j-m keine Ruhe lassen*) tourmenter, tracasser, F turlupiner qn.; **II** **2en** *n* ⟨~s⟩ pincement *m*; **2er** *m* ⟨~s; ~⟩ pince-nez *m*; binocle *m*; lorgnon *m*; **2ˌmühle** *f fig.* in der ~ sein être dans l'embarras, dans une situation embarrassante, F dans le pétrin; **2ˌzange** *f cord.* pince coupante.

Zwieback [ˈtsviːbak] *m* ⟨~(e)s; ~e *od.* ~e⟩ biscotte *f*; biscuit *m*; *kleiner* biscotin *m*.

Zwiebel [ˈtsviːbəl] *f* ⟨~; ~n⟩ *cuis.* oignon *m*; *bot.* (*Blumen2*) bulbe *m*; *bât., e-s Kirchturms* bulbe *m*; F *fig.* (*Taschenuhr*) F oignon *m*; P toquante *f*; **2ˌartig** *adj.* bulbeux, -euse; *sc.* cépacé; **~ˌbeet** *n* oignonière *f*; **~ˌeierˌkuchen** *m cuis.* omelette *f* aux oignons; **~ˌfeld** *n* oignonière *f*; **~ˌfische** *m/pl. impr.* coquilles *f/pl.*; **2ˌförmig** *adj.* en forme de bulbe; bulbeux, -euse; bulbiforme; **~geˌricht** *n cuis.* oignonade *f*; **~geˌruch** *m* odeur *f* d'oignon; **~geˌschmack** *m* goût *m* d'oignon; **~geˌwächs** *n bot.* plante bulbeuse; **~ˌhaube** *f bât.* (coupole *f* à) bulbe *m*; coupole bulbeuse; **~ˌkuchen** *m* gâteau *m* aux oignons; **2n** F *v/t.* ⟨-(e)le, h⟩ brimer; dresser; F asticoter; faire marcher; *écol.* bizuter; P faire marner; en faire baver, roter (à); **~ˌsamen** *m* graine *f* d'oignon; **~ˌschale** *f* pelure *f* d'oignon; **~ˌscheibe** *f* rondelle *f* d'oignon; **~ˌsoße** *f cuis.* sauce *f* à l'oignon; **~ˌsuppe** *f cuis.* soupe *f* à l'oignon; **~ˌtunke** *f cf.* ~soße; **~ˌturm** *m bât.* clocher bulbeux.

zwie|fach [ˈtsviːfax], **~ˌfältig** *adj.* double; **~geˌnäht** *adjt. cord.* cousu double; **2geˌsang** *m* duo *m*; **2geˌspräch** *n* dialogue *m*; entretien *m*; *vertrauliches* tête-à-tête *m*; **2laut** *m cf.* Diphthong; **2licht** *n* ⟨~(e)s⟩ demi-jour *m*; im ~ entre chien et loup; à la brune; **~ˌlichtig** *fig. adj.* douteux, -euse; peu sûr; **2meˌtall** *n cf.* Bimetall; **2spalt** *m* ⟨~(e)s; ~e *od.* ~e⟩ conflit *m*; désaccord *m*; innerer ~ déchirement, tiraillement, conflit intérieur; contradiction, division intérieure; der ~ zwischen Gefühl u. Vernunft le conflit, désaccord entre le sentiment et la raison; mit sich selbst im ~ sein être en désaccord avec soi-même; ich befinde mich in e-m ~ je suis déchiré par un conflit intérieur; er leidet unter dem ~ von Wollen u. Können il est déchiré entre le vouloir et le pouvoir; er leidet unter dem ~ s-r Natur il souffre de ses déchirements, contradictions intérieur(e)s; ~ˌ**spältig** *adj.* désuni; en désaccord; ~e Gefühle sentiments opposés, contradictoires; ~es Wesen nature intérieurement déchirée, tiraillée; nature désunie, en désaccord avec elle-même; 2ˌ**spältigˌkeit** *f* ⟨~⟩ *cf.* 2spalt (innerer ~) die ~ s-r Gefühle ses sentiments contradictoires; 2ˌ**sprache** *f cf.* 2gespräch; 2**tracht** *f* ⟨~⟩ discorde *f*; zizanie *f*; mésentente *f*; ~ säen, stiften faire naître, semer, jeter la discorde, la mésentente, la zizanie; ~ˌ**trächtig** *adj.* désuni; divisé; en désaccord; 2**trachtˌstifter** *m* brandon *m* de discorde.

Zwil(li)ch ['tsvɪl(ɪ)ç] *m* ⟨~(e)s; ~e⟩ *text.* coutil *m.*

Zwilling ['tsvɪlɪŋ] *m* ⟨~s; ~e⟩ *Knabe* jumeau *m*; *Mädchen* jumelle *f*; *astr.* die ~e les Gémeaux *m/pl.*; siamesische ~e frères (sœurs) siamois(es); eineiige ~e vrais jumeaux; jumeaux identiques; zweieiige ~e faux jumeaux; jumeaux fraternels; mit ~en niederkommen accoucher de jumeaux, jumelles; ~sˌ**anordnung** *f* disposition jumelle; 2sˌ**blumig** *adj. bot. sc.* gémelliflore; ~sˌ**bogen** *m bât.* arc géminé; ~sˌ**bruder** *m* frère jumeau; sein, ihr ~ son jumeau; ~sˌ**dampfmaˌschine** *f techn.* machine *f* à vapeur à cylindres jumelés; ~sˌ**frucht** *f* fruit jumeau; ~s-**geˌburt** *f* accouchement *m* gémellaire; ~s**geˌschütz** *n milit.* pièce jumelle; ~s-**geˌschwister** *pl.*, ~sˌ**paar** *n* jumeaux *m/pl.*; jumelles *f/pl.*; ~sˌ**räder** *n/pl.* roues jumelées; ~sˌ**reifen** *m/pl.* pneus jumelés; ~sˌ**rohre** *n/pl. milit.* canons jumelés; ~sˌ**schacht** *m mines* puits double; ~sˌ**schwangerschaft** *f* grossesse *f* gémellaire, double; ~sˌ**schwester** *f* sœur jumelle; s-e, ihre ~ sa jumelle; ~sˌ**stecker** *m élect.* fiche jumelée, double; ~sˌ**waffe** *f milit.* arme *f* bitube.

Zwingburg ['tsvɪŋburk] *f* château fort; citadelle *f.*

Zwinge ['tsvɪŋə] *f* ⟨~; ~n⟩ *techn.* bride *f* de fixation; collier *m*; frette *f*; *Tischlerei* serre-joint *m*; 'happe *f*; (*Stock*2) virole *f* (*auch an e-m Messer*); embout *m*; fer *m*; mit e-r ~ versehen munir d'une bride, d'une frette, *etc.*; brider; fretter; Stock viroler; embouter.

zwingen ['tsvɪŋən] *v/t.* (*u. v/réfl.*) ⟨zwingt, zwang, gezwungen, h⟩ *durch Gewalt* (se) forcer (zu etw. à qc.; etw. zu tun à *od.* de faire qc.); *durch moralischen, geistigen Zwang* (s')obliger (à qc.; à *od.* de faire qc.); *durch Autorität, Macht* (se) contraindre (à qc.; à *od.* de faire qc.); *durch Not, Pflicht* (s')astreindre (à qc.; à faire qc.); sich ~, etw. zu tun *auch* faire un effort pour faire qc.; j-n ~, sich zu erklären F mettre qn. au pied du mur; er läßt sich nicht ~ il ne souffre, supporte point de contrainte; j-n zum Gehorsam ~ contraindre, réduire qn. à l'obéissance; imposer l'obéissance à qn.; den Gegner auf *od.* in die Knie ~ venir à bout de l'adversaire; *beim Essen* etw. ~ venir à bout de qc.; sich zu e-m Lächeln ~ s'efforcer de sourire; gezwungen lachen ne rire que du bout des lèvres; sich gezwungen sehen, etw. zu tun se voir obligé de, en être réduit à faire qc.; ich bin gezwungen, zu ... (+ *inf.*) force m'est de ... (+ *inf.*); *cf. auch* gezwungen; ~**d** *adjt.* ~e Gründe raisons impérieuses, impératives, majeures; impératifs *m/pl.*; ~e Notwendigkeit nécessité absolue; besoin absolu; ~er Beweis preuve péremptoire; ~er Schluß conclusion irrésistible; raisonnement rigoureux; ~e Umstände force majeure.

Zwinger ['tsvɪŋər] *m* ⟨~s; ~⟩ *fortif.* lice *f*; enceinte *f*; *für Löwen etc.* cage *f*; *für Bären* fosse *f*; *für Hunde* chenil *m.*

Zwingherr ['tsvɪŋhɛr] *m* despote *m*; tyran *m*; ~**schaft** *f* despotisme *m*; tyrannie *f.*

Zwinglianer [tsvɪŋli'ˈɑːnər] *m/pl.* zwingliens *m/pl.*; partisans *m/pl.* de Zwingli.

zwinkern ['tsvɪŋkərn] *v/i.* ⟨-(e)re, h⟩ (mit den Augen) ~ cligner des yeux.

zwirbeln ['tsvɪrbəln] *v/t.* ⟨-(e)le, h⟩ tordre; tortiller; *Bart* friser.

Zwirn [tsvɪrn] *m* ⟨~(e)s; ~e⟩ *m* fil fort, retors; ein Sternchen ~ une carte de fil fort; 2**en I** *adj.* de fil fort; **II** *v/t.* ⟨h⟩ retordre; *Seide* mouliner; **III** ~**en** *n* ⟨~s⟩ retordage *od.* retordement *m*; tors *m*; *der Seide* moulinage *m*; ~**er** (**-in**) *m* ⟨~s; ~⟩ (*f*) ⟨~; ~nen⟩ retordeur, -euse *m, f*; (*Seiden*2) moulineur, -euse *m, f*; moulinier, -ère *m, f*; ~**e'rei** *f* ⟨~; ~en⟩ retorderie *f*; ~ˌ**handschuh** *m* gant *m* de fil; ~**maˌschine** *f* retordoir *od.* retorsoir *m*; métier *m* à retordre; ~ˌ**rolle** *f* bobine *f* de fil fort; ~**s-ˌfaden** *m* (brin *m*, aiguillée *f* de) fil fort; *fig.* über Zwirnsfäden stolpern être arrêté par des difficultés mineures, par des bagatelles; ~ˌ**spitze** *f* dentelle *f* de fil.

zwischen ['tsvɪʃən] *prép.* ⟨*acc. bzw. dat.*⟩ entre; (*mitten unter*) parmi; au milieu de; ~ zwei Zügen entre deux trains; e-e Frau ~ fünfzig u. sechzig (Jahren) une femme de cinquante à soixante, entre cinquante et soixante ans; ~ heut u. morgen d'ici à demain; ~ den Sitzungsperioden pendant l'inter-session; dans l'intervalle des sessions; ~ Furcht u. Hoffnung schweben flotter entre la peur et l'espérance; ~ zwei Parteien vermitteln faire l'intermédiaire entre deux parties; es wächst viel Unkraut ~ der Petersilie il y a beaucoup de mauvaises herbes mêlées au persil.

Zwischen|abkommen ['tsvɪʃənˌˀapkɔmən] *n* accord *m* provisoire; intérimaire; ~ˌ**abschluß** *m cf.* ~bilanz; ~ˌ**akt** *m thé.* intermède *m*; ~**aktmuˌsik** *f* entracte *m*; intermède musical; *cf. auch* ~spiel; ~**beˌmerkung** *f* interruption *f*; *des Redners* (*Abschweifung*) (petite) digression *f*; ~**beˌscheid** *m* réponse *f* provisoire; ~**biˌlanz** *f* bilan *m* provisoire, intermédiaire; 2ˌ**blenden** *v/t.* ⟨-ete, *sép.*, -ge-, h⟩ *Film* intercaler; insérer; ~ˌ**boden** *m* fond intermédiaire; ~ˌ**deck** *n mar.* entrepont *m*; ~-ˌ**decke** *f* plafond *m* intermédiaire; ~-ˌ**ding** *n* (objet *m*) intermédiaire *m* (entre ... et ...); chose *f* qui tient le milieu entre ... et ...; 2'**drin** F *adv.* au milieu de ... (*par ex.* la foule); parmi ... (*par ex.* les autres); 2'**durch** *adv.* à, au travers; *zeitlich* (*inzwischen*) entre-temps; (*gleichzeitig*) en même temps; ~ˌ**eiszeit** *f* période *f* interglaciaire; ~-**entˌscheid** *m* décision *f* provisoire; *jur.* interlocutoire *m*; ~**erˌgebnis** *n* résultat *m* provisoire; ~**erˌzeugnis** *n* produit *m* intermédiaire; ~ˌ**fall** *m* incident *m*; ~ˌ**farbe** *f* demi-teinte *f*; ~-ˌ**feld** *n bât.* métope *f*; ~ˌ**flughafen** *m aviat.* (aéroport *m* d')escale *f*; ~ˌ**form** *f* forme *f* intermédiaire, de transition; ~ˌ**frage** *f* question incidente; ~**fre-ˌquenz** *f rad.* fréquence moyenne, intermédiaire; ~ˌ**frucht** *f agr.* produit *m* agricole en culture dérobée; plante dérobée; ~ˌ**fruchtbau** *m* ⟨~(e)s⟩ *agr.* cultures dérobées; ~ˌ**futter** *n cout.* doublure *f* intercalaire; ~ˌ**gas** *n Auto* double débrayage *m*; ~ geben faire un double débrayage; ~**geˌschoß** *n bât.* entresol *m*; ~ˌ**glied** *n* membre *m* intermédiaire; 2ˌ**glühen I** *v/t.* ⟨*sép.*, -ge-, h⟩ *métall.* soumettre à un recuit intermédiaire; **II** ~ˌ**glühen** *n métall.* recuit *m* intermédiaire; ~ˌ**hafen** *m mar.* (port *m* d')escale *f*; port *m* de relâche; *Transithandel* port *m* de transit; ~ˌ**handel** *m* **a)** *cf.* Transithandel; **b)** (*Produktionsverbindungshandel*) commerce interindustriel, des biens de production; **c)** (commerce *m* de) demi-gros *m*; ~ˌ**händler** *m* intermédiaire *m*; entrepositaire *m*; commerçant *m* en demi-gros; ~ˌ**handlung** *f* épisode *m*; 2'**her** F *adv.* en même temps; entre-temps; ~ˌ**hirn** *n anat.* encéphale *m* intermédiaire; ~ˌ**kiefer** *m anat.* os *m* intermaxillaire; ~ˌ**klage** *f jur.* demande, action incidente; ~**kon-ˌtakt** *m élect.* contact *m* intermédiaire; ~**kreˌdit** *m* crédit *m* provisoire, transitoire; ~ˌ**kreis** *m élect.* circuit *m* intermédiaire; ~ˌ**kühlung** *f techn.* refroidissement *m* intermédiaire; 2ˌ**landen** *v/i.* ⟨-ete, *sép.*, -ge-, sein⟩ *aviat.* faire escale; ~ˌ**landung** *f aviat.* escale *f*; ohne ~ sans escale; e-e ~ machen faire escale; ~ˌ**lauf** *m Sport* repêchage *m*; demi-finale *f*; 2ˌ**liegend** *adjt.* intermédiaire; ~ˌ**lösung** *f* solution *f* provisoire; ~ˌ**mahlzeit** *f* casse-croûte *m*; en-cas *od.* encas *m*; *am Nachmittag* collation *f*; goûter *m*; ~ˌ**mauer** *f bât.* mur mitoyen, de refend; ~ˌ**meister** *m* sous-entrepreneur *m*; sous-traitant *m*; 2ˌ**menschlich** *adj.* entre les humains; ~ˌ**pause** *f* intervalle *m*; ~**proˌdukt** *n cf.* ~erzeugnis; ~ˌ**prüfung** *f* examen *m* intermédiaire; ~ˌ**rad** *n techn.* roue *f* intermédiaire; ~ˌ**raum** *m zeitlich u. räumlich* intervalle *m*; *nur räumlich* espace *m* (intermédiaire); espacement *m*; *kleiner* interstice *m*; (*Entfernung*) distance *f*; (*Lücke*) lacune *f*; *impr.* blanc *m*; *zwischen den Zeilen* interligne *m*; ~ˌ**rede** *f* interruption *f*; ~-ˌ**redner** *m* interrupteur *m*; ~ˌ**regelung** *f* règlement *m* provisoire; ~**reˌgierung** *f* gouvernement *m* de transition; règne *m* transitoire; interrègne *m*; ~ˌ**reich** *n* interrègne *m*; ~ˌ**ruf** *m* interruption *f*; interpellation *f*; ~ˌ**rufer** *m* interrupteur *m*; interpellateur *m*; ~ˌ**runde** *f Sport* tour *m* de repêchage; demi-finale *f*; 2ˌ**schalten** *v/t.* ⟨*nur inf. u. p.p.* zwischengeschaltet⟩ *élect.* intercaler; insérer; ~ˌ**schaltung** *f élect.* intercalation *f*; intercalage *m*; ~-ˌ**schein** *m* certificat *m* provisoire; ~ˌ**schicht** *f* couche *f* intermédiaire; 2ˌ**schieben** *v/t.* ⟨*nur inf. u. p. p.* zwischengeschoben⟩ intercaler; interposer; ~ˌ**sender** *m rad.* station-relais *f*; émetteur-relais *m*; ~ˌ**sohle** *f cord.* semelle *f* intercalaire; ~ˌ**spiel** *n thé.* intermède *m*; *mus.* intermède musical; interlude *m*; intermezzo *m*; 2ˌ**staatlich** *adj.* entre États; international; ~er Handel commerce entre États; ~ˌ**stadium** *n* phase *f*, stade *m* intermédiaire, transitoire; ~-**statiˌon** *f chem.* station *f* intermédiaire; ~ˌ**stecker** *m élect.* fiche *f* intermédiaire; 2ˌ**stellen** *v/t.* ⟨*nur inf. u. p.p.* zwischengestellt⟩ interposer; ~ˌ**stellung** *f* position *f* intermédiaire; ~ˌ**stock** *m cf.* ~geschoß; ~ˌ**stück** *n* pièce *f* intermédiaire; raccord *m*; manchon *m*; ~ˌ**stufe** *f* degré *m* intermédiaire; ~ˌ**stunde** *f* heure creuse; ~ˌ**träger(in)** *m* ⟨~s; ~⟩ (*f*) ⟨~; ~nen⟩ rapporteur, -euse *m, f*; *bât.* poutre *f* intermédiaire; entretoise *f*; **~ˌurteil** *n jur.* interlocutoire *m*; **~verˌkauf** *m* vente *f* par intermédiaire; **~ˌwand** *f* cloison *f*; **~ˌwert** *m* valeur *f* intermédiaire; **~ˌzählung** *f* recensement *m* intermédiaire; **~ˌzeile** *f* interligne *m*; entre-ligne *m*; **♀ˌzeilig** *adj.* interlinéaire; **~ˌzeit** *f* intervalle *m* (de temps); temps *m* intermédiaire; *in der ein Posten unbesetzt oder durch e-n Vertreter besetzt ist* intérim [-im] *m*; **in der ~** durant, pendant ce temps (-là); entre-temps; en attendant; sur ces entrefaites; *in der ein Posten unbesetzt oder durch e-n Vertreter besetzt ist* par intérim; pendant l'intérim; provisoirement.

Zwist [tsvɪst] *m* ⟨~es; ~e⟩ désaccord *m*; désunion *f*; dissension *f*; (*Zwietracht*) discorde *f*; (*Streit*) querelle *f*; différend *m*; fâcherie *f*; brouille *f*; **mit j-m in ~ geraten** avoir un différend, une querelle, brouille avec qn.; **den ~ beilegen, begraben** enterrer la querelle; **mit j-m in** *od.* **im ~ leben** être en froid, être brouillé avec qn.; **~igˌkeiten** *f/pl. cf.* Zwist.

zwitschern [ˈtsvɪtʃərn] **I** *v/i. u. v/t.* ⟨-(e)re, h⟩ *Vögel* gazouiller; chanter; F *fig.* **e-n ~** F siffler un verre; boire un coup; P s'en jeter, envoyer un derrière la cravate, derrière le faux col; **II ♀** *n* ⟨~s⟩ gazouillement *od.* gazouillis *m*; chant *m*.

Zwitter [ˈtsvɪtər] *m* ⟨~s; ~⟩ hermaphrodite *m*; androgyne *m*; *bot.* plante *f* hermaphrodite; (plante *f*) androgyne *m*; *fig. cf.* ~wesen; **~ˌbildung** *f* hermaphrodisme *m*; (*Pseudohermaphroditismus*) androgynie *f*; **~ˌblüte** *f bot.* fleur *f* hermaphrodite; **~ˌding** *n* chose bâtarde, hybride; **~geˌschöpf** *n cf.* ~wesen; **♀ˌhaft** *adj.* hermaphrodite; androgyne; *bot. auch* bis(s)exué; bis(s)exuel, -lle; *fig.* bâtard; hybride; **~ˌhaftigkeit** *f* ⟨~⟩ caractère *m* hermaphrodite, androgyne; *fig.* hybridité *f*; **♀ig** *adj. cf.* ♀haft; **~ˌstellung** *fig. f* position ambiguë; **~ˌtum** *n* ⟨~(e)s⟩ *cf.* ~bildung; **~ˌwesen** *fig. n* ⟨~s⟩ (nature *f*) hybride *m*.

zwo [tsvoː] *adj. num. c. im Telephonverkehr gebräuchlich* deux.

zwölf [tsvœlf] **I** *adj. num. c.* douze; **etwa, gegen, rund ~** une douzaine (de); **um ~ Uhr** *mittags* à midi; *nachts* à minuit; F *fig.* **es ist fünf Minuten vor ~!** c'est le dernier quart d'heure, moment!; **II ♀** *f* ⟨~; ~en⟩ douze *m*; **♀eck** *n* ⟨~(e)s; ~e⟩ *math.* dodécagone *m*; **~ˌeckig** *adj.* dodécagonal; **♀ˌender** *m* ⟨~s; ~⟩ *ch.* cerf *m* (à) douze cors; **~erˌlei** *adj.* ⟨*inv.*⟩ de douze espèces (différentes); **♀ersysˌtem** *n* système duodécimal; **~fach, ~ˌfältig** *adj. u. adv.* douze fois autant; douze fois plus; **das Zwölffache** le d(u)odécuple *m*; **♀ˈfingerˌdarm** *m anat.* duodénum [-ɔm] *m*; **♀ˈfingerˌdarmentˌzündung** *f méd.* duodénite *f*; **♀ˈfingerˌdarmgeˌschwür** *n méd.* ulcère duodénal, du *od.* au duodénum; **~ˌflächig** *adj.* à douze faces; *sc.* dodécaédrique; **♀ˌflächner** *m* ⟨~s; ~⟩ *math.* dodécaèdre *m*; **~ˌjährig** *adj.* **a)** (âgé) de douze ans; **b)** de, qui dure douze ans; **~mal** *adv.* douze fois; **~ˌmalig** *adj.* répété douze fois; **♀ˈmeilenˌzone** *f* zone *f* de douze milles; **♀ˌsilber** *m* ⟨~s; ~⟩ *métr.* alexandrin *m*; **~ˌstündig** *adj.* de douze heures; **♀ˈtafelgeˌsetz** *n hist.* loi *f* des Douze Tables; **~ˌtägig** *adj.* de douze jours; **~te** *adj. num. o.* douzième; **der (den, am) ~(n) (12.) Mai** le douze (12) mai; **Karl XII. (der ♀)** Charles XII (douze); *fig.* **in ~r Stunde** au dernier moment; au dernier quart d'heure; **♀tel** *n* ⟨~s; ~⟩ douzième *m*; **~tens** *adv.* douzièmement; en douzième lieu; **♀tonmuˌsik** *f mus.* musique sérielle, dodécaphonique; **♀tonsysˌtem** *n mus.* dodécaphonisme *m*; **~ˌzeilig** *adj.* de douze lignes; **♀ˌzeiler** *m* ⟨~s; ~⟩ douzain *m*. [*m*.]

Zyan [tsyˑˈɑːn] *n* ⟨~s⟩ *chim.* cyanogène

Zyane [tsyˑˈɑːnə] *f* ⟨~; ~n⟩ *bot.* bleuet *od.* bluet *m*.

Zyan|id [tsyˑaˈniːt, -ˈnɪt] *n* ⟨~s; ~e⟩ *chim.* cyanure *m*; prussiate *m*; **~it** *m* ⟨~s; ~e⟩ *minéral.* cyanite *m*; **~geˌwinnung** [tsyˑˈɑːn-] *f*, **~ˌhärtung** [tsyˑˈɑːn-] *f techn.* cyanuration *f*; **~ˈkali (-um)** *n* ⟨~s⟩ (*n*) ⟨~s⟩ *chim.* cyanure *m* de potassium; **~ose** *f* ⟨~; ~n⟩ *méd.* cyanose *f*; **~ˌsäure** [tsyˑˈɑːn-] *f chim.* acide *m* cyanique; **~ˌwasserstoffˌsäure** [tsyˑˈɑːn-] *f chim.* acide *m* cyanhydrique; acide *m* prussique.

Zygote [tsyˑˈgoːtə] *f* ⟨~; ~n⟩ *biol.* zygote *m*.

Zyklamen [tsyˑˈklɑːmən] *n* ⟨~s; ~⟩ *bot.* cyclamen *m*.

Zy|klen [ˈtsyːklən] *pl. von* Zyklus; **~kliker** *m/pl.* (poètes *m/pl.*) cycliques *m/pl.*; **♀klisch** *adj.* cyclique.

Zykloide [tsyˑkloˑˈiːdə] *f* ⟨~; ~n⟩ *math.* cycloïde *f*.

Zyklon [tsyˑˈkloːn] *m* ⟨~s; ~e⟩ cyclone *m* (*auch techn.*); **~e** *f* ⟨~; ~n⟩ zone *f* de basse pression; cyclone *m*.

Zyklop [tsyˑˈkloːp] *m* ⟨~en; ~en⟩ *myth.* Cyclope *m*; **♀isch** *adj.* cyclopéen, -nne; **~e Mauern** monuments cyclopéens.

Zyklotron [ˈtsyːkloˑtroːn, -ˈtroːn] *n* ⟨~s; ~e⟩ *phys. atom.* cyclotron *m*.

Zyklus [ˈtsyːklʊs] *m* ⟨~; -klen⟩ cycle *m*; *von Konzerten etc.* série *f*.

Zylinder [tsiˑˈlɪndər, tsyˑ-] *m* ⟨~s; ~⟩ **1.** *math., techn., mot.* cylindre *m*; **2.** *chim.* éprouvette *f*; *e-r Petroleumlampe* verre *m* de lampe; **3.** (*~hut*) chapeau *m* 'haut de forme; 'haut-de-forme *m*; F tuyau *m* de poêle; tube *m*; gibus *m*; **~ˌblock** *m* ⟨~(e)s; ~e⟩ *mot.* monobloc *m*; bloc *m* de cylindres; bloc-moteur *m*; **~ˌdurchmesser** *m math.* diamètre intérieur (*auch mot.*), lumière *f*, *mot.* alésage *m* d'un cylindre; **~ˌfläche** *f math.* surface *f* cylindrique, du cylindre; **♀ˌförmig** *adj.* cylindrique; **~ˌgläser** *n/pl. opt.* verres *m/pl.* cylindriques; **~ˌhut** *m cf.* Zylinder **3.**; **~ˌinhalt** *m math.* capacité *f*, volume *m* du cylindre; *mot.* cylindrée *f*; **~ˌkopf** *m mot.* culasse *f*; **~kopfˌschraube** *f* vis *f* à tête cylindrique; *mot.* vis *f* de culasse; **~ˌmantel** *m mot.* chemise *f* (d'eau, de refroidissement) du cylindre; **~ˌrohr** *n* chemise intérieure de cylindre; **~ˌspule** *f élect.* bobine *f* cylindrique; solénoïde *m*; **~ˌwand(ung)** *f* paroi *f* de cylindre.

zylindrisch [tsiˑˈlɪndrɪʃ, tsyˑ-] *adj.* cylindrique.

Zym|ase [tsyˑˈmɑːzə] *f* ⟨~⟩ *chim.* zymase *f*; **~oloˈgie** *f* ⟨~⟩ zymologie *f*; **♀otisch** *adj.* zymotique.

Zyni|ker [ˈtsyːniˑkər] *m* ⟨~s; ~⟩ *philos.* cynique *m*; *fig. auch* impudent *m*; **♀sch** *adj.* cynique; impudent; **~smus** [-ˈnɪs-] *m* ⟨~; -men⟩ *philos.* cynisme *m*; *fig. auch* impudence *f*.

Zyper|gras [ˈtsyːpərˌgrɑːs] *n bot.* souchet *m*; linaigrette *f*; laîche *od.* laîche *f*; **~ˌwein** *m* vin *m* de Chypre.

Zyprer [ˈtsyːprər] *m* ⟨~s; ~⟩ *cf.* Zypriot.

Zypresse [tsyˑˈprɛsə] *f* ⟨~; ~n⟩ *bot.* cyprès *m*; **~ngeˌwächse** *n/pl. bot.* cupressinées *f/pl.*; **~nˌhain** *m* forêt *f* de cyprès; cyprière *f*; **~nˌholz** *n* bois *m* de cyprès; **~nˌwald** *m cf.* ~nhain.

Zypriot|(in) [tsyˑpriˑˈoːt(ɪn)] *m* ⟨~en; ~en⟩ (*f*) ⟨~; ~nen⟩ Cypriote *m, f*; **♀isch** *adj.* cypriote.

zyprisch [ˈtsyːprɪʃ] *adj.* de Chypre.

Zy|ste [ˈtsʏstə] *f* ⟨~; ~n⟩ *méd.* kyste *m*; **~sˈtitis** *f* ⟨~; -iˈtiden⟩ *méd.* cystite *f*; **~stoˈskop** *n* ⟨~s; ~e⟩ *méd.* cystoscope *m*; **~stoskoˈpie** *f* ⟨~; -ien⟩ *méd.* cystoscopie *f*.

Zyto|de [tsyˑˈtoːdə] *f* ⟨~; ~n⟩ *biol.* cytode *m*; **♀ˈgen** *adj. biol.* cytogène; **~loˈgie** *f* ⟨~⟩ *biol.* cytologie *f*; **~ˈplasma** *n biol.* cytoplasme *m*.

ANHANG
APPENDICE

I. GEOGRAPHISCHE NAMEN

I. NOMS GÉOGRAPHIQUES

Es wurden nur die Namen aufgenommen, deren französische Schreibung von der deutschen abweicht oder die im Französischen den Artikel verlangen, wo er im Deutschen fehlt.
Ist der Artikel im Satzzusammenhang stets erforderlich (z. B. la France, die Türkei, der Rhein), so wurde er in runden Klammern hinter den Namen gesetzt. Bildet er einen festen Bestandteil des Namens (z. B. Le Caire), so steht er vor demselben.
Ist das Genus eines Namens nicht angegeben, so ist es nicht eindeutig. Die französischen Städtenamen beispielsweise sind je nach Zusammenhang oder Tradition maskulin oder feminin („la Rome antique", „le Moscou d'aujourd'hui", „Moscou fut pris od. prise par Napoléon"). Im Zweifelsfall ist es immer möglich, „la ville de ...", „die Insel ..." usw. zu sagen.

Ont été pris uniquement les noms dont l'orthographe française diffère de l'allemande ou ceux qui demandent un article en français et non en allemand.
Quand l'article est toujours nécessaire dans le contexte (ex. la France, die Türkei, der Rhein), il a été placé entre parenthèses après le nom. Quand il fait partie intégrante du nom (ex. Le Caire), il précède celui-ci. Quand le genre d'un nom n'est pas indiqué, c'est qu'il est incertain. Par exemple les noms de villes en français sont masculins ou féminins selon le contexte ou l'usage («la Rome antique», «le Moscou d'aujourd'hui», «Moscou fut pris ou prise par Napoléon»). Dans les cas douteux il est toujours possible de dire «la ville de ...», «die Insel ...», etc.

A

Aachen [ˈɑːxən] *n* Aix-la-Chapelle [ɛks-]
Aargau (der) [ˈɑːrgaʊ] Argovie (l') *f*
Abessinien [abɛˈsiːniˑən] *n* Abyssinie (l') *f*
Abruzzen (die) [aˈbrʊtsən] *pl.* Abruzzes (les) *f/pl.*
Abukir [ˈabuˑkiːr] *n* Aboukir
Achaia [aˈxɑːja, aˈxaɪa] Achaïe [akai] (l') *f*
Acheron (der) [ˈaxeˑrɔn] *myth.* Achéron [ak-] (l') *m*
Adelaide [ˈɛdəlɪd] *n* Adélaïde
Aden [ˈɑːdɛn] *n* Aden [-ɛn]
Admiralitätsinseln (die) [atmiˑraliˑˈtɛːtsˌʔɪnzəln] *f/pl.* îles de l'Amirauté (les) *f/pl.*
Adria (die) [ˈɑːdriˑa] Adriatique (l') *f*
Adrianopel [adriˑaˈnoːpəl] *n* Andrinople
Adriatische Meer (das) [adriˑˈɑːtɪʃə meːr] mer Adriatique (la)
Afghanistan [afˈgɑːnɪstɑːn, -tan] *n* Afghanistan (l') *m*
Afrika [ˈɑːfriˑka, ˈa-] *n* Afrique (l') *f*
Ägäis (die) [ɛˈgɛːɪs], **Ägäische Meer** (das) [ɛˈgɛːɪʃə meːr] mer Égée (la)
Ägatischen Inseln (die) [ɛˈgɑːtɪʃən ˈɪnzəln] *f/pl.* Égates (les) *f/pl.*
Ägina [ɛˈgiːna] Égine
Agram [ˈɑːgram] *n* Zagreb
Agrigent [agriˑˈgɛnt] *n* Agrigente
Ägypten [ɛˈgʏptən] *n* Égypte (l') *f*
Akropolis (die) [aˈkroːpoˑlɪs] Acropole (l') *f*
Aktium [ˈaktsiˑʊm] *n hist.* Actium [-sjɔm]
Alba Longa [ˈalba ˈlɔŋga] *n hist.* Albe la Longue
Albaner Gebirge (das) [alˈbɑːnər gəˈbɪrgə] monts Albains (les) *m/pl.*
Albanien [alˈbɑːniˑən] *n* Albanie (l') *f*
Alemannien [aləˈmaniˑən] *n hist.* Alamannie *od.* Alémannie (l') *f*
Aleppo [aˈlɛpoˑ] *n* Alep [-ɛp]
Aleuten (die) [aleˑˈuːtən] *pl.* îles Aléoutiennes [-s-] (les)
Alexandria, Alexandrien [alɛksanˈdriːa, alɛˈksandriˑən] *n* Alexandrie *f*
Algerien [alˈgeːriˑən] *n* Algérie (l') *f*
Algier [ˈalʒiːr] *n* Alger
Alleghenygebirge (das) [ˈɛlɪgɛɪnɪgəˌbɪrgə] Alleghanys (les) *m/pl.*; monts Allegheny (les) *m/pl.*
Allgäu (das) [ˈalgɔʏ] Allgäu (l') *m*
Alpen (die) [ˈalpən] *pl.* Alpes (les) *f/pl.*
Alpheus, Alphios (der) [alˈfeːʊs, alˈfiːɔs] Alphée (l') *m*
Altai (der) [alˈtɑːiˑ] Altaï (l') *m*
Amazonas (der) [amaˈtsoːnas] Amazone (l') *m*
Amerika [aˈmeːriˑka] *n* Amérique (l') *f*
Amu-darja (der) [aˈmuːdarˈjɑː] Amou-daria (l') *m*
Amur (der) [aˈmuːr] Amour (l') *m*
Anatolien [anaˈtoːliˑən] *n* Anatolie (l') *f*
Andalusien [andaˈluːziˑən] *n* Andalousie (l') *f*
Andamanen (die) [andaˈmɑːnən] *pl.* îles Andaman (les) *f/pl.*
Anden (die) [ˈandən] *pl.* Andes (les) *f/pl.*; Cordillère des Andes (la)
Andorra [anˈdɔra] *n* Andorre (l') *f*
Angola [aŋˈgoːla] *n* Angola (l') *m*
Antarktis (die) [antˈʔarktɪs] Antarctique (l') *m*
Antilibanon (der) [ˈantiˑˈliːbanɔn] Anti-Liban (l') *m*
Antillen (die) [anˈtɪlən] *pl.* Antilles [-ij] (les) *f/pl.*
Antiochia [antiˑˈɔxiˑa, -ˈxiːa] *n* Antioche *f*
Antiochien [antiˑˈɔxiˑən] *n* principauté d'Antioche (la)
Antwerpen [antˈvɛrpən, ˈant-] *n* Anvers
Äolien [ɛˈoːliˑən] *n hist.* Éoli(d)e (l') *f*
Aosta [aˈɔsta] *n* Aoste
Apennin (der) [apɛˈniːn], **Apenninen** (die) [apɛˈniːnən] *pl.* Apennin (l') *m*; Apennins (les) *m/pl.*
Apenninenhalbinsel (die) [apɛˈniːnənˌhalpˀɪnzəl] péninsule des Apennins (la)
Apulien [aˈpuːliˑən] *n* Pouille (la); Pouilles (les) *f/pl.*; *hist.* Apulie (l') *f*
Aquileja [akviˑˈleːja] *n* Aquilée
Aquitanien [akviˑˈtɑːniˑən] *n hist.* Aquitaine (l') *f*
Arabien [aˈrɑːbiˑən] *n* Arabie (l') *f*
Arabische Meer (das) [aˈrɑːbɪʃə meːr] mer d'Oman (la)
Aragonien [araˈgoːniˑən] *n hist.* Aragon (l') *m*
Aralsee (der) [ˈɑːrɑːlˌzeː, ˈɑːral-, aˈrɑːl-] mer d'Aral (la)
Aramäa [araˈmɛːa] *n hist., bibl.* Aram (l')
Archangelsk [arˈçaŋəlsk] *n* Arkhangelsk
Ardennen (die) [arˈdɛnən] *pl.* Ardennes (les) *f/pl.*
Argentinien [argɛnˈtiːniˑən] *n* Argentine (l') *f*
Argolis [ˈargoˑlɪs] *n* Argolide (l') *f*
Argonnen (die) [arˈgɔnən] *pl.*, **Argonner Wald** (der) [arˈgɔnər valt] Argonne (l') *f*
Arimathia [ariˑmaˈtiːa] *n* Arimathie
Arkadien [arˈkɑːdiˑən] *n* Arcadie (l') *f*
Arktis (die) [ˈarktɪs] Arctique (l') *m*
Ärmelkanal (der) [ˈɛrməlkaˌnɑːl] Manche (la)
Armenien [arˈmeːniˑən] *n* Arménie (l') *f*
Armorika [arˈmoːriˑka] *n hist.* Armorique (l') *f*
Aserbeidschan [azɛrbaɪˈdʒɑːn] *n* Azerbaïdjan (l') *m*
Asien [ˈɑːziˑən] *n* Asie (l') *f*
Asowsche Meer (das) [ˈɑːzɔfʃə meːr] mer d'Asov (la)
Assam [ˈasam] *n* Assam (l') *m*
Assisi [aˈsiːziˑ] *n* Assise
Assuan [asuˑˈɑːn] *n* Assouan
Assyrien [aˈsyːriˑən] *n hist.* Assyrie (l') *f*
Astrachan [ˈastraxɑːn] *n* Astrak(h)an
Asturien [asˈtuːriˑən] *n hist.* Asturies (les) *f/pl.*
Athen [aˈteːn] *n* Athènes
Äthiopien [ɛtiˑˈoːpiˑən] *n* Éthiopie (l') *f*
Atlantik (der) [atˈlantɪk] Atlantique (l') *m*
Atlantis [atˈlantɪs] *f myth.* Atlantide (l') *f*
Atlantische Ozean (der) [atˈlantɪʃə ˈoːtseˑɑːn] océan Atlantique (l') *m*
Ätna (der) [ˈɛːtna, ˈɛtna] Etna (l') *m*
Ätolien [ɛˈtoːliˑən] *n hist.* Étolie (l') *f*
Attika [ˈatiˑka] *n* Attique (l') *f*
Augsburg [ˈaʊksbʊrk] *n* Augsbourg
Australien [aʊsˈtrɑːliˑən] *n* Australie (l') *f*
Austrasien [aʊsˈtrɑːziˑən] *n*, **Austrien** [ˈaʊstriˑən] *n hist.* Austrasie (l') *f*
Aventin (der) [avɛnˈtiːn], **Aventinische Hügel** (der) [avɛnˈtiːnɪʃə ˈhyːgəl] Aventin (l') *m*; mont Aventin (le)
Azoren (die) [aˈtsoːrən] *pl.* Açores (les) *f/pl.*

B

Babel ['bɑːbəl] *n bibl.* Babel
Babylon ['bɑːby·lɔn] *n hist.* Babylone *f*
Babylonien [baby·'loːni·ən] *n hist.* Babylonie (la)
Baden ['bɑːdən] *n* (pays de) Bade (le)
Baden-Württemberg ['bɑːdən'vʏrtəm-ˌbɛrk] *n* Bade-Wurtemberg (le)
Bahama-Inseln (die) [bə'hɑːməˌˀɪnzəln] *f/pl.* Bahamas [-s] (les) *f/pl.*; archipel des Bahamas (l') *m*
Bahrain-Inseln (die) [ba'raɪnˌˀɪnzəln, bax-] *f/pl.* îles Bahreïn *od.* Bahrain (les) *f/pl.*
Baikalsee (der) ['baɪkalˌzeː, -'kal-] lac Baïkal (le)
Baktrien ['baktri·ən] *n hist.* Bactriane (la)
Baku [ba'kuː, 'bɑːku·] *n* Bakou
Balchaschsee (der) [bal'xaʃˌzeː] lac Balkhach (le)
Balearen (die) [bale·'ɑːrən] *pl.* Baléares [(les) *f/pl.*]
Balkan (der) ['balkan, 'balkɑːn, bal'kɑːn] mont Balkan (le); Balkans (les) *m/pl.*
Balkanhalbinsel (die) ['balkanˌhalpˀɪnzəl] péninsule des Balkans, balkanique (la)
Balkaschsee (der) ['balkaʃˌzeː] *cf.* Balchaschsee
Baltikum (das) ['balti·kʊm] pays baltes (les) *m/pl.*
Barbados [bar'bɑːdɔs] *n* Barbade (la)
Barcelona [bartse·'loːna] *n* Barcelone
Bäreninsel (die) ['bɛːrənˌˀɪnzəl] île de l'Ours (l') *f*
Bärensee, Große (der) ['bɛːrənˌzeː, 'groːsə] Grand lac de l'Ours (le)
Baschkirische ASSR (die) [baʃ'kiːrɪʃə ɑːˀɛsˀɛs'ˀɛr] république autonome de [Bachkirie (la)]
Basel ['bɑːzəl] *n* Bâle
Baskenland (das) ['baskənˌlant] Pays basque (le)
Baskischen Provinzen (die) ['baskɪʃən pro·'vɪntsən] *f/pl.* provinces basques de l'Espagne (les) *f/pl.*
Basra(h) ['basra] *n* Bassora
Basutoland (das) [ba'zuːto·ˌlant] Basutoland (le)
Bayern ['baɪərn] *n* Bavière (la)
Beirut [baɪ'ruːt, 'baɪ-] *n* Beyrouth [-t]
Belchen, Große *od.* **Sulzer** (der) ['bɛlçən, 'groːsə, 'zʊltsər] ballon de Guebwiller (le)
Belgien ['bɛlgi·ən] *n* Belgique (la)
Belgisch-Kongo ['bɛlgɪʃ 'kɔŋgo·] *n* Congo belge (le)
Belgrad ['bɛlgrɑːt] *n* Belgrade
Bellenz ['bɛlənts] *n* Bellinzona
Belutschistan [be·'luːtʃɪstan, be·'lʊt-, be·'luːtʃi·staːn] *n* Baloutchistan *od.* Béloutchistan (le)
Benares [be·'nɑːrɛs] *n* Bénarès; Banaras
Benevent [be·ne·'vɛnt] *n* Bénévent
Bengalen [bɛŋ'gɑːlən] *n* Bengale [bɛ̃-] (le)
Bengalische Meerbusen (der) [bɛŋ'gɑːlɪʃə 'meːrˌbuːzən] golfe du Bengale (le)
Bengasi [bɛn'gɑːzi·] *n* Beng(h)azi
Bergamo ['bɛrgamo·] *n* Bergame
Bergen ['bɛrgən] *n* Bergen; *in Belgien* Mons [-s]
Beringmeer (das) ['beːrɪŋˌmeːr] mer de Béring (la)
Beringstraße (die) ['beːrɪŋˌʃtrɑːsə] détroit de Béring (le)
Berlin [bɛr'liːn] *n* Berlin [-ɛ̃] *meist m*
Bermuda-Inseln (die) [bɛr'muːdaˌˀɪnzəln] *f/pl.*, **Bermudas** (die) [bɛr'muːdas] *pl.* Bermudes (les) *f/pl.*
Bern [bɛrn] *n* Berne
Berner Oberland (das) ['bɛrnər 'oːbərˌlant] Oberland bernois (l')
Beskiden (die) [bɛs'kiːdən] *pl.* Beskides *od.* Beskydes (les) *f/pl.*
Bessarabien [bɛsa'rɑːbi·ən] *n* Bessarabie (la)
Bethanien [be·'tɑːni·ən] *n bibl.* Béthanie
Bethlehem ['beːtle·hɛm] *n* Bethléem [-ɛm]
Betschuanaland (das) [be·tʃu·'ɑːnaˌlant] Bech(o)uanaland (le)
Bhutan ['buːtan] *n* B(h)outan (le)
Biel [biːl] *n* Bienne; der ~er See le lac de Bienne
Binger Loch (das) ['bɪŋər lɔx] Trouée héroïque (la)
Birma ['bɪrma] *n* Birmanie (la)
Birmanische Union (die) [bɪr'mɑːnɪʃə u·ni·'oːn] union de Birmanie (l') *f*
Biserta [bi·'zɛrta] *n* Bizerte
Biskaya (die) [bɪs'kɑːja], **Golf von Biskaya** (der) [gɔlf fɔn bɪs'kɑːja] golfe de Gascogne (le)
Bismarck-Archipel (der) ['bɪsmarkˀarçi·ˌpeːl] archipel Bismarck (l') *m*
Bithynien [bi·'tyːni·ən] *n hist.* Bithynie (la)
Blauen Berge (die) ['blauən 'bɛrgə] *m/pl.* *in den USA* Montagnes Bleues (les); *in Australien* Blue Mountains (les)
Bodensee (der) ['boːdənˌzeː] lac de Constance (le)
Böhmen ['bøːmən] *n* Bohême (la)
Böhmerwald (der) ['bøːmərˌvalt] Forêt de Bohême (la)
Bolivien [bo·'liːvi·ən] *n* Bolivie (la)
Bologna [bo·'lɔnja] *n* Bologne
Böotien [bø·'oːtsi·ən] *n hist.* Béotie [-si] (la)
Borneo ['bɔrne·o·] *n* Bornéo
Bosnien ['bɔsni·ən] *n* Bosnie (la)
Bosporus (der) ['bɔspo·rʊs] Bosphore (le)
Botsuana [bɔtsu·'ɑːna] *n*, **Botswana** [bɔt'svɑːna] *n* Botswana (le)
Bottnische Meerbusen (der) ['bɔtnɪʃə 'meːrˌbuːzən] golfe de Botnie (le)
Bozen ['boːtsən] *n* Bolzano
Brahmaputra (der) [brama'pʊtra, -'puː-] Brahmapoutre (le)
Brandenburg ['brandənˌbʊrk] *n* Brandebourg (le)
Brasilien [bra'ziːli·ən] *n* Brésil (le)
Braunschweig ['braunʃvaɪk] *n* Brunswick (*hist. Land* le)
Breisach ['braɪzax] *n* Vieux-Brisach [-k] *m*
Breisgau (der) ['braɪsgau] Brisgau (le)
Bremen ['breːmən] *n* Brême
Breslau ['brɛslau] *n* Wroclaw
Brest Litowsk [brɛst li·'tɔfsk] *n* Brest-Litovsk
Britannien [brɪ'tani·ən] *n hist.* Bretagne (la)
Britisch-Guayana ['brɪtɪʃ gu·a'jɑːna] *n* Guyane britannique (la)
Britisch-Honduras ['brɪtɪʃ hɔn'duːras] *n* Honduras britannique (le)
Brügge ['brʏgə] *n* Bruges
Brünn [brʏn] *n* Brno
Brüssel ['brʏsəl] *n* Bruxelles [-s- *od.* -ks-]
Buchara [bu·'xɑːra] *n* Boukhara
Buchenland (das) ['buːxənˌlant] *cf.* Bukowina
Buenos Aires [bu·'ɛnɔs 'aɪrɛs] *n* Buenos Aires [-ɛːr]
Bukarest ['buːkarɛst, bu·ka'rɛst] *n* Bucarest
Bukowina (die) [bu·ko·'viːna] Bucovine (la)
Bulgarien [bʊl'gɑːri·ən] *n* Bulgarie (la)
Burgund [bʊr'gʊnt] *n* Bourgogne (la)
Burgundische Pforte (die) [bʊr'gʊndɪʃə 'pfɔrtə] trouée de Belfort (la); porte de Bourgogne (la)
Burma ['bʊrma] *n cf.* Birma
Byzanz [by·'tsants] *n hist.* Byzance

C

Cadiz, Cadix ['kɑːdɪs, 'kɑːdɪks] *n* Cadix [-ks]
Canada ['kanada] *n cf.* Kanada
Canossa [ka'nɔsa] *n cf.* Kanossa
Capri ['kɑːpri·] *n* Capri
Capua ['kɑːpu·a] *n* Capoue
Carrara [ka'rɑːra] *n* Carrare
Catania [ka'tɑːni·a] *n* Catane
Celebes [tse·'leːbɛs, 'tseː-, se·'leːbe·s] *n* Célèbes [selɛb] (les) *f/pl.*
Cevennen (die) [se·'vɛnən] *pl.* Cévennes (les) *f/pl.*
Ceylon ['tsaɪlɔn] *n* Ceylan
Chaldäa [kal'dɛːa] *n hist.* Chaldée [ka-] (la)
Chalkidike (die) [çal'kiːdi·ke·] Chalcidique [ka-] (la)
Charkow ['çarkɔf] *n* Kharkov
Charybdis (die) [ça'rʏpdɪs] Charybde [ka-]
Chikago [ʃi·'kɑːgo·] *n* Chicago
Chile ['tʃiːle·, 'çiːle·] *n* Chili (le)
Chimborasso (der) [tʃɪmbo·'raso·] Chimborazo (le)
China ['çiːna] *n* Chine (la)
Chios ['çiːɔs] *n* Chio [kio]
Chur [kuːr] *n* Coire
Coburg ['koːbʊrk] *n* Cobourg
Coimbra [ku·'ɪmbra, ko·'ɪm-] *n* Coimbra *od.* Coïmbre
Comer See (der) ['koːmər zeː] lac de Côme (le)
Como ['koːmo·] *n* Côme
Córdoba ['kɔrdo·ba] *n* Cordoue
Cornwall ['kɔrnval] *n* Cornouailles (la)
(La) Coruña [(la) ko·'runja] *n* La Corogne
Costa Rica ['kɔsta 'riːka] *n* Costa Rica (le)
Cremona [kre·'moːna] *n* Crémone
Cuba ['kuːba] *n cf.* Kuba
Curaçao [kyːrɑː'sɔu·] *n* Curaçao [-so]
Cyrenaika (die) [tsy·re·'nɑːi·ka, -'naɪ-] Cyrénaïque (la)
Czernowitz ['tʃɛrno·vɪts] *n* Tchernovtsy

D

Dahome [daho·'meː] *n* Dahomey (le)
Dalmatien [dal'mɑːtsi·ən] *n* Dalmatie [-si] (la)
Damaskus [da'maskʊs] *n* Damas [-s]
Dänemark ['dɛːnəˌmark] *n* Danemark (le)
Danzig ['dantsɪç] *n* Gdansk
Danziger Bucht (die) ['dantsɪgər bʊxt] baie de Gdansk (la)
Dardanellen (die) [darda'nɛlən] *pl.* Dardanelles (les) *f/pl.*
Dardschiling ['dɑːrdʒiːlɪŋ] *n* Darjeeling
Daressalam ['dɑːrɛsa'lɑːm] *n* Dar es Sala(a)m
Davisstraße (die) ['deɪvɪsˌʃtrɑːsə] détroit de Davis (le)
Dazien ['dɑːtsi·ən] *n hist.* Dacie (la)
Debrezin ['debretsiːn] *n* Debrecen [-tsɛn]
Dekhan, Dekkan (der) ['dɛkan] Deccan *od.* Dekkan (le)
Delos ['deːlɔs] *n* Délos [-ɔs]
Delphi ['dɛlfi·] *n hist.* Delphes
Den Haag [de·n 'hɑːk] *m* La Haye
Detroit [di·'trɔʏt] *n* Detroit [detrwa]
Deutsche Bucht (die) ['dɔʏtʃə bʊxt] Baie allemande (la)
Deutschland ['dɔʏtʃlant] *n* Allemagne (l') *f*
Diedenhofen ['diːdənˌhoːfən] *n* Thionville
Dinarischen Alpen (die) [di·'nɑːrɪʃən'alpən] *pl.* Alpes Dinariques (les) *f/pl.*
Djakarta [dʒa'karta] *n* Djakarta [dʒa-]
Dnjepr (der) ['dnjɛpər] Dniepr (le)
Dnjestr (der) ['dnjɛstər] Dniestr (le)
Dobrudscha (die) [do·'brʊdʒa] Dobroudja (la)
Dodekanes (der) [do·de·ka'neːs] Dodécanèse (le)
Dodona [do·'doːna] *n hist.* Dodone
Doggerbank (die) ['dɔgərˌbaŋk] Dogger Bank (le)
Dolomiten (die) [do·lo·'miːtən] *pl.* Dolomites (les) *f/pl.*
Dominica [do·'miːni·ka] la Dominique
Dominikanische Republik (die) [do·mi·ni·'kɑːnɪʃə re·pu·'bliːk] république Dominicaine (la)
Don (der) [dɔn] Don (le)
Donau (die) ['doːnau] Danube (le)

Donez (der) ['do:nɛts, da'njɛts] Donets *od.* Donetz (le)
Donnersberg (der) ['dɔnərsˌbɛrk] Mont--Tonnerre (le)
Dorpat ['dɔrpat] *n* Tartou
Douro (der) ['do·ru·] *cf.* Duero
Dover ['do:vər] *n* Douvres; die Straße von ~ le pas de Calais
Drau (die) [draʊ] Drave (la)
Dresden ['dre:sdən] *n* Dresde
Drontheim ['drɔnthaɪm] *n* Trondheim
Dschibuti [dʒi·'bu:ti·] *n* Djibouti
Dschidda ['dʒɪda] *n* Djedda(h)
Dublin ['dablɪn] *n* Dublin [dyblɛ̃]
Düdelingen ['dy:dəlɪŋən] *n* Dudelange
Duero (der) [du·'e:ro·] Douro (le)
Düna (die) ['dy:na] Dvina occidentale (la)
Dünkirchen ['dy:nˌkɪrçən] *n* Dunkerque
Dwina, Nördliche (die) ['dvi:na, 'nœrtlɪçə] Dvina septentrionale (la)
Dwina, Westliche (die) ['dvi:na, 'vɛstlɪçə] *cf.* Düna

E

Ebro (der) ['e:bro·] Èbre (l') *m*
Ecuador [e·ku·a'do:r] *n* Équateur [ekwa-] (l') *m*
Eden ['e:dən] *n bibl.* Éden [-ɛn] (l') *m*
Edinburg(h) ['e:dɪnˌburk, 'ɛdɪmˌbərə] *n* Édimbourg
Eiserne Tor (das) ['aɪzərnə to:r] Portes de Fer (les) *f/pl.*
Eismeer, Nördliche (das) ['aɪsme:r, 'nœrtlɪçə] océan glacial Arctique (l')
Eismeer, Südliche (das) ['aɪsme:r, 'zy:tlɪçə] océan glacial Antarctique (l')
Ekuador *cf.* Ecuador
Elba ['ɛlba] *n* île d'Elbe (l') *f*
Elbe (die) ['ɛlbə] Elbe (l')
Elbrus (der) ['ɛlbrʊs] Elbrouz (l') *m*
Elburs (der) [ɛl'bʊrs] Elbourz (l') *m*
Elfenbeinküste (die, *als Staat n*) ['ɛlfənbaɪnˌkʏstə] Côte-d'Ivoire (la)
El Salvador [ɛl zalva'do:r] *n* Salvador (le)
Elsaß (das) ['ɛlzas] Alsace (l') *f*
Elsaß-Lothringen ['ɛlzas 'lo:trɪŋən] *n* Alsace-Lorraine (l') *f*
Elysium (das) [e·'ly:zi·ʊm] *myth.* champs Élysées *od.* Élyséens (les) *m/pl.*; Élysée (l') *m*
Emilia (die) [e·'mi:li·a] Émilie (l') *f*
Emmaus ['ɛma'ʊs] *n bibl.* Emmaüs [-ys]
Empyreum (das) [ɛmpy·'re:ʊm] *myth.* Empyrée (l') *m*
Engadin (das) [ɛŋga'di:n, 'ɛŋ-] Engadine (l') *f*
Engelsburg (die) ['ɛŋəlsˌbʊrk] château Saint-Ange (le)
England ['ɛŋlant] *n* Angleterre (l') *f*
Ephesus ['e:fe·zʊs, 'e·fe·-] *n hist.* Éphèse
Epirus [e·'pi:rʊs] *n hist.* Épire (l') *f*
Eriesee (der) ['e:ri·ˌze:] lac Érié (le)
Eritrea [e·ri·'tre:a] *n* Érythrée (l') *f*
Eriwan [e·ri·'va:n, -'van] *n* Erevan; Erivan
Ermland (das) ['ɛrmlant] *hist.* Ermeland (l')
Erythräa *cf.* Eritrea
Erzgebirge (das) ['e:rtsgəˌbɪrgə] Erzgebirge (l') *m*; monts Métallifères (les) *m/pl.*
Escorial (der) [ɛsko·ri·'a:l] Escurial (l') *m*
Estland ['e:stlant, 'ɛst-] *n* Estonie (l') *f*
Estremadura (die) [ɛstre·ma'du:ra] Estrémadure (l') *f*
Etrurien [e·'tru:ri·ən] *n hist.* Étrurie (l') *f*
Etsch (die) [ɛtʃ] Adige (l') *m*
Euböa [ɔʏ'bø:a] Eubée (l')
Euphrat (der) ['ɔʏfrat] Euphrate (l') *m*
Eurasien [ɔʏ'ra:zi·ən] *n* Eurasie (l') *f*
Europa [ɔʏ'ro:pa] *n* Europe (l') *f*
Everest, Mount (der) ['ɛvərest, maʊnt] Everest (l') *m*; mont Everest (le)
Eyre-Halbinsel (die) ['ɛəˌhalpˀɪnzəl] péninsule d'Eyre (la)

F

Falklandinseln (die) ['falklantˌˀɪnzəln] *f/pl.* îles Falkland (les) *f/pl.*; *hist.* Malouines (les) *f/pl.*
Färöer (die) [fɛ'rø:ər, 'fe:rø·ər] *pl.* îles Féroé (les) *f/pl.*
Felsengebirge (das) ['fɛlzəngəˌbɪrgə] montagnes Rocheuses (les)
Ferne Osten (der) ['fɛrnə 'ɔstən] Extrême--Orient (l') *m*
Ferrara [fɛ'ra:ra] *n* Ferrare
Feuerland ['fɔʏərˌlant] *n* Terre de Feu (la)
Fidschiinseln (die) ['fi:dʒi·ˌˀɪnzəln] *f/pl.* îles Fi(d)ji (les) *f/pl.*
Fingalshöhle (die) ['fɪŋgalsˌhø:lə] grotte de Fingal (la)
Finnische Meerbusen (der) ['fɪnɪʃə 'me:rˌbu:zən] golfe de Finlande (le)
Finnland ['fɪnlant] *n* Finlande (la)
Flandern ['flandərn] *n* Flandre (la); Flandres (les) *f/pl.*
Flensburger Förde (die) ['flɛnsˌbʊrgər 'førdə] golfe de Flensburg (le)
Florenz [flo·'rɛnts] *n* Florence
Florida ['flo:ri·da] *n* Floride (la)
Floridastraße (die) ['flo:ri·daˌʃtra:sə] canal de la Floride (le)
Formosa [fɔr'mo:za] *n* Formose
Franken ['fraŋkən] *n* Franconie (la)
Frankfurt am Main ['fraŋkfʊrt am maɪn] *n* Francfort-sur-le-Main
Frankfurt an der Oder ['fraŋkfʊrt an dər 'o:dər] *n* Francfort-sur-l'Oder
Fränkische Alb (die) ['frɛŋkɪʃə alp], **Fränkische Jura** (der) ['frɛŋkɪʃə 'ju:ra] Jura franconien (le)
Frankreich ['fraŋkraɪç] *n* France (la)
Franz-Joseph-Land [ˌfrants'jo:zɛfˌlant] *n* archipel François-Joseph (l') *m*
Französisch-Äquatorialafrika [franˌtsø:zɪʃ ɛkvato·ri·'a:lˌˀafri·ka] *n hist.* Afrique--Équatoriale française (l') *f*
Französisch-Guayana [franˌtsø:zɪʃ gu·a'ja:na] *n* Guyane française (la)
Französisch-Guinea [franˌtsø:zɪʃ gi'ne:a] *n hist.* Guinée française (la)
Französisch-Indien [franˌtsø:zɪʃ 'ɪndi·ən] *n hist.* Établissements français dans l'Inde (les) *m/pl.*
Französisch-Indochina [franˌtsø:zɪʃ ɪndo·'çi:na] *n hist.* Indochine française (l') *f*
Französisch-Ozeanien [franˌtsø:zɪʃ o·tse·'a:ni·ən] *n* Établissements français de l'Océanie (les) *m/pl.*
Französisch-Somaliland [franˌtsø:zɪʃ zo·'ma:li·ˌlant] *n* Côte française des Somalis
Französisch-Sudan [franˌtsø:zɪʃ zu·'da:n, 'zu:dan] *n hist.* Soudan français (le)
Französisch-Westafrika [franˌtsø:zɪʃ ˌvɛst'ˀafri·ka] *n hist.* Afrique-Occidentale française (l') *f*
Freiburg ['fraɪbʊrk] *n* Fribourg
Freiburg im Breisgau ['fraɪbʊrk ɪm 'braɪsgaʊ] *n* Fribourg-en-Brisgau
Freigrafschaft Burgund (die) ['fraɪgra:fˌʃaft bʊr'gʊnt] *hist.* Franche-Comté (la)
Freundschaftsinseln (die) ['frɔʏntʃaftsˌˀɪnzəln] *f/pl.* îles des Amis (les) *f/pl.*; Tonga (les)
Friaul [fri·'aʊl] *n* Frioul (le)
Friesischen Inseln (die) ['fri:zɪʃən 'ɪnzəln] *f/pl.* archipel Frison (l') *m*; îles de la Frise (les) *f/pl.*
Friesland ['fri:slant] *n* Frise (la)
Fudschijama (der) [fu·dʒi·'ja:ma] Fuji--Yama (le)
Fundybai (die) ['fandɪˌbaɪ] baie de Fundy (la)
Fünen ['fy:nən] *n* Fionie (la)

G

Gabun [ga'bu:n] *n* Gabon (le)
Galapagosinseln (die) [ga'lapagɔsˌˀɪnzəln] *f/pl.* îles Galapagos (les) *f/pl.*
Galicien [ga'li:tsi·ən] *n in Spanien* Galice (la)
Galiläa [gali·'lɛ:a] *n* Galilée (la)
Galizien [ga'li:tsi·ən] *n nördlich der Karpaten* Galicie (la)
Gallien ['gali·ən] *n hist.* Gaule (la)
Gambia (der) ['gambi·a] *Fluß* Gambie (le)
Gambia ['gambi·a] *n Land* Gambie (la)
Ganges (der) ['gaŋgɛs] Gange (le)
Gardasee (der) ['gardaˌze:] lac de Garde (le)
Gdingen ['gdɪŋən] *n* Gdynia
Gebweiler ['ge:pˌvaɪlər] *n* Guebwiller [gɛbvile:r]
Gelbe Fluß (der) ['gɛlbə flʊs] fleuve Jaune (le)
Gelbe Meer (das) ['gɛlbe me:r] mer Jaune (la)
Geldern ['gɛldərn] *n* **1.** *Stadt* Gueldre; Geldern; **2.** *holl. Provinz* Gueldre (la); **3.** *Herzogtum* duché de Gueldre (le)
Genezareth [ge·'ne:tsarɛt] *n bibl.* Génésareth; der See ~ le lac de Génésareth; le lac de Tibériade
Genf [gɛnf] *n* Genève; der ~er See le lac Léman
Gent [gɛnt] *n* Gand
Genua ['ge:nu·a] *n* Gênes
Georgia ['dʒɔ:dʒə] *n* Géorgie (la)
Georgiastraße (die) ['dʒɔ:dʒəˌʃtra:sə] détroit de Géorgie (le)
Georgien [ge·'ɔrgi·ən] *n* Géorgie (la)
Germanien [gɛr'ma:ni·ən] *n hist.* Germanie (la)
Gesellschaftsinseln (die) [gə'zɛlʃaftsˌˀɪnzəln] *f/pl.* îles de la Société (les) *f/pl.*
Gethsemane [ge·'tse:mane·] *n bibl.* Gethsémani
Gewürzinseln (die) [gə'vʏrtsˌˀɪnzəln] *f/pl.* *cf.* Molukken
Ghana ['ga:na] *n* Ghana (le)
Gibraltar [gi·'braltar] *n* Gibraltar; die Straße von ~ le détroit de Gibraltar
Glarus ['gla:rʊs] *n* Glaris [-is]
Glogau ['glo:gaʊ] *n* Glogow
Gobi (die) ['go:bi·] Gobi (le); die Wüste ~ le désert de Gobi
Goldküste (die) ['gɔltˌkʏstə] *hist.* Côte-de--l'Or (la)
Golgatha, Golgotha ['gɔlgata, 'gɔlgo·ta] *n bibl.* Golgotha (le)
Gomera [go·'me·ra] île de Gomera (l') *f*
Gomorr(h)a [go·'mɔra] *n bibl.* Gomorrhe
Görz [gœrts] *n* Gorizia
Grajischen Alpen (die) ['gra:jɪʃən 'alpən] *pl.* Alpes-Graies-et-Pennines (les) *f/pl.*
Grampiangebirge (das) ['grɛmpjəngəˌbɪrgə] monts Grampians (les) *m/pl.*
Granada [gra'na:da] *n* Grenade
Graubünden [graʊ'bʏndən] *n* Grisons (les) *m/pl.*; canton des Grisons (le)
Griechenland ['gri:çənˌlant] *n* Grèce (la)
Groningen ['gro:nɪŋən] *n* Groningue; Groningen
Grönland ['grø:nlant] *n* Groenland [groɛnlɑ̃d] (le)
Großbritannien [ˌgro:sbri·'tani·ən] *n* Grande-Bretagne (la)
Großglockner (der) ['gro:sˌglɔknər, -'glɔk-] Gross Glockner (le)
(La) Guadeloupe [(la) gu·a'dlu·p] la Guadeloupe [gwa-]
Guatemala [gu·ate·'ma:la] *n* Guatemala [gwa-] (le)
Guayana [gu·a'ja:na] *n* Guyane [gɥi-] (la)
Guernsey ['gə:nzɪ] *n* Guernesey
Guinea [gi·'ne:a] *n* Guinée [gi-] (la)

H

Haag, der *cf.* Den Haag
Haardt (die) [hart, ha:rt] Hardt (la)
Habana, La *cf.* Havanna
Hades (der) [ˈha:dɛs] *myth.* Hadès [-ɛs] *m*; Enfers (les) *m/pl.*
Had(h)ramaut [hadraˈmaut] *n* Hadramaout (l') *m*
Hagenau [ˈha:gəˌnau] *n* Haguenau
Haiderabad [haɪde·raˈbat] *n* Hyderabad [aj-]
Haiti [haˈi:ti·] *n* Haïti *f*
Hamburg [ˈhambʊrk] *n* Hambourg
Hannover [haˈno:fər] *n* **1.** *Stadt* Hanovre; **2.** *hist. Land* Hanovre (le)
Hanoi [haˈnɔʏ] *n* Hanoï *od.* Hanoi
Harz (der) [harts] Harz (le)
Hasbengau (der) [ˈhasbənˌgau] Hesbaye (l') *f*
Havanna [haˈvana] *n* La Havane
Hebriden (die) [he·ˈbri:dən] *pl.* îles Hébrides (les) *f/pl.*
Helgoland [ˈhelgo·ˌlant] *n* Helgoland *f*; Héligoland *f*
Helikon (der) [ˈhe:li·kɔn] *hist.* Hélicon (l') *m*
Heliopolis [he·li·ˈo:po·lɪs] *n* Héliopolis [-is]
Hellas [ˈhɛlas] *n hist.* Hellade (l') *f*
Helvetien [hɛlˈve:tsi·ən] *n hist.* Helvétie [-si] (l') *f*
Hennegau (der) [ˈhɛnəˌgau] Hainaut (le)
Herakleia [he·raˈklaɪa] *n hist.* Héraclée
Hermannstadt [ˈhɛrmanˌʃtat] *n* Sibiu
Herzegovina (die) [hɛrtse·ˈgo:vi·na] *hist.* Herzégovine (l') *f*
Hessen [ˈhɛsən] *n* Hesse (la)
Himalaja (der) [hi·ˈma:laja] Himalaya (l') *m*
Hindenburg [ˈhɪndənˌbʊrk] *n* Zabrze
Hindukusch (der) [ˈhɪndu·kʊʃ] Hindu-Kuch *od.* Hindou-Kouch (l')
Hindustan [hɪndʊsˈta:n, ˈhɪn-] *n* Hindoustan (l') *m*
Hinterindien [ˈhɪntərˌʔɪndi·ən] *n* Indochine (l') *f*
Hinterpommern [ˈhɪntərˌpɔmərn] *n* Poméranie orientale (la)
Hiros(c)hima [hi·ro·ˈʃi:ma, hi·ˈro:-] *n* Hiroshima
Hispanien [hɪsˈpa:ni·ən] *n hist.* Hispanie (l') *f*
Holland [ˈhɔlant] *n* Hollande (la)
Honduras [hɔnˈdu:ras] *n* Honduras [-s] (le)
Honolulu [ho·no·ˈlu:lu·] *n* Honolulu [-lyly]
Hudsonbai (die) [ˈhadsnˌbɛɪ] baie, mer d'Hudson [ytsɔn] (la)
Hudsonstraße (die) [ˈhadsnˌʃtra:sə] détroit d'Hudson (le)
Humboldtstrom (der) [ˈhʊmbɔltˌʃtro:m] courant de Humboldt, du Pérou (le)
Huronsee, Huronensee (der) [hu·ˈro:nˌze:, hu·ˈro:nənˌze:] lac Huron (le)
Hwangho (der) [ˈxvaŋho·] Ho(u)ang-Ho (le)
Hyrkanien [hʏrˈka:ni·ən] *n hist.* Hyrcanie (l')

I

Iberien [i·ˈbe:ri·ən] *n hist.* Ibérie (l') *f*
Iberische Halbinsel (die) [i·ˈbe:rɪʃə ˈhalpˌʔɪnzəl] péninsule Ibérique (la)
Iferten [ˈi:fertən] *n* Yverdon
Illyrien [ɪˈly:ri·ən] *n* Illyrie (l') *f*
Ilmensee (der) [ˈɪlmənˌze:] lac Ilmen (le)
Indien [ˈɪndi·ən] *n* Inde (l') *f*; *hist.* Indes (les) *f/pl.*
Indische Ozean (der) [ˈɪndɪʃə ˈo:tse·a:n] océan Indien (l'); *hist.* mer des Indes (la)
Indochina [ˌɪndo·ˈçi:na] *n* Indochine (l') *f*
Indonesien [ɪndo·ˈne:zi·ən] *n* Indonésie (l') *f*
Indus (der) [ˈɪndʊs] Indus (l') *m*
Ingermanland [ˈɪŋərmanˌlant] *n hist.* Ingrie (l') *f*
Innerasien [ˈɪnərˌʔa:zi·ən] *n* Asie centrale (l')
Innsbruck [ˈɪnsbrʊk] *n* Innsbruck [inzbryk]
Insterburg [ˈɪnstərˌbʊrk] *n* Tcherniakovsk
Insulinde (die *od. n*) [ɪnzu·ˈlɪndə] Insulinde (l') *f*
Ionien [i·ˈo:ni·ən] *n hist.* Ionie (l') *f*
Ionische Meer (das) [i·ˈo:nɪʃə me:r] mer Ionienne (la)
Ionischen Inseln (die) [i·ˈo:nɪʃən ˈɪnzəln] *f/pl.* îles Ioniennes (les)
Irak (der *od. n*) [i·ˈra:k, ˈi:rak] Irak *od.* Iraq (l') *m*
Iran (der *od. n*) [i·ˈra:n] Iran (l') *m*
Irische Republik (die) [ˈi:rɪʃə re·pu·ˈbli:k] république d'Irlande (la)
Irische See (die) [ˈi:rɪʃə ze:] mer d'Irlande (la)
Irkutsk [ɪrˈku·tsk] *n* Irkoutsk
Irland [ˈɪrlant] *n* Irlande (l') *f*
Isar (die) [ˈi:zar] Isar (l') *m*
Island [ˈi:slant] *n* Islande (l') *f*
Ismailia [ɪsmaɪˈli:a] *n* Ismaïlia
Israel [ˈɪsraɛl] *n* Israël *m*
Istanbul [ˈɪstanbu:l] *n* Istanbul [-bul]
Istrien [ˈɪstri·ən] *n* Istrie (l') *f*
Italien [i·ˈta:li·ən] *n* Italie (l') *f*
Ithaka [ˈi:taka, ˈi·taka] *n* Ithaque (l') *f*

J

Jakutsk [jaˈkutsk, jɪˈkutsk] *n* Iakoutsk
Jalta [ˈjalta] *n* Yalta
Jamaika [jaˈmaɪka] *n* Jamaïque (la)
Jangtse (der) [ˈjaŋtse·], **Jantsekiang** (der) [ˌjaŋtse·ki·ˈaŋ] Yang-tseu-kiang (le) *od.* Yang-tseu (le) *od.* fleuve Bleu (le)
Japan [ˈja:pan] *n* Japon (le)
Japanische Inlandsee (die) [jaˈpa:nɪʃə ˈɪnlantˌze:] mer Intérieure (la); Méditerranée japonaise (la)
Japanische Meer (das) [jaˈpa:nɪʃə me:r] mer du Japon (la)
Jaunde [jaˈu·nde·] *n* Yaoundé
Java [ˈja:va] *n* Java *f*
Javasee (die) [ˈja:vaˌze:] mer de Java (la)
Jemen (der *od. n*) [ˈje:mɛn] Yémen (le)
Jena [ˈje:na] *n* Iéna
Jenissei (der) [je·nɪˈse:i·, -ˈsaɪ] Ienisseï *od.* Enisseï (l') *m*
Jericho [ˈje:rɪço·] *n* Jéricho [-ko]
Jerusalem [je·ˈru:zalɛm] *n* Jérusalem [-ɛm]
Jokohama [jo·ko·ˈha:ma] *n* Yokohama
Jordan (der) [ˈjɔrdan] Jourdain (le)
Jordanien [jɔrˈda:ni·ən] *n* Jordanie (la)
Judäa [ju·ˈdɛ:a] *n hist.* Judée (la)
Jugoslawien [ju·go·ˈsla:vi·ən] *n* Yougoslavie (la)
Jülich [ˈjy:lɪç] *n* Juliers
Julier (der) [ˈju:li·ər] col du Julier (le)
Julischen Alpen (die) [ˈju:lɪʃən ˈalpən] *pl.* Alpes Juliennes (les)
Jungferninseln (die) [ˈjʊŋfərnˌʔɪnzəln] *f/pl.* îles Vierges (les) *f/pl.*
Jura (der) [ˈju:ra] Jura (le)
Jütland [ˈjy:tlant] *n* Jutland *od.* Jylland (le)

K

Kabul [kaˈbul, ˈka:-] *n* Kaboul
Kabylei (die) [kaby·ˈlaɪ] Kabylie (la)
Kadiz *cf.* Cadiz
Kairo [ˈkaɪro·] *n* Le Caire
Kaiser-Wilhelm-Kanal (der) [ˌkaɪzər-ˈvɪlhɛlmkaˌna:l] *cf.* Nord-Ostsee-Kanal
Kalabrien [kaˈla:bri·ən] *n* Calabre (la)
Kalahari (die) [kalaˈha:ri·] Kalahari (le)
Kaledonien [kale·ˈdo:ni·ən] *n hist.* Calédonie (la)
Kalifornien [kali·ˈfɔrni·ən] *n* Californie (la); der Golf von ~ le golfe de Californie
Kalkutta [kalˈkuta] *n* Calcutta
Kalvarienberg (der) [kalˈva:ri·ənˌbɛrk] *bibl.* Calvaire (le)
Kambodscha [kamˈbɔdʒa] *n* Cambodge (le)
Kamerun [kaməˈru:n] *n* Cameroun (le)
Kamerungebirge (das) [kaməˈru:ngəˌbɪrgə] mont Cameroun (le)
Kampanien [kamˈpa:ni·ən] *n* Campanie (la)
Kamtschatka [kamˈtʃatka] *n* Kamtchatka [kam-] (le)
Kana [ˈka:na] *n bibl.* Cana
Kanaan [ˈka:naan] *n bibl.* pays de Canaan (le)
Kanada [ˈkanada] *n* Canada (le)
Kanadischen Seen (die) [kaˈna:dɪʃən ˈze:ən] *m/pl.* Grands Lacs (les)
Kanadische Schild (der) [kaˈna:dɪʃə ʃɪlt] Bouclier canadien (le)
Kanal (der) [kaˈna:l] *cf.* Ärmelkanal
Kanalinseln (die) [kaˈna:lˌʔɪnzəln] *f/pl.* îles Anglo-Normandes (les)
Kanaren (die) [kaˈna:rən] *pl.*, **Kanarischen Inseln** (die) [kaˈna:rɪʃən ˈɪnzəln] *f/pl.* (îles) Canaries (les) *f/pl.*
Kanossa [kaˈnɔsa] *n* Canossa
Kantabrische Gebirge (das) [kanˈta:brɪʃə gəˈbɪrgə] monts Cantabriques (les) *m/pl.*
Kanton [ˈkantɔn] *n* Canton
Kap-Breton-Insel (die) [kapˈbrɪtnˌʔɪnzəl] île du Cap-Breton (l') *f*
Kap der Guten Hoffnung (das) [kap dər ˈgu:tən ˈhɔfnʊŋ] cap de Bonne-Espérance (le)
Kapernaum [kaˈpɛrnaʔʊm] *n bibl.* Capharnaüm [-ɔm]
Kapitol (das) [kapi·ˈto:l] Capitole (le)
Kapitolinische Hügel (der) [kapi·to·ˈli:nɪʃə ˈhy:gəl] mont Capitolin (le)
Kapkolonie (die) [ˈkapko·lo·ˌni:] *hist.* colonie du Cap (la)
Kapland (das) [ˈkaplant] *cf.* Kapprovinz
Kappadozien [kapaˈdo:tsi·ən] *n hist.* Cappadoce (la)
Kapprovinz (die) [ˈkappro·ˌvɪnts] province du Cap (la)
Kapri *cf.* Capri
Kapstadt [ˈkapʃtat] *n* Le Cap
Kapua *cf.* Capua
Kap Verde [kap ˈvɛrdə] *n* Cap-Vert (le)
Kapverdischen Inseln (die) [kapˈvɛrdɪʃən ˈɪnzəln] *f/pl.* îles du Cap-Vert (les) *f/pl.*
Karakorum (der) [karako·ˈrʊm] Karakorum *od.* Karakoram (le)
Karatschi [kaˈra:tʃi·] *n* Karachi
Karelien [kaˈre:li·ən] *n* Carélie (la)
Karelische Landenge (die) [kaˈre:lɪʃə ˈlantˌʔɛŋə] isthme [ism] de Carélie (l') *m*
Karibische Meer (das) [kaˈri:bɪʃə me:r] mer des Antilles [-ij] *od.* des Caraïbes (la)
Karibischen Inseln (die) [kaˈri:bɪʃən ˈɪnzəln] *f/pl.* Petites Antilles [-ij] (les); îles Caraïbes (les) *f/pl.*
Karische Meer (das) [ˈka:rɪʃə me:r] mer de Kara (la)
Karlsbad [ˈkarlsba:t] *n* Karlovy Vary
Karmel (der) [ˈkarməl] (mont) Carmel (le)
Karnischen Alpen (die) [ˈkarnɪʃən ˈalpən] *f/pl.* Alpes Carniques (les) *f/pl.*
Kärnten [ˈkɛrntən] *n* Carinthie (la)
Karolinen (die) [karo·ˈli:nən] *pl.* Carolines (les) *f/pl.*
Karpaten (die) [karˈpa:tən] *pl.* Carpates *od.* Karpates (les) *f/pl.*
Karrara *cf.* Carrara
Karthago [karˈta:go·] *n hist.* Carthage
Kasachische SSR (die) [kaˈzaxɪʃə ɛsʔɛsˈʔɛr] république socialiste soviétique du Kazakhstan (la)
Kasan [kaˈza:n] *n* Kazan
Kasbek (der) [ˈkasbɛk] (mont) Kazbek (le)
Kaschmir [ˈkaʃmɪr, -mi:r] *n* Cachemire *od.* Kashmir (le)
Kaskadengebirge (das) [kasˈka:dəngəˌbɪrgə] chaîne des Cascades (la)
Kaspische Meer (das) [ˈkaspɪʃə me:r], **Kaspisee** (der) [ˈkaspi·ˌze:] (mer) Caspienne (la)

Kassel ['kasəl] *n* Kassel *od.* Cassel
Kastilien [kas'ti:li·ən] *n* Castille [-ij] (la)
Katalaunischen Felder (die) [kata'laʊnɪʃən 'fɛldər] *n/pl. hist.* champs Catalauniques, Catalauniens (les)
Katalonien [kata'lo:ni·ən] *n* Catalogne (la)
Katanga [ka'taŋga] *n* Katanga (le)
Katania *cf.* Catania
Katmandu [katman'du:] *n* Katmandou
Kattegat (das) ['katəgat] Cattégat *od.* Kattégat (le)
Kattowitz ['kato·vɪts] *n* Katowice
Kaudinischen Pässe (die) [kaʊ'di:nɪʃən 'pɛsə] *m/pl. hist.* défilé des Fourches Caudines (le)
Kaukasien [kaʊ'kɑ:zi·ən] *n* Caucasie (la)
Kaukasus (der) ['kaʊkazʊs] Caucase (le)
Kenia ['ke:ni·a] *n* Kenya *od.* Kenia (le)
Kertsch [kjɛrtʃ] *n* Kertch; die Straße von ~ le détroit de Kertch
Khaiberpaß (der) ['kaɪbər,pas] passe de Khaybar *od.* Khyber (la)
Khartum ['kartʊm, -'tu:m] *n* Khartoum
Kiautschou [ki·aʊ'tʃaʊ, ki·'aʊ-] *n hist.* Kiao-tcheou
Kieler Bucht (die) ['ki:lər bʊxt] baie de Kiel (la)
Kiew ['ki:ɛf] *n* Kiev
Kilikien [ki·'li:ki·ən] *cf.* Zilizien
Kilimandscharo (der) [ki·li·man'dʒɑ:ro·] Kilimandjaro (le)
Kirchenstaat (der) ['kɪrçən,ʃtɑ:t] *hist.* États de l'Église, pontificaux (les)
Kirgisische SSR (die) [kɪr'gi:zɪʃə ɛsˀɛs'ˀɛr] république socialiste soviétique du Kirghizistan (la)
Kiuschu, Kyushu [ki·'u:ʃu·] *n* Kyu shu *od.* Kiousiou
Kleinasien [,klaɪn'ˀɑ:zi·ən] *n* Asie Mineure (l') *f*
Kleve ['kle:və] *n* Clèves
Koblenz ['ko:blɛnts] *n* Coblence
Kokel, Große *bzw.* **Kleine** (der) ['ko:kəl, 'gro:sə, 'klaɪnə] Tirnava- *od.* Tarnava-Mare *bzw.* -Mica (la)
Kokosinseln (die) ['ko:kɔs,ˀɪnzəln] *f/pl.* îles Cocos (les) *f/pl.*
Kolchis ['kɔlçɪs] *n myth.* Colchide (la)
Kolgujew [kal'gu·jɪf] île Kolgouïev (l') *f*
Kolmar ['kɔlmar] *n* Colmar
Köln [kœln] *n* Cologne; die ~er Bucht le bassin de Cologne
Kolosseum (das) [ko·lɔ'se:ʊm] Colisée (le)
Kolumbien [ko·'lʊmbi·ən] *n* Colombie (la)
Komoren (die) [ko·'mo:rən] *pl.* archipel des Comores (l') *m*
Komorn [ko·'mɔrn, 'ko:-] *n* **1.** *slowak.* Komarno; **2.** *ungar.* Komarom
Kongo (der) ['kɔŋgo·] Congo (le) (*Fluß u. Land*)
Kongostaat (der) ['kɔŋgo·,ʃtɑ:t] *hist.* État indépendant du Congo (l')
Königsberg ['kø:nɪçs,bɛrk] *n* Kaliningrad
Konstantinopel [kɔnstanti·'no:pəl] *n* Constantinople
Konstanz ['kɔnstants] *n* Constance
Kopenhagen [,ko·pən'hɑ:gən] *n* Copenhague
Korallensee (die) [ko·'ralən,ze:] mer de Corail (la)
Kordilleren (die) [kɔrdɪl'je:rən] *pl.* (*Anden*) Cordillère des Andes (la)
Korea [ko·'re:a] *n* Corée (la)
Koreastraße (die) [ko·'re:a,ʃtrɑ:sə] détroit de Corée (le)
Korfu ['kɔrfu·] *n* Corfou
Korinth [ko·'rɪnt] *n* Corinthe; der Golf von ~ le golfe de Corinthe; der Isthmus von ~ l'isthme [ism] de Corinthe *m*
Korsika ['kɔrzi·ka] *n* Corse (la)
Kostarika *cf.* Costa Rica
Kotschin ['ko:tʃi:n] *n* Cochin
Kotschinchina [kɔtʃɪn'çi:na] *n* Cochinchine (la)
Krain [kraɪn] *n hist.* Carniole (la)
Krakau ['krɑ:kaʊ] *n* Cracovie
Krasnojarsk [krasna'jarsk, -no-] *n* Krasnoiarsk
Kreml (der) ['kre:məl, 'krɛməl] Kremlin (le)
Kreta ['kre:ta] *n* Crète (la); *hist.* Candie (la)
Krim (die) [krɪm] Crimée (la)
Kroatien [kro·'ɑ:tsi·ən] *n* Croatie [-si] (la)
Kronstadt ['kro:nʃtat] *n* Kronchtadt *od.* Kronstadt
Ktesiphon ['kte:zi·fɔn] *n hist.* Ctésiphon *od.* Ktêsiphôn
Kuango (der) [ku·'aŋgo·] Kouango (le)
Kuangsi-Tschuang [ku·'aŋsi·tʃu·'aŋ] *n* Kouang-si (le)
Kuangtschouwan [ku·aŋtʃaʊ'vɑ:n] *n* Kouang-tcheou-wan
Kuantung [ku·an'tʊŋ] *n* Kouang-tong (le)
Kuba ['ku:ba] *n* Cuba *f*
Kueitschou [ku·aɪ'tʃaʊ] *n* Kouei-tcheou
Kufra ['ku:fra] Koufra
Kuibyschew ['kujbi·ʃəf] *n* Kouïbychev
Kumbrische Bergland (das) ['kʊmbrɪʃə 'bɛrklant] massif du Cumberland (le)
Kura (die) [ku:'ra] Koura (la)
Kurgan [kʊr'gan] *n* Kourgan
Kurilen (die) [ku·'ri:lən] *pl.* îles Kouriles (les) *f/pl.*
Kurland ['ku:rlant] *n hist.* Courlande (la)
Kurmark (die) ['ku:rmark] *hist.* Marche de Brandebourg électorale (la)
Kurpfalz (die) ['ku:rpfalts] *hist.* Palatinat électoral (le)
Küßnacht ['kʏsnaxt] *n* Küssnacht
Küstengebirge (das) ['kʏstəngə,bɪrgə] Chaîne côtière (la)
Kuttenberg ['kʊtən,bɛrk] *n* Kutna Hora
Kuwait [ku·'vaɪt, 'ku:vaɪt] *n* Koweït *od.* Kuwait (*m od.* le)
Kykladen (die) [ky·'klɑ:dən] *pl.* Cyclades (les) *f/pl.*
Kyrenaika [ky·re·'nɑ:i·ka] *cf.* Cyrenaika
Kyrene [ky·'re:nə] *n hist.* Cyrène
Kythera [ky·'te:ra] Cythère; Cérigo

L

Labrador [labra'do:r] *n* Labrador (le)
Labradorstrom (der) [labra'do:r,ʃtro:m] courant du Labrador (le)
Ladogasee (der) ['lɑ:do·ga,ze:] lac Ladoga (le)
Lago Maggiore (der) ['lɑ:go· ma'dʒo:rə] lac Majeur (le)
Laibach ['laɪbax] *n* Ljubljana
Lakkadiven (die) [laka'di:vən] *pl.* îles Laquedives (les) *f/pl.*
Lakonien [la'ko:ni·ən] *n hist.* Laconie (la)
Lambarene [lamba're:ne·] *n* Lambaréné
Lappland ['laplant] *n* Laponie (la)
Lateinamerika [la'taɪnˀa,me:ri·ka] *n* Amérique latine (l') *f*
Lateran (der) [late·'rɑ:n] Latran (le)
Latium ['lɑ:tsi·ʊm] *n* Latium [-sjɔm] (le)
Lauenburg ['laʊən,bʊrk] *n* **1.** *Stadt* Lauenburg; **2.** *Herzogtum* Lauenbourg (le)
Lausitz (die) ['laʊzɪts] Lusace (la); das ~er Bergland les monts de Lusace
Lechtaler Alpen (die) ['lɛçtɑ:lər 'alpən] *pl.* Alpes du Lechtal (les) *f/pl.*
Leiden ['laɪdən] *n* Leyde [lɛd]
Lemberg ['lɛmbɛrk] *n* Lvov
Lena (die) ['le:na] Léna (la)
Lethe (die) ['le:te·] *myth.* Léthé (le)
Lettland ['lɛtlant] *n* Lettonie (la)
Levante (die) [le·'vantə] Levant (le)
Lhas(s)a ['lɑ:za] *n* Lhassa
Liautung [li·aʊ'tʊŋ] *n* péninsule de Leao-tong (la)
Libanon (der) ['li:banɔn] Liban (le)
Libau ['li:baʊ] *n* Liepaïa *od.* Liepaja
Liberia [li·'be:ri·a] *n* Libéria (le)
Libyen ['li:by·ən] *n* Libye (la)
Libysche Wüste (die) ['li:bʏʃə 'vy:stə] désert de Libye (le)
Liechtenstein ['lɪçtən,ʃtaɪn] *n* Liechtenstein (le)
Liegnitz ['li:gnɪts] *n* Legnica
Lier [li:r] *n* Lierre
Ligurien [li·'gu:ri·ən] *n* Ligurie (la) (*auch hist.*)
Limburg ['lɪmbʊrk] *n* **1.** *Stadt* Limburg; **2.** *Provinz in Holland u. Belgien* Limbourg (le)
Limes (der) ['li:mɛs] *hist.* Limes [-ɛs] (le)
Liparischen Inseln (die) [li·'pɑ:rɪʃən 'ɪnzəln] *f/pl.* îles Lipari *od.* îles Éoliennes (les) *f/pl.*
Lissabon ['lɪsabɔn] *n* Lisbonne
Litauen ['li:taʊən, 'lɪ-] *n* Lituanie (la)
Livland ['li:flant] *n hist.* Livonie (la)
Livorno [li·'vɔrno·] *n* Livourne
Lofoten, Lofot-Inseln (die) ['lo:fo·tən, lɔ'fo:tən, 'lu:fu:t,ˀɪnzəln] *f/pl.* îles Lofoten (les) *f/pl.*
Lombardei (die) [lɔmbar'daɪ] Lombardie (la)
London ['lɔndɔn] *n* Londres *meist m*
Lothringen ['lo:trɪŋən] *n* Lorraine (la)
Louisiana [lu·i·zi·'ɑ:na] *n* Louisiane (la)
Löwen ['lø:vən] *n* Louvain
Lübecker Bucht (die) ['ly:bɛkər bʊxt] baie de Lübeck (la)
Lüneburger Heide (die) ['ly:nə,bʊrgər 'haɪdə] Landes de Lüneburg (les) *f/pl.*
Lusitanien [lu·zi·'tɑ:ni·ən] *n hist.* Lusitanie (la)
Lutetia [lu·'te:tsi·a] *n hist.* Lutèce
Lüttich ['lʏtɪç] *n* Liège
Luxemburg ['lʊksəm,bʊrk] *n* Luxembourg (*als Land* le)
Luzern [lu·'tsɛrn] *n* Lucerne
Luzon [lu·'sɔn] *n* Luçon *od.* Luzon
Lydien ['ly:di·ən] *n hist.* Lydie (la)
Lykien ['ly:ki·ən] *n hist.* Lycie (la)

M

Mäander (der) [mɛ'andər] *hist.* Méandre (le)
Maas (die) [mɑ:s] Meuse (la)
Maastricht [mɑ:s'trɪçt] *n* Maastricht *od.* Maëstricht [-ik]
Madagaskar [mada'gaskar] *n* Madagascar *f*
Madeira [ma'de:ra] *n* Madère *f*
Magdeburg ['makdə,bʊrk] *n* Magdeb(o)urg
Magellanstraße (die) [magɛ'lɑ:n,ʃtrɑ:sə, magɛl'jɑ:n-, 'magəljan-] détroit de Magellan (le)
Mahlstrom (der) ['mɑ:lʃtro:m] Maelström (le)
Mähren ['mɛ:rən] *n* Moravie (la)
Mailand ['maɪlant] *n* Milan *meist m*
Main (der) [maɪn] Main [mɛ̃] (le)
Mainz [maɪnts] *n* Mayence
Makedonien [make·'do:ni·ən] *n cf.* Mazedonien
Malabar ['mɑ:labar, 'ma-] Malabar (le)
Malaiische Archipel (der) [ma'laɪˀɪʃə arçi·'pe:l] archipel de la Malaisie (l') *m*
Malaiische Bund (der) [ma'laɪˀɪʃə bʊnt] Fédération de Malaisie (la)
Malaiische Halbinsel (die) [ma'laɪˀɪʃə 'halp,ˀɪnzəl] presqu'île *od.* péninsule Malaise (la); *cf. auch* Malakka
Malakka [ma'laka] *n* presqu'île de Malacca (la)
Malakkastraße (die) [ma'laka,ʃtrɑ:sə] détroit de Malacca (le)
Mälarsee (der) ['mɛ:lar,ze:] lac Mälar (le)
Malaya [ma'laja] *n* **1.** *cf.* Malaiische Halbinsel; **2.** *cf.* Malaiische Bund
Malediven (die) [male·'di:vən] *pl.* îles Maldives (les) *f/pl.*
Mali ['mɑ:li·] *n* Mali (le)
Mallorca [ma'ljɔrka] *n* Majorque
Malmedy [malme·'di·] *n* Malmédy
Malta ['malta] *n* Malte *f*
Mancha (die) ['mantʃa] Manche (la)

Mandschukuo [man'dʒʊku·o·, mandʒu·'ku:o·, -ku·'o:] *n hist.* Mandchoukouo (le)
Mandschurei (die) [mandʒu·'raɪ] Mandchourie (la)
Manila [ma'ni:la] *n* Manille [-ij]
Mantua ['mantu·a] *n* Mantoue
March (die) [març] Morava (la)
Marchfeld (das) ['marçfɛlt] Marchfeld (le)
Marianen (die) [mari·'ɑ:nən] *pl.* Mariannes (les) *f/pl.*
Maritza (die) [ma'ri:tsa] Marica *od.* Maritza (la)
Mark [mark] **1** *f hist. Grafschaft* comté de la Mark (le); **2.** (die) *cf.* Mark Brandenburg
Mark Brandenburg (die) [mark 'brandənˌbʊrk] Marche de Brandebourg (la)
Markirch ['mɑ:rkɪrç] *n* Sainte-Marie-aux--Mines
Marmarameer (das) ['marmaraˌme:r] mer de Marmara (la)
Marmolata (die) [marmo·'lɑ:ta] Marmolada *od.* Marmolata (la)
Marokko [ma'rɔko·] *n* Maroc [-k] (le)
Marquesainseln (die) [mar'ke:zaˌʔɪnzəln] *f/pl.* îles Marquises (les) *f/pl.*
Marrakesch [ˌmara'kɛʃ, 'ma-, ma'rɑ:-] *n* Marrakech
Marshallinseln (die) ['marʃalˌʔɪnzəln] *f/pl.* archipel Marshall (l') *m*
Martinique [marti·'ni·k] *n* la Martinique
Maskat und Oman ['maskat ʊnt o'mɑ:n] *n* Mascate-et-Oman
Masuren [ma'zu:rən] *n* Mazurie *od.* Masurie (la)
Masurischen Seen (die) [ma'zu:rɪʃən 'ze:ən] *m/pl.* lacs Masures (les) *m/pl.*
Matterhorn (das) ['matərˌhɔrn] (mont) Cervin (le)
Mauretanien [maure·'tɑ:ni·ən] *n* Mauritanie (la)
Mauritius [mau'ri:tsi·ʊs] île Maurice (l') *f*
Mazedonien [matse·'do:ni·ən] *n* Macédoine (la)
Mecheln ['mɛçəln] *n* Malines
Mecklenburg ['me:klənˌbʊrk, 'mɛ-] *n* Mecklembourg (le)
Medien ['me:di·ən] *n hist.* Médie (la)
Medina [me·'di:na] *n* Médine
Meißen ['maɪsən] *n* Meissen
Mekka ['mɛka] *n* La Mecque
Mekong (der) ['me:kɔŋ, me·'kɔŋ] Mékong (le)
Melanesien [me·la'ne:zi·ən] *n* Mélanésie (la)
Memel ['me:məl] **1.** *n Stadt* Klaipeda; Memel; **2.** (die) *Fluß* Niémen (le)
Memelland (das) ['me:məlˌlant] *hist.* territoire de Memel (le)
Menorca [me·'nɔrka] *n* Minorque
Menton(e) [mɑ̃:'tɔ̃:, me·n'to:nə] *n* Menton
Meran [me·'rɑ:n] *n* Merano
Merlenbach ['mɛrlənˌbax] *n* Merlebach [-k]
Mesopotamien [me·zo·po·'tɑ:mi·ən] *n* Mésopotamie (la)
Messenien [mɛ'se:ni·ən] *n hist.* Messénie (la)
Messina [mɛ'si:na] *n* Messine; die Straße von ~ le détroit de Messine
Metz [mɛts] *n* Metz [mɛs]
Mexiko ['mɛksi·ko·] *n* **1.** *Land* Mexique (le); **2.** *Stadt* Mexico; der Golf von ~ le golfe du Mexique
Michigansee (der) ['mɪʃɪgənˌze:] lac Michigan (le)
Mikronesien [mi·kro·'ne:zi·ən] *n* Micronésie (la)
Minorka [mi·'nɔrka] *n cf.* Menorca
Mittelamerika ['mɪtəlʔaˌme:ri·ka] *n* Amérique centrale (l')
Mitteldeutschland ['mɪtəlˌdɔʏtʃlant] *n* Allemagne centrale (l'); Thuringe (la), Saxe (la) et Saxe-Anhalt (la)
Mitteleuropa ['mɪtəlʔɔʏˌro:pa] *n* Europe centrale (l')
Mittelfranken ['mɪtəlˌfraŋkən] *n* Moyenne--Franconie (la)
Mittelländische Meer (das) ['mɪtəlˌlɛndɪʃə me:r], **Mittelmeer** (das) ['mɪtəlˌme:r] Méditerranée (la)
Mittlere Osten (der) ['mɪtlərə 'ɔstən] Moyen-Orient (le)
Moçambique [mo·sam'bɪk] *n* **1.** *Land* Mozambique (le); **2.** *Stadt* Mozambique
Modena ['mo:de·na] *n* Modène
Mokka ['mɔka] *n* Moka
Moldau (die) ['mɔldaʊ] **1.** *Fluß* Vltava *od.* Moldau (la); **2.** *hist. Landschaft* Moldavie (la)
Molukken (die) [mo·'lʊkən] *pl.* Moluques (les) *f/pl.*
Mömpelgard ['mœmpəlˌgart] *n hist.* Montbéliard
Monaco, Monako ['mo:nako·, -'na-] *n* Monaco
Mongolei (die) [mɔŋgo·'laɪ] Mongolie (la); die Innere ~ la Mongolie-Intérieure; die Äußere ~ la Mongolie-Extérieure
Montblanc (der) [mɔ̃:'blɑ̃:, mɔŋ'blaŋ] mont Blanc (le)
Montenegro [mɔnte·'ne:gro·] *n* Monténégro (le)
Monte Rosa (der) ['mɔntə 'ro:za] mont Rose (le)
Montreal [mɔntre·'ɑ:l] *n* Montréal
Morgenland (das) ['mɔrgənˌlant] Levant (le)
Morsee ['mo:rze:] *n* Morges
Mosambik *cf.* Moçambique
Mosel (die) ['mo:zəl] Moselle (la)
Moskau ['mɔskaʊ] *n* Moscou *meist m*
Moskwa (die) [mɔs'kva] Moskova *od.* Moscova (la)
Mos(s)ul ['mo:sʊl] *n* Mossoul *od.* Mosul
Mozambique *cf.* Moçambique
Mukden ['mʊkdɛn] *n* Moukden
Mühlhausen [ˌmy:l'haʊzən] *n* Mulhouse
München ['mʏnçən] *n* Munich [-ik] *meist m*
Murcia ['mu·rsi·a] *n* Murcie
Murmansk ['mʊrmansk] *n* Mourmansk
Murten ['mʊrtən] *n* Morat
Mykenä, Mykene [my·'ke:nɛ, -ne·] *n hist.* Mycènes
Mytilene [my·ti·'le:nə] *n* Mytilène

N

Nahe Osten (der) ['nɑ:ə 'ɔstən], **Nahost** [nɑ:'ʔɔst] *m* Proche-Orient (le)
Nanking ['naŋkɪŋ] *n* Nankin *od.* Nan-king
Nantschang, Nanchang ['nantʃaŋ] *n* Nan--tchang
Narwa ['narva] **1.** *n Stadt* Narva; **2.** (die) *Fluß* Narva (la)
Nassaugebirge (das) ['nasaʊgəˌbɪrgə] monts Nassau (les) *m/pl.*
Nauplia, Nauplion ['naupli:a, 'naʊpli·ɔn, 'nafpli·ɔn] *n* Nauplie
Navarra [na'vara] *n* Navarre (la)
Neapel [ne·'ɑ:pəl] *n* Naples
Neiße (die) ['naɪsə] Nysa (la); Neisse (la)
Nepal [ne·'pɑ:l] *n* Népal (le)
Netze (die) ['nɛtsə] Noteć (la)
Neu-Amsterdam [ˌnɔʏʔamstər'dam] *n* Nouvelle-Amsterdam (la)
Neubraunschweig [ˌnɔʏ'braunʃvaɪk] *n* Nouveau-Brunswick (le)
Neu-Breisach [ˌnɔʏ'braɪzax] *n* Neuf-Brisach [-k]
Neu-Delhi [ˌnɔʏ'de:li·] *n* New Delhi; Nouvelle-Delhi (la)
Neuenburg ['nɔʏənˌbʊrk] *n Schweiz* Neuchâtel; der ~er See le lac de Neuchâtel
Neuengland [ˌnɔʏ'ʔɛŋlant] *n* Nouvelle--Angleterre (la)
Neuen Hebriden (die) ['nɔʏən he·'bri:dən] *pl.* Nouvelles-Hébrides (les) *f/pl.*
Neufundland [ˌnɔʏ'fʊntlant] *n* Terre--Neuve *f*; die ~bänke les bancs de Terre--Neuve *m/pl.*
Neuguinea [ˌnɔʏgi·'ne:a] *n* Nouvelle-Guinée (la)
Neuirland [ˌnɔʏ'ʔɪrlant] *n* Nouvelle-Irlande (la)
Neukaledonien [ˌnɔʏkale·'do:ni·ən] *n* Nouvelle-Calédonie (la)
Neukastilien [ˌnɔʏkas'ti:li·ən] *n* Nouvelle--Castille [-ij] (la)
Neuschottland [ˌnɔʏ'ʃɔtlant] *n* Nouvelle--Écosse (la)
Neuseeland [ˌnɔʏ'ze:lant] *n* Nouvelle-Zélande (la)
Neusibirischen Inseln (die) [ˌnɔʏzi·'bi:rɪʃən 'ɪnzəln] archipel de la Nouvelle-Sibérie (l') *m*
Neusiedler See (der) ['nɔʏˌzi:dlər ze:] lac de Neusiedl (le)
Neustrien ['nɔʏstri·ən] *n hist.* Neustrie (la)
Neusüdwales ['nɔʏzy:tˌve:ls] *n* Nouvelle--Galles du Sud (la)
Newa (die) ['ne:va] Néva (la)
New Mexico [nju: 'mɛksi·ko·] *n* Nouveau--Mexique (le)
Niagarafälle (die) [ni·a'gɑ:raˌfɛlə] *m/pl.* chutes du Niagara (les) *f/pl.*
Nicäa *cf.* Nizäa
Nicaragua [ni·ka'rɑ:gu·a] *n* Nicaragua [-gwa] (le)
Niederbayern ['ni:dərˌbaɪərn] *n* Basse--Bavière (la)
Niederfranken ['ni:dərˌfraŋkən] *n* Basse--Franconie (la)
Niederjeutz ['ni:dərˌjɔʏts] *n* Basse-Yutz
Niederkalifornien ['ni:dərkali·ˌfɔrni·ən] *n* Basse-Californie (la)
Niederlande (die) ['ni:dərˌlandə] *n/pl.* Pays-Bas (les) *m/pl.*
Niederländischen Antillen (die) ['ni:dərˌlɛndɪʃən an'tɪlən] *pl.* Antilles [-ij] néerlandaises (les)
Niederländisch-Indien ['ni:dərˌlɛndɪʃ 'ɪndi·ən] *n hist.* Indes orientales *od.* néerlandaises (les)
Niederlausitz (die) ['ni:dərˌlauzɪts, -'laʊ-] Basse-Lusace (la)
Niederösterreich ['ni:dərˌʔø:stəraɪç] *n* Basse-Autriche (la)
Niederrhein (der) ['ni:dərˌraɪn] **1.** région du Rhin inférieur (la); **2.** (cours du) Rhin inférieur (le)
Niedersachsen ['ni:dərˌzaksən] *n* Basse--Saxe (la)
Niederschlesien ['ni:dərˌʃle:zi·ən] *n* Basse--Silésie (la)
Niger (der) ['ni:gər] Niger [-ʒɛ:r] (le)
Nigeria [ni·'ge:ri·a] *n* Nigeria (le *od.* la)
Nikaragua *cf.* Nicaragua
Nikobaren (die) [ni·ko·'bɑ:rən] *pl.* îles Nicobar (les) *f/pl.*
Nimwegen ['nɪmˌve:gən] *n* Nimègue
Nippon ['nɪpɔn] *n* Nippon (le)
Nischnij Nowgorod ['nɪʃni· 'nɔfgo·rɔt] *n* Nijni(i)-Novgorod
Nizäa [ni·'tsɛ:a] *n hist.* Nicée
Nizza ['nɪtsa] *n* Nice
Njassaland ['njasaˌlant] *n* Nyassaland (le)
Njassasee (der) ['njasaˌze:] (lac) Nyassa (le)
Nordafrika ['nɔrtˌʔɑ:fri·ka] *n* Afrique du Nord (l') *f*
Nordalbanischen Alpen (die) ['nɔrtʔalˌbɑ:nɪʃən 'alpən] *pl.* Alpes albanaises du Nord (les)
Nordamerika ['nɔrtʔaˌme:ri·ka] *n* Amérique du Nord (l') *f*
Nordaustralien ['nɔrtʔausˌtrɑ:li·ən] *n cf.* Nordterritorium
Nordborneo ['nɔrtˌbɔrne·o·] *n* Bornéo septentrional britannique (le)
Nordbrabant ['nɔrtbraˌbant] *n* Brabant--Septentrional (le)
Nordchinesische Tiefebene (die) ['nɔrtçi·ˌne:zɪʃə 'ti:fˌʔe:bənə] Grande Plaine de la Chine du Nord (la)
Nord-Dakota ['nɔrtdaˌko:ta] *n* Dakota du Nord (le)

Norddeutschland [ˈnɔrtˌdɔʏtʃlant] *n* Allemagne du Nord (l') *f*
Nord-Devon [ˈnɔrtdeˑˌvoːn] île Devon (l') *f*
Nordeuropa [ˈnɔrtˀɔʏˌroːpa] *n* Europe du Nord (l') *f*
Nordfriesland [ˈnɔrtˌfriːslant] *n* Frise septentrionale (la)
Nordholland [ˈnɔrtˌhɔlant] *n* Hollande-Septentrionale (la) *f*
Nordirland [ˈnɔrtˌˀɪrlant] *n* Irlande du Nord (l') *f*
Nordkanal (der) [ˈnɔrtkaˌnaːl] canal du Nord (le)
Nordkap (das) [ˈnɔrtkap] cap Nord (le)
Nordkarolina [ˈnɔrtkaroˑˌliːna] *n* Caroline du Nord (la)
Nordkorea [ˈnɔrtkoˑˌreːa] *n* Corée du Nord (la)
Nord-Ossetische ASSR (die) [ˈnɔrtˀɔˌseːtɪʃə aːˀɛsˀɛsˈˀɛr] république autonome d'Ossétie du Nord (la)
Nord-Ostsee-Kanal (der) [nɔrtˈˀɔstzeː-kaˌnaːl] canal de Kiel (le)
Nordpol (der) [ˈnɔrtpoːl] pôle Nord (le)
Nordpolarmeer (das) [ˈnɔrtpoˑˌlaːrˌmeːr] océan glacial Arctique (l')
Nordrhein-Westfalen [ˈnɔrtraɪnvɛstˈfaːlən] *n* Rhénanie-du-Nord-Westphalie (la)
Nordrhodesien [ˈnɔrtroˑˌdeːziˑən] *n* Rhodésie du Nord (la)
Nordsee (die) [ˈnɔrtzeː] mer du Nord (la)
Nordseekanal (der) [ˈnɔrtzeːkaˌnaːl] Noordzeekanaal (le)
Nordterritorium (das) [ˈnɔrttɛriˑˌtoːriˑʊm] Territoire du Nord (le)
Nordvietnam [ˈnɔrtviˑˌɛtnam] *n* Viêt-nam du Nord *od.* Nord Viet-nam *od.* Vietnam du Nord (le)
Nordwest-Territorien (die) [nɔrtˈvɛst-tɛriˑˌtoːriˑən] *n/pl.* Territoires du Nord-Ouest (les) *m/pl.*
Nordwürttemberg [ˈnɔrtˌvʏrtəmˌbɛrk] *n* Wurtemberg-Septentrional (le)
Norfolk-Insel (die) [ˈnɔːfəkˌˀɪnzəl] île Norfolk (l') *f*
Norischen Alpen (die) [ˈnoːrɪʃən ˈalpən] *pl.* Alpes Noriques (les) *f/pl.*
Normannischen Inseln (die) [nɔrˈmanɪʃən ˈɪnzəln] îles Anglo-Normandes (les) *f/pl.*
Norwegen [ˈnɔrˌveːgən] *n* Norvège (la)
Novara [noˑˈvaːra] *n* Novare
Nowaja Semlja [ˈnoːvaja ˈzɛmlja] Novaïa Zemlia *od.* Nouvelle-Zemble (la)
Nowgorod [ˈnɔfgoˑrɔt] *n* Novgorod
Nowosibirsk [noˑvosiˑˈbɪrsk] *n* Novo(s)sibirsk
Nubien [ˈnuːbiˑən] *n* Nubie (la)
Numidien [nuˑˈmiːdiˑən] *n hist.* Numidie (la)
Nürnberg [ˈnʏrnbɛrk] *n* Nuremberg

O

Ob (der) [ɔp] Ob *od.* Obi (l') *m*
Oberbayern [ˈoːbərˌbaɪərn] *n* Haute-Bavière (la)
Oberdeutsche Hochebene (die) [ˈoːbərˌdɔʏtʃə ˈhoːxˌˀeːbənə] Plateau bavarois (le)
Oberelsaß (das) [ˈoːbərˌˀɛlzas] *n* Haut-Rhin (le)
Obere See (der) [ˈoːbərə zeː] lac Supérieur (le)
Oberfranken [ˈoːbərˌfraŋkən] *n* Haute-Franconie (la)
Oberitalien [ˈoːbərˀiˑˌtaːliˑən] *n* Italie du Nord (l') *f*
Oberlausitz (die) [ˈoːbərˌlauzɪts] Haute-Lusace (la)
Oberösterreich [ˈoːbərˌˀøːstəraɪç] *n* Haute-Autriche (la)
Oberpfalz (die) [ˈoːbərˌpfalts] Haut-Palatinat (le)
Oberrheinische Tiefebene (die) [ˈoːbərˌraɪnɪʃə ˈtiːfˌˀeːbənə] fossé d'effondrement d'Alsace et de Bade (le)
Oberschlesien [ˈoːbərˌʃleːziˑən] *n* Haute-Silésie (la)
Obervolta [ˈoːbərˌvɔlta] *n* Haute-Volta (la)
Ochotskische Meer (das) [ɔˈxɔtskɪʃə meːr] mer d'Okhotsk (la)
Ödenburg [ˈøːdənˌbʊrk] *n* Sopron
Oder (die) [ˈoːdər] Odra *od.* Oder (l') *m*
Oder-Spree-Kanal (der) [ˌoːdərˈʃpreːkaˌnaːl] canal de l'Oder à la Sprée (le)
Oldenburg [ˈɔldənˌbʊrk] *n* Oldenburg; *hist. Land* Oldenbourg (l')
Olmütz [ˈɔlmʏts] *n* Olomouc
Olymp (der) [oˑˈlʏmp] Olympe (l') *m*
Olynth [oˑˈlʏnt] *n hist.* Olynthe
Oman [oˑˈmaːn] *n* Oman (l'); der Golf von ~ le golfe d'Oman
Onegasee (der) [oˑˈneːgaˌzeː] lac Onega (le)
Ontariosee (der) [ɔnˈtaːriˑoˑˌzeː] lac Ontario (le)
Oppeln [ˈɔpəln] *n* Opole
Oranien [oˑˈraːniˑən] *n hist.* Orange
Oranje (der) [oˑˈranjə] Orange (l') *m*
Oranjefreistaat (der) [oˑˈranjəˌfraɪʃtaːt] État libre d'Orange (l') *m*
Ordschonikidse [ardʒaniˑˈkiˑdzɪ, ɔrdʒoniˑˈkɪdzə] *n* Ordjonikidze
Orenburg [ˈoːrənˌbʊrk] *n* Orenbourg; Tchkalov
Öresund (der) [ˈœrəˌsʊnd] Øresund (l') *m*
Orinoco, Orinoko (der) [oˑriˑˈnoːkoˑ] Orénoque (l') *m*
Orkney-Inseln (die) [ˈɔːknɪˌˀɪnzəln] *f/pl.* Orcades (les) *f/pl.*
Orontes (der) [oˑˈrɔntɛs] Oronte (l') *m*
Ösel [ˈøːzəl] île d'Œsel (l') *f*
Ostafrika [ˈɔstˌˀaːfriˑka] *n* Afrique-Orientale (l') *f*
Ostasien [ˈɔstˌˀaːziˑən] *n* Asie orientale (l') *f*
Ost-Bengalen [ˈɔstbɛŋˌgaːlən] *n* Bengale-Oriental (le)
Ost-Berlin [ˈɔstbɛrˌliːn] *n* Berlin-Est *meist m*
Ostchinesische Meer (das) [ˈɔstçiˑˌneːzɪʃə meːr] mer de Chine orientale (la)
Osterinsel (die) [ˈoːstərˌˀɪnzəl] île de Pâques (l') *f*
Österreich [ˈøːstəˌraɪç] *n* Autriche (l') *f*
Österreichischen Alpen (die) [ˈøːstəˌraɪçɪʃən ˈalpən] *pl.* Alpes autrichiennes (les)
Österreich-Ungarn [ˈøːstəraɪçˈˀʊŋgarn] *n hist.* Autriche-Hongrie (l') *f*
Osteuropa [ˈɔstˀɔʏˌroːpa] *n* Europe orientale (l')
Ostflandern [ˈɔstˌflandərn] *n* Flandre-Orientale (la)
Ostfranken [ˈɔstˌfraŋkən] *n* Franconie orientale (la)
Ostfriesischen Inseln (die) [ˈɔstˈfriːzɪʃən ˈɪnzəln] archipel Frison oriental (l') *m*; îles de la Frise orientale (les) *f/pl.*
Ostfriesland [ˈɔstˈfriːslant] *n* Frise orientale (la); *hist.* Frise-Orientale (la)
Ostia [ˈɔstiˑa] *n* Ostie
Ostindien [ˈɔstˈˀɪndiˑən] *n* Indes orientales (les) *f/pl.*
Ostkanal (der) [ˈɔstkaˌnaːl] canal de l'Est (le)
Ostmark (die) [ˈɔstmark] *hist.* Marche de l'Est (la)
Ostpakistan [ˈɔstˌpakiˑstaːn] *n* Pakistan oriental (le)
Ostpreußen [ˈɔstˌprɔʏsən] *n* Prusse-Orientale (la)
Ostrau [ˈɔstrau] *n* Ostrava
Ostsee (die) [ˈɔstzeː] (mer) Baltique (la)
Ostseeprovinzen (die) [ˈɔstzeːproˑˌvɪntsən] *f/pl. hist.* Provinces baltiques (les) *f/pl.*
Otranto [oˑˈtrantoˑ] *n* Otrante; die Straße von ~ le canal d'Otrante
Ottawa (der) [ˈɔtava] Ottawa *od.* Outaouais (l')
Ötztaler Alpen (die) [ˈœtsˌtaːlər ˈalpən] *pl.* Alpes de l'Ötztal (les) *f/pl.*
Ozeanien [oˑtseˑˈaːniˑən] *n* Océanie (l') *f*

P

Padua [ˈpaːduˑa] *n* Padoue
Paiho, Peiho, Peho (der) [ˈpaɪhoˑ, ˈpeːhoˑ] Hai-ho (le) *od.* Pei-ho (le)
Pakistan [ˈpaːkɪstaːn, -tan] *n* Pakistan (le)
Palästina [palɛˈstiːna] *n* Palestine (la)
Palatin (der) [palaˈtiːn] mont Palatin (le)
Palau-Inseln (die) [ˈpaːlauˌˀɪnzəln] *f/pl.* îles Palaos *od.* Palau (les) *f/pl.*
Palermo [paˈlɛrmoˑ] *n* Palerme
Palmerarchipel (der) [ˈpalmərˀarçiˑˌpeːl] archipel de Palmer (l') *m*
Palmyra [palˈmyːra] *n hist.* Palmyre
Pamphylien [pamˈfyːliˑən] *n hist.* Pamphylie (la)
Pamplona [pamˈploˑna] *n* Pampelune
Panamakanal (der) [ˌpanaˈmakaˌnaːl, ˈpa-, ˈpaː-] canal de Panama (le)
Pandschab (der) [panˈdʒaːp, ˈpan-] Pendjab [pɛndʒab] (le)
Pannonien [paˈnoːniˑən] *n hist.* Pannonie (la)
Pantheon (das) [ˈpanteˑɔn] Panthéon (le)
Paphlagonien [paflaˈgoːniˑən] *n hist.* Paphlagonie (la)
Papua [ˈpaːpuˑa, paˈpuːa] *n* Papouasie (la)
Paraguay [paraguˑˈaːiˑ, ˈparagvaɪ] *n* Paraguay [-gwɛ] (le)
Paris [paˈriːs] *n* Paris [-i] *m*; das ~er Becken le Bassin parisien
Parma [ˈparma] *n* Parme
Parnaß (der) [parˈnas] Parnasse (le)
Parthenon (der) [ˈparteˑnɔn] Parthénon (le)
Parthien [ˈpartiˑən] *n hist.* Parthie *od.* Parthiène (la)
Patagonien [pataˈgoːniˑən] *n* Patagonie (la)
Pavia [paˈviːa] *n* Pavie
Pazifik (der) [paˈtsiːfɪk, ˈpa-] Pacifique (le)
Pazifische Ozean (der) [paˈtsiːfɪʃə ˈoːtseˑaːn] océan Pacifique (l') *m*
Peipus-See (der) [ˈpaɪpʊsˌzeː] lac Peïpous *od.* Tchoudsk (le)
Peking [ˈpeːkɪŋ] *n* Pékin
Peloponnes (der) [peˑloˑpɔˈneːs] Péloponnèse (le)
Penninische Gebirge (das) [pɛˈniːnɪʃə gəˈbɪrgə] Pennines (les) *f/pl.*
Pennsylvanien [pɛnzɪlˈvaːniˑən] *n* Pennsylvanie (la)
Pentelikon (der) [pɛnˈteːliˑkɔn] Pentélique [pɛ̃-] (le)
Pergamon [ˈpɛrgamɔn] *n hist.* Pergame
Perleninseln (die) [ˈpɛrlənˌˀɪnzəln] *f/pl. Panama* archipel de las Perlas (l') *m*
Pernambuco, Pernambuko [pɛrnamˈbuː-koˑ] *n* Pernambouc [-k]
Persepolis [pɛrˈzeːpoˑlɪs] *n* Persépolis [-is]
Persien [ˈpɛrziˑən] *n hist.* Perse (la)
Persische Golf (der) [ˈpɛrzɪʃə gɔlf] golfe Persique (le)
Peru [peˑˈruː, ˈpeːruˑ] *n* Pérou (le)
Perugia [peˑˈruːdʒa] *n* Pérouse
Petersburg [ˈpeːtərsˌbʊrk] *n hist.* Saint-Pétersbourg
Petschora (die) [pɪˈtʃɔra, pɛ-] Petchora (la)
Pfalz (die) [pfalts] Palatinat (le)
Pfefferküste (die) [ˈpfɛfərˌkʏstə] **1.** *cf.* Malabar; **2.** *Liberia* Côte-du-Poivre (la)
Philadelphia [fiˑlaˈdɛlfiˑa] *n* Philadelphie
Philippi [fiˑˈlɪpiˑ] *n hist.* Philippes
Philippinen (die) [fiˑlɪˈpiːnən] *pl.* Philippines (les) *f/pl.*
Phlegräischen Felder (die) [fleˑˈgrɛːɪʃən ˈfɛldər] champs Phlégréens (les)
Phokäa [foˑˈkɛːa] *n hist.* Phocée
Phokis [ˈfoːkɪs] *n* Phocide (la)
Phönizien [føˈniːtsiˑən] *n hist.* Phénicie (la)
Phrygien [ˈfryːgiˑən] *n hist.* Phrygie (la)
Piacenza [piˑaˈtʃɛntsa] *n* Plaisance
Piemont [pieˑˈmɔnt] *n* Piémont (le)
Pikardie (die) [piˑkarˈdiː] Picardie (la)
Pilatus (der) [piˑˈlaːtʊs] mont Pilate (le)
Pilsen [ˈpɪlzən] *n* Plzen

Piratenküste (die) [piˈraːtənˌkʏstə] Côte des Pirates (la)
Piräus (der) [piˈrɛːˀʊs] Le Pirée
Pisa [ˈpiːza] *n* Pise
Pisidien [piˈziːdiən] *n* Pisidie (la)
Pistoia, Pistoja [pɪsˈtoːja] *n* Pistoia
Platää [plaˈtɛːɛ] *n hist.* Platées
Plattensee (der) [ˈplatənˌzeː] lac Balaton (le)
Pleskau [ˈpleskau] *n* Pskov
Po (der) [poː] Pô (le)
Poebene (die) [ˈpoːˌˀeːbənə] plaine du Pô (la)
Polen [ˈpoːlən] *n* Pologne (la)
Polesien [poˈleːziən] *n* Polésie (la)
Polnische Korridor (der) [ˈpɔlnɪʃə ˈkɔriˑdoːr] *hist.* couloir *od.* corridor de Dantzig (le)
Poltawa [pɔlˈtaːva] *n* Poltava
Polynesien [polyˈneːziən] *n* Polynésie (la)
Pommern [ˈpɔmərn] *n* Poméranie (la)
Pompeji [pɔmˈpeːji] *n* Pompéi
Pontinischen Inseln (die) [pɔnˈtiːnɪʃən ˈɪnzəln] *f/pl.* îles Pontines (les) *f/pl.*
Pontinischen Sümpfe (die) [pɔnˈtiːnɪʃən ˈzʏmpfə] *m/pl.* marais Pontins (les) *m/pl.*
Pontische Gebirge (das) [ˈpɔntɪʃə gəˈbɪrgə] chaîne Pontique (la)
Pontus [ˈpɔntʊs] *n hist.* Pont (le)
Pontus Euxinus (der) [ˈpɔntʊs ɔʏˈksiːnʊs] *hist.* Pont-Euxin (le)
Portiuncula (die) [pɔrtsiˈʊŋkula] Portioncule (la)
Porto Rico, Portoriko [ˈpɔrto ˈriːko] *n cf.* Puerto Rico
Port Said [pɔrt ˈzaɪt] *n* Port-Saïd *meist m*
Port Sudan [pɔrt zuˈdaːn, ˈzuːdan] *n* Port--Soudan *meist m*
Portugal [ˈpɔrtugal] *n* Portugal (le)
Portugiesisch-Guinea [pɔrtuˈgiːzɪʃ giˈneːa] *n* Guinée portugaise (la)
Portugiesisch-Westafrika [pɔrtuˈgiːzɪʃ ˌvestˈˀafrika] *n* Afrique-Occidentale portugaise (l')
Posen [ˈpoːzən] *n* **1.** *Stadt* Poznan; *hist.* Posen; **2.** *hist. Provinz* Posnanie (la)
Prag [praːk] *n* Prague
Preßburg [ˈpresbʊrk] *n* Bratislava; Presbourg
Preußen [ˈprɔʏsən] *n* Prusse (la)
Prinz-Eduard-Insel (die) [prɪntsˈˀeːduartˌˀɪnzəl] île du Prince-Edouard (l') *f*
Propontis (die) [proˈpɔntɪs] *hist.* Propontide (la)
Pruntrut [prunˈtruːt] *n* Porrentruy
Pruth (der) [pruːt] Pr(o)ut (le)
Puerto Rico [puˈɛrto ˈriːko] *n* Porto Rico *od.* Puerto Rico
Puna [ˈpuːna] *n* Poona [pu-]
Pyrenäen (die) [pyreˈnɛːən] *pl.* Pyrénées (les) *f/pl.*

Q

Quebec, Quebeck [kvɪˈbɛk, kveˈbɛk] *n* **1.** *Stadt* Québec; **2.** *Provinz* Québec (le)

R

Raab [raːp] **1.** *n Stadt* Györ; **2.** (die) *Fluß* Raba (la)
Ragusa [raˈguːza] *n* Raguse
Rangun [raŋˈguːn] *n* Rangoon
Rappoltsweiler [ˌrapɔltsˈvaɪlər] *n* Ribeauvillé
Rätien [ˈrɛːtsiən] *n hist.* R(h)étie [-si] (la)
Rätischen Alpen (die) [ˈrɛːtɪʃən ˈalpən] *pl.* Alpes Rhétiques (les) *f/pl.*
Ravenna [raˈvɛna] *n* Ravenne
Regensburg [ˈreːgənsˌbʊrk] *n* Ratisbonne
Reims [raɪms, rɛ̃ːs] *n* Reims [rɛ̃s]
Rescht [rɛʃt] *n* Recht
Réunion [reyˈnjõː] la Réunion; *hist.* île Bourbon (l') *f*
Reuß (die) [rɔʏs] Reuss (la)
Reval [ˈreːval] *n* Tallin(n); *hist.* Reval
Rhein (der) [raɪn] Rhin (le)
Rheingau (der) [ˈraɪngau] Rheingau (le)
Rheinhessen [ˈraɪnˌhɛsən] *n* Hesse rhénane (la)
Rheinische Schiefergebirge (das) [ˈraɪnɪʃə ˈʃiːfərgəˌbɪrgə] Massif schisteux rhénan (le)
Rheinland (das) [ˈraɪnlant] Rhénanie (la)
Rheinlande (die) [ˈraɪnˌlandə] *n/pl.* pays rhénans (les)
Rheinland-Pfalz [ˈraɪnlantˈpfalts] *n* Rhénanie-Palatinat (la)
Rhein-Marne-Kanal (der) [ˌraɪnˈmarnəkaˌnaːl] canal de la Marne au Rhin (le)
Rheinpfalz (die) [ˈraɪnpfalts] Palatinat rhénan (le)
Rheinprovinz (die) [ˈraɪnproˌvɪnts] *hist.* Prusse-Rhénane (la)
Rhein-Seitenkanal (der) [ˌraɪnˈzaɪtənkaˌnaːl] grand canal d'Alsace (le)
Rheintal (das) [ˈraɪntaːl] vallée du Rhin (la)
Rhodesien [roˈdeːziən] *n* Rhodésie (la)
Rhodopegebirge (das) [ˈroːdopegəˌbɪrgə, ˈro-], **Rhodopen** (die) [ˈroːdopən, ˈro-] *pl.* Rhodope (le)
Rhodos [ˈroːdɔs, ˈro-] *n* Rhodes
Rhone (die) [ˈroːnə] Rhône (le)
Riesengebirge (das) [ˈriːzəngəˌbɪrgə] monts des Géants (les) *m/pl.*
Rif (das) [rɪf] Rif (le)
Rigaer Bucht (die) [ˈriːgaər bʊxt] golfe de Riga (le)
Rigi (der, die) [ˈriːgi] Rig(h)i (le)
Rijswijk [ˈraɪsvaɪk] *n* Rijswijk; *hist.* Ryswick
Riviera (die) [riviˈeːra] *französische* Côte d'Azur (la); *italienische* Riviera (la)
Rocky Mountains (die) [ˈrɔkɪ ˈmauntɪns] *pl.* montagnes Rocheuses (les)
Rom [roːm] *n* Rome *meist f*
Roncesvalles [ˈrõːsəval] *n* Roncevaux
Ross-Meer (das) [ˈrɔsmeːr] mer de Ross (la)
Rote Meer (das) [ˈroːtə meːr] mer Rouge (la)
Ruanda-Urundi [ruˈanda uˈrundi] *n* Ruanda-Urundi *od.* Rouanda-Ouroundi (le)
Rubikon (der) [ˈruːbikɔn] Rubicon (le)
Ruhr (die) [ruːr] Ruhr [ruːr] (la)
Ruhrgebiet (das) [ˈruːrgəˌbiːt] Ruhr [ruːr] (la)
Rumänien [ruˈmɛːniən] *n* Roumanie (la)
Rumelien [ruˈmeːliən] *n hist.* Roumélie (la)
Rußland [ˈrʊslant] *n* Russie (la)

S

Saane (die) [ˈzaːnə] Sarine (la)
Saanen [ˈzaːnən] *n* Gessenay
Saar (die) [zaːr] Sarre (la) (*auch Gebiet*)
Saarbrücken [ˌzaːrˈbrʏkən] *n* Sarrebruck
Saarburg [ˈzaːrbʊrk] *n* **1.** *in Rheinland-Pfalz* Saarburg; **2.** *in Lothringen* Sarrebourg
Saargebiet (das) [ˈzaːrgəˌbiːt] Sarre (la)
Saargemünd [ˌzaːrgəˈmʏnt] *n* Sarreguemines
Saarland (das) [ˈzaːrlant] Sarre (la)
Saarlouis [zaːrˈluɪ] *n*, *hist.* **Saarlautern** [ˌzaːrˈlautərn] *n* Sarrelouis
Saaz [zaːts] *n* Zatec
Sabinergebirge (das) [zaˈbiːnərgəˌbɪrgə] monts Sabins (les) *m/pl.*
Sachalin [zaxaˈliːn] *n* Sakhaline
Sachsen [ˈzaksən] *n* Saxe (la)
Sachsen-Anhalt [ˌzaksənˈˀanhalt] *n hist.* Saxe-Anhalt (la)
Sachsen-Coburg und Gotha [ˌzaksənˈkoːbʊrk ʊnt ˈgoːta] *n hist.* Saxe-Cobourg--et-Gotha (la)
Sächsische Schweiz (die) [ˈzɛksɪʃə ʃvaɪts] Suisse saxonne (la)
Sagunt [zaˈgʊnt] *n* Sagunto; *hist.* Sagonte
Sahara (die) [zaˈhaːra, ˈzaː-] Sahara (le)
Sajanische Gebirge (das) [zaˈjaːnɪʃə gəˈbɪrgə] monts Saïan *od.* Saïany (les) *m/pl.*
Sakkara [zaˈkaːra] *n* Saqqarah *od.* Sakkarah
Sala [ˈsɛlə, ˈsaːla] *n* Salé
Salamanca [zalaˈmaŋka] *n* Salamanque
Salamis [ˈzaːlamɪs] *n* Salamine
Salerno [saˈlɛrno] *n* Salerne
Salomoninseln (die) [ˈzaːlomɔnˌˀɪnzəln] *f/pl.* archipel Salomon (l') *m*
Saloniki [zaloˈniːki] *n* Thessalonique *od.* Salonique
Salvador *cf.* El Salvador
Salzburg [ˈzaltsbʊrk] *n* Salzbourg
Salzkammergut (das) [ˈzaltskamərˌguːt] Salzkammergut (le)
Salzsee, Große (der) [ˈzaltszeː, ˈgroːsə] Grand Lac Salé (le)
Samaria [zamaˈriːa, -ˈmaː-] *n* **1.** *Landschaft* Samarie (la); **2.** *hist. Stadt* Samarie
Samarkand [zamarˈkant] *n* Samarkand *od.* Samarcande
Sambesi (der) [zamˈbeːzi] Zambèze (le)
Sambia [ˈzambia] *n* Zambie (la)
Samoainseln (die) [zaˈmoːaˌˀɪnzəln] (îles) Samoa (les) *f/pl.*
Samojedenhalbinsel (die) [zamoˈjeːdənˌhalpˀɪnzəl] presqu'île des Samoyèdes (la)
Sankt Bernhard, Große (der) [ˌzaŋkt ˈbɛrnhart, ˈgroːsə] Grand-Saint-Bernard (le)
Sankt Bernhard, Kleine (der) [ˌzaŋkt ˈbɛrnhart, ˈklaɪnə] Petit-Saint-Bernard (le)
Sankt Gallen [zaŋkt ˈgalən] *n* Saint-Gall
Sankt-Georgs-Kanal (der) [ˌzaŋkt geˈɔrkskaˌnaːl] canal *od.* chenal Saint George (le)
Sankt Gotthard (der) [zaŋkt ˈgɔthart] Saint-Gothard (le)
Sankt Helena [zaŋkt ˈheˑleˑna] Sainte-Hélène
Sankt-Lorenz-Golf (der) [ˌzaŋktˈloːrentsˌgɔlf] golfe du Saint-Laurent (le)
Sankt-Lorenz-Strom (der) [ˌzaŋktˈloːrentsˌʃtroːm] Saint-Laurent (le)
Sankt Moritz [zaŋkt ˈmoːrɪts] *n* Saint--Moritz
Sankt Petersburg *cf.* Petersburg
San Marino [zan maˈriːno] *n* Saint-Marin *m*
San Sebastián [san sebastiˈaːn] *n* Saint--Sébastien
Sansibar [ˈzanzibaːr, -ˈbaːr] *n* Zanzibar
Santiago de Chile [zantiˈaːgo de ˈtʃiːle] *n* Santiago
Santiago de Compostela [zantiˈaːgo de kɔmpɔsˈteˑla] *n* Saint-Jacques-de-Compostelle
Santo Domingo [ˈzanto doˈmɪŋgo] *n* Saint-Domingue
Saporoschje [zapaˈrɔʒjə, -po-] *n* Zaporojie
Saragossa [zaraˈgɔsa] *n* Saragosse
Sarajewo [zaraˈjeːvo] *n* Sarajevo [-je-]
Sardinien [zarˈdiːniən] *n* Sardaigne (la)
Saskatchewan [səsˈkɛtʃɪvən] **1.** *n Provinz* Saskatchewan (le); **2.** (der) *Fluß* Saskatchewan (la)
Sathmar [ˈzatmar] *n* Satu-Mare
Sau (die) [zau] Save (la)
Saudi-Arabien [ˌzaudiˑˀaˈraːbiən] *n* Arabie Saoudite *od.* Séoudite (l') *f*
Save (die) [ˈzaːvə] *cf.* Sau
Savoyen [zaˈvɔʏən] *n* Savoie (la)
Schaffhausen [ˌʃafˈhauzən] *n* Schaffhouse
Schanghai [ˈʃaŋhaɪ] *n* Chang-hai *od.* Shanghai
Schansi [ˈʃanzi] *n* Chan-si *od.* Shansi (le)
Schantung [ˈʃantʊŋ] *n* Chan-tong (le)
Schatt el Arab (der) [ʃatelˈˀarap] Chatt al-Arab (le)
Schelde (die) [ˈʃɛldə] Escaut (l') *m*
Schenyang [ˈʃenjaŋ] *n* Chen-yang; *hist.* Moukden
S(c)hikoku [ʃiˈkoːku] Shikoku
Schipkapaß (der) [ˈʃɪpkaˌpas] col de Chipka *od.* Sipka (le)
Schiras [ˈʃiːras] *n* Chiraz
Schlesien [ˈʃleːziən] *n* Silésie (la)
Schleswig [ˈʃleːsvɪç] *n* **1.** *Stadt* Schleswig;

2. *Landschaft* Slesvig (le); *hist.* das Herzogtum ~ le duché du Slesvig
Schleswig-Holstein [ˈʃleːsvɪçˈhɔlʃtaɪn] *n* Schleswig-Holstein (le)
Schlettstadt [ˈʃlɛtʃtat] *n* Sélestat
Schmalkalden [ʃmalˈkaldən] *n* Schmalkalden; *hist.* Smalkalde
Schneidemühl [ˈʃnaɪdəˌmyːl] *n* Pila
Schonen [ˈʃoːnən] *n* Scanie (la)
Schottland [ˈʃɔtlant] *n* Écosse (l') *f*
Schwaben [ˈʃvɑːbən] *n* Souabe (la)
Schwäbische Alb (die) [ˈʃvɛːbɪʃə alp], **Schwäbische Jura** (der) [ˈʃvɛːbɪʃə ˈjuːra] Jura souabe (le)
Schwarze Meer (das) [ˈʃvartsə meːr] mer Noire (la)
Schwarzwald (der) [ˈʃvartsvalt] Forêt--Noire (la)
Schweden [ˈʃveːdən] *n* Suède (la)
Schweidnitz [ˈʃvaɪtnɪts] *n* Swidnica [-tsa]
Schweiz (die) [ʃvaɪts] Suisse (la)
Schweizer Jura (der) [ˈʃvaɪtsər ˈjuːra] Jura suisse (le)
Seealpen (die) [ˈzeːˌˀalpən] *pl.* Alpes Maritimes (les) *f/pl.*
Seeland [ˈzeːlant] *n* **1.** *niederländische Provinz* Zélande (la); **2.** *Insel Dänemarks* Sjaelland
Segesta [zeˑˈgɛsta] *n hist.* Ségeste
Senegal [ˈzeːneˑgal] **1.** (der) *Fluß* Sénégal (le); **2.** *n Land* Sénégal (le)
Seoul [ˈzeːʊl, ˈzɛʊl] *n* Séoul
Septimer (der) [ˈzɛptiˑmər] (col du) Septimer (le)
Serbien [ˈzɛrbiˑən] *n* Serbie (la)
Serow [sɪˈrɔf] *n* Serov *od.* Sérov
Seschellen *cf.* Seychellen
Sevilla [zeˑˈvɪlja] *n* Séville
Seward-Halbinsel (die) [ˈsiːvəd ˌhalpˀɪnzəl] péninsule Seward (la)
Sewastopol [zeˑˈvastoˑpɔl] *n* Sébastopol
Sewernaja Semlja [ˈsjevɪrnaja zɪmˈlja, ˈseːveˑrnaja zɛmˈlja] Severnaïa Zemlia
Seychellen (die) [zeˑˈʃɛlən] *pl.* Seychelles (les) *f/pl.*
Shanghai *cf.* Schanghai
Shetland-Inseln (die) [ˈʃɛtlantˌˀɪnzəln] *f/pl.* Shetland (les) *f/pl.*
Siam [ˈziːam] *n hist.* Siam (le)
Sibirien [ziˑˈbiːriˑən] *n* Sibérie (la)
Siders [ˈziːdərs] *n* Sierre
Siebenbürgen [ˌziːbənˈbʏrgən] *n* Transylvanie (la)
Siebenbürger Erzgebirge (das) [ˌziːbənˈbʏrgər ˈeːrtsgəˌbɪrgə] Alpes de Transylvanie (les) *f/pl.*
Siena [ziˑˈeːna] *n* Sienne
Sierra Leone [ziˑˈɛra leˑˈoːnə] *n* Sierra Leone (la)
Simplonpaß (der) [ˈzɪmploːnˌpas] Simplon (le)
Sinai (der) [ˈziːnaˀiˑ], **Sinaigebirge** (das) [ˈziːnaˀiˑgəˌbɪrgə] Sinaï (le)
Sinaihalbinsel (die) [ˈziːnaˀiˑˌhalpˀɪnzəl] péninsule du Sinaï (la)
Singapur [ˈzɪŋgapuːr, -ˈpuːr] *n* Singapour
Sinkiang-Uigur [sɪŋkiˑˈaŋˀuˑiˑˈgʊr] *n* Sin--kiang (le); région autonome ouïgoure du Sin-kiang (la)
Sitten [ˈzɪtən] *n* Sion
Siwa [ˈziːva] *Oase* Siouah
Sizilien [ziˑˈtsiːliˑən] *n* Sicile (la)
Sizilische Straße (die) [ziˑˈtsiːlɪʃə ˈʃtrɑːsə] canal de Sicile (le)
Skandinavien [skandiˑˈnɑːviˑən] *n* Scandinavie (la)
Sklavenfluß (der) [ˈsklɑːvənˌflʊs] rivière des Esclaves (la)
Sklavensee, Große *bzw.* **Kleine** (der) [ˈsklɑːvənˌzeː, ˈgroːsə, ˈklaɪnə] Grand *bzw.* Petit Lac des Esclaves (le)
Skutari [ˈskuːtariˑ] *n in Albanien* Shkodër; Shkodra; *in der Türkei* Scutari; der ~see le lac de Shkodër, de Skadar, de Scutari
Slowakei (die) [sloˑvaˈkaɪ] Slovaquie (la)
Slowakische Erzgebirge (das) [sloˑˈvɑːkɪʃə ˈeːrtsgəˌbɪrgə] monts Métallifères slovaques (les) *m/pl.*
Slowenien [sloˑˈveːniˑən] *n* Slovénie (la)
Smyrna [ˈsmʏrna] *n* Izmir; Smyrne (*auch hist.*)
Sodom [ˈzoːdɔm] *n hist.* Sodome
Sogdiana [zɔkdiˑˈɑːna] *n hist.* Sogdiane (la)
Solothurn [ˈzoːloˑtʊrn] *n* Soleure
Somalia [zoˑˈmɑːliˑa] *n* Somalie (la)
Somaliland [zoˑˈmɑːliˑˌlant] *n* Somalie (la)
Sonderburg [ˈzɔndərˌbʊrk] *n* Sønderborg
Sorrent [zɔˈrɛnt] *n* Sorrente
Söul *cf.* Seoul
Sowjetunion (die) [zɔˈvjɛtˀuˑniˑˌoːn, ˈzɔ-] Union soviétique (l') *f*
Spanien [ˈʃpɑːniˑən] *n* Espagne (l') *f*
Spanisch-Guinea [ˌʃpɑːnɪʃ giˑˈneːa] *n* Guinée espagnole (la)
Spanisch-Marokko [ˌʃpɑːnɪʃ maˈrɔkoˑ] *n hist.* Maroc espagnol méridional (le)
Spanisch-Sahara [ˌʃpɑːnɪʃ zaˈhɑːra] *n* Sahara espagnol (le); Sahara occidental (le); province du Sahara (la)
Sparta [ˈʃparta] *n* Sparte; Lacédémone
Speyer [ˈʃpaɪər] *n* Spire
Spitzbergen [ˈʃpɪtsˌbɛrgən] *n* Spitzberg *od.* Spitsberg (le)
Spoleto [spoˑˈleːtoˑ] *n* Spolète
Sporaden (die) [ʃpoˑˈrɑːdən] *pl.* Sporades (les) *f/pl.*
Spree (die) [ʃpreː] Sprée (la)
Stagira [staˈgiːra] *n hist.* Stagire
Stambul [ˈʃtambʊl, ˈstam-] *n cf.* Istanbul
Stawropol [ˈstavrapalj, ˈstavroˑpoˑl] *n* Stavropol
Steiermark (die) [ˈʃtaɪərˌmark] Styrie (la)
Steinamanger [ˌʃtaɪnaˈmaŋər] *n* Szombathely
Stettin [ʃtɛˈtiːn] *n* Szczecin
Stewartinsel (die) [ˈstjuːərtˌˀɪnzəl, ˈʃtjuː-] île Stewart (l') *f*
Stille Ozean (der) [ˈʃtɪlə ˈoːtseˑɑːn] océan Pacifique (l') *m*; Pacifique (le)
Straßburg [ˈʃtrɑːsbʊrk] *n* Strasbourg
Stubaier Alpen (die) [ˈʃtuːbaɪər ˈalpən, ˈʃtʊ-] *pl.* Alpes du Stubai (les) *f/pl.*
Stuhlweißenburg [ˌʃtuːlˈvaɪsənˌbʊrk] *n* Szekesfehervar; *hist.* Albe Royale
Stymphalos [ˈstʏmfaloˑs] *n hist.* Stymphale
Südafrika [ˈzyːtˌˀɑːfriˑka] *n* Afrique du Sud, australe (l')
Südafrikanische Union (die) [ˈzyːtˀafriˑˌkɑːnɪʃə uˑniˑˈoːn] République sud-africaine (la); république d'Afrique du Sud (la); Union sud-africaine (l') *f*
Südamerika [ˈzyːtˀaˌmeːriˑka] *n* Amérique du Sud (l') *f*
Sudan (der) [zuˑˈdɑːn, ˈzuːdan] Soudan (le)
Südaustralien [ˈzyːtˀausˌtrɑːliˑən] *n* Australie-Méridionale (l')
Südbaden [ˈzyːtˌbɑːdən] *n* Bade-Méridional (le)
Süd-Beveland [ˌzyːtˈbeːvəˌlant] *n* Zuid Beveland
Südchinesische Meer (das) [ˈzyːtçiˑˌneːzɪʃə meːr] mer de Chine méridionale (la)
Süd-Dakota [ˈzyːtdaˈkoːta] *n* Dakota du Sud (le)
Süddeutschland [ˈzyːtˌdɔʏtʃlant] *n* Allemagne du Sud (l') *f*
Sudeten (die) [zuˑˈdeːtən] *pl.* Sudètes (les)
Sudetenland (das) [zuˑˈdeːtənˌlant] territoire des Sudètes (le)
Südeuropa [ˈzyːtˀɔʏˌroːpa] *n* Europe méridionale (l')
Südgeorgien [ˈzyːtgeˑˌɔrgiˑən] *n* Géorgie du Sud (la)
Südholland [ˈzyːtˌhɔlant] *n* Hollande--Méridionale (la)
Südkarolina [ˈzyːtkaroˑˌliːna] *n* Caroline du Sud (la)
Südkorea [ˈzyːtkoˑˌreːa] *n* Corée du Sud (la)
Südlichen und Antarktischen Gebiete (die) [ˈzyːtlɪçən ʊnt antˈˀarktɪʃən gəˈbiːtə] *n/pl.* Terres australes et antarctiques françaises (les)
Südorkney-Inseln (die) [ˈzyːtˌˀɔːknɪˌˀɪnzəln] *f/pl.* Orcades du Sud (les) *f/pl.*
Süd-Ossetische Autonome Gebiet (das) [ˈzyːtˀɔˌseːtɪʃə autoˑˈnoːmə gəˈbiːt] république autonome d'Ossétie du Sud (la)
Südosteuropa [zyːtˈˀɔstˀɔʏˌroːpa] *n* Europe du Sud-Est (l') *f*
Südpol (der) [ˈzyːtpoːl] pôle Sud (le)
Südpolarmeer (das) [ˈzyːtpoˑˌlɑːrˌmeːr] océan glacial Antarctique (l')
Südrhodesien [ˈzyːtroˑˌdeːziˑən] *n* Rhodésie du Sud (la)
Südsandwich-Inseln (die) [ˈzyːtˌsɛnvɪtʃˌˀɪnzəln] *f/pl.* îles Sandwich du Sud (les) *f/pl.*
Südsee (die) [ˈzyːtzeː] mers du Sud (les)
Südshetland-Inseln (die) [ˈzyːtˌʃɛtlandˌˀɪnzəln] *f/pl.* îles Shetland du Sud (les) *f/pl.*
Südtirol [ˈzyːttiˑˌroːl] *n* Trentin-Haut-Adige (le); Sud-Tyrol (le)
Südvictorialand [ˌzyːtvɪkˈtoːriˑaˌlant] *n* terre Victoria (la)
Südvietnam [ˈzyːtviˑˌɛtnam] *n* Sud Viet--nam *od.* Viêt-nam du Sud *od.* Vietnam du Sud (le)
Südwestafrika [zyːtˈvɛstˌˀɑːfriˑka] *n* Sud--Ouest africain (le)
Südwürttemberg-Hohenzollern [ˈzyːtˌvʏrtəmbɛrkˌhoːənˈtsɔlərn] *n* Sud Wurtemberg-Hohenzollern (le)
Sues, Suez [ˈzuːɛs, ˈzuːɛts] *n* Suez [sɥɛːz]
Sueskanal (der) [ˈzuːɛskaˌnɑːl] canal de Suez (le)
Sulu-Inseln (die) [ˈsuˑluˑˌˀɪnzəln] *f/pl.* archipel de Sulu *od.* Soulou *od.* Solo *od.* Jolo (l') *m*; îles Soulou (les) *f/pl.*
Sundainseln (die) [ˈsʊndaˌˀɪnzəln] *f/pl.* archipel de la Sonde (l') *m*
Sundastraße (die) [ˈsʊndaˌʃtrɑːsə] détroit de la Sonde (le)
Surabaja [suˑraˈbaja] *n* Surabaya
Susa [ˈzuːza, ˈsuːza] *n* Suse (*auch hist.*)
Sustenpaß (der) [ˈzʊstənˌpas] col du Susten (le)
Swasiland [ˈsvɑːziˑˌlant] *n* Swaziland *od.* Souaziland (le)
Swerdlowsk [svɪrˈdlɔfsk, svɛr-] *n* Sverdlovsk
Syrakus [zyˑraˈkuːs] *n* Syracuse
Syrien [ˈzyːriˑən] *n* Syrie (la)
Szegedin [ˈsɛgeˑdiːn] *n* Szeged
Szetschuan, Szechwan [ˈzɛtʃuˑan] *n* Sseu--tchouan *od.* Setchouen *od.* Szeutchouen

T

Tabor [ˈtɑːbɔr] **1.** (der) mont Thabor *od.* Tabor (le); **2.** *Stadt* Tabor
Tadschikische SSR (die) [taˈdʒiːkɪʃə ɛsˀɛsˈˀɛr] république socialiste soviétique du Tadjikistan (la); Tadjikistan (le)
Taiga (die) [ˈtaɪga] taïga (la)
Tajo (der) [ˈtɑːxoˑ] Tage (le)
Tananarivo [tananaˈriːvoˑ] *n* Tananarive
Tanganjika [taŋganˈjiːka] *n* Tanganyika (le)
Tanger [ˈtaŋər] *n* Tanger [-ʒe]
Tansania [tanˈzɑːniˑa] *n* Tanzanie (la)
Tarent [taˈrɛnt] *n* Tarente
Tarnowitz [ˈtarnoˑvɪts] *n* Tarnowskie Gory
Tarpejische Fels (der) [tarˈpeːjɪʃə fɛls] roche Tarpéienne (la)
Tarquinia [tarˈkviːniˑa] *n* Tarquinia; Tarquinies
Tarragona [taraˈgoːna] *n* Tarragone
Tartarus (der) [ˈtartarʊs] *myth.* Tartare (le)
Taschkent [taʃˈkɛnt] *n* Tachkent
Tasmanien [tasˈmɑːniˑən] *n* Tasmanie (la)
Tassili-n-Ajjer [tasiˑliˑnˀaˈdjɛr] Tassili des Ajjer (le)
Tatarische ASSR (die) [taˈtɑːrɪʃə ɑːˀɛsˀɛsˈˀɛr] république socialiste soviétique autonome des Tatares (la); Tatarie (la)

Tauroggen [tau'rɔgən, 'tau-] *n* Taouraghe
Taygetos (der) [ta'y:ge·tɔs] Taygète (le)
Teheran [te·he·'rɑ:n, 'te:-] *n* Téhéran
Tel Aviv [tela'vi:f] *n* Tel-Aviv
Temeswar ['tɛmɛʃvɑ:r] *n* Timisoara
Teneriffa [te·ne·'rɪfa] *n* Ténériffe
Tessiner Alpen (die) [tɛ'si:nər 'alpən] *pl.* Alpes du Tessin (les) *f/pl.*
Tetuán [te·tu·'an] *n* Tétouan
Texas ['tɛksas] *n* Texas [-as] (le)
Thailand ['taɪlant] *n* Thaïlande (la)
Thebais (die) [te·'bɑ:ɪs] *hist.* Thébaïde (la)
Theben ['te:bən] *n hist.* Thèbes
Theiß (die) [taɪs] Tisza (la)
Themse (die) ['tɛmzə] Tamise (la)
Theresienstadt [te·'re:zi·ən,ʃtat] *n* Terezin
Thermopylen (die) [tɛrmo·'py:lən] *pl.* Thermopyles (les)
Thessalien [tɛ'sɑ:li·ən] *n* Thessalie (la)
Thorn [to:rn, tɔrn] *n* Torun
Thrakien, Thrazien ['trɑ:ki·ən, 'trɑ:tsi·ən] *n* Thrace (la)
Thule ['tu:lə] *n* Thulé (*auch in Grönland*)
Thun [tu:n] *n* Thoune; der ~er See le lac de Thoune
Thurgau (der) ['tu:rgau] Thurgovie (la)
Thüringen ['ty:rɪŋən] *n* Thuringe (la)
Thüringer Becken (das) ['ty:rɪŋər 'bɛkən] bassin de Thuringe (le)
Thüringer Wald (der) ['ty:rɪŋər valt] Thüringerwald (le); forêt de Thuringe (la)
Tiber (der) ['ti:bər] Tibre (le)
Tibet ['ti:bɛt, ti·'be:t] *n* Tibet (le)
Tienen ['ti:nən] *n* Tirlemont
Tienschan (der) [ti·'ɛnʃan] Tien-chan (le)
Tientsin [ti·'ɛntsɪn] *n* Tien-tsin *od.* Tientsin
Tiflis ['tɪflɪs] *n* Tbilis(s)i; *hist.* Tiflis
Tigris (der) ['ti:grɪs] Tigre (le)
Tilsit ['tɪlzɪt] *n* Sovietsk; *hist.* Tilsit
Timbuktu [tɪm'bʊktu·] *n* Tombouctou
Tirnowo ['tɪrno·vo·, 'tər-] *n* Tarnovo *od.* Trnovo *od.* Tirnovo
Tirol [ti·'ro:l] *n* Tyrol (le)
Tiryns ['ti:rʏns] *n hist.* Tirynthe
Titicacasee (der) [ti·ti·'kaka,ze:] lac Titicaca (le)
Tobruk ['to:brʊk] *n* Tobrouk
Todestal (das) ['to:dəs,tɑ:l] Vallée de la Mort (la)
Togo ['to:go·] *n* Togo (le)
Tokio ['to:ki·o·] *n* Tokyo *meist m*
Toledo [to·'le:do·] *n* Tolède
Tonalepaß (der) [to·'nɑ:lə,pas] pas de Tonale (le)
Tongainseln (die) ['tɔŋga,ˀɪnzəln] *f/pl.* Tonga (les); îles des Amis (les) *f/pl.*
Tongking ['tɔŋkɪŋ] *n* Tonkin (le)
Torneälv (die) ['tɔrnə,ˀɛlf, -,ˀɛlv] Torne (la)
Torresstraße (die) ['tɔrɛs,ʃtrɑ:sə] détroit de Torrès (le)
Tosa (die) ['to:za] *Fluß* Toce (le)
Toskana (die) [tɔs'kɑ:na] Toscane (la)
Tote Meer (das) ['to:tə me:r] mer Morte (la)
Transbaikalien [transbaɪ'kɑ:li·ən] *n* Transbaïkalie (la)
Transhimalaja (der) [transhi·'mɑ:laja, -ma'lɑ:-] Transhimalaya (le)
Transjordanien [transjɔr'dɑ:ni·ən] *n hist.* Transjordanie (la)
Transkaukasien [transkau'kɑ:zi·ən] *n* Transcaucasie (la)
Transleithanien [translaɪ'tɑ:ni·ən] *n hist.* Transleithanie (la)
Transvaal [trans'vɑ:l] *n* Transvaal (le)
Trapezunt [trape·'tsʊnt] *n* Trébizonde
Trasimenische See (der) [trazi·'me:nɪʃə ze:] lac Trasimène (le)
Trebbia (die) ['trebbi·a] Trébie (la)
Treviso [tre·'vi:zo·] *n* Trévise
Trient [tri·'ɛnt] *n* Trente
Trier [tri:r] *n* Trèves
Triest [tri·'ɛst] *n* Trieste
Trinidad ['trɪni·dat] *Insel* Trinité (la)
Tripolis ['tri:po·lɪs] *n* Tripoli
Tripolitanien [tri·po·li·'tɑ:ni·ən] *n* Tripolitaine (la)
Troas (die) ['tro:as] *hist.* Troade (la)
Troja ['tro:ja] *n hist.* Troie
Troppau ['trɔpau] *n* Opava
Tschad [tʃat, tʃɑ:t] *Staat* Tchad (le); der ~see le lac Tchad
Tschagosinseln (die) ['tʃɑ:gɔs,ˀɪnzəln] *f/pl.* Chagos (les)
Tschandigarh ['tʃandi·gar] *n* Chandigarh
Tschechoslowakei (die) [tʃɛço·slo·va'kaɪ, -çɔs-] Tchécoslovaquie (la)
Tschedschu ['tʃɛdʒu·] Cheju
Tschekiang ['tʃe:ki·aŋ] *n* Tchö-kiang *od.* Tchékiang
Tscheljabinsk [tʃɪ'ljabɪnsk, tʃe·-] *n* Tcheliabinsk *od.* Tchéliabinsk
Tschenstochau ['tʃɛnstɔxau] *n* Cze(n)stochowa
Tschernigow [tʃɪr'ni·gaf, tʃɛr'ni·gɔf] *n* Tchernigov
Tschungking ['tʃʊŋkɪŋ] *n* Tchongking *od.* Tchoungking
Tschuwaschische ASSR (die) [tʃu·'vaʃɪʃə ɑ:ˀɛsˀɛs'ˀɛr] république socialiste soviétique autonome des Tchouvaches (la); Tchouvachie (la)
Tsinan ['tsi:nan] *n* Tsi-nan *od.* Tsinan
Tsingtau ['tsɪŋtau] *n* Tsing-tao *od.* Tsingtao
Tsinlingschan (der) ['tsɪnlɪŋʃan] monts Tsin-ling (les) *m/pl.*
Tsuschima [tsu·'ʃi:ma] Tsushima *od.* Tsoushima
Tula ['tu:la] *n* Toula
Tunesien [tu·'ne:zi·ən] *n* Tunisie (la)
Tungtinghu (der) ['tʊŋtɪŋhu·] Tong-ting (le)
Türkei (die) [tʏr'kaɪ] Turquie (la)
Turkmenien [tʊrk'me:ni·ən] *n*, **Turkmenistan** [tʊrk'me:nɪs,tɑ:n, -,tan, -'tɑ:n] *n* Turkménistan (le); Turkménie (la)
Tuwa [tu·'va] *n* Touva (la république autonome de)
Tyrrhenische Meer (das) [tʏ're:nɪʃə me:r] mer Tyrrhénienne (la)
Tyrus ['ty:rʊs] *n hist.* Tyr

U

Ubangi (der) [u·'baŋgi·] Oubangui (l') *m*
Udmurtische ASSR (die) [ʊd'mu·rtɪʃə ɑ:ˀɛsˀɛs'ˀɛr] république socialiste soviétique autonome des Oudmourtes (la); Oudmourtie (l') *f*
Ufa ['u:fa] *n* Oufa
Uffizien (die) [ʊ'fi:tsi·ən] *pl.* palais des Offices (le)
Uganda [u·'ganda] *n* Ouganda (l') *m*
Ukraine (die) [u·kra'i:nə, u·'kraɪ-] Ukraine [ykrɛn] (l') *f*
Ulan-Ude [u·'lanu·'dɛ] *n* Oulan-Oude *od.* Oulan-Oudé
Umbrien ['ʊmbri·ən] *n* Ombrie (l') *f*
Ungarn ['ʊŋgarn] *n* Hongrie (la)
Union der Sozialistischen Sowjetrepubliken (die) [u·ni·'o:n dər zo·tsi·a'lɪstɪʃən zɔ'vjetre·pu·,bli:kən] Union des républiques socialistes soviétiques (l') *f*
Unterfranken ['ʊntər,fraŋkən] *n* Basse-Franconie (la)
Unterwalden ['ʊntər,valdən] *n* Unterwald (l') *m*
Uppsala ['ʊpsala] *n* Upsal; Uppsala
Ural (der) [u·'rɑ:l] Oural (l') *m* (*auch Fluß*)
Urserental (das) ['ʊrzərən,tɑ:l] val Urseren (le)
Uruguay [u·ru·gu·'ɑ:i·, 'uru·gvaɪ] *n* (*Fluß* der) Uruguay [-gwɛ] (l') *m*
Usambara [u·zam'bɑ:ra, -'bara] *n* Ousambara *od.* Usambara (l')
Usbekische SSR (die) [ʊs'be:kɪʃə ɛsˀɛs'ˀɛr] république socialiste soviétique de l'Ouzbékistan (la); Ouzbékie (l') *f*
Ussuri (der) [u·su·'ri·] Ossouri *od.* Oussouri (l') *m*
Utahsee (der) ['ju:ta,ze:] lac Utah (le)
Utrecht ['u:trɛçt, 'y:t-] *n* Utrecht [-ɛk]

V

Valencia [va'lɛntsi·a, -'lɛnsi·a] *n* Valence
Valetta (La) [va'lɛta] *n* La Valette
Vänersee (der) ['vɛ:nər,ze:] lac Vänern (le)
Vatikan (der) [vati·'kɑ:n] Vatican (le); die ~stadt la cité du Vatican
Vättersee (der) ['vɛtər,ze:] lac Vätter (le)
Veltlin (das) [vɛlt'li:n, fɛlt-] Valteline (la)
Venedig [ve·'ne:dɪç] *n* Venise *meist f*
Venetien [ve·'ne:tsi·ən] *n* Vénétie [-si] (la)
Venezuela [ve·ne·tsu·'e:la] *n* Venezuela *od.* Vénézuéla (le)
Ventimiglia [ve·nti·'mi·lja] *n* Vintimille [-ij]
Vercelli [ve·r'tʃɛli·] *n* Verceil
Vereinigte Arabische Republik (die) [fɛr'ˀaɪnɪçtə a'rɑ:bɪʃə re·pu·'bli:k] République arabe unie (la)
Vereinigte Königreich (von Großbritannien und Nordirland) (das) [fɛr-'ˀaɪnɪçtə 'kø:nɪç,raɪç (fɔn ,gro:sbrɪ'tani·ən ʊnt ,nɔrt'ˀɪrlant)] Royaume-Uni (de Grande-Bretagne et d'Irlande du Nord) (le)
Vereinigten Staaten (von Amerika) (die) [fɛr'ˀaɪnɪçtən 'ʃtɑ:tən (fɔn a'me:rɪ·ka)] *pl.* États-Unis (d'Amérique) (les) *m/pl.*
Verona [ve·'ro:na] *n* Vérone
Vesuv (der) [ve·'zu:f] Vésuve (le)
Via Appia (die) ['vi:a 'api·a] via Appia *od.* voie Appienne (la)
Vicenza [vi·'tʃɛntsa] *n* Vicence
Victoriafälle (die) [vɪk'to:ri·a,fɛlə] *m/pl.* chutes Victoria (les) *f/pl.*
Victoriasee (der) [vɪk'to:ri·a,ze:] lac Victoria (le)
Vierwaldstätter See (der) [fi:r'valt,ʃtetər ze:] lac des Quatre-Cantons (le)
Vietnam [vi·'ɛtnam] *n* Viet-nam *od.* Viêt-nam *od.* Vietnam (le)
Viktoria... *cf.* Victoria...
Villach ['fɪlax] *n* Villach [-k]
Villahermosa [,bi·ljaɛr'mo·sa, ,vi·-] *n* Villa Hermosa
Vindelizien [vɪnde·'li:tsi·ən] *n hist.* Vindélicie (la)
Vintschgau (der) ['fɪntʃgau] val Venosta (le)
Virginia [vɪr'gi:ni·a, -'dʒi:-] *n* Virginie (la)
Virginischen Inseln (die) [vɪr'gi:nɪʃən 'ɪnzəln] *f/pl.* îles Vierges (les) *f/pl.*
Visp (die) [fɪsp] Viège (la)
Viterbo [vi·'tɛrbo·] *n* Viterbe
Vlissingen ['flɪsɪŋən] *n* Flessingue
Vlona ['vlo·na] *n* Vlorë *od.* Vlora *od.* Vlonë
Vogesen (die) [vo·'ge:zən] *pl.* Vosges (les) *f/pl.*
Volksrepublik China (die) ['fɔlksre·pu·,bli:k 'çi:na] république populaire de Chine (la)
Vorarlberg ['fo:r,ˀarlbɛrk] *n* Vorarlberg (le)
Vorderasien ['fɔrdər,ˀɑ:zi·ən] *n* Asie antérieure (l')
Vorderindien ['fɔrdər,ˀɪndi·ən] *n cf.* Indien
Vorderrhein (der) ['fɔrdər,raɪn] Rhin antérieur (le); ‹Vorderrhein› (le)
Vorpommern ['fo:r,pɔmərn] *n* Poméranie occidentale (la)

W

Waadt (die) [vɑ:t, vat], **Waadtland** (das) ['vɑ:tlant, 'vat-] pays de Vaud (le)
Waag (die) [vɑ:k] Vah (le)
Waal (die) [vɑ:l] Waal (le)
Waasland, Waesland (das) ['vɑ:slant] pays de Waes *od.* Waas (le)

Wadai [vaˈdaɪ] Ouad(d)aï (l') *m*
Wadi-Halfa [ˈvɑːdi·ˈhalfa] Ouadi-Halfa
Waigatsch [ˈvaɪgatʃ] Vaïgatch
Walachei (die) [valaˈxaɪ] Valachie [-ki] (la)
Waldenburg [ˈvaldənˌbʊrk] *n* Walbrzych
Walensee (der) [ˈvalənˌzeː] Wal(l)ensee (le)
Wales [veːls] *n* pays de Galles (le)
Walfischbai [ˈvalfɪʃˌbaɪ] (*Stadt n, Bucht* die) Walvis Bay *od.* Walfish Bay (*Bucht* la)
Walhall(a) [valˈhal(a)] *f myth.* Walhalla *od.* Valhalla (le)
Wallis (das) [ˈvalɪs] Valais (le)
Walliser Alpen (die) [vaˈliːzər ˈalpən] *pl.* Alpes Pennines *od.* Valaisannes (les)
Wallis-Inseln (die) [ˈvalɪsˌʔɪnzəln] *f/pl.* îles Wallis (les) *f/pl.*
Wallonien [vaˈloːni·ən] *n* Wallonie (la)
Wardar (der) [ˈvardar] Vardar (le)
Warna [ˈvarna] *n* Varna
Warndt (der) [varnt] Warndt (la)
Warschau [ˈvarʃaʊ] *n* Varsovie *meist f*
Wartburg (die) [ˈvartbʊrk] Wartb(o)urg (la)
Warthe (die) [ˈvartə] Warta *od.* Wartha (la)
Weddell-Meer (das) [vəˈdɛlˌmeːr, ˈvɛdl-], **Weddell-See** (die) [vəˈdɛlˌzeː, ˈvɛdl-] mer de Weddell (la)
Weichsel (die) [ˈvaɪksəl] Vistule (la)
Weihnachtsinseln (die) [ˈvaɪnaxtsˌʔɪnzəln] *f/pl.* îles Christmas [-as] (les) *f/pl.*
Weiße Haus (das) [ˈvaɪsə haʊs] Maison Blanche (la)
Weiße Meer (das) [ˈvaɪsə meːr] mer Blanche (la)
Weißenburg [ˈvaɪsənˌbʊrk] *n* Weissenburg; *im Unterelsaß* Wissembourg
Weißrussische SSR (die) [ˈvaɪsˌrʊsɪʃə ɛsʔɛsˈʔɛr] république socialiste soviétique de Biélorussie (la)
Weißrußland [ˈvaɪsˌrʊslant] *n* Biélorussie (la); Russie Blanche (la)
Weserbergland (das) [ˌveːzərˈbɛrklant] monts de la Weser (les) *m/pl.*
Westafrika [ˈvɛstˌʔɑːfri·ka] *n* Afrique occidentale (l')
Westaustralien [ˈvɛstʔaʊsˌtrɑːli·ən] *n* Australie-Occidentale (l')
West-Bengalen [ˈvɛstbɛŋˌgɑːlən] *n* Bengale-Occidental [bɛ̃-] (le)
West-Berlin [ˈvɛstbɛrˌliːn] *n* Berlin-Ouest
Westdeutschland [ˈvɛstˌdɔʏtʃlant] *n* Allemagne de l'Ouest, occidentale (l')
Westeuropa [ˈvɛstʔɔʏˌroːpa] *n* Europe occidentale (l')
Westfalen [ˌvɛstˈfɑːlən] *n* Westphalie [vɛsfali] (la)
Westfälische Pforte (die) [ˌvɛstˈfɛːlɪʃə ˈpfɔrtə] porte de Westphalie (la)
Westflandern [ˈvɛstˌflandərn] *n* Flandre-Occidentale (la)
Westfriesischen Inseln (die) [ˈvɛstˌfriːzɪʃən ˈɪnzəln] *f/pl.* îles de la Frise occidentale (les) *f/pl.*; archipel Frison occidental (l')
Westfriesland [ˈvɛstˈfriːslant] *n* Frise occidentale (la)
Westgotenreich (das) [ˈvɛstgoːtənˌraɪç] *hist.* royaume des Visigoths [-go] (le)
Westindien [ˈvɛstˈʔɪndi·ən] *n* Indes occidentales (les)
Westindische Bund (der) [ˌvɛstˈʔɪndɪʃə bʊnt] Fédération des Indes-Occidentales (la)
Westindischen Inseln (die) [ˌvɛstˈʔɪndɪʃən ˈɪnzəln] *f/pl.* îles des Indes occidentales (les) *f/pl.*
West-Pakistan [ˈvɛstˌpakɪstɑːn] *n* Pakistan occidental (le)
Westpreußen [ˈvɛstˌprɔʏsən] *n* Prusse-Occidentale (la)
Weströmische Reich (das) [ˈvɛstˌrøːmɪʃə raɪç] *hist.* Empire romain d'Occident (l')
West Virginia [ˈvɛstvɪrˌdʒiːni·a, -ˌgiː-] *n*, **West-Virginien** [ˈvɛstvɪrˈgiːni·ən] *n* Virginie-Occidentale (la)
Wetterau (die) [ˈvɛtərˌʔaʊ] Wetterau (la); Vetteravie (la)
Wiborg [ˈviːbɔrk] *n* Vyborg
Wien [viːn] *n* Vienne *meist f*
Wienerwald (der) [ˈviːnərˌvalt] Wienerwald (le)
Wight, Isle of (die) [ˈaɪlɔfˌvaɪt] île de Wight (l') *f*
Wilna [ˈvɪlna] *n* Vilnious *od.* Vilna; *hist.* Wilna *od.* Wilno
Winde, Inseln über dem (die) [ˈvɪndə, ˈɪnzəln ˈyːbər de·m] *f/pl.* îles du Vent (les) *f/pl.*
Winde, Inseln unter dem (die) [ˈvɪndə, ˈɪnzəln ˈʊntər de·m] *f/pl.* îles Sous-le-Vent (les) *f/pl.*
Windhuk [ˈvɪnthʊk] *n* Windhoek
Winnipegsee (der) [ˈvɪnɪpɛgˌzeː] lac Winnipeg (le)
Winniza [ˈvi·ni·tsa, ˈvɪ-] *n* Vinnitsa
Wladiwostok [vladi·vɔsˈtɔk, -ˈvɔs-] *n* Vladivostok
Wolga (die) [ˈvɔlga] Volga (la)
Wol(h)ynien [vo·ˈlyːni·ən] *n* Vol(h)ynie (la)
Workuta [vɔrˈkuːta] *n* Vorkouta
Woronesch [ˈvɔroˑnɛʃ] *n* Voronej
Wrangelinsel (die) [ˈvraŋəlˌʔɪnzəl] île Wrangel (l') *f*
Wuhu [vu·ˈhuː] *n* Wou-hou
Württemberg [ˈvʏrtəmˌbɛrk] *n* Wurtemberg [-tɑ̃bɛːr] (le)
Würzburg [ˈvʏrtsbʊrk] *n* Würzburg; Wurtzbourg
Wusung [ˈvuːsʊŋ] *n* Wou-song
Wutschang [ˈvuːtʃaŋ] *n* Wou-tchang
Wutschou [ˈvuːtʃaʊ] *n* Wou-tcheou

Y

Yokohama *cf.* Jokohama
Ypern [ˈyːpərn, ˈiːpərn, ˈaɪ-] *n* Ypres
Yukatan [ˈjuːkatan] *n* Yucatan (le)
Yukon (der) [ˈjuːkɔn] Yukon (le)

Z

Zabern [ˈtsɑːbərn] *n* Saverne; die ~er Steige le col de Saverne
Zagreb [ˈzɑːgrɛp] *n cf.* Agram
Zambezi *cf.* Sambesi
Zaragoza *cf.* Saragossa
Zentralafrika [tsɛnˈtrɑːlˌʔafri·ka] *n* Afrique centrale (l')
Zentralafrikanische Republik (die) [tsɛnˈtrɑːlʔafri·ˌkɑːnɪʃə re·pu·ˈbliːk] République centrafricaine (la)
Zentralamerika [tsɛnˈtrɑːlʔaˌmeːri·ka] *n* Amérique centrale (l')
Zentralasien [tsɛnˈtrɑːlˌʔɑːzi·ən] *n cf.* Innerasien
Zentralmassiv (das) [tsɛnˈtrɑːlmaˌsiːf], **Zentralplateau** (das) [tsɛnˈtrɑːlplaˌtoː] Massif Central (le)
Zi(e)hl (die) [tsiːl] Thièle (la)
Zilizien [tsi·ˈliːtsi·ən] *n hist.* Cilicie (la)
Zion (der *od. n*) [ˈtsiːɔn] Sion
Zisalpinische Republik (die) [ˌtsɪsʔalˈpiːnɪʃə re·pu·ˈbliːk] *hist.* république Cisalpine (la)
Znaim [tsnaɪm] *n* Znojmo
Zofingen [ˈtsoːfɪŋən] *n* Zofingen; Zofingue
Zoppot [ˈtsɔpɔt] *n* Sopot
Zug [tsuːk] *n* Zoug; der ~er See le lac de Zoug
Zuidersee (die *od.* der) [ˈzɔʏdərˌzeː] Zuiderzee *od.* Zuyderzee *od.* Zuiderzée (le)
Zürich [ˈtsyːrɪç] *n* Zurich [zyrik]
Zürichsee (der) [ˈtsyːrɪçˌzeː] lac de Zurich (le)
Zweibrücken [ˈtsvaɪˌbrʏkən] *n* Deux-Ponts
Zykladen (die) [tsy·ˈklɑːdən] *pl. cf.* Kykladen
Zypern [ˈtsyːpərn] *n* Chypre *meist f*
Zythera [tsy·ˈteːra] *cf.* Kythera

II. PERSONENNAMEN

II. NOMS DE PERSONNES

Es wurden im allgemeinen die Namen aufgenommen, deren französische Schreibung von der deutschen abweicht oder deren französische Aussprache Besonderheiten aufweist. Großer Wert wurde dabei auf die in beiden Sprachen verschiedenen historischen, biblischen und mythologischen Namen gelegt. Die deutschen Vornamen sind dagegen nur insoweit berücksichtigt, als sie eine französische Entsprechung besitzen, die vielfach von rein etymologischem Interesse ist und deren Brauchbarkeit als Übersetzung vom Einzelfall abhängt.

Ont été pris en général les noms dont l'orthographe française diffère de l'allemande ou dont la prononciation française présente des particularités. Une grande importance a été donnée aux noms historiques, bibliques et mythologiques différents dans chaque langue. Par contre, il n'a été tenu compte des prénoms allemands que dans la mesure où ils possèdent un équivalent français souvent d'un intérêt purement étymologique et dont l'utilité pour la traduction dépend des cas.

A

Aaron [ˈɑːrɔn] *m bibl.* Aaron *od.* Aharon *m*
Abälard [abɛˈlar(t), ˈa-] *m* Abélard *m*
Abel [ˈɑːbəl] *m* Abel [abɛl] *m*
Abraham [ˈɑːbraham] *m bibl.* Abraham [-am] *m*
Absalom [ˈapsalɔm] *m bibl.* Absalon *m*
Achill(es) [aˈxɪl(ɛs)] *m myth.* Achille [aʃil] *m*
Achim [ˈaxɪm] *m cf.* Joachim
Adalbert [ˈɑːdalˌbɛrt] *m* Adalbert [-bɛːr] *m*
Adam [ˈɑːdam] *m* Adam [adɑ̃] *m*
Adele [aˈdeːlə] *f* Adèle *f*
Adelheid [ˈɑːdəlˌhaɪt] *f* Adélaïde *f*
Adolf [ˈɑːdɔlf] *m* Adolphe *m*
Adonis [aˈdoːnɪs] *m myth.* Adonis [-is] *m*
Adrian [ˈɑːdriˑɑːn] *m* Adrien *m*
Agamemnon [agaˈmɛmnɔn] *m myth.* Agamemnon *m*
Agathe [aˈgɑːtə] *f* Agathe *f*
Agesilaus [ageˑziˑˈlɑːʊs] *m hist.* Agésilas [-s] *m*
Ägeus [ˈɛːgɔʏs] *m myth.* Égée *m*
Ägidius [ɛˈgiːdiˑʊs] *m Heiliger* Gilles [-l] *m*
Agnes [ˈagnɛs] *f* Agnès [aɲɛs] *f*
Agrippina [agrɪˈpiːna] *f hist.* Agrippine *f*
Ahab [ˈahap] *m bibl.* Achab [-k-] *m*
Ahasver(us) [ahasˈveːr(ʊs)] *m myth.* Ahasvérus [-ys] *m*
Ajax [ˈɑːjaks, ˈaɪaks] *m myth.* Ajax [aʒaks] *m*
Aktäon [akˈtɛːɔn] *m myth.* Actéon *m*
Alarich [ˈɑːlarɪç] *m hist.* Alaric [-k] *m*
Alba [ˈalba] *hist.* (der) Herzog (von) ~ le duc d'Albe
Albert [ˈalbɛrt] *m* Albert *m*
Albertus Magnus [alˈbɛrtʊs ˈmagnʊs] *m* Albert le Grand
Alboin [ˈalboˑiːn] *m hist.* Alboïn *m*
Albrecht [ˈalbrɛçt] *m hist.* Albert *m*; ~ der Bär Albert l'Ours; ~ Dürer *meist* Albert Dürer
Alcibiades [altsiˑˈbiːadɛs] *m cf.* Alkibiades
Alexander [alɛˈksandər] *m* Alexandre *m*
Alfons [ˈalfɔns] *m* Alphonse *m*
Alfred [ˈalfreːt] *m* Alfred [-ɛd] *m*
Alice [aˈliːsə] *f* Alice *f*
Alkäus [alˈkɛːʊs] *m* Alcée *m*
Alkibiades [alkiˑˈbiːadɛs] *m hist.* Alcibiade *m*
Alkmene [alkˈmeːnə] *f myth.* Alcmène *f*
Alkuin [ˈalkuˑiːn] *m hist.* Alcuin *m*
Allah [ˈala] *m relig.* Allah *m*
Amadeus [amaˈdeːʊs] *m* Amédée *m*
Amalia [aˈmɑːliˑa] *f*, **Amalie** [aˈmɑːliˑə] *f* Amélie *f*
Amanda [aˈmanda] *f* Amande *f*
Amandus [aˈmandʊs] *m* Amand *m*
Ambrosius [amˈbroːziˑʊs] *m* Ambroise *m*
Amenophis [ameˑˈnoːfɪs] *m hist.* Aménophis [-is] *m*
Amerigo Vespucci [ameˑˈriːgoˑ veˑsˈpuˑtʃiˑ] *m* Améric Vespuce *m*
Ammon [ˈamɔn] *m myth.* Amon *m*
Amor [ˈɑːmɔr] *m myth.* Amour *m*
Amos [ˈɑːmɔs] *m bibl.* Amos [-os] *m*
Anakreon [aˈnɑːkreˑɔn] *m* Anacréon *m*
Anastasia [anaˈstɑːziˑa, anasˈtɑː-] *f* Anastasie *f*
Anastasius [anasˈtɑːziˑʊs] *m* Anastase *m*
Anaxagoras [anaˈksɑːgoˑras] *m* Anaxagore *m*
Anchises [anˈçiːzɛs] *m myth.* Anchise *m*
Andrea [anˈdreːa] *f* Andrée *f*
Andreas [anˈdreːas] *m* André *m*
Andromache [anˈdroːmaxeˑ] *f myth.* Andromaque *f*
Andromeda [anˈdroːmeˑda] *f myth.* Andromède *f*
Äneas [ɛˈneːas] *m myth.* Énée *m*
Angela [ˈaŋgeˑla, -ˈgeː-] *f* Angèle *f*
Angelika [aŋˈgeːliˑka] *f* Angélique *f*
Anna [ˈana] *f* Anne *f*; *hist. meist* Anna *f*
Ännchen [ˈɛnçən] *n* Annette *f*
Annemarie [ˈanəmaˌriˑ] *f* Anne-Marie *f*
Annette [aˈnɛtə] *f* Annette *f*
Anni [ˈaniˑ] *f* Annie *f*
Anselm [ˈanzɛlm] *m* Anselme *m*
Ansgar [ˈansgar] *m* Anschaire [ɑ̃skɛːr] *od.* Ansgar *m*
Antäus [anˈtɛːʊs] *m myth.* Antée *m*
Antigone [anˈtiːgoˑneˑ] *f myth.* Antigone *f*
Antinous [anˈtiːnoˑʊs] *m hist.* Antinoüs [-ys] *m*
Anton [ˈantoːn] *m* Antoine *m*
Antonie [anˈtoːniˑə] *f* Antoinette *f*
Antoninus [antoˑˈniːnʊs] *m hist.* Antonin *m*
Antonius [anˈtoːniˑʊs] *m* Antoine *m*
Äolus [ˈɛoˑlʊs] *m myth.* Éole *m*
Apelles [aˈpɛlɛs] *m* Apelle *m*
Aphrodite [afroˑˈdiːteˑ] *f myth.* Aphrodite *f*
Apollinaris [apɔliˑˈnɑːrɪs] *m* Apollinaire *m*
Apoll(o) [aˈpɔl(oˑ)] *m myth.* Apollon *m*
Apollonia [apɔˈloːniˑa] *f* Apolline *f*; Apollonie *f*
Apollonius [apɔˈloːniˑʊs] *m* Apollonios [-os] *m*
Apulejus [apuˑˈleːjʊs] *m* Apulée *m*
Archimedes [arçiˑˈmeːdɛs] *m* Archimède *m*
Ares [ˈɑːrɛs] *m myth.* Arès *m*
Aretino [areˑˈtiːnoˑ] *m* l'Arétin *m*
Argus [ˈargʊs] *m myth.* Argus [-ys] *m*
Ariadne [ariˑˈadne, ariˑˈatne] *f myth.* Ariane *f*
Ariost(o) [ariˑˈɔst(oˑ)] *m* l'Arioste *m*
Ariovist [ariˑoˑˈvɪst] *m hist.* Arioviste *m*
Aristides [arɪsˈtiːdɛs] *m hist.* Aristide *m*
Aristophanes [arɪsˈtoːfanɛs] *m* Aristophane *m*
Aristoteles [arɪsˈtoːteˑlɛs] *m* Aristote *m*
Arius [aˈriːʊs] *m* Arius [-ys] *m*
Arminius [arˈmiːniˑʊs] *m hist.* Arminius [-ys] *m*
Arno [ˈarnoˑ] *m cf.* Arnold *u.* Arnulf
Arnold [ˈarnɔlt] *m* Arnaud *m*
Arnulf [ˈarnʊlf] *m hist.* Arnoul *m*
Artaxerxes [artaˈksɛrksɛs] *m hist.* Artaxerxès [-ɛs] *m*
Artemis [ˈarteˑmɪs] *f myth.* Artémis [-is] *f*
Art(h)ur [ˈartʊr] *m* Arthur *m*
Artus [ˈartʊs] *m myth.* König ~ le roi Arthur
Äschylus [ˈɛʃyˑlʊs, ˈɛː-] *m* Eschyle [eʃil] *m*
Äskulap [ɛskuˑˈlɑːp] *m myth.* Esculape *m*
Asmodi [asˈmoːdiˑ] *m bibl.* Asmodée *m*
Äsop [ɛˈzoːp] *m* Ésope *m*
Aspasia [asˈpɑːziˑa] *f hist.* Aspasie *f*
Astarte [asˈtarteˑ] *f myth.* Astarté *f*; Ashtart *f*
Ate [ˈɑːteˑ] *f myth.* Atê *f*
Athanasius [ataˈnɑːziˑʊs] *m* Athanase *m*
Athene [aˈteːneˑ] *f myth.* Athéna *od.* Athêna *od.* Athênê *f*
Atreus [ˈɑːtrɔʏs] *m myth.* Atrée *m*
Attila [ˈatiˑla] *m cf.* Etzel
Augias [aʊˈgiːas] *m myth.* Augias [oʒjas] *m*
August [ˈaugʊst] *m* Auguste *m*
Auguste [aʊˈgʊstə] *f* Augustine *f*
Augustin(us) [aʊgʊsˈtiːn(ʊs)] *m* (saint) Augustin *m*
Augustus [aʊˈgʊstʊs] *m hist.* Auguste *m*

Aurelia [aʊ'reːli·a] *f* Aurélie *f*
Aurelian [aʊre·li·'ɑːn] *m hist.* Aurélien *m*
Aurelie [aʊ'reːli·ə] *f* Aurélie *f*
Aurora [aʊ'roːra] *f myth.* Aurore *f*
Ausonius [aʊ'zoːni·ʊs] *m* Ausone *m*
Averroes [a'vɛro·ɛs] *m* Averroès [-ɛs] *m*
Axel ['aksəl] *m* Axel *m*

B

Baal [bɑːl] *m relig.* Baal *m*
Babette [ba'bɛtə] *f* Babette *f*
Bacchus ['baxʊs] *m myth.* Bacchus [-kys] *m*
Bach [bax] *m* Bach [-k] *m*
Baldr ['baldər] *m cf.* Baldur
Balduin ['baldu·iːn, -ɪn] *m* Baudouin *m*
Baldur ['baldʊr] *m myth.* Balder *od.* Baldr *m*
Balthasar ['baltazar] *m* Balthazar *m*
Barabbas ['barabas] *m bibl.* Barabbas *od.* Barrabas [-s] *m*
Barbara ['barbara] *f* Barbe *f*; Barbara *f*; heilige ~ sainte Barbe
Barbarossa [barba'rɔsa] *m hist.* Barberousse *m*
Bärbel ['bɛrbəl] *f cf.* Barbara
Barnabas ['barnabas] *m bibl.* Barnabé *m*
Barthel ['bartəl] *m cf.* Bartholomäus
Bartholomäus [barto·lo·'mɛːʊs] *m* Barthélemy [-tele-] *m*
Baruch ['bɑːrʊx] *m bibl.* Baruch [-yk] *m*
Basilius [ba'ziːli·ʊs] *m* Basile *m*
Bastian ['basti·ɑːn, -an] *m* Bastien *m*
Bathseba ['batse·ba] *f bibl.* Bethsabée *f*
Beatrice [be·a'triːsə] *f*, **Beatrix** [be·'ɑːtrɪks] *f* Béatrice *f*
Beda (Venerabilis) ['beːda (ve·ne·'rɑːbɪlɪs)] *m* Bède (le Vénérable) *m*
Beelzebub [be·'ɛltsəbuːp, 'beːl-] *m bibl.* Belzébuth [-yt] *m*
Beethoven ['beːtˌhoːfən] *m* Beethoven [-vɛn] *m*
Belisar ['beːliːzar] *m hist.* Bélisaire *m*
Belsazar [bɛl'zɑːtsar] *m bibl.* Balthazar *m*
Benedikt(us) [be·ne·'dɪktʊs, 'beːne·dɪkt] *m* Benoît *m*
Benignus [be·'nɪgnʊs] *m* Bénigne *m*
Benjamin ['bɛnjamiːn] *m* Benjamin [bɛ̃ʒamɛ̃] *m*
Benno ['bɛno·] *m* **1.** *cf.* Bernhard; **2.** *Heiliger* Bennon *m*
Berenice [be·re·'niːtse·] *f*, **Berenike** [be·re·'niːke·] *f hist.* Bérénice *f*
Bernhard ['bɛrnhart] *m* Bernard *m*
Bernini [be·r'niːni·] *m* le Bernin
Bert(h)a ['bɛrta] *f* Berthe *f*
Bert(h)old ['bɛrtɔlt, -hɔlt] *m hist.* Berthold *m*
Bertram ['bɛrtram] *m* Bertrand *m*
Betti ['bɛti·] *f*, **Bettina** [bɛ'tiːna] *f cf.* Elisabeth
Blasius ['blɑːzi·ʊs] *m* Blaise *m*
Boccaccio [bɔ'katʃo·] *m* Boccace *m*
Boethius [bo·'eːti·ʊs, bo·'eːtsi·ʊs] *m* Boèce *m*
Bonaventura [bo·navɛn'tuːra] *m* Bonaventure *m*
Bonifatius [bo·ni·'fɑːtsi·ʊs] *m*, **Bonifaz** [bo·ni·'fɑːts] *m* Boniface *m*
Boreas ['boːre·as] *m myth.* Borée *m*
Borromäus [bɔro·'mɛːʊs] *m* Borromée *m*
Brigitte [bri·'gɪtə] *f* Brigitte *f*
Brunhild(e) ['bruːnhɪlt, ˌbruːn'hɪldə] *f myth.* Brunehilde *f*; Brunhild *f*; *fränk. Königin* Brunehaut *f*
Bruno ['bruːno·] *m* Bruno *m*
Brutus ['bruːtʊs] *m* Brutus [-ys] *m*
Buddha ['bʊda] *m relig.* Bouddha *m*
Bukephalos [bu·'keːfalɔs] *m*, **Buzephalus** [bu·'tseːfalʊs] *m hist.* Bucéphale *m*

C

Cäcilie [tsɛ'tsiːli·ə] *f* Cécile *f*
Cajus *m cf.* Gajus
Caligula [ka'liːgu·la] *m hist.* Caligula *m*
Calvin [kal'viːn] *m* Calvin [-ɛ̃] *m*
Caravaggio [kara'vadʒo·] *m* le Caravage
Cartesius [kar'teːzi·ʊs] *m* Descartes *m*
Cäsar ['tsɛːzar] *m* César *m*
Cato ['kɑːto·] *m* Caton *m*
Catullus [ka'tʊlʊs] *m cf.* Katull
Ceres ['tseːrɛs] *f myth.* Cérès [-ɛs] *f*
Cervantes [sɛr'vantɛs] *m* Cervantès [-ɛs] *m*
Charlotte [ʃar'lɔtə] *f* Charlotte *f*
Charon ['çɑːrɔn] *m myth.* Charon [karõ] *m*
Cheops ['çeːɔps] *m hist.* Chéops [keɔps] *m*
Childerich ['çɪldərɪç] *m hist.* Childéric [-k] *m*
Chlodwig ['kloːtvɪç] *m hist.* Clovis [-is] *m*
Chloe ['kloːe·, 'xloːe·] *f myth.* Chloé [kl-] *f*
Christian ['krɪsti·an] *m* Christian *m*
Christiane [krɪsti·'ɑːnə] *f* Christiane *f*
Christine [krɪs'tiːnə] *f* Christine *f*
Christoph ['krɪstɔf] *m* Christophe *m*
Christophorus [krɪs'toːfo·rʊs, -'to·-] *m Heiliger* Christophe *m*
Christus ['krɪstʊs] *m relig.* le Christ [-st]
Chrysippos [çry·'zɪpɔs] *m* Chrysippe *m*
Chrysostomus [çry·'zɔsto·mʊs] *m* Chrysostome *m*
Cicero ['tsiːtse·ro·, 'tsi·-] *m* Cicéron *m*
Circe ['tsɪrtse·] *f myth.* Circé *f*
Claudia ['klaʊdi·a] *f* Claude *f*; *hist.* Claudia *f*
Claudius ['klaʊdi·ʊs] *m hist.* Claude *m*
Correggio [kɔ'rɛdʒo·] *m* le Corrège
Cupido [ku·'piːdo·] *m myth.* Cupidon *m*
Cyrus ['tsyːrʊs] *m hist.* Cyrus [sirys] *m*

D

Dädalus ['dɛːdalʊs] *m myth.* Dédale *m*
Dagobert ['dɑːgo·ˌbɛrt] *m* Dagobert *m*
Damian [dami·'ɑːn] *m* Damien *m*
Damokles ['dɑːmo·klɛs] *m hist.* Damoclès [-ɛs] *m*
Danae ['dɑːnae·] *f myth.* Danaé *f*
Danaiden [dana'iːdən] *f/pl. myth.* Danaïdes *f/pl.*
Daniel ['dɑːni·ɛl] *m* Daniel *m*
Daphne ['dafne·] *f myth.* Daphné *f*
Daphnis ['dafnɪs] *m myth.* Daphnis [-is] *m*
Darius [da'riːʊs] *m hist.* Darius *od.* Darios [-s] *m*
David ['dɑːfɪt, 'dɑːfiːt, 'dɑːvɪt, 'dɑːviːt] *m* David [-d] *m*
Decius ['deːtsi·ʊs] *m hist.* Decius [-ys] *m*; Dèce *m*
Demeter [de·'meːtər] *f myth.* Déméter [-ɛːr] *f*
Demetrius [de·'meːtri·ʊs] *m hist. Rußland* Dimitri *m*
Demokrit [de·mo·'kriːt] *m* Démocrite *m*
Demosthenes [de·'mɔste·nɛs] *m* Démosthène *m*
Desdemona [dɛsde·'moːna] *f* Desdémone *f*
Desiderius [de·zi·'deːri·ʊs] *m* Didier *m*; Désiré *m*; *Langobardenkönig* Didier *m*
Diana [di·'ɑːna] *f myth.* Diane *f*
Dido ['diːdo·] *f myth.* Didon *f*
Dieter ['diːtər] *m cf.* Dietrich
Dietrich ['diːtrɪç] *m* Thierry *m*; *myth.* ~ von Bern Dietrich von Bern
Diogenes [di·'oːge·nɛs] *m* Diogène *m*
Diokletian [di·o·kle·tsi·'ɑːn] *m hist.* Dioclétien [-sjɛ̃] *m*
Diomedes [di·o·'meːdɛs] *m myth.* Diomède *m*
Dionys(ius) [di·o·'nyːzi·ʊs, -'nyːs] *m hist.* Denys [-i] *m*; *Heiliger auch* Denis *m*
Dionysos [di·'oːny·zɔs, -'o·ny·-] *m myth.* Dionysos [-ɔs] *m*
Diophantos [di·o·'fantɔs] *m* Diophante *m*
Dioskuren [di·ɔs'kuːrən] *m/pl. myth.* Dioscures *m/pl.*
Dominik ['doːmi·nɪk] *m*, **Dominikus** [do·'miːni·kʊs] *m* Dominique *m*
Domitian [do·mi·tsi·'ɑːn] *m hist.* Domitien [-sjɛ̃] *m*
Donar ['doːnar] *m myth.* T(h)or *m*
Don Juan [dɔn xu·'an, 'juːan] *m* Don Juan [dɔ̃ʒyɑ̃] *m*
Don Quichotte [dɔnki·'ʃɔt, dõː-] *m* Don Quichotte [-ʃ-] *m*
Dora ['doːra] *f*, **Doris** ['doːrɪs] *f cf.* Dorothea
Dorothea [do·ro·'teːa] *f* Dorothée *f*
Dostojewskij [dɔsto·'jɛfski·] *m* Dostoïevsky *m*
Drako(n) ['drɑːko·, -kɔn] *m hist.* Dracon *m*
Dschingis-Khan ['dʒɪŋgɪs'kɑːn] *m hist.* Gengis khan [ʒɛ̃ʒiskɑ̃] *m*
Dulzinea [dʊltsi·'neːa] *f* Dulcinée *f*
Duns Scotus [dʊns 'skoːtʊs] *m* Duns Scot [-t] *m*
Dyck, van ['daɪk, van] *m* Van Dyck [-dik] *m*

E

Eberhard ['eːbərˌhart] *m hist.* ~ der Erlauchte, der Greiner, im Bart Eberhard l'Illustre, le Querelleur, le Barbu
Echnaton ['ɛçnatɔn] *m hist.* Akhenaton *m*
Eckart ['ɛkart] *m* Meister ~ Maître Eck(h)art; der getreue ~ Eckart le Fidèle
Edgar ['ɛtgar] *m* Edgar(d) *m*
Edith ['eːdɪt] *f* Édith [-t] *f*
Edmund ['ɛtmʊnt] *m* Edmond *m*
Eduard ['eːdu·art] *m* Édouard *m*
Elagabal [e·'lɑːgabal, e·la'gɑː-] *m cf.* Heliogabal
Elektra [e·'lɛktra] *f myth.* Électre *f*
Eleonore [e·le·o·'noːrə] *f* Éléonore *f*
Elias [e·'liːas] *m bibl.* Élie *m*
Eligius [e·'liːgi·ʊs] *m Heiliger* (saint) Éloi *m*
Elisabeth [e·'liːzabɛt] *f* Élisabeth [-t] *f*
Elsbeth ['ɛlsbɛt] *f cf.* Elisabeth
Elvira [ɛl'viːra] *f* Elvire *f*
Emanuel [e·'mɑːnu·ɛl] *m* Emmanuel *m*; *hist.* ~ der Glückliche Manuel le Fortuné; ~ Philibert Emmanuel-Philibert
Emil ['eːmiːl] *m* Émile *m*
Emilia [e·'miːli·a] *f*, **Emilie** [e·'miːli·ə] *f* Émilie *f*; Émilienne *f*
Emma ['ɛma] *f* Emma *f* (*auch hist.*)
Empedokles [ɛm'peːdo·klɛs] *m* Empédocle *m*
Ennius ['ɛni·ʊs] *m* Ennius [-ys] *m*
Ennodius [ɛ'noːdi·ʊs] *m* Ennodius [-ys] *m*
Enoch ['eːnɔx] *m bibl.* Énoch [-k] *m*
Enzio ['ɛntsi·o·] *m hist.* Enz(i)o *m*
Eos ['eːɔs] *f myth.* Éos *od.* Éôs [eos] *f*
Epaminondas [e·pami·'nɔndas] *m* Épaminondas [-s] *m*
Ephraim ['eːfraʔɪm, 'ɛf-] *m* Éphraïm *m*
Ephräm [e·'frɛːm] *m* ~ der Syrer Éphrem *m*
Epiktet [e·pi·'kteːt] *m* Épictète *m*
Epikur [e·pi·'kuːr] *m* Épicure *m*
Epimenides [e·pi·'meːni·dɛs] *m* Épiménide *m*
Epimetheus [e·pi·'meːtɔʏs] *m myth.* Épiméthée *m*
Erasmus [e·'rasmʊs] *m* Érasme *m*
Erato [e·'rɑːto·, 'eː-] *f myth.* Érato *f*
Eratosthenes [e·ra'tɔste·nɛs] *m* Ératosthène *m*
Erek ['eːrɛk] *m hist.* Érec [-k] *m*
Erich ['eːrɪç] *m* Éric [-k] *m*; *hist.* Erik *m*
Erinnyen [e·'rɪny·ən] *f/pl. myth.* Érin(n)yes [-i] *f/pl.*
Eris ['eːrɪs, 'e·rɪs] *f myth.* Éris [-s] *f*
Ermanrich ['ɛrmanˌrɪç] *m hist.* Hermanaric [-k] *m*
Ernst [ɛrnst] *m* Ernest *m* (*auch hist.*)
Eros ['eːrɔs, 'e·-] *m myth.* Éros [-ɔs] *m*
Esau ['eːzaʊ] *m bibl.* Ésaü [-ay] *m*

Esra [ˈɛsra] *m bibl.* Esdras *m*
Esther [ˈɛstər] *f* Esther [-ɛ:r] *f*
Etzel [ˈɛtsəl] *m hist.* Attila *m*
Eugen [ˈɔʏge:n, -ˈge:n] *m* Eugène *m*; *hist.* Prinz ~ [-ˈge:n] le Prince Eugène
Eugenie [ɔʏˈge:ni·ə] *f* Eugénie *f*
Euklid [ɔʏˈkli:t] *m* Euclide *m*
Eulalia [ɔʏˈlɑ:li·a] *f*, **Eulalie** [ɔʏˈlɑ:li·ə] *f* Eulalie *f*
Eumeniden [ɔʏme·ˈni:dən] *f/pl. myth.* Euménides *f/pl.*
Euphrosyne [ɔʏfro·ˈzy:ne·] *f myth.* Euphrosyne *f*
Eupolis [ˈɔʏpo·lɪs] *m* Eupolis [-s] *m*
Eurich [ˈɔʏrɪç] *m hist.* Euric [-k] *m*
Euridike [ɔʏˈri:di·ke·] *f myth.* Euridice *f*
Euripides [ɔʏˈri:pi·dɛs] *m* Euripide *m*
Europa [ɔʏˈro:pa] *f myth.* Europe *f*
Eurystheus [ɔʏˈrʏstɔʏs] *m myth.* Eurysthée *m*
Eusebius [ɔʏˈze:bi·ʊs] *m* Eusèbe *m*
Eustach(ius) [ɔʏsˈtax(i·ʊs)] *m* Eustache *m*
Euterpe [ɔʏˈtɛrpe·] *f myth.* Euterpe *f*
Eutropius [ɔʏˈtro:pi·ʊs] *m* Eutrope *m*
Eva [ˈe:fa, ˈe:va] *f* Ève *f*
Ezechiel [e·ˈtse:çi·ɛl, e·ˈtsɛ-] *m bibl.* Ézéchiel [-k-] *m*

F

Fabian [ˈfɑ:bi·ɑ:n] *m* Fabien *m*
Fabier [ˈfɑ:bi·ər] *m/pl. hist.* gens *f* Fabia; Fabiens *m/pl.*
Fafnir [ˈfɑ:fnɪr] *m myth.* Fafner *od.* Fafnir *m*
Fanni [ˈfani·] *f* Fanny *f*
Farnese [farˈne:zə] *hist.* Farnèse
Faust [faʊst] *m myth.* Faust [fo:st] *m*
Felix [ˈfe:lɪks] *m* Félix [-ks] *m*
Felizitas [fe·ˈli:tsi·tas] *f* Félicité *f*
Ferdinand [ˈfɛrdi·nant] *m* Fernand *m*; *hist.* Ferdinand *m*
Flavier [ˈflɑ:vi·ər] *m/pl. hist.* Flaviens *m/pl.*
Flora [ˈflo:ra] *f myth.* Flore *f*
Florian [ˈflo:ri·an] *m* Florian *m*; Florien *m*
Fortuna [fɔrˈtu:na] *f myth.* Fortune *f*
Fortunatus [fɔrtu·ˈnɑ:tʊs] *m* Fortunat *m*
Frank [fraŋk] *m* Frank [-k] *m*
Franz [frants] *m* François *m*; ~ Joseph François-Joseph
Franziska [franˈtsɪska] *f* Françoise *f*
Franziskus [franˈtsɪskʊs] *m* François *m*
Fredegar [ˈfre:dəgar] *m* Frédégaire *m*
Fredegunde [fre:dəˈgʊndə] *f hist.* Frédégonde *f*
Freyja, Freia [ˈfraɪja, ˈfraɪa] *f myth.* Fre(y)ja *f*
Freyr, Freir [ˈfraɪər] *m myth.* Frey(r) *m*
Fridolin [ˈfri:do·li:n] *m* Fridolin *m*
Friederike [ˌfri:dəˈri:kə] *f* Frédérique *f*
Friedrich [ˈfri:drɪç] *m* Frédéric [-k] *m*; *hist.* ~ der Große Frédéric le Grand; ~ Wilhelm Frédéric-Guillaume *m*
Frigg, Frija [frɪk, ˈfri:ja] *f myth.* Frigg(a) *f*
Fritz [frɪts] *m cf.* Friedrich
Furien [ˈfu:ri·ən] *f/pl. myth.* Furies *f/pl.*

G

Gäa [ˈgɛ:a] *f myth.* Gaia *od.* Gê *f*
Gabi [ˈgɑ:bi·] *f* Gaby *f*
Gabriel [ˈgɑ:bri·ɛl] *m* Gabriel *m*
Gabriele [gabri·ˈe:lə] *f* Gabrielle *f*
Gajus [ˈgɑ:jʊs] *m* Gaius [-ys] *m*
Galatea [galaˈte:a] *f myth.* Galatée *f*
Galen(us) [gaˈle:n(ʊs)] *m* Galien *m*
Galilei [gali·ˈle:i·] *m* Galilée *m*
Gallienus [gali·ˈe:nʊs] *m hist.* Gallien *m*
Gama, Vasco da [ˈgama, ˈvasko· da] *m* Vasco de Gama *m*
Gambrinus [gamˈbri:nʊs] *m myth.* Gambrinus *od.* Cambrinus [-ys] *m*
Ganymed(es) [gany·ˈme:t, -ˈme:dɛs] *m myth.* Ganymède *m*
Gauß [gaʊs] *m* Gauss *m*
Geiserich [ˈgaɪzərɪç] *m hist.* Geiséric *od.* Genséric [-k] *m*
Gelasius [ge·ˈlɑ:zi·ʊs] *m* Gélase *m*
Genoveva, Genovefa [ge·no·ˈfe:fa] *f* Geneviève *f*; *myth.* ~ von Brabant Geneviève de Brabant
Georg [ge·ˈɔrk, ˈge:ɔrk] *m* Georges *m*; *engl. Könige* George *m*
Gerd [gɛrt] *m cf.* Gerhard
Gerhard [ˈge:rhart] *m* Gérard *m*
Germanicus [gɛrˈmɑ:ni·kʊs] *m hist.* Germanicus [-ys] *m*
Gero [ˈge:ro·] *m hist.* Markgraf ~ margrave Géron *m*
Gertrud [ˈgɛrtru:t] *f* Gertrude *f*
Geryon [ˈge:ry·ɔn] *m myth.* Géryon *m*
Geusen [ˈgɔʏzən] *m/pl. hist.* Gueux de mer *m/pl.*
Ghibellinen [gi·bɛˈli:nən] *m/pl. hist.* Gibelins *m/pl.*
Ghirlandajo [gi·rlanˈdɑ:jo·] *m* Ghirlandaio *od.* Ghirlandajo *m*
Gideon [ˈgi:de·ɔn] *m bibl.* Gédéon *m*
Gilgamesch [ˈgɪlgamɛʃ] *m myth.* Gilgamesh *m*
Gisela [ˈgi:zəla] *f* Gisèle *f*
Gluck [glʊk] *m* Gluck [glyk] *m*
Gorgo [ˈgɔrgo·] *f myth.* Gorgone *f*
Gorkij [ˈgɔrki·] *m Schriftsteller* Gorki *m*
Goethe [ˈgø:tə] *m* Goethe *od.* Gœthe [gøt] *m*
Gottfried [ˈgɔtfri:t] *m* Geoffroi *od.* Geoffroy *od.* Godefroi *m*; *hist.* ~ von Straßburg Gottfried de Strasbourg; ~ von Bouillon Godefroi de Bouillon
Gracchen [ˈgraxən] *m/pl. hist.* Gracques *m/pl.*
Grazien [ˈgrɑ:tsi·ən] *f/pl. myth.* Grâces *f/pl.*
Greco, El [ˈgrɛ:ko·, ɛl] *m* le Greco *m*
Gregor(ius) [ˈgre:gɔr, gre·ˈgo:ri·ʊs] *m* Grégoire *m*
Grete [ˈgre:tə] *f* Marguerite *f*
Gretel [ˈgre:təl] *f* Margot *f*
Griseldis [gri·ˈzɛldɪs] *f myth.* Griselda *od.* Grisélidis *f*
Gudula [ˈgu:du·la] *f* Gudule *f*
Guelfen [gu·ˈɛlfən, ˈgɛl-] *m/pl. hist.* Guelfes *m/pl.*
Guercino [guɛ·rˈtʃi:no·] *m* le Guerchin *m*
Guido [gu·ˈi:do·, ˈgi:-] *m* Gui *od.* Guy *m*
Gustav [ˈgʊstaf] *m* Gustave *m*; *hist.* ~ Adolf Gustave Adolphe
Gustel [ˈgʊstəl] *f* Gustine *f*
Gutenberg [ˈgu:tənˌbɛrk] *m* Gutenberg [gytɑ̃bɛ:r] *m*
Gyges [ˈgy:gɛs] *m myth.* Gygès [ʒiʒɛs] *m*

H

Habakuk [ˈhɑ:bakʊk] *m bibl.* Habacuc [-yk] *m*
Habsburg [ˈhɑ:psbʊrk] Habsbourg
Hades [ˈhɑ:dɛs] *m myth.* Hadès *m*
Hadrian [hadri·ˈɑ:n, ˈhɑ:-] *m* Adrien *m*; *röm. Kaiser auch* Hadrien *m*
Hafis [ˈhɑ:fɪs] *m* Hafiz *m*
Hagar [ˈhɑ:gar] *f bibl.* Agar *f*
Haggai [haˈgɑ:i·] *m bibl.* Agée *m*
Haile Selassie [ˈhaɪle· ze·ˈlasi·e·] *m* Hailé Sélassié *m*
Hanna [ˈhana] *f* Jeanne *f*; *bibl.* Anne *f*
Hannas [ˈhanas] *m bibl.* Anne *od.* Ananos *m*
Hannes [ˈhanəs] *m cf.* Hans
Hannibal [ˈhani·bal] *m hist.* Hannibal *od.* Annibal *m*
Hans [hans] *m* Jean *m*
Hänschen [ˈhɛnsçən] *n* Jeannot *m*
Harun al Raschid [haˈru:n al raˈʃi:t] *m hist.* Harun al-Rachid *m*
Hebe [ˈhe:be·] *f myth.* Hébé *f*
Hedwig [ˈhe:tvɪç] *f* Edwige *f*; Hedwige *f*; *hist.* die Heilige ~ sainte Hedwige *od.* Edwige (de Trebnitz)
Heiner [ˈhaɪnər] *m cf.* Heinrich
Heinrich [ˈhaɪnrɪç] *m* Henri *m*
Hekate [ˈhe:kate·] *f myth.* Hécate *f*
Hektor [ˈhɛktɔr] *m myth.* Hector *m*
Hekuba [ˈhe:ku·ba] *f myth.* Hécube *f*
Helena [ˈhe:le·na, ˈhe·-] *f myth. u. hist.* Hélène *f*
Helene [he·ˈle:nə] *f* Hélène *f*
Heliodor [he·li·o·ˈdo:r] *m* Héliodore *m*
Heliogabal [he·li·o·ˈgɑ:bal] *m hist.* Élagabal *m*
Helios [ˈhe:li·ɔs] *m myth.* Hélios [-os] *m*
Henoch [ˈhe:nɔx] *m bibl.* Énoch [-k] *m*
Henriette [hɛnri·ˈɛtə] *f* Henriette *f*
Hephäst [he·ˈfɛ:st], **Hephaistos** [he·ˈfaɪstɔs] *m myth.* Héphaïstos [-os] *m*
Hera [ˈhe:ra] *f myth.* Héra *f*
Herakles [ˈhe:rakles] *m myth.* Héraclès *m*
Herakliden [he·raˈkli:dən] *m/pl. myth.* Héraclides *m/pl.*
Heraklit [he·raˈkli:t, -ˈklɪt] *m* Héraclite *m*
Herkules [ˈhɛrku·lɛs] *m myth.* Hercule *m*
Hermann [ˈhɛrman] *m* Armand *m*; *hist.* ~ der Cherusker Arminius [-ys] *m*; ~ von Salza Hermann de Salza
Hermes [ˈhɛrmɛs] *m myth.* Hermès *m*
Hermine [hɛrˈmi:nə] *f* Armande *f*
Hero [ˈhe:ro·] *f myth.* Héro *f*
Herodes [he·ˈro:dɛs] *m hist.* Hérode *m*
Herodias [he·ˈro:di·as] *f hist.* Hérodiade *f*
Herodot [he·ro·ˈdɔt, -ˈdo:t] *m* Hérodote *m*
Herostratos [hɛˈrɔstratɔs] *m* Érostrate *m*
Hesekiel [he·ˈze:ki·ɛl] *m bibl.* Ézéchiel [-k-] *m*
Hesiod [he·zi·ˈo:t] *m* Hésiode *m*
Hesperiden [hɛspe·ˈri:dən] *f/pl. myth.* Hespérides *f/pl.*
Hieronymus [hi·e·ˈro:ny·mʊs, -ˈrɔny·-] *m* Jérôme *m*
Hilarius [hi·ˈlɑ:ri·ʊs] *m* Hilaire *m*
Hildegard [ˈhɪldəˌgart] *f Heilige* Hildegarde *f*
Hiob [ˈhi:ɔp] *m bibl.* Job *m*
Hipparch [hɪˈparç] *m hist.* Hipparque *m*
Hippias [ˈhɪpɪas] *m hist.* Hippias [-as] *m*
Hippokrates [hɪˈpo:kratɛs, -ˈpo·-] *m* Hippocrate *m*
Hippolytos [hɪˈpo:ly·tɔs, -ˈpo·-] *m myth. u. hist.* Hippolyte *m*
Holofernes [ho·lo·ˈfɛrnɛs] *m bibl.* Holopherne *m*
Homer [ho·ˈme:r] *m* Homère *m*
Horatier [ho·ˈrɑ:tsi·ər] *m/pl. hist.* gens *f* Horatia; die drei ~ les trois Horaces
Horaz [ho·ˈrɑ:ts] *m* Horace *m*
Horen [ˈho:rən] *f/pl. myth.* Heures *f/pl.*
Hosea [ho·ˈze:a] *m bibl.* Osée *m*
Hrabanus Maurus [raˈbɑ:nʊs ˈmaʊrʊs] *m* Raban Maur *m*
Hubert [ˈhu:bɛrt] *m* Hubert *m*
Hugo [ˈhu:go·] *m* Hugues [y:g] *m*
Hussein [hʊˈsaɪn] *m* Husayn *od.* Husseïn *m*
Hydra [ˈhy:dra] *f myth.* Hydre *f*
Hygieia [hy·gi·ˈaɪa] *f myth.* Hygie *f*
Hyperion [hy·ˈpe:ri·ɔn] *m myth.* Hypérion *m*
Hypnos [ˈhʏpnɔs] *m myth.* Hypnos [-os] *m*

I

Iason [i·ˈɑ:zɔn] *m myth.* Jason [ʒazõ] *m*
Ibrahim Pascha [ˈi:brahi:m ˈpaʃa] *m* Ibrahim [-im] Pacha *m*
Ibykos, Ibykus [ˈi:by·kɔs, -kʊs] *m* Ibycos [-os] *m*
Ida [ˈi:da] *f* Ida *f*; *Heilige* Ide *f*
Idomeneus [i·ˈdo:me·nɔʏs] *m myth.* Idoménée *m*
Ignatius [ɪˈgnɑ:tsi·ʊs] *m*, **Ignaz** [ˈɪgnɑ:ts, ɪˈgnɑ:ts] *m* Ignace *m*; Ignatius von Loyola Ignace de Loyola
Ikaros, Ikarus [ˈi:karɔs, -rʊs] *m myth.* Icare *m*
Immanuel [ɪˈmɑ:nu·ɛl] *m* Emmanuel *m*

Innozenz ['ɪno·tsɛnts] *m* Innocent *m*
Iokaste [i·o·'kaste·] *f myth.* Jocaste *f*
Iolanthe [i·o·'lantə] *f* Yolande *f*
Iphigenie [i·fi·'ge:ni·ə] *f myth.* Iphigénie *f*
Irenäus [i·re·'nɛ:ʊs] *m* Irénée *m*
Irene [i·'re:nə] *f* Irène *f*
Iris ['i:rɪs] *f myth.* Iris [-is] *f*
Irma ['ɪrma] *f* Irma *f*
Isaak ['i:zak, 'i:zɑ:k, 'i:zaak] *m bibl.* Isaac [-k] *m*
Isabella [i·za'bɛla] *f* Isabelle *f*
Isaias [i·za'i:as] *m bibl. cf.* Jesaja
Isegrim ['i:zəˌgrɪm] *m myth.* Isengrin *od.* Ysengrin [izɑ̃grɛ̃] *m*
Isidor ['i:zi·do:r] *m* Isidore *m*
Isis ['i:zɪs] *f myth.* Isis [-is] *f*
Ismene [ɪs'me:ne·] *f myth.* Ismène *f*
Isokrates [i·'zo:kratɛs] *m* Isocrate *m*
Isolde [i·'zɔldə] *f myth.* Iseu(l)t *f*
Israel ['ɪsraɛl] *m bibl.* Israël *m*
Ivanhoe ['aɪvənho·] *m* Ivanhoé [ivanoe] *m*
Iwan ['i:vɑ:n] *m* Ivan *m*; *hist.* ~ der Schreckliche Ivan le Terrible
Iwein ['i:vaɪn] *m myth.* Yvain *m*

J

Jahve ['jɑ:ve·] *m relig.* Yahvé *od.* Iahvé *od.* Jahvé *m*
Jakob ['jɑ:kɔp] *m* Jacques *m*; *bibl.* Jacob [-b] *m*
Jakobine [jako·'bi:nə] *f* Ja(c)queline *f*
Jakobus [ja'ko:bʊs] *m Heiliger* Jacques *m*
Jan [jan] *m* Jean *m*
Janus ['jɑ:nʊs] *m myth.* Janus [ʒanys] *m*
Japhet ['jɑ:fɛt] *m bibl.* Japhet [-ɛ] *m*
Jason *cf.* Iason
Jehova [je·'ho:va] *m relig.* Jéhovah *m*
Jephtha ['jɛfta] *m bibl.* Jephté *m*
Jeremia(s) [je·re·'mi:a(s)] *m bibl.* Jérémie *m*
Jerobeam [je·'ro:be·am] *m bibl.* Jéroboam [-oam] *m*
Jesaja [je·'zɑ:ja] *m bibl.* Isaïe *m*
Jesse ['jɛsə] *m bibl.* Jessé *m*
Jesus ['je:zʊs] *m relig.* Jésus [-y] *m*; ~ Christus Jésus-Christ [ʒezykri] *m*
Jettchen ['jɛtçən] *n* Henriette *f*
Joachim ['jo:axɪm, jo·'axɪm] *m bibl., hist.* Joachim [-kim, -ʃɛ̃] *m*
Jochen ['jɔxən] *m cf.* Joachim
Joel ['jo:ɛl] *m bibl.* Joël *m*
Johann [jo·'han, 'jo:-] *m* Jean *m*; *hist.* ~ der Beständige Jean le Constant; ~ der Unerschrockene Jean sans Peur; ~ ohne Land Jean sans Terre; ~ Friedrich der Großmütige Jean-Frédéric le Magnanime
Johanna [jo·'hana] *f* Jeanne *f*; *hist.* die heilige ~ Jeanne d'Arc; ~ die Wahnsinnige Jeanne la Folle; *myth.* Päpstin ~ Papesse Jeanne
Johannes [jo·'hanəs] *m* Jean *m*; *bibl.* ~ der Täufer Jean-Baptiste [batist]; ~ der Evangelist Jean l'Évangéliste
Jona(s) ['jo:na(s)] *m bibl.* Jonas [-as] *m*
Jonathan ['jo:natan] *m bibl.* Jonathan *od.* Jonathas [-as] *m*
Jörg [jœrk] *m cf.* Georg
Josef, Joseph ['jo:zɛf] *m* Joseph [-ɛf] *m*
Josefa, Josepha [jo·'ze:fa] *f* Josèphe *f*
Josefine, Josephine [jo·ze·'fi:nə] *f* Joséphine *f*
Josephus [jo·'ze:fʊs] *m hist.* Flavius ~ Flavius Josèphe *m*
Josia(s) [jo·'zi:a(s)] *m bibl.* Josias [-as] *m*
Josua ['jo:zu·a] *m bibl.* Josué *m*
Juda ['ju:da] *m bibl.* Juda *m*
Judas ['ju:das] *m bibl.* ~ (Ischariot) Judas [-a] (Iscariote) *m*; ~ Makkabäus Judas Maccabée *m*; ~ Thaddäus Jude (Thaddée) *m*
Judith ['ju:dɪt] *f* Judith [-t] *f*
Julia ['ju:li·a] *f* Julie *f*; Juliette *f*; Romeo und ~ Roméo et Juliette
Julian [ju·li·'ɑ:n] *m* Julien *m*; *hist.* ~ Apostata Julien l'Apostat
Juliana [ju·li·'ɑ:na] *f*, **Juliane** [ju·li·'ɑ:nə] *f* Julienne *f*
Julie ['ju:li·ə] *f cf.* Julia
Julius ['ju:li·ʊs] *m* Jules *m*
Juno ['ju:no·] *f myth.* Junon *f*
Jupiter ['ju:pi·tɛr, -tər] *m myth.* Jupiter [-ɛ:r] *m*
Jupp [jʊp] *m cf.* Josef
Jürgen ['jʏrgən] *m cf.* Georg
Justinian [jʊsti·ni·'ɑ:n] *m hist.* Justinien *m*
Justinus [jʊs'ti:nʊs] *m* Justin *m*
Justus ['jʊstʊs] *m* Just(e) *m*
Jutta ['jʊta] *f cf.* Judith
Juvenal [ju·ve·'nɑ:l] *m* Juvénal *m*

K

Kadmos ['katmɔs] *m myth.* Cadmos *od.* Kadmos [-os] *m*
Kain ['kɑ:ɪn, kaɪn] *m bibl.* Caïn [kaɛ̃] *m*
Kaiphas ['kɑ:i·fas, 'kaɪ-] *m bibl.* Caïphe *m*
Kalchas ['kalças] *m myth.* Calchas [-kas] *m*
Kalixt(us) [ka'lɪkst(ʊs)] *m* Calixte *m*
Kallimachos [ka'li:maxɔs] *m* Callimaque *m*
Kalliope [ka'li:o·pe·] *f myth.* Calliope *f*
Kalvin *cf.* Calvin
Kalypso [ka'lʏpso·] *f myth.* Calypso *f*
Kambyses [kam'by:zɛs] *m hist.* Cambyse *m*
Kamilla [ka'mɪla] *f* Camille [-ij] *f*
Kamillo [ka'mɪlo·] *m* Camille [-ij] *m*
Karl [karl] *m* Charles *m*; *hist.* ~ der Große Charlemagne *m*; ~ V. Charles Quint; ~ der Dicke Charles le Gros; ~ der Kahle Charles le Chauve; ~ der Kühne Charles le Téméraire; ~ Martell Charles Martel
Karla ['karla] *f cf.* Karola
Karlmann ['karlman] *m hist.* Carloman [-ɑ̃] *m*
Karola [ka'ro:la, 'kɑ:ro·la] *f* Carole *f*
Karoline [karo·'li:nə] *f* Caroline *f*
Kasimir ['kɑ:zi·mɪr] *m* Casimir *m*
Kaspar ['kaspar] *m* Gaspard *m*
Kassander [ka'sandər] *m hist.* Cassandre *m*
Kassandra [ka'sandra] *f myth.* Cassandre *f*
Kassiodor [kasi·o·'do:r] *m hist.* Cassiodore *m*
Kassiopeia [kasi·o·'paɪa] *f myth.* Cassiopée *f*
Kastor ['kastɔr] *m myth.* Castor *m*
Katharina [kata'ri:na] *f*, **Katharine** [kata'ri:nə] *f* Catherine *f*
Kät(h)e ['kɛ:tə] *f*, **Kathrein** [ka'traɪn] *f*, **Kathrine** [ka'tri:nə] *f cf.* Katharina
Katull [ka'tʊl] *m* Catulle *m*
Kepheus ['ke:fɔʏs] *m myth.* Céphée *m*
Kilian ['ki:li·an] *m Heiliger* Kilian *od.* Cilian *m*
Kirke ['kɪrke·] *f cf.* Circe
Klara ['klɑ:ra] *f*, **Klärchen** ['klɛ:rçən] *n*, **Kläre** ['klɛ:rə] *f* Claire *f*
Klarissa [kla'rɪsa] *f* Clarisse *f*
Klaudia ['klaudi·a] *f* Claude *f*
Klaudine [klau'di:nə] *f* Claudine *f*
Klaus [klaʊs] *m* Colas *m*
Kleisthenes ['klaɪste·nɛs] *m* Clisthène *m*
Klemens ['kle:mɛns] *m* Clément *m*
Klementine [kle·mɛn'ti:nə] *f* Clémentine *f*
Kleopatra [kle·'o:patra] *f* Cléopâtre *f*
Klio ['kli:o·] *f myth.* Clio *f*
Klothilde [klo·'tɪldə] *f* Clotilde *f*
Klotho ['klo:to·] *f myth.* Clotho *f*
Klytämnestra [kly·tɛm'nɛstra] *f myth.* Clytemnestre *f*
Knut [knu:t] *m hist.* Knud *od.* Canut *m*
Kolumbus [ko·'lʊmbʊs] *m* (Christophe) Colomb [kolɔ̃] *m*
Konfutse [kɔn'fu:tse·] *m*, **Konfuzius** [kɔn'fu:tsi·ʊs] *m relig.* Confucius [-ys] *m*; Koung fou tseu *m*
Konrad ['kɔnrɑ:t] *m hist.* Conrad [-d] *m*
Konradin ['kɔnradi:n] *m hist.* Conradin *m*
Konstantin [kɔnstan'ti:n, 'kɔn-] *m* Constantin *m*
Konstanze [kɔn'stantsə] *f* Constance *f*
Kopernikus [ko·'pɛrni·kʊs] *m* Copernic [-k] *m*
Korah ['ko:ra] *m bibl.* Coré *od.* Qorah *m*
Kornelia [kɔr'ne:li·a] *f* Cornélie *f*; *hist.* Cornelia *f*
Kornelius [kɔr'ne:li·ʊs] *m* Cornélius [-ys] *m*
Kosmas ['kɔsmas] *m Heiliger* Cosme *od.* Côme *m*
Kreszentia [krɛs'tsɛntsi·a] *f*, **Kreszenz** [krɛs'tsɛnts] *f* Crescence *f*
Krischna ['krɪʃna] *m myth.* Krishna *m*
Krispin [krɪs'pi:n] *m Heiliger* Crépin *m*
Kronos ['kro:nɔs, 'kro·-] *m myth.* Cronos *od.* Kronos [-os] *m*
Krösus ['krø:zʊs] *m hist.* Crésus [-ys] *m*
Kunibert ['ku:ni·ˌbɛrt] *m hist.* C(h)unibert *m*
Kunigunde [ku·ni·'gʊndə] *f* Cunégonde *f*
Kybele ['ky:be·le·] *f myth.* Cybèle *f*
Kyrill [ky·'rɪl] *m* Cyrille [-il] *m*
Kyros ['ky:rɔs] *m cf.* Cyrus

L

Ladislaus ['lɑ:dɪslaʊs] *m* Ladislas *od.* Vladislas [-as] *m*
Laertes [la'ɛrtɛs] *m myth.* Laërte *m*
Lambert ['lambɛrt] *m* Lambert *m*
Laokoon [la'o:ko·ɔn] *m myth.* Laocoon *m*
Laotse [la'o:tse·, 'lautse·] *m* Lao-tseu *m*
Laren ['lɑ:rən] *pl. myth.* lares *m/pl.*
Laura ['laura] *f* Laure *f*
Laurentia [lau'rɛntsi·a] *f* Laurence *f*
Laurentius [lau'rɛntsi·ʊs] *m* Laurent *m*
Lavinia [la'vi:ni·a] *f myth.* Lavinie *f*
Lazarus ['lɑ:tsarʊs] *m bibl.* Lazare *m*
Lea ['le:a] *f bibl.* Lia *od.* Léa *f*
Leander [le·'andər] *m myth.* Léandre *m*
Leda ['le:da] *f myth.* Léda *f*
Lena ['le:na] *f*, **Lenchen** ['le:nçən] *n*, **Lene** ['le:nə] *f cf.* Magdalene *u.* Helene
Lenin ['le:ni:n] *m* Lénine *m*
Lenore [le·'no:rə] *f cf.* Eleonore
Leo ['le:o·] *m* Léon *m*
Leonardo da Vinci [le·o·'nardo· da 'vɪntʃi·] *m* Léonard de Vinci [vɛ̃si] *m*
Leonhard ['le:ɔnˌhart] *m* Léonard *m*
Leonidas [le·'o:ni·das] *m hist.* Léonidas [-as] *m*
Leonie [le·ɔ'ni:] *f* Léonie *f*
Leonore [le·o·'no:rə] *f cf.* Eleonore
Leopold ['le:o·pɔlt] *m* Léopold [-ɔl] *m*
Leopoldine [le·o·pɔl'di:nə] *f* Léopoldine *f*
Leukippos [lɔʏ'kɪpɔs] *m* Leucippe *m*
Levi ['le:vi·] *m bibl.* Lévi *m*
Leviathan [le·vi·'ɑ:tan, le·vi·a'tɑ:n] *m bibl.* Léviathan *m*
Libertas [li·'bɛrtas] *f myth.* Liberté *f*
Libussa [li·'bʊsa] *f* Libuse *f*
Lieschen ['li:sçən] *n* Lisette *f*
Liese ['li:zə] *f* Lise *f*
Lilli ['lɪli·] *f* Lili *f*
Lina ['li:na] *f*, **Line** ['li:nə] *f* Line *f*
Lisbeth ['lɪsbɛt] *f* Lisbeth *f*
Lise *cf.* Liese
Liselotte ['li:zəˌlɔtə, -'lɔtə] *f hist.* ~ von der Pfalz Charlotte-Élisabeth de Bavière
Livia ['li:vi·a] *f hist.* Livie *f*
Livius ['li:vi·ʊs] *m röm. Geschichtsschreiber* Tite-Live *m*; *sonst hist.* Livius [-ys] *m*
Loki ['lo:ki·] *m myth.* Loke *od.* Loki *m*
Lore ['lo:rə] *f cf.* Eleonore
Lorenz ['lo:rɛnts] *m* Laurent *m*
Lot [lo:t] *m bibl.* Lot(h) [-t] *m*
Lothar ['lo:tar, lo·'tɑ:r] *m hist.* Lothaire *m*
Lotte ['lɔtə] *f cf.* Charlotte
Lucia *cf.* Luzia
Lucius ['lu:tsi·ʊs] *m hist.* Lucius [-ys] *m*
Lucretia, Lucrezia *cf.* Lukretia
Lucretius [lu·'kre:tsi·ʊs] *m* Lucrèce *m*
Lucullus *cf.* Lukullus
Ludmilla [lu:t'mɪla] *f* Ludmilla *f*
Ludwig ['lu:tvɪç] *m* Louis *m*; *als Vorname*

auch Ludovic [-k] *m*; *hist.* ~ XIV. Louis XIV; ~ der Bayer Louis de Bavière; ~ der Deutsche Louis le Germanique; ~ der Fromme Louis le Pieux *od.* le Débonnaire; ~ der Heilige Saint Louis
Luise [luˑˈiːzə] *f* Louise *f*
Lukan [luˈkɑːn] *m* Lucain *m*
Lukas [ˈluːkas] *m* Luc [-k] *m*; *als Vorname auch* Lucas [-a] *m*
Lukian [luˑkiˑˈɑːn] *m* Lucien *m*
Lukretia, Lukrezia [luˑˈkreːtsiˑa] *f* Lucrèce *f*
Lukrez [luˑˈkreːts] *m cf.* Lucretius
Lukullus [luˑˈkʊlʊs] *m* Lucullus [-ys] *m*
Luther [ˈlʊtər] *m* Luther [lytɛːr] *m*
Luzia [ˈluːtsiˑa] *f*, **Luzie** [ˈluːtsiˑə] *f* Lucie *od.* Luce *f*
Luzian [luˑtsiˑˈɑːn] *m cf.* Lukian
Luzifer [ˈluːtsifɛr] *m myth.* Lucifer [lysifɛːr] *m*
Luzius [ˈluːtsiˑʊs] *m cf.* Lucius
Lydia [ˈlyːdiˑa] *f* Lydie *od.* Lydia *f*
Lykurg [lyˑˈkʊrk] *m* Lycurgue *m*
Lynkeus [ˈlʏŋkɔʏs] *m myth.* Lyncée *m*
Lysander [lyˑˈzandər] *m hist.* Lysandre *m*
Lysias [ˈlyːziˑas] *m hist.* Lysias [-as] *m*
Lysipp [lyˑˈzɪp] *m* Lysippe *m*

M

Machiavelli [makiˑaˈvɛliˑ] *m* Machiavel [-k-] *m*
Maecenas [mɛˈtseːnas] *m hist.* Mécène *m*
Magda(lena) [ˈmakda(ˈleːna)] *f*, **Magdalene** [makdaˈleːnə] *f* Madeleine *f*
Maimonides [maɪˈmoːniˑdɛs] *m* Maimonide *m*
Makkabäer [makaˈbɛːər] *m/pl. bibl.* Maccabées *od.* Machabées *od.* Macchabées [-k-] *m/pl.*
Malachias [malaˈxiːas] *m*, **Maleachi** [maleˑˈaxiˑ] *m bibl.* Malachie *m*
Mamertus [maˈmɛrtʊs] *m Heiliger* Mamert *m*
Manasse [maˈnasə] *m bibl.* Manassé *m*
Manfred [ˈmanfreːt] *m hist.* Manfred [-ɛd] *m*
Manitu [ˈmɑːniˑtuˑ] *m relig.* Manitou *m*
Manutius [maˈnuːtsiˑʊs] *m* Aldus ~ Alde Manuce *m*
Mao Tse-tung [maʊtseˑˈtʊŋ] *m* Mao Tsé-toung *m*
Marbod [ˈmarbɔt] *m hist.* Marobode *od.* Marbod *m*
Margareta [margaˈreːta] *f*, **Margarete** [margaˈreːtə] *f* Marguerite *f*; *hist.* Margarete Maultasch Marguerite de Carinthie «à la grande bouche»
Margot [ˈmargɔt] *f* Margot *f*
Maria [maˈriːa] *f* Marie *f*; *hist.* ~ Theresia Marie-Thérèse; ~ Stuart Marie Stuart; *bibl.* ~ Magdalena Marie-Madeleine
Mariamne [mariˑˈamnə] *f hist.* Mariamne *f*
Marianne [mariˑˈanə] *f* Marianne *f*
Marie [maˈriː] *f cf.* Maria
Marie-Luise [maˈriːluˑˈiːzə] *f* Marie-Louise *f*
Marion [ˈmɑːriˑɔn] *f* Marion *f*
Marius [ˈmɑːriˑʊs] *m hist.* Marius [-ys] *m*
Mark Aurel [ˈmarkˀaʊˈreːl] *m* Marc Aurèle *m*
Markus [ˈmarkʊs] *m* Marc [-k] *m*
Mars [mars] *m myth.* Mars [-s] *m*
Martha [ˈmarta] *f* Marthe *f*
Martial [martsiˑˈɑːl] *m* Martial [-sjal] *m*
Martin [ˈmartiːn] *m* Martin *m*
Martina [marˈtiːna] *f* Martine *f*
Marzell(us) [marˈtsɛl(ʊs)] *m* Marcel *m*
Mathilde [maˈtɪldə] *f* Mathilde *f*
Matthäus [maˈtɛːʊs] *m bibl.* Matthieu *m*
Matthias [maˈtiːas] *m* Mat(t)hias [-a] *m*
Mauritius [maʊˈriːtsiˑʊs] *m Heiliger* Maurice *m*
Maximilian [maksiˑˈmiːliˑɑːn] *m hist.* Maximilien *m*
Maximinus [maksiˑˈmiːnʊs] *m hist.* Maximin *m*
Medard(us) [meˑˈdart, -dʊs] *m Heiliger* Médard *m*
Medea [meˑˈdeːa] *f myth.* Médée *f*
Medici [ˈmeːdiˑtʃiˑ] *hist.* Médicis [-sis]; Lorenzo ~ Laurent de Médicis; Katharina ~ Catherine de Médicis
Medusa [meˑˈduːza] *f*, **Meduse** [meˑˈduːzə] *f myth.* Méduse *f*
Megäre [meˑˈgɛːrə] *f myth.* Mégère *f*
Melanie [meˑˈlɑːniˑə, meˑlaˈniː, ˈmeːlaniˑ] *f* Mélanie *f*
Melchior [ˈmɛlçiˑɔr] *m myth.* Melchior [-k-] *m*
Melchisedek [mɛlçiˑˈzeːdɛk, -ˈçiːzeˑ-] *m bibl.* Melchisédech [-kizedɛk] *m*
Meleagros [meˑˈleːagrɔs] *m myth.* Méléagre *m*
Melpomene [mɛlˈpoːmeˑneˑ] *f myth.* Melpomène *f*
Melusine [meˑluˑˈziːnə] *f myth.* Mélusine *f*
Memnon [ˈmɛmnɔn] *m myth.* Memnon *m*
Menander [meˑˈnandər] *m* Ménandre *m*
Menelaos, Menelaus [meˑneˑˈlɑːɔs, -ˈlɑːʊs] *m myth.* Ménélas [-as] *m*
Menelik [ˈmeːneˑlɪk] *m myth.* Ménélik *m*
Menes [ˈmeːnɛs] *m hist.* Ménès [-ɛs] *m*
Menippos [meˑˈnɪpɔs] *m* Ménippe *m*
Mentor [ˈmɛntɔr] *m myth.* Mentor [mɛ̃tɔːr] *m*
Mephisto [meˑˈfɪstoˑ] *m*, **Mephistopheles** [meˑfɪsˈtoːfeˑlɛs] *m* Méphistophélès [-ɛs] *m*
Merkur [mɛrˈkuːr] *m myth.* Mercure *m*
Merope [ˈmeːroˑpeˑ] *f myth.* Mérope *f*
Mesa [ˈmeːza] *m hist.* Mésa *od.* Mesha *m*
Messalina [mesaˈliːna] *f hist.* Messaline *f*
Messias [mɛˈsiːas] *m relig.* Messie *m*
Metastasio [meˑtasˈtɑːziˑoˑ] *m* Métastase *m*
Methusalem [meˑˈtuːzalɛm] *m bibl.* Mathusalem [-ɛm] *m*
Metternich [ˈmɛtərnɪç] *m* Metternich [-ik] *m*
Micha [ˈmɪça] *m bibl.* Michée *m*
Michael [ˈmɪçaɛl] *m* Michel [-ʃ-] *m*
Michelangelo [miˑkeˑˈlandʒeˑloˑ] *m* Michel-Ange [-kel-] *m*
Midas [ˈmiːdas] *m myth.* Midas [-as] *m*
Miltiades [mɪlˈtiːadɛs] *m hist.* Miltiade [-sjad] *m*
Mimnermos [mɪmˈnɛrmɔs] *m* Mimnerme *m*
Minerva [miˑˈnɛrva] *f myth.* Minerve *f*
Minos [ˈmiːnɔs] *m myth.* Minos [-ɔs] *m*
Minotaurus [miˑnoˑˈtaʊrʊs] *m myth.* Minotaure *m*
Mirjam [ˈmɪrjam] *f bibl.* Miriam [-am] *f*
Mithra(s) [ˈmiːtra(s)] *m relig.* Mithra *m*
Mithridates [miˑtriˑˈdɑːtɛs] *m* Mithridate *m*
Mnemosyne [mneˑmoˑˈzyːneˑ] *f myth.* Mnémosyne *f*
Mohammed [ˈmoːhamɛt] *m Stifter des Islams* Mahomet [-ɛ] *m*; *arab. Vorname* Mohammed [-ɛd] *m*
Moloch [ˈmoːlɔx] *m myth.* Moloch [-k] *m*
Mona Lisa [ˈmoːna ˈliːza] *f peint.* la Joconde
Monika [ˈmoːniˑka] *f* Monique *f*
Moritz [ˈmoːrɪts] *m* Maurice *m*
Morpheus [ˈmɔrfɔʏs] *m myth.* Morphée *m*
Moses [ˈmoːzɛs] *m bibl.* Moïse *m*
Mozart [ˈmoːtsart] *m* Mozart [-zaːr] *m*
Murad [muˑˈrat] *m hist.* Murat *m*
Myron [ˈmyːrɔn] *m* Myron *m*

N

Nabonid [ˈnɑːboˑniˑt] *m hist.* Nabonide *m*
Nadir [naˈdiːr, ˈnɑːdɪr] *m hist.* Nadir chah *od.* Nadir-Chah *m*
Nahum [ˈnɑːhʊm] *m bibl.* Nahum [-ɔm] *m*
Najaden [naˈjɑːdən] *f/pl. myth.* Naïades *f/pl.*
Napoleon [naˈpoːleˑɔn] *m* Napoléon *m*
Narziß [narˈtsɪs] *m myth.* Narcisse *m*
Natalie [naˈtɑːliˑə] *f* Natalie [-i] *f*
Nathan [ˈnɑːtan] *m bibl.* Nathan [-ɑ̃] *m*
Nausikaa [naʊˈziːkaa] *f myth.* Nausicaa *f*
Nävius [ˈnɛːviˑʊs] *m* Naevius [-ys] *m*
Nebukadnezar [neˑbuˑkatˈneːtsar] *m hist.* Nabuchodonosor [-ko-] *m*
Necho [ˈnɛçoˑ, ˈneː-] *m hist.* Néchao [-k-] *m*
Nehemia(s) [neˑheˑˈmiːa(s)] *m bibl.* Néhémie *m*
Nehru [ˈneːruˑ] *m* Nehru [-u] *m*
Nekrassow [nɪkˈrasaf, neˑkˈrasɔf] *m* Nekrassov *m*
Nemesis [ˈneːmeˑzɪs, ˈneˑ-] *f myth.* Némésis [-is] *f*
Neptun [nɛpˈtuːn] *m myth.* Neptune *m*
Nereiden [neˑreˑˈiːdən] *f/pl. myth.* Néréides *f/pl.*
Nereus [ˈneːrɔʏs] *m myth.* Nérée *m*
Nero [ˈneːroˑ] *m hist.* Néron *m*
Nessos [ˈnɛsɔs] *m myth.* Nessos *od.* Nessus *m*
Nietzsche [ˈniːtʃə, ˈniːtsʃə] *m* Nietzsche [nitʃ] *m*
Nike [ˈniːkeˑ] *f myth.* Nikê *od.* Niké *f*; Victoire *f*
Nikodemus [niˑkoˑˈdeːmʊs] *m bibl.* Nicodème *m*
Nikolaus [ˈniːkoˑlaʊs] *m* Nicolas [-a] *m*; ~ von Kues Nicolas de Cusa
Nimrod [ˈnɪmrɔt] *m bibl.* Nemrod [-d] *m*
Niobe [ˈniːoˑbeˑ] *f myth.* Niobé *f*
Noah [ˈnoːa] *m bibl.* Noé *m*
Nofretete [noˑfreˑˈteːteˑ] *f hist.* Nefertiti *f*
Norbert [ˈnɔrbɛrt] *m* Norbert [-ɛːr] *m*
Nornen [ˈnɔrnən] *f/pl. myth.* Nornes *f/pl.*
Notker [ˈnoːtkər] *m* Notker *m*; ~ der Stammler Notker le Bègue

O

Oberon [ˈoːbərɔn] *m myth.* Oberon *od.* Obéron *m*
Ockham [ˈɔkam, ˈɔkɛm] *m* Guillaume d'Occam *m*
Octavia *cf.* Oktavia
Odin [ˈoːdɪn] *m myth.* Odin(n) *m*
Ödipus [ˈøːdiˑpʊs] *m myth.* Œdipe *m*
Odoaker [oˑdoˑˈɑːkər] *m hist.* Odoacre *m*
Odysseus [oˑˈdʏsɔʏs] *m myth.* Ulysse *m*
Offenbach [ˈɔfənbax] *m* Offenbach [-ak] *m*
Ogier der Däne [ɔˈʒjeː der ˈdɛːnə] *m myth.* Ogier le Danois
Oktavia [ɔkˈtɑːviˑa] *f hist.* Octavie *f*
Oktavian(us) [ɔktaviˑˈɑːn(ʊs)] *m hist.* Octavien *m*
Olaf [ˈoːlaf] *m hist.* Olav *m*; *dän.* Olaf *m*
Ophelia [oˑˈfeːliˑa] *f* Ophélie *f*
Orest(es) [oˑˈrɛst(ɛs)] *m myth.* Oreste *m*
Origenes [oˑˈriːgeˑnɛs] *m* Origène *m*
Orpheus [ˈɔrfɔʏs] *m myth.* Orphée *m*
Osiris [oˑˈziːrɪs] *m myth.* Osiris [-is] *m*
Oskar [ˈɔskar] *m* Oscar *m*
Ossian [ˈɔsiˑan, ɔsiˑˈɑːn] *m myth.* Ossian [-jan] *m*
Ostrowski [ɔsˈtrɔfskiˑ] *m* Ostrovski *m*
Ottilie [ɔˈtiːliˑə] *f* Odile *f*
Otto [ˈɔtoˑ] *m hist.* Otton *m*; ~ von Bamberg saint Otton *od.* Othon
Ottokar [ˈɔtoˑkar] *m hist. Böhmen* Otakar *m*
Ovid [oˑˈviːt] *m* Ovide *m*

P

Pachomius [paˈxoːmiˑʊs] *m* Pacôme *m*
Palamedes [palaˈmeːdɛs] *m myth.* Palamède *m*
Palma Vecchio [ˈpalma ˈvɛk(k)iˑo] *m* Palma le Vieux *m*
Pamela [paˈmeːla, -ˈmɛ-] *f* Paméla *f*
Pan [pɑːn] *m myth.* Pan [pɑ̃] *m*
Panaitios [paˈnaɪtiˑɔs] *m* Panétius [-ys] *m*
Pandora [panˈdoːra] *f myth.* Pandore *f*
Pankratius [panˈkrɑːtsiˑʊs] *m* Pancrace *m*
Paracelsus [paraˈtsɛlzʊs] *m* Paracelse *m*
Paris [ˈpɑːrɪs] *m myth.* Pâris [-is] *m*

Parmigianino [parmiˑdʒaˈniːnoˑ] *m* le Parmesan *m*
Parzen [ˈpartsən] *f/pl. myth.* Parques *f/pl.*
Parzival [ˈpartsiˑfal] *m myth.* Perceval *m*
Patroklos, Patroklus [ˈpɑːtrɔklɔs, paˈtroːklɔs, ˈpa-, paˈtroːklus, ˈpɑːtroˑklus, ˈpa-] *m myth.* Patrocle *m*
Paul [paul] *m* Paul [pɔl] *m*
Paula [ˈpaula] *f* Paule [pol] *f*
Pauline [pauˈliːnə] *f* Pauline *f*
Paulus [ˈpaulus] *m bibl.* (saint) Paul [pɔl] *m*; *hist.* ~ Diaconus Paul Diacre
Pausanias [pauˈzɑːniˑas] *m* Pausanias [-as] *m*
Pegasos, Pegasus [ˈpeːgazɔs, ˈpeːgazus] *m myth.* Pégase *m*
Peleus [ˈpeːlɔʏs] *m myth.* Pélée *m*
Pelias [ˈpeːliˑas, peˑˈliːas] *m myth.* Pélias [-as] *m*
Pelopidas [peˑˈloːpiˑdas] *m hist.* Pélopidas [-as] *m*
Pelops [ˈpeːlɔps] *m myth.* Pélops *m*
Penaten [peˑˈnɑːtən] *pl. myth.* pénates *m/pl.*
Penelope [peˑˈneːloˑpeˑ] *f myth.* Pénélope *f*
Penthesilea [pɛnteˑziˑˈleːa] *f myth.* Penthésilée *f*
Pergolesi [peˑrgoˑˈleːziˑ] *m* Pergolèse *m*
Perikles [ˈpeːriˑklɛs] *m* Périclès [-ɛs] *m*
Perpetua [pɛrˈpeːtuˑa] *f* Perpétue *f*
Persephone [pɛrˈzeːfoˑneˑ] *f myth.* Perséphone *f*
Perseus [ˈpɛrzɔʏs] *m myth.* Persée *m*
Perugino [peˑruˑˈdʒiːnoˑ] *m* le Pérugin *m*
Peter [ˈpeːtər] *m* Pierre *m* (*auch hist.*)
Petra [ˈpeːtra] *f* Pierrette *f*
Petrarca [peˑˈtrarka] *m* Pétrarque *m*
Petronius [peˑˈtroːniˑus] *m* Pétrone *m*
Petrus [ˈpeːtrus] *m bibl.* (saint) Pierre *m*; *Scholastiker* ~ Lombardus Pierre Lombard
Phäaken [fɛˈɑːkən] *m/pl. myth.* Phéaciens *m/pl.*
Phädon [ˈfɛːdɔn] *m* Phédon *m*
Phädra [ˈfɛːdra] *f myth.* Phèdre *f*
Phädrus [ˈfɛːdrus] *m* Phèdre *m*
Phaeton [ˈfɑːeˑtɔn] *m myth.* Phaéton *m*
Phidias [ˈfiːdiˑas] *m* Phidias [-as] *m*
Philemon [fiˑˈleːmɔn] *m* Philémon *m*; *myth.* ~ und Baukis Philémon et Baucis
Philipp [ˈfiːlɪp] *m* Philippe *m*; *hist.* ~ IV. der Schöne Philippe IV le Bel
Philippus [fiˈlɪpus] *m bibl.* Philippe *m*
Philoktet [fiˑlɔkˈteːt] *m myth.* Philoctète *m*
Philomela [fiˑloˑˈmeːla] *f myth.* Philomèle *f*
Philon [ˈfiːlɔn] *m* ~ von Alexandrien Philon le Juif *m*
Philopömen [fiˑloˑˈpøːmɛn] *m hist.* Philopœmen [-ɛn] *m*
Phöbe [ˈføːbeˑ] *f myth.* Phébé *f*
Phöbos, Phöbus [ˈføːbɔs, -bus] *m myth.* Phébus [-ys] *m*
Phönix [ˈføːnɪks] *m myth.* Phénix [-ks] *m*
Photios [ˈfoːtiˑɔs] *m* Photios *od.* Photius *m*
Pico della Mirandola [ˈpiːkoˑ ˈdel(l)a miˑˈrandoˑla] *m* Pic de La Mirandole *m*
Pilatus [piˑˈlɑːtus] *m hist.* Pontius ~ Ponce Pilate *m*
Pindar [ˈpɪndar] *m* Pindare *m*
Pippin [pɪˈpiːn, ˈpɪ-, ˈpɪpɪn] *m hist.* Pépin *m*
Pisistratrus [piˑˈzɪstratus] *m hist.* Pisistrate *m*
Pius [ˈpiːus] *m* Pie *m*
Pizarro [piˑˈtsaroˑ] *m hist.* Pizarre *m*
Plantagenet [plɛnˈtɛdʒɪnɪt] *hist.* Plantagenêt
Plato [ˈplɑːtoˑ] *m* Platon *m*
Plautus [ˈplautus] *m* Plaute *m*
Plejaden [pleˑˈjɑːdən] *f/pl. myth.* Pléiades *f/pl.*
Plinius [ˈpliːniˑus] *m* Pline *m*
Plutarch [pluˑˈtarç] *m* Plutarque *m*
Pluto [ˈpluːtoˑ] *m myth.* Pluton *m*
Podiëbrad [ˈpɔdiˑɛbrat] *m hist.* Georges de Podebrady *od.* Podebrad *od.* Podiébrad *m*
Poggio [ˈpɔdʒoˑ] *m* le Pogge *m*
Poliziano [poˑliˑtsiˑˈɑːnoˑ] *m* Politien [-sjɛ̃] *m*
Pollux [ˈpɔluks] *m myth.* Pollux [-yks] *m*
Polybios, Polybius [poˑˈlyːbiˑɔs, -biˑus] *m* Polybe *m*
Poly(hy)mnia [poˑlyˑˈhʏmniˑa, poˑˈlʏmniˑa] *f myth.* Polymnie *f*
Polyklet [poˑlyˑˈkleːt] *m* Polyclète *m*
Polykrates [poˑˈlyːkrates] *m hist.* Polycrate *m*
Polyphem(os) [poˑlyˑˈfeːm, poˑˈlyːfeˑmɔs] *m myth.* Polyphème *m*
Pompejus [pɔmˈpeːjus] *m hist.* Pompée *m*
Porphyrios [pɔrˈfyːriˑɔs] *m* Porphyre *m*
Poseidon [poˑˈzaɪdɔn] *m myth.* Poséidon *m*
Potemkin [poˑˈtɛmkiːn] *m* Potemkine *m*
Potiphar [ˈpoːtiˑfar] *m bibl.* Putiphar *m*
Praxiteles [praˈksiːteˑlɛs] *m* Praxitèle *m*
Priamos [ˈpriːamɔs] *m myth.* Priam [-am] *m*
Proklos [ˈproːklɔs, ˈprɔ-] *m* Proclus [-ys] *m*
Prokofieff [proˑˈkɔfjɛf] *m* Prokofiev [-ɛf] *m*
Prokop [proˑˈkoːp] *m hist.* Procope *m*
Prokrustes [proˑˈkrustes] *m myth.* Proc(r)uste *m*
Prometheus [proˑˈmeːtɔʏs] *m myth.* Prométhée *m*
Properz [proˑˈpɛrts] *m* Properce *m*
Proserpina [proˑˈzɛrpiˑna] *f myth.* Proserpine *f*
Proteus [ˈproːtɔʏs] *m myth.* Protée *m*
Prudentius [pruˑˈdɛntsiˑus] *m* Prudence *m*
Psyche [ˈpsyːçeˑ] *f myth.* Psyché *f*
Ptolemäus [ptoˑleˑˈmɛːus] *m* Ptolémée *m*
Puschkin [ˈpuʃkiːn] *m* Pouchkine *m*
Pylades [ˈpyːladɛs] *m myth.* Pylade *m*
Pyramus [ˈpyːramus] *m myth.* Pyrame *m*
Pyrrhus [ˈpʏrus] *m hist.* Pyrrhos [-os] *m*; Pyrrhus [-ys] *m*
Pythagoras [pyˑˈtɑːgoˑras] *m* Pythagore *m*
Pytheas [ˈpyːteˑas] *m* Pythéas [-as] *m*
Pythia [ˈpyːtiˑa] *f myth.* pythie *f od.* Pythie *f*

Q

Quintilian(us) [kvɪntiˑliˑˈɑːn(us)] *m* Quintilien *m*
Quirinus [kviˑˈriːnus] *m hist.* Quirinus [kirinys] *m*; *Heiliger* Quirin [ki-] *m*

R

Rabanus Maurus *cf.* Hrabanus Maurus
Raffael [ˈrafaɛl] *m* Raphaël *m*
Rahel [ˈrɑːɛl] *f bibl.* Rachel [-ʃɛl] *f*
Raimund [ˈraɪmunt] *m* Raymond *m*
Rainer [ˈraɪnər] *m* Rainier *m*
Ramakrischna [ramaˈkrɪʃna] *m* Ramakrishna *m*
Ramses [ˈramzɛs] *m hist.* Ramsès [-ɛs] *m*
Rangabes [raŋgaˈviˑs] *m* Rangabês [-ɛs] *m*
Rasputin [ˈrasputiˑn, -ˈpuː-] *m* Raspoutine *m*
Rebekka [reˑˈbɛka] *f bibl.* Rébecca *f*
Regina [reˑˈgiːna] *f* Régine *f*
Rembrandt [ˈrɛmbrant] *m* Rembrandt [rɑ̃brɑ̃] *m*
Remigius [reˑˈmiːgiˑus] *m Heiliger* Remi *od.* Remy *od.* Rémy *m*
Remus [ˈreːmus] *m myth.* Remus [-ys] *m*
Renate [reˑˈnɑːtə] *f* Renée *f*
Reni [ˈreːniˑ] *m* le Guide *m*
Rhadamanthys [radaˈmantʏs] *m myth.* Rhadamanthe *m*
Richard [ˈrɪçart] *m* Richard [-ʃaːr] *m*; *hist.* ~ Löwenherz Richard Cœur de Lion
Rimski-Korsakow [ˈrɪmskiˑ ˈkɔrzakɔf] *m* Rimski-Korsakov *od.* Rimsky-Korsakov *m*
Robert [ˈroːbɛrt] *m* Robert [-ɛːr] *m* (*auch hist.*)
Robin Hood [ˈrɔbɪn hud] *m hist.* Robin des Bois *m*; Robin Hood *m*
Rochus [ˈrɔxus] *m Heiliger* (saint) Roch [-k] *m*
Roderich [ˈroːdərɪç] *m hist.* Rodrigue *od.* Rodéric *od.* Roderic [-k] *m*
Roland [ˈroːlant] *m* Roland [-ɑ̃] *m*
Rolf [rɔlf] *m cf.* Rudolf
Romanov [roˑˈmɑːnɔf] *hist.* Romanov
Romeo [ˈroːmeˑoˑ] *m* Roméo *m*
Romulus [ˈroːmuˑlus] *m myth.* Romulus [-ys] *m*
Rosamunde [roˑzaˈmundə] *f* Rosemonde *f*
Rosemarie [ˈroːzəmaˌriː, -ˈriː] *f* Rose-Marie *f*
Rothari [ˈroːtariˑ] *m hist.* Rothari(s) *m*
Rubens [ˈruːbəns] *m* Rubens [rybɛ̃s] *m*
Rudi [ˈruːdiˑ] *m cf.* Rudolf
Rudolf [ˈruːdɔlf] *m* Rodolphe *m*; *hist.* ~ von Habsburg Rodolphe de Habsbourg
Rurik [ˈruːrɪk] *m hist.* Riourik *od.* Riurik *od.* Rurik *m*
Ruth [ruːt] *f bibl.* Ruth [ryt] *f*

S

Sabine [zaˈbiːnə] *f* Sabine *f*
Sacharja [zaˈxarja] *m bibl.* Zacharie [-k-] *m*
Sallust [zaˈlust] *m* Salluste *m*
Salome [ˈzɑːloˑmeˑ] *f hist.* Salomé *f*
Salomo(n) [ˈzɑːloˑmoˑ, -mɔn] *m hist.* Salomon *m*
Samson [ˈzamzɔn] *m cf.* Simson
Samuel [ˈzɑːmuˑɛl] *m bibl.* Samuel *m*
Sancho Pansa [ˈzantʃoˑ ˈpansa] *m* Sancho Pança *m*
Sappho [ˈzafoˑ, ˈzapfoˑ] *f* Sap(p)ho [safo] *f*
Sara [ˈzɑːra] *f bibl.* Sara(h) *f*
Sarapis [zaˈrɑːpɪs] *m relig.* Sérapis [-is] *m*
Saturn [zaˈturn] *m myth.* Saturne *m*
Saul(us) [ˈzaul(us)] *m hist. u. bibl.* Saül *m*
Savonarola [zavoˑnaˈroːla] *m* Savonarole *m*
Schewtschenko [ʃəfˈtʃɛnka, ʃɛfˈtʃɛŋkoˑ] *m* Chevtchenko *m*
Schiwa [ˈʃiːva] *m relig.* Çiva *od.* Siva *m*
Schostakowitsch [ʃɔstaˈkoːvɪtʃ] *m* Chostakovitch *m*
Schubert [ˈʃuːbərt] *m* Schubert [ʃubɛːr] *m*
Schweitzer [ˈʃvaɪtsər] *m* Schweitzer [-ɛdzɛːr] *m*
Scipio [ˈstsiːpiˑoˑ] *m hist.* Scipion *m*; ~ Africanus Scipion l'Africain
Scotus *cf.* Duns Scotus
Sebastian [zeˑˈbastiˑan] *m* Sébastien *m*
Selene [zeˑˈleːneˑ] *f myth.* Séléné *f*
Seleukiden [zeˑlɔʏˈkiːdən] *m/pl. hist.* Séleucides *m/pl.*
Semele [ˈzeːmeˑleˑ] *f myth.* Sémélé *f*
Semiramis [zeˑˈmiːramɪs] *f myth.* Sémiramis [-is] *f*
Seneca [ˈzeːneˑka, ˈzeˑ-] *m* Sénèque *m*
Servatius [zɛrˈvɑːtsiˑus] *m Heiliger* Servais *m*
Sesostris [zeˑˈzɔstrɪs] *m hist.* Sésostris [-is] *m*
Severin [ˈzeˑveˑriˑn, -ˈriːn] *m* Séverin *m*
Severus [zeˑˈveːrus] *m hist.* Sévère *m*
Sidonie [ziˑˈdoːniˑə] *f* Sidonie *f*
Sigismund [ˈziːgɪsmunt] *m* Sigismond *m*
Silen [ziˑˈleːn] *m myth.* Silène *m*
Silvester [zɪlˈvɛstər] *m hist.* Sylvestre *m*
Silvia [ˈzɪlviˑa] *f* Sylvie *f*; Sylvia *f*
Simeon [ˈziːmeˑɔn] *m bibl. u. hist.* Siméon *m*
Simon [ˈziːmɔn] *m* Simon *m* (*auch bibl.*)
Simonides [ziˑˈmoːniˑdɛs] *m griech. Lyriker* ~ von Keos Simonide de Céos *m*
Simson [ˈzɪmzɔn] *m bibl.* Samson [sɑ̃sɔ̃] *m*
Sirach [ˈziːrax] *m bibl.* Jesus ~ Jésus (Siracide) *m*
Sisyphos, Sisyphus [ˈziːzyˑfɔs, -fus] *m myth.* Sisyphe *m*
Sixtus [ˈzɪkstus] *m hist.* Sixte *m*
Sokrates [ˈzoːkratɛs] *m* Socrate *m*
Solon [ˈzoːlɔn] *m hist.* Solon [-ɔ̃] *m*
Sophie [zoˑˈfiː, ˈzɔfiˑ] *f* Sophie *f* (*auch hist.*)
Sophokles [ˈzoːfoˑklɛs] *m* Sophocle *m*
Soschtschenko [ˈzɔʃtʃɪnka, ˈzɔʃtʃɛŋkoˑ] *m* Zochtchenko *m*
Spartakus [ˈspartakus, ˈʃpar-] *m hist.* Spartacus [-ys] *m*
Stalin [ˈstɑːliːn, ˈʃtɑː-] *m* Staline *m*

Stanislaus [ˈʃtaːnɪslaʊs] *m* Stanislas [-as] *m* (*auch hist.*)
Stefan *cf.* Stephan
Stentor [ˈʃtɛntɔr, ˈstɛn-] *m myth.* Stentor [stɑ̃-] *m*
Stephan [ˈʃtɛfan] *m* Stéphane *m*; Étienne *m* (*auch hist.*)
Stephanie [ʃteˑˈfaːniˑə, ˈʃtɛfaniˑ] *f* Stéphanie *f*
Stephanus [ˈʃtefanʊs] *m Heiliger* (saint) Étienne *m*
Strabo [ˈstraːboˑ] *m* Strabon *m*
Stradivari(us) [stradiˑˈvaːriˑ(ʊs)] *m* Stradivarius [-ys] *m*
Strauß [ʃtraʊs] *m* Strauss *m*
Strawinsky [straˈvɪnskiˑ] *m* Stravinski *od.* Stravinsky *m*
Sueton [zuˑeˑˈtoːn] *m* Suétone *m*
Sulla [ˈzʊla] *m hist.* Sulla *od.* Sylla *m*
Susanna [zuˑˈzana] *f bibl.* Suzanne *f*
Susanne [zuˑˈzanə] *f* Suzanne *f*
Sylvester *cf.* Silvester

T

Tacitus [ˈtaːtsiˑtʊs] *m* Tacite *m*
Tankred [ˈtaŋkreːt] *m hist.* Tancrède *m*
Tantalos, Tantalus [ˈtantalɔs, -lʊs] *m myth.* Tantale *m*
Tarquinius [tarˈkviːniˑʊs] *m hist.* Tarquin *m*
Tasso [ˈtasoˑ] *m* le Tasse *m*
Telemach(os) [ˈteːleˑmax, teˑˈleːmaxɔs] *m myth.* Télémaque *m*
Terenz [teˑˈrɛnts] *m* Térence *m*
Terpsichore [tɛrˈpsiːçoˑreˑ] *f myth.* Terpsychore [-kɔːr] *f*
Tertullian [teˑrtuliˑˈaːn] *m* Tertullien *m*
Tethys [ˈteːtʏs] *f myth.* Téthys [-is] *f*
Thaddäus [taˈdɛːʊs] *m bibl.* Jude *m*; Thaddée *m*
Thales [ˈtaːlɛs] *m* Thalès [-ɛs] *m*
Thalia [taˈliːa] *f myth.* Thalie *f*
Thekla [ˈteːkla] *f Heilige* Thècle *f*
Themis [ˈteːmɪs] *f myth.* Thémis [-is] *f*
Themistokles [teˑˈmɪstoˑklɛs] *m* Thémistocle *m*
Theobald [ˈteːoˑbalt] *m* Théobald *m*; *hist.* Thibaud *m*
Theoderich [teˑˈoːdərɪç] *m hist.* Théodoric [-k] *m*
Theodor [ˈteːoˑdoːr] *m* Théodore *m*
Theodora [teˑoˑˈdoːra] *f hist.* Théodora *f*
Theodosius [teˑoˑˈdoːziˑʊs] *m hist.* Théodose *m*
Theokrit [teˑoˑˈkriːt] *m* Théocrite *m*
Theophano [teˑˈoːfanoˑ] *f hist.* Théophano *od.* Théophanie *f*
Theophil [ˈteːoˑfiːl, -ˈfiːl] *m* Théophile *m*
Theophrast(us) [teˑoˑˈfrast(ʊs)] *m* Théophraste *m*
Therese, Theresia [teˑˈreːzə, teˑˈreːziˑa] *f* Thérèse *f*
Theseus [ˈteːzɔʏs] *m myth.* Thésée *m*
Thetis [ˈteːtɪs] *f myth.* Thétis [-is] *f*
Thisbe [ˈtɪsbeˑ] *f myth.* Thisbé *f*
Thomas [ˈtoːmas] *m* Thomas [-a] *m*; ~ von Aquin(o) (saint) Thomas d'Aquin [-kɛ̃] *m*; ~ von Kempen Thomas a Kempis
Thor [toːr] *m myth.* T(h)or *m*
Thrasybulos [traˈzyːbulɔs, trazyˑˈbuː-] *m* Thrasybule *m*
Thukydides [tuˑˈkyːdiˑdɛs] *m* Thucydide *m*
Thutmosis [tʊtˈmoːzɪs] *m hist.* Thoutmès [-ɛs] *m*
Thyestes [tyˑˈɛstɛs] *m myth.* Thyeste *m*
Tiberius [tiˑˈbeːriˑʊs] *m hist.* Tibère *m*
Tibull [tiˑˈbʊl] *m* Tibulle *m*
Timotheus [tiˑˈmoːteˑʊs] *m* Timothée *m*
Tintoretto [tiˑntoˑˈrɛtoˑ] *m* le Tintoret *m*
Tiresias [tiˑˈreːziˑas] *m myth.* Tirésias [-as] *m*
Titanen [tiˑˈtaːnən] *m/pl. myth.* Titans *m/pl.*
Titus [ˈtiːtʊs] *m hist.* Titus [-ys] *m*; *bibl.* Tite *m*; *cf. auch* Livius
Tizian [ˈtiːtsiˑaːn, -ˈaːn] *m* Titien [-sjɛ̃] *m*
Tobias [toˑˈbiːas] *m bibl.* Tobie *m*
Tolstoj [tɔlˈstɔʏ] *m* Tolstoï *m*
Trajan [traˈjaːn] *m hist.* Trajan [-ʒɑ̃] *m*
Tristan [ˈtrɪstan] *m* Tristan [-ɑ̃] *m*
Troilos [ˈtroːiˑlɔs] *m myth.* Troilos [-os] *m*; Troïlus [-ys] *m*
Trotzki [ˈtrɔtskiˑ] *m* Trotsky *od.* Trotski *m*
Tschaikowskij [tʃaɪˈkɔfskiˑ] *m* Tchaïkovsky *od.* Tchaïkovski *m*
Tschechow [ˈtʃɛxɔf, ˈtʃɛçɔf] *m* Tchékhov *m*
Tschiang Kai-schek [tʃiˑaŋkaɪˈʃɛk] *m* Chang Kai-chek *od.* Tch(i)ang Kaï Chek *m*
Tschu En-lai [tʃuˑɛnˈlaɪ] *m* Chou En-lai *od.* Chou En-laï *m*
Turgenjew [tʊrˈgɛnjɛf] *m* Tourgueniev *od.* Tourguénev [-jɛf] *m*
Tut-ench-Amun, Tut-anch-amon [tuˑtɛnˈçaːmʊn, -anˈçaːmɔn] *m hist.* Toutankhamon *od.* Tout Ankh Amon *od.* Toutânkhamon *m*
Tyrtäus [tʏrˈtɛːʊs] *m* Tyrtée *m*

U

Ulfilas [ˈʊlfiˑlas] *m cf.* Wulfila
Ulrich [ˈʊlrɪç] *m hist.* Ulrich [-ik] *m*
Urania [uˑˈraːniˑa] *f myth.* Uranie *f*
Uranos [ˈuːranɔs] *m myth.* Uranus [-ys] *od.* Ouranos [-os] *m*
Urban [ˈʊrbaːn] *m hist.* Urbain *m*
Uriel [ˈuːriˑɛl] *m relig.* Uriel [-ɛl] *m*
Ursula [ˈʊrzuˑla] *f* Ursule *f*

V

Valentin [ˈvaːlɛntiːn] *m* Valentin *m*
Valentine [valɛnˈtiːnə] *f* Valentine *f*
Valentinian [valɛntiˑniˑˈaːn] *m hist.* Valentinien *m*
Valerian [valeˑriˑˈaːn] *m hist.* Valérien *m*
Valerie [vaˈleːriˑə] *f* Valérie *f*
Varro [ˈvaroˑ] *m* Varron *m*
Varus [ˈvaːrʊs] *m hist.* Varus [-ys] *m*
Vasco da Gama *cf.* Gama
Veit [faɪt] *m Heiliger* Guy *m*
Velazquez [veˑˈlaskɛs] *m* Vélasquez *od.* Velasquez [-ɛz] *m*
Venus [ˈveːnʊs] *f myth.* Vénus [-ys] *f*
Vercingetorix [vɛrtsɪŋˈgeːtoˑrɪks] *m hist.* Vercingétorix [-sɛ̃ʒetɔriks] *m*
Vergil [vɛrˈgiːl] *m* Virgile *m*
Vermeer van Delft [vərˈmeːr fan dɛlft] *m* Vermeer de Delft *m*
Veronese [veˑroˑˈneːzeˑ] *m* Véronèse *m*
Veronika [veˑˈroːniˑka] *f* Véronique *f*
Vespasian [vɛspaziˑˈaːn] *m hist.* Vespasien *m*
Vesta [ˈvɛsta] *f myth.* Vesta *f*
Viktor [ˈvɪktɔr] *m* Victor *m*
Viktoria [vɪkˈtoːriˑa] *f* Victoire *f*; *hist.* Victoria *f*
Vinci, Leonardo da *cf.* Leonardo
Vinzenz [ˈvɪntsɛnts] *m* Vincent *m*
Virginia [vɪrˈgiːniˑa] *f* Virginie *f*
Vitellius [viˑˈteliˑʊs] *m hist.* Vitellius [-ys] *m*
Vitruv [viˑˈtruːf] *m* Vitruve *m*
Vulkan [vʊlˈkaːn] *m myth.* Vulcain *m*

W

Wagner [ˈvaːgnər] *m* Wagner [-gnɛːr] *m*
Waldemar [ˈvaldəmar] *m hist. Brandenburg* Waldemar *m*; Woldemar *m*; *Dänemark* Valdemar *m*
Walküre [valˈkyːrə, ˈval-, ˈvaːl-] *f myth.* Valkyrie *od.* Walkyrie *f*
Walpurga, Walpurgis [valˈpʊrga, -gɪs] *f Heilige* Walpurgis *od.* Waldburga *od.* Walburge *f*
Walter [ˈvaltər] *m* Gautier *od.* Gauthier *m*
Waruna [ˈvaːruˑna] *m relig.* Varuna *m*
Wasa [ˈvaːza] *hist.* Vasa *od.* Wasa
Wenzel [ˈvɛntsəl] *m hist.* Venceslas [-as] *m*
Widukind [ˈviːduˑkɪnt] *m hist.* Widukind *od.* Witikind *m*; *von Corvey* Widukind *od.* Wittekind *m*
Wilhelm [ˈvɪlhɛlm] *m* Guillaume *m*; *hist.* ~ II. Guillaume II; ~ der Eroberer Guillaume le Conquérant; ~ von Oranien Guillaume d'Orange
Willi [ˈvɪliˑ] *m cf.* Wilhelm
Wischnu [ˈvɪʃnuˑ] *m relig.* Vishnu *od.* Vichnou *m*
Wittekind [ˈvɪtəkɪnt] *m cf.* Widukind
Wittelsbacher [ˈvɪtəlsˌbaxər] *m/pl.* Wittelsbach *m/pl.*
Wladimir [vlaˈdiːmɪr, ˈvlaː-] *m* Vladimir *m*
Wladislaus [ˈvlaːdɪslaʊs] *m cf.* Ladislaus
Wladislaw [ˈvlaːdɪslaf] *m hist.* Ladislav *od.* Vladislav *m*
Wodan, Wotan [ˈvoːdan, ˈvoːtan] *m myth. cf.* Odin
Wulfila [ˈvʊlfiˑla] *m hist.* Ulfila(s) *od.* Wulfila *m*

X

Xanthippe [ksanˈtɪpeˑ] *f* Xanthippe [gzɑ̃-] *f*
Xaver [ˈksaːvər] *m* Xavier [gz-] *m*
Xenokrates [kseˑˈnoːkratɛs] *m* Xénocrate [gz-] *m*
Xenophanes [kseˑˈnoːfanɛs] *m* Xénophane [gz-] *m*
Xenophon [ˈkseːnoˑfɔn, ˈkseˑ-] *m* Xénophon [gz-] *m*
Xerxes [ˈksɛrksɛs] *m hist.* Xerxès [gzɛrsɛs] *m*

Z

Zacharias [tsaxaˈriːas] *m* Zacharie [-k-] *m*
Zachäus [tsaˈxɛːʊs] *m bibl.* Zachée *m*
Zähringer [ˈtsɛːrɪŋər] *m/pl. hist.* Zähringen *m/pl.*
Zarathustra [tsaraˈtʊstra] *m relig.* Zarathoustra *od.* Zoroastre *m*
Zebaoth [ˈtseːbaɔt] *m relig.* Sabaoth [-t] *m*
Zebedäus [tseˑbeˑˈdɛːʊs] *m bibl.* Zébédée *m*
Zeno [ˈtseːnoˑ] *m* Zénon *m*
Zephanja [tseˑˈfanja] *m bibl.* Sophonie *m*
Zerberus [ˈtsɛrbeˑrʊs] *m myth.* Cerbère *m*
Zeus [tsɔʏs] *m myth.* Zeus [dzøːs] *m*
Zeuxis [ˈtsɔʏksɪs] *m* Zeuxis [-ksis] *m*
Zilli [ˈtsɪliˑ] *f cf.* Cäcilie
Zita [ˈtsiːta] *f hist.* Zita *f*
Zogu [ˈzoˑguˑ] *m hist.* Zog *od.* Zogu *m*
Zölestin [tsøˑlɛsˈtiːn] *m* Célestin *m*
Zölestine [tsøˑlɛsˈtiːnə] *f* Célestine *f*
Zoroaster [tsoˑroˑˈastər] *m cf.* Zarathustra
Zyprian(us) [tsyˑpriˑˈaːn(ʊs)] *m Heiliger* Cyprien *m*
Zyriakus [tsyˑˈriːakʊs] *m Heiliger* Cyriaque *m*

III. GEBRÄUCHLICHE DEUTSCHE ABKÜRZUNGEN

III. ABRÉVIATIONS ALLEMANDES USUELLES

International übliche und vom Deutschen und Französischen in gleicher Form übernommene Abkürzungen wie BBC, USA usw., wie die Symbole der chemischen Elemente, in der Musik gebräuchliche Abkürzungen usw. sind im allgemeinen nicht mit aufgenommen worden.
Wo im Französischen keine Entsprechung besteht, ist die erklärende Übersetzung in Anführungszeichen gesetzt.

Les abréviations internationales usuelles adoptées en allemand et en français sous la même forme comme B.B.C., U.S.A., etc., comme les symboles des éléments chimiques, les abréviations usitées en musique, etc. n'ont pas été prises en général.

Les abréviations sans équivalent français sont suivies d'une traduction explicative entre guillemets.

A

A Ampere A (ampère)
Å, A Angström Å (angström)
a Ar a (are)
a. am sur le *bzw.* la
A. A. Auswärtiges Amt ministère des Affaires étrangères
a. a. O. am angeführten Ort loc. cit. (loco citato); «à l'endroit cité précédemment»
Abb. *cf.* Abbildung
Abf. Abfahrt départ
Abg. Abgeordneter député
Abk. Abkürzung abrév. (abréviation)
Abs. 1. Absender exp. (expéditeur); **2.** Absatz alinéa
Abschn. Abschnitt paragraphe
Abt. *cf.* Abteilung
a. c. 1. *cf.* a conto; **2.** anni currentis *cf.* l. J.
a. Chr. (n.) ante Christum (natum) *cf.* v. Chr. (G.)
a. d. an der sur le *bzw.* la
a. D. außer Dienst en retraite
A. D. Anno Domini A.D.
ADAC Allgemeiner Deutscher Automobil-Club «Automobile-Club général d'Allemagne»; *in Frankreich* A.C.F. (Automobile-Club de France)
Adgo Allgemeine Deutsche Gebührenordnung für Ärzte «tarif général des droits et honoraires des médecins allemands»
ADN Allgemeiner Deutscher Nachrichtendienst *in der DDR* «Agence générale allemande d'information»
a. d. O. an der Oder sur l'Oder
Adr. 1. Adresse adresse; **2.** Adressat destinataire
AdW Akademie der Wissenschaften Académie des sciences
AEG Allgemeine Elektricitäts-Gesellschaft «Compagnie générale d'électricité»
AG Aktiengesellschaft S.A. (Société anonyme, par actions)
a. G. 1. als Gast *cf.* Gast; **2.** *Versicherung* auf Gegenseitigkeit (assurance) mutuelle
Agfa Aktiengesellschaft für Anilinfabrikation «Société anonyme pour la fabrication de l'aniline»
A. H. Alter Herr ancien; *Sport* vétéran
Ah Amperestunde Ah (ampèreheure)
ahd. althochdeutsch vieux, ancien 'haut allemand
AK 1. Aktienkapital capital en actions; capital-actions; **2.** Armeekorps C.A. (corps d'armée)
allg. allgemein général(ement)
ALR (Preußisches) Allgemeines Landrecht «codification du droit civil prussien au XVIIIe s.»
a. M. am Main -sur-le-Main
Anh. Anhang appendice
Ank. Ankunft arrivée
Anl. Anlage annexe; pièce jointe
Anm. Anmerkung rem. (remarque); note
Antw. Antwort réponse
ANUGA Allgemeine Nahrungs- und Genußmittelausstellung «exposition générale de produits alimentaires»
a. o. (Prof.) *cf.* außerordentlich(er Professor)
AOK Allgemeine Ortskrankenkasse «caisse générale locale de maladie»
apl. (Prof.) *cf.* außerplanmäßig(er Professor)
APO Außerparlamentarische Opposition «opposition extra-parlementaire»
App. Apparat appareil; *tél.* poste; extension
a. Rh. am Rhein -sur-le-Rhin
Art. Artikel article
ASSR Autonome Sozialistische Sowjetrepublik république socialiste soviétique autonome
AStA Allgemeiner Studentenausschuß «comité général des étudiants»
at Atmosphäre kgp/cm^{2}
A. T. Altes Testament A.T. (Ancien Testament)
atm, Atm Atmosphäre atmosphère
atü Atmosphärenüberdruck kg
Aufl. Auflage édition; tirage
Aug. August août
Ausg. Ausgabe édition
ausschl. ausschließlich exclusivement
a. v. arbeitsverwendungsfähig apte au travail
AvD Automobilclub von Deutschland «Automobile-Club d'Allemagne»
AVG Angestelltenversicherungsgesetz «loi sur l'assurance des employés»
a. Z. auf Zeit temporaire(ment)

B

B *Börse* Brief offre; cours offert
b. bei chez; *bei Ortsangaben* près de
BASF Badische Anilin- und Soda-Fabrik AG «Usine badoise d'aniline et de soude S.A.»
Bat. Bataillon bataillon
Batt(r). Batterie batterie
Bd. Band vol. (volume); tome
BDA Bund Deutscher Architekten «Fédération des architectes allemands»
Bde. Bände volumes; tomes
BDI Bundesverband der Deutschen Industrie «Union fédérale de l'industrie allemande»
BdL Bank deutscher Länder «Banque d'émission des länder»
BDÜ Bundesverband der Dolmetscher und Übersetzer «Union fédérale des interprètes et traducteurs»
Beibl. Beiblatt supplément
beif. beifolgend ci-joint; ci-inclus
beil. beiliegend ci-joint; ci-inclus
Bem. Bemerkung rem. (remarque); note
Benelux Belgique, Nederland, Luxembourg Benelux
bes. besonders particulièrement
betr. betreffend, betreffs concernant; relatif, -ive à
Betr. *in Schreiben* Betreff, betrifft objet; concerne
bez. 1. bezahlt payé; **2.** *cf.* bezüglich
Bez. 1. Bezirk district; **2.** Bezeichnung désignation; dénomination
Bf. 1. Bahnhof gare; **2.** Brief lettre
BfA Bundesversicherungsanstalt für Angestellte «société d'assurance fédérale pour les retraites des employés»
bfr belgischer Franc FB (franc belge)
BGB Bürgerliches Gesetzbuch «code civil allemand»; *in Frankreich* Code civil
BGBl. Bundesgesetzblatt «Journal officiel de la République fédérale d'Allemagne»; *in Frankreich* J.O. (Journal officiel)
BH Büstenhalter soutien-gorge
BHE Bund der Heimatvertriebenen und Entrechteten «Union des personnes expulsées de leur pays et privées de leurs droits»

Bhf. Bahnhof gare
bisw. bisweilen parfois
BIZ Bank für internationalen Zahlungsausgleich Banque des règlements internationaux
Bl. Blatt feuille; page
BMW Bayerische Motorenwerke AG «Usines bavaroises de construction de moteurs S.A.»
BP Bayern-Partei «Parti bavarois, de Bavière»
BRD Bundesrepublik Deutschland République fédérale d'Allemagne
brosch. broschiert broché
BRT Bruttoregistertonnen *par ex.* 30 000 BRT jauge brute: 30 000 tx (tonneaux)
b. w. bitte wenden! T.S.V.P. (tournez, s'il vous plaît)
bz bezahlt payé
Bz. Bezirk district
bzw. beziehungsweise ou bien; ou selon le cas; respectivement

C

C 1. Celsius C (Celsius; centigrade); **2.** Coulomb C (coulomb); **3.** Curie curie
ca. circa, zirka environ
cal Kalorie cal (calorie)
cand. Kandidat candidat
cand. med. *etc.* Kandidat der Medizin *etc.* candidat en médecine, *etc. cf.* Doktor
cbkm Kubikkilometer km^3 (kilomètre cube)
cbm Kubikmeter m^3 (mètre cube)
ccm Kubikzentimeter cm^3 (centimètre cube)
cd Candela cd (candéla; bougie nouvelle)
cdm Kubikdezimeter dm^3 (décimètre cube)
CDU Christlich-Demokratische Union «Union chrétienne-démocrate»
cf *comm.* cost and freight C.F. (coût et fret)
cf., cfr. confer cf. *od.* conf. (voir; conférer)
cg Zentigramm cg (centigramme)
CGS Zentimeter, Gramm, Sekunde C.G.S. (Centimètre, Gramme, Seconde)
chem. chemisch chimique
cif *comm.* cost, insurance, freight cif; caf (coût, assurance, fret)
cl Zentiliter cl (centilitre)
c. l. citato loco loc. cit.
cm Zentimeter cm (centimètre)
cm^2 Quadratzentimeter cm^2 (centimètre carré)
cm^3 Kubikzentimeter cm^3 (centimètre cube)
cmm Kubikmillimeter mm^3 (millimètre cube)
Co. Kompanie Cie (compagnie)
COMECON, Comecon (*Rat für gegenseitige Wirtschaftshilfe der Ostblock-Staaten*) C.A.E.M. (Conseil d'aide économique mutuelle)
cos Kosinus cos (cosinus)
cosec Kosekans cosec (cosécante)
cot(g) Kotangens cotg (cotangente)
cr. currentis ct. (courant)
ČSSR Československá Socialistická Republika République socialiste tchécoslovaque
CSU Christlich-Soziale Union «Union chrétienne-sociale»
c. t. cum tempore un quart (*par ex.* 13 Uhr c. t. 13 heures un quart)
ctg Kotangens cotg (cotangente)
ct(s). Centime(s), Cent(s) centime(s), cent(s)
CVJM Christlicher Verein Junger Männer Union chrétienne de jeunes gens

D

D Schnellzug, Durchgangszug rapide; express
D. *cf.* Doktor (der Theologie)
d. Ä. *cf.* der Ältere
DAAD Deutscher Akademischer Austauschdienst «Service allemand d'échange d'universitaires»
DAB Deutsches Arzneibuch «codex allemand»
DAG Deutsche Angestellten-Gewerkschaft «Syndicat des employés allemands»
DAV Deutscher Alpenverein «Club alpin allemand»
DB Deutsche Bundesbahn «Chemins de fer de la République fédérale»; *in Frankreich* S.N.C.F. (Société nationale des chemins de fer français)
d. B. durch Boten par messager
DBB Deutscher Beamtenbund «Union des fonctionnaires allemands»
DBGM Deutsches Bundes-Gebrauchsmuster «modèle déposé dans la République fédérale d'Allemagne»
DBP 1. Deutsche Bundespost «Postes de la République fédérale»; *in Frankreich* P.T.T. *od.* P. et T. (Postes et Télécommunications); **2.** Deutsches Bundespatent «brevet d'invention de la République fédérale d'Allemagne»
DDR Deutsche Demokratische Republik R.D.A. (République démocratique allemande)
Debeka Deutsche Beamten-Krankenversicherung «assurance maladie des fonctionnaires allemands»
DEFA Deutsche Film-AG *in der DDR* «Société anonyme allemande du film»
DER Deutsches Reisebüro «Agence de voyages allemande»
des. designatus désigné
desgl. desgleichen de même
Dez. Dezember déc. (décembre)
DFB Deutscher Fußballbund «Fédération allemande de football»
Dg Dekagramm dag (décagramme)
DGB Deutscher Gewerkschaftsbund *in der Bundesrepublik* «Fédération des syndicats ouvriers allemands»
dgl. *cf.* dergleichen
d. Gr. *cf.* der Große
d. h. das heißt c.-à-d. (c'est-à-dire)
d. i. das ist c.-à-d. (c'est-à-dire)
Din Dinar DIN (dinar)
DIN Deutsche Industrie-Norm(en) *od.* Das Ist Norm «norme(s) technique(s) de l'industrie allemande» *od.* «c'est la norme»; *phot.* D.I.N.
Dipl.- Diplom... diplômé; *cf. auch* Diplomchemiker *etc.*
d. J. 1. *cf.* der Jüngere; **2.** dieses Jahres de cette année; de l'année en cours
DJH Deutsches Jugendherbergswerk «Organisme allemand des auberges de jeunesse»
dkg Dekagramm dag (décagramme)
dkl Dekaliter dal (décalitre)
dkm Dekameter dam (décamètre)
dkr dänische Krone krd (couronne danoise)
DKW *Kraftfahrzeugmarke* DKW
Dl Dekaliter dal (décalitre)
dl Deziliter dl (décilitre)
DLG Deutsche Landwirtschaftsgesellschaft «Société agricole allemande»
DLRG Deutsche Lebensrettungs-Gesellschaft «Société allemande de sauvetage»
DM Deutsche Mark DM (Deutsche Mark; mark allemand)
d. M. dieses Monats (du mois) courant; de ce mois
dm Dezimeter dm (décimètre)
dm^2 Quadratdezimeter dm^2 (décimètre carré)
dm^3 Kubikdezimeter dm^3 (décimètre cube)
DNA Deutscher Normenausschuß «Comité allemand de normalisation»
do. dito d^o (dito); de même; la même chose
d. O. der Obige le susdit; la personne ci-dessus mentionnée
DOB 1. Damenoberbekleidungsindustrie «industrie du vêtement féminin»; **2.** Deutscher Offiziersbund «Union des officiers allemands»
DP 1. Deutsche Partei «Parti allemand»; **2.** Displaced Person personne déplacée
dpa Deutsche Presse-Agentur «Agence allemande de presse»
Dr Drachme DR (drachme)
Dr. Doktor D^r (docteur); Dr. med. *etc. cf.* Doktor
d. R. der Reserve de réserve
DRGM Deutsches Reichs-Gebrauchsmuster «modèle déposé dans le Reich»
DRK Deutsches Rotes Kreuz «Croix-Rouge allemande»
DRP Deutsches Reichspatent «brevet d'invention allemand»
DSA Deutscher Sprachatlas «Atlas linguistique de l'Allemagne»
DSB Deutscher Sportbund «Fédération sportive allemande»
DSG Deutsche Schlafwagen- und Speisewagen-Gesellschaft mbH «Compagnie allemande des wagons-lits et des wagons-restaurants S.A.R.L.»
dt. deutsch allemand
DTB Deutscher Turnerbund «Fédération allemande de gymnastique»
dto. *cf.* do.
Dtzd. Dutzend douzaine
d. U. der Unterzeichnete le soussigné
d. Vf. der Verfasser l'auteur
dz Doppelzentner q (quintal)
dz. derzeit actuellement; à présent

E

E Eilzug express
ebd. ebenda ibid. (ibidem); au même endroit
EFTA Europäische Freihandelszone A.E.L.E. (Association européenne de libre-échange)
EGKS Europäische Gemeinschaft für Kohle und Stahl C.E.C.A. (Communauté européenne du charbon et de l'acier)
eGmbH Eingetragene Genossenschaft mit beschränkter Haftpflicht «Coopérative enregistrée à responsabilité limitée»
eGmuH Eingetragene Genossenschaft mit unbeschränkter Haftpflicht «Coopérative enregistrée à responsabilité illimitée»
e. h. ehrenhalber honoris causa
ehem. ehemalig, ehemals ancien(nement)
eigtl. *cf.* eigentlich
einschl. einschließlich inclusivement; y compris; inclus
EK Eisernes Kreuz Croix de fer
EKD Evangelische Kirche in Deutschland «Église protestante d'Allemagne»
EKG Elektrokardiogramm électrocardiogramme
EMK elektromotorische Kraft f.é.m. (force électromotrice)
entspr. *cf.* entsprechend
EPU European Payments Union *cf.* EZU
Erdg. Erdgeschoß rez-de-chaussée
erg. ergänze! à compléter; complétez!
Erl. Erläuterung explication
erl. erledigt réglé; classé
ERP European Recovery Program (*Europäisches Wiederaufbauprogramm*; *Marshallplan*) E.R.P. (programme de reconstruction européenne; plan Marshall)
Esc Escudo ESC (escudo)
EStG Einkommensteuergesetz «loi fiscale sur les revenus»
etc. et cetera etc. (et cetera *od.* et cætera)
Euratom Europäische Atomgemeinschaft Euratom (Communauté européenne de l'énergie atomique)
eV Elektronenvolt eV (électron-volt)
e. V. Eingetragener Verein association déclarée, enregistrée
ev. evangelisch protestant

EVG Europäische Verteidigungsgemeinschaft C.E.D. (Communauté européenne de défense)
ev.-luth. evangelisch-lutherisch protestant luthérien
ev.-ref. evangelisch-reformiert protestant réformé
evtl. eventuell éventuel(lement)
Ew. Euer, Eure Votre
EWA Europäisches Währungsabkommen A.M.E. (Accord monétaire européen)
EWG Europäische Wirtschaftsgemeinschaft C.E.E. (Communauté économique européenne)
exkl. exklusive exclusivement
Expl. Exemplar exemplaire
Exz. Exzellenz Excellence
EZU Europäische Zahlungsunion U.E.P. (Union européenne des paiements)

F

F 1. Franc F (franc); **2.** Fernschnellzug rapide; express; **3.** Farad F (farad); **4.** Fahrenheit F (Fahrenheit)
f. 1. folgende (Seite) (et la page) suivante; **2.** für pour
Fa. Firma maison; firme
FDGB Freier Deutscher Gewerkschaftsbund *in der DDR* «Fédération allemande libre des syndicats ouvriers»
FDJ Freie Deutsche Jugend *in der DDR* «Jeunesse allemande libre»
FDP Freie Demokratische Partei «Parti démocrate libre»
f. d. R. für die Richtigkeit certifié conforme
Febr. Februar fév. (février)
ff sehr fein extra-fin; de première qualité
ff. folgende (Seiten) (et pages) suivantes
Ffm. Frankfurt am Main Francfort-sur-le--Main
FIFA, Fifa (*Internationaler Fußballverband*) Fédération internationale de football association
FINA, Fina (*Internationaler Schwimmverband*) Fédération internationale de natation amateur
FIS, Fis (*Internationaler Schiverband*) Fédération internationale de ski
fl., Fl. Florin, Gulden FL (florin; gulden)
Flak Flugzeugabwehr(kanone) (canon de) D.C.A. (défense contre avions)
Fleurop (*Internationale Blumengeschenkvermittlung*) Fleurop
fm Festmeter m^3 (mètre cube)
Fmk Finnmark MF (mark finlandais)
fob *comm.* free on board fob
for *comm.* free on rail for
Forts. Fortsetzung suite
fr Franc F (franc)
Fr. 1. Frau Mme *od.* Mme (madame); **2.** Franc, Franken F (franc)
fr. frei franco
frdl. *cf.* freundlich
Frhr. Freiherr baron
Frl. Fräulein Mlle *od.* Mlle (mademoiselle)
frz. französisch français
Ft. Forint FOR (forint)
FU Freie Universität (Berlin) «Université libre de Berlin»

G

G 1. Geld demande; cours demandé; **2.** Gauß G (gauss)
g 1. Gramm g (gramme); **2.** Neugrad gr (grade)
GATT General Agreement on Tariffs and Trade (*Allgemeines Zoll- und Handelsabkommen*) G.A.T.T. («Accord général sur les tarifs douaniers et le commerce»)
Gbf. Güterbahnhof gare de marchandises
geb. 1. geboren(e) né(e); **2.** gebunden relié
Gebr. Gebrüder F^{res} (frères)
gef. gefallen tombé au champ d'honneur; mort à la guerre
gefl. *cf.* gefällig(st)
gegr. gegründet fondé
geh. 1. geheftet broché; **2.** geheim secret
GEMA Gesellschaft für musikalische Aufführungs- und mechanische Vervielfältigungsrechte «Société pour les droits d'audition et de reproduction mécanique de morceaux de musique»
gen. genannt dit; nommé
Gen. Genossenschaft coopérative
Ges. 1. Gesellschaft société; **2.** Gesetz loi
gesch. geschieden divorcé
Geschw. 1. Geschwister frère(s) et sœur(s); **2.** Geschwindigkeit vitesse
ges. gesch. gesetzlich geschützt protégé par la loi
gest. gestorben mort; décédé
Gestapo Geheime Staatspolizei Gestapo («police secrète d'État»)
Gew. Gewicht poids
GewO Gewerbeordnung «Code de l'industrie et de l'artisanat»
gez. gezeichnet signé
GG. Grundgesetz «constitution de la République fédérale»
ggf. gegebenenfalls le cas échéant
GmbH Gesellschaft mit beschränkter Haftung S.A.R.L. (société à responsabilité limitée)
Gruga Große Ruhrländische Gartenbau-Ausstellung «Grande exposition horticole de la Ruhr»

H

H Henry H (henry)
h hora (*Stunde; bei Angabe der Uhrzeit: Uhr*) h (heure[s]); *par ex.* um 8^h à 8 h
ha Hektar ha (hectare)
Hapag Hamburg-Amerikanische Packetfahrt-Actien-Gesellschaft, Hamburg-Amerika-Linie «Compagnie transatlantique de la ligne Hambourg-Amérique S.A.»
Hbf. Hauptbahnhof «gare principale, centrale»
h. c. honoris causa honoris causa
hfl. holländischer Gulden FL (florin des Pays-Bas; gulden)
hg Hektogramme hg (hectogramme)
hg. herausgegeben édité
Hg. Herausgeber éditeur
HGB Handelsgesetzbuch code de commerce
HK Hefnerkerze bougie Hefner
HKL Hauptkampflinie ligne principale de résistance
hl Hektoliter hl (hectolitre)
hl. heilige(r) S. *od.* St *od.* S^t (saint) *bzw.* Ste *od.* S^{te} (sainte)
hm Hektometer hm (hectomètre)
HO Handelsorganisation *in der DDR* «Organisation commerciale d'État»
Hptst. Hauptstadt capitale
Hr(n). Herr(n) M. *od.* M^r (monsieur)
hrsg. herausgegeben édité
Hrsg. Herausgeber éditeur
Hs. Handschrift *cf.* Ms.
Hss. Handschriften *cf.* Mss.
Hz Hertz Hz (hertz)

I

i. im, in *bei Ortsnamen cf.* in
i. A., I. A. im Auftrag(e) P.O. (par ordre); par délégation
IAA Internationales Arbeitsamt B.I.T. (Bureau international du travail)
i. allg. im allgemeinen généralement; en général
IAO Internationale Arbeitsorganisation O.I.T. (Organisation internationale du travail)
ib., ibd. ibidem ibid.
IBFG Internationaler Bund Freier Gewerkschaften C.I.S.L. (Confédération internationale des syndicats libres)
id. idem id.
i. Durchschn. im Durchschnitt en moyenne
IG *cf.* Industriegewerkschaft
IG-Farben Interessen-Gemeinschaft der deutschen Farbenindustrie AG «Groupement d'intérêts de l'industrie allemande des colorants S.A.»
IHK 1. Industrie- und Handelskammer Chambre de commerce et d'industrie; **2.** Internationale Handelskammer Chambre de commerce internationale
IHS Jesus J.H.S. *od.* I.H.S.
i. J. im Jahre en (l'an)
ikr isländische Krone kis (couronne d'Islande)
IKRK Internationales Komitee vom Roten Kreuz C.I.C.R. (Comité international de la Croix-Rouge)
i. L. in Liquidation en liquidation
ill. illustriert illustré
ILS Instrument Landing System (*Internationales Landefunksystem für Blindlandung*) I.L.S.
I. M. Ihre Majestät S.M. (Sa Majesté)
impr. imprimatur imprimatur
Ind. Indikativ ind. (indicatif)
Ing. Ingenieur ingénieur
Inh. 1. Inhalt contenu; **2.** Inhaber propriétaire
inkl. inklusive *cf.* einschl.
I. N. R. I. Jesus Nazarenus Rex Judaeorum I.N.R.I.
insb. insbesondere en particulier; particulièrement
Interpol Internationale kriminalpolizeiliche Kommission, IKPK Interpol (Organisation internationale de police criminelle, O.I.P.C.)
IOK Internationales Olympisches Komitee Comité international olympique
IPI Internationales Presseinstitut I.I.P. (Institut international de la presse)
IR. Infanterieregiment R.I. (régiment d'infanterie)
i. R. im Ruhestand(e) en retraite
I. R. Imperator Rex «empereur et roi»
IRK Internationales Rotes Kreuz Croix--Rouge internationale
IRO International Refugee Organization (*Internationale Flüchtlingsorganisation*) *bis 1951* O.I.R. (Organisation internationale pour les réfugiés)
IÜG Internationales Übereinkommen über den Eisenbahnfrachtverkehr C.I.M. (Convention internationale concernant le transport des marchandises par chemin de fer)
i. V., I. V. 1. in Vertretung par interim; en remplacement de; **2.** in Vollmacht *cf.* ppa.
i. W. in Worten en toutes lettres

J

J Joule J (joule)
Jan. Januar janv. (janvier)
Jb. Jahrbuch annuaire
Jg. *cf.* Jahrgang
Jh. Jahrhundert s. (siècle)
jr., jun. junior *comm.* fils

K

K Kelvin K (Kelvin)
Kap. Kapitel chap. (chapitre)
kart. kartoniert cartonné
kath. katholisch cath., cathol. (catholique)
kcal Kilo(gramm)kalorie kcal (kilocalorie)

Kcs tschechische Krone kcs (couronne tchécoslovaque)
Kfm. Kaufmann commerçant
kfm. kaufmännisch commercial
Kfz. Kraftfahrzeug véhicule automobile
kg Kilogramm kg (kilogramme)
KG Kommanditgesellschaft société en commandite
KGaA Kommanditgesellschaft auf Aktien société en commandite par actions
Kgl. Königlich royal
kHz Kilohertz kHz (kilohertz)
k. J. künftigen Jahres de l'année à venir, prochaine
k. k., K. K. kaiserlich-königlich Kaiserlich-Königlich impérial et royal
kl Kiloliter kl (kilolitre)
Kl. Klasse classe
k. M. künftigen Monats du mois à venir, prochain
km Kilometer km (kilomètre)
km² Quadratkilometer km² (kilomètre carré)
km³ Kubikkilometer km³ (kilomètre cube)
km/h, km/st Stundenkilometer, Kilometer je Stunde km/h (kilomètre-heure)
kn Knoten nœud
k. o. knockout K.-O. *od.* k.-o.
K. o. Knockout K.-O. *od.* k.-o.
Komp. Kompanie compagnie; *comm. auch* Cie
Konj. Konjunktiv subj. (subjonctif)
Kop. Kopeke kopeck
kp Kilopond kgp (kilogramme-poids)
KPD Kommunistische Partei Deutschlands «Parti communiste allemand»
kr Krone kr couronne
Kr., Krs. *cf.* Kreis 2.
Kripo Kriminalpolizei P.J. (police judiciaire)
Kt. Kanton canton
Kto. Konto compte
k. u. k. kaiserlich und königlich impérial et royal
kV Kilovolt kV (kilovolt)
k. v. kriegsverwendungsfähig apte au service armé
kVA Kilovoltampere kVA (kilovoltampère)
kW Kilowatt kW (kilowatt)
kWh Kilowattstunde kWh (kilowattheure)
KZ Konzentrationslager camp de concentration

L

l 1. Liter l (litre); **2.** Leu, *pl.* Lei leu, lei
L. 1. Lira, Lire LIT (lira, lire); **2.** Linné Linné
l. 1. lies! lisez; **2.** links à gauche
LAG Lastenausgleich «péréquation des charges»
landw. landwirtschaftlich agricole
lat. lateinisch lat. (latin)
l. B. laut Bericht conformément au rapport
l. c. loco citato l.c.
LDP Liberal-Demokratische Partei *in der DDR* «Parti libéral démocrate»
led. ledig célibataire
Leica Leitz-Camera Leica
lfd. laufend courant
lfd. J. *cf.* l. J.
lfd. m laufendes Meter mètre courant
lfd. M. laufenden Monats (du mois) courant
lfd. Nr. laufende Nummer numéro d'ordre, de série
Lfg., Lfrg. Lieferung livraison; fascicule
lfr Luxemburger Franc FL (franc luxembourgeois)
LG Landgericht *etwa* tribunal de grande instance
Lic. (theol.) Licentiatus (theologiae), Lizentiat (der Theologie) licencié (en théologie)
lim *math.* Limes lim (limite)
Lit. Literatur litt. (littérature)
l. J. laufenden Jahres de l'année en cours
Lkw, LKW Lastkraftwagen camion; poids lourd
lm Lumen lm (lumen)
ln natürlicher Logarithmus Log (logarithme naturel)
Ln. *Buch* (in) Leinen relié pleine toile
log Logarithmus log (logarithme)
log nat *cf.* ln
LP *chem.* Läuten und Pfeifen S (sifflez!)
L.S. loco sigilli (cachet)
lt. laut conformément à; suivant
Ltq türkisches Pfund £TQ (livre turque)
luth. lutherisch luthérien, -nne
LVA Landesversicherungsanstalt «société d'assurance du land pour les retraites des ouvriers»
Lw Lew(a) LVA (lev[a])
Lw. Lehnwort mot d'emprunt
lx Lux lx (lux)
LZB Landeszentralbank «Banque centrale du land»

M

M Mark mark(s)
m Meter m (mètre)
m. männlich m. (masculin)
m² Quadratmeter m² (mètre carré)
m³ Kubikmeter m³ (mètre cube)
mA Milliampere mA (milliampère)
MA. Mittelalter M.A. (Moyen Âge)
MAN Maschinenfabrik Augsburg-Nürnberg AG «Usine de machines d'Augsbourg et de Nuremberg S.A.»
m. A. n. meiner Ansicht nach selon moi; à mon avis
Math. Mathematik mathématiques
m. a. W. mit ander(e)n Worten en d'autres termes; autrement dit
mb Millibar mb (millibar)
mbH mit beschränkter Haftung à responsabilité limitée
Md. Milliarde(n) milliard(s)
M. d. B., MdB Mitglied des Bundestages «membre du Bundestag»
M. d. L., MdL Mitglied des Landtages «membre du Landtag»
m. E. meines Erachtens à mon avis; selon moi
MeV Mega-Elektronenvolt MeV (méga-électron-volt)
MEZ mitteleuropäische Zeit heure de l'Europe centrale
MG Maschinengewehr mitrailleuse
mg Milligramm mg (milligramme)
Mgr. Monsignore Mgr (Monseigneur)
mhd. mittelhochdeutsch moyen 'haut allemand
MHz Megahertz MHz (mégahertz)
Mill. Million(en) million(s)
min, Min. Minute mn (minute)
Mio. *cf.* Mill.
mitteld. mitteldeutsch de l'Allemagne centrale
mkg Meterkilogramm kgm (kilogrammètre)
mkp Meterkilopond kgm (kilogrammètre)
MKS(-System) Meter, Kilogramm, Sekunde (système) M.K.S. (Mètre, Kilogramme, Seconde)
ml Milliliter ml (millilitre)
mlat. mittellateinisch latin du Moyen Âge
mm Millimeter mm (millimètre)
mm² Quadratmillimeter mm² (millimètre carré)
mm³ Kubikmillimeter mm³ (millimètre cube)
m. m. mutatis mutandis mutatis mutandis
mnd. mittelniederdeutsch moyen bas allemand
möbl. möbliert meublé
MΩ Megohm MΩ (mégohm)
MP Militärpolizei police militaire
Mrd. Milliarde(n) milliard(s)
Ms. Manuskript ms. (manuscrit)
m/sec Metersekunde m/s (mètre par seconde)
Msgr. Monsignore Mgr (Monseigneur)
Mskr. *cf.* Ms.
Mss. Manuskripte mss. (manuscrits)
mtl. monatlich mensuel(lement)
MW Megawatt MW (mégawatt)
m. W. meines Wissens à ma connaissance; autant que je sache
Mz. Mehrzahl pl. (pluriel)

N

N 1. Nord(en) N. (nord); **2.** *chem.* Nahschnellverkehrszug «train omnibus assez rapide»
n 1. Nano... n (nano...); **2.** netto net, -tte; **3.** Neutrum neutre
Nachf. Nachfolger successeur
nachm. nachmittags (de) l'après-midi
NAGRA Fachnormenausschuß für das graphische Gewerbe «Comité de normalisation pour l'industrie graphique»
NATO North Atlantic Treaty Organization (*Nordatlantikpaktorganisation*) O.T.A.N. (Organisation du traité de l'Atlantique Nord)
NB notabene! N.B. (nota bene)
n. Br. nördlicher Breite lat.N. (de latitude nord)
Nchf. Nachfolger successeur
n. Chr. nach Christus, nach Christo apr. J.-C. (après Jésus-Christ)
n. Chr. G. nach Christi Geburt apr. J.-C. (après Jésus-Christ)
nd. niederdeutsch bas allemand
NDP Nationaldemokratische Partei *in der DDR* «Parti national démocrate»
NDR Norddeutscher Rundfunk «radio de l'Allemagne du Nord»
N. F. Neue Folge nouvelle série
nhd. neuhochdeutsch 'haut allemand moderne
n. J. nächsten Jahres de l'année prochaine
nkr norwegische Krone krn (couronne norvégienne)
nlat. neulateinisch néo-latin
nm. *cf.* nachm.
n. M. nächsten Monats du mois prochain
NN Normalnull (point) zéro déduit du niveau moyen des mers
N. N. 1. nomen nescio *od.* nomen nominandum N; **2.** *cf.* NN
NNO Nordnordost(en) N.-N.-E. (nord-nord-est)
NNW Nordnordwest(en) N.-N.-O. (nord-nord-ouest)
NO Nordost(en) N.-E. (nord-est)
No., Nº Numero Nº (numéro)
NOK Nationales Olympisches Komitee Comité olympique national
nordd. norddeutsch de l'Allemagne du Nord
nördl. *cf.* nördlich
Nov. November nov. (novembre)
NPD Nationaldemokratische Partei Deutschlands «Parti national démocrate d'Allemagne»
Nr. Nummer Nº (numéro)
Nrn. Nummern Nºs (numéros)
NRT Nettoregistertonnen *par ex.* 5000 NRT jauge nette: 5000 tx (tonneaux)
NS 1. Nachschrift P.-S. (post-scriptum); **2.** *hist.* nationalsozialistisch national-socialiste; nazi
NSDAP *hist.* Nationalsozialistische Deutsche Arbeiterpartei «Parti ouvrier national-socialiste allemand»; parti nazi
n. St. *Gregorianischer Kalender* neuen Stils n.st. (nouveau style)
NSU *Kraftfahrzeugmarke* NSU
N. T. Neues Testament Nouveau Testament
NW Nordwest(en) N.-O. (nord-ouest)

O

O Ost(en) E. (est)
OAS Organisation der Amerikanischen Staaten O.E.A. (Organisation des États américains)
OB Oberbürgermeister premier bourgmestre; maire
o. B. ohne Befund *etwa* (symptômes) néant
Obb. Oberbayern Haute-Bavière
oberd. oberdeutsch de l'Allemagne du Sud
Oblt. Oberleutnant lieutenant
od. oder ou
OECD Organization for Economic Cooperation and Development (*Organisation für wirtschaftliche Zusammenarbeit und Entwicklung*) O.C.D.E. (Organisation de coopération et de développement économiques)
OEEC Organization of European Economic Cooperation (*Organisation für europäische wirtschaftliche Zusammenarbeit*) O.E.C.E. (Organisation européenne de coopération économique)
OEZ osteuropäische Zeit heure de l'Europe orientale
OHG Offene Handelsgesellschaft société en nom collectif
o. J. ohne Jahr sans indication de l'année de publication
O. K. okay O.K.
Okt. Oktober oct. (octobre)
ö. L. östlicher Länge long.E. (de longitude est)
OLG Oberlandesgericht *etwa* Cour d'appel
ONO Ostnordost(en) E.-N.-E. (est-nord--est)
o. O. 1. ohne Ort sans indication du lieu de publication; **2.** ohne Obligo sans engagement
o. ö. Prof. ordentlicher öffentlicher Professor «professeur d'université titulaire»
o. O. u. J. ohne Ort und Jahr sans indication du lieu ni de l'année de publication
op. opus op.
o. P. ordentlicher Professor «professeur d'université titulaire»
OP Operationssaal salle d'opération
OPD Oberpostdirektion «direction générale des postes»
OR Obligationenrecht droit des obligations
OSO Ostsüdost(en) E.-S.-E. (est-sud-est)
östl. *cf.* östlich

P

P *Börse* Papier *cf.* B
p Pond gf *od.* gp (gramme-force *od.* gramme--poids)
P. 1. Pastor Pasteur; **2.** Pater P. (Père)
p. pagina p. (page)
p. a. pro anno par an
p. A. per Adresse aux (bons) soins de; c/o
pag. *cf.* p.
Pak Panzerabwehrkanone canon antichars
Part. Parterre rez-de-chaussée
part. parterre rez-de-chaussée
p. c. pro centum p. cent (pour cent)
p. Chr. (n.) post Christum (natum) *cf.* n. Chr. (G.)
PEN poets, essayists, novelists P.E.N.
Pf Pfennig pfennig
Pfd. Pfund livre(s)
Pfd. St. Pfund Sterling £ (livre sterling)
Pg. *hist.* Parteigenosse «membre du parti (nazi)»
pinx. pinxit pinx.
Pkt. Punkt point; endroit
Pkw, PKW Personenkraftwagen voiture particulière, de tourisme
pl., Pl. Plural pl. (pluriel)
p. m. pro *od.* per mille p. mille (pour mille)
PP. Patres PP. (Pères)
Pp. Pappband volume cartonné
pp. 1. per procura par procuration; **2.** perge, perge (*fahre fort*) etc.; et ainsi de suite
ppa. per procura par procuration
Ppbd. Pappband volume cartonné
Prof. Professor Professeur
prot. protestantisch protestant
Prov. Provinz province
PS 1. Pferdestärke ch (cheval-vapeur); **2.** Postskript(um) P.-S. (post-scriptum)
PSchA Postscheckamt centre de chèques postaux
Pta Peseta PTA (peseta)

Q

Q Quetzal quetzal
qcm *cf.* cm^2
qdm *cf.* dm^2
q. e. d. quod erat demonstrandum Q.E.D.
qkm *cf.* km^2
qm *cf.* m^2
qmm *cf.* mm^2

R

R 1. Reaumur R (Réaumur); **2.** rechter Winkel (angle) droit
r Radius r (rayon)
R. *cf.* Rgt.
r. rechts à droite
RAO Reichsabgabenordnung «code fiscal du Reich»
Rbl Rubel RBL (rouble)
rd. rund environ; en chiffres ronds
Rec. recipe prenez
REFA Verband für Arbeitsstudien «Association pour l'étude du travail»; *früher* Reichsausschuß für Arbeitsstudien «Comité du Reich pour l'étude du travail»
Reg.-Bez. Regierungsbezirk «circonscription administrative groupant plusieurs Kreise»; *in Frankreich etwa* département
Regt. *cf.* Rgt.
Rel. Religion relig. (religion)
resp. respektive ou plutôt; c.-à.-d. (c'est--à-dire); *cf. auch* bzw.
Rgt. Regiment régiment
Rhld. Rheinland Rhénanie
RIAS Rundfunksender im amerikanischen Sektor (von Berlin) «émetteur de radio du secteur américain de Berlin»
R. I. P. requiescat in pace! Qu'il repose en paix!
RKW Rationalisierungs-Kuratorium der Deutschen Wirtschaft «Comité de rationalisation de l'économie allemande»
Rl Rial RL (rial)
rm Raummeter st (stère)
röm. römisch romain
RP réponse payée RP
Rp Rupiah roupie
Rp. 1. recipe prenez; **2.** Rappen centime suisse
RSFSR Russische Sozialistische Föderative Sowjetrepublik R.S.F.S.R. (République soviétique fédérative socialiste de Russie)
RT Registertonnen tx (tonneaux [de jauge])

S

S 1. Schilling SCH (schilling); **2.** Süden S. (sud)
s 1. Shilling s (shilling); **2.** Sekunde s (seconde)
S. 1. Seite p. (page); **2.** *cf.* S(e).
s. 1. sieh(e)! v. (voir; voyez); **2.** sächlich n. (neutre)
SA *hist.* Sturmabteilung «section d'assaut»
Sa. Summa total
s. a. siehe auch voir aussi
sb Stilb cd/cm^2 (stilb)
SBB Schweizerische Bundesbahnen C.F.F. (Chemins de fer fédéraux suisses)
s. Br. südlicher Breite lat.S. (de latitude sud)
SBZ Sowjetische Besatzungszone zone d'occupation soviétique
sc. 1. sculpsit sculpt.; **2.** scilicet à savoir
Schw. Schwester *relig.* (ma) sœur; *im Krankenhaus* madame *bzw.* mademoiselle
scil. *cf.* sc. 2.
s. d. 1. sieh(e) dies *od.* dort! v. ce mot (voir ce mot); **2.** sine dato *cf.* o. J.
S(e). Seine (*Exzellenz etc.*) S. (Son, Sa)
sec 1. Sekans séc (sécante); **2.** Sekunde s (seconde)
SED Sozialistische Einheitspartei Deutschlands *in der DDR* «Parti socialiste unifié d'Allemagne»
sek, Sek. Sekunde s (seconde)
sel. selig bienheureux, -euse
sen. senior *comm.* père
Sept. September sept. (septembre)
sfr Schweizer Franken FS (franc suisse)
sh Shilling s (shilling)
sin Sinus sin (sinus)
Sing. Singular sing. (singulier)
SJ Societatis Jesu S.J. (Société de Jésus)
SK Segerkegel cône de Seger
skr schwedische Krone krs (couronne suédoise)
s. l. sine loco *cf.* o.O.
sm Seemeile mille marin
S. M. Seine Majestät S.M. (Sa Majesté)
SO Südost(en) S.-E. (sud-est)
s. o. sieh(e) oben! v. ci-dessus, plus 'haut (voir ci-dessus, plus 'haut)
sog. sogenannt dénommé; prétendu; soi--disant
SPD Sozialdemokratische Partei Deutschlands «Parti social-démocrate d'Allemagne»
SPÖ Sozialistische Partei Österreichs «Parti socialiste d'Autriche»
Sr. Seiner (*Hoheit etc.*) de *bzw.* à S. (de *bzw.* à Son, Sa)
SS 1. *hist.* Schutzstaffel S.S. («échelon de protection»); **2.** Sommersemester «semestre d'été»
SSD Staatssicherheitsdienst *in der DDR* «police de sûreté d'État»
SSO Südsüdost(en) S.-S.-E. (sud-sud-est)
SSR Sozialistische Sowjetrepublik République socialiste soviétique
SSSR *cf.* UdSSR
SSW Südsüdwest(en) S.-S.-O. (sud-sud--ouest)
St Saint S^t *od.* St *od.* S. (Saint)
st Stunde h (heure)
St. 1. Sankt, Saint S^t *od.* St *od.* S. (Saint); **2.** Stück pièce(s); unité(s)
s. t. sine tempore *par ex.* 3 Uhr s. t. 3 heures précises
Sta. Santa Santa
Std(e). Stunde h (heure)
Stdn. Stunden h (heures)
Ste Sainte S^{te} *od.* Ste (Sainte)
StGB Strafgesetzbuch code pénal
Sto. Santo Santo
StPO Strafprozeßordnung code de procédure criminelle
Str. Straße rue; route; avenue
stud. studiosus, Student étudiant
stud. med. *etc.* Student der Medizin *etc.* étudiant en médecine, *etc. cf.* Doktor
Stuka Sturzkampfflugzeug stuka («avion de combat en piqué»)
StVG Straßenverkehrsgesetz «loi sur la circulation routière»
StVO Straßenverkehrsordnung code de la route
StVZO Straßenverkehrs-Zulassungs-Ordnung «règlement sur la mise en circulation des véhicules»
SU Sowjetunion Union soviétique

s.u. sieh(e) unten! v. ci-dessous, plus bas (voir ci-dessous, plus bas)
südd. süddeutsch de l'Allemagne du Sud
südl. *cf.* südlich
SV Spielvereinigung «Union sportive»
svw. soviel wie équivalent à; l'équivalent de; correspondant à
SW Südwest(en) S.-O. (sud-ouest)
s.Z. seinerzeit en ce temps-là

T

t Tonne t (tonne)
tägl. täglich quotidien(nement)
tang Tangens tg (tangente)
Tb(c) Tuberkulose tuberculose
Tel. Telefon tél. (téléphone)
tg Tangens tg (tangente)
Tgb.-Nr. Tagebuchnummer numéro du livre-journal
TH Technische Hochschule «établissement d'enseignement supérieur technique»
Tit. Titel titre
tkm Tonnenkilometer tonne kilométrique
TNT Trinitrotoluol T.N.T. (Trinitrotoluène)
Trafo Transformator transformateur; transfo
Tsd. Tausend mille
TU Technische Universität «université technique»
TÜV Technischer Überwachungs-Verein «association pour la surveillance technique des véhicules à moteur»

U

U Unterseeboot sous-marin
u. und et
u.a. 1. und andere(s) etc.; **2.** unter anderem, unter anderen entre autres
u.ä. und ähnliche(s) et des choses semblables; et (d')autres (choses) semblables, de ce genre
u.a.m. und andere(s) mehr etc.
u. (*od.* **U.**) **A.w.g.** um (*od.* Um) Antwort wird gebeten Réponse, S.V.P.; Prière de répondre
u.d.ä. und dem ähnliche(s) *cf.* u.ä.
u.desgl.(m.) und desgleichen (mehr) *cf.* u. dgl. (m.)
u.dgl.(m.) und dergleichen (mehr) et (d')autres (choses) semblables, de ce genre; etc.
u.d.M. unter dem Meeresspiegel au-dessous du niveau de la mer
ü.d.M. über dem Meeresspiegel au-dessus du niveau de la mer
UdSSR Union der Sozialistischen Sowjetrepubliken U.R.S.S. (Union des républiques socialistes soviétiques)
u.E. unseres Erachtens à notre avis; selon nous
Ufa Universum-Film-AG «Société de production de films Universum S.A.»
u.ff. und folgende (Seiten) et (pages) suivantes
Uffz. Unteroffizier sous-officier; sergent; maréchal des logis
ugs. umgangssprachlich fam. (familier; familièrement)
UKW Ultrakurzwellen ondes ultra-courtes
ult. ultimo fin (du mois)
U/min Umdrehungen in der Minute tr/mn (tours [à la *od.* par] minute)
UN United Nations (*Vereinte Nationen*) Nations unies
Uni Universität université; fac (faculté)
UNO United Nations Organization (*Organisation der Vereinten Nationen*) O.N.U. (Organisation des Nations unies)
u.R. unter Rückerbittung avec prière de retour; à retourner
urspr. ursprünglich à l'origine; primitivement
usf. und so fort et ainsi de suite; etc.
usw. und so weiter etc. (et cætera *od.* et cetera)
u.U. unter Umständen éventuellement; le cas échéant
u.ü.V. unter üblichem Vorbehalt sous les réserves d'usage
UV ultraviolett U.V. (ultraviolet)
u.v.a.(m.) und viele(s) andere (mehr) et beaucoup d'autres (choses)
U.v.D. Unteroffizier vom Dienst sous-off(icier) de service
u.W. unseres Wissens à notre connaissance
u.zw. und zwar *cf.* zwar

V

V 1. Volt V (volt); **2.** Volumen V (volume)
V. Vers vers
v. von, vom de
VA Voltampere VA (voltampère)
VAR Vereinigte Arabische Republik R.A.U. (République arabe unie)
v.Chr. vor Christus, vor Christo av. J.-C. (avant Jésus-Christ)
v.Chr.G. vor Christi Geburt av. J.-C. (avant Jésus-Christ)
VDE Verband Deutscher Elektrotechniker «Association des électrotechniciens allemands»
VDI Verein Deutscher Ingenieure «Association des ingénieurs allemands»
VdK Verband der Kriegsbeschädigten, Kriegshinterbliebenen und Sozialrentner «Union des mutilés de guerre, des veuves et orphelins de guerre et des retraités des assurances sociales»
VDS Verband Deutscher Studentenschaften «Association des groupements d'étudiants allemands»
VEB Volkseigener Betrieb *in der DDR* «entreprise collectivisée»
Verf. Verfasser auteur
verh. verheiratet marié(e)
Verl. Verlag éditions
Verm.-Ing. Vermessungsingenieur «ingénieur-arpenteur»
verw. verwitwet veuf; Ve *od.* Vve (veuve)
Vf. Verfasser auteur
vgl. vergleiche! v. (voir); *cf. od.* conf. (conférer)
vgl.d. vergleiche dies *od.* dort! v. ce mot (voir ce mot)
v.,g.,u. vorgelesen, genehmigt, unterschrieben lu, approuvé, signé
v.H. vom Hundert p. cent (pour cent)
v.J. vorigen Jahres de l'année passée, dernière
vm. *cf.* vorm. 2.
v.M. vorigen Monats du mois dernier
VN Vereinte Nationen Nations unies
v.o. von oben de haut en bas; en partant du haut
vol. volumen (*Band*) vol. (volume)
Vopo Volkspolizist *in der DDR* «agent de la police populaire»
vorm. 1. vormals autrefois; **2.** vormittags le *bzw.* du matin
Vors. Vorsitzender président
v.T. vom Tausend p. mille (pour mille)
v.u. von unten de bas en 'haut; en partant du bas
v.v. vice versa vice versa
VW Volkswagen Volkswagen

W

W 1. Watt W (watt); **2.** West(en) O. (ouest); W. (west)
w. weiblich f. (féminin)
Wb Weber Wb (weber)
WC watercloset (*Wasserklosett*) W.-C. (water-closet)
WDR Westdeutscher Rundfunk «radio de la Rhénanie du Nord et de la Westphalie»
westl. *cf.* westlich
WEU Westeuropäische Union U.E.O. (Union de l'Europe occidentale)
WEZ westeuropäische Zeit H.E.O. (heure de l'Europe occidentale)
WGB Weltgewerkschaftsbund F.S.M. (Fédération syndicale mondiale)
w.L. westlicher Länge long.O. (de longitude ouest)
WMF Württembergische Metallwarenfabrik «Usine d'articles en métal du Wurtemberg»
WNW Westnordwest(en) O.-N.-O. (ouest-nord-ouest)
w.o. wie oben comme ci-dessus
WS Wintersemester «semestre d'hiver»
WStG Wehrstrafgesetz «loi pénale militaire»
WSW Westsüdwest(en) O.-S.-O. (ouest-sud-ouest)
Wwe. Witwe Ve *od.* Vve (veuve)

Y

Y Yen Y (yen)

Z

Z. 1. Zeile ligne; **2.** Zahl, Ziffer nombre, chiffre
z.B. zum Beispiel par ex. (par exemple)
z.b.V. zur besonderen Verwendung *milit.* à la disposition du Chef de corps pour toute mission spéciale
z.D. zur Disposition en disponibilité
z.d.A. zu den Akten à classer; à joindre au dossier
z.H. zu Händen à l'attention de *od.* pour *od.* à (Monsieur X)
Ziff. Ziffer chiffre
ZK Zentralkomitee comité central
Zl Zloty ZŁ (złoty)
ZPO Zivilprozeßordnung code de procédure civile
z.S. zur See de vaisseau
z.T. zum Teil en partie
Ztg. Zeitung journal
Ztr. Zentner 50 kg
Ztschr. Zeitschrift revue; périodique; magazine
zw. zwischen entre
z.Z. zur Zeit en ce moment; actuellement

IV. ZAHLWÖRTER

IV. ADJECTIFS NUMÉRAUX

GRUNDZAHLEN
NOMBRES CARDINAUX

0	null	zéro	**71**	einundsiebzig	soixante et onze
1	eins	un, une	**72**	zweiundsiebzig	soixante-douze
2	zwei	deux	**80**	achtzig	quatre-vingt(s)
3	drei	trois	**81**	einundachtzig	quatre-vingt-un(e)
4	vier	quatre	**82**	zweiundachtzig	quatre-vingt-deux
5	fünf	cinq	**90**	neunzig	quatre-vingt-dix
6	sechs	six	**91**	einundneunzig	quatre-vingt-onze
7	sieben	sept	**92**	zweiundneunzig	quatre-vingt-douze
8	acht	'huit	**100**	(ein)hundert	cent
9	neun	neuf	**101**	(ein)hunderteins	cent un(e)
10	zehn	dix	**200**	zweihundert	deux cent(s)
11	elf	onze	**300**	dreihundert	trois cent(s)
12	zwölf	douze	**400**	vierhundert	quatre cent(s)
13	dreizehn	treize	**500**	fünfhundert	cinq cent(s)
14	vierzehn	quatorze	**600**	sechshundert	six cent(s)
15	fünfzehn	quinze	**700**	siebenhundert	sept cent(s)
16	sechzehn	seize	**800**	achthundert	'huit cent(s)
17	siebzehn	dix-sept	**900**	neunhundert	neuf cent(s)
18	achtzehn	dix-huit	**1 000**	(ein)tausend	mille
19	neunzehn	dix-neuf	**1 001**	(ein)tausendeins	mille un(e)
20	zwanzig	vingt	**1 002**	(ein)tausendzwei	mille deux
21	einundzwanzig	vingt et un(e)	**1 100**	(ein)tausendeinhundert *od.* elfhundert	onze cent(s)
22	zweiundzwanzig	vingt-deux			
23	dreiundzwanzig	vingt-trois			
24	vierundzwanzig	vingt-quatre	**1 200**	(ein)tausendzweihundert *od.* zwölfhundert	douze cent(s) *ou* mil(le) deux cent(s)
25	fünfundzwanzig	vingt-cinq			
26	sechsundzwanzig	vingt-six			
27	siebenundzwanzig	vingt-sept	**2 000**	zweitausend	deux mille
28	achtundzwanzig	vingt-huit	**3 000**	dreitausend	trois mille
29	neunundzwanzig	vingt-neuf	**10 000**	zehntausend	dix mille
30	dreißig	trente	**100 000**	hunderttausend	cent mille
31	einunddreißig	trente et un(e)	**1 000 000**	eine Million	un million
32	zweiunddreißig	trente-deux	**1 000 000 000**	eine Milliarde	un milliard
40	vierzig	quarante	**10^{12}**	eine Billion	un billion
50	fünfzig	cinquante	**10^{15}**	eine Billiarde	mille billions
60	sechzig	soixante	**10^{18}**	eine Trillion	un trillion
70	siebzig	soixante-dix	**10^{21}**	eine Trilliarde	mille trillions

ORDNUNGSZAHLEN
NOMBRES ORDINAUX

1. (der, die, das) erste	1er	(le) premier	**3.** dritte	3^{e}	troisième
	1re	(la) première	**4.** vierte	4^{e}	quatrième
2. zweite	2^{e}	deuxième; second(e)	**5.** fünfte	5^{e}	cinquième

6. sechste	6^{e}	sixième
7. sieb(en)te	7^{e}	septième
8. achte	8^{e}	‘huitième
9. neunte	9^{e}	neuvième
10. zehnte	10^{e}	dixième
11. elfte	11^{e}	onzième
12. zwölfte	12^{e}	douzième
13. dreizehnte	13^{e}	treizième
14. vierzehnte	14^{e}	quatorzième
15. fünfzehnte	15^{e}	quinzième
16. sechzehnte	16^{e}	seizième
17. siebzehnte	17^{e}	dix-septième
18. achtzehnte	18^{e}	dix-huitième
19. neunzehnte	19^{e}	dix-neuvième
20. zwanzigste	20^{e}	vingtième
21. einundzwanzigste	21^{e}	vingt et unième
22. zweiundzwanzigste	22^{e}	vingt-deuxième
23. dreiundzwanzigste	23^{e}	vingt-troisième
30. dreißigste	30^{e}	trentième
31. einunddreißigste	31^{e}	trente et unième
32. zweiunddreißigste	32^{e}	trente-deuxième
40. vierzigste	40^{e}	quarantième
50. fünfzigste	50^{e}	cinquantième
60. sechzigste	60^{e}	soixantième
70. siebzigste	70^{e}	soixante-dixième
71. einundsiebzigste	71^{e}	soixante et onzième
72. zweiundsiebzigste	72^{e}	soixante-douzième
80. achtzigste	80^{e}	quatre-vingtième
81. einundachtzigste	81^{e}	quatre-vingt-unième
82. zweiundachtzigste	82^{e}	quatre-vingt-deuxième
90. neunzigste	90^{e}	quatre-vingt-dixième
91. einundneunzigste	91^{e}	quatre-vingt-onzième
92. zweiundneunzigste	92^{e}	quatre-vingt-douzième
100. hundertste	100^{e}	centième
101. hunderterste	101^{e}	cent unième
102. hundertzweite	102^{e}	cent deuxième
200. zweihundertste	200^{e}	deux centième
300. dreihundertste	300^{e}	trois centième
400. vierhundertste	400^{e}	quatre centième
500. fünfhundertste	500^{e}	cinq centième
600. sechshundertste	600^{e}	six centième
700. siebenhundertste	700^{e}	sept centième
800. achthundertste	800^{e}	‘huit centième
900. neunhundertste	900^{e}	neuf centième
1000. tausendste	1000^{e}	millième
2000. zweitausendste	2000^{e}	deux millième
100 000. hunderttausendste	$100\,000^{e}$	cent millième
1 000 000. millionste	$1\,000\,000^{e}$	millionième

ADVERBES D'ÉNUMÉRATION

AUFZÄHLUNGSWÖRTER

1. erstens	1°	premièrement; primo; en premier lieu
2. zweitens	2°	deuxièmement; secundo; en second lieu
3. drittens	3°	troisièmement; tertio; en troisième lieu
4. viertens	4°	quatrièmement; quarto; en quatrième lieu,
etc.		*etc.*

NOMBRES FRACTIONNAIRES

BRUCHZAHLEN

$^1/_2$	ein halb	(un) demi
$1^1/_2$	eineinhalb *od.* anderthalb	un et demi
$^1/_3$	ein Drittel	un tiers
$^2/_3$	zwei Drittel	(les) deux tiers
$^1/_4$	ein Viertel	un quart
$^3/_4$	drei Viertel	(les) trois quarts
$2^1/_4$	zweieinviertel	deux un quart
$^1/_5$	ein Fünftel	un cinquième
$^4/_5$	vier Fünftel	(les) quatre cinquièmes
$^1/_6$	ein Sechstel	un sixième
$^1/_7$	ein Sieb(en)tel	un septième
$^1/_8$	ein Achtel	un ‘huitième
$^1/_9$	ein Neuntel	un neuvième
$^1/_{10}$	ein Zehntel	un dixième,
	etc.	*etc.*
0,5	null Komma fünf	zéro virgule cinq
2,8	zwei Komma acht	deux virgule ‘huit

ADJECTIFS NUMÉRAUX MULTIPLICATIFS
VERVIELFÄLTIGUNGSZAHLWÖRTER

einfach	simple	**achtfach**	huit fois (plus, autant); octuple
zweifach *od.* **doppelt**	double	**neunfach**	neuf fois (plus, autant); nonuple
dreifach	triple	**zehnfach**	dix fois (plus, autant); décuple
vierfach	quadruple	**elffach**	onze fois (plus, autant),
fünffach	quintuple	*etc.*	*etc.*
sechsfach	sextuple	**hundertfach**	centuple
siebenfach	sept fois (plus, autant); septuple		

ADVERBES DE FRÉQUENCE
WIEDERHOLUNGSZAHLWÖRTER

einmal	une fois	**das erste Mal**	la première fois
zweimal	deux fois	**das zweite Mal**	la seconde, deuxième fois
dreimal	trois fois,	**das dritte Mal**	la troisième fois,
etc.	*etc.*	*etc.*	*etc.*

ADJECTIFS NUMÉRAUX GÉNÉRIQUES
GATTUNGSZAHLWÖRTER

einerlei	une sorte, espèce de (choses); ... d'une sorte, espèce	**dreierlei**	trois sortes, espèces de (choses); ... de trois sortes, espèces,
zweierlei	deux sortes, espèces de (choses); ... de deux sortes, espèces	*etc.*	*etc.*

ADJECTIFS NUMÉRAUX DISTRIBUTIFS
VERTEILUNGSZAHLWÖRTER

je ein(e, -er)	un(e) ... chacun(e); un(e) ... de chaque ...	**je drei**	trois ... chacun(e); trois ... de chaque ...,
je zwei	deux ... chacun(e); deux ... de chaque ...	*etc.*	*etc.*

V. MASSE UND GEWICHTE

V. POIDS ET MESURES

Längenmaße		Mesures de longueur	
1 µ	Mikron	1 µ	micron
1 mm	Millimeter	1 mm	millimètre
1 cm	Zentimeter	1 cm	centimètre
1 dm	Dezimeter	1 dm	décimètre
1 m	Meter	1 m	mètre
1 dkm	Dekameter	1 dam	décamètre
1 hm	Hektometer	1 hm	hectomètre
1 km	Kilometer	1 km	kilomètre
1 sm	Seemeile (= 1852 m)	1 mille marin	

Flächenmaße		Mesures de surface	
1 mm² *od.* qmm	Quadratmillimeter	1 mm²	millimètre carré
1 cm² *od.* qcm	Quadratzentimeter	1 cm²	centimètre carré
1 dm² *od.* qdm	Quadratdezimeter	1 dm²	décimètre carré
1 m² *od.* qm	Quadratmeter	1 m²	mètre carré
1 km² *od.* qkm	Quadratkilometer	1 km²	kilomètre carré
1 a	Ar (= 100 m²)	1 a	are
1 ha	Hektar	1 ha	hectare
1 Morgen		1 arpent	

Raummaße		Mesures de volume	
1 mm³ *od.* cmm	Kubikmillimeter	1 mm³	millimètre cube
1 cm³ *od.* ccm	Kubikzentimeter	1 cm³	centimètre cube
1 dm³ *od.* cdm	Kubikdezimeter	1 dm³	décimètre cube
1 m³ *od.* cbm	Kubikmeter	1 m³	mètre cube
1 fm	Festmeter	1 m³	mètre cube
1 rm	Raummeter	1 st	stère
1 RT	Registertonne (= 2,83 m³)	1 tonneau	(de jauge)

Hohlmaße		Mesures de capacité	
1 ml	Milliliter	1 ml	millilitre
1 cl	Zentiliter	1 cl	centilitre
1 dl	Deziliter	1 dl	décilitre
1 l	Liter	1 l	litre
1 dkl	Dekaliter	1 dal	décalitre
1 hl	Hektoliter	1 hl	hectolitre
1 kl	Kiloliter	1 kl	kilolitre

Gewichte		Poids	
1 mg	Milligramm	1 mg	milligramme
1 cg	Zentigramm	1 cg	centigramme
1 dg	Dezigramm	1 dg	décigramme
1 g	Gramm	1 g	gramme
1 dkg	Dekagramm	1 dag	décagramme

1 hg	Hektogramm	1 hg	hectogramme
1 Pfd.	Pfund	1 livre	
1 kg	Kilogramm	1 kg	kilogramme
1 Ztr.	Zentner	50 kg	
1 dz	Doppelzentner	1 q	quintal
1 t	Tonne	1 t	tonne

Juwelengewicht — **Mesure en joaillerie**

1 Karat		1 carat	

Garnmaß für Seide und Chemiefasern — **Numérotage de la soie et des fibres synthétiques**

1 den	Denier	1 denier	

Mengenbezeichnung — **Quantité**

1 Dtzd.	Dutzend	1 douzaine	

Geschwindigkeitsmaße — **Mesures de vitesse**

1 km/st, km/h	Kilometer je Stunde	1 km/h	kilomètre-heure
1 km/s	Kilometer je Sekunde	1 km/s	kilomètre-seconde
1 kn	Knoten (= 1,852 km/h)	1 nœud	
Mach 1	(Schallgeschwindigkeit)	Mach 1	(vitesse du son)

Temperaturmaß — **Mesure de température**

1° C	Grad Celsius	1° C	degré Celsius; (degré) centigrade

Druckmaße — **Mesures de pression**

1 mb	Millibar	1 mb	millibar
1 bar	Bar	1 b	bar
1 at	Technische Atmosphäre	1 kgp/cm²	kilogramme-poids par centimètre carré
1 Atm	Physikalische Atmosphäre	1 atmosphère	
1 Torr	(Millimeter Quecksilbersäule)	1 torr	(1 mm de mercure)

Kraftmaße — **Mesures de force**

1 dyn	Dyn	1 dyn	dyne
1 p	Pond	1 gf / 1 gp	gramme-force / gramme-poids
1 kp	Kilopond	1 kgf / 1 kgp	kilogramme-force / kilogramme-poids

---

Energie- und Arbeitsmaße — **Mesures d'énergie ou de travail**

1 mkp	Meterkilopond	1 kgm	kilogrammètre
1 erg	Erg	1 erg	
1 J	Joule	1 J	joule

1 kWh	Kilowattstunde	1 kWh	kilowattheure
1 cal	Kalorie	1 cal	calorie
1 kcal	Kilo(gramm)kalorie	1 kcal	kilocalorie

Leistungsmaße — **Mesures de puissance**

1 W	Watt	1 W	watt
1 kW	Kilowatt	1 kW	kilowatt
1 MW	Megawatt	1 MW	mégawatt
1 PS	Pferdestärke	1 ch	cheval-vapeur

TAILLES MANNEQUIN

KONFEKTIONSGRÖSSEN

Damenbekleidung — **Vêtements de femmes**

Allemand	36	38	40	42	44	46	48	50	52
Français	38	40	42	44	46	48	50	52	54

Damenstrümpfe — **Bas**

Allemand	$8^1/_2$	9	$9^1/_2$	10	$10^1/_2$	11
Français	1	2	3	4	5	6

Büstenhalter — **Soutiens-gorge**

Allemand	2	3	4	5	6	7	8
Français	80	85	90	95	100	105	110

Schuhe — **Chaussures**

Allemand/ Français	36	37	38	39	40	41	42	43	44
Allemand	$3—3^1/_2$	$4—4^1/_2$	5	$5^1/_2—6$	$6^1/_2$	$7—7^1/_2$	8	$8^1/_2—9$	$9^1/_2$

Herrenoberbekleidung — **Vêtements d'hommes**

Allemand	44	46	48	50	52	54	56
Français	40	42	44	46—48	48—50	52	54

Herrenunterwäsche — **Sous-vêtements d'hommes**

Allemand	4	5	6	7	8
Français	42	44	46—48	48—50	52

Herrensocken — **Chaussettes d'hommes**

Allemand	$10^1/_2$	11	$11^1/_2$	12	$12^1/_2$
Français	40—41	41—42	42—43	44—45	46

VI. MATHEMATISCHE SYMBOLE

VI. SYMBOLES MATHÉMATIQUES

Symbole	*Signification*	*Exemple*	*Façon de lire en allemand*	*Façon de lire en français*
$+$	a) **Pluszeichen** signe plus b) **positives Vorzeichen** signe positif	$3 + 4 = 7$ $+ 5$	3 und (*od.* plus) 4 ist 7 plus 5	3 plus 4 égale 7 *ou* 3 et 4 font 7 plus 5
$-$	a) **Minuszeichen** signe moins b) **negatives Vorzeichen** signe négatif	$7 - 4 = 3$ $- 5$	7 weniger (*od.* minus) 4 ist 3 minus 5	7 moins 4 égale 3 *ou* 4 ôté de 7 égale 3 moins 5
$\pm$	**positiv oder negativ** positif ou négatif	± 3	plus minus 3	plus ou moins 3
$\times$ $\cdot$	**Multiplikationszeichen** signe de multiplication	$3 \times 8 = 24$ $3 \cdot 8 = 24$ (*façon française* a . b = ab)	3 mal 8 ist 24	3 multiplié par 8 égale 24 *ou* 3 fois 8 (font) 24
:	**Divisionszeichen** signe de division	$24 : 3 = 8$	24 (geteilt) durch 3 ist 8	24 divisé par 3 égale 8
— /	**Bruchstrich** barre, trait de fraction	$\frac{12}{5}$ $^1/_2$	zwölf Fünftel ein halb	douze cinquièmes un demi
: :	**in Verhältnisgleichungen** proportion	$x : a = b : c$ (*façon française* $\frac{x}{a} = \frac{b}{c}$)	x (verhält sich) zu a wie b zu c	x est à a ce que b est à c
$=$	**Gleichheitszeichen** signe d'égalité	$a = b$	a gleich b	a égale b
$\equiv$	**Identitätszeichen** signe d'identité	$ax + by$ $\equiv cx + dy$	ax plus by identisch cx plus dy	ax plus by identique à cx plus dy
$\neq$ $\mp$	**Ungleichheitszeichen** signe d'inégalité	$a \neq b$	a ungleich b	a différent de b
$\approx$	**ist ungefähr gleich** pratiquement égal	$a \approx b$ (*façon française* $a \simeq b$)	a (ist) ungefähr gleich b	a (est) pratiquement égal à b
$>$	**ist größer als** plus grand que	$a > b$	a (ist) größer als b	a plus grand que b
$<$	**ist kleiner als** plus petit que	$b < a$	b (ist) kleiner als a	b plus petit que a

Symbole	*Signification*	*Exemple*	*Façon de lire en allemand*	*Façon de lire en français*
∞	**unendlich** infini	$y = \infty$	y gleich unendlich	y égale infini
!	**Fakultät** factorielle	$5! = 120$	5-Fakultät ist (*od.* gleich) 120	factorielle 5 égale 120
$\ldots^2$	**Exponent** *od.* **Hochzahl** exposant	$3^2 = 9$	3 hoch 2 ist 9	3 au carré égale 9
$\ldots^3$		$3^3 = 27$	3 hoch 3 ist 27	3 au cube égale 27
$\ldots^4$		$2^4 = 16$	2 hoch 4 ist 16	2 puissance 4 égale 16
$\ldots^n$		x^n	x hoch n	x puissance n
$\sqrt{}$	**Wurzelzeichen** racine	$\sqrt{9} = 3$	(Quadrat)Wurzel aus 9 ist 3	racine carrée de 9 égale 3
		$\sqrt[3]{8} = 2$	dritte Wurzel (*od.* Kubikwurzel) aus 8 ist 2	racine cubique de 8 égale 2
		$\sqrt[n]{x}$	n-te Wurzel aus x	racine n[ième] de x
(. . .)	**runde Klammern** parenthèses	(a + b)	Klammer auf, a plus b, Klammer zu	(ouvrez la) parenthèse, a plus b, fermez la parenthèse *ou* a plus b entre parenthèses
[. . .]	**eckige Klammern** crochets	[a + b]	eckige Klammer auf, a plus b, eckige Klammer zu	crochet, a plus b, fermez le crochet
{. . .}	**geschweifte Klammern** accolades	{a + b}	geschweifte Klammer auf, a plus b, geschweifte Klammer zu	accolade, a plus b, fermez l'accolade
$\ldots'$	**Strich** prime	a'	a Strich	a prime
$\ldots_1$	**eins** un	a_1	a eins	a un
$\ldots_2$	**zwei** deux	a_2	a zwei	a deux
$\ldots_3$	**drei** trois	a_3	a drei	a trois
$\sphericalangle$	**Winkel** angle	$\sphericalangle$ ABC (*façon française* $\widehat{ABC}$)	Winkel ABC	angle ABC
$\ldots^\circ$	**Grad** degré(s)	90°	90 Grad	90 degrés
$\ldots'$	**(Bogen)Minute(n)** minute(s) (d'arc)	15°10′	15 Grad, 10 Minuten	15 degrés, 10 minutes
$\ldots''$	**(Bogen)Sekunde(n)** seconde(s) (d'arc)	15°10′20″	15 Grad, 10 Minuten, 20 Sekunden	15 degrés, 10 minutes, 20 secondes
$\ldots^g$	**Neugrad** grade(s)	1^g (*façon française* 1 gr)	ein Neugrad	un grade

Symbole	*Signification*	*Exemple*	*Façon de lire en allemand*	*Façon de lire en français*
$\triangle$	**Dreieck** triangle	$\triangle$ ABC	Dreieck ABC	triangle ABC
$\cong$	**ist kongruent mit** coïncide avec	$\triangle$ ABC $\cong \triangle$ DEF	Dreieck ABC ist kongruent mit Dreieck DEF	le triangle ABC coïncide avec le triangle DEF
$\sim$	**ist ähnlich** est semblable	$\triangle$ ABC $\sim \triangle$ BCD	Dreieck ABC ist ähnlich (dem) Dreieck BCD	le triangle ABC est semblable au triangle BCD
$\parallel$	**ist parallel zu** est parallèle à	AB $\parallel$ CD	AB (ist) parallel zu CD	AB (est) parallèle à CD
$\perp$	**steht senkrecht auf** est perpendiculaire à	DE $\perp$ FG	DE steht senkrecht auf FG	DE (est) perpendiculaire à FG
$\rightarrow$	**nähert sich dem Grenzwert** tend vers	$x \rightarrow a$	x gegen a	x tend vers a
f	**Funktion (von)** fonction de	$y = f(x)$	y gleich f von x	y égale f de x
d	**Differential** différentielle	$dy = df(x)$	dy gleich d f von x	dy égale d f de x
f'	**Ableitung** *od.* **Differentialquotient** dérivée	$\frac{dy}{dx} = f'(x) = \frac{df(x)}{dx}$	dy nach dx gleich f Strich von x gleich d f von x nach dx	dy sur dx égale f prime de x égale d f de x sur dx
$\int$	**Integral** intégrale	$\int_0^{x_1} f(x)\,dx$	Integral f von x dx von (x gleich) null bis (x gleich) x eins	somme de zéro à x un, de f de x, dx

VII. BUCHSTABIERALPHABETE
VII. CODES D'ÉPELLATION

	Allemand	*Français*	*International*
A	Anton	Anatole	Amsterdam
Ä	Ärger	—	—
B	Berta	Berthe	Baltimore
C	Cäsar	Célestin	Casablanca
Ch	Charlotte	—	—
D	Dora	Désiré	Danemark
E	Emil	Eugène	Edison
É	—	Émile	—
F	Friedrich	François	Florida
G	Gustav	Gaston	Gallipoli
H	Heinrich	Henri	Havana
I	Ida	Irma	Italia
J	Julius	Joseph	Jérusalem
K	Kaufmann	Kléber	Kilogramme
L	Ludwig	Louis	Liverpool
M	Martha	Marcel	Madagaskar
N	Nordpol	Nicolas	New York
O	Otto	Oscar	Oslo
Ö	Ökonom	—	—
P	Paula	Pierre	Paris
Q	Quelle	Quintal	Québec
R	Richard	Raoul	Roma
S	Samuel	Suzanne	Santiago
Sch	Schule	—	—
T	Theodor	Thérèse	Tripoli
U	Ulrich	Ursule	Uppsala
Ü	Übermut	—	—
V	Viktor	Victor	Valencia
W	Wilhelm	William	Washington
X	Xanthippe	Xavier	Xanthippe
Y	Ypsilon	Yvonne	Yokohama
Z	Zacharias	Zoé	Zürich

NACHTRAG 1979
SUPPLÉMENT 1979

Von

Dr. Ernst Erwin Lange-Kowal

Der Stern * vor dem Stichwort bedeutet:
das Stichwort kommt bereits im Hauptteil des Wörterbuches vor.

L'astérisque * qui précède l'entrée signifie
que celle-ci se trouve déjà dans la partie principale du dictionnaire.

Druck: Druckhaus Langenscheidt, Berlin-Schöneberg

A

***Abänderung** *f e-r Satzung auch* refonte *f.*
abbau|bar *adj. chim.* **durch das Tageslicht ~** photodégradable; ***~en** *v/t. Mißtrauen, Furcht, Vorurteile* faire disparaître; désamorcer; *Vorurteile auch* démolir.
***abbiegen** *v/i.* **nach links ~** *auch* virer sur la gauche.
***abblättern** *v/i. bât. Putz auch* se détacher.
***abblenden** *v/i. Auto* se mettre en code.
***Abblendschalter** *m Auto* inverseur-code *m.*
abbummeln *v/t.* F **die unbezahlten Überstunden ~** récupérer les heures supplémentaires non payées en prenant un congé temporaire.
ABC-Schutz *m milit.* protection *f* ABC.
***Abdachung** *f géol.* escarpement *m*; escarpé *m.*
***abdecken** *v/t. Fußball etc.* marquer; couvrir.
Abdeckplane *f* bâche *f.*
Abdeckstift *m gegen Augenränder* anticerne *m.*
***abdrängen** *v/t. Sport auch* enfermer.
***Abend** *m* **zum ~** *in der Modereklame* en soirée.
Abenteuer|spielplatz *m* terrain *m*, parc *m* d'aventure(s); **~tum** *n* **militärisches ~** aventurisme *m* militaire.
***abfahr|en** *v/i. mit dem Auto in die Ferien* prendre la route; **2tssignal** *n chem.* guidon *m* de départ.
***Abfertigung** *f von Reisenden* écoulement *m*; **~sgebäude** *n aviat.* bâtiment *m* satellite *od.* annexe de desserte et de contrôle.
***Abflachung** *f techn.* méplat *m.*
***abfliegen** *v/i. aviat.* **nach Paris ~** décoller, prendre l'avion pour Paris.
Abflughafen *m aviat.* aéroport *m* de décollage.
Abfluß|hahn *m* robinet *m* d'écoulement; **~(loch)** *n* (trou *m* de) vidange *f.*
***Abfuhr** *f* F *fig.* **j-m e-e ~ erteilen** *auch* F rembarrer qn.
Abgabepreis *m comm.* prix *m* de vente.
Abgänger *m/pl. écol.* sortants *m/pl.*
Abgangs|alter *n écol.* âge *m* de fin de scolarité; **~hafen** *m* port *m* de départ; **~mikrophon** *n* microphone *m* émetteur son; **~verkehr** *m* départs *m/pl.*
Abgas|entgiftung *f* désintoxication *f* des gaz brûlés; **~schalldämpfer** *m* pot *m* d'échappement; **~turbine** *f* turbine *f* à gaz d'échappement; **~turbolader** *m* turbocompresseur *m* à gaz d'échappement; **~überwachung** *f* contrôle *m* des gaz brûlés.
***abgebrannt** *adjt.* F *fig. auch* désargenté.
***abgebrüht** *adjt.* F *fig.* **gegen etw. ~** mithridatisé à qc.; F blindé contre qc.
***abgedroschen** *adjt. Argument* éculé; *Thema auch* banal.
***abgeflacht** *adjt.* méplat.
***abgeholt** *adjt. Post* **nicht ~** en souffrance.
***abgekühlt** *adjt. Beziehungen* refroidi.
***abgelegen** *adj. Stadtviertel* excentrique; ***2heit** *f* excentricité *f.*
***abgelenkt** *adjt. écol.* **immer ~ sein** être toujours dans les nuages.
***abgerichtet** *adjt. Hund* dressé; savant.
***Abgeschiedenheit** *f e-s Dorfs* éloignement *m.*
***abgeschlossen** *adjt. gr.* **~e Handlung** action *f* révolue.
abgetreten *adjt. Teppich* usé jusqu'à la corde.
***abgetrieben** *p.p. mar.* **~ werden** *auch* dériver (*mit avoir*).
***abgewirtschaftet** *p.p. pol.* **~ haben** *auch* être à bout de course.
***abgrasen** *v/t. fig.* **e-e Ausstellungshalle ~** écumer un salon.
***Abgrenzung** *f allg.* fixation *f* des limites; démarcation *f*; *pol. DDR* renforcement *m* des frontières; séparation *f* totale (zu avec).
***Abhängigkeit** *f* **völlige ~** servitude *f* totale.
***abhauen** F *fig. v/i. auch* F mettre les bouts; jouer, se tirer des flûtes; s'éclipser; **ins Ausland ~** F se tirer à l'étranger.
abheuern *v/t.* débaucher.
Abholpreis *m* prix *m* départ entrepôt.
***Abholzung** *f auch* déforestation *f.*
***Abhör|en** *n meist pl.* écoutes *f/pl.*; ***~gerät** *n auch* détectophone *m*; table *f* d'écoute; **2sicher** *adj.* à l'épreuve des écoutes.
Abiogenese *f biol.* abiogénèse *f.*
***abkapsel|n** *v/réfl. fig.* **sich ~** se murer; ***2ung** *f auch* repli *m*, repliement *m* sur soi(-même).
abkindern *v/t.* **Schulden ~** s'acquitter de dettes en accouchant de plusieurs enfants.
***abklappern** *v/t.* F **die Geschäfte ~** *auch* F faire le tour des magasins.
***Abklatsch** *m fig. u. péj.* mauvais décalque.
***abklemmen** *v/t. Auto* **j-n ~** faire une queue de poisson à qn.
***abklopfen** *v/t. mar.* **den Rost ~** piquer la rouille; *v/i. fig.* **nach etw. ~** sonder, F tâter le terrain pour savoir ...
***abknutschen** *v/réfl.* P **sich ~** F s'embrasser à pleine bouche; se bécoter.
***abkoppel|n** *v/i. Raumfahrt* se désarrimer; se séparer; se disloquer; s'éloigner; **2ung** *f Raumfahrt* décrochage *m.*
Abkreiden *n von Farben* farinage *m.*
Abkürzungsfimmel *péj. m* abréviomanie *f*; lubie *f* des abréviations.
Abladekosten *pl.* frais *m/pl.* de déchargement.
Ablagefach *n Auto* vide-poches *m.*
***ablaufen** *v/i. Tonband* **~ lassen** faire défiler; **2** *n e-s Tonbands* défilement *m.*
***Ablaut** *m ling.* changement *m* de voyelle du radical.
***Abmagerungskur** *f* régime *m* amaigrissant.
Abnahmebescheinigung *f comm.* certificat *m* de réception.
***Abnehmer** *m comm.* acquéreur *m.*
***Abneigung** *f* désaffection *f* (**gegen** j-n pour qn.).
abnibbeln P *berlinisch v/i.* P manger les pissenlits par la racine; dévisser son billard.
Abnormitätenkabinett *n* fosse *f* mystérieuse; barnum *m.*
Abnutzungsstrategie *f milit.* stratégie *f* d'usure.
***abrechnen** *fig. v/i.* faire le point.
***Abreibung** *f* (*Prügel*) *auch* P dérouillée *f.*
abriebfest *adj. Reifen* résistant au frottement.
***Abriegelung** *f e-r Stadt auch* bouclage *m.*
Abriß|haus *n* maison *f* à démolir; **~unternehmer** *m* entrepreneur-démolisseur *m.*
Abrudern *n Sport* fin *f* de la saison de canotage.
***absacken** *v/i.* F *écol. in den Leistungen* se relâcher; (*an Bedeutung verlieren*) perdre pied.
***Absatz** *m comm. auch* diffusion *f*; **reißenden ~ finden** *auch* s'enlever rapidement; F partir en flèche; **~flaute** *f* mévente *f*; **~forschung** *f* analyse *f* des marchés.
***abschaff|en** *v/t. écol.* **ein Fach einfach ~** larguer une matière; **2ung** *f écol. e-s Fachs* largage *m.*
***Abschalten** *n fig.* (*Sichentspannen*) dépaysement *m*; relaxation *f*; **2** *v/i. fig.* (*sich entspannen*) se relaxer.
***Abschaum** *m fig. u. péj.* pègre *f*; racaille *f*; raclure *f*; canaille *f.*
Abschiedstrunk *m* coup *m*, vin *m* de l'étrier.
***abschießen** *v/t.* F *fig.* (*entlassen*) F débarquer.
abschlaffen F *v/i.* se fatiguer; se lasser.
abschließbar *adj.* fermant à clé.
Abschlußfach *n écol.* matière *f* finale.
***abschneiden** *v/t.* **j-m den Weg ~** couper la route à qn.
abschraubbar *adj.* dévissable.
***Abschreckung** *f milit.* dissuasion *f*; **~sstrategie** *f milit.* stratégie dissuasive.
Abschußgelände *n Raumfahrt* aire *f* de lancement.
***abschütteln** *v/t. fig.* **j-n von sich ~** F semer qn.
***Abschwung** *m aviat.* inclinaison *f* brusque; *écon.* régression *f.*
***absein** *v/i.* F **vollkommen ~** (*erschöpft sein*) être complètement vide, à bout de forces.

*****abseits** *adv.* sich ~ von etw. halten rester en marge de qc.
*****absetzen** *v/t comm. auch* diffuser.
*****Absetzung** *f pol.* éviction *f*; **~sverfahren** *n gegen Beamte* mise *f* en accusation.
*****Absicherung** *f écon.* garantierte ~ der vorhandenen Arbeitsplätze ossification *f*; maintien garanti des emplois existants.
Absichtserklärung *f auch pol.* déclaration *f* d'intention.
*****absparen** *v/t.* es sich vom Munde ~ *auch* F manger grand-papa.
abspecken F *v/i.* perdre du poids; maigrir.
*****Absprache** *f* gemeinsame ~ mit j-m concertation *f* avec qn.
Absprühung *f Kosmetik* pulvérisation *f* d'eau minérale.
*****Abstecher** F *m* escapade *f*; court passage *m*; *außerhalb der Grenzen* dépaysement *m*.
Absteckerin *f cout.* essayeuse *f*.
*****Absteigequartier** *n verhüllend auch* maison *f* close, d'abattage.
*****abstellen** *v/t. télév. auch* décrocher; *Auto auch* ranger; *fig.* etw. ~ (*beenden*) mettre fin à qc.
Abstell|fläche *f für Autos* aire *f* de stationnement; **~platz** *m für abgeschleppte Autos* fourrière *f*.
Abstiegstriebwerk *n Mondfähre* das ~ zünden mettre en marche le moteur de descente.
*****abstimmen** *v/t. écon.* die Wirtschaftszweige aufeinander ~ harmoniser les économies.
*****Abstoßung** *f méd.* rejet *m*.
*****abstreichen** *v/t. von e-r Liste* pointer.
*****Abstrich** *m méd. auch* frottis *m*; *écon.* ~e von e-m Programm machen porter la hache dans un programme.
*****Abteilungsleiter** *m Ministerium* chef *m* de division; directeur *m*; *Post* chef *m* de section (dans un bureau de poste).
*****abtöten** *v/t.* den Nerv e-s Zahns ~ dévitaliser une dent.
*****Abtransport** *m* An- und ~ transport à ... et retour.
*****Abtrift** *f bei Sturzbächen* charriage *m*.
*****abwälzen** *v/t. comm. Kosten* répercuter, reporter (auf sur).
*****Abwanderung** *f auch* exode *m*.
*****abwartend** *advt.* sich ~ verhalten *auch* se tenir sur la réserve.
*****abwaschbar** *adj. Wand* lessivable.
*****Abwässer** *n/pl. auch* eaux *f/pl.* de rejet.
Abwassern *n aviat.* décollage *m*.
*****abwechslungsreich** *adj.* diversifié.
*****Abweg** *m* die Entspannung gerät auf ~e la détente se débauche; ***2ig** *adj.* aberrant; hors de propos.
*****Abwehrstoffe** *m/pl. biol. auch* éléments *m/pl.* bouciers (gegen contre); Erzeugung *f* von ~n immunisation *f*.
Abweichler *m pol.* déviationniste *m*; **~tum** *n pol.* déviationnisme *m*.
*****Abweichung** *f zwischen zwei Berichten auch* décalage *m*; ~ von der grammatischen Norm agrammaticalité *f*; **~smeßgerät** *n auch aviat.* écartomètre *m*.
*****abwerfen** *v/t. mit dem Fallschirm auch* lâcher; *aviat. Bomben* déverser.
*****abzeichnen** *v/réfl. fig.* sich ~ se dégager.
*****Abziehbild** *n vor dem Abziehen* image *f* à décalquer.
*****Abzweig** *m Autobahn* bretelle *f*.
*****Achse** *f comm.* per ~ *auch* par camions; F *fig.* auf ~ sein (*herumbummeln*) F être en vadrouille.
Achselträger *m cout.* épaulette *f*.
Achslast *f techn.* poids *m*, charge *f* d'essieu.
*****Achterbahn** *f auch* panorama *m* des Alpes.
Ackergrundstück *n* propriété *f* rurale.
Acryl *n text.* acrylique *m*.
*****Adamskostüm** *n* im ~ *heute bes.* dans son plus simple appareil.
*****Adler|auge** *n* ~n haben avoir une vue d'aigle; **~fisch** *m zo.* sciène *f*; maigre *m*.
Adressenverlag *m* éditeur *m* d'adresses.
Adventivkrater *m géol.* cratère *m* adventif.
Advokatenkniff *m* truc *m* d'avocat.
Afrikanertum *n* africanité *f*.
Agrar|gesellschaft *f* société *f* agraire; **~programm** *n* programme *m* agraire.
Aha-Erlebnis *n psych.* expérience *f* suivie de l'exclamation «eureka».
*****Ahnenkult** *m auch* généalogisme *m*.
*****ähnlich** *adj. néol.* similitaire.
Airbus *m aviat.* aérobus *m*; airbus *m*.
*****Akademiker(in)** *m(f)* universitaire *m, f*; diplômé(e) *m(f)* d'université.
Akkordfolge *f mus.* cadence *f*; enchaînement *m* d'accords.
akqui|rieren *v/t. comm.* prospecter; gagner; **2siteur** *m comm.* démarcheur *m*; prospecteur *m*; **2sition** *f comm.* démarchage *m*; prospection *f*.
*****Akte** *f im Büro* zu den ~n legen mettre dans le dossier; verser au dossier.
Akten|koffer *m* attaché-case *m*; ***~vermerk** *m auch* notes-dossier *f/pl.*, notes *f/pl.* du dossier.
Aktions|programm *n* programme *m* d'action; ***~radius** *m aviat. auch* autonomie *f*.
*****Alarm** *m* ~ schlagen *auch* déclencher l'alerte; **~auslöser** *m techn.* déclencheur *m* d'alerte; **~schwelle** *f* seuil *m* d'alerte; **~stimmung** *f* alarmisme *m*; **~system** *n auch milit.* système *m* d'alerte; elektronisches ~ système *m* électronique d'alarme.
Alexie *f méd.* alexie *f*.
Alkohol|blutprobe *f* alcootest *m*; ***~einfluß** *m* unter ~ *auch* sous l'influence de l'alcool; ***~gehalt** *m* ~ im Blut taux *m* d'alcoolémie; **~kunde** *f* alcoologie *f*; ***~vergiftung** *f auch* éthylisme *m*.
Allein|flug *m* vol *m* solitaire; ***~gang** *m* sich nicht im ~ befinden ne pas faire bande à part; ***~inhaber** *m auch* propriétaire *m* exclusif; **2stehend** *adjt. Person* vivant seul; libre de suite; **~vertretungsanspruch** *m pol.* prétention *f* à la représentativité; droit *m* de représentation exclusive.
*****allernächst** *adj.* in den ~en Tagen dans les tout prochains jours.
*****Allerwelts|kerl** *m auch* débrouillard *m*; ***~wort** *n auch* mot-valise *m*.
Allesschneider *m cuis.* machine *f* à trancher.
*****Alltag** *m auch* quotidien *m*.
*****alltäglich** *adj.* terre(-)à(-)terre (*adjt.*).
alltagsnah *adj.* de tous les jours.
Allwetterstraße *f in den Tropen* route *f* pratiquable toute l'année.
*****Allzweck...** *in Zssgn. techn.* polyvalent; **~lastwagen** *m* camion *m* pour tout faire; **~schrank** *m* loge-tout *m*.
*****als** *conj.* ~ solcher en tant que tel.
*****Altbauten** *m/pl. auch* habitat *m* ancien.
Altbundes|kanzler *m Bundesrepublik* ancien chancelier de la République fédérale; ***~präsident** *m Bundesrepublik* ancien président de la République fédérale.
Altenteil *n jur. auch* part *f* réservataire des parents.
*****alterieren** *v/t. mus.* altérer.
*****altern** *v/i. auch* P décoller.
*****Alters|grenze** *f auch* âge *m* limite; **~gruppe** *f* nach ~n par tranches d'âge; ***~heim** *n auch* foyer-logement *m*, résidence *f* pour personnes âgées; maison *f* de retraités, pour les vieux; ***~schwäche** *f méd.* gérontisme *m*; **~schwerhörigkeit** *f méd.* presbyacousie *f*; **~struktur** *f* structure *f* par âges; ***~stufe** *f* tranche *f* d'âge.
altüberkommen *adj. litt. Ruf* bien assis.
Alu-Folie *f* feuille *f* d'alu(minium).
*****am** *prép.* ~ 18. und 19. Mai les 18 et 19 mai.
Amateurfilmer *m* cinéaste *m* amateur.
amerikafreundlich *adj.* américanophile.
Amnioskopie *f méd.* amnioscopie *f*.
*****Ampel** *f* (*Verkehrs2*) *auch* feu *m* de circulation; signal *m* lumineux.
*****Amt** *n* im ~ sein être en poste.
*****Amts|arzt** *m auch* médecin *m* fonctionnaire; ***~schimmel** F *m auch* chinoiseries *f/pl.* administratives; **~stempel** *m* cachet *m*; **~villa** *f* villa *f* de fonction; ***~vorsteher** *m Post* chef *m* d'un bureau de poste; receveur *m*.
*****an** *prép.* was mir ~ e-m Mann gefällt ce qui me plaît chez un homme.
Anabolikum *n méd.* anabolisant *m*.
*****anbahnen** *v/réfl.* sich ~ s'ébaucher.
*****Anbau** *m agr.* gewerblicher ~ culture *f* de rente; ***2en** *v/t. agr.* faire pousser.
*****Anbau|küche** *f* ensemble *m* de cuisine; **~möbel** *n/pl. auch* meubles *m/pl.* superposables et juxtaposables.
*****anbiedern** *v/réfl. écol., milit.* sich durch Übereifer ~ fayoter.
*****ändern** *v/t. auch Kleid, Anzug* reprendre.
Anderssprachige(r) *f(m)* allophone *m, f*.
*****andeuten** *v/t.* (*ahnen lassen*) préfigurer; **~d** *adjt.* allusif, -ive.
*****andichten** *v/t.* j-m etw. ~ *auch* prêter qc. à qn.
Andocken *n Raumfahrt* accostage *m* et arrimage *m*.
Andragogik *f* formation *f* des adultes.
*****Andrang** *m écol., Universität zu den Prüfungen* flot *m*.
*****andrehen** *v/t.* F j-m etw. ~ F fourguer qc. à qn.
*****aneignen** *v/réfl.* sich mehrere Handwerke ~ apprendre plusieurs métiers.
*****aneinander|geraten** *v/i.* ~ lassen mettre aux prises; **2rücken** *n pol.* resserrement *m*.
*****anerkenn|enswert** *adj. auch* digne de reconnaissance; **2ungsvertrag** *m pol.* traité *m* de reconnaissance.
*****anfahr|en** *v/t. ein anderes Auto auch* percuter; ein Auto von hinten ~ emboutir une auto à l'arrière; j-n von hinten ~ attraper qn. par l'arrière; ***2t** *f* die ~ zum Flughafen von Roissy la desserte de l'aéroport de Roissy.
*****Anfang** *m* am ~ des Nachmittags en début d'après-midi; von ~ an *auch* d'entrée de jeu.
*****Anfänger** *m auch Film* F bébert *m*; *Schisport* bizuth *m* (*argot*).
*****Anfangsstadium** *n* noch im ~ sein *auch* F en être encore à ses balbutiements.

anflanschen *v/t. techn.* brider; fixer par flasques.
***Anflug** *m fig. auch* relent *m*; **~korridor** *m Raumfahrt* corridor *m* de rentrée.
***anführen** *v/t.* ein Zitat ~ amener une citation.
***angeben** *v/i.* F (*protzen*) *auch* F faire le mariole, le malin, le faraud, le flambard.
***Angeber(in)** F *m(f)* matamore *m*; F m'as-tu-vu *m, f.*
***angeblich** *adv.* prétendument.
***Angebot** *n écol.* Unterricht mit größerem ~ enseignement *m* diversifié; **~sausschreibung** *f comm.* appel *m* d'offres.
***angeheitert** *adjt.* F lancé.
***angehen** *v/t.* wen es angeht à qui de droit.
***Angelpunkt** *m fig.* clé *f* de voûte.
***angeschlagen** *adjt. fig.* schwer ~e Wirtschaft économie *f* gravement touchée.
***Angestellter** *m* höherer ~ agent *m* de maîtrise; ~ des öffentlichen Dienstes employé *m* de la fonction publique; leitende Angestellte *pl.* (personnel *m* d')encadrement *m.*
***Angleichung** *f der Gehälter auch* réajustement *m.*
***angreifen** *v/t.* etw. ~ (*etw. beanstanden*) s'en prendre à qc.; *pol.* j-n ~ prendre qn. à partie.
angriffswütig *adj.* agressif, -ive.
***Angst** *f* aus ~, e-n Fehler zu machen (dans la) crainte de faire une faute; ~ haben F avoir la frousse, la trouille; ***~kauf** *m auch* achat *m* de précaution.
***anhalten** *v/i.* plötzlich vor j-m ~ tomber en arrêt devant qn.
***Anhalter** *m Person* auto-stoppeur *m*; auto-stoppiste *m.*
***Anhang** *m* Mann ohne ~ homme *m* sans attaches.
***Anhänger** *m* fanatischer ~ homme *m* de main.
Anhängevorrichtung *f Auto* attelage *m* de remorque.
***anheben** *v/t. Pension auch* revaloriser.
***anheizen** *v/t. fig. auch* aiguiser.
***anhimmeln** *v/t. auch* aduler.
***anhör|en** *v/t. mus., thé.* e-n Bewerber ~ auditionner un candidat; **2ung** *f* (*Hearing*) audience *f*; *im Parlament* consultation *f.*
***Animierdame** *f* F aguicheuse *f*; [frôleuse *f.*]
Anisgetränk *n* pastis *m*; boisson *f* à base d'anis.
Ankaufskurs *m* cours *m* d'achat.
***Anker** *m mar.* vor ~ *auch* sur ses amarres; à l'amarre; die ~ werfen larguer les amarres; ***~mast** *m mar.* pieu *m* d'amarrage; duc *m* d'albe.
Anklagerede *f* discours-réquisitoire *m.*
***ankommen** *v/i. fig.* beim Publikum ~ passer la rampe.
***ankotzen** *v/t.* P das kotzt mich an *auch* F j'en ai marre; P ça m'emmerde.
***ankreuzen** *v/t. in e-m Fragebogen* cocher.
***Ankurbelung** *f der Landwirtschaft auch* redéploiement *m.*
Anlage|berater *m* conseiller *m* en matière d'investissements; **~politik** *f* politique *f* d'investissements; **~vermögen** *n* valeurs *f/pl.* immobilisées; biens *m/pl.* investis; immobilisations *f/pl.*; investissements *m/pl.*; propriété *f* investie.
Anlasch|en *n e-s Baums* balivage *m*; martelage *m*; **~er** *m* baliveur *m.*
***anlasten** *v/t. bes. pol.* j-m etw. ~ tourner en aigreur qc. contre qn.
Anlaufbahn *f zum Sprung* piste *f* d'élan.
***anlegen** *v/t.* sich e-e Sammlung ~ se constituer une collection.
***Annäherungsversuch** *m* j-m gegenüber ~e machen faire des avances à qn.
***Anordnung** *f phys. atom.* ~ des Reaktorkerns filière *f.*
***anpacken** F *v/t.* die Probleme ~ appréhender les problèmes; *abs.* mit ~ F tomber la veste.
***anpassungs|fähig** *adj. auch* capable d'adaptation; **2fähigkeit** *f auch* souplesse *f*; mangelnde ~ désadaptation *f.*
***Anpeilung** *f rad.* recoupement *m* par appareil radiogoniométrique.
anpinnen F *v/t.* F punaiser.
Anpöbelei *f* ruade *f.*
anrechenbar *adj. écol.* fürs *Abitur* capitalisable.
***Anrede** *f im Brief* appellation *f.*
***anregen** *v/t.* j-s Appetit ~ mettre qn. en appétit; **~d** *adjt.* incitateur, -trice; *écol.* ~es Fach discipline *f* d'éveil.
***anrempeln** F *v/t.* j-n ~ P rentrer dans le mou, dans le lard de qn.
***Anrichte** *f auch* bahut *m.*
Anruf|beantworter *m tél.* répondeur *m* (automatique); ***~er** *m tél. auch* demandeur *m*; ***~ung** *f jur. auch* saisine *f.*
***Ansager(in)** *m(f) rad. auch* annonceur, -euse *m, f.*
***Ansatzpunkt** *m* methodischer ~ angle *m* d'approche.
***anschließen** *v/t. bât.* das Departement an die belgischen Autobahnen ~ ancrer le département sur les autoroutes belges.
***Anschluß** *m chem.* ~ haben an *auch* faire correspondance avec; *bât.* Anschlüsse *m/pl.* servitudes *f/pl.* d'urbanisme.
***Anschnauzer** F *m* attrapage *m*; attrapade *f.*
***Ansicht** *f* meiner ~ nach *auch* à mon point de vue; à mon goût; der ~ sein, daß ... *auch* avoir l'opinion que ...; être dans l'opinion que ...
***Ansichtssendung** *f comm. auch* livraison *f* à condition.
***Ansiedlung** *f von Volksgruppen etc. auch* implantation *f.*
***Anspringen** *n mot.* schnelles ~ nervosité *f.*
***anspruchsvoll** *adj. Sache* sophistiqué; ~e Weine des vins prestigieux.
Anstaltspackung *f phm.* grand paquet *m* pour les hôpitaux.
Anstandsehe *f* mariage-réparation *m.*
***anstehen** *v/i. auch* prendre la file.
***Ansteigen** *n* das ~ der Schülerzahl le flot montant des élèves; ***2d** *adjt. Straße* en pente; pentu; leicht ~ en pente douce; stark ~ très montant.
***anstellen** *v/réfl.* sich ~ *auch* prendre la file.
***Anstößigkeit** *f* grivoiserie *f.*
***anstrengend** *adjt. auch* éreintant; F esquintant.
***Anti|babypille** *f auch* pilule *f* anticonceptionnelle; **~depressionsmittel** *n phm.* anti-dépressif *m*; **~koagulans** *n phm.* anticoagulant *m*; **2parlamentarisch** *adj.* antiparlementariste; **~raketenrakete** *f* missile *m* antibalistique.
***Antragsteller** *m pol.* auteur *m* de motion.
***Antriebsaggregat** *n auch* groupe *m* de commande.
Antritts|erklärung *f pol.* déclaration *f* d'investiture; ***~rede** *f e-s* (*Staats-*) *Präsidenten* discours *m* inaugural.
anwählen *v/t. tél.* e-e Stadt direkt ~ se mettre en communication directe avec une ville.
***Anwendung** *f* in ~ kommen *Vertrag auch* intervenir; **~stechnik** *f* manière *f* d'application (*od.* d'emploi).
Anwesenheitskontrolle *f* pointage *m.*
***anzapfen** *v/t. fig. u.* F *Geldbetrag, Pension* ponctionner.
Anzeige|instrumente *n/pl. Auto* cadrans-instruments *m/pl.*; **~lampe** *f Auto etc.* témoin *m* lumineux.
***anzüglich** *adj.* licencieux, -euse; F coquin.
***anzünden** *v/t. Streichholz auch* craquer; frotter.
Apfelschnitte *f cuis.* beignet *m* aux pommes.
Apo *f pol.* opposition *f* extra-parlementaire.
apodiktisch *adj., adv.* (*selbstsicher*) avec aplomb.
***Apparat** *m in der Philologie* kritischer ~ apparat *m*, appareil *m* critique.
***Appetit** *m* ~ bekommen se sentir de l'appétit; se mettre en appétit; **~hemmer** *m* médicament *m* antiappétit; modérateur *m*, freinateur *m* de l'appétit; anexoriant *m*; P coupe-faim *m*; **~macher** *m* amuse-gueule *m*; **~zügler** *m cf.* ~hemmer.
***applaudieren** *v/i. auch* acclamer (qn.).
Applausmeßgerät *n plais.* applaudimètre *m.*
Apportier|en *n Hundedressur* rapport *m*; **~holz** *n* témoin *m.*
***Appretieren** *n text. auch* glaçage *m.*
Après-Ski *n auch als Beisammensein* après-ski *m*; **~-Schuh** *m* après-ski *m.*
Aquaplaning *n Auto* aquaplaning *m.*
***Äquatortaufe** *f* bizuthage *m* (*argot*).
arbeiter|feindlich *adj.* antiouvrier, -ière; ***2klasse** *f auch* classe *f* laborieuse; **2massen** *f/pl.* masses *f* laborieuses, ouvrières; ***2priester** *m seit 1966* prêtre *m* au travail.
Arbeitgeberbeitrag *m* cotisation *f* employeur; *cf. auch* Arbeitgeberanteil.
***Arbeitnehmerschutz** *m* protection *f* des travailleurs.
Arbeits|ablaufsteuerung *f* orientation *f*, contrôle *m* du déroulement du travail; **~ausschuß** *m* commission *f* de travail; ***~belastung** *f* servitude *f*; ***~essen** *n auch* dîner-débat *m*; dîner *m*, déjeuner *m* de travail; ***~fähigkeit** *f e-s Gremiums* persévérance *f*; **~gesetz** *n* loi *f* sur le travail; **~gespräch** *n* conversation *f* de travail; ***~gruppe** *f e-r Tagung* atelier *m*; ***~kreis** *m écol., Universität* centre *m* de formation; **~mappe** *f* cahier *m* de copies; chemise *f*; dossier *m*; *in Belgien* farde *f* de travail; ***~markt** *m auch* marché *m* de l'emploi, de l'embauche; ***~material** *n péd., écol.* dossier *m*; **~mittel** *n/pl.* moyens *m/pl.* de travail; ***~tagung** *f auch* réunion *f* de travail; **~technik** *f* technique *f*, procédé *m* de travail; **2teilig** *adj.* ~es Verfahren procédé *m* de la division du travail; **~therapie** *f méd.* ergothérapie *f*; ***~tier** *n* F *fig. auch* gros travailleur *m*; F bosseur *m*; bête *f* de somme; **~verweigerer** *m* réfractaire *m*; **~vorbereiter** *m* planificateur *m*; ***~vorbereitung** *f* planification *f* du travail; **~welt** *f* monde *m* ouvrier; ***~wissenschaft** *f auch* ergonomie *f*; **2wütig** *adj.* maniaque du travail.

Armenhilfe *f* aide *f* aux pauvres.
Armeniertum *n* arménité *f.*
Armlänge *f Sport* allonge *f.*
***Arsenal** *n fig. auch* F panoplie *f.*
Arterienverband *m chir.* patch *m* (*pl.* patches).
Ärztekongreß *m* congrès *m* médical.
Arzttasche *f* trousse *f* docteur.
***Asbest(schutz)anzug** *m auch* scaphandre *m* d'amiante.
Asphaltbelag *m* couche *f* d'asphalte.
Assistenzprofessor *m* maître-assistant *m.*
Asthmazigarette *f* cigarette *f* anti-asthmatique.
Astronautennahrung *f* régime *m* alimentaire spatial.
Asyl|gewährung *f* octroi *m* du droit d'asile; **~tourismus** *m* tourisme *m* de faux immigrants.
***Atem** *m fig.* **ein Volk in ~ halten** *auch* galvaniser un peuple; **die Weltöffentlichkeit in ~ halten** tenir en suspens l'attention mondiale; **ℒberaubend** *adjt. Tempo auch* vertigineux, -euse; ***~not** *f* insuffisance *f* respiratoire; **~spende** *f méd.* bouche-à-bouche *m.*
***Äther** *m* **e-e Nachricht wird in den ~ ausgestrahlt** une nouvelle court les ondes.
Athletiker *m* athlète *m.*
***Atmosphäre** *f Raumgestaltung* **intime ~** intimisme *m.*
Atom|abrüstung *f* désarmement *m* nucléaire; **~antrieb** *m* **mit ~** à propulsion atomique; **~ausrüstung** *f* équipement *m* atomique; **~bunker** *m für etwa 10 Personen* casemate *f* paratome; paratome *m*; *für viele* abri *m* antiatomique, antiretombées; **~generator** *m* génératrice *f* nucléaire; ***~kern** *m auch* cœur *m* atomique; ***~kraftwerk** *n auch* centrale *f* électronucléaire; ***~krieg** *m auch* F guerre *f* presse-boutons; **~medizin** *f* médecine *f* atomique; **~mülldeponie** *f* décharge *f* des déchets radioactifs; **~müllvernichtungsanlage** *f* usine-poubelle *f* pour déchets radioactifs; **~rat** *m* conseil *m* nucléaire; **~schild** *m* bouclier *m* atomique; **~schirm** *m* parapluie *m* nucléaire, atomique; **~schwelle** *f* seuil *m* atomique; **~sperrvertrag** *m* traité *m* de non-prolifération, non-dissémination; traité *m* sur la non-prolifération des armes nucléaires, sur la non-dissémination de l'arme atomique; **~stopp** *m* cessation *f*, arrêt *m* des essais nucléaires; ***~streitmacht** *f auch* puissance *f* atomique, nucléaire; **~werk** *n* usine *f* nucléaire; **~wettrüsten** *n* course *f* à l'armement atomique; ***~wissenschaft** *f auch* atomique *f*; ***~wissenschaftler** *m auch* savant *m* atomique; **~zentrum** *n* centre *m* nucléaire.
***attraktiv** *adj. Sache, Person* attrayant.
Atü *n od. m* kilo *m* (de pression) (kg/cm²).
audiovisuell *adj.* audiovisuel, -lle.
***auf** *prép.* **~ den Flugplätzen** dans les aérodromes; **ein Mensch ~ dem Mond** un homme dans la Lune; **~ den Mond fliegen** aller dans la Lune; **was sehen Sie ~ diesem Bild?** que voyez-vous dans ce tableau?; **~ e-m Bauernhof** dans une ferme.
***Aufbau** *m Auto* carrosserie *f*; ***ℒen** *v/t. fig.* **e-n Nachfolger ~** assurer sa succession.
***aufbauschen** *v/t. fig. auch* monter (qc.) en épingle; gonfler.
***Aufbauwerk** *n e-r Nation* œuvre *f* d'édification.
Aufbewahrungsraum *m bes. von Kunstgegenständen* réserve *f.*
***aufblähen** *v/réfl.* **sich ~** *Stadt* s'enfler.
***aufbocken** *v/t. bes. Auto* lever par cric.
***aufbrausen** *v/i. fig. auch* F prendre la mouche; ***~d** *adjt. fig.* volcanique.
***aufbrechen** *v/i.* (*sich fortbegeben*) plier bagage(s).
***Aufbringung** *f écon.* **~ der Mittel für ...** financement *m* de ...; mise *f* de fonds pour ...
***Aufbruch** *m* **im ~ begriffen sein** *Rückreise* être sur le retour; *Abreise* être sur le départ.
***Aufdecken** *n méd. e-r Krankheit* (ohne Arzt) (auto)dépistage *m.*
***aufdringlich** *adj. Person, Sache* envahissant; ***ℒkeit** *f bes. e-r Frau gegenüber* assiduités *f/pl.*
***aufeinanderfolgend** *adjt. auch* en cascade.
***Aufenthalts|raum** *m* (salle *f* de) séjour *m*; living *m*; **~verlängerung** *f* prolongation *f* de séjour.
***aufessen** *v/t. auch* terminer.
***auffahren** *v/i. Panzer* prendre position; *Auto* **auf den LKW von hinten ~** se jeter sur l'arrière du camion; **auf e-n Zug ~** percuter un train.
***auffallen** *v/i. auch* se singulariser; se donner en spectacle; *bes. von Frauen* avoir de l'éclat.
***auffällig** *adj.* tape-à-l'œil (*inv.*).
***auffangen** *v/t. fig.* **die Arbeitslosigkeit ~** résorber le chômage.
Auffänger *m techn.* **~ von Sonnenenergie** capteur *m* solaire.
***auffordern** *v/t.* **j-n zum Tanz ~** *auch* inviter qn. à faire un tour de danse.
***Aufgabe** *f e-s Briefs beim Postamt* postalisation *f*; mise *f* à la poste.
***aufgabeln** *v/t.* F **eine ~** P emballer (une fille).
***aufgeben** *v/t.* F plaquer; *s-e Studien auch* délaisser; *abs.* déclarer forfait; F décrocher; raccrocher; *auch Sport* renoncer; F flancher.
***aufgehen** *v/i.* **ganz in j-m ~** s'anéantir en qn.; **in der Masse ~** se fondre dans la masse.
***aufgeregt** *adjt.* **ganz ~ sein** F être aux cent coups; être dans tous ses états.
***aufgeschlossen** *adjt. Person auch* évolué; aux vues larges; à l'esprit ouvert; de mentalité ouverte; sensibilisé (**für etw.** à qc.); ***ℒheit** *f* **~ für etw.** largeur *f* de vues à qc.
***aufglimmen** *v/i.* émettre une faible lueur.
***aufgreifen** *v/t.* **e-e Idee begeistert ~** enfourcher une idée; **e-e Streikbewegung ~** récupérer un mouvement de grève.
Aufgußbeutel *m* sachet *m* d'infusion.
***aufhalsen** *v/t.* F **sich etw. ~** F se coltiner qc.; **sich etw. ~ lassen** *auch* hériter de qc.
***aufhören** *v/i.* **hör auf damit!** F la barbe!
***aufklär|en** *v/réfl.* **sich ~** *Wetter auch* se mettre au beau; ***ℒung** *f als Belehrung* sensibilisation *f*; *écol.* **sexuelle ~** *auch* enseignement *m* de la sexualité; **ℒungsphilosophie** *f* philosophie *f* des lumières; **ℒungsquote** *f* **~ von Verbrechen** pourcentage *m* d'affaires criminelles éclaircies.
***aufkreuzen** *v/i.* F *Sachen* déboucher; *auch Personen* faire surface; survenir; F débouler; P (se) rappliquer; **wieder ~** F se ramener.
***Auflage** *f e-s Industrievertrags* spécification *f.*
***Auflagefläche** *f e-s Reifens* plan *m* de roue.
auflagenschwach *adj. impr.* de faible tirage.
Auflagepunkt *m techn.* point *m* d'appui.
***Auflauf** *m cuis. auch* gratin *m.*
Auflieger *m Auto* semi-remorque *f.*
***auflocker|n** *v/t. bât.* décongestionner; *écol. Unterricht* diversifier; **ℒung** *f pol.* assouplissement *m*; *der Schule* destructuration *f*; *e-s Lehrfaches* diversification *f*; *von Wohnvierteln* dénoyautage *m.*
Aufmach|er *m* F accroche-œil *m*; *e-s Buchs auch* jaquette *f*; ***~ung** *f comm. auch* conditionnement *m*; *Zeitung* **etw. in großer ~ bringen** consacrer son gros titre à qc.; donner la vedette à qc.
***aufmerksam** *adj.* **darauf ~ machen, daß ...** rappeler que ...
aufmüpfig *adj.* (*aufsässig*) audacieux, -euse; F culotté; **ℒkeit** *f* audace *f*; F culot *m.*
Aufnahme|gesuch *n* demande *f* d'admission; **~lager** *n* centre *m* d'accueil; **~raum** *m rad., télév. auch* auditorium *m*; **~taste** *f* touche *f* d'enregistrement; bouton *m.*
***aufnehmen** *v/t. vom Autoverkehr* drainer.
***Aufprall** *m auch* impact *m*; ***ℒen** *v/i.* **~ auf** *auch* donner en plein contre ...
Aufputschmittel *n phm.* stimulant *m*; excitant *m.*
***aufrappeln** *v/réfl.* F **sich wieder ~** *auch* F se remplumer.
***aufrauhen** *v/t. Stoff* brosser.
***aufräumen** *v/i.* **mit alten Sitten ~** *auch pol.* débroussailler d'antiques coutumes.
Aufrechtstehen *n* station *f* debout.
***aufregen** *v/réfl.* **sich ~** *auch* s'affoler; se fâcher; **warum regt er sich auf?** quelle mouche le pique?; **ganz aufgeregt sein** être dans tous ses états.
***aufreibend** *adjt. Tätigkeit auch* 'harassant.
Aufreißpackung *f* emballage *m* à ouverture éclair.
Aufrollautomat *m am Sicherheitsgurt* enrouleur *m* automatique.
aufrütteln *v/t.* sensibiliser.
***aufsässig** *adj.* **ein ~er Bursche** *auch* une forte tête; un esprit frondeur.
***aufschlußreich** *adj. auch* éclairant; riche en enseignements; *iron.* édifiant.
***aufschnappen** *v/t.* F *Nachricht, Kenntnisse auch* grappiller.
Aufschnittmaschine *f Fleischerei* machine *f* à découper.
***Aufschwung** *m écon. auch* relance *f*; expansion *f*; envol *m.*
***Aufsehen** *n* **~ erregen** *Sache auch* faire événement.
***aufsetzen** *v/i. Raumkapsel* **weich ~** atterrir en douceur.
***Aufsichtsamt** *n auch* service *m* d'inspection.
***aufspielen** *v/réfl.* **sich ~** F faire le mariole.
***aufsplittern** *v/t. Partei auch* fractionner.
Aufsteckblende *f für Plattenspieler* cache *m* enjoliveur.
***aufsteigen** *v/i. aviat. auch* s'élever; prendre de la hauteur; monter.
***aufstell|en** *v/t. Telefonkabine* implanter; *Regierung* mettre sur pied; *rad. ein Sonderprogramm* monter; **ℒmaschine** *f Briefsortieranlage* machine *f*, installation *f* à redresser les lettres; ***ℒung** *f e-r Telefonkabine* implantation *f*; *e-r Regierung* mise *f* en place; (*Verzeichnis*) état *m.*

***Aufstieg** *m beruflicher auch* progression *f*; **~sberuf** *m* profession *f* à possibilités d'avancement.
***aufstöbern** *v/t. ch. im Bau* déterrer; *fig. Dokumente* traquer; débusquer; déterrer.
***aufsuchen** *v/t.* **j-n ~** *auch* passer chez qn.
***Auftakt** *m fig.* **den ~ zu etw. geben** préluder à qc.
Auftanken *n* ravitaillement *m* en essence.
***auftauchen** *v/i. fig. Sachen auch* naître.
Auftrags|buch *n comm.* carnet *m* de commandes; **~eingang** *m* (r)entrée *f* de(s) commandes; **~empfangsbestätigung** *f* accusé *m* de réception de commande; **~polster** *n* total *m* de(s) commandes.
***Auftrieb** *m fig. auch* coup *m* de fouet; impulsion *f*; *pol.* **Spekulationen ~ geben** donner son aval à des spéculations; **~sballon** *m für die Bergung e-r Raumkapsel* ballon *m* de stabilisation.
***Aufwart|estelle** *f* **ihre ~n aufgeben** cesser ses ménages; ***~ung** *f* (*Aufwartefrau*) **als ~ tätig sein** faire des ménages.
***aufwendig** *adj. auch* dispendieux, -euse.
aufwerfen *v/t. Frage* susciter; évoquer.
***aufwert|en** *v/t. Währung auch* réévaluer; ***2ung** *f e-r Währung auch* réévaluation *f*.
***aufziehen** *v/t.* F *fig.* **e-n Klub ~** F faire tourner un club.
Aufzugskrone *f e-r Taschenuhr* couronne *f* de remontoir.
***Auge** *n phys.* **elektrisches ~** œil *m* photo-électrique; **kein ~ zumachen** ne pas fermer l'œil; **j-m direkt in die ~n sehen** fixer qn. droit dans les yeux; **sich in die ~n sehen** se fixer dans le regard; *fig.* **etw. vor ~n führen** retracer qc.; **sich etw. vor ~n halten** avoir qc. dans l'esprit; **sich etw. ernsthaft vor ~n halten** garder qc. très présent à l'esprit.
***Augen|brauenstift** *m auch* traceur *m* pour sourcils; ***~klinik** *f auch* clinique *f* ophtalmologique; **~wischerei** *f* trompe-l'œil *m*.
***ausarbeiten** *v/réfl.* **sich ordentlich ~** se tuer à la tâche.
***ausbaden** *v/t.* F **als erster alles ~ müssen** *abs.* étrenner; F essuyer les plâtres.
Ausbaustufe *f écol.* échelon *m* de développement.
***Ausbeuter** *m péj.* chacal *m*.
***Ausbild|er** *m für Grundschullehrer* maître *m* d'application; *für Gymnasiallehrer* conseiller *m* pédagogique; **~ungsübernahme** *f* stagiarisation *f*.
Ausbiß *m géol.* escarpement *m*; escarpé *m*.
***ausbrechen** *v/i. Feuer auch* prendre naissance; *Vulkan auch* entrer en éruption.
***ausbreit|en** *v/réfl.* **sich ~** *Idee auch* faire boule de neige; ***2ung** *f auch écon.* **weltweite ~** mondialisation *f*; planétarisation *f*; planétisation *f*.
***ausdehnen** *v/t. Diskussion* éterniser.
Ausdrucks|losigkeit *f* **die ~ s-s Gesichts** la banalité de son visage; **~wert** *m* valeur *f* expressive.
***auseinander|fallen** *v/i. pol.* se disloquer; ***~setzen** *v/réfl.* **sich mit der Meinung der anderen ~** se confronter avec l'opinion des autres; ***2setzung** *f Wortwechsel* F prise *f* de bec (avec).
***ausfahr|en** *v/t. Auto* **die Höchstgeschwindigkeit ~** rouler au maximum de sa vitesse; plafonner *à ... km*; **2er** *m comm.* chauffeur-livreur *m*; ***2t** *f* **unterirdische ~** *e-s Parkraums* trémie *f* de sortie.
***Ausfall** *m télév. auf dem Bildschirm* blanc *m*.
***Ausfallstraße** *f auch* axe *m*, voie *f* de sortie; **~ aus dem Zentrum** radiale *f*.
***Ausfasern** *n text.* boulochage *m*.
Ausfuhraussichten *f/pl. comm.* perspectives *f/pl.* à l'exportation.
***ausführ|en** *v/t. Hund, Kind auch* emmener en promenade; (*erklären*) expliquer; **2ungsfrist** *f comm. etc.* délai *m* d'exécution.
***ausgebucht** *p.p.* **~ sein** *auch* être (au) complet; faire le plein.
ausgeflippt F *p.p.* F flippé.
ausgehen *v/i.* **ich gehe davon aus, daß ...** j'estime, je suis d'avis, je considère, je suppose, je présume, je pense, je pars du fait que ...
ausgeklügelt *adjt.* sophistiqué; F fignolé; astucieux, -euse.
***ausgekocht** *adjt.* F **ein ~er Bursche** *auch* un type à la redresse.
***ausgeschlachtet** *p.p. u. adjt. fig. altes Auto, Radiogerät auch* désossé.
***ausgestellt** *p.p.* **in ... ~e Urkunde** acte *m* dressé à ...
***Ausgewiesene(r)** *m auch* interdit *m* de séjour.
***Ausgleich** *m pol.* balance *f*; **2en** *v/t. comm.* **ein Passivsaldo ~** apurer un passif; **~sentschädigung** *f* indemnité *f*; compensation *f*.
***Ausgrabungsstätte** *f auch* site *m* archéologique.
***aushalten** *v/i.* **bis zum Schluß ~** tenir jusqu'au bout.
***Aushilfe** *f Person* vacataire *m, f*.
***Aushöhlung** *f milit., pol.* érosion *f*.
***ausklammern** *v/t.* **ein Problem ~** mettre un problème entre parenthèses, hors de la discussion.
***auskragend** *p.pr. bât.* en porte-à-faux.
Auslandsdienst *m e-r Zeitung* représentation *f* à l'étranger.
***auslassen** *v/t.* **ich lasse keinen Tanz mehr aus** je ne manque plus une danse; **e-e Stelle ~** croquer un passage; **sich lang und breit ~ über etw.** *auch* faire un long développement sur qc.
***auslaufen** *v/i. Termin* expirer; venir à l'expiration.
Ausleseprozeß *m psych.* écrémage *m*.
***Auslöser** *m psych.* évocateur *m*.
***ausmachen** *v/t. Zigarette auch* écraser.
***Ausmaß** *n der Mitwirkung bei etw.* envergure *f*.
***ausnehmen** *v/t.* F *fig.* **j-n** *im Restaurant* **~** matraquer qn.
***auspacken** *v/i.* F *u. fig. auch* cracher le morceau.
Auspreisung *f comm.* étiquetage *m*.
***ausräumen** *v/t. fig. Mißverständnisse auch* éclaircir; *Schwierigkeiten auch* trancher.
***Ausrede** *f* **faule ~** *auch* défaite *f*.
***ausreißen** *v/i.* tourner, montrer les talons; prendre la clé des champs; gagner, prendre le large; F se débiner; débouler (*argot*).
Ausrottungskrieg *m* guerre *f* d'extermination.
Ausrundung *f Stahlbau* congé *m* arrondi.
***Aussage** *f* (*Behauptung*) *auch* assertion *f*; *thé., litt.* affirmation *f*.
***ausschalt|en** *v/t. rad. auch* F éteindre; **2vorrichtung** *f élect.* disjoncteur *m*.
***Ausscheidungskampf** *m bes. Rad- und Rennsport* critérium *n*.
***ausscheren** *v/i. Auto, aviat.* faire un brusque virage (à gauche ou à droite); déboîter; embarder; faire une embardée.
***ausschimpfen** *v/t.* invectiver.
Ausschlachter *m von Autowracks* désosseur *m*.
***ausschließen** *v/t.* **j-n beruflich ~** mettre qn. à l'index.
***ausschöpf|en** *v/t. Statistik* ventiler; **2ung** *f e-r Statistik* ventilation *f*.
***Ausschreibung** *f comm.* appel *m* d'ordres; **~sunterlagen** *f/pl.* dossier *m* du concours.
***Aussehen** *n* (*äußere Form*) configuration *f*.
***Außen|bezirk** *m auch* quartier *m* périphérique; ***~seiter** *m allg.* désadapté *m*; **~seitertum** *n* désadaptation *f*.
***außer|dienstlich** *adj. auch* hors du service; ***~gewöhnlich** *adj. auch* hors série; hors-cadre; ***2kurssetzung** *f von Geld* démonétisation *f*.
***äußerlich** *adj.* **~e Ruhe** *auch* calme *m* de surface.
außermittig *adj. techn.* excentré; excentrique; **2keit** *f techn.* excentricité *f*.
***äußern** *v/t. Meinung auch* proférer.
***außerplanmäßig** *adj. écon.* hors budget; non budgétaire; *allg.* (*auch adv.*) hors(-)plan.
***äußerst** *adj.* **sein 2es tun, um ...** F mettre le paquet pour ...
***aussetzen** *v/i. Motor* F flancher.
***Aussicht** *f Hausangebot* **mit für immer ungestörter ~** vue *f* imprenable; ***2slos** *adj. beruflich* sans débouchés; ***~slosigkeit** *f berufliche* manque *m* de perspectives, de débouchés; ***2sreich** *adj. auch* riche de promesses.
***Aussprache** *f bes. pol.* **~ zu zweit** face-à-face *m*.
***Ausstatt|er** *m Film* ensemblier *m*; ***~ungsfilm** *m* **~ über die Antike** péplum *m*.
***ausstechen** *v/t.* **j-n ~** (*übertreffen*) F enfoncer qn.
Aussteigluke *f für Fallschirmspringer* trappe *f* de départ.
***Aussteller** *m auf e-r Messe auch* étalagiste *m*.
Ausstellfenster *n* vitrine *f*.
Ausstellungs|*halle *f auch* palais *m*; ***~katalog** *m auch* livret *m* de l'exposition; **~zelt** *n* tente-exposition *f*.
***Aussterben** *n* **vom ~ bedroht sein** être menacé de disparition.
***Aussteuerung** *f rad.* modulation *f*; réglage *m* de niveau; **~sanzeiger** *m techn.* **~ für Betriebsspannung** vu-mètre *m* (de contrôle); instrument *m* pour contrôler la tension; **~sinstrument** *n rad.* modulomètre *m*.
***ausstrahl|en** *v/t. rad. etc. e-e Nachricht auch* répercuter; ***2ung** *f* **radioaktive ~en** fuites *f/pl.*, émanations *f/pl.* radioactives.
Austauschaktion *f* action *f* d'échange.
Austern|brut *f* naissain *m*; **~schäler** *m* écailler *m*; ***~zucht** *f auch* production *f* ostréicole.
***Austragungsort** *m Sport* lieu *m* de la rencontre sportive.
***austreten** *v/i. écol.* **darf ich mal ~?** est-ce que je peux sortir?
Austrittstemperatur *f techn.* température *f* de refoulement.
ausufern *v/i.* déborder.
***Ausverkauf** *m fig. u. péj.* **der große ~** l'abandon *m*.

Auswärtsübernachtung *f* découcher *m*; nuit *f* passée hors de chez soi.
***Ausweg** *m* ein ~ für etw. un exutoire à qc.
Ausweich|fach *n Universität* matière *f* de remplacement; **~nische** *f bei (Paß)Straßen etc.* garage *m.*
***ausweiten** *v/réfl.* sich ~ faire boule de neige.
***auswerten** *v/t. Indizien* digérer.
***auswirk|en** *v/réfl.* sich ~ *auch* retentir (auf sur); ***℘ungen** *f/pl. bes. pol.* retombées *f/pl.*; *(Schäden)* dégâts *m/pl.*
***Auswüchse** *m/pl. bei e-m Streik* débordement *m*; *des Städtebaus* outrances *f/pl.*
***auszahlen** *v/réfl.* sich ~ être payant.
***ausziehen** *v/t. Kleidung auch* quitter.
***Auszieh|platte** *f e-s Tisches auch* tirette *f*; ***~tisch** *m auch* table *f* d'élongation.
Auto|abgase *n/pl.* gaz *m/pl.* d'échappement; **~abschlepper** *m techn.* dépanneuse *f*; remorqueur *m*; **~bahnende** *n* sortie *f* (*od.* issue *f*) d'autoroute; **~bahngebühr** *f* péage *m* (autoroutier); **~bahnknotenpunkt** *m* nœud *m* autoroutier; ***~bahnkreuzung** *f auch* échangeur *m*; ***~bahnnetz** *n auch* réseau *m* autoroutier; **~bahnverbindung** *f* liaison *f* autoroutière; **~besen** *m* balayette *f* (de voiture); **~bestand** *m* parc *m* automobile.
Autodidaktik *f* auto-enseignement *m.*
autoerotisch *adj. psych.* auto-érotique.
Auto|fachmann *m* expert *m* en automobiles; spécialiste *m* automobile; ***~fähre** *f* car-ferry *m*; **~fahren** *n* conduite *f* automobile; **~glas** *n* vitre *f* automobile; **~informationsdienst** *m* service *m* automobile; **~karussel** *n im Parkhaus* tour-auto *m*; **~kino** *n* cinéroute *m*; cinéma *m* pour automobilistes; drive-in *m*; **~knacker** *m* F roulottier *m.*
Automaten|mißbrauch *m* emploi abusif de distributeurs automatiques; **~straße** *f* ensemble *m* de distributeurs juxtaposés.
***Automatik** *f techn. auch* commande *f* automatique; **~(-Sicherheits)gurt** *m* ceinture *f* à enrouleur.
Auto|mensch *m* fou *m* du volant; *plais.* hommauto *m*; ***~nummer** *f auch* numéro *m* matricule; **~plane** *f* bâche *f*; ***~reisezug** *m nur für den Tag* train *m* autos jour; **~rennfahrer** coureur *m* automobile.
autoritätssüchtig *adj.* assoiffé, avide d'autorité.
***Auto|salon** *m auch* Salon *m* de l'auto; ***~schlange** *f auch* queue *f*, chapelet *m* de voitures; file *f* d'attente; ***~schlosser** *m auch* garagiste-motoriste *m*; **~schrottpresse** *f* presse *f* pour carcasse d'autos; aplatisseur *m*; presse *f* à ferrailles d'autos; broyeur *m*, broyeuse *f* d'autos; presse *f* à fracasser des voitures; usine *f* de broyage *od.* de déchiquetage des carcasses de voitures; **~service** *m Autobahn* aire *f* de service; **~touristik** *f* auto-tourisme *m*; ***~unfall** *m auch* accident *m* en automobile; **~verleih** *m* location *f* de voitures; **~vermieter** *m* loueur *m* de voiture(s); ***~vermietung** *f als Unternehmen* service *m* de location voitures; **~verschrotter** *m Person* désosseur *m*; casseur *m* (de carcasses de voitures); **~zelt** *n* tente *f* auto.
***Avantgardist** *m Literatur* auteur *m* d'avant-garde.

B

Baby|flasche *f* biberon *m*; **~höschen** *n* couche-culotte *f*; **~kost** *f* nourriture *f* pour bébés; **~lallen** *n enf.* areu-areu *m*; ***~mützchen** *n auch* têtière *f*; **~nahrung** *f* aliments *m/pl.*, nourriture *f* pour enfants premier âge; diététique *f* infantile; **~schuhe** *m/pl.* chaussons *m/pl.*; **~tragetasche** *f* porte-bébé *m.*
***backen** *v/i.* der Schnee backt an den Schuhen la neige colle aux chaussures.
***Backfisch** *fig. m* F *auch* oie *f* blanche; tendron *m.*
Backofen-Spray *m od. n* décape-four *m.*
***Backpfeifengesicht** *n auch* tête *f* [à gifles.]
Bade|brille *f* lunettes *f/pl.* sous-marines; ***~hose** *f* maillot *m*; **~puppe** *f* bébé-mouilleur *m.*
Bäderwesen *n* thermalisme *m.*
***Badeschuhe** *m/pl.* espadrilles *f/pl.* de bain.
***Bagatell|e** *f auch* incident *m* de parcours; **~n** *pl.* bricoles *f/pl.*; **~verletzung** *f* blessure *f* légère.
***Bahn** *f Sport* ~ frei! cédez la piste!; laissez le passage!; laissez passer!; *fig.* auf die schiefe ~ geraten *auch* tourner mal.
Bahnenrock *m cout.* jupe *f* à lés.
***Bahn|fahrt** *f auch* trajet *m* en train; ***~hof** *m* F *plais.* ich verstehe immer nur ~ j'entrave que dalle (*argot*); **~postamt** *n* bureau-gare *m* de poste.
Bakter|ienträger *m biol.* vecteur *m*; **℘iostatisch** *adj.* bactériostatique.
Balanceregler *m Stereoanlage* réglage *m* de balance.
***bald** *adv.* sie wurde ~ zwanzig Jahre alt elle allait sur ses vingt ans.
***balgen** *v/réfl.* sich ~ se prendre aux cheveux.
Balkon|schirm *m* parasol *m* de balcon; ***~tür** *f* porte *f* du balcon.
***Ball** *m* F *fig.* am ~ sein P être dans le coup.
***Ballungsraum** *m auch* conurbation *f*; ensemble *m* urbain.
***Bammel** *m* F e-n ~ haben *auch* P avoir la venette.
***Banaus|entum** *n* primitivisme *m*; mentalité *f* terre à terre; ***℘isch** *adj. auch* grossier, -ière; primitif, -ive.
***Bandaufnahme** *f auch* enregistrement *m* de bande.
***Banderole** *f (Steuerband) auch* bande *f* fiscale.
Band|geschwindigkeit *f Tonband* vitesse *f* de défilement; **~riß** *m e-s Tonbands* rupture *f* de la bande magnétique.
Bandon|eon *n*, **~ion** *n* bandonéon *m*; *abus.* concertina *f.*
***Bandscheibe** *f anat. auch* disque *m* de la colonne vertébrale.
Bank|kreditbrief *m* accréditif *m* bancaire; **~räuber** *m* spécialiste *m* du hold-up.
Bankreihe *f in e-m Saal* travée *f.*
***bankrott** *adj.* sich für ~ erklären *auch* se déclarer en faillite; **℘erklärung** *f fig.* mit e-r ~ enden s'achever sur un constat d'échec.
***bannen** *v/t. Inflation* juguler.
***Bär** *m* j-m e-n **~en aufbinden** *auch* faire prendre à qn. des vessies pour des lanternes; ***~ennatur** *f* e-e ~ haben *auch* être une force de la nature.
Barfußdoktor *m* médecin *m* aux pieds nus.
***Bargeldverkehr** *m auch* opérations *f/pl.* en numéraire.
Barhelfer *m* commis *m* de bar.
***Bart** *m* P j-m Honig um den ~ schmieren P faire de la lèche à qn.; F *fig.* das hat ja so'n ~! *auch* c'est usé jusqu'à la corde!
Basisgruppe *f* groupe *m* de base.
Basken|flöte *f mit drei Löchern* trixtu *m*; **~stock** *m* makhila *f.*
Basset *m zo.* basset *m* hound.
Baßregler *m Plattenspieler, télév., rad.* réglage *m* des graves.
batterie|betrieben *adj.* alimenté par batterie; **℘gehäuse** *n* boîtier *m* (de la batterie); **℘uhr** *f* montre *f* à batterie; **℘wecker** *m* réveil *m* à pile.
***Bau** *m e-s Flughafens auch* implantation *f*; ~ von elektrischen Geräten génie *m* électrique; im ~ en cours de construction; en travaux; **~abnahmeschein** *m* certificat *m* de réception; ***~abschnitt** *m auch* phase *f*; ***~art** *f Auto* version *f*; **~biene** *f zo.* cirière *f*; **~boom** *m* boom *m* de la construction; **~boß** *péj. m* promoteur *m*; ***~bude** *f auch* guérite *f.*
***bauchen** *v/réfl.* sich ~ *bât.* se forjeter.
***Bauchlandung** *f aviat.* e-e ~ machen *auch* F se poser sur le gésier.
***Bauelement** *n* elektronisches ~ composant *m* électronique.
Bauern|dichter *m* poète *m* paysan; **~schenke** auberge *f* de village.
***bau|fällig** *adj. auch* tombant en ruines; **℘fläche** *f bât.* dalle *f*; ***℘gesellschaft** *f auch* société *f* promotrice; ***℘grube** *f auch* fouille *f*; ***℘herr** *m auch* maître *m* de l'ouvrage; **℘kastensystem** *n bei Möbeln, bât.* système *m* d'ameublement *bzw.* de construction par ensembles; ***℘leiter** *m* maître de l'œuvre, d'œuvre; maître *m* ouvrier.
Baum|bewohner *m zo.* animal *m* arboricole; **~fäller** *m* bûcheron *m*; ***~kuchen** *m cuis. auch* gâteau *m* à la broche; ***~säge** *f (Motorsäge)* tronçonneuse *f.*
Bau|planer *m* promoteur *m*; **~skandal** *m* scandale *m* immobilier; ***~sparen** *n auch* épargne *f* foncière; ***~stelle** *f Grundstück* terrain *m* à bâtir; **~stopp** *m* arrêt *m* d'une construction; **~träger** *m* entrepreneur *m* du bâtiment; ***~typ** *m auch* famille *f*; génération *f*; ***~unternehmer** *m auch* promoteur; **~wich** *m bât.* marge *f* de reculement.
***beachten** *v/t.* etw. sehr ~ garder qc. très présent à l'esprit.
Beamt|engehalt *n* rémunération *f*, salaire *m*, émoluments *m/pl.* d'un fonctionnaire, d'un agent; ***℘e(r)** *m* ~ auf Zeit fonctionnaire *m* stagiaire; ~ auf Lebenszeit fonctionnaire *m* à vie.
***beängstigend** *adjt. psych.* anxiogène.
***Beanspruchung** *f techn. bes.* contrainte *f.*
***beanstanden** *v/t. auch* faire une

réclamation; se plaindre de; *bisweilen auch* incriminer.

Bearbeit|barkeit *f techn. des Stahls* usinabilité *f*; ***2en** *v/t. Akten usw. auch* examiner; *fig.* j-n ~ matraquer qn.; mettre qn. en condition; **~ung** *f* **weitere** ~ perfectionnement *m*; ***~ungsgebühren** *f/pl. auch* frais *m/pl.* d'établissement de dossier.

Beatlefrisur *f* coiffure *f* à la Beatles; coupe *f* Beatles.

Beatnik *m* beatnik *m*; jeune rebelle *m*; intellectuel *m* barbu.

***beauftragen** *v/t. auch* donner une commission (j-n à qn.).

Becherförderer *m techn.* transporteur *m* à godets.

***Bedacht I** *st. s. m* voll ~ avec prudence, réflexion; **II** 2 *adjt.* darauf ~ sein, daß ... veiller à ce que ... (+ *subj.*).

bedarfs|gerecht *adj.* conforme aux besoins; **2lücke** *f* manque *m*, pénurie *f* (de qc. *od.* de qn.); e-e ~ überbrücken faire la soudure; **2weckung** *f* incitation *f*, stimulation *f* à la consommation.

***Bedauern** *n* sein ~ über etw. ausdrücken *auch* se déclarer désolé de qc.

Bedienungspersonal *n auch e-s Computers* servants *m/pl.*

***bedürftig** *adj. auch* besogneux, -euse; économiquement faible.

***beeilen** *v/réfl.* sich ~ *auch* s'activer (à).

***beeinflußbar** *adj.* leicht ~ suggestible.

***beeinträchtigen** *v/t. auch* affecter.

***befahren** *adjt.* e-e sehr ~e Straße *auch* une route très fréquentée, très utilisée; une rue passante.

Befangenheitserklärung *f jur. des Richters* abstention *f.*

Befassung *f jur.* saisine *f*; ~ von Amts wegen autosaisine *f.*

Befehlsnotstand *m* obligation *f* d'agir conformément aux ordres reçus.

Beförderungsvorschriften *f/pl.* réglementation *f* des transports.

***Befragung** *f* enquête *f*; interview *f*; *télév.* öffentliche ~ sondage *m* d'opinion.

***begabt** *adj. auch* de talent; talentueux, -euse.

Begabungs|reserve *f* réserve *f* de talents; **~rückgang** *m*, **~schwund** *m école.* diminution *f* de talents.

Begegnungsstätte *f* lieu *m* de rencontre.

***begeistern** *v/réfl.* sich für etw. ~ *auch* se prendre de passion pour qc.

***Beginn** *m auch* amorce *f*; der ~ e-s Kulturaustausches l'amorce d'échanges culturels.

***begleiten** *v/t.* (*heimgeleiten*) raccompagner; reconduire.

Begleit|fahrzeug *n Sport* voiture *f* suiveuse; **~text** *m unter e-m Bild* légende *f.*

begrapschen F *v/t.* tripoter; 2 *n* tripotage *m.*

Begriffseinheit *f écol. beim Sprachenlernen* centre *m* d'intérêt.

Begrünung *f* aménagement *m* d'espaces verts.

***begrüßen** *v/t.* wir würden es sehr ~, wenn ... il nous serait très agréable si ...

***Begrüßungsansprache** *f* e-e ~ halten prononcer un discours de bienvenue.

***behagen** *v/i.* j-m ~ sourire à qn.

Behälterwagen *m chem. für Container* wagon *m* porte-containers.

***Behandlung** *f méd.* medikamentöse ~ traitement *m* médicamenteux; médication *f.*

beharken *v/t.* F *milit.* balayer; pilonner; marteler.

***Beharrungsvermögen** *n écon. auch* statisme *m.*

beheizbar *adj. Auto* ~e Heckscheibe lunette *f* arrière dégivrante.

***Behelfs|mittel** *n* moyen *m* de fortune; **~unterkunft** *f* abri *m* de fortune.

***behelligen** *v/t.* j-n mit e-m Thema ~ entreprendre qn. sur un sujet.

Beherbergungsort *m* lieu *m* d'hébergement.

***beherrsch|en** *v/t. e-e Sprache auch* maîtriser; bien manier; **2ung** *f e-r Sprache auch* maîtrise *f.*

Behinderter *m méd.* körperlich (geistig) ~ 'handicapé *m*, diminué *m*, inadapté *m* physique (mental).

***bei** *prép. auf e-m Brief* (*per Adresse*) aux bons soins de.

***Beichtvater** *m auch* père *m* spirituel; directeur *m* de conscience.

beigefarben *adj.* beige; mastic.

***Beigeschmack** *m fig.* relent *m.*

***beiläufig** *adj. u. adv.* entre parenthèses.

***Beileid** *n* nehmen Sie mein volles ~ entgegen! croyez à toute ma sympathie!

Beinahe-Zusammenstoß *m Auto, aviat., chem.* quasi-télescopage *m.*

***Bein|schlag** *m Schwimmen auch* battement *m* de jambes; **~schutz** *m Sport* jambière *f.*

Beirat *m* juristischer ~ avocat-conseil *m.*

***beiseite** *adv.* sich ~ halten rester à l'écart, sur la touche; ~ stellen reléguer. [d'assistance.]

Beistandsabkommen *n* accord *m*

Beistelltischchen *n* Satz *m* ~ *pl.* table *f* gigogne.

Beitragsbemessungsgrenze *f* limite *f* de la cotisation.

***beitreten** *v/i. auch* se joindre (à).

Beitritts|recht *n* droit *m* d'adhésion; **~vertrag** *m* traité *m* d'adhésion.

***Beiwerk** *n im Roman* unnützes ~ remplissage *m*; délayage *m*; longueurs *f/pl.*

***beizeiten** *adv.* (*rechtzeitig*) *auch* à l'heure; (*frühzeitig*) *auch* avant l'heure; en avance.

***Bekämpfung** *f* Zentrale *f* zur ~ des Menschenraubs centre *m* antirapt.

bekennen *v/réfl.* sich zu e-m Verbrechen ~ revendiquer un crime; ***~d** *p. pr.* 2e Kirche Église *f* de la Confession.

***bekleiden** *v/t. fig.* e-e Stellung ~ détenir une position.

Bekleidungsgegenstand *m* article *m* vestimentaire.

***Beklommenheit** *f* malaise *m.*

***bekloppt** F *adj. auch* timbré.

Belagerungskrieg *m* guerre *f* de sièges.

***belangen** *v/t. jur.* j-n gerichtlich ~ *auch* traduire qn. en correctionnelle.

belast|bar *adj. pol.* susceptible d'être mis à l'épreuve; **2barkeit** *f pol.* die ~ des Viermächteabkommens la flexibilité de l'accord quadripartite; ***~en** *v/t. techn. Bremsen* mettre à contribution; ***2ung** *f* (*Arbeits*2) surmenage *m*; **2ungsannahme** *f techn.* charge *f* supposée.

***Beleg** *m* als ~ à titre documentaire; **~exemplar** *n bes. Zeitungswesen auch* justificatif *m.*

***Belesenheit** *f* bei großer ~ avec énormément de lectures.

Belichtungsautomatik *f phot.* exposition *f* automatique.

Belüftungskanal *m* gaine *f* de ventilation.

***bemängeln** *v/t. auch* dénoncer.

***bemannt** *adj. Rakete auch* monté par des astronautes.

***bemerken** *v/t.* (*äußern*) ~ daß ... *auch* faire la remarque, déclarer, dire que ...

***bemühen** *v/réfl.* sich um j-n finanziell ~ se mettre en frais pour qn.

***bemutter|n** *v/t.* j-n ~ *auch* materner qn.; **2ung** *f* F maternage *m.*

***benachteiligt** *p.p. écon.* économiquement faible; mal loti.

***benebeln** *v/t. Erfolg auch* embrumer.

***benehmen** *v/réfl.* sich nicht zu ~ wissen F ne pas être dans le ton.

***Beneluxstaaten** *m/pl. auch* Bénéluxiens *m/pl.*

***Bengel** *m auch* môme *m*; mioche *m*; P moutard *m*; moujingue *m.*

***benutz|en** *v/t. Straße, Treppe, Verkehrsmittel auch* emprunter; ***2er** *m e-r Straße auch* emprunteur *m.*

***Benzin** *n auch* P jus *m.*

Berappung *f bât.* enduit *m* 'hourdé.

Berater|gremium *n* assemblée *f* consultative; comité *m* consultatif; **~vertrag** *m* contrat *m* conclu par une entreprise ou un membre du parlement et un personnage très qualifié.

***Beratung** *f plais. auch* remue-méninges *m.*

***beredt** *adj. Person auch* disert.

***Bereich** *m, n* in e-m ausschließlich humanitären ~ dans un contexte exclusivement humanitaire.

***bereifen** *v/t. Auto* neu ~ rechausser.

***bereinigen** *v/t.* e-n *Streitpunkt auch* élucider.

***bereit** *adj.* sich ~ erklären zu ... *auch* accepter de ...

***bereiten** *v/t. Empfang auch* faire.

Bereitschafts|arzt *m* médecin *m* de garde; ***~tasche** *f phot. auch* valise *f* fourre-tout photographique.

***Berg|dorf** *n auch* village *m* montagnard; **~freudigkeit** *f e-s Autos* aptitudes *f/pl.* en côtes; ***~steiger** *m auch* grimpeur *m*; **~stiefel** *m* brodequin *m* d'alpiniste.

***Bergung** *f e-r Raumkapsel* récupération *f*; **~sdienst** *m allg.* service *m* de sauvetage; **~sflotte** *f für e-e Raumkapsel* flotte *f* de récupération.

Bergverkehr *m mar.* mouvement *m* amont.

***beriesel|n** *v/t. fig. rad. usw.* j-n ~ matraquer qn., F pilonner qn.; ***2ung** *f fig. rad. usw.* F intox(e) *f*; matraquage *m.*

Berlin|abkommen *n pol.* accord *m* sur Berlin; **~gespräche** *n/pl.* pourparlers *m/pl.* sur Berlin; **~regelung** *f* arrangement *m* sur Berlin.

***Berufs|aussichten** *f/pl.* débouchés *m/pl.*; **2begleitend** *adj.* ~er Lehrgang cours *m* professionnel complémentaire; **~bezeichnung** *f* dénomination *f* professionnelle; **~bezogenheit** *f écol., péd.* professionnalisme *m*; **2bildend** *adj.* ~er Unterricht préapprentissage *m*; **~förderung** *f* promotion *f* professionnelle; ***~genossenschaft** *f auch* caisse *f* d'assurance mutuelle; **~müdigkeit** *f* lassitude *f* professionnelle; **~ordnung** *f* statut *m* professionnel; ***~pflicht** *f* déontologie *f* professionnelle; **~spielertum** *n Sport* professionnalisme *m*; **~sport** *m* sport *m* professionnel; **~stand** *m* ordre *m* professionnel; ***2tätig** *adj. auch* engagé dans la vie professionnelle; ***~tätige(r)** *m auch* personne *f*

engagée dans la vie professionnelle; ***~verbot** *n auch* interdiction *f* professionnelle; ***~verkehr** *m auch* trafic *m* aux heures de pointe; **~ziel** *n* objectif *m*, but *m* professionnel.
***Berührung** *f* mit j-m in ~ kommen rencontrer, contacter qn.; se mettre en rapport, prendre contact, s'entretenir avec qn.
***Beschädigung** *f* mutwillige ~ öffentlichen Eigentums dégradations *f/pl.* volontaires de biens d'utilité publique.
Beschäftigtenzahl *f* effectifs *m/pl.*
***Beschäftigungs|möglichkeit** *f auch* débouché *m*; **~therapeut** *m* ergothérapeute *m*; **~therapie** *f* ergothérapie *f*; thérapie *f* occupationnelle.
***beschatt|en** *v/t. durch die Kriminalpolizei* j-n ~ prendre qn. en filature; ***2ung** *f durch Kriminalpolizei* filature *f*.
***Bescheid** *m* j-m e-n abschlägigen ~ erteilen opposer à qn. une fin de non-recevoir; ~ wissen *auch* F connaître la musique.
***beschicken** *v/t. e-n Markt* approvisionner (mit de).
***beschimpfen** *v/t.* sich gegenseitig ~ s'invectiver.
***Beschlagnahm|e** *f Auto, aviat.* mise *f* en fourrière; **2en** *v/t. Auto, aviat.* mettre en fourrière.
***Beschönigung** *f* ohne ~ sans fard.
***beschränkt** *adjt. fig. auch* béotien, -nne; primaire; simpliste; inculte; ***2heit** *f des Geistes auch* philistinisme *m*; esprit *m* de chapelle, de coterie.
***Beschwingtheit** *f allg.* agilité *f* et aisance *f*.
Besegelung *f* yachting *m* (sur).
***beseitigen** *v/t. fig.* gommer; *Fehler* éliminer.
***Besen** *m péj. u.* F *fig.* (*Frau*) *auch* P chipie *f*; ***~schrank** *m auch* armoire *f* de rappel.
***besetzen** *v/t. milit.* die Straßen mit Militärposten ~ quadriller les rues.
Besetztsein *n tél.* occupation *f* de la ligne.
***besichtigen** *v/t. Haus, Wohnung auch* explorer.
Besitzgier *f* possessivité *f*.
***besoffen** *adjt.* P total ~ F pochard; P blindé.
Besoldungsschlüssel *m* grille *f* des salaires, des rémunérations.
***Besonderheit** *f auch* spécificité *f*.
besorgniserregend *adj.* inquiétant; préoccupant.
***Besprechung** *f* réunion *f*; *milit., bei e-r Zeitung* briefing *m*; mise *f* au courant.
Besprengungsanlage *f agr.* rampe *f* d'aspersion; asperseur *m*; dispositif *m* d'arrosage.
besprochen *p.p.* wie ~ selon nos arrangements; comme convenu.
***Besserung** *f méd.* nach e-r leichten ~ après un léger mieux.
***Bestand** *m* ~ an Computern parc *m* informatique; ***~saufnahme** *f auch fig., pol.* inventaire *m*.
***Bestätigung** *f* um die ~ dafür zu haben pour en avoir confirmation; e-e ~ für etw. schicken envoyer confirmation de qc.
***Bestechungsskandal** *m* scandale *m* de corruption.
***bestehen** *v/t.* e-e Prüfung nicht ~ échouer à, rater, louper, ne pas réussir un examen; *v/i.* aus etw. ~ *auch* être constitué de qc.; woraus besteht dieses Nahrungsmittel? quelle est la composition de, en quoi consiste cet aliment?
***besteuern** *v/t.* fiscaliser.
***bestreichen** *v/t. cuis.* mit Ei ~ dorer à l'œuf.
***Bestseller** *m vom Buch auch* livre *m* à gros tirage; livre *m* champion, en vogue.
***betätscheln** F *v/t. auch* frôler.
Beteiligungsquote *f* quote-part *f* dans une participation.
Beton|balkenbrücke *f* pont-poutres *m* de béton; **~bauwerk** *n* caisson *m*; ***~decke** *f Hochbau* dalle *f*; **~kästen** *péj. m/pl.* (*Häuser*) citadelles *f/pl.* en béton; ***~pfeiler** *m e-r Brücke* pile *f* en béton; **~riese** *péj. m* mastodonte *m* de béton; tour *f* de béton.
***betörend** *adjt. auch* enjôleur, -euse; séducteur, -trice.
***betreiben** *v/t. e-e Pension* tenir, diriger.
***betreuen** *v/t. auch* prendre en charge; liebevoll ~ couver.
***Betreuung** *f* kulturelle ~ animation *f* culturelle.
***Betriebs|anleitung** *f für ein Auto auch* notice *f* d'entretien; **2sfertig** *adj. Auto etc.* en état de marche; ***~ingenieur** *m* ingénieur *m* technico-commercial; ***~klima** *n auch* climat *m* social; **~lehre** *f* sciences *f* commerciales; **~nudel** F *f* type *m* sans cesse remuant; **~soziologie** *f* sociologie *f* de l'entreprise; **~stab** *m* équipe *f* d'exploitation; **~vorschrift** *f* règlement *m* intérieur; **~wirtschaft** *f* science *f* de l'organisation et de la gestion des entreprises; **~wirtschaftler** *m* expert *m* de la gestion d'entreprises; ***~wissenschaft** *f auch* science *f* des organisations; **~zeitung** *f* journal *m* de l'entreprise.
Betrunkenheit *f* ivresse *f*; ébriété *f*.
***Bett** *n* ans ~ gefesselt sein *auch* être confiné dans son lit; ***~bezug** *m* drap *m* dessus-de-lit; drap-enveloppe *m*; drap-'housse *m*.
Bettenhaus *n* magasin *m* de literie.
Bettlägerigkeit *f* alitement *m*.
Bett|lampe *f* lampe *f* de chevet; ***~nässer** *m* enfant *m* incontinent, énurétique; **~szene** *f im Film etc.* scène *f* de lit; **~zeugtruhe** *f* coffre *m* à literie.
***beunruhigend** *adjt. auch* alarmiste.
Beuteanteil *m* part *f* du butin.
Beutelhängebahn *f Post* transport *m* des sacs postaux par rail suspendu *od.* aérien.
Bevölkerungs|explosion *f* explosion *f*, boom *m* démographique; ***2politisch** *adj.* populationniste; ***~überschuß** *m auch* trop-plein *m* de population; ***~zunahme** *f* croissance *f* démographique.
Bewahrer *m* ~ von Traditionen mainteneur *m* de traditions.
***bewähren** *v/réfl.* sich ~ *Erfindung etc.* mener à bien.
***bewältigen** *v/t.* s-e Vergangenheit ~ surmonter son passé.
Bewässerungsgraben *m* rigole *f* d'irrigation.
bewegend *adjt.* émouvant; pathétique; touchant.
***beweglich** *adj.* (*lebhaft, rüstig*) allant.
Bewegungs|armut *f* sédentarité *f*; **~behinderte(r)** *m* 'handicapé *m* moteur; **~drang** *m psych.* psychomotricité *f*; **~therapie** *f* mécanothérapie *f*.
Bewehrungsmonteur *m bât.* ferrailleur *m*; charpentier *m* en fer; installateur *m* de structures métalliques.
Beweiskette *f* chaîne *f* de preuves.
***Bewerbungsschreiben** *n auch* lettre *f* de sollicitation.
Bewertungsschlüssel *m Finanzen* grille *f* de cotation.
Bewitterung *f bât.* action *f* des agents atmosphériques.
***Bewußt|losigkeit** *f psych.* inconscience *f*; **~seinsbildung** *f auch pol.* prise *f* de conscience; **~seinsinhalt** *m psych.* contenu *m* mental.
***bezaubernd** *adjt. auch* capiteux, -euse.
***bezeichnend** *adjt.* ~ sein für etw. en dire long sur qc.
***beziehen** *v/t. Pension, Rente auch* bénéficier de; Sozialrente ~ émarger à la sécurité sociale; *v/réfl.* sich auf ein Dokument ~ se reporter à un document.
***Beziehung** *f* ~en haben *auch* F avoir du piston.
***Bezug** *m* auf etw. ~ nehmen faire état de qc.; ***2sfertig** *adj. Haus etc.* nu habitable; prêt-à-habiter; **~swert** *m* valeur *f* référentielle.
Bibliothekswissenschaft *f* bibliothéconomie *f*.
***Biene** *f* F *fig.* flotte ~ F gigolette *f*; ***2nfleißig** *adj. auch* industrieux, -euse comme un castor.
Bierdose *f* boîte *f* métallique pour la bière; boîte *f* de bière.
bierernst F *adj.* sérieux, -euse comme un pape.
Bild|aufzeichnung *f cin.* prise *f* d'images; **~betrachter** *m phot.* visionneuse *f*; **~fälscher** *m* faussaire *m*; ***~fläche** *f* wieder auf der ~ erscheinen *auch* refaire surface; **~kontrolle** *f télév.* ~ durch e-n Monitor monitoring *m*; télésurveillance *f*; **~kontrollgerät** *n télév.* moniteur *m*; **~platte** *f* disque *m* vidéo; disque *m* (à) image(s); **~plattenspieler** *m* tourne-vidéodisque *m*; **~regie** *f télév.* mise *f* en scène; **~schirm** *m télév.* sich auf dem ~ gut machen bien rendre à l'écran; für den ~ geeignet télégénique; ***~störung** *f télév.* coupure *f*; **~telefonie** *f* phonévision *f*.
***Bildungs|einrichtung** *f auch* institution *f* éducative; ***2fähig** *adj. von geistig Zurückgebliebenen* récupérable; **2feindlich** *adj.* anticulturel, -lle; F allergique à la culture; ***~lücke** *f auch* défaut *m* de connaissance; **~mangel** *m*, **~notstand** *m* carence *f* éducative; **~medium** *n* média *m* éducatif; **2orientiert** *adj.* orienté vers les questions culturelles; **~planung** *f* planification *f* de l'enseignement; **~politik** *f* politique *f* d'éducation nationale; ***~roman** *m Literatur auch* roman *m* d'apprentissage; **~stand** *m* niveau *m* éducationnel; ***~stufe** *f Universität* filière *f* (de formation); **~technologie** *f* technologie *f* de l'enseignement; **~urlaub** *m* congé-formation *m*; congé *m* de formation; ***~wert** *m auch* valeur *f* formatrice.
Bild|verstärker *m télév.* amplificateur *m* vidéo; **~winkel** *m phot.* angle *m* photographique.
Billigwaren *f/pl.* articles *m/pl.* bon marché.
Bimetalleffekt *m* effet *m* bilame.
Bindegarn *n* ficelle *f*.
***Bindeglied** *n pol. auch* coagulant *m*.
***binden** *v/t. Streitkräfte* immobiliser.
***Binnenhafen** *m auch* port *m* intérieur.
Bio|akustik *f* bioacoustique *f*; **~ästhetik** *f* biosthétique *f*; **~ästhetiker** *m* biosthéticien *m*; **~astronautik** *f* bioastronautique *f*; **~logielehrer** *m* professeur *m* de sciences naturelles;

***2logisch** *adj.* ~ **abbaubar** biodégradable; **2mechanisch** *adj. méd.* biomécanique; **2metrisch** *adj.* biométrique; **~nik** *f* bionique *f*; **~satellit** *m* biosatellite *m*; **~soziologie** *f* biosociologie *f*; **~top** *m od. n biol.* biotope *m*.
***bis** *prép.* ~ **gleich!** *auch* à tout de suite!
***Bissigkeit** *f fig.* 'hargne *f*.
***Bitte** *f* **auf ~n von ...** à la demande de ...
***Blam|age** *f* vexation *f*; humiliation *f*; impair *m*; ***2ieren** *v/réfl.* **sich** ~ *auch* commettre un impair; F faire un pas de clerc.
***Blätter|wald** *plais. m auch* tas *m* de journaux de toutes les couleurs.
***blau** *adj.* F *fig.* ~ **sein** (*betrunken*) F avoir du vent dans les voiles; ***2strumpf** *m fig. auch* femme *f* bel esprit.
***blechen** *v/t.* F (*zahlen*) *auch* P foncer.
Blech|lawine F *fig. f* circulation *f* pare-chocs contre pare-chocs; **~schaden** *Auto m* dégât *m* de carrosserie.
bleiarm *adj.* pauvre en plomb.
***bleiben** *v/i.* **er bleibt dabei** *auch* F il n'en démord pas.
***Bleichsucht** *f path. auch* pâles couleurs *f/pl.*
Bleigehalt *m* teneur *f* en plomb.
***Blender** *m fig.* (personne *f* en) baudruche *f*.
***Blick|fang** *m auch* attrait *m*; ***~feld** *n* **etw. ins ~ rücken** porter qc. au grand jour; **in j-s ~ rücken** retenir l'attention de qn.
Blinddecke *f bât.* faux plafond *m*.
Blinden|hilfswerk *n* organisme *m* d'assistance aux aveugles; ***~hund** *m auch* chien-guide *m* pour aveugles.
Blind|landesystem *n aviat.* pilote *m* automatique; **~landung** *f aviat. auch* atterrissage *m* au pilote automatique.
Blinkerschalter *m Auto* commutateur *m* des clignotants.
***Blinklicht** *n auch* feu *m* intermittent.
Blitz|birnchen *n phot.* lampe *f* de flash; **~lichtautomat** *m* compute(u)r *m*; **~rundreise** *f dipl.* tournée *f* éclair; **~würfel** *m phot.* cube *m* de flash; flashcube *m*.
***blockfrei** *adj. pol. auch* non-aligné; **2heit** *f* non-alignement *m*.
***Blockierung** *f e-r Straße auch* barrage *m* routier; *Reitsport* obstruction *f*.
Blockpolitik *f* politique *f* des blocs.
Blödelei *f* idioties *f/pl.*; bêtises *f/pl.*
***Blume** *f fig.* **durch die ~ sprechen** *auch* parler d'une manière enveloppée.
***Blumen|erde** *f auch* terre *f* franche; **~frau** *f* bouquetière *f*; **~gebinde** *n* gerbe *f* de fleurs; **~topf** *m auch* godet *m*; **~übertopf** *m* cache-pot *m*.
***Blut** *n fig.* ~ **und Wasser schwitzen** avoir grand-peur; **~alkoholspiegel** *m* alcoolémie *f*; **~austausch** *m* exsanguinotransfusion *f*; ***2befleckt** *adjt. auch* maculé de sang; **~derivat** *n* dérivé *m* sanguin; ***2en** *v/i. text. vom Stoff* perdre sa couleur; **~plättchen** *n* plaquette *f* sanguine; ***~probe** *f auch* échantillon *m* de sang; **~transfusion** *f cf.* ***~übertragung**; ***~wäsche** *f auch* dialyse *f* du sang; hémodialyse *f*; **~zoll** *m fig.* impôt *m* du sang.
***bocken** *v/i. Auto, Motor* caler.
***bockig** *adj. auch* rêche; rétif, -ive; récalcitrant.
***Boden** *m fig. Flüchtling* **wieder ~ fassen** prendre racine; **dieses wie aus dem ~ gestampfte Heer** cette armée improvisée comme jaillie du pavé; *Rugby* **j-n zu ~ bringen** plaquer qn.; **~belag** *m bât. auch* dallage *m*; **~-~-Rakete** *f milit.* fusée *f* sol-sol; **~freiheit** *f Auto* garde *f* au sol; **~kontrolle** *f aviat.* contrôle *m* au sol; **~-Luft-Rakete** *f milit.* missile *m* sol-air; **~operationen** *f/pl. aviat.* opérations *f/pl.* au sol; **~probe** *f géol.* échantillon *m* géologique, du sol; ***~reform** *f auch* réforme *f* foncière; **~spekulant** *m* spéculateur *m* sur les terrains; **~verdichtung** *f bât.* compactage *m*; **~verschmutzung** *f* pollution *f* du sol.
***Bohnenstange** *f* F *fig. von Frauen auch* sauterelle *f*; longue échine *f*; P grande gigue *f*.
***Bohr|insel** *f auch* derrick *m* flottant; île *f* de forage; **~kern** *m géol.* carotte *f*; **~schacht** *m* mine *f* de forage.
***Bombe** *f fig.* **wie e-e ~ einschlagen** *Nachricht auch* faire l'effet d'une bombe; **~nalarm** *m* alerte *f* à la bombe; **~nleger** *m* plastiqueur *m*.
Bonbontüte *f* cornet *m* de dragées.
***Bonze** *m péj. u.* F *auch* puissant *m* du jour; gros *m*; F (gros) ponte *m*; huile *f*; grosse légume *f*; **~ntum** *n pol.* mandarinat *m*; mandarinisme *m*.
Bootsanhänger *m* remorque-canot *f*.
Bord|computer *m aviat.* calculateur *m* de bord; **2eigen** *adj. aviat., mar.* appartenant au bord; du bord; **~kommandant** *m aviat.* commandant *m* de bord.
***Börse** *f beim Boxkampf* (*Einnahmen*) recettes *f/pl.*
***Boß** *m* F grand manitou *m*; F adjudant *m*; P caïd *m*.
***Botanisiertrommel** *f auch* boîte *f* en fer de botaniste.
***Bote** *m für Gänge auch* coursier *m*.
***Boykotthetze** *f auch* appel *m* au boycottage.
Brain-Trust *m écon.* brain-trust *m*.
***Brand** *m* **e-n ~ verursachen** allumer, provoquer un incendie; ***~bombe** *f auch* engin *m* incendiaire; **~wächter** *m Gerät* extincteur *m*.
***brand|marken** *v/t. auch* dénoncer; ***~schatzen** *v/t.* (*in Flammen setzen*) mettre en flammes; ***2stifterin** *f hist.* pétroleuse *f*.
***Brat|enduft** *m auch* fumet *m*; ***~hähnchen** *n beim Einkauf* poulet *m* à rôtir.
***braun** *adj.* ~ **werden** *Haut auch* se bronzer.
***bräunen** *v/réfl.* **sich am Strand ~ lassen** F se faire dorer, rissoler sur la plage.
***Braunkohl|e** *f auch* charbon *m* végétal; **~enkoks** *m* coke *m* de lignite.
breit|gefächert *adj. Programm* varié; ***2spur** *f chem. auch* surécartement *m*; ***2wandfilm** *m auch* film *m* grand écran.
***Brems|fallschirm** *m auch* parachute *m* de queue; **~kraftregler** *m Auto* régulateur *m* de la force de freinage; **~kraftverstärker** *m Auto* servofrein *m*; **2kraftverstärkt** *adjt. Auto* assisté; **~strecke** *f cf.* *Bremsweg.
Brenn|punktstreik *m* grève-bouchon *f*; **~stofferspamis** *f Auto* économie *f* de carburant.
Brettlrutscher *süddeutsch plais. m* skieur *m*.
***Brief|bombe** *f* lettre *f* piégée; **~markengeschäft** *n* magasin *m* de philatélie; ***~markenhändler** *m auch* commerçant *m* en philatélie; **~sortieranlage** *f* automatische ~ installation *f* automatisée de tri de lettres; tri *m* de lettres automatique; **~träger** *m adm.* préposé *m* (au courrier).
***Brotkorb** *m fig.* **j-m den ~ höher hängen** *auch* tenir la dragée 'haute à qn.
***Brückenbau** *m milit.* pontage *m*.
Bruderpartei *f pol.* parti *m* frère.
***Brunftzeit** *f auch* saison *f* de rut.
***Brunnenbau** *m auch* fontainerie *f*.
***Brust|krebs** *m méd. auch* cancer *m* mammaire; ***~umfang** *m auch* tour *m* de buste.
Brüter *m phys. atom. cf.* Brutreaktor.
Brutreaktor *m phys. atom.* (réacteur *m*) régénérateur *m*; **schneller ~** réacteur *m* surrégénérateur à neutrons rapides.
***Buch|en** *n e-r Reise, e-s Flugs auch* booking *m*; **~erfolg** *m* succès *m* de librairie.
***Bücherschrank** *m auch* armoire-bibliothèque *f*.
***Buchhalter** *m auch* commis *m*, employé *m* aux écritures.
***Buchreihe** *f auch* collection *f*.
***Bückling** *m cuis. auch* 'hareng *m* fumé.
Buddelkiste *f* F *für Kinder* bac *m* à sable.
Buhmann *m* croquemitaine *m*.
***Bulle** *m péj. u.* P (*Polizist*) *auch* F poulet *m*.
Bumerang-Effekt *m* effet *m* boomerang.
***Bummel** *m* F **e-n ~ durch die Stadt machen** faire un tour en ville.
Bungalowdorf *n* village *m* de bungalows.
***Bürger** *m auch* administré *m*; **~initiative** *f pol.* initiative *f* populaire, des citoyens; **~rechtsbewegung** *f* mouvement *m* de citoyens; **~rechtler(in)** *m(f)* combattant(e) *m(f)* pour les droits de l'homme; défenseur *m* des droits civiques; **~sinn** *m* citoyennisme *m*; civisme *m*.
Büro|hochhaus *n* tour *f*; ***~kratismus** *m péj. auch* fonctionnarisme *m*.
Burschengröße *f cout.* taille *f* garçonnet.
***Bürstenschnitt** *m auch* cheveux *m/pl.* coupés, taillés en brosse.
Busbahnhof *m* gare *f* routière.
***Busch|messer** *n auch* coupe-coupe *m* (*inv.*); **~vernichtungsmittel** *n chim.* débroussaillant *m*.
Busspur *f* couloir *m* réservé aux autobus.
Butler *m* maître *m* d'hôtel; majordome *m*.
Butter|berg *m écon.* montagne *f* de beurre; ***~brotpapier** *n auch* papier *m* parchemin(é).
Butskopf *m zo.* épaulard *m*; orque *m*.
***Byzantinismus** *m auch* flagornerie *f*.

C

Café *n auch* pâtisserie *f*.
Caissonkrankheit *f méd.* mal *m* des caissons.
Camping|bus *m* camping-car *m*; **~wärter** *m* gardien *m* (du camping) *m*.
Cassetten-Recorder *m* enregistreur *m* à cassettes.
Chancengleichheit *f* chances *f/pl.* égales; égalité *f* des chances.
Chansonabend *m* soirée *f* de chansons.
Chaot *univ. pol. m* trublion *m*; perturbateur *m*; anarchiste *m*; **~in** *f* anarchiste *f*; perturbatrice *f*.
Charakter|bildung *f* développement *m* (*od.* formation *f od.* modelage *m*) du caractère; **~eigenschaft** *f* trait *m* de caractère; ***2fest** *adj.* consistant; ***~festigkeit** *f auch* consistance *f*; **2gestört** *adj.* caractériel, -lle; **~störungen** *f/pl.* troubles caractériels; ***2istisch** *adj.* ~ für etw. caractéristique (*od.* typique) de qc.
Charisma *n* charisme *m*; pouvoir *m* charismatique; don *m* de grâce.
Charter|flug *m* vol *m* charter; ***~flugzeug** *n* avion *m* charter; **~gesellschaft** *aviat. f* compagnie *f* charter; **~system** *n* système *m* charter; **~transport** *m* transport *m* par charter; **~verkehr** *m* trafic *m* charter.
Chasuble (*ärmellose Mantelweste*) *n* gilet-manteau *m*; chasuble *f*.
***Chauffeur** *m auch* conducteur *m*.
Chausseegeld *n* péage *m* (routier).
***Chefsekretärin** *f auch* secrétaire *f* de direction.
***Chemie** *f* ~ der Kohlestoffverbindungen carbochimie *f*; ***~faser** *f auch* fibre *f* chimique; **~faserindustrie** *f* industrie *f* des matières synthétiques; **~ingenieur** *m* ingénieur *m* chimiste; **~müll** *m* déchets *m/pl.* chimiques.
Chiffonkleid *n cout.* robe *f* en mousseline de soie.
***Chiffriermaschine** *f* machine *f* à coder.
Chinesen|feind *m* sinophobe *m*; **~feindschaft** *f* sinophobie *f*; **~freund** *m* sinophile *m*; **~freundschaft** *f* sinophilie *f*.
Choleraimpfung *f auch* vaccination *f* anticholérique.
***Chor** *m* im ~ sprechen (*Demonstration*) scander.
***Chrom|nickelstahl** *m auch* nichrome *m*; **~verkleidung** *f Auto* enluminure *f* de chrome.
clever *adj.* F malin, -igne; fort.
***Clique** *f auch* bande *f*; **~ngeist** *m péj.* esprit de chapelle.
Clog *m modischer Holzpantinenschuh* sabot *m*.
clownhaft *adj.* clownesque.
Codieren *n Elektronik* codage *m*.
Collage *f Kunst* collage *m*; papiers *m/pl.* collés.
Collegemappe *f* sac *m* de cours; porte-documents *m*.
Comic-Streifen *m* bande *f* dessinée, B.D. *f*.
***Computer** *m* auf ~ umstellen mettre sur ordinateur; cybernétiser; **2gesteuert** *adjt.* dirigé par ordinateur.
Container *m* (*Transport*) container *m*; conteneur *m*; **~schiff** *n* transcontainer *m*; transconteneur *m*; navire *m* porte-conteneurs.
Countdown *m od. n* (*vor Raketenabschuß*) compte *m* (*bisweilen* décompte *m*) à rebours.
Cross-Country-Motorradsport *m* trial *m*.
Crossing-over *n biol.* entrecroisement *m*.
Cruise Missile *n* (*Fernlenkwaffe*) *milit.* missile *m* de croisière.
cuttern *v/t. cin.* monter.

D

***dabeisein** *v/i.* überall ~ se multiplier.
***Dach** *n fig.* eins aufs ~ bekommen recevoir une douche; ***~antenne** *f auch* antenne *f* extérieure; **~gepäckträger** *m Auto* galerie *f* de toit; ***~geschoß** *n* im ~ wohnen loger sous les combles; **~kehle** *f bât.* noue *f*; ***~organisation** *f auch* organisme *m* dirigeant; organisation *f* de coordination; ***~terrasse** *f* toit-terrasse *m*; **~überstand** *m bât.* saillie *f* de toit; berceau *m*; **~verband** *m comm.* société *f* centrale; 'holding *m*.
***dahinvegetieren** *v/i. auch* croupir.
Dalles *m* F im ~ sein être dans la dèche.
***damalig** *adj. auch* de l'époque.
Damaltinerhund *m auch* chien *m* damaltien.
Damen|bekleidung *f* habillement *m* féminin; **~blazer** *m* caban *m*; **~garnitur** *f* parure *f*; **~hutkrempe** *f* passe *f*; **~überschuh** *m* bottillon *m*; **~wäsche** *f* lingerie *f*.
***Damm** *m fig.* ganz auf dem ~ sein être frais et dispos (*od.* d'attaque *od.* en forme); wieder auf den ~ kommen se refaire, se rétablir, F se requinquer, F se remplumer, se renflouer, F se retaper.
***Dämmerstunde** *f* F heure *f* du chien et loup.
Dampf|badhalle *f* vaporarium *m*; **~bügeleisen** *n* fer *m* vapeur; **~bügeln** *n* pressage *m*, pressing *m*, repassage *m* à la vapeur.
***Dämpfer** *m fig. Zügel auch* rabat-joie *m*.
Dampf-Vakuum-Verfahren *n* vide-vapeur *m*.
***Danaergeschenk** *n auch* cadeau *m* empoisonné.
***dankbar** *adj.* ich bin Ihnen dafür ~ je vous en rends grâce.
***dann** *adv.* ~ und wann par à-coups; par moments.
***darlegen** *v/t.* etw. offen ~ apporter qc. au grand jour.
***Darmentleerung** *f méd.* déjection *f*.
***Darstellung** *f cin.* mise *f* en images.
***darum** *adv.* ~ geht's c'est bien de cela qu'il s'agit.
***darunter** *adv.* (*nach Zahlen*) zwölf Länder, ~ Frankreich und Deutschland douze pays, dont la France et l'Allemagne.
***dasitzen** *v/i.* F *fig.* mit s-r Kunst ~ être au bout de son rouleau.
Datei *f Informatik* ensemble *m* de données.
Daten|bank *f Informatik* banque *f* de données; **~bibliothek** *f* batterie *f* (*od.* bibliothèque *f*) de programmes; **~endgerät** *n*, **~endstation** *f* terminal *m*; **~erfassung** *f* saisie *f* des données; **~fernübertragung** *f* téléinformatique *f*; **~fernverarbeitung** *f* télétraitement *m* (de l'information); **~schutzgesetz** *n* loi *f* sur l'informatique; **~spezialist** *m* informaticien *m*; **~stapelung** *f* stockage *m* de l'information; **~typistin** (*Locherin*) *f* perforatrice *f*, perforeuse *f*; **~verarbeiter** *m* analyste *m*; ***~verarbeitung** *f auch* utilisation *f* de l'information; **~verarbeitungsanlage** *f* ordinateur *m*; **~verdichtung** *f* réduction *f* des données.
Datiergerät *n* composteur *m*.
Dauer|frostboden *m géol.* pergélisol *m*; permafrost *m*; **2gewellt** *adj.* **~es** Haar cheveux *m/pl.* permanentés; **~lichtzeichen** *n* feu *m* à cycle fixe; ***2nd** *adv.* ~ geöffnet ouvert en permanence; **~parker** *m Auto* voiture *f* ventouse; **~strich-Dopplerradardetektor** *m* radar *m* routier à ondes continues.
***Daumen** *m fig.* etw. über den ~ peilen F faire, piler qc. au pif.
***Däumling** *m Daumenkappe* poucier *m*; *Handschuh* pouce *m*.
***Daunen|bett** *n*, ***~decke** *f auch* duvet *m*.
***davonkommen** *v/i.* heil ~ F s'en sortir.
dazugießen *v/t. cuis.* rajouter.
Debattenstenographin *f* sténodactylographe *f* de débats.
***decken** *v/réfl.* sich bedeutungsmäßig ~ se recouvrir du point de vue sémantique.
Decken|band *n bât.* bandeau *m*; ***~beleuchtung** *f* plafonnier *m* (électrique); ***~leuchte** *f auch* applique *f* au plafond; **~untersicht** *f bât.* soffite *m*.
***Deck|farbe** *f* frottis *m*; ***~mantel** *m* unter dem ~ der Hilfe sous couleur d'assistance; ***~name** *m* nom *m* de code; ***~platte** *f* (*Tonbandgerät*) platine *f*.
deckungslos *adj., adv. comm.* à découvert; *Scheck* sans provision.
***Defekt** *m techn.* défectuosité *f*; malfaçon *f*; *fig.* geistiger ~ déficience *f* mentale.
***Defensive** *f* zur ~ übergehen se mettre sur la défensive.
***degradieren** *v/t.* déclasser.
***dehnbar** *adj.* **~er** Begriff notion *f* extensive.
Dekoder *m* organe *m* de décodage.
***Delikatesse** *f* das ist e-e ~ *auch* c'est un régal.
Deltaflügel *m aviat.* aile *f* delta.
***demgegenüber** *adv.* en contre-partie; à l'inverse.
Denkanstoß *m* suggestion *f*; impulsion *f* à réfléchir; *pol.* Denkanstöße austauschen entamer des échanges d'idées.
***denken** *v/t.* das habe ich nicht von ihm gedacht je ne l'en aurais pas cru capable; *chem.* **~der** Zug *m* train *m* robot.
***Denker** *m* scharfer ~ esprit *m* rigoureux.
Denk|hemmung *f psych.* inhibition *f* mentale; ***~malschutz** *m* unter ~ *auch* sauvegardé; **~modell** *n* schéma *m* mental; **~pause** *f* pause-réflexion *f*, pause *f* de réflexion; **~vorgang** *m* processus *m* de penser.
Deponie *f Müllkippe* décharge *f* publique.

Desaster *n* désastre *m*.
desensibilisieren *v/t. méd.* désensibiliser.
Deseskalation *f milit.* désescalade *f*.
Designer *m* designer *m*; créateur *m* de formes; modéliste *m*; esthéticien *m* industriel; styliste *m*.
Detailreisehandel *m* démarchage *m* à domicile.
Detektei *f* agence *f* de détectives privés; **~dienst** *m* police *f* privée.
***deutlich** *adj., adv.* noch **~er werden** renchérir; **e-e ~ere Sprache sprechen** muscler ses propos.
deutscherseits *adv.* côté allemand.
deutsch-sowjetisch *adj.* germano-soviétique.
***Devisenausgleich** *m fin.* compensations *f/pl.* en devises; **~sabkommen** *n* accord *m* sur les compensations en devises.
devisen|bringend *adj.* importateur, -trice de devises; **2einfuhrgenehmigung** *f* autorisation *f* d'entrée de devises.
***Dez** F *m* F caboche *f*; fiole *f*; P cafetière *f*.
***Dezimalsystem** *n* **Umstellung der Währung auf das ~** décimalisation *f* de la monnaie.
Diagonalreifen *m Auto* (*normaler Reifen*) pneu *m* diagonal.
Diamantenbrosche *f* barrette *f* de diamants.
Dia|projektor *m phot.* projecteur *m*; **~serie** *f cin., écol.* films *m/pl.* fixes.
Dichtungsband *n bât.* ruban *m* d'étanchéité.
***dick** *adj.* **~ werden** s'empâter; ***~bauchig** *adj.* F ventripotent; ***2kopf** *m auch* tête *f* de lard; ***~lich** *adj. auch* F rondouillard; ***2wanst** F *m auch* pot-à-tabac *m*.
***diebes|sicher** *adj.* antivol *inv.*; **2volk** *n* gens *m/pl. bzw. f/pl.* de sac et de corde.
***Dielektrizitätskonstante** *f auch* permittivité relative.
Dielengarnitur *f* mobilier *m* d'un vestibule.
***dienen** *v/i.* **als etw. ~** faire office de qc.
Dienst|befreiung *f* décharge *f* de service; **~habender** *m* officiant *m*; ***~leistungen** *f/pl. allg.* prestations *f/pl.* de service; *comm., fin.* opérations *f/pl.* (*od.* transactions *f/pl.*) invisibles; **~leistungsbetrieb** *m* prestataire *m* de services; ***~reise** *f* déplacement *m*; ***~wagen** *m* voiture *f* de fonction; voiture *f* de service.
***Dieselöl** *n auch* gas-oil *m*.
Digital|anzeige *f* indication *f* digitale; **~daten** *n/pl.* données *f/pl.* numériques (*od.* numérales); **~rechner** *m* calculateur *m* digital (*od.* numérique *od.* numéral); **~uhr** *f* montre *f* digitale.
Diktatzeichen *n/pl.* références *f/pl.*
***dilettant|isch** *adj. auch* fantaisiste; ***~2ismus** *m auch* amateurisme *m*.
***Ding** *n* F **das is' ja'n ~!** la belle affaire!; **ein ~ drehen** *argot* faire une magouille.
***Dings** *n* F machin *m*; bidule *m*; fourbi *m*; chose *m*; truc *m*.
***dingfest** *adj.* **j-n ~ machen** *auch* écrouer q.
***Diplom** *n* F peau *f* d'âne.
Diplomaten|krem *f*, **~pudding** *m* diplomate *m*; **~schaft** *f* diplomatie *f*; **~tasche** *f* attaché-case *m*.
***direkt** *adv.* **~ übertragen** *rad.* retransmettre en direct; **~ aus den Händen trinken** boire à même les deux mains.

Direktorenstelle *f écol. Gymnasium* provisorat *m*.
Direktreportage *f télév.* reportage *m* en direct.
Discountgeschäft *n* minimarge *m*.
***Diskussion** *f* **zur ~ stehen** être en discussion; **~sausschuß** *m* panel *m*; **~sforum** *n* forum *m* de discussion; **~sleiter** *m* animateur *m*; directeur *m* du débat.
***diskutieren** *abs. pol.* dialoguer; *allg.* **gern ~** aimer raisonner.
Diskutiersucht *f* manie *f* de discuter.
***Dispens** *m auch* passe-droit *m*.
Dissident *m auch pol.* dissident *m*; *pol.* contestataire *m*; **~entum** *n* dissidence *f*; contestation *f*.
***distanzieren** *v/réfl.* **sich von etw. ~** désapprouver qc.
distinktiv *adj. ling.* **~es Merkmal** trait *m* pertinent (*od.* distinctif).
Diversant *m pol.* déviationniste *m*; **~entum** *n pol.* déviationnisme *m*.
diversifizieren *v/t.* diversifier.
Diwandecke *f* couverture *f* de divan.
***Dock** *n mar. auch* forme *f* de réparation navale (*od.* de radoub).
Docking *n* (*Raumfahrt*) accostage *m* et arrimage *m*.
Döfchen *n* F dadais *m*; nigaud *m*.
***Doktor** *m méd.* **Frau Dr. X ist die einzige Ärztin** le docteur X est le seul médecin.
Dokumentenmappe *f* porte-documents *m*.
Dolce vita *f la* douceur de vivre; dolce vita *f*; **e-e ~ führen** mener une vie dorée, la vie de château.
Doping *n* dopage *m*; **~mittel** *n* dopant *m*; substance *f* dopante.
Doppel|deckerbus *m* autobus *m* à impériale; ***~fenster** *n bât.* survitrage *m*; **~gängerin** *f* sosie *m*; **~kabine** *f mar.* cabine *f* à deux places; **~moral** *f* système *m* de deux poids et deux mesures; **~mord** *m* double assassinat *m*; double meurtre *m*; **~packtasche** *f* (*Fahrrad*) **hintere ~** sacoche *f* porte-bagages arrière; **~paddel** *n* pagaie *f* double; **~rippqualität** *f* (*Herrenunterwäsche*) qualité *f* double côte; **~sinn** *m ling.* amphibologie *f*; **~stadt** *f* bipole *f*; ***~stecker** *m élect.* fiche *f* à deux broches; **~stoß** *m esc.* coup *m* fourré.
***doppelt** *adv.* **~ vorsichtig sein** redoubler de prudence.
Doppler-Ultraschalldetektor *m* détecteur *m* à ultrasons à ondes continues.
Dorfkneipe *f* bistrot *m*, café *m* de village.
***Dosierung** *f phm.* posologie *f*.
***Double** *n cin. auch* cascadeur *m*, -euse *f*.
Dozentur *f* maîtrise *f* de conférences.
dozierend *adj.* sentencieux, -euse; *adv.* sentencieusement; d'un ton professoral.
***Drache** *m fig.* **das ist ein Kampf mit dem ~n** c'est le combat du pot de terre contre le pot de fer; **~nflieger** *m Sport* deltaplaniste *m*, vélideltiste *m*; **~nflugschule** *f* école *f* pour deltaplanes, véliplanes; **~nflugzeug** *n* deltaplane *m*, véliplane *m*.
***Draht** *m dipl.* **heißer ~** téléphone *m* rouge.
***Drahtesel** *m* (*Fahrrad*) F petite [reine *f*.]
***Drahthaarterrier** *m* fox *m* à poil dur.
Drahtisolierung *f* (*aus Kunststoff*) faveurs *f/pl.*
***drahtlos** *adj. Post* **~e Verbindung** radiocommunication *f*.

Drahtmatratze *f* matelas *m* semi-métallique.
***Drahtseil** *n techn.* 'hauban *m*; ***~bahn** *f auch* télécabine *f*; *älter* funiculaire *m*.
***drall** *adj.* **~es Mädchen** fille *f* plantureuse (*od.* potelée).
Drall *m* (*Raumfahrt*) spin *m*.
drankommen *v/i. écol.* être interrogé.
***drapieren** *v/t.* **ein Kleid ~** chiffonner une robe.
***Draufgänger** *m auch pol.* homme *m* à poigne; F dur *m*; F brave *m* à trois (*od.* à quatre) poils; *argot* battant *m*; P mec *m* à la redresse; *Autofahrer péj.* fou *m* du volant; fonceur *m*; ***2isch** *adj. auch* aventurier, -ière.
***drauflosschießen** *v/i.* **auf j-n ~** F faire des cartons sur qn.
Dreck|arbeit *f* travaux *m/pl.* bas; **~loch** *n* tanière *f*; taudis *m*; F clapier *m*.
***Dreh** *m* F *auch* tripotage *m*; F magouille *f*.
***Dreh|gestell** *n für Waren* stockage *m* tournant; **~leiter** *f* échelle *f* de sauvetage automobile; ***~orgel** *f auch* limonaire *m*; **~spieß** *m* (*Grillgerät*) tourne-broche *m*; broche *f* tournante; **~sprenger** *m agr.* tourniquet *m* de jardinier; **~stromleitung** *f* terne *m*; **~tür** *f auch* tourniquet *m*; (porte *f* à) tambour *m*.
***Drehung** *f Auto* **~ um die eigene Achse** tête-à-queue *m*.
***dreidimensional** *adj. cin.* sur triple écran.
Dreier|gespräche *n/pl. pol.* conversations *f/pl.* tripartites; **~stadt** *f* (*durch Zusammenlegung*) ville *f* troïka; cité *f* à trois têtes; **~wette** *f* (*Pferderennen*) tiercé *m*.
Drei|hundertjahrfeier *f* troisième centenaire *m*; tricentenaire *m*; ***~käsehoch** *m* F *argot* nabot *m*; tom-pouce *m*; **~klanghupe** *f Auto* avertisseur *m* à trois notes; ***~radwagen** *m Auto auch* triporteur *m*; **~satztisch** *m* table *f* gigogne.
***dreiviertel** *adj. num.* **um ~** (*Uhrzeit*) à moins le quart; **2hose** *f* pantalon *m* corsaire.
***Dreizimmerwohnung** *f* **e-e ~** un trois pièces.
***dreschen** *v/t. fig.* **leeres Stroh ~** perdre son temps et sa peine; s'efforcer inutilement.
dressiert *adjt. Hund* savant.
Dringlichkeits|anfrage *f parl.* interpellation *f* d'urgence; ***~stufe** *f* degré *m* de priorité.
***dritt** *adj. num. o. pol.* **~e Macht** tierce puissance *f*; **die ~e Welt** le tiers monde.
***Dritt|land** *n auch* pays *m* non-aligné; **~staat** *m* État *m* tiers.
Drive-in-Bank *f comm.* autobanque *f*; télébanque *f*.
Drogen|abhängiger *m* drogué *m*; intoxiqué *m*; **~abhängigkeit** *f* pharmacodépendance *f*; assuétude *f*; **~party** *f* drogue-partie *f*; **~süchtiger** *m* toxicomane *m*.
***Dröhnen** *n milit.* ramdam *m*.
***drossel|n** *v/t. fig.* **Inflation** juguler; **2ung** *f* **~ der Preise** freinage *m* des prix.
***Druck** *m fig.* mainmise *f*; emprise *f*.
Druckabfall *m aviat.* dépressurisation *f*; décompression *f*.
druckbar *adj.* (*Druckerei*) imprimable, publiable.
***Drückeberger** *m* F capon *m*.
***drücken** *v/réfl.* **sich vor e-r Frage ~** se dérober devant une question;

sich nie vor e-r Anstrengung ~ ne marchander jamais un effort.
Druck|erstreik *m* grève *f* des ouvriers d'imprimerie; **~industrie** *f* industrie *f* de l'imprimerie.
Druckkochtopf *m* autocuiseur *m*.
Druckluftkrankheit *f méd.* mal *m* des caissons.
***druckreif** *adj.* bon, bonne à tirer.
Druckschlauch *m techn.* détecteur *m* pneumatique.
Drüsenstörung *f méd.* dérèglement *m* glandulaire.
drusisch *adj.* (*Volksstamm*) druze.
Dschungelpfad *m* piste *f* au coupe-coupe.
Dübelmeißel *m techn.* tamponnoir *m*.
***duellieren** *v/réfl.* sich ~ *auch* aller sur le pré; rendre raison (wegen etw. mit j-m de qch. à qn.).
Duftmauer *f* (*Umwelt*) mur *f* odorant.
Dukatenmacher *m fig.* machine *f* à sous.
***Dummheit** *f* e-e ~ machen F faire une connerie.
Düngemittelindustrie *f* industrie *f* des engrais.
***dunkel** *adj.* dunkler Anzug costume *m* sombre; **~häutig** *adj. auch* à la peau sombre.
Dunkelziffer *f* estimation *f* officieuse; chiffre *m* appartenant à la zone d'ombre statistique.
Dünnpostpapier *n* papier *m* avion.
Dunstglocke *f* (*Umwelt*) couche *f* de fumées.
***durch** *prép.* (*mittels*) par le biais de.
***'durch|blicken** *v/i.* ~ lassen laisser entendre; ***'~brechen** *milit. auch* entamer; ***'2bruch** *m e-s Organs* rupture *f*; *géol.* trouée *f*; ***~'dacht** *adj. Verfahren* astucieux, -euse; *Programm* structuré; ***'~dringend** *adj.* (*Blick*) inquisiteur, -euse; **'2drück-packung** *f phm.* emballage *m* scellé (*od.* en blister).
***Durchein'ander** *n Gewühl* mêlée *f*; foire *f* d'empoigne.
***durch'fahren** *v/t. Auto* die Stadt ~ *auch* sillonner la ville.
'Durchfahrtstraße *f* artère *f* (*od.* voie *f*) de passage.
'durchfeiern *v/i.* faire la fête toute la nuit.
***durch|'forsten** *v/t.* F *fig.* (*durchsuchen*) die Müllkästen ~ faire les poubelles; ***'~führbar** *adj.* (*Plan*) viable; ***'~gedreht** *adj.* F bouleversé; F déboussolé; ***'~gefroren** *adjt.* F frigorifié, F réfrigéré.
***'durchgehend** *adjt.* ~e Sohlen semelles *f/pl.* compensées.
'Durchhalte|politik, ~strategie *f* jusqu'au-boutisme *m*.
'Durchlaßbereich (*Hifi*) *m* bande *f* passante.
***'durchlässig** *écol. adj.* flexible, ouvert, souple; ***2keit** *f écol.* perméabilité *f* (interscolaire); größere ~ assouplissement *m* de l'accès (à); *von Grenzen* souplesse *f*.
'Durchlaufträger *m bât.* panne *f* continue.
'durchlavieren *v/réfl.* F sich so ~ vivre d'expédients.
***'durchlesen** *v/t. auch écol.* Geschriebenes nochmal ~ se relire.
***'Durchlesen** *n* nochmaliges ~ (*von Geschriebenem*) relecture *f*; seconde lecture *f*.
***durch|'leuchten** *v/t. méd. u. fig.* alle Pakete ~ passer aux rayons X tous les colis; ***'~machen** *v/t.* e-e Krise ~ passer une crise; **'~organisiert** *adj.* structuré.
'Durchperlen *n méd.* bullage *m*.
***'durchsagen** *v/t.* telefonisch ~ dire par téléphone.
***durch|'schauen** *v/t.* j-n ~ déchiffrer qn.; ***'~schießen** *v/t.* percer de coups.
durch'schossen *adjt.* (*von Geschossen*) criblé de balles.
***'durchsetzen** *v/réfl.* sich ~ *allg.* se tailler une place dans le monde; *Nachahmer finden* faire école.
'Durchsetzvermögen *n* capacité *f* de s'imposer.
***'durchsickern** *v/i. Nachricht, auch* s'éventer; ***2** *n Nachricht auch* filtrage *m*.
'durchstarten *v/i. Auto* démarrer brusquement.
***durch|'tränken** *v/t. géol.* délaver; **'~treten** *v/t.* das Gaspedal ~ *auch* F mettre le pied au plancher.
***durch'wachsen** *adjt. cuis.* persillé.
'Durchwahl|nummer *f adm.* numéro *m* interurbain; *allg.* automatique *m*; **~zentrale** *f tél.* centre *m* de transit.
***'durchwinden** *v/réfl. Auto* sich zwischen den Wagen ~ faire du slalom, se glisser entre les voitures.
***Durst** *m méd.* krankhafter ~ polydipsie *f*; ***~strecke** *f fig.* période *f* difficile; F période *f* de vaches maigres.
Dusch|becken *n* bac *m* à douche; ***~raum** *m* salle *f* d'eau; **~wanne** *f* bac *m* à douche.
***Düsen|antrieb** *m aviat.* propulseur *m* à réaction; ***~flugzeug** *n auch* jet *m*; **~propeller** *m* hélice *f* carénée.
***Düsterheit** *f fig.* grisaille *f*.
Dutt F *m* chignon *m*.
***dynamisch** *adj.* ~e Altersversorgung retraite *f* dynamique.
Dyslexie *f psych.* dyslexie *f*.
D-Zug|-Liegewagen *m chem.* voiture-couchettes *f* pour trains rapides; ***~-Wagen** *chem. auch* voiture *f* grandes lignes.

E

***eben** *adj.* Ausgang zu ~er Erde sortie *f* à rez.
***ebenerdig** *adj.* ~e Straße voie *f* à niveau.
***Ebene** *f* auf Regierungs2 à l'échelon gouvernemental; auf europäischer ~ à l'échelle européenne.
***ebenfalls** *adv.* F itou.
Ebenheit *f* planéité *f*.
***ebenso** *adv.* er macht es ~ *auch* il fait de même.
***Echo** *n* ohne ~ bleiben *fig.* rester sans suite; **~lotturm** *m techn., mar.* tour-sonar *f*.
***Eckensteher** *m* F musard *m*.
***Eck|lohn** *m* salaire *m* de base, de référence; ***~platz** *m chem.* ~ in Fahrtrichtung (zum Gang) hin coin *m* face; coin *m* de face (côté couloir); ***~schrank** *m auch* meuble *m* en écoinçon; encoignure *f*; **~wert** *m* indice *m* repère.
Edel|kognak *m* fine *f*; ***~weiß** *n bot.* étoile *f* d'argent.
***Effekthascherei** *f rhét.* effet *m* de tribune.
EG *f* (*Europäische Gemeinschaft*) Communauté *f* européenne; **~-Mitglied** *n pol.* membre *m* de la C.E.E.
Eheberater *m* conseiller *m* conjugal.
Ehemalige(r) *f* (*m*) ancien *m*, -ienne *f*.
***Ehren|gast** *m auch* hôte *m* d'honneur; **~händel** *m/pl.* baroud *m* d'honneur; ***2rührig** *adj.* attentatoire à l'honneur; **~spalier** *n* 'haie *f* d'honneur; **~treffer** *m Sport* but *m* qui sauve l'honneur.
Eidophor *n télév.* Éidophore *m*.
***Eierkuchen** *m* dicker ~ matefaim *m* (*inv.*); **~platte** *f* crêpière *f*.
***eigen** *adj. st.s.* sich ein Prinzip zu ~ machen faire sien un principe; ***~brötlerisch** *adj. pol.* particulariste; **2haus** *n* maison *f* individuelle; **2heimbau** *m* construction *f* de maisons individuelles; ***2liebe** *f* amour *m* de soi-même; ***~sinnig** *adj. auch* buté; ***2ständigkeit** *f* originalité *f*; *e-r Sprache od. Mundart* droit *m* de cité; völkische ~ identité *f* ethnique; **2stolz** *m* amour-propre *m*.
***eigentlich** *adv.* was willst du ~ sagen? que veux-tu dire, au juste?
***Eigentümlichkeit** *f* (*Besonderheit*) génie *m*.
***Eigentumswohnung** *f* appartement *m* en copropriété; copropriété *f*.
***eignen** *v/réfl.* sich für etw. (*acc.*) ~ se prêter à qc.
Eignungstest *m* test *m* d'aptitude.
***Eileiter** *m anat.* trompe *f* utérine.
***Eimer** *m* F im ~ sein *auch* être à l'eau.
Ein-Aus-Schalter *m* interrupteur *m* [marche/arrêt.]
Einbauelemente *n/pl. für Küchen* encastrables *m/pl.*
***einberuf|en** *v/t.* e-e Konferenz ~ réunir une conférence; **2er** *m* ~ e-r Versammlung celui qui convoque à une réunion; ***2ung** *f milit., auch* incorporation *f*.
***einbett|en** *v/t. fig.* encadrer, ancrer (dans); **2ung** *f pol.* ~ im atlantischen Bündnis ancrage *m* solide dans l'alliance atlantique.
***einbezieh|en** *v/t.* intégrer; ***2ung** *f* intégration *f*.
***Einbildungskraft** *f auch* folle *f* du logis (*nur in Sätzen mit Sachsubjekt!*).
***einblenden** *v/t.* (*durch die Tricktaste des Tonbands*) surimpressionner; **2** *n* (*Tonband*) nachträgliches ~ surimpression *f*.
***Einbrecher** *m argot* caroubleur *m*, [*argot* casseur *m*.]
***Einbrenne** *f cuis.* rousse *f*.
Einbrettski *m* (*Wasserski*) monoski *m*.
***einbringen** *v/t.* das bringt ihm nur Scherereien ein cela ne lui vaut que des ennuis.
***Einbruch** *m argot* fric-frac *m*; ***~sicherung** *f* dispositif *m* d'alarme.
***Einbuchtung** *f* (*Innenarchitektur*) défoncé *m*.
***eindeutig** *adj.* explicite.
***eindringen** *v/i. Fremdwörter* s'immiscer.
***Eindruck** *m* F ~ schinden F épater la galerie.
***eindrücken** *v/t. Fenster* défoncer; *Stoßstange* cabosser.
***Einerlei** *n auch* routine *f*.
***einfach** *adv.* ganz ~ purement et simplement; bel et bien.
***Einfall** *m* es kommt j auf den ~ zu ... il prend fantaisie à q. de ...; ***2en** *v/i.* sich etw. ~ lassen müssen devoir faire preuve d'imagination.

Einfalls|losigkeit *f* manque *m* d'inspiration, d'idées; ***2reich** *adj. auch* astucieux, -ieuse; **~reichtum** *m* ingéniosité *f.*
***Einfalt** *f auch* innocence *f.*
***einfassen** *v/t. Brillengläser, auch* cercler.
***¹Einflußbereich** *m pol.* der ~ des Staates la mouvance de l'État.
***Einflußsphäre** *f pol. auch* orbite *f.*
***einfrieren** *v/t. cuis. auch* frigorifier.
***einfügen** *v/réfl.* sich ~ *auch bât.* s'intégrer.
***einführen** *v/t. Industrie od. Sprache* implanter.
***Eingabe** *f Kybernetik* entrée *f.*
Eingeborenen|forscher *m* indigéniste *m*; **~kultur** *f* culture *f* indigène.
eingedämmt *adjt.* (*Waldbrand*) stationnaire.
eingedrückt *adjt. Auto* völlig ~ sein F être en bouillie.
***eingefleischt** *adjt.* invétéré; viscéral; confirmé; *Prinzipien* chevillé au corps.
***eingehen** *v/i.* in die Geschichte des Heilmittels ~ *auch* faire date dans l'histoire du médicament.
Eingemauerte(r) *m* emmuré.
***Eingenommenheit** *f pol.* ~ für etw. tropisme *m* pour qc.
eingeschoben *adjt. ling. Satz* incisé.
***Eingliederung** *f bât.* insertion *f*; *von Sprachschülern im Ausland* immersion *f.*
***eingreifen** *v/i.* entrer en action.
***Eingriff** *m cout.* Slip mit ~ slip *m* ouvert; Slip ohne ~ slip *m* fermé.
***Einhalt** *m* ~ gebieten *auch* conjurer (*acc.*).
***Einhaltung** *f* ~ der Lieferungsfristen respect *m* des délais.
Einhängeträger *m* (*Stahlbau*) travée *f* suspendue.
Einhausung *f bât.* protection *f* des maisons contre le froid d'hiver.
***einheimisch** *adj.* nicht ~ allogène.
***Einheit** *f* e-e politische, unabhängige ~ une entité *f* politique indépendante; ***~lichkeit** *f phon.* unicité *f.*
***einholen** *v/t.* einige Auskünfte ~ butiner quelques informations; nicht wieder einzuholende Versäumnisse des retards irrattrapables.
***einig** *adj.* sich in etw. (*dat.*) völlig ~ sein être en accord total sur qc.
***einkaufen** *abs. auch* faire le marché.
Einkaufs|bummel *m* e-n ~ machen F faire du lèche-vitrine; **2wagen** *m* (*Selbstbedienung*) chariot *m* (métallique); caddie *m*; ***~zentrum** *n* centre *m* commercial; grande surface *f*; hypermarché *m*; ~ im Vorort mit Restaurationsbetrieb drugstore *m* de banlieue; **~- und Beherbergungszentrum** *n* (*Autobahn*) aire *f* de service.
***Einklang** *m* in ~ bringen faire cadrer (mit avec).
Einklassenschule *f* école *f* à classe unique.
***einklemmen** *v/t. Auto* prendre en fourchette.
Einkommens|einbuße *f* perte *f* de revenu; ***~gruppe** *f auch* catégorie *f* de revenus.
Einkörperschiff *n* navire *m* monocoque.
***einlaufen** *v/i. Stoff auch* se rétrécir; ~der Verkehr trafic *m* entrant.
Einlegeboden *m im Schrank* rayon *m.*
***einliefern** *v/t* ins Krankenhaus ~ *auch* amener à l'hôpital; eingeliefert werden être admis à l'hôpital.
Einlieferungsamt *n Post* bureau *m* d'origine.
***einmummeln** *v/réfl.* sich ~ *auch* s'engoncer; se pelotonner (in dans).
***einnehmen** *v/t. méd.* ingérer; 2 *n méd.* ingestion *f.*
***einordnen** *v/réfl.* sich ~ *Auto* s'insérer; s'intercaler.
***einparken** *v/i. Auto auch* faire un créneau.
einpendeln *v/réfl.* sich ~ se contrebalancer; s'équilibrer.
***einprägen** *v/réfl.* sich etw. ~ se mettre qc. dans l'esprit; 2 *n écol., univ.* mémorisation *f.*
Einrasten *n techn.* enclenchement *m.*
einrollbar *adj.* ~er Sicherheitsgurt ceinture *f* à enrouleur.
***einsargen** *v/t.* F *fig.* ein Problem ~ enterrer un problème.
***Einsatz** *m* (*z. B. der Feuerwehr*) intervention *f*; sortie *f*; *aviat.* sortie *f* aérienne; *milit.* mise *f* en fonction; ***~bereitschaft** *f* dévouement *m*; fureur *f* d'agir (*bzw.* de servir); **~besprechung** *f auch milit.* briefing *m*; ***2fähig** *adj.* opérationnel, -lle; **~stelle** *f mus.* réplique *f.*
***einschalten** *v/t. Auto* den richtigen Gang ~ enclencher la bonne vitesse; *v/réfl.* sich ~ *Sprachlabor* se brancher; 2 *n techn. auch* engagement *m.*
Einschalttaste *f techn.* touche *f* de mise en marche.
einscheren *v/i. Auto* s'insérer; s'intercaler.
***einschläfern** *v/t. vét. ein Tier* ~ lassen faire piquer.
***einschlagen** *v/t.* e-e Laufbahn ~ entrer dans une carrière.
***einschlägig** *adj.* respectif, -ive; ~e Literatur littérature *f* y relative.
Einschlagskraft *f Bombe* force *f* d'impact.
Einschlagtuch *n* tissu *m* à emballer.
***einschneidend** *adjt.* ~e Veränderungen modifications qui vont loin.
***einschränk|en** *v/réfl.* sich ~ se gêner; **2ungsklausel** *f* clause *f* restrictive.
Einschreibezettel *m Post* fiche *f* de recommandation postale.
***einschwenken** *v/i.* in e-e Umlaufbahn um den Mars ~ se mettre dans une orbite de Mars; *pol.* auf e-e Linie ~ s'aligner (sur); 2 *n fig. auch pol.* alignement *m.*
***einseitig** *adv.* à sens unique.
***einsetzen** *v/t.* alle Kräfte für etw. ~ F mettre les bouchées doubles pour qc.
Einsetzer *m chem.* train *m* (*U-Bahn* rame *f*) à supplément.
einsingen *v/réfl.* sich ~ s'exercer, s'entraîner au chant.
Einsortieren *n Post* ~ von Briefen nach Hausnummern piquage *m.*
***einspannen** *v/t.* (*einpassen*) encastrer.
***einspar|en** *abs.* im Haushalt ~ faire des compressions budgétaires; **2ungsmaßnahme** *f* mesure *f* d'économie.
Einspritzmotor *m* moteur *m* à injection.
***Einstand** *m* s-n ~ geben (*neue Wohnung*) F pendre la crémaillère.
***einstecken** *v/t.* Beleidigungen ~ encaisser des injures.
***einsteigen** *v/i. chem.* in den Zug ~ monter en wagon (en voiture, dans le train).
***einstell|en** *v/t. Buslinie* supprimer; ***2ung** *f e-r Buslinie* suppression *f*; (*Haltung*) *auch* état *m* d'esprit; **2ungsstopp** *m* arrêt *m* de l'embauche.
Einstufungsprüfung *f écol.* examen *m* d'admission (*od.* d'entrée) dans une classe; *gehaltlich* examen *m* pour fixation du barème.
***einstürzen** *v/i.* einzustürzen drohen menacer ruine.
Einsturzgraben *m géol.* fossé *m* d'effondrement.
***einstweilig** *adj. jur.* e-e ~e Verfügung beantragen solliciter un référé; appeler, plaider en référé; e-e ~e Verfügung erlassen prononcer en référé; introduire une instance en référé.
***eintönig** *adj.* languissant; ***2keit** *f auch* grisaille *f.*
***eintragen** *v/réfl.* sich ins Goldene Buch ~ signer le livre d'or.
***Eintragung** *f* (*ins Register*) *auch* transcription *f.*
***eintreten** *v/i. fig.* für etw. ~ faire campagne pour qc.; *sich ereignen, auch* advenir.
***eintrichtern** *v/t.* F j-m etw. ~ faire rentrer (*od.* F mettre) qc. dans la tête de qc.
Einturner *m* moniteur *m.*
Ein- und Ausgabegerät *n Informatik* terminal *m.*
***Einwand** *m auch* implication *f*; ***2frei** *adj. auch* exempt de tout reproche; sans défaillance.
Einweckglas *n* bocal *m* à conserves.
Einweg|flasche *f* bouteille *f* perdue; **~verpackung** *f* emballage *m* perdu.
Einweichmittel *n* (*Wäsche*) adoucisseur *m* de linge.
Einwickel|maschine *f* fardeleuse *f*; ***2n** *v/t.* F *fig.* j-n ~ *auch* enjôler q.
***Einwirkung** *f* die ~en der Kälte les atteintes *f/pl.* du froid; **~szeit** *f* (*Haarfärbemittel*) temps *m* de pose.
***Einwurf** *m Fußball usw.* rentrée *f* en touche.
***Einzel|haus** *n* maison *f* individuelle; ***~heit** *f* in allen ~en tout au long; **~täter** *m* malfaiteur *m* opérant seul; **~wettkampf** *m* compétition *f* individuelle; ***~wirtschaft** *f auch* micro-économie *f.*
***Einziehung** *f des Führerscheins auch* annulation *f.*
Einzugs|bereich *m od. n*, ***~gebiet** *n* (*e-r Schule*) zone *f* attenante, avoisinante; *écon.* wirtschaftliches ~ zone *f* d'attraction économique; **~schmaus** *m* pendaison *f* de crémaillère.
***Eis** *n fig.* e-e Reform auf ~ legen F mettre une réforme au frigidaire, F au frigo; j-n auf ~ legen *bes. pol.* mettre qn. sur la touche; **~bereitungsmaschine** *f* machine *f* à glace; ***~bombe** *f cuis.* parfait *m*; *méd.* poche *f* de glace; ***~diele** *f* débit *m* de glaces (*od.* de crèmes glacées); *als Firmenschild* glacier *m*; ich gehe in e-e ~ je vais chez le marchand de glaces; **~eimer** *m* seau *m* à glace.
***Eisenbahnbrücke** *f auch* pont-rails *m.*
Eis|glätte *f* verglas *m*; **~händler** *m* marchand *m* de glaces; **~kappe** *f géol.* calotte *f* glaciaire; **~konditor** *m* (crémier-)glacier *m*; **~schmelze** *f* fonte *f* des glaces; **~wein** *m* vin *m* fait de raisins récoltés après les premières gelées; **~waffel** *f* gaufre *f* glacée; **~würfel** *m auch* glaçon *m*; **~würfelschale** *f* bac *m* à cubes de glace (*od.* à glaçons).
***Eiterherd** *m* foyer *m* d'infection.
Elaborat *n péj.* méchant ouvrage *m*; bousillage *m.*
Elastomer *n chim.* élastomère *m.*
***Eldorado** *n* ~ für Diebe foire *f* d'empoigne.
Elektrokopiergerät *n* électrocopieur *m.*
Elektron|enbeschleuniger *m* accélérateur *m* d'électrons; **~enmusik** *f*

musique *f* électronique; **~ikingenieur** *m* ingénieur *m* électronicien (*od.* en électronique); ★**2isch** *adv.* ~ steuern cybernétiser.
Elektrotransporter *m* camionnette *f*, fourgonnette *f* électrique.
★**Element** *n fig.* in s-m ~ sein *auch* être dans sa vérité.
Elfenbeinturm *m* tour *f* d'ivoire.
elit|är *adj.* élitaire, élitiste; *nur lobend* élitique; **2eeinheit** *f milit.* fer *m* de lance.
Ellbogenfalte *f anat.* die linke ~ la saignée du bras gauche.
★**elterlich** *adj.* ~e Pflichten devoirs *m/pl.* parentaux.
Elternausschuß *m école.* comité *m* des parents d'élèves.
Empfängerstaat *m* récipiendaire *m.*
★**empfänglich** *adj.* für etw. (*acc.*) ~ sensibilisé, perméable à qc.
Empfängnisfähigkeit *f* fécondité *f.*
Empfangs|hostesse *f* hôtesse *f* d'accueil; **~runde** *f* diplomatische ~ carrousel *m* diplomatique.
★**Empfehlung** *f Hinweis* invite *f.*
★**empfindlich** *adj. auch fig.* gegen etw. (*acc.*) ~ allergique à qch.; ~e Verlangsamung der Aufträge brutal ralentissement *m* des commandes; *méd.* e-n ~en Magen haben avoir l'estomac fragile; ★**2keit** *f auch fig.* allergie *f*; *méd.* fragilité *f.*
★**empört** *adjt. auch* courroucé.
★**Empörung** *f Entrüstung auch* levée *f* de boucliers; scandale *m.*
Emulator *m Informatik* émulateur *m.*
★**Ende** *n auch* aboutissement *m*; *Sache* sich dem ~ nähern toucher à sa fin; von e-m ~ zum andern tout du long.
End|erfolg *m*, ★**~ergebnis** *n* aboutissement *m*; **~gerät** *n Kybernetik* terminal *m*; ★**~kampf** *m* (*im Kriege*) combat *m* final.
★**endlos** *adv.* ~ weit à perte de vue; **2fasern** *f/pl. text.* filaments *m/pl.* continus.
★**End|lösung** *f* (*Hitler*) *auch* solution *f* définitive; **~schalter** *m élect.* interrupteur *m* de fin.
Energie|aufnahme *f* absorption *f* d'énergie; **~konferenz** *f* conférence *f* sur l'énergie; **~krise** *f* crise *f* énergétique; **~mangel** *m* pénurie *f* d'énergie; **~politik** *f* politique *f* énergétique; **~sektor** *m* domaine *m*, secteur *m* énergétique; ★**~verlust** *m phys., auch* déperdition *f* d'énergie; ★**~versorgung** *f* approvisionnement *m* énergétique; **~vorrat** *m* stock *m* d'énergie.
★**eng** *adv.* ~ gedruckt imprimé menu; zu ~ wohnen être trop petitement logé; habiter à l'étroit.
★**engherzig** *adj. kleinlich* mesquin; pusillanime.
★**engstirnig** *adj. auch* mesquin; ★**2keit** *f* étroitesse *f* de vues; mesquinerie *f*; primarisme *m.*
★**enorm** *adj. Preis* F faramineux, -euse.
Entartete(r) *m psych.* dévoyé *m.*
★**enteisen** *v/t. Kühlschrank usw.* dégivrer; enteist werden se dégivrer.
Entfächerung *f Vereinfachung univ.* ~ des Studiums démultiplication *f* des disciplines universitaires.
★**entfallen** *v/i.* der Name war ihm ~ le nom lui était sorti de la tête.
★**entfernen** *v/t. Demonstranten* déloger.
Entfeucht|er *f der Luft* déshumidificateur *m*; **~ung** *f der Luft* déshumidification *f.*
entflöhen *v/t.* épucer.
★**entführ|en** *v/t. Flugzeug* détourner; ★**2ung** *f e-s Flugzeugs* détournement *m.*
★**entgegen|kommen** *v/i.* j-m ~ s'avancer à la rencontre de qn.; **~treten** *v/i.* e-r Sache ~ parer à qc.
★**Entgleisung** *f fig.* bévue *f*; incartade *f*; gaffe *f*; *ling.* accident *m* de parcours.
Enthärter *m peint.* médium *m*; liant *m.*
★**entheben** *v/t.* j-n s-s Amts ~ F mettre qn. à pied.
★**enthemmen** *v/t. psych.* débloquer; désinhiber.
entindustrialisier|en *v/t.* désindustrialiser; **2ung** *f* désindustrialisation *f.*
entkrampf|en *v/t. auch pol.* décrisper; **2ung** *f auch pol.* décrispation *f.*
ent'kräuseln *v/t.* die Haare ~ défriser les cheveux.
★**entladen** *adjt. Batterie* à plat.
entlang|schlendern *v/i.* déambuler; **~trotten** *v/i.* aller son petit bonhomme de chemin; battre le pavé.
★**entlassen** *v/t. pol.* évincer, démettre (aus de); *allg.* mettre (qn.) au chômage.
★**Entlastung** *f Verkehr* délestage *m*; **~sspiel** *n Fußball, Rugby* dégagement *m*; ★**~sstraße** *f* itinéraire *m* de délestage; voie *f* de dégagement, de décongestionnement; déviation *f*; rocade *f.*
Entlaubungsmittel *n milit.* défoliant *m.*
★**entlegen** *adj.* in den ~sten Gegenden au fin fond des campagnes.
entmieten *v/t.* j-n ~ expulser qn.
entmotten *v/t.* détruire les mites (de); mettre de l'antimite (dans).
★**entnervend** *adjt. auch* lancinant.
Entpalästinisierung *f* dépalestinisation *f.*
★**entreißen** *v/t.* ein Geheimnis ~ dérober un secret.
★**Entrüstung** *f* scandale *m.*
★**entschärf|en** *v/t. Streit* assoupir; *pol.* dédramatiser, décrisper; **2ung** *f e-s Streits* assoupissement *m*; *pol.* dédramatisation *f*; décrispation *f*; ~ e-s Krieges décompression *f* d'une guerre; ~ der Feindseligkeiten désescalade *f* des hostilités.
★**entscheid|en** sich für etw. ~ arrêter son choix sur qc.; **~ungsfreudig** *adj.* déterminé; résolu; **2ungsphase** *f pol.* échéance *f*; **2ungszwang** *m* obligation *f* de choisir.
★**entsenden** *v/t.* j-n eiligst ~ dépêcher qn.
entsorg|en *v/t.* Druckereien ~ enlever les vieux papiers des imprimeries; Kernkraftwerke ~ éliminer les déchets radioactifs des centrales thermo-nucléaires; **2ung** *f* (*Atommüll*) élimination *m* des déchets radioactifs; **2ungspark** *m* (*für Atommüll*) décharge *f* souterraine de déchets radioactifs.
★**entspann|en** *v/réfl.* sich völlig ~ faire les beaux jours; **~t** *adjt. auch* décontracté; **2theit** *f psych.* décontraction *f*; **2ungshaltung** *f gym.* pose-relaxe *f*; **2ungsliege** *f* fauteuil *m* relax.
★**Entstaatlichung** *f* désétatisation *f.*
Entstaubungsanlage *f techn.* installation *f* de dépoussiérage.
★**Entstehen** *n* im ~ *auch* en voie de création.
★**Entstellung** *f* (*in der Zeitung*) caricature *f.*
enttäusch|end *adjt.* navrant; décevant; ★**2ung** *f auch* déconvenue *f.*
★**Entvölkerung** *f auch* hémorragie *f* démographique.
Entwässerungskanal *m* canalisation *f* de tout-à-l'égout.
★**Entwerfer** *m* dessinateur *m*; projeteur *m*; designer *m.*
Entwert|er *m* composteur *m*; ★**~ung** *f Post, auch* annulation *f.*
★**Entwicklung** *f écon.* (*Verlauf*) scénario *m*; **~sdienst** *m* service *m* de la coopération; **~sforschung** *f* recherche-développement *f*; **~shelfer** *m* coopérant *m.*
★**entwischen** *v/i.* j-m ~ *auch* fausser compagnie à q.
★**entzaubern** *v/t.* die Dinge ~ démystifier, démythifier les choses.
★**entzerr|en** *v/t. zeitlich z. B. die Ferien, auch den Verkehr* étaler; ★**2ung** *f zeitlich od. des Verkehrs* étalement *m.*
★**Entzifferung** *f* décryptage *m.*
★**entzundern** *v/t.* (*Stahlbau*) décalaminer.
★**entzwei** *adv.* (*kaputt, zerbrochen*) défectueux, -euse.
★**erblich** *adv.* er ist ~ belastet il a de qui tenir.
★**erbosen** *v/t. auch* 'hérisser.
Erdabfuhr *f* déblaiement *m.*
erdbeben|fest *adj. bât.* parasismique; **2gefährdung** *f* sismicité *f.*
★**Erd|e** *f milit.* verbrannte ~ terre *f* entièrement brûlée et dévastée; *Raumkapsel* die ~ berühren toucher terre; **~funkstelle** *f* station *f* de radiocommunication terrienne.
Erdgastanker *m* méthanier *m.*
Erdmesser *m Geodät* géodésien *m.*
★**erdolchen** *v/réfl.* sich ~ se frapper d'un coup de poignard.
★**Erd|rutsch** *m* fondis *m*, fontis *m*; **~umlaufbahn** *f* auf die ~ bringen mettre sur orbite; **~weg** *m comm.* auf dem ~ (*Transport*) par voie de surface.
★**erfassen** *v/t.* j-n ~ *auch* embrigader qn.
★**Erfassung** *f philos., pol.* die totale ~ von Körper und Geist l'enregimentement *m* des corps et des âmes.
★**erfind|en** *v/t. techn. auch* mettre au point; **2ervergütung** *f* droits *m/pl.* de l'inventeur (*od.* de l'invention); ★**2ungsgabe** *f* inventivité *f*
★**Erfolg** *m* ~ haben *auch* aboutir; **2reich** *adj.* à succès; **~sleiter** *m comm. etc.* chef *m* du contrôle du rendement; ★**~smensch** *m auch* homme *m* qui réussit.
★**Erfordernis** *n* impératif *m.*
★**ergattern** *v/t.* F e-n Vorteil ~ grappiller un avantage; für sich etw. ~ F se dégot(t)er qc.
★**ergeben** *v/réfl.* sich ~ (*nach e-r Umfrage*) se révéler.
★**ergießen** *v/réfl.* sich ~ (*auch Touristenstrom*) déferler.
★**erhalten** *v/t.* e-e Bedeutung ~ revêtir une importance.
★**erhältlich** *adj.* disponible.
★**Erhaltung** *f* die ~ der Grünflächen la sauvegarde des espaces verts.
★**Erheiterung** *f* zur ~ pour l'anecdote, F pour la petite histoire.
★**erholen** *v/réfl.* sich wirtschaftlich ~ se reconvertir.
Erholungs|fahrt *f außerhalb der Grenzen* dépaysement *m*; **~gebiet** *n* zone *f* de villégiature.
Erinnerungsphoto *n* photo-souvenir *f.*
★**erkält|en** *v/réfl.* sich ~ *auch* se refroidir; ★**2ung** *f* coup *m* de froid; sich e-e ~ zuziehen attraper, F prendre un coup de froid, un rhume.
★**erkenn|en** *v/i. jur.* auf Einstellung des Verfahrens ~ conclure à un

non-lieu; **⁀ungssignal** *n milit.* indicatif *m*; ***⁀ungszeichen** *n aviat.* immatriculation *f*.
***erklären** *v/réfl.* **sich bereit ~ zu ...** se déclarer disposé à ...
***erlauben** *v/t.* (*durchgehen lassen*) passer.
Erläuterungsbericht *m* exposé *m* explicatif.
Erlebnis|bericht *m* témoignage *m*; **⁀gierig** *adj.* avide d'aventures.
***Erleichterung** *f pol.* assouplissement *m*; (*Vorteil*) avantage *m*; **menschliche ~en** allégements *m/pl.* humanitaires (*od.* humains).
***erlernbar** *adj.* assimilable.
***erleuchten** *v/t.* **die Nacht hell ~** éclairer la nuit.
Erlernte(s) *n* acquisitions *f/pl.*
ermächtigt *adjt. jur.* **~ sein zu ...** être habilité à ...
***Ermangelung** *f* **in ~ von** *auch* en l'absence de ...
Ermessensbefugnis *f jur.* pouvoir *m* discrétionnaire.
***ermitteln** *abs. jur.* **gegen j-n ~** instruire contre qn.; informer contre qn. (**wegen e-r Sache** de *od.* sur qc.).
***Ermunterung** *f* **kleine ~** chiquenaude *f*; légère impulsion *f*.
Ernährungs... *in Zssgn.* nutritionnel, -lle.
***Ernährungs|störungen** *f/pl. auch* troubles *m/pl.* de la nutrition; ***~weise** *f* diététique *f*; **~wissenschaftler** *m* nutritionniste *m*.
***Erneuerung** *f fig.* renouveau *m*; **innere ~** ressourcement *m*.
***erneut** *adv.* une nouvelle fois.
***Ernst** *m* **allen ~es** *auch st. s.* tout de bon.
***ernst** *adv.* **es nicht so ~ nehmen** en prendre et en laisser.
***Ernteausfall** *m* (*Verlust*) *auch* récolte *f* manquée.
***erpicht** *adj.* **~ sein auf** (*acc.*) raffoler de; avoir la rage de.
***Erpress|er** *m auch* racketteur *m*; aigrefin *m*; ***~ung** *f* **~ durch Geiselnahme** chantage *m* à l'otage.
***erregen** *v/t.* **den Verdacht ~** éveiller les soupçons.
***Erregerspule** *f élect.* bobine *f* à induction.
***erreichen** *v/t.* **den Zug ~** attraper, prendre son train.
***Errichtung** *f* mise *f* sur pied; édification *f*; implantation *f*.
***Errungenschaft** *f* acquis *m*.
***Ersatz|dehnung** *f ling.* allongement *m* compensatoire; **~schlüssel** *m* clé *f* de rechange.
***Erscheinung** *f* **gute äußere ~** bonne présentation *f*; **imposante ~** prestance *f*; maintien *m* imposant.
***erschießen** *v/t.* abattre; **mit e-m Revolver ~** révolvériser; **standrechtlich ~** exécuter.
***Erschlaffung** *f auch* empâtement *m*.
***erschließen** *v/t. Grundstück* viabiliser.
***Erschließung** *f v. Gas, Wasser, élect.* édilités *f/pl.*; désenclavement *m* routier; viabilisation *f*; *e-s Gebiets durch e-e Sprache* désenclavement *m*.
***erschöpft** *adjt.* F vanné.
***erschreckend** *adjt.* effarant.
***erschütter|n** *v/t.* **den Ruf j-s ~** entamer la réputation de qn.; **⁀ungsfestigkeit** *f techn.* résistance *f* aux vibrations.
***erstarren** *v/i. fig.* se scléroser; **erstarrt** (*vor Schreck*) ahuri, déconcerté; estomaqué; interdit; F cloué sur place.
Erstimpfung *f* primovaccination *f*.
***erstreben** *v/t.* **etw. ~** *auch* viser qc.
Erstwähler *m* électeur *m* qui vote la première fois.
***erträglich** *adj.* vivable.
***ertragreich** *adj.* (*Boden*) généreux, -euse.
***Erwachsenenbildung** *f* formation *f* des adultes.
***Erwärmung** *f* (*vom Wetter*) redoux *m*.
***Erwarten** *n* **wider ~** *auch* par extraordinaire; ***⁀** *v/t.* **wie zu ~ war ...** comme il fallait s'y attendre *auch am Satzanfang*.
***erweisen** *v/réfl.* **sich als nötig ~** *auch* s'avérer nécessaire.
***erweitern** *v/réfl.* **sich ~** *comm.* se diversifier; s'étendre.
***erwidern** *v/t.* **den Besuch j-s ~** rendre la visite de qn.
Erwiderungsspiel *n Sport* match *m* retour.
Erzgauner *m* homme *m* de sac et de corde.
***Erziehung** *f* **~ nach getrenntem Geschlecht** unisexualité *f*; ***~swissenschaften** *f/pl.* sciences *f/pl.* de l'éducation.
erzwingbar *adj.* qu'on peut obtenir par force.
Eschenwurz *f bot.* dictame *m*, fraxinelle *f*.
***Eselsohr** *n* **Buch mit ~en** livre *m* écorné.
Eß|diele *f*, ***~ecke** *f* coin-repas *m*; coin *m* salle-à-manger.
***Ess|en** *n* **übermäßiges ~** excès *m* de table; **~ensautomat** *m auch écol.* machine *f* distributrice; **~ensbon** *m* ticket-restaurant *m*; titre-restaurant *m*; **~ensdienst** *m für Senioren* service *m* repas à domicile.
***Eß|nische** *f auch* coin-repas *m*; **~platte** *f im Flugzeug od. Krankenhaus* plateau-repas *m*.
Establishment *n* ordre *m* établi; structures *f/pl.* établies; statisme *m*; norme *f* statique.
Etagenbett *n* lits *m* superposés.
E-Transporter *m siehe* Elektrotransporter.
Eternit *n bât.* fibrociment *m*.
Ethnozentrismus *m* ethnocentrisme *m*.
***etwas** *pr/ind.* **~ anderes** *auch* quelque chose d'autre.
Eurasier *m* (*auch Hunderasse*) Eurasien *m*.
Euro|dollar *m* eurodollar *m*; **~kommunismus** *m* eurocommunisme *m*; **~pagedanke** *m* européanisme *m*, europeïsme *m*.
Eventualhaushalt *m* budget *m* d'éventualité.
***ewig** *adj.* **das ~ Menschliche** l'éternel humain.
Examensangst *f* peur *f* des examens.
***Expander** *m gym. auch* tendeur *m*.
Experiment|alpsychologie *f* psychologie *f* expérimentale; **⁀ierfreudig** amateur *m*, -trice *f* d'expérience.
export|abhängig *adj.* dépendant des exportations; **⁀anteil** *m* quota *m* d'exportation.
Expreß-Metrolinie *f* (*Paris*) réseau *m* express régional (RER).
***Extravaganz** *f Mode* excentricité *f*.
***Extremist** *m auch* ultra *m*; **~engesetz** *n* (*Bundesrepublik*) decret *m* sur les extrémistes.
Eye-Liner *m Kosmetik* eye-liner *m*; traceur *m* pour la paupière; khôl *m*.

F

Fabrikschiff *n* bateau-usine *m*.
***Fach|berater** *m* conseiller *m* professionnel; **~bereich** *m*, *n univ.* unité *f* d'enseignement et de recherche; *écol.* unité *f* d'enseignement; **~bereichsleiter** *m écol.* représentant *m* d'une unité d'enseignement.
Fächerung *f écol.* diversification *f*.
Fach|französisch *n* français *m* instrumental; ***~hochschule** *f* école *f* professionnelle spécialisée; **~idiot** *m* spécialiste *m* borné; bête *f* à concours; ***~mann** *m* (fin) connaisseur *m*; ***~werkbau** *m* maison *f* à colombage.
***Fahnenmeer** *n auch* floraison *f* de drapeaux.
Fahr|aufnahme *f cin.* travelling *m*; ***⁀bar** *adj.* **~es Haus** *n* maison *f* roulante (*od.* mobile); **~bereitschaft** *f* (*z. B. Post*) groupe *m* motorisé; ***⁀en** *v/i.* **gegen e-n Baum ~** (*Auto*) percuter un arbre; **nach Paris ~** (*Auto*) prendre la route de Paris; *v/t.* **s-n Wagen in die Garage ~** rentrer sa voiture au garage; **~gastfrachter** *m mar.* cargo *m* mixte; **~gastraum** *m Auto* habitacle *m*; ***~prüfung** *f* **bei der ~ durchfallen** échouer au permis; **~radrikscha** *f* cyclo-pousse *m*; cyclo *m*; **~schullehrer** *m* moniteur *m*; **~spurtrennlinie** *f* (ligne *f* de) démarcation *f*; ***~stuhlschacht** *m auch* gaine *f* d'ascenseur.
***Fahrt** *f* **kleine ~** escapade *f*; **während der ~** en cours de route; **~ ins Blaue** voyage-surprise *m*; *fig.* **in ~ sein** être lancé.
Fährtenarbeit *f* (*mit Hunden*) pistage *m*.
Fahr|verhalten *n* manière *f* de conduire; ***~wasser** *n fig.* **in j-s ~ schwimmen** naviguer dans les eaux (*od.* dans le sillage) de qn.; **~zeugboden** *m Auto* soubassement *m*; **~zeugrückstau** *m* embouteillage *m*.
***fair** *adj.*, *adv.* de bonne guerre.
faktenmäßig *adj.* **~er Beitrag** *m* apport *m* factuel.
***faktitiv** *adj. gr. auch* causatif, -ive.
Faktizität *f* facticité *f*.
Fakultas *f Lehrbefähigung* droit *m* d'enseignement.
***Fall** *m* **auf alle Fälle** en tous les cas; ***von ~ zu ~ entschieden werden** être décidé cas par cas; **ich werde daraus keinen ~ machen** je n'en ferai pas une maladie; **in vorliegendem ~e** dans le cas d'espèce; **~schirmkappe** *f* corolle *f*.
***falsch** *adv.* **~ parken** être mal garé; **~ klingen** faire fausse note; **an den ⁀en geraten** *argot* tomber sur un [bec.]
Falsifikat *n* faux *m*.
falsifizieren *v/t.* falsifier.
Faltenbalg *m chem.* (raccord *m* à) soufflet *m*; *adm.* intercirculation *f*.
Faltenfall *m cout.* drapé *m*.
Faltkarton *m* cartonnage *m* pliant.
Faltsportwagen *m* (*für Kleinkinder*) poussette-canne *f*.
Faltverpackung *f* emballage *m* pliant.

Familien|politik *f* politique *f* de la famille; politique *f* familiale; **~treffen** *n* réunion *f* de famille; ***~zusammenführung** *f* regroupement *m*, réunification *f*, rassemblement *m* des familles séparées.

***Fan** *m allg. auch* F intoxiqué *m*; *bes. Sport* F mordu *m*; *des Rock and Roll* loulou *m*.

***Fanal** *n fig.* flambeau *m*; signal *m*.

Fanatisierung *f* fanatisation *f*.

Fan-Magazin *n* fanzine *m*.

Farb|abroller *m für Maler* rouleau; ***~fernsehen** *n auch* télé *f* couleur; **~fernseher** *m* poste *m* (de télévision) couleur; téléviseur *m* couleur; **~festiger** *m* (*Kosmetik*) fixateur *m* de teinte; **~hilfsträger** *m télév.* sous-porteuse *f* couleur; portier *m*.

***farbig** *adj.* ~es Hemd chemise *f* de couleur.

Farbspritzpistole *f* pistolet *m*.

***Fassung** *f auch cin.* version *f*; ***2slos** *adj. auch* désemparé.

***fast** *adv. auch* à peu de chose près.

***faszinieren** *v/t. auch* subjuguer.

***Fauchen** *n der Katze* crachement *m*; ***2** *v/t. auch* faire pff!, pff!; souffler; siffler; *auch Tiger* feuler.

***faul** *adj.* ~e Sache *auch* affaire *f* foireuse.

***faulenz|en** *v/i. auch* F tirer au flanc; ***2er** *m écol.* F cancre *m*.

Fäustling *m text.* moufle *f*.

***Feder|bett** *n auch* couette *f*; ***~kernmatratze** *f* matelas *m* à ressorts coutil (*od.* à ressorts à boudins); ***~lesen** *n* ohne viel ~ tambour battant; rondement.

***Federung(sspiel** *n*) *f Auto* débattement *m*.

***Fehldrucke** *m/pl.* livres *m/pl.* de passe.

***fehlen** *v/i.* es fehlt an Ärzten il manque des médecins; ***2** *n* das ~ in der Schule l'absentéisme *m*.

Fehler|bereich *m*, **~menge** *f* marge *f* d'erreurs.

***Fehlschlag** *m auch* avortement *m*; ***2en** *v/i. auch* avorter.

Fein|brand *m* fine *f*; **~folie** *f chim., techn.* feuil *m*; **~kosthändler** *m* épicier *m*; propriétaire *m* d'une épicerie fine; **~kosthandlung** *f abus.* charcuterie *f* fine.

***Feld** *n* *gegen j-n zu ~e ziehen mener croisade (*od.* partir en guerre) contre qn.; *fig.* **freies** ~ haben avoir pignon sur rue; **~spieler** *m/pl.* (*alle außer dem Torwart*) joueurs *m/pl.* du terrain de jeu.

Fels|enbewohner *m zo.* animal *m* qui vit à haute altitude dans les montagnes; **~inschriften** *f/pl.* graffiti *m/pl.* rupestres; **~plateau** *n géol.* bouclier *m*; **~überhang** *m* (*z. B. Dordogne*) abri *m*; **~zeichnungen** *f/pl.* gravures *f/pl.* rupestres.

Fememord *m* assassinat *m* commis par une organisation clandestine.

Fennek *m zo.* fenec *m*.

Fenster|bretthöhe *f* enseuillement *m*; **~lüfter** *m* fenêtre *f* avec volet d'aération; vasistas *m*; ***~platz** *m chem. auch* place *f* près de la fenêtre.

Ferien|abonnement *n* abonnement *m* de vacances; **~aufenthalt** *m* lieu *m* de vacances; **~dorf** *n* village-vacances *m*; **~entzerrung** *f* étalement *m* des vacances; **~fahrt** *f* excursion *f* de vacances; **~gast** *m* estivant *m*, -e *f*; vacancier *m*, -ière *f*; ***~kolonie** *f* F colo *f*; **~platz** *m für Großstadtkinder* centre *m* aéré; **~regelung** *f* aménagement *m* des vacances.

***Fern|aufklärung** *f auch* reconnaissance *f* lointaine; **~bearbeitung** *f Informatik* télétraitement *m*; ***~bleiben** *n écol.* ~ vom Unterricht (*wegen ansteckender Krankheit*) éviction *f* scolaire; ***2gesteuert** *adjt.* (*Verkehrsampel*) ~es Verkehrszeichen signal *m* (routier) actionné par télécommande; **~küche** *f* Inhaber *m* e-r ~ traiteur *m*; **~meldeleitungen** *f/pl.* télécommunications *f/pl.*; **~ortungssatellit** *m* satellite *m* de télédétection; **~schreiben** *n* télex *m*; message *m* par télétype; ***~schreibnetz** *n* réseau *m* téléscripteur.

Fernseh|aufzeichnung *f télév.* vidéogramme *m*; **~conférencier** *m* animateur *m* de télévision; ***~en** *n* ~ haben avoir la télé(vision); **2feindlich** *adj.* e-e ~e Strömung un courant antitélévision; **~fernsprecher** *m* téléphone *m* avec télévision; **~freund(in** *f*) *m* téléphile *m, f*; **~gebühr** *f* redevance *f* télévision; **~großbilderzeuger** *m* Éidophore *m*; **~journalist(in** *f*) *m* journaliste *m, f* de télévision; **~mast** *m* pylône *m* de télévision; **~reklame** *f* publicité *f* télévisée; ***~satellit** *m* satellite *m* de télécommunication; satellite *m* domestique; **~satellitennetz** *n* réseau *m* domestique; **~serie** *f* feuilleton *m* télévisé; série *f* d'émissions télévisées; **~show** *m* show *m* télévisé; **~techniker** *m* technicien *m* de télévision; ***~übertragung** *f* télédiffusion *f*; **~unterricht** *m* télé-enseignement *m*; **~überwachung** *f* télécontrôle *m*; **2wirksam** *adj.* télégénique.

***Fernsprech|anschluß** *m* raccordement *m* téléphonique; **~fernverkehr** *m* trafic *m* téléphonique interurbain, à grande distance; **~umschaltung** *f* inverseur *m* téléphonique; **~verbindung** *f* ständige ~ permanence *f*; **~vermittlung** *f* central *m*.

***Fern|straße** *f auch* axe *m*; ***~unterricht** *m auch* enseignement *m* à distance; **~verarbeitung** *f Informatik* télé-informatique *f*; **~wärmesystem** *n* chauffage *m* à distance; ***~weh** *n auch* dépaysement *m*.

Fertig|gericht *n cuis.* plat *m* cuisiné; **~mahlzeit** *f cuis.* vakuumverpackte ~ plat *m* cuisiné mis sous vide; **~ungsplanung** *f* planification *f* de production; **~ungssteuerung** *f* (*Fördertechnik*) acheminement *m*; routage *m*.

***fesch** *adj. auch* fringant.

***fest** *adv.* ~ an etw. (*acc.*) glauben croire à qc. fermement, dur comme fer.

festgesetzt *p.p.* zum ~en Tage au jour dit; zur ~en Stunde à l'heure dite.

***festigen** *v/t. das Haar* fixer.

Festfressen *n Motor* grippage *m*.

Festivalbesucher(in *f*) *m* festivalier *m*, -ière *f*.

***Festkleid** *n* toilette *f* de gala.

Festlandsockel *m* plateau *m* continental sous-marin.

***Festmeter** *n Brennholz* stère *m*.

***Festnahme** *f auch* interpellation *f*.

***feststehend** *adjt.* ~er Ausdruck *auch* expression *f* figée.

festverpflichtet *p.p.* absolument obligé.

***fett** *adv.* zu ~ essen manger trop gras.

Fett|auffangsschale *f* (*Grillgerät*) saucière *f*; ***~bildung** *f méd. als Geschwulst* lipome *m*; **~embolie** *f méd.* embolie *f* graisseuse.

feuchtigkeits|empfindlich *adj.* qui peut être détérioré par l'humidité; **2krem** *f* crème *f* hydratante; **~spendend** *adjt.* hydratant.

***Feuer** *n* *für j-n durchs ~ gehen se mettre en quatre pour qn.; mit ~ und Schwert par le fer et par le feu; ***~alarm** *m* alerte *f* au feu; **~alarmübung** *f auch écol.* exercice *m* d'alerte au feu; ***2fest** *adj.* résistant au feu; ~e Türen portes *f/pl.* coupe-feu; **~löschschaum** *m* mousse *f* anti-incendie.

***feuern** *v/t.* F *fig.* (*entlassen*) *auch* limoger, licencier; F vider, F virer, F sacquer, F mettre à pied.

Feuer|schutzstreifen *m* (*beim Waldbrand*) réseau *m* pare-feux; **~stuhlbesitzer** *m iron.* motard *m*; **~teufel** *m* (*Person*) pyromane *m*; ***~wache** *f* piquet *m* d'incendie; **~wechsel** *m milit.* échanges *m/pl.* de tirs; **~wehrauto** *n* fourgon *m* d'incendie; **~wehrfonds** *m fig.* fonds *m* de secours d'urgence; ***~wehrschlauch** *m auch* manche *f* à incendie; **~wehrspritze** *f* lance *f* d'incendie; **~werksrakete** *f* chandelle *f* romaine; **~wolke** *f* (*die sich weiterfrißt*) nappe *f* de feu.

Feuilletonroman *m* roman-feuilleton *m*. [moche.]

***fies** F *adj.* P salaud, V dégueulasse, F

filetieren *v/t.* (*bes. Fische*) *cuis.* couper en filets; découper des filets.

Filial|betriebswesen *n* succursalisme *m*; ***~leiter** *m* directeur *m* de succursale (*bzw.* de filiale).

Film|anregung *f* animation *f* vidéo; **~bericht** *m* reportage *m* cinématographique; **~bus** *m* vidéo-bus *m*; ***~en** *n auch* vidéo *f*; **~er** *m* F cinéaste *m*; ***~kamera** *f für Amateure* photo-ciné *m*; **~material** *n* matériel *m* vidéo; **~photograph** *m* (*auf der Straße*) photo-filmeur *m*; ***~regisseur** *m auch* réalisateur *m*; **~schlager** *m* film *m* à succès; **~verzeichnis** *n* systematisches ~ filmographie *f*.

Filou *m péj.* coquin *m*.

Filter|becher *m* gobelet-filtre *m*; ***~papier** *n* papier *m* emporétique; **~tüte** *f* filtre *m*; ***~zigarette** *f auch* cigarette *f* à filtre.

Filzokratie *f péj., pol.* favoritisme *m* politique; népotisme *m*.

***Filz|schreiber** *m*, **~stift** *m* crayon *m*, stylo *m* feutre; **~tafel** *f écol.* tableau *m* de feutre.

Finalität *f philos.* finalité *f*.

***Finger** *m* keinen ~ rühren ne pas lever le petit doigt; **~hakeln** *n* jeu *m* du doigt de fer.

***fingier|t** *adjt.* F bidon (*inv.*); ***2ung** *f auch* prétexte *m*.

Finnlandisierung *f pol.* finlandisation *f*.

***Finte** *f esc.* dégagement *m*.

***Firlefanz** *m* (*Tand*) 'hochets *m/pl.*

***Fisch** *m fig.* kleiner ~ (*Person*) lampiste *m*; **~augenobjektiv** *n phot.* objectif «fish-eye»; objectif *m* à (très) grand angle; **~bratentopf** *m* poissonnière *f*; **~brut(wirtschaft)** *f* pisciculture *f*; **~ereimesse** *f* vente *f* de poissons à la criée; ***~fang** *m* halieutique *f*; ***~gründe** *m/pl.* endroits *m/pl.* poissonneux; **~otterbau** *m* catiche *f*; **~pökler** *m* salaisonnier *m*; ***~reuse** *f* égrilloir *m*.

***fix** *adj.* e-e ~e Idee haben *auch* se mettre qc. dans la cervelle.

fixen F (*sich Drogen einspritzen*) F se piquer.

Flachbau *m* construction *f* plate.

Flächenfunk *m* émetteur *m* zonal.

flächig *adj.* de grande surface.

Flammfestigkeit *f* ininflammabilité *f*.

flankierend *p.pr.* ~e Maßnahmen mesures *f/pl.* supplémentaires.

***Flasche** *f* gern in die ~ gucken avoir un faible pour la bouteille; *fig. Nulpe auch* baudruche *f*; pâte *f* molle.
Flashbar *f phot.* e-e ~ von zehn Blitzlichtern une rampe de dix lampes flash.
***Flaum** *m auch* poil *m* follet.
Flausch|decke *f* couverture *f* de bure; **~mantel** *m* manteau *m* de bure.
Fledderer *m* ~ von Autowracks désosseur *m*.
***Flegel** *m péj. fig. auch* malappris *m*.
Fleisch|fabrik *f* usine *f* à viande; **~pökler** *m* salaisonnier *m*; **~stand** *m* étal *m* (*pl.* étals).
***flexibel** *adj.* flexible Arbeitszeit horaire *m* souple (*od.* mobile).
Flexionssystem *n ling.* système *m* flexionnel.
***Flicken** *m am Reifen auch* emplâtre *m*.
***fliegen** *v/i.* F *rausgeworfen werden* F se faire éjecter; F valser.
Flieger|kappe *f* casquette *f* pour aviateurs; **~verband** *m* formation *f* aérienne.
Fliesenwand *f* mur *m* carrelé.
***fließen** *v/i. philos.* alles fließt (*Heraklit*) tout devient.
Fließglas *m* verre *m* flotté.
Flimmerkiste *f cin. plais.* boîte *f* aux images.
***Flittchen** F *n péj.* F cavaleuse *f*.
***flitzen** *v/i. auch* foncer; F tracer; F détaler; F gazer.
Flitzer *m* F *fig.* homme *m* tout nu courant par les rues.
Floating *n écon.* flottaison *f*.
***Flockseide** *f auch* soie *f* floche; soies *f/pl.* folles; effiloches *f/pl.*
Flohmarkt *m* marché *m* aux puces; F puces *m/pl.*
***Flosse** *f* P *Fuß* P ripaton *m*.
***Flöte** *f* baskische ~ *mit drei Löchern* trixtu *m*.
***flötengehen** F *v/i.* F y passer.
Flottenbesuch *m* visite *f* de la flotte.
Flucht|helfer *m* passeur *m* (de fugitifs); **~hilfe** *f* complicité *f* de fuite.
***flüchtig** *adv.* ich habe ihn nur ~ im Vorbeigehen bzw. -fahren gesehen je n'ai fait que l'entrevoir en passant.
***Flüchtling** *m Ausreißer* fuyard *m*.
***Fluchtweg** *m auch* filière *f* d'évasion.
***Flug** *m aviat.* die Flüge nach Israel les vols à destination d'Israel; zwischen zwei Flügen entre deux avions; e-n ~ streichen noircir une ligne; *fig.* die Nachricht verbreitet sich wie im ~e la nouvelle se répand comme une traînée de poudre; **~begleiter** *m aviat.* steward *m*; **~begleiterin** *aviat. f* hôtesse *f* de l'air; **~diensthelfer** *m* régulateur *m*.
Flügel|adjutant *m* aide *m* de camp; **~bombe** *f milit.* bombe *f* à ailettes.
Flugelektronik *f* avionique *f*.
Flügelrakete *f milit.* missile *m* de croisière.
***Flug|gast** *m* passager *m* aérien; **~gastbrücke** *f* passerelle *f* télescopique; couloir *m* télescopique et orientable; ***~gesellschaft** *f auch* compagnie *f* d'aviation; ***~hafen** *m* ~ für Überschallflugzeuge aéroport *m* supersonique; **~hafenanlage** *f* installation *f* aéroportuaire; **~kontrolle** *f* contrôle *m* en vol; ***~körper** *m* corps *m* volant; **~lärm** *m* bruit *m* d'avions; ***~linie** *f auch* radiale *f*; **~lotse** *m* contrôleur *m*, agent *m* de la navigation aérienne; navigant *m* de l'aviation; contrôleur *m* (du trafic) aérien; contrôleur *m* de la circulation aérienne; **~lotsen** *m/pl. auch* F aiguilleurs *m/pl.* du ciel; **~modellbauer** *m* aéromodéliste *m*; **~postpapier** *n* papier-pelure *m*; **~raumüberwachung** *f* surveillance *f* des vols; **~reisende(r)** *m* passager *m* aérien; **~scheinschalter** *m* banque *f* *f* d'enregistrement (de passagers); **~schreiber** *m* F boîte *f* noire; boîte *f* enregistreuse des données de vol; **~sicherheitsdienst** *m* service *m* de balisage et de signalisation; **~sicherheitspersonal** *n im Kontrollturm* F aiguilleurs *m/pl.* du ciel; *cf.* **~lotse**; ***~staub** *m auch* cendres *f/pl.* en suspension dans l'air; **~steig** *aviat. m* schwenkbarer und einziehbarer ~ couloir *m* télescopique orientable; ***~strecke** *f auch* étape *f*; ***~stunde** *f* (*Entfernung*) heure *f* d'avion; ***~verkehr** *m* transports *m/pl.* aériens; **~verkehrsregeln** *f/pl.* règlement *m* du trafic aérien; **~werk** *n aviat.* empennage *m*; **~zeugentführer** *m* détourneur *m* d'avion; pirate *m* de l'air; **~zeugentführung** *f* détournement *m* (*od.* déroutement *m*) d'avion; **~zeugkanzel** *f* poste *m* de pilotage; cockpit *m*; **~zeugpilot** *m* pilote *m* d'aviation; **~zeug- und Raumschiffindustrie** *f* industrie *f* aérospatiale; aérospatial *m*; **~zeugwrack** *n* épave *f* d'avion.
***Flurbereinigung** *f auch* remaniement *m* parcellaire.
***flüssig** *adj.* (*Verkehr*) fluide.
Fluß|aufwärtsfahren *n* remontée *f*; ***~krümmung** *f* boucle *f* d'un fleuve; ***~regelung** *f auch* recalibrage *m*; **~schwinde** *f géol.* bétoire *f*; aven *m*.
***Flüster|propaganda** *f auch* système *m* de bouche à oreille; téléphone *m* arabe; **~tüte** F *f* ballon *m* d'alcootest.
Flut|alarm *m* alerte *f* au raz de marée; ***~lichtbeleuchtung** *f auch* éclairage *m* par projection.
***Folge** *f auch* résultante *f*; implication *f*; *nur im pl.* retombées *f/pl.* (*auch péj.*); zur ~ haben entraîner; in unmittelbarer ~ dans la foulée; **~konferenz** *f pol.* (*z.B. 1977 in Belgrad*) conférence *f* successive; ***2n** *v/i.* daraus ~ en découler.
***folglich** *adv. auch* dès lors.
***Folie** *f* (*feine Schicht*) *auch* pellicule *f*; film *m*; feuil *m* industriel; **~nband** *m* (*in Folie maschinell verpackt*) livre *m* en emballage *m* moulant; **~nverpackung** *f* emballage *m* moulant; **~nverpackungsmaschine** *f* machine *f* à emballer sous film plastique rétrécissable.
Fön *m* (*Haartrockner*) *auch* séchoir *m* (à cheveux); **~kamm** *m* peigne *m* soufflant.
***Fonds** *m* ~ für Entwicklungshilfe fonds *m* d'aide au développement.
***Förder|band** *n auch* convoyeur *m*; **~kurs** *m école.* cours *m* de rattrapage (*od.* de soutien); ***2nd** *adjt.* ~es Mitglied *n* membre *m* de soutien; membre *m* passif (*od.* associé); **~technik** *f* manutention *f*; **~ungspreis** *m univ.* prime *f* de recherche(s); **~unterricht** *m école.* enseignement *m* de soutien; **~wesen** *n techn.* manutention *f*.
***Form** *f allg.* in ~ sein, um etw. zu tun F être d'attaque pour faire qc.; j-n in ~ halten maintenir qn. en forme.
***formal** *adv.* ~ akzeptieren accepter pour la forme; **~logisch** *adv.* du point de vue de la logique formelle.
***Format** *n fig. auch* épaisseur *f*; carrure *f*.
Form|gestalter *m* esthéticien *m* industriel; **~stoff** *m* matière *f* plastique.
Forschungs|aufgabe *f* projet *m* de recherches; ***~auftrag** *m* mission *f* de recherches; **~betrag** *m* (*im Staatshaushalt*) enveloppe-recherche *f*; **~leiter** *m* maître *m* de recherches; **~reisende(r)** *m* expéditionnaire *m*; **~sektor** *m* secteur *m* recherche; **~tauchboot** *n* télénaute *m*.
***Forst|revier** *n auch* garderie *f*; **~weg** *m* chemin *m* forestier.
Fortschrittlichkeit *f allg.* progressivité *f*; *pol.* progressisme *m*.
***Fortsetzungsroman** *m auch* roman *m* à suite.
Fortzahlung *f* (*Lohn2*) maintien *m* du payement (du salaire).
Frachtbehälterrollenplatte *f* roule-conteneur *m*.
Frage-Antwort-Spiel *n* jeu *m* de questions-réponses.
***Fragenkomplex** *m auch* dossier *m*.
***fragmentarisch** *adj. Nachricht* parcellaire.
französischerseits *adv.* côté français.
***frappieren** *v/t. auch* F souffler.
***Fraß** *m* F pâtée *f*.
Frauen|held *m* F tombeur *m*; **~station** *f* (*Krankenhaus*) service *m* pour les femmes.
***Frechdachs** *m* (junger) ~ gamin *m*.
***frei** *adv. télév.* Programme ~er gestalten déverrouiller des programmes; *écol.* ich habe ~ *Schüler* je n'ai pas classe (*od.* cours); *Lehrer* je n'ai pas de cours; sich e-n Tag ~ nehmen prendre un jour de congé.
Freigänger *m jur.* détenu *m* en permission.
***Freiheits|beraubung** *f* atteinte *f* à la liberté; **2bewußt** *adj.*, ***~kämpfer** *m* libertaire (*m*).
***Freikörperkultur** *f auch* naturisme *m*.
***freilegen** *v/t. Archäologie* mettre au (*abus.* à) jour; déterrer.
Freiluftstall *m* étable *f* à stabulation libre.
***freimachen** *milit.* sich den Weg ~ s'ouvrir le chemin.
***freimütig** *adj.* F décontracté.
freipressen *v/t. jur.* j-n ~ libérer qn. par chantage.
freischwankend *adj.* (*Kurse*) flottant.
***freistellen** *v/t.* (*vom Zoll*) *auch* affranchir (de).
***Freizeichen** *n tél.* ein ~ bekommen avoir la tonalité.
***Freizeit|gestaltung** *f auch* aménagement *m* des loisirs; **~kultur** *f* civilisation *f* des loisirs; **~politik** *f* politique *f* des loisirs; **~problem** *n* problème *m* des loisirs.
***Fremde** *f* (*Auslandsaufenthalt*) dépaysement *m*.
Frequenzhub *m rad.* excursion *f* de fréquence.
Freßneid P *m* jalousie *f* de métier; basse jalousie *f*.
***Freuden|feste** *n/pl.* réjouissances *f/pl.*; ***~taumel** *m* e-e Menschenmenge im ~ une foule en liesse.
Friedens|forscher *m* polémologue *m*; **~forschung** *f* polémologie *f*; **~gespräche** *n/pl.* négociations *f/pl.* de paix; **~marsch** *m* marche *f* pour la paix; **~truppe** *f* troupe *f* de l'ONU; casques *m/pl.* bleus.
Frikandeau *n cuis.* fricandeau *m*.
***frisch** *adv.* sich ein bißchen ~ machen faire un brin de toilette; ~ rasiert rasé de frais.
Frisier|kamm *m* peigne *m* à dents fines; **~kommode** *f* coiffeuse *f*; **~stab** *m électr.* fer *m* à friser.
Fristenlösung *f jur.* solution *f* à terme.

Frit|euse *f*, **~iergerät** *n*, **~iertopf** *m cuis.* friteuse *f*.
***Frömmler** *m* bigot *m*; F bondieusard *m*.
Frontalzusammenstoß *m* collision *f* de face (*od.* de plein fouet).
Front|motor *m* moteur *m* avec traction avant; **~scheibe** *m Grillgerät* vitre *f*, glace *f* frontale; *Auto* pare-brise *m*; **~staat** *m* État *m* de première ligne; **~stapler** *m techn.* chariot *m* frontal.
***Frosch** *m mus. des Geigenbogens* talon *m*.
Frostempfindlichkeit *f* (*Beton*) gélivité *f*.
frostsicher *adj.* ingélif, -ive.
Fruchtansatz *m bot.* grenaison *f*.
***früh** *adv.* **zu ~ ankommen** arriver avant l'heure.
Früh|erkennung *f méd.* dépistage *m* précoce; **~jahrskur** *f* cure *f* de printemps; **~jahrssaat** *f* semailles *f/pl.* de printemps; ***~kartoffeln** *f/pl.* pommes *f/pl.* de terre primeurs; **~stückspause** *f* pause-déjeuner *f*; **~warnstation** *f milit.* station *f* électronique de préalarme; poste *m* de surveillance, de détection électronique.
***Fuchsfalle** *f* assommoir *m* à renards.
***fügsam** *adj. auch* maniable; malléable.
***Führerscheinentzug** *m* suspension *f* du permis de conduire.
Führungs|buchse *f techn.* encoche-guide *f*; **~eigenschaften** *f/pl.* qualités *f/pl.* de chef; **~mannschaft** *f* équipe *f* pilote; ***~rolle** *f* rôle *m* de chef; **~schwäche** *f* faiblesse *f* de la direction; **~stil** *m* style *m* de commandement.
Füll|fasern *f/pl.* crins *m/pl.* de rembourrage; ***~material** *n* matériau *m* de rembourrage.
***Fundort** *m Archäologie* site *m*.
***fünfsitzig** *adj.* **~es Fahrrad** quintuplette *f*.
Funk|feuererkennung *f aviat.* identification *f* du radiophare; **~navigation** *f* radionavigation *f*; ***~netz** *n* réseau *m* d'ondes hertziennes; **~säule** *f tél.* borne *f* (munie d'un téléphone); ***~(sprech)gerät** *n* émetteur-récepteur *m*; **~taxi** *n* radio-taxi *m*.
***Funktionär** *m auch* permanent *m*.
funktions|gerecht *adj.* fonctionnel, -lle; **2sicherheit** *f* sûreté *f* de fonctionnement; **2wort** *n ling.* marquant *m*.
***Funk|turm** *m* tour *f* de radio(diffusion); ***~verbindung** *f* contact *m* radio; **in ~ bleiben** rester en liaison radio; **in ~ treten** entrer en contact radio; **~wagenstreife** *f* voiture *f* radio de la police.
***Funzel** *f péj. auch* lumignon *m*.
Furnier|fügemaschine *f techn.* jointeuse *f*; **~füger** *m* jointeur *m*; **~schicht** *f* **~en verkleben** jointer des feuilles de placage.
***Fuß** *m* **~!** (*zum Hund*) au pied!; **gut zu ~ sein** avoir de bonnes jambes; **noch gut zu ~ sein** avoir encore bon pied; **~ballfan** *m* enragé *m* de football; F mordu *m* du football; **~bodenheizung** *f* chauffage *m* incorporé dans le plancher; chauffage *m* central par rayonnement dans le sol; **mit ~** chauffé par le sol; **~fäule** *f vét.* **~ der Schafe** fourchet *m*; **2gängerbetätigt** *p.p.* **~es Lichtsignal** feu *m* commandé par les piétons; **~gängersteg** *m* passe-pied *m*; **~gängerstraße** *f*, **~gängerweg** *m* rue *f* piétonne (*od.* piétonnière) *f*; voie *f* piétonnière; voie *f* piétonne; **~gängertransportband** *n* trottoir *m* roulant; ***~gängerüberweg** *m* passage-piétons *m*; **~gängerzone** *f* zone *f* piétonne (*od.* piétonnière); ***~stapfe** *f* **in j-s ~n treten** *auch* marcher sur les foulées de qn.; suivre les brisées de qn.; **~stemmakrobat** *m* antipodiste *m*; **~stütze** *f méd.* support *m* plantaire; ***~wanderung** *f auch* marche *f* à pied; **~wärmer** *m* chauffe-pieds *m*; chaufferette *f*.
Futter|brei *m* pâtée *f*; ***~krippe** *f* **an der ~ sitzen** avoir l'assiette au beurre; avoir un bon fromage; être dans le fromage.
Fütterungsverbot *n* interdiction *f* de donner à manger aux animaux.
Futurologe *m* futurologue *m*; **~ologie** *f* futurologie *f*.

G

***Gabelstapler** *m techn.* chariot *m* (élevateur) à fourche.
***Gag** *m Ulk* F canular *m*; *Ding mit e-m Pfiff* gadget *m*.
Galgen|mikrophon *n cin.* perche *f* à son; microphone *m* supporté par la girafe; **~mikrophontechniker** *m* perchman *m*; perchiste *m*; ***~strick** *m* homme *m* de sac et de corde.
***Galionsfigur** *f fig. auch* panneau-réclame *m*.
***galoppieren** *v/i.* **~de Inflation** inflation *f* galopante.
gammeln F *v/i.* F clochardiser.
***Gammler** F *m* F clochard *m*; voyou *m*.
***gang** *adv.* **~ und gäbe sein** être monnaie courante.
***Gang** *m fig.* **etw. in ~ bringen** mettre qc. en chantier; *Auto* **den langsamen ~ einschalten** manœuvrer au ralenti; ***2bar** *adj.* viable.
***gängeln** *v/t.* **j-n ~** mener qn. à la baguette, par le bout du nez.
gangsterbekämpfend *adjt.* antigang (*inv.*)
Ganzheits|kosmetik-Salon *m* salon *m* visagiste; ***~methode** *f écol.* méthode *f* globale; globalisme *m*.
Gardinenleiste *f* tringle *f* à rideaux.
***Gärfutter** *n* ensilage *m*.
Garten|dorfsiedlung *f* 'hameau-jardin *m*; **~grill** *m* barbecue *m*; **~liege** *f* lit *m* de camping; **~schenke** *f in der Vorstadt* guinguette *f*; **~schirm** *m* parasol *m*.
Gas|auto *n* véhicule *m* à gaz; ***~leitung** *f Überland2* gazoduc *m*; ***~mann** *m* employé *m* du gaz; ***~pedal** *n* **das ~ durchtreten** F mettre le pied au plancher.
Gästeheim *n* pavillon *m* hospitalier.
Gastgeber|familie *f* famille *f* d'accueil; **~stadt** *f* ville *f* d'accueil; **~mannschaft** *f Sport* équipe *f* d'accueil.
Gasverflüssigung *f* liquéfaction *f* du gaz.
Gebietsreform *f* réforme *f* régionale.
Gebirgs|kammweg *m* corniche *f*; **~tour** *f* excursion *f* en montagne; **~vorsprung** *m* éperon *m*.
***geboren** *adjt.* **~e Pädagogen** *m/pl.* des pédagogues *m/pl.* nés.
Gebrauchs|fahrzeug *n* (véhicule *m*) utilitaire *m*; **~güter** *n/pl.* biens *m/pl.* d'usage; **~hund** *m* chien *m* de travail, d'utilité; **~sprache** *f* **Französisch als ~** français *m* instrumental.
geburten|fördernd *adjt.* nataliste; **2politik** *f* politique *f* nataliste.
Geburtstagswünsche *m/pl.* vœux *m/pl.* de bon anniversaire.
Gedenkmarke *f* timbre *m* commémoratif.
***gediegen** *adj. Kleidung* de bon ton.
Gefahrengrad *m jur.* dangerosité *f*.
gefärbt *adjt.* **schwarz ~e Haare** cheveux *m/pl.* teints en noir.
Gefäßoperation *f chir.* revascularisation *f*.
***gefechtsbereit** *adj.* opérationnel, -lle.
Gefolgschaftstreue *f* soumission *f*.
***Gefrier|fach** *n* compartiment *m* congélateur; **~schiff** *n* chalutier *m* congélateur; **~schrank** *m* congélateur *m*.
***Gegebenheiten** *f/pl.* contingences *f/pl.*
***Gegen|darstellung** *f* déclaration *f* contradictoire; **~sprechanlage** *f Auto, tél.* interphone *m*; **~sprechverkehr** *m* duplex *m*.
***Gehalt** *m e-s Romans* épaisseur *f*; ***2voll** *adj. Buch* riche de substance.
Gehaltskonto *n* compte *m* salaire.
gehirn|los *adj.* décérébré; **2schäden** *m/pl.* lésions *f/pl.* cérébrales; ***2wäsche** *f* **e-e ~ an j-m vornehmen** bourrer le crâne de qn.
Geiselnahme *f* prise *f* d'otage(s).
***Geistes|blitz** *m* trouvaille *f*; ***~gestörte(r)** *m* déséquilibré *m*; **~krankenpflege** *f* soins *m/pl.* aux malades mentaux; ***~kranke(r)** *m* malade *m* mental.
***geistig** *adv.* **~ normal** sain d'esprit; ***2keit** *f philos.* spiritualité *f*.
***Geknatter** *n* (*von MG's*) tacatac *m*.
***gelackmeiert** *adjt.* F **sich ~ fühlen** se sentir brimé; **~ sein** F être, en rester chocolat.
***geladen** *adjt.* (*Stimmung*) électrique; survolté.
***Geländegängigkeit** *f Auto auch* capacité *f* de franchissement.
***Gelatinedynamit** *n* géli(g)nite *f*.
***Gelbfieber** *n méd.* vomito-negro *m*.
***Geld|geber** *m* créditeur *m*; **~scheffler** *m* brasseur *m* d'argent; **~spritze** *f écon.* mesure *f* de relance; **~transporteur** *m* convoyeur *m* (*od.* transporteur *m*) de fonds; ***~verlegenheit** *f* F purée *f*; P dèche *f*; **~wirtschaftlich** *adj., adv.* du point de vue de l'économie financière.
Gelegenheitsstück *n thé.* pièce *f* de circonstance.
Gelenkfunktion *f écol. Bundesrepublik* **Einführungsphase** *f* **mit ~** cours *m* d'introduction qui a fonction de charnière.
gelockert *adjt. gym.* en état d'abandon; *fig.* (*ungezwungen*) décontracté; désinvolte; **2heit** *f gym.* abandon *m*; *fig.* décontraction *f*; désinvolture *f*.
***gelten** *v/i.* **das gilt auch für die sozialen Probleme** c'est tout aussi vrai pour les problèmes sociaux.
Geltungsdrang *m* gloriole *f*.
***gemein** *adj.* (*niedriggesinnt*) sordide; *bes. vom Lehrer* F rosse; **zu j-m ~ sein** F être rosse avec qn.; ***2heit** *f* (*pl.* **~en**) sale coup *m*; méchanceté *f*; rosserie *f*.
Gemeindegottesdienst *m* office *m* religieux de la paroisse.

***gemeinnützig** *adj.* sans but lucratif; à but non lucratif.

***Gemeinschaft|sgefühl** *n* sociabilité *f*; ***~sgeist** *m* esprit *m* communautaire; **~sküche** *f* cuisine *f* collective; **~srundfunkanlage** *f* installation *f* d'une radio collective.

***Gemisch** *n* (*Benzin*2) essence *f* mélange; **~tkultur** *f agr.* multiculture *f*; polyculture *f*.

Gemüse|eintopf *m* potée *f*; **~kleinhändler** *m* détaillant *m* fruitier; fruitier *m* détaillant; **~schale** *f* (*im Kühlschrank*) bac *m* à légumes.

***gemütlich** *adj.* (*Raum, Atmosphäre*) douillet, -tte; *adv.* à la bonne franquette; douillettement; ***2keit** *f* ambiance *f* à la bonne franquette; cadre *m* intime.

***genau** *adv.* au vrai; **es mit etw.** (*dat.*) **sehr ~ nehmen** F être très à cheval sur qc.

Gen|austausch *m biol.* entrecroisement *m*; **~bank** *f biol.* banque *f* de gènes.

Generaluntersuchung *f méd.* bilan *m* complet de l'organisme; check-up *m*.

***Generation** *f* (*Bautyp*) génération *f*; **~skonflikt** *m* conflit *m* des générations.

Genossenschaftsbauer *m* paysan *m* coopérateur.

Gepäck|anhänger *m Auto* remorque *f*; **~befestiger** *m* **elastischer ~** (*am Autogepäckdach*) tendeur *m*; ***~versicherung** *f* assurance *f* bagages.

***Gequake** *n* (*von Transistoren*) nasillements *m/pl.*

Geradeausverkehr *m* courant *m* direct.

***geradeheraus** *adv.* sans phrases; sans ambages; **~ gesagt** en termes brutaux.

***geradezu** *adj.* (*offenherzig*) **er ist ~** il est spontané, sans détour, F nature.

***geradlinig** *adj.* **~er Charakter** forte tête *f*.

Gerangel *n pol.* tiraillements *m/pl.*; panier *m* de crabes; foire *f* d'empoigne; politicaillerie *f*.

***geraten** *v/i.* **unter e-n LKW ~** s'encastrer sous un camion.

***Geräumigkeit** *f* ample espace *m*; dimensions *f/pl.* spacieuses.

Geräusch|emacher *m rad.* bruiteur *m*; **~erzeugung** *f rad.* bruitage *m*.

geritzt *p.p.* F **und damit ist die Sache ~** et voilà, le tour est joué.

***gern** *adv.* **sehr ~ etw. tun** adorer faire qc.; se faire une joie de faire qc.

Geront|agogie *f péj.* gérontocratie *f*; **~ologe** *m* gérontologue *m*.

Geruchfilter *m, n* filtre *m* contre les odeurs.

Gesalme *n* F prêchi-prêcha *m*.

Gesamt|abkommen *n pol.* accord *m* d'ensemble (*od.* de paquet); **2europäisch** *adj.* paneuropéen, -nne; **~politik** *f* politique *f* d'ensemble; **~schule** *f* école *f* globale; ***~überblick** *m* tour *m* d'horizon; coup *m* d'œil d'ensemble; **~untersuchung** *f cf.* Generaluntersuchung; ***~wirtschaft** *f* macro-économie *f*.

geschädigt *adjt. psych., méd.* 'handicapé.

Geschäfts|französisch *n* français *m* des affaires; **~geist** *m* sens *m* des affaires; ***~kreise** *m/pl.* milieux *m/pl.* d'affaires; **~partner** *m* associé *m*; correspondant *m*; ***~praktiken** *f/pl. péj.* F combines *f/pl.* d'affaires; **2schädigend** *adjt.* portant préjudice à une entreprise; fait au préjudice d'une entreprise; ***~verlauf** *m* déroulement *m* des affaires.

Geschenkband *m* volume-cadeau *m*.

Geschichtlichkeit *f* historicité *f*.

Geschirrspülmittel *n* produit *m* à laver la vaisselle.

geschlaucht *adjt.* F *écol.* F pompé.

***geschmack|los** *adj.* (*Schmuck*) clinquant; ***2srichtung** *f cuis.* (*vom Eis*) parfum *m*.

***Geschmiere** *n* (*schlecht Geschriebenes*) gribouillis *m*.

***Geschraubtheit** *f* (*Stil*) F tarabiscotage *m*.

Geschubse *n* bousculade *f*.

geschult *adjt.* (*Personal*) stylé.

***Geschwindigkeits|grenze** *f* vitesse-limite *f*; **~meßgerät** *n* (*Verkehrspolizei*) cinémomètre-radar *m*.

***Geschworenengericht** *n* jury *m*.

Gesellenverein *m hist.* association *f* compagnonnique.

***Gesellschaft|er** *m* **ein guter ~ sein** être de bonne compagnie; ***2lich** *adj.* **~er Rahmen** mondanité *f*.

gesellschafts|feindlich *adj.* antisocial; **2problem** *n* problème *m* social; **2spalte** *f* (*Zeitung*) rubrique *f* sociale; **2steuer** *f* impôt *m* sur les sociétés; **2versammlung** *f* réunion *f* d'associés.

Gesichts|chirurgie *f* chirurgie *f* esthétique; ***~punkt** *f* optique *f*.

Gesinnungs|änderung *f* changement *m* d'opinion; **plötzliche ~** volteface *f*; **~prozeß** *m* procès *m* d'opinion.

***Gespann** *n fig. péj.* tandem *m*; *beim Autoabschleppen* attelage *m*.

***gespickt** *adjt. fig.* **mit Abbildungen ~** truffé d'illustrations.

***Gespräch** *n* **im ~ sein** (*als Planung*) être en pourparlers; **j-n zu e-m ~ veranlassen** entreprendre qn. sur un sujet; **~srunde** *f pol.* round *m* de négociations politiques; colloque *m*.

***gespreizt** *adjt.* F chichiteux, -euse; pimbêche.

***Gestalt|er** *m cin.* ensemblier *m*; ***~ung** *f sculpt.* modelé *m*.

Gesteins|kräuselung *f géol.* moutonnement *m*; **~vorlagerung** *f géol.* entablement *m*.

***gestört** *adjt.* **~er Schlaf** sommeil *m* perturbé.

gestutzt *adjt.* (*Flügel*) éjointé.

Gesundheits|aufseher *m* inspecteur *m* du service de l'hygiène et de la santé publique; ***~fürsorge** *f* assistance *f* médico-sociale; **~politik** *f* politique *f* de la santé.

Getenland *n hist.* **das ~** la Gétie.

***Getränk** *n* consommation *f*; **~eautomat** *m* distributeur *m* de boissons.

***Getreide|reinigungsmaschine** *f*, **~sieber** *m* tarare *m*; vanneuse *f*; **~vorräte** *m/pl.* stocks *m/pl.* de blé.

***getrennt** *advt.* **~ schlafen** faire lit à part.

Getriebefabrik *f* fabrique *f* de réducteurs.

***Getter** *n* (*Elektronik*) réducteur *m*.

Gettoisierung *f* emprisonnement *m* en ghetto.

Gewalt|start *m* (*Auto*) démarrage *m* en trombe; **~verzicht** *m pol.* non-recours *m*, renonciation *f* à la force; **~verzichtabkommen** *n pol.* accord *m* sur le non-recours à la violence; **~verzichterklärung** *f* engagement *m* de non-recours à la force.

***Gewandtheit** *f* **gesellschaftliche ~** entregent *m*.

gewappnet *adjt.* **~ gegen** (*acc.*) paré contre.

Gewerkschafts|abkommen *n* accord *m* intersyndical; **~aktivist** *m* syndicaliste *m* militant; **~arbeit** *f* activité *f* syndicale; ***~bund** *m* confédération *f* syndicale; ***~führer** *m* leader *m* syndicaliste; **~programm** *n* plate-forme *f* syndicale; **~treffen** *n* rendez-vous *m* syndical.

Gewichtung *f Schwerpunktfindung* pondération *f*.

Gewinn|ausfall *m* manque *m* à gagner; ***2en** *v/t.* **die breite Öffentlichkeit für etw. ~** sensibiliser le grand public à qc.; **j-n für e-e Partei ~** enrôler qn. dans un parti.

***Gewöhnung** *f* habitude *f*; étape *f* préparatoire; *an etw. Schlechtes* accoutumance *f* (an à).

gezielt *adjt. Anstrengungen, Interventionen, Überlegungen* ponctuel, -lle; *Brief* bien orienté; *Indiskretionen* dirigé; *Zeitungsartikel* nettement, bien orienté; *Propaganda* intensif, -ive; *advt.* de façon ponctuelle; **~ einschreiten** intervenir de façon ponctuelle.

***Gezwungenheit** *f* effort *m* violent; *péj.* application *f*.

***gießen** *v/imp.* (*vom Regen*): **es gießt** F il pleut des cordes; **wie es gießt!** qu'est-ce qu'il tombe!

Gift|kröte *f fig.* F gale *f*; F teigne *f*; **~müll** *m* déchets *m/pl.* empoisonnés; **~wolke** *f* nuage *m* toxique.

***Gipfel** *m* **auf dem ~ s-r Macht** au faîte de sa puissance; ***~gespräch** *n* entretien *m* au sommet; ***~treffen** *n pol.* réunion *f* au sommet.

Gips|bein *n méd.* jambe *f* plâtrée; **~platte** *f bât.* panneau *m* en plâtre; **~wand** *f bât.* mur *m* passé au plâtre.

***glänzen** *v/i. écol.* **im Examen ~** F rupiner.

Glanz|mittel *n für Möbel und Parkett* vitrificateur *m*; **~stück** *n* coup *m* d'éclat.

Glas|bläserei *f* atelier *m* de soufflage du verre; **~fläche** *f bât.* face *f* vitrée; **~händler** *m* verrier *m*; **~stahl** *m* acier *m* vitrifié.

***glatt** *adv. cout.* **~ fallend** (*Jackett*) décintré; ***2eis** *n fig.* **aufs ~ gehen** danser sur la corde; ***~streichen** **sich die Haare ~** s'aplatir les cheveux.

***gleich|berechtigt** *advt.* sur un pied d'égalité; ***~bleibend** *adjt. Wirtschaftswachstum* d'allure soutenue; **2macher** *m pol.* assimilateur *m*; ***2macherei** *f péj.* égalitarisme *m*; **~macherisch** *adj. péj.* égalitariste; **~e Produktion** production banalisée; ***2richterröhre** *f* (*für Hochspannung*) kénotron *m*.

Gleisüberführung *f chem.* saut-de-mouton *m*.

***gleitend** *adjt.* **~e Arbeitszeit** *f* horaire *m* mobile, variable, à la carte; **~er Lohn** salaire *m* indexé.

Gleit|vektor *m math.* glisseur *m*; vecteur *m* glissant; **~vermögen** *n* (*Ski*) glisse *f*.

Gletscher|besteiger *m* glaciériste *m*; **~forscher** *m* glaciologiste *m*; glaciologue *m*; **~forschung** *f* glaciologie *f*.

Globalstrategie *f* stratégie *f* globale.

***Glocken|rock** *m cout.* jupe *f* à godets; ***~spiel** *n mus.* **~ an Riemen** claquette *f*.

***glockig** *adv.* **~ fallen** (*Rock, Ärmel*) s'évaser.

Glotze *f* F *plais., télév.* petit écran *m*.

Glubschaugen F *n/pl.* F yeux *m/pl.* en boule de loto; F yeux *m/pl.* ronds comme des soucoupes.

Glückstaumel *m* euphorie *f.*
***Glühlampe** *f* ampoule *f.*
Gnatzkopp *m* F alter ~! *int.* scro(n)-gneugneu!
Gnotobiotik *f biol.* gnotobiotique *f.*
Go-Kart-Rennen *n* karting *m.*
***Goldwährung** *f* étalon-or *m.*
***gönnen** *v/réfl.* sich etw. ~ s'octroyer qc.
Gorgonzola *m Schimmelkäse* fromage *m* persillé.
***Gorilla** *m Geheimpolizist* gorille *m*, P barbouze *f*; **~tätigkeit** *f* P barbouzage *m.*
Gottesmord *m* déicide *m.*
Gourmand *m Feinschmecker* gourmet *m.*
Grab|plünderer *m* fouilleur *m* de tombes; **~schänder** *m* profanateur *m* de sépultures.
Granat|enbeseitigung *f* désamorçage *m* d'obus *m*; **~hülse** *f* douille *f* d'obus; **~würfe** *m/pl.* jets *m/pl.* de grenades.
Granul|at *n techn.* granulats *m/pl.*; berlingots *m/pl.*; **~iermaschine** *f techn.* berlingoteuse *f.*
***Gras** *n* **ins ~ beißen** mordre la poussière; **~schi** *m* (*Sport*) ski *m* sur l'herbe.
Gratschritt *m* (*Schi*) montée *f* en ciseau.
Grau|brot *n* pain *m* bis; **2grün** *adj.* gris vert.
***Gravitationsfeld** *n* champ *m* gravitationnel.
***Greifer** *m techn., auch von der Marssonde* bras *m* mécanique.
***Grenzenlosigkeit** *f* vastitude *f.*
***Grenz|land** *n* pays *m* frontière; ***~streit** *m* contentieux *m* frontalier; ***~übergang** *m* point *m* frontalier de transit.
***Griff** *m fig.* **etw. in den ~ bekommen** maîtriser qc.; venir à bout de qc.; se rendre maître de qc.; tordre le cou à qc.; **etw. wieder in den ~ bekommen** raccrocher qc.; reprendre qc. en main; **e-n guten ~ tun** réussir un joli banco; ***2ig** *adj.* (*Reifen*) adhésif, -ive; ***~igkeit** *f* (*e-s Reifens*) adhésivité *f.*
Grill|automat *m cuis.* rôtissoire *f*; ***2en** *v/t.* (*Fleisch*) faire cuire sur le gril; **~gerät** *cuis. n cf.* **~automat**; **~gut** *n cuis.* grillade *f*; **~korb** *m cuis.* panier *m* gril; **~rost** *m cuis.* grille *f*; **~zange** *f* pince *f* à gril; **~zeit** *f cuis.* temps *m* de cuisson.
***Grippe|virus** *m, n* virus *m* grippal; **~welle** *f* épidémie *f* de grippe.
***Grips** *m* F matière *f* grise; F crâne *m*; F méninges *f/pl.*; **er hat s-n ~ nicht angestrengt** il ne s'est pas fatigué les méninges.
***Grobian** *m* soudard *m*; F ostrogoth *m.*
Groß|bau(tenkomplex *m*) *m bât.* grand ensemble *m*; **~computer** *m* ordinateur *m* géant; super-ordinateur *m.*
***Größenordnung** *f* **in der ~ von ...⁰/₀** de l'ordre de ...⁰/₀; dont le taux est de ...⁰/₀.
großflächig *adj.* à grande surface.
***Groß|fahndung** *f* opération *f* de recherches à l'échelle nationale; **~griechenland** *n hist.* la Grande-Grèce; ***~grundbesitzer** *m* latifondiste *m*; **~kampagne** *f* grande campagne *f*; **~kar** *n géol.* cirque *m* composé; **~kauz** F *m* F enfileur *m* de grands mots; **~packung** *f* grand emballage *m*; **~raumbüro** *n* bureau *m* moderne à grande capacité; bureau-paysage *m*; bureau *m* paysagé; pool *m* des sténos; **~raumflugzeug** *n* aérobus *m*; **~raumgeschäft** *n* magasin *m* à grande surface; **~rechenanlage** *f* supercalculateur *m*; **2russisch** *adj. hist.* grand russe; ***2spurig** *adv.* ~ reden P juter; **~stadtgetriebe** *n* tourbillon *m* de la vie citadine, de la grande ville; **~stadtmoloch** *m* ville *f* tentaculaire; ***~tanker** *m* superpétrolier *m*; ***~unternehmen** *n* grosse entreprise *f*; **~wirtschaft** *f* macro-économie *f*; économie *f* des grands ensembles; ***2zügig** *adj. péd.* permissif, -ive; ***2zügigkeit** *f péd.* permissivité *f.*
Grottenforscher *m* explorateur *m* de grottes.
***grün** *adj.* (*Verkehrsampel*) **auf ~ stehen** être au vert.
***Grund** *m fig.* **ich habe allen ~ zu befürchten ...** j'ai tout lieu de craindre ...; **~berührung** *f mar.* talonnement *m*; **~-Französische** *n* **das ~** le français fondamental; ***~gebirge** *n géol.* soubassement *m*; ***~gebühr** *f* (*bei Taxis*) prise *f* en charge; ***~gedanke** *f* idée *f* directrice; ***~lage** *f* soubassement *m*; *fig.* clé *f* de voûte; **~lagenphysik** *f* physique *f* structurale; **~miete** *f* loyer *m* de base; **~satzurteil** *n jur.* jugement *m* de principe; **~schulunterricht** *m* enseignement *m* élémentaire; **~stoffchemie** *f* chimie *f* des corps simples; **~studium** *n univ.* tronc *m* commun.
Gründünger *m agr.* verdage *m.*
Grundvertrag *m pol.* (*Berlin 1971*) traité *m* fondamental.
Grün|phase *f* (*Verkehrsampel*) phase *f* verte; ***~streifen** *m Autobahn* terre *f* verte.
Grüppchen *n* groupuscule *m.*
Gruppen|dynamik *f* dynamique *f* de groupe; **~gespräch** *n* discours *m* d'équipe; **~pädagogik** *f* pédagogie *f* de groupe; **~psychologie** *f* psychologie *f* des groupes; **~sex** *m* F partouze *f*; **2spezifisch** *adj.* spécifique d'un groupe.
***Grußbotschaft** *f pol.* message *m* de salutations.
***grüßen** *v/t.* **j-n ~** dire bonjour à qn.
***Grußformel** *f* (*im Brief*) formule *f* finale.
Gullydeckel *m* plaque *f* d'égout.
Gummi|kragen *m* (*zur Bergung e-r Raumkapsel*) ceinture *f* de flottaison; **~litze** *f* toron *m* en caoutchouc; ***~paragraph** *m fig.* paragraphe *m* suscitant des controverses; **~polster** *n techn.* bloc *m* en caoutchouc; **~rad** *n* roue *f* caoutchoutée; ***~ring** *m fürs Einweckglas* bracelet *m* élastique; **~tier** *n zum Aufblasen, bis zu 5 m, auf Jahrmärkten* (ballon *m* en) baudruche *f*; **~zugharpune** *f* fusil *m* 'harpon muni d'un élastique.
Gürtelreifen *m Auto* pneu *m* à carcasse radiale; pneu *m* radial.
***Gutdünken** *n* **nach ~** au jugé; au gré de son humeur; **nach ~ schätzen** apprécier à vue de nez.
***Güte** *f* **es mit ~ versuchen** essayer la douceur.
***gut|gebaut** *adjt.* bien proportionné; F bien roulé; ***~heißen** *v/t.* **etw. Schlechtes ~** flatter qc.
***gutsituiert** *adjt.* **~ sein** avoir les reins solides.

H

***Haar|festiger** *m* fixateur *m*; **~spezialist** *m* trichologue *m*; **~teil** *m, n* mèche *f* postiche; ***~wuchs** *m am Körper* pilosité *f.*
Hackler *m* (*Rugby*) talonneur *m.*
Hafenpolizei *f* police *f* du port.
Haft|bild *n écol.* figurine *f* adhésive; **~schale** *f opt.* lentille *f* de contact; lentille *f* souple.
Hafturlaub *m jur.* congé *m* (payé) accordé à un détenu.
***Hagebutte** *f bot.* poil *m* à gratter.
Haifänger *m* chasseur *m* de requins.
Halb|fingerhandschuh *m* gant *m* à mi-doigts; **2flach** *adj.* méplat; **~maske** *f* faux nez *m*; **2trocken** *adj.* (*Sekt, Wein*) moelleux, -euse.
***Hall|e** *f e-r Ausstellung* palais *m*; **~enkirche** *f* église *f* construite en forme de hall; ***~ensport** *m* sport *m* de salle.
Halt|barkeitsprobe *f* test *m* de durabilité, de résistance; **~eklemme** *f techn.* attache *f* de fixation.
Haltezapfen *m techn.* tenon *m* de maintien.
***Haltung** *f* **~ annehmen** se figer; ***~sschaden** *m méd.* défaut *m* de maintien.
Hand|aufleger *m* guérisseur *m*; **~gelenkschützer** *m* poignet *m* de cuir; **~laterne** *f* falot *m.*
Handels|französisch *n* français *m* des affaires; **~kette** *f* chaîne *f* de vente; ***~klasse** *f Eier usw.* calibre *m*; ***2üblich** *adj.* en usage dans le commerce.
Handlungsspielraum *m* marge *f* de manœuvre.
***Hand|schuhfach** *n Auto* vide-poche(s) *m*; **~zerstäuber** *m* vaporisateur *m.*
Hänge|gestein *n géol.* roche *f* perchée; **~gleiter** *m aviat. cf.* Drachenflugzeug.
***Hangeln** *n Sport* grimper *m*; **2** *v/i.* [grimper.]
Hardware *f Kybernetik* matériel *m*; hardware *m*; **~ingenieur** *m* ingénieur *m* logicien.
***Hart|faserplatte** *f* stratifié *m*; **~löter** *m* soudo-braseur *m*; **2umkämpft** *adjt.* durement (*od.* âprement) combattu; combattu sans pitié.
Harzzapfer *m* gemmeur *m*; résinier *m*; résineur *m.*
***haschen** *v/i.* (*Drogengenuß*) fumer du hachisch, de l'herbe; *argot* tirer le joint (*od.* l'herbe).
Hasenfisch *m zo.* (*Guinea*) poisson-lapin *m.*
Haßliebe *f psych.* amour-haine *m.*
***Haufendorf** *n* village-tas *m.*
***Haupt|anliegen** *n* fer *m* de lance; **~antrieb** *m techn. allg.* commande *f* principale; **~bau** *m bât.* corps *m* de logis; ***2beruflich** *adj., adv.* à temps complet; **~faktor** *m* facteur *m* clé; ***~figur** *f péj., jur.* gros bonnet *m*; **~nahrungsmittel** *n/pl.* denrées *f/pl.* de première nécessité; **~schule** *f* (*Bundesrepublik*) école *f* du second cycle de l'enseignement primaire; **~sendezeit** *f rad.* heure *f* de grande écoute; **~triebwerk** *n* (*Raumschiff*)

propulseur *m* principal; **~verbindungsachse** *f* (*Autobahn*) pénétrante *f*; **~wasserpumpe** *f* pompe *f* à eau à usage domestique.
***Haus** *n* j-m ins ~ stehen attendre qn.; *nur Schlechtes* menacer qn.; **~betreuung** *f* (*Sozialhilfe*) soins *m/pl.* à domicile; ***2en** *v/i.* être logé à l'étroit; **~frauenarbeit** *f* travail *m* ménager; **~haltsdebatte** *f pol.* débat *m* budgétaire; **~haltskasse** *f* budget *m* familial; **~haltslücke** *f* déficit *m* budgétaire; **~haltungskunst** *f* économie *f* domestique; **~mann** *m* (*Gegensatz: Hausfrau*) homme *m* au foyer; **~mitteilung** *f* (*vom Wirt an die Mieter*) circulaire *f* adressée aux locataires; **~müll** *m* ordures *f/pl.* ménagères; déchets *m/pl.* domestiques; **~sprechanlage** *f* interphone *m*; **~tarifvertrag** *m e-r Firma* convention *f* collective d'entreprise; **~tiernahrung** *f* nourriture *f* pour animaux domestiques; **~zelt** *n* tente *f* de grand luxe.
haut|nah *adj.* F *fig.* d'un intérêt brûlant; **2riß** *m* gerçure *f*; **2straffung** *f* (*Kosmetik*) lissage *m*; **2streifen** *m méd.* strie *f* de la peau; **~sympathisch** *adj.* (*Kosmetik*) dermophile.
Hearing *n* audience *f*.
Hebearm *m* ~ e-s Raupenschleppers arche *f* de débardage.
Hebungsarbeiten *f/pl. von Versenktem* travaux *m/pl.* de relevage.
***Heckenschere** *f élect.* taille-haies *m*.
Heck|flosse *f Auto* aile *f* arrière; **~scheibe** *f Auto* lunette *f* arrière; (glace *f* de) custode *f*; **~tür** *f Auto* 'hayon *m* arrière.
Heeresmuseum *n* Musée *m* de l'Armée.
***Heftpflaster** *n phm.* tricostéril *m*.
Heftumschlag *m écol.* protège-cahier *m*.
***heil** *adj.* ~e Welt monde *m* intact; **2fastenkur** *f* cure *f* d'amaigrissement par le jeûne; ***2gymnastik** *f* mécanothérapie *f*; **2gymnastiker** *m* kinésithérapeute *m*.
Heiligsprechungsprozeß *m* procès *m* de canonisation.
Heilpädagoge *m* spécialiste *m* pour la réadaptation.
Heimat|flugplatz *m* aéroport *m* d'origine; ***~recht** *n* (*von Mundarten*) droit *m* de cité.
Heiminsasse *m* habitant *m* d'un foyer.
***heimsuch|en** *v/t.* (*von fixen Ideen, von Geistern*) obséder; ***2ung** *f* obsession *f*; fléau *m*.
Heim|textilien *pl.* tissus *m/pl.* d'ameublement; **~trainer** *m* (*Fahrrad*) bicyclette *f* médicinale; bicyclette *f* d'entraînement; 'home bicyclette *f*.
heimwerk|en *v/i.* bricoler; **2en** *n* bricolage *m*; **2er** *m* bricoleur *m*.
***heiß** *adj.* ~e Musik musique *f* enragée; rythmes *m/pl.* endiablés; ***hungrig** *adj.* F boulimique; ***2laufen** *n* (*Motor*) grippage *m*; **~siegelfähig** *adj. techn.* (*Oberflächenveredelung*) thermosoudable.
Heiz|leiste *f bât.* plinthe *f* chauffante; **~platte** *f* réchaud *m*; plaque *f* chauffante; **~stab** *m élect.* tige *f* chauffante.
Hektik *f Hast, Unruhe* agitation *f* fébrile; tourbillon *m*; trépidation *f*; fièvre *f*; frénésie *f*; précipitation *f*.
***hektisch** *adj. aufgeregt* énervé; agacé; trépidant; frénétique.
***Held** *m* fer *m* de lance.
***Helfer** *m Betreuer* moniteur *m*.
Hemdenindustrie *f* industrie *f* de la chemise.
***Hemmschuh** *m fig. Hindernis* boulet *m*.
***Herabsetzung** *f e-r Währung* décote *f*.
herantasten *v/réfl.* sich ~ avancer à tâtons; procéder par approches successives.
***heraufsetzen** *v/t.* die Höchstgrenze der Versicherungsbeiträge ~ déplafonner les cotisations.
***heraus|katapultieren** *v/t. fig. rausschmeißen* éjecter; F virer; V foutre (qn.) à la porte; ***rücken** *v/t.* etw. ~ F se fendre de qc.
herbeitelefonieren *v/t.* j-n ~ faire venir qn. par téléphone.
***herkömmlich** *adj. techn.* classique; *Waffen* conventionnel, -lle.
***Herkules** *m fig.* ~ am Scheidewege *etwa* (être) à la croisée des chemins.
Herren-Handgelenktasche *f* vide-poche *m* (*od.* sac *m*) fourre-tout.
***Herrgott** *m* wie der ~ in Frankreich leben F vivre comme un coq en pâte.
Herrendiener *m Möbelstück zum Aufhängen der Herrenkleidung* valet *m* de nuit; valet *m* muet.
Herrschaftsverhältnisse *n/pl.* système *m* gouvernemental.
herum|gammeln *v/i.* F clochardiser; **~jobben** F *v/i.* F bricoler à droite et à gauche; **~sumpfen** F *v/i.* F se débaucher; P bambocher.
herunterjubeln F *v/t.* minimiser.
hervorwürgen *v/t. orn.* régurgiter.
Herz|bank *f* banque *f* du cœur; **~chirurg** *m* chirurgien *m* cardiologue; **~empfänger** *m* greffé du cœur *m*; **~flimmern** *n* fibrillation *f*; **~rhythmusstörung** *f méd.* arythmie *f* cardiaque; **~schmerzen** *m/pl.* douleurs *f/pl.* au cœur; **~schrittmacher** *m* stimulateur *m* cardiaque; **~- und Gefäßkrankheiten** *f/pl.* maladies *f/pl.* cardio-vasculaires; **~tod** *m* arrêt *m* du cœur; **~verpflanzung** *f méd.* transplantation *f* cardiaque; greffe *f* du cœur.
Heuler *m zo. Robbenjunges* petit phoque *m*.
Hickhack *m od. n* F *pol.* tiraillements *m/pl.*; disputaillerie *f*.
Hi-Fi-Anlage *f rad., télév.* chaîne *f* haute fidélité; chaîne *f* 'hi-fi.
Hilfeersuchen *n* demande *f* de secours.
Hilfs|laborant *m* aide-laborantin *m*; **~willige(r)** *m* volontaire *m*; secouriste *m* bénévole; **~wirt** *m biol.* transporteur *m*.
Himmelslaboratorium *n* (*Skylab*) compartiment *m* laboratoire orbital; laboratoire *m* du ciel.
***hinausgehen** *v/i.* darüber ~ aller trop loin.
***Hingabe** *f* sollicitude *f*.
***hinten** *adv.* von ~ anfahren (*Auto*) entrer dans l'arrière (d'une voiture).
Hinter|grundmusik *f* musique *f* de fond; ***~hof** *m néol.* courée *f*; **~raum** *m* arrière-salle *f*.
Hin- und Rückverkehr *m* trafic *m* (d')aller et (de) retour.
***hinzufügen** *abs.* renchérir.
Hippy|(mädchen *n*) *m* 'hippie *m, f*; **~bewegung** *f* mouvement *m* 'hippie; **~mode** *f* mode *f* 'hippie; **~stadtviertel** *n* quartier *m* 'hippie.
Hirn|geschädigte(r) *m* infirme *m* moteur cérébral; **~verletzung** *f* traumatisme *m* crânien.
Hit *m mus. argot* tube *m*; **~parade** *f* 'hit-parade *m*; palmarès *m*.
***hitze|beständig** *adj.* thermostable; **2schild** *m* (*Raumkapsel*) bouclier *m* thermique; **2schutzanzug** *m* tenue *f* de protection contre la chaleur; **2stärke** *f élect.* mit zwei ~n à deux allures de chauffe.
H-Milch *f* lait *m* (de) longue conservation.
Hoch|baugarage *f* garage *m* surélevé; **2brisant** *adj.* d'une brûlante actualité; **~flußreaktor** *m* réacteur *m* à haut flux; **~gebirgsführer** *m* guide *m* de haute montagne; ***~glanz** *m* s-n Wagen auf ~ bringen bichonner sa voiture; **2legiert** *adjt.* (*Stahl*) 'hautement allié; **~raumlagerschacht** *m* (*Förderwesen*) travée *f* de stockage; ***2spielen** *v/t. übertreiben* etw. ~ dramatiser qc.; monter qc. en épingle; ***~stimmung** *f* euphorie *f*.
Höhenregler *m* (*Plattenspieler*) réglage *m* des aiguës.
Hohlraumversiegelung *f von Autos* traitement *m* antirouille des cavités.
***höllisch** *adj. Auto* ein ~es Tempo draufhaben aller, rouler à un train d'enfer.
Hollywoodschaukel *f* balancelle *f*.
***Holz|pantoffel** *m des Bauern od. Gärtners* galoche *f*; **~zarge** *f* (*Koffer e-s Geräts*) coffret *m*; boîtier *m*.
honorarpflichtig *adj.* obligé de payer des honoraires.
Hör|funkserie *f* feuilleton *m*; ***~gerät** *n* (*für Hörgeschädigte*) appareil *m* auditif (*od.* acoustique); **2geschädigt** *adjt.* 'handicapé auditif.
***hörig** *adj. Hund* docile; ~e Alliierte alliés *m/pl.* aux ordres; ***2keit** *f Hund* docilité *f*.
Hormontherapie *f* hormonothérapie *f*.
Horrorfilm *m* film *m* d'épouvante (*od.* d'horreur).
Hör|schulung *f* éducation *f* de l'oreille; **~schulungsübung** *f écol., univ.* exercice *m* de compréhension; **~störungen** *f/pl.* troubles *m/pl.* auditifs.
Hosen|anzug *m* ensemble *m* pantalon-veste; ***~boden** *m fig.* sich auf den ~ setzen s'appliquer à son travail; travailler avec zèle; **~schneider** *m* pantalonnier *m*; **~stoßband** *n* talonnière *f*.
Hosteß *f* (*bei Kongressen, Ausstellungen usw.*) hôtesse *f*.
Hotel|diebin *f* souris *f* d'hôtel; **~kapazität** *f* capacité *f* hôtelière; **~kette** *f*, **~ring** *m* chaîne *f* hôtelière; **~wesen** *n* hôtellerie *f*.
Hubinsel *f* (*Fördertechnik*) plate-forme *f* de levage.
Hub|schrauberträger *m* porte-hélicoptères *m*; **~volumen** *n mot.* cylindrée *f*.
***Hucke** *f bât.* (*Mörteltrage*) oiseau *m*; **~packsystem** *n chem.* ferroutage *m*; remorquage *m* à califourchon; mit dem ~ transportieren ferrouter.
Hüfthose *f* pantalon *m* taille basse.
Hügelhaus *n* maison *f* construite à flanc de colline.
***Hülle** *f für Schallplatte* pochette *f*.
Humangenetik *f* génétique *f* humaine.
***humanitär** *adj.* ~er Sozialismus socialisme *m* à visage humain.
Humanwissenschaften *f/pl.* sciences *f/pl.* humaines.
Hunde|aufbewahrung *f* garderie *f* pour chiens; **~klinik** *f* clinique *f* pour chiens; ***~kuchen** *m* pâtée *f* pour chiens; **~liebhaber** *m* cynophile *m*; **~pflege** toilettage *m*.
***hundert** *adj. num. c.* F auf ~ sein être à cran.
Hunde|schule *f* école *f* pour chiens;

~sport *m* sport *m* canin; **~tollwut** *f* rage *f* canine.
Hungerstreikende(r) *m* gréviste *m* de la faim.
Husche *f* F *kurzer Regen* pluie *f* passagère.
Hutkoffer *m* chapelière *f*.
Hütten|schuhe *m/pl.* après-ski *m/pl.*; **~technik** *f* technique *f* métallurgique.
Hydraulikspaten *m agr.* (*zum Ausgraben hoher Bäume*) bêche *f* hydraulique.
Hydro|kultur *f bot. cf.* Hydroponik; **~gärtner** *m* hydrocultivateur *m*; **~ponik** *f bot.* hydroponique *f*.
Hypotheken|vorrang *m* priorité *f* d'hypothèque; **~zusage** *f* promesse *f* d'hypothèque.

I

Ideenwettbewerb *m* projet-concours *m*; concours *m* technique.
Ideologienlehre *f* doctrine *f* idéologique.
Illustriertenpresse *f* presse *f* illustrée; illustrés *m/pl.*
Image *n* image *f* de marque; **sein ~ wiederherstellen** restaurer son image.
***Imbiß** *m* repas *m* léger; **kalter ~** en-cas *m*; encas *m*.
Imkerverein *m* société *f* abeillère.
Impala *f Schwarzfersenantilope* impala *f*; æpycéros *m*.
Impeachment *n* (*USA*) mise *f* en accusation.
Impfaktion *f* campagne *f* de vaccination.
Implantat *n chir.* implant *m*.
implodieren *v/i. phys.* imploser.
Implosion *f phys.* implosion *f*.
***imponier|en** *v/i.* F avoir de la gueule; **2gehabe** *n* parade *f*; comportement *m* fat; fatuité *f*.
importgefährdet *adj.* sensible.
***imprägnier|en** *v/t.* imperméabiliser; **~t** *adjt.* imperméabilisé.
Impuls|funkboje *f* radiobalise *f* à impulsions; **~schweißen** *n techn.* soudage *m* par impulsions.
***Inangriffnahme** *f* prise *f* de dispositions (pour).
***Inanspruchnahme** *f* recours *m* (à).
Indexkarte *f* fiche *f* index.
Individualverkehr *m* trafic *m* individualisé; circulation *f* de voitures particulières.
***Individuum** *n* F particulier *m*.
Indizienverurteilung *f jur.* condamnation *f* fondée sur des indices.
Industrie|abfälle *m/pl.* déchets *m/pl.* (*od.* résidus *m/pl.*) industriels; **~berater** *m* conseiller *m* industriel; **~garne** *n/pl.* tissus *m/pl.* industriels; **~müll** *m* déchets *m/pl.* industriels.
***Ineinandergreifen** *n* imbrication *f*; enchevêtrement *m*.
infektionsanfällig *adj.* qui contracte facilement une maladie.
Inflations|angst *f* peur *f* d'une inflation; **~rate** *f* taux *m* d'inflation; **~stopp** *m* frein *m* d'inflation.
Informant *m* informateur *m*; *péj.* indicateur *m*; F indic *m*.
Informatik *f* informatique *f*; **~er** *m* informaticien *m*; ingénieur *m* (*od.* expert *m*) en informatique; **~erin** *f* ingénieur *m* informaticienne; **~ingenieur** *m* ingénieur-informaticien *m*; ingénieur *m* en informatique.
Informations|block *m* bloc *m* d'informations; **~dienst** *m auch milit.* service *m* de renseignements; **~fluß** *m* flux *m*, débit *m* d'informations; **~gespräch** *n* entretien *m* d'information; **~quelle** *f* source *f* d'information; **~schrift** *f* livre *m*, brochure *f* d'information; **~speicher** *m* mémoire *f* de données, d'informations; **~speicherung** *f* enregistrement *m*, emmagasinage *m* d'informations; **~spur** *f* piste *f* d'information; **~stand** *m* stand *m* d'information; **~technik** *f* technique *f* de l'information; **~träger** *m* support *m*, porteur *m* d'informations; **~verarbeitung** *f* traitement *m*, exploitation *f* des informations; **~wert** *m* valeur *f* d'une information; **~wort** *n* mot *m* d'information; **~zentrum** *n* centre *m* d'information.
***informatorisch** *adv.* à titre d'information.
Infrarotgerät *n* dispositif *m* à infrarouges.
***Infusion** *f méd.* perfusion *f*.
Ingenieurbauten *m/pl.* travaux *m/pl.* de génie civil.
Initiativgruppe *f* groupe *m* d'initiative.
Inlandtransport *m* transport *m* du régime national, intérieur.
Innen|apparat *m tél.* interphone *m*; ***~aufnahme** *f phot.* photo *f* en intérieur; prise *f* de vue à l'intérieur; ***~hof** *m bât.* patio *m*; courette *f* intérieure; **~installierung** *f bât.* second œuvre *m*; **2mattiert** *adjt.* maté, dépoli à l'intérieur; **~ohrspezialist** *m* spécialiste *m* de l'oreille interne; ***~raum** *m Auto* habitacle *m*; **~schürze** *f Luftkissenboot* jupe *f* intérieure.
***innerdeutsch** *adj.* interallemand.
Innovation *f* innovation *f*.
in persona *adv.* **er ist die Diskretion ~** il est la discrétion même, en personne.
Insekten|spray *m* bombe *f* insecticide; **~vertilgung** *f* désinsectisation *f*.
***Insel|bewohner(in)** *m(f)* îlien(ne) *m(f)* (*bes. Bretagne*); **~lage** *f* insularité *f*; **~schutz** *m* protection *f* des îles.
***Installateur** *m allg.* appareilleur *m*.
instinkthaft *adj. psych.* instinctuel, -lle.
Instrument|arium *n fig.* arsenal *m*; dispositif *m*; institutions *f/pl.*; **~enanflug** *m aviat.* vol *m* d'approche au moyen des instruments.
Integralhelm *m* (*für Motorradfahrer*) casque *m* intégral *m*.
***Integr|ation** *f* **fremdsprachige ~** immersion *f*; ***2ierbar** *adj. Soziologie* assimilable; **nicht ~** inadapté; inassimilable.
Intelligenzalter *n* âge *m* mental.
***intensiv** *adj.* poussé.
Intensiv|behandlung *f méd.* soins *m/pl.* intensifs; **~kurs** *m* cours *m* intensif; **~pflege** *f cf.* **~behandlung**; **~programm** *m* programme *m* intensif; **~station** *f* (*Krankenhaus*) service *m* des urgences; centre *m* de réanimation.
Intercity|-Verkehr *m per Axe* transport *m* interurbain; **~-Zug** *m chem.* train *m* intervilles.
Interessengegensätze *m/pl.* froissements *m/pl.* des intérêts.
Interferenzmessung *f opt.* interférométrie *f*.
***Interkontinentalrakete** *f milit.* missile *m* intercontinental.
***Intervall** *n chir.* **im ~ operieren** opérer à froid.
Intim|bereich *m* (*Kosmetik*) secteur *m* intime; **~feind** *m* ennemi *m* intime, de longue date; **~feindschaft** *f* inimitié *f* de longue date.
intrakutan *adj. méd.* intradermique.
***Invagination** *f méd.* intussusception *f*.
Investor *m* investisseur *m*.
Ionen|kammer *f* (*Atom*) chambre *f* des ions; **~wanderung** *f phys.* mobilité *f* des ions.
Ionosphär|enforschungssatellit *m* satellite *m* de recherche ionosphérique; **2isch** *adj.* ionosphérique.
Irrflug *m* vol *m* fou.
Islamforscher *m* islamisant *m*.
Isolier|anstrich *m* enduit *m* isolant; **~bau** *m* activité *f* de l'isolation thermique et phonique; **~material** *n bât.* matériaux *m/pl.* isolants, d'isolation.
Isotopen|austausch *m* échange *m* isotopique; ***~indikator** *m* traceur *m*; **~verhältnis** *n* rapport *m* isotopique; richesse *f* relative en isotopes.
Ist|-Leistung *f écon.* rendement *m* réel; **~-Wert** *m techn.* valeur *f* réelle *od.* instantanée.

J

Jahres|leistung *f* rendement *m* annuel; **~ringforscher** *m* dendrochronologue *m*; **~ringforschung** *f* dendrochronologie *f*; **~tagung** *f* congrès *m* annuel.
***Jasager** *m* béni-oui-oui *m* (*inv.*); approbateur *m*; suiviste *m*; **~ei** *f pol.* suivisme *m*; **~in** *f* approbatrice *f*; suiviste *f*.
Jazz|fan *m* F zazou *m*; **~freund** *m* ami *m* du jazz; **~nächte** *f/pl.* nuits *f/pl.* jazzistes.
Jeans *pl.* jean *m sg.*
jobben *v/i.* P bricoler à droite et à gauche.
Jockeymütze *f* bombe *f*.
Jodeln *n* la-la-itou *m*.
Jodempfindlichkeit *f méd.* sensibilité *f* à l'iode.
Joghurtgerät *n* yaourtière *f*.
Judaisierung *f* judaïsation *f*.
Judo|anzug *m* kimono *m*; **~kämpfer** *m* judoka *m*.
Jugend|arbeitslosigkeit *f* chômage *m* des jeunes; **~förderung** *f* œuvres *f/pl.* pour la jeunesse; **~freizeitheim** *n* centre *m* de jeunes; **~hof** *m* centre *m* de redressement (*od.* d'éducation); ***~liche(r)** *m Sport* cadet *m*; **~literatur** *f* littérature *f* pour la jeunesse (*od.* de l'enfance); ***~pflege** *f* monitorat

m; **~politik** f politique-jeunesse f; **~psychologe** m psycho-éducateur m; ***~stil** m Kunst art m nouveau; modern style; **~zentrum** n centre m de jeunes.

***jung** adj. er sieht viel jünger aus il paraît bien moins que son âge.
Jungfernflug m s-n ~ durchführen passer le baptême de l'air.
Jungkellner m commis m de rang.

juryfrei adj. sans jury.
Juso m Bundesrepublik jeune socialiste m (membre de la section jeunesse du parti social-démocrate).

K

***Kabarett|ist(in f)** m fantaisiste m, f; **~revue** f revue f de variété, de music-hall.
Kabelfernsehen n télévision f par câble; télédistribution f.
Kabuse f P schlechte Wohnung F taule f.
***Käfer** m (auch VW2) coccinelle f.
Kaffee|automat m distributeur m de café; **~ernte** f cueillette f du café; **~fahrt** f excursion f avec pause-café; **~lorke** f F jus m de chaussette.
Kajütboot n bateau m à cabine(s).
Kalenderuhr f montre f indiquant la date.
Kälte|elektronik f électronique f du froid; ***2erzeugend** adjt. frigorigène; **~mittel** n chim. frigorigène m; réfrigérant m; **~sonde** f chir. cryosonde f.
***Kalt|start** m Auto démarrage m à froid; ***2stellen** v/t. fig. entlassen bes. pol. F mettre sur la touche; **~stellung** f fig. F limogeage m; F mise f sur la touche.
Kamerafahrt f cin. travelling m.
Kampfabstimmung f (Gewerkschaft) vote m sur le déclenchement d'une grève.
***Kämpfer** m fig. alter ~ argot scro(n)gneugneu m.
***kämpferisch** adj. ~er Geist militantisme m; litt. pugnacité f.
Kämpfertum n pol. militance f.
Kampfparole f slogan m de lutte.
***Kanal** m télév. auf dem zweiten ~ sur la deuxième chaîne.
Kanalisationsnetz n réseau m de tout-à-l'égout.
Känguruhfrachter m mar. navire m porte-barges.
Kanisterstadt f péj. bidonville m.
Kantinenfraß m F bouffe f de cantine.
Kanzlerkandidat m Bundesrepublik candidat m chancelier.
***kapital|kräftig** adj. ~ sein F avoir du répondant; **2schwund** m consommation f des capitaux.
Kapitulierer m pol. capitulard m.
***Karacho** n F mit ~ fahren foncer à pleins tubes.
Karate n karaté m.
Kardantisch m mar. table f à cartes.
***Karre** f F die ~ laufen lassen laisser tout aller à vau-l'eau.
Karrieremacher m carriériste m.
Karstquelle f géol. source f karstique.
karteimäßig adj. ~e Erfassung mise f en fiche.
Kartellamt n Bundesrepublik Office m des cartels.
Kartenschluß m verabredeter Postaustausch dépêche f.
Kartoffel|auflauf m cuis. pommes f/pl. de terre au gratin; **~schäldienst** m auch milit. F corvée f de patates.
***Karussell** n fig. ~ zur Aufbewahrung von Dekorationsstücken tournette f pour les décors.
Kaschieren n text. (Aufeinanderkleben zu Doppel- od. Duplexstoffen) glaçage m.
Käsefondue n fondue f.
***Kassen|schlager** m cin., thé. ein ~ sein faire recette; **~sturzpreis** m comm. prix m en chute libre.

***Kassette** f e-s Buchs emboîtage m; **~nfilm** m film m cassette; **~nkamera** f caméra f cassette; **~nrecorder** m magnétophone m à cassette.
Kastendamm m bât. (für Bauarbeiter) batardeau m.
Katalogangebot n (Versandhaus) offre f sur catalogue.
Katastrophen|alarm m alerte f à la catastrophe; **~einsatz** m entrée f en action des équipes de secours.
Katzen|fisch m zo. poisson-chat m; **~pflege** f toilettage m.
Kauf|sucht f folie f d'achats; **~vormerkung** f option f.
Kauknochen m (für Hunde) os m à mâcher.
***kaum** adv. ~ glaublich! F façon de parler!
kausativ adj. gr. causatif, -ive; factitif, -ive.
Kavaliersstart m Auto démarrage m en trombe.
Kehrtwendung f Tänzerin virevolte f.
***Kelle** f chem. Abfahrtssignal guidon m de départ.
Keltenreich n hist. das ~ la Celtic f.
kentersicher adj. mar. insubmersible.
kenyaisch adj. kenyan.
***Kern** m auch Atom cœur m; ***~industrie** f auch nucléaire m; **~kraftenergie** f énergie f nucléaire; **~kraftgegner** m antinucléaire m; **~mannschaft** f ~ bei den Wahlschlachten état-major m pour la campagne électorale.
Kernversuch m essai m, expérience f nucléaire.
***keß** adj. dreist, frech déluré; polisson, -nne; gamin.
Ketten|baumsäge f techn. tronçonneuse f; **~geschäft** n einzelnes ~ (Kettenladen) magasin m membre d'une chaîne volontaire; ***~hund** m chien m d'attache.
Kfz-Schein m Frankreich carte f grise.
Kieferchirurg m chirurgien-dentiste m.
Kinder|betreuung f soins m/pl. aux enfants; **~fernsehen** n émissions f/pl. télévisées pour la jeunesse; **~literatur** f littérature f enfantine; ***~nahrung** f aliments m/pl. pour enfants; **~sicherheitssitz** m im Auto siège m de sécurité pour enfant; **~tagesstätte** f 'halte-garderie f; **~verschickung** f envoi m des enfants dans des centres aérés; **~zahnpflege** f pédodontie f.
Kioskbesitzer m kiosquaire m, kiosquier m.
***Kippe** f F (Müllabladeplatz) décharge f publique.
Kippförderer m transporteur m basculeur.
Kirchen|gemeinschaft f communauté f ecclésiale; **~konferenz** f conférence f ecclésiale; **~narr** m grenouille f de bénitier; **~papier** n Bundesrepublik document m sur les relations de l'Église et de l'État.
Kirschenentkerner m dénoyauteur m de cerises.
***Kitsch** m auch kitsch m; pompiérisme m; **~film** m navet m; ***2ig** adj. F moche; pompier; ~er Roman roman m à la guimauve; ~e Mode mode f kitsch; ~er Gegenstand objet m kitsch; **~kunst** f art m kitsch.
***Klang** m dumpfe Klänge F flonflons m/pl.
Klappfahrrad n bicyclette f pliante.
Klarsichtpackung f emballage m transparent.
***Klarstellung** f mise f au point.
***Klartext** m im ~ en clair.
***Klassen|clown** m écol. loustic m de la classe; **~feind** m ennemi m de classe; **~frequenz** f écol. cf. ~stärke; **2kämpferisch** adj. qui se réfère à la lutte des classes; ***~sprecher(in)** m(f) écol. élève m, f délégué, -e de classe; **~teilung** f dédoublement m d'une classe.
***Klassizismus** m schaler ~ pompiérisme m; Anhänger m des schalen ~ Maler, Bildhauer, Autor pompier m.
Klausurtagung f réunion f à huis clos.
***Klebestreifen** m bande f adhésive.
***Kleeblatt** n fig. Autobahnkreuzung échangeur m.
***Klein|bus** m minibus m; **~fahrrad** n mini-vélo m; mini-bicyclette f; ***2kariert** adj. ängstlich, engstirnig mesquin; étroit; borné; pusillanime; à la petite semaine; **~küche** f cuisinette f; **~stmotorrad** n (50-125 cm^3) vélomoteur m; **~stkamera** f mini-appareil m photographique; appareil m photographique petit format; **~stwagen** m Auto compact m.
***klemmen** sich die Finger in der Tür ~ se prendre les doigts dans la porte.
Klettergerüst n gym. portique m à escalades.
Klickgeräusch n déclic m.
Klima|detektor m détecteur m climatique; **~geräte** n/pl. appareils m/pl. de conditionnement; ***~kammer** f méd. salle f de respiration; **~tornister** n (Mondfahrer) sac m de survie.
Klischee|bild n fig. stéréotype m; **2haft** adj. plein de clichés, de lieux communs.
***Kluft** f fig. Unterschied décalage m; fossé m; Spaltung clivage m.
Knabberwurst f saucisson m sec.
Knastbruder m P taulard m.
Knautschlack|jacke f ciré m; **~leder** n cuir m verni fripé.
Knautschzone f Auto zone f rétractable, froissable.
Kniegelenkentzündung f arthrose f du genou; gonarthrose f.
***knitterfrei** adj. wieder ~ werden se défroisser.
Knöchchen n/pl. F für den Hund nonos m/pl.
Knöchelriemchen n (am Damenschuh) bracelet m cheville.
Knochen|krebs m méd. cancer m des os; **~nagelung** f embrochage m.
Knösel m F Tabakspfeife F brûle-gueule m; F bouffarde f.
Knotenamt n Post bureau, centre m nodal; station f nodale.
Know how n techniques f/pl. de fabrication; connaissances f/pl. et expériences f/pl. techniques; technique f opérationnelle; recette f; savoir-faire m.

***Knüller** *m* F *comm.* article *m* choc.
Knuspergebäck *n* biscuit *m* croquant.
***k.o.** *adj.* F ~ sein F être sur les rotules.
Koalitionskrise *f* crise *f* à l'intérieur d'une coalition.
Kochgehilfe *m* aide-cuisinier *m.*
Kodierung *f Post* indexation *f*; codification *f.*
***Koedukation** *f* mixité *f.*
Koffer|plattenspieler *m* électrophone *m* en mallette; **~roller** *m* (*statt der früheren Kofferträger*) tire-bagages *m*; **~tisch** *m* table *f* valise.
Kohlenfunke *m* escarbille *f.*
***Kollegtasche** *f* serviette *f* à soufflets.
Kollisionskurs *m pol.* auf ~ gehen jouer la politique du pire.
Kombifrachter *m mar.* cargo *m* mixte.
***Kommand|ant** *m aviat.*, *Raumschiff* chef *m* de bord; **~okapsel** *f Raumschiff* module *m* de commande; **~ostab** *m* canne *f* de commandement.
Kompaktkamera *f* tragbare ~ plan-paquet *m.*
Kompetenz|anmaßung *f* prétention *f* à des compétences; ***~überschreitung** *f* forfaiture *f.*
***Komplice** *m argot* baron *m.*
Kompotteller *m* assiette *f* à dessert.
***Kompromißbereitschaft** *f* capitulation *f* de conscience.
***Konferenz** *f école.* conseil *m* d'établissement; *pol.* ~ über Sicherheit und Zusammenarbeit in Europa Conférence sur la sécurité et la coopération en Europe; **~bevollmächtigte(r)** *m* plénipotentiaire *m* pour une conférence.
konflikt|geladen *adj.* conflictuel, -lle; **2situation** *f* situation *f* conflictuelle.
***Konfrontation** *f milit. auch* face-à-face *m*; conflit *m* armé.
***konfrontieren** *v/t. fig.* mit etw. konfrontiert werden être aux prises avec qc.
Kongreß|bevollmächtigte(r) *m* plénipotentiaire *m* d'un congrès; ***~halle** *f* palais *m* des congrès.
Königspudel *m* caniche *m* royal.
Konjunktur|abschöpfung *f écon.* prélèvement *m* conjoncturel; **~ausgleichsrücklage** *f* fonds *m* de stabilisation de la conjoncture; fonds *m* d'action conjoncturelle; **2dämpfend** *adjt.* anticonjoncturel, -lle; **~dämpfung** *f* freinage *m* conjoncturel; **~schwächung** *f* fléchissement *m* de la conjoncture; ralentissement *m* économique; **~spritze** *f* médecine *f*, relance *f* conjoncturelle; injection *f* de fonds; relance *f* économique; ***~überhitzung** *f* emballement *m*, surchauffe *f* de conjoncture.
Konsoleoperator *m* (*Computer*) pupitreur *m.*
Konsumentenforschung *f* consommatique *f*, consumérisme *m.*
Konsumgesellschaft *f* société *f* de consommation.
Kontaktlinse *f* lentille *f* de contact; weiche ~ lentille *f* souple.
Kontakt|nahme *f* prise *f* de contact; **~person** *f méd.* personne *f* de contact; personne *f* intermédiaire; porteur *m* du microbe; **2scheu** *adj.* introverti; timide; **~scheu** *f* introversion *f*; timidité *f*; **~schiene** *f chem.* rail *m* de contact; ***~stelle** *f écon.* intermédiation *f.*
Kontinuierlichkeit *f* pérennité *f.*
Kontokarte *f* fiche *f* de compte.
Kontraaltistin *f mus.* contralto *m.*
Kontrastprogramm *n télév.* programme *m* contrasté, différencié.
Kontrolliste *f aviat.* technische ~ check-list *f*; liste *f* de contrôle *m.*
***Konzentr|ationsfähigkeit** *f écol.* faculté *f* (*od.* capacité *f*) d'attention; ***2ieren** *v/réfl.* sich ~ auf *auch* se focaliser sur.
***Konzern** *m* groupe *m* (industriel); consortium *m*; groupement *m*; entente *f.*
Konzert|ation *f gemeinsame Aktion* concertation *f*; **~chor** *m* chœur *m* de concert; **2iert** *adjt.* ~e Aktion action *f* concertée.
Koordinator(in *f*) *m* coordinateur *m*, -trice *f*; coordonnateur *m*, -trice *f.*
***Kopfstütze** *f auch* repose-tête *m.*
***kopfüber** *adv.* ~ hinfallen F tomber cul par-dessus tête.
Kopfwackeln *n* dodelinements *m/pl.* de tête.
Kopierer *m Gerät* copieur *m* (électrostatique); duplicateur *m*; tireuse *f.*
Kopier|fähigkeit *f* propriété *f* copiante; **~verfahren** *n* procédé *m* de copie; reprographie *f.*
***koppeln** *Raumfahrt v/t.* arrimer; amarrer; gekoppelt werden s'arrimer; s'amarrer (an à); wieder gekoppelt werden mit se réaccoupler à; s'amarrer à nouveau à.
***Kopplung** *f Raumfahrt* arrimage *m*; amarrage *m*; **~smanöver** *n* manœuvre *f* d'amarrage; **~sring** *m* collier *m* d'arrimage.
***Korb** *m pol.* die drei in Helsinki angenommenen Körbe les trois corbeilles adoptées à Helsinki.
***Körbchen** *n Büstenhalter* bonnet *m*; corbeille *f*; **~größe** *f Büstenhalter* profondeur *f* de bonnet.
Kordhose *f* pantalon *m* en velours côtelé.
Kornettist *m mus.* cornettiste *m.*
***Korn|größe** *f* (*Beton*) granulométrie *f*; **~sauger** *m techn.* souffleuse *f.*
Körper|behinderung *f* infirmité *f*; **2freundlich** *adj. Sitz im Auto* bien galbé; **2gerecht** *adj. Sitz* anatomique; *Hose, Kleid usw.* ajusté; ***~geruch** *m* bromidrose *f*; **2nah** *adj. cout.* collant; cintré.
Korrektur|folie *f* (*Schreibmaschine*) feuille *f* de correction; **~mittel** *n* agent *m* correcteur.
Korridorkontrolle *f* (*Autoverkehr*) régulation *f* des couloirs de circulation.
Kortison *n phm.* cortisone *f.*
Kosmetiktuch *n für Gesicht und Hände* mouchoir *m* rafraîchissant.
kosten|deckend *adjt.* qui couvre les frais; **2druck** *m* poids *m* des coûts; **~günstig** *adj.* à un prix avantageux; **~wirksam** *adj.* rentable; **2wirksamkeit** *f* rentabilité *f.*
***Kostgeld** *n der Hausfrau* budget *m.*
***Kotau** *m* (*Ehrenbezeugung*) acte *m* de déférence.
Krabbelkind *n* bébé *m*; enfant *m*, *f* marchant à quatre pattes.
Krachmusik *f péj.* musique *f* bruitiste.
***krächzen** *v/i. Stimme* graillonner.
Krackanlage *f techn.* unité *f* de cracking.
Kraftakt *m* grand effort *m* physique; ***~anstrengung** *f* effort *m* violent; F forcing *m.*
Kräftespiel *n pol.* das europäische ~ l'échiquier européen.
kräftezehrend *adjt.* qui gaspille des forces.
Kraftfahr|ererlaubnis *f* permis *m* de conduire; **~zeugverwahrstelle** *f* fourrière *f.*
Kraft|gewinnung *f techn.* production *f* d'énergie; ***~meierei** *f* étalage *m* de sa force; **~verkehrsamt** *n* bureau *m* des transports automobiles.
kragenlos *adj. cout.* ras-du-cou.
Kragträger *m bât.* poutrelle *f* en porte-à-faux, en encorbellement.
***Krähenfüße** *m/pl.* F *fig. krumme Nägel gegen Autoreifen* clous *m/pl.* tordus.
Kranken|fahrstuhl *m* fauteuil *m* roulant; ***~geschichte** *f* dossier *m* médical; **~haushygiene** *f* hygiène *f* hospitalière; **~hausinfektion** *f* contagion *f* hospitalière; **~hauspsychose** *f* hospitalisme *m*; **~pflegeschule** *f* école *f* d'infirmières; ***~wagen** *m bei Radrennen* voiture-balai *f.*
Krankheitsbefund *m* rapport *m* médical.
Krater|öffnung *f géol.* embouchure *f* d'un cratère; **~schlot** *m géol.* cheminée *f* volcanique.
kraulen *v/i.* crawler.
Kreativität *f* créativité *f.*
***krebs|fördernd** *adjt.* cancérigène; cancérogène; **2forschungszentrum** *n* centre *m* de recherches cancérologiques; **2vorsorge** *f* dépistage *m* du cancer.
Kredit|hai *m péj. fig.* usurier *m*; **~restriktionen** *f/pl.* restrictions *f/pl.* de crédit; **~vermittler** *m* agent *m* financier; ***~volumen** *n pol.* enveloppe *f.*
Kreis|laufkollaps *m* collapsus *m*; **~regner** *m agr.* tourniquet *m* de jardinier.
Kremfarbe *f* couleur *f* crème.
Kremlforschung *f* kremlinologie *f.*
Krem|törtchen *n* chou *m* à la crème; ***~torte** *f* tarte *f* à la crème.
Kreolischsprechende(r) *m* créolisant *m.*
Kreuzfahrtteilnehmer *m mar.* croisiériste *m.*
***Kreuzung** *f von Straßen* intersection *f.*
Kriech|ertum *n* F larbinisme *m*; obséquiosité *f*; **~gang** *m Auto* vitesse *f* démultipliée; **~maß** *n* (*Beton*) fluage *m.*
kriegschürend *adjt.* belligène.
***Kriegs|dienstverweigerer** *m auch* réfractaire *m* au service militaire, armé; **~erlebnis** *n* souvenir *m* de guerre; **2hetzerisch** *adj.* belliciste; **~psychose** *f* psychose *f* militaire; ***~versehrte(r)** *m* blessé *m* de la guerre.
***Krimi** *m* F polar *m.*
kriminal|technisch *adj.* qui se réfère à la technique criminalistique; **2techniker** *m* spécialiste *m* en criminologie.
***Krise** *f écon. auch* malaise *m.*
krisen|arm *adj.* sans crise; **2schwelle** *f* seuil *m* de crise; **2stab** *m* état-major *m* de crise.
***kritisch** *adj.* ~ werden (*Reaktor*) diverger.
Krux *f* F *Schwierigkeit, Haken* 'hic *m.*
Kryotechnik *f* cryotechnique *f.*
***Küche** *f* fahrende ~ cuisine *f* roulante; F roulante *f.*
Küchengehilfe *m* aide-cuisinier *m.*
***Küfer** *m* caviste *m*; maître *m* de chai; ***~ei** *f Weinkeller* cave *f* à vin.
***Kugel|schreiber** *m auch* bic *m*; ***2sicher** *adj.* pare-balles; *adv.* ~ verglast vitré pare-balles.
Kühl|box *f* box *m* réfrigérateur; **~einrichtung** *f techn.* groupe *m* hermétique; **~fach** *n* compartiment *m* réfrigéré; ***~haus** *n* frigo *m*; **~schrankrost** *m* clayette *f*; **~speicher** *m* entrepôt *m* frigorifique; **~tasche** *f* sac *m* réfrigérateur.

Kükentrockner *m* poussinière *f.*
kulturbedingt *adj.* culturaliste.
Kultur|feindlichkeit *f* obscurantisme *m*; **~historiker** *m* historien *m* de la culture; **~leben** *n* vie *f* culturelle; **~magazin** *n* magazine *m* culturel; **~revolution** *f* révolution *f* culturelle.
Kummerkasten *m* boîte *f* aux réclamations.
***Kumpane** *m/pl. péj. iron.* lieutenants *m/pl.*
Kumpeltum *n péj.* copinage *m.*
Kunden|schlepper *m péj.* rabatteur *m*; ***~werbung** *f* démarchage *m*; porte-à-porte *m.*
Kündigungsandrohung *f* menace *f* de licenciement.
Kundschafterbiene *f* abeille *f* éclaireuse.
Kungelei *f* F *péj.* (*z. B. Posten*2) trafic *m*; transaction *f.*
Kunsthaar *n* cheveux *m/pl.* artificiels.
Künstlergarderobe *f* loge *f* des artistes.
***Kunst|pause** *f* temps *m* mort; **~stoffverwendung** *f in der Landwirtschaft* plasticulture *f*; **~stoffplatte** *f* plateau *m* stratifié; **~unterricht** *m* enseignement *m* artistique.
Kupfervitriolspritztank *m* sulfateuse *f.*
***Kuppel** *f aviat.* verrière *f.*
***Kurs** *m fig.* **diese Ideologie steht hoch im ~** cette idéologie est bien portée, très prisée; **~korrektur** *f* (*Raumfahrt*) correction *f* d'orbite, de trajectoire; **~kreisel** *m aviat.* gyroscope *m* directionnel.
kürzbar *adj. math.* réductible.
***Kürze** *f phon.* brévité *f.*
Kurz|fahrt *f* (*Auto*) court trajet *m*; trajet *m* de courte durée; **~parker** *m* celui qui stationne peu de temps; **~parkzone** *f* zone *f* de stationnement limité; **~prosa** *f* courts récits *m/pl.* en prose; **~start- und Landungsflugzeug** *n* avion *m* à décollage et atterrissage court; **~studium** *n* cycle *m* d'études court; **~urlaub** *m* bref congé *m.*
kußfest *adj. Kosmetik* indélébile.
Küstenbewachung *f* surveillance *f* côtière.

L

Labor|gehilfe *m* appariteur *m*; **~leiter** *m* patron *m* de laboratoire.
Lade|gerät *n élect.* chargeur *m* de batterie; **~gut** *n* marchandises *f/pl.* chargées; *aviat., mar.* cargaison *f*; chargement *m*; fret *m.*
***Ladenkasse** *f* caisse *f* enregistreuse.
Ladesäule *f élect.* **~ an Parkplätzen** chargeur *m* aux postes de stationnement.
ladinisch *adj.* ladin.
Lage|besprechung *f allg.* mise *f* au courant; *milit., Zeitung* briefing *m*; **~nholz** *n* bois *m* stratifié; **2rfähig** *adj. comm.* stockable.
***lähmen** *v/t.* ankyloser.
***Laie** *m fig.* **blutiger ~** béotien *m*; **~nkünstler** *m* artiste *m* amateur; F artiste *m* du dimanche.
Lamellenverschluß *m phot.* obturateur *m* à lamelles.
***Lametta** *n fig. iron.* **voller ~** bardé, chamarré de décorations.
Lande|anflug *m* approche *f* d'atterrissage; **~fähre** *f Raumflug* chaloupe *f* de débarquement; module *m*; **~führungsgerät** *n aviat.* émetteur *m* en bout de piste.
Landekurssender *m aviat.* radio-alignement *m.*
Landeskunde *f* géographie *f* et civilisation *f* d'un pays.
land|gestützt *adjt.* **~e Verkehrsmittel** moyens *m/pl.* de transport du trafic terrestre; **2kartenraum** *m* carthothèque *f*; **2polizei** *f* gendarmerie *f*; ***2ratte** *f fig.* F habitué *m* du plancher des vaches; **2rover** *m Auto* Land-Rover *f.*
***Landschaft** *f* **in der politischen ~** dans le paysage politique; **die soziale ~** l'imagerie *f* sociale; **~sarchitekt** *m* architecte *m* paysagiste; **~sbau** *m* aménagement *m* du paysage; **~sfriedhof** *m* cimetière *m* paysager; **~spflege** *f* entretien *m* des sites (*od.* des paysages); **~szerstörung** *f* désertification *f.*
Land|streifen *m géogr.* bande *f* de territoire; **~technik** *f* technique *f* agricole; **~vermesser** *m* arpenteur-géomètre *m*; **~wahl** *f pol. Bundesrepublik* élection *f* de Land; ***~wirt** *m* exploitant *m* agricole; **~ziel** *n milit.* objectif *m* terrestre.
Lärm|belästiger *m* fauteur *m* de bruit; **~belästigung** *f* nuisances *f/pl.*; pollution *f* auditive; **~belastung** *f* excès *m* de bruits; **~pegel** *m* niveau *m* de pression acoustique; **~schutzwand** *m* **~zigarre** *f aviat.* courbe *f* isopsophique.
Laserbehandlung *f méd.* laserothérapie *f.*
***Lastauto** *n* F quatre-essieux *m.*
Laternengarage *f* F *fig.* **ich habe nur e-e ~** ma voiture couche à la belle étoile.
***Läufer** *m fig. Gummiring für Weckgläser* bracelet *m* élastique.
Lauf|fläche *f* (*Autoreifen*) plan *m* de roue; **~geschirr** *n für Kleinkinder* bretelle-laisse *f*; **~hörverstärker** *m tél.* micro *m* amplificateur; **~hund** *m zo.* chien *m* courant; ***~masche** *f* **die ~n aufnehmen** re(m)mailler un bas; **Strümpfe mit ~n** bas *m/pl.* filés; **~werk** *n* (*Tonbandgerät*) platine *f.*
Lauschoperation *f* opération *f* d'écoutes.
***Laut|sprecheranlage** *f* enceinte *f* acoustique; F sono *f*; **2stark** *adj. fig.* **~e Erklärungen** déclarations *f/pl.* fracassantes; **~untermalung** *f* accompagnement *m* sonore.
Lawinen|alarm *m* alerte *f* aux avalanches; **2gefährdet** *adjt.* avalancheux, -euse; **~hund** *m* chien *m* d'avalanche; **~schutzanlage** *f* paravalanche *m*; banquette *f* anti-avalanches.
Layout *n impr.* disposition *f* typographique.
Leasing *n comm.* leasing *m*; crédit-bail *m*; location *f* renouvelable; vente *f* financée.
Lebendgeborene(r) *m* né-vivant *m.*
lebens|feindlich *adj.* hostile à la vie; **2mittelchemiker** *m* spécialiste *m* de la chimie alimentaire; **2mittelmarkt** *m* marché *m* vivrier; ***2nerv** *m écon.* clé *f* de voûte; **2qualität** *f* qualité *f* de la vie; ***2raum** *m biol.* biotope *m*; **2recht** *n* droit *m* à la vie; **2wahrscheinlichkeit** *f* probabilité *f* de vie.
Leder|imprägnierer *m* imprégnateur *m* pour cuirs; **~nacken** *m fig. USA-Soldat* soldat *m* américain résistant à toute épreuve.
***Leer|gut** *n comm.* (*rückgabepflichtig*) emballage *m* consigné; **2laufend** *adjt. Motor* fou.
Legasthen|ie *f Leseschwäche* dyslexie *f*; **~iker** *m*, **2isch** dyslexique (*m*).
Legebatterie *f für Eier* batterie *f* d'élevage.
Lehrbeamte(r) *m* agent *m* enseignant.
Lehrerbegleitheft *n* livre *m* du maître.
Lehrerfolg *m* succès *m* pédagogique.
***Lehr|erin** *f* F prof *f*; **~erüberhang** *m* enseignants *m/pl.* en surnombre; **~erzimmer** *n* salle *f* des professeurs.
Leichentoilette *f* toilette *f* mortuaire.
Leicht|benzin *n* gazoline *f*; **~industrie** *f* industrie *f* légère; **~sinnsfehler** *m* faute *f* commise par imprudence; **~wasserreaktor** *m* réacteur *m* à eau légère.
Leidensdruck *m* poids *m* des souffrances.
***Leierkasten** *m* limonaire *m.*
Leimfuge *f* joint *m* à point plat.
Leinwandstar *m* vedette *f* de cinéma.
***Leistung** *f* **von e-m Buch** maîtrise *f*; **s-e schulischen ~en** ses résultats scolaires; **~sbetrieb** *m écon.* entreprise *f* performante; **~sbogen** *m écol.* dossier-bilan *m*; **~sdruck** *m* contrainte *f* au rendement; *écol., univ.* obligation *f*, nécessité *f* de réussir; contrainte *f* d'obtenir de bons résultats; **~sfach** *n écol. Bundesrepublik* matière *f*, option *f* approfondie; **~sgesellschaft** *f écon.* société *f* de rendement; **2sorientiert** *adjt.* performatif, -ive; **2sstark** *adj.* (*Betrieb*) performant; **~stest** *m* test *m* de performance; **~sziel** *n écol.* **~e e-s Unterrichts** objectifs *m/pl.* d'un enseignement.
Leit|feuer *n* (*Autostraße*) feu *m* de direction; **~figur** *f* modèle *m*; exemple *m*; ***~gedanke** *m litt.* idée *f* mère, maîtresse; **~schema** *n* schéma *m* directeur; **~stand** *m* poste *m* de commande; contrôle *m* central; **~strahlbake** *f aviat.* émetteur *m* en bout de piste; **~system** *n für Besucher usw.* système *m* de repères; **~triebwerk** *n Rakete* moteur *m* de direction; **~währung** *f* monnaie-clé *f*; ***~zahl** *f Post* (numéro *m* de) code *m* (postal).
Lektorat *n in e-m Verlag* service *m* de lecture; *univ.* poste *m* de lecteur.
***lenkbar** *adj. Person* conditionnable; influençable.
Lenk|radschloß *n Auto* antivol *m*; **~waffe** *f* missile *m* autoguidé.
Lern|ende(r) *m* apprenant *m*; apprenti *m*; **~mittelfreiheit** *f écol.* gratuité *f* du matériel scolaire; **~programm** *n* programme *m* d'enseignement; **~prozeß** *m* processus *m* d'apprentissage; **~spiel** *n* jeu *m* éducatif; **~trieb** *m* acquisivité *f.*
lesegehemmt *adjt.* dyslexique; **2heit** *f* dyslexie *f.*
Lesekopf *m* **elektronischer ~** tête *f* de lecture électronique.
Leseranalyse *f* étude *f* des différents types de lecteurs.
lese- und schreibunkundig *adj.* analphabète.
leseunfähig *adj.* alexique; **2keit** *f* alexie *f.*
Leucht|armbinde *f* brassard *m* lumi-

neux (*od.* réfléchissant); **~fläche** *f an e-m Gebäude* rampe *f* lumineuse; **~kasten** *m Autobahn* caisson *m* lumineux; **~kegel** *m Autobahn* cône *m* lumineux; **~kugelrakete** *f Feuerwerk* fusée *f* volante à étoiles variées; **~schiff** *n* bateau-feu *m*; bateau-phare *m*; **~schild** *n* panneau *m* lumineux; ***~schirm** *m Radar* écran *m* oscilloscopique; oscilloscope *m*; scope *m*; **~weste** *f für Straßenfeger* gilet *m* lumineux réfléchissant pour la route.
Libero *m Fußball* libero *m*.
Licht|kanone *f* canon *m* de lumière; **~kuppel** *f bât.* lumidôme *m*; **~meer** *n* océan *m* de lumière; **~orgel** *f* (*bei Pop und Rock and Roll*) jeux *m/pl.* de lumière; **~satz** *m impr.* photocomposition *f*; **~setzmaschine** *f impr.* photocomposeuse *f*; **~stadt** *f* ville-lumière *f*.
Lid|schatten *m* ombre *f* à paupières; **~strich** *m* eye-liner; **~zucken** *n* battement *m* des paupières.
Lieblings|schüler *m* chouchou *m*; élève *m* préféré; **~thema** *n* thème *m* favori.
Lieferprogramm *n* programme *m* de livraison.
***liegen** *v/i.* das Zimmer liegt zur Straße la chambre donne, a vue sur la rue; alles liegt daran (*als Schlußsatz*) tout est là.
Liege|sessel *m* fauteuil *m* relax; **~sitz** *m Auto* siège-couchette *m*.
Linear|motor *m* moteur *m* linéaire; **~schrift** *f arch.* linéaire *m*.
Linien|dienst *m* service *m* régulier de transport; **~flug** *m* vol *m* régulier, de ligne; ***~führung** *f Kunst* graphisme *m*; **~motor** *m auch Ultra-Schnellbahn* moteur *m* linéaire.
Links|abbieger *m* celui qui tourne à gauche; ***~drall** *m pol.* gauchisme *m*; sinistrisme *m*; **2engagiert** *adjt.* engagé à gauche; **2lastig** *adj. pol.* gauchisant; **~politiker** *m* politicien *m* de gauche; **~ruck** *m pol.* gauchisme *m*; **~wähler** *m* électeur *m* de gauche.
Lipom *n méd.* lipome *m*; adiposité *f*.
Lippen|abdruck *m jur.* chéiloscopie *f*; **~glanz** *m Kosmetik* brillant *m* à lèvres; **~rundung** *f phon.* arrondissement *m* des lèvres.
Lissabonner *m* Lisboète *m*; *adj.* lisboète.
Listenverbindung *f pol.* apparentement *m*.
Literaturgattung *f* genre *m* littéraire.
live *adjt.* ~ übertragen *télév., rad.* retransmettre en direct; **2-Rückübertragung** *f télév.* retransmission *f* télévisée en direct.
Lizenzspieler *m* (*Sport*) joueur *m* qui détient une licence.
LKW-Bahnhof *m* gare *f* routière.
Lobby *f* lobby *m*; groupe *m* de pression.
***Locherin** *f* (*am Computer*) perforeuse *f*.
lochfest *adj.* introuable.
Lochkarten|abteilung *f* bureau *m* de mécanographie; **~arbeit** *f* mécanographie *f*; ***~maschine** *f* perforatrice *f*.
Lockangebot *n* offre *f* d'appel.
***lockern** *v/t.* (*Steine durch Wurzeln*) desceller.
Lockpreis *m comm.* prix *m* d'appel.
Logel *m, f Weinkiepe* 'hotte *f*; *Dialekt* bouille *f*.
***Logis** *n* freie Kost und ~ logé (et) nourri.
Logist|iker *m milit.* logisticien *m*; **2isch** *adj.* logistique.
Logo|päde *m* orthophoniste *m*; **~pädie** *f* orthophonie *f*.
lohn|abhängig *adj.* salarié; **2druck** *m* pression *f* sur les salaires; **~kämpferisch** *adj.* catégoriel, -lle; **2schwache(r)** *m* salarié *m* à (très) faible revenu.
Loipe *f Ski* piste *f* pour skieurs de fond; loipe *m*.
losbrausen *v/i. Auto* démarrer en trombe; détaler.
Löschwagen *m* auto-pompe *f*.
Lösegeldforderung *f* demande *f* de rançon.
***Lösemittel** *n phm.* résolutif *m*.
losfliegen *v/i. aviat.* prendre l'air; partir.
losgelassen *p.p.* ~ sein être lancé.
***loslösen** *v/réfl.* sich vom Alltäglichen ~ se dépayser.
Lotion *f Kosmetik* lotion *f*.
Lottozahl *f* chiffre *m* de loterie.
***Lücke** *f fig.* faille *f*; ***2nhaft** *adj.* ~e Kenntnisse connaissances *f/pl.* fragmentaires.
Luft|bilderhebung *f* enquête *f* par photographies aériennes; **~bildverfahren** *n* procédé *m* aérocinématographique; **~-Boden-Rakete** *f* fusée *f* air-sol; **~druckflasche** *f Taucherausrüstung* réservoir *m* d'air comprimé; **~druckregulierung** *f* pressuration *f*; **~embolie** *f* embolie *f* gazeuse; **~fähre** *f* bac *m* aérien; **~fahrtkontrolleur** *m cf.* Fluglotse; **~fahrtmedizin** *f* médecine *f* aéronautique; **~fahrtschau** *f* performances *f/pl.* d'acrobatie aérienne; **~film-Spurfahrzeug** *n* (*UdSSR*) *chem.* train *m* sur film d'air; **~frachtbahnhof** *m* gare *f* de fret aérien; aérogare *f* de fret; **2hungerig** *adj.* assoiffé d'air; **~hungerige(r)** *m* fervent *m* du plein-air; **~kissenzug** *m chem.* aérotrain *m*; **~kurheilstätte** *f* aérium *m*; **~-~-Rakete** *f* fusée *f* air-air; **~pirat** *m* pirate *m* de l'air; **~piraterie** *f* piraterie *f* de l'air; **~recht** *n* droit *m* aérien; ***~sack** *m Schutz gegen Autozusammenstoß* enveloppe *f*, sac *m* gonflable; coussin *m* d'air à gonflage instantané; ***~schleuse** *f Raumrakete* sas *m* de passage; **~sicherheit** *f* sécurité *f* aérienne; **~tätigkeit** *f milit.* opérations *f/pl.* aériennes; **~verbesserer** *m Produkt* produit *m* d'ambiance; **~verbesserung** *f* conditionnement *m* d'air; **~verschmutzung** *f* pollution *f* de l'air, de l'atmosphère; ***~verseuchung** *f* ~ durch Gase méphitisme *m*; ***~weg** *m aviat.* auf dem ~e par la route des airs; **~ziel** *n milit.* objectif *m* aérien.
Lügendetektor *m* détecteur *m* de mensonge.
Lunanaut *m* lunaute *m*.
lusitanisch *adj.* lusitanien, -nne.
lustbetont *adjt.* hédoniste.
Lustschuppen *m plais.* P baisodrome *m*.

M

machbar *adj.* réalisable; faisable.
Macht|elite *f* élite *f* au pouvoir; **~gefüge** *n* structure *f* du pouvoir; ***~haber** *m* détenteur *m* du pouvoir; **~instrument** *n* instrument *m* du pouvoir; **~mißbrauch** *m* exaction *f*; **~rausch** *m*, **~taumel** *m* ivresse *f*, griserie *f* du pouvoir; **~übertragung** *f* passation *f* des pouvoirs.
Macke *f* F e-e ~ haben avoir la tête [fêlée.]
Mädchensuche *f* F drague *f*.
Magen-Darm-Störungen *f/pl. méd.* troubles *m/pl.* gastro-intestinaux.
Magersucht *f méd.* anorexie *f*.
Magister *m* (*Universitätsgrad*) maîtrise *f*; ~ der Naturwissenschaften maîtrise *f* ès sciences.
Magnet|bandsteuerung *f* commande *f*, manœuvre *f* sur ruban magnétique; **~kontrolle** *f aviat.* contrôle *m* magnétique; *Gerät* F poêle *f* à frire; **~schwebebahn** *f* télérail *m*, téléférique *m* magnéto-aérodynamique.
***Mahlzeit** *f* sich die ~ verkneifen F dîner par cœur; F danser devant le buffet.
Make-up-Entferner *m* démaquillant *m*; lotion *f* démaquillante.
Makronenkrem(torte *f*) *f, m* frangipane *f*.
Makroökonomie *f* macro-économie *f*.
malariaverseucht *adjt.* paludéen, -nne.
malochen *v/i.* F *arbeiten* F boulonner, F turbiner, F bosser, F trimer.
Mammutbericht *m pol.* rapport-fleuve *m*.
Managerin *f* maîtresse femme *f*.
Mangabe *f zo.* cercocèbe *m*; mangabey *m*.
***Mangelberuf** *m* branche *f* non saturée.
***manipulieren** *v/t. z.B. e-n Kilometerzähler* trafiquer; die Fragen ~ F biaiser les questions; die Jugend ~ manœuvrer la jeunesse.
Mankogeld *n comm.* passe *f* de caisse.
Männer|fang *m* F croque-monsieur *m*; **~heim** *n* foyer *m* pour hommes; **~herrschaft** *f plais.* phallocratie *f*; **~liebe** *f* homosexualité *f*; homophilie *f*; **~station** *f* service *m* pour les hommes.
Mannschaftswagen *m* camion *m* pour le transport des troupes, d'une équipe d'ouvriers.
Mantelträger *m fig. péj.* opportuniste *m*.
Marathonsitzung *f* séance-marathon *f*.
Marihuana *n* ~ rauchen fumer de la marijuana.
***Marine** *f milit.* armée *f* de mer; **~feuerwehr** *f* marins-pompiers *m/pl.*; **~luftfahrt** *f* aéronautique *f* navale.
***Mark** *f* deutsche ~ deutschemark *m*.
Markenzeichen *n Mode, Auto* griffe *f*.
Markierungsfunkfeuer *n aviat.* radioborne *f*.
Markisen|fabrikant *m*, **~händler** *m* storiste *m*; fabricant *m* de stores.
Markt|aufteilung *f écon.* compartimentage *m* des marchés; ***~forschung** *f* études *f/pl.* du marché; techniques *f/pl.* commerciales; **~lücke** *f* créneau *m*; **~roller** *m* poussette *f* à provisions; caddy *m*; ***~stand** *m* étal *m* (*pl.* étals); ***~wirtschaft** *f* freie ~ économie *f* libérale; die soziale ~ l'économie sociale de marché.
***Marotte** *f* F lubie *f*.
***Marsch** *m pol.* den langen ~ durch die Institutionen antreten faire de l'entrisme.

Marsch|flugkörper m milit. Cruise missile missile m de croisière; *~route f fig. die ~ für e-e neue Politik abstecken poser les jalons d'une nouvelle politique; fig. e-e ~ festlegen arrêter une ligne de conduite.

*maschen|fest adj. inaccrochable; 2probe f jauge f échantillon.

*Maschine f Auto engin m; Motorrad schwere ~ F gros cube m.

Massagegerät n instrument m de massage.

Massen|abfertigung f am Schalter écoulement m en masse; ~ansammlung bain m de foule; ~betrieb m grande activité f; ~geschmack m goût m des masses; *~güter n/pl. pondéreux m/pl.; ~gutfrachter m mar. vraquier m; ~hysterie f hystérie f collective; ~kündigung f licenciement m collectif; ~medien n/pl. mass media m/pl.; moyens m/pl. audio-visuels; ~medium n mass medium m; manchmal auch mass media m sg.; moyen m de communication de masse; ~mensch m massiste m; *~mord m auch assassinat m par masse; ~schlägerei f bagarre f, mêlée f générale; ~sport m sport m de masse; ~tourismus m tourisme m, scoutisme m de masse.

*Maßgabe f mit der ~, daß ... étant entendu que ...

Maßhalteprogramm n écon. programme m d'austérité.

Maßkleidung f vêtements m/pl. faits sur mesure; ~ tragen s'habiller sur mesure.

Matadorenrennen n course f de matadors.

Material|bezug(s)schein m billet-matière m; ~erhaltung f maintenance f.

mattiert p.p. élect. Birne dépoli.

*Mattscheibe f télév. petit écran m.

Mauerbemal|er m muraliste m; ~ung f muralisme m.

Mauserzeit m saison f des mues.

Mäusevolk n plais. gent f trotte-menu; peuple m souriquois.

Maxi|länge f (Mode) longueur f maxi; ~mantel m maxi-manteau m.

maximieren v/t. maximiser; maximaliser.

Maya|kultur f hist. civilisation f maya; ~reich n hist. empire m maya.

Medienverbund m raccordement m de plusieurs media.

Medikamentenwagen m guéridon m roulant.

Mediothek f médiathèque f.

Medizinalassistent m assistant m médical.

Medizinmißbrauch m surconsommation f médicale.

Meeres|bodenbergbau m exploitation f minérale et minière du fond marin; ~bodengeographie f géographie f des sous-sols; ~fauna f faune f marine; ~forschung f recherche f océanographique; ~gebirge n géol. dorsale f; ~verschmutzung f pollution f marine, maritime, de la mer.

Meerwasserverschmutzung f pollution f des eaux de la mer.

*Mehrbetrag m montant m en surplus.

Mehreinsatz m im Spiel renvi m.

Mehrfach|sprengköpfe m/pl. milit. têtes f/pl. nucléaires multiples; ~verarbeitung f Informatik multitraitement m.

Mehrheitsaktionär m actionnaire m majoritaire m.

Mehrheits|stimmgesetz n loi f majoritaire électorale; ~verhältnisse n/pl. positions f/pl. majoritaires.

Mehr|jahresplan m programme m pluriannuel; *2jährig adj. pluriannuel, -lle; ~kanalgerät n Elektronik multiplexeur m; *2sprachig adj. plurilingue; ~sprachigkeit f plurilinguisme m; ~wegpackung f comm. emballage m consigné; ~zielrakete f milit. missile m à objectifs multiples; *~zweck... plurifonctionnel, -lle; ~zweckflugzeug n avion m multi-rôles; ~zweckfrachter m mar. cargo m polyvalent; navire m multicargo.

Meierei f métairie f.

*Meilenstein m fig. tournant m.

Meinungs|änderung f changement m d'avis, d'opinion; ~bildung f prise f de conscience; ~echo n pol. face f publique; ~mache f influence f exercée sur l'opinion publique; ~tief n baisse f de popularité; ~umschwung m retournement m.

*melden v/t. polizeilich in Dijon gemeldet sein être assigné à résidence à Dijon.

Memopackung f phm. emballage m scellé calendrier.

Mengebegriff m ling. quantifieur m; quantificateur m.

*mengenmäßig adv. ~ bestimmen quantifier.

*Menschen|handel m auch trafic m des hommes; commerce m humain; *~hasser m androphobe m.

Menschsein n phil. condition f humaine.

*Mensur f der deutschen Korpsstudenten reprise f au sabre.

Mentholzigarette f cigarette f mentholée.

Mesologie f Umweltlehre mésologie f.

Messe|ausstellung f foire-exposition f; *~gelände f parc m des expositions.

Messerschnitt m Friseur coupe f au rasoir.

Meß|fühler m techn. capteur m; ~sucher m télémètre m dans le viseur; ~wertgeber m techn. capteur m.

metallfarben adj. métallisé.

Metall|er m F métallo m; ~regal n rayonnage m métallique.

Methangastanker m mar. (navire m) méthanier m.

MG|-Feuer n rafale f de mitrailleuses; ~-Schütze m fusilier m mitrailleur.

Midilänge f Mode longueur f midi; longueur f frise-mollets; (longueur f à) mi-mollet m; longuette f.

Miederhöschen n culotte-gaine f.

*Miesepeter F m personne f revêche.

*Miet|shaus n immeuble m locatif; ~stopp m blocage m des loyers.

Mikrokilar n phot. tragbare Kompaktkamera plan-paquet m.

Mikro|ökonomie f micro-économie f; ~phonstange f micro-perche f; ~phonträger m cin., télév. perchman m; perchiste m; ~wellenherd m four m à micro-ondes.

*Milch|produkt m auch laitage m; ~säurebakterien f/pl. ferment m lactique; ~schaumbad n bain m de lait moussant; ~tüte f berlingot m; comm. brique f de lait.

Militär|dienstverweigerer m objecteur m de conscience; réfractaire m au service armé; 2politisch adj. militaro-politique; ~polizist m agent m de la police militaire.

Minderbetrag m montant m en moins.

Mindestreserven f/pl. réserves f/pl. minimum.

Minenbeseitigung f milit. déminage m.

Mini|computer m microprocesseur m; ~kassette f (Tonband) minicassette f; ~kleid n robe f tunique; ~slip m für Frauen cache-sexe m.

Minister|ebene f auf ~ au niveau des ministres; ~in f femme f ministre; ~treffen n réunion f ministérielle.

Misch|korn n agr. farrago m; ~luftdüse f Auto diffuseur m; ~regler m rad. mixer m; réglage m de mixage.

*Mißerfolg m Sport, allg. contre-performance f.

Missionskunde f missiologie f.

*Mißstand m techn. nuisance f; écon. faille f.

*mitbestimmen v/t. auch codéterminer; codécider.

*Mitbestimmung f Befürworter m der ~ participationniste m.

Miteinander n vie f en commun; communauté f; weltweites ~ mondialisme m.

Mitfahrerin f Auto passagère f; occupante f.

Mithäftling m codétenu m.

*mitkommen v/i. mit s-r Zeit nicht ~ retarder sur son temps.

Mitläufertum n pol. suivisme m.

mitmischen v/i. F im trüben fischen F débiter de la trame.

*Mittagstisch m fahrbarer ~ repas m à domicile.

Mitteillosigkeit f Samuel Becket incommunicabilité f.

mittelamerikanisch adj. centraméricain.

*Mittel|gang m aviat. allée f centrale; ~klassewagen m voiture f de taille moyenne; ~lauf m e-s Flusses cours m moyen.

*mittels prép. par le biais de.

Mittelstreckler m F demi-fond m.

Mittenjustierung f techn. équilibrage m.

Möbel|fachmann m professionnel m du meuble; ~spray m spray-meubles m.

Mobile n (Kunst) mobile m.

Mobilität f des Berufslebens mobilité f.

Möchtegern m F crâneur m; F esbroufeur m.

modebewußt adj. soucieux, -euse de la mode.

*Modell|bau m modélisme m; ~bauer m modéliste m.

Moderator m rad., télév. présentateur m d'une émission; phys. Bremsvorrichtung in Kernreaktoren modérateur m.

*Modergeruch m odeur f de moisissure.

Mode|schuh m chaussure f à la mode; ~zwang m assujettissement m à la mode.

Mofa n mobylette f.

Mogelpackung f emballage m trompeur.

Molle f berlinisch chope f de bière.

Molotowcocktail m milit. cocktail m Molotow.

Molukke m Moluquois m.

Mond|auto n jeep f, auto f, autotracteur m lunaire; véhicule m (d'exploration) lunaire; ~boot n esquif m lunaire; ~erforschungsprogramm n programme m d'exploration lunaire; ~exkursion f excursion f, randonnée f, sortie f sur la Lune; ~forscher m sélénologue m; ~forschung f exploration f lunaire; ~gestein n roches f/pl. lunaires; pierre f lunaire; ~gesteinsprobe f échantillon m de

roches lunaires; **~kruste** *f* croûte *f* lunaire; **~landefähre** *f* module *m*, engin *m* lunaire; chaloupe *f* de débarquement sur la Lune; LM *m*; lem *m*; ***~landung** *f* débarquement *m* sur la Lune; **~landungsunternehmen** *n* mission *f* terre-lune; **~mobil** *n* *cf.* **~auto, ~boot**; ***~rakete** *f* engin *m* lunaire; **~staub** *m* poussière(s) *f(pl.)* lunaire(s); **~territorium** *n* sol *m* lunaire; **~umkreisung** *f* révolution *f* en orbite lunaire; **~umlaufbahn** *f* orbite *f* lunaire.
Monem *n ling.* monème *m*.
Monitor *m télév., Informatik* moniteur *m*.
Mono|abspieler *m* électrophone *m* mono; **~zelle** *f biol.* organisme *m* unicellulaire, monocellulaire.
Montagewerk *n* montage *m*.
Mord|komplott *n* complot *m* d'assassinat; **~sappetit** F *m* F rude appétit *m*; **~zentrale** *f* usine *f* à crime.
Morphem *n ling.* morphème *m*.
Mörtel|hucke *f bât.* bourriquet *m*; **~schippe** *f bât.* bouloir *m*.
Motel|kette *f*, **~wesen** *n* motellerie *f*.
Motiv|ation *f* motivation *f*; **2ierend** *adjt.* motivant; **~studie** *f* motif *m*.
Motor|baumsäge *f* tronçonneuse *f*; **~radwerkstatt** *f* motorelais *m*; ***~schutzschalter** *m* disjoncteur *m* de protection de moteur.
Mottenspray *m* bombe *f* anti-mites.
Mücken|beseitigung *f* démoustication *f*; **~gitter** *n* paramoustique *m*.
***Muffel** *m* F *mürrischer Mensch* boudeur *m*; bourru *m*; F grogneur *m*; F pisse-froid *m*.
muh!, muh! *Muhen der Kühe* meuh-meuh!
***Müll|auto** *n* camion-benne *m*; benne *f* à ordures; **~schlacke** *f* scories *f/pl.*; **~verbrenner** *m* incinérateur *m* à ordures; **~verbrennungskarre** *f* brouette *f* poubelle incinératrice.
Multiplexgerät *n Elektronik* multiplexeur *m*.
Multis *pl.* F *écon.* (entreprises *f/pl.*) multinationales *f/pl.*
***Mund** *m* **den ~ zu voll nehmen** avoir le verbe trop haut; **~dusche** *f als Handlung* douche *f* buccale; *techn.* rince-bouche *m*; robinet *m* rinceur; hydropulseur *m* pour l'hygiène buccodentaire; ***~schenk** *m* domestique *m* chargé des boissons; **~spülbecken** *n* lavabo *m* à gorge; **~-zu-~-Beatmung** *f* bouche-à-bouche *m*.
Münz|ausstellung *f* exposition *f* de la monnaie; **~automat** *m* automate *m* à glissière pour pièces de monnaie; **~fernsehen** *n* usage *m* de téléviseurs à jetons, à compteur.
Museums|führer *m Buch* livret *m* du musée; **akustischer ~** (*auf Tonband*) audio-guide *m*; **~kunde** *f* muséologie *f*; **~kundler** *m* muséologue *m*; **~wächter** *m* gardien *m* de musée.
Musettewalzer *m* valse *f* musette.
Musical *n thé.* comédie *f* musicale.
musikbesessen *adjt.* fou (*f* folle) de musique.
Musik|e *f* P flonflons *m/pl.*; **~kassette** *f* musicassette *f*; **~schauspiel** *n* mélodrame *m*.
Muskel|protz *m argot* malabar *m*; **~training** *n* musculation *f*.
Mußspritze *f* F *Schirm* F pépin *m*; *argot* pébroc *m*, pébroque *m*.
Musterseiten *f/pl.* **kommentierte ~** (*Buchwerbung*) brochure *f* de présentation.
***Mutterschiff** *n* (*Raumschiff*) module *m* de commande(ment); capsule *f*.
Myelographie *f méd.* myélographie *f*.

N

nachbereit|en *v/t.* rattraper; exploiter ultérieurement; **2ung** *f auch pol.* rattrapage *m*.
Nachbarschaftsspiel *n Fußball* match *m* de voisinage.
***Nach|behandlung** *f méd.* suivi *m*; recul *m*; follow-up *m*; **~eiferer** *m fig. péj.* blinder **~** suiveur *m*; **2erleben** *v/t.* **etw. ~** évoquer qc.; **~erleben** *n* évocation *f*; **2ernten** *v/t.* grappiller; ***2erzählen** *v/t. écol.* reformuler; paraphraser; ***~erzählung** *f écol.* paraphrase *f*; compte *m* rendu; récit *m* d'imitation; **~folgekonferenz** *f pol.* (*nach Helsinki*) conférence *f* successive; ***~geben** *n pol.* assouplissement *m*; capitulation *f*; ***2giebig** *adj.* permissif, -ive; **~hilfekurse** *m/pl.* cours *m/pl.* de rattrapage; **~hilfelehrer** *m* F pion *m*; ***~holbedarf** *m* retard *m* à rattraper; *bes. écon.* **den ~ aufholen** liquider le retard; **e-n ~ decken** satisfaire un besoin de rattrapage; **~holspiel** *n* jeu *m* reporté; ***~impfung** *f* vaccination *f* de rappel; ***~kur** *f méd.* post-cure *f*; ***2lassen** *v/i.* se relâcher; F décrocher; ***~mittagskaffee** *m* **reichlicher ~** goûter *m* dînatoire.
nachprofilieren *v/t.* **e-n Reifen ~** rechaper un pneu.
***Nachrichten** *f/pl. télév.* journal *m* télévisé; **~magazin** *n* revue *f* d'informations; ***~satellit** *m* satellite *m* de télécommunications; ***~sperre** *f* black-out *m* des informations.
***Nachschub|basis** *f milit.* base *f* logistique; **~wesen** *n milit.* support *m* logistique.
Nach|sendeanschrift *f* adresse *f* de réexpédition; **~sorgeklinik** *f* clinique *f* postcurative, postthérapeutique.
***nachstehen** *v/i.* **j-m ~** être en reste avec qn.
***Nachstellung** *f gr.* postposition *f*.
***Nacht|eule** *f fig. péj. von e-r Frau* F mocheté *f*; **~fahren** *n Auto* conduite *f* de nuit; **~falter** *m fig.* couche-tard *m*; **~fischer** *m* pêcheur *m* au lamparo; **~flugnetz** *n Post* réseau *m* aéropostal de nuit; *allg.* réseau *m* des vols de nuit; ***~hemd** *n für Damen* nuisette *f*; ***~klub** *m*, **~lokal** *n* cabaret *m*; ***~tresor** *m* coffre-fort *m* pour service de nuit; ***~wache** *f Person néol.* vigile *m*.
nachvollziehen *v/t.* *e-n Autozusammenstoß* simuler; *den Gedanken j-s* suivre.
Nachwuchs|auslese *f* écrémage *m*; **~rennfahrer** *m* poulain *m*.
Nacken|rolle *f* traversin *m*; **~stütze** *f Auto* repose-tête *m*.
***Nackt|badestrand** *m* plage *f* pour nudistes; ***~tänzerin** *f* strip-teaseuse *f*; F effeuilleuse *f*.
***Nadel** *f Schallplatte* saphir *m*.
nagelbar *adj.* clouable.
Nagel|bombe *f* bombe *f* à clous; ***~hautentferner** *m* eau *f* émolliente; dissolvant *m* pour ôter la peau sur les ongles; acétone *m*; ***2n** *v/t. méd.* **e-n Knochen ~** embrocher un os; **~schieber** *m* repoussoir *m* (pour les ongles).
Nahbereich *m Post* zone *f* de courte distance.
***nahe** *adv. Autos* **zu ~ hintereinanderfahren** se suivre de trop près.
***Nähe** *f* **in greifbare ~ gerückt sein** être à portée de main.
Nährbier *n* bière *f* nutritive.
***Nahrung** *f fig.* **dort reichlich ~ finden** y trouver grasse provende; *iron.* **neue ~ für etw. spenden** offrir une nouvelle pâture à qc.
***Nahrungsmittel** *n* aliment *m*; produit *m* alimentaire; **~hygiene** *f* hygiène *f* des aliments; **~prüfer** *m* essayeur *m* de produits alimentaires; ***~vergiftung** *f* intoxication *f* alimentaire; **~wissenschaftler** *m* nutritionniste *m*.
***Naht** *f fig.* **aus den Nähten platzen** (*Großstadt*) déborder de tous les côtés.
***nahtlos** *adv. fig. reibungslos* sans difficultés.
Nahtourismus *m* microtourisme *m*.
Naht|schweißmaschine *f* soudeuse *f* au galet; ***~stelle** *f fig.* point *m* de jonction; charnière *f*.
Naivling *m* homme *m* crédule et niais; F gogo *m*; P gazier *m*.
***Namensliste** *f Informatik* liste *f* identificatrice.
***namhaft** *adj.* célèbre.
Napoleonschnitte *f Gebäck* millefeuille *m*.
Narkosearzt *m méd.* anesthésiste *m*.
Narrenkönig *m* souverain *m* de la Folie.
Naßrasur *f* rasage *m* avec crème.
Nationenstaat *m* État-nations *m*.
***Natur** *f* **von ~ aus** de par sa nature; **~liebhaber** *m* amoureux *m* de la nature; **~mechanismus** *m* mécanisme *m* biologique; **~park** *m* réserve *f* de nature ouverte au public; ***~schutzgebiet** *n* site *m* protégé; **2trüb** *adj. Saft* non filtré.
Navigationsgerät *n* instrument *m* de navigation.
Nebel|abscheider *m techn.* filtre *m* collecteur de brouillard; **~beseitiger** *m techn.* **~ für Flugplätze** turboclair *m*; **~gebiet** *n* région *f* de brumes; *mar., aviat.* pot-au-noir *m*; **~lampe** *f Auto* phare *m* perce-brouillard; **~maske** *f London* masque *m* antibrouillard; **~schlußleuchte** *f Auto* feu *m* arrière antibrouillard.
***neben** *prép. im Buch* **die französische Übersetzung ~ dem Originaltext** la traduction française en regard du texte original.
Neben|abrede *f* arrangement *m* supplémentaire; ***~erscheinung** *f auch méd.* épiphénomène *m*; **~krater** *m géol.* cratère *m* adventif; **~note** *f mus.* échappée *f*; ***~sächlichkeit** *f* incident *m* de parcours; ***2stehend** *adjt.* **mit ~er französischer Übersetzung** avec la traduction française en regard; ***~stelle** *f* **~ e-s Elektrizitätswerks** sous-station *f* électrique; **~unternehmer** *m* sous-entrepreneur *m*; **~wirtschaft** *f agr.* exploitation *f* accessoire.
Negativzins *m* intérêt *m* négatif.
Neger|bewußtsein *n*, **~kultur** *f* négritude *f*; **~viertel** *n* quartier *m* nègre.
Neinsager *m pol.* négativiste *m*.

Nennstrom *m élect.* intensité *f* nominale.
Neon|reklame *f* publicité *f* au néon; **~schild** *n* enseigne *f* au néon.
Neorassismus *m* néo-racisme *m*.
***neppen** *v/t.* geneppt werden F essuyer, recevoir un coup de fusil.
Nerven|gas *n milit.* gaz *m/pl.* innervants; ***~heilanstalt** *f* hôpital *m* psychiatrique; ***~kitzel** *m* psychédélire *m*; **~klinik** *f* maison *f* de santé; ***2krank** *adj.* aux nerfs malades; **~sanatorium** maison *f* de repos; **~streß** *m* stress *m* nerveux.
nervtötend *adjt.* agaçant; énervant; horripilant.
Nerzjacke *f* veste *f* de vison.
Nestbeschmutzung *f fig.* dénigrement *m*, refus *m* de ses origines.
Netz|struktur *f Informatik* topologie *f*; structure *f* du réseau; **~technik** *f* technique *f* de l'optimisation d'un plan d'organisation.
Neu|bruch *m agr.* novale *f*; **~eingliederung** *f* berufliche ~ reclassement *m* professionnel; **~entfaltung** *f écon.* redéploiement *m*; **~entwicklung** *f* innovation *f*; nouveauté *f*; ***~erung** *f* technische ~ gadget *m*; trouvaille *f* ingénieuse; ***2erungssüchtig** *adj.* porté aux novations.
Neujahrs|empfang *m* réception *f* de nouvel an; **~gast** *m* réveillonneur *m*, -euse *f*.
Neu|pflasterung *f* repavage *m*; ***~schöpfung** *f* innovation *f*.
Neutronen|ausfluß *m Atom* flux *m*, fuite *f* de neutrons; **~bombe** *f milit.* bombe *f* à neutrons.
Neu|verfilmung *f* nouvelle adaptation *f* à l'écran; remake *m*; ***~verteilung** *f* nouvelle répartition *f*.
Nichtaufwertung *f* non-réévaluation *f*.
nichtentflammbar *adj.* ininflammable; **2keit** *f* ininflammabilité *f*.
Nichtweiterverbreitung *f* die ~ von Kernwaffen la non-prolifération, la non-dissémination des armes nucléaires.
***nichtssagend** *adj.* anodin; vague; [flou.]
Nichttrinker *m* antialcoolique *m*.
***Niedergang** *m* abaissement *m*; déclin *m*; **~skappe** *f* (*U-Boot*) capot *m* de descente.
***Niedergeschlagenheit** *f* morosité *f*; anéantissement *m*.
Niederknüppeln *n* matraquage *m*.
***Niedertracht** *f* mauvaise foi *f*; perfidie *f*; *litt.* scélératesse *f*.
Nierentasche *f* pochette *f* sur la hanche.
***niesel|n** *v/i.* F brouillasser; **2wetter** *n* crachin *m*.
nilgrün *adj. cout.* vert tendre; couleur nil.
Niveausenkung *f* abaissement *m*, affaissement *m* du niveau intellectuel.
Nordfranzose *m* Français *m* du Nord.
***normal** *adj. auch jur.* geistig ~ sain d'esprit; **2benzin** *n* essence *f* ordinaire; ***2zustand** *m* geistiger ~ bonne santé *f* mentale.
Normen|arbeit *f* (*Gesamtschule*) test *m* officiel; **~kontrollverfahren** *n* contrôle *m* de la constitutionnalité des lois.
Nostalgie *f* rétro *m*; **2betont** *adjt.* rétro; **~mode** *f* mode *f* rétro; rétro *f*; **~welle** *f* vague *f* rétro.
nostalgisch *adj.* rétro.
Notarzt *m* médecin *m* du secours d'urgence.
Notausstiegsluke *f e-r Raumkapsel* écoutille *f* de sortie.
Noten|gebung *f école.* notation *f*; **~regal** *n* classeur *m*, étagère *f* à musique; **~schrank** *m* casier *m* à musique.
Notfallrettungsdienst *m* premier secours *m*; service *m* de sauvetage, de secours d'urgence.
Notizzettel *m* F pense-bête *m*.
Not|küche *f* cuisine *f* de fortune; **~lager** *n* camp *m* de fortune; ***2landen** *v/i.* se poser en catastrophe; **~lazarett** *n* hôpital *m* de fortune; **~leiter** *f* échelle *f* de fortune; ***~lösung** *f* solution *f* de fortune; **~rufsäule** *f Autobahn* téléphone-secours *m*; borne *f* d'appel téléphonique de secours; **~rutsche** *f aviat.* toboggan *m* de secours; **~standsdamm** *m* barrage *m* de fortune; **~standsgesetzgebung** *f* législation *f* d'exception; **2standshaft** *adj.* catastrophique; ***~unterkünfte** *f/pl.* locaux *m/pl.* de fortune; locaux *m/pl.* provisoires.
Notzuchtverbrecher *m* violeur *m* de filles.
Novellierungsvorschläge *m/pl.* propositions *f/pl.* d'amendement.
***nüchtern** *adj. Kritik* serein.
Nuckel *m* F *Schnuller* tétine *f*.
Nuklearmedizin *f* médecine *f* nucléaire.
***null** *adj.* ~ und nichtig caduc *m*, caduque *f*; ***2** *f Person* homme *m* de rien; P tocard *m*; F minus *m*; fruit *m* sec; foutriquet *m*; F pas grand-chose *m*, *f*; F galette *f*; F soliveau *m*; **2tarif** *m* tarif *m* gratuit; zum ~ à titre gratuit; gratis.
Nulpe *f* P *schlapper Kerl* baudruche *f*; pâte *f* molle.
Numerus clausus *m univ.* numerus clausus *m*; filtrage *m*.
***Nummer** *f fig. péj.* der Mensch ist nur noch e-e ~ l'homme n'est plus qu'une pièce d'échecs; **~ngebung** *f écol.* classement *m*; **~nsucher** *m Informatik* détecteur *m* de compte.
Nutenstanzpresse *f techn.* encocheuse *f*.
Nutzen-Kosten-Analyse *f* analyse *f* avantages-coûts.
***Nutzlast** *f aviat.* capacité *f* d'emport.

O

Obdachlosensiedlung *f* bidonville *m*.
***Oberkante** *f* bord *m* supérieur.
***Ober|schulrat** *m Frankreich* inspecteur *m* d'Académie; **~studienrat** *m etwa* professeur *m* de lycée ayant un titre supérieur; ***~stufe** *f écol. Frankreich* second cycle *m*.
Objektwelt-Roman *m litt.* roman *m* objectal.
Obrigkeitsdenken *n* sens *m* de l'autorité, de la hiérarchie.
Obristen|herrschaft *f péj.* colonélocratie *f*; **~regime** *n péj.* régime *m* des colonels.
Obst|hürde *f* fruitier *m*; **~kammer** *f* fruitier *m*; fruiterie *f*.
Ochsenwagen *m* char *m* à bœufs.
***offen** *adj.* ~e Bauweise construction *f* discontinue; ~es Schwimmbecken piscine *f* en plein air; ~ *ungelöst* bleiben rester en suspens.
***Offenherzigkeit** *f* spontanéité *f*.
Öffentlichkeitsarbeit *f* relations *f/pl.* publiques.
***offiziös** *adj. auch* officialiste.
Off-shore *n Ölbohrung zur See* off shore *m*.
Oft|fahrer *m Auto* roule-toujours *m*; **~flieger** *m* client *m* fidèle du trafic aérien; passager *m* prenant souvent l'avion; habitué *m* des lignes aériennes.
Okkurrenz *f ling.* occurence *f*.
Ökologe *m* écologiste *m*.
ökologisch *adj.* écologique; ~e Bewußtseinsbildung écologisation *f*.
Ökonomismus *m* économisme *m*.
Oktoberfest *n in Berlin und München* fête *f* de la bière.
Öl|bankier *m* pétrobanquier *m*; **2dicht** *adj.* étanche au pétrole; **~dollar** *m* pétrodollar *m*; **~s** *m/pl.* F *péj.* pétrofric *m*.
Oldtimer *m sehr altes Auto* F teuf-teuf *m*; phaéton *m*.
Öl|fachmann *m* expert *m* pétrolier; **~flut** *f* marée *f* noire; **2fündig** *adj.* pétrolifère.
Oligopol *n pol., écon. Marktherrschaft weniger Großunternehmen* oligopole *m*.
Öl|könig *m* roitelet *m* du pétrole; **~krieg** *m écon.* guerre *f* du pétrole; **~lache** *f* sich wie e-e ~ ausbreiten faire tache d'huile; **~lack** *m* vernis *m* à l'huile; **~magnat** *m* magnat *m* du pétrole; **~politik** *f* politique *f* pétrolière; ***~tanker** *m* tanker *m*; **~teppich** *m* nappe *f* huileuse, de mazout, de naphte, de pétrole; **2verschmutzt** *adjt.* ~e Vögel oiseaux *m/pl.* mazoutés; **~versorgung** *f* ravitaillement *m* en pétrole.
Olympionik|e *m* compétiteur *m* olympique; **~in** *f* compétitrice *f* olympique.
Ombudsmann *m* homme *m* de confiance; *Frankreich* médiateur *m*.
Ondit *n Gerücht* e-m ~ zufolge à ce qu'on dit.
operationalisieren *v/t.* opérationaliser.
Operat|ionslampe *f chir.* schattenlose ~ scialytique *m*; **~or** *m ling.* quantificateur *m*.
optimier|en *v/t.* optimiser; optimaliser; **2ung** *f* optimisation *f*; optimalisation *f*.
***optisch** *adj.* ~e Anzeige *Informatik* [visualisation *f*.]
Optometrist *m opt.* (opticien *m*) optométriste *m*.
Optronik *f phys.* opto-électronique *f*.
Orange-Grapefruit-Schälmesser *n* zesteur *m*.
Orchesterverein *m* philharmonie *f*.
Orchideenfach *n fig. univ.* matière *f* d'études très rare.
Organ|medizin *f* médecine *f* organique; **~schädigung** *f* lésion *f* organique; **~therapie** *f* opothérapie *f*; organothérapie *f*; **~verpflanzung** *f* transplantation *f* d'organes.
Orgelvesper *f relig.* concert *m* d'orgue durant les vêpres.
***orientier|en** *v/réfl.* sich allgemein ~ prendre le vent; **2ungsstufe** *f écol.* degré *m* d'orientation.
***Original** *n fig.* phénomène *m*; *Kauz* F olibrius *m*; **~bericht** *m rad., télév.* reportage *m* en direct.
***Ort** *m* vor ~ sur place; sur les lieux; **~sverein** *m* association *f* locale; **~svermittlung** *f tél.* central *m* local; central *m* urbain.
Osteoporose *f méd.* ostéoporose *f*.

Osterbräuche *m/pl.* traditions *f/pl.* pascales.
Ost|politik *f Bundesrepublik* ostpolitik *f*; politique *f* à l'Est; **~verträge** *m/pl.* traités *m/pl.* avec l'Est.
Outsider *m* solitaire *m*; outsider *m*; candidat *m* jusque-là inconnu; *Pferderennen* cheval *m* non classé.
Overhead-Projektor *m écol. Tageslichtprojektor* rétroprojecteur *m*.
Oxyd|ationsversuch *m* essai *m* d'oxydation; **~ierbarkeit** *f* oxydabilité *f*.
Ozeanaut *m* océanaute *m*.
***Ozean|riese** *m* géant *m* des mers; **~station** *f aviat., mar.* station *f* océanique; **~stationsschiff** *n aviat., mar.* navire-station *m* océanique.

P

***Paarerzeugung** *f Atom* matérialisation *f*.
Packsack *m* sac *m* pour emballage.
Pack-Set *n* (*Bundespost*) matériel *m* d'emballage préfabriqué et normalisé.
***paddeln** *v/i. im Kanu* faire du canoë.
***Paddler** *m im Kanu* canoéiste *m*.
***Paket** *n fig. pol. usw.* dossier *m*; **~bombe** *f* colis *m* piégé; **~postversand** *m* dépêche *f* de colis postaux.
palatalisier|en *v/t. phon.* palataliser; **2ung** *f* palatalisation *f*.
***Palette** *f Hubplatte zum Stapeln* palette *f*; ~ **mit Einhängewand** palette *f* avec un côté démontable; **auf ~n verstauen** palettiser; *fig. Reihe, Serie* **e-e breite ~ von Qualitätserzeugnissen** une large, vaste gamme de produits de qualité; **~nschiff** *n* navire *m* pour charges palettisées; navire *m* porte-palettes.
Palettierung *f Stapelung* palettisation *f*.
Palmin *n cuis.* graisse *f* de coco.
Pampelmusensaft *m* jus *m* de pamplemousse.
Paneltechnik *f Statistik* panel *m*.
Pannenhilfe *f* dépannage *m*.
Panoramastraße *f* route *f* en corniche.
***Pantoffel** *m* babouche *f*.
Pantolette *f* mule *f* de vacances.
Panzer|abteilung *f* détachement *m* blindé; **~friedhof** *m* cimetière *m* de blindés; **~geschütz** *n milit.* automoteur *m*; **~krieg** *m* guerre *f* de blindés; **~raketenwerfer** *m Waffe* lance-fusée *m* antichar; **~schlacht** *f* bataille *f* de chars.
Papageitaucher *m orn.* macareux *m*.
***Papier** *n fig. pol.* papier *m*; **~ballen** *m* balle *f* de papier; ***~rolle** *f* bobine *f* de papier; **~tiger** *m* tigre *m* en papier, en carton; **~wolf** *m techn.*, **~zerreißmaschine** *f* broyeur *m* de papier.
Parallaxenausgleich *m astr.* correction *f* de parallaxe.
***Paraphierung** *f* (apposition *f* d'un) paraphe *m*.
Parfüm|ierung *f* parfumage *m*; **~set** *m* plateau *m* à parfum.
Parka *m cout. Anorak* parka *m*.
Parkbepflanzung *f* parc *m* arborisé.
Parkbeschränkung *f* restriction *f* de stationnement.
***parken** *v/i.* se garer; garer sa voiture.
Parkettschleifer *m* rabouteur *m*.
Park|fläche *f* aire *f* de stationnement; **~hafen** *m* accotement *m* de stationnement; ***~haus** *n* garage *m* à étages; parking *m* couvert; **~lücke** *f* créneau *m*; **~möglichkeit** *f* possibilité *f* de stationnement; ***~platz** *m* parc *m* à voitures; *e-r Skistation* plate-forme *f*; **~platzwärter** *m* préposé *m* à un parc de stationnement; **~raumnot** *f* manque *m* de place pour stationner; **~scheibe** *f* disque *m* de stationnement; **~silo** *n* **unterirdisches ~** tour-auto *m*.
Park-Studium *n wegen des numerus clausus* études *f/pl.* bouche-trous.
Parkzeit *f* temps *m* de stationnement.
Partei|blatt *n* journal *m* de parti; **~block** *m* pool *m*; **~buchwirtschaft** *f* esprit *m* de corps; népotisme *m*; **~chinesisch** *n* jargon *m* de parti; **~enherrschaft** *f* partitocratie *f*; **~enlandschaft** *f pol.* éventail *m* des partis; **~enzersplitterung** *f* émiettement *m* des partis; **~enwirtschaft** *f péj.* favoritisme *m* des partis; **~enzwist** *m* factionnalisme *m*; **~freund** *m* camarade *m* de parti; **~politiker** *m* politicien *m* appartenant à un parti; **~präsidium** *n* présidium *m* du parti.
***Partner|schaft** *f pol.* **europäische ~** groupement *m* des partenaires d'Europe; **~schaftsleistung** *f écon.* prestation *f* au titre de partenaire; **~städte** *f/pl.* **zwei ~** deux villes jumelées; **~tausch** *m* échange *m* de partenaires; **~wahl** *f* choix *m* d'un(e) partenaire.
***Party** *f* party *f*; partie *f*; *argot* surboum *f*; **wüste ~** F pince-fesses *m*; F partouse *f*; partouze *f*.
***passen** *v/i.* **zu etw. ~** ne pas messeoir à qc.
paßgerecht *adj. cout.* bien galbé.
***Passierschein** *m bes. milit.* sauf-conduit *m*.
Pastelltönung *f Hemden* ton *m* pastel.
Paßunion *f pol.* union *f* des passeports.
***Patenschaft** *f zweier Städte* jumelage *m*.
***Patent|lösung** *f* solution *f* miracle, préfabriquée; **~rat** *m* conseil *m* en brevets d'invention.
***Paternoster** *m techn.* pater-noster *m*.
***Patrizierhaus** *n* demeure *f* patricienne.
Patronen|füller *m*, **-füllhalter** *m* stylo *m* à cartouche.
***Patt** *n Parlament* manque *m* de majorité parlementaire; **nukleares, atomares ~** équilibre *m* nucléaire; **im ~ zu j-m stehen** être à égalité avec qn.
***Pause** *f Sprachlabor* blanc *m*; intervalle *m*; *écol.* **kurze ~** interclasse *m*.
Pedalumdrehung *f Fahrrad* pédalée *f*.
Pegel|anzeigerinstrument *n rad.* compteur *m* de niveau; **~messer** *m techn.* marégraphe *m*; **~regler** *m rad.* réglage *m* de niveau.
Peitschen|hiebeffekt *m Zurückschnellen des Kopfes bei Autounfällen* coup *m* du lapin; **~mast** *m élect.* pylône *m* de lampadaire.
Pelletizer *m techn. Granuliermaschine* berlingoteuse *f*.
Pendel|aufhängung *f chem.* suspension *f* pendulaire; **~bus** *m* car-navette *m*; **~diplomatie** *f* diplomatie *f* de la navette; **~leuchte** *f* plafonnier *m*; **~reisen** *f/pl.* navettes *f/pl.*; **~wagen** *m chem.* voiture *f* à suspension pendulaire.
***Pendler** *m* navetteur *m*.
Peneplain *f géol.* pénéplaine *f*.
Pensionierungstod *m* mort *f* causée par la mise en retraite.
performativ *adj. ling.* performatif, -ive.
Perlenauster *f* huître *f* perlière.
Personal|abklärung *f* **geheimdienstliche ~** sondage *m* secret sur le personnel; **~chefin** *f* **die ~** la chef *f* du personnel; **~eingang** *m* entrée *f* réservée au personnel; **~einsparungen** *f/pl.* compressions *f/pl.* de personnel.
Personenkennzahl *f* numéro *m* d'identité personnel.
Persönlichkeits|entfaltung *f* épanouissement *m* de la personnalité; **~verlust** *m* dépersonnalisation *f*.
Petrijünger *m* grand amateur *m* de pêche.
Petrodollar *m* pétrodollar *m*.
Pfahldorf *n* cité *f* lacustre.
Pfandflasche *f* bouteille *f* consignée.
Pferde|füßchen *n Maniküre* repoussoir *m* en caoutchouc; ***~schwanz** *m Frisur* queue *f* de cheval; **~stärken** *f/pl.* (*vom Auto*) F cavalerie *f*.
Pfette *f bât. waagerechter Dachbalken* panne *f*.
Pflanzenheilkunde *f méd.* phytothérapie *f*.
Pflastermaler *m* dessinateur *m* dessinant à la craie sur le trottoir.
Pflaumenschnaps *m* eau-de-vie *f* de prune.
Pflege|anweisung *f text.* conseil *m* d'entretien; **~kosten** *pl.* coût *m* des soins; **2leicht** *adj.* d'un entretien facile; facile à laver, à entretenir.
***Pfleger** *m méd.* soignant *m*.
Pflegeschampun *n* shampooing *m* traitant.
***Pflicht** *f* **j-n in die ~ nehmen** engager qn.; **~kodex** *m* code *m* de déontologie; **~leistung** *f* formalité *f* obligatoire; **~verteidiger** *m jur.* juge *m* commis d'office.
Phallussymbol *n* symbole *m* phallique.
***Phantom|bild** *n*, **-zeichnung** *f jur.* portrait-robot *m*.
***Philharmonie** *f* (*in Berlin*) Philharmonique *f*.
***Philister** *m péj.* P vieux croûton *m*.
***Photo** *n* **sich gut auf e-m ~ machen** être photogénique; bien rendre en photo; **~modell** *n* modèle *m* de photo; **~safari** *f* safari-photo *m*; **~satz** *m* série *f* de photos; **~synthese** *f biol.* photosynthèse *f*.
Phrasen|schatz *m* phraséologie *f*; **~schluß** *m mus.* repos *m*.
***picknicken** *v/i.* F saucissonner.
Pilling *n text.* boulochage *m*.
Pilotensitz *m* siège *m* de pilote.
Pilotin *f* femme-pilote *f*.
Pilotton *m rad., télév.* tonalité *f* d'essai.
Pinte *f* P *Kneipe* F bistro(t) *m*.
Pioniergeist *m* esprit *m* pionnier.
pipapo! *int.* F patati-patata!
Piratensender *m* radio-pirate *f*.
Pißbecken *n* cuvette *f* (de W.C.).
Pisten|kosmetiker *m*, **~wärter** *m Ski* pisteur *m*; **~pflug** *m Ski* ratrac *m*.
Plakatentwerfer *m* affichiste *m*.
***Planer** *m écon.* planiste *m*.
Plangestalter *m* faiseur *m* de plans.
Planierpflug *m techn.* pousseur *m*.
***planlos** *adj. bât.* anarchique.
Plan|soll *n* norme *f* de production; ***~stelle** *f* poste *m* admis au budget; poste *m* réglementaire, budgétaire.

Planungsabteilung *f* département *m* de la planification.
Plan|unterlagen *f/pl.* documentation *f* de plans; **~wirtschaftler** *m* planiste *m*; **2wirtschaftlich** *adj.* planiste.
Plaster *m Plastikarbeiter* plasticien *m.*
Plastik|arbeiter *m* plasticien *m*; **~attentat** *n* attentat *m* au plastic; plastiquage *m*; **~becher** *m* gobelet *m* en plastique; berlingot *m*; **~beutel** *m* sac *m* de, en plastique; **~einschlag** *m für Bücher* jaquette *f* plastifiée; **~flasche** *f* bouteille *f* en plastique; **~folie** *f* pellicule *f* de plastique; **~gewebe** *n* tissu *m* plastifié; **~-Kleider- und -Wäscheschrank** *m* penderie *f* en plastique; **~schale** *f* jatte *f* en plastique; **~schild** *m der Polizei* bouclier *m* en plastique.
Plastiksprengstoff *m* plastic *m.*
Plastik|teller *m* assiette *f* en plastique; **~tischdecke** *f* nappe *f* plastifiée.
Plastizierer *m techn.* plastifiant *m.*
***platt** *adj. Fahrrad, Auto* e-n **2en** haben avoir un pneu à plat.
Platten|fußboden *m* sol *m* en dallage; **~stift** *m Plattenspieler* petit axe *m*; ***~teller** *m fig., rad., télév. Schallplattenauslese* discorama *m.*
Plattnase *f* nez *m* épaté.
***Platz** *m* ~! *zum Hund* couché!
***platzen** *v/i.* F *scheitern* F foirer.
Plausibilitätskontrolle *f Informatik* contrôle *m* de vraisemblance.
Playback *n Nachsynchronisation cin., télév.* play-back *m*; surjeu *m*; contre--jeu *m*; **~-Aufnahme** *f Tonband* enregistrement *m* en play-back.
Pleuraerguß *m méd.* épanchement *m* pleural.
***Plumpheit** *f* lourdeur *f* disgracieuse.
***Plumps** *m* F *ins Wasser* F plouf *m.*
Plurre *f* F *schlechte Suppe usw.* F lavure *f* de vaisselle; F lavasse *f*; P lavage *m.*
Podiums|diskussion *f rad., télév.* tribune *f* de critiques; **~gespräch** *n* colloque *m* en public, débat *m* radiodiffusé *bzw.* télévisé.
***Pointe** *f* essentiel *m*; point *m* culminant; esprit *m* du texte; nœud *m*; *e-s Scherzes* sel *m.*
Pokergesicht *n* air *m* matois, madré.
Polarachse *f* axe *m* polaire.
Polarisrakete *f milit.* fusée *f* Polaris; fusée *f* polaire.
***Politik** *f* ~ **der kleinen Schritte** politique *f* des petits pas.
politisch-militärisch *adj.* politico--militaire.
Politolog|e *m* politologue *m*; politicologue *m*; **~ie** *f* politologie *f*; sciences *f/pl.* politiques.
Polizei|skizze *f* portrait-robot *m*; **~verstärkungen** *f/pl.* renforts *m/pl.* de police; **~wagen** *m* voiture *f* de la police; F voiture-pie *f.*
Pölsterchen *n Korpulenz* bourrelet *m.*
***Polsterung** *f text. auch* matelassage *m.*
Polystyrol *n chim.* polystyrène *m.*
Polyzentrismus *m pol.* polycentrisme *m.*
***Pomade** *f* crème *f* capillaire.
Pommes-frites-Schneider *m cuis.* coupe-frites *m.*
Pop|bewegung *f* mouvement *m* pop; **~gruppe** *f* groupe *m* pop; **~musik** *f* pop'music *f*; musique *f* pop.
Popularitätskurve *f* courbe *f* de popularité.
Population *f biol.* peuplement *m.*
Porno|film *m* film *m* pornographique; F porno *m*; **~roman** *m* roman *m* porno; **~zeitschrift** *f* revue *f* porno.
Portalgiebel *m bât.* fronton *m.*
portioniert *adjt. cuis.* préportionné.
Portionspackung *f* denrée *f* sous emballage conditionné.
Porzellan|arbeiter *m* ouvrier *m* porcelainier; **~krone** *f méd.* coiffe *f* en émail.
Post|abholungsstelle *f* service *m* du retrait de courrier; *für Großfirmen* C.E.D.E.X. *m*; **~angehörige(r)** *m* postier *m*; **~austausch** *m* échange *m* réciproque de dépêches; dépêche *f.*
Postenjägerei *f* curée *f* des places.
Poster *m* poster *m*; affiche *f.*
Postglazialzeit *f géol.* postglaciaire *m.*
Post|kartensammler *m* cartophile *m*; **~kunde** *m* usager *m*; ***~leitzahl** *f* code *m* postal; indicatif *m* chiffré; **~reisedienst** *m* service *m* postal en autocar; **~scheckbrief** *m* lettre *f*, enveloppe *f* des chèques postaux; **~stempelung** *f* timbrage *m* postal; **~streik** *m in Frankreich* grève *f* des P.T.; **~zeitungsdienst** *m* service *m* postal d'expédition de journaux; **~zeugamt** *n* dépôt *m*, centre *m* de matériel postal; **~zustellungsurkunde** *f* acte *m* de signification; acte *m* prouvant la remise postale.
Präfektengattin *f* préfète *f*; femme *f* d'un préfet.
Präventivangriff *m* attaque *f* préventive.
praxis|bezogen, ~nah *adjt.* fondé sur la pratique.
Preis|amt *n* service *m* du contrôle des prix; **~aufgliederung** *f* analyse *f* des prix; **~brecher** *m comm.* (*Ware*) casseur *m* de prix; **~dämpfung** *f* freinage *m* des prix; ***2gebunden** *adjt.* à prix imposé; **2rechtlich** *adj.* du point de vue juridique de la fixation du prix; **~rutsch** *m* dérapage *m* des prix; **~verderber** *m* gâcheur *m*; **~verfall** *m* chute *f* des prix.
Presse|ball *m* bal *m* de la Presse; ***~chef** *m e-r Firma* attaché *m* de presse; **~funktelegramm** *n* radiotélégramme *m* de presse; **~könig** *m* empereur *m* de la presse; **~mitteilung** *f* nouvelle *f* de presse; ***~schau** *f* journaurama *m*; exposition *f* de la presse; **~sprecher** *m* porte-parole *m* de la presse; **~telegramm** *n* télégramme *m* de presse.
Preßholzplatte *f bât.* panneau *m* comprimé.
Preßluft|flasche *f für Taucher* bouteille *f* d'air comprimé; **~tauchgerät** *n* appareil *m* de plongée à air comprimé.
Preßspanplatte *f* plaque *f* stratifiée.
Preßwalze *f techn.* rouleau *m* compresseur.
Priesterzölibat *n* célibat *m* sacerdotal.
***Priorität** *f pol.* **~en setzen** fixer des priorités.
Privat|hand *f*, **~sektor** *m écon.* (secteur *m*) privé *m.*
privatwirtschaftlich *adj.* appartenant au secteur privé.
Problem|fall *m* cas *m* problématique; **~kind** *n psych.* enfant *m, f* à problèmes; enfant *m, f* difficile; **~lösung** *f* solution *f* d'un problème.
Produktions|ablauf *m* processus *m*, rythme *m* de production; **~planung** *f écon., techn.* plan *m* de charge; **~reife** *f* maturité *f* de production; **~rhythmus** *m* cadence *f.*
***Profil** *n* die **~e** der Reifen erneuern rechaper les pneus.
profillos *adj. fig.* **~e** Gesellschaft société *f* sans cours.
***Programm** *n rad., télév.* chaîne *f*; ***~gestalter** *m* réalisateur *m*; ***~gestaltung** *f* articulation *f* du programme; **2gesteuert** *adjt.* commandé par ordinateur; **~iersprache** *f* langage *m* de programmation; **~rede** *f* discours--programme *m*; **~steuersystem** *n* moniteur *m*; **~zeitschrift** *f* revue *f* de la Télévision et de la Radio.
Progressivität *f allg.* progressivité *f*; *pol.* progressisme *m.*
Projektierer *m* projecteur *m.*
Pronuntius *m relig.* pronnonce *m.*
Propagandamaschine *f fig., pol.* appareil *m* de propagande.
prosowjetisch *adj.* prosoviétique.
***Prostituierte** *f* wohlhabende ~ mit e-m Wagen amazone *f.*
***Protektion** *f* F pistonnage *m.*
Protestler *m* contestataire *m*; *litt.* protestataire *m.*
Protest|marsch *m* marche *f* de contestataires; manifestation *f*; **~resolution** *f* manifeste *m.*
protokollwidrig *adj.* contraire au procès-verbal.
Provinz|adel *m* noblesse *f* de province; **~journalist** *m* journaliste *m* de campagne; P localier *m*; ***lerin** *f* régionale *f*; *péj.* provinciale *f.*
prowestlich *adj. pol.* pro-occidental.
Prüfstation *f für Autos* station *f* diagnostique.
Prüfungsangst *f* 'hantise *f* d'examen.
***Prügelstrafe** *f* punition *f* corporelle; correction *f.*
Pseudogelehrsamkeit *f* F savantasserie *f.*
psychedelisch *adj.* psychédélique.
psycho|motorisch *adj.* psychomoteur, -trice; **2somatiker** *m* psychosomaticien *m.*
Public Relations *pl.* relations *f/pl.* avec le public; relations *f/pl.* publiques.
publikumswirksam *adj.* qui plaît au public; couronné de succès auprès du public.
publizitätsscheu *adj.* qui craint la publicité.
Pufferzone *f* zone *f* tampon.
***Pulli** *m* leichter ~ débardeur *m.*
Pulsmodulation *f* (*Funktechnik*) modulation *f* par impulsions.
***Pulsschlag** *m fig. Tempo, Betrieb* tourbillonnement *m.*
***Punkt|schweißen** *n techn.* soudage *m* par points; **~streik** *m Schwerpunktstreik* grève *f* bouchon; grève *f* ponctuelle.
punktuell *adj.* ponctuel, -lle.
Puppen|service *n* dînette *f*; ***~spieler** *m* marionettiste *m.*
***Putzer** *m bât.* maçon *m* chargé de crépissage.
***Putzmittel** *n für den Backofen od. die Bratröhre* décapant *m* pour four.
Pyramidentempel *m* temple *m* en forme de pyramide.

Q

Quadrophon|ie *f rad.* tétraphonie *f*; quadriphonie *f*; quadraphonie *f*; **2isch** *adj. rad.* tétraphonique.

Qualitäts|gutachten *n* expertise *f* de qualité; **~wein** *m* vin *m* d'appellation d'origine contrôlée (V.A.O.C.).

Quantisierung *f phys.* quantification *f*.

Quantor *m ling.* quantificateur *m*; quantifieur *m*.

Quarantäneanstalt *f* établissement *m* de quarantaine.

Quartiervermittler *m* permanencier *m*.

Quarzuhr *f* montre *f* à quartz.

Quatschthema *n* F sujet *m* bateau.

Quell|bewölkung *f* convection *f*; **~enhinweis** *m* indication *f* des sources; **~kuppe** *f géol.* dôme *m* intrusif; **~maß** *n Beton* expansion *f*; **~verkehr** *m Verkehr vom Innengebiet zum Außengebiet e-r Zone* trafic *m* d'origine; trafic *m* interne-externe.

querschnittgelähmt *adj.*, **2e(r)** *m méd.* paraplégique *m*.

Querschnitts|lähmung *f* paraplégie *f*; paralysie *f* transverse; **~wissen** *n fig.* connaissances *f/pl.* générales.

Querströmung *f* ~ der Luft écoulement *m* d'air transversal.

Querverwerfung *f géol.* faille *f* transverse, transversale.

***Quiz** *n* quiz *m*; ***~master** *m* animateur *m* (dans un jeu télévisé).

R

Radar|aufklärungsgerät *n* appareil *m* radar; **~experte** *m* expert *m* radariste; **~falle** *f* cinémomètre *m* radar; radar *m* routier; **~kontrolldetektor** *m Autoverkehr* (appareil *m*) détecteur *m* de contrôle radar; **~kontrolle** *f* contrôle *m* radar; **~kuppel** radome *m*; radôme *m*; ***~schirm** *m* scope *m* radar; **~sender** *m*, **~strahler** *m aviat.*, *mar.* (radar *m*) transpondeur *m*; **~überwachungssystem** *n mar.* système *m* de suivi-radar; **~wellen** *f/pl.* ondes *f/pl.* radar; **~zaun** *m* barrages *m/pl.* des radars d'interception.

Radausgleich *m beim Lenkrollradius des Autos* déport *m*.

***radeln** *v/i.* F rouler à bicyclette.

***Radfahrer** *m fig. Speichellecker* lèche-bottes *m*.

Radfahr|system *n* das ~ betreiben tracasser les inférieurs et lécher les bottes des supérieurs; ***~weg** *m* piste *f*, chemin *m* cyclable.

Radialreifen *m Auto* pneu *m* à carcasse radiale; pneu *m* radial.

Radikalenerlaß *m Bundesrepublik* décret *m* sur les extrémistes; loi *f* sur l'emploi des extrémistes dans la fonction publique.

Radio|astronom *m* radio-astronome *m*; **~chemie** *f* chimie *f* sous radiation; **~schrank** *m* ~ mit Plattenspieler meuble *m* radio combiné.

Rad|spurweite *f Auto* voie *f*; ***~tour** *f* escapade *f*, balade *f* à vélo.

***raff|en** *v/t. e-n Text verkürzen* raccourcir; in geraffter Form en raccourci; ***2ung** *f e-s Texts* raccourcissement *m*.

Ragtime *f mus.* tempo *m* déchiqueté.

***Rakete** *f* machine *f* spatiale; *milit.* missile *m*; roquette *f*; **~nabschußschiff** *n* navire *m* porte-missiles; **~nabwehrsystem** *n* système *m* de missiles antibalistiques; **~nflugkörper** *m milit.* unbemannter ~ missile *m* de croisière; ***~nkopf** *m milit.* tête *f* de roquette; **~nkreuzer** *m mar.* croiseur *m* porte-fusées; **~nspezialist** *m* spécialiste *m* des fusées; **~nspitze** *f* ogive *f* de fusée; ***~nstart** *m* décollage *m* assisté; **~nstellung** *f milit.* batterie *f* de fusées, de missiles; **~nträger** *m* (*Atom-U-Boot*) porteur *m* de missiles.

Randalierer *m* chahuteur *m*.

Rand|gesellschaft *f* société *f* en marge; marginalité *f*; **~gruppe** *f* die soziale ~ les marginaux *m/pl.*

Randomisierung *f psych.*, *biol. Erreichung e-r zufälligen Verteilung* probabilisation *f*; randomisation *f*.

***Rappel** *m* F er bekam e-n ~, etw. zu tun l'idée lui est venue de faire qc.

***rasen** *v/i. Auto* foncer.

Rasendünger *m* engrais *m* pour le gazon.

Rassen|fanatiker *m* raciste *m*; **~fanatismus** *m* fanatisme *m* raciste; **~integration** *f* intégration *f* raciale; **~konflikt** *m* conflit *m* racial; **~schande** *f Hitler* souillure *f* de la race; **~spannungen** *f/pl.* tensions *f/pl.* raciales; **~unruhen** *f/pl.* troubles *m/pl.* raciaux; émeutes *f/pl.* raciales.

***Rat** *m univ.* wissenschaftlicher ~ maître-assistant *m*.

Ratenkäufer *m* acheteur *m* à tempérament, à crédit.

Ratifizierungsgesetz *n* loi *f* de ratification.

Rationalisierer *m* expert *m* de rationalisation.

Räuberleiter *f enf.* e-e ~ machen faire la courte échelle.

Raub|katzen *f/pl.* félidés *m/pl.*; **~reptilien** *n/pl.* reptiles *m/pl.* rapaces; ***~tier** *n* prédateur *m*.

rauchblau *adj. Haar* bleu fumée.

Raucher|bein *n méd.* jambe *f* de fumeur; **~gewohnheiten** *f/pl.* habitudes *f/pl.* tabagiques.

Rauch|kappe *f Schornstein* déflecteur *m*; **~melder** *m Gerät* détecteur *m* de fumées; **~vergiftete(r)** *m* asphyxié *m*; ***~verzehrer** *m* atomiseur *m* d'ambiance; ***~zeichen** *n* volute *f* de fumée.

Raum|fähre *f Raumfahrt* navette *f*; ***~fahrer** *m* künstlicher ~ astronaute *m* robot; simulateur *m* de réaction; ***~fahrt** *f* voyage *m* sur orbite; **~fahrtanzug** *m* scaphandre *m* spatial; **~fahrtmedizin** *f* médecine *f* spatiale; **~fahrtzeitalter** *n* âge *m* de l'espace; **~fahrzeug** *n* véhicule *m* spatial; **~flugkörper** *m* engin *m* spatial; ***~gestalter** *m Wohnung* moderner ~ environneur *m*; **~gleiter** *m* glisseur *m*, planeur *m* spatial; **~hammer** *m* marteau *m* spatial; sparteau *m*; **~industrie** *f* industrie *f* spatiale; **~klang** *m rad.* relief *m* acoustique; **~nutzung** *f bât.* utilisation *f* de l'espace; **~pendelrakete** *f* navette *f* spatiale; **~physik** *f* physique *f* spatiale; **~physiker** *m* physicien *m* de l'espace; **~planer** *m bât.* aménageur *m*; **~politik** *f Städteplanung* aménagement *m* du territoire; **~pressekonferenz** *f* conférence *f* de presse de l'espace; **~programm** *n* programme *m* spatial; **~rendezvous** *n* rendez-vous *m* spatial; ***~schiff** *n* vaisseau *m* interplanétaire *od.* cosmique *od.* spatial; navire *m* de l'espace; **~schiffkombination** *f* train *m* spatial; attelage *m*; ***~sonde** *f* sonde *f* spatiale; sonde *f* interplanétaire automatique; véhicule *m* spatial; engin *m* robot; **~strahler** *m élect.* diffuseur *m*; **~ton** *m cin.* stéréophonie *f*; **~transporter** *m* navette *f* spatiale; **~vorstellung** *f peint.* évocation *f* spatiale; **~wissenschaft** *f* science *f* spatiale; **~zentrum** *n* centre *m* spatial.

Raupenbagger *m* bulldozer *m*.

***Rauschgift** *n* drogue *f*; ~ einnehmen se droguer; *argot* se camer; **~boß** *m* gros bonnet *m* de la drogue; **~dezernat** *n* Police *f* mondaine; Mondaine *f*; **~grenzschmuggler** *m* passeur *m*, convoyeur *m* de drogue; **~party** *f* drogue-partie *f*.

Rausch|mittel *n* hallucinogène *m*; substance *f* hallucinogène; **~zustand** *m* hallucinations *f/pl.*

raus|drängeln, **~ekeln** *v/t.* j-n aus s-m Posten ~ F débusquer qn.; F déboulonner qn.; ***~schmeißen** F *v/t.* j-n ~ F vider, F virer, F balayer, F sacquer qn.; ***2schmiß** *m* F coup *m* de balai.

Reaktor|kern *m* cœur *m* du réacteur; **~technik** *f* industrie *f* nucléaire.

Rebhuhnsuppe *f cuis.* coulis *m* de perdrix.

Rechaud *m*, *n* réchaud *m*.

Rechen|anlage *f* elektronische ~ calculateur *m* électronique; **~technik** *f* cybernétique *f*; **~zentrum** *n* centre *m* de calcul.

Rechnungsmaschine *f* facturière *f* (électrique).

Rechts|angleichung *f* coordination *f* judiciaire; **~ausübung** *f* unzulässige ~ empiétement *m*; usurpation *f*.

rechtschreibungsschwach *adj.* dysorthographique.

***Rechts|drall** *m pol.* droitisme *m*; **~formalismus** *m jur.* juridisme *m*; **~hilfeersuchen** *n* commission *f* rogatoire; **2orientiert** *adjt. pol.* dextrogyre; **~pfleger** *m* adjoint *m* judiciaire; **~radikale(r)** *m* ultra *m*; **~schutzversicherung** *f* assurance *f* pour tous les cas de procès; ***~verdrehung** *f* entorse *f* à la loi; **~verfolgung** *f* poursuite *f* judiciaire.

rechtweisend *adj. Funk* vrai.

Recycling *n techn.* récupération *f* de déchets.

Redaktionskonferenz *f* réunion *f* de la rédaction, des rédacteurs.

Rednerschule *f* école *f* de l'art oratoire.

Redundanz *f Informatik* redondance *f*.

Referenznummer *f auf Waren* repère *m*.

Reflexwissenschaft *f psych.* réflexologie *f*.

Reform|brot *n* pain *m* de régime; **2feindlich** *adj.* hostile aux réformes; **~politik** *f* politique *f* de réformes, réformatrice; **~sucht** *f* boulimie *f* de réformes.

Regattasegelboot *n* kleines ~ petit voilier *m* de régate.

Regel|beförderung *f adm.* avancement *m* à l'ancienneté; **~kreis** *m Kybernetik* circuit *m* logique; ***≈recht** *adj. fig. planmäßig* rangé; *wirklich* véritable.

Regelungs|lehre *f*, **~technik** *f* cybernétique *f*.

***Regen|guß** *m* grain *m*; **~periode** *f* saison *f* des pluies; ***~wetter** *n* pluviosité *f*.

***regieren** *v/t. gr. auch* gouverner.

Regierungs|ebene *f* auf ~ à l'échelon gouvernemental; **≈fähig** *adj.* capable de gouverner; **~mannschaft** *f* équipe *f* gouvernementale; **~sprecher** *m* porte-parole *m* du gouvernement.

Regional|isierung *f* (*Frankreich*) régionalisation *f*; **~programm** *n* programme *m* régional; **~reform** *f Frankreich* réforme *f* régionale.

***Registrierkasse** *f élect.* tiroir-caisse *m*.

***Regression** *f écon.* dépression *f* économique.

***Reibungselektrizität** *f* tribo-électricité *f*.

***reichen** *v/imp.* nun reicht's mir aber! j'en ai assez!; décidément!

Reifenflicken *m* emplâtre *m*.

Reifeprozeß *m psych.* processus *m* de maturation.

Reifglätte *f* verglas *m*; gelée *f* blanche.

Reifnebel *m* brouillard *m* givrant.

Reinigungs|milch *f* démaquillant *m*; **~welle** *f pol.* vague *f* d'épuration.

Reisanbaufläche *f* superficie *f* rizicole.

Reise|beutel *m* sac *m* de voyage; **~kredit** *m* crédit *m* de voyage; **~land** *n* pays *m* touristique; ***~leiter** *m e-r Gruppe* responsable *m* d'un groupe de touristes; **~plaid** *m, n* plaid *m*; **~preis** *m* prix *m* du voyage; **~prospekt** *m* prospectus *m*, dépliant *m* touristique; **~stipendium** *n univ.* bourse *f* de voyage; ***~tasche** *f* große ~ fourre-tout *m*; **~teilnehmer** *m* participant *m*; touriste *m*; **~unternehmer** *m* agent *m* de voyages; **~veranstalter** *m* organisateur *m* de voyages; **~wagen** *m* routière *f*.

***Reiß|leine** *f am Fallschirm* sangle *f*; ***~verschluß** *m auch* zip *m*; mit ~ zippé; **~wolf** *m techn.* machine *f* à déchirer de vieux papiers; ***~wolle** *f* effiloché *m*; **~zünder** *m* allumeur *m* à friction.

Reistafel *f cuis.* choix *m* de repas au riz.

Reitanzug *m* costume *m* de cavalier.

Reiz|element *n phm.* élément *m* irritant; **~leitung** *f méd.* influx *m*; **~überflutung** *f psych. cf.* **~welt**; ***≈voll** *adj. fig.* ~e Note *f* saveur *f*; **~welt** *f psych.* die ~ von außen la sollicitation de l'extérieur; **~wort** *n* mot *m* détonateur.

Reklame|kunde *m* client *m* publicitaire; ***~sendung** *f als Prospekt* message *m* publicitaire.

***reklamieren** *v/t.* e-e Ware ~ faire, déposer une réclamation sur l'état d'une marchandise.

Rekord|besuch *m* affluence *f* record; **~jahr** *n* année *f* record; **~sucht** *f* soif *f* de records; **~verkehr** *m* trafic *m* record.

Reliabilität *f techn.* fiabilité *f*.

Remmidemmi F *n* F ramdam *m*; tapage *m*; vacarme *m*.

Renke *f icht.* corégone *m*.

***Renn|fahrer** *m Auto* pilote *m* (de course[s]); **~hose** *f* kurze ~ (*für Radrennfahrer*) cuissard *m*; **~platzbesucher** *m* turfiste *m*; **~quartett** *n Pferderennen* quarté *m*; **~quintett** *n* groupe *m* de cinq chevaux; **~terzett** *n* tiercé *m*; **~trikot** *n e-s Radrennfahrers* maillot *m* cycliste; ***~wagen** *m Auto auch* monoplace *f*.

Renommiersucht *f* vantardise *f*; ostentation *f*.

Renten|alter *n* âge *m* de la retraite; ***~versicherung** *f* assurance-retraite *f*.

Reparaturdienst *m* service *m* de réparations; urgences *f/pl.*

Reprograph|ie *f Nachdruckverfahren* reprographie *f*; **≈ieren** *v/t.* reprographier; **≈isch** *adj.* reprographique.

***Reptilienfonds** *m Bundesrepublik* fonds *m/pl.* réservés secrets; fonds *m/pl.* à discrétion de la chancellerie.

Resozialisierung *f* réinsertion *f* dans la société.

Restaurantwesen *n* restauration *f*.

Restlichtverstärker *m Elektronik, phot.* amplificateur *m* de la lumière restante.

Resturlaub *m* congé *m* restant.

Retortenbaby *n* bébé-éprouvette *m*.

Retrospektive *f* rétrospective *f*.

***Rettung** *f* ~ e-s Skiverletzten auf e-m Schlitten F salami *m*; ***~swesen** *n* secourisme *m*.

Revolutionierung *f* révolutionnarisation *f*.

Revueschriftsteller *m* revuiste *m*.

rezeptfrei *adj., adv.* sans ordonnance.

R-Funkgespräch *n* communication *f* radiotéléphonique payable à l'arrivée.

***Rhein-Rhone-Kanal** *m* canal *m* Rhin-Rhône.

rheumakrank *adj.* rhumatisant.

***Rhythmus** *m* laute Rhythmen F flonflons *m/pl.*

***Richt|fest** *n bât.* repas *m* du bouquet; **~funkstrecke** *f* distance *f* de la radio relais; **~geschwindigkeit** *f* vitesse *f* réglementée; **~preisindex** *m* indice *m* de référence.

***Richtung** *f pol.* sensibilité *f*; obédience *f*; **~striebwerk** *n Rakete* moteur *m* de direction.

Richtwirkung *f Funk* effet *m* de directivité.

Riemchen *n Sandalette* lanière *f*.

Riesen|appetit *m* appétit *m* de loup; **~auto** *n* mastodonte *m*; **~flugzeug** *n* avion *m* géant; **~maschine** *f* mastodonte *m*; **~rede** *f* discours-fleuve *m*; **~schwein** *n* F *fig. Glück* F rude, sacrée veine *f*; **~stadt** *f* ville *f* tentaculaire; **~unterschied** *m* es gibt da e-n ~ il y a un monde de différence; **~wagen** *m* mastodonte *m*.

Rillenzahl *f e-r Schallplatte* plage *f* d'un disque.

***Rindleder** *n* vachette *f*.

Ringestechen *n hist.* carrousel *m*.

Ring|gebirge *n* montagnes *f/pl.* disposées en cercle; **~matte** *f Boxen* tapis *m*; **~strahl** *m chem.* Luftkissen *n* mit ~ coussin *m* d'air à jet(s) périphérique(s), à rideau périphérique.

Rinnenförderer *m* transporteur *m* à goulotte.

Risiko|bereitschaft *f* goût *m* du risque; **~streuung** *f* étendue *f* d'un risque.

***Rißbildung** *f im Metall* criquage *m*; *auch im Beton* fissuration *f*.

***Ritter** *m* F *plais.* ~ am Steuer *Autofahrer* paladin *m* du champignon.

Robbenjunge(s) *n* bébé-phoque *m*.

Rockabrunder *m cout.* arrondisseur *m*.

Rocker *m* jeune marginal *m*; loulou *m*; casseur *m*; F loubar *m*.

Rogalloflieger *m Drachenflieger* deltaplaniste *m*.

Roh|film *m cin.* épreuves *f/pl.*; ***~köstler** *m* végétarien *m*; ***~öl** *n* brut *m*.

Röhrenhersteller *m* tubiste *m*.

Rohr|gerüst *n bât.* échaufaudage *m* tubulaire; **~putzmittel** *n* déboucheur *m* de lavabos.

***Rohrstock** *m péd.* baguette *f*; F mit dem ~ *Schläge* bekommen recevoir des coups de baguette.

Rohübersetzung *f* traduction *f* de premier jet; premier jet d'une traduction.

Rollautomatik *f Auto* enrouleur *m*.

Rollen|förderer *m techn.* transporteur *m* à rouleaux; **~tausch** *m* redistribution *f* des rôles.

Rolljalousie *f* volet *m* roulant; jalousie *f*.

Roll-on/roll-off-Schiff *n* navire *m* roulier.

Romanästhetik *f litt.* esthétique *f* romanesque.

romanistisch *adj.* ~e Abteilung *f* secteur *m* des langues romanes.

***Romanzyklus** *m auch* roman *m* cyclique.

Röntgen|befund *m* résultat *m* radiologique; ***~bild** *n* image *f* radiologique; **~schichtverfahren** *n* tomographie *f*.

Rosenzweig-Test *m psych.* test *m* de frustration.

rost|abwehrend *adjt.* anti-rouille; **≈laube** *f* P *altes Auto* F vieille guimbarde *f*; **≈wasser** *n bât.* eau *f* d'oxydation.

***rot** *adj.* in den ~en Zahlen stecken être dans le rouge; être en déficit; bei ~ weiterfahren passer au (feu) rouge; F griller, brûler le feu (rouge); die Ampel steht auf ~ le feu est au rouge.

Rotationsdrucker *m impr.* rotativiste *m*.

Rotzlappen *m* V *Taschentuch* P tire-jus *m*.

***Routine** *f Fertigkeit* expérience *f*; habileté *f*; savoir-faire *m*; *Gewohnheit* habitude *f*; das ist reine ~ c'est de la pure routine; c'est l'habitude; **~sache** *f* affaire *f* de routine; **~untersuchung** *f* examen *m* médical de routine, de contrôle; check-up *m* de routine; **~vorgang** *m* opération *f* de routine.

***Routinier** *m* alter ~ vieux routier *m*; vieux *m* de la vieille.

***Ruck** *m pol.* ~ nach rechts coup *m* de barre à droite.

Rück|beheimatung *f* rapatriement *m*; ***≈bezüglich** *adj. gr.* ~es Verb verbe *m* pronominal; **~briefstelle** *f Post* centre *m* de recherche du courrier; bureau *m* des rebuts.

ruckeln *v/i.* F cahoter.

***Rücken** *m géol.* unterseeischer ~ dorsale *f*; **~dekolleté** *n cout.* décolleté *m* du dos; **~schlitz** *m* Jackett *n* mit ~ veston *m* à fente.

Rück|fahrscheinwerfer *m Auto* phare *m* pour la marche arrière; **~fälligkeitsquote** *f* taux *m* de récidive; **~führmoment** *m aviat.* moment *m* redresseur; **~gabeverpackung** *f* emballage *m* consigné; ***~kehrer** *m vom Urlaub* rentrant *m*; **~kehrrakete** *f* rétrofusée *f*; ***~lauf** *m Tonband* défilement *m* accéléré (en) arrière; **~läufigkeit** *f écon.* fléchissement *m*; *e-r Partei* reflux *m*; **~meldung** *f univ.* réinscription *f*; ***~schlag** *m pol.* recul *m*; *écon.* choc *m* en retour; ***~sicht** *f* (zu sehr) auf sich ~ nehmen s'écouter; s'étudier; **~sitzgurt** *m Auto* ceinture *f* place arrière; **~sprungkraft** *f text.* force *f* de contention; **≈spulen** *v/t. Tonband* rebo-

biner; ***2ständig** *adj.* wirtschaftlich ~ économiquement retardé; ***~ständigkeit** *f méd.* geistige ~ arriération *f* mentale; ***~stau** *m Autoverkehr* embouteillage *m*; congestion *f*; bouchon *m*; répercussion *f* en chaîne; **~trittnabe** *f* moyeu *m* de rétropédalage; **~übersendung** *f Post adm.* retraduction *f.*
Ruder|fahrt *f* partie *f* de canotage; **~sitz** *m* siège *m* à roulettes.
Rufanlage *f tél.* dispositif *m* d'appel.
ruhend *p.pr.* ~er Verkehr *m* circulation *f* au repos.
Ruinenstätte *f* fouilles *f/pl.*; site *m* de ruines.
rum|geistern *v/i.* F tournicoter; **~kriegen** *v/t.* F j-n zu etw. (*dat.*) ~ F embaucher qn. pour qc.
Rumpfstaat *m* État-croupion *m.*
rumsumpfen F *v/i.* P godailler; P courir le guilledou.
Rumtörtchen *n* baba *m* au rhum.
Rumtreiber F *m* P bringueur *m*; F vadrouilleur *m*; F bambocheur *m*; F noceur *m.*
***rund** *adv.* ~ um die Uhr vingt-quatre heures sur vingt-quatre; ~ **um die Uhr arbeiten** *auch* pratiquer le trois fois huit, le trois-huit.
***Rund|flug** *m* vol *m* panoramique; **~funkdienst** *m* ~ über Satelliten service *m* de radiodiffusion par satellite; ***~funkgebühren** *f/pl.* redevances *f/pl.* radio; **~funksatellit** *m* satellite *m* de radiodiffusion.
rundgesichtig *adj.* au visage rond.
Rundgespräch *n* table *f* ronde; colloque *m*; *auch pol.* tour *m* de table.
Rundling *m* village *m* circulaire.
Rundumverteidigung *m* défense *f* tous azimuts.
Rungenpalette *f Förderwesen* palette *f* à montants, à ridelles.
runter|gekommen *adjt.* minable; **~leiern** *v/t.* F *auch écol.* rabâcher; **~machen** *v/t.* j-n ~ éreinter, F étriller qn.
Russologe *m* russiste *m.*
Rüstungsarsenal *n* pool *m* d'armement; arsenal *m.*
rutsch|fest *adj.*, **~hemmend** *adjt.* antiglissant; antidérapant; **2streifen** *m géol.* strie *f.*
Rüttelbeton *m* béton *m* vibré.

S

***Säbelraßler** *m* F traîneur *m* de sabre.
***Sach|bearbeiter** *m allg.* expert *m*; (*Computer*) analyste *m*; **~bezeichnung** *f gr.* nom *m* de chose; **2bezogen** *adj.* pertinent; **2enrechtlich** *adj.* ~es Papier titre *m* concernant le droit réel; **~frage** *f* question *f* pertinente; **~gebietsleiter** *m* cadre *m*; **~gespräch** *n* entretien *m* approfondi; **~gruppe** *f* groupe *m* thématique; **~kosten** *pl.* frais *m/pl.* matériels; **~lage** *f* état *m* de fait; ***2lich** *adj., adv.* ~ richtig *als Vermerk auch* certifié exact pour les faits, pour la matière; ***~verhalt** *m* matérialité *f* des faits; **~zwang** *m* unter ~ sous la contrainte des choses.
Safaritourist(in) *m(f)* participant(e) *m(f)* à un safari; safariste *m, f.*
Safeknacker *m cf.* *Geldschrankknacker.
Sagen *n* das ~ haben donner le ton; tenir le premier rôle.
Sahnebaiser *n* meringue *f* à la crème.
***Saisonarbeiter(in)** *m(f) écol.* élève *m, f* opportuniste.
Salamitaktik *f pol.* tactique *f* du compte-gouttes, du salami.
Salbengrundlage *f phm.* base *f* de la pommade.
SALT-Gespräche *n/pl. pol.* négociations *f/pl.* sur la limitation des armements, des armes stratégiques.
Saltospringer *m Zirkus* cascadeur *m.*
salz|arm *adj. Nahrung* sans sel; **2streuen** *n* salage *m.*
Sambier(in) *m(f) géogr.* Zambien(ne) *m(f).*
Sammel|packmaschine *f* suremballeuse *f*; ***~stelle** *f Post* service *m* collecteur, centralisateur.
Sammlerstück *n* pièce *f* de collection.
***Sand|bahn** *f Motorsport* piste *f* en terre; **~kiste** *f für Kinder cf.* *Sandkasten.
Sanier|er *m* dépollueur *m*; ***~ung** *f der Finanzen auch* restauration *f*; rétablissement *m*; *bât. von Altbauten auch* restauration *f*; *e-s Flusses* dépollution *f.*
Saphirnadel *f* aiguille *f* à saphir.
Satelliten|bahn *f* orbite *f*; auf e-e ~ schicken mettre en orbite; satelliser; **~forscher** *m* satelliste *m*; **~funknetz** *n* réseau *m* à satellites; **~funkverbindung** *f* liaison *f* par satellite; **~gebäude** *n* (*Abfertigungsgebäude e-s Großflughafens*) bâtiment *m* satellite, annexe; **~position** *f* position *f* du satellite; **~rakete** *f* lanceur *m* de satellites; **~technik** *f* technique *f* des satellites.
Sattelauflieger *m e-s LKW's* semi-remorque *f.*
Sauerstoff|einatmung *f* maximale ~ pouvoir *m* aérobique; ***~mangel** *m* ~ im Gewebe anoxie *f.*
***Säuferleber** *f méd. auch* foie *m* d'ivrogne.
Säuglingspflegeartikel *m/pl.* articles *m/pl.* de puériculture.
***Säumniszuschlag** *m auch* pénalité *f* pour retard.
***Sauregurkenzeit** *f auch* saison *f* creuse.
sausend *adjt.* in **~er Fahrt in die** Menge rasen entrer de plein fouet dans la foule.
Sauseschritt *m* F im ~ au pas de charge.
***Schabracke** *f* F (*Bruchbude*) masure *f.*
Schachbrettstreik *m* grève *f* tournante.
***Schädlingsbekämpfungsmittel** *n auch* pesticide *m.*
***Schadstoff** *m chim., biol.* polluant *m.*
Schaftstab *m text.* lisse *f.*
***Schale** *f der Zwiebel* tunique *f.*
Schalensitz *m Auto* siège *m* en coque.
***Schalkragen** *m* ~ mit Kapuze col-capuche *m.*
Schall|dämmstoff *m bât.* matériau *m* acoustique isolant; **~dämmung** *f*, ***~dämpfung** *f* insonorisation *f*; ***~dose** *f* phonocapteur *m*; **~folie** *f* (*dünne Reklameschallplatte*) disque *m* souple; ***~isolierung** *f* isolation *f* phonique, acoustique; **~plattenfreund** *m* discophile *m*; **~plattenstudio** *n* studio *m* d'enregistrement; **~plattenverzeichnis** *n* discographie *f.*
Schallschutz|mauer *f* mur *m* antibruit; **~technik** *f* technique *f* d'isolation acoustique.
Schalt|pultspezialist *m Informatik* pupitreur *m*; **~schieber** *m* curseur *m*; **~tafelbediener** *m* pupitreur *m.*
***schärfen** *v/t. Atombombe auch* armer; 2 *n e-r Atombombe auch* armement *m.*
***Scharfmacher** *m pol. auch* jusqu'au-boutiste *m*; ***~ei** *f pol. auch* jusqu'au-boutisme *m.*
***Scharteke** *f* F *fig.* alte ~ F rombière *f.*
***Schattierung** *f fig.* Politiker aller ~en des hommes politiques de tous bords.
schau *adj. nur prädikativ* F (*prima*) chic; F chouette.
Schaufel|arm *m der Marssonde* bras *m* mécanique; ***~lader** *m auch* benne *f* pelleteuse.
***Schaulustige(r)** *m auch* badaud *m.*
Schaum|gummimatratze *f* matelas-mousse *m*; matelas *m* en caoutchouc mousse; **~polystyrol** *n* polystyrène *m* expansé; ***~schläger** *m fig. u. péj.* baudruche *f*; **~stahl** *m* acier-mousse *m*; **~stoff** *m* tissu-éponge *m.*
Schautrieb *m psych.* voyeurisme *m.*
Scheckbetrug *m* irrégularité *f* en matière de chèque.
Scheibenwaschanlage *f Auto* lave-glace *m.*
Scheidenspülung *f méd.* lavage *m* vaginal.
Schein|bieter *m bei Auktionen* allumeur *m*; **~echo** *n Radar* écho *m* truqué; **~erfolg** *m* succès *m* apparent; **~prozeß** *m* procès *m* fantoche; **~referendum** *n pol.* simulacre *m* de référendum; **~welt** *f* monde *m* apparent, irréel.
Scheinwerferwischer *m Auto* essuie-phares *m.*
Schenkelprothese *f méd.* cuissard *m.*
scherbeln *v/i.* F (*tanzen*) P gambiller; guincher.
Schihang *m* pente *f* de ski.
Schicht|dienst *m* service *m* par roulement; **~fuge** *f géol.* triage *m*; ***~holz** *n auch* bois *m* stratifié; **~preßstoff** *m* stratifié *m.*
Schiebeleiter *f* échelle *f* extensible, à coulisse.
***schießen** *v/i. fig.* in die Höhe ~ *Preise auch* s'envoler.
Schifahrt *f* e-e ~ machen aller dans la neige.
Schifferstechen *n* joute *f* nautique.
Schiffs|attest *n mar.* certificat *m* de visite; **~aufzug** *m* ascenseur *m* à bateaux; ***~passage** *f* traversée *f* en paquebot.
***Schi|gelände** *n auch* domaine *m* skiable; **~halter** *m*, **~träger** *m Auto* porte-skis *m.*
Schilderwald *m Verkehr* forêt *f* des panneaux de circulation; forêt *f* de panneaux.
Schirmbildstelle *f* service *m* de radiophotographie.
***Schi|sport** *m* für den ~ geeignet skiable; **~wandern** *n* ski *m* de randonnée.
Schlafstadt *f* cité-dortoir *f.*
***Schlag** *m* es mit Schlägen versuchen essayer les coups; **~abtausch** *m Tennis* échange *m* de balles; **~aderverband** *m chir.* patch *m*; **~baß** *m mus.* basse *f* que l'on joue en cadence.
Schlagerwettbewerb *m* Palmarès *m* de la Chanson; 'hit-parade *m.*
Schlägertyp *m* F nervi *m*; bagarreur

m; cogneur *m*; baroudeur *m*; loulou *m*.

***Schlagzeile** *f auch* titre-choc *m*; **~n machen** défrayer la chronique, les journaux.

Schlank|heitsmittel *n*, **~macher** *m* produit *m* amincissant.

***schlauchen** *v/t.* F (*erschöpfen*) *auch* P pomper.

Schlauch|flicken *m Fahrrad* rustine *f*; **~mundstück** *n* lance *f* d'arrosage.

***schleichen** *v/i.* F *Auto* F rouler pépère.

***Schlendrian** *m* der alte ~ les anciens errements.

Schlepplift *m Schi* remonte-pente *m*; téléski *m*.

***Schleudern** *n* ~ bei Wasserglätte *Auto* aquaplaning *m*; hydroglissage *m*.

Schlichtungsvorschlag *m* offre *f* de conciliation.

Schlittentransport *m* transport *m* par luge.

Schlitzohr *n* F (*durchtriebener Kerl*) futé *m*; roué *m*.

***Schluckimpfstoff** *m* vaccin *m* buccal.

***schlüsselfertig** *adj. auch* clé sur porte; *cf. auch* bezugsfertig.

***Schlußprüfung** *f* examen *m* de fin d'études.

Schmalzfleisch *n cuis.* ~ in Dosen *etwa* rillettes *f/pl.*

Schmerzkult *m* dolorisme *m*.

Schmieresteher F *m* guetteur *m*.

***Schmirgelpapier** *n auch* abrasif *m* appliqué.

Schmucktelegramm *n* radiotélégramme *m* illustré.

***Schmuggler** *m auch* trafiquant *m*; F traficoteur *m*; **~ring** *m* bande *f*, gang *m* de trafiquants.

Schnalzlaut *m phon.* clic *m*.

Schnauferl *n* F (*Oldtimer*) F teuf-teuf *m*.

***Schneckentempo** *n Auto* im ~ fahren F rouler pépère.

Schneckenförderer *m techn.* transporteur *m* à vis sans fin.

Schnee|ballsystem *n Kundenwerbung* système *m* boule de neige; **~beseitigung** *f* déneigement *m*; **~feger** *m* déneigeur *m*; ***~glätte** *f auch* neige *f* glissante; **~kanone** *f* canon *m* à neige artificielle; **~kunde** *f* nivologie *f*; **~mobil** *n* chasse-neige *m*; **~rutsch** *m* coulée *f* de neige; **~sauger** *m* souffleuse *f*; **~schieber** *m cf.* *Schneeschaufel.

***Schneid** *m* poigne *f*.

***schnellaufend** *adjt. Auto auch* à régime rapide.

***Schnell|imbiß** *m auch* repas-minute *m*; **~kocher** *m cf.* *Schnellkochtopf; ***~straße** *f* voie *f* express; voie *f* rapide; **~verband** *m phm.* pansement *m* d'urgence; pansement *m* adhésif.

***Schnorchel** *m für Taucher auch* tuyau *m* de plongée; embout *m* respiratoire.

***Schnulze** *f* F *Lied* chanson *f* de charme.

***Schnurrhaare** *n/pl. auch* poils *m/pl.* tactiles.

***Schock** *m* seelischer ~ traumatisme *m*; **2en** *v/t.* traumatiser; **~welle** *f pol.* onde *f* de choc.

Schokoeis *n* chocolat *m* glacé; ~ am Stiel esquimau *m*.

Schollenüberschiebung *f géol.* charriage *m*.

Schönheitspfleger *m* esthéticien *m*.

***Schorlemorle** *f cuis.* marquise *f*.

Schornsteinfegermeister *m* maître *m* ramoneur.

***Schotter** *m auch* pierres *f/pl.* concassées.

Schräg|parken *n* stationnement *m* en épi; **~seilbrücke** *f* pont *m* à 'haubans.

***Schrank** *m* F *fig.* (*Riesenkerl*) costaud *m*; armoire *f* à glace; **~enwärterin** *f* garde-barrière *f*; ***~bett** *n* meuble-lit *m*; **~wand** *f* mur *m* avec placard(s).

Schrapnellbombe *f* bombe *f* à billes; obus *m* à fléchettes.

Schreiberlaubnis *f* autorisation *f* d'écrire des lettres.

***Schreiberling** *m* gratte-papier *m*; griffonneur *m*.

Schreib|kopf *m* tête *f* d'écriture; **~maschinenstuhl** *m* chaise *f* dactylo; **~sucht** *f* graphomanie *f*.

***Schrotthaufen** *m Auto* auf den ~ werfen mettre à la casse.

Schrumpffolie *f Verpackung* film *m* rétractable.

Schubboot *n mar.* pousseur *m*.

***Schuber** *m für Bücher auch* emboîtage *m*.

Schub|fahrzeug *n mar.* bâtiment *m* de poussage; **~schiffahrt** *f*, **~verkehr** *m* poussage *m*.

***Schuh** *m* modischer ~ mit Holzsohle (*Clog*) sabot *m*; **~kappe** *f* contre-fort *m*; **~macherdreibock** *m* enclume *f* de cordonnier.

***Schul|abgänger** *m* die ~ *pl.* les sortants *m/pl.*; **~angst** *f péd.* phobie *f* scolaire; **~anwärter** *m* candidat *m* à l'enseignement primaire *bzw.* secondaire; **~arbeitszirkel** *m* cercle *m* pour écoliers *bzw.* élèves; **~art** *f* sorte *f* d'école; ***~bank** *f* die ~ drücken user ses fonds de culotte sur les bancs d'école; **~beratung** *f* orientation *f* scolaire; **~bus** *m* car *m* de ramassage scolaire; bus-école *m*; **~busdienst** *m* ramassage *m* scolaire.

schuldrechtlich *adj.* du point de vue du droit des obligations.

***Schule** *f* das Kind in e-e andere ~ schicken changer l'enfant d'école.

schul|eigen *adj.* appartenant à l'école; **2eigentum** *n* propriété *f* de l'école.

Schüler|bogen *m* dossier *m* scolaire; **~jargon** *m* argot *m* scolaire; **~mitverwaltung** *f* cogestion *f* des élèves; **~streik** *m* grève *f* des élèves; **~transport** *m* regelmäßiger ~ *mit Bus* ramassage *m* scolaire; **~vertreter** *m* délégué-élève *m*.

Schuleschwänzen *n* école *f* buissonnière.

Schul|fahrt *f* voyage *m* scolaire; **2fremd** *adj.* extérieur à l'établissement; étranger à l'école; **~fürsorge** *f* assistance *f* sociale scolaire; **~hygiene** *f* hygiène *f* scolaire; **~leben** *n* vie *f* scolaire; **~meisterschaft** *f Sport* championnat *m* scolaire; **~mobiliar** *n* mobilier *m* scolaire; ***~ordnung** *f heute nur noch* code *m* intérieur d'un établissement; **~psychologe** *m* psychologue *m* scolaire; ***~rat** *m für höhere Schulen* inspecteur *m* du second cycle; **~sorgen** *f/pl.* soucis *m/pl.* scolaires; **~strafe** *f* sanction *f* scolaire.

Schulter|wärmer *m* épaulochaud *m*; **~tasche** *f* sac *m* (à porter en) bandoulière.

***Schul|weg** *m* trajet *m* scolaire; **~wettkampf** *m Sport* compétition *f* scolaire; **~zentrum** *n* groupe *m* scolaire; **~zweig** *m* filière *f*.

Schummelzettel *m* F *écol.* F pompe *f*.

***Schundliteratur** *f* littérature *f* immonde, de colportage.

Schuppenbildung *f der Haut* desquamation *f*.

***Schurwolle** *f* laine *f* vierge.

Schürzenkleid *n cout.* robe-tablier *f*; tablier-robe *m*.

***Schuß** *m fig.* mit e-m ~ Ironie avec une pointe d'ironie; **~bahn** *f* (*Geschoßbahn*) trajectoire *f*.

Schusselkopf *m* F *cf.* *Schussel.

Schußwechsel *m milit.* échanges *m/pl.* de tirs.

Schuttbeseitigung *f* déblaiement *m*.

Schüttöffnung *f bei Lebensmittelpackungen etc.* bec *m* verseur *m*.

Schutz|behauptung *f* affirmation *f* défensive; **~gebühr** *f* taxe *f* de soutien, de protection; **~häuschen** *f an Bus- u. Straßenbahnhaltestellen* kiosque-abri *m*.

***Schützling** *m auch Sport* poulain *m*.

Schutz|loch *n milit.* trou-abri *m*; ***~wand** *m bât.* tablier *m*.

***Schwamm** *m* (*Hundenase*) truffe *f*.

***Schwarz|arbeit** *f auch* travail *m* au noir; **~arbeiter** *m auch* travailleur *m* au noir; **~fersenantilope** *f zo.* impala *f*; æpycéros *m*.

***Schwebe|bahn** *f* télérail *m*; **~schiff** *n* aéroglisseur *m*; 'hovercraft *m*; Hafen *m* für ~e 'hoverport *m*.

Schweigeminute *f* minute *f* de silence.

Schweinsfisch *m zo.* rascasse *f*.

***Schwemme** *f fig.* (*Überangebot*) *an Sachen* excédent *m*; *an Personen* nombre *m* excédentaire.

Schwenk *m Film* (*Panorama2*) panoramique *m*; e-n ~ machen panoramiquer; **~glas** *n* boit-tout *m*; **~nase** *f aviat.* nez *m* basculant; **~sitz** *m e-s Kranfahrers* siège *m* pivotant.

Schwer|athlet *m Sport* haltérophile *m*; *fig.* 'hercule *m*; ***~punkt** *m fig. auch* fer *m* de lance; dominante *f*; *écol.* mit ~ Mathematik à dominante mathématiques; **~punktstreik** *m* grève-bouchon *f*; grève *f* ponctuelle; **~punktverschiebung** *f mus.* rhythmische ~ contre-temps *m*; ***~verletzte(r)** *m auch* blessé *m* grave.

***Schwimm|art** *f auch nur* nage *f*; **~brille** *f* lunettes *f/pl.* de nageur; ***~gürtel** *m zur Bergung e-r Raumkapsel* ceinture *f* de flottaison.

schwingungsdämmend *adjt.* antivibratile.

***schwofen** *v/i.* F *auch* F gambiller.

***Schwulst** *m auch* amphigourisme *m*.

Sechstagekrieg *m* (*1967*) guerre *f* des *od.* de Six jours.

See|blockade *f* blocus *m* naval; **~brassen** *m zo.* sar *m*; sargue *m*.

Seefisch|bestand *m* cheptel *m* marin; **~handel** *m* mareyage *m*; **~zucht** *f* aquaculture *f*; culture *f* marine.

See|funkspruch *m* émission *f* de la radio maritime; ***~herrschaft** *f auch* empire *m* des mers.

***Seelen|leben** *n auch* psychisme *m*; **~massage** *f péj.* F baratinage *m*.

See|schildkröte *f zo.* tortue *f* marine; **~tangsammler** *m* goémonier *m*; **~tangzone** *f* zone *f* goémonière; **~transportkrise** *f* crise *f* des transports maritimes; **~vogelschutzgebiet** *n* réserve *f* d'oiseaux de mer; **~warte** *f* observatoire *m* maritime; **~wasser** *n* eau *f* de mer; **~ziel** *n milit.* objectif *m* marin.

***Segel|boot** *n* voilier *m*; bateau *m* à voiles; ***~sport** *m* ~ treiben faire du voile.

segenbringend *adjt. Erfindung* salvateur, -trice.

Seh|test *m* test *m* visuel; **~verhalten** *n beim Fernsehen* comportement *m* du téléspectateur.

Seidenstraße *f hist.* route *f* de la soie.

Seilschlinge *f Alpinismus* anneau *m* de corde.

Seinsphilosophie *f* essentialisme *m.*
Seismizität *f géol.* sismicité *f.*
***seitwärts** *adv.* ~ schlittern *Auto* se mettre en crabe.
Sekthändler *m* négociant *m* en champagne.
***Selbst|anschluß** *m tél. auch* automatique *m;* **~aufgabe** *f bes. pol.* compromission *f;* **~aufzug** *m Uhr* remontoir *m* automatique; **~besinnung** *f* politische ~ recroquevillement *m* politique; **~bestätigung** *f* affirmation *f* de soi; **~betrachtung** *f* contemplation *f* de soi; **~entsagung** *f* déni *m* de soi; **2erfunden** *adjt.* inventé par soi-même; ***~fahrlafette** *f auch* affût *m* automatique; **2haftend** *adjt.* autofixant; autostable; **~heilung** *f* guérison *f* naturelle; **~heilverfahren** *n* automédication *f;* **~herrlichkeit** *f* autoritarisme *m;* ***~hilfe** *f* F système D *m;* **~hypnose** *f* autohypnose *f;* **~klebeband** *n* bande *f* autocollante; ruban *m* adhésif; **2klebend** *adjt.* autocollant; auto-adhésif, -ive; **~massage** *f* automassage *m;* ***2mörderisch** *adj.* suicidaire; **~mordforschung** *f* suicidologie *f;* **~mordkandidat** *m* candidat *m* au suicide; **~mordkommando** *n* commando *m* suicide; **~mordpsychose** *f* frénésie *f* suicidaire; **2reinigend** *adjt.* autonettoyant; **~schußanlage** *f in Gärten* déclencheur *m* automatique de tir; ***~unterricht** *m auch* auto-enseignement *m;* **~verbrennung** *f* suicide *m* par le feu; **~verleger** *m* auteur-éditeur *m;* ***~verwaltung** *f auch* autogestion *f.*
Selfmademan *m* self-made-man *m.*
Sendemast *m* pylône *m* émetteur.
Sendergruppe *f* chaîne *f* de radio.
***Senkrechtstarter** *m* F *fig.* (*Erfolgsmensch*) homme *m* voué à une carrière très brillante.
Sensortaste *f télév.* touche *f* à effleurement.
Seppelhose F *f* culotte *f* de peau.
***Serpentine** *f,* ***~nweg** *m* sentier *m* en zigzags.
Servolenkung *f Auto* servo-direction *f.*
Seuchenschlachtung *f* abattage *m* d'urgence causé par une épidémie.
Sexparty *f* F partouze *f;* **~s machen** F partouzer; Teilnehmer(in) an e-r ~ F partouzard(e) *m(f).*
Sexual|aufklärung *f* éducation *f* sexuelle; **~verbrecher** *m* maniaque *m* sexuel; **~wissenschaftler** *m* sexologue *m.*
Show *f* show *m;* spectacle *m* de variétés; F *fig.* e-e ~ abziehen faire du cinéma, tout un cinéma, toute une mise en scène; **~geschäft** *n* show-business; bisness *od.* bizness *m* des divertissements; industrie *f,* métier *m* du spectacle.
Shylocknatur *f* corbeau *m.*
Sichein|arbeiten *n* rodage *m;* **~ordnen** *n Auto* rabattement *m.*
Sicherheits|einrichtung *f* dispositif *m* de sécurité; **~geschirr** *n für Kinder im Auto* 'harnais *m;* ***~kette** *f Fahrrad* antivol *m;* **~lenksäule** *f Auto* teleskopartige ~ direction *f* repliable; **~mangel** *m* manque *m* de sécurité; **~risiko** *n* risque *m* de sécurité; ***~schloß** *n cf.* **~kette**; **~sitz** *m für Kinder im Auto* siège *m* de sécurité; **~streifen** *m im Straßenbau* ligne *f* de séparation; **~verwahrung** *f* détention *f* à titre de mesure de sécurité.
Sichfreisprechen *n écol.* désindividualisation *f.*
Sichselbstübertreffen *n* dépassement *m* de soi-même.

Sicht|beton *m* béton *m* exposé; **~blende** *f milit.* paravent *m* anti-vue; *bât.* mur-rideau *m;* **~fenster** *n* Briefumschlag mit ~ enveloppe *f* à panneau transparent, à fenêtre; **~verkehr** *m rad.* vidéo-transmission *f.*
Sichwiederfinden *n* retrouvailles *f/pl.*
Sickergrube *f* puisard *m;* fosse *f* à fond perdu; fosse *f* filtrante.
Siedewasserreaktor *m phys. atom.* réacteur *m* à eau bouillante; bouilleur *m.*
Siegerpodest *n Sport* podium *m.*
Signal|stab *m chem.* baguette *f* de signalisation; **~trompete** *f milit.* clairon *m.*
silier|en *v/t. agr.* ensiler; **2ung** *f agr.* ensilage *m;* mise *f* en silo; silotage *m.*
Silostapler *m* gerbeur *m* de silo; silo *m* stockeur.
Simultan|dolmetscher *m* interprète *m* simultané; **~technik** *f Literatur, Film* simultanéisme *m.*
Sinneinheit *f écol. beim Sprachenlernen* centre *m* d'intérêt.
Sinnenmolch *m fig. u. péj.* bouc *m.*
Sinneswandel *m* changement *m* d'avis; retours *m/pl.*
Sittenapostel *m* F apôtre *m* des bonnes mœurs.
***Situation** *f* etw. e-r bestimmten ~ anpassen adapter qc. à une situation particulière; situationnaliser qc.
situations|gebunden *adjt.* situationnel, -lle; **~gerecht** *adj. écol.* ~er Unterricht enseignement *m* en situation.
situativ *adj.* conditionné par la situation; situationnalisé.
***sitzen** *v/i. zum Hund* sitz! assis!
***Sitzfleisch** *n* F ~ haben F avoir un cul de plomb; kein ~ haben *auch* F avoir la bougeotte.
***sitzenbleiben** *v/i. écol.* zum zweiten Mal in derselben Klasse ~ tripler une classe.
Sitzkissen *n* pouf *m.*
***Sitzreihe** *f* travée *f.*
Skai *n Kunstleder* skaï *m.*
Skandalnudel *f* F type *m* à faire des scandales.
Skateboard *n* planche *f* à roulettes; skate board *m.*
Sklerallinse *f opt.* lentille *f* sclérale.
Skylab *n* (*Himmelslaboratorium*) compartiment *m* laboratoire orbital; laboratoire *m* du ciel.
Skythengrab *n hist.* tombe *f* scythe; kourgane *m.*
***Slawistik** *f auch* slavistique *f.*
***Slums** *m/pl. auch* bidonville *m.*
Smog *m* smog *m;* **~alarm** *m* alerte *f* au smog.
Smokarbeit *f text.* nid *m* d'abeilles.
***Sockel** *m e-s Berges* racine *f; bât. auch* (*Grundmauer*) soubassement *m.*
Sofortprogramm *n* programme *m* d'urgence.
Softeis *n* glace *f* à la crème; crème *f* glacée.
Software *f Kybernetik* software *m;* logiciel *m;* **~-Ingenieur** *m* ingénieur *m* en programmation.
***Sog** *m fig. auch* sillage *m.*
***Soldat** *m* ein weiblicher ~ une femme-soldat *f;* **~engewerkschaft** *f* comité *m,* syndicat *m* de soldats; **~enhaarschnitt** *m* coupe *f* de cheveux de bidasse; **~enmädchen** *n péj.* fille *f* à soldats.
Solidaritätsbekundung *f* manifestation *f* de solidarité.
***Soll** *n Planwirtschaft* das ~ erfüllen *auch* accomplir les normes; **~kurve** *f* diagramme *m* théorique des normes à accomplir.

Solmis|ation *f mus.* solmisation *f;* **2ieren** *v/t. mus.* solmiser.
Sommer|festival *n* festival *m* estival; **~kollektion** *f Konfektion* collection *f* d'été; **~mode** *f* mode *f* été; **~pause** *f* relâche *f* estivale.
Sömmerung *f agr.* transhumance *f.*
Sommervilla *f* villa *f* estivale.
Sonargerät *n mar.* sonar *m.*
***Sonde** *f Raumfahrt* station *f* interplanétaire; sonde *f.*
Sonder|bus *m* autocar *m* spécial; **~konto** *n* compte *m* spécial; ***~ling** *m* maniaque *m;* F olibrius *m;* **~modell** *n Auto* voiture *f* marginale; **~schau** *f* exposition *f* spéciale.
Sondierungs... *in Zssgn. pol.* exploratoire; **~gespräch** *n* conversation *f* exploratoire, de sondage.
***Sonnen|batterie** *f* photopile *f;* ***~blenden** *f/pl. bât.* bewegliche ~ lames *f/pl.* de persiennes; ***~energie** *f* Haus *n* mit Heizung durch ~ maison *f* solaire; **~explosion** *f* explosion *f* solaire; **2gereift** *adjt.* mûri par le soleil; **~paddel** *n* panneau *m* solaire; **~schutzdach** *n Raumschiff* écran *m* solaire; *bât.* brise-soleil *m;* **~schutzspray** *m od. n* aérosol *m* antisolaire; **~spiegel** *m phys.* héliostat *m;* ***~stich** *m méd. auch* coup *m* de chaleur; **~wendfeuer** *n* feu *m* de la Saint-Jean, de la fête du solstice d'été; **~wind** *m astr.* vent *m* solaire.
Sonntagsfahrer *m* chauffeur *m* du dimanche.
Sonograph *m Stimmenanalyse* sonographe *m.*
Sophrologie *f* (*Suggestion für Kranke*) sophrologie *f.*
Sorb|e *m* Sorabe *m;* **2isch** *adj.* sorabe.
***Sorte** *f cuis. vom Eis* parfum *m.*
Sortieranlage *f auch Post* installation *f* de tri.
Sowjetforsch|er *m* soviétologue *m;* **~ung** *f* soviétologie *f.*
***Sowjets** *m/pl.* die ~ *auch* les Soviétiques.
***sozial** *adj., adv.* ~ schwach *auch* défavorisé.
Sozial|arbeit *f* travail *m* social; **~arbeiter** *m auch* travailleur *m* social; animateur *m* des organismes sociaux; **~empfinden** *n* sens *m* social; **~erzieher** *m* éducateur *m* social; **~fürsorger(in)** *m(f)* assistant(e) *m(f)* social(e); **2geschädigt** *adjt.* inadapté social; **~geschichte** *f* histoire *f* sociale; **2liberal** *adj.* libéral-socialiste; social-libéral; **~medizin** *f* médecine *f* sociale; **~paket** *n pol.* paquet *m* social; **~prestige** *n* prestige *m* social; **2schädlich** *adj.* nuisible à la société; **~wirt** *m* administrateur *m* social diplômé.
Soziodrama *n Literatur* sociodrame *m.*
***Spachtel** *m, f für Gipsarbeit* riflard *m.*
Spalt|er *m pol.* divisionniste *m;* fractionniste *m;* **2erisch** *adj. cf.* Spalter; **~erpolitik** *f* politique *f* scissionniste; ***~ung** *f pol., rassisch, relig.* clivage *m.*
Spannungs|gebiet *n pol., milit.* zone *f* de tension; **~moment** *m Film, allg.* rebondissement *m.*
Spannverfahren *n bei Beton* procédé *m* de précontrainte.
Spar|förderung *f* encouragement *m* à l'épargne; **~freudigkeit** *f* goût *m* de l'épargne; **~kassenbrief** *m Wertpapier* cédule *f* de la caisse d'épargne; ***~maßnahmen** *f/pl. auch* mesures *f/pl.* d'austérité; **~politik** *f* politique *f* d'austérité; politique *f* restrictive, parcimonieuse; **~programm** *n* pro-

gramme *m* d'économies budgétaires, d'épargne; **~zulage** *f* complément *m* d'épargne.

Spät|aufsteher *m* lève-tard *m*; **~aussiedler** *m* rapatrié *m* tardif; ***~entwickler** *m auch* demeuré *m*; ***~herbst** *m auch* arrière-automne *m*; **2industriell** *adj.* post-industriel, -lle; **~kapitalismus** *m écon.* capitalisme *m* tardif; **2kapitalistisch** *adj.* du capitalisme tardif; **~romantik** *f* fin *f* du romantisme; romantisme *m* finissant.

***Speditionsgeschäft** *n* (entreprise *f* de) factage *m*.

Speibecken *n* crachoir *m*.

Speicher|kapazität *f e-s Computers* capacité *f* de mémoire; ***~ung** *f Computer* mise *f* en mémoire.

Speiseservice *n aviat.* service-repas *m*; service *m* traiteur.

Spendenaufruf *m* appel *m* à la charité.

Spenderland *n* pays *m* donateur.

Sperr|grenze *f* limite *f* d'interdiction; **~minorität** *f pol.* minorité *f* de blocage; **~müll** *m* ordures *f/pl.* encombrantes; **~müllsammlung** *f* collecte *f* des objets volumineux; **~schichtfotozelle** *f* (*Art Sonnenbatterie*) photopile *f*.

Spezial|gerät *n* gadget *m*; ***~ist** *m* ~ für Knochenleiden ostéopraticien *m*; spécialiste *m* des maladies des os.

Spezialitätenrestaurant *n* restaurant *m* de spécialités.

Speziwirtschaft *f péj.* coterie *f*; népotisme *m*; favoritisme *m*.

Spider *m* (*Rennwagen*) spider *m*.

***Spiegel|fechterei** *f auch* trompe-l'œil *m*; **~händler** *m* miroitier *m*.

***spielen** *v/t.* Fußball ~ F faire du football.

***Spielerei** *f* technische ~ gadget *m*; Hang *m* zur technischen ~ gadgétisme *m*.

spielfreudig *adj.* qui a la passion du jeu; joueur, -euse.

***Spiel|plan** *m thé.* auf dem ~ stehen tenir l'affiche; **2technisch** *adj.* du point de vue de la technique du jeu.

***Spießbürger** *m auch* F pantouflard *m*; ***~tum** *n auch* esprit *m* de petite ville, de clocher.

Spikereifen *m Auto* pneu *m* à crampons; pneu *m* clouté.

***spinnen** *v/i.* F (*sich Phantastereien hingeben*) songer creux.

Spionage|komplex *m plais.* espionnite *f*; **~satellit** *m* satellite-espion *m*.

***Spitzeldienste** *m/pl.* délations *f/pl.*; dénonciations *f/pl.*; mouchardages *m/pl.*

Spitzen|gremium *n* comité *m* central; **~industrie** *f* industrie *f* de pointe; ***~klasse** *f von Autos etc.* die ~ le haut de la gamme; **~politiker** *m* grand homme politique; politique *m*, politicien *m* éminent; ***~reiter** *m fig. auch* fer *m* de lance; **~verdiener** *m* celui qui gagne un salaire très élevé; **~verkehr** *m* trafic *m* de pointe.

Splashdown *n* (*Landung der Raumkapsel auf dem Wasser*) chute *f* en éclaboussures.

Splitterbombe *f milit.* bombe *f* à billes, à fragmentation.

Spontanheilung *f* guérison *f* spontanée.

***Sport** *m* ~ aus Liebhaberei amateurisme *m*; **2ärztlich** *adj.* médico-sportif, -ive; **~coupé** *n* coupé *m*, voiture *f* de sport; **~gericht** *n* tribunal *m* de sport; ***~halle** *f* 'halle *f*, salle *f* de sport; ***~hemd** *n Unterhemd, gym.* débardeur *m*; **~platzanlage** *f* emplacement *m* sportif; **~schule** *f* école *f* d'éducation physique.

***Sport(s)fan** *m* F mordu *m* du sport.

Sport|slip *m* slip *m* taille basse; **~tauchen** *n* plongée *f* au scaphandre; **~unterricht** *m écol.* éducation *f* physique.

Sprach|aufnahme *f auf Tonband* enregistrement *m* de paroles; **~barriere** *f* barrière *f* de langue; **~ebene** *f* registre *m*; **~labor** *n* laboratoire *m* de langues; **~marotten** *f/pl.* tics *m/pl.* de langage; **~niveau** *n* niveau *m* de langue; **~pädagoge** *m* pédago-linguiste *m*; pédagogue *m* linguiste; **~pädagogik** *f* pédago-linguistique *f*; **~verschlüsselung** *f* cryptophonie *f*.

***Spray** *m*, *n* brumisation *f*; *auch méd.* aérosol *m*; **~dose** *f* vaporisateur *m*; atomiseur *m*; brumis(at)eur *m*; spray *m*; *auch méd.* bombe *f* aérosol; ***2en** *v/t. auch* atomiser; brumiser.

***Sprech|erzieher** *m* orthophoniste *m*; ***~erziehung** *f* orthophonie *f*.

Sprechfunk|antenne *f* antenne *f* de télécommunications; **~er** *m* (opérateur *m*) radiotéléphoniste *m*; **~gerät** *n* tragbares ~ relais-radio *m*; radiotéléphone *m*; appareil *m* de radio-téléphonie portable; walkie-talkie *m*.

Sprech|schwierigkeiten *f/pl. méd.* difficultés *f/pl.* d'élocution; **~zeit** *f rad., télév.* créneau *m*; *allg. die e-m zur Verfügung steht* temps *m* de parole.

***Spreng|kopf** *m* atomarer ~ ogive *f*, tête *f* nucléaire; **~satz** *m* pétard *m*; ***~stoff** *m* (*Plastik2*) plastic *m*; **~stoffattentat** *n* attentat *m* à l'explosif; plastiquage *m*; plasticage *m*; **~stoffbrief** *m* lettre *f* piégée.

Sprichwörterforschung *f* parémiologie *f*.

***Spring|flut** *f an Flußmündungen* mascaret *m*; **~messer** *m beim Sport* mesureur *m* de saut; **~tournier** *n* concours *m* d'obstacles pour les chevaux.

Sprinterhose *m* culotte *f* d'athlétisme.

***sprühen** *v/i.* vor Geist ~ *auch* pétiller d'esprit.

Sprühverband *m méd.* pansement *m* liquide.

***Sprung|bein** *n Sport auch* jambe *f* d'appel; ***~brett** *n an der Sprunggrube* planche *f* d'appel, d'élan; ***2haft** *adj. Preisanstieg* vertigineux, -euse.

***Spülmittel** *n auch* liquide *m* à vaisselle; agent *m* de rinçage.

***Spuren|elemente** *n/pl. biol.* oligo-éléments *m/pl.*; traceurs *m/pl.*; **~sicherung** *f* récupération *f* de traces; recherche *f* des empreintes.

***Spürhund** *m ch. auch* chien *m* quêteur.

Spur|schalter *m Tonbandgerät* contacteur *m* de piste; **~wechsel** *m im Verkehr* déboîtement *m*.

***Staatenlosigkeit** *f auch* apatridie *f*.

***staatlich** *adj. auch* étatique.

***Staats|angehörigkeit** *f* Mann mit doppelter ~ double national *m*; ***~apparat** *m auch* appareil *m* étatique; **~bedienstete(r)** *m* agent *m* de l'État; **~gründung** *f* fondation *f* d'un État; **2kapitalistisch** *adj.* étatico-capitaliste; **~unternehmen** *n* entreprise *f* nationale.

***Stab** *m thé.* ~ des Spielansagers brigadier *m*; ***~hochspringer** *m auch* perchiste *m*.

Stadt|autobahn *f* autoroute *f* urbaine; voie *f* (autoroutière) urbaine; **~bereich** *m*, *n* périmètre *m* urbain; **2eigen** *adj.* appartenant à la ville; urbain.

städteplanerisch *adj.* urbaniste.

Stadt|führer *m* akustischer ~ *für Touristen* guide *m* sonore; **~gründung** *f* fondation *f* de la ville; **2krank** *adj.* ~ sein être allergique à la ville; **~krankheit** *f* allergie *f* à la ville; **~küche** *f* traiteur *m*; **~landschaft** *f* paysage *m* urbain; **~reinigung** *f als Behörde* voirie *f*; **~streicher** *m* clochard *m*.

Staffel|holz *n Sport* témoin *m*; ***~läufer** *m auch* relayeur *m*.

***staffeln** *v/t. Ferien, Fahrpläne auch* étaler.

Stagflation *f écon.* stagflation *f*.

Stahl|betonfundamentplatte *f bât.* plaque *f* de fondement en béton armé; **~gittermast** *m* pylône *m* en treillis d'acier; **~gürtelreifen** *m Auto* pneu *m* à carcasse radiale; **~hochstraße** *f* route *f* démontable surélevée; **~straße** *f* route *f* démontable; ***~wolle** *f auch* paille *f* de fer.

***Stallaterne** *f auch* falot *m*.

Stammes|gebiet *n Afrika* région *f* tribale; chefferie *f*; **~reservat** *n* réserve-refuge *f*.

Stammwürzgehalt *m Brauerei* teneur *f* en moût original, en substance génératrice du moût fabriqué.

Standard|brief *m* lettre *f* standard; **~telefon** *n* téléphone *m* ordinaire.

Standbildserie *f Film, écol.* films *m/pl.* fixes.

***Stand|licht** *n auch* veilleuse *f*; das ~ einschalten mettre les veilleuses; **~spur** *f* (*Gegensatz: Fahrspur*) marque *f* laissée par une voiture à l'arrêt.

***Stange** *f* e-e ~ Zigaretten une cartouche de cigarettes.

Stangenklettern *n gym.* grimper *m*.

***Stapel** *m mar.* vom ~ lassen *auch* mettre à flot.

stapelbar *adj. Stühle usw.* empilable.

Stapel|fasern *f/pl. text.* bourres *f/pl.*; fibres *f/pl.* courtes; **~zelle** *f Transport* alvéole *f* de stockage.

Stapler *m* chariot *m* élévateur; élévateur *m*.

***stark** *adj.* sich ~ genug fühlen, j-m die Stirn zu bieten se sentir de taille à faire front à qn.

Starkbier *n* bière *f* forte.

***Stärke** *f milit.* potentiel *m* militaire; **~mittel** *n für Wäsche* empesage *m*.

Star|kollegin *f* covedette *f*; **~kult** *m* vedettisme *m*; vedettisation *f*; vedettomanie *f*; vedettariat *m*.

Starkstrommonteur *m élect.* monteur *m* d'installations à courant fort.

Starparade *f* 'hit-parade *m*.

***starr** *adj.* ~e Diplomatie diplomatie *f* immobiliste; ***2heit** *f pol.* monolithisme *m*.

***Startblock** *m Sport auch* starting-block *m*.

Stationshelferin *f im Krankenhaus* fille *f* de salle.

Statussymbol *n* image *f* de marque; marque *f*, symbole *m* de standing; étalon *m* social.

***Stau** *m beim Verkehr* encombrement *m*; congestion *f*; *bes. auf e-r Autobahn* bouchon *m*; embouteillage *m*.

***staubdicht** *adj.* anti-poussière.

stauchfest *adj.* résistant à la compression, à l'écrasement.

***Staupe** *f vét. auch* maladie *f* de Carré.

***Stausee** *m* lac *m* de retenue.

Stechuhrkontrolle *f* pointage *m* du personnel.

Stegbewehrung *f bât.* armature *f* d'âme.

Steigerungsrate *f* taux *m* d'accroissement.

Steil|uferstraße *f* route *f* en corniche; **~wandbezwinger** *m Alpinismus* varappeur *m*; **~wandzelt** *f* tente *f* à pans raides.

Stein|schlag *m im Gebirge auch* chute *f* de roches, de roc; **~schraube** *f* vis *f* de scellement; **~wolle** *f* (*Schlackenwolle*) laine *f* de scorie, de laitier; laine *f* minérale; laine *f* de roche.

Stellen|ausschreibung *f* mise *f* au concours d'un poste, d'un emploi vacant; **~einsparung** *f* suppression *f* d'emplois; **~markt** *m* marché *m* de l'emploi; **~tausch** *m* permutation *f*; **~wert** *m fig.* importance *f*; e-r Sache e-n hohen ~ beimessen accorder, attacher une grande importance à qc.

Stellknopf *m* bouton *m* de réglage.

***Stellung|slose(r)** *m auch* sans-emploi *m*; **~(s)suchende(r)** *m auch* demandeur *m* d'emploi.

Stereo|abspieler *m* électrophone *m* stéréo; **~anlage** *f* chaîne *f* stéréo; **~-Cassettenrecorder** *m rad.* ampli-tuner *m*; **~musiktruhe** *f* meuble *m* chaîne; **~tonbandgerät** *n* magnétophone *m* stéréo.

steuer|ähnlich *adj.* parafiscal; ***Ɫbefreiung** *f auch* détaxation *f*; ***Ɫgerät** *n rad.* chaîne *f* amplificateur; tuner *m*; ***Ɫgerechtigkeit** *f auch* justice *f* fiscale; **Ɫmehreinnahmen** *f/pl.* plus-values *f/pl.* fiscales; **Ɫmittel** *n/pl.* recettes *f/pl.* budgétaires provenant de l'impôt.

***steuern** *v/t.* elektronisch ~ cybernétiser.

Steuer|oase *f* oasis *f* fiscale; **~paket** *n pol.* paquet *m* d'impôts; **~paradies** *n* paradis *m* fiscal; **~pult** *n Elektronik* pupitre *m* de commande; **~pultbediener** *m* pupitreur *m*; **~schwanz** *m e-r Bombe* empennage *m*; **~strafverfahren** *n* procédure *f* d'enquête pour un délit fiscal; ***~system** *n e-s Raumschiffs* système *m* d'asservissement.

***Steward** *m mar. auch* garçon *m* de cabine.

Stichprobenverfahren *n Statistik* système *m* d'échantillonnage.

***Stiefkind** *n fig.* (*Vernachlässigter*) laissé-pour-compte *m*.

***Stierkampf** *m* den ~ betreiben toréer.

***Stilart** *f peint.* écriture *f*; graphisme *m*.

***stillegen** *v/t. Betrieb auch* mettre 'hors d'activité; abandonner.

***Stillstand** *m am Börsenmarkt auch* ankylose *f*.

***Stimmen|anteil** *m pol. auch* score *m*; taux *m* de participation; **~auszählung** *f pol.* décompte *m* des voix; **~zähler** *m pol.* scrutateur *m*; **~verlust** *m* perte *f* de voix.

Stimm|haftmachen *n ling.* voisement *m*; sonorisation *f*; **~holz** *n Geige, Cello* âme *f*; **~losmachen** *n ling.* dévoisement *m*; dévocalisation *f*; assourdissement *m*.

***Stimmungs|mensch** *m psych., méd.* cyclothymique *m*; **~musik** *f* musique *f* d'ambiance.

***Stimulans** *n phm.* ungiftiges ~ stimugène *m*.

stinkwütend *adj.* F livré à la rogne et à la grogne.

***Stipendiat** *m Universität* ~ mit besonderem Forschungs- oder Studienauftrag pensionnaire *m*.

Stockfranzose *m* F Français *m* jusqu'au bout des ongles.

Stoffanlagerung *f biol.* apposition *f*.

Stolperstein *m* pierre *f* sur laquelle on peut trébucher.

Stopfwachs *n der Bienen* propolis *f*.

Stoppschild *n* panneau *m* stop.

***Store** *m auch* voilage *m*.

***Stör|faktor** *m allg.* facteur *m*, élément *m* de gêne; **~gerät** *n rad.* brouilleur *m*; saturateur *m*; ***~geräusch** *n rad. auch* friture *f*; ***~ung** *f télév.* coupure *f*; **~versuche** *m/pl. rad.* brouillage *m*.

Stoß|antwort *f Informatik* réponse *f* impulsionnelle; ***Ɫfest** *adj. Uhr, Autotür auch* anti-chocs; ***~kraft** *f pol. auch* pouvoir *m* mobilisateur; ***~trupp** *m milit. u. fig.* fer *m* de lance; **~verkauf** *m* vente *f* dynamique; **~zeiten** *f/pl.* heures *f/pl.* de pointe.

Strafbestimmungen *f/pl.* prescriptions *f/pl.* pénales.

***straffen** *v/t.* den Text mehr ~ serrer le texte de plus près.

Straffung *f allg.* rationalisation *f*; *des Themas* concentration *f*.

Straf|bank *f Fußball* banc *m* de pénalité; **~haft** *f* emprisonnement *m*; ***~prozeßordnung** *f auch* code *m* de procédure pénale; **~rechtler** *m* pénaliste *m*; criminologue *m*; **~täter** *m* délinquant *m*.

Strahlengefährdung *f* danger *m* de contamination radioactive.

***Strahlenschutz** *m auch* radioprotection *f*; **~bunker** *m* abri *m* antinucléaire.

Strand|jacke *f für Damen* cache-maillot *m*; ***~korb** *m auch* fauteuil *m*, guérite *f* de plage; **~restaurant** *n* restaurant *m* de plage.

Stranggußanlage *f techn.* installation *f* de coulée continue.

***strapazierfähig** *adj. Auto* robuste; **Ɫkeit** *f e-s Autos* endurance *f*; robustesse *f*.

***Straßen|anzug** *m auch* complet *m* veston; **~bummler** *m* batteur *m* de pavé; **~dorf** *n* village-rue *m*; **~filmer** *m* photofilmeur *m*; **~gewirr** *n* dédale *m*, écheveau *m* de rues; ***~glätte** *f auch* glissance *f*; **~haftung** *f e-s Hausbesitzers* responsabilité *f* d'un tronçon de route; ***~kostüm** *n* tailleur *m*; tailleur-pantalon *m*; ***~kreuzer** *m* F *auch* F paquebot *m* roulant; tank *m*; ***~laterne** *f auch* lampadaire *m*; **~reinigung** *f* städtische ~ voirie *f* urbaine; **~schlacht** *f* bataille *f* de rues.

***Streben** *n* ~ nach Ansehen soif *f* de considération; ~ nach Wohlstand course *f* à l'abondance.

***Streber** *m écol., Universität auch* acharné *m*; bête *f* à concours.

Streckenblock *m chem.* blocage *m* automatique d'une voie.

Streckeneinbruch *m mines* effondrement *m* d'une galerie.

Streck|gußeisen *n* fonte *f* ductile; **~maschine** *f text.* étireuse *f*.

Streik|beschluß *m* décision *f* de faire grève; **~führer** *m* meneur *m* de grève.

Streß *m* stress *m*; tension *f*; agression *f*.

Stressor *m méd., psych.* facteur *m* de stress, de tension.

Streßsituation *f* situation *f* de stress.

Streumaschine *f* épandeur *m*, -euse *f*.

***Streuung** *f der Ferien* étalement *m*.

Streuungsbreite *f Statistik* range *m*.

Strichjunge *m* prostitué *m*; homosexuel *m*; F homo *m*.

***Strickjacke** *f* veste *f* en tricot; chandail *m*; cardigan *m*.

Stripperin *f* F *cf.* Stripteasetänzerin.

Striptease|tänzerin *f* strip-teaseuse *f*; effeuilleuse *f*; **~lokal** *n* établissement *m* de strip-tease.

***Strom** *m fig. von Autos im Verkehr* grand déferlement *m*; raz-de-marée *m*; ***Ɫabwärts** *adv. Forellen* ~ schwimmen dévaler; **~aggregat** *n élect.* groupe *m* électrogène; **Ɫleitend** *adjt. élect.* épitropique; ***~versorgung** *f aviat.* acheminement *m* de l'énergie.

Struktur|anstrich *m* peinture *f* structurée; **~politik** *f* politique *f* structurelle.

***Strumpf|hose** *f auch* bas-slip *m*; **~maske** *f* cagoule *f*; **~packung** *f* pochette *f* de bas.

***Stubenarrest** *m e-s Kindes* privation *f* de sortie.

Studenten|abordnung *f* délégation *f* d'étudiants, estudiantine; **~dorf** *n* village *m* d'étudiants; **~jugend** *f* jeunesse *f* estudiantine; **~korps** *n Bundesrepublik* fraternité *f* d'étudiants; **~kreise** *m/pl.* milieu *m* étudiant; **~kundgebung** *f* manifestation *f* étudiante, estudiantine; **~lokal** *n* cabaret *m* estudiantin; **~protestbewegung** *f* agitation *f* estudiantine; ***~schaft** *f auch* population *f* estudiantine, universitaire; **~umzug** *m* lärmender ~ monôme *m*; **~unruhen** *f/pl.* troubles *m/pl.* estudiantins.

Studien|berater(in) *m(f)* orienteur *m*, -euse *f*; **~beratung** *f* orientation *f* scolaire et professionnelle; ***~direktor** *m Bundesrepublik* professeur *m* de lycée au dernier échelon; ***~gang** *m auch* filière *f* universitaire; **~platz** *m* place *f* dans une université; **~verlängerung** *f* prolongement *m* des études; **~ziel** *n* but *m* des études; **~zweig** *m cf.* ~gang.

Stufenbrunnen *m* fontaine *f* à bassins étagés.

Stufung *f écon., Finanzen* cascade *f*.

***Stuhlgang** *m méd. auch* évacuation *f*.

Stunt|girl *n Film* cascadeuse *f*; **~man** *m Film* cascadeur *m*.

Sturmhaube *f Alpinismus* passe-montagne *m*.

***stürmisch** *adj. Debatte auch* 'houleux, -euse.

Sturm|tief *n* zone *f* de basse pression; **~tolle** *f* F toupet *m*; touffe *f* de cheveux; F tignasse *f*.

***Stürzen** *n Film* cascade *f*.

***Sturzhelm** *m auch* casque *m* intégral.

***Stützpunkt** *m milit. auch* appui *m* stratégique.

***Stützungskäufe** *m/pl. auch* achats *m/pl.* de soutien.

Styropor *n* polystyrène *m* expansé.

Subkontinent *m* sous-continent *m*.

***Suche** *f* sich auf die ~ nach etw. machen *auch* se mettre aux recherches de qc.

Sucherkamera *f* caméra *f* détectrice.

Suchmeldung *f der Polizei* avis *m* de recherche.

***Suchtkranke(r)** *m* toxicomane *m*.

***süffeln** *v/t. u. v/i.* F gobelot(t)er.

***süffig** *adj. Wein auch* F gouleyant.

Suizidgefährdete(r) *m* suicidaire *m*.

Super|bomber *m aviat.* superbombardier *m*; **~champion** *m* super-champion *m*; **~macht** *f pol.* super-puissance *f*; die Supermächte *f/pl. auch* les super-grands *m/pl.*; ***~markt** *m auch* grande surface *f*; **~star** *m auch Fußball* superstar *f*.

***Suppenwürfel** *m cuis. auch* bouillon *m* en cube.
Süßwarenfabrik *f* confiserie *f*.
Swing *m* (*Überziehungskredit*) crédit *m* de dépassement sans intérêts.
Synchron|klappe *f Film* claquette *f*; **~schwimmen** *n* natation *f* synchronique.
synkopenhaft *adj. Rhythmus* trépidant.
Synthetics *pl. text.* tissus *m/pl.* synthétiques.
synthetisch *adj.* ~e Chemie chimie *f* de synthèse.
System|analytiker *m Informatik* analyste *m* (du système); **~programmierer** *m Informatik* programmeur *m* système.

T

Tabellen|führer *m Sport* celui qui détient le meilleur score; **~führung** *f* die ~ le meilleur score.
Tablettensucht *f* pharmacomanie *f*.
***tabuisieren** *v/t.* tabouiser; tabouer.
***Tafelgebirge** *n géol. auch* massif *m* tabulaire.
Tages|ablauf *m* cours *m* d'une journée; **~fahrkarte** *f* billet *m* à la journée; **~flug** *m aviat.* (*Flug am Tage*) vol *m* diurne; **~lichtpatrone** *f phot.* cartouche *f*; **~lichtprojektor** *m* (*Overhead-Projektor*) rétroprojecteur *m*; **~stätte** *f* ~ für Kinder garderie *f* d'enfants; **~verkehr** *m* durchschnittlicher ~ débit *m* journalier moyen.
***Taler** *m hist. in Frankreich etwa* écu *m*.
***Talfahrt** *f fig., écon.* déchéance *f*.
Talkdrüse *f physiol.* glande *f* sébacée.
***Tal|sohle** *f fig., écon.* **die ~ erreichen** toucher le fond; **die ~ erreicht haben** avoir atteint le point le plus bas de la crise, le creux de la récession; être au creux de la vague; **in der ~ bleiben** rester dans le creux; **die Wirtschaft aus der ~ bringen** sortir l'économie de l'ornière; ***~terrasse** *f géol.* replat *m*; **~verkehr** *m mar.* mouvement *m* aval.
Tandem|fahrzeug *n aviat.* train *m* d'atterrissage monotrace; **~hubschrauber** *m* hélicoptère *m* à rotors en tandem.
***tanken** *v/t. mar.* **Öl ~** mazouter; F *fig.* **Frischluft ~** se réoxygéner.
Tante-Emma-Laden *m* F petite épicerie *f* du coin.
Tarif|autonomie *f* autonomie *f* tarifaire; **~runde** *f* négociations *f/pl.* tarifaires; **2vertraglich** *adj.* contractuel, -lle; tarifaire.
Tarn|gesellschaft *f* société *f* fantôme; **~uniform** *f milit.* tenue *f* léopard.
***Tasche** *f* wattierte (*Versand*)~ pochette *f* matelassée; **~napotheke** *f* trousse *f* pharmaceutique; ***~nschirm** *m auch* parapluie *m* pliant; **~nschnapsfläschchen** *n* (*Flachmann*) petite bouteille *f* plate d'eau-de-vie.
***tatenlos** *adj.* **~ bleiben** rester inerte.
***tätig** *adj. Diplomat* **in Belgien ~** en poste en Belgique.
Taubenfreund *m* colombophile *m*.
Taucher|brille *f* lunettes *f/pl.* de plongeur sous-marin; **~maske** *f* masque *m* de plongeur sous-marin; **~uhr** *f* montre *f* automatique sous-marine.
Tauch|flosse *f* palme *f*; **~sport** *m* sport *m* de plongée sous-marine; **~sportler** *m* plongeur *m* sous-marin; **~technik** *f* technique *f* de la plongée.
***Tauschpartner** *m adm. beim Stellentausch* permutant *m*.
Taxifahrerin *f* femme-chauffeur *f* de taxi.
Teamgeist *m* esprit *m* d'équipe.
***technisch** *adj.* **~e Gesellschaft** *f* société *f* technicienne; **hohes ~es Können** technicité *f*; **die ~e Sprache** la langue des techniques.
Teenager *m* moins *m* de vingt ans; *Mädchen auch* **~in** *f* moins *f* de vingt ans; jeune fille *f* à l'âge ingrat; F nymphète *f*.
Teepause *f* pause-thé *f*.
Teil|nahmegebühr *f* frais *m/pl.* de participation; **~stillegung** *f e-r Fabrik* mise *f* en demi-sommeil; **~vorabdruck** *m* tirage *m* provisoire partiel.
***Teilung** *f* **die ~ Deutschlands** la division de l'Allemagne.
Teilwissen *n* savoir *m* parcellaire, fragmentaire.
Teilzeit|arbeit *f*, **~beschäftigung** *f* travail *m* à temps partiel, à mi-temps.
Tele|-Beobachtungsgerät *n Auto, télév.* vidéo *m*; **~informatik** *f* télé-informatique *f*; **~kolleg** *n télév.* colloque *m* télévisé; télésymposium *m*.
Telephon|adapter *m* capteur *m* téléphonique; **~beantworter** *m* répondeur *m*; ***~istin** *f auch* demoiselle *f* du téléphone, du standard; **~seelsorge** *f* secours *m* moral par téléphone; ***~zelle** *f auch* taxiphone *m*.
Telex|adresse *f* adresse *f* télex; **2en** *v/t.* télexer; transmettre par télex; **~vermittlung** *f* central *m* de (commutation) télex.
Tellerwäscherin *f* plongeuse *f*.
Tellmuschel *f zo.* telline *f*.
Tempelstadt *f* ville *f* de temples.
Temperatur|detektor *m*, **~fühler** *m* détecteur *m* de température.
***Tempo** *n fig.* (*Hektik*) atmosphère *f* fiévreuse; tourbillonnement *m*.
Tendenzwende *f* revirement *m* de la tendance.
Tennishose *f kurze* short *m* de tennis; *lange* pantalon *m* de tennis.
Terminals *n/pl. Informatik* terminaux *m/pl.*
Terrainkur *f méd.* promenades *f/pl.* sur un terrain plat.
***Terrarium** *n* vivarium *m*.
Terrassen|bauweise *f* construction *f* en terrasses; **~haus** *f* maison *f* en terrasses; **~tempel** *m* temple *m* en terrasses.
Terror|istenbekämpfung *f* action *f* antiterroriste; lutte *f* contre le terrorisme; **~welle** *f* flambée *f* de terrorisme.
Test|befragung *f* consultation-test *f*; **~bericht** *m* compte-rendu *m*, rapport *m* d'un test; **~fahrer** *m Auto* essayeur *m*; **~gruppe** *f*, **~menge** *f biol.* population *f* à tester *bzw.* testée; **~person** *f* sujet *m* à tester *bzw.* testé; **~puppe** *f für simulierte Autozusammenstöße* mannequin *m*.
Tetanusspritze *f méd.* piqûre *f* antitétanique.
Teuerungsrate *f* taux *m* de renchérissement.
textbezogen *adj. Glossar* contextuel, -lle.
Textkritik *f* textologie *f*.
Theaterschriftsteller *m* auteur *m* dramatique.
***Theatralik** *f auch* théâtralisme *m*.
Thesen|roman *m litt.* roman *m* à thèse; **~stück** *n thé.* pièce *f* à thèse.
Thriller *m Film* thriller *m*; film *m* à suspense.
***Tief|bau** *m auch* substruction *f*; **~bauunternehmer** *m* entrepreneur *m* de génie civil; **~enpsychologie** *f* psychologie *f* des profondeurs, en profondeur; **~enrausch** *m méd.* bathyanesthésie *f*; **~ensonde** *f techn.* bathysonde *f*; **~ensprechgerät** *n Höhlenforschung* téléphone *m* des profondeurs; ***~enwirkung** *f phm.* **mit ~** ultra-pénétrant; en pénétrant jusqu'au plus profond des pores; **~kühlindustrie** *f* industrie *f* du surgelé; **~kühlkost** *f* produits *m/pl.* surgelés; **~kühlung** *f*, **~kühlverfahren** *n* surgélation *f*; surgelé *m*; **~seeforschung** *f* exploration *f* des fonds sous-marins; **~silo** *n* silo *m* surbaissé.
Tier|bildhauer *m* sculpteur *m* animalier; **~film** *m* film *m* animalier; **~gehege** *n im Laboratorium* animalerie *f*; **~klinik** *f* clinique *f* vétérinaire; **2lieb** *adj.* zoophile; **~liebe** *f* amour *m* des animaux; **~natur** *f* animalité *f*; **~psychologe** *m* zoopsychologue *m*; **~schriftsteller** *m* écrivain *m* animalier; ***~sprache** *f auch* langue *f* animale; **~zuchtstation** *f* station *f* d'élevage, de sélection animale.
Tisch|fußball *m* baby-foot *m*; **~leuchter** *m* bougeoir *m*; **~manieren** *f/pl.* savoir *m* vivre à table; **~sitten** *f/pl.* usages *m/pl.* à table.
Titel|partie *f Oper* partie *f* principale; **~vorspann** *m Film* générique *m*.
Tod|esbote *m* messager *m* de mort; **2geweiht** *adj. auch* promis à la mort.
***Toilette** *f auch* lavabos *m/pl.*; waters *m/pl.*; **öffentliche ~** lavatories *m/pl.*
Toleranz|breite *f techn.* range *m*; **~meßgerät** *n techn., aviat.* écartomètre *m*.
Tollwutimpfung *f* vaccination *f* antirabique.
Tomographie *f méd.* (*Röntgenschichtverfahren*) tomographie *f*.
***Ton|arm** *m auch* bras *m* de lecture; ***~band** *n* **tragbares ~ als Museumsführer** *für Touristen* auto-guide *m*; **~bandtaste** *f* touche *f* de magnétophone.
***tönen** *v/t. Augenlider* ombrer.
Tonerdefrachter *m mar.* aluminier *m*.
Ton|höhenschwankungen *f/pl. Tonbandgerät* pleurages *m/pl.*; taux *m* de pleurage; **~kamera** *f* caméra-son *f*; magnétophone *m* à images.
Tonkrug *m* jarre *f*.
Ton|leitung *f für e-e Tonaufnahme* câble *m* de modulation et de transcription; **~montage** *f* montage *m* sonore; ***~projektor** *m cf.* ~kamera; **~spur** *f* piste *f* sonore; **~techniker** *m rad.* preneur *m* de son.
Torfmischdünger *m agr.* tourbe *f* horticole.
Torgelegenheit *f Sport* occasion *f* de marquer un but.
***Torped|ierung** *f fig. e-r Konferenz* sabordage *m*; ***~oboot** *n auch* vedette *f* lance-torpilles.
Torquote *f* nombre *m* de buts.
Total-Mobility-Reifen *m Auto* pneu *m* à mobilité intégrale.
Totenstätte *f* ossuaire *m*.

Totstellerreflex *m* (*Akinese*) absence *f* pathologique de mouvement; akinésie *f*.
Tourenrad *n ein Fahrrad* routière *f*.
Touristen|rundfahrt *f* circuit *m* touristique; **~welle** *f* flot *m* touristique.
Trabersport *m* course *f* au trot.
***tragbar** *adj. Kleidung* sortable.
Tragebeutel *m* mallette *f*.
Träger|bandhalter *m* attache *f* ruban; **~waffe** *f* véhicule *m* porteur.
***tragfähig** *adj. Regierung* stable.
Trag|flügelboot *n mar.* hydroptère *m*; **~lufthalle** *f bât.* structure *f*, 'hall *m* gonflable; **~schiene** *f e-r Einschienenbahn* rail *m* porteur; monorail *m*; *e-s Luftkissenzuges* rail *m* de sustentation; **~wand** *f* mur *m* porteur.
***Trainings|lauf** *m* footing *m*; **~methode** *f* méthode *f* d'entraînement.
Tramper F *m* routard *m*; auto-stoppeur *m*.
Tränenausbruch *m* crise *f* de larmes.
Trans|itpackkammer *f Post* salle *f*, chantier *m*, station *f* de colis postaux en transit, en passe, de passage; ***~parent** *n* (*Spruchband*) *auch* calicot *m*; **~parentfenster** *n e-s Briefumschlags* panneau *m* transparent; **~plantat** *n méd.* transplant *m*; greffon *m*; **~ponder** *m aviat.* transpondeur *m*; **~portbegleitschein** *f mar.* manifeste *m* de bord; **~schallflugzeug** *n* avion *m* transsonique; **~sexualismus** *m* transsexualisme *m*; **~sexuell** *adj.* transsexuel, -lle; **~vestismus** *m* tra(ns)vestisme *m*; **~vestit** *m* travesti *m*.
***Trantüte** *f* F *u. péj.* tortue *f*.
Trauer|anzeige *f* faire-part *m* de décès; ***~flor** *m um den Arm* brassard *m* de deuil.
Traumatologe *m* traumatologue *m*.
Traum|grenze *f* limite *f* d'un rêve; **~haus** *n* maison *f* de rêve; **~reise** *f* voyage *m* de rêve; **~wagen** *m* voiture *f* de rêve.
Trebegänger *m* (jeune) sans-abri *m*.
***Trecker** *m* (*Traktor*) traction *f*.
***Treffpunkt** *m* carrefour *m*.
Treibeis|bildung *f géol.* vêlage *m*; **~grenze** *f* barrières *f/pl.* de dégel.
Treib|hauskultur *f agr.* culture *f* forcée; ***~mittel** *n chim.* propulseur *m* d'aérosols; ***~stoff** *m e-r Rakete* propulsif *m*; **~stoffversorgung** *f aviat.* approvisionnement *m* en carburant; **~winde** *f techn.* treuil *m* de commande.
Trenn|anlage *f Post* machine *f* à séparer les envois postaux; **~folie** *f techn.* agent *m* de démoulage.
Treppentischler *m* escaliéteur *m*.
Tret|boot *n* pédalo *m*; **~mine** *f milit.* mine *f* explosive souterraine; mine *f* antipersonnel.
Triangelsonne *f Feuerwerk* girandole *f* triangulaire.
***Trick|filmzeichner** *m auch* animateur *m*; **~kiste** *f* in der ~ haben connaître plusieurs trucs, gags.
Triebverbrecher *m* maniaque *m*.
Trimm-dich-Pfad *m* parcours *m*, sentier *m* sportif.
***trimmen** *v/réfl.* sich ~ faire du sport (de compensation).
Trimmgerät *n mar.* dispositif *m* correcteur de centrage (dans un navire).
Trinkfestigkeit *f* résistance *f* à l'alcool.
***Trip** *m* (*Drogenrausch*) voyage *m* à la drogue.
***trippeln** *v/i. damit die Füße warm werden* battre la semelle.
trittfest *adj.* antiglissant.
Trockenfotokopie *f* reprographie *f*; **Ձren** *v/t.* reprographier; **~rgerät** *n* photocopieur *m*; ***~verfahren** *n cf.* Trockenfotokopie.
***Trocken|fisch** *m* poisson *m* séché; **~haube** *f auch* casque *m* sèche-cheveux; **~impfstoff** *m* vaccin *m* lyophilisé; **~luftfilter** *m*, *n Auto* épurateur *m* d'air sec; **~rindfleisch** *n* viande *f* de bœuf déshydratée; **~schaum** *m* mousse *f* sèche.
Trommel|parkrad *n techn. zum Parken* tambour *m* rotatif; **~revolver** *m* revolver *m* à barillet.
Tropenarzt *m* médecin *m* tropical.
***Tropf** *m méd.* F perfusion *f* de sang; j-n unter den ~ bringen placer qn. sous perfusion; er hängt am ~ il est alimenté avec du sérum; F il est au goutte-à-goutte; **~gerät** *n* goutte-à-goutte *m*; **~infusion** *f méd.* perfusion *f* de sang.
***Trott** *m* er ist wieder in s-n alten ~ verfallen il est retombé dans ses vieilles ornières.
***Trübung** *f Wetter* leichte ~ nébulosité *f*.
Trüffelsucher *m* chercheur *m* de truffes; (*Hund*) chien *m* truffier.
Trümmerberg *m* montagne *f* de débris.
Truppenentflechtung *f milit.* désengagement des troupes, des forces armées; désengagement *m* militaire.
T-Shirt *n cout.* tee-shirt *m*; maillot *m* rayé; débardeur *m*.
tuckeln *v/i.* F *Auto* F teufteufter.
***Tummelplatz** *m* ~ für Diebe und Gauner foire *f* d'empoigne.
Tummler *m* (*Schwenkglas*) boit-tout *m*.
Tüpfelkatze *f zo.* chat-pêcheur *m*.
Tuppe *f bât.* (*Mörteltrage*) oiseau *m*; bayart *m*; bard *m*; bourriquet *m*.
Turbinen|triebwerk *n* moteur *m* à turbine; **~wagen** *m ein Versuchsauto* voiture *f* à turbine; turbovoiture *f*.
Türbodendichtung *f techn.* bas *m* de porte adhésif.
Turbozug *m chem.* turbo-train *m*; **~verbindung** *f chem.* liaison *f* en turbo-train.
Türgiebel *m bât.* fronton *m*.
Turm|garage *f* silo *m* à automobiles; **~wagen** *m Auto zur Reparatur von Straßenlampen* voiture *f* à échafaudage.
Tütenwein *m* vin *m* en bloc-pack.
Twisttänzer(in) *m(f)* twisteur *m*, -euse *f*.
Tympanoplastik *f chir.* tympanoplastie *f*.

U

U-Bahn|sperre *f* sich automatisch schließende ~ portillon *m* automatique; **~streik** *m* grève *f* du métro; **~zug** *m* rame *f* de métro.
***Überalterung** *f der Schule, der Lehrpläne* inadaptation *f*.
***überbeanspruchen** *v/t. Motor* F griller.
Überbelegung *f von Krankenhäusern* surpeuplement *m*.
***überblend|en** *v/t. Tonband* commuter; ***Ձung** *f* commutation *f*.
Überdosierung *f méd.* surdosage *m*.
Überdruck *m von Briefmarken* surcharge *f*.
Überdrucksauerstoffkammer *f méd.* caisson *m* d'oxygénothérapie hyperbare.
Übereignungserklärung *f jur.* acte *m* translatif de propriété.
***übereinkommen** *v/i.* wir sind darin übereingekommen, daß ... nous sommes convenus, nous avons convenu que ... (+ *ind.*); nous sommes tombés d'accord pour penser que ... (+ *ind.*).
Überengagement *n pol.* surengagement *m*.
Überentäußerung *f* sprachliche ~ hypercorrection *f*.
überentwickelt *adjt.* surdéveloppé.
übererfüllen *v/t. écon.* das Soll ~ dépasser les normes.
***überfahren** *v/t. Mensch, Tier etc. auch* renverser; faucher; passer sur le corps de; *Signal auch* F griller.
Überfallhemd *n* surchemise *f*.
überfallsicher *adj.* à l'épreuve de hold-up; **Ձung** *f* dispositif *m* de protection contre les 'hold-up.
Überfischung *f* pêche *f* trop intensive.
Überflurhydrant *m* bouche *f* d'incendie.
Überflußgesellschaft *f* société *f* d'abondance.
Übergepäck *n* bagages *m/pl.* en surcharge.
Übergangs|klasse *f écol.* classe *f* passerelle; **~lösung** *f* solution *f* transitoire, temporaire, provisoire, intérimaire; **~möglichkeit** *f écol.* passerelle *f*; **~widerstand** *m élect.* résistance *f* de contact.
***Überhang** *m géol. e-r Verwerfung* rejet *m*.
***Überhitzung** *f écon.* surchauffe *f* économique.
***Überholung** *f techn. e-s Autos* check-up *m*; contrôle *m* technique; **Ձsbedürftig** *adj.* qui nécessite un check-up, un contrôle technique général.
Über-Ich *n psych.* surmoi *m*.
Überkapazität *f écon.* surcapacité *f*.
Überkappung *f méd.* ~ der Pulpa coiffage *m* pulpaire.
Überkopfprojektor *m* rétroprojecteur *m*.
Überlagerungsempfang *m rad.* réception *f* par hétérodyne.
Überlandpost *f* courrier *m* rural.
***überlaufen** *adjt. Arzt auch* débordé.
Überlebens|ausrüstung *f* équipement *m* portatif, appareillage *m* individuel de survie; **~chancen** *f/pl.* chances *f/pl.* de survie.
Übermittlungsgebühr *f Post* taxe *f* de transmission.
***übernehmen** *v/t.* ein Land ~ prendre un pays en main.
überorganisieren *v/i.* organiser avec excès; en organiser trop; commettre une superorganisation.
Überpflanze *f biol. Karibik* plante *f* superposée.
überregional *adj.* interrégional; supraregional.
überreizt *adj. Kind* hyperémotif, -ive.
***überrennen** *v/t. Menschenmenge das Spielfeld* envahir.
Überschallregistrierung *f* ultrasonographie *f*.
***überschäumend** *adjt.* ~es Temperament tempérament *m* volcanique.

***überschlagen** *v/réfl. Auto* sich mehrmals ~ F faire plusieurs tonneaux.
Überschwemmungswelle *f* vague *f* de hautes eaux.
Übersee|koffer *m* malle-cabine *f*; **~papier** *n* papier-pelure *m*.
Übersichtszeichnung *f techn.* dessin *m* synoptique.
Überspielung *f Film, Ton* réenregistrement *m*; ~ älterer Platten transregistrement *m* de disques usés; ~ e-r Platte mit e-r Mikroaufnahme reproduction *f* de disque avec un enregistrement micro.
***Übersteuerung** *f e-s Autos beim Lenken* survirage *m*.
überstreuen *v/t. cuis.* saupoudrer (mit etw. de *od.* avec qc.).
übertägig *adj. mines* aérien, -nne.
übertariflich *adj.* 'hors tarif; extra-tarifaire.
Überträger *m biol. von Bakterien* vecteur *m*.
***Übertragung** *f télév.* gleichzeitige ~ auf zwei Kanälen doublon *m*.
***übertreiben** *v/t. in e-r Darstellung* hypertrophier.
Überverbrauch *m* surconsommation *f*.
Überverglasung *f* survitrage *m*.
***überwältigen** *v/t. Banditen* réduire à l'impuissance.
Überwasserschiff *n* navire *m* à flot.
Überweiden *n agr.* surpâturage *m*.
überzahlen *v/t.* surpayer; payer en trop, en excédent.
***überzeugt** *p.p.* von etw. fest ~ sein *auch* être imbu de qc.
***überziehen** *v/t. cuis. Früchte* enrober.
***Überzug** *m chim., techn.* feuil *m*.
***Übungsplatz** *m milit. auch* polygone *m* d'entraînement.
Ufo *n* (*unbekanntes Flugobjekt*) ovni *m*; **~-Flughafen** *m* ovniport *m*.
Uhrentechnik *f* technique *f* horlogère.
Ultraschall|detektor *m méd.* détecteur *m* ultra-son; **~sonde** *f zum Auffinden Überlebender* sondeuse *f* à ultra-sons.
Ultraschnellbahn *f* chemin *m* de fer ultra-rapide.
Umbaumöbel *n/pl.* meubles *m/pl.* transformables.
***umbuch|en** *v/t.* s-e Abreise auf den ... ~ reporter la date de son départ au ...; j-s Reise ~ changer la réservation de qn.; ***≈ung** *f e-r Reise* changement *m* d'une réservation.
Umdenken *n* réorientation *f*.
Umerziehungslager *n* camp *m* de rééducation.
***umfärben** *v/t. gestohlenes Auto* maquiller.
Umfragemanie *f* manie *f* des sondages; sondomanie *f*.
umfunktionieren *v/t. bes. pol.* manœuvrer.
***Umgehungsstraße** *f auch* (boulevard *m*) périphérique *m*.
***Umkehrung** *f* ~ der Werte inversion *f*, renversement *m* des valeurs.
Umkleidekabine *f* cabine *f* de déshabillage; cabine-déshabilloir *f*.
Umlaufaufzug *m techn.* pater-noster *m*; ascenseur *m* continu.
***umlegen** *v/t. téléph.* ein Gespräch ~ donner une conversation sur une autre ligne.
***umlernen** *v/i.* se recycler; se reclasser.
Umlerner *m* travailleur *m* en cours de rééducation, de reconversion.
***umquartieren** *v/t. bei Stadtsanierung auch* muter.
Umrißkarte *f géogr.* carte *f* muette.
umschnüren *v/t. Paket* ficeler.
***umsetz|en** *v/t. Computer* compiler; **≈er** *m Computer* compilateur *m*; *bât.* agent *m* chargé de faire évacuer les maisons à démolir.
Umsteckkalender *m* calendrier *m* cartonné interchangeable.
***Umstellung** *f* ~ auf Computer mise *f* sur ordinateur.
Umstrukturierung *f* restructuration *f*.
Umtauschrecht *n* droit *m* d'échange.
Umwälz|anlage *f* système *m* de filtration; ***~ung** *f* soziale **~en** remous *m/pl.* sociaux.
***Umwelt** *f ökologisch* environnement *m*; **≈abhängig** *adjt.* dépendant de l'environnement; **~arzt** *m* spécialiste *m* des maladies de l'environnement; **≈bewußt** *adjt.* conscient des problèmes de l'environnement; **≈bezogen** *adjt.* environnemental; environnementiel, -lle; ~e Technik *f* engineering *m* environnementiel; **≈feindlich** *adj.* polluant; défavorable à l'environnement; **~forscher** *m* environnementaliste *m*; spécialiste *m* de l'environnement; écologiste *m*; **~forschung** *f* recherches *f* environnementales; **≈freundlich** *adj.* antipolluant; non polluant; favorable à l'environnement; **~gefährdung** *f* menace *f* pour l'environnement; **~gewissen** *n* conscience *f* écologique, de la responsabilité environnementielle; **~konferenz** *f* conférence *f* sur l'environnement; **~kriminalität** *f* criminalité *f* environnementale; criminalité *f* due au mépris des problèmes de l'environnement; **~lehre** *f* mesologie *f*; **~problem** *n* problème *m* environnementiel, écologique, de l'environnement; **~reize** *m/pl.* excitations *f/pl.* ambiantes, environnementielles; **~schäden** *m/pl.* nuisances *f/pl.*; **≈schädlich** *adj.* nuisible à l'environnement; nocif, -ive; **~schutz** *m* défense *f*, protection *f* de l'environnement; **~schützer** *m* défenseur *m*, protecteur *m* de l'environnement; écologiste *m*; **≈verschmutzend** *adjt.* polluant; **~verschmutzer** *m* pollueur *m* de l'environnement; **~verschmutzung** *f* pollution *f*, détérioration *f* de l'environnement; **~verschmutzungswissenschaft** *f* molysmologie *f*.
***umwickeln** *v/t. Draht* guiper.
umwidmen *v/t.* ein Gelände ~ utiliser un terrain à autre chose.
Umzingelungskomplex *m* 'hantise *f* de l'encerclement.
Unabhängigkeits|bewegung *f* mouvement *m* d'indépendance; **~kämpfer** *m* indépendantiste *m*.
***unaufrichtig** *adj. auch* hypocrite.
Unausgefülltheit *f* das Gefühl der ~ l'ennui *m*.
unbeeindruckt *adjt.* j-n ~ lassen laisser qn. de glace.
***Unberechenbarkeit** *f auch* fluidité *f*.
***unbeschwert** *adj. fig. auch* enjoué.
unbürokratisch *adv.* sans chinoiserie administrative.
undiskutabel *adj.* indiscutable.
Understatement *n* litote *f*.
unerziehbar *adj.* inéducable; incorrigible.
Unfall|arzt *m* médecin *m* qui traite les accidentés; **~begutachtung** *f* expertise *f* sur les suites d'un accident; **~beteiligte(r)** *m* personne *f* impliquée dans un accident; **~chirurgie** *f* chirurgie *f* qui a trait aux accidents; chirurgie *f* orthopédique; **~flucht** *f* délit *m* de fuite; **~forschung** *f* recherches *f/pl.* sur les causes d'accidents; **~helfer** *m* secouriste *m*; **~krankenhaus** *n* hôpital *m* pour les accidentés; **~medizin** *f* traitement *m* des accidentés; **~quote** *f* nombre *m* d'accidents; **~schaden** *m* dommage *m* causé par un accident; **≈sicher** *adj. Auto* anti-accidents; **~stelle** *f* lieu *m* de l'accident; **≈trächtig** *adj.* plein de risques d'accidents; ***~wagen** *m kann auch bedeuten* voiture *f* accidentée.
***ungezwungen** *adj. auch* décontracté; ***≈heit** *f auch* décontraction *f*.
***unheimlich** *adj. auch* cauchemardesque.
Universitäts|gelände *n* campus *m*; **~präsidentin** *f* présidente *f* d'université; **~reform** *f* réforme *f* de l'Université.
***unkorrekt** *adj. adm., écon.* laxiste; ***≈heit** *f* laxisme *m*.
unkorrigierbar *adj. Schülerarbeit* impossible à corriger; *Charakter* incorrigible.
unplastisch *adj. Material* non déformable.
Unrechtsbewußtsein *n* conscience *f* d'avoir commis une injustice.
unregierbar *adj.* ingouvernable.
***Unruhe** *f der Massen* remous *m/pl.*
***unschön** *adj.* das ist sehr ~ von ihm ce n'est pas très chic de sa part.
unspaltbar *adj. chim., Biochemie* indédoublable.
Unterarmgriff *m Ringkampf* manchette *f*.
Unterbodenschutzfarbe *f Auto* peinture *f* antirouille pour la partie inférieure, pour le dessous d'une carrosserie.
Unterbringungs|möglichkeit *f Auto, aviat.* parcage *m*; **~en** *f/pl.* in Hotels capacité *f* hôtelière; **~ort** *m* lieu *m* d'hébergement.
***Unterflurhydrant** *m auch* sortie *f* de refoulement.
***Untergrund** *m fig., pol.* clandestinité *f*; in den ~ gehen devenir clandestin; passer, entrer dans la clandestinité; im ~ untertauchen se réfugier dans la clandestinité; **~führer** *m* chef *m* de subversion; **~kämpfer** *m* combattant *m* de la clandestinité; **~schrift** *f* tract *m* subversif.
untergründig *adj.* subreptice; *adv.* subrepticement.
Unterhalter *m* ein glänzender ~ un brillant causeur.
***unterhalts|berechtigt** *adj.* pro ~e Person par personne à charge; **≈sicherung** *f* garantie *f* de l'entretien (*de qn.*).
***Unterhemd** *n auch* maillot *m*, tricot *m* de corps.
Unterholzpflanzen *f/pl.* brande *f*.
***Unterkühlung** *f méd.* (*künstlicher Winterschlaf*) hibernation *f* artificielle.
Unterlassungsfehler *m* faute *f* par omission.
***Unternehm|ensforschung** *f* recherches *f/pl.* opérationnelles; **≈ungslustig** *adj. auch* dynamique.
unter|privilegiert *adjt.* sous-privilégié; **≈proletariat** *n* sous-prolétariat *m*; quart-monde *m*.
Unterrichts|ausfall *m écol.* suppression *f* de cours, *Grundschule* d'heures de classe; **~wesen** *n* das ~ aufeinander abstimmen harmoniser les enseignements.
Unterschallflugzeug *n* avion *m* subsonique.
Unterschriftsstempel *m* timbre *m* de signature en caoutchouc.
unterschwellig *adj. psych.* (*unbewußt*)

latent; infraliminaire; infraliminal; subliminal; subliminaire; ~er Gedanke idée *f* sous-jacente.
Untersuchungssofa *n beim Arzt* divan *m* examen.
unterversorgt *adjt.* ärztlich ~ sous-médicalisé.
Unterwasser|arbeits- und -rettungswagen *m Auto* camion *m* sous-marin; **~archäologie** *f* archéologie *f* sous-marine; **~druckstrahlmassage** *f méd.* hydromassage *m* sous pression; **~felsenküste** *f géol.* tombant *m*; **~forschung** *f* exploration *f* sous-marine; ***~horchgerät** *n auch* sonar *m* de détection sous-marine; **~jeep** *m* sous-marin *m* porte-plongeur; **~sauger** *m* aspirateur *m* sous-marin; suceuse *f*; **~tauchen** *n* plongée *f* sous-marine.
Unterwegsbahnhof *m chem.* gare *f* d'arrêt.
Unterzieh|jäckchen *n* sous-blouse *f*; **~pulli** *m cout.* sous-pull *m*.
ununterscheidbar *adj.* indiscernable.
unverbaubar *adj. bât. in Annoncen* suche Haus mit ~er Sicht cherche maison, vue imprenable.
unversenkbar *adj.* insubmersible.
Unwucht *f* balourd *m*; excentricité *f*.
***unzeitgemäß** *adj. auch* inadapté; mal adapté au temps moderne.
***unzuverlässig** *adj.* ~er Schüler F élève *m* fumiste.
Uran|atom *n* atome *m* d'uranium; **~lagerstätte** *f* gisement *m* d'uranium; **~reaktor** *m* réacteur *m*, pile *f* d'uranium; **~-Schwerwasser-Reaktor** *m* réacteur *m* à uranium et à eau lourde; **~spaltung** *f* fission *f* de l'uranium.
urban|isieren *v/t.* urbaniser; **2isierung** *f* urbanisation *f*; **2istik** *f* urbanisme *m*; **~istisch** *adj.* urbaniste; urbanistique.
urig *adj.* F farfelu; cocasse.
***Urkunde** *f jur.* zu ~ dessen en foi de quoi.
Urlaubs|land *n* pays *m* de vacances; **2reif** *adj.* qui a besoin d'un congé; **2saison** *f* saison *f* des congés; **2ziel** *n* but *m*, destination *f* d'un voyage de vacances.
Urrasse *f* race *f* primitive.
***Ursprung** *m e-r Quelle* griffon *m*.
Urteilsbeschwerde *f jur.* recours *m* en révision d'un jugement.
Urwaldarzt *m* médecin *m* de la brousse.
***urwüchsig** *adj. auch* primesautier, -ière; ***2keit** *f auch* tempérament *m* primesautier; truculence *f*.
***utopisch** *adj. litt.* ~e Literatur littérature *f* d'anticipation; ~er Roman roman *m* d'anticipation.
UV-Strahlung *f élect.* rayonnement *m* ultra-violet.

V

vakuumverschlossen *adjt.* ~e Flasche bouteille *f* fermée, bouchée sous vide.
Vaterfigur *f* figure *f* de père, paternaliste.
Vegetationsgürtel *m biol.* ceinture *f* de végétation.
Venenentfern|er *m chir.* tire-veine *m*; stripper *m*; **~ung** *f chir.* éveinage *m*; stripping *m*.
Venus-Raumstation *f* station *f* spatiale Vénus.
***Veränderlichkeit** *f auch* fluidité *f*.
verankert *p.p.* gesetzlich ~ sein être implanté dans la loi.
***Verantwortung** *f* die ~ für ein Verbrechen übernehmen revendiquer un crime.
Verarbeitungs|industrie *f* industrie *f* de transformation; **~land** *n* pays *m* d'usinage; **~schiff** *n* (*Fabrikschiff*) chalutier *m* de transformation; navire-usine *m*.
Verballhornung *f e-s Wortes* déformation *f*.
Verbalsuggestion *f psych.* verbalisation *f*.
***Verband(s)platz** *m auch* antenne *f* chirurgicale.
Verbannungslager *n* camp *m* à régime sévère.
verbessernd *adjt. ling.* mélioratif, -ive. .
***verbinden** *v/t. tél.* ~ Sie mich mit dem Amtsvorsteher passez-moi le chef de service.
***Verbindung** *f Universität* schlagende ~ fraternité d'étudiants; **~sbüro** *m auch pol.* bureau *m* de liaison; **~sschleuse** *f*, **~stunnel** *m e-s Raumschiffs* sas *m* de passage; tunnel *m*, F boyau *m* de communication.
Verblassen *n von Manuskripten* oblitération *f*.
Verbohrte(r) *m* F obsédé *m* qui ne pense qu'à ça.
verbraten *v/t.* P (*ausgeben*) P écosser; *Person* (*ausnutzen*) F écorcher.
Verbraucher|forschung *f* consommatique *f*; consumérisme *m*; **~gesellschaft** *f* société *f* de consommation; **~klub** *m* club-consommateurs *m*; **~kultur** *f* civilisation *f* de consommation; **~schaftssachverständige(r)** *m* consommaticien *m*; **~theater** *n péj.* théâtre-consommation *m*.
verbrechenbegünstigend *adjt.* criminogène.
Verbrechens|bekämpfung *f* lutte *f* contre le crime; lutte *f* antigang; **~forschung** *f* criminologie *f*.
Verbrecherring *m* den ~ ausfindig machen remonter la filière.
***Verbreiterung** *f écol. des Wissens in der Oberstufe* complexification *f*.
Verbrennungs|anlage *f für Müll* incinérateur *m*; **~geschwindigkeit** *f* vitesse *f* de combustion; **~stufe** *f e-r Rakete* étage *m* à carburant.
***verbrühen** *v/réfl.* sich ~ *auch* s'ébouillanter.
***Verbund|glas** *n auch* verre *m* feuilleté; **~netz** *n élect.* réseau *m* d'interconnexion; **~pflaster(ung** *f*) *n der Straße* pavage *m* composite; **~studie** *f Universität* enquête *f* en, par équipe; ***~wirtschaft** *f écon.* interconnexion *f* économique.
Verderblichkeit *f der Ware* état *m* périssable.
***Verdummung** *f* systematische ~ der öffentlichen Meinung bourrage *m* de crâne; **~staktik** *f* obscurantisme *m*.
Vered(e)lungsstelle *f arb.* emplacement *m* de la greffe.
vereinfachend *adjt.* simplificateur, -trice; *péj.* simpliste.
***Vereinsamung** *f auch* esseulement *m*; *bes. relig.* déréliction *f*.
***Verfahren** *n écon., jur., pol.* scénario *m*; ***~stechnik** *f techn. auch* technologie *f* de fabrication.
Verfassungs|feind *m* ennemi *m* de la Constitution; **2konform** *adj.* conforme à la Constitution; **~treue** *f* fidélité *f* à la Constitution.
Verfemungspolitik *f* politique *f* d'ostracisme.
***Verfettung** *f méd.* engraissage *m*.
***Verfilzung** *f pol. u. péj.* (*Filzokratie*) népotisme *m*; favoritisme *m*.
***Verflachung** *f* die ~ der Universitätsstudien l'infantilisation *f* des études supérieures.
***Verfolg|er** *m Radsport* poursuiteur *m*; **~ungsjagd** *f* poursuite *f* folle, vertigineuse.
***Verfremdung** *f in der Literatur* distanciation *f*; **~seffekt** *m* effet *m* de distanciation.
***verfressen** *adjt.* F *auch* boulimique.
vergammeln *v/i.* F *Person* (*verkommen*) F se clochardiser.
***Vergangenheit** *f* der ~ angehören être du passé.
***Vergas|erdüse** *f mot. auch* venturi *m*; **~ungswagen** *m agr.* voiture *f* de fumigation.
Vergleichs|prüfung *f*, **~test** *m* essai *m*, test *m* comparatif.
vergnatzt *adj.* F (*mürrisch*) maussade.
Vergnügungs|schiffahrt *f* navigation *f* de plaisance; **~zentrum** *n* centre *m* de divertissements.
***Vergötterung** *f als Star* vedettisation *f*; *péj.* ~ des Papstes idolâtrie *f* du pape; *iron.* papolâtrie *f*.
Verhaftungsaktion *f* action *f* d'arrestations.
Verhaltens|forscher *m* éthologiste *m*; **2gestört** *adj.* caractériel, -lle; inadapté; 'handicapé; **~störung** *f* trouble *m* du comportement.
Verhandlungs|basis *f* base *f* des négociations; **~paket** *n* dossier *m*; **~position** *f* position *f* des négociations; **~runde** *f* tour *m* de table; **2unfähig** *adj. jur.* inapte à suivre les débats.
***verharmlosen** *v/t. auch* édulcorer.
verharscht *p.p. Schnee* croûteux, -euse.
verkalkt *adjt. fig. u. péj.* sclérosé; *auch* scléreux, -euse.
***verkäuflich** *adj.* gut ~ *auch* à forte rotation.
Verkaufs|förderer *m* animateur *m* de ventes; **~hilfe** *f* vendeuse *f* auxiliaire; **~kampagne** *f* campagne *f* de vente; **~kurve** *f* courbe *f* de vente; **~steigerung** *f* promotion-vente *f*.
***verkehren** *v/i. chem., Auto* faire la route.
verkehrs|abhängig *adj.* voll ~ gesteuertes Lichtsignal feu *m* à commande intégrale; **~arm** *adj.* ~e Zeit période *f* creuse; **2behinderungen** *f/pl.* perturbations *f/pl.* apportées au trafic; **2chaos** *n* chaos *m* du trafic; **2delikt** *n* infraction *f* au code de la route; **2durchsage** *f rad.* message *m* routier; **2entlastung** *f* délestage *m*; désembouteillage *m*; **2erhebung** *f* enquête *f* sur la circulation; **2flughafen** *m* aéroport *m* de grandes lignes; **2fluß** *m auf Straßen od. Autobahnen* flux *m* et reflux *m* du trafic; fluidité *f* de la circulation; freier ~ écoulement *m* libre; *der Busse u. Flugzeuge* rotation *f*; **2funk** *m* radioguidage *m* routier; **2geschwindigkeit** *f* vitesse *f* commerciale; **2kreuz** *n* échangeur *m*; **2opfer** *n* victime *f* de la circulation; **~polizeilich** *adj.* ~er Zivilstreifenwagen *m* voiture-piège *f*;

voiture *f* banalisée; **2regelungszentrale** *f* centre *m* de synchronisation des signaux lumineux; ***~reich** *adj. Straße auch* à grande affluence; à grande circulation; très utilisée; passante; **2rowdy** *m* chauffard *m bzw.* motocycliste *m bzw.* bicycliste *m* sans scrupules; **2sprache** *f* langue *f* véhiculaire; **2stärke** *f* débit *m*; **2steuer** *f* impôt *m* sur le déplacement de capital; ***2straße** *f auch* artère *f* centrale; ***2sünder** *m Fahrer auch* conducteur *m* en infraction; *allg.* insoumis *m* de la circulation; **2technik** *f* technique *f*, ingénierie *f* de la circulation; **2träger** *m* usager *m* de la route; **2unfallkommando** *n* commando *m* police-secours; **2verletzte(r)** *m* blessé *m* de la route.

verklemm|t *adjt. psych.* refoulé; F complexé; **2ung** *f psych.* refoulement *m.*

***Verknappung** *f auch* raréfaction *f.*

verkohlt *adjt. Leiche, Auto* calciné.

Verlags|auslieferung *f* livraison *f* de l'éditeur; **~autoren** *m/pl.* auteurs-maison *m/pl.*; **~gruppe** *f* groupement *m* d'éditeurs; **~land** *n* pays *m* éditeur.

Verlandung *f géol.* conquête *f* naturelle des terrains sur la mer.

Verlängerungsleitung *f élect.* ligne *f*, circuit *m*, câble *m* d'extension *od.* de prolongation.

***Verlauf** *m auch écon., pol.* scénario *m.*

Verlegeplan *m techn.* répartition *f.*

***Verleihungsurkunde** *f* ~ **für e-n Beamten** acte *m*, document *m* de mise en possession de la nomination d'un agent, d'un fonctionnaire.

***verletz|en** *v/t. méd., psych.* traumatiser; ***2ung** *f méd., psych.* traumatisme *m.*

Verlustwirtschaft *f* économie *f* déficitaire.

vermarkt|en *v/t.* commercialiser; **2ung** *f* commercialisation *f.*

***Vermassung** *f auch* tribalisation *f.*

Vermißten|anzeige *f* faire-part *m* d'un disparu; **~kartei** *f* fichier *m* des disparitions.

Vermitt|lerrolle *f* rôle *m* de médiateur; **~lungsschnur** *f tél.* dicorde *m*; **~lungsschrank** *m tél.* (*Klappenschrank*) multiple *m*; standard *m*; **~lungswissenschaft** *f* didactique *f.*

Vermögens|abschreibung *f* dépréciation *f* de propriété, de valeurs; **~berater** *m* conseil *m* de gestion d'un patrimoine; **~beteiligung** *f der Arbeitnehmer* intéressement *m* des travailleurs aux bénéfices de l'entreprise; **2bildend** *adjt.* pancapitaliste; ***~bildung** *f* pancapitalisme *m*; capitalisation *f* ouvrière; réalisation *f* d'une fortune; formation *f* d'un capital; **~streuung** *f* répartition *f* du capital; **2wirksam** *adj.* productif, -ive de capital, d'épargne.

***vermuten** *v/t.* **alles läßt ~, daß ...** tout porte à croire que ...; tout indique que ...

***Verpackung** *f* conditionnement *m*; ***~smaschine** *f* fardeleuse *f*; **~smaterial „Pack Set"** *n Bundespost* matériel *m* d'emballage préfabriqué et normalisé.

verpaukern *v/i.* F se faire pédant.

***verpimpeln** *v/t. auch* élever dans de l'ouate; F éduquer dans du coton; fragiliser; **sich ~** *auch* F s'écouter trop.

verplomb|en *v/t.* plomber; **2ung** *f* plombage *m.*

Verpuffung *f chim.* déflagration *f.*

Verqualmung *f* enfumage *m*; rabattement *m* de fumée.

***verrechnen** *v/t.* **bar (bargeldlos) ~** régler en numéraire, en espèces (par virement, par chèque).

Verrechnungsschlüssel *m* clé *f* de ventilation.

verrottungsfest *adj.* imputrescible.

Versackung *f* ~ **von Postpaketen** ensachement *m*, ensachage *m*, mise *f* en sac des colis postaux.

***Versager** *m écol. auch* éclopé *m.*

Versammlungssucht *f péj.* manie *f* des réunions; *iron.* réunionite *f.*

***Versand|beutel** *m* **gefütterter ~** sachet *m*; pochette *f* matelassée; **~gebühren** *f/pl.* taxes *f/pl.*, tarif *m* de la poste pour l'expédition; ***~geschäft** *n* maison *f* de vente par correspondance; **~katalog** *m* catalogue *m* de vente par correspondance.

Versäumte(s) *n écol.* ~ **nachholen** rattraper les leçons manquées.

verschaukeln *v/t.* F **j-n ~** (*übers Ohr hauen*) F mener qn. en bateau.

Verschimmeln *n* moisissure *f.*

***verschmelzen** *v/t. écon.* **die Wirtschaftszweige der Neun ~** intégrer les économies des Neuf.

Verschmutzung *f der Umwelt* pollution *f*; ~ **durch thermische Prozesse** pollution *f* thermique; **~sbekämpfung** *f* lutte *f* anti-pollution, contre la pollution; **~sgrad** *m* taux *m* de pollution.

verschreibungspflichtig *adj. phm.* soumis à une ordonnance.

Verschrott|er *m* casseur *m*; ***~ung** *f von Autos* casse *f*; déchiquetage *m*; **~ungsmaschine** *f* presse *f* hydraulique; déchiqueteur *m.*

***Versenkung** *f von Atommüll* déversement *m.*

***versetzt** *p.p. écol.* ~ **werden** *auch* monter d'une classe.

***Verseuchung** *f* **radioaktive ~** *auch* pollution *f* radioactive.

Versicherungs|angestellte(r) *f(m)* employé(e) *m(f)* d'assurance; **~betrüger** *m* escroc *m* d'assurances; ***~karte** *f Auto* carte *f* verte; **~nummer** *f* numéro *m* d'immatriculation; **~schwindel** *m* escroquerie *f* à l'assurance.

***versklaven** *v/t. néol.* esclavagiser.

Versorgungs|staat *m* État-providence *m*; **~zentrum** *n* centre *m* de ravitaillement.

***verspäten** *v/réfl.* **sich ~** *auch* arriver en retard.

***Verständigung** *f pol.* (*Aussöhnung*) conciliation *f*; (*Zusammengehen*) concertation *f*; *am Telefon auch* audibilité *f*; **~smöglichkeit** *f* communicabilité *f.*

***verständnislos** *adj.* incompréhensif, -ive.

Verstellbarkeit *f techn.* réglage *m.*

***Verstimmung** *f* malaise *m.*

Versuchspuppe *f für Autotests* mannequin *m.*

Vertechnisierung *f* technicisation *f*; technisation *f.*

Verteidigungsschirm *m milit.* parapluie *m*, ombrelle *f* de défense.

***Verteil|er** *m Autobahn* échangeur *m*; ***~ung** *f Finanzen auch* ventilation *f.*

verteufel|n *v/t.* diffamer; **2ung** *f* diffamation *f.*

Vertilgungsmittel *n* pesticide *m.*

Vertrags|händler *m* concessionnaire *m*; **~partei** *f* partie *f* contractante; **~werkstatt** *f Auto* atelier *m* travaillant par contrat.

Vertrauens|lehrer *m écol.* professeur *m* de confiance; **~männergremium** *n* collège *m* d'hommes de confiance; **~mißbrauch** *m* abus *m* de confiance.

Vertriebsnetz *n auch élect.* réseau *m* de diffusion.

verunsich|ern *v/t.* désorienter; déconcerter; décourager; faire perdre tous ses moyens à; insécuriser; **ein Land ~** *auch* désécuriser un pays; **~end** *adjt.* déconcertant; décourageant; insécurisant; **2erung** *f* désorientation *f*; découragement *m*; insécurisation *f*; *bes. pol.* déstabilisation *f.*

Verwahrungsbruch *m* violation *f* d'une promesse d'accepter qc. en dépôt.

verwechselbar *adj.* facile à confondre.

verweiblich|en *v/t.* féminiser; **2ung** *f* féminisation *f.*

***Verweis** *m* ~ **von der Oberschule** exclusion *f* du lycée.

verwestlichen *v/t.* (*v/i.* s')occidentaliser.

***Verworfene(r)** *m litt.* enlisé *m.*

***Verwüstung** *f Ökologie* désertification *f.*

verzerrt *p.p. peint.* désaxé.

Verzichtspolitik *f* politique *f* d'abandon.

Verzurrband *n gegen ein Herausfallen gestapelter Waren* encageur *m.*

Vibrationsförderer *m* transporteur *m* vibrateur.

video|graphieren *v/t.* vidéographier; **2kassette** *f* vidéocassette *f*; **2monitor** *m télév.* monitor *m* vidéo; **2phonie** *f* vidéophonie *f*; phonie *f*; **2platte** *f* vidéodisque *m*; **2recorder** *m* recorder *m*, enregistreur *m* vidéo.

viel|diskutiert *adjt.* discuté à maintes reprises; ***2falt** *f* **ethnische ~** pluralisme *m* ethnique; **~förmig** *adj.* multiforme; **~schichtig** *adj.* complexe; pluraliste; **2schichtigkeit** *f* complexité *f*; pluralisme *m*; **2schreiberei** *f péj.* graphorrhée *f*; **2wisser** *m péj.* pédant *m*; touche-à-tout *m*; **den ~ spielen** faire le touche-à-tout.

vierbasisch *adj. chim.* tétrabasique.

Vierer|besprechungen *f/pl.* pourparlers *m/pl.* à quatre; **~treffen** *n pol.* réunion *f* à quatre; **~verantwortung** *f* responsabilité *f* quadripartite.

Vier|hundertjahrfeier *f* quadricentenaire *m*; **~klang** *m télév.* tétraphonie *f*; **~mächteabkommen** *n* accord *m* quadripartite; **~pack** *n Verpackung* quadrette *f*; **~teltonmusik** *f* musique *f* du quart de ton; **2türig** *adj. Auto* à quatre portières; **~wegepalette** *f* palette *f* à quatre entrées.

Virus|forscher *m* virologiste *m*; **~grippe** *f* grippe *f* à virus.

Visagist *m* visagiste *m.*

Visastempel *m Post* (*Verlängerung der Gültigkeit e-r Postanweisung*) griffe *f* de «visa pour date».

Viskos|efaser *f text.* fibranne *f*; **~itätsindex** *m* indice *m* de viscosité; **~itätsminderung** *f* réduction *f* de la viscosité.

Vliesstoff *m* non-tissé *m*; tissu *m* non tissé.

***Vogel** *m* F *fig.* **j-m e-n ~ zeigen** faire signe à qn. qu'il est toqué; **~fluglinie** *f* ligne *f* du vol des oiseaux.

Voilestore *m* voilage *m.*

Vokalsolist *m* chanteur *m* soliste; **~in** *f* cantatrice *f.*

Völker|gemisch *n* amalgame *m* de peuples; ***2rechtlich** *adj.* **~e Anerkennung e-s Landes** reconnaissance *f* du droit international d'un pays.

***volks|eigen** *adj.* **~er Betrieb** *auch* entreprise *f* collectivisée; ***2gruppe** *f auch* ethnie *f*; **2kammer** *f* Chambre *f* populaire; **2kino** *n* cinéma *m* popu-

liste; **~nah** *adj. Literatur* populiste; **~er Realismus** *m* populisme *m*; **Ϩpolizist** *m* policier *m* populaire; **Ϩroman** *m* roman *m* populiste.
Voll|akademiker *m* universitaire *m* diplômé; **~automatik** *f* automaticité *f* entière; **Ϩberechtigt** *adjt.* qui a la pleine capacité; **~bremsung** *f* freinage *m* brusque; **Ϩbusig** *adj.* planturеuse (*adj. f*); **~geschoß** *n* projectile *m* plein; ***Ϩkaskoversichert** *adjt. Auto* assuré *m* tous risques; **Ϩkavitierend** *adjt. aviat.* **~er Propeller**, **~e Schraube** hélice *f* supercavitante, à supercavitation; **~konserve** *f* conserve *f* bouchée sous vide; ***Ϩschlank** *adj. auch* F bien en chair; **Ϩsynthetisch** *adj.* entièrement synthétique; ***~treffer** *m fig.* trouvaille *f*; *Buch* **ein ~ sein** faire balle; **~verb** *n ling.* verbe *m* à sens plein.
Voranstrich *m peint.* couche *f* d'apprêt légère.
Voraus|ahnung *f* prescience *f*; **~analyse** *f écon.* analyse *f* prospective; **~planer** *m écon.* prévisionniste *m*.
Vorbehandlung *f text.* préformage *m*.
vor|beleuchten *v/t. Auto* **e-e Kurve ~** balayer une courbe; **~beruflich** *adj.* préprofessionnel, -lle.
Vorbeugehaft *f* détention *f* préventive.
Voreinstellregler *m* (*Mischregler*) préréglage *m*.
vorfabrizier|en, ~t *usw. cf.* **vorfertigen.**
vorfertig|en *v/t.* préfabriquer; **Ϩung** *f* préfabrication *f*.
Vorführwagen *m* voiture *f* de présentation.
***Vorgabe** *f Sport auch* rendement *m*.
vor|geburtlich *adj.* prénatal; **~gezogen** *adjt. zeitlich* **~e Wahlen** élections *f/pl.* à terme avancé, anticipées.
Vorhang|fassade *f bât.* façade *f* rideau; **~schiene** *f* coulisse *f* à rideau; **~wand** *f bât.* mur-rideau *m*.
Vorhersagegültigkeit *f écol.* validité *f* prédictive.
***Vorkommen** *n ling.* occurence *f*.
***Vorlauf** *m Tonband* défilement *m* accéléré (en) avant.
***Vorleistungen** *f/pl. pol.* avances *f/pl.*; concessions *f/pl.* anticipées et spontanées.
Vorlesungs|ausfall *m Universität* suppression *f* de cours; **~beginn** *m* rentrée *f*.
Vorneverteidigung *f milit.* défense *f* avancée.
vorprogrammier|t *adjt. Informatik* préprogrammé; **Ϩung** *f* préprogrammation *f*.
***vorsagen** *v/t. écol.* **j-m ~** F tuyauter qn.
***Vorschlaghammer** *m auch* marteau *m* de frappe; frappe-devant *m*.
Vorsorgeuntersuchung *f méd.* examen *m* prophylactique, de dépistage.
vorspeichern *v/t. Informatik* initialiser.
Vorstadtleben *n* vie *f* en banlieue.
***vorstell|en** *v/t. gr.* antéposer; **Ϩung** *f gr.* antéposition *f*.
vorstreichen *v/t.* enduire au préalable.
***Vortrag** *m* (*Referat*) exposé *m*.
Vortriebsschild *m bât. bei Felsbohrung od. unterirdischer Bohrung* bouclier *m*.
***Vor|verhandlungen** *f/pl.* pré-négociations *f/pl.*; **~verlegung** *f* avancement *m*; **Ϩverteilen** *v/t. Post* faire le tri préliminaire.
Vorwahl··· *in Zssgn. pol.* pré-électoral.
Vorwärts|geschwindigkeit *f* vitesse *f* d'avancement; **~strategie** *f milit.* défense *f*, bataille *f* de l'avant; **Ϩtreiben** *v/t.* **e-e Angelegenheit ~** pousser à fond une affaire.
Vor|wäsche *f*, **~waschen** *n Waschautomat* prélavage *m*; *beim Friseur* lavage *m* préliminaire.
***vorzeitig** *adj. gr.* antérieur.
Vorzensur *f écol.* note *f* préliminaire.
Voyeur *m psych.* voyeur *m*; **~ismus** *m psych.* voyeurisme *m*.

W

Wachhäuschen *n auch milit.* guérite *f*.
Wachstums|freudigkeit *f bot.* verdeur *f*; **~rate** *f écon.* taux *m* d'expansion; **~rückgang** *m écon.* décroissance *f*; décélération *f*; régression *f*.
Waffen|abkommen *n* accord *m* sur l'armement; **~handhabung** *f* maniement *m* des armes; **~system** *n* système *m* d'armes.
***Wagen** *m im Selbstbedienungsgeschäft* chariot *m*; caddy *m*; voiturette *f*; **~schlüssel** *m/pl. Auto* clés *f/pl.* de voiture.
Wahl|alter *n* âge *m* légal pour voter; **~beauftragte(r)** *m* boîtier *m*; **Ϩbedingt** *adj.* électoraliste; ***~beeinflussung** *f auch* lobbying *m*; influence *f* exercée sur les électeurs; **~beteiligungsquote** *f* taux *m* de participation électorale.
Wählbetrieb *m tél.* **automatischer ~** commutation *f* automatique; autocommutation *f*.
Wahl|betrug *m* fraude *f* électorale; ***~ergebnis** *n auch* score *m* électoral; ***~heimat** *f auch* pays *m* d'élection; **~köder** *m pol.* surenchère *f* électorale; **~listenpartner** *m* colistier *m*; **~mache** *f péj.* électoralisme *m*; **~manager** *m* organisateur *m* électoral; **~männergremium** *n* comité *m* de délégués; **~maschine** *f* machine *f* à voter; **~pflichtfach** *n écol.* (matière *f* à) option *f* obligatoire; ***~schwindel** *m auch* truquage *m* des élections; charcutage *m* électoral; **~taste** *f rad.* bouton *m* de sélection; **~unterstützungsausschuß** *m* comité *m* électoral de soutien.
Wahrheits|findung *f* découverte *f* de la vérité; **~gehalt** *m* degré *m* de véracité.
Währungsschlange *f EG-Finanzen* serpent *m* monétaire.
Waldhonig *m* miel *m* de forêt, de sapin, des Alpes.
Walfischkenner *m* cétologue *m*; spécialiste *m* des cétacés.
Wandbeschmierer *m* graffitiste *m*.
***Wander|bücherei** *f* bibliobus *m*; **~führer** *m Buch* topoguide *m*; **~kino** *n* cinémobil *m*; cinéma *m* ambulant; ***Ϩn** *v/i. auch* faire de la marche; ***~ung** *f auch* tour *m* à pied; partie *f* de campagne.
Wand|fläche *f* pan *m* de mur; **~klappbett** *n* meuble-lit *m*.
Wandlungsfähigkeit *f litt.* mimétisme *m*.
***Wandmalerei** *f in Mexiko* **großflächige ~** muralisme *m*.
Warenhauskette *f* chaîne *f* de grands magasins.
wärme|durchlässig *adj.* diathermane; diatherme; diathermique; **Ϩdurchlässigkeit** *f* diathermanéité *f*; diathermansie *f*; **Ϩmüll** *m* chaleur *f* résiduaire; **Ϩschild** *m Raumkapsel* bouclier *m* thermique; **Ϩtechniker** *m* thermicien *m*; **Ϩübertrager** caloporteur *m*.
Warn|dreieck *n Auto* triangle *m* de sécurité, de présignalisation; **~er** *m* alarmiste *m*; ***~licht** *n aviat., mar., Lokomotive* fanal *m*.
Warte|schlange *f auch Auto* file *f* d'attente; **~stellung** *f pol.* attentisme *m*.
***Wartung** *f techn. auch* maintenance *f*.
Waschbarkeit *f* lavabilité *f*.
Wäsche|spinne *f* (*ausziehbarer Wäschetrockner*) séchoir *m* parapluie; étendage *m*; **~trockner** *m* séchoir *m* rotatif.
***Wasch|maschine** *f auch* lave-linge *m*; ***~mittel** *n auch* produit *m* lessiviel; **~tönung** *f für das Haar* coloration *f*.
Wash-and-wear-Kleidungsstücke *n/pl.* vêtements *m/pl.* durables press.
***Wasser|ader** *f auch* couche *f* aquifère; **~enthärter** *m* antitartre *m*; **~kanone** *f* canon-lance *m*; canon *m* à eau; lance-eau *m*; **~reaktor** *m* pile *f* à eau; **~spaniel** *m zo.* barbet *m*; ***~sport** *m auch* nautisme *m*; **~ treiben** faire du bateau; **~sportler** *m* plaisancier *m*; **~stoffleitung** *f* hydrogénoduc *m*; **~strahlantrieb** *m e-s Luftkissenfahrzeugs* propulsion *f* par jet d'eau; ***~werk** *n* usine *f* hydraulique.
Watergateaffäre *f USA* **die ~** l'affaire [du Watergate.]
***Watt(en)meer** *n auch* estran *m*.
Wechsel|magazin *n e-s Revolvers* magasin *m* de rechange; **~marke** *f comm.* timbre *m* d'une lettre de change; **~raum** *m beim Staffellauf* zone *f* de relais; **~wähler** *m pol.* électeur *m* indécis; **~wählerschaft** *f* électorat *m* indécis; *auch hist.* Marais *m*; **~wirtschaft** *f agr.* assolement *m*; rotation *f*, alternat *m* des cultures.
***Wechsler** *m phys. atom.* (*Wasserwechsler*) échangeur *m*.
Wegmarkierung *f zum Wandern* fléchage *m*; balisage *m*.
Wegwerf|beutel *m* sac *m* à jeter; **~flasche** *f* bouteille *f* perdue; **~handtuch** *n* serviette *f* à jeter; **~haus** *n Futurologie* maison *f* jetable; **~kleidung** *f* habillement *m* éphémère; **~papier** *n* papier *m* jetable; **~rakete** *f* fusée *f* à jeter; **~regenschirm** *m* parapluie *m* à jeter; **~tuch** *n* essuie-tout *m* à jeter; **~verpackung** *f* emballage *m* perdu.
Wehr|bauer *m* soldat *m* défricheur; **~dorf** *n* village *m*, 'hameau *m* stratégique, fortifié.
***Weichmacher** *m* (*Wasserenthärter*) adoucisseur *m* d'eau; *für die Wäsche* adoucissant *m*; adoucisseur *m* textile antistatique; *bât.* (*Mörtelschippe*) bouloir *m*.
Weihnachts|gast *m* réveillonneur *m*; **~papier** *n* papier *m* de Noël, noëllisant.
wein|farben *adj.* vineux, -euse; **Ϩgehalt** *m* vinosité *f*; **Ϩgeschmack** *m* goût *m* vineux; **Ϩprobierkeller** *m* œnothèque *f*; **Ϩspalier** *n* treillage *m*; **Ϩspender** *m* fontaine *f* à vin; **Ϩvertreter** *m* représentant *m* en vins.

Weiße *f* Berliner ~ bière *f* blanche de Berlin.
***Weiter|bildung** *f auch* formation *f* permanente; **2dienen** *v/i. milit.* se rengager; **~fahrt** *f* continuation *f* de la route; **~übermittlung** *f Post* retransmission *f*.
weit|gefächert *adjt.* multidimensionnel, -lle; **~gespannt** *adjt.* d'envergure; globalisant; **2sicht** *f* ampleur *f* de vues.
***Wellenreit|en** *n auch* surfing *m*; planking *m*; ***~er** *m auch* surfiste *m*.
***Welt|anschauung** *f auch* vision *f* du monde; **2aufgeschlossen** *adjt.* ouvert au monde; **~aufgeschlossenheit** *f pol.* mondialisme *m*; ***~gewandtheit** *f auch* urbanité *f*; usage *m* du monde.
***weltoffen** *adj. pol. auch* ouvert au monde; mondialiste; **2heit** *f* mondialisme *m*.
Weltpostvertrag *m* Convention *f* [postale universelle.
Weltraum|affe *m* singe *m* de l'espace; singe *m* lancé dans l'espace; **~bahnhof** *m* aire *f*, centre *m* de lancement de fusées; *UdSSR* cosmodrome *m*; **~begegnung** *f* rendez-vous *m* spatial; rencontre *f* orbitale; **~funkstelle** *f* station *f* de radiocommunication.
***Weltschmerz** *m auch* vague *m* à l'âme.
***welt|umspannend** *adjt. écon. auch* tentaculaire; ***~weit** *adj. auch* planétaire; tous azimuts; ~e Erfassung *télév., rad.* planétarisation *f*; planétisation *f*.
Welt|wirtschaftsordnung *f pol.* ordre *m* économique mondial; **~zentralbank** *f* banque *f* centrale mondiale.
Wendekissen *n méd.* aufpumpbares ~ für Kranke tourne-malade *m*.
Werbe|knüller *m* F article *m* du jour; super *m*; **~veranstaltung** *f* réunion *f* publicitaire.
Werk|en *n écol.* éducation *f* manuelle; **~gelände** *n* terrain *m* industriel; **~kreis** *m* cercle *m* de l'entreprise; **~schutz** *m* service *m* de sécurité; **~schutzverband** *m* groupe *m* de combat d'entreprise; ***~stattwagen** *m auch* camion-service *m*; **~stattzug** *m chem.* train-atelier *m*; **~verkehr** *m* transports *m/pl.* privés; **~vertrag** *m* contrat *m* d'entreprise.
Wert|leistungsfaktor *m écon.* coefficient *m* capacité/valeur; **~zeichenaufdruck** *m* timbres *m/pl.* imprimés.
***Wesen** *n* (*Eigentümlichkeit*) génie *m*; ***~sart** *f auch* tournure *f* d'esprit.
***westdeutsch** *adj. auch* ouest-allemand.
wetter|fühlig *adj.* météorosensible; sensible aux fluctuations de température; **2mann** *m mines* homme *m* qui prédit le grisou; **2satellit** *m* satellite *m* météorologique.
Wettrundfahrt *f* carrousel *m*.
Whiskyspender *m Behälter* fontaine *f* à whisky.
***Widerstandsmesser** *m élect. auch* [résistivimètre *m*.
wieder|ankoppeln *v/i. Raumfahrt* se réaccoupler; **2ankurbelung** *f der Wirtschaft* relance *f*; redressement *m*.
Wiederaufbereitung *f phys. atom.* retraitement *m*; **~sanlage** *f* usine *f* de retraitement.
Wieder|aufflackern *n des Krieges* relance *f*; recrudescence *f*; **2aufforsten** *v/t.* reboiser; **~ausbalancieren** *n* rééquilibrage *m*; **~begegnung** *f* retrouvailles *f/pl.*; **~eingewöhnung** *f* réadaptation *f*; rééducation *f*; **~eintrittskapsel** *f Raumfahrt* module *m* de réentrée; **~erwärmung** *f Wetter* redoux *m*; **~holungsimpfung** *f* vaccination *f* de rappel; **2impfen** *v/t.* revacciner; **~impfung** *f* revaccination *f*; **~verhärtung** *f pol.* regel *m*; **~verkaufspreis** *m* prix *m* de revente; **~verkaufswert** *m* valeur *f* de revente; ***2verwerten** *v/t. Altmetalle* recycler; ***~verwertung** *f von Altmetallen* recyclage *m*; **~zusammenführung** *f* ~ von Familien réunion *f*, rassemblement *m* des familles séparées.
Wimperntusche *f* rimmel *m*.
Windsurf|anzug *m* ~ mit Slip justaucorps *m*; **~ing** *n Sport* surf *m* à voile.
Winkeljournalist *péj. m* journaleux *m*.
Winter|camping *n* caravaneige *m*; ***2fest** *adj. auch* à l'épreuve du froid d'hiver; ~ machen hiverniser; **~festmachung** *f bât.* protection *f* contre le froid d'hiver; **~kollektion** *f* collection *f* d'hiver; **~mütze** *f* passe-montagne *m*; **~reifen** *m Auto* pneu *m* neige; pneu *m* à crampons; **~sportler** *m* hivernant *m*; **~wohnwagen** *m* caravaneige *f*.
wirklich *int. iron.* ~! bof!; ***~keitsfremd** *adj. auch* décroché du réel.
***Wirkstoff** *m chim. auch* élément *m*, produit *m* traitant.
***Wirren** *pl. auch* remous *m/pl.*
***Wirtschafts|aufschwung** *m auch* relance *f*; envol *m* économique; **2bedingt** *adjt.* ~e Arbeitslosigkeit chômage *m* technique; ***~bereich** *m* économique *m*; **~forscher** *m* économétricien *m*; **~forschung** *f* économétrie *f*; **~gespräch** *n* colloque *m* économique; **~ingenieur** *m* ingénieur *m* économiste; **~kriminalität** *f* criminalité *f* économique; **~niedergang** *m* marasme *m* économique; **~prognose** *f* pronostic *m* économique; ***~union** *f auch* groupement *m* économique; ***~wunder** *n auch* boom *m* miracle.
***Wissenschaftlichkeit** *f auch* scientificité *f*.
wissenschaftsorientiert *adjt.* scientiste.
Wissensschatz *m* fonds *m* d'érudition.
witterungs|bedingt *adjt.* dépendant des conditions atmosphériques; **~unabhängig** *adj.* indépendant des conditions atmosphériques.
Wochenendbeilage *f* supplément *m* de fin de semaine.
Wochenstunden *f/pl.* 40 ~ quarante heures hebdomadaires.
***Wohlfahrtsstaat** *m* État-providence *m*.
Wohlstands|bürger *m* citoyen *m* de la société d'abondance, d'opulence; **~gesellschaft** *f* société *f* d'abondance, d'opulence; **~krankheit** *f* maladie *f* de pléthore; **~müll** *m* laissés-pour-compte *m/pl.* de la société de consommation.
Wohltätigkeitsveranstaltung *f* gala *m* de charité.
***wohltuend** *adjt. Schlaf* réparateur.
Wohn|anhänger *m* caravane *f*; roulotte *f*; remorque *f* camping; **~anlage** *f bât.* ensemble *m*; ***~block** *m* moderner ~ *auch* grand ensemble *m*; bloc *m*; **~geld** *n* indemnité *f* de logement; **~gemeinschaft** *f* communauté *f* d'habitat; domicile *m* en commun; *für Hippies* communauté *f* 'hippy; ***~haus** *n* immeuble *m* immobilier; ***~küche** *f auch* cuisine-séjour *f*; ***~kultur** *f auch* standing *m* d'habitation; **~park** *m* ensemble *m* immobilier; ***~recht** *n auch* droit *m* à un logement; **~schiff** *n* bateau-logement *m*; ***~siedlung** *f auch* grand ensemble *m*; **~silo** *n* silo *m* d'habitation.
Wohnungs|anwärter *m* souscripteur *m* d'habitation; ***~bau** *m* sozialer ~ habitat *m* social; **~bauten** *m/pl.* constructions *f/pl.* locatives; **~brand** *m* incendie *m* de logement; **~kredit** *m* crédit-logement *m*; **~recht** *n* clauses *f/pl.* de location; **~vermittlung** *f* service *m* du logement.
***Wohnwagen** *m* komfortabler ~ mobilome *m*; **~besitzer** *m* caravanier *m*.
wolkenverhangen *adjt.* nuageux, -euse.
Wollsiegel *n* label *m* de qualité.
Wonneproppen *m* F poupard *m*.
Wort|fetzen *m/pl.* bribes *f/pl.* de conversation; **~inhalt** *m ling.* signifié *m*; **~körper** *m ling.* signifiant *m*; **~schwall** *m auch* logorrhée *f*.
Wühl|korb *m comm.* gondole *f*, corbeille *f* remplie d'articles à des prix réduits; **~tisch** *m comm.* comptoir *m* de soldes.
wummern *v/i.* F *aviat., Auto* (*dröhnen*) vrombir; ronronner; trépider; **2** *n aviat., Auto* vrombissement *m*; trépidation *f*.
Wunder|arzt *m* médecin-miracle *m*; **~heiler** *m* guérisseur *m* miraculeux; **~heilmittel** *n* médicament *m* miracle; **~lösung** *f* solution-miracle *f*.
Wundwasser *n méd.* eau *f* vulnéraire.
Wunschdenken *n* illusions *f/pl.*; illusion *f* d'optique.
Würge|eisen *n* garrot *m*; **~halsband** *n für Hunde* collier *m* garni de pointes.
Würzsoße *f* sauce *f* d'assaisonnement.
Wüsten|bildung *f géol.* désertification *f*; **~hund** *m* chien *m* du désert.
Wüstung *f hist., géogr.* vestiges *m* d'un village abondonné.

X

***X** *n* die Stunde ~ l'heure H; der Tag ~ le jour J; 2 Generationen n générations *f/pl.*; *math.* 2 (*unbekannte Größe*) n *m*.
Xero|graphie *f phot.* xérographie *f*; **~kopie** *f* xérocopie *f*.

Z

***zackig** *adj.* F *Rhythmus* endiablé.
***zähflüssig** *adj. fig.* ~er Verkehr circulation *f* bloquée, encombrée, embarrassée, difficile, ralentie; ***2keit** *f* die ~ des Verkehrs les ralentissements *m/pl.*, le tassement *m* du trafic.
Zahn|bohrer *m* roulette *f* de dentiste; **~chirurg** *m* chirurgien *m* dentiste; **~fleischbluten** *n* gingivorragie *f*; ***~heilkunde** *f auch* dentisterie *f*; **~hygiene** *f* hygiène *f* dentaire; **~implantat** *n* implant *m* dentaire; **~prothesenhersteller** *m* prothésiste *m*; **~spange** *f* arc *m*; **~transplantat** *n* greffon *m* dentaire.
***zappelig** *adj. Kind auch* agité.
***Zappelphilipp** *m* F boisseau *m* de puces.
Zartmacher *m Fleischerei* attendrisseur *m*.
***Zebrastreifen** *m/pl. auf der Straße* bandes *f/pl.* jaunes.
Zehntonner *m* (*LKW*) dix-tonnes *m*.
Zeilenvertauschung *f impr.* interversion *f* de lignes.
***Zeit|ansage** *f rad. auch* horloge *f* parlante; **~bedarf** *m* besoin *m* de temps; **2kritisch** *adj.* qui critique une époque bien déterminée; **~erfassungsgerät** *n* (*Stechuhr*) appareil *m* de pointage; F mouchard *m*; **~grenze** *f* frontière du temps; **~lücke** *f* intervalle *m*; écart *m*; ***~unterschied** *m zwischen Ost-West* décalage *m* horaire.
Zeit-Weg-Diagramm *n* diagramme *m* temps-distance.
Zellen-Containerschiff *m* navire *m* porte-conteneurs cellulaire.
Zellforschung *f biol.* cytologie *f*.
Zellulitis *f méd.* cellulite *f*.
Zellulose|fasern *f/pl. text.* rayonne *f*; **~folie** *f* feuille *f* de cellulose; **2haltig** *adj.* cellulosique.
Zelt|dorf *n*, ***~stadt** *f* village *m* de toile; **~urlauber** *m* tentiste *m*.
Zement|ausblühungen *f/pl.* efflorescences *f/pl.* de ciment; **~füllung** *f bât.* remplissage *m* en ciment; **~leim** *m* colle *f* de ciment; **~stein** *m* pierre *f* de ciment.
Zentil *n Statistik* centile *m*; **~ierung** *f* centilage *m*; **~note** *f* note-centile *f*.
Zentipoise *n phys. technische Maßeinheit* centipoise *m*.
Zentral|computer *m* terminal *m*; **2gelenkt** *adjt.* ~e Wirtschaft économie *f* dirigée, planifiée; **~heizungsmonteur** *m* plombier-monteur *m* en chauffage central.
Zentrierstück *n beim Plattenspieler* centreur *m*.
Zermürbungspolitik *f* politique *f* de grignotage.
zersetzend *adjt.* démoralisant; corrupteur, -trice du moral (de qn.).
Zersiedlung *f* désagrégation *f* territoriale; mitage *m*; aménagement *m* non planifié du territoire.
Zerstörungsprodukt *n géol.* produit *m* de décomposition.
Zerstrahlung *f Kernphysik* annihilation *f*; dématérialisation *f*.
zerstritten *adj.* ~ mit j-m en brouille avec qn.; *pol.* ~e Welt monde *m* manichéen.
Zeugenberg *m géol.* montagne-témoin *f*.
Zeugnismappe *f* dossier *m* de certificats.
Ziegelsplitt *m* cassons *m/pl.* de briques.
Ziel|flughafen *m* aéroport *m* destinataire; **~gruppe** *f* groupe *m* visé; ***~setzung** *f* finalité *f*; **~sparen** *n* épargne *f* programmée; **~sprache** *f* langue *f* cible; **~sucheinrichtung** *f milit.* dispositif *m* de mire; ***2suchend** *adjt. Rakete* autoguidé; **~verkehr** *m* trafic *m* de destination; trafic *m* externe-interne; **~vorstellung** *f* but *m* visé.
Zierblech *n* plaque *f* décorative.
***Zigarillo** *n meist* petit cigare *m*.
Zigarrenanfeuchter *m* humidificateur *m* de cigares.
Zimelien *f/pl.* trésors *m/pl.* de la bibliothèque.
Zimmer|training *n* entraînement *m* en chambre; **~vermietung** *f* location *f* de chambres.
Zinken *n von Spielkarten* biseautage *m*.
Zink|kappe *f techn.* chapeau *m* de zinc; **~salbenverband** *m* bandage *m* avec pommade de zinc.
Zins|belastung *f* charge *f* des intérêts; **~gefälle** *n* différence *f* entre les différents taux d'intérêt.
Zitrus|früchteschäler *m cuis.* zesteur *m*; **~presse** *f* presse-agrumes *f*.
Zivilisationsschäden *m/pl.* dommages *m/pl.* causés par la civilisation.
Zivil|schutz *m* protection *f* civile; **~streifenwagen** *m der Polizei* voiture *f* banalisée; voiture-piège *f*.
Zögerer *m* temporisateur *m*.
***Zoll|abbau** *m auch* désarmement *m* douanier; ***~fahndung** *f auch* répression *f* des fraudes douanières; **~gürtel** *m écon.* ceinture *f* douanière; **~präferenz** *f* préférence *f* douanière; **~verhandlungen** *f/pl.* négociations *f/pl.* douanières.
Zonenrandgebiet *n* région *f* limitrophe de la zone.
***Zubringerbus** *m* car-navette *m*; autocar *m* réservé au transport des passagers; autobus *m* d'appoint.
***Züchter** *m* ~ von Rassetieren naisseur *m*.
Zucker|glasur *f cuis.* sucre *m* glacé; **~lecken** *n* F *fig.* das war kein ~ ce n'était pas de la tarte; **~watte** *f cuis.* barbe-à-papa *f*.
***Zug** *m fig.* etw. in großen Zügen erklären expliquer qc. dans les grandes lignes, à gros traits.
Zug|garnitur *f chem.* rame *f*; **~steuerung** *f* automatische ~ commande *f* automatique des trains.
Zugzwang *m* unter ~ stehen être forcé d'agir.
Zukunfts|forscher *m* futurologue *m*; **~forschung** *f* futurologie *f*; **2orientiert** *adjt.* futuriste; **~romangattung** *f* science-fiction *f*; ***2trächtig** *adj. auch* porteur, -euse d'avenir; **~traum** *m* anticipation *f*.
Zuliefer|er *m comm.* sous-traitant *m*; **~ungen** *f/pl. techn.* approvisionnements *m/pl.*
Zündsicherung *f für Gasgeräte* sûreté *f* d'allumage.
***zureden** *v/i.* j-m gut ~ *auch* porter la bonne parole à qn.
zurück|schießen *v/t. Fußball* den Ball ~ redonner le ballon; ***~schreiben** *v/t. auch* réécrire; ***2setzung** *f fig. im Leben* frustration *f*; ***2stellung** *f milit. auch* réforme *f* temporaire; **~stufen** *v/t.* j-n ~ déclasser, rétrograder, reléguer qn.; **2stufung** *f* déclassement *m*; rétrogradation *f*.
***Zusammen|bruch** *m* wirtschaftlicher ~ *auch* asphyxie *f* économique; **~gepferchtsein** *n* promiscuité *f*; ***2legen** *v/t. écol.* zwei Klassen ~ fondre deux classes.
***zusätzlich** *adj.* ~es Zubehörteil extra *m*; ~er Job job *m* d'appoint.
Zusatzzahl *f Lotto* numéro *m* complémentaire.
Zuschlagstoffe *m/pl. für Beton* poröse ~ agrégats *m/pl.* poreux.
***Zustandekommen** *n auch* mise *f* sur pied.
Zuverlässigkeitsrennen *n Auto* course *f* automobile de fiabilité.
Zuvielforderung *f* demande *f* exagérée.
***zwanglos** *adj. auch* non formel, -lle; en toute intimité; ***2igkeit** *f auch* cadre *m* intime; aisance *f*; laisser-aller *m*; ambiance *f* à la bonne franquette.
Zwangs|adoption *f jur.* adoption *f* forcée; **~behandlung** *f méd. von Süchtigen, Alkoholikern* traitement *m* forcé; **~bindung** *f* obligation *f* imposée; **~mischer** *m für Beton* malaxeur *m* à mélange forcé; **~mitgliedschaft** *f* affiliation *f*, adhésion *f* obligatoire; **~umtausch** *m von Geld* change *m* obligatoire; **~unterbringung** *f Süchtiger usw.* hébergement *m* forcé; **~verhalten** *n psych.* comportement *m* obsessionnel.
***zweck|gebunden** *adjt. auch* fonctionnel, -lle; **2optimismus** *m* optimisme *m* opportuniste; **~orientiert** *adjt.* finaliste; **2orientiertheit** *f* fonctionnalisme *m*.
Zweietagenwohnung *f* duplex *m*.
***Zweig** *m écol.* filière *f*; ***~stelle** *f e-s Instituts od. Krankenhauses* antenne *f*.
Zweikreistriebwerk *n* turboréacteur *m* à double flux.
Zweiparteienpolitik *f* politique *f* bipartite.
zweischichtig *adj.* ~er Betrieb entreprise *f* fonctionnant avec deux équipes.
***Zweisprachigkeit** *f in e-m Land auch* diglossie *f*.
Zweiteiler *m Mode* deux-pièces *m*.
Zweit|gläubiger *m* créancier *m* en sous-ordre; **~wagen** *m* voiture *f* supplémentaire; **~wohnung** *f* résidence *f* secondaire.
Zweiwegreißverschluß *m* glissière *f* à ouvrir et fermer des deux bouts.
Zwiebelaggregat *n élect. für ein Gezeitentriebwerk* groupe-bulbe *m*.
Zwillingskinderwagen *m* landau *m* jumeaux.
zwischen|deutsch *adj.* interallemand; **~europäisch** *adj.* intereuropéen, -nne; **2lagerung** *f* entreposage *m*; **~menschlich** *adj. auch* interpersonnel, -lle; **~ministeriell** *adj.* ~er Verkehr interministérialité *f*; rapports *m/pl.* interministériels; **2rechnung** *f* facture *f* provisoire; ***~staatlich** *adj. auch* intergouvernemental; **2titel** *m e-s Artikels* intertitre *m*; **2unternehmer** *m* sous-entrepreneur *m*.
Zyklothymie *f psych.* cyclothymie *f*.